# PARLEMENT EUROPÉEN

## STRASBOURG

Prenez la ville du bon côté !
120 magasins, restaurants et services
ouverts du lundi au samedi de 9h à 20h.
CENTRE COMMERCIAL
PLACE DES HALLES
STRASBOURG
Votre Centre Commercial à Strasbourg
www.placedeshalles.com
Plus de 40 enseignes d'habillement homme, femme, enfant
9 de chaussures, maroquinerie • 17 d'alimentation, restauration
11 de loisirs, cadeaux, jeux, jouets • 6 de beauté, santé, coiffure
et aussi : sport • bijoux • lingerie • informatique
téléphonie • optique-photo • services...
Surcouf
H&M
SEPHORA
GO SPORT
new look
C&A
Nature & Découvertes
DARTY
Galeries Gourmandes SIMPLY
G.I.E. des Commerçants de la Place des Halles - RCS Strasbourg n° 321 832 578
novembre.com

1.

# STRASBOURG, QUI ES-TU ?

## 1.1. STRASBOURG D'OÙ VIENT TON NOM ?

Strasbourg, Strossburi en alsacien, Straßburg en allemand, a plus de 2000 ans d'âge. Fondée par les Romains en l'an 12 avant JC, la ville fut d'abord un camp militaire protégeant la frontière septentrionale de l'Empire contre les incursions «barbares». Un monument, L'Aqueduc de Janus, conçu en 1988 par l'illustrateur Tomi Ungerer en hommage à sa ville natale, symbolise ce bimillénaire tout en soulignant la dimension profondément biculturelle, à la fois latine et germanique, de Strasbourg.

Strasbourg s'est placée d'emblée sous la couleur de l'argent, c'est-à-dire de l'eau : les Romains l'ont nommée *Argentorate*, sans doute à partir du gaulois «forteresse de rivière». Bâtie à cinq kilomètres du Rhin, le long de sa rive gauche, elle est traversée en son centre par l'Ill et à sa périphérie par de multiples affluents, bras d'eau ou canaux (la Bruche, l'Ehn, l'Aar, le Rhin Tortu, le Ziegelwasser, le canal de la Marne au Rhin, le canal Rhin-Rhône...). Le nom de certains de ses quartiers actuels (Elsau, Krutenau, Meinau, Robertsau etc.) témoignent encore de la présence passée des zones inondables (Au) qui l'entouraient. La ville se situe également sur l'une des plus grandes réserves d'eau potable d'Europe, tandis que la nappe phréatique y affleure en surface.

Qui dit ville d'eau, dit aussi îles, dont la plus célèbre d'entre elles, la Grande Île, qui héberge le centre historique : son ensemble architectural est classé depuis 1988 au patrimoine mondial de l'UNESCO. Des démarches ont également été engagées récemment pour que la Neustadt («ville nouvelle» construite au nord-est du centre ancien de 1871 à 1918) soit elle aussi classée, en complément de la Grande Île.

Détruite au V$^{e}$ siècle, la ville renaît de ses cendres sous le nom de *Strateburg* dont Strasbourg est une variante germanique signifiant « la ville forte » (*die Burg*) sur « la route » (*die Straße*).

Au confluent de l'axe fluvial nord-sud et d'une voie routière orientée est-ouest, Strasbourg constitue le point de rencontre de deux Europe, l'Europe du Nord et l'Europe méditerranéenne. La ville s'insère par ailleurs dans un vaste espace rhénan allant de Bâle à Cologne qui situe autant sa géographie que sa culture ou son histoire.

## 1.2. QUELQUES REPÈRES HISTORIQUES

**IX$^{e}$ siècle : Les serments de Strasbourg**

Deux petits-fils de Charlemagne se promettent une assistance mutuelle devant leurs armées, à travers deux textes, l'un en langue tudesque, l'autre en langue romane (ancien français). Ce dernier est considéré comme le texte le plus ancien rédigé en cette langue. Il s'agit du premier traité bilingue français/allemand de l'histoire.

**XI$^{e}$ siècle :** Début de la construction de la **cathédrale**. Les travaux s'achèveront quatre siècles plus tard (1439), faisant de Notre-Dame le monument le plus haut de la chrétienté pendant plus de quatre siècles.

**XIII$^{e}$ siècle :** Strasbourg, attachée à la couronne du Saint-Empire romain germanique, se libère de la tutelle de l'évêque et obtient de l'Empereur des franchises politiques supérieures à celles des autres villes.

**XIV$^{e}$ siècle :** Strasbourg est proclamée **ville libre impériale**. Elle connaît un essor économique remarquable. La foire des marchands est créée en 1336, le Pont du Rhin est construit en 1388, dernier pont sur le fleuve avant la mer. Plusieurs épidémies ravagent la population, en particulier la peste noire en 1349. Les juifs, accusés d'avoir empoisonné les puits, subissent le supplice du bûcher, hommes, femmes et enfants.

**XV$^{e}$ siècle :** Strasbourg devient l'un des principaux centres européens de l'imprimerie, après avoir accueilli durant dix ans **Gutenberg**. La ville attire de nombreux artistes et intellectuels. Le courant humaniste y prospère, où se distinguent d'éminents Strasbourgeois tel **Sébastien Brant**, auteur de *La nef des fous*. Au plan religieux, c'est le Concordat (germanique) de Vienne (1448) qui est appliqué : l'évêque n'est pas nommé par le pouvoir régalien mais élu par les chanoines.

**XVI$^{e}$ siècle :** Strasbourg se prononce pour la réforme religieuse. La ville libre accueille les dissidents pourchassés, vulgarise leurs écrits. **Jean Calvin** y trouve refuge et y crée la première paroisse réformée, avant de partir pour Genève.

L'enseignement public se développe, à la fois pour les filles et les garçons. Le Gymnase Sturm voit le jour en 1538 mais son identité protestante l'empêche de revendiquer le statut d'université.

**XVII$^{e}$ siècle :** La guerre de Trente ans (1618-1648) déchire l'Europe. L'Alsace entière est ravagée. En échange de sa neutralité, Strasbourg obtient en 1621 l'autorisation de fonder une université, qui sera luthérienne. Par les traités de Westphalie, le roi de France annexe l'Alsace. Il réintroduit le catholicisme mais garantit la liberté religieuse.

**XVIII$^{e}$ siècle :** Sa proximité avec l'empire germanique en fait un lieu hautement stratégique. La langue allemande et la religion protestante restent dominantes mais l'influence française gagne du terrain. De nombreux hôtels particuliers en portent la trace. Durant tout ce siècle, une famille princière, les **Rohan**, monopolise le pouvoir épiscopal. Elle érige un palais à sa gloire, à proximité de la Cathédrale.

Strasbourg et son université connaissent un nouveau rayonnement : **Goethe et Metternich** y étudient aux côtés de milliers d'autres étudiants venus de l'Europe entière. La ville excelle dans l'enseignement du droit et de la médecine. Lors de la Révolution, l'adhésion à la République s'affirme. A cette occasion, Rouget de Lisle y compose la Marseillaise.

**XIX$^{e}$ siècle :** Ville commerçante et grande place financière, Strasbourg développe toutes les voies possibles de communication : de nouveaux canaux relient le Rhin à la Marne et au Rhône ; une ligne de chemin de fer rapproche la ville de Paris.

En 1870, au terme d'une guerre opposant la France à la Prusse, l'Alsace, Strasbourg incluse, ainsi qu'une partie de la Lorraine sont rattachées à l'Allemagne. La ville sort meurtrie du conflit. **En quatre-vingts ans, elle changera quatre fois de nationalité.**

**XX$^{e}$ siècle :** Durant la première guerre mondiale, des Strasbourgeois sont incorporés dans l'armée allemande : 3000 d'entre eux mourront sous le drapeau du Kaiser. Au terme du conflit, la ville redevient française, rejetant parfois violemment les symboles de son ancienne appartenance à l'Empire germanique.

Les années 1930 sont le témoin d'un boom industriel, consolidé par le développement de la navigation fluviale.

Sa position frontalière fait de Strasbourg en 1939 une cible désignée : à la veille de la deuxième guerre mondiale, quelque 120 000 personnes sont évacuées par le gouvernement français vers le Sud-ouest, dont l'ensemble de la communauté juive de la ville. Sur les 10 000 personnes qu'elle comptait avant guerre, 8 000 d'entre elles reviendront après la Libération et un millier d'autres périra en déportation.

Au lendemain de l'Armistice, l'Alsace est une nouvelle fois annexée à l'Allemagne, mais au prix dorénavant d'une forte germanisation.

L'enrôlement dans la Wehrmacht, obligatoire dès 1942, jette de nombreux «malgré nous» alsaciens sur le front russe.

En 1944, la ville est bombardée par les Alliés, avant d'être libérée par le général Leclerc en novembre de la même année, et de retrouver la liberté.

## 1.3. STRASBOURG AUJOURD'HUI EN BREF

- Chef lieu de la région Alsace et du département du Bas-Rhin (67)
- Commune-centre insérée depuis 1966 dans une agglomération de 28 communes qui forment la Communauté urbaine de Strasbourg (CUS), aux compétences bien définies : infrastructures urbaines, urbanisme, logement, transports et développement économique

  À la Ville est confiée la politique de proximité qui s'illustre dans les sphères suivantes : culture, écoles, action sociale, jeunesse, sport, espaces verts et forêts, éclairage public, mairies de quartier, tourisme, sécurité
- Superficie de la ville : **78,27 km²**
- Superficie de la CUS : **316 km²**
- Nombre d'habitants à Strasbourg : près de **280 000**, qui en font la septième ville de France
- Nombre d'habitants de la CUS : près de **500 000**
  - Une population jeune : **24%** ont moins de 20 ans ; **60%** ont moins de 40 ans
  - Une population cosmopolite : **13,75%** d'immigrés (moyenne nationale : 5,6 %), venus pour l'essentiel du Maghreb (3,40%), de Turquie (2,35%) et d'Europe (3,90%)
- Population active : près de **225 000**
- **Principaux secteurs d'activité :** santé, éducation et action sociale, services aux entreprises, commerce, tourisme, administration, transports, activités financières, activités spécialisées scientifiques et techniques
- **L'Université de Strasbourg** est la 4e université de France selon le classement de Shanghai 2009 et elle occupe la 15e place mondiale pour la Chimie. Strasbourg accueille chaque année près de 55 000 étudiants, dont 22% d'étrangers
- Avec ses berges, ses 280 hectares de parcs et jardins, ses 53 km de lignes de tram, ses 500 km de pistes cyclables, sa proximité avec les pistes de ski des Vosges et de la Fôret Noire, Strasbourg offre à ses habitants **un cadre de vie remarquablement préservé**
- À Strasbourg, c'est un réseau de **10 musées** qui ravit la curiosité des amateurs d'art et de quelques **500 000 visiteurs annuels**. Strasbourg possède également la **2e bibliothèque universitaire de France**, avec plus de 3 millions de volumes, ainsi qu'un vaste réseau de médiathèques accessibles à tous.

# Bienvenue dans votre magasin IKEA Strasbourg

## Pour votre entreprise aussi !

**IKEA BUSINESS**

IKEA Strasbourg vous accompagne dans l'aménagement professionnel de votre entreprise avec une gamme complète de matériel de bureau garanti 10 ans, un accueil spécifique et un service facturation adapté à vos attentes.

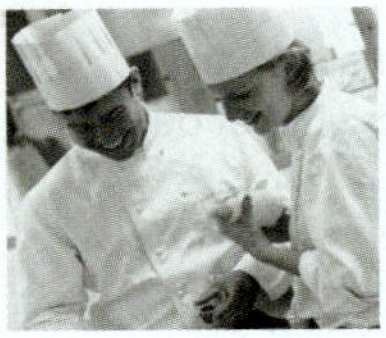

Faites une pause dans notre restaurant pour déguster une cuisine variée (viandes, poissons, plat végétarien). Découvrez notre plat du jour du lundi au vendredi de 11h30 à 14h30. Un grand parking parking facilement accessible et gratuit vous attend à 1mn de la sortie d'autoroute n°1 Cronenbourg.
Notre restaurant accepte les tickets restaurant et vous accueille :
**Du lundi au vendredi : le midi de 11h30 à 14h30, le soir de 18h30 à 20h30.**
**Le samedi en continu de 11h à 19h.**

## Navette gratuite

IKEA ◄ ► Tram la Rotonde*
**Toutes les 20 minutes, du lundi au vendredi de 9h40 à 21h20**
**et le samedi de 8h40 à 20h20**
(Horaires disponibles sur le site www.ikea.fr/strasbourg)
*arrêt de bus en face de l'arrêt tram La Rotonde

## Horaires d'ouverture :

| | |
|---|---|
| Lundi au vendredi : | 10h - **21h** |
| Samedi : | **9h** - 20h |

Plus d'info sur le www.ikea.fr/strasbourg



**Pourquoi payer plus cher ?** IKEA® STRASBOURG

Pfifferbriader
Louis SIPP
Restaurant
Winstub
Pfifferbriader

2.

# L'EUROPE DE STRASBOURG

## 2.1. AU CENTRE DE L'AMITIÉ FRANCO-ALLEMANDE

Strasbourg est devenue après 1945 le symbole par excellence de la réconciliation entre la France et l'Allemagne. Du fait de son histoire, **la Ville a été choisie par les Européens comme le siège de trois institutions : le Conseil de l'Europe (depuis 1949), la Cour européenne des Droits de l'Homme (depuis 1959) et le Parlement européen (depuis 1979).** Les États membres ont ainsi ancré la construction européenne dans les valeurs et l'histoire incarnées par la ville depuis plusieurs siècles, reconnaissant la situation stratégique de Strasbourg au cœur de l'Europe et les symboles que représente cette ville sur le continent : symbole historique de la réconciliation franco-allemande mais aussi de l'humanisme européen, héritier de l'humanisme rhénan.

Cette amitié revêt de nombreuses formes. Elle se traduit en premier lieu par **l'importance des échanges** économiques, humains, culturels et transfrontaliers. L'Allemagne est le premier partenaire commercial du Bas-Rhin. Plus de 37 000 véhicules empruntent chaque jour **le pont de l'Europe** qui permet de franchir le Rhin entre la France et l'Allemagne. **La Passerelle des Deux Rives**, conçue par l'architecte Marc Mimram enjambe depuis 2004, un vaste jardin de 60 hectares, situé à cheval sur les deux rives du Rhin. Il faut aussi souligner la présence à Strasbourg **d'Arte**, chaîne de télévision culturelle franco-allemande.

## 2.2. STRASBOURG, CAPITALE DE LA DÉMOCRATIE ET DES DROITS DE L'HOMME

Strasbourg incarne la démocratie européenne et la gouvernance supranationale avec le siège du Parlement européen, l'Assemblée parlementaire du Conseil de l'Europe, la Cour européenne des Droits de l'Homme, le Médiateur européen.

Elle est le lieu d'épanouissement de la démocratie et de la gouvernance locale, avec le Congrès des Pouvoirs Locaux et Régionaux, la Semaine européenne de la Démocratie Locale.

Le développement de l'Eurodistrict Strasbourg-Ortenau et la mise en place d'une nouvelle gouvernance démocratique transfrontalière fait de Strasbourg un véritable laboratoire européen au quotidien.

**Au-delà de son biculturalisme, Strasbourg est une ville de tolérance et de respect de l'autre.** C'est ici que l'humanisme a préparé le terrain de la Réforme. C'est à Strasbourg également, avec le Concordat napoléonien, que quatre religions se sont vu reconnaître l'égalité des droits. Aujourd'hui, avec la Cour européenne des Droits de l'Homme, avec le prix Sakharov, avec le Centre européen de la Jeunesse, Strasbourg est la capitale européenne des droits de l'homme, du dialogue et du respect mutuel.

Berceau de l'humanisme rhénan, Strasbourg a accueilli les plus grands penseurs et intellectuels de leurs temps. Aujourd'hui, Strasbourg est un lieu de dialogues et d'échanges permanents et accueille les plus grands noms.

C'est ainsi que s'est tenu, en avril 2009, le soixantième **sommet de l'Otan,** marqué par le retour de la France au sein du commandement intégré de l'organisation. Vingt-huit dirigeants de pays de l'Alliance Atlantique s'y sont retrouvés. La ville accueille les sessions du Parlement européen ainsi que les sessions de l'Assemblée parlementaire du Conseil de l'Europe. C'est également à Strasbourg qu'ont lieu chaque année les **Assises du journalisme.**

Enfin, du fait de son statut de **ville diplomatique** (46 ambassades, une trentaine de consulats), Strasbourg est au centre des échanges internationaux.

© CUS/G. Engel

## 2.3. STRASBOURG, LABORATOIRE DE L'EUROPE AU QUOTIDIEN

Depuis 2005, **l'Eurodistrict Strasbourg-Ortenau** a permis d'établir une nouvelle forme de gouvernance transfrontalière. Ce territoire, qui réunit les 28 communes de la Communauté urbaine de Strasbourg et l'Ortenaukreis (dont les villes de Kehl, Offenburg, Oberkirch, Lahr et Acher, en Allemagne) couvre une superficie de plus de 2000 km² pour une population de près de 900 000 habitants. La création d'un Groupement Européen de Coopération Territoriale permet de développer des projets transfrontaliers pour améliorer la vie quotidienne des habitants ; comme effectuer une demande de papiers d'identité auprès de la mairie de Strasbourg et non plus à Munich, auprès du Consulat de France. Autre exemple de réalisation : un cursus commun d'apprentissage est mis en œuvre et un rapprochement s'organise entre les hôpitaux universitaires de Strasbourg et le Centre d'épilepsie de Kork.

Pour permettre à chacun de mieux comprendre le rôle européen de Strasbourg, la Ville s'engage pour la création d'une **« Maison de l'Europe ».** Installée à proximité du Conseil de l'Europe et de la Cour européenne des Droits de l'Homme, elle a vocation à devenir un lieu d'information et de documentation sur l'Europe, en particulier sur les institutions européennes dont le siège est à Strasbourg.

Outre le Parlement et le Conseil de l'Europe, Strasbourg accueille la pharmacopée européenne, le centre européen de la jeunesse, l'observatoire européen de l'audiovisuel, le système d'information Schengen, l'Eurocorps, la Fondation européenne de la science, la commission centrale pour la navigation sur le Rhin, l'Assemblée des régions d'Europe...

### Ville ouverte sur le monde

Strasbourg est depuis longtemps résolument tournée vers le monde. Elle s'est jumelée tour à tour à Boston (Etats-Unis) et Leicester (Royaume-Uni) en 1960, à Stuttgart (Allemagne) en 1962, à Dresde (Allemagne) en 1990 et à Ramat Gan (Israël) en 1991.

Parallèlement, la Ville poursuit une politique de coopération technique décentralisée, destinée à **encourager les transferts d'expériences et de savoir-faire** en direction d'autres villes du monde. Ainsi de :

- **Jacmel** en Haïti où un projet de renforcement des capacités municipales (gestion de la propreté, marchés, fiscalité locale) est en cours ;
- **Douala** au Cameroun où sera inauguré dans quelques mois un centre social dans un quartier défavorisé ;
- **Fès** au Maroc où une nouvelle coopération autour de l'assainissement de l'eau et de la formation d'urgentistes a été approuvée en juin 2008 ;
- **Novgorod** en Russie où un programme d'aide à la protection du patrimoine et à l'organisation administrative est engagé depuis 1997 ;
- **Bamako** au Mali où la réalisation d'un tramway, s'appuyant sur l'expérience du modèle strasbourgeois, est actuellement à l'étude ;
- **Kayseri** en Turquie sur les questions de préservation du patrimoine historique et culturel, sur les transports et les mobilités urbaines durables, sur l'urbanisme et le logement.

À STRASBOURG,
PRENEZ LA MER
AU CŒUR DE L'EUROPE
Port autonome de Strasbourg
2e port intérieur français sur le 1er axe fluvial européen,
vers la 1re plate-forme maritime au monde
PAS
PORT AUTONOME DE STRASBOURG
www.strasbourg.port.fr
Poste 4

Dalkia
France
Dalkia Agence de Strasbourg
3F rue du Fort
67118 GEISPOLSHEIM
Tél. : 03 90 40 34 84
Fax : 03 88 67 95 52
Dalkia, partenaire de référence des collectivités
Une énergie inventive pour la ville
Dalkia est un acteur majeur de la gestion énergétique et environnementale pour les collectivités, les acteurs de l'habitat et les entreprises.
Chaque jour, les 1400 collaborateurs de Dalkia assurent, à Strasbourg et dans tout le Grand Est de la France, confort et sécurité à travers la gestion des installations techniques et de chauffage des immeubles, des écoles, des crèches… ou des hôpitaux.
Pour les collectivités publiques, Dalkia conçoit et gère les infrastructures et les équipements énergétiques. Dalkia améliore leur performance et contribue ainsi à la maîtrise de la consommation d'énergie et à la réduction des émissions de CO2.
Expert des réseaux de chauffage urbain, Dalkia propose des solutions de cogénération et développe, au cœur des villes, les énergies renouvelables.
www.dalkiaest.fr
L'énergie est notre avenir, économisons-la !

8 VILLES AU DÉPART
DE STRASBOURG
À MOINS DE 1H30
by AIRFRANCE
PARIS
LYON
LILLE
MARSEILLE
NICE
NANTES
TOULOUSE
BORDEAUX
Renseignez-vous sur airfrance.fr, au 3654
(0,34€ TTC/min à partir d'un poste fixe)
ou dans votre agence de voyages.
AIRFRANCE KLM
airfrance.fr

Explorer de nouvelles pistes
et gagner en innovation
www.es-energies.fr
L'énergie est notre avenir, économisons-la!
es

L'idée du développement durable
vous trotte dans la tête ?
Faites-la pousser avec Icade Promotion Logement
Le développement durable, tout le monde en parle, tout le monde veut se l'approprier. Au-delà d'être un argument de séduction, c'est une valeur qui demande un véritable engagement et de réelles compétences pour être mise en oeuvre et cela ne s'improvise pas… Bienvenue chez Icade Promotion Logement.
BÂTIMENT ÉCOACTIF
BÂTIMENT BASSE CONSOMMATION
Les Jardins d'Élise - Strasbourg- Souffelweyersheim
Les Villas Clara - Strasbourg Robertsau
ICADE
Foncière-développeur
Il fait bon construire l'avenir
1 rue Job - 67000 STRASBOURG - Tél. : 03 88 40 68 00
www.icade-immobilier-neuf.com
sa|ka|ra .fr - illustrations non contractuelles - crédit photo : Inspoon / ©Creatas - 03/09


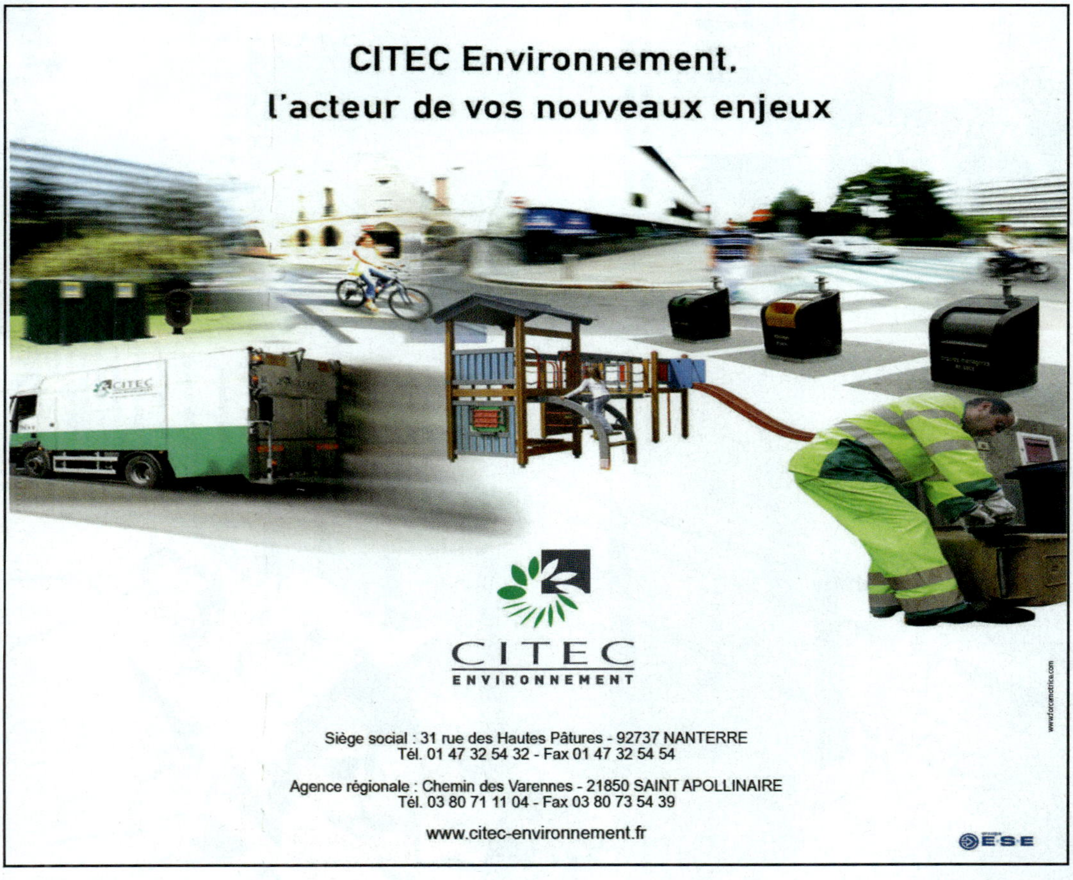

CITEC Environnement,
l'acteur de vos nouveaux enjeux
CITEC
ENVIRONNEMENT
Siège social : 31 rue des Hautes Pâtures - 92737 NANTERRE
Tél. 01 47 32 54 32 - Fax 01 47 32 54 54
Agence régionale : Chemin des Varennes - 21850 SAINT APOLLINAIRE
Tél. 03 80 71 11 04 - Fax 03 80 73 54 39
www.citec-environnement.fr
ESE

André Malraux

# 3. STRASBOURG CONSTRUIT LA VILLE DE DEMAIN

*La vision du développement de l'agglomération de Strasbourg repose sur le principe d'une ville plus compacte, moins consommatrice d'espace, qui remobilise prioritairement ses friches urbaines et industrielles. Elle traduit une volonté forte : éviter les risques d'étalement.*

## 3.1. STRASBOURG, MÉTROPOLE DES DEUX RIVES : LA VILLE À 360°

La ville et la CUS poursuivent le projet de développer l'urbanisation de l'agglomération jusqu'au Rhin. Dans cette perspective, l'un des projets phare de l'évolution de l'agglomération est celui de **l'axe Heyritz-Kehl. Symbole de la dimension internationale et transfrontalière qui en fait son originalité, le projet «Métropole des deux rives» a l'ambition de replacer le Rhin au cœur du développement de l'agglomération, tourné vers la France autant que vers l'Allemagne**. Il permet de passer d'un territoire traversé par le fleuve à une ville construite sur ses deux rives, à 360°. Ce projet dessine des quartiers mieux reliés entre eux et prévoit la construction de nombreux logements. Il se fonde et s'articule autour de trois trames : la trame bleue avec le développement d'un cœur de ville autour du Rhin, la trame verte et la trame des transports en commun avec notamment l'extension du tramway jusqu'à Kehl sur la rive allemande du Rhin. **Ce projet majeur porté par la ville de Strasbourg, la ville de Kehl, et la CUS a été primé au titre des Écocités suite à l'appel à projets du Ministère de l'Écologie en 2009.**

Sa mise en œuvre se concrétise autour de 24 projets leviers, autant de projets urbains et paysagers emblématiques de la démarche strasbourgeoise d'innovation et de développement urbain intégré. Le projet d'aménagement du quartier du Port du Rhin s'inscrit dans une stratégie de développement et d'urbanisation du **secteur transfrontalier des Deux Rives** pour lequel un schéma directeur d'aménagement est en cours d'élaboration.

**Signe fort du renouveau de la Ville vers le Rhin, on peut citer parmi les réalisations en cours : *la transformation du quartier du Port du Rhin, l'aménagement du secteur Heyritz, la presqu'île Malraux, l'éco-quartier Danube.***

## 3.2. STRASBOURG DÉVELOPPE UN TERRITOIRE ATTRACTIF ET INNOVANT

Métropole créative, curieuse et ouverte, **Strasbourg crée les conditions favorables à son développement économique en favorisant l'émergence de nouveaux secteurs d'activités**. C'est l'objectif de la **stratégie Éco 2020**, feuille de route de Strasbourg dans ce domaine. Strasbourg a choisi quatre pôles d'avenir sur des marchés porteurs, pour lesquels la métropole dispose d'atouts déterminants : les technologies médicales et thérapies nouvelles, les mobilités innovantes et multimodales, les activités créatives et le tertiaire supérieur international.

© Studio Inventive

### 3.2.1. L'université et la recherche : Strasbourg en pôle position

Située au cœur de la ville, en lien direct avec le centre, les services et les logements, **l'Université de Strasbourg est la première des universités françaises** (hors Paris) **selon le classement de Shanghai.** Avec un peu plus de **42 000 étudiants**, l'Université de Strasbourg est désormais la plus importante université de France. Particulièrement reconnue dans les domaines scientifiques, c'est aussi l'université qui attire le plus grand nombre d'étudiants étrangers.

**Avec des laboratoires de réputation mondiale**, l'ISIS du Professeur Lehn, prix Nobel de Chimie, l'IGBMC du Professeur Chambon, et l'IRCAD du Professeur Marescaux, **l'Université de Strasbourg se place en pointe des universités européennes en matière de recherche**.

**L'Université de Strasbourg, qui a été la première université ayant engagé un processus de fusion** (regroupement des universités Louis Pasteur, Robert Schuman et Marc Bloch) **a été retenue dans le cadre de l'opération « Plan Campus » et se positionne au titre des campus d'excellence** dans l'initiative d'avenir lancée par l'État.

L'université couvre l'ensemble des disciplines de l'enseignement supérieur. Cinq grandes écoles lui sont rattachées (École et Observatoire des Sciences de la Terre, École européenne de Chimie, Polymères et Matériaux, École nationale supérieure de physique, École supérieure de biotechnologie, École nationale du génie de l'eau et de l'environnement), auxquelles il convient d'ajouter la présence à Strasbourg de l'ENA, de l'INET, de l'ISU.

Strasbourg s'est également engagée dans un Plan d'investissement pour le développement de l'enseignement supérieur et de la recherche, aux termes duquel elle mobilisera 100 millions € sur 10 ans (2010-2020), Région et Département s'engageant chacun à la même hauteur.

Au titre du Contrat de projets 2007-2013 et du Contrat triennal « Strasbourg, capitale européenne », Ville et CUS se sont engagées pour plus de 40 millions € dans le financement d'opérations répondant à l'objectif de renforcer l'attractivité internationale de l'Université et de développer les activités de recherche dans des domaines susceptibles d'accroître encore le rayonnement scientifique de Strasbourg. La CUS assure notamment la maîtrise d'ouvrage de la **construction de la faculté de chirurgie dentaire et du centre de soins** qui lui est associé.

Il en va de même pour le **Pôle d'administration publique**, qui réunira sur un même site l'Institut d'Études Politiques, l'Institut des Hautes Études Européennes et l'Institut de Préparation à l'Administration Générale.

### 3.2.2. L'ambition internationale : le projet Wacken Europe

Idéalement situé entre le quartier bancaire et le quartier européen, **le Wacken** est un secteur clé du développement de l'agglomération de Strasbourg. Moderne et compact, **il constituera le poumon des fonctions tertiaires supérieures internationales**. Accolé au futur Parc des expositions et au Palais de la Musique et des Congrès agrandi et rénové, le projet Wacken Europe, quartier d'affaires international, se développe sur un site de 12 hectares et offre un potentiel sur 120 000 à 150 000 m$^2$. Il comprend : un programme tertiaire de très grande envergure avec bureaux, centre d'affaires, hôtel, services et commerces, des capacités supplémentaires pour les besoins des institutions européennes.

De **nouveaux projets d'infrastructures** permettront bientôt de favoriser les potentiels de développement et d'attractivité : **en 2012, Strasbourg sera placé au cœur du réseau TGV de l'Europe**. Après le TGV Est Européen et ses dessertes de Paris, Lille et l'Ouest, le TGV Rhin-Rhône sera en effet mis en service. **Strasbourg sera ainsi la première ville française, hors Paris, à être au croisement d'une ligne Est Ouest et d'une ligne Nord Sud au cœur de l'Europe.**

Strasbourg dispose également d'un aéroport international et se situe à proximité des aéroports de Mulhouse-Bâle, Francfort et Stuttgart.

© CUS / P.Schlack

# 4. STRASBOURG, MÉTROPOLE RESPONSABLE

## 4.1. PIONNIÈRE DES DÉPLACEMENTS URBAINS

Dès le début des années 1990, Strasbourg a fait le choix du tramway comme mode de transport. La première ligne de tramway a été inaugurée en 1994. Résolument moderne, esthétique, le tram s'est accompagné d'une transformation en profondeur de la ville et de ses usages et a fait l'objet de nombreux aménagements paysagers. Nouveau plan de circulation, extension de la piétonisation du centre ville, augmentation des itinéraires cyclables.

Strasbourg fut l'une des premières villes de France à considérer que le retour du tramway permettait de répondre au défi climatique.

Dès sa mise en service, les Strasbourgeois l'ont plébiscité. Aujourd'hui, l'agglomération strasbourgeoise dispose du réseau de tram le plus performant de France avec ses 56 km de longueur commerciale, ses 6 lignes maillées et ses 69 stations. Près de 300 000 voyageurs l'empruntent chaque jour. Des extensions sont d'ores et déjà prévues notamment vers Kehl.

L'esprit pionnier de Strasbourg dans le domaine des mobilités douces se retrouve aussi dans d'autres domaines : tram-train, auto-partage, vélo, code de la rue.

## 4.2. STRASBOURG, MÉTROPOLE VERTE

Pour la Ville et la Communauté urbaine de Strasbourg, la question environnementale ne se borne pas à la seule promotion des transports publics ou des modes de déplacement actifs : elles sont actuellement engagées dans la mise en œuvre d'un « Plan climat », qui embrasse de manière globale la gestion du développement durable à l'échelle de l'agglomération.

D'autres actions ont été mises en place et qui vont dans ce sens. C'est le cas par exemple de la politique « agriculture et alimentation », qui privilégie les circuits courts, de la démarche « Zéro pesticides », dont l'objectif est d'abandonner l'utilisation de pesticides pour l'entretien des espaces publics, mais aussi la création d'un Parc naturel urbain. L'enjeu est de rejoindre le club des territoires les plus en pointe dans ce domaine.

© Studio inventive

### 4.2.1. Des écoquartiers pour transformer la ville

L'agglomération de Strasbourg compte à ce jour **9 projets d'écoquartiers** en cours de réalisation ou d'étude.

Il s'agit de quartiers qui offrent un habitat de qualité pour tous, en limitant leur impact sur l'environnement et en préservant au mieux les ressources naturelles. Dans les écoquartiers, tout est pensé pour limiter les besoins en énergie des bâtiments, inciter aux modes actifs de déplacement, intégrer la nature, favoriser la rencontre et le partage.

*Mais ces quartiers sont aussi mixtes et la collectivité y programme des logements sociaux, privés, de services, commerces et activités à proximité des transports.*

### 4.2.2. Presqu'île Malraux : la nouvelle dynamique de Strasbourg

Ce nouveau lieu de vie, situé au bord de l'eau est emblématique de l'extension du cœur de l'agglomération vers les rives du Rhin.

Il comprend notamment une friche industrielle, la friche « Seegmuller » avec ses entrepôts et son silo à grain, éléments du patrimoine qui ont été conservés et réhabilités dans le cadre du projet de réaménagement de la zone. Cet ensemble fait l'objet d'un programme destiné à accueillir une cité universitaire internationale, des équipements culturels et des loisirs (galerie d'art, lieux de spectacles, restaurants), des commerces, des bureaux et des logements. Le projet comprend également une tour, symbole du dynamisme et de l'attractivité de Strasbourg.

### 4.2.3. L'autopromotion : une première en France !

L'autopromotion est entendue comme le montage selon lequel plusieurs ménages, réunis par un projet de vie commun, conçoivent et réalisent leur logement au sein d'un bâtiment collectif sans passer par un promoteur. Ces programmes peuvent également inclure un (ou plusieurs) local professionnel occupé par un (ou plusieurs) ménage-occupant pour sa propre activité, ou mis en location. L'autopromotion permet la construction d'un immeuble qui réponde de manière optimale et personnalisée à leurs besoins en logements et/ou locaux professionnel.

Elle est une alternative à la promotion privée et à l'habitat individuel, une manière qualitative, non spéculative, plus économique et plus durable de fabriquer un habitat urbain mixte et de créer les conditions d'un voisinage plus harmonieux.

**La Ville de Strasbourg a engagé une opération pilote, « 10 terrains pour 10 immeubles durables ».**

L'initiative vise à **promouvoir la construction d'un habitat innovant, à très basse consommation d'énergie, sur dix terrains de petites à moyennes dimensions (3 à 16 logements), inscrits dans le tissu bâti existant**. Cette consultation est réservée aux groupes d'autopromotion et a pour objectif de :

- favoriser une architecture contemporaine de haute qualité environnementale et énergétique sur des sites contraints, en densification du tissu urbain constitué,
- soutenir l'émergence de projets en « autopromotion »,
- soutenir la mixité des fonctions au sein d'un même immeuble, facteur d'animation dans la ville, puisque chaque programme intègrera un rez-de-chaussée d'activité, de commerce ou d'équipement,
- créer des références locales d'habitat écologique qui soient largement médiatisées afin d'accélérer la diffusion des techniques et des savoir-faire dans le domaine de la performance environnementale.

© F. Desrues

une société de Rabo Real Estate Group
Bâtissons ensemble un avenir durable.
Bouwfonds Marignan
PYRAMIDE D'OR 2009
Paris-Île-de-France - Centre - Nord-Picardie - Haute-Normandie - Alsace - Bretagne - Pays-de-Loire - Rhône-Alpes - Savoie - Midi-Pyrénées - Provence-Languedoc - Var-Côte d'Azur
Promoteur national, impliqué depuis plus de 35 ans au cœur des régions françaises, Bouwfonds Marignan figure parmi les principaux acteurs immobiliers.
Filiale française de Rabo Real Estate Group, Bouwfonds Marignan garantit à ses partenaires la sécurité et la solidité financière d'un grand groupe européen. Son actionnaire Rabobank est la seule banque commerciale au monde notée triple A.
Sa croissance repose sur la diversification de ses activités. Elle lui permet d'offrir aujourd'hui un savoir-faire pluridisciplinaire : habitat, immobilier d'entreprises, résidences services. Premier promoteur immobilier national à être certifié NF Logement démarche HQE®, Pyramide d'Or 2009 de la Fédération des Promoteurs Constructeurs, Bouwfonds Marignan confirme son engagement pour bâtir un avenir durable et préservé.
BOUWFONDS MARIGNAN IMMOBILIER
3 avenue de l'Europe - BP 60061 - 67013 STRASBOURG cedex
Tél. : +33 (0)3 88 81 15 15 - Fax : +33 (0)3 88 83 80 70
www.bouwfonds-marignan.com
bouwfonds marignan
immobilier
Bouwfonds Marignan Immobilier SAS : RCS Nanterre 412 842 684. Document non contractuel. Illustrations à caractère d'ambiance. Crédits photos : D.R., Dahliette Sucheyre, Corbis, Gettyimages.

Acteurs
de la valorisation des déchets
Franck, 32 ans,
Étancheur
Jean-Luc, 48 ans,
Écologue
Des métiers au service de tous
pour protéger l'environnement,
la santé, et assurer la sécurité
Christèle, 29 ans,
Laborantine chargée
du contrôle des déchets
Philippe, 39 ans,
Trieur de collecte sélective
Séché
environnement
Séché global solutions
www.groupe-seche.com

weber

André Malraux

5.

# STRASBOURG INVENTE UNE QUALITÉ DE VIE NOUVELLE

## 5.1. UNE CULTURE VIVANTE

Ville de rencontres des hommes et des civilisations, héritière de l'humanisme rhénan, siège d'institutions européennes, Strasbourg a toujours joué un rôle prépondérant dans l'histoire des idées et des arts qui la placent au rang des foyers de diffusion culturelle parmi les plus actifs en Europe. La richesse et la diversité culturelle qui lui viennent de son histoire lui imposent d'assumer un engagement fort dans les domaines de la création, de l'innovation, du patrimoine et de la mémoire.

Aux côtés du Théâtre national de Strasbourg, la ville compte de nombreuses institutions d'excellence comme l'Opéra du Rhin, l'Orchestre Philharmonique de Strasbourg, l'École Supérieure des Arts Décoratifs, le Musée d'Art Moderne et Contemporain, figure de proue d'un réseau de 10 musées. Il faut encore citer la Cité de la Musique et de la Danse et le réseau des 26 bibliothèques et médiathèques de l'agglomération, organisé autour de la grande médiathèque Malraux.

En complément des propositions culturelles générées par les institutions, une multitude d'initiatives et de projets culturels tels qu'Ososphère, festival consacré aux arts numériques ou Musica, plus important festival de musique contemporaine en Europe, contribuent largement à la richesse et à la diversité de l'offre culturelle strasbourgeoise.

→ 9600 propositions culturelles par an (enquête *Le Point juin 2010*).

En y consacrant 24 % de son budget, Strasbourg est la grande ville française qui investit le plus dans le champ de la culture, en favorisant la diversité et toutes les formes d'expression artistique.

## 5.2. UNE VILLE SPORTIVE

Le sport est omniprésent à Strasbourg. 126 disciplines y sont pratiquées, au sein de 220 clubs sportifs. 3 700 000 personnes fréquentent les équipements sportifs, dans lesquels 14 000 créneaux d'utilisation sont mis à la disposition des associations. Enfin, les manifestations sportives mobilisent chaque année près de 4 000 bénévoles.

S'agissant des équipements sportifs, l'action de la Ville et de la Communauté urbaine se structure autour des deux objectifs de modernisation des équipements existants et de création d'équipements nouveaux :

- La Communauté urbaine vient de se doter d'un **schéma directeur des piscines** à l'horizon 2020. Accompagné d'un effort d'investissement de près de 100 millions € sur 10 ans, ce schéma prévoit, pour la période 2010-2014, **la réalisation d'une nouvelle piscine, la rénovation des Bains municipaux** (inscrits à l'inventaire supplémentaire des Monuments Historiques), projet à part ne faisant pas partie du schéma directeur des piscines, la transformation de la piscine du Wacken **en piscine ouverte toute l'année**, la réhabilitation de la piscine de la Kibitzenau avec la **création d'une offre ludique de proximité**, la rénovation de celles d'Ostwald et de Lingolsheim.
- La **construction de quatre nouveaux gymnases** est programmée d'ici 2015 (gymnases de Neudorf, du Heyritz, Jacqueline). **D'importantes opérations de restructuration** sont également prévues sur deux autres gymnases (Reuss et Menora), ainsi que sur la zone sportive du Wacken SS – et notamment l'Ill Tennis-Club –, le centre sportif ouest, le hall Jean-Nicolas Muller, celui de la Montagne Verte et le terrain de jeux et d'aventure.

S'agissant du sport de haut niveau, la Ville et la Communauté urbaine de Strasbourg accueillent régulièrement des compétitions prestigieuses comme l'étape française du Championnat du Monde des Rallyes.

© CUS / J.Dorkel

© CUS/G.Engel

## 5.3. UNE NOUVELLE GOUVERNANCE LOCALE

*« On ne peut plus faire de politique aujourd'hui ni décider de grands projets comme il y a 15 ou 20 ans, lorsque les élus étaient sur un piédestal, lointains, inaccessibles. Les citoyens n'en veulent plus. »* **Roland Ries**

La démocratie locale est au cœur du projet municipal de Strasbourg. Aujourd'hui, les citoyens demandent à être écoutés et consultés en dehors des périodes électorales, et revendiquent une place accrue dans le processus de décision politique.

Strasbourg est reconnue sur le plan international comme modèle en matière de démocratie locale. Elle organise chaque année une semaine de la démocratie locale avec le Conseil de l'Europe, qui rassemble des experts et personnalités politiques de toute l'Europe. De nombreuses délégations étrangères viennent à Strasbourg pour regarder l'application des principes de cette gouvernance et son impact sur la qualité des projets urbains.

- **Des enquêtes de satisfaction** menées auprès des usagers, sous forme de questionnaires et d'entretiens directs.
- **Des concertations publiques** animées par les élus sur les grands projets qui engagent l'avenir des habitants comme le renouvellement urbain de certains quartiers ou l'extension de certaines lignes du tramway
- **Des conseils de quartier** : ces instances indépendantes, établies pour une durée de deux ans, disposent d'un budget de fonctionnement autonome et ne sont rattachées à aucun appareil politique. Au rythme d'une réunion environ par mois, les citoyens organisent eux-mêmes les débats autour de projets qui leur ont été soumis (réalisation d'un centre culturel, rénovation d'une école, construction d'un nouveau gymnase, tracé d'une nouvelle piste cyclable) ou de tout autre sujet d'intérêt collectif intéressant un

quartier. Leurs avis sont ensuite annexés aux délibérations du conseil municipal de sorte que les élus puissent en prendre connaissance avant de formuler une décision ou de rendre un vote. Mais la possibilité est également laissée à ces conseils d'alerter les élus sur des questions spécifiques.

> Depuis décembre 2008, Strasbourg compte dix conseils de quartier. Ils sont composés pour ⅓ de représentants d'associations et de socioprofessionnels, et pour ⅔ d'habitants tirés au sort ou s'étant eux-mêmes portés candidats. Leur participation est toujours volontaire et bénévole. Depuis leur installation, 40 avis ont été ainsi rendus par les conseils de quartier en un an.

- **Des ateliers urbains** animés par des techniciens et des spécialistes sur des sujets précis, tels que les écoquartiers. L'objectif est de stimuler l'éducation populaire en proposant des informations claires et intelligibles.
- **Un conseil des résidents étrangers** qui permet de redonner vie à la citoyenneté de résidence. En l'absence d'une législation française reconnaissant aux résidents étrangers le droit de vote au niveau local, Strasbourg met actuellement sur pied une instance où les ressortissants de pays situés en dehors de l'Union européenne pourront eux aussi avoir voix au chapitre et se constituer en une force de proposition. L'accès aux droits, la lutte contre les discriminations, les représentations de l'"étranger", la valorisation de la mémoire, la diversité culturelle seront autant de thèmes sur lesquels cette instance se penchera en particulier.
- **Des enquêtes de satisfations** Un conseil des jeunes qui permet aux jeunes âgés de 11 à 15 ans de participer à la vie démocratique locale. En élaborant des projets dans l'intérêt des jeunes Strasbourgeois et en participant aux décisions qui les concernent, les jeunes conseillers exercent pleinement leur citoyenneté. Le Conseil des Jeunes est composé de 130 jeunes élus âgés de 12 à 15 ans, issus de tous les quartiers de la ville.

Vin Chaud

Strasbourg.eu
& COMMUNAUTÉ URBAINE

1 Parc de l'Étoile
67076 Strasbourg Cedex
03 88 60 90 90

**AUTEURS :** Ville & Communauté urbaine de Strasbourg – Direction de la communication

**ICONOGRAPHIE:** Frantisek Zvardon, E. Laemmel, G. Engel, Studio Inventives, F. Desrue et J. Dorkel.

**RÉALISATION :** MONDIAL MÉDIA

**CONCEPTION** de la couverture et du cahier consacré à Strasbourg : Ligne à Suivre

**DIRECTION GÉNÉRALE :** Gérard ICHAI

**COORDINATION GÉNÉRALE :** Jonathan ICHAI

**ROBERT ÉDITION SPÉCIALE**
**COMMUNAUTÉ URBAINE DE STRASBOURG**
**978-2-9531293-5-9**
**9782953129359**

# LE PETIT ROBERT

## DES NOMS PROPRES

25, avenue Pierre-de-Coubertin - PARIS 13e



ISBN 978-2-84902-740-0

LE PETIT ROBERT SOUS LA DIRECTION DE PAUL ROBERT

# LE PETIT ROBERT
# DES NOMS PROPRES

## DICTIONNAIRE ILLUSTRÉ

NOUVELLE ÉDITION REFONDUE ET AUGMENTÉE

RÉDACTION DIRIGÉE PAR
**ALAIN REY**

LE ROBERT

## PREMIÈRE ÉDITION (1974)

*Rédaction*
*sous la direction* d'Alain Rey

Jaakko Ahokas
*Littérature finlandaise*

Françoise Bediou
*Géographie de la France*

Christine de Bellefonds
*Antiquité romaine ; Antiquité égyptienne, etc.*

Dominique Bouissou
*Histoire de l'art*

Sabine Bragadir
*Géographie : Europe centrale, Scandinavie, Turquie, etc.*

Agnès Brault
*Civilisations hispanique et portugaise*

Sophie Chantreau
*Géographie de l'Europe occidentale*

Pierre Descazaux
*Théâtre ; Danse ; Poésie française moderne ; Musique*

Olga Duda
*Civilisation polonaise ; URSS*

Guy Jean Forgue
*Littérature américaine*

Thieri Foulc
*Histoire des religions, mythologies ; Moyen-Orient antique*

Louis Frédéric
*Civilisations d'Asie*

Laurence Grzegacz
*Géographie de la France ; Histoire du Ier Empire*

Claire Janon
*Géographie de l'Afrique du Nord; Afrique noire ; Océanie*

Annie Jourdain
*Littératures de langue anglaise*

Marie-José Juglar
*Histoire de l'Europe occidentale : XVIe-XVIIIe siècles*

Sophie Lafite
*Géographie de l'Amérique du Sud et du Proche-Orient*

Édith Lançon
*Art italien : XIVe-XVe siècles*

Laurence Laporte

Liliane Léotard
*Musique*

Léon Lescar
*Régions de France*

Véronique Linarés
*Histoire contemporaine*

Claire Lopez
*Littérature russe et littératures slaves du Sud*

Marianne Marçot
*Histoire du Moyen Âge*

Gérard Marié
*Sciences exactes*

Abdelwahab Meddeb
*Histoire de l'art ; Civilisation islamique*

Françoise Morel-Tiphine
*Littérature française et de langue française ; Littérature italienne ; Paris*

Anne-Françoise Nessmann
*Philosophie, Sciences humaines ; Histoire de France : Révolution, XIXe et XXe siècles ; Littérature allemande*

Daniel Péchoin
*Géographie de la France*

Maryvonne Pérez-Praznowski
*Littérature hongroise ; Autriche-Hongrie*

Dimitri Raftopoulos
*Grèce ; Empire byzantin*

Alain Rey
*Amérique du Nord ; Linguistique*

Michèle Sénéchal-Couvercelle
*Sciences exactes*

Aristotelis Vassiliadis
*URSS*

Ont également contribué à la *rédaction*
Frédéric Thieck *(art moderne)*, Gérard Dimier, Isabelle Métayer, Franck Peyré

*Iconographie*

sous la direction de Claude Schaeffner et Anke Hérubel

Hélène Schaeffner

# DEUXIÈME ÉDITION (1994)

**Direction éditoriale :** Thieri FOULC

**Édition**
Marianne STRAINCHAMPS

**Conseil rédactionnel**
Claude DUBOIS

**Rédaction**
L'ouvrage a été révisé, augmenté et mis à jour
par les Dictionnaires Le Robert avec la collaboration de

Carl ADERHOLD
*Histoire et actualité politique*

Daniel BALLAND
*Afghanistan*

Gilles BAUD BERTHIER
*Chine, Corée, Japon, Mongolie*

Marcel BAZIN
*Turquie*

Joëlle BERLENGÉE-FAYT
*Histoire de l'art*

Édina BERNARD
*Art moderne, architecture*

Jean Pierre BERNÉS
*Littérature hispano-américaine*

Claude BEYLIE
*Cinéma*

Jean-Claude BOYER
*Géographie du Luxembourg et des Pays-Bas*

Régis BOYER
*Littératures scandinaves*

Marianne BRIAULT
*Arts du spectacle*

Catherine BRUGUIÈRE-ČOLOVIČ
*Villes de France*

Marie-Hélène CARDINAUD
*Birmanie*

Nicole CASANOVA
*Littérature germanique*

Chebing CHIU
*Chine, Tibet*

Dominique COLAS
*Sciences humaines*

Anne COLLIN DELAVAUD
*Géographie de l'Argentine et de l'Amérique andine*

Ivan ČOLOVIČ
*Littérature serbo-croate*

André DAUPHINÉ
*Géographie de l'Italie*

Olivier DESLONDES
*Géographie de la Grèce et de Chypre*

Pierre DESSEMONTET
*Géographie de la Suisse*

Alain DIECKHOFF
*Géographie d'Israël*

Martine DROULERS
*Géographie du Brésil*

François DURAND-DASTÈS
*Géographie de l'Asie méridionale*

Andrée FEILLARD
*Indonésie*

Robert FERRAS
*Géographie de l'Espagne*

Henri FILIPPINI
*Bande dessinée*

Gilles FIRMIN
*Religions*

Alain FORTIER
*Archéologie, architecture*

Xavier GALMICHE
*Littératures d'Europe de l'Est*

Cynthia GHORRA-GOBIN
*Géographie du Canada et des États-Unis*

Christian GIRAULT
*Caraïbes*

Brigitte GOVIGNON
*Bande dessinée*

Octavian GROZA
*Géographie de la Hongrie*

Mireille HADAS-LEBEL
*Littérature hébraïque*

Anna HURWIC
*Sciences, techniques, médecine*

Élisabeth KOHLER
*Arts et culture*

Thanh Tâm LANGLET
*Viêtnam*

Pierre L. LAMANT
*Cambodge, Laos, Thaïlande*

Vincent LAVOIE
*Photographie*

Charles LESELBAUM
*Littérature espagnole*

Jean-Pierre MARCHAND
*Géographie du Royaume-Uni et de l'Irlande*

Jean-Yves MASSON
*Littératures de langue anglaise*

Liliana MKRTCHIAN
*Littérature russe*

Isabelle MOR
*Géographie de l'Italie*

Alain MUSSET
*Géographie de l'Amérique centrale*

Bernard NANTET
*Afrique, Océanie, Zones polaires*

Majed NEHMÉ
*Monde arabe*

Isidoro NIBORSKI
*Littérature yiddish*

Daniel NOIN
*Géographie de la France*

Michel ORCEL
*Littérature italienne*

Dominique PAQUET
*Littérature théâtrale*

Alexis PELLETIER
*Littérature française*

Denis PELLETIER
*Christianisme*

Christian PELRAS
*Malaysia et Singapour*

Marie PERPÈRE
*Préhistoire*

Claudia POPESCU
*Géographie de la Roumanie et de la Bulgarie*

Jean-Paul POTET
*Philippines*

Denise PUMAIN
*Géographie de la France*

Jean-Bernard RACINE
*Géographie de la Suisse*

Jean RADVANYI
*Géographie de l'ex-URSS*

Stanislas REHAK
*Géographie de la Pologne, de la République tchèque et de la Slovaquie*

Violette REY
*Géographie de l'Europe de l'Est (coordination)*

Pierre RIQUET
*Géographie de l'Allemagne et de l'Autriche*

Michel ROUX
*Géographie de l'Albanie et de l'ex-Yougoslavie*

Ahmad SALAMATIAN
*Iran, Perse*

Lena SANDERS
*Géographie de l'Europe du Nord*

Daniel SANGSUE
*Littérature suisse francophone*

Étienne SCHELSTRAETE
*Littératures de Belgique et des Pays-Bas*

Micheline SERVIN
*Théâtre, arts du spectacle*

Robert SEVRIN
*Géographie de la Belgique*

Bruno SUBRINI
*Théâtre, arts du spectacle*

David TACIUM
*Littératures du Canada (francophone et anglophone)*

Isabelle N. TISSERAND-GADAN
*Indiens d'Amérique*

Alain VANNEPH
*Géographie du Mexique et du Costa Rica*

Marc VIGNAL
*Musique classique et contemporaine*

Anne VITART
*Indiens d'Amérique*

**Rédaction générale et secrétariat de rédaction**
Françoise MASSONNAUD
Laurence CHALLAMEL
Catherine BRUGUIÈRE-ČOLOVIČ

Yamina BENAÏ, Richard BEUGNÉ, Marianne BRIAULT, Nathanaël CHRISTIE, Isabelle ESMOINGT, Alain GNAEDIG, Chantal IZALGUIER, Christine JOST, Nathalie KRISTY, Nadine NOYELLE, Sylvie TOURNADRE

**Iconographie**
Gaëlle MARY
Nathalie LASSERRE

Les Dictionnaires Le Robert remercient les personnes suivantes pour l'aide bienveillante qu'elles ont apportée à la rédaction sur tel ou tel point particulier :

M. le professeur Jean-Pierre BOURGUIGNON, Mme Marie-Josée BRAKHA, M. le professeur CHAMBERT-LOIR, M. le professeur Jean-Pierre CHRÉTIEN, Mme Véronique CROMBÉ, M. Gearóid CRONIN, M. Pierre ENCKELL, M. le sénateur Jacques HABERT, M. le professeur Pierre-Yves MANGUIN, Mlle Kathleen MICHAM, M. Laurent NICOLAS, M. le professeur Maxime RODINSON, Mlle Madona SAKHOKIA, M. Antoine TAVERA, Mme Ornella VOLTA

**Transcriptions et translittérations**
El Hadi BEN MANSOUR *(arabe)*, Musa KAVAL *(persan)*
Annie MONTAUT *(langues indiennes)*

# NOUVELLE ÉDITION (millésime 2008)

**Directrice générale :** Marianne DURAND

**Directrice éditoriale :** Laurence LAPORTE

**Coordination de la rédaction :** Michèle LANCINA

**Rédaction**

Martyn BACK *Littérature anglo-saxonne*
Gilles BAUD BERTHIER *Extrême-Orient*
Morgane BERGOT *Étymologies bretonnes*
Dimitri EL MURR *Philosophie*
Gilles FIRMIN *Étymologies de l'arabe, du grec et de l'hébreu. Bible*
Christian GIRAULT *Caraïbes, Amérique centrale, Amérique du Sud*
Anna HURWIC *Sciences*, Rémi JACOBS *Musique*
Frank LA BRASCA *Littérature italienne*
Bernard NANTET *Afrique*, Jean RADVANYI *CEI*
Amaël CATTARUZZA *Balkans*
Étienne SCHELSTRAETE *Littérature belge*
Marie-Liesse ZAMBEAUX *Allemagne*
Dominique VERNIER-LOPIN *Étymologies, arts*

Les Dictionnaires Le Robert remercient pour leur contribution
M. le professeur Yves COPPENS, M. Pierre DUCRAY,
M. Charles LESELBAUM, Mme Liliana MKRTCHIAN,
M. le professeur Michel ORCEL, M. Claude PERRICHET,
M. Philippe MOREAU DEFARGES, M. le professeur Georges-Elia SARFATI,
M. Jean-Claude TANGUY

Ils remercient également les lecteurs qui leur communiquent leurs remarques
et contribuent ainsi à l'amélioration permanente du texte.
Sans pouvoir être cités, ils sont associés à la réussite et à la qualité du dictionnaire.

**Chronologie**

Laurence LAPORTE
Dominique VERNIER-LOPIN

**Iconographie**

Gaëlle MARY
Coordination Dominique VERNIER-LOPIN

**Cartographie**

Jean-Pierre CRIVELLARI

**Direction du prépresse**

Karol GOSKRZYNSKI

**Informatique éditoriale**

Karol GOSKRZYNSKI
Monique HÉBRARD, Claude SELLIN

**Lecture - correction**

Élisabeth HUAULT,
Anne-Marie LENTAIGNE, Méryem PUILL-CHÂTILLON,
Sylvie PORTÉ, Muriel ZARKA-RICHARD

**Programmation de la mise en page**

Christian DERAMBURE
Lionel GARRIDO

**Informatique rédactionnelle**

Laurent CATACH

**Conception technique et maquette**

Gonzague RAYNAUD
Maud DUBOURG, Dany MOURAIN

# PRÉFACE
# DE LA PREMIÈRE ÉDITION (1974)
## par Paul Robert

*L'accueil fait par le grand public au* Petit Robert, *dictionnaire alphabétique et analogique de la langue française, devait m'encourager à mettre en chantier un ouvrage complémentaire embrassant, cette fois, les domaines de l'histoire et de la géographie, des arts, des lettres et des sciences.*

*Un tel ouvrage, dont j'avais de longue date conçu l'idée avant d'en entreprendre la réalisation en 1968, m'apparaissait d'autant plus indispensable qu'il n'existait — et n'existe encore, à ma connaissance — aucun dictionnaire qui vise à englober en un corps unique l'histoire des lieux et des hommes dans leurs relations spatiales ou temporelles, de manière à en découvrir les noms par la voie analogique aussi bien que dans l'ordre alphabétique. Les lieux et les hommes s'identifiant par des noms propres, il nous a semblé finalement que le titre de* Dictionnaire universel des noms propres *répondait le mieux au contenu de ce nouvel ouvrage, sans toutefois perdre de vue qu'un certain nombre de noms d'hommes et de lieux ont acquis droit de cité dans les dictionnaires de langue, par exemple Don Juan, Égérie, Tartuffe, Brandebourg...*

*Le titre d'*Aide-mémoire historique et géographique, *que j'avais tout d'abord choisi, marquait des ambitions plus modestes que le présent dictionnaire, au moment où je me déterminai à l'entamer seul, mes collaborateurs habituels étant absorbés dans l'achèvement du* Supplément au Grand Robert, *puis dans celui du* Micro-Robert. *Le concours d'une nouvelle collaboratrice, Madame Olga Duda-Ostrowska, me permit de recruter des auxiliaires et de premiers rédacteurs. Nous avions ensemble ébauché le canevas de l'ouvrage et rempli le quart des articles quand l'achèvement du* Micro-Robert *en 1971 libéra l'équipe du « Robert » de ses occupations les plus pressantes. Son secrétaire général, Alain Rey, se laissa convaincre de délaisser momentanément ses travaux linguistiques afin de m'apporter le renfort de son expérience lexicographique, forgée depuis une vingtaine d'années au sein de mon équipe rédactionnelle. Chargé de recruter, de former et de diriger de nouveaux collaborateurs venant d'horizons différents, il aboutit à la constitution d'une nouvelle équipe, assez compacte pour qu'il nous fût possible d'élargir mon projet initial en le fondant dans une œuvre de plus vaste portée, enrichie d'illustrations et de cartes géographiques.*

*Dès lors que l'ouvrage prenait un tour collectif, je décidai de me montrer extrêmement libéral et d'accorder une grande latitude à mes collaborateurs dans la rédaction de leurs articles, sans aller toutefois jusqu'à la mention d'initiales après le point final, comme il est d'usage dans certaines encyclopédies. Mon rôle de directeur de publication s'est généralement borné à des retouches, hors quelques refontes d'une partie des textes, comme, par exemple, celle concernant la période française en Algérie. Dans cette tâche délicate, j'ai trouvé auprès de mes amis Robert et Jacques Mengin et le général Albert Bonhoure une aide extrêmement efficace quoique, par le fait des circonstances, un peu tardive.*

*Faute de mentionner tous ceux de nos collaborateurs qui ont coopéré à cet immense travail avec un dévouement constant, je me dois de les remercier collectivement en invitant le lecteur à consulter la liste de leurs noms en tête de l'ouvrage.*

*Nulle œuvre n'est parfaite. Je dirai de celle-ci : « J'en connais mieux que personne les imperfections et les lacunes. » L'avenir devra lui apporter bien des corrections et des enrichissements et pour cela je compte sur la collaboration des spécialistes aussi bien que sur celle du grand public pour la préparation de futures publications.*

*Paul ROBERT*

# PRÉFACE

par Alain Rey

## I. LES NOMS PROPRES DANS LA LANGUE ET DANS LA CULTURE

Le dictionnaire, ouvrage dont l'utilité se fait sentir avec la masse sans cesse croissante des connaissances à maîtriser, est un type de livre familier, à propos duquel on s'interroge peu. Pourtant, sa nature est ambiguë, puisqu'il répartit, généralement selon un ordre conventionnel et commode, à la fois des informations sur le monde et des données sur les signes du langage, indispensables à l'expression, et à la formation même de la pensée. Le mélange de ces deux types d'informations, encyclopédiques et linguistiques, était de règle en Europe occidentale depuis le XVIII^e siècle. Mais les inconvénients de ce système sont évidents. Si l'on ne peut parler utilement des choses et exprimer une culture qu'en maîtrisant les mots, ce sont les mots qu'il faut d'abord décrire, avec le plus de précision possible. Ce qui conduit à redéfinir dans sa spécificité le dictionnaire de langue. Depuis la parution du *Petit Robert*, on peut dire que le dictionnaire de langue a pris pour la première fois sur le marché intellectuel français la place qui lui revenait, à titre de recueil indispensable à l'expression et à la maîtrise de la langue française sous une forme maniable et accessible. Un tel dictionnaire décrit, on le sait, les mots communs de la langue (noms, adjectifs, verbes, adverbes, mots « grammaticaux »), mais laisse de côté les *noms propres*, qui désignent des individus ou des réalités individuelles. Celles-ci ne sauraient être définies ; on peut seulement les décrire. En effet, elles ne correspondent pas à une idée générale, à un concept : *Louis XIV* désigne un homme et nul autre ; *roi* désigne non seulement tous les rois existants, passés et présents, mais tous les rois imaginables. Pourtant, la maîtrise de la langue exige aussi celle des noms propres, dont la description exhaustive, on s'en doute, serait une tâche interminable. Si le groupe social doit maîtriser un vaste vocabulaire pour manier les concepts élaborés par la culture, les noms propres, eux, sont impossibles à épuiser, car ils sont aussi nombreux que les phénomènes nommés du monde réel. Le besoin de nommer est fondamental : la nomination sépare, distingue, rend irremplaçable ; le sens du mot *innommable* en dit long sur l'importance d'avoir un nom. Mais, indépendamment de l'intérêt linguistique et sociologique des noms propres — qui peut justifier des études sur les prénoms, sur l'étymologie des noms de lieux et de personnes, sur la manière de désigner les êtres vivants —, un répertoire des noms propres les plus nécessaires repose sur la notion de *notoriété*.

Celle-ci est conférée par le groupe à certaines personnes, à certains lieux, à des institutions, à des œuvres dont le nom devient dès lors mémorable et significatif. Cette notoriété, qui peut aller de la mode passagère à une célébrité mondiale et durable, n'est pas assimilable à un jugement de valeur positif. Un tel jugement, pour les êtres humains, suppose la connaissance approfondie du système dans lequel leur activité s'est exercée. Peu de mathématiciens ou de logiciens accèdent à une large notoriété, alors que leur pensée, manifestant les qualités les plus rares, est susceptible de modifier profondément les structures de la connaissance. Au contraire, la célébrité soudaine et immense d'un chanteur à succès, d'un homme politique scandaleux, d'une vedette de cinéma ou d'un sportif peut fort bien s'accommoder de jugements esthétiques ou éthiques contradictoires, instables, parfois même d'une sévérité explicite et partagée. À la limite, la notoriété d'un criminel s'assortit de valeurs négatives quasi unanimement évoquées, et cette célébrité par la réprobation peut atteindre des personnages d'une importance considérable. Or cette notoriété immédiate, aujourd'hui construite et transmise par les pouvoirs médiatiques, parasite tous les systèmes de valeur acceptables — du point de vue éthique et esthétique, notamment — au nom du quantitatif-roi (audience, publicité...). En outre, le caractère incertain et relatif du critère de notoriété — ce qui est notoire en France ne l'est pas forcément en Chine, ce qui l'est à un moment donné ne le sera peut-être pas plus tard — et le caractère subjectif du jugement d'importance rendent le choix toujours contestable, autant qu'ils le rendent difficile.

Toute appréciation d'importance correspond à une subjectivité. Le fait que cette subjectivité soit collective et sans cesse remise en cause ne la rend pas inattaquable. Cependant, avant de comparer, éventuellement de critiquer, les importances relatives données aux articles du dictionnaire de noms propres, on n'oubliera pas de considérer, pour les grands créateurs, la somme des textes qui leur sont consacrés et de ceux qui décrivent leurs principales œuvres. On peut noter aussi que, dans la sélection des entrées, les données objectives, telles que les critères institutionnels (académies, prix...), malgré leur commodité, ne peuvent jamais dominer le critère essentiel, encore que toujours discutable, qui est celui de l'utilité ou de la pertinence pour les lecteurs du dictionnaire.

Plus rassurante, la sélection des noms indiscutés de l'histoire et des cultures, qui reçoivent ici une place encore plus ample. Cependant, compte tenu du caractère universel de cet ouvrage et de ses dimensions, les articles *Bach, Michel-Ange, Molière* — pour s'en tenir à l'Occident — ont reçu une extension qui permettait d'aller bien au-delà du simple repérage, auquel le dictionnaire en un volume est trop souvent condamné : on entre là dans la monographie encyclopédique. Il en va de même pour ces concrétions d'histoire et de géographie que sont les noms des pays importants et des très grandes villes du monde.

## II. LES DICTIONNAIRES DE NOMS PROPRES

Dans l'immense famille des dictionnaires, ils constituent un genre, qui a ses lettres de noblesse. L'opposition entre la description des mots d'une langue, celle des notions et celle des choses est loin d'être franche. D'où l'existence de dictionnaires encyclopédiques. Pour des raisons de commodité, et au prix d'une hétérogénéité évidente, ceux-ci mêlent ou juxtaposent noms propres et mots de la langue ou termes, dans un même arrangement alphabétique.

La séparation des noms propres, véhiculant des données singulières, caractérise de nombreux recueils, dont certains sont illustres. En France, le *Grand Dictionnaire historique ou Mélange sacré et profane* de Louis Moréri, paru en 1674, tout imparfait qu'il était, inaugurait un genre qui devint vite indispensable ; d'édition en édition, il fut corrigé et amplifié jusqu'en 1759 et certains de ses articles constituent encore aujourd'hui des sources irremplaçables. Plus original, plus talentueux aussi, mais assez éloigné du programme modeste de l'« ouvrage de référence », le *Dictionnaire historique et critique* de Bayle est lui aussi un recueil alphabétique de noms propres. Conçue pour remédier aux lacunes et aux erreurs de Moréri, l'œuvre de Bayle est rapidement devenue un monument critique, passant au crible la tradition au nom du libre examen, et préparant l'*Encyclopédie* de Diderot. Le *Dictionnaire* de Bayle est l'un des rares ouvrages réunissant des données nouvelles, souvent scandaleuses à l'époque, sur les traditions textuelles. Il traite essentiellement des noms de personnes et de personnages mais vise surtout la transmission des connaissances par les textes — de la Bible jusqu'au XVIIe siècle — et sa critique.

Mais sa nomenclature est dictée par l'intérêt de son auteur, par la discussion d'un savoir transmis, alors étroitement contrôlé par l'Église, beaucoup plus que par le désir de fournir un répertoire complet. Elle est donc, du point de vue de l'utilisateur moderne, anarchique et très incomplète. Il en va de même pour les noms propres inclus dans les dictionnaires du XVIIIe siècle, qu'il s'agisse de la série des dictionnaires publiés à Trévoux par les jésuites, ou pour leur génial adversaire, de l'*Encyclopédie* dirigée par Denis Diderot.

C'est au XIXe siècle que le dictionnaire de noms propres, et notamment le dictionnaire biographique, prend en France son visage actuel. Il devient plus systématique, plus utilitaire, et pour tout dire, plus plat. C'est à l'évidence le cas pour le *Dictionnaire universel d'histoire et de géographie* de l'inspecteur général N. Bouillet qui eut pendant tout le siècle un extraordinaire succès. Prudent, avisé, méthodique, conservateur, le Bouillet reflète la doctrine du juste milieu et l'idéologie de la Restauration. Mais il réunit, dans une optique explicitement propédeutique, les données jugées indispensables à l'exercice institutionnel de la pédagogie. Il en va de même du *Dictionnaire général de biographie et d'histoire, de mythologie, de géographie ancienne et moderne* [...] de Dezobry et Bachelet, très conforme à l'orthodoxie catholique.

Ces ouvrages définissent le programme du genre, centré sur l'histoire et sur la description du monde (géographie), elle-même engagée dans le temps (« géographie ancienne et moderne », disent les titres). Or l'histoire, dans la première moitié du XIXe siècle, vient à peine de se dégager de l'emprise des livres sacrés. Elle était « sacrée et profane » et l'articulation de ces deux univers posait plus d'un problème aux mainteneurs de l'orthodoxie. Après l'apport critique et sceptique de Bayle, après les assauts de l'*Encyclopédie* et la défense intelligente des jésuites (Trévoux), la Restauration propose une autre orthodoxie, périmée et fragile ; elle doit tenir compte du développement de la pédagogie, héritière de la Révolution et de l'Empire. C'est pourquoi des ouvrages comme le *Dictionnaire historique* dit *portatif* (encore qu'en 4 volumes) de dom Chandon (1766) réédité en 21 volumes en 1810-1812, à la fois récupéré et vilipendé dans le *Dictionnaire historique* du jésuite Feller (1781, 6 vol.), ne pouvaient continuer à être utilisés longtemps.

La grande entreprise du XIXe siècle, en matière de noms de personnes, est certainement la *Biographie universelle ancienne et moderne* de Louis-Gabriel Michaud (52 vol. de 1810 à 1828 ; 32 volumes de supplément). Malgré de prestigieuses collaborations (Silvestre de Sacy, Villemain, Guizot, Quatremère de Quincy, Cuvier, Michelet, Cousin, Fourier, Bonald, Humboldt, Biot et la plupart des grands universitaires de la fin de l'Empire y ont participé), c'est un ouvrage assez superficiel, souvent anecdotique, parfois erroné, mais d'une extrême richesse et d'une agréable tenue. La *Nouvelle Biographie générale* publiée par Firmin-Didot et dirigée par Haefer est plus érudite mais souvent compilée et faite d'emprunts voilés (notamment à une certaine *Encyclopédie des gens du monde* qui eut du succès dans la première moitié du XIXe siècle) ; ses erreurs et ses insuffisances sont nombreuses.

Un genre intéressant de dictionnaire biographique est celui qui est consacré aux contemporains. Voué à un vieillissement constant, il stimule les attitudes originales, rend nécessaires les prises de position et révèle les présupposés idéologiques, souvent masqués dans les descriptions du passé lointain. Ainsi de la *Biographie universelle et portative des contemporains* de Rabbe et Boisjolin, commencée par le fils de Gracchus Babeuf en 1827, éditée en 5 volumes en 1834, qui garde la valeur d'un témoignage historique. Plus connu et plus médiocre, le *Dictionnaire universel des contemporains* de Vapereau (1858).

Après l'entreprise éditoriale de Pierre Larousse, porte-parole d'une pédagogie républicaine et scientiste, soucieux d'apporter à ses lecteurs une information universelle — sur la langue, les choses, les lieux, les personnes (le *Dictionnaire universel du XIXe siècle*, notamment) — la spécificité du dictionnaire de noms propres est menacée. Or la formule « globaliste », acceptable dans les grandes encyclopédies (du genre de l'*Encyclopædia Britannica*, pour ne citer que la plus remarquable, peut-être) aboutit dans les ouvrages de référence en un volume à un extrême laconisme et souvent, à un discours très neutralisé. En outre et surtout, la description des événements et des réalités individuelles ne suit pas les mêmes règles et n'a pas la même rigueur que les informations concernant les signes du langage.

C'est pourquoi, à côté des dictionnaires de langue et des encyclopédies, le recueil spécifique consacré aux noms propres, notamment de lieux et de personnes notoires, méritait d'être repris et modernisé. Cela a été fait en 1974, avec la publication du *Petit Robert 2, Dictionnaire universel des noms propres*. Depuis, le monde a connu d'intenses bouleversements qu'ont reflétés les différentes éditions de l'ouvrage, continûment tenu à jour.

## III. LA NOMENCLATURE DU PETIT ROBERT DES NOMS PROPRES

Même révisé et mis à jour, le *Petit Robert des noms propres* devra affronter les critiques adressées aux ouvrages de ce type, qui portent sur leur nomenclature. Mais ces critiques, malheureusement, explicitent rarement les jugements sous-jacents sur lesquels elles se fondent. En outre, elles ne tiennent pas toujours compte des structures de choix qui définissent tel dictionnaire ou telle encyclopédie. C'est pourquoi il n'a pas semblé inutile de préciser les intentions du présent ouvrage.

Ce dictionnaire cherche à combiner, en un volume maniable, une somme d'informations portant sur un grand nombre de sujets, sans pour autant se transformer en un catalogue d'entrées innombrables mais au contenu squelettique : d'où une sélection inévitable, dont voici les principes.

### LES NOMS DE PERSONNES

Les noms de personnes couvrent l'histoire mondiale, de l'Antiquité à nos jours, et les principales activités formatrices des civilisations, depuis les religions et les sciences jusqu'aux arts et aux littératures. La sélection repose sur un double principe : ne pas bouleverser la tradition culturelle, mais soumettre ces éléments aux tendances actuelles des besoins collectifs. On ne s'étonnera donc pas de voir donner une importance relativement plus grande à des écrivains, à des peintres encore contestés ou récemment redécouverts, et même ignorés de la plupart des recueils (par ex. : *Philip K. Dick*), qu'à des gloires officielles.

On peut adresser à toute nomenclature deux sortes de reproches :

1) Certains noms, si l'on adopte un point de vue particulier, mériteraient d'être traités et sont absents ; certains autres, pour tel lecteur, « n'intéressent personne » ou sont des « fausses valeurs » et mériteraient d'être éliminés. Il est rappelé que les critères de choix doivent être appréciés : *a)* dans un domaine cohérent, et non pas dans l'absolu ; *b)* en tenant compte des centres d'intérêt de chacun, qui sont très variés et complémentaires. Ainsi, la présence assez abondante d'articles — d'ailleurs brefs — sur les personnages les plus marquants de l'histoire et de la culture arabes ou chinoises résulte d'un choix délibéré et vise à corriger le « francocentrisme » excessif de publications analogues. La présente édition confirme ces choix, en raison de la traduction, assez récente d'œuvres chinoises ou japonaises, par exemple.

2) Notre nomenclature, comme celle des autres recueils du genre, présente une écrasante majorité d'hommes adultes. Comme les enfants, mais pour des raisons beaucoup moins évidentes, les femmes sont mal représentées dans la valorisation culturelle. De même que la présence massive de la race blanche, il s'agit là d'une grave illusion d'optique dont le discours didactique du dictionnaire n'est pas responsable. Mais la situation évolue et on a tenté d'y contribuer ici : *Marie de Gournay* qui s'opposa à Malherbe, *Olympe de Gouges, Camille Claudel* et bien d'autres femmes sont mieux perçues par la capricieuse notoriété publique que par le passé. Les choix sociaux et culturels, l'établissement de critères reconnus par ceux mêmes qu'ils défavorisent, dépendent de facteurs complexes et reflètent des rapports de force que les théoriciens de la société s'efforcent d'étudier. Pendant longtemps, la géniale *Marie Curie* fut dans les dictionnaires l'épouse de Pierre Curie. Pour être extrêmement générale, cette situation, souvent vécue dans l'inconscience absolue, méritait d'être notée. Il faut insister sur ce fait : les recueils de noms propres ne présentent pas une photographie de la réalité sociale et culturelle ; il s'agirait plutôt d'une carte, systématiquement déformée par rapport au réel pour le rendre représentable, selon les lois complexes d'une « mise en scène » qu'imposent les conditions sociales. Des modifications par rapport à ce *statu quo* seront sans doute perceptibles au lecteur attentif, et constituent pour ses auteurs un des mérites de l'ouvrage.

Des domaines récemment valorisés d'un point de vue culturel, comme la bande dessinée, la photographie, la mode, la gastronomie, ou réévalués — comme celui des grands interprètes de musique, dont l'importance a décuplé avec le disque, la radio et la télévision — ont été largement réexaminés. Certes, la sélection reste sévère ; mais les équilibres de choix s'en trouvent rapprochés des centres d'intérêt de l'utilisateur contemporain.

## LES NOMS DE LIEUX

Pour les lieux, le problème du choix est relativement simple. Outre les noms des États actuels et des principales nations et régions du passé, l'ouvrage présente une abondante sélection de noms géographiques. Bien entendu, l'optique n'est pas quelconque : la France et les pays francophones, Belgique, Suisse, Québec en tête, ses voisins européens, rapprochés par l'appartenance à l'Union européenne, et méditerranéens, les plus grands États (États-Unis, Russie, Chine...) sont relativement mieux décrits que d'autres régions du globe. Mais nous avons tenté d'atténuer les disproportions, renonçant par exemple à réserver une rubrique à tous les chefs-lieux de canton français pour pouvoir développer la description de l'Amérique du Sud, du Moyen-Orient, de l'Australie ou des Balkans.

Bien entendu, chaque secteur géographique a été traité selon des critères spécifiques : à l'intérieur de chaque domaine, une hiérarchie a été établie et respectée ; d'un domaine à l'autre, les différences de critères font, par exemple, que des rivières d'Amazonie, beaucoup plus importantes que des sous-affluents de fleuves français ici traités, peuvent faire l'objet d'articles plus courts. C'est que l'importance en question n'est pas seulement affaire de chiffres. Elle s'identifie à un *rapport de connaissance,* où le sujet du savoir compte autant que son objet.

D'une manière générale, toute unité géographique notable, chaîne montagneuse ou sommet, fleuve, baie ou mer, presqu'île, détroit, archipel, possède sa rubrique.

Les pays et plus généralement les entités politiques font l'objet d'un traitement méthodique, qu'il s'agisse des États souverains ou de leurs subdivisions : républiques autonomes de Russie, États des États-Unis ou du Brésil, régions et provinces de Belgique, cantons de Suisse, « provinces » du Canada, régions administratives ou départements français, etc.

Les villes ont été retenues en fonction de critères souples, démographiques, certes, mais aussi critères historiques ou culturels au sens large.

Les critères démographiques ont été pensés de façon adaptée : une ville de moins de 35 000 habitants revêt une importance considérable en Mauritanie (*Kaedi*), alors qu'une cité-dortoir dix fois plus peuplée en Inde ou au Japon pourra être omise. Les agglomérations de plus de 500 000 habitants ont droit à une notice, où qu'elles se trouvent (« sauf erreur ou omission ») ; ce seuil est valable pour l'Inde, le Japon et la Chine. On passe à un seuil de 100 000 habitants pour la plupart des pays du monde, seuil qui descend à 20 000 pour le Canada et les pays d'Europe occidentale (Allemagne, Grande-Bretagne, Italie, etc.). Pour les États d'Europe culturellement proches (partiellement francophones, notamment), toutes les villes de 10 000 habitants et plus sont décrites (Suisse, Belgique). Pour la France, on a fait figurer toutes les communes de plus de 4 000 habitants.

En revanche, les chiffres de population au-delà desquels toutes les villes sont mentionnées ne suffisent pas à définir la nomenclature. Il est clair que la commune du *Mont-Saint-Michel*, avec sa centaine d'habitants, ou celle d'*Austerlitz*, ne sauraient être omises. Les lieux (villes, villages ou lieux-dits) où un événement notable s'est déroulé, ceux qui possèdent un témoignage de culture, une curiosité naturelle, une production traditionnelle (*Bouzigues, Chavignol, Juliénas*), ou une entité économique importante ne sont soumis à aucun filtre quantitatif. Cette souplesse ne va pas sans de menus risques ; mais il nous est apparu que la rigidité d'un critère administratif (comme le chef-lieu de canton, pour la France) ou statistique brut présentait des inconvénients beaucoup plus graves.

## LES ŒUVRES

Les noms propres des œuvres célèbres sont leurs titres. Le lecteur trouvera donc des entrées imprimées en minuscules (et non en capitales, à la différence des noms de personnes et de lieux), comportant plusieurs mots, des expressions et intégrant ou non des noms propres (*À la recherche du temps perdu ; Monsieur Teste*) ou des noms propres utilisés seuls (*Hamlet, Madame Bovary*). Ces entrées correspondent à des entités culturelles, à des « œuvres ». Les *œuvres littéraires* ne sont mentionnées en entrées que s'il s'agit de textes célèbres ; de nombreuses autres sont citées et souvent analysées dans les rubriques consacrées à leurs auteurs. Les textes non littéraires ne sont pas oubliés : ce sont les lois, codes, textes religieux, et les ouvrages scientifiques ou techniques, généralement cités et décrits sous le nom de l'auteur. La description des œuvres musicales et artistiques pose de plus difficiles problèmes. Dans ces domaines, les productions sont plus abondantes et aucun écrivain ne pourrait produire autant d'ouvrages que Picasso n'a réalisé de toiles, de dessins, de gravures, de céramiques, ou que J.-S. Bach n'a écrit de partitions ; ce qui contraint à une sélection infiniment plus sévère et accroît le danger d'arbitraire, tant dans les textes consacrés aux auteurs que dans le choix d'entrées spécifiques. En outre, la notoriété des titres littéraires est en général plus évidente que celle des autres productions artistiques : toute personne cultivée peut citer sans effort des dizaines de romans ou de pièces de théâtre ; l'opération est moins aisée pour les œuvres musicales ou plastiques, dont les désignations sont souvent techniques (sonate, ou symphonie en ut dièse, numéro d'opus, Koechel n° tant pour Mozart, etc.) ou bien fictives et traditionnelles (*Symphonie pastorale, Sonate à Kreutzer*). Il ne pouvait être question de répertorier sous les noms communs *concerto* ou *sonate* une infinité d'œuvres : le lecteur se reportera spontanément aux noms des compositeurs. Quant aux œuvres plastiques, un effort particulier a été fait dans cette nouvelle édition pour consacrer une notice aux plus célèbres sous leur titre authentique (*Un dimanche à la Grande-Jatte — 1884*, de Seurat) ou traditionnel (*La Ronde de nuit*, de Rembrandt). On a également consacré des notices aux principaux thèmes iconographiques qui jalonnent l'histoire des représentations figurées en Occident et servent de titres à des œuvres importantes (*Annonciation, Crucifixion*...).

Pour les périodes antérieures aux « temps modernes » — notamment en architecture — ni le nom des œuvres, à part quelques monuments très célèbres, ni celui des auteurs, le plus souvent inconnus, ne constituaient un repère convenable. On pensera donc à compléter l'information artistique par la consultation des noms de lieux (villes, sites).

Enfin on trouvera des articles spécifiques sur les principales œuvres de cinéma, du *Voyage dans la Lune* de Méliès au *Sacrifice* de Tarkovski, ou encore sur les principaux titres de la presse mondiale (*The Times, Libération*).

## LES ÉVÉNEMENTS, LES PÉRIODES DE L'HISTOIRE

Les événements de l'histoire sont le plus souvent désignés par des noms communs (ou des expressions formées de noms communs et d'adjectifs), employés comme noms propres. Les logiciens parlent de « noms propres par destination ». De tels articles permettent de regrouper des informations historiques qui ne pouvaient trouver place sous le même éclairage dans les articles consacrés aux noms de personnes et de lieux. Certains d'entre eux renvoient explicitement ou implicitement à la partie langue du *Petit Robert* ; mais l'information ajoutée ici est bien à propos d'une entité historique particulière, unique : *Révolution française, Guerre mondiale* ne renvoient qu'à un événement ou à une série d'événements bien précis. Des entrées comme *Collier (affaire du),* bien que formées de noms communs, sont à mettre sur le même plan que *Dreyfus (affaire)* ou *Panamá (affaire de).* Il en est de même des repérages temporels : *la Renaissance, Mai 1968, Thermidor,* etc.

## LES COLLECTIVITÉS, GROUPES, INSTITUTIONS

Ces articles concernent aussi des « noms propres par destination » et figurent sous des entrées qui peuvent correspondre à des expressions complexes (*groupe des Cinq, Cavalier bleu, Organisation des Nations unies, Compagnie de Jésus, Bibliothèque nationale de France*).

## LES ARTICLES ENCADRÉS

Certains *noms communs* apparaissent au milieu des noms propres ; ils sont mis en évidence par un encadrement rouge. Ils assurent une homogénéité de traitement à des faits historiques comme la *Résistance* ou la *Collaboration,* à des mouvements artistiques ou littéraires comme le *baroque* ou le *naturalisme,* à des doctrines philosophiques, religieuses, politiques comme l'*anarchisme* ou le *bouddhisme,* par rapport à ceux qui sont désignés par des noms propres. Si la langue française connaît le mouvement *Dada* (nom propre) et le distingue de sa doctrine, le dadaïsme (nom commun), elle ne fait pas la même distinction pour le *surréalisme,* à la fois mouvement historique et théorie littéraire. En même temps qu'ils présentent des synthèses, ces articles assurent une fonction pratique d'aiguillage vers les nombreux noms de personnes ou de lieux pertinents.

Quelques-uns de ces « encadrés » ont une fonction presque exclusive de listage de noms propres (*pape,* par ex.).

⁂

L'importance de la nomenclature, pour un ouvrage en un seul volume, différencie le *Petit Robert des noms propres* de nombreuses encyclopédies, même plus extensives. Des deux formules en concurrence — nombreux articles relativement courts ou petit nombre d'articles longs — la première a un avantage pratique incontestable : la facilité de consultation et le regroupement des informations autour de nombreux centres. Son inconvénient, une répartition plus analytique de l'information, est dans une large mesure neutralisé par deux procédés qui tiennent à la nature du texte. Les articles clés, consacrés par exemple à un pays ou à un personnage de première importance ou les « encadrés » qu'on vient de mentionner, sont relativement développés. Si l'on tient compte de la concision des textes, la quantité de données regroupées à propos de ces noms est plus grande et le niveau plus élevé que dans tout autre ouvrage de référence en un volume.

Les renvois analogiques ainsi que les articles encadrés permettent d'accéder à l'inconnu par le connu et de remédier à l'« éclatement » de l'ordre alphabétique. Les options du dictionnaire sont franches, dans un esprit universaliste et moderne.

Si leurs contenus sont de nature très différente, l'esprit du *Petit Robert des noms propres* et celui du *Nouveau Petit Robert*, dictionnaire de la langue française, sont homogènes. Le niveau d'information, la densité, certains procédés de présentation correspondent à une doctrine éditoriale que toutes les publications du *Robert* s'attachent à illustrer. Celle d'une transmission sociale du savoir, la plus adaptée à des lectrices, à des lecteurs exigeants, sans concessions vis-à-vis d'une « certaine image » de la culture.

Alain Rey (juin 2007)

# GUIDE
# DE L'UTILISATEUR

## LES ENTRÉES

### I. GRAPHIE DES ENTRÉES

Tout comme les autres mots de la langue française, les noms propres ont une orthographe, liée à leur étymologie, à leur histoire ou issue de systèmes de transcription ou de translittération adoptés pour noter dans notre alphabet des noms venus de langues à écriture différente, voire sans écriture. On peut distinguer trois cas :

#### 1. LES NOMS FRANÇAIS OU FRANCISÉS

Les noms français ne posent d'autre problème que celui des variantes, peu nombreuses en français contemporain.  À côté d'eux, de nombreux noms de personnes et de lieux étrangers ont été, notamment depuis le XVIe s. et jusqu'au XIXe s., modifiés pour être intégrés à la langue française. Cette coutume reflète à la fois la force d'assimilation d'une langue, en quoi on peut la considérer comme positive, et l'incapacité d'admettre la pluralité des systèmes phonétiques et graphiques. Ainsi *London* devint en français Londres, et *Napoli*, Naples ; ainsi les prénoms royaux, qu'ils soient espagnols, allemands, anglais ou russes, sont-ils le plus souvent francisés, comme le sont les noms des personnages de l'Antiquité, des savants arabes ou persans du Moyen Âge, des grands artistes italiens. Nous citons Virgile, Machiavel ou Avicenne, nous admirons Michel-Ange ou Vélasquez, plutôt que *Vergilius Maro, Machiavelli, Ibn Sinā, Michelangelo Buonarroti* ou *Velázquez*. Tous ces noms que le français a assimilés au cours du temps sont donnés ici dans leur graphie française, selon l'usage actuel. En particulier, les lieux de Belgique et de Suisse sont répertoriés sous leur nom français, quand il est d'usage, alors même qu'ils se trouvent en terre flamande ou alémanique. Toutefois, les formes originales sont indiquées et des renvois, pour les noms importants, permettent la « version » (exemple : **AACHEN → Aix-la-Chapelle ; AARGAU → Argovie ; WIEN → Vienne**).

#### 2. NOMS ÉTRANGERS UTILISANT L'ALPHABET

Pour tous les noms étrangers dont il n'existe pas de forme francisée ou dont la forme francisée n'a qu'un usage restreint (local ou historique, par exemple), l'entrée est donnée dans la langue du pays considéré, dans sa graphie la plus exacte, pour autant qu'elle s'écrive en caractères latins. Certaines langues romanes (tels l'espagnol et le roumain), germaniques (notamment le danois et le suédois), les langues slaves (polonais, tchèque, serbe), le hongrois, ainsi que des langues récemment romanisées (turc, vietnamien) possèdent des signes inconnus en français (lettres accentuées, barrées, signes souscrits ou suscrits, etc.). Ces signes ont été utilisés, car leur absence entraînerait de graves bévues : le nom de la ville polonaise de WROCŁAW (à prononcer [vrotswaf]) présente une lettre, ł, qui correspond au son [w] et non au son [l] ; l'écrire Wroclau est peu choquant pour un Français, mais équivaudrait exactement à écrire Plassy au lieu de Poissy.

#### 3. NOMS TRANSLITTÉRÉS OU TRANSCRITS

Les noms venus de langues à alphabet non latin, comme le grec, le russe, l'arabe, font l'objet de translittérations cherchant à refléter, à travers notre alphabet, l'orthographe d'origine. Dans certains cas, des compromis (classiques) sont utilisés entre la restitution des signes graphiques et celle de la prononciation.
Les noms venus de langues à écriture non alphabétique, comme le chinois, ou de langues sans écriture font l'objet de transcriptions, souvent selon des systèmes institutionnels.

D'une manière générale, la « philosophie » de ces graphies a été de fournir au lecteur un guide de bon sens. On reste au plus près des habitudes françaises lorsqu'un usage général est manifeste. On respecte les usages nationaux dès qu'il n'y a plus de francisation. On renonce à utiliser des caractères d'écriture différents des nôtres et illisibles pour la plupart de nos lecteurs et l'on fournit des transcriptions aussi régulières que possible, mais ne devenant savantes que lorsqu'il s'agit de noms qu'on ne rencontrera que dans des lectures spécialisées.

**Grec** Si le grec ancien est translittéré selon le système traditionnel, le grec moderne (y compris les noms de lieux anciens qui perdurent aujourd'hui) est transcrit selon des principes phonétiques partant de la langue courante (démotique). La reproduction littérale de l'alphabet grec n'est donc adoptée que dans la mesure où ce principe peut être respecté : **y** pour υ, **ph** pour φ, **k** pour κ, **ai** pour αι, etc. En revanche, β est transcrit **v**, γ devant une voyelle mouillée (ι ou ε) est transcrit **y**. Les diphtongues ou des lettres se prononçant **i**, très fréquentes en grec moderne (οι, ει, η, etc.), sont, de même, transcrites phonétiquement. Certains sons ou lettres, sans équivalent en français, donnent lieu à des conventions : θ est transcrit **th** ; χ devant α, ο ou ω donne **kh** ; χ devant ι, ε ou les diphtongues iotisées (οι, ει, etc.) donne **ch**.

**Russe** La translittération traditionnelle française a été adoptée (**ch** pour *š* ; **tch** pour *č* ; **chtch** pour *šč* ; **ts** pour *c*). Toutefois, afin de rapprocher cette translittération de la prononciation russe, on a eu recours à quelques notations spécifiques : **ie** pour le *E* initial russe ; **ss** pour *s* entre deux voyelles ; **gu** pour *g* devant *e* et *i* ; **aï, eï** et **oï** pour indiquer le *i* bref russe. Le *ks* russe reste **ks** (et non **x**), sauf dans les noms passés dans l'usage français (les tsars Alexandre, par exemple).
Pour les pays issus de l'ex-URSS, tous les changements de noms connus à la date d'édition ont été introduits, avec des renvois quand cela paraissait nécessaire. Les noms baltes sont rétablis dans leur orthographe nationale en caractères latins. Il en va de même du roumain, langue romane. Les noms ukrainiens (slaves) et ceux du groupe turc ont été rendus directement à partir de leurs orthographes nationales, dans la mesure du possible, sans le filtre, naguère généralisé, de la transcription en russe (ex. *Nikolaïev*, en ukrainien *Mykolaïv*).

**Sanskrit** Les noms indiens modernes, s'ils ne sont pas francisés, sont donnés dans la transcription anglaise usuelle en Inde même. Lorsqu'il s'agit de noms historiques, mythiques, etc., en sanskrit ou dans les langues dravidiennes, les translittérations reflètent les graphies techniques les plus couramment attestées chez les indianistes aujourd'hui. Les voyelles longues sont marquées **ā, ī, ū** ; **u** note le son *ou* ; les consonnes aspirées sont notées par un **h** suivant la consonne ; les consonnes cérébrales ou rétroflexes le sont par un point souscrit (**ṇ, ṣ, ṭ**) ; **ñ** rend le son *gn* ; la voyelle  du sanskrit est écrite **ri**, conformément à la prononciation contemporaine, la forme savante étant toutefois indiquée pour certains noms ; les nasales devant une autre consonne sont systématiquement notées **n**, sans diacritique pour distinguer leur point d'articulation (vélaire, palatale, etc.) ; l'affriquée sourde *tch*, traditionnellement **c**, est transcrite ici par **ch**, par souci de lisibilité (la correspondante aspirée devient donc **chh**) ; l'affriquée sonore *dj* est transcrite **j**, conformément à la translittération savante.

**Arabe, persan, afghan** Les noms qui possèdent une graphie officielle ou traditionnelle en français (notamment les noms maghrébins) sont donnés dans cette graphie : Hussein-Dey, Boumedièn e. Les autres ont été translittérés.
Le système adopté se fonde à la fois sur une simplification graphique du système de la Société asiatique de Paris (SAP) et sur l'utilisation optimale des représentations graphiques françaises des sons existant dans cette langue. Ainsi, la valeur phonétique d'une lettre arabe peut être transcrite par deux consonnes (*chîn* transcrit par **ch** au lieu de **š** ; *ghayn* transcrit par **gh** au lieu de **ġ**). Les lettres « pointées » sont néanmoins conservées pour les dentales vélarisées ou emphatiques (**ṣ, ṭ, ḍ, ẓ**) et pour la laryngale sourde (**ḥ**), qu'il importe de distinguer de leurs équivalents non emphatiques ou sonores. De même, pour éviter une équivoque, les voyelles longues (**ā, ī, ū**) sont distinguées de leurs équivalentes brèves. Le signe ' marque la prononciation de la *hamza*, qui accompagne l'émission d'une voyelle (a, u, i), ainsi que l'état d'absence ou de quiescence.
Dans les pays à prédominance anglophone, l'usage consistant à transcrire la lettre *chîn* par **sh** (au lieu de **ch**) est respecté. De même, le *jîm*, transcrit normalement par **j**, est prononcé différemment dans certains dialectes et doit donc être noté **dj** dans les pays du Maghreb et **g** en Égypte.
Le **persan** et l'**afghan** utilisent en outre les sons **o, ê, é**.

**Chinois** On adopte le pinyin, système officiel aujourd'hui répandu dans le monde entier et utilisé notamment dans la presse. Néanmoins, on ajoute une transcription dans le système de l'École française d'Extrême-Orient qui nous est encore très familier, ne serait-ce qu'à cause des livres (où on lit *Tseu-hi*, rendu aujourd'hui par *Cixi* en pinyin), et si nécessaire des graphies non régulières mais usuelles permettant d'identifier par exemple *Chiang Kai-shek* derrière *Jiang Jieshi*.
Pour le **coréen**, on adapte un système dérivé du MacCune-Reischauer.
Le **japonais** est transcrit suivant le système international Hepburn.
Les noms **birmans** sont notés suivant l'orthographe anglaise, devenue traditionnelle, car le système de transcription phonologique adopté par les spécialistes français est trop complexe pour être utilisé ici.
Pour le **khmer**, le **lao**, le **thaï**, le système français traditionnel est adopté.

## II. PRÉSENTATION DES ENTRÉES

### 1. LES NOMS DE PERSONNES

Les noms de personnes sont de structure variable selon les civilisations. Dans nos cultures et à notre époque, un nom patronymique légué en forme la partie essentielle : il est imprimé en capitales, alors que le ou les prénoms (personnels, mais imposés dans le cadre chrétien du baptême ou dans un cadre équivalent) sont en minuscules et placés entre parenthèses. Ex. : **SARTRE (Jean-Paul)**. Les noms personnels chinois, coréens, japonais, vietnamiens, traditionnellement postposés au nom, ne sont pas entre parenthèses, ex. : **MAO Zedong**. Il en va de même par exemple pour **KATEB Yacine** que l'écrivain algérien employait de cette façon, ou pour l'écrivain et cinéaste sénégalais **SEMBENE Ousmane**.

Les souverains portent seulement un prénom, qui peut être employé seul (ex. : **CHRISTINE**, reine de Suède) ou plus souvent avec un chiffre (ex. : **LOUIS XIII**) ; ces prénoms princiers sont imprimés en capitales.

Si le nom connu d'un personnage est un pseudonyme, le patronyme est signalé entre parenthèses avec les prénoms. Ex. : **ELUARD (Eugène GRINDEL**, dit **Paul)**, signifie que l'écrivain français devenu célèbre sous le nom de Paul Eluard s'appelait, selon l'état civil, Eugène Grindel.

Les surnoms peuvent avoir deux statuts. Dans certains cas, ils constituent le nom principal sous lequel le personnage est connu, et s'apparentent alors à un pseudonyme. Ex. : **TINTORET (Jacopo ROBUSTI**, dit **il Tintoretto**, en fr. **LE)**. Dans d'autres cas, le surnom n'est qu'une seconde appellation, moins usitée que le nom d'état civil, mais méritant d'être signalée. Ex. : **ARMSTRONG (Louis)**, dit **Satchmo**.

Le nom principal peut aussi être un titre nobiliaire et, dans ce cas, le nom complet est signalé. Ex. : **CINQ-MARS (Henri COIFFIER DE RUZÉ D'EFFIAT**, marquis **DE)**.

Les langues slaves marquent le sexe de la personne nommée par une variation de suffixe et imposent le prénom du père sous forme d'un second prénom suffixé. Ex. : **FIGNER (Vera Nikolaïevna)** ; **FILATOV (Vladimir Petrovitch)**.

Adjoindre le prénom paternel est également la règle, anciennement, dans les langues germaniques : *Leif Eriksson* (fils d'Erik), *Marguerite « Valdemarsdotter »* (fille de Valdemar), *Rembrandt Harmenszoon* (fils de Harmen) *Van Rijn*. C'est fréquemment le cas en italien, où cette paternité peut, le cas échéant, être spirituelle : *Piero di Lorenzo* (prénom du père), dit *Piero di Cosimo* (prénom du maître chez qui Piero apprit le métier de peintre).

À d'autres époques (Moyen Âge) et dans d'autres sociétés (Islam, Chine, Japon), un système complexe de surnoms, destiné à éviter les ambiguïtés entre homonymes nombreux, a le mérite de signifier : noms marquant l'origine géographique, noms de règne, noms de tombe chinois, surnoms d'activité, etc.

Les femmes qui ne portent pas de pseudonyme sont connues sous le patronyme de leur mari : cette coutume témoigne d'une dégradation de la nomination individuelle dans nos cultures. En effet, le prénom (individuel) d'une femme y est d'abord effacé par le nom de son père, puis, en cas de mariage, par le patronyme du mari.

### 2. LES NOMS DE LIEUX

Le nom propre usuel en français est imprimé en capitales grasses, éventuellement suivi d'une spécification entre parenthèses, ex. : **CHINE** (mer de) ; de variantes graphiques : **DJERBA** ou **JERBA** ; du terme équivalent dans la langue d'origine : **ANVERS** en néerl. ***Antwerpen*** ; de l'ancien nom : **SAINT-PÉTERSBOURG**, de 1914 à 1924 ***Petrograd***, de 1924 à 1991 ***Leningrad*** ; de variantes de transcriptions : **GUANGDONG** ou **KOUANG-TONG**.

Les noms de fleuves, montagnes, pays et, en général, ceux qui ont un genre en français, sont suivis de l'indication de ce genre (n. m., n. f., n. m. pl., n. f. pl.) selon les normes du *Petit Robert*. On notera que le genre a pu varier en français, avec l'usage. Au milieu du XIXe siècle on disait et écrivait *le Volga* (Gautier, Jules Verne), mais l'usage contemporain est seul noté ici. Dans les noms de peuples donnés au pluriel on a isolé le *s* (marque du pluriel normale en français) pour ne pas faire croire qu'il appartient au nom : **MÔN(S)** n. m. (pl.). Dans les ouvrages d'ethnologie la tendance est d'ailleurs de laisser ces noms invariables.

La prononciation, en alphabet phonétique international, n'est donnée que pour les termes français posant un problème par rapport aux normes de la prononciation française ou donnant lieu à des usages fautifs (ex. : **BRUXELLES** [bʀysɛl]), parce que le *x* y est souvent prononcé *ks*.

**3. LES NOMS COMPLEXES (TITRES D'ŒUVRES, INSTITUTIONS, ÉVÉNEMENTS HISTORIQUES, ETC.)**

Les noms complexes sont mentionnés en lettres minuscules sous leur forme française, avec un rappel du titre original, du sigle ou de l'acronyme correspondant. Ex. : **Lumière d'août** en angl. ***Light in August*** ; **Centre national de la recherche scientifique** [CNRS] ; **Sécession** (guerre de) en angl. *American Civil War*. On adopte, bien entendu, l'ordre inverse dans les cas, rares, où une œuvre serait plus connue sous son titre original : **Pather panchali** « La Complainte du sentier ».

**4. NOMS COMMUNS**

Les noms communs et expressions désignant des groupes, des mouvements, des doctrines et servant à orienter le lecteur vers des noms propres sont présentés dans des encadrés.

## III. ORDRE DES ENTRÉES

L'ordre alphabétique est ici appliqué à la totalité de l'entrée (non compris les éléments entre parenthèses). Ainsi **CLAUDE DE FRANCE**, considéré pour la commodité du classement comme un nom complexe, est traité après le patronyme **CLAUDE (Georges)**. Les entrées en minuscules sont classées elles aussi selon la totalité de leurs lettres : **À la recherche du temps perdu** est à chercher dans la série ALAR... et non sous A ; **Comité français de libération nationale** après **Comité de...** Néanmoins, des entrées complexes peuvent être traitées au substantif le plus significatif. Ex. : **Acclimatation** (jardin d').
Dans le cas d'homographes, les noms de personnes sont placés avant les noms de lieux. Ex. : **CLEVELAND (Stephen Grover)** avant la ville de **CLEVELAND** ; les noms de personnes homographes sont rangés par ordre chronologique des dates de naissance ; les noms de lieux par ordre alphabétique des pays concernés, ex. : **MONTRÉAL** (Canada) avant **MONTRÉAL** (France) ; les régions naturelles ou historiques avant les entités administratives (**ALSACE**) ; les appellations dérivées d'un nom de lieu étant placées immédiatement après lui. Ex. : **ANNECY** (lac d') après la ville d'**ANNECY** ; **Paris** (traité de) après la ville de **PARIS**.
Les prénoms courants portés par de nombreux personnages (Charles, Jean, Louis, Henri, etc.) sont classés par séries : les saints, les papes, puis les souverains par ordre alphabétique des pays, et, à l'intérieur de cet ordre, selon la chronologie ; suivent les patronymes homographes, et enfin les noms complexes (prénoms composés ou suivis d'un surnom, etc.). Un bref « chapeau » oriente le lecteur quand le nombre des homographes est grand (ex. : **CHARLES**).
Certains personnages sont traités à l'intérieur d'un article complexe, consacré à une famille ou à une dynastie. Le seul avantage de ce procédé est le gain de place, et dès que l'importance individuelle est jointe à une véritable autonomie dans l'activité, nous avons préféré traiter l'information en plusieurs articles ; ainsi la famille Bach donne lieu à un article d'orientation suivi par des entrées séparées consacrées à ses principaux représentants.

# LES ARTICLES

## SIGNALÉTIQUE DES ARTICLES

Le signe ♦ a deux fonctions :
— au début du texte de l'article, il sert à isoler clairement le nom propre, avec ses caractéristiques, ex. : **CARINTHIE**, n.f. – en all. ***Kärnten*** ♦ État fédéral d'Autriche...
— dans le corps de l'article, il sert à séparer plusieurs noms (membres d'une famille, d'une dynastie).

Le texte des articles suit un ordre constant. Les noms de personnes contiennent entre parenthèses une ou deux dates et en général un ou deux lieux, séparés par un tiret, qui correspondent à la naissance et, éventuellement, à la mort du personnage. Ex. : **BUFFON**... (Montbard 1707 - Paris 1788)... signifie « né à Montbard en 1707 ; mort à Paris en 1788 ». Pour les personnages régnants (papes, rois, empereurs), les dates et lieux de naissance et de mort sont signalés en début d'article, immédiatement après le signe ♦. Ce procédé évite de confondre les dates de naissance et de mort avec les dates de règne, données dans le texte. Ex. : **ALEXANDRE Ier PAVLOVITCH** ♦ (Saint-Pétersbourg 1777 - Taganrog 1825). Empereur de Russie (1801-1825)... signifie « empereur de 1801 à 1825 ».
Le signe –, précédant une date, signifie « avant l'ère chrétienne ». Il a l'avantage, notamment, de ne pas situer par rapport à la date présumée de la naissance de Jésus des événements appartenant à d'autres civilisations (Inde, Extrême-Orient), qu'il est pour le moins étrange de noter par « av. J.-C. », comme on le fait souvent.
Les renvois internes sont signalés soit par le signe * placé après la partie du nom où on le trouvera à l'ordre alphabétique (ex. : De* Chirico, traité à D, et non à C), soit par une flèche (→ ) plus incitative, indiquant qu'un complément d'information se trouve à l'article indiqué.

Les renvois d'un nom à un nom équivalent peuvent correspondre soit à un traitement détaillé à l'article de renvoi, soit à une simple information linguistique, ex. : le renvoi **ANTILLES** (mer des) → **Caraïbes** signale la synonymie et guide le lecteur vers l'information géographique, donnée à l'article **CARAÏBES**. D'une manière générale, les renvois sont destinés à attirer l'attention sur une information supplémentaire utile à la pleine compréhension du texte consulté ; ils ne supposent pas qu'un rapport symétrique soit établi dans l'article de renvoi (notamment lorsque le renvoi fonctionne du moins au plus notoire).
Enfin, certains articles renvoient au *Nouveau Petit Robert de la langue française* (ex. : *Molosse*) pour l'histoire et le sens du mot.

## CONTENU DES ARTICLES

Les articles sur les *personnes* donnent deux types d'informations : des éléments biographiques, essentiels pour les personnes qui ont joué un rôle historique, relativement moins importants pour les penseurs, les savants, les créateurs, et des éléments descriptifs ou critiques concernant les activités, notamment dans ces derniers cas. Alors, les œuvres les plus importantes sont citées et datées, soit dans la langue originelle et en traduction, soit seulement sous la forme française la plus répandue. Il nous a semblé évident qu'il importait plus au lecteur de connaître les points essentiels de la philosophie de Kant, de Hegel ou de Sartre que le détail de leurs biographies, d'avoir une idée du style et de la pensée de Michel-Ange que de son apparence physique. D'une manière générale, l'anecdote a été réduite au profit d'informations de fond.
Les *lieux* sont décrits selon un programme simple : caractérisation spatiale, description sommaire de l'ensemble (richesses monumentales, aspect général, pour les villes) et de la fonction économique (activités industrielles et commerciales), culturelle ou religieuse. Enfin la rubrique **HISTOIRE**, pour les villes et les pays, présente un aperçu des événements essentiels. L'histoire de chaque pays fait l'objet de développements importants que, dans cette nouvelle édition, on a élargis aux faits culturels saillants. Systématiques en ce qui concerne les pays et les grandes villes, ces informations historiques peuvent n'être que des repères, de simples notes, quand il s'agit d'autres villes ou de villages.
Pour les pays, le dictionnaire fournit systématiquement à la suite de l'appellation courante la dénomination officielle en français et en langue originale. Viennent ensuite des rubriques statutaires indiquant la localisation géographique, la superficie, la population, la ou les langues parlées dans le pays avec indication de la langue ou des langues officielles, les religions qui y sont pratiquées, la monnaie, la capitale et le régime politique. Les divisions administratives et les principales villes figurent également, le cas échéant sous forme de tableau. Les développements qui suivent sont évidemment variables selon les pays, mais le dictionnaire donne toujours des indications géographiques : relief, hydrographie, climat et végétation ; des indications sur la population, l'histoire du peuplement, la composition sociale, le plus souvent de façon dynamique, en montrant les évolutions ; des données sur les activités économiques et la manière dont elles façonnent le pays, voire le paysage.
On a voulu ces dernières données assez détaillées, car elles commandent les structures et l'évolution du monde actuel. L'information est répartie hiérarchiquement : ainsi les grandes unités politiques ou administratives (États des États-Unis, républiques et territoires de Russie, régions de France, etc.) donnent lieu à des notices relativement importantes évitant ainsi une surcharge quand il s'agit de traiter les pays auxquels elles appartiennent.

## CARTES ET ILLUSTRATIONS

L'illustration du *Petit Robert des noms propres* cherche d'abord la pertinence. Elle est conçue comme une documentation visuelle, prioritairement orientée vers ces objets dont le texte ne peut rendre compte efficacement : œuvres issues des arts plastiques, des arts décoratifs, des arts de l'image, monuments, scènes de cinéma ou de théâtre, etc. Tous les articles consacrés à une œuvre clé de la peinture ou de la sculpture comportent une illustration.
Le décor changeant de nos villes, les monuments nouveaux, les sites caractéristiques de tous pays, les activités des peuples, tout ce « visible » qui constitue pour nous l'image du monde est présent dans l'illustration et a été attentivement mis à jour dans cette nouvelle édition.
Les personnages historiques les plus importants et certaines personnalités contemporaines (hommes politiques, écrivains), sont présentés par un portrait : ils font partie de notre culture visuelle.
La cartographie, elle, a été entièrement rénovée, non seulement pour intégrer les changements survenus dans le monde et donner une carte à jour de chaque pays, mais encore pour assurer à toutes les cartes une meilleure lisibilité.
L'État qui fait l'objet de la carte est traité en couleur, selon le code conventionnel des reliefs. Les États limitrophes sont traités dans une couleur

neutre, laissant se détacher clairement le sujet principal de la carte. La continuité de la représentation est néanmoins assurée par les rivières, les voies de communication, les courbes de niveau. Les villes sont figurées en fonction de leur population mais aussi de leur intérêt historique ou culturel.

## ÉTYMOLOGIES

Les noms propres désignent une réalité unique contrairement aux mots de la langue, et pourtant ils peuvent être regardés, dans leur lettre, comme unités porteuses d'un sens (les peintres Eugène *Boudin*, François *Boucher*). Le nom propre peut donc avoir un sens. Une rubrique de langue, éclairant la signification des noms propres quand c'est possible, accompagne plus de 10 000 articles, soit un sur quatre. La signification du nom propre s'éclaire soit par la recherche étymologique, pour la langue française, soit par une procédure combinant traduction et recherche étymologique, pour les noms non francophones. Pour les deux tiers elle concerne les noms de lieux, pour un tiers les noms de personnes et la priorité a été accordée, dans la mesure du possible, à l'étymologie des noms les plus connus.
Pour les noms de lieux : les continents, les pays, les grands fleuves, les grandes villes, les régions, les montagnes du monde entier et, pour la France, la plupart des villes, départements, provinces, régions, fleuves et rivières.
Pour les noms de personnes, le choix prend en compte la notoriété d'un personnage, la fréquence de son nom, la curiosité que ce nom peut éveiller ou encore le côté inattendu de son étymologie.
Nous avons rapproché des noms ayant le même sens dans des langues différentes (ex. : Fabre, Faure, Fauré, Favre, Febvre, Kowalski, Lefebvre, Le Goff, Schmidt, Schmitt, Smith,... qui signifient tous « forgeron » ; Amour, Connecticut, Guadalquivir, Mékong, Mississippi, Rio Grande, Volga, Yukon, Zambèze « grand fleuve »).
L'étymologie est repérable par une vignette bleue : ◆ ÉTYM.

**Les noms de lieux et de peuples**

Pour certains noms français, l'examen est poussé jusqu'à l'étymon grec (ex. : **AGDE** ◆ ÉTYM. gr. « bonne *(agathê)* fortune *(tukhê)* »), latin (ex. : **ABBEVILLE** ◆ ÉTYM. lat. « domaine *(villa)* de l'abbé *(abbas)* [de Saint-Riquier] »), gaulois (ex. : **CONDOM** ◆ ÉTYM. gaul. « marché *(magos)* du confluent *(condate)* »), etc.
Éclairer le sens du nom n'est pas toujours suffisant, et ne constitue dès lors qu'une première étape. Au-delà, la motivation du nom propre – pourquoi tel mont, telle rivière, telle ville portent-ils tel nom? – ouvre à l'intelligence du mot (ex. : **BLANC** (mont) ◆ ÉTYM. nommé ainsi à cause des neiges éternelles – **SAINT-MARCEL** (Saône-et-Loire) ◆ ÉTYM. du n. de l'évangélisateur du Chalonnais, martyrisé en 177 à l'emplacement actuel de l'église). Les deux informations peuvent être combinées (ex. : **PAIMPOL** ◆ ÉTYM. en bret. *Pempoull* « la tête de l'étang » ; de *penn* « tête, bout » et *poul* « mare, étang, lagune » [allus. à la situation de jadis où la mer bordait la v. à l'est et pénétrait dans une dépression où affluaient des ruisseaux, formant une vaste étendue d'eau].
Parfois, un étymon explique la dissemblance qui existe entre la dénomination des habitants d'une ville (le *gentilé*) et le nom de la ville elle-même (ex. : **BÉZIERS** ◆ ÉTYM. anc. *Beteris*, p.ê. basque « la localité *(erri)* de la route ou des routes *(bite)* » [gîte d'étape ou relais de poste]. Hab. : *Biterrois*).
Pour les noms étrangers, une simple traduction suffit souvent (ex. : **CAMBRIDGE** ◆ ÉTYM. angl. « pont *(bridge)* sur la Cam* ».
Certains noms, nés de l'incompréhension entre explorateurs ou colonisateurs et indigènes, ont une origine étonnante : ainsi des noms de peuples (ex. : **ALGONQUINS** ◆ ÉTYM. p.-ê. de l'indien (micmac) *algoomeaking* « l'endroit (du canot) d'où l'on pêche au harpon » ou de l'algonquin « apparentés aux chefs », « hommes de toutes les races ») ou de lieux (ex. : **TEXAS** ◆ ÉTYM. mot indien « amis », mot d'accueil des Indiens aux premiers explorateurs espagnols).

**Les noms de personnes**

Le traitement est différent selon qu'il s'agit d'un pseudonyme (ex. : **ALAIN** : en hommage au poète Alain Chartier*), d'un surnom (ex. : **STALINE** ◆ ÉTYM. du russe *stal* « acier »), d'un nom motivé (ex. : **RAMSÈS** ◆ ÉTYM. égyptien « Rê l'a engendré »), auxquels cas l'étymologie suit directement l'entrée, ou selon que l'étymologie concerne, non une personne en particulier, mais son nom de famille, hérité depuis des générations : elle est alors placée en fin d'article (ex. : **PROUST.** ◆ ÉTYM. Ce nom est une variante de *Prost*, *Provost* « prévôt, magistrat »).

**Les fausses étymologies et les étymologies incertaines**

Souvent, comme pour la langue, on croit connaître une étymologie qui est parfois plaisante mais fausse. Ainsi, il ne s'agit pas de compter les bovins sur le plateau de Millevaches (**MILLEVACHES** (plateau de) ◆ **ÉTYM.** probablt du gaul. *mello* « hauteur » suivi du bas lat. *vacius* (lat. class. *vacuus* « vide ») [et non en rapport avec une activité d'élevage]). Ces étymologies, dites populaires, sont signalées chaque fois que cela est utile (ex. : **BERLIN** ◆ **ÉTYM.** p.-ê mot wende, de *berle* « sol non cultivé » ou de *barlin* « abri, refuge » ou « enclos, champ » [l'étym. populaire *Bärlin* « petit ours « est fausse]).

L'étymologie est parfois précédée de mentions telles que «peut-être» ou « probablement » (ex. : **LAUSANNE** ◆ **ÉTYM.** probablt du prélatin °*lausa* « pierre plate, ardoise » et *-onna* « rivière ») rendant compte d'un degré d'incertitude élevé. Il arrive aussi que plusieurs étymologies possibles soient signalées (ex. : **MADRID** ◆ **ÉTYM.** probablt de l'ar. vulgaire *majra* « ruisseau d'eau vive, canal d'amenée d'eau, aqueduc » [l'approvisionnement en eau du château avait été réalisé par les Arabes suivant une technique nouvelle venue d'Orient] ou du lat. *materita*, dimin. de *materia* « petit bois ; taillis »).

L'ensemble de ces informations résulte de la consultation de nombreuses **sources** françaises et étrangères : ouvrages étymologiques traitant des noms de lieux ou des noms de personnes, dictionnaires, biographies et autobiographies, mémoires, récits, livres de voyages, etc. Le recoupement des sources trouve ses limites dans la rareté de la documentation pour certains domaines. Puisse le lecteur détenteur d'une information de première main sur un nom propre à l'origine encore inconnue ou mal élucidée nous faire part de ses lumières et de ses doutes : le dictionnaire est, plus que toute autre œuvre de l'esprit, une œuvre collective.

## DONNÉES CHIFFRÉES

**DONNÉES ÉCONOMIQUES**

Les chiffres de production proviennent en général des publications des organismes internationaux (Annuaire statistique de l'ONU, Annuaire de la Banque mondiale) ou nationaux (INSEE, INED pour la France et des contacts personnels avec des spécialistes universitaires ou des responsables administratifs dans les pays concernés. Ils sont donnés pour la majorité des pays sous forme de tableaux.

**DONNÉES DÉMOGRAPHIQUES**

Pour tous les pays ayant effectué un recensement récent, c'est ce chiffre qui est indiqué. De même, pour les pays qui publient régulièrement des estimations officielles, le dernier chiffre disponible a été retenu.

Dans certains pays d'Afrique, d'Amérique latine ou d'Asie, les derniers recensements sont parfois fort anciens, peu fiables (confusion entre les districts et les zones urbaines proprement dites, par exemple) ou rendus caducs par des mouvements de population (réfugiés de pays limitrophes, afflux de population autour des villes). Pour ces pays et leurs capitales, les chiffres sont issus des évaluations publiées par les organismes internationaux (Annuaire démographique de l'ONU, Annuaire de la Banque mondiale), pour les autres villes, les chiffres proviennent de l'évaluation du CEPED, du Centro Latinoamericano de Demografía (pour l'Amérique latine), du *Statesman's Year-Book*, de revues spécialisées comme la *Far Eastern Economic Review* ou d'estimations réalisées par les rédacteurs eux-mêmes, soit à partir du dernier recensement disponible, soit en pondérant des estimations provenant de sources dispersées.

# SOURCES DES DONNÉES DÉMOGRAPHIQUES

| | | |
|---|---|---|
| **Afghanistan** | estim. | 2003 |
| **Afrique du Sud** | estim. | 2006 |
| **Albanie** | recens. | 2001 |
| **Algérie** | estim. | 1996 |
| **Allemagne** | estim. | 2006 |
| **Andorre** | estim. | 2006 |
| **Angola** | estim. | 2006 |
| **Anguilla** | estim. | 2007 |
| **Antigua-et-Barbuda** | recens. | 2001 |
| **Arabie Saoudite** | recens. | 2004 |
| **Argentine** | recens. | 2001 |
| **Arménie** | estim. | 2006 |
| **Australie** | recens. | 2006 |
| **Autriche** | recens. | 2001 |
| **Azerbaïdjan** | recens. | 1999 |
| **Bahamas** | recens. | 2000 |
| **Bahreïn** | recens. | 2001 |
| **Bangladesh** | recens. | 2001 |
| **La Barbade** | estim. | 2006 |
| **Belau** | recens. | 2005 |
| **Belgique** | estim. | 2007 |
| **Belize** | estim. | 2007 |
| **Bénin** | estim. | 2006 |
| **Bermudes** | recens. | 2000 |
| **Bhoutan** | recens. | 2005 |
| **Biélorussie** | recens. | 1999 |
| **Birmanie** | estim. | 2007 |
| **Bolivie** | estim. | 2008 |
| **Bosnie-Herzégovine** | estim. | 2005 |
| **Botswana** | estim. | 2006 |
| **Brésil** | recens. | 2000 |
| **Brunei** | recens. | 2000 |
| **Bulgarie** | recens. | 2001 |
| **Burkina Faso** | estim. | 2006 |
| **Burundi** | estim. | 2006 |
| **Îles Caïmans** | estim. | 2006 |
| **Cambodge** | recens. | 1998 |
| **Cameroun** | estim. | 2006 |
| **Canada** | recens. | 2006 |
| **Cap-Vert** | estim. | 2006 |
| **Rép. centrafricaine** | estim. | 2006 |
| **Chili** | recens. | 2002 |
| **Chine** | recens. | 2000 |
| **Chypre** | recens. | 2001 |
| **Colombie** | recens. | 2005 |
| **Comores** | estim. | 2006 |
| **Congo (Rép. du)** | estim. | 2006 |
| **Congo (Rép. démocratique du)** | estim. | 2006 |
| **Îles Cook** | recens. | 2006 |
| **Corée du Nord** | estim. | 1990 |
| **Corée du Sud** | recens. | 2005 |
| **Costa Rica** | recens. | 2000 |
| **Côte d'Ivoire** | estim. | 2006 |
| **Croatie** | recens. | 2001 |
| **Cuba** | estim. | 2006 |
| **Danemark** | estim. | 2006 |
| **Djibouti** | estim. | 2006 |
| **Dominique** | recens. | 2001 |
| **Rép. dominicaine** | recens. | 2002 |
| **Égypte** | recens. | 2006 |
| **Émirats arabes unis** | recens. | 2005 |
| **Équateur** | recens. | 2001 |
| **Érythrée** | estim. | 2006 |
| **Espagne** | estim. | 2007 |
| **Estonie** | recens. | 2000 |
| **États-Unis d'Amérique** | recens. | 2000 |
| **Éthiopie** | recens. | 2007 |
| **Îles Fidji** | recens. | 2007 |
| **Finlande** | estim. | 2007 |
| **France** | recens. | 1999 |
| **Gabon** | estim. | 2006 |
| **Gambie** | estim. | 2006 |
| **Géorgie** | estim. | 2007 |
| **Ghana** | estim. | 2006 |
| **Grande-Bretagne** | recens. | 2001 |
| **Grèce** | recens. | 2001 |
| **Grenade** | recens. | 2001 |
| **Guatemala** | recens. | 2002 |
| **Guinée** | estim. | 2006 |
| **Guinée-Bissau** | estim. | 2006 |
| **Guinée Équatoriale** | estim. | 2006 |
| **Guyana** | recens. | 2002 |
| **Haïti** | recens. | 2003 |
| **Honduras** | recens. | 2001 |
| **Hongrie** | recens. | 2001 |
| **Inde** | recens. | 2001 |
| **Indonésie** | recens. | 2000 |
| **Irak** | estim. | 2003 |
| **Iran** | recens. | 2006 |
| **Irlande** | recens. | 2006 |
| **Islande** | estim. | 2008 |
| **Israël** | estim. | 2006 |
| **Italie** | recens. | 2001 |
| **Jamaïque** | recens. | 2001 |
| **Japon** | recens. | 2005 |
| **Jordanie** | recens. | 2004 |
| **Kazakhstan** | recens. | 1999 |
| **Kenya** | estim. | 2006 |
| **Kirghizstan** | recens. | 1999 |
| **Kiribati** | recens. | 2005 |
| **Kosovo** | estim. | 2004 |
| **Koweït** | estim. | 2005 |
| **Laos** | estim. | 1997 |
| **Lesotho** | estim. | 2006 |
| **Lettonie** | recens. | 2000 |
| **Liban** | estim. | 1992 |
| **Liberia** | estim. | 2006 |
| **Libye** | estim. | 1996 |
| **Liechtenstein** | estim. | 2006 |
| **Lituanie** | estim. | 2007 |
| **Luxembourg** | recens. | 2001 |
| **Macédoine** | recens. | 2002 |
| **Madagascar** | estim. | 2006 |
| **Malaisie** | recens. | 2000 |
| **Malawi** | estim. | 2006 |
| **Maldives** | recens. | 2006 |
| **Mali** | estim. | 2005 |
| **Îles Malouines** | recens. | 2001 |
| **Malte** | recens. | 2005 |
| **Mariannes-du-Nord** | recens. | 2000 |
| **Maroc** | recens. | 2004 |
| **Îles Marshall** | recens. | 1999 |
| **Maurice** | estim. | 2006 |
| **Mauritanie** | estim. | 2006 |
| **Mexique** | recens. | 2005 |
| **Fédération de Micronésie** | recens. | 2000 |
| **Moldavie** | recens. | 2004 |
| **Monaco** | recens. | 2008 |
| **Mongolie** | estim. | 2003 |
| **Monténégro** | recens. | 2003 |
| **Montserrat** | estim. | 2005 |
| **Mozambique** | estim. | 2006 |
| **Namibie** | estim. | 2006 |
| **Nauru** | recens. | 2002 |
| **Népal** | recens. | 2001 |
| **Nicaragua** | recens. | 2005 |
| **Niger** | estim. | 2006 |
| **Nigeria** | estim. | 2006 |
| **Norvège** | estim. | 2007 |
| **Nouvelle-Zélande** | recens. | 2006 |
| **Sultanat d'Oman** | estim. | 2005 |
| **Ouganda** | estim. | 2006 |
| **Ouzbékistan** | estim. | 1999 |
| **Pakistan** | recens. | 1998 |
| **Palestine** | recens. | 2007 |
| **Panamá** | recens. | 2000 |
| **Papouasie-Nlle-Guinée** | recens. | 2000 |
| **Paraguay** | recens. | 2002 |
| **Pays-Bas** | estim. | 2007 |
| **Pérou** | recens. | 2007 |
| **Philippines** | recens. | 2000 |
| **Île Pitcairn** | estim. | 2005 |
| **Pologne** | estim. | 2006 |
| **Porto Rico** | estim. | 2008 |
| **Portugal** | estim. | 2006 |
| **Qatar** | recens. | 2004 |
| **Roumanie** | estim. | 2007 |
| **Russie** | recens. | 2002 |
| **Rwanda** | estim. | 2006 |
| **Sainte-Hélène** | recens. | 2008 |
| **Sainte-Lucie** | estim. | 2005 |
| **Saint-Kitts-et-Nevis** | estim. | 2008 |
| **Saint-Marin** | estim. | 2008 |
| **Saint-Vincent-et-les-Grenadines** | estim. | 2008 |
| **Îles Salomon** | estim. | 2007 |
| **Salvador** | recens. | 2007 |
| **Samoa** | recens. | 2001 |
| **Samoa américaines** | recens. | 2000 |
| **São Tomé-et-Príncipe** | estim. | 2006 |
| **Sénégal** | estim. | 2006 |
| **Serbie** | recens. | 2001 |
| **Seychelles** | estim. | 2005 |
| **Sierra Leone** | estim. | 2006 |
| **Singapour** | recens. | 2000 |
| **Slovaquie** | recens. | 2001 |
| **Slovénie** | recens. | 2002 |
| **Somalie** | estim. | 2006 |
| **Soudan** | estim. | 2006 |
| **Sri Lanka** | recens. | 2001 |
| **Suède** | estim. | 2006 |
| **Suisse** | estim. | 2006 |
| **Suriname** | recens. | 2007 |
| **Swaziland** | estim. | 2006 |
| **Syrie** | recens. | 2003 |
| **Tadjikistan** | recens. | 2000 |
| **Taiwan** | recens. | 2007 |
| **Tanzanie** | estim. | 2006 |
| **Tchad** | estim. | 2006 |
| **Rép. tchèque** | estim. | 2006 |
| **Thaïlande** | recens. | 2000 |
| **Timor oriental** | recens. | 2004 |
| **Togo** | estim. | 2006 |
| **Royaume des Tonga** | recens. | 2006 |
| **Trinité-et-Tobago** | recens. | 2000 |
| **Tunisie** | recens. | 2004 |
| **Turkménistan** | estim. | 1999 |
| **Îles Turks et Caicos** | estim. | 2006 |
| **Turquie** | recens. | 2007 |
| **Îles Tuvalu** | recens. | 2002 |
| **Ukraine** | estim. | 2005 |
| **Uruguay** | recens. | 2004 |
| **Rép. de Vanuatu** | estim. | 1999 |
| **Vatican** | estim. | 2005 |
| **Venezuela** | recens. | 2001 |
| **Îles Vierges des États-Unis** | recens. | 2000 |
| **Îles Vierges du Royaume-Uni** | recens. | 2001 |
| **Viêtnam** | recens. | 1989 |
| **Yémen** | recens. | 2004 |
| **Zambie** | estim. | 2006 |
| **Zimbabwe** | estim. | 2006 |

# CHRONOLOGIE

Alors que les noms de personnes et de lieux, commentés dans le dictionnaire, sont l'objet de repérages dans le temps – et, notamment, contiennent des dates, siècles et millésimes –, le découpage alphabétique empêche les confrontations qui s'imposent. Il fallait rétablir, à ce sujet, une « logique », un ordre rationnel du temps (chrono-logie).

Seul cet ordre peut restituer en séries parallèles les grands domaines historiques : histoire générale et politique, religions, littératures, arts et musiques, sciences et techniques, permettant la confrontation des activités humaines sur toute la surface de la Terre, en synchronie. L'ordre alphabétique du dictionnaire, arbitraire et mnémotechnique, est ainsi complété et corrigé par celui du temps, qui fait intervenir la causalité et la succession des événements. Comme pour les cartes, l'espace du « tableau », qui peut se lire de diverses manières, enrichit et assouplit l'information présentée linéairement et alphabétiquement dans la première partie du livre.

Cette chronologie peut se lire horizontalement – les faits rapportés coïncidant exactement selon leur date – et, bien entendu, verticalement. Elle couvre l'ensemble des temps protohistoriques et historiques, jusqu'à nos jours.

Les informations qu'on y trouve dépassent le traitement du dictionnaire : elles concernent, en effet, non seulement des noms de personnes et de lieux, mais des événements marquants, en tous domaines et sur toute la planète.

# TABLE DES ABRÉVIATIONS

### A

abrév. .............. abréviation
Acad. .............. Académie
adapt. .............. adaptation
adj. .................. adjectif
admin. ............ administratif
affl .................. affluent
aggl. ................ agglomération
agric. .............. agriculture
all. .................. allemand
allus. .............. allusion
alsac. .............. alsacien
alt. .................. altitude
altér. ............... altération
amér. .............. américain
anal. ................ analogie
anc. ................. ancien, anciennement
angl. ................ anglais
apr .................. après
aquit. .............. aquitain
ar. ................... arabe
arch. ............... archives
Arch. nat. ........ Archives nationales
arr., ar. ........... arrondissement
art. .................. article
auj. .................. aujourd'hui
autom. ............ automobile
autref. ............. autrefois
autrich. ........... autrichien
av. ................... avant
avr. .................. avril

### B

b. ..................... bémol
banl. ................ banlieue
bas lat. ............ bas latin
bx-arts ............ beaux-arts
bibl .................. bibliothèque
Bibl nat., B. N. Bibliothèque nationale
bibliogr. .......... bibliographie
bret. ................ breton
bulg. ................ bulgare
byzant. ............ byzantin

### C

°C .................... degré Celsius
c.-à-d. ............. c'est-à-dire
cant. ................ canton
cap. ................. capitale
celt. ................. celtique
cf. .................... confer
ch., chap. ........ chapitre
ch. de fer ........ chemin de fer
chim. ............... chimie
ch.-l. ................ chef-lieu
chin. ................ chinois
Cie .................. compagnie (raison sociale)
cin. .................. cinéma
class. ............... classique
coll. ................. collection
collab. ............. collaboration
comm. ............. commune
construc. ......... construction

### D

déb. ................. début
déc. ................. décembre
démogr. .......... démographie
dens. ............... densité
dép. ................. département
dépr. ................ dépression (Géogr.)
dér. .................. dérivé
dial. ................. dialecte
dimin. .............. diminutif
distr. ................ district
dj. .................... djebel
doc. ................. document
Dr .................... docteur

### E

E. ..................... est
ecclés. ............. ecclésiastique
écon. ............... économie
éd. ................... édition
édit. ................. éditeur
égypt. .............. égyptien
électr. .............. électricité, électrique
encycl. ............. encyclopédie
env. ................. environ
ép. ................... épouse
esp. .................. espagnol
estim. ............... estimation
étym. ............... étymologie
ex. .................... exemplaire, exemple
ext. .................. extension

### F

f., fém. .............. féminin
F ...................... Fahrenheit (degré)
F. ..................... frère
fam. ................. familier
faub. ................ faubourg
fév. .................. février
fig. ................... figure
fl. ..................... fleuve
flam. ................ flamand
fr. ..................... français
francis. ............ francisation
franco-prov. .... franco-provençal
frq. ................... francique

### G

gaél. ................. gaélique
gallo-rom. ....... gallo-romain(e)
gasc. ................ gascon
gaul. ................. gaulois
géogr. .............. géographie
germ. ............... germanique

got. .................. gotique
gouv. ............... gouvernement
gr. ..................... grec

**H**

h., H. ............... hauteur
hab. .................. habitant
hébr. ................. hébreu, hébreux
Hist. ................. histoire
holl. .................. hollandais
hongr. ............... hongrois
hydrogr. .......... hydrographie
hydronym. ...... hydronymique

**I**

ibid. .................. ibidem
icon. .................. iconographie
id. ...................... idem
illustr. .............. illustration
inach. ............... inachevé
incert. .............. incertain, incertaine
indo-eur. .......... indo-européen
indon. ............... indonésien
indus. ............... industrie ou industriel (adj.)
inscr. ............... inscriptions et belles lettres
invar. ............... invariable
iran. ................. iranien
irl. .................... irlandais
isl. .................... islandais
it. ...................... italien

**J**

jap. ................... japonais
janv. ................. janvier
J.-C. ................. Jésus-Christ
juil. ................... juillet

**K**

km .................... kilomètre
kW .................... kilowatt

**L**

langued. .......... languedocien
lat. .................... latin
litt. .................... littéraire
littér. ................ littérature
littéralt ............ littéralement
liv. .................... livre
loc. ................... localité

**M**

m. ..................... masculin
m ...................... mètre
magnit. ............ magnitude
maj. .................. majorité
max. ................. maximum, -al
méd. .................. médecine
médiév. ............. médiéval
métall. ............... métallurgie
Mgr ................... monseigneur
Mgrs ................. messeigneurs
mil. .................... milieu
mill. ................... millénaire
min. ................... minimum, -al
mod. .................. moderne
monét. ............... monétaire
moy. .................. moyen, moyenne
ms. .................... manuscrit
mss .................... manuscrits
mus. .................. musique
mythol. ............. mythologie

**N**

n. ...................... nom
N. ..................... nord
nat. .................. naturel (gaz)
N.-D. ............... Notre-Dame
néerl. ............... néerlandais
norm. ............... normand
norv. ................ norvégien
nov. .................. novembre
N.-S. ................. Notre-Seigneur
nucl. ................. nucléaire

**O**

O. ..................... ouest
obsc. ................. obscur, obscure
occit. ................ occitan
oct. ................... octobre
œuv. ................. œuvres
off. .................... officiel
op. .................... opus
oppos. .............. opposition
orig. .................. origine
orogr. ................ orographie
oronym. ............ oronymique
orthogr. ............ orthographe

**P**

p. ...................... page
P. ..................... père
paragr. .............. paragraphe
par ex. .............. par exemple
part. ................. partie
PC .................... parti communiste
p.-ê. .................. peut-être
pers. ................. personnage, personne
phys. ................. physique
physiol. ............. physiologie
PIB .................... Produit intérieur brut
pl. ...................... pluriel
PNB ................... Produit national brut
polit. .................. politique
polon. ................ polonais
pop. ................... population
port. .................. portugais (langue)
posth. ................ posthume
pp. ..................... pages
p.p. .................... participe passé
PP ..................... pères
précelt. .............. préceltique
préf., préfect. .... préfecture
pré-indo-eur. ..... pré-indo-européen
princ. ................. principales, aux
probablt ............ probablement
prod., product. .. production, producteur
prof. ................... profondeur
prov. .................. provençal
prov. .................. province
pseud. ................ pseudonyme
publ. ................... publié

**Q**

q ........................ quintal

**R**

r. ........................ rang
R ........................ Réaumur (degré)
rac. .................... racine
réal. princ. ......... réalisations principales
région. ............... régional
rel. ..................... religion
REM. .................. remarque
rép. .................... république
riv. ..................... rivière
rive d. ................ rive droite
rive g. ................ rive gauche
roum. ................. roumain
RP ..................... révérend père
RR PP ............... révérends pères

**S**

s. ....................... siècle
S. ...................... sud
S A .................... société anonyme (raison sociale)
SAU .................. surface agricole utilisée
sanskr. .............. sanskrit
sc. ..................... sciences
sc. éco. .............. sciences économiques
scand. ................ scandinave
secrét. perpét. .... secrétaire perpétuel
sept. ................... septembre
sing. ................... singulier
sous-préf. .......... sous-préfecture
sq. ...................... *sequiturque* (« et suivant »)
sqq. .................... *sequuntürque* (« et suivants »
suéd. .................. suédois
suff. .................... suffixe
suiv. ................... suivant
superf. ................ superficie
suppl. ................. supplément
symb. ................. symbole
symph. ............... symphonie

**T**

t ......................... tonne
t. ........................ tome
tch. .................... tchécoslovaque
tibét. ................... tibétain
t. orig. ................ titre original
trad. ................... traduction
TWh ................... térawattheure

**U**

ukr. .................... ukrainien
univ. ................... universités

**V**

v. ....................... vers, ville
V. ...................... voir, ville
var. .................... variante
véh. .................... véhicule
vol. ..................... volume
vx ....................... vieux

**SYMBOLE**

– *(devant une date)* avant l'ère chrétienne

# A

**AA** n. m. ◆ **ÉTYM.** du germ. *°ahwô* «eau» ♦ Fl. côtier du N. de la France, en Flandre (80 km). Il se jette dans la mer du Nord à Gravelines.

**AABENRAA** → Åbenrå

**AACHEN** → Aix-la-Chapelle

**AAKJÆR (Jeppe)** ♦ Écrivain danois (Flyve 1866 - Jenle 1930). Empreints tout d'abord de critique religieuse selon les idées de G. Brandes*, ses poèmes et ses nouvelles sont ensuite marqués par la critique sociale et le marxisme. Il est considéré comme le plus grand écrivain régionaliste danois. *Champ de seigle* (1906), par exemple, est un hymne vibrant à son Jutland natal.

**AALBORG** → Ålborg

**AALEN** ♦ V. d'Allemagne (Bade-Wurtemberg), au pied du Jura souabe. 64 300 hab. Elle a donné son nom en géologie à l'un des étages du Jurassique, l'Aalénien.

**AALSMEER** ♦ V. des Pays-Bas (Hollande-Septentrionale). 25 019 hab. Église du XVI^e s. ▪ Premier marché floral d'Europe.

**AALST** – en fr. ***Alost*** ♦ V. de Belgique (Région flamande), prov. de Flandre-Orientale, ch.-l. d'arr., sur la Dendre. 77 790 hab. Beffroi du XIII^e s. Collégiale Saint-Martin (XV^e s.). Carnaval. ▪ Activités tertiaires (commerce du houblon). Brasserie. Indus. textile. Horticulture (endives, fleurs).

**AALTER** ♦ Comm. de Belgique (Région flamande), prov. de Flandre-Orientale, arr. de Gand. 18 887 hab. Indus. des métaux non ferreux. Agriculture.

**AALTO (Alvar)** ♦ Architecte, dessinateur et urbaniste finlandais (Kuortane 1898 - Helsinki 1976). Il commença à travailler à Jyväskylä et à Turku, de 1927 à 1933. Son talent novateur s'affirma dès ses premières grandes réalisations (théâtre de Turku ; bibliothèque de Viipuri, 1927 - 1935). S'intéressant aux arts décoratifs, il créa des modèles d'objets usuels et de meubles en bois laminés et courbés et joua un important rôle d'urbaniste en Finlande après la guerre (plans d'aménagement et plans généraux de Rovaniemi*, Nynäsham et Imatra). Il a réalisé une œuvre abondante et très diverse dans le domaine de l'architecture collective industrielle ou privée (dortoir du MIT à Cambridge, Massachusetts, 1947 - 1949 ; maison de la culture à Helsinki, 1955 - 1958 ; etc.). Plus constructeur que théoricien, il a pris des partis fonctionnels et utilisé des éléments standardisés, mais il a surtout fait preuve d'une extrême

**Alvar Aalto.** Intérieur d'une église finnoise conçue par Alvar Aalto.
*Phot. © Adam Woolfitt/Corbis*

liberté formelle : évitant le recours systématique aux orthogonales, il a souvent préféré les lignes courbes ou obliques en rapport avec un plan libre et asymétrique, engendrant un espace continu aux subtiles articulations. Enfin, il s'est surtout préoccupé d'harmoniser ses constructions avec le site environnant et de l'adapter à la spécificité du programme. Sa démarche s'apparente à bien des égards à celle de F. L. Wright*. ➝ ÉTYM. Ce nom de famille vient du finnois et signifie «vague, flot, onde».

**AAR** ou **AARE** n. m. ➝ ÉTYM. anc. *Arola*, de la rac. pré-indo-eur. °*ar* «cours d'eau» ♦ Riv. de Suisse (295 km), affl. rive g. du Rhin. Il prend sa source dans les Alpes bernoises, traverse les lacs de Brienz et de Thoune, arrose Berne, Soleure, Olten et Aarau, reçoit la Reuss et la Limmat (rive d.), et se jette dans le Rhin à Waldshut.

**AAR** (massif de l') ♦ Massif des Alpes suisses constituant l'extrémité orientale des Alpes bernoises (Finsteraarhorn, 4 274 m ; Jungfrau, 4 158 m ; Eiger, 3 970 m). Il se prolonge, à l'E. de la vallée de l'Aar, par le massif du Saint-Gothard.

**AARAU** ➝ ÉTYM. «plaine basse et aqueuse», de *Aar** et *-au*, du vx haut all. *ouwe* «eau» ♦ V. de Suisse, ch.-l. du canton d'Argovie, au pied du Jura, sur la rive d. de l'Aar. 15 478 hab. (aggl. 79 883). Anc. place forte, Aarau a gardé son caractère médiéval. ▪ Mécanique de précision, chaussures. ▮ **Histoire** Possession des Habsbourg en 1277, la ville passa sous la domination de Berne en 1415. Après avoir été la capitale de la République helvétique (1798), elle devint le chef-lieu du canton d'Argovie en 1803.

**AARGAU** → **Argovie**

**AARHUS** → **Århus**

**AARON** – en hébr. *'Aharôn* ♦ Personnage biblique, frère de Moïse* et premier grand prêtre des Hébreux.

**AARSCHOT** ♦ V. de Belgique (Région flamande), prov. du Brabant flamand, arr. de Louvain. 28 021 hab. Église Notre-Dame (chœur du XIVe s.). ▪ Construc. électriques. Centre agricole.

**AARTSELAAR** ♦ Comm. de Belgique (Région flamande), prov. et arr. d'Anvers. 14 325 hab. Construc. électriques.

**AASEN (Ivar)** ♦ Linguiste et écrivain norvégien (Volden 1813 - Christiania, auj. Oslo 1896). Lors de la lente remontée de la Norvège vers l'indépendance, cet autodidacte fut chargé de retrouver la «vraie» langue norvégienne, après des siècles de danisation. Il s'y employa en fabriquant, à partir des textes en ancien norvégien et des dialectes, un idiome auquel il donna le nom de *landsmaal* (aujourd'hui *nynorsk* «néonorvégien») par opposition au dano-norvégien ou *rigsmaal* (aujourd'hui *bokmål*). Il publia une *Grammaire* (1848), un *Dictionnaire* (1850) et des *Échantillons* de cette langue, donnant par là le départ au grave problème linguistique qui déchire toujours la Norvège.

**ABA** ♦ V. du Nigeria (État d'Ino). 494 152 hab. Pétrole. Indus. chimiques, mécaniques et alimentaires.

**ABADĀN** ➝ ÉTYM. de l'ar. *'Abbād* (*'abīd* «dévôt, serviteur») ben Al-Hussayn, n. de pers., avec attraction du persan *ābād* «ville» ♦ V. d'Iran (Khouzistan), dans une île du Chatt al-Arab. 219 772 hab. ▪ Port, grande raffinerie de pétrole. ▮ **Histoire** Port important sous les Abbassides, Abadān connut un nouvel essor en 1910 grâce à la construction d'un complexe pétrolier par l'Anglo-Iranian Oil Company, qui, nationalisé en 1950, devint le plus grand du monde dans les années 1970. Lors de la guerre irano-irakienne (1980 - 1988), la ville, forte de 294 000 hab. en 1976, fut détruite ainsi que ses installations dont la raffinerie (remise partiellement en état en 1989). La reconstruction d'Abadān est en cours.

**ABADIE (Paul)** ♦ Architecte français (Paris 1812 - Chatou 1884). Il travailla à la restauration de Notre-Dame de Paris, de Saint-Pierre d'Angoulême* et de Saint-Front de Périgueux*, et s'inspira de cette dernière lorsqu'il fournit les plans de la basilique du Sacré*-Cœur de Montmartre (1876). ➝ ÉTYM. Ce nom est une forme méridionale de *abbaye*.

**ABAKAN** ♦ V. de Russie, ch.-l. de la république autonome des Khakasses en Sibérie. 165 200 hab. Minerai de fer.

**ABATE** ou **ABBATE (NICCOLÒ DELL')** → **Niccolò dell'Abate**

**ABBADIDES** n. m. pl. ♦ Dynastie arabe qui régna à Séville* (1023 - 1091) après le démembrement du califat omeyade* de Cordoue. ♦ **'ABBĀD Ier [Muḥammad ibn Ismā'īl].** Juge (*qādi*) de Séville. Fort de l'appui de l'aristocratie de la ville, il se déclara indépendant de Cordoue (1023) et fonda un royaume qu'il agrandit peu avant sa mort. ♦ **'ABBĀD II,** plus connu sous le nom d'**AL-MU'TAḌID.** Fils et successeur du précédent, il régna de 1042 à 1069. Il étendit son royaume en guerroyant contre les petites dynasties berbères de l'est de l'Andalousie. Ce fut un souverain sanguinaire et un remarquable poète. ♦ **'ABBĀD III,** connu sous le nom d'**AL-MU'TAMID** (1040 - 1095). Fils et successeur du précédent. Il hérita de son père le talent poétique et le caractère impitoyable. Il régna à partir de 1069 sur la plus grande partie du sud-ouest de l'Espagne, mais il dut payer tribut à Alphonse* VI de Castille. Celui-ci devint menaçant et al-Mu'tamid fit appel au sultan almoravide (→ **Almoravides**) du Maroc, Ibn Tachfine, qui vainquit Alphonse VI puis se retourna contre son protégé en s'emparant du royaume de Séville. Al-Mu'tamid finit sa vie exilé au Maroc (1091 - 1095).

**ABBADIE (Antoine THOMPSON D')** ♦ Savant français (Dublin 1810 - Paris 1897). Après une mission scientifique au Brésil en 1837, il explora et cartographia l'Éthiopie (1838 - 1848). [Acad. sc. 1867]

**ABBADO (Claudio)** ♦ Chef d'orchestre italien (Milan 1933). Directeur de la Scala de Milan (1968 - 1986), chef du London Symphony Orchestra (1979 - 1988), directeur de l'Opéra de Vienne (1986 - 1991), successeur de Karajan à la tête de l'Orchestre philharmonique de Berlin (1989 - 2002), il a dirigé beaucoup d'œuvres lyriques, et de la musique contemporaine, avec un souci constant du respect de la partition.

**ABBAS Ier le Grand** ♦ (Herāt 1571 - Mazandéran 1629). Chah de Perse (1587 - 1629). Souverain le plus remarquable de la dynastie safavide*, il modernisa l'armée (avec l'aide de deux conseillers anglais) et transforma le pays en un État puissant, centralisé et prospère (→ **Iran**). Par ses victoires militaires sur les Ouzbeks, les Ottomans et les Portugais, il renforça les frontières du N. et de l'O. et rétablit la suprématie iranienne sur le golfe Arabo-Persique. Il choisit Ispahan* comme capitale (v. 1598) et en fit la plus belle ville d'Iran.

**ABBAS (Ferhat Mekki, dit Ferhat)** ♦ Homme politique algérien (Chahna 1899 - Alger 1985). Fondateur de l'Union populaire algérienne (1938), auteur du *Manifeste du peuple algérien* (1943), il quitta son pays après le début de l'insurrection et fut le premier président du gouvernement provisoire de la République algérienne (1958 - 1961) au Caire. Il fut ensuite exclu du GPRA et, en 1963, du FLN.

**ABBAS (Mahmoud)** ♦ Homme politique palestinien (Safed 1935). Sous le nom de guerre d'Abou Mazen, il entra au Fatah dès 1959, puis au comité exécutif de l'OLP en 1980. Artisan de la négociation avec Israël, qui aboutit aux accords d'Oslo en 1993, passant pour un modéré favorable au dialogue, il fut nommé Premier ministre en 2003 sous la pression américaine. Après la mort d'Arafat, il lui succéda à la tête de l'OLP (2004), à la tête du Fatah et à la présidence de l'Autorité palestinienne (2005). Il a été élu président du futur État palestinien par le Conseil central de l'OLP en nov. 2008, mais ce choix a été contesté par le Hamas.

**ABBAS (Jalai ABBAS, dit)** ♦ Photographe iranien (Khash, Iran 1944) résidant en France. Il a couvert les conflits politiques et sociaux au Viêtnam, au Moyen-Orient, au Chili, la chute du Biafra, la naissance du Bangladesh, l'apartheid en Afrique du Sud, et a parcouru le Mexique de 1983 à 1986. Il est connu pour son travail autour des religions entamé dans la fin des années 1980 : reportages au sein des sociétés musulmanes (*Voyages dans l'islam militant*, 1994), chrétiennes (*Voyage en chrétientés*, 2000) puis animistes. *Iran Diary* (2002) retrace à travers des photos noir et blanc trente ans de l'histoire de son pays à partir de la révolution iranienne.

**'ABBĀS** ♦ Oncle de Mahomet (mort v. 652) dont un des descendants, Abū* al-'Abbās, a fondé la dynastie des Abbassides*. ➝ ÉTYM. Ce nom arabe signifie «renfrogné».

**'ABBĀS Ier HILMĪ** ♦ (Djeddah 1813 - Banha, près du Caire 1854). Vice-roi d'Égypte (1848 - 1854). Il succéda à son oncle Ibrāhīm. Il s'opposa aux réformes modernistes de ses prédécesseurs, expulsa les conseillers européens et se rapprocha de la Turquie. Son armée participa, aux côtés des Turcs, à la guerre de Crimée.

**'ABBĀS II HILMĪ** ♦ (Alexandrie 1874 - Genève 1944). Khédive d'Égypte (1892 - 1914). Fils de Tawfiq*, il reçut une éducation occidentale. Il fut forcé de prendre pour ministre Mustafā Fahmī Pacha, qui favorisa les intérêts britanniques (1895). Pendant la Première Guerre mondiale, il appela les Égyptiens à lutter contre la Grande-Bretagne, qui plaça l'Égypte sous son protectorat et remplaça 'Abbās par son oncle Hussein* Kamal.

**'ABBĀS IBN AL-AḤNAF** ♦ Poète arabe (v. 748 - v. 808). Issu d'une famille arabe établie dans le Khorassan, il fut le poète attitré d'Haroun* al-Rachid. Auteur de poèmes chastes et délicats.

**ABBASSIDES** n. m. pl. ➝ ÉTYM. de *'Abbās**, oncle du Prophète ♦ Dynastie de califes arabes (750 - 1258) fondée par Abū* al-'Abbās al-Saffāḥ, descendant d''Abbās, oncle du prophète. Quand les Abbassides triomphèrent des Omeyades*, ils déplacèrent le pouvoir de la Syrie vers l'Irak en fondant leur nouvelle capitale, Bagdad* (762). Afin d'assurer les alliances qui leur permirent de conquérir le pouvoir, ils voulurent imposer le retour à l'islam originel. Les juges (*qādi*), nommés par le calife, durent appliquer la loi religieuse (*charī'a*), unique norme admise. La création du poste de vizir (*wazīr* «ministre») facilita une meilleure organisation de l'administration grandissante. Sous cette dynastie, l'économie fut prospère ; les villes se développèrent ; les arts et les lettres atteignirent leur apogée. Mais les révoltes et les troubles ne cessèrent pas pour autant. Les premiers califes, Abū al-'Abbās (750 - 754), Abū Ja'far al-Manṣūr* (754 - 775), al-Mahdī (775 - 785) et Haroun* al-Rachid (786 - 809), durent lutter contre les soulèvements extrémistes. Ils ne purent empêcher le détachement de l'Espagne (756) ni la persistance des troubles en Iran. En 803, Haroun al-Rachid élimina les vizirs de la famille de Barmak qui savaient résoudre habilement les problèmes soulevés par l'agitation chiite*. Celle-ci s'accrut sous le règne de Ma'mūn* (814 - 833) qui, après avoir défait son frère Amīn (809 - 814), favorisa les influences iraniennes, adopta le mutazilisme* et choisit un Alide* comme héritier afin de se rallier le chiisme modéré. Mais cette alliance n'empêcha pas la révolte des mercenaires turcs ni les effets d'une profonde crise financière, qui amenèrent les Abbassides à quitter Bagdad et à s'installer dans la ville nouvelle de Samarra* (833 - 892). Mutawakkil* (847 - 861)

**Abbassides.** *Le Paradis d'Allah,* faïence de Damas. *Phot. ©Hétier*

renonça au mutazilisme et réagit contre les chiites, les chrétiens et les juifs. L'unité de l'Empire ne fut pas préservée : les Tahirides* (820 - 872), les Saffarides* (867 - 903), puis les Samanides* (874 - 999) en Iran ; les Tulunides* (879 - 905), puis les Ikhchidites* (935 - 969) en Égypte et en Syrie, furent en fait indépendants. En Irak même, la révolte des esclaves noirs *(zanj)* des plantations fut réprimée par al-Muwaffaq, frère du calife al-Muʿtamid (870 - 892). Les califes al-Muʿtaḍid (892 - 902) et al-Muqtafī (902 - 908) s'imposèrent en Irak. Mais la révolte ismaïlienne (extrémistes chiites → **ismaïliens**) remit l'autorité des Abbassides en cause. En 909, un calife se réclamant de l'ismaïlisme prit le pouvoir en *Ifrīqiya* (→ **Fatimides**). Les Buyides*, chiites iraniens, fondèrent une dynastie en Iran (932 - 1055) ; le prince buyide Mu'izz al-Dawla prit Bagdad (945) et, sans destituer le calife, il en obtint les pleins pouvoirs avec le titre de «Prince des Princes» *(Amīr al-umarā)* en 936. Aussi, tout en conservant un pouvoir théorique sur l'Islam sunnite, les califes furent-ils démunis de tout pouvoir réel. Les Buyides furent écartés par les Turcs seldjoukides* (1055). Ils combattirent vigoureusement en faveur du sunnisme. L'immigration turque vers le Proche-Orient s'accentua. Excepté Mustadhir (1094 - 1118) et Nāsir (1180 - 1225), les derniers califes abbassides furent faibles. Les Mongols mirent fin à la dynastie abbasside en s'emparant de Bagdad (10 fév. 1258) et en exécutant le dernier vrai calife, Mustaʿṣim*. Les survivants abbassides qui furent accueillis en Égypte par les sultans mamelouks* perpétuèrent symboliquement leur dynastie.

**Abbaye (groupe de l')** ♦ Groupe d'écrivains et d'artistes qui tentèrent en oct. 1906 une expérience communautaire dans une propriété de Créteil. C. Vildrac*, G. Duhamel*, puis Jules Romains*, P.-J. Jouve* s'y réunirent jusqu'en nov. 1907.

**Abbaye (prison de l')** ♦ Anc. prison abbatiale de Saint*-Germain-des-Prés, à Paris, construite par Gamart (1631). Elle fut le théâtre des massacres de septembre* 1792.

**Abbaye-aux-Bois** ♦ Anc. couvent de bernardines fondé à Paris (rue de Sèvres) en 1640 et démoli en 1907. Transformé en maison d'arrêt pendant la Révolution, il fut repris en 1815 par des religieuses de Notre-Dame. Mme Récamier* y vécut de 1819 à 1849 et y tint un salon que Chateaubriand* fréquenta.

**ABBE (Ernst)** ♦ Physicien et industriel allemand (Eisenach 1840 - Iéna 1905). Associé, puis successeur de K. Zeiss* à la direction de sa société, il approfondit les connaissances sur le mécanisme de formation des images, ce qui permit, par l'élimination d'aberrations et de distorsions, d'améliorer de nombreux appareils d'optique, en particulier le microscope. Il établit la condition d'aplanétisme des systèmes centrés *(relation des sinus d'Abbe).*

**ABBEVILLE** [80100] ◆ **ÉTYM.** lat. «domaine *(villa)* de l'abbé *(abbas)* [de Saint-Riquier]» ♦ Ch.-l. d'arr. de la Somme, sur la Somme. 24 567 hab. (aggl. 26 049) *(Abbevillois).* Église gothique Saint-Vulfran des XVe - XVIIe s. (façade flamboyante). Château de Bagatelle (XVIIIe s.) construit par A. Van Robais. Musée Boucher*-de-Perthes. ▪ Indus. diverses. ▌**Histoire** Dépendance de l'abbaye de Saint-Riquier, ensuite capitale du Ponthieu, la ville obtint sa charte en 1184 ; plusieurs fois occupée par les Anglais, elle redevint définitivement française en 1477. Son économie se développa grâce à la création de la Manufacture royale de Rames (draps et tapis) par J. Van Robais (1665). En 1918, elle fut le siège de deux conférences franco-britanniques *(conférences d'Abbeville)* : celle du 25 mars, entre le maréchal Haig et les généraux Wilson et Foch, prépara la conférence de Doullens. Au cours de la seconde, le 2 mai, Foch réclama l'autorité sur le front italien mais n'obtint qu'un pouvoir de coordination. La ville fut en partie détruite en 1940.

**Abbevillien** n. m. ♦ Faciès culturel du Paléolithique* inférieur défini par l'abbé Breuil* à partir des trouvailles faites à Abbeville. Ce terme ne s'applique plus aujourd'hui qu'à certains bifaces de l'Acheuléen* d'aspect archaïque. → **Boucher de Perthes.**

**Abbey Theatre** ♦ Théâtre de Dublin fondé en 1904 par lady Gregory* et W. B. Yeats*. Ils avaient ouvert un café littéraire (1899), ébauche de ce qui devait aboutir à un théâtre de conscience et d'identité nationales, avec un répertoire et des artistes irlandais. Il le demeura après la proclamation de la république d'Irlande (1948), tout en ouvrant sa programmation à des auteurs étrangers. Plusieurs de ses créations scandalisèrent les autorités religieuses et politiques : *Le Baladin* du monde occidental* de J. M. Synge* (1907) ou *La Charrue et les Étoiles* de S. O'Casey* (1926). Il demeure l'un des principaux foyers culturels irlandais avec une audience mondiale.

**ABBON** (saint) ♦ (v. 945 - La Réole 1004). Abbé de Fleury (auj. Saint-Benoît-sur-Loire) en 988, conseiller d'Hugues Capet et de Robert II, il prit parti pour Arnulf, archevêque de Reims déposé pour trahison, et contre Gerbert* (Sylvestre II). Auteur de poèmes, de traités scolaires, d'une collection de textes juridiques. ▪ Fête le 13 nov.

**ABC** ♦ Quotidien espagnol fondé à Madrid en 1905 par le marquis Luca de Tena. Journal de l'aristocratie et de la bourgeoisie, de tendance conservatrice et monarchiste, il soutint le comte de Barcelone avant de se rallier à son fils, le roi Juan Carlos. Il appartient aujourd'hui au groupe Prensa Española, qui édite aussi l'*ABC* de Séville, et il tire à 280 000 exemplaires.

**ABC** → **American Broadcasting Company**

**ʿABD AL-ʿAZĪZ IBN AL-ḤASAN** ♦ (Marrakech v. 1878 - Tanger 1943). Fils de Moulay Hassan. Sultan du Maroc en 1894, il fut détrôné par son frère Moulay Hafiz en 1908.

**ʿABD AL-ḤAMĪD IBN YAḤYĀ** ♦ Écrivain arabe (mort en 750). Maître d'école itinérant, il devint l'homme d'État du dernier calife omeyade*, Marwān ibn Muḥammad (744 - 749). Il fut le premier styliste de la prose arabe et le créateur de l'épître ainsi que l'initiateur de l'*adab* qui sera précisé par Ibn* Muqaffaʿ.

**ABDALĪ** → **Aḥmad Chāh Dorrānī**

**ʿABD ALLĀH** ◆ **ÉTYM.** ar. «serviteur de Dieu» ♦ Père de Mahomet (La Mecque v. 545 - Médine v. 570).

**ABDALLAH BEN ABDEL AZIZ AL-SAOUD** ♦ (Riyad 1923). Roi d'Arabie Saoudite. Demi-frère du roi Fahd*, il exerça officieusement le pouvoir dès 1995 et lui succéda à sa mort, en 2005.

**ABD ALLAH IBN HUSSEIN** ♦ (La Mecque 1882 - Jérusalem 1951). Roi de Jordanie (1949 - 1951). Fils de Hussein ibn Ali. Roi d'Irak en 1920, il fut détrôné en 1921 par son frère Fayçal*, ex-roi de Syrie. Avec l'appui de la Grande-Bretagne, il se proclama roi de Transjordanie (1946) puis, après l'annexion de la Cisjordanie, roi de Jordanie*. Il fut assassiné par un Palestinien.

**ʿABD ALLĀH IBN ʿUMAR IBN RABĪ** ♦ Premier conquérant arabe de l'Inde. Il débarqua entre 634 et 644 dans le Sind* et battit le gouverneur hindou de Mekram. Calomnié, il fut rappelé par le calife de Bagdad.

**ʿABD AL-MĀLIK IBN MARWĀN** ♦ (646 - 705). Cinquième calife omeyade* de Damas (685 - 705). Fils et successeur de Marwān, il fut le premier à frapper de la monnaie arabe en or que l'empereur byzantin refusa, ce qui entraîna la reprise de la guerre contre les Byzantins (692). Il fit édifier le Dôme du Rocher* à Jérusalem*.

**ʿABD AL-MUʾMIN** ♦ Premier calife almohade (mort à Salé en 1163). Disciple du mahdi Ibn* Tūmart qui le désigna pour lui succéder après sa mort (1130), il conquit le Maroc sur les Almoravides*. → **Almohades.**

**ʿABD AL-RAḤMĀN Ier** ♦ (731 - Cordoue 788). Émir omeyade de Cordoue (756 - 788). Il échappa au massacre de sa famille par les Abbassides et fonda l'émirat omeyade de Cordoue (756). ♦ **ʿABD AL-RAḤMĀN II** (Tolède 792 - Cordoue 852). Émir omeyade de Cordoue (822 - 852). Arrière-petit-fils du précédent. ♦ **ʿABD AL-RAḤMĀN III** (v. 889 - Cordoue 961). Calife omeyade d'Espagne (912 - 961). Représentant de l'orthodoxie musulmane, il décida de s'affranchir définitivement de l'autorité politique et religieuse de Bagdad en s'attribuant les titres de calife (929), Amūr al-Muʾminīn («prince des croyants») et al-Nāsir li-dīn Allāh («le victorieux pour la religion de Dieu»). La transformation et l'embellissement de Cordoue* attestent l'importance de son règne. → **Omeyades.** ◆ **ÉTYM.** Ce nom arabe signifie «serviteur du Miséricordieux».

**ʿABD AL-RAḤMĀN** ♦ (v. 1778 - Meknès 1859). Sultan du Maroc (1822 - 1859), il soutint et hébergea Abd el-Kader* durant la conquête de l'Algérie par la France, mais fut contraint de l'expulser après la défaite que lui infligea Bugeaud à la bataille de l'Isly* (1844). Abd el-Kader tenta en vain de le renverser en 1847.

**ʿABD AL-RAḤMĀN IBN ʿABD ALLĀH AL-RHAFĪQĪ** ♦ Général arabe (mort près de Poitiers 732). Gouverneur d'Andalousie en 721, puis de 730 à 732, il dirigea une incursion en Gaule ; arrêté près de Poitiers par Charles* Martel, il périt dans la bataille.

**ʿABD AL-RAḤMĀN KHĀN** ♦ Émir d'Afghanistan (1844 - Kaboul 1901). Petit-fils de Dōst Mohammad* et neveu de Chêr* ʿAlī Khān, il fut choisi par les Britanniques pour occuper le trône de Kaboul vacant après la déposition de Yaʿqūb* Khān (1880). L'Afghanistan prit sa configuration actuelle sous son règne (conquête du Hazārajāt, 1891 - 1893 ; conquête du Nouristan*, 1896 ; fixation des frontières avec la Russie et l'Inde). Il mata un grand nombre de révoltes intérieures suscitées par les progrès du centralisme administratif et l'élimination des chefs tribaux les plus influents. À sa mort, son fils Ḥabībollāh lui succéda.

**ʿABD AL-SAMAD** ♦ Peintre persan originaire de Chirāz* (fin XVI^e s.), invité en Inde par Akbar* pour y enseigner l'art de la miniature.

**ABD EL-KADER** ➝ ÉTYM. en ar. *ʿAbd al-Qadīr ibn Muḥyī al-Dīn al-Ḥasanī* ♦ Émir arabe d'Algérie (Mascara 1807 - Damas 1883). Issu d'une famille chérifienne qui dirigeait une *zāwīya* (sorte de couvent) de la confrérie des qadarites*, il reçut une éducation religieuse qui fit de lui un théologien. Mais la conquête de l'Algérie par les Français le transforma en guerrier. Proclamé sultan par quelques tribus de l'Oranie (22 nov. 1832), il imposa son autorité aux anciennes milices du bey et mena pendant quinze ans la guerre sainte *(jihād)* contre les Français. Jusqu'en 1838, ces derniers l'avaient aidé à affermir son autorité sur les deux tiers de l'Algérie dans l'espoir d'instaurer un protectorat. Abd el-Kader en profita pour organiser un État arabe fondé sur l'islam. Il recruta ses dirigeants parmi l'autocratie religieuse, entraînant ainsi l'opposition de la noblesse militaire et la méfiance des tribus berbères. Il constitua une armée composée de 10 000 réguliers (volontaires soldés), construisit des places fortes et fit de Tagdempt sa capitale. En nov. 1839 il envahit la Mitidja. Une grande guerre s'ensuivit. Vaincu après trois ans de combats (prise de la smala par le duc d'Aumale, mai 1843), il réussit à entraîner le sultan marocain dans la guerre. Mais après les bombardements de Mogador et de Tanger et la défaite de l'armée marocaine sur les rives de l'Isly (14 août 1844), le sultan chassa Abd el-Kader qui, quelques mois plus tard, profita de nouveaux mouvements insurrectionnels pour reprendre la lutte. Traqué, il dut se réfugier au Maroc où il fut de nouveau pourchassé. Résigné, l'émir se rendit aux Français (23 déc. 1847). Prisonnier, puis libéré par Napoléon III (16 oct. 1852), il s'établit à Bursa. Il passa la seconde partie de sa vie au Proche-Orient où il se consacra à l'étude et à la méditation religieuse. À Damas où il vécut de 1855 à sa mort, il composa un ensemble d'œuvres mystiques. ➝ ÉTYM. *ʿAbd al-Qadīr* signifie «serviteur du Puissant».

**Abd el-Kader.** *La Reddition d'Abd el-Kader le 23 déc. 1847,* par A. Régis, détail. Musée Condé, Chantilly. *Phot.* © *Giraudon*

**ABD EL-KRIM** ➝ ÉTYM. en ar. *ʿAbd al-Karīm* («serviteur *[ʿabd]* du Généreux *[karīm]*») *al-Khattabi* ♦ Nationaliste marocain (al-Hoceima 1882 - Le Caire 1963). Il remporta sur les Espagnols la victoire d'Anoual en 1921, puis dirigea la guerre du Rif contre le Maroc français. Les Français provoquèrent alors une action concertée franco-espagnole qui l'obligea à capituler (1926). Déporté à la Réunion, il s'échappa et se réfugia au Caire (1947) où il reprit sa propagande en faveur de l'indépendance de l'Afrique du Nord. Il refusa de rentrer au Maroc après l'indépendance.

**ABDELWADIDES** n. m. pl. ♦ Dynastie berbère qui régna sur la région de Tlemcen* (1235 - 1554). Issus des Banū Zayyān, ils connurent leur apogée au XIII^e s. Au XIV^e s., ils combattirent les Mérinides* de Fès, qui prirent Tlemcen (1337 - 1359). Au XV^e s., ils luttèrent contre les Hafsides* de Tunis. Ils furent vaincus enfin après les attaques des Espagnols, des Turcs d'Alger et des Saadiens* du Maroc.

**ABDÈRE** – en gr. *Abdera* ♦ Colonie grecque de la côte de Thrace*, sur la mer Égée, fondée v. –656 par Clazomènes* *(Abdéritains)*.

**ABDIAS** ou **OBADIAH** ➝ ÉTYM. en hébr. *ʿôbhadyâh* «serviteur de Yah(vé)» ♦ Prophète de Juda* qui n'est cité que dans le *Livre d'Abdias*. ♦ *Livre d'Abdias* Le plus court des livres de la Bible*, un des Petits Prophètes*. 21 versets, recueil d'oracles contre Édom*, symbole des nations arrogantes.

**ʿABDUH (Muḥammad)** ♦ Écrivain égyptien (1849 - Alexandrie 1905). Théologien renommé, il travailla à la renaissance de l'islam et s'attacha dans ses écrits et son enseignement à une interprétation moderniste du Coran. Fondateur en 1899 du Parti national égyptien.

**ABDÜLAZIZ** ♦ (Constantinople 1830 - *id.* 1876). Sultan ottoman (1861 - 1876). Successeur de son frère Abdülmacid* I^er. Il mena des réformes inefficaces, et son règne vit l'anarchie intérieure, la banqueroute financière et les soulèvements des peuples soumis à l'Empire (Bosnie-Herzégovine). Il s'inféoda alors à la Russie, l'ambassadeur russe exerçant sur lui une influence absolue. Mais il fut contraint par Midhat* Pacha et les Jeunes-Turcs d'abdiquer en faveur de son neveu Murat* V et fut trouvé mort cinq jours plus tard (4 juin 1876).

**ABDÜLHAMID I^er** ♦ (Constantinople 1725 - *id.* 1789). Sultan ottoman (1774 - 1789). Successeur de son frère Mustafa* III, il fut contraint de signer le traité de Kutchuk-Kaïnardji (1774) qui assura à la Russie de nombreux avantages en mer Noire.

**ABDÜLHAMID II** ♦ (Constantinople 1842 - *id.* 1918). Sultan ottoman (1876 - 1909). Fils d'Abdülmacid* I^er, il succéda à son frère Murat* V, devenu fou, en 1876. Ayant obtenu le soutien des Jeunes*-Turcs, il promulgua une constitution relativement libérale (1876) qu'il abandonna dès 1877 pour une politique autoritaire. Il dut accepter les traités qui morcelaient l'Empire ottoman (1877, 1878). Réduit à l'impuissance, il crut pouvoir mobiliser les pays d'islam en prônant une idéologie panislamique, fanatique et mystique qui l'amena à lutter contre les minorités, de manière violente (massacre des Arméniens, 1894 - 1896). La révolution des Jeunes-Turcs (1908) le contraignit à revenir à la Constitution de 1876 ; mais il tenta une contre-révolution qui échoua. Le général Chevket, à la tête de l'armée de Macédoine, le força à abdiquer en 1909 en faveur de son frère Mehmet* V.

**ABDÜLMACID I^er** ♦ (Constantinople 1823 - *id.* 1861). Sultan ottoman (1839 - 1861). Fils et successeur de Mahmud* II. Il évita l'occupation russe, après la défaite turque devant l'armée égyptienne de Méhémet* Ali, grâce aux puissances occidentales. Il tenta de promouvoir la tolérance religieuse (1839). En 1853, menacé par les Russes, il bénéficia de l'alliance franco-britannique. → **Crimée (guerre de).** Père d'Abdülhamid* II, il eut pour successeur son frère Abdülaziz*.

**ABDUL RAHMAN (Tunku)** ♦ Homme d'État malais (Alor Setar, Kedah 1903 - Kuala Lumpur 1990). Premier ministre de la fédération de Malaisie sous protectorat britannique (1951), il en obtint l'indépendance en 1957 et présida à la formation de la Malaysia (ou Grande Malaisie). Après les émeutes raciales de 1969, il promulgua en 1970 les *Rukunegara* («principes de l'État») destinés à asseoir l'entente entre communautés et se retira peu après. Il a été surnommé *Bapa Malaysia* («le père de la Malaysia»).

**ABDUL RAZAK (Tun)** ♦ Homme d'État malais (Pekan, Pahang 1922 - Londres 1976). Premier ministre de Malaisie de 1970 à 1976, il lança en 1974 la Nouvelle politique économique visant au développement harmonieux des groupes ethniques du pays.

**ABDURRAHMAN WAHID (K. H., dit Gus Dur)** ♦ Homme d'État indonésien (Jombang, Java 1940 - Jakarta 2009). Partisan d'un islam tolérant et moderne, il devint président du mouvement Nadhatul Ulama (le «réveil des oulémas») en 1984 et fonda la même année le parti de l'Éveil national. Élu à la présidence de la République en 1999, il fut destitué en 2001 pour incompétence et corruption.

**ABÉCHÉ** ➝ ÉTYM. n. indigène *Abou Béché* «père de Béché», n. du premier arrivant ♦ V. de la république du Tchad, dans le massif de l'Ouaddaï. Env. 85 000 hab. Nœud caravanier. Marché de la viande.

**ABE Isoo** ♦ Universitaire et parlementaire japonais (Fukuoka 1865 - 1949). Ce socialiste chrétien et pacifiste convaincu s'opposa à la guerre russo-japonaise en 1904 - 1905 et dut temporairement se réfugier aux États-Unis. Il fut le cofondateur de partis politiques d'opposition.

**ABE Kōbō (ABE Kimifusa, dit)** ♦ Écrivain japonais (Tōkyō 1924 - *id.* 1993). Après des études de médecine, il se tourna vers la littérature. Auteur de poèmes et de pièces de théâtre, il s'est surtout consacré au roman : *Les Murs* (1951), *La Femme des sables* (1962), *La Face d'un autre* (1964), *Secret Rendez-vous* (1977). Ses textes, d'une écriture moderne et inspirée par l'Occident (il a aussi écrit des romans policiers et de la science-fiction), font cependant appel aux croyances populaires ancestrales du Japon.

**ABEL** ♦ Personnage biblique (Genèse, IV). Second fils d'Adam et d'Ève, il est pasteur et offre au Seigneur un agneau. Dieu ayant préféré cette offrande à l'offrande de fruits de son frère Caïn*, celui-ci, jaloux, l'assassine. On a interprété ce meurtre comme une évocation du conflit entre l'économie pastorale archaïque (Abel) et la sédentarisation par l'agriculture (Caïn). ➝ ÉTYM. Ce nom vient de l'hébreu *hèbhèl* qui signifie «brume [inconsistance ; vanité]» ou de l'akkadien *ablu* qui signifie «fils».

**ABEL (Karl Friedrich)** ♦ Compositeur et virtuose allemand (Köthen 1723 - Londres 1787). Issu d'une famille de musiciens, claveciniste de talent, il fut aussi l'un des derniers grands virtuoses de la viole de gambe. Établi à Londres (1759), il s'associa à Jean-Chrétien Bach* et donna avec lui de nombreux concerts (Société des concerts Bach-Abel).

**ABEL (Niels Henrik)** ♦ Mathématicien norvégien (île de Finnøy 1802 - Arendal 1829). Auteur de travaux qui révolutionnèrent les mathématiques de son temps, il devait cependant mourir dans la misère à l'âge de 27 ans. Il démontra l'impossibilité de la résolution par radicaux d'une équation algébrique de degré supérieur à 4, problème étudié sans résultat depuis trois siècles, et il ouvrit ainsi la voie à É. Galois*. En même temps que C. Jacobi* mais indépendamment de lui, il fonda une branche nouvelle de l'analyse, la théorie des fonctions elliptiques : en abordant leur étude par celle de leurs fonctions inverses (inversion des intégrales elliptiques), il put découvrir leur double périodicité et, plus généralement, introduire des intégrales, dites abéliennes, dont l'importance capitale ne fut reconnue qu'à la suite des travaux de B. Riemann*. Il établit également les bases rigoureuses du calcul infinitésimal (avec A. Cauchy* et C. Gauss*). ▪ Le prix Abel, prix annuel de mathématiques créé en 2002, est décerné par l'Académie norvégienne des sciences et des lettres.

**ABEL (sir Frederick Augustus)** ♦ Chimiste britannique (Londres 1827 - *id.* 1902). Auteur de travaux sur les explosifs, il découvrit le traitement permettant de stabiliser les nitrocelluloses.

**ABÉLARD ou ABAILARD (Pierre)** → ÉTYM. du n. biblique *Abel* et suff. *-ard* ♦ Philosophe et théologien français (Le Pallet, près de Nantes 1079 - près de Chalon-sur-Saône 1142). Élève de Roscelin*, de Guillaume* de Champeaux auquel il s'opposa, puis d'Anselme de Laon, il enseigna la théologie scolastique et la logique. Chanoine de Notre-Dame de Paris, il devint maître d'Héloïse qu'il séduisit et épousa en secret. L'oncle d'Héloïse, Fulbert, le fit émasculer. Abélard se retira à l'abbaye de Saint-Denis tandis qu'Héloïse prenait le voile à Argenteuil. À la demande de ses disciples, il reprit son enseignement, mais l'Église condamna sa doctrine au concile de Soissons (1121). Il fonda alors le monastère du Paraclet près de Nogent-sur-Seine (où Héloïse deviendra abbesse) et se retira à Saint-Gildas-de-Rhuys où il devint abbé. Il continua son enseignement, mais saint Bernard obtint contre lui une nouvelle condamnation au concile de Sens (1140). Il joua un grand rôle dans la querelle des Universaux, critiquant le réalisme de Guillaume de Champeaux, sans être toutefois nominaliste comme Roscelin (on qualifie sa position de conceptualisme). Il fut un «dialecticien», réfléchissant en logicien au problème du langage (*Dialectique* et *Gloses sur Porphyre*). Il est l'auteur de traités théologiques et d'un ouvrage autobiographique (*Historia calamitatum*). → **Arnaud de Brescia.**

**ABELL (Kjeld)** ♦ Auteur dramatique danois (Ribe 1901 - Copenhague 1961). Prônant l'anticonformisme, il écrivit une pièce, *La mélodie qui disparut* (*Melodien der blev vaek*, 1934), attaque contre la vie bourgeoise sclérosée. *Anna Sophie Hedvig* (1939) est une pièce d'inspiration antifasciste.

**ABELLIO (Georges SOULÈS, dit Raymond)** ♦ Écrivain français (Toulouse 1907 - Nice 1986). Socialiste, tenté par la Collaboration, puis tourné vers la Résistance, il est l'auteur d'un roman *Heureux les pacifiques* (1942), qui reflète ces contradictions. *Les yeux d'Ézéchiel sont ouverts* (1950) ajoute aux thèmes politiques une dimension métaphysique. Écrivain kabbaliste, il a publié *La Bible, document chiffré* (1950). Il est également l'auteur d'un recueil de souvenirs, *Ma dernière mémoire* (1972).

**ABENCÉRAGES** n. m. pl. – en ar. *Banū Sarrāj* ♦ Famille ou faction arabe qui aurait joué un rôle essentiel dans les intrigues de palais que connut le royaume de Grenade* au XV$^e$ s. Le roman de Ginés Pérez de Hita, *Guerras civiles de Granada* (1595), célèbre la lutte que menèrent les Abencérages contre les Zegris. ♦ ***Les Aventures du dernier Abencérage*** Récit de Chateaubriand* (1826) qui conte le retour à Grenade du dernier descendant de cette famille.

**ABE NO NAKAMARO** ♦ Noble japonais (v. 700 - v. 770). Parti pour la Chine avec une ambassade afin d'y étudier, il y devint, sous le nom chinois de Chao Heng, l'un des grands conseillers de la cour des Tang*, puis gouverneur du protectorat d'Annam. Il fut un poète renommé.

**ÅBENRÅ** ♦ V. du Danemark, municipalité du Danemark-du-Sud, dans le Jutland. 16 109 hab. Port. Centre commercial ; indus. alimentaires, brasserie.

**ABEOKUTA** → ÉTYM. yoruba «sous *(abe)* le roc *(okuta)*» [allus. à sa situation sous un piton rocheux] ♦ V. du Nigeria, cap. de l'État de l'Ogun. 790 043 hab. Cimenterie. Indus. textiles et alimentaires, cacao.

**ABERCROMBY (sir Ralph)** ♦ Général britannique (Menstry, Clackmannanshire 1734 - Aboukir 1801). Il combattit les Français en Hollande (1793 - 1795) et remporta contre eux plusieurs victoires aux Antilles et en Égypte, dont celle d'Aboukir* où il fut mortellement blessé (1801).

**ABERDARE** ♦ V. du pays de Galles (Rhondda, Cynon, Taff), au S.-O. de Merthyr Tydfil. 32 000 hab. Centre indus. Tourisme.

**ABERDEEN (George Hamilton GORDON, 4$^e$ comte D')** ♦ Homme politique britannique (Édimbourg 1784 - Londres 1860). Diplomate, ministre des Affaires étrangères (1841 - 1846), puis Premier ministre en 1852, il s'efforça de régler pacifiquement les différends internationaux (entente avec Guizot*, Metternich* et Nicolas* II, signature des traités Webster-Ashburton et Oregon* entre le Canada et les États-Unis). Malgré son opposition à la guerre de Crimée, il en fut rendu responsable et démissionna en 1855.

**ABERDEEN** → ÉTYM. celt. «embouchure *(aber)* de la Dee (de *Devona* "source sacrée")» ♦ V. d'Écosse, ch.-l. de district, sur la côte E. à l'embouchure de la Dee. 211 910 hab. Université. Cathédrale du XIII$^e$ s. ▪ L'un des pôles de développement de l'Écosse. Principale base britannique pour l'exploitation des hydrocarbures de la mer du Nord qui ont assuré la croissance récente du secteur tertiaire et la diversification industrielle.

**ABER-WRACH** [abɛʀvʀak] n. m. ♦ Fl. côtier (34 km) et estuaire *(aber)* du Finistère, dans le Léon. Port de plaisance et station balnéaire à l'Aber-Wrach, comm. de Landéda.

**ABERYSTWYTH** ♦ V. du pays de Galles (Ceredigion), sur la baie de Cardigan. 15 000 hab. Station balnéaire. La croissance récente de la ville est due au développement de l'université.

**ABE Shinzo** ♦ Homme politique japonais (Nagato, préf. de Yamaguchi, 1954). Plus jeune Premier ministre du Japon, il démissionna moins d'un an après son entrée en fonction (septembre 2006). Une série de scandales, dont le suicide de son ministre de l'Agriculture convaincu de corruption, provoqua la débâcle aux élections sénatoriales de son parti, le parti libéral démocrate. Abe était partisan d'un Japon renforcé face à la menace nord-coréenne. Il envisageait de réformer la Constitution pacifiste de 1947 pour réarmer le Japon et de renforcer l'alliance avec les États-Unis.

**ABETZ (Otto)** ♦ Homme politique allemand (Schwetzingen, près de Mannheim 1903 - Langenfeld 1958). Envoyé en France pour une mission de propagande, il noua des relations avec les milieux germanophiles, fut expulsé en 1939 mais revint à Paris après l'armistice de juin 1940 avec le titre d'ambassadeur. Il s'efforça d'organiser la collaboration franco-allemande. Condamné par un tribunal militaire français en 1949, il fut libéré en 1954.

**ABGAR** ♦ Nom de neuf rois ou toparques d'Édesse de –92 à 216 ; un dixième Abgar fut replacé sur le trône d'Édesse de 242 à 244. ♦ **ABGAR V.** Il régna de –4 à 7 et de 13 à 50. Selon la légende, il aurait reçu une lettre et un portrait de Jésus (le *mandylion*, attesté à partir du VI$^e$ s.). ♦ **ABGAR VIII le Grand** (de 179 à 214). Il fut un allié de Septime Sévère et le premier roi chrétien d'Édesse.

**Abhidhamma** n. m. → ÉTYM. mot pâli, en sanskr. ***Abhidharma*** «doctrine suprême» ♦ Troisième recueil du canon bouddhique des écoles anciennes (hīnayāna*), concernant des textes attribués traditionnellement au Bouddha* lui-même. Ces textes furent vraisemblablement élaborés et réunis entre les –IV$^e$ et –II$^e$ s., peut-être à Ceylan, et firent l'objet d'innombrables commentaires dont l'*Abhidharmakoṣaśāstra* de Vasubandhu*.

**ABHINAVAGUPTA** ♦ Poète indien du Cachemire (fin X$^e$ - XI$^e$ s.) d'expression sanskrite, auteur d'œuvres nombreuses inspirées par le culte de Shiva, et de commentaires des textes traditionnels hindous. Ses premières œuvres étaient fondées sur les *āgama* ; il commenta ensuite un traité de dramaturgie *(Bhāratīya)* et diverses strophes philosophiques, d'une manière originale.

**ABIAM ou ABIAH** → ÉTYM. de l'hébr. *'abhîyyâm* «mon père est Yam [divinité païenne]» ou de *'abhîyyâh* «mon père est Yâh(wèh)» ♦ Roi de Juda (–914 - –911), fils de Roboam* et père d'Asa*. Vainqueur de Jéroboam* d'Israël. Récits bibliques : I Rois, XV et II Chroniques, XIII.

**ABIDJAN** → ÉTYM. «ceux qui sont assis sur des feuilles coupées», de *m'bi* «feuilles» et *djan* «arracher, couper» [compris comme étant le n. de la v. par les premiers colons] ou de *Abidji(s)*, n. de peuple ♦ V. de Côte d'Ivoire à l'intérieur de la lagune Ébrié, ouverte sur le golfe de Guinée par le canal de Vridi. Plus de 2 000 000 hab. *(Abidjanais)*. La construction en 1950 de son port en eau profonde a fortement contribué à la mise en valeur du pays. Université. ▪ Centrales thermiques. Raffinerie de pétrole. Indus. de construction et métallurgie légère. Traitement du café et du cacao. Pêche industrielle. ▪ Capitale de 1934 à 1983 (remplacée par Yamoussoukro).

**ABIGAÏL** → ÉTYM. de l'hébr. *'abhîghaîl* «mon père se réjouit» (ou «est joie»), de *gayil* «se réjouir» ♦ Personnage biblique (I Samuel, XXV). Femme du riche Nabal, qui, devenue veuve, devint la seconde femme de David. ♦ **ABIGAÏL.** Sœur de David.

**ABILDGAARD (Nicolai)** ♦ Peintre, dessinateur, décorateur et architecte danois (Copenhague 1743 - près de Frederiksdal 1809). Il compléta sa formation artistique en Italie (1772 - 1777) et joua un rôle important dans le développement du courant néoclassique au Danemark. Il manifesta des dons de coloriste et fit preuve d'un romantisme latent à travers une forme classicisante (portraits, esquisses de fresques).

**ABILENE** → ÉTYM. n. tiré de la Bible, de *Abila*, n. de v., du sémitique *ābēl* «plaine verdoyante» ♦ V. des États-Unis (Texas). 115 930 hab. Centre commercial d'une région d'élevage et de production pétrolière. Indus. variées (agroalimentaire, habillement, etc.).

**ABITIBI** (lac) → ÉTYM. de l'algonquin *abitobi*, de *abito* «la moitié» et *bi (nipi)* «eau» ♦ Lac du Canada, situé à la limite du Québec et de l'Ontario, qui donne naissance à la *rivière Abitibi*. Cette dernière se jette dans la baie James, après avoir rejoint le fleuve Missinaibi. Aménagements hydroélectriques en cours. ▪ L'*Abitibi-Témiscamingue* est une région administrative de l'extrême ouest du Québec.

**ABKHAZIE** n. f. ➝ ÉTYM. p.-ê. du géorgien *apkhazie* «âme» ♦ République autonome de Géorgie, en bordure de la mer Noire. ➝ **Géorgie** (carte). 8 600 km². 538 000 hab. *(Abkhazes).* LANGUES : géorgien, abkhaze. POPULATION : Abkhazes, 18 % ; Géorgiens, 45 % ; Russes, 14 % ; Arméniens, 14 %. RELIGIONS : chrétiens, musulmans de rite sunnite. CAPITALE : Soukhoumi. L'Abkhazie comprend 5 districts. ▪ Région montagneuse au climat chaud et humide favorisant les cultures subtropicales (agrumes, thé, vignobles, tabac). Stations balnéaires et climatiques (Gagra, Goudaouta, Soukhoumi). ▮ **Histoire** Identifiée à l'antique Colchide, l'Abkhazie, indépendante au VIIIe s., fit partie de l'Empire romain, puis de l'Empire byzantin et de la Géorgie. Sous domination turque au XVIe s., puis sous protectorat russe en 1810, elle fut annexée en 1864 et intégrée à la république soviétique de Géorgie (URSS) en 1921. Des mouvements nationalistes prônant le rattachement à la Russie, ont proclamé l'indépendance en 1991, provoquant un conflit armé avec la Géorgie. Les séparatistes prirent le contrôle du territoire en 1993 après de très violents combats (destruction de Soukhoumi). Profitant de la guerre d'août 2008 en Ossétie* du Sud, les Abkhazes, aidés par les Russes, ont repris le contrôle total de leur territoire et obtenu de Moscou leur reconnaissance comme État indépendant, en dépit des protestations occidentales.

**ABLANCOURT** ➝ **Perrot d'Ablancourt**

**ABLON-SUR-SEINE** [94480] ➝ ÉTYM. du germ. *Abilo,* n. de pers. ♦ Comm. du Val-de-Marne, arr. de Créteil. 4 867 hab. *(Ablonais).*

**ABNER** ♦ Général hébreu, cousin de Saül (–XIe s.). À la mort de Saül il fit proclamer roi Isboseth, fils de Saül, et lutta contre David* puis se rallia à lui. Il fut assassiné, victime de la jalousie de Joab*.

**ÅBO** ➝ **Turku**

**ABOMEY** ➝ ÉTYM. mot indigène *agbomé* «fortification» ♦ V. du Bénin. 55 000 hab. Vestiges de palais royaux abritant un musée national (sièges royaux, bas-reliefs, statuettes, objets cultuels vaudou). ▮ **Histoire** Anc. cap. du royaume du *Dan-Homé* (ou d'*Abomey*), fondée selon la tradition en 1625. Ce royaume militaire, remarquablement organisé, s'étendit vers la zone côtière (trafic des armes et des esclaves) et conquit le royaume d'Allada qui se reconstitua à Porto-Novo. Hostile à la pénétration européenne malgré la cession de certains comptoirs dont Cotonou, le roi Glélé (1854 - 1889) puis son fils Behanzin luttèrent contre les expéditions françaises. Abomey fut finalement pris en 1892 par les troupes du colonel Dodds. ➝ **Bénin** (rép. du).

**ABONDANCE** [74360] ➝ ÉTYM. lat. «ferme d'Abundantius (n. de pers.)» ou «lieu fertile» ♦ Ch.-l. de cant. de la Haute-Savoie, sur la *Dranse d'Abondance,* arr. de Thonon-les-Bains. 1 294 hab. *(Abondanciers).* Anc. abbaye du XIIe s. (fresques du XVe s.). ▪ Station de sports d'hiver et d'altitude (1 000 - 1 800 m). Race de bovidés. Fromages.

**ABOU DHABI** ou **ABŪ DHABĪ** ➝ ÉTYM. de l'ar. *abū* «père de» et *ẓabī* «antilope, gazelle» ♦ Émirat de la fédération des Émirats arabes unis, sur le golfe Arabo-Persique, à l'E. de Qatar. ➝ **Arabie** (carte). 67 600 km². 1 399 484 hab., soit 42 % de la population totale de la fédération. CAPITALE : Abou Dhabi. L'émirat qui vivait de la pêche et du commerce des perles a été transformé par la découverte du pétrole en 1958. Il détient 90 % des réserves de pétrole et de gaz de la fédération. Le secteur pétrolier est contrôlé majoritairement par les compagnies nationales ADCO et ADMA-OPCO. Le champ le plus important est celui d'Upper Zakum (offshore). Abou Dhabi possède les deux seules raffineries de la fédération, d'une capacité totale de 195 000 barils par jour. Les exportations de brut sont destinées principalement aux pays asiatiques (Japon). L'industrie non pétrolière, en pleine expansion, est en grande partie concentrée dans la zone industrielle de Ruways. Centrale électrique. Usine de dessalement d'eau de mer. L'architecture de l'émirat s'est rapidement modifiée à la fin du XXe s. avec la construction de tours et de buildings recouverts de verre ; l'industrie du tourisme haut de gamme s'est développée, une antenne de la Sorbonne a ouvert en 2006 et d'énormes chantiers sont en cours (musées du Louvre et Guggenheim). ▪ L'émir d'Abou Dhabi, Cheikh Khalifa ben Zayed, est aussi le président de la fédération. Des rivalités opposent depuis 1971 Abou Dhabi à Dubaï, les frontières entre les deux émirats étant mal délimitées. Cependant, en déc. 2009, Abou Dhabi a accordé une aide financière à Dubaï menacé de faillite.

**ABOUKIR** ➝ ÉTYM. en ar. *Abū Qīr,* du copte *Abba Kir* «père Cyr», chrétien persécuté sous Dioclétien ♦ Bourgade de Basse-Égypte (gouvernorat de Behara) sur la *presqu'île d'Aboukir.* Station balnéaire. Pêche. Gisement gazier sous-marin relié par gazoduc à Damanhour. ▮ **Histoire** L'amiral Brueys*, commandant l'escadre française, y fut vaincu par Nelson en 1798, mais Bonaparte rejeta les Turcs à la mer (1799). Le général britannique Abercromby y débarqua et enleva la place aux Français (1801), lors de la campagne d'Égypte.

**ABOU SEIF (Salah)** ♦ Cinéaste égyptien (Le Caire 1915 - 1996). Son aptitude à saisir la vie populaire et son grand souci de réalisme s'exercèrent d'abord dans quelques films documentaires, puis dans des longs métrages : *Le Monstre* (1954), *La Sangsue* (1956), *Mort parmi les vivants* (1960), *L'Aube de l'islam* (1970), *L'Empire de Satan* (1988).

**ABOU SIMBEL, ABŪ SIMBEL** ou **IBSAMBOUL** ➝ ÉTYM. en ar. *abū Sinbil* «le père Sinbil» ou «père épi», de *abū* «père» et *sunbul* «épi» [probablt n. d'une personnalité locale] ♦ Site archéologique de Basse-Nubie sur la rive g. du Nil dans la région d'Assouan*. De l'ancienne ville subsistent presque intacts deux temples que Ramsès* II (v. –1250) fit creuser dans le grès de la montagne occidentale, face au Nil. Le grand temple, précédé de quatre colosses assis représentant le pharaon, était consacré à Rê*, Amon* et Ramsès. Le petit temple ou temple d'Hathor* est précédé de six statues debout figurant le pharaon et sa femme Néfertari*. Menacés d'être submergés en raison de la construction du barrage d'Assouan, ces temples ont été découpés en blocs et remontés 64 m au-dessus de leur emplacement primitif sur un escarpement artificiel (1963 - 1968) à la suite d'une campagne de protection lancée par l'Unesco.

**Abou Simbel.** Le grand temple. *Phot. © Arch. Nathan/Sonneville*

**ABOUT (Edmond)** ♦ Écrivain français (Dieuze 1828 - Paris 1885). About s'essaya au théâtre avant de connaître le succès avec un recueil de nouvelles inspirées des peintures de mœurs de Balzac, *Les Mariages de Paris* (1856), complété par *Les Mariages de province* (1868). Évoquant des situations imaginaires, souvent suggérées par les progrès de la science, *Le Roi des montagnes* (1857), *L'Homme à l'oreille cassée* (1862) et *Le Nez d'un notaire* (1862) ont le mérite durable d'un récit limpide et vif. Journaliste politique, également clair et incisif, About exprima des opinions anticléricales. [Acad. fr. 1884] ➝ ÉTYM. Ce nom désigne le possesseur d'une terre d'*about,* terme féodal désignant l'héritage affecté en premier lieu à la garantie d'une rente.

**À bout de souffle** ♦ Film français de Jean-Luc Godard* (1959), avec Jean-Paul Belmondo et Jean Seberg. Les déambulations parisiennes d'un truand désinvolte et de son amie journaliste, qui le dénonce à la police sur un coup de tête. À partir de ce schéma banal, Godard a imposé un ton vif, décontracté, accordé à l'air du temps, qui servira de référence à la Nouvelle* Vague. La verdeur du propos, le décousu volontaire du rythme, les syncopes narratives deviendront une constante de l'auteur. L'œuvre fit sensation et divisa la critique.

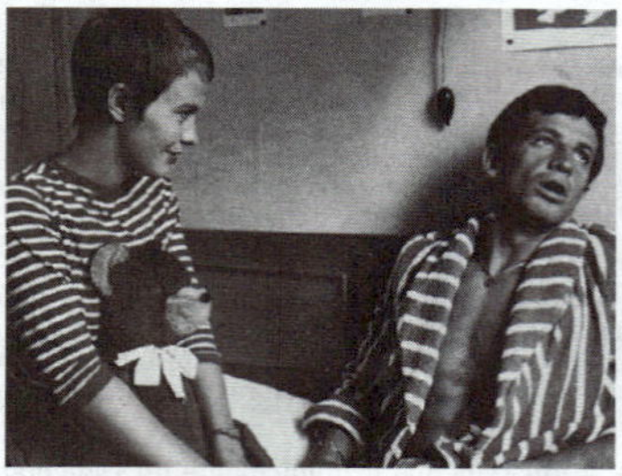

**À bout de souffle.** Jean Seberg et Jean-Paul Belmondo. *Phot. © Coll. Rui Nogueira*

**ABQAYQ** ♦ V. d'Arabie saoudite, dans le Hassa. Centre du principal gisement pétrolier exploité par l'Aramco.

**ABRABANEL** ou **ABRAVANEL** ➝ ÉTYM. en hébr. *'abrabhan'el,* dimin. de *Abravan,* var. de *Abraham* ♦ Famille de financiers et d'hommes d'État juifs espagnols, établis notamment en Italie après l'expulsion de 1492. ♦ **Don Isaac Abrabanel** (Lisbonne 1437 - Venise 1508). Homme d'État, philosophe et exégète biblique, installé dans le royaume de Naples. ♦ **Judah Abrabanel** (Lisbonne 1460 - en Italie 1535). Fils du précédent. Connu comme philosophe sous le nom italien de *Leone Ebreo* («Léon l'Hébreu»).

**ABRAGAM (Anatole)** ♦ Physicien français d'origine russe (Griva-Semgallen 1914). Ses travaux concernent le magnétisme nucléaire et la physique du solide. On lui doit en particulier la mise au point d'un appareil permettant la mesure du champ magnétique terrestre. [Acad. sc. 1973]

**ABRAHAM** ⇾ ÉTYM. en hébr. *'Abhrâhâm*, p.-ê. variante dialectale de *'Abhrâm* «le père est exalté» ; la Genèse en fait «le père de la multitude des nations» *('âbh hamôn gôyyîm)* ♦ Personnage biblique, appelé Abram jusqu'à ce que Dieu modifie son nom. Fils de Térah, qui avait quitté Ur* pour s'installer en Canaan mais s'était arrêté à Harran*, il se remet en route sur la demande de Yahvé*, qui se présente à lui sous le nom d'El Shaddaï et conclut avec lui une alliance dont le signe est la circoncision : la nombreuse descendance qui lui est promise lui viendra par Ismaël*, fils de sa servante Agar*, puis par Isaac*, fils de sa femme Sarah* pourtant stérile, plus tard enfin par les six enfants de sa femme Qetura*. Abraham combat des «grands rois» de Canaan, reçoit la bénédiction de Melchisédech*, puis intercède auprès de Dieu pour éviter la destruction de Sodome*, dont seuls réchappent son neveu Loth* et sa famille. La foi d'Abraham est mise à l'épreuve par la demande de Dieu de lui sacrifier son fils Isaac (Ismaël pour les musulmans), mais ce dernier est remplacé au dernier moment par un bélier et survit donc à sa «ligature» (hébr. *'aqêdâh*). Père d'Israël, le patriarche Abraham est, selon la Bible, le père d'autres peuples et notamment des Arabes. Le Coran accepte cette filiation et la tradition l'étend, par Ismaël (censé être enterré avec Agar près de la Ka'aba*), jusqu'à Mahomet. Le Coran fait d'Ibrahîm un musulman avant la lettre, destructeur d'idoles, et un prophète comme son fils. Interlocuteur privilégié de Dieu, le père des croyants a été crédité de révélations particulières, exposées dans une Apocalypse d'Abraham ou un Testament d'Abraham apocryphes*.

**ABRAHAM (Henri)** ♦ Physicien français (Paris 1868 - en déportation 1943). Collaborateur de G. Ferrié*, il conçut, entre autres, le premier tube électronique fabriqué en France et inventa en 1918, avec Eugène Bloch, le multivibrateur, première «bascule électronique» (ouvrant la voie à l'introduction des tubes à vide dans les calculateurs arithmétiques).

**ABRAHAM (Karl)** ♦ Médecin et psychanalyste allemand (Brême 1877 - Berlin 1925). Psychiatre, il fut l'assistant de Carl Gustav Jung* qui lui fit connaître l'œuvre de Freud*. Il devint, à partir de 1907, un disciple inventif et un ami du père de la psychanalyse. En 1908, il s'installa à Berlin où il fonda en 1910 la société psychanalytique de Berlin qui se transforma en Institut en 1920 et devint, après Vienne, le deuxième pôle de diffusion de la psychanalyse. L'essentiel de son apport concerne l'étude du caractère (*Études psychanalytiques de la formation du caractère*, 1925) et les premières phases de la sexualité (*Examen de l'étape prégénitale la plus précoce du développement de la libido*, 1916). Cet intérêt pour les phases prégénitales se retrouve chez la plus célèbre de ses élèves, Melanie Klein*. La correspondance de Karl Abraham avec Freud (publiée en 1963 dans une première version, incomplète) est l'une des plus intéressantes de l'histoire de la psychanalyse.

**ABRAHAM** (plaines d') ♦ Plateau dominant le Saint-Laurent dans la haute-ville de Québec (Canada). La bataille franco-britannique qui s'y déroula en 1759 vit la victoire de Wolfe* sur Montcalm* et marqua la fin de la domination française au Canada.

**ABRAHAMS (Peter)** ♦ Romancier sud-africain de langue anglaise (Vrededorp, Johannesburg 1919). Premier grand romancier noir d'Afrique du Sud, il s'exila à l'âge de 20 ans pour échapper à l'emprise de l'apartheid et s'installa en Grande-Bretagne, puis aux Caraïbes. Romancier très prolifique, il connut le succès dès *Rouge est le sang des Noirs* (*Mine Boy*, 1946) et *Le Sentier du tonnerre* (1948) qui décrivent les ghettos industriels de son enfance. *Wild Conquest* (1950), roman historique, retrace la genèse du conflit qui oppose Blancs et Noirs. Ses livres ultérieurs ont pour cadre les Caraïbes ou l'Afrique de l'Ouest (*Une couronne pour Udomo*, 1956 ; *Cette île entre autres*, 1966 ; *The View from Coyaba*, 1985) et prennent acte d'une douloureuse rupture avec son pays d'origine.

**Abraham sacrifiant** ♦ Tragédie de Théodore de Bèze* (1550). Marquée par la doctrine calviniste, la pièce, qui emprunte à la fois au mystère médiéval et au théâtre antique, annonce la tragédie classique française.

**ABRAMOVITCH (Shalom Yaakov)** → **Mendele-Mokher-Sefarim**

**ABRANTES** – en fr. ***Abrantès*** ♦ V. du Portugal (région de Lisbonne et Vallée du Tage), district de Santarém, ch.-l. d'un canton de 40 700 hab., sur le Tage*. Fonderies. ▪ En 1807 Junot* s'empara de la ville et reçut le titre de *duc d'Abrantès*.

**ABRANTÈS** (duchesse **D'**) → **Junot (Laure Permon)**

**ABRIKOSOV (Alexei Alexeievitch)** ♦ Physicien américano-russe (Moscou 1928). En 1957, il élabora la théorie des supraconducteurs de type II (restant supraconducteurs en présence d'un champ magnétique) fondée sur les équations de Ginzburg-Landau*. Le pénétration du champ magnétique dans le supraconducteur par des tubes de flux, dits vortex, décrite par Abrikosov, fut observée dans les années 1960. [Prix Nobel de physique 2003 avec V. Ginzburg* et A. Leggett*]

**ABRUZZES** n. m. pl. ⇾ ÉTYM. en it. ***Abruzzo***, du lat. médiév. *Aprutium*, p.-ê. apparenté à *aper* «sanglier» ♦ Région d'Italie, dans l'Apennin central. → **Italie** (carte). 10 794 km². 1 262 392 hab. *(Abruzzais)*. Elle comprend les prov. de L'Aquila, Chieti, Pescara et Teramo. CH.-L. : L'Aquila. ▮ **Géographie** On distingue une série de hauts blocs montagneux, plissés et faillés (Monte Velino, 2 487 m ; massif de la Maiella : Monte Amaro, 2 793 m). Le point culminant est le Gran Sasso (2 912 m au mont Corno). Dans les roches tendres, sillons et bassins se sont creusés (vallée de l'Aterno, de la Pescara, du lac Fucin). Cette zone est exposée aux tremblements de terre (ainsi en avril 2009). La côte, le long de l'Adriatique, est très étroite, marquée par une nette opposition entre le littoral, où le tourisme empiète sur les terres cultivées, et la montagne en voie de dépeuplement. Du pétrole a été découvert dans la région de Pescara qui concentre l'essentiel des activités industrielles. ♦ ***Parc national des Abruzzes*** Créé en 1923, il a une superficie d'env. 40 000 ha et est en grande partie couvert de forêts. ▮ **Histoire** Assujettie à Rome en –304, la région passa sous domination lombarde au début du Moyen Âge (duchés de Spolète et de Bénévent) et les Normands s'y établirent au XIIe s. Au XIIIe s. les Abruzzes et Molise, intégrés au royaume de Naples*, furent administrés successivement par les maisons d'Anjou et d'Aragon puis par les Bourbons, avant d'être intégrés au royaume d'Italie en 1860. Depuis 1965, ce sont deux régions administratives distinctes.

**ABSALON** ⇾ ÉTYM. en hébr. *'abhshâlôm* «père *('âbh)* de la paix *(shâlôm)*» ou *'abhîshâlôm* «mon père est paix» ♦ (–Xe s.). Fils de David et de Maakah, il fit tuer son demi-frère Amnon pour venger le viol de sa sœur (→ **Thamar**) puis se révolta contre son père. La Bible le montre vaincu, retenu dans sa fuite aux branches d'un chêne où s'est prise sa chevelure, et mis à mort par Joab* (II Samuel, XIII-XVIII).

**ABSCON** [59215] ⇾ ÉTYM. anc. *Asconium*, du germ. *ask* «frêne» ou du lat. *Asconius*, n. de pers. ♦ Comm. du Nord, arr. de Valenciennes, à l'O. de Denain. 4 135 hab.

**ABSIL (Jean)** ♦ Compositeur belge (Péruwelz 1893 - Bruxelles 1974). Élève au conservatoire royal de Bruxelles, il remporta le prix de Rome (1922). Ouvert aux grands courants internationaux de la musique contemporaine, son registre de composition est très étendu.

**ABSTEMIUS (Lorenzo BEVILACQUA, dit)** ♦ Humaniste italien du XVe s. (Macerata). Il publia à Venise en 1495 cent fables latines, l'*Hecatomythion* (recueil augmenté en 1499), qui inspirèrent en partie La Fontaine.

## abstrait (art)

♦ Grande tendance de l'art du XXe s., qui entend libérer les formes créées par les artistes de tout rappel du monde visible et s'oppose ainsi à l'art figuratif. L'art abstrait s'est manifesté en de nombreux styles et mouvements. ▮ **Le début du XXe s.** Au début du XXe s., les peintres postimpressionnistes peignaient encore sur le motif, mais certains d'entre eux, comme Cézanne* et Bonnard*, mirent en question la représentation traditionnelle de l'espace en élaborant des lois propres à l'espace pictural, indépendantes de la vision subjective de l'homme et qui annonçaient l'abstraction. Après le cubisme*, le fauvisme*, l'expressionnisme*, apparut en 1909 un tableau de Picabia* considéré comme la première aquarelle abstraite, *Caoutchouc*, puis, en 1910, celui dit la «Première aquarelle abstraite» de Kandinsky*. Cette nouvelle théorie, développée par R. Delaunay* et F. Kupka*, rejetait toute référence à l'académisme du signifié et reposait sur l'emploi d'unités formelles non significatives, approfondissant les apports du fauvisme et du cubisme sur la mise en cause du réel objectif. L'abstraction connut de brillants développements en Allemagne avec le groupe du Cavalier* bleu, en Russie avec Malevitch*, aux Pays-Bas avec le néoplasticisme*, et aux États-Unis. ▮ **Après 1929** La crise économique qui survint en 1929 amena dans le domaine artistique un «retour à l'ordre», à la figuration et au réalisme social, sauf en France, où se perpétua une certaine continuité des avant-gardes. Les prodromes de la Deuxième Guerre mondiale incitèrent les peintres abstraits à s'unir, à dominer leurs divergences individuelles au sein de l'abstraction géométrique. En 1929, le mouvement Cercle et Carré, suivi en 1931 du mouvement Abstraction-Création, regroupait plus de 400 membres, dont Kupka*, Gleizes*, Valmier*, Herbin*. Le groupe Vingt jeunes peintres de tradition française organisa en 1941 la première exposition d'avant-garde à Paris, qui atteste la survivance de l'abstraction, dans l'art informel notamment. Nicolas de Staël*, Poliakoff*, Hans Hartung*, Olivier Debré*, Pierre Soulages*, François Morellet*, Jean Dewasne*, Luc Peire*, Lucio Fontana*, Yves Klein*, parmi bien d'autres, restaient fidèles à l'abstraction, en explorant toutes les voies. ▮ **L'abstraction aux États-Unis** Aux États-Unis, l'Armory Show de 1913 vit le lancement des avant-gardistes européens, mais les artistes américains donnèrent de l'abstraction une interprétation personnelle et créèrent en 1936 le groupe des American Abstract Artists. Les peintres de l'école de New York, dont Mark Rothko* et Barnett Newman*, cherchèrent à renouveler les procédés hérités du cubisme ou du surréalisme. L'abstraction américaine se développa en de multiples tendances liées à la nature, dont l'abstraction lyrique, l'action painting de Jackson Pollock*, les tableaux monochromes, à la limite de la lisibilité, de Barnett Newman, Clyfford Still* et l'expressionnisme abstrait de Willem De* Kooning. L'abstraction trouva un certain prolongement dans le land* art et l'art conceptuel.

**ABU** (mont) ♦ Montagne (1 722 m) de l'O. de l'Inde, point culminant des monts Aravalli, sacrée pour les fidèles du jaïnisme. Des temples et des bâtiments religieux appartenant à cette confession y furent élevés du XIIIe au XVIIIe s.

**ABŪ AL-'ABBĀS 'ABD ALLĀH,** dit **al-Saffāḥ** ➝ ÉTYM. ar. «le Sanguinaire» ♦ Premier calife de la dynastie abbasside* (mort à al-Anbār en 754). Il fut proclamé calife en 749 à Kūfa par Abū Muslim, chef militaire, mais n'exerça effectivement ses fonctions qu'après la victoire du Grand Zab (750) et le massacre des Omeyades*.

**ABŪ AL-'ABBĀS AL-SABTI,** dit **Sidi bel-'Abbēs** ♦ Ascète et mystique marocain (Ceuta 1129 - Marrakech 1204). Il vécut dans la colline désertique du Guéliz puis fut invité par le sultan almohade à s'établir en ville où il reçut notamment la visite d'Averroès. Sa doctrine est fondée sur le principe que «l'existence procède de la générosité divine» et que l'homme doit y répondre par l'aumône. Il est le plus vénéré des «Septs Saints» de Marrakech, où se trouve son sanctuaire.

**ABŪ AL-'ALĀ' AL-MA'ARRĪ** ♦ Écrivain et poète arabe (Ma'arrat al-Nu'mān, Syrie 973 - *id.* 1057). Il fut atteint de cécité dès l'âge de quatre ans. Son premier recueil de poèmes, le *Saqṭ al-Zand,* écrit dans un style conventionnel mais difficile, acquit une grande renommée, alors que ses *Luzūmiāt* («Nécessités») ou *Luzūm mā la yalzam* («Nécessité de ce qui n'est pas nécessaire»), recueil savamment construit de poésies fulgurantes, choqua souvent par ses audaces métaphysiques et son pessimisme. Parmi ses textes en prose, la *Risālat al-Ghufrān* («Épître du pardon») présente des dialogues d'outre-tombe entre écrivains et poètes. Énigmatique et allusive, cette œuvre fut souvent interprétée comme une parodie du Coran.

**ABŪ AL-'ATAHIYAH** (**Abū Isḥāq Ismā'īl ibn Qāsim al-'Anazi,** dit) ♦ Poète arabe (Kūfa 748 - Bagdad v. 828). Il fut le premier à rompre avec le style conventionnel des poètes arabes du désert et à adopter le langage, plus simple et plus libre, des villes. Ses premiers poèmes illustrent le thème érotique. Il fut un des poètes préférés des califes Haroun* al-Rachid et al-Ma'mūn*.

**ABŪ AL-FARAJ AL-ISFAHĀNĪ** ♦ Écrivain arabe (Ispahan 897 - Bagdad 967). Célèbre par son *Kitāb al-Aghānī* («Livre des chansons»). Ce livre, par les informations rassemblées sur la vie et les coutumes des Arabes avant l'islam et en dépit d'inévitables erreurs, est d'une grande valeur documentaire.

**ABŪ AL-FARAJ IBN AL-'IBRĪ (Grégoire),** dit **Bar Hebraeus** ♦ Historien, médecin et philosophe de langue syriaque (Mélitène 1226 - Marāgha, Azerbaïdjan 1286). Juif converti au christianisme, il écrivit en syriaque une chronique dont il traduisit un abrégé en arabe, contenant des compléments sur l'histoire biblique et sur les textes philosophiques, médicaux et mathématiques des Arabes.

**ABŪ AL-FIDĀ'** (**Ismā'īl ibn 'Alī,** connu sous le nom **D'**) ♦ Historien et géographe arabe (Damas 1273 - Hamā 1331). Après avoir participé à la lutte contre les croisés, il entra au service du sultan d'Égypte. Il est surtout connu par son ouvrage de géographie *Localisation des pays,* synthèse de la géographie littéraire et mathématique, et par ses travaux d'histoire : il abrégea et poursuivit jusqu'à son époque l'*Histoire* d'Ibn al-Athir.

**ABUBACER** ➝ **Ibn Tufayl**

**ABŪ BAKR** dit **al-Siddiq** ➝ ÉTYM. «le Très Véridique» ♦ Beau-père de Mahomet (La Mecque v. 573 - Médine 634). Il fut le premier calife (632 - 634). Il adhéra parmi les premiers à l'islam alors qu'il était marchand à La Mecque ; il quitta cette ville avec Mahomet* pour s'installer à Médine (l'hégire, 622). Considéré comme le second du prophète, il conduisit le pèlerinage de La Mecque en 631 et dirigea les prières publiques pendant l'ultime maladie de Mahomet. À la mort de ce dernier (8 juin 632), Abū Bakr fut choisi par les musulmans de Médine pour diriger les croyants avec le titre de *Khalīfat rasūl-Allah* (successeur de l'envoyé de Dieu). La conquête islamique commença sous son règne.

**ABŪ CHĀMA CHIHĀB AL-DĪN ABŪ AL-QĀSIM 'ABD AL-RAḤMĀN** ♦ Historien arabe (Damas 1203 - *id.* 1268). Il écrivit *Le Livre des deux jardins* qui raconte l'histoire de Nūr* al-Dīn et celle de Saladin*, texte important pour la connaissance des croisades.

**ABŪ FIRĀS AL-ḤAMDĀNĪ** ♦ Prince et poète arabe (en Irak 932 - Homs 968). Appartenant à la grande famille des Hamdanides* qui régna sur la haute Mésopotamie et la Syrie du N. au Xe s., il fut d'abord un poète inscrit dans la tradition de bravoure et de générosité. Mais lorsqu'il fut captif dans le pays byzantin, chez les «Romains» *(rūm),* il écrivit un long recueil, le *Rūmiyat,* où se mêlent la nostalgie, les reproches aux siens et la soif de liberté.

**ABŪ ḤANĪFA** ♦ Théologien et législateur arabo-musulman (Kūfa v. 696 - Bagdad 767). Fondateur de l'une des quatre écoles juridiques (ou «rites») de l'orthodoxie sunnite* de l'islam. Il intégra dans le système juridique la méthode de l'«analogie» *(al-Qiyās)* et, dans les cas d'exception, l'autorité du bon sens personnel.

**ABUJA** ♦ Cap. fédérale du Nigeria depuis 1982, située dans un territoire fédéral de 7 315 km², au centre du pays pour équilibrer les pouvoirs ethniques et religieux. Le développement de son infrastructure n'a pas suivi l'essor de sa démographie, et le siège du gouvernement fédéral n'a été installé dans la nouvelle capitale qu'en déc. 1991 (664 287 hab. pour l'ensemble du territoire fédéral).

**ABULCASIS** – en ar. ***Abū al-Qāsim ibn 'Abbās al-Zahrāwī*** ♦ Médecin arabe (Zahara, près de Cordoue - 1013). Il exerça la chirurgie et a laissé un important traité de médecine et de chirurgie pratiques (*Al-Tasrif,* «Exposition des matières»).

**ABŪ-L FAZL** ou **ABŪ-L FADL** ♦ Imam musulman indien (1551 - 1603), entré en 1574 au service d'Akbar* comme conseiller et historiographe. Il compila, en langue persane, l'*Ayn*-i Akbarī* («Histoire du règne d'Akbar») et l'*Akbar-nāmāh* («Gloire d'Akbar»). Lors de la réforme religieuse (Dīn*-i Ilāhī) préconisée par Akbar, il fut nommé grand prêtre de cette nouvelle religion syncrétique. Il fut assassiné sur l'ordre d'un des fils d'Akbar, le futur Jahāngīr*, révolté contre son père.

**ABŪ-L ḤASAN QŪTB SHĀH** ♦ 8e et dernier sultan indo-musulman de Golconde (de 1672 à 1687) de la dynastie des Qūtb Shāhī. Mécène et ami des arts, il favorisa les peintres et les écrivains et se montra tolérant dans le domaine religieux. Vaincu en 1687 par Aurangzeb*, il mourut en captivité.

**ABŪ-L QĀIR** ♦ Khan turco-mongol du Kazakhstan et de Transoxiane (de 1430 à 1450), de la famille des Shaibanī. Il unit le peuple ouzbek mais fut tué, vers 1468, lors d'un soulèvement des Kazakhs.

**ABŪ MADHĪ (Iliyā)** ♦ Poète libanais (Bikfayya, Liban v. 1890 - New York 1957). Comme plusieurs de ses compatriotes, il émigra aux États-Unis en 1912. Il publia à New York une revue, *Mir'āt al-Gharb* («Miroir de l'Occident»). S'exprimant dans une langue simple, utilisant une technique qui reste classique en dépit de certaines libertés, il décrivit le malaise des intellectuels arabes dépaysés.

**ABŪ NUWĀS AL-ḤASAN IBN HĀNI'** ♦ Poète arabe (al-Ahwāz, Perse 762 - Bagdad v. 813). De mère persane et de père arabe, considéré comme le plus grand poète de son époque, il devint le favori des califes Haroun* al-Rachid et al-Amīn. Ses poèmes illustrent un genre intermédiaire entre celui de la poésie traditionnelle (Imru'* al-Qays) et celui de la poésie novatrice d'al-Mutanabbī. Cynique et immoral, il acquit une grande célébrité avec les *Khamrīyāt,* recueil de poèmes sur le thème du vin.

**ABŪ SA'ĪD IBN ABŪ AL-KHAYR** ♦ Mystique et poète persan (Mayhané, Khorassan 967 - *id.* 1049). Il fut un des premiers propagateurs du panthéisme mystique au Khorassan. Il est aussi considéré comme un des premiers poètes à avoir utilisé le *robāy* (quatrain formé non de quatre vers mais de quatre hémistiches). ➝ **Khayyām.**

**ABŪ TAMMĀM** ♦ Poète arabe (près de Tibériade 804 - Mossoul 845). Syrien d'origine chrétienne, il fut le poète panégyriste du calife Mu'taṣim*. Son anthologie *Hamāsa* («Courage», titre du premier livre du recueil) lui assura la gloire.

**ABUTSU NI** ➝ ÉTYM. jap. «nonne Abutsu» ♦ Surnom d'une femme de lettres japonaise (morte en 1283). Fille de Taira no Norishige, noble de la cour impériale, elle écrivit l'*Izayoi Nikki* en 1277, récit d'un voyage à Kamakura, et quelques autres œuvres aristocratiques dans un style raffiné, émaillé de poèmes descriptifs délicats. Elle épousa un poète renommé en son temps, Fujiwara no Tameie (1197 - 1275).

**Abwehr** n. m. ➝ ÉTYM. all. «défense» ♦ Service de renseignements de l'état-major allemand de 1925 à 1944. Dirigé par l'amiral Canaris*, puis par Himmler*, cet organisme joua un rôle essentiel dans la lutte contre la Résistance dans l'Europe occupée.

**ABYDOS** ♦ Anc. ville grecque d'Asie Mineure (Mysie), sur l'Hellespont. Elle fut colonisée par Milet* v. –670. Xerxès y franchit le détroit en –480. Elle opposa une vigoureuse résistance à Philippe V de Macédoine en –200.

**ABYDOS** ➝ ÉTYM. nom grec, de l'égypt. *Abdou* (par assimilation phonétique du copte *Ebot* à *Abydos** [Asie Mineure]) – en ar. ***al-'Araba al-Madfūna*** ♦ Anc. ville de Haute-Égypte, au N.-O. de Thèbes. Située près de This*, elle servit de nécropole aux premiers pharaons. Avec le développement du culte osirien sous la Ve dynastie, Abydos devint la ville sainte d'Osiris*. Elle était censée renfermer les reliques de la tête du dieu démembré par Seth*. La ville fut désormais un célèbre lieu de pèlerinage et garda jusqu'à l'époque gréco-romaine une grande importance religieuse comme en attestent les temples de Séthi* Ier (le *Memnonium*) et de Ramsès* II (où l'on retrouva les *Tables d'Abydos,* liste des 76 prédécesseurs de Séthi Ier), et le cénotaphe de Séthi Ier (ou *Osiréion*).

**ABYMES (LES)** [97139] ➝ ÉTYM. par allus. à la situation de la ville qui fut construite près d'un marais insalubre couvert d'un brouillard épais et pestilentiel appelé *drap mortuaire des savanes* ♦ V. de Guadeloupe dans l'aggl. de Pointe-à-Pitre. 63 054 hab. (aggl. 132 751). Aéroport international de Pointe-à-Pitre-Le-Raizet. Habitat résidentiel. Quelques zones agricoles.

**ABYSSINIE** n. f. ➝ ÉTYM. de *Habachan,* n. d'une tribu sémite, déformé par les Portugais en *Abexim,* puis *Abyssini* ➝ **Éthiopie**

**ACACE** – en gr. ***Akakios*** ♦ Patriarche de Constantinople (de 471 à 489). Pour tenter une union entre catholiques et monophysites, il inspira l'*Henotique* (482) de l'empereur Zénon, mais il fut excommunié par Félix* III (484). Le schisme d'Acace dura jusqu'en 519. → **Hormisdas.**

**Académie** n. f. ♦ École philosophique créée par Platon* en –387. Elle était située à six stades d'Athènes, sur les jardins d'*Akadêmos*, héros mythique de l'Attique. Aristote* y fut l'élève de Platon*. À la mort de ce dernier, Xénocrate*, Speusippe*, Polémon, Cratès le Platonicien et Héraclide* du Pont en furent les directeurs. On y enseignait aussi les sciences.

**Académie (Nouvelle)** ♦ École de philosophie de la Grèce antique, fondée par Arcésilas* (–IIIe s.). Ses représentants sont Carnéade*, Clitomachos, Philon de Larissa, Antiochos* d'Ascalon. On a donné le nom de probabilisme, parfois de scepticisme, à la philosophie qui y était enseignée.

**Académie de France à Rome** → **Médicis (villa)**

**Académie des beaux-arts** ♦ Académie issue de la réunion, en 1816, de l'Académie de peinture et sculpture, fondée par Mazarin en 1648, et de l'Académie d'architecture, fondée par Colbert en 1671. Elle se compose aujourd'hui de 50 membres auxquels s'ajoutent 15 membres associés étrangers et 50 correspondants français répartis en sept sections : peinture, sculpture, architecture, gravure, musique, créations artistiques dans le cinéma et l'audiovisuel, plus une section regroupant des membres libres, écrivains d'art, critiques et amis des arts. L'Académie des beaux-arts contrôlait jusqu'en 1966 l'Académie de France à Rome, fondée en 1666 et logée villa Médicis*.

**Académie des inscriptions et belles-lettres** ♦ Académie fondée par Colbert en 1663 et se composant de 45 membres ainsi que de 10 membres libres, 20 membres associés étrangers et 70 correspondants dont 30 Français. Elle se consacre à des travaux historiques, archéologiques et philologiques, et exerce sa tutelle sur les écoles françaises d'Athènes* et de Rome*, jouant également un rôle important dans le fonctionnement de l'école des Chartes. Elle publie le *Journal des savants*.

**Académie des sciences** ♦ Académie fondée par Colbert* en 1666 sous le nom d'Académie royale des sciences. Elle compta parmi ses premiers membres Cassini*, Huygens*, Pecquet*, l'abbé Picard*, Tournefort*, etc. Elle se compose depuis 1976 de 130 membres titulaires et 80 membres associés étrangers au plus, auxquels s'ajoutent 160 correspondants. Il existe deux divisions, celle des sciences mathématiques et physiques et de leurs applications et celle des sciences chimiques, naturelles, biologiques et médicales et de leurs applications.

**Académie des sciences morales et politiques** ♦ Académie fondée en 1795 par la Convention nationale. Elle se compose de 50 membres titulaires, de 10 membres libres, de 12 membres associés étrangers et de 60 correspondants, répartis en six sections : philosophie ; morale et sociologie ; législation, droit public et jurisprudence ; économie politique, statistiques et finances ; histoire et géographie, plus une section générale.

**Académie française** ♦ La plus ancienne des cinq académies qui forment l'Institut* de France. Fondée par Richelieu* en 1635, elle fut d'abord composée d'un groupe de lettrés auxquels se joignirent peu à peu des hommes d'État, des avocats, des médecins. Officialisée par Louis XIII, l'Académie tenait ses premières séances chez l'un de ses membres (→ **Conrart**), puis à la Chancellerie, enfin au Louvre jusqu'à la Révolution. Elle fut dissoute en 1793, reconstituée en 1803 et Napoléon l'installa au collège des Quatre-Nations, auj. Institut de France. L'Académie française compte, lorsque tous les sièges sont pourvus, 40 membres chargés de rédiger et de mettre à jour un *Dictionnaire de la langue française* (9e éd., publ. depuis 1986), et de décerner des prix littéraires, d'histoire et de vertu. Elle se compose en 2010 de : Philippe Beaussant, Hector Bianciotti*, Jean-Denis Bredin, Gabriel de Broglie, Hélène Carrère* d'Encausse, François Cheng, Jean Clair, Jean-Loup Dabadie, Claude Dagens, Alain Decaux*, Florence Delay, Michel Déon*, Assia Djebar*, Jean Dutourd*, Dominique Fernandez, Marc Fumaroli*, Max Gallo, René Girard*, Valéry Giscard* d'Estaing, François Jacob*, Félicien Marceau*, Jean-Luc Marion*, Michel Mohrt, Pierre Nora, René de Obaldia*, Jean d'Ormesson*, Erik Orsenna*, Yves Pouliquen, Pierre-Jean Remy*, Angelo Rinaldi, Jacqueline de Romilly*, Pierre Rosenberg, Jean-Marie Rouart, Jean-Christophe Rufin, Michel Serres*, Simone Veil*, Frédéric Vitoux, François Weyergans*.

**Académie Goncourt** → **Goncourt (Académie)**

**Académie royale de Belgique** ♦ Académie fondée en 1772 par l'impératrice autrichienne Marie*-Thérèse. Réorganisée en 1845, elle comprend aujourd'hui 90 membres (ainsi que 50 correspondants et 150 membres associés), répartis en trois classes : lettres, beaux-arts et sciences. Cette Académie francophone se double d'une Académie royale de Belgique (*Koninklijke Academie van België*) réservée aux néerlandophones.

**ACADIE** n. f. ← **ÉTYM.** probablt micmac «terre fertile», avec attraction de *Arcadie**, en raison de la beauté du site ♦ Pays du Canada qui correspond aujourd'hui aux Provinces maritimes de la Nouvelle*-Écosse et du Nouveau*-Brunswick. ▮ **Histoire** Limitée à l'origine à la Nouvelle-Écosse, l'Acadie fut confiée d'abord à des gouverneurs entreprenants mais antagonistes (Razilly, Aulnay). Les Français y fondèrent Port-Royal (1605) et s'étendirent vers l'O. L'Acadie fut l'objet d'incessants conflits entre la Grande-Bretagne et la France qui perdit la Nouvelle-Écosse au traité d'Utrecht (1713). → **Nouvelle-Écosse.** En 1755, les 10 000 Acadiens français, ayant refusé de prêter le serment d'allégeance à la Grande-Bretagne, furent déportés et se réfugièrent notamment en Louisiane (le «Grand Dérangement» évoqué dans *Évangéline* de Longfellow*). Le traité de Paris (1763) octroya définitivement l'Acadie aux Britanniques.

**ACAPULCO** ← **ÉTYM.** «l'endroit des grands roseaux», du nahuatl *aca* «roseau, canne», *-pul-* «grand» et *-co*, suff. de situation ♦ V. et port du Mexique (État de Guerrero), sur la côte du Pacifique. 616 394 hab. Centre touristique et station balnéaire de renommée mondiale.

**Acapulco.** Plage et gratte-ciel. *Phot. © Jan Butchofsky-Houser/Corbis*

**ACARIE** (Madame) → **Marie de l'Incarnation**

**ACARNANIE** n. f. ← **ÉTYM.** en gr. ***Akarnania*** ; p.-ê. d'une rac. pré-indo-eur. *°akarna* «rocheux, hérissé de rochers» ♦ Région de la Grèce centrale située entre la mer Ionienne, l'Épire et l'Étolie*. ▪ Soumise par les Macédoniens en –225, l'Acarnanie passa aux Romains en –197.

**ACCIAIUOLI** ♦ Famille florentine qui dirigea une compagnie de commerce d'acier (d'où son nom) et d'armes. ♦ **Niccolò Acciaiuoli.** Grand sénéchal de Naples (Montegufoni 1310 - Naples 1365). Il contribua à établir la domination sur la Grèce. ♦ **Nerio Acciaiuoli** (mort en 1394). Neveu du précédent, il prit le titre de duc d'Athènes en 1394. ♦ **Antonio Acciaiuoli** (mort en 1435). Fils de Nerio. Il reprit en 1402 le duché d'Athènes, passé aux mains des Vénitiens en 1394. Sa famille s'y maintint jusqu'à la conquête turque (1456). ← **ÉTYM.** Le nom de cette famille vient de l'italien *acciaio* qui signifie «acier».

**ACCIUS (Lucius** ou **Attius)** ♦ Auteur tragique latin (Pisaurum, auj. Pesaro –170 - Rome –86).

**Acclimatation (jardin d')** ♦ Parc situé à Paris, au N.-O. du bois de Boulogne*. Ouvert au public en 1860 en tant que jardin de plantes et d'animaux exotiques, il a été depuis 1870 aménagé également en parc de divertissements. Depuis 1966 s'est ouvert, juste à côté (sur l'emplacement de l'ancien palmarium), le musée des Arts et Traditions populaires (dû à Jean Dubuisson).

**ACCRA** ← **ÉTYM.** mot akan *n'kran* «fourmis noires», n. donné par les tribus forestières aux hab. de la ville ♦ Cap. du Ghana, sur le golfe de Guinée. Env. 1 000 000 hab. *(Accréens)*. La ville forme avec le port de Tema* une conurbation de plus de 5 millions d'hab. Université. Centre commercial. ▪ Anc. cap. de la Côte-de-l'Or. En 1958, la Conférence panafricaine d'Accra, réunissant l'Afrique subsaharienne ainsi que le Maghreb et l'Égypte, décida de soutenir les mouvements d'indépendance en Afrique.

**ACCRINGTON** ♦ V. d'Angleterre (Lancashire), au N. de Manchester. 45 000 hab. Indus. mécaniques et textiles.

**ACCURSE (Francesco Accursio,** dit en fr. **François)** ♦ Jurisconsulte italien (Bagnolo, Toscane v. 1182 - Bologne v. 1260). Il interpréta le droit romain.

**ACEH** – anc. en fr. ***Atjeh*** ♦ Prov. d'Indonésie à l'extrême N. de l'île de Sumatra. 55 392 km². 4 010 865 hab. CAP. : Banda* Aceh. Région montagneuse (mont Leuser, 3 145 m ; mont Ucap Mulu 3 127 m). Exportation de clous de girofle, poivre, caoutchouc, bois (mais la région est victime de la déforestation). Pétrole et gaz naturel exploités dans le grand centre industriel de Lhokseumawe. ▮ **Histoire** Aux XVIe - XVIIe s., le sultanat d'Aceh, qui connut son apogée sous le règne d'Iskandar* Muda, procurait à l'Europe la moitié de son poivre et entretenait des relations directes avec l'Empire ottoman.

Surnommé le «seuil de la Mecque», Aceh opposa une longue résistance à l'armée coloniale hollandaise (1873 - 1904), connut en 1945 une sanglante «révolution sociale» d'inspiration islamique et en 1953, se rallia, contre le gouvernement indonésien, à l' «État islamique» *(Darul Islam)*, proclamé en 1949 à Java-Ouest. Sa rébellion prit fin en 1962 lorsqu'un statut spécial lui fut accordé. Un mouvement indépendantiste, le GAM, dirigé par Hasan Muhamad Tiro, apparut en 1977 ; la guerre civile qui s'ensuivit dura près de trente ans et fit plus de 10 000 morts. L'accord signé en 2005 fut suivi en 2006 d'une loi d'autonomie et de l'élection d'un gouverneur issu du GAM. Située face à l'épicentre, la province a été ravagée par le séisme du 26 déc. 2004 et la côte entièrement détruite par le tsunami que celui-ci a provoqué.

**ACHAB** → ÉTYM. en hébr. *'Aḥâbh* «frère du père» ♦ Roi d'Israël (de –873 à –853). Fils d'Omri*, père d'Ochozias*, de Joram* d'Israël, ainsi que d'Athalie*. Son règne marque l'apogée du royaume du Nord. Il fut l'allié de Tyr (mariage avec la Tyrienne Jézabel*) et introduisit à Samarie le culte du Baal Melkart (ce qui lui valut l'hostilité du prophète Élie et celle du rédacteur biblique). Il reçut tribut des Moabites mais subit leur révolte (→ **Moab**). Il lutta contre les Araméens de Damas, fut cependant leur allié à la bataille de Qarqar contre l'Assyrie en –853 (→ **Bar Hadad, Salmanasar III**), marcha à nouveau contre eux, allié à Josaphat* de Juda (il avait donné Athalie en mariage au fils de celui-ci, Joram*), mais fut tué devant Ramoth en Galaad. Récit biblique : I Rois, XVI, 29-XXII, 40.

**ACHAÏE** n. f. → ÉTYM. en gr. ***Akhaia***, survivance d'un anc. n. *°Akhaiwia* désignant toute la Grèce, à l'époque mycénienne ♦ Contrée de l'anc. Grèce, au N.-O. du Péloponnèse, donnant sur la mer Ionienne. Auj. nome d'Akhaïa. CH.-L. : Patras. ▮ **Histoire** Les Achéens* s'y réfugièrent vers la fin du –IIe millénaire et lui laissèrent leur nom. Les douze cités d'Achaïe formèrent au –Ve s. la *ligue Achéenne**. ▪ Au cours de la quatrième croisade (1205 - 1210), Guillaume* Ier de Champagne fonda la principauté d'Achaïe (ou de Morée) et prit le titre de *prince d'Achaïe*. Ses successeurs, Geoffroi* Ier de Villehardouin, Geoffroi II, puis Guillaume* II de Villehardouin, y régnèrent jusqu'en 1278.

**ACHAIOS** – en gr. ***Akhaios*** ♦ Ancêtre mythique des Achéens*, fils de Xouthos* et demi-frère d'Ion* par sa mère Créüse*.

**ACHAIOS** – en gr. ***Akhaios*** ♦ Roi séleucide (de v. –270 à –215). Soutenu par l'Égypte, il se révolta contre son cousin Antiochos* III et se fit proclamer roi en –219, mais fut finalement mis à mort par ce dernier.

**ACHANTI(S)** n. m. (pl.) → ÉTYM. probablt «les mangeurs de plantes», de *fan* «plante» et *di* «manger» ♦ Peuple issu du groupe Akan* et vivant au S.-O. du Ghana autour de sa capitale historique Koumassi, fondée au XVIIIe s. par le roi Osaï Toutou. Constitués en royaume guerrier assurant le commerce de l'or avec les comptoirs de la côte, les Achantis opposèrent une vive résistance à la pénétration coloniale dès le milieu du XIXe s. Ils sont connus comme fondeurs de l'or à la cire perdue (masques, pendentifs, bijoux, poids) et pratiquent la culture du cacao.

**ACHARD (Marcel)** ♦ Auteur dramatique et scénariste français (Sainte-Foy-lès-Lyon 1899 - Paris 1974). Dans son théâtre, la tendresse et la désinvolture s'allient à une fantaisie clownesque : *Voulez-vous jouer avec moâ ?* (1923), *Jean de la Lune* (1929), *Patate* (1957), *L'Idiote* (1960). Il travailla également pour le cinéma : scénario et dialogues de plusieurs films, dont *Mayerling* (A. Litvak, 1936) et *Madame de* (Max Ophuls, 1953), réalisation de *La Valse de Paris* (1950). [Acad. fr. 1959] → ÉTYM. Ce nom vient du germanique *Aghard*, nom de personne, de *ag* «lame d'épée» (ou *aig* «avoir») et *hard* «dur, fort».

**ACH'ARĪ (Abū Burda Amīr AL-)** ♦ Théologien musulman, fondateur de la scolastique orthodoxe (Bassora 873 - *id.* 935). Se situant entre le rationalisme des mutazilites et le fidéisme des sunnites, il combattit les mutazilites avec leur propre arme, la dialectique, et défendit les principes de l'orthodoxie. Il affirma la transcendance de Dieu, la réalité des attributs divins distincts de l'essence, détermina la responsabilité directe et absolue de Dieu dans tout acte humain. Enfin, il considéra le Coran comme la parole éternelle de Dieu sans début et sans fin. Le ministre seldjoukide Nizām al-Mulk en fit la grande autorité religieuse du sunnisme.

**acharites** ou **achaarites**

n. m. pl. ♦ Nom donné aux disciples d'al-Ach'arī* qui firent quelques concessions à la pensée rationaliste et à la science spéculative.

Les **Acharniens** – en gr. ***Akharnês*** ♦ Comédie politique d'Aristophane* (–425) qui développe une apologie de la paix remarquable par sa hardiesse.

**ACHAZ** → ÉTYM. en hébr. *'Âḥâz* «il a saisi» ♦ Roi de Juda (de –736 à –716 env.). Fils de Jotham, père d'Ézéchias*. Jérusalem étant assiégée par les forces d'Israël et d'Aram, il fit appel à Teglath*-Phalasar III d'Assyrie dont il devint le vassal. La Bible blâme ses pratiques idolâtriques (II Rois, XVI).

**ACHEBE (Chinua)** ♦ Écrivain nigérian (Ogidi, près d'Onitsha 1930). D'origine ibo et anglophone, préoccupé par l'influence de l'Occident sur la société traditionnelle, il a relaté un siècle d'histoire du Nigeria en évoquant la perturbation qu'entraîna l'arrivée des traitants et des missionnaires à la veille du XXe s. (*Le monde s'effondre*, 1958), la colonisation et les drames de l'indépendance (*Le Malaise*, 1960 ; *La Flèche de Dieu*, 1964 ; *Le Démagogue*, 1966). Très marqué par la guerre du Biafra, il a également publié *Femmes en guerre et autres nouvelles* (1971) et des recueils de poèmes. *Les Termitières de la savane* (1987), roman, traite de l'exercice du pouvoir personnel.

**achéenne (Ligue)** ♦ Confédération de douze villes d'Achaïe* fondée au –Ve s. Réorganisée vers –280, elle se dressa contre l'expansion macédonienne. Sous la direction d'Aratos de Sicyone* qui s'empara de Corinthe* en –243, elle s'étendit dans tout le Péloponnèse* du Nord et s'allia à la Ligue étolienne (→ **Étolie**), mais Sparte* fit échec aux tentatives d'union contre les Macédoniens. Battue par Cléomène* III à Megalopolis* (–227), la ligue chercha l'alliance de la Macédoine et, se retournant contre la Ligue étolienne, gagna la guerre de –220 - –217. Sous la direction de Philopœmen* (–208), elle soumit Sparte (–188) et atteignit son apogée. Les Romains écrasèrent définitivement la ligue à Leucopetra* en –146. → **Mummius, Polybe.**

**ACHÉENS** n. m. pl. – en gr. ***Akhaioi*** ♦ Un des premiers peuples indo-européens qui s'installa en Grèce en refoulant les Pélasges*. → **Ioniens.** Leur ancêtre mythique était Achaios*. Ils vinrent du N. vers le début ou dans la première moitié du –IIe millénaire, apportant notamment les armes en bronze et le cheval. L'Argolide* fut leur fief dans le Péloponnèse* où fleurirent leurs principaux centres : Mycènes*, Argos*, Tirynthe* et Pylos*, mais les limites de leur empire dans la Grèce continentale et insulaire restent incertaines. Homère appelle *Achéens* tous les Grecs participant à la guerre de Troie*. La civilisation mycénienne développée à partir de –1580 et culminante entre –1400 et –1200, après la destruction de Cnossos*, apparaît essentiellement différente de celle du monde homérique, surtout quant aux institutions. Les Achéens, accoutumés à la mer, entretinrent des relations commerciales avec la Crète, l'Égypte et Chypre*. L'invasion des Doriens* les contraignit à se réfugier au N. du Péloponnèse (→ **Achaïe, Arcadie**) ou à émigrer en Asie* Mineure, à Chypre*, etc.

**Achéens.** Masque funéraire en or dit d'Agamemnon.
Musée archéologique national, Athènes. *Phot. © Arch. Rencontre*

**ACHÉLOOS** ou **ASPROPÓTAMOS** n. m. ♦ Fl. de Grèce (220 km) qui traverse l'Acarnanie et se jette dans la mer Ionienne. ▪ Son cours est équipé d'importants réservoirs (Krémasta, Kastraki) qui desservent centrales électriques et piémonts irrigués. ▮ **Mythologie** Le dieu-fleuve Achéloos s'unit avec Melpomène* ou avec Terpsichore* et engendre les Sirènes*. Rival d'Héraclès* pour la belle Déjanire, il est vaincu par le héros.

**ACHÉMÉNIDES** n. m. pl. ♦ Dynastie perse, dont l'ancêtre, Achéménès, aurait régné au –VIIe s. Installée dès –700 à Parsumash sur les contreforts du Zagros, la dynastie achéménide régna par la suite sur les pays d'Anchan et du Parsa, se développa entre l'Assyrie* et l'Élam* (→ **Cyrus Ier, Cambyse Ier**), se révolta contre ses suzerains mèdes* et créa l'empire le plus vaste de l'Antiquité en rattachant à sa couronne la Mésopotamie, la Syrie, l'Égypte, l'Asie Mineure, des villes et des îles grecques et une partie de l'Inde. Régnant jusqu'à la conquête d'Alexandre (–330), les Achéménides donnèrent une impulsion inconnue auparavant à la vie économique de cette partie du monde grâce à l'essor des liaisons terrestres et maritimes et à l'instauration d'un système perfectionné de perception des taxes. Ils réalisèrent l'unité de leur empire, qu'ils organisèrent en satrapies dotées d'une administration contrôlée par le centre. L'Iran leur doit la conception d'un État, sa formation, sa pérennité et son indépendance. Sous leur règne se répandit la religion mazdéenne réformée par Zarathoustra* et se développa une remarquable civilisation dont témoigne, en particulier, le grand ensemble architectural de Persépolis*. → **Iran, Cyrus, Cambyse, Bardiya, Darios, Xerxès, Artaxerxès, Arsès.**

**ACHENWALL (Gottfried)** ♦ Économiste allemand (Elbing 1719 - Göttingen 1772). Il fut un des fondateurs de la statistique et s'occupa principalement de démographie.

**ACHÈRES** [78260] → ÉTYM. du lat. *apiariae (villae)* «(les fermes) pourvues de ruches» ♦ Comm. des Yvelines, arr. de Saint-Germain-en-Laye. 18 942 hab. *(Achérois)*. Station d'épuration des eaux. Dépôt ferroviaire.

**ACHERNAR** → ÉTYM. en ar. *'akhir an nahr* «extrémité de la rivière» ♦ Nom donné à l'étoile α Éridan*. Magnitude 0,5 ; type spectral B 5 ; distance 130 années-lumière.

**ACHÉRON** n. m. – en gr. ***Akherôn*** ♦ Fleuve des Enfers, dans la légende grecque. Les morts le traversaient sur la barque de Charon* pour entrer au royaume d'Hadès.

**Acheuléen** n. m. ♦ Période du Paléolithique* inférieur (–700 000 à –100 000 en Europe, dès –1 500 000 en Afrique), définie à partir des industries préhistoriques recueillies dans les alluvions de la Somme à Saint-Acheul, faubourg d'Amiens. Les bifaces, grands outils de pierre en forme d'amande, sont nombreux à cette époque.

**ACHGABAT** – anc. ***Achkhabad*** → ÉTYM. turkmène *Ašqabad* «ville aimée», de l'iran. *ābād* «ville» et *ašq*, rattaché à la rac. ar. *'ishq* «amour, affection» ♦ Cap. du Turkménistan, située dans une oasis, près de la frontière de l'Iran. 604 700 hab. Centre politique et culturel (université). ▪ Indus. alimentaire, mécanique et textile (coton, soie). Centrale électrique. ▪ Un séisme détruisit la ville en 1948.

**ACHICOURT** [62217] → ÉTYM. anc. *Harcicortis* «domaine (bas lat. *curtis*) de Harico (n. de pers. germ.)» ♦ Comm. du Pas-de-Calais, dans la banl. S. d'Arras. 7 695 hab. *(Achicouriens)*.

**ACHILLE** → ÉTYM. en gr. ***Akhilleus*** ; de *kheilos* «lèvre» [l'étym. populaire «qui a de belles lèvres» semble fausse] ou de *Achéloos** ♦ Héros homérique, roi des Myrmidons*, dépeint comme le plus brave et le plus puissant guerrier pendant le siège de Troie*. Fils de Thétis* et de Pélée* il est élevé par le centaure Chiron*. Pour le rendre immortel, sa mère le plonge dans les eaux du Styx le tenant par le talon qui reste le seul point vulnérable de son corps. À la suite d'une prédiction, selon laquelle il tomberait devant Troie, sa mère l'envoie dans l'île de Skyros chez le roi Lycomède*, où il séjourne déguisé en femme sous le nom de Pyrrha. Découvert par Ulysse*, il se laisse conduire au siège de Troie où il se montre invincible. Mais, furieux contre Agamemnon* qui lui avait ravi sa captive Briséis*, il se retire du combat. Cette *colère d'Achille*, qui faillit coûter la victoire aux Grecs, est l'épisode central de *L'Iliade**. Achille ne reprend les armes qu'après la mort de son ami Patrocle* qu'il venge en tuant Hector* mais il est lui-même atteint par une flèche décochée par Pâris*, fils de Priam* et frère d'Hector, qui le blesse mortellement au talon. Après la mort d'Achille, Ulysse* et Ajax se disputent ses armes.

**Achéménides.** Bas-relief des archers, Persépolis. *Phot. ©Hétier*

**ACHILLE TALON** → Greg

**ACHKHABAD** → Achgabat

**ACIGNÉ** [35690] → ÉTYM. du lat. *Accinius*, n. de pers., et suff. *-acum* ♦ Comm. d'Ille-et-Vilaine, sur la Vilaine, arr. de Rennes. 5 246 hab.

**ACIREALE** ♦ V. d'Italie, en Sicile (prov. de Catane), au pied de l'Etna. 50 190 hab. Cathédrale du XVIIe s., remaniée au XVIIIe s. ▪ Port. Station thermale et climatique.

**ACIS** – en gr. ***Akis*** ♦ Personnage mythique, berger sicilien aimé de Galatée*. Le cyclope Polyphème*, jaloux, l'écrase sous un rocher. ▪ Sujet traité par Théocrite et Ovide et, en musique, par Lully (1686), Haendel (1731), Haydn (1763).

**ACKERMAN (Michael)** ♦ Photographe américain (Tel-Aviv 1967). Par ses photos noir et blanc, grises, fumées, dépouillées et nues à la limite extrême des lumières et des contrastes, il a cherché à restituer par le choc visuel l'intensité d'une émotion et à rendre palpable l'atmosphère des villes en photographiant leurs habitants. *End Time City* (1999), photos de Bénarès, lui a valu le prix Nadar ; *Half life* (2006) est un montage d'images prises à New York, Cracovie, Varsovie, Katowice, Paris, Naples, Berlin ou La Havane.

**acméisme**

n. m. → ÉTYM. du gr. *akmê* «le plus haut degré de toute chose» ♦ École littéraire russe du début du XXe s. En réaction contre le symbolisme, l'acméisme, encore dénommé *adamisme*, recherchait «un plus grand équilibre des formes et une plus exacte connaissance des rapports entre sujet et objet». Ses principaux représentants furent N. S. Goumilev*, O. E. Mandelstam* et A. A. Akhmatova* qui se regroupèrent à Saint-Pétersbourg au sein de la Guilde des poètes (1911 - 1914, 1921 - 1923).

**AÇOKA** → Ashoka

**ACONCAGUA** n. m. → ÉTYM. araucan «lieu abondant en *(hue)* gerbes de paille *(konka)* [pour faire les toits]» ou quechua «ruban *(k'awa)* de sable *(aqu)*» [le n. aurait dans cette hypothèse désigné le fleuve et sa vallée] ♦ Sommet des Andes, à la frontière entre l'Argentine et le Chili, le plus haut d'Amérique (6 960 m).

**AÇORES** n. f. pl. → ÉTYM. «l'île des oiseaux de proie», du port. *açor* «oiseau de proie» ♦ Archipel de l'océan Atlantique situé à 1 500 km du continent, formant une région autonome du Portugal. Il est constitué de 9 îles : Santa Maria, São* Miguel, Terceira*, Pico, Faial, São Jorge, Graciosa, Flores* et Corvo. 2 247 km². 243 018 hab. *(Açoréens)*. CAP. : Ponta Delgada (São Miguel). Situées sur la dorsale médio-atlantique, les Açores sont le lieu d'une intense activité volcanique. Du fait des hautes pressions de l'Atlantique nord *(anticyclone des Açores)*, les îles ont un climat doux, humide et venteux qui a permis d'acclimater de nombreuses plantes exotiques et facilite l'élevage laitier. Base américaine à Lajes (Terceira). L'émigration vers les États-Unis est importante. ▮ **Histoire** Découvertes de 1427 à 1452, les Açores eurent un rôle d'escale pour les voiliers et, jusqu'au début des années 1960, pour la navigation aérienne entre l'Europe et l'Amérique.

**ACQUAPENDENTE (Gerolamo FABRIZZI, dit Fabricius D')** ♦ Naturaliste et anatomiste italien (Acquapendente 1533 - Padoue 1619). Élève de G. Fallope et maître de W. Harvey*, il fit de nombreuses observations anatomiques et des études embryologiques sur le poulet.

**ACRE** ♦ État du Brésil (région Nord) aux confins du Pérou et de la Bolivie, point d'aboutissement de la route transamazonienne. → **Brésil** (carte). 153 697 km². 558 000 hab. CAP. : Rio Branco. Caoutchouc exporté par voie fluviale. Des conflits d'occupation opposent les grands propriétaires éleveurs et les petits cueilleurs de latex dont le chef Chico Mendes fut assassiné en déc. 1988. ▮ **Histoire** Territoire conquis sur la Bolivie en 1903 contre dédommagement, devenu État en 1962.

**ACRE** ou **AKKO** – anc. ***Ptolémaïs***, en hébr. *'Akkô* ♦ V. d'Israël sur la Méditerranée, au N. de Haïfa, en Galilée. 46 000 hab. Une ville moderne s'est édifiée à côté de la vieille ville. ▪ Indus. textiles, métallurgiques (1re usine sidérurgique de l'État), chimiques. ▮ **Histoire** Phénicienne à l'époque hellénistique, disputée entre Latins et musulmans (XIIe - XIIIe s.), elle fut soumise à la Turquie en 1517. Anc. forteresse des croisés (→ **Saint-Jean-d'Acre**), elle résista victorieusement à Bonaparte en 1799. Passée aux mains des Égyptiens de 1832 à 1840, elle redevint turque jusqu'en 1918.

**ACRISIOS** – en gr. ***Akrisios*** ♦ Roi mythique d'Argos*, père de Danaé* et grand-père de Persée*.

**Acropole.**
L'Acropole d'Athènes.
*© PhotoDisc*

**Acrocorinthe** n. m. – en gr. ***Akrokorinthos*** ♦ Citadelle de l'anc. Corinthe (auj. Palaia Korinthos), fortifiée v. la fin du –VIIe s. Soubassements du célèbre temple d'Aphrodite géré par une communauté de prêtresses, d'un temple de Déméter (–VIe s.) et d'autres édifices.

## acropole

n. f. ← ÉTYM. en gr. ***Akropolis*** «ville *(polis)* haute (*akros* [le plus haut])» ♦ Dans la Grèce antique, nom donné aux citadelles placées au sommet d'une ville. Les plus célèbres furent celles d'Athènes, d'Argos, de Corinthe (Acrocorinthe*), de Mycènes, de Thèbes (Cadmée) et de Tirynthe. ♦ ***Acropole d'Athènes*** Située sur un plateau dominant la ville d'env. 165 m, elle fut dès le –IIe millénaire une forteresse abritant les palais des rois et les lieux de culte. Ornée de constructions et de statues, au –VIe s., par Pisistrate*, en l'honneur d'Athéna*, elle fut dévastée par les Perses en –480. Au cours du –Ve s., l'Acropole cessa d'être une forteresse, mais resta le centre religieux des Athéniens. Les monuments classiques élevés à l'époque de Périclès* sous la direction du sculpteur Phidias* sont restés célèbres : Athéna Nikê, Parthénon* (construit par Ictinos* et Callicratès*), Propylées* (édifiés par Mnésiclès*), Érechthéion*. Les monuments subirent de graves dommages pendant les occupations successives, notamment lors du siège d'Athènes par les Vénitiens : une partie du Parthénon fut détruite par l'explosion d'une poudrière (1687). Un grand nombre d'antiquités enlevées par lord Elgin* se trouvent actuellement au British Museum.▪ Le site inspira à E. Renan une page célèbre, la *Prière sur l'Acropole*.

**Acta sanctorum** ← ÉTYM. lat. «actes des saints» ♦ Recueil de vies de saints, notamment celui des bollandistes. → **Bolland** (Jean).

**Acte additionnel aux constitutions de l'Empire** ♦ Constitution libérale promulguée par Napoléon* Ier, à son retour de l'île d'Elbe*, en vue d'établir une monarchie constitutionnelle. Rédigée par Benjamin Constant*, elle était inspirée de la charte de Louis XVIII.

**ACTÉON** – en gr. ***Aktaiôn*** ♦ Chasseur mythique de Thèbes. Ayant surpris Artémis* nue au bain, il fut métamorphosé en cerf par la déesse et dévoré par ses propres chiens, au Cithéron*.

**Actes des Apôtres** ♦ Livre du Nouveau Testament (→ **Bible**), traditionnellement attribué à saint Luc*. 28 chapitres décrivent, après l'Ascension de Jésus*, la vie des premières communautés chrétiennes, leur première organisation, la prédication de saint Pierre* et surtout les missions de saint Paul*.

**Action catholique** ♦ «Ensemble des mouvements apostoliques laïcs organisés et reconnus comme tels, nationalement et internationalement.» Sa mission fut définie par le pape Pie* XI.

**Action française** ♦ Mouvement politique d'extrême droite, fondé lors de l'affaire Dreyfus* et ayant pour tribune un journal *(L'Action française)*, animé par Ch. Maurras*, J. Bainville*, L. Daudet*. Lors de l'affaire Dreyfus, Pujo et Vaugeois, les fondateurs du journal (alors bimensuel), créèrent un Comité d'action française, nationaliste et antidreyfusard, transformé ensuite en Ligue d'action française. Sous l'influence de Maurras, ce mouvement se fit le défenseur du «nationalisme intégral», d'une monarchie «héréditaire, antiparlementaire et décentralisée», faisant de l'Église catholique la garante de l'ordre. Les vendeurs de *L'Action française* (devenu quotidien en 1908) constituèrent rapidement de véritables organisations de combat royalistes, les Camelots* du roi. La condamnation du mouvement par l'Église (1926) fut levée par Pie XII (1939). Ayant apporté son soutien au gouvernement de Vichy pendant la Deuxième Guerre mondiale, le journal fut interdit après la Libération. Ses partisans se regroupèrent autour d'*Aspects de la France* de P. Boutang.

## action painting

n. m. ♦ Nom donné en 1947 par le critique H. Rosenberg, à propos de Pollock* et de l'école de New York, aux techniques de la peinture gestuelle. La formule s'est ensuite appliquée à tous les modes de l'expressionnisme abstrait fondés sur le pouvoir créateur du geste.

**ACTIUM** ← ÉTYM. du gr. *aktion* «promontoire» ; auj. ***Akra A. Nikolaos*** ♦ Promontoire de la Grèce ancienne (Acarnanie), péninsule fermant le golfe d'Arta. Aéroport international. ▪ Lieu de la victoire d'Octave (Auguste*) sur Antoine* et Cléopâtre* VII (–31).

**ACTON PARK** ♦ Banlieue à l'O. de Londres (Middlesex). 70 000 hab.

**Actors Studio** n. m. ♦ Laboratoire théâtral new-yorkais fondé en 1947 par des artistes du Group Theatre dont Elia Kazan*. Il prit de l'ampleur avec Lee Strasberg, professeur et directeur (1951) qui, prolongeant les principes de Stanislavski*, prôna un jeu singularisé par le vérisme psychologique, façonné davantage à partir de l'acteur lui-même que du personnage. Les membres, admis après plusieurs auditions, le demeurent à vie. Parmi eux, James Dean, Paul Newman, Marlon Brando, Geraldine Page, Dustin Hoffman, Robert De Niro.

**ACUÑA (Cristóbal DE)** ♦ Missionnaire jésuite espagnol (Burgos 1597 - Lima v. 1675). Il participa à l'expédition d'exploration du Napo et de l'Amazone, jusqu'à Belém-Pará (1639 - 1640), avec Pedro Texeira. Sa relation (1641) fut traduite par Gomberville.

**ADAD** ♦ Dieu de l'Orage dans le panthéon mésopotamien. Moins destructeur que son homologue sumérien *Ishkur*, c'est le dieu de la Fertilité, protecteur du roi et patron de la divination ; son emblème est le taureau. Chez les Sémites occidentaux (sous le nom de *Addu* pour les Amorrites), il prend de plus en plus d'importance et s'impose à d'autres peuples (le *Teshub* hourrite, adopté par les Hittites), puis devient finalement le Baal* par excellence : c'est sous ce nom que le *Haddu* d'Ougarit (*Hadad* chez les Araméens), le seigneur du Saphon, petit-fils de El et fils de Dagan, y affronte et y défait la Mer *(Yam)*, puis la Mort *(Môt)* avec l'aide de sa sœur Anat.

**ADAD-NIRĀRI II** ♦ Roi d'Assyrie (de –909 à –888). Il annexa le royaume araméen du Hanigalbat (région de Nisibe).

**ADAD-NIRĀRI III** ♦ Roi d'Assyrie de –810 à –781, fils de Shamshi*-Adad V et de Sammuramat (→ **Sémiramis**). Son règne marqua une certaine stagnation de l'Assyrie*.

**ADAGP** n. m. → **Association pour la diffusion des arts graphiques et plastiques**

**ADAIR (Paul NEAL, dit Red)** ♦ Ingénieur américain (Houston 1915 - *id.* 2004). Spécialiste de la lutte contre les incendies de puits de pétrole, il mit au point plusieurs méthodes nouvelles (inondation du puits, extinction par souffle d'explosifs, injection de boue et de ciment) qu'il utilisa notamment pour mettre fin à l'incendie des champs pétrolifères koweïtiens en 1991. Il fut surnommé le «pompier volant».

**ADALBÉRON** ♦ (mort à Reims en 988). Archevêque de Reims (969 - 988). Il fit proclamer Hugues* Capet roi et le sacra à Noyon en 987.

**ADALBERT** (saint) ♦ Archevêque de Prague (v. 956 - 997). Il contribua à la conversion des Magyars au christianisme. Martyr. ▪ Fête le 23 avril. ➝ ÉTYM. Ce nom vient du germanique *Adalberht*, de *adal* «noble» et *berht* «illustre».

**ADALGIS** ou **ADALGISE** ♦ Prince lombard (mort en 788), fils du roi Didier* et beau-frère de Charlemagne. Après la capitulation de son père devant Charlemagne (v. 774), il s'enfuit à Constantinople.

**ADAM** ➝ ÉTYM. en hébr. *'Âdâm* «homme (au sens collectif)» ♦ Dans la Bible (Genèse, I-IV) et dans les traditions juive, chrétienne et musulmane, le premier homme, créé par Dieu et installé dans le Paradis terrestre (➝ **Éden**). À l'instigation d'Ève*, il mange le fruit, interdit, de l'arbre de la science du bien et du mal, faute pour laquelle il est chassé du Paradis et qui, dans la tradition chrétienne, pèse sur tout le genre humain (le «péché originel»). Ses fils sont Abel, Caïn, Seth.

**ADAM (LE NOUVEL)** ♦ Une des appellations du Christ*, considéré comme inaugurant le temps du salut de même qu'Adam avait inauguré le temps de la chute (Épître aux Romains, V).

**ADAM (Lambert Sigisbert), dit Adam l'Aîné** ♦ Sculpteur et ornemaniste français (Nancy 1700 - Paris 1759). Frère de Nicolas Sébastien et de François Gaspard Adam. À Nancy, il fut l'élève de son père JACOB SIGISBERT ADAM (Nancy 1670 - Paris 1747). Il séjourna en Italie (1723 - 1733) où il subit l'influence du baroque romain. Son élégance et surtout sa façon d'animer les masses avec vivacité se révèlent dans le groupe de *Neptune et Amphitrite* (1740), dans le parc de Versailles, tandis que les statues de la *Marne* et de la *Seine* dénotent une recherche plus tempérée et réaliste dans le mouvement et l'expression.

**ADAM (Nicolas Sébastien), dit Adam le Jeune** ♦ Sculpteur et ornemaniste français (Nancy 1705 - Paris 1778). Frère de Lambert Sigisbert et de François Gaspard Adam. Il exécuta à Montpellier des travaux de décoration, puis se rendit à Rome et fut jusqu'en 1740 le collaborateur de son frère Lambert Sigisbert. Son style ornemental en fait l'un des représentants caractéristiques du style rocaille (hôtel Soubise à Paris). Il travailla aussi à Nancy pour le roi Stanislas* Ier (tombeau de Catherine Opalinska, 1747 - 1749).

**ADAM (François Gaspard)** ♦ Sculpteur et ornemaniste français (près de Nancy 1710 - Paris 1761). Frère de Lambert Sigisbert et de Nicolas Sébastien Adam. Il travailla d'abord avec ses frères, séjourna à Rome, puis accepta de diriger l'atelier de décoration de Frédéric II de Prusse, de 1742 à 1760. Il exécuta pour les jardins de Potsdam et du château de Sans-Souci de nombreuses statues mythologiques et allégoriques *(La Musique)* animées et gracieuses.

**ADAM (Robert)** ♦ Architecte, décorateur, dessinateur et archéologue écossais (Kirkcaldy 1728 - Londres 1792). Fils de l'architecte WILLIAM ADAM (1688 - 1748), il travailla en étroite collaboration avec ses frères JOHN, JAMES et WILLIAM. Ils donnèrent leur nom à un style ornemental *(Adam's style)* inspiré des motifs antiques et renaissants, qui correspond à l'époque du style Louis XVI en France. Robert se forma auprès de son père puis à Rome (1755 - 1757) où il rencontra Piranèse*. En compagnie de Clérisseau*, il visita l'Italie, fit un voyage archéologique en Dalmatie et publia en 1764 *Les Ruines du palais de Dioclétien à Spalato* (Split*). Revenu en Angleterre en 1758, il devint rapidement célèbre et, comme Chambers*, reçut la charge d'architecte du roi. Avec ses frères, il élabora un style de décoration intérieure (motifs ornementaux, mobilier, argenterie, etc.) caractérisé par une adaptation élégante, souvent très raffinée, des motifs romains, étrusques, grecs, mais aussi syriens et égyptiens, avec une prédilection pour les grotesques. Ce style se diffusa rapidement en Angleterre et en Russie et exerça une influence profonde sur le style Directoire en France. En architecture, les Adam évoluèrent vers un style néoclassique de tendance grecque, austère et monumental (église de Mistley, Essex ; université et Register House à Édimbourg).

**ADAM (Adolphe)** ♦ Compositeur français (Paris 1803 - *id.* 1856). Élève de Boieldieu*, il a fait représenter avec succès de nombreux opéras-comiques (*Le Chalet*, 1834 ; *Le Postillon de Longjumeau*, 1836 ; *Si j'étais roi*, 1852), des ballets (*Giselle**, 1841 ; *Le Corsaire*, 1856), et publia deux volumes de critique musicale (*Souvenirs d'un musicien*, 1857 - 1859).

**ADAM (Juliette LAMBER, Mme)** ♦ Femme de lettres française (Verberie, Oise 1836 - Callian, Var 1936). Elle fonda *La Nouvelle Revue* (1879). Son salon fut fréquenté par des écrivains et des hommes politiques de la IIIe République *(Mes souvenirs)*.

**ADAM (Paul)** ♦ Écrivain français (Paris 1862 - *id.* 1920). Successivement naturaliste (*Chair molle*, 1885), symboliste (*Soi*, 1886 ; *Être*, 1888), puis romancier social (*Robes rouges*, 1891 ; *Le Trust*, 1910), il est l'auteur d'œuvres d'anticipation (*Lettres de Malaisie*, 1897 ; *Cité prochaine*, 1908) qui en font le précurseur de H. G. Wells. La tétralogie *Le Temps et la Vie* est une œuvre où le souffle épique s'allie à l'analyse psychologique. Épopée d'une famille (celle de l'auteur) de 1800 à 1830, «cycle de l'énergie» qui prend place au sein des événements politiques et militaires de l'Empire et de la Restauration, *La Force* (1899), *L'Enfant d'Austerlitz* (1901), *La Ruse* (1903) et *Au soleil de juillet* (1903) évoquent les incertitudes de personnages qui balancent entre un idéal de liberté politique et les séductions d'une carrière brillante.

**ADAM** (pic d') – en cinghalais ***Sri Pada*** ♦ Montagne sacrée du centre de l'île de Sri Lanka (2 243 m) au sommet de laquelle se trouve un temple ancien abritant une empreinte sur le rocher (celle du pied d'Adam, pour les musulmans).

**ADAM** (pont d') ou pont de **RĀMA** ♦ Chaîne de récifs, longue de 50 km, entre Sri Lanka et l'Inde, édifiée, selon la légende, par Rāma, et qui marque la séparation entre le golfe du Bengale et l'océan Indien.

**ADAMAOUA** ou **ADAMAWA** ➝ ÉTYM. («le pays d'Adama») anc. ***Fombina*** (haoussa «le Sud») ♦ Plateau volcanique qui domine les plaines de la Bénoué, au Cameroun et au Nigeria, plus relevé au N. et à l'O. (2 460 m), isolant le bassin du Tchad de celui du Congo et de la Sanaga. Château d'eau de ces régions. Zone d'élevage bovin (➝ **N'Gaoundéré**). ▮ **Histoire** Anc. royaume peul conquis par Adama, un des chefs d'Ousman dan Fodio (➝ **Sokoto**), qui islamisa la région.

**ADAM BILLAUT** ➝ **Billaut**

**Adamclisi** ou **Adamklissi (trophée d')** ♦ Monument élevé en 109 par l'empereur Trajan* pour commémorer sa victoire sur les Daces (Tapae, 101). Une ville, *Municipium Tropaneum Trajani*, fut fondée au IIe s. non loin de là, aux environs de l'actuelle Constantza*.

**ADAM DE FULDA** ♦ Compositeur et théoricien allemand (Fulda v. 1445 - Wittenberg 1505). Bénédictin, auteur d'un traité, *De musica* (1490), qui étudie des poètes anciens et des théoriciens du Moyen Âge.

**ADAM DE LA HALLE** ou **ADAM le Bossu** ➝ ÉTYM. *De la Halle* et *le Bossu* étaient déjà les surnoms de son père ♦ Trouvère et auteur dramatique français (Arras v. 1240 - v. 1285). D'inspiration souvent satirique, son œuvre raille les mœurs bourgeoises (*Le Jeu* de la feuillée*, v. 1276) ou idéalise avec grâce les mœurs paysannes (*Le Jeu* de Robin et Marion*, v. 1284). Il est le plus ancien musicien réellement connu, et le premier trouvère à avoir pratiqué également l'art polyphonique.

**ADAMELLO** n. m. ♦ Massif alpin du N. de l'Italie, dans la région du Trentin*. 3 539 m. Nombreux glaciers.

**ADAMI (Valerio)** ♦ Peintre italien (Bologne 1935). Dès 1957, il mit l'accent sur l'éclatement des formes, dans une optique expressionniste, puis se plaça, à partir de 1960, dans l'orbite de la figuration narrative. Jouant sur les associations d'idées, il représente de façon fragmentée ou partielle des personnages ou des bâtiments tirés de documents réels, dans un espace découpé en aplats d'acrylique géométriques de couleurs vives, cernés de noir. Dans certains de ses portraits, il introduisit des mots ou des messages énigmatiques (*Il Gile de Lenine*, 1972 ; *Portrait d'Isaac Babel*, 1972 ; *La Carte surréaliste du monde*, 1972 ; *Sigmund Freud in viaggio verso Londra*, 1973 ; *Le Peintre*, 2004).

**ADAMOV (Arthur)** ♦ Auteur dramatique français d'origine russo-arménienne (Kislovodsk, Russie 1908 - Paris 1970). Ayant subi l'influence du surréalisme, puis du marxisme, il se fit l'observateur sarcastique de la condition dérisoire à laquelle il estime qu'est réduit l'homme de notre temps. Princ. œuv. : *L'Invasion* (1949), *La Grande et la Petite Manœuvre* (1950), *Le Ping-Pong* (1955), *Paolo Paoli* (1957), *Off Limits* (1969). Il fut également traducteur de Büchner, Dostoïevski, Gorki, Rilke, Strindberg et Tchekhov. ➝ ÉTYM. Ce nom de famille vient du russe *Adam*.

**ADAMOVITCH (Gueorgui Viktorovitch)** ♦ Poète et critique russe (Moscou 1892 - Nice 1972). Poète acméiste (*Nuages*, 1916 ; *Purgatoire*, 1922), il émigra et s'installa à Paris (1923) où il devint l'un des critiques littéraires les plus en vue de l'émigration (*Solitude et Liberté*, 1955 ; *Commentaires*, 1967) ; il collabora à de nombreuses publications russes tout en poursuivant son œuvre poétique (*En Occident*, 1939 ; *Unité*, 1967).

**ADAMS (William)** ➝ **Anjin**

**ADAMS (Samuel)** ♦ Pamphlétaire et homme politique américain (Boston 1722 - *id.* 1803). Diplômé de Harvard en 1740, il devint le chef des colons opposés à la Grande-Bretagne. Ses pamphlets dénonçaient l'injustice des taxations. À la tête des radicaux du Massachusetts en 1769, il dénonça l'exploitation de l'Amérique par la Grande-Bretagne et signa la déclaration d'Indépendance. Il fut gouverneur du Massachusetts (1794 - 1797). ➝ ÉTYM. Ce nom de famille est la forme anglaise du prénom *Adam*, avec *s* de filiation.

**ADAMS (John)** ♦ Homme d'État américain (Quincy 1735 - *id.* 1826). 2e président des États-Unis. Vice-président des États-Unis sous Washington*, il lui succéda (1797 - 1801). Battu aux élections de 1800 par le républicain Jefferson*, il se retira de la vie politique. ♦ **John Quincy Adams** (Quincy, Massachusetts 1767 - Washington 1848). Fils du précédent, il fut l'un des auteurs de la doctrine de Monroe* et devint le sixième président des États-Unis (1825 - 1829). Il se distingua par sa lutte contre l'esclavagisme.

**ADAMS (John Couch)** ♦ Astronome britannique (Lidcot 1819 - Londres 1892). En même temps que Le* Verrier, il fut conduit à expliquer par la présence d'une planète encore inconnue, Neptune*, les perturbations du mouvement de la planète Uranus.

**ADAMS (Henry)** ♦ Historien et mémorialiste américain (Boston 1838 - Washington 1918). Journaliste, professeur d'histoire médiévale à Harvard College, il dirigea la *North American Review* et tenta sans succès une carrière politique (sa famille comptait deux présidents des États-Unis). Après le suicide de sa femme en 1885, il commença son autobiographie (*L'Éducation d'Henry Adams*) ; achevée en 1906 et publiée après sa mort, cette œuvre, par sa critique de l'écart entre le rêve et la réalité de la civilisation technique, marqua la vie intellectuelle des années 1920.

**ADAMS (Walter Sidney)** ♦ Astronome américain (Antakya 1876 - Pasadena 1956). On lui doit notamment une méthode spectroscopique pour la détermination des distances stellaires (1916).

**ADAMS (Ansel)** ♦ Photographe américain (San Francisco 1902 - Monterey 1984). Il fonda en 1932 avec Edward Weston le groupe f/64, et énonça vers 1940 les fondements du « Zone System », prônant la maîtrise et le contrôle absolus des techniques de prise de vue et de développement. Réputé pour ses paysages de l'Ouest américain, il exalta la beauté des sites naturels.

**ADAMS (Gerry)** ♦ Homme politique irlandais catholique (Belfast 1948). Détenu pendant les années 1970 pour son appartenance à l'IRA*, il est, depuis 1983, président du Sinn* Féin. Il joua un rôle primordial dans le cessez-le-feu décidé par l'IRA en 1994, dans les négociations qui aboutirent à l'accord de paix de Belfast en avril 1998 et au désarmement de l'IRA en 2005. En 2007, il négocia avec Ian Paisley* un accord de partage en vue de la constitution d'un gouvernement biconfessionnel en Irlande du Nord.

**ADAMSON (Robert)** ♦ Photographe écossais (Berunside 1821 - Saint-Andrews 1848). Maître du calotype (→ **Talbot**), il s'associa en 1843 au peintre David Octavius Hill et l'assista dans la réalisation d'une vaste toile, *La Séparation de l'Église d'Écosse*. Il collabora avec lui jusqu'en 1847, et réalisa près de 1 800 paysages et portraits soigneusement composés.

**ADAMSON (Robert)** ♦ Philosophe écossais (Édimbourg 1852 - Glasgow 1902). Réalisme critique, sa philosophie fait de la conscience de soi le produit d'une évolution spirituelle (*Le Développement de la philosophie moderne*, posth. 1903).

**ADANA** ♦ V. de Turquie, ch.-l. de prov., en Asie Mineure (Cilicie), sur le Seyhan. 1 366 027 hab. Musée archéologique. Université de la Çukurova au N. de la ville, au bord du lac du barrage sur le Seyhan. ▪ Centre industriel très actif (travail du coton, indus. alimentaires, cimenterie, matériel agricole, matières plastiques) et métropole régionale du Sud méditerranéen au cœur d'une région vouée à la culture mécanisée du blé et du coton.

**ADANSON (Michel)** ♦ Botaniste français (Aix-en-Provence 1727 - Paris 1806). Il fit un voyage d'études au Sénégal. Dans sa monumentale classification des plantes, il mit l'accent sur la continuité des formes végétales, et annonça ainsi, par certaines de ses vues (*Familles de plantes*, 1763), les travaux de A. L. de Jussieu* et de Lamarck*. [Acad. sc. 1795]

**ADAPAZARI** ♦ V. du N.-O. de la Turquie, ch.-l. de prov., sur la Sakarya. 377 683 hab. Marché agricole et centre indus. (sucrerie, fabrique de wagons, scieries).

**ADDA** n. f. ♦ Riv. d'Italie (313 km), affl. rive g. du Pô*. Issue des Alpes (massif de la Bernina), elle draine la Valteline, passe en Lombardie et vient aboutir au Pô près de Crémone.

**ADDINGTON (Henry),** vicomte **DE SIDMOUTH** ♦ Homme d'État britannique (Londres 1757 - *id.* 1844). *Speaker* des Communes (1789 - 1801), puis Premier ministre en 1801, il négocia le traité d'Amiens* avec Napoléon mais dut démissionner à la reprise de la guerre (1804). Membre de plusieurs ministères de 1812 à 1821, il dirigea la politique de répression face à l'agitation sociale (1817 - 1819).

**ADDIS-ABEBA** ou **ADDIS-ABABA** → **ÉTYM.** amharique « la nouvelle *(addis)* fleur *(abābā)* » [allus. à l'implantation de l'eucalyptus] ♦ Cap. de l'Éthiopie, à 2 500 m d'alt. 2 738 248 hab. Princ. ville indus. d'Éthiopie (textiles, café, indus. alimentaires). Djibouti est devenu son principal débouché après la construction de la voie ferrée Addis-Abeba-Djibouti, en 1917. ▪ Fondée par Ménélik II en 1887, la ville a été le siège de l'Organisation* de l'unité africaine (OUA) à partir de sa création puis celui de l'Union* africaine.

**ADDISON (Joseph)** ♦ Journaliste, essayiste, poète, dramaturge et homme politique anglais (Milston, Wiltshire 1672 - Londres 1719). Fils d'un ecclésiastique, il étudia à Oxford, écrivit des vers latins et fit de 1699 à 1704 un voyage relaté dans *Remarques sur quelques contrées d'Italie* (1705). Rendu célèbre par un poème de circonstance (*La Campagne*, 1705), il devint membre du Parlement en 1708. Il fit représenter avec succès sa tragédie *Caton* (1713) que Voltaire salua comme un chef-d'œuvre ; mais sa comédie *Le Tambour* (1715) échoua. Le plus grand titre littéraire d'Addison est sa collaboration (avec Steele*) au *Tatler* (« Le Babillard ») et surtout au *Spectator* (fondé par eux en 1711). Il s'y proposait de « raviver la moralité par l'esprit et de tempérer l'esprit par la moralité ». Montesquieu s'inspira du *Spectator* pour ses *Lettres persanes* et Marivaux l'imita (*Le Spectateur français*).

**ADDISON (Thomas)** ♦ Médecin britannique (Long Benton, près de Newcastle-upon-Tyne 1793 - Brighton 1860). Il donna la première description de l'insuffisance des glandes surrénales (*maladie d'Addison*, ou maladie bronzée).

**ADÉLAÏDE** (sainte) ♦ Impératrice allemande (château d'Orbe, Suisse v. 931 - Seltz, Alsace 999). Elle fut l'épouse du roi d'Italie Lothaire* II (947), puis du roi de Germanie Othon* Ier le Grand, empereur en 962, et exerça la régence au nom de son petit-fils Othon III. ▪ Fête le 16 déc. → **ÉTYM.** Ce nom vient du germanique *Adalhaid*, de *adal* « noble » et *haid* « lande, bruyère » [anglais *Adelaide*, allemand *Adelheid*, occitan *Azalaïs* ou *Alaïs*].

**ADÉLAÏDE** ♦ Reine de France (v. 850 - Laon 901), seconde femme de Louis* II le Bègue, mère de Charles* III le Simple.

**ADÉLAÏDE** ou **ALIX DE SAVOIE** ♦ Reine de France (morte à Montmartre v. 1154). Elle épousa en 1115 Louis* VI le Gros et fonda l'abbaye de Montmartre (1133). Devenue veuve, elle épousa en secondes noces Mathieu de Montmorency*.

**ADÉLAÏDE (Marie-Adélaïde DE FRANCE, dite Madame)** ♦ Princesse française (Versailles 1732 - Trieste 1800). Troisième fille de Louis XV, très aimée de son père, elle tenta d'exercer une influence politique systématiquement opposée à celle des favorites. Elle émigra en 1791 avec ses sœurs et se réfugia en Italie.

**ADÉLAÏDE (Eugénie Louise,** princesse **D'ORLÉANS,** dite **Madame)** ♦ Princesse française (Paris 1777 - *id.* 1847), fille du duc d'Orléans, Philippe Égalité, et sœur de Louis*-Philippe. Elle émigra en 1792 en compagnie de sa gouvernante, Madame de Genlis. Rentrée en France en 1817, elle contribua à placer son frère sur le trône et ne cessa de jouer à ses côtés le rôle de conseillère.

**ADÉLAÏDE** → **ÉTYM.** en angl. *Adelaide* ; du n. de l'épouse de Guillaume* IV, roi de Grande-Bretagne et d'Irlande ♦ V. d'Australie, cap. de l'État d'Australie-Méridionale, sur la côte E., dans le golfe de Saint-Vincent. 1 146 119 hab. Centre culturel, commercial et industriel. Le port (Port-Adélaïde) est situé à quelques kilomètres. Raffinerie de pétrole. Métallurgie. Produits chimiques. Indus. textiles (laine) et alimentaires.

**ADÉLARD DE BATH** ou **ADALARD** ♦ Philosophe scolastique anglais (v. 1070 - 1150). L'un des pionniers de la « Renaissance du XIIe siècle ». Outre son dialogue philosophique *De eodem et diverso* qui se rattache au platonisme et ses traités sur l'abaque et l'astrolabe, on lui doit des versions latines de textes scientifiques arabes, des *Éléments* d'Euclide* et de l'*Almageste** de Ptolémée*.

**ADELBODEN** ♦ V. de Suisse (cant. de Berne), située dans l'Oberland bernois. 3 632 hab. Importante station de sports d'hiver.

**ADÈLE** (sainte) ♦ Abbesse de Pfalzel (v. 675 - v. 734), près de Trèves, fille de Dagobert* II. ▪ Fête le 24 déc. → **ÉTYM.** Ce nom vient du germanique *adal* qui signifie « noble ».

**ADÈLE** ou **ALIX DE CHAMPAGNE** ♦ (morte à Paris en 1206). Fille de Thibaud II, épouse de Louis* VII le Jeune (1160) et mère de Philippe* Auguste, elle exerça la régence pendant la 3e croisade, en l'absence de son fils.

**ADÉLIE** (terre) → **ÉTYM.** du prénom de l'épouse de Dumont d'Urville (V. ci-dessous) ♦ Secteur de l'Antarctique oriental. 432 000 km². → **Antarctique** (carte). Découverte par Dumont* d'Urville (1840), elle fait partie, avec les archipels Crozet et Kerguelen et les îles de la Nouvelle-Amsterdam et de Saint-Paul, des terres Australes* et Antarctiques françaises. Ce champ de glace se relevant vers l'intérieur (jusqu'à plus de 3 000 m) a fait l'objet d'explorations scientifiques (P.-É. Victor, 1950 - 1951, 1952). La terre Adélie abrite la base scientifique Dumont-d'Urville et la station Commandant-Charcot.

Les **Adelphes** → **ÉTYM.** gr. « les frères » ♦ Dernière comédie de Térence* (–160), imitée de Ménandre et de Diphile. Deux frères s'opposent sur des principes d'éducation. Ce thème a été repris par Molière dans *L'École* des maris*.

**ADELUNG (Johann Christoph)** ♦ Linguiste allemand (Spantekow, Poméranie 1732 - Dresde 1806). Auteur d'ouvrages qui contribuèrent à la normalisation de l'allemand, et notamment d'un dictionnaire (1774 - 1786), il entreprit un traité universel des langues, dont il ne put terminer que la partie concernant l'Asie (*Mithridates, oder allgemeine Sprachenkunde*, 1806 - 1817).

**ADÉMAR** ou **ADHÉMAR DE MONTEIL** ♦ Prélat français (mort à Antioche en 1098). Évêque du Puy, il fut chargé par Urbain II de prêcher la 1re croisade à laquelle il participa (conquête d'Antioche). Il mourut de la peste après la prise de cette ville.

**ADEN** → **ÉTYM.** en ar. *'Adan*, p.-ê. de *'adn* « Éden » ♦ V. du Yémen, située non loin de l'entrée de la mer Rouge sur le *golfe d'Aden*. 588 938 hab. Marché commercial. Raffinerie de pétrole. Artisanat. ▌**Histoire** Aden fut une escale active sur la route des épices du début du –Ier millénaire au IIIe s. Les Portugais qui l'occupèrent en 1513 furent rapidement chassés par les Ottomans qui envahirent l'arrière-pays, mais se retirèrent dès 1636. Les Britanniques découvrirent la valeur stratégique d'Aden pour préserver leur suprématie sur la route des Indes quand Bonaparte conquit l'Égypte (1799). En 1839, les Britanniques occupèrent Aden qui était alors un village de 500 habitants et en firent une dépendance de l'Inde et un port franc (1850). La ville connut une ère de développement avec l'ouverture du canal de Suez (1869). Intégrée à la Fédération du Sud arabique, Aden devint la capitale du Yémen du Sud (1968 - 1990) et perdit de son importance après la réunification du Yémen.

**ADEN** (golfe d') ♦ Partie nord occidentale de l'océan Indien, entre la mer d'Oman et la presqu'île des Somalis. Il communique avec la mer Rouge par le détroit de Bab el-Mandeb.

**ADENAUER (Konrad)** ♦ Homme politique allemand (Cologne 1876 - Rhöndorf 1967). Avocat puis maire de Cologne (1917), il fut un membre influent du Centre catholique. Destitué par les nazis en 1933, il se retira. Après la guerre il se consacra à la fondation de l'Union chrétienne démocrate (CDU) dont il fut président et devint, en 1949, le premier chancelier de la République fédérale d'Allemagne. Pendant quatorze années, où il fut réélu, Adenauer mena une politique d'intégration de l'Allemagne dans l'Europe occidentale et de reconquête de ses droits sur le plan international. Sur le plan militaire, il obtint le droit d'avoir une armée (la Bundeswehr) puis l'entrée de l'Allemagne au sein de l'Otan (1955). Il fut également l'un des principaux artisans de la réconciliation franco-allemande (traité de coopération de 1963). Il démissionna en oct. 1963 et céda la place à Ludwig Erhard. ➝ ÉTYM. Ce nom de famille vient de *Adenau*, ville rhénane.

**ADENET le Roi (Adenet** ou **Adam** dit**)** ♦ Trouvère originaire du Brabant (XIIIe s.). Son œuvre influença l'évolution de l'épopée française en y introduisant le ton du récit. Il composa *Cléomadès*, d'après l'*Histoire d'Alexandre le Grand* (1100 - 1120), adapta en vers *Berthe au grand pied* et *Les Enfances Ogier*.

**ADÉODAT, DEUSDEDIT** ou **DIEUDONNÉ Ier** (saint) ➝ ÉTYM. du lat. *deodatus* «donné par Dieu» ♦ 68e pape (de 615 à 618). Romain. ▪ Fête le 8 nov.

**ADÉODAT, DEUSDEDIT** ou **DIEUDONNÉ II** ♦ 77e pape (de 672 à 676). Romain.

**ADER (Clément)** ♦ Ingénieur et inventeur français (Muret 1841 - Toulouse 1925). «Père de l'aviation», il réalisa un ballon (1870) puis le premier appareil plus lourd que l'air (l'*Éole*) qui parvint à voler le 9 oct. 1890 à Armainvilliers : il parcourut la distance de 50 m à 20 cm au-dessus du sol. Ses essais ultérieurs, sous couvert du ministère de la Guerre, se soldèrent par des échecs et Ader, ruiné, détruisit ses projets et ses appareils. Il créa le mot «avion» pour désigner ses modèles successifs : *Avion I, Avion II...* ➝ ÉTYM. Ce nom vient du nom de personne germanique *Adowar*, de *ad-* «noble» et *-wara* «protection» et finale gasconne *-er*

**ADHERBAL** ♦ Général carthaginois (-IIIe s.). Il vainquit le consul romain Claudius* Pulcher à Drepanum (→ **Trapani**) lors de la première guerre punique* (-249).

**ADHERBAL** ♦ Roi de Numidie (de -118 à -112), cousin de Jugurtha*.

**ĀDI-BUDDHA** ♦ Divinité bouddhique, Bouddha «primordial» de certaines philosophies religieuses bouddhiques tibétaines et népalaises considérée comme étant à l'origine des mondes créés et non créés et d'où émaneraient les cinq Jina*.

**ADIGE** n. m. ♦ Fl. d'Italie (410 km) qui prend sa source dans les Alpes au col de Resia, arrose Trente et Vérone, puis se jette dans l'Adriatique.

**ADIRONDACKS** n. m. pl. (monts) ➝ ÉTYM. «mangeurs d'arbres», mot mohawk-iroquois employé par dérision par les Iroquois pour désigner les Algonquins ♦ Massif cristallin des États-Unis (État de New York) dominant le lac Champlain (1 629 m au mont Marcy). Industrie du bois, hydroélectricité.

**ADIYAMAN** ♦ V. de Turquie, ch.-l. de prov., en Anatolie orientale. 191 627 hab. Centre administratif et commercial.

**ADJANI (Isabelle)** ♦ Actrice française (Paris 1955). Après des débuts remarqués à la Comédie-Française (*L'École des femmes, Ondine*), elle accéda très vite au statut de star au cinéma avec *La Gifle* (1974) et surtout *L'Histoire d'Adèle H.* (1975) puis *L'Été meurtrier* (1983) et *Camille Claudel* (1988). Ses apparitions à l'écran se firent ensuite plus rares (*La Reine Margot*, 1994 ; *Bon Voyage*, 2003). Elle ne revint au théâtre qu'en 2000 avec *La Dame aux camélias* puis en 2003 dans *Le Piège de la dernière nuit pour Marie Stuart*.

**ADJARIE** n. f. ♦ République autonome de Géorgie. → **Géorgie** (carte). 3 000 km². 378 800 hab. *(Adjars)*. LANGUE : géorgien. POPULATION : Géorgiens, 83 % ; Russes, 8 % ; Arméniens, 4 %. RELIGION : musulmans. CAPITALE : Batoumi. L'Adjarie comprend 5 districts. ▪ Cultures subtropicales (agrumes, thé, tabac). Tourisme. Indus. pétrochimique. ▪ **Histoire** Sous domination ottomane à partir du XVIIe s., l'Adjarie fut rattachée à la Russie en 1878. Région frontalière avec la Turquie, elle profite du développement des activités de commerce et de transit. Tbilissi a repris sans violence le contrôle de cette région contestataire en mai 2004.

**ADLER (Victor)** ➝ ÉTYM. all. «aigle» ♦ Homme politique autrichien (Prague 1852 - Vienne 1918). Fondateur et dirigeant réformiste du Parti social-démocrate autrichien, il prit comme député une part active à la lutte pour le suffrage universel, joua un rôle important au sein de la IIe Internationale, et fut un adversaire des antisémites viennois. ♦ **Friedrich Adler** (Vienne 1879 - Zurich 1960). Fils du précédent. Chef du Parti social-démocrate autrichien, il assassina le Premier ministre, le comte Stürgkh (1916).

Isabelle **Adjani**. Festival de Cannes, 1994.
*Phot. ©Benainous-Duclos/Gamma*

**ADLER (Guido)** ♦ Musicologue autrichien (Eibenschütz 1855 - Vienne 1941). Élève de Bruckner, puis professeur à Prague et à Vienne, il peut être considéré comme l'un des fondateurs de la musicologie moderne. Il édita *Les Monuments de l'histoire musicale en Autriche* (1894), ainsi qu'un *Traité d'histoire de la musique* dont il rédigea lui-même certains chapitres (1924 - 1930).

**ADLER (Alfred)** ♦ Médecin et psychologue autrichien (Vienne 1870 - Aberdeen 1937). Élève et collaborateur de S. Freud* dont il se sépara en 1911, il dirigea l'Institut pédagogique de Vienne et enseigna la psychologie médicale aux États-Unis. Rejetant la théorie de l'étiologie sexuelle des névroses, il considéra celles-ci comme une exaltation de la personnalité (volonté de puissance) ayant pour but de compenser un «sentiment menaçant d'insécurité et d'infériorité» d'origine biologique, psychologique ou sociale. Sa psychologie individuelle veut être une analyse de la personnalité globale du sujet (*La Compensation psychique de l'état d'infériorité des organes*, 1933 ; *Le Tempérament nerveux*, 1912 ; *La Connaissance de l'homme*, 1927).

**ADLER (Max)** ♦ Écrivain politique autrichien (Vienne 1873 - *id.* 1937). Représentant de la gauche du Parti social-démocrate autrichien, austromarxiste, il fut le théoricien des conseils ouvriers (*Démocratie et Conseils ouvriers*, trad. fr. 1967) : si la lutte des classes est le résultat du développement des forces productives, elle consiste aussi dans un affrontement de jugements moraux.

**ADLERCREUTZ (Carl Johan,** comte **d')** ♦ Général suédois (Kiala, Finlande 1757 - Stockholm 1815). Il joua un rôle important au cours de la campagne de 1808 face aux Russes et fut l'un des chefs de la révolution de 1809.

**ADLISWIL** ♦ V. de Suisse (cant. de Zurich), à l'O. du lac de Zurich. 15 761 hab. Indus. textile.

**ADMÈTE** – en gr. ***Admêtos*** ♦ Un des Argonautes*, roi légendaire de Phères* (Thessalie) qui accueillit Apollon* banni de l'Olympe. Sa femme Alceste* se sacrifia afin qu'il fût immortel.

**ADO EKITI** ♦ V. du Nigeria occidental (État d'Ondo), à l'E. d'Oshogbo. 149 472 hab.

**Adolphe** ♦ Roman de Benjamin Constant* (écrit en 1806 ; publ. à Londres en 1816). Transposition du «perpétuel orage» que fut la liaison de l'auteur avec Mme de Staël*, ce récit à la première personne peint «le mal que font éprouver même aux cœurs arides les souffrances qu'ils causent». Le héros, sensible et égoïste, est irrémédiablement conscient de l'inutilité de tout effort volontaire et, balançant entre la pitié et la lassitude, se détache d'Ellénore dont il cause la mort. B. Constant démonte le mécanisme de cette «incertitude» en une langue précise jusqu'à la sécheresse, n'évoquant le décor qu'en fonction des sentiments.

**ADOLPHE DE NASSAU** ♦ (v. 1250 - 1298). Empereur germanique (1292 - 1298). Allié à Édouard Ier d'Angleterre contre la France (1294), il fut battu et tué à la bataille de Göllheim par Albert* Ier de Habsbourg (1298). ➝ ÉTYM. *Adolphe* vient du germanique *Adalwulf*, de *adal* «noble» et *wulf* «loup».

**ADOLPHE-FRÉDÉRIC** ♦ (Gottorp 1710 - Stockholm 1771). Roi de Suède (1751 - 1771). Fils du duc de Holstein-Gottorp, il fut imposé comme héritier de Frédéric* Ier par la Russie, à la suite de la paix de Turku*, mais ne sut pas imposer son autorité aux Bonnets* et aux Chapeaux.

**ADONAÏ** ➝ ÉTYM. forme emphatique de *Adonî* «mon seigneur» ♦ Une des appellations hébraïques du Dieu de la Bible. → **Yahvé, Jéhovah.**

**ADONIS** ➝ ÉTYM. en phénicien ***Adoni*** «mon seigneur» ♦ Divinité grecque d'origine phénicienne représentant le principe mâle de la reproduction. Selon la mythologie grecque, Adonis, jeune homme d'une grande beauté, aimé d'Aphrodite*, fut tué par un sanglier, mais Zeus, invoqué par cette dernière, le ressuscita et lui permit de passer une partie de l'année sur la Terre et une autre partie aux Enfers près de Perséphone*. Il devint alors le symbole de la vie, de la nature. → **Attis.**

**ADONIS (Ali Ahmad Saïd ESBER, dit)** ♦ Poète et essayiste libanais (Qassabine, Syrie 1930). Il fonda en 1957 à Beyrouth, avec Yūsuf al-Khāl, le groupe Chi'r («Poésie») qui se donnait pour but de libérer la poésie arabe du carcan de la tradition et de l'ouvrir aux influences étrangères, et dont l'influence sur le monde arabe se fit sentir bien après sa disparition en 1964. La revue *Mawāqif* fondée par Adonis en 1968 renforça cet élan en cherchant à être une tribune culturelle d'expression libre. Partageant aujourd'hui sa vie entre la Syrie, le Liban et la France, Adonis contribue par son enseignement (il prononça, par exemple, quatre leçons au Collège de France en 1984) et par ses essais (*Introduction à la poésie arabe*, 1971 ; *Introduction à la poétique arabe*, 1984 ; *La Parole des commencements*, 1989 ; *La Prière et l'Épée*, 1993) à faire découvrir les aspects ignorés de la tradition arabe pour qu'ils éclairent le présent. Sa poésie, qui s'est libérée de la versification traditionnelle, tente l'osmose entre l'Orient et l'Occident dans une méditation à la fois lyrique et interrogative (*Chants de Mihyar le Damascène*, 1961, trad. fr. 1983 ; *Le Livre des métamorphoses et de la migration dans les provinces du jour et de la nuit*, 1965 ; *Le Livre de l'encerclement*, 1985 ; *Célébrations*, 1988, trad. fr. 1991 ; *Soleils seconds*, 1994). Ses apprentissages et son parcours sont relatés dans un livre d'entretiens, *Le Regard d'Orphée* (2009).

**ADOR (Gustave)** ♦ Homme politique suisse (Genève 1845 - Cologny 1928). Membre du Conseil national (1889 - 1917), président du Comité international de la Croix-Rouge, il fut président de la Confédération suisse (1919).

**ADORNO** ♦ Famille de Gênes, du parti gibelin*, qui disputa le pouvoir à la famille Fregoso* (du XIVe au XVIe s.). Elle donna à Gênes huit doges, dont ANTOINE Ier, qui imposa à Gênes la suzeraineté du roi de France Charles* VI ; PROSPER, qui chassa les Français ; ANTOINE II, expulsé en 1528 par Andrea Doria*. ➛ ÉTYM. Ce nom de famille vient de l'italien *adorno* qui signifie «orné» (pourvu de qualités physiques et morales).

**ADORNO (Theodor WIESENGRUND)** ♦ Philosophe allemand (Francfort-sur-le-Main 1903 - Viège, Suisse 1969). Il fut une des figures majeures de l'école de Francfort* où il a été étroitement associé à Horkheimer*, W. Benjamin* et H. Marcuse*. Formé à Francfort et à Vienne, où il étudia la musique, il s'exila pendant la période nazie aux États-Unis. Il y conduisit des recherches sur la personnalité autoritaire (*The Authoritarian Personality*, 1950), puis il retourna à Francfort. Outre des travaux d'esthétique musicale (sur Berg, Mahler, Wagner), il a publié des ouvrages de philosophie de la connaissance, conduisant un débat sur le positivisme avec K. Popper (Adorno et Popper, *De Vienne à Francfort. La Querelle du positivisme*, 1969). Dans *Minima Moralia* (1951), il présente des analyses sur la culture dans la société de masse. *Dialectique négative* (1966) est son ouvrage majeur, qui entend dépasser le dogmatisme de la dialectique marxiste. Au cœur de ses interrogations d'après-guerre revient la question : comment penser après Auschwitz ?

**ADOUA** ou **ADWA** ♦ V. d'Éthiopie, anc. cap. du Tigré. 40 502 hab. ▮ **Histoire** Les troupes italiennes de Baratieri* y furent vaincues par Ménélik II en 1896 après sa dénonciation du traité d'Ucciali (1889).

**ADOUR** n. m. ➛ ÉTYM. anc. *Aturus*, rac. hydronym. précelt., probablt en rapport avec l'illyrien *adur* «eau, mer» ♦ Fl. du S.-O. de la France (335 km). Né près du pic du Midi de Bigorre dans les Pyrénées, il arrose Tarbes, Dax et Bayonne avant de se jeter dans l'Atlantique.

**ADRANO** ♦ V. d'Italie, en Sicile (prov. de Catane), au pied de l'Etna. 34 490 hab.

**ADRAR** ➛ ÉTYM. berbère «montagne» ♦ Nom de plusieurs régions ; l'Adrar, au centre de la Mauritanie ; l'Adrar des Iforas au Mali ; l'Adrar, oasis du Sahara algérien dans le Touat, constituant une wilaya. 422 498 km². 216 931 hab.

**ADRASTE** – en gr. ***Adrastos*** ♦ Roi mythique de Sicyone* et d'Argos*. Il accueille Polynice* chassé de Thèbes par Étéocle* et organise contre ce dernier la guerre des Sept* Chefs. ➛ **Tydée.**

**ADRETS (François DE BEAUMONT, baron DES)** ♦ Homme de guerre français (La Frette, Dauphiné 1513 - *id.* 1586). Il oscilla entre la Réforme et le catholicisme, dévastant le Midi pour le compte des protestants, qu'il combattit ensuite avec le même acharnement.

**ADRIA** ➛ ÉTYM. de l'illyr. *adur* «eau, mer» ♦ V. d'Italie, en Vénétie (prov. de Rovigo). 20 640 hab. Anc. port de mer, la ville a donné son nom à la mer *Adriatique*. Les alluvions du Pô l'ont éloignée de la côte de 18 km.

**ADRIAN (lord Edgar Douglas)** ♦ Médecin et physiologiste britannique (Londres 1889 - *id.* 1977). On lui doit des travaux, désormais classiques, concernant la physiologie du système nerveux, la théorie des réflexes en particulier. [Prix Nobel de physiol. ou méd. 1932, avec C. Sherrington*]

**ADRIATIQUE** n. f. ➛ ÉTYM. de *Adria** ♦ Mer située entre l'Italie et la péninsule balkanique (Slovénie, Croatie, Bosnie-Herzégovine, Monténégro, Albanie), annexe de la Méditerranée à laquelle la relie le canal d'Otrante. 131 500 km², 800 km de long et 220 km de large, 1 400 m de profondeur maximale. La côte italienne, plate et rectiligne excepté la saillie du Gargano, contraste avec la côte opposée, abrupte, découpée et bordée d'îles (➛ **Dalmatie**).

**ADRIEN** (saint) ➛ ÉTYM. en lat. *Adrianus*, du n. de *Adria** ♦ Martyr à Nicomédie v. 303.

**ADRIEN Ier** ♦ 95e pape (de 772 à 795). Romain. Contre la menace lombarde, il fit appel à Charlemagne qui vainquit Didier (774), et renouvela, en l'étendant, la donation de Pépin (➛ **Étienne II**). Il approuva, avec des restrictions, les décisions du concile de Nicée* (787) mettant fin à la première crise iconoclaste.

**ADRIEN II** ♦ 106e pape (de 867 à 872). Romain. Il réconcilia Lothaire II (➛ **Nicolas Ier**) ; il accepta la liturgie slavonne des saints Cyrille* et Méthode* qu'il accueillit à Rome (867).

**ADRIEN III** (saint) ♦ 109e pape (de 884 à 885). Romain. ▪ Fête le 8 juil.

**ADRIEN IV [Nicholas BREAKSPEAR]** ♦ (Langley, Hertfordshire v. 1100 - Anagni 1159). 167e pape (1154 - 1159). Anglais, ancien cardinal-évêque d'Albano. Il vainquit la commune de Rome et fit mettre à mort Arnaud* de Brescia, avec l'aide de Frédéric* Barberousse (1155). Il couronna ce dernier empereur (1156) mais se heurta à ses ambitions et dut fuir Rome (1159).

**ADRIEN V [Ottobuono FIESCHI]** ♦ (mort à Viterbe 1276). 184e pape (juillet-août 1276). Génois.

**ADRIEN VI [Adrian Floriszoon]** ♦ (Utrecht 1459 - Rome 1523). 216e pape (1522 - 1523). Ancien évêque de Tortosa et lieutenant de Charles* Quint pour l'Espagne. Flamand hostile au luxe, il tenta sans succès une réforme de la cour pontificale et de l'Église.

**ADRIEN ; ADRUMÈTE** ➛ **Hadrien ; Hadrumète**

**ADUATUQUES** n. m. pl. ➛ ÉTYM. en lat. ***Aduatuci*** «les très furieux», du celt. *at-*, particule intensive, et *vât* «furieux» ♦ Peuple de la Gaule belgique issu des Cimbres* ou des Teutons*, établi dans la région de Namur* et de Liège*. Ils furent vaincus par César* en –57.

**'AḌUD AL-DAWLA** ♦ Prince de la dynastie buyide* (Ispahan 936 - Bagdad 983). Régnant en Perse à partir de 950, il domina ensuite Oman, la Syrie et l'Irak.

**ADULA** n. m. ➛ ÉTYM. p.-ê. du celt. *ad* «oiseau» et *dula* «pointe» ou de *adwyaul* «vallée, col» ♦ Massif des Alpes suisses à la limite des Grisons et du Tessin, culminant au Rheinwaldhorn (3 402 m).

**advaita**

n. m. ♦ Doctrine hindoue védantique non dualiste (monisme qualifié), issue de l'enseignement des *Veda** et exposée principalement par Śankarāchārya* (v. 800), puis par le sage Rāmānuja* au XIe s. Le texte majeur de cette philosophie est la Bhagavad*-gītā.

**ADWA** ➛ **Adoua**

**ADY (Endre)** ♦ Poète hongrois (Érdmindszent 1877 - Budapest 1919). Issu de la petite noblesse calviniste, il fit des études de droit et fut journaliste. Lors d'un voyage à Paris en compagnie d'Adel Brüll, femme d'une culture exceptionnelle, il subit l'influence de Baudelaire et Verlaine. Entre 1904 et la Première Guerre mondiale, il revint plusieurs fois à Paris, son «maquis». En 1906, il publia *Nouveaux poèmes* qui apparut comme révolutionnaire ; les neuf volumes de poésie édités par la suite ne cessèrent de soulever des controverses. Les poèmes d'amour d'Ady sont empreints de sensualité ; ses poèmes politiques, au lieu d'exalter le passé glorieux des Magyars, déplorent l'arriération et l'isolement du pays ; ses poèmes religieux parurent blasphématoires. La langue poétique en est d'une grande richesse, empruntant des éléments au vocabulaire populaire, biblique, créant des néologismes, les juxtaposant hardiment avec des archaïsmes, employant la métonymie de manière originale. Œuvres princ. : *Sang et Or* (1907), *Sur le char d'Élie* (1908), *J'aimerais que l'on m'aime* (1910), *La vie s'enfuit* (1912), *À la tête des morts* (1918). ➛ ÉTYM. Ce nom hongrois signifie probablement «généreux» ; il vient du verbe *ad* «donner».

**ADYGUÉS** ou **ADYGHÉENS** (république des) – en russe ***Respoublika Adygueïa*** ➛ ÉTYM. de *Adyghe*, n. de peuple, de l'abkhaze *ady* «eau» ♦ République de la fédération de Russie, au N. du Caucase occidental. ➛ **Russie** (carte et tableau des divisions admin.). 7 600 km². 447 000 hab. *(Adygués)*. LANGUES : russe, adygué. POPULATION : Adygués, 22 % ; Russes, 68 % ; Ukrainiens, 3 % ; Arméniens, 2 %. RELIGIONS : musulmans, orthodoxes. CAPITALE : Maïkop. La république des Adygués est divisée en 7 districts. ▪ Tabac. Riz. Cultures céréalières, maraîchères et fourragères. Élevage bovin, porcin et ovin. Traitement du bois. Gisement de pétrole près de Maïkop.

**A-ÉF** n. f. ➛ **Afrique-Équatoriale française**

**AELE** n. f. ♦ Association européenne de libre-échange créée en 1960 par des pays extérieurs à la CEE : Autriche, Danemark, Grande-Bretagne, Norvège, Portugal, Suisse, Suède. Son principal atout a résidé dans la constitution d'une zone de libre-échange sur les produits industriels. Elle ne compte plus que 4 membres (Islande, Liechtenstein, Norvège, Suisse) depuis 1995 puisque ses membres ont rejoint peu à peu la CEE (puis l'UE*). ➛ **Europe.**

**AELFRIC,** dit **Grammaticus** ➛ ÉTYM. «le Grammairien» ♦ Érudit anglo-saxon (v. 955 - Abbaye d'Eynsham v. 1020). Sa prose, faite pour être scandée, repose sur les procédés de la poésie. Ses *Homélies* (990 - 992), fortement inspirées des Pères de l'Église, commémorent les saints révérés par l'Église anglo-saxonne. Sa *Grammaire latine*

*(Colloquium)* contient le premier dictionnaire latin-anglais. Son œuvre (première œuvre anglo-saxonne publiée) fut largement étudiée durant tout le Moyen Âge.

**AENEAS SILVIUS** → Pie II

**ÆNÉSIDÈME** – en gr. ***Ainesidêmos*** ♦ Philosophe grec sceptique (Cnossos ou Æges ? entre –80 et 130). La biographie d'Ænésidème reste en grande partie mystérieuse. Il enseigna la philosophie à Alexandrie et, après avoir déserté l'Académie dirigée par Philon de Larisse, qui aurait selon lui trahi son scepticisme, il fonda le néopyrrhonisme. Ses écrits nous sont principalement connus par les œuvres de Sextus* Empiricus. Ænésidème renouvela le scepticisme antique en ordonnant de façon méthodique un matériau sceptique traditionnel et en articulant les dix *tropes* (ou motifs de douter) amenant à la suspension du jugement.

**AEPINUS (Franz Ulrich HOCH,** dit) ♦ Physicien et médecin allemand (Rostock 1724 - Dorpat, auj. Tartu 1802). Il découvrit la pyroélectricité. Auteur de travaux sur l'électrostatique et le magnétisme, il passe pour avoir eu le premier l'idée de l'électrophore et du condensateur électrique.

**ÆRØ** ♦ Île du Danemark, municipalité du Danemark-du-Sud, au S. de la Fionie, à l'entrée S. du Petit Belt. 90 $km^2$. 6 786 hab. Tourisme.

**AERTSEN** ou **AERTSZ (Pieter),** dit **Lange Pier** ou **Pierre le Long** ♦ Peintre d'origine néerlandaise (Amsterdam v. 1508 - *id.* 1575). Maître à la guilde d'Anvers en 1535, il s'établit en 1556 à Amsterdam. Il réalisa des portraits et de grands retables aux accents héroïques qui s'apparentent au maniérisme nordique et se caractérisent par la richesse du chromatisme, la vigueur du modelé et l'importance accordée à la nature morte et à l'observation réaliste des types populaires. Contribuant à former un lien entre les écoles anversoise et néerlandaise, il joua un rôle décisif dans l'élaboration de la nature morte et de la scène populaire *(Les Crêpes, La Cuisinière La Laitière).* Il figura des amoncellements de légumes, fruits et victuailles aux tons francs et carminés, d'un réalisme parfois trivial et cocasse (*Marchande de fruits et légumes,* 1562 ; *Étal de boucher*).

**AETHELWEARD** ou **ETHELWERD** ♦ Chroniqueur anglo-saxon (mort en 998). Descendant du roi Alfred, il écrivit pour l'abbesse d'Essen des chroniques en un latin élaboré.

**AETIUS** ♦ Général romain (Durostorum, auj. Silistra v. 390 - 454). Il s'imposa à Galla* Placidia et dirigea l'Empire avec elle pendant la minorité de Valentinien* III. Il défendit l'Empire contre les Wisigoths, les Burgondes et les Francs, et écrasa les Huns aux champs Catalauniques*. Valentinien III le fit assassiner.

**AFANASIEVO** ♦ Site sibérien éponyme d'une culture néolithique* remontant au –III$^e$ millénaire, caractérisée par des tombes à dalles et un important mobilier funéraire (poteries « cordées »).

**AFARS** n. m. pl. ⟶ **ÉTYM.** V. ci-dessous ♦ Nomades africains appelés Danakil (« hommes venus de la mer ») par les Arabes mais se nommant eux-mêmes Afars (« poussières » en raison de leur grand nombre) et vivant dans les régions les plus chaudes du monde entre Assab et le golfe de Tadjoura. Conducteurs de caravanes (sel, esclaves, ivoire) entre l'Éthiopie et les comptoirs occidentaux du détroit de Bab el-Mandeb tenus par les commerçants arabes, ils vivent d'un petit nomadisme (chèvres) et pratiquent un islam teinté de croyances animistes. On distingue les Asahyammara (« hommes rouges »), les nobles, et les Adohyammara (« hommes blancs »), leurs tributaires. Partagés entre deux États indépendants, les Afars rêvent parfois de réaliser leur unité au sein d'une grande Afarie. → **Djibouti, Éthiopie.**

**AFARS ET DES ISSAS** (Territoire des) → **Djibouti**

Les **Affinités électives** – en all. ***Die Wahlverwandtschaften*** ♦ Roman de Goethe* (1808 - 1809). Écrite sous l'influence de son amour pour Minna Herzlieb et de la philosophie romantique de la nature, cette œuvre est la transposition psychologique d'une loi chimique *(attractio electiva duplex)* figurant dans le *Dictionnaire de physique* de Gehler (1787 - 1795) et énoncée par le Suédois Bergman. Elle raconte l'histoire d'un couple, apparemment uni et heureux (Charlotte et Édouard), dont les relations se défont sous l'influence de deux êtres : un de ses amis (le Capitaine) et une de ses nièces (Odile), pour former, selon la loi des affinités électives, deux nouvelles relations. Parfois proche de Werther ou d'œuvres romantiques, ce roman est toutefois placé sous le signe du renoncement. Partagés entre la passion et le devoir, les personnages ne peuvent trouver le bonheur ni dans un abandon à leur inclination naturelle ni dans le respect de l'ordre éthique.

**AFFRE (Denis Auguste)** ♦ Prélat français (Saint-Rome-de-Tarn 1793 - Paris 1848). Archevêque de Paris en 1840, il fonda l'école des Carmes et laissa plusieurs ouvrages de théologie, dont une réfutation de l'ultramontanisme (*Essai historique et critique sur la suprématie des papes et de l'Église,* 1829). Il fut tué faubourg Saint-Antoine lors de l'insurrection de juin 1848.

## AFGHANISTAN ou AFGHĀNISTĀN

n. m. – off. ***République islamique d'Afghanistan*** ⟶ **ÉTYM.** persan « pays des Afghans », p.-ê. du sanskr. *aśvaka-* « cavalier » et du persan *-stān* « pays » ♦ Pays d'Asie centrale. 652 088 $km^2$. 20 291 000 hab. dont une population nomade inférieure à 1 million de personnes *(Afghans)*, auxquels s'ajoutent 3 millions de réfugiés en Iran et au Pakistan. LANGUES : pashto et dari (persan oriental) [off.], ouzbek, turkmène, kirghiz, baloutche. RELIGIONS : islam sunnite, minorités chiite (→ **Hazaras**) et hindouiste. MONNAIE : afghāni. CAPITALE : Kaboul. RÉGIME : république islamique.

**GÉOGRAPHIE** Montagneux, aride et enclavé, le pays est situé au carrefour des influences proche-orientales, indiennes et centre-asiatiques. Le cœur est occupé par un système montagneux complexe, l'Hindū Kush, dont l'altitude croît d'O. en E. pour culminer à 7 485 m au Nōchaq, sommet situé aux confins du Wākhān* et du Chitral*. Il domine trois régions basses périphériques : le Turkestan afghan au N., drainé par l'Amou*-Daria, le Sīstān* au S., drainé par le Helmand*, le Nangrahār à l'E., drainé par le Kābul rūd. La population se concentre dans les vallées irriguées. Elle comprend à la fois des éléments de langue iranienne (Tadjiks*, Pashtouns*), majoritaires, des groupes turcs (Ouzbeks, Turkmènes*, Kirghiz*) et des populations montagnardes résiduelles comme les Kafirs*. Le climat est continental, aux hivers très froids et aux étés torrides. Les précipitations tombent surtout au printemps sauf dans l'extrême E. où la mousson indienne apporte quelques pluies d'été (forêts de cèdres).

**ÉCONOMIE** **Agriculture et élevage** La principale culture est le blé, base de l'alimentation. Le coton est surtout cultivé dans le N. L'arboriculture fruitière (vigne, fruits tempérés) est importante. Depuis 2002, le pays est redevenu le 1$^{er}$ producteur d'opium (92 % de la prod. mondiale). L'élevage (ovins, caprins, bovins, dromadaires) est pratiqué par les paysans sédentaires et par les nomades. Les moutons caracul sont élevés pour la fourrure d'astrakan dans le Turkestan afghan. **Mines et industrie** Le sous-sol recèle un peu de houille et de gaz naturel, ainsi que des pierres précieuses (lapis-lazuli, exploité depuis l'Antiquité). D'importantes réserves de cuivre et de fer existent, mais leur exploitation est entravée par l'absence de voies de communication. L'industrie, embryonnaire, est dominée par les textiles (filature et tissage de coton et de laine), la cimenterie, les engrais et le conditionnement des produits agricoles. Seule Kaboul abrite des industries diversifiées. Le secteur artisanal traditionnel reste actif (tapis, bois, cuir). **Les communications** Les chemins de fer sont inexistants mis à part les deux terminaux ferroviaires de Torghondī sur la frontière du Turkménistan, et de Haïratān, sur celle de l'Ouzbékistan. Le réseau routier moderne se réduit à une grande rocade inachevée qui contourne les montagnes centrales et sur laquelle se greffent des bretelles vers l'Iran, l'Ouzbékistan et le Pakistan. La contrebande est active le long des frontières. **Depuis les années 1990** La guerre civile, le régime taliban et les bombardements américains (2001) ont totalement ruiné l'économie et les infrastructures. La mortalité infantile figure parmi les plus élevées du monde (149 ‰ entre 2000 et 2005) et l'espérance de vie parmi les plus basses (43 ans). La distribution de l'aide internationale est problématique en raison de la corruption et du climat d'insécurité.

**HISTOIRE** L'histoire de l'Afghanistan est jalonnée par de nombreuses invasions et rythmée par l'alternance de phases d'unité politique, voire d'expansionnisme impérial principalement dirigé vers l'Inde du N., et de phases de démembrement au profit d'empires extérieurs. **L'Antiquité** Le pays fit partie de l'Empire achéménide*. Après les conquêtes d'Alexandre*, une dynastie indo-grecque indépendante s'établit en Bactriane* tandis que les Parthes* contrôlaient l'O. du pays. À la suite de l'invasion de tribus centre-asiatiques de langue iranienne, les Kushans* rétablirent une unité politique avant que le pays ne se trouvât partagé entre les Perses sassanides* et les Huns* hephtalites. **Les invasions arabes et mongoles** Les invasions arabes introduisirent l'islam mais ce sont des Turcs issus d'Asie centrale qui refirent l'unité du pays au X$^e$ s. (→ **Ghaznavides**). Ceux-ci furent remplacés au XII$^e$ s. par une dynastie locale, les Ghorides*, qui fut à son tour balayée par les invasions mongoles du XIII$^e$ s. Le partage de l'Empire mongol attribua l'Afghanistan aux ilkhans de Perse qui laissèrent s'établir la dynastie locale des Kart*. Au XIV$^e$ s. le pays fut ravagé par les campagnes de Tamerlan* et à nouveau incorporé dans un vaste empire mongol (→ **Timurides**). **L'unité** L'unité fut rompue en 1504, lorsque Bābur* s'empara de Kaboul avant de fonder la dynastie des Moghols*. Ceux-ci devaient conserver le contrôle de l'Afghanistan oriental pendant deux siècles tandis que l'Afghanistan occidental tombait sous la domination de la dynastie persane des Safavides* et que le N. était soumis aux dynasties ouzbeks d'Asie centrale. L'unité fut reconstituée à partir de 1747 à la suite d'une révolte des tribus pachtounes du S. du pays. Un empire éphémère se constitua alors sous l'autorité d'Aḥmad* Chāh Dorrānī, vite miné par des querelles dynastiques (Sadōzaï puis Mohammadzaï*) et par la montée en puissance d'empires rivaux en Inde du N., sikhs* d'abord, britannique ensuite (→ **Dōst Mohammad**). **Les guerres anglo-afghanes** Les Britanniques ne parvinrent pourtant jamais à subjuguer l'Afghanistan, en dépit de deux guerres colo-

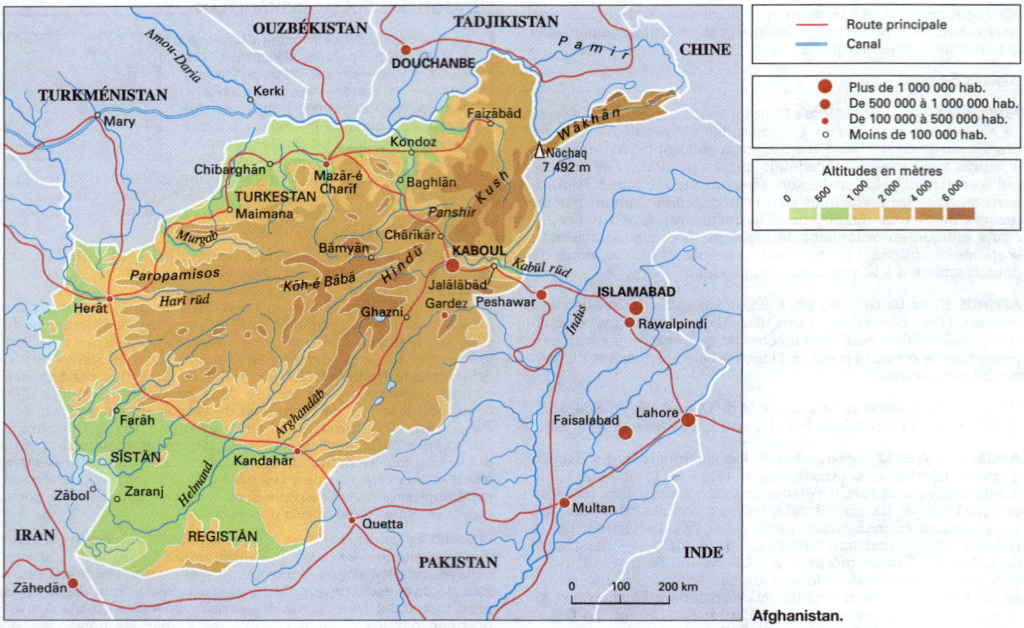


Afghanistan.

niales (1839 - 1842 et 1878 - 1881). Tout au plus réussirent-ils à y établir un régime de semi-protectorat qui visait à isoler le pays de toute influence extérieure autre que britannique et à leur reconnaître le droit d'en délimiter les frontières. C'est alors que l'Afghanistan prit sa configuration territoriale actuelle et acquit son statut d'État-tampon entre l'empire des Indes et l'empire tsariste. À l'intérieur de frontières désormais stabilisées, l'émir 'Abd* al-Raḥmān Khān jeta les bases d'une administration centralisée que ses successeurs consolidèrent. Ce n'est qu'en 1919, au terme de la 3ᵉ guerre anglo-afghane, que l'Afghanistan retrouva la maîtrise de sa politique extérieure et donc sa totale indépendance politique. **▮ L'ouverture vers l'Occident** Le roi réformateur Amānollāh* se lança alors dans une politique d'ouverture massive sur l'Europe et d'occidentalisation forcenée qui heurta une société afghane restée très traditionnelle. Renversé par un soulèvement populaire, il fut remplacé à la tête du royaume par un roturier tadjik qui fut à son tour évincé par la restauration d'une branche cadette de la dynastie Mohammadzaī (1929). → **Nādêr Chāh, Zāhêr Chāh.** **▮ Les coups d'État** La chute de la monarchie à la suite d'un coup d'État militaire en 1973 entraîna une accélération dramatique du cours de l'histoire en Afghanistan. La 1ʳᵉ république afghane, fondée par le «prince rouge» Mohammad Dāoud* avec l'appui des partis politiques de gauche, ne survécut pas au réalignement pro-occidental de son président. Un nouveau coup d'État militaire le renversa en 1978, instaurant une 2ᵉ république d'inspiration communiste (→ **Tarakī, Amīn**). Les décrets, appliqués sans ménagement (réforme agraire, réforme du douaire, alphabétisation forcée), entraînèrent le soulèvement de fractions croissantes de la population, encadrées par divers mouvements islamistes, et ébranlèrent le nouveau régime, ce qui décida l'URSS à intervenir militairement (1979). **▮ L'intervention soviétique** La guerre d'Afghanistan, mélange d'expédition de type colonial et de guerre civile entre régiments procommunistes et maquis islamistes, devait durer dix ans, jusqu'au retrait unilatéral des troupes soviétiques incapables d'asseoir leur contrôle sur le pays (1989). Le conflit aurait fait 900 000 victimes et jeté sur le chemin de l'exil cinq fois plus de réfugiés. Le régime afghan, sous la direction successive de Babrak Kārmal* et du Dʳ Najībullāh*, survécut jusqu'en 1992 avant d'être renversé par une coalition de moudjahidin tadjiks dirigée par le commandant Massoud*. **▮ La guerre civile** Ce fut le début de la 3ᵉ république afghane, d'obédience islamiste, marqué par une recrudescence de la guerre civile, les vainqueurs étant incapables de s'entendre entre eux (→ **Rabbānī**). Les vieilles divisions ethno-religieuses (sunnites-chiites, Pashtouns-Tadjiks), que la lutte contre l'occupant soviétique avait occultées mais dont la pérennité révèle la faiblesse du sentiment national, réapparurent. De violents affrontements, dont le contrôle de Kaboul était le principal enjeu, des retournements d'alliances et un éclatement de fait du pays en «principautés» virtuellement autonomes caractérisèrent les premières années de l'après-communisme. **▮ Les talibans au pouvoir** Au terme d'une reconquête territoriale méthodique partie de Kandahar*, les Pashtouns* Dorrānī, soutenus par le Pakistan et organisés en un mouvement militaro-religieux (les *talibans**, littéralement «les étudiants (en théologie)»), parvinrent à reprendre Kaboul, jusqu'alors contrôlée par les milices ouzbéko-tadjikes, y instaurant un régime islamiste ultra-rigoriste refusant aux femmes tous droits, et visant à la reconstitution d'un Afghanistan unifié (1996). À partir de sept. 2000, les talibans, militairement victorieux de l'opposition, soumirent la quasi-totalité du territoire. Le rétablissement de la paix constituant un préalable à l'exportation vers l'océan Indien des gigantesques ressources en hydrocarbures des pays caspiens explique les ingérences étrangères, notamment américaine et pakistanaise, dans la région. Par ailleurs, le régime était accusé de soutenir le terrorisme islamiste (sanctions de l'ONU depuis 1999) et de protéger Ben* Laden. En 2001, il décida la destruction du patrimoine artistique préislamique, notamment des bouddhas de Bāmyān*. Après l'assassinat du principal opposant, le commandant Massoud de l'Alliance du Nord, le régime taliban parut renforcé, mais les attentats du 11 sept. 2001 contre New* York et Washington* bouleversèrent la situation. **▮ L'intervention américaine et la chute des talibans** Les Américains accusèrent Ben Laden d'en être l'instigateur et, devant le refus des talibans de le livrer, lancèrent une vaste opération militaire baptisée «Liberté immuable» contre ces derniers, abandonnés par leurs alliés pakistanais. Au terme d'un mois de bombardements aériens américains et britanniques et d'une offensive terrestre de l'Alliance du Nord, les talibans capitulèrent. Un gouvernement provisoire interethnique reconnu par les Occidentaux, dirigé par le Pashtoun Hamid Karzaï*, fut formé en déc. 2001. Ce dernier remporta la première élection présidentielle afghane en nov. 2004. Le paysage politique, pratiquement identique à celui des années 1990, permit d'espérer un nouveau pas décisif vers la démocratie avec l'élection d'un Parlement en sept. 2005, malgré tout largement constitué d'anciens chefs de guerre et de tribus qui trouvèrent ainsi une légitimité. **▮ L'enlisement du conflit** En 2009, Hamid Karzaï sortit officiellement vainqueur de l'élection présidentielle après le retrait de son principal opposant et l'annulation du second tour, ce qui ajouta à son discrédit dû à son soutien par l'Occident et à l'aggravation de la corruption sous son premier mandat. Devant la recrudescence de l'insurrection talibane, aux partisans sans cesse plus nombreux essentiellement dans le sud et l'est, et ses liens supposés avec la mouvance d'al-Qaida*, le président Obama opta pour une nouvelle stratégie et prit la décision d'intensifier la présence militaire américaine et de s'employer à la formation d'une armée et d'une police nationales capables de prendre à terme le relais des troupes alliées. En janvier 2010, Hamid Karzaï échappa à un attentat et proposa une réconciliation nationale aussitôt rejetée par les talibans, ceux-ci posant comme conditions le retrait des forces de l'Otan, l'instauration d'un régime islamiste et la suppression du droit de vote des femmes.

---

**AFLAQ (Michel)** ♦ Théoricien politique syrien (Damas 1910 - Paris 1989). Il fonda en 1947, avec Salah al-Din Bitar, le parti Baas*. Très influencé par le personnalisme de Mounier, Aflaq voyait dans le capitalisme et le marxisme les deux faces d'un Occident foncièrement impérialiste et antiarabe. Chrétien d'origine, il considérait l'islam comme la plus éclatante réussite du génie arabe et s'y convertit à la fin de sa vie. Dans le différend politique et idéologique qui opposait les deux courants du Baas, au pouvoir à Damas et à Bagdad, il choisit le second.

**AFL-CIO** n. f. → **American Federation of Labor-Congress of Industrial Organizations**

**AFLOU** n. f. ♦ V. d'Algérie (wilaya de Laghouat), sur le versant N. du djebel Amour. 33 976 hab. Marché de moutons.

**AFP** n. f. → **Agence France-Presse**

**AFRANIUS (Lucius)** ♦ Auteur comique romain (–IIe s.). Il reste de son œuvre, inspirée de Ménandre et Térence, 43 titres et de brefs fragments.

**African National Congress** [ANC] – « Congrès national africain » ♦ Organisation politique sud-africaine créée en 1912 dans les milieux intellectuels. Non racial dès l'origine, en tête de la lutte non violente contre l'apartheid après la Deuxième Guerre mondiale, l'ANC s'inspira de la Charte de la Liberté proclamée en 1955 sous son président Albert Luthuli*. La violence de la répression provoqua en 1959 le départ des radicaux et la création du Pan African Congress (PAC), mouvement antiblanc, puis, après la mort de Luthuli et sous l'impulsion de Nelson Mandela*, l'abandon de la non-violence et le début de la lutte armée (1961). Durant son interdiction (1960 - 1991) et la longue détention de Mandela, l'ANC fut dirigé par son vice-président, Olivier Tambo (1918 - 1993). Thabo Mbeki*, vice-président depuis 1994, remplaça N. Mandela en 1997. Les principales organisations qui composaient l'ANC (Congrès des Trade Unions sud-africains ou COSATU ; Front démocratique unifié ou UDFP ; Parti communiste sud-africain) se sont repliées sur leurs intérêts spécifiques depuis l'arrivée au pouvoir de la majorité noire. Depuis sept. 2004, l'ANC se trouve, de fait, dans une situation de parti quasi unique, le principal parti d'opposition, l'Alliance démocratique, n'ayant représenté que 12,4 % des suffrages aux législatives. Fin 2007, l'ancien vice-président Jacob Zuma a été élu à la tête du parti, laissant craindre un départ des partisans de Mbeki sous la direction de Mosiuoa « Terror » Lekota.

**Afrikakorps** n. m. ♦ Forces allemandes envoyées en Libye puis dans toute l'Afrique du Nord sous le commandement du maréchal Rommel*, en février 1941, pour aider les Italiens mis en difficulté par une offensive britannique. À la suite de la défaite d'El-Alamein* et du débarquement allié en Algérie, l'Afrikakorps dut capituler (mai 1943).

**AFRIKANERS** ou **AFRIKANDERS** n. m. pl. ← ÉTYM. néerl. *Afrikaner* « africain » (avec un *d* inséré par analogie avec *Hollander, Englander*) ♦ Blancs d'Afrique du Sud parlant l'afrikaans et descendants des Boers* et de huguenots pour la plupart.

## AFRIQUE

n. f. ← ÉTYM. en lat. *Africa* et en gr. *Aphrikê*, du lat. *Afer* (pl. *Ifri*) n. d'une tribu berbère ou du lat. *africus*, repris à l'osque *°a(n)friks* « pluvieux » (a désigné le S.-O., direction d'où vient le vent) ou de l'ar. *'afar* « poussière ; terre » qui correspond à l'hébr. *'âphâr* (akkadien *epiru* « poussière ») ou du punique, de la rac. *frq* dénotant le partage, pour désigner des terres colonisées ♦ Une des cinq parties du monde. 30 300 000 km². 1 009 362 000 hab. *(Africains)*.

### GÉOGRAPHIE

**RELIEF** **Les chaînes montagneuses** Le continent, lourd et massif, non entamé par la mer, est constitué par le vieux socle précambrien ; les zones plissées sont marginales. Au N.-O. s'élève la chaîne de l'Atlas*, au S. les reliefs d'Afrique du Sud qui culminent dans le Drakensberg*. À l'opposition qui existe entre l'Afrique méditerranéenne (→ **Maroc, Algérie, Tunisie, Libye, Égypte**) et l'Afrique subsaharienne, formée en majeure partie de plateaux constituant les rebords d'immenses cuvettes, il faut ajouter la distinction entre une basse Afrique occidentale et une haute Afrique orientale et australe. En effet, l'Afrique orientale offre une suite de fossés d'effondrements (Rift Valley) et de volcans formant une grande fracture orientée selon une direction méridienne, depuis les fossés tectoniques de la mer Rouge jusqu'aux côtes du Mozambique. Cette fracture, dont la dernière activité spectaculaire est la formation d'un petit volcan à Djibouti* en 1978, offre les plus beaux paysages du continent. Se manifestant tout d'abord sous la forme de dépressions arides à Djibouti et en Éthiopie (lacs Assal et Abbé), puis par la vallée fermée de l'Aouach suivie d'une série de lacs sans déversoirs (→ **Turkana**), elle se subdivise en deux branches : une branche orientale occupée par le mont Kenya (ou Kirinyaga, 5 199 m), le massif du Kilimandjaro, auj. Uhuru (5 895 m au mont Kibo, le point culminant du continent), le cratère éteint du N'Gorongoro* et les lacs fermés Natron et Eyasi en Tanzanie*, et une branche occidentale où se trouvent plusieurs grands lacs (→ **Albert, Édouard, Kivu, Tanganyika**) et l'ensemble montagneux du Ruwenzori*. Les deux branches se rejoignent au S. au lac Malawi*. En outre, d'autres formations volcaniques existent sur le continent (→ **Hoggar, Tibesti, Cameroun (mont)**), dans les îles de l'Atlantique (→ **Canaries, São Tomé**) et de l'océan Indien (→ **Comores, Réunion**), en particulier à Madagascar (→ **Tsaratanana**). **Les côtes et les courants marins** Les côtes africaines, à l'exception de celles d'Afrique méditerranéenne, sont peu hospitalières et offrent une succession de courbures convexes et concaves et des sections rectilignes comme la côte de Namibie, celles de la mer Rouge ou la côte orientale de Madagascar. Les rebords des plateaux laissent peu de place aux plaines côtières. Les courants établis sur la façade atlantique sont symétriques de part et d'autre de l'équateur et influencent les climats côtiers : au N., le courant froid des Canaries puis le contre-courant chaud équatorial de Guinée qui rencontre le courant froid de Benguela. Sur la façade de l'océan Indien, le courant chaud du canal de Mozambique progresse vers le S. Au N. de l'équateur, les courants marins sont liés au régime saisonnier de la mousson. **L'hydrographie** Le réseau hydrographique est caractérisé par l'existence de dépressions permettant aux fleuves de s'étendre et de rebords de cuvettes qui sont autant d'obstacles à franchir pour gagner la mer. Certaines rivières n'y parviennent d'ailleurs pas et se terminent dans des lacs fermés (Tchad*, Okavango, lacs de la Rift* Valley). Les plus vastes se situent à l'O. (→ **Sénégal, Niger**), au centre (→ **Congo**), au N.-E. (→ **Nil**) et au S.-E. (→ **Zambèze**).

**CLIMAT ET VÉGÉTATION** « C'est le climat qui constitue le trait dominant de ce vaste ensemble géographique. Le relief n'intervient de-ci de-là que pour ajouter des nuances » (H. Isnard). L'Afrique est en majeure partie comprise entre les deux tropiques, mais la moitié N., largement étalée d'O. en E., est plus continentale que la moitié S. qui se termine en pointe et subit plus facilement les influences océaniques. Une symétrie s'établit de part et d'autre de l'équateur, domaine du climat équatorial humide et de la forêt dense à l'O. de la crête Congo-Nil, l'E. étant soumis à un climat de hauts plateaux et à un microclimat moins humide sur la côte ; le climat, accentué par l'influence marine, est également équatorial sur la côte N. du golfe de Guinée. Au-delà des zones équatoriales, le climat est tropical avec une différenciation de plus en plus marquée entre une saison des pluies et une saison sèche, cette dernière s'allongeant avec la latitude. La végétation passe progressivement de la forêt claire à la savane arborée, associée à de larges étendues d'herbes hautes, puis arbustive avec réduction des bouquets d'arbres, la disparition de la forêt étant le plus souvent due à l'occupation humaine itinérante au cours des siècles. Les cours des rivières restent soulignés par des forêts-galeries plus ou moins larges. Les hauts plateaux d'Afrique orientale sont recouverts par tous les types de savane mais leur sol, souvent d'origine volcanique, et la douceur relative du climat en font des zones favorables à l'élevage et à l'agriculture. Entre la savane proprement dite et le désert (le Sahel* en Afrique occidentale), se trouve la brousse à épineux et à l'herbe courte vite desséchée par l'arrivée de la saison sèche que parcourent les pasteurs nomades. Ici, les 400 mm d'eau annuels constituent la limite de la culture du mil sans irrigation. Sous le tropique du Cancer, au N., se situe le Sahara* où l'influence de la mer à l'O. est quasiment inexistante. Sous le tropique du Capricorne, au S.-O., les déserts du Namib* et du Kalahari* sont relativement « froids ». Les deux extrémités N. et S. de l'Afrique ont un climat et une végétation de type méditerranéen.

### POPULATION

La barrière saharienne sépare le continent africain en deux parties de peuplement différent.

**L'AFRIQUE BLANCHE** Elle s'étend du N. jusqu'à la lisière S. du Sahara. Elle est constituée d'un fond de populations berbères, peuplant surtout les campagnes, auquel se sont ajoutés, sur la côte et dans les villes, les différents apports de l'histoire de la Méditerranée, comprenant majoritairement les conquérants arabes dont certaines tribus nomades se sont installées dans les régions arides du S. (→ **Berbères, Arabes**). Le Sahara est une vaste zone de contact parcourue par des nomades blancs arabo-berbères (→ **Maures, Touaregs**), habitée dans les oasis par d'anciens tributaires noirs issus des populations originelles ou des esclaves amenés de la savane au cours du dernier millénaire. L'Égypte, au N. du delta, est une longue oasis où vit une population métissée par des siècles d'échanges. Il en est de même des populations de l'Éthiopie et des régions voisines (Abyssins, Afars, Somalis, Gallas) qui ont subi l'influence des pays de la mer Rouge et dont l'origine linguistique (le « chamito-sémitique ») est très controversée. Le Fezzan, en Libye, est occupé par des nomades noirs, les Toubous*.

**L'AFRIQUE NOIRE** Elle commence à la lisière S. du Sahara. Les recherches en histoire, en ethnologie et en linguistique ne cessent de remettre en question les classifications concernant les milliers de communautés de pasteurs, d'agriculteurs et de chasseurs-cueilleurs habitant les savanes et les forêts. L'appartenance à un groupe se reconnaissant en un ancêtre, une histoire ou une langue communs caractérise les ethnies, mais celles-ci ne cessent d'évoluer, avec leurs castes et leurs clans, générateurs de nouvelles ethnies parfois antagonistes. L'autre caractéristique des ethnies est la spécialisation des tâches et la complémentarité entre pasteurs, agriculteurs, pêcheurs et chasseurs, chacun se partageant l'espace selon les disponibilités du sol. **Les langues** Les 1 500 langues parlées par les différentes ethnies peuvent être regroupées en trois grandes familles : soudanaise (Bambaras*, Baoulés*, Diolas*, Dogons*, Haoussas*, Krous*, Mandingues*, Malinkés*, Ouolofs*, Peuls*, Yoroubas*) ; bantoue (Bamilékés*, Fangs*, Gandas*,

**Afrique.**

Kubas*, Lubas*, Pygmées*, Tékés*, Zoulous*) ; nilotique (Massaïs*). Quant au khoisan, la langue des Bochimans* *(khoï)* et celle des Hottentots* *(san)*, parlé par quelques dizaines de milliers de personnes seulement, il est en voie de disparition. Les Africains parlent les langues des ethnies près desquelles ils vivent et notamment celles utilisées par les commerçants ou les nomades. Ces dernières caractérisent peu à peu les grandes aires culturelles et économiques, comme le souahéli en Afrique orientale, le haoussa au N. de l'Afrique centrale et le poulaar (peul) en Afrique occidentale. Madagascar, peuplée par des immigrants d'origine africaine et malaise, présente un remarquable exemple d'unité linguistique remontant à quelques siècles. Dans les îles de l'Atlantique et de l'océan Indien, inhabitées avant l'arrivée des Arabes et des Européens, vivent des populations métissées parlant les langues de leurs colonisateurs arabes, espagnols, français et portugais **(→ Cap-Vert, Comores, Maurice, Réunion, Seychelles, Zanzibar).**

**Les religions** La pénétration de l'islam, d'abord vers le N.-O. **(→ Mauritanie)** et le S.-E. **(→ Comores, Zanzibar)**, s'est accentuée au cours des siècles chez les animistes jusqu'au golfe de Guinée, dans le Fouta-Djalon et dans le massif de l'Adamaoua*. Le christianisme, représenté par les Églises orientales coptes implantées au Ve s. en Égypte et en Éthiopie, a été diffusé à partir du XVIe s. dans les pays du golfe de Guinée **(→ Congo-Brazzaville)**, puis en Afrique centrale et orientale au XIXe s. Mais, islamisées ou christianisées, les populations restent tentées par un syncrétisme avec les religions traditionnelles, encore pratiquées par le tiers de la population.

## ÉCONOMIE

Elle réunit toutes les caractéristiques des «pays en développement» : fortes démographie et mortalité infantile, importance du secteur rural, faiblesse de l'industrialisation, insuffisance du marché intérieur, pénurie de cadres. La pandémie de sida a fortement fait chuter l'espérance de vie dans certaines régions (Afrique australe). À l'exception de certaines régions de l'Afrique du Sud, l'implantation d'industries est entravée par le manque de capitaux locaux, lié au faible prix d'achat des matières premières et au fort prix de vente des produits finis fabriqués dans les pays développés.

Par ailleurs, les subventions accordées par ces derniers à leur agriculture rendent peu compétitives les productions africaines comme le coton. Les pays du Maghreb se heurtent, comme l'ensemble des pays d'Afrique méditerranéenne, aux difficultés dues à une croissance démographique trop rapide. Les économies agricoles de l'Égypte et du Soudan, étroitement liées à la présence du Nil, sont en voie d'industrialisation, mais les fluctuations du prix de l énergie et les problèmes de maintenance du matériel ont des effets immédiats sur la production. Huit câbles sous-marins ceinturant le continent doivent être mis en service en 2012 afin de relier l'Afrique au réseau mondial (en 2009, 5 % seulement des Africains utilisaient l'Internet).

**L'AFRIQUE NOIRE** L'Afrique noire, où la densité de population dépasse à peine 10 hab. au km², est le continent agraire par excellence, mais l'élevage (bœufs et zébus) ne peut être pratiqué que dans la savane et sur les hauts plateaux exempts de mouches tsé-tsé. L'agriculture vivrière donne des productions diversifiées selon les régions : mil et sorgho dans la savane ; igname, patate douce, manioc, niébé (haricot), maïs dans les zones plus humides ; riz pluvial ou inondable dans les vallées et à Madagascar. À une économie de cueillette (palmier à huile) pratiquée à l'époque des comptoirs s'est substituée, dès les débuts de la colonisation, à la fin du XIX^e^ s., une agriculture de plantations destinée à l'exportation. Chaque zone climatique a les siennes : la forêt équatoriale est exploitée pour ses essences (→ **Gabon, centrafricaine [République]**) ; le couvert des zones forestières subéquatoriales est aménagé en plantations de café, de cacao, de palmier à huile et d'hévéa (→ **Côte d'Ivoire**) ; en milieu tropical sec à saison sèche, on cultive le coton, l'arachide, la canne à sucre, le sisal (→ **Sénégal, Tanzanie, Tchad**). Les îles se sont spécialisées dans les épices et les parfums (girofle, vanille, ilang-ilang) (→ **Comores, Maurice, Nosy-Be, Réunion**). À ces productions de base, il faut ajouter les fruits tropicaux (ananas, bananes, mangues, litchis) et depuis peu les légumes d'hiver (haricots verts). La transformation sur place d'une partie de la production a fait naître une petite industrie (usines d'égrenage du coton, de dépulpage du café, huileries). Pour échapper aux variations des cours des matières premières (→ **Côte d'Ivoire**), les pays tentent de diversifier les cultures. Les tentatives d'intégrations économiques régionales se heurtent aux problèmes politiques et à la faiblesse des investissements (États riverains du Sénégal, Communauté des Grands Lacs).

**LES MATIÈRES PREMIÈRES** Plusieurs pays d'Afrique sont riches en matières premières minérales (or, diamant, cobalt, fer, cuivre, manganèse, bauxite, uranium, pétrole, gaz naturel) qui suscitent un intérêt croissant de la part de la Chine. Mais, à part l'Afrique du Sud, les voies de communication pour les exporter sont insuffisantes ou soumises aux aléas politiques, notamment pour les pays enclavés (→ **Burkina Faso, Congo [Rép. démocratique du], Zambie**). Dans le golfe de Guinée, São Tomé et la Guinée-Équatoriale sont devenus exportateurs de pétrole (pompé offshore). L'industrialisation a suscité la construction de grands barrages (→ **Akosombo, Cahora Bassa, Kariba, Sadd el-Ali**).

**LE TOURISME** Enfin, les pays africains ont développé une industrie touristique importante (→ **Égypte, Kenya, Maurice, Sénégal, Seychelles, Tanzanie, Zimbabwe**). Le franc CFA, dévalué de 50 % en 1994, se trouve désormais lié à l'euro et devient attractif pour les pays du continent ne faisant pas partie de cette zone.

## HISTOIRE

**LA PRÉHISTOIRE** La mise au jour, en 1927, en Afrique du Sud, du premier fossile préfigurant l'être humain (*Australopithecus africanus*), ayant vécu il y a entre 3 et 1,8 millions d'années, ne fut que la première d'une série de découvertes faisant de l'Afrique le berceau de l'humanité. Elles eurent essentiellement pour cadre la Rift Valley et notamment la vallée de l'Omo* au S. de l'Éthiopie, la gorge d'Olduvai* en Tanzanie, fouillée par L. Leakey* (*Zinjanthropus*, 1959, 1,8 million d'années env. ; *Homo habilis*, 1964, 1,8 million d'années env.), la région de l'Afar en Éthiopie (*Australopithecus afarensis* dit «Lucy», 1974, 3,5 millions d'années). Des préhumains, Toumaï (7 millions d'années) et Abel (3,5 millions d'années), furent découverts au Tchad* respectivement en 2001 et en 1995. Le Maghreb entre en scène avec l'*Atlanthropus mauritanicus* (450 000 ans), découvert à Ternifine, en Algérie, par C. Arambourg*. À Gafsa, en Tunisie, le Capsien, caractérisé par un outillage de pierre finement retouché, marque la fin du Paléolithique et préfigure le Néolithique qui va s'épanouir au Sahara à partir du –VI^e^ millénaire : peintures, gravures rupestres (Tassili* des Ajjers, Tibesti, Fezzan), puis céramiques à la veille de l'ère chrétienne. Au –III^e^ millénaire, le fait majeur est la désertification du Sahara qui repousse les populations vers les vallées du Nil, où elles vont nourrir la civilisation de l'Égypte* ancienne, et du Niger où elles provoqueront de gigantesques mouvements de populations qui se feront sentir, à long terme, jusqu'au S. du continent par suite de la dispersion des peuples de langues bantoues (→ **Bantous, Nigeria, Saos, Tchad**).

**L'ANTIQUITÉ ET LE MOYEN ÂGE** **Afrique du Nord** En Afrique du N., les Phéniciens installèrent leurs premiers établissements et fondèrent Carthage*. C'est de là que partit Hannon* pour explorer la côte atlantique de l'Afrique. Au –II^e^ s., le N.-O. du continent fut conquis par les Romains (→ **Afrique [province romaine d']**). Leur œuvre fut détruite par les Vandales* (V^e^ s.) puis reprise par Byzance*. L'arrivée des Arabes* (VII^e^ s.) marqua l'unification religieuse de l'Afrique du N. et de l'Égypte. L'islam pénétra dans la vallée du Nil par la conquête religieuse, sur la côte orientale par le commerce musulman et se répandit au S. du Sahara par l'O. sous les Almoravides. Le royaume chrétien d'Abyssinie résista aux tentatives d'islamisation (→ **Éthiopie**). **Afrique noire** En Afrique noire, la métallurgie du fer apparaît à Nok* au –I^er^ millénaire et celle des alliages (laiton et bronze) sera l'une des grandes activités des cités-États du Nigeria à Ife*, à Oyo* et au Bénin*. Dans la vallée du Niger, le développement du commerce transsaharien fut à l'origine des grands empires du Ghana*, du Mali* et songhaï*. La conversion des animistes devait provoquer plusieurs guerres saintes (→ **Almoravides, Ousman dan Fodio**).

**LES EXPÉDITIONS EUROPÉENNES ET LA COLONISATION** En 1488, B. Dias* doubla le cap de Bonne-Espérance ; il fut suivi par Vasco de Gama* qui longea la côte orientale. Les Portugais, puis d'autres Européens, installèrent des comptoirs sur les côtes et à l'embouchure des rivières pour faire du commerce. Au XVI^e^ s. la traite des Noirs, endémique à l'intérieur du continent et couramment pratiquée à destination du monde arabe, prit des proportions considérables au profit des Européens qui désiraient exploiter leurs possessions aux Antilles et en Amérique. Elle fut interdite au cours du XIX^e^ s. Les Européens commencèrent à pénétrer l'intérieur du continent vers le milieu du XIX^e^ s. : expédition de R. Caillié* vers Tombouctou (1827 - 1828), conquête de l'Algérie* (1830 - 1847) ; pénétration au Sénégal (Faidherbe*, 1854 - 1865), en Afrique centrale et australe (Burton*, Speke*, Grant*, Livingstone*, Stanley*, 1850 - 1877) ; ouverture du canal de Suez (1869) ; protectorat de la France sur la Tunisie* (1881), de l'Italie sur l'Érythrée* (1885), la Somalie (1889) et la Libye (1911), de l'Allemagne sur la Namibie* et le Tanganyika* (1884 - 1891) ; occupation de l'intérieur de l'Angola et du Mozambique par le Portugal à partir de 1885. La conférence de Berlin entre les puissances européennes (1884 - 1885) délimita leurs zones d'influences, mais le tracé intérieur des frontières dans les zones non encore explorées provoqua des tensions : crise de Fachoda* (1898), guerre anglo-boer (→ **Afrique du Sud**), rivalité franco-allemande au Maroc (1905 - 1912). Durant l'époque coloniale, les Européens introduisirent l'agriculture de plantation destinée à de nouvelles matières premières (arachide, café, cacao, canne à sucre, coton) et exploitèrent les forêts (ébène, okoumé). Chaque puissance introduisit son propre type d'administration (indirecte pour les Britanniques, directe pour les Français), les missions chrétiennes assumant souvent des tâches d'éducation et de santé. **La répartition des territoires** À la veille de la Première Guerre mondiale, l'Afrique était partagée entre la France (Maghreb, A-OF, A-ÉF, Madagascar, Comores, Côte des Somalis), la Grande-Bretagne (Égypte, Côte-de-l'Or, Nigeria, Somaliland, tous les territoires entre le Soudan et Le Cap sauf l'Afrique-Orientale allemande), l'Allemagne (Togo, Cameroun, Afrique-Orientale allemande, Sud-Ouest africain allemand), la Belgique (Congo), l'Espagne (Río de Oro, enclaves au Maroc, Guinée-Espagnole), le Portugal (Angola, Guinée-Portugaise, Mozambique, São Tomé) et l'Italie (Érythrée, Libye, Somalie). Après la Première Guerre mondiale, les possessions allemandes devinrent des territoires sous mandat confiés à l'administration britannique (Tanganyika, Sud-Ouest africain), belge (Ruanda-Urundi), ou scindés entre la France et la Grande-Bretagne (Cameroun, Togo).

**LA DÉCOLONISATION** Les mouvements d'indépendance amorcés avant la Deuxième Guerre mondiale (indépendance de l'Égypte en 1935) s'accélérèrent après le conflit, notamment au Maghreb (→ **Algérie, Maroc, Tunisie**). La conférence de Brazzaville (1944) énonça les principes d'une nouvelle politique française visant d'abord à l'intégration (l'Union française), puis à l'association (la Communauté, 1958) qui aboutit à l'indépendance en 1960 et au maintien de liens économiques et culturels (la Coopération). Les Belges accordèrent l'indépendance au Congo (1960) et au Ruanda-Urundi (1962) sous la pression des événements. Les Britanniques procédèrent à partir de 1957 à une décolonisation, mais l'Union sud-africaine, devenue indépendante en 1931, et la Rhodésie du Sud (jusqu'en 1980) continuèrent à être gouvernées par la minorité blanche. Le Portugal se retira d'Afrique en 1975 après sa propre révolution.

**L'INDÉPENDANCE** Ayant fait de l'unité africaine le maître mot de leur politique, les pères fondateurs de l'indépendance créèrent l'Organisation* de l'unité africaine (OUA), devenue l'Union africaine, tout en étant associés avec leurs anciens colonisateurs (Commonwealth, Francophonie) ou avec des ensembles internationaux (la CEE grâce aux accords de Lomé). À l'indépendance, le multipartisme fut rapidement remplacé par des régimes de parti unique libéraux ou marxistes-léninistes souvent aux mains des militaires. Les pays non pétroliers ont payé très cher la hausse des prix de l'énergie en 1973. Des pays producteurs de pétrole (Nigeria) ou de minerais (Congo-Kinshasa), rapidement endettés en raison de la mévente de leurs matières premières, ont dû faire face à de graves crises politiques où l'on a vu resurgir le spectre des guerres civiles (→ **Biafra, Congo [Rép. démocratique du]**). Depuis le début des années 1990, la place de l'Afrique dans le monde s'est réduite du

**Afrique.** L'Afrique avant la colonisation.

fait de la fin de la guerre froide et de la crise économique. N'étant plus le champ clos des affrontements entre grandes puissances par pays interposés, le continent a vu s'amorcer avec plus ou moins de difficultés le processus de règlement de ses grands conflits (→ **Afrique du Sud, Angola, Éthiopie, Érythrée, Mozambique, Namibie**), hormis celui du Sud Soudan* bloqué par la vague d'islamisation. Ailleurs, les anciennes formations politiques, étouffées depuis trois décennies par les partis uniques, ont refait surface, entraînant dans leur sillage les problèmes régionalistes traditionnels. Ces derniers ont été contenus dans les pays en cours de démocratisation, malgré des affrontements souvent violents (Touaregs* au Mali et au Niger ; Casamance* au Sénégal). Ils ont évolué en conflits sanglants en Angola, Congo-Brazzaville, Congo-Kinshasa, Liberia, Sierra Leone, où des responsables locaux liés à des intérêts étrangers ont tenté de tirer parti de la présence de matières premières stratégiques. D'autres conflits touchent le Soudan, le Nigeria et la Côte d'Ivoire. En 2006, le sommet qui a réuni à Pékin 41 chefs d'État et de gouvernement de 48 pays africains a montré l'importance que la Chine accorde désormais à l'Afrique pour la fourniture de ses matières premières (pétrole). Au sommet euro-africain de Lisbonne (déc. 2007), les Africains, compte tenu de la faible compétitivité de leur économie, ont fortement remis en question les Accords de partenariat économique (APE) avec l'UE portant sur la libéralisation du commerce et devant aboutir au libre-échange. La location à long terme de vastes superficies de terres agricoles à des pays émergents (Corée du Sud, Arabie saoudite, Émirats arabes unis, Chine dont un million de paysans devrait s'installer sur ces terres en 2010) au Soudan, en Afrique orientale et à Madagascar, a suscité de fortes oppositions dans les populations locales menacées d'expropriation.

**AFRIQUE (PROVINCE ROMAINE D')** – en lat. ***Africa*** ♦ Province romaine correspondant à la région de Constantine, à la Tunisie et à la Tripolitaine actuelles. Créée en –146 après la destruction de Carthage*, l'*Africa* ne comprenait à l'origine que le territoire de Carthage et était limitée à l'O. par la *Fossa Regia,* fossé qui la séparait du royaume de Numidie. En –46, après avoir vaincu Pompée et Juba* Ier à Thapsus*, César annexa la partie orientale de la Numidie qui prit le nom d'*Africa Nova.* L'*Africa Nova* et l'*Africa Vetus* formaient la province d'*Afrique proconsulaire.* Sous Dioclétien* la partie de l'Africa située au N.-O. de la Petite Syrte forma le *Byzacène (Byzacium)* avec pour capitale Hadrumète*. Devenue dès le IIIe s. l'un des plus importants foyers des lettres (Apulée*) et du christianisme (Tertullien*, Augustin*, Cyprien*), en Occident (→ **Carthage**), la région fut ruinée par les Vandales (429-439) puis reconquise par Bélisaire* pour les Byzantins en 533. La province survécut jusqu'à la conquête arabe. → **Tunisie, Numidie, Maurétanie, Ifrīqiya.**

**AFRIQUE DU NORD** n. f. ♦ Nom donné à l'ensemble des pays d'Afrique septentrionale formant le Maghreb (→ **Algérie, Maroc, Tunisie**) et que l'on étend parfois à la Mauritanie* et à la Libye*.

## AFRIQUE DU SUD

▮ n. f. – off. ***république d'Afrique du Sud*** en angl. ***Republic of South Africa,*** en afrikaans ***Republiek van Suid-Afrika*** ♦ Pays d'Afrique australe. L'État indépendant du Lesotho y est totalement enclavé. Possessions extérieures : îles du Prince-Édouard, île Marion. L'Afrique du Sud est traversée au N. par le tropique du Capricorne. 1 221 037 km². 49 062 000 hab. (*Sudafricains* ou *Sud-Africains*). LANGUES : anglais, afrikaans, zoulou, xhosa, swazi, ndébélé, sotho du nord, sotho du sud, tswana, venda, tsonga-shangaan (off.). POPULATION : Blancs, Asiatiques (Indiens du Natal), métis (Coloureds, Griquas, Bastards), Noirs (Bantous, Bochimans, Hottentots, Sothos, Swazis, Tsongas, Tswanas, Vendas, Xhosas, Zoulous). RELIGIONS : chrétiens, musulmans, hindous. MONNAIE : rand. La zone rand comprend également le Lesotho et le Swaziland. CAPITALES : Pretoria (administrative), Le Cap (législative). RÉGIME : présidentiel. L'Afrique du Sud est divisée en 9 provinces (Le Cap-Ouest, Le Cap-Nord, Le Cap-Est, État libre (d'Orange), Kwazulu-Natal, Mpumalanga, Limpopo, Gauteng, Nord-Ouest).

### GÉOGRAPHIE

L'Afrique du Sud est formée d'un vaste plateau *(veld)* en arc de cercle déprimé au centre (désert du Kalahari*), relevé à la périphérie *(escarpements),* et qui s'abaisse vers l'océan en réservant des plaines côtières souvent peu profondes. Le centre et l'E. du pays sont constitués par des formations sédimentaires (→ **Karroo**) recouvrant un socle ancien. Le plateau descend en pente douce vers le N. où l'érosion et l'action humaine ont fortement dégradé les sols, l'entaillant de crevasses ou de cavités (les *dongas*), préservant quelques reliefs isolés à l'O. et des petites collines coniques (les *kopjes*) au centre. Son aspect tabulaire est assez monotone, sauf sur les escarpements où le relief est marqué à l'O. (Sneeuberg, 2 026 m ; monts Olifants, 1 200 m) et prend un aspect grandiose à l'E. La région du Cap est doublée d'une petite chaîne intermédiaire parallèle au Grand Escarpement (Langeberg, 1 700 m). Les plaines littorales, bordées de côtes peu accidentées, sauf dans la région du Cap (montagne de la Table), sont bien arrosées au S.-E. dans le Natal. ▮ **Hydrographie et climat** Le réseau hydrographique est formé principalement par l'Orange* et son affluent le Vaal*, le Limpopo* et les affluents de sa rive droite ; de nombreuses rivières nées dans le Drakensberg se jettent dans l'océan Indien au S.-E. Le climat est tropical avec une saison sèche dans le N., froid sur les reliefs ; il est chaud et humide dans le Natal soumis à l'influence de la mousson, méditerranéen dans la région du Cap et les faibles reliefs qui la dominent.

### ÉCONOMIE

La République sud-africaine est le premier pays d'Afrique sur le plan économique mais réunit encore certains attributs du sous-développement.

▮ **AGRICULTURE** Elle bénéficie d'un climat de hauts plateaux et de traditions pastorales apportées par les Bantous propices à l'élevage extensif des bovins dans le *Veld,* tandis que la province du

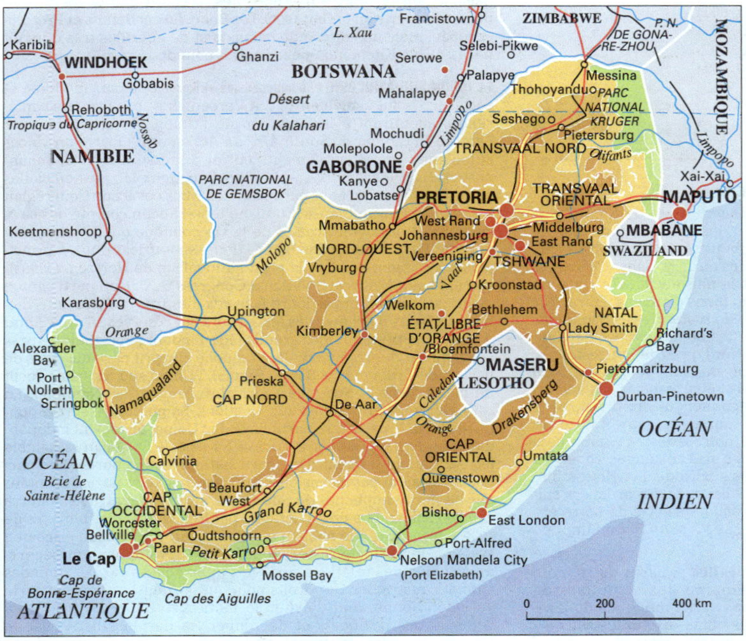


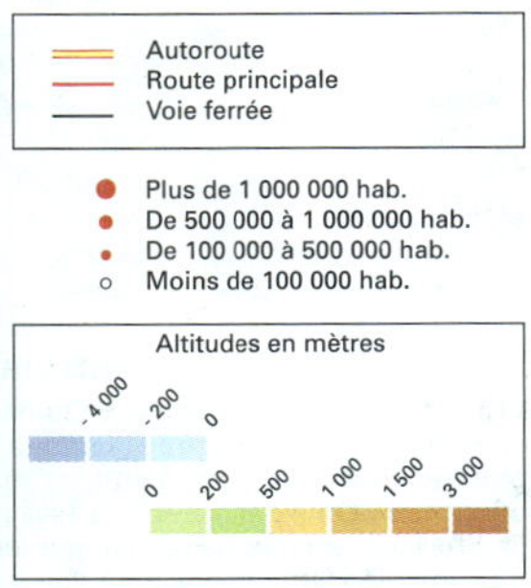


Afrique du Sud.

Cap, au sol plus ingrat, s'est spécialisée dans les moutons à laine (caracul et mérinos). La principale culture vivrière de la population noire est le maïs, qui pâtit des sécheresses. Les différents types de climat permettent la culture du blé, de la pomme de terre, du tournesol, de l'arachide, du raisin (vin), des pommes, des agrumes, du coton et de la canne à sucre (Natal) dont les surplus sont exportés. Bordée par deux océans, l'Afrique du Sud a développé une flotte de pêche importante (langoustes, sardines et surtout anchois).

**RESSOURCES NATURELLES** Le sous-sol est la grande richesse de l'Afrique du Sud. Cette dernière fournit 17 % de la production d'or mondiale (→ **Witwatersrand**). Elle est aussi un grand producteur de diamants (→ **Kimberley, Tshwane**). Gisements de charbon, en particulier au Natal et au Transvaal, d'amiante, de chrome, de cuivre, de fer, de manganèse, d'argent, d'étain, de platine, d'uranium et de titane.

**INDUSTRIE** La sidérurgie, les métallurgies diverses, les industries mécaniques et la cimenterie sont concentrées dans le Witwatersrand. Les industries chimiques, textiles et alimentaires sont dispersées dans les régions portuaires. L'industrie automobile est en plein essor. L'Afrique du Sud produit de l'énergie hydraulique (fleuve Orange*) et consomme la majeure partie de celle fournie par le barrage de Cahora* Bassa au Mozambique. Le secteur minier a connu des grèves de protestation contre sa vétusté. Il attire des travailleurs temporaires du Lesotho, du Swaziland et du Botswana. Cependant, en raison du chômage, l'immigration clandestine est réprimée. Depuis les années 2000, le secteur des services est celui qui emploie le plus d'actifs (65 % en 2004). La répartition des richesses reste très inégale, 43 % de la population vit avec à peine un euro par jour et 37 % de la population est au chômage, mais la suppression de l'apartheid favorise l'émergence d'une classe moyenne parmi les Noirs. Devant les inquiétudes des Blancs, le gouvernement a, jusqu'à présent, hésité à mettre en œuvre la réforme agraire. L'épidémie de sida touche près de 15 % de la population.

Afrique du Sud ▮ Productions en 2008

| Produits | Quantités | Rang |
|---|---|---|
| **Agriculture** | | |
| Arachides | 100 000 t | |
| Blé | 2 000 000 t | |
| Canne à sucre | 21 000 000 t | 13e |
| Coton fibre | 40 000 t | |
| Maïs | 7 000 000 t | 13e |
| Oranges | 1 400 000 t | 13e |
| Sucre | 2 500 000 t | 12e |
| Vin | 10 000 000 hl | 7e |
| Bovins (têtes) | 14 000 000 | |
| Ovins (têtes) | 25 000 000 | |
| **Mines et énergie** | | |
| Argent | 80 t | |
| Chrome (2007) | 7 500 000 t | 1er |
| Diamants | 15 000 000 carats | 4e |
| Fer | 40 000 000 t | 8e |
| Houille | 260 000 000 t | 6e |
| Manganèse | 5 200 000 t | 2e |
| Nickel | 40 000 t | 12e |
| Or | 250 t | 2e |
| Platine | 167 t | 1er |
| Titane | 1 000 000 t | 2e |
| Uranium | 650 t | |

## HISTOIRE

**LA PRÉHISTOIRE ET L'ANTIQUITÉ** On découvrit au N. de Kimberley*, en 1924, le crâne d'un jeune hominidé, l'« enfant de Taung », daté de plus de deux millions d'années et baptisé *(Australopithecus africanus)*. On a découvert, en 1995 puis en 1999, dans la couche 2 de Sterkfontein (Gauteng), l'hominidé le plus ancien d'Afrique du Sud, appelé « Little Foot », daté de 3,3 millions d'années. Entre 1924 et 1995, on a mis au jour des centaines de restes de ces hominidés dans des brèches remplissant des grottes de la province de Gauteng (Transvaal) ou de la province du Nord, près de Potgiestesrus. Les plus anciens outillages d'Afrique du Sud pourraient bien remonter à plus de 2 millions d'années et être associés aux australopithèques. Les témoignages d'outillages acheuléens dits de Stellenbosch, datés d'un million d'années, sont légion ; un outillage sur éclat apparaît vers 200 000 ans avant notre ère. De nombreuses gravures et peintures rupestres, dont les plus anciennes frôlent les 30 000 ans, accompagnent cette dernière période. Les Hottentots* se trouvaient déjà dans le N. du pays à l'arrivée des premiers cultivateurs de langues bantoues aux premiers siècles de notre ère (élevage des moutons, puis des bovins, au IVe s. au S. du Limpopo et peu après au Transvaal).

**L'ARRIVÉE DES EUROPÉENS ET LA COLONISATION** À partir du IXe s., le N.-E. fut touché par le grand commerce des comptoirs de l'océan Indien (perles, ivoire) et tomba sous l'influence du Zimbabwe. Les Arabes fréquentèrent les côtes orientales sans s'y établir, la région étant régie par de petites communautés agro-pastorales. En 1488, B. Dias* doubla le cap de Bonne-Espérance et, en 1498, Vasco de Gama* aborda les côtes du Natal. La Compagnie hollandaise des Indes orientales installa en 1652 un poste de ravitaillement dans la baie de la Table et, en 1657, J. Van Riebeeck organisa la colonie, formée de fonctionnaires de la compagnie et de colons libres *(free burghers)* d'origine hollandaise, fermiers *(boers)* qui ne tardèrent pas à chercher de nouvelles terres vers l'E. Par la suite, des Javanais et des Malgaches furent introduits dans la région du Cap. En 1688, des huguenots français rejoignirent les Boers* du premier contingent. La population s'accrut par la natalité naturelle, et la cohabitation des Boers avec les esclaves domestiques (Noirs introduits d'Angola, Hottentots et Javanais) donna naissance à une population de métis (Bastards à l'O., Griquas au N., Coloureds dans la région du Cap). Progressant vers l'E., les Boers se heurtèrent aux Bantous en 1779 sur la Fish River. Ces derniers, contrairement aux Bochimans et aux Hottentots, constituaient des chefferies puissantes, notamment les N'Gounis. Ce fut le début des interminables « guerres cafres » qui ne prirent fin qu'avec la défaite militaire des Zoulous un siècle plus tard. **L'occupation britannique** En 1795, les Britanniques occupèrent Le Cap (1795 et 1806) et l'annexèrent en 1814 (traité de Paris). L'immigration britannique, le contrôle du régime de la propriété et la suppression de l'esclavage (1833) déterminèrent le départ en masse des Boers (1837 - 1850) qui avaient déjà étendu leur domaine au détriment des indigènes (1811 - 1835) et commencé à pratiquer la ségrégation à l'égard des Bantous (réserve du Kafirland, « pays des Cafres »). Fuyant la région du Cap soumise aux lois britanniques, les *trekboers* (paysans nomades) entreprirent une longue migration *(Grand Trek)* en contournant le Drakensberg par le N. pour éviter les Xhosas. Ils tentèrent de s'installer dans les plaines du Natal*, affrontèrent les Zoulous de Dingaan à la bataille de Blood River (1840) et fondèrent une éphémère république du Natal. S'étant heurtés au refus des Britanniques (1843), ils repartirent vers le N. et fondèrent quatre petites républiques autonomes. La Grande-Bretagne reconnut l'indépendance du Transvaal (1852) et de l'État libre d'Orange (1854), mais garda l'administration du Cap et du Natal. La découverte du diamant dans la région de Kimberley en 1867 attira l'attention sur le Transvaal, en particulier des financiers britanniques (construction d'un chemin de fer par Cecil Rhodes*), et suscita des contestations territoriales (annexion du Transvaal par la Grande-Bretagne en 1877). **La guerre des Boers** Une première guerre anglo-boer (→ **Kruger, Pretorius**) aboutit à la défaite britannique (Majuba Hill, 1881) et à l'autonomie du Transvaal (conventions de Pretoria, 1881, et de Londres, 1884). Mais la guerre reprit car les puissances européennes venaient de délimiter leurs zones d'influence à partir des côtes, mais non de l'intérieur (conférence de Berlin, 1884 - 1885), et, sauf la France, se trouvaient fort actives dans la région. Cecil Rhodes fit placer le Bechuanaland sous protectorat britannique et occuper la rive gauche du Limpopo (1890). Pour contrer la politique de Kruger, appuyé par l'Allemagne, il organisa l'intervention armée de Jameson*, fut désavoué par Londres (1896) et se retira. Sur un ultimatum de Kruger, des négociations échouèrent (1899), déclenchant la reprise des hostilités. D'abord battus, les Britanniques se reprirent (début 1900). Les Boers furent défaits et Pretoria occupée, mais une année de combats et de guérillas très durs fut nécessaire à Kitchener* pour venir à bout de la révolte.

**L'UNION SUD-AFRICAINE** ▮ **Le nationalisme afrikaner** Une paix modérée et constructive fut signée en 1902 à Vereeniging* et plusieurs conférences aboutirent à la fondation de l'Union sud-africaine, avec l'entrée en vigueur du *South African Act* en 1910. Quatre provinces autonomes, un gouvernement central dispersé (Pretoria, Johannesburg), un Parlement siégeant au Cap, deux langues officielles assuraient le respect des particularités. Mais cet accord, qui réglait les relations entre Blancs (21 %), ne tenait aucun compte des 69 % de Noirs et de métis, écartés de la vie politique qui se partageait entre le Parti d'union des Blancs (Parti sud-africain, 1910), principalement anglophone, et le parti nationaliste de Hertzog, exclusivement boer. L'African* National Congress (ANC), un parti bantou né en 1912, ne pesait pas lourd face aux mesures raciales (interdiction aux Noirs d'acheter des terres hors des réserves : *Native Land Act*, 1913, la première des grandes lois fondant l'apartheid). Après la Première Guerre mondiale, à laquelle elle prit part aux côtés de la Grande-Bretagne (→ **Botha, Smuts**), l'Union sud-africaine reçut un mandat sur le Sud-Ouest africain allemand (→ **Namibie**). En 1924, Hertzog battit Smuts aux élections. Sa politique ségrégationniste accrut le caractère particulier de l'Union, qui devint indépendante en 1931. **La politique d'apartheid** En 1933, le Dr Malan rassembla les Afrikaners au sein d'un parti nationaliste « épuré ». Ses partisans n'étaient pas insensibles aux thèses raciales nazies adoptées par les germanophones du Sud-Ouest africain. L'entrée en guerre contre l'Allemagne ne fut obtenue par Smuts, Premier ministre de 1939 à 1948, qu'à une faible majorité. Élu en 1948, Malan érigea en système les principes de l'apartheid (« développement séparé, interdiction des relations sexuelles interraciales, ségrégation des habitats, restriction des droits politiques »), déjà appliqués dans la vie quotidienne, afin d'éviter le métissage qui avait prévalu à l'époque des *trekboers* et de couper les derniers liens avec la Grande-Bretagne.

**▮ LA RÉPUBLIQUE SUD-AFRICAINE** La république fut proclamée en 1961, après un référendum (oct. 1960), ce qui entraîna le retrait du Commonwealth. Les présidents Strijdom, Verwoerd* et Vorster* accentuèrent la politique de ségrégation par le développement de régions autonomes bantoues fondées sur des différenciations linguistiques et constituées d'une multitude de parcelles totalisant 13,7 % de la superficie pour 67 % de la population (*Bantu Homelands Constitution Act*, 1971). Ces homelands ou bantoustans, enclavés en territoires blancs, devaient accéder à l'indépendance ; celle-ci fut octroyée au Ciskei, au Bophuthatswana, au Venda, au Transkei mais, destinée à satisfaire la soif de pouvoir des chefs locaux en divisant les nationalistes noirs, elle fut vivement condamnée par la communauté internationale. Le début de l'accession de l'Afrique noire à l'indépendance en 1960 et les guerres de libération en Afrique australe (Angola, Mozambique et Zimbabwe) radicalisèrent les nationalistes noirs qui revendiquaient un gouvernement multiracial («un homme, une voix») et le démantèlement de l'apartheid. En 1965, le dirigeant noir de l'ANC, Nelson Mandela, fut emprisonné. Mais le grand tournant fut marqué par les massacres de Soweto en 1976, déclenchés par la tentative du pouvoir d'imposer l'enseignement de l'afrikaans aux lycéens noirs. La lutte contre l'apartheid fut le plus souvent syndicale (grèves), politique (pressions et boycottage international) et non violente (→ **Gandhi, Luthuli, Tutu**). F. De* Klerk, successeur, en 1989, de P. Botha* (au pouvoir depuis 1978), s'employa à faire baisser la tension dans la région (Angola, Mozambique), à favoriser l'accession à l'indépendance de la Namibie (1990) et à saper la politique d'apartheid. **▮ La fin de l'apartheid** La libération puis le renoncement de Mandela à la lutte armée au nom de l'ANC en échange de la suppression de l'apartheid (1991) marquèrent le début de la réintégration politique des Noirs. Les élections démocratiques et multiraciales d'avril 1994 furent remportées par l'ANC et N. Mandela accéda à la présidence de la République, F. De Klerk devenant deuxième vice-président. En 1996, une nouvelle Constitution mit fin à l'apartheid et, en 1999, Thabo Mbeki* succéda à Mandela et mena une politique libérale qui heurta l'union des syndicats (Cosatu) qui la rendit responsable de l'augmentation du chômage et de la violence. **▮ L'après-Mandela** Sur le plan extérieur, l'Afrique du Sud joue un rôle important à l'échelle du continent (médiation dans les conflits congolais et ivoirien). Mbeki fut réélu en 2004, malgré un bilan mitigé (chômage, criminalité, sida), et la lenteur de la réforme agraire. Il fut contraint de démissionner par l'ANC avant la fin de son mandat et l'intérim fut assuré par le vice-président Kgamela Motlanthe. Malgré ses démêlés avec la justice pour corruption, l'ancien vice-président Jacob Zuma* (aile gauche de l'ANC) fut désigné par son parti comme candidat à la présidentielle de 2009, ce qui entraîna le départ des partisans de Mbeki qui fondèrent le Congrès du peuple (COPE). L'ANC sortit malgré tout victorieuse des législatives en 2009 et J. Zuma accéda à la présidence de la République. Rompant avec les accents populistes de sa campagne, il s'est employé à rassurer les milieux d'affaires inquiets des effets de la récession à un an de l'organisation par le pays de la Coupe du monde de football 2010 dont la réussite est primordiale en termes d'image et de retombées économiques.

**Afrique du Sud.** Guerre entre les Zoulous et les Britanniques, 1879, gravure. *Phot. © Mary Evans/Rue des Archives*

---

**AFRIQUE-ÉQUATORIALE FRANÇAISE** [A-ÉF] ♦ Gouvernement général qui, de 1910 à 1958, groupa en une fédération les quatre territoires français du Tchad au N., de l'Oubangui-Chari au centre, du Moyen-Congo et du Gabon au S. Ces territoires devinrent membres de la Communauté* en 1958, puis indépendants en 1960. → **centrafricaine (République), Congo, Gabon, Tchad.**

**AFRIQUE-OCCIDENTALE FRANÇAISE** [A-OF] ♦ Anc. fédération des colonies françaises de l'Ouest africain qui, de 1895 à 1958, groupait, outre la circonscription de Dakar, les territoires du Sénégal, de la Guinée, de la Côte d'Ivoire, du Soudan, du Dahomey, de la Haute-Volta, de la Mauritanie et du Niger. Ces territoires devinrent membres de la Communauté* (sauf la Guinée) en 1958, puis indépendants en 1960. → **Bénin, Burkina Faso, Côte d'Ivoire, Guinée, Mali, Mauritanie, Niger, Sénégal.**

**AFRIQUE-OCCIDENTALE PORTUGAISE** → **Angola**

**AFRIQUE-ORIENTALE ALLEMANDE** ou **EST-AFRICAIN ALLEMAND** – en all. ***Deutsch-Ostafrika*** ♦ Anc. colonie allemande de l'Afrique orientale, correspondant à la partie continentale de la Tanzanie, au Rwanda et au Burundi. **▮ Histoire** Placée durant la Première Guerre mondiale sous le commandement du général allemand Paul von Lettow-Vorbeck, elle résista aux forces britanniques, belges et portugaises qui l'encerclaient. Après l'armistice de 1918, elle passa sous mandats britannique (→ **Tanganyika**) et belge (→ **Ruanda-Urundi**).

**AFRIQUE-ORIENTALE ANGLAISE** ou **EST-AFRICAIN BRITANNIQUE** – en angl. ***British East Africa*** ♦ Nom donné aux anciennes possessions britanniques de l'Afrique orientale (Kenya, Ouganda, Tanganyika et Zanzibar) correspondant aux États actuels du Kenya, de l'Ouganda et de la Tanzanie.

**AFRIQUE-ORIENTALE ITALIENNE** ♦ Nom donné aux anciennes possessions italiennes de l'Afrique orientale qui comprenaient, jusqu'à la Deuxième Guerre mondiale, l'Éthiopie, l'Érythrée et la Somalie italienne.

**AFRIQUE-ORIENTALE PORTUGAISE** → **Mozambique**

**AFTALION (Albert)** ♦ Économiste français (Ruse, Bulgarie 1874 - Chambéry 1956). De tendance réformiste, il a réalisé des études sur le cycle des affaires, expliquant les crises économiques par un accroissement de la demande des biens de production plus important que celle des biens de consommation (*Les Crises périodiques de surproduction*, 1913). Il a également analysé *Les Fondements du socialisme* (1922).

**AFYON** ou **AFYONKARAHISAR** ◆ **ÉTYM.** turc «la citadelle noire de l'opium» ♦ V. de Turquie, ch.-l. de prov., au S.-O. d'Ankara. 159 967 hab. Citadelle sur un piton rocheux, mosquées. ▪ Centre ferroviaire et commercial. Manufactures de tapis. ▪ La *province d'Afyon* est la principale région de culture du pavot en Turquie.

**AGADÉ** → **Akkad**

**AGADÈS** ou **AGADEZ** ♦ V. du Niger, dans le S. de l'Aïr. Plus de 50 000 hab. Mosquée (XVI^e s.). ▪ Nœud caravanier.

**AGADIR** ◆ **ÉTYM.** p.-ê. du phénicien *gādir* «enceinte fortifiée» (→ aussi Cadix) ou du berbère *agādir* «mur, talus» ♦ V. du Maroc, ch.-l. de prov., sur l'océan Atlantique. 346 106 hab. Premier port de pêche du Maroc, centre indus. (au N. de la baie) et important centre touristique (station balnéaire). ▪ En février 1960, un séisme a presque entièrement détruit la ville, qui, depuis, a été reconstruite. ♦ ***Incident d'Agadir*** Le 1^er juil. 1911, le gouvernement allemand envoya la canonnière *Panther* devant la ville, pour protester contre l'entrée des troupes françaises à Fès et à Meknès. La négociation s'étant engagée, Caillaux obtint des Allemands, en échange d'une portion du Congo, que la France gardât les mains libres au Maroc (4 nov.).

**AGAM (Yaacov)** ♦ Peintre israélien (Rishon-le-Tzion 1928). Fixé à Paris depuis 1951, il est l'un des principaux représentants de l'art cinétique et optique. Formé par des artistes issus du Bauhaus, à Jérusalem puis à Zurich (J. Itten*, Max Bill*), il réalisa des «images en devenir» liées aux notions de relativité et de changement comme processus de vie. Il appliqua aussi les techniques industrielles modernes à sa série de «tableaux transformables», constitués d'éléments mobiles, et à ses œuvres «polymorphiques», changeant selon la position du spectateur (*Signes pour un langage*, 1953). Il utilisa ensuite les effets de la lumière (*Lumière et Mouvement*, 1967) et réalisa aussi des commandes monumentales (Forum de Leverkusen, 1970 ; Salon à l'Élysée, 1975 ; Fontaine lumineuse à la Défense, Paris, 1975 - 1977).

**AGAMEMNON** ♦ Roi légendaire d'Argos* et de Mycènes*, fils d'Atrée (→ **Atrides**) et, selon Homère, frère de Ménélas* et époux de Clytemnestre* dont il a trois enfants : Électre*, Iphigénie* et Oreste*. Chef suprême des Grecs pendant la guerre de Troie et retenu à Aulis par des vents contraires, il immole Iphigénie sur le conseil de Calchas pour apaiser Artémis. À son retour de Troie, accompagné de son esclave Cassandre*, il est assassiné avec elle par Clytemnestre et son amant Égisthe*. Oreste, son fils, le venge. ▪ Il est le héros de nombreuses œuvres littéraires : *L'Iliade* (Homère), *Agamemnon** (Eschyle), *Iphigénie à Aulis* (Euripide), *Agamemnon* (tragédie de Sénèque*), *Agamemnon* (Alfieri*), *Agamemnon* (Lemercier, 1797), *Iphigénie* (Racine).

**Agamemnon** ♦ Tragédie d'Eschyle* (–458), la première de la trilogie *L'Orestie*.

**AGANA** ♦ Cap. de l'île de Guam (archipel des Mariannes), sur la côte O., à 12 km du port Apra. Env. 2 500 hab. (zone urbaine 22 000).

**AGAPET** ou **AGAPIT Ier** (saint) ♦ 57e pape (de 535 à 536). Romain, mort à Constantinople alors qu'il intercédait auprès de Justinien pour empêcher l'invasion de l'Italie par les Byzantins. ▪ Fête le 22 avr. ➝ ÉTYM. Ce nom vient du grec *agapêtos* qui signifie «aimé, chéri».

**AGAPET** ou **AGAPIT II** ♦ 129e pape (de 946 à 955). Romain. Il appuya les réformes d'Odon* de Cluny. → **Pornocratie.**

**AGAR** ou **HAGAR** ➝ ÉTYM. en hébr. *Hâgâr*, p.-ê. même rac. que l'ar. *hajara* «s'en aller» ♦ Personnage biblique (Genèse, XVI et XXI), esclave égyptienne d'Abraham* dont elle a un fils, Ismaël (ancêtre supposé des Arabes). Elle est renvoyée dans le désert avec celui-ci à la demande de Sarah* après la naissance d'Isaac.

**AGARTALA** ♦ V. de l'Inde, cap. de l'État de Tripura. 189 327 hab.

**AGASIAS D'ÉPHÈSE** ♦ Sculpteur grec (déb. –Ier s.). Auteur du *Gladiateur Borghèse* (Louvre). Selon certains, un second sculpteur du même nom serait l'auteur du *Galate blessé* de Délos.

**AGASSI (André)** ♦ Joueur de tennis américain (Las Vegas 1970). Joueur précoce, il remporta son premier titre en Grand Chelem à Wimbledon en 1992 et la médaille d'or aux jeux Olympiques d'Atlanta en 1996. Son jeu d'attaque de fond du court, ses qualités de relanceur, son revers des deux mains, lui ont valu 8 victoires du Grand Chelem. Il est le seul joueur professionnel à avoir gagné, à des années différentes, quatre tournois du Grand Chelem (Open d'Australie, Roland Garros, Wimbledon et l'US Open).

**AGASSIZ (Louis)** ♦ Naturaliste suisse (Môtier 1807 - Cambridge, Massachusetts 1873). Il contribua par ses travaux à la constitution de l'histoire naturelle des poissons (*Recherches sur les poissons fossiles*, 1833 - 1842). Comme géologue, il fit admettre l'hypothèse d'une époque glaciaire (*Études sur les glaciers*, 1840 ; *Système glaciaire*, 1847). [Acad. sc. 1839] ♦ **Alexandre Agassiz.** Naturaliste suisse (Neuchâtel 1835 - à bord du transatlantique *Adriatic* 1910). Fils du précédent. Ses travaux portent essentiellement sur la faune marine. Il défendit les thèses du transformisme, contrairement à son père. [Acad. sc. 1887]

**AGASTYA** ♦ Sage (*riṣi*) de l'Inde védique à qui la tradition attribue des hymnes du *Rig*-Veda*. Il aurait également introduit le brahmanisme dans le S. de l'Inde.

**AGATHE** (sainte) ➝ ÉTYM. du gr. *agathos* «noble, bon, accompli» ♦ Vierge et martyre (Palerme ? - Catane 251). ▪ Fête le 5 février.

**AGATHOCLE** – en gr. ***Agathoklês*** ♦ Tyran de Syracuse (Thermae, Sicile v. –361 - Syracuse –289). Il lutta contre le parti oligarchique et prit le pouvoir v. –317. Durant la guerre qu'il mena contre Carthage, il détruisit la ville de Ségeste*.

**AGATHON** (saint) ➝ ÉTYM. du gr. *agathos* «noble, bon, accompli» ♦ 79e pape (de 678 à 681), de Palerme. Il fit condamner le monothélisme au concile de Constantinople (680 - 681). ▪ Fête le 10 janv.

**Agaune** (abbaye d') → **Saint-Maurice**

**AGAZZARI (Agostino)** ♦ Compositeur italien (Sienne 1578 - *id.* 1640). Son traité *Del sonare sopra il basso con tutti li stromenti* (1607) en a fait un des premiers théoriciens de la basse continue.

**AGDE** [34300] ➝ ÉTYM. gr. «bonne *(agathê)* fortune *(tukhê)*» ♦ Ch.-l. de cant. de l'Hérault, arr. de Béziers, sur l'Hérault, à son intersection avec le canal du Midi. 19 988 hab. *(Agathois)*. Anc. cathédrale Saint-Étienne construite en lave noire, fortifiée (fin du XIIe s.). Église Saint-Sever (abside du XVe s.). Musée agathois : collections régionales, archéologie. ▪ Station balnéaire au Cap*-d'Agde. ▮ **Histoire** La ville fut une colonie phocéenne puis romaine. Principal port du Languedoc sous le Second Empire.

**AGÉLADAS** ou **HALGÉLAIDAS** ♦ Sculpteur grec (fin –VIe s. - mil. –Ve s.). Maître de l'école d'Argos* et précurseur des grands sculpteurs du Ve s. Ses œuvres (disparues) figuraient à Olympie et Delphes. L'assouplissement des formes rigides de l'archaïsme dorien par les influences orientales caractérisait son art.

**AGEN** [aʒɛ̃] [47000] ➝ ÉTYM. anc. *Aginnum*, probablt du précelt. *ag-* «hauteur» et suff. gaul. *-inno* ♦ Ch.-l. du dép. du Lot-et-Garonne, sur la rive d. de la Garonne. 30 170 hab. (aggl. 69 488) *(Agenais)*. Évêché. Cour d'appel. Cathédrale Saint-Caprais (abside et transept romans ; nef gothique). Église des Jacobins (XIIIe s.). Église Saint-Hilaire (XVe s.). Maisons anciennes. Musée des Beaux-Arts : préhistoire, archéologie grecque *(Vénus du mas)* et gallo-romaine ; faïences depuis B. Palissy* (né à Agen) ; sulfures ; peintures françaises des XVIIe, XVIIIe et XIXe s. et cinq œuvres de Goya, dont un *Autoportrait*. ▪ Carrefour routier entre Bordeaux et Toulouse, marché agricole (fruits [pruneaux] et légumes), centre indus. (aéronautique), Agen est essentiellement dotée d'activités tertiaires. Technopôle agroalimentaire (Agropole).

**AGENA** [aʒɛna] ♦ Étoile β du Centaure. Magnitude 0,6 ; type spectral B 1 ; distance 390 années-lumière.

**AGENAIS** ou **AGENOIS** n. m. ♦ Région d'Agen. Anc. pays de France, comté ayant pour capitale Agen, qui appartint successivement aux comtes de Poitiers et de Toulouse et aux rois d'Angleterre avant d'être réuni à la Couronne en 1592.

**Agence France-Presse** [AFP] ♦ Agence de presse française créée en 1944. Héritière de l'agence Havas*, dotée en 1957 d'un statut d'autonomie et d'un «fonctionnement suivant les règles commerciales», elle possède des bureaux ou des correspondants dans 165 pays et diffuse 2 millions de mots par jour.

**Agence internationale de l'énergie atomique (AIEA)** – en angl. *International Atomic Energy Agency* ♦ Organisation intergouvernementale des Nations unies qui promeut une utilisation pacifique de l'énergie nucléaire et cherche à en limiter les applications militaires. Créée en 1957, l'AIEA joue un rôle de régulation dans le domaine du désarmement, en relation avec le traité de non-prolifération des armes nucléaires, signé en 1968. Compte tenu du développement de programmes nucléaires militaires par l'Irak, l'Iran et la Corée du Nord, elle a acquis un statut de premier plan sur la scène politique internationale. [Prix Nobel de la paix 2005, ainsi que son directeur général, Mohamed Elbaradei]

**AGÉNOR** ➝ ÉTYM. en gr. ***Agênôr*** «le Vaillant» ♦ Fils de Poséidon* et de Libye dans la mythologie grecque. Roi de Phénicie, père de Cadmos* et d'Europe*.

**AGÉSILAS II** – en gr. ***Agêsilaos*** ♦ (–444 - Cyrène v. –360). Roi de Sparte* (v. –400 - v. –360). Fils d'Archidamos II et successeur d'Agis II, il vainquit les Perses en Asie Mineure, puis la coalition d'Athènes, Thèbes, Corinthe et Argos à Coronée* en –394. Il fut battu par Épaminondas à Mantinée* en –362.

**AGGABODHI** ♦ Nom traditionnel de plusieurs rois de Ceylan qui régnèrent à Anurādhapura* du VIe au IXe s.

**AGGÉE** ➝ ÉTYM. en hébr. ***Ḥaggay*** de *ḥag* «fête» ♦ Personnage biblique, contemporain d'Esdras* selon la tradition, prophète de Juda qui, au retour de l'Exil, incita le gouverneur et le grand-prêtre de Jérusalem à reconstruire le Temple. ♦ ***Livre d'Aggée*** Livre de la Bible, un des Petits Prophètes*. 2 chapitres regroupent quatre oracles.

**AGHA KHAN** n. m. ♦ Titre conféré à l'imam des ismaïliens* nizarites en 1880 par le chah Fat 'Alī. ♦ **AGHA KHAN Ier [Hassan 'Alī Chāh]** (1800 - 1881). Gouverneur de Mahallāt et de Qom, il dut quitter la Perse après l'échec de sa rébellion contre Muḥammad Chāh en 1838. Il s'installa à Bombay où la secte ismaïlienne avait de nombreux adeptes. ♦ **AGHA KHAN III [Muḥammad Chāh]** (Karachi 1877 - Versoix, Suisse 1957). Petit-fils du précédent. Fondateur de la ligue panmusulmane de l'Inde (1906), il appela les musulmans de l'Empire britannique à la loyauté durant la Première Guerre mondiale. Il représenta l'Inde à la Société des Nations, qu'il présida (1937). ♦ **AGHA KHAN IV [Karim]** (Creux-de-Genthod, canton de Genève 1936). Petit-fils du précédent, il lui succéda en 1957. ➝ ÉTYM. Ce nom vient du turc *aġa* qui signifie «homme éminent, frère aîné» et de l'iranien *hān* qui signifie «khan, prince».

**ĀGHĀ MUḤAMMAD CHĀH** ♦ Fondateur de la dynastie des Kadjars* en Iran (Dasht-é-Gorgān 1742 - Géorgie 1797). Fils d'un des chefs de tribu turkmènes du N.-O. de l'Iran, il mit fin aux dynasties zend et afshār, s'empara de la plus grande partie du pays, se proclama chah de Perse (1786) et choisit Téhéran comme capitale. Il combattit les Russes en Géorgie avant d'être assassiné. → **Iran.**

**AGHEILA (EL-)** ♦ Base germano-italienne de Libye, pendant la Deuxième Guerre mondiale, prise par Montgomery en 1942.

**AGHLABIDES** n. m. pl. ➝ ÉTYM. de Ibrāhīm ibn al-*Aghlab* (→ Ibrahim Ier) ♦ Dynastie arabe d'Afrique du Nord (800 - 909). Fondée par Ibrāhīm* ibn al-Aghlab, elle régna, sous la suzeraineté nominale des califes abbassides*, sur l'Ifrīqiya (actuels Tunisie et Est algérien). Leur capitale, Kairouan*, connut un grand essor artistique et intellectuel. Ils furent vaincus par les Fatimides*. ➝ ÉTYM. Ce nom vient de l'arabe *aghlab* qui signifie «qui a le dessus».

**AGIDES** ou **EURYSTHÉNIDES** n. m. pl. ♦ Dynastie de Sparte, fondée par Agis* Ier.

**AGINCOURT (François D')** ♦ Compositeur et organiste français (Rouen 1684 - Paris 1758). Organiste de la Chapelle royale, à Paris, il a composé des ouvrages pour le clavecin et pour l'orgue.

**AGIS** ♦ Nom de plusieurs rois de Sparte. ♦ **AGIS Ier** (–XIe s.). Roi à demi légendaire qui a donné son nom à la dynastie des Agides*. ♦ **AGIS IV** (mort à Sparte –240). Dernier roi de la dynastie des Eurypontides, il régna avec Léonidas* II de –244 à –240. Réformateur, il essaya d'appliquer les lois de Lycurgue et de réaliser un nouveau partage des terres malgré l'opposition de Léonidas ; mais ce dernier, revenu d'exil, parvint à reprendre le pouvoir avec l'appui des éphores et fit étrangler Agis dans sa prison.

**AGLAÉ** ➝ ÉTYM. en gr. ***Aglaia*** «la Rayonnante de beauté» ♦ L'une des trois Charites* ou Grâces.

**AGLY** n. m. ➝ ÉTYM. en lat. *Sordus* puis *Aquilinus*, de *aquilinus* «d'aigle» [probablt compris comme venant de *aquilus* «brun, noirâtre ; eau noirâtre»] ♦ Fl. du S. de la France, dans le Roussillon (80 km). Né dans les Corbières, il arrose Rivesaltes et se jette dans le golfe du Lion.

**AGNADEL** ♦ Loc. d'Italie, au N.-E. de Lodi (Lombardie). ▮ **Histoire** Le 14 mai 1509, Louis XII*, qui venait d'adhérer à la ligue de Cambrai*, remporta avec Bayard* la victoire sur les Vénitiens. En 1705, le Prince Eugène* y fut battu par le duc de Vendôme*.

L'Adoration de l'**Agneau mystique.** Retable de Jan Van Eyck, panneau central (2,10 × 3,50 m). Cathédrale Saint-Bavon, Gand. *Phot. ©Giraudon*

**Agneau mystique (Adoration de l')** ♦ Polyptyque de Jan Van* Eyck (1426 - 1432). Il illustre un ambitieux et complexe programme iconographique ayant pour thèmes la Rédemption et le Triomphe de l'Église. Il présente deux zones superposées comportant 12 panneaux dont 8 sont peints sur les deux faces. La partie centrale des panneaux inférieurs, également appelée *Adoration de l'Agneau mystique*, représente l'Agneau dont le sang coule dans un calice ; il est entouré d'anges qui portent des instruments de la Passion ou des encensoirs. Au premier plan, la fontaine de la vie symbolise la Rédemption. Elle est entourée, à gauche, des douze prophètes et des patriarches et, à droite, des apôtres, des saints et des martyrs. À l'arrière-plan, à gauche, sont rassemblés les saints évêques et confesseurs et à droite les vierges saintes. Les volets situés de part et d'autre de ce panneau sont, de gauche à droite, *Les Juges intègres, Les Chevaliers du Christ, Les Saints Ermites et Les Saints Pèlerins.* Les panneaux supérieurs représentent des personnages aux proportions monumentales (Dieu trônant entre la Vierge et saint Jean-Baptiste, Adam et Ève, et deux groupes d'anges musiciens). L'extérieur du polyptyque évoque notamment l'Annonciation. Cette œuvre est non seulement l'affirmation d'une nouvelle technique, la peinture à l'huile, mais elle impose également un nouveau traitement de l'espace et des volumes qui rompt avec la tradition gothique. Par la richesse des motifs traités, elle constitua une source importante de sujets pour les peintres flamands.

**AGNEAUX** [50180] ♦ Comm. de la Manche, arr. de Saint-Lô. 4 476 hab.

**AGNELLI (Giovanni)** ♦ Industriel italien (Villar Perosa 1866 - Turin 1945). Fondateur en 1899 à Turin de la firme automobile Fiat, il se lança également dans la construction navale puis, en 1919, s'inspirant des méthodes américaines de fabrication en série, il produisit l'une des premières voitures européennes bon marché. Sous l'impulsion de son petit-fils, GIANNI AGNELLI (Villar Perosa, près de Turin 1921 - *id.* 2003), l'entreprise diversifia ses activités, prenant le contrôle de différentes sociétés (assurances, presse, etc.). ➝ **ÉTYM.** L'italien *agnello* signifie «agneau», symbole du sacrifice du Christ.

**AGNÈS** (sainte) ➝ **ÉTYM.** du gr. *hagnos* «pur» ♦ Martyre romaine sous Dioclétien (304). ▪ Fête le 21 janvier.

**AGNÈS** ♦ Personnage de *L'École des femmes* de Molière*, type de l'ingénue.

**AGNÈS DE FRANCE** ♦ Princesse française (1171 - Constantinople 1220). Fille de Louis* VII le Jeune et d'Adèle* de Champagne, elle devint à l'âge de neuf ans (1180) l'épouse de l'empereur byzantin Alexis* II Comnène puis, en 1183, celle d'Andronic* Ier Comnène, assassin de son premier mari.

**AGNÈS DE MÉRAN** ♦ Reine de France (morte à Poissy en 1201). Fille de Berthold IV, duc de Méran (Tyrol). Philippe* Auguste, qui l'avait épousée en troisièmes noces (1196) après avoir répudié Isambour* de Danemark (1193), fut obligé par le pape Innocent III de s'en séparer (1200) et de reprendre sa deuxième femme (1213).

**AGNI** [agni] ➝ **ÉTYM.** sanskr. «feu», de l'indo-eur. *°egn* «feu» ♦ Divinité védique et brahmanique du feu sacrificiel, gouvernant l'horizon du S.-E. Elle est chargée de transmettre aux autres divinités du panthéon brahmanique les désirs et les prières des êtres. On la représente comme un homme corpulent, à trois têtes, barbu, tenant en main un rosaire et un pot. Sa monture est un bélier.

**AGNI(S)** n. m. (pl.) ♦ Peuple issu du groupe Akan*, né d'une scission des Achantis* au début du XVIIIe s. Établis au N. de la lagune Abi (S.-E. de la Côte d'Ivoire), ils réalisent des statuettes en terre cuite.

**AGNON (Samuel Joseph CZACZKES, dit Samuel Joseph)** ♦ Écrivain israélien de langue hébraïque (Buczacz, Galicie 1888 - Rehovoth 1970). Après une enfance dans un milieu juif très pieux, il s'installa en Palestine (1909) ; il se réfugia en Europe pendant la Première Guerre mondiale et retourna définitivement à Jérusalem en 1924. Il tire son nom de plume d'une nouvelle, *Agounot.* Ses premiers romans évoquent la vie d'exil des juifs polonais, sur un mode réaliste et poétique. *L'Hôte de passage* (*Oréah nata laloun,* 1930) exprime le désarroi et la misère morale des mêmes milieux, après la Première Guerre mondiale. Les récits qui composent *Le Feu et les Arbres* (*Haèsh vehaétsim,* 1962), désespérés et kafkaïens, évoquent le martyre des juifs exterminés par le nazisme. D'autres œuvres célèbrent le retour à la terre promise et la genèse de l'État d'Israël : *Au cœur des mers (Bilvav Yamim) ; Cela se passait hier (Tmol Shilshom).* ▪ L'œuvre d'Agnon est tout entière fondée sur l'alliance du réalisme social, issu de la littérature occidentale, de Balzac à T. Mann, et d'un symbolisme où la bonté, l'amour, la misère et la souffrance donnent accès à un ésotérisme religieux et onirique, reliant la représentation du destin juif à une réflexion très générale sur le temps (l'instant) et l'homme. Employant à la fois les ressources de la langue traditionnelle et celles de l'araméen populaire, jouant avec maîtrise des techniques du récit contemporain (relativisme temporel, métamorphoses, obscurité des repères), Agnon a donné une forme puissante et universelle aux thèmes essentiels du judaïsme. [Prix Nobel de littér. 1966, avec Nelly Sachs]

**AGOBARD** (saint) ♦ Archevêque de Lyon (Espagne v. 779 - 840). Il participa à la révolte des fils de Louis* le Pieux, contribuant à sa déposition (833). Il fut exilé au lendemain de la restauration de l'empereur (835).

**AGOSTINI (Giacomo)** ♦ Motocycliste italien (Lovere 1942). 15 fois champion du monde de vitesse moto, il a remporté 122 «Grand Prix», son très grand talent s'appuyant sur un matériel d'exception.

**AGOSTINO DI GIOVANNI** ♦ Sculpteur et architecte siennois, connu de 1310 à 1348. Auteur avec Agnolo di Ventura du tombeau de l'évêque Guido Tarlati au Dôme d'Arezzo (v. 1330), il continua avec moins de vigueur la tradition des Pisans (➝ **Nicola Pisano**). Sienne* lui confia des travaux d'architecture civile avant de le nommer maître d'œuvre du Dôme (1338 - 1348) aux côtés de son fils Giovanni. On attribue parfois à Agostino et à Agnolo di Ventura l'église San Francesco.

**AGOULT (Marie DE FLAVIGNY, comtesse D')** ♦ Écrivain français (Francfort-sur-le-Main 1805 - Paris 1876). Mariée au comte d'Agoult, elle fut ouvertement la compagne de Liszt* dont elle eut trois enfants (l'une de ses filles, Cosima, épousa R. Wagner*, l'autre, Émile Ollivier*). Recevant dans son salon les gens de lettres (Vigny, Heine), elle publia sous le pseudonyme de Daniel Stern des *Lettres républi-*

*caines* (1848), une *Histoire de la révolution de 1848* (1851 - 1853), et un roman semi-autobiographique, *Nélida* (1846). Liée avec George Sand, elle fut également l'amie de Sainte-Beuve. ◆ ÉTYM. Ce nom de famille vient de *Goult*, nom d'une commune du Vaucluse (du germanique latinisé *Agoaldus*, nom de personne).

**AGOUT** n. m. ◆ ÉTYM. anc. *Aguotis*, du bas lat. °*ad-guttum* «canal, égout» ♦ Riv. du S. du Massif central et de l'Albigeois (180 km), affl. du Tarn.

**AGRA** ◆ ÉTYM. p.-ê. du sanskr. *Agravanam* «extrême forêt», de *agra* «extrémité» et *vanam* «forêt» ♦ V. de l'Inde (Uttar Pradesh), sur la Yamuna, affl. du Gange. 1 321 410 hab. Centre industriel, commercial et touristique important. ▮ **Histoire** En 1501, les princes de la dynastie des Lodi y établirent leur capitale et, jusqu'en 1658, Agra partagea avec Delhi la fonction de capitale de l'Empire moghol. Bābur, Akbar et Shāh Jahān y construisirent de nombreux monuments, témoignages du style indo-musulman, comme le fort de grès rouge et surtout le mausolée du Tāj* Mahal édifié par Shāh Jahān (1627 - 1658).

**AGRAM** → Zagreb

**AGRAMONTE Y SIMONDI (Aristides)** ♦ Médecin cubain (1869 - 1931). Il montra, après C. J. Finlay*, que la fièvre jaune était transmise par les piqûres de moustiques (en particulier du genre *Stegomyia*).

**AGRE (Peter)** ♦ Médecin et biochimiste américain (Northfield, Minnesota 1949). En 1988, il découvrit une protéine responsable du transport de l'eau à travers la membrane cellulaire, le «canal à eau» qu'il appela «aquaporine» et dont il élucida le fonctionnement au niveau atomique. Depuis, plusieurs autres aquaporines furent découvertes ; en régulant la teneur en eau de cellules, elles jouent un rôle fondamental dans différents organes, le rein notamment. [Prix Nobel de chimie 2003, avec R. MacKinnon*]

**AGREDA (MARIE D')** → Marie d'Agreda

**AGRIATES** n. m. pl. (désert des) ♦ Région de Corse, à l'O. du golfe de Saint-Florent. Collines rocheuses et plages de sable.

**AGRICOLA** – en lat. ***Cnaeus Julius Agricola*** ♦ Général romain (Forum Julii, auj. Fréjus 40 - 93). Préteur en 68, il fut envoyé en 77 par Vespasien* en Bretagne (actuelle Angleterre) dont il acheva la conquête en 84, sous Domitien*. Il accomplit la première circumnavigation du pays et reconnut que la Bretagne était une île. Tacite*, qui était son gendre, écrivit son éloge funèbre (*Vie d'Agricola*). ◆ ÉTYM. Ce nom provient du latin *agricola* qui signifie «agriculteur» (de *ager, agri* «champ» et *colere* «cultiver, soigner»).

**AGRICOLA (Martin SORE, dit Martin)** ♦ Compositeur et théoricien allemand de la musique (Schwiebus 1486 - Magdeburg 1556). Auteur de nombreux cantiques luthériens, il a publié d'importants ouvrages théoriques, en illustration de la doctrine musicale de Josquin* des Prés.

**AGRICOLA (Georg BAUER, dit)** ♦ Minéralogiste allemand (Glauchau, Saxe 1494 - Chemnitz 1555). Il fut un des premiers à étudier systématiquement les minerais et à employer le terme de fossile (*De re metallica*, 1541).

**AGRICOLA (Mikael)** ♦ Réformateur religieux et écrivain finnois (Pernaja, province d'Uusimaa v. 1510 - près de Viborg 1557). Disciple de Luther*, il édita en 1542 le premier livre écrit en finnois, un *Abécédaire*, puis traduisit le Nouveau Testament (1548).

**AGRIGENTE** – en gr. *Akragas*, en it. ***Agrigento***, jusqu'en 1927 ***Girgenti*** ♦ V. d'Italie, ch.-l. de prov., près de la côte S.-O., en Sicile. 54 619 hab. Ruines de l'antique *Akragas*, notamment des temples doriques de la Concorde, d'Héra Lacinia, de Zeus Olympien, des Dioscures (-Vᵉ s.), d'Héraclès (-VIᵉ s.) ; quartier gréco-romain. Monuments médiévaux (abbatiale San Spirito, XIIIᵉ s.). Aux environs, maison natale et tombeau de Luigi Pirandello. ▪ Centre touristique. ▮ **Histoire** Colonie de Gela* (-582), la ville connut son apogée sous le tyran Théron* (-488 - -472). → **Phalaris.** Prise par les Carthaginois (-406), elle déclina au profit de Syracuse. En 828, les Arabes s'en emparèrent et la détruisirent. Nommée *Kerkent* par ces derniers, elle devint *Girgenti* avec les Normands.

**Agrigente.** Temple des Dioscures, milieu du -vᵉ s.
*Phot. © akg-images/Bildarchiv Monheim*

**AGRIPPA (Menenius)** → Menenius Agrippa

**AGRIPPA** – en lat. ***Marcus Vipsanius Agrippa*** ♦ Général et homme politique romain (-63 - -12). Fidèle ami et conseiller d'Auguste*, il remporta à ses côtés les victoires de Nauloque* (-36) et d'Actium* (-31). Auguste, voulant assurer sa succession, lui fit épouser sa fille Julie* et adopta les deux fils, Caius et Lucius, issus de cette union. Édile en -33, Agrippa inaugura à Rome l'œuvre monumentale de la période impériale (Panthéon, thermes, théâtres, portiques, aqueducs) ; administrateur en Gaule, il y organisa le réseau routier et fit exécuter pour Nîmes des travaux d'adduction d'eau (pont du Gard). ◆ ÉTYM. Ce nom vient du latin *agrippa* qui signifie «qui vient au monde les pieds en premier».

**AGRIPPA VON NETTESHEIM (Heinrich Cornelius)** ♦ Médecin et philosophe allemand (Cologne 1486 - Grenoble 1535). Il fut médecin de Louise* de Savoie et historiographe de Charles* Quint. Accusé de magie, il fut emprisonné. Son ouvrage *De occulta philosophia* expose les thèmes fondamentaux de l'alchimie.

**AGRIPPINE l'Aînée** ◆ ÉTYM. en lat. *Agrippina*, forme fém. de *Agrippa* ♦ (v. -14 - île de Pandateria 33). Fille d'Agrippa* et petite-fille d'Auguste* par sa mère Julie*, elle épousa son cousin Germanicus*. Célèbre par sa beauté et ses vertus, elle demanda justice à Tibère* de la mort de son mari qu'elle accusa Pison* d'avoir assassiné. Mais l'empereur la fit déporter dans l'île de Pandateria* où elle mourut. Mère de Caligula* et d'Agrippine* la Jeune.

**AGRIPPINE la Jeune** ♦ (Ara Ubiorum, qui prit d'elle le nom de *Colonia Agrippinensis*, auj. Cologne 16 - Baïes 59). Fille de Germanicus* et d'Agrippine* l'Aînée, et sœur de Caligula*, elle épousa d'abord Domitius Ahenobarbus* dont elle eut Néron*. Restée veuve, elle devint la femme de l'empereur Claude*, son oncle, sur lequel elle exerça une emprise absolue. Intelligente et dominatrice, elle lui fit adopter Néron qu'elle maria à Octavie*, fille de Claude, écartant du trône Britannicus* ; puis, aidée de Locuste, elle empoisonna son mari. L'accession de Néron au pouvoir permit à son autorité de s'exercer ; mais excédé par la tutelle de sa mère, l'empereur la fit assassiner. Héroïne de *Britannicus**, tragédie de Racine.

**AGUADO (Alejandro Maria)** ♦ Financier espagnol (Séville 1784 - Gijón 1842). Il soutint activement les Français durant la guerre d'Espagne et fonda une banque à Paris (1815). Grâce à ses opérations, il sauva l'Espagne de la banqueroute.

**AGUADO Y GARCÍA (Dionisio)** ♦ Guitariste espagnol (Madrid 1784 - *id.* 1849). Il contribua, par la publication de sa *Méthode de guitare* (1825), à fixer la technique moderne de cet instrument.

**AGUASCALIENTES** ◆ ÉTYM. esp. «eaux (*aguas*) chaudes (*calientes*)» ♦ V. du Mexique, cap. de l'État du même nom, au N.-O. de Mexico, sur le plateau central. 663 671 hab. L'État compte 1 065 416 hab. ▪ Station thermale. Activités décentralisées.

**AGUDES (LES)** ♦ Station de sports d'hiver de la Haute-Garonne (comm. de Gouaux-de-Larboust), au-dessus de la vallée de Luchon.

**AGUESSEAU (Henri François D')** ♦ Magistrat et homme politique français (Limoges 1668 - Paris 1751). Avocat général au parlement de Paris (1691), il fut nommé procureur général en 1700. Devenu chancelier en 1717, il fut exilé à Fresnes de 1718 à 1720 pour avoir combattu le système de Law* puis, de nouveau, de 1722 à 1737 pour son hostilité à Dubois*. Par ses grandes ordonnances sur les donations (1731), sur les testaments (1735) et sur les substitutions (1747), il contribua à codifier et à unifier la législation.

**AGUINALDO (Emilio)** ♦ Homme politique philippin (près de Cavite 1869 - Manille 1964). Héros de l'indépendance des Philippines. En 1892, il organisa le parti nationaliste Katipunan, déclencha la révolte en 1896 et, en 1897, proclama la république. Battu par les Espagnols, il se réfugia à Hong Kong et s'allia aux Américains. Il se battit contre ces derniers lorsqu'ils eurent acheté les îles aux Espagnols vaincus et, en 1899, proclama de nouveau la république. Fait prisonnier en 1901 par les Américains, il se retira de la vie politique. Il fit partie du gouvernement projaponais pendant la Deuxième Guerre mondiale. Emprisonné en 1945, il fut rappelé au gouvernement en 1950 par le président Quirino.

**AGUIRRE (Lope DE)** ♦ Conquistador espagnol (Oñate, Guipúzcoa v. 1518 - Barquisimeto, Venezuela 1561). Membre d'une expédition partie du Pérou et dirigée par P. de Ursúa, qu'il fit assassiner, il tenta de fonder un royaume au Venezuela. Mais il fut capturé puis pendu par les Espagnols. ◆ ÉTYM. Ce nom de famille vient probablement du basque *agerri* qui signifie «à découvert» [désignant la maison visible de loin].

**AGUNG** (mont) ♦ Volcan d'Indonésie au S.-E. de l'île de Bali (3 142 m). Sa dernière éruption en 1963 fit plus d'un millier de victimes et ravagea l'économie du pays. Montagne sacrée pour les Balinais ; sur ses flancs s'élève le «temple-mère» de Besakih.

**AHASVÉRUS** ◆ ÉTYM. n. hébr. de *Xerxès** ♦ Personnage légendaire qui aurait maltraité le Christ et aurait ainsi été condamné à l'éternité et à une errance perpétuelle. Cette légende (le *Juif errant*), qui a alimenté un certain antisémitisme* en milieu chrétien, a inspiré de nombreux écrivains dont Schiller, Goethe, Eugène Sue, ainsi que l'imagination populaire.

**AHENOBARBUS** – en lat. ***Cneius Domitius Ahenobarbus*** ♦ Préteur et consul sous Tibère* (Ier s.), il épousa Agrippine* dont il eut Néron*, et mena une vie de débauche.

**AHERN (Bertie)** ♦ Homme politique irlandais catholique (Dublin 1951). Leader du Fianna* Fáil, il fut Premier ministre de la république d'Irlande de 1997 à 2008. Il joua avec Tony Blair* un rôle clé dans l'accord de paix en Ulster signé en avril 1998 puis dans la formation du gouvernement biconfessionnel d'Irlande du Nord en 2007.

**AHIDJO (Ahmadou)** ♦ Homme d'État camerounais (Garoua 1924 - Dakar 1989). Président de la république du Cameroun* (1960 - 1982).

**AHLFORS (Lars Valerian)** ♦ Mathématicien américain d'origine finlandaise (Helsinki 1907 - Pittsfield, Massachusetts 1996). Ses recherches ont porté sur l'analyse complexe et sur les surfaces de Riemann* généralisées. [Médaille Fields 1936]

**AHLGREN (Victoria BENEDICTSSON** née **BRUZELIUS,** dite **Ernst)** ♦ Écrivain suédois (Domme 1850 - Copenhague 1888). Elle eut une vie particulièrement difficile et finit par se suicider. Elle est l'auteur de nouvelles très réussies, dans le goût réaliste, et surtout d'un chef-d'œuvre, *Madame Marianne* (1887), roman qui fait d'elle l'une des plus grandes prosatrices suédoises.

**AHLIN (Lars)** ♦ Écrivain suédois (Sundsvall 1915 - 1997). D'origine ouvrière et autodidacte, il s'est en partie formé à l'école des prolétaires* des années 1930, mais donnera à son inspiration une coloration protestante marquée. Dès *Tåbb et le Manifeste* (1943), il s'en prit à la culture occidentale sans âme ni mystique. Il vaut surtout pour l'étonnante galerie de personnages qu'il sait camper, comme *Bout-de-Cannelle* (1953) ou les héros de *Nuit dans la baraque foraine* (1957). Dans ses nouvelles et ses pièces de théâtre, il dénonce inlassablement l'égoïsme et le matérialisme de notre temps. C'est l'une des «consciences» de son pays.

**AHMAD AL-MANṢŪR** ♦ (Fès 1549 - *id.* 1603). Sultan saadien du Maroc (1578 - 1603). Il succéda à son frère ʿAbd al-Mālik après sa mort à la bataille de Ksar el-Kébir et, ayant triomphé du roi du Portugal, Sébastien, prit le titre d'*al-Manṣūr* («le Victorieux»). Ce fut le seul souverain saadien qui exerçât une véritable influence sur la politique méditerranéenne.

**AHMAD CHĀH DORRĀNĪ** ♦ Roi d'Afghanistan (Herāt 1722 - Marūf 1772). Fondateur de la dynastie Sadōzaï. Chef tribal pashtoun* issu de la confédération tribale des Abdalī et commandant dans l'armée de Nādêr* Chāh, il profita du vide politique créé par l'assassinat de ce dernier pour se faire proclamer roi des Afghans (1747). S'appuyant sur la forte cohésion des tribus pashtounes et sur la décomposition du pouvoir moghol* en Inde, il réussit en quelques années à bâtir un vaste empire s'étendant de l'Amou-Daria à la mer d'Oman et du Khorassan à la vallée du Gange. Son fils Tīmūr* Chāh lui succéda.

**AHMADINEJAD (Mahmoud)** ♦ Homme d'État iranien (Aradan 1956). Conservateur et défenseur des idéaux islamistes, membre de l'organisation paramilitaire de l'imam Khomeiny* les Gardiens de la révolution, il devint maire de Téhéran en 2003 puis président de la République islamique d'Iran en 2005. Sa réélection en 2009 provoque une grave crise politique et une répression sanglante de l'opposition soutenue par une vaste contestation populaire. Ennemi d'Israël dont il a fustigé la politique dans les territoires palestiniens, il a suscité l'indignation des pays occidentaux par ses discours extrémistes. Défiant l'ultimatum des grandes puissances mondiales, il a poursuivi le programme nucléaire de son pays.

**AHMADNAGAR** ♦ V. de l'Inde (Maharashtra), à l'E. de Bombay. 347 393 hab. Marché du coton.

**AHMADOU** ♦ Chef toucouleur (1833 - prov. de Sokoto, Nigeria 1898). Fils d'El-Hadj Omar, il succéda à son père comme souverain du Soudan occidental. La prise de Ségou (1891) et de Djenné (1893) par Archinard marqua la chute de son empire et il se réfugia à Sokoto.

**AHMAR (BANŪ AL-)** ♦ Famille arabe d'Espagne à laquelle appartenait Muḥammad Ier (1232 - 1273), fondateur de la dynastie des Nasrides* de Grenade et promoteur de la construction de l'Alhambra*.

**AHMED** ou **AHMET** ♦ Nom de plusieurs sultans ottomans. ♦ **AHMED Ier** (Magnésie 1590 - 1617). Fils et successeur de Mehmet* III, il régna de 1603 à 1617, et fit construire à Constantinople la mosquée qui porte son nom. Il soutint la Hongrie contre Rodolphe II. Il échoua dans son expédition contre la Perse (1612). ♦ **AHMED II** (1642 - Andrinople, auj. Edirne 1695). Appuyé par le vizir Fazil Mustafa Köprülü*, il succéda à son frère Süleyman II et régna de 1691 à 1695. Son règne vit la défaite de Slankamen contre les Impériaux (1691) et la perte de Chios, pris par les Vénitiens. ♦ **AHMED III** (1673 - 1736). Il succéda à son frère Mustafa* II (déposé) et régna de 1703 à 1730. Il donna asile à Charles* XII, roi de Suède, après sa défaite à Poltava* et refusa de le livrer à Pierre le Grand. Il eut à lutter contre la Russie puis contre Venise (conquête de la Morée) et l'Autriche et dut conclure le traité de Passarowitz (1718). Déposé par les janissaires en 1730, il mourut en prison, probablement assassiné. ➜ **ÉTYM.** Ce nom arabe signifie «le plus digne de louanges».

**AHMEDABAD** ou **AHMADABAD** ♦ V. de l'Inde (Gujarat). 4 519 278 hab. Mosquées des XVe et XVIe s. ▪ Sa position à proximité de Bombay lui a valu une industrialisation précoce, fondée sur la filature du coton et maintenant diversifiée.

**AHMEDI** ♦ Poète turc (v. 1334 - Amasya 1413). Outre l'adaptation d'épopées persanes, il écrivit une *Histoire d'Alexandre le Grand* versifiée, suivie d'un poème sur l'*Histoire des Ottomans*, riche en informations historiques.

**AHMED MITHAT** ♦ Écrivain turc (Constantinople 1841 - *id.* 1912). Partisan du mouvement Jeunes-Turcs, il écrivit des romans influencés par Alexandre Dumas.

**AHMED VEFIK** ♦ Homme d'État et écrivain turc (Constantinople 1819 - Roumeli Hisar 1891). Il présida le Parlement institué par Abdülhamid II (1876), puis devint grand vizir (1880 - 1884). Il fut, par ailleurs, historien des lettres turques, lexicographe et traducteur.

**AHMÔSÉ** ou **AHMÔSIS Ier** → Amôsis

**AHMÔSÉ** ou **AHMÔSIS II** → Amasis

**AHO (Juhani)** ♦ Écrivain finlandais d'expression finnoise (Lapinlahti 1861 - Helsinki 1921). Il publia entre 1891 et 1921 huit volumes de courtes proses qu'il appela «copeaux» (choix de trad. fr., *Copeaux*, 1929), sur des sujets politiques, patriotiques, humoristiques. Les romans *La Fille du pasteur* (1885) et *La Femme du pasteur* (1893, trad. fr. 1943) présentent une analyse pénétrante de l'âme féminine, *Panu* (1897) décrit la lutte du paganisme mourant et du christianisme, *Juha* (1911) présente un drame conjugal dans un milieu rural stylisé, *La Conscience* (1914) analyse avec sérieux et humour un problème moral.

al-**Ahram** ➜ **ÉTYM.** ar. «les pyramides» ♦ Quotidien égyptien fondé en 1876. Organe du parti Wafd* jusqu'en 1952, nationalisé en 1960, il devint le porte-parole du panarabisme nassérien, mais conserva cependant une certaine liberté de critique grâce à la personnalité de son rédacteur en chef, M. Heykal. Tirant à plus d'un million d'exemplaires, il reste aujourd'hui encore la tribune des classes dirigeantes, de tendance libérale et prônant un islam ouvert.

**AHRIMAN** ➜ **ÉTYM.** du vx perse *Aggra-Mainyu* ou *Angra-Mainyu* «Ennemi-Esprit» ♦ Dans la religion mazdéenne, dieu principe du mal, opposé à son frère jumeau Ohrmazd*. Fils de Zurvan*.

**AHTISAARI (Martti)** ♦ Homme d'État finlandais (Viipuri, auj. Vyborg 1937). Social-démocrate, il fut président de la République de Finlande* de 1994 à 2000. Il reçut le prix Nobel de la paix pour ses nombreuses médiations de paix à travers le monde, en particulier en Irlande du Nord, en Namibie, dans les Balkans, et dans la province indonésienne d'Aceh* où il facilita l'accord de paix signé en 2005. [Prix Nobel de la paix 2008]

**AHURA MAZDA** ➜ **ÉTYM.** avestique «le Seigneur sage» ♦ Principal dieu du mazdéisme*. C'est sur lui que Zarathoustra* fonda sa réforme. Il est le créateur universel et le guide de l'homme vers le bien. Il est entouré de six entités (les *Amesha Spenta*). Dans le zoroastrisme postérieur, sous le nom contracté d'Ohrmazd*, il mène le combat contre son frère jumeau, Ahriman*, principe du mal.

**AHVENANMAA** → Åland (îles d')

**AHWAZ** ♦ V. d'Iran, ch.-l. de la prov. du Khouzistan, sur le Kārun. 985 614 hab. Centre indus. (pétrole, gaz et métallurgie) et administratif. Carrefour de communications routières, ferroviaires et fluviales.

**AICARD (Jean)** ♦ Écrivain français (Toulon 1848 - Paris 1921). Poète et auteur dramatique (*Le Père Lebonnard*, 1889), il écrivit des romans où revit sa Provence natale : *Le Roi de Camargue* (1890) et le populaire *Maurin des Maures* (1908). [Acad. fr. 1909] ➜ **ÉTYM.** Ce nom de famille vient du germanique *Aichard*, nom de personne, de la racine *aig-* *(aigan)* «posséder» et *hard* «fort».

**AÏCHA** ou **ʿĀʾICHA BINT ABŪ BAKR** ➜ **ÉTYM.** en ar. *ʿāʾisha* «vivante» ♦ Fille d'Abū Bakr et épouse favorite du prophète Mahomet (La Mecque v. 614 - Médine 678). Elle joua un rôle politique important du vivant du prophète et après sa mort, intervenant dans la controverse successorale en soulevant une partie des musulmans contre Ali* quand il fut choisi comme calife. À la «bataille du Chameau» (656, près de Bassora) elle fut capturée par les partisans d'Ali, ramenée à Médine, et libérée sous condition de ne plus se mêler de politique. Vénérée surtout par les sunnites, elle fut surnommée «mère des croyants».

**AICHINGER (Gregor)** ♦ Compositeur et organiste allemand (Ratisbonne 1564 - Augsbourg 1628). Élève de R. de Lassus* à Munich et de A. Gabrieli à Venise, il reçut la prêtrise à Rome. Vicaire à la cathédrale d'Augsbourg, il a surtout composé de la musique d'église et introduit en Allemagne l'usage de la basse continue.

**AICHINGER (Ilse)** ♦ Femme de lettres autrichienne (Vienne 1921). Femme de G. Eich* et membre du Groupe* 47, elle a écrit un roman sur les persécutions raciales contre les Juifs dont elle eut elle-même à souffrir (*Un plus grand espoir*, 1948), et des nouvelles de style surréaliste (*L'Enchanté*, 1957), exprimant dans ses œuvres l'angoisse et la solitude de l'homme moderne.

**Aïda** → ÉTYM. n. forgé par le librettiste, ou p.-ê. même par l'égyptologue Mariette, auteur du sujet, pour évoquer l'Égypte (il existe *Aïta* en égypt.) ♦ Opéra en 4 actes de G. Verdi*, composé à la demande du khédive Ismaïl* Pacha, et créé au Caire en 1871. L'œuvre repose sur une intrigue imaginée par l'égyptologue Mariette Bey : Aïda, esclave éthiopienne, et Radamès, jeune général égyptien, s'aiment ; mais Amnéris, la fille du Pharaon, aime également le jeune homme. Poussée par son père, prisonnier comme elle, Aïda entraîne Radamès à lui révéler un secret militaire : les deux jeunes amants sont condamnés à mourir enterrés vivants.

**AIDIT (Dipa Nusantara)** ♦ Homme politique indonésien (Belitung v. 1923 - Solo 1965). Arrivé à Java en 1938, membre du Parti communiste indonésien (PKI), il participa à la résistance contre les Japonais puis contre les Néerlandais. En août 1945, il fit partie du noyau de jeunes gens qui poussèrent Sukarno à proclamer l'indépendance. C'est au moment où la gauche socialiste fut au pouvoir (1945 - 1948) qu'il s'affirma comme l'un des jeunes cadres politiques d'avenir. Il fit du PKI l'une des grandes organisations politiques indonésiennes après 1952 (presque 17 % des voix aux élections de 1955). Aidit devint ministre sans portefeuille en 1962. Après le coup d'État de sept. 1965, l'armée engagea une gigantesque chasse aux communistes. Aidit fut arrêté puis abattu sommairement en nov. 1965.

**AIFFRES** [79230] → ÉTYM. du surnom lat. *Afer* «l'Africain» ou du germ. *Aifredus*, n. de pers. ♦ Comm. des Deux-Sèvres, arr. de Niort. 4 598 hab.

**AIGLE** n. f. ou m. – en lat. ***Aquila*** ♦ Constellation de l'hémisphère boréal, comparable à un oiseau aux ailes étendues. Altaïr* est son étoile principale.

**AIGLE (L')** [61300] – anc. ***Laigle*** ♦ Ch.-l. de cant. de l'Orne, arr. de Mortagne-au-Perche, sur la Risle. 8 972 hab. (aggl. 12 254). *(Aiglons)*. Église Saint-Martin des XII^e^, XV^e^ et XVI^e^ s. (vitraux et statues modernes). Restes d'un château construit au XVII^e^ s. sur les plans de Hardouin*-Mansart. Musée Juin 1944. ▪ Marché aux bovins. Petite métallurgie. Produits pharmaceutiques.

**AIGLE** → ÉTYM. du bas lat. *aquale* «cours d'eau, lit de rivière» ♦ V. de Suisse (Vaud), au débouché de la vallée des Ormonts. 8 144 hab. (aggl. Monthey-Aigle 32 469). Le château (XII^e^ - XV^e^ s.), anc. prison, est devenu le Musée vaudois de la vigne et du vin. ▪ Vignobles (vins blancs).

L'**Aiglon** ♦ Drame en 6 actes, en vers, d'Edmond Rostand* (1900). La figure romantique du duc de Reichstadt, fils de Napoléon, victime de l'implacable Metternich et qui, dans l'épreuve, reçoit le secours du fidèle Flambeau, ancien grenadier de l'Empire, a inspiré cette œuvre dont le succès populaire ne s'est pas démenti. Le rôle-titre fut créé par Sarah Bernhardt*.

**AIGNAN** ou **AGNAN** (saint) – en lat. ***Anianus*** ♦ (Vienne, Dauphiné 358 - 453). Évêque d'Orléans (391). Il sauva Orléans assiégé par Attila* (451) avec l'aide d'Aetius*. ▪ Fête le 17 nov.

**AIGOS POTAMOS** ou **AEGOS POTAMOS** → ÉTYM. gr. «fleuve de la chèvre» ♦ Riv. de la Chersonèse de Thrace. ▮ **Histoire** À son embouchure, Lysandre* infligea aux Athéniens (→ **Conon**) une défaite navale qui mit fin à la guerre du Péloponnèse* en –405.

**AIGOUAL** n. m. (mont) – anc. *ad stratem Aigoaldi* → ÉTYM. p.-ê. du germ. *Aig-wald*, n. de pers., et attraction de l'occit. *aiga* «eau» ♦ Massif granitique et schisteux, au S. du Massif central, dans les Cévennes, culminant à 1 565 m au *mont Aigoual*. Sur le versant méditerranéen, les gorges profondes alternent avec les «serres», crêtes schisteuses extrêmement découpées ; à l'O., des pentes douces rejoignent le pays calcaire des Causses. La Dourbie, la Jonte, l'Hérault y prennent leur source. De vastes étendues, plantées de hêtres et de châtaigniers à l'initiative de G. Fabre en 1875, sont aujourd'hui reboisées en résineux. Observatoire de la Météorologie nationale au mont Aigoual. Tourisme pédestre (sentiers de grande randonnée).

**AIGUEBELETTE-LE-LAC** [73610] → ÉTYM. dimin. de *Aiguebelle*, du franco-prov. «eau *(éga)* belle *(bèla)*» ♦ Comm. de Savoie, arr. de Chambéry, dans le Bugey, au N.-O. du *lac d'Aiguebelette*. 191 hab. (*Aiguebelettois* ou *Gabelans*). Station estivale.

**AIGUEPERSE** [63260] → ÉTYM. franco-prov. *égo eiparso* «eau éparse, étalée» ♦ Ch.-l. de cant. du Puy-de-Dôme, arr. de Riom. 2 504 hab. (aggl. 2 870). *(Aiguepersois)*. Église Notre-Dame (XIII^e^ et XIV^e^ s.). Aux environs, château de la Roche, où vécut Michel de L'Hospital, né à Aigueperse, et château d'Effiat, de style Louis XIII (vitraux de la manufacture de Sèvres). ▪ Indus. alimentaires.

**AIGUES-MORTES** [30220] → ÉTYM. en occit. *aigas mòrtas* «eaux mortes [stagnantes]» ♦ Ch.-l. de cant. du Gard, arr. de Nîmes, situé au milieu d'étangs et de salines, à l'O. de la Camargue. 6 012 hab. *(Aigues-Mortais)*. La ville est reliée à la mer par un canal de 6 km aboutissant au Grau-du-Roi et par le canal du Rhône à Sète. ▪ Salins. Viticulture (listel). ▮ **Histoire** Créée par Louis* IX (v. 1241) qui voulait un port sur la Méditerranée et où il embarqua pour l'Égypte (1248) et pour Tunis (1270), la ville, bâtie sur le plan régulier des bastides médiévales, est entourée de remparts construits en pierre de Beaucaire et des Baux. La tour de Constance, édifiée entre 1240 et 1249, est un puissant donjon de 40 m de haut. Dès le XIV^e^ s., les canaux menant à la mer s'envasèrent, et la ville déclina rapidement.

**AÏGUI (Guennadi Nikolaïevitch)** ♦ Poète tchouvache (Chaimoursino, Tchouvachie 1934 - Moscou 2006). Poète d'avant-garde, auteur d'une poésie imagée, écrite dans une langue concise et complexe, il écrivit ses premiers vers en tchouvache (*Au nom des pères*, 1958 ; *La Musique pour toute la vie*, 1962 ; *Le Pas*, 1964). Sa poésie fut publiée à l'étranger et ne parut en Union soviétique (en russe) que dans les années 1980 (*Sommeil-poésie*, 1984 ; *Le Temps des ravins*, 1990).

**AIGUILHE** [43000] → ÉTYM. occit. *agulha* «aiguille ; hauteur pointue» ♦ Comm. de la Haute-Loire, arr. du Puy. 1 555 hab. *(Aiguilhais)*. Sur la cheminée d'un ancien cratère haute de 82 m se trouve l'église Saint-Michel d'Aiguilhe des X^e^ et XI^e^ s.

**AIGUILLE** (mont) ♦ Sommet isolé des Préalpes françaises, dans le S. de l'Isère (2 087 m).

**AIGUILLES** (cap des) – en port. ***cabo das Agulhas*** ♦ Promontoire le plus méridional de l'Afrique du Sud, à l'E. du cap de Bonne-Espérance, il sépare l'océan Atlantique de l'océan Indien.

**AIGUILLES** [05470] → ÉTYM. occit. *aiguilhe* «petite aiguille» ♦ Ch.-l. de cant. des Hautes-Alpes, dans la vallée du Guil (Haut Queyras). 441 hab. *(Aiguillons)*. Maison du Queyras (folklore). ▪ Station d'altitude (1 475 m) et de sports d'hiver.

**AIGUILLES-ROUGES** n. f. pl. ♦ Massif des Alpes françaises du Nord, au N. du massif du Mont-Blanc, culminant à l'aiguille du Belvédère (2 965 m) et au Brévent (2 525 m). Réserve naturelle.

**AIGUILLON (Marie-Madeleine DE VIGNEROT, duchesse D')** ♦ Dame française (Glenay 1604 - Paris 1675). Nièce de Richelieu*, elle encouragea les œuvres de charité et les missions du Canada.

**AIGUILLON (Emmanuel Armand DE VIGNEROT, duc D')** ♦ Homme d'État et ministre français (1720 - Paris 1788). Arrière-petit-neveu de Marie-Madeleine d'Aiguillon*. Gouverneur de Bretagne (1753), il se heurta à l'opposition parlementaire et nobiliaire quand il voulut appliquer les mesures fiscales du gouvernement central, et son conflit avec La Chalotais aboutit à son rappel (1769). Après la chute de Choiseul*, il fut chargé des Affaires étrangères, formant un «triumvirat» avec Maupeou* et Terray*. Il ne sut pas sauvegarder l'œuvre de Choiseul et ne put empêcher le partage de la Pologne. Il fut destitué à l'avènement de Louis XVI. ♦ **Armand de Vignerot du Plessis de Richelieu, duc d'Aiguillon** (Paris 1761 - Hambourg 1800). Fils du précédent. Député de la noblesse aux États généraux (1789), hostile aux mesures de l'Assemblée législative, il fut décrété d'accusation après le 10 août 1792 et émigra en Allemagne.

**AIGUILLON** [47190] → ÉTYM. de l'occit. *agulhon* «petite aiguille» et suff. dimin. *-one* ♦ Comm. du Lot-et-Garonne, arr. d'Agen, sur le Lot, près de son confluent avec la Garonne. 4 219 hab. *(Aiguillonnais)*. Anc. château des ducs d'Aiguillon (XVIII^e^ s.).

**AIGUILLON** (baie de l') ♦ Baie de la côte du Marais poitevin, au N. de La Rochelle, abritée du large par la *pointe de l'Aiguillon*. La *digue de l'Aiguillon* (6 km), construite au XVIII^e^ s. par des ingénieurs hollandais, relie la pointe à L'Aiguillon-sur-Mer. Ostréiculture et mytiliculture. Réserve naturelle de 3 000 ha, comprise dans le parc naturel régional du Marais poitevin (oiseaux aquatiques).

**AIGUILLON-SUR-MER (L')** [85460] ♦ Comm. de Vendée, arr. de Fontenay-le-Comte, sur l'estuaire du Lay. 2 206 hab. (aggl. 3 111) *(Aiguillonnais)*. Station balnéaire. Cultures florales. Pêche. Conchyliculture.

**AIGUN** ♦ V. de Mandchourie où fut signé, en 1858, un des «traités inégaux» entre la Chine et la Russie des tsars, donnant à cette dernière des territoires chinois et la souveraineté sur la rive g. de l'Amour. → **Opium (guerre de l')**.

**AIHOLE** ou **AIHOLI** ♦ Site d'une ancienne capitale du royaume indien des Chālukya*, dans la province du Mysore, qui vit s'élaborer une brillante civilisation entre le milieu du V^e^ s. et le début du IX^e^ s.

**AIKEN (Conrad Potter)** ♦ Poète et nouvelliste américain (Savannah 1899 - *id.* 1973). Enfant, il découvrit les corps de ses parents, son père s'étant suicidé après avoir assassiné sa mère. Au cours de ses études à Harvard, il se lia d'amitié avec T. S. Eliot* et partagea sa vie entre l'Angleterre, où il fit connaître la poésie américaine, et les États-Unis où il ne se fixa définitivement qu'en 1947. Ses nouvelles (*The Short Stories of Conrad Aiken*, 1950), composées pour la plupart dans les années 1920 et 1930, portent la marque de la psychanalyse qui l'aida à surmonter le traumatisme de son enfance. Elles célèbrent l'effort de l'homme pour affronter les forces obscures cachées au fond de lui. Ses romans eurent moins de succès. Poète (*Collected Poems*, 1953), il tenta de rivaliser avec la musique (cinq *Symphonies*, 1915 - 1920) et renouvela la tradition anglo-saxonne du poème narratif.

**AIKEN (Howard Hathaway)** ♦ Mathématicien et informaticien américain (Hoboken, New Jersey 1900 - Saint Louis, Missouri 1973). En s'inspirant de travaux de Babbage*, il conçut, en 1937, le premier calculateur scientifique à relais, ASCC (Automatic Sequence Controlled Calculator) ou Harvard Mark I ; achevé en 1943 dans les usines d'IBM, ce calculateur fut immédiatement utilisé par la marine américaine, mais ne fut pas commercialisé par la suite : son gigantisme (16 m de long sur 2,60 m de hauteur), sa technologie électromécanique, sa conception décimale avec les séquences de calcul fixes le rendirent rapidement obsolète.

**AÏ KHĀNOUM** ♦ Anc. cité hellénistique du N. de l'Afghanistan (–IVe - IIe s.), au confluent de l'Amou-Daria et de la Koktcha. Importants vestiges de la civilisation gréco-bactrienne, synthèses d'éléments grecs importés et d'éléments orientaux autochtones.

Les **Ailes de la colombe** – en angl. ***The Wings of the Dove*** ♦ Roman de Henry James* (1902). Kate, à qui sa famille ruinée voudrait voir faire un riche mariage, s'éprend de Merton, journaliste sans fortune. Ayant constaté que Milly, riche orpheline, est également amoureuse du jeune homme, Kate échafaude un plan selon lequel Merton pourrait épouser Milly, promise à une mort rapide, afin d'hériter de sa fortune avant de se remarier avec elle. La partie la plus remarquable du roman se déroule à Venise, dans le palais où Milly, la «colombe», accueille Merton, et dépeint les sentiments complexes qu'il éprouve à son égard. Elle mourra en laissant son immense fortune au jeune homme, bien qu'ayant deviné le stratagème. Mais Merton se sentira tenu de renoncer à l'héritage. Par la finesse des analyses, ce roman est l'un des plus caractéristiques de l'art de James.

**AILETTE** n. f. ➝ ÉTYM. du lat. *aquila (aqua)* «(eau) d'un brun noirâtre» ♦ Riv. du dép. de l'Aisne (63 km), au N. du Bassin parisien. Affl. rive g. de l'Oise. ▮ **Histoire** Les bords de l'Ailette furent le théâtre de violents combats en 1917 et 1918. → **Chemin des Dames.**

**AILEY (Alvin)** ♦ Danseur et chorégraphe américain (Rogers, Texas 1931 - New York 1989). Après des débuts dans des ballets contemporains et classiques, il se produisit dans des théâtres puis participa à des comédies musicales et à des films (*Carmen Jones,* 1954). Son registre de danseur et chorégraphe comprenait autant la danse moderne que le jazz (*Reflections,* musique de Duke Ellington, 1964 ; *Flowers,* musique des Pink Floyd et de Janis Joplin, 1971). Il fonda sa propre compagnie, l'Alvin Ailey American Dance Theatre (1958), avec laquelle il se produisit en Europe, faisant connaître la nouvelle danse noire.

**AILLAUD (Émile)** ♦ Architecte français (Mexico 1902 - Paris 1988). Il construisit surtout des logements sociaux (Pantin, Grigny, Chanteloup-les-Vignes, Nanterre) caractérisés par un tracé non rectiligne et le recours à la polychromie. ➝ ÉTYM. Ce nom de famille vient du germanique *Agilwald ;* il est formé de *agil* (de *ac-* «lame [de l'épée]») et *waldan* «gouverner».

**AILLAUD (Gilles)** ♦ Peintre français (Paris 1928 - *id.* 2005), fils d'Émile Aillaud. L'un des membres les plus connus de la figuration narrative et du Salon de la jeune peinture, il a travaillé à une œuvre collective avec Eduardo Arroyo* et Antonio Recalcati : *Une passion dans le désert,* 1965, inspirée de bandes dessinées. À partir de 1972, il réalisa des décors de théâtre. À un métier brillant il adjoint une méditation existentielle sur le passé et le devenir de l'être, dans des œuvres peintes par séries : animaux de zoo (*Singe de Bâle,* 1981), paysages minéraux, déserts (*Eau de Berne,* 1982 ; *Rochers,* 1985). Il a publié une *Encyclopédie de tous les animaux, y compris les minéraux* (4 vol., 1987 - 2000).

**AILLERET (Charles)** ♦ Général français (Gassicourt, Yvelines 1907 - île de la Réunion 1968). Premier responsable du commandement des armes spéciales (1951 - 1960), il fut chargé de la recherche nucléaire militaire (fabrication de la première bombe atomique française expérimentée à Reggane, 1960).

**Ailleurs** ♦ Recueil poétique d'Henri Michaux* (1948) rassemblant trois voyages imaginaires : *Voyage en Grande Garabagne* (1936), récit d'une exploration fabuleuse ; *Au pays de la magie* (1941), parcours magique de l'action verbale ; *Ici, Poddema* (1946) qui met en avant un peuple bizarre, uniquement soucieux de perception physique.

**AILLY (Pierre D')** ♦ Prélat et théologien français (Compiègne 1350 - Avignon 1420). Chancelier de l'université de Paris, confesseur de Charles VI (1389), évêque du Puy (1395), puis de Cambrai (1397), cardinal (1411), il participa au concile de Constance et tenta de mettre fin au Grand Schisme* d'Occident en proposant la réforme de la curie romaine et la création d'un concile général. Il est également l'auteur d'un ouvrage intitulé *Imago mundi,* qui le fait apparaître comme un précurseur de Copernic*.

**AILLY-SUR-SOMME** [80470] ➝ ÉTYM. anc. *Alliacum,* du lat. *Allius,* n. de pers., et suff. *-acum* ♦ Comm. de la Somme, arr. d'Amiens. 3 322 hab. (aggl. 5 310 hab.).

**AIME** [73210] ➝ ÉTYM. du lat. *Aximus,* n. de pers. gallo-rom., ou de *Aximo,* n. d'une divinité locale ♦ Ch.-l. de cant. de la Savoie, arr. d'Albertville, sur l'Isère. 3 229 hab. *(Aimerains).* Vestiges gallo-romains. Basilique Saint-Martin du XIe s. bâtie sur deux édifices d'époque romaine et mérovingienne. ▪ Sports d'hiver à La Plagne.

**AIMÉE (Nicole Françoise DREYFUS, dite Anouk)** ♦ Actrice française (Paris 1932). Sa beauté étrange, un peu diaphane, a été bien mise en valeur dans *Le Rideau cramoisi* (1951), *Montparnasse 19* (1958), *La Tête contre les murs* (1959), *Lola* (1961), *Huit* et demi* (1963), et, dans une gamme mineure, *Un homme et une femme* (1966). On la retrouve, presque inchangée, dans *La Tragédie d'un homme ridicule* (en Italie, 1981).

**Anouk Aimée dans *Lola*, film de Jacques Demy.**
*BIS/Phot. Raymond Cauchetier/Coll. Archives*

**Aimeri de Narbonne** → **Aymeri de Narbonne**

**AIN** n. m. ➝ ÉTYM. anc. *Igneus,* puis *Hinnis,* d'une rac. hydronym. prélatine *inn* (→ Inn) ♦ Riv. du Jura, née au S. du plateau de Nozeroy (200 km). Elle rejoint le Rhône en amont de Lyon et alimente, ainsi que ses affluents, une quinzaine de centrales hydroélectriques dont la plus importante est celle de Vouglans.

**AIN** n. m. [01] ➝ ÉTYM. du n. de la riv. ♦ Dép. du S.-E. de la France, région Rhône-Alpes. 5 762 km$^2$. 515 270 hab. CH.-L. : Bourg-en-Bresse. CH.-L. D'ARR. : Belley, Gex, Nantua. Cour d'appel : Lyon. Académie : Lyon. → **Rhône-Alpes.**

**AÏN BEÏDA** ➝ ÉTYM. berbère «la source *(aïn)* blanche [claire] *(beïda)*» – anc. ***Daoud*** ♦ V. d'Algérie (wilaya d'Oum el-Bouaghi), située sur les hauts plateaux. 67 011 hab.

**AÏN DEFLA** ➝ ÉTYM. berbère «la source *(aïn)* des lauriers roses *(defla)*» – anc. ***Duperré*** ♦ V. d'Algérie, ch.-l. de wilaya, dans la plaine du Chéliff. 33 355 hab.

**AÏN M'LILA** ➝ ÉTYM. du berbère *aïn* «œil [source]» et *amlàl* «blanc» [par ext. «endroit aride, sablonneux»] ♦ V. d'Algérie (wilaya d'Oum el-Bouaghi), au S. de Constantine. 47 983 hab.

**AÏN SÉFRA** ➝ ÉTYM. berbère «la source *(aïn)* jaune *(séfra)*» ♦ V. d'Algérie (wilaya de Naama), au pied des monts des Ksour. 27 987 hab. Située sur les confins sahariens, la ville est menacée par les crues et par l'avancée des dunes.

**Ainsi parlait Zarathoustra** – en all. ***Also sprach Zarathustra*** ♦ Poème philosophique de Nietzsche* (1883 - 1885). Exprimée en une prose lyrique et visionnaire où abondent les symboles, cette œuvre, tout en dénonçant les valeurs millénaires de la morale établie, issue surtout du christianisme, est le chant de la transmutation générale des valeurs, du dépassement de l'homme. Il inspira à Richard Strauss un poème symphonique (1896).

**AÏN TÉMOUCHENT** ♦ V. d'Algérie, ch.-l. de wilaya, à l'O. des monts du Tessala. 49 812 hab. Agriculture, pêche. Centre touristique.

**AÏNU(S)** ou **AÏNOU(S)** n. m. (pl.) ➝ ÉTYM. aïnu «homme» ♦ Nom générique donné à diverses tribus de chasseurs et de pêcheurs d'origine paléosibérienne, animistes, demeurant actuellement dans les îles de Sakhaline*, de Hokkaidō et des Kouriles* (Chishima). Ils n'ont pas d'écriture, mais un riche folklore oral. Au nombre d'environ 10 000, métissés pour la plupart, ils semblent voués à disparaître mais ont été reconnus en tant que peuple indigène par le Japon en 2008.

**AÏR** ou **AZBINE** ➝ ÉTYM. *Aïr :* p.-ê. de *Ir* ou *Irou* «caravanes» ♦ Massif montagneux du Sahara méridional (1 944 m au mont Greboun), dans le N. du Niger, habité par des Touaregs. Importants gisements de minerais. → **Agadès, Arlit.**

**AIRE** n. f. ♦ Riv. d'Angleterre, affl. rive g. de l'Ouse.

**AIRE** n. f. – anc. *Ageira, Agira* ♦ Riv. de Lorraine (131 km). Née dans le Barrois, elle longe le massif forestier de l'Argonne et se jette dans l'Aisne au S.-E. de Vouziers.

**AIRE-SUR-L'ADOUR** [40800] – anc. *Atura, Atra* ♦ Ch.-l. de cant. des Landes, arr. de Mont-de-Marsan. 6 003 hab. (aggl. 7 306) *(Aturins).* Évêché (résidence à Dax). Église romane Sainte-Quitterie-du-Mas (portail gothique) ; dans la crypte, sarcophage de sainte Quitterie, princesse wisigothe (IV$^e$ s.). ▪ Centre national d'études spatiales. Marché des volailles. Foies gras.

**AIRE-SUR-LA-LYS** [62120] ➝ ÉTYM. du lat. *area* «surface plane ; marché» ♦ Ch.-l. de cant. du Pas-de-Calais, arr. de Saint-Omer. 9 661 hab. (aggl. 10 598) *(Airois)*. Collégiale Saint-Pierre de style flamboyant et Renaissance (buffets d'orgues du XVII$^e$ s.). Maison du Bailliage (v. 1600). Hôtel de ville et beffroi (XVIII$^e$ s.). ▪ Indus. alimentaires.

**Aire** (canal d') ou canal d'**Aire à La Bassée** ♦ Canal du N. de la France (40 km), unissant la Lys à la Deûle.

**Air France** ♦ Compagnie française de transports aériens, régie par une loi du 16 juin 1948 avec le statut de société d'économie mixte. La compagnie succéda à l'ancienne société anonyme Air France, fondée en 1933. Desservant 77 pays, elle contrôle Air Inter, devenue Air France Europe après leur fusion en 1997. En 2003, la création d'une holding avec la compagnie néerlandaise KLM consacre la privatisation d'Air France. Air France-KLM, qui détient un quart de la compagnie Alitalia depuis 2009, est le premier groupe européen du transport aérien.

**AIRLANGGA** ou **ERLANGA** ♦ Roi de Java oriental (de 1019 à 1049), fils d'un souverain de Bali*. À partir de 1028, il entreprit la conquête de l'E. de Java*. Son règne fut glorieux tant par les faits d'armes que par le développement qu'il donna aux lettres et aux arts. À sa mort, son royaume fut partagé entre ses deux fils.

**AIROLO** ♦ V. de Suisse (Tessin) sur le Tessin, à l'extrémité S. du tunnel du Saint-Gothard. 1 602 hab.

**AIRVAULT** [79600] ➝ ÉTYM. langue d'oïl «vallée *(vau)* dorée *(oire)*» ♦ Ch.-l. de cant. des Deux-Sèvres, arr. de Parthenay. 3 097 hab. *(Airvaudais)*. Église Saint-Pierre, anc. abbatiale remarquable par la juxtaposition des styles poitevin (XII$^e$ s.) et angevin (XIII$^e$ s.). Bâtiments conventuels.

**AIRY** (sir **George Biddell**) ♦ Astronome britannique (Alnwick, Northumberland 1801 - Londres 1892). Auteur de la première analyse complète de l'arc-en-ciel, il découvrit les anneaux de diffraction qui portent son nom, conçut plusieurs instruments d'optique et, en géologie, esquissa une théorie de la répartition des masses de l'écorce terrestre sous l'effet de la pesanteur (isostasie).

**AISÉN** ➝ ÉTYM. de l'angl. *Ice End* «fin de la glace» ♦ Région admin. du Chili méridional située face à l'archipel de Chonos. 82 000 km$^2$. 91 000 hab. CAP. : Coihaique. Activités pastorales, forestières et minières. Pêche de coquillages.

**AISNE** n. f. ➝ ÉTYM. anc. *Axona,* rad. hydronym. prélatin *Ax- ;* probablt du proto-indo-eur. *°apsa* «rivière» et suff. *-ōna,* fréquent dans les n. de cours d'eau d'Europe de l'Ouest ♦ Riv. du Bassin parisien (300 km), affl. de l'Oise. Née dans l'Argonne, elle arrose Sainte-Menehould, Rethel et Soissons. L'Aire et la Vesle sont ses principaux affluents.

**Aisne** (batailles de l') ♦ Combats livrés aux abords de la rivière lors de la Première Guerre mondiale, notamment en 1917 (➝ **Chemin des Dames**) et en 1918 au cours de l'offensive allemande qui créa la poche de Château*-Thierry (seconde bataille de la Marne*). ▪ En 1940, l'offensive allemande sur l'Aisne fut menée à partir du 6 juin par von Rundstedt et Guderian. Les Allemands atteignirent Château-Thierry le 9 et, malgré la résistance de De Lattre (Rethel), Châlons-sur-Marne et Vitry-le-François le 13, Belfort le 17.

**AISNE [02]** n. m. ➝ ÉTYM. du n. de la riv. ♦ Dép. du N. de la France, région Picardie. 7 369 km$^2$. 535 842 hab. CH.-L. : Laon. CH.-L. D'ARR. : Château-Thierry, Saint-Quentin, Soissons, Vervins. Cour d'appel : Amiens. Académie : Amiens. ➝ **Picardie.**

**aïssaouas**

n. m. pl. – en ar. *ʿīsāwiya* ♦ Nom donné aux membres d'une confrérie mystique musulmane répandue en Afrique du Nord et fondée à Meknès par Muḥammad ibn ʿĪsā, mort en 1525. Ses membres s'adonnent aux pratiques des convulsionnaires et atteignent l'insensibilité physique au moyen de danses sur place autour d'un feu. Ils jouèrent un rôle politique au Maroc (XV$^e$ s.).

**AISTOLF** ou **ASTOLPHE** ♦ (mort en 756). Roi des Lombards (749 - 756). Il chassa les Byzantins de l'exarchat de Ravenne* en 752, mais fut battu en 754 - 756 par Pépin* le Bref, roi des Francs, que le pape Étienne II avait appelé à son aide.

**AÏT AHMED (Hocine)** ♦ Homme politique algérien (Aïn el-Hammam, Grande Kabylie 1926). Membre du Parti du peuple algérien de Messali Hadj et admis en 1947 au sein de l'organisation spéciale chargée de préparer l'insurrection armée, il fut destitué en 1949 pour «berbérisme» et «matérialisme». Fuyant la police française, il se réfugia au Caire (1951). Arrêté en 1956 par l'armée française avec plusieurs dirigeants du FLN, il resta interné jusqu'à la fin de la guerre (1962). Élu député après l'indépendance, il créa un parti d'opposition en Kabylie (1963), le Front des forces socialistes (FFS). Arrêté, il resta en prison jusqu'à son évasion en 1966. Il rentra en Algérie en 1989 pour raviver son parti. Après la démission forcée de Chadli, il quitta le pays en 1992 pour la Suisse, en protestation contre les options sécuritaires du régime. Opposé à la suspension du processus électoral, il combattit les thèses du FIS (Front islamique du salut) et le recours à la violence. Après l'élection présidentielle de 1999, qu'il boycotta, il abandonna la direction du FFS et en devint le président d'honneur. ➝ ÉTYM. Ce nom de famille vient du berbère *aït* qui signifie «fils» et de *Ahmed**.

**AÏTMATOV (Tchinguiz Torekoulovitch)** ♦ Écrivain kirghiz (Cheker 1928 - Nuremberg 2008). Il acquit la notoriété avec une nouvelle, *Djamilia* (1958), traduite par Aragon qui la salua comme «la plus belle histoire d'amour.» Ses nouvelles (*Le Premier Maître,* 1962 ; *Adieu Goulsary !,* 1966), ses romans (*Une journée plus longue qu'un siècle,* 1980 ; *Les Rêves de la louve,* 1986), empreints de lyrisme et d'éléments allégoriques, posent les problèmes moraux de la société soviétique. Son dernier roman, *Le Léopard des neiges* (2006), défend l'idée qu'il existe une solidarité humaine pouvant transcender les engagements politiques.

**AÏUN (EL-)** ou **EL-AAÏUN** ♦ Cap. du Sahara occidental et ch.-l. de prov., à proximité de l'Atlantique, dans le N. du territoire. 183 691 hab.

**AIX** (île d') ➝ **Île-d'Aix**

**AIX-EN-PROVENCE** [13100] ➝ ÉTYM. du lat. *aqua* (ablatif pl. *aquis*) «eau» ♦ Ch.-l. d'arr. des Bouches-du-Rhône, inclus dans l'agglomération de Marseille en 1990. 134 222 hab. (aggl. 1 263 562) *(Aixois)*. De nombreux hôtels anciens et des fontaines monumentales forment une belle composition urbaine avec le cours Mirabeau, la cathédrale Saint-Sauveur (romane, rebâtie aux XIII$^e$ - XIV$^e$ s., contenant le triptyque du *Buisson ardent* de Nicolas Froment), le palais de l'Archevêché (XVII$^e$ s.), l'hôtel de ville (XVII$^e$ s.) qui abrite la bibliothèque Méjanes, l'église Sainte-Marie-Madeleine (XVII$^e$ - XVIII$^e$ s., renfermant le panneau central du triptyque de l'*Annonciation d'Aix,* XV$^e$ s.), les thermes Sextius, le musée Granet, le musée des Tapisseries et l'atelier de Paul Cézanne (musée). Grand Théâtre de Provence. ▪ Importante ville universitaire (campus d'Aix-Marseille), Aix-en-Provence s'oriente vers les domaines de la haute technologie et du tertiaire supérieur (Europôle de l'Arbois). Ville résidentielle, c'est aussi une cité thermale et touristique, célèbre pour son festival d'art lyrique (juil.). ▪ Confiserie (spécialité de calissons). Olives. ▮ **Histoire** *Aquae Sextiae,* fondée en –122 par le consul Caïus Sextius Calvinus sur l'emplacement de ses sources thermales, devint colonie sous César. Au Moyen Âge, elle fut capitale de la Provence, gouvernée par les comtes et ducs d'Anjou, dont le célèbre roi René (➝ **René I$^{er}$**). En 1409, Louis II d'Anjou (comte de Provence) y fonda une université. Louis XII, roi de France, y établit le parlement de Provence en 1501 et Aix fut rattachée à la France.

**AIXE-SUR-VIENNE** [87700] ➝ ÉTYM. p.-ê. du lat. *Axius,* n. de pers. ♦ Ch.-l. de cant. de la Haute-Vienne, arr. de Limoges. 5 466 hab. *(Aixois)*. Petit centre commercial et industriel.

**AIX-LA-CHAPELLE** ➝ ÉTYM. en all. **Aachen ;** du lat. *aqua* (ablatif pl. *aquis*) «eau» ♦ V. d'Allemagne (Rhénanie-du-Nord-Westphalie), à 5 km des frontières belge et néerlandaise. 259 334 hab. Son université technique a formé les ingénieurs de la Ruhr. Station thermale réputée depuis l'époque romaine, la ville possède d'importants monuments anciens ou restaurés. Le plus remarquable est la chapelle Palatine, bel exemple d'architecture carolingienne (d'inspiration à la fois byzantine et ravennate), érigée de 796 à 805 pour Charlemagne ; classée au patrimoine mondial de l'Unesco. Autour d'elle fut élevée une cathédrale gothique (XIII$^e$ - XV$^e$ s.). Hôtel de ville gothique (milieu XIII$^e$ s.). ▪ Centre indus. (machines, laine, verre, pneumatiques, tubes cathodiques, etc.). Endommagée pendant la Deuxième Guerre mondiale, la ville a été en grande partie reconstruite et entourée de nombreux espaces verts. ▮ **Histoire** L'ancienne *Aquae Grani* («les eaux de Granus [dieu celtique protecteur de la santé]») des Romains devint au IX$^e$ s. la résidence favorite de Charlemagne* qui y mourut en 814. Trente-six empereurs germaniques y furent couronnés de 813 à 1531. Du XVII$^e$ au XIX$^e$ s., plusieurs traités y furent signés. Le plus important est celui du 2 mai 1668, paix conclue entre l'Espagne et Louis XIV sous la pression de la Triple-Alliance*. Elle mettait fin aux guerres de Dévolution*, la France gardant une partie de la Belgique mais devant abandonner la Franche-Comté. Celui du 18 oct. 1748, négocié par Kaunitz, mit fin à la guerre de Succession* d'Autriche. ♦ ***Congrès d'Aix-la-Chapelle*** Il réunit du 29 sept. au 21 nov. 1818 les puissances de la Sainte-Alliance qui, à la demande du gouvernement français de la Restauration, décidèrent la fin de l'occupation de la France par les troupes alliées (traités de Paris). Après le début de l'évacuation (9 oct.), le plénipotentiaire français, le duc de Richelieu*, fut invité à participer au Congrès ; ainsi, la France entrait dans la Sainte-Alliance.

**AIX-LES-BAINS** [73100] ➝ ÉTYM. du lat. *aqua* (ablatif pl. *aquis*) «eau» ♦ Ch.-l. de cant. de la Savoie, arr. de Chambéry, sur la rive E. du lac du Bourget. 25 732 hab. (aggl. 38 391) *(Aixois)*. Vestiges romains. Musée d'archéologie. Hôtel de ville, anc. château des marquis d'Aix (XVI$^e$ s., restauré). Musée Faure (peintures impressionnistes, sculptures de J.-B. Carpeaux et A. Rodin, souvenirs de Lamartine). ▪ Station thermale et climatique.

**AIX-NOULETTE** [62160] ♦ Comm. du Pas-de-Calais, arr. de Lens. 3 836 hab.

**AIZENAY** [85190] ♦ Comm. de la Vendée, arr. de La Roche-sur-Yon. 6 095 hab. *(Agésinates)*.

**AJACCIO** [20000] ➝ ÉTYM. du pré-bas lat. *adjacium* «halte, lieu de repos» ou du gréco-latin, *Ajax*, n. de pers., et suff. *-ium* ♦ Ch.-l. du dép. de la Corse-du-Sud, sur la côte occidentale de l'île, au fond du *golfe d'Ajaccio*. 52 880 hab. *(Ajacciens* ou *Ajacéens)*. Évêché. Citadelle (XVIe s.). Cathédrale Renaissance (XVIe s.). Maison Bonaparte (XVIIe s.), où naquit Napoléon Ier. Musée installé dans le palais Fesch : importante coll. de peintures italiennes (XIVe - XVe s. : triptyque de l'école de Rimini ; *Vierges* de G. Bellini, G. Boccati, S. Botticelli. XVIe - XVIIe s. : second *Homme au gant* de Titien, *Léda et le Cygne* de Véronèse, œuvres des écoles florentine, siennoise et romaine ; portraits par O. Leone et ensemble unique en France de natures mortes, surtout napolitaines). ▪ Ville tertiaire et admin. Commerce grâce au port. Tourisme. ▮ **Histoire** Anc. cité romaine, la ville fut fondée sur son site actuel par l'Office de Saint-Georges (1492) et demeura purement génoise jusqu'à sa prise, en 1553, par S. Corso. Le XVIIe s. marque le début de la croissance de la cité mais son véritable essor, dû à des facteurs essentiellement politiques, date du XVIIIe s. : réunie à la France (1768), Ajaccio devint chef-lieu du département du Liamone (1793), puis de la Corse (1811). Siège de l'Assemblée de Corse, créée en 1982.

**AJANTA** ♦ Site historique et archéologique de l'Inde occidentale au N.-O. d'Hyderabad*, connu pour son ensemble de 29 grottes bouddhiques creusées dans le roc et ornées de sculptures et de peintures, dont l'exécution se poursuivit presque sans interruption du -IIe s. jusqu'au VIIe s. Ces grottes sont célèbres pour la perfection des peintures murales et des sculptures qui les décorent et pour leur curieuse architecture «en creux», imitée de l'architecture en bois.

**Ajanta.** Couple de figures divines, milieu ve s. *Phot. © Arch. Smeets*

**AJAR (Émile)** ➝ ÉTYM. russe «braise» ♦ Pseudonyme utilisé par Romain Gary*.

**AJAX** – er gr. *Aias* ♦ Nom de deux héros homériques. ♦ **AJAX.** Roi de Salamine*, fils de Télamon *(Telamônios)* et demi-frère de Teucer. Dans *L'Iliade** il est le plus vaillant des Grecs après Achille*. Après la mort de celui-ci, il revendique ses armes, mais les autres chefs lui préfèrent Ulysse*. Devenu fou, il égorge alors un troupeau de moutons, croyant immoler les Grecs. Ayant reconnu son erreur, il se tue. ♦ **AJAX.** Roi des Locriens, fils d'Oïlée *(Oïleus)*. Ayant violenté la prêtresse Cassandre dans le temple d'Athéna*, après la prise de Troie, il périt dans un naufrage.

**AJDUKIEWICZ (Kazimierz)** ♦ Logicien et épistémologiste polonais (en Galicie 1890 - Varsovie 1963). Ses théories logiques procèdent des vues du Cercle de Vienne (*Sprache und Sinn*, 1934). Dans son évolution vers l'empirisme, il s'appuie essentiellement sur une sémantique incluant la pragmatique.

**AJIP ROSIDI** ♦ Écrivain indonésien (Java-Ouest 1938). D'une précocité et d'une productivité exceptionnelles, il est l'auteur de romans (*Voyage de noces*, 1958 ; *Fils de la patrie*, 1985) ; de nouvelles (*Années mortes*, 1955 ; *En famille*, 1956) ; de poèmes («Fête», 1956 ; *Serpent et Brume*, 1973) ; d'essais sur la littérature et la société indonésiennes, d'anthologies littéraires et d'études sur sa culture régionale (sundanaise, c'est-à-dire de Java-Ouest). Sa *Correspondance* du Japon (1980-2002), où il a longtemps résidé tout en participant activement aux débats intellectuels de son pays, a été publiée en 2008.

**AJJER(S)** [adʒɛʀ] n. m. (pl.) ♦ Confédération de Touaregs du N., vivant dans la région du Tassili* des Ajjers dans le Sahara algérien.

**AJLUN** ♦ V. du N. de la Jordanie. 7 289 hab. Forteresse du XIIe s. De nombreux réfugiés palestiniens s'y sont installés.

**AJMAN** ♦ Émirat de la fédération des Émirats arabes unis, proche du sultanat d'Oman. 206 997 hab. Le plus petit émirat de la fédération. Contrairement aux autres, il ne recèle que peu de pétrole.

**AJMER** ♦ V. de l'Inde (Rajasthan). 490 138 hab. Anc. capitale d'un État princier. Fort rajput. Grande Mosquée (XIIIe s.). ▪ Industrie (cuir, laine, pharmacie).

**AJOIE** n. f. ➝ ÉTYM. en all. *Elsgau*, du précelt. *°alis* («Allaine» n. de riv.) et du germ. *gau* «région» (latinisé en *gaudia* «joie») ♦ Région de Suisse (Jura) située aux confins de la France (Doubs, Territoire de Belfort, Haut-Rhin). V. PRINC. : Boncourt, Porrentruy.

**AKABA** ou **AQABA** ➝ ÉTYM. anc. *Ezion Gaber* ; en ar. *al 'Aqabat* «l'escarpement» ♦ Port de Jordanie (prov. de Maan), situé au fond du golfe d'Akaba, face au port israélien d'Eilat*. 80 059 hab. Raffinerie de sucre et raffinerie de pétrole. Port relié aux régions minières par un réseau routier.

**AKABA** ou **AQABA** (golfe d') ♦ Golfe de la mer Rouge, dans le prolongement de la mer Morte, qui sépare l'Arabie saoudite de la presqu'île du Sinaï. À l'extrémité N. du golfe se trouvent le port jordanien d'Akaba et le port israélien d'Eilat. Dès 1948, un conflit opposa l'Égypte à Israël à propos des détroits de Tiran et de Charm al-Cheikh qui contrôlent l'accès à Eilat. Le 17 mai 1967, la décision de Nasser d'interdire le passage des navires israéliens dans ces détroits fut considérée par Tel-Aviv comme un *casus belli*. Et, le 5 juin 1967, Israël déclencha la deuxième guerre israélo-arabe (guerre des Six Jours).

**AKADEMGOROD** ➝ ÉTYM. russe «cité des savants» ♦ V. de Russie, en Sibérie occidentale, au S.-E. de Novossibirsk. Env. 35 000 hab. Cité édifiée à partir de 1958 et consacrée à la recherche scientifique pure et appliquée, afin d'accélérer le développement économique de la Sibérie. Siège de la section sibérienne de l'Académie des sciences de la Russie regroupant 22 instituts de recherche.

**AKAKIA (Martin Sans-Malice,** dit en gr.**)** ♦ Médecin de François Ier, mort v. 1551. Son petit-fils, Jean, fut médecin de Louis XIII. ▪ Nom sous lequel Voltaire ridiculisa Maupertuis.

**AKAN(S)** n. m. (pl.) ➝ ÉTYM. p.-ê. mot local *kan* «il a dit» ♦ Peuples d'Afrique occidentale originaires du N.-E. du Ghana d'où ils ont émigré au XVe s. vers le S.-E. Dotés de structures politiques centralisées, ils sont célèbres pour la finesse de leurs objets en or (masques royaux, pendentifs, poids à peser l'or). → **Achantis, Agnis, Baoulés.**

**AKBAR (Jalāl al-Dīn Muḥammad)** ➝ ÉTYM. ar. «plus grand» ♦ Empereur moghol des Indes (Umarkot 1542 - Agra 1605), fils et successeur de Humāyūn*. Il monta sur le trône en 1556, agrandit les domaines de son père, conquit le Gujarat (1573) et le Bengale (1576), mena à bien de nombreuses réformes administratives et créa une ville nouvelle à Fatehpur-Sikrī, non loin d'Agra*. Il inaugura en Inde l'art de la miniature, protégea les lettrés (en particulier son historiographe Abū*-l Fazl) et fonda une nouvelle religion (Dīn-i* ilāhī), syncrétisme de l'islam, du christianisme et des doctrines hindoues. Son fils Salīm se révolta en 1601, fit assassiner Abū-l Fazl (1603) et, à la mort d'Akbar, lui succéda sous le nom de Jahāngīr*.

**AKECHI Mitsuhide** ♦ Chef de clan japonais (1526 - 1582) et officier d'Oda* Nobunaga. Révolté contre ce dernier, il l'assiégea par surprise à Kyōto et l'obligea à se donner la mort, se nommant lui-même shogun. Mais il fut battu et tué treize jours plus tard par un autre général d'Oda Nobunaga, Hideyoshi*.

**AKERLOF (George A.)** ♦ Économiste américain (New Haven 1940). Il est connu pour ses travaux sur «les marchés avec asymétrie d'information» permettant de déterminer comment certains agents économiques détiennent davantage d'informations que leur contrepartie. Il a analysé la crise financière de 2009, y voyant davantage de causes psychologiques, notamment la confiance — les économistes omettant généralement de prendre en compte les individus — que de causes considérées comme rationnelles car liées aux lois de l'économie : *Les Esprit animaux — Comment les forces psychologiques mènent la finance et l'économie* (2009). [Prix Nobel d'économie 2001, avec M. Spence* et J. Stiglitz*]

**AKERMAN (Chantal)** ♦ Cinéaste belge (Bruxelles 1950). Formée à l'Insas, l'école belge du cinéma, elle opta dès ses longs métrages, *Hôtel Monterey* (1972) et *Je, tu, il, elle* (1974), pour un style dédramatisé, hyperréaliste. Ces traits se retrouvent dans *Les Rendez-vous d'Anna* (1978) et *Nuit et Jour* (1991). En 1996, elle s'essaie à une comédie plus légère avec *Un divan à New York*.

**AKHAIA** → Achaïe

**AKHDAR** (djebel) n. m. ➝ ÉTYM. ar. «montagne verte» ♦ Chaîne montagneuse du sultanat d'Oman bordant à l'O. la plaine de la Batinah.

**AKHETATON** → **Tell el-Amarna**

**AKHİSAR** – anc. *Thyateira*, en fr. *Thyatire* ♦ V. de Turquie, en Anatolie occidentale, au N. de Manisa. 96 393 hab. ▪ Centre de commerce. Fabrication de tapis. ▮ **Histoire** Ce fut l'une des sept Églises de l'Apocalypse.

**AKHMATOVA (Anna Andreïevna GORENKO, dite Anna)** ➝ ÉTYM. du n. tatar d'une aïeule ♦ Poète russe (Bolchoï Fontan, près d'Odessa 1886 - Leningrad 1966). Épouse de N. S. Goumilev*, elle fut une brillante représentante de l'acméisme* et publia dès 1912 plusieurs recueils de vers qui la placèrent d'emblée au rang des grands poètes du siècle (*Le Soir*, 1912 ; *Le Rosaire*, 1914 ; *La Volée blanche*, 1917 ; *Anno Domini MCMXXI*, 1922). Déclarée «étrangère à l'esprit de la littérature soviétique» par le comité central, classée par Jdanov parmi les «représentants de l'obscurantisme réactionnaire et de la trahison» (1946), elle ne fut réhabilitée qu'après la mort de Staline. Elle a laissé un cycle tragique autobiographique consacré aux victimes de la répression des années 1930 (*Requiem*, 1935 - 1940, publ. 1963) et un recueil introspectif, *Poème sans héros* (1960). On lui doit aussi de remarquables études critiques sur Pouchkine.

**AKHNATON** ou **AKHENATON** ➝ ÉTYM. «le Serviteur du disque solaire», de l'égypt. *āḫen* «prendre plaisir» et *aton* «globe solaire» ♦ Nom que prit, dès le début de son règne, Aménophis IV, pharaon de la XVIII^e^ dynastie (v. –1375 - –1354), fils d'Aménophis* III et époux de Néfertiti*. Cet être débile, aux hanches de femme, au masque prognathe, fut l'un des plus grands mystiques de l'histoire. Il bouleversa les destinées de l'empire pharaonien par l'audace de ses réformes. Il abolit le culte d'Amon* auquel il substitua celui d'Aton*, le disque solaire ; puis il abandonna Thèbes pour fonder une nouvelle capitale, Akhetaton (l'«horizon du disque solaire», auj. Tell* el-Amarna). Répudiant le vaste syncrétisme de la religion officielle, il engagea l'Égypte dans la voie du monothéisme, affirmant la bonté providentielle du Soleil qui chaque matin fait renaître la vie. Souhaitant une émancipation profonde des individus, le pharaon hérétique proclama l'abandon du passé au profit d'une nouvelle liberté. Cette révolution religieuse s'accompagna donc d'une révolution esthétique qui donna naissance à un art nouveau, réaliste jusqu'à la caricature (**→ Tell el-Amarna**) et à une littérature mystique à laquelle contribua le souverain lui-même par son *Grand Hymne* (que paraphraseront les Psaumes). Mais, absorbé par ses activités religieuses, le «roi ivre de Dieu» négligea la politique étrangère et laissa l'Égypte perdre toutes ses possessions extérieures (Mitanni, Syrie, Palestine). Son successeur Toutankhamon* rétablit l'ordre ébranlé.

**Akhnaton.** Aménophis IV, la reine Néfertiti et leurs enfants. Staatliches Museum, Berlin. *Phot. ©Arch. Smeets*

**AKHṬAL (AL-)** ♦ Poète arabe (v. 640 - v. 710). Originaire de la tribu chrétienne de Taghlib, il fut un propagandiste des Omeyades*. ➝ ÉTYM. Ce nom arabe signifie probablement «aux oreilles pendantes», de *khathala* «être mou».

**AKIBA BEN JOSEPH** ♦ Docteur juif (en Judée v. 50 - 135). Il établit un classement systématique des matériaux de la Mishnah*, développa une exégèse mystique interprétant la moindre lettre du texte biblique, fut le plus grand défenseur du caractère inspiré du Cantique* des cantiques. Il fut le maître de Siméon* Bar Yohai et d'Aquila (**→ Septante**). Emprisonné par les Romains lors de la révolte de Bar* Kokhba, il mourut sous la torture à Césarée.

**AKIHITO** ♦ 125^e^ empereur du Japon (Tōkyō 1933). Il a succédé à son père Hirohito* en 1989. *Heisei* «Accomplissement de la paix» est le nom de son ère dynastique.

**AKJOUJT** – anc. *Fort-Repoux* ♦ Loc. de Mauritanie, reliée par route à Nouakchott. 70 000 hab. Cité minière (cuivre). Projet de développement d'une mine aurifère.

**Akihito.**
*Phot. ©Mitsuhiro/Gamma*

**AKKAD** ou **AGADÉ** ♦ V. non identifiée de l'anc. Mésopotamie, qui donna son nom à la région située au N.-O. de Sumer. La puissance d'Akkad commença avec Sargon l'Ancien, dit Sargon d'Agadé (v. –2340), fondateur d'un empire sémitique qui domina la Babylonie et Sumer, s'étendit peut-être jusqu'en Anatolie (princ. souverains : Urumush, Manishtusu, Naram-Sin), mais s'effondra sous les incursions des Goutéens (v. –2250). Durant la période akkadienne, l'économie connut un essor particulier : l'aménagement d'un système d'irrigation permit l'extension des terres arables, la métallurgie du bronze se développa et le commerce avec le peuple de la vallée de l'Indus atteignit son apogée. Dans le domaine culturel, l'akkadien (écrit en caractères cunéiformes) remplaça la langue sumérienne, réservée exclusivement au domaine religieux, et contribua à la constitution d'une littérature écrite.

**AKKAR** ou **AQQAR** ♦ Plaine agricole du Liban, située au N.-E. de Tripoli. Gisements pétrolifères non exploités. Vestiges phéniciens et romains.

**AKLAVIK** ➝ ÉTYM. inuktituk «lieu *(vik)* de l'ours brun *(akla)*» ♦ Loc. du Canada (Territoires du Nord-Ouest), sur la rive g. du Mackenzie (bras O. du delta). 594 hab. Centre admin. des Inuits. Pêche et chasse. ▮ **Histoire** À l'origine, Aklavik était un poste de traite établi en 1912 par la Compagnie de la baie d'Hudson.

**AKMOLA** → Astana

**AKOLA** ♦ V. de l'Inde (Maharashtra). 399 978 hab. Industrie du coton.

**AKOSOMBO** ♦ Barrage du Ghana, sur la Volta, formant le lac Volta. Centrale électrique. Construit à l'initiative du président Nkrumah*, il devait permettre l'industrialisation de l'E. du pays et le traitement de l'aluminium à Tema.

**AKOUNINE (Grigori Chalvovitch TCHKHARTICHVILI, dit Boris)** ♦ Écrivain russe d'origine géorgienne (en Géorgie 1956). Il fut, de 1993 à 2000, le rédacteur en chef de la revue de littérature étrangère *Inostrannaïa Literatoura* et réalisa parallèlement plusieurs traductions de l'anglais et du japonais, supervisa une anthologie de la littérature japonaise en 20 volumes et écrivit sous le pseudonyme de B. Akounine (en hommage à Bakounine) des romans policiers historiques aux intrigues résolues par Eraste Pétrovitch Fandorine puis, depuis 2000, par son petit-fils Altyn Tolobas.

**AKRON** ➝ ÉTYM. gr. «haut» ♦ V. des États-Unis (Ohio), au S. du lac Érié et de Cleveland. 217 074 hab. dont 24 % de Noirs. Akron fait partie de l'agglomération de Cleveland (2 945 831 hab.). ▪ Indus. du caoutchouc (usines Goodyear et Firestone), chimique, mécanique et aéronautique.

**AKSAKOV (Sergueï Timofeïevitch)** ♦ Écrivain russe (Oufa 1791 - Moscou 1859). Il a laissé une série de récits sur la nature et sur la vie des propriétaires terriens, dont le plus célèbre est *Chronique de famille* (1856).

**AKSELROD** ou **AXELROD (Pavel Borissovitch)** ♦ Homme politique russe (1848 ou 1850 - Berlin 1928). Il fit partie avec Plekhanov et Vera Zassoulitch du groupe «Libération du travail» qui propagea le marxisme en Russie. Avec eux et Lénine, il participa à la création de *l'Iskra*. Au II^e^ congrès du parti ouvrier social-démocrate russe (1903), il se rallia à la fraction menchevik (dirigée par Martov), se déclara contre la révolution socialiste d'oct. 1917 et émigra.

**AKSENOV** ou **AXIONOV (Vassili Pavlovitch)** ♦ Écrivain russe (Kazan 1932 - Moscou 2009). Fils de militants communistes condamnés en 1937, il acquit une grande popularité en publiant des romans sur la jeunesse de la période du «dégel» (*Les Collègues*, 1960 ; *Billet pour les étoiles*, 1961 ; *Les Oranges du Maroc*, 1963). Il fut l'un des initiateurs, en 1979, de l'almanach *Métropole* publié en samizdat. Émigré aux États-Unis en 1980, il y publia des romans autobiographiques (*Une brûlure*, 1980 ; *À la recherche de «Melancholy Baby»*, 1987), *Une saga moscovite* (1994) sur l'histoire soviétique de 1924 à 1953 et *Le Doux Style nouveau* (1999) ou les tribulations d'un émigré russe aux États-Unis.

**AKṢOBHYA** ➝ ÉTYM. sanskr. «inébranlable» ♦ Un des «grands Jina*» du panthéon bouddhique des écoles du Nord, hypostase ou manifestation du Bouddha Śākyamuni Gautama*, correspondant au

«Bouddha prenant la terre à témoin des mérites acquis dans ses vies antérieures». Il se nomme Ashuku Nyorai dans le bouddhisme japonais.

**AKSOUM** ou **AXOUM** ♦ Cap. religieuse de l'Éthiopie, dans la prov. du Tigré. 44 629 hab. Le royaume d'Aksoum, né des migrations arabes à partir du Ve s. et des relations avec les royaumes sabéens, fut la première puissance politique en terre éthiopienne. L'influence de l'Arabie du Sud se manifeste par la présence de hautes et étroites stèles sculptées de 10 à 20 m figurant des maisons à étages comme au Yémen. D'après la tradition copte éthiopienne, l'arche d'Alliance, volée dans le temple de Jérusalem par Ménélik Ier, fils du roi Salomon et de la reine de Saba, est cachée dans la cathédrale d'Aksoum. Les rois éthiopiens ont toujours fait confirmer leur légitimité par des cérémonies dans cette cathédrale.

**AKSU** → ÉTYM. kirghiz «eau *(su)* blanche *(ak)*» ♦ Oasis de Chine, région autonome du Xinjiang. 381 300 hab. Mines de mercure et de plomb. Gypse et quartz. Élevage. Aquaculture.

**AKTAOU** → ÉTYM. de 1964 à 1991 ***Chevtchenko*** ♦ V. du Kazakhstan, ch.-l. de la région de Manguistaou. 143 396 hab. Ville nouvelle (créée en 1963) et port sur la mer Caspienne desservant le gisement d'hydrocarbures de la péninsule de Manguychlak. Indus. métallurgique et chimique. Centrale nucléaire alimentant une usine de désalinisation d'eau de mer.

**AKTIOUBINSK** → Aqtöbe

**AKUREYRI** ♦ V. et port du N. de l'Islande, ch.-l. de la prov. de Nordurland, au fond de l'Eyja Fjordhur. 17 278 hab. Important marché agricole et centre indus. Principal port de la côte N. (morue, hareng).

**AKUTAGAWA Ryūnosuke** ♦ Romancier et essayiste japonais (Tōkyō 1892 - *id.* 1927). Ses nouvelles sont écrites dans une langue très pure, où le fantastique, l'étrange et le merveilleux tiennent une grande place. Parmi ses œuvres les plus connues, *Rashōmon* (1915), *Le Nez* (*Hana*, 1916), *Akuma no Tabako* («Le Tabac du diable», 1916), *Engrenage* (*Haguruma*, 1927), *Imogayu* (posth. 1931). En son honneur est décerné le prix Akutagawa, équivalent au Japon du prix Goncourt.

**ALĀ AL-DĪN KHILJĪ** ♦ Sultan turc de Delhi (de 1296 à 1316). Conquérant hardi, d'une impitoyable cruauté, il conquit le Dekkan avec l'aide de son général Mālik* Kāfūr et y causa de terribles destructions. Il repoussa les Mongols qui s'étaient installés en Inde. On pense qu'il fut empoisonné par Mālik Kāfūr qui prit alors le pouvoir.

**ALĀ AL-DĪN RIAJAT SJĀH AL-KAHAR** ♦ Sultan musulman du royaume d'Aceh* (pointe nord de Sumatra) de 1537 à 1571. En 1563, attaqué par les Portugais, il envoya en vain une ambassade à Constantinople pour demander l'aide des Turcs contre ses agresseurs.

**ALABAMA** n. m. → ÉTYM. de *Alibamu*, n. d'une tribu indienne choctaw «nous nous tenons ici» ou «nous nettoyons la route à travers la forêt» ♦ Fleuve du S. des États-Unis, formé par le confluent de deux rivières en amont de Montgomery. Il traverse l'État d'Alabama et se jette dans le golfe du Mexique (baie de Mobile).

**ALABAMA** n. m. → ÉTYM. du n. du fl. ♦ État du S.-E. des États-Unis. → **États-Unis** (carte). 105 145 km². 4 417 100 hab. dont 26 % de Noirs. CAP. : Montgomery. ▮ **Géographie** La partie N. de l'Alabama est montagneuse. L'extrémité S.-O. des Appalaches et du plateau du Cumberland pénètre dans l'État après avoir traversé le Tennessee. La région contient de nombreux lacs (notamment lacs de barrages le long de la riv. Tennessee et de la Coosa). Le S. de l'État est formé par la plaine côtière du golfe du Mexique et s'abaisse jusqu'à la frontière de la Floride et, à l'O., jusqu'à la mer (baie de Mobile). Le climat est tempéré chaud, assez humide. ▮ **Économie** L'agriculture était traditionnellement fondée sur le coton, aujourd'hui supplanté en importance par l'élevage. L'État recèle du charbon, du fer, du gaz naturel et du pétrole ainsi que le plus grand gisement de marbre blanc connu au monde. Le développement industriel (sidérurgie, textiles, chimie, indus. alimentaire) va de pair avec la concentration (plus de 45 % des hab. dans les 6 principales agglomérations). L'Alabama possède un des grands centres de la Nasa (à Huntsville). Il accueille les capitaux japonais. ▮ **Histoire** La région, explorée par Hernando de Soto* (1540), occupée par les Britanniques (1763 - 1783) et par les Espagnols (1783 - 1813), devint un État en 1819.

**ALACOQUE** → Marguerite-Marie Alacoque (sainte)

**ALADIN** → ÉTYM. en ar. *'Alā' al-Dīn* «élévation *('alā')* de la religion *(ad-dīn)*» ♦ Personnage des *Mille* et Une Nuits*. Fils d'un modeste tailleur, guidé par un sorcier, il trouve au centre de la Terre une lampe magique qui lui apporte la fortune. ▪ Œuvre dramatique d'Adam Oehlenschläger (1805), tirée des *Mille et Une Nuits*.

**ALAGNON** n. m. → ÉTYM. anc. *ad Alanionem*, probablt combin. de deux rac. hydronym. précelt. *Al- (Allier*)* et *Anio, -ionis (Aa*)* ♦ Riv. du Massif central (80 km), affl. de l'Allier.

**ALAGOAS** → ÉTYM. corrupt. du port. *as lagoas* «les lagons» ♦ État du Brésil (région Nordeste) → **Brésil** (carte). 29 107 km². 2 823 000 hab. CAP. : Maceió. Canne à sucre, tabac, coton.

**ALAGUEZ** n. m. ♦ Massif volcanique d'Arménie qui culmine au pic Aragats (4 090 m) et domine le lac Sevan et la ville d'Erevan.

**ALAIN (Émile-Auguste CHARTIER, dit)** → ÉTYM. en hommage au poète *Alain* Chartier* ♦ Philosophe et essayiste français (Mortagne-au-Perche, Orne 1868 - Le Vésinet 1951). Élève de J. Lagneau*, il enseigna la philosophie en province et à Paris, tout en faisant paraître ses *Propos* (1908 - 1919) dans la *Dépêche de Rouen* puis dans la *Nouvelle Revue française*. Il a voulu redonner à la philosophie sa valeur d'éthique, c'est-à-dire de réflexion sur la conduite de la vie capable d'amener l'homme à la sagesse, à une maîtrise des passions, des désordres des sens, de l'imagination et du cœur par l'esprit. Le souci de sauver l'homme de toutes les tyrannies s'affirme dans ses positions politiques, son radicalisme libéral et démocratique. Plus qu'un créateur de système philosophique, Alain, à l'exemple de Socrate, a voulu être un maître à penser et un éducateur, et a donné de l'existence une approche quasi phénoménologique. Princ. ouvrages : *Système des beaux-arts*, 1920 ; *Mars ou la Guerre jugée*, 1921 ; *Éléments d'une doctrine radicale*, 1925 ; *Souvenirs concernant Jules Lagneau*, 1925 ; *Les Idées et les Âges*, 1927 ; *Propos sur le bonheur*, 1928 ; *Idées*, 1932 ; *Vigiles de l'esprit*, 1942 ; *Les Dieux*, 1947.

**ALAIN (Jehan)** ♦ Organiste et compositeur français (Saint-Germain-en-Laye 1911 - tué au combat, près de Saumur 1940). Élève de Marcel Dupré, improvisateur à l'imagination féconde, il a laissé 24 compositions pour orgue, des pages pour le piano *(Suite monodique)* ainsi que des œuvres vocales (messes, motets). ♦ **Marie-Claire Alain** (Saint-Germain-en-Laye 1926). Sœur de Jehan Alain. Élève de Marcel Dupré et de Maurice Duruflé, elle compte parmi les plus grands organistes français.

**ALAIN DE LILLE** – en lat. ***Alanus ab Insulis*** ♦ Théologien et écrivain (Lille entre 1115 et 1128 - Cîteaux 1203). Appelé Docteur universel, il fut recteur de l'université de Paris, où il enseigna la théologie, cherchant à déterminer les règles de cette discipline par rapport à la dialectique et à la grammaire. Il est l'auteur d'une allégorie morale *De planctu naturae* (qui a influencé le *Roman* de la Rose* de Jean* de Meung) et de l'*Anticlaudianus*.

**ALAIN-FOURNIER (Henri Alban FOURNIER, dit)** ♦ Romancier français (La Chapelle-d'Angillon, Cher 1886 - Les Éparges 1914). Il quitta le Berry et la Sologne pour venir à Paris préparer le concours d'entrée à l'École normale supérieure ; lié avec son condisciple Jacques Rivière* (qui devait épouser sa sœur Isabelle), il engagea avec ce dernier une importante *Correspondance* (1905 - 1914, publ. 1926 - 1928) où il analysait ses goûts littéraires. Son unique roman, *Le Grand* Meaulnes* (1913), connaissait le succès quand l'écrivain fut porté disparu au combat en sept. 1914. Ses restes, retrouvés et identifiés en 1991, ont été inhumés en 1992 dans la nécropole nationale de Saint-Rémy-la-Calonne (Meuse).

**ALAIN(S)** n. m. (pl.) → ÉTYM. du sarmate *ala* «montagne» ♦ Peuple nomade d'origine iranienne établi dans le Caucase septentrional puis en Asie Mineure d'où il fut chassé par Probus* v. 280. Vaincus par les Huns* au IVe s., les Alains se dispersèrent ; certains passèrent en Lusitanie* et furent anéantis par les Wisigoths*, d'autres en Afrique avec les Vandales*, d'autres en Gaule. Ils disparurent au Ve s.

**ALAJMO (Roberto)** ♦ Écrivain et journaliste italien (Palerme, 1959). Il met en scène la Sicile de la Mafia, sondant le caractère de l'île (*Un cœur de mère*, 2003), décrivant la folie de ses habitants (*Les Fous de Palerme*, 2004) et leurs secrets cachés en s'inspirant éventuellement de faits réels (*Fils de personne*, 2005).

**ALAJUELA** ♦ V. du Costa Rica, ch.-l. de prov. 222 853 hab. Située sur le plateau central, elle constitue la partie occidentale de la conurbation de San* José. Aéroport international. ♦ **PROVINCE D'ALAJUELA.** 9 753 km². 716 000 hab. Café. Élevage.

**ALAMAN(S)** ou **ALÉMAN(S)** n. m. (pl.) → ÉTYM. en lat. ***Alamanni*** ; du germ. *alaman* «tous *(ala)* les hommes *(man)*» ♦ Groupement de tribus germaniques (dont les Suèves* et les Semnons) établies d'abord sur le cours moyen et inférieur de l'Elbe. Apparus sur le Main en 213, les Alamans se heurtèrent aux empereurs romains Caracalla* (214), Sévère* Alexandre (233) et Maximin* Ier (237) qui réussirent à les contenir derrière le *limes* du Rhin. Mais dès 260 ils avancèrent jusqu'à Milan où ils furent écrasés par Gallien* (261) et s'installèrent dans les champs Décumates*, entre le Main et le lac de Constance, puis dans le N. de l'Helvétie. Poussés par les Huns en 406, ils franchirent le Rhin près de Mayence, mais furent refoulés par Aetius*. Ils étaient contenus au S. par les Burgondes* et au N. par les Francs*, qui devaient bientôt se rendre maîtres de toute la Gaule. Après avoir été vaincus par Clovis* Ier à Tolbiac (496), ils acceptèrent la suzeraineté franque et formèrent le duché d'Alémanie*. Ils furent convertis à partir du VIIe s. par les moines irlandais saint Colomban* et saint Gall* et rédigèrent leur loi (*Pactus* ou *Lex Alamannorum*). Après la suppression de leur duché par Charles Martel au VIIIe s., ils se rangèrent contre Louis le Pieux du côté de Louis le Germanique dont le traité de Verdun* les fit dépendre à partir de 843. ▪ Les Français, appliquant à toute la Germanie le nom de leurs voisins *Alamans*, l'appelèrent *Allemagne*.

**ALAMEIN (EL-)** – en ar. **AL-ALAMAYN** ♦ Loc. d'Égypte à l'O. d'Alexandrie. ▮ Histoire Point le plus avancé de l'offensive de Rommel* en juin 1942, elle fut la base de départ de la contre-offensive de Montgomery*.

**Alamūt** ➝ ÉTYM. dial. local «nid *(amut)* d'aigle *(aluh)*» ♦ Forteresse de Perse au N.-O. de Qazvīn. Fondée en 868, elle fut la résidence du grand maître des ismaïliens nizarites de 1090 à 1256 (→ **assassins**).

**ÅLAND** (îles d') – en finnois ***Ahvenanmaa*** ♦ Archipel de Finlande, à l'entrée du golfe de Botnie. 1 527 km². 6 500 îles et îlots (la plus grande, Åland, a 640 km²). 27 153 hab. CH.-L. : Mariehamn. Liaison par ferry avec Stockholm, Turku et Helsinki. ▪ La population, de langue suédoise, vit essentiellement de l'agriculture, de l'élevage et de la pêche (hareng).

**ALANYA** ♦ V. de Turquie, en Asie Mineure, sur la côte méditerranéenne, sous-préfecture de la prov. d'Antalya. 91 713 hab. Doit à son site, promontoire couronné par une forteresse d'époque seldjoukide (XIIIe s.) et encadré par deux baies au pied de la chaîne du Taurus, d'être devenue une des plus importantes stations balnéaires de la Turquie méditerranéenne.

**ALAOUITES** ou **ALAWITES** n. m. pl. – en ar. ***ʿAlawiyūn*** ♦ Dynastie fondée au XVIIe s. par les chérifs marocains du Tafilalet et qui règne encore au Maroc. ▪ Nom donné également aux membres de la secte chiite dissidente des Nusayris en Syrie, dont fait partie le président Assad et qui, depuis son accession au pouvoir, joue un rôle politique de premier plan. ➝ ÉTYM. Ce nom vient de l'arabe *ʿAlawi* et signifie «descendants d'Ali».

**ALAPPUZHA** – anc. ***Alleppey*** ♦ Port de l'Inde (Kerala), sur la côte de Malabar. 282 727 hab. Traitement et exportation des épices et du coprah.

**ALARCÓN Y ARIZA (Pedro Antonio DE)** ♦ Écrivain espagnol (Guadix 1833 - Valdemoro 1891). Après des études de droit et une formation religieuse, il devint journaliste à Cadix, puis à Madrid *(El Latigo)*, défendant des positions libérales et anticléricales. En 1860, découragé, il s'engagea pour la campagne d'Afrique *(Journal d'un témoin de la guerre d'Afrique)*, puis voyagea *(De Madrid à Naples)*. Sa formation d'autodidacte, sa culture hétérogène et les désillusions de la vie se retrouvent dans ses romans qui marquent son retour à un catholicisme intransigeant. *Le Scandale* (1875) évoque une crise et un sacrifice moral, dans un climat religieux. *Le Tricorne* (1874), rendu célèbre par le ballet de Manuel de Falla*, est un court récit dans la tradition picaresque où la poésie et la fraîcheur des sentiments, la gaieté et la pureté du style ne vont pas sans quelque moralisme. ➝ ÉTYM. Ce nom de famille vient de *Alarcón*, village de Nouvelle-Castille (du germanique *alarik* «Alaric») probablement fondé par Alaric Ier, et *Ariza*, du basque *ariz* «chêne».

**À la recherche du temps perdu** ♦ Œuvre romanesque de Marcel Proust*, composée de 7 parties : *Du côté de chez Swann* (1913), *À l'ombre des jeunes filles en fleurs* (1918 ; prix Goncourt 1919), *Le Côté de Guermantes* (1920), *Sodome et Gomorrhe* (1922), et, posthumes, *La Prisonnière* (1923), *Albertine disparue* (1925), *Le Temps retrouvé* (1927). Elle est tout à la fois confession et documentaire social, enquête psychologique et chronique poétique. Suivant une composition cyclique et une structure complexe qui trouve son unité dans l'emploi du *Je*, le narrateur entreprend d'évoquer l'évolution qui le conduisit, enfant nerveux et maladivement attaché à sa mère, puis jeune bourgeois esthète et mondain, fasciné par les «intermittences du cœur», à une découverte essentielle. Le seul moyen de «retrouver» le «temps perdu», en utilisant les éclairs de la mémoire involontaire, portés par les «correspondances furtives», est, pour l'écrivain, de se perdre dans la souffrance et la mort et de se transmuer en une œuvre d'art. Comprenant «qu'il existait autre chose, réalisable par l'art sans doute, que le néant», le narrateur entreprend, comme ses héros l'écrivain Bergotte, le peintre Elstir, le musicien Vinteuil, de «dégager l'essence de nos sensations en les réunissant, pour les soustraire aux contingences du Temps, dans une métaphore». Évoquant la société qu'il fréquenta, Proust fut amené à peindre le petit monde snob du début du XXe s., où bourgeoisie riche (le clan des Verdurin) et aristocratie (les Guermantes) finissent par fusionner et se niveler. Sensible aux altérations que le temps apporte dans le champ de la vie intérieure, Proust excelle à montrer comme, en un même individu, les désirs et les affections, soumis aux puissances inconscientes de l'imaginaire, restent relatifs et provisoires *(Un amour de Swann)*. Le déroulement si ample et musical des phrases, l'utilisation subtile des images et des métaphores, l'impressionnisme du récit, «supporté en quelque sorte, pour imiter la mémoire involontaire..., par une grâce, un pédoncule de réminiscences» *(Lettre à René Blum)*, la technique du monologue intérieur, le caractère clos du texte qui transmue son objet apparent en l'essence de l'écriture font de cet ouvrage, d'abord mal accueilli, un des jalons principaux de l'histoire littéraire universelle.

**ALARIC Ier** ♦ (delta du Danube v. 370 - Cosenza 410). Roi des Wisigoths (395 - 410). L'un des commandants des Goths au service de Théodose*, après la mort de ce dernier, il envahit une partie de l'Empire, dévastant la Thrace, la Macédoine (395), imposant un tribut à Athènes. Nommé gouverneur d'Illyrie par l'empereur Arcadius, qui espérait le neutraliser, il attaqua l'empire d'Occident (Honorius) et envahit l'Italie du Nord (402). Repoussé par Stilicon* (Vérone), il revint en Illyrie. Honorius ayant manqué à lui payer tribut, il envahit de nouveau l'Italie et réussit à s'emparer de Rome* (410). Avant de mourir il pilla l'Italie du Sud et tenta d'envahir la Sicile. ➝ ÉTYM. Le nom de ce roi vient du germanique *Alarik*, formé de *ala* «tout» et *rik* «puissant».

**ALARIC II** ♦ Roi des Wisigoths (de 484 à 507). Fils et successeur d'Euric, il régna sur la plus grande partie de l'Espagne et sur la Gaule au S. de la Loire. Il promulgua en 506 un code pour ses sujets gallo-romains, dit le *Code* (ou Bréviaire) *d'Alaric*. Il fut battu et tué par Clovis* à la bataille de Vouillé*.

**ALASKA** n. m. ➝ ÉTYM. du mot inuit *alakskaq* «la grande terre» ou «l'endroit où la mer se brise» ♦ État des États-Unis situé au N.-O. du Canada. → **États-Unis** (carte). 1 518 700 km² (c'est le plus grand État de l'Union). 626 932 hab. (Indiens, Inuits, Blancs). La population s'est accrue de 76 % en 40 ans. CAP. : Juneau. ▮ Géographie On peut diviser cet État, qui correspond à l'extrémité N.-O. des Rocheuses, en 3 régions. Le S. comprend de très hautes montagnes : les monts Wrangel, la chaîne côtière canadienne, la chaîne de l'Alaska (Alaska range) avec le point le plus élevé de l'Amérique du Nord (mont McKinley, 6 194 m) ; cette chaîne se prolonge par la péninsule volcanique de l'Alaska (l'éruption du Katmai en 1912 a été la plus importante du XXe s.), les îles Aléoutiennes et l'île Kodiak. La côte, surtout dans sa partie S.-E., où elle est longée par la frontière canadienne, présente de nombreuses îles (archipel Alexander, etc.). L'intérieur, jusqu'à la chaîne de Brooks (Brooks range), présente de larges vallées (notamment celle du Yukon) et des montagnes moins élevées. Au N.-O., la péninsule de Seward borde le détroit de Béring et s'approche de la frontière russe. La zone arctique, enfin, marécageuse en été, est séparée du Yukon par les monts Brooks ; elle est riche en pétrole et gaz naturel. Le climat est océanique et relativement modéré au S. ; l'intérieur a un climat continental et très froid l'hiver (jusqu'à –57 °C). L'État fédéral détient 60 % du territoire de l'Alaska. ▮ Économie Le pétrole et le gaz naturel constituent la principale richesse de l'État. Depuis 1977, un oléoduc relie le gisement de Prudhoe Bay au port de Valdez. Mais cette exploitation comporte des risques écologiques comme l'a prouvé l'accident du pétrolier qui s'est échoué en 1989 au large de Valdez et a détruit la faune et la flore. Depuis 1971, les autochtones détiennent une part importante de l'exploitation minière de l'État : l'or, le cuivre, le charbon, le fer forment d'énormes réserves. L'industrie de la pêche (saumon, flétan, crabe) équivaut en importance économique à l'exploitation minière ; conserveries. L'agriculture (surtout légumes et baies) est remarquablement développée au regard de la latitude. Commerce et indus. des fourrures, du bois. Les difficultés de communication entravent le développement économique. Trafic aérien considérable. ▮ Histoire Exploré en 1741 par Béring, l'Alaska, alors peuplé d'Eskimos et d'Indiens (Haïdas, Tingits, Athapascans), fut racheté aux Russes par les Américains en 1867. Le pays se développa rapidement avec la ruée vers l'or (surtout de 1885 à 1907 → **Klondike**). La *route de l'Alaska*, reliant Fairbanks aux États-Unis par la Colombie-Britannique (2 500 km), fut construite en 1942 à la suite de l'occupation des îles Aléoutiennes par les Japonais. L'Alaska est devenu le 49e État des États-Unis en 1959. Un très grave tremblement de terre en a ravagé le S. en 1964. La fin de la guerre froide a modifié la vie économique et sociale de l'État.

**Alaska.** Pêche au trou dans la mer de Béring gelée.
*Phot. © Charles Lénars*

**ALAUNGPAYA** connu des Européens sous le nom d'**Alompra** ♦ (1712 - près d'Ava 1760). Roi de Birmanie (1752 - 1760). Petit chef d'un village du centre de la Birmanie, il réussit à agrandir ses territoires et à unifier le pays. Il donna à Dagon le nom de Yangon (Rangoon), c'est-à-dire «fin de la lutte». Il combattit les Français établis à Syriam, mais échoua dans une tentative de conquête du Siam et mourut lors de la retraite de ses armées.

**ALAUNGSITHU** ♦ Roi birman de Pagan* (1112 - 1167), successeur de Kyanzittha. Il embellit sa cité et rédigea un code de lois. Son fils Narathu l'étouffa et lui succéda.

**ÁLAVA** n. m. ➛ ÉTYM. p.-ê. du basque *araiiar* «pays entre montagnes» ou *ara* «plaine» et *ba* «d'en bas» ♦ L'une des trois provinces du Pays basque espagnol. 3 047 km². 305 459 hab. CH.-L. : Vitoria. Vignobles réputés *(Rioja alavesa)*.

**ALAWITES** → **Alaouites**

**ALBA** ♦ V. d'Italie, dans le Piémont (prov. de Cuneo), sur le Tanaro. 29 510 hab. Centre d'indus. agroalimentaires (vins et liqueurs). Indus. du fer.

**ALBACETE** ➛ ÉTYM. de l'ar. *Al-Basīt* «l'étendue plate» ♦ V. d'Espagne (Castilla-La Mancha), ch.-l. de prov., sur un affluent du Júcar*. 164 771 hab. Coutellerie. Marché agricole.

**ALBAINS** (monts) – en it. ***Colli Albani*** ♦ Massif volcanique de l'Italie anc. (949 m), dans le Latium, au S.-E. de Rome, ensemble de cônes et de cratères qui dominaient Albe*. Oliviers et vignobles réputés (vin des Castelli).

**ALBA IULIA** – en hongr. ***Gyulafehérvár***, en all. ***Weissenburg*** ♦ V. de Roumanie centrale (Transylvanie), sur le Mureş, ch.-l. du distr. d'Alba. 66 842 hab. Cathédrale romano-gothique Saint-Michel (XIIe s.). Riche bibliothèque fondée en 1794 par le comte de Batthyány. ▮ **Histoire** Capitale de la première union de trois principautés roumaines (1600 - 1601). Le 1er déc. 1918, l'union de la Transylvanie avec la Roumanie y fut proclamée.

**ALBANE (Francesco ALBANI, dit en fr. L')** ♦ Peintre, décorateur et dessinateur italien (Bologne 1578 - *id.* 1660). D'abord élève de Calvaert*, il entra à l'académie des Carrache* vers 1595. Il devint l'aide d'Annibal Carrache vers 1601 - 1602, notamment au palais Farnèse*. Il travailla surtout à Rome et à Bologne où il s'établit définitivement à partir de 1625. Auteur de grandes décorations à fresque et de retables (chapelle majeure de Sainte-Marie de la Paix, à Rome), il est surtout célèbre pour ses compositions mythologiques d'un style élégiaque et suave (*Histoire de Vénus et de Diane*, 1621 - 1623).

**ALBANI** ♦ Illustre famille italienne, originaire d'Albanie, qui se réfugia en Italie au XVIe s. et qui a donné un pape, Clément* XI et plusieurs cardinaux dont ALESSANDRO ALBANI (Urbino 1692 - Rome 1779). Il rassembla dans son palais (la *villa Albani*) une importante collection d'antiquités.

## ALBANIE

▮ n. f. – off. ***république d'Albanie*** ➛ ÉTYM. pré-indo-eur. °*alb* «hauteur», ou indo-eur. °*albh* «blanc», ou illyr. *alba* «colonisation» ; en albanais ***Republika e Shqipëria*** de *shqip* «clair» ♦ Pays de la péninsule Balkanique. 28 748 km². 3 170 048 hab. en 2008 *(Albanais)* dont 3 % de Grecs. LANGUE : albanais, divisé en dialectes guègues au N. et tosques au S., de part et d'autre du fl. Shkumbin. La langue littéraire est fondée essentiellement sur les seconds. RELIGIONS : musulmans (70 %), orthodoxes (20 %), catholiques (10 %). MONNAIE : lek. CAPITALE : Tirana.

Albanie.

▮ **GÉOGRAPHIE** L'Albanie est aux trois quarts montagneuse, avec des chaînes qui prolongent le système dinarique, dépassant couramment les 2 500 m et culminant au Maja e Korabit ou Golem Korab pour les Macédoniens (2 764 m). Au S., la chaîne côtière d'Himara domine la Riviera albanaise. Plus au N., le littoral est bordé de plaines dont la plus large, la Myzeqe, atteint 50 km de large. Le climat, méditerranéen, est influencé vers l'intérieur par l'altitude et la continentalité. Les précipitations, abondantes sur les montagnes, alimentent le système d'irrigation.

▮ **ÉCONOMIE** ▮ **Agriculture** L'Albanie était autrefois un pays agropastoral où le tchiflik (variante ottomane du latifundium) a subsisté jusqu'au lendemain de la Deuxième Guerre mondiale. Les communistes, au pouvoir dès la Libération, procédèrent à une réforme agraire puis collectivisèrent les terres (coopératives et fermes d'État) ainsi que le reste de l'économie, gérée de façon centralisée et planifiée. Ils recherchèrent l'autosuffisance alimentaire, bonifiant les marais, créant des réseaux d'irrigation, aménageant des terrasses de culture sur les versants des collines. Si la production de céréales (blé, maïs), de tabac et de coton, de betterave à sucre, la viticulture et l'arboriculture (agrumes sur la Riviera méridionale) ont considérablement progressé, l'élevage est resté médiocre. De plus, la sylviculture est négligée et la forêt, théoriquement importante (38 % du territoire), n'est souvent qu'un simple maquis. ▮ **Industrie** Dans le domaine industriel, l'objectif des communistes fut de construire un système de production complet sur la base des ressources nationales, au mépris des économies d'échelle. Le pétrole extrait au S.-E. de la Myzeqe est raffiné à Ballsh, Kuçovë, Cërrik. On trouve du lignite près de Korçë, du nickel à Pogradec, du cuivre et surtout du chrome dans les montagnes du N.-E. Un combinat sidérurgique a été achevé près d'Elbasan grâce à l'aide chinoise. L'industrie est implantée dans tout le pays, et plus spécialement dans les districts de Tirana, Durrës, Elbasan, Fier. En matière d'énergie, le pays connaît une grave crise depuis les années 1990. ▮ **Les difficultés économiques** La population a presque triplé depuis la fin de la Deuxième Guerre mondiale (1 215 000 hab. en 1950) et conserve un taux de natalité exceptionnel pour l'Europe (13 ‰ en 2008). Les ruptures politiques successives ont freiné la croissance, accentuant le caractère autarcique de l'économie. Ralentie dans les années 1980, la croissance a fait place à partir de 1990 à un effondrement associé à la crise du régime politique. Vingt ans plus tard, la privatisation est pratiquement terminée, mais l'équipement industriel est obsolète et le processus de répartition des terres a favorisé la multiplication des très petites exploitations mal équipées (1 ou 2 ha) qui se traduit par une baisse de la production, accentuée par un exode rural massif. Malgré une croissance relative dans les années 2000, l'Albanie est en proie à des difficultés économiques (chômage) qui provoquent une émigration massive vers la Grèce, l'Italie et l'Europe en général (1 million de personnes). Son retour à l'Europe lui a valu une aide extérieure surtout utilisée par les différents clans politiques dans leur lutte pour l'accession au pouvoir. De plus, les tensions géopolitiques dans les Balkans dissuadent les investisseurs. Paradoxalement, l'intégration limitée du pays à l'économie mondiale l'a préservé en partie de la crise financière de 2008.

▮ **HISTOIRE** ▮ **L'Antiquité et le Moyen Âge** La région, colonisée par les Grecs dès le -VIIe s., fit partie des royaumes d'Épire, de Macédoine, puis de l'Empire romain (-IIe s. : prov. d'Illyrie au N., de Macédoine au S.). Province de l'empire d'Orient (Épire) au IVe s., le pays passa au IXe s. sous l'autorité des rois de Bulgarie. Au XIe s.

il fut repris par Byzance, puis conquis par la Serbie au XIVe s. **▮ La domination ottomane** L'invasion turque (1435) fut retardée par la résistance du héros national Skanderbeg, mais après sa mort les Turcs parvinrent à s'implanter (1479) et le pays commença à s'islamiser. À la même époque, la côte était contrôlée par les Vénitiens qui acquirent en 1467 la principauté de Croia (Krujë), mais durent céder leurs possessions aux Turcs (1479, 1502). Plusieurs tentatives pour se libérer des Ottomans échouèrent, dont celle d'Ali Pacha (1822). **▮ L'indépendance** Après la révolte de 1912, l'Albanie fut reconnue comme principauté indépendante mais sans le Kosovo-Metohija, attribué à la Serbie et au Monténégro. Mais en 1914 les Autrichiens (au N.) et les Italiens (au S.) s'emparaient du pays. Le traité de Tirana (août 1919) reconnut son indépendance (entrée à la SDN, 1920). Ahmet Zogu* s'empara du pouvoir, se faisant proclamer roi en 1928. **▮ La domination italienne** L'Italie fasciste, qui exerçait une influence politique et économique croissante sur l'Albanie, l'envahit en avril 1939. Victor-Emmanuel III s'arrogea le titre de roi d'Albanie et des institutions fascistes s'y instaurèrent ; le pays devait servir de base de départ aux troupes italiennes pour leur tentative d'invasion de la Grèce (1940). La résistance s'organisa sous la direction d'Enver Hoxha* et en liaison avec la résistance yougoslave. **▮ La république populaire** La république populaire fut proclamée en janvier 1946. D'abord strictement fidèle à la ligne soviétique (rupture avec Tito, 1948), le Parti communiste albanais désavoua la déstalinisation, puis, rompant avec l'URSS (1961), s'aligna sur la Chine maoïste. Après avoir rompu avec celle-ci (1978), l'Albanie voulut «compter sur ses propres forces». **▮ La démocratisation** Mais les difficultés s'accumulèrent et Ramiz Alia, successeur d'Enver Hoxha (mort en 1985), dut amorcer une ouverture qui, toutefois, ne sauva pas son régime. Contraint d'accepter le pluripartisme, le parti du Travail d'Albanie gagna les élections de 1991, puis prit le nom de Parti socialiste, mais perdit les élections de 1992 remportées par le Parti démocratique dont l'un des membres, Sali Berisha*, devint président de la République. En 1993 - 1994, la question de la minorité grecque entraîna des tensions avec la Grèce. La chute des sociétés d'épargne en 1996, en révélant l'ampleur des difficultés économiques et sociales dues à la transition postcommuniste, engendra une grave crise politique. Le Parti socialiste sortit vainqueur des législatives de 1997, d'où la démission de S. Berisha qui laissa la place au socialiste R. Mejdani remplacé par A. Moisiu en 2002. En 2005, S. Berisha prit la tête d'une coalition de centre-droit qui remporta les législatives. Il retrouva le pouvoir en tant que Premier ministre. Reconduit en 2009, il a posé la candidature de son pays, qui venait d'entrer dans l'Otan, à l'Union européenne et doit donc mener à bien une série de réformes (de l'administration et de la justice) et mettre un terme à la corruption.

---

**ALBANO** (lac d') ♦ Lac d'Italie, dans le Latium (prov. de Rome), occupant, au S.-E. de la capitale, l'emplacement d'un ancien cratère des monts Albains* (6 km²).

**ALBANY (Louise,** princesse **DE STOLBERG,** comtesse **D')** ♦ Princesse allemande (Mons 1752 - Florence 1824). Elle fut l'épouse de Charles* Édouard Stuart, comte d'Albany, puis, à la mort de celui-ci (1788), du poète Alfieri* et tint à Florence un salon brillant.

**ALBANY** ♦ V. des États-Unis, cap. de l'État de New York, sur l'Hudson. 294 565 hab. (zone urbaine 875 583). La ville conserve des spécimens d'architecture coloniale. Centre administratif et industriel.

**ALBARRACÍN** ♦ V. d'Espagne (Aragon), prov. de Teruel, au pied de la *sierra de Albarracín.* 1 075 hab. ▪ Vestiges de la cité médiévale et des remparts, cathédrale (XIVe s.).

**ALBARRAN (Joaquin)** ♦ Chirurgien français (Sagua la Grande, Cuba 1860 - Paris 1912). Élève de F. Guyon*, il fut un des fondateurs de l'urologie.

**ALBE (Fernando ÁLVAREZ DE TOLEDO,** duc **D')** ♦ Général et homme politique espagnol (Piedrahita 1507 - Lisbonne 1582). Après s'être illustré contre les Français (1542) et les Barbaresques, il contribua à établir la puissance de Charles Quint en écrasant la ligue de Schmalkalden* à Mühlberg* (1547). Devenu vice-roi de Naples, il prit part à la guerre contre Philippe* II et la papauté, menaça Rome et contraignit Paul* IV à traiter (1557). Il avait chassé les Français d'Italie et fut chargé de négocier le mariage de Philippe II et d'Élisabeth* de France (1559). Il fut ensuite nommé gouverneur des Pays-Bas (1567) où, avec l'appui d'une forte armée, il exerça une répression implacable. Le Conseil des troubles qu'il institua (surnommé *Bloedraad,* «conseil du sang») prononça des milliers de sentences d'exécutions dont celles des comtes de Hoorne* et d'Egmont*. Cette politique de la terreur eut pour conséquence un soulèvement de la Hollande et de la Zélande, dirigé par Guillaume* le Taciturne. Faute de ressources et d'une flotte suffisante pour lutter contre celle des Gueux*, le duc d'Albe demanda à être rappelé en Espagne (1573). Son fils, en se mariant contre la volonté du roi, provoqua la disgrâce du duc, qui fut chargé de réprimer l'insurrection du Portugal.

**ALBE la Longue** – en lat. ***Alba Longa*** ♦ Anc. ville d'Italie (Latium) au S.-E. de Rome. Longtemps en lutte contre Rome (→ **Horaces**), elle fut détruite en –665 par Tullus* Hostilius.

**ALBEE (Edward Franklin)** ♦ Dramaturge américain (Washington 1928). Adopté par le fils d'un metteur en scène de boulevard, il exerça de petits métiers, avant d'écrire en 1958 *Zoo Story,* pièce en un acte sur le conflit de personnalité entre deux hommes. Sa dissection cruelle de la société américaine dans ses aspects raciaux et familiaux (*La Mort de Bessie Smith,* 1960 ; *Le Rêve de l'Amérique,* 1961 ; et surtout *Qui a peur de Virginia Woolf ?,* 1962) a établi sa réputation. Suivirent *La Ballade du triste café* (1963, d'après Carson McCullers*), *Délicate balance* (1966), *Seascape* (1975) et *Trois Grandes Femmes* (1994). De plus en plus abstraites et métaphysiques, les œuvres d'Albee se rangent dans le «théâtre de l'absurde» et traduisent le mouvement de protestation contre les pouvoirs établis. Provocateur, proche de Jarry, Brecht, Beckett, Ionesco et Pinter, Albee excelle dans le thème de l'illusion et de la réalité : «Je ne m'intéresse pas aux problèmes qu'on peut dénouer au troisième acte [mais à la question] quelle quantité de réalité peut supporter le public.»

**ALBÉNIZ (Isaac)** ♦ Compositeur et pianiste espagnol (Camprodón 1860 - Cambo 1909). Enfant prodige, il fut un pianiste virtuose. Dans ses œuvres de maturité il s'affirma comme le créateur d'un authentique style national : *Pepita Jiménez,* opéra-comique (1896), *Catalonia,* suite symphonique (1899), et *Iberia,* 4 cahiers de 3 pièces pour piano (1905 - 1908), un des monuments du répertoire de cet instrument. Albéniz est aussi l'auteur des *Chants d'Espagne,* d'une *Rhapsodie espagnole* et d'un oratorio, *Christus.*

**ALBÈRES** (monts) ➝ ÉTYM. du pré-indo-eur. °*alb-* «hauteur» ou du lat. *albaria (terra)* «(terre) blanchie» ♦ Massif de terrains anciens issu du dédoublement des Pyrénées et s'achevant sur la Méditerranée (1 256 m au *pic Neulos*). Région de maquis et de forêts de chênes-lièges (bouchonnerie), sur des sols siliceux. → **Boulou (Le).** ▪ Carrières de granites, feldspaths potassiques.

**ALBERONI (Giulio)** ♦ Cardinal et homme politique espagnol d'origine italienne (près de Plaisance 1664 - Plaisance 1752). Il dut sa fortune au duc de Vendôme* qu'il suivit en Espagne. Négociateur du mariage de Philippe* V et d'Élisabeth* Farnèse, il fit disgracier sa protectrice, la princesse des Ursins*, et prit la direction de la politique espagnole. Il s'efforça de reconquérir les avantages perdus à la paix d'Utrecht*, de restaurer l'hégémonie espagnole en renforçant l'armée et la marine et en déployant une intense activité diplomatique dans toute l'Europe, en particulier en France contre le Régent (conspiration de Cellamare*). Mais la formation de la Quadruple-Alliance* et la politique de Dubois* aboutirent à son renvoi. Réfugié en Italie, où il fut d'abord accueilli, il put rentrer en grâce auprès d'Innocent XIII.

**ALBERS (Josef)** ♦ Peintre, dessinateur, théoricien américain d'origine allemande (Bottrop 1888 - New Haven 1976). Il entra auBauhaus* en 1920 et dirigea le cours préliminaire, avec Moholy*-Nagy d'abord, puis seul jusqu'à la fermeture du Bauhaus en 1933. Expatrié aux États-Unis, il y propagea les théories du Bauhaus, multiplia ses activités de pédagogue au Black Mountain College (Caroline du Nord) jusqu'en 1949, à Harvard, puis à Yale. Il approfondit les théories constructivistes, tendant à remplacer dans la genèse de l'œuvre d'art la sensibilité, la spontanéité, par la précision, la neutralité de la machine, par la géométrisation des formes. Il privilégia le carré, permettant un plus grand contrôle de l'intuition, mais aussi de subtiles modulations de couleurs. Dans sa série de tableaux commencée en 1950, *Homage to the Square,* les carrés de différentes couleurs, emboîtés ou juxtaposés, autorisent des jeux d'avancée ou de recul des limites, qu'il qualifia de «dures» ou de «douces» et par lesquelles il put créer l'illusion d'une troisième couleur. Il appliqua ses théories à la décoration architecturale, à de grandes peintures murales (*Constellations structurales,* 1953 - 1958), donnant l'illusion d'une troisième dimension malgré la planéité des champs colorés ; ces études firent d'Albers un précurseur de l'Op Art. Son livre *Interaction of Colour* (1963) résume ses recherches.

## ALBERT

➝ ÉTYM. forme reprise à l'all. *Albrecht* par le lat. *Albertus ;* du germ. *adal* «noble» et *berht* «fameux, célèbre» [it. *Alberto,* bret. *Alberzh,* esp. *Alberto,* all., angl. et russe *Albert ;* abrégé parfois en *Bert* en angl. et *Al* en anglo-amér.] → aussi Alberti, Auber, Aubert ♦ Nom de plusieurs personnages, classés selon les rubriques suivantes : saints ; empereurs germaniques ; Autriche ; Belgique ; Brandebourg ; Grande-Bretagne et Irlande ; Monaco ; Prusse.

### SAINTS

**ALBERT** (saint) ♦ Évêque de Liège en 1191 (Liège v. 1166 - Reims 1192). Il fut assassiné par des émissaires de l'empereur Henri VI à Reims. ▪ Fête le 21 nov.

**ALBERT le Grand** (saint) ♦ Théologien et philosophe allemand (Lauingen v. 1193 ou v. 1206 - Cologne 1280). Dominicain de formation, il fut maître de théologie à l'université de Paris (1245) où il eut saint Thomas* d'Aquin pour étudiant, puis enseigna à Cologne (1270). Grand érudit, il introduisit dans son enseignement le péripatétisme ainsi que les idées de certains néoplatoniciens ; il fit aussi connaître, tout en les critiquant, les penseurs arabes commentateurs d'Aristote mais ne parvint pas toujours à faire la synthèse d'éléments aussi divers, ni à accorder vraiment théologie et philosophie. Ses œuvres principales sont *Summa de creaturis, Commentaire des Sentences, Summa theologica* (inachevée), et un ouvrage contre «l'erreur des Arabes» écrit à la demande du pape Alexandre* IV, *De unitate intellectus contra Averroistas.* ▪ Fête le 15 nov.

### EMPEREURS GERMANIQUES

**ALBERT I^er^ DE HABSBOURG** ♦ (v. 1250 - Königsfelden, Argovie 1308). Empereur germanique (1298 - 1308). Fils de Rodolphe* I^er^ de Habsbourg, il vainquit et tua son rival Adolphe* de Nassau (1298). En butte à la résistance des cantons suisses et à l'hostilité des maisons de Thuringe et de Bohême, il ne parvint pas à restaurer l'autorité impériale. Il fut assassiné en 1308 par son neveu Jean de Souabe.

**ALBERT II DE HABSBOURG** ♦ (1397 - Neszmély, Hongrie 1439). Empereur germanique (1438 - 1439). Duc d'Autriche depuis 1404 sous le nom d'*Albert V,* roi de Hongrie (1437) et de Bohême (1438), il succéda à son beau-père, l'empereur Sigismond* de Luxembourg, et périt l'année suivante en Hongrie lors d'une expédition contre les Turcs. ▪ Père de Ladislas* V le Posthume, roi de Hongrie et de Bohême.

### AUTRICHE

**ALBERT le Pieux** ♦ (Wiener Neustadt 1559 - Bruxelles 1621). Archiduc d'Autriche, fils de Maximilien II, cardinal et archevêque de Tolède (1584), vice-roi du Portugal (1583 - 1596). En 1598, il épousa Isabelle, fille de Philippe II, qui possédait les Pays-Bas. Il y signa la trêve de 12 ans avec les Provinces-Unies.

**Albert le Pieux.**
Tableau de Rubens et Jan Bruegel, détail.
Musée du Prado, Madrid.
*Phot. © Giraudon*

**ALBERT** ♦ Archiduc d'Autriche (Vienne 1817 - Arco 1895). Fils de l'archiduc Charles*, qui combattit Napoléon I^er^, il se distingua en Italie en 1848, sous Radetzky* (victoire de Novare), et en 1866 (victoire de Custozza).

### BELGIQUE

**ALBERT I^er^** ♦ (Bruxelles 1875 - Marche-les-Dames 1934). Roi des Belges (1909 - 1934). Marié à Élisabeth de Bavière dont il eut trois enfants, il succéda à son oncle Léopold II. Il prit une part active (aux côtés des Alliés) dans la Première Guerre mondiale tant sur le plan diplomatique que sur le plan militaire, ce qui lui valut le surnom de «roi-chevalier». Après la guerre il joua dans son pays un rôle d'arbitre dans la crise économique et sociale et appuya la loi instituant le suffrage universel.

**ALBERT II** ♦ (château de Stuyvenberg 1934). Roi des Belges (1993). Fils de Léopold* III et d'Astrid* de Suède. Il devint roi à la mort de son frère Baudouin* I^er^.

**Albert II.**
*Phot. © News Belo/Gamma*

### BRANDEBOURG

**ALBERT I^er^ DE BALLENSTÄDT** dit **Albert l'Ours** en raison de son courage ♦ (Ballenstädt v. 1100 - Stendal, près de Magdeburg 1170). Premier margrave de Brandebourg* (1134 - 1170). L'empereur Lothaire* III l'ayant investi de la Lusace (ou Ostmark) en 1125, puis de l'Altmark (1134), il mena de pair évangélisation et colonisation des territoires à l'E. de l'Elbe. Il hérita le Havelland du prince slave Pribislav (1150) et prit alors le titre de margrave de Brandebourg. Protégé des Hohenstaufen, il les soutint fidèlement contre les guelfes. Il fut le premier des Ascaniens*.

### GRANDE-BRETAGNE ET IRLANDE

**ALBERT** prince **DE SAXE-COBOURG-GOTHA** ♦ Prince consort de Grande-Bretagne et d'Irlande (château de Rosenau, Thuringe 1819 - Windsor 1861). Il épousa en 1840 sa cousine, la reine Victoria*, qui lui donna le titre de prince consort en 1857. Il fut pour la reine un conseiller écouté.

### MONACO

**ALBERT I^er^** ♦ (Paris 1848 - *id.* 1922). Prince de Monaco (1889 - 1922). Fils et successeur de Charles III, il fonda le Musée océanographique de Monaco et promulgua la Constitution de 1911.

**ALBERT II** ♦ (Monaco 1958). Prince de Monaco (2005). Fils et successeur de Rainier III.

### PRUSSE

**ALBERT DE BRANDEBOURG** ♦ Premier duc de Prusse (Ansbach 1490 - Tapiau 1568). Il appartenait à la branche cadette des Hohenzollern. Passé à la Réforme sous l'influence de Luther, il sécularisa le domaine de l'ordre Teutonique* dont il était le grand maître, et fit de la Prusse un duché vassal de la Pologne (traité de Cracovie, 1525). Il fonda l'université de Königsberg. Son fils, ALBERT-FRÉDÉRIC (1553 - 1618), qui lui succéda, mourut sans héritier, et la Prusse passa aux électeurs de Brandebourg (1618).

---

**ALBERT (Alexandre MARTIN, dit l'Ouvrier)** ♦ Homme politique français (Bury, Oise 1815 - Mello, Oise 1895). Socialiste, fondateur du journal *L'Atelier,* avec Buchez et Corbon, il prit part aux divers mouvements révolutionnaires (juillet 1830, mai 1839, révolution de 1848). Il fut, avec Barbès et Blanqui, un des instigateurs de l'insurrection du 15 mai 1848. Condamné, il fut amnistié en 1859.

**ALBERT** (lac) → ÉTYM. du n. d'*Albert** prince de Saxe-Cobourg-Gotha ♦ Lac d'Afrique centrale alimenté par de petites rivières et dont le déversoir reçoit également les eaux du Nil Victoria. Il forme la frontière entre le Congo-Kinshasa et l'Ouganda. 4 500 km². Il a été découvert par Baker* en 1864 et son bassin exploré par Stanley*. La partie congolaise du lac s'est appelée Mobutu de 1971 à 1997.

**Albert** (canal) ♦ Canal de Belgique (127 km), reliant la Meuse à l'Escaut (ports d'Anvers et de Liège), nommé d'après Albert I^er^, roi des Belges. Porté au gabarit de 9 000 t entre Oelegem et Wandre, il dessert les industries de la Campine et de la région liégeoise.

**ALBERT** [80300] → ÉTYM. du n. de Charles d'*Albert,* duc de Luynes* ♦ Ch.-l. de cant. de la Somme, arr. de Péronne, sur l'Ancre. 10 065 hab. *(Albertins).* Indus. mécanique. ▪ Dans la banl. S., à Méaulte, usines d'aviation fondées par H. Potez. ▮ **Histoire** La ville s'est appelée Ancre jusqu'à la chute de Concini*, devenu marquis d'Ancre, en 1617. Elle passa alors à Charles d'Albert, duc de Luynes*, favori de Louis XIII. La ville fut en grande partie détruite au cours de la Première Guerre mondiale.

**ALBERTA** n. f. → ÉTYM. du n. de Louise Caroline *Alberta,* quatrième fille de la reine Victoria et épouse de John Douglas Sutherland Campbell, marquis de Lorne, gouverneur du Canada de 1878 à 1883 ♦ Prov. de l'O. du Canada. → **Canada** (carte). 661 848 km². 3 290 350 hab. CAP. : Edmonton. ▮ **Géographie** La province, qui fait partie de la Prairie*, est formée de plaines inclinées de l'O. vers le N. et l'E. Le S.-O. est constitué de collines et, vers la frontière de la Colombie-Britannique, de chaînes appartenant aux Rocheuses (parcs nationaux de Jasper et de Banff*). Le N. est drainé vers l'océan Arctique par la rivière Mackenzie*, le centre et le S. vers la baie d'Hudson (à travers le lac Winnipeg) par les deux rivières Saskatchewan*. ▮ **Économie** L'agriculture reste importante grâce au développement de l'irrigation : céréales ; élevage (bovins, moutons, porcs). La forêt couvre 36 % de la prov. Mais le nombre des exploitations agricoles diminue. Le fléchissement de la population rurale et la chute des prix des céréales sont compensés par une urbanisation croissante localisée entre Edmonton et Calgary et liée au développement des services. Réserves minières : charbon (1^re^ réserve du Canada : plus de 25 % de la production), pétrole (40 % de la production, en net ralentissement depuis 1982) au S.-O. d'Edmonton et près de la frontière des États-Unis. Hydroélectricité sur la Bow River (au S.-O.). Indus. alimentaires, chimiques, électroniques, dérivés du pétrole. L'économie est tributaire des transports ferroviaires (Canadian Pacific ; Canadian National : ligne Edmonton-Calgary, etc.) et routiers. Les transports aériens sont très actifs, ainsi que le tourisme. L'Alberta est plus tournée vers le Pacifique que vers l'intérieur des terres ; elle est partagée entre le régionalisme et une attitude proaméricaine. C'est la prov. la plus riche du pays. ▮ **Histoire** Ancienne partie des territoires de la Compagnie de la baie d'Hudson, puis du dominion du Canada (1869), l'Alberta fut érigée en province en 1905.

**ALBERT-BIROT (Pierre)** ♦ Écrivain français (Angoulême 1876 - Paris 1967). Fondateur de la revue *Sic* (1916), il fut l'ami d'Apollinaire et de nombreux artistes. Son œuvre comprend aussi bien des recueils poétiques (*Trente et Un poèmes de poche,* 1917 ; *Poèmes à l'autre* *moi*, 1927 ; *Cent Nouvelles Gouttes de poésies*, 1967) que des pièces de théâtre (*Matoum et Tevibar*, 1919 ; *Les Femmes pliantes*, 1923). Mais sa création la plus étonnante fut le personnage de Grabinoulor qui l'accompagna de 1918 jusqu'à sa mort. *Les Six Livres de Grabinoulor* (publication intégrale en 1991), tiennent de l'épopée, du roman et de la quête du plaisir de vivre, le tout dans un jaillissement verbal que n'interrompt aucune ponctuation.

**ALBERT DE BUXHÖVDEN ET APPELDERN** ♦ Évêque de Livonie* (v. 1160 - Riga 1229). Il fonda Riga* en 1201 et en devint le premier évêque. Il institua en 1202 l'ordre des chevaliers Porte*-Glaive.

**ALBERT DE SAXE** ♦ Philosophe, astronome, mathématicien et géologue allemand (1316 - Halberstadt 1390). En mécanique, il étudia les lois du mouvement ; en astronomie, il affirma le mouvement de rotation de la Terre ; enfin, en géologie, on lui doit une explication des modifications du littoral des continents.

**ALBERTI (Leon Battista)** ♦ Humaniste et architecte italien (Gênes 1404 - Rome 1472). D'une grande famille florentine exilée, il fit ses humanités à Venise et Padoue, du droit à Bologne, et reçut en 1431 une charge à la chancellerie pontificale. Dans ses dialogues, son *Theogonius* et surtout son traité *De la famille* (1437 - 1441), il proposa l'idéal d'équilibre et de mesure qu'il s'était lui-même efforcé d'atteindre, confiant dans la *virtù* humaine pour le réaliser. Il fut l'un des premiers à défendre la langue vulgaire, rédigeant v. 1443 la première grammaire italienne. Les sciences physiques et mathématiques l'intéressaient autant que la morale et la littérature, et l'architecture fut le point de convergence de ses diverses préoccupations. Il avait déjà composé un *De pictura* (1435), où il exposait notamment la théorie de la perspective géométrique et qu'il traduisit en italien à l'intention de Brunelleschi*, et un *De statua*. Ayant médité Vitruve*, il présenta l'architecture, dans son *De re aedificatoria* dédié à Laurent de Médicis (1485), comme l'art de la Cité par excellence ; le monument lui-même est un tout organique où les éléments doivent s'accorder à l'ensemble et entre eux avec une rigueur musicale. Sous ses directives, on modernisa à Florence la façade de Santa Maria Novella, et B. Rossellino édifia le palais Rucellai (1446 - 1451) ; à Rimini, Matteo de' Pasti rénova San Francesco, «temple» des Malatesta (*tempio malatestiano* ; 1447 - 1468). Il fournit les plans de deux églises mantouanes. ➝ ÉTYM. Ce nom de famille italien est de même origine que *Albert**.

**ALBERTI (Rafael)** ♦ Écrivain et peintre espagnol (Puerto de Santa María 1902 - *id.* 1999). Il débuta comme peintre cubiste puis connut le succès pour son recueil de poèmes, *Le Marin à terre* (1925). Il traite des thèmes simples, d'inspiration populaire, avec une puissante imagination : *El alba del alheli* («L'Aube de la giroflée», 1927), *Cal y canto* («Chaux et Pierre», 1929). Son recueil *Sur les anges* (1929) est un sommet du surréalisme espagnol. À partir de 1931, il mit son œuvre «au service du peuple et du prolétariat international», montrant la rébellion de l'homme contre toute force imposée par des valeurs politiques ou morales. Il s'exila en Argentine puis en Italie pendant la dictature franquiste, et poursuivit son œuvre poétique avec *Pleamar* («Pleine mer», 1944), *A la pintura* («À la peinture», 1945). C'est l'un des meilleurs représentants de la génération des poètes de 1927.

**Albertina (Graphische Sammlung)** ♦ Collection de plus de 65 000 dessins, env. 800 000 estampes et aquarelles, dessins et maquettes d'architecture et photographies, conservée à Vienne. Elle est constituée par la réunion en 1922 de l'ancienne «Albertina» fondée par le duc Albert de Saxe-Teschen et du cabinet d'estampes de l'ancienne Bibliothèque impériale, établie à l'origine par le prince Eugène de Savoie. On y conserve l'une des plus riches collections de dessins de Dürer et Rubens et de gravures de Dürer et Rembrandt.

**ALBERTINE** (ligne) ♦ Branche cadette de la maison de Saxe*, fondée en 1485 lors du partage des États de l'électeur Frédéric II de Saxe, parallèlement à la ligne Ernestine*. Les électeurs de Saxe de la maison Albertine furent rois de Pologne de 1697 à 1763 (➝ **Auguste II**).

**ALBERTVILLE** [73200] ➝ ÉTYM. du n. du roi Charles*-*Albert* et *ville* ♦ Ch.-l. d'arr. de la Savoie, sur l'Arly près de son confluent avec l'Isère. 17 340 hab. (aggl. 28 941) *(Albertvillois)*. Maisons anc. Musée savoyard installé dans la «Maison Rouge» (XV^e s.). Site des jeux Olympiques d'hiver (fév. 1992). ▌Histoire Albertville, créée en 1835 par le roi Charles*-Albert, s'est développée aux dépens de l'anc. place militaire de Conflans.

**ALBI** [81000] ➝ ÉTYM. anc. *Civitas Albigensium* «cité des Albigeois», p.-ê. du lat. *Albius*, n. de pers. ♦ Ch.-l. du dép. du Tarn, sur le Tarn. 46 274 hab. (aggl. 65 320) *(Albigeois)*. Archevêché. Cathédrale Sainte-Cécile (1282), puissant édifice en brique de style méridional : jubé (1485) ; grande voûte due à des artistes bolonais (1509 à 15sp12) ; porche gothique flamboyant (1520). Palais de la Berbie, forteresse avec donjon massif et enceinte fortifiée, abritant depuis 1922 le musée Toulouse-Lautrec. ▪ École des mines. La proximité du bassin houiller de Carmaux, fermé à présent, a suscité le développement d'une activité industrielle. Albi est une ville à fonction tertiaire dominante. Tourisme. ▌Histoire La ville (*Albiga* à l'époque gallo-romaine) fut réunie au X^e s. à la maison de Toulouse et rattachée à la Couronne en 1284. Centre actif de l'«hérésie» cathare aux XII^e et XIII^e s. ➝ **albigeois.**

**Albi.** Vue aérienne de la cathédrale. *Phot. ©Pix-Apa*

**ALBIGEOIS** n. m. ♦ Région d'Aquitaine située dans le dép. du Tarn, au N. de l'Agout. Polyculture à base céréalière (blé, maïs). Élevage. Cultures maraîchères.

## albigeois

n. m. pl. ♦ Nom donné aux cathares de la région d'Albi et étendu à tous ceux du midi de la France (XII^e - XIII^e s.). L'«hérésie» fut combattue par la prédication de cisterciens, par les voies ecclésiastiques normales (inquisition épiscopale), par la mission de saint Dominique* (1205) puis par l'Inquisition* (1229). Les principaux chefs albigeois furent Roger Trencavel, vicomte de Béziers, et Raymond VI, comte de Toulouse, malgré son attitude changeante. Après l'assassinat du légat Pierre de Castelnau (janv. 1208), le pape Innocent* III appela à la croisade. Celle-ci, dirigée par Simon de Montfort*, dégénéra en massacres et en appropriations. La lutte fut marquée par le sac de Béziers (juil. 1209), l'intervention de Pierre II d'Aragon en faveur de ses vassaux languedociens et sa mort à la bataille de Muret* (1213), la mort de Simon devant Toulouse (1218), l'échec de son fils Amaury VI qui dut céder devant la contre-offensive des comtes de Toulouse (1220 - 1224), l'intervention de Louis VIII (1226) et le traité de Paris (1229) qui donnait à la Couronne les terres conquises par les Montfort. Toutefois, la résistance se poursuivit ; Montségur* ne tomba qu'en 1244 et des églises cathares subsistèrent en Languedoc après 1250. ➝ **cathares.**

**ALBINONI (Tomaso)** ♦ Compositeur italien (Venise 1671 - *id.* 1750). Ami et admirateur de Vivaldi, disciple de Corelli, il composa une cinquantaine d'opéras, mais c'est son œuvre instrumentale, oubliée, puis redécouverte au XX^e s., qui en fait l'un des plus grands compositeurs italiens du XVIII^e s. J.-S. Bach a utilisé plusieurs de ses thèmes. ▪ Œuv. princ. : Sonates à 3 ; Sonates d'église (violon et violoncelle) ; Sonates pour violon et violoncelle, dites *Trattenimenti armonici* ; 6 *Sinfonie* à 4 parties ; *Sinfonie et Concerti* à 5 (dont 12 avec hautbois) ; *Balletti* à 3. Le célèbre *Adagio* est un pastiche réalisé au XX^e s. par le musicologue italien Remo Giazotto à partir d'une basse chiffrée et de quelques mesures de violon. ➝ ÉTYM. Ce nom de famille vient du latin *Albinus* (ou *Albinius*), nom de personne, de *albus* «blanc ; à la peau ou aux cheveux clairs» ou du nom de lieu *Albino*, en Lombardie.

**ALBINUS** – en lat. ***Decimus Claudius Septimus Albinus*** ♦ Général romain (v. 140 ou 150 - près de Lyon 197). Commandant en Bretagne, il se fit proclamer empereur à la mort de Pertinax* (193) en même temps que Septime* Sévère, mais vaincu près de Lyon par ce dernier, il se tua.

**ALBION** n. f. ➝ ÉTYM. lat. ***Albio***, p.-ê. rac. pré-indo-eur. *°alb-* «montagne» ou lat. *albus* «blanc» ♦ Nom antique de la Grande-Bretagne attesté chez Pline l'Ancien. Il est parfois employé pour désigner péjorativement ou ironiquement l'Angleterre (la *perfide Albion*).

**ALBION** (plateau d') ♦ Plateau calcaire du S.-E. de la France, à l'E. du Ventoux. La base de missiles balistiques, créée en 1966, a été désactivée en 1996.

**ALBIZZI** ♦ Famille de Florence du parti aristocratique qui lutta contre les Médicis* et les Alberti (XIV^e et XV^e s.).

**ALBO (Joseph)** ♦ Philosophe et prédicateur juif espagnol de Daroca, province de Saragosse (déb. XV^e s.), auteur du *Sefer ha-Ikkarim* («Livre des principes») où il établit les «dogmes» du judaïsme et combat le christianisme.

**ALBOÏN** ♦ (mort en 572). Roi des Lombards (561 - 572). Régnant en Pannonie il combattit les Ostrogoths, puis les Gépides. Allié aux

Avars, il les battit et épousa la fille de leur roi après l'avoir tué. Puis il envahit la Vénétie, l'Italie septentrionale et fonda un État dont la capitale était Pavie*, et qu'il administra avec sagesse et tolérance envers les catholiques. Il fut assassiné en 572 par son épouse Rosemonde*.

**ALBONI (Marietta)** ♦ Cantatrice italienne (Città di Castello 1826 - Ville-d'Avray 1894). Contralto à la riche tessiture, elle travailla le chant avec Rossini et connut une renommée mondiale.

**ÅLBORG** ➝ ÉTYM. dan. «la ville *(borg)* du fjord *(ål)*» ♦ V. du Danemark, ch.-l. du Jutland du Nord, sur le Limfjord. 121 540 hab. Église gothique du XIV^e^ s. Bâtiments commerciaux du XVII^e^ s. Ålborghallen (vaste centre culturel construit en 1955) ; musée de peinture moderne. ▪ Cimenteries, indus. chimiques, distilleries, manufactures de tabac, agroalimentaire. Important port de commerce et d'exportation.

**ALBORNOZ (Gil ÁLVAREZ CARRILLO DE)** ♦ Prélat et homme d'État espagnol (Cuenca v. 1310 - Viterbe 1367). Archevêque de Tolède (1337), il lutta contre les Maures. Fait cardinal par le pape d'Avignon Clément VI (1350), il assura l'autorité des papes sur Rome et les États pontificaux, auxquels il donna une Constitution, et fonda le collège espagnol de Bologne.

**ALBORZ** → Elbourz

**ALBRECHT (Berthe** dite **Bertie),** née **Wild** ♦ Résistante française (Marseille 1893 - Paris 1943). Issue d'une famille bourgeoise suisse, elle s'engagea durant l'entre-deux-guerres dans l'antifascisme et dans le combat féministe, en particulier pour la contraception. Sous l'Occupation, elle fonda avec Henri Frenay* le mouvement de résistance Combat* (1941). Arrêtée à Mâcon en 1943, elle fut transférée à la prison de Fresnes et on la retrouva pendue dans sa cellule. Elle est l'une des six femmes à avoir reçu la croix de l'ordre de la Libération*. ➝ ÉTYM. Ce nom de famille est la forme germanique du prénom *Albert**.

**ALBRECHTSBERGER (Johann Georg)** ♦ Compositeur autrichien (Klosterneuburg 1736 - Vienne 1809). Organiste à la cour de Vienne, il fut l'ami de Haydn et de Mozart. Pédagogue, il eut de très nombreux élèves dont Beethoven et Czerny. Il publia une *Méthode de composition* (1790) et une *Méthode de basse continue* (1792). Son œuvre comporte des préludes et fugues pour orgue, des quatuors à cordes, des trios pour alto, violon et violoncelle, 26 messes, un *Te Deum*.

**ALBRET** n. m. ➝ ÉTYM. occit. *Labrit,* du lat. *Leporetum* «région abondante en lapins», de *lepus, -oris* «lièvre» (→ aussi Labrit) ♦ Pays de Gascogne qui s'étendait au N. de l'Armagnac sur une partie du département actuel des Landes. Il avait pour capitale *Albret,* auj. Labrit. Ancienne seigneurie, érigée au XVI^e^ s. en un duché qui fut réuni à la Couronne sous Henri IV (1607).

**ALBRET** (maison d') ♦ Famille illustre de Gascogne, remontant au XI^e^ s. Elle obtint par mariages le comté du Périgord*, le royaume de Navarre*, les comtés de Béarn* et de Foix*. Henri* IV, roi de France, qui descendait de la maison d'Albret par sa mère Jeanne* III d'Albret, réunit le duché à la Couronne en 1607. Frédéric Maurice de La Tour d'Auvergne, duc de Bouillon*, devint duc d'Albret sous Louis XIV (1651) en échange de l'abandon de Sedan. Le dernier titulaire du duché s'éteignit en 1676.

**ALBSTADT** ♦ V. d'Allemagne (Bade-Wurtemberg), formée en 1970 par la fusion des villes d'Ebingen et de Tailfingen. 48 300 hab. Important centre d'indus. textile (bonneterie) créé au XIX^e^ s. pour pallier la pauvreté agricole du Jura souabe.

**ALBUFERA** ♦ Lagune côtière d'Espagne, au S. de Valence (85 km²). Rizières. ▮ **Histoire** Suchet* y battit les Britanniques en 1812, ce qui lui valut le titre de *duc d'Albufera*.

**ALBUQUERQUE (Afonso DE)** ♦ Navigateur portugais (Alhandra, près de Lisbonne 1453 - Goa 1515). Après avoir participé à une expédition en Inde (1503), puis à Madagascar (1505), il prit Socotora et Ormuz, fut nommé vice-roi des Indes (1508) et contribua à l'extension de l'empire colonial portugais (Goa, 1510 ; Malabar, côtes de Ceylan, et Malacca, 1511). Des *Commentaires* sur sa vie ont été rédigés et publiés par son fils naturel BRÁS AFONSO DE ALBUQUERQUE (Alhandra 1500 - Lisbonne 1580).

**ALBUQUERQUE** ➝ ÉTYM. du n. du vice-roi de la Nouvelle-Espagne, Francisco Fernández de la Cueva, duc *d'Albuquerque* ♦ V. des États-Unis (Nouveau-Mexique), sur le Rio Grande del Norte. 448 607 hab. dont 40 % d'Hispaniques (zone urbaine 712 738). La ville conserve un quartier de style espagnol (la «vieille ville») avec la mission Saint-Philippe de Neri (1706). ▪ Centre administratif et médical (sanatoriums) depuis les années 1920 - 1930, la ville est devenue en 1949 un important centre de recherches atomiques (→ **Los Alamos**). Centre commercial. Industries légères. Électronique. ▮ **Histoire** La ville fut fondée en 1706 par le duc d'Albuquerque.

**Alcalá (Bible d')** – en lat. ***Biblia complutensis*** ♦ Édition de la Bible imprimée en 1514 - 1517 à Alcalá de Henares sous la direction du cardinal Jiménez* de Cisneros, parue seulement en 1520 - 1522. C'est une bible polyglotte donnant l'Ancien Testament en hébreu, latin et grec, plus le targum araméen du Pentateuque ; le Nouveau Testament y est imprimé en grec (pour la première fois) et en latin.

Afonso de Albuquerque. Enluminure d'un manuscrit portugais du XV^e^ s. Bibliothèque nationale de France, Paris. *Phot. © Giraudon*

**ALCALÁ DE HENARES** ♦ V. d'Espagne (Communauté autonome et prov. de Madrid). 198 723 hab. ▪ Jiménez de Cisneros y fonda une université en 1500. Nombreux collèges universitaires des XVI^e^ et XVII^e^ s.

**ALCALÁ LA REAL** ♦ V. d'Espagne (Andalousie), prov. de Jaén. 22 324 hab. ▮ **Histoire** Victoire du général Sébastiani* sur les Espagnols en 1810.

**ALCALÁ ZAMORA (Niceto)** ♦ Homme politique espagnol (Priego 1877 - Buenos Aires 1949). Membre des Cortés depuis 1905, ministre de la Guerre en 1922 sous Alphonse XIII, il se déclara plus tard républicain et exigea, en tant que chef du comité révolutionnaire, l'abdication du roi (1931). Il devint peu après le premier président de la République espagnole. Déposé après la victoire du Front populaire en 1936, il s'exila en Argentine.

L'**Alcade de Zalamea** – en esp. ***El alcalde de Zalamea*** ♦ Comédie en 3 actes de Calderón* (entre 1640 et 1650) inspirée de Lope* de Vega. Atteint dans son honneur par un capitaine qui a outragé sa fille, l'alcade du village condamne l'offenseur à mort, non sans avoir tenté d'obtenir réparation par une proposition de mariage. Le roi d'Espagne approuve son jugement. Dans cette pièce, Calderón condense toutes les vertus du grand théâtre du Siècle d'or espagnol.

**ALCAMÈNE** – en gr. ***Alkamenês*** ♦ Sculpteur athénien originaire peut-être de Lemnos (seconde moitié du -V^e^ s.). Disciple de Phidias*, il se distingua par la finesse de ses lignes.

**ALCÁNTARA** ➝ ÉTYM. en ar. *al qantarah* «le pont» ♦ V. d'Espagne (Estrémadure), prov. de Cáceres, sur le Tage. 1 684 hab. Pont romain.

**Alcántara (ordre d')** ♦ Ordre religieux et militaire fondé en 1156 sous le nom d'ordre de San Julián del Pereiro, à l'imitation des Templiers*, pour combattre les Maures. Ayant défendu Alcántara en 1217, l'ordre reçut la ville (d'Alphonse IX de León) et en prit le nom.

**ALCATRAZ** ➝ ÉTYM. de l'esp. *alcatraces* «pélicans» ♦ Île des États-Unis (Californie), dans la baie de San Francisco. Forteresse militaire construite en 1850, prison militaire de 1861 à 1933, puis prison fédérale de haute sécurité de 1934 à 1963, Alcatraz est depuis 1972 un site historique dépendant des parcs nationaux des États-Unis (Golden Gate National Recreation Area «Zone nationale de loisirs du Golden Gate»).

**Alcazar** n. m. ♦ Nom donné à plusieurs salles de spectacles de variétés, notamment vers 1860, à deux cafés-concerts, l'Alcazar d'hiver et surtout l'Alcazar d'été à Paris, où se produisirent les plus grandes vedettes de la chanson de la Belle Époque (Paulus, Thérésa, Yvette Guilbert, Mayol). Le nom fut ensuite repris un moment en 1933 par Henri Varna pour une salle de music-hall de la rue du Faubourg-Montmartre, le Palace. Une salle de spectacle située rue Mazarine porte aujourd'hui le nom d'Alcazar. À Marseille, l'Alcazar (1880 - 1966) fut le plus célèbre music-hall de la ville.

**alcázar**

n. m. ➝ ÉTYM. de l'ar. *al qaçr* «le château» ♦ Nom des palais fortifiés construits par les Maures en Espagne, notamment à Tolède*, Ségovie, Séville* et Jerez de la Frontera.

**ALCAZARQUIVIR** → Ksar el-Kébir

**ALCÉE** – en gr. ***Alkaios*** ♦ Roi mythique de Tirynthe*, fils de Persée* et père d'Amphitryon*. Il serait l'ancêtre d'Héraclès* ou celui des rois de Lydie *(Alcides)*.

**ALCÉE** ➝ ÉTYM. en gr. ***Alkaios***, de *alkê* «force» ♦ Poète grec (Mytilène, Lesbos v. –630 - –580). Ayant soutenu le parti aristocratique contre les tyrans, il dut s'exiler et voyagea en Égypte et à Syracuse, puis revint à Mytilène. Il composa des chants satiriques et révolutionnaires, des hymnes, des chansons de table et érotiques, où il faisait l'éloge de la beauté féminine et masculine. Dans une de ces chansons, il exprimait son admiration pour Sappho*. Il inventa le vers dit *alcaïque*. Horace s'en inspira dans ses *Odes**.

**ALCESTE** ➝ ÉTYM. en gr. ***Alkêstis***, de *alkê* «force, secours» ♦ Dans la mythologie grecque, fille de Pélias*, belle et vertueuse épouse d'Admète*. Elle consent à mourir à la place de son mari, mais est sauvée par Héraclès* qui l'arrache des Enfers. La légende d'Alceste, symbole de l'affection conjugale, a inspiré Euripide* (*Alceste*, –438), Quinault (tragédie lyrique, musique de Lully, 1674), Gluck*.

**ALCESTE** ♦ Personnage principal de la comédie de Molière, *Le Misanthrope** (1666). L'intransigeance de son jugement, la brutalité de sa franchise font de ce grand seigneur un homme du monde singulier. L'échec de son amour pour Célimène marque dans le même temps celui de ses relations avec ses semblables et la société.

**ALCIAT (Andrea ALCIATI dit en fr. André)** ♦ Jurisconsulte italien (Alzate, Milanais 1492 - Pavie 1550). Fondateur de l'école historique de droit, il chercha à éclairer l'étude de la jurisprudence latine en s'aidant à la fois de l'histoire et des lettres anciennes et des travaux des philologues, tels que A. Politien* et L. Valla*. Son enseignement, dont l'influence fut considérable, ouvrit la voie à J. Cujas* et F. Hotman*. Alciat a laissé de nombreux ouvrages concernant le droit, l'histoire et la littérature (publiés pour la plupart dans *Opera Omnia*, 1546), ainsi qu'un recueil de sentences morales, en distiques latins, *Les Emblèmes* (*Emblematum libellus*, 1522 et 1531), destiné à devenir une des sources où s'alimentera l'art baroque des «devises».

**ALCIBIADE** – en gr. ***Alkibiadês*** ♦ Général et homme politique grec (Athènes v. –450 - Melissa, Phrygie –404). De la famille des Alcméonides* du côté de sa mère, il fut élevé par son oncle Périclès*. Élève favori de Socrate* qui lui sauva la vie à la bataille de Potidée* (–432), brillant et ambitieux, il fascina et scandalisa ses concitoyens. Devenu chef du parti démocratique par une démagogie belliqueuse contre la paix de Nicias*, il entraîna les Athéniens dans la néfaste expédition de Sicile* en –415. Accusé de sacrilège, il déserta et intrigua contre sa patrie. On le retrouve ensuite à Samos mêlé d'abord au complot aristocratique qui instaura à Athènes le conseil des Quatre*-Cents (–411), puis chef du mouvement démocratique. Élu stratège par l'armée révoltée, il mena une campagne victorieuse (→ **Abydos, Byzance, Cyzique**) qui rétablit l'hégémonie athénienne en mer Égée. Il revint triomphalement à Athènes en –407, mais dut s'exiler l'année suivante et fut assassiné en Phrygie. ➝ ÉTYM. Le nom de cet homme politique vient du grec *alkibios* «buglosse» [plante du genre bourrache], de *alkê* «force» et *bios* «vie» [la plante était utilisée comme antidote aux morsures de serpent].

**ALCINOOS** ➝ ÉTYM. en gr. ***Alkinoos***, de *alkê* «force» et *noos* «intelligence, pensée» ♦ Personnage de l'*Odyssée**, roi des Phéaciens* et père de Nausicaa*. Il accueille Ulysse* après son naufrage.

**ALCIRA** ♦ V. d'Espagne (Communauté autonome et prov. de Valence). 43 038 hab. Marché d'agrumes.

**ALCMAN** ♦ Poète grec (Sardes, Lydie, début du –VIIe s.) qui vécut à Sparte entre –672 et –612. Il est considéré comme le créateur du lyrisme choral dorien. Un des premiers poètes grecs à célébrer l'amour, il composa des *Parthénies*, chants pour des chorales de jeunes filles. Le sentiment de la nature, la netteté des images, les accents pathétiques et sensuels font le charme de cette poésie, à l'aube du lyrisme grec.

**ALCMÈNE** ➝ ÉTYM. en gr. ***Alkmênê***, de *alkê* «force» ♦ Princesse légendaire de Mycènes* et épouse d'Amphitryon*. Elle est séduite par Zeus* qui avait pris la forme de son mari absent ; de leur union naît Héraclès*. Héra* se vengea en prolongeant la grossesse d'Alcmène.

**ALCMÉON** – en gr. ***Alkmeôn*** ♦ Médecin et philosophe grec (Crotone –VIe s.). Proche des pythagoriciens, il étudia l'anatomie, la physiologie et l'astronomie. Il fut l'un des premiers à écrire un ouvrage *Sur la nature* et à pratiquer l'*exsectio* (dissection ?) d'animaux. On lui attribue aussi certaines sentences de caractère éthique.

**ALCMÉONIDES** n. m. pl. – en gr. ***Alkmeônidai*** ♦ Illustre famille d'Athènes dont Alcibiade*, Clisthène* et Périclès* furent les principaux membres.

**ALCOBAÇA** ➝ ÉTYM. du n. de l'***Alcobaça***, petit fl. qui tire son nom du confluent de l'*Alcoa* et du *Baça* ♦ V. du Portugal (région Centre), district de Leiria. 6 232 hab. (aggl. 55 597). Abbaye cistercienne (XIIe - XIIIe s.) ; dans l'église, tombeaux de Pierre* Ier et d'Inés* de Castro. • Fruits. Vins. Céramiques bleues.

**ALCOFORADO (Mariana)** ♦ Religieuse portugaise (Beja 1640 - *id.* 1723). Auteur supposé des *Lettres* portugaises* qui auraient été adressées au comte Noël de Chamilly (publiées à Paris, 1669).

***Alcools*** ♦ Recueil poétique d'Apollinaire* (1913). L'ouvrage comprend des poèmes écrits dès 1898 et met en évidence la diversité du style de l'auteur, du modernisme de «Zone» aux «talismans» de «La Chanson du Mal-Aimé» et à la romance du «Pont Mirabeau». Innovant par la suppression systématique de la ponctuation, il est l'un des premiers à poser la question essentielle de la voix dans l'écriture poétique.

**ALCOTT (Louisa May)** ♦ Romancière américaine (Germantown, Pennsylvanie 1832 - Boston 1888). Élevée par un père éducateur et philosophe et par H.-D. Thoreau, à Concord, elle eut aussi R. W. Emerson pour maître ; elle n'avait que seize ans quand elle écrivit son premier livre *Fables de fleurs* (1854). Son roman *Les Quatre Filles du Dr March* (*Little Women*, 1868), tableau plein de charme de la vie américaine dans la seconde moitié du XIXe s., remporta un si vif succès qu'elle en publia une suite en 1869. ➝ ÉTYM. Ce nom de famille vient probablement d'un nom de lieu qui signifie en vieil anglais «vieux *(add)* domaine *(cott)*».

**ALCOY** ♦ V. d'Espagne (Communauté autonome de Valence), prov. d'Alicante. 60 700 hab. Indus. textiles.

**ALCUIN** – originellement ***Ealwhine***, en lat. ***Albinus Flaccus*** ♦ Théologien anglo-saxon (York v. 735 - Tours 804). Originaire de Northumbrie, Alcuin représente avec éclat la culture et l'esprit des Angles. Collaborateur de Charlemagne à partir de 790, il le célébra dans ses vers. Il fut membre de l'Académie palatine où il prit le pseudonyme de *Flaccus* (Horace), dirigea l'école du palais d'Aix-la-Chapelle et celle de Tours, prit part à la réforme scolaire carolingienne en présentant la grammaire, la rhétorique, la dialectique, etc., sous forme de dialogues pédagogiques. Le tour en est souvent très voisin de l'énigme et témoigne du goût vif des Anglo-Saxons pour cet exercice rhétorique. ➝ ÉTYM. L'origine de ce nom est germanique : *Alkwin*, formé de *alks* «temple» et *win* «ami».

**ALCYONÉ** – en gr. ***Alkuonê*** ♦ Fille d'Éole*, femme de Céyx. Les deux époux sont métamorphosés en alcyons pour avoir prétendu être plus heureux que Zeus et Héra.

**ALDANOV (Mark Aleksandrovitch LANDAU, dit Mark)** ♦ Écrivain russe (Kiev 1886 - Nice 1957). Il vécut en France à partir de 1919, puis aux États-Unis (1941 - 1947). Profondément influencé par L. Tolstoï*, il est l'auteur d'un cycle de romans consacrés à l'histoire de la Russie et à celle de l'Europe de 1762 à 1950 : *Le Penseur* (1923 - 1927), *La Fuite* (1932), *Les Sources* (1950).

**ALDE** → Manuce

**ALDEADÁVILA DE LA RIBERA** ♦ Loc. d'Espagne (Castilla-León), prov. de Salamanque. 1 400 hab. Important barrage hydroélectrique sur le Douro.

**ALDÉBARAN** ➝ ÉTYM. en ar. ***al-dabarān*** «qui vient derrière [les Pléiades]» ♦ Nom donné à l'étoile α Taureau*. Magnitude 0,8 ; type spectral K 5 ; distance 68 années-lumière.

**ALDEGREVER (Heinrich TRIPPENMEKER, dit Heinrich)** ♦ Graveur, dessinateur et peintre allemand (Paderborn ? 1502 - Soest v. 1560). Il travailla surtout à Soest et adhéra à la Réforme. Il fut l'un des plus brillants suiveurs de Dürer*, dits les «petits maîtres» en raison du format réduit dans lequel ils travaillaient (les frères Beham, Georg Pencz). Sa production abondante comprend un grand nombre de motifs ornementaux, des portraits et surtout des scènes populaires d'une veine truculente, qui se distinguent par l'ampleur de leur composition (*Danseurs de mariage*, 1538).

**ALDENHOVEN** ♦ Loc. d'Allemagne (Rhénanie-du-Nord-Westphalie). Victoire de Jourdan* sur les Autrichiens (1794).

**ALDER (Kurt)** ♦ Chimiste allemand (Königshütte 1902 - Cologne 1958). → **Diels**. [Prix Nobel de chimie 1950, avec O. Diels]

**ALDERNEY** ➝ ÉTYM. scand. p.-ê. «l'île *(ey)* des courants *(renna)* agités *(alda)*» → **Aurigny**

**ALDERSHOT** ♦ V. d'Angleterre (Hampshire) au S.-O. de Londres. 35 000 hab. Institut d'études aéronautiques contigu à la base de Farnborough. Camp d'entraînement utilisé par les écoles militaires de Sandhurst et de Camberley.

**ALDHELM** (saint) ♦ Érudit anglo-saxon (dans le Vessex v. 650 - Doulting 709). Saxon de noble extraction, il devint évêque de Sherborne en 705. Il mit lui-même en musique ses poèmes anglo-saxons (dont aucun n'est conservé) et mêla les procédés de la rhétorique anglo-saxonne (allitérations, images et périphrases) à un latin d'une correction grammaticale rare en cette fin du VIIe s. Sa *Lettre à Arcicius* (Aldfrith, roi de Northumbrie), qui contient une série d'énigmes, est un véritable traité de prosodie latine. • Fête le 25 mai.

**ALDISS (Brian Wilson)** ♦ Romancier britannique (Dereham, Norfolk 1925). Il est l'un des pères du renouveau de la science-fiction contemporaine. Alors que ses premiers romans respectent strictement les règles de l'«extrême science-fiction» (*Non Stop*, 1958), il a évolué vers des œuvres où des situations psychologiques plus complexes sont simplement nuancées par leur déroulement dans un monde à venir (*Le Monde vert*, 1962). *Frankenstein délivré* (1973) le mène vers le genre fantastique. L'œuvre de Brian Aldiss culmine avec la trilogie d'*Helliconia* (*Spring*, 1982 ; *Summer*, 1983 ; *Winter*, 1985) qui transpose dans un monde futur le mythe du Minotaure, considérablement modifié. Sa nouvelle *Supertoys* (1969) a inspiré le film de Spielberg *IA*. Aldiss affirme la permanence de l'exigence morale face au probable triomphe du chaos.

**ALDOBRANDINI** ♦ Famille florentine. ♦ **Silvestro Aldobrandini.** Jurisconsulte (Florence v. 1499 - Rome 1558). Son hostilité aux Médicis* le contraignit à se réfugier à Pise. ♦ **Ippolito Aldobrandini.** (Fano 1536 - Rome 1605) Fils du précédent. Il devint pape sous le nom de Clément* VIII. ♦ **Cinzio** ou **Cintio Aldobrandini.** Cardinal italien (1560 - 1610). Neveu du précédent. Il fut, selon certains, le premier possesseur des *Noces aldobrandines*. ♦ **Pietro Aldobrandini.** Prélat italien (Rome 1572 - *id.* 1621). Neveu de Clément VIII. Il fit construire la *villa Aldobrandini* à Frascati près de Rome. ➝ ÉTYM. Ce nom de famille vient du germanique, de *ald* «vieux» et *brand* «épée».

**ALDRICH (Henry)** ♦ Architecte, professeur et théoricien anglais (Westminster 1647 - Oxford 1710). Après un long séjour en Italie, il construisit plusieurs édifices à Oxford. Son œuvre, comme le traité dont il est l'auteur, témoigne de sa fidélité aux principes classiques et de son admiration pour Palladio* et Vitruve*.

**ALDRICH (Robert)** ♦ Cinéaste américain (Cranston, Rhode Island 1918 - Los Angeles 1983). Il est l'auteur de quelques œuvres généreuses, d'une rare puissance de style, qui célèbrent l'héroïsme : *Bronco Apache* (1954), *Vera Cruz* (1954), *Le Grand Couteau* (1955), *Attack* (1956), ou qui parodient avec humour des genres consacrés, comme *En quatrième vitesse* (*Kiss Me Deadly*, 1955).

**ALDROVANDI (Ulisse)** ♦ Naturaliste italien (Bologne 1522 - *id.* 1605). Docteur en médecine (1553), il enseigna la botanique à Bologne où il créa le premier jardin botanique. Il a écrit de nombreux ouvrages d'histoire naturelle.

**ALECHINSKY (Pierre)** ♦ Peintre, dessinateur et poète belge (Bruxelles 1927). Il étudia la lithographie et la gravure à Bruxelles, puis à Paris où il s'est fixé. Il fut influencé par Klee* et les surréalistes, s'intéressant aux procédés de l'écriture ou du dessin «automatiques». Revendiquant avant tout la liberté créatrice, le pouvoir investigateur du geste impulsif, il a peint des œuvres où grouillent des formes véhémentes et de violentes touches colorées qui manifestent une tendance à l'expressionnisme abstrait, et a toujours accordé une place importante à l'expression graphique et aux signes évocateurs d'un univers en constante métamorphose. Il a réalisé de nombreuses illustrations et écrit des textes poétiques (*Idéotraces* ; *Roue libre*).

**ALECSANDRI (Vasile)** ♦ Poète et homme politique roumain (Bacău 1821 - Mirceşti 1890). Il créa le théâtre de Iaşi avec Kogălniceanu et Negruzzi et contribua au renouveau de la Moldavie tant sur le plan politique (il participa au mouvement de 1848 et dut s'exiler un moment à Paris) que sur le plan littéraire : les anciennes ballades et *doïnas* populaires qu'il publia orientèrent la poésie nationale. Il devint ministre des Affaires étrangères sous Alexandre Cuza* (1859 - 1866) et plus tard ministre plénipotentiaire à Paris (1885). Œuv. princ. : *Romances et Fleurs de muguet* (Paris, 1853) ; *Pasteluri* («Pastels», 1875) ; *Fîntîna Blanduziei* («La Fontaine de Blandousie», poème dramatique, 1884).

**ALECTO** ➝ ÉTYM. en gr. *Alêktô* ; de *alêktos* «sans fin, incessant ; implacable» ♦ Une des trois Érinyes* ou Furies.

**ALEGRÍA (Ciro)** ♦ Écrivain et homme politique péruvien (près de Trujillo, prov. d'Huamachuco 1909 - Lima 1967). Il est avec Icaza* et Arguedas* un des représentants de l'«indigénisme» en Amérique latine. Ses romans décrivent dans un style populaire la vie, un peu idéalisée, des Indiens de son pays : *Le Serpent d'or*, 1935 ; *Vaste est le monde*, 1941.

**ALEIJADINHO (Antonio Francisco Lisbôa, dit l')** ♦ Architecte et sculpteur brésilien (Ouro Prêto 1738 - *id.* 1814). Fils d'un architecte portugais émigré et d'une esclave noire, il est l'un des représentants les plus originaux du baroque brésilien. Auteur de la façade de l'église de São Francisco à Ouro Prêto (1766) et de la chapelle des Carmes de Sabará et São Francisco à São João del Rei (1774), il préféra à la prolixité ornementale le dynamisme de la structure. Il réalisa du mobilier liturgique (chaire et autel de São Francisco à Ouro Prêto) et surtout, à Congonhas, les statues de *Prophètes* décorant l'escalier en terrasse de l'église du Bóm Jesu de Matosinhos, ainsi que les figures polychromes du chemin de croix qui se caractérisent par la rudesse du modelé, la robustesse des formes et l'intensité expressive des visages.

**ALEIXANDRE Y MERLO (Vicente)** ♦ Poète espagnol (Séville 1898 - Madrid 1984). Il unit à la technique surréaliste un humanisme et un romantisme passionnés où s'exprime l'angoissant dilemme de l'être et du néant. Œuv. princ. : *La Destruction ou l'Amour* (1934) ; *Ombre du paradis* (1944) ; *Histoire du cœur* (1954). [Prix Nobel de littér. 1977]

**ALEKAN (Henri)** ♦ Chef opérateur français de cinéma (Paris 1909 - Auxerre 2001). Il a éclairé, avec une science consommée «des lumières et des ombres» (c'est le titre d'un album qu'il a consacré à son art, 1984), quelques grands films, de *La Belle* et la Bête* (Jean Cocteau, 1946) aux *Ailes du désir* (Wim Wenders, 1987). Il a réalisé un beau documentaire d'art, *L'Enfer de Rodin* (1958).

**ALEMÁN (Mateo)** ♦ Écrivain espagnol (Séville 1547 - Mexique 1614). Il est l'auteur d'un roman picaresque dans la veine du *Lazarillo* de Tormes, Guzmán de Alfarache* (v. 1599). C'est un récit autobiographique où le picaro Guzmán, «observateur de la vie humaine», se montre un moralisateur pessimiste.

**ALÉMANIE** n. f. ♦ Région de Germanie peuplée par les Alamans*. Elle s'étendait sur la Suisse alémanique, l'Alsace, le S. du pays de Bade, le Wurtemberg et la Souabe. Occupée par les Alamans au VIe s., elle fut érigée en duché et resta sous la suzeraineté mérovingienne. Le duché fut supprimé par Charles Martel en 739.

**ALEMBERT (Jean Le Rond d')** ➝ ÉTYM. fils illégitime de Mme de Tencin et du chevalier Destouches, il fut abandonné sur les marches de l'église de *Saint-Jean-le-Rond* et mis à l'école sous le n. de Jean-Baptiste *d'Aremberg* (devenu *d'Alembert*) ♦ Philosophe, écrivain, physicien et mathématicien français (Paris 1717 - *id.* 1783). Il fut avec Diderot* un des auteurs de l'*Encyclopédie**, dont il rédigea le *Discours préliminaire* (1751), ainsi que de nombreux articles scientifiques et philosophiques marqués par l'esprit des Lumières*. Se fondant sur les trois principes de Newton*, il rédigea l'un des ouvrages de base de la mécanique, le *Traité de dynamique* (1743), dans lequel il décrivit le mouvement composé et l'équilibre entre deux corps, et énonça le principe qui porte son nom (dans un système isolé, les forces internes d'inertie sont égales et opposées aux forces qui produisent l'accélération). Dans les ouvrages suivants (*Traité de l'équilibre et du mouvement des fluides*, 1744 ; *Théorie générale des vents*, 1745), ses études des problèmes de la physique le conduisirent à fonder l'analyse des équations aux dérivées partielles et à poser les bases rigoureuses du calcul différentiel ; en 1747, il indiqua la solution générale de l'équation des cordes vibrantes ; il donna également une solution du problème des trois corps qu'il appliqua à l'astronomie, notamment à la théorie de la *Précession des équinoxes* (1749). On lui doit encore le théorème qui porte son nom, d'après lequel toute équation algébrique a au moins une racine réelle ou imaginaire, ainsi que des *Éléments de musique* (1752), des *Mélanges de littérature et de philosophie* (1753) et des *Éloges académiques*. Rationaliste, il s'opposa à l'absolutisme religieux, prônant la tolérance et l'accès de tous à la connaissance scientifique. Sa correspondance avec Voltaire fut publiée par Condorcet. [Acad. sc. 1741 ; Acad. fr. 1754]

D'**Alembert.** Portrait par Quentin de La Tour, pastel (81,2 × 65,4 cm). Musée du Louvre, Paris.
*BIS/Phot. Hubert Josse © Archives Larbor*

**Alena** [Accord de libre-échange nord-américain] – en angl. ***Nafta*** [North American Free Trade Agreement] ♦ Accord de libre-échange conclu le 12 août 1992 par le président américain George Bush, le président mexicain Carlos Salinas de Gortari et le Premier ministre canadien Brian Mulroney à San Diego (Californie), signé le 7 oct. 1992 à San Antonio (Texas) et ratifié en 1993 par les trois États. Ce traité, entré en vigueur en janvier 1994, établit un bloc économique de 430 millions de consommateurs, sans droits de douane entre les trois partenaires commerciaux (États-Unis, Canada et Mexique) et facilite grandement les investissements. Des procédures d'arbitrage pour régler des conflits liés à la protection de l'environnement sont prévues.

**ALENCAR (José Martiniano de)** ♦ Écrivain et homme politique brésilien (Mecejana, Ceará 1829 - Rio de Janeiro 1877). Député et ministre de la Justice (1868), il fut aussi le promoteur du roman historique national (*O Guarani*, 1857).

**ALENÇON (François, duc d')** ➝ **Anjou (François d')**

**ALENÇON** [61000] ➝ ÉTYM. du gaul. *Alentius*, n. de pers., et suff. *-one* ♦ Ch.-l. du dép. de l'Orne, sur la Sarthe, au centre d'une plaine agricole, la campagne d'Alençon. 28 935 hab. (aggl. 42 284) (*Alen-*

*çonnais)*. Église Notre-Dame des XIVe - XVe s. (porche flamboyant à trois pans édifié par J. Lemoine de 1490 à 1506, vitraux du XVIe s.). Maison natale de sainte Thérèse de l'Enfant-Jésus. Maisons anciennes. Musée des Beaux-Arts et de la Dentelle. École dentellière. ▪ Construc. électr. Électronique. Agroalimentaire. Automobile. Imprimerie. Dentelles à l'aiguille dites point d'Alençon.

**ALENTEJO** n. m. ✦ ÉTYM. port. «au-delà du Tage» ♦ Prov. et région de programme du Portugal, située au S. du Tage. 26 997 km². 764 285 hab. CAP. : Evora. Région de bas plateaux, de champs nus ou arborés cultivés en grands domaines à main-d'œuvre salariée. Culture du blé sur les meilleures terres, riz et tomate irrigués, chêne-liège. Haut lieu de la réforme agraire en 1975. Mines de pyrite cuprifère d'Aljustrel. Complexe industriel de Sines sur le littoral.

**ALÉOUTIENNES** (îles) ✦ ÉTYM. en angl. ***Aleutian Islands*** de *Aleut*, n. donné aux habitants par les Russes ♦ Archipel des États-Unis (Alaska) qui prolonge la presqu'île de l'Alaska et sépare la mer de Béring de l'océan Pacifique. 150 îles et îlots. Env. 12 000 hab. *(Aléoutes)*. Le climat est océanique, relativement tempéré et très pluvieux. ▮ **Histoire** Explorées par l'expédition de Béring et de Chirikov (1741), les îles furent occupées par les chasseurs de fourrure venus de Sibérie. La population indigène fut presque exterminée par les colons (de 25 000 env. à moins de 3 000 personnes en 1885). Les îles furent cédées par la Russie aux États-Unis en 1867. Deux des îles de l'archipel furent occupées par les Japonais de juin 1942 à mai 1943. ▪ Des établissements humains datant de –8 000 y ont été découverts.

**ALEP** ✦ ÉTYM. en ar. ***Halab*** [L'étym. populaire de *ḥalab* «lait» semble fausse] ♦ V. du N.-O. de la Syrie, ch.-l. de gouvernorat. 2 100 000 hab. Évêché maronite. Université. Mosquées anciennes : Jamī Zakariyah, déb. XIe s. ; mosquée du Firdaws («du Paradis»), XIIIe s. Célèbres souks couverts, comprenant plusieurs magasins et mosquées des XVIe et XVIIe s. Citadelle dominant la ville. ▪ Important centre commercial et indus. (textiles ; raffinerie d'huile d'olive ; indus. mécanique, indus. du cuir, manufacture de tabac ; cimenterie). Autrefois lieu de passage privilégié pour les caravanes du désert, la ville est aujourd'hui un carrefour routier et ferroviaire. ▮ **Histoire** Elle fit partie de l'Empire hittite (–IIe millénaire). Rattachée à l'Assyrie en –738, elle resta sous l'autorité des Achéménides jusqu'aux conquêtes d'Alexandre le Grand. Elle revint ensuite à Séleucos Nicator, et les Séleucides y fondèrent la nouvelle ville *(Beroia)*. Occupée par les Romains (–65), détruite par les Perses, elle devint musulmane à la suite de la conquête arabe et connut une période de prospérité sous les Omeyades. Au Xe s., les Hamdanides en firent une principauté indépendante et prospère. Après cet âge d'or, Alep tomba successivement sous la domination des Fatimides (1015), des Seldjoukides (1086 - 1117), des Zangides et des Ayyubides. Mutilée par le Mongol Hūlāgū (1260), elle fut ensuite dirigée par les mamelouks avant d'être occupée par les Ottomans (1516) et d'être le chef-lieu d'une province ottomane (vilayet) jusqu'en 1918. En 1920, les Français en firent la capitale d'un État indépendant (État d'Alep, 1920 - 1924), avant de la rattacher à la Syrie sous mandat français.

**Alep.** La citadelle. *Phot.©Sygma/Corbis*

**ALÉRIA** [20270] ✦ ÉTYM. mot prélatin obsc., p.-ê. du gr. *alalia* «langage méchant, confus» ♦ Comm. de la Haute-Corse, arr. de Corte. 1 966 hab. *(Alériais)*. Cité antique (forum, temple, capitole, balneum). Musée Jérôme Carcopino installé dans le Fort Matra (XVIe s.) : abondant matériel archéologique. ▪ Viticulture. Polyculture. ▮ **Histoire** Fondée par les Phocéens (–VIe s.) qui en firent leur métropole, *Alalia* fut conquise par les Carthaginois (début –IIIe s.) avant de devenir cité romaine en –259. Auguste la dota d'un port de guerre, de remparts, d'un amphithéâtre et d'un aqueduc. Centre d'un intense rayonnement de la civilisation romaine à travers l'île, elle fut détruite par les Vandales (Ve s.) et par les expéditions barbaresques. Capitale de l'île jusqu'au IXe s.

**ALÈS,** – jusqu'en 1926 ***Alais*** [30100] ✦ ÉTYM. p.-ê. du lat. *Allectus*, n. de pers. ♦ Ch.-l. d'arr. du Gard, à la lisière des Cévennes, sur une boucle du *Gardon d'Alès*. 39 346 hab. (aggl. 76 159) *(Alésiens)*. Musée des Beaux-Arts. Musée Pierre-André-Benoît. Le *bassin houiller d'Alès*, qui fut le plus important du S.-E. de la France, s'appuie sur son appareil de formation (École des mines d'Alès) pour évoluer vers une métallurgie élaborée. Construc. mécaniques et électriques. ▮ **Histoire** Alès fut au XVIe s. un grand centre protestant ; la *paix de grâce d'Alais*, permettant la liberté de culte, y fut signée en 1629 (→ **Richelieu**).

**ALÉSIA** ✦ ÉTYM. d'une rac. hydronym. précelt. °*alis* et suff. gaul. *-ia* ou d'une rac. pré-indo-eur. °*palisa* «roche escarpée» ♦ V. forte de la Gaule, cap. des Mandubiens. Vercingétorix* y fit retraite avec son armée mais dut se rendre à César* après un siège de deux mois, mettant fin ainsi à la résistance gauloise (–52). On situe auj. la ville soit à Alise*-Sainte-Reine soit à Chaux-des-Crotenay, à 6 km au S. de Champagnole.

**ALESSANDRIA** – en fr. ***Alexandrie*** ♦ V. d'Italie, dans le Piémont, ch.-l. de prov., sur le Tanaro. 85 438 hab. Centre commercial et industriel : indus. chimiques (matières plastiques) et de l'habillement (chaussures). Orfèvrerie. Important carrefour de communications. Tourisme d'affaires. ▮ **Histoire** Position fortifiée construite à la hâte en 1168 par la Ligue lombarde* pour lutter contre Frédéric* Ier Barberousse, elle reçut son nom en l'honneur du pape Alexandre* III. Cédée par l'Autriche à la Savoie au début du XVIIIe s., elle fut comprise dans le territoire français en 1796 et fut le chef-lieu du département de Marengo* jusqu'en 1814.

**ALESSI (Galeazzo)** ♦ Architecte italien (Pérouse v. 1512 - *id.* 1572). Élève de G.-B. Caporali et sans doute, à Rome, de Michel-Ange, il travailla dans sa ville natale puis, à partir de 1548, à Gênes où il marqua pour deux siècles le style local par son œuvre d'urbaniste (Strada Nuova, auj. via Garibaldi), ses églises, ses villas et surtout ses palais. À Milan, il admit dans ses édifices (palais Marino, 1558, Santa Maria presso San Celso, 1568 - 1572) la surcharge de l'ornementation lombarde.

**À l'est d'Éden** – en angl. ***East of Eden*** ♦ Roman de John Steinbeck* (1952). L'action se déroule en Californie du Nord à l'époque des pionniers et repose sur l'opposition de personnages incarnant le bien et le mal, notamment deux frères, Caleb et Aron (le titre évoque le lieu où se réfugia Caïn après le meurtre d'Abel). Une figure de patriarche, celle du bon presbytérien Samuel Hamilton, domine le livre. ♦ ***À l'est d'Éden*** Film américain d'Elia Kazan* (1954) avec James Dean. Le réalisateur a gommé la première partie du roman, pour privilégier le personnage de Caleb (Cal), campé par James Dean dont c'était la première prestation à l'écran. Au manichéisme un peu sec de l'œuvre littéraire, Kazan substitue une vision plus chaleureuse, où les résonances bibliques passent tout naturellement. L'emploi du CinémaScope, format nouveau à l'époque, est un modèle du genre.

**ÅLESUND** ♦ V. de l'O. de la Norvège, sur une presqu'île, au S.-O. de Trondheim. 39 533 hab. 1er port de pêche norvégien. Indus. et commerce des produits de la pêche. Traitement des phoques chassés au Groenland.

**ALET** → **Saint-Malo**

**ALET-LES-BAINS** [11580] ♦ Comm. du dép. de l'Aude, arr. de Limoux, sur la rive d. de l'Aude. 464 hab. *(Alétois)*. Ruines de l'anc. cathédrale romane (XIe s.). ▪ Station thermale dont les eaux étaient déjà connues des Romains. ▮ **Histoire** Siège d'une abbaye dès 813, Alet fut érigé en évêché (1318 - 1790) qu'illustra, de 1637 à 1677, le janséniste N. Pavillon. ▪ À proximité se trouve un pittoresque défilé, l'*étroit d'Alet*.

**ALETSCH** (glacier d') ♦ Le plus grand glacier d'Europe (24 km, 87 km²), situé dans les Alpes suisses (Valais), au-dessus de Brigue, au pied de l'Aletschhorn (4 195 m) dans le massif de l'Aar.

**ALEXANDER (Samuel)** ♦ Philosophe britannique (Sydney, Australie 1859 - Manchester 1938). Philosophe réaliste, il considéra l'espace, le temps et les catégories de substance, de cause, etc., comme des déterminations objectives du réel. Voyant dans la conscience une qualité nouvelle, irréductible à la réalité objective, il fut amené à une conception panthéiste, réaliste et évolutionniste du monde (*Espace, Temps et Déité*, 1920).

**ALEXANDER (Franz)** ♦ Psychiatre et psychanalyste américain d'origine hongroise (Budapest 1891 - Palm Springs 1964). Il tenta dans *Médecine psychosomatique* (1962) de différencier les expressions somatiques de l'hystérie de celles des névroses d'organe, s'élevant contre le choix d'une maladie psychosomatique d'après un profil de caractère donné. Comme psychanalyste et directeur de l'Institut de psychanalyse de Chicago, qu'il fonda en 1931, il joua un rôle pédagogique important. Il a également publié en 1948 des *Principes de psychanalyse*.

**ALEXANDER (Harold George),** 1er comte **ALEXANDER OF TUNIS** ♦ Maréchal britannique (Londres 1891 - *id.* 1969). Après avoir participé aux campagnes de Sicile et d'Italie (1943 - 1944), il fut nommé commandant en chef des forces alliées en Méditerranée en nov. 1944. Il fit ensuite gouverneur général du Canada (1945 - 1951), puis devint ministre de la Défense (1952 - 1954).

**ALEXANDRA** ♦ Reine juive asmonéenne, femme d'Aristobule* Ier puis d'Alexandre* Jannée auquel elle succéda (–78 - –69), mère d'Hyrcan* II et d'Aristobule* II.

**ALEXANDRA** ♦ (Copenhague 1844 - Sandrigham, Norfolk 1925). Reine de Grande-Bretagne (1901 - 1925). Fille de Christian* IX, roi du Danemark, elle épousa le prince de Galles, futur Édouard* VII, en 1863 et devint reine en 1901.

**ALEXANDRA FEDOROVNA** née **Alice de Hesse** ♦ (Darmstadt 1872 - Iekaterinbourg 1918). Impératrice de Russie (1894 - 1917). Fille du grand-duc de Hesse-Darmstadt Louis IV, elle épousa le tsar Nicolas* II en 1894. L'ascendant que prit sur elle Raspoutine*, à partir de 1905, contribua au discrédit de la monarchie. Elle fut assassinée par les bolcheviks avec son mari et ses enfants.

## ALEXANDRE

➝ ÉTYM. «qui protège les hommes», du gr. *alexô* «repousser (le danger)» et *anêr, andros* «mâle» ♦ Nom de plusieurs personnages, classés selon les rubriques suivantes : saint ; papes ; Bulgarie ; Grèce ; Macédoine ; Pologne ; Russie ; Serbie ; Syrie ; Yougoslavie.

### SAINT

**ALEXANDRE** (saint) ♦ Patriarche d'Alexandrie (de 313 à 328). Il réunit un synode qui excommunia Arius* (323) et joua un rôle prépondérant lors de la condamnation de celui-ci au concile de Nicée* (325). ▪ Fête le 26 fév.

### PAPES

**ALEXANDRE Ier** (saint) ♦ 6e pape (de 105 à 115 [?]). Romain. Martyr (?). ▪ Fête le 3 mai.

**ALEXANDRE II [Anselme de Baggio]** ♦ 154e pape (de 1061 à 1073). Milanais, ancien évêque de Lucques. Il résista à l'antipape Honorius* II. Il eut pour conseillers Pierre* Damien et Hildebrand qu'il désigna peut-être pour lui succéder (**➝ Grégoire VII**).

**ALEXANDRE III [Rolando Bandinelli]** ♦ (Sienne - Civita Castellana 1181). 168e pape (1159 - 1181). Il se vit opposer successivement quatre antipapes soutenus par Frédéric Ier Barberousse : Victor* IV (ou V), Pascal* III, Calixte* III, Innocent* III. Son pontificat fut marqué par la lutte contre cet empereur : ravage de l'Italie par celui-ci, fuite du pape en France, à Sens (1163 - 1165) où il reçut Thomas* Becket alors aux prises avec Henri* II ; constitution de la Ligue lombarde (1135) dont le pape prit la tête (1168) après la prise de Rome (1167) par l'empereur et sa retraite devant la peste ; victoire de la Ligue à Legnano (1176) et traité de Venise (1177) consacrant l'autorité du pape, qui accorda un large pardon aux schismatiques. En 1179, Alexandre III réunit le IIIe concile du Latran*.

**Alexandre III.** Le pape Alexandre III et le doge Ziani, détail d'une fresque de Spinello Aretino. Palazzo pubblico, Sienne. *Phot. © Carlo Bevilacqua/Ricciarini*

**ALEXANDRE IV [Rinaldo di Segni]** ♦ (mort à Viterbe en 1261). 179e pape (1254 - 1261). Il résida le plus souvent hors de Rome, tenue par le sénateur Bracaleone. Il lutta contre Manfred de Sicile.

**ALEXANDRE V [Petros Philargos** ou **Pierre de Candie]** ♦ (Candie 1340 - Bologne 1410). Franciscain grec, pape (illégitime) élu par le concile de Pise* (1409). **➝ Schisme.**

**ALEXANDRE VI [Rodrigo Borgia]** ♦ (Játiva, Espagne 1431 - Rome 1503). 212e pape (1492 - 1503). Neveu de Calixte* III qui le fit cardinal à vingt-cinq ans, il fit scandale, d'abord par les intrigues simoniaques qui favorisèrent son élection, ensuite par les enfants illégitimes qu'il eut de Rosa Vannozza Catanei (mère de César et de Lucrèce Borgia*), puis de Julie Farnèse. Il lutta contre les petits tyrans italiens, forma une ligue contre Charles* VIII de France devant qui il finit par s'incliner (traité du 15 janv. 1495), mais fut l'allié de Louis* XII à l'instigation de son fils César, que cette politique servait. L'assassinat de son fils Jean, duc de Candie (1497), lui fit songer «à son propre amendement et à celui de l'Église» mais sa bulle de réforme resta sans suite. La découverte de l'Amérique eut lieu sous son pontificat : par quatre bulles (1493) il soumit les conquêtes futures à l'évangélisation des indigènes et délimita, selon un méridien, les zones d'influence espagnole et portugaise. **➝ Tordesillas.**

**ALEXANDRE VII [Fabio Chigi]** ♦ (Sienne 1599 - Rome 1667). 235e pape (1655 - 1667). Il confirma en 1656 la condamnation par Innocent X des cinq propositions tirées de l'*Augustinus**, fit mettre les *Provinciales** à l'Index (1657), sévit contre les jansénistes (1665). **➝ jansénisme.** Il fit élever la colonnade de la place Saint-Pierre par le Bernin*. En fait, il laissait le soin des affaires aux congrégations et au cardinal Rospigliosi. **➝ Clément IX.**

**ALEXANDRE VIII [Pietro Ottoboni]** ♦ (Venise 1610 - Rome 1691). 239e pape (1689 - 1691). Mourant, il publia le bref *Inter multiplices* d'Innocent* XI, condamnant la *Déclaration* du clergé de France* et cassant l'édit de Louis XIV qui l'érigeait en loi. **➝ Régale (affaire de la).**

### BULGARIE

**ALEXANDRE Ier DE BATTENBERG** ♦ (Vérone 1857 - Graz 1893). Prince de Bulgarie (1879 - 1886). Il annexa la Roumélie orientale (1885) et repoussa l'attaque de la Serbie. Après avoir tenté de s'affranchir de la tutelle des Russes, à qui il devait le pouvoir, il dut abdiquer pour éviter l'occupation de la Bulgarie.

### GRÈCE

**ALEXANDRE Ier** ♦ (Athènes, palais du Tatoï 1893 - Athènes 1920). Roi de Grèce (1917 - 1920). Fils cadet de Constantin* Ier qui avait abdiqué en sa faveur (1917), il fit entrer la Grèce dans la guerre, aux côtés des Alliés.

### MACÉDOINE

**ALEXANDRE** ♦ Nom de plusieurs rois de Macédoine. ♦ **ALEXANDRE Ier** (de –500 à –462). Fils d'Amyntas Ier, il fut l'allié des Grecs contre les Perses à la bataille de Platées* (–479). ♦ **ALEXANDRE II** (de –369 à –367). Fils d'Amyntas III, il mourut assassiné. Son frère Perdiccas* III lui succéda en –365. ♦ **ALEXANDRE III. ➝ Alexandre le Grand.** ♦ **ALEXANDRE IV AIGOS** (de –323 à –311). Fils posthume d'Alexandre* le Grand et de Roxane*, il fut proclamé roi dès sa naissance, mais mourut assassiné sur ordre de Cassandre*. ♦ **ALEXANDRE V** (de –298 à –294). Troisième fils de Cassandre, il partagea le pouvoir avec son frère Antipatros, après la mort de leur aîné Philippe IV. Démétrios Ier Poliorcète le fit massacrer et s'empara du trône.

**ALEXANDRE le Grand** ou **ALEXANDRE III** ♦ Roi de Macédoine (Pella –356 - Babylone –323). Fils de Philippe* II et d'Olympias*, il fut l'élève d'Aristote*. Il fut associé très jeune aux responsabilités du pouvoir et il se distingua à la bataille de Chéronée*. Roi à l'âge de vingt ans (–336), il se fit nommer chef de la Confédération hellénique par le congrès de Corinthe* et réprima la révolte des villes grecques en détruisant Thèbes* et en soumettant Athènes*. Maître de la Grèce, il prépara la conquête de l'Asie, s'entoura de généraux compétents (**➝ Antigonos Monophthalmos, Antipatros, Eumène, Lysimaque, Parménion, Perdiccas, Ptolémée, Séleucos Ier Nicator**), puis, ayant laissé la régence à Antipatros, il traversa l'Hellespont à la tête d'une armée puissante et débarqua en Troade. Vainqueur des troupes de Darios* III au Granique* (–334), il occupa successivement toutes les villes côtières grecques de l'Asie* Mineure, puis, après une halte à Gordion* (où il trancha le nœud gordien, acte qui lui promettait l'empire de l'Asie) et à Tarse (où il tomba malade après s'être baigné dans le Cydnus), il battit à nouveau les Perses à Issos (–333), occupa la Syrie, la Phénicie et s'empara de Tyr* en –332. Après la prise de Gaza, il pénétra en Égypte, fonda *Alexandrie**, se dirigea vers la Mésopotamie où, après avoir franchi l'Euphrate et le Tigre, il dispersa la puissante armée de Darios dans la plaine de Gaugamèles*, près d'Arbèles* (–331). Enfin, il occupa

**Alexandre le Grand.** Buste, copie romaine d'une statue de Lysippe. Musée du Louvre, Paris. *Phot. © Arch. Smeets*

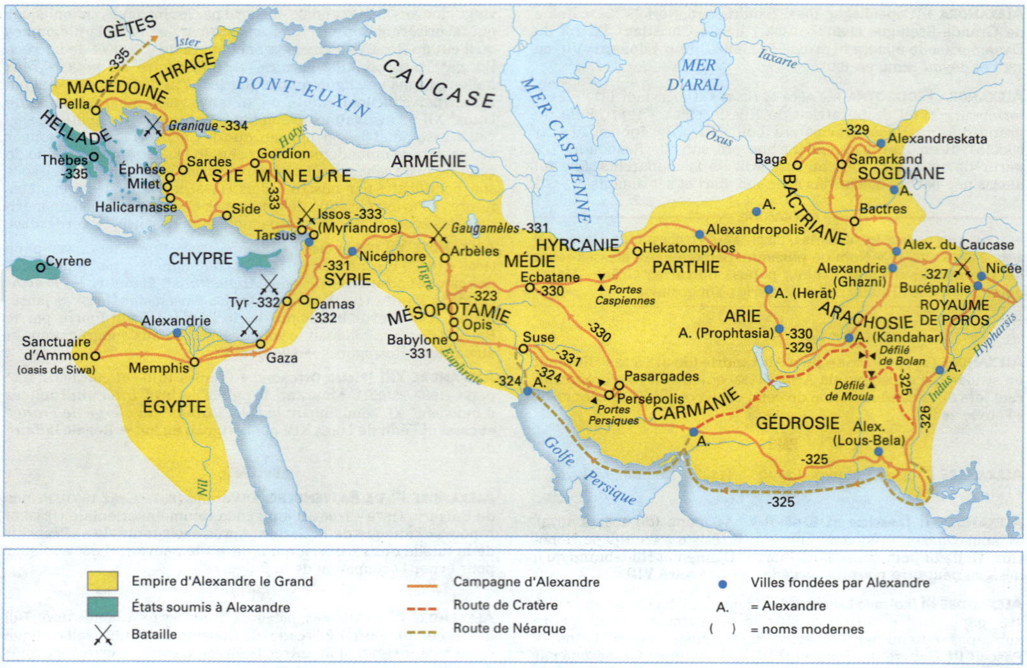


**Alexandre le Grand.** Les conquêtes d'Alexandre.

Babylone*, Suse*, Persépolis* (qu'il fit incendier, dit la légende, pour complaire à sa maîtresse Thaïs* et venger la destruction d'Athènes par les Perses), Pasargades, Ecbatane, et prit le titre de roi d'Asie. Après la mort de Darios III, il conquit la Bactriane*, l'Hyrcanie*, la Sogdiane* (→ **Massagètes**) et y fonda des colonies militaires qui prirent toutes le nom d'*Alexandrie* (-329 - -327). Devenu le maître de tout l'Empire perse, il se dirigea vers l'Inde, franchit l'Indus (-326), vainquit Poros*, mais l'épuisement de ses soldats le força à rentrer à Babylone (-325) qu'il avait choisie pour capitale, tandis qu'il chargeait Néarque* d'une expédition maritime dans le golfe Persique. Alexandre tenta de continuer à Babylone sa politique de fusion raciale. Époux de Roxane* depuis -333, il prit pour seconde femme Satira, fille de Darios III (-324), et mourut peu après (-323) alors qu'il projetait de nouvelles conquêtes. Son empire fut partagé entre ses généraux, les Diadoques, qui ne tardèrent pas à se combattre, comme le firent leurs fils, les Épigones*. Sa mère Olympias, sa femme Roxane et son fils Alexandre* IV périrent assassinés. ▪ Dans l'Antiquité, le personnage d'Alexandre le Grand, ses conquêtes et sa politique ont été le sujet de plusieurs œuvres historiques et littéraires, dont celles d'Arrien, Callisthène, Quinte-Curce et Plutarque *(Vies parallèles)*. Outre ses artistes officiels, le peintre Apelle* et le sculpteur Lysippe*, sa personnalité a inspiré les artistes jusqu'à l'époque moderne (Raphaël, Bazzi, Puget, etc.). Les littératures médiévale *(Roman d'Alexandre)* et moderne (*Alexandre le Grand*, Racine, 1665) ont continué à le célébrer.

### POLOGNE

**ALEXANDRE Ier JAGELLON** ♦ (Cracovie 1461 - Vilnius 1506). Roi de Pologne (1501 - 1506). Fils de Casimir* IV, grand-prince de Lituanie depuis 1492, il succéda à son frère Jean* Ier Albert, et rétablit l'union polono-lituanienne.

### RUSSIE

**ALEXANDRE Ier Pavlovitch** ♦ (Saint-Pétersbourg 1777 - Taganrog 1825). Empereur de Russie (1801 - 1825), fils et successeur de Paul* Ier et petit-fils de Catherine* II. Son précepteur La* Harpe lui transmit des idées libérales. Dès son avènement il s'engagea dans une série de réformes (abolition de la torture, de la censure, droit pour les roturiers d'acquérir des terres, réorganisation de l'enseignement), fit la paix avec la Grande-Bretagne (1801) et participa avec celle-ci à la troisième coalition contre Napoléon (1805). Vaincu à Austerlitz* (1805), Eylau* (1807), Friedland (1807), il fut contraint de demander la paix, qu'il signa au traité de Tilsit* (1807) après une entrevue avec Napoléon sur le Niémen*. Engagé dans le système du Blocus* continental, Alexandre Ier, après une seconde rencontre avec Napoléon à Erfurt* (1808), déclara la guerre à la Grande-Bretagne et à la Suède et mit fin à la guerre avec la Turquie (1806 - 1812) par le traité de Bucarest* (1812). Mais, gêné par le Blocus, il renoua avec l'Angleterre et fut entraîné de nouveau dans un conflit avec Napoléon qui envahit la Russie en 1812. Après Waterloo*, il abandonna la politique extérieure à l'influence de Metternich. Son attitude réactionnaire valut à son successeur Nicolas* Ier la révolte des décabristes*.

**ALEXANDRE II Nikolaïevitch** ♦ (Moscou 1818 - Saint-Pétersbourg 1881). Empereur de Russie (1855 - 1881), fils et successeur de Nicolas* Ier, il fut l'élève de Joukovski*. Durant la décennie qui suivit la défaite de la guerre de Crimée* (traité de Paris*, 1856), Alexandre II, conscient du retard de la Russie par rapport à l'Occident, entreprit une série de réformes importantes (abolition du servage, 1861 ; réforme administrative et judiciaire, 1864 ; réforme de l'instruction publique) et donna un nouvel essor à la vie économique du pays en développant le réseau ferroviaire. Devenu l'allié de l'Allemagne, qui l'aida à réprimer l'insurrection polonaise de 1863, il entra en guerre contre la Turquie (1877 - 1878) mais, abandonné par Bismarck, dut signer le traité de Berlin (1878) qui révisait profondément celui de San* Stefano en limitant les ambitions russes. Parallèlement, il acheva la conquête du Caucase (1859) et fit progresser la pénétration russe en Asie centrale (prise de Tachkent, 1865 ; de Boukhara et Samarkand, 1868) tandis qu'à l'intérieur, face à sa nouvelle politique absolutiste, se développait dès 1870 un mouvement révolutionnaire populiste (→ **narodniki**) dont une fraction extrémiste, dirigée par Jeliabov*, Vera Figner* et Sophia Perovskaïa, devait réussir, après plusieurs échecs, l'attentat dont il fut victime.

**ALEXANDRE III Aleksandrovitch** ♦ (Saint-Pétersbourg 1845 - Livadia 1894). Empereur de Russie (1881 - 1894), fils et successeur d'Alexandre II, il mena une politique de russification systématique dans les pays baltes. En politique extérieure, il se rapprocha de la France et signa avec elle une convention militaire en 1892. ▪ Un pont de Paris porte son nom.

### SERBIE

**ALEXANDRE Ier OBRÉNOVITCH** ♦ (Belgrade 1876 - *id.* 1903). Roi de Serbie (1889 - 1903). Fils de Milan* Ier, il renversa les régents et supprima la constitution libérale. Il mourut assassiné, à la suite d'un complot militaire.

### SYRIE

**ALEXANDRE** ♦ Nom de plusieurs rois de Syrie. ♦ **ALEXANDRE Ier BALAS** (de -150 à -145). Il détrôna et tua Démétrios* Ier Sôter en se faisant passer pour le fils d'Antiochos IV Épiphane, mais il fut lui-même renversé par Démétrios* II Nicator. ♦ **ALEXANDRE II ZABINAS** (de -126 à -122). Il se fit passer pour le fils d'Alexandre Ier Balas, renversa Démétrios* Nicator, mais fut finalement exécuté par le fils de ce dernier, Antiochos* VIII.

### YOUGOSLAVIE

**ALEXANDRE Ier KARAGEORGÉVITCH** ♦ (Cetinje 1888 - Marseille 1934). Roi de Yougoslavie (1921 - 1934). Fils de Pierre* Ier qui le nomma régent en 1914, il prit, dans le camp allié, une part active à la Première Guerre mondiale. Devenu roi en 1921, il se heurta au problème des nationalités. Il institua la dictature (1929) et, favorisant les Serbes, mécontenta les autres nationalités. Il s'allia avec les Tchèques et les Roumains dans la Petite-Entente. Il fut assassiné à Marseille, en même temps que le ministre français Barthou, par des terroristes croates. ▪ Père de Pierre* II.

---

**ALEXANDRE D'APHRODISE** – en gr. ***Alexandros Aphrodisieôs*** ♦ Philosophe grec péripatéticien et commentateur d'Aristote (Aphrodise de Carie ? début de la seconde moitié du IIe s. - début du IIIe s.). Écrits en grec mais traduits en syriaque, en arabe et en latin, les nombreux commentaires qu'Alexandre a rédigés de l'œuvre d'Aristote lui valurent dès l'Antiquité les surnoms «le second Aristote» et «l'Exégète». Alexandre semble avoir inauguré la forme du «Grand Commentaire», méthode consistant à diviser l'œuvre expliquée en passages successivement cités et commentés. Même si Alexandre a parfois modifié ou complété certaines idées d'Aristote, sa méthode consiste à expliquer Aristote par Aristote et témoigne d'un véritable intérêt philologique pour le texte du Stagirite. Outre les commentaires aux principales œuvres d'Aristote, dont bon nombre sont perdus, Alexandre a aussi produit des œuvres personnelles : les traités *De l'âme, Du destin* et *De la providence* (conservé seulement en arabe) dans lesquels, à des problèmes tels que la nature du destin ou de la providence, il élabore des solutions aristotéliciennes en s'opposant souvent à la philosophie stoïcienne. Son influence sur la tradition philosophique ultérieure est considérable : dès le milieu du IIIe s., il fait partie des auteurs étudiés dans l'école de Plotin* à Rome ; quant aux autres commentateurs d'Aristote (Syrianus*, Simplicius*), ils se réfèrent à lui comme à leur modèle.

**ALEXANDRE FARNÈSE,** duc **DE PARME** ♦ (Rome 1545 - Saint-Vaast, près d'Arras 1592). Fils du duc Octave et de Marguerite* de Parme, il fut un des plus brillants capitaines de son temps. Envoyé aux Pays-Bas en 1577, il devint gouverneur général à la mort de don Juan* d'Autriche (1578). Il réussit par son habileté à regagner à l'Espagne les provinces méridionales (union d'Arras*, 1579), mais reprit la lutte contre l'union d'Utrecht* et sa victoire la plus éclatante fut la prise d'Anvers (1583 - 1585). Il intervint en France pour soutenir la Ligue* et contraignit Henri IV* à lever le siège de Paris (1590), puis celui de Rouen. Il venait d'être destitué par Philippe II* quand il mourut des suites d'une blessure.

**ALEXANDRE JANNÉE** ♦ Grand prêtre juif asmonéen*, frère et successeur d'Aristobule* Ier. Il prit le titre de roi (–103 - –76) suscitant l'hostilité des pharisiens, qu'il fit massacrer en grand nombre.

**ALEXANDRE JEAN Ier Cuza** → **Cuza**

**ALEXANDRE l'Étolien** ♦ L'un des poètes de la Pléiade* d'Alexandrie (–IIIe s.).

**ALEXANDRE NEVSKI (Aleksandr Iaroslavitch, dit)** ♦ (Vladimir v. 1220 - Gorodets 1263). Grand-duc de Novgorod* (1236 - 1251), puis grand-prince de Vladimir*. En 1240 il battit les Suédois sur les bords de la Neva (d'où son surnom de *Nevski*). En 1242, à la «bataille de la Glace», sur le lac Peïpous* en Livonie*, il écrasa les chevaliers Teutoniques. Il gouverna comme vassal des Mongols, mais en 1262 obtint une modération du tribut qu'il leur payait. Mourant, il légua la petite principauté de Moscou à son fils cadet Daniel. Alexandre fut canonisé par l'Église orthodoxe, et son nom fut donné à un ordre russe par Pierre le Grand (1722), puis à un ordre militaire soviétique (1942). ▪ En 1938, S. M. Eisenstein* réalisa le célèbre film *Alexandre Nevski,* dont Prokofiev* écrivit la musique.

**ALEXANDRE SÉVÈRE** → **Sévère Alexandre**

**ALEXANDRETTE** → **İskenderun**

**ALEXANDRIA** ♦ V. des États-Unis (Virginie). 128 283 hab. dont 21 % de Noirs (zone urbaine Washington DC : 7 608 070). Ville résidentielle possédant de nombreux bâtiments du XVIIIe s. ▪ Port. Centre commercial de la région. Indus. variées.

**ALEXANDRIE** ➔ **ÉTYM.** du n. d'*Alexandre** le Grand, en ar. ***al-Iskandarīyah*** ♦ V. d'Égypte, à l'extrémité N.-O. du delta du Nil, sur une bande de terre entre la Méditerranée et le lac Mariout. 4 110 015 hab. Université. Il ne reste pratiquement rien de la ville antique. D'abord centrée autour de l'île de Pharos, la ville moderne s'est ensuite étendue le long de la côte (corniche). Nouvelle Bibliothèque d'Alexandrie *(Bibliotheca Alexandrina).* ▪ C'est l'un des plus grands centres commerciaux et financiers du pays (marché du coton, siège de compagnies d'exportation). 1er port d'Égypte et 3e de la Méditerranée après Gênes et Marseille. Indus. textiles (coton), chimiques (raffinage du pétrole, savonneries), construc. mécaniques et navales. Indus. alimentaires (conserveries).

▮ **HISTOIRE** Fondée en –332 - –331 par Alexandre le Grand, la ville fut la réalisation la plus moderne de l'urbanisme antique. Capitale des Lagides, ornée de monuments grandioses (Sérapéion, Pharos), elle devint sous les premiers Ptolémées le centre de la thalassocratie égyptienne (–IIIe - –IIe s.) et le grand foyer de la civilisation hellénistique. Son musée (université et académie) et sa bibliothèque, la plus célèbre de l'Antiquité (700 000 volumes), rassemblèrent les savants et les lettrés du monde grec (Archimède, Callimaque, Euclide, Théocrite). La ville vit les déchirements

**Alexandrie.** La Nouvelle Bibliothèque. *Phot. ©Brissaud/Saola/Gamma*

dynastiques des derniers Lagides et le drame dont les protagonistes furent César, Cléopâtre* VII, Marc Antoine*, Césarion (Ptolémée XV) et Auguste. Devenue résidence du préfet romain lors de l'annexion de l'Égypte, Alexandrie resta le centre d'une activité intellectuelle intense au début de l'ère chrétienne. L'Église d'Alexandrie devint le bastion de la lutte contre les hérésies. L'école des catéchumènes s'illustra par Clément et Origène. Un important courant philosophique et littéraire manifesté dès le –IIIe s. (Septante), et dont Philon* le Juif fut le principal représentant au Ier s., précéda la formation de l'école néoplatonicienne qui y fleurit au IIIe s. Occupée tour à tour par les Perses en 616, par les Arabes en 642, par les Turcs en 1517, la ville était l'une des «Échelles du Levant» quand Bonaparte s'en empara en 1798. Lors de la révolte d'Arabi* Pacha en 1882, elle fut bombardée et occupée par les Britanniques. Base navale et aérienne britannique, Alexandrie fut menacée en 1942 par l'offensive de Rommel* stoppée à El-Alamein*, à 100 km de la ville. Une escadre française, immobilisée au port depuis l'armistice de 1940, rallia le combat en 1943.

**ALEXANDRIE** → **Alessandria**

**ALEXANDROUPOLIS** – en turc ***Dedeagatch*** ♦ V. de Grèce sur la mer Égée, en Thrace, ch.-l. du nome d'Évros, qui comprend Samothrace. Env. 50 000 hab. Port. Aéroport. Garnison frontalière et activités portuaires (exportation de tabac).

**ALEXANDROV (Grigori)** ♦ Cinéaste soviétique (Iekaterinbourg 1903 - Moscou 1983). Collaborateur de S. M. Eisenstein* *(Octobre, La Ligne générale, Que viva Mexico),* il est l'auteur des *Joyeux Garçons* (1934), une des rares comédies tournées sous Staline, et de quelques autres films, d'inspiration historique ou musicale (*Glinka,* 1952).

**ALEXEIEFF (Alexandre)** ♦ Cinéaste d'animation et graveur français d'origine russe (Kazan 1901 - Paris 1982). Orfèvre en matière d'animation expérimentale, il inventa l'«écran d'épingles», petit panneau percé de centaines de milliers de trous dans lesquels sont insérées des épingles mobiles éclairées en lumière oblique, créant l'illusion du mouvement. Il réalisa selon ce procédé, avec l'aide de son épouse Claire Parker, quelques essais originaux, de style fantastique : *Une nuit sur le mont Chauve* (1933), *Le Nez,* d'après Gogol (1963), et l'étrange prologue du *Procès* d'Orson Welles (1963).

**ALEXIS** (dans l'Église orthodoxe, saint) ♦ (Moscou 1293 - 1378). Troisième métropolite de Moscou (1354), il œuvra pour les intérêts de la nation russe à l'époque de la suprématie mongole. ➔ **ÉTYM.** Ce nom vient du grec *alexô* «écarter, repousser, protéger» [it. *Alessio,* esp. *Alejo,* port. *Aleixo,* angl. *Alexis,* russe *Alieksei*].

**ALEXIS** ♦ Nom de plusieurs empereurs d'Orient. → **byzantin (Empire).** ♦ **ALEXIS Ier COMNÈNE** (Constantinople 1048 - *id.* 1118). Il prit le pouvoir en renversant Nicéphore III (1081). Il réussit à contenir les Normands et à écraser les Petchenègues qui menaçaient Constantinople. Il profita de la première croisade pour reprendre Nicée et la partie occidentale de l'Asie Mineure. ♦ **ALEXIS II COMNÈNE** (Constantinople 1167 - *id.* 1183). Époux d'Agnès* de France, proclamé empereur en 1180, il périt étranglé par son tuteur Andronic* Ier. ♦ **ALEXIS III ANGE** (mort v. 1210). Il renversa son frère Isaac* II (1195) et fut emprisonné par son gendre Théodore Ier Lascaris qui s'était fait reconnaître empereur à Nicée. ♦ **ALEXIS IV ANGE le Jeune** (1182 - Constantinople 1204). Fils d'Isaac II, il fit alliance avec les croisés, monta sur le trône de son père en 1203, mais périt étranglé par Alexis V Doukas. ♦ **ALEXIS V DOUKAS** surnommé **Murzuphle** (mort à Constantinople en 1204). Après avoir étranglé Alexis IV (1204) pour usurper son trône, il fut exécuté par les Latins comme régicide.

**ALEXIS Ier COMNÈNE** surnommé **le Grand** ♦ Empereur de Trébizonde (1204 - 1222). Après la prise de Constantinople par les croisés, il fonda l'empire grec de Trébizonde. → **Trabzon, Comnène.**

**ALEXIS Ier Mikhaïlovitch** ♦ (Moscou 1629 - *id.* 1676). Empereur de Russie (1645 - 1676), fils et successeur de Michel* Fedorovitch et père de Pierre* le Grand, d'Ivan* V et de Fedor* III qui lui succéda.

À la suite des émeutes populaires qui suivirent son avènement, il promulgua par le code de 1649 de nouvelles mesures économiques et sociales qui aboutirent, à la fin de son règne, à un schisme religieux provoqué par la réforme du métropolite Nikita Nikon* et à une grande insurrection paysanne dirigée par Stenka Razine* (1668 - 1671). Cependant, en politique extérieure, il se fit céder par les Polonais Smolensk* et l'Ukraine* orientale avec Kiev* (traité d'Androussovo, 1667) et paracheva la conquête de la Sibérie.

**ALEXIS Petrovitch** ♦ (Moscou 1690 - Saint-Pétersbourg 1718). Fils aîné de Pierre* le Grand, et père de Pierre* II. Opposé à la politique de son père, il fut déchu de sa qualité d'héritier (1718) et mourut en prison.

**ALEXIS (Wilhelm HÄRING, dit Willibald)** ♦ Journaliste et romancier allemand (Breslau 1798 - Arnstadt 1871). Descendant de huguenots bretons du nom de Harenc (germanisé en Häring), il fut critique littéraire puis journaliste à Berlin (1827 - 1835). Libéral, anticlérical, il dut sa réputation à des romans «patriotiques» (*La Culotte de M. de Bredow*, 1846 - 1848 ; *La paix est le premier devoir du citoyen*, 1852).

**ALEXIS (Paul-Alexis TRUBLOT, dit Paul)** ♦ Écrivain français (Aix-en-Provence 1847 - Triel 1901). Ami et disciple de Zola, il participa au recueil collectif des *Soirées* de Médan* (1880) avec une nouvelle très caractéristique du naturalisme, *Après la bataille*. Auteur de romans (*Le Journal de M. Mure* ; *La Fin de Lucie Pellegrin*, 1880), de pièces de théâtre (*Celles qu'on n'épouse pas*, 1879) et d'une intéressante monographie (*Émile Zola, notes d'un ami*, 1882).

**ALEXIS (Jacques Stephen)** ♦ Écrivain et homme politique haïtien (Gonaïves 1922 - près des Gonaïves ? 1961). Disciple de J. Roumain, il s'orienta vers une littérature engagée dénonçant les injustices et les drames du peuple haïtien, et recherchant les racines de la nation dans son passé amérindien et ses pratiques religieuses (le vaudou). Son réalisme social se teinte de merveilleux et se prolonge par un élan lyrique qui ôte toute sécheresse au récit, style littéraire dont il fut d'ailleurs l'un des premiers théoriciens avec le Cubain A. Carpentier*. Longtemps exilé, il publia ses grands romans à Paris : *Compère Général Soleil* (1955), *Les Arbres musiciens* (1957), *L'Espace d'un cillement* (1959). En avril 1961, après avoir fondé un groupe communiste, il rentra en Haïti de façon clandestine pour lutter contre la dictature de Duvalier* mais, intercepté, il fut probablement torturé puis assassiné.

**ALFANO (Franco)** ♦ Compositeur italien (Naples 1876 - San Remo 1954). Marquée par le vérisme (*Resurrezione*, d'après Tolstoï, 1904), par l'impressionnisme (*La Leggenda di Sakuntala*, 1921) et le romantisme (*Il Dottor Antonio*, 1949), son œuvre est surtout celle d'un compositeur d'opéras. Il termina le *Turandot** de Puccini.

**ALFEROV (Jaurès L.)** ♦ Physicien russe (Vitebsk 1930). Après avoir inventé, indépendamment de H. Krœmer*, le laser à «hétéro-structures» semi-conductrices (1963), il mit au point la technologie rendant possible son fonctionnement en régime continu et à température ambiante (1970). Cette invention est à l'origine de télécommunications optiques, des lecteurs de CD et de codes barres, des diodes électroluminescentes, etc. [Prix Nobel de physique 2000, avec H. Krœmer et J. Kilby*]

**ALFIERI (Vittorio, comte)** ♦ Écrivain italien (Asti, Piémont 1749 - Florence 1803). Tôt orphelin de père, il fut envoyé par sa mère, d'origine savoyarde, à l'académie militaire de Turin. Il courut ensuite l'Europe, hanté par la mélancolie et des passions violentes (amour des chevaux, liaison tumultueuse avec Penelope Pitt). Bien qu'il ait insisté plus tard sur son «inéducation», cette période fut féconde en lectures (Plutarque, Machiavel, Montaigne, les Philosophes français). De retour à Turin, il écrivit, de 1775 à 1790, 19 tragédies, par lesquelles il tentait d'asseoir ce genre en Italie. Hormis son «noble amour» pour la comtesse d'Albany*, auprès de laquelle il acheva sa vie, il mena dès lors une existence austère et, s'étant «dépiémontisé» en laissant ses biens à sa sœur, il vécut essentiellement en Toscane pour y parfaire son étude obsessionnelle de l'italien classique. Les événements de la Révolution française le dégoûtèrent de la liberté, dont il s'était fait le chantre (ode sur *Paris débastillé*). À côté des traités (*De la tyrannie*, 1777 - 1789 ; *Du prince et des lettres*, 1778 - 1786), des poésies, véritable journal de bord pétrarquisant, des comédies sévères écrites sur le tard (*Il Divorzio, La Finestrina*), des écrits polémiques, surtout le *Misogallo* («Le Gallophobe», 1789), violent recueil antifrançais, et des traductions du latin et du grec (langue qu'il apprit seul à la fin de sa vie), Alfieri est l'auteur d'une originale autobiographie (*Ma vie*, achevée en 1803) et de cinq chefs-d'œuvre tragiques, *Philippe, Oreste, Agamemnon, Saül* et *Myrrha*, rédigés dans une langue antimusicale et obscure, où la revendication désespérée de la liberté face aux figures de la tyrannie se transforme en une rébellion gigantesque contre les limites métaphysiques de l'humain. Cette œuvre allait exercer un rôle majeur sur la formation des générations vouées au Risorgimento*. ➝ ÉTYM. L'origine du nom *Alfieri* est le nom de personne germanique *Adelfèrio*, de *adal* (variante *adel*) «noble» et *fara*-, vieux haut allemand *faran* «se déplacer, voyager».

**ALFÖLD** n. m. ou f. ➝ ÉTYM. hongr. «plaine» ♦ Plaine de Hongrie, s'étendant sur plus de la moitié du pays, à l'E. du Danube. La Tisa la divise en deux. Les terres entre Danube et Tisa sont vouées au blé, au maïs, à la betterave. Au S., le Kiskunság est un pays de vignes et d'arbres fruitiers. ▪ À l'E. de la Tisa se trouve le Nagykunság, la grande région céréalière de la Hongrie, et la *puszta* de Hortobágy.

**ALFONSÍN FOULKES (Raúl)** ♦ Homme d'État argentin (Chascomus 1926 - Buenos Aires 2009). Journaliste et député, il fonda en 1966 le Mouvement de rénovation et de changement, puis devint président de l'Union civique radicale de 1983 à 1991. Élu président de la République argentine (1983 - 1989), après plus de sept années de dictature militaire, il tenta de raffermir les institutions démocratiques et de résoudre le problème militaire en ne faisant condamner que les seuls hauts responsables.

**ALFORTVILLE** [94140] ➝ ÉTYM. n. créé en 1885 pour désigner une comm. nouvelle séparée de Maisons*-Alfort ♦ Ch.-l. de cant. du Val-de-Marne, arr. de Créteil, dans la banl. S.-E. de Paris. 36 232 hab. *(Alfortvillais)*. Très importante centrale gazière.

**ALFRED le Grand** (saint) ♦ (Wantage, Berkshire v. 849 - 899). Roi de Wessex (871 - 878) et des Anglo-Saxons (878 - 899). Fils d'Ethelwulf*, frère et successeur d'Ethelred* I$^{er}$, il lutta contre les Danois, reprit Londres (886) et soumit la Northumbrie*, préparant ainsi la souveraineté sur toute l'Angleterre. Lettré, traducteur de divers ouvrages latins en anglo-saxon, notamment de l'*Histoire ecclésiastique* de Bède* et de la *Consolation* de Boèce, il favorisa l'instruction, la littérature et la réforme de l'Église. ▪ Père d'Édouard* l'Ancien.

**ALFVÉN (Hannes)** ♦ Physicien suédois (Norrköping 1908 - Djursholm 1995). Auteur de travaux sur les plasmas et leur comportement dans un champ magnétique, il découvrit dans la magnétosphère l'existence des ondes qui portent son nom. Il fonda la magnétohydrodynamique, étude du mouvement d'un fluide conducteur dans un champ magnétique. Il établit notamment la théorie des aurores boréales, des orages magnétiques, du rôle du champ magnétique dans la formation du système solaire, de la présence des nuages d'antimatière dans l'univers. [Prix Nobel de phys. 1970, avec L. Néel*]

**ALGARDI (Alessandro),** dit en fr. **l'Algarde** ♦ Sculpteur, décorateur, architecte et peintre italien (Bologne v. 1595 - Rome 1654). Formé à l'académie des Carrache*, il travailla ensuite quelque temps à Mantoue, puis s'établit à Rome. Il s'affirma surtout comme sculpteur, subit l'ascendant du Bernin*, mais trouva aussi son inspiration dans la statuaire antique. Il réalisa des statues et groupes pour les églises (*Saint-Philippe et l'ange*, Santa Maria in Vallicella, 1640 ; *La Décollation de saint Paul*, Bologne, 1641 - 1647) et excella dans les portraits où l'observation délicate et précise des physionomies s'allie à un sens de l'expression noble et solennelle. Son style, proche des Carrache et du Dominiquin*, n'en présente pas moins des affinités avec le baroque berninesque dans sa recherche des effets picturaux, son goût du mouvement et de l'expression (relief d'*Attila et saint Léon*).

**ALGAROTTI (Francesco)** ♦ Écrivain italien (Venise 1712 - Pise 1764). Il voyagea en France, à Londres, en Prusse, à Saint-Pétersbourg, qu'il évoqua dans ses *Voyages en Russie*. Sa correspondance avec le monde européen (Métastase, la marquise du Châtelet, et surtout Voltaire) est représentative de l'évolution des idées au XVIII$^{e}$ s. Vulgarisateur habile, il donna un *Newtonianisme pour les dames* (1737), sur le modèle de Fontenelle, et divers essais (sur la philosophie cartésienne, la musique, la peinture). Son roman, *Le Congrès de Cythère* (1745), marque le changement de la sensibilité amoureuse vers le sentiment libertin.

**ALGARVE** n. m. ➝ ÉTYM. de l'ar. *el-gharb* «l'Occident» ♦ Prov. et région du S. du Portugal. 4 960 km$^2$. 421 528 hab. CAP. : Faro*. L'Algarve comprend un arrière-pays montagneux peu peuplé, des plateaux calcaires (Barrocal) et un littoral dont les plages sont à l'origine d'un développement touristique considérable depuis l'aménagement, en 1965, d'un aéroport international à Faro. Arboriculture fruitière (amandiers). Pêche. ▮ Histoire Alphonse* III de Portugal enleva l'Algarve aux Maures en 1250 et en céda une partie à Alphonse X de Castille en 1254. L'infant Henri* le Navigateur s'y installa au début du XV$^{e}$ s. pour préparer l'exploration du littoral de l'Afrique (école de Sagres*).

**ALGAZEL** → **Ghazālī (al-)**

**ALGER (Horatio Jr.)** ♦ Écrivain américain (Revere, Massachusetts 1832 - Natick, Massachusetts 1899). Pasteur unitarien, il se spécialisa dans les livres pour jeunes gens ambitieux, dans une optique américaine optimiste à base de vertus traditionnelles. Son héros était A. Lincoln*. Horatio Alger est devenu le symbole de la réussite vertueuse («des haillons à la fortune»). La sienne fut faite par ses 119 ouvrages, dont *Ragged Dick* (1867).

**ALGER** ➝ ÉTYM. en ar. *al-Jazā'ir* «les îles» [4 îlots rocheux de la baie sont reliés au continent par un môle] ♦ Cap. de l'Algérie, ch.-l. de wilaya, située au centre de la côte algérienne, sur la *baie d'Alger*, adossée aux collines du Sahel d'Alger bordant la Mitidja qui forment un arrière-pays riche. 1 483 000 hab. *(Algérois)*. L'incorporation des communes de banlieue dans le *Grand Alger* (28 communes) fait de l'agglomération algéroise la plus grande d'Afrique du Nord après Casablanca. Archevêché. Université. Grande mosquée malikite (XI$^{e}$ - XIV$^{e}$ s.). Mosquée hanafite de la Pêcherie (XVII$^{e}$ s.). Casbah (classée au patrimoine mondial de l'Unesco). Musée des

**Alger.** La casbah. *Phot. ©Luc Girard/Explorer*

Beaux-Arts. Une ligne de métro a été mise en service en 2008. ▪ 1er port d'Algérie (exportation de produits agricoles). Indus. ▮ **Histoire** Anc. cité romaine *(Icosium)*, Alger commença à prendre quelque importance à l'arrivée de Morisques chassés d'Espagne (v. 1492). En 1510, les Espagnols occupèrent un îlot en face de la ville et les frères Barberousse, appelés pour les en chasser, s'y installèrent au nom du sultan turc. Devenue la capitale des corsaires barbaresques, elle fut assiégée vainement par Charles Quint en 1541. Lieu de détention de captifs chrétiens (→ **Cervantès, Regnard**), la ville fut bombardée en 1683 et 1684 par une escadre française, puis anglaise. Prise par les Français le 5 juil. 1830, elle devint le siège du gouvernement général de l'Algérie et se développa. Au cours de la Deuxième Guerre mondiale, les Alliés y débarquèrent le 8 nov. 1942 et conclurent un armistice local avec le général Juin. Après l'assassinat de l'amiral Darlan (24 déc.), le pouvoir passa au général Giraud. Celui-ci s'effaça dès 1943 devant le général de Gaulle qui prit la présidence du Comité* français de libération nationale, dit comité d'Alger. Alger, qui abrita également l'Assemblée consultative provisoire, fut ainsi le siège des institutions de la France combattante. Les événements politiques essentiels de la guerre d'Algérie* se déroulèrent à Alger, où eut lieu en 1957 l'opération militaire dite *bataille d'Alger*. La ville est victime, depuis les années 1990, de nombreux attentats imputés à des groupes armés islamistes. Des inondations sans précédent, en 2001, puis un violent tremblement de terre en 2003, provoquèrent la mort de milliers de personnes et d'énormes destructions.

## ALGÉRIE

▮ n. f. – off. ***République algérienne démocratique et populaire*** ◆ **ÉTYM.** en ar. ***al-Jazā'ir*** « les îles » ♦ Pays d'Afrique du Nord. 2 381 741 km². 29 100 000 hab. dont 70 % de moins de 30 ans et 45 % de moins de 15 ans *(Algériens)*. **LANGUES** : arabe (off.), tamazight (berbère) (langue nationale), français. **POPULATION** : Arabes, 82 % ; Kabyles (Berbères), 17 %. **RELIGION** : musulmans, 99,1 % dont une forte majorité de sunnites malékites. **MONNAIE** : dinar. **CAPITALE** : Alger. **RÉGIME** : présidentiel. Le pays est divisé en 48 wilayas (circonscriptions administratives).

### GÉOGRAPHIE

▮ **LE RELIEF** L'Algérie offre un relief très diversifié, de la zone méditerranéenne à la zone saharienne. La côte, découpée, présente des caps (Bougaroun, Falcon, Bordj el-Bahri), des baies (Alger, Sidi Fredj) et des golfes (Béjaïa, Oran). Le Tell algérien est formé de massifs (Atlas « tellien », Bibans, Dahra, Edough, Kabylie, Mascara, Miliana, Ouarsenis, Saïda, Tlemcen) où s'encastrent la plaine côtière d'Annaba, drainée par l'oued Seybouse, celle de la Macta, la Mitidja, drainée par l'oued Harrach, ainsi que plusieurs plaines intérieures (Ighil Izan, Sidi Bel-Abbès, Sig). Ces massifs sont entaillés par des vallées, le long des oueds côtiers (Chéliff, Tafna) et des coteaux comme le Sahel d'Alger. Puis s'étendent les hautes plaines (plaines de Constantine, où coule l'oued el-Kébir, et de Sétif) et les hauts plateaux qui présentent des dépressions (Chergui, Hodna). Enfin l'Atlas saharien est formé d'une succession de monts : d'O. en E., monts des Ksour, des Amour, des Ouled-Naïl, des Aurès, du Zab ou Ziban. Ces reliefs dominent le Sahara et ses « vallées », où se situent le Grand Erg occidental et le Grand Erg oriental, les plateaux du Tademaït et du Tassili, le Hoggar, et, à sa limite méridionale, le Tanezrouft. Sur 238 millions d'ha, 200 millions sont occupés par les déserts, 15 millions par la steppe, 7,5 millions par l'agriculture (soit 3 % seulement du territoire national) et 5 millions par les forêts et le maquis.

▮ **LE CLIMAT** Le climat varie du type méditerranéen au type saharien, avec toutes les modifications dues au relief. Le N. de l'Algérie est essentiellement méditerranéen avec un contrepoids continental exercé par le barrage des chaînons côtiers aux influences maritimes. À l'intérieur des hautes terres, l'hiver devient alors rigoureux et l'été chaud et sec. Le Sahara, au S., est caractérisé par la rareté des précipitations (– de 100 mm/an) et une très forte amplitude thermique.

▮ **LE PROBLÈME DE L'EAU** Le pays est soumis à une pluviosité irrégulière et inégalement répartie. Un tiers seulement du pays connaît une moyenne annuelle de 400 mm. Pour remédier à ces irrégularités, une politique de construction de barrages-réservoirs a été mise en œuvre (Beni Haroun, Beni Bahdel, Iril Emda, Ghrib, Oued Fodda).

### ÉCONOMIE

▮ **L'AGRICULTURE** Sacrifiée au profit de l'industrie, l'agriculture a longtemps accusé, du fait des sécheresses et des politiques dirigistes successives menées depuis l'indépendance, un net recul. Après le départ massif des exploitants européens, à partir de 1962, et l'occupation improvisée par les Algériens des grandes exploitations agricoles orientées pendant la période coloniale vers la métropole, le gouvernement a tenté de réguler la situation en promulguant la loi d'autogestion. Le système autogéré, défaillant, a été révisé en 1968 et en 1974. Parallèlement, le secteur traditionnel a été soumis en 1971 à une « révolution agraire » : création de coopératives, redistribution des terres et nationalisation d'une grande partie d'entre elles. Mais elle n'a abouti qu'à une baisse de la productivité et à une croissance de la dépendance alimentaire. Dans les années 1980, une série de réformes a été engagée pour stimuler l'agriculture en faisant de plus en plus appel à l'initiative individuelle et aux capitaux privés. La plus significative concerne l'organisation des coopératives d'État en « sociétés civiles de personnes à capital et personnels variables » (1987). Sans rompre définitivement avec le dirigisme en vigueur, cette réforme a ouvert la voie à une libéralisation progressive de ce secteur vital de l'économie. En 1990, les producteurs agricoles ont été autorisés à vendre directement leurs produits et un fonds spécial a été institué, destiné à garantir les exploitants contre les risques naturels et les difficultés liées aux crédits et aux faillites. Priorité a été accordée au développement du potentiel hydraulique. Les sécheresses successives ont en effet limité la capacité des barrages existants, rendant indispensable la reconstitution des nappes phréatiques. Un programme de reboisement a été mis en place en 1997, soutenu par la Banque mondiale. Même si la production agricole a augmenté, le pays n'a pas réussi à assurer l'autosuffisance alimentaire notamment en raison des sécheresses, d'une faible productivité et de l'obsolescence technologique. La production de céréales (cultivées essentiellement dans les hautes plaines constantinoises) occupe 45 % des surfaces labourables mais ne couvre qu'un tiers des besoins, notamment pour le blé qui doit être importé ainsi que le lait, les huiles et graisses et les légumes secs. La demande nationale est pratiquement satisfaite en produits maraîchers, légumes et viandes. Les agrumes sont produits en grande partie dans la plaine de la Mitidja où l'on trouve également de nombreuses vignes. Les dattes proviennent essentiellement de la région d'Ouargla, 20 % seulement sont exportés. La tomate est pour l'instant la seule culture industrielle.

▮ **LES HYDROCARBURES** Le secteur des hydrocarbures est le véritable pilier de l'économie. Constitué par le pétrole (réserves estimées à 40 milliards de barils ; bassin de Hassi Messaoud, Edjeléh) et par le gaz naturel (réserves estimées à 4 550 milliards de m³, Hassi R'Mel, In Amenas, Hamra, Timimoun, Reggane), il assure 97 % des revenus à l'exportation. Au sein de l'OPEP, l'Algérie dispose d'un quota officiel de 750 000 barils de pétrole par jour alors qu'elle en produit réellement 1 250 000 et demande la suspension des quotas. La moitié est exportée vers l'Europe. Deux gazoducs relient l'Algérie à l'Espagne, via le Maroc, et l'Algérie à l'Italie, via la Tunisie, mais de nouveaux aménagements vont ajouter deux ouvrages reliant directement le pays à ces deux partenaires européens. Le gazoduc sous-marin Medgaz permet l'approvision-

**Algérie** ▮ Productions en 2008

| Produits | Quantités | Rang |
|---|---|---|
| ▮ Agriculture | | |
| Blé | 2 600 000 t | |
| Dattes | 500 000 t | 6e |
| Olives (2007) | 300 000 t | 12e |
| Oranges | 500 000 t | |
| Pommes de terre | 2 000 000 t | |
| Tomates (2007) | 600 000 t | |
| Bovins (têtes) | 1 700 000 | |
| Ovins (têtes) | 20 000 000 | |
| ▮ Mines et énergie | | |
| Fer | 1 900 000 t | |
| Gaz naturel | 85 000 000 000 m³ | 6e |
| Phosphates | 900 000 t | |
| Pétrole | 86 000 000 t | 17e |

Algérie.

nement de l'Espagne. Les recettes des exportations des hydrocarbures sont essentiellement utilisées à financer les importations alimentaires.

**▮ L'INDUSTRIE** Malgré les résultats positifs obtenus dans ce secteur mais aussi dans celui de la sidérurgie, de la chimie et la pétrochimie (peintures, détergents, gaz industriels, engrais, plastiques et caoutchoucs), de la pharmacie, de l'industrie mécanique (camions, tracteurs, cars, matériel agricole) et les télécommunications, les effets bénéfiques tardent à se faire sentir sur l'emploi ou l'accès aux marchés internationaux. Par ailleurs, la dette extérieure, même si elle s'est considérablement réduite (50 % du PIB en 2000 ; moins de 30 % en 2004) reste lourde.

**▮ LE TOURISME** L'Algérie possède enfin un important potentiel touristique (sites romains, plages, montagnes, Sahara).

### HISTOIRE

**▮ L'ALGÉRIE PRÉHISTORIQUE ET ANTIQUE** La présence humaine en Algérie remonte à plus de 500 000 ans. Aux premiers hommes de faciès atlanthrope (découverts dans la région de Mostaganem) succédèrent les types de faciès atérien (à l'O. de Tébessa), ibéromaurusien (à l'O. de Constantine) et capsien (à l'E. et au Sahara). Bien que les divers sites et vestiges préhistoriques (Ternifine, Machta al-Arbi) attestent que l'Algérie fut le berceau d'une civilisation berbère, l'évolution historique du pays ne commença réellement qu'avec l'arrivée des Phéniciens. **▮ Des Phéniciens à la conquête romaine** Dès les derniers siècles du –IIe millénaire, ceux-ci fondèrent des comptoirs commerciaux, repris par les Carthaginois qui développèrent une activité côtière. L'intérieur du pays fut dominé par des chefs berbères (ou Numides) qui commercèrent avec les Carthaginois, mais il fut également occupé par les Maures, les Libyques et les Guaramantes, qui au –Ier millénaire s'organisèrent en tribus. Ces populations se trouvèrent au cœur des affrontements hégémoniques entre Rome et Carthage. Alors que les guerres puniques opposaient ces deux puissances, le premier État numide se forma sous les règnes de Syphax*, puis de Masinissa*, avec comme capitale Cirta*. Les dieux carthaginois, adoptés par les autochtones, furent célébrés après la domination romaine qui intervint à la suite de l'intermède des royaumes numides et de l'insurrection de Jugurtha* (–112 - –105). Le dernier chef de la Numidie, emprisonné, fut déporté à Rome et mourut en prison. La Maurétanie, annexée en 40 de notre ère, fut divisée en deux provinces impériales : Maurétanie tingitane et Maurétanie césarienne, tandis que l'Est algérien dépendait (jusqu'au IIIe s. de notre ère) de la province proconsulaire d'Afrique. Les imposantes ruines de Timgad*, Lambèse (→ **Tazoult**), Cuicul* (Djamila) témoignent de la densité du peuplement et de la prospérité du pays. La *pax romana* ne put cependant mettre un terme aux multiples insurrections nationales qui se succédèrent pendant plusieurs siècles. **▮ Du christianisme à l'islam** La région s'ouvrit tôt au christianisme, par opposition au pouvoir romain. Mais quand le christianisme fut proclamé religion officielle de l'Empire, il devint suspect pour la population dont une partie choisit la forme la plus schismatique : le donatisme.

Les tribus berbères montagnardes, non latinisées, continuèrent leur résistance. Aux IVe et Ve s., l'insécurité grandit ; les cités s'appauvrirent. Seule l'Église demeura organisée. → **Augustin (saint).** Et la fragile domination vandale (429 - 533) laissa se reconstituer des principautés berbères indépendantes. Les Byzantins, qui chassèrent les Vandales (533), ne reconquirent que la partie orientale du pays.

**L'AVÈNEMENT DE L'ISLAM** **Les Omeyades** La conquête arabo-musulmane façonna durablement l'identité nationale et culturelle de l'Algérie. Quittant l'Égypte en 647, les armées musulmanes avancèrent vers l'O. et la conquête de l'ensemble du Maghreb fut achevée en 711. Les Arabes, partant de la nouvelle ville de Kairouan*, qu'ils avaient construite en 670, atteignirent les rives de l'Atlantique, renforcés par une bonne partie de la population locale, convertie à l'islam. Mūsā* ibn Nuṣayr et Ṭariq* ibn Ziyād comptent parmi les célèbres chefs de guerre convertis à l'islam, originaires de l'Afrique du Nord et qui participèrent à l'expansion de la nouvelle religion. Dans l'actuel Aurès, deux chefs berbères, Kusayla et la Kahina, dirigèrent la résistance autochtone contre la conquête arabe (fin VIIe s.). Très vite, cependant, les Berbères adoptèrent l'islam et, dès les premières années du VIIIe s., le Maghreb devint une province omeyade. **Des Rostémides aux Fatimides et aux Hammadides** Mais en 742 une partie de la Berbérie musulmane se révolta contre le pouvoir central sunnite en optant pour le kharijisme, courant islamique minoritaire et dissident, contestant à la fois le sunnisme et le chiisme. → **kharijites.** Plusieurs petits royaumes berbères et kharijites furent fondés dans l'actuel Ouest algérien, le plus important étant celui des Rostémides* de Tahert (région d'Oran) tandis que l'actuel Est algérien restait sous la souveraineté des gouverneurs aghlabides de Kairouan, qui défendirent activement le califat d'Orient et l'orthodoxie de l'islam (IXe - Xe s.). Mais, avec le soutien des Kabyles, confédération des tribus berbères de l'Est algérien, la dynastie arabe et chiite des Fatimides* détrôna les Aghlabides*, s'empara de Kairouan et renversa les Rostémides (Xe s.). Ziri et son fils Bulukkin fondèrent la dynastie berbère des Zirides*. Les Hammadides*, cousins des Zirides, s'affranchirent de leur tutelle et fondèrent une dynastie indépendante avec, pour capitale, la Qal'a des Banū Ḥammād (dans le Constantinois) ; ils restaurèrent l'orthodoxie sunnite. Pour se venger, les Fatimides envoyèrent contre l'Ifrīqiya (Tunisie, Est algérien actuels) les tribus arabes des Hilaliens, suivis des Banū Sulaym et des Banū Maqtil, qui ravagèrent le pays et dont l'action fut déterminante pour l'arabisation de la région. En effet, dès le XIe s., l'arabe devint la langue majoritaire dans les plaines et les steppes. **Les Almoravides et les Almohades** Dans la seconde moitié du XIe s., les Almoravides*, dynastie berbère sunnite venue du Sud marocain, s'emparèrent d'une bonne partie de l'Algérie et firent pénétrer dans l'Ouest l'influence de la civilisation hispano-mauresque, influence perpétuée par leurs successeurs, les Almohades*. Durant leur règne, tout le Maghreb fut soumis à un pouvoir unique (milieu du XIIe s.). Au XIIIe s., à la chute des Almohades, la région fut partagée entre trois dynasties berbères : les Mérinides* à Fès, les Abdelwadides* à Tlemcen et les Hafsides* à Tunis.

**LA CONQUÊTE OTTOMANE** La reconquête chrétienne de l'Andalousie permit à l'Espagne d'occuper de nombreux sites et ports sur la côte algérienne (Mers el-Kébir, Oran, Bougie et l'îlot du Pénon en face d'Alger) et d'imposer des tributs à d'autres villes (déb. XVIe s.). Les Abdelwadides acceptèrent le protectorat espagnol. Mais la population musulmane demanda aux corsaires turcs (tels les frères Barberousse*) d'intervenir. Ceux-ci reçurent de puissants renforts envoyés par le sultan ottoman (1518), expulsèrent les Espagnols, résistèrent au siège de Charles Quint devant Alger et détrônèrent les Abdelwadides (1554). L'Algérie devint alors une régence dépendant de l'Empire ottoman. **La conquête** Les corsaires turcs et algériens firent d'Alger une cité prospère au XVIIe s. mais ils faiblirent au siècle suivant. L'Algérie ottomane fut théoriquement gouvernée par un dey nommé par les officiers de la milice *(odjaq)*. Le pays fut divisé en trois provinces dirigées par des beys tandis que le pouvoir local fut assuré par les caïds. À l'instar de ce qui se passait dans la majorité des provinces de l'Empire ottoman, où la décentralisation était poussée à l'extrême, beys et caïds jouirent d'une telle autonomie que l'Algérie ottomane ne fut jamais vraiment unifiée sous le contrôle d'un gouvernement central fort. Vers 1830 le dey n'exerçait une autorité effective que sur une petite partie du pays. L'Algérie connut au début de la période ottomane une grande prospérité économique, grâce, entre autres, aux prises réalisées par ses navires corsaires, mais les revenus ne tardèrent pas à tarir sous les effets du changement des routes du commerce maritime international. À la fin du XVIIIe s. et au XIXe s. le marasme encouragea la contestation de l'oligarchie ottomane. Les révoltes locales se multiplièrent.

**LA PÉRIODE FRANÇAISE** **La conquête** Les corsaires turcs poursuivaient leurs attaques en Méditerranée occidentale. Lord Exmouth*, après de vaines négociations, bombarda Alger à la tête d'une escadre anglo-hollandaise et provoqua la libération de plus de 3 000 captifs chrétiens (1816). Une autre escadre britannique revint devant Alger en 1824. La France, prenant prétexte du «coup d'éventail» donné par le dey Hussein au consul Deval lors d'une audience officielle visant au règlement de créances litigieuses (1827), décida d'intervenir, poursuivant ainsi l'application d'une stratégie économique, politique et militaire planifiée bien avant l'incident. Charles X, en accord avec son ministre Polignac, ordonna un blocus naval puis une expédition militaire décisive contre Alger. Sous les ordres de l'amiral Duperré et de Bourmont, les troupes françaises débarquèrent à Sidi Ferruch (auj. Sidi Fredj) le 14 juin 1830 avec un effectif de 37 000 hommes et s'emparèrent d'Alger le 5 juil. suivant, mettant ainsi fin à la domination turque. Oran et Bône (auj. Annaba) furent également occupées avant la chute de Charles X. Louis-Philippe devenu roi des Français, Clausel remplaça Bourmont avec mission de maintenir une occupation restreinte. **La résistance** À l'O., en Oranie, la résistance s'organisa autour d'Abd* el-Kader avec lequel Desmichels, gouverneur d'Oran, se résolut à traiter (1834). Reconnu comme «émir des croyants» avec le droit d'acheter des armes, Abd el-Kader vit s'accroître son prestige et infligea une grave défaite aux troupes du général Trézel dans les marais de la Macta (1835). Après l'échec de Clausel devant Constantine, occupée par le bey Ahmad (1836), Bugeaud signa le traité de la Tafna avec Abd el-Kader (1837) tandis que Damremont échoua dans ses négociations avec Ahmad et trouva la mort devant Constantine, finalement prise par le général Valée (1837). Abd el-Kader, qui avait constitué une véritable armée au cours de la trêve, reprit les hostilités dès 1839 en proclamant la guerre sainte contre les Français. L'armée française d'Afrique mena le combat jusqu'à l'occupation totale du pays. Sous Bugeaud, nommé gouverneur général en 1840, la prise de la smala d'Abd el-Kader par le duc d'Aumale* (1843) contraignit l'émir à se réfugier au Maroc. Le sultan s'engagea à son tour dans la guerre, mais la défaite de l'armée marocaine à la bataille de l'Isly (1844) l'obligea à traiter avec la France. Cependant, de violentes insurrections éclatèrent encore à l'appel de divers mahdi dont le plus célèbre, Bou-Ma'za, souleva les régions du Dahra, du Chéliff et de l'Ouarsenis (1845). Franchissant la frontière, Abd el-Kader remporta la victoire de Sidi Brahim puis s'efforça de rallier les Kabyles à sa cause. **La fin de la conquête** Abandonné par le sultan de Marrakech, au moment où il songeait à se réfugier de nouveau au Maroc, il fit sa reddition au général Lamoricière dans les plaines de Sidi Brahim (1847). La soumission des oasis du S. et de la Kabylie (1857) par le maréchal Randon acheva la conquête du pays par l'armée d'Afrique. La pacification n'en fut pas pour autant accomplie. L'histoire coloniale de l'Algérie fut, jusqu'à la fin du XIXe s., celle d'une série de révoltes sanglantes qui reprirent dès la fin de la Première Guerre mondiale avec les mouvements nationalistes. Une grande insurrection, animée par la confrérie islamique des Rahmaniya, éclata encore en Kabylie en 1871. Vite réprimée, elle entraîna un séquestre des terres affectées à la colonisation française. Les missions Flatters* (1880 - 1881) et Foureau*-Lamy (1898 - 1899) préparèrent bientôt l'occupation du Sahara* algérien jusqu'aux frontières du Niger. **Le peuplement** Le recensement de 1872 donnait les chiffres de 2 125 000 indigènes et de 245 000 Européens (dont 35 000 israélites naturalisés par le décret Crémieux* du 21 oct. 1870). En 1954, l'Algérie comptait 9 530 000 habitants dont 8 450 000 musulmans. Les deux groupes de population avaient parallèlement quadruplé en 80 ans, mais leur taux d'accroissement annuel tendait depuis 1936 à accentuer considérablement leur écart. À cette date, l'immigration avait quasiment cessé, le groupe européen passant de quelque 35 000 âmes en 1840 à près de 1 million en 1936 (pour moitié d'ascendance française et 30 % d'origine espagnole, auxquels s'ajoutaient les Italiens et les Maltais). Si l'établissement des premiers colons français aux environs d'Alger fut l'œuvre de quelques hommes entreprenants, il apparut vite que la colonisation de peuplement était le seul moyen de consolider la conquête. La première organisation de la colonisation officielle commença dès 1836 à Boufarik. Interrompue par l'insurrection de 1839, elle ne reprit qu'en 1841. Bugeaud, d'abord favorable à l'abandon de la «régence d'Alger», devint rapidement partisan de la «colonisation auxiliaire de la conquête» (H. de Peyerimhoff). L'administration française, se considérant comme l'héritière du domaine public ottoman (beylik), organisa la formation de nouveaux centres et la concession de lots de terres à des conditions qui firent l'objet d'une large publicité officielle dans tous les départements de la métropole afin d'attirer de nouveaux colons. Entre 1841 et 1850, 115 000 ha furent ainsi distribués. Sous la République de 1848, 42 nouveaux centres furent créés pour accueillir d'anciens ouvriers des ateliers nationaux, en majorité parisiens. La nouvelle Constitution avait déclaré l'Algérie «territoire français», et l'avait divisée en trois départements (Oran, Alger, Constantine). La colonisation officielle se poursuivit sous le Second Empire malgré un ralentissement sensible, qui profita surtout aux grandes sociétés financières, et une généreuse mais utopique tentative de création d'un «Royaume arabe» par Napoléon III en 1863. Le séquestre consécutif à l'insurrection de 1871 vint enrichir le domaine de la Troisième République, ce qui lui permit d'attribuer une concession de 100 000 ha à de nombreux Alsaciens et Lorrains désireux de demeurer français. **L'exploitation du sol** Les crises du vignoble métropolitain, atteint par le phylloxéra à la fin

**Algérie.** Tassili des Ajjers. *Phot. ©A. Bordes/Explorer*

du XIXe et au début du XXe s., poussèrent Paris à favoriser l'implantation de viticulteurs du Midi sur le sol algérien. Le vignoble algérien passa de 17 000 ha en 1878 à 177 000 en 1907 pour atteindre 402 000 ha en 1938 avec une production record de plus de 21 millions d'hl. Cependant, l'Algérie, dotée par la loi du 19 déc. 1900 de la personnalité civile et d'une certaine autonomie financière avec une assemblée nouvelle (les Délégations financières) appelée à discuter et à voter un budget proposé par le gouverneur général, demeurait étroitement dépendante du gouvernement français et ne disposait au Parlement que d'un petit nombre de députés et de sénateurs (15 députés et 8 sénateurs après la loi du 5 oct. 1946). Au lendemain de la Première Guerre mondiale, la colonisation officielle reprit, mais connut des échecs sur les hauts plateaux particulièrement arides. En définitive, on estimait en 1930, après un siècle d'administration française, que sur 2,4 millions d'ha exploités par les Européens, la colonisation officielle en avait fourni près de 1,7 million. La colonisation dite privée ou libre ne put cependant progresser que grâce aux aides de l'État. En trente ans, les colons réussirent en effet à acheter à bon compte environ de 1 million d'ha (1871 - 1900), alors que de 1830 à 1870 ils n'en avaient acquis que moins de la moitié. Dans les premières décennies du XXe s., le mouvement des échanges accrut encore le domaine européen (2 720 000 ha) mais les terres incultes ou improductives couvraient encore plus de la moitié de la superficie de l'Algérie du Nord. L'aire des céréales n'avait guère augmenté depuis le début du siècle, en raison des faibles rendements obtenus à l'hectare (moins de 10 quintaux en terre européenne, 4 à 5 en terre musulmane). En revanche, le rendement du vignoble algérien, supérieur à celui de la métropole, poussa les colons européens à la culture de la vigne, sans pour autant négliger les cultures légumières et arbustives, notamment celle des agrumes dans les périmètres irrigués par les grands barrages-réservoirs. La viticulture fournit du travail à une très nombreuse main-d'œuvre agricole et les exportations des vins algériens représentaient en 1938 une valeur égale à 51 % des ventes extérieures totales, contribuant ainsi à l'équilibre de la balance commerciale du pays. En revanche, les colons s'étaient détournés de l'élevage du mouton, et le nombre des ovins, en augmentation au début du siècle, tendit à revenir au niveau des années 1870 - 1880, ce qui ne fut pas sans occasionner de graves problèmes en raison de l'accroissement considérable de la population. D'autre part, le pays demeurait fort peu industrialisé, malgré les progrès réalisés, notamment dans l'exploitation des mines de fer et des phosphates. Il fallut attendre les années 1959 - 1962 pour que le pétrole devînt la principale richesse du pays. ▮ **La naissance du nationalisme algérien** L'Algérie, dans ses frontières actuelles, n'avait jamais constitué un État indépendant et centralisé, et l'idée de la nation algérienne naquit d'un concept beaucoup plus vaste, celui de la nation islamique (al-Oumma). Dès le VIIe s., l'identité nationale puisa sa force dans l'appartenance à l'islam. Les tentatives d'évangélisation, ébauchées par le cardinal Lavigerie à la fin du XIXe s., restèrent sans lendemain. Les quelques milliers de musulmans qui accédèrent à la citoyenneté française ne purent le faire qu'en abandonnant leur statut coranique (notamment matrimonial et judiciaire). Cette politique de division alimenta la détermination des nationalistes indépendantistes, même si l'indépendance immédiate et totale de l'Algérie ne fut revendiquée que par une minorité conduite par Messali Hadj, fondateur de l'Étoile nord-africaine en 1926. Longtemps, l'élite musulmane crut à l'égalité des droits avec les Européens. Le projet Blum-Violette (1936), prévoyant l'accès de certaines catégories de musulmans à la citoyenneté française, sans perte de leur statut personnel islamique, recueillit l'adhésion des élites, y compris celle des ulémas dirigés par Ibn Badis, mais se heurta d'une part à la violente opposition des colons, d'autre part à l'obstruction du parlement français. ▮ **La montée du nationalisme** L'échec de la politique d'assimilation orienta ses partisans musulmans vers l'idée d'une séparation hors du cadre de la souveraineté française. Le mouvement prit de l'ampleur après le débarquement allié en Afrique du Nord (1942) et la publication du *Manifeste du peuple algérien* de Ferhat Abbas (1943). Les promesses de réformes n'empêchèrent pas les émeutes de mai 1945 (Sétif et Guelma), qui furent suivies d'une sanglante répression (plusieurs milliers de morts) et de la dissolution des partis à tendance nationaliste. L'ampleur de la répression ordonnée par Paris constitua un tournant décisif dans la radicalisation du mouvement indépendantiste. Après l'amnistie de 1946, Ferhat Abbas fonda l'Union démocratique du manifeste algérien (UDMA) et Messali Hadj le Mouvement pour le triomphe des libertés démocratiques (MTLD), cependant que l'Assemblée nationale adoptait à Paris (1947) un nouveau statut de l'Algérie instituant une assemblée algérienne dont les membres étaient élus moitié pour moitié par deux collèges, le premier composé à l'origine de 88 % d'Européens et de 12 % de musulmans, et le second uniquement d'électeurs musulmans. Malgré la vocation fédéraliste de l'Union française, l'Algérie, avec ses départements et son gouverneur général, restait dépendante du gouvernement central de Paris. Au sein des mouvements nationalistes, la tendance dure, favorable au soulèvement armé, finit par l'emporter : des militants du MTLD (parmi lesquels Aït Ahmed, Ben Bella, Boudiaf et Khider) créèrent un Comité révolutionnaire d'unité et d'action au printemps 1954. Ils déclenchèrent l'insurrection dans les Aurès (la « Toussaint rouge »), le 1er nov.

▮ **LA GUERRE D'ALGÉRIE (1954 - 1962)** ▮ **La lutte armée** Les mouvements nationalistes se rallièrent pour la plupart au Front de libération nationale (FLN, constitué au Caire pour coordonner l'action des chefs sur le territoire d'Algérie divisé en six zones), cependant que le gouvernement Mendès France déclarait sa volonté de poursuivre la répression. Le nouveau gouverneur général Jacques Soustelle* (1955) proposa des réformes visant à réaliser l'intégration par la reconnaissance de la pleine citoyenneté aux musulmans, mais il fut rappelé en 1956 par Guy Mollet. Son successeur Robert Lacoste reçut pour mission d'obtenir un cessez-le-feu par la force afin de négocier ensuite avec les représentants élus du peuple algérien. Une solution pacifique paraissait sur le point d'aboutir lorsque, en oct. 1956, un avion frété par le gouvernement marocain fut détourné sur Alger et cinq chefs nationalistes qui se trouvaient à bord furent arrêtés, dont Ben Bella. Les troupes parachutistes du général Massu vinrent difficilement à bout du FLN dans la « bataille d'Alger » (1957), cependant qu'aux frontières les forces de l'ALN (Armée de libération nationale) furent contenues par de solides lignes fortifiées. Le bombardement d'un village frontalier tunisien (Saqiet sidi Yusuf) en fév. 1958 ainsi que l'utilisation de certaines méthodes de guerre (utilisation du contingent, massacres, terrorisme, tortures) furent largement condamnés par l'opinion internationale et contribuèrent à diviser l'opinion publique en France. Si, sur le plan militaire, la pacification semblait l'emporter, sur le plan politique, le FLN ne cessait de marquer des points décisifs. Pourtant une solution négociée s'imposait. La crainte de voir ses intérêts sacrifiés dans de futures négociations poussa la population européenne à se dresser contre le pouvoir central, entraînant derrière elle la « fraternisation » d'une partie de la communauté musulmane et le soutien des chefs militaires. ▮ **Le général de Gaulle** Ce fut la manifestation du 13 mai* 1958 et l'appel du général Salan au général de Gaulle qui, dès son arrivée au pouvoir, proclama sa volonté de maintenir l'Algérie française en faisant de tous les Algériens, y compris les musulmans, des « Français à part entière ». Il lança alors un plan de développement économique de l'Algérie tout en renforçant la lutte militaire contre le FLN qui refusait « la paix des braves » (arrêt des combats comme préalable à toute négociation). Mais, dès sept. 1959, il annonça le « droit des Algériens à l'autodétermination » et entama, en juin 1960, les premières négociations avec les représentants du gouvernement provisoire de la République algérienne (GPRA), constitué par le FLN en sept. 1958. Cependant, au lendemain de l'émeute menée par les membres les plus extrémistes de la population européenne (semaine des Barricades* à Alger, janv. 1960), une partie de l'institution militaire jugea favorable l'évolution de la situation sur le terrain et justifiée cette politique d'ouverture et de négociation avec le FLN. ▮ **Le putsch des généraux et les accord d'Évian** Les généraux Challe, Salan, Jouhaud et Zeller tentèrent à Alger un putsch qui avorta (avr. 1961), puis l'un d'eux, Salan, prit la tête de l'Organisation armée secrète (OAS) décidée à poursuivre la lutte à tout prix pour conserver l'Algérie française, multipliant les attentats, tandis que les négociations entre Paris et le GPRA aboutissaient aux accords d'Évian et au cessez-le-feu (mars 1962). Après l'approbation, en France, des accords d'Évian par référendum (avr. 1962), la conviction de n'avoir pas leur place dans le nouvel État à naître, la crainte d'encourir de graves risques pour leur personne et leurs biens provoquèrent l'exode de plus de un million de Français d'Algérie vers la France.

▮ **L'ALGÉRIE DEPUIS L'INDÉPENDANCE** ▮ **Ben Bella** Devenue un État indépendant à l'issue du référendum du 1er juil. 1962, l'Algérie connut immédiatement un conflit qui opposa le GPRA et le « bureau politique » formé autour de Ben Bella. Celui-ci imposa peu à peu son autorité ; il organisa les élections à une Assemblée nationale constituante (20 sept. 1962) qui le désigna comme chef du premier gouvernement algérien. Il fut porté l'année suivante à la présidence de la République par référendum (15 sept. 1963). Les oppositions internes furent mises en sommeil pour affronter les conflits frontaliers avec le Maroc. Le premier congrès du FLN, devenu parti unique, permit aux diverses tendances de s'exprimer (avr. 1964). ▮ **Boumédiène** Le coup d'État du 19 juin 1965, dirigé par Boumédiène, aboutit à l'éviction de Ben Bella, accusé de «gauchisme», à la mise au pas progressive du FLN et à son inféodation à l'État incarné par la présidence de la République et l'armée. À l'intérieur, Boumédiène instaura un régime fort, entreprit une politique de développement volontariste et mit en œuvre une ambitieuse industrialisation fondée essentiellement sur le gaz et le pétrole. Il signa des accords de coopération culturelle et technique, notamment avec la France (1966), nationalisa les principaux secteurs de l'économie (pétrole et gaz, chimie, mécanique, ciments, alimentation). Il mena également une politique linguistique et pédagogique d'arabisation massive mais improvisée et négligea le secteur vital de l'agriculture En 1976, des accrochages se produisirent avec le Maroc à propos du Sahara occidental dont l'Algérie soutint les revendications et l'action. En 1977 - 1978, ce problème contribua à envenimer les relations avec la France, rendues déjà difficiles par la question des travailleurs émigrés. ▮ **Chadli** Après la mort de Boumédiène (déc. 1978), le colonel Chadli* Bendjedid, élu président en 1979, continua l'œuvre de son prédécesseur, maintenant la politique de non-alignement, cherchant l'apaisement national en écartant l'aile dure du FLN. Sur les plans économique et social, il libéralisa le régime mais laissa libre cours à une corruption de grande ampleur. Cette politique favorisa la montée des contestations. En oct. 1988, des manifestations contre la faim furent violemment réprimées. Pour prévenir de nouvelles contestations, le président Chadli proposa une nouvelle Constitution, approuvée par référendum (1989). Une loi sur le multipartisme fut promulguée. On assista alors à une floraison de partis politiques, dont le Front* islamique du salut (FIS) qui remporta les élections locales en juin 1990. Bien que la formation d'un parti confessionnel fût strictement interdite par la Constitution, le FIS, financé au départ par l'Arabie saoudite, s'imposa de plus en plus comme adversaire implacable du régime. Malgré l'opposition de l'armée, qui se considérait comme la garante des institutions, à la légalisation du FIS, le président Chadli décida de tenir des élections législatives, selon un mode de scrutin majoritaire favorable aux islamistes. En déc. 1991, le premier tour se solda par une écrasante victoire du FIS. ▮ **La guerre civile** En janv., l'armée démit Chadli de ses fonctions, annula les résultats des élections et confia le pouvoir à un Haut Comité d'État (HCE) présidé par Mohamed Boudiaf, l'un des dirigeants historiques du FLN vivant en exil au Maroc. Le FIS fut dissous en mars et une vague de répression s'abattit sur les islamistes qui répliquèrent par le terrorisme. Plus de 600 personnes furent assassinées en 1992, dont le président Boudiaf. Ali Kafi fut nommé président du HCE en juil. L'intensification de la répression, devenue, avec l'assainissement de l'économie, une priorité pour le régime dirigé par le général Liamine Zéroual (chef de l'État depuis janv. 1994, succédant au HCE) et la radicalisation des islamistes (création du Groupe armé islamique) qui lancèrent une vague d'attentats visant surtout les forces de l'ordre, les intellectuels, journalistes, artistes, et, depuis 1993, les ressortissants étrangers, plongèrent le pays dans l'instabilité et la violence, tandis que se développait en Kabylie un mouvement de revendication berbère, hostile aux militaires comme aux islamistes. Les principaux partis d'opposition (FIS, Front des forces socialistes, FLN) signèrent, en 1995, une plateforme commune prônant l'ouverture de négociations qui fut rejetée par le pouvoir. Au lendemain d'une nouvelle recrudescence des attentats islamistes, L. Zéroual décida la tenue d'une élection présidentielle (nov. 1995), boycottée par l'opposition. La forte participation à cette élection, remportée par L. Zéroual, témoignait de la volonté de la société algérienne de voir s'arrêter la violence. En janv. 1996, Ahmed Ouyahia fut nommé Premier ministre et forma un gouvernement comprenant des membres de l'opposition modérée (Mouvement de la société islamique [MSI-Hamas], Parti du renouveau algérien). Cependant la mise en place des institutions politiques n'entraîna ni la fin des attentats et des massacres, ni un ralliement populaire. Les mesures d'arabisation hâtives (1998) furent très contestées. Paralysé par la lutte des clans au sommet de l'État, L. Zeroual dut démissionner. ▮ **La «concorde civile»** A. Bouteflika* fut élu président et lui succéda en avril 1999. Il soumit au référendum, pour renforcer sa légitimité, un projet de «concorde civile» (restauration de la paix civile, ouverture économique, lutte contre la corruption) approuvé à une écrasante majorité, qu'il ne parvint cependant pas à appliquer. Tandis que les responsabilités dans les atrocités donnaient lieu à des polémiques où l'armée algérienne était mise en cause, des émeutes éclatèrent en avril 2001 en Kabylie. En 2002, le FLN redevint le premier parti à l'issue des élections législatives (boycottées par la Kabylie) et des élections locales, mais connut des dissensions internes divisant les partisans du président Bouteflika et ceux d'Ali Benflis, Premier ministre de 2001 à 2003. Bouteflika réélu président en 2005 présenta, dans le prolongement de la loi sur la «concorde civile», un référendum pour l'adoption d'une charte pour la paix et la réconciliation nationale qui obtint officiellement 97,36 % de oui. Révélant la difficulté de l'instauration d'une vraie démocratie, la Constitution fut amendée en 2008 pour que le président puisse accéder à son 3e mandat l'année suivante. L'alliance au pouvoir a donc été reconduite : le Front de libération nationale (FLN), le Mouvement de la société pour la paix (MSP) et le Rassemblement national démocratique (RND), que continue de présider le Premier ministre Ouyahia.

---

**ALGÉROIS** n. m. ♦ Région d'Alger.

**ALGÉSIRAS** → ÉTYM. en esp. ***Algeciras*;** de l'ar. *al-Jazīrah al-khāḍrāh* «l'île *(al-Jazīra)* verte *(al-khāḍrāh)*», contracté ensuite en *al-Jazīra* ♦ V. d'Espagne (Andalousie), prov. de Cadix, sur la *baie d'Algésiras* et le détroit de Gibraltar. 114 012 hab. Deuxième port de la Méditerranée. Raffinerie de pétrole. ▮ **Histoire** La conférence internationale de 1906, qui siégea à Algésiras, reconnut à la France des droits spéciaux au Maroc*.

**ALGHERO** ♦ V. d'Italie, en Sardaigne (prov. de Sassari). 38 404 hab. Cathédrale du XVIe s. ▪ Cité touristique. Port. Pêche du corail.

**ALGONQUIN(S)** n. m. (pl.) → ÉTYM. p.-ê. de l'indien (micmac) *algoomeaking* «l'endroit (du canot) d'où l'on pêche au harpon» ou de l'algonquin «apparentés aux chefs», «hommes de toutes les races» ♦ Nom d'un petit groupe d'Indiens du N.-E. du Canada, qui fut parmi les premiers partenaires commerciaux des Français. Les Algonquins vivaient de pêche, de chasse et de cueillette, et habitaient dans des wigwams coniques de bois et d'écorce. Aujourd'hui, des groupes algonquins sont installés dans des réserves du Québec et de l'Ontario. Le terme *Algonquien* désigne l'ensemble des groupes parlant la même langue (algonquin) et disséminés à travers le N.-E. du Canada et les États-Unis : Labrador (Montagnais*), Nouvelle-Angleterre (Abkanis, Micmacs*, Mohegans ou Mohicans*), vallée de l'Hudson, côte atlantique (Delawares, Powatans), Grands Lacs (Chippewas, Outawas*, Menominees) et Prairie (Blackfeet, Cheyennes*, Crees, Illinois, Miamis, Shawnees).

**ALGRANGE** [57440] ♦ Comm. de la Moselle, arr. de Thionville-Ouest. 6 198 hab. *(Algrangeois)*. Anc. centre minier (fer).

**ALGREN (Nelson)** ♦ Romancier américain (Detroit 1909 - Chicago 1981). Fils de mécanicien, élevé à Chicago, il parvint à faire des études mais, durant la grande dépression économique, parcourut le Sud en exerçant divers métiers ; son premier roman, *Un fils de l'Amérique* (*Somebody in Boots*, 1935) dépeint la crise de 1929 dans les bas quartiers de Chicago. Il édita avec Jack Conroy un magazine littéraire de gauche, *Anvil* («L'Enclume»). Il connut le succès avec *L'Homme au bras d'or* (1949), histoire d'un joueur de poker ruiné par la drogue. *La Rue chaude* (*A Walk on the Wild Side*, 1956) décrit la vie de bohème à La Nouvelle-Orléans dans les années 1930. La plupart de ses livres furent portés à l'écran avec succès. Il fut très apprécié des écrivains de la beat* generation.

**ALHAMBRA** → ÉTYM. de l'ar. *al-Ḥamrā'* «la rouge» ♦ Anc. cité de gouvernement des princes arabes de Grenade, dont la construction fut commencée par le premier souverain nasride* Muḥammad al-Ahmar (1238), sur le plateau qui couronne la colline de la Sabika (Cerro del sol). Il ne subsiste de l'ancienne cité qu'al-Qasaba (forteresse), le palais construit par Yūsuf Ier (1332 - 1354) qui s'ordonne autour du patio des Myrtes, occupé par un grand bassin allongé, et enfin le palais érigé autour de la cour des Lions par Muḥammad V (1354 - 1358 et 1368 - 1392). Ces deux palais constituent l'unique œuvre bien conservée de l'architecture aulique du Moyen Âge islamique. De tous les jardins qui se trouvaient à l'Alhambra, seul le Generalife (Jannat al-Arif) conserve les grandes lignes de son état originel. En 1526, Charles* Quint confia aux architectes Pedro et Luis Machuca la construction d'un palais à l'italienne auprès des édifices arabes.

**Alhambra. Cour des lions.** *Phot. © J.-P. Lescourret/ Explorer/Hoa-Qui/ Eyedea illustrationBengale*

**ALHAZEN** → Ibn al-Haytham

**ALHUCEMAS** → Hoceima (Al-)

**ALI** ou **'ALĪ IBN ABŪ ṬĀLIB** ◆ ÉTYM. *Ali* : de l'ar. *'alī* «haut, élevé» ♦ Quatrième calife musulman (La Mecque v. 600 - Kūfa 661). Cousin de Mahomet*, il fut l'un des premiers musulmans. En 622, il épousa Fatima*, fille du Prophète ; ils eurent deux enfants, Hassan* et Hussein. Après l'assassinat d'Othman* (656), il fut reconnu calife par les musulmans de Médine. Mais deux Mecquois, Talha et Zubayr, associés à 'Ā'icha*, fille d'Abū* Bakr et femme préférée du Prophète, levèrent une armée pour s'opposer à la nomination d'Ali. Celui-ci triompha d'eux en 656 («bataille du Chameau»). Mu'āwiya*, gouverneur de Syrie, ne reconnut pas le nouveau calife. Après l'arbitrage qui se substitua à la bataille de Siffin (658), Ali perdit le califat. En janv. 661, il fut assassiné par un kharijite*. Les chiites* lui accordèrent un pouvoir semi-divin transmis par Mahomet, dont héritèrent Hassan et Hussein ainsi que les descendants de ce dernier.

**ALI (Cassius CLAY, devenu Muhammad)** ◆ ÉTYM. n. que lui donna en 1964 Elijah Muhammad, leader des Black Muslims aux États-Unis, quand il rejoignit son mouvement ♦ Boxeur américain (Louisville 1942). Champion du monde des poids lourds de 1964 à 1967, doté d'une rapidité d'exécution inhabituelle dans cette catégorie ainsi que d'un sens très développé du spectacle, il fut l'un des plus grands boxeurs de l'après-guerre. Converti à l'islam (1964) et ayant adhéré aux Black Muslims, il refusa de faire son service militaire afin de protester contre la discrimination raciale et contre la guerre du Viêtnam (1967). Déchu de son titre et privé de licence, il redevint champion du monde de 1974 à 1978. *When we were king*, qui retrace sa vie, a obtenu l'oscar du meilleur documentaire en 1997.

**ALIA (Ramiz)** ♦ Homme d'État albanais (Shkodër 1925). Ancien résistant, membre du comité central du Parti du travail d'Albanie (communiste) depuis 1948, il succéda à Enver Hoxha comme premier secrétaire de ce parti en 1985, et comme président de la République en mai 1991. Confronté à une crise économique et à de graves troubles sociaux, il dut autoriser le pluripartisme (1990) mais ne parvint pas à contrôler la transition politique et démissionna en 1992 après la victoire de l'opposition aux deuxièmes élections libres. En 1994, il fut condamné pour abus de pouvoir et détournement de fonds. Libéré un an plus tard, il fut arrêté de nouveau en 1996 sous l'inculpation de génocide et fut finalement acquitté en 1997.

**ALI-BAB (Alexandre BABINSKI, dit)** ♦ Gastronome français (Paris 1855 - *id.* 1931). Frère du médecin Joseph Babinski*. Ingénieur des Mines, il découvrit sa vocation pour l'art culinaire au cours de ses voyages. Il est l'auteur d'une *Gastronomie pratique*, recueil de recettes rédigé d'une plume savante et spirituelle, et traitant également de l'histoire de la cuisine mondiale, des modes de cuisson et du vin, voire du problème de l'obésité.

**ALI BABA** ◆ ÉTYM. ar. *'alī* «Ali» *bābā* «père» ♦ Héros des *Mille* et Une Nuits*. Pauvre artisan de Perse, il découvre le secret qui donne accès à la caverne où se sont entassés les trésors de 40 voleurs. Aux mots de : «Sésame, ouvre-toi», la porte s'ouvre et il s'empare d'une part des richesses accumulées. L'ayant découvert, les brigands veulent le tuer, mais ils périssent tous grâce à son esclave, Murjāne.

**ALI BEY** ♦ Bey d'Égypte (en Abkhazie 1728 - Le Caire 1773). Esclave caucasien affranchi, il devint bey en 1757 et s'assura la direction des mamelouks*. Il se déclara indépendant de Constantinople et se fit nommer sultan par le chérif de La Mecque (1768). Il entreprit la conquête de la Syrie et d'une partie de l'Arabie. Mais il dut abandonner le pouvoir, même en Égypte, après la trahison de son général Muhammad Bey. Essayant de reprendre son trône, il fut battu et fait prisonnier à Salahia (1773).

**ALICANTE** ◆ ÉTYM. anc. en gr. *Akraleukê* «citadelle *(akra)* blanche *(leukê)*», puis en lat. *Lucentum* déformé en arabe et devenu ensuite *Alicante* ♦ V. d'Espagne (Communauté autonome de Valence), ch.-l. de prov., sur la côte méditerranéenne, au S. de Valence. 322 673 hab. Palmeraies.

**Alice au pays des merveilles** – en angl. ***Alice's Adventures in Wonderland*** ♦ Conte de Lewis Carroll* (1865). Alice, entraînée par un lapin semi-humain, sorti des *nursery rhymes*, est précipitée dans un monde où les lois familières de l'espace, du temps et du langage sont subtilement transformées ; toujours fascinée ou amusée, elle n'ignore pas que «pour revenir à la réalité, il lui suffirait d'ouvrir les yeux». Aussi, les métamorphoses qui menacent l'unité de sa personnalité (elle est tour à tour naine et géante) ne l'effraient pas, car «le fond même de sa nature est une confiance naïve et inaltérable» (Lucia Kramik). Au-delà du thème psychologique, la mise en cause, dans et par le langage, des structures logiques de la raison et du bon sens pratique donne à *Alice* une actualité intellectuelle que son immense et universel succès en tant que récit enfantin ne saurait masquer.

**ALICE SPRINGS** ◆ ÉTYM. angl. «sources *(springs)* d'Alice (prénom de l'épouse de l'ingénieur qui avait installé une station de télégraphe à proximité)» ♦ V. d'Australie (Territoire du Nord) dans les monts MacDonnel. 24 194 hab. Regroupement du bétail. Or, cuivre, wolfram, mica dans les environs.

**ALICUDI** (île) ◆ ÉTYM. de *Ericodes* (ou *Ericussa*), du n. d'une plante *(erica)* qui pousse sur l'île ♦ L'une des îles Éoliennes*, à l'O. de l'île Lipari.

**Alkmaar.** Marché aux fromages. *Phot. ©Hétier*

**ALIDES** n. m. pl. ♦ Descendants d'Ali* et de sa femme Fatima*, fille du Prophète. Ils luttèrent contre les Omeyades* et les Abbassides*. Leurs révoltes aboutirent à la formation de la *chī'ia* (→ **chiisme**) qui divisa définitivement l'islam.

**ALIÉNOR D'AQUITAINE** ou **ÉLÉONORE DE GUYENNE** ♦ (v. 1122 - Fontevraud 1204). Reine de France puis reine d'Angleterre. Fille du duc d'Aquitaine, elle épousa (1137) Louis* VII, roi de France, auquel elle apporta en dot l'héritage de la Guyenne, de la Gascogne, du Poitou, de la Marche, du Limousin, de l'Angoumois, du Périgord, de la Saintonge. Répudiée en 1152, malgré l'opposition de Suger*, elle se remaria quelques semaines plus tard avec Henri Plantagenêt, futur roi d'Angleterre (→ **Henri II**) dont elle eut plusieurs enfants (→ **Richard* Cœur de Lion** et **Jean* sans Terre**). Elle vécut bientôt séparée de son époux et tint sa propre cour à Poitiers, entourée d'artistes et de troubadours tels que Bernard* de Ventadour. Emprisonnée par son mari, contre lequel elle avait conspiré avec ses fils, puis libérée par Richard, elle finit ses jours à l'abbaye de Fontevraud*, où est son tombeau.

**ALIGARH** ♦ V. de l'Inde (Uttar Pradesh), dans la plaine du Gange. 667 732 hab. Université musulmane fondée en 1920. ▪ Indus. textiles et mécaniques.

**ALIGHIERI (Dante)** → **Dante**

**ALIGRE (Étienne d')** ♦ Chancelier de France (Chartres 1550 - La Rivière, près de Chartres 1635). Garde des Sceaux en 1624, puis chancelier, il fut disgracié par Richelieu deux ans plus tard.

**'ALĪ IBN YŪSUF IBN TĀCHFĪN** ♦ Second souverain almoravide* (Ceuta 1084 - 1143). Il régna dès 1106 sur l'Afrique du Nord de l'Atlantique à Béjaïa, sur l'Andalousie et les îles Baléares.

**ALI PACHA (Mehmet Emin)** ♦ Homme politique turc (Constantinople 1815 - Erenköi 1871). Président du conseil du Tanzimat* et grand vizir en 1854, il signa le 30 mars 1856, au congrès de Paris, le traité de paix qui mettait fin à la guerre de Crimée. En 1869, il fit reconnaître par les Égyptiens la suzeraineté ottomane.

**ALI PACHA DE TEPELENË** ♦ Pacha de Ioannina* (Tepelenë, Albanie v. 1741 - Ioannina 1822). Fils du bey de Tepelenë, qui avait été dépossédé, il reconquit les possessions de son père, se débarrassa de son frère et de sa mère et soumit à son autorité l'Albanie et l'Épire. S'étant proclamé pacha de Ioannina (1788), il réprima férocement la révolte des Souliotes. Il développa l'économie de la Roumélie et mena une politique indépendante qui fut tolérée par le sultan ottoman jusqu'en 1819. Par la suite, il fut assiégé dans Ioannina et périt assassiné.

**Aliscamps** ou **Alyscamps** n. m. pl. ◆ ÉTYM. du lat. *Elysii campi* «champs Élysées» ♦ Allée située près d'Arles*. Ancienne nécropole gallo-romaine, établie le long de la voie Aurélienne. Elle fut adoptée par les chrétiens au IVe s.

**ALISE-SAINTE-REINE** [21150] ◆ ÉTYM. var. de *Alésia** et *sainte Reine*, vierge et martyre (IIIe s.) ♦ Comm. de la Côte-d'Or, arr. de Montbard. 674 hab. *(Alisiens)*. Source thermale. Site supposé et musée d'Alésia*.

**ALISJAHBANA (Sutan Takdir)** → **Takdir Alisjahbana (Sutan)**

**ALIX** → **Martin (Jacques)**

**ALIX DE CHAMPAGNE** → **Adèle de Champagne**

**ALIX DE SAVOIE** → **Adélaïde de Savoie**

**ALJUBARROTA** ♦ Loc. du Portugal, en Estrémadure. ▮ Histoire Le roi Jean* Ier de Portugal y battit les Castillans en 1385, assurant ainsi l'indépendance de son pays.

**ALKAN (Charles Valentin MORHANGE, dit)** ♦ Compositeur et pianiste français (Paris 1813 - *id.* 1888). Parfois appelé le «Berlioz du piano», il connut à partir de 1828 de grands succès comme pianiste-compositeur, mais mena une carrière à éclipses. Il a laissé 3 œuvres de musique de chambre (*Grand duo concertant* pour piano et violon, 1840 ; *Trio* pour piano, violon et violoncelle, 1841 ; *Sonate de concert* pour piano et violoncelle, 1856), quelques ouvrages divers, et surtout des pages pour piano souvent aussi difficiles que celles de Liszt (25 *Préludes dans tous les tons majeurs et mineurs*, 1847 ; *Grande sonate «Les Quatre Âges»*, 1847 ; 12 *Études dans tous les tons majeurs*, 1848 ; 12 *Études dans tous les tons mineurs*, 1857).

**ALKEN** ♦ Comm. de Belgique (Région flamande), prov. de Limbourg, arr. de Tongres. 11 090 hab. Brasserie. Chimie nucléaire.

**ALKMAAR** ➝ ÉTYM. p.-ê. du néerl. *alk-* «marécage [ou temple]» et *-maar* «lac, marais» ♦ V. des Pays-Bas (Hollande-Septentrionale), sur le canal de Noord-Holland. 94 174 hab. Église Saint-Laurent (fin XVe s.), hôtel de ville (déb. XVIe s.). La ville a connu une forte croissance démographique dans les années 1970 - 1980 (ville satellite d'Amsterdam). ▪ Marché et centre de services du N. de la Hollande (le marché aux fromages a été conservé sous sa forme ancienne). Indus. mécanique.

**ALLAH** ➝ ÉTYM. probablt de l'article arabe *al* et de *ilāh* «dieu», ou de l'araméen *Alaha* ♦ Mot arabe pour désigner Dieu, utilisé tant par les chrétiens que par les musulmans et connu par les Arabes de l'époque préislamique. Allah est le Dieu unique, pivot de la foi islamique. Le Coran*, parole d'Allah, prêche l'inaccessible mystère de Dieu, énumère ses noms et attributs, décrit ses actions. Il est créateur, juge et rédempteur. Il est unique *(ahad)* et un *(wāhid)* ; «il n'engendre pas et n'est pas engendré» (Coran). Il est omnipotent, omniscient et maître des mondes. Dieu parle aux hommes à travers ses envoyés (prophètes-messagers) et la «remise à Dieu» **(➝ islam)** est la religion *(dīn)* elle-même.

**ALLAHABAD** ➝ ÉTYM. persan «la ville *(ābād)* d'Allah» ♦ V. de l'Inde (Uttar Pradesh), au confluent du Gange et de la Yamuna. 1 049 579 hab. Centre industriel et commercial, au sein d'une région agricole prospère. ▮ **Histoire** La ville fut réédifiée par Akbar en 1583 sur le site d'un lieu sacré hindou (Prayaga), où se déroule tous les 12 ans un important pèlerinage. Les Britanniques y furent assiégés lors de la grande rébellion de 1857.

**ALLAIN (Marcel)** ♦ Romancier français (Paris 1885 - Saint-Germain-en-Laye 1969). D'abord chroniqueur sportif à *L'Auto* puis chroniqueur théâtral au *Soleil*, il doit sa célébrité de romancier populaire au personnage de Fantômas* qu'il créa avec Pierre Souvestre. En outre, Allain est l'auteur de multiples romans-fleuves parmi lesquels *Naz-en-l'air* (15 vol.), *Tigris* (26 vol.), *Fatala* (22 vol.).

**ALLAIS (Alphonse)** ♦ Écrivain français (Honfleur 1854 - Paris 1905). Abandonnant la pharmacie paternelle, puis les recherches sur la photographie en couleurs avec Charles Cros*, il s'essaya au journalisme dans des feuilles marginales. En 1883, il devint chroniqueur au journal du cabaret Le Chat noir, nouvellement créé, puis au *Gil Blas* (1889), au *Journal* (1892) et au *Sourire* (1894). À partir de 1891, il fit paraître en recueils ses textes humoristiques : *Vive la vie* (1892), *Le Parapluie de l'escouade* (1894), *Deux et deux font cinq* (1895), *On n'est pas des bœufs* (1896), *Le Captain Cap* (1902). Pour la scène, il écrivit des monologues puis des comédies, en collaboration avec Alfred Capus (*L'Innocent*, 1896) et Tristan Bernard* (*Silvérie ou les Fonds hollandais*, 1898 ; *Congé amiable*, 1903). Maître de l'anecdote, du calembour et du canular, il poussa la logique et le bon sens fin de siècle jusqu'à l'absurde, imposant son humour particulier et remarquablement moderne. ➝ ÉTYM. Ce nom vient de *Adalhaid*, nom de femme, du germanique *adal* «noble» et *haid* «lande» (➝ aussi Adélaïde)

**ALLAIS (Maurice)** ♦ Économiste français (Paris 1911), de formation mathématique et de tendance néolibérale. Théoricien de l'équilibre économique, de la monnaie et du crédit, il voit dans l'organisation de la concurrence le moyen de réaliser le rendement social maximum (*Traité d'économie pure*, 1943). [Prix Nobel d'écon., 1988 ; Acad. des sc. morales et polit. 1990]

**ALLAIS (Émile)** ♦ Skieur français (Megève 1912), champion du monde de 1936 à 1938. Il a été l'initiateur d'une méthode de ski réputée.

**ALLASSAC** [19240] ➝ ÉTYM. du gaul. *Alacius*, n. de pers., et suff. *-acum* ♦ Comm. de la Corrèze, arr. de Brive-la-Gaillarde. 3 366 hab. *(Allassacois)*. Tour César (IXe - XIIe s.), seul vestige de l'enceinte fortifiée. Église gothique précédée d'un clocher-porche fortifié. Maisons anciennes.

**ALLAUCH** [13190] ➝ ÉTYM. de *Alaudius*, n. de pers. gallo-rom., du gaul. *alauda* «alouette» ♦ Comm. des Bouches-du-Rhône, arr. de Marseille. 18 907 hab. *(Allaudiens)*. Musée du Vieil Allauch. ▪ Bauxite.

**ALLEGHANYS** n. m. pl. – en angl. ***Allegheny Mountains***, ou ***The Alleghenies*** ➝ ÉTYM. du n. de la riv. *Allegheny** ♦ Partie du massif des Appalaches formant le rebord du plateau appalachien en Pennsylvanie et en Virginie-Occidentale. ➝ **Appalaches.**

**ALLEGHENY** ➝ ÉTYM. en delaware *oolikhanne* «la meilleure rivière» ♦ Riv. des États-Unis, qui, en se réunissant à Pittsburgh avec la Monongahela, forme l'Ohio.

**ALLÉGRET (Marc)** ♦ Cinéaste français (Bâle 1900 - Paris 1973). Par leur facture élégante et l'interprétation de jeunes comédiens (Simone Simon, Jean-Pierre Aumont, Michèle Morgan, Gérard Philipe, Danièle Delorme) dont il dirigea les débuts, plusieurs de ses films ont recueilli un large succès : *Lac aux dames* (1934), *Gribouille* (1937), *Entrée des artistes* (1938). Deux documentaires portent témoignage de l'amitié qui le lia à André Gide* : *Voyage au Congo* (1927) et *Avec André Gide* (1951). ➝ ÉTYM. Ce nom vient de *allègre* (surnom).

**ALLÉGRET (Yves)** ♦ Cinéaste français (Asnières 1907 - *id.* 1987). À l'encontre de son frère Marc, il s'est fait le spécialiste du «film noir» à la mode française : *Dédée d'Anvers* (1948), *Une si jolie petite plage* (1949), *Manèges* (1950). *La Meilleure Part* (1956) introduit dans cet univers une note d'optimisme.

**ALLEGRI (Antonio)** ➝ **Corrège (le)**

**ALLEGRI (Gregorio)** ♦ Compositeur italien (Rome 1582 - *id.* 1652). Il composa de la musique sacrée qui fut publiée dans 4 livres (2 vol. de *concertini*, 1618 - 1619 ; 2 vol. de *moteti*, 1621). L'un de ces motets, le *Miserere* pour 9 voix et 2 chœurs, dont le pape avait interdit la copie sous peine d'excommunication, est celui que Mozart transcrivit de mémoire après l'avoir entendu une seule fois.

## ALLEMAGNE

▮ n. f. – off. ***République fédérale d'Allemagne***, en all. ***Bundesrepublik Deutschland*** ➝ ÉTYM. «pays des *Alamans**» ♦ Pays d'Europe centrale. 356 959 km². 82 314 900 hab. en 2004 *(Allemands)*. LANGUE : allemand. RELIGIONS : protestants, catholiques. MONNAIE : euro. CAPITALE : Berlin. RÉGIME : démocratie parlementaire. L'Allemagne est constituée de 16 États fédérés (Länder), dont trois sont des villes-États : **Berlin***, **Brême*** et **Hambourg***.

### GÉOGRAPHIE

▮ **RELIEF** Trois grandes régions naturelles se partagent le pays du N. au S. ▮ **L'Allemagne du Nord** Fraction de la grande plaine nord-européenne comprise entre les Pays-Bas et la Russie, c'est un ensemble de basses plaines monotones, modelées par l'érosion fluvio-glaciaire au cours de l'ère quaternaire. Les glaciations anciennes (Elster, Saale), avancées jusqu'à Essen et Leipzig, ont laissé un tapis morainique sableux, peu fertile, la Geest, souvent laissé aux landes (Lunebourg). Les eaux de fonte ont creusé des chenaux proglaciaires (Urstromtäler), orientés grossièrement E.-O. qui ont guidé les cours d'eau actuels. Une pente insuffisante et le mauvais drainage naturel multiplient les marais (Bourtange) et les tourbières. Le Brandebourg, déjà plus sec, est couvert de pinèdes. Au N., en Schleswig-Holstein et dans le Mecklembourg, la glaciation vistulienne, récente, a laissé des collines morainiques presque intactes : les «croupes de la Baltique», au sol fertile, parsemées de lacs. Sur la mer du Nord, la côte frisonne, précédée d'îles, est basse, faite de vasières et de polders (Marschen). Sur la côte baltique alternent basses terres, falaises, îles (Rügen) et rias (Föhrde). Au S. de la grande plaine, au contact des massifs hercyniens, le vent a déposé un cordon de lœss, les Börde, cumulant les avantages de la fertilité agricole et de l'axe de circulation. ▮ **L'Allemagne moyenne** Mosaïque de massifs hercyniens, de bassins sédimentaires et de fossés d'effondre ment, elle est limitée par deux grands massifs. À l'O., le Massif schisteux rhénan (400 - 800 m), où, de l'Ardenne belge à la Hesse, prédominent les reliefs S.-O. - N.-E. Il est traversé par la Trouée héroïque du Rhin et divisé en quatre massifs (Taunus, Hunsrück, Eifel et Westerwald), flanqués du pays de Berg et du Sauerland. L'autre, tout à l'E., est la Forêt-de-Bohême, quadrilatère dont l'Allemagne possède deux faces : les monts Métallifères (Erzgebirge), auxquels s'adosse la Saxe ; et l'ensemble que constituent la forêt de Bavière, le Böhmerwald, la forêt du Haut-Palatinat (Fichtelgebirge), de direction S.-E.-N.-O., que prolongent le Thüringerwald et sa réplique plus au N., le Harz. Entre les deux ensembles du Rhin et de Bohême, en Hesse et en Basse-Saxe méridionale, s'affrontent deux directions tectoniques opposées, comme en témoignent les plateaux gréseux hachés de failles du Spessart, du Bergland hessois, les chaînons plissés de Westphalie (Teutoburgerwald), les bassins effondrés (Vetteravie) et les massifs volcaniques (Vogelsberg, Rhön). Malgré le travail de la Weser, la Hesse est donc un pays de traversée difficile. Au S. de Francfort, les massifs anciens, de petites dimensions, encadrent le grand fossé du Rhin moyen, de direction S.-N. (Bâle-Mayence) : Forêt-Noire (1 493 m au Feldberg), véritable réplique des Vosges, Hardt et forêt du Palatinat (673 m) ; enfin, au N. de Heidelberg,

**Allemagne.**

l'Odenwald (626 m). Entre ces massifs rhénans et ceux des confins de Bohême, s'étend librement le grand bassin sédimentaire de Souabe-Franconie dont l'axe de subsidence s'établit du lac de Constance à Ratisbonne et à Bayreuth. Le prolongement vers le S.-E. de couches d'inégale résistance provoque une succession de dépressions, de fronts de côtes et de revers de plateaux comparables à ceux de Lorraine. Alternent donc des pays fertiles (Gäu et Bauland du Neckar et de Basse-Franconie), des pays à bois (Steigerwald), des cuvettes sableuses (Moyenne-Franconie), enfin les hauts plateaux karstiques du Jura souabe et franconien. ▮ **L'Alle-**

**Allemagne** ▮ Les divisions administratives

| Land | Superficie (en km²) | Population | Capitale | Régences |
|---|---|---|---|---|
| Bade-Wurtemberg | 35 751 | 10 720 000 | Stuttgart | Fribourg, Karlsruhe, Stuttgart, Tübingen |
| Basse-Saxe | 47 348 | 7 993 900 | Hanovre | Brunswick, Hanovre, Lunebourg, Weser-Ems |
| Bavière | 70 554 | 12 440 000 | Munich | Haute-Bavière, Basse-Bavière, Haut-Palatinat, Haute-Franconie, Moyenne-Franconie, Basse-Franconie, Souabe |
| Berlin | 889 | 3 391 300 | | |
| Brandebourg | 29 476 | 2 559 500 | Potsdam | |
| Brême | 404 | 662 700 | | |
| Hambourg | 755 | 1 730 000 | | |
| Hesse | 21 114 | 6 080 000 | Wiesbaden | Darmstadt, Giessen, Kassel |
| Mecklembourg-Poméranie-Antérieure | 23 559 | 1 700 000 | Schwerin | |
| Rhenanie-du-Nord-Westphalie | 34 072 | 18 080 000 | Düsseldorf | Arnsberg, Cologne, Detmold, Düsseldorf, Münster |
| Rhenanie-Palatinat | 19 846 | 4 049 000 | Mayence | Coblence, Trêves, Rheinhessen-Pfalz |
| Sarre | 2 570 | 1 087 700 | Sarrebruck | |
| Saxe | 18 408 | 4 384 000 | Dresde | |
| Saxe-Anhalt | 20 443 | 2 581 000 | Magdeburg | Halle, Wittenberg, Dessau |
| Schleswig-Holstein | 15 732 | 2 804 000 | Kiel | |
| Thuringe | 16 176 | 2 355 000 | Erfurt | |

**magne subalpine et alpine** Elle s'étend du Danube aux crêtes où s'accrochent les frontières suisse et autrichienne. Les Alpes allemandes, des rives du lac de Constance à Berchtesgaden, se limitent, sur une vingtaine de kilomètres de largeur, aux pentes mesurées de l'Allgäu, puis aux corniches calcaires des Préalpes de Bavière (Zugspitze, 2 962 m) et de Salzbourg. Rivières et glaciers ont construit un plateau de piémont, le plateau souabe-bavarois offrant deux aspects : au pied même des Alpes, des bourrelets morainiques enserrant des lacs surcreusés (lac de Constance, Ammersee, Starnberger See, Chiemsee) ; en avant, des plateaux étagés de cailloutis qui dominent des tourbières (Moos de Dachau). Au N. d'Augsbourg et de Freising, le soubassement de molasse tertiaire donne jusqu'au Danube des collines fertiles.

▮ **HYDROGRAPHIE** Une ligne majeure de partage des eaux entre la mer du Nord et la mer Noire court sur le Jura souabe-franconien. Entre Forêt-Noire, Alpes et Bohême, l'Allemagne danubienne est élevée : le Danube, formé à Donaueschingen à 694 m d'altitude, n'est navigable qu'à partir de Kelheim en amont de Ratisbonne. Le Rhin, issu de Suisse, décanté dans le lac de Constance, roule déjà à 1 040 m³/s à Bâle, avec des hautes eaux estivales, et le double (2 200 m³/s) à la frontière néerlandaise, avec un régime pratiquement inversé par ses affluents des massifs hercyniens. Puissant, le «Vater Rhein» tient dans la mythologie germanique et l'économie allemande une place considérable : c'est à partir de Bâle la meilleure artère fluviale d'Europe. La liaison Rhin-Main-Danube, enfin achevée en 1992, est un atout supplémentaire. L'Ems, la Weser et même l'Elbe vers la mer du Nord, ainsi que l'Oder vers la Baltique ne supportent pas la comparaison, malgré les jonctions assurées par le canal Dortmund-Ems et par le Mittellandkanal.

▮ **CLIMAT ET VÉGÉTATION** Subocéanique au N.-O., le pays voit la continentalité s'accentuer vers l'E. et le S.-E. Le N., surtout le littoral, soumis à un fort vent, est bien ensoleillé en avr.-mai. La Bergstrasse est fleurie mais le fœhn vient souvent dessécher les vallées bavaroises. L'été est la saison la plus arrosée. La canicule peut sévir dans le fossé rhénan et les villes encaissées. Les boisements d'épicéas, plus productifs que les sapins, ont pris une place excessive et donnent un aspect sombre et sévère aux massifs (Forêt-Noire). Bouleaux et pins occupent plus volontiers les terres acides de la plaine du Nord.

## POPULATION

Si l'Allemagne unifiée compte plus de 82 millions d'habitants, la RFA occidentale en avait 43 en 1939 ; 53,6 en 1957 ; 62,1 en 1989. L'adjonction des 16,6 millions d'habitants de l'ex-RDA a modifié le poids de l'Allemagne au sein de l'Europe. Un calcul rétroactif pour le territoire actuel donne 68,4 millions en 1950 ; 77,7 en 1970 ; 78,7 en 1989. La croissance rapide dans les 25 années qui ont suivi l'«Année Zéro» (1945) s'explique par l'accueil des rapatriés allemands d'Europe orientale (notamment des expulsés de l'E. de l'Oder) puis, à l'O., à l'heure du «miracle économique», par l'appel de travailleurs émigrés (en all. *Gastarbeiter* «travailleurs-hôtes») méditerranéens. Mais la migration compensa seulement le déficit d'une population vieillie et malthusienne (surtout à l'O.) dont la pyramide des âges présente de multiples échancrures et, depuis 1970, on constate une stagnation des chiffres. Grâce à une meilleure prise en charge de la mère et de l'enfant, l'ex-RDA a une population plus jeune, ce qui aggrave le problème de l'emploi : 10 % de la pop. a quitté les nouveaux Länder entre 1989 et 2004. L'essentiel des étrangers (7,1 sur 7,3 millions) habitent la partie O., principalement Francfort, Stuttgart et Munich. On dénombre 1,9 million de Turcs (25 % du total), 1 million de personnes provenant de l'ex-Yougoslavie, 600 000 Italiens, 354 000 Grecs et depuis peu 326 000 Polonais. Les migrations internationales (dont celle des réfugiés politiques, aujourd'hui freinée) et intérieures rendent aiguë la question du logement.

## ÉCONOMIE

Longtemps florissante, l'économie allemande a difficilement surmonté l'absorption de la RDA. L'initiative politique de réunification commença à porter ses fruits au plan économique, avec le renfort de 16 millions d'Allemands, en moyenne plus jeunes et dotés d'une solide formation. Mais elle a été d'un coût très élevé. La parité de change du mark oriental au 1er juil. 1990, et, malgré une productivité beaucoup plus faible, l'harmonisation rapide des salaires accordée pour éviter une migration massive vers l'O., ont révélé l'inadaptation des structures économiques de l'ex-RDA, la vétusté des parcs immobilier et industriel, et de fortes atteintes à l'environnement. Un organisme public, véritable syndic de faillite, la Treuhand, a cédé les meilleurs restes des usines au plus offrant, mais des pans entiers de l'industrie se sont effondrés. L'emploi féminin en a tout particulièrement pâti et certaines régions ont connu plus de 25 % de chômeurs. Mais d'énormes investissements ayant été faits, les nouveaux Länder ont parfois les usines les plus modernes. La masse des transferts d'O. en E. a pesé lourdement sur les contribuables de l'Ouest et dicté une sévère politique de rigueur. À partir de 2005, l'économie allemande a retrouvé des bases saines, toutefois elle est affectée depuis fin 2008 par la crise mondiale en raison du coup d'arrêt porté à la progression de ses exportations qui constituent un de ses points forts.

▮ **RESSOURCES NATURELLES** Énergie et industries de base sont fortement concernées par la réunification allemande. Face à l'importation, le charbon de la Ruhr n'a plus le même intérêt malgré les subventions et 9 mines seulement sont encore en exploitation. L'énorme production de lignite de l'ex-RDA (jusqu'à 300 millions de t, surtout à ciel ouvert) diminue continuellement en raison de son manque de compétitivité et des atteintes à l'environnement. Deux grands bassins de lignite, celui de Halle-Leipzig (avec d'immenses excavations autour de Bitterfeld) et celui du triangle Cottbus-Lauchhammer-Hoyerswerda (complexe géant de «Schwarze Pumpe»), doivent impérativement changer leurs conditions d'exploitation. Le pétrole est importé à l'O. via Rotterdam, Wilhelmshaven et par oléoducs depuis Fos, Gênes et Trieste ; à l'E. depuis la Russie par Schwedt-sur-l'Oder. Les états-majors anglo-saxons du pétrole sont tous à Hambourg. La Ruhr, Cologne, Karlsruhe et Ingolstadt concentrent les activités de raffinage. Le gaz naturel est importé des Pays-Bas et de Russie. L'hydroélectricité (en Bavière principalement) fournit peu au regard des besoins. En 2000, le groupe de pression charbonnier et les Verts ont obtenu que l'Allemagne renonce à l'énergie nucléaire. De l'énergie électrique est importée de France et du gaz de Russie (gazoduc prévu pour 2012).

▮ **INDUSTRIE** L'Allemagne est le 6e producteur d'acier mondial (env. 45 millions de t). La Ruhr (Duisbourg et Dortmund), avec Thyssen et Krupp-Hoesch, fournit 80 % du total. La Sarre (Dillingen), Aix-la-Chapelle, Salzgitter et à l'E. Eisenhüttenstadt, héritage stalinien sur l'Oder, procurent le reste. L'aluminium est produit à Rheinfelden et surtout en Rhénanie, près des centrales au lignite. La chimie de base est l'affaire du trio rhénan implanté à Ludwigshafen (BASF), Francfort (Höchst) et Leverkusen (Bayer), mais aussi de la Ruhr (Gelsenkirchen-Scholven), de Hambourg et Hanovre (fabriques de pneus) et, à l'E., du secteur de Halle-Leipzig (Merseburg, Leuna, Wolfen). La force de production de l'Allemagne réside davantage dans les biens d'équipement : la construction navale (Hambourg, Kiel, Brême et Rostock) n'est plus prospère, mais la mécanique lourde (Duisbourg, Essen, Düsseldorf, Cologne, Magde-

**Allemagne.** Vallée de la Ruhr, port de Duisbourg.
*Phot. ©Horacek-Studio X-Bilderberg*

bourg), les machines-outils et les machines spécialisées (Wurtemberg, pays de Berg, Saxe, Berlin et presque toutes les grandes villes), le gros matériel électrique (Berlin, Ruhr, Nuremberg, Mannheim), le matériel militaire (Munich), l'automobile font de l'Allemagne le deuxième exportateur de biens d'équipement au monde. L'automobile a été confrontée à une chute brutale de la demande en 2008, en raison de la crise internationale. Elle est aux mains de trois groupes allemands : Volkswagen (Wolfsburg), Mercedes-Benz (Stuttgart) et BMW (Munich), et de deux filiales américaines : Ford (Cologne) et Opel General Motors (Rüsselsheim). Ces villes-sièges coordonnent des usines aux productions complémentaires réparties un peu partout. L'électrotechnique et l'électronique sont dominées par Siemens (Munich et Berlin), AEG (Francfort), Bosch (Stuttgart), ABB (Mannheim), SEL-Alcatel (Stuttgart). L'optique reste aux mains de Zeiss (Oberkochen) et Leica (Wetzlar). Le niveau élevé des salaires allemands freine les industries de biens de consommation, surtout celle du textile, et la concurrence règne à présent entre les usines de Rhénanie-Westphalie (Wuppertal, Mönchengladbach, Krefeld, Bocholt), du Wurtemberg (Reutlingen, Balingen, Albstadt) et de Saxe (Chemnitz, Plauen). La tendance est de miser sur la confection effectuée dans les mêmes régions (plus encore en Europe orientale) et sur la mode (Düsseldorf et Munich). Le cuir à Offenbach, le meuble à Herford, le jouet en forêt de Thuringe, l'édition à Gütersloh, Munich, Stuttgart et Leipzig, le cinéma à Munich et Berlin, l'industrie alimentaire et la brasserie, très dispersées, n'épuisent pas la liste très longue de productions réputées.

**COMMUNICATIONS** Le transport maritime, où domine la Hapag-Lloyd de Hambourg, profite principalement à ce port. Brême et son avant-port Bremerhaven, Rostock, en déclin depuis la réunification, le port pétrolier de Wilhelmshaven et Lübeck sont encore complétés par Kiel et Emden. Mais Rotterdam s'adjuge une grosse part des importations allemandes grâce au Rhin (convois poussés de 16 t remontant jusqu'à Duisbourg, 1er port fluvial du monde). Un trafic fluvial total de 300 millions de t, dont 234 pour le bassin du Rhin et de la Ruhr, résiste aux autres modes de transport. La fusion des chemins de fer de l'O. et de l'E. est laborieuse : suppression de petites lignes, création de quelques liaisons nouvelles pour ressouder le territoire, entre Hanovre et Berlin, ou Francfort et Leipzig. Au TGV français correspond l'ICE allemand et un gros effort de ferroutage est entrepris, portant les camions sur le rail. Un réseau routier de 225 000 km (dont 11 000 d'autoroutes bien distribuées, du moins à l'O.) assure des liaisons rapides, malgré quelques saturations, le parc automobile comptant 50 millions de véhicules. Le trafic aérien transporte près de 146 millions de passagers et 3 millions de t de fret par an.

Allemagne ▮ Productions en 2008

| Produits | Quantités | Rang |
|---|---|---|
| **Agriculture** | | |
| Betteraves à sucre | 23 000 000 t | 2e |
| Blé (2009) | 25 100 000 t | 7e |
| Bois | 72 000 000 m³ | 6e |
| Colza (2009) | 6 200 000 t | 4e |
| Maïs | 3 800 000 t | |
| Orge | 11 000 000 t | 4e |
| Pommes de terre | 11 400 000 t | 6e |
| Seigle | 2 700 000 t | 3e |
| Sucre (2009) | 3 700 000 t | 10e |
| Bovins (têtes) | 13 000 000 | 20e |
| Ovins (têtes) | 2 000 000 | |
| Porcins (têtes) | 27 000 000 | 5e |
| Pêche | 260 000 t | |
| **Mines et énergie** | | |
| Énergie éolienne | 25 000 mégawatts | 2e |
| Énergie nucléaire | 150 TWh | 6e |
| Gaz naturel | 15 000 000 000 m³ | |
| Houille | 190 000 000 t | 8e |
| Hydroélectricité | 27 TWh | |
| Lignite | 175 000 000 t | 1er |
| Potasse | 3 700 000 t | 4e |
| Uranium | 42 t | |
| Zinc (2007) | 330 000 t | 10e |

**COMMERCE** L'appareil commercial fait la part belle à Hambourg et à Duisbourg. Les grands magasins de type Kaufhof ou Karstadt résistent aux hypermarchés à Cologne et Essen et à la vente par correspondance (Nuremberg). L'assurance à Munich (Allianz), Cologne, Hambourg et Berlin, les trois grandes banques universelles (Deutsche Bank, Dresdner et Commerzbank) et beaucoup d'autres, le réseau des caisses agricoles (Raiffeisen), les caisses d'épargne enfin, affichent une puissance à la hauteur de l'activité économique et du taux d'épargne du citoyen moyen. Les stations thermales de la Hesse et de la Forêt-Noire, les plages frisonnes (Westerland) et de la Baltique, les lacs et châteaux de Bavière ou les stations de ski à Garmisch-Partenkirchen tentent de freiner l'énorme migration des touristes allemands vers l'étranger. La balance commerciale a connu des excédents sans équivalent, hormis celui du Japon. Le sens de la prospection et du service après-vente en est la clé. Malgré la bonne tenue des brevets et licences, la balance des services souffre d'abord du tourisme à l'étranger, et secondairement des transferts de fonds.

## HISTOIRE

**DES GERMAINS À LA GERMANIE** On peut faire remonter l'histoire de l'Allemagne à celle des Germains*, dont les invasions au Ve s. décidèrent de la chute de l'Empire romain d'Occident. → **Germanie.** Les Mérovingiens*, qui s'avancèrent de la Gaule jusqu'au Rhin avec Clovis*, continuèrent leur progression, et l'Austrasie* comprenait aux VIe - VIIe s., outre ses territoires sur la rive g. du Rhin, la Thuringe*, l'Alémanie* et la Bavière*. Les Carolingiens* ajoutèrent à ces possessions l'Autriche et la Bohême, et menèrent, notamment contre les Saxons*, une lutte qui accompagnait l'évangélisation de ces régions (saint Boniface*, VIIIe s.). La renaissance carolingienne se traduisit par l'éclosion de l'architecture (chapelle Palatine à Aix*-la-Chapelle), de l'enluminure (*Évangéliaire de Godescalc*) et de la pensée théologique (Raban* Maur). Du démembrement de l'Empire carolingien naquit au IXe s. le royaume de Germanie*, rapidement menacé de l'extérieur, et intérieurement affaibli par la rivalité des puissants duchés qui le composaient. La maison de Saxe, qui prit sa tête en 919 avec Henri* Ier l'Oiseleur, allait régner jusqu'en 1024 et fonder le Saint Empire romain.

**LE SAINT EMPIRE ROMAIN (Xe - XIIIe S.)** **La maison de Saxe** Lorsque Othon* Ier le Grand se fit couronner à Rome en 962, le Saint Empire romain possédait déjà ses traits caractéristiques essentiels. Les périls qui l'entouraient lui donnaient des frontières fluctuantes, et le particularisme auquel il était voué en faisait une unité plus linguistique que politique. Particularisme et rivalités furent encore aggravés par le caractère électif du pouvoir impérial, que la courte durée des dynasties ne put que renforcer. **Les Saliens et les Hohenstaufen** Mais la plus grande faiblesse de ce pouvoir venait de l'orientation de ses préoccupations, à la fois mystiques et politiques : après la dynastie saxonne, la dynastie franconienne, ou salienne (1024 - 1137), et celle des Hohenstaufen* (1137 - 1254) rêvèrent d'une monarchie universelle, placée sous le double gouvernement du pape et de l'empereur, tournée vers l'Italie et le bassin méditerranéen. Cette aspiration entraîna l'empereur dans un mouvement incessant qui l'arrachait à sa lutte contre la papauté pour le confronter à la révolte de ses féodaux. **La querelle des investitures** Après une phase d'équilibre, au cours de laquelle des victoires extérieures sur les Slaves, la Hongrie et l'Italie accompagnèrent une renaissance intérieure, artistique (cathédrale de Spire, *Livre des péricopes, Apocalypse de Bamberg*), intellectuelle (Notker* Labeo) et économique, éclata la querelle des Investitures* (XIe - XIIe s.). La puissance d'Henri* IV et d'Henri* V en sortit considérablement diminuée : la petite féodalité et le clergé qui s'étaient développés tout en s'émiettant, afin de pouvoir lutter contre les grands féodaux, s'étaient eux-mêmes détachés de l'empereur. **Le conflit des guelfes et des gibelins** Ce fut encore du même problème que naquit le conflit des guelfes* et des gibelins* (XIIe - XIIIe s.), qui opposa, en fait, à l'empereur, partisan de la domination universelle, les partisans de l'expansion germanique vers l'E. et le N. Frédéric* Barberousse l'emporta sur Henri* le Lion, mais la lutte reprit à sa mort, et Frédéric* II, malgré son succès sur le parti adverse, provoqua par son désintérêt pour les affaires allemandes une rupture complète entre l'Allemagne et l'Italie. **La culture** Sur le plan culturel, on peut signaler la permanence du style

**Allemagne.** L'empire des Hohenstaufen.

roman jusqu'au XIII^e^ s., l'influence française sur la poésie (Hartmann* von Aue, Wolfram* von Eschenbach) et, en musique, le courant mystique féminin (*Hildegarde** de Bingen).

**▮ L'AVÈNEMENT DES HABSBOURG (XIII^e^ - XV^e^ S.) ▮ Le Grand Interrègne** La chute des Hohenstaufen fut suivie d'une période de totale anarchie : le Grand Interrègne* (1250 - 1273). La rivalité des grandes maisons entretenait une guerre civile permanente au milieu de laquelle la dynastie des Habsbourg* parut pour la première fois au pouvoir avec Rodolphe* I^er^. **▮ L'essor des villes** Tandis que le morcellement s'aggravait et que s'accentuaient les périls extérieurs, les villes se développaient et prenaient leur indépendance, grâce à l'essor de l'économie et du commerce (**→ Hanse**), favorisant une civilisation et un art proprement allemands. Après un XIV^e^ s. encore dominé par la mystique (Eckhart*), les artistes du XV^e^ s. s'attachèrent à représenter la réalité terrestre (Witz*, Lochner*, Schongauer*, Holbein* l'Ancien ; Riemenschneider* en sculpture). Parallèlement, Nicolas* de Cuse rompit avec la scolastique pour développer un nominalisme idéaliste et S. Brandt*, dans la *Nef* des fous*, commença à critiquer l'Église. **▮ Les statuts de l'Empire** Avec la dynastie de Luxembourg* (1308 - 1437), l'Empire définit ses statuts (Bulle d'or de 1356) : il échappait définitivement à l'orbite romaine et restreignait ses ambitions. À la fin du Moyen Âge, l'expression de *Saint Empire romain germanique* était née. L'empereur ne tirait plus son autorité que de sa propre puissance, et c'est grâce à leurs biens personnels que les Habsbourg purent garder le pouvoir de 1438 (élection d'Albert* III) à 1806 (**→ Habsbourg**). Les tentatives de Maximilien* I^er^ pour unifier et centraliser l'Empire restèrent en effet sans résultat décisif. D'autre part, à la querelle du sacerdoce et de l'Empire, les Habsbourg substituèrent celle de la maison d'Autriche et de la maison de France.

**▮ LA RÉFORME ET SES CONSÉQUENCES (XVI^e^ - XVII^e^ S.) ▮ Le XVI^e^ s.** Tandis que se disloquait la mosaïque féodale de l'Empire, quelques villes méridionales (Augsbourg*, Nuremberg*, Francfort*) connurent un essor économique sans précédent et prirent la relève des villes hanséatiques. Un patriciat puissant et libéral, ouvert à l'humanisme (Reuchlin*, von Hutten*, Melanchthon*), favorisa la vie intellectuelle et artistique. Le début du XVI^e^ s. fut l'âge d'or de la peinture allemande (**→ Grünewald, Dürer, Holbein le Jeune, Cranach l'Ancien, Baldung, Altdorfer**). La Réforme* éclata avec Luther* et troubla tout le règne de Charles* Quint, entraînant une révolte non seulement féodale (ligue de Schmalkalden*), mais sociale (guerre des Paysans*). **Le XVIIe s.** Les luttes religieuses reprirent plus violemment encore au XVIIe s. après la Contre-Réforme, opposant Union évangélique et Sainte Ligue (→ **Trente Ans [guerre de]**), et furent aggravées par l'intervention étrangère. Les traités de Westphalie* (1648) divisèrent l'Allemagne en 350 États, dont 8, puis 9 furent électeurs. Condamnée ainsi par son impuissance politique à n'être pour longtemps que le jouet de la politique internationale, elle était dans un état de dévastation qui contrastait avec la prospérité qu'elle avait atteinte aux XVe et XVIe s. ; elle ne devait s'en relever qu'au début du XVIIIe s. La ruine économique du pays, jointe à la tradition d'austérité héritée du luthéranisme, entraîna un déclin de la vie culturelle. C'est cependant durant cette période troublée que s'amorcèrent les grands bouleversements modernes dans les domaines de la science (Kepler*), de la philosophie (Leibniz*), de la littérature (Opitz*, Grimmelshausen*) et de la musique (Schütz* et Buxtehude* annonçant déjà les grands maîtres de la première moitié du XVIIIe s. : R. Keiser*, G. P. Telemann*, J.-S. Bach*, Haendel*). L'ingérence française dans les affaires allemandes devint manifeste avec la ligue* du Rhin (1658) et se fit oppressive avec les annexions et les campagnes de Louis* XIV (dévastation du Palatinat). Celles-ci eurent pour conséquence de détacher de la France les princes protestants et de favoriser ainsi la montée du Brandebourg*.

**LA PUISSANCE PRUSSIENNE ET LA FIN DU SAINT EMPIRE** **L'émergence de la Prusse et la rivalité avec l'Autriche** En 1701, l'électeur de Brandebourg prit le titre de roi en Prusse et l'avènement de la puissance prussienne domina tout le siècle. Tandis que les intérêts de l'Autriche tendaient à se différencier de ceux de l'Allemagne proprement dite et se tournaient vers l'Italie ou les régions balkaniques, la Prusse, protestante, héritière des victoires sur les Slaves, progressait vers le Rhin. Cette lutte d'influence entre le N. et le S. de l'Allemagne suscita un climat d'émulation propice au développement de l'art baroque. **Le renouveau allemand** Alors que Knobelsdorff* embellit Berlin et Potsdam, que Pöppelmann* créa le Zwinger à Dresde, B. J. Neumann* construisit la résidence des princes-évêques de Wurtzbourg. Le conflit éclata lors de la guerre de Succession* d'Autriche (→ **Frédéric II, Marie-Thérèse**). À la vieille rivalité franco-autrichienne se substituait celle de la Prusse et de l'Autriche. Une culture brillante et cosmopolite, empruntant beaucoup au modèle français, tant à Sans-Souci qu'à la cour des petites principautés (Weimar), était animée par l'esprit des Lumières (Aufklärung*) et s'accommodait du despotisme éclairé représenté aussi bien par Joseph* II que par Frédéric* le Grand. Les écrivains marquants à de cette époque furent Lessing*, Wieland*, Winckelmann*. Mais sous l'effet des ravages causés par les armées étrangères, durant la guerre de Sept* Ans, la fin du siècle connut un réveil de la conscience nationale, particulièrement sensible dans la littérature (Sturm* und Drang). Après ce sursaut de patriotisme, la culture allemande parvint, dans un moment d'équilibre précaire et unique, à faire la synthèse entre les influences nordiques et celles des pays méridionaux, le goût de l'universel et les aspirations nationalistes, le classicisme et le romantisme, la propension au mysticisme et la faculté à théoriser (→ **Schiller, Goethe, Hölderlin, Kant, Beethoven**). **La dislocation de l'Empire** Cette évolution fut accélérée par les victoires françaises, révolutionnaires et napoléoniennes (→ **Austerlitz**), qui amenèrent la dislocation du Saint* Empire romain germanique en 1806 : la Confédération* du Rhin, groupant 16 États allemands, fut placée sous la «protection» de Napoléon ; l'empereur François* II reçut le titre d'empereur d'Autriche sous le nom de François Ier, et la Prusse, vaincue à Iéna* et à Auerstedt*, devint contre son gré alliée de la France. **La vitalité**

**Allemagne.** Église Guillaume Ier, à Berlin.
*Phot. ©S. Grandadam/Hoa Qui*

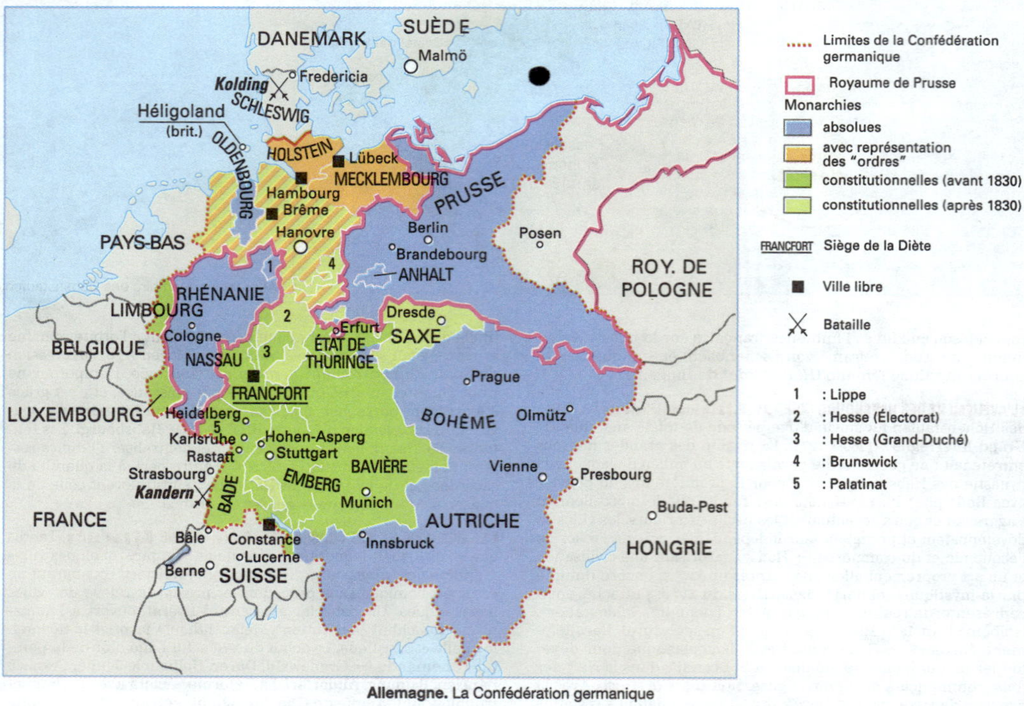


**Allemagne.** La Confédération germanique

**Allemagne.** L'unité allemande

**culturelle** Devant cet effondrement se développa en Prusse un sentiment national antifrançais (→ **Stein, Hardenberg**) qui, entraînant la Confédération dans la « guerre de libération », assura aux Prussiens une position prépondérante sur les autres Allemands. Partout se développèrent des mouvements artistiques et intellectuels cherchant à dégager de nouvelles valeurs spirituelles et à forger une tradition plus spécifiquement germanique, que ce soit en littérature (Arnim*, Brentano*, Eichendorff*, Grimm*, Hoffmann*, Kleist*, Novalis*), en peinture (Carstens*, Friedrich*), en philosophie (Fichte*, Schelling*, Hegel*, Schopenhauer*) ou en théologie (Schleiermacher*).

**LA CONFÉDÉRATION* GERMANIQUE** Au congrès de Vienne* (1815) fut créée la Confédération germanique groupant 39 États allemands sous la présidence de l'Autriche et la vice-présidence de la Prusse. Prusse et Autriche s'allièrent alors pendant quelques décennies pour réprimer toute tentative de soulèvement (→ **Autriche, Metternich**) ; mais la Prusse, en favorisant l'expansion économique allemande, détacha progressivement l'Autriche de la Confédération (→ **Zollverein**). La révolution de 1848, déclenchée à Berlin après l'annonce des soulèvements parisiens et viennois, échoua et ne fit qu'accentuer les tendances antiautrichienne et unitaire de la Prusse et de beaucoup de petits États allemands. **Les arts** Durant cette période politiquement troublée, les artistes, pris dans la mouvance générale du romantisme (von Weber*, Mendelssohn*-Bartholdy, Schumann*), oscillèrent souvent entre l'exaltation des valeurs du passé — surtout en peinture (Menzel*, A. Feuerbach*, Böcklin*, Marées*) et en architecture (Schinkel*, Klenze*, Semper*) — et un art plus engagé (Büchner*, Heine*). Dans les années 1840, les contrastes s'accentuèrent encore : alors que Wagner* composait ses premiers grands opéras, Marx*, Feuerbach* et Engels* commencèrent à élaborer le matérialisme historique.

**L'UNITÉ ALLEMANDE** Avec une armée et une économie modernes, le fils de Frédéric-Guillaume, Guillaume* I^er^, et Bismarck* avaient entre les mains les atouts nécessaires à la réalisation de l'unité allemande, aux dépens de l'Autriche, restée très traditionaliste. Après avoir remporté la victoire de Sadowa* (1866) sur l'armée de l'empereur François-Joseph, le roi de Prusse groupa autour de lui les États au N. du Main dans la Confédération* de l'Allemagne du Nord. Il restait à sceller l'unité du Nord et du Sud : Bismarck entraîna tous les États allemands dans une guerre commune contre la France. La victoire de Sedan* consacra l'unité politique de l'Allemagne (Guillaume I^er^ fut proclamé empereur d'Allemagne le 18 janv. 1871). Bismarck s'employa alors pendant vingt ans à affermir « l'unification de l'Allemagne sous l'hégémonie de la Prusse » (→ **Bismarck**). Avec ce dernier et Guillaume* II, et malgré les problèmes posés par l'opposition constante des populations allogènes d'Alsace-Lorraine et des socialistes, la puissance allemande, sur les plans industriel, démographique et colonial, était telle, au début du XX^e^ s., qu'elle accéléra l'essor de l'idéologie pangermaniste. Ces ambitions inquiétèrent ses voisins européens qui l'isolèrent diplomatiquement. → **Entente (Triple-)**. **La culture** Autoritaire et militariste, la Prusse n'envisageait de culture autre qu'académique. Dans bien des cas, elle bloqua la carrière universitaire d'intellectuels jugés trop novateurs (Simmel*, Troeltsch*) et pénalisa les artistes « trop modernes ». La plupart des mouvements se développèrent en marge, voire en opposition au système dominant. Tout en critiquant le modèle prussien, ils furent néanmoins d'ardents défenseurs de la culture allemande. La littérature évolua du réalisme (Fontane*, Hebbel*, Raabe*, George*, Morgenstern*, Huch*) à l'expressionnisme (T. Mann*, Wedekind*, Trakl*, Lasker-Schüler*) ; la philosophie du vitalisme (Nietzsche*) à l'historisme (Dilthey*) et au néokantisme (H. Cohen*, Natorp*, Cassirer*) ; la peinture du réalisme impressionniste (Liebermann*) à l'expressionnisme des mouvements du Cavalier* bleu et Die Brücke*. **La Première Guerre mondiale** Après l'attentat de Sarajevo*, l'Europe fut entraînée dans la Première Guerre* mondiale. L'Allemagne en sortit vaincue, amputée d'une large partie de ses territoires et en pleine anarchie.

**LA RÉPUBLIQUE DE WEIMAR ET LE III^e^ REICH** La république fut proclamée le 9 nov. 1918, dès l'annonce de l'abdication de Guillaume II. Une assemblée constituante formée de socialistes modérés élut Ebert* président de la République et promulgua une constitution après avoir écrasé en janv. 1919 la révolution spartakiste (→ **Spartakus**). Mais le nouveau régime ne put faire face aux difficultés croissantes de l'Allemagne de l'après-guerre : inflation accentuée par le coût des réparations, agitation ouvrière, progrès des mouvements nationalistes d'extrême droite, nés du refus du « diktat » imposé par le traité de Versailles*. À partir de 1923, la détente internationale et les facilités apportées au paiement des réparations par le plan Dawes* amorcèrent en Allemagne un retour à la stabilité, qui ne put cependant pas résister à la violence de la crise* économique de 1929 : l'impuissance du régime face au chômage et à la misère favorisa l'essor des mouvements extrémistes dont profita surtout le national*-socialisme. **La vie intellectuelle et artistique** Sur fond de crises politiques et économiques, les années 1920 virent aussi jaillir une formidable effervescence culturelle. Tous les domaines furent concernés, à commencer par les arts plastiques : peinture (Ernst*, Schwitters*, Beckmann*, Grosz*, Dix*) et sculpture (Kollwitz*, Barlach*). La littérature (Brecht*, Döblin*, Tucholsky*, Benn*, Hesse*, Kästner*), la musique (K. Weill*), le cinéma (Sternberg*, Murnau*, Lubitsch*, Pabst*, F. Lang*), la philosophie (Husserl*, Jaspers*, Heidegger*, Benjamin*), la sociologie (Weber*), les sciences (Einstein*, Planck*) connurent à cette époque de grands bouleversements. À quelques exceptions près (Heidegger*, Jünger*), tous ces intellectuels condamnèrent le nazisme qui porta un coup fatal à la culture allemande, au sens où celle-ci était pour beaucoup une culture judéo-allemande. **L'arrivée d'Hitler** Le 30 janv. 1933, le président

Hindenburg* appela Hitler* au poste de chancelier. Par étapes, Hitler et ses amis politiques établirent alors la dictature nazie, fondée notamment sur un antisémitisme* virulent qui mena 6 millions de Juifs à la mort. S'appuyant sur une police politique (Gestapo), l'État nazi, qui épura le parti lors de la «Nuit des longs couteaux», élimina tous les opposants au régime (communistes et socialistes) après l'incendie du Reichstag*. S'étant arrogé les pleins pouvoirs *(Reichsführer)*, Hitler prépara l'Allemagne à la guerre par une politique de grands travaux (ce qui supprima le chômage) et par des actes agressifs envers ses voisins : remilitarisation de la Rhénanie*, Anschluss*, démembrement de la Tchécoslovaquie*, puis invasion de la Pologne*, le 1er sept. 1939, qui déclencha le conflit général (→ **Guerre mondiale [Deuxième]**). ▮ **La Deuxième Guerre mondiale** Au début de 1942, l'Axe*, victorieux sur tous les fronts, paraissait invincible. Mais l'échec de Stalingrad* et le débarquement en Afrique du Nord rompirent l'équilibre des forces et, le 8 mai 1945, l'Allemagne dut capituler. Elle paraissait anéantie, ses villes en ruine et sa population en grand désarroi. Partagée en 4 zones d'occupation très indépendantes (américaine, britannique, française et soviétique), l'Allemagne perdit des territoires importants (Poméranie*, Silésie*, Prusse-Orientale) dont la population fut expulsée dans des conditions souvent dramatiques, tout comme les minorités allemandes d'Europe de l'Est (Sudètes*, Roumanie, Pays baltes).

▮ **L'APRÈS-GUERRE ET LA DIVISION DE L'ALLEMAGNE (1945 - 1949)** ▮ **Les désaccords entre les Alliés** Les Alliés, qui s'étaient entendus pour juger les criminels de guerre nazis (procès de Nuremberg*) et entreprendre la dénazification, entrèrent progressivement en conflit sur l'orientation politique et économique à donner à chaque zone. Les Anglo-Saxons, soucieux de mettre un terme à la misère des «Années Zéro» propice aux communistes, décidèrent une réforme monétaire radicale. Le 20 juin 1948, le Deutsche Mark remplaça brutalement le Reichsmark dans la Trizone occidentale et à Berlin-Ouest. Les Soviétiques répliquèrent aussitôt par un blocus de Berlin de plus de dix mois, que les Américains surmontèrent par un pont aérien. ▮ **La naissance des deux Allemagnes** La coupure politique ne pouvait que suivre. À l'O. fut promulguée la loi fondamentale ratifiée par les Occidentaux (mai 1949), qui donna naissance à la République fédérale d'Allemagne. La monnaie orientale (Mark) et la Constitution adoptée par la zone soviétique créèrent de la même façon la République démocratique allemande (nov. 1949). Deux États allemands, séparés par le rideau de fer courant depuis Lübeck par Helmstedt, Herleshausen (près d'Eisenach) et Rudolphstein (près de Hof) jusqu'à la Tchécoslovaquie, allaient s'ignorer totalement, au nom de la doctrine Hallstein à l'O., de la lutte anti-impérialiste à l'E., avant de se reconnaître de facto en 1972 et d'entrer ensemble à l'ONU en 1973. L'Allemagne a connu pendant près de 40 années deux histoires distinctes.

▮ **RÉPUBLIQUE FÉDÉRALE D'ALLEMAGNE** ▮ **Le chancelier Adenauer** Formée par les Länder de l'Ouest, elle choisit Bonn pour capitale. Les premières élections du Bundestag* (14 août 1949) donnèrent la majorité aux chrétiens-démocrates (CDU-CSU) dont le leader, Konrad Adenauer*, devint chancelier. Sous l'influence du ministre des Finances, Ludwig Erhard*, champion du libéralisme, et grâce au plan Marshall*, l'économie fut rapidement reconstruite (on a parlé du «miracle allemand»), malgré les millions de réfugiés. S'appuyant sur cet essor économique et sur la situation géopolitique de son pays durant la guerre froide, le chancelier Adenauer obtint en échange de l'intégration de l'Allemagne dans l'Europe (elle entra au Conseil de l'Europe* en 1950) et dans le monde occidental (Otan* en 1955), la fin du statut d'occupation par les trois Alliés, qui déclarèrent la RFA souveraine. Le traité de coopération de 1963 scella la réconciliation franco-allemande. Mais restaient en suspens le problème de Berlin* et la question des relations avec la RDA dont Adenauer avait refusé de reconnaître la souveraineté. ▮ **Les chanceliers Ehrard, Kiesinger, Brandt** Après sa démission en 1963, lui succédèrent les chrétiens-démocrates L. Ehrard (1963 - 1966) puis Kurt Kiesinger (1966 - 1969) qui forma un gouvernement de grande coalition avec les sociaux-démocrates (SPD*). Ces derniers, ralliés à l'économie de marché et à l'atlantisme depuis 1959, prônèrent une politique de détente entre l'Est et l'Ouest *(Ostpolitik)* qui se concrétisa avec l'arrivée de leur dirigeant, Willy Brandt* à la chancellerie (1969) grâce au soutien des libéraux (FDP). À partir de 1970, plusieurs traités permirent la normalisation des rapports de la RFA avec l'URSS et les pays de l'Est, notamment la Pologne. Mais cette politique se heurta à une vive opposition au Bundestag alors que la coalition au pouvoir devait faire face à une forte agitation étudiante et à une vague d'attentats anarchistes (arrestation en juin 1972 d'Andreas Baader*) jusqu'en 1977. Le traité fondamental du 8 nov. 1972 mit fin à vingt-sept années de controverses ; la RFA reconnaissait la souveraineté de la RDA, dans les faits mais non en droit. ▮ **La vie culturelle** Même si la vie culturelle se réorganisa relativement vite après la guerre, notamment en littérature (création du Groupe* 47) où Böll* et Grass* occupèrent une place primordiale, il fallut attendre la contestation étudiante de 1968 pour qu'apparaissent de nouveaux courants. Wenders*, Fassbinder* et Schlöndorff* renouvelèrent le cinéma, Beuys* devint une figure emblématique de l'art conceptuel avant que ne s'imposent les «nouveaux fauves» (Baselitz*). Dans le domaine philosophique, l'école de Francfort* connut un nouvel essor. En mai 1974, Willy Brandt dut démissionner (affaire de l'espion Guillaume). ▮ **Les chanceliers Schmidt et Kohl** Il fut remplacé par Helmut Schmidt*. Mais des divergences apparurent entre le SPD et les libéraux du FDP, au sujet de la politique économique et sociale, provoquant en sept. 1982 l'éclatement de la coalition au pouvoir depuis 1969. Le FDP apporta alors son soutien à la CDU qui vit son président, Helmut Kohl*, accéder à la chancellerie. Le nouveau chancelier fut confronté à l'opposition d'un mouvement pacifiste, hostile à l'installation de fusées Pershing en Allemagne dans le cadre de l'Otan (nov. 1983), tandis que les Verts entraient au Bundestag. Cette évolution politique se déroulait dans un climat économique de prospérité : au sein de la Communauté européenne, l'Allemagne fédérale s'imposait comme le modèle, dont les succès étaient connus même au-delà du rideau de fer en RDA. Sur le plan de la politique étrangère, l'Allemagne fédérale a connu des résultats remarquables sous l'égide de Helmut Kohl : relance du couple franco-allemand en 1983, signature de l'Acte unique européen en 1986, rapprochement avec l'URSS de Gorbatchev à partir de 1987 et lancement du projet d'Union monétaire en 1988.

▮ **RÉPUBLIQUE DÉMOCRATIQUE ALLEMANDE** ▮ **Ulbricht** Son histoire a été beaucoup plus douloureuse. Presque dépourvue de charbon et de matières premières, pillée les premières années par l'URSS, elle fut soumise à la collectivisation des terres, confiées à des coopératives (LPG), à la nationalisation des entreprises, à l'organisation bureaucratique de combinats industriels (VEB) et à la planification quinquennale. Politiquement, l'instauration du rôle dirigeant du parti socialiste unifié (SED) aboutit au régime du parti unique, au contrôle de l'opinion par la police politique (Stasi) et à l'oppression. L'échec économique et les problèmes politiques et sociaux déclenchèrent la révolte ouvrière de juin 1953 à Berlin et dans les principales villes. Un *Neue Kurs* («nouveau cours»), comparable à la NEP* soviétique, fut alors instauré. Il donna la priorité pendant deux ans à la production de biens de consommation, réorganisa le parti (SED) avec W. Ulbricht* comme premier secrétaire tandis que l'URSS acceptait l'arrêt des réparations. Mais l'exode massif des populations vers l'Ouest contribuait à la détérioration de la situation économique ; ce fut le principal motif de la construction du mur de Berlin* (1961). L'arrêt de l'exode par la contrainte et une nouvelle planification permirent à l'Allemagne de l'Est de connaître un certain essor. Sur le plan extérieur, les accords de 1972 libérèrent la RDA du problème diplomatique (relations avec la RFA, réunification) qui pesait sur sa vie politique et économique depuis vingt-sept ans. ▮ **Honecker** Sous l'impulsion d'E. Honecker*, qui succéda à W. Ulbricht en 1971, et de W. Stoph (Premier ministre), la RDA se tint en marge des évolutions libérales qui se firent jour dans le bloc communiste, demeurant l'alliée la plus fidèle de l'URSS. Cependant un exode massif, dès mai 1989, d'Allemands de l'Est vers la RFA et des manifestations aboutirent en oct. 1989 au départ d'Honecker, puis, peu après la destruction du mur de Berlin, à la chute du régime, malgré les tardives réformes de Modrow. ▮ **La fin de la RDA** La RDA a cessé d'exister le jour de la réunification allemande, le 3 oct. 1990. Mais la nostalgie de l'ancien régime reste encore vivace en ex-Allemagne de l'Est, un phénomène, dû avant tout au problème de la transition économique, qui se traduit à la fois sur le plan politique et culturel. Les «nouveaux Länder» sont en effet touchés par un chômage massif (18 %), une stagnation économique (croissance inférieure à 1 %), une baisse démographique constante (taux de natalité de 1,2 %) et un solde migratoire négatif. D'où le score considérable réalisé dans cette région par le parti ex-communiste est-allemand, le PDS, aux élections de 2005.

▮ **DEPUIS LA RÉUNIFICATION** ▮ **Une union politique** S'effectuant en trois étapes, elle commença par l'union monétaire : le 1er juil. 1990, le mark oriental était converti en Deutsche Mark. Cette mesure, toute politique, visait à éviter une migration massive des populations de l'E. *(Ossis)* dans les Länder de l'O. La réunification politique fut proclamée le 3 oct. 1990, entraînant l'adhésion à la RFA de 5 nouveaux Länder issus de l'ex-RDA. Enfin, par le traité du 12 sept. avec les quatre puissances victorieuses de la Deuxième Guerre mondiale, l'Allemagne recouvra sa pleine et entière souveraineté (le départ des troupes d'occupation alliées s'achevant en sept. 1994), puis signa le 14 nov. 1990 avec la Pologne un traité garantissant l'intangibilité de la frontière Oder-Neisse. Principal acteur de cette réunification rapide, le chancelier Helmut Kohl remporta alors les premières élections législatives de l'Allemagne réunifiée, le 2 déc. 1990 tandis que la CDU-CSU, le SPD et les libéraux FDP restaient les trois principaux partis. ▮ **Une union économique et sociale** Mais sur le plan économique et social, la réunification se révéla plus difficile que prévu, suscitant un certain malaise chez les *Ossis*, insatisfaits de la médiocrité de la vie «socialiste», mais habitués à la sécurité et mal préparés aux rythmes occidentaux et au chômage. L'Allemagne dut faire face à l'arrivée massive de demandeurs d'asile d'Europe de l'Est, alors même qu'elle connaissait une remise en cause de son modèle d'économie sociale de marché, né de l'après-guerre. **L'alternance politique** La coalition entre CDU-CSU et FDP conserva la majorité aux législatives d'oct. 1994 mais, devenue le symbole de la stagnation et de l'inadaptation au changement, elle essuya une cuisante défaite à celles de sept. 1998, laissant la place à la coalition «rouge-verte» dirigée par le SPD et les Verts à nouveau victorieuse en sept. 2002. Le chancelier Gerhard Schröder*, tout en se montrant désireux de ramener le pays à la normalité, insista sur les responsabilités internationales de l'Allemagne. Ainsi, deux événements marquèrent l'année 1999 : le transfert du siège du gouvernement fédéral de Bonn à Berlin — ancienne capitale du Reich — et la participation à l'opération «Force alliée» au Kosovo. De même, en 2001, l'Allemagne participa à la pacification de la Macédoine, ainsi qu'à l'intervention des États-Unis en Afghanistan. En 2006 des soldats allemands prirent une part active aux opérations européennes et onusiennes de maintien de la paix au Congo, ainsi qu'au large des côtes libanaises et est-africaines. Toutefois, l'accroissement de son rôle international est allé de pair avec une détérioration sur le plan économique et commercial. Avec plus de 4 millions de chômeurs, l'Allemagne est confrontée à un début de récession, à la déflation, ainsi qu'au risque d'une explosion des coûts de ses systèmes de santé et de retraite. Aussi le gouvernement imposa-t-il fin 2003 un vaste programme prévoyant notamment une accélération de la réforme fiscale, un assouplissement de la réglementation économique et une réforme des systèmes de santé et d'assurance-maladie, du marché du travail et des retraites. Impopulaires, ces mesures valurent au chancelier Schröder une série de revers électoraux. Tirant profit de la déception et du sentiment de frustration de nombreux Allemands de l'Est, le PDS (anc. parti communiste est-allemand) fit, en 2005, alliance avec une partie de l'aile gauche du SPD, très remontée contre la politique sociale de Gerhard Schröder. Ce nouveau parti, appelé «Die Linke», devint le premier parti d'ex-Allemagne de l'Est. Les législatives de 2005 portèrent Angela Merkel* (CDU) à la chancellerie mais n'ayant pas obtenu de majorité suffisante pour constituer un gouvernement avec le parti libéral, son partenaire «naturel», elle forma une «grande coalition» avec le SPD. Celle-ci s'attire des critiques en raison de son incapacité à procéder à des réformes de grande ampleur, cependant les indicateurs à la fin de l'année 2007 marquaient une nette reprise. Sur la scène internationale, Angela Merkel a joué un rôle décisif de médiatrice lors de la présidence allemande de l'Union européenne pour sortir de la crise constitutionnelle et négocier le nouveau traité européen (traité de Lisbonne). Elle a été reconduite dans ses fonctions en 2009 et gouverne avec une coalition CDU-FDP, les libéraux ayant devancé le SPD aux législatives.

---

**Allemagne (De l')** ♦ Ouvrage de Mme de Staël* (1813) qui eut une grande influence en faisant connaître en France la pensée et la littérature allemandes (notamment Goethe, Schiller).

**ALLEMANE (Jean)** ♦ Socialiste français (Sauveterre, Haute-Garonne 1843 - Herblay, Seine-et-Oise 1935). Il participa à la Commune de Paris (1871), fut condamné aux travaux forcés à perpétuité et amnistié en 1880. Député, il créa le parti ouvrier socialiste révolutionnaire (1890), faisant de la grève générale le moyen essentiel de la lutte du prolétariat.

**ALLEN (Allen Stewart KONIGSBERG, dit Woody)** → ÉTYM. il choisit *Woody* comme prénom (de l'angl. *woodwind* «bois [instrument de musique]»), par allus. à sa passion pour la clarinette, et prit son prénom *Allen* comme nom ♦ Acteur et cinéaste américain (New York 1935). D'abord acteur de cabaret et gagman, il se signala au cinéma comme acteur, puis scénariste *(Quoi de neuf, Pussycat ?)*. Dans ses films, où il se met souvent en scène lui-même, il manie un humour spécifique à l'intellectuel juif new-yorkais qui remet en question bon nombre d'idées reçues de la société américaine contemporaine. Princ. films : *Prends l'oseille et tire-toi* (1969), *Tout ce que vous avez toujours voulu savoir sur le sexe sans jamais oser le demander* (1972), *Annie Hall* (1977), *Manhattan** (1979), *Zelig* (1983), *La Rose pourpre du Caire* (1985), *Crimes et Délits* (1989), *Alice* (1990), *Meurtre mystérieux à Manhattan* (1993), *Harry dans tous ses états* (1998), *Accords et Désaccords* (1999), *Le Sortilège du scorpion de jade* (2000), *Escrocs mais pas trop* (2000), *Hollywood Ending* (2001). Grand amateur de musique (*Tout le monde dit I love you*, comédie musicale, 1997), il fait également partie d'un orchestre de jazz dont une tournée européenne a été filmée (*Wild Man Blues*, 1997) et a monté un opéra de Puccini en 2008.

Woody **Allen.** Avec Mariel Hemingway dans *Manhattan.*
Coll. Christophe L. *Phot. ©Brian Hamill*

**ALLEN** (bog of) ♦ Région de la rép. d'Irlande. Vaste zone de tourbières alimentant des centrales thermiques. 684 km². Le réseau hydrographique est désorganisé.

**ALLENBY (Edmund Henry Hynman,** lord) ♦ Maréchal britannique (Brackenhurst, Nottinghamshire 1861 - Londres 1936). À la tête de la IIIe armée, il participa à la bataille d'Arras (avr. 1917) puis reçut le commandement des forces britanniques en Égypte. Sa victoire de Megiddo contre les Turcs en sept. 1917 provoqua la capitulation de l'Empire ottoman. Il fut haut commissaire en Égypte (1919 - 1925).

**ALLENDE (Salvador)** ♦ Homme d'État chilien (Valparaíso 1908 - Santiago 1973). Médecin, secrétaire général du Parti socialiste chilien (1943), il fut plusieurs fois candidat du Front d'action populaire à la présidence de la République où il fut élu en 1970. Il entreprit d'instaurer un régime socialiste (nationalisations, réforme agraire) mais se heurta à de graves difficultés politiques et économiques, ainsi qu'à l'hostilité des États-Unis. Il se suicida (on crut longtemps qu'il avait été tué) le 11 sept. 1973 lors du coup d'État militaire dirigé par le général Pinochet* **(→ Chili).**

**ALLENTOWN** → ÉTYM. du n. de William *Allen*, juge de Pennsylvanie et fondateur de la v. (d'abord appelée *Northampton*), et angl. *town* «ville» ♦ V. des États-Unis (Pennsylvanie). 106 632 hab. (zone urbaine 637 958 avec Bethlehem et Easton). Centre agricole. Carrières. Indus. du ciment et indus. variées.

**ALLEPPEY → Alappuzha**

**ALLER** n. f. ♦ Riv. d'Allemagne, affl. de la Weser. Née sur les contreforts des collines de Fläming, elle irrigue la grande plaine du Nord et rejoint la Weser près de Verden.

**ALLEVARD** [38580] ♦ Ch.-l. de cant. de l'Isère, arr. de Grenoble. 3 081 hab. (aggl. 5 363) *(Allevardins)*. Station thermale. Centre métallurgique (dès le XIIIe s.) transféré à Saint-Pierre et au Cheylas. À 10 km, sports d'hiver au Collet* d'Allevard (1 450 - 2 000 m).

**ALLGÄU** n. m. ♦ Région d'Allemagne (Bavière), en Souabe, comprenant les Alpes de l'Allgäu (Mädelegabel, 2 645 m), qui enserrent la haute vallée de l'Iller et sont frontalières avec le Vorarlberg autrichien, et l'avant-pays, section du plateau souabe-bavarois. C'est un pays d'élevage. Station de ski à Oberstdorf.

**ALLIA** – auj. ***Fosso di Marcigliana*** ♦ Riv. de l'Italie anc. (Latium) se jetant dans le Tibre au N.-E. de Rome. Brennus* y vainquit les Romains en –390.

**Alliance (Triple-)** ♦ Alliance conclue par Guillaume* d'Orange avec l'Angleterre et la Suède contre Louis* XIV lors de la guerre de Dévolution* (1668).

**Alliance (Quadruple-)** ♦ Alliance conclue en 1718, entre la Hollande, l'Angleterre et la France auxquelles vint s'adjoindre l'Autriche, pour le maintien du traité d'Utrecht* contre l'Espagne. Philippe* V était reconnu par l'empereur, qui recevait la Sicile, la Sardaigne allait à la Savoie, et don Carlos, fils du roi d'Espagne, héritait des duchés de Parme et de Plaisance et du grand duché de Toscane.

**Alliance (Sainte-)** ♦ Pacte mystique signé le 26 sept. 1815 par le tsar Alexandre* Ier, l'empereur d'Autriche François* Ier et le roi de Prusse Frédéric*-Guillaume III, «au nom de la Très Sainte et Indivisible Trinité», pour la défense des «préceptes de la justice, de la charité chrétienne et de la paix». Metternich sut transformer ce «rien sonore» en un instrument d'union des puissances alliées contre les mouvements libéraux et nationalistes. Le pacte fut prolongé par la Quadruple-Alliance.

**Alliance (Quadruple-)** ♦ Alliance conclue le 28 nov. 1815 entre la Grande-Bretagne, l'Autriche, la Prusse et la Russie et qui prolongeait la Sainte-Alliance*. Cette alliance renouvelait le pacte de Chaumont* qui avait uni ces pays contre la France.

**Alliance (Quadruple-)** ♦ Traité conclu en avr. et août 1834, entre la France, la Grande-Bretagne, l'Espagne et le Portugal, pour éloigner don Carlos* du trône d'Espagne, au profit de la reine Isabelle* et soutenir Marie II de Bragance, reine du Portugal.

**Alliance (Triple-)** ou **Triplice** ♦ Alliance conclue à Vienne en 1882 par l'Allemagne, l'Autriche et l'Italie, à l'instigation de Bismarck*. L'Italie, en 1914, estima que les clauses ne jouaient pas et demeura neutre ; puis elle rompit la Triplice en entrant en guerre aux côtés des Alliés (1915).

**Alliance française** ♦ Association fondée le 21 juil. 1883 et présidée alors par P. Cambon, dans le but de diffuser la langue et la culture françaises à travers le monde. Soutenue à l'origine par de nombreuses personnalités (Taine, Renan, Pasteur), elle compte plus de 490 000 élèves, répartis dans 135 pays.

**ALLIER** n. m. ► ÉTYM. anc. *Elevar, Elaris, Elarius,* le rad. *el-* suivi des deux suff. *(av-er)* semble être une var. du rad. hydronym. *°al-*, une des plus anc. rac. pré-indo-eur. «cours d'eau» (→ aussi Alagnon, Aube) ♦ Riv. du Massif central (410 km). Né dans le Gévaudan (Lozère), il traverse les dép. de la Haute-Loire, du Puy-de-Dôme et de l'Allier avant de rejoindre la Loire au *bec d'Allier*, à 6 km en aval de Nevers.

**ALLIER [03]** n. m. ► ÉTYM. du n. de la riv. ♦ Dép. du centre de la France, région Auvergne. 7 340 km². 344 721 hab. CH.-L. : Moulins. CH.-L. D'ARR. : Montluçon, Vichy. Cour d'appel : Riom. Académie : Clermont-Ferrand. → **Auvergne.**

**ALLIO (René)** ♦ Cinéaste français (Marseille 1924 - Paris 1995). D'abord peintre, décorateur et scénographe, il a notamment travaillé avec Gabriel Garran* et Roger Planchon* (*Les Âmes mortes*, 1959). Il a ensuite réalisé *La Vieille Dame indigne* (1965, d'après Brecht*), *Les Camisards* (1972). Ses films suivants relèvent tous d'une recherche de la mémoire populaire. Ainsi *Moi, Pierre Rivière...* (1976) fut interprété par des acteurs locaux, par souci d'authenticité. *Retour à Marseille* (1980), *Transit* (1991) ont pour cadre la région marseillaise.

**ALLIOT-MARIE (Michèle)** ♦ Femme politique française (Villeneuve-le-Roi 1946). Députée depuis 1988, elle fut ministre de la Jeunesse et des Sports (1993 - 1995) dans le gouvernement Balladur, succéda à P. Séguin à la présidence du RPR (1999 - 2002) et devint ministre de la Défense (2002 - 2007). F. Fillon la nomma ministre de l'Intérieur (2007 - 2009) puis ministre de la Justice (2009).

**ALLOBROGES** n. m. pl. ► ÉTYM. «les étrangers, les exilés», du celt. *allo-* «autre» et *brog(i)-* «pays» ♦ Peuple celte de la Gaule transalpine établi entre le Rhône, l'Isère et le lac de Genève, dont les principaux centres étaient *Cularo* (Grenoble), *Vienna* (Vienne) et *Geneva* (Genève). Conquis au –IIe s. par les Romains, leur territoire fut compris au début de l'Empire dans la Narbonnaise*. Vers 360, il reçut le nom de *Sapaudia* (d'où est venu le nom de Savoie).

**ALLONNES** [72700] ► ÉTYM. du gaul. *Alauna, Alonna,* divinité d'une source ; de *alaunos* «nourricier» ou «(ferme) d'Alaunus (n. de pers. gaul.)» ♦ Ch.-l. de cant. de la Sarthe, banl. S.-O. du Mans. 12 332 hab. *(Allonnais).*

**ALLORI** ♦ Nom de deux peintres florentins aussi surnommés Bronzino, du nom de A. Bronzino*, leur oncle. ♦ **Alessandro Allori** (Florence 1535 - *id.* 1607). Il fut l'élève de Vasari* et le disciple de Michel*-Ange. Auteur de portraits (*Bianca Capello*, Offices), de tableaux religieux et mythologiques (*La Femme adultère*, 1577, Santo Spirito), de fresques (Santissima Annunziata, Santa Maria Novella), il cultiva l'anatomie et la perspective, et publia en 1590 un *Traité sur l'art du dessin*. ♦ **Cristofano** ou **Cristoforo Allori** (Florence 1577 - *id.* 1621). Fils et élève du précédent, il voulut une peinture moins contrainte ; sans renoncer aux raffinements du maniérisme, il ajouta à la solidité du dessin la somptuosité des couleurs (portraits : *Judith*, palais Pitti ; *Vie de San Manetto*, Santissima Annunziata ; *Isabelle d'Aragon aux pieds de Charles VIII*, Louvre).

Cristofano **Allori.** *Judith* (1,39 × 1,16 m).
Palais Pitti, Florence. *Phot. © Arch. Smeets*

**ALLOS** [04260] ♦ Comm. des Alpes-de-Haute-Provence, arr. de Barcelonnette, au pied du col d'Allos. 637 hab. *(Allossards).* Église Notre-Dame-de-Valvert (XIIIe s.), de style roman provençal. Station de sports d'hiver à la Foux (1 800 - 2 600 m).

**ALLOUAGNE** [62157] ► ÉTYM. du germ. *ask* «frêne» et suff. obsc. ou du germ. *Aslannus,* n. de pers., et suff. *-ia* ♦ Comm. du Pas-de-Calais, arr. de Béthune. 3 055 hab.

**ALLOUIS** [18500] ♦ Comm. du Cher, arr. de Vierzon. 771 hab. *(Allouisiens).* Centre émetteur de télédiffusion.

**ALLPORT (Gordon Willard)** ♦ Psychologue américain (Montezuma, Indiana 1897 - Cambridge, Massachusetts 1967). Il fut un des principaux promoteurs de la psychologie clinique (*Personality : A Psychological Interpretation*, 1937).

**ALLSCHWIL** ♦ V. de Suisse (cant. de Bâle-Campagne), dans la banl. O. de Bâle. 18 397 hab.

**ALMA (L')** → **Boudouaou**

**ALMA** ♦ V. du Canada (Québec), sur le Saguenay, près du lac Saint-Jean. 32 603 hab. Centre agricole, industriel (hydroélectricité, aluminium, pâte à papier) et de services.

**ALMA** n. m. ► ÉTYM. tatar «pomme, pommier» [a désigné des lieux verdoyants qui tranchaient avec la steppe aride] ♦ Fl. côtier d'Ukraine (Crimée) qui se jette dans la mer Noire, au N. de Sébastopol (80 km). ▮ **Histoire** Menchikov fut battu sur ses rives par les troupes franco-britanniques commandées par Saint-Arnaud, lord Raglan et Bosquet (20 sept. 1854). Cette bataille ouvrit la guerre de Crimée*. Elle est commémorée à Paris par le *pont* et la *place de l'Alma.*

**ALMA-ATA** → **Almaty**

**ALMADA** ♦ V. du Portugal, face à Lisbonne, sur l'embouchure du Tage. 166 013 hab. Statue monumentale du Christ Roi. Chantiers navals.

**ALMADÉN** ► ÉTYM. de l'ar. *al-ma'adan* «la mine» ♦ V. d'Espagne (Castilla-La Mancha), prov. de Ciudad Real. 6 294 hab. Mines de cinabre (sulfure de mercure), en régression.

L'**Almageste** ► ÉTYM. ar. «La Très Grande» ♦ Traité d'astronomie de Ptolémée* (v. 140). Traduction arabe datant du IXe s. de la *Syntaxe mathématique* grecque, considérée jusqu'au XVIe s. comme «la bible des astronomes». Elle expose le système géocentrique du monde et renferme une liste de 1 022 étoiles, des calculs sur la distance du Soleil et de la Lune et sur les éclipses, et la description des instruments astronomiques alors employés.

**ALMAGRO (Diego DE)** ♦ Conquistador espagnol (Almagro 1475 - Cuzco 1538). Compagnon de F. Pizarro* dans la conquête du Pérou, il fut un des responsables du meurtre de l'Inca Atahualpa* (1533). Après avoir tenté une expédition au Chili, il entra en conflit avec Pizarro et fut mis à mort par le frère de ce dernier (Hernando). Il fut vengé par son fils DIEGO EL MONZO (Panamá 1518 - Cuzco 1542) qui tua F. Pizarro mais fut lui-même décapité par Vaca de Castro, successeur de Pizarro.

**ALMAGRO** ♦ V. d'Espagne (Castilla-La Mancha), prov. de Ciudad Real. 8 482 hab. Artisanat (dentelle). Plaza Mayor d'allure flamande. Théâtre classique du XVIIe s. (Corral de Comedias).

**ALMANSA** ♦ V. d'Espagne (Castilla-La Mancha), prov. d'Albacete. 25 272 hab. ▮ **Histoire** Le duc de Berwick* y remporta la victoire (1707) qui établit Philippe* V sur le trône d'Espagne.

**ALMATY** ► ÉTYM. kazakh «verger des pommiers» – de 1854 à 1921 ***Vernyï***, de 1921 à 1993 ***Alma-Ata*** ♦ V. du Kazakhstan, capitale jusqu'en 1997. 1 129 356 hab. Centre culturel et scientifique (université), important musée d'archéologie (objets provenant des fouilles réalisées dans la région d'Yssyk). ▪ Carrefour ferroviaire. Centrale thermique. Indus. alimentaires (alcools et vins mousseux), textile (coton), chimique et mécanique. Métall. de l'aluminium. Indus. du cuir.

**ALMAVIVA (COMTE)** ♦ Personnage de Beaumarchais* dans *Le Barbier* de Séville, Le Mariage* de Figaro* et *La Mère coupable.* Type de gentilhomme élégant et spirituel, mais égoïste et imbu des préjugés de sa caste.

**ALMEIDA (Francisco DE)** ♦ Amiral portugais (Lisbonne v. 1450 - Cap Saldanha, Afrique du Sud 1510). Il fut nommé premier vice-roi des Indes orientales (1505), agrandit les possessions du Portugal et établit sa suprématie dans l'océan Indien. Il fut tué par les Cafres de la région du Cap. ► ÉTYM. Ce nom vient du nom de la ville.

**ALMEIDA** ► ÉTYM. ar. *al-mā'ida* «la table, le tertre» ♦ V. du Portugal (région Centre), district de Guarda. 7 402 hab. Fortifications (XVIIIe s.). ▮ **Histoire** La ville fut conquise par les Espagnols en 1792, puis par Masséna* en 1810.

**ALMEIDA GARRETT** → **Garrett**

**ALMELO** ♦ V. des Pays-Bas (Overijssel), sur le canal d'Overijssel. 72 096 hab. Indus. textiles. Enrichissement de l'uranium.

**ALMENDRALEJO** ♦ V. d'Espagne (Estrémadure), prov. de Badajoz, au S. de Mérida. 31 072 hab.

**ALMERE** ♦ V. nouvelle des Pays-Bas (Flevoland), à l'E. d'Amsterdam. 180 924 hab. Comm. résidentielle. Port de plaisance.

**ALMERÍA** ➝ ÉTYM. ar. *al-meriya* «la tour du guet» ♦ V. d'Espagne (Andalousie), ch.-l. de prov., port sur la Méditerranée. 186 651 hab. Cathédrale gothique. ▪ Exportation de fruits et de minerai de fer.

**ALMODÓVAR (Pedro)** ♦ Cinéaste espagnol (Calzada de Calatrava, 1949). Une dizaine de films ont assuré la réputation de cette figure emblématique de la *movida** madrilène, qui étale complaisamment un érotisme sulfureux, tempéré d'humour noir. L'influence de son compatriote Luis Buñuel est perceptible dans l'ensemble de son œuvre : *Matador* (1986), *Femmes au bord de la crise de nerfs* (1987), *Attache-moi* (1990), *Talons aiguilles* (1991), *Tout sur ma mère* (1999), *Parle avec elle* (2002), *La Mauvaise Éducation* (2004), *Volver* (2006), *Les Étreintes brisées* (2009). ➝ ÉTYM. Le nom d'*Almodóvar* vient de l'arabe *al-mudawwar* «le rond, le gros» (peut-être allusion à une colline, un champ).

**ALMOHADES** n. m. pl. – en ar. ***al-Muwaḥḥidūn*** ♦ Souverains berbères qui régnèrent sur la moitié de l'Espagne et la totalité du Maghreb de 1147 à 1269. Le fondateur de ce pouvoir fut Ibn* Tūmart, Berbère de l'Anti-Atlas. Réformateur religieux, il critiqua l'étroite observance du rite malékite* par les Almoravides* en proposant la remontée aux sources religieuses. Le fond de sa doctrine était la croyance à l'unité divine absolue (*al-muwaḥḥid*, de *tawḥīd* «unité divine»). S'inspirant des chiites*, il se proclama, en 1121, mahdi et *imam* ; il prêcha la guerre sainte *(jihad)* contre les Almoravides*. À sa mort (1130), 'Abd al-Mu'min lui succéda et prit Tlemcen*, Fès* et Marrakech* (1147). Il instaura son autorité en Espagne, conquit l'Afrique du Nord jusqu'à la Tripolitaine et s'attribua le titre de calife. Les Almohades commencèrent à décliner après la défaite contre les chrétiens du 4e calife, Muḥammad al-Nāṣir (1199 - 1213) à Las Navas de Tolosa (1212). L'installation des Mérinides* à Marrakech mit fin au règne des Almohades (1269). ➝ **Maroc.**

**ALMONACID DE ZORITA** ♦ Localité d'Espagne (Castilla-La Mancha), prov. de Guadalajara. 803 hab. Palais et couvent du XVIe s. ▪ Centrale nucléaire au bord du Tage.

**ALMOND (Gabriel Abraham)** ♦ Politologue américain (Rock Island 1911 - Palo Alto 2002). On lui doit une contribution importante aux théories du développement politique et des aires culturelles (avec James S. Coleman, *The Politics of the Developing Areas*, 1961).

**ALMONTE (Juan Nepomuceno)** ♦ Homme politique et général mexicain (Valladolid, Michoacán 1804 - Paris 1869). Partisan de Maximilien*, il dut quitter le pays à la mort de l'empereur (1867).

**ALMORAVIDES** n. m. pl. ➝ ÉTYM. en ar. ***al-Murābitūn*** «ceux de ribât» ♦ Souverains berbères de la tribu des Sanhadja (Sahara occidental) qui régnèrent du Sénégal à l'Espagne musulmane (fin XIe - déb. XIIe s.). Afin d'introduire l'islam dans l'empire du Ghana, un des chefs Lamtūna (fraction des Sanhadja) fit appel à Ibn* Yāsīn qui installa un *ribāt* («couvent militaire») dans une île du fleuve Sénégal. En 1042, il prêcha l'islam aux Berbères du Sahara et aux Noirs du Tekrour ; il organisa une armée composée de nouveaux convertis, attaqua l'empire du Ghana qui succomba vers 1076. Il partit à la conquête de l'Afrique du Nord pour y restaurer l'orthodoxie, sous la forme du rite malékite. À la mort d'Ibn Yāsīn, Ibn* Tachfine, fondateur de Marrakech, lui succéda. Sous sa direction, le Maroc et l'Ouest algérien furent unifiés (1063 - 1082). Quand Alphonse VI de Castille et León voulut reprendre Tolède (1085), les princes arabes d'Espagne firent appel à Ibn Tachfine qui remporta la victoire à Zallaka (1086). Il engloba ainsi les émirats arabes d'Espagne dans les territoires conquis en Afrique du Nord. Sous 'Alī* ibn Yūsuf (1106 - 1142), successeur d'Ibn Tachfine, l'union entre l'Espagne et le Maghreb fut consolidée et la civilisation d'Andalousie pénétra dans les cités africaines. La révolte des Almohades* et leur victoire finale (1147) mirent fin au règne des Almoravides. ➝ **Maroc, Mauritanie.**

**ALMQUIST (Carl Jonas Love)** ♦ Poète et romancier suédois (Stockholm 1793 - Brême 1866). Il fut à la fois un romantique (recueil de poèmes *Songes*) et le premier des écrivains réalistes suédois dans le roman qui met en scène un personnage d'androgyne réussi, *Les Bijoux de la reine*. Rêveur mystique, esprit révolté, il aspirait à mettre en pratique l'évangile naturaliste deJ.-J. Rousseau. Ses œuvres (drames, romans «noirs» ou sentimentaux, récits exotiques ou d aventures, fantaisies en prose ou en vers, légendes, délicats poèmes) furent réunies sous le titre *Le Livre de l'églantine* (publ. 1832 - 1835). On y trouve l'un des premiers grands textes féministes connus (trad. fr. *Sara*).

**ALOADES** n. m. pl. – en gr. ***Alôadai*** ♦ Les géants Éphialtes et Otos, fils de Poséidon* et d'Iphimédie. Épris d'Artémis et d'Héra, ils entassent le mont Pélion* sur l'Ossa*, afin d'atteindre le ciel et de ravir les déesses, mais sont tués par Apollon*.

**ALOFI** ➝ **Futuna et Alofi**

**ALOMPRA** ➝ **Alaungpaya**

**ALONG** (baie d'), ou de **HA LONG** ➝ ÉTYM. vietnamien «le dragon qui descend» ♦ Baie du golfe du Tonkin (Vịnh Bắc Bộ), au Viêtnam (Nord), caractérisée par la présence d'innombrables rochers calcaires surgissant des eaux peu profondes (relief karstique), composant un admirable paysage. Site touristique.

**ALONSO (Dámaso)** ➝ ÉTYM. formé sur *Alfonso*. ➝ Alphonse ♦ Écrivain espagnol (Madrid 1898 - *id.* 1990). Il fut professeur de littérature espagnole et philologue de grand talent. On lui doit de nombreuses éditions et études sur *Góngora et les «Soledades»* (1927) et *Góngora et «El Polifemio»* (1961). Poète lyrique de l'après-guerre civile, il marqua son époque avec *Hijos de la ira* («Les Fils de la colère», 1944) où il exprimait à la fois son amour de Dieu et son désir de pénitence.

**ALONSO (Alicia Ernestina DE LA CARIDAD DEL COBRE MARTÍNEZ HOYO,** dite **Alicia)** ♦ Danseuse cubaine (La Havane 1921). Nantie d'un registre ample fondé sur une technique infaillible et une interprétation sensible, elle s'affirma autant dans les ballets classiques *(Giselle)* que dans les modernes (*Thème et Variations*, 1947, chorégraphie de Balanchine ; *Carmen*, dans l'approche d'Alberto Alonso). Directrice du Ballet national de Cuba, elle en favorisa la reconnaissance internationale.

**ALOST** ➝ **Aalst**

**ALOXE-CORTON** [21420] ♦ Comm. de la Côte-d'Or, arr. de Beaune, au flanc de la côte de Beaune. 172 hab. *(Aloxois)*. Vignobles de grands crus (vins rouges : corton et aloxe-corton ; vin blanc : corton-charlemagne).

**ALP-ARSLAN** ➝ **Seldjoukides**

**ALPE-DE-MONT-DE-LANS** ➝ **Deux-Alpes (Les)**

**ALPE-DE-VÉNOSC** ➝ **Deux-Alpes (Les)**

**ALPE D'HUEZ (L')** ➝ ÉTYM. de *alpe* «haut pâturage» et *Huez*, du lat. *Hosius*, n. de pers. ♦ Station de sports d'hiver de l'Isère (comm. d'Huez), aux confins des massifs de l'Oisans et des Grandes Rousses (1 860 - 3 350 m).

**ALPES** n. f. pl. ➝ ÉTYM. en lat. *Alpes* «chaîne de montagnes», du pré-indo-eur. °*alp-* ou °*alb-* «hauteur». (L'étym. populaire de *albus* «blanc» [en rapport avec la blancheur des sommets] est fausse) ♦ Le plus vaste et le plus élevé (4 810 m au mont Blanc) des massifs montagneux d'Europe. Il s'étend sous la forme d'un arc de cercle de 1 000 km de long sur 250 km de large environ, de la Méditerranée au Danube. Le versant intérieur de la chaîne est orienté vers l'Italie, le versant extérieur est partagé entre la France (➝ **Rhône-Alpes, Provence-Alpes-Côte d'Azur**), la Suisse, l'Allemagne, l'Autriche et la Slovénie. ▌**Structure géologique** Les mouvements orogéniques précurseurs remontent au Crétacé et sont à l'origine des massifs subalpins (en France, Diois et Baronnies). Une seconde phase de plissement liée à la tectonique profonde se produisit à l'Oligocène (soulèvement de la zone piémontaise), suivie d'une troisième phase au Pliocène (soulèvement de la zone axiale : massifs cristallins de Belledonne et du Mont-Blanc). Un réajustement tectonique au Quaternaire entraîna un soulèvement général du massif. La formation des Alpes est contemporaine de celle de l'Himalaya et des Andes. Les Alpes ont subi une intense érosion glaciaire quaternaire qui a modelé sommets et vallées (sillons longitudinaux de l'Isère, du Rhin supérieur, de l'Inn, de la Drave, Vallée d'Aoste). Les glaciers actuels n'occupent que 2 % de la surface alpine (glacier d'Aletsch, le plus long) ; les anciennes dépressions glaciaires étant occupées par les lacs (lacs d'Annecy, du Bourget, lacs italiens et suisses). ▌**Climat et hydrographie** Les pluies, abondantes (sauf dans les Alpes françaises du Sud à tendance méditerranéenne et dans les Alpes autrichiennes à ten-

**Alpes.** Vue du mont Rose, la pointe Nordend et la pointe Dufour.
*Phot. © Nino Cirani/Ricciarini*

dance continentale), tombent sous forme de neige sur les hauteurs ; la fonte des neiges (d'autant plus brutale qu'elle est causée par un vent chaud, le fœhn) détermine le régime des cours d'eau. Entre 1 000 et 2 000 m, la forêt succède aux cultures, l'alpage disparaît vers 2 000 m, cédant la place aux régions d'éboulis et aux neiges éternelles. Le versant le plus ensoleillé, l'adret (par opposition à l'ubac), est réservé aux cultures et aux habitations. Les Alpes donnent naissance à quelques-uns des principaux fleuves européens ou les alimentent (Pô, Adige, Rhône, Inn, Drave, Save). Leur écoulement est parfois réglé par des lacs subalpins (lac Léman pour le Rhône, lac de Constance pour le Rhin). ▮ **Population** Les Alpes ont eu un peuplement ancien : la révolution industrielle du XIX$^e$ s. (voies ferrées, hydroélectricité, nouvelles techniques agricoles, puis tourisme) a transformé les conditions de vie jadis fondées sur l'agriculture vivrière, l'élevage transhumant et l'artisanat. On a assisté à une diminution et à une redistribution de la population : celle des villes a augmenté (Grenoble et Innsbruck dépassant 100 000 hab.) ; la densité moyenne est de plus de 90 hab./km$^2$ dans le Vorarlberg, de 70 dans le Tessin ; elle n'est vraiment faible que dans les Alpes françaises du Sud. ▮ **Économie** L'électricité est à la base du renouveau industriel des Alpes : elle a rajeuni les vieilles industries et permis le développement de l'électrochimie et de l'électrométallurgie (Valais, Vallée d'Aoste, Alpes françaises du Nord, vallées de Bolzano et de la Save). ▮ ***Les communications*** Le développement des communications a favorisé ces nouvelles implantations : le premier tunnel ferroviaire, celui du Fréjus, fut achevé en 1871, le Saint-Gothard en 1882, celui de l'Arlberg en 1884, celui du Simplon en 1906. L'effort routier alpestre date de la même époque : ouverture de cols internationaux, routes de la Furka (1866), du Galibier (1891), de l'Iseran (1937), tunnels du Grand-Saint-Bernard et du Mont-Blanc. ▮ ***Le tourisme*** Le tourisme d'été et d'hiver a vivifié de nombreuses villes alpines, incorporé les Alpes aux courants économiques généraux et favorisé le repeuplement. Les stations thermales ont pris un grand essor, encore dépassé par celui des stations de sports d'hiver (6 millions de skieurs par an). Deux parcs nationaux, six parcs régionaux et une trentaine de réserves naturelles ont permis l'explosion de l'écotourisme.

**ALPES (HAUTES-)** → Hautes-Alpes

**ALPES AUSTRALIENNES** – en angl. ***Australian Alps*** ♦ Partie méridionale de la cordillère Australienne, s'étendant vers le S.-E. dans le Victoria. Cette chaîne possède le point culminant de l'Australie, le mont Kosciusko (2 228 m).

**ALPES COTTIENNES** n. f. pl. ♦ Portion des Alpes occidentales s'étendant du col de l'Argentière au col du Mont-Cenis (Italie du N.-O.).

**ALPES-DE-HAUTE-PROVENCE** – anc. ***Basses-Alpes*** **[04]** n. f. pl. ♦ Dép. du S.-E. de la France, région Provence-Alpes-Côte d'Azur. 6 925 km$^2$. 139 561 hab. CH.-L. : Digne. CH.-L. D'ARR. : Barcelonnette, Castellane, Forcalquier. Cour d'appel : Aix-en-Provence. Académie : Aix-Marseille. → **Provence-Alpes-Côte d'Azur.**

**ALPES DINARIQUES** ♦ Ensemble montagneux de l'O. de la péninsule des Balkans, qui s'étire des Alpes slovènes aux frontières de l'Albanie et de la Grèce, au-delà desquelles il se prolonge sous d'autres noms. Il est limité à l'O. par l'Adriatique, à l'E. par les plaines pannoniennes et le sillon Morava-Vardar. Il doit son nom à la Dinara. Le point culminant est le Korab (2 764 m). Les chaînes proches de l'Adriatique, calcaires, ont des paysages karstiques (→ **Karst**) souvent dénudés. Celles de l'intérieur, granitiques et métamorphiques, très boisées, offrent de nombreux gisements métallifères. C'est une région d'émigration, où les activités agropastorales régressent mais où les trois décennies de développement de l'ex-Yougoslavie sous Tito (1950 - 1980) avaient disséminé de nombreuses usines et créé une importante région industrielle en Bosnie-Herzégovine (Sarajevo, Zenica, Tuzla) en grande partie ruinée par la guerre.

**ALPES MANCELLES** ♦ Nom donné aux collines boisées situées au N.-O. du Mans, en bordure du Massif armoricain.

**ALPES-MARITIMES [06]** n. f. pl. ♦ Dép. du S.-E. de la France, région Provence-Alpes-Côte d'Azur. 4 299 km$^2$. 1 011 326 hab. CH.-L. : Nice. CH.-L. D'ARR. : Grasse. Cour d'appel : Aix-en-Provence. Académie : Nice. Le dép. a été formé en 1860 par la réunion du comté de Nice et d'une partie de la Provence. → **Provence-Alpes-Côte d'Azur.**

**ALPES NÉO-ZÉLANDAISES** n. f. ➝ ÉTYM. en angl. ***Southern Alps*** «Alpes du Sud» ♦ Chaîne de montagnes à l'O. de l'île du S. de la Nouvelle-Zélande. Elle est constituée par des blocs de terrains très anciens (grès, schistes primaires) soulevés par des mouvements tectoniques, et possède de nombreux pics dépassant 3 000 m (mont Cook). Relief glaciaire ; le glacier de Tasman est plus long que ceux des Alpes européennes. Magnifiques lacs et fjords profonds.

**ALPHAND (Jean-Charles)** ♦ Ingénieur et administrateur français (Grenoble 1817 - Paris 1891). Après ses études à l'École polytechnique (1837), il fut chargé en 1854 par Haussmann de l'administration des promenades de la capitale et contribua aux grands aménagements (bois de Boulogne*, parc Monceau, boulevard Richard-Lenoir, bois de Vincennes, avenue de l'Observatoire, Buttes*-Chaumont, parc Montsouris). ➝ ÉTYM. Ce nom vient peut-être du nom de personne latin *Elephantus.*

**Alphonse X.** Le sceau d'Alphonse X, roi de Castille. Archives nationales, Paris.
*Phot. © Giraud*

**ALPHÉE** n. m. ➝ ÉTYM. en gr. ***Alfios*** ; p.-ê. de l'araméen *'alpay* «bouvier» ♦ Fl. de Grèce (Péloponnèse) qui prend sa source en Arcadie, traverse l'Élide près d'Olympie avant de se jeter dans la mer Ionienne. Ses alluvions ont enfoui une partie de l'Olympie antique. ▮ **Mythologie** Le dieu-fleuve Alphée, ayant vu Aréthuse*, nymphe d'Artémis, se baigner, en tombe amoureux et la poursuit. Mais la déesse change la nymphe en fontaine et Alphée se transforme en fleuve pour rejoindre sa bien-aimée. Héraclès* le détourne de son cours ainsi que le Pénée* pour nettoyer les écuries d'Augias*. Alphée est le dieu-fleuve de l'oubli.

**ALPHEN AAN DEN RIJN** ♦ V. des Pays-Bas (Hollande-Méridionale), sur le Vieux-Rhin. 71 100 hab. Construc. mécaniques. Indus. alimentaires. ▪ Activités tertiaires. Parc animalier Avifauna.

## ALPHONSE

➝ ÉTYM. du germ. *Adalfuns*, de *adal* «noble» et *funs* «rapide, prompt» ♦ Nom de plusieurs personnages, classés selon les rubriques suivantes : Aragon ; Asturies, León et Castille ; Espagne ; Naples ; Poitiers et Toulouse ; Portugal.

### ARAGON

**ALPHONSE** ♦ Nom de cinq rois d'Aragon*. ♦ **ALPHONSE I$^{er}$ le Batailleur** (v. 1073 - 1134). Roi d'Aragon et de Navarre (1104 - 1134). Il combattit contre les Maures, ce qui lui valut son surnom. ♦ **ALPHONSE II RAYMOND le Chaste** (1152 - Perpignan 1196). Roi d'Aragon (1162 - 1196). Prince lettré, il s'empara du Roussillon et du Béarn et régna sur la Provence (1166) sous le nom d'Alphonse I$^{er}$. ♦ **ALPHONSE III le Bienfaisant** (1264 - Barcelone 1291). Roi d'Aragon et de Sicile (1285 - 1291). Fils de Pierre* III le Grand, il accorda aux Aragonais d'importants privilèges. ♦ **ALPHONSE IV le Débonnaire** (1299 - Barcelone 1336). Roi d'Aragon (1327 - 1336). Il se ruina dans une guerre contre les Génois et se heurta à son fils le futur Pierre* IV. ♦ **ALPHONSE V le Grand** ou **le Magnanime** (v. 1396 - Naples 1458). Roi d'Aragon et de Sicile. Fils et successeur de Ferdinand* I$^{er}$ le Juste, il prit pour la première fois le titre de «roi des Deux-Siciles» (royaume de Naples et de Sicile) et s'installa à Naples où il tint une cour brillante.

### ASTURIES, LEÓN ET CASTILLE

**ALPHONSE** ♦ Nom de onze rois des Asturies, de León et de Castille. ♦ **ALPHONSE I$^{er}$ le Catholique** (v. 693 - 757). Roi des Asturies (739 - 757), il conquit sur les Maures une partie de la Galice et du León. ♦ **ALPHONSE II le Chaste** (Cangas v. 759 - Oviedo 842). Roi des Asturies (783, puis 791 - 835). Il combattit les Maures, prit Lisbonne (797) et abdiqua en faveur de Ramire* I$^{er}$. Il avait établi sa cour à Oviedo*. ♦ **ALPHONSE III le Grand** (v. 838 - Zamora 910). Roi des Asturies. Petit-fils de Ramire* I$^{er}$, il conquit le León et une partie de la Vieille-Castille. Son règne vit deux révoltes ; la seconde le contraignit à partager son royaume entre ses trois fils. ♦ **ALPHONSE IV le Moine** (mort en 932). Roi de León et des Asturies (924 - 927), il fut dépossédé par son frère Ramire* II qui le fit aveugler et enfermer dans un monastère (d'où son surnom). ♦ **ALPHONSE V le Noble** (994 - Viseu 1027). Roi de León et des Asturies (999 - 1027), il périt au siège de Viseu, contre les Maures. ♦ **ALPHONSE VI le Vaillant** (v. 1042 - Tolède 1109). Roi de León et de Castille (1072 - 1109). Il combattit contre les Maures, auxquels il prit Tolède (1085). Sous son règne vécut le Cid. ♦ **ALPHONSE VII le Bon** (v. 1105 - Fresnada 1157). Roi de Castille et de León (1126 - 1157). Il vainquit plusieurs fois les Maures et prit le titre d'empereur des Espagnes. Ses fils se partagèrent son royaume ; Sanche* III prit la Castille, Ferdinand* II le León. ♦ **ALPHONSE VIII le Noble** (1155 - Ávila 1214). Roi de Castille (1158 - 1214). Il agrandit son royaume de plusieurs provinces et remporta sur les Maures la victoire décisive de Las Navas* de Tolosa (1212). ♦ **ALPHONSE IX**

(1166 - Villanueva de Sarria 1230). Roi de León (1188 - 1230). ♦ **ALPHONSE X le Sage** (→ Alphonse X). ♦ **ALPHONSE XI le Vengeur** (1311 - Gibraltar 1350). Roi de Castille et de León (1312 - 1350). Il s'allia à son beau-père Alphonse* IV de Portugal et vainquit les Maures à Tarifa (1340). Il mourut de la peste au siège de Gibraltar.

**ALPHONSE X** dit **Alphonse le Sage** ♦ (Tolède 1221 - Séville 1284). Roi de Castille et de León (1254 - 1284). Il fut aussi empereur germanique (1257 - 1272), ce qui affaiblit sa position en Espagne. Mauvais politique, il doit sa gloire à son œuvre culturelle qui résume les courants divers (chrétien, arabe et juif) de la civilisation espagnole du XIII^e s. Il accomplit un énorme travail de compilation et est considéré comme le fondateur de la langue nationale, le castillan, qu'il contribua à fixer. Écrivain, poète, il fut l'inspirateur de la *Crónica general* (premier essai d'une histoire d'Espagne). Astronome, il fit dresser les *Tables Alphonsines** (1252). Son œuvre fondamentale est un code de lois, *Las siete partidas*.

**ESPAGNE**

**ALPHONSE XII** ♦ (Madrid 1857 - *id.* 1885). Roi d'Espagne (1874 - 1885). Fils de la reine Isabelle* II, il fut appelé au trône par Martínez* Campos (1874). Il travailla à pacifier le royaume divisé par les guerres carlistes* et élabora une constitution qu'il respecta scrupuleusement.

**ALPHONSE XIII** ♦ (Madrid 1886 - Rome 1941). Roi d'Espagne (1886 - 1931). Fils posthume d'Alphonse* XII, il fut placé sous la régence de sa mère Marie-Christine, tandis que le pays subissait la guerre hispano-américaine (1898) qui aboutit à la perte de Cuba, de Porto Rico et des Philippines. En 1902 il monta sur le trône, conclut l'entente franco-espagnole relative au Maroc, assura le fonctionnement de la monarchie constitutionnelle. Cependant, après quelques années de crise, il accepta la dictature de Primo* de Rivera (1923 - 1930). En 1931, la grande victoire électorale des républicains contraignit Alphonse XIII à s'exiler. Il abdiqua en faveur de son fils, don Juan, comte de Barcelone.

**NAPLES**

**ALPHONSE II** ♦ (1448 - 1495). Roi de Naples (1494 - 1495). Fils de Ferdinand* I^er, il lui succéda au moment où Charles* VIII envahissait son royaume. Obligé d'abdiquer en faveur de son fils, il se retira en Sicile.

**POITIERS ET TOULOUSE**

**ALPHONSE II DE FRANCE** ♦ (1220 - 1271). Comte de Poitiers (1241 - 1271) et de Toulouse (1249 - 1271). Cinquième fils de Louis* VIII, roi de France, il épousa en 1237 Jeanne de Toulouse, fille du comte Raymond* VII, à la mort duquel (1249) il hérita du comté de Toulouse* et prépara son annexion à la France. Il mourut à son retour de la 8^e croisade.

**PORTUGAL**

**ALPHONSE I^er ENRIQUEZ le Conquérant** ♦ (Guimarães 1109 - Coimbra 1185). Roi du Portugal (1143 - 1185). Fils d'Henri de Bourgogne et d'une fille naturelle d'Alphonse VI de Castille, il succéda à son père sous la tutelle de sa mère qu'il écarta du pouvoir en 1128. Vainqueur des Maures à la bataille d'Ourique (1139), il fut proclamé roi (1140) ; mais ce n'est qu'en 1143 que le pape lui confirma ce titre et qu'il s'affranchit de la suzeraineté de la Castille. Il s'empara de Lisbonne (1147), de la Galice, de l'Estrémadure puis d'Elvas et organisa fortement son royaume. Son fils Sanche* I^er lui succéda.

**ALPHONSE II le Gros** ♦ (Coimbra v. 1185 - 1223). Roi du Portugal (1211 - 1223). Fils et successeur de Sanche* I^er, il combattit les Maures avec succès, participa à la victoire de Las Navas* de Tolosa (1212) et consolida la structure administrative du royaume. Il fut perpétuellement en lutte contre l'Église et mourut excommunié.

**ALPHONSE III le Boulonnais** ♦ (Coimbra 1210 - Lisbonne 1279). Roi du Portugal (1248 - 1279). Fils d'Alphonse* II, il répudia sa femme Mahaut II, comtesse de Boulogne, ce qui lui valut d'être excommunié. Il poursuivit la politique d'expansion portugaise et conquit l'Algarve* sur les Maures (1249).

**ALPHONSE IV** ♦ (Lisbonne 1290 - *id.* 1357). Roi du Portugal (1325 - 1357). Il poursuivit l'œuvre de son père Denis* I^er et s'allia avec Alphonse XI de Castille dans la lutte contre les Maures. C'est lui qui fit mettre à mort Inés* de Castro, que son fils Pierre* I^er avait secrètement épousée.

**ALPHONSE V l'Africain** ♦ (Sintra 1432 - *id.* 1481). Roi du Portugal (1438 - 1481). Il régna jusqu'en 1449 sous la tutelle de son oncle Pierre. Puis il combattit victorieusement en Afrique contre les Maures, mais échoua dans sa lutte contre la Castille.

**ALPHONSE VI** ♦ (Lisbonne 1643 - Sintra 1683). Roi du Portugal (1656 - 1667). Fils de Jean* IV et de Louise de Guzmán, il laissa sa mère puis son frère (Pierre* II) gouverner. Ses troupes, victorieuses des Espagnols, assurèrent l'indépendance du Portugal (traité de Lisbonne, 1668). Malade et faible d'esprit, il fut déposé en 1667 et se retira dans l'île de Terceira.

**ALPHONSE-MARIE DE LIGUORI** (saint) ♦ Prédicateur et théologien napolitain (Marianella 1696 - Nocera 1787). Il se consacra à la rechristianisation des campagnes et fonda la congrégation des rédemptoristes* (1732). Il élabora un système de théologie morale connu sous le nom d'*équiprobabilisme*, dont les positions sont intermédiaires entre le rigorisme et le laxisme des probabilistes. Docteur de l'Église. ▪ Fête le 1^er août.

**Alphonsines (Tables)** ♦ Tables astronomiques dressées en 1252 sur l'ordre d'Alphonse* X le Sage, roi de Castille. Fruit de 4 ans d'observations, elles donnent des résultats très précis, comme par exemple la division de l'année en jours, heures, minutes et secondes.

**ALPILLES** n. f. pl. ➝ ÉTYM. de *Alpes* ♦ Massif calcaire de Provence (493 m), entre la Durance et le Rhône au N. de la Crau. Site des Baux-de-Provence. Extraction de bauxite.

**ALPONE** n. m. ♦ Riv. d'Italie, affl. de l'Adige, que traverse le célèbre pont d'Arcole*.

**ALPTEGĪN** ♦ (mort en 963). Mercenaire turc et gouverneur du Khorassan à Ghazni* (actuel Afghanistan). Révolté contre les Samanides* en 961, il fonda la dynastie des Ghaznavides*.

**ALPUJARRAS (LAS)** ♦ Région montagneuse d'Espagne (Andalousie), au S. de la sierra Nevada. ▮ **Histoire** Les Maures s'y réfugièrent après la prise de Grenade* (1492). À leur tour, les Morisques (convertis au christianisme) s'y réfugièrent. L'interdiction de leur langue, l'arabe, et de leurs coutumes provoqua un soulèvement en 1566. Ils furent expulsés en 1609.

**AL-QAIDA** → **Qaida (AL-)**

**ALQAZAR-QUIVIR** → **Ksar el-Kébir**

**ALQUIÉ (Ferdinand)** ♦ Philosophe français (Carcassonne 1906 - Montpellier 1985). Philosophe et historien de la philosophie, il a consacré sa vie non seulement à la rédaction de nombreux travaux d'histoire de la philosophie faisant autorité (sur Descartes, Spinoza ou Malebranche), mais a aussi développé une pensée philosophique personnelle où, dans une perspective cartésienne et kantienne, la séparation de la conscience et de l'Être vers lequel tend la Raison est constamment réfléchie (*Le Désir d'éternité*, 1943, *La Nostalgie de l'être*, 1950, *La Conscience affective*, 1979). De ses premiers à ses derniers écrits, Ferdinand Alquié s'est toujours interrogé sur l'unité même du concept de philosophie, par delà les divergences doctrinales, unité qu'il a saisie dans l'affirmation de la différence radicale de l'Être et de l'objet fini (*Signification de la philosophie*, 1971). ➝ ÉTYM. Ce nom d'origine germanique est composé de *alah* « sanctuaire » et *hari* « armée ».

**ALS** ♦ Île du Danemark, dans le S. du Petit Belt, reliée au Jutland par un pont. 52 052 hab. V. PRINC. : Sønderborg.

**ALSACE** n. f. ➝ ÉTYM. p.-ê. du gallo-rom. *alisauia* « falaise [pays de falaises] » ou d'un composé *alisatja* d'une rac. indo-eur. *°ali-* « autre » et *-sat-*, de *°sed* « résider », « qui réside ailleurs, étranger [du point de vue des Germains] » ; en dialecte alsacien ***Elsass*** ♦ Région de l'E. de la France qui s'étend entre les Vosges (Lorraine, Franche-Comté) et le Rhin, de la frontière allemande (Palatinat rhénan) au N. de la frontière suisse et au Jura au S.

▮ **HISTOIRE** D'abord occupée par des Celtes, l'Alsace fut conquise en -58 par César* et fit partie de la province romaine de Germanie* supérieure. Dès le VI^e s. les Alamans* s'y établirent sous la suzeraineté franque après avoir été battus par Clovis en 496. L'Alsace dépendit alors du duché d'Alémanie ou de Souabe*, et c'est la fille d'un duc d'Alsace qui fonda le monastère du mont Sainte*-Odile (VII^e - VIII^e s.). Pris par les Carolingiens en 744 - 746, le pays fut divisé en deux comtés (Nordgau et Sundgau*). Au partage de l'empire de Charlemagne, l'Alsace fit d'abord partie de la Lotharingie* au traité de Verdun* (843) qui suivit le serment de Strasbourg* (842), mais échut à Louis* II le Germanique au traité de Mersen (870) qui allait associer pour près de huit siècles son destin à celui de l'Allemagne*. Les Habsbourg* dominaient la Haute-Alsace depuis le XIII^e s., quand dix villes impériales s'unirent dans la Décapole d'Alsace en 1354, Strasbourg demeurant sous l'autorité de ses évêques jusqu'en 1439. Après la découverte de l'imprimerie par Gutenberg* (v. 1438), l'Alsace fut aux XV^e et XVI^e s. l'un des principaux foyers de la Renaissance et de la Réforme. À la suite de la guerre de Trente* Ans et du traité de Münster-Westphalie (1648), elle passa de l'influence à la souveraineté française, après la victoire de Turenne* à Turckheim* (1675) et l'entrée triomphale de Louis* XIV à Strasbourg (1681) aux côtés de l'évêque Fürstenberg*. La province, complètement intégrée à la France sous la Révolution avec la création des départements du Haut-Rhin et du Bas-Rhin, fournit à la nation des hommes illustres tels que le baron de Dietrich*, maire de Strasbourg (chez qui Rouget* de Lisle chanta la future *Marseillaise*), Rewbell* et les généraux Kléber, Kellermann, Rapp, Lefebvre. Conservée à la France au traité de Vienne (1815), l'Alsace lui fut arrachée au traité de Francfort (1871) après la guerre franco-allemande de 1870 - 1871, en dépit des protestations de ses députés. Plus d'un dixième de la population quitta le pays pour se réinstaller en terre française, notamment en Algérie. Libérée en nov. 1918, l'Alsace fut de nouveau occupée par les troupes allemandes en juin 1940. La I$^{re}$ armée française (de Lattre de Tassigny) reprit Mulhouse* le 21 nov. 1944 et la 2$^{e}$ DB du général Leclerc* fit son entrée dans Strasbourg* le 23 nov. La «poche» de Colmar* fut éliminée en fév. 1945. Depuis 1949, Strasbourg*, capitale de l'Alsace, est devenue le siège du Conseil de l'Europe et de l'Assemblée des communautés européennes.

**ALSACE** n. f. ♦ Région administrative de l'E. de la France, comptant 2 dép. : Bas-Rhin et Haut-Rhin. 8 280 km$^2$ (1,5 % du territoire, 22$^{e}$ et dernier r.). 1 734 145 hab. (3 %, 14$^{e}$ r.) *(Alsaciens)*. 2,6 % du PIB métrop. (14$^{e}$ r.) CH.-L. : Strasbourg. Elle correspond à l'ancienne province d'Alsace*.

**▮ GÉOGRAPHIE** L'espace régional est fortement orienté par la direction N.-S., du relief, qui associe, d'O. en E., le versant abrupt des Vosges, les collines sous-vosgiennes et une plaine large d'une vingtaine de kilomètres que traversent l'Ill et le Rhin formant frontière avec l'Allemagne. L'Alsace correspond à la partie occidentale du fossé d'effondrement rhénan : longue de 200 km, elle s'incline vers le N., des abords du Jura (300 m) à la rivière Lauter (110 m). Elle est dominée de 800 m par les crêtes des Vosges, du ballon de Guebwiller (1 424 m) au Donon (1 008 m), qui s'abaissent rapidement sur un piémont de collines. Les Vosges font écran aux vents d'O. et valent à l'Alsace un climat semi-continental, relativement sec et lumineux, dont bénéficient surtout les collines sous-vosgiennes (250 à 300 m) où s'étend le vignoble. Colmar détient quelques records de froid (la température moyenne y est de −1 °C en janv.), de chaleur (+19 °C en juil. avec maxima à +30 °C) et de sécheresse (500 mm/an). Alimenté par la montagne, le réseau hydrographique est tributaire de l'Ill et du Rhin, qui s'est vu détourné au Tertiaire par l'affaissement de la plaine. Une nappe phréatique abondante ajoute encore aux ressources en eau mais elle est maintenant polluée (chlorures et nitrates).

**▮ POPULATION** Malgré les vicissitudes de son histoire, l'Alsace a toujours été très peuplée. En 1911, elle comptait 1 219 000 habitants ; en 1921, elle en avait perdu 100 000, récupérés en 1936 ; puis 75 000 en 1946, regagnés en 1954. La densité actuelle, bien qu'inférieure à celle des régions allemandes voisines, est deux fois plus forte que la densité nationale (218 hab./km$^2$). L'accroissement de 48,2 % de la population entre 1946 et 1999 (France : +42,8 %) a renforcé ainsi le poids relatif de la région. Bien que ralentie à partir des années 1980, cette croissance, dont bénéficie surtout le département du Bas-Rhin, se poursuit (+11 % pour 1982 - 1999). Fort mouvement de frontaliers vers l'Allemagne et la Suisse (plus de 60 000).

**▮ ÉCONOMIE ▮ Agriculture** Avec 2,2 % du PIB régional et 2 % de l'emploi (France, 2 %), ce n'est plus une activité dominante. La surface agricole utilisée (SAU) moyenne de 45 ha masque le contraste entre les grandes exploitations de la plaine et les microexploitations des montagnes et des collines. Le maïs (1 500 000 t par an) et la viticulture (env. 1 200 000 hl) constituent les principales productions d'une agriculture dont la valeur provient pour 75 % des cultures (maïs, houblon, chou à choucroute, tabac, horticulture florale et fruitière) et 25 % de l'élevage (surtout bovin). Le vignoble, qui s'étend de Thann à Saverne, produit des vins blancs fins de haute qualité au bouquet original, classés d'après leur cépage, et largement destinés à l'exportation. **▮ Industrie** Dans une région qui a tiré parti depuis longtemps de sa situation de carrefour routier et fluvial européen, l'activité industrielle est importante (près de 28 % de l'emploi régional ; France, 20,7 %). À l'origine de cet essor, le textile, avec les activités liées au coton, est aujourd'hui en crise. Les points forts de la région, après la fermeture des mines de potasse (2002), restent le raffinage du pétrole (4,2 millions de t), l'électricité hydraulique et nucléaire (20 milliards kWh), la métallurgie, l'industrie automobile (Mulhouse, Sausheim, Strasbourg), l'industrie alimentaire (boucherie, lait) et les activités issues de l'exploitation forestière (papier, carton). Le taux de chômage (6,6 % en 2008), reste

**Alsace.**

**Alsace. Maisons à colombages.** *Phot.© CHG/Fotolia*

inférieur à la moyenne nationale (8 %). Les apports des travailleurs frontaliers exerçant une activité en Allemagne et surtout en Suisse ainsi que les capitaux allemands investis en Alsace contribuent à la prospérité régionale. ▮ Communications Les ports fluviaux de Strasbourg (8,5 millions de t de fret) et de Mulhouse-Rhin (8 millions de t), associés au réseau navigable (fleuves et canaux), constituent un atout pour une région très ouverte aux relations internationales. L'activité des aéroports de Strasbourg et de Mulhouse, associé à Bâle, montre l'importance des communications dans la région. Les relations ferroviaires avec Paris ont été améliorées depuis 2007 avec la mise en service du TGV européen. ▮ Secteur tertiaire Le léger retard des activités de services (70 % de l'emploi régional, France : 77,2 %) pourrait être comblé entre autres grâce aux fonctions européennes de Strasbourg (même si la concurrence de Bruxelles est vive), à la présence dans cette ville de nombreuses organisations non gouvernementales et à ses deux universités. ▮ Urbanisation Le réseau urbain, caractérisé par un nombre important de petites villes, est très dense. La ligne de petits centres d'étape jalonnant le piemont, autrefois florissante (Décapole alsacienne), a toutefois laissé la prééminence aux deux grandes villes de la plaine, qui, par leur taille, les dominent largement : la capitale régionale, Strasbourg, aux fonctions essentiellement tertiaires, et Mulhouse, de tradition plus industrielle. Colmar a conservé sa fonction préfectorale, tandis que Saint-Louis devient un satellite de Bâle. Guebwiller est la seule ville d'importance située en zone montagneuse. Protégée de l'assimilation par sa situation géographique et par un statut particulier hérité de la période allemande (→ **Alsace-Lorraine**), la culture alsacienne, qui a su préserver son originalité en France sur les plans linguistique (dialecte) et religieux (régime concordataire), se traduit aussi par un fort sentiment d'appartenance régionale, exprimé à travers une vie associative intense. Jalousement conservé et entretenu, l'habitat de maisons anciennes à colombages n'est pas le moindre charme des villages alsaciens. Tourisme actif, surtout grâce à la clientèle allemande.

**ALSACE** (ballon d') ♦ Sommet du S. de la chaîne des Vosges (Haut-Rhin), au N. de Belfort (1 247 m). Sports d'hiver.

**ALSACE** (plaine d') ♦ Plaine qui s'étend, entre les collines sous-vosgiennes et le Rhin, de la Lauter (frontière allemande) au N. jusqu'aux collines du Sundgau et du Jura au S.

**Alsace** (grand canal d') ♦ Canal latéral au Rhin (entre Bâle et Strasbourg) dont les eaux déviées par le barrage de Kembs, au N. de Bâle, alimentent huit centrales hydroélectriques (Kembs, Ottmarsheim, Fessenheim, Vogelgrun, Marckolsheim, Rhinau, Gerstheim, Strasbourg).

**ALSACE-LORRAINE** ♦ Ensemble formé par les territoires alsaciens et lorrains annexés à l'Empire allemand en 1871 *(Reichland Elsass-Lothringen)*. Il comprenait les dép. du Bas-Rhin et du Haut-Rhin (territoire de Belfort excepté), le dép. de la Moselle (sauf le bassin de Briey) et une partie de l'anc. dép. de la Meurthe (Château-Salins et Sarrebourg). On évalue à 158 000 (sur une pop. de 1 500 000 hab.) le nombre d'Alsaciens-Lorrains qui optèrent pour la nationalité française avant le 1er nov. 1872 et se réfugièrent en France et en Algérie. Gouvernée par un *Statthalter* (→ **Manteuffel, Hohenlohe**), l'Alsace-Lorraine ne cessa de résister aux efforts d'assimilation des pangermanistes jusqu'à son retour à la France en nov. 1918. Réoccupée par les Allemands en juin 1940, rattachée au pays de Bade, l'Alsace fut traitée en terre allemande, soumise à l'enrôlement forcé dans la Wehrmacht et au régime des camps de concentration (→ **Schirmeck, Struthof**) et des déportations pour les réfractaires et les résistants. La libération de l'hiver 1944 - 1945 rendit l'Alsace-Lorraine à la France. → **Alsace, Lorraine.**

**ALTAÏ** n. m. - ÉTYM. mongol «doré» ♦ Système montagneux d'Asie centrale, situé à la frontière de la Russie, de la Mongolie et de la Chine, s'étendant au S. de la Sibérie et à l'E. du Kazakhstan, en Mongolie et au N. de la région autonome du Xinjiang (Chine). ▪ On peut le diviser en quatre chaînes. À l'O., l'Altaï du Sud sépare l'Irtych et la Boukhtarma ; sa partie occidentale est appelée chaîne de Narym. L'Altaï central, au N.-O., est formé de chaînes parallèles. L'Altaï oriental, au N.-E., sépare les bassins de l'Ob et de l'Ienisseï. L'Altaï mongol, au S.-E., s'étend sur la Mongolie et s'abaisse en chaînes secondaires vers le désert de Gobi. Le sommet du massif (mont Beloukha, 4 506 m) est en Russie. ▪ La majeure partie de l'Altaï s'étend sur la république de l'Altaï, sur la république de Touva et sur la république autonome Khakasse. Le Kouzbass se trouve au N. de l'Altaï oriental. ♦ ***Territoire de l'Altaï*** Territoire *(kraï)* de Russie situé au N. du Kazakhstan, au pied du massif de l'Altaï, et traversé par l'Ob. 261 700 km². 2 607 200 hab. CH.-L. : Barnaoul.

**ALTAÏ** n. m. – off. ***république de l'Altaï*** - ÉTYM. du n. de l'*Altaï**, montagne ♦ République de la fédération de Russie. → **Russie** (carte et tableau des divisions admin.). 92 600 km². 202 900 hab. (*Altaïens* ou *Oïrats*). LANGUES : turc, russe. POPULATION : Altaïens, 31 % ; Russes, 60 %. RELIGIONS : bouddhistes, orthodoxes. CAPITALE : Gorno-Altaïsk. La république de l'Altaï est divisée en 9 districts. ▪ Région de montagnes boisées, exploitée pour ses ressources forestières et minérales. Élevage. ▮ Histoire Région des Oïrats de 1922 à 1942, la république a formé jusqu'en 1991 la région autonome de l'Altaï de montagne, intégrée dans le territoire de l'Altaï.

**ALTAÏR** - ÉTYM. en ar. ***al-taïr*** «l'oiseau en vol» ♦ Nom donné à l'étoile α Aigle*. Magnitude 0,7 ; type spectral A 7 ; distance 16 années-lumière.

**ALTAMIRA** (grotte d') - ÉTYM. esp. «haute *(alta)* vue *(mira)*» ♦ Site préhistorique d'Espagne, dans les monts Cantabriques, célèbre pour ses peintures du Magdalénien*. Découvertes en 1879 par Marcelino de Sautuola, ces peintures représentent des bisons, des biches, des sangliers dont la taille varie entre 1,40 m et 2 m ; leur forme générale épouse les accidents de la roche et les couleurs ont conservé tout leur éclat. Deux styles ont été reconnus parmi ces peintures réalisées entre –15 000 et –13 000. Des dessins à la peinture noire, répartis le long des galeries, constituent le groupe le plus ancien, tandis que les peintures du grand plafond sont un peu plus récentes. La grotte est fermée au public mais il en existe deux répliques, l'une sur place et l'autre au Prado à Madrid.

**ALTDORF** ♦ V. de Suisse, ch.-l. du canton d'Uri, au S. du lac des Quatre-Cantons. 8 517 hab. Maisons anc. ▮ Histoire → **Guillaume Tell.**

**Altamira.** Bisons, peinture rupestre du Magdalénien moyen.
*Phot. ©Dagli Orti*

**ALTDORFER (Albrecht)** ♦ Peintre, graveur et architecte allemand (Ratisbonne v. 1480 - *id.* 1538). Il obtint des fonctions officielles à Ratisbonne et fut nommé en 1526 architecte de la ville. Il a parfois été considéré comme le principal initiateur de l'école du Danube. Il accorda une place prépondérante au paysage en réduisant notamment l'échelle des personnages qui semblent se perdre dans une végétation touffue rendue avec une extrême minutie (*Saint Georges dans la forêt,* 1510). Il chercha à tirer des effets expressifs de la lumière *(Retable de Saint-Florent ; Nativité).* Dans son chef-d'œuvre, *La Bataille d'Arbelles,* dite aussi *Bataille d'Alexandre* (1529), commandée par Guillaume V de Bavière, la vue plongeante et panoramique, la description miniaturiste des armées, animées de mouvements tourbillonnants, le ciel nuageux, l'éclairage crépusculaire, les couleurs denses d'un brillant d'émail concourent à donner à la scène un caractère fantastique. Il fut aussi un dessinateur et un graveur remarquable. Malgré certains emprunts à la peinture italienne, sa vision relève du gothique tardif et révèle des composantes spécifiquement germaniques.

**ALTENBURG** ♦ V. d'Allemagne (Thuringe), à la lisière S. du bassin de lignite de Borna-Altenburg. 37 016 hab. Indus. mécaniques et textiles. ▮ **Histoire** Ancienne ville d'Empire, résidence de Frédéric Barberousse, berceau d'un jeu de cartes, le skat. Anc. capitale de la Saxe-Altenburg (1826 - 1918), elle fut rattachée au district de Leipzig (1952 - 1990) puis à la Thuringe (1990).

**ALTENKIRCHEN** ♦ Village d'Allemagne (Rhénanie-Palatinat). Mines de plomb. ▮ **Histoire** Kléber* y battit les Autrichiens (1796) et Marceau* y fut mortellement blessé en protégeant la retraite de Jourdan (1796).

## altermondialisme

n. m. ♦ Ensemble des réactions, des courants, des mouvements contestant la mondialisation. L'altermondialisme apparaît à la fin des années 1990 : en 1999, manifestations de Seattle dénonçant les négociations relatives au commerce mondial ; en 2001, premier Forum social planétaire à Porto Alegre (Brésil), conçu comme un anti-Forum de Davos*. Il reprend et reformule des revendications des années 1960 - 1970 contre la mondialisation et le capitalisme qui tendent à imposer le moule occidental. Tout en demeurant mouvant, éclaté et contradictoire, il s'installe dans le paysage planétaire, par ses manifestations (notamment contre les sommets du G7-G8, réunissant les principales démocraties) et par ses rendez-vous (les Forums sociaux). L'altermondialisme est le reflet d'une opinion publique mondiale, se cristallisant temporairement autour de causes diverses (contre l'Organisation mondiale du commerce [OMC] ; contre la guerre en Irak...). Il s'incarne dans des structures complexes et changeantes : les organisations non gouvernementales (ONG). Phénomène politique jeune, le mouvement connaît différents courants : les «fondamentalistes» qui veulent rester fidèles aux perspectives utopiques initiales (promotion d'un ordre économique mondial équitable), et les «réalistes» qui préfèrent donner la priorité à des réformes concrètes (fin des subventions agricoles chez les pays développés). Il peut être libéral, insistant sur l'ouverture des marchés, ou dirigiste, préconisant des interventions économiques mondiales. Avant tout, l'altermondialisme permet à des associations de tous types, entreprises, individus, de s'exprimer. Les thèmes altermondialistes sont modelés et remodelés autant sur la scène planétaire qu'au sein des États et la problématique est loin d'être stabilisée. Dans les sociétés riches, l'écologisme séduit mais est-on prêt à payer beaucoup plus cher l'essence, l'eau, l'accès aux forêts ? Dans les pays émergents, la protection de la nature est subordonnée à la croissance, mais déjà s'y constituent des attitudes de mise en cause de la mondialisation. L'altermondialisme exprime en fait la quête d'un ordre planétaire capable de poser les problèmes de la mondialisation en termes politiques et de promouvoir des débats démocratiques globaux.

**ALTHEN (Jean)** ♦ Agronome arménien (1709 - 1774). Ayant obtenu l'autorisation de Louis XV, il introduisit en France la culture de la garance.

**ALTHUSIUS (Johannes)** ♦ Jurisconsulte allemand (v. 1556 - v. 1637). Ses deux ouvrages, *Jurisprudentiae romanae methodice digestae* et *Politica methodice digesta,* font de lui un des représentants de la théorie du droit naturel et d'une conception démocratique du gouvernement. Il affirma assez nettement l'idée de souveraineté du peuple.

**ALTHUSSER (Louis)** ♦ Philosophe français (Birmandreis, Algérie 1918 - La Verrière, Yvelines 1990). Il a proposé une lecture scientifique de Marx*, et notamment du *Capital,* au-delà de la lecture «idéologique» des influences et des évolutions. L'étude des concepts théoriques, derrière les termes, le conduit à poser une «coupure» entre les œuvres de jeunesse du philosophe allemand (où il s'explique avec Feuerbach) et *Le Capital,* texte proprement révolutionnaire. À ce propos et plus généralement, Althusser oppose au discours «idéologique» une épistémologie critiquant l'empirisme. Il a, en outre, défini la notion d'«appareil idéologique d'État». Œuv. princ. : *Pour Marx* (1965), *Lire le Capital* (en collab. 1965 - 1968), *Lénine et la philosophie* (1969), *L'avenir dure longtemps, Journal de captivité* (posth. 1994). ➡ **ÉTYM.** *Althusser* est le nom désignant l'habitant de la plus vieille maison du village, du vieux haut allemand *alt* «vieux» et *hus* «maison».

**ALTIPLANO** n. m. ♦ Hautes terres de Bolivie, dans les Andes. Elles s'étendent sur près de 2 000 km, ont une largeur maximale de 350 km et culminent entre 3 400 et 4 000 m. L'hydrographie y est endoréique (les eaux des fleuves se perdent dans les terres). Au N., l'Altiplano est drainé par un réseau dominé par le lac Titicaca*. Son exutoire, le río Desaguadero, déverse ses eaux dans le lac Poopó*, lui-même relié aux salines de Coipasa et Uyuni. Le climat froid et venteux, marqué par la raréfaction de l'oxygène, de fortes amplitudes thermiques diurnes, l'irrégularité des précipitations et les gelées nocturnes, n'autorise qu'une steppe d'altitude *(puna)* composée de graminées *(ichus)* et de rares arbustes où paissent les camélidés andins (lamas et alpagas domestiqués, guanacos et vigognes sauvages).

**ALTIS** n. m. ♦ Bois sacré de Zeus à Olympie.

**ALTKIRCH** [68130] ➡ **ÉTYM.** germ. «vieille *(alt)* église *(Kirche)*» ♦ Ch.-l. d'arr. du Haut-Rhin, dans le Sundgau. 5 386 hab. (aggl. 7 987) *(Altkirchois).* Musée sundgauvien (archéologie, histoire, folklore). ▪ Petit centre indus. (textile, cimenterie). ▮ **Histoire** La ville appartint aux comtes de Ferrette, puis à la maison d'Autriche. Les traités de Westphalie (1648) la donnèrent à la France.

**ALTMAN (Robert)** ♦ Cinéaste américain (Kansas City 1925 - Los Angeles 2006). Journaliste, il réalisa des documentaires (*The Delinquents,* 1957 ; *James Dean Story,* 1957) puis des films pour la télévision avant de connaître le succès avec *M. A. S. H.* (1970). Il traite les genres traditionnels avec des images d'une grande netteté classique, réduisant la narrativité à une série de coups de théâtre. *Le Privé* (1973), *California Split* (1974), *Trois femmes* (1977), *Un mariage* (1978), *Quintet* (1979), *Fool for Love* (1985), *The Player* (1992), *Short Cuts* (1993), *Gosford Park* (2001). ➡ **ÉTYM.** Le nom allemand *Altma(n)n* «homme âgé» est probablement un surnom donné à un homme sage.

**ALTMAN (Sydney)** ♦ Biochimiste canadien (Montréal 1939). Il découvrit, dès 1974, que certaines molécules d'ARN (acide ribonucléique) peuvent agir comme catalyseur de la coupure ou de la ligation d'autres acides nucléiques, fonction que l'on croyait réservée à des protéines, les enzymes. → **Cech.** [Prix Nobel de chim. 1989, avec T. Cech]

**ALTMARK** n. m. ➡ **ÉTYM.** germ. «Ancienne Marche» ♦ Région du N. de l'Allemagne, s'étendant sur la partie supérieure de la Saxe-Anhalt. C'est une région de moraines sableuses à médiocre économie rurale (seigle, pomme de terre). Salzwedel et Stendal, centres commerciaux, en sont les principales agglomérations. ▮ **Histoire** Donnée en 1134 à Albert I^er de Ballenstädt, l'Altmark devint le noyau de la province de Brandebourg* et le point de départ de son expansion vers l'E.

**ALTMÜHL** ♦ Riv. d'Allemagne (220 km), affl. rive d. du Danube prenant sa source dans les Frankenhöhe. Sa traversée du Jura franconien par un ancien cours du Danube, encaissée et pittoresque, a été aménagée (canal Rhin-Main-Danube) en 1991 malgré l'opposition des représentants des partis écologistes.

**ALTONA** ➡ **ÉTYM.** du bas all. *All-to-nah* «vraiment tout près [de Hambourg]» ♦ Anc. ville d'Allemagne, sur la rive d. de l'Elbe. Cet ancien village de pêcheurs *(Altwasser)* devint danois en 1640 et concurrença Hambourg. Prussienne en 1866, la ville fut rattachée à Hambourg* en 1937. Sartre y a situé l'action de sa pièce *Les Séquestrés d'Altona.*

**ALTOONA** ♦ V. des États-Unis (Pennsylvanie), dans les Alleghanys. 49 523 hab. (zone urbaine 129 144). Centre ferroviaire, fondé par la Pennsylvania Railroad Company en 1849.

**ALTSTÄTTEN** ♦ V. de Suisse (cant. de Saint-Gall) dans la vallée du Rhin. 10 598 hab. (aggl. d'Heerbrugg-Altstätten 48 992). Maisons anciennes. ▪ Vignobles. Indus. textile.

**ALTYN TAGH** n. m. ➡ **ÉTYM.** tatar «montagne *(tag)* d'or *(altyn)*» – en chin. ***Aerjin shan*** ♦ Massif montagneux de Chine, séparant le Tibet du Xinjiang. S'étendant sur 800 km de l'Asie centrale aux Nan shan, il culmine à plus de 6 100 m.

**ĀLVĀR** n. m. pl. ➡ **ÉTYM.** tamoul «les profonds» ♦ Groupe de douze saints adorateurs de Vishnou*, poètes de l'Inde du Sud (VI^e - XI^e s.), dont les œuvres sont réunies dans une anthologie de 4 000 hymnes religieux intitulés *Nālāyiram.*

**ALVARADO (Pedro de)** ♦ Conquistador espagnol (Badajoz 1485 - Guadalajara, Mexique 1541). Après avoir participé à la conquête de Cuba, il devint lieutenant de Cortés* lors de la conquête du Mexique (1518 - 1521) ; il tenta ensuite une expédition dans l'actuel Salvador et au Guatemala (1523) où il vainquit les Indiens et fonda Santiago de Los Caballeros. Il fut tué dans un combat contre les Indiens.

**ÁLVARES (Francisco)** ♦ Voyageur portugais (Coimbra 1465 - mort apr. 1540). Il fit partie de l'ambassade envoyée par le roi Emmanuel du Portugal auprès du négus d'Abyssinie (1520 - 1527). Sa relation de voyage, publiée en 1540, est le premier document possédé en Occident sur cette région du monde *(Description de l'Éthiopie).*

**ALVAREZ (Luis Walter)** ♦ Physicien américain (San Francisco 1911 - Berkeley 1988). Collaborateur de E. O. Lawrence*, il découvrit le phénomène de capture électronique (1937) et effectua, avec F. Bloch*, la première mesure du moment magnétique du neutron. Après la guerre, il participa à la réalisation du premier accélérateur linéaire de protons à Berkeley. La construction d'une chambre à bulles de très grandes dimensions lui permit de découvrir (1960) de nouvelles particules, de durée de vie extrêmement brève, dites «résonances». [Prix Nobel de phys. 1968] ➝ ÉTYM. *Alvarez* vient du prénom espagnol *Álvaro* (wisigoth «celui qui se défend bien», de *°ala* «de tous» et *warja* «défense, protection») et suffixe *-ez* de filiation.

**ÁLVAREZ QUINTERO (Serafín et Joaquín)** ♦ Auteurs dramatiques espagnols. SERAFÍN (Utrera 1871 - Madrid 1938), JOAQUÍN (Utrera 1873 - Madrid 1944). Les frères Quintero ont marqué le théâtre espagnol du XIXe s. en y apportant l'atmosphère, la lumière et la couleur de leur Andalousie natale ; les dialogues sont toujours vifs et amusants avec des situations rapides qui donnent une tonalité brillante et facile. Ils écrivirent des centaines de comédies (*El ojito derecho,* «Le Petit Œil droit», 1897 ; *Las flores,* «Les Fleurs», 1921 ; *Cancionera,* 1924 ; *Mariquilla Terremoto,* 1930), de nombreux *entremeses* (*Mañana de sol,* «Matinée de soleil», 1905) et des livrets de *zarzuelas* (*La reina mora,* «La Reine maure», 1903).

**ALVARO (Corrado)** ♦ Poète et romancier italien (San Luca près de Reggio de Calabre 1895 - Rome 1956). Il débuta par des poésies qui lui furent inspirées par sa participation à la Première Guerre mondiale puis, dans la lignée vériste, évoqua la vie des paysans de Calabre dans son roman *Gens d'Aspromonte* (1930). La seconde partie de son œuvre *(La Brève Enfance)* le montre davantage préoccupé d'aspects moraux et psychologiques. Il est également l'auteur d'une autobiographie, *Presque une vie ; Journal d'un écrivain* (1951) et d'une pièce de théâtre, *La Longue Nuit de Médée,* où il propose une relecture de la mythologie classique. ➝ ÉTYM. Ce nom de famille vient du prénom *Álvaro* (➝ Alvarez).

**ALVEAR (Carlos María DE)** ♦ Général argentin (Santo Ángel, Uruguay 1788 - Washington 1852). Il fut l'un des chefs de l'indépendance argentine et se distingua en enlevant Montevideo* aux Espagnols.

**ALVER (Élisabeth LEPIC, dite Betti)** ♦ Poète estonienne (Ïygueva 1906 - 1989) Elle renoua avec le mouvement culturel de la «Jeune Estonie» lancé par G. Suits, dans des vers d'une grande beauté classique : *La Poussière et le Feu* (1936), *La Ville volante* (1979), *Les Coraux dans la rivière Emaigui* (1986).

**ALYATTE** – en gr. ***Aluattês*** ♦ Roi de Lydie (de –617 à –561) de la dynastie des Mermnades, père de Crésus*. Il résista à l'invasion mède, repoussa les Cimmériens et conquit Smyrne.

**Alyscamps** ➝ **Aliscamps**

**ALZETTE** n. f. ♦ Riv. du Luxembourg (72 km), affl. de la Sûre. Elle prend sa source en France et traverse le grand-duché, arrosant Esch-sur-Alzette et Luxembourg.

**ALZHEIMER (Alois)** ♦ Neurologue allemand (Marktbreit 1864 - Breslau, auj. Wrocław 1917). Spécialiste de la neuropathologie, en particulier des déficiences mentales dues à la sénilité, il décrivit la maladie qui porte son nom. Il s'agit d'une démence présénile, apparaissant vers 60 ans, parfois plus tôt, et dont les premiers symptômes sont les troubles de la mémoire, une désorientation dans le temps et dans l'espace, le syndrome aphaso-apracto-agnosique. La maladie est due à une atrophie cérébrale diffuse. Elle touche, au-delà de 65 ans, une personne sur dix.

**ALZON (Emmanuel D')** ♦ Prêtre français (Le Vigan 1810 - Nîmes 1880). Il fonda en 1843 le collège de l'Assomption, origine de la congrégation des assomptionnistes* (1845).

**AMADEO** ou **AMADEI (Giovanni Antonio)** ♦ Sculpteur et architecte lombard (Pavie ou Milan v. 1447 - Milan 1522). Il travailla dès 1466 à la chartreuse de Pavie dont il devait plus tard diriger les travaux (1490 - 1498) et entre-temps à Bergame et à Crémone où il réalisa son œuvre la plus connue, la chapelle Colleoni (1470 - 1476). À Milan, il travailla à la cathédrale, dont il devint l'architecte (1481). Influencé par le Filarète et Bramante (palais Bottigella, Pavie), il multiplia à la manière lombarde les éléments décoratifs (reliefs, incrustations polychromes). ➝ ÉTYM. Ce nom italien signifie «aime Dieu».

**Amadis de Gaule** – en esp. ***Amadís de Gaula*** ♦ Roman de chevalerie espagnol dont le texte original remonte au début du XIVe s. mais qui fut refondu et publié en 1508 par Montalvo. Amadis est le type du chevalier accompli qui, après de multiples aventures, réussit à épouser sa dame, Oriane. Ce roman connut un succès considérable, en particulier en France dans la traduction de Nicolas d'Herberay des Essarts (1540). Don* Quichotte prend Amadis comme modèle du beau chevalier errant et amant fidèle.

**Amadeo.** La chartreuse de Pavie. *Phot. ©Arch. Smeets*

**AMADO (Jorge)** ♦ Romancier brésilien (Pirangi, Bahia 1912 - Salvador 2001). Membre du Parti communiste brésilien, il a écrit une œuvre humaine, sociale, inspirée de scènes de la vie populaire et marquée par la révolte contre l'exploitation : *Cacao* (1933), *Bahia de tous les saints* (1935), *Mer morte* (1936), *Gabriela, girofle et cannelle* (1958), *Dona Flor et ses deux maris* (1966), *Tocaia Grande* (1985). *Les Chemins de la faim* (1946) évoquent avec puissance le drame des ouvriers agricoles du Sertão contraints à l'émigration.

**AMAGASAKI** ♦ V. du Japon (Honshū), préf. de Hyōgo, sur la baie d'Ōsaka. 462 647 hab. Centre indus. (textiles, indus. chimiques, verreries).

**AMAGAT (Émile)** ♦ Physicien français (Saint-Satur, Cher 1841 - *id.* 1915). Il réalisa d'importantes études expérimentales sur les phénomènes thermiques et sur la compressibilité des fluides. [Acad. sc. 1902]

**AMALARIC** ♦ (501 - Barcelone 531). Roi des Wisigoths (507 - 531). Fils et successeur d'Alaric* II, il gouverna d'abord sous la tutelle de Théodoric* le Grand. Il épousa Clotilde, fille de Clovis* Ier, à laquelle il voulut imposer la foi arienne, ce qui amena la guerre avec le frère de celle-ci, Childebert* Ier, roi des Francs. Vaincu à Narbonne, Amalaric fut assassiné peu après à Barcelone. ➝ ÉTYM. Ce nom vient du germanique *amal* «zélé» et *rik* «puissant».

**AMALASONTE** ou **AMALASWINTHE** ♦ (morte à Bolsena en 535). Fille de Théodoric* le Grand, roi des Ostrogoths, et mère d'Athalaric*, elle gouverna durant la minorité de son fils, qui mourut en 524 à l'âge de dix-huit ans. Son cousin et mari Théodat* partagea le pouvoir avec elle, puis la fit assassiner.

**AMALÉCITES** n. m. pl. ➝ ÉTYM. de *Amalec,* petit-fils d'Esaü* ♦ Tribu sémitique nomadisant dans le Néguev. La Bible les montre barrant le passage aux Hébreux venus d'Égypte, puis battus par Saül et par David (–XIe s.).

**AMALFI** ➝ ÉTYM. probablt de *Malfi* ♦ V. d'Italie méridionale (prov. de Salerne), en Campanie, sur la mer Tyrrhénienne, dans un très beau site sur la rive N. du golfe de Salerne. 5 428 hab. Cathédrale du XIe s., remaniée au XVIIIe s. en style baroque. ▪ Importante station balnéaire. ▮ **Histoire** Mentionnée dès le IVe s., Amalfi fut, à partir du IXe s., une république maritime florissante, rivale de Gênes et de Pise.

**AMALRIC** ➝ **Amaury**

**AMALRIC (Arnaud)** ♦ Abbé de Cîteaux (mort en 1225). Légat du pape, il prêcha en 1204 la croisade contre les albigeois et accompagna Simon IV de Montfort* durant celle-ci. Archevêque de Narbonne en 1212, il combattit les Maures en Espagne.

**AMALTHÉE** – en gr. ***Amaltheia*** ♦ Dans la mythologie grecque, nom de la chèvre qui allaite Zeus* enfant.

**AMAN** ou **HAMAN** ♦ Personnage biblique du Livre d'Esther. Ministre d'Assuérus*, hostile aux juifs, il est destitué au profit de Mardochée* et pendu. ➝ **Esther.**

**AMAND** (saint) ♦ (dans le Poitou v. 584 - monastère d'Elno, près de Tournai v. 679). Évêque itinérant (628), puis évêque de Maastricht (647), apôtre des Flandres et du Hainaut. ▪ Fête le 6 fév.

**AMANGKURAT** ♦ Nom de quatre sultans javanais du royaume de Mātaram, qui régnèrent de 1645 à 1743 env. Ils s'allièrent aux Hollandais et parfois les combattirent. Le dernier fut déposé par les Hollandais qui soutenaient ses neveux.

**AMĀNOLLĀH** ou **AMĀNALLĀH** ♦ Souverain afghan (Paghmān 1892 - Zurich 1960). Fils et successeur de Habibollāh, il reconquit l'indépendance totale de son pays à la suite d'une guerre éclair contre les Britanniques (1919), puis se lança dans une politique d'occidentalisation et de modernisation mal acceptée par la population. En 1926 il rétablit le titre de chah (roi), au détriment de celui d'émir porté par tous ses prédécesseurs de la dynastie Mohammadzaï*. Un soulèvement populaire le chassa en 1929 et il passa le reste de sa vie en Italie.

L'**Amant de lady Chatterley** – en angl. ***Lady Chatterley's Lover*** ♦ Roman de D. H. Lawrence* (1928). Le caractère réputé obscène de ce livre obligea son auteur à le publier à Florence (où il l'écrivit). Mariée à un gentilhomme anglais paralysé par une blessure de guerre et qui ne trouve plus d'épanouissement que dans les conversations avec ses amis, lady Chatterley découvre la sensualité avec le garde-chasse, Olivier Mellors. La naissance d'un fils viendra couronner leur union. Le langage très cru employé pour les scènes d'amour et l'aspect social de l'intrigue firent de ce roman, interdit en Angleterre jusqu'en 1960, un immense scandale. Très éloigné de toute pornographie, il célèbre avant tout dans la sexualité l'expression de l'élan vital et la communion avec les forces de la nature, par opposition avec l'intellectualisme stérile que représente le mari de lady Chatterley.

**AMAPÁ** ♦ État du Brésil (région Nord). → **Brésil** (carte). 142 358 km². 477 000 hab. CAP. : Macapá. Territoire fédéral créé en 1943, devenu État en 1988. Bois. Manganèse de la serra do Navio acheminé jusqu'au port par une voie ferrée de 200 km.

**AMAR (Jean-Baptiste André)** ♦ Avocat et homme politique français (Grenoble 1750 - Paris 1816). Avocat au parlement de Grenoble, puis député montagnard à la Convention, il vota la mort du roi.

**AMARA** ♦ V. d'Irak, sur le cours inférieur du Tigre (rive g.), ch.-l. de la province de Maysan. 325 000 hab. Marché agricole (dattes, riz, millet).

**AMARĀPURA** ♦ V. de Birmanie, à 12 km de Mandalay. Env. 10 000 hab. Travail du bronze, tissage du coton et, surtout, de la soie. Les soieries d'Amarāpura sont renommées dans toute la Birmanie. Fondée en 1782 par le roi Bodawpaya, c'est l'anc. cap. de la Birmanie.

**AMARĀVATĪ** ♦ V. de l'Inde (Andhra Pradesh), à la tête du delta de la Krishna, près de Vijayavada. ▮ **Histoire** Capitale de la dynastie des Shatavahana du -IIe au IIIe s., la ville fut un haut lieu du bouddhisme. ▪ Éponyme d'un style d'art bouddhique qui eut une très grande influence sur les arts de l'Inde et du S.-E. asiatique.

**Amarāvatī.** Bouddha domptant l'éléphant Nalagiri, médaillon du stūpa. Musée de Madras. *Phot. © Arch. Smeets*

**AMARILLO** ♦ V. des États-Unis (Texas), sur le Llano Estacado. 173 627 hab. Centre agricole d'une région irriguée. Indus. chimique (hélium), base aérienne, usine atomique.

**AMARNA** → **Tell el-Amarna**

**AMASIS** – nom gr. de ***Ahmôsé*** ou ***Aahmès II*** ♦ Avant-dernier pharaon de la XXVIe dynastie saïte (v. -568 - -526). Général des armées d'Apriès*, il organisa un soulèvement xénophobe contre le pharaon accusé de soutenir les étrangers et usurpa son trône. Mais une fois au pouvoir il entretint d'excellents rapports avec les Grecs et fut considéré comme le roi philhellène par excellence. Bien qu'il fût allié à Crésus*, il eut une politique prudente à l'égard des Perses. Il s'empara de Chypre v. -565. Il mourut quelques mois avant l'invasion perse et Psammétique* III lui succéda.

**AMASYA** ♦ V. de Turquie, ch.-l. de prov., en Asie Mineure, sur le Yeşil Irmak, au S.-O. de Samsun. 85 851 hab. Monuments musulmans (XIIIe - XVe s.). ▪ Centre de commerce. ▮ **Histoire** L'antique *Amaseia*, résidence des rois du Pont* à l'époque hellénistique, fut la patrie du géographe Strabon.

**AMATERASU ŌMIKAMI** ← **ÉTYM.** jap. «la grande *(ō)* vénérable *(mi)* divinité *(kami)* qui brille *(terasu)* au ciel *(ama)*» [la divinité du soleil] ♦ Divinité principale de la religion shintoïste du Japon, personnification du Soleil et ancêtre légendaire de la lignée impériale japonaise. Elle est vénérée principalement dans son sanctuaire «national» d'Ise.

**AMATHONTE** – en gr. ***Amathous*** ♦ Anc. ville sur la côte méridionale de Chypre, près de l'actuelle Limassol. ▪ Le vase d'Amathonte (Louvre) y a été découvert au XIXe s.

**AMATI** ♦ Célèbre famille de luthiers, originaires de Crémone (XVIe - XVIIIe s.). Un de ses membres, NICCOLÒ (1596 - 1684), fut le maître de Guarneri* et de Stradivarius*.

**AMATITLÁN** (lac) ♦ Lac du Guatemala, situé à 25 km de la capitale, sur les hauts plateaux du S.-O., à 1 186 m d'altitude.

**AMATO (Giuliano)** ♦ Homme politique italien (Turin 1938). Député socialiste proche de B. Craxi dès 1983, puis ministre du Trésor (1987, 1999 - 2000). Président du Conseil en 1992 - 1993, il dut faire face à la multiplication des scandales politico-financiers et des attentats commis par la Mafia. Il fut à nouveau président du Conseil d'avril 2000 jusqu'à la victoire de Berlusconi*, en juin 2001 puis vice-président de la Convention européenne (2001 - 2003). Lors de son retour à la présidence du Conseil, Prodi le nomma ministre de l'Intérieur (2006 - 2008). ← **ÉTYM.** *Amato* est l'équivalent italien du prénom *Aimé*.

**AMAURY Ier** ou **AMALRIC Ier** ♦ (v. 1137 - Jérusalem 1174). Roi de Jérusalem (1163 - 1174). Fils de Foulques* V le Jeune et successeur de Baudouin* III, il entra en lutte contre les vizirs d'Égypte et fut battu par Nūr* al-Dīn et par Saladin*. ← **ÉTYM.** Ce nom vient du germanique *amal* (peut-être «zélé») et *rik* «puissant».

**AMAURY II** ou **AMALRIC II DE LUSIGNAN** ♦ (v. 1144 - St-Jean-d'Acre 1205). Roi de Chypre (1194 - 1205) et de Jérusalem (1198 - 1205). Successeur de son frère Gui de Lusignan* comme roi de Chypre, il devint roi de Jérusalem par son mariage avec la veuve du roi Henri* II de Champagne, mais ne put prendre possession de ses États (1197).

**AMAURY-DUVAL (Eugène Emmanuel PINEUX-DUVAL, dit)** ♦ Peintre français (Paris 1808 - *id.* 1885). Disciple d'Ingres dont il voulut suivre fidèlement les préceptes, il s'inspira aussi des primitifs italiens, à l'exemple des nazaréens. Il est l'auteur de portraits *(Rachel)*, de scènes mythologiques et de grandes décorations religieuses à Saint-Germain-l'Auxerrois, Saint-Merri, où l'inspiration idéaliste s'exprime dans une forme académique, souvent sèche et terne.

**AMAY** ♦ V. de Belgique (Région wallonne), prov. de Liège, arr. de Huy. 13 147 hab. Collégiale Saint-Georges de style roman (trésor). ▪ Construc. métalliques.

**AMAYA (Carmen)** ♦ Danseuse et chorégraphe espagnole (Grenade 1909 - Bagur 1963). Issue d'une famille de danseurs, mariée au guitariste Juan Antonio Aguro, elle illustra dans ses chorégraphies la pure tradition gitane.

**AMAZONAS** ♦ État du Brésil (région Nord). → **Brésil** (carte). 1 558 987 km². 2 813 000 hab. CAP. : Manaus. Traversé d'E. en O. par l'Amazone, c'est le plus vaste État du Brésil, avec la plus faible densité démographique, l'essentiel de la population étant concentré à Manaus. ▪ Activités commerciales. Caoutchouc, jute, bois, guarana. Technologie avancée dans la zone franche de Manaus.

**AMAZONAS** ♦ Territoire fédéral du Venezuela, confinant avec la Colombie à l'O. et le Brésil au S.-E. 175 750 km². 70 464 hab. CAP. : Puerto Ayacucho. L'Amazonas abrite la forêt dense du massif guyanais.

**AMAZONE** n. f. ← **ÉTYM.** en esp. et en port. ***Amazonas*** (en tupi *amasumu* «grande vague, mascaret»), par allusion aux combats menés sur ses rives contre des femmes guerrières (Amazones) ou des Indiens à longue chevelure ♦ Fl. d'Amérique du Sud, tributaire de l'Atlantique, le premier du monde par sa longueur (6 762 km), par la superficie de son bassin hydrographique et par son débit (200 000 m³/s). On l'appelle le «fleuve-mer» ; sa plaine alluviale est immense et les oscillations du niveau des eaux sont considérables. Navigable sur env. 3 100 km au Brésil, l'Amazone prend sa source au Pérou et reçoit plus de 1 100 affl. Après la confluence de l'Ucayali et du Marañón, le fleuve longe la frontière colombienne et pénètre au Brésil sous le nom de Solimões jusqu'au confluent du rio Negro (en amont duquel se trouve Manaus), traverse l'État du Pará où il arrose Santarém avant de se jeter dans l'Atlantique en un vaste estuaire ramifié (large de 100 km) parsemé d'îles. → **Amérique, Brésil.** ▮ **Histoire** L'embouchure de l'Amazone, découverte par Vicente Pinzón* en 1500, fut probablement explorée par Vespucci* la même année, mais c'est le navigateur Orellana qui a donné (1542) son nom au fleuve.

Les **Ambassadeurs.** Tableau de Holbein le Jeune (2,09 × 2,07 m). National Gallery, Londres. *Phot. ©Bridgeman/Giraudon*

**AMAZONES** n. f. pl. ← ÉTYM. du gr. *Amazôn* «sans poitrine», du *a*- privatif et *mazos* «sein» [cette étym. populaire semble fausse] ♦ Peuple fabuleux de femmes vivant dans le Caucase ou dans le N. de l'Asie Mineure ou encore en Scythie. Chasseresses et guerrières farouches vivant de pillage, elles se brûlaient un sein pour ne pas être gênées dans le tir à l'arc ou dans le maniement de la lance. Ne tolérant pas la présence des hommes, elles tuaient leurs enfants mâles à la naissance ou les mutilaient et les gardaient comme esclaves. → **Hippolyte, Penthésilée.**

**AMAZONIE** n. f. ← ÉTYM. de *Amazone** ♦ Région géographique du centre de l'Amérique du Sud. 7 000 000 km². C'est un vaste bassin drainé par l'Amazone et ses affl. et partagé entre huit pays (→ **Bolivie, Brésil, Colombie, Équateur, Guyana, Pérou, Suriname, Venezuela**). De climat chaud et humide, l'Amazonie représente le tiers des réserves mondiales de forêts tropicales et recèle une très grande diversité d'espèces animales et végétales. Les fleuves sont restés longtemps les seules voies de pénétration dans la région. Deux grandes routes relient Brasília à Belém et à Porto Velho : la Transamazonienne, qui relie l'Atlantique au Pérou ; la Marginale, la Colombie à la Bolivie. L'exploitation du bois, l'élevage (bovins) et, dans une moindre mesure, l'agriculture (manioc, jute, cacao, poivre) occasionnent une déforestation importante. La production de caoutchouc naturel a été la grande richesse de la région jusqu'en 1912, mais s'est vue supplantée sur le marché mondial par les plantations de Malaisie. Les richesses du sous-sol sont immenses : or de la serra Pelada ; fer de la serra dos Carajás* ; manganèse de l'Amapá* ; pétrole dans le piémont andin ; étain du Rondônia*. L'exploitation massive des ressources naturelles, le déboisement accéléré (le défrichement s'étend à raison de 15 000 km² par an depuis 1996), l'usure rapide des sols menacent sérieusement les écosystèmes et les dernières tribus indiennes (Yanomamis), vivant en petits groupes itinérants. Les questions d'écologie et de développement font l'objet d'importantes recherches internationales, et les huit pays qui se partagent le bassin amazonien sont liés depuis 1978 par un traité de coopération.

**AMBALA** ♦ V. de l'Inde (Haryana). 168 003 hab. La modernisation des campagnes environnantes en a fait un centre industriel et commercial.

**AMBARD (Léon)** ♦ Médecin français (Marseille 1876 - Paris 1962). L'un des fondateurs de la néphrologie, il établit les lois de la sécrétion urinaire *(lois d'Ambard)*.

**AMBARÈS-ET-LAGRAVE** [33440] ♦ Comm. de la Gironde, arr. de Bordeaux, dans l'Entre-Deux-Mers. 11 206 hab. *(Ambarésiens)*.

**AMBARTZOUMIAN (Viktor Amazaspovitch)** ♦ Astrophysicien arménien (Tiflis 1908 - Biourakan 1996). Il fut l'auteur de découvertes relatives aux amas d'étoiles et à l'évolution stellaire.

Les **Ambassadeurs** ♦ Peinture de Hans Holbein le Jeune représentant les ambassadeurs français à Londres, Jean de Dinteville et Georges de Selve (1533, National Gallery, Londres). C'est l'exemple pictural le plus célèbre d'anamorphose, déformation d'un objet ou d'une figure par la perspective : ici un crâne n'est reconnaissable que d'un point situé à droite, presque dans le plan du tableau. Il confère à ces portraits entourés des emblèmes du pouvoir et du savoir le sens d'une «vanité».

Les **Ambassadeurs** – en angl. ***The Ambassadors*** ♦ Roman de Henry James* (1903). Un quinquagénaire de Boston est envoyé en « ambassade » à Paris pour ramener au pays un jeune Bostonien qui s'est laissé séduire par la capitale française ; à son tour, il en éprouvera la séduction et repartira chez lui, ayant compris que toute grande civilisation comporte des dangers que l'homme supérieur se doit d'affronter. Par la confrontation entre la mentalité américaine (vierge de toute culture, mais éprise de pureté) et les mœurs européennes (raffinées, mais guettées par la décadence), ce roman est l'un des plus caractéristiques de James, Américain fasciné par l'Europe, dont l'art se rapproche ici de celui de Proust.

**AMBATO** ♦ V. d'Équateur, cap. de la prov. du Tungurahua, au centre de la cordillère des Andes. 163 926 hab. Grand marché régional, drainant les productions agricoles des zones horticoles de la région et de tout le pays.

**AMBAZAC** [87240] ♦ Ch.-l. de cant. de la Haute-Vienne, arr. de Limoges, au centre des monts d'Ambazac. 4 836 hab. *(Ambazacois)*. Église (XII^e et XV^e s.) renfermant la châsse (1189) et la dalmatique de saint Étienne de Muret. ▪ Aux environs, gisement d'uranium.

**AMBEDKAR (Bhīmrāo Rām-jī)** ♦ Homme politique et juriste indien (1892 - 1956). Il consacra sa vie à l'abolition de la ségrégation des « intouchables » ou hors-castes de l'Inde.

**AMBERG** ♦ V. d'Allemagne (Bavière), sur la Vils, au N. de Ratisbonne. 44 618 hab. Église et hôtel de ville du XV^e s. ▪ Vestiges de sidérurgie sur un petit gisement de fer ; mécanique lourde, verreries.

**AMBÉRIEU-EN-BUGEY** [01500] ◆ **ÉTYM.** du gaul. *Ambarrius*, n. de pers., et suff. *-acum* ou *ambo* « fleuve » ♦ Ch.-l. de cant. de l'Ain, arr. de Belley, sur l'Albarine. 11 436 hab. (aggl. 13 380) *(Ambarrois)*. Nœud ferroviaire.

**AMBERT** [63600] ◆ **ÉTYM.** du gaul. « gué *(ritus)* de la rivière *(ambe)* » ou du germ. *Amberus*, n. de pers. ♦ Ch.-l. d'arr. du Puy-de-Dôme, sur la Dore. 7 309 hab. *(Ambertois)*. Musée vivant du papier. Fromage *(fourme d'Ambert)*.

**AMBÈS** [33810] ♦ Comm. de la Gironde, arr. de Bordeaux, sur la Dordogne. 2 824 hab. *(Ambésiens)*. ▪ Le *bec d'Ambès* est une pointe de terre au confluent de la Dordogne et de la Garonne. Port pétrolier. Pétrochimie. Ammonitrates. Centrale thermique.

**Ambigu (théâtre de l')** ♦ Nom d'un théâtre parisien construit en 1769, sur le « boulevard du Crime » (le boulevard du Temple, appelé ainsi parce qu'il abritait un grand nombre de théâtres populaires qui montraient dans des mélodrames les crimes perpétrés contre la vertu). Il fut l'un des hauts lieux du mélodrame. Détruit en 1827 par un incendie, il fut reconstruit boulevard Saint-Martin. Il a disparu en 1966.

**AMBILLY** [74100] ♦ Comm. de la Haute-Savoie, arr. de Saint-Julien-en-Genevois, banl. N. d'Annemasse. 5 808 hab.

**AMBIORIX** ♦ Roi des Éburons* (-I^er s.). Au moment de la conquête de la Gaule par les Romains, il vainquit des lieutenants de César*, mais il fut battu par César lui-même (-54) et s'enfuit dans les Ardennes. ◆ **ÉTYM.** Ce nom vient du gaulois *ambio* (peut-être nom de peuple, les *Ambiens* dans la région d'Amiens) et *rix* « roi ».

**AMBLETEUSE** [62164] ◆ **ÉTYM.** anc. *Amfleat hove*, p.-ê. du germ. *ami* « gêne, désagrément », du saxon *flod* « flot, marée » et *hof* « ferme [exploitation] » ♦ Comm. du Pas-de-Calais, arr. de Boulogne-sur-Mer, sur la Manche. 1 976 hab. *(Ambleteusois)*. Anc. station navale protégée par le fort Mahon (XVII^e s., restauré). Musée historique de la Seconde Guerre mondiale. Station balnéaire.

**AMBLÈVE** ♦ Riv. de Belgique (85 km), affl. de l'Ourthe. Vallée touristique : cascade de Coo (→ **Stavelot**). Barrages et centrale électrique de pompage.

**AMBOISE (Georges D')** ♦ Prélat et homme politique français (Chaumont-sur-Loire 1460 - Lyon 1510). Archevêque de Narbonne en 1492 et de Rouen en 1494, il devint Premier ministre de Louis XII et cardinal en 1498. Son administration habile et honnête contribua à la popularité de Louis XII, mais ses prétentions au trône pontifical furent tenues en échec par Jules* II, ce qui amena Louis XII à convoquer le concile schismatique de Pise (1511). ▪ Son neveu, GEORGES D'AMBOISE (1488 - 1550), fut cardinal (1545).

**AMBOISE** [37400] ◆ **ÉTYM.** anc. *Ambatia villa*, du gaul. *Ambatius*, n. de pers., ou « riveraine » de *ambe* « rivière » et suff. d'appartenance *-ati-* ♦ Ch.-l. de cant. de l'Indre-et-Loire, arr. de Tours, sur la Loire. 11 457 hab. (aggl. 16 037) *(Amboisiens)*. Château construit par Charles VIII, agrandi par Louis XII et François I^er : chapelle Saint-Hubert de style gothique flamboyant ; logis du roi (aile gothique et aile Renaissance), contigu à la tour des Minimes. Église Saint-Denis en majeure partie du XII^e s. (voûtes angevines et chapiteaux historiés). Clos-Lucé, manoir du XV^e s., où mourut Léonard de Vinci et où ont été installées des maquettes de machines imaginées par lui. Musée de la Poste. ▪ Indus. variées. ♦ ***Conjuration d'Amboise*** Conspiration huguenote (1560) inspirée par le prince de Condé et dirigée par La Renaudie, qui visait à soustraire le jeune François II à l'influence des Guise. Découverte alors que les conjurés marchaient sur Amboise où se trouvait la Cour, elle fut réprimée avec une extrême rigueur. ♦ ***Édit d'Amboise*** Édit promulgué en 1563 dans un but d'apaisement, qui accordait aux protestants une amnistie complète et la liberté de leur culte dans certaines limites territoriales.

**Amboise. Le château.** *Phot.© Melanieleleu /Fotolia*

**AMBON** – anc. en fr. ***Amboine*** ♦ V. d'Indonésie, cap. de la prov. de Maluku (Moluques). 205 193 hab. Exportation d'épices (girofle, muscade) et de coprah. Indus. du contreplaqué. ▮ **Histoire** Les Portugais y établirent en 1522 un comptoir dont les Hollandais s'emparèrent en 1605 dans le cadre de leur politique visant au monopole des épices.

**Amboseli** (réserve d') ♦ Réserve du Kenya située au N. du Kilimandjaro, gérée par les Massaïs. 362 000 ha.

**AMBRACIE** – en gr. ***Ambrakia*** ou ***Amvrakia***, auj. ***Árta*** ♦ Anc. ville d'Épire (Grèce) dans le fond du *golfe d'Ambracie* (auj. golfe d'Árta), à l'entrée duquel se trouvait Actium. ▪ Colonie de Corinthe* (-VII^e s.), elle fut l'alliée de Sparte contre les Athéniens.

**AMBROISE** (saint) – en lat. ***Aurelius Ambrosius*** ♦ Homme d'Église et écrivain latin (Trèves v. 330 - 340 - Milan 397). Haut fonctionnaire de l'Empire romain, il fut nommé évêque de Milan par acclamation populaire alors qu'il n'était que catéchumène (374). Il fut l'adversaire du païen Symmaque, son parent (384), baptisa saint Augustin (386), contraignit l'empereur Théodose à une expiation publique après le massacre de Thessalonique (390). Son œuvre vise à l'efficacité plus qu'à la littérature : sermons, oraisons funèbres (celle de Théodose), traités moraux *(Sur les devoirs des clercs)*, hymnes dites *ambrosiennes*, dont quatre seulement semblent authentiques parmi toutes celles qui nous sont parvenues. Père et docteur de l'Église. ▪ Fête le 7 déc. ◆ **ÉTYM.** *Ambroise* vient du grec *ambrosios* « de nature divine », de *ambrotos* « immortel ».

**Ambrosienne (bibliothèque)** ♦ Bibliothèque fondée à Milan en 1602 par le cardinal Frédéric Borromée et ainsi nommée en mémoire de saint Ambroise*. Elle contient de précieux manuscrits dont un Virgile annoté par Pétrarque.

**AMBRYM** (île) → **Vanuatu**

**Amchaspands** ou **Amecha Spanta** → **Ahura Mazda**

**AMÉDÉE** ♦ Nom de plusieurs comtes et ducs de Savoie. ♦ **AMÉDÉE VI** (Chambéry 1334 - San Stefano 1383). Comte de Savoie (1343 - 1383), fondateur de l'ordre de l'Annonciade*. ♦ **AMÉDÉE VIII** (Chambéry 1383 - château de Ripaille 1451). Comte (1391 - 1416) puis duc de Savoie (1416 - 1440), il réunit le Piémont à la Savoie en 1429. Élu pape par les schismatiques de Bâle en 1439, il prit le nom de Félix V, mais fit sa soumission à Nicolas* V (1449), qui le nomma cardinal et légat en Savoie. Ce fut le dernier antipape. ◆ **ÉTYM.** Ce nom vient de l'italien *amedei* « aime Dieu ».

**AMÉDÉE DE SAVOIE** ♦ (Turin 1845 - *id.* 1890). Roi d'Espagne (1870 - 1873). Fils de Victor*-Emmanuel II d'Italie, il fut, après le renoncement de Léopold de Hohenzollern Sigmaringen, élu roi d'Espagne par les Cortès (1870), à l'instigation du général Prim*. Impuissant devant la lutte des partis, il abdiqua en 1873 et retourna en Italie.

**AMÉLIE-LES-BAINS-PALALDA** [66110] ◆ **ÉTYM.** n. donné au hameau *Les Bains* d'Arles-sur-Tech en l'honneur de la reine *Amélie*, épouse de Louis*-Philippe I^er. *Palalda* vient du lat. *palatium* « palais » et du germ. (ou gaul.) *Danus*, n. de pers. ♦ Comm. des Pyrénées-Orientales, arr. de Céret, dans le Vallespir, sur le Tech. 3 475 hab. *(Améliens* ou *Palaldéens)*. Station thermale sur le versant S. du mont Canigou. À Palalda, bourg médiéval catalan jumelé avec la station, musée des Traditions et Arts populaires.

**AMENEMHET** ou **AMENEMHAT** → **Amménémès**

**AMÉNOPHIS** ◆ ÉTYM. en égypt. *Amen-hotep* «Amon est satisfait» ♦ Nom grec de quatre pharaons de la XVIIIe dynastie (Nouvel Empire). ◆ **AMÉNOPHIS Ier** (de v. -1550 à -1530). Fils d'Amôsis* Ier et père de Thoutmôsis Ier, il entreprit la construction du temple d'Amon à Karnak et fut plus tard adoré comme le protecteur de la nécropole thébaine. ◆ **AMÉNOPHIS II** (de v. -1450 à -1425). Fils de la reine Hatchepsout* et de Thoutmôsis* III auquel il succéda. Il amorça le rapprochement de l'Égypte et du Mitanni (Arménie, etc.) et laissa le trône à son fils Thoutmôsis* IV. Sa tombe, découverte en 1398 dans la Vallée* des Rois, est le type classique des hypogées royaux de la XVIIIe dynastie. ◆ **AMÉNOPHIS III** (de v. -1410 à -1370). Fils et successeur de Thoutmôsis* IV. Il mena l'Égypte à l'apogée de sa puissance malgré la menace grandissante des Hittites*. Il fit construire le temple de Louksor* et, en face de Thèbes* sur la rive gauche du Nil, un immense temple funéraire dont il ne reste que les colosses de Memnon*. Il fut introducteur de la religion d'Aton* qu'allait suivre son fils Aménophis IV. ◆ **AMÉNOPHIS IV.** Fils et successeur d'Aménophis III, mieux connu sous le nom d'Akhnaton (→ **Akhnaton**).

**Aménophis III.**
Masque funéraire, -1370.
Staatliches Museum, Berlin. *Phot. ©Arch. Smeets*

Un **Américain à Paris** – en angl. *An American in Paris* ♦ Film américain de Vincente Minnelli* (1951), avec Gene Kelly, Leslie Caron, Georges Guétary. Paris vu par l'esthétique américaine, à son plus haut niveau de qualité, musicale et cinématographique : l'opérette de George et Ira Gershwin (1928) trouve ici sa meilleure réalisation. L'intrigue (les amours contrariées d'un rapin et d'une grisette) n'est qu'un prétexte à faire revivre l'époque impressionniste.

**American Broadcasting Company** [ABC] ♦ Réseau *(network)* américain de stations de télévision, né en 1943, dans le cadre de la loi antitrust, de la cession par la chaîne NBC* d'une partie de son réseau à l'industriel E. Noble. Diffusant ses programmes à plus de 220 stations locales affiliées, ABC, confrontée à partir des années 80 à une chute d'audience, appartient à Capital Cities (racheté par le groupe Walt Disney en 1995) et constitue aujourd'hui l'un des plus importants groupes multimédias du monde.

**American Federation of Labor-Congress of Industrial Organizations** [AFL-CIO] – «Fédération américaine du travail-Congrès des organisations industrielles» ♦ La plus puissante centrale syndicale des États-Unis, formée en 1955 par la réunion de l'AFL et du CIO. L'AFL fut fondée en 1886 par S. Gompers* en vue d'adapter le capitalisme aux besoins des travailleurs : syndicat «de métier» très modéré, il comptait, en 1918, 5 millions d'adhérents. Une scission se fit au sein de l'AFL à partir de 1934 : John Lewis rassembla les ouvriers des secteurs clés de l'industrie (sidérurgie, automobiles) au sein du CIO, plus dynamique et politisé que son concurrent. Mais à partir de 1950, le CIO exclut les syndicats à direction communiste, et la fusion put à nouveau avoir lieu avec l'AFL. Dès le début des années 1960, on assista à un déclin des effectifs évalués à 30 % de la population active non agricole. Au cours des années 1980, le mouvement syndical américain a été souvent bafoué par le pouvoir politique et dans une certaine mesure par le pouvoir patronal, sans pouvoir offrir de riposte organisée. L'affaiblissement de l'AFL s'est poursuivi avec le départ, en 2005, du tiers de ses adhérents, qui ont constitué un nouveau mouvement, Change to win.

**AMÉRIC VESPUCE** → **Vespucci (Amerigo)**

## AMÉRIQUE

■ n. f. ◆ ÉTYM. de *Amerigo* Vespucci* ♦ Une des cinq parties du monde. 42 000 000 km$^2$. Plus de 920 000 000 hab. Pour les cartes d'Amérique du Nord → **Canada, États-Unis, Mexique.** Le continent américain s'étire sur 18 000 km, depuis les régions arctiques jusqu'aux abords du cercle polaire antarctique ; il est baigné à l'E. par l'océan Atlantique, à l'O. par l'océan Pacifique.

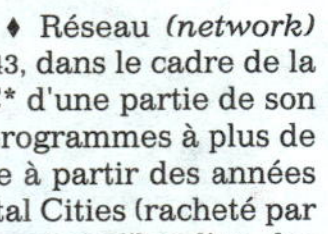

■ **GÉOGRAPHIE** ■ **Relief** L'Amérique est constituée par deux grandes masses continentales (Amérique du Nord, Amérique du Sud), reliées par un isthme (Amérique centrale). Un immense bourrelet montagneux occupe l'O., plus large au N. (montagnes Rocheuses*), plus élevé au S. et jalonné de volcans (les Andes*). Plus à l'E. se trouvent des montagnes et des terrains anciens érodés : Appalaches*, Bouclier* canadien, massif des Guyanes*, plateau de Patagonie*. Le centre du continent est formé de vastes plaines sédimentaires où s'écoulent les principaux fleuves (Mississippi*, Orénoque*, Amazone*, Paraguay*, Paraná*). L'Amérique centrale est constituée de montagnes jeunes (volcans, grande sismicité) et d'un vaste plateau, le Yucatán*. Ces traits caractérisent aussi l'arc insulaire des Antilles*. ■ **Climat et végétation** L'extension en latitude explique la diversité des climats et de la végétation. La quasi-totalité de l'Amérique du Nord est située entre la zone froide et la zone tempérée ; la végétation passe de la toundra (au N.) à la forêt de conifères, qui fait place plus au S. aux pinèdes et aux steppes. Le centre est le domaine des prairies et des steppes, tandis qu'à l'E. du Mississippi on trouve des forêts de type atlantique. L'Amérique centrale, dans son ensemble, et une partie de l'Amérique du Sud ont un climat de type tropical. Les Andes traversent toutes les zones climatiques : équatoriale, tropicale, désertique (Pérou et Chili septentrional), limitant l'influence du climat océanique. En Amérique du Sud s'étendent la forêt tropicale puis la savane. Au S. du Brésil et en Argentine, ces formations font place à des prairies (pampa), des brousses et des steppes (Patagonie).

■ **POPULATION** Le peuplement de l'Amérique, peu dense et épars, a été bouleversé par l'arrivée des Européens. Au N., les Amérindiens ont été repoussés ou exterminés et remplacés au XIXe et au XXe s. par des immigrants européens (Britanniques, Germaniques, Méditerranéens), auxquels les Noirs, descendants des esclaves importés d'Afrique, ne se sont pas complètement assimilés en dépit d'une législation qui, à partir des années 1960, leur a donné des droits civiques similaires aux autres communautés (→ **États-Unis**). Aujourd'hui, les États-Unis et le Canada continuent de recevoir des immigrés qui viennent essentiellement du Sud-Est asiatique et d'Amérique latine (raisons économiques et politiques). L'Amérique centrale est peuplée d'Indiens et de métis ; dans les îles, les Noirs et les mulâtres prédominent (sauf à Cuba et à Porto Rico). En Amérique latine, la première phase de la colonisation espagnole (et portugaise) s'est traduite par la destruction de brillantes civilisations (→ **Mayas, Aztèques, Incas**) et l'exploitation des Indiens autochtones (Caribes*, Quechuas*, Mapuches*). Le brassage ethnique n'intervint qu'au XIXe s. avec l'arrivée massive d'Espagnols, de Portugais, d'Italiens (en Argentine et au Brésil) et d'Allemands.

■ **ÉCONOMIE** L'économie de l'Amérique du Nord, extrêmement développée, repose sur une agriculture à haute productivité et d'énormes ressources naturelles alimentant une puissante industrie (→ **États-Unis, Canada**). La recherche des débouchés, mais aussi de certaines matières premières, conduit les États-Unis à renforcer leur emprise sur l'Amérique latine. L'économie de cette dernière est caractérisée par la prédominance du secteur agricole (coton, café, fruits, élevage) et par la faiblesse relative du domaine industriel. L'accession à l'indépendance, au XIXe s., n'a guère modifié les structures de l'économie, dont les richesses restent généralement concentrées dans les mains d'une classe sociale privilégiée. Les industries de transformation n'ont une certaine importance qu'en Argentine, au Brésil, au Mexique et au Chili, autour des grandes villes qui connaissent une croissance extrêmement rapide. Mais la faiblesse de l'infrastructure, le manque de techniciens et une démographie «galopante» posent à l'Amérique latine de graves problèmes sociaux liés au développement économique. Les États-Unis ont été le point de départ de deux crises économiques majeures qui ont eu des répercussions internationales dramatiques en raison de leur position de première puissance mondiale : celle de 1929 et celle de 2007-2010 (→ **États-Unis**).

■ **HISTOIRE** ■ **La découverte de l'Amérique caraïbe** Plusieurs siècles après les expéditions des Scandinaves, qui avaient atteint le Canada actuel, l'Amérique caraïbe fut découverte en 1492 par C. Colomb*. Le continent était alors très inégalement évolué. Aux régions fortement peuplées (Andes septentrionales, Amérique centrale) s'opposaient des régions à la population éparse et organisée en unités plus limitées (Hurons et Sioux au N., Indiens d'Amazonie au S.). Les conquistadors (→ **Cortés, Pizarro**) s'emparèrent de l'Amérique latine, qui fut partagée entre Espagnols et Portugais par le traité de Tordesillas* (1494) ; ils administrèrent leurs possessions par l'intermédiaire d'un Conseil des Indes où l'Église catholique et les jésuites jouèrent un rôle déterminant. ■ **La colonisation de l'Amérique du Nord** La mainmise européenne sur l'Amérique du Nord, plus tardive, fut le fait des Anglais, qui se fixèrent en Nouvelle-Angleterre et fondèrent le Massachusetts (1620), et des Français qui s'établirent à Terre-Neuve et en Nouvelle-France (Canada*) puis qui annexèrent tout le bassin du Mississippi (Louisiane). Les premiers temps de la colonisation furent marqués par la lutte pour la possession de ces régions. Les Français perdirent le Canada qui devint possession britannique en 1763. Treize ans plus tard, les colonies britanniques se révoltèrent : ce fut la guerre d'Indépendance des États-Unis (1776-1783). En 1803, Bonaparte vendit la Louisiane aux États-Unis.

Amérique latine et caraïbe.

**Les révoltes en Amérique latine** L'esprit de révolte se propagea à l'Amérique latine : San* Martín libéra les régions andines, Iturbide* le Mexique, Bolívar* et Sucre* le N. de l'Amérique du Sud (bataille d'Ayacucho, 1824). En 1822, le Brésil se déclara indépendant du Portugal. **Le rôle prépondérant des États-Unis sur le continent américain et dans le monde** Tandis que l'Amérique du Nord se stabilisait en deux États (États-Unis et Canada), le premier définissant clairement sa politique par la formule de Monroe «l'Amérique aux Américains», l'Amérique latine se scindait en une vingtaine d'États en proie à l'instabilité politique. Cela allait faciliter l'ingérence, mal tolérée, des États-Unis d'Amérique du Nord dans les affaires (politiques et économiques) des républiques du Sud. En 1948 a été fondée l'Organisation* des États américains (OEA). Le but de cette organisation, où l'influence des États-Unis est grande, est le maintien de l'équilibre actuel sur le continent américain. Les tendances à l'intégration s'expriment sur le plan économique par des accords multinationaux de libre-échange : Caricom, Pacte andin*, Mercosur*, Alena*. Les États-Unis réalisent à eux seuls le quart du PIB mondial

**Amérique.**
La formation des
États indépendants

et le tiers de la consommation mondiale, ce qui explique l'énorme répercussion de la crise financière américaine de 2007-2008 qui a, par un effet domino, déstabilisé l'économie à l'échelle internationale et plongé de nombreux pays dans la récession.

---

**Amers** ♦ Œuvre poétique de Saint*-John Perse (1957), entièrement placée sous le signe d'une célébration de la mer par la puissance du verbe. Le titre reprend un terme de navigation désignant des objets fixes servant de point de repère en mer ou sur la côte, mais, jouant sur une métaphore érotique qui fait de la mer le lieu primordial de la vie, Saint-John Perse poursuit, au travers des quatre parties de ce livre, une quête de l'être qui répond au sentiment dramatique de la condition humaine et à son amertume.

**AMERSFOORT** ♦ V. des Pays-Bas (prov. d'Utrecht), sur l'Eem. 139 054 hab. Église (XVe - XVIe s.) ; maisons anc. ▪ Construc. mécaniques, indus. chimiques et alimentaires.

**AMESBURY** ➝ **ÉTYM.** de *Ambrosius Aurelianus,* dignitaire romain du Ve s., et du vieil angl. *burg* (ou *burh*) «forteresse, ville» ♦ V. d'Angleterre (Wiltshire), au N. de Salisbury et à proximité du site mégalithique de Stonehenge*. 25 000 hab. Ruines d'une abbaye du Xe s.

Les **Âmes mortes** – en russe *Mertvye Douchi* ♦ Roman de N. V. Gogol* (1842) publié sous le titre *Les Aventures de Tchitchikov ou les Âmes mortes.* Tchitchikov, petit propriétaire terrien, parcourt la Russie pour acheter à bas prix des serfs morts depuis le dernier recensement (leur décès n'est pas enregistré) qui lui serviront de gage pour emprunter de l'argent. Dans cette œuvre, suite de portraits typiques et colorés, Gogol brosse un sombre tableau de la vie provinciale russe à l'époque du servage.

**AMFITEATROV (Daniel)** ♦ Chef d'orchestre et compositeur américain d'origine russe (Saint-Pétersbourg 1901 - Rome 1983). Élève de Respighi à Rome, il fut directeur de l'orchestre de la radio de Turin, puis du Minneapolis Symphony Orchestra. Il est l'auteur de poèmes symphoniques (*Panorama américain,* 1934), de pièces de musique de chambre, et de musiques de films.

**AMHARA(S)** n. m. (pl.) ♦ Peuple au teint clair, de l'O. de l'Éthiopie (Choa, Lasta, Begemder). Les Amharas prirent le pouvoir lors de la restauration salomonienne (1270 - 1523) et accrurent leur domination avec la formation de l'empire sous Ménélik II et la création d'Addis-Abeba. La fin de la royauté (1974) a vu la perte de leur influence politique au profit des Tigréens.

**AMHERST (Jeffrey,** baron) ♦ Maréchal britannique (Sevenoaks, Kent 1717 - Montréal 1797). Il commanda l'armée qui acheva la conquête du Canada (prise de Louisbourg et de Montréal, 1758 - 1760).

**AMIATA** (Monte) ♦ Massif volcanique d'Italie dans l'Apennin, au S.-E. de Sienne. 1 738 m. Centrale thermique ; mines de mercure.

**AMICI (Giovanni Battista)** ➝ **ÉTYM.** du lat. *amicus* «ami» ♦ Opticien et astronome italien (Modène 1786 - Florence 1863). Il fit progresser le microscope en réalisant des combinaisons de lentilles achromatiques (1825) et en inventant l'objectif de microscope à immersion (1850).

**AMIDA** ➝ **ÉTYM.** du sanskr. *amita* «infini, sans mesure» ♦ Nom japonais du bouddha Amitābha*, parfois également appelé Mida. Son culte, importé de Chine dès le VIIe s., connut son apogée à l'époque de Kamakura (1185 - 1337). Deux sectes sont consacrées à Amida : le Jōdoshū* et le Jōdoshinshū*. La foi en Amida doit donner accès à un paradis (*Jōdo* «la Terre pure»).

L'**Ami du peuple** ♦ Une des feuilles les plus célèbres et les plus violentes de la Révolution française, rédigée par Marat*. Le premier numéro (*Le Publiciste parisien*) parut le 12 sept. 1789. Du 16 sept. 1789 au 21 sept. 1792, la feuille fut publiée sous le titre *L'Ami du peuple ou le Publiciste parisien ;* elle devint ensuite, jusqu'en 1793, le *Journal de la République française,* qui, dirigé contre les girondins, se fit le porte-parole des sans-culottes.

L'**Ami du roi** ♦ Nom de deux feuilles royalistes de l'époque de la Révolution française : l'une fut publiée par l'abbé Royou (de sept. 1790 à mai 1791), l'autre par Crapart-Montjoie (de juin 1790 au 10 août 1792).

**AMIEL (Henri Frédéric)** ♦ Écrivain suisse d'expression française (Genève 1821 - *id.* 1881). De famille protestante, il revint s'établir à Genève après un séjour en Italie et cinq années d'études (1843 à 1848) dans des universités allemandes. Titulaire d'une chaire d'esthétique (1849) puis de philosophie (1854), il se consacra à son enseignement tout en faisant paraître divers recueils de critique et des vers où s'exprime sa nature sensible et peu sociable. ▪ Esprit curieux, mais que la vie inquiète, Amiel fut très attiré par la philosophie idéaliste allemande du XIXᵉ s. (Hegel et Schelling) ; il connut des «états de sympathie universelle» où il s'abandonna à un panthéisme idéaliste. Son monumental *Journal intime* (1847 - 1881), d'abord révélé par fragments (1883 et 1923) et en cours de publication intégrale, montre la lucidité de son esprit critique et l'absolue sincérité de son introspection.

**AMIÉNOIS** n. m. ♦ Anc. pays de France, en Picardie, correspondant approximativement aux actuels dép. de l'Oise et de la Somme. CAP. : Amiens. Élevage. Culture céréalière.

**AMIENS** [80000] ➝ **ÉTYM.** de *Ambiani*, n. d'une peuplade gauloise, du gaul. *ambe* «rivière» ou de *ambi* «autour, alentour, des deux côtés» ♦ Chef-lieu du dép. de la Somme et ch.-l. de la région Picardie. 135 501 hab. (aggl. 160 815) *(Amiénois)*. Cathédrale gothique du XIIIᵉ s., la plus vaste de France, construite par Robert de Luzarches ; les façades abritent de merveilleuses sculptures (le *Beau Dieu* d'Amiens). Musée de Picardie. Ancienne cap. de la Picardie, Amiens a vu son importance diminuer depuis un siècle et demi du fait de la proximité de Paris et du déclin de ses indus. traditionnelles. En dépit de réussites dans le machinisme agricole, les produits détergents, le textile et les accessoires automobiles, et malgré la présence d'une université active, Amiens voit son développement limité par sa situation à l'écart des moyens de communication modernes (autoroute A1 et TGV-Nord) et sa position intermédiaire entre les deux grandes métropoles que sont Paris et Lille. ▮ **Histoire** Réunie à la Couronne avec l'Amiénois en 1185, Amiens joua un rôle important au XVIᵉ s. durant les guerres de Religion. Prise par les Espagnols en 1597, elle fut délivrée six mois plus tard par Henri IV. ♦ ***Traité (ou paix) d'Amiens*** Il fut conclu le 25 mars 1802 entre la France (Joseph Bonaparte) et la Grande-Bretagne (Cornwallis) à la suite des préliminaires de Londres (oct. 1801). L'Égypte était évacuée et rendue à la Turquie ; la Grande-Bretagne restituait à la France et à ses alliés la plupart de leurs colonies, mais ne reconnaissait ni les frontières naturelles de la France ni les républiques vassales. Cette paix fut rompue dès 1803.

**Amiens. La cathédrale.**
*Phot. © Pozzo di Borgo Thomas /Shutterstock*

**AMIHAÏ (Yehuda)** ♦ Poète israélien d'expression hébraïque (Würzburg 1924 - Jérusalem 2000). Il s'installa en Israël en 1936, et sa double expérience de la guerre (dans la brigade juive de l'armée britannique pendant la Deuxième Guerre mondiale, puis pendant la guerre d'indépendance d'Israël) fit de lui l'un des grands poètes pacifistes de la génération dite «de l'État». Il inaugura un nouveau langage poétique, dans l'esprit du groupe Likrat, en mêlant expressions bibliques et langue parlée quotidienne voire argotique (*Anthologie personnelle*, 1992).

**AMILCAR** → **Hamilcar**

**AMILLY** [45200] ♦ Ch.-l. de cant. du Loiret, banl. de Montargis. 11 497 hab.

**AMIN (Samir)** ♦ Économiste égyptien (Le Caire 1931). Spécialiste du tiers monde, inspiré par le marxisme, il dénonce le contrôle de la planète par les États-Unis et le rôle de l'OMC, du FMI et de l'Union européenne en tant qu'instruments de l'impérialisme collectif : «Le système néolibéral est l'apartheid à l'échelle mondiale» (*L'Impérialisme et le développement inégal*, 1976 ; *La Déconnexion*, 1986 ; *Les Défis de la mondialisation*, 1996).

**AMĪN (Hafizollāh)** ♦ Homme politique afghan (Paghman 1929 - Kaboul 1979). Il joua un rôle prépondérant dans la propagation des idées communistes au sein de l'armée. Ministre des Affaires étrangères (1978), Premier ministre (1979), puis président du Conseil révolutionnaire après l'éviction de N. M. Taraki* (1979), il fut tué dès le début de l'intervention soviétique à Kaboul (déc. 1979).

**AMIN DADA (Idi)** ➝ **ÉTYM.** *Amin*, son prénom musulman, et *Dada*, n. qui lui fut donné lors de son passage dans les troupes britanniques, quand il fut surpris en galante compagnie (*dada* signifie à la fois «sœur» et «maîtresse» dans la langue locale) ♦ Homme d'État et maréchal ougandais (Koboko 1923 - Djeddah 2003). Commandant en chef de l'armée à partir de 1964, il bénéficia du soutien anglo-saxon pour renverser le président Obote (1971). Président de la République et chef du gouvernement, puis président à vie (1976), il vit son régime dictatorial, sanglant et ubuesque renversé en 1979 par un coup d'État soutenu par une intervention armée de la Tanzanie. En 1972, il expulsa la communauté indo-pakistanaise, précipitant son pays dans le marasme. Il chercha l'appui de la Libye et appuya la cause palestinienne, mais fut pris de court par un raid israélien sur Entebbe*.

**AMINDIVI** (îles) ♦ Îles indiennes situées au large de la côte de Malabar. Elles forment avec les îles Laquedives* le territoire de l'Union du Lakshadweep. Pêche et plantations de cocotiers.

**AMIRANTES** (îles) ➝ **ÉTYM.** en port. *Ilhas do Almirante* «îles de l'amiral», en l'honneur de Vasco de Gama* qui les découvrit en 1502, alors qu'il venait d'être nommé amiral ♦ Archipel corallien de l'océan Indien (îles Desroches, Poivre, Alphonse et Daros), au N.-E. de Madagascar. Il fait partie des Seychelles.

**AMIRAUTÉ** (îles de l') ➝ **ÉTYM.** en angl. ***Admiralty Islands***, ainsi nommées en l'honneur de l'*Amirauté* britannique ♦ Archipel de Papouasie-Nouvelle-Guinée, extension de l'archipel Bismarck, et comptant env. 40 îles. 2 000 km², dont plus de 1 600 km² pour l'île Manus. ▮ **Histoire** Découvertes par les Hollandais en 1616, les îles furent protectorat allemand en 1884, puis occupées par les Australiens en 1914 et placées sous mandat de l'Australie en 1920. Pris par les Japonais en 1942, l'archipel fut conquis par les Américains en 1944, et placé sous tutelle de l'Australie en 1946.

**AMIR HAMZAH** ♦ Poète indonésien (Sumatra-Nord 1911 - 1946). D'éducation hollandaise, issu d'une famille noble, il fut victime des troubles sociaux qui suivirent la déclaration d'indépendance à Sumatra-Nord. Il est avec S. T. Alisjahbana le cofondateur de la revue *Poedjangga Baroe* «Le Nouveau Poète» en 1933. Il a traduit en indonésien la *Bhagavad-Gita* et des poèmes orientaux dont *Parfums d'Orient* (1939).

**AMĪR KHUSRAU** ou **KHUSRŪ** ♦ Poète indien d'expression persane (1253 - Delhi 1324). Dans ses *ghazals* il s'inspira de Sa'di ; dans ses *qasida*, il suivit la voie des poètes du XIIᵉ s., et il imita Neẓāmi dans ses *masnavi*.

**AMIS (Kingsley)** ♦ Écrivain britannique (Clapham 1922 - Londres 1995). Il s'adonna très tôt à la poésie et fit paraître une anthologie (*Oxford Poetry*, 1949). À partir de 1963, il se consacra au roman. En 1954, son *Jim la Chance* introduisait en littérature, mais sur un ton dérisoire, le monde des «jeunes gens en colère» *(Angry Young Men)* en lutte contre le système social. Confirmant son pessimisme, mais non les prises de position contestataires de sa jeunesse, ses livres ultérieurs reprennent, en les détournant, les schémas du roman d'espionnage (*Colonel Sun*, 1968) ou du roman d'épouvante (*L'Homme vert*, 1978) et font de lui le porte-parole d'un conservatisme strict, comme dans *Russian Hide and Seek* (1980), où il imagine l'Angleterre du XXIᵉ s. conquise par la Russie soviétique, ou encore *Girl* (1971), satire un peu facile des intellectuels de gauche. ➝ **ÉTYM.** *Amis* vient de l'ancien prénom français *Amis* «ami».

**AMIS** (île des) → **Tonga**

**Amis des Noirs** (société des) ♦ Filiale d'une société londonienne créée en 1787 ; elle fut fondée à Paris par Brissot* en 1788. Ses membres souhaitaient l'abolition de la traite des Noirs et de l'esclavage.

**amish**

n. m. ➝ **ÉTYM.** du n. de Jakob *Amman*, fondateur de la secte ♦ Secte mennonite* américaine, représentée surtout en Pennsylvanie, dont les membres mènent une vie très austère, en refusant les apports de la civilisation moderne. Fondée en Suisse vers 1693 par Jakob Amman (v. 1645 - v. 1730), elle s'est développée aux États-Unis à partir des années 1870.

**AMITĀBHA** ◆ ÉTYM. sanskr. «lumière *(bhā)* infinie *(amita)*» ♦ Grand bouddha de méditation des sectes bouddhiques du Mahāyāna* (appelé Amida au Japon), symbolisant le soleil couchant, et émettant de son corps la lumière spirituelle. C'est la divinité principale des sectes dites «amidistes» en Chine et au Japon.

**AMITERNE** – en lat. ***Amiternum***, auj. ***San Vittorino*** ♦ Anc. ville d'Italie (Sabine). Patrie de Salluste.

**AMMAN** ◆ ÉTYM. de *Ammon**, fils de Loth ♦ Cap. de la Jordanie, ch.-l. de mouhafaza, située sur le Wadi Amman, à 850 m, dans le N.-O. du pays, au pied du djebel Ajlūn. 1 824 177 hab. Ruines romaines : théâtre de 6 000 places, temple et nymphée. Centre culturel. ■ Princ. centre commercial et indus. du pays (indus. alimentaires, textiles ; savonneries, manufacture de tabac). ■ **Histoire** Site de la biblique *Rabbath Ammon*, cap. des Ammonites, la ville fut prise et reconstruite par Ptolémée Philadelphe (–283 - –246) qui la nomma *Philadelphia*, nom qu'elle conserva aux époques romaine et byzantine.

**AMMÉNÉMÈS** ◆ ÉTYM. nom gr. de l'égypt. *Amen-em-hāt* «Amon est à la tête [des dieux]» ♦ Nom de plusieurs pharaons de la XII$^{e}$ dynastie (Moyen Empire). ♦ **AMMÉNÉMÈS I$^{er}$.** Fondateur de la XII$^{e}$ dynastie (de v. –2000 à –1970). Il transféra la capitale de Thèbes* à Licht*. Son fils Sésostris* I$^{er}$ lui succéda. ♦ **AMMÉNÉMÈS II.** Troisième pharaon de la XII$^{e}$ dynastie (v. –1930), petit-fils d'Amménémès I$^{er}$. ♦ **AMMÉNÉMÈS III** (de v. –1850 à –1800). Fils et successeur de Sésostris* III, il entreprit l'exploitation économique du Fayoum*, fit creuser le lac Moeris (auj. lac Karoun*) et construire la pyramide et le temple de Haouârah (le Labyrinthe). → **Karoun.** ♦ **AMMÉNÉMÈS IV.** Dernier pharaon de la XII$^{e}$ dynastie (de v. –1800 à –1792).

**AMMIEN MARCELLIN** – en lat. ***Ammianus Marcellinus*** ♦ Historien latin d'origine grecque (Antioche v. 330 - v. 400). Son œuvre *(Rerum gestarum libri XXXI)*, dont 13 livres sont perdus, continuait celle de Tacite*.

**AMMON** ♦ Personnage biblique, fils de Loth*, éponyme des Ammonites*.

**AMMON** → **Amon**

**AMMONIOS SACCAS** – en lat. ***Ammonius*** ♦ Philosophe grec (Alexandrie fin II$^{e}$ s. - déb. III$^{e}$ s.). Philosophe mystérieux, n'ayant sans doute rien écrit, il fonda la première école néoplatonicienne d'Alexandrie où il fut le maître de Plotin*, de 232 à 242. Origène (le Platonicien) (→ **Origène (le Chrétien)**) et son élève Longin* furent aussi ses disciples. La question de savoir si Ammonios était un apostat du christianisme et celle de l'origine de son surnom (Saccas) sont encore ouvertes.

**AMMONITES** n. m. pl. ◆ ÉTYM. «fils d'Ammon» ♦ Anc. peuple sémite établi à l'E. du Jourdain, connu surtout par la Bible. Souvent en guerre avec Israël, les Ammonites furent battus par Jephté, David et plus tard Judas Macchabée. Leur capitale, Rabbath-Ammon, devint Philadelphia. → **Amman.**

**Amnesty International** ♦ Organisation fondée à Londres en 1961 qui mène des campagnes contre la torture et la peine de mort, publie un rapport annuel sur la violation des droits de l'homme, et coordonne des actions individuelles en faveur de prisonniers politiques. [Prix Nobel de la paix 1977]

**AMNÉVILLE** [57360] ♦ Comm. de la Moselle, arr. de Metz-Campagne, sur l'Orne. 9 314 hab. *(Amnévillois)*. Parc zoologique.

**AMNOK** → **Yalu**

**AMOGHAVARṢA** ♦ Nom de trois rois indiens de la dynastie des Rāṣṭrakūṭa*, de confession jaïna, qui régnèrent dans le S.-O. de l'Inde (v. 815 - v. 940). AMOGHAVARṢA I$^{er}$ fut également un poète renommé de langue kannara.

**AMON** ◆ ÉTYM. en égypt. ***Amun*** ou ***Amana*** «le [dieu] caché», en gr. ***Ammon*** ♦ Dieu égyptien représenté sous l'aspect d'un homme, tantôt à tête de bélier ou d'oie, tantôt à visage humain portant des cornes de bélier, tantôt la tête coiffée du disque solaire surmonté de deux longues plumes. Il était à l'origine l'un des huit grands dieux d'Hermopolis* et personnifiait peut-être l'air ou le souffle créateur. Son culte gagna Thèbes* au début du Moyen Empire et la personnalité d'Amon s'enrichit d'emprunts aux autres divinités, notamment au dieu-soleil d'Héliopolis*, Rê*, auquel il fut identifié sous le nom d'*Amon-Rê*. On lui adjoignit Mout et Khonsou*. Dieu des rois thébains qui repoussèrent les Hyksos*, il devint bientôt le dieu suprême de l'Empire libéré et le patron du Nouvel Empire. La révolution religieuse d'Akhnaton* (v. –1370), qui tenta d'imposer le culte d'Aton*, fut en partie dirigée contre la puissance grandissante des prêtres d'Amon. Mais, rétabli par Toutankhamon* (v. –1350), le culte d'Amon reprit de l'importance avec la construction du grand temple de Karnak*. Il ne décrut qu'avec la destruction de Thèbes par les Assyriens (v. –664) pour laisser la première place au culte d'Osiris*. Les Grecs l'identifièrent à Zeus*.

**AMON** ◆ ÉTYM. en hébr. *'āmôn* «fidèle» ♦ Roi de Juda (de –642 à –640), fils de Manassé*, père de Josias* (II Rois, XXI, 19 *sqq.*).

**AMONTONS (Guillaume)** ♦ Physicien français (Paris 1663 - *id.* 1705). Inventeur de thermomètres à mercure et à gaz dans lesquels il utilisa comme repères les températures des changements d'état de l'eau. [Acad. sc. 1699]

**AMORION** ♦ Dynastie byzantine, originaire d'Amorion en Phrygie*, qui régna de 820 à 867 (→ **Michel II le Bègue, Théophile, Théodora, Michel III l'Ivrogne**). Le règne des Amoriens ou Phrygiens fut marqué par la fin de la seconde crise iconoclaste, le développement de la christianisation byzantine (→ **Byzance**) et une renaissance de l'État byzantin.

**AMORITES, AMORRITES** ou **AMORRHÉENS** n. m. pl. ◆ ÉTYM. probablt de l'akkadien *amurru* «[les gens de] l'Ouest» ♦ Peuple sémitique, nomade, installé dès le –III$^{e}$ millénaire dans le pays d'Amourrou (le désert de haute Syrie). Ils s'infiltrèrent en Mésopotamie et fondèrent à Babylone une dynastie (v. –1830 - –1530) dont les rois les plus célèbres furent Hammourabi* et son fils Samsu*-Iluna. → **Babylone.**

**AMOS** ◆ ÉTYM. en hébr. *'Āmôs*, p.-ê. abrév. de *'amasyâh* «Yah(vé) a porté» ♦ Personnage biblique, berger de Juda qui se défend d'être prophète. Il prophétisa en Israël au –VIII$^{e}$ s. ♦ ***Livre d'Amos*** Livre de la Bible, le troisième des Petits Prophètes*. 9 chapitres regroupent un cantique contre les nations, des oracles contre Israël («paroles d'Amos de Téqoa»), des visions annonçant le châtiment (sécheresse, sauterelles) et même la «fin d'Israël» (jeu de mots avec la corbeille de fruits mûrs, *qayç*, dont le nom évoque le mot «fin» en hébreu, *qéç*), avant le rétablissement des justes.

**AMOS** ♦ V. du Canada (Québec) ; 17 918 hab. Centre administratif, industriel et judiciaire de l'Abitibi-Témiscamingue.

**AMÔSIS** ◆ ÉTYM. nom gr. d'***Ahmôsé*** ou ***Aahmès I$^{er}$***, égypt. *ahmesu* «la lune *(ah)* l'a enfanté *(mesu)*» ♦ Premier pharaon de la XVIII$^{e}$ dynastie (de v. –1580 à –1558). Il acheva l'œuvre de son frère Kamôsis* et libéra l'Égypte des Hyksos*. Son fils Aménophis* I$^{er}$ lui succéda.

**AMOU-DARIA** n. m. ◆ ÉTYM. ouzbek «la longue *(amu)* rivière *(dario)*» ou persan «la rivière *(dario)* de la ville d'*Amou*» – anc. ***Oxus*** ♦ Fl. d'Asie moyenne (2 620 km avec le Vakhandaria). Né en Afghanistan, sur le versant N. de l'Hindū Kush, il s'appelle Vakhandaria jusqu'à sa confluence avec le Pamir, puis Piandj jusqu'à sa confluence avec le Vakhch et ne prend son nom qu'à 1 415 km de son embouchure. Il baigne le Turkménistan et l'Ouzbékistan et se déversait autrefois dans la mer d'Aral par un vaste delta (11 000 km$^{2}$). Il se perd désormais dans une zone marécageuse en raison des importants prélèvements effectués pour l'irrigation des cultures de coton, qui ont rompu l'équilibre écologique de la mer d'Aral.

**AMOUR** (djebel) ♦ Massif montagneux de l'Algérie méridionale, partie de l'Atlas saharien entre les monts des Ksour et ceux des Ouled Naïl.

**AMOUR** n. m. ◆ ÉTYM. adapt. russe du toungouze *amor* (ou *amar*) «grand fleuve» (→ aussi Connecticut, Guadalquivir, Mékong, Mississippi, Rio Grande, Volga, Yukon, Zambèze), en chin. ***Heilong jiang*** «fleuve du Dragon noir» ♦ Fl. de l'Extrême-Orient (4 354 km) formé par la réunion de la Chilka et de l'Argoun (issu du Grand Khingan), il sert de frontière entre la Russie (Sibérie) et la Chine du N.-E. (Mandchourie) sur la majeure partie de son cours et se jette dans le golfe de Sakhaline, au N. du détroit de Tartarie. Princ. affl. : Zeïa, Soungari, Oussouri. Il arrose Blagovechtchensk, Khabarovsk, Komsomolsk, Mykolaïv. Importante voie navigable de l'Extrême-Orient en dépit de la durée de l'embâcle et des hautes eaux d'été. L'équipement hydroélectrique du fleuve a permis l'industrialisation de son bassin (1 855 000 km$^{2}$).

**amour (De l')** ♦ Œuvre de Stendhal* (1822), qui se veut un essai de psychologie concrète (souvenirs d'un amour déçu) et théorique. Le premier livre étudie la naissance de l'amour et ses caractères naturels. Distinguant quatre sortes d'amour (l'amour-passion, l'amour-goût, l'amour-vanité, l'amour physique), Stendhal s'intéresse surtout à l'amour-passion et analyse les sept étapes de sa naissance (dont le phénomène de la «cristallisation»). Le deuxième livre étudie les rapports de l'amour avec la vie sociale dans différents pays.

L'**Amour et la Vie d'une femme** – en all. ***Frauenliebe und Leben*** ♦ Suite de 8 mélodies de Robert Schumann* (op. 42) composées sur des poèmes de Chamisso (1840).

L'**Amour médecin** ♦ Comédie-ballet en 3 actes de Molière*, musique de Lully* (1665). Satire des médecins de la cour et de leur prétentieuse ignorance.

**Amours** ♦ Recueil de poèmes de Ronsard* (1552). Souvent appelé *Amours de Cassandre* parce qu'il est dédié à la fille d'un seigneur florentin, Cassandre Salviati, ce livre fut complété et corrigé pendant toute la vie du poète. Mais celui-ci fit également publier d'autres recueils amoureux, la *Continuation des Amours* (1555) et la *Nouvelle continuation des Amours de Marie* (1556) puis, dans la cinquième édition des *Œuvres* (1578), l'ensemble de poèmes connu sous le titre *Sur la mort de Marie* ainsi que les *Sonnets pour Hélène*. Plutôt que de s'interroger sur l'éventuelle sincérité du poète à l'égard de ses muses diverses, il convient de souligner que Ronsard met en valeur la recherche simultanée du plaisir et de la perfection artistique, s'éloignant ainsi du moule néoplatonicien et pétrarquisant dans lequel on a pu vouloir l'enfermer.

**amphictyonies**

n. f. pl. ◆ ÉTYM. en gr. ***Amphiktuonia***, de *amphiktiones* «voisins» [littéralt «qui habitent (*ktizô* "s'établir") autour (*amphi*)»] ♦ À l'origine, assemblées religieuses puis politiques de l'anc. Grèce. La plus célèbre fut l'amphictyonie pylaio-delphique (–VII<sup></sup>e - –IVe s.) qui réunissait deux fois par an, à Delphes* ou aux Thermopyles*, les députés de douze peuples de la Grèce continentale. Elle fut érigée en sorte de tribunal international. → **Délos.**

L'**Amour sacré et l'Amour profane** ♦ Tableau de Titien* (vers 1515). Cette œuvre de jeunesse, encore fortement influencée par Giorgione, met en scène deux femmes assises sur le bord d'un sarcophage, l'une rousse et nue tenant un vase plein de feu symbolisant l'amour divin, l'autre richement habillée, accoudée sur un vase rempli de pierres précieuses, symboles de vanité et de bonheur éphémère. Le tableau peut être vu comme l'allégorie de l'opposition néoplatonicienne du bonheur éternel et du bonheur terrestre, fugace. Entre les deux personnages, Cupidon ou Amour forme le trait d'union entre le Ciel et la Terre.

Les **Amours de Tristan** ♦ Recueil de poésies de Tristan* l'Hermite (1638).

Les **Amours du poète** – en all. ***Dichterliebe*** ♦ Cycle de 16 mélodies composé par Robert Schumann* (op. 48) sur des poèmes de H. Heine* et publié en 1840. L'une des œuvres les plus achevées de la musique vocale romantique.

Les **Amours jaunes** ♦ Recueil poétique de Tristan Corbière* (1873). Encadré par deux pastiches de *La Cigale et la Fourmi* de La Fontaine, l'ouvrage, dominé par un imaginaire maritime, comprend sept parties : «Ça», «Les Amours jaunes», «Sérénade des sérénades», «Raccrocs», «Armor», «Gens de mer», «Rondels pour après». La langue est marquée par un prosaïsme volontaire («L'Art ne me connaît pas. Je ne connais pas l'Art») où se mélangent argot maritime et langue verte parisienne. Passé inaperçu lors de sa parution, il fut reconnu dix années plus tard par Verlaine, puis par Huysmans dans *À rebours* (1884).

L'**Amour sorcier** – en esp. ***El amor brujo*** ♦ Ballet-pantomime en un acte, musique de M. de Falla, livret de G. Martínez Sierra, chorégraphie de Pastora Império (Madrid, 1915). La danse rituelle du feu en constitue la partie la plus célèbre.

**AMOY** → **Xiamen**

**AMPER** ♦ Riv. d'Allemagne (170 km), sous-affl. du Danube. Elle s'appelle Ammer depuis sa source dans les Alpes de l'Ammergau jusqu'au lac d'Ammersee au S. de Munich, puis Amper jusqu'à son confluent dans l'Isar à Moosburg.

**AMPÈRE (André-Marie)** ♦ Physicien français (Lyon 1775 - Marseille 1836). Auteur de travaux de mathématiques et de chimie, il fut l'un des premiers à faire la distinction entre atomes et molécules et il émit, indépendamment d'Avogadro*, l'hypothèse concernant le nombre de molécules dans un volume gazeux. Il se rendit surtout célèbre à partir de 1820, après l'expérience d'Ørsted*, quand, ayant constaté que l'électricité en mouvement est source de magnétisme, il fonda la théorie électromagnétique. Inventeur du galvanomètre, du télégraphe électrique et, avec Arago*, de l'électroaimant, il fut l'un des premiers à employer les termes de tension et de courant. Il eut l'idée de l'intensité de ces derniers, donna la formule de leur action réciproque et utilisa dans ses calculs une grandeur qui annonce la notion de champ magnétique. On lui doit également une règle simple pour déterminer le sens de déviation de l'aiguille aimantée par rapport à un observateur (le «*bonhomme d'Ampère*») couché dans le sens du courant (*Mémoire sur la théorie des phénomènes électrodynamiques, uniquement déduits de l'expérience*, 1827). [Acad. sc. 1814] ◆ ÉTYM. Ce nom de famille signifie peut-être «originaire de l'empire d'Allemagne» ou vient de l'occitan *faire l'empier* «prendre un air autoritaire».

**AMPÈRE (Jean-Jacques)** ♦ Écrivain et historien français (Lyon 1800 - Pau 1864), fils d'André-Marie Ampère. Esprit enthousiaste et curieux, il s'intéressa d'abord aux littératures du N. de l'Europe (*Eddas, Sagas* et *Nibelungen*). Professeur au Collège de France (1833 - 1864), il publia une *Histoire littéraire de la France avant le XIIe siècle* (1839) et une *Introduction à l'histoire de la littérature française au Moyen Âge* (1841). Après plusieurs grands voyages, il se consacra à son *Histoire romaine à Rome* (1858), suivie de *L'Empire romain à Rome* (posth. 1867). Il a laissé également une intéressante correspondance, notamment avec Mme Récamier. [Acad. fr. 1848]

**AMPHION** ♦ Fils de Zeus* et d'Antiope*, poète et musicien. Aidé de son frère Zéthos, il tue Dircé* qui a maltraité leur mère, puis bâtit les remparts de Thèbes* attirant les pierres au son de la lyre.

**AMPHIPOLIS** ♦ Anc. ville de Macédoine (Édonide*), sur le Strymon. Colonie d'Athènes*, fondée en –437, elle fut prise à Thucydide*, chargé de sa défense, par le général lacédémonien Brasidas* en –424. Philippe* II de Macédoine la conquit en –357.

**AMPHISSA** ou **SALONA** ♦ V. de Grèce, ch.-l. du nome de Phocide, à l'O. du Parnasse. Domine une vaste oliveraie. Env. 8 000 hab. ▪ Anc. *Salona* de la période franque au XIXe s.

**AMPHITRITE** ◆ ÉTYM. en gr. ***Amphitritê*** «celle qui entoure le monde [comme l'océan où règne Triton]», de *amphi* «autour» et «Triton» ♦ Déesse de la mer, épouse de Poséidon* et mère de Triton*. → **Néréides.**

**AMPHITRYON** ◆ ÉTYM. du gr. *amphi* «autour» et *truô* «user» ♦ Roi légendaire de Tirynthe*, fils d'Alcée*. Zeus revêt son apparence pour séduire sa femme Alcmène* qu'il rend mère d'Héraclès*.

**Amphitryon** ♦ Comédie de Molière* en 3 actes et en vers libres (1668). En l'absence d'Amphitryon, général des Thébains, Jupiter séduit Alcmène, son épouse, après avoir pris l'apparence du mari. Simultanément, la métamorphose de Mercure en Sosie, valet d'Amphitryon, et le retour inopiné de ce dernier entraînent une succession joyeuse de quiproquos. Inspirées de l'*Amphitryon* de Plaute* (v. –214), plusieurs comédies modernes développent le même thème. Les plus célèbres ont pour auteurs Dryden* (1690), Kleist* (1807) et Jean Giraudoux* qui intitula la sienne *Amphitryon 38* (1929), parce qu'il avait dénombré 37 versions antérieures.

**AMPLEPUIS** [69550] ◆ ÉTYM. du franco-prov. «puits *(pwi)* large *(ample)*» ♦ Ch.-l. de cant. du Rhône, arr. de Villefranche-sur-Saône, dans les monts du Beaujolais. 4 948 hab. *(Amplepuisiens)*. Musée de la Machine à coudre et du Cycle.

**AMPURIAS** ◆ ÉTYM. du gr. *emporion* «place de commerce» ♦ V. d'Espagne (Catalogne), au N.-E. de Gérone, sur le golfe de Rosas. Site archéologique. *Emporion*, colonie fondée au –VIe s. par les Massaliotes, eut, au temps des Romains, une très grande activité commerciale *(Emporium)*.

**L'Amour sacré et l'Amour profane.** Tableau de Titien. Huile sur toile (1,18 × 2,79 m), Galerie Borghese, Rome. *Phot. © Alinari/Roger-Viollet*

**'AMR IBN AL-'ĀṢ** ♦ Général arabe, conquérant de l'Égypte (La Mecque, v. 580 - Fustāt 664). Converti à l'islam en 629, il devint un des compagnons du Prophète. Il fut chargé par Abū* Bakr, successeur de Mahomet*, de la direction de l'une des trois armées qui envahirent la Palestine (633). Il acheva pratiquement la conquête de l'Égypte avec la prise d'Alexandrie (642). Il fonda Fustāt, qui devint la capitale de la province égyptienne dont il fut gouverneur jusqu'à sa mort.

**'AMR IBN KULTHŪM** ♦ Poète arabe chrétien de l'époque antéislamique (VI<sup></sup>e s.), auteur d'une des *mu'allaqāt*, qui manifeste une grande fougue guerrière et décrit la bravoure des femmes de sa tribu pendant les combats.

**AMRITSAR** ➝ ÉTYM. du sanskr. *Amrtasaras* «étang *(saras)* immortel ou d'ambroisie *(amrta-)*» (en raison d'un grand réservoir construit au XVIe s.) ♦ V. de l'Inde (Panjab). 1 011 327 hab. Cité sainte et ancienne capitale des sikhs, où se trouve le Temple d'or, édifié du XVIe au XVIIIe s. Depuis les années 1970 la ville est fréquemment le théâtre d'incidents sanglants liés à l'agitation des nationalistes sikhs.

Amritsar. Le Temple d'or. *Phot.© Tafo/Fotolia*

**AMROUCHE (Jean El-Mouhoub AMROUCHE dit Jean)** ♦ Poète et homme de lettres algérien de langues française et kabyle, issu d'une famille chrétienne (Ighil Ali, Kabylie 1906 - Paris 1962). Professeur puis journaliste, il fonda et dirigea une revue littéraire, *L'Arche* (1943), à Paris, puis il anima des émissions sur Radio-France Alger puis Paris. Pris entre deux cultures, il fut d'abord un médiateur entre la révolte algérienne et le général de Gaulle mais peu à peu, à partir de 1946, il adhéra à la cause de l'indépendance et fut évincé de Radio-France (1958). Il continua de travailler à la radio suisse. Il mourut peu de temps avant la fin de la guerre d'Algérie. Il a publié *Cendres* (1934), *Étoile secrète* (1937), *Chants berbères de Kabylie* (1939). ♦ **Marguerite Taos Amrouche** (Ighil Ali, Kabylie 1913 - Saint-Michel-l'Observatoire 1976). Sœur du précédent. Romancière algérienne et chanteuse du répertoire berbère, elle écrivit notamment une trilogie entre 1947 et 1969 *(Jacinthe noire, Rue des tambourins, L'Amant imaginaire)*.

**AMSTELVEEN** ♦ V. des Pays-Bas (Hollande-Septentrionale), dans la banl. S. d'Amsterdam. 78 945 hab.

**AMSTERDAM** ➝ ÉTYM. néerl. «digue *(dam)* sur l'*Amstel*» ♦ V. des Pays-Bas (Hollande-Septentrionale), cap. politique du pays (la cap. administrative est La Haye), sur l'IJ (golfe de l'IJsselmeer), l'Amstel et le canal de la mer du Nord. 742 884 hab. (aggl. 1 213 535) *(Amstellodamiens)*. **Une ville d'art** Harmonieusement construite sur un important réseau de canaux, délimitant plus de 100 îlots, Amsterdam est l'une des grandes villes d'art et l'un des principaux centres touristiques d'Europe. Nombreux monuments : palais royal de J. Van Campen (XVIIe s.), Nieuwe Kerk (XVe - XVIIe s.), Oude Kerk, gothique et Renaissance, hôtel de ville du XVIe s., synagogue portugaise (1675). Au S. de la ville historique, des quartiers résidentiels se sont développés (Amstelveen, Bijlmermeer) ; l'urbanisation a aussi gagné la rive N. de l'IJ. Grand centre culturel, Amsterdam possède d'importantes universités et de nombreux musées, dont le Rijksmuseum, la maison de Rembrandt, le musée d'Art moderne, le musée Van Gogh et un hôtel de ville-opéra, le Stopera. **Le port** Enrichi dans le commerce avec les Indes néerlandaises, le port est le deuxième du pays (loin derrière Rotterdam). La fonction portuaire de la ville a été relancée par la mise en service du canal de la mer du Nord (1876). Depuis 1952, le canal d'Amsterdam au Rhin relie la ville au réseau navigable international. **Un centre industriel** Amsterdam est aussi un centre industriel : indus. alimentaires (brasseries), chimiques, mécaniques, textiles, électroniques ; taille du diamant. Mais les activités tertiaires gagnent en importance, avec la construction d'immeubles de bureaux dans les quartiers périphériques (un «téléport» au N.-O.). Nombreux sièges sociaux. Services aux entreprises (informatique notamment). Centre administratif et bancaire. Aéroport international à Schiphol.

**HISTOIRE** Village de pêcheurs au XIIe s., Amsterdam se développa après son entrée dans la Ligue hanséatique (1369) et devint rapidement un centre commercial important. Elle entretint des liens économiques étroits avec Lisbonne. En 1578, elle se révolta contre l'Espagne et fit partie des Provinces-Unies. Au XVIIe s., sa prospérité s'accrut grâce à la fondation de la Compagnie des Indes orientales (1602) et de la Banque d'Amsterdam (1609). La Compagnie des Indes occidentales fut à l'origine de la fondation de *La Nouvelle-Amsterdam* (auj. New York) et de l'achat de Manhattan ; ses bâtiments (1621) existent encore. Le déclin d'Anvers, l'afflux de réfugiés protestants et juifs des territoires espagnols et de huguenots français après la révocation de l'édit de Nantes (1685) accrurent sa prospérité et ses activités. Amsterdam devint un centre artistique et intellectuel d'une extraordinaire vitalité. Rembrandt s'y installa en 1631, assurant à l'école d'Amsterdam un immense rayonnement. Descartes* et Spinoza* y vécurent. Prise par les Prussiens en 1787, puis par les Français de Pichegru en 1795, la ville devint la capitale du nouveau royaume de Hollande (1808 - 1810), puis le chef-lieu du département du Zuyderzee (1810 - 1813). Elle fut occupée par les Allemands, de mai 1940 au début de 1945, et fut libérée par les Canadiens. L'occupation nazie causa la disparition de l'importante colonie juive. En 1949 fut présentée la première grande exposition du groupe Cobra*, à laquelle participèrent Constant*, Appel* et Corneille*. Depuis, Amsterdam n'a cessé d'affirmer sa vocation culturelle, soit en référence à son passé (organisation de grandes expositions), soit comme carrefour de mouvements d'avant-garde, voire de contre-culture.

Amsterdam. Maisons sur le canal. *Phot. © Jan Kranendonk/Shutterstock*

**AMŪL** ou **AMOUL** ♦ V. d'Iran (Mazandéran), au pied de l'Elbourz, sur le Harāz rūd. 199 698 hab. Mosquée. Monuments du XIIIe et du XIVe s. La ville a donné son nom à une céramique. ▪ Vergers, rizières. Réserves de charbon et de fer.

**AMUNDSEN (Roald)** ♦ Explorateur norvégien (Borge, Østfold 1872 - dans l'Arctique 1928). Après avoir participé à l'expédition de Gerlache de Gomery dans l'Antarctique (1897 - 1898), il acheta le *Gjøa*, sloop de 47 tonneaux à bord duquel, parti le 17 juin 1903 de Norvège, il longea les côtes du Groenland, franchit les détroits de Barrow et Lancaster et aborda à la terre du Roi-Guillaume où il séjourna près de deux ans. Après avoir passé le détroit de Dease et atteint la baie qui porte son nom, il longea la côte de l'Alaska où il hiverna avant de parvenir en 1906 au détroit de Béring. En 1910, il entreprit à bord du *Fram* une expédition d'exploration de l'Antarctique et du pôle Sud (1911). Il disparut avec l'avion envoyé au secours de l'Italien Nobile*.

**AMY (Gilbert)** ♦ Chef d'orchestre et compositeur français (Paris 1936). Élève de Messiaen au Conservatoire, il fut formé par Boulez à la direction d'orchestre et lui succéda en 1967 à la tête des concerts du Domaine* musical. Directeur du Nouvel Orchestre philharmonique de Radio-France (1976 - 1981), puis directeur du Conservatoire national supérieur de musique de Lyon (depuis 1984), il poursuit une carrière de compositeur : *Mouvements* pour 17 instruments (1958), *Épigrammes* pour piano (1961), *Œdipe roi* (1962), *Trajectoires* pour violon et orchestre (1966), *D'un espace déployé* pour 2 orchestres et 2 chefs (1972), *Une saison en enfer* d'après Rimbaud (1980), *Missa cum jubilo* (1983), *Quatuor à cordes* (1992), *Brèves* (1996). ➝ ÉTYM. Ce nom vient du lat. *amicus* «ami».

**AMYNTAS** ♦ Nom de huit rois de Macédoine. ♦ **AMYNTAS III** (de v. –389 à –369), père de Philippe* II. ♦ **AMYNTAS IV** (de –360 à –359). Fils de Perdiccas* III, il lui succéda sous la régence de son oncle Philippe* II, qui ne tarda pas à le déposer.

**AMYOT (Jacques)** ♦ Humaniste français (Melun 1513 - Auxerre 1593). Sa traduction de *Théagène et Chariclée* d'Héliodore* (1547) lui valut la faveur de la cour. Devenu précepteur des enfants d'Henri II, puis grand aumônier de France et évêque d'Auxerre, il publia en 1559 la traduction de *Daphnis* et Chloé* de Longus*. Il traduisit aussi les *Vies des hommes illustres* ou *Vies parallèles* (1559) et les *Œuvres morales* (1572) de Plutarque.

**AMYRTÉE** ♦ Fondateur et unique pharaon de la XXVIII^e^ dynastie saïte (de v. –404 à –398).

**AN** ♦ Principal dieu de Sumer, souverain du ciel, désigné par une étoile et vénéré à Uruk* et Lagash*. → **Enlil, Enki.**

**anabaptistes**

n. m. pl. ♦ Secte allemande formée en Saxe v. 1521 autour de Thomas Münzer*. Pour appliquer strictement l'Évangile, elle exigeait que les adultes, après conversion profonde, soient baptisés à nouveau (par immersion). Elle réclamait l'extension de la Réforme* sur le plan social (communauté des biens). En opposition violente avec Luther et persécutés, les anabaptistes portèrent leur action en Allemagne du Sud où ils animèrent la guerre des Paysans mais furent écrasés en 1525. Les survivants occupèrent Münster où ils formèrent un «royaume de Sion» communautaire (1532 - 1535) → **Jean de Leyde** ; mais ils durent capituler et subirent une répression féroce. Sur le plan religieux, leur mouvement se prolongea chez les mennonites* et les baptistes*.

**ANABAR** n. m. ♦ Fl. de Russie (939 km) qui prend sa source en Sibérie centrale et se jette dans la mer des Laptev*.

L'**Anabase** ♦ Œuvre de Xénophon*.

**Anabase** ♦ Œuvre poétique de Saint*-John Perse (1924). Ce recueil comprend un long poème en dix chants, encadré de deux chansons. Le titre ne fait aucunement référence à l'*Anabase* de Xénophon* ; il signifie étymologiquement «montée en selle» et «expédition vers l'intérieur». Saint-John Perse put dire de ce texte hermétique qu'il «a pour objet le poème de la solitude dans l'action».

**ANACHARSIS** – en gr. ***Anakharsis*** ♦ Philosophe d'origine scythe (–VI^e^ s.). Prince scythe, sans doute légendaire, qui visita la Grèce à l'époque archaïque et qui, de retour dans sa patrie où il voulut introduire le culte de Déméter, fut tué pour impiété. Ni la vie ni les opinions d'Anacharsis transmises par la littérature antique n'ont de valeur historique. La place qui y est accordée à la légende d'Anacharsis est due à l'utilisation que différentes écoles philosophiques (par exemple, le cynisme) ont faite de son personnage.

**ANACLET** ou **CLET** (saint) ← **ÉTYM.** en gr. *Anaklêtos*, p.-ê. «rappelé», de *ana* «de nouveau» et *kaleô* «appeler» ♦ Traditionnellement, 3^e^ pape (de 79 à 89 ?), martyr. ▪ Fête le 26 avr.

**ANACLET II [Pietro DE' PIERLEONI, dit en fr. Pierre de Léon]** ♦ (mort en 1138). Antipape (1130 - 1138) contre Innocent* II. Il eut l'appui de Roger* II de Sicile. Le *schisme d'Anaclet* se termina avec la soumission de Victor* IV.

**ANACONDA** ♦ V. des États-Unis (Montana), dans les Rocheuses. 9 417 hab. Mines et fonderie de cuivre (fondée par Marcus Daly en 1884 et qui a été un certain temps l'une des plus grandes du monde). Phosphates.

**ANACRÉON** ← **ÉTYM.** du gr. *ana* «en haut, de nouveau» et *Créon*, p.-ê. de *kreiôn* «maître» ♦ Poète grec (Téos, Lydie v. –570 - v. –478). Il vécut à la cour des tyrans Polycrate* de Samos et Hipparque* d'Athènes*, puis en Thessalie. Un des plus grands représentants du lyrisme personnel en dialecte ionien, il composa des chansons d'amour et de table caractérisées par une légèreté gracieuse et brillante. Il nous reste quelques fragments de son œuvre, mais les *Anacreonteia* (env. 60 courts poèmes), publiés en 1554 par Henri Estienne*, appartiennent vraisemblablement à des imitateurs alexandrins du II^e^ s. Adaptés par Rémi Belleau*, ils ont inspiré la poésie dite *anacréontique*. → **Chaulieu, Ronsard.**

**ANADYR** n. m. ♦ Fl. de Russie (1 150 km) qui naît dans les monts du même nom en Sibérie nord-orientale et se jette dans le *golfe d'Anadyr* (mer de Béring).

**ANAGNI** ♦ V. d'Italie, dans le Latium (prov. de Frosinone). 19 134 hab. Cathédrale romane. Quartier médiéval (XIII^e^ s.). ♦ ***Attentat d'Anagni*** Le 7 sept. 1303, Guillaume de Nogaret*, envoyé par Philippe IV le Bel pour citer le pape Boniface* VIII à comparaître devant le concile, força les portes de la résidence pontificale d'Anagni avec une troupe de sbires recrutés par Sciarra Colonna. Le pape ne rentra à Rome que pour mourir des suites de ce choc. → **Benoît XI.**

**ANAHEIM** ♦ V. des États-Unis (Californie), au S.-E. de Los Angeles. 328 014 hab. dont 31 % d'Hispaniques (comté d'Orange 2 846 289). Centre agricole (agrumes). L'industrie de pointe a connu un bel essor au cours des années 1970 - 1980, entraînant une urbanisation rapide. Le parc d'attractions de Disneyland, premier du genre, a été ouvert en 1955.

**ANÁHUAC** n. m. ← **ÉTYM.** du maya *anawak* «près des eaux», de *atl* «eau(x)» et *nauac* «à côté» ♦ Bassin d'altitude du Mexique (2 200 m env.) près de Mexico, dominé sur trois côtés par les sierras volcaniques (Ajusco, Cruces, Nevada). Les lagunes endoréiques (Chalco, Texcoco) occupant son fond ont abrité la capitale aztèque Tenochtitlán*. Largement asséchées, elles constituent le site de la ville de Mexico.

**ANAIZA** ♦ V. d'Arabie saoudite, située au S. de Burayda dans une oasis du Nedjd. 128 930 hab. Grand marché de dattes.

Les **Analytiques** ♦ Traité logique d'Aristote* sur le raisonnement (ou syllogisme). La première partie de l'ouvrage traite de la théorie formelle du syllogisme ; la seconde, du syllogisme démonstratif. Aristote y montre le rôle de l'expérience et de l'induction dans l'élaboration de la connaissance.

**ĀNANDA** ← **ÉTYM.** sanskr. «béatitude», «épanouissement», «bonheur parfait» ♦ Nom sous lequel est connu un des dix grands disciples du Bouddha, son cousin.

**ĀNANDA MAHIDOL** ♦ (Heidelberg 1925 - Bangkok 1946). Roi de Thaïlande sous le nom de Rāma VIII (1935 - 1946). Successeur de son oncle, le roi Prachadhipok*, qui avait abdiqué, il continua ses études en Suisse, laissant le pouvoir à un conseil de régence. Après son retour (fin 1945), il fut assassiné dans des conditions mystérieuses. Son frère, Bhumibol* Adulyadej, monta sur le trône.

**ANAOU** ♦ Village du Turkménistan où furent découverts, en 1903, des vestiges d'une civilisation néolithique (tumuli) apparentée à celle des débuts de Suse* (Iran).

**ANĀRKALĪ** ♦ Veuve d'Humāyūn* et concubine favorite d'Akbar* (morte en 1615 à Lahore). Poète et femme d'esprit réputée morte en exil, elle aurait été enterrée vivante pour avoir été aimée du prince Salīm (le futur empereur Jahāngīr*).

**ANASAZIS** n. m. pl. → **Pueblos**

**ANASTASE I^er^** (saint) ♦ 39^e^ pape (de 399 à 401). Romain. ▪ Fête le 19 déc. ♦ **ANASTASE II** (saint). 50^e^ pape (de 496 à 498). Romain. ♦ **ANASTASE III.** 120^e^ pape (de 911 à 913). Romain. → **Pornocratie.** ♦ **ANASTASE IV [Conrad].** 166^e^ pape (de 1153 à 1154). Romain. ← **ÉTYM.** Ce nom vient du grec *anistêmi* «faire se lever ; ressusciter».

**ANASTASE** ♦ Nom de deux empereurs d'Orient. ♦ **ANASTASE I^er^**, dit **le Silenciaire** (430 - 518). Empereur de 491 à 518. ♦ **ANASTASE II.** Empereur de 713 à 715.

**ANASTASE le Bibliothécaire** ♦ Homme d'église (Rome v. 815 - v. 878). Antipape (candidat de l'empereur) contre Benoît* III. Il devint le principal collaborateur de Nicolas* I^er^ et de ses successeurs.

**ANAT** ♦ Anc. déesse sémitique connue chez les Amorites de Mari et surtout dans les poèmes d'Ougarit (–XIV^e^ s.) où elle est la sœur de Baal. Déesse guerrière et déesse de la fertilité, elle est associée à Ashtart* ; elle lui est même assimilée en Égypte (–XIV^e^ - –XII^e^ s.).

**ANATOLIE** n. f. ← **ÉTYM.** en gr. *Anatolê* «le Levant» – en turc ***Anadolu*** ♦ Nom donné par les Byzantins à l'Asie* Mineure et désignant depuis 1923 la Turquie d'Asie (Arménie et Kurdistan compris). → **Turquie.**

**Anatolie.** Région de Kayseri. *Phot. ©Arch. Nathan*

**ANATOM** (île) → **Vanuatu**

**Anatomie de la mélancolie** – en angl. ***Anatomy of Melancholy*** ♦ Œuvre de Robert Burton*, publiée en 1621 et élargie à plusieurs reprises

**anarchisme**

n. m. ➔ ÉTYM. du grec *an-*, privatif, et *arkhê* «autorité» ♦ Ensemble de courants doctrinaux et politiques, divers dans leurs orientations et leurs méthodes, qui se sont surtout développés à partir du XIXe s. et qui prônent la disparition du pouvoir. On peut dans la généalogie de l'anarchisme placer une multitude d'auteurs, par exemple au XVIIIe s. l'Anglais William Godwin* qui pensait que les hommes pouvaient vivre dans l'harmonie sans lois. Bien qu'ayant en commun un même rejet de toute contrainte extérieure à l'homme, de nombreuses tendances se manifestèrent au sein de l'anarchisme. Se réclamant de Max Stirner* ou de Nietzsche*, un individualisme radical affirma la supériorité de l'individu sans que pour autant soit abolie la propriété privée. Ce courant eut une audience certaine dans les années 1880, mais déclina rapidement. Figure majeure de l'anarchisme, Proudhon* vit dans la propriété privée la base même de la liberté individuelle, mais prôna la décentralisation, le fédéralisme et le «mutuellisme». Cependant, sous l'impulsion de Kropotkine* et d'É. Reclus*, se développa une tendance collectiviste qui fit de l'instauration de la propriété collective, seule garante de l'égalité sociale, la condition nécessaire à l'épanouissement de l'individu. Elle donna même naissance à certaines utopies communautaires non-violentes pouvant s'inscrire dans la tradition supposée de Tolstoï*. Mais il exista un anarchisme violent, qui se réclama de Bakounine*, dont les polémiques avec Marx* conduisirent à l'éclatement de la Ire Internationale*. Cette tendance fut à l'origine d'attentats spectaculaires avec Ravachol*, A. Vaillant* ; Humbert Ier d'Italie, le président français S. Carnot furent assassinés par des anarchistes. La théorie de la «propagande par le fait» légitima ce recours à la violence qui dégénéra dans l'illégalisme, comme en témoigne la bande à Bonnot*. Mais l'anarchisme ne fut pas qu'un phénomène minoritaire ou élitiste et il a pu avoir de profondes racines sociales. Ainsi en France, l'anarchosyndicalisme joua un rôle important avec des théoriciens comme G. Sorel*, qui développa le mythe de la grève générale, ou des militants de la CGT*, tel F. Pelloutier*. L'Italie connut elle aussi de forts mouvements anarchistes à base populaire avec E. Malatesta*. En Espagne, l'anarchisme – qui traversa des heures dramatiques, notamment en juillet 1909 avec la «semaine rouge» de Barcelone dont l'instigateur supposé, F. Ferrer* Guardia, fut exécuté – eut une grande influence avec la création de la CNT (Confédération nationale du travail) en 1911. L'anarchisme prospéra aussi, avant 1914, et en raison même de l'immigration européenne, en Argentine et aux États-Unis, où la plus fameuse figure en fut Emma Goldman* (et où se déroulera plus tard l'affaire Sacco* et Vanzetti). Le 1er mai commémore du reste une manifestation à Chicago en 1886, à la suite de laquelle cinq anarchistes américains d'origine allemande furent exécutés. Après la révolution russe d'octobre 1917, le chef anarchiste ukrainien Nestor Makhno* apporta son soutien aux bolcheviks contre les blancs, mais il fut bientôt la cible du pouvoir communiste : entre communistes et anarchistes l'entente ne pouvait être que conjoncturelle et temporaire. Les mêmes tensions se manifestèrent en Espagne, où l'anarchisme était plus puissant, avec la CNT et la FAI (Fédération anarchiste ibérique), que le parti communiste. Durant la guerre civile (1936 - 1939), les anarchistes jouèrent un rôle de premier plan, notamment la colonne Durruti*. Mais les premières réalisations d'organisation économique et sociale anarchiste en Aragon, qui visaient à l'instauration d'un communisme libertaire (ou anarchocommunisme), furent détruites par les communistes. Le drapeau noir a servi d'emblème à des petits groupes antiautoritaires qui se sont manifestés, en particulier lors des crises de 1968, dans divers pays européens. Mais si l'importance de l'anarchisme politique a beaucoup diminué, «l'esprit libertaire demeure, diffus, à travers le monde ; défini essentiellement comme un esprit de résistance à l'oppression sous ses aspects les plus variés» (J. Maitron).

jusqu'en 1652. Il s'agit d'une satire de la faiblesse du savoir humain qui préconise de lutter contre la folie universelle en refusant la solitude et l'oisiveté.

**ANAUKPETLUN** ♦ Roi birman d'Ava (de 1605 à 1628), petit-fils du roi Bayinnaung. Il agrandit ses possessions et prit les villes de Prome (1607) et de Taungou (1610). En 1619, il noua des relations commerciales avec la Compagnie anglaise des Indes orientales et lui concéda des comptoirs.

**ANAWRATHA** ♦ Premier grand souverain de Birmanie (1044 - 1077). Chef du village de Pagan, sur l'Irrawaddy, il conquit la plaine de Kyaukse, y fit faire de grands travaux d'irrigation. Après s'être converti au bouddhisme des écoles du Sud, il conquit la basse Birmanie tenue par les Môns*. Ayant pris la ville de Thaton, il en rapporta, outre le Canon Pāli, des artisans, artistes et écrivains qui lui permirent de transformer Pagan* en capitale. À sa mort, son fils Sawlu lui succéda.

**ANAXAGORE** – en gr. ***Anaxagoras*** ♦ Philosophe et savant grec de l'école ionienne (Clazomènes v. -500 - Lampsaque v. -428). Enseignant à Athènes et proche de Périclès qui se considérait comme son élève, il se vit exilé à cause de ses idées mécanistes et de ses amitiés politiques. Biologiste, il aurait pratiqué des dissections ; astronome, il aurait prédit la chute d'un météorite en provenance du Soleil. Bien qu'il ait introduit dans sa cosmogonie l'idée d'une intelligence ordonnatrice, sa pensée reste matérialiste : il soutenait que la matière divisible à l'infini et comprenant tous les contraires, est indestructible et que toute chose est composée d'une infinité d'éléments. ➔ ÉTYM. Ce nom grec est formé de *anax* «chef, maître, roi» et *agora* «réunion populaire, assemblée».

**ANAXIMANDRE** – en gr. ***Anaximandros*** ♦ Philosophe et savant de l'école ionienne (Milet –610 - apr. –546), disciple et ami de Thalès*. Son œuvre principale *De la nature* (dont nous est parvenu un unique fragment, qui constitue à ce jour le plus ancien texte présocratique dont nous disposions) explique l'Univers en faisant de l'Infini *(apeiron)* le principe *(archê)* éternel et générateur de tous les éléments et de tous les êtres finis. Homme de science, Anaximandre fut l'un des premiers savants grecs à dresser des cartes géographiques. Il supposait que la Terre est un disque suspendu dans l'espace et entouré de trois grandes roues mobiles et que des mondes innombrables coexistent dans l'univers infini.

**ANAXIMÈNE** ➔ ÉTYM. en gr. ***Anaximenês*** ; de *anax* «chef, maître, roi» et *menos* «âme» ♦ Philosophe grec de l'école ionienne (Milet mil. -VIe s.). Disciple et ami d'Anaximandre*, il conçoit comme lui la nature primordiale comme une et infinie, mais fait de l'air le principe de l'univers et le genre universel auquel toutes choses se réduisent. Ainsi, tous les changements physiques se ramènent à la condensation et à la raréfaction et procèdent de l'éternel mouvement de l'air. Contrairement à Anaximandre, Anaximène soutient qu'il n'y a qu'un seul monde, mais que celui-ci est périssable, l'air étant la seule substance éternelle, et que les mondes se succèdent à l'infini.

**ANC** → **African National Congress**

**ANCEL (Paul)** ♦ Biologiste français (Nancy 1873 - Paris 1961). Ses travaux portèrent sur l'embryologie expérimentale et l'endocrinologie sexuelle. ➔ ÉTYM. L'ancien français *ancel* signifie «serviteur».

**ANCENIS** [44150] ➔ ÉTYM. probablt du lat. *Antianus*, n. de pers., et suff. *-isum* ♦ Ch.-l. d'arr. de la Loire-Atlantique, sur la Loire. 7 010 hab. (aggl. 9 497) *(Anceniens)*. Les fortifications de la cité et les remparts du château commandaient la vallée et en faisaient une «clé de la Bretagne». ▪ Marché agricole (coopérative). Viticulture : vins du Pays nantais (muscadet des coteaux de la Loire ; coteaux-d'ancenis) et cabernet d'Anjou. ▮ **Histoire** Le *traité d'Ancenis*, signé en 1468 par Louis XI et François II, duc de Bretagne, préparait le rattachement de la Bretagne à la France.

**ANČERL (Karel)** ♦ Chef d'orchestre tchécoslovaque (Tučápy 1908 - Toronto 1973). Chef de l'orchestre de la radio pragoise puis du «Théâtre du 5 mai», il redonna naissance en 1959 à l'orchestre philharmonique tchèque, avant de s'exiler en 1968.

**ANCHISE** ➔ ÉTYM. en gr. ***Agkhisês***, de *agkhi* «auprès de» ♦ Berger légendaire de Troie*, amant d'Aphrodite* qui lui donne un fils, Énée*. Ayant commis l'indiscrétion de parler de cette union, il est puni par Zeus qui le rend boiteux (ou aveugle) d'un coup de foudre. Lors du sac de Troie, il est sauvé par son fils.

**ANCHORAGE** ➔ ÉTYM. angl. «mouillage» ♦ V. des États-Unis (Alaska). 260 283 hab. Université. ▪ Port de pêche et de commerce. Aéroport important (escale des lignes polaires Europe-Japon, notamment). Base militaire d'Elmendorf. Activités tertiaires : sociétés pétrolières, protection de l'environnement, tourisme. La ville a été éprouvée par le tremblement de terre de 1964.

L'**Ancien Régime et la Révolution** ♦ Ouvrage historique de Tocqueville* (1856). Poursuivant sa réflexion sur la démocratie, Tocqueville entreprit d'écrire l'histoire de la société française de la fin de l'Ancien Régime à la chute de l'Empire. La mort l'empêcha d'achever son projet, et seul le premier volume consacré à la Révolution fut publié. L'auteur insiste sur le lien qui unit l'Ancien Régime et la société issue de 1789 : loin de rompre avec le passé, la Révolution continua l'œuvre centralisatrice de la monarchie qui, en entraînant la ruine de l'aristocratie, contribua au nivellement social. Cette continuité explique pourquoi la Révolution, si elle tendit vers un renforcement de l'égalité, ne permit pas de fonder la liberté.

**Anciens (Conseil des)** ♦ Assemblée législative qui, avec le Conseil des Cinq*-Cents, fut instituée par la Constitution de l'an III, adoptée par la Convention thermidorienne le 23 août 1795 et mise en application le 23 sept. Siégeant aux Tuileries, le Conseil des Anciens fut chargé d'approuver ou de rejeter les résolutions du Conseil des Cinq-Cents. En 1799, il décida de transporter les Assemblées à Saint-Cloud, ce qui facilita le coup d'État de Bonaparte, après lequel il fut supprimé. → **Brumaire an VIII.**

**Anciens et des Modernes** (querelle des) ♦ Polémique littéraire qui opposa à la fin du XVIIe s. et au début du XVIIIe s. les tenants de la supériorité des auteurs modernes aux partisans des auteurs de l'Antiquité. Elle commença en 1670 avec la publication d'un ouvrage de Desmarets* de Saint-Sorlin *(Traité pour juger des poèmes grecs, latins et français)* affirmant la supériorité du merveilleux chrétien sur le merveilleux païen, opinion critiquée par Boileau* dans son *Art* poétique* (1674). Mais la véritable querelle fut déclenchée par Charles Perrault* en 1687 avec la lecture à l'Académie de son poème *Le Siècle de Louis le Grand*, qui tend à souligner la prééminence des Modernes, thèse à nouveau soutenue dans ses *Parallèles des Anciens et des Modernes* (1688). À la suite de Boileau *(Réflexions sur Longin)*, Racine*, La* Fontaine et La* Bruyère prirent la défense des Anciens, tandis que Fontenelle* et *Le Mercure galant* se rangeaient dans le camp des Modernes. Un moment apaisée, la querelle rebondit avec Houdar* de La Motte, du côté des Modernes, et Mme Dacier*, du côté des Anciens.

**ANCÔNE** ← ÉTYM. en it. ***Ancona*** ; du gr. *agkôn* «courbure du bras, coude» (allus. à la forme de la côte) ♦ V. d'Italie, cap. des Marches. 100 507 hab. *(Anconitains)*. Université. Arc de Trajan. Cathédrale Saint-Cyriaque (XIIIe s.) de style romano-byzantin, à porche gothique. Loge des Marchands (XVe s.). Musée national des Marches (archéologie). ▪ Aux environs, à Jesi (pinacothèque) : œuvres de Lorenzo Lotto. ▪ Port. Important centre de pêche. Gisements et raffineries de pétrole. Indus. mécaniques et agroalimentaires. Station balnéaire. ▮ **Histoire** Grecque, puis romaine et byzantine, Ancône fut occupée à la fin du VIe s. par les Lombards qui en firent une marche. Les Malatesta* y régnèrent du XIIIe au XVe s. Prise par Napoléon en 1805, la ville fut rendue au pape en 1815. Les Français y tinrent une garnison de 1832 à 1838 pour défendre les États pontificaux contre les Piémontais. Elle subit des attaques de la part des Autrichiens en 1849 et fut intégrée au royaume d'Italie.

**ANCRE** (maréchal **D'**) → **Concini**

**ANCRE** n. m. ♦ Riv. de Picardie qui se jette dans la Somme près de Corbie (35 km).

**ANCUS MARTIUS** ♦ Quatrième roi légendaire de Rome (de v. –640 à v. –616). Sabin, neveu de Numa* Pompilius, il déporta en grand nombre les Latins sur l'Aventin, agrandit Rome en lui annexant le Janicule et l'Aventin et étendit l'influence maritime de la Cité en créant le port d'Ostie*.

**ANCY-LE-FRANC** [89160] ← ÉTYM. anc. *Anciacum*, du lat. *Antius*, n. de pers., et suff. *-acum* ; *franc* «affranchi des droits féodaux» ♦ Ch.-l. de cant. de l'Yonne, arr. d'Avallon, sur l'Armançon. 1 108 hab. *(Ancéaquais* ou *Ancéens)*. Château Renaissance (1546) dessiné par S. Serlio (décoration intérieure de l'école de Fontainebleau).

**ANCYRE** – auj. ***Ankara*** ♦ Anc. ville phrygienne sur le plateau anatolien. Prise par Alexandre le Grand (–334), elle échut aux Séleucides. Après l'invasion des tribus gauloises, elle devint cap. du royaume des Galates Tectosages (–230). Annexée à l'Empire romain en –25, elle passa aux Byzantins. Elle fut prise par les Arabes (871) et par les Seldjoukides (fin du XIe s.) qui y laissèrent d'importants monuments. → **Ankara.** ♦ ***Monument d'Ancyre*** Inscription en grec et en latin sur les murs du temple d'Ancyre, sorte de testament politique qu'Auguste rédigea en 13.

**ANDA (Géza)** ♦ Pianiste suisse d'origine hongroise (Budapest 1921 - Zurich 1976). Élève de Dohnányi à Budapest, il fit une grande carrière comme interprète de Bartók, de Liszt, de Brahms.

**ANDALOUSIE** n. f. ← ÉTYM. en esp. ***Andalucía*** ; en lat. *Vandalusia* «pays des Vandales*» ; la forme espagnole viendrait de l'arabe *Andalus* ♦ Communauté autonome de l'Espagne méridionale. → **Espagne** (carte). 87 268 km$^2$. 8 059 461 hab. *(Andalous)*. CAP. : Séville. Elle compte 8 provinces : Almería, Cadix, Cordoue, Grenade, Huelva, Jaén, Málaga, Séville. ▮ **Géographie** Le relief est en grande partie montagneux. Une chaîne de 600 km, orientée du S. à l'O., est formée de la sierra Morena, au N., du Guadalquivir et de la cordillère Bétique, au S. Dans la partie méridionale s'étendent de hauts massifs : sierra Nevada, au S.-E. de Grenade, sierra de Ronda (défilé de Despeñaperros). Entre ces massifs se trouvent des plaines (Almería, Málaga) et des dépressions (Guadix, Baza, Vega de Grenade). Entre les chaînes Bétiques et la sierra Morena s'étend un pays de collines, appelé *basse Andalousie* ou *Andalousie du Guadalquivir*, qui se termine en une vaste plaine alluviale, las Marismas. La côte est élevée et rocheuse (cap Trafalgar, détroit et rocher de Gibraltar*). L'Andalousie est essentiellement rurale. La grande propriété y prédomine *(latifundia)*. On y cultive principalement l'olivier (région de Jaén, Cordoue et Séville), le blé et le coton (région de Séville et de Cordoue) et la betterave sucrière (Vega de Grenade). La production vinicole, réputée, est importante (xérès, malaga). Les *marismas* (2 000 km$^2$), inondées et stériles jusqu'en 1930, ont été mises en valeur (rizières). ▪ Les richesses du sous-sol, pyrite de cuivre (Huelva), plomb argentifère (Jaén), n'ont pas développé de centres industriels notables. Séville, la seule ville industrielle, est devenue la grande métropole du S. La pêche s'est développée sur la côte atlantique (Huelva, Algésiras et Cadix), qui possède les chantiers navals les plus importants d'Espagne). Le tourisme poursuit son essor, en particulier sur le littoral (stations balnéaires de

**Andalousie. Vignobles près de Montilla.** *Phot. © M. Busselle/Corbis*

Marbella, Torremolinos). ▮ **Histoire** L'Andalousie connut dès le IIe millénaire les plus anciennes civilisations. Les Phéniciens établirent des comptoirs sur les côtes *(Bartulos*, auj. Almería* ; *Gadès*, auj. Cadix*) et furent chassés par les Carthaginois qui en firent la plus riche province de leur empire (–VIe - –IIe s.). Puis elle devint la florissante colonie romaine de Bétique*. ▪ Au Ve s., les Vandales* l'envahirent et lui donnèrent son nom. En 711, le chef maure Ṭāriq débarqua près de la montagne qui reçut son nom *(Jabal al-Ṭāriq*, Gibraltar*) et chassa les Wisigoths. Ce fut le début de la conquête arabe, qui connut son apogée avec la fondation du califat de Cordoue* (VIIIe - Xe s.). À la chute de ce dernier (XIe s.), l'Andalousie fut divisée en plusieurs royaumes maures indépendants dont celui de Grenade* qui devait connaître, pendant deux siècles, une éclatante civilisation. Au XIIIe s., après la défaite de Las Navas* de Tolosa (1212), les chrétiens reprirent successivement Cordoue (1236), Jaén (1246), Séville (1248), Jérez et Cadix. Le royaume de Grenade résista seul pendant plus de deux siècles. → **Grenade.** En 1492, la prise de Grenade par les Rois Catholiques chassa les Maures, et l'Andalousie fut désormais rattachée au royaume d'Espagne.

**ANDAMAN** (îles) ← ÉTYM. en malais *Pulo* («île») *Handuman*, du n. de *Hanuman** ♦ Archipel montagneux du golfe du Bengale, continuation océanique de la chaîne birmane des Arakan Yoma dont il n'est séparé que par le détroit des îles Préparis. Îles princ. : Andaman du Nord, Andaman du Milieu, Andaman du Sud (où se trouve Port Blair) et Petite Andaman. 6 408 km$^2$. 240 000 hab. Ces îles déterminent entre elles et la péninsule malaise la *mer d'Andaman* et forment avec les îles Nicobar, dont elles sont séparées par le «passage du 10e parallèle», un Territoire de l'Union indienne (8 249 km$^2$. 356 152 hab. CH.-L. : Port Blair). La population très faible, divisée en nombreuses tribus, parlant une langue isolée, peut-être apparentée au groupe de langues môn-khmer (elle a été étudiée par Radcliffe-Brown). Des milliers de victimes ont péri lors du tsunami du 26 déc. 2004 qui a fait reculer le littoral de plusieurs mètres. ▮ **Histoire** Occupées par les Britanniques de 1789 à 1796, puis abandonnées par eux, les îles Andaman leur servirent, à partir de 1858, de lieu de déportation et de base navale. Elles furent occupées par les Japonais durant la Deuxième Guerre mondiale.

**ANDAY (Melih Cevdet)** ♦ Écrivain turc (Constantinople 1915 - 2002). Ses recueils poétiques, *Côte à côte* (1956), *L'Odyssée aux bras liés* (1963), *Sur la mer nomade* (1970), alliant les qualités rythmiques et poétiques à l'engagement social, en font l'un des principaux artisans du renouveau de la poésie turque. Il fut aussi essayiste, auteur dramatique et romancier.

**ANDÉCAVES** ou **ANDES** n. m. pl. – (1596 - 1684) ← ÉTYM. en lat. ***Andecavi*** p.-ê. «les confédérés», du celt. *ande* «auprès de» et *cavi* «alliés» ♦ Anc. peuple de la Gaule qui était établi en Lyonnaise IIIe. Leur chef Dumnâc tenta de résister aux Romains après la défaite de Vercingétorix, mais son armée fut écrasée près de Poitiers.

**ANDELLE** n. f. ♦ Riv. de Normandie (54 km) qui naît dans le pays de Bray, près de Forges-les-Eaux, et se jette dans la Seine.

**ANDELOT-BLANCHEVILLE** [52700] ♦ Ch.-l. de cant. de la Haute-Marne, arr. de Chaumont. 1 004 hab. *(Andelotiens)*. ▮ **Histoire** Gontran, Brunehaut et Childebert II y conclurent, en 587, un traité d'alliance contre les leudes révoltés.

**ANDELYS (LES)** [27700] ← ÉTYM. probablt du germ. *Andilegia*, n. de pers., et suff. *-iacum* ♦ Ch.-l. d'arr. de l'Eure, au confluent de la Seine et du Gambon. 9 047 hab. (aggl. 9 261) *(Andelisiens)*. Ruines du Château-Gaillard construit au XIIe s. par Richard Cœur de Lion. Église Notre-Dame (XIIIe et XVIe - XVIIe s.) ; buffet d'orgue Renaissance ; vitraux du XVIe s.

**ANDENNE** ♦ V. de Belgique (Région wallonne), prov. et arr. de Namur. 24 557 hab. Collégiale Sainte-Begge (XVIIIe s.) : tombeau gothique et trésor (châsse). ▪ Céramique. Carrière de calcaire. Construc. mécaniques. ▮ **Histoire** La ville fut fondée au VIIe s. par sainte Begge, aïeule de Charles Martel, qui y naquit. Un combat meurtrier eut lieu au *pont d'Andenne* en 1914.

**Les Andelys.** Château-Gaillard. *Phot.©F. Jalain/Explorer*

**ANDÉOL** (saint) ♦ Apôtre du Vivarais*, vénéré à Bourg-Saint-Andéol où il aurait été martyr en 208.

**ANDERLECHT** ➝ ÉTYM. p.-ê. du celt. *andere* «génisse» et *lech* «cours d'eau» ♦ Comm. de Belgique (Région de Bruxelles-Capitale), dans la banl. O. de Bruxelles. 97 601 hab. Église des Saints-Pierre-et-Guidon (crypte du XI$^{e}$ s.). Anc. béguinage (XVII$^{e}$ s.). Maison d'Érasme. ▪ Hôpital universitaire. Indus. chimiques, textiles et alimentaires. Construc. mécaniques et électriques.

**ANDERLUES** ♦ Comm. de Belgique (Région wallonne), prov. de Hainaut, arr. de Thuin. 11 651 hab. Église (tour romane reconstruite au XVII$^{e}$ s., chœur du XVI$^{e}$ s., nef du XVII$^{e}$ s.). ▪ Construc. métalliques. Commerce de produits industriels.

**ANDERMATT** ➝ ÉTYM. all. «sur les prés» ♦ V. de Suisse (Uri), sur la rive d. de la Reuss, dans le val Urseren, au pied du Saint-Gothard. 1 262 hab. Importante station d'été et de sports d'hiver (1 500 - 2 386 m).

**ANDERNOS-LES-BAINS** [33510] ➝ ÉTYM. du lat. *Andero (Anderonus)*, n. de pers., surnom de Jupiter, et suff. *-oss* ♦ Comm. de la Gironde, arr. d'Arcachon, sur le bassin d'Arcachon. 9 254 hab. (aggl. 14 216) *(Andernosiens)*. Vestiges d'une basilique gallo-romaine (V$^{e}$ s.). ▪ Station balnéaire. Ostréiculture.

**ANDERS (Władysław)** ♦ Général polonais (Błonie, près de Varsovie 1892 - Londres 1970). Après avoir combattu dans les armées du tsar durant la Première Guerre mondiale, puis avec les Polonais contre les Soviétiques (1919 - 1920), il devint général en 1936 et fut fait prisonnier par les Russes lors de l'invasion de la Pologne par l'URSS (1939). Libéré en 1941, il prit la tête des forces polonaises en URSS. Il s'illustra ensuite en Afrique du Nord contre Rommel (1942) et en Italie (1943). Il préféra s'exiler à Londres en 1945 plutôt que de rejoindre la Pologne communiste.

**ANDERSCH (Alfred)** ♦ Romancier et nouvelliste suisse d'origine allemande (Munich 1914 - Berzona 1980). Membre de la jeunesse communiste de Bavière, il fut déporté à Dachau sous le régime nazi. Cofondateur du Groupe* 47, il a donné un ouvrage autobiographique sur sa désertion en 1944 - 1945 (*Les Cerises de la liberté*, 1952). Dans son roman *La Femme rousse* (1960), il pose le problème de la liberté individuelle face aux tyrannies.

**ANDERSEN (Hans Christian)** ♦ Écrivain danois (Odense 1805 - Copenhague 1875). Issu d'un milieu très pauvre, il gagna une célébrité universelle avec ses *Contes*. Sa production comprend néanmoins bien d'autres œuvres : des pièces de théâtre (*Amour dans la tour Saint-Nicolai*), des romans romantiques (*L'Improvisateur*, 1835 ; *Rien qu'un violoneux*, 1837 ; *Les Deux Baronnes*, 1848), des *Poèmes* (1830) très datés, de nombreux récits de voyages, un *Journal* de quelque 5 000 pages, une énorme correspondance et au moins 3 autobiographies trop complaisantes pour être prises au pied de la lettre (*Le Conte de ma vie*, 1855). Mais ce sont ses 173 *Contes* qui retiennent l'attention. Ils n'ont jamais été écrits à l'intention des enfants, contrairement à une erreur tenace, et ils entendent bien ne pas donner dans le genre populaire. Ils valent par une finesse d'imagination bien tempérée, par une sensibilité d'une grande délicatesse, par une saine et sobre philosophie de la vie, mais surtout par un art d'écrire d'une simplicité et d'une vérité extrêmes. Il n'existe pas d'ouvrage qui ait été autant adapté que ces contes qui furent publiés régulièrement de 1835 à la mort de l'auteur. ➝ ÉTYM. Ce nom de famille danois signifie «fils (*sen* [autre forme de *søn*]) d'André *(Ander)*» (➝ aussi Anderson, Andersson).

**ANDERSEN-NEXØ (Martin)** ♦ Romancier danois (Kristianshavn, Copenhague 1869 - Dresde 1954). Ouvrier et autodidacte, il voyagea en Italie et en Espagne (1894) et écrivit les *Jours de soleil* (1903). Impressionné par la misère du prolétariat, il devint marxiste et publia *Pelle le Conquérant* (1906 - 1910), où il évoque sa confiance dans l'avènement de la justice sociale. Après la révolution russe, il s'inscrivit au parti communiste et publia *Ditte, fille de l'homme* (1917 - 1921), hymne à la bonté naturelle de la femme. Il laissa aussi une autobiographie en 4 volumes et des romans : *Martin le Rouge* (1945), et *La Génération perdue* (1948).

**ANDERSON (Sherwood)** ♦ Romancier américain (Camden, Ohio 1876 - Colón, Panamá 1941). Comme son père qu'il dépeint «grand raconteur d'histoires» (*Le Fils de McPherson le Bavard*, 1916 ; *Mon père et moi*, 1924), Sherwood Anderson se considéra toujours comme un simple conteur. À Chicago, il fut pigiste à *La Petite Revue*, rencontra Dreiser et publia son premier succès *Winesburg, Ohio* (1919), recueil de nouvelles critiquant les préjugés de la société américaine et comparables à celles de Sinclair Lewis. Dans *Pauvre Blanc* (1920), il évoque la transformation d'une région agricole en centre industriel. Avec *De nombreux mariages* (1923), il aborde les problèmes sexuels. Parmi ses autres œuvres, on peut citer : *Les Manifestants* (1917), *Rire noir* (1925). Il écrivit aussi des *Mémoires* (1942). Il fut très lié avec Faulkner*. ➝ ÉTYM. Le nom anglais *Anderson* signifie «fils *(son)* d'André *(Ander)*».

**ANDERSON (Maxwell)** ♦ Auteur dramatique et scénariste américain (Atlantic, Pennsylvanie 1888 - Stamford 1959). Pour redonner vie à un théâtre poétique, son œuvre s'inspire des grands personnages de l'histoire (*Élisabeth la reine*, 1930) ou de sujets modernes, tel le drame de Sacco et Vanzetti (*Winterset*, 1935).

**ANDERSON (Carl David)** ♦ Physicien américain (New York 1905 - San Marino, Californie 1991). Il découvrit dans les rayons cosmiques la présence d'électrons positifs ou positons (1932). L'existence de cette antiparticule, la première à être observée expérimentalement, avait été prédite deux ans auparavant par P. Dirac*. En 1937, Anderson reconnut dans le rayonnement cosmique une autre particule nouvelle, le muon. [Prix Nobel de phys. 1936, avec V. Hess*]

**ANDERSON (Lindsay)** ♦ Réalisateur et critique britannique de cinéma (Bangalore 1923 - 1994). Ses écrits sur le cinéma exercèrent une influence importante. Il fut le principal animateur du mouvement Free Cinema. Il réalisa de nombreux films, documentaires ou courts métrages (*Wakefield Express*, 1953 ; *Thursday's Children*, 1955 ; *Every Day Except Christmas*, 1957 et des longs métrages *Le Prix d'un homme*, 1963 ; *If...*, 1968, où se révèlent directement ses oppositions au «système» ; *O Lucky Man*, 1973).

**ANDERSON (Philip)** ♦ Physicien américain (Indianapolis 1923). Ses principaux travaux portent sur l'apparition du magnétisme au sein de certains métaux et sur les propriétés électroniques des solides non cristallins (amorphes). [Prix Nobel de phys. 1977, avec N. Mott* et J. Van* Vleck]

**ANDERSON (Poul)** ♦ Romancier américain (Bristol, Pennsylvanie 1926 - Orinda, Californie 2001). Il fit des études de physique avant de se tourner vers la science-fiction où il a connu un grand succès avec des romans devenus des classiques du genre : *La Reine de l'air et des ténèbres*, *La Patrouille du temps* (1955 - 1959), *Les Croisés du cosmos* (1960), *Le Monde de Satan* (1968).

**ANDERSSON (Harriet)** ♦ Actrice suédoise (Stockholm 1932). Elle s'imposa dès ses débuts (*Monika*, 1953), dans un rôle à la sensualité provocante. Son metteur en scène fut Ingmar Bergman : c'est avec lui qu'elle affina son personnage, emblématique de l'érotisme scandinave, dans *La Nuit des forains* (1953), *Une leçon d'amour* (1954), *Sourires d'une nuit d'été* (1955), ou tragique, dans *Cris* et Chuchotements* (1972).

**ANDERSSON (Birgitta, dite Bibi)** ♦ Actrice suédoise (Stockholm 1935). Homonyme de Harriet Andersson, elle en fut aussi la parfaite antithèse, dans le registre de l'ingénuité et de la fragilité. C'est ainsi qu'elle incarna la gentille saltimbanque du *Septième* Sceau* (1957), l'infirmière fidèle de *Persona* (1966), ou, au théâtre, la Viola de *La Nuit des rois* (1975), dans des mises en scène d'Ingmar Bergman.

**ANDES** n. f. pl. ➝ ÉTYM. anc. *Salcanta*, probablt du quetchua *sal* «sauvage, brut» et *anta* «métal [cuivre]» ♦ Ensemble de chaînes de montagnes et de volcans (cordillères) situé sur la bordure occidentale de l'Amérique du Sud. Les Andes résultent de la subduction des fonds de l'océan Pacifique (plaque Nazca) sous le continent sud-américain. De direction méridienne, les Andes s'étirent sur plus de 8 000 km entre 10° de latitude nord et 56° de latitude sud. C'est le plus long massif montagneux du monde ; son plus haut sommet, l'Aconcagua, atteint 6 960 m. Des fosses océaniques aussi profondes lui sont

**Andes.** Petit lac andin, au Pérou. *Phot.©Arch. Nathan*

parallèles. De nombreux sommets dépassent les 5 000 m tout au long de la Cordillère dont certains sont des volcans actifs parfois recouverts d'une calotte de glace *(nevado)*. Son relief a été très marqué tant par les insurrections, les aplanissements (hauts plateaux à 4 000 m), que par les effets de la glaciation. Aujourd'hui, le volcanisme et les séismes liés à la rencontre des plaques tectoniques ont des conséquences géographiques souvent graves. Les différences climatiques sont extrêmes : au nord, les Andes du Venezuela*, de la Colombie* et du nord de l'Équateur* sont humides, le reste est aride sauf à l'extrême sud où le froid et de nouveau l'humidité l'emportent. À ce dispositif en latitude, découpant un relief longitudinal, s'ajoutent les effets de l'étagement en altitude, terres chaudes jusqu'à 1 000 m, terres tempérées par l'altitude entre 1 000 et 2 000 m, parfois 2 800 m, terres froides au-delà, offrant des conditions de vie et de production très variées. Au Venezuela, on distingue les chaînes de Perija et de Mérida qui enserrent la dépression du lac de Maracaibo. En Colombie, à partir du sud (Pasto), s'individualisent trois chaînes séparées par le profond fossé du Cauca et la vallée du Magdalena. En Équateur*, deux cordillères, larges de moins de 200 km, sont individualisées, qui ont toutes deux de hauts volcans (Chimborazo 6 310 m). Entre les deux s'étend une dépression médiane morcelée en plusieurs hauts bassins de 2 400 à 2 800 m partiellement comblés de dépôts volcaniques. Au Pérou*, les cordillères s'élargissent pour atteindre 500 km en Bolivie*. La cordillère «blanche» (orientale) est la plus élevée avec le sommet Huascarán à 6 768 m. En Bolivie, la cordillère royale (Illampu) la plus élevée domine le lac Titicaca qui occupe une vaste et haute plaine endoréique à 3 900 m d'alt., l'*altiplano*, et a pour exutoire le lac Poopó et les *salars* d'Uyuni qui se prolongent dans la Puna d'Atacama. Entre le Chili* et l'Argentine*, la Cordillère devient unique et étroite mais reste très élevée (Aconcagua). De grands volcans dominent des lacs (Osorno-Villarrica). Au sud, la mer a ennoyé une morphologie de surcreusement glaciaire multipliant les fjords et les îles. En Terre de Feu, la cordillère de Magellan prend une direction O.-E. Les Andes ont été depuis l'époque précolombienne plus peuplées que les plaines et les plateaux du continent sud-américain en raison de leur salubrité. Les Espagnols s'y sont installés pour les mêmes raisons. L'agriculture céréalière (maïs, blé, orge, quinoa) et de tubercules (pommes de terre), l'horticulture dans les vallées, l'élevage et les mines ont fixé des populations jusqu'à de très hautes altitudes (4 100 m). Les Andes sont, encore aujourd'hui, assez peuplées même si l'attraction des terres basses est forte. Plusieurs villes sont millionnaires dont trois capitales (Bogotá, Quito, La Paz). Des routes relient désormais les régions andines entre elles.

**ĀNDHRA** n. m. pl. ♦ Dynastie indienne du Dekkan qui contrôla la partie S.-E. de l'Inde du –I$^{er}$ s. jusque v. 225. Elle aurait eu trente rois qui furent, semble-t-il, de fervents adeptes du bouddhisme (→ **Amarāvatī**). ♦ ***Āndhra*** n. m. Nom du royaume dravidien des Āndhra. Il était situé entre la Godaveri et la Krishna inférieure.

**ANDHRA PRADESH** ♦ État de l'Inde 276 814 km$^2$. 76 210 007 hab. LANGUE : telugu (off.). CAP. : Hyderabad. Il comprend deux parties bien distinctes : les deltas de la Krishna et de la Godaveri où règne la monoculture du riz grâce à un système d'irrigation efficace (construction de grands barrages) ; et l'intérieur, plus sec et aux sols plus pauvres (culture des millets et des arachides). ▪ L'État d'Andhra Pradesh a été formé en 1956 pour regrouper les populations de langue telugu, par la réunion d'une partie de l'État princier de Hyderabad et de la prov. britannique de Madras.

**ANDIJAN** ♦ V. d'Ouzbékistan, ch.-l. de région, dans le Fergana. 323 900 hab. Centre indus. d'une riche région agricole et pétrolifère (indus. alimentaire et cotonnière). Machines Diesel. ▪ La ville fut en grande partie détruite par un tremblement de terre en 1902. Une rébellion contre l'autorité du président Karimov a été durement réprimée en 2005.

**andin (Pacte)** ♦ Accord d'intégration économique signé à Cartagena (Colombie) en 1969, entre la Bolivie, la Colombie, le Chili, l'Équateur et le Pérou. Le Venezuela y entra en 1973 et le Chili quitta le Pacte en 1976. Relancé en 1996, il a pris le nom de *Communauté andine*.

**ANDLAU** [67140] ← ÉTYM. du n. du ruisseau *Andlau* ♦ Comm. du Bas-Rhin, arr. de Sélestat. 1 654 hab. *(Andlaviens)*. L'église (XII$^e$ s.) possède le plus bel ensemble de sculpture romane en Alsace (portail et frise) ; crypte du XI$^e$ s.

**ANDOCIDE** – en gr. ***Andokidês*** ♦ Orateur et homme d'État athénien (v. –440 - apr. –391). Accusé ainsi qu'Alcibiade de la mutilation des statues d'Hermès, il s'exila à Chypre.

**ANDO Kaigetsudō** ♦ Peintre japonais, actif v. 1700 - 1714, spécialisé dans les études de figures féminines, surtout réputé pour ses estampes (ukiyoe) représentant de jolies femmes. Ses nombreux disciples formèrent l'école artistique Kaigetsudōryū.

**Ando Kaigetsudō.** Courtisane et jeune servante, détail. Coll. part. *Phot. © Arch. Smeets*

## ANDORRE

▪ n. f. – off. ***principauté d'Andorre*** ← ÉTYM. p.-ê. du navarrais *andurrial* «terrain couvert de buissons» ou du basque *Ameturra* «dix *(ama)* sources *(iturri)*» ♦ Principauté des Pyrénées, située aux confins de la France et de l'Espagne, entre Foix et Urgel, dans le Grand Valira. → **Midi-Pyrénées** (carte). 465 km$^2$. 81 222 hab. *(Andorrans)*. LANGUE : catalan (off.). MONNAIE : euro. CAPITALE : Andorre-la-Vieille. ▪ La principauté vit de l'élevage et surtout du tourisme (on y trouve beaucoup de produits importés en franchise).

▪ **HISTOIRE** De 1278 à 1993, l'Andorre fut placée sous la suzeraineté commune de deux coprinces, l'évêque d'Urgel et le chef de l'État français. En 1993, se dotant d'une Constitution, elle est devenue un État indépendant, ayant à sa tête les deux anciens coprinces, et a été admise à l'ONU.

**ANDORRE-LA-VIEILLE** ← ÉTYM. en catalan ***Andorra la Vella*** «Andorre la Ville» ♦ Cap. de la principauté d'Andorre, au-dessus du Grand Valira. 24 211 hab. *(Andorrans)*. La Maison des Vallées, vaste bâtiment du XVI$^e$ s., abrite le Parlement et le palais de justice. ▪ Centre touristique. Commerce.

**ANDŌ Shōeki** ♦ Écrivain japonais (v. 1701 - v. 1750) et médecin réputé, auteur de nombreux ouvrages dans lesquels il exprime des vues utopiques sur une société égalitaire et critique avec un rare courage les usages féodaux de son époque.

**ANDŌ Tadao** ♦ Architecte japonais (Ōsaka 1941). Autodidacte, inspiré par Le Corbusier et nourri de nombreux voyages, il a concilié le modernisme occidental avec la tradition de rigueur et de dépouillement de l'architecture japonaise. Ses premières maisons individuelles allient la nudité du décor, la simplicité des lignes, des murs extérieurs aveugles en béton et des parois en briques de verre à l'intérieur. Il a conçu l'immeuble Rokko, près de Kōbe, où il réalise une brillante utilisation d'un terrain en pente, le Musée des enfants à Himeiji en 1989 ; le Musée d'art contemporain de Naho-

Tadao **Ando.** Intérieur de l'église de la Lumière, Ōsaka. *Phot. © René Buri/Magnum*

sima (1992), des chapelles chrétiennes dont «l'église de la lumière» en 1989, à Ôsaka. On lui doit également le pavillon du Japon pour l'Exposition de Séville (1992), la Fabrica, à Trévise (1997) et l'aménagement du complexe d'Yumebutai (2000), sur l'île d'Awaji, où il a redonné vie à une terre inculte depuis le remblaiement de la baie d'Ôsaka et le séisme de 1995 (plantation de 250 000 arbres, hôtels, salles de conférences, serres, etc.). En 2006, il a rénové le palais Grassi à Venise pour le musée d'art contemporain de François Pinault. [Prix Pritzker 1995]

**ANDRADE (Antonio DE)** ♦ Jésuite portugais (Oleiros, Alentejo v. 1580 - Goa 1634). Missionnaire aux Indes orientales, il visita le Tibet (1624) où il fut un des premiers à pénétrer dans la ville de Lhassa*, se rendit au Cachemire et en Chine, et mourut empoisonné à son retour à Goa. La relation de son voyage fut traduite en français en 1627.

**ANDRAL (Gabriel)** ♦ Médecin français (Paris 1797 - *id.* 1876). Professeur de pathologie et de thérapeutique à la faculté de médecine à la suite de F. Broussais*, il contribua au développement de l'anatomie pathologique et de la clinique. [Acad. sc. 1843]

**ANDRÁSSY (Gyula)** dit **l'Aîné** ♦ Homme politique hongrois (Kassa 1823 - Volosca 1890). Condamné à mort pour avoir participé à la révolution de 1848, il dut se réfugier en Grande-Bretagne, puis en France. Amnistié en 1858, il revint en Hongrie et fut élu à la Diète en 1860. L'un des artisans du compromis de 1867, il fut président du Conseil hongrois (1867 - 1871) puis ministre des Affaires étrangères de l'Empire (1871 - 1879). Il fit occuper la Bosnie-Herzégovine (1878) et réalisa l'alliance de l'Autriche-Hongrie et de l'Allemagne (1879). ♦ **Gyula Andrássy,** dit **le Jeune.** Homme politique hongrois (Töketerebes 1860 - Budapest 1929), fils du précédent. Il fut ministre de l'Intérieur de l'Empire (1906 - 1910), puis ministre des Affaires étrangères en 1918. Il resta fidèle aux Habsbourg et soutint la tentative de Charles Ier pour reprendre la Couronne de Hongrie (1921).

**ANDRAULT (Michel)** ♦ Architecte français (Montrouge 1926). Associé à PIERRE PARAT (Versailles 1928) depuis 1957, il perfectionna les méthodes d'assemblage des cellules d'habitation pour les logements sociaux de Sainte-Geneviève-des-Bois (1968 - 1970) et, pour éviter la banalité des grands ensembles, inventa des logements «intermédiaires» et les gradins-terrasses d'Evry 1 (1971 - 1972). Il construisit en 1973, toujours avec Parat, le siège social d'Havas, à Neuilly-sur-Seine, masse impressionnante rythmée par de grandes poutres horizontales et un hall cylindrique, traité de façon lyrique. L'université de Paris-Tolbiac (1972 - 1973), la tour Totem du quai de Grenelle à Paris (1978), le Palais omnisports de Bercy (1984) témoignent de la volonté des deux architectes d'adapter les codes de la modernité, dont l'utilisation massive du béton, à une articulation esthétique des volumes.

**ANDRÉ** (saint) ➝ ÉTYM. gr. *Andreas,* de *anêr, andros* «mâle» ♦ Un des douze apôtres*, disciple de Jésus après avoir été celui de Jean* Baptiste, et frère de Pierre*. La tradition en fit l'évangélisateur de la Russie ou des Scythes, mort crucifié à Patras sur une croix en X *(croix de Saint-André).* Patron de l'Écosse. ♦ ***Les «Actes d'André»*** (grec, IIe s.) qui nous sont connus grâce à diverses sources, dont le résumé latin de Grégoire de Tours *(Vie d'André),* les Actes d'André et Matthias (grec, Ve s.) et les Actes de Pierre et André (grec, Ve s.) sont apocryphes. ▪ Fête le 30 nov.

**ANDRÉ Ier** ♦ (mort en 1060). Roi de Hongrie (1047 - 1060). Petit-fils de saint Étienne*, André Ier combattit les aristocrates restés attachés au paganisme et repoussa les attaques d'Henri* III le Noir. Il fut tué dans la guerre que mena contre lui Béla* Ier, son frère.

**ANDRÉ II** ♦ (1175 - 1235). Roi de Hongrie (1205 - 1235), fils de Béla* III. Après avoir disputé la couronne à son frère Émeric, il dut faire face à des complots. À son retour de la croisade de Saint-Jean-d'Acre (1217 - 1218), il trouva le pays en pleine révolte. L'ampleur du mouvement l'obligea à accorder la Bulle d'or (1222) qui garantissait à la noblesse une réunion annuelle ou diète, des immunités d'ordre fiscal et lui réservait la perception des impôts. Les Saxons de Transylvanie obtinrent un statut d'autonomie en 1224.

**ANDRÉ III** ♦ Roi de Hongrie (de 1290 à 1301). Il dut lutter pour conserver sa couronne contre Albert de Habsbourg. Avec lui s'éteignit la dynastie des Árpád*.

**ANDRÉ (Louis)** ♦ Général et homme politique français (Nuits-Saint-Georges 1838 - Dijon 1913). Il fut nommé ministre de la Guerre en remplacement de Galliffet dans le cabinet Waldeck-Rousseau (1901) et conserva ce portefeuille dans le gouvernement de Combes*. Son nom est resté attaché à l'affaire des fiches qui entraîna un scandale, la démission d'André et hâta la chute du ministère Combes (1904).

**ANDRÉ (Maurice)** ♦ Trompettiste français (Alès 1933). Lauréat du concours international de Munich en 1963, il commença alors une brillante carrière internationale de virtuose.

**ANDREA DA FIRENZE (Andrea di Bonaiuto,** dit**)** ♦ Peintre florentin, connu de 1343 à 1377. Il exécuta v. 1366 les célèbres fresques de la chapelle des Espagnols à Florence (Sainte-Marie-Nouvelle) et une *Vie de saint Renier* au Campo Santo de Pise (v. 1367 - 1377).

**ANDREA DEL CASTAGNO (Andrea di Bartolo di Bargilla,** dit**)** ♦ Peintre italien (Castagno, près de Florence 1419 - Florence 1457). Il travailla à Venise (1442, San Zaccaria) avant de s'établir définitivement à Florence en 1444. Il y décora le réfectoire de Sant'Apollonia (1445 - 1450) : *Cène, Crucifixion, Mise au tombeau, Résurrection.* Ses portraits d'*Hommes* et de *Femmes illustres* sont la réunion très humaniste de héros de la Bible, de l'Antiquité et de la société contemporaine (v. 1450). Il donna un pendant au *John Hawkwood* d'Uccello* avec l'effigie équestre de *Niccolò da Tolentino* (1456, cathédrale). Il fut emporté par la peste. ▪ L'influence de Masaccio* et de Donatello* a marqué son style, si austère dans l'ordonnance, le dessin et la couleur, si puissant aussi que le monde du peintre semble minéral ou métallique dans la lumière implacable qui sculpte visages, corps et drapés, et qui renforce l'effet dramatique de la mise en scène. ▪ *Autre illustration :* ➝ **Boccace.**

**Andrea del Castagno.** *Le condottiere Niccolò da Tolentino,* fresque. Cathédrale de Florence.
*Phot. ©Arch. Smeets*

**ANDREA DEL SARTO** ➝ ÉTYM. it. *sarto* «tailleur» [profession de son père] ♦ Peintre italien (Florence 1486 - *id.* 1530). Après un apprentissage chez un orfèvre, il devint l'élève de Piero* di Cosimo. Influencé par Léonard* et Raphaël*, il fut, avec Fra Bartolomeo*, le grand représentant du classicisme florentin de la haute Renaissance. Il commença par décorer l'entrée de l'Annunziata à Florence en illustrant la *Vie de saint Philippe Benizzi* (v. 1510). Par la suite, il peignit en grisaille la *Vie de saint Jean-Baptiste* dans le cloître du Scalzo (Florence, 1512 - 1526) ; ces œuvres monochromes enrichies par un décor fantaisiste révèlent un goût plus intimiste que dramatique. Dans son *Tribut à César* (salon de la villa de Poggio a Caiano, 1521), terminé par Allori* (1582), il ouvrit la voie au maniérisme florentin en insistant sur l'expression des sentiments et en déployant un décor monumental. Certains de ses tableaux de chevalet s'inspirent de Léonard *(Annonciation,* 1514, palais Pitti, Florence), de Raphaël *(Sainte Famille,* Louvre) et de Fra Bartolomeo *(Madone aux harpies,* Offices, Florence). Il exécuta enfin plusieurs portraits exprimant une douceur et une pudeur toutes délicates *(Portrait de femme,* Offices ; *Portrait de Lucrezia del Fede,* femme du peintre, Prado, Madrid).

**ANDREA PISANO (Andrea DA PONTEDERA,** dit**)** ♦ Orfèvre, sculpteur et architecte italien (Pontedera v. 1290 - Orvieto ? v. 1349). En lui commandant la première des trois portes de bronze du baptistère, les Florentins souhaitaient qu'il s'inspirât des portes pisanes de Bonnano*. Il exécuta de 1330 à 1336 la porte gothique qui, remplacée par la seconde porte de Ghiberti*, se trouve maintenant côté sud : une corniche sacome entoure vingt-huit cadres quadrilobés à la française. Andrea y donna, dans les scènes de la *Vie de saint Jean-Baptiste,* la première expression en relief du langage clair de Giotto*. Il collabora ensuite avec ce dernier aux travaux du Campanile, qu'il dirigea après la mort du peintre. En 1343, il quitta Florence (pour Pise ?), puis devint en 1347 maître d'œuvre de la cathédrale d'Orvieto. Son fils Nino lui succéda dans ces fonctions.

**ANDREAS-SALOMÉ (Lou)** ♦ Femme de lettres allemande (Saint-Pétersbourg 1861 - Göttingen 1937). Fille du général Salomé, épouse de l'orientaliste Andreas, elle était douée d'une grande intelligence artistique et philosophique. Elle fut l'amie de Nietzsche* et de Rilke*, sur lesquels elle exerça une profonde influence. En 1911, elle devint la disciple de Freud*. Ses livres furent brûlés par les nazis. Elle a laissé de nombreux écrits : souvenirs d'enfance et de jeunesse (*Fénitchka*, 1895 ; *Rodinka*, 1922), essais (*Friedrich Nietzsche dans ses œuvres*, 1894 ; *Éros*, 1910 ; *Lettre ouverte à Freud*, 1931), un roman (*La Maison*, 1921), une autobiographie (*Ma vie*, posth. 1951) et une abondante correspondance avec Rilke et Freud.

**ANDRÉE (Salomon August)** ♦ Explorateur suédois (Gränna 1854 - Spitzberg 1897). Il disparut lors d'une expédition en ballon vers le pôle Nord en 1897.

**ANDREÏEV (Leonid Nikolaïevitch)** ♦ Écrivain russe (Orel 1871 - Kuokkala, Finlande 1919). Sa première nouvelle, *Il y avait une fois* (1901), le rendit célèbre. Deux autres publiées en 1902, *Le Gouffre* et *Dans le brouillard*, traitant avec réalisme les sujets sexuels, lui attirèrent des critiques violentes. Ces trois nouvelles, avec celle du *Gouverneur* (1906), révèlent l'influence de Gorki pour leur réalisme et de Tolstoï pour leur dimension tragique avec une prise de conscience du ridicule absurde de la vie. Avec les nouvelles *Le Rire rouge* (1904), *Obscurité* (1907) et *Les Sept Pendus* (1908), Andreïev développa d'une façon plus conventionnelle des thèmes sociaux sur l'héroïsme des terroristes. À partir de 1908, il écrivit principalement des pièces de théâtre dont les unes traitent avec réalisme des scènes de la vie russe (*Anfissa*, 1904), et les autres sont des drames symboliques : *La Pensée* (1902) sur la folie, *La Vie d'un homme* (1907) et *Celui qui reçoit des gifles* (1915) porté à l'écran par V. Sjöström sous le titre *Larmes de clown* (1924). Il a laissé des *Mémoires* (1908) et des romans (*Le Joug de la guerre*, 1916 ; *Journal de Satan*, 1921).

**Andreï Roublev** ♦ Film russe d'Andreï Tarkovski* (1967). Une fresque grandiose, réalisée par un cinéaste qui ose clamer sa foi en la pérennité des valeurs spirituelles et en la toute-puissance du libre arbitre. Son héros est un humble peintre d'icônes du XV^e s., qui fut condamné en son temps pour hérésie. → **Roublev (Andreï)**. Le film est conçu comme un retable, en trois volets (l'épilogue est en couleurs), et fait appel à des acteurs quasi inconnus du public. Son tournage dura cinq ans, et sa diffusion fut longtemps retardée par les organismes officiels de l'URSS. [Prix de la critique internationale à Cannes 1969]

**ANDREOTTI (Giulio)** ♦ Homme politique italien (Rome 1919). Député démocrate-chrétien, il a été de nombreuses fois ministre et a dirigé le gouvernement en 1972 - 1973, 1976 (où il bénéficia de l'abstention des communistes, avec qui il signa le « compromis historique » en 1977), 1978, 1979 et de 1989 à 1992. Partisan de l'Europe et de l'Alliance atlantique, il a occupé le ministère des Affaires étrangères de 1983 à 1989. Il est sénateur à vie depuis 1991. ← ÉTYM. Ce nom est le diminutif italien de *André**.

**ANDRES (Stefan)** ♦ Écrivain allemand (Breitwies, près de Trèves 1906 - Rome 1970). Auteur de nouvelles (*Wir sind Utopia*, 1942, qui se situe dans le cadre de la guerre civile espagnole), de romans (*Le Chevalier de justice*, 1948 ; *Déluge*, 1949), de poèmes (*La Grenade*, 1950), il fut, après guerre, un des représentants de l'humanisme chrétien.

**ANDRÉSY** [78570] ← ÉTYM. anc. *Undresiacum*, du germ. *Hundaric*, n. de pers., et suff. *-iacum* ♦ Comm. des Yvelines, arr. de Saint-Germain-en-Laye, sur la Seine. 12 485 hab. (*Andrésiens*). Barrage écluse.

**ANDREU (Paul)** ♦ Architecte français (Caudéran 1938). On lui doit la construction de plus de quarante aérogares (Roissy, Nice, Le Caire, Ōsaka, Jakarta, Abou Dhabi, Shanghai) et du terminal français du tunnel sous la Manche. Il a achevé l'Arche de la Défense (1989) et réalisé de nombreux ouvrages, notamment en Chine : stade omnisports de Canton (2001), Oriental Art Center à Shanghai, musée de la Mer à Ōsaka, vaste coupole de verre et d'acier recouvrant un bateau, Opéra de Pékin (2007), immense coquille de titane posée sur l'eau. [Acad. des bx-arts 1996]

**ANDREWS (Thomas)** ♦ Physicien irlandais (Belfast 1813 - *id.* 1885). Étudiant la physique des changements d'état, il mit en évidence et détermina l'isotherme critique (1869) et, sur cette courbe, les coordonnées du point critique.

**ANDRÉZIEUX-BOUTHÉON** [42160] ← ÉTYM. *Andrézieux* : du germ. *Hundaric*, n. de pers., et suff. *-iacum* et *Bouthéon* : du gaul. *Bodius*, n. de pers., et *dunum* « hauteur » ♦ Comm. de la Loire, arr. de Montbrison, au S. des monts du Forez, au confluent de la Loire et du Furan. 9 153 hab. (*Andréziens-Bouthéonais*). Aéroport de Saint-Étienne.

**ANDRIA** ♦ V. d'Italie, dans les Pouilles (prov. de Bari). 95 653 hab. Cathédrale (restaurée) du X^e s., contenant les tombeaux des deuxième et troisième épouses de Frédéric II. Églises Saint-François, Saint-Dominique et Saint-Augustin (XIV^e s.). ▪ Aux environs, château de Castel* del Monte, une des résidences favorites de Frédéric II. ▪ Grand marché agricole et indus. agroalimentaires. Indus. de l'habillement.

**ANDRIĆ (Ivo)** ♦ Écrivain serbe (Dolac, près de Travnik, Bosnie 1892 - Belgrade 1975). Très jeune, il prit une part active au mouvement national yougoslave puis entra dans la carrière diplomatique. Ayant débuté par des poèmes (*Ex ponto*, 1918 ; *Inquiétudes*, 1920) qui annoncent les thèmes de son œuvre, il se consacra à des nouvelles ayant pour cadre une Bosnie à la fois historique et légendaire et inspirées par les grands drames humains : *Le Voyage d'Alija Djerzelez* (1920), *Le Pont sur la Jepa* (1925). Parmi des essais, *Conversation avec Goya* (1935) est une réflexion sur les fondements de la création artistique. Trois romans publiés en 1945 (*Il est un pont sur la Drina*, *La Chronique de Travnik*, *La Demoiselle*) décrivent avec un grand souci d'exactitude historique le monde foisonnant de son pays natal, où se mêlent l'Occident et l'Orient, et révèlent, influencée par Kierkegaard, la méditation de l'auteur sur la condition humaine. Il a laissé un dernier roman inachevé, *Omer Pacha Latas* (1976). [Prix Nobel de littér. 1961]

**ANDRIEU (Jean-François D')** ou **DANDRIEU** ♦ Organiste et compositeur français (Paris 1682 - *id.* 1738). Auteur d'une suite de symphonies, *Les Caractères de la guerre*, de sonates pour violon et surtout d'œuvres pour clavier (orgue et clavecin), il écrivit un ouvrage sur les *Principes de l'accompagnement au clavecin*.

**ANDRINOPLE** → Edirne

**ANDROCLÈS** ♦ Esclave romain (I^er s.). Selon Aulu*-Gelle (*Nuits attiques*, V, 14), il fut livré aux bêtes pour s'être enfui. Le lion qu'il avait naguère soigné le reconnut et se coucha à ses pieds, ce qui valut à Androclès la grâce de l'empereur. ▪ L'épisode a inspiré une pièce à B. Shaw (*Androclès et le Lion*).

**ANDROGÉE** – en gr. *Androgeôs* ♦ Athlète mythique, fils de Minos* et de Pasiphaé*. Il est tué à l'instigation d'Égée*, roi d'Athènes*, jaloux des victoires de l'athlète crétois aux Panathénées. Zeus dépêche sur la cité la peste et la famine et Minos envahit Athènes. Pour racheter leur crime, les Athéniens sont alors contraints d'envoyer tous les neuf ans en Crète sept jeunes hommes et sept jeunes filles destinés à être dévorés par le Minotaure*.

**ANDROMAQUE** ← ÉTYM. en gr. *Andromakhê*, de *Andromakhos* « qui combat les hommes » ♦ Princesse légendaire de Troie*, héroïne de *L'Iliade**, femme d'Hector* et mère d'Astyanax*. Après la prise de Troie, elle devint l'esclave puis la femme de Pyrrhos*.

**Paul Andreu. L'Opéra de Pékin.** *Phot. © Adrian Bradshaw/epa/Corbis © ADAGP, Paris 2008*

**Andromaque** – en gr. ***Andromakhê*** ♦ Tragédie d'Euripide* (v. –426). Femme de Pyrrhos, Hermione éprouve une vive jalousie pour Andromaque, veuve d'Hector et captive du prince, qui lui a donné un fils. Elle s'apprête à faire périr sa rivale et l'enfant quand l'intervention du vieux Pélée les sauve. Hermione prend la fuite avec Oreste, son premier fiancé, qui a fait tuer Pyrrhos.

**Andromaque** ♦ Tragédie de Racine*, en 5 actes et en vers (1667), inspirée d'un passage de *L'Iliade*. Captive de Pyrrhus (→ **Pyrrhos**), roi d'Épire, Andromaque ne sauvera son fils Astyanax d'une mort certaine qu'en épousant son vainqueur. Ambassadeur des Grecs, Oreste est venu à la cour de Pyrrhus pour que l'enfant lui soit remis. Mais l'amour de Pyrrhus pour Andromaque et celui qu'Oreste éprouve pour Hermione, fiancée délaissée de Pyrrhus, font obstacle au vœu des Grecs. La crise se dénouera par l'assassinat de Pyrrhus, dicté à Oreste par Hermione, le suicide d'Hermione et la folie d'Oreste.

**ANDROMÈDE** → ÉTYM. en gr. ***Andromeda***; du gr. *anêr* «homme, mâle» et *medô* «régner, s'occuper de» ♦ Princesse légendaire d'Éthiopie. Sa mère Cassiopée* s'est vantée d'être plus belle que les Néréides. Pour se venger de cette insulte, Poséidon envoie un monstre marin ravager le pays. Andromède est livrée au monstre attachée sur un rocher pour apaiser le dieu offensé, mais Persée* la délivre.

**ANDROMÈDE** n. f. – en lat. ***Andromeda*** ♦ Constellation de l'hémisphère boréal. On y observe la galaxie spirale (la seule visible à l'œil nu) dite *nébuleuse d'Andromède* qui comporte environ 200 millions d'étoiles (2 millions d'années-lumière).

**ANDRONIC** – en gr. ***Andronikos*** ♦ Nom de plusieurs empereurs byzantins. ♦ **ANDRONIC Iᵉʳ COMNÈNE** (v. 1100 - 1185). Petit-fils d'Alexis Iᵉʳ Comnène, il épousa Agnès* de France. Il s'empara du trône en 1183 en faisant étrangler Alexis* II et fut lui-même renversé en 1185 par Isaac* II Ange. ♦ **ANDRONIC II PALÉOLOGUE** (Nicée 1258 - Constantinople 1332). Monté au trône en 1282, il associa au pouvoir son fils Michel* IX Paléologue, lutta contre les Turcs et fut renversé par son petit-fils Andronic* III en 1328. ♦ **ANDRONIC III PALÉOLOGUE** (Constantinople 1295 - *id.* 1341). Fils de Michel* IX Paléologue, il détrôna son grand-père Andronic* II et lutta contre les Turcs, qui achevèrent sous son règne la conquête de l'Asie Mineure. ♦ **ANDRONIC IV PALÉOLOGUE** (v. 1348 - 1385). Aidé par les Turcs et les Génois, il détrôna son père Jean* V en 1376, mais dut lui restituer le pouvoir trois ans plus tard.

**ANDRONICUS (Lucius** ou **Titus Livius)** ♦ Auteur et acteur d'origine grecque (Tarente v. –270). Créateur de la tragédie latine. Œuv. princ. : *Achille, Égisthe, Andromède, Danaé.*

**ANDRONICUS DE RHODES** ♦ Philosophe grec péripatéticien (début du –Iᵉʳ siècle). On ne sait quasiment rien de la vie de ce philosophe. Mais son édition du Corpus des œuvres d'Aristote, où il classa systématiquement tous les ouvrages connus et regroupa en un seul traité certaines des notes de cours d'Aristote, marqua «une nouvelle époque dans l'histoire de l'aristotélisme» (P. Moraux).

**ANDROPOV (Iouri Vladimirovitch)** ♦ Homme d'État soviétique (Nagoutskoïe, région de Stavropol 1914 - Moscou 1984). Ambassadeur à Budapest de 1953 à 1957, il s'occupa ensuite des relations de l'URSS avec les pays de l'Est (1957 - 1967). Président du KGB de 1967 à 1982, il entra au Politburo en 1973 puis au secrétariat du Comité central (mai 1982). Il succéda à L. Brejnev au secrétariat général du PC (nov. 1982) et devint chef de l'État en juin 1983. → ÉTYM. Ce nom russe signifie «fils d'Androp».

**ANDROPOV** → **Rybinsk**

**ANDROS** ♦ Île grecque de la mer Égée (Cyclades). 304 km². 8 773 hab. Restes de fortifications vénitiennes. ▪ Vins.

**ANDROUET DU CERCEAU** ♦ Famille d'architectes français. ♦ **Jacques Androuet du Cerceau.** Dessinateur, graveur et architecte (Paris v. 1510 - Annecy ou Genève v. 1585). Il fit deux séjours en Italie (1530 à 1537 et 1541). En France, il éleva le château de Verneuil-sur-Oise (1565 - 1575), dont l'ordonnance fut souvent reprise au XVIIᵉ s., et pour Henri III le château de Charleval (détruit) ; il y adopta des formes courbes, un décor plein de fantaisie ainsi que l'ordre colossal. Il publia plusieurs recueils de gravures : *Arcs et Monuments antiques* (1549 - 1560), *Livre des édifices antiques et romains* (1584) et *Livres de grotesques* (1566) où s'affirme son goût pour le décor luxuriant. ♦ **Baptiste Androuet du Cerceau** (v. 1545 - 1590). Fils de Jacques Iᵉʳ. Il dirigea les travaux à Charleval de 1572 à 1576, succéda à Lescot* comme architecte du Louvre en 1578, devint en 1586 architecte en chef des bâtiments du roi Henri III et donna notamment les plans du Pont-Neuf à Paris. ♦ **Jacques Androuet du Cerceau** (v. 1550 - 1614). Frère de Baptiste. Architecte du duc d'Anjou, puis de Henri IV, il acheva la grande galerie du Louvre* et le pavillon de Flore, aux Tuileries*. ♦ **Jean Androuet du Cerceau** (1585 - 1649). Fils de Baptiste. Architecte de Louis XIII en 1617, il édifia la terrasse et l'escalier dit en fer à cheval du château de Fontainebleau* (1632 - 1634) et à Paris, l'hôtel Gallet (Sully) en 1624.

**ANDROUSSOVO** ♦ Loc. de Russie, près de Smolensk, où fut signé le traité polono-russe, par lequel Casimir V céda Smolensk et une grande partie de l'Ukraine* (sur la rive g. du Dniepr) à la Russie (1667).

**ANDRZEJEWSKI (Jerzy)** ♦ Écrivain polonais (Varsovie 1909 - *id.* 1983). Ses romans sont des évocations de l'histoire polonaise (*Cendres et Diamant*, 1948, porté à l'écran par Andrzej Wajda*) ou de l'Inquisition (*La nuit recouvre la terre*, 1957). Par ses autres écrits (*Les Portes du paradis*, 1960 ; *L'Appel*, 1968), il s'opposa au conformisme idéologique et esthétique du régime communiste au pouvoir.

**ANDÚJAR** ♦ V. d'Espagne (Andalousie), prov. de Jaén, sur le Guadalquivir. 38 769 hab. Églises et palais de styles gothique et Renaissance, tour mozarabe. ▪ Céramiques. Traitement de minerais radioactifs.

**ANDUZE** [30140] → ÉTYM. du germ. *Andoenus*, n. de pers., et suff. *-usia* ♦ Ch.-l. de cant. du Gard, arr. d'Alès, sur la rive d. du Gardon. 3 004 hab. *(Anduziens)*. La ville est dominée par le mont Saint-Julien où se trouvent les ruines d'un ancien château fort. Tour de l'horloge (1320). Château (XVIᵉ - XVIIᵉ s.). Halle et fontaine (1648). ▪ Poteries. Aux environs, bambouseraie. ▮ **Histoire** Place forte au Moyen Âge, elle fut l'un des centres du protestantisme cévenol.

L'**Âne d'or** → **Métamorphoses**

**ANESAKI Masaharu** ♦ Écrivain japonais (Kyōto 1873 - Atami 1949). Philosophe de l'histoire des religions, il tenta dans ses écrits et conférences de concilier les vues bouddhiques et chrétiennes. Ses œuvres manifestent une tendance au romantisme.

**ANET** [28260] → ÉTYM. du gaul. *ana* «marais» et suff. dimin. *-itum* ♦ Ch.-l. de cant. de l'Eure-et-Loir, arr. de Dreux. 2 651 hab. *(Anetais)*. Du château Renaissance, dessiné par P. Delorme (1548) pour Diane de Poitiers et décoré par J. Goujon, B. Cellini, G. Pilon et P. Bontemps, subsistent le portail d'entrée, une aile comportant la chambre de Diane et la salle des gardes (boiseries, tapisseries), le salon rouge (meubles Renaissance), la salle à manger (cheminée monumentale) et la chapelle (bas-reliefs, plafond à caissons). L'avant-corps du bâtiment principal est à Paris, dans la cour de l'École nationale des beaux-arts. Chapelle funéraire de Diane de Poitiers (statue en marbre blanc).

**ANETO** (pic d') ♦ Point culminant des Pyrénées espagnoles, dans le massif de la Maladetta (3 404 m).

**ANFINSEN (Christian Boehmer)** ♦ Biochimiste américain (Monessen, Pennsylvanie 1916 - Randallstown, Maryland 1995). Il contribua à élucider la structure spatiale des ribonucléases, enzymes nécessaires au clivage de l'ARN (acide ribonucléique) et certains aspects de leur action. [Prix Nobel de chim. 1972, avec S. Moore* et W. Stein*]

**ANGARA** n. f. ♦ Riv. de Russie, en Sibérie orientale (1 779 km). Émissaire du lac Baïkal, elle arrose Irkoutsk et Angarsk, se déverse dans le *lac d'Angara* puis arrose Bratsk avant de se jeter dans l'Ienisseï. ▪ Grands complexes hydroélectriques dont Bratsk, Oust-Ilimsk, Bogoutchany, Irkoutsk. ♦ ***Culture d'Angara*** Faciès du Paléolithique supérieur de Sibérie, localisé dans la région du lac Baïkal.

**ANGARSK** ♦ V. de Russie, sur l'Angara. 247 100 hab. Indus. chimique, pétrochimique et alimentaire (brasseries, produits laitiers).

**ANG CHAN II** ♦ Roi du Cambodge (de 1796 à 1834). Pour se libérer de la tutelle du Siam et de la rivalité de ses trois frères, il s'allia aux Vietnamiens, qui, après plusieurs campagnes, furent maîtres du pays.

**ANG DUONG** ♦ Roi du Cambodge (de v. 1842 à 1860). Fils d'Ang Chan II. Allié aux Siamois contre les Vietnamiens, il reconquit son royaume et se fit couronner en 1845. Vassal du Siam et du Viêtnam, il rechercha une aide européenne, surtout française, et réorganisa le pays.

L'**Ange bleu** – en all. ***Der blaue Engel*** ♦ Film allemand de Josef von Sternberg* (1930), d'après le roman de Heinrich Mann *Professor Unrat*, avec Marlène Dietrich, Emil Jannings. Ce chant du cygne du cinéma germanique préhitlérien imposa le nom (et le mythe) de Marlène Dietrich. Délaissant tout l'aspect de satire sociale contenu dans le roman, Sternberg édifie un monument intemporel à la gloire de sa vedette, d'une sensualité exaspérée, mêlant réalisme psychologique et esthétique expressionniste.

**ANGÈLE MERICI** (sainte) ♦ (Desenzano, lac de Garde 1474 - Brescia 1540). Religieuse italienne, fondatrice de l'ordre des Ursulines*. ▪ Fête le 27 janv.

**ANGELICO (Guido di Pietro,** en rel. ***Fra Giovanni da Fiesole***, dit **il Beato** ou **FRA)** → ÉTYM. *Fra Angelico* «Frère Angélique» ♦ Peintre italien (Vicchio, Toscane v. 1400 - Rome 1455). Entré au couvent dominicain de Fiesole, il prononça ses vœux en 1423 et fut prieur de son couvent de 1449 à 1452. Il remplit sa vocation de frère prêcheur en peignant, exécutant ou faisant exécuter par son atelier où travailla Gozzoli*, fresques et retables pour Fiesole, Brescia, Florence, Cortone, Pérouse, Rome (1447 - 1449, chapelle de Nicolas V, Vatican*) et Orvieto (1447 - 1449, cathédrale). Le couvent florentin de San Marco, dont Cosme de Médicis lui confia la décoration en 1436 et où, avec son atelier, il peignit le cloître, le réfectoire et une quarantaine de cellules, est devenu un musée consacré à son œuvre. Par leur destination et leur dépouillement *(Christ aux outrages)*, les fresques qu'il y a peintes rendent encore plus manifeste le symbolisme religieux qui ordonne dans toutes ses œuvres le choix des éléments et leur mise en scène (*Annonciation*, v. 1436, Musée diocésain, Cor-

Fra **Angelico.** *Le Couronnement de la Vierge* (2,09 × 2,06 m). Musée du Louvre, Paris.
*Phot. © CFL Giraudon*

tona). Joint à la clarté de la composition, le système chromatique original élaboré par Fra Angelico invite à voir dans sa peinture autant un solide essai d'esthétique thomiste que le résultat « emparadisé » d'une pure intuition ; l'espace, les ombres sont rendus par une couleur toujours franche, qui semble un mode de la lumière ; celle-ci, fondamentale, mais autrement que chez Masaccio*, forme à la fois le milieu et la matière des objets représentés ; elle illumine plutôt qu'elle n'éclaire les figures des hommes et des anges, la belle nature, les architectures nouvelles imitées de l'antique (*Couronnement de la Vierge*, v. 1432, Louvre ; *Retable des Linaiuoli*, 1433, San Marco). Angelico, qui avait pu hériter de sa formation de miniaturiste la fraîcheur et la vivacité de ses tons, et certains traits de ses paysages, ne resta pourtant pas étranger au nouvel humanisme. ▪ Béatifié en 1983.

**ANGÉLIQUE** (mère) → **Arnauld (Jacqueline Marie Angélique)**

**ANGÉLIQUE (LA BELLE)** ♦ Princesse du Cathay, héroïne du *Roland* furieux* de l'Arioste. Éveillant l'amour chez tous les chevaliers, elle aimera pour finir le modeste Médor, causant ainsi la folie de Roland.

**ANGELOPOULOS (Theodoros,** dit **Théo)** ♦ Cinéaste grec (Athènes 1935). Du *Voyage des comédiens* (1975) au *Regard d'Ulysse* (1995), il composa de vastes et complexes épopées, à mi-chemin du constat social et de l'allégorie, qui témoignent de la double influence des grands tragiques grecs et des théories de Brecht. *L'Éternité et un jour* (1998), émouvante rêverie initiatique, obtint la Palme d'or du Festival de Cannes.

**ANGELUS SILESIUS (Johannes SCHEFFLER,** dit**)** ♦ Théologien et poète allemand (Breslau 1624 - *id.* 1677). Médecin du duc de Wurtemberg (1649), lecteur des mystiques allemands (Tauler, Böhme), il abjura le luthéranisme dans lequel il avait été élevé (1653) et entra dans l'ordre des franciscains. Plus que les passages apologétiques de son œuvre, ce sont les accents mystiques d'une spiritualité proche de celle du Moyen Âge qui contribuèrent à en assurer le succès. Écrit en distiques, *Le Pèlerin chérubinique* (*Der cherubinische Wandersmann*, 1674) décrit, par une grande abondance d'images, le cheminement de l'âme du renoncement au monde et à la personnalité à la connaissance de Dieu.

**ANGENNES (Julie d')** ♦ Dame française (Paris 1607 - *id.* 1671). Fille de la marquise de Rambouillet et épouse de Charles de Montausier*, qui fit composer pour elle *La Guirlande* de Julie*.

**ÅNGERMANÄLVEN** n. m. ♦ Fl. de Suède septentrionale (450 km), tributaire du golfe de Botnie.

**ANGERS** [ɑ̃ʒe] [49000] ← **ÉTYM.** de *Andécaves** ♦ Ch.-l. du dép. du Maine-et-Loire, sur la Maine à 5 km de la Loire. 151 279 hab. (aggl. 222 290, 27e rang) *(Angevins)*. Réputée pour ses tapisseries (en particulier la tenture de *L'Apocalypse*, exposée au musée du château, et *Le Chant du monde* de J. Lurçat dans l'anc. hôpital Saint-Jean), la cité possède avec son château, dit château du roi René, construit par Saint Louis de 1228 à 1240, un remarquable spécimen de l'architecture militaire du XIIIe s. : son enceinte englobe la chapelle Sainte-Geneviève, le logis du roi, le logis du gouverneur et le châtelet (XVe s.). Le toit du château a été détruit par un incendie en 2009. La cathédrale Saint-Maurice (XIIe et XIIIe s.) présente une façade ornée de sculptures et surmontée de trois tours. Sa nef unique est couverte de voûtes d'ogives du type angevin. Reconstitution de la collégiale carolingienne Saint-Martin (crypte archéologique). Hôtels et logis anc. (musée des Beaux-Arts au logis Barrault). ▪ Cette ancienne cité de l'Ouest, capitale de l'Anjou et ville universitaire, bénéficie auj. de la dynamique de l'axe Paris-Nantes (autoroute et TGV). L'activité s'est diversifiée dans l'informatique, l'électronique et surtout les équipements automobiles et l'assistance télématique. Marché d'intérêt national. Vins, horticulture. ▮ **Histoire** L'antique cité des Celtes andécaves devint, après la conquête romaine, l'une des grandes villes de la Lyonnaise IIIe sous le nom de *Juliomagus*. Au IXe s., elle fut la capitale d'un comté héréditaire sur lequel régna, de 870 à 1205, la première maison d'Anjou d'où sont issus les Plantagenêts. L'histoire de la ville se confond alors avec celle du comté (→ **Anjou**). Lors du soulèvement de la Vendée, Angers prit le parti républicain, et, les 3 et 4 déc. 1793, repoussa l'armée royaliste.

**ANGERVILLE** [ɑ̃ʒɛʀ-] [91670] ♦ Comm. de l'Essonne, arr. d'Étampes, dans la Beauce. 3 265 hab.

**ANGES** (baie des) ♦ Baie de la Méditerranée, au fond de laquelle est située la ville de Nice.

**ANGILBERT** ou **ENGILBERT** ♦ Abbé laïque de Saint-Riquier et duc de Ponthieu (v. 740 - Saint-Riquier 814).

**ANGIOLIERI (Cecco)** ♦ Poète italien (Sienne v. 1260 - v. 1310). Les rares informations que nous possédons sur sa vie (amendes, procès, désertion) confirment le contenu de ses sonnets, qui, sur un mode réaliste et profanateur, chantent la haine des parents, le dépit

**Angkor.** Vue générale d'Angkor Vat.
© *PhotoDisc*

amoureux, l'argent, le jeu et le vin. On en a fait trop vite le « Villon italien », mais, s'il se rattache à la tradition des goliards, son hostilité au Dolce stil nuovo, dont il parodia les modes, et sa violence lyrique inclinent cependant à attribuer à sa poésie un réel degré de sincérité.

**ANGIOLINI (Gasparo)** ♦ Danseur et chorégraphe italien (Florence 1731 - Milan 1803). Adepte des théories sur le « ballet d'action », il régla les danses de nombreux ouvrages de Gluck* (*Don Juan ou le Festin de pierre,* 1761 ; *Orphée et Eurydice,* 1762 ; *Sémiramis,* 1765). Il rechercha une unité de la danse et de la musique, inventant un système de notation des mouvements du ballet fondé sur celui de la musique.

**ANGKOR** ➝ ÉTYM. forme khmère du sanskr. *nagara* « résidence royale » ♦ Site monumental et archéologique du Cambodge, au N.-O. du Tonle Sap. Étendu sur 300 km², le site a accueilli les capitales successives des rois khmers du IXe au XVe s. De ces villes aux habitations de bois ne subsistent que des temples, très nombreux, en grès ou en latérite, les murailles et les portes d'Angkor Thom, des bassins gigantesques *(baray)* à fonction à la fois rituelle et économique (irrigation, transport), des douves, des chaussées. De plan rectangulaire, la capitale comportait toujours, en son centre, un « temple-montagne ». Les principaux temples d'Angkor sont le Phnom Bakhèng (v. 907) ; Pré Rup (961) ; Ta Keo (déb. XIe s.) ; Angkor Vat (« la ville-temple »), le plus grand et le plus harmonieux, édifié par Sûryavarman* II dans la première moitié du XIIe s. en l'honneur de Vichnou ; le Bayon* (fin du XIIe s.). Ce dernier est le temple central d'Angkor Thom (« la grande ville », 3 km de côté) bâti par Jayavarman* VII. Abandonnée comme capitale après l'occupation siamoise, Angkor fut révélée au monde à partir de 1860 et rénovée par l'École française d'Extrême-Orient à partir de 1898. Laissée sans soins depuis 1972 et souvent pillée, elle nécessite d'importants travaux commencés grâce aux aides étrangères (Terrasse des Éléphants, Bayon, Baphuon).

**ANGLEBERT (Jean Henri D')** ♦ Compositeur français (Paris 1628 - *id.* 1691). Élève de Chambonnières, il lui succéda en qualité de claveciniste de la chambre de Louis XIV. *Pièces de clavecin* (1689), dont certaines d'après Lully.

**ANGLES** n. m. pl. ➝ ÉTYM. « les habitants de Angeln (n. de lieu germ. à l'est du Schleswig, du lat. *angulus* "crochet" [en raison de la forme du district]) » ♦ Peuple germanique originaire du S. du Schleswig*, qui envahit l'Angleterre vers la fin du Ve s. et forma les royaumes de Northumbria* (au N.), d'East* Anglia (à l'E.) et de Mercie* (au centre). ➝ **Grande-Bretagne.**

**ANGLES (LES)** [30133] ➝ ÉTYM. du lat. *angulus* « angle » ♦ Comm. du Gard, arr. de Nîmes, à l'O. d'Avignon. 7 578 hab.

**ANGLES (LES)** [66210] ➝ ÉTYM. du lat. *angulus* « angle » ♦ Comm. des Pyrénées-Orientales, arr. de Prades. 590 hab. *(Anglois).* Station de sports d'hiver (1 600 - 2 400 m).

**ANGLÈS** [81260] ➝ ÉTYM. pl. de l'occit. *angle* « angle, coin [forme du village] », avec déplacement d'accent par confusion avec *Anglais* ♦ Ch.-l. de cant. du Tarn, arr. de Castres au S.-E. de Brassac. 563 hab. *(Anglesiens).* Élevage de bovins (veaux) et de brebis.

**ANGLESEY** ➝ ÉTYM. vieil angl. « Île *(ey)* des Angles *(Angle)* » ou du vx norrois *Oengulsēg* « île *(ēg)* du détroit *(önguls)* » – en gallois ***Môn*** ♦ Île du pays de Galles. 715 km². 66 828 hab. V. PRINC. : Beaumaris. Élevage laitier. Le tourisme estival devient la principale ressource. Un pont sur le détroit de Menai relie l'île à la Grande-Bretagne.

**ANGLET** [64600] ➝ ÉTYM. « village en forme d'angle », du gasc. *anglès* « qui est de l'angle » ♦ Comm. des Pyrénées-Atlantiques, arr. de Bayonne. 35 263 hab. *(Angloys).* Indus. aéronautiques. Station balnéaire.

**ANGLETERRE** n. f. ➝ ÉTYM. en angl. ***England,*** du vieil angl. *Englaland* « le pays *(land)* des Angles* *(Engla)* » ♦ Partie méridionale et centrale de la Grande*-Bretagne à partir de laquelle s'est constitué le Royaume-Uni de Grande-Bretagne et d'Irlande du Nord. ➝ **Grande-Bretagne** (carte). 131 760 km². 49 138 831 hab. *(Anglais).* LANGUE : anglais.

**GÉOGRAPHIE** L'organisation spatiale de l'Angleterre est structurée par Londres et son influence. Le bassin de Londres regroupe l'essentiel de la population et des activités dynamiques. C'est la région qui a la plus haute densité de population du pays. Les régions septentrionales ont des paysages et une économie hérités de la révolution industrielle et ont été en crise profonde. L'agglomération londonienne, une des principales régions urbaines d'Europe, concentre les pouvoirs financier, économique et politique. Un réseau d'autoroutes sert d'axe de développement (M1 et M4) et l'urbanisation déborde de la ceinture verte et du corset de la M25. Des pôles annexes structurent la périphérie (Milton Keynes, Reading) et l'influence de Londres se fait sentir vers le S.-O. jusqu'à Bristol et Exeter. Le littoral S., au climat doux, devient un réceptacle d'emplois autour de Southampton et Portsmouth, alors que le Kent, jadis jardin de l'Angleterre, est atteint par la spéculation foncière. C'est le S.-E., avec Douvres et le tunnel sous la Manche, qui devrait subir les plus fortes modifications dans l'avenir. L'agriculture florissante se maintient dans l'East Anglia (céréaliculture et cultures maraîchères), tandis que le reste des plaines et collines est partagé entre élevage bovin et céréales. Dans les Midlands, autour de Birmingham et de Coventry, la destruction de l'outil industriel a été en partie compensée par le développement du secteur tertiaire. Les industries de la porcelaine et de la céramique subsistent vers Stoke-on-Trent, mais les charbonnages ont fermé. Les constructions mécaniques ont subi des restructurations drastiques dans les domaines de la production de cycles (Nottingham) et de l'automobile (Birmingham, Coventry), malgré l'intervention de capitaux américains et japonais. Le Yorkshire garde, à l'E. des Pennines, de rares mines de charbon, dont la production alimente les centrales thermiques de la vallée de la Trent. La sidérurgie et la coutellerie (Sheffield) fournissent moins d'emplois qu'autrefois, et l'industrie lainière de Leeds et de Bradford subsiste, au prix de nombreux licenciements. La façade N.-E., après une période difficile, bénéficie des retombées de l'exploitation du pétrole en mer du Nord, du dynamisme de ses ports autour des estuaires de la Tees et de la Tyne. Dans le Lancashire, région la plus touchée par la crise des années 1980, les mines de charbon ont fermé et les usines textiles (coton) ont diminué en nombre, cédant le pas aux industries de pointe. Toutefois, l'industrie chimique et celle du verre (Saint Helens) arrivent à subsister. Liverpool a été une ville sinistrée dans les années 1980 et les friches industrielles et portuaires, partie intégrante du paysage du Merseyside et du Great Manchester, ont commencé à être réhabilitées depuis peu. Manchester, en revanche, parvient à regrouper des activités tertiaires intéressantes qui en font la 2e ville de Grande-Bretagne et du Royaume-Uni, la seule après Londres à avoir une dimension européenne. Les autres régions de l'Angleterre ont de plus faibles densités. La Cornouailles est avant tout agricole et touristique, tandis que les Pennines et le Lake District, aux paysages de landes remaniés par les glaciers quaternaires, sont des réserves d'oxygène et des lieux de vacances pour les habitants des conurbations voisines.

**HISTOIRE** → **Grande-Bretagne.**

## anglicanisme

n. m. ♦ Ensemble des doctrines et institutions de l'Église anglicane, église officielle de l'Angleterre. **Histoire** Dès le XIV$^e$ s., le Parlement avait limité la dépendance de l'Angleterre à l'égard de la papauté. Ces tendances s'étaient renforcées avec l'action de Wyclif* et l'hérésie des lollards. Mais c'est par un acte arbitraire d'Henri* VIII que le schisme fut déclaré (→ **Grande-Bretagne**). Le roi prit personnellement la tête de l'Église d'Angleterre (*Acte de Suprématie*, 1534). La réforme se développa, avec l'aide de Thomas Cromwell*, vicaire général : confession de foi des *Dix articles* (1536) de tendance luthérienne, puis réaction catholique, exécution de T. Cromwell et persécution des protestants. Sous Édouard VI furent promulgués un *Prayer Book* (1552) et une confession de foi en *Quarante-Deux articles* calvinistes (1553). Marie* Tudor, catholique, ramena l'Angleterre dans la communion romaine (1554) et persécuta les protestants (273 exécutions) → **Cranmer.** L'Église d'Angleterre prit sa forme définitive sous Élisabeth I$^{re}$ qui restaura, avec quelques modifications, le *Prayer Book* et les *Quarante-Deux articles* devenus *Trente-Neuf articles* (1563) ; la théologie fut de tendance calviniste, la liturgie et la hiérarchie conservèrent des traits catholiques. L'influence du catholicisme s'accentua au XIX$^e$ s. → **Oxford (mouvement d').**

**ANGLO-NORMANDES** (îles) – en angl. ***Channel Islands*** ♦ Archipel britannique au large du Cotentin, formé d'îlots inhabités (Brechnour, les Casquets, Lihou, les Minquiers, les Roches Douvres), et comprenant les îles Sercq, Alderney (→ **Aurigny**), Jersey* et Guernesey*, qui regroupent la population et les activités. 194 km². 150 000 hab. Le dialecte normand est en régression sensible face à l'anglais, sauf à Sercq. L'archipel dépend directement de la Couronne britannique à laquelle les îles ont été rattachées lors de leur conquête. Jersey et Guernesey, divisées en deux bailliages, n'appartiennent ni au Royaume-Uni ni à l'Union européenne, et c'est par le titre de « duc de Normandie » que la Couronne d'Angleterre continue d'exercer la souveraineté britannique. **Économie** Ces îles au climat doux et humide, petits blocs basculés granitiques, doivent leur fortune récente au tourisme. Région méridionale des îles Britanniques, elles attirent plus de 1,5 million de touristes tant d'Angleterre que de France à partir de Saint-Malo. L'agriculture se maintient avec des produits laitiers, des légumes sous serres et des fleurs pour le marché britannique. Le statut politique de l'archipel en fait un pôle financier important, permettant d'échapper à une réglementation contraignante, et donc un paradis fiscal. De nombreuses sociétés britanniques et européennes y ont domicilié leur siège social.

**ANGLO-SAXONS** n. m. pl. ◆ **ÉTYM.** de *Angles** et de *Saxons** ♦ Nom donné aux peuples germaniques qui envahirent la Grande-Bretagne vers le milieu du V$^e$ s. (441). → **Angles, Jutes, Saxons, Grande-Bretagne.**

**ANGO** ou **ANGOT (Jean)** ♦ Armateur français (Dieppe v. 1480 - *id.* 1551). Capitaine de la ville et du château de Dieppe, il fit envoyer de nombreux navires aux Indes orientales, en Amérique, en Afrique (→ **Verrazane**), aida François I$^{er}$ à s'armer contre l'Angleterre, mais perdit une bonne partie de sa fortune à la mort de ce dernier. ▪ Le *Manoir d'Ango* est situé sur la commune de Varengeville. ◆ **ÉTYM.** Ce nom de famille est germanique et vient probablement de *Ans*, divinité germanique, et *gaud* « goth ».

## ANGOLA

n. m. – off. ***république d'Angola*** anc. ***Afrique-Occidentale portugaise*** ◆ **ÉTYM.** de *Ngola*, royaume vassal du royaume du Kongo, poussé à se révolter contre son suzerain par les Portugais en 1556 ♦ Pays d'Afrique équatoriale. 1 246 000 km². 17 988 000 hab. avec l'enclave de Cabinda* *(Angolais)*. LANGUES : portugais (off.), langues bantoues, khoïsan. POPULATION : Bakongos, Ovimbundus, Kimbundus, Tchokwés, Bochimans. RELIGIONS : chrétiens, animistes. MONNAIE : kwanza reajustado. CAPITALE : Luanda. RÉGIME : démocratie parlementaire. L'Angola est divisé en 18 provinces.

**GÉOGRAPHIE** À une étroite bande côtière, fertile et cultivée sauf dans le S., succède un plateau cristallin au climat tropical chaud et à la végétation de savane arborée. Dans le N., la forêt couvre les terres basses de la cuvette du Congo et de son embouchure (mangrove sur la côte). Au S., la savane arbustive et herbeuse marque la frontière avec la Namibie. L'Angola est un pays agricole doté d'un fort potentiel minier. Les cultures vivrières sont le maïs, la patate douce et les haricots. Pour l'exportation, on cultive le café et le coton en altitude, le palmier à huile et la canne à sucre dans les zones plus humides et en forêt. Les hauts plateaux, exempts de mouches tsé-tsé, sont favorables à l'élevage. L'extraction du dia-

**Angola.**

mant est en expansion dans le N.-E. Après la mise en exploitation de nouveaux gisements offshore, l'Angola, qui a rejoint l'Organisation des pays producteurs de pétrole (OPEP), s'est engagé à réduire sa production de pétrole de 99 000 barils par jour sur une production proche de 2 millions. L'Angola, dont le taux de croissance du PIB était de plus de 16 % en 2008, est devenu le premier fournisseur de la Chine en pétrole.

**HISTOIRE** **La préhistoire** Des galets aménagés (un million d'années et plus) ont été trouvés dans la haute vallée du Zambèze ; on a également découvert des vestiges d'importants outillages plus récents du Sangoen (–40 000 env.) dans l'E. et du Lupembien (–15 000 env.) dans la vallée du Congo. **Le royaume Kongo et l'arrivée des Portugais** Des peuples de langue bantoue commencèrent à défricher les clairières au début de l'ère chrétienne et s'installèrent sur les bords du Congo vers le VIII$^e$ s. L'un de leurs royaumes, le Kongo (« pays de la panthère »), était à son apogée à l'arrivée des Portugais de Diogo Cam* en 1482, grâce à sa production agricole (igname) et à l'échange d'objets de fer (houes, armes) contre de l'ivoire avec les populations de l'intérieur. Le souverain, le *mani-kongo*, vivait dans une vaste capitale, Mbanza Kongo, rebaptisée São Salvador après sa conversion au christianisme. **La domination portugaise** D'abord égalitaires, les relations évoluèrent vers une mainmise des Portugais désireux de s'approprier les mines d'or et de se procurer des esclaves, y compris parmi les sujets du roi (1569). Fortement diminué, le royaume du Kongo disparut au milieu du XVII$^e$ s. Le Portugal développa la région côtière et les rives du Congo, entraînant, dans les villes, un métissage de la population. Les Portugais ne s'établirent à l'intérieur du pays qu'à la fin du XIX$^e$ s. Le retard considérable pris par les peuples du plateau central, qui ne furent soumis qu'à la fin des années 1920, fut l'une des causes essentielles des troubles consécutifs à l'indépendance. L'expédition de Serpa Pinto, qui avait joint le Mozambique à l'Angola en 1879, se heurta à un ultimatum britannique en 1888 interdisant au Portugal d'unir ses deux possessions. Dans le N., les tractations de la conférence de Berlin (1885 - 1886) allouant une fenêtre sur la mer à l'État libre du Congo* de Léopold II aboutirent à la création de l'enclave portugaise de Cabinda, ancien comptoir, sur la rive droite du Congo. Une rébellion nationaliste éclata au début des années 1950. **L'indépendance et la guerre civile** Indépendant en 1975, l'Angola s'enfonça aussitôt dans une guerre civile ethnique. Le conflit opposa les partisans du Mouvement populaire de libération de l'Angola (MPLA), expression des Métis et des citadins soutenus par l'URSS et Cuba, à l'Union pour l'indépendance totale de l'Angola (Unita) de Jonas Savimbi*, mouvement regroupant surtout les Ovimbundus (40 % de la population) et appuyé par les Occidentaux et l'Afrique du Sud. Le gouvernement légal fut dirigé par le chef charismatique Agostino Neto* (1975 - 1979) puis par Eduardo Dos* Santos. Un accord de paix fut signé en 1991 à Estoril (Portugal) entre ce dernier et l'Unita, mais les élections de sept. 1992 furent contestées par J. Savimbi et la guerre civile reprit. À la suite du nouvel accord de paix, signé en nov. 1994 à Lusaka (Zambie), un gouvernement d'union nationale fut mis en place et l'Unita légalisée, mais des combats pour les régions diamantifères continuèrent. La mort de Savimbi au combat fut suivie d'un cessez-le-feu (mars 2002) et

**Angola.** Femme de la province de Huila, dans le sud-ouest du pays. *Phot. ©Ostuni/Ricciarini*

l'Unita s'inscrivit dans le cadre d'une «opposition légale». Un accord de paix a été signé en août 2006 avec le Front de libération de l'enclave de Cabinda (FLEC) contre un statut particulier pour cette province pétrolière. Les élections législatives de 2008 ont vu la victoire du MPLA au pouvoir avec 80 % des sièges, l'UNITA, dirigée par Isaïas Samakuva, en ayant obtenu 10 %. L'Angola s'affirme de plus en plus comme la puissance économique et militaire dans la région. En janv. 2010, un attentat dans l'enclave de Cabinda* où devait avoir lieu la Coupe d'Afrique des nations (CAN) a fait plusieurs victimes dans l'équipe togolaise de football. Il a été revendiqué par le Front de libération de l'État de Cabinda (FLEC).

**ANGORA** → Ankara

**ANGOT (Mme)** ♦ Personnage populaire de «poissarde enrichie» créé sous le Directoire par Maillot et repris par Lecocq dans *La Fille de Mme Angot* (1873).

**ANGOULÊME (Louis Antoine D'ARTOIS,** duc **D')** ♦ Dernier dauphin de France (Versailles 1775 - Goritz, Autriche 1844). Fils du comte d'Artois (futur Charles* X), il émigra avec son père au début de la Révolution (1789) et épousa en exil (1799) sa cousine Marie-Thérèse Charlotte d'Angoulême*. Attaché à l'armée de Wellington, il entra dans Bordeaux (mars 1814), puis tenta en vain de soulever le midi de la France contre Napoléon Ier pendant les Cent-Jours. Membre de l'expédition d'Espagne (1823) envoyée au secours du roi Ferdinand VII, il participa à la prise du Trocadéro*. Devenu dauphin à l'avènement de son père (1824), il renonça au trône après la révolution de juillet 1830.

**ANGOULÊME (Marie-Thérèse Charlotte,** duchesse **D')** ♦ (Versailles 1778 - Frohsdorf 1851). Fille de Louis* XVI et de Marie*-Antoinette, et appelée *Madame Royale*, elle fut enfermée au Temple en 1792, puis échangée en 1795 contre les commissaires français livrés aux Autrichiens par Dumouriez*. En 1799, elle épousa son cousin, le duc Louis-Antoine d'Angoulême*. Revenue en France en 1814, elle se rendit impopulaire en appuyant les mesures de réaction cléricale.

**ANGOULÊME** [16000] ➝ **ÉTYM.** anc. *Iculisna*, puis *Engolismensis* ♦ Ch.-l. du dép. de la Charente, sur la Charente. 43 171 hab. (aggl. 103 746) *(Angoumoisins)*. Évêché. Dans la ville haute, cathédrale Saint-Pierre (XIIe s., remaniée par P. Abadie à partir de 1866) : remarquable façade décorée dans le style poitevin ; nef unique à trois coupoles sur pendentifs. Hôtel de ville néogothique construit par P. Abadie. Hôtels anc. Musée municipal des Beaux-Arts (collections d'arts africain et océanien) dans l'ancien évêché du XIIe s., remanié aux XVe et XIXe s. Festival international de la bande dessinée (musée et centre d'étude). ▪ Important centre tertiaire. Construction de moteurs, composants électriques et électroniques, papeterie, imprimerie. Anc. poudrerie. Faïences. ▮ **Histoire** Au IXe s., la ville devint la capitale de l'Angoumois*. Calvin y propagea ses thèses dès 1527 et de sanglants combats y opposèrent catholiques et réformés.

**ANGOUMOIS** n. m. («pays d'*Angoulême**») ou **comté** puis **duché d'Angoulême** ♦ Anc. région de France qui englobait l'actuel dép. de la Charente (à l'exception de quelques cantons autour de Barbezieux) et une partie du dép. de la Dordogne et avait pour capitale Angoulême. ▮ **Histoire** Réuni à la Couronne sous Philippe le Bel (1308), le comté fut cédé à l'Angleterre par le traité de Brétigny (1360) et reconquis par Charles V (1373). François Ier, qui avait porté le titre de comte d'Angoulême, érigea l'Angoumois en duché-pairie pour sa mère Louise de Savoie (1515) et le réunit à nouveau à la Couronne en 1531.

**ANGRA DO HEROÏSMO** ♦ Ch.-l. de l'île de Terceira*, dans l'archipel portugais des Açores. Plus de 20 000 hab.

**ANGRES** [62143] ♦ Comm. du Pas-de-Calais, arr. de Lens, au S.-O. de Lens. 4 469 hab.

**ANGROK** ♦ Souverain javanais (de 1222 à 1227), fondateur du royaume de Singhasāri dans l'E. de Java. D'origine paysanne (selon une tradition, voleur de grands chemins), il assassina le gouverneur de sa province, épousa sa veuve, réunit une armée et battit le roi Kritajaya de Kadiri. Le fils du gouverneur assassiné, Anūsapathi, le tua et lui succéda.

**ÅNGSTRÖM (Anders Jonas)** ♦ Physicien suédois (Lödgö 1814 - Uppsala 1874). Il est connu par ses recherches sur le spectre solaire et sur les spectres des gaz simples. Il détermina le domaine des radiations visibles et donna son nom à une unité de longueur égale à $10^{-10}$ m (Å).

**ANGUIER (François)** ♦ Sculpteur français (Eu 1604 - Paris 1669). Élève de Simon Guillain, il séjourna à Rome de 1641 à 1643, puis exécuta des travaux de décoration au Louvre. Il travailla avec son frère Michel au mausolée de Henri II de Montmorency (1651 - 1658). La statue agenouillée pleine de retenue de *Gaspard de Montmorency*, destinée au tombeau de J. A. de Thou, est considérée comme son chef-d'œuvre.

**ANGUIER (Michel)** ♦ Sculpteur français (Eu 1612 - Paris 1686). Frère de François Anguier, il fut comme lui l'élève de Simon Guillain, puis resta dix ans à Rome, étudiant notamment auprès d'Algardi*. Il travailla pour Fouquet à Saint-Mandé et à Vaux, orna de stucs les appartements d'Anne d'Autriche au Louvre* (1654 - 1655) et participa largement à la décoration sculptée du Val-de-Grâce (groupe de *La Nativité*, 1662 - 1667). Il exécuta ensuite les reliefs de la porte Saint-Denis (1671 - 1677) d'après les dessins de Le* Brun. Il travailla le marbre, l'ivoire, le bronze et l'argent, réalisa de nombreux groupes et des statues religieuses qui portent la marque des modèles baroques italiens.

**ANGUILLA** ➝ **ÉTYM.** esp. «anguille» [allus. à la forme allongée et étroite de l'île] ♦ Territoire du N. des Petites Antilles comprenant les îles d'Anguilla et de Sombrero, ainsi que quelques îlots. 91 km². 14 900 hab. L'économie repose sur le tourisme et les services financiers. ▮ **Histoire** Après la colonisation anglaise du XVIIe s., Anguilla fut incorporée à la colonie de Saint-Kitts-et-Nevis, dont elle fit sécession en 1967. Son statut de territoire associé au Royaume-Uni fut entériné par l'*Anguilla Act* en 1980.

**ANGUS** ➝ **ÉTYM.** du n. de *Œngus Ier*, roi picte du VIIIe s. ; anc. ***Forfarshire*** ♦ District d'Écosse en bordure de la mer du Nord. 2 182 km². 108 400 hab. CH.-L. : Forfar. Agriculture extensive. L'exploitation du pétrole ne profite guère à la région.

**ANHALT** n. m. ♦ Anc. principauté d'Allemagne, formée de plusieurs enclaves de la Saxe*. Elle fut créée par le morcellement des possessions des Ascaniens* (1170 et 1212). L'Anhalt se divisa au XVIe s. en quatre domaines. L'Anhalt-Dessau entra en 1866 dans la Confédération de l'Allemagne du Nord et fut intégré à l'Empire allemand. Il devint État libre en 1918 et fait auj. partie de l'Allemagne (Land de Saxe-Anhalt).

**ANHAVA (Tuomas)** ♦ Poète finlandais d'expression finnoise (Helsinki 1927 - id. 2001). Il renouvela la poésie finnoise après 1950 avec Haavikko* et Manner*, et devint le plus en vue des jeunes auteurs, grâce à son talent de polémiste et d'orateur incisif. Il déclare que le poète doit s'abstenir de tout engagement politique et social dans *Poèmes 1955* (1955), s'inspire de la sagesse chinoise dans *36 poèmes* (1958), décrit la vie quotidienne avec humour et nostalgie dans *Octobre* (1965) et *Le Sixième Livre* (1966).

**ANHUI** n. m. ou **NGAN-HOUEI** ➝ **ÉTYM.** du chin. *ān* «paisible» et *huī* «excellent» ♦ Prov. de l'E. de la Chine. → **Chine** (carte). 139 700 km². 58 999 948 hab. CAP. : Hefei. La région est traversée par le Huang* he. Agriculture : blé, riz, sorgho, soja, thé, coton. Sériciculture. Houille (Huainan), cuivre (Tongling), fer (Maanshan). Métall., engrais chimique, cimenterie.

**ANI** ♦ Anc. ville d'Arménie* située en Turquie (prov. de Kars). Fondée au IXe s., ce fut la capitale de la dynastie arménienne des Bagratides (Xe et XIe s.). Elle fut prise tour à tour par les Byzantins (1045 - 1064), les Seldjoukides* (1064 - 1124), les Géorgiens (de 1124 jusqu'au milieu du XIIIe s.) qui la perdirent à plusieurs reprises, et les Mongols. Importants vestiges architecturaux, dont la cathédrale à coupole (fin du Xe s.).

**ANIANE** [34150] ♦ Ch.-l. de cant. de l'Hérault, arr. de Montpellier, près de Gignac. 2 098 hab. *(Anianais)*. Anc. abbaye fondée v. 780 par saint Benoît* d'Aniane.

**ANICET** (saint) ♦ 11e pape (155 - 166 [ ?]), d'Émèse en Syrie, martyr (?). ▪ Fête le 17 avr. ➝ **ÉTYM.** Ce nom vient du grec *anikêtos* «invincible ; qui n'a pas vaincu».

**ANICHE** [59580] ♦ Comm. du Nord, arr. de Douai. 9 768 hab. *(Anichois)*. Anc. houillère.

**ANIE** (pic d') ➝ **ÉTYM.** du basque *Ahunmendi* «mont du chevreau» ♦ Sommet des Pyrénées-Atlantiques (2 504 m), dominant la vallée d'Aspe.

**ANIENE** n. m. – anc. ***Anio*** ♦ Riv. d'Italie centrale (99 km), qui arrose Tivoli* et se jette, au N. de Rome, dans le Tibre*. Son cours inférieur est jalonné de centrales hydroélectriques.

**ANIMUCCIA (Giovanni)** ♦ Compositeur italien (Florence v. 1500 - Rome 1571). Maître de chapelle à Saint-Pierre de Rome, il fut l'ami de saint Philippe Neri et composa, pour la congrégation de l'Oratoire, des *Madrigali spirituali* et des *Laudi spirituali* (1563 - 1570), recueils de cantiques en langue italienne qui marquent les débuts de l'oratorio.

**ANJIN** (**William ADAMS**, dit) ◆ ÉTYM. jap. «pilote» ♦ Navigateur anglais (Gillingham, Kent v. 1564 - au Japon 1620). Pilotant un navire hollandais, il s'échoua en 1600 sur les côtes du Japon. Retenu prisonnier, puis devenu le conseiller technique du shogun Tokugawa* Ieyasu, il créa le premier comptoir commercial anglais, dans l'île de Hirado* (Kyūshū), où se trouvaient déjà les Hollandais, et construisit des navires pour le compte du shogun.

**ANJIRŌ** ♦ Nom japonais (pour Angelo) du premier chrétien japonais (v. 1512 - 1551). Ayant commis un meurtre, il s'enfuit sur un navire portugais et arriva à Malacca où il fut converti par François-Xavier. Revenu avec celui-ci au Japon en 1549, il y prêcha mais fut de nouveau obligé de s'enfuir et devint corsaire.

**ANJOU** n. m. ◆ ÉTYM. anc. *Andecavus pagus* «pays des *Andécaves**» ♦ Région historique de l'O. de la France, correspondant aux départements de Maine-et-Loire (en totalité), Mayenne, Sarthe, Indre-et-Loire et Vienne. CAP. : Angers *(Angevins)*. Le territoire de l'Anjou est, du point de vue géologique, partagé entre les formations du Massif armoricain à l'O., dans l'*Anjou noir*, et celles du Bassin parisien à l'E., dans l'*Anjou blanc*. L'*Anjou noir* comprend, au N. de la Loire, le Segréen ou Craonnais, pays de plateaux peu élevés aux sols de schistes et de grès, et, au S., les Mauges. Le bocage y domine. L'*Anjou blanc* englobe les régions du Baugeois, au N. de la Loire (forêts, lande ; prairies d'élevage dans les vallées), et le Saumurois, au S. Entre Baugeois et Saumurois, le long des cours de la Loire et de l'Authion, s'étend le fertile *val d'Anjou* (horticulture ; vignoble).

▮ **HISTOIRE** Peuplé par les Celtes andécaves, conquis par les Romains, puis par les Francs, l'Anjou passa à Robert* le Fort en 864 et fut érigé en comté en 870. Foulques* V, descendant des premiers comtes d'Anjou et roi de Jérusalem, régna jusqu'en 1131, date où Geoffroi* V le Bel, surnommé Plantagenêt, lui succéda. Ce dernier, par son mariage avec Mathilde*, reine d'Angleterre, acquit le duché de Normandie. Son fils Henri devint roi d'Angleterre en 1154 (→ **Henri II**). L'Anjou, quoique possession anglaise, continuait à relever de la Couronne française. Philippe* Auguste le confisqua à Jean* sans Terre et le plaça sous son autorité immédiate (1203), mais Louis* IX le donna, avec le Maine, en apanage à son dernier frère Charles. Celui-ci, sous le nom de Charles* Ier (1246 - 1285), fonda la *deuxième maison d'Anjou*, acquit par mariage la Provence et conquit le royaume de Naples (1266). Sa petite-fille apporta l'Anjou en dot à Charles* de Valois, frère de Philippe* le Bel (1290) et fut la mère du futur Philippe* VI de Valois qui, à son avènement (1328), réunit le comté d'Anjou à la Couronne. Il en fut de nouveau détaché par Jean* II le Bon qui l'érigea en duché au profit de son second fils Louis Ier (1360), chef de la *troisième maison d'Anjou*. Cette dynastie fit connaître à l'Anjou, avec Louis* II, Yolande* d'Aragon et le roi René* Ier, une période extrêmement brillante. La dynastie s'éteignit et l'Anjou fut rattaché définitivement à la Couronne par testament en 1482. ▪ Le titre de duc d'Anjou fut encore porté par plusieurs princes (Henri* III, François d'Anjou*, Philippe* V). ▪ Hors de la province, des princes capétiens et Valois d'Anjou ont régné sur la Sicile, Naples et la Provence (notamment Charles* Ier d'Anjou, Robert* le Sage, Louis* Ier, Louis* II, René* Ier le Bon), sur la Hongrie (Charles*-Robert) et la Pologne et sur l'empire latin de Constantinople (branche de Tarente).

**ANJOU** (**François**, duc **D'**) ♦ Quatrième fils d'Henri* II et de Catherine* de Médicis (Saint-Germain-en-Laye 1554 - Château-Thierry 1584). Il fut d'abord appelé duc d'Alençon. Très ambitieux, il intrigua avec les protestants, rejoignit le prince de Condé* et se mit à la tête des rebelles. Après la paix de Monsieur* (1576), il intrigua avec Guillaume* d'Orange, se rendit aux Pays-Bas à son appel, mais devint rapidement impopulaire. Sa mort laissa à Henri de Navarre la succession au trône (→ **Henri IV**).

**ANJOU** (duc **D'**) → **Henri III, Philippe V**

**ANJOUAN** – en comorien *Nzwani* ♦ Île de l'archipel des Comores. 424 km². Env. 140 000 hab. CAP. : Mutsamudu. → **Comores**

**ANKARA** – anc. *Ancyre* ou *Angora* ◆ ÉTYM. orig. inconnue [le lien avec le gr. *agkura* «ancre» est populaire] ♦ Cap. de la Turquie, ch.-l. de prov., dans la partie occidentale du plateau anatolien (alt. 885 m). 3 763 591 hab. *(Ankariotes)*. Deuxième ville du pays après İstanbul. Les nouveaux quartiers, édifiés le long d'un axe N.-S., sont dominés par la vieille ville construite au N.-E. autour de la citadelle et où se trouvent des ruines de l'époque romaine et la mosquée Arslanhane (déb. XIIIe s.). Remarquable musée des civilisations anatoliennes, dit Musée hittite ; musée ethnographique ; mausolée d'Atatürk. ▪ Ankara a un rôle essentiellement politique, avec le siège du gouvernement, le Parlement, les administrations centrales et les représentations diplomatiques, mais aussi intellectuel (universités d'Ankara, technique du Moyen-Orient, Gazi, Hacettepe et Bilkent) et commercial (magasins et centres d'affaires d'Ulus, Yenişehir et Kavaklıdere). ▮ **Histoire** Située à l'O. de Hattousas*, *Ancyre** était déjà une cité importante sous l'Empire hittite (–XVIe - –XIIIe s.) et sous les Celtes tectosages qui s'établirent en Asie Mineure. Les Romains en firent la capitale de la province de Galatie et le temple d'Auguste y fut édifié. Saint Paul y fonda une communauté chrétienne à laquelle s'adressait son *Épître aux Galates*. Prise par les Perses, puis par les Arabes et par les Turcs, *Ancyre* fut en 1402 le théâtre d'une bataille qui se termina par la victoire de Tamerlan* sur Bayazid Ier. Appelée *Angora* au XIXe s., la ville prit un nouvel essor en devenant le siège du gouvernement de Mustafa* Kemal (1919), puis la capitale de la Turquie en 1923.

**ANKLAM** ♦ V. d'Allemagne (Mecklembourg-Poméranie). Env. 15 000 hab. Anc. port hanséatique sur la Baltique.

**AN Kyŏn** ou **AN Gyeon** ♦ Peintre coréen (v. 1400 - v. 1470). Peintre de la cour du roi Sejong de la dynastie Chosŏn (→ **Yi**), il est célèbre pour ses peintures de sujets historiques et ses paysages inspirés des œuvres chinoises des Yuan.

**AN Lushan** ou **NGAN Lou-chan** ♦ Général chinois (mort en 757). Il fut commandant militaire des Marches du Nord sous le règne de Xuanzong (dynastie Tang*). Sa rébellion en 755 marqua le début de huit années de troubles et le commencement du déclin de l'empire des Tang. Il mourut assassiné par son fils An Qingxu.

**ANNABA** ◆ ÉTYM. ar. *Bilād al-'Annab* «ville *(bilād)* des jujubes *(al-'unnāb)*» – anc. *Bône* ♦ V. de l'Algérie orientale, ch.-l. de wilaya, au pied du versant O. du massif de l'Edough*. 228 385 hab. À proximité se trouve le site d'Hippone*. Port. Complexe sidérurgique.

**ANNABELLA** (**Suzanne CHARPENTIER**, dite) ◆ ÉTYM. n. tiré du poème d'Edgar Poe *Annabel* Lee ♦ Actrice française (Paris 1907 - Neuilly-sur-Seine 1996). Gracieuse, timide, elle fut une «jeune première» idéale dans les films d'avant-guerre : *Le Million* (René Clair, 1931), *Marie, légende hongroise* (1932), *Hôtel* du Nord* (1938). Elle abandonna le cinéma en 1950.

**ANNA IVANOVNA** ♦ (Moscou 1693 - Saint-Pétersbourg 1740). Impératrice de Russie (1730 - 1740), fille d'Ivan* V et nièce de Pierre* le Grand. Après la mort de son cousin Pierre* II, D. M. Galitzine* (Golitsyn) l'aida à monter sur le trône, mais chercha à restreindre son pouvoir et fut emprisonné dans la forteresse de Schlusselburg*. Son règne fut marqué par la guerre de Succession* de Pologne (1733 - 1735) et une guerre contre les Turcs (1736 - 1739). Elle adopta et désigna comme successeur Ivan* VI.

**Anna Karénine** ♦ Roman de L. Tolstoï* (1873 - 1877). Anna Karénine, femme d'un haut fonctionnaire, quitte son mari, se perd aux yeux de la société par amour pour son amant Vronski, et finit par se suicider. À cet amour coupable et passionné, Tolstoï oppose le calme bonheur familial de Kitty et Lévine. Dans ce roman psychologique qui décrit fidèlement la société russe de cette époque, le vitalisme de l'auteur cède le pas à une morale pessimiste envahissante.

**Annales** ♦ Œuvre de Tacite* composée de 16 ou 18 livres parus entre 115 et 117. Récit de l'histoire de Rome de la mort d'Auguste à celle de Néron. Il reste les livres I à IV, XI à XVI, ainsi que des fragments des livres V et VI.

**Annales (école des)** ♦ Groupe d'historiens, né avec la revue des *Annales d'histoire économique et sociale*, fondée en 1929 par M. Bloch* et L. Febvre*. L'école des Annales rejetait l'histoire événementielle alors dominante, privilégiait la longue durée, et cherchait en outre à s'ouvrir aux autres sciences humaines. Au lendemain de la Deuxième Guerre mondiale, l'importance des Annales fut reconnue officiellement avec la création de la VIe section de l'École pratique des hautes études confiée à F. Braudel* qui, succédant à L. Febvre, prit la direction de la revue avec E. Labrousse* et Ch. Morazé. Sous leur impulsion, la recherche historique s'intéressa à la géographie puis à l'économie, donnant naissance à l'histoire quantitative. Depuis les années 1970, l'école des Annales, instigatrice de toute l'historiographie moderne, connaît une troisième évolution, avec des historiens tels E. Le* Roy Ladurie, F. Furet* ou J. Le* Goff, qui, poursuivant le projet interdisciplinaire des fondateurs, s'appuient dans leurs travaux sur l'anthropologie et la sociologie. Connue sous le nom de «nouvelle histoire», cette dernière tendance s'intéresse à l'histoire des mentalités.

**ANNAM** n. m. ◆ ÉTYM. chin., litt. «le Sud *(nan)*, en paix *(an)*» ♦ Terme historique, correspondant auj. au Centre Viêtnam (Trung Bộ, parfois Trung Kỳ dans les textes de l'époque coloniale), désignant une région constituée par un long chapelet de petites plaines s'étirant du Thanh Hóa au Bình Thuận, bordée par la mer de Chine méridionale à l'E., dominée à l'O. par la ligne de crêtes de la Cordillère annamitique (Trường Sơn) et englobant dans ses frontières politiques les hauts plateaux de l'arrière-pays. Les plaines abritent de fortes densités de population, constituée en majorité d'agriculteurs. Aux productions des plaines (riz, maïs, canne à sucre, cocotiers), s'opposent celles des hauts plateaux (théiers, caféiers, hévéas). Pêche, cabotage. Indus. agroalimentaire. Tourisme. ▮ **Histoire** Le nom d'Annam apparaît périodiquement dans l'histoire du Viêtnam, sans toujours désigner le même territoire. Il a été donné au VIIe s. par la dynastie chinoise des Tang à l'une de ses régions méridionales, puis au royaume qui s'y est formé, dans le nord de l'actuel Viêtnam. Abandonné au Xe s., il réapparut à la fin du XVIIIe s. et fut utilisé au XIXe s. par les Occidentaux pour désigner l'ensemble du Viêtnam, beaucoup plus vaste qu'à ses origines (dynastie des Nguyen), et où intervint la France à partir des années 1860. Après la formation de l'Union indochinoise, à la fin du XIXe s., l'Annam en a constitué l'un des cinq «pays», correspondant au Centre Viêtnam, statut qu'il conserva jusqu'en 1945. → **Viêtnam** (carte), **Indochine française.**

**ANNAMITIQUE** (cordillère) – en vietnamien *Trư ờng Sơn* ♦ Terme descriptif désignant une longue chaîne montagneuse de l'Indochine orientale qui domine les plaines côtières du Centre, et sépare le Laos du Viêtnam. Des minorités montagnardes habitent cette zone souvent très forestière, de pénétration relativement difficile, culminant à 2 598 m au S.-O. de Quảng Ngãi (Ngoc Linh).

**ANNAN (Kofi)** ♦ Homme politique ghanéen (Koumassi 1938). Diplomate, il fit l'essentiel de sa carrière au sein de l'ONU. Il y fut responsable des opérations de maintien de la paix, notamment en ex-Yougoslavie et au Rwanda, avant d'en devenir le secrétaire général (1997 - 2006). [Prix Nobel de la paix 2001 avec l'ONU]

**ANNAPOLIS** ♦ V. des États-Unis, cap. de l'État de Maryland à proximité de la baie de Chesapeake. 36 836 hab. Bâtiments du XVIII^e^ s. Port de plaisance.

**ANNAPPES** ➝ ÉTYM. de *Asna,* n. de riv. ➝ **Villeneuve-d'Ascq**

**ANNAPURNA** n. m. ➝ ÉTYM. du n. de la déesse *Annapūrnā** ♦ Sommet himalayen dans le centre du Népal (8 091 m). L'expédition française dirigée par Maurice Herzog qui le conquit le 3 juin 1950 fut la première à gravir un sommet de plus de 8 000 m.

**ANNAPŪRNĀ** ➝ ÉTYM. sanskr. «pleine *(pūrnā)* de nourriture *(annam)*» ♦ Divinité hindoue de la Plénitude de la nourriture, aspect particulier de la shakti de Shiva*.

**ANN ARBOR** ♦ V. des États-Unis (Michigan), à l'O. de Detroit. 114 024 hab. (zone urbaine 578 736). Siège de l'univ. du Michigan. ▪ Indus. diverses (outils, instruments électroniques, photographie).

**ANNAUD (Jean-Jacques)** ♦ Réalisateur français (Juvisy-sur-Orge 1943). *La Victoire en chantant* (1976), comédie anticolonialiste et antimilitariste, remporta l'Oscar du meilleur film étranger. Le thème de la survie, au centre de *La Guerre du feu* (1981), trouva une continuité dans le monde animal avec *L'Ours* (1988). J.-J. Annaud adapta avec talent *Le Nom de la rose* d'Umberto Eco (1986) puis *L'Amant* de Marguerite Duras (1991). Avec *Stalingrad* (2001), il revint au drame de la guerre. [Acad. des bx-arts 2007]

**ANNAY,** anc. ***Annay-sous-Lens*** [62880] ➝ ÉTYM. en lat. *Alnetum* «bois d'aulnes», de *alnus* «aulne», et suff. collectif *-etum* ♦ Comm. du Pas-de-Calais, banl. de Lens. 4 718 hab. *(Annaysiens).* Anc. houillère.

**ANNE** (sainte) ➝ ÉTYM. en hébr. *Ḥannâh* «pitié» ♦ Dans les Évangiles apocryphes et la tradition chrétienne, épouse de saint Joachim* et mère de la Vierge Marie*. ▪ Fête le 26 juil.

**ANNE BOLEYN** ♦ (1507 - Londres 1536). Reine d'Angleterre. Dame d'honneur de Catherine* d'Aragon, elle s'attira les faveurs d'Henri* VIII, et, après le divorce de celui-ci et de Catherine, elle fut couronnée en grande pompe à Westminster et mit au monde la future Élisabeth* Ire. Le roi s'étant bientôt détaché d'elle, elle fut condamnée à mort pour adultère par un tribunal où siégeait son propre père, tandis que le roi épousait le lendemain Jeanne* Seymour.

**ANNE D'AUTRICHE** ♦ Reine de France (Valladolid 1601 - Paris 1666). Fille de Philippe III d'Espagne, elle épousa Louis XIII en 1615 et lui donna deux fils (Louis XIV et Philippe d'Orléans), après vingt-trois ans d'un mariage peu heureux. Compromise par l'amour du duc de Buckingham*, elle prit part aux intrigues menées contre Richelieu* et fut même accusée de trahison pour avoir correspondu secrètement avec son frère le roi d'Espagne. À la mort de Louis XIII, elle devint régente (1643 - 1661) et gouverna avec Mazarin* avec qui elle contracta peut-être un mariage secret. Elle sut faire preuve de fermeté pendant la Fronde* et se retira au Val*-de-Grâce lorsque son fils prit le pouvoir.

**Anne d'Autriche.** Portrait par Franz II Pourbus.
Agnew & Sons, Londres.
*Phot. © Bridgeman-Giraudon*

**ANNE DE BRETAGNE** ♦ (Nantes 1477 - Blois 1514). Duchesse de Bretagne (1488 - 1514) et reine de France. Fille de François* II, dernier duc de Bretagne, auquel elle succéda en 1488, elle fut mariée par procuration (1490) au futur empereur Maximilien* Ier, mais épousa finalement le roi de France Charles* VIII (1491). Devenue veuve en 1498, elle se remaria en 1499 avec Louis* XII qui avait fait casser son mariage avec Jeanne* de France. Elle eut deux filles de ce second mariage : Claude* de France, future épouse de François* Ier, et Renée* de France, future duchesse de Ferrare.

**ANNE DE CLÈVES** ♦ (1515 - Chelsea 1557). Reine d'Angleterre. Fille de Jean III, duc de Clèves, elle fut la quatrième femme d'Henri* VIII qui la répudia au bout de six mois, mais la laissa mener une existence paisible.

**ANNE DE FRANCE** dite **la dame de Beaujeu** ♦ Princesse capétienne (Genappe, Brabant 1461 - Chantelle 1522). Fille de Louis* XI, elle épousa Pierre II de Beaujeu (1438 - 1503), duc de Bourbon* (1488). Régente durant la minorité de son frère Charles* VIII, elle gouverna avec compétence, convoqua les états généraux(1484), lutta contre les «grands». Lors de la «Guerre* folle», ses armées battirent le duc d'Orléans (futur Louis* XII) et François* II, duc de Bretagne, à Saint-Aubin-du-Cormier en 1488. Elle fut l'instigatrice du mariage de Charles VIII avec Anne de Bretagne (1491).

**Anne de France.** Détail du *Retable des Bourbons* par le Maître de Moulins. Cathédrale de Moulins.
*Phot. © Lauros/Giraudon*

**ANNE DE GONZAGUE** ➝ **Gonzague**

**ANNE DE KIEV** ♦ (v. 1024 - apr. 1074). Reine de France. Fille de Iaroslav*, grand-prince de Kiev, elle épousa (1051) Henri* Ier, et fut la mère de Philippe* Ier.

**ANNE JAGELLON** ♦ (1522 - 1596). Reine de Pologne (1576 - 1587). Fille de Sigismond* Ier Jagellon, roi de Pologne, elle épousa Étienne* Ier Báthory, qui devint roi de Pologne en 1576.

**ANNE STUART** ♦ (Londres 1665 - *id.* 1714). Reine d'Angleterre, d'Écosse et d'Irlande (1702 - 1714). Fille de Jacques* II, elle succéda à son beau-frère Guillaume* III. Elle avait épousé en 1683 Georges de Danemark qui mourut en 1708. D'abord influencée par les Marlborough et les whigs*, elle laissa Marlborough* combattre la France et remporter d'éclatantes victoires dans la guerre de Succession* d'Espagne. Il perdit sa faveur en 1710 et elle gouverna désormais avec les tories, signant l'avantageuse paix d'Utrecht (1713). ➝ **Utrecht (traités d').** Elle réalisa l'union de l'Écosse et de l'Angleterre, qui connut sous son règne une grande prospérité, favorisée par l'équilibre intérieur. Malgré sa sympathie pour le fils de Jacques II, son demi-frère, ses convictions protestantes l'emportèrent, et elle désigna pour successeur l'électeur de Hanovre.

L'**Anneau du Nibelung** ♦ Œuvre de Richard Wagner*. ➝ **Tétralogie.**

**ANNEBAUT (Claude D')** ♦ Maréchal et amiral de France (mort en 1552). Il fut fait prisonnier avec François Ier à la bataille de Pavie* (1525) et défendit Turin* contre Charles* Quint.

**ANNECY** [74000] ➝ ÉTYM. «domaine d'Anicius (n. de pers. gallo-rom.)» ♦ Ch.-l. du dép. de la Haute-Savoie, sur le lac d'Annecy. 50 348 hab. (aggl. 136 815) *(Annéciens).* Évêché. Palais de l'Isle du XII^e^ s. (musée de l'histoire d'Annecy). Château des XII^e^, XV^e^ et XVI^e^ s., anc. résidence des comtes de Genève et des ducs de Genevois-Nemours (musée régional). Église Saint-Maurice du XV^e^ s. (*Descente de croix* de P. Pourbus l'Ancien et peinture murale de 1458). Cathédrale Saint-Pierre (XVI^e^ s.). Département des recherches archéologiques subaquatiques et sous-marines. ▪ Centre indus. : travail des métaux, construc. mécaniques, informatique, électronique, industrie du sport, agroalimentaire. Centre touristique. ▪ Histoire Capitale du comté de Genevois, la ville passa en 1401 à la Savoie. À partir de 1535, elle devint le siège de l'évêché de Genève. François de Sales, évêque de Genève, y résida et fonda en 1622 avec Jeanne* de Chantal le premier monastère de la Visitation (nouveaux bâtiments du XX^e^ s.). Annecy fut rattachée à la France avec la Savoie en 1860. ▪ Aux environs, château de Montrottier des XIII^e^ et XVI^e^ s. (meubles, tapisseries, armures, bas-reliefs).

**ANNECY** (lac d') ♦ Lac de Haute-Savoie, long de 14 km, large de 3 km au maximum. Il est alimenté par de petits cours d'eau (dont l'Eau-Morte) et par le Boubioz, puissante source sous-lacustre, qui jaillit à 82 m de profondeur. Nombreuses stations touristiques sur son pourtour.

3

**ANNECY-LE-VIEUX** [74940] ♦ Ch.-l. de cant. de la Haute-Savoie, banl. N.-E. d'Annecy. 18 885 hab. *(Ancyleviens)*. Centre de recherche et d'industrie nucléaires du CNRS. Fonderie de cloches à Sévrier, au bord du lac d'Annecy.

L'**Année dernière à Marienbad** ♦ Film français d'Alain Resnais* (1961), avec Delphine Seyrig, Sacha Pitoëff. Dans un palace des environs de Munich, qui est peut-être un préventorium, ou une gentilhommière de luxe, un couple tente en vain de renouer une idylle qui n'a peut-être jamais commencé, sous le regard narquois d'un invité qui est peut-être la Mort. Ce scénario labyrinthique, dû à A. Robbe*-Grillet et au réalisateur lui-même, a été filmé comme une sorte de psychodrame glacé.

L'**Année littéraire** ♦ Revue publiée de 1754 à 1776 par Élie Fréron* en vue de combattre Voltaire et les Encyclopédistes.

Les **Années de pèlerinage** ♦ Recueil pianistique de Franz Liszt* dont la composition s'étendit sur près de quatre décennies, avec au total 26 pièces : 23 réparties en trois «années», et 3 s'ajoutant à la deuxième «année». Ce sont des impressions de voyage. La première année *(Suisse)*, publiée en 1855 et se référant aux excursions entreprises vingt ans plus tôt avec Marie d'Agoult, comprend 9 pièces (dont *Orage, Vallée d'Obermann, Les Cloches de Genève*). La deuxième année *(Italie)*, publiée en 1858, en comprend 7 (dont 3 *Sonnets de Pétrarque* et *Après une lecture du Dante*), auxquelles s'ajoutent les 3 de *Venezia e Napoli*. Publiée en 1883, la troisième année en compte 7, dont *Les Jeux d'eaux à la villa d'Este*.

**ANNEMASSE** [74100] ➝ ÉTYM. du gaul. *Anamatius*, n. de pers. ♦ Ch.-l. de cant. de la Haute-Savoie, arr. de Saint-Julien-en-Genevois, situé à la frontière suisse sur l'Arve. 27 253 hab. (aggl. 106 673) *(Annemassiens)*. Nœud routier et ferroviaire. Mécanique de précision (horlogerie, électronique), produits pharmaceutiques.

**ANNENSKI (Innokenti Fedorovitch)** ♦ Poète russe (Omsk 1855 - Saint-Pétersbourg 1909). Traducteur d'Horace et d'Euripide, il se fit connaître par des tragédies de forme ancienne mais d'une «sensibilité morbide» moderne (*Le Philosophe Mélanippe*, 1901 ; *Roi Ixion*, 1902 ; *Laodamie*, 1906). Sa pièce *Thamyris, le citharède* (posth. 1913, créée en 1916 à Moscou au Kamernyï Teatr de Taïrov) fut l'une des rares tentatives du théâtre symboliste à être couronnée de succès. Son premier recueil de vers, *Chants doux* (1904), porte la marque du symbolisme français ; *Le Coffret de cyprès* (posth., 1910) révèle une profonde connaissance du monde antique. Traducteur de Baudelaire, Rimbaud et Verlaine, Annenski a également laissé des ouvrages de critique littéraire : *Livres des reflets* (1906 - 1909).

**ANNEYRON** [26140] ♦ Comm. de la Drôme, arr. de Valence, dans le bas Dauphiné. 3 319 hab.

**ANNEZIN** [62232] ♦ Comm. du Pas-de-Calais, banl. O. de Béthune. 5 551 hab.

**AN NHƠN** – anc. ***Bình Định*** ♦ V. du Viêtnam (Centre), dans la prov. de Bình Định. Moins de 20 000 hab. (env. 190 000 pour le district). Important site archéologique cham. ▮ **Histoire** Bình Định est surtout connue pour être la région où fut édifiée l'anc. capitale du royaume cham Vijaya (Chà Bàn ou Đồ Bàn) du XIe s. à 1471, et où fut installée la capitale de Nguyễn Nhạc, l'aîné des frères Tây* Sơn.

**ANNIBAL** ➝ **Hannibal**

**ANNOBÓN** ➝ ÉTYM. en port. *Dia de Anno bom* «le jour de l'An» [l'île fut découverte par des navigateurs portugais le 1er janvier 1471] – de 1973 à 1979 ***Pagalu*** ♦ Île de la Guinée Équatoriale, dans le golfe de Guinée.

**ANNŒULLIN** [59112] ➝ ÉTYM. du germ. *Annolenus*, n. de pers. ♦ Comm. du Nord, arr. de Lille, au S.-O. de Lille. 9 719 hab. (aggl. 12 953). *(Annœullinois)*.

**ANNON** ♦ Archevêque et écrivain allemand du XIe s. (mort en 1075). Archevêque de Cologne à partir de 1056, il joua un rôle politique important pendant la minorité d'Henri IV et se retira à la fin de sa vie au couvent de Siegberg. Canonisé en 1083, il est l'auteur d'un poème hagiographique de près de 900 vers *(Annonlied)*.

**ANNONAY** [07100] ➝ ÉTYM. anc. *Anonacus*, du lat. *Anno*, n. de pers., et suff. *-acum* ♦ Ch.-l. de cant. de l'Ardèche, arr. de Tournon, au confl. de la Deûme et de la Cance. 17 522 hab. (aggl. 25 618) *(Annonéens)*. Musée des Papeteries Canson et Montgolfier. ▪ Papeterie. Cuir. Textile. Construc. automobile (transports en commun).

L'**Annonce faite à Marie** ♦ Drame en 4 actes de Paul Claudel* (1912). Dans l'atmosphère d'un Moyen Âge finissant, où les grands voyages des navigateurs vont imposer une vision nouvelle du monde, la pièce relate le conflit des passions terrestres qu'incarne Mara, âme noire et disgraciée, et du surnaturel, dont rayonne sa sœur Violaine, âme pure et victime volontaire qui, par son sacrifice, fait triompher l'ordre de Dieu.

**Annonciade** (ordre de l') ♦ Congrégation féminine fondée à Bourges en 1501 par Jeanne* de France.

**Annonciation** ♦ Message de l'ange Gabriel à Marie lui annonçant qu'elle a été choisie pour être la mère du fils de Dieu (Luc, I, 26-38). Les représentations de ce thème ont emprunté beaucoup de détails aux écrits apocryphes. Déjà présente dans les catacombes, la scène de l'Annonciation constitua, sur de nombreux supports, un des sujets favoris des artistes du Moyen Âge. La représentation traditionnelle montre la Vierge Marie, le plus souvent à droite pour le spectateur (à partir du XVIe s., on la trouve à gauche), en méditation sur les Écritures. Sa surprise à l'arrivée de l'archange peut aller jusqu'à la frayeur. L'archange, toujours ailé, est représenté tantôt en plein vol, tantôt posé sur le sol. Tous deux s'inscrivent dans une portion d'espace différente (par exemple, la Vierge à l'intérieur de sa maison, l'ange à l'extérieur), ce qui met en évidence leurs natures différentes. Aux deux personnages principaux s'ajoute parfois la colombe symbolisant l'Esprit Saint. Ex. : porte en bronze de la cathédrale d'Hildesheim, portail royal de Chartres*, chaires de Nicola* et Giovanni Pisano (Pise), Giotto* (Arena, Padoue), Simone Martini* (Offices, Florence), Donatello* (Santa Croce, Florence), Fra Angelico* (couvent San Marco, Florence ; musée diocésain, Cortona), Filippo Lippi* (cathédrale de Spolète), Piero* della Francesca (Saint-François d'Arezzo), Léonard* de Vinci (Offices, Florence), Van* Eyck (retable de l'*Agneau* mystique*, Saint-Bavon, Gand), Véronèse* (Offices, Florence). ▪ *Illustration :* ➝ **Baldovinetti, Lorenzo di Credi.** ▪ Fixée au VIIe siècle, neuf mois avant la fête de Noël, l'Annonciation est située le 25 mars pour la plupart des chrétiens (le 7 avril pour les Arméniens).

**ANNOT** [04240] ➝ ÉTYM. «petit marais», du gaul. *ana* «marais» et suff. *-ottum* ♦ Ch.-l. de cant. des Alpes-de-Haute-Provence, arr. de Castellane, sur la Vaire. 988 hab. *(Annotains)*. Vieux bourg provençal et alpin (alt. 700 m) entouré de curieuses formations sculptées dans du grès par l'érosion («grès d'Annot»). Station estivale.

**ANNUNZIO (D')** ➝ D'Annunzio

**ANOR** [59186] ♦ Comm. du Nord, arr. d'Avesnes-sur-Helpe. 3 093 hab. *(Anoriens)*.

**ANOU** ♦ Dieu du ciel chez les Sumériens. Il est uni à Inanna, déesse de la fécondité.

**ANOUAL** ♦ Loc. du Maroc oriental, à l'O. de Melilla. Défaite des Espagnols par les Rifains en 1921. ➝ **Abd el-Krim.**

**ANOUILH (Jean)** ♦ Auteur dramatique et metteur en scène français (Bordeaux 1910 - Lausanne 1987). Aussi abondante que diverse, son œuvre développe un ensemble de thèmes critiques. Hésitant entre le désespoir et l'ironie meurtrière, ce pessimisme fondamental a inspiré à l'auteur une suite de réquisitoires contre la famille, les idéaux de pureté, l'amour, l'amitié. Il a rassemblé son théâtre en Pièces noires (*Le Voyageur sans bagage*, 1937 ; *La Sauvage*, 1938 ; *Eurydice*, 1942 ; *Antigone*, 1944), Pièces roses (*Le Bal des voleurs*, 1938 ; *Le Rendez-Vous de Senlis*, 1939 ; *Léocadia*, 1939), Pièces brillantes (*L'Invitation au château*, 1947 ; *La Répétition ou l'Amour puni*, 1950), Pièces grinçantes (*Pauvre Bitos*, 1956), Pièces costumées (*L'Alouette*, 1953 ; *Becket ou l'Honneur de Dieu*, 1959 ; *La Foire d'empoigne*, 1962 ; *Léonora*, 1977), Pièces secrètes (*L'Arrestation*, 1975) et Pièces farceuses (*Le Nombril*, 1981). Avec *Cher Antoine* (1969) et *Les Poissons rouges* (1970), Anouilh sembla se tourner vers un théâtre plus autobiographique où se réaffirmait sa nostalgie d'une pureté impossible tandis que les accusations portées contre le mensonge social se faisaient plus féroces. ➝ ÉTYM. *Anouilh* est un nom occitan qui signifie «orvet» (surnom d'une personne lente, molle) ou qui vient du latin *annunculus*, variante de *anniculis* «bouvillon».

**ANQUETIL (Jacques)** ♦ Coureur cycliste français (Mont-Saint-Aignan 1934 - Rouen 1987). Il domina le cyclisme français et international après la retraite de L. Bobet* ; il fut cinq fois vainqueur du Tour de France (1957 et de 1961 à 1964). ➝ ÉTYM. Ce nom provient du germanique *Ansketell*, de *Ans*, nom de divinité, et *ketell* «chaudron».

**ANQUETIL-DUPERRON (Abraham Hyacinthe)** ♦ Orientaliste français (Paris 1731 - *id.* 1805). Passionné par la langue et la religion de l'ancienne Perse, il se rendit aux Indes (Pondichéry en 1755, Surat en 1758), où, entré en relation avec une communauté de parsis, il put étudier les livres sacrés de Zoroastre et être initié au culte du feu. En 1771, il publia une traduction en français du *Zend Avesta*.

**ANS** ♦ Comm. de Belgique (Région wallonne), prov. et arr. de Liège. 27 416 hab. Construc. métalliques.

**ANSARIYA** (djebel) n. m. – anc. ***montagne des Alawites*** ♦ Chaîne montagneuse de Syrie, de 1 200 à 1 600 m d'altitude, qui longe les plaines du littoral (prov. de Lattaquié). Gisements d'asphalte.

**ANSBACH** ou **ANSPACH** ➝ ÉTYM. «Aunulf's bach», de *Aunulf*, n. de pers., et du n. de la riv. *Holzbach* ♦ V. d'Allemagne (Bavière), ch.-l. de la régence de Moyenne-Franconie, sur la Rezat. 40 662 hab. Église gothique. Château des margraves de Brandebourg-Ansbach (XVIIIe s.). Festival Bach. ▪ Indus. mécaniques ; matières plastiques. ▮ **Histoire** La principauté d'Ansbach échut aux Hohenzollern dès 1331, forma en 1398 le margraviat de Brandebourg-Ansbach, puis de Bayreuth-Ansbach (XVIIIe s.), passa à la Prusse en 1791, puis à la Bavière (1806).

**ANSCHAIRE** ou **OSCAR** (saint) – en lat. ***Ansgarius*** ♦ «L'apôtre des peuples du Nord» (Amiens 801 - Brême 865). Moine de l'abbaye de Corbie, évêque de Hambourg (831) puis de Brême (845), il évangélisa le Danemark et la Suède. ▪ Fête le 3 févr.

**Anschluss** n. m. ➝ ÉTYM. all. «réunion, rattachement» ♦ Rattachement de l'Autriche à l'Allemagne, proclamé le 15 mars 1938. Les groupes nazis dirigés par Seyss*-Inquart luttaient depuis longtemps pour ce rattachement. L'opposition de la France et de la Grande-Bretagne avait empêché l'union économique entre les deux pays, et, après l'assassinat de Dollfuss*, la mobilisation italienne sur la frontière autrichienne empêcha Hitler d'annexer l'Autriche. Malgré la résistance de Schuschnigg*, Hitler imposa la nomination de Seyss-Inquart au ministère de l'Intérieur et enfin, à l'annonce d'un référendum sur la question de l'Anschluss, Hitler exigea la démission de Schuschnigg et la formation d'un ministère Seyss-Inquart (10 mars). Le même soir, les blindés allemands pénétrèrent en Autriche, le 12 Vienne fut occupée, le 14 Hitler y fit son entrée, le 15 l'Anschluss fut proclamé. Le 10 avr. 1938, les Autrichiens se prononcèrent à 99,73 % pour le rattachement au Reich.

**ANSCOMBE (Gertrude Elizabeth Mary)** ♦ Philosophe analytique britannique (Limerick 1919 - Cambridge 2001), professeur à Cambridge de 1970 à 1986. Marquée par l'influence de Wittgenstein dont elle fut l'élève, elle édita et traduisit nombre de ses textes. Ses écrits portent sur de nombreux domaines, en particulier sur la philosophie de l'esprit, sur l'éthique et sur la religion. Au nom de sa foi catholique, elle milita contre la légalisation de l'avortement. Son ouvrage principal (*Intention*, 1957) est au fondement de la philosophie contemporaine de l'action. C'est dans un article paru en 1958, *Modern Moral Philosophy*, qu'elle introduisit le terme « conséquentialisme » *(consequentialism)* pour caractériser l'éthique contemporaine qui considère que l'intention de l'agent n'est pas un critère pertinent de la responsabilité morale.

**ANSE** [69480] – en lat. *Asa* ♦ Ch.-l. de cant. du Rhône, arr. de Villefranche-sur-Saône, sur l'Azergues, près de son confluent avec la Saône. 4 744 hab. (aggl. 20 579) *(Ansois)*. Viticulture (beaujolais).

**Ansea** → Asean

**ANSE-BERTRAND** [97121] → ÉTYM. sur le site de l'*Anse* Saint-*Bertrand* ♦ V. de Guadeloupe, arr. de Pointe-à-Pitre. 5 023 hab. Hautes falaises.

**ANSÉGISE** (saint) ♦ Abbé de Fontenelle (Saint-Wandrille) en Normandie (v. 770 - 833). Intendant des bâtiments sous Charlemagne et Louis le Pieux, il réunit en un recueil les capitulaires de ces deux empereurs (827).

**ANSÉGISEL** ♦ Ancêtre des Carolingiens (mort en 679 ou 685). Maire d'Austrasie*, il épousa la fille de Pépin* l'Ancien et fut le père de Pépin* le Jeune.

**ANSELME** (saint) ♦ Théologien et philosophe (Aoste 1033 - Canterbury 1109). Il enseigna à l'abbaye du Bec où il avait suivi les leçons de Lanfranc*. En 1093, il fut nommé archevêque de Canterbury. Il a tenté de comprendre la foi chrétienne à la lumière de la raison ; tel est le thème de *Monologium*, puis du *Proslogium* intitulé d'abord *Fides quaerens intellectum* qui contient le célèbre argument ontologique en faveur de l'existence de Dieu (attaqué ensuite par Gaunilon, Thomas d'Aquin, Kant) ; dans son *Cur Deus homo*, il cherche à interpréter rationnellement le dogme de l'Incarnation. L'influence de Platon et de saint Augustin est assez sensible dans son œuvre. ▪ Fête le 21 avr. → ÉTYM. Ce nom vient du germanique *Ans*, nom de divinité, et *helm* « casque ».

**ANSELME (Pierre GUIBOURS**, en rel. père**)** ♦ Historien français, augustin déchaussé (Paris 1625 - *id.* 1694). Auteur d'une *Histoire généalogique et chronologique de la Maison de France et des grands-officiers de la Couronne*.

**ANSELME DE LAON** ♦ Théologien scolastique (Laon v. 1050 - 1117). Élève d'Anselme* de Canterbury, il fut le maître de Guillaume de Champeaux et d'Abélard.

**ANSERMET (Ernest)** ♦ Chef d'orchestre suisse (Vevey 1883 - Genève 1969). Professeur de mathématiques, puis critique musical de la *Gazette de Lausanne*, il dirigea les Kursaal Konzerte de Montreux (1910) avant d'être appelé par Diaghilev* à la tête de l'orchestre des Ballets russes. Fondateur de l'orchestre de la Suisse romande (1918), à la tête duquel il resta jusqu'en 1967, il a dirigé en première audition quelques-unes des œuvres les plus marquantes de la musique contemporaine. Il fut aussi un théoricien de la musique et un compositeur.

**ANSES-D'ARLET (LES)** [97217] → ÉTYM. de *Arlet*, n. d'un chef caraïbe ♦ V. de Martinique, arr. du Marin. 3 463 hab. Pêche.

**ANSHAN** ou **NGAN-CHAN** ♦ V. de Chine (Liaoning). 1 389 660 hab. Grand complexe sidérurgique à proximité d'importants gisements de fer (réserves estimées à 16 milliards de t). Céréales.

**ANSON (George,** baron**)** ♦ Amiral britannique (Shugborough, Staffordshire 1697 - Moor Park, Hertfordshire 1762). De 1740 à 1744, il fit le tour du monde dans une expédition contre les Espagnols. Entré à l'Amirauté en 1745, il contribua au développement de la puissance navale britannique et battit l'amiral La Jonquière au cap Finisterre (1747).

**ANSONGO** ♦ Loc. du Mali, sur la rive g. du Niger, proche de la frontière nigérienne où se trouvent les rapides de Labbezenga. Gisements de manganèse non exploités.

**ANTAKYA** → Antioche

**ANTAL (Frederick)** ♦ Historien hongrois de l'art (Budapest 1887 - Londres 1954). Marxiste, Antal, dans son ouvrage *La Peinture florentine et son arrière-plan social* (en anglais, 1948), considère l'histoire de l'art comme une application du matérialisme historique liée aux rapports de production et aux idéologies des classes sociales ; il définit le style comme une idéologie artistique.

**ANTALCIDAS** – en gr. ***Antalkidas*** ♦ Général spartiate (mort apr. -367). Pendant le règne d'Agésilas* II, il conclut avec Artaxerxès* II Mnémon la paix du roi ou paix d'Antalcidas (-386) qui imposait aux Grecs l'abandon et l'autonomie des villes d'Asie Mineure et des îles. Portant ainsi un coup sévère à l'empire athénien, Sparte espérait imposer sa propre hégémonie, mais la division de la Grèce ne profitait qu'aux Perses.

**ANTALYA** → ÉTYM. de *Attale* (V. ci-dessous) ♦ V. de Turquie, ch.-l. de prov., en Asie Mineure (Pamphylie), sur la Méditerranée (golfe d'Antalya). 775 157 hab. Siège de l'univ. de la Méditerranée. Vestiges romains et musulmans. ▪ Port de pêche et station touristique. Centre indus. et pôle tertiaire, en plein développement, de la région méditerranéenne occidentale. ▌**Histoire** Fondée au -IIe s. par le roi de Pergame Attale II, l'anc. *Attaleia* fut fortifiée par les Romains (IIe s.). Étape des croisés sur le chemin de la Palestine, elle tomba aux mains des Seldjoukides (1207), des Karamanides, puis des Ottomans.

**ANTANANARIVO** → ÉTYM. malgache « à l'endroit du millier [de maisons] », de *an-*, préfixe locatif « à », *tanan* « localité, village » et *arivo* « mille » – anc. ***Tananarive*** ♦ Cap. de Madagascar, construite sur une haute colline granitique de l'Imérina. 1 274 000 hab. Univ. ▪ Centre commercial et administratif. Indus. agricoles et mécaniques.

**Antananarivo.** Vue générale. *Phot. ©G. Boutin/Explorer*

**'ANTARA IBN CHADDĀD IBN QURAD AL-'ABSĪ** ♦ Guerrier et poète arabe antéislamique (fin du VIe s. - 615). Rangé parmi les « corbeaux des Arabes » parce qu'il était le fils d'une esclave noire, il acquit, par sa bravoure, le rang d'homme libre. Ce poète, héros d'un récit populaire à l'allure épique *(Sīrat 'Antar)*, est l'auteur d'un divan (recueil de poèmes) où il chante l'amour pour sa belle, ses exploits guerriers.

**ANTARCTIQUE** (océan **GLACIAL**) ou océan **AUSTRAL** ♦ Océan entourant le continent Antarctique au S. des océans Atlantique, Indien et Pacifique, dont il forme la réunion et provoque, par l'émission de ses eaux de fond « la plupart des mouvements d'eaux océaniques » (J.-P. Pinot). Le long des côtes antarctiques continentales, il est recouvert de glaces flottantes permanentes (mers de Weddell et de Ross). Du continent Antarctique vers le large, l'étude du relief sous-marin permet de distinguer : la plateforme continentale (large en moy. de 120 km), le talus continental en pente plus raide (500 à 3 000 m), enfin, les grands bassins océaniques (Valdivia ou Africain, 5 872 m ; Knox ou Australien, 5 455 m ; Bellingshausen ou Pacifique, 6 414 m) de formations basaltiques, la plupart recouverts de sédiments et limités par des crêtes sous-marines, souvent volcaniques. À l'exception des expéditions scientifiques, la navigation est presque inexistante dans l'océan Antarctique. Cependant, à la limite des eaux concernées par le traité de l'Antarctique, si les moratoires sur la pêche à la baleine ont diminué la présence des bâtiments spécialisés, la recherche de nouvelles zones halieutiques concernant d'autres espèces attire de nombreux bateaux.

**ANTARCTIQUE** ou **ANTARCTIDE**

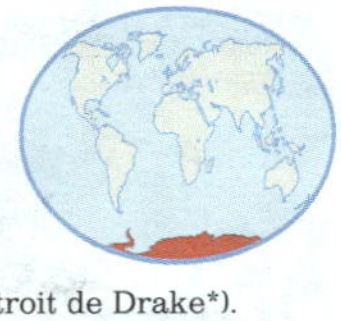

▌n. m. ou n. f. → ÉTYM. du gr. *antarktikos* « qui est à l'opposé *(anti)* de l'Ourse *(Arktos)* » [→ Arctique] ♦ Continent de l'hémisphère austral, approximativement centré sur le pôle Sud, ceinturé par l'océan glacial Antarctique et isolé des autres terres par des distances très importantes (3 600 km de l'Afrique du Sud, 1 000 km de l'Amérique du Sud, détroit de Drake*).

▌**GÉOGRAPHIE** D'une superficie de 14 millions de km² env., il est contenu avec ses îles bordières (Adélaïde, Alexandre, Déception, Pierre-Ier, Orcades* et Shetland* du Sud, Ross*) à l'intérieur du 60e parallèle S. Entre 60° et 40° de latitude S., sont dispersées les terres australes* ou subantarctiques. ▌**L'est** L'Antarctique oriental (terres

**Antarctique.**

Adélie*, Coats, de la Reine-Maud, Victoria, Wilkes) est un ensemble d'âge primaire, plissé en deux phases, dont les chaînes côtières dépassent 4 000 m (monts Kirkpatrick et Markham sur la côte longeant la mer de Ross), et comportent quelques massifs volcaniques (monts Erebus* et Terror). ▮ **L'ouest** L'Antarctique occidental (terre Mary-Byrd, plateau d'Ellsworth, isthme des monts Sentinelles, péninsule antarctique ou terre de Graham*), profondément bouleversé au Tertiaire, se prolonge vers l'Amérique du Sud par un arc dont la courbure est l'amorce de l'arc de la Scotia ; il porte le point culminant du continent (mont Vinson, 4 897 m). ▮ **Le climat** À l'exclusion de 2 % env. de sa surface (comportant des monts, des vallées en U et quelques côtes basses), le continent est entièrement couvert de glaces, formant l'inlandsis qui culmine à plus de 4 000 m en Antarctique oriental et se prolonge par des plateformes de glace qui s'achèvent en falaises, comme la grande barrière de Ross. → **Ross (île de).** La rigueur du climat antarctique, le plus froid (moyennes annuelles de -49,3 °C au pôle, de -55,5 °C à Vostok, Antarctique oriental) et le plus venteux (vents atteignant 320 km/h au cap Denison à 142° E.) du globe, explique la pauvreté de la flore et de la faune terrestres : champignons, lichens, protozoaires, insectes. Des forages effectués à 3 600 m de profondeur et permettant d'étudier l'évolution climatique sur 420 000 ans ont mis en évidence le rôle des gaz à effet de serre.

▮ **HISTOIRE** ▮ **Les expéditions** Au XVIII$^e$ s., Bouvet* de Lozier et Cook* ne purent atteindre le continent lui-même. Les expéditions se multiplièrent dans la première moitié du XIX$^e$ s. (W. Smith, Bransfield, Palmer, Bellingshausen*, Davis qui fut le premier à débarquer sur le continent en 1821, Weddell*, Dumont* d'Urville, Wilkes*, Ross*). Après plus d'un demi-siècle sans découvertes importantes, les expéditions reprirent vers la fin du XIX$^e$ s. : Gerlache* de Gomery (premier hivernage en Antarctique, 1898), Scott*, Nordenskjöld*, Charcot*, Shackleton*,

**Antarctique.** La terre Adélie. *Phot.* ©*Suinot/Jacana*

Amundsen* qui atteignit le pôle Sud (déc. 1911) suivi par Scott, Filchner, Wilkins*, Byrd*, Ellsworth*, Ritscher, Ablmann, P.-É. Victor*, etc. ▮ **Le traité de l'Antarctique** Plusieurs pays, appliquant la théorie de la «découverte», revendiquèrent la souveraineté sur certains secteurs de l'Antarctique : Australie, France (terre Adélie*), Grande-Bretagne, Norvège, Nouvelle-Zélande (conférence de 1934) ; à ceux-ci s'ajoutèrent bientôt l'Argentine et le Chili, l'URSS (1948 - 1949) et les États-Unis, puis l'Afrique du Sud, la Belgique et le Japon. En 1959, 39 États signèrent à Washington le traité de l'Antarctique bloquant toute revendication territoriale et organisant pour trente ans, à partir de 1961, l'exploration scientifique des régions au S. du 60$^e$ degré de latitude S. Depuis 1952, la Grande-Bretagne, la Russie, l'Argentine, les États-Unis, le Chili, l'Australie, l'Allemagne, la France, le Japon, la Nouvelle-Zélande, l'Afrique du Sud et la Pologne entretiennent des bases de recherche. Le traité de l'Antarctique a été renforcé en 1991 par l'interdiction d'exploiter le sous-sol pour une durée de cinquante ans, la démilitarisation du continent et le maintien strict de l'environnement.

**ANTARÈS** ➝ ÉTYM. du gr. *anti* «à l'opposé» et *Arès** ♦ Nom donné à l'étoile α Scorpion*, étoile supergéante rouge. Magnitude variable entre 1,9 et 1,2 ; type spectral M 1 ; distance 170 années-lumière.

**ANTÉE** ➝ ÉTYM. en gr. *Antaios*, de *anti* «qui est en face [adversaire]» ♦ Dans la mythologie grecque, nom d'un géant, fils de Poséidon* et de Gaïa (la Terre). Il reprend des forces chaque fois qu'il touche le sol. Héraclès* l'étouffe dans ses bras en le maintenant en l'air.

**ANTÉNOR** ♦ Sculpteur athénien (–VI$^e$ s.), l'un des plus originaux de son époque. Auteur du groupe les *Tyrannochtones* (œuvre disparue), il est surtout connu par sa *Koré* (musée de l'Acropole d'Athènes). Assouplissant les formes rigides de l'archaïsme, Anténor introduisit une plastique adaptée à la structure du corps humain.

**ANTEQUERA** ♦ V. d'Espagne (Andalousie), prov. de Málaga. 44 547 hab. Vestiges préhistoriques. ▪ Centre indus. : textiles (tissages) ; métallurgie.

**ANTÈRE** (saint) ♦ 19$^e$ pape (21 nov. 235-3 janv. 236). ▪ Fête le 3 janv.

**ANTHEIL (George)** ♦ Compositeur américain d'origine polonaise (Trenton, New Jersey 1900 - New York 1959). Auteur du *Ballet mécanique* (1927), il s'inspira du jazz et travailla à Hollywood.

**ANTHELME** (saint) ♦ (Château de Chignin, près de Chambéry 1107 - Belley 1178). Premier général des chartreux (1139), évêque de Belley (1163). ▪ Fête le 26 juin.

**ANTHÉMIOS DE TRALLES** ♦ Architecte byzantin (Tralles, Lydie-Constantinople v. 534). Chargé par Justinien I$^{er}$ de la reconstruction de la basilique Sainte-Sophie*, détruite par une émeute, il établit les plans ajoutant à la basilique hellénistique la coupole et commença l'édification (532) que continua après sa mort son collaborateur Isidore de Milet. Il fut aussi un ingénieur et mathématicien remarquable, auteur de recherches sur les coniques et en optique (phénomènes de catoptrique, première mention de miroirs paraboliques).

**ANTHÉMIUS** – en lat. *Procopius Anthemius* ♦ (mort à Rome en 472). Empereur romain d'Occident (467 - 472). Proclamé empereur par Léon* I$^{er}$, il fut déposé et tué par Ricimer*.

**ANTHÉOR-CAP-ROUX** ♦ Station balnéaire du Var (comm. de Saint-Raphaël), dominée par le Cap-Roux, sur la côte de l'Esterel.

**Anthologie grecque** ♦ Ensemble des collections d'épigrammes grecques compilées à l'époque byzantine. Constantin Céphalas* composa vers la fin du IX$^e$ s. une première grande collection basée sur les anthologies antérieures (–I$^{er}$ - VI$^e$ s.). De ce recueil, révisé et enrichi v. 980, dériva l'*Anthologie palatine* qui contient 5 300 épigrammes, env. 22 500 vers.

**Anthropologie structurale** ♦ Ouvrage de C. Lévi*-Strauss réunissant des textes publiés antérieurement. Le tome I, paru en 1958, comprend «L'Efficacité symbolique» (1949), qui établit un parallèle entre le chamanisme et la psychanalyse, et plusieurs textes montrant l'importance de la linguistique, issue de F. de Saussure* et de R. Jakobson*, dans le structuralisme*. Le tome II (1973) propose plusieurs contributions sur la mythologie qui est, avec la parenté, le domaine privilégié de la méthode structurale.

**ANTI-ATLAS** n. m. ♦ Chaîne montagneuse du Maroc méridional, qui culmine à 2 531 m et s'étend de la côte d'Ifni au Tafilalet, séparée à l'O. du Haut-Atlas par la plaine du Sous.

**ANTIBES** [06600] ➝ ÉTYM. anc. en gr. *Antipolis* «la ville *(polis)* [située] en face *(anti)*» (de Nice ou de la Corse) ♦ Ch.-l. de cant. des Alpes-Maritimes, arr. de Grasse, dans l'aggl. de Grasse-Cannes-Antibes, sur la Côte d'Azur. 72 412 hab. (aggl. 355 169) *(Antibois)*. Port fortifié par Vauban (fort Carré). Château Grimaldi (XII$^e$ - XVI$^e$ s.) : musée Picasso (peintures, dessins, tapisseries et céramiques) ; œuvres de N. de Staël ; coll. archéologique. Église de l'Immaculée-Conception (XVII$^e$ s.) : retable de L. Bréa (1515). ▪ Cultures florales. Céramique. Port de plaisance. Station balnéaire. Festival de jazz. ▮ **Histoire** Anc. colonie grecque *(Antipolis)* fondée par les Massaliotes, elle devint ensuite une ville romaine (restes de l'enceinte gallo-romaine). Propriété des Grimaldi depuis 1386, elle fut achetée par Henri IV.

**ANTICOSTI** (île) ← ÉTYM. de l'indien (montagnais) *Natascouel* «territoire de chasse à l'ours» ♦ Île du Canada (Québec), dans le golfe du Saint-Laurent et à l'embouchure du fleuve, au N.-E. de la Gaspésie. 8 400 km². Env. 300 hab.

**Anti-Dühring** ♦ Ouvrage d'Engels*. Contre le matérialisme positiviste et le socialisme réformiste de Dühring, Engels publia une série d'articles dans *Vorwärts* («En avant»), imprimés plus tard sous le titre *M. E. Dühring bouleverse la science* (1877 - 1878). Cet ouvrage est un exposé des principes fondamentaux du matérialisme dialectique et historique.

**ANTIER (Benjamin)** ♦ Auteur dramatique français (Paris 1787 - *id.* 1870). Il composa, seul ou en collaboration, un grand nombre de vaudevilles et de mélodrames. Il est l'un des auteurs de *L'Auberge des Adrets* et de *Robert Macaire*.

**ANTIFER** (cap d') ♦ Promontoire de la côte du pays de Caux (Seine-Maritime), au S.-O. d'Étretat, 98 m de hauteur. Au S. du cap, terminal Havre-Antifer pour les pétroliers de très gros tonnage, relié au Havre par un oléoduc de 26 km.

**ANTIGONE** ← ÉTYM. en gr. ***Antigonê***, de *anti-* «à l'opposé» et *gonê*, de sens incert. ♦ Fille d'Œdipe* et de Jocaste*, sœur de Polynice*, d'Étéocle* et d'Ismène*. Méprisant les ordres du roi Créon*, elle rend les honneurs funéraires à son frère Polynice, tué devant Thèbes. Condamnée par Créon à être enterrée vivante, elle se pend dans le tombeau. Figure emblématique de la révolte de la conscience morale contre la raison d'État, le personnage d'Antigone a inspiré de nombreux auteurs : Sophocle* (v. -441), Rotrou* (1637), Alfieri* (publ. 1783), Cocteau* (1927), Jean Anouilh* (1944), Brecht* d'après Hölderlin* (1948).

**ANTIGONOS** ♦ Fils d'Aristobule* II et dernier des Asmonéens*, il prit le titre de «grand-prêtre et roi des juifs» (-40 - -37) mais fut vaincu et mis à mort par Hérode* Ier et Marc Antoine*.

**ANTIGONOS Monophthalmos** ← ÉTYM. gr. «le Borgne» ♦ Général macédonien (-384 - -301), à l'origine des Antigonides. Lieutenant d'Alexandre* le Grand, il fut l'un des principaux diadoques. Satrape de Phrygie (-323), il tenta de reconstituer à son profit l'unité de l'empire d'Alexandre. Aidé par son fils Démétrios* Ier Poliorcète, il combattit les autres diadoques, vainquit et fit tuer Eumène*, satrape de Cappadoce*, imposa son pouvoir à une partie de la Grèce, en Asie* Mineure et en Syrie, puis se proclama roi d'Asie en -307. Il fut vaincu et tué à la bataille d'Ipsos* (-301). → **Cassandre.** ♦ **ANTIGONOS Ier Gonatas** (Gonos, Thessalie, v. -320 - -239). Roi de Macédoine. Fils de Démétrios Ier Poliorcète, il chassa les Galates et fut proclamé roi en -276. Il ne put rétablir l'hégémonie macédonienne sur la Grèce. ♦ **ANTIGONOS II Doson** (-263 - -220). Roi de Macédoine. Petit-fils de Démétrios Ier Poliorcète, il gouverna la Macédoine comme régent, puis comme roi de -229 à -221. Il combattit les Dardaniens et remporta de grands succès contre les Spartiates.

## ANTIGUA-ET-BARBUDA

■ ← ÉTYM. *Antigua*, de *Santa Maria la Antigua* «Sainte Marie la Vieille», n. donné par Christophe Colomb en 1493 quand il découvrit l'île et *Barbuda* probablt «l'île des barbus» ♦ État des Petites Antilles au N. de la Guadeloupe, comprenant 3 îles : Antigua (280 km²), Barbuda (161 km²), Redonda (inhabitée, 1 km²). 72 829 hab. *(Antiguais et Barbudiens).* RELIGION : christianisme. MONNAIE : dollar des Caraïbes de l'E. CAPITALE : Saint John's. RÉGIME : démocratie parlementaire. L'économie est dominée par les activités touristiques. Base militaire des États-Unis.

■ **HISTOIRE** Colonisée par l'Angleterre depuis 1632, Antigua fut un État associé à la Couronne britannique en 1967, et obtint son indépendance en 1981.

**ANTI-LIBAN** n. m. ← ÉTYM. «en face (gr. *anti*) du Liban» ♦ Chaîne montagneuse du Liban, située à l'E. du pays, séparée de la chaîne du Liban par la plaine de la Bekaa. Sa ligne de faîte marque la frontière libano-syrienne. La chaîne s'abaisse vers le S. puis se relève dans le massif de l'Hermon (2 814 m).

**ANTILLES** n. f. ← ÉTYM. pl. du lat. *Antilia*, n. d'une île légendaire ♦ Archipel situé au large de l'Amérique centrale, qui s'étend en arc de cercle de l'entrée du golfe du Mexique (détroit de Yucatán) aux côtes du Venezuela, près du delta de l'Orénoque. 236 500 km². 34 500 000 hab. L'arc insulaire antillais est dû à la subduction d'une partie de la lithosphère de l'Atlantique Nord sous la plaque caraïbe. Il délimite la *mer des Antilles* (ou mer des Caraïbes) et la sépare de l'océan Atlantique. Ces îles ont des statuts très divers. On y trouve des républiques comme Cuba, Haïti et la République dominicaine ; les Antilles des États-Unis comme Porto Rico et les îles Vierges (Saint Thomas, Saint John et Sainte Croix) ; d'autres dépendent du Royaume-Uni comme Anguilla, Caïmans, Montserrat, Turks et Caïcos, ainsi que certaines îles Vierges. Antigua-et-Barbuda, la Barbade, la Dominique, Grenade, la Jamaïque, Saint-Kitts-et-Nevis, Sainte-Lucie, Saint-Vincent-et-les-Grenadines, Trinité-et-Tobago sont d'anciennes possessions britanniques. Il existe enfin des Antilles françaises : Guadeloupe (Désirade, Marie-Galante, Saint-Barthélemy, Saintes, Saint-Martin [N.]), Martinique ; et des Antilles néerlandaises : Aruba, Bonaire, Curaçao, Saba, Saint-

**Antilles.**

**Antilles.** Pêcheurs dans une île des Saintes. *Phot. ©de Selva/Tapabor*

Eustache et Saint-Martin (S.). On distingue généralement au N. les Grandes Antilles (Cuba, Haïti, Jamaïque et Porto Rico) des Petites Antilles à l'E. et au S. Situées dans la zone tropicale, aux températures élevées et aux pluies de caractère cyclonique, les Antilles bénéficient d'une végétation luxuriante. ▪ Les cultures tropicales (canne à sucre, tabac, cacao, café, banane) et leurs dérivés (sucre, rhum), florissants pendant la période coloniale, sont aujourd'hui en déclin. Les industries sont inégalement développées : puissantes à Porto Rico, elles ne sont représentées ailleurs que par des manufactures sous-traitant pour des firmes nord-américaines. Les flux commerciaux et financiers sont orientés vers les États-Unis et dans une moindre mesure vers l'Europe. Le tourisme international a acquis une grande importance dans la plupart des îles. ▮ **Histoire** Habité depuis au moins 4 000 ans par des peuples amérindiens (Arawaks, Caribes), l'archipel antillais a été colonisé à partir de la fin du XVe s., d'abord par les Espagnols, puis par les Anglais, les Français et les Hollandais. Ceux-ci y introduisirent l'esclavage sur une large échelle. Au cours du XXe s., l'hégémonie des États-Unis s'est affirmée sur cet ensemble de pays et de territoires.

**ANTILLES** (mer des) → **Caraïbes**

**ANTIN (Louis Antoine DE PARDAILLAN DE GONDRIN,** duc **D')** ♦ Fils du marquis et de la marquise de Montespan* (Paris v. 1665 - *id.* 1736). Surintendant des Bâtiments du roi, il fut le type du parfait courtisan. Il refit sa fortune dans les spéculations de Law*.

**ANTINOË** ou **ANTINOOPOLIS** – auj. ***Cheik Abadeh*** ♦ V. de l'anc. Égypte, sur le Nil, fondée par l'empereur Hadrien* (130) en mémoire d'Antinoüs* à l'emplacement de l'anc. Besa (cap. du dieu Bès*). Elle devint à partir de Dioclétien* la cap. de la Thébaïde*.

**ANTINOÜS** – en gr. ***Antinoos*** ♦ Jeune Grec d'une grande beauté, originaire de Bithynie*, favori de l'empereur Hadrien*. Il se noya dans le Nil près de Besa, en 122. L'empereur le plaça au rang des dieux, lui fit élever un temple, et fonda en sa mémoire Antinoë. ▪ Il a inspiré de nombreuses statues antiques dont la plus célèbre est l'*Antinoüs du Belvédère* (Vatican).

**ANTIOCHE** (pertuis d') ♦ Détroit de l'Atlantique séparant l'île de Ré de l'île d'Oléron en face de La Rochelle.

**ANTIOCHE** ♦ Nom de plusieurs villes antiques fondées par les Séleucides. ▪ L'une des plus célèbres est *Antioche de Pisidie*, colonie romaine sous Auguste, patrie de sainte Marguerite*.

**ANTIOCHE** ← **ÉTYM.** en turc ***Antakya***, en gr. *Antiokheia* «la ville d'Antiochos» ♦ V. de Turquie, ch.-l. de la prov. de Hatay (anc. Sandjak d'Alexandrette), sur l'Oronte inférieur, près de la frontière syrienne. 186 243 hab. *(Antiochéens)*. Marché agricole et centre admin. ▮ **Histoire** Fondée v. –300 par Séleucos* Ier Nicator, *Antiokheia* devint la capitale de l'Empire séleucide et grand centre de l'Orient hellénistique. Conquise par les Romains (–64), conservant son statut de cité libre, elle fut la troisième ville de l'empire après Rome et Alexandrie, et compta jusqu'à 500 000 habitants. Évangélisée par les chrétiens de Jérusalem (saint Barnabé, saint Paul), elle devint une métropole religieuse dont saint Pierre aurait été le premier évêque. → **Ignace (saint), Théophile d'Antioche, Jean Chrysostome.** Siège d'un patriarcat (→ **Anastase**), elle fut le centre de nombreuses controverses religieuses (arianisme*, monophysisme, nestorianisme [→ **Nestorius**]). Prise par les Perses (540) puis par les Arabes (636), elle fut reconquise par les Byzantins (969) et tomba aux mains des Seldjoukides en 1084. Assiégée et conquise lors de la première croisade* (1098), Antioche devint le siège d'une principauté franque (→ **Bohémond, Tancrède**), mais fut reprise par les Mamelouks, en 1268, et par les Ottomans en 1516. Placée sous mandat français en 1920, elle redevint turque en 1939.

**ANTIOCHOS** ♦ Nom de treize rois séleucides* de Syrie. ♦ **ANTIOCHOS Ier Sôter** «Sauveur» (–324 - –261). Il succéda à son père Séleucos* Nicatôr (–281) et vainquit les Galates en –277, ce qui lui valut son surnom. ♦ **ANTIOCHOS II Théos** «Dieu» (v. –287 - v. –247). Fils du précédent, il lui succéda en –261. Il conquit les cités grecques d'Asie Mineure et fonda Laodicée*. ♦ **ANTIOCHOS III Mégas** «le Grand» (v. –242 - –187). Proclamé roi en –223, il réprima la révolte des satrapes des provinces orientales (→ **Achaios**) et constitua un immense empire continental et maritime en Orient. Hannibal* fut son conseiller contre les Romains. Vaincu aux Thermopyles* en –191, il subit une défaite décisive à Magnésie* du Sipyle (–189) devant Scipion*. ♦ **ANTIOCHOS IV Épiphane** «l'Illustre» (v. –215 - –163). Fils du précédent, il succéda à son frère Séleucos IV en –175 après avoir renversé et exécuté l'usurpateur du trône Héliodore*. Sa politique d'hellénisation et le pillage du temple de Jérusalem provoquèrent une révolte des Juifs dirigée par Mattathias Macchabée* et son fils Judas. ♦ **ANTIOCHOS V Eupator** «né d'un bon père» (–173 - –162). Fils et successeurdu précédent, il monta sur le trône à l'âge de 9 ans. Ses lieutenants continuèrent la guerre contre les Juifs. → **Éléazar.** ♦ **ANTIOCHOS VI DIONYSOS** (mort en –142). Fils d'Alexandre Ier Balas,monté au trône en –144. ♦ **ANTIOCHOS VII Sidêtês** ou **Évergète** «Bienfaiteur» (Sidê, Pamphylie v. –164 - –129). Fils de Démétrios Ier Sôter, monté au trône en –138, il fut tué en combattant les Parthes. ♦ **ANTIOCHOS VIII Philométor** (–141 - –96). Fils de Démétrios II Nicator, il régna de –125 à –96. Il chassa et mit à mort l'usurpateur Alexandre* II Zabinas. Il eut à lutter contre son frère Antiochos IX de Cyzique. ♦ **ANTIOCHOS IX DE CYZIQUE,** dit **PHILOPATOR** ← **ÉTYM.** «celui qui aime son père» (–135 - –95). Fils d'Antiochos VII, frère utérin du précédent. Roi de Coélésyrie (–114) puis de Syrie (–96), il fut tué par Séleucos VI Épiphane. ♦ **ANTIOCHOS X Eusébès** «le Pieux» (mort en –75). Fils du précédent, il chassa Séleucos VI en –94 mais fut détrôné par les fils d'Antiochos VIII en –92. ♦ **ANTIOCHOS XI Philadelphe** «celui qui aime son frère» (mort en –90). Fils d'Antiochos VIII, il prit avec son frère Philippe le titre de roi en –93 et vengea son frère Séleucos VI, brûlé vif, en massacrant les habitants de Mopsueste. Il se noya dans l'Oronte. ♦ **ANTIOCHOS XII DIONYSOS.** Fils d'Antiochos VIII, il succéda à Démétrios III en –83, mais périt peu après en combattant les Arabes. ♦ **ANTIOCHOS XIII Asiatikos** «l'Asiatique». Fils d'Antiochos X, d'abord exilé, il fut rétabli sur le trône par Licinius Lucullus en –69, puis détrôné par Pompée (–64) qui réduisit la Syrie en province romaine. ← **ÉTYM.** Le nom de ces rois (Antiokhos) vient du grec *anti* «en face de» et *okhos* «abri ; char».

**ANTIOCHOS** ♦ Nom de quatre rois de Commagène* à l'époque romaine.

**ANTIOCHOS D'ASCALON** ♦ Philosophe grec (entre –130 et –120 - –69). Philosophe académicien éclectique, il ne fut pas choisi par Philon comme son successeur à la tête de l'Académie et fonda à Athènes sa propre école, l'Ancienne Académie, aux alentours de –79. S'opposant à la Nouvelle Académie à tendance sceptique de Philon, il prôna un retour au platonisme et à Aristote, dont il estimait que les stoïciens étaient les véritables successeurs. Cicéron suivit ses cours et subit son influence dont on retrouve la trace dans les *Académiques*, les *Tusculanes* et le *De finibus* (*Des termes extrêmes des maux et des biens,* livre V). Seuls quelques titres des ouvrages d'Antiochos nous sont parvenus, dont un *Sosos* écrit en réponse à un livre de Philon.

L'**Anti-Œdipe** ♦ Ouvrage de Gilles Deleuze* et de Félix Guattari*, sous-titré «Capitalisme et schizophrénie» (1972). Il propose de substituer à la notion d'inconscient de Freud et de Lacan celle de «machine désirante» et présente le délire comme l'investissement d'un champ social. Une suite, *Milie plateaux*, a été publiée en 1980.

**ANTIOPE** – en gr. ***Antiopê*** ♦ Fille du roi de Thèbes, Nyctée, elle est séduite pendant son sommeil par Zeus* qui a pris les traits d'un satyre, et devient mère d'Amphion* et de Zéthos. ▪ La légende a inspiré de nombreux peintres : le Corrège *(Le Sommeil d'Antiope)*, Titien *(Jupiter et Antiope)*, Watteau *(Antiope)*.

**ANTIOQUIA** ♦ Dép. de Colombie, au N.-O. du pays. 63 612 km². 5 601 507 hab. CAP. : Medellín. La région est charpentée par les cordillères centrale et occidentale des Andes et traversée par la vallée du Cauca. ▪ C'est une région agricole prospère qui s'est développée à la fin du XIXe s. grâce aux cultures traditionnelles et à l'élevage à la suite de mouvements de colonisation. Elle est devenue la principale zone caféière du pays (18 % de la production).

**ANTIPATROS** ou **ANTIPATER** ♦ Général macédonien (v. –397 - –319). Lieutenant de Philippe* II de Macédoine puis d'Alexandre* le Grand, régent pendant l'expédition du conquérant en Asie. Après la mort d'Alexandre, il dut faire face à une rébellion des villes grecques alliées d'Athènes* (soulevées par Démosthène* et Hypéride*). Assiégé à Lamia* en –323, il réussit à se dégager et, victorieux à Crannon* (–322), soumit les Athéniens, fit mettre à mort Hypéride et poursuivit Démosthène qui s'empoisonna. Antipatros, choisi par les diadoques, fut nommé régent à la mort de Perdiccas (–321). Son fils Cassandre s'assura le pouvoir après lui. ♦ **ANTIPATROS** ou **ANTIPATER** (mort en –294). Petit-fils du précédent et fils de Cassandre. Roi de Macédoine de –296 à –294. ← **ÉTYM.** Ce nom grec est composé de *anti* «en face de» et *patêr* «père» [peut-être «égal à son père»].

**ANTIPHANE** – en gr. ***Antiphanês*** ♦ Poète comique grec (v. –405 - v. –330), un des principaux représentants de la «comédie moyenne», auteur de nombreuses comédies (300 selon Suidas) dont il ne reste que des fragments.

**ANTIPHON** ♦ Orateur athénien (Rhamnos, Attique v. –480 - Athènes –411). Maître de Thucydide*, il fut l'un des instigateurs du coup d'État qui porta au pouvoir les Quatre*-Cents (–411), et fut condamné à boire la ciguë après la chute de ce gouvernement. Il nous reste de lui 15 discours. On ne sait toujours pas si cet Antiphon l'orateur est distinct d'Antiphon le sophiste, auquel on attribue une œuvre intitulée *La Vérité*, dont on a retrouvé d'importants fragments à teneur politique, au début du XX^e siècle.

Les **Antiquités de Rome** ♦ Recueil de 32 sonnets, publié par Joachim du Bellay* à son retour de Rome (1558), contenant également les 15 sonnets du *Songe ou Vision sur le même sujet*. Le spectacle des ruines entraîne l'admiration pour la grandeur passée de Rome et la «Déploration» de sa déchéance actuelle, image du travail du temps et de la vanité des œuvres humaines. Alternant les décasyllabes et les alexandrins, ces sonnets deviennent pour l'auteur un monument plus durable que la Rome antique.

**Antiquités juives** ♦ Ouvrage historique de Flavius Josèphe* (20 livres, en grec). Il relate l'histoire du peuple juif depuis la Création jusqu'en 66 (époque de la révolte juive contre Rome). Utilisé avec précaution, il demeure la principale source pour l'histoire de la Palestine romaine. Jean Fouquet illustra un manuscrit de l'ouvrage (v. 1474).

**ANTISTHÈNE** ➝ ÉTYM. en gr. *Antisthenês ;* de *anti* «en face de» et *sthenos* «force, vigueur» ♦ Philosophe grec cynique (Athènes v. –444 - –365). D'abord élève de Gorgias*, Antisthène fut en relation avec les sophistes Hippias* d'Elis et Prodicos* de Céos, et commença sans doute par enseigner la rhétorique. Sa pensée et sa vie furent ensuite bouleversées par sa rencontre avec Socrate. Selon Platon (*Phédon*, 59b), il fit partie des quelques fidèles présents à sa mort. Selon Diogène* Laërce, Antisthène fonda ensuite l'école cynique et eut pour disciple Diogène* de Sinope (dit le Cynique). Cependant, ce témoignage doit être envisagé avec précaution : en effet, il est difficile de savoir si le cynisme est un antisthénisme ou un diogénisme. → **cyniques.** Antisthène s'intéressa particulièrement aux noms (il écrivit un ouvrage en cinq livres intitulés *Sur l'éducation ou Sur les noms*). Il soutenait que l'on ne peut rien affirmer d'autre d'une chose que son nom et donc que les seuls jugements possibles sont ceux d'identité («l'homme est homme»). Ainsi, il est impossible

## antisémitisme

n. m. ♦ Terme apparu à la fin du XIX^e s. par emprunt à l'allemand *Antisemitismus* (créé en 1879 par l'Allemand Wilhelm Marr, dans son pamphlet *La Victoire du judaïsme sur le germanisme*). Il s'applique à une doctrine et à des attitudes hostiles aux Juifs, attitudes historiquement très anciennes. **L'Antiquité** Avec les prises de Jérusalem par Nabuchodonosor* II (–597) puis par les Romains (70 et 135 [→ **Titus, Bar Kokhba**]), les Juifs connurent la déportation et la dispersion (→ **Diaspora**), mais ces violences étaient identiques à celles que subissaient tout peuple victime d'un conquérant. Cependant, la conversion de Rome au christianisme (→ **Constantin I^er**) entraîna des mesures spécifiques à l'encontre des Juifs. Considérés comme un peuple «déicide» (ce terme qui fait allusion à la crucifixion de Jésus-Christ a été formellement rejeté par une déclaration du II^e concile du Vatican en 1965), ils furent mis au ban de la société, se voyant conférer un statut d'étranger tandis que l'interdiction de posséder des esclaves, fondement de l'économie antique, les ruinait en les empêchant, de fait, d'être agriculteurs ou artisans. **Le Moyen Âge** Tout au long du Moyen Âge, leur situation se détériora : exclusion de toute fonction administrative, interdiction d'exercer nombre de professions, obligation de porter des signes distinctifs, constitution de ghettos (mot vénitien). Surtout cette ségrégation voulue par l'Église s'accompagna de flambées sporadiques de violence qui touchèrent l'Europe occidentale du XI^e au XIV^e s. Accusés de commettre des crimes rituels, d'empoisonner les sources ou de profaner les hosties, les Juifs furent massacrés en grand nombre, en particulier en Allemagne (1096 - 1097) où plus de 50 000 personnes périrent, en France, en Angleterre et en Espagne. À ces motivations sociales s'ajoutèrent des raisons économiques. Contraints de s'adonner au commerce de l'argent (prêt à intérêt) qui était interdit aux chrétiens, les Juifs devinrent peu à peu les créanciers des souverains qui, en temps de crise, trouvèrent dans l'alibi religieux le moyen de les expulser et de saisir leurs biens, afin d'annuler leurs créances. Ainsi Philippe Auguste (1182), Philippe le Bel (1306) en France, ou Édouard I^er (1290) en Angleterre, eurent-ils recours à cet expédient financier. **Les Temps modernes** Cet antijudaïsme virulent d'une partie de la tradition chrétienne (que l'on retrouve dans certains pamphlets de Luther*) culmina avec le tribunal du Saint*-Office (→ **Torquemada**) et l'expulsion des Juifs d'Espagne en 1492 (→ **Isabelle la Catholique**). Du XVI^e au XVIII^e s., un antisémitisme avant la lettre se manifesta principalement en Europe orientale (Pologne, Lituanie), où l'importante communauté juive qui y avait trouvé refuge fut en butte aux persécutions des cosaques. Ailleurs, cette hostilité parut connaître un certain recul, bien que, dans tous les pays européens, les Juifs fussent toujours astreints à un statut juridique discriminatoire. **Le XIX^e s. et le début du XX^e s.** Mais leur émancipation qui se dessina à partir de la Révolution française (→ **Grégoire [Henri]**), rendant possible leur dispersion dans toute l'Europe au cours de la première moitié du XIX^e s., ainsi que le rôle important qu'ils jouèrent dans l'essor de la révolution industrielle allaient entraîner l'émergence d'un nouvel antisémitisme plus radical qui, s'appuyant sur les positions de Gobineau*, qui n'était pas lui-même suspect d'antisémitisme, et les théories pseudo-scientifiques et racistes de H. S. Chamberlain*, mêlait anticapitalisme et nationalisme. La théorie positiviste des «races», poussée jusqu'au délire par Vacher de Lapouge, et par ailleurs l'illustration d'un «sémitisme» actif et caractérisé jouèrent un grand rôle dans l'élaboration d'une pensée antisémite. Ainsi se développa en France, au lendemain de la défaite de 1871, un fort mouvement antisémite regroupant une partie de l'extrême gauche qui stigmatisait les banquiers juifs Rothschild*, Fould* ou Pereire*, les nationalistes hostiles au «Juif apatride», parfois dénoncé comme espion allemand, et les cléricaux qui dénonçaient le soutien des Juifs à la III^e République et leur libéralisme. Ce mouvement qui trouva en Drumont*, Maurras* et, dans une certaine mesure, Barrès*, ses maîtres à penser, culmina avec l'affaire Dreyfus* (1894 - 1906) avant de refluer, tout en demeurant un courant vivace sous l'impulsion de l'Action* française. Les pays germaniques connurent également une montée de l'antisémitisme, liée à l'essor du pangermanisme, et dont les principaux représentants furent A. Stöcker, fondateur du parti social-chrétien allemand, et l'Autrichien K. Lueger, maire de Vienne de 1897 à 1910, dont les théories influencèrent Hitler*. Mais ce fut surtout en Russie que ce mouvement connut la plus grande ampleur. Les manifestations plus ou moins spontanées de fureur populaire qui donnèrent lieu à de nombreux pogroms, en particulier à Kiev, à Odessa (1881) et à Kichinev (1903), furent encouragées par l'antisémitisme de la cour impériale tsariste, où fut forgé un faux, *Le Protocole des sages de Sion*, destiné à accréditer l'idée d'un complot juif, et qui adopta en 1882 une législation antijuive. **L'entre-deux-guerres et la Deuxième Guerre mondiale** Au lendemain de la Première Guerre mondiale, la victoire des bolcheviks (qui comptaient nombre de Juifs dans leurs rangs, et notamment Trotski), marquée par l'abolition de cette législation discriminatoire, entraîna un regain d'antisémitisme dans les pays d'Europe occidentale, le Juif étant considéré comme l'agent de la révolution mondiale. En France, ce thème fut popularisé, à la suite de l'arrivée au pouvoir du Front* populaire que dirigeait L. Blum* (1936), par un important courant d'extrême droite dont firent partie un grand écrivain par ailleurs violemment antibourgeois, L.-F. Céline*, auteur de deux pamphlets très violents (*Bagatelles pour un massacre*, 1937 ; *L'École des cadavres*, 1938) et les rédacteurs du journal *Je suis partout* (Brasillach*, Drieu* la Rochelle, Rebatet*). Ces derniers ne ménagèrent par leur admiration pour le régime antisémite nazi* (→ **nazisme**). Ce fut en effet en Allemagne que l'antisémitisme allait connaître la recrudescence la plus violente et la plus terrible. Dénonçant le Juif à la fois comme révolutionnaire et comme «judéo-capitaliste», Hitler qui, dans son livre *Mein* Kampf*, le rendait responsable de la défaite de 1918, entreprit, sur la base de théories racistes développées notamment par A. Rosenberg*, d'exclure totalement les Juifs de la nation allemande : lois de Nuremberg (1935) leur retirant la citoyenneté allemande et leur interdisant toute relation avec des Aryens ; élimination progressive de la vie économique après les pogroms de la «nuit de Cristal» (1938) organisés par Heydrich* ; port obligatoire de l'étoile jaune. Pendant la Deuxième Guerre mondiale, ces mesures furent étendues à l'ensemble des pays conquis tandis qu'en France, dans la zone libre, le gouvernement de Vichy* promulgua de sa propre initiative une législation antisémite. Cependant, commencée dès 1941 en Ukraine après la victoire initiale de la Wehrmacht, l'extermination des Juifs devint systématique à partir de 1942, date à laquelle «la solution finale» fut décidée et mise en œuvre sous la direction d'Eichmann*. → **Gestapo, SS.** Dans toute l'Europe occupée, les Juifs furent alors arrêtés (comme lors de la rafle du Vél' d'Hiv, à Paris, en juil. 1942) — toute tentative de résistance étant impitoyablement réprimée (→ **Varsovie**) —, puis déportés vers les camps de concentration et d'extermination (→ **Auschwitz, Treblinka, Majdanek, Mauthausen, Ravensbrück, Bergen-Belsen, Buchenwald, Dachau, Bełżec, Birkenau, Chełmno, Sobibór**), entraînant la mort de plus de cinq millions d'entre eux (Shoah*). **Depuis 1945** Après la Libération, l'antisémitisme ne disparut cependant pas et perdura notamment en Europe de l'Est (en URSS avec le complot des «blouses blanches» de 1953 et en Pologne avec la campagne antisémite de 1968), ou se dissimula parfois sous les traits du «révisionnisme» (qui nie l'existence des chambres à gaz) ou de l'antisionisme et de la lutte contre l'État d'Israël. L'antisémitisme a donné lieu à des interprétations philosophiques diverses (J.-P. Sartre, *Réflexions sur la question juive ;* H. Arendt*, V. Jankélévitch*) et Proust* en a donné une analyse perspicace. Plusieurs États ont fait de l'expression de l'antisémitisme et du racisme des délits spécifiques.

de contredire car si deux personnes ne disent pas les mêmes choses, elles parlent nécessairement de deux réalités différentes. Ces vues furent sévèrement critiquées par Platon et par Aristote qui reprochèrent à Diogène de confondre l'emploi du verbe «être» au sens existentiel et son emploi au sens copulatif («être tel»).

**ANTI-TAURUS** n. m. ♦ Chaîne montagneuse de Turquie, doublant le Taurus central à l'E. du Seyhan.

**ANTIUM** → Anzio

**ANTOFAGASTA** – ÉTYM. p.-ê. «celui qui cache (ou garde) le cuivre», du quechua *anta* «cuivre» et *pacac-ta*, p. p. du v. *pacay* «cacher» ♦ V. du Chili, cap. de la région admin., située dans le Norte Grande. 296 000 hab. Port d'exportation du cuivre (jadis du nitrate). Centre commercial, indus. alimentaire, mécanique et chimique. ♦ ***Région admin. d'Antofagasta*** 126 000 km². 494 000 hab. La région a été mise en valeur au XIXe s. avec l'essor des nitrates (port et voie ferrée à Tocopilla) et reste active grâce au cuivre qu'elle exporte par le port de sa capitale. Observatoire astronomique du Cerro Paranal à 2 635 m d'altitude (Observatoire Austral Européen).

**ANTOINE** ou **MARC ANTOINE** – en lat. ***Marcus Antonius*** ♦ Homme politique romain (v. -83 - Alexandrie -30). Lieutenant de César* en Gaule, il fut un de ses auxiliaires les plus actifs contre l'oligarchie et participa à la bataille de Pharsale* (-48). Maître de Rome après l'assassinat de César (-44), il dut faire face à Octave (→ **Auguste**) désigné comme successeur ; voulant s'assurer un commandement militaire, il décida de prendre celui de la Gaule cisalpine. Mais, vaincu à Modène, il se rapprocha d'Octave et forma avec Lépide* et lui le deuxième triumvirat (-43). Les triumvirs éliminèrent le parti républicain par de sanglantes proscriptions (assassinat de Cicéron*), écrasèrent Brutus* et Cassius* à Philippes* (-42) et se partagèrent le monde romain (paix de Brindisi* -40) ; Antoine obtint l'Orient et épousa Octavie, sœur d'Octave. Puis, entièrement soumis aux intérêts de l'Égypte par sa passion pour Cléopâtre* VII, il se détourna de l'idée romaine et nourrit l'ambition de créer un empire cosmopolite, à la fois hellénique et oriental ; régnant sur l'Orient en roi plus qu'en général romain, il livra à l'Égypte toutes les conquêtes romaines d'Asie (Judée, Phénicie, Cœlésyrie, Chypre). Vaincu sur mer par Octave à Actium* (-31) et assiégé dans Alexandrie (-30), il n'opposa aucune résistance à Octave qui avançait en Asie et se donna la mort sur la fausse annonce du suicide de Cléopâtre.

**ANTOINE le Grand** (saint) ♦ Anachorète égyptien (Qeman, près de Beni-Souef 251 - mont Qolzum, près de la mer Rouge 356). Il fut, près de Qeman, dans un fortin à Pispir, puis au mont Qolzum (actuel monastère Saint-Antoine), le fondateur de l'érémitisme chrétien. Sa *Vie* par saint Athanase* (v. 360) dépeint ses visions (ou tentations). ▪ Fête le 17 janv.

**ANTOINE (Jacques Denis)** ♦ Architecte français (Paris 1733 - *id.* 1801). À la suite d'un concours où il rivalisa notamment avec Boullée*, il fut chargé de la construction de l'hôtel de la Monnaie à Paris (1771 - 1777). Cet édifice constitue l'un des premiers exemples du style Louis XVI dans l'architecture civile parisienne. À partir de 1776, il réalisa de nombreux édifices à Paris, notamment l'hôtel de Fleury (École des ponts et chaussées). Il est aussi l'auteur des châteaux de Herces (Yvelines) et de Mussy-l'Évêque (Haute-Marne), de l'hôtel des Monnaies à Berne (1790) et de l'hôtel de Berwick à Madrid.

**ANTOINE (André)** ♦ Metteur en scène, acteur, théoricien et directeur de théâtre français (Limoges 1858 - Le Pouliguen 1943). Fondateur du Théâtre-Libre (1887), il se réclama d'abord de Zola et du naturalisme. Il mit en scène des auteurs contemporains (Strindberg, Ibsen, Tolstoï) et posa les premiers jalons du réalisme théâtral. Il dirigea le Théâtre-Antoine puis l'Odéon, et réalisa de fastueuses mises en scène de Shakespeare et de Molière. Venu tardivement au cinéma, il y apporta un élément de réalisme et de sobriété dont la leçon fut mal comprise : *La Terre* (1921), *L'Hirondelle et la Mésange* (1924, restauré en 1983).

**ANTOINE DANIEL** (saint) ♦ Jésuite français (Dieppe 1601 - Saint-Joseph, Huronie 1648). Missionnaire au Canada (1632), il fut massacré par les Iroquois. → **Canada (martyrs du)**.

**ANTOINE DE BOURBON** ♦ (1518 - Les Andelys 1562). Roi de Navarre (1555 - 1562). Duc de Vendôme, il devint roi de Navarre par son mariage avec Jeanne* III d'Albret (1548) qui lui donna un fils, le futur Henri* IV. Converti au catholicisme, il prit part aux guerres de Religion, combattit les protestants commandés par son frère Louis Ier de Condé*, mais fut mortellement blessé pendant le siège de Rouen*.

**ANTOINE DE PADOUE** (saint) ♦ Religieux franciscain (près de Lisbonne 1195 - Arcella, près de Padoue 1231). Il prêcha en Afrique, en Italie et en France. Docteur de l'Église. ▪ Fête le 13 juin. ▪ La dévotion populaire a entouré sa vie de légendes ; elle l'invoque pour retrouver les objets perdus.

***Antoine et Cléopâtre*** – en angl. ***Anthony and Cleopatra*** ♦ Drame de W. Shakespeare* (v. 1606) inspiré par un épisode fameux de l'histoire romaine, et traité sur un mode romanesque et poétique. Subjugué par la beauté de Cléopâtre, reine d'Égypte artificieuse et dépravée, l'honnête et généreux Antoine succombe, vaincu par l'amour. → **Antoine**.

**ANTOINE MARIE ZACCARIA** (saint) ♦ (Crémone 1502 - *id.* 1539). Après avoir été médecin, il entra dans les ordres et créa l'ordre des clercs réguliers de Saint-Paul ou barnabites. Canonisé en 1897. ▪ Fête le 5 juil.

**ANTOINETTE D'ORLÉANS** ♦ Religieuse française (château de Trie, près de Rouen 1572 - Poitiers 1618). Elle fonda avec l'aide du père Joseph la congrégation des Filles du calvaire (1617).

**ANTOKU TENNŌ** ♦ (1177 - 1185). 81e empereur du Japon (1180 - 1185). Apparenté aux Taira*, âgé de trois ans lors de son avènement, il dut s'enfuir lors de la défaite de ceux-ci par les Minamoto*. Sa grand-mère l'entraîna dans son suicide par noyade après la défaite navale de Dan* no Ura (1185).

**ANTOMMARCHI (Francesco)** ♦ Médecin français (Morsiglia, Corse 1780 - Cuba 1838). Médecin de Napoléon Ier à Sainte-Hélène, il publia ses *Mémoires* et présenta un masque qu'il prétendait avoir moulé sur la tête de l'Empereur (1830) ; accusé de faux, il partit pratiquer la médecine à Cuba.

**ANTONELLE (Pierre Antoine,** marquis **D')** ♦ Journaliste et homme politique français (Arles 1747 - *id.* 1817). Auteur d'un *Catéchisme du tiers état* (1789), il fut juré au Tribunal révolutionnaire lors du procès de Marie-Antoinette et prit part à la conjuration de Babeuf (1796).

**ANTONELLI (Giacomo)** ♦ Cardinal et homme politique italien (Sonnino 1806 - Rome 1876). Nommé irrégulièrement cardinal par Pie* IX en 1847, il devint secrétaire d'État (1848 - 1850), menant une politique libérale et suivit à Gaète le pape réfugié. Mais, de retour à Rome, il réorganisa l'État pontifical par des mesures réactionnaires.

**ANTONELLO DA MESSINA** ou **DE MESSINE (Antonio DI SALVATORE, dit)** ♦ Peintre italien (Messine v. 1430 - *id.* 1479). Confronté en Sicile et à Naples à la diversité des styles européens, il fut très sensible à l'influence des Flamands (dont J. Van Eyck), manifeste dans ses premières œuvres (*Crucifixion*, v. 1456, Sibiu, Roumanie ; *Saint Jérôme*, Reggio de Calabre). Il les étudia à Naples et à Milan, et contribua largement à la diffusion en Italie de la technique à l'huile, d'origine flamande. Imprégnée du réalisme septentrional, sa peinture gagna en simplicité, en ampleur, mais resta toujours plus humaine, plus «incarnée» que celle de l'abstrait Piero della Francesca, quand il puisa aussi des enseignements chez celui-ci, réalisant, selon L. Venturi, la synthèse de l'art du Nord avec l'art du Sud (*Salvator Mundi*, 1465, Londres ; *Polyptyque de San Gregorio*, 1473, Messine ; *Saint Sébastien*, Dresde). On date de son séjour très productif à Venise (1474 - 1476), qui devait donner une impulsion nou-

**Antonello da Messina.** *Crucifixion* (52,5 × 42,5 cm).
Musée des Beaux-Arts, Anvers. *Phot. ©Arch. Smeets*

velle à la tradition locale (→ **Bellini**), le *Retable de San Cassiano* (Vienne), la *Crucifixion* d'Anvers et le *Condottiere* du Louvre, un de ses nombreux portraits d'hommes.

**ANTONESCU** ou **ANTONESCO (Ion)** ♦ Maréchal et homme politique roumain (Piteşti 1882 - Bucarest 1946). Chef d'état-major de l'armée en 1933, il fut ministre de la Guerre en 1938 mais s'opposa au roi et démissionna en 1940. À l'arrivée au pouvoir du roi Michel* Ier (1940), il se proclama *Conducător* (équivalent de *Führer* ou de *duce*). Après avoir gouverné en s'appuyant sur la Garde de fer fasciste, il l'élimina avec l'aide de l'armée allemande (1941). Il fit participer la Roumanie à la guerre contre l'Union soviétique, ce qui lui permit de reprendre les provinces cédées en 1940 (Bessarabie et Bucovine), mais, en 1944, les Soviétiques entrèrent en Roumanie. Antonescu fut jugé et exécuté.

**ANTONIN** (saint) ♦ Dominicain et prélat italien (Florence 1389 - *id.* 1459). Prieur de San Marco, il devint archevêque de Florence en 1445. Il fut l'ami de Fra Angelico*. ▪ Fête le 10 mai.

**ANTONIN le Pieux** – en lat. ***Titus Aurelius Fulvius Antoninus Pius*** ♦ (Lanuvium 86 - Lorium 161). Empereur romain (138 - 161). Adopté par Hadrien* en 138 à condition qu'il adoptât lui-même Lucius Verus* et le futur Marc* Aurèle, il s'était fait remarquer pour ses qualités d'administrateur : proconsul en Asie, membre du Conseil impérial, il devait rester après son accession au pouvoir un empereur civil. Il n'entreprit aucune conquête, pacifia les frontières et fit édifier (v. 140) entre le Forth et la Clyde le *mur d'Antonin*. Il fut honoré du titre de «pieux» pour sa piété filiale envers Hadrien à qui le Sénat refusait l'apothéose. Son règne fut le moment du meilleur équilibre économique et social, et, pour ces raisons, fut qualifié d'apogée de l'Empire. Un temple fut consacré à Antonin et à sa femme Faustine sur la Voie sacrée.

**ANTONINS (les)** ♦ Nom donné aux empereurs romains qui succédèrent aux Flaviens de 96 à 192 : Nerva* (96 - 98), Trajan* (98 - 117), Hadrien* (117 - 138), Antonin* le Pieux (138 - 161), Marc* Aurèle (161 - 180), Commode* (180 - 192). La continuité dynastique fut assurée entre ces empereurs selon les modes romains d'adoption ou d'association à l'empire.

**ANTONIO DEL POLLAIOLO** ou **POLLAIUOLO (Antonio di Jacopo BENCI, dit)** ➔ ÉTYM. *Pollaiolo* : it. «petit poulet», de *pollo* «poulet» (n. qu'on lui donnait quand il était enfant) ♦ Orfèvre, sculpteur, peintre et graveur italien (Florence v. 1431 - Rome 1498). Après un apprentissage d'orfèvre, ayant ouvert sa propre *bottega*, il exécuta un *Crucifix* d'argent pour San Giovanni (1457 - 1459). Son cadet PIERO DEL POLLAIOLO (Florence v. 1443 - Rome 1496) travailla avec lui à partir de 1460, mais sans montrer la *furor*, la belle énergie de son frère, dont la préoccupation dominante fut la représentation du corps humain dans le mouvement ou dans l'effort. Elle apparaît constante dans les fresques de la villa la Gallina (1464), les *Travaux d'Hercule* (v. 1465, copies aux Offices), la statuette d'*Hercule et Antée* (Offices), et la célèbre *Bataille de nus* (burin, v. 1470). *Apollon et Daphné* (v. 1470, Londres), *L'Enlèvement de Déjanire* (Newhaven, États-Unis), *Le Martyre de saint Sébastien* (1475, Londres) ajoutent à l'étude anatomique celle du paysage, influencée par les Flamands. Les deux frères réalisèrent à Rome les tombeaux de Sixte IV et d'Innocent VIII.

**Antonio del Pollaiolo.** *Hercule et l'Hydre* (17 × 12 cm). Musée des Offices, Florence. *Phot. © Carlo Bevilacqua/Ricciarini*

**ANTONIONI (Michelangelo)** ♦ Cinéaste italien (Ferrare 1912 - Rome 2007). Un style dépouillé, dont le raffinement égale la rigueur, caractérise son œuvre qui dresse le constat de l'incommunicabilité entre les êtres. Réal. princ. : *Le Cri* (1957), sur un thème de critique sociale ; *L'Avventura** (1960), *La Nuit* (1961), *L'Éclipse* (1962), *Le Désert rouge* (1964), *Blow up* (1967), *Zabriskie Point* (1970), *Profession : reporter* (1975), *Par-delà les nuages* (1995, avec W. Wenders*). En 1972, il réalisa pour la télévision un reportage sur la Chine contemporaine, *Chung Kuo, la Chine*. ➔ ÉTYM. Ce nom de famille italien est le diminutif de *Antonio* «Antoine».

**ANTONY** [92160] ➔ ÉTYM. du lat. *Antonius (Antoninus)*, n. de pers., et suff. *-acum* ♦ Ch.-l. d'arr. des Hauts-de-Seine, dans la banl. S. de Paris. 59 855 hab. *(Antoniens)*. Comm. résidentielle. Construc. mécaniques. Laboratoires pharmaceutiques. Résidence universitaire.

**ANTRAIN** [35560] ➔ ÉTYM. du lat. *inter amnes* «entre les eaux, entre [deux] cours d'eau» ♦ Ch.-l. de cant. de l'Ille-et-Vilaine, arr. de Fougères, sur le Couesnon. 1 387 hab. *(Antrainais)*. Aux environs, château de Bonne-Fontaine, manoir fortifié (XVIe s.), remanié au XIXe s.

**ANTRIM** ♦ Comté d'Irlande du Nord. 563 km². 563 000 hab. CAP. : Antrim. Principale région urbaine d'Irlande du Nord, l'Antrim est composé pour l'essentiel de plateaux basaltiques se terminant sur l'océan par des falaises parfois cristallisées (Chaussée* des Géants). Terres fertiles vouées à l'élevage. Les *glens* d'Antrim sont de vastes vallons glaciaires aux paysages bocagers descendant vers la mer.

**ANTSERANANA** ➔ ÉTYM. malgache «port» – anc. ***Diégo-Suarez*** ♦ V. de Madagascar, à l'extrémité N. de l'île, dans la baie du même nom, immense et profonde. Plus de 55 000 hab. Port militaire.

**ANTSIRABÉ** ♦ V. de Madagascar, sur l'Imerina. Plus de 40 000 hab. Ville thermale et indus. (oxyde d'uranium, graphite, or). Marché et centre admin.

**ANTUNES (Antonio LOBO)** → **Lobo Antunes (Antonio)**.

**ANTWERPEN** → **Anvers**

**ANTYLLUS D'ALEXANDRIE** ♦ Médecin romain (IIIe s.). Il a donné les premières descriptions d'opérations pour la cataracte et les anévrismes artériels.

**ANU** ➔ ÉTYM. du sumérien *an* «soleil» ♦ Dans la religion babylonienne, dieu du ciel, issu de l'ancien An* sumérien.

**ANUBIS** – nom gr. de ***Inpou*** ♦ Dieu égyptien, représenté sous la forme d'un homme à tête de chacal. Adoré au début de l'Ancien Empire comme le grand dieu des morts participant au jugement des âmes, il fut bientôt supplanté par Osiris*, mais garda un rôle dans le monde souterrain : il devint dieu de l'embaumement, rite qu'il avait pratiqué pour la première fois sur Osiris et par lequel il l'avait ressuscité. Il fut considéré plus tard comme le «conducteur des âmes» ; dans ce rôle, les Grecs l'assimilèrent à Hermès* et en firent l'hybride Hermanubis.

**Anubis.** Trésor de Toutankhamon, XVIIIe dynastie. Musée égyptien, Le Caire. *Phot. © Arch. Smeets*

**ANURĀDHAPURA** ➔ ÉTYM. «la ville *(pura)* d'*Anurādha* (ministre du roi Vijaya)» ♦ Anc. cap. de l'île de Ceylan (Sri* Lanka), fondée selon la tradition au –Ve s. et qui atteignit son apogée au –IIIe s. Elle demeura la capitale de l'île jusqu'en 846 et fut abandonnée au profit de Polonnāruwa*. L'invasion des Chola* de l'Inde du Sud, en 1215, la détruisit.

**ANVARĪ** ♦ Poète persan (mort v. 1187). Il fut un des plus grands panégyristes de la poésie persane. Si son style s'avère difficile dans les *qasida* (odes classiques de la poésie arabe centrées autour d'un panégyrique et composées d'une centaine de vers monorimes ayant en eux-mêmes un sens indépendant), sa langue se révèle plus accessible dans ses *ghazal* (poèmes amoureux).

**ANVERS** ← ÉTYM. en néerl. ***Antwerpen*** ; du vx néerl. *Andwerp* « digue, jetée », de *and* « contre » et *werpum* « crue des eaux [par ext. digue] » [l'étym. affirmant qu'un brigand rançonnait les mariniers, coupait et jetait les mains *(Handwerpen)* de ses victimes dans le fleuve est populaire] ♦ V. de Belgique (Région flamande), ch.-l. de prov. et d'arr., au début de l'estuaire de l'Escaut, sur le canal Albert et le canal Escaut-Rhin. 466 203 hab. *(Anversois)*. Les deux rives de l'Escaut sont reliées par trois tunnels (routier, autoroutier et ferroviaire) passant sous le fleuve. Le style architectural du vieil Anvers est original : maisons très hautes à façades vitrées, pignons à redents et à volutes. Cathédrale Notre-Dame, la plus grande église gothique de Belgique (œuvres de Rubens) ; églises gothiques ; maison de Rubens (musée). Musée royal des beaux-arts. Musée Mayer-Van-Den-Bergh. Le musée Plantin-Moretus, dans l'imprimerie d'origine (XVIe s.), retrace l'histoire de l'imprimerie. Important jardin zoologique. ▪ Aux env. château d'Ekeren (XVIe s.), parc du Rivierenhof (lac et château du XVIIIe s.) à Deurne. ▮ **Économie** Premier centre industriel de Belgique, Anvers doit son essor à sa situation géographique et à son port, qui se déploie à une distance de 68 à 88 km de la mer du Nord, à laquelle il est relié par un estuaire, l'Escaut occidental, dont les dragages ont permis d'augmenter continuellement le tirant d'eau des navires venant à Anvers. Les bassins, dont la surface dépasse 2 100 ha, sont bordés par plus de 120 km de quais et plus de 3 600 ha de terrains industriels. La plus grande écluse du monde, celle de Berendrecht, a été mise en service en 1989. Des industries chimiques (produits pharmaceutiques) et pétrochimiques, de montage automobile et de sous-traitance se sont installées sur les nouveaux quais d'accostage. Les extensions du port sur la rive g. se font sur le territoire de Beveren. Le trafic portuaire est le 4e du monde après Rotterdam, New York et Londres. Anvers assure les 4/5 du commerce de la Belgique et son *hinterland* s'étend jusqu'à l'Europe centrale, grâce au réseau rhénan (→ **Rhin**), aux chemins de fer et aux routes et autoroutes qui le desservent. Dans le quartier juif, voisin de la gare centrale, l'industrie diamantaire taille plus de 50 % des diamants du monde. ▮ **Histoire** L'origine d'Anvers remonte au VIIe s. (saint Amand, 660), début de l'assèchement des polders par des bénédictins irlandais. En 837, les Normands envahirent la ville. Son blason, présentant des mains (*Handwerpen* « main détachée »), apparaît au XIIe s. Après la domination des ducs de Brabant au XIIIe s., une charte institua la commune démocratique (Kortenberg, 1312). La décadence de Bruges*, au XVe s., provoqua l'essor d'Anvers ; la première Bourse de commerce d'Europe y fut fondée en 1460. Centre commercial et de transport pour le N. de l'Europe, Anvers était au XVIe s. la plus grande ville du monde et un centre artistique de premier plan. Q. Metsys* et Gossart* préludèrent au maniérisme anversois tandis que la tradition flamande fut maintenue à travers les tableaux de genre des Bruegel*. C. Floris* de Vriendt construisit l'hôtel de ville où se mêlent décor italien et motifs traditionnels. La paix relative du XVIIe s. accrut encore la prospérité de la ville, notamment dans le domaine des arts : c'est l'époque de l'apothéose de Rubens* qui créa le style du baroque flamand et établit un climat favorable à l'éclosion de talents divers (→ **Jordaens, Van Dyck**). Mais, en 1648, le traité de Westphalie (fermeture des bouches de l'Escaut) causa la décadence du port. Napoléon comprit l'importance stratégique de ce « pistolet braqué au cœur de l'Angleterre » et y créa un arsenal de marine. Carnot défendit la place en 1814. Les Pays-Bas (1815) et la Hollande (1830) se disputèrent Anvers, mais les Hollandais quittèrent la ville à l'arrivée des troupes françaises de E. M. Gérard* (1832). Sa résistance en 1914 permit aux troupes belges de se replier sur l'Yser. La ville fut bombardée en 1944.

**Anvers.** Grote Markt. Maisons des corporations et fontaine Brabo.
*Phot. ©J.-L. Barde/Scope*

**ANVERS** (province d') ♦ Prov. de Belgique (Région flamande), à l'extrémité N. de l'axe urbain Anvers-Bruxelles-Charleroi. → **Belgique** (carte). 2 867 km$^2$. 1 700 570 hab. *(Anversois)*. LANGUE : néerlandais. CH.-L. : Anvers*. La prov. est divisée en 3 arr. : Anvers, Malines*, Turnhout*. ▮ **Économie** C'est une région de petites exploitations à faire-valoir direct, dont les meilleures terres se trouvent dans les polders de l'Escaut, la Campine sablonneuse ayant des landes et des pinèdes. Les construc. métalliques et les indus. agroalimentaires (produits tropicaux) sont tributaires du port d'Anvers. Les indus. pétrochimiques (textiles synthétiques et produits photographiques) s'y sont développées, de même que celles du meuble, des métaux non ferreux et du radium.

**ANVILLE (Jean-Baptiste BOURGUIGNON D')** ♦ Géographe et cartographe français (Paris 1697 - *id.* 1782). Géographe du roi, il est l'auteur d'un *Atlas de la Chine* (1727), d'une *Analyse géographique de l'Italie* (1744) et d'une *Géographie ancienne*, éditée en plusieurs langues. Sa collection de 10 000 cartes est conservée à la Bibliothèque nationale.

**ANWAR (CHAIRIL)** → **Chairil Anwar**

**ANXUR** → **Terracina**

**ANYANG** ou **NGAN-YANG** ♦ V. de Chine (Henan). 768 992 hab. Site archéologique et historique (anc. cap. des Shang). ▪ Important centre indus. : sidérurgie, textile.

**ANYĀTHA** ♦ Site éponyme de deux cultures superposées de Birmanie, datées approximativement de –500 000 à –40 000 et caractéristiques des industries paléolithiques de l'Asie du Sud-Est.

**ANYTOS** – en gr. ***Anutos*** ♦ Homme politique athénien (–IVe s.). Il contribua à la chute des Trente* et fut avec Mélitos et Lycon un des accusateurs de Socrate*.

**ANZENGRUBER (Ludwig)** ♦ Écrivain autrichien (Vienne 1839 - *id.* 1889). Acteur ambulant, puis chanteur dans les auberges de Vienne, il composa plusieurs pièces sur des thèmes d'actualité. Elles expriment une morale populaire, teintée de sentiments libéraux et anticléricaux : *Le Curé de Kirchfeld*, 1870 ; *Le Paysan parjure* (1871).

**ANZIN** [59410] ← ÉTYM. du germ. *Anzo*, n. de pers., et suff. *-inus* ♦ Comm. du Nord, arr. de Valenciennes, sur l'Escaut. 14 052 hab. *(Anzinois)*. Anc. houillères.

**ANZIO** ♦ V. d'Italie, dans le Latium (prov. de Rome), sur la mer Tyrrhénienne, au N. de Latina. 36 952 hab. Station balnéaire, pêche. Indus. chimiques. ▮ **Histoire** L'anc. *Antium*, capitale des Volsques*, fut définitivement soumise par les Romains en –338. Coriolan* exilé s'y réfugia. ▪ Les Alliés débarquèrent à Anzio en 1944.

**A-OF** → **Afrique-Occidentale française**

**AORAKI** → **Cook (MONT)**

**AOSTE** ← ÉTYM. en it. ***Aosta***, anc. *Augusta Praetoria* (la v. fut fondée par Auguste pour 3 000 colons de sa garde prétorienne) ♦ V. d'Italie, ch.-l. de la Vallée d'Aoste, sur la Doire Baltée. 34 062 hab. Monuments romains : porte Pretoria, arc d'Auguste, pont, théâtres et vestiges d'amphithéâtre. Cathédrale (XIIe s.), remaniée : façade néoclassique, pavement (XIIe s.), trésor, cloître (XVe s.). Collégiale Saint-Ours (XIe s. - XVIe s.). ▪ Sidérurgie. Élevage. Station touristique et carrefour routier (tunnels du Mont-Blanc et du Grand-Saint-Bernard).

**AOSTE** (Vallée d') – anc. Val d'Aoste (jusqu'en 2001), en it. ***Valle d'Aosta***, off. ***Région autonome de la Vallée d'Aoste*** ♦ Région autonome du N.-O. de l'Italie. → **Italie** (carte). 3 262 km$^2$. 119 548 hab. *(Valdôtains)*. CH.-L. : Aoste. LANGUES : italien, français (en déclin depuis la politique d'italianisation à partir du fascisme, dialecte occitan). ▮ **Géographie** La région, qui correspond à la haute vallée de la Doire Baltée, est entourée de hauts sommets dont plusieurs dépassent 4 000 m : mont Blanc, Grand Combin, Cervin et mont Rose au N., Grivola et Grand Paradis au S. C'est un important carrefour de communications transalpin relié à la France et à la Suisse par le tunnel du Mont-Blanc, les cols du Grand et du Petit Saint-Bernard. Les nombreux pâturages de haute montagne permettaient autrefois l'élevage bovin (fromages). Les cultures d'arbres fruitiers et de vigne sont encore pratiquées sur les pentes les mieux exposées. Mais la production hydroélectrique (autour de 2 milliards de kWh) et surtout l'axe autoroutier qui unit la Suisse et l'Italie concentrent les activités dans la vallée. Le gisement houiller de La Thuile et le fer de Cogne ont aidé au développement d'une petite sidérurgie, dépassée par l'électrochimie (Châtillon, Saint-Marcel). Toutefois le tourisme demeure la principale activité de cette région facilement accessible à partir des grandes métropoles italiennes et germaniques. ▮ **Histoire** Soumise par les Romains qui y fondèrent la colonie d'*Augusta Praetoria*, la région fut ensuite conquise par les Ostrogoths (522), puis par les Byzantins et les Lombards, avant d'être rattachée aux royaumes de France (774) puis de Bourgogne (904). Elle fut ensuite possession de la maison de Savoie. ▪ La Vallée d'Aoste, qui fit partie de la France de 1800 à 1814, forme depuis 1948 une région autonome de la République italienne.

**AOUN (Michel)** ♦ Général libanais (Haret-Hreik, près de Beyrouth 1935). Chrétien maronite, commandant en chef de l'armée libanaise, il fut nommé Premier ministre intérimaire en sept. 1988 par Amine Gemayel. Il déclara en 1989 une « guerre de libération » contre l'armée syrienne. Il rejeta l'accord de Taëf qui redéfinissait les bases d'un nouveau partage communautaire, contesta l'élection à la présidence de René Moawad (assassiné en 1989) puis celle d'Elias Hraoui. En janv. 1990, il donna l'assaut aux Forces libanaises.

Après l'intervention de l'armée syrienne, sollicitée par le président Hraoui, le général Aoun, isolé dans son réduit chrétien, se réfugia en France (oct. 1990). Après le retrait syrien du Liban en 2005, il rentra dans son pays et fut élu député. Dans la perspective de l'élection présidentielle, il composa une alliance inattendue avec les chiites pro-syriens afin de faire figure de rassembleur. ➝ ÉTYM. Ce nom de famille vient de l'arabe *'awn* «aide, assistant».

**août 1789** (nuit du 4) ♦ Après la révolution parisienne du 14 juil. 1789 (➝ **Bastille [prise de la]**), alors que la révolte (Grande Peur*) secouait les provinces françaises, l'Assemblée* constituante, sur la proposition de nobles libéraux, abolit les privilèges (suppression des exemptions fiscales, des corvées seigneuriales, mainmortes, etc., et des rentes seigneuriales contre indemnité). Louis XVI fut proclamé «restaurateur de la liberté française». «La féodalité fut détruite dans sa forme institutionnelle et juridique, elle fut maintenue dans sa réalité économique» (A. Soboul).

**août 1792** (journée du 10) ♦ Journée révolutionnaire qui marqua en France la chute de la royauté. Face à la menace extérieure (le 11 juil., l'Assemblée* législative avait proclamé la patrie en danger) et à la monarchie, accusée de pactiser avec l'ennemi, se développa un mouvement patriotique ; sous l'impulsion de Robespierre, diverses sections de fédérés présentèrent à l'Assemblée des pétitions exigeant la déchéance du roi (17, 23 juil.), alors que les girondins tentaient de négocier avec la cour. Le manifeste de Brunswick*, connu à Paris le 1er août, attisa l'indignation des patriotes. Dans la nuit du 9 au 10 août, une commune insurrectionnelle, dirigée par Pétion*, L. P. Manuel* et son substitut Danton*, prit la place de la commune légale (➝ **Commune de Paris**) à l'Hôtel de Ville. Le 10 août, les fédérés, en particulier la section de Marseille dirigée par Barbaroux*, donnèrent l'assaut aux Tuileries. Le roi et la famille royale s'étaient placés sous la protection de l Assemblée législative. Celle-ci, lorsque l'insurrection fut victorieuse, prononça la suspension de Louis* XVI (13 août) et vota ensuite la convocation d'une Convention.

**AOYAMA Nobuyuki** ♦ Lettré japonais (1776 - 1843) et historien de l'école néoconfucianiste de Mito. Il participa avec Tokugawa Mitsukuni à la rédaction de *L'Histoire du Grand Japon (Dai Nihonshi)* et écrivit de nombreux ouvrages historiques.

**AOZOU** (bande d') ♦ Territoire situé dans l'extrême N. du Tchad (114 000 km²), occupé par la Libye en 1973 en vertu d'un accord jamais ratifié, entre Mussolini et Pierre Laval (1935). Un accord entre le Tchad et la Libye mit un terme au conflit en 1989. La Cour internationale de justice de La Haye donna raison au Tchad (1994).

**APACHES** n. m. pl. ➝ ÉTYM. du zuni *Apachu* «ennemi» ♦ Peuple indien du S.-O. des États-Unis, de langue athabascane, venu du N. du Canada vers 850. Arrivés tardivement dans la région, les Apaches, chasseurs-cueilleurs et razzieurs, adoptèrent nombre des traits culturels des peuples avec lesquels ils étaient en contact, en particulier les Indiens des Plaines, mais, contrairement aux Navajos*, ils restèrent nomades. Ils luttèrent farouchement contre les Espagnols puis contre les colons, notamment en Arizona (1861 - 1866). Le chef chiricahua Geronimo* est le plus célèbre de ces combattants. Les principaux groupes sont les Jicarillas, les Kiowas-Apaches, les Chiricahuas et les Mescaleros. Ils vivent essentiellement dans les réserves du Nouveau-Mexique et de l'Oklahoma, mais tendent à s'intégrer à la vie du pays.

**APÁCZAI CSERE (János)** ♦ Écrivain hongrois (Apáca, auj. Braşov 1625 - Kolozsvár 1659). Issu d'une famille protestante, il fit des études à Utrecht où il se familiarisa avec la philosophie cartésienne. Il écrivit une encyclopédie en langue hongroise qui jeta les bases du lexique scientifique et philosophique.

**APAMÉE** ➝ ÉTYM. en gr. ***Apameia*** ; du n. de *Apama*, épouse de Séleucos* Ier Nicator ♦ Nom de plusieurs villes de l'Orient antique, dont la plus connue, Apamée sur l'Oronte, en Syrie, est la patrie de Posidonius*. ♦ ***Apamée Kibotos*** V. de Phrygie fondée par Antiochos* Ier Sôter. En -188, Antiochos* III, vaincu par les Romains, y signa la paix dite d'Apamée et perdit l'Asie à l'O. du Taurus ainsi que sa flotte.

**A PAO CHI** ♦ Khan (v. 872 - 926) de l'ethnie des Khitans*, dont le berceau se trouve dans les monts Hinggan (Heilong jiang, Mongolie). A Pao Chi unifia les tribus toungouzes et occupa le N. de la Chine jusqu'au Huang he. Il fonda la dynastie Liao, fit de Pékin sa capitale et prit le nom de règne chinois de Taizu (916).

**APCHÉRON** (presqu'île d') ➝ ÉTYM. du persan *āb* «eau» et *chirin* «doux» ♦ Presqu'île de l'Azerbaïdjan qui prolonge le versant S.-E. du Grand Caucase dans la mer Caspienne. Gisements pétrolifères exploités à Bakou et en haute mer.

**APEC** n. f. ➝ **Asia-Pacific Economic Cooperation**

**APEL (Karl-Otto)** ♦ Philosophe allemand (Düsseldorf 1922), il a défini le projet d'une pragmatique transcendantale. Dans *Transformation de la philosophie* (1973), influencé autant par Heidegger que par Wittgenstein, il montre que l'homme contemporain, confronté aux crises radicales de rationalité qui touchent la pensée scientifique, à l'éclatement des institutions morales et politiques et aux tentations solipsistes de la subjectivité, doit définir ce qu'il connaît, ce qu'il doit faire et ce qu'il peut désirer. Présentant l'homme avant tout comme être de langage, Apel montre qu'il ne peut accepter comme jugement que ce qu'il peut justifier par l'argumentation face à autrui. Il s'agit donc de passer d'une conception solipsiste du sujet à l'intersubjectivité à l'œuvre dans la communauté parlante, et de définir le transcendantal en fonction des conditions de la «proférabilité», donc des rapports de sens entre l'homme et le monde.

**APELDOORN** ➝ ÉTYM. néerl. «[la ville des] pommiers» ♦ V. des Pays-Bas (Gueldre). 155 564 hab. Aux environs : musée Kröller-Müller (peintures et sculptures). ▪ Fabrication de papiers, de colorants et de produits pharmaceutiques. Matières plastiques et indus. textiles. Ville résidentielle et de garnison.

**APELLE** ➝ ÉTYM. en gr. ***Apellês***, de *apellai* «assemblées du peuple [à Sparte]» ♦ Peintre grec (-IVe s.), le plus célèbre de l'Antiquité. Ionien de Cos (ou de Colophon ou d'Éphèse), il devint l'ami et le portraitiste officiel d'Alexandre* le Grand. Aucune de ses œuvres n'est conservée. On reconnaît ses thèmes et sa manière dans des œuvres sans doute inspirées de ses fresques, telle la mosaïque de Pompéi représentant Alexandre sous les traits de *Zeus tonnant* ou la *Bataille d'Issos* (musée de Naples). *La Calomnie*, *Aphrodite anadyomène*, *Artémis* sont parmi les titres les plus connus de ses œuvres disparues.

**APENNIN** n. m. ou **APENNINS** n. m. pl. ➝ ÉTYM. en it. ***Apennino*** ou ***Apennini***, du celt. *penn* «tête, sommet» ♦ Chaîne montagneuse de l'Italie qui s'étend sur env. 1 300 km et forme l'arête dorsale de la péninsule. Elle sépare le versant tyrrhénien du versant adriatique. L'*Apennin septentrional*, formé de roches argilo-gréseuses, est assez peu élevé mais abrupt (Alpes apuanes, Apennin ligure). Il se soude aux Alpes ligures au col d'Altare (ou Cadibone). L'*Apennin central* contourne la plaine du Pô (Apennin toscan) et se poursuit par les monts calcaires des Abruzzes où se trouvent les sommets les plus hauts (Gran Sasso, 2 912 m au mont Corno). Enfin, l'*Apennin méridional* ou *calabrais*, sur le côté tyrrhénien, est une masse hétérogène de massifs cristallins assez élevés (la Sila, 1 928 m au Botte Donato). ➝ **Ligurie, Émilie-Romagne, Toscane, Marche, Ombrie, Latium, Abruzzes, Pouilles, Campanie, Basilicate, Calabre.**

**APERGHIS (Georges)** ♦ Compositeur grec (Athènes 1945). Installé à Paris depuis 1963, il travaille à la création d'un théâtre musical (*Pandaemonium*, 1973 ; *Histoires de loups*, 1976 ; *Énumérations*, 1988 ; *Jojo*, 1990 ; *Machinations* 2000 ; *Avis de tempête*, 2004).

**APHRODITE** ➝ ÉTYM. en gr. ***Aphroditê*** ; l'étym., selon les Grecs, «née de l'écume», de *aphros* «écume», est incertaine ♦ Déesse grecque de l'amour et de la fécondité, assimilée à la Vénus* romaine. D'origine orientale, elle présente certaines analogies avec la divinité sémitique Ashtart* et l'égyptienne Hathor*. Elle est fille de Zeus* et de Dioné* ou, selon la version hésiodique, elle naît de l'écume de la mer fécondée par le sang d'Ouranos lors de sa mutilation. Elle est portée à Cythère*, puis sur les rivages de Chypre, d'où son surnom de Cypris. Les Heures (Saisons) l'accueillent et la conduisent au ciel, drapée et parée. Le pouvoir sensuel féminin qu'elle symbolise est représenté comme une force corruptrice et maléfique. Sa légende, tardivement grossie par les Alexandrins, est composée d'épisodes divers concernant ses unions, en général avec des dieux, ses interventions miraculeuses, son action conforme à ses attributions. Épouse infidèle d'Héphaïstos*, elle est surprise par celui-ci et immobilisée dans un filet magique avec son amant Arès* dont elle a Harmonie*, Éros* et Antéros. De Dionysos* elle a Priape*, d'Hermès* elle a Hermaphrodite*. Son idylle passionnée avec Adonis* l'associe aux cultes orientaux. De même son union avec le mortel Anchise*, le berger troyen dont elle a Énée*, et ses affinités avec les Troyens la rattachent à la terre asiatique. À l'origine de la guerre de Troie* pour avoir aidé Pâris* à enlever Hélène*, elle défend dans les combats ses héros préférés, son fils Énée et Pâris, mais elle prend lâchement la fuite devant le mortel Diomède* qui lui perce la main de sa lance. Elle favorise le mariage et l'amour en dehors de toute loi, et comble Pygmalion* pour l'amour qu'il portait à Galatée*. ▪ De nombreux temples étaient consacrés à son culte. Source d'inspiration des poètes, dont Sappho*, et des artistes, Aphrodite figure notamment dans les célèbres statues de Callimaque*, Lysippe*, Praxitèle* (à qui Phryné* servit de modèle), Scopas*.

**APIA** ♦ Cap. des Samoa*, sur la côte N. de l'île Upolu. 32 200 hab. Port exportant coprah et cacao. ▪ Tombe de R. L. Stevenson* sur le mont Vaea.

**APIAN** ou **APIANUS (Peter BENNEWITZ** ou **BIENEWITZ**, dit**)** ♦ Mathématicien, astronome et géographe allemand (Leisnig, Saxe 1495 - Ingolstadt 1552). Il indiqua la manière de déterminer les différences de longitude par l'observation des mouvements de la Lune et donna une des premières tables de sinus imprimées pour toutes les minutes. Il établit des cartes géographiques d'une rare précision.

**APIS** [apis] – nom gr. de ***Hape*** ou ***Hapi*** ♦ Dieu égyptien représenté sous l'aspect d'un taureau portant parfois le disque solaire entre ses cornes (lorsqu'il est assimilé à Rê*). Adoré à Memphis, il était sans doute à l'origine dieu de la fécondité. Il fut très vite associé à Ptah*, la divinité souveraine de Memphis, dont il devint la manifestation, puis fusionna avec Osiris* sous le nom d'User-Hapi : Osiris-Apis, et fut honoré comme dieu des morts et du monde souterrain. Un taureau sacré, reconnaissable à des marques particulières (taches noires sur son pelage blanc), incarnait le dieu. Il était élevé dans

**Apis.** Musée égyptien, Le Caire. *Phot.* ©*Hétier*

une étable près du temple de Ptah. À sa mort on l'enterrait en grande pompe dans la nécropole de Saqqara* **(→ Serapeum)** et on le remplaçait par un jeune taureau.

**APO** n. m. ♦ Volcan, le plus haut sommet des Philippines, dans l'île de Mindanao (2 954 m).

**Apocalypse** n. f. ➝ ÉTYM. gr. «révélation» ♦ Livre du Nouveau Testament*, le dernier de la Bible* chrétienne. 22 chapitres relatent les visions d'un auteur qui se nomme Jean, traditionnellement identifié à l'apôtre. Les lettres adressées aux «sept églises» (d'Asie) et l'épilogue précisent que ces visions (les sept sceaux, les sept trompettes, les sept coupes, les quatre cavaliers, le Dragon qui poursuit la Femme prête à accoucher, l'Agneau et la Grande Prostituée qu'est Babylone, le combat final et la Jérusalem céleste) décrivent ce que vit, à la fin du Ier s., la jeune Église face au pouvoir de Rome : chassé du ciel par le triomphe du Christ, Satan persécute ses fidèles sur la terre ; mais après ces tribulations, entrecoupées d'une pause de mille ans où règnent le Christ et les justes («millenium»), il y aura «un ciel nouveau, une terre nouvelle» — et plus de mer, symbole du mal. Difficilement intégré à l'Écriture, le livre a frappé les imaginations par la richesse de ses images, cristallisé des espérances (millénarisme) et servi de modèle aux prophéties postérieures. Il existe des apocalypses apocryphes*, et à partir du XIXe s. le mot a servi à qualifier des œuvres qui ne portent pas forcément ce nom (Livre d'Hénoch*, Pasteur d'Hermas*) et à définir un genre littéraire («apocalyptique») qui se développe entre –200 et 150 et dont le modèle canonique est le livre de Daniel*. ▪ Beaux-arts : *Apocalypse de Saint-Sever*, commentaire de Beatus, miniatures de Garsia Placidus (1028, Bibl. nat.) ; *Apocalypse d'Angers*, ensemble de 90 tapisseries (dont 69 subsistent) réalisées par Nicolas Bataille (fin XIVe s.) ; *Apocalypse* de Dürer, suite de 14 gravures sur bois (1498).

**APOLDA** ♦ V. d'Allemagne (Thuringe), au N.-E. de Weimar. 20 234 hab. Célèbre pour sa grande fonderie de cloches (dont la Petersglocke de Cologne, 24 t, 1923), active jusqu'en 1988. ▪ Indus. textiles (bonneterie).

**APOLLINAIRE (Wilhelm Apollinaris DE KOSTROWITZKY, dit Guillaume)** ➝ ÉTYM. *Apollinaire* : du lat. *Apollinaris*, l'un de ses prénoms, hérité de son grand-père maternel et *Guillaume*, trad. fr. de *Wilhelm* ♦ Poète français (Rome 1880 - Paris 1918). Fils naturel d'un officier italien et d'Angelica de Kostrowitzky, elle-même fille d'un noble polonais camérier du pape, il poursuivit d'irrégulières études aux lycées de Cannes puis de Nice. Parvenu à Paris, il n'y trouva que de médiocres emplois, mais un poste de précepteur en Rhénanie lui permit d'effectuer de nombreux voyages à travers l'Allemagne et l'Autriche-Hongrie (1901 - 1902), où son œuvre poétique allait puiser de précieux thèmes d'inspiration. De retour dans la capitale, il donna ses premières œuvres à des revues littéraires, *La Revue blanche*, *La Plume*, et se lia d'amitié avec Alfred Jarry, Eugène Montfort et André Salmon (1903). Sa rencontre avec Marie Laurencin (1908) exerça une influence durable sur sa sensibilité. En 1909, il fit paraître son premier livre, *L'Enchanteur pourrissant*. Devenu l'ami de Picasso, de Derain, de Vlaminck, du Douanier Rousseau, Apollinaire célébra l'art nouveau. Il publia des anthologies d'auteurs érotiques (Sade, Mirabeau, Nerciat), un recueil de contes, *L'Hérésiarque et Cie*, et une charmante fantaisie poétique, *Le Bestiaire ou Cortège d'Orphée* (1911). En 1913, sans cesser d'approfondir sa réflexion sur la peinture moderne (*Les Peintres cubistes, méditations esthétiques*), il publia *Alcools**, recueil de ses meilleurs poèmes ; il y renouvelait véritablement la poésie française, l'acheminant d'un coup «aux frontières de l'illimité et de l'avenir». Apollinaire composa encore des «poèmes conversations» et des «idéogrammes lyriques» qu'il rassembla quelques années plus tard dans *Calligrammes** (1918). Quand il s'engagea pour la durée de la guerre (déc. 1914), il venait de vivre, avec Louise de Coligny-Châtillon (Lou), une brève aventure amoureuse qui s'achemina vers une douloureuse rupture (*Ombre de mon amour*, publ. 1947). Dans sa correspondance avec Madeleine Pagès, sa fiancée, publiée plus tard (*Tendre comme le souvenir*, 1952), le poète livre d'intéressantes confidences sur son art et sur ses lectures. Affecté au 96e régiment d'infanterie avec le grade de sous-lieutenant, il fut blessé d'un éclat d'obus à la tempe (17 mars 1916) et trépané. Publié par les soins de ses amis, un nouveau recueil de ses contes et nouvelles parut alors sous le titre *Le Poète assassiné* (1916). Apollinaire obtint, dès sa guérison, d'être détaché dans divers services de l'arrière ; il reprit une féconde activité littéraire. Il fit représenter un «drame surréaliste», *Les Mamelles* de Tirésias*, et prononça une conférence marquante sur l'«esprit nouveau» (1917). Ayant épousé Jacqueline Kolb, il redevint le collaborateur de nombreux journaux, publia encore un recueil de chroniques, *Le Flâneur des deux rives* (1918), conçut de nouveaux projets littéraires. Atteint par l'épidémie de «grippe espagnole», il mourut prématurément (9 nov. 1918). ▪ Tenu longtemps pour un génie fantaisiste et mystificateur, Apollinaire a vu croître sa gloire avec les années. Il a pressenti hardiment par quelles voies il fallait que s'engageât la poésie moderne (autonomie des images, rupture de la syntaxe, abandon de la ponctuation, art du collage littéraire, modernisme du vocabulaire). Il fut aussi l'un des initiateurs les plus perspicaces de l'art moderne. Issu du symbolisme, il s'est affranchi très tôt de toute influence d'école pour enrichir l'univers de la poésie de modulations d'une résonance unique, d'images insolites et neuves, et lui rendre le sens du lyrisme et du mystère. De nombreux musiciens ont mis en musique sa poésie (Honegger, Poulenc, Chostakovitch, etc.).

## apocryphes

n. m. pl. ➝ ÉTYM. du gr. *apokruphos* «caché» ♦ Ouvrages relevant de la littérature biblique, mais non inclus dans le canon **(→ Bible)**. Dans sa première acception, le mot a, semble-t-il, servi à désigner les livres figurant dans la Bible grecque et non dans la Bible hébraïque : c'est encore le sens traditionnel chez les protestants, alors que les catholiques, depuis le XVIe s., nomment ces livres *deutérocanoniques*. Un autre sens du mot a servi à désigner des ouvrages qui n'ont jamais été inclus dans un canon, qui en ont été rejetés ou qui ont été rédigés après la clôture des canons : c'est ce que l'on nomme, depuis le XVIIIe s., des *pseudépigraphes*. Ces désignations sont insuffisantes, en ce que nombre d'apocryphes ne se présentent pas comme «secrets» (simplement, ils ne sont pas utilisés dans le culte) et que plusieurs livres canoniques de la Bible sont, au sens propre, des «pseudépigraphes» (ils sont placés sous un nom d'auteur supposé). Cette imprécision est l'héritage d'une approche confessionnelle de cette littérature, et l'appellation plus récente de «littérature intertestamentaire» n'a pas contribué à clarifier cette situation (il n'y a deux «Testaments» que pour les chrétiens) : ainsi le mot est un fourre-tout commode pour désigner un ensemble de textes qui n'ont guère de points communs entre eux. Les apocryphes sont pour la plupart d'origine juive (hellénistique) ou chrétienne. Ils constituent parfois des rédactions concurrentes d'œuvres qui allaient devenir canoniques et forment une littérature populaire, friande de merveilleux, où une théologie rudimentaire tente de fournir des réponses à des questions apparemment éludées par l'Écriture officielle : enfance ou procès de Jésus, eschatologie. Parfois très lus, ils ont laissé des traces dans la liturgie, dans les mystères du Moyen Âge et, par là, dans l'iconographie et dans la culture religieuse. Ils nous sont parvenus le plus souvent en grec ou en diverses traductions (on indique ci-dessous la langue d'origine probable). ▮ **Principaux apocryphes** ▮ ***Ancien Testament*** Testament d'Abraham (Ier - IIe s., en grec, vision de l'au-delà) ; Vie d'Adam et d'Ève (Ier s., grec, expulsion du Paradis) ; Apocalypse grecque de Baruch (fin Ier s., grec, visite des cieux) ; Apocalypse syriaque de Baruch (IIe s., hébreu ou araméen, destruction de Jérusalem) ; IIIe livre d'Esdras (–IIe s., grec, reconstruction du Temple, compilation de 2 Rois, Esdras et Néhémie) ; IVe livre d'Esdras (fin Ier s., hébreu, visions et prophéties) ; Livre d'Hénoch (–IIe - déb. –Ier s., hébreu ou araméen, fin du monde et vision du ciel) ; Hénoch slave (Ier s., grec, voyage aux cieux) ; Ascension d'Isaïe (IIIe s., grec, martyre d'Isaïe, vision des cieux) ; Joseph et Aséneth (Ier s. ?, grec, mariage de Joseph et de la fille de Putiphar) ; Livre des Jubilés (–IIe s., hébreu, histoire d'Israël) ; Testament des douze patriarches (hébreu, bénédictions de Jacob à ses fils) ; Odes (hébreu ou grec, fin Ier s.) et Psaumes (Ier s., hébreu ou grec) de Salomon ; Oracles sibyllins (début de notre ère, prophéties). ▮ ***Nouveau Testament*** Actes d'André (IIe s., grec) ; Évangile des Hébreux (fragments, IIe s., a passé pour l'original du Matthieu canonique) ; Protévangile de Jacques (IIe s., grec, enfance de Jésus) ; Histoire de Joseph le charpentier (IVe s., grec) ; Assomption de Marie (IVe s., grec) ; Actes de Paul (et Thècle ; fin IIe s., grec) ; Actes de Pierre (IIe s., grec) ; Actes de Pilate (IVe s., grec, procès de Jésus) ; Pistis Sophia (IIIe s., grec, questions à Jésus après sa résurrection) ; Évangile de Thomas (v. 140, grec, collection de paroles de Jésus) ; Évangile de Barnabé (rédigé au XVIe s. par des musulmans).

**Guillaume Apollinaire. Portrait par Picasso, 1916.**
*BIS/Phot. coll. Archives*
*Jeanbor © Succession Picasso, Paris 2008*

**Apollo** ♦ Programme spatial américain d'exploration de la Lune. Décidé en 1961, il s'acheva en 1972 et comporta 17 missions, dont les 11 dernières étaient habitées. Ce fut *Apollo 11* qui atteignit le premier le sol lunaire, le 21 juil. 1969. Deux hommes, N. Armstrong* et E. Aldrin, passèrent près de trois heures sur la Lune ; ils y installèrent une station scientifique et rapportèrent sur Terre 22 kg d'échantillons du sol lunaire.

**APOLLODORE D'ATHÈNES** – en gr. ***Apollodôros*** ♦ Grammairien athénien (v. –180). Élève d'Aristarque*, il est l'auteur d'une chronologie en vers iambiques couvrant la période de la guerre de Troie à –144. On lui a attribué à tort la *Bibliothèque d'Apollodore,* précieuse compilation mythologique bien postérieure.

**APOLLODORE DE DAMAS** – en gr. ***Apollodôros*** ♦ Architecte et ingénieur grec (Damas v. 60 - 129). Appelé par Trajan*, il construisit le pont des Portes de fer ou Pont sur le Danube (104), et à Rome le forum de Trajan.

**APOLLON** → ÉTYM. appelé aussi ***Phébus,*** en gr. ***Phoibos*** « le Brillant » ♦ Dieu grec de la lumière. Il est fils de Zeus* et de Léto*, frère jumeau d'Artémis*. Ses attributions se multiplient au cours des siècles. Dieu de la divination, de la musique et de la poésie, conducteur des Muses* (musagète), il est en même temps guerrier et pasteur. Purificateur et guérisseur en tant que dieu solaire, il est aussi vindicatif et violent, souvent emporté par la colère. Symbole de la clarté, il sera le dieu de la religion orphique (→ **Orphée**). Devenu adulte sept jours après sa naissance, il quitte Délos sur un char attelé de cygnes, présent de son père, et se rend d'abord chez les Hyperboréens, peuple pieux et heureux habitant une contrée inaccessible aux mortels. Après y avoir instauré son culte, il retourne en Grèce. Parvenu à Delphes*, il tue le serpent Python* qui rendait des oracles de la Terre et instaure en son honneur les jeux Pythiques. Il fonde ses propres oracles, à Delphes, le plus prestigieux, mais aussi à Délos et à Claros*. Malgré sa beauté et sa gloire, Apollon est malheureux en amour. Les nymphes et les mortelles fuyant ses ardeurs trouvent la mort ; d'autres sont violées par lui. Cassandre*, ayant reçu le don de divination pour consentir, le refuse et encourt sa vengeance : ses prophéties seront accompagnées d'incrédibilité. Ses vengeances sont cruelles. Après la mort de son fils Asclépios, foudroyé par Zeus pour avoir ressuscité un mort, Apollon tue de ses flèches les Cyclopes* qui fabriquaient la foudre de Zeus. Il perce avec ses flèches les Aloades*, massacre, avec sa sœur, les enfants de Niobé*, écorche vif le satyre Marsyas* qui osait le défier comme musicien et fait pousser des oreilles d'âne à Midas*. Pendant la guerre de Troie, il frappe de peste le camp grec pour venger son prêtre Chrysès*, dont Agamemnon avait pris la fille comme captive ; d'autre part, il envoie deux serpents monstrueux qui enlacent et étouffent le prêtre troyen Laocoon*, qui l'avait offensé, et ses fils. Son image n'est pas pour autant toujours aussi terrible dans la légende. C'est lui qui égaie les festins des Olympiens avec les mélodies incomparables de sa lyre. Expression de l'idéal grec de la beauté, Apollon a inspiré de nombreuses statues antiques dont *Apollon de Piombino* (v. –500), *Apollon sauroctone* de Praxitèle*, *Apollon à l'omphalos* attribué à Calamis*, *Apollon de Kassel* attribué à Phidias*, *Apollon du Tibre* (–450), *Apollon du Belvédère* (–IIIe s.), le *Colosse de Rhodes.*

**Apollon.** *Apollon du Belvédère.* **Marbre, copie romaine d'une statue en bronze attribuée à Léocharès, fin du IVe s. Musée du Vatican, Rome.**
*Phot. © Arch. Smeets*

**APOLLONIA** ♦ Anc. ville d'Illyrie (Albanie), colonie de Corinthe fondée en –588. Centre intellectuel de l'époque gréco-romaine.

**APOLLONIOS D'ATHÈNES** ♦ Sculpteur grec (–Ier s.), auteur du *Torse du Belvédère* (musée du Vatican) et du *Pugiliste* (musée des Thermes, Rome).

**APOLLONIOS DE PERGA** ♦ Mathématicien grec (Perga v. –262 - v. –180). Il est l'auteur du premier traité relatif aux sections coniques (cercle, ellipse, parabole, hyperbole), l'une des grandes œuvres des mathématiques grecques qui constitue toujours une référence.

**APOLLONIOS DE RHODES** ♦ Poète et grammairien grec (Alexandrie v. –295 - –215). Disciple, puis rival de Callimaque*, il vécut pendant quelque temps à Rhodes où il fonda une école de rhétorique, puis revint à Alexandrie* et dirigea la fameuse bibliothèque. Il composa *Les Argonautiques*,* longue épopée très appréciée à l'époque hellénistique.

**APOLLONIOS DE TYANE** – en lat. ***Apollonius*** ♦ Philosophe néopythagoricien d'Asie Mineure (Tyane déb. de l'ère chrétienne - Éphèse 97). Il a écrit une *Vie de Pythagore,* qui fut utilisée par Porphyre* et Jamblique*, et un *Traité sur la divination.* Sa *Vie,* enrichie d'épisodes merveilleux liés à sa réputation de thaumaturge, a été écrite par Philostrate et publiée entre 217 et 245.

**Apollon musagète** ♦ Ballet en un acte et 2 tableaux, musique de Stravinski*, chorégraphie de A. Blom. La première du ballet eut lieu en Amérique, en avr. 1928, lors d'un festival de musique contemporaine pour lequel la partition avait été commandée à Stravinski. *Apollon musagète* fut repris par les Ballets russes* de Diaghilev* en juin 1928, au théâtre Sarah-Bernhardt à Paris, dans une chorégraphie de Balanchine et des décors de Bauchant. Les interprètes principaux en furent S. Lifar, L. Tchernicheva, F. Doubrovska.

**Apologie de Socrate** – en gr. ***Apologia Sôkratous*** ♦ Dialogue de Platon* qui présente le discours que Socrate* aurait prononcé devant ses juges pour se défendre contre la double accusation d'impiété et de corruption de la jeunesse.

**Apologie de Socrate** ♦ Œuvre de Xénophon*.

**APOPIS** ♦ Dieu égyptien représenté sous la forme d'un serpent gigantesque, image du chaos toujours vaincu mais toujours renaissant qui menace chaque matin et chaque soir d'arrêter le soleil dans sa marche. Il fut tardivement identifié à Seth*.

**APOSTEL (Léo)** ♦ Logicien belge (Anvers 1925 - Gand 1995). S'intéressant aux régions frontières entre la logique et la psychologie, il a cherché à fonder une interprétation de l'apprentissage des structures linguistiques et logiques sur certaines théories du comportement (Hull, Tolman, etc.) : *Logique, langage et théorie de l'information,* 1957, en collab. avec B. Mandelbrot et A. Morf.

## apôtres

n. m. pl. → ÉTYM. gr. *apostolos* « envoyé » ♦ Les douze disciples les plus proches de Jésus, ceux qu'il envoya prêcher l'évangile : André*, Barthélemy*, Jacques fils d'Alphée (identifié avec Jacques* le Mineur, sans doute à tort) et Jacques fils de Zébédée (Jacques* le Majeur), Jean*, Judas*, Jude*, Matthieu*, Philippe*, Pierre*, Simon* le Zélote, Thomas* ; Judas fut remplacé par Matthias. Sont aussi considérés comme apôtres Paul* (qui se qualifie souvent ainsi) et Barnabé*, qui n'ont pas connu le Christ. ■ L'histoire des premières communautés chrétiennes est le sujet des Actes* des Apôtres. La *Doctrine des apôtres,* texte qui fait partie des Pères apostoliques, est généralement connue sous le nom grec *Didachè* (« enseignement »). ■ L'apôtre des gentils. → **Paul (saint).**

L'**Apoxyomène** ♦ Réplique romaine en marbre d'une statue de Lysippe de la fin du –IVe s. (musée du Vatican).

L'Apoxyomène (2,05 m).
Musée du Vatican. *Phot.* ©*M. Sarri*

**APPALACHES** n. m. pl. ➝ ÉTYM. probablt du choctaw *apalatchi* «peuple de l'autre côté», n. d'une tribu indienne ♦ Ensemble montagneux de l'E. des États-Unis qui s'étend, avec ses prolongements, du N.-E. (au S. de l'embouchure du Saint-Laurent, Canada) au S.-O. (plaine côtière du golfe du Mexique) sur la Nouvelle-Angleterre, l'État de New York, la Pennsylvanie, les Virginies, l'O. des Carolines, l'E. du Tennessee. On y distingue d'O. en E. un plateau, table de sédiments primaires, qui correspond au S. au Cumberland, une zone plissée dite *vallée appalachienne* (Great Valley), une chaîne cristalline formée des chaînes des Blue Ridge (montagnes Bleues) qui s'élèvent de 1 500 à 2 000 m (2 037 m au mont Mitchell), enfin un plateau (Piedmont) qui se termine par une ligne de faille (Fall Line) audessus de la plaine atlantique. ▪ L'Ohio*, le Tennessee* y prennent leur source. Les montagnes sont en général très boisées.

**APPAR** ♦ Poète indien d'expression tamoule (VIIe s.). Auteur d'hymnes religieux shivaïtes d'une haute élévation de pensée, il est l'un des 63 «saints» du shivaïsme du S. de l'Inde (Nāyanmār), et l'un des plus vénérés.

**Appassionata** ♦ Titre donné par l'éditeur Cranz, de Hambourg, à la sonate pour piano no 23 en *fa* mineur opus 57 de Beethoven*, entreprise en 1804 et parue en 1807. Romain Rolland voyait en cette œuvre à la fois violente et concentrée «un torrent de feu dans un lit de granit».

**APPAYA-DĪKṢITA** ♦ Philosophe religieux indien d'expression sanskrite (1552 - 1624 ou 1520 - 1593 selon les sources). Il aurait vécu à la cour du roi Venkata Ier de Vijayanagar, où il écrivit des commentaires réputés des œuvres religieuses classiques et des traités vedantiques qui font autorité.

**APPEL (Karel)** ♦ Peintre néerlandais (Amsterdam 1921 - Zurich 2006). Il étudia à l'Académie royale d'Amsterdam de 1940 à 1943. Décidé à rompre avec l'abstraction géométrique héritée du Stijl, il fonda avec Corneille* et C. Constant le Groupe expérimental et la revue *Reflex* (1948), puis adhéra au groupe Cobra* et se fixa à Paris (1950). Opposant la spontanéité de la création aux contraintes et aux conventions plastiques, il chercha à faire prévaloir le geste impulsif et pratiqua une peinture véhémente en travaillant la couleur en pleine pâte ou en l'éjectant directement du tube. Il aboutit à une peinture fortement expressionniste où les formes sommaires présentent souvent un caractère truculent, parfois grotesque ou dramatique (*La Rencontre*). ➝ ÉTYM. Ce nom vient du néerlandais *appel* qui signifie «pommier».

**APPELFELD (Aharon)** ♦ Écrivain israélien d'expression hébraïque (Czernowitz, auj. en Ukraine 1932). Déporté dans un camp de concentration en Transnistrie dont il s'évade à dix ans, Appelfeld, qui vit en Israël depuis 1946, ne peut échapper dans son œuvre à la hantise de la Shoah. Il n'aborde pourtant jamais de front cette période : tantôt il évoque le temps «d'avant» (*L'Ère des prodiges ; Badenheim*, 1939), tantôt le temps «d'après» où les rescapés se révèlent incapables de se forger une nouvelle existence (*Réparations*), ou bien il prend pour héroïne une fillette débile ou inconsciente (*Tsili*) ou une paysanne polonaise très simple et mystique (*Katarina*), de sorte que l'horreur est suggérée sans être décrite. *Histoire d'une vie* (2004) est un récit autobiographique.

**APPELL (Paul)** ♦ Mathématicien français (Strasbourg 1855 - Paris 1930). Auteur de nombreux traités sur la mécanique rationnelle et les fonctions elliptiques. [Acad. sc. 1892]

**APPENZELL** ➝ ÉTYM. de l'alémanique *Abtenzelle* «la retraite de l'abbé» [autrefois résidence d'été des abbés de Saint-Gall] ♦ V. du N.-E. de la Suisse, sur la rive g. de la Sitter, affl. de la Thur, ch.-l. du canton d'Appenzell Rhodes-Intérieures. 5 535 hab. Maisons à pignons aux façades peintes. ▪ Manufacture de dentelle et de broderie.

**APPENZELL** n. m. (canton d') ➝ ÉTYM. du n. de la ville ♦ Ancien cant. du N.-E. de la Suisse, situé au S. du lac de Constance, entièrement enclavé dans le canton de Saint-Gall. Il a été divisé en 1597 en deux demi-cantons devenus en 1999 deux cantons. L'Appenzell Rhodes-Extérieures (*Ausser Rhoden*), au N. et à l'O. 243 km². 52 509 hab. (de langue allemande et en maj. de religion protestante). CH.-L. : Herisau. L'Appenzell Rhodes-Intérieures (*Inner Rhoden*), au S. 172 km². 15 300 hab. (de langue allemande et en maj. de religion catholique). CH.-L. : Appenzell. ▪ Son économie est plutôt agricole dans les Rhodes-Intérieures (fromage Appenzell), plutôt industrielle dans les Rhodes-Extérieures (indus. textile).

**APPERT (Nicolas)** ♦ Industriel français (Châlons-sur-Marne 1749 - Massy 1841). Son invention d'un procédé de conservation des aliments par la chaleur (*appertisation*) fait de lui le créateur de l'industrie des conserves alimentaires. ➝ ÉTYM. *Appert* est le surnom d'une personne intelligente, du latin *apertus* «ouvert», ou la variante de *happart* qui désignait, en ancien français, un crochet à suspendre.

**APPIA (Adolphe)** ♦ Metteur en scène, scénographe et théoricien suisse de théâtre (Genève 1862 - Nyon 1928). S'insurgeant contre l'esthétique naturaliste, il a eu sur la mise en scène contemporaine une influence déterminante, accordant la primauté à l'acteur, remplaçant les toiles peintes par des décors en trois dimensions, utilisant la musique et la lumière (*La Musique et l'Art de la scène*, 1899).

**APPIEN** – en gr. ***Appianos*** ♦ Historien grec (Alexandrie fin du Ier s. - apr. 180). Il vécut longtemps à la cour des empereurs romains et accéda aux plus hautes dignités. Son *Histoire romaine* en 24 livres est essentiellement composée des monographies sur les guerres entre Rome et les pays qui devinrent provinces de l'Empire, et sur les guerres civiles. Compilation des renseignements empruntés à d'autres historiens grecs, contenant même quelques erreurs géographiques grossières, cet ensemble vaut pour le choix des sources, le sens politique et l'impartialité de l'auteur. La partie intitulée «guerre civile» est la plus complète histoire politique de Rome de –133 à –35.

**Appienne** (voie) – en lat. ***via Appia*** ♦ Voie romaine qui allait de Rome à Brindisi en passant par Capoue. Commencée par le censeur Appius Claudius* v. –312, elle fut achevée par Auguste*. Elle était bordée de tombeaux dont il reste des vestiges.

**APPLETON** (sir **Edward Victor**) ♦ Physicien britannique (Bradford 1892 - Édimbourg 1965). Auteur d'études sur la propagation des ondes radioélectriques, il fournit avec Barnett la preuve expérimentale de l'existence de l'ionosphère dont il étudia les propriétés magnétiques et ioniques. Son nom fut donné à une couche de l'atmosphère située vers 220 km d'altitude. [Prix Nobel de phys. 1947] ➝ ÉTYM. *Appleton* signifie «plantation de pommiers» (nom de lieu), du vieil anglais *aeppel* «pomme» et *tūn* «plantation».

**APPOMATTOX** ♦ Loc. des États-Unis (Virginie) où le général sudiste Lee* se rendit à Grant*, chef des troupes nordistes, mettant fin à la guerre de Sécession* (9 avr. 1865).

**APPONYI (Albert)** ♦ Homme politique hongrois (Vienne 1846 - Genève 1933). Il est issu d'une famille de magnats comprenant de nombreux hommes politiques et diplomates. Chef du parti national à la Chambre, il lutta contre les mouvements visant à faire de l'empire un État multinational. Il fut l'auteur d'une loi scolaire (1907) imposant l'assimilation des groupes ethniques non hongrois. Il dirigea la délégation hongroise à la conférence de la paix (1919 - 1920), puis représenta la Hongrie à la SDN.

L'**Apprenti sorcier** ♦ Poème symphonique de Paul Dukas* (1897). Ce scherzo, l'un des plus célèbres de la musique descriptive, est inspiré d'une ballade de Goethe (1797).

L'**Après-midi d'un faune** ♦ Églogue de Stéphane Mallarmé* (1876) qui retrace, en 110 alexandrins, la méditation sensuelle d'un faune confronté aux forces contradictoires du souvenir, de la réalité et du rêve. L'idée fut empruntée par Claude Debussy* pour son églogue pour orchestre *Prélude* à l'après-midi d'un faune* (1894).

**APRIÈS** – nom gr. d'***Ouahibri*** ou ***Hâibria***, en hébr. ***Hophra*** ♦ Pharaon de la XXVIe dynastie saïte (de v. –588 à –568), fils et successeur de Psammétique* II. Il reprit la lutte contre Nabuchodonosor* II qui s'était emparé de Jérusalem (troisième déportation des Juifs à Babylone) et soutint Tyr dans sa résistance aux Babyloniens. Accusé de favoriser les mercenaires grecs, il fut assassiné par l'armée d'Amasis*.

**APT** [84400] ➝ **ÉTYM.** lat. «(village fortifié) de Aptus» ou n. prélatin, d'une rac. oronym. *°ap* ♦ Ch-l. d'arr. du Vaucluse, sur le Calavon. 11 172 hab. (aggl. 14 100) *(Aptésiens)*. Anc. cathédrale Sainte-Anne (XI$^e$ ou XII$^e$ s.), souvent remaniée, en partie romane et gothique ; crypte préromane et crypte romane. Musée archéologique (préhistoire, sculptures gallo-romaines, faïences du XVII$^e$ au XIX$^e$ s.). ▪ Agroalimentaire. Confiseries (fruits confits). Ocres. ▮ **Histoire** Anc. cité gauloise des Vulgientes, elle devint *Apta Julia*, colonie romaine. Au XI$^e$ s., elle fut la capitale d'un comté. Le baron des Adrets l'assiégea vainement pendant les guerres de Religion.

**APULÉE** – en lat. ***Lucius Apuleius Theseus*** ♦ Écrivain latin (Madaure, auj. M'daourouch, dép. de Constantine v. 125 - Carthage apr. 170). Après avoir étudié l'éloquence à Carthage, il se rendit à Athènes où il se fit l'adepte du platonisme puis parcourut une partie de l'Asie pour s'y faire initier aux cultes orientaux (mystères d'Éleusis, de Mithra, d'Isis, culte des Cabires), espérant y trouver le «secret des choses» et s'abandonnant à tous les démons de la curiosité jusqu'aux confins du sacrilège. Il rentra ensuite à Carthage où il devint un avocat et un rhéteur célèbre. Outre de petits traités philosophiques, des fragments de discours, les *Florides*, et un plaidoyer, l'*Apologie* ou *De magia*, que l'écrivain, accusé d'avoir séduit une riche veuve par magie, composa pour sa défense, l'ouvrage le plus remarquable d'Apulée est son roman *Les Métamorphoses** (appelé parfois *L'Âne d'or*). Il nous donne l'image d'une sensibilité puissante avec son mysticisme, son imagination, sa gaieté, son goût de la parodie et son souci du bien dire poussé parfois jusqu'à la préciosité.

**APULIE** n. f. ➝ **ÉTYM.** de l'indo-eur. *°ap, °apa, °akw* «eau» ; en lat. ***Apulia***, auj. ***Pouilles*** ♦ Anc. prov. du S.-E. de l'Italie divisée en deux parties : au N. l'Apulie italique formée par l'Apulie propre, la Daunie et le mont Garganus, au S. l'Apulie grecque ou Iapygie. Colonisée par les Grecs qui y fondèrent Tarente*, elle fut soumise par Rome en –317.

**APURÍMAC** ♦ Riv. du Pérou (885 km) dans les Andes méridionales, branche mère de l'Ucayali, affluent de l'Amazone. Canyon le plus profond du monde (3 084 m de dénivellation).

**APUSENI** (monts) ♦ Massif montagneux de la Roumanie, formant la majeure partie des Carpates occidentales. Le massif de Bihor, au centre, constitue la partie la plus élevée (1 849 m). ▪ Activités pastorales et forestières. Tourisme.

**AQABA** ➝ **Akaba**

**AQ-METCHET** ➝ **Qyzylorda**

**AQMOLA** ➝ **Astana**

**'AQQĀD ('Abbās Maḥmūd AL-)** ♦ Écrivain égyptien (Assouan 1889 - Le Caire 1964). Critique, poète, biographe, essayiste, journaliste et homme politique, il fut influencé par les écrivains français et anglais du XIX$^e$ s. ainsi que, plus tard, par les romantiques allemands. À la fin de sa vie, il devint l'apologiste des grands personnages de l'islam.

**AQTÖBE** – anc. ***Aktioubinsk*** ♦ V. du Kazakhstan, ch.-l. de région. 253 088 hab. Indus. alimentaire. Matériel agricole. Appareils de radioscopie. Combinat chimique et métallurgique.

**AQUILA (L')** ♦ V. d'Italie, ch.-l. des Abruzzes, ch.-l. de prov. 68 503 hab. Basilique Santa Maria di Collemaggio (XIII$^e$ s. ; façade polychrome, XIV$^e$ s.). Basilique Saint-Bernardin (XV$^e$ s. ; sculptures). Musée national des Abruzzes au château (XVI$^e$ s.). ▪ Centre tertiaire subrégional. Industries électromécaniques ; indus. chimiques (textiles). ▮ **Histoire** La ville fut fondée au XIII$^e$ s. par l'empereur Frédéric II, sur les ruines de l'anc. *Amiternum*. Un violent séisme est survenu en avril 2009.

**AQUILÉE** – en it. ***Aquileia*** ♦ V. d'Italie en Vénétie (Frioul-Vénétie Julienne, prov. d'Udine), sur l'Adriatique. 3 329 hab. Vestiges romains, basilique romane du XI$^e$ s. remaniée (pavement de l'église primitive du IV$^e$ s.). ▪ Port. ▮ **Histoire** Colonisée par Rome en –181, la ville devint sous Auguste un important centre commercial. En 167, Marc Aurèle en fit une place forte contre les invasions des Barbares. Détruite par les Huns en 452, elle fut reconstruite par Narsès et finalement annexée par les Lombards (VI$^e$ s.). Elle était le siège d'un évêché depuis le milieu du III$^e$ s. Après la condamnation des «Trois Chapitres» par le pape Vigile au III$^e$ concile de Constantinople (553), l'évêque d'Aquilée se sépara de Rome et prit le titre de patriarche. Le schisme prit fin sous le pontificat de Serge I$^{er}$ (687 - 701), mais la ville resta le siège d'un patriarcat qui ne fut aboli qu'en 1751 par Benoît XIV.

**AQUIN (Antoine D')** ♦ Médecin français (1620 - Vichy 1696). Médecin de Marie-Thérèse d'Autriche, puis de Louis XIV lui-même, il fut disgracié en 1693.

**AQUIN (Louis Claude D')** ou **DAQUIN** ♦ Organiste et compositeur français (Paris 1694 - *id.* 1772). Successivement organiste de Saint-Paul, de la chapelle royale, puis de Notre-Dame de Paris (1755), il fut réputé pour la virtuosité de son jeu autant que pour la qualité de son goût musical. Il a laissé de nombreuses œuvres vocales (messes, motets, cantates, divertissements) ainsi que des pièces pour orgue et clavecin.

**AQUIN (Hubert)** ♦ Écrivain canadien d'expression française (Montréal 1929 - *id.* 1977). Militant indépendantiste, il se tourna vers la littérature, développant en une écriture véhémente, de *Prochain épisode* (1965) jusqu'à *Point de fuite* (1971) ou *Neige noire* (1974), le thème d'une «névrose ethnique» où le narrateur se veut l'incarnation symbolique «de la révolution du Québec, [...] son reflet désordonné et son incarnation suicidaire». Il a mis fin à ses jours en 1977.

**AQUINO (Benigno Jr., dit Ninoy)** ♦ Homme politique philippin (Concepción, Luçon 1932 - Manille 1983). Grand propriétaire terrien et opposant à F. Marcos, il fut emprisonné puis se réfugia aux États-Unis. Il fut assassiné à son retour à Manille. Sa mort unit l'opposition et sonna le glas du régime Marcos.

**AQUINO (Corazón, dite Cory) née COJUANGCO** ♦ Femme d'État philippine (Tarlac 1933 - Manille 2009), veuve de Benigno Aquino*. Son élection à la présidence de la République mit fin au régime Marcos. Son mandat (1986 - 1992) fut troublé par de nombreuses tentatives de coups d'État militaires. Elle lutta contre les guérillas communistes et indépendantistes musulmanes.

**AQUITAINE** n. f. ➝ **ÉTYM.** en lat. ***Aquitania*** «pays des eaux» ♦ Une des quatre provinces de la Gaule romaine constituées par Auguste, limitée par le Poitou au N., la Garonne à l'E., les Pyrénées au S. et le golfe de Gascogne à l'O. À l'époque de la conquête romaine, les principaux peuples de l'Aquitaine étaient : les Arvernes*, les Cadurques*, les Lémovices*, les Bituriges*, les Pictaves et les Santons*. Au IV$^e$ s., l'Aquitaine fut divisée en trois provinces : l'Aquitaine I$^{re}$ (ch.-l. : *Avaricum*, auj. Bourges*), l'Aquitaine II$^e$ (ch.-l. : *Burdigala*, auj. Bordeaux*), l'Aquitaine III$^e$ ou *Novempopulanie* (ch.-l. : *Lugdunum Convenarum*, auj. Saint-Bertrand-de-Comminges, puis *Ausci*, auj. Auch*). Les Wisigoths s'en emparèrent (418) mais, Clovis ayant vaincu Alaric II à Vouillé (507), elle fut rattachée au royaume franc et gouvernée par Caribert* (628 - 632). Pépin le Bref y établit son autorité (768) et Charlemagne en fit un royaume pour son fils Louis* I$^{er}$ le Pieux, qui le légua à Pépin* I$^{er}$. Elle fut alors gouvernée par Pépin* II (838 - 852), Charles* II le Chauve (852 - 855), Charles l'Enfant (855 - 867), Louis* II le Bègue (867), puis Louis* III qui la donna à son frère Carloman* (879). Érigée en duché, elle revint au X$^e$ s. à la maison de Poitiers, après avoir été âprement disputée. Agrandie de la Gascogne (1058), l'Aquitaine passa à l'Angleterre à la suite du mariage d'Aliénor* d'Aquitaine avec Henri* II Plantagenêt (1152). ➝ **Guyenne.** Disputée entre l'Angleterre et la France, elle fut reconnue à l'Angleterre par Louis* IX (1259), revint à la France et fut cédée de nouveau aux Anglais par le traité de Brétigny (1360). Elle fut définitivement reconquise par Charles* VII après la victoire de Castillon* (1453).

**AQUITAINE** n. f. ♦ Région administrative du S.-O. de la France comptant 5 dép. : Dordogne, Gironde, Landes, Lot-et-Garonne, Pyrénées-Atlantiques. 41 308 km$^2$ (7,6 % du territoire, 3$^e$ rang). 2 908 359 hab. (5 %, 6$^e$ rang). 4,4 % du PIB (6$^e$ rang). CH.-L. : Bordeaux. ▪ La région, qui occupe la façade atlantique du Bassin aquitain, correspond à la partie occidentale de l'anc. province de Guyenne-Gascogne et à celle du Béarn.

▮ **GÉOGRAPHIE** Le relief s'organise de part et d'autre de la vallée de la Garonne qui, à l'exception du petit réseau de l'Adour, draine l'ensemble des cours d'eau descendus du Massif central et des Pyrénées vers l'estuaire de la Gironde. Les terrains tertiaires du N. dessinent un glacis aux paysages très divers, agrémentés d'amples vallées, qui s'élève peu à peu jusqu'aux plateaux crétacés du Périgord (200 m), entaillés par l'Isle, la Vézère et la Dordogne. À l'O., l'immense plaine sableuse des Landes (15 000 km$^2$) s'achève par une côte rectiligne longue de 200 km (la Côte d'Argent), bordée de dunes et d'étangs, et ne s'ouvrant que par le bassin d'Arcachon. Les collines de Chalosse et le Béarn font, au S. de l'Adour, transition avec la haute montagne pyrénéenne (pic du Midi d'Ossau, 2 884 m), qui s'abaisse progressivement jusqu'à la côte rocheuse du Pays basque.

▮ **POPULATION** Des sols divers et fertiles, un climat doux et humide ont favorisé une polyculture de subsistance très diversifiée, source d'un peuplement dense, d'une civilisation rurale élaborée et prospère jusqu'au XIX$^e$ s. Mais un tel équilibre ne résista pas au choc de la révolution industrielle qui engendra, jusque vers 1930, une importante régression démographique. Cette tendance, longtemps sensible malgré l'arrivée massive, en 1962, de plus de 60 000 rapatriés d'Algérie, s'est inversée depuis les années 1970 : la croissance a été relativement soutenue (1982 - 1999 : +246 000 hab. +9,3 %).

▮ **ÉCONOMIE** ▮ **Agriculture** Consacrée pour 75 % aux cultures et pour 25 % à l'élevage, elle s'est modernisée grâce aux remembrements, à la mécanisation et à l'utilisation d'engrais. L'exploitation type est de taille plutôt faible. La production de maïs (env. 3 millions de t) occupe le 1$^{er}$ rang national ; elle se concentre dans les Pyrénées-Atlantiques, le Lot-et-Garonne et les Landes. Le vignoble bordelais (➝ **Bordelais**) est le 3$^e$ de France pour le volume produit (variable selon les années) mais le premier pour la valeur de la production. Il s'est spécialisé dans les vins de qualité (appellations d'origine contrôlée, AOC), destinés pour une bonne part à l'exportation de

**Aquitaine.**

même que certains autres produits régionaux de luxe, tels le foie gras du Gers et les truffes du Périgord. Les cultures fruitières, légumières et le tabac se concentrent dans les vallées (Garonne, Lot, Dordogne) et connaissent des difficultés en raison de la concurrence espagnole. La forêt de pins des Landes est à l'origine d'une active industrie de la pâte à papier. **Industrie** La première industrie est celle de l'agroalimentaire. La fermeture des raffineries de pétrole liées au port de Bordeaux (Pauillac, Ambès) a affaibli le secteur de l'énergie, déclin qu'a encore aggravé l'épuisement du gisement de gaz naturel de Lacq*-Mourenx. Le secteur secondaire, traditionnellement sous-représenté, tend à se développer (activités aérospatiales et informatiques à Bordeaux, Bayonne, Pau ; chimie). **Activités tertiaires** Ce secteur a connu un fort développement depuis les années 1970 dans le domaine du commerce, des services aux entreprises et des services aux particuliers. Il représente 75 % du PIB régional et 73 % de la pop. active (France 77 %). Le tourisme balnéaire (la vogue des bains de mer fut lancée à Biarritz par l'impératrice Eugénie) est actif d'Arcachon à la frontière espagnole, sur la côte (surf) comme autour des étangs littoraux, et attire des clientèles variées (des élégantes stations girondines et basques aux populaires villages de vacances sous les pins landais). Au prestigieux « pyrénéisme » estival se sont associés les sports d'hiver (Gourette, Arette). Le thermalisme ancien (Dax, Eugénie-les-Bains, Salies-de-Béarn) a su s'adjoindre l'image plus jeune de la thalassothérapie (Biarritz, Saint-Jean-de-Luz, Bayonne), tandis qu'a émergé un tourisme « vert » (parc national des Pyrénées, parc naturel régional des Landes de Gascogne) à côté du traditionnel tourisme culturel (des sites préhistoriques de la Dordogne au Mai musical de Bordeaux). Spécialités gastronomiques. **Communications et urbanisation** Depuis 1990, le TGV Sud-Ouest (Paris-Bordeaux en 3 h) est un atout supplémentaire pour la région. Trois agglomérations regroupent les principales fonctions administratives et universitaires et concentrent 1/3 de la population régionale : Bordeaux, la capitale, domine nettement Bayonne-Biarritz et Pau. Agen, Mont-de-Marsan et Périgueux apparaissent comme de petites préfectures dont l'aire d'influence est limitée à leur département. D'une façon générale, les villes connaissent une croissance soutenue grâce à leurs nouvelles activités industrielles et tertiaires.

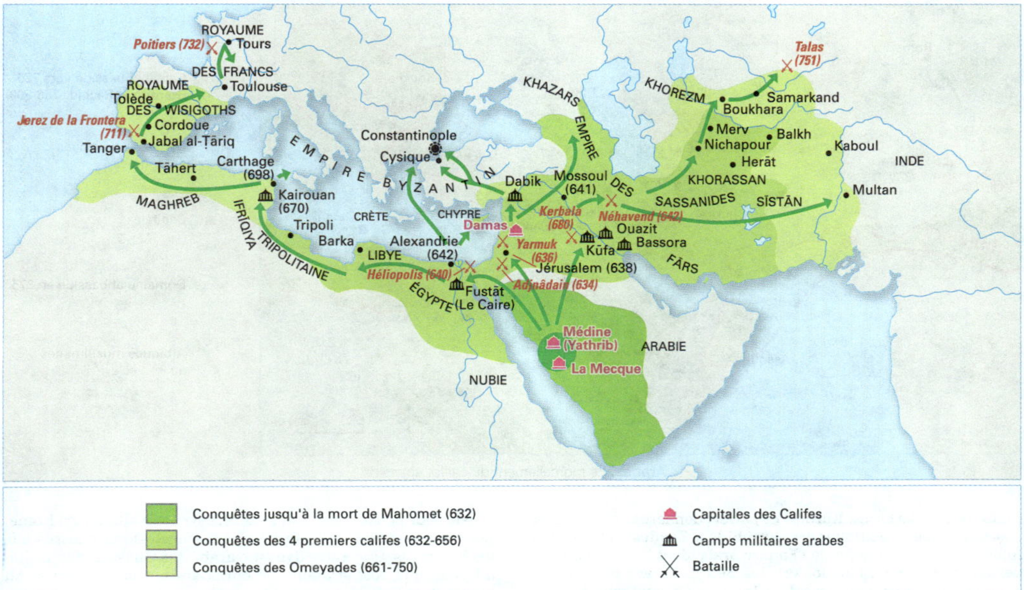


**Arabes.** Les conquêtes arabes, de Mahomet à 750

**arabes (Ligue des États)** ♦ Organisation panarabe constituée le 22 mars 1945 à Alexandrie par l'Arabie saoudite, l'Égypte, l'Irak, la Jordanie, le Liban, la Syrie et le Yémen du Nord et à laquelle adhérèrent ensuite la Libye, le Soudan, la Tunisie, le Maroc, le Koweït, l'Algérie, les Émirats arabes unis, Bahreïn, Oman, Qatar, la Mauritanie, la Somalie, Djibouti et les Comores. L'OLP* en est membre à part entière depuis 1976. Le siège de la Ligue fut transféré du Caire à Tunis en 1979 après la signature des accords de paix entre l'Égypte et Israël. Depuis le 31 oct. 1990, elle a de nouveau son siège au Caire et est dirigée par un Égyptien. Régie par la loi de l'unanimité, la Ligue n'a pas réussi à concrétiser son objectif unitaire arabe, mais a largement contribué à une coordination interarabe sur la question palestinienne (reconnaissance de l'OLP comme unique et légitime représentant de la Palestine [1973 - 1974], action en faveur d'une conférence internationale [1988]). L'absence de l'Égypte pendant plus de dix ans ainsi que la guerre du Golfe, déclenchée après l'invasion irakienne du Koweït (1990), ont contribué à affaiblir considérablement l'organisation. Celle-ci a condamné l'emploi de la force dans l'intervention américaine en Irak* en 2003.

**ARABES** n. m. pl. ◆ **ÉTYM.** « habitants du désert » ♦ Peuple de la péninsule Arabique dont la langue sémitique, devenue langue liturgique et juridique de l'islam*, a favorisé l'intégration politique et culturelle des populations du Proche-Orient, de l'Égypte et de l'Afrique du Nord (→ **Syrie, Irak, Maghreb, Émirats arabes unis, Yémen, Jordanie, Arabie**). Ces régions, qui avec l'Arabie constituent le « monde arabe », abritent des minorités ethniques importantes parlant leur langue propre (→ **Berbères, Kurdes**) et des minorités religieuses de langue arabe (chrétiens orientaux et coptes, juifs avant la création d'Israël). Les Arabes, qui représentent le quart des musulmans dans le monde, constituent des minorités nomades ou commerçantes en Afrique noire (Tchad, Zanzibar), Iran, Israël, Europe (immigration).

▮ **HISTOIRE** ▮ **Avant Mahomet** Le mot « Arabe » apparaît dans une inscription assyrienne du –IX<sup>e</sup> s. À l'époque antéislamique, les Arabes faisaient des incursions fréquentes dans les pays du Croissant fertile ou gardaient les frontières des Perses et des Byzantins (→ **Ghassanides, Lakhmides**). Pour ces nomades (Bédouins*) vivant du commerce caravanier avec la Syrie et la Mésopotamie, la vie était dominée par les traditions patriarcales et s'appuyait sur la famille, le clan et la tribu, les règles de l'honneur et de la magnanimité commandant les rapports sociaux. Ces Arabes du Nord croyaient en des génies *(jinns)*, présents dans les éléments de la nature (arbres, rochers), et des divinités, pour la plupart féminines, soumises à un dieu supérieur, Allah. Des pèlerinages se déroulaient dans des lieux sacrés placés sous la garde des tribus et constituant des aires d'asile protégées par des interdits. Au S., les peuples de l'« Arabie heureuse » (Yémen, Hadramaout), agriculteurs sédentaires en contact avec le commerce maritime des aromates et des épices, étaient constitués en royaumes centralisés (Saba*, Qataban). Ils subirent les influences juive, grecque, byzantine, perse, éthiopienne et celle des Arabes du Nord dont ils adoptèrent la langue. Ils rendaient un culte à des dieux et à des déesses représentant les astres dans des temples tenus par un clergé chargé d'administrer les dons des fidèles. ▮ **L'islamisation** Le pacte d'égalité institué par Mahomet* entre ses partisans de La Mecque et ses hôtes de Médine favorisa l'unification de la péninsule. Les premiers succès militaires des Arabes, après la mort de Mahomet en 632, sont dus autant aux qualités de leurs chefs (Khālid* ibn al-Walīd, Muʿāwiya*) qu'à l'effrondrement des empires byzantin et sassanide dont les dirigeants ne virent dans les premiers succès arabes que des raids sans lendemain (→ **byzantin [Empire], Sassanides**). L'organisation des territoires et le statut des populations sont attribués au califat d'Omar* (634 - 644), le conquérant du Proche-Orient et de l'Égypte qui conserva l'administration byzantine et cantonna les troupes arabes dans des places fortes (plus tard, ils détourneront vers les déserts les tribus trop turbulentes). L'universalité du message coranique ou la simple opportunité poussèrent vers l'islam les prisonniers, les soldats ou les notables convertis pour éviter l'esclavage *(mawālī)*, « clients » des vainqueurs qui furent des intermédiaires avec les peuples en voie d'islamisation. En tant que gens du Livre cités dans le Coran, les juifs, les chrétiens et les zoroastriens furent soumis au statut de « protégés » *(dhimmi)*, astreints à des obligations, payant des taxes de protection et de capitation, et ne jouissant pas des droits politiques. Ils pouvaient assumer jusqu'aux plus hautes fonctions, hors les domaines juridiques et politiques. Ils furent des artisans réputés (bijoutiers, maçons) et les transmetteurs des connaissances de l'Antiquité (chrétiens byzantins traduisant en arabe les ouvrages de médecine écrits en grec). ▮ **Les conquêtes et le pouvoir** De Gibraltar au détroit d'Ormuz, la conquête militaire réactiva les anciens circuits commerciaux qui firent leur jonction avec les routes maritimes et terrestres des épices et de la soie (→ **Omeyades, Abbassides, Andalousie, Fatimides, Tulunides**). Les cités devinrent des centres de prospérité et se couvrirent de mosquées, remplissant leur rôle d'assimilation religieuse et culturelle voulue par Mahomet. Langue commerciale utilisée dans les régions parcourues par les commerçants musulmans, juifs et chrétiens nestoriens (Iran, Turquie, Asie centrale, Inde occidentale), l'arabe fut, pour toute l'aire musulmane, la langue des savants (médecins, géographes, mathématiciens), des philosophes, des juristes et des poètes (→ **Averroès, Ibn ʿArabī, Ibn Baṭṭūṭa, Ibn Khaldoun**), y compris pour des non-Arabes (Avicenne*, Omar Khayyam*, Maïmonide*). Dans les territoires conquis par les armées arabes, le pouvoir et les cadres militaires étaient arabes, mais l'administration, le commerce, l'artisanat et les fonctions religieuses étaient le plus souvent aux mains des nouveaux convertis qui avaient adopté l'arabe par conviction religieuse ou, comme les *dhimmi*, par nécessité sociale (commerce). Les campagnes et les grands domaines, exploités efficacement grâce à l'irrigation, s'arabisèrent à leur tour. Les régions moins accessibles, comme les montagnes ou les déserts, qui avaient opposé une forte résistance, gardèrent leurs langues et leurs

**Arabes.** Le morcellement du califat abasside

coutumes (→ **Berbères, Kurdes**) et parfois donnèrent naissance à des dynasties spécifiques (→ **Ayyubides, Zirides**). La fin des Abbassides marqua la fin de l'Empire arabe dont la civilisation se perpétua sous les mamelouks*, les Seldjoukides* et l'Empire ottoman* qui, assumant le califat (succession politique du Prophète), conservèrent l'arabe comme langue administrative. ▮ **Depuis le XIX^e s.** À la fin du XIX^e s., l'affaiblissement de l'Empire ottoman fut marqué par l'apparition du mouvement rigoriste des wahhabites* et le soutien apporté par les Européens aux mouvements nationalistes. Le partage de l'empire entre Britanniques et Français (accords Sykes-Picot, 1916) et l'établissement d'un foyer juif en Palestine* (→ **Israël**) exacerbèrent les sentiments nationalistes des pays arabes. Ils s'organisèrent en une ligue (→ **arabes [Ligue des États]**) dans le but de promouvoir une intégration économique, politique et culturelle des pays arabes. Laïque à l'origine (les chrétiens orientaux et coptes furent parmi les premiers idéologues), la Ligue arabe ne put atteindre ses objectifs. À partir des années 1970, l'échec des partis socialistes arabes (Baas* nassérien, syrien et irakien) et la tragédie palestinienne (→ **israélo-arabe [conflit]**) favorisèrent la résurgence de mouvements fondamentalistes déstabilisateurs, sunnites et chiites (Frères musulmans, islamisme iranien → **Algérie, Égypte, Iran**).

**ARABES UNIS (ÉMIRATS)** → **Émirats arabes unis (État des)**

**ARABE UNIE (RÉPUBLIQUE)** → **République arabe unie**

**ARABIE** n. f. ◆ ÉTYM. en ar. ***Jazīrat al-'Arab*** « l'île des Arabes » ♦ Vaste péninsule de l'extrémité S.-O. de l'Asie, limitée au N. par la Jordanie et l'Irak, à l'O. par le golfe d'Akaba et la mer Rouge, à l'E. par le golfe Arabo-Persique, au S. par la mer d'Oman. Env. 3 000 000 km². Env. 35 000 000 hab. (en maj. Arabes). → **Arabie saoudite, Bahreïn, Émirats arabes unis, Koweït, Oman, Qatar, Yémen.**

▮ **HISTOIRE** ▮ **L'Arabie antéislamique** Divers textes akkadiens et hébraïques du -IX^e s. situent dans le désert syro-mésopotamien et le N.-O. de l'Arabie une population dénommée en akkadien *Aribi, Arabu, Arubu* et en hébreu *Arab*. Plus tard, les annales assyriennes rapportent les luttes des Assyriens contre les Arabes qui, malgré leurs défaites, se trouvaient toujours en rébellion. Les Perses exercèrent ensuite une certaine influence : l'armée de Xerxès comprenait un contingent d'Arabes (-481). Si les populations des franges nordiques de l'Arabie furent touchées par les événements de l'Orient ancien (hébreu, babylonien, perse), la zone sud-arabique, peuplée par des groupes parlant des dialectes sémitiques, connut une civilisation particulière. L'existence d'un État de Saba est attestée par un texte hébraïque dès le -IX^e s. En -24, Auguste envoya le préfet d'Égypte conquérir la région. L'expédition n'aboutit pas. L'Arabie du Sud vivait des produits d'une agriculture avancée grâce aux techniques du terrassement et de l'irrigation. Dans le reste de l'Arabie, le mode de vie était différent. Les Bédouins vivaient d'élevage et, dans les oasis, les populations sédentaires pratiquant l'agriculture et l'élevage étaient toujours menacées par les razzias des tribus nomades. Cependant, dans les régions limitrophes de la Mésopotamie, de la Syrie et de la Palestine, vivaient aussi des Arabes. Le royaume arabe de Nabatène (capitale Pétra) s'allia à Rome. En 106, Trajan l'annexa et en fit la *Provincia Arabia*. Des Arabes de Syrie (Elagabal, 218 ; Philippe de Shahba, 248) purent accéder à la tête de l'Empire romain. À la fin du III^e s., les Lakhmides issus de la tribu de Tanūkh exercèrent leur pouvoir sur tout le désert syrien, s'allièrent à Rome, puis aux Sassanides. Ils abritèrent des nestoriens, chassés par les Byzantins. Une autre dynastie arabe, les Ghassanides, s'allia à Byzance (v. 500) et adopta le christianisme monophysite. Au moment de la naissance de l'islam, outre le polythéisme arabe, le christianisme monophysite, le christianisme nestorien et le judaïsme étaient implantés dans la péninsule Arabique. ▮ **La période islamique** Au VII^e s., Mahomet put unifier les tribus arabes de la péninsule au sein du nouvel État musulman de Médine. Dès la désignation du quatrième calife et la guerre civile qui s'ensuivit, le centre du pouvoir arabo-musulman se déplaça en dehors de l'Arabie. Des gouverneurs furent nommés à Médine et à La Mecque pour administrer l'Arabie occidentale, l'Arabie orientale étant dirigée à partir de Bassora. À cette époque, les villes saintes (Médine et La Mecque) devinrent de grands centres intellectuels et religieux. Sous la dynastie abbasside, Bagdad fut érigée en capitale du monde musulman. Cependant, l'Arabie connaissait des troubles : les ibadites de la secte kharijite installèrent un pouvoir indépendant dans la province d'Oman qu'ils purent défendre pendant quatre siècles. Au IX^e s., les villes de Médine et de La Mecque connurent une intense propagande des partisans d'Ali contestant la légitimité du calife. Au X^e s. l'agitation des qarmates* ismaïliens* se propagea en Arabie où ils fondèrent leur capitale (al-Ahsā). Dès le milieu du X^e s. le chérif de La Mecque dirigea de fait les villes saintes et la quasi-totalité du Hedjaz successivement rattaché à l'autorité nominale des Fatimides, des Seldjoukides, des Ayyubides, des mamelouks. Au Yémen, l'importante dynastie des Rasulides (1228 - 1446) exerça un pouvoir indépendant, et, en 1506, Charaf al-dīn Yahyā fonda la dynastie des imams zaydites qui subsista jusqu'à 1962. Après la conquête de l'Égypte par Sélim I^er (1517), les Turcs ottomans dominèrent l'Arabie. ▮ **Le mouvement wahhabite et les Banū Sa'ūd (mil. XVIII^e - XX^e s.)** La diffusion, au milieu du XVIII^e s., de la doctrine de Muḥammad ibn 'Abd al-Wahhāb (→ **wahhabites**), qui prônait un islam rigoriste et purifié, fut à l'origine des grandes modifications que connut l'Arabie. En effet, Muḥammad ibn Sa'ūd devint le grand défenseur de cette doctrine au nom de laquelle son fils soumit le Nedjd et attaqua le Hedjaz où il affronta le chérif hashémite de La Mecque ; il occupa la ville sainte (1803) et étendit son pouvoir sur la quasi-totalité de l'Arabie. Mais le sultan ottoman chargea le pacha d'Égypte Méhémet Ali de rétablir l'autorité ottomane dans la région. Les troupes égyptiennes mirent fin à cette première tentative d'État wahhabite. Cependant les wahhabites et les Banū Sa'ūd se réfugièrent dans le centre de l'Arabie. En ce début du XIX^e s., l'Arabie n'était pas à l'abri du développement du colonialisme : Aden devint colonie britannique (1839). Seul le Hedjaz resta sous l'autorité ottomane. Mais, au début du XX^e s., 'Abd al-'Azīz ibn Sa'ūd (en fr. Ibn* Séoud) réorganisa le mouvement wahhabite en créant les communautés des Ikhwān (« Frères »), base d'une organisation militaire disciplinée. Pendant la Première Guerre mondiale, les Britanniques dressèrent les Arabes contre les Turcs. Ils s'appuyèrent sur les Banū Sa'ūd (en envoyant auprès d'eux H. St John Philby) et sur le chérif de La Mecque, Hussein ibn Ali (de la famille hachémite) auprès de qui ils déléguèrent T. E. Lawrence*. Plus tard, les Britanniques soutinrent à la fois le chérif Hussein, qu'ils proclamèrent roi des Arabes puis calife (1924), et Ibn* Séoud. Ce dernier prit la région de l'Asir (1920), fit reconnaître son autorité sur le Nedjd, attaqua

Arabie.

le Hedjaz ; La Mecque et Djeddah furent prises en 1925. En 1932, il proclama la naissance du royaume d'Arabie saoudite comprenant le Hedjaz, le Nedjd et d'autres dépendances.

**ARABIE DU SUD** (fédération de l') ♦ Fédération formée graduellement de 1959 à 1963 par les territoires de l'ancienne colonie britannique d'Aden* et l'ancien protectorat britannique sur divers sultanats voisins. Elle fut, de 1967 à 1990, la République populaire du Sud-Yémen. → **Yémen du Sud.**

## ARABIE SAOUDITE

▮ n. f. – off. ***royaume d'Arabie saoudite*** ◆ ÉTYM. du n. de la dynastie des *Sa'ūd*, fondée au XVIII^e s., et spécialt de *Muḥammad ibn Sa'ūd*, premier émir du Nedjd ♦ Pays de la péninsule Arabique. Le pays acquit ses frontières actuelles en 1932 sous Ibn* Séoud dont la famille a donné son nom au pays. 2 240 000 km². 22 678 262 hab. *(Saoudiens)* dont 3 à 6 millions d'immigrés soit 60 % de la pop. active (estimation off. récusée par l'opposition). LANGUE : arabe. RELIGION : islam sunnite. MONNAIE : riyal saoudien. CAPITALE : Riyad. RÉGIME : monarchie. Le pays est divisé en 13 prov. administratives.

▮ **GÉOGRAPHIE** Le pays comprend 4 grandes régions naturelles. La plaine sablonneuse, la Tihama, en bordure de mer, est surplombée par la barrière montagneuse du Hedjaz, prolongée jusqu'au Yémen par l'Asir. Le massif central, le Nedjd, de caractère désertique, est entrecoupé de quelques oasis et traversé d'O. en E. par les reliefs du Tuwayq où se situe la capitale. Une plaine de près de 500 km de long forme la majeure partie de la région d'Al-Hassa en bordure du golfe Arabo-Persique. Deux immenses déserts de dunes sont situés de part et d'autre du Nedjd : au N. le Grand Néfoud et au S. le Rub' al-Khali qui borde le Yémen et que prolonge sur le golfe la côte désertique d'Oman. À ces quatre régions naturelles s'ajoutent, à la frontière septentrionale, deux zones neutres en 1922, exploitées en commun, l'une avec l'Irak (7 000 km²) et l'autre avec le Koweït (5 800 km²). Le climat est continental et aride à l'intérieur, chaud et humide dans la Tihama. Les pluies sont rares et les cours d'eau se perdent dans les sables ou des dépressions de terrain.

▮ **ÉCONOMIE** ▮ **Le pétrole et le gaz** La grande ressource du pays est le pétrole dont la découverte remonte à 1933. L'Arabie saoudite est le 1^er producteur et le 1^er exportateur mondial de pétrole. Elle dispose en outre de potentialités énormes (près du tiers des réserves mondiales). Le coût d'extraction est l'un des plus faibles au monde. La Saudi Aramco (Arabian American Oil Company) détient, depuis 1976, le monopole du secteur pétrolier. Ses quatre anciens partenaires américains (Exxon, Texaco, Chevron et Mobil) ont formé un nouveau consortium, Sisco (Saudi Industrial Services Company), avec lequel Aramco a signé en septembre 1991 un contrat de prestation de services. L'Arabie saoudite possède enfin 9 raffineries d'une capacité globale de 1 815 000 barils par jour et a développé un vaste réseau d'oléoducs acheminant le brut aux raffineries, aux terminaux pétroliers et aux centres de consommation. Le pays est le principal instigateur de la politique pétrolière menée par l'Opep et joue un rôle prépondérant dans l'attribution des quotas et dans la fixation du prix du baril. Le sous-sol saoudien recèle également de gigantesques réserves de gaz (500 milliards de m³). Mettant à profit ses immenses ressources financières tirées du pétrole, l'Arabie saoudite tente de diversifier son économie. Elle a adhéré à l'OMC en 2005. Ses efforts se tournent aussi vers les investisseurs

Arabie saoudite | Productions en 2008

| Produits | Quantités | Rang |
|---|---|---|
| Blé | 2 500 000 t | |
| Dattes | 980 000 t | 2e |
| Sorgho (2007) | 248 000 t | |
| Ovins (têtes) | 8 000 000 | |
| Gaz naturel | 76 000 000 000 m³ | 7e |
| Or | 6 t | |
| Pétrole | 515 000 000 t | 1er |

étrangers et vers la diminution d'un chômage qui touche plus de 8 % de la pop. (30 % chez les jeunes) par manque de qualification. **L'industrie** Le secteur industriel est tout naturellement dominé par la pétrochimie, secteur en pleine expansion (5 % du marché mondial). En outre, l'Arabie produit de l'acier destiné au secteur du bâtiment et du ciment. Les industries légères sont peu développées et la plupart des biens de consommation courants sont importés. **L'agriculture et le problème de l'eau** La diversification a surtout été remarquable dans le domaine de l'agriculture. Le pays a mis en place un gigantesque programme d'irrigation du désert. L'Arabie saoudite produit du blé, des fruits, des légumes, des œufs et des produits laitiers. Néanmoins, le prix de revient de ces produits est de 3 à 5 fois plus élevé que le prix mondial. Le problème de l'eau reste capital et le gouvernement développe des programmes de recyclage des eaux usées et de dessalement de l'eau de mer (stations de Dhiba et d'Al-Wajh). Cette politique a complètement bouleversé l'économie traditionnelle du désert fondée sur l'élevage et la culture des dattes et a contribué à sédentariser les nomades. **Les pèlerinages** Gardienne des Lieux saints, l'Arabie saoudite bénéficie également de substantiels revenus tirés du pèlerinage. **Les communications** La principale route relie le golfe à la mer Rouge (Djeddah, via Riyad, 1 200 km). Deux autres routes partent de Djeddah, l'une en direction de La Mecque, l'autre de Médine. L'avion est le moyen de transport le plus usité entre les villes (4 aéroports internationaux).

**HISTOIRE** **La naissance de l'Arabie saoudite** À partir de 1901, Ibn Séoud entreprit de ressusciter le royaume de son ancêtre Sa'ūd le Grand (→ **Arabie**). Il s'empara de Riyad, la capitale du Nedjd, en 1902. En 1906, il fut proclamé roi du Nedjd. Profitant des difficultés de l'Empire ottoman en Europe, il occupa en 1913 le Hassa dont il devint roi. Après la Première Guerre mondiale, ses principaux ennemis étaient les Hachémites du Hedjaz, les gardiens des Lieux saints islamiques (La Mecque et Médine) depuis huit siècles. Ibn Séoud conquit La Mecque, expulsa les Hachémites et, la conquête du Hedjaz étant achevée, il se fit proclamer roi de ce territoire (1926). Il conquit ensuite l'Asir, mais dut renoncer au Yémen et à la côte sud de l'Arabie, contrôlée par les Britanniques. En 1932, Ibn Séoud fut proclamé roi d'Arabie saoudite. Appartenant à l'islam rigide et puritain des wahhabites*, Ibn Séoud resta fermé à toute réforme allant à l'encontre d'une interprétation littérale du Coran et maintint le pays dans l'isolement. Il put cependant mettre fin aux guerres tribales, entreprendre de sédentariser les nomades et imposer un pouvoir central fort. **Le pétrole** Les ressources considérables qu'il s'assura après la découverte du pétrole lui permirent de mener une gestion patriarcale et autoritaire. Son fils et successeur Ibn Séoud (1953 - 1964) constitua le premier gouvernement dans l'histoire du royaume. Il établit un système monétaire et bancaire moderne et forma un personnel diplomatique lui permettant de jouer un plus grand rôle dans les affaires internationales. Mais le système judiciaire devait rester fondé sur la *charī'a*. L'Arabie saoudite rompit les relations diplomatiques avec la France et la Grande-Bretagne à la suite de la crise de Suez (1956). Elle devint membre fondateur de l'Opep (1960). Une crise économique et financière permit à son frère Fayçal de démettre Ibn Séoud et de se proclamer roi (1964). **Les rois Fayçal Ier Ibn Abd al-Aziz, Khaled Ibn Abd al-Aziz et Fahd Ibn Abd al-Aziz** Autoritaire, énergique, il développa les potentialités pétrolières du pays et fut à l'origine du premier choc pétrolier déclenché à la suite de la guerre israélo-arabe de 1973. Il abolit l'esclavage mais refusa l'élaboration d'une Constitution. Il réprima les timides oppositions qui se manifestèrent, et entreprit de limiter les influences du socialisme arabe. Au panarabisme prôné par Le Caire et les partis Baas* d'Irak et de Syrie, il opposa un panislamisme militant rassemblant les pays musulmans alliés aux États-Unis. Il contrecarra Nasser en soutenant le camp royaliste dans la guerre civile au Yémen du Nord. S'instaurant le gardien vigilant de l'ordre dans toute la péninsule Arabique, il surveilla de près le régime progressiste d'Aden et aida à endiguer le mouvement de guérilla dans la province omanaise du Dhofar. Il fut assassiné en 1975 par un de ses neveux. Son frère Khaled lui succéda et s'efforça de maintenir la même ligne conservatrice. À la mort de ce dernier (1982), son frère Fahd lui succéda. L'Arabie saoudite reste ainsi une monarchie absolue encadrée par la famille Séoud. Sa ligne de conduite est dictée par la volonté de garantir la sécurité de ses puits de pétrole. C'est dans cette optique qu'elle a été à l'origine de la création du Conseil de coopération du Golfe (CCG) en 1981 après l'avènement de la République islamique en Iran et le déclenchement de la guerre irano-irakienne (1980 - 1988). **La guerre du Golfe** De même, lorsque l'Irak envahit le Koweït en août 1990, l'Arabie saoudite fit appel aux troupes alliées pour protéger le royaume. C'est d'Arabie saoudite, où étaient stationnées les troupes de la coalition, qu'est partie l'attaque contre l'Irak en janvier 1991 (guerre du Golfe*). Près de 2 millions de travailleurs immigrés, dont les pays avaient refusé de cautionner le recours aux armes (Yéménites, Jordaniens, Palestiniens), furent expulsés. **Depuis 2000** L'Arabie saoudite a réglé tous les contentieux frontaliers avec ses voisins y compris le Yémen (2000). Le conflit latent qui l'oppose à l'Iran est de nature religieuse et touche aux fondements de l'islam (orthodoxie sunnite contre chiisme iranien). Après les attentats du 11 septembre 2001 contre les États-Unis, où 15 terroristes suspects furent identifiés comme de nationalité saoudienne, le régime a été accusé par son principal allié et protecteur, les États-Unis, de laxisme. Les relations restent tendues après le refus de l'Arabie saoudite d'intervenir en Irak en 2003. La guerre de succession due à l'état de santé du roi Fahd se solda par une prise effective du pouvoir par son frère, le prince héritier Abdallah*, dirigeant des réformistes, qui lui succéda officiellement à sa mort, en 2005. Les premières élections démocratiques, qui ont eu lieu en 2005 pour des municipales partielles d'où les femmes étaient exclues, ont conforté les partis islamistes. Le gouvernement, ultraconservateur et autoritaire, recourt de manière intensive à la censure et aux exécutions.

---

**ARABI PACHA** [**Aḥmad 'Arabī al-Ḥusayn**] ♦ Officier égyptien (Hārya-Ruzna, Basse-Égypte 1839 - Le Caire 1911). Fils d'un paysan, il était colonel quand il décida d'organiser le «parti national» pour lutter contre l'hégémonie occidentale en Égypte. Il exigea la création d'un parlement et obtint le portefeuille de la guerre en 1881. Fort de l'appui de l'armée et des oulémas («théologiens»), il interdit aux flottes britannique et française de mouiller à Alexandrie. Les troupes britanniques occupèrent Alexandrie et Arabi fut battu à Tall al-Kabīr (sept. 1882). Condamné à mort, il fut déporté à Ceylan. Il retourna en Égypte en 1901.

**ARABIQUE** (golfe) ♦ Nom antique de la mer Rouge.

**ARABIQUE** (désert) ou désert **ORIENTAL** – en ar. ***al-Ṣaḥrā' al-Charqiya*** ♦ Désert du N.-E. de l'Afrique (Égypte) s'étendant entre le Nil et la côte de la mer Rouge. Champs pétrolifères.

**ARABO-PERSIQUE** ou **PERSIQUE** (golfe) ♦ Golfe séparant les côtes d'Iran de la façade orientale de l'Arabie, communiquant avec le golfe d'Oman et, par la mer d'Oman, avec l'océan Indien. Le Tigre et l'Euphrate s'y jettent par le delta du Chatt al-Arab. Les pays riverains sont l'Irak, le Koweït, l'Arabie saoudite, Qatar, Bahreïn, les Émirats arabes unis, Oman et l'Iran. Sur la rive arabique, la côte est basse et bordée de lagunes, et la faible profondeur des eaux permet l'exploitation de gisements pétrolifères sous-marins (→ **Bahreïn, Koweït**). Les champs pétrolifères d'Arabie saoudite se trouvent près de la côte. Pêcheries (perles). ▪ Un conflit oppose les pays arabes et l'Iran au sujet de l'appellation de cette région convoitée : golfe Arabo-Persique ou golfe Persique. → **Golfe (guerre du)**.

**ARACAJU** ♦ V. du Brésil, cap. de l'État de Sergipe. 462 000 hab. Ville fondée en 1855. ▪ Port. Exploitation de pétrole et de gaz naturel sur la plateforme littorale. Indus. chimique (chlore).

**ARACHNÉ** ← ÉTYM. en gr. ***Arakhnê*** «araignée» ♦ Dans la mythologie grecque, jeune fille de Lydie experte en l'art du tissage. Elle finit changée en araignée.

**ARACINE** n. f. ♦ Association créée en 1982, à Neuilly-sur-Marne, pour accueillir la plus riche collection d'art brut de France, regroupant 3 500 pièces et 170 artistes différents, du facteur Lonné à Auguste Forestier. La collection est abritée au musée de Villeneuve-d'Ascq depuis 1999.

**ARAD** ← ÉTYM. en hébr. *'arâd*, de l'araméen «âne sauvage» ♦ V. d'Israël, située dans le Néguev, au S. d'Hébron. 23 300 hab. Ville nouvelle créée dans une région minière (phosphates) près de Tel Arad, cité cananéenne et biblique, qui fut aussi une forteresse frontière de l'Empire romain. Des fouilles archéologiques ont permis la découverte du Saint des Saints d'un sanctuaire israélite.

**ARAD** ♦ V. de Roumanie occidentale, près de la frontière hongroise (Banat), sur la rive d. du Mureş, ch.-l. de distr. 167 238 hab. Centre indus. et commercial.

**ARAFAT** (**Abel Rauf ARAFAT AL-QUDWA**, dit **Yasser**) ← ÉTYM. *Arafat*, de l'ar. *'arafāt*, n. d'une plaine proche de La Mecque, et *Yasser*, de l'ar. *yāsir* «facile, heureux» ♦ Homme politique et militant palestinien (Le Caire 1929 - Clamart 2004). Après des études au Caire, il devint ingénieur des travaux publics, s'engagea dans la lutte nationaliste et, en 1959, fonda le Fatah*, mouvement affirmant que la libération de la Palestine est avant tout l'affaire des Palestiniens et ne peut être confiée aux régimes arabes. Le Fatah déclencha la lutte armée contre Israël (1965), soutenu à partir de 1967 par Nasser. Contesté par les extrémistes et combattu par certains régimes arabes, Arafat (de son nom de guerre Abou Ammar) présida l'Organisation* de libération de la Palestine à partir de 1969 et fut élu président de l'«État indépendant de Palestine» en 1989. Sous son impulsion, l'OLP adopta une ligne modérée pouvant ouvrir la voie à un règlement politique du conflit qui aboutit en sept. 1993 à la signature des accords d'Oslo de reconnaissance mutuelle de l'OLP et de l'État d'Israël, prévoyant également l'autonomie –et, au terme d'une phase transitoire de cinq ans, l'indépendance – des territoires occupés (appliqué dans un premier temps à Gaza et Jéricho). Autorité légitime de la résistance en tant que président de l'OLP, il devint autorité légitime de la gouvernance lorsqu'il fut élu président de l'Autorité palestinienne en 1994. Il établit son quartier général en Cisjordanie (Ramallah). L'éclatement de la seconde Intifada* et l'essor du mouvement des islamistes du Hamas*, dont les Israéliens le rendirent responsable, lui valurent l'hostilité accrue du gouvernement d'A. Sharon qui le consigna à Ramallah à partir de 2001, le privant peu à peu de moyens d'action et l'isolant sur la scène internationale. [Prix Nobel de la Paix 1994 avec S. Peres* et Y. Rabin*]

Yasser **Arafat.** *Phot. ©Catherine Leroy/Gamma*

**ARAFURA** (mer d') ◆ **ÉTYM.** probablt de *Alifuru*, n. de peuple, du mot local *halefuru* «région inhabitée» ♦ Mer peu profonde, entre le N. de l'Australie et la Nouvelle-Guinée, prolongée par le golfe de Carpentarie.

**ARAGO (François)** ♦ Astronome, physicien et homme politique français (Estagel, Pyrénées-Orientales 1786 - Paris 1853). Nommé secrétaire du Bureau des longitudes grâce à Laplace, il participa en 1806, avec Biot*, à la mesure de l'arc du méridien terrestre en Espagne. Professeur à l'École polytechnique, directeur de l'Observatoire, puis du Bureau des longitudes, il siégea comme député de gauche de 1830 à 1848. Membre du gouvernement provisoire après la révolution de fév. 1848, il contribua comme ministre de la Guerre et de la Marine à l'abolition de l'esclavage dans les colonies. Élu à l'Assemblée constituante, membre de la commission exécutive et député à l'Assemblée législative (mai 1849), il quitta la vie politique après le coup d'État du 2 déc. 1851. ▪ Ses travaux scientifiques portèrent sur des domaines variés. Partisan de la théorie ondulatoire de la lumière, il mesura, avec Biot, l'indice de réfraction de plusieurs gaz, découvrit les polarisations rotatoire et chromatique de la lumière. Il collabora avec Ampère* à l'étude des phénomènes électromagnétiques, mesura le champ magnétique terrestre, détermina le diamètre des planètes. Il consacra en 1839 l'invention de la photographie en présentant le procédé mis au point par Daguerre devant l'Acad. des sciences. [Acad. sc. 1809] ♦ **Jean Arago** (Estagel 1788 - Mexico 1836). Frère du précédent. Il participa à la guerre d'indépendance du Mexique où il fut nommé général. ♦ **Jacques Étienne Arago** (Estagel 1790 - Brésil 1855). Frère des précédents. Il a laissé le récit du *Voyage autour du monde* qu'il fit sur l'*Uranie* avec Freycinet (1817 - 1821). ♦ **Étienne Arago** (Estagel 1802 - Paris 1892). Frère des précédents. Après avoir participé au mouvement révolutionnaire de juil. 1830, il s'opposa à la monarchie de Juillet, prit part à la révolution de 1848, puis à la journée de juin 1849 après laquelle il dut vivre en exil pendant dix ans. ♦ **Emmanuel Arago** (Paris 1812 - *id.* 1896). Fils de François. Ministre de la Guerre, puis de l'Intérieur, après la chute de l'Empire (1870). ◆ **ÉTYM.** Ce nom de famille vient de *Aragó*, forme catalane de *Aragon**.

**ARAGON (Catherine D')** → **Catherine d'Aragon**

**ARAGON (Jeanne D')** ♦ Princesse sicilienne (v. 1500 - 1577). Fille naturelle d'un bâtard de Ferdinand* Ier, elle épousa Ascanio Colonna* et fut mêlée à des intrigues contre le pape Paul IV. Son portrait par Raphaël se trouve actuellement au Louvre.

**ARAGON (Louis)** ◆ **ÉTYM.** n. sous lequel l'enfant fut déclaré par son père Louis Andrieux [en tant que fils d'un Jean Aragon imaginaire. Il choisit un nom avec les mêmes initiales que lui et p.-ê. *Aragon* en souvenir de son séjour en Espagne où il fut ambassadeur et où il avait un souvenir affectif] ♦ Écrivain et poète français (Paris 1897 - *id.* 1982). La rencontre de A. Breton* et de P. Soupault*, avec lesquels il fonda la revue *Littérature* (1919), confirma sa vocation d'écrivain. Ses premiers poèmes furent recueillis plus tard dans *Feu de joie* (1920) et *Mouvement perpétuel* (1925). Mêlé un temps à l'aventure dada, le groupe, auquel vint se joindre Paul Éluard*, s'en détacha (1921), pour fonder le mouvement surréaliste (premier numéro de la *Revue surréaliste*, 1923). → **surréalisme.** Par leur élégance souvent proche de la préciosité et par leur lyrisme, les textes d'Aragon se distinguaient de ceux des autres surréalistes (*Anicet ou le Panorama*, 1921 ; *Le Paysan* de Paris*, 1926 ; *Traité du style*, 1928). À la suite de Breton, Aragon adhéra au parti communiste en 1927. La rencontre d'Elsa Triolet*, belle-sœur de Maïakovski*, l'amena à se placer au service de la révolution et à rompre avec le surréalisme. Il célébra la Russie soviétique dans les recueils *Persécuté persécuteur* (1930 - 1931), *Hourra l'Oural* (1934), et tenta d'illustrer les thèses du réalisme socialiste dans une vaste fresque romanesque, *Le Monde réel*, qui comprend *Les Cloches de Bâle* (1934), *Les Beaux Quartiers* (1936), *Les Voyageurs de l'impériale* (1942), *Aurélien** (1945), ainsi que les 6 volumes des *Communistes* (1949 - 1951). On a pu reprocher à la dernière partie de ce vaste ensemble son militantisme ingrat. Mobilisé en 1939, Aragon prit contact avec le parti communiste devenu clandestin en 1941. Il présida avec Jean Paulhan* et Elsa Triolet à la fondation du Comité national des écrivains, et, avec Jacques Decour, à celle du journal *Les Lettres françaises* qu'il dirigea jusqu'en 1972. Les épreuves de la Résistance entraînèrent, pour Aragon, un retour aux règles de la prosodie traditionnelle et firent de lui un poète populaire. Dans *Le Crève-Cœur* (1941), le *Cantique à Elsa* (1942), *Les Yeux d'Elsa* (1942), *Brocéliande* (1942), *Le Musée Grévin* (1943), *La Diane française* (1945) s'exhalent les sentiments que le poète est assuré de partager avec le peuple de France : l'amour, la colère et l'espérance. ▪ Dans les années de l'après-guerre, mêlé à tous les combats du Parti communiste français (il devint membre du comité central en 1954), Aragon continua son activité militante (*Le Nouveau Crève-Cœur*, 1948 ; *Élégie à Pablo Neruda*, 1966). Il publia *Littératures soviétiques* (1955) et *Introduction aux littératures soviétiques* (1956), et reçut le prix Lénine de la paix (1957). Il poursuivit son œuvre créatrice tant sur le plan romanesque (*La Semaine sainte*, 1958 ; *La Mise à mort*, 1965) que sur le plan poétique, en donnant avec *Le Fou d'Elsa* (1963) un monument de la poésie lyrique française. Avec des œuvres comme *Blanche ou l'Oubli* (1967), *Je n'ai jamais appris à écrire ou les Incipit* (1969), *Henri Matisse, roman* (1971), Aragon proposa une méditation sur les arts qui fut également une réflexion, parfois polémique, sur la condition de l'artiste au XXe s.

Louis **Aragon.** *Phot. ©Louis Monier*

**ARAGON** n. m. ◆ **ÉTYM.** en esp. ***Aragón***, du n. de la riv. ♦ Communauté autonome du N.-E. de l'Espagne. → **Espagne** (carte). 47 669 $km^2$. 1 296 655 hab. *(Aragonais)*. CAP. : Saragosse. Elle comprend 3 prov. : Huesca*, Saragosse*, Teruel*. ▮ **Géographie** La vallée de l'Èbre constitue la partie centrale de la région, encadrée au N. et au S. par deux grands ensembles montagneux. Au N., le versant méridional des Pyrénées (50 km de large) où se trouvent les plus hauts sommets des Pyrénées espagnoles (mont Perdu*, 3 348 m ; massif de la Maladetta*). Ces massifs sont entaillés de profondes vallées et de canyons (Ordesa). Des cols périphériques (Somport*, 1 640 m) communiquent avec le versant français. Dans la partie centrale, on observe une dépression longitudinale (canal de Berdún) et des «sierras prépyrénéennes» (au N. de Huesca). Au S. de l'Èbre, les monts Ibériques (→ **Ibérique [chaîne]**) forment un haut plateau d'environ 1 000 m d'alt. et sont coupés de bassins (Teruel, Calatayud). L'Aragon occupe dans sa partie méridionale une partie de la Meseta*. → **Castille.** Le climat est continental, le peuplement très faible (Huesca, 14 hab./$km^2$ ; Teruel, 9,5 hab./$km^2$). ▪ La zone pyrénéenne vit de l'élevage et de maigres cultures vivrières (orge, avoine). Seul le bassin de l'Èbre, bien irrigué, cultive la vigne, l'olivier, la luzerne, la betterave sucrière. L'extension des zones irriguées a permis le développement de cultures arbustives (vigne, olivier) au-delà de la zone initiale. On extrait du lignite (Teruel), brûlé dans la centrale thermique d'Escatron, et du fer (Ojos Negros). Seule Saragosse* a une importante fonction industrielle. ▮ **Histoire** Comprise dans la Tarraconaise sous la domination romaine (–100), la région fut soumise par les Wisigoths* (470), puis par les Sarrasins* (714). Le berceau de l'Aragon est au IXe s. un petit comté chrétien indépendant de la vallée du río Aragón. Rattaché par mariage à la Navarre* (925), il échut en héritage à l'un des fils de Sanche* III le Grand et devint royaume indépendant sous la dynastie navarraise : Ramire* Ier (1035 - 1063), Sanche* Ier

**Aragon.** Linares de Mora. *Phot. ©M. Busselle/Corbis*

Ramírez (1063 - 1094), Pierre* Ier (1094 - 1104), Alphonse* Ier le Batailleur (1104 - 1134), Ramire* II le Moine (1134 - 1137). Une fille de Ramire II ayant épousé Raymond* Bérenger, comte de Barcelone, l'Aragon s'accrut de la Catalogne, et la dynastie catalane, issue de Raymond* Bérenger II (1137 - 1162), y régna jusqu'en 1410. → **Alphonse II, Pierre II, Jacques Ier le Conquérant, Pierre III le Grand, Alphonse III le Bienfaisant, Jacques II le Juste, Alphonse IV le Débonnaire, Pierre IV le Cérémonieux, Martin Ier l'Humain ou le Vieux.** Ces règnes furent marqués par l'acquisition du Roussillon* (1172), la victoire de Las Navas* de Tolosa sur les Maures (1212), la conquête des Baléares* (1229 - 1230), du royaume de Valence* (1238), de la Sicile* (1282) et de la Sardaigne (1325), ainsi que par l'échec des prétentions du roi de France Philippe* III le Hardi dans sa «croisade» contre l'Aragon. L'extinction de la dynastie catalane avec la mort de Martin Ier (1410) fut suivie, après un interrègne de deux ans, par l'élection du prince Ferdinand de Castille. ▪ La nouvelle dynastie castillane s'illustra au XVe s. par la conquête du royaume de Naples* sur les Angevins (1442). → **Ferdinand Ier d'Aragon le Juste, Alphonse V le Grand, Jean II.** Le mariage de Ferdinand* II d'Aragon avec Isabelle* Ire la Catholique (1469) allait préparer l'unité espagnole. Après la mort de Ferdinand, qui avait été déclaré régent de Castille sous le règne de sa fille Jeanne* la Folle, veuve de Philippe* Ier le Beau, son petit-fils Charles* Quint fut proclamé roi d'Espagne sous le nom de Charles Ier, roi des Espagnes (1516).

**ARAGÓN** n. m. ◆ **ÉTYM.** lat. *Aracone,* rac. indo-eur. °*ar-* «cours d'eau» ♦ Riv. d'Espagne, née dans les Pyrénées (167 km). Elle traverse les Communautés autonomes d'Aragon et de Navarre. Affl. rive g. de l'Èbre*.

**ARAGUAIA** n. m. (rio) ♦ Riv. du Brésil (1 902 km), princ. affl. du Tocantins. Il prend sa source dans l'État de Goiás (serra do Caiapó) et enserre l'île de Bananal, la plus grande île fluviale du monde (20 000 km$^2$).

**ARAÏCH (AL-)** ◆ **ÉTYM.** anc. ***Larache ;*** de l'ar. *aris* (pl. *araïs*) «chaumière» ♦ V. du Maroc (prov. de Tétouan) sur l'Atlantique, sur le côté N. de la plaine du Gharb. 107 371 hab. Agriculture et élevage (bovins). Rizeries. Indus. agroalimentaire (unité de surgélation de poisson). ▪ À proximité se situe le site archéologique de Lixus, ancienne cité phénicienne puis carthaginoise et romaine.

**ARAI Hakuseki** ♦ Historien japonais (Tōkyō 1657 - 1725). Philosophe néoconfucéen, connaisseur de l'Occident et homme d'État, il inspira la politique sociale des Tokugawa*, en particulier grâce à sa position d'ancien précepteur du 6e shogun, Ienobu.

**ARAK** – anc. ***Soltānābād*** ♦ V. d'Iran, ch.-l. de la prov. du Markazi, au pied du Zagros. 380 755 hab. Fonderies d'aluminium. Indus. automobile, construc. mécanique. Sucreries. Tapis. Centre admin.

**ARAKAN** n. m. ◆ **ÉTYM.** corruption européenne du mot indigène *Rakhaing,* p.-ê. du sanskr. *rakhasa* «monstre», terme appliqué par les Aryens aux indigènes ♦ État de l'O. de la Birmanie, constitué d'étroites plaines et de vallées enserrées entre le golfe du Bengale et la chaîne de l'Arakan-yoma (culminant à 3 053 m au mont Victoria) qui le sépare de la vallée de l'Irrawaddy. 36 778 km$^2$. 2 744 000 hab. *(Arakanais).* CAP. : Sittwe. De peuplement birman, l'Arakan fut successivement un royaume indépendant, une province puis un État de Birmanie. De très nombreuses îles parsèment son littoral qui, aux XVIIe et XVIIIe s., étaient le repaire des pirates infestant le golfe du Bengale. Son histoire est celle d'une lutte perpétuelle contre les royaumes birmans et ceux du Bengale oriental. ▪ L'Arakan est considéré comme l'un des berceaux de la civilisation de l'actuelle Birmanie. Ses richesses archéologiques sont en cours d'exploration.

**ARAKAWA Shūsaku** ♦ Peintre américain d'origine japonaise (Tōkyō 1936). Installé à New York depuis 1961 après avoir été l'un des fondateurs du groupe néo-Dada de Tōkyō, il peignit d'abord des *Diagrammes,* en pulvérisant de la peinture sur des objets de la vie courante posés sur la toile et qu'il retirait, n'en conservant que le halo. Cherchant à stimuler l'imagination du spectateur et à l'amener à une réflexion sur les mouvements de la pensée, il peint sur des fonds blancs des tracés géométriques (flèches, carrés) et des mots (jamais des idéogrammes) manuscrits ou dactylographiés. Poétique et hors limite, vouée à ce qu'il appelle le «blank», son œuvre annonce l'art conceptuel.

**ARAKI Sadao** ♦ Général japonais (Tōkyō 1877 - *id.* 1966). Ministre de la Guerre en 1932, ministre de l'Éducation en 1937 - 1938, il fut un des artisans de la guerre sino-japonaise et de la guerre à outrance contre les États-Unis. Condamné par un tribunal international à la détention perpétuelle pour crimes de guerre, il fut libéré en 1955.

**ARAL** (lac ou mer d') ◆ **ÉTYM.** du turc *Aral Tengizi* «mer des îles» ♦ Mer intérieure d'Asie centrale, située à 40 m au-dessus du niveau de la mer, dans une zone désertique, au N.-E. du plateau d'Oust-Iourt qui la sépare de la mer Caspienne, et au N. du Turkestan. Elle est partagée entre le Kazakhstan au N. et l'Ouzbékistan au S. Elle est peu profonde (max. 40 m), et sa superficie est passée de 66 000 à env. 15 000 km$^2$ entre 1957 et 2007 du fait de la surexploitation des eaux du Syr*-Daria et de l'Amou*-Daria. Aujourd'hui scindée en plusieurs bassins : la Petite Aral au N. renaît grâce à une digue construite en 2005 côté kazakh ; la Grande Aral au S. s'est transformée en lac à forte teneur en sel qui se dessèche et est près de disparaître. Le projet d'une deuxième digue a été retenu pour redonner un statut de port à Aralsk. Gisements de salpêtre. Un programme international de sauvetage est en cours pour réduire les effets de cette catastrophe écologique et sanitaire majeure.

**ARAM** → **Araméens**

**ARAMBOURG (Camille)** ♦ Paléontologue français (Paris 1885 - *id.* 1969). On lui doit la découverte d'hommes fossiles en Algérie (Atlanthrope) et dans la vallée de l'Omo*. [Acad. sc. 1961]

**ARAMÉENS** n. m. pl. ◆ **ÉTYM.** de *Aram,* nom biblique de la Syrie ♦ Peuple sémite, installé au -XIIIe s. en Mésopotamie du N. et répandu ensuite en Syrie et au Liban. Des Araméens furent parmi les nomades qui ravagèrent la Babylonie lors du «temps de la confusion» (→ **Babylone).** Au -Xe s., ils formèrent des royaumes dont les plus puissants furent le Bīt Adini, dans la boucle de l'Euphrate, et celui de Damas qui domina ses voisins, notamment Israël, et tint l'Assyrie en respect au -IXe s. (→ **Bar Hadad).** Au -VIIIe s. ils furent soumis par l'Assyrie (→ **Teglath-Phalasar III)** et déportés en masse, ce qui assura la diffusion de leur langue : celle-ci devint la langue courante de l'ancien Orient puis la langue officielle de l'empire achéménide avant de se scinder en nombreux dialectes à l'époque hellénistique.

**ARAMIS** ♦ Nom de l'un des quatre héros des romans d'Alexandre Dumas* (*Les Trois* Mousquetaires, Vingt ans après* et *Le Vicomte de Bragelonne*).

**ARAMON** [30390] ♦ Ch.-l. de cant. du Gard, arr. de Nîmes, sur le Rhône. 3 773 hab. *(Aramonais).* Église romane provençale. ▪ Centrale thermique.

**ARAN** (val d') ◆ **ÉTYM.** basque «vallée» ♦ Haute vallée des Pyrénées espagnoles, prov. de Lérida (Catalogne). CH.-L. : Viella. Plusieurs torrents y forment la Garonne.

**ARAN** (île d') ♦ Île du N.-O. de la république d'Irlande, au large du Donegal. La vie de ses pêcheurs a été évoquée dans un documentaire de Robert Flaherty (*L'Homme d'Aran,* 1934).

**ARAN** ou **ARRAN** (îles d') ♦ Archipel de la république d'Irlande composé de trois îles (Inishmore, Inishmaan et Inisheer), dans la baie de Galway. L'absence d'arbres, l'isolement, des forts préhistoriques en font un des lieux touristiques de l'Ouest irlandais. L'écrivain J. M. Synge* y vécut.

**Arakan.** Statue du site de Mrauk-U, dans la région d'Arakan, en Birmanie. *Phot. ©HPP/J. L. Dugast/Hoa Qui*

**ARANDA (Pedro Pablo ABARCA DE BOLEA, comte D')** ♦ Diplomate et ministre espagnol (Siétamo 1718 - Épila 1798). Il fut l'un des grands introducteurs des «Lumières» en Espagne. Ministre de Charles* III, il contribua largement à sa politique réformatrice et expulsa les jésuites (1767). Il revint un moment au pouvoir en 1792, mais fut évincé par M. de Godoy*.

**ARANJUEZ** ➝ ÉTYM. du lat. *Ara Jovis* «autel de Jupiter», probablt n. d'un temple consacré à Jupiter, transformé en ar. en *Aranzuel* «l'endroit planté de noyers» ♦ V. d'Espagne (Communauté autonome et prov. de Madrid), sur le Tage. 49 420 hab. Palais royal commencé sous Philippe II (1561) et reconstruit au XVIII$^e$ s. Azulejos. ▪ Nœud ferroviaire et centre indus. ▮ Histoire Charles* IV y abdiqua en faveur de son fils qui devint Ferdinand VII (1808). ▪ La ville a été célébrée par le compositeur Joaquín Rodrigo*.

**ARANY (János)** ♦ Poète hongrois (Nagyszalonta, auj. Salonta 1817 - Budapest 1882). Son épopée satirique, *La Constitution perdue*, obtint le prix de l'Académie en 1846. Il devint célèbre avec *Toldi* (1847), poème épique racontant les tribulations d'un chevalier légendaire, frère cadet bon et naïf, doté d'une force surhumaine. Arany devint l'ami de Petőfi* ; bouleversé par sa mort et par l'échec de la révolution de 1848, il exprima son amertume dans de courts poèmes épiques (ballades), d'inspiration historique et populaire. *Le Soir de Toldi* (1848, publ. 1854) décrit les conflits du héros vieilli avec le roi. Après *Étienne le fou* (1850), il tenta de créer, d'après ces légendes populaires, une épopée nationale dont la première partie fut *La Mort de Buda* (1863). Ses derniers poèmes lyriques, les *Automnales* (v. 1877) et *L'Amour de Toldi* (1879), sont d'une inspiration plus personnelle, exprimant sa solitude citadine. Les ballades de cette époque sont des drames psychologiques sur les thèmes du crime et du châtiment. Secrétaire général de l'Académie, Arany traduisit des œuvres de Shakespeare et d'Aristophane. ➝ ÉTYM. Ce nom de famille hongrois signifie «or».

**ARANY (László)** ♦ Poète hongrois (Nagyszalonta, auj. Salonta 1844 - Budapest 1898). Fils de János Arany. Il est l'auteur de poèmes épiques, satiriques et amers : *La Bataille des Huns* (1872), *Le Héros des mirages* (1873).

**ARANZI ou ARANZIO (Giulio Cesare)** latinisé en ***Arantius*** ♦ Anatomiste italien (Bologne 1530 - *id.* 1589). Élève de Vésale*, il fit de nombreuses descriptions anatomiques dont celles du fœtus et du placenta, des ventricules du cerveau ainsi que des noyaux fibreux de l'artère pulmonaire.

**Ara Pacis Augustae** ♦ Monument de Rome, dont la construction fut décrétée par le Sénat romain en -13. Situé sur le champ de Mars, il fut inauguré en -9. Il commémore l'activité pacificatrice d'Auguste. L'ensemble des sculptures de l'autel offre un bon témoignage de la sculpture de cette époque. Il est abrité par un édifice en partie en verre, réalisé par Richard Meier*.

**ARARAT** (mont) ➝ ÉTYM. vocalisation massorétique d'*Urartu** – en turc ***Ağrı dağı*** ♦ Massif volcanique de Turquie, près des frontières de la république d'Arménie et de l'Iran, point culminant du pays (5 165 m). Le nom désigne dans la Bible (Genèse, VIII, 4) le pays où s'arrêta l'arche de Noé* à la fin du Déluge.

La **Araucana** ♦ Poème épique de l'Espagnol Alonso de Ercilla* racontant assez imparfaitement la lutte des Espagnols et des Indiens araucans au Chili, à laquelle l'auteur participa activement. L'œuvre eut les éloges de Voltaire* *(Essai sur la poésie épique)* et de Chateaubriand* *(Le Génie du christianisme)*.

**ARAUCANIE** ➝ ÉTYM. en esp. ***La Araucanía***, du n. des *Araucans** ♦ Région admin. du Chili située au S. du río Biobío*, entre les Andes et le Pacifique. 32 000 km². 870 000 hab. CAP. : Temuco. C'est l'ancien pays des Indiens araucans (Mapuches*). ▪ Cette zone entre Temuco et Valdivia fut incorporée au Chili en 1881.

**ARAUCANS** n. m. pl. ➝ ÉTYM. du n. de la localité *Arauco* probablt «eau bourbeuse», de *ragh, raq* «argile» et *ko (co)* «eau» ➝ **Mapuches**

**ARAVALLI** (monts) ➝ ÉTYM. du sanskr. *ara* «bord extérieur, rivage» et *avali* «chaîne, ligne, rangée» ♦ Chaîne du N.-O. de l'Inde, culminant au mont Abu (1 722 m), longue de 1 500 km. Orientée du N.-E. au S.-O., elle a un climat sec et une végétation de brousse à épineux. Carrières de marbre.

**ARAVIS** (chaîne des) ♦ Chaîne calcaire des Alpes, limitant, à l'E., le massif des Bornes ; 2 750 m à la Pointe-Percée. Le *col des Aravis* la franchit à 1 486 m.

**ARAWAK(S)** n. m. (pl.) ♦ Peuple indien découvert en 1492 dans les îles Bahamas et les Grandes Antilles. Leur société était dominée par des caciques dont la charge se transmettait par les femmes. Ils vivaient de l'agriculture, et leurs villages pouvaient abriter de 1 000 à 2 000 personnes dans des maisons rondes construites en bois avec un toit de palmes. Ils pratiquaient un jeu de balle mal connu, mais qui semble apparenté au jeu de balle mexicain. En 1519 les sociétés arawaks des Antilles, affaiblies par la présence des colons espagnols, avaient disparu.

**ARAXE ou ARAKS** n. m. ♦ Riv. d'Asie occidentale (994 km) qui prend sa source en Turquie orientale au S. d'Erzurum et sert de frontière entre la Turquie et l'Arménie, puis entre l'Iran et l'Azerbaïdjan. Elle reçoit par le Razdan les eaux du lac Sevan en Arménie et se jette dans la Koura en Azerbaïdjan.

**ARBASINO (Alberto)** ♦ Écrivain italien (Voghera 1930). Issu du Groupe 63 (avec E. Sanguineti*, A. Giuliani), il est journaliste, essayiste, romancier. Son œuvre (*L'anonimo lombardo*, 1959 ; *Parigi o cara*, 1960 ; *Fratelli d'Italia*, 1963 ; *Super-Héliogabale*, 1969 ; *Il meraviglioso, anzi*, 1985 ; *Mekong* 1994) fait preuve d'une virtuosité culturelle et critique dont la force corrosive se dissimule sous le brio cosmopolite et l'abus calculé de la citation. Il a tenté d'adapter l'écriture littéraire au rythme du rap dans deux ouvrages (*Rap !*, 2001, et *Rap 2*, 2002).

**ARBÈLES ou ARBELLES** – auj. ***Erbil*** ♦ Anc. ville de l'Assyrie, située au pied du Zagros et près de laquelle Alexandre* le Grand remporta en -331, contre Darios* III, roi des Perses, une victoire éclatante qui mit fin à la dynastie des Achéménides et permit au vainqueur de se proclamer roi de l'Asie.

**ARBENT** [01100] ➝ ÉTYM. équivalent franco-prov. de l'occit. *albenc* «blanchâtre» ♦ Comm. de l'Ain, arr. de Nantua, au N. d'Oyonnax. 3 610 hab.

**ARBER (Werner)** ♦ Biologiste suisse (Graenichen 1929). Il mit en évidence un système de défense des bactéries contre les agressions virales. Les enzymes de restriction et de modification qu'il découvrit avec D. Nathans* et H. Smith* détruisent le matériel génétique du virus. Ils se révélèrent être également un outil efficace et précis pour les manipulations génétiques. [Prix Nobel de physiol. ou méd. 1978, avec D. Nathans et H. Smith]

**ARBES (Jakub)** ♦ Écrivain et essayiste tchèque (Prague 1840 - *id.* 1914). Premier dans son pays à vivre de sa plume, il y lança la vogue du *romaneto*, à mi-chemin du roman et de la nouvelle ; ses œuvres réalistes et naturalistes, qui comptent aussi des romans sociaux, portent pourtant la marque d'un attrait pour le surnaturel hérité du roman gothique : *Saint Xavier* (1873), *La Madone miraculeuse* (1876), *Le Cerveau de Newton* (1877) et aussi, vingt-cinq ans avant l'œuvre de Karl Kraus*, *Les Derniers Jours de l'humanité* (1895).

**ARBOGAST** ♦ Général d'origine franque (en Aquitaine v. 340 - en Vénétie 394). Officier de Théodose* I$^{er}$, nommé général et tuteur de Valentinien* II, il fit sans doute étrangler ce dernier pour le remplacer par le rhéteur Eugène sur le trône de l'empire d'Occident (392) et amorça une réaction païenne. Poursuivi et vaincu par Théodose, près d'Aquilée, il se suicida. ➝ ÉTYM. Ce nom de famille vient du vieux haut allemand *arbi* «héritage» et de *gast* «hôte».

**ARBOIS** [39600] ♦ Ch.-l. de cant. du Jura, arr. de Lons-le-Saunier, sur la Cuisance. 3 698 hab. (aggl. 4 569) *(Arboisiens)*. Église Saint-Just (XII$^e$ s.). Ruines du château de Bontemps, anc. résidence des ducs de Bourgogne. Maison de L. Pasteur. Musée Sarret-de-Grozon (peintures, porcelaines, argenterie). Musée de la Vigne et du Vin. ▪ Vins les plus renommés du vignoble jurassien.

**ARBON** ♦ V. de Suisse (Thurgovie), sur le lac de Constance. 13 070 hab. (aggl. d'Arbon-Rorschach 55 866). Château (XVI$^e$ s.). ▪ Station balnéaire. Indus. mécanique.

**ARBOUZOV (Alekseï Nikolaïevitch)** ♦ Auteur dramatique soviétique (Moscou 1908 - *id.* 1986). Ses pièces *Tania* (1939), *L'Histoire d'Irkoutsk* (1959), *Les Contes du vieil Arbat* (1970), *Une comédie à l'ancienne* (1977, jouée en France sous le titre *Un bateau pour Lipaïa*), *Une femme vainqueur* (1983) abordent les problèmes moraux de la société soviétique.

**ARBRESLE (L')** [69210] ➝ ÉTYM. «le petit arbre», du franco-prov. *ábro, èbro* «arbre» et suff. dimin. *-elle* ♦ Ch.-l. de cant. du Rhône, arr. de Lyon, dans les monts du Lyonnais. 5 777 hab. (aggl. 13 896). *(Arbreslois)*. Vestiges du château des abbés de Savigny. Église des XIII$^e$ et XVI$^e$ s. (verrières du XVI$^e$ s., stalles du XVIII$^e$ s.). ▪ Soie. ▪ Aux environs, à Éveux-sur-l'Arbresle, couvent dominicain de Sainte-Marie-de-la-Tourette par Le* Corbusier.

**ARBUS (Diane)** ♦ Photographe américaine (New York 1923 - *id.* 1971). D'abord photographe de mode, elle fit à la fin des années 1950 des portraits de marginaux et de malades mentaux d'un réalisme parfois cru. Elle fit sienne la conception selon laquelle le portrait photographique révèle la personnalité, voire l'intimité du modèle.

**ARBUTHNOT (John)** ♦ Médecin et écrivain écossais (Arbuthnot, Kincardineshire 1667 - Londres 1735). Il fut le médecin de la reine Anne, et l'ami de Swift et de Pope. Doué d'une étonnante verve satirique doublée d'une grande érudition, il popularisa le personnage de John Bull qu'il représenta en lutte contre le duc de Marlborough : *Le Procès sans fin ou Histoire de John Bull* (1712).

**ARC (JEANNE D')** ➝ **Jeanne d'Arc**

**ARC** n. m. ➝ ÉTYM. probablt de la rac. hydronym. *ar-* ♦ Riv. des Alpes du Nord (150 km), affl. de l'Isère, ouvrant une vallée industrialisée, la Maurienne. Nombreuses centrales hydroélectriques : Villarodin-Bourget, Orelle, Prémont, La Saussaz, L'Échaillon, Saint-Jean-de-Maurienne.

**ARC** (pont d') ➝ **Vallon-Pont-d'Arc**

**ARCACHON** [33120] ➝ ÉTYM. p.-ê. en rapport avec l'occit. *arcassoun* «résine de pin» ♦ Ch.-l. d'arr. de la Gironde, arr. de Bordeaux, sur le *bassin d'Arcachon*. 11 454 hab. (aggl. 54 204) *(Arcachonnais)*. Station balnéaire et climatique. Port chalutier et centre ostréicole. Port de plaisance.

**Arc de triomphe de l'Étoile, Paris.** © *PhotoDisc*

**ARCACHON** (bassin d') ♦ Baie profonde du littoral landais (dép. de la Gironde), communiquant avec l'Atlantique par une passe étroite, entre le cap Ferret et Pyla-sur-Mer, barrée par l'îlot sableux du banc d'Arguin (réserve d'oiseaux). D'une superficie de 15 500 ha à marée haute (comptant près de 2 000 ha de parcs à huîtres), il est bordé de localités qui sont à la fois des ports ostréicoles et des stations balnéaires (Cap-Ferret, Arès, Gujan-Mestras, Andernos-les-Bains, Arcachon). À l'E., dans le delta marécageux de l'Eyre girondine, parc ornithologique du Teich (120 ha) ; élevage de poissons en réservoir à Audenge.

**ARCADELT (Jacques** ou **Jacob)** ♦ Compositeur flamand (v. 1515 - Paris 1568). Il vécut longtemps en Italie, puis en France où il fut maître de chapelle du cardinal de Lorraine. Il est l'auteur de nombreuses œuvres vocales, dont 250 madrigaux (surtout à 4 voix) d'une grande pureté d'écriture. Son style contribua à former la génération de Palestrina*.

**ARCADIE** n. f. – en gr. ***Arkadía*** ♦ Région de l'anc. Grèce au centre du Péloponnèse, auj. nome d'Arcadie. *(Arcadiens)*. CH.-L. : Tripolis. Électricité (lignite de Mégalopolis). ▮ **Mythologie et littérature** Refuge des Pélasges*, puis des Achéens* qui résistèrent aux Doriens*, cette région montagneuse peuplée de pasteurs maintint longtemps les traditions patriarcales et nourrit la mythologie grecque. Dans le mythe, ses montagnes Érymanthe* et Lycée étaient fréquentées par les dieux (→ **Artémis**) et hantées par la présence de Pan* ; ses fleuves-dieux Alphée* et Ladon voyaient se baigner les nymphes (→ **Aréthuse, Syrinx**) ; Héraclès* y exécuta quelques-uns de ses travaux (→ **Érymanthe, Stymphale, Centaures**). Son roi mythique Lycaon* y affronta Zeus, et Callisto*, sa fille, séduite par le dieu, donna naissance à Arcas qui laissa son nom à la région. ▪ Dans la poésie bucolique grecque et latine, l'Arcadie est représentée comme le pays du bonheur calme et serein. La littérature de la Renaissance a renouvelé cette fiction, prolongée dans l'art classique. ▮ **Histoire** Les Arcadiens résistèrent longtemps à l'hégémonie lacédémonienne et formèrent en -371 une confédération avec Megalopolis* comme capitale. → **Mantinée, Orchomène, Tégée.** L'Arcadie participa plus tard à la Ligue achéenne* (-234). Devenue romaine en -146, elle partagea le sort du Péloponnèse.

L'**Arcadie** – en it. ***Arcadia*** ♦ Roman pastoral écrit par Iacopo Sannazaro* entre 1480 et 1484, et publié sous sa forme définitive en 1504. Sur une trame très mince (le poète fuit un amour malheureux dans la mythique Arcadie), cette œuvre, formée de 12 proses suivies chacune d'une églogue, réélaborait avec une grande fraîcheur littéraire la tradition idyllique gréco-latine (Théocrite, Virgile) et italienne (Pétrarque, Boccace). Unanimement admirée, elle allait devenir la source du genre dramatique pastorale.

**Arcadie** – en angl. ***The Arcadia*** ♦ Roman de sir Philip Sidney* (1590). Écrit entre 1577 et 1584, ce roman pastoral en prose entrecoupée de vers fut publié après la mort de son auteur sous le titre *L'Arcadie de la comtesse de Pembroke* (du nom de la sœur de Sidney, chez qui il s'était réfugié pour l'écrire ; celle-ci en publia une autre version, présentée comme plus authentique, en 1593 ; une version «primitive» de 1579 fut retrouvée en 1926). Véritable encyclopédie de l'amour, émaillée de digressions morales ou politiques, sachant toutefois introduire la violence guerrière dans une intrigue conventionnelle imitée d'Héliodore, l'*Arcadie* doit son succès à l'extrême préciosité du langage employé. L'influence de Boccace et de Sannazaro y est évidente.

**ARCADIUS** – en lat. ***Flavius Arcadius*** ♦ (Espagne 377 - 408). Premier empereur d'Orient. Fils de Théodose* Ier, il reçut à la mort de son père (395) le gouvernement de l'empire d'Orient tandis que son frère Honorius* obtenait l'empire d'Occident. Il se laissa gouverner par ses ministres Rufin et Eutrope et par sa femme Eudoxie*. Son fils Théodose* II et sa fille Pulchérie* lui succédèrent.

**Arcana** ♦ Œuvre pour grand orchestre d'Edgar Varese* (1927), créée à Philadelphie sous la direction de Leopold Stokowski*. En épigraphe de cette partition violente et compacte, considérée par l'auteur comme l'essence même de sa pensée, une citation tirée de l'*Astronomie hermétique* de Paracelse.

**ARCAND (Denys)** ♦ Cinéaste canadien (Deschambault, Québec 1941). Il réalisa plusieurs documentaires parfois accusateurs puis aborda la fiction et rencontra le succès avec un film reposant sur des dialogues entre adultes cultivés, tournant presque exclusivement autour du sexe, *Le Déclin de l'empire américain* (1985). Il renoua en 2003 avec ces personnages venus assister l'un d'eux à la fin de sa vie dans *Les Invasions barbares*. Entre-temps, il réalisa notamment *Jésus de Montréal* (1988) dont le point de départ est la mise en scène de la Passion du Christ par de jeunes comédiens.

**Arc de triomphe de l'Étoile** ♦ Monument de Paris, érigé sur l'ordre de Napoléon Ier en 1806 et inauguré en 1836. Construit d'après les plans de J.-F. Chalgrin en style néoclassique, il domine de ses proportions colossales (50 m de haut et 45 m de large) les 12 avenues rayonnantes de la place Charles-de-Gaulle (anc. place de l'Étoile) et se situe dans l'axe des Champs*-Élysées. Hauts-reliefs de F. Rude, J. Pradier, J.-P. Cortot, A. Etex. La grande arcade abrite, depuis 1920, la pierre tombale du Soldat inconnu ; une flamme y brûle en permanence.

**ARCÉSILAS** – en gr. ***Arkésilaos*** ♦ Philosophe grec (Pitane, Éolide -315 ou -314 - -241 ou -240). Fondateur de ce que l'on appelle parfois la Moyenne Académie*, il devint scholarque de la mort de Cratès jusqu'à -241--240. Il étudia la rhétorique au Lycée avec Théophraste et passa ensuite à l'Académie pour suivre les leçons de Polémon et celles de Zénon* de Citium qui fréquentait alors l'Académie. Il ne laissa aucun écrit doctrinal mais modifia le pyrrhonisme en deux points : il prôna, contre le dogmatisme des stoïciens, la suspension *(epochè)* universelle du jugement, plutôt que l'abstention du jugement ; il montra, en retenant le critère du «raisonnable» *(eulogon)*, que cette suspension n'est pas incompatible avec l'action.

**ARC-ET-SENANS** [25610] ♦ Comm. du Doubs, arr. de Besançon, sur la Loue. 1 364 hab. *(Arc-Sénantais)*. La saline royale de Chaux y fut construite par l'architecte C. N. Ledoux (1775 - 1779). L'ensemble du projet, imprégné par «l'idéologie du bonheur» de la fin du XVIIIe s., prévoyait une cité industrielle idéale, autour de laquelle graviteraient de nombreuses annexes sociales. Du projet initial, abandonné en 1895, subsistent, répartis en hémicycle et restaurés par les Monuments historiques, le bâtiment des tonneliers (musée Ledoux), les bâtiments du sel et la maison du directeur ; cette dernière est occupée par le centre de conférences qu'anime la fondation C. N. Ledoux depuis 1972.

**ARCHÉLAOS** [-ke-] ♦ Roi de Macédoine (mort en -399). Fils naturel de Perdiccas II, il usurpa le trône (-413) en faisant disparaître les héritiers légitimes. Ami des lettres et des arts, il accueillit Euripide à sa cour. ➡ **ÉTYM.** Le nom grec ***Arkhélaos*** signifie «qui commande au peuple», de *arkhos* «qui conduit» et *laos* «peuple».

**ARCHÉLAOS** [-ke-] ♦ Général grec (mort en -81). Commandant une armée de Mithridate VI, il souleva la Grèce contre les Romains mais fut battu par Sylla à Chéronée* (-86) et à Orchomène* (-85). Il se rallia ensuite à Rome.

**ARCHÉLAOS** [-ke-] – en lat. ***Herodes Archelaus*** ♦ Ethnarque de Judée, Samarie, Idumée de -4 à 6, fils d'Hérode le Grand et de Malthace. Il fut destitué par Auguste et exilé à Vienne (Gaule) où il mourut.

**ARCHÉLAOS** [-ke-] **DE MILET** ♦ Philosophe grec de l'école ionienne (Milet ou Athènes ? -Ve s.). Il fut le disciple d'Anaxagore* et sans doute le maître de Socrate. Selon Diogène* Laërce, il fut surnommé le «Physicien», la tradition ancienne voyant en lui le dernier représentant de la physique ionienne et le point de départ de la philosophie éthique que Socrate allait développer après lui.

**ARCHÉLAOS** [-ke-] **DE PRIÈNE** ♦ Sculpteur grec (-IIIe s.). Auteur du bas-relief l'*Apothéose d'Homère* (British Museum).

L'**Archéologie du savoir** ♦ Ouvrage de Michel Foucault* (1969). Il éclaire rétrospectivement les travaux antérieurs de l'auteur et notamment *Les Mots* et les Choses* (1966). Le concept métaphysique d'archéologie correspond chez Foucault à une recherche du fonctionnement des textes de savoir (biologie, économie, linguistique) à l'époque de leur production-réception, leur conférant une position spécifique à l'intérieur du discours social. Ce point de vue paraît plus fonctionnaliste que structuraliste.

**ARCHERMOS** [-kɛʀ-] ♦ Sculpteur grec (-VIIe s. - -VIe s.). Représentant, avec ses fils Boupalos et Athénis, le style raffiné des ateliers de Chio, il excella surtout dans le drapé féminin.

**ARCHES** [88380] ♦ Comm. des Vosges, arr. d'Épinal, sur la Moselle. 1 679 hab. (aggl. 2 705) *(Archéens, Archiens* ou *Arcaniens)*. Papeterie fondée au XVe s., auj. spécialisée dans la fabrication de papiers de luxe, de papiers spéciaux et industriels.

**ARCHIAS** [-kjas-] ♦ Tyran grec (mort en -378). Imposé à Thèbes par les Spartiates en -382, il fut assassiné, au cours d'un banquet, par ordre de Pélopidas*.

**ARCHIAS** [-kjas-] **(Aulus Licinius)** ♦ Poète grec (Antioche v. la fin du -IIe s.). Il se rendit à Rome où il chanta les victoires de Lucullus contre Mithridate. Accusé d'avoir usurpé le titre de citoyen romain, il fut défendu par Cicéron *(Pro Archia)* et acquitté (-62).

**ARCHIDAMOS** [-ki-] ♦ Nom de plusieurs rois de Sparte*. ♦ **ARCHIDAMOS II.** Pendant son règne (-469 - -427) commença la guerre du Péloponnèse*. Il s'empara de Platées et bloqua Athènes (-431 - -428).

**Archigram** ♦ Équipe britannique de 7 jeunes architectes constituée en 1963 afin d'envisager l'urbanisme de manière prospective. Influencés par la B.D. et critiques envers la société de consommation, ils dessinèrent une ville flottante, Instant City, se déplaçant grâce à une structure gonflable.

**ARCHILOQUE** ▸ ÉTYM. en gr. ***Arkhilokhos***, de *arkhos* «qui conduit» et *lokhos* «embuscade (et aussi troupe, accouchement)» ♦ Poète grec (Paros v. -712 - après -648), le plus ancien représentant connu du lyrisme personnel. Enfant naturel d'un noble Parien, colon de Thrace, et d'une esclave, condamné à une carrière misérable de mercenaire, il chanta la vie du guerrier, sa brutalité et ses brèves joies. Vivant et gai, mélancolique et dédaigneux, frondeur et passionné, il reste essentiellement individualiste. Ses invectives impitoyables contre la belle Néoboulé et son père qui lui avait refusé sa main les auraient conduits tous deux au suicide. Quoi qu'il en soit, il est considéré comme l'un des plus grands lyriques ioniens, l'un des initiateurs de la lyrique monodique, et comme l'inventeur de l'ïambe (cf. *Le Robert*). Il nous reste des fragments de ses *Élégies* et ses *Ïambes* satiriques.

**ARCHIMÈDE** ▸ ÉTYM. en gr. ***Arkhimêdês***, de *arkhos* «qui conduit» et *mêdomai* «méditer, penser» ♦ Savant grec (Syracuse -287 - *id.* -212). On lui doit une œuvre scientifique considérable : en mathématiques, il perfectionna le système de numération des Grecs en élaborant une méthode permettant d'exprimer les très grands nombres ; il compléta les livres d'Euclide* sur la géométrie dans l'espace, étudiant les quadriques de révolution et démontrant le théorème sur le rapport de 2/3 entre le volume de la sphère et celui du cylindre dans lequel elle est inscrite. En géométrie plane, il étudia surtout les courbes déterminées par le lieu d'un point qui se déplace d'un mouvement uniforme sur une droite qui tourne d'un mouvement uniforme autour d'un point (spirales). Il obtint, par la méthode des périmètres et des iso-périmètres, un procédé de calcul de la valeur de $\pi$ avec une approximation aussi grande que l'on veut ; dans sa «méthode mécanique», il dépassa les simples considérations infinitésimales sur lesquelles repose la méthode d'exhaustion (dont le principe figurait déjà dans les *Éléments* d'Euclide) et procéda à de véritables intégrations. En physique, on lui doit le premier traité scientifique de statique *(Sur l'équilibre des plans)*, dans lequel figure le principe du levier, et les premières bases d'une hydrostatique scientifique *(Des corps flottants)*, établies sur le principe fondamental qui porte son nom. Ces dernières recherches, qu'il aurait entreprises pour répondre à Hiéron, roi de Syracuse, qui lui avait demandé de déterminer si sa couronne était bien en or pur, le conduisirent à la découverte de la notion de poids spécifique (en prenant son bain, de joie, il se serait élancé tout nu dans la rue en criant *eurêka*, c'est-à-dire «j'ai trouvé !»). Dans le domaine de la mécanique pratique, il imagina entre autres la vis sans fin, un planétarium pour la représentation du mouvement des astres, des machines de guerre pour résister à l'assaut des Romains qui faisaient le siège de Syracuse, siège à l'issue duquel il fut tué par un soldat contrevenant aux ordres du consul Marcellus. ♦ ***Principe ou théorème d'Archimède*** L'un des principes fondamentaux de l'hydrostatique : Tout corps plongé dans un liquide subit une poussée verticale, dirigée de bas en haut, égale au poids du fluide déplacé et appliquée au centre de gravité de ce fluide déplacé.

**ARCHINARD (Louis)** ♦ Général français (Le Havre 1850 - Villiers-le-Bel 1932). Il succéda à Gallieni* au commandement du Haut-Sénégal et du Niger (1888), vainquit le chef Ahmadou* et assura la domination française au Soudan (1891).

**ARCHIPEL** n. m. ▸ ÉTYM. en gr. ***Arkhipelagos*** «mer par excellence» ou «mer primitive» ♦ Anc. nom de la mer Égée*. Le mot *archipel* (cf. *Le Robert*) en est tiré par métonymie.

L'**Archipel du Goulag** ♦ Ouvrage d'Alexandre Soljenitsyne* (1973). Avec l'aide des témoignages de 227 anciens détenus, l'auteur décrit par le détail la vie des déportés (depuis l'arrestation jusqu'à la vie dans les camps) et dresse un long et terrible réquisitoire contre le système concentrationnaire (qu'il qualifie «d'industrie pénitentiaire»), tel qu'il a existé en URSS au temps de Staline. Ce livre qui connut un succès retentissant en Occident valut à Soljenitsyne d'être arrêté (1974), déchu de la nationalité soviétique et expulsé d'URSS.

**ARCHIPENKO (Alexandre)** ♦ Sculpteur et peintre américain d'origine russe (Kiev 1887 - New York 1964). Après avoir étudié à l'École des beaux-arts de Kiev, il se rendit à Paris où il fréquenta les artistes de la Ruche*. Ses premières sculptures laissent transparaître l'influence de l'Art nouveau et de l'expressionnisme, puis des cubistes (formes géométriques faisant jouer alternativement angles et volumes convexes et concaves). Délaissant les principes traditionnels de stabilité et de compacité, il ménagea des espaces creux dans ses œuvres (*La Femme marchant*, 1912 ; *La Boxe*, 1913 ; *Le Gondolier*, 1914). Il séjourna à Berlin de 1921 à 1923, et, installé ensuite aux États-Unis (1924), créa notamment des toiles animées par un moteur *(Archipentures)*. Il fit aussi des recherches d'ordre cinétique mais surtout développa ses idées de 1912 - 1914 dans un esprit plus décoratif.

**Archives nationales** ♦ Institution créée par l'Assemblée nationale constituante (1789) pour centraliser les titres, chartes et documents concernant l'histoire de la France. Ouvertes à tous les citoyens à partir du 7 Messidor an II, les Archives nationales furent installées sous Napoléon Ier au palais Soubise en 1808. L'hôtel de Rohan leur sert d'annexe depuis 1927.

**ARCHYTAS** [-ki-] **DE TARENTE** ♦ Philosophe pythagoricien, astronome, mathématicien et homme d'État grec (Tarente v. -430 - v. -348). Il trouva la solution du problème de la duplication du cube, fit d'importantes études en géométrie et en acoustique, inventa, dit-on, la vis, la poulie, et construisit de nombreux automates dont un pigeon volant. Il fut élu six fois stratège de sa ville natale qu'il mena chaque fois à la victoire.

**ARCIMBOLDO** ou **ARCIMBOLDI (Giuseppe)** ▸ ÉTYM. du germ. *Ercambald*, du vx haut all. *ercan* «sincère, excellent» et *bald* «fier, audacieux» (en fr. *Archambault*) ♦ Peintre italien (Milan v. 1527 - *id.* 1593). Il dessina des blasons, des cartons de vitraux et de tapisseries avant d'employer ses talents artistiques à divertir les princes de Habsbourg, Ferdinand Ier, Maximilien II et Rodolphe II, à la cour de Vienne et de Prague (1562 - 1587). Il excella dans les tableaux appelés «têtes composées», assemblages de végétaux, d'animaux ou d'objets (*Le Printemps, L'Été, L'Automne, L'Hiver*, Louvre ; *L'Amiral ; Le Bibliothécaire ; Vertumne-Rodolphe II*) qui figurent un personnage et sont parfois réversibles (*L'Homme-Potager*, Crémone).

Giuseppe **Arcimboldo.** *Le Printemps* (76 × 63,5 cm). Musée du Louvre, Paris. *Phot. ©Lauros-Giraudon*

**ARCIPRESTE DE HITA (Juan Ruiz**, dit**)** ♦ Poète espagnol (v. 1285 - v. 1350). Archiprêtre de Hita (prov. de Guadalajara), il fut l'un des plus grands poètes du Moyen Âge espagnol. Il écrivit un long poème *Libro de buen amor* en forme d'autobiographie de fantaisie, débordant de fables et d'attaques violentes contre son époque, dans un style vigoureux et truculent.

**ARCIS-SUR-AUBE** [10700] ▸ ÉTYM. de l'a. fr. *arseïs* «incendie, terre brûlée pour le défrichement» ou du lat. *Artius*, n. de pers. ♦ Ch.-l. de cant. de l'Aube, arr. de Troyes, sur l'Aube. 2 841 hab. (aggl. 3 255) *(Arcisiens)*. Agroalimentaire. Bonneterie. **Histoire** Le 20 mars 1814, victoire de Schwarzenberg sur Napoléon Ier.

**ARC-LÈS-GRAY** [70100] ♦ Comm. de la Haute-Saône, arr. de Vesoul, sur la rive d. de la Saône. 2 904 hab. *(Arcisiens)*.

**ARCO** ♦ V. d'Italie, dans le Trentin-Haut-Adige (prov. de Trente), sur la Sarca, près du lac de Garde. 14 511 hab. Sports d'hiver. Papeteries.

**ARCOAT** ou **ARGOAT** n. m. ♦ Mot celtique «pays des bois», désignant l'intérieur de la Bretagne, en opposition à l'Armor. → **Bretagne.**

**ARCOLE** ➝ ÉTYM. «petit pont», du bas lat. *arcula*, dimin. de *arcus* «arc» ♦ V. d'Italie, en Vénétie (prov. de Vérone), sur l'Alpone. 5 274 hab. ▮ **Histoire** Bonaparte et Augereau emportèrent brillamment le *pont d'Arcole* (15 nov. 1796) et vainquirent les Autrichiens (17 nov.).

**ARCOUEST** (pointe de l') ♦ Promontoire en face de l'île de Bréhat (Côtes-d'Armor). Station balnéaire. Ligne maritime desservant Bréhat.

**ARCS (LES)** ♦ Station de sports d'hiver de la Savoie (alt. 1 600 - 3 000 m), comm. de Bourg-Saint-Maurice.

**ARCTIQUE** (océan **GLACIAL**) ♦ Ensemble des mers comprises entre le pôle Nord et le cercle polaire arctique (66° 33' lat. N.), comprenant notamment la mer Blanche, la mer de Barents, la mer de Kara, la mer de Beaufort, la mer du Groenland et la mer de Béring. Limité par les côtes septentrionales de l'Asie, de l'Amérique et de l'Europe, l'océan Arctique s'étend sur 14 000 000 km². Il est en grande partie recouvert par la banquise, dont l'extension varie selon les mois de l'année : février connaît la plus forte concentration de glaces, juin la plus faible avec 4/10 de la surface de l'océan libre. Ce sont les convois se rendant des États-Unis en URSS pendant la Deuxième Guerre mondiale qui ont montré l'importance stratégique de cette zone.

**ARCTIQUE** n. m. ➝ ÉTYM. en gr. *arktikos*, de *arktos* «ours» employé pour désigner l'*Ourse*, la constellation boréale, puis les régions proches du pôle Nord ♦ Vaste région continentale et insulaire qui s'étend au-delà du cercle polaire (66° 33' lat. N.) jusqu'au pôle Nord, englobant le N. de l'Amérique, de l'Europe et de la Sibérie, le Groenland, l'île Jan Mayen, l'île Vrangel, les archipels du Svalbard, François-Joseph et de la Nouvelle-Zemble, de la Terre du Nord, de la Nouvelle-Sibérie, et l'archipel Arctique canadien. La présence de l'océan détermine un climat relativement adouci (0 °C au Pôle en été) mais, en raison de la température, les précipitations sont faibles (300 mm près des côtes). La banquise approche la limite septentrionale des îles, et la navigation est rendue difficile par les glaces flottantes. L'épaisseur de la couche de glace permanente diminue en raison du réchauffement climatique. ▮ **Histoire** Les parties continentales sibériennes ont été peuplées avant notre ère, et les Inuits* se sont dispersés

**Arctique.**

dans l'extrême Nord américain puis au Groenland au cours du -Ier millénaire. Excepté la tentative de colonisation viking au Groenland v. 982 par Erik* le Rouge, la découverte des régions arctiques ne commença que vers le XVIe s., à l'occasion de la recherche des passages conduisant au Pacifique, soit par l'E. au N. de l'Europe-Asie (passage du Nord-Est), soit par l'O. au N. de l'Amérique (passage du Nord*-Ouest). ➞ **Willoughby, Frobisher, Davis (John), Barents, Hudson (Henry), Baffin (William), Parry, Kotzebue (Otto von), Ross (John), Ross (James), Franklin (John), McClintock, Nordenskjöld, Nansen, Amundsen, Peary, Rasmussen, Byrd (Richard), Nobile, Charcot (Jean), Victor (Paul-Émile), Ellsworth.** La Deuxième Guerre mondiale, la guerre froide et les besoins de l'industrie ont montré l'importance de l'océan Arctique* et des terres qu'il baigne : construction de bases aériennes et navales, américaines (Thulé*, 1945) et soviétiques (Mourmansk*) ; voyage du *Nautilus* sous le pôle Nord (1958) ; centre d'essais nucléaires soviétique en Nouvelle-Zemble ; exploitation conjointe du minerai de fer du Spitzberg par les Russes et les Norvégiens. Depuis la fin des années 1970, les peuples de l'Arctique (Inuits*, Lapons*, Sibériens) font valoir leurs droits économiques et politiques sur ces régions que les techniques nouvelles permettent d'exploiter. Le drapeau russe laissé symboliquement par des explorateurs sous la banquise du pôle Nord en 2008 a relancé la bataille pour le partage des zones maritimes et le contrôle des gisements potentiels, âprement disputés entre les États riverains.

**ARCTURUS** ➝ ÉTYM. en gr. *Arktouros* «gardien *(ouros)* de l'ourse *(arktos)*» ♦ Nom donné à l'étoile α Bouvier, située dans le prolongement de la queue de la Grande Ourse*. Magnitude - 0,06 ; type spectral K 2 ; distance 36 années-lumière.

**ARCUEIL** [-kœj-] [94110] ➝ ÉTYM. du lat. *arcus* «arche [d'un pont]» et gaul. *ialo* «champ, clairière» ♦ Ch.-l. de cant. du Val-de-Marne, arr. de L'Haÿ-les-Roses. 18 061 hab. *(Arcueillais)*. Centre résidentiel. Maison des examens. ▮ **Histoire** Au XVIIIe s., la Société d'Arcueil, fondée par C. Berthollet et P. Laplace, regroupait des savants comme L. Gay-Lussac, F. Arago, J.-A. Chaptal. ▪ En 1920, de jeunes musiciens (H. Sauguet, M. Jacob, R. Desormière) formèrent autour de E. Satie, qui y résidait, l'école d'Arcueil.

**ARCULF** ♦ Évêque franc du VIIe s. Premier voyageur chrétien en Orient après les débuts de l'islam (680 - 690), il visita la Palestine, la Crète et l'Égypte. Le récit de son voyage fut utilisé par Bède.

**ARCY-SUR-CURE** [89270] ➝ ÉTYM. du lat. *Arcius*, n. de pers., et suff. *-acum* ou du lat. *ardere* «brûler» [allus. aux essarts défrichés par le feu] ♦ Comm. de l'Yonne, arr. d'Auxerre, sur la Cure, face à des falaises calcaires creusées de grottes. 449 hab. *(Arcyats)*. Château de Chatenay. ♦ ***Les grottes d'Arcy*** Station préhistorique du Paléolithique* moyen (grotte de l'Hyène) et supérieur (grotte du Renne) fouillée par A. Leroi*-Gourhan à partir de 1946. La partie profonde de la grotte du Cheval contient des gravures du Magdalénien*.

**ARDA** n. f. ♦ Riv. de Bulgarie (290 km), affl. rive d. de la Marica* dans laquelle elle se jette près d'Édirne (Turquie). Aménagements hydroélectriques.

**ARDACHÊR** ou **ARDACHIR Ier** ➝ ÉTYM. altération du nom d'Artaxerxès ♦ Roi de Perse de -224 à -240. Prince sassanide d'une famille féodale, il se souleva contre le roi Artaban* V, le vainquit et fonda la dynastie des Sassanides* à Ctésiphon. Il étendit ses conquêtes de l'Euphrate jusqu'à l'Indus. Il restaura la puissance nationale iranienne, en la fondant sur une administration centralisée, sur la religion mazdéenne revivifiée et sur une vaste armée régulière.

**ARDANT DU PICQ (Charles)** ♦ Officier et écrivain militaire français (Périgueux 1821 - près de Gravelotte 1870). Auteur d'écrits militaires influents. Il participa aux campagnes de Crimée (1854 - 1855) et de Syrie (1860 - 1861).

**ARDEA** ♦ Anc. ville d'Italie (Latium). Capitale des Rutules* dont Turnus* était le roi légendaire, elle fut conquise par les Romains en -442.

**ARDÉBIL** ou **ARDABĪL** ♦ V. d'Iran, ch.-l. de prov., près de la mer Caspienne. 418 262 hab. Mausolée (XIVe s.) du cheikh Ṣafi al-Dīn et du chah Ismā'īl Ier, fondateur de la dynastie safavide. ▪ Grains et fruits séchés. Tapis renommés. ▮ **Histoire** Fondée par Firouz v. 457, la ville s'appela Firouzgerd, Bāzānfirouz. Prise par les Arabes en 638, Ardébil fut le chef-lieu de l'Azerbaïdjan sous les Omeyades. Pillée au XIIIe s. au cours de l'invasion mongole, elle atteignit son apogée sous les Safavides.

**ARDÈCHE** n. f. ➝ ÉTYM. anc. *Atrica*, du bas lat. *Adrica*, p.-ê. de la rac. italique *atr-* «noir» ou d'une rac. *ard-* ♦ Riv. du dép. de l'Ardèche (120 km), affl. du Rhône. Née dans le Vivarais à 1 467 m d'alt., c'est un véritable torrent dans son cours supérieur. Gorges pittoresques.

**ARDÈCHE** [07] n. f. ➝ ÉTYM. du n. de la riv. ♦ Dép. du S.-E. de la France, région Rhône-Alpes. 5 529 km². 286 023 hab. CH.-L. : Privas. CH.-L. D'ARR. : Largentière, Tournon. Cour d'appel : Nîmes. Académie : Grenoble. ➞ **Rhône-Alpes.**

**ARDEN (Florence NIGHTINGALE, dite Elizabeth)** ♦ Esthéticienne américaine d'origine canadienne (Woodbridge, Canada 1878 - New York 1966). Elle ouvrit en 1910 son salon new-yorkais, où fut inaugurée la technique consistant à nettoyer, tonifier et nourrir la peau. Ayant remarqué que l'aspect de l'épiderme est conditionné par l'état de santé, elle proposa des cures de repos dans ses instituts (les «Fermes de beauté»).

**ARDEN (John)** ♦ Dramaturge et metteur en scène britannique (Barnsley, Yorkshire 1930). L'influence de Brecht domine l'œuvre de cet intellectuel voué à la critique impitoyable de la société occidentale. *Les Eaux de Babylone* (1957) dénonce la corruption municipale à Londres. *La Danse du sergent Musgrave* (1959) est une pièce pacifiste où la distanciation théâtrale est si forte qu'elle finit par montrer l'impossibilité de lutter concrètement contre la logique militariste. On a reproché à Arden la contradiction entre son progressisme affiché et le pessimisme de son théâtre. Ses drames historiques, *Le Dernier Adieu d'Armstrong* (1964, sur les chefs de clan écossais du XVI^e s.), *Left-Handed Liberty* (1965, sur les barons anglais au temps de la Grande Charte), *The Island of the Mighty* (1974, sur les compagnons du roi Arthur) valent par le brassage impressionnant des références culturelles et la force d'un langage poétique qui dément ce que leur qualité de «pièces à thèse» pourrait avoir de rigide. ▸ ÉTYM. Ce nom est un nom de forêt dans le Warwickshire et dans le North Yorkshire.

**Arden de Feversham** ♦ Drame anglais d'auteur inconnu, parfois attribué à Thomas Kyd (1580). Arden, riche bourgeois, est assassiné par Alice, sa femme, et l'amant de celle-ci. Œuvre exceptionnelle par la vigueur du réalisme, la vérité des caractères et la tension tragique.

**ARDENNE** n. f. ▸ ÉTYM. du celt. *Ar-Denn*, ou *Ar-Tann* «les Chênes» ou *ardu* «haut» et suff. *-unna* (désignant une région élevée) ♦ Région de Belgique (prov. de Luxembourg), de France (dép. des Ardennes) et du Luxembourg, s'étendant sur plus de 10 000 km² et culminant à 694 m au signal de Botrange (Hautes-Fagnes). La région géographique comprend la partie O. des hautes terres du bassin du Rhin. C'est un massif de grès et de schistes primaires, pénéplané, entaillé par les vallées de la Meuse et des affluents de la Moselle. Tourbières, landes marécageuses (→ **Hautes-Fagnes**) et forêts (chênes, hêtres, épicéas) occupent la majeure partie du sol. ▌**Économie** Marchés (Bastogne, Libramont-Chevigny en Belgique ; Charleville-Mézières en France ; Wiltz au Luxembourg). Exploitation des carrières et des forêts à Malmedy. Indus. agroalimentaires (laiterie-beurrerie, eau minérale à Spa). Fabrication de papier à Malmedy. Métallurgie et textiles synthétiques dans la vallée de la Meuse française. Anciennes tanneries à Stavelot, Malmedy, Wiltz. Centrale nucléaire franco-belge à Chooz. ▌**Histoire** L'Ardenne couvre une partie de l'ancienne forêt des Ardennes. César délimita cette région : du Rhin et du pays des Trévires* à celui des Nerviens. Après la division de l'empire de Charlemagne (pacte de Verdun, 843), d'importantes abbayes furent fondées dans le *pagus Arduensis* (Orval, Saint-Hubert, Echternach). Au cours de la Première Guerre mondiale, les forces allemandes et françaises s'opposèrent à Neufchâteau, Ethe et Virton (bataille des Frontières). En 1940, le front français de la Meuse y fut percé par les blindés allemands de von Kleist (campagne de France). En 1944, l'aviation américaine y enraya une contre-offensive allemande de von Rundstedt (bataille de la ligne Siegfried).

**ARDENNES [08]** n. f. pl. ▸ ÉTYM. du n. du massif des Ardennes (→ Ardenne) ♦ Dép. du N.-E. de la France, région Champagne-Ardenne. 5 229 km². 290 130 hab. CH.-L. : Charleville-Mézières. CH.-L. D'ARR. : Rethel, Sedan, Vouziers. Cour d'appel : Reims. Académie : Reims. → **Champagne-Ardenne.**

**Ardennes (batailles des)** ♦ En 1914, bataille qui eut lieu le 22 août, entre la IV^e armée française (de Langle de Cary), attaquant sur le Luxembourg belge, et les forces allemandes. Le lendemain, les troupes françaises faisaient retraite sur la Meuse. ▪ En 1940 (10-12 mai), percée allemande (von Kleist) à travers les Ardennes en direction de la Meuse («trouée de Sedan»). ▪ En 1944, ultime et violente contre-attaque allemande menée par von Rundstedt à partir du 16 déc., tandis que Himmler faisait de même en Alsace. L'objectif (Anvers) ne fut pas atteint et, à partir du 24 déc., l'aviation américaine et la contre-offensive de Montgomery qui débuta le 5 janv. 1945 contraignirent les Allemands à la retraite. Les pertes, notamment en matériel moderne, interdirent désormais à la Wehrmacht toute opération d'envergure. → **Guerre mondiale (Deuxième).**

**Ardèche.** La Loire et le mont Gerbier-de-Jonc dans la région du Vivarais. *Phot.* ©*de Selva/Tapabor*

**Ardennes (le sanglier des)** → **La Marck (Guillaume de)**

**ARDENTES** [36120] ▸ ÉTYM. p.-ê. du lat. *Ardentius*, n. de pers., de *ardens* «ardent» (nom ou surnom chrétien) ou en langue d'oïl *(pierres) ardentes* «chaux vive, pierre à chaux» ♦ Ch.-l. de cant. de l'Indre, arr. de Châteauroux. 3 323 hab. *(Ardentais)*. Église romane (portails).

**Ardents (bal des)** ♦ Bal masqué donné à Paris en l'hôtel Saint-Pol en 1393, au cours duquel le roi Charles VI faillit mourir brûlé à la suite d'un incendie qui coûta la vie à cinq seigneurs déguisés en sauvages (leurs costumes enduits de poix ayant pris feu au contact d'une torche).

**ARDES** [63420] ▸ ÉTYM. du lat. *aridas (terras)* «(terres) sèches, arides» ou du gaul. *ard-* «hauteur» (→ Ardennes) ♦ Ch.-l. de cant. du Puy-de-Dôme, arr. d'Issoire, sur la Couze d'Ardes. 547 hab. *(Ardoisiens)*. Élevage de moutons.

**ARDRES** [62610] ▸ ÉTYM. du flam. *aard* «champ» ♦ Ch.-l. de cant. du Pas-de-Calais, arr. de Saint-Omer. 4 154 hab. (aggl. 5 469) *(Ardrésiens)*. Maisons anc. ▌**Histoire** Non loin eut lieu l'entrevue du Camp* du Drap d'or (1520).

**À rebours** ♦ Roman de J.-K. Huysmans* (1884), véritable «bréviaire de la décadence» prônant une esthétique raffinée. À l'instar de son maître Baudelaire, le héros, Jean des Esseintes, persuadé que le propre de la civilisation est de s'éloigner toujours de la nature, s'est constitué un univers entièrement artificiel où il cultive ses obsessions libertines et ses hantises mystiques. L'ouvrage marque la rupture de Huysmans avec l'esthétique naturaliste et constitue un manifeste des valeurs symbolistes.

**AREF (Abd al-Salam)** ♦ Maréchal et homme politique irakien (Bagdad 1921 - Bassora 1966). Président de la République (1963 - 1966), il orienta son pays vers une étroite collaboration avec l'Égypte et la Syrie. ♦ **Abd al-Rahman Aref** (Bagdad 1916 - Amman 2007). Frère du précédent. Il lui succéda et fut renversé en 1968.

**ARENA** ♦ Nom donné à la place de Padoue où s'élève la chapelle Scrovegni, construite en 1303 et décorée par Giotto*.

**ARÉNA (Joseph)** ♦ Officier corse (L'Île-Rousse 1771 - Paris 1801). Membre du corps législatif sous le Directoire, il affirma son opposition au coup d'État du 18 Brumaire* an VIII. Impliqué dans un complot visant à assassiner le Premier consul (Bonaparte) à l'Opéra, il fut arrêté et exécuté. ♦ **Barthélemy Aréna** (Saint-Florent 1753 - Livourne 1832). Frère du précédent. Homme politique corse. Député à l'Assemblée législative, où il vota les mesures les plus révolutionnaires, il revint en Corse après le 9 Thermidor, fut élu député au Conseil des Cinq-Cents, où, comme son frère, il se montra hostile à Bonaparte et au coup d'État du 18 Brumaire* an VIII. Il réussit à s'enfuir à Livourne.

**ARENBERG (Auguste,** comte **DE LA MARCK,** prince **D')** ♦ Général et diplomate (Bruxelles 1753 - *id.* 1833). Après avoir combattu aux Indes, il fut élu député de la noblesse aux états généraux (1789), participa au mouvement révolutionnaire des Pays-Bas, puis servit d'intermédiaire entre Mirabeau* et la cour. Ayant tenté de passer au service de l'Autriche en 1793, il ne revint en Belgique qu'en 1815, et fut nommé lieutenant général par Guillaume I^er de Nassau, roi des Pays-Bas, auquel il s'était rallié. *Correspondance entre le comte de Mirabeau et le comte de La Marck, prince d'Arenberg, pendant 1789, 1790 et 1791.*

**ARENDAL** ♦ V. de Norvège, au S.-E. du pays, sur le Skagerrak. 33 512 hab. V. portuaire, industrielle et commerciale. Chantiers navals (équipement de plateformes pétrolières), électronique, agroalimentaire, indus. du bois. Port de plaisance.

**ARENDONK** ♦ Comm. de Belgique (Région flamande), prov. d'Anvers, arr. de Turnhout. 12 329 hab. Indus. chimiques (matières plastiques et explosifs).

**ARENDT (Hannah)** ♦ Philosophe américaine d'origine allemande (Hanovre 1906 - New York 1975). Formée en Allemagne, en particulier par Husserl*, Heidegger* et Jaspers*, elle consacra son premier travail à saint Augustin. Juive, elle quitta l'Allemagne nazie et, après un séjour en France, s'installa aux États-Unis (1941) où elle enseigna la philosophie et les sciences politiques dans diverses universités puis à la New School for Social Research de New York. En 1951 parut son œuvre majeure : *Les Origines du totalitarisme*, où elle interprète ce qu'elle considère comme trois phénomènes historiques entièrement inédits, correspondant aux trois parties publiées séparément dans la traduction française : *Sur l'antisémitisme, L'Impérialisme, Le Système totalitaire*. Son interprétation du totalitarisme se place dans la perspective d'une réflexion plus large sur la condition de l'homme moderne : la désolation qui jadis ne concernait que des expériences marginales, comme la vieillesse, serait devenue l'expérience des masses modernes. Le totalitarisme est lié à l'atomisation sociale. Un de ses aspects distinctifs est qu'il cherche à organiser la destruction d'«ennemis objectifs», ce dont l'antisémitisme nazi est un exemple typique. En 1958, elle publie *Condition de l'homme moderne* où elle tente de répondre à la question laissée ouverte par *Les Origines du totalitarisme* : à quelles conditions un univers non totalitaire est-il possible ? Distinguant vie active et vie contemplative, Arendt envisage la première sous les trois modalités du travail, de l'œuvre et de l'action. Seule cette dernière entraîne la constitution d'un espace public permettant de structurer le réseau des relations humaines. Parmi ses nombreuses autres publications, *Eichmann à Jérusalem* (1963) déclencha des polémiques par sa thèse sur la banalité du mal. Elle contribua aussi à la réflexion sur la révolution (*Essai sur la révolution*, 1967).

**Arenenberg** (château d') ♦ Château de Suisse (Thurgovie) sur le lac de Constance. Construit au XVI^e s., il fut acquis en 1817 par la reine Hortense qui y séjourna pendant son exil avec son fils, le futur Napoléon* III.

**Aréopage** n. m. ➝ ÉTYM. en gr. *Areios Pagos* «colline d'Arès, colline du meurtre» ♦ Conseil politique, puis tribunal d'Athènes* qui siégeait sur la colline ainsi nommée. Il était composé d'archontes ayant rendu honorablement leurs comptes. Jusqu'au milieu du –V^e s., il assumait sûrement les responsabilités de gardien des lois et de surveillant des magistrats. Malgré les réformes de Solon (–594), l'Aréopage gardait le droit de veto sur les décisions des assemblées populaires. Au moment de l'invasion perse, il assuma tous les pouvoirs. Opposé aux réformes démocratiques d'Éphialte* et de Périclès* (–461), il fut dépouillé de ses attributions politiques. Il subsista sous l'Empire romain jusqu'au IV^e s.

**AREQUIPA** ➝ ÉTYM. «derrière le sommet [Misti]», probablt de l'aymara *ari* «sommet» et du quechua *qipa* «derrière» ♦ V. du Pérou, cap. de dép., à 2 400 m d'alt. au pied du volcan Misti dans un bassin irrigué des Andes méridionales. 60 007 hab. (aggl. 749 291). Métropole régionale de tout le S. du pays andin et côtier. Marché de la laine. Indus. textiles et alimentaires. ▮ **Histoire** La ville, fondée par Pizarro en 1540, est construite en pierre de lave.

**ARÈS** ♦ Dieu grec de la guerre, fils de Zeus* et d'Héra*. D'une taille énorme et d'une voix tonitruante, il est peu aimé des autres dieux à cause de sa cruauté. Seule Aphrodite* tombe éperdument amoureuse de lui et trompe Héphaïstos*. ▪ Il fut identifié à Mars* par les Romains.

**ARÈS** [33740] ♦ Comm. de la Gironde, arr. d'Arcachon. 4 680 hab. (aggl. 10 987) *(Arésiens)*. Centre ostréicole et station balnéaire sur le bassin d'Arcachon.

**Aréthuse** – en gr. *Arethousa* ♦ Fontaine de l'île d'Ortygie, près de Syracuse*. Selon la légende, la nymphe Aréthuse, poursuivie en Arcadie par le dieu Alphée*, se réfugia dans l'île d'Ortygie, où Artémis la changea en fontaine.

**ARÉTIN (Pietro BACCI,** dit *Aretino* «d'Arezzo», en fr. **L')** ♦ Écrivain italien (Arezzo 1492 - Venise 1556). Au cours d'une vie mouvementée, il fut protégé par Jean des Bandes Noires et Clément VII, lié à l'Arioste et à Titien, admiré et redouté par les souverains les plus puissants d'Europe. Il se fit tant d'ennemis par ses intrigues et ses *Pasquinades*, poèmes satiriques, qu'il dut se réfugier à Venise (1527), où il mena une vie fastueuse et licencieuse. ▪ Il se montra un observateur cocasse de la société et un esprit plein d'invention dans ses comédies : *La Courtisane* (1525), *Le Maréchal* (1527), *L'Hypocrite* (1542), source probable du *Tartuffe* de Molière, et *Le Philosophe* (1546). Se flattant «par la louange et par l'infamie [de régler] leur compte à la majeure partie des mérites et des démérites d'autrui», il exerça, grâce à sa verve et à un véritable chantage sur les grands, une sorte de magistère qui lui valut le surnom de «Fléau des princes». Il fut, selon ses propres termes, le «secrétaire du monde» à travers ses *Lettres*, qu'il édita de son vivant. Mais on a surtout retenu de lui les *Ragionamenti*, six dialogues désinvoltes et obscènes qui sont à la fois un code de la galanterie et un savoureux tableau des mœurs de l'époque. Si l'on excepte ses ouvrages hagiographiques à la rhétorique enflée, l'œuvre de l'Arétin se signale par l'extraordinaire vivacité de la narration, le réalisme et l'inventivité linguistique. Son cynisme, qui n'excluait nullement la générosité, son outrecuidance et sa vision complexe de la vie sont comme des signes révélateurs de la crise de la Renaissance.

**L'Arétin.** Portrait par Titien (96,7×77,6 cm) Palais Pitti, Florence.
*Phot. ©Carlo Bevilacqua/Ricciarini*

**ARETTE-PIERRE-SAINT-MARTIN** ♦ Station de sports d'hiver (alt. 1 640 - 2 000 m) dans les Pyrénées-Atlantiques (comm. d'Arette).

**AREZZO** ➝ ÉTYM. anc. *Arretium* ; probablt d'orig. étrusque ♦ V. d'Italie, ch.-l. de prov., en Toscane, sur l'Arno. 91 589 hab. *(Arétins)*. Nombreux monuments médiévaux : église San Francesco (fresques de Piero della Francesca), palais de la Fraternité des Laïques (XIV^e - XV^e s.), église Sainte-Marie-des-Grâces (XV^e s.). ▪ Construc. ferroviaires. Indus. textiles (dentelles). Centre commercial.

**Arezzo.** Portique de l'église Sainte-Marie-des-Grâces, par Benedetto da Maiano. *Phot. ©Carlo Bevilacqua/Ricciarini*

**ARGAN** ♦ Personnage principal de la comédie de Molière* *Le Malade* imaginaire* (1673).

**ARGAN (Giulio Carlo)** ♦ Historien et critique d'art italien (Turin 1909 - Rome 1992). Élève de Lionello Venturi*, il a enseigné aux universités de Palerme et de Rome. Il s'est d'abord consacré à l'histoire de l'architecture italienne des XIII^e et XIV^e siècles puis s'est spécialisé dans le baroque et l'art contemporain, *Walter Gropius et le Bauhaus* (1951). Il est également l'auteur de monographies : *Brunelleschi* (1955), *Botticelli* (1956). Il analyse les œuvres d'art de façon synthétique et concrète, en mettant en valeur le contexte idéologique, sociologique et même urbain de leur création (*Storia dell' arte in Italia*, 1968 ; *L'Art moderne*, 1970), qu'il mêle à une réflexion sur la «mort de l'art» dans sa revue *Storia dell' Arte*. Maire communiste de Rome de 1976 à 1979, il s'attacha à en restaurer les quartiers historiques ; il enrichit encore de cette expérience architecturale sa vision de l'art (*Histoire de l'art comme histoire de la ville*, 1984).

**ARGAND (Émile)** ♦ Géologue suisse (Genève 1879 - Neuchâtel 1940). Ses recherches portèrent principalement sur les modalités des plissements. On lui doit des travaux sur les Alpes et sur la tectonique de l'Asie (1922).

**ARGELANDER (Friedrich)** ♦ Astronome allemand (Memel 1799 - Bonn 1875). Il établit un atlas stellaire, toujours fondamental, le *Bonner Durchmusterung*, donnant les positions et les magnitudes (jusqu'à la 9^e grandeur) de 324 188 étoiles.

**ARGELÈS-GAZOST** [65400] ➝ ÉTYM. *Argelès*, du gasc. *argelè* «argileux» et suff. prélatin ; *Gazost*, d'étym. inconnue ♦ Ch.-l. d'arr. des Hautes-Pyrénées, sur le gave d'Azun. 3 241 hab. (aggl. 4 465) *(Argelésiens)*. Station thermale et climatique.

**ARGELÈS-SUR-MER** [66700] ➝ ÉTYM. p.-ê. du prov. *argelas* «ajonc épineux» ♦ Ch.-l. de cant. des Pyrénées-Orientales, arr. de Céret. 9 069 hab. *(Argelésiens)*. Station balnéaire à Argelès-Plage.

**ARGENCES** [14370] ♦ Comm. du Calvados, arr. de Caen. 3 241 hab. (aggl. 4 371).

**ARGENLIEU (Georges THIERRY D')** ♦ Amiral français (Brest 1889 - carmel de Relecq-Kerhuon 1964). Officier de marine, il entra dans l'ordre des Carmes en 1920. En 1940, il rejoignit à Londres de Gaulle, qui le nomma haut-commissaire pour le Pacifique en 1941. Commandant des Forces navales françaises libres en 1943, puis, de 1945 à 1947, haut-commissaire en Indochine, il reprit ensuite la vie monastique.

**ARGENS** [aʀʒɛ̃s] **(Jean-Baptiste DE BOYER,** marquis **D')** ♦ Écrivain français (Aix-en-Provence 1703 - La Garde, près de Toulon 1771). Retiré en Hollande, il y publia une série de pamphlets contre le christianisme, puis fut appelé par Frédéric II de Prusse dont il devint le chambellan. Œuv. princ. : *La Philosophie du bon sens* (1737), *Thérèse philosophe,* roman (1748), *Lettres juives* (1735 - 1737), *Lettres cabalistiques* (1737 - 1738), *Lettres chinoises* (1739 - 1740).

**ARGENS** [aʀʒɛ̃s] n. m. ➝ ÉTYM. anc. *amnis Argenteus,* du lat. *argenteus,* désigne p.-ê. la couleur argentée de l'eau, un gisement d'argent ou une divinité homonyme ♦ Fl. côtier de Provence (Var), qui se jette dans la Méditerranée près de Fréjus (116 km).

**ARGENSON (DE VOYER D')** ♦ Famille française originaire de Touraine. ♦ **René de Voyer,** comte **d'Argenson** (1596 - Venise 1651). Homme d'État sous Richelieu* et Mazarin*, il administra la Catalogne. ♦ **Marc-René de Voyer,** marquis **d'Argenson** (Venise 1652 - Paris 1721). Petit-fils du précédent. Lieutenant général de police (1697), président du Conseil des Finances et garde des Sceaux (1718), il démissionna en 1720 après s'être en vain opposé au système de Law*. [Acad. des sc. 1716 ; Acad. fr. 1718] ♦ **René-Louis de Voyer,** marquis **d'Argenson,** surnommé **Argenson la Bête** (Paris 1694 - *id.* 1757). Fils du précédent. Ministre des Affaires étrangères de 1744 à 1747, il poursuivit une politique antiautrichienne. Ami de Voltaire*, il a laissé des *Mémoires.* ♦ **Marc-Pierre de Voyer,** comte **d'Argenson** (Paris 1696 - *id.* 1764). Frère du précédent, il remplaça son père Marc-René d'Argenson comme lieutenant général de police en 1720, mais s'opposa lui aussi à Law*. Ministre de la Guerre en 1742, il fonda l'École militaire (1751) et réorganisa l'armée. ♦ **Marc-Antoine René de Voyer d'Argenson,** marquis **de Paulmy** (Valenciennes 1722 - Paris 1787). Frère du précédent. Ambassadeur en Suisse, en Pologne et à Venise. Il laissa une magnifique bibliothèque qui forma le fonds de celle de l'Arsenal. [Acad. fr. 1748] ➝ ÉTYM. Ce nom de famille vient d'un nom de lieu, du gaulois *arganton* «argent» [présence d'une petite mine d'argent].

L'**Argent** ♦ Roman d'Émile Zola* (1891), 18e volume du cycle des *Rougon*-Macquart.* L'intrigue fait réapparaître le financier Saccard, déjà présent dans *La Curée,* avide de reconstruire sa fortune à Paris. Soutenu par l'amour de Caroline Hamelin, Saccard crée une banque, mais celle-ci s'effondre bientôt, entraînant la ruine de milliers d'épargnants. Saccard se réfugie aux Pays-Bas où il se lance dans de nouvelles affaires. Le roman ne fait pas uniquement le procès de l'argent, mais aussi celui des relations réglées par ce type de société : il s'achève sur l'image de Caroline, délaissée par Saccard, mais pleine d'un espoir obstiné en la vie. ♦ ***L'argent*** Film de Marcel L'Herbier* (1929) qui transporte l'action à l'époque des Années folles, fertile en scandales financiers. La version de ce mélodrame social, regorgeant de prouesses techniques (caméra plongeant sur la corbeille grouillante de spéculateurs), resta incomprise en raison de l'imminence de l'avènement du parlant.

**ARGENTAN** [61200] ➝ ÉTYM. anc. *Argentos magos,* du gaul. «marché *(magos)* de l'argent *(arganton)*» ♦ Ch.-l. d'arr. de l'Orne, sur l'Orne, dans la plaine ou campagne d'Argentan. 16 596 hab. (aggl. 17 441) *(Argentanais).* Agroalimentaire. Dentelles *(point d'Argentan).*

**ARGENTAT** [19400] ➝ ÉTYM. du gaul. *Argantius,* n. de pers. (de *arganton* «argent»), et suff. *-ate* ♦ Ch.-l. de cant. de la Corrèze, arr. de Tulle, sur la Dordogne. 3 125 hab. *(Argentacois).* Maisons anc. ▪ À 2 km en amont d'Argentat, barrage et centrale hydroélectrique du Chastang.

**ARGENTEUIL** [95018] ➝ ÉTYM. du gaul. *Argentoialos* «clairière *(ialo)* de l'argent *(arganton)*» ou «clairière blanche comme de l'argent» ♦ Ch.-l. d'arr. du Val-d'Oise, sur la Seine. 93 961 hab. *(Argenteuillais).* L'anc. hôpital fondé par saint Vincent de Paul abrite le musée du Vieil Argenteuil. ▪ Cité résidentielle et industrielle : aéronautique, électronique, agroalimentaire. Autrefois célèbre pour ses cultures d'asperges. ▮ **Histoire** Un monastère de femmes y fut créé au VIIe s., dont Héloïse* fut l'abbesse au XIIe s. Au XIXe s., les peintres C. Monet, É. Manet et É. Degas y travaillèrent.

**ARGENTIÈRE** ➝ Larche (col de)

**ARGENTIÈRE** ➝ ÉTYM. de l'occit. *argentièro* «mine d'argent» [désignant une mine de plomb aurifère ou allus. à la couleur argentée des sommets] ♦ Station de sports d'hiver et centre d'alpinisme de la Haute-Savoie (1 253 m) près de Chamonix-Mont-Blanc. Glacier d'Argentière, au pied de l'Aiguille verte (11 km de long).

**ARGENTIÈRE-LA-BESSÉE (L')** [05120] ➝ ÉTYM. ➝ Argentière ♦ Ch.-l. de cant. des Hautes-Alpes, arr. de Briançon. 2 289 hab. *(Argentiérois).* La ville doit son nom à d'anc. mines de galène argentifère. Stade d'eau vive.

**ARGENTINA (Antonia MERCÉ Y LUQUE,** dite **LA)** ♦ Danseuse et chorégraphe espagnole (Buenos Aires 1890 - Bayonne 1936). Ses interprétations de *Triana* (Albeniz) et de *L'Amour sorcier* (M. de Falla) sont restées célèbres.

## ARGENTINE

▮ n. f. – off. ***République argentine,*** en esp. ***República Argentina*** ➝ ÉTYM. de l'esp. *argento* «argent ; pays d'argent», en référence aux ornements d'argent que portaient les indigènes lors de la conquête (cf. Río de La Plata*) ♦ Pays d'Amérique du Sud. 2 780 400 km². 36 260 000 hab. *(Argentins).* LANGUE : espagnol. RELIGION : chrétienne, à majorité catholique. MONNAIE : peso. CAPITALE : Buenos Aires. RÉGIME : démocratie présidentielle. L'Argentine est divisée en 23 provinces et un district fédéral.

▮ **GÉOGRAPHIE** En s'étirant du N. au S. sur 3 700 km, du Chaco à la Terre de Feu, le territoire offre toute une série de milieux naturels : climat tropical chaud et humide du N. (forêt de Misiones), climat tropical à longue saison sèche (forêt sèche du Chaco et du piémont andin), climat subtropical favorable à la prairie par ses précipitations (Pampa), climat froid et sec vers le S., enfin très froid et humide en Terre de Feu. La cordillère des Andes, qui borde tout

Argentine.

l'O., du N. au S., avec des sommets à plus de 5 000 m (dont l'Aconcagua, 6 960 m), s'oppose avec force aux vastes plaines du N. et du Centre (Chaco et Pampa) et aux bas plateaux de Patagonie (800 000 km²). Des vents violents traversent ces immenses étendues plates sans rencontrer d'obstacles. La plupart des rivières issues des Andes traversent le pays d'O. en E. pour se jeter dans l'océan Atlantique. Dans le N., les cours d'eau confluent avec le bassin hydrographique du Paraná qui se termine en delta à la confluence avec le río Uruguay. **L'agriculture et l'élevage** L'agriculture est diversifiée : céréales (blé, maïs, sorgho), luzerne, oléagineux (1er exportateur mondial de farine et d'huile de soja, tournesol, arachide) sont les principales productions de la Pampa, tandis que les cultures tropicales se développent dans tous les périmètres irrigués alimentés par des rivières andines (canne à sucre, coton, maté, tabac, fruits et légumes) et que plus au S. s'étendent vignobles et vergers. L'élevage bovin est prépondérant dans la Pampa avec des zones spécialisées pour le lait, l'embouche et la naissance. Les ovins dominent en Patagonie pour la laine (5e rang mondial), mais

**Argentine | Productions en 2008**

| Produits | Quantités | Rang |
|---|---|---|
| **Agriculture** | | |
| Arachides | 500 000 t | 9e |
| Blé (2009) | 7 500 000 t | 12e |
| Canne à sucre | 19 000 000 t | 14e |
| Citrons | 1 400 000 t | 3e |
| Maïs | 13 000 000 t | 5e |
| Oranges | 900 000 t | 15e |
| Soja (graines) (2009) | 52 000 000 t | 3e |
| Tabac | 130 000 t | 8e |
| Thé | 70 000 t | 9e |
| Vin | 15 000 000 hl | 5e |
| Bovins (têtes) | 50 700 000 | 5e |
| Ovins (têtes) | 13 000 000 | |
| **Mines et énergie** | | |
| Cuivre | 180 000 t | |
| Gaz naturel | 45 000 000 000 m³ | 14e |
| Hydroélectricité | 38 TWh | |
| Pétrole | 35 000 000 t | |

ils sont également nombreux dans le reste du pays. **L'industrie** L'industrie, souvent ancienne, mais très diversifiée et le plus souvent concentrée à Buenos Aires et dans les villes le long du río Paraná, évolue de la sidérurgie à l'électronique. Les efforts de décentralisation, comme les incitations particulières, ont favorisé la création d'industries modernes dans l'Argentine périphérique. L'Argentine bénéficie d'abondantes ressources hydroélectriques (Yaciretá sur le Paraná, Chocón-Cerros-Colorados sur le río Limay, Salto Grande sur l'Uruguay), de pétrole (les 3/4 en Patagonie), de gaz et d'uranium (centrales nucléaires d'Atucha, 1974, et d'Embalse, 1983). Cependant elle est loin d'être autosuffisante en matière énergétique. La concentration dans les villes, en particulier sur l'axe du río de la Plata jusqu'à Santa Fe, accroît l'effet de vide des immensités périphériques argentines, où la population est regroupée autour des villes capitales. À partir de 1998, l'économie a connu une forte récession. Surévaluation du peso, alors arrimé au dollar, chômage, inégalités sociales, endettement record auprès du FMI ont débouché sur la faillite du système économique, financier et politique en 2002. 30 % de la population se trouvent en dessous du seuil de pauvreté et l'inflation est officieusement d'au moins 50 % malgré une reprise économique entre 2003 et 2008, l'impact de la crise internationale ne s'étant fait sentir qu'à partir de 2009. La dette auprès du FMI est remboursée et la croissance a permis de réduire le chômage. L'Argentine privilégie de plus en plus les échanges au sein du Mercosur en raison du caractère primordial de ses exportations, surtout agricoles.

**HISTOIRE** Avant l'arrivée des Espagnols, l'Argentine n'était habitée que par de rares tribus indiennes. **La période espagnole** Ce fut Díaz* de Solís qui, le premier, débarqua au río de la Plata en 1516 et qui commença la mise en valeur économique du territoire (oasis du piémont argentin). Le territoire de Buenos Aires, ville fondée en 1536, demeura longtemps soumis à la vice-royauté du Pérou. À partir de 1776, il devint la vice-royauté du Río de La Plata et fit basculer le destin de l'Argentine vers l'océan Atlantique. Le monopole commercial de l'Espagne suscita bientôt le mécontentement des Créoles. **L'indépendance** En 1810, une junte insurrectionnelle encouragée par la Grande-Bretagne chassa le vice-roi et proclama l'indépendance des «Provinces unies du Río de La Plata». Les troupes espagnoles furent battues par Belgrano* et San* Martín en 1816. Au XIXe s., l'histoire de l'Argentine fut marquée par la lutte entre les «unitaires», comme Rivadavia*, et les «caudillos», défenseurs des particularismes provinciaux. De 1835 à 1852, ce fut la dictature centralisatrice de Rosas* qui posa les bases de l'État argentin. Après sa chute, le congrès de Santa Fe établit la Constitution fédérale de la République argentine (1853), encore en vigueur. Commencée au XVIIIe s., l'exploitation de la Pampa, rendue possible par la venue de 6 millions d'immigrants en majorité italiens, entre 1860 et 1930, contribua à la prospérité grâce à la demande européenne (céréales, viande, cuir, laine). Avec l'arrivée de capitaux étrangers et de nouveaux immigrants, le pays connut un développement économique important grâce au réseau de chemins de fer drainant vers les ports les productions des grandes *estancias* (tanneries, textiles, produits agroalimentaires). Mais cet essor fut troublé par des problèmes frontaliers et la guerre du Paraguay (1865 - 1870). **Les coups d'État** Un coup d'État militaire, en 1943, préluda à la prise de pouvoir par Juan Perón* (1946). Celui-ci appuya son pouvoir sur le prolétariat ouvrier des villes *(descamisados)* en dépit du mécontentement des classes moyennes et rurales. À l'extérieur, il mena une politique d'indépendance à l'égard des États-Unis et de la Grande-Bretagne. Dès 1950, une crise entraîna une baisse de sa popularité et surtout l'hostilité de l'Église et de l'armée. Lorsque Perón fut renversé (1955), une période d'austérité commença (Frondizi), suivie de coups d'État militaires successifs : général Onganía (1966), général Lanusse (1971). **Le retour de Perón** En 1973, les élections redonnèrent le pouvoir au parti justicialiste de Perón, réfugié en Espagne. Le président de la République H. Cámpora (mars-juil. 1973) céda la place à Perón, qui mourut un an plus tard. Isabel Perón (sa troisième femme) lui succéda. Après 8 mois de troubles politiques (assassinats multiples), économiques (inflation de 800 %) et sociaux (grève générale), elle fut renversée par une junte militaire (mars 1976) sous la présidence du général M. Videla. **La dictature 1976 - 1983** La junte, incapable d'enrayer l'inflation, instaura un régime répressif. L'Argentine fit alors face à l'opposition de la communauté internationale au sujet de l'«utilisation systématique de la torture et [...] autres traitements cruels, inhumains et dégradants, dont la pratique a pris un caractère inquiétant» (Commission interaméricaine des droits de l'homme, avril 1980). La défaite dans le conflit avec la Grande-Bretagne (1982) au sujet des Malouines* entraîna le retour des civils au pouvoir avec l'élection du radical R. Alfonsín* (1983). **La démocratie** ***Alfonsín*** Le pays affronta alors une situation économique critique (forte poussée de l'inflation). Le gouvernement mit en place en 1985 un plan de rigueur budgétaire qui se révéla vite insuffisant. Le début du septennat de R. Alfonsín fut dominé par la question du jugement des militaires responsables de tortures ou d'exécutions sous la dictature. Face aux menaces de mutineries de l'armée, le gouvernement mena une politique de conciliation avec la hiérarchie militaire. ***Menem*** La montée de l'impopularité du régime favorisa la victoire du péroniste C. Menem* à l'élection présidentielle de 1989. Celui-ci mit en place une politique d'inspiration néolibérale (dérégulation, privatisation, ouverture aux investissements étrangers). Sur le plan international, le régime s'aligna sur les États-Unis. C. Menem fut réélu en 1995, mais son deuxième mandat fut marqué par des scandales. ***La faillite*** Le bilan de sa politique monétaire et financière se révéla catastrophique. L'économie se trouva à la dérive et le désordre social atteignit un tel paroxysme fin 2001 que F. De la Rúa, élu à la présidence de la République en 1999, dut démissionner le 20 déc., imité par trois autres présidents successifs. Le 2 janvier 2002 le péroniste Eduardo Duhalde fut élu par le Congrès. Il mit fin à la parité dollar-peso et dévalua le peso de 29 %. ***Le rétablissement de l'État*** Nestor Kirchner, élu président en mai 2003, tenta de rétablir l'autorité de l'État et de désactiver l'agitation sociale afin de mieux faire face aux pressions internationales, notamment de la part du FMI. Sa femme, Cristina Fernández de Kirchner, également membre du Parti Justicialiste (péroniste), lui succéda fin 2007 mais son projet d'imposition sur les exportations de soja déclencha une forte mobilisation dans la population et lui fit perdre sa majorité gouvernementale dès juil. 2009.

---

**ARGENTON-LES-VALLÉES** [79150] ♦ Ch.-l. de cant. des Deux-Sèvres, arr. de Bressuire. 1 038 hab. *(Argentonnais)*. Église Saint-Gilles (portail sculpté du XIIe s.).

**ARGENTON-SUR-CREUSE** [36200] • ÉTYM. anc. *Argentomagos*, du gaul. «marché *(magos)* de l'argent *(arganton)*» ou «marché blanc [comme de l'argent]» ♦ Ch.-l. de cant. de l'Indre, arr. de Châteauroux. 5 146 hab. (aggl. 8 671) *(Argentonnais)*. Aéronautique. Confection. Centre touristique. ▪ À 2 km au N., à Saint-Marcel, vestiges de la cité gallo-romaine d'*Argentomagus*, berceau d'Argenton (temples, fontaine, théâtre). Église de l'ancien prieuré bénédictin de Saint-Marcel (XIIe - XVe s.) ; fresques, trésor ; stalles du XVIe s.

**ARGENTRÉ-DU-PLESSIS** [35370] • ÉTYM. anc. *de Argentrato* «ville aux remparts argentés», du gaul. *arganton* «argent» et *rate* «rempart» ♦ Ch.-l. de cant. de l'Ille-et-Vilaine, arr. de Rennes, au S.-E. de Vitré. 3 614 hab. *(Argentréens)*.

**ARGERICH (Martha)** ♦ Pianiste argentine (Buenos Aires 1941). Enfant prodige, elle donna son premier concert à 8 ans et partit étudier en Europe et aux États-Unis. Elle remporta à 24 ans le prestigieux concours Chopin de Varsovie. Indépendante, dotée d'une forte personnalité, elle est une interprète magistrale de Ravel (*Sonatine* et *Gaspard de la nuit*), de Prokofiev (*Concerto pour piano n° 3)*, de Chopin (concertos n° 1 et 2) et de Schumann (*Fantasiestücke*, op. 12), disposant d'un jeu passionné, brillant et voluptueux s'appuyant sur une extraordinaire virtuosité.

**ARGEŞ** n. m. ♦ Riv. de Roumanie (344 km), affl. rive g. du Danube. Né en Valachie, sur le versant méridional des Carpates, l'Argeş reçoit, sur la rive g., la Dîmboviţa qui arrose Bucarest.

**ARGHEZI (Ion N. TEODORESCU, dit Tudor)** ♦ Poète et publiciste roumain Bucarest 1880 - id. 1967. Moine dans sa jeunesse, il fut arrêté sous le régime nazi (1941), puis se rallia au régime communiste et au dogme du réalisme socialiste après la guerre. Auteur de poèmes d'un lyrisme vigoureux où interrogations métaphysiques et élans mystiques voisinent avec l'évocation du monde quotidien : *Cuvinte potrivite* («Paroles assorties», 1927) ; *Flori de mucigai* («Fleurs de moisissure», 1931) ; *1907* (1955) ; *Cîntare omului* («Hymne à l'homme», 1956).

**ARGINUSES** n. f. pl. – en gr. *Arginousé* ou *Inoussès*, en turc *Alibey* ♦ Groupe de petites îles de la mer Égée, entre Lesbos et les côtes de l'Asie Mineure. ▪ Durant la guerre du Péloponnèse*, les Athéniens y remportèrent une victoire navale sur les Spartiates en –406.

**ARGO, NAVIRE ARGO** ou **NAVIRE** n. m. ▸ ÉTYM. du n. du navire *Argo* ♦ Groupe de constellations de l'hémisphère austral, composé des Voiles*, de la Poupe* et de la Carène*.

**ARGOAT** → Arcoat

**ARGOLIDE** n. f. ▸ ÉTYM. en gr. *Argolis* ou *Argolída*, de *Argos** ♦ Péninsule de Grèce, au N.-E. du Péloponnèse. Auj. nome d'Argolide. CH.-L. : Nauplie. V. PRINC. : Argos. Ancien sanctuaire d'Épidaure. ▪ Agrumes, oliviers, primeurs. Tourisme. ▮ Histoire Foyer de la civilisation mycénienne au –IIe millénaire, avec Argos, Mycènes et Tirynthe pour principaux centres, l'Argolide fut conquise par les Doriens* au –XIIe s. et morcelée en cités qui se rangèrent aux côtés d'Athènes dans la guerre du Péloponnèse*. Réunie à la Ligue* achéenne en –223, elle passa avec celle-ci sous domination romaine en –146.

**ARGONAUTES** n. m. pl. ▸ ÉTYM. en gr. *Argonautai* «marins ou passagers du navire Argo», de *Argo*, n. du navire de Jason et *nautês* «marin» ♦ Héros de la mythologie grecque, qui, à bord du navire *Argo* et sous le commandement de Jason*, partent pour la Colchide* (ils auraient débarqué à Dioscurias, auj. Soukhoumi) à la conquête de la Toison* d'or, afin de la rapporter à Pélias*. Jason réussit à s'en emparer avec l'aide de Médée*. Les plus célèbres parmi leurs compagnons sont Admète*, Atalante* (la seule femme de l'équipage), Augias*, les Dioscures (→ **Castor et Pollux**), Héraclès*, Lyncée, Méléagre*, Orphée*, Pélée*, Thésée* et Télamon*. ▪ On a voulu voir dans cette légende (→ **Argonautiques**) le reflet des expéditions coloniales dans le Pont-Euxin et la Méditerranée.

Les **Argonautiques** – en gr. *Argonautika* ♦ Poème épique en 4 livres d'Apollonios* de Rhodes relatant l'expédition des Argonautes* (v. –250).

**ARGONAY** – anc. *Argonnex* [74370] ♦ Comm. de Haute-Savoie, banl. N. d'Annecy. 1 886 hab.

**ARGONNE** n. f. ▸ ÉTYM. lat. *sylva Arguennensis*, probablt du celt. (même suff. que Ardenne*) ♦ Massif boisé s'étendant sur les confins des dép. des Ardennes, de la Marne et de la Meuse, entre les vallées de l'Aisne supérieure et de l'Aire. Région difficilement franchissable en dehors de ses défilés : La Chalade, Croix-aux-Bois, Grandpré, Les Islettes. ▮ Histoire Dumouriez, lors de la campagne de 1792, y remporta la victoire de Valmy*. En 1914, après la bataille de la Marne, de violents combats s'y déroulèrent. À partir du 26 sept. 1918, dans le cadre de l'offensive générale organisée par Foch, les Allemands furent peu à peu rejetés au N., par les troupes franco-américaines. → **Guerre mondiale (Première)**.

**ARGOS** ♦ V. de Grèce en Argolide (Péloponnèse), près de Nauplie. Env. 25 500 hab. *(Argiens)*. Vestiges importants : théâtre (–IVe - –IIIe s.), agora, odéon, bains romains. Citadelle médiévale sur l'ancienne acropole de Larissa. Musée (antiquités exhumées par l'école française d'Athènes). ▪ Expédition d'agrumes. ▮ Mythologie La ville, considérée comme la plus ancienne de la Grèce, est associée à un grand cycle mythologique : la légende d'Inachos*, d'Io* et d'Argus*, le mythe d'Acrisios*, de Danaé* et de Persée*, celui de Danaos* et des Danaïdes* sont liés à ses origines et témoignent de l'infiltration des croyances égyptiennes et phéniciennes dans la religion grecque. Sous le nom d'*Argos achaïque*, Homère désignait tout l'empire des Achéens* et sous le nom d'*Argos pélasgique* le royaume des Myrmidons en Thessalie. Par les récits homériques (→ **Agamemnon, Diomède**), par la légende d'Oreste, dont le règne marque l'apogée d'Argos, et par celle d'Adraste*, son roi mythique qui organisa la guerre des Sept Chefs contre Thèbes, l'histoire fabuleuse d'Argos se prolonge jusqu'à l'époque historique. → **Cléobis et Biton.** ▮ Histoire Éclipsée par Mycènes* et Tirynthe* (–1650), Argos se releva avec l'invasion dorienne (fin du –XIIe s.) pour dominer l'Argolide, puis tout le Péloponnèse (milieu du –VIIe s.). Rivale de Sparte*, elle dut lui céder l'hégémonie dès le début du –Ve s., s'abstint de la coalition grecque contre les Perses et détruisit Mycènes et Tirynthe en –468 pour se venger de leur participation. Elle fit partie de toutes les alliances antilacédémoniennes et participa à la guerre du Péloponnèse, puis à la guerre de Corinthe* (–395 - –387). Pyrrhus* l'attaqua et y périt en –272. Soumise aux Macédoniens, elle fit partie de la Ligue achéenne (–229). Sous les Romains, puis sous les Byzantins, elle garda son importance. Prise par les Goths en 267 et en 395, elle déclina sous la principauté franque d'Achaïe (1204). La première assemblée nationale grecque s'y réunit en 1821.

**ARGOSTOLI** ♦ Port de Grèce, ch.-l. de l'île et du nome de Céphalonie (îles Ioniennes). 7 417 hab. Fondé par les Vénitiens, il fut reconstruit après le séisme de 1953.

**ARGOUN** – en chin. *Ergun he* ♦ Riv. de Chine, en Mongolie-Intérieure (1 530 km). Elle forme, dans son cours inférieur, la frontière avec la Russie et se jette dans le Heilong jiang (Amour).

**ARGOVIE** (canton d') ▸ ÉTYM. en all. *Aargau* «la région proche de l'Aar», du n. de la riv. *Aar** et de *gau* «région» ♦ Canton du N. de la Suisse, 1 404 km². 574 813 hab. *(Argoviens)*, de langue allemande et en maj. de rel. protestante. CH.-L. : Aarau. Le canton est formé par l'extrémité N.-E. du plateau suisse entre les Alpes et le Jura ; il est drainé par l'Aar, la Reuss et la Limmat. ▪ L'économie du canton est à la fois agricole (élevage laitier, cultures maraîchères, arbres fruitiers), activités en régression, et industrielle (machines-outils, mécanique de précision, métall., indus. textile). Quatrième canton de Suisse par la population, c'est le canton-carrefour par excellence : dépourvu de grande ville à vocation régionale, il est écartelé entre les influences de Zurich, surtout, mais aussi de Bâle (N.) et de Berne (O.). ▮ Histoire Occupé par les Alamans au Ve s., le pays fut divisé au Moyen Âge en Bas-Argovie (E.) et Haut-Argovie (O.). Le Bas-Argovie, possession des Habsbourg depuis le XIIIe s., fut conquis en 1415 par les Confédérés et administré par Lucerne, Zurich et Berne qui avait déjà acquis le Haut-Argovie au XIVe s. Le pays fut unifié en 1803 pour former le canton d'Argovie et reçut à cette occasion le Bözberg (actuelle partie N. du canton).

**ARGUEDAS (Alcides)** ♦ Romancier bolivien (La Paz 1879 - Santiago, Chili 1946). Il est l'auteur de *Vie créole* (1905) et d'un grand roman, *Race de bronze* (1919), qui relate l'assassinat de la belle Indienne Nata-Huara par le protagoniste blanc Pantoja, symbolisant le choc violent entre deux races et deux formes de vie.

**ARGUEDAS (José María)** ♦ Écrivain péruvien (Andahuaylas 1911 - Lima 1969). Il puise aux sources du Pérou andin traditionnel. Élevé au contact de la société indienne, il s'adonna à l'ethnologie. Ses romans sont parfois considérés comme «indigénistes», quelquefois associés à un nouveau «réalisme magique». Ils décrivent les représentants de deux mondes irrémédiablement séparés : les propriétaires blancs et les Indiens (*Yamar fiesta*, 1941 ; *Les Fleuves profonds*, 1958 ; *Tous sangs mêlés*, 1964). Lorsqu'il se suicida en 1969, il laissa un dernier roman inachevé *Le Renard d'en-haut et le Renard d'en-bas*, sorte de testament prophétique.

**ARGUS** ou **ARGOS** – surnommé *Panoptès* «celui qui voit tout» ♦ Prince argien de la mythologie grecque, géant aux cent yeux, dont cinquante restent toujours ouverts. Il est chargé par Héra de surveiller Io* mais s'endort au son de la flûte d'Hermès qui, ensuite, lui tranche la tête.

**ARGUS** ou **ARGOS** ♦ Nom du chien d'Ulysse dans *L'Odyssée*.

**ARGYLL (Archibald CAMPBELL,** 8e comte, puis 1er marquis **D')** ♦ Général écossais (1598 - Édimbourg 1661). Il prit la tête du parti presbytérien contre Charles* Ier (1638) et fut défait par Montrose*. Il s'opposa cependant à l'exécution du roi. Contraint par Cromwell* à la soumission, il fut condamné à mort lors de la restauration de Charles II.

**ARGYLL AND BUTE** ♦ District d'Écosse formé de l'ancien comté d'Argyll et de l'île de Bute. 6 909 km². 91 306 hab. CH.-L. : Lochgilphead.

**ÅRHUS** ▸ ÉTYM. anc. *Aarus* «la bouche de l'Aa», du norrois *us* «embouchure» et de *Aa*, n. de fl. (l'étym. populaire «la maison *(hus)* aux rames *(aar)*» semble fausse) ♦ V. du Danemark, municipalité du Jutland central, sur la côte E., dans la baie de l'Århus A. 228 674 hab. Cathédrale du XIIe s. Musée de plein air (reconstitution d'anc. maisons danoises). Importante université. ▪ Centre indus. Port de commerce et de transit (trafic vers la Suède et la Norvège).

**ARIANE** – en gr. *Ariadnê* ♦ Fille de Minos* et de Pasiphaé*, sœur de Phèdre*. Éprise de Thésée* venu en Crète pour combattre le Minotaure, elle lui donne une pelote de fil à dérouler dans le Labyrinthe* pour en retrouver la sortie lorsqu'il aura tué le monstre. Tous deux s'enfuient, mais Thésée l'abandonne dans l'île de Naxos. Dionysos*, séduit par sa beauté, l'épouse. ▪ La légende a inspiré Thomas Corneille* pour sa tragédie *Ariane* (1672), et en musique Monteverdi *(Arianna)*, Haydn *(Arianna à Naxos)*, Albert Roussel *(Bacchus et Ariane)*, Richard Strauss *(Ariane* à Naxos)*.

**Ariane** n. f. ♦ Fusée spatiale européenne. Le projet de construction d'un lanceur de satellites géostationnaires fut adopté par la conférence spatiale européenne en 1973, en même temps que celui de la création de l'Agence spatiale européenne (ESA). Le premier lancement eut lieu en 1979 *(Ariane 1)*. *Ariane* est un lanceur à trois étages propulsifs, ayant la possibilité, à partir des versions *Ariane 2*

**Ariane.** Lancement de la fusée *Ariane* au centre de tir de Kourou. *Phot. ©Rabaud/Gamma*

et 3 (1984), de lancer simultanément deux satellites. Le programme d'*Ariane 4*, une famille de lanceurs adaptables aux diverses charges, fut décidé en 1981 et le premier lancement date de 1988. Au moment du centième lancement, en 1997, *Ariane 4* occupe 60 % du marché mondial. Enfin, le premier lancement réussi d'*Ariane 5*, le seul lanceur capable de placer en orbite géostationnaire les satellites de 6,5 t (transport en mode automatique), eut lieu en 1997. Les lancements sont effectués au centre spatial du Centre* national d'études spatiales (Cnes) à Kourou en Guyane française.

**Ariane à Naxos** ♦ Opéra de Richard Strauss* (1912) sur un livret de Hugo von Hofmannsthal.

**Ariane et Barbe-Bleue** ♦ Opéra en 3 actes de Paul Dukas*, livret de Maurice Maeterlinck (1907). Résolue à délivrer les cinq femmes dont Barbe-Bleue a fait ses victimes, Ariane a épousé le monstre. Mais, devenues libres, les captives témoignent d'un tel attachement à leurs chaînes qu'Ariane les abandonne à leur sort. Œuvre d'une orchestration riche et originale.

## arianisme

n. m. ♦ Hérésie chrétienne (IVe - VIe s.) issue de la doctrine d'Arius* condamnée au concile de Nicée (325) → **Alexandre (saint), Athanase (saint), Constantin Ier.** Cette doctrine, niant la consubstantialité *(homoousia)* du Fils avec le Père, se divisa après Arius en plusieurs tendances : homoiousiens (admettant une substance semblable mais non identique), homéens (similitude non substantielle), anoméens (différence radicale entre le Père et le Fils). L'Occident conserva généralement l'orthodoxie nicéenne, malgré les pressions exercées sur les papes (→ **Jules Ier, Libère**), mais l'Orient fut longtemps agité, orthodoxes et ariens alternant sur les sièges épiscopaux. L'arianisme parut triompher lors des conciles de Sirmium (357 - 359) et de Rimini (359). Il fut soutenu par les empereurs Constance* II, Valens*, Valentinien* II, mais combattu par les défenseurs de l'orthodoxie → **Basile (saint), Grégoire de Nazianze (saint), Grégoire de Nysse (saint), Hilaire de Poitiers (saint).** À l'avènement de Théodose* Ier, le concile de Constantinople* (381) renouvela la condamnation de l'arianisme. Celui-ci s'était pourtant répandu hors de l'Empire parmi les peuples germaniques (notamment les Goths, ces derniers grâce à la mission d'Ulfilas*). En Gaule, des évêques comme Césaire* d'Arles eurent encore à y faire face au VIe s. et il ne disparut d'Espagne qu'après la conversion de Recarède* Ier → **Léandre (saint).**

**ARIAS (Alfredo)** ♦ Metteur en scène français d'origine argentine (Buenos Aires 1944). Il arriva en France en 1970 avec sa troupe de théâtre, le TSE, et monta tour à tour des auteurs du répertoire (*La Tempête* de Shakespeare, 1986 ; *La Dame aux camélias*, 2000), ses contemporains argentins (notamment *Eva Perón* ou *La Femme assise* de Copi), des spectacles musicaux (*Peines de cœur d'une chatte anglaise*, 1977 ; *Peines de cœur d'une chatte française*, 2000 ; *Mortadela*, 1992), ou des opéras. Influencé par les spectacles populaires de son enfance, Arias aime créer un univers féerique empreint d'humour. ➝ ÉTYM. Ce nom vient de la racine germanique *-ar* «aigle».

**ARIAS SÁNCHEZ (Óscar)** ♦ Homme d'État costaricain (Heredia 1941). Social-démocrate, dirigeant du Parti de libération nationale, président de la République du Costa Rica (1986 - 1990 ; 2006 - 2010), il prit des initiatives diplomatiques (plan Arias) en faveur de la paix en Amérique centrale pendant son premier mandat. Il signa en 2007 un accord de libre-échange avec les États-Unis. [Prix Nobel de la paix 1987]

**ARICA** ➝ ÉTYM. aymara «la nouvelle *(ari)* baie *(ca)*» ♦ V. du Chili septentrional. 175 000 hab. Grâce aux aides de l'État, elle a développé des indus. automobiles, électriques et alimentaires. Oléoduc venant de Bolivie. Port franc. ▮ **Histoire** Située à la frontière du Pérou dont elle fit partie jusqu'en 1883, la ville passa au Chili après la guerre du Pacifique (1879 - 1883).

**ARICH (EL-)** ou **AL-'ARĪCH** ♦ V. d'Égypte, ch.-l. du gouvernorat du Sud-Sinaï, sur la Méditerranée, à l'E. de Port-Saïd. 138 195 hab. Port. ▮ **Histoire** Les Français, qui avaient pris la ville en 1799, y signèrent en 1800 un traité de capitulation par lequel ils s'engageaient à évacuer l'Égypte. Les Israéliens l'occupèrent de juin 1967 à 1979.

**ARICIE** ♦ Princesse athénienne qui aurait donné son nom à la ville *Aricia*, auj. Ariccia, dans le Latium. Le personnage a inspiré Rameau* *(Hippolyte et Aricie)*.

**ARIÈGE** n. f. ➝ ÉTYM. anc. *Aregia, Aurigera*, probablt de la rac. pré-indo-eur. *°ar-* «cours d'eau» ♦ Riv. des Pyrénées-Orientales (170 km). Née à l'O. du massif de Carlitte, elle rejoint la Garonne en amont de Toulouse. Aménagements hydroélectriques.

**ARIÈGE [09]** n. f. ➝ ÉTYM. du n. de la riv. ♦ Dép. du S. de la France, région Midi-Pyrénées. 4 890 km². 137 205 hab. CH.-L. : Foix. CH.-L. D'ARR. : Pamiers, Saint-Girons. Cour d'appel : Toulouse. Académie : Toulouse. → **Midi-Pyrénées.**

**ARIEL** ♦ Génie aérien, personnage de *La Tempête** de W. Shakespeare (1611). Il est opposé à Caliban* et symbolise l'esprit de l'air.

**ARIÈS (Philippe)** ♦ Historien français (Blois 1914 - Toulouse 1984). Auteur de travaux novateurs sur la famille et sur la mort (*L'Enfant et la vie familiale sous l'Ancien Régime*, 1960 ; *L'Homme devant la mort*, 1977), il tenta, en s'appuyant sur l'idée d'un «inconscient collectif» quasi autonome, d'élaborer une psychologie historique fondée sur l'évolution lente ou la rémanence de différentes structures de représentations.

**ARIMATHIE** ➝ ÉTYM. en gr. *Arimathaia*, correspondant p.-ê. à l'hébr. *Hârâmâthayim*, mentionné dans I Samuel, I, I, de *hârâmâtayyîm* «les deux hauteurs» ♦ Dans les Évangiles (Matthieu, XXVII, 57 et parallèles), patrie du Juif qui ensevelit Jésus (→ **Joseph d'Arimathie**). ▪ On l'identifie souvent à l'actuel bourg de Rentis, à 30 km au N.-O. de Jérusalem.

**ARIOBARZANE** ♦ Nom iranien de plusieurs satrapes perses et de rois du Pont et de Cappadoce. ♦ **ARIOBARZANE III.** Roi du Pont (de −265 à −255). Il fit appel aux Galates pour repousser l'armée de Ptolémée. ♦ **ARIOBARZANE Ier Philoromaios** «ami des Romains». Roi de Cappadoce (de −95 à −63). Détrôné deux fois par Mithridate VI du Pont, il fut rétabli par les Romains. ♦ **ARIOBARZANE III.** Roi de Cappadoce (de v. −52 à −42). Protégé de Cicéron et de César, il fut tué par ordre de Cassius.

**ARION** ♦ Poète lyrique et musicien grec (Méthymne, Lesbos, −VIIe s.). Son œuvre est totalement perdue. Il aurait été l'inventeur du *dithyrambe*. Hérodote a rapporté la légende selon laquelle Arion, de retour à Corinthe après un voyage en Sicile, fut dépouillé de sa fortune et jeté à la mer par les marins ; mais un dauphin, charmé par son chant et le son de sa lyre, le sauva.

**ARIOSTE (Ludovico ARIOSTO, dit en fr. L')** ➝ ÉTYM. de *Riosto*, n. d'un hameau de la région de Bologne, du lat. *re-ustus* «re-brûlé», de *re-* «de nouveau» et *ustus*, p. p. de *ūrěre* «brûler, être desséché par la chaleur» ♦ Poète italien (Reggio nell'Emilia 1474 - Ferrare 1533). Après des études de droit vite interrompues, il se lança dans les lettres et reçut, mais brièvement, les leçons du moine humaniste Grégoire de Spolète, dont il regretta qu'il n'ait pas eu le temps de lui apprendre le grec. À la mort de son père (1500), il dut se charger de l'entretien de ses neuf frères et sœurs, événement qui allait sans cesse remettre la réalisation de son profond désir de paix studieuse. Entré en 1504 au service du cardinal Hippolyte d'Este, il accomplit pour ce prince un grand nombre d'ambassades, entre autres auprès de Jules II. Ayant refusé de suivre son maître en Hongrie (1517), il passa au service du duc Alphonse, son frère, mais ne s'en trouva pas pour autant libéré. C'est après s'être parfaitement acquitté de sa tâche de gouverneur de la Garfagnana qu'il put enfin vivre en lettré ses dernières années, dans sa maison («parva sed apta mihi») de Ferrare, entouré par l'affection de sa maîtresse Alessandra Benucci et de son fils Virginio. ▪ Au-delà de poèmes latins qui se rattachent surtout à Horace et à Tibulle et de poésies en italien souvent pétrarquisantes, l'Arioste composa (en prose dans un premier temps, en vers dans leur version finale) cinq bonnes comédies de mœurs et de caractère, importantes pour la genèse du théâtre de la Renaissance, bien qu'encore influencées par la comédie latine : *L'Entremetteuse* (1528 - 1529), *Le Nécromancien* (1528), *Les Quiproquos (I suppositi*, 1529 - 1531) ; *La cassaria* («La Comédie de la caisse», 1531) et *Les Étudiants* (inachevé). Il ne jugea pas bon de publier de

L'**Arioste.** Portrait par un peintre anonyme du XVIe s. Musée des Offices, Florence.
*Phot. ©Carlo Bevilacqua/Ricciarini*

son vivant ses sept excellentes *Satires* (1517 - 1525), dont la belle familiarité l'emporte pourtant sur la critique morale. Son œuvre culmine indéniablement dans le *Roland* furieux*, commencé en 1503 et inlassablement remanié pendant trente ans, qui connut trois éditions de son vivant (1516, 1521, 1532) et fit sa gloire. Ce génial poème de près de 39 000 vers, subtile parodie du poème chevaleresque, sublime toute la culture de l'Arioste (d'Homère aux contemporains, en passant par les romans médiévaux français) et son expérience humaine, en une symphonie perpétuellement mouvante de personnages et d'événements qui, après l'écroulement des repères du Moyen Âge, reflète avec splendeur le relativisme païen de la grande Renaissance.

**ARIOVISTE** ♦ Chef germain de la tribu des Suèves (–Ier s.). Appelé par les Séquanes* contre les Éduens* (–72), il vainquit ces derniers, s'installa en Alsace et opprima les deux peuples. Mais César*, à la demande des Éduens, battit Arioviste qui s'enfuit et repassa le Rhin (–58).

**ARISTAGORAS** ♦ Tyran de Milet* (mort en Thrace –497). Il souleva les cités grecques d'Ionie contre Darios* Ier (–500) mais fut vaincu, malgré l'aide d'Athènes*. Sa révolte servit de prétexte à la première guerre médique*.

**ARISTARQUE DE SAMOS** ♦ Astronome grec (Samos v. –310 - v. –230). Précurseur de Copernic*, il fut l'un des premiers à concevoir l'idée de la rotation de la Terre sur elle-même et autour du Soleil, ce qui le fit accuser d'impiété ; on lui doit également une méthode de mesure des distances relatives de la Terre au Soleil et à la Lune. ➝ ÉTYM. Le nom grec ***Aristarkhos*** signifie «maître souverain», de *aristos* «le meilleur» et *arkhos* «qui conduit».

**ARISTARQUE DE SAMOTHRACE** – en gr. ***Aristarkhos*** ♦ Grammairien et critique grec (–220 - –143). Élève d'Aristophane* de Byzance, il dirigea la fameuse bibliothèque d'Alexandrie et eut lui-même de nombreux disciples qui formèrent l'école philologique des *Aristarchéens*. C'est à lui et à son maître qu'on a attribué le fameux canon alexandrin, classement par ordre de mérite des œuvres littéraires grecques, considérées comme modèles dans chaque genre. Mais il est surtout célèbre pour ses travaux critiques sur Homère et la recension des poèmes homériques. Partant de la conception d'une unité poétique, Aristarque y retrancha des passages et des chants comme apocryphes et en signala d'autres comme suspects d'interpolation (il introduisit dans son édition les signes critiques). Cette édition, découverte par Villoison à Venise en 1781, fut à l'origine de la *question homérique*.

**ARISTÉE** – en gr. ***Aristaios*** ♦ Fils d'Apollon* et de Cyrène*. Il aurait appris aux hommes à élever les abeilles. Épris d'Eurydice*, il provoque involontairement sa mort. Virgile s'est inspiré de sa légende dans *Les Géorgiques**.

**ARISTIDE** surnommé **le Juste** ♦ Général et homme politique athénien (v. –550 - v. –467). Il fut l'un des stratèges de la bataille de Marathon* (–490) mais, à l'instigation de Thémistocle*, son rival, il fut frappé d'ostracisme (–482). Rappelé lors de l'invasion perse, il combattit à Salamine* (–480) et à Platées* (–479) et fut le protagoniste de la fondation de la confédération de Délos* (–477). Chargé d'administrer les finances d'Athènes, il se rendit célèbre par son intégrité. Par ses réformes, l'accès à l'archontat fut ouvert à des couches plus larges de la population. Cimon* lui succéda. ➝ ÉTYM. *Aristide* vient du grec ***Aristeidês***, de *aristos* «le meilleur» et suff. «descendant de».

**ARISTIDE (Jean-Bertrand)** ♦ Homme d'État haïtien (Port-Salut, Haïti 1953). Prêtre salésien (exclu de son ordre en 1988, il renonça à la prêtrise en 1995), il s'opposa à la dictature de J.-C. Duvalier*, ce qui lui valut une grande popularité. Élu président de la République en déc. 1990, il fut déposé par un coup d'État sanglant en sept. 1991. En exil aux États-Unis, il revint au pouvoir en Haïti (oct. 1994 - déc. 1995) grâce à l'intervention d'une force multinationale sous l'égide de l'ONU, contre les putschistes. Sa nouvelle élection, en 2000, fut contestée par l'opposition. Acculé à la démission, il dut s'exiler en févr. 2004.

**ARISTIDE DE MILET** ♦ Écrivain grec (–IIe s. ?) initiateur du conte érotique en prose. Ses *Fables milésiennes*, très appréciées par les Romains, donnèrent le modèle d'un genre d'esprit licencieux. De ces 6 volumes de contes, il nous reste des fragments traduits en latin.

**ARISTION** – en gr. ***Aristiôn*** ♦ Philosophe grec épicurien (Athènes –Ier s.). Il devint tyran d'Athènes pendant la guerre mithridatique en –88. Il fut surtout célèbre pour avoir décidé les Athéniens à dénoncer l'alliance romaine et fut tué lorsque Sylla prit Athènes en mars –86.

**ARISTIPPE** ➝ ÉTYM. en gr. ***Aristippos*** «le Cyrénaïque» ♦ Philosophe grec (Cyrène v. –435 - –350). D'abord influencé par Protagoras, il vint à Athènes où il fut l'élève de Socrate*. Comme Platon, Aristippe aurait aussi passé une partie de sa vie à la cour des deux Denys de Syracuse. Il fonda l'école cyrénaïque (ou hédonistique) selon laquelle le plaisir, quelle que soit sa cause, et en tant qu'il est toujours ressenti dans le présent, est un bien. Pour Aristippe, le plaisir n'est pas dans le repos (plaisir négatif) mais dans un mouvement qui respecte la mesure (ni trop faible, ni trop fort) et c'est en lui que réside le souverain bien.

**ARISTIPPE le Jeune** ♦ Philosophe grec, petit-fils d'Aristippe* le Cyrénaïque (Cyrène v. –360). Successeur de sa mère Arétè, fille d'Aristippe* le Cyrénaïque, à la tête de l'école, Aristippe le Jeune, dit le Métrodidacte («l'élève de sa mère»), continua à enseigner la morale hédoniste qu'il systématisa sans doute. Il est cependant très difficile de distinguer, dans la doctrine des Cyrénaïques, ce qui est attribuable au grand-père fondateur et à son petit-fils homonyme.

**ARISTOBULE Ier** surnommé **Philhellène** ➝ ÉTYM. *Aristobule* : du gr. *aristoboulos* «d'excellent conseil», de *aristos* «excellent» et *boulê* «volonté, réflexion, délibération» ♦ Grand-prêtre juif asmonéen, fils et successeur d'Hyrcan* Ier, il prit le titre de roi de Judée (–105 - –104). ♦ **ARISTOBULE II.** Roi de Judée (de –69 à –63). Fils d'Alexandre* Jannée et d'Alexandra*, il détrôna son frère Hyrcan* II. Vaincu dans Jérusalem par Pompée (–63) et emprisonné à Rome, il fut libéré par César (–50) et assassiné peu après.

**ARISTOGITON** – en gr. ***Aristogeitôn*** ♦ Jeune Athénien (mort en –514). Il assassina avec Harmodios* le tyran Hipparque*. Pris par Hippias*, il fut torturé et exécuté.

**ARISTOMÈNE** – en gr. ***Aristomenês*** ♦ Chef semi-légendaire des Messéniens, héros de la résistance contre Sparte*. Après ses victoires initiales, les Spartiates furent obligés par un oracle de demander un général à leurs adversaires athéniens (Tyrtée). Mais, trahi par ses alliés arcadiens et battu par les Lacédémoniens, Aristomène résista pendant onze ans sur le mont Ida.

**ARISTON DE CHIO** ➝ ÉTYM. *Ariston* : du gr. *aristos* «le meilleur» ♦ Philosophe grec de l'école stoïcienne (Chio v. –270). Disciple de Zénon* de Citium, il quitta le Portique pour fonder sa propre école et dispensa des cours au Cynosarges, gymnase où enseigna Antisthène : à cause de son éloquence il attira une foule nombreuse et fut surnommé la Sirène. Influencé par le Cynisme, il réduisit la philosophie à sa seule partie morale, rejetant la physique et la logique comme inutiles, et débarrassa même de l'éthique toute morale pratique et exhortative. Pour Ariston, en effet, seule compte la disposition interne de l'âme qu'est la vertu : hors la vertu et le vice, tout est indifférent *(adiaphorie)*.

**ARISTOPHANE** ➝ ÉTYM. en gr. ***Aristophanês***, de *aristos* «le meilleur» et *phainô* «faire voir, apparaître» ♦ Auteur comique grec (Athènes v. –450 - –386). Apparaissant un demi-siècle après la tragédie, la comédie grecque a trouvé en Aristophane son véritable fondateur. Polémiste vigoureux, dédaigneux des convenances sociales, ennemi de la démagogie, de la violence et de la dictature, il célébra avec une verve jusqu'alors inégalée des valeurs toujours sûres : la sagesse, la nature, la paix. Un mélange permanent de grossièreté et de poésie a fait le succès populaire de ce théâtre, adapté au goût et à la pensée d'un public méfiant, égoïste et irréligieux. Les guerres du Péloponnèse et la défaite athénienne le disposaient à apprécier le pragmatisme et le non-conformisme du poète. Des 44 comédies qui sont attribuées à Aristophane, 11 seulement nous sont parvenues : *Les Acharniens** (–425), *Les Cavaliers* (–424), *Les Nuées** (–423), *Les Guêpes** (–422), *La Paix** (–421), *Les Oiseaux** (–414), *Lysistrata** (–411), *Les Thesmophories* (–411), *Les Grenouilles** (–405), *L'Assemblée* des femmes* (–392), *Plutus** (–388).

**ARISTOPHANE DE BYZANCE** – en gr. ***Aristophanês*** ♦ Grammairien et critique grec (v. –257 - –180). Continuateur de Zénodote* d'Éphèse (pour la constitution des textes d'Homère*) et de Callimaque* (pour les travaux biographiques sur la littérature grecque), il dirigea le musée et la bibliothèque d'Alexandrie* (–195) et fut le maître d'Aristarque* de Samothrace. Il donna aussi des éditions critiques des poèmes homériques d'Alcée, Pindare, Sophocle, Euripide, Aristophane, Ménandre. Ses monographies, désignées sous le titre général de *Lexique*, traitaient des mots archaïques et usuels, des synonymes, des termes techniques, des proverbes, etc.

**ARISTOTE** dit **le Stagirite** • ÉTYM. *Aristote* : en gr. ***Aristotelês***, de *aristos* «le meilleur» et *télos* «but, résultat» ; *le Stagirite* «de Stagire» ♦ Philosophe grec (Stagire, Macédoine, auj. Stavro -384 - Chalcis, Eubée -322). Après avoir été disciple de Platon* (de -367 à -347), il séjourna à Atarnée auprès d'Hermias* d'Atarnée, puis à Lesbos, avant de devenir le précepteur d'Alexandre* le Grand, dont il fut aussi l'ami (jusqu'au meurtre de Callisthène en -325). De retour à Athènes (-335), il fonda le Lycée* où il enseigna pendant douze ans. À la mort d'Alexandre (-323), voulant éviter une condamnation pour impiété par l'Aréopage, il se rendit à Chalcis où il mourut l'année suivante. ▪ D'une intelligence encyclopédique, Aristote voit dans la philosophie la totalité ordonnée du savoir humain. Sa théorie du syllogisme et son analyse des différentes parties et formes du discours font de lui le père de la logique ; réunies sous le titre d'*Organon**, ses œuvres logiques sont le premier corpus de ce genre. Aristote fut également naturaliste : la «Physique» est l'étude des êtres naturels dans leur mouvement et dans leur devenir *(La Physique* ; Du ciel ; De la génération et de la corruption ; Histoire des animaux ; Les Parties des animaux ; De la génération des animaux ; De l'âme).* Ses observations et expériences sur les espèces animales les plus variées lui permirent d'en ébaucher une classification et d'en décrire les habitudes. Pour rendre compte de leur structure et de leur fonctionnement, il fut amené à distinguer, en tout être, une «matière» (être en puissance) et une «forme» (Entéléchie, être en acte), qui, contrairement à l'Idée platonicienne (→ **Platon**), est un principe immanent d'organisation de la matière. La conception aristotélicienne de la Nature est finaliste : chaque être est organisé et tend vers sa perfection (forme) ; et il y a un ordre hiérarchique des espèces animales jusqu'à l'homme, être doué de raison. Enfin, la «physique» débouche directement sur la *Métaphysique** (ou philosophie première) qui lui donne son fondement : en effet, l'existence du changement conduit Aristote à affirmer celle d'un premier moteur, immobile, Acte et Pensée purs (Dieu). L'œuvre d'Aristote comporte également des traités de morale *(Éthique* à Nicomaque ; Éthique à Eudème)* et de politique *(Politique* ; Constitution d'Athènes)* et une étude sur la création et les genres littéraires *(La Poétique* ; La Rhétorique*)*. → **aristotélisme.**

**Aristote.**
Copie romaine
d'un buste grec.
Musée national
des Thermes, Rome.
*Phot. © Nimatallah/Ricciarini*

## aristotélisme

n. m. ♦ Tradition philosophique se réclamant de la pensée d'Aristote. Elle privilégie le rationalisme et l'empirisme, qui veulent que notre connaissance vienne d'abord des sens et que la raison nous permette de penser le vrai. Au Moyen Âge, les œuvres d'Aristote, souvent transmises en Occident par les Arabes, largement traduites en latin, furent utilisées par l'Église dans son entreprise de rationalisation du contenu de la foi et inspirèrent la pensée de saint Thomas (→ **thomisme**), qui lui emprunta, entre autres, son idée de la justice. Par ce biais, la doctrine sociale de l'Église catholique sera largement marquée par la référence à Aristote et à la place qu'il accorde à la nature comme critère du juste. La force de son système et sa richesse en font toujours un modèle (chez Hegel ou Marx) en dépit des attaques portées contre l'aristotélisme (et contre la scolastique) par les traditions platonicienne ou cartésienne. La physique moderne, depuis Galilée, s'oppose radicalement à la pensée aristotélicienne qui privilégiait un point de vue qualitatif et finaliste et distinguait quatre causes (motrice, formelle, matérielle et finale) que Descartes ramena à la seule cause efficiente. Aristote reste cependant l'auteur de référence de la logique dont il a jeté les bases, en tant que discipline formelle, grâce notamment à sa théorie du syllogisme. L'aristotélisme a été important dans le monde arabo-musulman (Avicenne*, Averroès*).

**ARISTOXÈNE** – en gr. ***Aristoxenos*** ♦ Philosophe grec (Tarente v. -350). Disciple d'Aristote*, il est surtout connu par deux ouvrages *(Éléments harmoniques ; Sur le rythme)*, qui sont les plus anciens traités de musique de la Grèce antique.

**ARI THORGILSSON,** dit **le Savant** ♦ Écrivain islandais (1067 - O. de l'Islande 1148). Prêtre, il est surnommé «le père des lettres islandaises». C'est sans doute le premier, en effet, à avoir écrit en vernaculaire. Il est l'auteur d'un *Livre des Islandais* qui retrace l'histoire de l'Église de son pays des origines à ses jours, et on le crédite d'une des versions les plus anciennes du *Livre de la colonisation (Landnámabók*)*. Son style est déjà celui des grandes sagas.

**ARIUS** ♦ Hérésiarque (en Libye v. 256 - v. 336). Prêtre d'Alexandrie, il fut le fondateur de l'arianisme, hérésie chrétienne condamnée au concile de Nicée (325) puis à celui de Constantinople (381). → **arianisme.**

**ARIWARA NO NARIHIRA** ♦ Poète japonais et prince impérial (825 - 880). Son journal intime fournit probablement le thème des *Contes d'Ise*, roman courtois en 125 récits, dont il pourrait être également l'auteur.

**ARIZONA** n. m. • ÉTYM. papago «la petite *(ari)* source *(šonak)*», du n. d'un village indien installé près d'une source riche en pépites d'argent ♦ État duS.-O. des États-Unis → **États-Unis** (carte). 295 014 km². 5 130 632 hab. dont env. 10 % d'Indiens (Navajos, Apaches, Hopis). La pop. de l'État a augmenté de 40 % en dix ans. CAP. : Phoenix. ▮ **Géographie** Le N. de l'État est occupé par le plateau du Colorado*, coupé de canyons grandioses (dont le Grand Canyon) et où se trouvent des déserts parsemés de reliefs abrupts très pittoresques et des forêts. Une région de montagnes (volcans éteints) vient ensuite, formée de chaînes parallèles à l'escarpement du plateau. Le S.-O. est occupé par une plaine désertique, traversée par des chaînes plus basses. Le climat est en général aride ou semi-aride. ▮ **Économie** L'agriculture, du fait du climat, dépend de l'irrigation : le barrage Roosevelt, sur la Salt River, et le barrage Coolidge ont permis la mise en culture ou en prairies de vastes territoires (coton, agrumes, céréales ; élevage). Cependant, l'urbanisation de l'État due à l'expansion de l'industrie de pointe (informatique) a entraîné une lutte acharnée entre les citadins et les agriculteurs pour l'utilisation de l'eau. En 1988 s'est achevée la construction d'un long canal (500 km) alimentant Phoenix à partir du Colorado. Les ressources minérales sont très importantes : cuivre (1er prod. des États-Unis ; traité à Clifton, dans l'E.), zinc (2e prod.), plomb (3e prod.). ▮ **Histoire** Peuplé de Pueblos, de Navajos et d'Apaches au N., l'Arizona fut exploré par les Espagnols dès 1539 et cédé par le Mexique aux États-Unis en 1848. Organisé en territoire fédéral en 1863, il ne fut pacifié qu'après de longues luttes contre les Apaches* (1881 - 1886) et devint le 48e État de l'Union en 1912.

**Arizona.** *Phot.* © Albo/Fotolia

**ARJUNA** • ÉTYM. sanskr. «blanc» ♦ Héros du *Mahābhārata**, le troisième et le chef des cinq frères Pandava et interlocuteur de la divinité dans le passage de la *Bhagavad*-gītā*. Il conduit le char de Krishna. La légende en fait le fils du dieu Indra*.

**ARJUN DEV** ♦ Cinquième chef (gourou) de la secte indienne des sikhs* (de 1581 à 1606), fils cadet et successeur du gourou Rām Dās. Il fit élever à Amritsar (Panjab) le «temple d'or», centre sacré de la religion des sikhs, et compila le livre sacré de la secte, l'*Ādi guru Granth*. Ayant accueilli le fils révolté de Jahāngīr*, il fut arrêté et mis à mort par ce dernier. Poète fécond, il écrivit un grand nombre de vers religieux.

**ARJUZANX** [40110] • ÉTYM. p.-ê. du gasc. *aygas*, °*agàs* «flaque d'eau, terre qui s'inonde facilement» et *jusan* «inférieur» [la v. est en aval de Morcenx] ♦ Comm. des Landes, arr. de Mont-de-Marsan. 214 hab. *(Arjuzanais)*. Anc. exploitation de lignite.

**ARKANSAS** n. m. • ÉTYM. de *Kansa* ou *Kaws* «hommes beaux», n. de tribu indienne ♦ Riv. des États-Unis (2 334 km), affl. rive d. du Mississippi. Elle prend sa source dans les montagnes Rocheuses* (Colorado) où elle forme de profonds canyons (l'un d'eux est traversé par l'audacieux Royal Gorge Bridge), traverse les États du Kansas, de l'Oklahoma et de l'Arkansas.

**ARKANSAS** n. m. • ÉTYM. du n. de la riv. ♦ État du Sud des États-Unis → **États-Unis** (carte). 137 539 km². 2 673 400 hab. dont 15 % de Noirs. CAP. : Little Rock. ▮ **Géographie** Situé dans le bassin du bas Mississippi, l'État est traversé du N.-O. au S.-E. par son affl. l'Arkansas. L'E. et le S. de l'État correspondent à la plaine alluviale du Mississippi et aux collines qui la bordent ; l'O. et le N. à une zone montagneuse (→ **Ozark (monts)**) et à la province de Ouachita (collines). ▮ **Économie** L'agriculture se développe : soja (1er prod. du pays), culture traditionne le du coton, riz, fruits, élevage et volailles (1er prod. de poulets du pays). Les ressources minérales sont le pétrole, le gaz naturel, la bauxite (1er prod. du pays). Les industries sont relativement récentes et en voie de modernisation (bois, agroalimentaire, chaussures, métallurgie, électricité). Les capitaux proviennent essentiellement des États du N.-E. et du Texas. ▌**Histoire** L'Arkansas, déjà visité par Hernando de Soto (XVIe s.), fut exploré par Marquette et Cavelier de La Salle au XVIIe s. Après avoir fait partie de la Louisiane française, il fut cédé aux États-Unis en 1803, devint territoire en 1819 puis État de l'Union en 1836. Sécessionniste en 1861, il fut réintégré à l'Union en 1868. Une grave crise, provoquée par la ségrégation raciale dans les écoles, opposa le gouverneur de l'Arkansas, Faubus, soutenu par la population blanche, au pouvoir fédéral (1957 - 1959).

**ARKHANGELSK** → ÉTYM. du n. du monastère consacré à l'*archange* Michel et suff. *-sk* qui désigne une ville ♦ V. du N. de la Russie, ch.-l. de région, à l'embouchure de la Dvina septentrionale, sur la mer Blanche. → **Russie** (tableau des divisions admin.). 355 500 hab. Port. Construc. navales. Centrale thermique. Indus. du bois (cellulose). Point de départ des expéditions polaires.

**ARKWRIGHT** (sir **Richard**) ♦ Mécanicien britannique (Preston, Lancashire 1732 - Cromford, Derbyshire 1792). Il mit en pratique une machine hydraulique à filer le coton, contribuant ainsi à fonder l'industrie cotonnière anglaise. → **Hargreaves.** → ÉTYM. Ce nom de famille signifie «fabricant (moyen anglais *wrytte*) de coffres *(arc)*».

**ARLAND (Marcel)** ♦ Écrivain français (Varennes-sur-Amance 1899 - Brinville 1986). D'abord attiré par le dadaïsme et le surréalisme, il collabora à la NRF dont il devint en 1952 le codirecteur avec Jean Paulhan*, puis le directeur, après la mort de ce dernier, jusqu'en 1977. Il conduisit son travail de romancier et de nouvelliste dans le sens d'une analyse de la complexité de l'âme humaine (*Monique*, 1926 ; *Les Âmes en peine*, 1927 et 1947 ; *L'Ordre*, prix Goncourt, 1929 ; *Attendez l'aube*, 1970). Il a également donné des *Essais* et des *Nouveaux essais critiques* (1931 et 1942) ainsi que des *Chroniques de la peinture moderne* (1949). [Acad. fr. 1968] → ÉTYM. Ce nom de famille est une variante de *Harland*, d'origine germanique, composé de *hari* «armée» et *land* «pays».

**ARLBERG** n. m. → ÉTYM. all. «la montagne *(Berg)* des arolles *(Arle)*» ♦ Col des Alpes (Autriche) à 1 793 m, reliant le Vorarlberg au Tyrol. Il constitue l'un des rares tracés O.-E. au cœur des Alpes. L'importance de cet axe a conduit au percement de deux tunnels, l'un ferroviaire de 10 250 m (1883), l'autre routier de 13 970 m (1978).

**ARLEQUIN** → ÉTYM. en it. ***Arlecchino*** ; passé du vx français *Herlequin (Hellequin)* [n. d'un démon malveillant] à l'italien puis au fr. mod., du germ. *Herle King* «le roi Harilo», qui serait un des surnoms de Wotan, ou de l'anc. fr. *hareler* «harceler» et *hacquer* «déchirer» ♦ Personnage de la commedia* dell'arte, introduit depuis le début du XVIIe s. sur presque tous les théâtres européens. Vêtu d'un habit polychrome, le visage dissimulé sous un masque noir, il fut d'abord un bouffon cynique et grossier. Le personnage se modifie avec Regnard, Lesage et surtout Marivaux* *(Arlequin poli par l'amour ; Le Jeu* de l'amour et du hasard)*, finissant par incarner un type de valet à la fois sensible et naïf.

**Arlequin.** École vénitienne du XVIIIe s. Musée Carnavalet, Paris. *Phot. © Lauros/Giraudon*

**ARLES** [13200] → ÉTYM. anc. *Arelate*, du gaul. «près *(are)* du marais *(late)*» ou du lat. *arulae* «petits autels» ♦ Ch.-l. d'arr. des Bouches-du-Rhône, sur le Rhône. 50 513 hab. (aggl. 53 057) *(Arlésiens)*. D'une superficie de près de 76 000 ha (englobant la majeure partie de la Camargue), Arles est la plus vaste commune de la France métropolitaine. Importantes ruines gallo-romaines : restes de remparts romains ; théâtre antique du Ier s., en partie ruiné ; arènes du début du IIe s. ; vestiges d'une cathédrale du IVe s. Les Aliscamps* ont été, de l'époque romaine à la fin du Moyen Âge, l'une des plus célèbres nécropoles du monde occidental. Anc. cathédrale Saint-Trophime (XIe, XIIe, XVe s.), chef-d'œuvre de l'école romane provençale : portail du XIIe s. ; célèbre cloître XIIe - XIVe s. (remarquables chapiteaux romans). Église Sainte-Anne (XVIIe s.) : musée d'art païen. Hôtel de ville du XVIIe s., par Mansart. Musée Réattu : œuvres de l'école provençale ; coll. d'art moderne et

**Arles.** Vue aérienne de la ville et des arènes. *Phot. © O. Martel/Explorer*

contemporain dont 57 dessins de Picasso ; coll. de photographies (fonds américain). Musée Arlaten : ethnographie provençale. ▪ Centre admin. et culturel. Siège des Rencontres internationales de la photographie fondées par L. Clergue*. Corridas. ▪ Marché agricole (riz, productions maraîchères et ovins de la Crau). Secteur tertiaire développé (lié au tourisme). Nœud ferroviaire et routier. ▪ Saint Césaire fut évêque d'Arles. V. Van Gogh y vécut (fév. 1888 - mai 1889). ▌**Histoire** Ville très ancienne issue d'un comptoir créé par les Grecs, d'abord colonisée par Marseille, *Arelate* devint sous Jules César (-46) un centre important de la Gaule romaine. Dès le IVe s., elle joua un grand rôle religieux et fut le siège de nombreux conciles, dont le plus important (314) condamna le donatisme (→ **Donat**). Conquise par les Wisigoths (480), puis par les Sarrasins (730), la ville conserva son prestige, devint en 879 la capitale du royaume d'Arles*, passa aux XIIe - XIIIe s. à la dynastie des comtes catalans (→ **Raymond Bérenger**) et jouit d'une large autonomie jusqu'en 1251, date à laquelle elle fut avec les autres villes de Provence sous la domination de la maison d'Anjou.

**ARLES** (royaume d') ♦ Nom donné au royaume de Bourgogne*-Provence formé au Moyen Âge par la réunion de la Bourgogne transjurane et de la Bourgogne cisjurane (934 - 1032) avec Arles pour capitale.

L'**Arlésienne** ♦ Drame en 3 actes d'Alphonse Daudet*, tiré d'un conte des *Lettres* de mon moulin* (musique de scène de Georges Bizet*, 1872). Frédéri, jeune paysan de Fontvieille, se donne la mort pour l'amour d'une belle Arlésienne — qui n'apparaît jamais sur scène — dont il a appris l'infidélité.

**ARLES-SUR-TECH** [66150] ♦ Ch.-l. de cant. des Pyrénées-Orientales, arr. de Céret, sur le Tech, dans le Vallespir, à 270 m d'alt. 2 700 hab. *(Arlésiens)*. ▪ Son abbaye, fondée en 778, fut dévastée par les Normands au IXe s., puis réédifiée. Cloître gothique (1261 - 1303). Sarcophage du Ve s. Église Saint-Sauveur (clocher roman). ▪ Tissage. Tourisme. ▪ À 2,5 km, gorges de la Fou.

**ARLETTY (Arlette-Léonie BATHIAT, dite)** → ÉTYM. d'apr. son prénom ♦ Actrice française (Courbevoie 1898 - Paris 1992). Actrice de music-hall et chanteuse d'opérette à ses débuts, elle composa au théâtre (*Fric-Frac* de E. Bourdet, 1936), et surtout au cinéma, un personnage au charme ambigu et à la voix étrange dont les inflexions acides et faubouriennes sont restées célèbres. Elle joua dans nombre de grands films, notamment de Marcel Carné : *Hôtel* du Nord* (1938), *Le jour se lève* (1939), *Les Visiteurs* du soir* (1942), *Les Enfants* du paradis* (1943 - 1945).

**ARLINGTON (Henry Bennet,** comte **D')** ♦ Homme politique anglais (Arlington 1618 - Euston 1685). Chef de l'opposition à Clarendon*, il fut membre du ministère de la Cabale* et l'un des artisans du traité de Douvres* (1670).

**ARLINGTON** ♦ V. des États-Unis (Virginie), au N.-O. de Washington. 189 453 hab. Les minorités noire (10 %), hispanique (13,5 %) et asiatique (7 %) sont bien intégrées dans la vie locale (zone urbaine 4 923 153). Important cimetière militaire. ▪ Arlington a connu une très rapide croissance dans les années 1980, en raison de l'implantation de nombreuses activités tertiaires venant de la capitale.

**ARLIT** ♦ V. du Niger, située dans l'Aïr, au N. d'Agadès. Plus de 30 000 hab. Important gisement d'uranium. Métallurgie du cuivre dans les environs, déjà évoquée par Ibn Baṭṭūṭa (XIVe s.).

**ARLON** ♦ V. de Belgique (Région wallonne), ch.-l. de la prov. de Luxembourg, ch.-l. d'arr., sur la Semois. 26 548 hab. Vestiges romains (tour, thermes). Musée luxembourgeois (archéologie et ethnographie régionales). ▪ Centre tertiaire et touristique.

**ARLT (Roberto)** ♦ Écrivain argentin (Buenos Aires 1900 - *id.* 1942). Une approche assez manichéenne de l'histoire littéraire le définit comme l'anti-Borges. Ses deux romans, *Les Sept Fous* (1929) et *Les Lance-Flammes* (1931), marqués par le contexte historique national et international oppressant des années 1930 et servis par une expression largement ouverte sur la langue populaire de Buenos Aires (le *lunfardo*), en font l'une des figures majeures des lettres argentines.

**ARLY** n. m. – ÉTYM. de la rac. pré-indo-eur. °*ar-* « cours d'eau » ♦ Torrent des Alpes (Savoie) qui draine le Sillon alpin, arrose Megève, Ugine (centrale hydroélectrique) avant de se jeter dans l'Isère près d'Albertville (32 km). Il forme le val d'Arly (gorges).

**Armada (l'Invincible)** ♦ Nom qui aurait été imprudemment donné par Philippe II d'Espagne à la flotte qu'il envoya en 1588 avec mission de débarquer une armée en Angleterre, afin de punir la reine Élisabeth de l'exécution de Marie Stuart et de rétablir le catholicisme. La mort du marquis de Santa Cruz qui devait la commander laissa cette flotte considérable à l'inexpérience du duc de Medina* Sidonia. Les tempêtes, les attaques harcelantes des marins anglais (Drake*, Hawkins*, Frobisher, Raleigh*) jointes à l'incapacité de Medina Sidonia et au retard d'Alexandre Farnèse* qui, avec l'armée stationnée aux Pays-Bas espagnols, devait le rejoindre, firent échouer l'expédition. On ne put débarquer ; et seuls 63 vaisseaux sur 130 rallièrent l'Espagne. Ce désastre marqua la fin de la suprématie maritime espagnole.

**ARMAGH** ♦ V. d'Irlande du Nord, ch.-l. de comté, au S. du Lough Neagh. 14 000 hab. Ville épiscopale, résidence du primat catholique d'Irlande et d'un évêque protestant. **Histoire** Saint Patrick y fonda un évêché en 445. Capitale religieuse de l'Irlande, elle fut conquise par les Vikings et connut un long déclin que prolongent les troubles d'Irlande du Nord.

**ARMAGNAC** n. m. – ÉTYM. anc. *Armanniacus pagus* « pays d'Armannus [ou Artmannus] (n. d'un anc. propriétaire) » ♦ Région du Bassin aquitain, entre la Gélise et la Save, comprenant le dép. du Gers ainsi qu'une partie des dép. des Landes et du Lot-et-Garonne. Polyculture. Eau-de-vie, dont les appellations contrôlées sont armagnac, bas-armagnac, ténarèze (région située entre Nérac et Vic-Fezensac), haut-armagnac. Centres de distillation. → **Condom, Eauze, Montréal, Vic-Fezensac.**

**ARMAGNAC** (comté d') ♦ Ancien pays de France, en Gascogne, correspondant approximativement à l'actuel dép. du Gers, et qui eut pour capitales successives Aignan, Auch, Lectoure et Nogaro. Compris d'abord dans l'Aquitaine, il fut érigé en comté en 960, s'agrandit du Fezensac v. 1140, et s'étendit peu à peu, au N. et au S. de la Garonne (→ **Charolais, Comminges**). L'extension du comté, malgré d'incessantes querelles avec la maison de Foix (→ **Gaston de Foix**), connut son apogée sous Bernard VII d'Armagnac, mais la rivalité de ce dernier avec la Bourgogne provoqua la querelle des armagnacs et des bourguignons (→ **armagnacs**). L'Armagnac fut définitivement annexé par Henri IV en 1607.

**armagnacs**

n. m. pl. ♦ Faction qui défendait les intérêts des Orléans contre les bourguignons*, pendant la guerre de Cent* Ans sous Charles* VI et Charles* VII. Son nom lui vint de Bernard VII d'Armagnac, beau-père de Charles Ier d'Orléans, qui prit la tête des armagnacs à la suite de l'assassinat du père de son gendre, Louis Ier d'Orléans*, par les partisans de Jean* sans Peur en 1407. La rivalité qui opposa les deux partis dégénéra en guerre civile, et eut pour résultat la victoire des Anglais sur les armagnacs à Azincourt* (1415). Bernard VII d'Armagnac et Jean sans Peur furent tour à tour assassinés, le premier par la population parisienne (1418), le second par Duchâtel*, l'un des chefs des armagnacs (1419). Le traité d'Arras (1435) entre Charles VII et Philippe le Bon mit fin à la guerre des armagnacs et des bourguignons, mais des bandes armées continuèrent à se livrer au pillage pendant quelques années encore.

**ARMAN** (Armand FERNANDEZ, dit) – ÉTYM. d'apr. son prénom ♦ Artiste américain d'origine française (Nice 1928 - New York 2005). Héritier de Marcel Duchamp* et de ses « ready-made », ainsi que de Dada et des *Merzbau* de Schwitters, Arman, comme tous les membres du Nouveau Réalisme, qu'il contribua à fonder en 1960, utilise les objets de la quotidienneté citadine et situe la création dans le seul choix de l'artiste. Il commença à partir de 1959 ses séries de *Poubelles* et d'*Accumulations* d'objets, puis de *Colères* (1961) et de *Combustions* (1963), consistant à détruire ou à brûler, au cours de happenings, des objets de préférence précieux. Contestataire de la société de consommation, il créa à partir de 1967 des multiples pour Renault et *Long Term Parking* pour la fondation Cartier à Jouy-en-Josas. Paradoxalement, les commandes publiques affluèrent, avec notamment *Drapeaux* (1984) à l'Élysée, *L'Heure de tous* et *Consigne à vie* (1985) sur le parvis de la gare Saint-Lazare à Paris, et *Les Gourmandes* (1992), accumulation de 120 fourchettes sur la place Jean-Troisgros à Roanne.

**Armance** ♦ Roman de Stendhal* (1827) publié sans nom d'auteur sous le titre *Armance ou Quelques scènes d'un salon de Paris en 1827*, qui insère l'étude d'un cas psychologique (l'ambiguïté du comportement du héros est due à l'impuissance sexuelle) dans un tableau des milieux aristocratiques sous la Restauration. Malgré la finesse de l'analyse et l'ironie cruelle de la peinture, cet ouvrage (le premier roman de Stendhal) ne connut aucun succès.

**ARMANÇON** n. m. ♦ Riv. de Bourgogne (174 km), affl. de l'Yonne, prenant sa source dans l'Auxois (Côte-d'Or).

**ARMAND (Louis)** ♦ Ingénieur et administrateur français (Cruseilles, Haute-Savoie 1905 - Villers-sur-Mer 1971). Président de la SNCF (1955 - 1958), puis de l'Euratom (1958 - 1959). On lui doit la mise au point du traitement intégral des eaux d'alimentation des chaudières. [Acad. fr. 1963] – ÉTYM. *Armand* est un nom de personne d'origine germanique, *Hardman*, de *hard* « dur, fort » et *man* « homme ».

**ARMAND** (aven) ♦ Gouffre du causse Méjean (Lozère). « Forêt vierge » de 400 stalagmites. Il fut exploré par É. Martel*, en 1897, avec l'aide de Louis Armand, un artisan de la région. Ouvert au public depuis 1927.

**ARMANT (Sophie)** → **Blanchard (Jean-Pierre)**

**ARMAVIR** ♦ V. de Russie, au pied du Caucase, sur le Kouban. 193 900 hab. Nœud ferroviaire. Indus. alimentaire. Construc. mécaniques.

**ARMENIA** ♦ V. de Colombie, cap. du dép. de Quindío, dans la région caféière de la cordillère centrale des Andes. 272 574 hab.

**ARMÉNIE** n. f. – en arménien *Hayastan* – ÉTYM. p.-ê. du gr. *armena* « éléments joints, articulation » [le pays est à la jointure de l'Europe et de l'Asie] ♦ Région d'Asie occidentale s'étendant entre l'Anatolie et le plateau iranien. Formée par un vaste haut plateau traversé de puissantes chaînes montagneuses (Caucase, Taurus, Kurdistan) où domine le massif volcanique d'Ararat (5 165 m), elle est partagée politiquement entre la rép. d'Arménie, l'Iran et la Turquie qui en possède la majeure partie (régions du N.-E. et du S.-E.). **Histoire** L'Arménie primitive ou royaume d'Urartu*, formée autour du lac de Van vers le -XIIIe s., fut pendant des siècles attaquée par les Assyriens* (Teglath*-Phalasar, Sargon*, Sennachérib*) jusqu'à l'invasion, au -VIIe s., d'un peuple indo-européen qui, fondu avec la population autochtone, constituera le peuple arménien. Le nouvel État, tour à tour vassal des Mèdes et des Perses, fut incorporé dans l'empire d'Alexandre, puis passa sous la domination des Séleucides*. Antiochos III l'annexa, mais deux de ses généraux se partagèrent l'Arménie en la divisant en Grande-Arménie et Petite-Arménie (-189). Après la conquête de celle-ci par les Romains (v. -75), le pays retrouva momentanément son unité sous Tigrane*, qui dut bientôt reconnaître la suzeraineté romaine. Le roi Tiridate* Ier reçut l'investiture de Néron* (66), mais Trajan* réduisit à nouveau l'Arménie au rang de province romaine. Sous Tiridate* III (294 - 324), l'Arménie devint chrétienne avec saint Grégoire* l'Illuminateur comme premier évêque. Conquise par les Arabes à partir de 636, elle conserva quelque temps une certaine autonomie jusqu'à ce que les luttes incessantes entre Byzantins et Turcs seldjoukides contraignissent une partie de la population à fuir en Crimée, en Galicie et en Cilicie, où fut fondé un État de Petite-Arménie qui prit part aux croisades. Au XVIe s., Turcs et Perses se partagèrent le pays ; les premiers s'installèrent à l'O., les autres à l'E. Au XIXe s., la Russie s'empara de la région d'Erevan (1828), mais Erzurum demeura à la Turquie. La résistance arménienne à la domination turque entraîna de terribles répressions et des massacres, notamment en 1894 - 1896 et en 1915 - 1916. On estime à près de 2 millions le nombre des disparus durant la Première Guerre mondiale. Le traité de Sèvres (1920) prévoyait une Arménie indépendante, mais il ne fut pas appliqué. Tandis que Mustafa* Kemal réoccupait les régions de Kars et d'Ardahan, les bolcheviks proclamaient, avec l'appui de Mikoïan*, la république socialiste soviétique d'Arménie. ▪Continuellement en butte aux pressions de leurs voisins, les Arméniens ont développé une culture originale, autour d'un art sacré très riche (églises et monastères fortifiés ornés de pierres sculptées, les Khatchkars, enluminures, chants polyphoniques), et un art moderne (littérature, musique, cinéma) marqué par le souvenir du génocide. ▪On évalue à 5 millions le nombre d'Arméniens dans le monde.

**ARMÉNIE**

n. f. – off. ***république d'Arménie*** en arménien ***Hayastani Hanrapetutyun*** ♦ Pays d'Asie occidentale, s'étendant dans la partie centrale du Caucase méridional. 29 800 km². 3 219 200 hab. *(Arméniens)*. LANGUE : arménien. POPULATION : Arméniens, 93 % ; Russes, 1,5 % ; Kurdes, 2 % ; Azéris, 3 % (1996). RELIGION : Église chrétienne autocéphale. MONNAIE : dram. CAPITALE : Erevan. RÉGIME : démocratie parlementaire. L'Arménie comprend 10 régions.

**GÉOGRAPHIE** Entièrement située sur de hauts plateaux hérissés de massifs volcaniques (Aragatz, 4 090 m), l'Arménie compte peu de terres arables et son économie agricole est surtout concentrée dans les plaines (entre 1 000 et 1 800 m) de l'Araxe et de ses affluents, la montagne restant vouée à un élevage ovin traditionnel. Le climat continental permet la culture irriguée de la vigne et des arbres fruitiers, des céréales, du tabac et des cultures maraîchères. Les indus. alimentaire (vins, brandy) et textile furent longtemps prépondérantes. La privatisation est bien avancée, toutefois le secteur industriel est pratiquement limité aux mines et à l'énergie avec l'aménagement hydroélectrique du Hrazdan* et la centrale nucléaire de Metsamor (dont l'Union européenne réclame la fermeture car construite sur le même modèle que celle de Tchernobyl).

**HISTOIRE** Devenue indépendante en sept. 1991 et dirigée par Levon Ter Petrossian, l'anc. république soviétique (→ **URSS**) est engagée

**Arménie.**

depuis 1988 dans un conflit avec ses voisins azéris à propos du Haut-Karabagh (→ **Karabagh**) peuplé essentiellement d'Arméniens qui réclament le rattachement. Les forces arméniennes occupent depuis 1993 une partie de l'Azerbaïdjan et, si le cessez-le-feu de mai 1994 est observé, la rép. subit toujours un blocus total de l'Azerbaïdjan et de la Turquie. Associée de la Russie au sein de la CEI, elle a également développé ses relations avec l'Iran qui est aujourd'hui son principal partenaire commercial. La forte crise économique et l'impasse politique ont entraîné, en 1998, la victoire de Robert Kotcharian (anc. président du Karabagh) à la présidence de l'Arménie qui a adhéré à l'OMC en 2003. Son Premier ministre, Serge Sarkissian, lui a succédé en 2008. La politique du nouveau président reste dictée par la dépendance économique de l'Arménie envers la Russie.

**ARMENTIÈRES** [59280] ▸ **ÉTYM.** «lieu où l'on élève le gros bétail», du lat. *armentum* «gros bétail» et suff. *-aria* ♦ Ch.-l. de cant. du Nord, arr. de Lille, sur la Lys. 25 273 hab. (aggl. 58 706) *(Armentiérois)*. Toile d'Armentières (lin).

**Armide** ♦ Tragédie lyrique en 5 actes de Lully*, livret de Quinault (1686). ▪ Sur ce même livret, Gluck a composé une *Armide* qui fut jouée à l'Opéra avec un grand succès (1777), Haydn, Rossini et Dvořák sont chacun l'auteur d'une *Armida* (1783, 1817, 1904). ▪ Emprunté à la *Jérusalem délivrée* du Tasse* (1580), le sujet évoque les amours de la magicienne Armide qui ensorcèle le chevalier français Renaud, puis succombe à son tour à la passion. Lorsque Renaud parvient à la quitter, elle s'ensevelit sous les ruines de son palais.

**ARMINIUS** – en all. ***Hermann*** ♦ Chef germain de la tribu des Chérusques* (v. –18 - 21). Il vainquit Varus* (9) mais fut battu par Germanicus* à Idistaviso* (16) et périt empoisonné par des conspirateurs. Il est resté vénéré en Allemagne comme un héros national.

**ARMINIUS (Jakob Hermannszoon** ou **Harmensen,** latinisé en **Jacobus)** ♦ Théologien protestant hollandais (Oudewater 1560 - Leyde 1609). Après des études à Rotterdam et Leyde, il se rendit à Genève auprès de Théodore de Bèze* (ses idées y furent jugées peu conformes à l'orthodoxie calviniste), puis en Italie. Revenu en Hollande, il fonda l'arminianisme qui réside essentiellement dans une critique du dogme calviniste de la prédestination. Critiquée par Gomar* qui y vit un nouveau «pélagianisme», sa doctrine fut condamnée en France et en Hollande. Ses adeptes furent appelés arminiens ou remontrants.

**ARMOR** ou **ARVOR** n. m. ▸ **ÉTYM.** celt. «pays près de la mer», de *ar* «sur, à, chez» et *mor* «mer» ♦ La Bretagne maritime en opposition à l'Arcoat. → **Bretagne.**

**ARMORIQUE** n. f. ▸ **ÉTYM.** de *Armor** et suff. *-ic* désignant une région ♦ Nom de la Bretagne* avant le VII<sup>e</sup> s.

**Armorique (Parc naturel régional d')** ♦ Parc naturel de la Bretagne occidentale créé en 1969, s'étendant sur 90 000 ha et englobant les monts d'Arrée*, l'estuaire de l'Aulne, les presqu'îles de Roscanvel et de Camaret, ainsi que les îles de Molène et d'Ouessant*.

**ARMSTRONG (Louis)** dit **Satchmo** ♦ Trompettiste et chanteur de jazz américain (La Nouvelle-Orléans 1901 - New York 1971). Formé à La Nouvelle-Orléans, il joua tout d'abord sur les *riverboats* du Mississippi (1920 - 1921) avant d'entrer comme second cornet dans le Creole Jazz Band de King Oliver* à Chicago (1922 - 1924). Il se produisit ensuite chez Fletcher Henderson* à New York, enregistra avec Bessie Smith*, et, de retour à Chicago en 1925, il réalisa avec un orchestre de studio (les Hot Five puis plus tard les Hot Seven) les premiers disques publiés sous son nom. Il revint à New York en 1928, accompagné par l'orchestre de Luis Russell, puis à la tête de sa propre formation. Grâce à ses exceptionnels dons de chanteur et d'instrumentiste, il fut dès le début des années 1930 le premier musicien de jazz à atteindre une renommée mondiale. À partir de 1947, il cessa de se produire avec un grand orchestre et constitua les All Stars, petites formations de six musiciens. Sa notoriété lui valut de figurer dans plusieurs films dont *Artists and Models* (1937), *New Orleans* (1946), *High Society* (1956) et *Paris Blues* (1961). Princ. enregistrements : comme trompettiste, *Cornet Shop Suey* (1926), *West End Blues* (1928), *Weather Bird* (avec Earl Hines, 1928), *Shine* (1931), *Basin Street Blues* (1933), *Hey Lawdy Mama* (1941), *Royal Garden Blues* (1947), *Bye and Bye* (1954) ; comme chanteur, *When It's Sleepy Time Down South* (1931), *Lawd, You Made the Night Too Long* (1932), *Go down, Moses* (1958), *Hello Dolly* (1963). ▸ **ÉTYM.** Ce nom vient de l'anglais *arm* «bras» et *strong* «solide» (surnom de celui qui a des bras puissants).

Louis **Armstrong.**
*Phot. © Roger Pic*

**ARMSTRONG (Neil)** ♦ Astronaute américain (Wapakoneta, Ohio 1930). Avec la mission Apollo XI, il fut le premier homme à mettre pied sur la Lune (21 juil. 1969).

**ARMSTRONG (Lance)** ♦ Coureur cycliste américain (Plano, Texas 1971). Champion du monde en 1993, il a remporté sept fois consécutives le Tour de France (de 1999 à 2005).

**ARNAGE** [72230] ▸ **ÉTYM.** du lat. *arena* «sable» ou du gaul. *ana* «marais» et suff. lat. *-atica* ♦ Comm. de la Sarthe, arr. du Mans, sur la Sarthe. 5 565 hab. Aéroport du Mans.

**ARNAUD, ARNAULD** ou **ARNAUT** ▸ **ÉTYM.** du germ. *Arnwald,* de *arn* «aigle» et *waldan* «régner» [it. *Arnaldo,* esp. et port. *Arnaldo,* occit. *Arnau,* angl. *Arnold,* basque *Allalle* ou *Allande*]

**ARNAUD (Henri Girard,** dit **Georges)** ♦ Romancier français (Montpellier 1918 - 1987). Innocenté du meurtre de son père, après 18 mois de prison (1947), il s'exila en Amérique du Sud où il vécut dans la misère. Il tira de cette expérience des romans (*Le Salaire de la peur,* 1949, porté à l'écran par H.-G. Clouzot en 1953) et des nouvelles. Il est l'auteur de reportages (*Prisons 53,* 1953 ; *Indiens pas morts,* 1956), de pièces de théâtre (*Maréchal P...,* 1958) et d'un pamphlet dénonçant les atrocités de la guerre d'Algérie (*Pour Djamila Bouhired,* 1958).

**ARNAUD DE BRESCIA** ♦ Réformateur religieux et politique italien (Brescia v. 1090 - Rome 1155). Disciple d'Abélard*, prêchant la pauvreté évangélique, il souleva en 1145 les Romains, chassa le pape Eugène* III et entreprit de restaurer la république romaine. Excommunié en 1148, il garda le pouvoir pendant dix ans, mais il fut vaincu par Frédéric* I<sup>er</sup> Barberousse et brûlé sur son ordre.

**ARNAUD DE VILLENEUVE** ♦ Médecin et alchimiste catalan (Villeneuve, près de Montpellier v. 1235 - 1313). Il enseigna à Paris et à Montpellier et a laissé de nombreux traités où les observations médicales sont mêlées à des considérations astrologiques et alchimiques.

**ARNAULD (Antoine)** ♦ Avocat français (Paris 1560 - *id.* 1619), membre du parlement de Paris, avocat général puis conseiller d'État. Il plaida pour la Sorbonne contre les jésuites (1594). Il restaura l'abbaye de Port*-Royal à laquelle sa famille ne cessa d'être liée. Il eut vingt enfants, dont R. Arnauld* d'Andilly, la mère Angélique Arnauld*, la mère Agnès Arnauld*, le Grand Arnauld*.

**ARNAULD (Jacqueline Marie Angélique),** en rel. mère **Angélique** ♦ Religieuse française (Paris 1591 - *id.* 1661), sœur d'Arnauld d'Andilly et du Grand Arnauld. Abbesse de Port-Royal dès 1602, elle réforma son monastère (1609), fonda l'institut du Saint-Sacrement, avec Zamet, évêque de Langres, confia à Saint*-Cyran la direction spirituelle de ses religieuses (1636), introduisant ainsi le jansénisme* à Port*-Royal.

**ARNAULD (Jeanne Catherine Agnès),** en rel. mère **Agnès** ♦ Religieuse française (Paris 1593 - *id.* 1671), sœur d'Arnauld d'Andilly et de la mère Angélique Arnauld*. Abbesse de Port-Royal (Paris) de 1636 à 1642 et de 1658 à 1661. Elle refusa la signature du formulaire de 1661 et fut enfermée au couvent de la Visitation en 1663 - 1665. → **Port-Royal, jansénisme.**

**ARNAULD (Antoine)** dit **le Grand Arnauld** ♦ Théologien français (Paris 1612 - Bruxelles 1694), frère d'Arnauld d'Andilly. Sous l'influence de Saint-Cyran, il adopta, sur la grâce, les thèses les plus rigoureuses de l'augustinisme (→ **Augustin [saint]**) et devint le chef du parti janséniste (→ **jansénisme**). Exclu de la Sorbonne en 1656, il passa quelque temps dans la clandestinité, documentant Pascal pour les *Provinciales,* puis se retira à Port*-Royal. À la reprise de la persécution antijanséniste (1679), il s'exila en Flandre puis aux Pays-Bas. Œuv. princ. : *De la fréquente communion* (1643), *Apologie pour les Saints-Pères* (1651), *Lettre d'un docteur de Sorbonne à une personne de condition* et *Seconde Lettre à un duc et pair* (1655), où il formule sa position sur les cinq propositions attribuées à Jansénius ; *Grammaire générale et raisonnée* ou *Grammaire de Port-Royal* (1660, avec Lancelot*), *Logique de Port-Royal* (1662, avec Nicole*) ; *La Perpétuité de la foi* (1669 - 1679, avec Nicole) et des ouvrages contre le protestantisme. ▪ Outre son rôle éminent dans l'histoire du christianisme, Antoine Arnauld est une figure majeure de la logique et de la philosophie du langage ; dans sa théorie, d'essence cartésienne, la syntaxe des langues naturelles est la réalisation d'une analyse rationnelle et universelle par le sujet pensant.

**ARNAULD D'ANDILLY (Robert)** ♦ Écrivain français (Paris 1589 - Port-Royal 1674), aîné des fils d'Antoine Arnauld et frère du Grand Arnauld. Il se retira à Port-Royal en 1646. Il a laissé des *Mémoires,* un *Journal* et une traduction des *Vies des Pères des déserts.*

**ARNAULD D'ANDILLY (Angélique),** en rel. mère **Angélique de Saint-Jean** ♦ Religieuse française (1624 - Port-Royal 1684). Fille de Robert Arnauld d'Andilly, prieure (1669 - 1678) puis abbesse (1678 - 1684) de Port-Royal des Champs.

**ARNAUT DANIEL** ♦ Troubadour périgourdin (fin du XII<sup>e</sup> s.). Dix-huit poésies de cet auteur nous sont parvenues. L'une d'elles se caractérise par une forme strophique complexe, connue sous le nom de *sextine,* qui a été reprise par Dante, Pétrarque et jusqu'à nos jours. La plupart des autres se signalent par l'obscurité du propos *(trobar clus)* et la difficulté formelle (rimes rares et difficiles, *trobar ric*).

**ARNAY-LE-DUC** [21230] ♦ Ch.-l. de cant. de la Côte-d'Or, arr. de Beaune, sur l'Arroux. 1 829 hab. *(Arnétois).* Église Saint-Laurent des XV<sup>e</sup> et XVI<sup>e</sup> s. (plafond Renaissance). ▮ **Histoire** En 1570 fut livrée près de la ville la bataille opposant Henri de Navarre aux catholiques.

**ARNDT (Ernst Moritz)** ♦ Écrivain et poète allemand (près de Garz, île de Rügen, alors suédoise 1769 - Bonn 1860). Il étudia la théologie, la philosophie et surtout l'histoire, voyagea en Europe et se trouva très tôt mêlé aux problèmes politiques de son temps. Auteur de *L'Esprit du temps (Geist der Zeit,* 1806), réfugié en Suède et en Angleterre en raison de son opposition à l'occupation française, il revint en Prusse en 1812, prit une part active à la guerre de libération de son pays contre les armées de Napoléon I<sup>er</sup> et publia ses *Poésies* (1813) dont le lyrisme et l'ardeur contribuèrent à exalter le sentiment patriotique de ses contemporains. Devenu professeur d'histoire à l'université prussienne de Bonn (1818), il fut suspecté de libéralisme. Il a laissé des *Souvenirs de la vie publique* (1840).

**ARNE (Thomas)** ♦ Compositeur britannique (Londres 1710 - *id.* 1778). Son œuvre abondante illustra tous les genres, en particulier l'opéra et la musique de scène, notamment pour des pièces de Shakespeare. Le finale de son ballet masqué *Alfred* (1740) est devenu célèbre sous le nom de *Rule, Britannia !*

**ARNHEM** (terre d') ◆ **ÉTYM.** du n. du bateau hollandais qui aborda la presqu'île en 1623 ♦ Presqu'île du N. de l'Australie baignée par la mer de Timor, la mer d'Arafura et le golfe de Carpentarie. Elle appartient au Territoire du Nord. Sur sa côte O. se situe Darwin. Elle n'est occupée que par quelques milliers d'aborigènes.

**ARNHEM** ◆ **ÉTYM.** néerl. «le village *(heim)* des aigles *(arn)*» ♦ V. des Pays-Bas, ch.-l. de la prov. de Gueldre, sur le Rhin. 142 569 hab. (aggl. 348 395). Hôtel de ville du XVI<sup>e</sup> s. Musée néerlandais de plein air. ▪ Chimie : siège de la multinationale AKZO. Nombreux organismes nationaux. Centre commercial et culturel du N. de la Gueldre. ▮ **Histoire** Anc. *Arenacum* des Romains, elle adhéra à la Hanse et fut la résidence des ducs de Gueldre (1233 - 1538). Place forte importante, elle fut prise plusieurs fois aux XVII<sup>e</sup> et XVIII<sup>e</sup> s. Elle fut le théâtre de la *bataille d'Arnhem* (17 - 27 sept. 1944), opération déclenchée par Montgomery, qui fut un échec pour les Alliés.

**ARNIM (Ludwig Joachim,** dit **Achim VON)** ♦ Poète et romancier allemand (Berlin 1781 - Wiepersdorf 1831). Il fit partie du «Cénacle romantique» de Heidelberg avec Görres, Creuzer et C. Brentano* dont il fut l'ami et le beau-frère (par son mariage avec B. Brentano*). Auteur avec ce dernier du *Cor enchanté de l'enfant (Des Knaben Wunderhorn,* 1806 - 1808, mis en musique par G. Mahler), recueil de *volkslieder* allemands qui exerça une influence considérable sur la poésie lyrique en Allemagne (Eichendorff, Heine), il a laissé plusieurs romans *(La Comtesse Dolorès,* 1810 ; *Isabelle d'Égypte,* 1811 ; *Les Gardiens de la couronne,* évocation du Moyen Âge allemand, 1817) et des nouvelles. Romantique «qui n'est pas chez lui dans le monde» (T. Mann), il fut le poète de la solitude et de l'errance, dont l'originalité et le fantastique parurent souvent touffus, sinon confus.

**ARNO** n. m. ◆ **ÉTYM.** probablt d'orig. pré-indo-eur. ♦ Fl. d'Italie, en Toscane (241 km), qui prend sa source dans l'Apennin, au Monte Falterona, passe à Arezzo en décrivant une large boucle (le *val d'Arno*), traverse Florence, Empoli et Pise et se jette dans la Méditerranée au N. de Livourne. ▪ Ses eaux ont inondé périodiquement Florence (notamment en 1966).

**Arno.** Le Ponte Vecchio sur l'Arno, à Florence. *Phot. ©Bus Wojtek/Hoa Qui*

**ARNOBE** – en lat. ***Arnobius*** ♦ Rhéteur latin de Sicca Veneria (auj. Le Kef, Tunisie) tardivement converti au christianisme (2<sup>de</sup> moitié du III<sup>e</sup> s.). Son ouvrage *Contre les païens (Adversus nationes,* v. 300) utilise l'argument du «pari» (II, 4), que Pascal reprendra. → **Pensées.**

**ARNOLD (Benedict)** ♦ Général américain (Norwich, Connecticut 1741 - Londres 1801). Pendant la guerre d'Indépendance* il servit d'abord sa patrie puis la trahit (1780) et passa dans les rangs des Anglais.

**ARNOLD (Matthew)** ♦ Poète et critique britannique (Laleham, Middlesex 1822 - Liverpool 1888). Fils du directeur de la *Public School* de Rugby, modèle des écoles privées de l'époque, Arnold fut inspecteur des écoles et professeur de poésie à Oxford. Humaniste et grand voyageur, il voulait faire connaître aux Anglais «tout ce qui s'était dit et pensé de mieux dans le monde». Dans son premier recueil, *Le Viveur égaré* (1849), Arnold définissait le poète comme devant «voir comme un dieu et souffrir comme un homme», dichotomie des exigences intellectuelles et de l'inspiration poétique propre à l'ère victorienne. Il s'essaya au genre dramatique avec *Mérope* (1858), et *Empédocle sur l'Etna* (1852), qui unissent réflexion philosophique et poésie pure. L'intimisme de ses *Poèmes* (1853), rapproche Arnold des romantiques *(L'Étudiant bohémien, Sohrab et Rustum, Thyrsis).* Pourtant, comme critique, il ne sut pas apprécier Shelley, bien qu'il reconnût Wordsworth *(Essais critiques,* 1865 et 1888). On lui doit encore une *Étude de la littérature celtique* (1867), des *Essais sur l'Église et la religion* (1877), des *Réflexions sur les États-Unis* (1885), et *Sur la traduction d'Homère* (1861).

**ARNOLD (Henry Harley)** ♦ Général américain (Gladwyne, Pennsylvanie 1886 - près de Sonoma, Californie 1950). Après une carrière consacrée au développement de l'aviation militaire, dont il fut le véritable créateur aux États-Unis, il devint le chef suprême de l'armée de l'air américaine pendant la Deuxième Guerre mondiale (1942).

**ARNOLD DE MELCHTAL** ♦ Personnage légendaire de l'histoire suisse (fin XIII<sup>e</sup> s.). Il châtia le bailli autrichien venu confisquer les bœufs de son père, rejoignit Stauffacher, Walter Fürst* et Guillaume* Tell et prêta le serment du Rütli* où ils se juraient de chasser les gouverneurs autrichiens de Suisse.

**Arnolfini (Les Époux)** → **Époux Arnolfini (Les)**

**ARNOLFO DI CAMBIO** ♦ Architecte et sculpteur italien (Colle di Val d'Elsa v. 1245 - Florence v. 1302). Il travailla à Bologne et Sienne sous la direction de Nicola* Pisano puis, passé au service de Charles d'Anjou (av. 1277), exerça son activité à Rome surtout et à Pérouse, Assise, Orvieto (tombeau mural du cardinal de Braye, v. 1282). Il se fixa en 1296 à Florence où il dirigea les premiers travaux du Dôme (1300) et où Santa Croce et, traditionnellement, le Palazzo Vecchio lui sont attribués. Une perception ample et claire de l'espace domine son architecture comme ses sculptures, tombeaux et tabernacles. Il a mêlé, et souvent subordonné, les éléments gothiques aux éléments latins anciens et modernes : paléochrétiens, toscans, romains, cosmatesques (il fit venir les Cosmati à Florence), jouant ainsi un rôle important dans la naissance de l'art italien.

**ARNOUL** (saint) ◆ **ÉTYM.** du germ. *Arnwulf,* n. de pers., de *arn* «aigle» et *wulf* «loup» ♦ (v. 580 - v. 640). Sacré évêque de Metz (v. 612), quoique laïc, il fut le précepteur de Dagobert* I<sup>er</sup>, puis se fit ermite. Par son fils Anségisel* et son petit-fils Pépin* de Herstal, il est l'ancêtre des Carolingiens*. ▪ Fête le 18 juil.

**ARNOULD (Sophie)** ♦ Cantatrice française (Paris 1740 - *id.* 1802). Soprano lyrique de grande réputation, elle fut la créatrice de plusieurs opéras de Rameau *(Castor et Pollux, Dardanus)* et de Gluck *(Iphigénie en Aulide, Orphée).* Femme d'esprit, elle a laissé de savoureux mémoires *(Arnouldiana,* 1813).

**ARNOUL DE CARINTHIE** ou **ARNULF** ♦ (v. 850 - Ratisbonne 899). Roi carolingien de Germanie (887 - 899) et empereur d'Occident (896 - 899). Fils naturel de Carloman*, roi de Bavière, il fut élu roi de Germanie après la déposition de son oncle Charles* III le Gros (887), puis couronné empereur d'Occident à Rome par le pape Formose* (896). ▪ Père de Louis* IV l'Enfant.

**ARNOUVILLE-LÈS-GONESSE** [95019] ➝ ÉTYM. anc. *Ermenovilla*, du germ. *Irminold*, n. de pers., et lat. *villa* «propriété, ferme» ♦ Comm. du Val-d'Oise, arr. de Sarcelles. 12 291 hab. *(Arnouvillois)*.

**ARNOUX (Alexandre)** ♦ Écrivain, poète et dramaturge français (Digne 1884 - Paris 1973). Il réalisa une œuvre abondante autour de la double obsession de la science et de la musique. On lui doit notamment *Le Cabaret* (1919), *La Nuit de Saint-Barnabé* (1921), *Poésie du hasard* (1934), *Le Rossignol napolitain* (1937) et *Flamenca* (1965). ➝ ÉTYM. Ce nom de famille est germanique. Il est composé de *arn* «aigle» et *wulf* «loup».

**AROLLA** ♦ Loc. de Suisse (Valais) dans le val d'Hérens, sur la comm. d'Evolène. Station estivale dans un très beau site (1 900 - 2 100 m).

**ARON (Raymond)** ♦ Philosophe et sociologue français (Paris 1905 - *id.* 1983). Rédacteur en chef de *La France Libre* à Londres (1940 - 1944), l'un des fondateurs avec J.-P. Sartre des *Temps modernes*, puis éditorialiste au *Figaro* (de 1947 à 1977), il enseigna en Sorbonne, puis au Collège de France. Auteur d'une étude sur *La Sociologie allemande contemporaine* (1935), il expose une philosophie critique de l'histoire, relativiste et pluraliste où il met en question les explications monistes (idéalistes et matérialistes) et déterministes du devenir historique (*Introduction à la philosophie de l'histoire*, 1938 ; *La Philosophie critique de l'histoire*, 1938 et 1950 ; *Dimensions de la conscience historique*, 1962). Il est considéré comme l'un des théoriciens de l'idéologie technocratique et l'un des principaux critiques du marxisme par ses analyses économiques, sociales et politiques du monde contemporain (*Le Grand Schisme*, 1948 ; *L'Opium des intellectuels*, 1955 ; *La Société industrielle et la guerre*, 1959 ; *Dix-huit leçons sur la société industrielle*, 1963). Il a publié ses *Mémoires* en 1983. ➝ ÉTYM. Ce nom de famille est une variante de *Aaron**.

**AROSA** ♦ V. de Suisse (Grisons), au S.-E. de Coire. 2 810 hab. Importante station d'été et de sports d'hiver (1 750 - 2 650 m).

**ARP (Jean** ou **Hans)** ♦ Sculpteur, peintre, dessinateur et poète français (Strasbourg 1887 - Bâle 1966). Il étudia aux Arts décoratifs de Strasbourg puis à Weimar (1905), suivant aussi des cours à l'académie Julian à Paris (1908). En 1912, il entra en contact avec Kandinsky et exposa avec le Cavalier* bleu. Lorsqu'éclata la guerre, il se réfugia à Zurich. En 1915, il rencontra Sophie Taeuber et réalisa avec elle des broderies et papiers collés basés sur le rectangle et le carré, dont les formes simples, la rigueur et l'impersonnalité «agirent comme une purification». Cette volonté de rompre avec les conventions artistiques se manifesta lorsqu'il créa Dada* avec Ball, Janco, Huelsenbeck et Tzara*. Déployant alors une activité protéiforme, il créa notamment des encres abstraites aux lignes ou masses souples et irrégulières, ces «ovales mouvants, symboles de la métamorphose et du devenir des corps», qu'on trouve dès ses premiers reliefs en bois découpés, collés et peints au ripolin (*Formes terrestres*, 1917). Il écrivit aussi des poèmes où règne une absolue liberté d'expression. «S'en remettant à une exécution automatique», il créa ses papiers collés déchirés «suivant la loi du hasard» (*Fatagaga*, avec Ernst*). Il adhéra ensuite au surréalisme (de 1926 à 1930), et entretint de bons rapports avec le mouvement De Stijl. En 1931, il aborda la ronde-bosse, travaillant de préférence le plâtre (série de *Torses*, 1930 - 1931 ; *Concrétions humaines*, 1933 - 1935 ; *Constellations*), multipliant sans cesser de se renouveler des œuvres aux dimensions réduites ou monumentales, harmonieuses et sensuelles, aux volumes lisses, arrondis, flexueux, qui semblent procéder de formes primordiales (l'œuf, le galet) et évoquent un univers en gestation préalable à la distinction des règnes minéral, végétal et animal (*Interregnum*, 1949). Par la maîtrise, mais aussi l'humour et la spontanéité, il s'est affirmé comme l'un des protagonistes de l'art moderne. Ses poèmes en allemand ont été publiés en 1955 et ses textes en français en 1966 *(Jours effeuillés)*.

**ÁRPÁD** ♦ Grand prince de Hongrie (mort en 907). D'après la tradition, les sept tribus hongroises fuyant les Petchenègues élirent le prince Árpád, le chef de la tribu la plus puissante des Magyars. Sous sa conduite, les Hongrois pénétrèrent en 896 dans le bassin des Carpates. Il combattit les Bulgares, les Valaques et les Moraves. ▪ Il fut l'ancêtre de la dynastie des Árpád (ou Arpadiens), qui régnèrent en Hongrie avec le titre de prince, puis de roi, jusqu'à la mort d'André* III en 1301.

**ARPAJON** [91021] ➝ ÉTYM. ainsi nommé en l'honneur de Louis Séverac, marquis d'*Arpajon* (Cantal), qui érigea la ville en duché-pairie. ➝ Arpajon-sur-Cère ♦ Ch.-l. de cant. de l'Essonne, arr. de Palaiseau, sur l'Orge, au S. de Paris. 9 053 hab. (*Arpajonnais* ou *Arpajonais*). Cultures maraîchères, foire aux haricots.

**ARPAJON-SUR-CÈRE** [15130] ➝ ÉTYM. probablt du gaul. *Arepaius*, n. de pers., et suff. *-onem* ♦ Ch.-l. de cant. du Cantal, banl. S.-E. d'Aurillac. 5 545 hab.

**ARPINO (Giovanni)** ♦ Romancier et journaliste italien (Pula 1927 -Turin 1987). Auteur de plusieurs romans dont le premier, *Serena* (1959), est construit comme le journal intime d'un homme amoureux d'une nonne. Sa littérature est marquée par la guerre et il écrit notamment *Le Bonheur secret ou le Fils du colonel Illuminati* (ou *L'Ombre des collines*, 1964), sur un homme qui a tué un soldat allemand dans son enfance. Dino Risi* a porté à l'écran *Il buio e il miele* (1969), portrait d'un soldat que la cécité a rendu cruellement cynique, sous le titre *Parfum de femme*.

**ARQUES** n. f. ➝ ÉTYM. de *Arques**-la-Bataille ♦ Petit fl. côtier de Normandie (Seine-Maritime) formé par la réunion de la Béthune, de la Varenne et de l'Eaulne. Il arrose Arques-la-Bataille et son embouchure forme le port de Dieppe.

**ARQUES** [62510] ➝ ÉTYM. dimin. du lat. *arcus* «arche (d'un pont)» ♦ Ch.-l. de cant. du Pas-de-Calais, arr. de Saint-Omer. 9 331 hab. *(Arquois)*. Port à la jonction de l'Aa canalisé et du canal de Neuffossé qui relie l'Aa à la Lys. Importante verrerie-cristallerie auj. en déclin.

**ARQUES-LA-BATAILLE** [76880] ♦ Comm. de la Seine-Maritime, arr. de Dieppe, sur l'Arques. 2 535 hab. *(Arquais)*. Ruines d'un château du XI^e s., renforcé par l'adjonction d'un donjon (XII^e s.) et de tours (XIV^e s.). Église Notre-Dame-de-l'Assomption des XVI^e et XVII^e s. (chœur et transept flamboyants ; jubé Renaissance). ▮ **Histoire** La commune doit son nom à la victoire d'Henri IV sur le duc de Mayenne en 1589 (obélisque commémoratif).

**ARRABAL (Fernando)** ♦ Auteur dramatique et cinéaste espagnol d'expression française (Melilla 1932). Un sentiment de révolte et le goût de la profanation caractérisent son théâtre comme ses films. «Cérémonial panique», le drame doit instituer entre les personnages et le spectateur un lien de nature sadomasochiste comme il en existe entre la victime et le bourreau. Au théâtre : *Fando et Lis* (1955), *Le Cimetière des voitures* (1957), *Le Grand Cérémonial* (1965), *L'Architecte et l'Empereur d'Assyrie* (1967), *Le Jardin des délices* (1967), *Bella Ciao ou la Guerre de mille ans* (1972). Au cinéma, notamment : *¡Viva la muerte !* (1970) et le très lyrique *J'irai comme un cheval fou* (1973). ➝ ÉTYM. *Arrabal* vient de l'hispano-arabe *ar-rabad* «faubourg, hameau».

**ARRACHART (Ludovic)** ♦ Officier aviateur français (Besançon 1897 - Étampes 1933). Pionnier des raids intercontinentaux, il s'illustra par des records de distance (Paris-Bassora, 1926 ; Paris-Madagascar, 1931).

**ARRADON** [56610] ♦ Comm. du Morbihan, arr. de Vannes, sur le golfe du Morbihan. 4 719 hab. *(Arradonnais)*. Station balnéaire.

**ARRAN** (île d') ♦ Île d'Écosse (North Ayrshire), sur le Firth of Clyde. 427 km². 5 058 hab. env. Tourisme.

**ARRAS** [62000] ➝ ÉTYM. de *Atrébates** ♦ Ch.-l. du dép. du Pas-de-Calais, dans l'Artois, sur la Scarpe. 40 590 hab. (aggl. 80 487) *(Arrageois)*. Évêché. Grand-Place et place des Héros (XI^e s.), restaurées après 1918 : maisons à arcades de style Renaissance flamande du XVII^e s. Adossé au beffroi (1463 - 1554), hôtel de ville gothique et Renaissance (XVI^e s.). Anc. abbaye Saint-Vaast reconstruite par J.-F. Labbé de 1746 à 1843 (auj. bibliothèque et musée municipal) ; abbatiale par P. Contant d'Ivry (1755), érigée en cathédrale en 1833. Musée municipal : sculptures médiévales et classiques ; peintures des XVI^e - XVII^e s. (C. Vignon, L. de La Mire) dont une partie des «Mays» de Notre-Dame ; écoles paysagistes du XIX^e s. (C. Corot, C. Dutilleux) ; porcelaines d'Arras (1770 - 1790) et de Tournai (XVIII^e - XIX^e s.). Centre majeur de la tapisserie de lice aux XIV^e et XV^e s. ▪ Nœud routier, Arras est un centre administratif, commercial et industriel (alimentation, transport routier, textile, construc. mécaniques). ▮ **Histoire** Anc. cap. des Atrébates (➝ **Artois**), la ville fut détruite en 407, relevée par saint Vaast en 500, ravagée par les Normands en 880, puis restaurée à nouveau. Elle resta sous l'autorité des comtes de Flandre jusqu'au XII^e s. Intégrée à la France à la suite du mariage de Philippe Auguste avec Isabelle de Hainaut (1180), elle passa à la Bourgogne en 1384. Louis XI la reprit (1477), mais les Arrageois se rallièrent à Maximilien d'Autriche (1493). Louis XIII la conquit en 1640. Le Grand Condé et les Espagnols l'assiégèrent, mais furent repoussés par Turenne (1654). Le traité des Pyrénées la céda définitivement à la France et Vauban la fortifia (1659). Très disputée en raison de sa situation stratégique, Arras résista aux Allemands pendant la Première Guerre mondiale. Occupée en mai 1940, elle fut libérée en sept. 1944. ♦ ***Traités d'Arras*** Celui de 1414 fut signé par Charles VI et Jean sans Peur pour mettre fin à la guerre entre les armagnacs et les bourguignons, resta sans effet. ▪ Celui de 1435 entre Charles VII et Philippe III le Bon, contraignait ce dernier à abandonner l'alliance anglaise. ▪ Celui de 1482 entre Louis XI et Maximilien d'Autriche concluait au mariage du dauphin Charles et de Marguerite, fille de Maximilien. ▪ Celui de 1579 entre les délégués du Hainaut, d'Artois et des Flandres avec Alexandre Farnèse, par lequel les provinces se soumettaient à l'Espagne, provoqua l'union d'Utrecht.

**ARRAU (Claudio)** ♦ Pianiste américain d'origine chilienne (Chillán 1903 - Mürzzuschlag, Styrie 1991). Enfant prodige, il alla étudier à Berlin sous la direction de Martin Krause. De nombreuses tournées internationales l'ont fait reconnaître comme l'un des plus grands interprètes de Beethoven, Brahms, Chopin, Schumann.

**ARRÉE** (monts d') ➝ ÉTYM. en bret. *Are*, de la rac. pré-indo-eur. *°ar* «montagne» ♦ Chaîne de hauteurs granitiques de Bretagne (Finistère et Côtes-d'Armor) entre le pays de Léon et le bassin de Châteaulin. 387 m au Roc'h Trédudon, point culminant de la Bretagne. Écomusée. ▪ Centre nucléaire à Brennilis.

**ARRHENIUS (Svante)** ♦ Physicien et chimiste suédois (Wijk, près d'Uppsala 1859 - Stockholm 1927). Il est l'auteur de la théorie de la dissociation électrolytique fondée sur l'existence d'ions dans la solution et d'après laquelle le coefficient de dissociation peut être déduit de mesures de conductibilité. [Prix Nobel de chim. 1903]

**ARRIEN** – en gr. ***Arrhianos***, en lat. ***Flavius Arrianus*** ♦ Historien et philosophe grec (Nicomédie, Bithynie v. 85 - Athènes v. 165). Après avoir participé à la lutte contre les Alains, il obtint la citoyenneté romaine, devint consul, puis gouverneur de Cappadoce avant de se retirer à Athènes. Disciple d'Épictète*, il rédigea et publia l'enseignement de son maître *(Entretiens* ; Manuel*)*. Historien, il écrivit une *Anabase* sur l'expédition d'Alexandre.

**ARROMANCHES-LES-BAINS** [14117] ♦ Comm. du Calvados, arr. de Bayeux, sur la Manche. 552 hab. *(Arromanchais)*. Station balnéaire. Musée du Débarquement. ▮ **Histoire** Lors du débarquement allié en Normandie (6 juin 1944), un port artificiel y fut construit, qui resta bientôt le seul en état de fonctionner et permit de débarquer quelque 9 000 t de matériel par jour.

**ARROS** n. m. ♦ Riv. de Bigorre (Hautes-Pyrénées), née dans les Barronies (100 km). Elle passe dans le dép. du Gers et se jette dans l'Adour.

L'**Arroseur arrosé** ♦ Film français de Louis Lumière* (1895). Ce tout premier « gag » de l'histoire du cinéma, inspiré aux frères Lumière par une planche dessinée de Christophe (elle-même empruntée au caricaturiste allemand Vogel), est aussi le premier film comportant un scénario, si bref (38 s) et sommaire soit-il.

**ARROUX** n. m. ♦ Riv. du N.-E. du Massif central (120 km). Née en Côte-d'Or, elle arrose Autun, reçoit la Bourbince et se jette dans la Loire à Digoin.

**ARROW (Kenneth Joseph)** ♦ Économiste américain (New York 1921). Dans une œuvre très diverse, il s'est attaché à montrer que l'économie ne suffit pas à assurer l'équilibre social *(Social Choices and Individual Value*, 1951). [Prix Nobel de sc. éco. 1972, avec J. R. Hicks*]

**ARROYO (Eduardo)** ♦ Peintre espagnol (Madrid 1937). Arroyo quitta l'Espagne dès 1958 pour s'exiler en France. Il lutta contre la « dictature » d'un certain avant-gardisme en peinture. Il critiqua le « vide et sinueux abstractionnisme des années 60 », pourfendit l'œuvre de Marcel Duchamp (*La Fin tragique de Marcel Duchamp*, 1967 - 1968) et devint l'un des membres de la Nouvelle Figuration. En 1974 il retourna en Espagne, où il fut incarcéré. À sa libération, il revint en France et obtint le statut de réfugié politique. Servi par une grande sûreté dans le traitement des formes et des couleurs, influencé par le cinéma et par la littérature contemporaine, il soigne les détails et crée une impression d'angoisse en figeant des actions dans des décors vides. Arroyo a développé son œuvre par séries : l'exil (*Antonio Machado 22 février 1939 - Miguel Hernández 28 mars 1942*, 1970), les rumeurs de la ville (*Toute la ville en parle*, 1982), l'actualité politique (*La Chaise de Yalta*, 1969). Les tableaux d'Arroyo se distinguent du pop art par leur contenu idéologique, et par les nuances de leur code pictural (*Dans le respect des traditions*, 1965). En 1992, Arroyo a illustré *Ulysses* de Joyce*. ➝ **ÉTYM.** Ce nom espagnol signifie « ruisseau (ou canal d'irrigation) ».

Eduardo **Arroyo.** *Heureux qui comme Ulysse* (1,80×2,20 m). MNAMGP, Paris. *Phot.* ©*MNAMGP*

**ARRUPE (Pedro)** ♦ Jésuite espagnol (Bilbao 1907 - Rome 1991). Missionnaire au Japon (1938 - 1955), il devint préposé général des jésuites (1965), traduisit saint Ignace* en japonais, et se fit l'interprète du concile Vatican II. Luttant contre l'image d'un christianisme identifié aux valeurs de l'Occident, il fut le promoteur d'une stratégie missionnaire d'inculturation, incarnation de l'expérience chrétienne dans la diversité des cultures. Sous le pontificat de Jean-Paul II, les rapports de son ordre avec le Vatican se détériorèrent. Devenu hémiplégique en 1981, le R. P. Arrupe eut pour successeur le R. P. Hans Kolvenbach, élu en 1983.

**ARS (LE CURÉ D')** → **Jean-Marie Baptiste Vianney**

**ARSACE** – en gr. ***Arsakês*** ♦ Chef parthe, fondateur v. –250 de la dynastie des Arsacides. → **Parthes.**

**ARSACIDES** n. m. pl. ♦ Dynastie de souverains parthes descendants d'Arsace. Elle régna de –250 env. à 224, sur la Parthie, mais aussi sur l'Iran, la Perside, la Mésopotamie, l'Arménie (→ **Parthes**). Elle fut renversée par les Sassanides perses. Principaux représentants : → **Artaban, Mithridate, Orode II, Phraate, Vologèse.**

**Ars antiqua** ♦ Période de la musique médiévale ainsi dénommée par les historiens par opposition à celle de l'*Ars* nova*. Elle correspond aux premiers sommets de la polyphonie, illustrée à Paris (école de Notre-Dame) vers l'an 1200 par Léonin et Pérotin, et se poursuit au XIII^e^ s. avec comme genres principaux l'organum, le motet et le conduit.

**Arsenal** (bibliothèque de l') ♦ Établissement public dépendant administrativement de la Bibliothèque nationale, situé à Paris (4^e^ arr.). Elle est logée dans les bâtiments construits en 1594 pour le grand maître de l'Artillerie (Sully y habita), d'où son nom ; embelli au XVIII^e^ s. par Germain Boffrand*, l'édifice a été remanié au XIX^e^ s. ▪ Bibliothèque constituée dès 1757 par Paulmy d'Argenson*, puis achetée par le comte d'Artois et enrichie à la Révolution des archives de la Bastille, l'Arsenal a été ouvert au public en 1797. Saint*-Simon, Charles Nodier* (de 1824 à 1844), A. Mickiewicz* (1845), J. M. de Heredia* (v. 1900) en furent notamment les administrateurs.

**ARSÈNE** (saint) ➝ **ÉTYM.** du gr. *arsên (arrhên)* « mâle, énergique » ♦ Diacre de l'Église romaine (Rome v. 350 - désert de Scété en Égypte v. 445). Il fut précepteur d'Arcadius, empereur d'Orient. ▪ Fête le 19 juillet.

**ARSÈNE LUPIN** ♦ Personnage principal des romans policiers de Maurice Leblanc*. On a pu considérer qu'il incarnait une version moderne de Robin des Bois. Mais, « gentleman cambrioleur » et ardent défenseur du patriotisme, Lupin doit son originalité au fait qu'il est l'un des premiers héros à se servir de la puissance de la presse pour assurer le bon déroulement des actions qu'il entreprend.

**ARS-EN-RÉ** [aʀsɑ̃ʀe] [17590] ➝ **ÉTYM.** en langue d'oïl pl. de *arc* « arches [d'un pont] » ♦ Ch.-l. de cant. de la Charente-Maritime, arr. de La Rochelle, dans l'île de Ré. 1 294 hab. *(Arsais)*. Église Saint-Étienne, formée de deux édifices accolés, l'un du XII^e^, l'autre du XV^e^ s. Maisons anc. ▪ Station balnéaire. Pêche. Conserverie de poissons. Ostréiculture. Pommes de terre. Marais salants.

**ARSÈS** ♦ Roi de Perse (de –338 à –336), fils d'Artaxerxès* III. Il fut porté au trône par l'eunuque Bagoas*, meurtrier de son père. Son règne vit la révolte de l'Égypte et l'invasion de l'Asie Mineure par Philippe de Macédoine (–336). Il fut empoisonné par Bagoas qui le remplaça par Darios* III.

**ARSINOÉ** ♦ Nom de quatre princesses égyptiennes de la dynastie des Ptolémée. ♦ **ARSINOÉ I^re^** (déb. –III^e^ s.). Fille de Lysimaque, roi de Thrace, elle fut la première femme de Ptolémée* II dont elle eut trois enfants, parmi lesquels Ptolémée* III. ♦ **ARSINOÉ II** (v. –316 - –270). Fille de Ptolémée* I^er^ et de Bérénice*, elle épousa Lysimaque*, roi de Thrace (v. –298) qui fut tué par Séleucos* I^er^. Son demi-frère Ptolémée* Kéraunos la contraignit alors à l'épouser et tua ses deux plus jeunes fils. Elle s'enfuit en Égypte où elle épousa son frère Ptolémée II (v. –278) qui fonda en son honneur plusieurs villes qui portent son nom. Les Grecs la divinisèrent en tant que *Thea Philadelphé* (« déesse qui aime son frère »). ♦ **ARSINOÉ III** (fin –III^e^ s.). Fille de Ptolémée* III et de Bérénice, elle épousa son frère Ptolémée* IV Philopatôr et eut pour fils Ptolémée* V. ♦ **ARSINOÉ IV** ( ? - 41). Fille de Ptolémée XII et sœur de Cléopâtre* VII. Reconnue comme reine d'Égypte par les Alexandrins, elle fut vaincue par César* dont elle orna le triomphe (–46), puis mise à mort sur l'ordre d'Antoine*.

**Ars nova** ➝ **ÉTYM.** « art nouveau » ♦ Titre donné par Philippe de Vitry à un traité musical du début du XIV^e^ s., et utilisé ensuite par les historiens pour caractériser la musique de cette période, compliquée et marquée par la spéculation et l'esprit de recherche. La période de l'*Ars nova* fut dominée en France par Guillaume* de Machaut, puis en Italie par Francesco Landini*.

**ARSONVAL (Arsène D')** ♦ Physicien et médecin français (La Borie, Haute-Vienne 1851 - *id.* 1940). Il perfectionna divers appareils électriques dont le galvanomètre à cadre mobile avec Marcel Deprez*, mais il est surtout connu pour ses recherches sur les applications en médecine des courants de haute fréquence *(darsonvalisation)*. [Acad. sc. 1894]

**ARS-SUR-FORMANS** [aʀs-] [01480] ➝ **ÉTYM.** anc. *ad Artes*, p.-ê. pl. du lat. *arcus* « les arches (d'un pont) » ou de *ars* « habileté, invention » ♦ Comm. de l'Ain, arr. de Bourg-en-Bresse. 1 102 hab. *(Arsois)*. Pèlerinage au sanctuaire de saint Jean*-Baptiste Marie Vianney, le curé d'Ars.

**ARS-SUR-MOSELLE** [57130] ♦ Ch.-l. de cant. de la Moselle, arr. de Metz-Campagne. 5 001 hab. (aggl. 8 035). *(Arsois)*. Boulonneries.

**ARTA** – anc. ***Ambracie*** ♦ V. de Grèce (Épire), ch.-l. du nome d'Arta. Env. 25 000 hab. Ruines d'une forteresse byzantine ; églises et monastères médiévaux. ▪ Centre agricole : tabac, agrumes, légumes.

**ARTA** (golfe d') – anc. ***golfe d'Ambracie*** ♦ Golfe de la côte O. de la Grèce, formé par la mer Ionienne et isolé de la haute mer par le promontoire d'Actium. ▮ **Histoire** La bataille d'Actium* se déroula à l'entrée de ce golfe (–31).

**ARTABAN** ♦ Nom de plusieurs rois parthes arsacides. ♦ **ARTABAN I^er^** (mort en –191). Il s'empara d'Ecbatane et de la Médie et contraignit Antiochos III de Syrie à le reconnaître comme roi. ♦ **ARTABAN II** (mort v. –123). Il fut tué en Bactriane où il repoussait les Tokhariens (Yuë-chih ?). ♦ **ARTABAN III** (de 12 à 44). Il incarna une réaction nationale contre les influences helléniques, chaldéennes et romaines. Il dut céder le trône à Tiridate (35), le reprit en 36. ♦ **ARTABAN V** (mort en 224). Le dernier des Arsacides, il lutta avec succès contre Caracalla et Macrin (216) mais fut vaincu et tué dans la révolte d'Ardachêr*.

**ARTABAN** ♦ Héros du roman de La* Calprenède *Cléopâtre*. Sa fierté est passée en proverbe.

**ARTAGNAN (Charles DE BATZ,** comte **de MONTESQUIOU,** seigneur **D')** ♦ Gentilhomme gascon (Lupiac, Gers 1615 - Maastricht 1673). Il servit brillamment Louis XIII et Louis XIV. Capitaine des mousquetaires, il fut chargé d'arrêter Fouquet* à Nantes en 1661. Maréchal de camp en 1662, il fut tué au siège de Maastricht. ▪ Alexandre Dumas* immortalisa son personnage dans sa trilogie, en compagnie des mousquetaires Athos, Porthos et Aramis. → **Trois Mousquetaires (Les).**

**ARTAGNAN (Pierre DE MONTESQUIOU,** comte **D')** → **Montesquiou**

**ARTAUD (Antoine Marie-Joseph,** dit **Antonin)** ♦ Écrivain français (Marseille 1896 - Ivry-sur-Seine 1948). S'il participa quelque temps au groupe surréaliste (*L'Ombilic des limbes*, 1925 ; *Le Pèse-Nerfs*, 1925), il en fut rapidement écarté (→ **surréalisme**) et se tourna vers l'expression théâtrale. Fondateur, avec Roger Vitrac*, du Théâtre Alfred-Jarry, il donna avec *Le Théâtre* et son double* (1938) un recueil d'essais, écrits entre 1931 et 1935, qui est à la base de la réflexion moderne sur la mise en scène. Sa pièce de théâtre *Les Cenci* (1935) fut cependant un échec. Ses ouvrages les plus significatifs restent les *Lettres de Rodez* (publ. 1946), écrites de l'hôpital psychiatrique, dont il fut tiré à grand-peine par quelques amis, et échangées avec Henri Parisot, *Artaud le Mômo* (1947), *Van Gogh ou le Suicidé de la société* (1947) et *Les Tarahumaras* (posth. 1955), à la fois poèmes et récits initiatiques. Son œuvre est le compte rendu et l'exploration d'un bouleversement psychique qui le toucha dès sa jeunesse tout en lui permettant d'avoir accès aux profondeurs de la pensée (*Correspondance avec Jacques Rivière*, publ. 1927). Elle pousse à l'extrême du langage l'expression de la douleur psychique, de l'imprécation à la désolation. La présence d'Artaud perdure aujourd'hui par des enregistrements bouleversants (*Pour en finir avec le jugement de dieu*, émission préparée pour la radio, 1948). Il s'est également illustré au cinéma comme acteur, notamment dans *Faits divers* (1923), *Napoléon* d'Abel Gance (1927) et *La Passion de Jeanne d'Arc* de Dreyer (1928). → ÉTYM. *Artaud* est la forme méridionale de *Hartaud*, du germanique *hard-(hart-)* «dur, fort» et *waldan* «gouverner».

Antonin **Artaud** dans *Le Juif errant*, de Luitz-Morat. *BIS/Phot. ©X Coll. Archives Larbor*

**ARTAXERXÈS** → ÉTYM. du vx perse *artaḫšaçā* «ayant le droit de possession» ♦ Nom de plusieurs rois perses. ♦ **ARTAXERXÈS I^er^ Makrocheir** «longue main». Fils et successeur de Xerxès* I^er^, il régna de –465 à –424. Bien qu'au début de son règne il eût fait assassiner ses frères pour s'assurer le trône, il a laissé le souvenir d'un prince généreux pour avoir accueilli Thémistocle* exilé et autorisé les Juifs à rentrer à Jérusalem (→ **Néhémie**). Battu par Cimon, il fut contraint de signer la paix avec les Grecs (–449 - –448). Ses fils Xerxès II puis Darios* II Ochos lui succédèrent. ♦ **ARTAXERXÈS II Mnémon** «qui a de la mémoire». Petit-fils d'Artaxerxès I^er^, il succéda à Darios II Ochos et régna de –404 à –358. Le début de son règne fut marqué par l'échec d'une expédition en Égypte et la perte d'une partie de Chypre, de la Phénicie et de la Syrie. Son jeune frère Cyrus* s'étant révolté avec l'aide de mercenaires grecs, il le battit et le tua à Counaxa* (–401). Il chargea ensuite son général Tissapherne* de conduire les Dix* Mille jusqu'aux côtes du Pont-Euxin (→ **Xénophon**). S'imposant comme arbitre entre Athènes et Sparte, il dicta la paix d'Antalcidas* ou paix

**Artaxerxès II.** Tombeau à Persépolis. *Phot. ©Nino Cirani/Ricciarini*

du roi (–386). Son fils lui succéda. ♦ **ARTAXERXÈS III Ochos.** Fils et successeur du précédent, il régna de –358 à –338. Comme Artaxerxès I^er^, il fit tuer ses frères pour s'assurer le pouvoir. Il reconquit l'Égypte malgré la résistance de Nectanebo* II, puis la Phénicie et Chypre (–345 - –341). Il périt assassiné.

**ARTAXERXÈS** ♦ Fondateur de la dynastie des Sassanides. → **Ardachêr.**

L'**Art de la fugue** – en all. ***Die Kunst der Fuge*** ♦ Titre d'une œuvre inachevée rédigée par J.-S. Bach* à la fin de sa vie, et qui aurait dû comporter 24 fugues sur le même sujet (trois manquent, une est inachevée, une perdue et une incomplète). Monumentale par ses proportions, elle a longtemps passé pour un exercice d'une étonnante virtuosité, avant de figurer comme l'un des accomplissements de la musique tonale. Non instrumentée, elle est généralement interprétée par un orchestre à cordes ou avec vents, à l'orgue, au clavecin ou au piano.

**Arte (Association relative à la télévision européenne)** ♦ Chaîne de télévision culturelle franco-allemande à vocation européenne créée en 1992. Ses programmes sont fournis à parité par les chaînes publiques allemandes ARD et ZDF et par La Sept française. Arte présente une programmation de grande qualité centrée sur le cinéma d'auteur, les magazines de réflexion et les documentaires.

**ARTÉMIS** → ÉTYM. p.-ê. du gr. *artemês* «sain et sauf [vierge]» ou de *artamos* «boucher [massacreuse]» ♦ Divinité grecque identifiée plus tard à la Diane* des Romains. Fille de Zeus* et de Léto*, sœur jumelle d'Apollon*, née dans l'île de Délos*, elle est déesse de la Lune (→ **Phébé, Hécate**) et de la chasse. Munie d'arcs et de flèches, escortée de nymphes, elle hante nuitamment les bois à la poursuite des fauves. Vierge et chaste, elle est vindicative et cruelle ; elle fait périr Actéon*, Orion*, Callisto*. Elle aide Apollon à venger l'injure faite par Niobé* à leur mère. Courroucée contre Agamemnon*, elle

**Artémis.** Réplique du XVI^e^ s. Art grec. Musée du Louvre, Paris. *Phot. ©Carlo Bevilacqua/Ricciarini*

le force à sacrifier Iphigénie*. En revanche, elle exauce la prière d'Aréthuse* qu'elle transforme en fontaine. Elle était particulièrement vénérée en Arcadie*. Les temples d'Épidaure et d'Éphèse lui étaient consacrés.

**ARTÉMISE** ♦ Nom de deux reines d'Halicarnasse* en Carie*. ♦ **ARTÉMISE Ire** (–Ve s.). Alliée de Xerxès* Ier contre les Grecs, elle fut battue avec lui à Salamine* (–480). Désespérée par un amour déçu, elle fit volontairement le «saut de Leucade*». ♦ **ARTÉMISE II** (–IVe s.). Elle fit élever pour son frère et époux Mausole* un magnifique tombeau (le Mausolée).

**ARTÉMISION** ♦ Cap situé au N. de l'île Eubée*, au large duquel la flotte de Xerxès* Ier fut vaincue par les Grecs d'Eurybiade* (–480).

## Arte Povera

♦ Mouvement artistique. L'expression «Arte Povera» fut inventée par Germano Celant, critique italien et théoricien du mouvement, lors d'une exposition à Gênes en 1967, et s'inscrit dans un mouvement de contestation de la politique et de la société de consommation de la fin des années 1960 en Italie. L'artiste privilégie le geste de création aux dépens de l'objet fini. C'est un art éphémère, qui se sert d'objets de rebut ou de matériaux naturels (dits «pauvres») : terre, charbon, pierre, végétaux pour «*une praxis artistique et existentielle dont le procédé linguistique consiste à enlever, à supprimer, à réduire au minimum, à appauvrir les signes, les réduisant à leurs archétypes*» (Germano Celant). Parti de Turin, ce mouvement a gagné toute l'Italie et attiré notamment Alighiero Boetti (qui privilégie le corps), Pino Pascali, Jannis Kounellis (rapport avec la nature), Mario Merz (thème de l'igloo) mais aussi Giovanni Anselmo, Giuseppe Penone, Michelangelo Pistoletto, Gilberto Zorio et Emilio Prini.

**ARTEVELDE (Jacob VAN)** → **Van Artevelde**

**ARTH** ou **ARTH-GOLDAU** ♦ V. de Suisse (cant. de Schwyz), à l'extrémité S. du lac de Zoug. 10 069 hab. Église Saint-Georges (XVIIe s.). ▪ Nœud ferroviaire. Distilleries de kirsch.

**Arthaśāstra** n. m. pl. → ÉTYM. sanskr. «enseignement du profit» ♦ Traités hindous (v. –IVe s.) se référant aux actes de la vie pratique, aux sciences et aux techniques et dont les textes de base sont attribués traditionnellement au sage de l'Inde antique Kauṭilya.

**ARTHUR** → **Artus**

**ARTHUR** ♦ Nom de plusieurs ducs de Bretagne. ♦ **ARTHUR Ier** (Nantes 1187 - Rouen 1203). Duc de Bretagne. Fils posthume de Geoffroi* II d'Anjou, lui-même fils du roi d'Angleterre Henri* II et de Constance*, duchesse de Bretagne. À la mort de Richard* Cœur de Lion (1199) et malgré le soutien de Philippe* II Auguste, roi de France, il disputa vainement le trône d'Angleterre à son oncle Jean* sans Terre qui l'emprisonna à Rouen et le fit sans doute assassiner. ♦ **ARTHUR II** (1262 - La Roche-Bernard 1312). Duc de Bretagne (1305 - 1312). ♦ **ARTHUR III** (près de Vannes 1393 - Nantes 1458, fils de Jean IV). Comte de Richemont. Duc de Bretagne (1457 - 1458, successeur de son neveu Pierre II). Prisonnier des Anglais après la bataille d'Azincourt*, il devint connétable de France en 1425, fut compagnon de Jeanne* d'Arc et l'un des plus fidèles serviteurs de Charles* VII.

**ARTHUR (Chester Alan)** ♦ Homme d'État américain (Fairfield, Vermont 1830 - New York 1886). L'un des fondateurs du parti républicain, il fut le 21e président des États-Unis (1881 - 1885).

**ARTHUS-BERTRAND (Yann)** ♦ Photographe français (Paris 1946). Très tôt attiré par la nature, il partit en 1976 pour le Kenya afin d'y étudier le comportement des lions ; il découvrit alors la photographie et publia des ouvrages aussi bien sur les animaux que sur le rallye Paris-Dakar ou Roland-Garros. Il a également collaboré à plusieurs revues (*National Geographic, Paris-Match* et *Géo*). En 1991, il a créé une banque d'images aériennes, l'agence Altitude. Il a organisé, avec le parrainage de l'Unesco en 1994, un inventaire en photos des plus beaux paysages de la planète : *La Terre vue du ciel* (1994). *Home* (2009), film à gros budget, est un cri d'alarme sur l'état de la planète et a eu un grand retentissement. [Acad. des bx-arts 2006]

**ARTIGAS (José Gervasio)** ♦ Général uruguayen (Montevideo 1764 - près d'Asunción 1850). Partisan de l'indépendance, il fut un farouche adversaire des Espagnols. Il reconquit l'Uruguay sur les Argentins et se trouva maître du pays en 1814. Vaincu en 1820 par les Argentins et les Brésiliens, il se réfugia au Paraguay.

**ARTIGAS (Josep Llorens)** ♦ Céramiste espagnol (Barcelone 1892 - *id.* 1980). Il collabora avec des peintres (Dufy*, Braque* et surtout Miró*) et exposa à Paris (1927, 1948) et New York (1946). Il travailla l'argile, le grès ou la faïence stannifère, simplement vernissés ou subtilement colorés. Il a réalisé *Le Mur du Soleil* et *Le Mur de la Lune* du palais de l'Unesco, à Paris. → ÉTYM. Ce nom vient du catalan *artiga* «terre défrichée» [habitant d'une terre récemment défrichée].

**ARTIGUES-PRÈS-BORDEAUX** [33370] → ÉTYM. de l'occit. *artiga* «terre défrichée», d'orig. précelt. aquitaine ♦ Comm. de la Gironde, banl. de Bordeaux. 5 984 hab.

**ARTIN (Emil)** ♦ Mathématicien allemand (Vienne 1898 - Hambourg 1962). Un des fondateurs de l'algèbre moderne, il étudia particulièrement les corps de nombres algébriques et la théorie des nombres.

**ARTIX** [64170] ♦ Comm. des Pyrénées-Atlantiques, arr. de Pau, dans la vallée du gave de Pau. 3 122 hab. *(Artisiens).*

**Art moderne (Musée national d')** ♦ Musée de Paris, créé en 1937, et installé depuis 1977 au Centre* national d'art et de culture Georges-Pompidou, il réunit les collections de l'ancien musée d'Art moderne du palais de Tōkyō et du Centre national d'art contemporain. Il présente l'art moderne et contemporain depuis 1905.

**ARTOIS** n. m. → ÉTYM. en lat. *Pagus Atrebatensis* «pays des *Atrébates**» ♦ Anc. province de la France septentrionale correspondant à l'actuel dép. du Pas-de-Calais, le Boulonnais excepté. *(Artésiens).* Sa cap. était Arras. ▮ **Histoire** Occupé au début de l'ère chrétienne par les Celtes atrébates*, l'Artois fut conquis par les Francs* au Ve s. Passé aux comtes de Flandre* par le mariage de la fille de Charles* le Chauve avec Baudouin*, dit Bras de Fer, en 863, réuni à la Couronne en 1180 par Philippe* II Auguste, qui le recevait en dot d'Isabelle* de Hainaut, il fut érigé en comté par Louis* IX et donné en apanage à son frère Robert* Ier le Vaillant (→ **Mathilde**). Par le mariage de Marguerite* de Flandre, héritière du comté, avec Philippe* II le Hardi, l'Artois passa à la maison de Bourgogne* pour échoir en 1477 à la maison d'Autriche* lors du mariage de Marie* de Bourgogne avec Maximilien* Ier. Repris par la France en 1482, il fut rendu à l'Autriche en 1493. La paix de Crépy*-en-Laonnois le donna aux Habsbourg d'Espagne, mais Louis* XIII le reconquit en 1640, et il fut définitivement reconnu à la France par le traité des Pyrénées* (1659) sous Philippe* IV d'Espagne. Le dernier titre de comte d'Artois fut porté par le futur Charles* X. ▪ De nombreux combats se sont déroulés en Artois pendant la Première Guerre* mondiale.

**ARTOUSTE** (lac d') ♦ Lac des Pyrénées-Atlantiques, à l'E. de la vallée d'Ossau à 1 989 m d'alt. Barrage dont la retenue d'eau alimente les centrales hydroélectriques d'Artouste, Pont-de-Camps et Castet.

L'**Art poétique** ♦ Titre donné à l'*Épître aux Pisons*, 3e lettre du Livre II des *Épîtres* d'Horace* (v. –14). S'adressant à L. Calpurnius Piso (→ **Pison**) et à ses deux fils, Horace traite sans aucun dogmatisme des rapports multiples entre l'art et l'artiste.

L'**Art poétique** ♦ Poème didactique en 4 chants de Nicolas Boileau* (1674). Imitant Horace* et aussi, selon certains, Vauquelin* de La Fresnaye, l'auteur dégage les principes de son idéal littéraire en y joignant des critiques souvent acerbes à l'égard de ses contemporains.

L'**Art poétique français** ♦ Ouvrage de Thomas Sébillet*, divisé en deux livres, dont le titre complet est *L'Art poétique français pour l'instruction des jeunes étudiants et encore peu avancés en la poésie* (1548). Du Bellay écrivit *Défense* et Illustration de la langue française* en riposte à cet ouvrage.

## Art nouveau

♦ Mouvement artistique apparu en Europe de la fin du XIXe s. au début du XXe s. L'Art nouveau, dont l'appellation fut tirée du nom du magasin ouvert par Siegfried Bing à Paris en 1896, prit différents noms selon les pays : *Jugendstil* en Allemagne et en Autriche, *Modern Style* en Angleterre, *Stile Liberty* en Italie, *Modernismo* en Espagne, *Tiffany Style* aux États-Unis. Trouvant son origine dans les écrits de Ruskin* et le mouvement Arts and Crafts de William Morris*, et aussi, par certains aspects, dans les tableaux de Van* Gogh, Munch*, Toulouse*-Lautrec, Seurat*, Gauguin*, l'Art nouveau témoigne de la réaction des artistes contre le rationalisme géométrique de l'ère industrielle et contre l'éclectisme. Gustav Klimt* (dans le cadre de la Sécession), Henry Van* de Velde, Aubrey Beardsley*, James Ensor* à ses débuts, glorifient les courbes, les volutes, les coloris précieux, les thèmes intimistes aux décors floraux. Mais plus encore qu'en peinture, ce mouvement se développa dans les arts appliqués, la reliure, les papiers peints, l'art de l'affiche (avec Alfons Mucha*), l'ameublement. La France se distingua avec l'école de Nancy, qui produisit des tissus, des bijoux, des meubles (avec Majorelle* et Prouvé*), des verres colorés (avec Daum* et Gallé*). Le sculpteur et ébéniste Rupert Carabin* (1862 - 1932) créa des meubles aux formes exubérantes et les figurines de Loïe Fuller*. L'Art nouveau inspira de grandes réalisations en architecture, marquées par les nouvelles idées sociales, avec Otto Wagner*, qui créa des immeubles aux décors très riches, Josef Hoffman* en Autriche également, Guimard* à Paris, Horta* et Henry Van de Velde en Belgique, Gaudí* en Espagne. Essentiellement décoratif, l'Art nouveau ne résista pas à la Première Guerre mondiale, mais sa tendance vers l'irrationnel survécut dans l'expressionnisme* et même le surréalisme*.

**Art poétique français** ♦ Ouvrage de Jacques Peletier* du Mans, divisé en deux livres (1555).

**Art poétique français** ♦ Long poème en 3 parties de Jean Vauquelin* de La Fresnaye (1605). L'auteur y traite des problèmes de l'art en suivant les règles de la Pléiade*.

**L'Art romantique** ♦ Ouvrage critique de Baudelaire* (posth. 1868), qui réunit des études sur l'art, un essai *(Morale du joujou)*, le grand essai sur Wagner et des textes de critique littéraire. Le titre du livre n'est pas de Baudelaire, mais de son éditeur Michel Lévy qui publia la même année les autres textes critiques du poète dans le volume *Curiosités* esthétiques*.

**Arts décoratifs (musée des)** ♦ Musée fondé en 1877 par l'Union centrale des arts décoratifs, installé depuis 1905 dans l'aile Marsan du palais du Louvre. Il présente les arts de la décoration intérieure française et étrangère depuis le Moyen Âge jusqu'à nos jours.

**Arts et des Lettres (ordre des)** ♦ Ordre français, institué en 1957 décerné aux Français ou aux étrangers qui se sont illustrés dans le domaine artistique et littéraire, sur proposition d'un Conseil de l'ordre. Il comprend 3 grades (commandeur, officier, chevalier).

**Arts et Métiers (Conservatoire national des)** [CNAM] ♦ Établissement public d'enseignement supérieur technique, pour l'application des sciences à l'industrie. D'abord cabinet des Machines de Vaucanson*, le Conservatoire des Arts et Métiers fut fondé par la Convention (1794) à l'instigation de l'abbé Grégoire*. En 1799, il fut installé à Paris dans l'anc. prieuré de Saint-Martin-des-Champs (en subsistent l'église des XIIe - XIIIe s. et l'admirable réfectoire, dû à Pierre* de Montreuil, XIIIe s.), dont les bâtiments avaient été reconstruits au XVIIIe s. par J. D. Antoine*. Le Musée national des Techniques, premier musée technologique, possède une collection unique de machines, automates et instruments depuis le XVe s. et la bibliothèque contient de très nombreux ouvrages scientifiques et techniques, anciens et modernes. La Haute École d'application de la science au commerce et à l'industrie fut fondée en 1819 (J.-B. Say* y professa). En 1901 fut créé un laboratoire d'essais et en 1919 une section de métrologie. Actuellement, l'enseignement du Conservatoire, principalement destiné à des adultes déjà engagés dans la vie professionnelle, est dispensé hors temps ouvrable. Le Conservatoire et ses 52 centres régionaux sont habilités depuis 1968 à délivrer les diplômes nationaux d'enseignement supérieur.

**ARTS PREMIERS** (musée des) → **Quai Branly (MUSÉE DU)**

**ARTSTETTEN** ♦ Loc. d'Autriche (Basse-Autriche), à proximité de la Wachau* et de Melk. 1 178 hab. Château de l'archiduc François*-Ferdinand où sont conservés les souvenirs tragiques de la famille impériale, de Mayerling* à Sarajevo*.

**ARTSYBACHEV (Mikhaïl Petrovitch)** ♦ Romancier et auteur dramatique russe (Achtyrka, gouv. de Kharkov 1878 - Varsovie 1927). Après avoir écrit quelques nouvelles sur la révolution de 1905, il publia un roman, *Sanine* (1907), qui contestait la morale établie et rencontra un succès immédiat. Avec son second roman *À l'extrême limite* (1910), il reprit la thèse d'Andreïev* sur l'absurdité de la vie, thème également abordé dans ses drames, *Jalousie* (1913), *Les Ennemis* (1916). Censuré par les bolcheviks, il fut expulsé d'Union soviétique en 1923.

**ARTUS** ou **ARTHUR** ♦ Chef militaire des Bretons (Britons) qui lutta contre les envahisseurs saxons v. 500. Devenu légendaire, il représente le roi idéal venu rétablir dans leur puissance les Bretons divisés. ▪ Chantée par les bardes gallois puis par divers auteurs de chroniques (Nennius, Geoffroi* de Monmouth), sa geste fut développée en France par Wace* puis par Chrétien* de Troyes qui en fit un portrait moins avantageux que celui de la légende. Le cycle romanesque qu'on a coutume d'appeler le *Graal-Cycle-Vulgate* ou *Lancelot-Graal* et qui s'achève sur le célèbre roman *La Mort le roi Artu* (1215 - 1235) a contribué à diffuser l'image traditionnelle d'Arthur et des chevaliers de la Table* ronde. → **Graal, Lancelot du Lac.**

**ARUBA** ♦ Île la plus occidentale des îles Sous-le-Vent, située face à la péninsule de Paraguaná (Venezuela). 193 km². 103 458 hab. CAP. : Oranjestad. Importante activité touristique (plages de sable fin). En 1986, l'île a été dotée par La Haye d'un statut spécial, distinct de celui des Antilles néerlandaises.

**ARUDY** [64260] ◆ ÉTYM. anc. *Arury*, du basque *harr* «rocher» et *ur* «eau» ♦ Ch.-l. de cant. des Pyrénées-Atlantiques, arr. d'Oloron-Sainte-Marie, sur le gave d'Ossau. 2 234 hab. (aggl. 3 673). *(Arudyens)*. Carrières de marbre. Métallurgie.

**ARUNACHAL PRADESH** n. m. ♦ État de l'Inde, aux confins de la Birmanie et de la Chine. 83 000 km². 1 097 968 hab. CAP. : Itanagar. Il abrite des tribus pratiquant la culture itinérante et l'élevage transhumant. D'une grande importance stratégique, cette région a longtemps été sous administration militaire (North-East Frontier Agency) mais a obtenu en 1972 d'être érigée en État de l'Union indienne.

**Arundel (Marbres d')** ♦ Collection de plaques de marbre gravées d'inscriptions contenant notamment la *Chronique de Paros* qui relate l'histoire de la Grèce depuis la fondation d'Athènes jusqu'à –354. Découvertes à Paros*, elles furent acquises en 1624 par le comte d'Arundel, amenées en Angleterre et données par son petit-fils à l'université d'Oxford en 1667.

**ARVE** n. f. ◆ ÉTYM. de la rac. *ar-* «cours d'eau» (→ Hérault) ♦ Riv. torrentielle des Alpes (100 km). Née au col de Balme, elle draine le massif du Mont-Blanc, pénètre en Suisse et se jette dans le Rhône. Le col du Bonhomme fait communiquer les vallées de l'Arve et de l'Isère. Aménagements hydroélectriques sur son cours inférieur.

**ARVERNES** n. m. pl. ◆ ÉTYM. en lat. ***Arverni***, celt. «les excellents *(ar)* soldats *(verno)*» ou ceux qui vivent «près *(are)* des aulnes *(verno-)*» ♦ Peuple de la Gaule, établi en Auvergne, dont la cap. était Gergovie*. Vers le début du –IIe s., les Arvernes unifièrent presque toute la Gaule sous leur domination mais la constitution de la province romaine de Narbonnaise* (–120) les refoula dans le Massif central. Ce fut le chef arverne Vercingétorix* qui dirigea en –52 le soulèvement de la Gaule contre César*.

**ARVERS (Alexis Félix)** ♦ Poète et auteur dramatique français (Paris 1806 - *id.* 1850). Il écrivit plusieurs pièces de théâtre, dont certaines en collaboration avec Scribe*. Il doit surtout sa renommée à un sonnet du recueil *Mes heures perdues* (1833), écrit pour Marie Nodier et commençant par ce vers : «Mon âme a son secret, ma vie a son mystère...»

**ARVIDA** → **Jonquière**

**ĀRYA** ◆ ÉTYM. sanskr. «fidèle, noble» ♦ Populations de langues indo-européennes d'Iran et de l'Inde du Nord, et qui n'impliquent aucune race particulière. On en a tiré l'adj. *aryen*, qui fut utilisé à des fins politiques pour qualifier des caractéristiques raciales imaginaires.

**ĀRYABHAṬṬA** ou **ARJABAHR** ♦ Mathématicien et astronome indien (476 - 550). Il donna une méthode de résolution des équations indéterminées du premier degré. En astronomie, il étudia le globe terrestre, les positions de la Lune et du Soleil, affirmant la rotation de la Terre ; il développa considérablement la théorie des épicycles. En géométrie, il donna la valeur de π avec quatre décimales.

**āryasamāj**

n. m. ♦ Mouvement socioreligieux indien créé en 1875 par Dayānanda Sarasvatī. Fondé sur les Veda*, il se montrait partisan d'une profonde réforme de l'hindouisme, mais s'opposait violemment à l'islam et au christianisme.

**ARYENS** n. m. pl. → **Ārya**

**ARZACHEL** → **Zarqālī (al-)**

**ARZAL** [56190] ♦ Comm. du Morbihan, arr. de Vannes, à l'O. de La Roche-Bernard. 917 hab. *(Arzalais)*. Barrage sur l'estuaire de la Vilaine dont le lac de retenue est destiné à alimenter la région en eau potable et à favoriser la navigation de plaisance.

**Arzamas** n. m. ♦ Groupe littéraire russe (1815 - 1818) dont firent partie entre autres Joukovski*, Batiouchkov*, Viazemski* et Pouchkine*. Ils défendaient les idées occidentalistes de Karamzine* et introduisirent le romantisme en Russie. Ce mouvement précéda celui des occidentalistes* et des slavophiles*.

**ARZEW** [aʀzø] ♦ V. d'Algérie (wilaya d'Oran), sur le *golfe d'Arzew*. 41 023 hab. Premier port indus. d'Algérie. Terminus du gazoduc d'Hassi R'mel et de l'oléoduc d'Hassi Messaoud. Usine de liquéfaction du gaz naturel.

**ARZON** [56640] ◆ ÉTYM. anc. *Ardon*, du gaul. *are* «devant» et *dunum* «citadelle» ♦ Comm. du Morbihan, arr. de Vannes, dans la presqu'île de Rhuys, à l'entrée du golfe du Morbihan. 2 056 hab. *(Arzonnais)*. Station balnéaire, port de plaisance du Crouesty. Thalassothérapie.

**ASA** ◆ ÉTYM. en hébr. *'Âsâ'*, étym. inconnue (p.-ê. à rapprocher de l'akkadien *asû* «médecin») ♦ Roi de Juda (de –911 à –870 env.), fils d'Abiam. Il lutta contre l'idolâtrie, aurait vaincu les «Éthiopiens» (probablement les Égyptiens), fut en guerre contre Baasa d'Israël. Récit biblique : I Rois, XV, 11-24 ; II Chroniques, XIV-XVI.

**ASADĪ (Abū Naṣr 'Alī ibn Aḥmad Ṭūsī, dit)** ♦ Écrivain persan (Tous, Khorassan - mort en 1072). Il rédigea le plus ancien dictionnaire de langue persane *(Loghat-é Fors)*, composé de mots rares et poétiques, accompagnés de citations. Grand poète, il est surtout célèbre par son *Garchāspnāmé*, la meilleure épopée persane après le *Livre des Rois* de Firdoussi*.

**Asahi Shimbun** ◆ ÉTYM. jap. «journal du soleil levant» ♦ Quotidien japonais fondé en 1879. D'un prix modique et mêlant informations à sensation et comptes rendus politiques, il devint le premier journal du pays dès les années 1920. De tendance conservatrice, appartenant à l'un des plus importants groupes d'édition dans le monde, il publie 8 éditions par jour et diffuse plus de 14 millions d'exemplaires, mais se voit concurrencé et même dépassé par le *Yomiuri Shimbun*.

**ASAI Ryoi** ♦ Écrivain japonais (Edo, auj. Tōkyō 1612 - Kyōto 1691), auteur fécond de romans populaires, de guides, de récits édifiants, de contes fantastiques et de poésies. Fils du moine du temple Honsyōji à Settsu (anc. prov. entre Ōsaka et Hyogo).

**ASAM (Cosmas Damian)** ♦ Peintre, décorateur et architecte allemand (Benediktbeuern 1686 - Weltenburg 1739). Il travailla en étroite collaboration avec son frère EGID QUIRIN ASAM, architecte, sculpteur et stucateur (Tegernsee 1692 - Mannheim 1750). Les frères Asam séjournèrent à Rome de 1712 à 1714, subirent l'influence de Pierre de Cortone, et surtout des techniques illusionnistes du père Pozzo* puis des Bibiena*. Ils travaillèrent à de très nombreuses décorations en Bavière, Tyrol, Bohême et Silésie. Egid Quirin éleva sans doute l'église de Rohr (1717 - 1719) et les deux frères, les églises de Weltenburg près de Ratisbonne (1717 - 1721) et de Saint-Jean-Népomucène à Munich, dite *Asamkirche* (1733 - 1746). Parvenant à une fusion totale de l'architecture et du décor, ils manifestèrent un goût prononcé pour l'exubérance ornementale et les matériaux polychromes ; ils recherchèrent les effets de lumière indirecte, multiplièrent les trompe-l'œil sculptés et peints, et recherchèrent les mises en scène mouvementées et théâtrales.

**ASAMA** (mont) ♦ Volcan du Japon (2 568 m), à 150 km au N.-O. de Tōkyō. Une forte éruption, en 1783, fit plus de 1 300 victimes. D'autres éruptions se sont produites, notamment au XXe s. et en 2004.

**Asama.** Le cône actif du Kama-Yama (à droite, le Maekake-Yama) dominant la plaine du Kanto. *Phot. © Jean-Claude Tanguy*

**ASANGA** ♦ Religieux bouddhiste indien (actif v. 550), originaire du Gandhara, et frère aîné de Vasubandhu*. Il fonda l'école mystique Yogāchāra et traduisit de nombreux textes religieux. Il est vénéré en Chine et au Japon (où il est nommé Muchaku).

**ASANO Naganori** ♦ Seigneur japonais (1667 - 1701) du château d'Akō. Chargé par le shogun de recevoir l'envoyé de l'empereur, il se disputa avec le maître des cérémonies, le blessa d'un coup de sabre et fut condamné à se donner la mort pour avoir répandu le sang dans le palais shogunal. Ses vassaux décidèrent de le venger : deux ans après, ils assaillirent le maître des cérémonies dans sa maison d'Edo et le décapitèrent, après quoi ils se suicidèrent selon les rites. Cet épisode historique illustrant le code chevaleresque japonais du bushidō, et appelé «Vengeance des 47 rōshi» (ou des 47 rōnin), fut rendu célèbre par les adaptations au théâtre kabuki et par les nombreux romans et films qui en furent tirés par la suite.

**ASANSOL** ♦ V. de l'Inde (Bengale-Occidental). 1 090 171 hab. Elle doit à ses mines de charbon et à la proximité de Calcutta d'être une ville industrielle importante.

**ASBESTOS** ♦ V. du Canada (Québec). 6 819 hab. Mines d'amiante (ou asbeste).

**ASBJØRNSEN (Peter Christen)** ♦ Écrivain norvégien (Christiania, auj. Oslo 1812 - *id.* 1885). Il recueillit avec Jørgen Moe* les légendes populaires norvégiennes et les publia dans plusieurs livres de 1842 à 1871 *(Recueil de contes populaires norvégiens, Légende des esprits de la montagne en Norvège, Contes norvégiens de la Huldre)*. Il laissa parler le paysan, donnant aux parlers et aux contes populaires une place d'honneur dans la littérature norvégienne.

**ASCAGNE** ou **IULE** ♦ Fils d'Énée* et de Créüse*. Selon Virgile* *(Énéide)*, il fut emmené par son père en Italie, après la prise de Troie, et fonda Albe* la Longue. Il fut considéré comme l'ancêtre de la famille romaine Julia* (→ **César**).

**ASCALON** → **Ashqelon**

**ASCANIENS** n. m. pl. ♦ Nom d'une dynastie de l'Allemagne du Nord qui tirait son nom du château d'*Ascanie* (Saxe) et dont la puissance fut établie par Albert Ier l'Ours. Elle régna sur le Brandebourg jusqu'en 1319 (→ **Waldemar**), sur la Saxe électorale jusqu'en 1423, sur le duché de Saxe-Lauenburg jusqu'en 1689, enfin sur l'Anhalt* jusqu'en 1918.

**ASCELIN** ou **ANSELME (Nicolas)** ♦ Dominicain du XIIIe s. qui fut envoyé par le pape Innocent IV auprès du khan mongol, lequel refusa de le recevoir (1247).

**ASCENSION** (île de l') → ÉTYM. découverte le jour de l'Ascension ♦ Île britannique de l'Atlantique S. dépendant administrativement de Sainte-Hélène, à 1 300 km au N.-O. de cette dernière. 88 km². 1 100 hab. (2003). Station météorologique. ▮ **Histoire** Elle fut découverte par Juan de Nova* le jour de l'Ascension 1501.

**Ascension du Christ** ♦ Épisode évangélique narrant l'élévation du Christ aux cieux après sa mort (Luc, XXIV, 51 ; Marc, XVI, 19 ; Actes, I, 9-11). La scène connaît deux types de représentation iconographique. Le premier montre le Christ gravissant le mont des Oliviers et enlevé au ciel par la main de Dieu ou par des anges. Un second type, qui finit par s'imposer, apparaît au XIe s. et montre le Christ, dont le corps est souvent en grande partie caché par des nuages, s'élevant au ciel par ses propres forces. La Vierge et les apôtres, debout ou agenouillés, regardent la scène. À la Renaissance, plusieurs artistes abandonnèrent l'iconographie traditionnelle et s'inspirèrent de celle du «triomphe» empruntée à l'art romain antique. Le premier type s'est surtout exprimé dans des ivoires et des miniatures, tandis que le second décora de préférence les tympans des portails et les coupoles. Exemples du premier type : codex de Rabula, sacramentaire de Drogon (Bibliothèque nationale de France, Paris), fresque de Saint-Clément à Rome, tympan de Saint-Sernin à Toulouse. Exemples du second type : tympan de la façade de la cathédrale de Chartres, vitrail de la cathédrale de Poitiers, Giotto* (Arena, Padoue), Luca Della* Robbia (porte de la sacristie de la cathédrale de Florence), Mantegna* (Offices, Florence), Jean Fouquet* les *Heures d'Étienne Chevalier* (musée Condé, Chantilly), le Corrège* (coupole de Saint-Jean-l'Évangéliste, Parme). ▪ Fête religieuse chrétienne, située quarante jours après Pâques. Confondue à l'origine avec la Pentecôte, la fête s'est individualisée aux IVe et Ve siècles.

**ASCH (Schalom)** ♦ Romancier et dramaturge de langue yiddish (Kutno, Pologne 1880 - Londres 1957). Établi aux États-Unis en 1914, il a consacré ses premiers récits à la bourgade juive traditionnelle d'Europe orientale. Il devint après la Première Guerre mondiale le témoin littéraire de l'émigration et des révolutions qui bouleversèrent la vie des Juifs. Il est l'auteur de nombreux romans *(Motké le Voleur, Le Juif aux psaumes)* dont une trilogie *(Trois villes)* et de pièces de théâtre (*Dieu de vengeance*, 1907).

**ASCHAFFENBURG** ♦ V. d'Allemagne (Bavière), en Basse-Franconie, au confluent du Main et de l'Aschaff. 68 664 hab. Église gothique (XIIIe - XVe s.), château Renaissance de Johannisburg, basilique romane à trois nefs (Xe s.). ▪ Papeteries, confection.

**ASCHEIM (Selmar)** ♦ Gynécologue et endocrinologue français d'origine allemande (Berlin 1878 - Paris 1965). Il fit des recherches sur les hormones œstrogènes (*réaction* ou *méthode d'Ascheim-Zondek* pour le diagnostic biologique de la grossesse).

**ASCHERSLEBEN** ♦ V. d'Allemagne (Saxe-Anhalt), au N.-E. du Harz, sur un important gisement de potasse. 25 781 hab. Centre indus. (machines, papeteries, confection).

**ASCLÉPIADE** – en gr. ***Asklêpiadês*** ♦ Médecin grec (Prusa, auj. Bursa v. –124 - –40). Appelé «le premier hygiéniste», il introduisit à Rome les méthodes scientifiques (et non empiriques) de la médecine grecque.

**ASCLÉPIADE DE SAMOS** – en gr. ***Asklêpiadês*** ♦ Poète grec (–IIIe s.). Il utilisa, dans ses épigrammes amoureuses, le vers choriambique appelé depuis vers *asclépiade*.

**ASCLÉPIADES** n. m. pl. ♦ Nom d'une antique famille de médecins grecs qui prétendaient descendre du dieu de la médecine, Asclépios*. → **Hérophile.**

**ASCLÉPIOS** → ÉTYM. p.-ê. du gr. *sklapos* «taupe» ♦ Dieu grec de la médecine, fils d'Apollon* et de la nymphe Coronis, adopté par les Romains sous le nom d'Esculape*. Dans la légende, son père le confie au centaure Chiron* qui lui enseigne la médecine. Asclépios ne se contente pas de guérir les malades, il ressuscite aussi les morts. Inquiet de ce renversement de l'ordre de la nature, Zeus* le foudroie. Son culte se répandit dans toute la Grèce, autour de sanctuaires dont le plus célèbre se trouvait à Épidaure*. Sa fille Hygie* était la déesse de la santé.

**ASCOLI (Graziadio Isaia)** ♦ Linguiste italien (Görz, auj. Gorizia 1829 - Milan 1907). Il fut l'un des philologues les plus marquants de sa génération, tant par l'importance qu'il donna à la phonétique comparée (*Phonologie comparée du sanskrit, du grec et du latin*, 1870) que par son souci méthodologique (*Études critiques de linguistique*, 1861 - 1877).

**ASCOLI PICENO** ♦ V. d'Italie, dans les Marches, ch.-l. de prov. 51 375 hab. Cathédrale des XVe - XVIe s. ▪ Marché agricole.

**ASCOLI SATRIANO** ♦ V. d'Italie, dans les Pouilles (prov. de Foggia). 6 373 hab. ▮ **Histoire** C'est l'anc. *Ausculum Apulum* où Pyrrhus* vainquit les Romains (–279).

**ASCONA** ♦ V. de Suisse (Tessin), sur la rive N.-O. du lac Majeur. 4 984 hab. Station climatique.

**ASCOT** → ÉTYM. «petite maison de l'est», du vieil angl. *ēast* «est» et *cot* «petite maison» ♦ V. d'Angleterre (district de Windsor and Maidenhead), près de Windsor. 15 000 hab. Célèbre champ de courses.

**ASCQ** → **Villeneuve-d'Ascq**

**ASCRA** – en gr. *Askra* ♦ Anc. ville de Grèce qui se trouvait au N. du mont Hélikon, en Béotie.

**ASDRUBAL** → **Hasdrubal**

**Asean** n. f. [Association of South-East Asia Nations], en fr. *Ansea* [Association des nations du Sud-Est asiatique] ♦ Association créée en 1967 par la Malaisie, les Philippines, la Thaïlande, l'Indonésie, Singapour, rejoints en 1984 par le Brunei, en 1995 par le Viêtnam, en 1997 par la Birmanie et le Laos, en 1999 par le Cambodge, destinée à promouvoir le développement économique, social et culturel de ces pays et la coopération régionale.

**ASELLI (Gaspare)** ♦ Médecin italien (Crémone v. 1581 - Milan 1626). Il fit en 1622 la découverte des vaisseaux chylifères.

**ASÉNIDES** n. m. pl. ♦ Dynastie de tsars de Bulgarie, fondée en 1186 par Jean* Ier Asen et qui s'éteignit dans la seconde moitié du XIIIe s.

**ASER** ◆ ÉTYM. en hébr. *Asher* «l'Heureux» ♦ Personnage biblique (Genèse, XXX, 13), fils de Jacob* et de Zilpah, servante de Léa*. Ancêtre éponyme d'une des tribus d'Israël.

**ASES** n. m. pl. ◆ ÉTYM. vx norv. «seigneurs» ♦ Dans la mythologie germanique, une des familles de dieux, où figurent Odin*, Thor*, Balder*. Elle s'oppose à celle des Vanes*, avec qui elle lutte puis se réconcilie. Elle semble refléter, au plan mythologique, la classe des chefs et des guerriers opposée aux cultivateurs.

**ASHBERY (John)** ♦ Poète américain (Rochester, New York 1927). Longtemps marginalisé par ses fréquents séjours en France et par son appartenance à l'avant-garde de l'école de New York (avec Frank O'Hara, Kenneth Koch, James Schuyler), il connut le succès avec *Autoportrait dans un miroir convexe* (1975) qui lui valut le prix Pulitzer. Son œuvre remet sans cesse en question la logique de l'intellect en faisant appel à des procédés surréalistes ; on trouve aussi chez lui, surtout dans les recueils récents (*Shadow Train*, 1981 ; *A Wave*, 1984), des poèmes simples et forts qui suscitent directement l'émotion.

**ASHBY (William Ross)** ♦ Neurologue et cybernéticien britannique (Londres 1903 - *id.* 1972). Il étudia les analogies entre le fonctionnement du cerveau humain et celui des machines, en particulier en ce qui concerne le mécanisme de rétroaction et celui d'apprentissage. Il construisit des appareils destinés à tester les possibilités de retour à l'équilibre d'une machine abandonnée à elle-même, les homéostats. ◆ ÉTYM. *Ashby* signifie «endroit où poussent des frênes», du vieil anglais *aesc* «frêne» et du vieux scandinave *bý* «endroit».

**ASHDOD** – anc. *Asdod* ♦ Port d'Israël, sur la Méditerranée. 204 200 hab. Port commercial (export. des fruits et des minerais du Néguev, port pétrolier, à proximité de l'oléoduc Eilat-Haïfa). Indus. textiles.

**ASHE (Arthur Robert Jr, dit Arthur)** ♦ Joueur de tennis américain (Richmond, Virginie 1943 - New York 1993). Il fut le premier joueur noir à devenir champion des États-Unis (1968), à remporter la Coupe Davis (1968 à 1970), et à être finaliste aux Internationaux d'Australie (1971) et vainqueur à Wimbledon (face à Connors* en 1975). Il a écrit une histoire des athlètes noirs aux États-Unis (3 vol., 1988).

Arthur **Ashe.**
Victoire à Wimbledon, face à Jimmy Connors, en 1975. *Phot. ©AFP*

**ASHER BEN YECHIEL** dit **Asheri** ou **Rosh** ♦ Docteur juif né en Allemagne (v. 1250 - 1327). Il émigra en Espagne où il prit la tête de l'école rabbinique à Tolède (1305), il y fit connaître les méthodes des tosafistes (→ **Rashi**). Son code *Piskei ha-Rosh* cite, pour chaque loi, toutes les opinions talmudiques admises en son temps.

**ASHFORD** ◆ ÉTYM. anc. *Essetesford* en vieil anglais «gué *(ford)* près d'un bouquet de frênes *(°aescet)*» ♦ V. d'Angleterre (Kent). 102 661 hab. Carrefour routier et ferroviaire. Centre indus.

**ASHIHARA Yoshinobu** ♦ Architecte japonais (Tōkyō 1918 - 2003). Diplômé de l'université de Tōkyō et de Harvard, il a travaillé avec Marcel Breuer à New York et a étudié le modernisme de Le Corbusier lors de ses voyages en Europe. Il a réalisé le stade des sports de Komazawa (1965), le pavillon du Japon à l'exposition de Montréal (1967) et le Musée national d'Histoire du Japon à Tōkyō (1990).

**ASHIKAGA** ♦ Famille de guerriers japonais descendant du clan des Minamoto*, qui, à partir de 1336, donna au Japon quinze shoguns. ♦ **ASHIKAGA TAKAUJI** (1305 - 1358). Ayant détruit le shogunat de Kamakura, il s'établit en 1334 à Kyōto, dans le quartier de Muromachi (qui donna son nom à la période), et, imposant les empereurs, établit sa loi sur tout le pays. Le shogunat des Ashikaga fut marqué par des guerres incessantes entre les seigneurs (daimyos), par des révoltes paysannes et religieuses et par une véritable transformation sociale. De nombreuses formes d'art virent le jour, arts martiaux, arrangement de fleurs, art de la cérémonie du thé et spectacles de nô. Cette période fut témoin de l'arrivée des premiers Européens, du christianisme, des armes à feu et de la construction des premiers châteaux. Ces guerres favorisèrent les transports ainsi que le commerce, et les seigneurs commencèrent à perdre de leur puissance, la classe marchande devenant de plus en plus influente. Un homme du peuple, Oda* Nobunaga, profita de l'affaiblissement du shogunat pour éliminer le dernier shogun Ashikaga (1573).

**ASHKENAZY (Vladimir)** ♦ Pianiste et chef d'orchestre islandais d'origine soviétique (Gorki 1937). Il se consacre essentiellement au répertoire romantique (Chopin, Beethoven) et aux compositeurs russes. Il a dirigé l'Orchestre Philharmonique Royal de Londres (1986 - 1994), l'Orchestre radio-symphonique de Berlin (1989 - 2000), l'Orchestre philharmonique tchèque (1998 - 2003), l'Orchestre symphonique NHK de Tōkyō (2004-2007) puis l'Orchestre symphonique de Sydney (2009).

**ASHOKA** ou **AŚOKA** ♦ Empereur indien (v. –273 - v. –237) de la dynastie des Maurya, à Pātaliputra (auj. Patna, dans le Bihar). Il agrandit ses États jusqu'au Gandhara (Afghanistan) et jusque dans l'Inde centrale. Il entretint des relations amicales avec le monde oriental grec et, sympathisant du bouddhisme, envoya en Asie du Sud-Est et dans l'Ouest des missionnaires. Il convoqua en –253 un concile bouddhique. Ayant unifié l'Inde, il s'en fit le moralisateur et instaura la sécurité sur tout le territoire. Selon une tradition, il serait mort à Taxila (actuel Pakistan). Ses fils lui succédèrent mais ne purent maintenir l'intégrité de l'empire qu'il avait édifié.

**ASHQELON** ♦ V. d'Israël, située dans la plaine côtière et formant un triangle avec Hébron (E.) et Beersheba (S.-E.). 107 800 hab. Le premier gisement de pétrole du pays (Kokhav) est à proximité. Sidérurgie. ▮ **Histoire** L'anc. *Ascalon* fut l'une des cinq «satrapies» des Philistins*. Le dieu Dagon (→ **Dagan**) y était vénéré. Après avoir subi la domination de l'Assyrie (–VIIIe s.), de l'Égypte (–VIIe s.), elle devint autonome sous Hérode le Grand qui y était né. Prise par les Arabes (638), elle fut le théâtre de nombreux combats pendant les croisades.

**ASHTART** ou **ASTARTÉ** – en gr. *Astartê* ♦ Déesse phénicienne de la fécondité, correspondant à l'Ishtar* babylonienne.

**ASHTON (Frederick William MALLANDAINE, sir)** ♦ Danseur et chorégraphe britannique (Guayaquil 1906 - Suffolk, Angleterre 1988). Il étudia avec Massine*. Attaché au Royal Ballet, qu'il dirigea (1963 - 1970), il a signé les chorégraphies de nombreuses œuvres dont *La Belle au bois dormant* de Prokofiev (1946), *Symphonic Variations* (1946), *Sinfonietta* (1967).

**Asia-Pacific Economic Cooperation** [APEC] – «Coopération économique Asie-Pacifique» ♦ Organisation économique créée en 1989 à Canberra, comprenant 18 membres et destinée à développer la coopération économique des pays de la zone Asie-Pacifique, en favorisant notamment la progressive disparition des barrières douanières.

## ASIE

▮ n. f. ◆ ÉTYM. étym. controversée ♦ La plus grande des cinq parties du monde, formant avec l'Europe le continent eurasiatique et dont elle constitue la partie la plus étendue. Sa superficie totale est de 44 000 000 km², et elle abrite 60 % de la pop. mondiale. Deux pays asiatiques, l'Inde et la Chine, rassemblent à eux seuls les 2/5 de cette pop. À l'O., la limite de l'Asie avec l'Europe suit les monts Oural ; elle atteint la mer Noire, la Méditerranée et l'isthme de Suez. À l'E. et au S., elle atteint les côtes du Pacifique et de l'océan Indien, et on y rattache des îles et archipels : Philippines, Indonésie (Insulinde) et Japon.

▮ **GÉOGRAPHIE** ▮ **Relief** Il résulte de la collision de la «plaque eurasiatique» au N. et de la «plaque indienne» au S., au contact desquelles

Plus de 5 000 000 hab.
De 1 000 000 à 5 000 000 hab.
De 500 000 à 1 000 000 hab.
Moins de 500 000 hab.

Altitudes en mètres
4 000
2 000
1 000
500
200
0
Dépression
- 200
- 2 000

1 BEYROUTH
2 JÉRUSALEM
3 BAGDAD
4 AL-MANĀMA
5 DOHA
6 ABOU DHABI
7 KATMANDOU
8 THIMPHU
9 TBILISSI
10 EREVAN
11 TACHKENT
12 DOUCHANBE
13 BICHKEK

| | |
|---|---|
| EST. | Estonie |
| LET. | Lettonie |
| LIT. | Lituanie |
| ALL. | Allemagne |
| A. | Autriche |
| H. | Hongrie |
| R. | Russie |
| G. | Grèce |
| TAD. | Tadjikistan |
| KIRG. | Kirghizstan |
| AZ. | Azerbaïdjan |
| MOL. | Moldavie |
| TCH. | Rép. tchèque |
| SLO. | Slovaquie |
| É.A.U. | Émirats arabes unis |
| OUZBÉK. | Ouzbékistan |
| AFGH. | Afghanistan |
| PAKIS. | Pakistan |
| M. | Macédoine |
| D. | Danemark |
| M. | Monténégro |

Asie

TERRE DU NORD
80°
100°
120°
140°
160°
ÎLES DE NOUVELLE SIBÉRIE
MER DE SIBÉRIE ORIENTALE
Golfe d'Anadyr
Anadyr
MER DE BÉRING
MER DES LAPTEV
Presqu'île de Taïmyr
Nordvik
Ambartchik
Mts Ghydan
Indighirka
Kolyma
Verkhoïansk
Mt Tcherski
Mts de Verkhoïansk
Olenëk
Kotouï
Norilsk
Iénisseï
Lena
Magadan
Presqu'île du Kamtchatka
Petropavlovsk-Kamtchatski
Okhotsk
Iakoutsk
Plateau de Sibérie centrale
MER D'OKHOTSK
S I B É R I E
Plaine de Sibérie occidentale
Mts Stanovoï
SAKHALINE
Is Kouriles
Angara
Ob
Krasnoïarsk
Lac Baïkal
Mts Iablonovyï
Chilka
Hinggan ling
Khabarovsk
Amour
Mts Sikhote-Aline
Détroit de La Pérouse
40°
HOKKAIDŌ
Novossibirsk
Mts Saïan
Irkoutsk
Lac Khanka
Songhua
Sapporo
TŌKYŌ
Yokohama
Kawasaki
Harbin
JAPON
Vladivostok
MER DU JAPON
KANTŌ
Irtych
Selenga
Keroulen
OULAN-BATOR
Changchun
Liao
he
Mts Khangaï
Altaï
CORÉE DU NORD
HONSHŪ
Shenyang
MONGOLIE
PYONGYANG
SÉOUL
Nagoya
KANSAÏ
PÉKIN (BEIJING)
Lüda
Inch'ŏn
Taegu
Hiroshima
Ōsaka
Kyōto
Kōbe
Urumqi
Désert de Gobi
Ili
Bassin de Turfan
Tianjin
CORÉE DU SUD
Pusan
Kitakyūshū
Fukuoka
Tian shan
Lob nor
Huang he
Taiyuan
Qingdao
Zibo
Jinan
MER JAUNE
Cheju
Détroit de Corée
KYŪSHŪ
Tarim
Taklamakan
Altyn tagh
Qilian shan
Zhengzhou
Lanzhou
Nankin
Shanghai
Kunlun shan
Xian
Huaiyan
MER DE CHINE ORIENTALE
ÎS RYŪKYŪ
Tropique du Cancer
20°
CHINE
Wuhan
Plateau du Tibet
Nanchang
Chengdu
Chang jiang
Changsha
T'AI-PEI
Fuzhou
OCÉAN
TAIWAN
Chongqing
Détroit de Taiwan
Kaohsiung
NÉPAL
Everest 8 850 m
Yalu Zangbo
Himalaya
BHOUTAN
Canton (Guangzhou)
PACIFIQUE
Xi jiang
Hong Kong
Macao
Agra
Lucknow
Allahabad
Kanpur
Gange
BANGLADESH
Irrawaddy
Salouen
LUÇON
Asansol
DACCA
HANOI
Haiphong
PHILIPPINES
Jabalpur
Calcutta
Dhanbad
Chittagong
HAINAN
MER DE CHINE MÉRIDIONALE
Quezon City
Jamshedpur
Howrah
BIRMANIE (MYANMAR)
VIENTIANE
MANILLE
Nagpur
Mindoro
Godavari
Mékong
LAOS
Samar
RANGOON (YANGON)
Panay
Hyderabad
THAÏLANDE
VIÊTNAM
Vijayavada
Golfe du Bengale
BANGKOK
CAMBODGE
Palawan
MER DE SULU
MINDANAO
PHNOM PENH
Isthme de Kra
Madras (Chennaï)
Golfe du Siam
Hô Chi Minh-Ville (Saigon)
Îs Sulu
Ghâts orient.
Îs Andaman (Inde)
Halmahera
Pte de Cà Mau
MER DE CÉLÈBES
Équateur
BRUNEI
MER D'ANDAMAN
BANDAR SERI BEGAWAN
M A L A I S I E
MOLUQUES
IRIAN JAYA
SRI LANKA
Îs Nicobar (Inde)
Presqu'île de Malacca
Îs Natuna
COLOMBO
Seram
Détroit de Malacca
Medan
KUALA LUMPUR
BORNÉO
Buru
Détroit de Macassar
SINGAPOUR
I N D I E N
CÉLÈBES (SULAWESI)
ÎLES DE LA SONDE
SUMATRA
Bangka
I N D O N É S I E
TIMOR ORIENTAL
DILI
MER DE JAVA
Flores
JAVA
Surabaya
Bali
Sumbawa
Timor
0 500 1 000 km
JAKARTA
Semarang
Bandung
Sumba
AUSTRALIE

a surgi une immense guirlande montagneuse qui appartient au système alpin et qui se continue de la Turquie au Pacifique. Les parties septentrionales sont formées de plateaux portés par des socles (socle de l'Angara) et de plaines alluviales (Sibérie occidentale). L'Asie se relève en bordure du Pacifique en une série de chaînes allant de la Mongolie au détroit de Béring : monts Iablonovyï, Stanovoï et de la Kolyma. L'axe des montagnes alpines comprend de hautes chaînes enserrant des plateaux élevés ou des dépressions : Caucase, Elbourz et Zagros encadrant le plateau iranien à l'O. ; puissants reliefs de l'Hindū Kush puis de l'Himalaya au centre. Ce dernier est bordé au N. par le plateau tibétain puis par une série de chaînes (Kunlun shan, Altyn tagh, Tian shan) et de dépressions (Tsaidam, Taklamakan, Turfan). À l'E. de l'Himalaya, les reliefs prennent une direction N.-S. puis forment un arc en partie volcanique qui entoure la mer de Chine méridionale, formant une grande partie des archipels de l'Indonésie, des Philippines et du Japon. Au S. de l'axe montagneux, les socles font leur réapparition dans les grandes péninsules de l'Arabie, de l'Inde et de l'Indochine. Ils portent des plateaux comme celui du Dekkan, mais ont été relevés sur leurs bordures pour donner naissance à des montagnes moyennes (Yémen, Ghâts occidentaux en Inde, «cordillère annamitique» au Viêtnam). Les grandes plaines asiatiques sont à la suture des grandes plaques (plaine indo-gangétique) ou sur leurs bordures avec de nombreux deltas. **Climat** Il est déterminé par la latitude, l'extension de la masse continentale, et par la circulation atmosphérique, notamment par le jeu des moussons. La Sibérie a un climat continental à hivers très froids et secs et à étés chauds et modérément pluvieux. Les plateaux et bassins de la bordure N. du système montagneux sont arides, la rudesse de l'hiver variant avec l'altitude. Les montagnes du centre atteignent des altitudes telles qu'elles portent de puissants appareils glaciaires, malgré la latitude assez basse. Les péninsules méridionales sont balayées en été par la mousson du S.-O. qui apporte de très fortes précipitations. Elles ont donc un climat tropical à hivers doux et secs et étés chauds et pluvieux. La mousson d'été et des vents en provenance du Pacifique valent aux régions orientales des étés également chauds et pluvieux (Chine orientale, Philippines, Japon), mais les hivers sont froids, voire très froids, car ces régions sont balayées par des vents d'O. provenant de l'intérieur du continent. Les îles de l'Indonésie offrent un climat de type équatorial, chaud et pluvieux toute l'année. L'Arabie et les régions voisines font partie du grand ensemble aride qui s'étend de l'Atlantique à l'Indus à travers le Sahara. Une zone étroite de climat méditerranéen à hivers doux et pluvieux et à étés secs enserre les déserts du Proche-Orient, formant le «croissant fertile» des écrits bibliques. **Végétation** La végétation naturelle est tributaire du climat, mais elle a été modifiée et même détruite dans les parties les plus peuplées. En Sibérie, la disposition des formations végétales varie en fonction de la latitude. L'océan Arctique est bordé par une zone de toundras, formation basse à lichens et rares arbustes ; la présence permanente d'une couche de sol gelé (permafrost) entretient des marécages où vivent en été des nuées de moustiques. Plus au S. commence le domaine de la taïga, forêt de conifères souvent médiocre en raison du froid hivernal et de la faiblesse des précipitations. Des steppes, formées de touffes de végétation entre lesquelles le sol reste nu, caractérisent les régions sèches des bassins de l'Asie centrale ; on y trouve aussi des déserts parmi les plus arides de la planète (Taklamakan en Chine occidentale, désert du Dacht-é Lut en Iran). À l'état naturel, les péninsules méridionales et les régions orientales portaient des savanes dans les régions les moins arrosées (Dekkan, en Inde), des forêts de mousson, denses et élevées mais à feuilles caduques (Inde et Indochine), et des forêts subtropicales toujours vertes à feuilles vernissées en Chine et au Japon. Mais cette végétation a été profondément défrichée et remplacée par des paysages agricoles. Des forêts équatoriales, élevées et toujours vertes subsistent encore dans une partie des îles et de la péninsule malaise. **Hydrographie** Les reliefs de l'ensemble tibéto-himalayen constituent le plus puissant des «châteaux d'eau du monde». Les fleuves qui y naissent terminent leur course dans de vastes plaines, si bien que plusieurs d'entre eux comptent parmi les plus longs de la terre. Les fleuves sibériens (Lena, Ob, Ienisseï, Irtych) gèlent en hiver et connaissent des débâcles spectaculaires au printemps. Plus à l'O., le Syr-Daria et l'Amou-Daria s'appauvrissent dans les déserts du bassin arabo-caspien ; exploités intensément pour l'irrigation, ils n'atteignent plus la mer d'Aral, menacée de disparition. Les bassins intérieurs du système montagneux sont aussi arrosés par des cours d'eau qui se perdent dans leur centre (Tarim). À l'exception de l'Indus, les fleuves partant vers le S. et l'E. du château d'eau central sont alimentés dans leurs cours inférieurs par de fortes pluies, et charrient des débits considérables (Gange, Irrawaddy, Mékong, Xi jiang, Chang jiang, Huang he). Ils se terminent par des deltas dont certains comptent parmi les régions agricoles les plus densément peuplées du monde. La péninsule indienne et le Moyen-Orient ont des systèmes hydrographiques autonomes (Godavari et Krishna en Inde, Tigre et Euphrate au Proche-Orient). Tous ces cours d'eau ont été mis à contribution pour l'irrigation ; des alignements d'oasis de piémont suivent tous les axes montagneux dans les régions arides ; les oasis de l'Asie centrale ont servi d'étapes pour les caravanes, notamment celles qui suivaient la route de la Soie, de la Chine vers l'Occident.

**POPULATION** Aux régions septentrionales et occidentales de faibles densités, avec des axes et des noyaux de peuplement séparés par des vides très étendus, s'opposent les régions fortement peuplées de l'Indus à la Chine orientale et au Japon, en passant par certaines îles, comme Java. Les fortes densités s'expliquent à la fois par la mousson asiatique (étés chauds et pluvieux à des latitudes correspondant à celles du Sahara) et par l'apparition et la diffusion précoces de la riziculture, technique qui, tout en assurant une forte productivité de la terre, requiert une force de travail considérable, surtout lorsqu'elle est pratiquée à l'aide de l'irrigation. L'importance des États relativement centralisés au cours de l'histoire asiatique a pu contribuer à de telles densités. De la même façon, aux faibles taux d'urbanisation d'Asie septentrionale et occidentale s'opposent ceux des villes géantes de l'Asie du Sud et de l'Est.

**ÉCONOMIE** De nombreux pays d'Asie conservent encore des économies à dominante agricole, et font partie du tiers-monde. La remarquable exception est le Japon, qui a connu une industrialisation précoce (dernières décennies du XIXe s.), puis, après sa défaite de 1945, une phase de forte croissance qui l'a fait accéder au rang de puissance mondiale de tout premier plan. Favorisées par la proximité du Japon, des régions entières de l'Asie orientale sont maintenant sur la voie de l'industrialisation. La vague a d'abord atteint un ensemble de pays proches, pays de taille moyenne comme la Corée du Sud et Taiwan, cités-États comme Hong-Kong et Singapour ; ces «quatre dragons» ont valorisé au maximum leur position et les bas prix de la main-d'œuvre au début du processus. En raison de l'amélioration du niveau de vie des premiers «dragons», leurs firmes et celles du Japon et des États-Unis tendent maintenant à déplacer les fabrications les moins techniques vers de nouveaux États comme la Thaïlande, la Malaisie et l'Indonésie, voire le Sri Lanka et de nouvelles régions comme la façade littorale de la Chine. Cette dernière, en raison de l'importance des investissements, de l'immensité de son marché intérieur et de son dynamisme, joue un rôle économique majeur dans la région. La Sibérie, conquise et peuplée par les Russes, a alimenté en matières premières et en énergie l'Union soviétique, et semble devoir garder ce rôle dans la région. La transformation d'une partie de ces ressources sur place a donné naissance à quelques puissants combinats industriels, surtout le long de la bordure méridionale, suivie par le Transsibérien. Certains pays du Proche-Orient, autour du golfe Arabo-Persique, disposent de très importantes ressources pétrolières, dont ils se sont assuré la maîtrise. Plutôt qu'aux investissements industriels locaux, les pétrodollars ont profité à une partie de la population dont le niveau de vie a fortement augmenté. Les pays du monde indien n'ont pas bénéficié de tels avantages et se sont engagés dans une politique d'industrialisation autarcique, qui a produit des résultats non négligeables ; la «révolution verte» a permis une croissance agricole légèrement supérieure à celle de la population, mais le niveau de vie ne progresse que très lentement. Seuls quatre pays d'Asie, le Bhoutan, le Népal, le Bangladesh et le Myanmar, figurent parmi les «pays les plus démunis» répertoriés par l'ONU. Malgré sa forte croissance, l'ensemble du monde asiatique (sauf l'Inde) a réagi fortement à la grave crise économique apparue à la fin des années 1990. Cette sensibilité révèle la fragilité d'économies instables frappées, Japon compris, de profondes faiblesses structurelles.

**SPHÈRES GÉOPOLITIQUES** L'Asie a été le siège de grandes constructions politiques anciennes : empire de Chine, grands États continentaux dans le monde indien, puissantes thalassocraties en Asie du Sud-Est. Cette ancienneté de l'implantation de l'État explique sans doute que l'Asie actuelle comprenne, à côté des deux pays les plus peuplés du monde (Chine et Union indienne), un nombre important de pays étendus et peuplés, et qu'elle soit moins fragmentée que bien des régions d'Afrique ou d'Europe. La colonisation dans le cadre des empires turc, russe, britannique et français s'est largement développée, mais elle a épargné des États tampons comme la Thaïlande ou l'Afghanistan. La décolonisation est maintenant quasi générale. L'effondrement de l'URSS a rendu leur autonomie aux États d'Asie centrale et du Caucase. La partition de la péninsule coréenne est le dernier avatar désormais d'une forme politique de colonialisme en Asie. Des conflits de frontières opposent entre elles les anciennes républiques soviétiques, l'Inde et le Pakistan au sujet du Cachemire, la Chine, l'Indonésie et le Viêtnam pour la possession des îles de la mer de Chine méridionale.

**AIRES CULTURELLES** L'Asie a vu naître cinq des religions les plus diffusées dans le monde : judaïsme, christianisme et islam au Proche-Orient, bouddhisme et hindouisme en Inde. Ces religions entretiennent des relations étroites avec les sociétés et caractérisent des aires culturelles. Né en Arabie, l'islam s'est diffusé le long des grandes routes commerciales : route maritime contournant par le S. la masse asiatique, route de l'Asie centrale. Il est la religion dominante des populations arabes du Proche-Orient, de la péninsule malaise et de l'archipel indonésien et des Turco-Mongols de l'Asie centrale. L'hindouisme, associé à une organisation sociale originale, le système des castes, reste essentiellement limité à l'Inde. Le bouddhisme a presque totalement disparu de ce dernier pays, mais s'est diffusé vers des îles comme le Sri Lanka, la péninsule indochinoise et les régions de l'ensemble himalayo-tibétain. En Extrême-Orient, des syncrétismes complexes se sont élaborés entre des religions et des visions du monde autochtones (confucianisme, culte des ancêtres, cultes impériaux, shintoïsme) et le bouddhisme. Il est possible qu'il existe une relation de cause à effet entre la culture chinoise et les succès du communisme dans des pays comme la Chine et le Viêtnam. La pratique du christianisme reste minoritaire partout, sauf aux Philippines, catholiques. Des populations montagnardes longtemps isolées continuent à pratiquer des religions très variées, que l'on rattache en général au groupe des «animismes».

---

**ASIE ANTÉRIEURE** ♦ Expression désignant l'Asie occidentale ancienne ou Proche-Orient antique (Mésopotamie, Asie Mineure, Arménie, Perse, Syrie et Arabie). → **Asie.**

**ASIE CENTRALE** ♦ Nom donné à la partie la plus continentale de l'Asie, comprenant le Kirghizstan, l'Ouzbékistan, le Tadjikistan, le Turkménistan et le Kazakhstan. On y adjoint souvent le Xinjiang chinois (qui partage, outre la position géographique, la présence de minorités turcophones musulmanes, Ouïgours), parfois l'Afghanistan et le N. de l'Iran. Depuis l'éclatement de l'URSS en 1991, cette région a bénéficié d'un regain d'attention et l'on parle aujourd'hui à son sujet d'un nouveau «grand jeu», à l'instar du conflit opposant les empires russe et britannique pour le contrôle de cet ensemble à la fin du XIX^e^ siècle. Dès leur accès à l'indépendance, les cinq républiques ex-soviétiques ont voulu consolider leur souveraineté en cherchant à se désenclaver tout en se dégageant de la dépendance russe. Les relations ont repris avec la Chine désormais reliée à cette région du monde par la voie ferrée Urumqi-Almaty-Tachkent-Téhéran, mais la méfiance freine ce rapprochement, les Chinois craignant des mouvements indépendantistes au Xinjiang, tandis que Kirghiz et Kazakhs redoutent l'hégémonisme de Pékin. Les cinq jeunes États issus de l'éclatement de l'URSS se sont tournés vers la Turquie qui, outre les affinités linguistiques (quatre sont turcophones, les Tadjiks parlant une forme du persan), les attire par son modèle d'État musulman laïque. Mais les capacités économiques ont vite limité cet élan et c'est désormais vers l'Occident ou vers les nouveaux États industriels asiatiques que s'oriente l'Asie centrale. L'Europe et surtout les États-Unis s'engagent de plus en plus dans cette zone. Ils ont proposé des coopérations stratégiques (partenariat pour la paix de l'Otan), économiques (participation à l'extraction des hydrocarbures et des métaux rares) et en matière de transport. Plusieurs projets d'oléoducs visent à désenclaver l'Asie centrale en évitant la Russie et l'Iran et en traversant le Caucase ou l'Afghanistan et le Pakistan. Le programme européen Traceca (Transport Corridor Europe Caucasus Asia) veut créer un axe mer Noire-Asie centrale par la Caspienne en modernisant les ports et les voies terrestres. Le Kazakhstan, le Kirghizstan et le Tadjikistan ont rejoint l'Union douanière (devenue en 2001 la Communauté économique eurasienne) formée par la Russie et la Biélorussie au sein de la CEI. Ils entrent aussi avec la Chine et la Russie dans le groupe de Shanghai (rejoint en 2001 par l'Ouzbékistan), formé pour lutter contre le terrorisme islamique et qui tend à devenir un pôle d'échanges économiques. Mais l'insistance des États-Unis, depuis les interventions en Afghanistan (2001) et en Irak (2003), pour imposer un lien étroit entre accès au marché américain et lutte contre les fondamentalismes musulmans d'Asie, laissent à la Chine l'opportunité d'offrir une alliance moins pesante (rapprochement avec l'Asean, octobre 2003).

**ASIE DU SUD-EST** ♦ Région d'Asie comprenant la Birmanie, le Brunei, le Cambodge, l'Indonésie, le Laos, la Malaisie, les Philippines, Singapour, la Thaïlande et le Viêtnam. La nouvelle configuration géopolitique de la région, comme celle du reste de l'Asie, a été façonnée par la détente consécutive à la chute du régime soviétique en 1991 et par la crise financière de 1997. La première a entraîné une mutation de l'équilibre régional. Pendant que Russie et Japon se rapprochaient, inquiets de la puissance accrue de la Chine populaire, celle-ci manifestait son retour sur la scène régionale, parfois au détriment de ses voisins du Sud (Spratly*, Taiwan). La puissance économique et militaire potentielle de la Chine et sa diplomatie commandent désormais la géopolitique de l'Asie orientale et de l'Asie du Sud-Est. La crise financière, quant à elle, a débuté pendant l'été 1997 en Thaïlande et s'est répandue parmi les «dragons» (pays à développement économique rapide), qu'ils soient nouveaux ou anciens : Indonésie, Malaisie, Hong Kong, Taiwan, Philippines, Corée du Sud. Partout, des comptes publics grevés de dettes en raison de balances des paiements déficitaires, la corruption, la collusion entre banques et milieux d'affaires, une spéculation immobilière effrénée, ont mis en évidence la faiblesse structurelle des institutions et des mécanismes économiques locaux. Cette situation générale a révélé le poids des archaïsmes hérités des régimes autoritaires issus des décolonisations. Le Fonds monétaire international, sollicité, et les États occidentaux ont préconisé la rigueur dans la gestion, le libéralisme économique et la démocratisation des sociétés. Cette mutation radicale n'est parvenue que difficilement à convaincre des élites asiatiques, surtout attentives à entretenir la pérennité de leur pouvoir. Les opinions publiques, plus sensibles aux répercussions sur la vie quotidienne, ont réagi parfois vigoureusement (chute du président Suharto* en Indonésie en 1998). Outre la chute du communisme et la crise financière de 1997, la lutte contre le terrorisme islamiste à laquelle incitent les États-Unis depuis 2001 et les nouvelles ambitions de la Chine comme puissance régionale modifient les équilibres. La déclaration d'intention de Bali en octobre 2003, pour une organisation régionale de l'économie, de la sécurité et du bien-être social, manifeste une conscience croissante de l'intérêt commun. Mais les réticences à adopter l'initiative indonésienne (2004) de sécurité commune, assortie de la constitution d'une force armée de maintien de la paix, marquent les limites d'États qui répugnent à prendre le risque d'une ingérence des voisins dans leurs affaires. Un très violent séisme s'est produit le 26 déc. 2004 au large de Sumatra, détruisant le N.O. de l'île. La secousse a engendré une série de raz-de-marée qui est remontée vers le nord, provoquant de graves pertes humaines et matérielles sur les côtes de la Thaïlande, du Sri Lanka et du sud de l'Inde. → aussi **Asean.**

**ASIE MINEURE** ♦ Nom donné à la péninsule formant l'extrémité O. de l'Asie, limitée au N. par la mer Noire et la mer de Marmara, à l'O. par la mer Égée* et au S. par la Méditerranée. Les détroits des Dardanelles et du Bosphore la séparent de la Turquie d'Europe et des Balkans. Conventionnellement délimitée à l'E. par la chaîne de l'Anti-Taurus, elle constitue la majeure partie de la Turquie d'Asie.

**▮ HISTOIRE** Le nom d'Asie Mineure (en gr. *Mikra Asia*) date du X^e^ s. byzantin, le pays étant appelé antérieurement (V^e^ s.) Anatolie*. Place avancée du grand foyer humain d'Asie vers l'Europe, la péninsule fut un carrefour des migrations indo-européennes et le point de rencontre des premières civilisations méditerranéennes. Les grands empires de l'Antiquité se disputèrent son territoire. Les civilisations néolithiques et chalcolithiques (–VI^e^, –V^e^, –IV^e^ millénaires), attestées par les fouilles (Çatal* Höyük), ont donné lieu à de nombreuses hypothèses sur les échanges culturels avec la Grèce* préhellénique (Thessalie*), le monde égéen, la Mésopotamie et les civilisations continentales. À l'âge de l'Ancien Bronze (–III^e^ millénaire), Troie*, à l'avant-garde de la civilisation métallurgique et du commerce maritime, attirait déjà les envahisseurs. Les Sumériens étendaient leur domination de l'Euphrate aux plaines côtières de la Cilicie* après avoir soumis les Hourrites*, tandis que sur le plateau anatolien le peuple indigène des Hattis* développait une civilisation importante. **▮ L'Empire hittite** Vers le début du –II^e^ millénaire, l'afflux des peuples indo-européens bouleversa la péninsule. En ce qui concerne les Lydiens, Indo-Européens mêlés d'éléments sémites, il n'existe que des hypothèses. Les Hittites* soumirent le royaume de Hattousas (auj. Boğazkale) au centre de l'Anatolie, se mêlèrent aux Hattis (appelés proto-hittites) et fondèrent l'Ancien Empire hittite (–XVIII^e^ s.). En déclin à la suite de morcellements et des conflits internes, cet empire recouvrit un nouvel essor au milieu du –XV^e^ s. en luttant au S. contre le royaume de Mitanni **(→ Hourrites).** Le Nouvel Empire hittite, ayant repoussé les envahisseurs venus d'Arménie, s'étendait à son apogée (–XIV^e^ s.) sur toute l'Asie Mineure, la Syrie et la Palestine, et menaçait l'Égypte. **▮ La guerre de Troie** Au début du –XII^e^ s., l'Empire hittite fut détruit par les Moushkis, un des Peuples* de la Mer (Indo-Européens), qui créa le puissant royaume de la Phrygie*. Dans le même mouvement de migrations, les Achéens* (Mycéniens) organisèrent l'expédition contre Troie, poste clé du trafic intercontinental sur l'Hellespont*. La guerre de Troie* aurait opposé une coalition grecque (principalement Achéens et Éoliens) aux peuples occupant l'Asie Mineure occidentale et centrale : Troyens, Phrygiens, Pélasges, Lélèges, etc. Dans cette période de grands bouleversements aurait eu lieu la migration des Étrusques*, rameau probablement lydien, vers l'Italie. → **Étrurie.** **▮ La colonisation grecque** Les siècles suivants sont marqués par la colonisation grecque. Fuyant l'invasion de la Grèce, les Éoliens* et les Ioniens* peuplaient les côtes de la Mysie* **(→ Troade, Éolide)** et de la Lydie* **(→ Ionie),** suivis de près par les Doriens* **(→ Carie).** Les cités ioniennes à leur tour amorçaient une nouvelle vague de colonisation sur les côtes septentrionales (Hellespont, Propontide*, Pont*-Euxin). → **Bithynie, Paphlagonie, Pont.** Une grande part de la civilisation grecque est due à l'épanouissement économique et culturel des avant-postes asiatiques de l'hellénisme, dont les plus importants furent Milet*, Smyrne* **(→ İzmir),** Éphèse*, Phocée*, Halicarnasse*. **▮ La domination perse** L'invasion des Cimmériens*, qui traversèrent l'Asie Mineure vers la fin du –VIII^e^ s., entraîna la chute du royaume de Phrygie. Après une période de suprématie lydienne (-687 - -546), l'Anatolie fut submergée par de nouveaux envahisseurs, les Mèdes de Cyrus* II le Grand. Sous l'Empire perse* achéménide, elle connut une phase de stabilité interrompue par la révolte des cités ioniennes (-499) et par les guerres médiques* (-490 - -468). → **Eurymédon.** L'autonomie des cités grecques dura jusqu'à la paix d'Antalcidas* (-386) offerte par les Spartiates au Grand Roi. **D'Alexandre le Grand à la conquête romaine** Un demi-siècle plus tard, la conquête d'Alexandre* le Grand qui défit Darios* Codoman (→ **Granique, Issos**) mettait fin à la domination achéménide et ouvrait une nouvelle époque d'éclat mais aussi de troubles pour l'Asie antérieure. Après la mort d'Alexandre (-323), la péninsule fut partagée plusieurs fois selon les différentes phases de la guerre des diadoques dont la bataille décisive fut livrée à Ipsos* (-301). → **Antigonos Monophthalmos, Eumène, Lysimaque, Ptolémée, Séleucos.** Les régions du N., alors gouvernées par des satrapes perses, s'érigeaient en États indépendants (→ **Bithynie, Cappadoce, Paphlagonie, Pont**) et les Séleucides* de la Syrie (→ **Séleucos, Antiochos**), ayant évincé Lysimaque, contrôlaient la majeure partie de l'Anatolie, remplaçant progressivement les Lagides* dans leurs possessions (Ionie, Pamphylie, Cilicie, Carie). Tandis que des tribus galates (→ **Tectosages**) fondaient le royaume de la Galatie* à l'E. de la Phrygie, Pergame*, révoltée contre l'Empire séleucide et érigée en royaume (-260), reconquit les territoires de Lysimaque (Mysie, Lydie), puis s'allia avec les Romains et, après leur victoire de Magnésie* du Sipyle (-189), s'étendit sur toutes les possessions des Séleucides en Asie Mineure. **La domination romaine** Centre brillant de la civilisation hellénistique, grâce à sa richesse, Pergame ouvrit aussi l'ère romaine en Orient. En effet, Attale* III légua son vaste royaume à Rome* (-133). Après avoir créé la province d'Asie (O. de l'Anatolie), les Romains entreprirent la conquête des royaumes indépendants du N., mais se heurtèrent à la farouche résistance des Cappadociens et aux ambitions du roi du Pont Mithridate* VI, secondé par son allié Tigrane*, roi d'Arménie. → **Sylla, Lucullus, Pompée, César.** De nouvelles provinces romaines furent ainsi créées au cours du -Ier s. : Bithynie, Cilicie, Galatie (englobant l'Isaurie*, la Lycaonie* et la Pisidie*), Pamphylie (avec la Lycie), enfin Cappadoce, toutes réunies ensuite dans le diocèse d'Asie et la préfecture d'Orient. L'Anatolie connut une période de prospérité pendant la paix romaine qui fut troublée par la guerre contre les Parthes. Évangélisée par saint Paul*, elle fut l'un des premiers foyers du christianisme. **De l'Empire byzantin à l'Empire ottoman** À partir du IVe s., la péninsule partagea le sort de l'empire d'Orient (→ **byzantin [Empire]**) dont elle fit partie. Les Perses sassanides (VIe - VIIe s.), puis les Arabes (VIIe - Xe s.) harcelèrent les territoires byzantins. → **Héraclius Ier, Léon III, Nicéphore II Phocas, Basile II.** Ensuite vinrent les Seldjoukides* (XIe - XIIIe s.) qui fondèrent le puissant sultanat de Rūm, puis d'autres tribus turques et enfin les Ottomans* (XIVe s.). Dans cette période trouble, les Arméniens fondèrent en Cilicie le royaume de la Petite-Arménie*, les Mongols, conduits par Tamerlan, ravageaient le pays et les croisades* y amenaient de nouveaux libérateurs-conquérants. Deux Empires byzantins, celui de Nicée (1204 - 1261) et celui de Trébizonde (1204 - 1461), se constituèrent en Asie Mineure lors de la prise de Constantinople par les Latins. → **Nicée, Trabzon.** Enfin, la vague turque (mil. du XVe s.) balaya l'Anatolie qui fit alors partie de l'Empire ottoman. → **Turquie.**

**ASIMOV (Isaac)** ♦ Écrivain américain d'origine russe (Petrovitchi 1920 - New York 1992). Élevé à Brooklyn, il fit ses études à l'université Columbia et enseigna la biochimie à l'université de Boston. Il a écrit plusieurs ouvrages de vulgarisation scientifique, mais il doit surtout sa célébrité à ses très nombreux romans de science-fiction, particulièrement la trilogie *Fondation* (*Fondation et Empire*, 1951 ; *Seconde Fondation*, 1953 ; *Fondation foudroyée*, 1982). Cette évocation détaillée d'un cycle historique complet sur la planète Trantor est fortement influencée par les thèses de Toynbee* sur la philosophie de l'histoire.

**ASINIUS POLLION** – en lat. ***Caius Asinius Pollio*** ♦ Homme politique et écrivain latin (Rome -76 - 4 ou 5). Compagnon de César puis d'Antoine, il fut nommé consul et gouverneur de la Gaule cisalpine en -40. Après avoir vainement tenté de réconcilier Octave et Antoine, il abandonna la vie politique et mena une vie retirée à Tusculum. Il établit en -38 la première bibliothèque publique de Rome et fonda un cercle littéraire dont firent partie Virgile et Horace. Il écrivit des tragédies et une *Histoire des guerres civiles* qui resta inachevée.

**ASIR** ou **'ASĪR** ♦ Barrière montagneuse d'Arabie saoudite qui fait suite au Hedjaz et culmine au mont Sawda (env. 3 000 m).

**AŠKERC (Anton)** ♦ Poète slovène (Globoko 1856 - Ljubljana 1912). Ayant abandonné la prêtrise, il se fit le défenseur de la liberté, de l'égalité et de la justice dans ses *Ballades et Romances* (1890). Ses poèmes épiques (*Primož Trubar*, 1905 ; *Les Martyrs*, 1906 ; *Les Héros*, 1907) chantent la gloire des protestants persécutés.

**ASKIA** ◆ ÉTYM. du songhaï *a si kyi ya* «Non, pas lui !», exclamation de dépit lancée par les filles du roi Sonni Ali à l'annonce du coup d'État de Mohammed Sylla ♦ Dynastie soudanaise (1493 - 1591) instaurée par Mohammed Sylla (Askia Mohammed), le général de Sonni Ali Ber, roi de Gao* et fondateur de l'Empire songhaï*.

**ASMARA** ◆ ÉTYM. amharique «l'endroit du bon pâturage» ♦ Cap. de l'Érythrée, à 2 400 m d'alt. Peut-être 320 000 hab. Architecture coloniale. ▪ Indus. textiles et alimentaires. ▪ La guerre civile de 1962 à 1992 ainsi que la sécheresse ont fait affluer de nombreux réfugiés.

**ASMODÉE** ◆ ÉTYM. en gr. ***Asmodaios***, à rapprocher du vx persan *aishma daiva* «démon de la colère» ♦ Démon vaincu par Tobie* dans le Livre de Tobit*. Roi des démons selon le Talmud, il est, dans la tradition juive, celui qui sème la discorde entre mari et femme.

**ASMON** ♦ Personnage juif, ancêtre des Asmonéens*.

**ASMONÉENS** n. m. pl. ♦ Descendants d'Asmon, famille sacerdotale juive qui dirigea, à partir de -167, la résistance aux Séleucides. Elle comprend Mattathias et ses fils (→ **Maccabée**), puis leurs descendants ou rois asmonéens : Jean Hyrcan, Aristobule* Ier, Alexandre* Jannée, Aristobule II, Hyrcan II.

**ASNIÈRES-SUR-SEINE** [92600] ◆ ÉTYM. anc. *Asinaria* «lieu où l'on élève des ânes» ou «moulin mû par un âne», du lat *asinus* «âne» et suff. *-aria* ♦ Ch.-l. de cant. des Hauts-de-Seine, arr. de Nanterre, sur la Seine, au N.-O. de Paris. 75 837 hab. *(Asniérois)*. Centre résidentiel. Construc. mécanique. Indus. alimentaire. Cosmétiques. Bagagerie. Agroalimentaire. Activités tertiaires. ▪ Cimetière des chiens depuis 1899.

**ASŌ** (mont) ♦ Volcan actif du Japon, dans l'île de Kyūshū. Son cratère est remarquable par ses dimensions (caldeira de près de 20 km de diamètre) et ses cinq sommets (le plus élevé : 1 592 m).

**ASO Taro** ♦ Homme politique japonais (Iizuka, préf. de Fukuoka 1940). Il a été Premier ministre pendant un an à partir de septembre 2008. Premier catholique à avoir dirigé le pays, il dut gérer la pire récession de l'après-Deuxième Guerre mondiale. Il conduisit avec un certain succès quatre plans gouvernementaux de dépenses publiques massives mais fut écarté du pouvoir en raison de la défaite historique du parti libéral démocrate en 2009.

**ASPASIE** – en gr. ***Aspasia*** ♦ Femme grecque célèbre pour sa beauté et son esprit. Originaire de Milet, elle s'établit à Athènes (-Ve s.). Étrangère, elle ne put épouser Périclès* qui avait répudié sa femme. Leur maison devint le rendez-vous des intellectuels d'Athènes. La vie privée d'Aspasie et son influence sur la vie politique alimentaient la polémique contre Périclès et étaient tournées en dérision dans la comédie attique.

**ASPE** (gave d') ◆ ÉTYM. du basque *azpe* «caverne», de la rac. *aitz* «rocher, montagne» ♦ Torrent des Pyrénées-Atlantiques qui arrose la *vallée d'Aspe*. Né près du Somport, il rejoint le gave d'Ossau à Oloron-Sainte-Marie pour former le gave d'Oloron. Il alimente plusieurs centrales hydroélectriques.

**ASPE** (vallée d') ♦ Vallée pittoresque des Pyrénées-Atlantiques (formée par le *gave d'Aspe*), qui descend du col du Somport vers Oloron-Sainte-Marie.

**ASPENSTRÖM (Werner)** ♦ Écrivain suédois (Norrbärke 1918 - 1997). Auteur fécond, il n'a qu'un thème d'inspiration : la nécessité de réagir fortement contre la manie moderne de l'autodestruction ; la primauté de la vie saine et primitive sur toutes nos utopies. Il le dit dans des poèmes chantants (*Légende de neige*, 1949), dans le roman *Présage* (1953) ou dans les pièces de *Théâtre* (I - III, 1959 - 1966).

**ASPIN** (col d') ◆ ÉTYM. de *Aspe** ♦ Col des Hautes-Pyrénées (1 489 m), entre Sainte-Marie-de-Campan et Arreau.

**ASPLUND (Erik Gunnar)** ♦ Architecte suédois (Stockholm 1885 - *id.* 1940). Après avoir débuté dans un style traditionnel d'esprit classique et dépouillé (cinéma Skandia, 1922 - 1923 ; bibliothèque municipale de Stockholm, 1924 - 1927), il s'inséra radicalement dans le courant de l'architecture moderne internationale en édifiant le pavillon de l'Exposition de Stockholm (1930). Devenu en Suède le chef de file du fonctionnalisme, il donna une impulsion décisive au développement de l'architecture moderne dans son pays (laboratoire bactériologique d'État à Stockholm, 1933 - 1937 ; crématorium en forêt, 1935 - 1940).

**ASPRES** n. m. pl. ♦ Terrasses caillouteuses du Roussillon, entre le Tech et la Têt, surtout en bordure des Corbières. Viticulture. Vergers.

**ASPROMONTE** n. m. ♦ Massif granitique d'Italie, à la pointe de la Calabre, à l'E. de Reggio. 1 955 m d'alt. au Montalto. **Histoire** Garibaldi* y fut vaincu et fait prisonnier en 1862 par les troupes de Victor*-Emmanuel II.

**ASPROPÓTAMOS** → Achéloos

**ASQUITH (Herbert Henri),** 1er comte **D'OXFORD ET ASQUITH** ♦ Homme politique britannique (Morley, Lancashire 1852 - Londres 1928). Libéral, ministre de l'Intérieur de 1892 à 1895, il se fit remarquer par ses talents d'administrateur, puis en 1902 par sa position impérialiste dans la guerre des Boers (→ **Afrique du Sud**). Chancelier de l'Échiquier (1905 - 1908), puis Premier ministre (1908 - 1916), il orienta la politique des libéraux dans un sens plus social, fut le principal artisan du *Parliament* Act* et défendit le *Home* Rule*. Il fit résolument entrer la Grande-Bretagne dans la guerre, en 1914, après la violation de la neutralité belge. Accusé ensuite de manquer de fermeté dans la conduite de la guerre, déçu par les divergences au sein de son parti et sa mésentente avec Lloyd* George, il démissionna et ne joua plus qu'un rôle politique secondaire. Il fut anobli en 1925 et entra à la Chambre des lords. Il écrivit ses *Mémoires et réflexions* (1928).

**ASSAB** ♦ V. d'Érythrée, dans le pays afar. Env. 25 000 hab. Second port de désenclavement de l'Éthiopie après Massaoua. Raffinerie de pétrole.

**ASSAD (Hafez AL-)** ♦ Général et homme d'État syrien (Qardaha 1928 - Damas 2000). Issu de la minorité alaouite, il adhéra dès l'âge de 16 ans au parti Baas et entra à l'académie militaire de Homs d'où il sortit pilote de guerre en 1955. En nov. 1970, à la faveur d'un coup d'État, Assad prit le pouvoir et devint secrétaire général du Baas et Premier ministre ; en mars 1971, il fut élu président de la République. Il se voulut le restaurateur d'une «Grande Syrie» groupant autour de Damas, le Liban, la Jordanie et un futur État palestinien. Son pragmatisme, son sens aigu des opportunités conjugués à l'efficacité de ses services de sécurité expliquent sa longévité au pouvoir. La rivalité qui l'opposait à son frère «ennemi» irakien, Saddam Hussein, a déterminé son soutien à l'Iran de Khomeiny lors de la guerre du Golfe (1990 - 1991) et sa participation à la coalition militaire internationale contre l'Irak. ♦ **Bachar Al-Assad** (Damas 1965). Fils du précédent auquel il succéda, à sa mort, à la tête du parti Baas et à la présidence de la République, en juil. 2000. Il fut réélu en 2007. Il est critiqué sur le plan diplomatique pour son ingérence dans la politique libanaise et pour son régime répressif.

**ASSAM** n. m. ♦ État de l'Inde. 78 438 km². 26 655 528 hab. LANGUE : assamais (off.). CAP. : Dispur. Ayant été amputé de sa région la plus montagneuse aux confins de la Birmanie, l'Assam est essentiellement constitué d'une plaine très arrosée, en raison de l'influence sur la mousson des montagnes qui l'encadrent. Parcouru par le Brahmapoutre, l'Assam est voué à la riziculture intensive, et son sous-sol recèle d'importantes réserves de pétrole (env. la moitié de la prod. indienne). Les régions d'avant-monts et de piémonts abritent les plantations de thé qui ont fait la célébrité de l'État. Longtemps assez faiblement peuplé, l'Assam a attiré de nombreux immigrants : au XIXe s., des Bengalais et des Népalais engagés dans les plantations de thé puis, au lendemain de la partition, des hindous désireux de quitter le Pakistan oriental. Depuis l'indépendance, de violents conflits opposent les différentes composantes de la population. Pour répondre aux revendications des diverses ethnies du Sud, l'Assam fut progressivement amputé de sa région montagneuse au profit de cinq États autonomes : Nagaland, Manipur, Meghalaya, Mizoram, Tripura. La création de ces États n'a pas suffi à apaiser la situation au sein de l'Assam. Des heurts sanglants opposent périodiquement les Assamais de souche et les migrants récents : Népalais et Bangladeshi.

**Assam.** Femme de la tribu Mikir travaillant sur un métier à tisser.
*Phot. © Leigheb/Ricciarini*

**ASSARHADDON** ♦ Roi d'Assyrie (de –681 à –669), fils de Sennachérib*. Contre la politique de son père, il rebâtit Babylone (–680). Il lutta aux frontières contre les Cimmériens, les Scythes, les Élamites et conquit l'Égypte (–671). Pour lui succéder, il imagina d'instaurer une double royauté sur l'Assyrie et Babylone, confiée à ses fils Assurbanipal* et Shamash-Shumukīn.

**ASSAS** [asas] **(Nicolas,** chevalier **D')** ♦ Officier français (Le Vigan 1733 - près de Clostercamp 1760). Capitaine au régiment d'Auvergne, il tomba sur une colonne ennemie qui s'apprêtait à surprendre les Français, donna l'alerte et fut tué. Voltaire a rapporté ce trait d'héroïsme dans son *Précis du siècle de Louis XV*.

L'**Assassinat du duc de Guise** ♦ Film français de Charles Le Bargy et André Calmettes (1908). C'est l'archétype du «film d'art», produit par un éditeur avisé, Paul Laffitte, soucieux d'arracher le cinéma à sa clientèle foraine et de l'ouvrir à un public cultivé. L'intrigue fait référence à un épisode sanglant du règne d'Henri III. Le scénario est de H. Lavedan, les rôles sont tenus par des acteurs de la Comédie-Française (Le Bargy, Berthe Bovy) et un accompagnement musical fut spécialement écrit par C. Saint-Saëns. La naïveté de l'ensemble ne doit pas occulter la profonde originalité de cette œuvre, qui ouvrait au cinéma naissant des perspectives dramaturgiques jusque-là inexplorées.

**assassins**

n. m. pl. ➡ ÉTYM. de l'ar. *ḥachīchī* pl. *ḥachīchiyīn*, de sens inconnu, sans doute un terme de mépris, interprété ultérieurement comme «fumeur de haschisch» ; on a également proposé l'ar. *'assās*, pl. *'assāsin* «gardien» ♦ Nom donné à la secte des ismaïliens* nizarites de Syrie à l'époque des croisades et qui désigna par la suite l'ensemble des ismaïliens. Les nizarites (partisans de Nizār, héritier légitime du calife fatimide d'Égypte, al-Mustanṣir, écarté du pouvoir par le vizir al-Afdal), sont connus par leur figure de proue Hassan* ben Sabah, d'origine iranienne, qui s'empara de la forteresse d'Alamūt* (1090), et la transforma en un redoutable centre d'organisation et de propagation de la contestation ismaïlienne contre les Seldjoukides sunnites. Son successeur Buzurg Umīd Rūdbāri (1124 - 1138) constitua une dynastie et son petit-fils Ḥasan ibn Muḥammad déclara la Grande Résurrection et l'abolition du règne de la *charī'a* (la loi islamique). Organisés en *dā'iī* (propagandiste) et *fidāi* (celui qui se sacrifie), leurs adeptes continuèrent leur activisme jusqu'à l'exécution de leur dernier chef par le khan mongol Hūlāgū* à la suite de la chute d'Alamūt (1256). On compte parmi leurs victimes, le Seldjoukide Nizām al-Mulk (1092), Raymond de Tripoli (1152), Conrad de Montferrat (1192).

**ASSE** ♦ Comm. de Belgique (Région flamande), prov. du Brabant flamand, arr. de Halle-Vilvoorde. 29 334 hab. Ruines romaines ; église gothique Saint-Martin. ▪ Indus. agroalimentaires.

**Assemblée constituante** ♦ Assemblée élue au suffrage universel (23 avr. 1848) après la révolution* de février 1848. Formée d'une majorité de républicains modérés et d'une minorité de monarchistes et de socialistes, elle siégea du 4 mai 1848 au 26 mai 1849. Elle fut chargée de l'élaboration de la Constitution de la IIe République*. Après les journées de juin* 1848, la crainte de l'essor du mouvement socialiste favorisa la formation du parti de l'Ordre*, qui soutint la candidature de Louis Napoléon* Bonaparte à la présidence (déc. 1848).

**Assemblée constituante de 1945, de 1946** ♦ Assemblées élues au suffrage universel après la Libération. La première, qui fut élue le 21 oct. 1945, entra rapidement en conflit avec le général de Gaulle ; son projet de Constitution fut rejeté par le référendum du 5 mai 1946. La seconde, élue le 2 juin 1946, élabora la Constitution du 13 oct. 1946 qui devint celle de la IVe République.

**Assemblée consultative provisoire** ♦ Assemblée créée à Alger le 17 sept. 1943, par le général de Gaulle*, pour donner au Comité* français de libération nationale la base juridique d'un gouvernement démocratique. Composée de représentants des mouvements de résistance et des partis de la République, elle resta en fonction jusqu'à la fin oct. 1945 et fut remplacée par la première Assemblée constituante.

L'**Assemblée des femmes** – en gr. *Ekklêsiazousai* ♦ Comédie d'Aristophane* (–392). Sous l'impulsion de l'éloquente Praxagora, les femmes d'Athènes s'emparent du pouvoir et établissent le communisme absolu. Satire d'un système politique dont diverses écoles philosophiques recommandaient l'application.

**Assemblée des notables** ♦ Nom donné au XVIIIe s. à un conseil extraordinaire composé de personnalités représentatives choisies par le roi dans les trois ordres. Ce conseil obtint le renvoi de Calonne*. Réuni de nouveau par Necker* en vue de la préparation des états* généraux, il dut accepter la double représentation du tiers état (1er juin 1789).

**Assemblée législative** ♦ Assemblée élue au cours de l'été 1791 au suffrage censitaire. Elle succéda à l'Assemblée* nationale constituante et siégea pour la première fois le 1er oct. 1791 (→ **Révolution française**). Formée d'hommes nouveaux, car les Constituants s'étaient déclarés inéligibles, elle comportait une aile droite (feuillants*), un centre, une gauche (136 députés inscrits au Club des jacobins ou à celui des cordeliers). Elle eut à faire face aux difficultés économiques et sociales et à l'agitation religieuse et contre-révolutionnaire entretenue par le clergé réfractaire. Formée essentiellement de représentants de la bourgeoisie, elle se montra hésitante dans sa politique économique et sociale, refusant l'abolition intégrale des droits féodaux demandée par Robespierre (29 fév. 1792). Voulue par la cour, la guerre était aussi souhaitée par la plupart des députés, spécialement par les brissotins (→ **girondins**). Le 20 avr. 1792, Louis XVI proposa à l'Assemblée de déclarer la guerre au «roi de Hongrie et de Bohême» (à l'Autriche seule) ; la déclaration fut votée à l'unanimité moins une dizaine d'opposants. Après les journées révolutionnaires du 20 juin* et surtout du 10 août* 1792, l'Assemblée vota la suspension du roi, et convoqua une nouvelle Assemblée constituante, la Convention*.

**Assemblée législative de 1849** ♦ Assemblée élue au suffrage universel le 13 mai 1849, qui succéda à l'Assemblée* constituante le 28 mai. Composée d'une majorité de représentants du parti de l'Ordre, elle pratiqua une politique conservatrice, décida de l'expédition de Rome, adopta la loi Falloux*, limita le suffrage universel et la liberté de presse (juil. 1850). Cette politique impopulaire permit au président Louis Napoléon Bonaparte de procéder au coup d'État du 2 décembre* 1851.

**Assemblée nationale** ♦ Assemblée élue le 8 fév. 1871, après la signature de l'armistice (guerre franco*-allemande) qu'elle ratifia, et composée d'une majorité de conservateurs et de monarchistes (400 contre 200 républicains et 30 bonapartistes). Elle succéda au gouvernement de la Défense* nationale. Réunie à Bordeaux (12 fév.), elle choisit Thiers pour chef de l'Exécutif (17 fév.), mais décida de laisser en suspens la question des institutions de la France avant la réorganisation du pays (pacte de Bordeaux). Installée à Versailles (20 mars), elle prit position contre la Commune* insurrectionnelle de Paris, ratifia les préliminaires de paix, puis le traité de Francfort* (10 mai). Après les élections partielles de juil. 1871, différentes tendances politiques se dégagèrent au sein de l'Assemblée : à gauche, l'Union républicaine de L. Gambetta* et l'ancienne gauche du Corps législatif (Ferry, Grévy, Simon), à droite les légitimistes, au centre droit les orléanistes (Audiffret-Pasquier, Decazes, duc de Broglie), au centre gauche les républicains modérés, alliés de Thiers, plus quelques bonapartistes et monarchistes modérés. Après le renversement de Thiers* par la coalition monarchiste (Ordre moral, le 24 mai* 1873), son remplacement par Mac*-Mahon et la vaine tentative de restauration de la monarchie avec le comte de Chambord*, l'Assemblée adopta l'amendement Wallon attribuant au chef de l'État le titre de président de la République (janv. 1875), se prononçant ainsi pour le régime républicain. Elle vota les lois constitutionnelles (24 - 25 fév., 16 juil. 1875) qui servirent de fondements à la IIIe République* (amendées en 1879 et 1884). Dissoute le 31 déc. 1875, elle fut remplacée par la Chambre* des députés des départements, qui allait partager le pouvoir législatif avec le Sénat*.

**Assemblée nationale** ♦ Nom donné à la Chambre* des députés par les Constitutions de 1946 (IVe République*) et de 1958 (Ve République*). L'Assemblée nationale est élue pour 5 ans au suffrage universel direct (scrutin uninominal à deux tours, sauf en 1986 où fut utilisé le scrutin de liste proportionnel à un tour). Ses membres (députés) votent les lois et peuvent renverser le gouvernement par une motion de censure à la majorité constitutionnelle.

**Assemblée nationale constituante** ♦ Nom que prirent les états* généraux le 9 juil. 1789 (→ **Révolution française**), mettant fin à l'absolutisme royal au profit d'une monarchie constitutionnelle. L'Assemblée comptait 745 députés élus pour deux ans au suffrage restreint et divisés en aristocrates, monarchiens*, patriotes constitutionnels. Elle siégea du 9 juil. 1789 au 30 sept. 1791 : à Versailles, puis dans la salle du manège des Tuileries après les journées des 5 et 6 octobre* 1789. Si la Constitution ne fut définitivement adoptée que le 3 sept. 1791, ses principes avaient été votés dès la fin de 1789, après l'abolition de la féodalité dans la nuit du 4 août* 1789 et l'adoption de la Déclaration des droits* de l'homme et du citoyen (26 août 1789). Elle dota la France de nouvelles institutions politiques et juridiques, visant à en faire une nation «une et indivisible». Sur la base de la souveraineté nationale et de la séparation des pouvoirs (art. 3 et 6 de la Déclaration), elle organisait «un système représentatif caractérisé en fait par la prédominance de l'Assemblée législative» (A. Soboul). Les réformes adoptées par la Constitution portèrent sur la réorganisation de l'administration locale (décentralisation par division de la France en 83 départements), de la justice (juges élus), des finances (égalité fiscale, suppression des impôts indirects, mise à la disposition de l'État des biens du clergé gagés par les assignats, 2 nov. 1789). L'Église était régie par la Constitution* civile du clergé (12 juil. 1790). Affirmant l'universalité des droits de l'homme et du citoyen et de la nation, la Constitution de 1791 était l'expression des intérêts de la bourgeoisie montante. Trop libérale pour un temps de crise économique, sociale et politique, elle fut ébranlée, avant même son adoption définitive par la fuite (manquée) du roi (→ **Varennes**). Le 30 sept. 1791, l'Assemblée constituante fut remplacée par l'Assemblée* législative. Les débats étaient publiés par *Le Moniteur* universel*.

**ASSEN** ♦ V. des Pays-Bas, ch.-l. de la prov. de la Drenthe. 64 391 hab. ▪ Métallurgie et construc. mécaniques. ▪ Aux environs, nombreux monuments mégalithiques.

**ASSENEDE** ♦ Comm. de Belgique (Région flamande), prov. de Flandre-Orientale, arr. d'Eeklo, à la frontière des Pays-Bas. 13 584 hab. Brasserie.

**ASSI (Adolphe Alphonse)** ♦ Révolutionnaire français (Roubaix 1840 - Nouméa 1886). Ouvrier mécanicien, affilié à la Ire Internationale, il prit une part active aux grèves du Creusot (1870). Il fut condamné à la déportation en Nouvelle-Calédonie pour sa participation à la Commune de Paris (1871).

L'**Assiette au beurre** ♦ Mensuel satirique illustré français publié de 1901 à 1912. Dans un style très virulent, volontiers anticlérical, anticolonialiste et anarchisant, chaque numéro était consacré à un thème traité par une équipe de dessinateurs dont firent partie Caran* d'Ache, Jossot, Vallotton*, Van* Dongen, Steinlen*. Novatrice par son esprit expressionniste, ses inventions graphiques et sa vision assez désespérée, *L'Assiette au beurre* marqua une étape dans l'histoire de la caricature.

**ASSINIBOINE** n. f. ♦ Riv. du Canada (960 km). Elle traverse les prov. du Manitoba et du Saskatchewan, puis conflue avec la rivière Rouge (Red River) à Winnipeg.

**ASSINIBOINES** n. m. pl. ➝ ÉTYM. de l'algonquin «ceux qui cuisent avec des pierres», du chippewa *u'sini* «pierre» et *u'pwawa* «il cuisine en faisant rôtir» ♦ Peuple indien d'Amérique du Nord, de langue sioux, originaire de la région du lac Supérieur (N. du Minnesota, S.-O. de l'Ontario). Les commerçants britanniques les nommaient «Stoneys». Ils migrèrent en direction de l'O. vers 1600 et s'établirent dans les Plaines du Nord, s'intégrant à l'aire culturelle des Plaines. Aujourd'hui, ils vivent dans la réserve de Fort Belknap avec les Gros-Ventres et dans celle de Fort Peck avec les Sioux.

**Assiniboines.** Indien de l'Alberta, au Canada.
*Phot. © Hétier*

**ASSIOUT, ASSIUT** ou **ASYŪT** ➝ ÉTYM. du vieil égypt. *sywt* «garde, poste de garde» ; anc. ***Lycopolis*** ♦ V. de Haute-Égypte, ch.-l. de gouvernorat sur le Nil. 386 086 hab. Centre admin. et commercial. Université. Barrage sur le Nil. Raffinerie de pétrole. Haut lieu de la religion copte, Assiout est aussi l'un des centres de l'orthodoxie islamique et un foyer de troubles.

**ASSIS (Joachim Maria MACHADO DE)** → Machado de Assis

**ASSISE** – en it. ***Assisi*** ♦ V. d'Italie, en Ombrie (prov. de Pérouse). 25 304 hab. La ville, très pittoresque avec ses rues étroites et ses édifices anciens, présente un grand intérêt artistique. Basilique Saint-François, édifiée sur le tombeau de saint François* par le frère Élie (1228), formée de deux églises superposées, décorées par Cimabue, p.-ê. Giotto (fresques sur la vie de saint François), S. Martini et P. Lorenzetti. Cathédrale San Rufino (1140 - 1228). Église gothique Sainte-Claire (1257 - 1265). Couvent Saint-Damien (XIe s.). Aux environs, basilique Sainte-Marie-des-Anges (XVIe s., reconstruite au XIXe s.), à l'emplacement de la Portioncule, oratoire du saint. Centre de pèlerinage (du Pardon).

**Assises de Jérusalem** ♦ Réunions des seigneurs croisés, tenues à Jérusalem à la fin du XIIe s. Godefroi* de Bouillon y fit élaborer des chartes conçues dans l'esprit du droit féodal. Destinées au royaume de Jérusalem, elles se répandirent par la suite dans le royaume de Chypre. ▪ Le titre d'*Assises de Jérusalem* a été donné aux recueils des textes parvenus jusqu'à nous.

**Associated Press** ♦ Agence de presse américaine fondée en 1848 et appartenant à une coopérative de journaux, de radios et de télévisions. Elle s'est associée au *Wall Street Journal* afin de concurrencer l'agence Reuter dans le domaine de l'information économique et financière.

**Association pour la diffusion des arts graphiques et plastiques** [ADAGP] ♦ Association créée en 1953. Regroupant plus de 10 000 artistes (dessinateurs, peintres, photographes, etc.), elle est chargée de recevoir et de répartir les droits d'auteur.

**ASSOLLANT (Alfred)** ♦ Écrivain français (Aubusson 1827 - Paris 1886). Après avoir enseigné l'histoire, il entreprit un voyage aux États-Unis, puis réunit ses souvenirs dans les *Scènes de la vie des États-Unis* (1858). Il est l'auteur de romans pour la jeunesse (*La Mort de Roland, fantaisie épique*, 1860 ; *Aventures merveilleuses mais authentiques du capitaine Corcoran*, 1867 ; *Montluc le Rouge*, 1878). ➝ ÉTYM. *Assollant* vient peut-être de l'occitan *assolar* «consoler, calmer» ; c'est le surnom d'un homme tranquille.

**ASSOLLANT (Jean BERNACHE, dit Jean)** ♦ Aviateur français (Versailles 1905 - Diégo-Suarez 1942). Il fut l'un des pionniers de la traversée de l'Atlantique, réalisant avec Lefèvre* et Lotti, sur l'*Oiseau canari*, le premier vol français sans escale dans le sens Amérique-Europe (13 juin 1929).

**L'Assommoir** ♦ Roman d'Émile Zola* (1877), 7e volume du cycle des *Rougon*-Macquart*. Il prend pour thème la vie des ouvriers parisiens. Autour de l'«Assommoir», cabaret où trône l'Alambic, apparaissent les personnages de Gervaise et de Coupeau, dont la déchéance est le symbole de la misère de toute une classe. «Premier roman sur le peuple [...] qui ait l'odeur du peuple», cet ouvrage frappe par son réalisme cruel et la vigueur de son style qui emprunte de nombreux éléments à la langue populaire.

**Assomption** n. f. ♦ Fête religieuse catholique, située le 15 août. Elle célèbre l'enlèvement au ciel de la Vierge Marie. Le thème de la dormition (fêtée le même jour dans les églises orthodoxes), simple mort apparente, et celui de l'Assomption n'ont pas de fondements scripturaires et ont leur source dans des textes apocryphes. L'Assomption a été proclamée dogme catholique en 1950 par Pie XII. ▪ Dans la tradition de l'Église d'Orient, l'âme de la Vierge est recueillie, sous la forme d'un enfant, entre les mains du Christ (étoffe byzantine brodée, cathédrale de Sens, VIIIe s.). En Occident, la Vierge est représentée s'élevant les mains jointes au-dessus de son tombeau ouvert, emportée par des anges (bas-relief du chevet de Notre-Dame de Paris, XIVe s.). Dans la peinture des XVIe et XVIIe s., la Vierge paraît s'envoler (Corrège*, coupole de la cathédrale de Parme), de même que dans l'art baroque (sculpture monumentale de E. Q. Asam*, autel de la collégiale de Rohr, 1722). Elle est aussi figurée debout sur un croissant de lune, le front ceint de douze étoiles (statue en marbre de Puget*, Albergo dei Poveri, Gênes).

**assomptionnistes**

n. m. pl. ♦ Membres (appelés «pères augustins de l'Assomption») d'une congrégation religieuse, fondée à Nîmes en 1850 par le P. d'Alzon. D'abord consacrée à l'apostolat (prédication, presse, charité), elle se livra, dans les dernières années du XIXe s., à une action politique (conservatisme catholique) qui entraîna sa dissolution en janv. 1900. Reconstituée, elle s'est spécialisée dans l'information religieuse (journal *La Croix*).

**ASSOUAN** ou **ASSUĀN** – anc. *Syène* ♦ V. de Haute-Égypte, ch.-l. de gouvernorat, sur la rive d. du Nil. 265 004 hab. La ville fait face à l'île Éléphantine, à proximité de la première cataracte et du premier *barrage d'Assouan*, construit en 1902 par les Britanniques (lac de 5,3 km³). Un second barrage gigantesque (→ **Sadd el-Ali**), à 6,5 km en amont, a été construit avec l'aide soviétique (1970). Assouan est l'un des plus grands centres touristiques de Haute-Égypte. Centre indus. : centrale hydroélectrique, usine d'engrais azotés (Kima), complexe sidérurgique et usine d'aluminium. **▮ Histoire** L'anc. *Syène* (forme gr. de l'égypt. *Souānit* «le marché») était à l'origine le marché de l'île Éléphantine. Elle était célèbre par ses carrières de granit rose (syénite). Poste militaire important jusqu'à l'époque romaine, elle fut abandonnée au moment de la conquête arabe.

**ASSOUCI** ou **ASSOUCY (Charles COYPEAU D')** ♦ Musicien et poète français (Paris 1605 - *id.* 1677). Ami de Molière, de Chapelle, de Cyrano de Bergerac, il composa avec une grande verve comique et caricaturale des poèmes burlesques : *Le Jugement de Pâris* (1648), *L'Ovide en belle humeur* (1650), *Le Ravissement de Proserpine* (1653). *Les Amours d'Apollon et de Daphné* (1650) font de d'Assouci un des précurseurs du genre de l'opéra-comique. Il connut en Italie les prisons de l'Inquisition (1667 - 1669), avant de subir une seconde incarcération, à Paris (1673) ; ses malheurs sont contés dans *Les Aventures du sieur d'Assouci* (1677).

**ASSUÉRUS** – transcription latinisée de l'hébr. *ʿAkhashwērosh* ♦ Nom biblique correspondant à Xerxès (en perse *Khchayarcha*). Dans le Livre d'Esther, Assuérus est roi de Perse, évocation littéraire de Xerxès Ier. → **Esther.**

**ASSUR** ➝ ÉTYM. p.-ê. de *Aššur*, dieu des Assyriens ♦ Anc. ville d'Assyrie (ruines à al-Charqāṭ), sur la rive d. du Tigre. Occupée dès le –IIIe millénaire, elle devint la capitale de l'Assyrie, jusqu'au –IXe s. où elle fut remplacée par Kalkhu (→ **Nimrud**) puis Ninive. Elle tomba devant les Mèdes en –614 (→ **Assyrie**). ▪ Fouilles par W. Andrae (1903 - 1914). Le site est classé au patrimoine mondial de l'Unesco.

**ASSURBANIPAL** ➝ ÉTYM. en akkadien *aššur-bān-apli* «(le dieu) Aššur est le créateur du fils» ♦ Roi d'Assyrie (de –669 à –631 ?). Fils d'Assarhaddon*, il acheva le siège de Tyr (–667) et continua la guerre en Égypte (reprise de Memphis, prise de Thèbes). Il lutta contre l'Élam, les Mèdes (→ **Phraorte**) et contre son frère Shamash-Shumukīn, roi de Babylone, qu'il accula au suicide en incendiant la ville (–648). Il vainquit l'Élam (sac de Suse) en –640. Il célébra un triomphe à Ninive*, sans avoir pourtant pris personnellement part aux guerres : monarque raffiné, il s'occupait plus volontiers de ses chasses et de sa bibliothèque, retrouvée à Ninive (auj. au British Museum). *Légende :* → **Sardanapale.**

**ASSUR-DĀN II** ♦ Roi d'Assyrie de –932 à –909. → **Assyrie.**

**ASSURNAZIRPAL II** ♦ Roi d'Assyrie (de –883 à –859). Il étendit le royaume vers le haut Tigre et, au S., au-delà du Petit Zab, et affirma sa puissance par une constante politique de prélèvement de tributs sur les États voisins. Il inaugura une nouvelle capitale à Kalkhu (–879). → **Nimrud.**

**ASSY** → **Plateau d'Assy**

**ASSYRIE** n. f. ➝ ÉTYM. de *Assur** ♦ Anc. empire de l'Asie occidentale, dont le centre fut le pays d'Assur*, en Haute-Mésopotamie. **▮ Histoire** Peuple sémitique, les Assyriens furent d'abord vassaux de Sumer et conquirent leur indépendance au –XXe s. Au –XVIIIe s., un premier empire assyrien culmina sous le roi Shamshi*-Adad Ier qui domina toute la Haute-Mésopotamie et le royaume de Mari*, et qui semble avoir créé la première administration centralisée. Le commerce assyrien rayonnait alors jusqu'en Anatolie. Soumise à l'empire babylonien (v. –1690, → **Hammourabi**) puis au Mitanni* (av. –1450), l'Assyrie se releva aux –XIVe - –XIIIe s., soumit à son tour le Mitanni, lutta contre les Hittites* et contre Babylone. Mais à partir de –1200 env. elle dut faire face aux invasions barbares (Moushki, Araméens*, Soutéens). Plus de deux siècles de lutte en firent une nation militaire dont l'ascension reprit au –Xe s. sous Assur*-Dān II, Adad*-Nirāri II, Tukulti*-Ninurta II, Assurnazirpal* II, Salmanasar* III (–932 - –824). Elle se heurta pourtant aux royaumes d'Aram* à l'O. et de l'Urartu* au N., alors au sommet de leur puissance, tandis qu'à l'intérieur le pouvoir croissant des nobles entraînait guerre civile et contre-révolutions sous Salmanasar* III, Shamshi*-Adad V, Adad*-Nirāri III, et que Babylone, ville sainte dont on adoptait les dieux, était traitée avec égards. L'accession au trône de Teglath*-Phalasar III (–746 - –727) marqua le début de l'Empire assyrien. Ce roi brisa les nobles, réforma l'administration, transforma l'armée et surtout remplaça la politique de ses prédécesseurs (rapines, prélèvement de tributs) par une véritable politique d'annexion, d'abord en Syrie puis à Babylone, dont il respecta fictivement l'indépendance en s'y faisant

**Assurnazirpal II.** Chasse d'Assurnazirpal II, art assyrien, -IXe s. British Museum, Londres. *Phot. ©Arch. Smeets*

couronner sous le nom de Poulou (–729). Après Salmanasar* V, l'empire atteignit son apogée sous Sargon* II (–721 - –705). Étendu du golfe Arabo-Persique au Taurus et du Zagros à la Méditerranée, il comportait alors plus de 70 provinces où se répandaient les mœurs et l'art assyriens, la langue araméenne (dont l'alphabet remplaçait l'écriture cunéiforme) et la religion chaldéenne. On élevait une nouvelle capitale, Dur-Sharrukin (→ **Khorsabad**). Les Sargonides (→ **Sennachérib, Assarhaddon, Assurbanipal**) durent lutter contre l'Égypte, l'Élam et les révoltes de Babylone, et l'empire finit par succomber sous les coups des Mèdes (→ **Cyaxare**) qui prirent Assur puis Ninive* (–614 et –612), permettant à leurs alliés néobabyloniens de fonder un nouvel empire (→ **Nabopolassar**). ■ V. PRINC. : → **Assur, Khorsabad, Nimrud, Ninive.** ■ **Arts** Les Assyriens furent des constructeurs (palais de Khorsabad, de Ninive ; travaux d'adduction d'eau) et de remarquables sculpteurs animaliers (scènes de chasse en bas relief de Ninive, au British Museum). ■ **Religion** Assur (dieu national), Marduk*, Dagan*. ■ **Personnages légendaires** → **Nemrod, Sardanapale, Sémiramis.**

**ASTAFIEV (Viktor Pavlovitch)** ♦ Écrivain russe (Ovsianka, près de Krasnoïarsk 1924 - *id.* 2000). Son recueil de nouvelles autobiographiques *Le Dernier Salut* (1968 - 1979) et ses romans ont pour cadre la Sibérie orientale, la taïga, le fleuve Ienisseï, la Russie profonde. C'est un rappel vibrant des responsabilités de l'homme envers la nature (*Le Tsar-Poisson*, 1976 ; *Triste polar*, 1986).

**ASTAIRE (Frederick AUSTERLITZ, dit Fred)** → ÉTYM. d'après les deux premières syllabes de son nom ♦ Acteur, danseur et chorégraphe américain (Omaha, Nebraska 1899 - Los Angeles 1987). Il forma avec sa sœur Adèle un duo de music-hall dès l'âge de sept ans. Quand elle abandonna la scène (1932), Fred Astaire, virtuose des claquettes, se tourna vers Hollywood. Il interpréta d'abord des comédies musicales légères dont il était le chorégraphe et dans lesquelles il jouait presque toujours le rôle d'un danseur (*La Joyeuse Divorcée*, de M. Sandrich, 1934, avec Ginger Rogers). Dans les années 1940, il rencontra Rita Hayworth à l'écran (*L'amour vient en dansant*, de S. Lanfield, 1941). Puis vinrent les années de duo avec Judy Garland (*Easter Parade*, de Ch. Walters, 1948) et Cyd Charisse (*Tous en scène*, de V. Minnelli, 1953).

Fred **Astaire.** *Phot. ©Coll. Roger-Viollet*

**ASTANA** → ÉTYM. kazakh «capitale» – jusqu'en 1961 ***Akmolinsk***, de 1961 à 1993 ***Tselinograd***, de 1993 à 1997 ***Aqmola*** ♦ Cap. du Kazakhstan, ch.-l. de région, sur le haut Ichim. 311 158 hab. Anc. marché (fourrures) et centre caravanier. Extraction de cuivre et de charbon. Machines agricoles. Cimenteries. Indus. alimentaire. Important nœud ferroviaire.

**ASTARTÉ** → **Ashtart**

**ASTÉRIX** → ÉTYM. du n. m. *astérisque* et finale évoquant le gaul. *rix* «roi» ♦ Personnage de bande dessinée créé en 1959 par Goscinny* et Uderzo*, et dont la première aventure, *Astérix le Gaulois*, parut dans le premier numéro du journal *Pilote*. Après la mort de Goscinny en 1977, Uderzo continua seul les aventures de son héros. Astérix, petit malin, accompagné de l'énorme Obélix, traverse les pages de ses albums avec la tranquille assurance de sa force invincible, due à la consommation de la potion magique du druide Panoramix. Le dessin, précis et drôle, s'amuse à décrire un village breton en –50 dans la Gaule conquise par Jules César. Moustaches, tresses, casques, glaives, druides aux cheveux longs et toits de chaume campent avec talent les archétypes d'une France chauvine mais sympathique.

**ASTI** ♦ V. d'Italie, dans le Piémont, ch.-l. de prov., sur le Tanaro. 71 276 hab. La ville a conservé de nombreux édifices médiévaux : baptistère du XI$^{e}$ s., tour du XIII$^{e}$ s., cathédrale gothique du XIV$^{e}$ s., avec un campanile roman. Palais Alfieri, maison natale du poète. ■ Indus. agroalimentaires. Dans la prov., production du célèbre vin (muscat), l'*asti*, parfois mousseux (*spumante*).

**ASTIER DE LA VIGERIE (Emmanuel D')** ♦ Homme politique et écrivain français (Paris 1900 - *id.* 1969). Il fonda en 1941 le mouvement de résistance Libération-Sud, ainsi que le journal *Libération*, et joua un rôle important dans l'unification de la Résistance. Commissaire à l'Intérieur dans le Comité* français de libération nationale (1944), il fut député progressiste de 1945 à 1958. → ÉTYM. *Astier* signifie «fabricant de piques [ou de broches]», de l'occitan *asta* «broche» ou du germanique *Ast-hari* (*ast-* «broche ; lance» et *hari* «armée») ; *Vigerie* de l'occitan *viguièr* qui désignait le prévôt royal.

**ASTOLPHE** → **Aistolf**

**ASTON (Francis William)** ♦ Physicien britannique (Harbone 1877 - Cambridge 1945). Assistant de J. J. Thomson*, il perfectionna le spectrographe de masse, grâce auquel il put découvrir que de nombreux corps simples sont formés du mélange de différents isotopes. Il établit que, si l'on prend pour référence l'oxygène 16, les masses de tous les atomes sont des nombres entiers. [Prix Nobel de chim. 1922]

**ASTORGA** ♦ V. d'Espagne (Castilla-León), prov. de León, au S.-O. de León, sur la rive d. du Tuerto. 12 139 hab. Hôtel de ville Renaissance. Cathédrale gothique (1471 - 1693). Palais épiscopal de Gaudí. Musée des chemins de Compostelle.

**ASTRAKHAN** → ÉTYM. tatar «privilège *(tarkhan)* d'un saint homme *(hadji)*» (exemption d'impôts accordée par le chef de la Horde d'Or à un notable revenu d'un pèlerinage à La Mecque) ♦ V. de Russie, ch.-l. de région, dans le delta de la Volga. 506 400 hab. Kremlin (XVI$^{e}$ - XVII$^{e}$ s.). ■ Port maritime et fluvial. Construc. navales et mécaniques. Raffinerie de pétrole. Indus. textile et alimentaire. Pêche (esturgeon). Conserveries de poisson (caviar). Tanneries (astrakan). ■ **Histoire** Un des centres de l'État mongol de la Horde d'Or (XIII$^{e}$ s.), puis capitale d'un khanat tatar, la ville fut conquise par Ivan IV le Terrible en 1556.

**ASTRÉE** → ÉTYM. en gr. ***Astraia*** «étoilée» ♦ Fille de Zeus* et de Thémis*, elle se retire du monde des mortels, à la fin de l'âge d'or, pour se fixer dans les cieux, sous le nom de *Virgo*.

L'**Astrée** ♦ Roman pastoral d'Honoré d'Urfé*, publié en cinq parties (trois par l'auteur : 1607, 1610, 1619 ; deux par son secrétaire Balthazar Baro : 1627 et 1628). Située dans le pays du Forez, où vécut d'Urfé, cette épopée amoureuse au temps des Gaulois et des druides «n'est véritablement que l'histoire de sa jeunesse» devenue fiction pastorale. Au milieu d'aventures et d'intrigues, l'auteur y peint les amours d'Astrée et de Céladon*, berger de la vallée du Lignon. Cette œuvre prolixe, qui peint en un style simple et pur toutes les manifestations de l'amour, connut un succès considérable et assura le goût de la préciosité au XVII$^{e}$ s. pour l'analyse des sentiments.

**ASTRID** ♦ Princesse de Suède et reine des Belges (Stockholm 1905 - Küssnacht, Suisse 1935). Épouse du roi Léopold* III, et mère de Baudouin* I$^{er}$ et d'Albert* II, elle fut très populaire ; elle mourut victime d'un accident d'automobile.

**ASTRUC (Alexandre)** ♦ Cinéaste français (Paris 1923). Il a défini la théorie de la «caméra stylo» avant de devenir, avec des œuvres marquées par le souci de la rigueur, le précurseur de la nouvelle vague : *Le Rideau cramoisi* (1953), d'après Barbey d'Aurevilly, *Les Mauvaises Rencontres* (1955), *Une vie* (1958), d'après Maupassant, *La Proie pour l'ombre* (1960). → ÉTYM. *Astruc* vient du latin °*astrucus* «né sous une bonne étoile».

**ASTURIAS (Miguel Ángel)** ♦ Écrivain et poète guatémaltèque (Ciudad Guatemala 1899 - Madrid 1974). Après des études de droit, Asturias séjourna à Paris où il fréquenta les milieux surréalistes et étudia les religions précolombiennes. En 1930, il publia les *Légendes du Guatemala*. Indien par sa mère, il puisa une partie de son inspiration dans les traditions du passé maya (selon lesquelles les Indiens seraient issus du maïs) : *Hommes de maïs*, 1949 ; *Une certaine mulâtresse*, 1963. Dans d'autres œuvres à caractère politico-social, il a dénoncé l'injustice et la misère qui sévissent dans son pays. *Monsieur le Président* (1946) est la peinture hallucinante d'une dictature créole. *Le Pape vert* (1959) décrit l'emprise des trusts américains. Son roman *Maladrón* (1969), qui porte en sous-titre *Épopée des Andes vertes*, évoque de manière allégorique la formidable rencontre des deux mondes. ■ Le style très personnel, audacieux et lyrique, donne à l'œuvre une allure de «rêve poème» tout à fait propre à décrire la terre de légende «puissante et convulsive» où l'auteur est né. [Prix Nobel de littér. 1967] → ÉTYM. Ce nom de famille vient du nom de la province (→ Asturies).

**ASTURIES** n. f. pl. → ÉTYM. en esp. ***Asturias***, du basque *asta* «roc» et *ura* «eau, cours d'eau» ♦ Communauté autonome et prov. du N.-O. de l'Espagne. → **Espagne** (carte). 10 565 km$^{2}$. 1 074 862 hab. CAP. : Oviedo.

**Géographie** Le climat océanique humide a permis l'extension de prairies cultivées ou plantées de pommiers à cidre. On extrait le fer et surtout la houille (Gijón, bassin du Nervión). L'industrie sidérurgique (Avilés, Gijón, Mieres, Moreda) et les autres industries basées sur la houille (verreries, céramique) se sont développées dans la région de Gijón. La reconversion imposée par la concurrence et d'autres sources d'énergie est lente. Les petites villes côtières vivent de la pêche. **Histoire** Conquises par les Romains sous Auguste (v. -22), les Asturies servirent de refuge aux Wisigoths* qui continuaient à combattre les Arabes après la mort de Rodrigue* en 711. Pélage* y constitua un royaume qui eut Oviedo pour capitale sous Alphonse* Ier. Ce fut le point de départ de la Reconquista* (→ **Espagne**). Sous Alphonse* III le Grand, le royaume s'agrandit de la Galice et du León, avec León pour capitale (v. 914). Le titre de prince des Asturies, porté par le futur roi de Castille Henri III, fut depuis lors (1388) réservé aux héritiers du trône d'Espagne.

**ASTYAGE** – en gr. ***Astuagês,*** en iranien ***Ishtuvegu*** ♦ Dernier roi des Mèdes (de -584 à -550). Fils de Cyaxare*. Il fut vaincu et déposé par son petit-fils et vassal Cyrus* II le Grand. → **Mèdes.**

**ASTYANAX** → ÉTYM. en gr. ***Astuanax*** «qui règne dans la ville», de *astu* «ville» et *anax* «maître» ♦ Fils d'Hector* et d'Andromaque*. Il est, d'après l'*Iliade**, jeté du haut des remparts de Troie* par Ulysse.

**ASUKA** ♦ Village japonais situé entre Nara et Ōsaka (Honshū), qui fut, aux Ve et VIe s., la résidence des empereurs de l'ancien Japon (Yamato). Le bouddhisme y fut apporté vers 538 par des Coréens et, de là, conquit progressivement le pays. ♦ ***Période d'Asuka*** Période allant de 538 à 645, qui vit l'épanouissement des premières manifestations artistiques et architecturales du bouddhisme.

**ASUNCIÓN** – en fr. ***Assomption*** ♦ Cap. du Paraguay, au confluent du Paraguay et du Pilcomayo. 507 500 hab. (aggl. env. 800 000). Cette ville-jardin tropicale connaît une croissance rapide. Aux quartiers résidentiels de maisons basses s'ajoutent les bâtiments officiels et quelques centres commerciaux. Les rives basses du fleuve peuvent être atteintes par les crues. ▪ Son port fluvial, à 1 200 km de l'Atlantique, drainait presque toutes les importations et les exportations du pays jusqu'à la construction de la route vers le Brésil. Indus. textile, alimentaire et tabac. Aéroport international. Asunción est le siège du Tribunal du Mercosur. **Histoire** La ville fut fondée en 1537 par les Espagnols. Les Brésiliens l'investirent en 1869 lors de la guerre de la Triple Alliance.

**ASURA** n. m. pl. ♦ Dans les mythologies hindoues et bouddhiques, divinités védiques devenues plus tard démoniaques, en lutte continuelle contre les Deva ou dieux véritables. On les représente toujours avec des crocs menaçants et de gros yeux globuleux.

**AŚVAGHOṢA** ♦ Ministre indien du roi Kuṣān Kaniṣka (Ier - IIe s.) et «docteur de la Loi» bouddhique. Philosophe, musicien, poète et dramaturge, on lui attribue de nombreuses œuvres d'inspiration religieuse, telles que *Buddhacharita* («Vie du Bouddha») et *Sāriputra*. Il fut déifié au Japon sous le nom de Memyō Bosatsu et est considéré en Chine comme l'un des 18 Lo-han particuliers à ce pays.

**AŚVIN** n. m. pl. ♦ Dieux jumeaux de l'Inde védique, comparables aux Dioscures* des Grecs. Ils personnifieraient les étoiles du matin et du soir. Ce sont des divinités guérisseuses.

**ATACAMA** (désert d') ♦ Région désertique du Chili, formée d'une dépression centrale aride du Norte Grande chilien (cuvettes salines), entre la cordillère côtière et les Andes. Au N., l'ancien Atacama bolivien, cédé au Chili après la guerre du Pacifique (1884), est devenu une base de randonnées touristiques (bourg de San Pedro de Atacama). ♦ ***Région administrative d'Atacama*** 76 000 km². 254 000 hab. CAP. Copiapó.

**ATAHUALPA** → ÉTYM. du quechua *atahu* «viril» et *allpa* «doux» ♦ Dernier empereur inca (v. 1500 - Cajamarca 1533), fils de Huayna Copac et demi-frère de Huascar, empereur légitime (1525). Après une guerre civile, il battit ce dernier et devint Inca (1532). Devant son refus de se convertir et de reconnaître le roi d'Espagne pour maître, Pizarro*, le captura. Malgré le versement d'une énorme rançon, il fut condamné à mort et étranglé, bien qu'il eût accepté le baptême.

**ATAKORA** (massif de l') ♦ Chaîne montagneuse orientée N.-E.-S.-O. traversant le N. du Bénin, le N.-O. du Togo et le S.-E. du Burkina Faso. Château d'eau du fl. Ouémé, de la Pendjari (affl. de la Volta) et de la Mékrou (affl. du Niger). Malgré sa faible altitude (850 m au mont Alédjo, Togo, et 641 m près de Natitingou, Bénin), il présente des paysages spectaculaires avec des gorges (faille d'Aléjo) et des chutes d'eau. Parcs nationaux, réserves d'animaux.

**ATAKPAMÉ** → ÉTYM. «chez Atakpa (chef de Djama, l'un des quartiers de la ville)» ♦ V. du Togo. 72 000 hab. Indus. textiles. Région de développement agricole.

**Atala** ♦ Roman de Chateaubriand* (1801), publié sous le titre *Atala ou les Amours de deux sauvages dans le Désert*. Détaché des *Natchez**, comme *René**, il est englobé dans le *Génie* du christianisme*. L'Indien Chactas fait à René le récit de son idylle tragique avec Atala, consacrée par sa mère à la religion chrétienne ; partagée entre son vœu et sa passion, la jeune fille se donnera la mort. Dans cette trame sont insérés de pénétrantes analyses des troubles de l'amour, des passages descriptifs de prose poétique («Les Funérailles d'Atala») et l'évocation des splendeurs de la nature exotique («Les Rives du Meschacebé»).

**ATALANTE** – en gr. ***Atalantê*** ♦ Héroïne qui excellait à la course et promettait d'épouser celui qui la vaincrait. Hippomène y parvient en jetant sur la piste trois merveilleuses pommes d'or du jardin des Hespérides que sa belle concurrente ne peut se défendre de ramasser. Elle prend part à la chasse au sanglier de Calydon* et à l'expédition des Argonautes*.

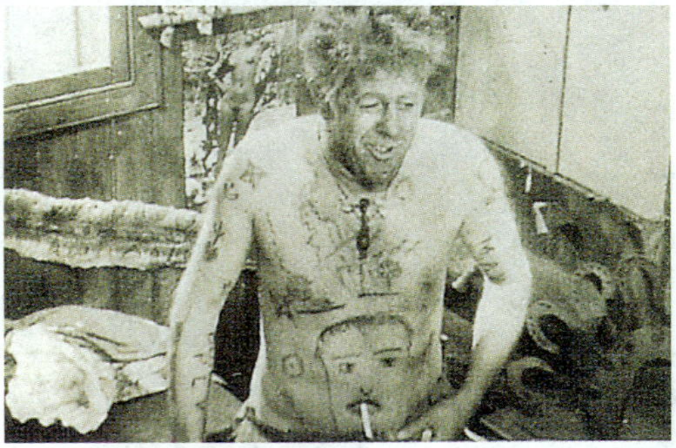

L'**Atalante.** Michel Simon. *Phot. ©Coll. Christophe L.*

L'**Atalante** ♦ Film français de Jean Vigo* (1934), avec Jean Dasté, Dita Parlo, Michel Simon. Un des joyaux du cinéma parlant, où un jeune auteur a pressenti avec génie, et presque épuisé, toutes les potentialités du «réalisme poétique», qui marquera l'école française des années 1930. Jean Vigo transforme la banale aventure d'un couple de mariniers en une odyssée truculente, conjuguant harmonieusement la bouffonnerie, le lyrisme et le document social. La musique de Maurice Jaubert, les images de Boris Kaufman, la composition de Michel Simon concourent à la réussite de l'œuvre. Méprisé à sa sortie, rebaptisé d'une scie à la mode, *Le chaland qui passe*, *L'Atalante* dut attendre près de cinquante ans sa restauration.

**ATANASOFF (John Vincent)** ♦ Physicien américain (Hamilton, New York 1903 - Monrovia, Maryland 1995). Il conçut une machine à calculer électronique, dont il construisit le prototype en 1939 avec Clifford Berry. Leur petit calculateur digital ABC (Atanasoff-Berry Computer) fut à l'origine de l'ordinateur d'Eckert* et Mauchly*.

**ATAPUERCA** ♦ Massif calcaire crétacé d'Espagne, aux environs de Burgos (Castilla-León), devenu le site paléoanthropologique le plus important d'Europe. L'érosion karstique y a aménagé des cavités dont les remplissages ont livré de nombreux restes humains. Les localités les plus célèbres, la Cima del Elefante (1 300 000 ans), Gran Dolina (800 000 ans), la Cima de los Huesos (530 000 ans), ont fourni des ossements de l'*Homo erectus* européen (en espagnol *Homo antecessor*) et de l'homme de Neandertal ancien (appelé aussi *Homo heidelbergensis*).

**ATARGATIS** ♦ Nom grec de la déesse sémitique, dame des eaux et des sources, appelée Atar'ateh en araméen, Dercéto en phénicien. Son culte continue, au -Ier millénaire, celui d'Anat*.

**ATATÜRK** → ÉTYM. «père des Turcs» → **Mustafa Kemal**

**ATBARAH** n. m. ♦ Riv. de l'Éthiopie et du Soudan (1 100 km env.), née au N. du lac Tana (Éthiopie). Ses crues abondantes alimentent le Nil, dont elle est le dernier grand affl. avant la Méditerranée.

**ATCHINSK** ♦ V. de Russie, en Sibérie centrale, à l'O. de Krasnoïarsk. 123 000 hab. Carrefour ferroviaire. Cimenterie. Centre d'extraction houillère (lignite). Alumine.

**Atelier (l')** ♦ Troupe d'acteurs constituée par Charles Dullin* en 1921. Établie au théâtre Montmartre, qui prit le nom de théâtre de l'Atelier, la troupe monta en 1923 *Atelier-Music-Hall*, série de parades et de parodies de M. Achard*. Elle joua un grand rôle dans les années 1920 et 1930 en révélant au public français Pirandello*, Salacrou*, Romains*, Zimmer.

L'**Atelier du peintre** ♦ Tableau de Gustave Courbet, sous-titré *Allégorie réelle* (1855). Le peintre s' est représenté au centre avec sa muse, entouré, à droite, de ses amis Baudelaire, Champfleury, Proudhon, Bruyas, symbolisant le monde des arts et les courants de pensée de l'époque, et, à gauche, de figures qu'il réprouve (notamment celle d'un prêtre). Le paysage témoigne de la nouvelle direction prise par les peintres contemporains (école de Barbizon) qui ouvrent la voie à l'impressionnisme. Derrière ce paysage, un

L'**Atelier du peintre.** Tableau de Gustave Courbet (3,59 × 5,98 m). Musée d'Orsay, Paris. *Phot. ©Arch. Smeets*

crucifié symbolise la fin de l'académisme. Le modèle féminin qui semble veiller sur l'artiste est la réponse de Courbet aux critiques qui avaient prétendu qu'il était incapable de peindre un nu. L'œuvre ayant été refusée à l'Exposition universelle de 1855 (ainsi que *Un enterrement* à Ornans*), Courbet décida d'organiser sa propre exposition qui allait le consacrer maître du réalisme*.

**Ateliers nationaux** ♦ Chantiers créés après la révolution de février 1848 à Paris et dans plusieurs grandes villes de province par le Gouvernement provisoire afin de réduire le chômage. Si la reconnaissance du droit au travail et l'institution des Ateliers nationaux avaient été adoptées sous la pression des socialistes (→ **Blanc [Louis]**), la réalisation fut quelque peu dénaturée par les républicains modérés (en particulier le ministre des Travaux publics, Marie*). Leur fermeture provoqua les journées insurrectionnelles des 23 au 26 juin* 1848.

**ATELLA** ♦ V. de l'Italie anc. (Campanie), entre Naples et Capoue, qui possédait une forme de spectacle improvisé et masqué, les *atellanes*, d'où dérive sans doute la commedia dell'arte. → **Novius, Pomponius.**

**Atérien** n. m. ♦ Faciès culturel du Paléolithique* moyen qui doit son nom au site de Bir-el-Ater en Algérie. L'industrie atérienne comporte un grand nombre de pièces pédonculées ; elle couvre le nord de l'Afrique, et principalement le Maghreb.

Eugène **Atget.** *Métiers, étalages et boutiques de Paris; 25, rue Charlemagne. Phot. ©Atget/BNF*

**ATERNO** n. m. ♦ Nom donné au cours supérieur de la Pescara*.

**ATGET (Eugène)** ♦ Photographe français (Libourne 1857 - Paris 1927). Pionnier du document moderne, il photographia, à partir de 1899, les petits métiers, les boutiques, les rues de Paris, les étalages, et autres vestiges d'un temps révolu. Il réalisa aussi des vues topographiques et de très nombreuses photographies d'édifices et de monuments de Paris, afin d'en constituer un inventaire. Alliant parfois l'insolite au familier, ses photographies attirèrent l'attention des surréalistes.

**ATH** – en néerl. ***Aat*** ♦ V. de Belgique (Région wallonne), prov. de Hainaut, ch.-l. d'arr., au confluent de la Dendre occidentale et de la Dendre orientale, sur le canal Ath-Blaton et la Dendre canalisée. 27 141 hab. Tour de Burbant (XII^e s.). Église Saint-Julien (tour du XV^e s.). Hôtel de ville (XVII^e s.). Ducasse renommée en août (mannequins géants). ▪ Indus. diversifiées.

**ATHABASCA** ou **ATHABASKA** n. m. – ÉTYM. cree « la roselière » ♦ Riv. du Canada qui prend sa source dans les Rocheuses au S. du parc de Jaspers, traverse l'Alberta et se jette dans le *lac Athabasca* (11 500 km²). Celui-ci, partagé entre l'Alberta et le Saskatchewan, est relié au Grand Lac de l'Esclave par la rivière de l'Esclave. → **Mackenzie.** ▪ Minerai d'uranium *(Uranium City)*. Les sables bitumineux de la région renferment une énorme réserve de pétrole.

**ATHALARIC** ♦ (v. 516 - 534). Roi des Ostrogoths* d'Italie (526 - 534). Petit-fils de Théodoric* le Grand, il lui succéda en 526 sous la tutelle de sa mère Amalasonte*.

**ATHALIE** – ÉTYM. en hébr. ***ʿAtalyâh*** « Yâh(wèh) est exalté » (à rapprocher de l'akkadien *etallu* « maître ») ♦ Reine de Juda (de –842 ou –841 à –834), fille d'Achab* d'Israël et de Jézabel*, épouse de Joram* de Juda, mère d'Ochozias*. Après la mort de ce dernier, elle fit massacrer les descendants royaux et régna sur le pays. Mais son petit-fils Joas*, sauvé par Joad* et Josabeth*, fut plus tard proclamé roi, tandis qu'Athalie était mise à mort à l'instigation de Joad. Récit biblique : II Rois, XI ; II Chroniques, XXIII.

**ATHALIE** ♦ Tragédie de Racine*, en 5 actes et en vers, avec chœurs, la dernière des œuvres de son auteur, composée pour les demoiselles de Saint*-Cyr, à la demande de M^me de Maintenon* (1691). Joas, petit-fils d'Athalie, a été élevé secrètement sous le nom d'Eliacin par le grand prêtre. Lors d'une visite au Temple, Athalie tombe en arrêt devant l'enfant : il ressemble trait pour trait à celui qu'elle a vu, en songe, lui plonger un poignard dans le cœur. Devant le refus d'Eliacin de la suivre à la cour, et Joad ayant fermé les portes du Temple, la reine décide d'assiéger le lieu saint. Mais le grand prêtre, prévenu, arme les lévites et lorsque la reine revient au Temple, elle y découvre Joas que le grand prêtre vient de proclamer roi. Entraînée hors du Temple, Athalie est mise à mort.

**ATHAMAS** ♦ Roi légendaire de Béotie, époux d'Ino*. À l'instigation de celle-ci, il voulut sacrifier Phrixos* et Hellé, les enfants qu'il avait de sa première femme, Néphélé.

**ATHANAGILD** ♦ (531 - Tolède 567). Roi des Wisigoths (v. 554 - 567). Il parvint au trône en s'alliant avec les Byzantins puis se tourna vers l'alliance franque en mariant ses filles Brunehaut* et Galswinthe* en Austrasie et en Neustrie.

**ATHANASE** (saint) ♦ Patriarche et docteur de l'Église (Alexandrie 295 - *id.* 373). Il participa au concile de Nicée, devint évêque d'Alexandrie (328), mais son intransigeance à l'égard des ariens l'exila cinq fois de son siège épiscopal. Il est l'auteur d'œuvres polémiques et dogmatiques et d'une *Vie de saint Antoine* le Grand.* ▪ Fête le 2 mai.

**ATHAULF** ♦ Roi des Wisigoths (de 410 à 415). Successeur d'Alaric*, il épousa Galla* Placidia, sœur de l'empereur Honorius. Après s'être emparé de la Provence et de l'Aquitaine, il envahit l'Espagne, mais fut assassiné à Barcelone par un de ses officiers.

**ATHÉNA** ◆ **ÉTYM.** étym. obsc. (les étym. populaires «immortelle» ou «née sans mère» semblent fausses) ♦ Déesse grecque identifiée avec Minerve par les Romains. Zeus*, craignant l'enfant qui lui naîtrait de Mêtis, avale celle-ci sur le point d'accoucher. Athéna sort tout armée du crâne de Zeus, qu'Héphaïstos fend d'un coup de hache. Déesse guerrière, armée de la lance et de l'égide, elle aide son père à vaincre les Géants* (→ **Encelade, Pallas**). Mais elle est également la déesse de la raison, ayant hérité de sa mère sagesse et ingéniosité ; elle devient ainsi la conseillère des dieux et des mortels. Disputant à Poséidon* la souveraineté sur l'Attique, elle l'emporte en faisant pousser l'olivier, symbole de paix et de prospérité, et donne son nom à Athènes*. → **Cécrops.** Protégeant les héros dans leurs luttes pour le bien, elle aide Héraclès* à accomplir ses travaux et Persée* à tuer Méduse*. De même, elle conseille à Cadmos* de semer les dents du dragon qu'il a tué et l'aide à devenir roi. Après le jugement de Pâris*, qui lui a préféré Aphrodite*, elle défend les héros grecs dans la guerre de Troie (→ **Diomède, Ulysse**) contre Arès et Aphrodite. Elle guide aussi leurs enfants : elle emprunte les traits de Mentor* pour accompagner Télémaque* et apaise les colères vengeresses des Euménides*, puis elle fait acquitter Oreste* par l'Aréopage*. Elle est toutefois terrible dans sa colère (→ **Ajax, Arachné**). Déesse de l'intelligence, elle préside à la littérature et aux arts, protège les sciences et l'industrie (spécialement les travaux féminins), veille sur la prospérité des cités. Vierge et chaste (Parthénos), elle est majestueuse, grande, aux «yeux pers», représentant une sorte de féminité virile. Elle porte aussi le surnom de Pallas, en mémoire de sa compagne de jeux Pallas* qu'elle avait tuée involontairement. Ses autres surnoms évoquent ses attributions : Promachos («combattant au premier rang»), Niké («victoire»), Ergané («laborieuse»), Hygieia («santé»), etc., mais elle est surtout l'Athéna Polias («protectrice de la cité»), vénérée à Athènes où on célébrait en son honneur les *Panathénées* ; des temples magnifiques sur l'Acropole lui étaient consacrés (Parthénon*, Érechthéion*, Athéna Niké). Athéna demeure le symbole de la civilisation grecque.

**ATHÊNAGORAS** ♦ Prélat grec (Ioannina 1886 - İstanbul 1972). Archevêque des Grecs orthodoxes d'Amérique en 1931, il fut élu ensuite patriarche œcuménique de Constantinople en 1948. Partisan de l'unité chrétienne, il rencontra le pape Paul* VI.

**ATHÉNAGORE** ◆ **ÉTYM.** en gr. ***Athênagoras***, de *Athênai* «Athènes» et *agora* «assemblée, place publique» ♦ Philosophe chrétien d'Athènes (IIe s.), auteur d'une *Supplique pour les chrétiens* (v. 177) adressée à Marc Aurèle et à Commode, et de la *Résurrection des morts*.

**ATHÉNÉE** – en gr. ***Athênaios*** ♦ Rhéteur et grammairien grec (Naucratis, Égypte IIe - IIIe s.). Son *Banquet des sophistes* ou *Deipnosophistes* (30 livres, réduits ensuite à 15) est une sorte d'encyclopédie. L'ouvrage est précieux pour les renseignements et les citations qu'il contient.

**ATHÈNES** ◆ **ÉTYM.** en gr. mod. ***Athinai*** ; d'orig. préhellénique, p.-ê. «tête, sommet» (à rapprocher de *Athéna**) ♦ Cap. de la Grèce et ch.-l. du nome d'Attique. 748 110 hab. *(Athéniens)*. L'aggl. du Grand Athènes, qui englobe 59 communes dans 4 préfectures ou nomarchies (433 km², 3 096 331 hab.), couvre la cuvette accidentée (Acropole, Lycabette) drainée par le Céphise et l'Ilissos, limitée par le golfe Saronique au S., les massifs de l'Hymette et du Pentélique à l'E., celui du Parnès au N. et de l'Aigaleo à l'O. Elle déborde ce cadre montagneux vers la Mésogée et vers la baie d'Aspropyrgos à l'E. ▌**Une capitale économique** La centralisation de l'État concentre à Athènes le tiers de la population grecque, près de la moitié des emplois industriels et les deux tiers de la richesse nationale. L'agglomération souffre de multiples nuisances : paralysie de la circulation, pollution atmosphérique grave *(néphos)*, accumulation des déchets, gaspillage d'espace. ▌**Le centre fonctionnel** Le centre fonctionnel, enserré entre l'Acropole et le Lycabette, correspond à la ville édifiée à partir de 1834 selon les plans de L. von Klenze lorsque Athènes, alors réduite au village de la Plaka sur le flanc N. de l'Acropole, devint capitale. ▌**La ville antique et médiévale** Le site de la ville antique, à proximité de ce noyau, a été partiellement respecté par l'urbanisme du XIXe s. : sur le rocher de l'Acropole* se dressent le Parthénon* et l'Érechthéion* ; sous son versant S., le théâtre de Dionysos (–IVe s.), le portique d'Eumène (–IIe s.) et l'odéon d'Hérode Atticus (161) ; au S., la colline des Muses et le tombeau de Philopappos (114) ; à l'O., la Pnyx* et l'Aréopage* ; au N.-O., le quartier du Céramique* qui comprenait l'Agora, centre de la vie publique de la cité, dont subsistent notamment le temple d'Héphaïstos (Ve s.), dit aussi Théséion, et le portique d'Attale (musée de l'Agora) ; au N. de l'Acropole, dans la Plaka, l'Agora romaine : bibliothèque d'Hadrien (IIe s.), tour des Vents (Ier s.) ; à l'E. enfin, le sanctuaire de Zeus olympien construit par Antiochos* IV de Syrie (IIe s.). De l'époque byzantine demeurent, au N. de la Plaka, des églises comme la Kapnikaréa (XIe s.), la Petite Métropole (XIIe s.) ou la Métamorphose (XIVe s.), et en banlieue les monastères de Daphni et de Kaisariani. ▌**La ville au XIXe s.** Du XIXe s. restent les édifices néoclassiques des architectes allemands comme les frères von Hansen : Palais royal (1834 - 1838), université (1837), Académie (1885) ; la plupart s'élèvent à proximité des avenues joignant les places de la Concorde (Omonia) et de la Constitution (Syntagma), et où se groupent les fonctions centrales : commerce, affaires, banques, enseignement supérieur au N.-O., politique et diplomatie au S.-E. ▌**Les musées** Les musées (national archéologique, de l'Acropole, de l'Agora, byzantin, Benaki, épigraphique, numismatique) sont d'une exceptionnelle richesse. ▌**Le Grand Athènes** Depuis 1920 et l'arrivée massive des réfugiés d'Asie Mineure, Athènes s'est étendue très rapidement, rejoignant d'abord Le Pirée, progressant par la suite vers le N. et l'E. Le Grand Athènes est marqué par de fortes disparités socioprofessionnelles héritées de cette période : la banlieue populaire et industrielle du S. et de l'O. s'oppose à la banlieue résidentielle aisée du Pentélique et de l'Hymette au N. et à l'E. Le transfert de l'aéroport au-delà de l'Hymette, et Mésogée*, accentue la poussée de la capitale vers l'est. Athènes a accueilli les jeux Olympiques de 2004.

▌**HISTOIRE** ▌**Les temps légendaires** L'Acropole fut occupée dès le Néolithique par les Pélasges* mais ce furent les envahisseurs ioniens* (–IIe millénaire) qui organisèrent l'Attique en 12 cités longtemps rivales (dont Cécropia, future Athènes, Éleusis, Marathon). Plus tard apparurent des mythes établissant la filiation entre le sol attique et les premiers rois athéniens comme Cécrops, Érechthée* et Pandion*. Des légendes rapportent les relations avec Cnossos*, le siège d'Athènes par Minos*, le tribut payé par la cité au Minotaure* après le meurtre d'Androgée par Égée*, sa libération par Thésée*. Partiellement préservée des invasions doriennes, Athènes en profita pour réaliser à son profit l'union de l'Attique ou *synœcisme* (–Xe - –VIIIe s.). ▌**Gouvernement aristocratique, tyrannie et réformes** La monarchie disparut au profit d'une aristocratie terrienne puissante, les eupatrides*, au sein de laquelle étaient recrutés les *polémarques* (généraux), les *archontes* et les *thesmothètes* (législateurs) régulièrement élus par les 4 tribus ioniennes, subdivisées chacune en 3 *phratries* (–VIIe s.). Sous la pression de profonds bouleversements sociaux, le thesmothète Dracon réforma la justice (–621) ; l'archonte Solon* (–592) démocratisa les institutions (*boulê* ou Conseil des Quatre*-Cents, Prytanée*, tribunal d'appel ou Héliée*). La persistance de l'agitation sociale favorisa la tyrannie de Pisistrate* et de ses fils Hipparque* et Hippias* (de –561 à –510). Ceux-ci étendirent la domination d'Athènes, qui éclipsa bientôt sur mer Corinthe* et Syracuse*, s'imposa à Délos* et à Chalcis*, colonisa la Chersonèse* ; en même temps, son essor culturel fut sans précédent : édifices monumentaux, grandes Panathénées, grandes Dionysies, naissance de la tragédie avec Thespis* et Phrynichos*, première édition d'Homère*, séjour de poètes lyriques (Anacréon*) ou de philosophes (Anacharsis*). L'intervention de Sparte* renversa la tyrannie, mais ne put éviter que Clisthène*, un Alcméonide* porté au pouvoir en –508 par l'*ekklêsia* (assemblée du peuple), n'instaure la démocratie en redéfinissant le rôle des tribus. ▌**Guerres médiques et impérialisme athénien** L'aide athénienne aux cités grecques d'Ionie, révoltées contre le roi de Perse Darios Ier en –498, marqua le début des guerres médiques*. Alliés aux cités grecques, les Athéniens remportèrent successivement la victoire de Marathon* contre Darios (–490) ; sur mer, celle de Salamine* contre Xerxès* Ier (–480) grâce à l'effort de fortification et d'équipement

**Athènes.** Quartier de Plaka et colline du Lycabette.
*Phot. ©Bus Wojtek/Hoa Qui*

naval entrepris par Thémistocle* ; celles de Platées* et de Mycale* (-479). Ces succès firent des Athéniens une puissance impérialiste, désormais rivale de Sparte (-462), qui imposa son protectorat à ses alliés. La mer Égée et l'Attique furent ainsi soumises et colonisées au sein de la confédération de Délos*, souvent par la force (Naxos, -468 ; Thasos, -463 ; Égine, -456 ; Eubée, -445), et durent payer un lourd tribut. **▮ L'apogée : le siècle de Périclès** Après l'achèvement des réformes démocratiques par Éphialte (-461) et Périclès*, ce dernier donna à Athènes un épanouissement artistique et culturel sans précédent, qui en fit le foyer de l'hellénisme. L'Agora, le Céramique et surtout l'Acropole furent couverts de monuments : le Parthénon, élevé par Callicratès* et Ictinos*, décoré par le sculpteur Phidias*, fut achevé en -432, les Propylées par Mnésiclès* en -431. Le siècle de Périclès est aussi celui de Socrate, des sophistes Gorgias*, Prodicos et Protagoras*, d'Anaxagore*, des historiens Hérodote* et Thucydide*, des dramaturges Eschyle*, Sophocle*, Euripide*, Cratinos*, Aristophane* et des sculpteurs Callimaque*, Myron*, Polyclète*, Scopas*. Mais cet édifice politique et artistique grandiose était basé sur un empire maintenu par la force et l'esclavage : sur 400 000 habitants de l'Attique, 200 000 esclaves, 70 000 *métèques* (étrangers), ainsi que les femmes, étaient privés de droits politiques. **▮ Guerre du Péloponnèse et déclin d'Athènes** Déclenchée par le secours qu'Athènes apporta à Corfou* contre Corinthe* et par la riposte de celle-ci lors de la révolte de Potidée*, la guerre du Péloponnèse (-431 - -404) trancha la rivalité entre Athènes et Sparte. Affaiblie par une série d'épreuves (peste de -430 où mourut Périclès, pillage de l'Attique, fin désastreuse de l'expédition de Sicile en -413, révolte de l'Ionie en -412, et coup d'État qui institua le Conseil oligarchique des Quatre*-Cents en -411 - -410), Athènes ne put éviter de capituler devant Sparte après le désastre naval que Lysandre* infligea à l'Athénien Conon* à l'Aigos* Potamos en -405. Sparte imposa à Athènes le Conseil oligarchique des Trente*, qui subsista jusqu'à la restauration de la démocratie par Thrasybule (-399). Malgré l'alliance de Thèbes qui permit la naissance d'une nouvelle confédération maritime (-377 - -357), et en dépit d'un rayonnement intellectuel renouvelé (Platon*, Ménandre*, Aristote*, Xénophon*, Épicure*, Zénon*, Théophraste*), le IV$^e$ s. marque le déclin politique de la cité. **▮ L'ère macédonienne et romaine** Ni l'éloquence de Démosthène* ni les succès militaires de Lycurgue* n'empêchèrent les Macédoniens de s'emparer des colonies athéniennes du N. (Olynthe*, -348) : Philippe* II écrasa les forces grecques coalisées à Chéronée* (-338) et soumit Athènes. Après la mort d'Alexandre* le Grand, Athènes échoua dans sa tentative d'insurrection (guerre lamiaque, -322) et fut prise par Cassandre* qui en confia le gouvernement à Démétrios* Poliorcète. Par la suite, les alliances qu'Athènes chercha auprès des rois de Pergame comme Mithridate (-88) ne firent que la compromettre aux yeux des Romains : Sylla* la pilla en -86. La ville resta néanmoins un centre culturel renommé, dont témoignent Cicéron*, Aulu*-Gelle et Pausanias*, et comblé de faveurs par les empereurs Auguste et Hadrien. Saint Paul* y propagea le christianisme. Son saccage par les Goths d'Alaric* en 396, puis la fermeture des écoles païennes par l'édit de Théodose (435) la firent sombrer dans l'oubli. **▮ L'Athènes médiévale et moderne** Prise par les Latins en 1205 (quatrième croisade), elle devint la capitale d'un duché franc qui fit de l'Acropole un château fort, et passa ensuite aux Catalans. Réduite à un village insignifiant pendant l'occupation turque (1456 - 1832), elle subit de graves dommages lors du siège du Vénitien Morosini (1687) puis au cours de la guerre d'indépendance grecque. Elle devint, après Nauplie, la capitale de la Grèce en 1834.

**Athos.** Cour intérieure et église du monastère Saint-Grégoire.
*Phot. © L'Esperto/Ricciarini*

Océan **Atlantique.** Falaise de Moher, en Irlande.
*Phot. © Yann Arthus-Bertrand/Corbis*

**Athènes (École française d')** ♦ École fondée en 1846 pour développer la connaissance du monde grec et ses expressions culturelles. Ses membres se consacrent à des fouilles archéologiques, des études préhistoriques et épigraphiques et à des enquêtes sur la société grecque moderne et contemporaine.

**ATHIS-MONS** [atismɔ̃s] [91200] ➝ ÉTYM. du gaul. *attegia* «cabane» désignant la maison rurale gauloise et lat. *mons* «colline» ♦ Ch.-l. de cant. de l'Essonne, arr. de Palaiseau, près d'Orly. 29 427 hab. *(Athégiens).* Centre régional de la navigation aérienne. Triage ferroviaire.

**ATHLONE** ➝ ÉTYM. gaél. «le gué de Luan» ♦ V. de la rép. d'Irlande (comté de Westmeath). 11 712 hab. Château du XIII$^e$ s. ▪ Carrefour routier et port de tourisme sur le Shannon. Un des principaux centres de la plaine centrale qui a bénéficié de la politique de décentralisation indus. Important marché agricole.

**ATHOS** (mont) n. m. ➝ ÉTYM. en gr. mod. ***Ayion Oros*** «montagne sainte» ♦ Péninsule escarpée de Grèce (Macédoine), à l'E. de la Chalcidique à 2 033 m d'alt. 336 km$^2$. Env. 2 000 hab. CH.-L. : Karyès. Une vingtaine de monastères s'y établirent à partir du X$^e$ s., constituant un centre spirituel de l'orthodoxie. Les couvents actuels, constitués en république théocratique administrée par une Sainte Communauté de 20 représentants, disposent, depuis 1926, d'un statut d'autonomie administrative (justice, paix, finances). L'accès en est interdit aux femmes depuis 1060.

**ATHOS** ♦ Personnage de roman d'Alexandre Dumas*, l'un des *Trois* Mousquetaires.*

**ATĪŚA** ♦ Religieux bouddhiste indien (v. 980 - v. 1054), originaire du Bengale, qui se rendit au Tibet vers 1042 pour y réformer le bouddhisme. Il y créa des monastères et fonda la secte des bKa-gDams-pa. Il est considéré dans les monastères tibétains comme étant la 46$^e$ incarnation d'Avalokiteśvara*.

**ATITLÁN** (lac) ♦ Lac volcanique du Guatemala, sur les hauts plateaux du S.-O., à 1 562 m d'alt. (prof. : 333 m).

**ATIYAH (Michael Francis)** ♦ Mathématicien britannique (Londres 1929). Il est l'un des auteurs de la K-théorie qui associe un anneau à tout espace topologique compact. En prolongement de ces travaux, il établit, avec I. M. Singer*, le théorème de l'indice qui unifie la topologie, la géométrie et l'analyse. [Médaille Fields 1966 ; Prix Abel 2004 avec I. M. Singer]

**ATJEH** → Aceh

**ATLAN (Jean-Michel)** ♦ Peintre, lithographe et poète français (Constantine 1913 - Meudon 1960). Après des études de philosophie, il se consacra à la poésie *(Initiation des mortes, Sang profond)* puis à la peinture, passant d'une figuration violemment expressionniste à la création de formes schématisées et souples où priment des effets de matières expressifs. À partir de 1950, ces formes tendent à s'organiser selon des rythmes plus calmes, élaborés à partir de larges cernes noirs soulignant des accords de couleurs sourdes ou intenses et qui forment des signes inspirés en partie par les arts primitifs et archaïques (*Calipso*, 1956). ➝ ÉTYM. Ce nom de famille vient de l'arabe *athāl* «de noble naissance».

**ATLAN (Henri)** ♦ Biologiste français (Blida 1931). Ses travaux portent sur la biologie cellulaire et la théorie de l'auto-organisation. Auteur de recherches sur les sources de l'identité juive, il a publié également de nombreux ouvrages destinés à des non-spécialistes (*Entre le cristal et la fumée*, 1979).

**ATLANTA** ➝ ÉTYM. probablt du n. de la ligne de chemin de fer *The Western and Atlantic Road* ♦ V. des États-Unis, cap. de la Géorgie. 416 474 hab. dont 67 % de Noirs (zone urbaine 4 112 198). La croissance rapide des années 1970 - 1980 s'est traduite par la construction de nombreux gratte-ciel dans le centre-ville. Siège de plusieurs universités (Georgia Institute of Technology) dont de remarquables universités noires. ▪ Cap. financière et commerciale du S.-E. des États-Unis. Centre de communications (carrefour ferroviaire, 2$^e$ aéroport du pays). Indus. variées (textiles, chimie, meubles). CNN, sa chaîne privée de télévision créée en 1980, a conquis une audience internationale. La ville a accueilli les jeux Olympiques de 1996. ▮ **Histoire** Centre des Confédérés pendant la guerre de Sécession, Atlanta fut prise puis incendiée (1864) par Sherman*.

**ATLANTIC CITY** ♦ V. des États-Unis (New Jersey), sur la côte atlantique. 40 517 hab. (zone urbaine 252 552). Station balnéaire et ville de jeux.

**ATLANTIDE** n. f. – en gr. ***Atlantis*** ♦ Île fabuleuse qui aurait existé, selon Platon* *(Critias ou de l'Atlantide)*, environ 9 000 ans auparavant, au-delà des colonnes d'Hercule dans l'océan Atlantique, et qui aurait été engloutie à la suite d'un cataclysme. La légende de l'Atlantide a inspiré de nombreux romanciers et poètes, entre autres F. Bacon* *(Nouvelle Atlantide)*, J. Verdaguer* *(Atlàntida)*, Oligario Andrade et Pierre Benoit*.

**ATLANTIQUE** (océan) n. m. – ÉTYM. du n. du géant *Atlas** ♦ Océan qui s'étend sur 14 000 km entre l'Europe et l'Afrique à l'E. et les deux Amériques à l'O. ; il est limité au N. par l'océan Arctique, au S. par l'océan Antarctique et se prolonge par des mers adjacentes (mer du Nord, Manche, Baltique, Méditerranée, mer des Caraïbes ou des Antilles). Sa superficie totale est d'environ 100 000 000 km² (2ᵉ rang après le Pacifique). ▮ **Relief** L'océan Atlantique a la forme générale d'un vaste et large S, qui résulte de la séparation des continents d'Afrique et d'Amérique (jadis réunis) ; il est constitué par de grandes cuvettes séparées par une chaîne montagneuse sous-marine, la dorsale médio-atlantique, dont certaines parties émergent, formant des îles, souvent volcaniques (Açores, Tristan da Cunha, Ascencion, Sainte-Hélène). D'autres îles appartiennent à la plateforme littorale : îles Britanniques, Antilles, Canaries. La profondeur de 3 000 m en moyenne peut atteindre 9 560 m (fosse de Porto Rico). Parmi les très nombreux cours d'eau tributaires de l'Atlantique figurent de très grands fleuves (surtout en Amérique et en Afrique) : Amazone, río de la Plata, Mississippi, Orénoque, Saint-Laurent, Congo, Gabon, Niger, et, en Europe, Garonne, Loire, Tage. ▪ La salinité des eaux est en moyenne de 35 ‰. ▮ **Marées, vents et courants** L'océan Atlantique est le siège de mouvements variés : les marées ont une ampleur maximale dans les baies et les détroits. La persistance des hautes pressions tout au long de l'année entraîne la formation de vents constants : les alizés. L'existence de courants froids (courants de Benguela, des Canaries, du Labrador, du Groenland) et chauds (courant du Brésil, courants sud et nord équatorial, contre-courant de Guinée et surtout Gulf Stream) explique les différences de climat sur les côtes E. et O., à latitudes égales. ▮ **Rôle économique** Les eaux de l'Atlantique sont très poissonneuses : les plus fructueuses pour la pêche industrielle sont la mer du Nord, les côtes de Terre-Neuve et du Canada, les côtes N.-O. et S.-O. de l'Afrique. L'océan Atlantique (surtout l'Atlantique Nord) est sillonné de voies de navigation maritime et aérienne ; le long des côtes de l'Océan et de la mer du Nord se sont développés les plus grands complexes portuaires du monde (Rotterdam, New York, Londres, Anvers, Le Havre). La ligne aérienne reliant New York aux capitales européennes connaît le trafic le plus dense du monde. ▮ **Histoire** Bien que l'océan Atlantique ait été connu des Vikings, il ne fut véritablement exploré, par les Portugais et les Espagnols, qu'au XVIᵉ s. Les Ibériques abordèrent le continent américain et découvrirent les principales îles **(→ Colomb, Vespucci)**. Depuis lors, un courant d'émigration d'E. (Europe) en O. (Amérique) s'établit pendant plusieurs siècles. En 1927, l'Américain Lindbergh* effectua la première traversée aérienne sans escale New York-Paris. En 1930, Mermoz* relia le Sénégal au Brésil. Pendant la Deuxième Guerre mondiale, l'océan Atlantique fut l'enjeu d'une lutte entre les sous-marins allemands et les flottes alliées (bataille de l'Atlantique). Politiquement, l'Atlantique Nord est devenu un symbole d'union entre pays riverains regroupés au sein du pacte de l'Atlantique **(→ Organisation du traité de l'Atlantique Nord)**.

Océan **Atlantique.** L'océan aux îles Canaries. *Phot. ©Pictor/AFP*

**Atlantique (pacte)** → **Organisation du traité de l'Atlantique Nord**

**ATLAS** – ÉTYM. du gr. *tlênai* «supporter» ♦ Géant, fils du Titan Japet* et de Clyméné*, frère de Prométhée et d'Épiméthée*. Ayant combattu les dieux, avec les Géants, il est condamné par Zeus* à porter la voûte du ciel sur ses épaules. Il aide Héraclès à enlever les pommes des Hespérides*. Pléioné lui donne sept filles, les Pléiades*.

**ATLAS** n. m. – ÉTYM. emprunt d'un n. qu'on trouve encore en berbère *adrār* «montagne», puis par attraction du n. du géant ♦ Système montagneux de l'Afrique du Nord, qui s'étend de l'embouchure de l'oued Sous, au S.-O. du Maroc, jusqu'au cap Bon et au golfe de Gabès en Tunisie, et qui forme une barrière entre la côte méditerranéenne et le Sahara. ♦ ***Haut-Atlas ou Grand Atlas*** C'est la chaîne la plus importante de l'Afrique du Nord, au Maroc, séparée du Moyen Atlas au N. par la Moulouya et de l'Anti-Atlas au S. par la plaine du Sous. Elle culmine au djebel Toubkal (4 167 m). ♦ ***Atlas saharien ou présaharien*** Chaîne qui s'étend entre les hauts plateaux d'Algérie et le Sahara, de la frontière marocaine (Figuig) à Batna. Elle comprend d'O. en E. les monts des Ksour, le djebel Amour, les monts des Ouled Naïl et les monts du Zab. ♦ ***Atlas tellien*** Ensemble montagneux qui, selon certains géographes, s'étend de Tanger à Bizerte en englobant le Rif marocain à l'O. et la Kroumirie tunisienne à l'E. et qui, pour d'autres, se limite aux chaînes bordant la côte algérienne.

## atomisme

n. m. ♦ Ensemble des doctrines et théories faisant d'unités insécables leur objet d'étude ou leur principe d'explication. La tradition atomiste remonte dans l'Antiquité grecque à Leucippe* et Démocrite*. C'est cependant avec Épicure*, puis plus tard, à Rome, avec Lucrèce*, que les principes de la physique atomiste se sont développés, notamment la réduction de toutes réalités aux atomes et au vide, et se sont structurés en une école philosophique **(→ épicurisme)**. Mais on peut aussi parler d'atomisme non plus matérialiste mais idéaliste pour une théorie comme celle qu'expose Leibniz* dans la *Monadologie**. On désigne comme «atomisme psychologique» les doctrines qui cherchent, dans une tradition cartésienne **(→ Descartes)**, à décomposer le psychisme en éléments ; l'associationnisme est une variété de ce type de doctrine, à laquelle on oppose les théories de la forme **(→ Gestalttheorie)**. La logique peut aussi prendre la forme d'une théorie atomistique en faisant apparaître comme «résidus ultimes de l'analyse» des équivalents des atomes physiques : «atomes logiques». La formule est de Bertrand Russell* dans *La Philosophie de l'atomisme logique* (1918) où il développe certaines idées dont il attribue l'origine à Wittgenstein* qui les exposera dans le *Tractacus* logico-philosophicus*. On a aussi pu parler d'atomisme sociologique pour des théories qui mettent l'accent sur les comportements individuels dans les mécanismes sociaux. ▪ Dans la science moderne la théorie atomique fut d'abord une théorie chimique avec Avogadro*, Dalton* et Mendeleïev* et sa classification périodique des éléments. La physique moderne a mis l'atome au centre de ses constructions mais en le brisant : théoriquement, avec le modèle planétaire (où le noyau de l'atome est comme un soleil autour duquel gravitent les électrons) de Niels Bohr* et les théories quantiques **(→ Planck, Heisenberg)** et pratiquement **(→ Perrin [Jean et Francis], Oppenheimer)**. La physique atomique a entraîné une série d'interrogations philosophiques que l'on trouve notamment chez Gaston Bachelard* (*L'Activité rationaliste de la physique contemporaine*, 1951), et elle a multiplié les débats sur la nature des objets de la science avec le développement des théories corpusculaires et la fabrication de nouvelles particules qui semblent faire de l'atome et de la matière des artifices **(→ Cern)**.

**ATON** – ÉTYM. égypt. «le disque solaire» ♦ Dieu égyptien représentant le soleil dans sa totalité astrale. Par opposition à Rê*, Amon*-Rê, Osiris* ou Seth*, approches diverses du soleil, qui avaient pris un corps d'homme et s'étaient parés d'attributs individuels pour s'offrir à l'adoration des humains, Aton, signe d'une réalité physique immédiate, n'avait ni mythe ni statue. Son culte, instauré par Aménophis IV-Akhnaton* (v. –1370) pour remplacer le culte d'Amon, fut l'une des plus belles manifestations du monothéisme dans la haute Antiquité **(→ Tell el-Amarna)**.

## atonalité

n. f. ♦ Système de composition musicale. Au sens large, on peut qualifier d'atonale toute musique ne suivant pas les lois de la tonalité classique occidentale (musiques modales, musiques extra-européennes). Au sens étroit, la musique atonale s'implanta en Occident selon un processus en plusieurs phases, allant d'un affaiblissement des fonctions tonales (Schubert*, Wagner*) à la volonté délibérée d'y échapper (période «atonale libre» de Schoenberg*, Berg* et Webern*, vers 1909 - 1923). L'atonalité ne se définit alors que de façon négative. Schoenberg, d'ailleurs, récusait le terme, lui préférant celui de pantonalité. Le dodécaphonisme* et le sérialisme* furent de sa part un moyen d'organiser l'atonalité, de lui donner une cohérence. Les trois termes ne sont pas synonymes.

**ATOUM** ➝ ÉTYM. p.-ê. de l'égypt. *atem* «être complet» ♦ Divinité égyptienne. Dieu créateur selon la très ancienne tradition d'Héliopolis*, il aurait créé le monde en donnant naissance aux neuf dieux primordiaux (l'Ennéade) : outre lui-même, Chou (dieu de l'air) et Tefnout (déesse des eaux), puis Geb (dieu de la terre), Nout (déesse du ciel), Osiris*, Isis*, Seth* et Néphtys*. Selon la tradition de Memphis*, le démiurge Atoum était devenu le dieu artisan Ptah* en se pensant lui-même. Il fut identifié à Rê* sous la forme d'*Atoum-Rê*.

**ATRÉBATES** n. m. pl. ➝ ÉTYM. «propriétaires, habitants», du celt. *treb* «endroit habité» (➝ aussi Arras, Artois) ♦ Peuple de la Gaule belgique établi en Artois et dont la cap. était Nemetacum ou Nemetocenna (auj. Arras*). Après la conquête romaine (-56), l'Artois fut compris dans la Belgique IIe.

**ATRÉE** – en gr. *Atreus* ♦ Roi légendaire de Mycènes*, fils de Pélops* et d'Hippodamie. Pour Homère, il est simplement le père d'Agamemnon* et de Ménélas* (Atrides). La tragédie (*Orestie* d'Eschyle, *Thyeste* et *Atrée* de Sophocle) a greffé à la légende initiale un grand nombre d'épisodes sanglants. Ainsi, la malédiction de Tantale* est à l'origine de la longue série de déchirements et de crimes atroces qui ensanglantèrent les Atrides jusqu'à la purification d'Oreste. Chassés par leur père pour avoir tué leur demi-frère, Atrée et Thyeste* se disputent avec des fourberies et des bassesses inouïes le trône de Mycènes. Atrée, l'ayant finalement emporté, met à mort deux fils de Thyeste et les lui sert au cours d'un festin. Égisthe*, autre fils de Thyeste, assassine Atrée et, plus tard, Agamemnon, mais il tombe à son tour sous le glaive d'Oreste.

**ATRIDES** n. m. pl. ➝ **Atrée, Agamemnon, Ménélas, Oreste, Égisthe**

**ATROPOS** ➝ **Moires**

**ATTALE** – en gr. *Attalos* ♦ Nom de trois rois de Pergame*. Sous la dynastie des Attalides (➝ **Eumène**), cette ville soumit une grande partie de l'Asie Mineure et devint l'un des grands centres de la civilisation hellénistique. ♦ **ATTALE Ier Sôter** «Sauveur» (-269 - -197). Il succéda à son oncle Eumène Ier en -241 et prit le titre de roi après sa victoire sur les Galates v. -230. Il s'allia avec les Romains contre Philippe V de Macédoine. Il fonda la fameuse bibliothèque de Pergame. ♦ **ATTALE II Philadelphe** «qui aime son frère» (-220 - -138). Fils du précédent, il succéda à son frère Eumène II v. -159. Élève du philosophe Carnéade, il fonda à Athènes le portique qui porte son nom. Il battit et détrôna Prusias II, roi de Bithynie en -149, soumit la Pamphylie et y fonda Attaleia, l'actuelle Antalya. ♦ **ATTALE III Philometor** «qui aime sa mère» (-171 - -133). Fils du précédent, il lui succéda en -138. Il légua son royaume aux Romains.

**'AṬṬĀR (Farīd al-Dīn)** ➝ ÉTYM. «le droguiste» ♦ Poète persan (Nichapour v. 1150 - v. 1220). Son œuvre comprend un important recueil de biographies de mystiques *(Mémorial des saints)*, mais il est surtout connu pour son œuvre poétique. Il écrivit plusieurs *masnavis* dont les plus connus sont *Le Livre des préceptes* qui rassemble des sentences morales concises et *Le Colloque des oiseaux (Mantiq al-tayr)* qui raconte le voyage des oiseaux à la recherche du Simurg à travers les sept vallées merveilleuses. Cette forme allégorique est la plus claire expression poétique de l'itinéraire mystique du soufisme iranien.

**ATTERBERG (Kurt Magnus)** ♦ Chef d'orchestre et compositeur suédois (Göteborg 1887 - Stockholm 1974). Auteur de 5 opéras (*Fanal*, 1934), de ballets, de symphonies, de concertos, d'un requiem, de musique de chambre, il s'est beaucoup inspiré du folklore national, dans un esprit romantique.

**ATTERBOM (Per Daniel Amadeus)** ♦ Poète suédois (Åbo 1790 - Uppsala 1855). Romantique et mystique, il écrivit, inspiré par Novalis* et Tieck*, deux «féeries» poétiques, *L'Oiseau bleu* (1814) et *L'Île de la félicité* (1824 - 1827). Son étude, *Voyants et Poètes suédois* (1841 - 1855), qui fait de lui le plus grand spécialiste de la critique littéraire, évoque souvent Sainte-Beuve.

**ATTICUS (Titus Pomponius)** ♦ Chevalier romain (Rome -109 - -32). Il séjourna à Athènes de -87 à -68, se pénétra de culture grecque et revint à Rome avec le surnom d'Atticus. Bien qu'extrêmement riche, il vécut en disciple d'Épicure, se tenant éloigné des affaires politiques et menant une vie frugale. Il est surtout connu pour son amitié avec Cicéron* (396 lettres *Ad Atticum*).

**ATTIGNY** [08130] ♦ Ch.-l. de cant. des Ardennes, arr. de Vouziers, sur l'Aisne. 1 200 hab. *(Attignaciens)*. La ville fut fondée par Clovis II en 650.

**ATTILA** ♦ (v. 395 - 453). Roi des Huns (v. 434 - 453). Il succéda à Rugas en même temps que son frère Bléda qu'il fit assassiner (445). Régnant en Pannonie (près de l'actuelle Györ, Hongrie), il rassembla les tribus. Il attaqua l'empire d'Orient, imposa un tribut à Théodose* II, envahit les Balkans, rançonnant de nouveau Théodose II pour épargner Constantinople. Soumettant Germains et Slaves, il envahit la Gaule*, pilla Metz (451) mais évita Lutèce où sainte Geneviève* encourageait la résistance. Devant Orléans, Aetius* et le roi wisigoth Théodoric le firent échouer. Il épargna également Troyes à la suite de l'intervention de l'évêque saint Loup. Il fut vaincu aux champs Catalauniques* près de Troyes (été ou automne 451) par Aetius, Mérovée* et Théodoric* Ier. Après avoir regroupé des forces, il se dirigea vers l'Italie, dévastant Aquilée, Milan, Padoue, mais se laissa convaincre par le pape Léon* Ier de regagner la Pannonie* moyennant tribut. Il y mourut peu après. Son empire s'écroula après sa mort. ➝ **Huns**.

**Attila.** Gravure illustrant *De Cosmographia* de Sebastiano Munster, 1554.
*Phot. © Costa/Leemage*

**ATTIQUE** n. f. ➝ ÉTYM. en gr. mod. *Attikí*, p.-ê. de °*athikos* «athénien» ♦ Péninsule à l'extrémité S.-E. de la Grèce centrale, comprise entre le golfe saronique au S. et le canal d'Euripe au N. portant le nom historique de la plaine d'Athènes. Le nome d'Attique actuel, administré en 4 préfectures, couvre l'Attique historique, la Mésogée à l'E., la Mégaride à l'O., et les îles occidentales de l'Égée jusqu'à Cythère. ➝ **Grèce** (carte). Env. 3 200 000 hab. CH.-L. : Athènes. Les massifs du Pentélique et de l'Hymette séparent la cuvette d'Athènes de la Mésogée (vignoble), celui du Parnès des plaines d'Éleusis et de Mégare (oliveraies), elles-mêmes séparées de la Béotie par le Cithéron. ■ Princ. concentration urbaine et indus. grecque (cimenterie, raffinerie dans la baie d'Éleusis, constructions navales à Skaramanga, indus. diverses près du port du Pirée*), l'Attique souffre des graves problèmes posés par l'hypertrophie de la capitale : pollution, circulation, gaspillage d'espace. ■ **Histoire** Habitée primitivement par les Pélasges*, l'Attique fut envahie au début du -IIe millénaire par les Ioniens*. ➝ **Ogygos.** Son premier roi mythique Cécrops* fonda Athènes. Dans les temps reculés, il existait, semble-t-il, plusieurs domaines indépendants (douze, selon la tradition ionienne), dont Cécropia, auj. Athènes, Éleusis et Marathon étaient les centres principaux. C'est Triptolème*, roi mythique d'Éleusis, qui aurait enseigné aux habitants de l'Attique l'agriculture, et Athéna* la culture de l'olivier. Thésée* aurait unifié l'Attique qui, préservée de l'invasion des Doriens*, devint le refuge des Éoliens et des Ioniens. ➝ **Athènes.**

**ATTIRET (Jean-Denis)** ♦ Jésuite, peintre et décorateur français (Dole 1702 - Pékin 1768). Arrivé en Chine comme missionnaire en 1738, il servit en tant que peintre à la cour des Qing* sous le nom chinois de Wang Zhicheng. Il exécuta de nombreuses œuvres célébrant les gloires et les conquêtes de Qianlong*. Il est l'auteur de la célèbre lettre décrivant les «maisons de plaisances» de l'empereur de Chine (le Yuanmingyuan*) qui eut un grand retentissement en Europe et qui contribua à répandre le goût des jardins «anglo-chinois» au XVIIIe s.

**ATTIS** ou **ATYS** ➝ ÉTYM. n. d'orig. ionienne ♦ Divinité de la fertilité, d'origine phrygienne. Berger jeune et beau, aimé de Cybèle*, il trahit le vœu de chasteté fait à la déesse, ou il repousse ses avances. Frappé de folie par la déesse irritée, il se mutile. Son culte, de caractère asiatique, passé en Grèce puis à Rome, y prit la forme de drame mystique. Attis fut identifié par certains au dieu sémitique Adonis*.

**ATTLEE (Clement Richard,** 1er comte) ♦ Homme politique britannique (Londres 1883 - *id.* 1967). Le «major Attlee» fut élu à la Chambre des communes comme membre du Parti travailliste (Labour Party) en 1922. Chef de ce parti en 1935, il entra dans le cabinet de coalition de Churchill* (1940) comme Vice-Premier ministre. Il devint Premier ministre après la victoire travailliste de 1945. Son gouvernement fut marqué par une plus grande mainmise de l'État sur l'économie (nationalisations, développement de l'assistance sociale) et par l'émancipation d'une grande partie de l'Empire britannique. Après le retour des conservateurs (1951), Attlee continua de diriger le Parti travailliste jusqu'en 1955.

**ATUANA** ou **ATUONA** ♦ Centre admin. des îles Marquises (Polynésie française), sur la côte S. de l'île Hiva-Oa. Env. 500 hab. Gauguin y mourut en 1903.

**ATWOOD (George)** ♦ Physicien britannique (Londres 1746 - *id.* 1807). Inventeur d'une machine pour l'étude de la chute des corps (1784), dite *machine d'Atwood*.

**ATWOOD (Margaret)** ♦ Romancière et poète canadienne d'expression anglaise (Ottawa 1939). Au centre de ses fictions se trouve souvent une femme active confrontée aux problèmes de la société contemporaine et à l'écroulement des mythes. Ses romans ont pour thèmes le féminisme, l'identité canadienne, l'authenticité, les menaces catastrophiques (belligérance, écologie) : *Surfacing* (1972), *Bodily Harm* (1981), *The Handmaid's Tale* (1985), *The Robber Bride* (1993), *The Blind Assassin* (2000), *Oryx and Crake* (2003).

**ATYRAOU** – anc. ***Gouriev*** ♦ V. du Kazakhstan, ch.-l. de région, sur les bords de la mer Caspienne, à l'embouchure de l'Oural. 142 500 hab. Raffinerie de pétrole. Port. Pêcheries. Combinat de conserves.

**Atys** ♦ Tragédie lyrique de Lully* sur un livret de Quinault, créée à Saint-Germain-en-Laye le 10 janv. 1676, et qui a été reprise, à Paris, sous la direction de William Christie*, en janv. 1987, pour le tricentenaire de la mort du compositeur.

**ATZCAPOTZALCO** ♦ Faubourg populaire et industriel du N. de Mexico. Anc. cité précolombienne. Pour lutter contre la pollution, sa raffinerie de pétrole a été fermée en 1992.

**AUB (Max)** ♦ Écrivain espagnol (Paris 1903 - Mexico 1972). Émigré au Mexique en 1942, il produisit une œuvre abondante et variée parmi laquelle il faut retenir ses romans *Campo cerrado* («Champ fermé», 1943), *Campo de sangre* («Champ de sang», 1945), *Campo abierto* («Champ ouvert», 1951), tous inspirés par la guerre civile, et *Jusep Torres Campalans* (1958), biographie imaginaire d'un peintre évoquant parfois Picasso.

**AUBAGNE** [13400] → ÉTYM. du lat. *Albanius*, n. de pers. ♦ Ch.-l. de cant. des Bouches-du-Rhône, arr. de Marseille, sur l'Huveaune. 42 638 hab. *(Aubagnais)*. Siège des unités de la Légion étrangère depuis 1962. Musée de la Légion. Céramiques, faïences.

**AUBANEL (Théodore)** ♦ Poète français de langue d'oc (Avignon 1829 - *id.* 1886). Un des fondateurs du Félibrige* avec F. Mistral* et J. Roumanille* (1854), il collabora à *l'Armana Prouvençau*, almanach savoureux et familier qui devait propager l'amour de la Provence et la connaissance de sa langue. Poète au «cœur tendre et fou», il manifesta son tempérament passionné dès le recueil de poésies lyriques *La Grenade entrouverte* (*La Miougrano entreduberto*, 1860). En 1878, il donna un drame shakespearien, *Le Pain du péché* (*Lou Pan dou pecat*, traduit en vers français par P. Arène), que suivirent *Le Pâtre* (*Lou Pastre*, posth. 1928) et *Le Rapt* (*Lou Raubatòri*, posth. 1944). Son second recueil lyrique où une ardente sensualité s'allie au thème de la mort, *Les Filles d'Avignon* (*Li fiho d'Avignoun*, 1885), fut condamné par les autorités religieuses. → ÉTYM. *Aubanel* vient de *Alban* ou *Albain*, de *Albanus* nom d'un saint du IIIe ou IVe s. «habitant d'Albe».

**AUBAZINES** [19190] → ÉTYM. de *Obazine*, n. de forêt, du lat. *opacus* «sombre (exposé au nord)» et suff. *-ina* ♦ Comm. de la Corrèze, arr. de Brive-la-Gaillarde, en face des gorges du Coiroux. 732 hab. *(Aubazinois)*. Église romane de plan cistercien édifiée au XIIe s. ; tombeau de saint Étienne d'Aubazines (XIIIe s.) ; rare armoire en chêne du XIIe s.

**AUBE** n. f. → ÉTYM. anc. *Albis*, de la rac. précelt. *al-* (→ Allier), avec attraction du lat. *albus* «blanc» ♦ Riv. du Bassin parisien (248 km). Née sur le plateau de Langres, elle arrose Bar-sur-Aube et Arcis-sur-Aube avant de se jeter dans la Seine. Réservoir aménagé au S. de Brienne-le-Château.

**AUBE** n. m. [10] → ÉTYM. du n. de la riv. ♦ Dép. de l'E. de la France, région Champagne-Ardenne. 6 004 km². 292 131 hab. CH.-L. : Troyes. CH.-L. D'ARR. : Bar-sur-Aube, Nogent-sur-Seine. Cour d'appel : Reims. Académie : Reims. → **Champagne-Ardenne.**

**AUBENAS** [07200] → ÉTYM. du précelt. *alba* «colline, forteresse, ville» ou du lat. *Albinus*, n. de pers. ♦ Ch.-l. de cant. de l'Ardèche, arr. de Privas, au-dessus de l'Ardèche. 11 018 hab. (aggl. 24 258) *(Albenassiens)*. Château (XIIe - XVIIIe s.) abritant l'hôtel de ville. ▪ Confiseries.

**AUBER (Daniel François Esprit)** ♦ Compositeur français (Caen 1782 - Paris 1871). Élève de Cherubini, il choisit Scribe* pour librettiste et composa près d'une cinquantaine d'opéras (*Le Maçon*, 1825 ; *Fra Diavolo*, 1830 ; *Le Domino noir*, 1837 ; *Manon Lescaut*, 1856) dont la facilité mélodique fit longtemps le succès. Son chef-d'œuvre demeure *La Muette de Portici* (1828), *opera seria* d'esprit naturaliste dont la représentation à Bruxelles, en 1830, donna le signal du soulèvement belge contre les Pays-Bas. Il fut directeur du Conservatoire de Paris (1842). → ÉTYM. *Auber* a la même étymologie que *Albert**.

**AUBERCHICOURT** [59165] → ÉTYM. anc. *in Obercicurte villa* «domaine (bas lat. *curtis*) d'Audaberth (Otbert) [n. de pers. germ.]» ♦ Comm. du Nord, arr. de Douai. 4 556 hab. *(Auberchicourtois)*.

**AUBERGENVILLE** [78410] ♦ Ch.-l. de cant. des Yvelines, arr. de Mantes-la-Jolie. 11 667 hab. (aggl. 13 874) *(Aubergenvillois)*. Construc. automobile à Flins*-sur-Seine.

**Auberges de jeunesse** ♦ Centres d'accueil hébergeant les jeunes (de 15 à 30 ans) pour une somme modique. Les premières furent créées dès le début du XXe siècle en Allemagne ; introduites en France en 1930, elles connurent un grand développement grâce à Marc Sangnier*. Depuis 1956, elles sont groupées au sein d'une fédération internationale.

**AUBERJONOIS (René)** ♦ Peintre suisse (Montagny-sur-Yverdon 1872 - Lausanne 1957). Il étudia à Dresde, puis à Paris où il résida de 1897 à 1914, avant de se fixer à Lausanne. Il peignit de nombreux paysages et des portraits aux volumes denses, d'abord influencés par le cubisme. Les décors de *l'Histoire du soldat* de Ramuz et Stravinski le firent plus largement connaître. On lui doit encore des compositions murales (Musée minéralogique de Lausanne).

**AUBERT (Jean)** ♦ Architecte, dessinateur et ornemaniste français (mort à Paris en 1741). Élève de Jules Hardouin*-Mansart, il construisit les Grandes Écuries de Chantilly (1719 - 1735), commandées par le duc de Bourbon ; l'une des œuvres majeures du style Régence, elle se caractérise par l'ampleur de la conception d'ensemble, l'utilisation d'un décor à refend, l'adoption de combles séparés et un original manège circulaire. Il édifia aussi les monuments abbatiaux de Chaalis, à Paris (1736), plusieurs hôtels particuliers et fut l'un des architectes du Palais-Bourbon. → ÉTYM. Ce nom de famille vient du germanique *Adalberht*, de *adal* «noble» et *berht* «brillant». → Albert.

**AUBERT (Jacques)** ♦ Violoniste et compositeur français (Paris 1689 - *id.* 1753). Premier violon à l'Opéra (1728), il se produisit au Concert spirituel et publia plus de 30 livres de sonates, trios et concertos (dont les 10 sonates pour 4 violons et basse, les premières qui furent écrites par un Français, 1735).

**AUBERT (Louis)** ♦ Compositeur français (Paramé 1877 - Paris 1968). Une sensibilité délicate, teintée d'impressionnisme, caractérise son œuvre, d'une grande diversité d'aspects. Auteur d'un opéra-comique (*La Forêt bleue*), d'œuvres instrumentales (*Fantaisie pour piano et orchestre*), de poèmes symphoniques (*Habanera, Offrandes, Le Tombeau de Chateaubriand*), il a composé aussi des mélodies (*Six poèmes arabes*) et des ballets (*La Nuit ensorcelée, Cinéma*).

**AUBERT DE GASPÉ (Philippe-Joseph)** ♦ Écrivain canadien d'expression française (Saint-Jean-Port-Joli 1786 - Québec 1871). Avocat, puis shérif, il passa quatre ans en prison pour sa mauvaise administration. Après avoir traduit les *Waverley Novels* de Walter Scott, il écrivit à l'âge de 74 ans son unique roman qui parut dans les *Soirées canadiennes*, en 1863. *Les Anciens Canadiens* sont deux amis que la guerre sépare physiquement et moralement. De nombreuses digressions servent de prétexte au rappel des coutumes et des traditions dont l'auteur a la nostalgie. Aubert de Gaspé a laissé ses *Mémoires* (1866).

**AUBERVILLIERS** [93300] → ÉTYM. anc. *Albertivillare*, du germ. *Aldeberht*, n. de pers., et bas lat. *villare* «ferme [exploitation]» ♦ Ch.-l. de cant. de la Seine-Saint-Denis, arr. de Saint-Denis, sur le canal Saint-Denis. 63 136 hab. *(Albertivillariens)*. Théâtre de la Commune. Théâtre équestre. ▪ Indus. chimiques, métall., textile. Bâtiment. Informatique. Studios de télévision. Port fluvial.

**AUBETERRE-SUR-DRONNE** [16390] → ÉTYM. du lat. *alba* «blanche» et *terra* «terre» ♦ Ch.-l. de cant. de la Charente, arr. d'Angoulême. 365 hab. *(Aubeterriens)*. L'église Saint-Jean, sanctuaire monolithe du XIIe s., comporte une chapelle du VIe s. Église Saint-Jacques (façade romane).

**AUBEVOYE** [27940] → ÉTYM. langue d'oïl «route *(veie)* blanche *(aube)*» ♦ Comm. de l'Eure, arr. des Andelys, près de Gaillon. 3 819 hab.

**AUBIÈRE** [63170] → ÉTYM. de l'occit. *albièra* «de saules» ♦ Comm. du Puy-de-Dôme, banl. S.-E. de Clermont-Ferrand. 9 898 hab. *(Aubiérois)*.

**AUBIGNAC (François HÉDELIN, abbé D')** ♦ Théoricien français du théâtre (Paris 1604 - Nemours 1676). Dans sa *Pratique du théâtre* (1657), il définit la vraisemblance comme l'essence de la tragédie, et le tragique comme une méditation sur la condition humaine, dans laquelle le discours doit l'emporter sur l'action. Par l'importance qu'il confère à la «règle des trois unités», il pose les premiers jalons de la dramaturgie classique.

**AUBIGNAN** [84810] ♦ Comm. du Vaucluse, arr. de Carpentras. 3 837 hab. Viticulture.

**AUBIGNÉ (Agrippa D')** ♦ Écrivain français (Pons, Saintonge 1552 - Genève 1630). Attaché au service du futur Henri IV, calviniste intransigeant marqué par le souvenir de la conjuration d'Amboise (1560), puis par celui de la Saint-Barthélemy (1572), massacre auquel il échappa, humaniste érudit autant que vaillant guerrier, Agrippa d'Aubigné composa une œuvre littéraire ardente et diverse à l'image de sa vie passionnée. Il fut d'abord poète lyrique, célébrant Diane Salviati (qu'il ne put épouser en raison de la différence de religion) dans les vers pétrarquisants du *Printemps du sieur d'Aubigné* (composé de 1568 à 1575). Il manifesta ensuite son zèle religieux et son tempérament satirique dans *Les Tragiques** (entrepris en 1577, publ. en 1616), épopée puissante où les attaques contre les catholiques alternent avec les appels éloquents à la justice divine en faveur des protestants persécutés. Retiré, à l'abjuration d'Henri IV, dans son gouvernement de Maillezais (Vendée), d'Aubigné y composa, en s'astreignant désormais à l'impartialité, une *Histoire universelle depuis 1550 jusqu'en 1601* (publ. de 1616 - 1620). Cet ouvrage, consacré au parti réformé en France, lui valut l'exil à Genève, retraite durant laquelle il rédigea une autobiographie, *Sa vie à ses enfants* (posth. 1729). Auparavant, son esprit caustique s'était manifesté dans des pamphlets en prose, réalistes et burlesques, où il stigmatisait les abjurations intéressées (*Confession du très catholique sieur de Sancy*, posth. 1660) et ridiculisait la cour de Marie de Médicis (*Les Aventures du baron de Faeneste*, publ. 1617 - 1620). La fin de sa vie fut assombrie par le recul du parti protestant et l'abjuration de son fils Constant (le père de Françoise d'Aubigné, marquise de Maintenon*). «L'une des plus expressives figures» du XVIe s. (Sainte-Beuve) par ses «études, passions, vertus, croyances, préjugés», Agrippa d'Aubigné est également, par son art où le réalisme le plus osé s'allie à une rhétorique élaborée, riche en métaphores, un grand représentant du baroque littéraire en France.

**AUBIGNY (Robert STUART, comte D')** ♦ Maréchal de France, d'origine écossaise (v. 1470 - 1544). Il s'illustra dans les guerres d'Italie (Marignan*, Pavie*) et défendit la Provence contre Charles* Quint.

**AUBIGNY-SUR-NÈRE** [18700] ♦ Ch.-l. de cant. du Cher, arr. de Vierzon, aux confins du Sancerrois. 5 907 hab. *(Albiniens)*. Château (XVIe - XVIIe s.), anc. résidence des Stuart. Vestiges des remparts du XIVe s. Maisons anc. (déb. XVIe s.). ▪ Foires. Moteurs électriques. Mécanique de précision. Distribution de combustible.

**AUBIN** [12110] ♦ Ch.-l. de cant. de l'Aveyron, arr. de Villefranche-de-Rouergue. 4 360 hab. *(Aubinois)*. Musée de la Mine. ▪ Anc. houillère du bassin de Decazeville.

**AUBISQUE** (col d') → **ÉTYM.** du vx gasc. *aubiscou* (n. d'une herbacée) ♦ Col des Pyrénées-Atlantiques (1 709 m), entre Eaux-Bonnes (val d'Ossau) et Argelès-Gazost (val d'Azun).

**Au bord de l'eau** – en chin. ***Shuihuzhuan*** ♦ Roman épique chinois du XIVe s. attribué à Shi Naian et révisé par Luo Guanzhong. → **Trois Royaumes (Histoire des).** Inspiré de contes populaires, il met en scène une pléthore de personnages, bandits d'honneur en lutte contre les fonctionnaires corrompus jusqu'à leur ralliement à l'empereur.

**AUBOUÉ** [54580] → **ÉTYM.** anc. *Banvadus*, probablt du lat. *bonum vadum* «bon gué» ♦ Comm. de Meurthe-et-Moselle, arr. de Briey, sur l'Orne. 2 807 hab. *(Auboućsiens)*.

**AUBRAC (Raymond SAMUEL, dit Raymond)** ♦ Résistant français (Vesoul 1914). Issu d'une famille juive, ingénieur des Ponts et Chaussées, il s'engagea dans la Résistance dès 1940, prit le pseudonyme d'Aubrac et rejoignit Libération-Sud puis l'état-major de l'Armée secrète. En 1943, arrêté puis relâché par la Gestapo, il participa en juin à la réunion de Caluire où fut pris Jean Moulin. Emprisonné au fort de Montluc, il s'évada à nouveau le 21 oct. 1943 avec l'aide de Lucie qu'il avait épousée en 1939. Ils rejoignirent Londres en février 1944. Les conditions rocambolesques de son évasion lui valurent un temps d'être soupçonné d'avoir été celui qui avait trahi Moulin. ♦ **Lucie Aubrac,** née **Bernard** (1912 - Issy-les-Moulineaux, 2007). Femme du précédent. Professeur d'histoire à Strasbourg, elle y rencontra Raymond Samuel en fréquentant les milieux communistes. Ensemble, ils prirent part à la Résistance au sein du mouvement Libération. Elle monta l'opération qui permit l'évasion de son mari en 1943 après avoir obtenu un droit de visite auprès du chef de la Gestapo, Klaus Barbie. Après guerre, elle multiplia les engagements en faveur de la paix et des droits de l'homme (notamment durant la guerre d'Algérie) et écrivit plusieurs témoignages sur la Résistance dont *Ils partiront dans l'ivresse* (1984).

**AUBRAC** (monts d') → **ÉTYM.** du pré-indo-eur. *°alb-* «hauteur» ou du lat. *altus* «haut», gaul. *barr-* «hauteur» et suff. *-acu* ♦ Plateau du Massif central, au S. de l'Auvergne, entre les gorges de la Truyère et la vallée du Lot, culminant au Signal de Mailhebiau (1 469 m). Il s'étend sur les confins de l'Aveyron *(forêt domaniale d'Aubrac)*, du Cantal (Chaudes-Aigues) et de la Lozère (Aumont-Aubrac ; Nasbinals). Pâturage estival.

**AUBRAIS (LES)** → **ÉTYM.** «plantation de saules», pl. en langue d'oïl de *aubraie* ♦ Écart de la commune de Fleury-les-Aubrais (Loiret) dans la banl. N. d'Orléans. Grand centre ferroviaire (Les Aubrais-Orléans).

**AUBRIOT (Hugues)** ♦ Édile et administrateur français ( Dijon v. 1315 - v. 1388). Prévôt de Paris (1364 - 1381). Il fit construire la Bastille*, le Petit Châtelet, le pont Saint-Michel et le pont au Change. Emprisonné pour impiété (en raison de mesures humanitaires envers les Juifs), il fut délivré par les maillotins* et se réfugia en Avignon.

**AUBRY (Pierre)** ♦ Musicologue français (Paris 1874 - Dieppe 1910). Ses recherches érudites sont à l'origine de la renaissance de la musique médiévale.

**AUBRY (Martine)** ♦ Femme politique française (Paris 1950). Fille de Jacques Delors*, membre du Parti socialiste, maître des requêtes au Conseil d'État, elle fut ministre du Travail (1991 - 1993). Ministre de l'Emploi et de la Solidarité dans le gouvernement Jospin de 1997 à 2000, elle fit adopter plusieurs lois visant à lutter contre le chômage (réduction du temps de travail à 35 h par semaine, emplois-jeunes). Elle est maire de Lille depuis 2001 et Première secrétaire du PS depuis 2008. → **ÉTYM.** *Aubry* signifie «elfe puissant», du germanique *Albaric*, nom de personne (de *albh* «elfe» et *rik* «puissant»).

**AUBUSSON (Pierre D')** ♦ Grand maître de l'ordre de Saint-Jean-de-Jérusalem (Monteil-au-Vicomte 1423 - Rhodes 1503). Il s'illustra pendant la défense de Rhodes contre les Turcs et fut nommé cardinal (1489).

**AUBUSSON** [23200] → **ÉTYM.** anc. *Albuciacus*, du lat. *Albucius*, n. de pers., et suff. *-acum* ♦ Ch.-l. d'arr. de la Creuse, sur la Creuse. 4 662 hab. *(Aubussonnais)*. Ruines du château des comtes d'Aubusson. Tour de l'Horloge. Maison du Vieux-Tapissier (XVIe s.). Maisons anc. ▌**Histoire** Aubusson, célèbre depuis le XIVe s. pour ses tapisseries de basse lisse, est restée un centre actif de la tapisserie. Déclarée manufacture royale par Colbert en 1665, c'est au XVIIe s. que la ville connut son plus grand essor (spécialité de «verdures»). Déclinant au XVIIIe s., elle se tourna vers la fabrication de tapis savonnerie (haute lisse), de tapis de pied et de tapisserie de sièges. La tapisserie murale originale reprit vie sous l'impulsion de Jean Lurçat* à partir de 1939. Aubusson abrite de nombreux ateliers et galeries (créations, copies d'ancien, restauration), l'École nationale supérieure d'art de Limoges-Aubusson et le Centre culturel et artistique Jean-Lurçat (musée départemental de la Tapisserie). Parallèlement, certaines manufactures se sont spécialisées dans la fabrication de tapis mécaniques de style et de moquettes de luxe. → **Felletin.**

**AUBY** [59950] ♦ Comm. du Nord, arr. de Douai, sur le canal de la Deûle. 7 958 hab. *(Aubygeois)*.

**AUCAMVILLE** [31140] → **ÉTYM.** «domaine (lat. *villa*) d'Aukisa (n. de femme germ.)» ♦ Comm. de la Haute-Garonne, arr. de Toulouse. 5 533 hab.

**Aucassin et Nicolette** ♦ Chantefable française (région picarde) de la première moitié du XIIIe s., composée de morceaux en prose et de parties lyriques en vers assonancés, soutenues d'une mélodie. Le récit, coupé de monologues et de dialogues, raconte, en trois étapes, les amours contrariées du fils du comte de Beaucaire et d'une captive sarrasine, décidée et fine, qui est en réalité la fille du roi de Carthage (ce qui rend possible le mariage). ▪ Spectacle vraisemblablement mimé, cette parodie reprend les lieux communs du roman idyllique et du récit d'aventures, sans doute pour critiquer l'idéologie dominante.

**AUCH** [oʃ] [32000] → **ÉTYM.** de *Auscii*, n. d'une peuplade aquitaine ♦ Ch.-l. du dép. du Gers, sur le Gers. 21 838 hab. *(Auscitains)*. Archevêché. Sur la rive d. du Gers s'étend la ville moderne, sur la rive g. s'érige en amphithéâtre la vieille ville, aux ruelles tortueuses (dites *pousterles*). Cathédrale Sainte-Marie (XVIe - XVIIe s.) de style flamboyant : vitraux par Arnaud de La Moles (1513) et stalles en chêne sculpté (v. 1500 - 1552), associant figures chrétiennes et mythologiques (sibylles). Musée des Jacobins : archéologie gallo-romaine, art médiéval, poteries précolombiennes et art sud-américain. ▪ Marché agricole et centre commercial (eaux-de-vie d'Armagnac, foies gras). ▌**Histoire** D'origine ibérique, Auch devint un centre important de la Gaule romaine, puis, au IVe s., évêché. La ville subit de nombreux sièges meurtriers avant de devenir, sous l'Ancien Régime, la capitale de la Gascogne.

**AUCHEL** [62260] ♦ Ch.-l. de cant. du Pas-de-Calais, arr. de Béthune, près de Bruay-en-Artois. 11 392 hab. *(Auchellois)*. Anc. houillerie.

**AUCHY-LES-MINES** [62138] → **ÉTYM.** du lat. *Alcius*, n. de pers., et suff. *-acum* ♦ Comm. du Pas-de-Calais, arr. de Béthune. 4 459 hab. Anc. centre houiller.

**AUCKLAND** (îles) → **ÉTYM.** du n. de George Eden, duc d'*Auckland*, gouverneur général des Indes de 1836 à 1842 ♦ Archipel volcanique inhabité de l'océan Pacifique S., au S.-O. de la Nouvelle-Zélande. 62 km². Découvertes en 1806 par le capitaine Bristow, elles appartiennent à la Nouvelle-Zélande qui y entretient un dépôt de nourriture et de vêtements pour les marins naufragés.

**AUCKLAND** → **ÉTYM.** du n. de George Eden, duc d'*Auckland*, gouverneur général des Indes de 1836 à 1842 ♦ V. de Nouvelle-Zélande située dans l'île du Nord sur un isthme étroit à la base de la péninsule d'Auckland. 395 964 hab. (aggl. 1 208 091). La ville, qui s'étend sur de basses terrasses, est dominée par des cônes volcaniques transformés en parcs. Université. Deux ports, Waitemata à l'O. ; Manukau à l'E., face à l'Australie, qui est réservé à la navigation côtière. 1er centre commercial et économique du pays. Métallurgie, sidérurgie. Construc. mécaniques (montage d'automobiles) et navales. Indus. textiles, chimiques et alimentaires. Indus. du bois et du cuir (chaussures). Briqueteries, cimenteries. Raffinerie de sucre. La plus importante turbine à gaz du monde (dans la banlieue) est alimentée par le gazoduc de New Plymouth. → **Kapuni.** ▌**Histoire** Fondée en 1840, la ville fut capitale de la Nouvelle-Zélande jusqu'en 1865.

**AUDE** n. m. → **ÉTYM.** anc. *Atace, Adice, Azede*, n. obsc., à rapprocher de la rac. *atr-* (→ Ardèche) ♦ Fl. de France (220 km). Il prend sa source à 2 377 m dans le massif de Carlitte (Pyrénées-Orientales), traverse le Capcir, franchit les gorges de l'Aude et de Saint-Georges, le défilé de Pierre-Lys, arrose Limoux et Carcassonne, puis coule dans une large vallée avant de se jeter dans la Méditerranée, au N.-E. de Narbonne.

**AUDE** n. m. [11] → **ÉTYM.** du n. du fl. ♦ Dép. du S. de la France, région Languedoc-Roussillon. 6 139 km². 309 770 hab. CH.-L. : Carcassonne. CH.-L. D'ARR. : Limoux, Narbonne. Cour d'appel : Montpellier. Académie : Montpellier. → **Languedoc-Roussillon.**

**Au-delà des forces humaines** – en norvégien ***Over ævne*** ♦ Drame de B. Bjørnson*, en deux parties (2 actes, puis 4 actes, 1883, remanié en 1895). Deux mondes s'y affrontent : celui de la libre pensée et celui de la foi. La 1re partie aboutit à l'affirmation que la foi est contraire à la vie, étant au-dessus des forces humaines ; la 2e émet le même doute envers l'évangile terrestre du socialisme.

**AUDEN (Wystan Hugh)** ♦ Poète et dramaturge américain d'origine britannique (York 1907 - Vienne 1973). Vers 1930, il fonda un groupe de poètes (Auden Group) avec Stephen Spender*, Christopher Isherwood*, Cecil Day*-Lewis et Louis MacNeice*, et dont l'un des objectifs était la renaissance du théâtre en vers (*The Dog beneath the Skin*, 1935 ; *The Ascent of F.6*, 1936 ; *On the Frontier*, 1938). Devenu citoyen américain en 1946, Auden revint régulièrement en Europe et fut professeur de poésie à Oxford. Il écrivit quatre longs poèmes d'inspiration religieuse, influencés par Kierkegaard : *Lettres du nouvel an* (1941), *For the Time Being* (1944), *The Age of Anxiety* (1947), *Nones* (1951). Auden s'adonne à un brillant jeu verbal, en particulier dans *Le Bouclier d'Achille* (1955), *Hommage à Clio* (1960). On lui doit aussi des ouvrages de critique et des essais comme *The Dyer's Hand* (1962).

**AUDENARDE → Oudenaarde**

**AUDENGE** [33980] ♦ Ch.-l. de cant. de la Gironde, arr. d'Arcachon. 3 948 hab. *(Audengeois)*. Station balnéaire du bassin d'Arcachon. Ostréiculture.

**AUDERGHEM** – en néerl. ***Oudergem*** ♦ Comm. de Belgique (Région de Bruxelles-Capitale), à l'orée de la forêt de Soignes. 29 681 hab. Vestiges de l'abbaye du Rouge ; cloître (XVIe s.). Château de Val-Duchesse (domaine d'État).

**Au-dessous du volcan** ou **Sous le volcan** – en angl. ***Under the Volcano*** ♦ Roman de Malcolm Lowry* (1947). Fondé sur la symbolique du nombre 12 (les 12 chapitres correspondant au cycle des heures, des mois, ou à l'Éternel retour symbolisé par une roue de fête foraine), ce roman décrit l'errance hallucinée d'un homme ivre, ancien consul déchu, dans une petite ville du Mexique. Par ses ambitions mystiques, son exigence morale et le flot d'images qu'il évoque, ce «livre total», largement autobiographique, est le chef-d'œuvre de son auteur. L'ouvrage a été adapté au cinéma par John Huston* (1984).

**AUDIARD (Michel)** ♦ Scénariste, dialoguiste et réalisateur français (Paris 1920 - Dourdan 1985). Plume caustique, dialogues en langue verte, pastiche du beau langage : son style a marqué les films populaires français des années 1960 à 1980, ceux de Georges Lautner (*Les Tontons flingueurs*, 1963), Henri Verneuil (*Mélodie en sous-sol*, 1962), Gilles Grangier (*Le cave se rebiffe*, 1961), Claude Miller (*Garde à vue*, 1981 ; *Mortelle Randonnée*, 1983), Pierre Granier-Deferre (*La Métamorphose des cloportes*, 1965), Denys de La Patellière (*Un taxi pour Tobrouk*, 1960). En tant que réalisateur, il a donné à ses films des titres évocateurs (*Faut pas prendre les enfants du Bon Dieu pour des canards sauvages*, 1968). ♦ **AUDIARD (Jacques)** Réalisateur, scénariste et dialoguiste français (Paris 1952). Fils de Michel Audiard*, il fut monteur puis scénariste (*Mortelle Randonnée, Poussière d'ange*) avant de réaliser ses propres films. Cinéaste de genre, il aime les films noirs et travaille sur l'ambiguïté du temps et des êtres. Il dit lui-même qu'il «fabrique des mondes et regarde s'ils fonctionnent». On lui doit *Regarde les hommes tomber* (1994), *Un héros très discret* (1996) d'après le roman de Jean-François Deniau, *Sur mes lèvres* (2001), *Et de battre mon cœur s'est arrêté* (2006), *Un prophète* (2009).

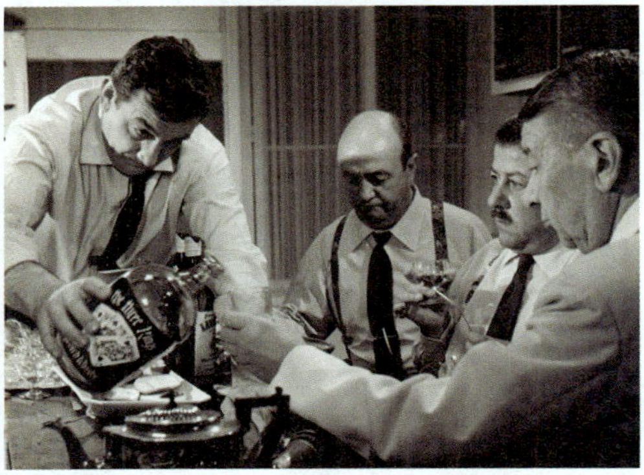

Michel **Audiard.** Lino Ventura, Bernard Blier, Francis Blanche et Robert Dalban dans *Les Tontons flingueurs*, film de Georges Lautner.
*Phot. ©. J. L. Castelli/Coll. Christophe L.*

**AUDIBERTI (Jacques)** ♦ Écrivain français (Antibes 1899 - Paris 1965). Les influences conjuguées de Mallarmé* et du surréalisme se sont exercées sur lui sans tarir la source d'un lyrisme exalté. Cependant la passion pour le langage dissimule mal chez Audiberti l'angoisse du néant. Poète, il a publié *L'Empire et la Trappe* (1930), *Des tonnes de semence* (1941), *Toujours* (1943), *Rempart* (1953). Romancier, il demeure poète dans des œuvres foisonnantes d'invention verbale, de péripéties et d'aventures (*Abraxas*, 1938 ; *Des jardins et des fleuves*, 1954 ; *La Poupée*, 1956) ou plus proches, par la forme et le fond, de la rigueur classique (*Le Maître de Milan*, 1950 ; *Marie Dubois*, 1952). Il est aussi l'auteur d'essais (*La Nouvelle Origine*, 1942 ; *L'Abhumanisme*, 1955) et de souvenirs (*Dimanche m'attend*, 1965). ▪ Il est enfin le créateur, au théâtre, d'un univers où le mot, plus que la logique des caractères et l'ingéniosité des situations, crée l'enchantement du spectateur, devenu auditeur de concert. Musique tour à tour tumultueuse, insolite et séduisante, dont les modulations et le pouvoir d'envoûtement ne sont pas sans évoquer celle des grands drames romantiques d'Hugo à qui Audiberti demeura fidèle (*L'Ampélour*, 1928 ; *Quoat-Quoat*, 1946 ; *Le mal court*, 1947 ; *La Hoberaute*, 1957 ; *L'Effet Glapion*, 1959 ; *La Logeuse*, 1960). ➝ ÉTYM. Ce nom de famille vient du nom de personne germanique *Aldeberht*, de *ald* «vieux» et *berht* «illustre».

Jacques **Audiberti.**
*Phot. © Monique Pantel*

**AUDIERNE** [29113] ➝ ÉTYM. francis. du bret. *Gwaien*, du n. de la riv. *Goyen* ♦ Comm. du Finistère, arr. de Quimper, sur le Goyen. 2 471 hab. (aggl. 8 188) *(Audiernais)*. Station balnéaire et port de pêche sur la baie d'Audierne. La *baie d'Audierne* se situe entre la pointe du Raz et la pointe de Penmarch.

**AUDINCOURT** [25400] ➝ ÉTYM. «domaine (bas lat. *curtis*) d'Adwin (n. de pers. germ.)» ♦ Ch.-l. de cant. du Doubs, arr. de Montbéliard, sur le Doubs. 15 539 hab. *(Audincourtois)*. Église moderne du Sacré-Cœur construite par Maurice Novarina (1949) et décorée par J. Bazaine, F. Léger, J. Le Moal. ▪ Cycles et motocycles.

**AUDOIN-ROUZEAU (Stéphane)** ♦ Historien français (Paris 1955). Spécialiste de la Première Guerre mondiale, il est l'un des fondateurs de l'Historial de Péronne. S'intéressant aussi bien aux enfants (*La Guerre des enfants*, 1993) qu'aux mécanismes du deuil (*Cinq deuils de guerre*, 2001) ou de la violence (*14-18. Retrouver la guerre*, avec A. Becker), il a renouvelé l'analyse du premier conflit mondial, mettant l'accent sur les «cultures» de guerre (les nouvelles pratiques sociales, culturelles..., engendrées par le conflit) et plus largement sur une approche anthropologique du phénomène de la guerre.

**AUDOUX (Marguerite)** ♦ Femme de lettres française (Sancoins 1863 - Saint-Raphaël 1937). Son œuvre principale, *Marie-Claire* (1910), est une autobiographie romancée, écrite avec une émouvante simplicité, publiée sur les conseils de Charles-Louis Philippe et Octave Mirbeau. Elle fut suivie de *L'Atelier de Marie-Claire* (1920) et du recueil de contes *La Fiancée* (1931).

**AUDOVÈRE** ♦ (morte en 580). Première femme de Chilpéric Ier, roi de Neustrie, qui la répudia pour épouser Galswinthe*. Elle périt étranglée, sans doute à l'instigation de Frédégonde*.

**AUDRAN** ♦ Dynastie de graveurs, ornemanistes, peintres ou sculpteurs français des XVIIe et XVIIIe s., dont 16 membres eurent une activité notable. ♦ **Gérard II Audran.** Graveur français (Lyon 1640 - Paris 1703). Il séjourna à Rome où il fut élève de Carlo Maratta. Membre de l'Académie en 1674 et graveur de Le* Brun, dont il reproduisit *Les Batailles d'Alexandre* (1672 - 1678) avec une rare maîtrise technique. Il grava aussi des œuvres des peintres bolonais ainsi que des tableaux de Poussin* et de Le* Sueur, et publia *Les Proportions du corps humain d'après les plus belles statues de l'Antiquité* (1693). ♦ **Claude III Audran.** Peintre, dessinateur et ornemaniste français (Lyon 1657 - Paris 1734). Neveu du précédent, il se spécialisa dans la peinture d'ornement et exécuta des travaux de décoration aux châteaux de Sceaux, Marly, la Muette, Meudon et à la ménagerie de Versailles. Déployant une verve et une fantaisie pleines d'inventions bizarres, il utilisa dans ses arabesques, grotesques et rinceaux des motifs chinois, animaux savants, scènes de cirque, de comédie, dans lesquels, comme chez Berain*, règne une animation contenue toutefois dans un cadre symétrique et régulier. Intendant du palais du Luxembourg, il employa Watteau* comme collaborateur, donna aux Gobelins les cartons des huit portières dites «des Dieux» (1708). Par la grâce contournée de ses motifs, il est considéré comme l'un des créateurs du style rocaille* qui s'épanouit sous Louis XV. ➝ ÉTYM. *Audran* est une variante de *Autran*, du germanique *Althramn*, nom de personne, de *alt* «vieux» et *hramn* «corbeau».

**AUDRAN (Edmond)** ♦ Compositeur français (Lyon 1842 - Tierceville 1901). Il est l'auteur de plusieurs opérettes qui furent longtemps populaires par leur grâce aimable et leur gaieté : *Le Grand Mogol* (1876), *Miss Helyett* (1890), *La Poupée* (1896) et surtout *La Mascotte* (1880).

**AUDRUICQ** [62370] ➝ ÉTYM. anc. *Ouderwich*, flam. «le bourg *(wich)* des Anciens *(oud)*» ♦ Ch.-l. de cant. du Pas-de-Calais, arr. de Saint-Omer. 4 555 hab. *(Audruicquois)*.

**AUDUBON (John James)** ♦ Naturaliste et peintre américain (Les Cayes, Saint-Domingue 1785 - New York 1851). Il donna la description de la flore et de la faune d'Amérique du Nord qu'il illustra lui-même, peignant avec grand talent en particulier toutes les espèces connues d'oiseaux nord-américains. Son ouvrage *Les Oiseaux d'Amérique*, en 4 volumes, contient 435 planches coloriées à la main (1827 - 1838). Il fut complété par des descriptions ornithologiques précises dues à W. MacGillivray (1831 - 1839).

John James **Audubon.** Illustration pour *Les Oiseaux d'Amérique.*
*Phot. © Arch. Smeets*

**AUDUMLA** ♦ Dans la mythologie scandinave, vache primordiale, nourrice du géant Ymer*.

**AUDUN-LE-TICHE** [57390] ♦ Comm. de la Moselle, arr. de Thionville-Ouest. 5 757 hab. *(Audunois)*. Anc. mines de fer.

**AUENBRUGGER** ou **AVENBRUGGER (Léopold)** ♦ Médecin autrichien (Graz 1722 - Vienne 1809). Il introduisit la méthode de percussion pour le diagnostic des maladies internes du thorax. Il est l'auteur du livret *Der Rauchfangkehrer* («Le Ramoneur»), singspiel de Salieri* (1781). Ses filles, Caterina Franziska et Marianne, pianistes de talent, reçurent de Haydn la dédicace de six sonates (1780).

**AUER (Carl,** baron **VON WELSBACH)** ♦ Chimiste autrichien (Vienne 1858 - château de Welsbach, Carinthie 1929). Il inventa le manchon à oxyde de thorium de la lampe à gaz, dit *bec Auer* (1885).

**AUERBACH (Berthold)** ♦ Écrivain allemand (Nordstetten, sur le Neckar 1812 - Cannes 1882). Après des études de théologie hébraïque et de philosophie à Tübingen et à Heidelberg, il renonça au rabbinat pour se consacrer à la littérature. Auteur d'une biographie romancée de *Spinoza* (1837), ce libéral, patriote volontiers moraliste, est surtout connu pour ses *Récits villageois de la Forêt-Noire* (1843 - 1854) qui, au-delà du romantisme, marquent une étape importante vers le réalisme. ➝ ÉTYM. Ce nom de famille vient de noms de lieux en Allemagne, probablement du germanique *aurochs* «bœuf» et *bach* «ruisseau».

**AUERSPERG** (comte **VON**) → **Grün (Anastasius)**

**AUERSTEDT** ou **AUERSTAEDT** ♦ Village d'Allemagne (Saxe-Anhalt). ▮ **Histoire** Davout* y remporta une victoire sur les Prussiens du duc de Brunswick*, le jour même où Napoléon les battait à Iéna (14 oct. 1806). Cette victoire lui valut le titre de duc d'Auerstedt.

**Aufklärung** n. f. ➝ ÉTYM. expression all. : ***Zeitalter der Aufklärung*** «siècle des Lumières» ou «siècle philosophique» ♦ Mouvement caractérisant la pensée et la culture allemandes du XVIII^e s. (1700 - 1780), particulièrement en Prusse sous le règne de Frédéric II (despotisme éclairé). Se réclamant du rationalisme optimiste de Leibniz, ce mouvement philosophique, dont les principaux représentants furent C. Thomasius* et C. Wolff*, se répandit dans la bourgeoisie par l'intermédiaire de revues et de sociétés dont celle des Amis de la Vérité ou Alethophiles que réunit le comte Christophe Manteuffel à Berlin. C'est en réaction à l'Aufklärung que se développa le mouvement préromantique du Sturm* und Drang.

**AUGE** (pays d') ➝ ÉTYM. langue d'oïl *alge, auge* «bassin [lit d'un cours d'eau]» ♦ Région de Normandie entre les vallées de la Touques et de la Dives (celle-ci dite *vallée d'Auge*), sur une partie des dép. du Calvados et de l'Orne. Élevage (bovins, pur-sang), produits laitiers, notamment fromages (camembert, livarot, pont-l'évêque). Pommiers (cidre, calvados). Tourisme sur le littoral.

**AUGER (Pierre Victor)** ♦ Physicien français (Paris 1899 - *id.* 1993). Il a découvert l'existence, dans les rayons cosmiques, des faisceaux de particules secondaires appelés *gerbes d'Auger*. On lui doit aussi la mise en évidence de l'effet (qui porte son nom) d'auto-ionisation d'un atome excité et qui trouve une application en spectroscopie. Il est à l'origine de la création du Cern*. [Acad. sc. 1977]

**AUGEREAU (Pierre François Charles)** ♦ Général français (Paris 1757 - La Houssaye 1816). Engagé volontaire à 17 ans, il déserta, servit dans les troupes prussiennes et napolitaines, puis se rallia à la Révolution française en 1792 et fut nommé général de division en déc. 1793. Pendant la campagne d'Italie, sous Bonaparte*, il remporta la victoire de Millesimo (14 avr. 1796), se distingua à Lodi* et à Castiglione* et prit une part décisive dans la victoire d'Arcole* (15 - 17 nov.). De retour à Paris, il exécuta pour le Directoire* le coup d'État du 18 Fructidor (4 sept. 1797). Nommé maréchal (1804) et duc de Castiglione (1806), il participa à toutes les campagnes de l'Empire (Iéna*, Eylau*, Espagne, Leipzig*) mais fut en 1814 l'un des premiers à se rallier à Louis XVIII qui le fit pair de France. Il refusa, cependant, de siéger comme juge au procès de Ney*. ➝ ÉTYM. *Augereau* vient du germanique *Adalgari*, nom de personne, de *adal* «noble» et *gari* «lance».

**AUGIAS** ♦ Roi légendaire d'Élide, fils d'Hélios et l'un des Argonautes*. Héraclès*, chargé du nettoyage de ses écuries, s'en acquitte en une journée en y faisant passer les eaux de l'Alphée* et du Pénée*. Augias refusant, malgré sa promesse, de lui livrer la dixième partie de son troupeau, Héraclès le tue au cours d'une seconde expédition en Élide.

**AUGIER (Émile)** ♦ Auteur dramatique français (Valence 1820 - Croissy-sur-Seine 1889). Ses comédies de mœurs reflètent avec fidélité la pensée bourgeoise du Second Empire. Œuv. princ. : *Le Gendre de M. Poirier* (1854), *Le Mariage d'Olympe* (1855), *Les Lionnes pauvres* (1858), *Les Effrontés* (1861), *Le Fils de Giboyer* (1862). [Acad. fr. 1857] ➝ ÉTYM. Ce nom de famille a la même étymologie que *Augereau**.

**AUGSBOURG** ➝ ÉTYM. en all. ***Augsburg*** ; de *Auguste** et germ. *burg* «ville» ♦ V. d'Allemagne (Bavière) ch.-l. de la régence de Souabe, au confluent du Lech et de la Wertach. 267 901 hab. Belle cathédrale romane remaniée en gothique (923 - 1430) avec des portes de bronze et des vitraux du XI^e s. Église gothique Sankt-Anna abritant la chapelle funéraire des Fugger. La Fuggerei, groupe de 53 maisons ouvrières réparties sur 6 rues, fut élevée à partir de 1519 par Ulrich et Georg Fugger pour les familles nécessiteuses. ▪ Augsbourg est l'un des principaux centres industriels de l'Allemagne méridionale. Vouée depuis le Moyen Âge à l'industrie textile (laine), elle est devenue un important centre d'industries mécaniques (véhicules, matériel de précision) et chimiques. ▮ **Histoire** Fondée vers l'an -15 par les Romains *(Augusta Vindelicorum)*, saccagée par les Huns au V^e s., siège d'un évêché au VI^e s., Augsbourg dépendit successivement des ducs de Souabe et de Bavière. Décrétée ville libre impériale en 1276 par Rodolphe de Habsbourg, elle devint dès le XV^e s. un grand centre commercial et bancaire (→ **Fugger, Welser**) et joua un rôle important dans l'histoire de la Réforme en Allemagne. La ville, dévastée par la guerre de Trente* Ans (1618 - 1648), fut le siège de la coalition contre Louis XIV (ligue d'Augsbourg, 1686). Elle fut annexée à la Bavière en 1806.

**Augsbourg (Confession d')** ♦ Formulaire exposant la profession de foi des luthériens. Rédigé par Melanchthon*, avec la collaboration de Camerarius*, il fut présenté à Charles* Quint à la diète d'Augsbourg (25 juin 1530) que l'empereur avait décidé de réunir afin de mettre un terme aux dissensions religieuses soulevées par la Réforme*. Le rejet de la *Confession d'Augsbourg* par les théologiens catholiques provoqua la formation de la ligue de Schmalkalden* (1531).

**Augsbourg (Intérim d')** ♦ Texte promulgué par Charles Quint en 1548 «en attendant» *(interim)* que le concile de Trente mène à bien la réforme de l'Église (→ **Contre-Réforme**). Il mécontenta catholiques et protestants et ne fit guère que ressouder l'unité de ces derniers qui reprirent la lutte peu après. → **Réforme.**

**Augsbourg (paix d')** ♦ Paix de religion signée à Augsbourg (1555) entre Ferdinand* I^er et les électeurs germaniques. Elle partageait l'Empire entre les deux confessions catholique et luthérienne, selon le principe *cujus regio ejus religio*.

**Augsbourg (ligue d')** ♦ Coalition qui s'opposait à la politique agressive menée par Louis* XIV depuis la paix de Nimègue* (1686 -

1697). La révocation de l'édit de Nantes acheva d'y rallier les protestants sous l'impulsion de Guillaume* III d'Orange. Elle comprenait l'Angleterre et l'Espagne, certaines principautés allemandes, la Hollande, la Suède. Malgré la dévastation du Palatinat (1689) et nombre de victoires françaises, elle ne se termina que par l'épuisement des adversaires, et Louis XIV dut signer en 1697 un traité peu avantageux. → **Rijswijk.**

**AUGUSTA** ◆ ÉTYM. du n. de *Augusta* de Saxe-Gotha, épouse du prince de Galles, belle-fille du roi George* II ♦ V. des États-Unis (Géorgie), sur la Savannah. 199 775 hab. Monuments du XVIIIe s. et du déb. du XIXe s. ▪ Port fluvial important. Indus. textiles (coton). Porcelaine. Usine atomique aux environs. ▮ **Histoire** Poste de commerce dès 1735. la ville fut la capitale de la colonie de 1786 à 1795.

**AUGUSTA** ◆ ÉTYM. du n. de Pamela *Augusta* Dearborn, fille du général Henry Dearborn, membre du Congrès ♦ V. des États-Unis, cap. du Maine, sur la Kennebec. 18 560 hab. Indus. (papier, bois). Centre de vacances.

**AUGUSTA** ♦ V. d'Italie, en Sicile (prov. de Syracuse). 33 820 hab. Port. Important centre de raffinage et de pétrochimie. Cimenteries. Salines. ▮ **Histoire** Victoire de Duquesne* sur les Hollandais commandés par Ruyter* (1676), qui trouva la mort au cours du combat.

**AUGUSTE** ◆ ÉTYM. en lat. ***Caius Julius Caesar Octavianus Augustus*** « saint, majestueux, vénérable » ♦ (Rome -63 - Nole 14). Empereur romain (-27 - 14). Petit-neveu de César* (qui l'adopta en -45), connu d'abord sous le nom d'Octave puis d'Octavien, il se posa à la mort de César comme son héritier désigné, devenant ainsi le rival d'Antoine*. Mais après la défaite de celui-ci à Modène* (avr. -43), il forma avec Lépide* et lui le deuxième triumvirat (nov. -43). Ensemble, ils éliminèrent l'opposition républicaine par de sanglantes proscriptions, battirent Brutus* et Cassius* à Philippes* (-42) et, en dépit d'une entente difficile, se partagèrent le monde romain (paix de Brindisi*, -40). Octave reçut l'Occident, Antoine l'Orient, Lépide l'Afrique. Le mariage d'Antoine avec Octavie*, sœur d'Octave, scellait cette paix. Reconduit en -37, le triumvirat devait assurer sept ans de paix relative entre -40 et -33. Octave avec l'aide d'Agrippa* vainquit Sextus Pompée* en Sicile (-36) et confisqua les possessions africaines de Lépide, tandis qu'Antoine abandonnait peu à peu à Cléopâtre* toutes les possessions romaines. En Italie la popularité d'Octave, restaurateur de la paix et du bien-être dans le respect des traditions nationales, ne cessait de croître. La guerre déclarée à Cléopâtre aboutit à la victoire d'Octave à Actium* (-31). Il annexait l'Égypte et refaisait l'unité du monde méditerranéen romain. Maître incontesté de l'État romain, il avait reçu, en -38, le titre d'*Imperator* (dépositaire de la souveraineté et chef de guerre victorieux). On lui décerna également, en -28, le titre de *princeps senatus* (le premier à dire son avis dans les délibérations sénatoriales), puis, en -27, le cognomen d'*augustus* (terme religieux qui consacrait sa mission divine et que les empereurs suivants devaient reprendre). Sans bouleverser radicalement la Constitution romaine, il substitua à la république un nouveau régime, le *principat*, par lequel il assurait donner au Sénat (et au peuple) un rôle équivalent à celui de l'empereur dans la direction de l'Empire. Mais le régime restait fragile et, jusqu'à sa mort, Auguste fut tourmenté par le problème de sa succession. N'ayant eu qu'une fille, Julie*, il la donna en mariage à son neveu Marcellus en qui il crut trouver un héritier, puis à Agrippa* dont les fils moururent très jeunes et qui mourut aussi (-12), enfin à son beau-fils Tibère* qu'il obligea à adopter Germanicus*, petit-fils d'Octavie. À l'intérieur, il divisa l'État en provinces sénatoriales et en provinces impériales. Dès -38, il avait entrepris de restaurer les traditions religieuses, plaçant son autorité sous le signe d'Apollon ; grand pontife en -12, il devint le chef religieux de l'Empire, et le culte du *Genius Augusti* (de la force divine incarnée dans l'empereur) gagna bientôt toutes les provinces et fut consacré par des jeux publics. À l'extérieur, il s'employa plus à affermir les frontières qu'à satisfaire son désir de conquêtes qu'il savait nuisibles à l'Empire. Il fixa la frontière de l'Empire parthe et de l'Empire romain sur l'Euphrate ; au N., il recula les frontières jusqu'au Danube ; puis il tenta d'atteindre l'Elbe, mais, malgré la victoire de Drusus*, ne réussit pas à annexer la Germanie (défaite de Varus*, 9) et reporta la frontière sur la rive du Rhin. Parallèlement à cette œuvre de réorganisation, il s'appliqua, avec l'aide d'Agrippa et de Mécène*, à protéger les arts (maison d'Auguste [ou de Livie] sur le Palatin, thermes et Panthéon) et les lettres (Virgile*, Horace*, Tibulle*, Ovide*), faisant de son règne, le *siècle d'Auguste*, l'âge d'or du classicisme romain.

**Auguste.**
En grand pontife, marbre. Musée national romain, Rome.
*Phot. © Arch. Smeets*

**AUGUSTE Ier** dit **le Pieux** ♦ Électeur de Saxe (Freiberg 1526 - Dresde 1586). Il passa du calvinisme au luthéranisme avec une égale intolérance et persécuta les partisans de Melanchthon*. Il sut cependant donner à la Saxe une nouvelle impulsion.

**AUGUSTE II** ou **FRÉDÉRIC-AUGUSTE Ier** ♦ (Dresde 1670 - Varsovie 1733). Électeur de Saxe (1694 - 1733). Élu roi de Pologne (1697 - 1733) à la mort de Jean* III Sobieski, avec l'aide de Flemming*, il signa le traité de Karlowitz* (1699), s'allia au tsar Pierre* le Grand et à Frédéric* IV de Danemark contre Charles* XII de Suède, mais fut détrôné par ce dernier en 1704, au profit de Stanislas* Leszczyński. Après la défaite du roi de Suède à Poltava* (1709), il envahit la Pologne, reprit la couronne et tenta d'en assurer la succession pour son fils Auguste* III. De sa liaison avec Aurore de Kœnigsmark naquit Maurice de Saxe*.

**AUGUSTE III** ou **FRÉDÉRIC-AUGUSTE II** ♦ (Dresde 1696 - *id.* 1763). Électeur de Saxe. Fils d'Auguste II, compétiteur de Stanislas* Leszczyński, il fut élu roi de Pologne avec l'appui de la Russie en 1733, mais ne fut définitivement reconnu qu'après la guerre de Succession* de Pologne en 1738. À sa mort, la Russie imposa Stanislas* II Auguste Poniatowski comme successeur. Sa fille Marie-Josèphe de Saxe (1731 - 1767), mariée au dauphin Louis, fils de Louis XV, en 1747, fut la mère de Louis* XVI, de Louis* XVIII et de Charles* X.

**AUGUSTENBORG** ♦ Famille noble du Danemark. ♦ **Christian-Auguste Augustenborg** (1768 - 1810). Il fut nommé prince héritier en 1809 par le roi de Suède, Charles XIII, mais mourut l'année suivante, permettant à Bernadotte* d'accéder à la couronne. ♦ **Christian-Auguste Augustenborg** (Copenhague 1798 - Primkender, Silésie 1869). Prétendant à la succession du Schleswig-Holstein, il s'opposa au roi du Danemark, Christian VIII, et tenta d'obtenir une intervention de la Prusse en sa faveur. ♦ **Frédéric Augustenborg** (1800 - 1865). Frère du précédent. Nommé par le roi Christian VIII général commandeur et chambellan des duchés (1842), il se démit de ses fonctions en 1846 afin de soutenir les prétentions de son frère sur le Schleswig-Holstein et fut membre du gouvernement provisoire révolutionnaire à Kiel (1848). ♦ **Frédéric Augustenborg** (1829 - 1880). Fils de Christian-Auguste. Il se proclama duc de Schleswig-Holstein, sous le nom de Frédéric VIII en 1863, provoquant la guerre des Duchés (→ **Duchés [guerre des]**), et dut renoncer à la couronne en 1866.

**AUGUSTIN** (saint) ◆ ÉTYM. en lat. ***Aurelius Augustinus*** ; de *Augustus* « Auguste* » ♦ Évêque africain, docteur et père de l'Église (Thagaste, auj. Souk-Ahras 354 - Hippone 430). D'abord professeur de rhétorique (Carthage, Rome, Milan), il adhéra au manichéisme (373 - 383), mais se convertit au christianisme après sa découverte de la philosophie néoplatonicienne et sous l'influence de sa mère (sainte Monique*) et de saint Ambroise* de Milan (386). Rentré en Afrique (388), il mena la vie monastique, fut ordonné prêtre à Hippone en 391 et acclamé évêque de cette ville en 395. Il y déploya une activité efficace (prédication, réfutation apologétique, justice, assistance) sans abandonner l'idéal monastique (il organisa les clercs de son église en communauté conventuelle). À l'extérieur, il devint une des principales personnalités de l'Occident chrétien, affirmant sa doctrine face aux hérésies. Contre les donatistes, il proclame la vocation universelle de l'Église ; contre les pélagiens, il affirme, dans le même temps, l'incapacité de l'homme à mériter son salut et la toute-puissance de la grâce ; contre les manichéens enfin, il argumente ainsi : l'absolu du mal et l'absolu du bien constituent une erreur. Le bien et le mal se lient, au niveau de l'agir, à la manière de l'ombre et de la lumière. Cependant le mal est subordonné au bien qui, seul, procède de l'énergie divine ; le mal n'est donc efficient que par le bien qu'il recèle. En outre, Augustin occupe une place essentielle dans l'histoire de la philosophie logique et de la théorie du sens. Sa théorie du signe, issue de celle des stoïciens *(De magistro)*, alimenta toutes les querelles d'idées médiévales dans ce domaine. Enfin, *Les Confessions*, texte autobiographique exceptionnel, en font un écrivain latin de premier plan. Princ. œuv. : *Soliloques* (386 - 387), *De magistro* (389), *Enarrationes in psalmos* (394 ? - 424 ?), *De doctrina christiana* (396 - 426), *Les Confessions** (397 - 401), *De Trinitate* (399 - 419), *La Cité* de Dieu* (413 - 427), *Rétractations* (426 - 427). ▪ Fête le 28 août. ♦

Saint **Augustin.** Portrait par Juste de Gand (118,5 × 62,6 cm). Musée du Louvre, Paris. *Phot. © Giraudon*

***Règle de saint Augustin*** Règle de vie monastique issue de préceptes figurant dans une lettre d'Augustin et plusieurs fois remaniée au Moyen Âge. Elle inspira singulièrement saint Benoît ; puis les canonistes de saint François et de saint Dominique puisèrent à la fois chez saint Augustin et saint Benoît. → **augustinisme, augustins.**

**AUGUSTIN DE CANTERBURY** (saint) ♦ Apôtre de l'Angleterre (mort en 604). Prieur de Saint-André du Coelius à Rome, il fut envoyé en Angleterre par le pape Grégoire* le Grand (596) pour évangéliser les Anglo-Saxons. Sacré évêque (597), il fonda le siège épiscopal de Canterbury*. ▪ Fête le 27 mai.

## augustinisme

n. m. ♦ Courant de pensée chrétien se réclamant d'Augustin*. L'augustinisme est une doctrine complexe qui accorde tout son rôle à la foi sans rien abandonner de la raison (croire et comprendre ce qu'on croit). Il est une méditation sur Dieu, saisi dans un acte intérieur qu'on a rapproché du *cogito* cartésien. Contre le pessimisme manichéen, il affirme la bonté de la création, œuvre de Dieu ; contre l'optimisme pélagien, il montre le péché de l'homme, plus attaché aux créatures qu'au créateur et incapable de faire son salut par lui-même. Cette doctrine nourrit au sein du christianisme un débat récurrent sur la grâce et la prédestination : Gottschalk*, puis Luther*, Zwingli* et Calvin* reprirent les positions les plus rigoureuses défendues par Augustin dans sa polémique contre le pélagianisme* ; Rome leur opposa un augustinisme modéré. Jusqu'à la redécouverte d'Aristote au XIII^e^ s., l'augustinisme fut la référence majeure de l'Occident chrétien, qu'il s'agisse de la spiritualité monachique, à laquelle puisèrent saint Benoît et de nombreux ordres religieux, ou de la renaissance carolingienne. La théologie augustinienne de l'histoire, qui affirme la coexistence ici-bas de la *Cité* de Dieu* et de celle des hommes, ainsi que le primat de la première sur la seconde, fut au cœur de la querelle du Sacerdoce* et de l'Empire. L'essor de la scolastique amorça au XIII^e^ s. un déclin relatif, mais les ordres mendiants **(→ dominicains, franciscains)** s'inspirèrent de la règle augustinienne, et Thomas* d'Aquin lui-même intégra l'apport d'Augustin à sa lecture d'Aristote. Qualifié de « siècle augustinien par excellence », le XVII^e^ s. vit la renaissance de l'augustinisme à travers le débat sur la grâce (Jansénius*, Molina*, Pascal*), la rencontre avec le cartésianisme (Malebranche*), la théologie de l'histoire de Bossuet* et l'essor de l'école française de spiritualité (Bérulle*). Au XX^e^ s., les papes en soulignèrent l'actualité par deux encycliques (Pie XI, 1930 ; Pie XII, 1954).

**Augustinus** ♦ Ouvrage de Jansénius* (posth. 1640). Il y donnait son interprétation de la doctrine de saint Augustin* sur la grâce. L'ouvrage fut condamné par l'Inquisition (1641), puis par le pape Urbain* VIII (1642 - 1643). → **jansénisme.**

**AUKRUST (Olav)** ♦ Poète norvégien (Gudbrandsdal 1883 - Lom 1929). Poète visionnaire d'inspiration religieuse mystique, il écrivit en néonorvégien de grands poèmes tels que *Jalon du ciel* (1916) sur la lutte angoissante entre le bien et le mal, *Crépuscule* (1930), quête de l'extase. Très attaché à sa province natale, il prôna le retour aux sources populaires.

## augustins

n. m. pl. ♦ Religieux suivant la règle dite *de saint Augustin**. Cette règle, issue de préceptes remontant à saint Augustin, régit de nombreuses congrégations de chanoines réguliers à partir du XII^e^ s. (« chanoines noirs »). L'ordre de Saint-Augustin comprend diverses familles : Ermites de Saint-Augustin, dits « Grands Augustins », 1256 ; Ermites récollets, 1588 ; Augustins déchaussés, XV^e^ s., dont la branche française, XVII^e^ s., fut surnommée « petits pères ». ▪ Les assomptionnistes*, les chevaliers de Malte*, les chevaliers Teutoniques*, les frères hospitaliers de saint Jean* de Dieu, les rédemptoristes* sont apparentés aux augustins.

**ÂU LẠC** n. m. ♦ Nom d'un royaume qui s'étendait au N. du centre de l'actuel Viêtnam, et dont la cap. était Cổ Loa, située à env. 15 km au N.-N.-O. de Hanoi. Il appartenait à la civilisation du bronze de Đông Sơn*, et dura selon la tradition, de –257 à –207. Des vestiges attestent l'existence d'une entité politique bien armée (flèches en bronze, fortifications concentriques). Il fut conquis par les Chinois, et Zhao Tuo (Triệu Đà), général gouverneur de Nanhai (S.-E. de la Chine) l'annexa v. –207 ou –179. Ce dernier, affirmant son indépendance, fonda le royaume du Nanyue (Nam Việt) avec pour capitale une petite cité près de Canton, Fanyu (Phiên Ngung). Le Nam Việt fut vaincu par les Chinois en –111. Avec l'annexion par Zhao Tuo, l'ancien Viêtnam entra dans la mouvance, puis la domination chinoise pour plus de mille ans.

**AULENTI (Gaetana dite Gae)** ♦ Architecte et designer italienne (Palazzolo dello Stella 1927), formée par Gio Ponti*. Designer, elle créa la lampe Pipistrello et contribua à lancer une ligne de mobilier bon marché. Architecte, elle transforma la gare d'Orsay en musée (1980 - 1986) et réaménagea le musée d'Art moderne du centre Georges-Pompidou (1982 - 1985) à Paris et le Musée national d'art de Catalogne à Barcelone (1987 - 1998). Elle conçut le pavillon Italie à l'Exposition de Séville (1992) et fut chargée de la rénovation du palais Grassi, à Venise, de la restructuration de Piazzale Cadorna et de la nouvelle façade de la gare Ferrovie Nord de Milan. On lui doit également le musée d'Art asiatique de San Francisco (2003).

Gae **Aulenti.** Lampe *Pipistrello. Phot. © Voltex/ designer Gae Aulenti*

**AULERQUES** n. m. pl. ← ÉTYM. en lat. ***Aulerci*** ; gaul. « ceux qui sont loin de leurs traces », de *au-* « de » et *lerc-* « trace » ♦ Peuple de la Gaule établi en Normandie entre la Loire et la rive g. de la Seine et comprenant les *Aulerci Eburovices* avec Mediolanum (Évreux*) pour cap., les *Aulerci Cenomani* avec Vindinum (Le Mans*) pour cap. et les *Aulerci Diablintes* avec Noviodunum (Jublains, dans la Mayenne) pour cap.

**AULIDE** n. f. ♦ Nom de la région qui entourait Aulis.

**AULIS** ♦ Anc. port de Grèce, en Béotie sur l'Euripe. Selon la légende, les Achéens s'y embarquèrent pour Troie* et Iphigénie* y fut sacrifiée par Agamemnon*.

**AULNAT** [63510] ♦ Comm. du Puy-de-Dôme, arr. de Clermont-Ferrand, dans la Limagne. 4 488 hab. *(Aulnatois).* Aérodrome de Clermont-Ferrand, à l'E. de la ville.

**AULNAY** [onɛ] ou [olnɛ] [17470] ♦ Ch.-l. de cant. de Charente-Maritime, arr. de Saint-Jean-d'Angély. 1 507 hab. (*Aulnaysiens* ou *Aulnaisiens*). L'église Saint-Pierre-de-la-Tour (2^e^ moitié du XII^e^ s.) est l'un des plus intéressants spécimens du style roman poitevin et présente un remarquable ensemble de sculptures. Donjon du XIII^e^ s.

**AULNAY-SOUS-BOIS** [onɛ] ou [olnɛ] [93600] ← ÉTYM. anc. *Alnetum,* du lat. *alnus* « aulne » et suff. collect. *-etum* ♦ Ch.-l. de cant. de la Seine-Saint-Denis, arr. du Raincy, au N.-E. de Paris. 80 021 hab. *(Aulnaysiens).* Reprographie. Construc. automobiles. Chimie. Gare routière de marchandises (Garonor).

**AULNE** [on] n. m. ➛ ÉTYM. d'une rac. hydronym. *alnu-*, de *al-* (➛ Allier) ♦ Fl. de Bretagne né dans les Côtes-du-Nord (140 km). Il traverse le Finistère et arrose Châteaulin avant de se jeter dans la rade de Brest.

**AULNOY** [onwa] **(Marie Catherine LE JUMEL DE BARNEVILLE,** comtesse **D')** ♦ Écrivain français (Barneville v. 1650 - Paris 1705). Contrainte, pour avoir tenté de se débarrasser de son époux, à séjourner en Espagne, puis en Angleterre (de 1669 à 1685), elle fit paraître en 1690 ses *Mémoires de la cour d'Espagne*, suivis de la *Relation du voyage en Espagne* (1691), et des *Mémoires de la cour d'Angleterre* (1695), chroniques inexactes mais vivantes. De retour en France (1685), elle ouvrit un salon littéraire fréquenté par la société mondaine et publia un récit romanesque qui connut un immense succès, *Histoire d'Hippolyte, comte de Douglas* (1690). Ses *Contes de fées* (ou *Les Fées à la mode*, 1697) offrent des récits charmants, destinés aux enfants (*L'Oiseau bleu ; Gracieuse et Percinet ; La Chatte blanche*), tandis que *Les Illustres Fées* (1698) évoquent une société galante plus qu'un univers merveilleux.

**AULNOYE-AYMERIES** [olnwaɛmRi] [59620] ♦ Comm. du Nord, arr. d'Avesnes-sur-Helpe, sur la Sambre. 9 203 hab. (aggl. 19 757) *(Aulnésiens)*. Métallurgie. Nœud ferroviaire régional.

**AULNOY-LEZ-VALENCIENNES** [59300] ♦ Comm. du Nord, banl. S. de Valenciennes. 8 002 hab. *(Aulnésiens)*.

**AULT** [o] ou [olt] [80460] ♦ Ch.-l. de cant. de la Somme, arr. d'Abbeville. 2 070 hab. *(Aultois)*. Station balnéaire d'Ault-Onival sur la Manche.

**AULU-GELLE** – en lat. ***Aulus Gellius*** ♦ Érudit latin (Rome v. 130). Élève de Fronton* et auteur des *Nuits attiques*. Son ouvrage est présenté comme une série d'entretiens vespéraux entre amis érudits, sur la grammaire, la critique littéraire et l'histoire ; il contient de précieux renseignements sur les écrivains archaïques.

L'**Aululaire** ➛ ÉTYM. en lat. ***Aulularia*** « comédie de la marmite » ♦ Comédie de Plaute* (v. –190). La découverte par Euclion, dans sa propre demeure, d'une marmite *(aulula)* remplie d'or bouleverse l'existence du vieux paysan. Molière s'en est inspiré dans *L'Avare**.

**AULUS-LES-BAINS** [09140] ♦ Comm. de l'Ariège, arr. de Saint-Girons, sur le Garbet. 189 hab. *(Aulusiens)*. Station thermale et hydrominérale.

**AUMALE (Charles DE LORRAINE,** duc **D')** ♦ Gentilhomme français (1556 - Bruxelles 1631). Il fut un des chefs de la Ligue*. Gouverneur de Paris (1589), il força Henri IV à lever le siège de la capitale. Condamné à mort par contumace (1595) pour son alliance avec les Espagnols, il se réfugia aux Pays-Bas.

**AUMALE (Henri Eugène Philippe Louis D'ORLÉANS,** duc **D')** ♦ Quatrième fils de Louis*-Philippe et de Marie-Amélie (Paris 1822 - Zucco, Sicile 1897). Entré dans l'armée, il participa à la campagne d'Algérie et aurait enlevé la smala d'Abd el-Kader en mai 1843. Il reçut la soumission de ce dernier, après avoir été nommé gouverneur de l'Algérie (1847). Après la révolution de février 1848, il remit son commandement à Cavaignac et se retira en Angleterre. Il s'y consacra à des travaux historiques (*Histoire des princes de Condé*, 1869) et publia des pamphlets contre le Second Empire et Napoléon III. Lors de la guerre de 1870, il proposa en vain ses services à la France. Il y revint néanmoins en 1871 et fut élu à l'Assemblée nationale. Réintégré dans ses fonctions au sein de l'armée, il présida le conseil de guerre qui condamna Bazaine* (1873), puis contribua au renversement de Thiers. Inspecteur général de l'armée en 1883, il fut proscrit par décret en 1886. Il légua son domaine de Chantilly* avec ses collections à l'Institut ; il fut autorisé à rentrer en France en 1889. Auteur d'un ouvrage sur les *Institutions militaires de la France* (1868), il a laissé d'importantes collections réunies au musée de Chantilly. [Acad. fr. 1871]

**AUMALE** [76390] ➛ ÉTYM. langue d'oïl « marne *(marle)* blanche *(albe)* » ♦ Ch.-l. de cant. de la Seine-Maritime, arr. de Dieppe, sur la Bresle. 2 577 hab. (aggl. 3 003) *(Aumalois)*. Église Saint-Pierre-et-Saint-Paul des XVI^e^ - XVII^e^ s. (portail latéral S. attribué à J. Goujon). **Histoire** Érigée en comté par Guillaume le Conquérant (1070), Aumale appartint à la maison de Lorraine (1471), devint duché-pairie en 1547 et passa au XVIII^e^ s. (1769) à la maison d'Orléans. Le titre de duc d'Albemarle (forme angl. d'Aumale) fut conféré au général Monk et celui de duc d'Aumale, porté par plusieurs membres de la maison de Lorraine, fut rétabli par Louis-Philippe au profit de son fils Henri Eugène Philippe.

**AUMANCE** n. f. ♦ Riv. de l'Allier, affl. du Cher (58 km). Elle passe près de Cosne-d'Allier et arrose Hérisson.

**AUMANN (Robert J.)** ♦ Mathématicien et économiste israélo-américain (Francfort 1930). Il fut le premier à créer l'analyse des « jeux qui se répètent à l'infini ». Ses travaux portèrent sur la compréhension du conflit et de la coopération dans les groupes sociaux et la prise en compte de la chaîne de réactions qu'un comportement induit (la « décision interactive »). Son analyse a notamment aidé à comprendre pourquoi certains pays ou certaines communautés coopèrent mieux que d'autres sur la longueur, même s'ils ne se faisaient pas mutuellement confiance au départ. [Prix Nobel d'économie 2005 avec T. Schelling*]

**AUMONT-AUBRAC** [48130] ➛ ÉTYM. *Aumont* : du lat. *altus* « haut » et *mons* « montagne » ou du germ. *Al-munt*, n. de pers., et *Aubrac** ♦ Ch.-l. de cant. de la Lozère, arr. de Mende, sur le plateau de Gévaudan. 1 031 hab. *(Aumonais)*. Station estivale à 1 043 m d'alt.

**AUNEAU** [28700] ♦ Ch.-l. de cant. de l'Eure-et-Loir, arr. de Chartres. 3 880 hab. *(Alnélois)*. Agroalimentaire. **Histoire** Victoire d'Henri de Guise sur les protestants (1587).

**AUNG SAN** ♦ Homme politique birman (Natmauk, Birmanie centrale 1915 - Rangoon 1947). Opposé aux Britanniques, il fut emprisonné par eux, puis, en 1940, se réfugia au Japon. Il revint en Birmanie avec les Japonais et aida ceux-ci à combattre les Britanniques. Après la fin de la guerre, en 1945, il tenta d'obtenir de la Grande-Bretagne l'indépendance de son pays mais fut assassiné en 1947 avec d'autres membres de son gouvernement par un groupe de partisans. Aung San est le héros de l'indépendance birmane.

**AUNG SAN Suu Kyi** ♦ Femme politique birmane (Rangoon 1945). Fille d'Aung* San. Elle fit ses études à Oxford. Adepte de la non-violence et bouddhiste fervente, elle vint par hasard à la politique, et fonda, au milieu de la tourmente de 1988, la Ligue nationale pour la démocratie, qui remporta largement les élections de 1990, mais le pouvoir en place (➛ **Birmanie**) refusa de se retirer. Le prix Sakharov (1990) et le prix Nobel de la Paix (1991) lui furent décernés mais elle ne put les recevoir. Depuis 1989, elle est régulièrement détenue en résidence surveillée à Rangoon (1989 - 1995 ; 2000 - 2002 ; et depuis 2003) et a été emprisonnée de mai à oct. 2003 par la junte au pouvoir.

**AUNIS** [onis] n. m. ➛ ÉTYM. du lat. *Castrum Alionis* « château d'Agilon », anc. n. de Châteilaillon*-Plage ♦ Anc. prov. française du littoral atlantique, entre le Poitou au N. et la Saintonge au S. et à l'E. Elle chevauchait les limites actuelles de la Charente-Maritime et des Deux-Sèvres. Intégrée à l'Aquitaine du II^e^ au III^e^ s., elle fut réunie au domaine royal en 1271, puis passa à l'Angleterre par le traité de Brétigny de 1360 à 1373, date à laquelle Charles V la réintégra à la Couronne. À l'époque de la Réforme, l'Aunis fut un foyer calviniste des plus actifs jusqu'à la prise de La Rochelle (1628).

**AUNIS** n. m. ♦ Région de l'O. de la France entre la Saintonge, au S., le Marais poitevin, au N., correspondant au N.-O. du dép. de la Charente-Maritime *(Aunisiens)*. Élevage. Pêche. Tourisme.

**AURANGABAD** – off ***Sambhajinagar*** ♦ V. de l'Inde (Maharashtra), sur le plateau du Dekkan. 891 841 hab. La ville se situe à proximité des hauts lieux bouddhiques d'Ellora et d'Ajanta. Fondée en 1610 par un gouverneur musulman et capitale du Dekkan sous Aurangzeb, elle abrite des monuments et tombes islamiques. ▪ Important marché du coton, indus. textile. Tourisme.

**Aurangabad.** Mausolée de Bibi-qa-Maqbora, inspiré du Tāj Mahal. *Phot. © Prato/Ricciarini*

**AURANGZEB** ➛ ÉTYM. « ornement du trône » ♦ (Dohad, Gujarat 1618 - Ahmednagar 1707). Empereur moghol (1658 - 1707), fils et successeur de Shāh* Jahān. Il fut tout d'abord gouverneur du Gujarat, puis de Balkh (actuel Afghanistan) et du Dekkan. Révolté en 1657 contre son père et ses frères, il fit exécuter ces derniers et emprisonna Shāh Jahān dans le fort d'Agra. Son règne fut un contraste total avec celui de Shāh Jahan. Intolérant, il fit détruire quantité de temples hindous et persécuta les tenants de l'hindouisme. Les Rājput et les rajahs du Dekkan se soulevèrent et il fut obligé d'entretenir des guerres continuelles afin de maintenir son autorité. Ses fils eux-mêmes se rebellèrent contre sa tyrannie. Il fit pourtant des conquêtes dans le Dekkan et détruisit les royaumes de Bijapur et de Golconde (1687). Sous son règne les arts et la littérature déclinèrent : ce fut le début de la décadence des grands moghols. Son fils, Bahādur* Chāh, lui succéda en 1707. ▪ François Bernier, lors de son voyage aux Indes, fut son médecin.

**AURAY** (rivière d') ♦ Cours d'eau du Morbihan qui porte le nom de Loch, de sa source, dans les landes de Lanvaux, jusqu'à Auray où il forme un estuaire et prend le nom de rivière d'Auray. Celle-ci débouche à 6 km au S., dans le golfe du Morbihan.

**AURAY** [56400] ➝ ÉTYM. du bret. *Herlé,* n. de pers. ♦ Ch.-l. de cant. du Morbihan, arr. de Lorient, sur l'estuaire du Loch ou riv. d'Auray. 10 911 hab. (aggl. 15 411) *(Alréens).* Belles maisons du XV$^{e}$ s. dans le quartier Saint-Goustan. Église Saint-Gildas (XVII$^{e}$ s.), de style gothique et Renaissance (retable en pierre et marbre de 1664). ▪ Petit port, centre touristique. ▪ Aux environs, anc. chartreuse d'Auray (XVII$^{e}$ - XVIII$^{e}$ s.), en partie détruite par un incendie en 1968. Chapelle funéraire (début XIX$^{e}$ s.) renfermant les restes des émigrés et des chouans fusillés en 1795. ▮ **Histoire** Pendant la guerre de Succession de Bretagne, bataille décisive (1364) entre Jean de Montfort et Charles de Blois qui y trouva la mort et où Du Guesclin fut fait prisonnier. → **Sainte-Anne-d'Auray.**

**AURE** (vallée d') ♦ Vallée des Pyrénées centrales, constituée par le cours de la Neste d'Aure, qui se jette dans la Garonne à Montréjeau. Aménagements hydroélectriques. Station de sports d'hiver à Saint-Lary-Soulan, dans la haute vallée d'Aure.

**AUREC-SUR-LOIRE** [43110] ♦ Ch.-l. de cant. de la Haute-Loire, arr. d'Yssingeaux. 4 895 hab.

**AUREILHAN** [65800] ➝ ÉTYM. du lat. *Aurelianum* «domaine d'Aurelius» ♦ Ch.-l. de cant. des Hautes-Pyrénées, banl. N.-O. de Tarbes. 7 447 hab. *(Aureilhanais).*

**Aurelia** (via) ou **voie Aurélienne** ♦ Voie romaine qui reliait Rome à la Ligurie par Pise et Gênes et qui fut par la suite prolongée jusqu'à Arles par Nice, Antibes, Fréjus et Aix.

**Aurélia** ♦ Nouvelle de Gérard de Nerval* qui est également sa dernière œuvre (1855). L'auteur y transcrit un ensemble de rêves et de visions qui reprennent le thème obsessionnel de la quête de soi à travers celle d'une femme aimée et disparue. À la fois biographie, fiction et mythologie, *Aurélia* est une forte création poétique et une reconstruction de soi face à la folie.

**AURÉLIEN** ➝ ÉTYM. en lat. ***Lucius Domitius Aurelianus ;*** de *Aurelius,* de *aurum* «or» ♦ (Sirmium, Illyrie v. 212 - Cénophrurion, Thrace 275). Empereur romain (270 - 275). Commandant en chef de la cavalerie de Claude* II, il fut proclamé empereur par l'armée à la mort de ce dernier. Il se donna pour but de rétablir l'unité de l'Empire disloqué depuis la mort de Sévère* Alexandre. Il refoula les Vandales et les Alamans, triompha de la reine de Palmyre, Zénobie* (272), et de Tétricus*, maître de l'empire des Gaules (274), mais dut abandonner définitivement la Dacie (275). «Restaurateur du monde [romain]», il voulut l'être aussi de l'unité morale de l'Empire en instituant à Rome le culte du Soleil ; il créa temple et clergé, fixa au 25 déc. la fête annuelle du *Sol Invictus* («soleil invaincu») et se fit lui-même appeler dieu *(deus)* et invaincu *(invictus),* représentant du Soleil parmi les hommes.

**AURÉLIEN** (saint) ♦ Évêque d'Arles (499 - Lyon v. 551). ▪ Fête le 18 juin.

**Aurélien** ♦ Roman de Louis Aragon* (1945) qui rend compte de l'échec de l'amour entre Aurélien, un ancien combattant de la Première Guerre mondiale (on y a reconnu Drieu* La Rochelle) et Bérénice, une jeune provinciale. L'œuvre appartient au cycle du *Monde réel.*

**AURELIUS VICTOR** ♦ Historien latin (IV$^{e}$ s.). Originaire d'Afrique, préfet de Rome (392 - 393), il est l'auteur d'une histoire abrégée des empereurs, d'Auguste* à Julien* *(Liber de Caesaribus).*

**AURELL (Tage)** ♦ Écrivain suédois (Christiania, auj. Oslo 1895 - Månskog 1976). Journaliste en France et en Allemagne, traducteur, il fut un important critique littéraire. Il a laissé des romans (*Martina,* 1937) ou des nouvelles (*Feuilles volantes,* 1943) écrits dans une langue d'une grande subtilité, et surtout une semi-autobiographie, *Victor* (1955), où la langue paraît avoir été poussée dans ses extrêmes possibilités de suggestion.

**AURELLE DE PALADINES (Louis Jean Baptiste D')** ♦ Général français (Le Malzieu 1804 - Versailles 1877). Il servit en Algérie (1844 - 1848), puis participa à la guerre de Crimée (1855). Nommé commandant de la I$^{re}$ armée de la Loire lors de la guerre franco-allemande (1870 - 1871), il remporta sur von der Thann la victoire de Coulmiers (9 nov. 1870), mais fut battu en décembre.

**AURENCHE (Jean)** ♦ Scénariste français (Pierrelatte 1903 - Bandol 1992). Il fut, le plus souvent en tandem avec PIERRE BOST (1901 - 1975), l'un des plus féconds écrivains de cinéma français, très contesté par la nouvelle vague qui vit en lui le symbole d'une fâcheuse «tradition de la qualité». Il travailla surtout avec René Clément (*Jeux* interdits,* 1952), Claude Autant-Lara (*Le Diable au corps,* 1947 ; *La Traversée de Paris,* 1956) et, plus tard, Bertrand Tavernier (*L'Horloger de Saint-Paul,* 1975 ; *Coup de torchon,* 1981).

**AURÈS** n. m. ou n. m. pl. ♦ Massif montagneux d'Algérie, situé à l'E. de l'Atlas saharien, entre les monts du Hodna au N.-O., les monts du Zab ou des Ziban au S.-O. et les monts de Tebessa à l'E. Il culmine au djebel Chelia (2 326 m). L'Aurès est peuplé par des Berbères (Zénètes et Chaouïas). C'est là que débutèrent les actions nationalistes algériennes en 1954.

**AURIC (Georges)** ♦ Compositeur français (Lodève 1899 - Paris 1983). Élève de Caussade et de V. d'Indy, il affirma très vite un esprit d'indépendance et un goût de la fantaisie. Ami de Milhaud et de Satie, il appartint au groupe des Six* (1918). En réaction contre le wagnérisme, il a élaboré un «art qui va droit à l'intelligence de l'auditeur et touche discrètement sa sensibilité» (André Cœuroy). On retiendra des ballets (*Les Fâcheux,* 1923 ; *Les Matelots,* 1925 ; *Les Enchantements d'Alcine,* 1929 ; *Phèdre,* 1950), de la musique de chambre et chorale (*Quatre chansons françaises sur des poèmes du XV$^{e}$ s.,* 1950), des mélodies (*Cinq poèmes de Gérard de Nerval,* 1926) et de très nombreuses partitions de musique de scène ou de film. [Acad. des beaux-arts 1962]. ➝ ÉTYM. Ce nom vient du germanique *Alaric* (nom de personne) «tout *(ala)* puissant *(rik)*» (→ Alaric).

L'**Aurige de Delphes** ♦ Sculpture grecque représentant un conducteur de char aux jeux Pythiques de Delphes, l'un des rares bronzes grecs originaux qui nous soient parvenus (v. –470). D'un style intermédiaire entre l'archaïsme et le classicisme grec, *L'Aurige* témoigne d'une aisance nouvelle dans le rendu des mouvements et dans la liberté des attitudes. Il fut attribué à tort au sculpteur samien Pythagoras* et, plus vraisemblablement, à Critios*.

**L'Aurige de Delphes** (1,80 m). Sanctuaire d'Apollon à Delphes. Musée archéologique, Delphes. *Phot. © Dagli Orti*

**AURIGNAC** [31420] ➝ ÉTYM. anc. *Aurinag,* du lat. *Aurinius,* n. de pers., et suff. *-acum* ♦ Ch.-l. de cant. de la Haute-Garonne, arr. de Saint-Gaudens. 980 hab. *(Aurignacais).*

**Aurignacien** n. m. ♦ Faciès culturel du début du Paléolithique* supérieur répandu dans toute l'Europe entre –33 000 et –26 000. Il tire son nom de la grotte d'Aurignac (Haute-Garonne) et est caractérisé par de grandes lames de pierre aux bords retouchés, des pointes de sagaies en bois de renne fendues pour l'emmanchement, et surtout par l'apparition des premières œuvres d'art gravées, peintes et sculptées. L'Aurignacien est connu dans toute l'Europe et au Moyen-Orient. → **Cro-Magnon, Pataud.**

**AURIGNY** – en angl. ***Alderney*** ♦ La plus septentrionale des îles Anglo-Normandes, en face de La Hague, séparée du Cotentin par un chenal de 15 km. 1 800 hab. CH.-L. : Sainte-Anne. Le tourisme tend à devenir la ressource principale et à supplanter l'agriculture et la pêche.

**AURILLAC** [15000] ➝ ÉTYM. du lat. *Aurelius,* n. de pers., et suff. *-acum* ♦ Ch.-l. du dép. du Cantal, sur la Jordanne, dans le bassin d'Aurillac. 30 551 hab. (aggl. 36 096) *(Aurillacois).* Église Saint-Géraud (anc. abbatiale reconstruite aux XVII$^{e}$ et XIX$^{e}$ s.) et Notre-Dame-aux-Neiges, de style gothique méridional (XVI$^{e}$ s.). Maison consulaire, du XVI$^{e}$ s. (musée du Vieil-Aurillac). Château Saint-Étienne des XIII$^{e}$ et XIX$^{e}$ s. (musée des Volcans). Musée d'Art et d'Archéologie. ▪ Anc. capitale de la Haute-Auvergne, Aurillac est un centre admin., commercial et touristique (festival de théâtre de rue). Indus. agroalimentaire, bâtiment, bois. Plasturgie. Haras national.

**AURIOL (Georges HUYOT, dit George)** ♦ Poète, chansonnier, peintre et graveur français (Beauvais 1863 - Paris 1938). Secrétaire de rédaction du *Chat noir* (1885), il créa le caractère typographique qui porte son nom.

**AURIOL (Vincent)** ♦ Homme politique français (Revel 1884 - Paris 1966). Avocat, il milita dans les rangs du parti socialiste et devint l'expert financier de la SFIO. Il fut ministre des Finances dans le gouvernement Blum* du Front populaire (1936), puis ministre de la Justice dans le cabinet Chautemps* (1937). Ayant refusé d'appuyer le régime de Pétain, il gagna Londres en 1943. Après la Libération, il fut président des deux Assemblées constituantes. Élu président de la IV$^{e}$ République, il exerça pendant toute la durée de son mandat (1947 - 1954) une influence réelle sur le régime, en favorisant une voie moyenne. Il est l'auteur d'un *Journal du septennat 1947 - 1954*. ✦ ÉTYM. Ce nom vient de l'ancien provençal «loriot», sobriquet évoquant le chant de l'oiseau ou le jaune, couleur des infortunes conjugales.

**AURIOL** [13390] ✦ ÉTYM. anc. prov. «loriot», du lat. *aureolus* «de couleur d'or» ♦ Comm. des Bouches-du-Rhône, arr. de Marseille, au N. de la Sainte*-Baume, sur l'Huveaune. 9 461 hab.

**AUROBINDO GHOSE, SHRĪ AUROBINDO** ou **ŚRĪ AUROBINDO** ♦ Philosophe indien (Calcutta 1872 - Pondichéry 1950). Originaire du Bengale, il fut directeur de l'Instruction publique de l'État de Baroda. En 1910, il se retira de la vie publique et se fixa à Pondichéry afin de chercher à établir une synthèse religieuse universelle. Ses écrits philosophiques, en anglais et en bengali, connurent un grand retentissement dans le monde entier (*La Vie divine, La Synthèse des Yoga, Commentaire de la Bhagavad-gītā*). Ayant de nombreux disciples, il fonda à Pondichéry (1926) un ashram dont l'importance n'a cessé de croître. → **Auroville.**

**AURON** n. m. ✦ ÉTYM. anc. *Aqua otionis, Orrio* ♦ Riv. du Berry (84 km), dans le dép. du Cher. Elle traverse Dun-sur-Auron et se jette à Bourges dans l'Yèvre.

**AURON** ♦ Station estivale et hivernale des Alpes-Maritimes (comm. de Saint-Étienne-de-Tinée), au-dessus de la Tinée (1 600 - 2 415 m). Chapelle romane Saint-Érige (décor peint à la détrempe daté de 1451).

**AURORA** (île) → **Vanuatu**

**L'Aurore** ♦ Quotidien républicain-socialiste français, fondé en 1897 par E. Vaughan avec la collaboration de G. Clemenceau et F. de Pressensé. Il joua un grand rôle dans l'affaire Dreyfus* en publiant notamment le manifeste «J'accuse» de Zola (1898). Il disparut en 1914. En sept. 1944, sous ce titre, parut un quotidien dirigé par Robert Lazurick. Après un lent déclin, il fut racheté en 1978 par Robert Hersant. Depuis 1984, *L'Aurore* n'est plus qu'une édition parisienne du *Figaro*.

**L'Aurore** – en angl. ***Sunrise*** ♦ Film américain de Murnau* (1927), avec George O'Brien, Janet Gaynor. Murnau réalisa cette adaptation du *Voyage à Tilsit* de Hermann Sudermann*, dans un esprit bien plus européen qu'américain. Il fit construire un village au bord du lac Arrowhead, pour restituer l'ambiance lituanienne de la nouvelle (l'aventure d'un fermier séduit par une fille de la ville). La puissance émotionnelle du film et sa fluidité narrative en font un des chefs-d'œuvre du muet.

**Aurore** – en all. ***Morgenröte*** ♦ Réflexions de Nietzsche* sur les préjugés moraux (1881). Ce livre annonce la «transmutation générale des valeurs par quoi l'homme s'affranchira de toutes les valeurs morales, dans un "oui" confiant à tout ce qui, jusqu'ici, a été interdit, méprisé et maudit».

**AUROVILLE** ♦ V. de l'Inde (Territoire de Pondichéry). Située à 10 km de Pondichéry, cette ville internationale a été créée en 1968 par «la Mère», compagne et successeur d'Aurobindo, afin de poursuivre l'œuvre de l'ashram fondé par ce dernier en 1926. Elle comporte un temple à l'énorme structure sphérique, le Matri Mandir.

**AUSCHWITZ** ✦ ÉTYM. trad. all. (faite au XVe s.) du polon. ***Oświęcim*** ♦ Un des plus grands camps de concentration installé en Pologne, à Oświęcim* au S.-O. de Cracovie. Aménagé à partir de mai 1940 par les nazis, ce complexe concentrationnaire (sur 42 km²) comprenait trois camps : Stammlager et Birkenau* où, à partir de 1942, fut mise en œuvre la «solution finale» (l'extermination systématique des Juifs) par les chambres à gaz et les fours crématoires ; Monowitz où les prisonniers servirent de main-d'œuvre à l'usine de l'I. G. Farben. Entre 1,1 et 1,5 million de personnes (dont certaines victimes des «expériences médicales» menées par les médecins nazis), parmi lesquelles 90 % de Juifs, périrent dans ce camp, libéré en 1945 par les Russes.

**AUSEKLIS (Mikelis Ekobovitch KROGZEMIS, dit)** ♦ Poète letton (Vidzem 1850 - Saint-Pétersbourg 1879). Sa poésie, inspirée de Schiller, marqua le réveil national de la Lettonie (*Poésies*, 1873).

**AUSLÄNDER (Rosalie SCHERZER, dite Rose)** ♦ Poète roumaine de langue allemande (Cernăuţi, auj. Tchernivtsi 1901 - Düsseldorf 1988). Originaire de la région reculée de Bucovine, comme son ami P. Celan*, elle y fut façonnée par le mélange de cultures, de religions et de langues. Elle dut survivre dans le ghetto de sa ville natale de 1941 à 1944 et repartit pour les États-Unis où elle avait vécu de 1921 à 1931. Elle s'installa à Düsseldorf en 1965. Sa poésie (*L'Arc-en-ciel*, 1939 ; *Cercles*, 1974) est traversée par la nostalgie de son pays, la mort des êtres chers sous le nazisme, l'exil et les traditions du hassidisme mais aussi les paysages et les villes rencontrés lors de ses voyages.

**AUSONE** – en lat. ***Decimus Magnus Ausonius*** ♦ Poète latin (Burdigala, auj. Bordeaux v. 310 - *id.* v. 395). Rhéteur et grammairien à Burdigala, maître et ami de Paulin* de Nole, il devint précepteur du futur empereur Gratien* v. 367 et vécut à la cour de Trèves jusqu'en 385. Chrétien sans conviction, Ausone, l'un des plus riches propriétaires de la Gaule romaine, fut avant tout un habile versificateur, auteur de courtes pièces (éloges de sa famille, des membres de l'Université), d'*Épîtres* et d'*Idylles* dont la plus célèbre est *La Moselle*, récit de son voyage sur la Moselle de Trèves au Rhin. Son originalité fut de chercher des motifs littéraires, non dans un répertoire latin traditionnel mais dans la réalité gallo-romaine ; ses limites, d'utiliser une rhétorique empruntée aux grands poètes du passé, notamment à Virgile.

**AUSONES** ou **AUSONIENS** n. m. pl. ♦ Peuple de l'Italie ancienne, établi autour de Cumes*.

**AUSSILLON** [81200] ♦ Comm. du Tarn, arr. de Castres, banl. S.-O. de Mazamet. 6 865 hab. *(Aussillonnais)*.

**AUSSONNE** [31840] ♦ Comm. de la Haute-Garonne, arr. de Toulouse. 4 220 hab.

**AUSTEN (Jane)** ♦ Romancière britannique (Steventon, Hampshire 1775 - Winchester 1817). Issue d'une famille de huit enfants, elle perdit son père, le révérend Austen, en 1805, et se mit à écrire pour distraire ses frères et sœurs. Après *Amour et Amitié, Raison et Sensibilité ou les Deux Manières d'aimer* (1811), elle fit paraître *Orgueil et Préjugés* (1813), chef-d'œuvre d'humour d'inspiration domestique. Ennemie du romantisme exacerbé prôné par Ann Radcliffe, émule de Richardson, elle écrivit avec *Northanger Abbey* (1818) un délicieux pastiche de roman noir. *Mansfield Park* (1814), *Emma* (1816) et *Persuasion* (1818) sont des œuvres plus graves, teintées de pessimisme. Par son attention à la vie intérieure de ses héroïnes, Jane Austen est l'une des créatrices du roman moderne.

**AUSTER (Paul)** ♦ Romancier américain (Newark 1947). Admirateur de Kafka et Beckett, traducteur de Mallarmé, Blanchot et Sartre, il développe depuis son premier roman, *L'Invention de la solitude* (1982), consacré à son père, une thématique centrée sur la filiation, le hasard et le passé, mettant en scène des personnages hantés par la tentation du néant. Il a utilisé la forme policière dans la *Trilogie new-yorkaise* (*Cité de verre*, 1985 ; *Revenants*, 1986 ; *La Chambre dérobée*, 1986) et celle de la science-fiction post-apocalyptique dans *Le Voyage d'Anna Blume* (1987). On lui doit encore *Moon Palace* (1989) qui, ainsi que nombre de ses romans, se déroule à New York, *Léviathan* (1992) et *Seul dans le noir* (2008) qui ne déroge pas à sa prédilection pour une construction en mosaïque. En 1994, il collabora à l'écriture et à la réalisation de deux films : *Smoke* et *Brooklyn Boogie* et a réalisé *Lulu on the Bridge* en 1998 puis *La Vie intérieure de Martin Frost* en 2006.

**AUSTERLITZ** ✦ ÉTYM. de l'all. *Nausedlitz*, déformation du tchèque *Novosedlice*, du lat. *Nova Sedes* «nouvelle installation» [des chevaliers Teutoniques] – en tchèque ***Slavkov*** ♦ Loc. de Moravie (République tchèque) près de Brno. ▮ **Histoire** Napoléon y remporta une brillante victoire sur l'armée austro-russe commandée par Alexandre* Ier et François* II (bataille des Trois Empereurs, 2 déc. 1805). La victoire fut entérinée par le traité de Presbourg* (26 déc. 1805), qui mit fin à la troisième coalition et au Saint Empire germanique.

**AUSTIN (Stephen Fuller)** ♦ Fondateur de l'État du Texas (Austinville, Virginie 1793 - Columbia, Texas 1836). Il organisa l'installation des premiers colons américains sur des terres concédées par le Mexique en 1821. → **Texas.**

**AUSTIN (John Langshaw)** ♦ Philosophe britannique (Lancaster 1911 - Oxford 1960). Il fut l'un des représentants de la «philosophie analytique», dite «du langage ordinaire» (école d'Oxford). Après avoir étudié Leibniz et Aristote, et traduit Frege*, il a orienté sa recherche vers l'examen des règles du «langage ordinaire», de l'usage langagier banal et collectif. Ceci le conduisit à des enquêtes précises et spécifiques sur le pouvoir des énoncés : énoncés «performatifs» opposés à «constatifs», force «illocutoire» (accomplissement par le langage d'un acte autre que symbolique et référentiel) et «perlocutoire» (action sur autrui) du discours (*Quand dire, c'est faire*, 1962). Dans *Le Langage de la perception* (1962), il examine comment l'usage des mots conditionne l'interprétation des données sensorielles. Comme Quine (et tout autrement Wittgenstein), Austin confère à l'examen du «langage ordinaire», qu'étudient techniquement la linguistique et la sémantique, un rôle fondateur en philosophie et en logique.

**AUSTIN** ✦ ÉTYM. nommée en hommage à Stephen Fuller *Austin** ♦ V. des États-Unis, cap. du Texas, sur le Colorado. 656 562 hab. dont 23 % d'Hispaniques (zone urbaine 1 249 763). Principal campus de l'université du Texas. ▪ Centre admin., indus. (électronique, imprimerie, meuble, etc.), financier et culturel.

**AUSTRAL** (océan) → **Antarctique (océan)**

**AUSTRALASIE** n. f. ♦ Ensemble géographique formé par l'Australie, la Nouvelle-Zélande et la Nouvelle-Guinée.

**AUSTRALES** (îles) ♦ Ensemble d'îles du Pacifique (Polynésie française) auquel on donne souvent le nom de Tubuaï*.

**AUSTRALES** ou **SUBANTARCTIQUES** (terres) ♦ Ensemble des vingt îles ou groupes d'îles dispersées dans les eaux australes (entre 60° et 37° de latitude S.), au large de l'Antarctique. Le secteur Atlantique comprend les îles Tristan da Cunha et Gough, Bouvet, Falkland ou Malvinas, les îles de l'arc de la Scotia (Géorgie du Sud, Sandwich du Sud, Orcades du Sud). Le secteur Indien est constitué par les îles de la Nouvelle-Amsterdam et de Saint-Paul, les archipels Crozet et Kerguelen, les îles du Prince-Édouard et Heard. Le secteur Pacifique englobe les îles Antipodes, Auckland, Bounty, Campbell, Macquarie. De dimensions très variables, ces îles sont pour la plupart montagneuses, souvent volcaniques, parfois d'origine continentale.

**AUSTRALES ET ANTARCTIQUES FRANÇAISES** (terres) **[TAAF]** ♦ Ensemble de territoires français formant une collectivité et comprenant les archipels Crozet et Kerguelen, les îles de la Nouvelle-Amsterdam et de Saint-Paul (terres Australes) et un secteur de l'Antarctique oriental. → **Adélie (terre).** Elles administrent depuis 2005 les îles Éparses* (Juan de Nova, Europa, Bassas de India, îles Glorieuses et Tromelin), jusqu'alors administrées par la Réunion.

## AUSTRALIE

■ n. f. – en angl. ***Australia***, off. ***Commonwealth of Australia*** ✦ **ÉTYM.** du lat. *australis* «méridional» ♦ Pays d'Océanie et d'Australasie. 7 682 300 km². 21 097 100 hab. (estim. 2008) *(Australiens)*, dont 230 000 Aborigènes. LANGUES : anglais (off.), langues aborigènes, langues des communautés immigrées. RELIGION : majorité de chrétiens. MONNAIE : dollar australien. CAPITALE : Canberra. RÉGIME : démocratie parlementaire. L'Australie continentale constitue avec la Tasmanie une fédération (Commonwealth) de six États autonomes (→ **Australie-Méridionale, Australie-Occidentale, Nouvelle-Galles du Sud, Queensland, Tasmanie, Victoria**) auxquels s'ajoutent le territoire de la capitale australienne (→ **Canberra**) et le Territoire* du Nord, semblables aux États et largement autonomes. Territoires extérieurs : Antarctique-Australien (territoire), îles Ashmore et Cartier (territoire inhabité), îles de la mer de Corail (territoire inhabité), îles Cocos*, île Norfolk, îles Heard et MacDonald.

### GÉOGRAPHIE

■ **LE RELIEF** L'Australie continentale (7 614 500 km², la plus grande île au monde) a un aspect massif (3 850 km d'E. en O. et 3 200 km du N. au S.) avec, au N., des rivages bordés de mangroves et une grande échancrure (golfe de Carpentarie*), des côtes doublées de récifs coralliens au N.-E. (→ **Barrière** [Grande]), dentelées ailleurs avec des falaises et quelques baies spectaculaires. C'est un continent peu élevé, d'une alt. moyenne de 210 m, comportant une grande dépression centrale N.-S. formée de deux grands bassins sédimentaires d'une alt. inférieure à 150 m s'étendant du golfe de Carpentarie jusqu'au lac Eyre* ; ce Grand Bassin artésien ou Grande Cuvette contient d'énormes quantités d'eau dans des couches de terrain perméable. Au S.-E., les basses vallées du Murray* et de son affl. le Darling* forment une vaste plaine. Les hauts plateaux se trouvent surtout dans la partie orientale (→ **Australienne [cordillère]**) et culminent au mont Kosciusko (2 228 m). Le relief est nettement moins élevé sur le plateau occidental composé pour moitié de latérite et de grès, notamment au N. → **Kimberley (district de), Arnhem (terre d').** Le centre O., d'une grande aridité, est occupé par des déserts de pierres et de sable (désert de Gibson*, Grand Désert de Sable, Grand Désert Victoria*) avec des hauteurs dépassant rarement 1 500 m (Musgrave* Ranges, Flinders* Ranges, monts Macdonnell*).

■ **LE CLIMAT** Traversée par le tropique du Capricorne, l'Australie est dans une position symétrique à celle du Sahara. Elle est aride en son centre avec des précipitations de 100 mm à 250 mm, mais bien arrosée sur son pourtour où les reliefs et les plaines côtières, touchées par l'influence océanique, bénéficient d'un climat tropical dans le N. (2 000 mm) et méditerranéen dans le S. La plaine de Perth dans le S.-O., bien arrosée, constitue la richesse de l'Australie-Occidentale. Le S.-E. et la Tasmanie sont tempérés. Cependant, les précipitations sont irrégulières d'une année sur l'autre, et le pays, alimenté par des fleuves au régime irrégulier, sauf dans l'E., est souvent menacé par la sécheresse. C'est pourquoi de vastes régions, comme le bassin du Murray, le Grand Bassin artésien et à l'O. le bassin du désert et le bassin de la plaine côtière, sont alimentées par des milliers de puits artésiens. Le grand projet hydraulique des Snowy* Mountains dans les Alpes australiennes vise à affranchir cette riche région agricole des caprices du climat.

**Australie.** *La Mère du temps du rêve*, sur le rocher de Nourlangie, en terre d'Arnhem. *Phot. ©Charles Lénars*

### ÉCONOMIE

Traditionnellement vouée à l'agriculture, l'Australie n'en est pas moins l'un des pays les plus urbanisés du monde : 80 % de la population habitent dans 10 grandes villes, Sydney et Melbourne abritant à elles deux env. 7 millions d'hab.

■ **AGRICULTURE** L'agriculture, qui a permis l'essor du pays, repose sur l'élevage et la culture des céréales pratiqués loin des concentrations urbaines par plus de 127 000 entreprises agricoles ultramodernes qui exportent notamment dans les grands pays du tiers-monde (Égypte, Iran, Chine) et au Japon. L'Australie possède le deuxième troupeau ovin du monde (4/5 des moutons sont des mérinos), dont 96 % de la laine, exportée brute, fournit 30 % de la totalité de la laine mondiale et alimente les marchés chinois, japonais et européen. Le troupeau est concentré dans les régions peu arrosées du S.-E. L'essentiel de l'élevage bovin est localisé dans les plaines et les plateaux du N. Les exportations de viande de bœuf, de veau, de mouton et d'agneau placent l'Australie au 2e rang mondial. L'élevage assure également une production considérable de produits laitiers (lait en poudre, fromage et beurre). Le blé (3e place dans l'agriculture) est produit par 40 000 fermes qui forment une ceinture céréalière de près de 4 000 km, de la cordillère Australienne à la région de Perth. Le pays est également un gros exportateur d'orge, d'avoine, de maïs, de riz, d'oléagineux (soja, tournesol, graines de coton, de lin). La canne à sucre, les fruits tropicaux et le coton sont cultivés dans le Queensland et la Nouvelle-Galles du Sud, qui produisent aussi du raisin de table et des vins de qualité. Les forêts fournissent quelques bois durs (jarri, karri) et des bois tendres destinés aux papeteries. L'agriculture australienne, qui avait fait un grand bond durant la Deuxième Guerre mondiale, est aujourd'hui largement dépassée par l'industrie minière.

Australie ■ Productions en 2008

| Produits | Quantités | Rang |
|---|---|---|
| ■ Agriculture | | |
| Blé (2009) | 20 000 000 t | |
| Canne à sucre | 34 000 000 t | 8e |
| Coton fibre | 400 000 t | |
| Orge (2009) | 7 500 000 t | 8e |
| Sucre | 4 900 000 t | 7e |
| Vin | 12 000 000 hl | 6e |
| Bovins (têtes) | 28 000 000 | 9e |
| Ovins (têtes) | 100 000 000 | 2e |
| Pêche | 240 000 t | |
| ■ Mines et énergie | | |
| Argent | 1 800 t | 5e |
| Bauxite | 63 000 000 t | 1er |
| Cuivre | 850 000 t | 5e |
| Diamants | 22 000 000 carats | 4e |
| Étain | 2 000 t | 11e |
| Fer | 330 000 000 t | 3e |
| Gaz naturel | 40 000 000 000 m³ | |
| Houille | 400 000 000 t | 4e |
| Manganèse | 4 800 000 t | 3e |
| Nickel | 180 000 t | 4e |
| Or | 240 t | 4e |
| Pétrole | 23 000 000 t | |
| Plomb | 600 000 t | 2e |
| Titane | 1 400 000 t | 2e |
| Uranium | 9 800 t | 2e |
| Zinc | 1 400 000 t | 2e |

■ **RESSOURCES MINIÈRES** L'or a été découvert au milieu du XIXe s. et le sous-sol produit, en premier lieu, de la bauxite, du cuivre, du manganèse, du tungstène, du nickel, de l'argent, de l'or, et possède en réserve la plupart des minerais dits «stratégiques» : uranium (1/3 des réserves mondiales), cobalt, titane, zirconium. Pauvre en pétrole et en gaz naturel, le pays est, en revanche, très riche en charbon (Queensland, Nouvelle-Galles du Sud) et en lignite (Victoria). Le minerai de fer, qui fait l'objet d'une «ruée» depuis 1960, est essentiellement destiné, avec le charbon, aux industries des pays asiatiques : Chine (premier partenaire commercial depuis 2007), Asie du S.-E. et Japon. La fabrication des produits ferreux est concentrée dans les quatre

**Australie.**

grands centres de Newcastle, Port Kembla, Wollongong et Whyalla. Le cuivre est raffiné à Port* Kembla et le plomb à Port* Pirie.

**INDUSTRIE** La plupart des grandes industries de transformation sont concentrées près des grandes villes : constructions navales, aéronautiques et matériel agricole et surtout industries automobiles (filiales de firmes américaines, britanniques, japonaises). La densité des voies de communication est grande dans le S.-O. mais insuffisante ailleurs, surtout en ce qui concerne les chemins de fer (voie étroite). Depuis 2004, la ligne Adelaïde-Alice Springs se prolonge jusqu'à Darwin (3 000 km). Le commerce, tourné tout d'abord vers les pays anglophones et le Japon, s'oriente de plus en plus vers les pays semi-industrialisés ou très peuplés (Chine, Asie du Sud-Est, Égypte, Iran), et surtout vers les pays d'origine de la dernière vague d'immigration (Indonésie, Malte, Italie). Le tourisme totalise plus de 5 millions d'entrées par an.

## HISTOIRE

**LES ABORIGÈNES** L'Australie s'est trouvée isolée du reste du monde depuis le Crétacé (de –135 à –70 millions d'années), période à laquelle les marsupiaux venus de l'Asie du S.-E. ont pu se développer à l'abri des autres mammifères. Les premiers Australiens*, ou Aborigènes, seraient arrivés en Australie continentale il y a une quarantaine de milliers d'années lorsqu'une période glaciaire provoqua l'abaissement du niveau des eaux entre l'Australie et la Nouvelle-Guinée. Le même phénomène créa également une continuité terrestre avec la Tasmanie à l'emplacement de l'actuel détroit de Bass.

**L'ARRIVÉE DES EUROPÉENS** Le continent fut abordé en 1605 par le Hollandais Willem Janszoon (golfe de Carpentarie) ; l'année suivante, l'Espagnol Luis Váez de Torres* franchit le détroit qui porte son nom. En 1642 - 1643, le Hollandais Tasman* découvrit l'île de Tasmanie, appelée alors terre de Van Diemen. En 1699, l'aventurier anglais Dampier longea la côte de l'Australie occidentale connue sous le nom de Nouvelle-Hollande. L'exploration proprement dite commença avec Cook* qui aborda sur la côte orientale dont il prit possession sous le nom de Nouvelle-Galles du Sud et en un lieu, près de Sydney, qu'il baptisa Botany Bay (1770).

**DES COLONIES PÉNITENTIAIRES AU COMMONWEALTH D'AUSTRALIE** La perte des colonies d'Amérique une décennie plus tard et la nécessité de trouver une nouvelle terre de relégation incitèrent les Britanniques à choisir Botany Bay comme colonie pénitentiaire. Celle-ci, peuplée en 1788 de 1 500 hommes dont 800 forçats (repris de justice, opposants irlandais), fut suivie de plusieurs autres jusqu'en 1840. L'introduction du mouton à la fin du XVIIIe s. commença à opposer éleveurs et cultivateurs pour le partage des terres. Avant même l'exploration complète du continent, de vastes régions devinrent des colonies de la Couronne (Tasmanie en 1803, Australie-Occidentale en 1830, Victoria en 1835, Australie-Méridionale en 1836). À la suite des revendications

**Australie.** Sydney. Au second plan l'Opéra, construit par Jørn Utzon. © *PhotoDisc*

**Australie.** Désert de Gibson. *Phot. ©La Roque/Explorer*

des colons libres demandant l'abrogation des établissements pénitentiaires, les colonies obtinrent un début d'autonomie (Australian Colony Act, 1850), puis se fédérèrent en un Commonwealth d'Australie approuvé par le Parlement britannique (1901). **La ruée vers l'or** Entre-temps, à partir de 1851, la ruée vers l'or dans la région de Bendigo* avait attiré pionniers et aventuriers, occasionnant un quadruplement de la population en vingt ans, et une pénétration vers l'intérieur.

**LES DEUX GUERRES MONDIALES** D'abord aux mains des travaillistes, le gouvernement passa sous le contrôle des nationalistes (1920 - 1930) jusqu'à la crise de 1929 qui affecta le pays dans ses exportations de laine et de blé et ramena les travaillistes au pouvoir. L'Australie commença dès cette date à chercher des marchés au Japon. Elle participa de façon notable aux deux guerres mondiales fournissant à la fois des troupes et des denrées alimentaires. En 1943, elle servit de base arrière aux Alliés pour la reconquête du Pacifique et de l'Asie du Sud-Est.

**L'ALTERNANCE POLITIQUE** Depuis l'après-guerre, la vie politique a été dominée par les libéraux (R. G. Menzies*, 1949 - 1966 ; H. Holt, 1966 - 1967 ; G. Gorton, 1968 - 1971 ; W. McMahon, 1971 - 1972 ; M. Fraser, 1975 - 1983 ; J. Howard, 1996 - 2007) et les travaillistes (G. Whitlam, 1972 - 1975 ; B. Hawke*, 1983 - 1992 ; P. Keating, 1992 - 1996 ; puis K. Rudd, depuis 2007, qui a ratifié le protocole de Kyōto). L'Australie a reçu depuis les années 1960 une forte immigration en provenance des pays méditerranéens, d'Europe centrale et de l'Asie du Sud-Est.

---

**AUSTRALIE-MÉRIDIONALE** – en angl. ***South Australia*** ♦ État du centre du Commonwealth d'Australie. → **Australie** (carte). 984 377 km². 1 568 204 hab. CAP. : Adélaïde. L'Australie-Méridionale constitue un ensemble assez plat à l'exception du S.-E. (Flinders* Ranges), aux côtes à larges échancrures, et de l'extrême N., où les Musgrave* Ranges dominent les régions désertiques (Grand Désert Victoria). L'O. forme un bouclier, et on peut distinguer à l'E. les deux principaux bassins sédimentaires : le Grand Bassin artésien du N.-E. est occupé au S. par la dépression du lac Eyre* entourée par d'autres dépressions formant des lacs boueux et marécageux ; le bassin du Murray occupe le S.-E. de l'État. Le climat est méditerranéen au S. (900 mm de moyenne annuelle), désertique et chaud au N. **Économie** Dominée par l'élevage des moutons et la culture des céréales (blé, orge), l'Australie-Méridionale est tributaire de son alimentation en eau (puits artésiens). Élevage laitier autour d'Adélaïde. Vin (elle fournit les 3/4 de la production australienne). Dans la zone irriguée du Murray, culture de fruits (agrumes, pêches, abricots, pommes, amandes). ▪ Les richesses minières sont principalement le fer et le cuivre, les opales et le gypse. Les sols recèlent de la pierre à chaux et une grande variété d'argiles. L'État satisfait les 4/5 de la consommation de sel d'Australie. Gisement de gaz naturel au N. L'Australie-Méridionale est le 1$^{er}$ producteur d'appareils ménagers du pays. **Histoire** Colonie britannique fondée en 1836, explorée par E. J. Eyre* (1839 - 1840), rattachée à la Nouvelle*-Galles du Sud, elle devint autonome après 1850 et membre du Commonwealth australien en 1901.

**AUSTRALIENNE (GRANDE BAIE)** ♦ Baie de l'océan Indien* au S. de l'Australie, formant une courbe à grand rayon.

**AUSTRALIENNE** (cordillère) – en angl. ***Eastern Highlands***, anc. ***Great Dividing Range*** ♦ Série de plateaux et de chaînes de montagnes de l'Australie, s'élevant largement au-delà de 2 000 m. La région présente des vallées encaissées ; elle décrit un vaste arc de cercle d'env. 3 000 km dans la partie orientale du pays, séparé de la côte du Pacifique par une étroite bande littorale. Elle s'étend de la péninsule du cap d'York à la Tasmanie. → **Blue Mountains, Alpes australiennes, Kosciuszko.**

**AUSTRALIENS** n. m. pl. → ÉTYM. de *Australie** ♦ Habitants ou originaires de l'Australie. Se dit notamment des Aborigènes d'Australie qui étaient près de 350 000 à l'arrivée des Européens au milieu du XVIII$^{e}$ s. On pense généralement qu'ils seraient venus de l'Asie du Sud-Est et auraient pénétré en Australie il y a 40 000 ans. Dès le début du XX$^{e}$ s., les Aborigènes ont été étudiés par les ethnologues en raison, notamment, de la complexité de leurs structures sociales et de l'originalité de leur art. En 1986, les statistiques officielles dénombraient 227 000 Aborigènes, dont au moins la moitié de métis, les deux tiers d'entre eux, marginalisés pour la plupart, habitant dans des cités. Les autres vivent dans des réserves et plus du tiers du Territoire du Nord leur a été attribué. En Tasmanie, où le dernier Aborigène est mort en 1874, les métis d'Australie revendiquent leur antériorité dans le pays.

**AUSTRALIE-OCCIDENTALE** – en angl. ***Western Australia*** ♦ État de l'O. du Commonwealth d'Australie. → **Australie** (carte). 2 525 500 km² (1/3 de la fédération et son plus grand État). 2 059 045 hab. CAP. : Perth. L'État s'étend sur le plateau archéen occidental australien (granit et gneiss), recouvert en certains endroits de roches sédimentaires d'origine plus récente. Les reliefs principaux se situent au N., dans le district de Kimberley, et la moitié orientale de l'État est désertique (désert de Gibson, Grand Désert de Sable et Grand Désert Victoria). Les lacs intérieurs sont le plus souvent secs (lac du Désappointement). ▮ **Économie** Basée sur l'élevage, elle est tributaire du régime des pluies. Le Kimberley est le domaine de l'élevage bovin, de la canne à sucre et du riz. Dans le centre, l'aridité ne permet l'élevage des moutons que sur quelques zones. Sur la côte, au centre (région de Carnavon), l'irrigation autorise la culture des bananes et des légumes. Mais la seule partie où a pu se développer une véritable agriculture céréalière (blé) et fruitière à côté de l'élevage bovin et ovin (mérinos) est le Sud-Ouest. La production de laine reste l'industrie rurale la plus étendue de l'État. Le sous-sol est riche en or, houille, nickel, uranium, pétrole et, dans le N., argent, manganèse, amiante, étain. Les industries sont concentrées au S.-O. où se rassemble la plus grande partie de la population. ▮ **Histoire** Le premier établissement britannique date de 1826, mais la colonisation fut tardive et se limita longtemps à la région de Perth (Swanland). Colonie autonome en 1850, l'Australie-Occidentale entra dans le Commonwealth australien en 1901.

**AUSTRASIE** n. f. ➡ ÉTYM. «royaume de l'Est» ♦ Nom du royaume de la Gaule mérovingienne constitué à la mort de Clovis* (511) en opposition à Neustrie. Les quatre fils se partagèrent son héritage. Échue à Thierry*, l'Austrasie, avec Metz* pour capitale, comprenait à l'origine l'Alémanie*, la Bavière* et les pays situés entre le Rhin, la Meuse et l'Escaut, auxquels il joignit l'Auvergne*, le Limousin*, le Quercy*, puis la Thuringe* (531). Après lui, Théodebert* Iᵉʳ et Théodebald régnèrent sur l'Austrasie. Après Childebert* Iᵉʳ (558), Clotaire* Iᵉʳ, roi de Neustrie, réunifia momentanément le royaume franc, qui, à sa mort (561), fut à nouveau partagé. L'Austrasie fut gouvernée par Brunehaut* pendant la minorité de Childebert* II et celle de Théodebert* II, puis par Thierry* II et Clotaire* II, qui régna aussi sur la Neustrie. De nouveau séparée sous les successeurs de Dagobert* Iᵉʳ (→ **Sigebert III, Clovis II, Childéric II, Dagobert II**), l'Austrasie fut aux mains des maires du palais (Pépin de Landen, Pépin de Herstal, Charles Martel, Carloman) qui luttèrent contre ceux de Neustrie et l'emportèrent avec Pépin* le Bref (751).

**Autant en emporte le vent** – en angl. ***Gone with the Wind*** ♦ Unique roman de Margaret Mitchell* (1936). Cette œuvre, qui évoque la guerre de Sécession, dut à son sentimentalisme et à ses descriptions colorées un immense succès populaire. ▪ L'adaptation cinématographique de Victor Fleming* (1939) produite par David O. Selznick, avec Clark Gable dans le rôle de Rhett Butler, rendit célèbre l'actrice Vivien Leigh dans le rôle de Scarlett O'Hara.

**AUTANT-LARA (Claude)** ♦ Cinéaste français (Luzarches 1901 - Antibes 2000). Le refus du conformisme bourgeois, la dénonciation vigoureuse de l'hypocrisie sociale ont inspiré le meilleur d'une œuvre inégale. Réal. princ. : *Douce* (1943), *Le Diable au corps* (1947), *L'Auberge rouge* (1951), *Le Rouge et le Noir* (1954), *La Traversée de Paris* (1956), *En cas de malheur* (1958). Il a adapté *Lucien Leuwen* pour la télévision en 1973. [Acad. des bx-arts 1988]

**AUTELS (Guillaume DES)** → **Des Autels**

**AUTERIVE** [31190] ➡ ÉTYM. du lat. *alta* «haute» et *ripa* «rive» ♦ Ch.-l. de cant. de la Haute-Garonne, arr. de Muret, sur l'Ariège. 6 531 hab. *(Auterivains)*.

**AUTEUIL** ➡ ÉTYM. anc. *Altoilum*, du gaul. *alt-* «hauteur» et *ialo* «clairière» ♦ Anc. village situé près de Paris, entre le bois de Boulogne et la Seine, et rattaché en 1860 à la capitale (16ᵉ arr.). Hippodrome. ▮ **Histoire** Il connut une grande vogue au XVIIᵉ s. : Boileau (qui y avait sa «maison des champs»), Molière et La Fontaine y séjournèrent souvent. Au XVIIIᵉ s., Mᵐᵉ Helvétius et la comtesse de Boufflers y tinrent des salons très fréquentés. Au XIXᵉ s., les Goncourt y recevaient dans leur «Grenier».

**AUTHIE** n. m. ♦ Fl. côtier de Picardie (100 km), qui prend sa source dans les collines de l'Artois, arrose Doullens, Auxi-le-Château et se jette dans la Manche (baie d'Authie).

**AUTHION** n. m. ♦ Riv. de l'Anjou (100 km), affl. de la Loire. Né en Indre-et-Loire, l'Authion s'écoule principalement dans le Maine-et-Loire, longe la Loire dans le val d'Authion sur plus de 60 km avant de s'y jeter en aval des Ponts-de-Cé.

## AUTRICHE

▮ n. f. – off. ***république d'Autriche***, en all. ***Republik Österreich*** ➡ ÉTYM. du vx haut all. *Ôstarrîhhi* «royaume *(rîhhi)* de l'Est *(ôstar)*» ♦ Pays d'Europe centrale. 83 872 km². 8 032 926 hab. *(Autrichiens)*. LANGUE : allemand. RELIGIONS : catholiques, protestants. MONNAIE : euro. CAPITALE : Vienne. RÉGIME : démocratie parlementaire. L'Autriche est formée de 9 États confédérés ou Bundesländer : Basse-Autriche, Burgenland, Carinthie, Haute-Autriche, Salzbourg, Styrie, Tyrol, Vorarlberg, Vienne.

### GÉOGRAPHIE

▮ **RELIEF** ▮ **Les Alpes** L'Autriche est un État alpestre, allongé dans l'axe de la chaîne qui s'étire sur plus de 500 km du Vorarlberg au Wienerwald et couvre près de 70 % de son territoire. La moitié occidentale est la plus haute (massifs de l'Ötztal et Hohe Tauern), mais aussi la plus étroite et la plus aérée par de profondes vallées glaciaires (celle de l'Inn surtout). Ainsi le Vorarlberg et le Tyrol associent les paysages et les ressources de la montagne à des activités favorisées par deux axes de circulation majeurs : la route O.-E. de l'Arlberg et plus encore celle N.-S. du col du Brenner*. Étonnamment bas (1 375 m), celui-ci relie l'Allemagne à l'Autriche et l'Italie. La moitié orientale des Alpes autrichiennes est beaucoup plus large et les massifs de Carinthie et de Styrie, moins spectaculaires, encadrent des vallées et des bassins de circulation plus limitée, malgré l'importance historique du col du Semmering (985 m). À cette opposition O.-E. s'ajoute la distinction N.-S. d'ordre géologique, entre massifs axiaux cristallins et Préalpes calcaires. Les premiers forment les Grandes Alpes, très englacées à l'O., où se succèdent les Alpes de l'Ötztal (Wildspitze, 3 768 m), celles du Zillertal, les Hohe Tauern (Grossvenediger, 3 674 m ; Grossglockner*, 3 798 m, le plus haut sommet d'Autriche), enfin les Niedere Tauern (Hochgolling, 2 863 m). Les Préalpes du Nord, qui débordent sur la Bavière, dressent les parois calcaires de nombreux massifs (Rätikon, Lechtal, Karwendel, Préalpes de Salzbourg, Dachstein, Eisenerz, Raxalpe et Schneeberg), séparés des Grandes Alpes par les sillons alpins de l'Inn, de la Salzach et de l'Enns. Les Préalpes du Sud, Alpes carniques et Karawanken, forment la frontière avec l'Italie et la Slovénie, et dominent les bassins de Carinthie drainés par la Drave. ▮ **Plaines et plateaux** Hors des Alpes, deux régions fort distinctes se partagent le tiers restant de l'Autriche. À l'E., le Burgenland touche à la plaine pannonienne autour du lac de Neusield. Au N. du Danube, les plateaux boisés de Haute et Basse-Autriche (Mühlviertel, Waldviertel, Weinviertel) appartenant au Massif bohémien s'abaissent en gradins du Böhmerwald (Plöckenstein, 1 378 m) et de la frontière tchèque (Jauerling, 960 m) jusqu'au fleuve. La vallée du Danube alterne bassins épanouis (Linz, Tulin, Vienne) et défilés (Wachau).

▮ **CLIMAT** Sa situation au centre de l'Europe vaut à l'Autriche un climat continental, avec un fort contraste des saisons. Le relief lui apporte, surtout à l'O., des précipitations abondantes ainsi qu'une grande variété de situations régionales et locales, en fonction de l'altitude et de l'exposition. Un étagement classique fait passer de fonds de vallées et de bassins très continentaux, que la chaleur estivale rend propres aux cultures, voire à la vigne, aux forêts des étages montagnard (hêtres, chênes) et subalpin (épicéa, arole, mélèze et pin noir d'Autriche) ; puis aux pelouses de l'étage alpin, propres à l'alpage ou au ski. Dans les grandes vallées O.-E. (Inn), les adrets, exposés au S., portent cultures et habitat, les ubacs sont drapés de forêts. Les Alpes constituant une barrière climatique entre les masses d'air centrées sur l'Adriatique et celle du N., la retombée sur le piémont bavarois du vent du S. (le foehn) réchauffe et dessèche brutalement les vallées transversales, y provoquant avalanches et crues. À l'E., le Burgenland et le bassin de Vienne sont très continentaux.

### ÉCONOMIE

Après des décennies d'adaptation difficile à la réduction de son territoire en 1919, suivies de l'économie de guerre au sein du Troisième Reich, des destructions et de l'occupation jusqu'en 1955,

Autriche ▮ Productions en 2008

| Produits | Quantités |
|---|---|
| ▮ Agriculture | |
| Betteraves à sucre | 2 900 000 t |
| Blé (2009) | 1 500 000 t |
| Bois | 20 000 000 m³ |
| Colza (2009) | 160 000 t |
| Maïs | 2 000 000 t |
| Orge | 950 000 t |
| Pommes de terre (2009) | 630 000 t |
| Vin (2009) | 2 600 000 hl |
| Bovins (têtes) | 2 000 000 |
| Porcins (têtes) | 3 200 000 |
| ▮ Mines et énergie | |
| Fer | 2 000 000 t |
| Hydroélectricité | 35 TWh |
| Plomb | 21 000 t |

**Autriche.**

l'Autriche semble avoir trouvé un équilibre économique en se rapprochant du modèle suisse, tout en étant tributaire du « grand frère » allemand. L'ouverture des pays de l'Est en 1990 lui a été très bénéfique et a fait de Vienne un tremplin en direction de son ancien empire. La population, relativement homogène malgré une petite minorité slovène en Carinthie, reste inégalement répartie, mais le développement privilégié du Vorarlberg et du Tyrol tend à réduire l'hypertrophie de Vienne héritée de l'époque impériale. Un vieillissement accentué, comparable à celui de l'Allemagne, grève le budget social (mortalité : 9,8‰ ; natalité : 8,6‰ en 2008).

**▌AGRICULTURE** Au sein de la population active, 5,5 % se consacrent encore à l'agriculture au sens large, en raison de l'importance économique de la forêt et de la nécessité d'entretenir les régions montagnardes pour y limiter les risques naturels (fauchage, aménagement des pentes et correction hydraulique). La forêt couvre 39 % de la superficie nationale, les pâturages 24 % (importante production de lait et de viande), les terres arables 21 % (blé et maïs). 60 000 ha de vigne en Basse-Autriche, Burgenland et Styrie alimentent en vin blanc les tables de touristes et l'exportation. Les exploitations restent de petite taille et très parcellaires. L'intégration dans l'Union européenne implique des modalités particulières pour ne pas ruiner totalement cette agriculture de montagne que sauvegarde le travail à temps partiel dans les usines rurales ou les stations de sports d'hiver.

**▌INDUSTRIE** Malgré son essor, l'industrie (27,5 % de la pop.) est dépassée par le tertiaire (67 %). Les ressources en minerai de fer (Erzberg) alimentent la sidérurgie du groupe Voest sur place en Styrie, à Leoben*, mais plus encore sur le Danube à Linz (approvisionnement en coke allemand). Les autres ressources minières sont variées, cuivre du Tyrol, plomb et zinc de Carinthie, graphite de Basse-Autriche (2e prod. mondial), magnétite, kaolin de Styrie. Le sel, qui avait fait la fortune du Salzkammergut*, a perdu de son importance. Ces ressources, jointes à une abondante production hydroélectrique, assurent le développement de la métallurgie et de l'électrochimie dans les Alpes et à Linz. Mais l'épuisement du pétrole de Zisterdorf (1935) et de Matzen, l'accroissement de la demande en gaz, satisfaite via Trieste ou Bratislava, l'opposition des écologistes à la construction de centrales nucléaires ou de barrages ont réduit l'indépendance énergétique. Les indus. de transformation sont souvent orientées vers des productions spécialisées : véhicules tout-terrain (Magna Steyr à Graz) ; matériel agricole et ferroviaire ; équipement électrique ; textile (Loden). Les entreprises travaillent souvent avec des firmes allemandes et créent des ateliers ou des succursales en Hongrie ou au-delà. Les fabrications artisanales de jouets et de souvenirs sont tributaires du tourisme.

**▌ÉCHANGES** Longtemps déficitaire, la balance commerciale de ce petit pays s'est redressée depuis 2002 même si elle reste légèrement négative. Les échanges se font surtout avec les pays d'Europe centrale. L'Allemagne fournit 40 % des importations et absorbe 31 % des exportations. La province de Salzbourg est le lieu privilégié des investissements des industriels de Munich (ateliers de sous-traitance). La proximité fait sentir les mêmes effets en matière de tourisme. En même temps, l'Autriche tente de s'assurer une zone d'influence économique dans l'ensemble des pays danubiens.

## HISTOIRE

**▌LES ORIGINES ▌Préhistoire et Antiquité** Les territoires composant l'Autriche sont peuplés depuis la préhistoire. La civilisation de Hallstatt* s'épanouit entre –1000 et –450. À partir du –IVe s., le pays connut les invasions celtes. Au –Ier s., les Romains occupèrent la région et créèrent les provinces de Rhétie*, Norique*, Pannonie*, où des camps de légionnaires donnèrent naissance à des villes importantes : *Vindobona* (Vienne), *Lentia* (Linz), *Claudia* (Klagenfurt). Le Danube devint une artère commerciale importante. **▌Les grandes invasions et l'Ostmark** Du IIIe au VIe s., les invasions se succédèrent : Vandales, Goths, Huns, Alamans. La région fut englobée dans l'empire des Avars*. Au début du IXe s., l'empire des Avars fut détruit et, pour prévenir de nouvelles invasions, Charlemagne* constitua l'*Ostmark* (« marche de l'Est »). Soumis d'abord aux ducs de Bavière, l'Ostmark fut ravagé par les invasions hongroises jusqu'à ce qu'Othon* le Grand les écrase à la bataille de Lechfeld (955). La maison de Babenberg* hérita de la marche en 976 et la garda jusqu'en 1246. Le nom d'Autriche (*Österreich* « royaume de l'Est ») apparut pour la première fois dans un document signé par Othon III.

**▌LE DUCHÉ D'AUTRICHE (XIIe - XVe S.)** En 1156, Henri II Babenberg obtint de l'empereur Frédéric Ier la transformation de la marche en duché héréditaire, dont la capitale devint Vienne. Ses successeurs ajoutèrent la Styrie et une partie de la Carniole* à leurs États. À la mort du dernier Babenberg, l'Autriche fut momentanément réunie à la Bohême. Mais Rodolphe* Ier de Habsbourg, seigneur de la Suisse alémanique, élu empereur, la reprit au roi de Bohême (Dürnkrut, près de Vienne, 1278) et en fit une possession héréditaire. Grâce à leur politique matrimoniale, ses successeurs acquirent la Carinthie (1335) et le Tyrol (1363). L'empire échappa aux Habsbourg pendant un siècle (1308 - 1438). De cette date jusqu'au XIXe s., la dynastie fut sans discontinuer à la tête de l'empire. → **Habsbourg.** Frédéric V d'Autriche, devenu l'empereur Frédéric* III, obtint la reconnaissance du titre d'archiduc pour la maison d'Autriche et prépara la puissance des Habsbourg en mariant son fils Maximilien à Marie de Bourgogne, qui apporta en dot les Pays-Bas et la Franche-Comté. La formule qu'il adopta, *Austriae est imperare orbi universo* (AEIOU) « Il appartient à l'Autriche de gouverner le monde », montre la volonté d'expansion des Habsbourg.

**Autriche.** Vue de Salzbourg. *Phot. ©A. Woolfitt/Corbis*

**LES XVI^e ET XVII^e S.** **Maximilien I^er** Maximilien* I^er fit de Vienne un brillant foyer de vie intellectuelle. Des humanistes, dont l'alchimiste Paracelse, rejoignirent C. Celtes* à l'université. En peinture, l'école du Danube, avec ses paysages et portraits animés d'un étonnant mouvement intérieur, débuta vers 1500 sous l'impulsion de Cranach* et d'Altdorfer*. Maximilien* I^er réorganisa l'empire en créant une cour de justice impériale chargée d'arbitrer les conflits entre princes et de limiter leur indépendance. Mais il se consacra surtout à la réorganisation de ses propres domaines. Il unifia ses possessions par la création d'un conseil de gouvernement pour l'Autriche, de conseils communs aux provinces, par l'augmentation du nombre des fonctionnaires. Il développa les ressources de ses domaines (exploitations des mines, notamment). Il acquit de nouveaux domaines dans le Trentin et le Tyrol et prépara l'extension des possessions des Habsbourg en mariant son fils Philippe* le Beau à Jeanne* la Folle, héritière d'Aragon et de Castille, et ses petits-enfants Ferdinand et Marie avec les héritiers de Wenceslas Jagellon, roi de Bohême et de Hongrie. **Charles Quint** À la mort de Maximilien, Charles de Habsbourg, déjà roi d'Espagne, maître des Pays-Bas, de la Franche-Comté, de la Sicile ainsi que des colonies espagnoles, hérita des domaines des Habsbourg et se fit élire empereur. Charles* Quint, occupé par les affaires de l'empire et la guerre contre la France, confia dès 1522 l'administration de ses possessions autrichiennes à son frère Ferdinand. Celui-ci, à la mort de son beau-frère Louis II Jagellon, tué à Mohacs par les Turcs en 1526, devint roi de Bohême et d'une partie de la Hongrie. → **Ferdinand I^er**. La Transylvanie gardait son indépendance et la vallée danubienne était aux mains des Turcs. Ces royaumes restèrent entre les mains des Habsbourg jusqu'en 1918. Les XVI^e et XVII^e s. furent pour l'Autriche des siècles de lutte, contre la Réforme et contre les Turcs. **La Contre-Réforme** Ferdinand (devenu empereur après l'abdication de Charles Quint en 1556) ainsi que ses successeurs, notamment Rodolphe* II, favorisèrent l'implantation de la compagnie de Jésus et luttèrent contre le protestantisme. L'Autriche devint le bastion de la Contre-Réforme. La lutte contre les protestants, tchèques essentiellement, donna naissance à la guerre de Trente* Ans (Défenestration* de Prague, 1618 ; traités de Westphalie*, 1648), qui devint un conflit européen. Les Tchèques révoltés furent écrasés à la Montagne* Blanche (1620) et subirent une dure répression tant sur le plan religieux que politique (langue et civilisation allemandes furent imposées, l'hérédité de la couronne bohémienne dans la maison d'Autriche fut reconnue). Pourtant, la guerre de Trente Ans ne se termina pas au profit des Habsbourg et ils durent abandonner leurs possessions en Alsace. La lutte contre les Turcs connut de nombreuses péripéties (siège de Vienne, 1529 ; offensive des Turcs à Saint-Gothardt, 1664 ; second siège de Vienne, 1683) ; elle se termina par la victoire du prince Eugène* à Zenta et par les traités de Karlowitz (1699) et de Passarowitz (1718) qui reconnaissaient à l'Autriche la Hongrie, une partie de la Valachie et de la Serbie.

**LE XVIII^e S.** **Marie-Thérèse** L'indivisibilité des États autrichiens fut affirmée par la pragmatique* sanction de 1713, acte par lequel Charles VI assurait à sa fille Marie-Thérèse l'héritage des Habsbourg. → **Marie-Thérèse.** Celle-ci dut cependant faire face, à son avènement, à la guerre de Succession* d'Autriche. Malgré sa fermeté, elle dut céder à la Prusse la Silésie qu'elle ne put reprendre lors de la guerre de Sept* Ans, pourtant précédée du renversement des alliances (traité de Versailles*). Cependant, elle sut agrandir les possessions de l'Autriche au premier partage de la Pologne (1772). À l'intérieur, l'impératrice fortifia la monarchie, en renforçant la centralisation et la germanisation. **Joseph II** Son fils Joseph II, despote éclairé (il abolit le servage), continua son œuvre, mais c'est dans le domaine religieux qu'il prit les mesures les plus révolutionnaires (il tenta d'instaurer un système dit *joséphisme*). Ses mesures arbitraires étaient mal adaptées aux traditions et aux coutumes des différents pays composant son royaume, et l'échec de sa politique marqua profondément l'évolution de l'empire. → **Joseph II.** **La vie artistique** Le XVIII^e s. fut l'âge d'or du baroque en architecture. Prandtauer* construisit l'abbaye de Melk. À Vienne, Fischer* von Erlach réalisa l'église Saint-Charles-Borromée et Hildebrandt* le Belvédère supérieur. En musique, le classicisme viennois atteint son apogée avec Gluck*, Haydn*, Mozart* et Beethoven*.

**LA LUTTE CONTRE LA FRANCE RÉVOLUTIONNAIRE ET IMPÉRIALE (1790 - 1815)** L'Autriche prit, et ce jusqu'en 1918, un caractère catholique, autoritaire et traditionnel face aux idées nouvelles nées de la Révolution française. La mort de Joseph II fut suivie d'une politique de réaction (Léopold* II), accentuée sous François* II. La police et la censure prirent une place primordiale, les réformes agraires furent abandonnées. À partir de 1792 (déclaration de guerre de la France à l'Autriche), l'Autriche apparut comme le rempart de la légitimité, le défenseur des monarchies et des nobles. Elle participa à toutes les coalitions contre la France (sauf la quatrième, 1806 - 1807). Les Autrichiens furent battus à Jemmapes* (1792), Marengo* (1800), Hohenlinden. L'accession de Napoléon I^er au pouvoir impérial et ses victoires contraignirent l'Autriche à demander la paix. François II dut renoncer à son titre de chef du Saint Empire romain germanique et devint empereur d'Autriche sous le nom de François I^er ; il dut abandonner ses possessions italiennes. La révolte du Tyrol amena l'Autriche à reprendre la lutte mais, après la bataille de Wagram*, la paix de Vienne (1809) enleva à l'Autriche la Carniole, la Carinthie, Trieste, Fiume et la Galicie. Napoléon épousa en 1810 Marie-Louise, fille de François I^er. Le nouveau chancelier, Metternich*, profita des difficultés de la campagne de Russie pour réaliser une sixième coalition contre la France, qui amena la défaite de Napoléon et la restitution de toutes ses provinces perdues à l'Autriche. Vienne qui, avec Metternich, était l'âme de la résistance à Napoléon, fut alors le siège d'un congrès général des puissances européennes pour établir un système d'équilibre durable **(→ Vienne [congrès de]).**

**LA PRÉPONDÉRANCE AUTRICHIENNE (1815 - 1848)** **L'apogée** L'Autriche était alors à l'apogée de son prestige. L'empereur d'Autriche était le président à titre héréditaire de la Confédération germanique. L'Empire autrichien comprenait, outre l'Autriche, la Hongrie, la Bohême, la Galicie, le nord de l'Italie, la Croatie, la Slavonie. Considérée comme l'arbitre de la politique européenne, l'Autriche organisait la coalition de toutes les puissances contre les forces d'évolution, où qu'elles se manifestent. **La vie culturelle** En revanche, son rayonnement culturel faiblit. Le génie de Schubert* ne fut pas reconnu, le théâtre de Grillparzer* n'eut pas le succès escompté, celui de Nestroy* fut longtemps considéré comme trop vulgaire. À l'intérieur, c'était le règne de l'absolutisme, de la police et de la bureaucratie. **Le réveil des nationalités** Cependant, commençait le réveil des nationalités. En 1833, la Hongrie obtint que le magyar soit autorisé dans les débats parlementaires puis dans l'administration et dans l'enseignement. Dans les autres régions de l'Empire autrichien se manifestait partout un renouveau des langues nationales, des coutumes et du folklore, l'aspiration à une certaine autonomie. D'autre part, la constitution du Zollverein* en 1834, excluant l'Autriche, préparait l'élimination des Habsbourg des affaires allemandes.

**PERTE D'INFLUENCE DE L'AUTRICHE ET ÉVOLUTION VERS LE DUALISME (1848 - 1867)** **La crise** Au lendemain des événements de France **(→ révolution de février 1848)**, la révolution éclata en Hongrie avec Kossuth*, à Prague, en Italie et à Vienne même. Metternich fut obligé de s'enfuir. La plupart des pays réclamaient une Constitution fédéraliste et une évolution libérale du régime. Le gouvernement dut faire de nombreuses concessions, mais le soutien de l'armée et du tsar permit de calmer provisoirement les mouvements de révolte de 1849, et l'empire d'Autriche sortit intact de la crise, au moins sur le plan territorial. En Allemagne également, l'Autriche conservait son influence en empêchant la constitution d'une « union restreinte » avec le roi de Prusse à sa tête (entrevue d'Olmütz, nov. 1850). **François-Joseph I^er** Une période de réaction suivit les révolutions, avec l'avènement de François-Joseph. → **François-Joseph I^er**. Celui-ci écarta tous les ministres suspects de libéralisme, abrogea la Constitution accordée en 1849 et gouverna de façon absolue avec l'aide d'Alexander Bach*. L'allemand fut déclaré langue obligatoire et les diètes cessèrent d'être convoquées. Cependant les échecs extérieurs s'accumulaient. La Lombardie se libéra avec l'aide du Piémont et de la France (1859). Vaincue à la bataille de Sadowa* par la Prusse (1866), l'Autriche perdit la Vénétie et dut laisser à la Prusse la prépondérance en Allemagne. Ainsi, malgré un demi-siècle de luttes, l'Autriche fut définitivement exclue de l'Allemagne et de l'Italie ; son armée était détruite, ses finances ruinées. Elle dut aussi faire des concessions à la Hongrie. Les négociations aboutirent au compromis de 1867, donnant naissance à la monarchie austro-hongroise. François-Joseph reconnaissait l'indépendance de la Hongrie et se faisait couronner roi de Hongrie. L'Empire autrichien et le royaume hongrois avaient cependant des ministères communs.

**L'AUTRICHE SOUS LA MONARCHIE AUSTRO-HONGROISE (1867 - 1918)** Formant désormais la Cisleithanie, l'empire d'Autriche, qui conservait la Galicie, le Trentin, l'Istrie et la Bohême-Moravie, connut alors un important développement économique et culturel, faisant de Vienne l'une des capitales artistiques et intellectuelles de l'Europe. Cet essor s'accompagna également d'une certaine libéralisation du régime avec l'octroi en 1907 du suffrage universel. Mais l'Autriche dut faire face à une montée de nationalismes, notamment de la

**Autriche.** De la monarchie austro-hongroise à l'établissement de la république.

part des Slaves (→ **Autriche-Hongrie**). Sa politique d'expansion dans les Balkans, qui fut à l'origine de la Première Guerre mondiale, entraîna la disparition de l'empire et de la monarchie en 1918. **La vie culturelle et artistique** Sur fond de crise, la fin du XIXe s. fut cependant d'une extraordinaire effervescence culturelle, à la fois expression la plus accomplie d'une fragile identité de la *Mitteleuropa* et creuset de la modernité. Alors que Hofmannsthal* assurait la continuité avec la tradition romantique, Schnitzler* fit preuve d'un sens psychologique moderne et K. Kraus* d'une verve tout anarchiste. Rilke* et Trakl*, malgré leur différence de style, incarnent cette fin de siècle (*Jahrhundertswende*) par leur obsession de la mort. En peinture, le style élégant de Makart fut balayé par les innovations de Klimt*, instigateur de la Sécession* (→ **Vienne**), et l'expressionnisme de Schiele* et de Kokoschka*. Les architectes O. Wagner* et A. Loos furent à la charnière de l'Art* nouveau et du modernisme. Bruckner* et Mahler* enrichirent l'héritage symphonique tandis qu'A. Schoenberg*, A. Berg* et A. von Webern* ouvrirent avec le dodécaphonisme les voies du sérialisme et de l'atonalité. Considérée comme *Finis Austriae*, la disparition de l'empire hanta encore les écrivains H. Broch*, R. Musil*, J. Roth, F. Werfel et S. Zweig*, tous plus ou moins inspirés, déjà, des thèses psychanalytiques de S. Freud* et ses disciples (A. Adler*, O. Rank*, S. Ferenczi*).

**LA RÉPUBLIQUE D'AUTRICHE (1918 - 1938)** **Les débuts de la République** Malgré le «Manifeste du 18 octobre» de Charles* Ier, successeur de François-Joseph, promettant la constitution d'un État fédéral, les traités de Saint-Germain et de Trianon* sanctionnaient la disparition de l'empire des Habsbourg et la constitution d'États nationaux. Sans abdiquer, Charles Ier renonça au pouvoir. Après une tentative de rattachement à l'Allemagne, qui se heurta à l'opposition des Alliés, la République fédérale d'Autriche fut constituée le 1er oct. 1920 ; elle était composée de 9 Länder ayant une autonomie administrative. L'entre-deux-guerres fut marqué culturellement par le renouveau de la pensée économique (Hayek*, Schumpeter*), philosophique (Wittgenstein* et le cercle de Vienne) et du théâtre d'avant-garde (M. Reinhardt*). L'Autriche fut gouvernée jusqu'à l'Anschluss* par des chanceliers chrétiens-sociaux (→ **Seipel, Dollfuss, Schuschnigg**), qui durent mettre en œuvre la reconstitution économique de la république. Ils luttèrent contre les socialistes groupés en milices ouvrières (fév. 1927, fév. 1934). Le gouvernement du chancelier Dollfuss s'attaqua également aux nazis, mais un complot aboutit à son assassinat. **La montée du nazisme et l'Anschluss** Son successeur, Schuschnigg, continua cependant sa politique. Les relations germano-autrichiennes devenaient de plus en plus difficiles. Une certaine sympathie pour l'Allemagne avait fait place au désir d'indépendance de l'Autriche sous Dollfuss et Schuschnigg. Mais celui-ci dut cependant céder à l'ultimatum de Hitler (Berchtesgaden, 1938) et accepter Seyss*-Inquart, proallemand et pronazi, comme ministre de l'Intérieur. Schuschnigg dut, sur l'ordre d'Hitler, donner sa démission (11 mars 1938) alors que l'armée allemande envahissait l'Autriche. Le 15 mars, le rattachement de l'Autriche à l'Allemagne fut proclamé. → **Anschluss.** Ce rattachement fut approuvé à 99,73 % par un plébiscite. Sous le nom d'Ostmark, l'Autriche n'était plus qu'une province du Reich allemand, exploitée au profit de l'Allemagne et de la guerre. L'opposition subsistait cependant dans certains milieux catholiques et dans les organisations ouvrières clandestines.

**LA SECONDE RÉPUBLIQUE** **La guerre froide** En 1945, les troupes soviétiques et occidentales entrèrent en Autriche. Un gouvernement national fut formé et l'Autriche fut divisée en quatre zones d'occupation. La seconde République autrichienne bénéficia du soutien populaire qui avait manqué à la première République. Bien que le rétablissement d'une Autriche indépendante ait été proclamé aux conférences de Moscou et de Téhéran (1943), le pays dut attendre douze ans pour y parvenir. Le Conseil allié, instauré en 1945, était condamné à l'impuissance par le système du droit de veto. Les élections de 1945 aboutirent à la victoire des populistes et à l'élection à la présidence de la République de K. Renner*. Une série de conférences ralenties par la guerre froide déboucha en mai 1955 sur le traité de paix qui rendit à l'Autriche son indépendance, sous condition d'une neutralité permanente. En déc. 1955, elle fut admise à l'ONU. **Socialistes et populistes** De 1945 aux années 1990, la vie politique autrichienne fut dominée par deux grands partis, l'ÖVP (populiste) et le SPÖ (socialiste) qui formèrent sans discontinuer des gouvernements de coalition jusqu'en 1966. De 1966 à 1971, l'ÖVP gouverna seul ; de 1971 à 1983 le SPÖ, sous l'impulsion de B. Kreisky*, eut la majorité absolue, mais il dut s'allier avec les libéraux après son recul aux élections législatives de 1983. L'Autriche fut de nouveau gouvernée par une coalition de socialistes et de populistes, sous la direction des socialistes F. Vranitzky, de 1986 à 1997, puis V. Klima de 1997 à 1999. En 1986, K. Waldheim* devint le premier président autrichien, depuis 1945, à être non socialiste ou non soutenu par les socialistes. Son passé d'officier de la Wehrmacht pendant la guerre suscita de vives controverses en Autriche et à l'étranger. Le populiste T. Klestil (1932 - 2004) lui succéda à la tête de l'État en 1992. **L'adhésion à l'Union européenne** Cependant, avec la chute des régimes communistes dans les pays de l'Est à partir de 1989, l'Autriche, qui occupait jusqu'alors une position charnière entre l'Est et l'Ouest, connut une profonde transformation de sa situation géopolitique. Outre ses conséquences sur le plan politique (afflux de réfugiés d'Europe de l'Est, montée de la xénophobie, percée des libéraux du FPÖ, dirigé par J. Haider*, appartenant à la droite nationaliste), cette nouvelle situation favorisa, sur le plan extérieur, l'intégration de l'Autriche à la Communauté européenne. Déjà membre de l'AELE et associée à la CEE (traité de libre-échange, 1972), l'Autriche entra ainsi dans l'Union européenne en janv. 1995. **La montée de l'extrême droite** L'évolution de l'extrême droite populiste se confirma puisqu'en février 2000, J. Haider* entra dans le gouvernement dirigé par Wolfgang Schüssel, chef de l'ÖVP, ce qui suscita une vive réaction de toute l'UE. C'est cependant un social-démocrate (H. Fischer) qui fut élu président de la République en 2004 face à cette coalition de droite qui ne fut pas reconduite en 2006, le SPÖ redevenant le premier parti aux législatives, suivi de près par l'ÖVP. Deux SPÖ, Alfred Gusenbauer (2006) et Werner Faymann (2008), se succédèrent au poste de chancelier et, renouant avec une traditionnelle coalition des deux partis, formèrent un gouvernement gauche-droite. Fin 2008, la mort accidentelle de Haider affaiblit, momentanément du moins, l'extrême droite.

**AUTRICHE (BASSE-)** → Basse-Autriche

**AUTRICHE (HAUTE-)** → Haute-Autriche

**AUTRICHE-HONGRIE** ♦ Ancien État d'Europe centrale issu du compromis austro-hongrois de 1867, qui reconnaissait l'indépendance du royaume de Hongrie, ayant désormais son propre Parlement, mais restant lié à l'empire d'Autriche par un même souverain et des ministères communs (Affaires étrangères, Défense et Finances). L'histoire du pays, jusqu'à la guerre de 1914, fut celle de la lutte des nations pour la reconnaissance de leurs droits historiques et de la lutte pour la libéralisation du régime. La monarchie, reposant sur l'armée, l'Église catholique, la bureaucratie et la police, réprimait tout mouvement d'indépendance. Le conflit devint de plus en plus violent, prenant un caractère terroriste chez les Serbo-Croates qui, soutenus par la Serbie, rêvaient d'un État slave du Sud. En 1908, en pleine paix, François-Joseph (→ **François-Joseph Ier**) prononça l'annexion de la Bosnie*-Herzégovine. Mais l'attraction de la Serbie sur les peuples slaves du Sud constituait un grave danger pour l'Empire, et l'Autriche était prête à la guerre pour anéantir la Serbie. Aussi, lorsque l'archiduc héritier François*-Ferdinand et sa femme furent assassinés à Sarajevo (juin 1914), l'Autriche, alliée à l'Empire allemand (→ **Alliance [Triple-]**), se saisit de l'occasion et déclara la guerre à la Serbie (28 juil.). Ce fut le début de la Première Guerre mondiale, qui, au lieu de sauver la double monarchie, amena sa dislocation en 1918.

**AUTUN** [71400] ← ÉTYM. anc. *Augustodunum*, du n. de l'empereur *Auguste* et du gaul. *dunum* «forteresse» ♦ Ch.-l. d'arr. de la Saône-et-Loire, sur l'Arroux. 16 419 hab. *(Autunois)*. Évêché. Importantes ruines gallo-romaines : enceinte, porte d'Arroux et porte Saint-André, théâtre (le plus vaste de Gaule). La cathédrale Saint-Lazare (1120 - 1132) est remarquable par son intérieur de type clunisien et ses chapiteaux historiés. Au portail, le tympan du *Jugement dernier* (plâtré au XVIIe s., redécouvert en 1837), l'un des sommets de l'art roman, est l'une des rares œuvres signées de l'époque (→ **Gislebert**). Musée Rolin : archéologie gallo-romaine ; statuaire romane (*Ève* de Gislebert) ; primitifs français et flamands (*Nativité* du Maître de Moulins) ; statuaire bourguignonne (*Vierge d'Autun*). Musée lapidaire : vestiges gallo-romains et médiévaux. ▪ Centre indus. (lingerie, appareils de chauffage, câblerie, mobilier). ▮ Histoire La ville succéda à Bibracte comme cap. des Éduens*. Centre économique (fabrique d'armes) et centre culturel célèbre par ses écoles de rhétorique, elle fut saccagée par les invasions barbares puis englobée dans le duché de Bourgogne (Xe s.). Talleyrand en fut l'évêque ; Napoléon Bonaparte enfant y fit des études.

**Autun.** Tympan de la cathédrale Saint-Lazare. *Phot. ©J.-L. Barde/Scope*

**AUTUNOIS** n. m. ♦ Région boisée entre la dorsale du Beaujolais-Charolais et le Morvan ; elle est articulée autour d'un horst cristallin (le massif d'Uchon) flanqué de deux dépressions permiennes : le bassin d'Autun au N., drainé par l'Arroux (gisement d'Épinac) et le bassin de la Dheune-Bourbince au S. ▪ Élevage extensif de bovins.

**AUVERGNE (Antoine D')** ou **DAUVERGNE** ♦ Violoniste et compositeur français (Moulins 1713 - Lyon 1797). Directeur du Concert spirituel, surintendant de l'Opéra (1769), il est l'auteur des premiers opéras-comiques français : *Les Troqueurs*, texte de Vadé (1753), *La Coquette trompée*, texte de Favart (1753). Il a composé des *Sonates pour violon* (1739) et quatre *Concerts de symphonie* (1751).

**AUVERGNE** n. f. ← ÉTYM. du n. des *Arvernes** ♦ Région du centre du Massif central, qui s'étend sur les dép. du Cantal et du Puy-de-Dôme et sur une petite partie de l'Allier, de l'Aveyron et de la Haute-Loire. → **Combrailles, Forez, Gévaudan, Limagne, Livradois, Margeride, Velay.** ▮ Histoire Anc. prov. française, l'Auvergne fit partie de l'Aquitaine première à partir du IVe s. → **Aquitaine.** Devenue comté (979), vassale des ducs d'Aquitaine, elle passa avec eux sous domination anglaise (→ **Henri II Plantagenêt**), puis fut divisée en deux seigneuries (1155) : le Dauphiné d'Auvergne (comprenant une partie de la Limagne et la moitié de la ville de Clermont et dont la dernière héritière fut la Grande Mademoiselle, duchesse de Montpensier*) et le comté d'Auvergne. Ce dernier fut partagé par saint Louis* en deux comtés (1241) : la Terre d'Auvergne (cap. Riom), arrachée aux Plantagenêts par Philippe* Auguste (1198 - 1201), échut à Alphonse de Poitiers et devint duché en 1360 (→ **Berry [Jean de]**), réuni à la Couronne en 1531, et le comté d'Auvergne, passé à la maison de La* Tour d'Auvergne (XIIIe s.), rattaché à la Couronne en 1610. Il existait, en outre, un comté épiscopal de Clermont qui disparut en 1557. Louis XIV fit tenir à Clermont les Grands Jours d'Auvergne (1665 - 1666) pour mater les seigneurs locaux coupables, depuis la Fronde*, de tyrannie envers le peuple.

**AUVERGNE** n. f. ♦ Région administrative du centre de la France, comptant 4 dép. : Allier, Cantal, Haute-Loire, Puy-de-Dôme. 26 013 km² (4,8 % du territoire, 10e rang). 1 308 878 hab. (2,3 %, 19e rang). *(Auvergnats)*. 1,7 % du PIB (19e rang). CH.-L. : Clermont*-Ferrand. Elle englobe, outre l'ancienne prov. d'Auvergne*, la majeure partie du Bourbonnais (Allier) et l'extrême N. du Languedoc (Velay).

▮ GÉOGRAPHIE Au cœur du Massif* central, c'est une région de moyenne montagne, qui présente une grande variété d'aspects. Les surfaces cristallines, plus ou moins élevées (plateaux de Combrailles à 700 m, identiques à ceux du Limousin ; monts du Forez à 1 600 m, du Livradois à 1 200 m, de la Margeride à 1 400 m), sont coupées de nombreuses vallées aux versants convexes. Elles contrastent, d'une part, avec les plaines d'effondrement (bassins d'Ambert, d'Aurillac, de Montluçon, du Puy ; profond sillon médian des plaines de l'Allier : la Limagne à 400 m, le Bourbonnais à 260 m) et, d'autre part, avec les hauts reliefs volcaniques (monts du Velay, 1 400 m ; Mézenc, 1 754 m ; Gerbier-de-Jonc, 1 550 m ; du Cantal, 1 858 m ; et des Dore, 1 885 m au puy de Sancy ; coulées basaltiques du Cézalier ; chaîne des Puys, plus de 1 000 m au puy de Dôme). D'amples vallées rajeunies, de belles futaies de plateaux à l'E., des lacs d'origine volcanique ou glaciaire (tels ceux d'Aydat, de Chambon ou de Pavin) ajoutent à la diversité des paysages. ▮ Climat Teinté de continentalité, il reste soumis aux influences atlantiques et épouse les contrastes du relief. À la Limagne, abritée et sèche (500 - 700 mm/an), s'opposent, de part et d'autre, l'écran très arrosé des monts d'Auvergne et celui du Forez (1 000 - 1 500 mm/an). Au-dessus de 700 m, l'hiver se fait de plus en plus rude : l'enneigement prédomine avec ses «tourmentes» et ses «redoux».

▮ POPULATION Les migrations temporaires avaient, au cours des siècles, assuré l'équilibre relatif du peuplement rural. Des migrations définitives vers les grandes zones urbaines (Lyon et Paris) ont entraîné une diminution de la pop. entre 1886 (1 558 000 hab.) et 1954 (1 247 000 hab.). La 2e moitié du XXe s. a été marquée tantôt par une légère croissance, tantôt par une régression lente de la population ; ainsi, de 1982 à 1999, la région a perdu 25 000 hab. La situation varie toutefois selon les départements. Le dép. du Puy-de-Dôme, qui regroupe 46 % de la pop. régionale, a conservé un certain dynamisme tandis que les zones rurales et montagnardes, spécialement dans le Cantal, sont touchées par la dépopulation et le vieillissement démographique.

▮ ÉCONOMIE ▮ Agriculture Elle reste, avec 6,5 % de l'emploi régional (France : 2 %), une activité importante, depuis longtemps spécialisée dans l'élevage (82 % de la valeur de la prod.) bovin (1 600 000 têtes) et ovin (600 000 têtes). Elle est à l'origine d'une importante industrie agroalimentaire dont le savoir-faire porte sur l'élevage et ses dérivés (viande, charcuterie et célèbres fromages : cantal, saint-nectaire, fourme d'Ambert, bleu d'Auvergne). ▮ Industrie et services Le secteur industriel (25,8 % de l'emploi régional) est contrasté, entre les activités traditionnelles en crise (coutellerie de Thiers, métallurgie de Commentry) et la puissance du pôle que constitue Clermont-Ferrand, capitale du caoutchouc avec Michelin (1er producteur mondial de pneumatiques pour l'automobile ; unique multinationale française ayant son siège hors de l'Île-de-France), et, à Chamalières, l'imprimerie de billets de la Banque de France. Cette concentration spatiale et cette spécialisation à outrance de l'industrie ont amené les autorités à encourager la création de pôles de diversification (beauté-santé ; alliages d'aluminium pour l'aéronautique ; mécanique ; automobile) malgré tout localisés près de Clermont-Ferrand. Cela se justifie par le fait que la capitale de l'Auvergne est aussi le premier centre de services de la région, en particulier avec son université orientée vers la recherche industrielle (biotechnologies, productique, électronique). La production d'électricité a démarré avec le parc éolien d'Ally (2005). ▮ Tourisme Le développement de l'infrastructure routière peut donner à la région des moyens de lutter contre la dévitalisation, grâce au thermalisme (Vichy, La Bourboule), aux sports d'hiver (Le Mont-Dore), à deux parcs naturels (parc des Volcans d'Auvergne et parc du Livradois-Forez), les superficies importantes

**Auvergne.**

et la qualité des paysages ainsi protégés pouvant entraîner le développement du «tourisme vert». Le patrimoine historique de la région constitue également un atout : Gergovie (à 6 km de Clermont), capitale du pays arverne et berceau de la culture gauloise, rappelle le siège victorieux de Vercingétorix face à César en –52. L'art roman a trouvé en Auvergne des expressions originales, à travers des édifices d'une sobre beauté (Clermont, Orcival, Saint-Nectaire, Brioude). ▮ **Urbanisation** Clermont-Ferrand, par son rôle de capitale régionale, tente de dépasser son histoire de cité mono-industrielle et tire parti de la richesse de la Limagne. Son influence stimule et concurrence à la fois les villes de la vallée de l'Allier, au N. : Vichy, qui devient un satellite résidentiel, et Moulins. Les autres villes moyennes ont du mal à s'insérer dans cette dynamique, soit du fait de reconversions industrielles difficiles (Montluçon), soit d'un relatif isolement, en particulier pour Aurillac et Le Puy au S.

**AUVERS-SUR-OISE** [95430] ➝ **ÉTYM.** anc. *Alvernis*, du gaul. *Arvernus*, surnom de pers. ou *are* «devant» et *vern-* «aulne» ♦ Ch.-l. de cant. du Val-d'Oise, arr. de Pontoise. 6 820 hab. *(Auversois)*. Église Notre-Dame (XIIe - XIIIe s.), peinte par V. Van* Gogh. ▪ Séjour de nombreux peintres à la fin du XIXe s. (P. Cézanne, C. Corot, F. Daubigny*, H. Daumier, A. Guillaumin, H. Harpignies, Berthe Morisot, C. Pissarro, V. Van Gogh qui s'y donna la mort en 1890). Tombes de V. et Théo Van Gogh. ▪ Station d'épuration des eaux.

**AUVOURS** (camp d') ♦ Camp militaire sur le territoire de la comm. de Champagné (arr. du Mans), dans la Sarthe.

**AUWERS (Georg Friedrich Julien von)** ♦ Astronome allemand (Göttingen 1838 - Berlin 1915). Il fut l'auteur d'un catalogue d'étoiles fondamentales (1879). Son calcul des orbites et ses observations de Sirius et Procyon confirmèrent l'hypothèse de Bessel* relative à l'existence des satellites invisibles de ces astres.

**AUXERRE** [OSER] [89000] ➝ **ÉTYM.** anc. *Autisioderum*, du gaul. *Autessios*, n. de pers., et *duron* «place, marché» ♦ Ch.-l. du dép. de l'Yonne, sur la rive g. de l'Yonne, en Basse-Bourgogne. 37 790 hab. (aggl. 40 945) *(Auxerrois)*. Vestiges de remparts. Cathédrale gothique Saint-Étienne (XIIIe - XIVe s.) édifiée sur une crypte romane abritant des fresques du XIe au XIIIe s. ; le chœur (v. 1215) est un pur spécimen du gothique bourguignon (vitraux). Anc. abbaye Saint-Germain :

église gothique (XIIIe - XVe s.) avec clocher du XIIe s., élevée sur une crypte carolingienne (peintures murales du IXe s.) ; bâtiments conventuels abritant le Musée archéologique. Maisons anc. ▪ Ville à forte concentration d'emplois tertiaires, Auxerre a bénéficié d'opérations de décentralisation. Mécatronique. Imprimerie. Alimentation. Commerce des vins. Port de plaisance. ▮ **Histoire** Fondée par les Romains *(Autissiodorum)* à proximité d'un site gaulois, elle devint une cité au IIIe s. Au Ve s., saint Germain*, évêque de la ville, la défendit contre les Barbares. L'abbaye bénédictine joua un rôle important au Moyen Âge. La ville fut rattachée à la Couronne en 1477.

**AUXERROIS** [osɛʀwa] n. m. ♦ Région de plateaux calcaires en Basse Bourgogne, entaillée par les vallées de l'Yonne et du Serein. Forêts, prairies, cultures se développent sur le plateau. Le vignoble couvre les coteaux bien exposés (Chablis, Irancy).

**AUXI-LE-CHÂTEAU** [62390] ♦ Ch.-l. de cant. du Pas-de-Calais, arr. d'Arras, sur l'Authie. 3 065 hab. *(Auxilois)*. Église gothique flamboyante du XVIe s. (voûtes sculptées). ▪ Filature de laine jadis réputée pour sa finesse (auxi).

**AUXOIS** [oswa] n. m. ➝ ÉTYM. du n. du mont *Auxois** ♦ Région au N.-E. du Morvan, en Bourgogne, constituant une auréole liasique entre le Morvan cristallin et les plateaux calcaires de Bourgogne. Sur les sols argileux, élevage de bovins et du cheval de trait. Des buttes calcaires annoncent les plateaux bourguignons. C'est l'ancien *pagus alesiensis*, pays d'Alésia.

**AUXOIS** (mont) ➝ ÉTYM. anc. *(mons) alesiensis* « (mont) d'Alésia », de *Alésia** et suff. *-ensis* ♦ Butte calcaire (408 m) dans la plaine de l'Auxois, en bordure du plateau de Langres, dominant le village d'Alise-Sainte-Reine. Site probable d'Alésia.

**AUXONNE** [osɔn] [21130] ♦ Ch.-l. de cant. de la Côte-d'Or, arr. de Dijon, sur la Saône. 7 154 hab. *(Auxonnais)*. Église Notre-Dame, de style gothique bourguignon (XIIIe - XVIe s.). Musée Bonaparte au château. ▪ Maraîchage et indus. alimentaires. ▮ **Histoire** La ville fut réunie en 1237 à la Bourgogne ; en 1526, elle résista à Charles Quint, à qui elle fut cédée par le traité de Madrid. Bonaparte y tint garnison en 1788 et 1791.

**AUZOUT (Adrien)** ♦ Astronome français (Rouen 1622 - Rome 1691). Avec Jean Picard*, il perfectionna le micromètre à fils mobiles qui sert à mesurer les diamètres apparents des corps célestes et améliora considérablement les lunettes astronomiques. [Acad. sc. 1666]

**AVA** ♦ Anc. cap. birmane (non loin de Mandalay), créée en 1364 sur une île artificielle, le long du cours de l'Irrawaddy. Plusieurs fois prise et reprise au cours des siècles, elle fut maintes fois saccagée et finalement abandonnée au profit d'Amarāpura ou d'autres capitales temporaires. Seuls quelques vestiges de stûpa (monument reliquaire bouddhique) marquent son emplacement. Elle eut une telle renommée que la Birmanie fut un temps connue comme étant le *royaume d'Ava*.

L'église d'**Auvers-sur-Oise.** Tableau de Van Gogh (94 × 74,5 cm). Musée d'Orsay, Paris. *Phot. © Arch. Nathan*

**AVALLON** [89200] ➝ ÉTYM. du gaul. *aballo-* « pomme » et suff. *-one* ♦ Ch.-l. d'arr. de l'Yonne, sur le Cousin. 8 217 hab. *(Avallonnais)*. Anc. collégiale Saint-Lazare (nefs du XIIe s., portails de style roman bourguignon). Porte de l'Horloge (1456 - 1460). Vestiges de remparts, tours et bastions. Musée de l'Avallonnais. ▪ Centre indus. Tourisme dans l'Avallonnais et le Morvan. ▮ **Histoire** Station romaine, Avallon fut érigée en commune au XIIIe s.

**AVALLONNAIS** n. m. ♦ Petit pays de France en Bourgogne (Yonne), comprenant Avallon et ses environs.

**AVALOIRS** (mont ou signal des) ➝ ÉTYM. probablt de l'anc. fr. *avaler*, du lat. *ad vallare* « aller vers le val, descendre » ♦ Sommet du Bas-Maine (417 m), constituant le point culminant du Massif armoricain.

**AVALOKITEŚVARA** ♦ Divinité du bouddhisme du Mahāyāna* (*Guanyin* des Chinois, *Kan-non* des Japonais), hypostase d'Amitābha*, bodhisattva de compassion infinie, capable de prendre toutes les formes imaginables afin de sauver les humains du péril de l'erreur, c'est la forme divine peut-être la plus vénérée des bouddhistes. On lui prête souvent un aspect féminin (alors que les bodhisattva n'ont pas de sexe défini) afin de mettre l'accent sur sa bonté, sa douceur et sa compassion. Ses attributs essentiels sont le lotus épanoui et le vase à eau (pour abreuver ceux qui ont soif et qui souffrent). On lui attribue trente-trois formes en Chine, au Tibet et au Japon, en dehors de nombreux aspects symboliques de ses pouvoirs. Il possède autant de noms que de formes différentes et constitue à lui seul un panthéon.

**AVALON** ♦ Péninsule du Canada (Terre-Neuve-et-Labrador), rattachée à Terre-Neuve par l'*isthme d'Avalon*.

**AVALOS (Fernando Francisco DE)** marquis **DE PESCARA** ♦ Général espagnol d'origine italienne (Naples 1490 - Milan 1525). Il servit Charles Quint avec fidélité et éclat. Prisonnier à Ravenne (1512), il s'empara ensuite de Padoue (1513), avant de remporter la victoire de La Bicoque* (1522), et s'illustra à Pavie* (1525). Il avait épousé Vittoria Colonna*. ♦ **Alfonso de Avalos,** marquis **del Vasto,** en fr. **du Guast** (Ischia 1502 - Vigevano 1546). Gouverneur du Milanais, il fut vaincu à Cérisoles* (1544).

L'**Avare** ♦ Comédie de Molière* en 5 actes et en prose (1668), inspirée de *L'Aululaire** de Plaute. Bourgeois riche et avare, Harpagon impose à ses domestiques et à ses propres enfants des conditions d'existence indignes. Mauvais maître et mauvais père, il est aussi amoureux, mais cherche à épouser à moindres frais la jeune Mariane. Sa fureur éclate quand il découvre un rival en son fils Cléante. Habilement machiné par son valet La Flèche, le vol d'une cassette de dix mille écus déclenche chez Harpagon un véritable accès de folie. Riche en péripéties et en personnages fortement construits, la comédie s'achève par une réconciliation générale et le retour de l'avare à ses seules amours, sa « chère cassette ». ➞ **Harpagon.**

**AVARICUM** ♦ Nom de Bourges* à l'époque gallo-romaine. Cap. des *Bituriges* Cubi*.

**AVARS** n. m. pl. ♦ L'une des tribus proto-mongoles appartenant à la confédération des Ruan* Ruan. Ayant émigré d'Asie centrale vers l'Ouest, ils atteignirent la Russie du Sud vers le milieu du VIe s., envahirent la Hongrie où ils détruisirent le royaume des Gépides (567 ?). Leur empire, qui contrôlait une partie de la Hongrie (Pannonie) et de l'Autriche actuelles, attaqua la Bavière, l'Illyrie et tenta des raids vers Constantinople. Ils furent contenus par les Bulgares, puis réduits par Charlemagne (791 - 796). Leur puissance politique disparut au IXe s.

**AVARUA** ♦ Centre admin. des îles Cook, dans l'île de Rarotonga. Ancien comptoir colonial.

**AVAUX (Claude DE MESMES,** comte **D')** ♦ Diplomate français (1595 - Paris 1650). Il fut avec Servien* l'un des principaux négociateurs du traité de Westphalie*.

**AVED (Jacques André Joseph)** ♦ Peintre français d'origine flamande (Douai 1702 - Paris 1766). Formé à Amsterdam et admirateur de Rembrandt*, il entra en 1724 dans l'atelier de Simon Belle à Paris, se lia avec Boucher* et Carle Van* Loo, puis devint l'ami de Chardin*. Auteur de portraits d'apparat *(L'Ambassadeur de Turquie)*, il devint surtout le portraitiste de la bourgeoisie et des milieux artistiques *(J.-J. Rousseau*)*. Son goût pour les effets d'éclairage et une gamme de tonalités chaudes semble dériver de la tradition flamande, mais il partage avec ses contemporains une tendance à la vérité individuelle et à l'expression passagère *(Madame Crozat à son métier)*.

**AVEDON (Richard)** ♦ Photographe américain (New York 1923 - San Antonio, Texas 2004). Collaborateur du magazine *Harper's Bazaar* de 1945 jusqu'à son entrée à *Vogue* en 1965, il proposa, à la fin des années 1960, un nouveau style de photographie de mode fondé sur une participation active du modèle : sujets en mouvement ou très figés, poses inhabituelles. Sa prédilection pour les lumières crues, les fonds neutres et les grands formats, situe ses portraits aux frontières de l'élégance et de la cruauté.

**AVEIRO** ♦ V. du Portugal (région Centre), ch.-l. de district, au S. de Porto, à l'intérieur d'une lagune, la « Venise du Portugal ». 73 559 hab. Port de pêche. Céramique. Indus. chimiques.

Hendrik **Avercamp.** *Scène d'hiver* (25 × 34 cm). Wallraf-Richartz-Museum, Cologne. *Phot. ©Arch. Smeets*

**AVELINE (Albert)** ♦ Danseur et chorégraphe français (Paris 1883 - *id.* 1968). Danseur étoile de l'Opéra, il est l'auteur de plusieurs ballets restés au répertoire (*La Grisi,* 1935 ; *Elvire,* 1937 ; *Le Festin de l'araignée,* 1939, le prologue des *Indes galantes,* 1952). Il s'affirma aussi grand pédagogue, en tant que maître de ballet à l'Opéra.

**AVELLANEDA** ♦ V. d'Argentine jouxtant la capitale fédérale de l'autre côté du río Riachuelo. 346 000 hab. Elle fait partie de l'agglomération de Buenos Aires. ▪ Zone industrielle très ancienne : raffinerie de pétrole ; indus. chimique ; tanneries ; chantiers navals.

**AVELLINO** ♦ V. d'Italie, en Campanie, ch.-l. de prov. 52 703 hab. Cathédrale fondée au XII^e^ s., reconstruite au XIX^e^ s. ▪ Centre agricole et commercial. Indus. mécaniques.

**AVEMPACE** → **Ibn Bājā**

**AVENARIUS (Richard)** ♦ Philosophe allemand (Paris 1843 - Zurich 1896). Il fut avec E. Mach* le fondateur de l'empirio-criticisme. Fondée chez lui sur des considérations biologiques, cette théorie de la connaissance se caractérise par le refus de la dualité et de l'opposition du psychique (subjectif) et du physique (objectif), et tente de montrer leur coordination dans l'expérience (*Critique de l'expérience pure,* 1888-1890). Empiriste et idéaliste, cette doctrine fut critiquée par Lénine dans *Matérialisme* et Empiriocriticisme* (1909).

**AVENIÈRES (LES)** [38630] ➝ ÉTYM. du franco-prov. *avenieri* «champ d'avoine» ♦ Comm. de l'Isère, arr. de La Tour-du-Pin. 4 308 hab.

L'**Avenir** ♦ Quotidien parisien fondé le 16 oct. 1830 par Gerbet, Lacordaire*, Lamennais* et Montalembert*. Principal organe du catholicisme libéral, hostile à la politique d'alliance de l'Église et de l'État qu'avait pratiquée le régime de la Restauration (1814 - 1830), il fut suspendu le 15 nov. 1831 et ses thèses furent condamnées par l'encyclique Mirari vos de 1832. → **Grégoire XVI.**

**Avent** n. m. ♦ Période liturgique d'un mois (quatre dimanches) qui, dans le christianisme, précède la venue du Christ (*adventum*) le jour de Noël.

**AVENTIN** (mont) – en lat. ***Aventinus Mons*** ♦ La plus méridionale des sept collines de Rome, entre le Tibre, le Caelius* et le Palatin. Ancus* Martius y aurait fait déporter les Latins vaincus. Une partie de la plèbe révoltée contre le patriciat s'y retira en −494 et −450 (l'expression *se retirer sur l'Aventin* est restée proverbiale).

**AVENZOAR (Abū Marwān ibn Zuhr,** connu sous le nom d') ♦ Médecin et philosophe arabe (Peñaflor, Andalousie 1073 - Séville 1162), il fut le maître d'Averroès*.

**AVERCAMP (Hendrik)** ♦ Peintre et dessinateur hollandais (Amsterdam 1585 - Kampen 1634). Surnommé le Muet de Kampen, il fut influencé par Bruegel* l'Ancien. Il traita, avec un esprit miniaturiste et dans un style archaïsant, les paysages glacés des polders hollandais sur lesquels évoluent avec vivacité d'élégants petits personnages. Coloriste délicat, il exalte avec quelques touches de couleurs vives l'atmosphère aux gris argentés ou rosés dans laquelle baignent ses paysages (*L'Hiver ; Les Plaisirs du patinage*).

**AVERESCU (Alexandre)** ♦ Maréchal et homme politique roumain (Ismail, auj. Izmaïl 1859 - Bucarest 1938). Ministre de la Guerre, il réprima une révolte paysanne (1907). Un des commandants de la Première Guerre mondiale, il fut deux fois chef de gouvernement (1920 - 1921 et 1926).

**AVERMES** [03000] ♦ Comm. de l'Allier, arr. de Moulins. 3 966 hab.

**AVERNE** (lac d') – en lat. ***lacus Avernus,*** auj. ***Averno*** ♦ Lac d'Italie, en Campanie, près de Naples*. Les Anciens y plaçaient l'entrée des Enfers en raison des marais aux exhalaisons sulfureuses qui l'entouraient. Virgile* l'a décrit dans l'*Énéide,* ainsi que l'antre de la sibylle de Cumes*, situé dans le voisinage.

**AVERROÈS (Abū al-Walīd Muḥammad ibn Aḥmād ibn Muḥammad ibn Rushd** connu sous le nom d') ➝ ÉTYM. *Ibn Rushd* «fils de la droiture» ♦ Philosophe et médecin arabe (Cordoue 1126 - Marrakech 1198). Après des études complètes (disciplines islamiques, sciences et philosophie), il devint qādi de Séville puis de Cordoue, voyageant fréquemment entre l'Espagne et le Maroc. Ses positions philosophiques lui valurent les attaques des théologiens «littéralistes». En effet, si ses œuvres se composent de commentaires d'Aristote*, il en développa surtout les aspects matérialistes et rationalistes. On lui a même attribué la doctrine de la «double vérité» (selon laquelle il peut y avoir distinction et même opposition entre les vérités rationnelles et révélées). On lui doit aussi *Tahāfut al-Tahāfut* («Incohérence de l'incohérence») qui est une réponse critique à un ouvrage de Ghazālī*. Sa philosophie (averroïsme) fut enseignée à l'université de Paris par Siger* de Brabant, puis critiquée par saint Thomas* d'Aquin et condamnée par l'Église en 1240 et, en 1513, par Léon* X.

**AVERSA** ♦ V. d'Italie, en Campanie (prov. de Caserte). 53 369 hab. Cathédrale du XI^e^ s., reconstruite au XVIII^e^ s. ▪ Centre agricole et commercial.

**AVERTY (Jean-Christophe)** ♦ Réalisateur français de télévision (Paris 1928). S'appuyant sur les trucages électroniques, il a inventé de nouvelles formes d'émissions de variétés (*Les Raisins verts,* 1963) et de music-hall (*Montand de mon temps,* 1974). Spécialiste du jazz et du music-hall du début du XXe siècle, il a également adapté pour la télévision des œuvres de cette période (*Ubu Roi,* de Jarry ; *Une visite à l'Exposition,* du Douanier Rousseau ; *Impressions d'Afrique,* de R. Roussel). ➝ ÉTYM. Ce nom signifie « averti » (surnom d'un homme prudent).

**AVERY (John, dit le Capitaine)** ♦ Pirate anglais (Cat Down, près de Plymouth 1653 - Bideford, Devonshire v. 1700). Il fut l'un des premiers pirates européens à écumer l'océan Indien dès 1695, s'emparant notamment d'un navire appartenant au Grand Moghol. Après avoir obtenu son pardon (1696), il rentra incognito en Angleterre.

**AVERY (Oswald Theodore)** ♦ Médecin américain (Halifax, Canada 1877 - Nashville 1955). Ses travaux sur le pneumocoque l'amenèrent à découvrir le rôle de l'ADN en tant que support de l'hérédité et à poser les fondements de l'immunologie.

**AVERY (Tex)** ♦ Réalisateur américain de dessins animés (Dallas 1907 - Burbank 1980). Créateur du lièvre Bugs Bunny, du canard Daffy Duck et d'autres animaux célèbres, il a su, tout en gardant un dessin proche de Disney, renouveler le genre, par un humour cruel et une fantaisie qui touche au surréalisme, utilisant la logique de l'absurde (*King Size Canary,* par ex.).

**AVESNES-LÈS-AUBERT** [avɛn] [59129] ♦ Comm. du Nord, arr. de Cambrai. 3 592 hab. *(Avesnois).*

**AVESNES-SUR-HELPE** [59440] ➝ ÉTYM. du prégerm. *afesno* « pâturage » ou du bas lat. *°asenesna* « terre propice à l'avoine » ♦ Ch.-l. d'arr. du Nord, sur l'Helpe. 5 003 hab. (aggl. 8 294) *(Avesnois).* Anc. place fortifiée par Vauban. Église Saint-Nicolas (XIIIe et XVIe s.), surmontée d'un clocher-porche. ▪ Élevage bovin. Fromages (boulette d'Avesnes, maroilles).

**Avesta** n. m. ♦ Recueil des textes sacrés de la religion mazdéenne (Iran antique), écrit en langue avestique ou zend. Le texte original en aurait été détruit lors de la conquête d'Alexandre le Grand et reconstitué, sur la tradition orale, à l'époque sassanide (IIIe - IVe s.). ➝ **Chahpour II.** Il aurait alors formé 21 livres. Le texte qu'Anquetil-Duperron recueillit chez les parsis* en 1758 et qu'on possède aujourd'hui en représente peut-être le quart. La partie la plus ancienne est formée par les *gāthā,* strophes traditionnellement attribuées à Zarathoustra* et où le prophète interroge et prie Ahura* Mazda ; ces *gāthā* sont réparties dans le livre du *Yasna* (« sacrifice »). La suite, en dialecte plus récent, comporte plusieurs livres dont les Yasht, hymnes à d'anciennes divinités réintroduites dans le zoroastrisme postérieur et formant avec d'autres textes le *Petit Avesta.* ▪ Une partie du texte fut étudiée et traduite par E. Burnouf.

**AVEYRON** n. m. ➝ ÉTYM. anc. *Avario, -onis,* d'une rac. prélatine *av-* « eau » (➝ Aa) ♦ Riv. de France (250 km), affl. du Tarn. Né sur le causse de Séverac, dans le dép. de l'Aveyron qu'il traverse d'E. en O., l'Aveyron arrose Rodez et Villefranche-de-Rouergue, pénètre dans le dép. du Tarn-et-Garonne, où il rejoint le Tarn au N.-O. de Montauban.

**AVEYRON** n. m. [12] ➝ ÉTYM. n. de la riv. ♦ Dép. du S. de la France, région Midi-Pyrénées. 8 735 $km^2$. 263 808 hab. CH.-L. : Rodez. CH.-L. D'ARR. : Millau, Villefranche-de-Rouergue. Cour d'appel : Montpellier. Académie : Toulouse. ➝ **Midi-Pyrénées.**

**AVICEBRON** ➝ **Ibn Gabirol**

**AVICENNE (Abū 'Alī Ḥusayn ibn 'Abd Allāh ibn Sīnā,** connu sous le nom d'**)** ♦ Médecin, philosophe et mystique arabo-islamique, d'origine iranienne (Afchana, près de Boukhara 980 - Hamadān 1037). Il fut l'élève de Fārābī*. Plusieurs de ses traités nous sont parvenus. Son *Canon de la médecine* (abrégé en vers dans le *Poème de la médecine*) fut longtemps la base des études médicales tant en Orient qu'en Occident. Commentateur d'Aristote, il opère une fusion de l'aristotélisme, du platonisme et de la pensée islamique dans le *Livre de la guérison (Kitāb al-shifa).* Sa *Philosophie orientale* (ou illuminative), dont il reste des esquisses et fragments, et ses trois *Récits mystiques* influencèrent Sohrawardī*.

**AVIGNON** [84000] ➝ ÉTYM. anc. *Avenió,* probablt du prélatin, d'une rac. oronym. *°ab* et suff. *-ionem* ♦ Ch.-l. du dép. du Vaucluse, sur le Rhône, près du confluent de la Durance et du Rhône. 85 935 hab. (aggl. 187 577) *(Avignonnais).* Archevêché. Centre universitaire. Ville d'art entourée de remparts du XIVe s. Cathédrale romane Notre-Dame-des-Doms (fresques de S. Martini*). Palais-forteresse des Papes, spécimen de l'architecture gothique du XIVe s. que firent construire Benoît XII, Clément VI, Innocent VI (fresques exécutées sous la direction de M. Giovannetti). Églises gothiques Saint-Pierre, Saint-Agricol, Saint-Didier. Pont Saint-Bénezet, dit pont d'Avignon (XIIe s.). Musée Calvet (peintures des écoles française et avignonnaise du XVIe au XIXe s.). Musée lapidaire (sculptures antiques et médiévales). Musée du Petit-Palais (primitifs italiens et avignonnais). ▪ Capitale touristique et culturelle. Festival de théâtre (➝ **Avignon [festival d']**). Musée Jean Vilar. Important marché agricole (fruits et légumes du Comtat*

**Avignon.** Le palais des Papes. *Phot. ©J. Guillard/Scope*

venaissin), centre commercial et indus. bien desservi par le rail (TGV) et la route (A7). Technopôle (Agroparc). Ville à majorité d'emplois tertiaires liés au tourisme et à la recherche. ▪ **Histoire** Ville gauloise, à l'origine comptoir des Massaliotes, Avignon devint colonie romaine sous Auguste *(Avenio),* puis fit partie de la province viennoise. Vainement assiégée par Clovis (500), elle passa néanmoins sous domination franque en 536. Ayant fait alliance avec les Sarrasins, elle fut saccagée par Charles Martel (736 et 737). Elle appartint plus tard successivement au royaume d'Arles, aux comtes de Provence et aux comtes de Toulouse. Lors de la croisade contre les albigeois, ses habitants persécutèrent les catholiques ; Louis VIII mit le siège devant la ville qui capitula en 1226. Les troubles d'Italie et l'influence de Philippe IV le Bel amenèrent la papauté à s'installer en Avignon (1309), acte que les papes, après le retour à Rome, considérèrent comme une « seconde captivité de Babylone ». En 1348, Clément VI acquit la ville de Jeanne Ire de Naples, comtesse de Provence. En 68 ans, sept papes se succédèrent à Avignon : Clément V, Jean XXII, Benoît XII, Clément VI, Innocent VI, Urbain V et Grégoire XI. Ce dernier ramena la papauté à Rome (1377), sur les instances de sainte Catherine de Sienne. À la suite du schisme* d'Occident, Avignon devint le siège des antipapes, Clément VII et Benoît XIII (Pedro de Luna). La papauté gouverna la ville jusqu'à la Révolution française par l'intermédiaire de légats (parmi lesquels Pierre d'Ailly sous Martin V). Dès le début de la Révolution, la ville s'opposa à l'autorité du pape et, le 12 juin 1790, vota son annexion à la France ; celle-ci fut confirmée par le décret du 14 sept. 1791 et par le traité de Tolentino* (1797).

**Avignon (festival d')** ♦ Manifestation annuelle de théâtre créée en 1947 par Jean Vilar*. Il fut de 1951 à 1966 le lieu privilégié des expériences du Théâtre national populaire. D'année en année, il est devenu un foyer de réflexion sur les arts de la scène. S'étant ouvert à la danse et à la musique, il accueille des créateurs de grande réputation (M. Béjart*, M. Cunningham*, P. Bausch* pour la danse ; A. Vitez*, P. Brook*, A. Mnouchkine*, M. Langhoff* pour le théâtre).

**AVIGNON-SAUVETERRE** ♦ Aménagement du Rhône, au N. d'Avignon. Il comprend le barrage et la centrale hydroélectrique de Sauveterre, le barrage de Villeneuve-lès-Avignon qui alimente la centrale dite d'Avignon.

**ÁVILA** ➝ ÉTYM. p.-ê. du lat. *Avela,* abrév. de *Albicella* « cellule *(cella)* blanche *(alba)* » ♦ V. d'Espagne (Castilla-León), ch.-l. de prov., sur l'Adaja (affl. du Douro), à 1 121 m d'alt. 53 794 hab. Siège épiscopal. Ávila, où vécut sainte Thérèse* de Jésus, réformatrice du Carmel, a été surnommée « ville des saints et des pierres » à cause de son aspect mystique et sévère. Organisée autour d'une enceinte du XIIe s., la

**Ávila.** Vue générale, l'enceinte. *Phot. ©Bus Wojtek/Hoa Qui*

ville possède de nombreuses églises anciennes : l'église romane San Pedro (XIIe s.), achevée au XIIIe s. en style gothique ; l'église San Vicente (XIIe - XVe s.), la plus belle, abritant les tombeaux de saint Vincent et de ses sœurs ; l'église gothique Santo Tomás ; la chapelle Renaissance de Mosén Rubí de Bracamonte et les couvents de Santa Teresa (1638) et de la Encarnación (1499). La cathédrale (XIIe - XIIIe s.) allie le roman au gothique. ▪ Centre d'indus. mécaniques (usines Alfa Romeo).

**AVILER (Charles D')** → **Daviler**

**AVILÉS** ♦ V. d'Espagne (Asturies), au fond d'une ria du golfe de Biscaye. 83 320 hab. C'est un port important et le plus grand centre sidérurgique de la péninsule Ibérique.

**AVION** [62210] ◂ **ÉTYM.** probablt du lat. *Avius*, n. de pers., et suff. *-onem* ♦ Ch.-l. de cant. du Pas-de-Calais, arr. d'Arras, banl. S. de Lens. 18 298 hab. *(Avionnais).*

**AVIOTH** [55600] ◂ **ÉTYM.** du lat. *Avius*, n. de pers., et suff. *-ot* (dimin. dans l'Est) ou prép. lat. *ad, vicus* « village » et suff. dimin. *-ottus* ♦ Comm. de la Meuse, arr. de Verdun. 115 hab. (*Aviothois* ou *Aviothins*). Basilique gothique des XIIe - XIIIe s. (portails sculptés) à laquelle est accolé un édicule de style gothique flamboyant, la Recevresse.

**AVIRONS (LES)** [97425] ◂ **ÉTYM.** du malgache *zavironne* « lieu que l'on découvre de loin » ou *avirons* plantés là en signe de reconnaissance ♦ Ch.-l. de cant. de la Réunion, à l'O. de l'île. 7 172 hab.

**AVIT** (saint) – en lat. ***Alciminius Ecdicius Avitus*** ♦ Prélat gallo-romain (prov. d'Auvergne v. 450 - Vienne, Dauphiné v. 518). Évêque de Vienne v. 494, il convertit au catholicisme Sigismond, roi des Burgondes, jusqu'alors arien. ▪ Fête le 5 fév.

**AVITUS** – en lat. ***Eparchius Avitus*** ♦ (mort apr. 456). Empereur romain d'Occident (455 - 456). Successeur de Maxime* Pétrone, il ne fut pas reconnu par l'empereur d'Orient et fut vaincu par Ricimer*.

**AVIZ** ♦ V. du Portugal (prov. de Portalegre). ♦ ***Ordre d'Aviz*** Ordre de chevalerie fondé en 1145 pour lutter contre les Maures, par Alphonse Ier. ♦ ***Dynastie d'Aviz*** Nom de la deuxième dynastie des rois du Portugal, qui régna de 1385 à 1580 ; elle doit ce nom à son chef Jean Ier, qui était grand maître de l'ordre d'Aviz à son avènement. → **Jean Ier, Édouard Ier, Alphonse V, Jean II, Manuel Ier, Jean III, Sébastien, Henri le Cardinal.**

**AVIZE** [51190] ♦ Ch.-l. de cant. de la Marne, arr. d'Épernay. 1 619 hab. *(Avizois).* École de viticulture. Vignobles renommés (champagne).

**AVNERY (Helmut OSTERMANN dit Uri)** ♦ Homme politique israélien (né en Allemagne en 1923). Venu en Palestine en 1933, il fut membre de l'Irgoun*. Après avoir défendu dès 1947 l'idée d'une Fédération sémitique groupant les peuples du Moyen-Orient, il milita activement pour l'établissement d'un État palestinien aux côtés d'Israël.

**AVOGADRO (Amedeo DI QUAREGNA E CERETTO, comte)** ♦ Chimiste italien (Turin 1776 - *id.* 1856). Partisan fervent de la théorie atomique, il fut l'un des premiers à établir la distinction entre les atomes et les molécules. Ayant interprété les lois des rapports volumétriques de Gay*-Lussac, il formula (indépendamment d'Ampère*) l'hypothèse qui porte son nom et selon laquelle des volumes égaux de gaz, à la même température et à la même pression, contiennent le même nombre de molécules. La *loi d'Avogadro* relie la masse molaire à la densité d'un gaz, alors que le *nombre d'Avogadro* (nombre de molécules contenues dans une mole) est l'une des constantes les plus importantes en chimie ($6{,}0225 \times 10^{23}$). ◂ **ÉTYM.** Ce nom de famille vient de l'italien *avocato* « conseiller ».

**AVOINE** [37420] ♦ Comm. d'Indre-et-Loire, arr. de Chinon, sur la Loire. 1 778 hab. *(Avoinais).* Centrale nucléaire (dite centrale de Chinon) dont les quatre unités développent une puissance de 900 000 kW.

**AVON** n. m. ◂ **ÉTYM.** du brittonique *abonâ* « eau, cours d'eau » ♦ Nom de plusieurs cours d'eau de Grande-Bretagne. Les deux principaux, tributaires de la Severn, sont l'Avon de Bristol, ou Avon inférieur (139 km), qui arrose Bath et Bristol, et l'Avon supérieur (177 km) qui arrose Rugby, Warwick et Stratford on Avon.

**AVON** ◂ **ÉTYM.** du n. du cours d'eau ♦ Anc. comté du sud-ouest de l'Angleterre.

**AVON** [77210] ◂ **ÉTYM.** du germ. *Abbo*, n. de pers., et du lat. *villa* « domaine » ou du gaul. *abona* « rivière » ♦ Comm. de Seine-et-Marne, banl. de Fontainebleau. 14 030 hab. *(Avonnais).*

**AVORD** [18520] ♦ Comm. du Cher, arr. de Bourges. 2 334 hab. *(Avarais).* Base aérienne, créée en 1911, abritant une école de l'armée de l'air.

**AVORIAZ** ◂ **ÉTYM.** les alpages, propriété des comtes de Rovorée, furent cédés à la comm. de Morzine et prirent le nom de « terres *Rovorée* », puis celui de « terres *Avorée* » et devinrent « terres d'*Avoréaz* » ♦ Station de sports d'hiver (1 800 - 2 400 m) de Haute-Savoie (comm. de Morzine), ouverte en 1966. L'ensemble des constructions représente un exemple original d'architecture mimétique dû à J. Labro. Festival du film français.

**AVRANCHES** [50300] ◂ **ÉTYM.** anc. *Abrincatis*, de *Abrincatui*, n. d'une peuplade gauloise ♦ Ch.-l. d'arr. de la Manche, près de l'estuaire de la Sée. 8 500 hab. (aggl. 14 669 aggl.) *(Avranchinais).* Anc. palais des Évêques, dont le musée abrite les manuscrits du Mont-Saint-Michel (VIIIe - XVIe s.). ▮ **Histoire** Siège d'un évêché dès le VIe s., Avranches fut un centre intellectuel au XIe s. Henri II d'Angleterre y fit amende honorable pour le meurtre de Thomas Becket en 1172. La ville souffrit beaucoup de la guerre de Cent Ans et des guerres de Religion. ▪ Le 31 juil. 1944, la *percée d'Avranches*, réalisée à l'aile gauche du front allemand par les blindés de Patton commandant la IIIe armée américaine, fut le point de départ de la grande offensive alliée vers Paris.

**AVRE** n. f. ♦ Riv. de Normandie (72 km), née dans le S.-O. de la forêt du Perche, près de Tourouvre. Elle arrose Verneuil-sur-Avre et Nonancourt avant de se jeter dans l'Eure près de Dreux. Ses eaux captées près de Verneuil sont transportées à Paris par l'aqueduc de l'Avre (134 km).

**AVRE** n. f. ♦ Riv. du Bassin parisien (59 km), affl. rive g. de la Somme.

**avril 1834** (journées d') ♦ Insurrection contre la monarchie de Juillet, organisée par les corporations mutuellistes d'ouvriers et la Société des droits de l'homme. Elle se déroula à Lyon (9 - 12 avr.), puis à Paris (13 avr.). Thiers*, ministre de l'Intérieur, fit appel à l'armée pour réprimer le mouvement. Sous le commandement du général Bugeaud*, les soldats massacrèrent de nombreux sectionnaires rue Transnonain à Paris (14 avr.).

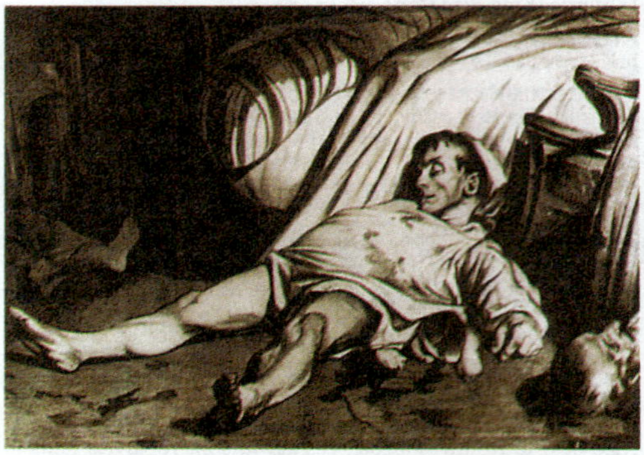

**Avril.** *Les Journées d'avril 1834* « Le Massacre de la rue Transnonain » par Daumier. *Phot. © Arch. Rencontre*

**avril 1848** (journée du 16) ♦ Manifestation ouvrière fomentée par les clubs socialistes après la révolution de 1848. Trop peu organisée, elle fut rapidement réprimée par le gouvernement provisoire qui fit appel à la garde nationale et à la garde mobile.

**AVRILLÉ** [49240] ♦ Comm. du Maine-et-Loire, arr. d'Angers. 12 991 hab.

**AVVAKOUM** ♦ Archiprêtre et écrivain russe (Grigorovo 1620 - Poustozersk 1682). Il fut le chef des premiers *raskolniki* (« vieux-croyants ») qui s'opposèrent aux réformes du patriarche Nikon*. Son autobiographie, *Vie d'Avvakoum par lui-même*, est une œuvre riche et émouvante où la langue populaire se mêle à l'éloquence.

L'**Avventura** ♦ Film italien de Michelangelo Antonioni* (1960), avec Gabriele Ferzetti, Monica Vitti. Un groupe de riches oisifs effectue une croisière au large de la Sicile. Parmi eux, une femme disparaît. Chassés-croisés amoureux, nostalgies, tristes lendemains... Cette dérive de couples en crise est filmée avec un détachement poétique qui provoqua, au festival de Cannes en 1960, une vraie bataille d'Hernani : ennui pour les uns, réalisme psychologique et dédramatisation pour les autres.

**AWAJI** ♦ La plus grande île de la mer Intérieure du Japon, commandant l'entrée de la baie d'Ōsaka. 157 000 hab. Culture du riz et industrie de la faïence. ▮ **Histoire** La mythologie japonaise en fait la première île de l'archipel. De nombreux personnages y furent envoyés en exil. C'est là que naquit le théâtre de marionnettes *bunraku*.

**Axe** n. m. ♦ Nom donné par Mussolini, le 1er nov. 1936, au protocole d'amitié germano-italienne (axe Rome-Berlin) signé en oct. par le comte Ciano* et Hitler. Une alliance offensive (pacte d'Acier) le confirma en mai 1939.

**AXEL (Richard)** ♦ Biochimiste américain (New Yok 1946). En collaboration avec Linda B. Buck*, il découvrit, en 1991, l'organisation du système olfactif. Un millier de gènes (contre une dizaine pour la vision ou le goût) codent pour les récepteurs olfactifs, cellules hautement spécialisées qui détectent les molécules odorantes. Les odeurs sont composées généralement d'un grand nombre de molécules dont chacune active plusieurs récepteurs qui, à leur tour, transmettent un message aux zones correspondantes du cerveau. [Prix Nobel de physiol. ou méd. 2004 avec L. B. Buck].

**Axël** ♦ Poème dramatique en prose de Villiers* de L'Isle-Adam commencé vers 1869, dont la première partie parut en 1872 et qui fut publié en version complète dans la revue *La Jeune France* en 1885 - 1886. Les titres des 4 parties désignent les épreuves successives que les héros, Sara de Maupers et Axël d'Auërsperg, traversent dans leur ascension vers l'absolu, le «monde astral». Tandis que Sara refuse la foi («Le Monde religieux»), Axël rejette le savoir, puis la richesse («Le Monde tragique»). Envahi un moment par le désir de vivre, de connaître la réalité («Le Monde occulte»), Axël, devant Sara, connaît la tentation d'aimer, de souffrir «du mal des humains» («Le Monde passionnel»). Pourtant, au terme d'une nuit d'amour, il invite Sara à la mort qui peut préserver la plénitude de leur possession («La seule fièvre dont il faille nous guérir est celle d'exister»). Ce drame, où s'affirme et s'exalte l'idéalisme de Villiers de L'Isle-Adam, fut publié en volume en 1890 par les soins de Mallarmé* et de Huysmans*, et représenté en 1894.

**AXELROD (Pavel Borissovitch)** → Akselrod

**AXELROD (Julius)** ♦ Biochimiste américain (New York 1912 - Rockville 2004). Ses travaux, portant essentiellement sur le rôle des médiateurs chimiques dans la transmission de l'influx nerveux, trouvèrent d'importantes applications pharmacologiques. [Prix Nobel de physiol. ou méd. 1970, avec U. von Euler* et B. Katz*]

**AXIONOV (Vassili Pavlovitch)** → Aksenov

**AXIOS** → Vardar

**AX-LES-THERMES** [09110] • ÉTYM. du lat. *aqua* (ablatif pl. *aquis*) «eau» ♦ Ch.-l. de cant. de l'Ariège, arr. de Foix, sur l'Ariège. 1 441 hab. *(Axéens)*. Station thermale (eaux sulfurées et sodiques). Centre d'excursions, à 702 m d'alt.

**AXOUM** → Aksoum

**AY** [ai] [51160] ♦ Ch.-l. de cant. de la Marne, arr. de Reims, sur la Marne. 4 315 hab. (aggl. 5 534) *(Agéens)*. Vins de Champagne très réputés.

**AYACUCHO** • ÉTYM. quechua «le coin perdu de la mort» ♦ V. du Pérou, cap. de dép., au S.-E. de Lima. 95 180 hab. (aggl. 151 019). Mines de plomb et d'argent. Indus. textile. ▪ Victoire du général Sucre sur les Espagnols (1824) qui assura l'indépendance de l'Amérique du Sud.

**AYCKBOURN (sir Alan)** ♦ Auteur dramatique et metteur en scène britannique (Londres 1939). Ses nombreuses comédies grinçantes mettant en relief les travers de la société bourgeoise (*Les Uns chez les autres*, 1969 ; *Mariages et conséquences*, 1974) ont connu un immense succès international. *Intimate Exchanges* (1982) et *Petites Peurs partagées* (2004) ont été adaptés à l'écran par Alain Resnais* (*Smoking/Non Smoking*, 1993 ; *Cœurs*, 2006).

**AYDAT** [ɛda] (lac d') ♦ Lac volcanique d'Auvergne (60 ha), non loin de Clermont-Ferrand, à 825 m d'alt. Tourisme.

**AYDIN** ♦ V. de Turquie, en Asie Mineure, dans la vallée du Büyük Menderes (l'anc. Méandre), ch.-l. de prov. 168 216 hab. Vestiges de l'antique Tralles. ▪ Important centre commercial et indus. (filature et tissage du coton). ▌**Histoire** L'anc. *Tralles*, ville de Lydie*, fondée peut-être par des colons argiens ou thraces, fut prise par les Perses au –VI$^{e}$ s. Après la conquête d'Alexandre, échue en partage aux Séleucides, elle prit le nom de *Séleucie* sur le Méandre *(Seleukia)*. Elle fit ensuite partie du royaume de Pergame (–III$^{e}$ s.) et passa aux Romains (-133). Détruite par un tremblement de terre en –27, elle fut reconstruite par Auguste et prit en son honneur le nom de *Césarée (Kaisareia)*. Siège d'un évêché important sous les Byzantins, elle fut prise par les Seldjoukides (fin du XII$^{e}$ s.). Le nom d'*Aydın* apparaît alors comme celui d'un *beylik* (principauté) autonome, annexé par les Ottomans en 1389.

**AYER (sir Alfred Jules)** ♦ Philosophe britannique (Londres 1910 - 1989), professeur de philosophie à l'Université de Londres (1946-- 1959) puis d'Oxford (1959 - 1979). Ses travaux portent sur l'empirisme et la philosophie analytique. Son premier livre, *Langage, vérité et logique* (1936) constitue un manifeste pour le positivisme logique. De la distinction humienne entre questions de fait et relations logiques, Ayer déduit que ni les propositions métaphysiques, ni celles de l'éthique ou de l'esthétique ne sont pourvues de sens. La philosophie, loin d'être une recherche des principes, est par essence une analyse. Il a publié plusieurs ouvrages sur Bertrand Russell* et Wittgenstein*.

**AYLER (Albert)** ♦ Saxophoniste ténor de jazz américain (Cleveland, Ohio 1936 - New York 1970). Il a été l'un des principaux représentants du free-jazz. Sa sonorité et la violence de son style ont cependant dérouté le public. Princ. enregistrement : *Ghosts* (album, 1964).

**AYLESBURY** ♦ V. d'Angleterre, ch.-l. du Buckinghamshire. Zone urbaine 165 749 hab. Maisons du XV$^{e}$ s. Aux env., Hartwell House, où le futur Louis XVIII résida de 1808 à 1814.

**AYLMER (Matthew Whitworth, lord)** ♦ Haut fonctionnaire britannique (1775 - 1850). Nommé gouverneur général du Canada en 1830, il fut jugé trop favorable aux Canadiens français et se vit rappeler à Londres en 1835. ▪ Une localité du Québec (6 300 hab.), près de Hull*, porte son nom.

**AYLWIN AZÓCAR (Patricio)** ♦ Homme d'État chilien (Viña del Mar 1918). Il fut de 1990 à 1994 le premier président civil après le coup d'État de 1973. Son gouvernement de concertation nationale s'attacha à résoudre les problèmes engendrés par la transition démocratique : normalisation des rapports entre l'armée et la société, disparition du terrorisme d'extrême gauche et consolidation de la croissance économique.

**AYMARA(S)** n. m. (pl.) ♦ Peuple indien du Pérou et de Bolivie, dans la région du lac Titicaca. Ils furent les fondateurs de Tiahuanaco* et leur civilisation se caractérisait par une architecture monumentale. Vaincus par les Incas puis par les Espagnols, ils ont conservé leur langue et leurs traditions, et vivent en communautés agraires.

**AYMÉ (Marcel)** ♦ Écrivain français (Joigny 1902 - Paris 1967). Après une enfance campagnarde, il vint à Paris (1925), exerça divers métiers et fut journaliste. Le succès du récit *La Jument verte* (1933), où la sexualité est source d'un comique satirique, lui permit de se consacrer aux lettres. L'œuvre romanesque de Marcel Aymé est souvent le constat désabusé d'un monde médiocre où domine une vigilante hypocrisie. Ce pessimisme apparaît dans *Travelingue* (1941) et surtout dans *Le Chemin des écoliers* (1946), *Le Vin de Paris* (1947), *Uranus* (1948), témoignages ironiques sur la période de l'Occupation et de la Libération. Pour pallier l'ennui du monde moderne, Marcel Aymé recourt à l'émerveillement : personnages pittoresques et désopilants (*La Table-aux-crevés*, 1929 ; *Le Bœuf clandestin*, 1939), rapports familiers entre le réel et l'imaginaire (*La Vouivre*, 1943). Son goût du langage populaire savoureux, qu'il soit parisien ou campagnard, son art du récit bref et incisif, son sens parodique sont d'une originalité remarquable. Un réalisme fantastique colore les récits du *Passe-muraille* (1943) et les *Contes* du chat perché* (1934 ; augmentés en 1950 et 1958), «histoires simples, sans amour et sans argent» qui combinent, avec une naïveté savante, le merveilleux et le quotidien rustique. ▪ Intéressé par le cinéma qui transposa souvent ses œuvres, Marcel Aymé a écrit également pour le théâtre : *Lucienne et le Boucher* (1932) et *Clérambard* (1950) sont de truculentes comédies de mœurs, tandis que *La Tête des autres* (1952) est une satire amère de la justice bourgeoise. On lui doit deux adaptations de pièces d'Arthur Miller : *Les Sorcières de Salem* (1954) et *Vu du pont* (1958). • ÉTYM. Ce nom est une variante du prénom *Aimé* (participe passé du verbe *aimer*).

Marcel **Aymé**.
*Phot. ©Éditions Gallimard*

**Aymeri** ou **Aimeri de Narbonne** ♦ Titre d'une chanson de geste du cycle de Garin* de Monglane, attribuée à Bertrand de Bar-sur-Aube qui l'aurait composée entre 1210 et 1220. Victor Hugo en emprunta le thème pour son «Aymerillot» de la *Légende* des siècles*.

**Aymon (Les Quatre Fils)** → Renaud de Montauban

**Ayn-i Akbarī** • ÉTYM. persan «Histoire du règne d'Akbar» ♦ Ouvrage historique rédigé en persan par l'historiographe indo-musulman Abū*-l Fazl (fin XVI$^{e}$ s.).

**AYODHYA** ♦ V. de l'Inde (Uttar Pradesh). 49 593 hab. Intégrée à l'agglomération de Faizabad, la ville est considérée comme le lieu de la naissance de Rama. Relativement bien tolérée depuis le XVI$^{e}$ s., la présence d'une mosquée sur ce site sacré de l'hindouisme fut remise en cause dans les années 1980 par les mouvements hindous intégristes qui exigèrent son remplacement par un temple. Sa destruction lors d'une manifestation en déc. 1992 provoqua dans tout le pays de graves affrontements intercommunautaires qui firent plus de 1 200 morts.

**AYOLAS (Juan Pedro DE)** ♦ Capitaine espagnol (Briviesca 1510 - dans le Chaco 1538). Après avoir participé à l'exploration du río de la Plata avec P. de Mendoza*, il fonda la ville d'Asunción (1536) et le port de Candelaria (1537) ; certains prétendent toutefois qu'il ne fit que les visiter. Il fut tué par les Indiens.

**AYR** ♦ V. d'Écosse, ch.-l. du South Ayrshire à l'embouchure de l'Ayr, au S.-O. de Glasgow. 49 000 hab. Anc. ch.-l. de l'Ayrshire. Port.

**AYRSHIRE** n. m. ♦ Anc. comté du S.-O. de l'Écosse, réparti depuis 1996 en trois districts. *East Ayrshire* (1 262 km$^2$. 120 235 hab. Ch.-l. : Kilmarnock) ; *North Ayrshire* (885 km$^2$. 135 817 hab. Ch.-l. : Irvine) ; *South Ayrshire* (1 222 km$^2$. 112 097 hab. Ch.-l. : Ayr).

**AYTRÉ** [17440] ♦ Ch.-l. de cant. de la Charente-Maritime, banl. S.-E. de La Rochelle. 7 725 hab. *(Aytrésiens).*

**ĀYUTHYĀ** ➝ **ÉTYM.** sanskrit « qui ne peut être conquis » ♦ V. de Thaïlande, au N. de Bangkok. 75 916 hab. De nombreux monuments y subsistent, appartenant au style dit d'Āyuthyā, dont la première période est influencée par l'art khmer et la seconde, à partir de la fin du XVe s., est plus typiquement siamoise. ▮ **Histoire** Cap. d'un royaume créé en 1350 par Ramathibodi*, elle fut détruite par les Birmans en 1767 et abandonnée. ➝ **Thaïlande.** Trente-trois rois s'y succédèrent (➝ **Boromorāja**). Ils combattirent le Lan* Na au N., le Laos, le Cambodge et surtout la Birmanie, qui occupa et pilla la ville plusieurs fois.

**Āyuthyā.** Temple et Bouddha géant. *BIS/ Phot. Sonneville © Archives Nathan*

**AYYUBIDES** n. m. pl. ♦ Dynastie musulmane qui renversa les Fatimides* en Égypte (1171) et les Atabeks zingides en Syrie. Elle fut fondée par Saladin* qui se proclama sultan sous la suzeraineté des califes abbassides*. En imposant son autorité sur les territoires qui s'étendaient de la Tripolitaine au Tigre et des côtes de l'Arabie méridionale à l'Arménie, Saladin menaça les États chrétiens installés dans la région (reconquête de Jérusalem, 1187). À sa mort (1193), le sultanat fut partagé entre ses trois fils et son frère : la dynastie se divisa en quatre branches dont la principale, celle d'Égypte (1171 - 1250), fut destituée par les mamelouks* bahrites. Les deux branches syriennes, celle de Damas (1186 - 1260) et celle d'Alep (1183 - 1260), furent renversées par les Mongols. Malgré l'éphémère réunification des possessions ayyubides réalisée par le frère de Saladin, al-Mālik* al-ʿĀdil, et la tentative de réunification entreprise par al-Mālik* al-Sālih, les Ayyubides ne surent résoudre leurs contradictions internes. Ils furent néanmoins de remarquables administrateurs et de grands bâtisseurs. Ils nouèrent un commerce fructueux avec les cités marchandes d'Italie. En matière religieuse, ils furent des défenseurs zélés du sunnisme*.

**AYYŪB KHĀN** ♦ Prince afghan de la dynastie Mohammadzaī (1857 - Inde 1914). En 1879 il tenta de succéder à son frère, l'émir Ya'qūb* Khān, en s'opposant aux forces britanniques qui finirent par imposer `Abd* al-Raḥmān Khān. Il remporta sur elles la victoire de Maïwand (1880).

**AYYŪB KHĀN** ♦ Maréchal pakistanais et homme politique (prov. du N.-O. 1907 - Islamabad 1974). En 1958, il fomenta un coup d'État, renversa le président Iskandar Mirza et prit la tête du gouvernement, imposant une dictature militaire. En 1969, il abandonna le pouvoir au général Yahyā* Khān.

**AZAMBUJA (Diego DE)** ♦ Navigateur portugais du XVe s. qui, vers 1482, atteignit la Côte-de-l'Or, auj. Ghana.

**AZAÑA Y DÍAZ (Manuel)** ♦ Homme politique espagnol (Alcalá de Henares 1880 - Montauban 1940). Président du Conseil en 1931, il épura l'armée, engagea la lutte anticléricale. L'agitation du mouvement ouvrier anarchiste et la répression dont on le rendit responsable l'amenèrent à se retirer (1933). Acquis à la politique du Front populaire, il fut élu président de la République en 1936. En 1939, il se réfugia en France.

**AZARIAH** ou **OZIAS** ➝ **ÉTYM.** en hébr. *ʿazaryâh* « Yah(wèh) a aidé » ♦ Roi de Juda (–780 - –746). Appelé Azariah selon II Rois XV, 1-6 et Ozias selon II Chroniques, XXVI et les traductions.

**AZAY-LE-RIDEAU** [37190] ➝ **ÉTYM.** anc. *Asiacus,* de *Atius,* n. de pers., et suff. *-acum. Rideau,* de *Ridel,* n. d'un seigneur ♦ Ch.-l. de cant. d'Indre-et-Loire, arr. de Chinon. 3 100 hab. *(Ridellois).* Célèbre château édifié de 1518 à 1529 sur un îlot de l'Indre pour le financier G. Berthelot. Rappelant encore par sa silhouette la forteresse féodale flanquée de tours, Azay appartient à la Renaissance par le gracieux dessin de ses façades, la symétrie de son ordonnance et la recherche de sa décoration, directement inspirée de l'Italie. Église Saint-Symphorien des XIIe - XVe s. (façade carolingienne).

**AZEGLIO (Massimo TAPARELLI, marquis D')** ♦ Homme politique, peintre et auteur italien (Turin 1798 - *id.* 1866). Gendre de Manzoni, il exalta à travers des romans historiques la résurrection nationale italienne, autour du roi de Sardaigne (➝ **Risorgimento**). Blessé pendant la guerre contre l'Autriche (1848), il fut choisi par Victor-Emmanuel II pour former le premier cabinet après la défaite de Novare (1849). Il promulgua avec Cavour* des réformes judiciaires et mena une politique extérieure active. Mais il entra en conflit avec ce dernier, dont il jugeait les idées trop avancées, et s'effaça devant lui en 1852. Il ne remplit plus que quelques missions diplomatiques.

**AZERBAÏDJAN** n. m. ➝ **ÉTYM.** gr. *astropatēnē,* persan *Āzarbay ān,* du n. du satrape *Atropate* [*atropatēnē* étant sans doute un titre religieux (*pati-* « maître » et *ātar* « le feu »)] ♦ Région de l'Asie occidentale englobant la république d'Azerbaïdjan et les provinces du N.-O. de l'Iran. ▮ **Histoire** Après avoir fait partie du royaume d'Urartu*, l'Azerbaïdjan fut intégré aux empires mède et achéménide et, patrie de Zarathoustra, devint un haut lieu de la religion mazdéenne. Résistant à l'invasion grecque, Atropate, le satrape de la région, fonda le royaume de Médie Atropatène, qui demeura indépendant jusqu'à l'arrivée des Sassanides. Occupé par les Arabes et converti à l'islam au VIIe s., dominé par les dynasties seldjoukides, puis mongoles du XIe au XIVe s., l'Azerbaïdjan, dont la population d'origine iranienne devint turcophone et adopta l'azéri, connut une nouvelle prospérité sous la dynastie safavide* originaire d'Ardébil*. Au XIXe s., à la suite de plusieurs guerres, l'Iran céda à la Russie, par les traités du Gulistan (1813) et de Tourkmantchaï (1828), ses provinces situées au N. de l'Araxe*.

## AZERBAÏDJAN

▮ n. m. – off. ***République azerbaïdjanaise*** en turc ***Azärbayjan Respublikasi*** ♦ Pays d'Asie occidentale situé dans la partie orientale du Caucase méridional. 86 600 km². 8 239 600 hab. *(Azerbaïdjanais).* LANGUES : azeri (off.), arménien, russe. POPULATION : Azéris, 90,6 % ; Lesghines, 2,2 % ; Russes, 1,8 % ; Arméniens, 1,5 % ; Avars, 0,6 % (2001). RELIGIONS : musulmans chiites, 75 % ; musulmans sunnites, 25 %. MONNAIE : manat. CAPITALE : Bakou. RÉGIME : démocratie parlementaire. L'Azerbaïdjan englobe à l'O. la région autonome du Haut-Karabagh et au S.-O. la rép. autonome du Nakhitchevan.

▮ **GÉOGRAPHIE** Par sa position, l'Azerbaïdjan connaît un climat continental sec. La seule exception est le Lenkoran, au S., où l'on retrouve un climat chaud et humide, favorable à la culture du thé et des agrumes. La végétation de la plaine de la Koura est steppique, utilisée comme pâturage hivernal par un élevage ovin transhumant, les troupeaux gagnant l'été les pentes du Grand Caucase au N., les replats du Petit Caucase au S.-O. L'irrigation (barrage hydroélectrique de Mingacevir) a néanmoins permis l'extension de la culture du coton dans la plaine de la Koura et celle de la vigne et des vergers sur les piémonts.

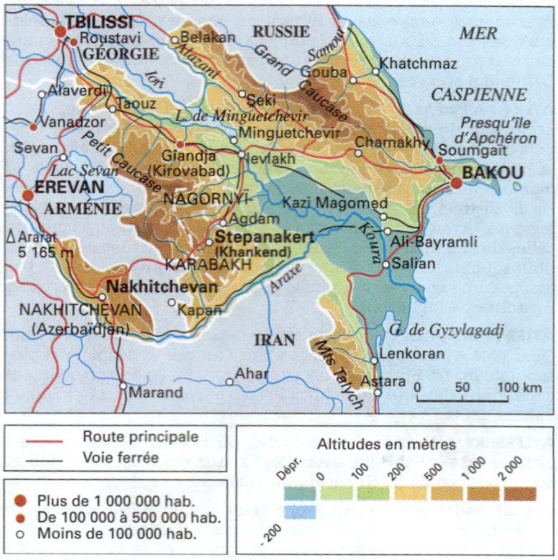


**Azerbaïdjan.**

**ÉCONOMIE** La richesse de l'Azerbaïdjan demeure liée au pétrole exploité dès le XIXe s. et sur lequel fut bâti, après 1917, un important secteur industriel. L'oléoduc reliant Bakou, Tbilissi (Géorgie) et Ceyhan (Turquie), inauguré en mai 2006, a fait perdre à la Russie le contrôle des voies d'acheminement du pétrole de la mer Caspienne au bénéfice des États-Unis. Il a été doublé d'un gazoduc Bakou-Tbilissi-Erzerum qui transporte le gaz de la mer Caspienne jusqu'en Turquie. Outre les hydrocarbures, l'industrie associe métall. du fer et de l'aluminium, chimie, indus. de transformation (réfrigération, électronique) mais il faut compter avec le départ des Arméniens et des Russes qui formaient une grande part de la main-d'œuvre qualifiée, avec des installations vétustes et une pollution grandissante. Il n'existe aucune répartition de la richesse économique issue du pétrole, d'autre part la corruption est très importante.

**HISTOIRE** Anc. république socialiste soviétique (→ **URSS**), indépendante depuis le 30 août 1991. Le conflit du Karabagh*, engagé avec l'Arménie* depuis 1988, continue de peser malgré le cessez-le-feu : 15 % du territoire sont contrôlés par les Arméniens. Dirigeant de l'ère soviétique, Guedar Aliev fut président de la République de 1993 à 2003 puis céda la place à son fils, Ilham Aliev dans un climat de vive contestation. Il a entamé un second mandat en 2008, l'année suivante la limite du nombre de mandats présidentiels a été abrogée et plusieurs lois sur la restriction des libertés ont été promulguées.

---

**AZERBAÏDJAN** ♦ Région d'Iran, à l'extrémité N.-O. du pays. 103 441 km$^2$. 7 702 263 hab. La région est formée par un haut plateau au relief accidenté culminant au cône de Sabalān (4 810 m). Elle est divisée en 3 provinces : Azerbaïdjan-Oriental (ch.-l. : Tabriz*), Azerbaïdjan-Occidental (ch.-l. : Ormiya*) et province d'Ardébil (ch.-l. : Ardébil*). Élevage ovin. Dans les vallées, culture de blé, orge, coton. Vergers. Construc. mécanique, sucrerie, cimenterie et raffinerie du pétrole.

**AZERGUES** n. f. ◆ ÉTYM. anc. *Aselica*, dér. gaul. de *Asa* (→ Anse) ♦ Riv. du dép. du Rhône (64 km), affl. de la Saône. Née dans les monts du Beaujolais, elle arrose Lamure-sur-Azergues et Anse et conflue en aval de Villefranche-sur Saône.

**Azhar (al-)** ◆ ÉTYM. ar. « la [mosquée] splendide » ♦ Mosquée-université du Caire, fondée par les Fatimides* en 973. Elle fut rebâtie au XIVe s. Ses étudiants viennent de tout le monde musulman. Elle joua un rôle très important dans l'Orient islamique et fut, pendant des siècles, l'arbitre de la pensée musulmane officielle. On y enseignait toutes les matières, mais surtout les sciences religieuses et juridiques. Menacée au XIXe s. et au début du XXe par la concurrence des formules occidentales d'enseignement, elle sut renouveler son programme et s'engager dans la voie des réformes au prix de certaines réticences internes.

**Azilien** n. m. ♦ Culture préhistorique du Mésolithique* (-8000), définie dans la grotte du Mas-d'Azil (Ariège) et caractérisée par un outillage microlithique, des harpons plats en bois de cerf et des galets peints de lignes et de points. Ses traces ont été retrouvées de l'Espagne cantabrique jusqu'à la Suisse.

**AZINCOURT** [62310] ◆ ÉTYM. « domaine (bas lat. *curtis*) d'Aizo (n. de pers. germ.) » ♦ Comm. du Pas-de-Calais, arr. d'Arras. 273 hab. *(Azincourtois)*. **Histoire** Durant la guerre de Cent Ans, Henri V d'Angleterre vainquit le parti français des armagnacs*, faisant de nombreux prisonniers dont le maréchal de Boucicaut et Charles d'Orléans (1415). Cette victoire, suivie de la conquête de la Normandie, permit à Jean sans Peur d'entrer dans Paris.

**AZNAR LÓPEZ (José Maria)** ♦ Homme politique espagnol (Madrid 1953). Rompant avec l'héritage franquiste, il s'attacha à faire du Parti populaire qu'il présida (1990 - 2004) une formation de droite moderne et libérale. Après la victoire de son parti aux élections législatives de 1996, il fut président du gouvernement jusqu'en 2004. → **Espagne.** ◆ ÉTYM. L'origine du nom *Aznar* est incertaine, peut-être du latin *Asinarius* « celui qui élève ou s'occupe des ânes » ou de l'arabe *hisn arn* « forteresse de feu » ou du basque *azenari* « renard, rusé » ou plutôt du germanique *Ishenhard* « caractère dur ». Pour *López* → López.

**AZNAVOUR (Varenagh AZNAVOURIAN, devenu Charles)** ◆ ÉTYM. abrév. de son vrai nom ♦ Auteur-compositeur, chanteur et acteur de cinéma franco-arménien (Paris 1924). Il composa des chansons pour Piaf, Gréco et Bécaud avant de mener une carrière d'interprète. Son style direct et descriptif, sa voix blessée et feutrée ainsi que la qualité de ses mélodies lui valurent dans les années 1960 une consécration internationale *(La Mamma ; Les Comédiens ; Je m' voyais déjà)*. Il a joué également dans de nombreux films dont *Tirez sur le pianiste* (1960), *Un taxi pour Tobrouk* (1961), *Le Tambour* (1979).

**AZORÍN (José MARTÍNEZ RUIZ, dit)** ♦ Écrivain espagnol (Monōvar, Alicante 1873 - Madrid 1967). Il donna son nom à la « génération de 98 », mouvement qui rassembla des écrivains soucieux du sort de l'Espagne dont ils recherchaient l'âme dans le passé lointain, dans les paysages. Après des débuts dans le journalisme où il fit figure de libéral, il écrivit *L'Âme castillane* (1900), *Les Confessions d'un petit philosophe* et *Antonio Azorín* (1903), personnage auquel il s'assimila et dont il prit le nom. Visant avant tout la limpidité du style, il essaya de saisir la vie profonde de son peuple : *La Route de Don Quichotte* (1905), *Espagne* (1909). Écrivain intimiste, il évoque avec sensibilité un pays dont il a senti les difficultés mais aussi le dynamisme latent.

**AZOV** ♦ V. de Russie, sur la mer d'Azov, près de l'embouchure du Don. 80 700 hab. Pêcheries. Construc. navales. Bonneterie. **Histoire** Fondée par des Génois au XIIe s., sous le nom de *Tana*, à l'O. du site de l'anc. colonie grecque de Tanaïs, la ville, conquise par les Turcs en 1471, assiégée par Pierre le Grand en 1696 et 1711, devint définitivement russe en 1774.

**AZOV** (mer d') ♦ Mer bordière de la mer Noire (37 555 km$^2$), entre l'Ukraine méridionale au N. et à l'O., la Crimée au S.-O. et la Russie (dépression du Kouban) à l'E. ; elle est ouverte sur la mer Noire au S. par le détroit de Kertch. Prof. moyenne, 8 m ; prof. max., 14 m. Débouché maritime du Donbass, elle reçoit au N.-E. le Don, au S.-E. le Kouban, et baigne les ports de Berdiansk, Marioupol, Taganrog au N., Rostov-sur-le-Don (port principal à l'estuaire du Don) et Azov au N.-E., et Kertch au S. Pêcheries.

**AZPEITIA** ♦ V. d'Espagne (Provinces basques), prov. de Guipúzcoa. 14 054 hab. Église gothique San Sebastián ; église Nuestra Señora de la Soledad (XVIe s.). Centre de pèlerinage (sanctuaire d'Ignace* de Loyola qui y naquit).

**AZRAËL** – en ar. *'Izrāīl* ♦ L'ange de la mort dans la tradition musulmane. Il joue le rôle d'intercesseur pour les âmes qui doivent comparaître devant Allah.

Mosquée al-**Azhar.**
Le Caire.
*Phot. ©R. Mattes/Explorer*

**AZTÈQUES** n. m. pl. ➔ **ÉTYM.** de *Aztlán* «l'endroit des aigrettes» ou «de la blancheur», leur lieu d'origine ♦ Nom donné aux représentants d'un peuple de la langue nahuatl établi au Mexique. Leur histoire est connue grâce aux vestiges archéologiques, aux chroniques espagnoles du XVIe s. et aux manuscrits graphiques des Mexicains (codex) : récits mythologiques et symboliques, ouvrages divinatoires, annales historiques et documents administratifs. Les Aztèques étaient sans doute originaires du nord, et leur présence semble attestée dès la fin du Xe s. en territoire toltèque. C'est après la destruction de Tula*, capitale des Toltèques*, en 1165 que les Aztèques auraient connu de longues pérégrinations avant de s'établir dans l'actuelle lagune de Mexico*. Ils firent allégeance aux Tépanèques d'Azcapotzalco et fondèrent leur capitale, Tenochtitlán, en 1325. Les Aztèques s'affranchirent de l'oppression des Tépanèques en 1428, après une alliance passée par leur souverain Itzcoatl avec la cité de Texcoco, capitale des Chichimèques. Les souverains Itzcoatl* (1427 - 1440), Moctezuma Ier (1440 - 1469), Axayacatl (1469 - 1481) et Auizotl (1486 - 1502) réalisèrent l'expansion qui aboutit à la domination de toute la Mésoamérique. La cité urbaine et lacustre de Tenochtitlán allait devenir au début du XVIe s. la plus grande capitale connue au monde. La société aztèque, très hiérarchisée, était divisée en deux grands groupes : les *pipiltin*, représentants du pouvoir, contrôlaient le fonctionnement de l'appareil administratif, économique, politique et religieux ; les *macehualtin*, gens du peuple, agriculteurs et artisans, étaient également chargés des travaux communautaires et constituaient la troupe de l'armée. L'économie reposait sur une agriculture très productive (mise en culture des zones lacustres par le système des *chinampas*) et sur la guerre (tributs payés par les cités conquises). La philosophie aztèque, fondée sur l'observation des astres et des phénomènes naturels, s'articule autour du concept de dualité, de complémentarité et d'opposition du mort et du vivant, du niveau céleste et du niveau souterrain (dans la division cosmogonique du monde), de l'astre lunaire et de l'astre solaire, etc. Les codex, réalisés en peau de cervidé tannée, découpée en bandes et pliée en accordéon, puis recouverte d'un fin stuc, étaient peints par les *tlacuiloques*, éduqués dans des écoles religieuses. Le système d'écriture est composé d'éléments idéopictographiques codifiés, et tous les éléments de l'image sont signifiants. L'art (architecture monumentale, sculpture, céramique, peinture murale) est remarquable par la coexistence d'un symbolisme poussé jusqu'à l'abstraction et d'un réalisme extrêmement détaillé. Les Espagnols, arrivés en 1519, s'emparèrent de l'empire (➔ **Cortés**). Le dernier souverain aztèque fut Cuauhtémoc*.

**Aztèques.** Statue de Coatlicue, déesse de la Terre, trouvée à Tehuacán. Musée national d'anthropologie, Mexico. *Phot. © Dagli Orti*

**Aztèques.** Bouclier de plumes. Württembergisches Landsmuseum, Stuttgart. *Phot. © Arch. Smeets*

**Azuchi-Momoyama** ♦ Période historique et artistique du Japon (1573 - 1598) coïncidant avec les dictatures d'Oda* Nobunaga et de Toyotomi Hideyoshi*, ainsi appelée du nom des lieux des deux demeures principales que ces hommes d'État se firent construire. Cette époque vit le triomphe d'une forme d'art très élaborée, caractérisée par le souci de la richesse du décor et de la grandeur, lequel se retrouve dans les cérémonies et les arts mineurs. La peinture de l'école des Kanō* marqua un des sommets de l'art japonais.

**AZUELA (Mariano)** ♦ Écrivain mexicain (Mexico 1873 - *id.* 1952). Il est l'auteur du plus connu des récits inspirés par la révolution mexicaine : *Ceux d'en bas* (1916). Ses autres romans *(Los Caciques, Pedro moreno, El insurgente, Precursores)* évoquent, sur un ton plein d'amertume et de pessimisme, la vie du peuple mexicain.

**AZUERO** (péninsule d') ♦ Péninsule de la rép. de Panamá, en bordure du Pacifique et délimitant le golfe de Panamá à l'O. Les archéologues y ont découvert des céramiques polychromes dont l'origine semble être péruvienne.

# B

**BÂ (Amadou Hampâté)** ♦ Écrivain malien (Bandiagara, Mali v. 1901 - Abidjan 1991). D'abord fonctionnaire dans l'administration coloniale, puis diplomate après l'indépendance, il s'attacha à recueillir et à transmettre la tradition orale de son pays. Il publia des textes historiques et sacrés de la tradition peule (*L'Empire peul du Macina,* 1955 ; *Koumen, textes initiatiques des pasteurs peuls,* 1961 ; *Aspects de la civilisation africaine,* 1972), un roman, *L'Étrange Destin de Wangrin* (1973), évocation de la vie tumultueuse et picaresque d'un interprète africain au temps de la société coloniale, et des mémoires (*Amkoullel l'enfant peul,* 1991 ; *Oui mon commandant !* posth. 1994).

**BÂ (Mariama)** ♦ Romancière sénégalaise de langue française (Dakar 1929 - *id.* 1981). Enseignante issue d'un milieu musulman traditionnel, elle milita pour les droits des femmes. Dans *Une si longue lettre* (1979), elle ose aborder les sujets tabous de la condition féminine : polygamie, absence de droits, obligations sociales et religieuses. Autre roman, publié à titre posthume, *Le Chant écarlate* (1981).

**BAADE (Walter)** ♦ Astronome américain d'origine allemande (Schröttinghausen 1893 - Göttingen 1960). Il introduisit la classification des populations stellaires en types I et II d'après leurs caractéristiques physiques et cinématiques, détermina les étoiles composant différentes galaxies, notamment le noyau de la nébuleuse d'Andromède, découvrit les astéroïdes Icare et Hidalgo et identifia comme galaxies en collision les radiosources extragalactiques. Il détermina les magnitudes des céphéides, ce qui l'amena à réviser toutes les distances astronomiques et à doubler les dimensions supposées de l'univers.

**BAADER (Franz Xaver VON)** ♦ Théologien et philosophe allemand (Munich 1765 - *id.* 1841). Sa pensée est une philosophie mystique où l'étude de la nature voisine avec les spéculations ésotériques, une vision du monde qui n'est pas sans rappeler celles de Böhme ou de Saint-Martin. Elle influença Schelling, Novalis, Stephens.

**BAADER (Andreas)** ♦ Terroriste allemand (1943 - Stuttgart 1977). Chef de file avec Ulrike Meinhof du mouvement Fraction Armée rouge qui de 1968 à 1972 engagea, par des attentats, une guérilla urbaine contre l'organisation politique et sociale de l'Allemagne de l'Ouest. Les chefs du groupe furent arrêtés en 1972, emprisonnés à Stuttgart-Stammheim, puis, après un long procès où J.-P. Sartre tenta d'intervenir, condamnés à la prison à vie. Des comparses tentèrent d'obtenir leur libération en enlevant le président du

**Baalbek.** *Phot. © Ivan Vdovin/JAI/Corbis*

patronat allemand H. M. Schleyer, qu'ils assassinèrent (oct. 1977). Baader se serait suicidé dans sa cellule. ◆ ÉTYM. *Ba(a)der* est un mot allemand qui signifie «barbier-chirurgien».

**BAAL** ◆ ÉTYM. dans les langues sémitiques occidentales *ba'al* «maître, seigneur» ; plur. *ba'alim* ♦ Titre cananéen, phénicien, araméen, donné à de nombreux dieux, mais qui s'appliqua par excellence au dieu Hadad* dont le culte tendit à englober celui des dieux locaux. Ces derniers ont pu conserver leur personnalité avant d'être eux-mêmes assimilés au dieu Zeus, mais ils ne nous sont parfois connus que par ce titre et un qualificatif : ainsi *Baal Saphon* (le mont Saphon, actuel Djebel el Aqra' au nord d'Ougarit), Hadad dans les textes de Ras-Shamra, *Baal Hamon* (le dieu de Carthage), *Baal Shamîm* («Seigneur des cieux»), *Baal Melkart* («le Roi de la ville», à Tyr), *Baal Péor* (nom d'une montagne de Moab) devenu notre Belphégor*. Les déesses portaient aussi le titre de «Dame» *(Ba'alat)* : c'est le cas de Tanit. Dans la Bible, «Baal», dieu des Cananéens auquel les Israélites semblent avoir été fidèles, est le symbole de l'idolâtrie et des «abominations» reprochées aux païens : si la «prostitution», image de l'infidélité pour les prophètes, témoigne peut-être de rituels hiérogamiques, les sacrifices humains (et notamment de premiers-nés) semblent avoir été exceptionnels ; mais nous ne savons rien des possibles «substitutions» (comme le rachat des premiers-nés dans la Bible), et la signification du «tophet» (mot repris à la Bible), retrouvé à Salambo (Carthage) est discutée : quelle qu'ait été la réalité de cette nécropole ou de ce lieu de sacrifices (nommés *molk* en phénicien), il n'a jamais existé de dieu Moloch. Enfin, c'est un phénomène de dépréciation habituel dans la Bible qui a transformé un *Baal Zebul*, «Baal le Prince», sans doute Hadad lui-même, en *Baal Zebub*, «Seigneur des mouches».

**BAALBAKKI (Leïla)** ♦ Romancière libanaise d'expression arabe (Beyrouth 1936). Née dans une famille musulmane traditionaliste, elle dénonce dans *Je vis !* (1958) et *Les Dieux-Monstres* (1960) le système de valeurs patriarcal et conservateur qui opprime la femme arabe.

**BAALBEK** ou **BALBEK** ◆ ÉTYM. en ar. *ba'albak*, du sémitique *ba'al* «seigneur» et *-bek*, p.-ê. altération du n. de la *Bekaa* – anc. ***Héliopolis*** ♦ V. du Liban située dans la plaine de la Bekaa, au pied du versant occidental de l'Anti-Liban, ch.-l. de prov. 14 000 hab. Archevêchés catholiques. ▪ Culture de fruits et élevage. ▮ **Histoire** Cité phénicienne, puis grecque *(Héliopolis)*, la ville devint colonie romaine sous le règne d'Auguste. Des temples dont on a conservé les vestiges y furent élevés à la gloire du soleil (temples de Jupiter, de Mercure, de Bacchus). La guerre civile a favorisé le pillage du site.

**BAARN** ♦ V. des Pays-Bas (prov. d'Utrecht), sur l'Eem. 24 375 hab. Comm. résidentielle. Siège d'institutions religieuses. Jardin botanique de l'université d'Utrecht dans le Cantonspark.

**Baas, Baath** ou **Ba'th** ♦ Parti de la «Résurrection» (ou «Renaissance») arabe, né en 1952 de la fusion du parti fondé en 1940 par M. Aflaq et Salah al-Din Bitar et du parti socialiste arabe (d'Akram Haurani). Ce parti, tout à la fois nationaliste panarabe et socialiste, tenta de former des groupes dans divers pays arabes (→ **Irak, Syrie**).

**BAASA** ♦ Roi d'Israël (de –909 à –886). Usurpateur, il mit à mort Nadab et toute la maison de Jéroboam* Ier. Récit biblique : I Rois, XV, 27 - XVI, 7.

**BĀB (le) [Mīrzā 'Alī Muḥammad]** ◆ ÉTYM. ar. «porte» ♦ Chef religieux iranien (Chirāz 1819 - Tabriz 1850). Il fonda en 1844 une secte religieuse musulmane et s'attribua le titre de *Bāb*. Par la suite, Mīrzā 'Alī se proclama comme le mahdi* attendu par les chiites et mit en place une religion nouvelle. Un puissant mouvement populaire le suivit. Les musulmans sunnites* condamnèrent la secte *babiste* et le gouvernement perse la réprima. Le fondateur fut arrêté et exécuté et ses disciples persécutés. Avant de mourir, Mīrzā 'Alī passa son autorité spirituelle à son jeune disciple Mīrzā Yaḥyā, surnommé Ṣubḥ al-Azal («L'Aurore de l'Éternité»).

**BABAR** ◆ ÉTYM. p.-ê. de *bébé* et *papa* ♦ Personnage de livres pour enfants, créé et dessiné par JEAN DE BRUNHOFF (1899 - 1937) en 1931. Les aventures de ce roi des éléphants au costume «d'une agréable couleur verte», de son épouse Céleste, de ses enfants Pom, Flore et Alexandre, de son cousin Arthur, du vieux général Cornélius et de la Vieille Dame, commencées avec *Histoire de Babar le petit éléphant*, se prolongent sur une vingtaine d'albums, les derniers étant écrits par LAURENT DE BRUNHOFF (né en 1925), fils de Jean. L'*Histoire de Babar* a été mise en musique par Francis Poulenc (1945).

**BABBAGE (Charles)** ♦ Mathématicien, astronome et économiste britannique (Teignmouth 1792 - Londres 1871). Afin de pouvoir dresser des tables mathématiques et astronomiques exactes, il imagina deux machines à calculer, l'une à différences et l'autre analytique, qui devaient combiner les possibilités d'une calculatrice et celles des cartes perforées. Malgré l'aide financière du gouvernement, il ne parvint jamais à les construire. On le considère néanmoins comme un pionnier de l'informatique.

**BABBITT (Milton)** ♦ Compositeur et théoricien américain (Philadelphie 1916). Enseignant à Princeton (musique et mathématiques), il pratiqua le sérialisme* et l'électroacoustique de façon particulièrement radicale et abstraite.

**Babbitt** ♦ Roman de Sinclair Lewis* (1922). À travers le long récit de la vie de George F. Babbitt, agent immobilier, l'auteur se livre à une satire impitoyable de la classe moyenne aux États-Unis, marquée par la tradition puritaine, individualiste et avide de réussite matérielle. Largement inspiré par les méthodes du naturalisme, ce roman fit la célébrité de son auteur et dut son succès à une intrigue foisonnante, riche de personnages secondaires et suffisamment complexe pour ne jamais verser dans la caricature, malgré la cruauté du propos.

**BABEL (Issaak Emmanouilovitch)** ♦ Écrivain soviétique (Odessa 1894 - 1940). D'origine juive, il analysa avec une sensibilité pénétrante la vie de son époque, évoquant la guerre civile dans *Cavalerie rouge* (1926) et décrivant le petit monde de sa ville natale dans *Contes d'Odessa* (1931). Également auteur de nouvelles et de pièces de théâtre (*Crépuscule*, 1928 ; *Maria*, 1935), il a laissé un roman inachevé (*Bolchaïa Krinitsa*, 1931) ; accusé de trotskisme, il fut arrêté en 1939 et exécuté.

**BABEL** ♦ Nom hébreu de Babylone*. La *tour de Babel*, dans la Genèse, XI, 1-9, est un haut édifice que les hommes bâtissent pour se rapprocher des cieux. Dieu, jaloux de sa suprématie, introduit la diversité des langues, l'entreprise échoue et les races se dispersent. On reconnaît là une allusion aux tours à étages babyloniennes *(ziggourats)*.

La tour de **Babel.** Tableau de Bruegel l'Ancien.
Huile sur bois (1,14 × 1,55 m), Kunsthistorisches Museum, Vienne.
*Phot. © akg-images*

**BAB EL-MANDEB** ou **BĀB AL-MANDAB** ◆ ÉTYM. ar. «la porte *(bāb)* de la lamentation *(el mándeb)*» ♦ Détroit qui fait communiquer la mer Rouge* et le golfe d'Aden*, entre le Yémen (Arabie) et le N. de Djibouti. Env. 30 km de large. Passage obligé des navires se rendant en Extrême-Orient par le canal de Suez.

**BABENBERG** ◆ ÉTYM. anc. *Babenberch*, du n. d'un château («le mont *[berch]* de Babo [n. de pers.]») ♦ Famille qui reçut de l'empereur Othon le Grand, en 976, la Marche autrichienne transformée en 1156 en duché héréditaire. La dynastie régna sur le duché jusqu'à son extinction, à la mort de Frédéric II le Batailleur (1246).

**BĀBER** → Bābur

**BABEUF (François Noël, dit Gracchus)** ♦ Révolutionnaire français (Saint-Quentin 1760 - Vendôme 1797). Alors qu'il était administrateur du district de Montdidier, il écrivit sur le problème de la répartition des terres et la loi agraire. Venu à Paris (1793), il passa une partie de la Terreur en prison. Après le 9 Thermidor, il fonda le journal *Le Tribun du peuple* où il exposa ses théories communistes (influencées par le *Code de la Nature* de Morelly*) visant à l'établissement de la société des Égaux. Rallié aux positions de Robespierre (1795), il tenta en 1796 avec ses adeptes et amis (parmi lesquels Buonarroti*, Darthé et Maréchal*) de renverser le Directoire (conspiration des Égaux*). Dénoncée à Carnot, la tentative échoua ; Babeuf fut arrêté et exécuté. Le babouvisme tel qu'il s'exprime chez Babeuf et dans le *Manifeste des égaux* (rédigé par Sylvain Maréchal) a pour fondement l'égalitarisme absolu ; il préconise la suppression de la propriété privée et un communisme agraire de la répartition. Il eut de nombreux adeptes (néobabouvisme : Dézamy, Lahautière*, Laponneraye*) et Marx, lui-même, souligna l'importance de son apport à la pensée et à l'action révolutionnaires. ◆ ÉTYM. Ce nom de famille vient de *Babœuf*, nom de lieu dans l'Oise.

**BABILÉE (Jean GUTMANN, dit Jean)** ♦ Danseur et chorégraphe français (Paris 1923). Ses multiples interprétations de *L'Oiseau de feu**, de *Giselle** et du *Spectre de la rose*, ainsi que ses créations (*Le Jeune Homme et la Mort*, livret de Jean Cocteau, chorégraphie de R. Petit, *Œdipe et le Sphinx*, chorégraphie de Livchine) lui valurent un succès international. Il est le chorégraphe de plusieurs ballets (*L'Amour et son amour*, 1948 ; *Till Eulenspiegel*, 1949 ; *Le Camé-*

*léopard,* 1956). En 1952, il a réalisé des films : *Giselle* et *Le Spectre de la rose.* Dans les années 1960, il s'est tourné vers le théâtre (*Le Balcon,* de J. Genet).

**BABINET (Jacques)** ♦ Physicien et astronome français (Lusignan 1794 - Paris 1872). Inventeur d'un hygromètre, d'un polariscope à compensateur et d'un goniomètre à réflexion. [Acad. sc. 1840]

**BABINSKI (Joseph)** ♦ Médecin français d'origine polonaise (Paris 1857 - *id.* 1932). Ses travaux sur la pathologie nerveuse l'amenèrent à isoler, à décrire et à étudier de nombreux signes et syndromes caractérisant des maladies de la moelle épinière, du cerveau et du cervelet, en particulier le *signe de Babinski,* altération du réflexe plantaire due à une lésion du faisceau pyramidal.

**babisme**

n. m. ♦ Doctrine du Bāb* Mīrzā ʿAlī Muḥammad. Historiquement, le babisme vient du cheïbhisme, branche du chiisme duodécimain. Le concept de *bāb* («porte»), originellement appliquée à ʿAlī, est un accès direct à l'Imam caché. L'évolution de la doctrine (exposée dans le *Bayān,* «explication») amena l'abrogation du Coran, l'égalité des hommes et des femmes et l'instauration d'un nouveau culte. La plupart des babis adhérèrent au bahaïsme*, mais il en demeure encore en Iran.

**BABITS (Mihály)** ♦ Poète hongrois (Szekszárd 1883 - Budapest 1941). Après des études de littérature à l'université de Budapest, il enseigna dans différents lycées. Il dut quitter son poste pendant la Première Guerre mondiale, du fait de son pacifisme, et se consacra à la littérature, dirigeant la revue *Occident.* Babits est un poète intellectuel, un humaniste profondément religieux, au style ciselé et concis. Outre des recueils de poésie, *Feuilles de la couronne d'Iris* (1909), *Prince peut-être arrivera, l'hiver aussi* (1911), *Récitatif* (1916), *La Vallée de l'inquiétude* (1920), il publia des romans à thème religieux et autobiographiques, *Le Fils de Virgil Timár* (1922), *Les Fils de la mort* (1927) ainsi qu'une *Histoire de la littérature européenne* (1934). Il traduisit des œuvres de Sophocle, *La Divine Comédie* de Dante, des œuvres de Shakespeare.

**BABORS** (chaîne des) ♦ Chaîne montagneuse d'Algérie constituant l'essentiel de la Petite Kabylie ou Kabylie des Babors qui domine le golfe de Béjaïa. Elle culmine à 2 004 m au Grand Babor.

**BABRIAS** ou **BABRIOS** – latinisé en ***Babrius*** ♦ Fabuliste grec du IIe ou IIIe s., versificateur des fables d'Ésope*.

**BABROUISK** – anc. ***Bobrouisk*** ♦ V. de Biélorussie, région de Maguilev, sur la Bérézina. 227 700 hab. Indus. alimentaire. Traitement du bois. Tanneries. Fabrication de pompes destinées à l'extraction hydraulique de la houille. Équipements pour l'indus. du pétrole, machines agricoles. Caoutchouc industriel.

**BABUL** – anc. ***Barfuruch*** ♦ V. d'Iran (Mazandéran), près de la mer Caspienne. 201 335 hab.

**BĀBUR [Ẓahêr al-Dīn Muḥammad]** ♦ Souverain turc (Fergana 1483 - Agra 1530). Descendant de Tamerlan*, originaire du Turkestan* et roi de Kaboul* (1504). Il conquit Samarkand* en 1511 et, invité par des sultans indo-musulmans, pénétra en Inde. En 1526, il battit à Panipat le sultan de Delhi*, occupa toute la vallée du Gange et fonda l'Empire moghol* après avoir abattu la puissance des chefs afghans du Bihar* (→ **Agra**). Son fils Humāyūn* lui succéda et fut le premier souverain effectif de la dynastie fondée par son père. Ce dernier laissa des *Mémoires* écrits en turc, utiles à l'histoire de son temps. Son fils les transcrivit en persan.

**BABYLONE** ◆ **ÉTYM.** en sémitique ***Bab-Ili*** «la porte du dieu», dans la Bible ***Babel*** ♦ Anc. ville de Mésopotamie, sur l'Euphrate. Auj. ruines à 160 km de Bagdad (fouilles par Koldewey*, 1899).

**▌HISTOIRE ▌Les Amonites, les Kassites, Les Assyriens** Peuplée de Sémites (langue akkadienne) et mentionnée dès le -XXIIIe s. où elle se révolta contre la dynastie d'Akkad, Babylone fut gouvernée par la dynastie amorrhéenne (→ **Amorites**) établie vers -1830. Celle-ci atteignit son apogée sous Hammourabi* (vers -1730 - -1687) qui imposa sa domination à la Mésopotamie méridionale (pays de Sumer) et à l'Assyrie*, et sous son successeur Samsu*-Iluna. Babylone, capitale de l'empire, fut alors le foyer d'une civilisation qui resta celle de l'Asie antérieure pendant quinze siècles (jusqu'à l'importation de l'hellénisme par Alexandre le Grand). Pillée par les Hittites* (-1530), elle fut dominée ensuite par les Kassites*, dont le dernier souverain fut déposé en -1160 par les Élamites (→ **Shutruk-Nahhunté Ier**). Elle retrouva son indépendance sous Nabuchodonosor* (vers -1137) puis traversa le «temps de la confusion» avant de tomber sous la domination des Assyriens aux -VIIIe--VIIe s. (→ **Teglath-Phalasar III, Sargon II, Sennachérib, Assarhaddon, Assurbanipal**). **▌L'Empire néobabylonien** (→ **Chaldée**) fut fondé par Nabopolassar* en -625. Allié aux Mèdes qui prirent Ninive en -612, il se libéra de l'Assyrie en dépit de l'intervention de Néchao* II, roi d'Égypte, vaincu à Karkemish par Nabuchodonosor* II (-605). Celui-ci étendit ses conquêtes en Syro-Palestine, en Phénicie et prit Jérusalem (-597 puis -587). Parallèlement il rendit son éclat à la ville en élevant les édifices que nous connaissons par les fouilles et qui furent célèbres dans l'Antiquité (récit d'Hérodote) : double enceinte et porte d'Ishtar, canal de l'Euphrate au Tigre, palais royal, temple de Bel-Marduk, ou *Esagil,* et sa ziggourat Étemenanki (→ **Babel**), jardins suspendus considérés par les Anciens comme l'une des Sept Merveilles du monde (attribués parfois à la légendaire Sémiramis*). **▌Le déclin** Sous Nabonide* et Balthasar*, l'empire déclina et devint province perse après la conquête de Cyrus* II (-539). Ce dernier autorisa le retour des Juifs en Judée (→ **Esdras, Néhémie**) et fit de Babylone la capitale de l'empire des Achéménides*. Darios* Ier et surtout Xerxès* Ier en -482 précipitèrent le déclin de la ville en réprimant des révoltes. Alexandre* le Grand s'en empara en -331 et tenta de la reconstruire après l'avoir choisie pour capitale, mais y mourut en -323. Séleucos Ier l'abandonna pour Séleucie, nouvelle capitale fondée en -300.

**▌LA CIVILISATION** Elle est connue non seulement par les écrivains classiques (Hérodote), mais par l'archéologie et par des centaines de milliers de tablettes en caractères cunéiformes représentant tous les aspects de la vie intellectuelle et quotidienne : textes religieux et littéraires, formules divinatoires et magiques, observations astronomiques (à fonction essentiellement religieuse), diagnostics médicaux (la médecine restant à la fois empirique et magique), problèmes mathématiques (comportant la théorie de l'équation du second degré et de systèmes à plusieurs inconnues), contrats entre particuliers nous renseignant sur l'activité commerciale et attestant la toute-puissance des marchands. Le droit et les institutions sont connus par plusieurs «codes» ou recueils d'arrêts, le plus célèbre étant celui de Hammourabi*. L'économie reposait principalement sur l'agriculture, favorisée par la fertilité naturelle de la Mésopotamie et les techniques d'irrigation, et sur la propriété foncière ; l'artisanat, privé ou d'État, constituait une activité complémentaire ; le commerce laissait libre cours à l'initiative individuelle et, en période d'unité politique, opérait dans toute la Mésopotamie et à l'étranger (premières «banques d'affaires» à l'époque néobabylonienne).

**▌LA RELIGION ET LA LITTÉRATURE** Elles héritèrent des conceptions sumériennes, réinterprétées selon le génie propre des Sémites, moins abstrait, plus organisateur, plus pieux ; les textes classiques (*Poème de la Création** ; *Épopée de Gilgamesh* [→ **Gilgamesh**] ; *Descente d'Ishtar aux enfers* [→ **Ishtar**]), mis en forme au cours du premier Empire babylonien, se transmirent pendant plus d'un millénaire et gagnèrent l'Assyrie où ils nous furent conservés par la bibliothèque de Ninive*. L'importance de la religion était telle que Babylone devint une terre sainte, respectée même de l'ennemi assyrien (→ **Assyrie**). La principale fête était celle du nouvel an (*akitu*), renouvelant la victoire de Marduk sur les forces du chaos (récitation du *Poème de la Création*). Panthéon → **Adad, Anu, Ishtar, Marduk, Nabu, Shamash, Sin, Tammuz.**

**BABYLONIE** n. f. ♦ Anc. contrée de l'Asie antérieure, située dans la Mésopotamie inférieure. → **Sumer, Akkad, Babylone, Chaldée.**

**BACALL (Betty Joan PERSKE, dite Lauren)** ◆ **ÉTYM.** *Lauren,* prénom choisi par Howard Hawks ; *Bacall* : de *Bacal,* n. de sa grand-mère [le second *l* fut rajouté pour faciliter la prononciation] ♦ Actrice américaine (New York 1924). Élégante, racée, elle séduisit Humphrey Bogart dans *Le Port de l'angoisse* (Howard Hawks, 1945) et devint son épouse et sa partenaire attitrée (*Le Grand Sommeil, Les Passagers de la nuit, Key* Largo*). Après la mort de Bogart, elle n'a plus fait que de brèves prestations (*Le Crime de l'Orient-Express,* 1974).

**BACĂU** ♦ V. de Roumanie, en Moldavie, ch.-l. de district. 178 203 hab. Centre industriel très actif : aéronautique, électrotechnique, machines-outils, textile.

**BACCARAT** [54120] ◆ **ÉTYM.** étym. incert. (l'étym. du n. de *Bacharach,* v. de Rhénanie semble douteuse) ♦ Ch.-l. de cant. de la Meurthe-et-Moselle, arr. de Lunéville, sur la Meurthe. 4 746 hab. (aggl. 5 317) (*Bachamois*). Célèbre cristallerie fondée en 1764. Musée du cristal.

**BACCELLI (Guido)** ♦ Médecin italien (Rome 1832 - *id.* 1916). Il fit des recherches sur la pathologie du cœur et de l'aorte, le paludisme, le traitement du tétanos.

**BACCHANTE** n. f. ♦ Dans la mythologie grecque et romaine, femme du cortège de Dionysos* (Bacchus). Les Bacchantes (ou Ménades, Thyades) sont représentées sur les céramiques ou dans les sculptures antiques, échevelées et fougueuses, vêtues de peaux de bêtes ou de robes légères et transparentes. Ce thème a été repris par les artistes de la Renaissance et des Temps modernes (*Bacchanales* de Titien, de Poussin).

Les **Bacchantes** – en gr. ***Bakkhai*** ♦ Tragédie posthume d'Euripide* (-405). Pour l'hostilité dont il a témoigné envers le culte de Dionysos, Penthée, roi de Thèbes, est mis en pièces par les Bacchantes. Animée par le mépris de la religion olympienne au bénéfice de la religion dionysiaque, l'œuvre est riche de lyrisme et de tension dramatique.

**BACCHELLI (Riccardo)** ♦ Écrivain italien (Bologne 1891 - Monza 1985). Collaborateur de la revue *La Voce* puis de la non moins illustre *Ronda,* il s'inscrit dans la tradition littéraire du XIXe s. Plus que ses poésies (*Poèmes lyriques,* 1914 ; *Paroles d'amour,* 1935), on retiendra son théâtre (*Hamlet,* 1919 ; *L'Aube de l'ultime soir,* 1949 ; *Nostos,* 1957), subtilement dialectique même lorsqu'il «s'engage», et surtout son œuvre romanesque avec *La Folie Bakounine* (*Il Diavolo a Pontelungo*, 1927), *Le Regard de Jésus* (1948), *Le Fils de Staline* (1953), qui culmine dans *Le Moulin du Pô* (1938 - 1940), vaste trilogie historique à l'écriture tantôt virtuose, tantôt épique, qui retrace le destin de quatre générations d'Italiens du peuple. Il a également donné des essais historiques et critiques.

**BACCHUS** ♦ Nom latinisé de *Bacchos*, autre appellation de Dionysos (→ **Dionysos**).

**BACCHYLIDE** – en gr. ***Bakkhulidês*** ♦ Poète lyrique grec (Céos –518 ou –510 - –450). Neveu et élève de Simonide*, il vécut à la cour de Hiéron, tyran de Syracuse, en même temps que Pindare*, dont il fut le rival et parfois l'imitateur. Un papyrus découvert en 1897 comprend 14 de ses *Épinicies* (ou *Odes triomphales*) et des fragments de 6 autres poèmes (env. 1 400 vers au total).

**BACCIOCHI (Félix Pascal)** ♦ Officier français (Ajaccio 1762 - Bologne 1841). Époux d'Élisa Bonaparte* (1797), il fut couronné prince de Lucques* et de Piombino* en 1805. ♦ **Félix Bacciochi** (mort en 1886). Neveu du précédent. Il fut chargé de missions diplomatiques en 1852 et nommé premier chambellan par Napoléon III.

**BACH** ♦ Famille de musiciens originaires de Thuringe, dont les membres ont exercé durant deux siècles et demi, dans les villes et les villages de cette province, les fonctions d'organistes et de chantres. Clavecinistes, violonistes, ils furent souvent des professeurs et des facteurs d'instruments. Luthériens fervents, attachés à leur sol et à leurs traditions, succédant le plus souvent à leur père ou à leur beau-père, épousant la fille d'un confrère ou même la femme d'un frère quand celui-ci mourait jeune, ils fondèrent des familles toujours nombreuses. De cette importante lignée qui essaima dans les duchés de Saxe (Weimar-Eisenach, Gotha-Cobourg, Meiningen) et la principauté d'Arnstadt, Jean-Sébastien Bach* est le représentant le plus illustre. Une quarantaine d'autres noms s'en détachent, musiciens d'un honorable mérite ou d'un grand talent, comme plusieurs des fils de J.-S. Bach. L'ancêtre de la famille le plus anciennement connu est HANS BACH (né v. 1520). Des frères de J.-S. Bach, on retiendra les noms de JOHANN CHRISTOPH (1671 - 1721), organiste à Ohrdruf, et JOHANN JACOB (1682 - 1732), hautboïste au service de l'armée suédoise. Bien que nombreuse, la descendance de J.-S. Bach (sept enfants de Maria Barbara et treize enfants d'Anna Magdalena, dont beaucoup moururent jeunes) s'éteignit dans les mâles avec WILHELM FRIEDRICH ERNST (1759 - 1845). ▸ **ÉTYM.** Ce nom de famille allemand signifie «ruisseau».

**BACH (Johann Sebastian,** dit en fr. **Jean-Sébastien)** ♦ Compositeur allemand (Eisenach 1685 - Leipzig 1750). **▮ La formation** Fils du musicien JOHANN AMBROSIUS BACH (1645 - 1695), il devint orphelin à dix ans et fut élevé à Ohrdruf par son frère aîné JOHANN CHRISTOPH BACH (1671 - 1721), élève de Pachelbel. Tout en poursuivant ses études au lycée de la ville, il apprit le clavecin et l'orgue avec son frère. D'abord choriste à Ohrdruf, il quitta cette ville pour Lunebourg (1700) où il travailla la composition sous la direction de l'organiste G. Böhm*. Reçu au château de Celle, proche de Lunebourg, il eut la révélation de quelques musiciens français du XVIIe s. (Marchand, Couperin, Corrette). **▮ 1704 - 1717 Arnstadt, Lübeck, Mühlhausen, Weimar** Nommé organiste à Arnstadt, il y composa sa première cantate (1704) et se fit rapidement une réputation de virtuose et d'improvisateur. Pour rencontrer le grand organiste danois Buxtehude* à Lübeck, il entreprit un long voyage à pied (1705) mais, au retour, il perdit sa tribune. Ainsi, chez Bach, l'esprit d'indépendance, l'humeur intransigeante et l'ambition déçue, tour à tour, se trouvent à l'origine de ses nombreux déplacements, durant une vingtaine d'années. On le retrouve alors organiste à Mühlhausen, en Thuringe (1707) ; il épouse, la même année, sa cousine MARIA BARBARA (1684 - 1720) qui lui donnera sept enfants. C'est à Mühlhausen qu'il fit exécuter plusieurs cantates nouvelles (dont *Actus tragicus* et *Gott ist mein König*, 1708). Il se rendit ensuite, à l'invitation du duc Wilhelm Ernst, à Weimar, où il devait séjourner neuf années (1708 - 1717), exerçant les fonctions d'organiste puis de 1er violon solo (1714). Durant cette période heureuse, il composa de nombreuses œuvres pour orgue (*Toccata en ré mineur, en ré majeur*, 1709 ; *Alla breve en ré mineur*, 1709 ; *Grande passacaille en ut mineur*, 1716 ; *Orgelbüchlein*, 1717), des cantates, des pièces pour clavecin, des concertos pour clavecin dont plusieurs sous l'influence des maîtres italiens. **▮ 1717 - 1722 Köthen** À la suite d'une déception, il quitta Weimar pour la cour de Léopold d'Anhalt-Köthen (1717). Ce prince calviniste et fin musicien lui témoigna une vive amitié dont profita son génie qui atteignait alors la maturité. De cette époque datent de nombreuses œuvres instrumentales qui comptent parmi les plus importantes de sa production dans ce genre : *Fantaisie chromatique et fugue pour clavecin, Suites anglaises, Suites françaises* ; *Klavierübung*, premier livre du *Clavier** (souvent dit *Clavecin*) *bien tempéré (Das wohltemperierte Klavier)*, pièces à caractère didactique, et diverses pièces (sonates, partitas) pour la flûte, le clavecin ou le violon ; 2 concertos pour violon (en *la* mineur et *mi* majeur), 1 concerto pour deux violons en *ré* mineur ; 2 suites en *do* majeur et *si* mineur ; enfin, les *Six Concertos* brandebourgeois* que Bach dédia au margrave Christian Ludwig de Brandebourg (1721), chefs-d'œuvre du genre. En 1720, Maria Barbara mourut et, quelques

Jean-Sébastien **Bach.** Tableau de E. G. Haussmann, détail. Stadtgeschichte Museum.
*Phot. © Gloria Lunel/Ricciarini*

mois plus tard, Jean-Sébastien se remariait avec la chanteuse ANNA MAGDALENA WÜLKEN (1701 - 1760) dont il aura treize enfants. **▮ 1723 - 1750 Leipzig** Enfin, il fut nommé *cantor* à l'église Saint-Thomas de Leipzig (1723) où il se vit étroitement soumis au Conseil de la Ville, devant enseigner la musique aux élèves de la Thomasschule et fournir, chaque semaine, et pour toutes les fêtes, de la musique à quatre églises, sans pouvoir la faire interpréter autrement que par une chorale formée d'élèves turbulents et un médiocre orchestre. J.-S. Bach remplit scrupuleusement sa fonction mais ne put éviter les tracasseries de ses employeurs, tentant en vain de faire rendre justice à ses compositions. Celles-ci correspondent à cinq séries annuelles complètes pour tous les dimanches et toutes les fêtes (environ 300 cantates, dont près de 200 seulement nous sont parvenues, fruit d'un travail extraordinairement régulier et rapide). Cependant, ni les contraintes de son emploi, ni de sérieux soucis de famille, ni les voyages (séjour à Potsdam, à la cour de Frédéric II, qui lui inspirera *L'Offrande* musicale*, 1747) ne purent le distraire de la composition de quelques-uns parmi ses chefs-d'œuvre : *Magnificat* (1723), *Passion* selon saint Jean* (1724), *Passion* selon saint Matthieu* (1727), *Passion selon saint Marc* (1731), *Messe en si mineur* (v. 1733 - 1749), *Oratorio de Noël* (1734), 21 chorals (1739), second livre du *Clavier bien tempéré* (1740 - 1744), *Klavierübung* (4 livres, 1726 - 1742). Alors qu'il travaillait à *L'Art* de la fugue* (1749), sa santé s'altéra gravement : souffrant de troubles oculaires, il fut opéré par un célèbre chirurgien anglais, mais sans succès, et perdit complètement la vue. Il mourut le 28 juil. 1750. **▮ La «découverte» de Bach** Virtuose universellement admiré mais compositeur discuté, réputé difficile ou démodé de son vivant même, J.-S. Bach n'a commencé à susciter vraiment l'intérêt des connaisseurs que près d'un siècle après sa mort. Pour le tirer d'un oubli relatif, il fallut l'initiative du jeune F. Mendelssohn* révélant successivement au public allemand la *Passion selon saint Matthieu* (1829) et la *Passion selon saint Jean* (1833). Il fallut aussi l'enthousiasme de Hegel et de Schumann pour inspirer aux éditeurs Peters (pour la musique d'orgue et les chorals) et Breitkopf (pour les cantates) l'idée d'une publication de l'œuvre complète. C'est le but que se fixa la première Société Bach (Bachgesellschaft, 1850). Elle l'atteindra à la fin du siècle (46 vol. publiés en 1900). En outre, les travaux érudits de Philipp Spitta (*J.-S. Bach*, 1873 - 1880), l'action militante de nombreuses sociétés musicales en Allemagne (Bachvereine) et en France (Schola Cantorum de Vincent d'Indy et Société J.-S. Bach de Gustave Bret), l'apostolat de grands artistes (C. M. Widor, G. Fauré, C. Franck) ont préparé un juste retour du public à l'œuvre monumentale de l'auteur des *Passions*. **▮ L'œuvre** Cette œuvre est celle d'un artisan respectueux des traditions de sa profession, rempli d'humilité devant ceux qu'il tient pour ses modèles et qui souvent lui sont inférieurs, qu'ils soient allemands, italiens ou français. Œuvre d'un architecte pour qui toute construction procède de la raison mathématique et s'accomplit dans un heureux équilibre des proportions. Œuvre enfin d'un croyant à la foi robuste, dont la conception de l'homme et de l'univers est inséparable de la vérité révélée par la religion luthérienne. Tendant avec l'âge vers des formes d'expression toujours plus abstraites et plus épurées, J.-S. Bach a réalisé avec force la synthèse de la tradition musicale du Nord et du Midi, du passé médiéval et d'un avenir dont il a su inventer les premiers éléments du langage. Synthétisant et portant à leur pleine expression toutes les possibilités de la musique tonale (*Le Clavier bien tempéré, L'Art de la fugue*), il en prépara la transgression, germe des évolutions futures de la musique occidentale. Tour à tour ou simultanément polyphoniste et monodiste, il a élaboré un art que caractérisent tantôt une austérité rigoureuse tantôt l'invention la plus élégante. Maître du contrepoint et de l'harmonie, doué d'une féconde imagination mélodique, il est aussi un grand poète visionnaire qui tire la puissance de ses accents de la prodigieuse richesse de sa vie intérieure.

**BACH (Wilhelm Friedemann)** ♦ Compositeur allemand (Weimar 1710 - Berlin 1784). Fils aîné de J.-S. Bach et de Maria Barbara. Élève de son père qui composa pour lui des œuvres pour orgue et pour clavier, il acquit rapidement une réputation de virtuose. Des études de droit (Leipzig, 1729) ne l'éloignèrent pas de la musique puisqu'on le retrouve successivement organiste à Dresde (1733) et à Halle (1746). En 1764, il abandonna tout poste fixe, avant de s'installer à Brunswick (1770) puis à Berlin (1774). D'humeur ombrageuse, instable, vivant d'expédients (il mit en gage des manuscrits de son père), il mourut dans la misère. ▪ Auteur d'une messe, de cantates, d'œuvres pour orgue, il a surtout composé pour le clavier (sonates, fugues, polonaises, fantaisies, une dizaine de concertos). Il est un des premiers musiciens à avoir fixé la forme sonate ainsi que celle du concerto pour piano moderne.

**BACH (Carl Philipp Emanuel)** ♦ Compositeur allemand (Weimar 1714 - Hambourg 1788). Deuxième fils de J.-S. Bach et de Maria Barbara. Filleul de Telemann*, il fut l'élève de son père pour la composition et le clavecin. Dès 1734, à Francfort-sur-l'Oder, il enseigna cet instrument en même temps qu'il dirigea des concerts. Appelé à la cour du prince héritier de Prusse (1738), il fut nommé par celui-ci, devenu le roi Frédéric II (1740), claveciniste et musicien de cour. Virtuose du clavecin et brillant improvisateur, théoricien du clavier, il publia durant son séjour à Berlin un important traité sur l'art de cet instrument (*Versuch über die wahre Art das Klavier zu spielen*, 1753 - 1762). Appelé ensuite à Hambourg pour succéder à Telemann (1767), il y poursuivit jusqu'à sa mort la composition d'une œuvre qui compte parmi les plus significatives du XVIII^e^ s. musical. De cet imposant ensemble se détachent 3 oratorios, des passions (pour la plupart perdues), des cantates et des lieder, 18 symphonies, une cinquantaine de concertos pour clavecin, de la musique de chambre, plus de 100 sonates pour clavier (dont les *Prussiennes* et les *Wurtembergeoises*), et 6 recueils de sonates, fantaisies et rondos « pour les amateurs », 1779 - 1787. Comme son frère Wilhelm Friedemann, il a contribué à faire évoluer la sonate et le concerto vers leur forme moderne.

**BACH (Johann Christoph Friedrich)** ♦ Compositeur allemand (Leipzig 1732 - Bückeburg 1795). Neuvième enfant de J.-S. Bach et d'Anna Magdalena, il reçut toute son éducation musicale de son père. Entré au service du comte de Schaumburg-Lippe à Bückeburg, il fit toute sa carrière à cette cour. De son œuvre volumineuse se détachent des oratorios et des cantates qu'il composa en collaboration avec le poète J. G. Herder*, 20 symphonies dont 13 perdues, des concertos et des compositions de musique de chambre (sonates de clavier, de flûte, de violoncelle). Maître d'un art personnel et de qualité, J. C. F. Bach marque la transition entre le style de son père et le classicisme mozartien.

**BACH (Johann Christian,** dit en fr. **Jean-Chrétien)** ♦ Compositeur allemand (Leipzig 1735 - Londres 1782). Dernier fils de J.-S. Bach et d'Anna Magdalena, il reçut sa formation musicale à Berlin de son frère Carl Philipp Emanuel, puis à Bologne du père Martini* (1756). Converti au catholicisme, il devint organiste à la cathédrale de Milan (1760) et composa des opéras dans le goût italien. Il gagna ensuite l'Angleterre (1762) où il fut nommé professeur de musique de la reine. Compositeur attitré du King's Theatre de Londres, il fonda avec K. F. Abel l'une des premières organisations de concerts par abonnements, les concerts Bach-Abel (1764). Bien accueilli par la haute société, il entretint des relations avec le poète Sheridan et les peintres Reynolds et Gainsborough. Il rencontra Mozart (1764) qu'il devait retrouver plus tard à Paris (1778) et son influence fut certaine sur le jeune musicien. De son œuvre, souvent puissante et originale, il convient de détacher, outre de nombreux opéras, de la musique religieuse *(Dies irae)*, des symphonies, ouvertures et concertos ainsi que de nombreuses compositions de musique de chambre et des sonates pour le clavier.

**BACH (Alexander,** baron **VON)** ♦ Homme politique autrichien (Loosdorf, Basse-Autriche 1813 - Schönberg, Basse-Autriche 1893). Avocat, il devint ministre de l'Intérieur (1849) dans le cabinet de Schwarzenberg*. À la mort de ce dernier, il dirigea la politique autrichienne. Malgré son libéralisme initial, il institua un système (le *système de Bach*) plus sévère encore que celui de Metternich fondé sur la centralisation absolutiste : les minorités nationales furent impitoyablement soumises à une germanisation forcée et les mesures policières d'exception systématiquement appliquées. Il s'appuya sur l'Église, à laquelle il accorda le concordat de 1855. L'inefficacité de ces mesures se révéla lors de la guerre d'Italie (1858 - 1859) et Bach fut renvoyé avant même la paix de Munich et remplacé par le libéral Gołuchowski.

**BACHAUMONT (François LE COIGNEUX,** dit **DE)** ♦ Écrivain français (Paris 1624 - *id.* 1702). Il composa avec Chapelle* un savoureux récit où la prose est mêlée de vers, *Voyage en Languedoc* (1663).

**BACHAUMONT (Louis PETIT DE)** ♦ Écrivain français (Paris 1690 - *id.* 1771). Ses *Mémoires secrets*, continués par Pidansat de Mairobert et Mouffle d'Angerville, offrent en trente-six volumes (dont cinq sont de lui) un précieux document sur la vie mondaine et littéraire du XVIII^e^ s.

**BACHCHĀR IBN BURD** ♦ Poète arabe d'origine persane (v. 693 - v. 783). Aveugle de naissance, il fut le panégyriste des Omeyades*, puis des Abbassides*. Dans la satire comme dans l'éloge, il suivit ses prédécesseurs, mais fut personnel dans ses poèmes d'amour qui expriment une sensualité parfois perverse ou obscène révélant une intention blasphématoire.

**BACHELARD (Gaston)** ♦ Philosophe français (Bar-sur-Aube 1884 - Paris 1962). Fonctionnaire aux PTT, il étudia successivement les sciences et la philosophie et enseigna à la faculté des lettres de Dijon (1930 - 1940), puis à la Sorbonne. Analysant les conditions de la connaissance scientifique, il soutint qu'elle ne progresse que par une victoire sur les obstacles épistémologiques (perception immédiate, opinion, résultats considérés comme définitifs), qu'il tenta de déceler, cherchant « à fonder les rudiments d'une psychanalyse de la raison ». Philosophie ouverte (dialectique), capable d'intégrer les grandes révolutions du savoir, la philosophie des sciences peut ainsi se définir comme un rationalisme appliqué (*Le Nouvel Esprit scientifique*, 1934 ; *La Formation de l'esprit scientifique*, 1938 ; *Le Rationalisme appliqué*, 1948 ; *Le Matérialisme rationnel*, 1953). Au monde de la rationalité s'oppose l'univers complémentaire de l'imagination poétique et de ses symboles, qu'inspirent les éléments naturels (feu, eau, air et terre) et dont G. Bachelard a essayé de faire la psychanalyse (*La Psychanalyse du feu*, 1937 ; *L'Eau et les Rêves*, 1941 ; *L'Air et les Songes*, 1943 ; *La Terre et les Rêveries de la volonté*, 1948 ; *La Terre et les Rêveries du repos*, 1948 ; *La Poétique de l'espace*, 1957 ; *La Poétique de la rêverie*, 1960). ➝ ÉTYM. *Bachelard* est une variante de *Bachelier* qui désignait autrefois un jeune gentilhomme aspirant à devenir chevalier (employé aussi au sens de jeune homme).

**BACHELET (Alfred)** ♦ Compositeur français (Paris 1864 - Nancy 1944). Outre diverses pièces instrumentales et vocales, il est l'auteur de trois drames lyriques, *Scemo* (1914), *Quand la cloche sonnera* (1923), *Un jardin sur l'Oronte* (1931).

**BACHELET (Michelle)** ♦ Femme d'État chilienne (Santiago du Chili, 1951). Fille d'un général victime du régime du général Pinochet, elle s'exila jusqu'en 1979. Médecin et membre du parti socialiste, elle fut nommée ministre de la Santé en 2000 puis ministre de la Défense en 2002. Elle fut présidente de la République de 2006 à 2010 et gouverna avec une coalition de centre-gauche.

**BACHELIER (Nicolas)** ♦ Architecte, sculpteur et décorateur français (v. 1485 - Toulouse 1556). Il séjourna en Italie et, revenu à Toulouse vers 1510, introduisit dans la région les principes constructifs et les motifs ornementaux de la Renaissance italienne. On lui attribue notamment les plans de l'hôtel de Bernuy (v. 1530) dont le décor abondant semble révélateur d'influences espagnoles, et surtout l'hôtel d'Assezat (v. 1555) où la superposition des trois ordres est appliquée avec rigueur. Les décorations sculptées qu'il réalisa pour de nombreux édifices privés et religieux *(Retable de la naissance du Christ)* révèlent son goût pour la profusion ornementale.

**BACHELIN (Olivier) ➝ Basselin**

**BACHKIRIE** n. f. – off. ***république de Bachkirie*** ➝ ÉTYM. en russe ***Bachkortostan***, de *Bachkirs*, n. de peuple, du russe *baškir*, du tatar *baškort*, *baš* « tête » ♦ République de la fédération de Russie. ➝ **Russie** (carte et tableau des divisions admin.). 143 600 km². 4 102 900 hab. *(Bachkirs)*. LANGUES : bachkir, russe. POPULATION : Bachkirs, 22 % ; Russes, 39 % ; Tatars, 28 % ; Tchouvaches, 3 % ; Maris, Ukrainiens. RELIGIONS : musulmans, orthodoxes. CAPITALE : Oufa. La république de Bachkirie est divisée en 54 districts. ▪ Plaine à l'O., montagneuse à l'E., la Bachkirie est l'une des régions pétrolifères de la Russie. ➝ **Bakou (Second-)**. Riche en minerais (fer et manganèse dans la région de Beloretsk), cuivre et or. Extraction de la houille. Indus. métall., mécanique, chimique, pétrochimique et alimentaire. Centrale hydroélectrique sur l'Oufa. Culture des céréales. Élevage ovin et porcin. ▌**Histoire** Dominés par les Russes au début du XVII^e^ s., les Bachkirs participèrent à la révolte de Pougatchev* (1773) et furent massacrés. Le 8 nov. 1917, le régime soviétique fut instauré à Oufa. Disputée entre les bolcheviks et les Russes blancs, la Bachkirie devint une république socialiste soviétique autonome en 1919 et proclama sa souveraineté en 1990, tout en demeurant au sein de la fédération de Russie.

**BACHMANN (Ingeborg)** ♦ Femme de lettres autrichienne (Klagenfurt 1926 - Rome 1973). Spécialiste de la philosophie de Heidegger et membre du Groupe* 47, elle composa des pièces radiophoniques (*Le Bon Dieu de Manhattan*, 1958), de brefs récits (*La Trentième Année*, 1961), des recueils de poèmes lyriques (*Le Temps mesuré*, 1953) et des romans (*Malina*, 1971 ; *Franza*, 1979).

**BACICCIA** ou **BACICCIO (Giovanni Battista GAULLI,** dit **LE)** ♦ Peintre et décorateur italien (Gênes 1639 - Rome 1709). Formé par les œuvres génoises de Perino del Vaga, Baroccio*, Rubens* et Van* Dyck, il se rendit à Rome en 1657, il étudia ensuite à Parme les œuvres du Corrège*. Auteur de nombreux retables et de portraits qui révèlent son art de saisir l'expression mobile des visages *(Clément IX)*, il s'affirma comme le successeur du Bernin* et de Pierre* de Cortone dans le domaine de la grande décoration baroque avec ses fresques de Sainte-Agnès (v. 1668 - 1672) et surtout du Gesù* (*Triomphe du nom de Jésus*, 1672 - 1685) et des Saints-Apôtres (1707) à Rome. Exploitant avec virtuosité les effets illusionnistes, il créa avec des éclairages obliques des clairs-obscurs contrastés, décentrant la composition et animant d'un mouvement tourbillonnant des formes proliférantes aux gestes théâtraux. Par son sens de la grâce et la fraîcheur de son coloris, il annonce l'art du XVIII$^{e}$ s.

**BACILLY (Bénigne DE)** ♦ Musicien français (Normandie v. 1625 - Paris 1690). Auteur d'airs de cour et éditeur de chansons populaires, il a publié des *Remarques curieuses sur l'art de bien chanter* (1668).

**BACK (sir George)** ♦ Amiral et navigateur britannique (Stockport 1796 - Londres 1878). Après un voyage au Spitzberg (1818), il participa aux expéditions arctiques de Franklin et de Richardson (1825 et 1826), puis explora le Nord-Ouest canadien (1829 - 1835) et découvrit le fleuve qui porte son nom. En 1836, il fut envoyé en mission dans l'archipel arctique.

**BACKHAUS (Wilhelm)** ♦ Pianiste allemand (Leipzig 1884 - Villach, Autriche 1969). Interprète de Beethoven et de Brahms, il s'est distingué par une grande fidélité aux œuvres. Sa renommée de professeur fut considérable.

**BACKUS (John)** ♦ Informaticien américain (Philadelphie 1924 - Ashland, Oregon 2007). Il créa, en 1954, le premier langage de programmation universel, le fortran, commercialisé à partir de 1957.

**BẮC LIÊU**, – anc. *Vĩnh Lợi* ♦ V. du Viêtnam méridional (Sud). Située à l'E. de la presqu'île de Cà Mau, près de la côte, dans la prov. du même nom, au cœur d'une zone agricole riche et variée. Env. 105 000 hab. Important centre de commerce.

**BẮC NINH** ♦ V. du Viêtnam (Nord), dans la prov. du même nom. Env. 43 000 hab. Nombreuses activités industrielles. Bắc Ninh est surtout un carrefour de communications sur les voies navigables du réseau du Thái Bình. ▮ **Histoire** Son importance stratégique en fit une ville forteresse et sa citadelle, construite en 1822, tomba aux mains des Français en 1884. La ville a gardé le charme discret et austère des anciennes cités-places fortes traditionnelles.

**BACOLOD CITY** ♦ V. des Philippines, dans l'île de Negros (les Visayas). 429 076 hab. Capitale sucrière des Philippines.

**BACON (Roger)** ♦ Théologien et philosophe anglais (Ilchester, Somerset v. 1214 - Oxford 1294). Il fut surnommé le Docteur admirable. Les études qu'il fit à Paris le détournèrent de la dialectique. À Oxford, où il fut l'élève de Grosseteste*, il s'orienta vers les sciences mathématiques et naturelles sur les conseils de son maître. Il entra vers 1250 dans l'ordre des franciscains. Lorsqu'il fut de retour à Paris, son enseignement et la publication de ses œuvres furent interdits par les autorités ecclésiastiques. C'est sous le pontificat de Clément IV qu'il écrivit ses principaux traités : l'*Opus majus*, l'*Opus minus* et l'*Opus tertium* (1265 - 1271). En 1277, ses thèses philosophiques et ses conceptions astrologiques (en particulier son *Speculum astronomiae*, un temps attribué à Albert* le Grand et aussi à Campanus* de Novare) furent condamnées et il fut emprisonné jusqu'en 1292. L'un des premiers à s'affranchir de la scolastique, il contribua à l'avènement de la méthode expérimentale (dont certains en font un pionnier) et, surtout, insista sur la place que doivent prendre les mathématiques dans les sciences de la nature (→ **Pierre de Maricourt**). Auteur de divers traités d'acoustique et d'optique (*Des miroirs, La Perspective, Miroirs mathématiques*) et de l'*Opus majus* composé à la demande de son protecteur devenu pape (Clément IV), il donna la détermination exacte du foyer dans les miroirs sphériques, étudia l'arc-en-ciel ; il fut le premier à s'apercevoir que le calendrier julien était erroné. Ses idées philosophiques (mise en question des notions reçues, souci de ne pas s'en remettre uniquement à l'autorité mais à l'expérience) font de lui un précurseur de la pensée moderne. ▸ **ÉTYM.** Ce nom anglais signifie «lard, bacon [vendeur de lard]».

**BACON (Francis)**, baron **VERULAM** ♦ Homme d'État et philosophe anglais (Londres 1561 - *id.* 1626). Après une formation juridique, il entra à la Chambre des communes (1584) et atteignit, sous Jacques I$^{er}$, les plus hautes charges judiciaires (avocat puis procureur général, garde des Sceaux, grand chancelier, créé baron Verulam en 1618, et vicomte de Saint Albans en 1621). Personnage intrigant et sans scrupules, il perdit ses fonctions à la suite d'une accusation de concussion (1621). Sa carrière politique ne l'empêcha pas de travailler à son «grand œuvre» de réforme des sciences, l'*Instauratio Magna* (qu'il ne put achever). Cherchant à rompre avec la tradition aristotélicienne et scolastique, il renouvela l'ordre des sciences, proposant une classification fondée sur la distinction des facultés de l'âme : histoire (mémoire), poésie (imagination) et philosophie (raison). Après avoir analysé toutes les formes d'erreurs, toutes les «idoles» de la «tribu», dues à l'anthropomorphisme naturel de l'esprit humain, de la «caverne» (nature propre de chaque individu, éducation, habitudes, etc.), du «forum» (verbalisme et langage commun) et du «théâtre» (illusion des systèmes philosophiques), Bacon indiqua les principes d'une méthode inductive et expérimentale. Refusant l'empirisme spontané tout autant que le rationalisme abstrait, il fit de la connaissance scientifique la recherche des causes naturelles des faits et la détermination de leur forme (ou essence). Sa philosophie fut diversement jugée ; certains virent en lui le dernier penseur de la Renaissance dont l'univers reste à maints égards préscientifique et qui méconnut le rôle des mathématiques dans les sciences de la nature ; d'autres l'ont considéré comme le véritable initiateur de la science moderne. Toujours est-il que «l'élan contagieux qui inspire ses écrits contribua à lancer l'homme à la conquête de la nature» (P. M. Schuhl) ainsi qu'à voir dans le développement des sciences un moyen pour perfectionner l'ordre éthique et politique. Œuv. princ. : *Essais de morale et politique*, 1597 ; *Novum Organum*, 1620 ; *Histoire d'Henri VII*, 1622 ; *De dignitate et augmentis scientiarum*, 1623 ; la *Nouvelle Atlantide*, 1627, roman philosophique traçant le projet d'organisation de la Cité gouvernée par des Savants. On a, en outre, périodiquement attribué à Bacon la paternité des drames de Shakespeare.

**BACON (Francis)** ♦ Peintre britannique (Dublin 1909 - Madrid 1992). Il s'installa à Londres vers 1929 et débuta comme décorateur. S'intéressant à la peinture, il fut sensible au surréalisme, à Picasso, mais aussi à l'expressionnisme de Van Gogh et de Soutine. Il détruisit nombre de ses premières toiles et trouva son style avec *Trois études pour une crucifixion* (1944). Il réalisa ensuite des portraits d'après des tableaux ou des photos et plusieurs œuvres avec personnages ou êtres zoomorphes (qui rappellent Max Ernst*) : séries de papes, crucifixions, juges, hommes d'affaires, etc., situés dans un espace clos délimité par quelques diagonales et verticales ainsi que par de larges plages de couleurs claires uniformément étalées. Cet espace scénographique concourt à accroître le sentiment de malaise que communiquent ces individus étalés, rétractés ou convulsés. Par des moyens plastiques qui lui sont personnels, Bacon évoque inlassablement un univers morbide d'où sourd un sentiment de solitude et d'angoisse (*Personnage allongé*, 1966).

Francis **Bacon**. *Autoportrait*. Coll. part. *Phot. © Arch. Smeets*

**BACOT (Jacques)** ♦ Géographe et voyageur français (Saint-Germain-en-Laye 1877 - Paris 1965). Il explora la vallée du Chang jiang (1907), le N. de l'Indochine (1909 - 1910) et l'Himalaya (1913 - 1914, 1930 - 1931). Ses ouvrages contribuèrent à la connaissance des pays et populations asiatiques (en particulier du Tibet, *Dans les marches tibétaines*, 1909).

**BACOVIA (Gheorghe VASILIU, dit George)** ♦ Poète roumain (Bacău 1881 - Bucarest 1957). Son œuvre, brève et de facture symboliste, exprime l'obsession d'une désagrégation fondamentale : *Plomb* (1916), *Morceaux de nuit* (poèmes en prose, 1926), *Poésies* (1934).

**BACQUIER (Gabriel)** ♦ Baryton français (Béziers 1924). Il s'est spécialement imposé dans le rôle-titre de *Don Giovanni*, qu'il a chanté pour la première fois à Aix-en-Provence en 1960, ou encore comme Golaud dans *Pelléas et Mélisande*. Il a enseigné jusqu'en 1987 au Conservatoire national supérieur de musique de Paris. ▸ **ÉTYM.** Ce nom méridional est un surnom de fabricant et de marchand.

**BẮC SƠN** ♦ Village du Viêtnam (Nord), dans le massif montagneux du Tonkin. Site éponyme d'une culture préhistorique caractérisée par des pierres polies et taillées, une céramique « au panier » et des outils en os, répandue dans toute l'Indochine entre -8000 et -4000.

**BACTRES** → Balkh

**BACTRIANE** n. f. ◆ ÉTYM. de *Bactres*, anc. n. de Balkh* ♦ Anc. région d'Asie centrale, correspondant au bassin du cours moyen de l'Amou*-Daria, entre l'Hindū* Kush au S. et la chaîne du Hissar au N. Capitale : *Bactres*, auj. Balkh*. ▮ **Histoire** Fortement peuplée et cultivée grâce à un dense réseau de canaux d'irrigation dès la fin du -IIe millénaire, la Bactriane devint l'une des 20 satrapies de l'Empire perse achéménide*. Ralliée en -328 à Alexandre* le Grand, qui épousa une princesse bactrienne, Roxane*, elle passa après sa mort sous la domination des Séleucides* qui y fondèrent plusieurs villes peuplées de colons grecs. Vers -250 le gouverneur séleucide Diodote fit sécession et fonda un empire gréco-bactrien indépendant qui atteignit son apogée sous Démétrios Ier, conquérant de l'Inde du N.-O. (-189 - -166), avant de s'écrouler sous les assauts de tribus nomades septentrionales (-IIe - Ier s.). Un moment éclatée en 5 principautés rivales, la Bactriane fut réunifiée par l'une d'elles, celle des Kushans*, et devint le berceau de leur expansion impériale ultérieure. Elle vécut dès lors dans l'orbite des empires qui se succédèrent en Asie centrale et connut des phases successives de prospérité et de déclin. La région N. faisait partie de l'émirat de Boukhara* avant l'absorption de celui-ci par l'URSS (1920), tandis que sa partie S., éclatée en multiples petits khanats locaux, tous nominalement vassaux de Boukhara, fut progressivement incorporée à l'État afghan entre 1850 et 1859.

**BACULARD D'ARNAUD (François DE)** ♦ Écrivain français (Paris 1718 - *id.* 1805). Auteur de romans et du mélodrame *Les Amants malheureux ou le Comte de Comminges* (1764).

**BADAJOZ** ◆ ÉTYM. probablt corruption du lat. *Pax Augusta* [en l'honneur de l'empereur Auguste] ♦ V. d'Espagne (Estrémadure), ch.-l. de prov., sur le Guadiana, près de la frontière portugaise. 145 257 hab. ▮ **Histoire** Ancienne cité romaine, devenue capitale d'un petit royaume musulman fondé au XIe s., Badajoz fut conquise par les Almoravides puis par les Almohades, et passa aux rois de León* en 1228. La ville fut prise par Soult en 1811, puis par Wellington en 1812.

**BADAKHCHAN (HAUT-)** n. m. ♦ Région autonome au sein du Tadjikistan, dans la partie O. du Pamir. Elle confine avec la Chine et l'Afghanistan. 63 700 km$^2$. 206 000 hab. (Tadjiks, 89 % ; Kirghiz, 6 %). CH.-L. : Khorog. Élevage bovin et ovin. Centrales électriques. Chaussures. Soieries. Indus. alimentaire.

**BADALONA** ♦ V. d'Espagne (Catalogne), prov. et aggl. de Barcelone. 216 201 hab. Indus. métallurgiques, chimiques, textiles.

**BADAMI** ♦ Bourgade du S.-O. de l'Inde (Mysore*), ancienne capitale d'une dynastie des Chālukya*, du VIe au milieu du VIIIe s. Groupe de quatre grottes brahmaniques sculptées ; petits temples dont la décoration est d'une grande finesse.

**BADA SHANREN** ou **PA-TA CHANJEN (ZHU DA** ou **TCHOU TA**, dit**)** ♦ Moine, peintre et calligraphe chinois (Nanchang v. 1626 - 1705). Descendant de la famille impériale Ming*, il se fit moine après la chute de la dynastie. Artiste d'une grande originalité, il est renommé pour ses animaux, ses fleurs et oiseaux, ses paysages à l'aspect désolé.

**BADĀŪNI (Abd al-Qādir AL-)** ♦ Poète et historien indo-musulman d'expression persane (seconde moitié du XVIe s.). Il vécut à la cour d'Akbar* et traduisit en persan, en 1589, le *Rāmāyana** hindou.

**BAD CANNSTADT** ou **CANNSTADT** ♦ Loc. d'Allemagne (Bade-Wurtemberg), auj. quartier oriental de Stuttgart, sur la rive d. du Neckar. Station thermale réputée, avec une production d'eau minérale qui n'est dépassée en Europe que par celle de Budapest.

**BADE (Josse)** latinisé en **Jodocus Badius** ♦ Imprimeur belge (Asse, près de Bruxelles 1462 - Paris 1535). Il fonda à Paris (v. 1500) une imprimerie où furent édités un grand nombre d'ouvrages classiques grecs et latins (Érasme*, Budé*, Ange Politien*).

**BADE (Max** ou **Maximilien)** → Maximilien de Bade

**BADE** n. m. – en all. ***Baden*** ◆ ÉTYM. de *Baden*, auj. *Baden*-Baden* ♦ Anc. État de l'Allemagne du S.-O. qui s'étendait sur la plaine rhénane de Bâle à Mannheim, et sur le versant occidental de la Forêt*-Noire. ▮ **Histoire** Occupé par les Romains puis par les Alamans, le pays de Bade, partie du duché d'Alémanie ou de Souabe*, fut érigé en margraviat v. 1100. Déchiré, pendant la guerre de Trente* Ans, entre la ligue catholique de Baden-Baden et la ligue protestante de Baden-Durlach, il fut réunifié par Charles-Frédéric de Baden-Durlach, et, en 1806, constitué en grand-duché (dont le dernier héritier fut Maximilien* de Bade). Il adhéra à la Confédération* du Rhin (1806) et à la Confédération* germanique (1815), puis entra dans l'Empire allemand (1870). La Constitution de 1919 fit du Bade une république. En 1945, le Nordbaden, industriel (Karlsruhe, Mannheim), était en zone d'occupation américaine, le Südbaden autour de Fribourg*-en-Brisgau en zone française. Après la fondation de la République fédérale d'Allemagne, le Bade et le Wurtemberg* furent réunis pour former le Land de Bade*-Wurtemberg.

**BAD EMS** → Ems

**BADEN** → Bade

**BADEN** ♦ V. d'Autriche (Basse-Autriche), au S. de Vienne. 24 518 hab. Importante station thermale (affections rhumatismales). ▮ **Histoire** Déjà connue et appréciée comme station thermale à l'époque romaine, la ville devint le lieu de séjour d'été de la cour impériale autrichienne. Marie-Louise et le duc de Reichstadt y séjournèrent. Beethoven y vint plusieurs fois, y travailla à la 9e symphonie et y termina la *Missa solemnis*. De 1945 à 1955, la ville fut le quartier général des troupes d'occupation soviétiques en Autriche.

**BADEN** ♦ V. de Suisse (Argovie), sur la Limmat. 16 691 hab. (aggl. Baden-Brugg 106 736). Ruines du château de Stein (XIVe s.). Aux environs, abbaye de Königsfelden (XIVe s.) et ruines de l'anc. *Vindonissa* romaine. ▪ Importante station thermale déjà connue à l'époque romaine (*Aquae Helveticae* ou *Verbigenae*). Appareillage électrique, métall., matériel ferroviaire. ▮ **Histoire** Le Prince Eugène y signa avec la France la paix de Bade qui complétait le traité de Rastadt (→ **Rastatt**) et mettait fin à la guerre de Succession d'Espagne (7 sept. 1714).

**BADEN-BADEN** ◆ ÉTYM. all. « Baden dans le Bade » ♦ V. d'Allemagne (Bade-Wurtemberg), dans la plaine du Rhin, au débouché de l'Oostal. 53 518 hab. Station thermale aux eaux alcalines radioactives, connue déjà sous les Romains (*Aurelia Aquensis*), et qui eut une grande vogue en Europe au milieu du XIXe s. Anc. église collégiale du VIIe s., remaniée en style gothique au XVe s. Château Renaissance (*Neues Schloss*). ▮ **Histoire** Après 1945, siège de l'état-major des troupes françaises d'occupation puis des FFA (Forces françaises d'Allemagne).

**BADEN-POWELL OF GILLWELL (Robert STEPHENSON SMYTH BADEN-POWELL,** 1er baron**)** ♦ Général britannique (Londres 1857 - Nyeri, Kenya 1941). Il fit une carrière militaire en Inde, en Afghanistan et en Afrique du Sud. Il fonda les boy-scouts en 1908, inspirés des jeunes éclaireurs qu'il avait formés pendant le siège de Mafeking (guerre des Boers*) où il s'était particulièrement distingué.

**BADE-WURTEMBERG** n. m. – en all. ***Baden-Württemberg*** ♦ État (Land) de la République fédérale d'Allemagne, formé, à la suite d'un référendum en 1952, par la réunion du Wurtemberg* (lui-même grossi de l'anc. principauté prussienne de Hohenzollern*), du Pays de Bade du Nord, centré sur Karlsruhe, et du Bade méridional autour de Fribourg. Sa position lui vaut souvent l'appellation d'« État du Sud-Ouest ». → **Allemagne** (carte). 35 751 km$^2$. 10 720 000 hab. CAP. : Stuttgart. Il est divisé en 4 régences ou *Regierungsbezirke* (Fribourg, Karlsruhe, Stuttgart, Tübingen) et 44 cercles ou *Kreise*. ▮ **Géographie** Le Land s'étend sur plusieurs unités naturelles de disposition subméridienne, avec d'O. en E. : la plaine de Bade, limitée par le Rhin, symétrique de celle d'Alsace, correspondant à la dépression tectonique du fossé rhénan ; le massif ancien de la Forêt*-Noire, symétrique des Vosges, prolongé au nord par le massif de l'Odenwald ; les assises sédimentaires inclinées vers le S.-E., alternant des dépressions argileuses, des talus symétriques des « côtes » lorraines, des plateaux, tantôt gréseux et boisés (Forêt souabe au N.-E. de Stuttgart), tantôt calcaires (Jura souabe), le tout appartenant au bassin de Souabe*-Franconie ; au S. du Danube, la haute Souabe (Oberschwaben), avant-pays tertiaire et quaternaire des Alpes, qui doit aux glaciers le lac de Constance* (Bodensee) et des collines morainiques. Très différents, la Forêt-Noire (1 493 m au Feldberg) et le Jura souabe (1 015 m au Lemberg) forment ensemble un V de hautes terres ingrates, encadrant le bassin fertile du moyen Neckar, berceau du Wurtemberg autour de Stuttgart. Au S., le lac de Constance est partagé avec la Suisse, l'Autriche et la Bavière. Le Rhin fait office de frontière avec la Suisse (qui a cependant l'enclave de Schaffhouse* en rive d.) mais aussi avec la France et avec la Rhénanie-Palatinat. Vient enfin la limite avec la Hesse dans l'Odenwald et avec la Bavière dans les plateaux franconiens (mont du Hohenlohe). Le Land est partagé entre Rhin et Danube. Le bassin du premier, plus creusé, grignote le second par le jeu de l'affluent

**Bade-Wurtemberg.** L'hôtel de ville d'Ulm. *Phot. ©Ch. Sappa/Hoa Qui*

principal du Rhin, le Neckar*. ▮ **Économie** Le Bade-Wurtemberg est, depuis 1960, le Land le plus riche de la RFA et se présente volontiers comme le *Musterländle*, le petit Land modèle, fort proche à bien des égards de la Suisse voisine. Sa richesse ne provient plus, comme au XIXe siècle, de l'industrie textile, mais essentiellement de celle des biens d'équipement (machines, équipements électriques, électronique) et de l'automobile, dont Stuttgart est le berceau. Seul le port fluvial de Mannheim* recevait autrefois le charbon à bon compte ; le reste du Land a dû jouer la carte de l'innovation technologique. Le pétrole (arrivant par Karlsruhe), les transports routiers, enfin un recours massif au travail féminin et étranger ont également contribué au développement économique du Land, assez semblable à celui de la Bavière. Le Bade-Wurtemberg compte des universités prestigieuses : Tübingen*, Heidelberg* et Fribourg* sont les plus anciennes. S'y ajoutent Karlsruhe*, Stuttgart*, Mannheim, Constance, Ulm et Hohenheim. Politiquement, un certain clivage demeure entre Badois, surtout ceux de Fribourg, et Wurtembergeois, accusés de trop bénéficier de la position de la capitale. Catholiques (plutôt au S.) et protestants sont numériquement à égalité. Les partis CDU et FDP sont fortement représentés.

**BAD GASTEIN** ♦ V. d'Autriche (prov. de Salzbourg), située sur le versant N. des Tauern. 5 838 hab. Station thermale. ▮ **Histoire** Déjà connue à l'époque des Romains, Bad Gastein fut au XIXe s. une ville d'eaux fort mondaine. L'empereur Guillaume Ier d'Allemagne y séjourna plusieurs fois. François-Joseph d'Autriche et le roi de Prusse y signèrent en 1865 la *Gasteiner Konvention*, réglant l'intervention des deux pays dans l'affaire des Duchés. Schubert* y écrivit la *Symphonie du Gastein* (1825).

**BAD GODESBERG** ♦ Loc. d'Allemagne (Rhénanie-du-Nord-Westphalie), rattachée à la ville de Bonn*, sur la rive g. du Rhin. Station thermale (eaux ferrugineuses), dont les riches villas cèdent la place aux ambassades, aux consulats, voire à certaines administrations fédérales.

**BAD HERSFELD** ou **HERSFELD** ♦ V. d'Allemagne (Hesse), sur la rive g. de la Fulda. 30 200 hab. (1991). Ruines d'une collégiale romane (Stiftskirche) des XIe - XIIe s., où se tient chaque été un festival d'art dramatique. Station thermale.

**BAD HOMBURG VOR DER HÖHE** ♦ V. d'Allemagne (Hesse), au pied du Taunus, à 16 km au N. de Francfort, dont elle est une banlieue huppée. 51 600 hab. Station thermale réputée (sources salines). Anc. château des landgraves (1680). Le landgrave Frédéric II (le « prince de Hombourg ») y vécut.

**BADINGUET** ♦ Nom du maçon dont Louis Napoléon Bonaparte emprunta les vêtements pour s'enfuir du fort de Ham (1846) où il avait été emprisonné après la tentative manquée de Boulogne* (1840), et qui devint le surnom que ses ennemis politiques attribuèrent à l'ancien conspirateur devenu l'empereur Napoléon* III.

**BADINTER (Robert)** ♦ Avocat et homme politique français (Paris 1928). Socialiste, garde des Sceaux et ministre de la Justice (1981 - 1986), il fit voter l'abolition de la peine de mort, succéda à D. Mayer à la présidence du Conseil constitutionnel (1986 - 1995), puis fut élu sénateur (1995). Il est l'auteur de plusieurs ouvrages (*L'Exécution*, 1973 ; *Condorcet*, 1988, en collab. avec Élisabeth Badinter ; *La Prison républicaine*, 1992). ➝ **ÉTYM.** Ce nom de famille vient du germanique *bedienter* « serviteur, servant ».

**BADINTER (Élisabeth)** née **BLEUSTEIN-BLANCHET** ♦ Femme de lettres et philosophe française (Boulogne-Billancourt 1944), fille du publicitaire Marcel Bleustein*-Blanchet. Spécialiste du XVIIIe siècle sur lequel elle a écrit de nombreux essais (*Condorcet, un intellectuel en politique*, 1988, en collaboration avec son mari Robert Badinter* ; *Les Passions intellectuelles*, 1999-2007) et a mené une réflexion sur la place de la femme dans la société. Elle s'est attaquée à la notion d'« instinct maternel », dont elle remet en cause le caractère naturel (*L'Amour en plus : histoire de l'amour maternel*, 1980), et à l'« identité masculine » (*XY, de l'identité masculine*, 1992). Se démarquant des autres féministes, elle a insisté sur l'idée de « ressemblance des sexes », rejetant une vision jugée simpliste opposant l'homme-bourreau à la femme-victime (*Fausse route, Réflexions sur trente années de féminisme*, 2007). Elle s'est également opposée à la loi sur la parité estimant que cette loi entérinait l'incapacité des femmes à parvenir au pouvoir par elles-mêmes.

**BADIOU (Alain)** ♦ Philosophe français (Rabat 1937). Professeur à l'université de Vincennes (1969-1999), professeur émérite à l'ENS, Alain Badiou mène une œuvre exigeante où se mêlent travaux épistémologiques (*L'Être et l'Événement*, 1988 ; *Logique des mondes, L'Être et l'Événement 2*, 2006) et engagements militants. Marqué par les événements de Mai 68, auxquels il a participé, influencé à l'origine par Althusser, dont il rejette cependant l'antihumanisme, il s'appuie sur sa formation mathématique, pour élaborer une ontologie reposant sur la théorie des ensembles. Dans le même temps, convaincu que la philosophie doit aborder les problèmes de son époque (*Circonstances 1-5*, 2003-2009), il se livre à une critique de la philosophie postmoderne, de la démocratie bourgeoise, prend position en faveur des sans-papiers, et se veut le défenseur de l'idée communiste, qu'il distingue de ses avatars historiques tels que le Goulag ou la Révolution culturelle. Il a par ailleurs écrit des romans (*Almagestes*, 1964 ; *Portulans*, 1967), des pièces (*les Citrouilles*, 1996) et travaillé au théâtre avec A. Vitez*.

**BAD KISSINGEN** ♦ V. d'Allemagne (Bavière) en Basse-Franconie, sur la Saale. 20 900 hab. Station thermale (eaux chlorurées sodiques).

**BAD KREUZNACH** ♦ V. d'Allemagne (Rhénanie-Palatinat). 40 700 hab. Station thermale (eaux chlorurées, sodiques, ferrugineuses, radioactives).

**BAD NAUHEIM** ou **NAUHEIM** ♦ V. d'Allemagne (Hesse), en Vetteravie au pied du Taunus. 28 300 hab. Station thermale.

**BADOGLIO (Pietro)** ♦ Maréchal et homme politique italien (Grazzano Monferrato 1871 - *id.* 1956). Chef d'état-major général (1919 - 1921 et 1925 - 1928), gouverneur de Libye (1928 - 1933), il commanda les forces italiennes pendant la guerre d'Éthiopie* (1935 - 1936) et reçut le titre de vice-roi de ce pays. Pendant la Deuxième Guerre mondiale, il tenta vainement de freiner Mussolini. Après la chute du dictateur il devint chef du gouvernement, négocia avec les Alliés et déclara la guerre à l'Allemagne. Il se retira de la vie politique en 1944.

## Bad painting

♦ Mouvement pictural new-yorkais apparu en 1978 en réaction au bon goût et à l'intellectualisme raffiné des années 1970. Réhabilitant la sous-culture, voire la banalité, il affiche un mauvais goût provocant : surabondance de couleurs, empâtements généreux, surcharge, compositions décentrées et exécution rapide et bâclée. Les sources d'inspiration sont les arts de la rue (graffitis), la citation, la figure humaine, et le paysage. Les principaux artistes de ce mouvement sont Malcolm Morley, Julian Schnabel, David Salle, Keith Haring et Jean-Michel Basquiat*.

**BADR** ♦ Loc. au S.-O. de Médine. 26 633 hab. Lieu d'une victoire remportée par les musulmans dirigés par Mahomet* sur une caravane de Qoraychites* qui revenait de Syrie et dont le chef était Abū Sufyān (an 2 de l'hégire ; 623).

**BAD RAGAZ** – en fr. ***Ragaz-les-Bains*** ♦ V. de Suisse (cant. de Saint-Gall), au confluent de la Tamina et du Rhin (rive g.). 5 146 hab. Station thermale et climatique très fréquentée.

**BADUILA** ➝ **Totila**

**BADURA-SKODA (Paul)** ♦ Pianiste autrichien (Vienne 1927). Élève de E. Fischer, il s'est distingué dans le répertoire classique (Mozart, Haydn, Beethoven, Schubert). Auteur des ouvrages *Mozart-Interpretation* (1957) et *Bach-Interpretation* (1990).

**BAEDEKER (Karl)** ♦ Libraire et éditeur allemand (Essen 1801 - Coblence 1859). Encouragé par le succès du *Guide des voyageurs sur les bords du Rhin*, il créa une célèbre collection de guides de voyage, qui furent bientôt traduits dans toutes les langues.

**BAEKELAND (Leo Hendrik)** ♦ Chimiste américain d'origine belge (Gand 1863 - Beacon, New York 1944). Inventeur d'un papier photographique, il découvrit la première résine synthétique (bakélite, 1906).

**BAER (Karl Ernst VON)** ♦ Anatomiste et embryologiste estonien, d'origine allemande (Gut-Piep 1792 - Dorpat, auj. Tartu 1876). Connu pour ses travaux d'anatomie comparée, il fut surtout l'un des fondateurs de l'embryologie moderne. Il découvrit les ovules dans les vésicules ovariennes chez la chienne ; ses études sur le développement embryonnaire lui permirent de mettre en évidence la division de l'œuf en plusieurs couches de tissus (ou feuillets germinatifs) et la corde dorsale de l'embryon. Il fut le premier à formuler la loi biogénétique fondamentale, reprise par Haeckel*. ➝ **Remak.**

**BAEYER (Adolf VON)** ♦ Chimiste allemand (Berlin 1835 - Starnberg, Munich 1917). Il réussit en 1880 la synthèse de l'indigo. [Prix Nobel de chim. 1905]

**BAEZ (Joan)** ♦ Chanteuse américaine (Staten Island, New York 1941). Militante du mouvement contre la guerre du Viêtnam, elle passa progressivement de la ballade traditionnelle à la chanson politique, contre la ségrégation et la peine de mort, s'inspirant toujours de mélodies populaires (*We Shall Overcome, If I Knew, Farewell Angelina, Sacco and Vanzetti*).

**BAFFIN (William)** ♦ Navigateur anglais (Londres 1584 - Ormuz 1622). Il fut le premier à pénétrer par le détroit de Davis dans la mer ou baie qui porte son nom et explora les régions arctiques. Il périt au siège de l'île d'Ormuz (golfe Arabo-Persique) prise aux Portugais par les Anglais.

**BAFFIN** (mer ou baie de) ➝ **ÉTYM.** du n. de W. *Baffin** ♦ Mer polaire, comprise entre le Groenland*, la terre d'Ellesmere*, l'île Devon* et l'île de Baffin* (elle se prolonge au S. par le détroit de Davis). Elle communique au S. avec l'océan Atlantique* par le détroit de Davis* et au N. avec l'océan Arctique* par le détroit de Smith*.

**BAFFIN** (île de) ➝ **ÉTYM.** du n. de la mer ♦ Immense île de l'archipel arctique canadien (Nunavut) qui s'étend entre le bassin de Foxe (au N. de la baie d'Hudson) et la mer de Baffin, qui la sépare du Groenland à l'E. 476 066 km². 15 765 hab. (Inuits). V. PRINC. : Iqaluit. L'île est limitée au N. par le détroit de Lancaster (qui la sépare de l'île Devon), à l'O. par le golfe de Boothia et au S. par le détroit d'Hudson (qui la sépare de l'Ungava et du Labrador). La côte E., très découpée, présente deux profondes indentations, le détroit de Cumberland (Cumberland Sound) et la baie de Frobisher.

**BAFING** n. m. ← ÉTYM. «fleuve noir» ♦ Riv. de la Guinée et du Mali* (450 km). Le Bafing prend sa source dans le S. du Fouta*-Djalon (Guinée) et rejoint le Bakhoy* à Bafoulabé* pour former le Sénégal.

**BAFOULABÉ** ← ÉTYM. «la ville où se rencontrent (*be* ou *bin*) les deux (*foula* ou *fila*) fleuves (*ba*)» ♦ V. du Mali, au confluent du Bakhoy* et du Bafing* qui forment le fl. Sénégal. Plus de 3 000 hab. Arachides.

**BAGAN** → **Pagan**

**BAGANDAS** → **Gandas**

**Bagatelle** ♦ Château situé à Paris (16e arr.) à la lisière du bois de Boulogne*. Construit en 1777 par Bélanger pour le comte d'Artois (le futur Charles X), préservé sous la Révolution, acquis en 1806 par Napoléon Ier, puis rendu au duc de Berry à la Restauration, il appartient depuis 1905 à la Ville de Paris. Exemples caractéristiques des «folies» appréciées au XVIIIe s., le château et le Trianon (construit en 1872 par sir R. Wallace*, alors propriétaire du domaine) sont entourés d'un beau parc à l'anglaise de 24 ha avec orangerie et roseraie.

**BAGAUDES** n. m. pl. ♦ Paysans gaulois qui se révoltèrent contre la domination romaine au IIIe s. Écrasés par Dioclétien*, puis par Maximien*, ils reparurent au Ve s. en Espagne et en Gaule où ils se mêlèrent aux Barbares.

**BAGDAD** ou **BAGHDĀD** ← ÉTYM. perse «donné (*dād*) par Dieu (*Bagh*)» ♦ Cap. de l'Irak, située en Mésopotamie, sur la rive g. du Tigre. 5 750 000 hab. (*Bagdadiens* ou *Bagdadis*). École abbasside al-Mustanṣiriya, musée archéologique, gravement endommagés lors des conflits de 1991 et de 2003. Les menaces d'inondation ont empêché l'extension de la ville jusqu'en 1956, date de l'aménagement du réservoir de Samarra et du déversoir de Wadi, destinés à contrôler les crues du Tigre. ▪ Bagdad est avant tout un centre administratif, dont l'industrialisation est récente.

▮ **HISTOIRE** En 750, le califat abbasside fut établi en Irak par Abū al-'Abbās dont le frère et successeur al-Manṣūr décida en 762 de construire une nouvelle capitale sur le site du village sassanide de Bagdad. Appelée par les Arabes la «cité de la paix», elle fut construite par al-Manṣūr en quatre ans avec le concours de 100 000 architectes et ouvriers venus de tout le monde islamique. Circulaire, d'un diamètre de 2 km, elle était entourée de trois enceintes concentriques percées par quatre portes, d'où partaient de larges avenues conduisant au centre de la ville, occupé par le palais califal et la mosquée. Le quartier commercial fut construit à al-Karkh, en dehors de la ville. Sous le calife al-Mahdī, la ville s'élargit sur la rive E. du fleuve. Bagdad connut sa plus grande prospérité sous le règne d'Haroun al-Rachid, fils d'al-Mahdī, qui y accumula les richesses matérielles et culturelles du monde connu. À la mort d'Haroun, la guerre civile qui opposa ses deux fils (al-Amīn et al-Ma'mūn) endommagea sérieusement la ville circulaire, qui ne fut jamais complètement restaurée. Al-Ma'mūn en sortit victorieux et contribua à l'apogée intellectuelle de Bagdad : les mathématiques furent développées, avec notamment l'introduction du zéro et du système des chiffres en vigueur aujourd'hui, on traduisit les philosophes grecs, un observatoire astronomique fut construit d'où les savants purent mesurer la circonférence de la Terre. Entre 836 et 892, les califes durent abandonner Bagdad pour la ville nouvelle de Samarra, en raison de l'impopularité de leurs troupes turques. À leur retour, ils s'installèrent dans le quartier al-Mukharrim, sur la rive E. En 1095, une nouvelle enceinte entoura la partie orientale de la ville, qui subsista jusqu'au XIXe s. De la période abbasside subsistent encore les fondations du palais califal et la Mustanṣiriya, grand collège de droit construit par le calife al-Mustanṣir (1232). En dépit du déclin du pouvoir abbasside, Bagdad resta un grand centre commercial et culturel. Le sac de la ville par le Mongol Hūlāgū Khān marqua la chute de Bagdad (1258). Et, malgré l'effort de la dynastie locale des Jalayrides (XIVe s.), la ville ne retrouva jamais sa splendeur. Néanmoins, de cette époque datent la mosquée et le collège de Mirjān ibn'Abd Allāh (1358). En 1401, Bagdad fut de nouveau détruite par le dernier envahisseur mongol, Tamerlan. Au XVIe s., elle fut alternativement soumise au pouvoir ottoman et au pouvoir safavide. Au XVIIe s., elle resta sous l'autorité ottomane. Pendant le XVIIIe et le début du XIXe s., elle fut dirigée d'une manière autonome par des mamelouks. Au début du XXe siècle, la ville reprit une certaine importance avec la mise en service du chemin de fer İstanbul-Bagdad. Bagdad fut occupée en 1917 par les forces britanniques et devint la capitale du royaume d'Irak en 1921. La ville, qui a subi des bombardements en 1991 et en 2003, est partiellement détruite (→ **Irak**).

**BAGEHOT (Walter)** ♦ Économiste et publiciste britannique (Langport, Somerset 1826 - *id.* 1877). Dans son ouvrage sur l'organisation du marché financier de Londres (*Lombard Street*, 1873), il donna l'une des premières études sur les crises économiques, qu'il expliquait par les mauvaises récoltes. Il est également l'auteur d'un ouvrage fondamental sur la Constitution anglaise (*The English Constitution*, 1867) et des *Lois scientifiques du développement des nations* (1869).

**BAGES** [66670] ♦ Comm. des Pyrénées-Orientales, au S. de Perpignan. 3 328 hab. ♦ ***Étang de Bages*** → **Sigean.**

**BĀGH** ♦ Site archéologique de l'Inde (Madhya* Pradesh) où se trouvent une dizaine de grottes bouddhiques du VIe s.

**BAGNÈRES-DE-BIGORRE** [65200] ← ÉTYM. du lat. *balnearia* «installation de bains» ♦ Ch.-l. d'arr. des Hautes-Pyrénées, sur l'Adour*. 8 048 hab. (aggl. 11 396) *(Bagnérais)*. Station thermale et climatique. Matériel électrique. Matériel ferroviaire. Textile (tissus «des Pyrénées»).

**BAGNÈRES-DE-LUCHON** [31110] ← ÉTYM. *Bagnères*, du lat. *balnearia* «installation de bains» et *Luchon*, de *Ilixone*, divinité des sources, du basque *ili* «ville» ♦ Ch.-l. de cant. de la Haute-Garonne, arr. de Saint-Gaudens. 2 900 hab. (aggl. 4 439) *(Luchonnais)*. Station thermale et climatique. Sports d'hiver à Superbagnères.

**BAGNEUX** [92220] ← ÉTYM. du lat. *balneolum*, dimin. de *balneum* «bain» [probablt allus. à des mares ou des points d'eau stagnante, et non à des sources thermales] ♦ Ch.-l. de cant. des Hauts-de-Seine, arr. d'Antony, dans la banl. S. de Paris. 37 252 hab. *(Balnéolais)*. Centre résidentiel. Industries de pointe. Cimetière parisien. ▮ **Histoire** Combats pendant le siège de Paris (1870 - 1871).

**BAGNOLES-DE-L'ORNE** [61140] ← ÉTYM. «petit établissement de bains», du lat. *balneolum*, dimin. de *balneum* «bain» ♦ Comm. de l'Orne, arr. d'Alençon. 893 hab. *(Bagnolais)*. Station thermale. — La commune de Tessé-la-Madeleine a été intégrée en 2000.

**BAGNOLET** [93170] ← ÉTYM. anc. *Baignoletum*, dimin. du lat. *balneolum* (→ Bagneux) ♦ Ch.-l. de cant. de la Seine-Saint-Denis, arr. de Bobigny. 32 511 hab. *(Bagnoletais)*. Comm. résidentielle. Indus. diversifiées. Activités tertiaires. Artisanat (ébénisterie).

**BAGNOLS-LES-BAINS** [48190] ← ÉTYM. anc. *Balneis*, du lat. *balneolum*, dimin. de *balneum* «bain» ♦ Comm. de la Lozère, arr. de Mende, sur le Lot. 243 hab. *(Bagnolais)*. Station thermale (alt. 912 m).

**BAGNOLS-SUR-CÈZE** [30200] ♦ Ch.-l. de cant. du Gard, arr. de Nîmes. 18 103 hab. *(Bagnolais)*. Hôtel de ville (1675) abritant le musée Léon-Alègre (coll. d'œuvres modernes). Musée d'archéologie. ▪ Au vieux Bagnols s'est juxtaposée la cité nouvelle née à la suite de l'édification de l'établissement de Marcoule*. Métallurgie.

**BAGOAS** ♦ Eunuque égyptien. Homme de confiance d'Artaxerxès* III, il empoisonna son souverain et le remplaça par Arsès* (-338). Il empoisonna ensuite Arsès, fit périr sa famille et porta au trône Darios* III Codoman (-336). Il s'apprêtait encore à empoisonner celui-ci mais fut contraint de boire lui-même le poison.

**BAGOT (sir Charles)** ♦ Administrateur colonial britannique (Rugeley, Staffordshire 1781 - Kingston, Canada 1843). Il fut gouverneur général du Canada de 1841 à 1843.

**BAGOUET (Dominique)** ♦ Danseur et chorégraphe français (Angoulême 1951 - Montpellier 1992). Formé à la danse classique par Rosella Hightower, et après un passage dans les troupes du Grand Ballet de Genève et le Ballet du XXe siècle de Béjart*, il découvrit la danse moderne avec Carolyn Carlson* et Peter Gross avant d'aller se perfectionner aux États-Unis avec Merce Cunningham*. Après le succès de *Chanson de nuit* (1976), il fonda sa compagnie qui devint en 1984 le Centre chorégraphique national de Montpellier. Un style pur et raffiné, une recherche de la théâtralité du geste et une opposition assumée entre structure et défaillance lui ont valu l'étiquette de «baroque contemporain». On lui doit notamment *Voyages organisés* (1977), *Insaisies* (1982), *Déserts d'amour* (1984), *Assaï*, avec Pascal Dusapin (1986), *Le Crawl de Lucien* (1986), *Le Saut de l'ange*, en collaboration avec Christian Boltanski (1987), *Meublé sommairement*, sur un texte d'Emmanuel Bove (1989), *So Schnell* (1990). ← ÉTYM. *Bagouet* est l'hypocoristique de *Bagou*, du nom de personne germanique *Bagwulf*, du vieux haut allemand *bagan* «lutter» et *wulf* «loup».

**BAGRATION (Petr Ivanovitch, prince)** ♦ Général russe (Kisljar, Caucase 1765 - Simi, gouv. de Vladimir 1812). Issu d'une famille princière de Géorgie, il combattit aux côtés de Souvorov* en Pologne (1794) et en Italie (1799), avant de prendre part à la campagne contre la France (1805) sous les ordres de Koutouzov. Il s'illustra à Austerlitz*, Eylau* (auj. Bagrationovsk) et Friedland* (1807). Durant l'invasion de la Russie par Napoléon* (1812), il fut défait à Moguilev* et à Smolensk*, et fut mortellement blessé à la bataille de la Moskova*.

**BAGUIRMI** ← ÉTYM. des mots locaux *Baggar miya* «cent vaches» (allus. à une offrande faite aux dieux ou au montant d'un impôt) ♦ Anc. sultanat du Soudan tchadien (l'actuel Tchad). Au XVIe s., ce royaume tirait sa prospérité de la traite des esclaves. Ses souverains se convertirent à l'islam au début du XVIIe s. En 1897, cette région fut intégrée à l'Afrique-Équatoriale française.

**BAGYIDAW** ♦ (1784 - 1846). Roi de Birmanie (1819 - 1837). Il succéda à son grand-père Bodawpaya. Il établit sa capitale à Ava, envahit l'Assam dont il déporta 30 000 personnes et fit des incursions au Bengale, ce qui provoqua la riposte des Britanniques qui, en 1824, débarquèrent à Rangoon. Par le traité de Yandabo (1826), qu'il signa avec les Britanniques, l'Assam, l'Arakan et le Tenasserim furent annexés. Devenu fou, il fut déposé par son frère Tharrawady, qui lui succéda.

**BAHĀDUR CHĀH Ier** ♦ Empereur moghol de Delhi* (Burhanpur 1643 - Lahore 1712), fils et successeur (1707) d'Aurangzeb*. Sous le règne de son père, il avait été emprisonné de 1687 à 1694 pour avoir pris le parti du rajah de Bijapur*. À la mort d'Aurangzeb, il disputa le trône à son frère Azam qu'il battit et tua. L'année suivante, il assassina son autre frère. Ses quatre fils s'étant entretués après sa mort, ce fut un de ses neveux, Farrukhsiyar, qui lui succéda.

**BAHĀDUR CHĀH II** ♦ Dernier souverain moghol de l'Inde (1775 - Rangoon 1862), successeur en 1837 d'Akbar Chāh II. Il fut déposé par les Britanniques après la mutinerie des cipayes* (1858), et exilé à Rangoon où il mourut quatre ans plus tard. Il fut un excellent poète sous le surnom de Zafar.

## bahaïsme

n. m. ♦ Religion fondée au XIXe s. par Bahā'ullah*. Le principe de base de cette religion est que le Bāb* et Bahā'ullah* sont des manifestations de Dieu dont on ignore l'essence. Le troisième grand personnage du bahaïsme est 'Abd ul-Bahā' («le serviteur de la Gloire», 1844 - 1921), fils aîné de Bahā'ullah et infaillible interprète de son enseignement. Les écrits et les paroles de ces trois figures forment la littérature sacrée de cette religion appelant à l'instauration d'une foi universelle fondée sur le dépassement des conflits raciaux, religieux et sociaux. À ses débuts, il ne recruta ses adeptes qu'en Iran, mais il fut introduit en 1890 en Occident et en 1920 aux États-Unis. De nos jours, cette religion a des fidèles partout dans le monde, et un grand centre à Haïfa où se trouve le tombeau du Bab.

## BAHAMAS

n. f. plur. – anc. ***îles Lucayes***, off. ***Commonwealth des Bahamas*** ➝ ÉTYM. de l'esp. *baja mar* «basse mer» [peu profonde] ♦ État insulaire de l'Atlantique Nord situé au N. des Grandes Antilles et à l'E. de la Floride. Il occupe un vaste archipel de plus de 700 îles. 13 939 km². 303 611 hab. *(Bahaméens)*. LANGUE : anglais. POPULATION : Noirs et métis en majorité. RELIGION : christianisme. MONNAIE : dollar des Bahamas. CAPITALE : Nassau, dans l'île de New Providence. RÉGIME : démocratie parlementaire. Îles princ. : Andros, Grand Bahama, Great Abaco, Eleuthera, Great Inagua. Ces îles, au voisinage du tropique du Cancer, sont extrêmement plates. L'agriculture est limitée par la faible profondeur des sols. En dehors de la pêche (homard) et de l'exploitation du sel, les principales activités sont le tourisme et les services financiers.

**HISTOIRE** Les Espagnols au début de la Conquête déportèrent les Indiens Lucayes vers les Grandes Antilles. Occupées par les Anglais (1629), disputées entre l'Espagne, la France et l'Angleterre, les Bahamas furent attribuées à cette dernière en 1783. Pendant les guerres américaines d'indépendance, elles devinrent le refuge de nombreux loyalistes britanniques. Elles furent pourvues d'un gouvernement autonome en 1964, et obtinrent leur indépendance en 1973.

**BAHĀR (Mīrzā Taqī)** ♦ Écrivain iranien considéré comme le plus grand poète de l'époque moderne (Meched 1885 ou 1886 - Téhéran 1951). Il fut membre du mouvement réformateur en tant qu'écrivain et homme politique. Il dirigea à partir de 1916 la société littéraire Dāneshkadé qui entreprit de renouveler la poésie persane, et contribua, comme professeur à l'université de Téhéran, à développer l'histoire littéraire. Sa thématique s'inspire des problèmes sociaux, politiques et moraux modernes ; il utilise simultanément la forme classique de la *qasida* et des formes plus souples inspirées de la prosodie occidentale. Il combine aussi dans son vocabulaire les ressources de la langue classique et les richesses du parler moderne. Cet élargissement du champ poétique lui permit d'exercer une grande influence sur la poésie du XXe s. ➝ ÉTYM. Ce nom persan signifie «printemps.»

**BAHARIEH** ou **BAHARIA** ➝ ÉTYM. en ar. ***al-Wāḥa al-Bahriya*** «l'oasis maritime» ♦ Oasis d'Égypte, dans une dépression au milieu du désert Libyque. 6 000 hab. La population est répartie dans quatre villages. Sources d'eau chaude. Culture de dattes, vergers. L'oasis fait partie du projet de la Nouvelle Vallée, destinée à accroître les terres cultivables. Gisements de fer.

**BAHĀ'ULLAH** [Mīrzā Ḥusayn 'Alī Nūrī] ➝ ÉTYM. «gloire de Dieu» ♦ Fondateur du bahaïsme* (Téhéran 1817 - Acre 1892). Fils de notable, Bahā'ullah fut un des disciples du Bāb*, dont il devint le successeur en fondant le bahaïsme*. À partir de 1863, considéré comme hérétique, il fut exilé et emprisonné à Edirne, puis à Acre où il demeura de 1868 à sa mort. C'est en 1867 qu'il commença à manifester sa doctrine, exposée dans le *Kitab-i-aqdas* («le livre très saint»).

**BAHAWALPUR** n. m. ♦ V. du Pakistan. 408 395 hab. Située dans une région sèche, sur les marges du Panjab, proche du désert de Thar, mais irriguée par les eaux de la Satlej. Grand marché du coton.

**BAHBAHĀN** ♦ V. d'Iran (Khouzistan). 101 178 hab. Tells renfermant des vestiges préhistoriques. ▪ Champs pétrolifères d'Āghā Djāri. Centre commercial.

**BAHIA** ➝ ÉTYM. de *Bahia* de Todos* os Santos ; port. *baía* «baie» ♦ État du Brésil (région Nordeste). → **Brésil** (carte). 566 978 km². 13 070 000 hab. CAP. : Salvador. L'État est traversé du S. au N. par la Chapada Diamantina (1 850 m) et par le fleuve São Francisco. ▪ Élevage bovin, haricots, tabac, hévéas, girofliers et surtout cacao (Ilhéus). À l'O., culture de riz et de soja, de fruits sur les terres irriguées en aval des barrages hydroélectriques aménagés sur le São Francisco. Principale mine de cuivre du Brésil. Exploitation de pétrole et de gaz naturel sur le littoral. Raffineries et indus. pétrochimique.

**Bahia.** Église de Bonfim, à Bahia. *Phot. © Mark Van Overmeire/Shutterstock*

**BAHÍA** (îles de la) ♦ Groupe de trois îles (Utila, Roatán et Guanaja) de la mer des Caraïbes, au large du Honduras dont elles dépendent. La population, noire en majorité, parle anglais.

**BAHÍA BLANCA** ♦ V. d'Argentine (prov. de Buenos Aires), sur l'océan Atlantique, entre la Pampa méridionale et la Patagonie septentrionale. 285 000 hab. Port exportateur de céréales et de viande. Centre industriel (agroalimentaire, textile, raffinerie et pétrochimie). Terminal de l'oléoduc de Neuquén.

**BAHLŪL LŌDĪ** ♦ (mort à Malāwal, près d'Aligarh 1488). Chef de mercenaires afghans au service des sultans de Delhi* et fondateur de la dynastie Lōdī*, du nom de sa tribu d'origine. D'abord maître du Panjab*, il s'empara sans combattre du trône de Delhi en 1451 puis entreprit la conquête d'une grande partie de l'Inde du Nord. Il laissa le souvenir d'un souverain éclairé et pieux.

**BAHMANIDES** ou **BAHMANĪ** ♦ Dynastie indo-musulmane du Dekkan fondée en 1347 à Gulbarga (Mysore, Inde) par Hassan* Zafar Khan. Au pouvoir jusqu'en 1527, elle fut ensuite partagée entre les sultans de la dynastie des Shāhī après l'éclatement du royaume en principautés. Elle compta seize sultans.

**BAHRĀM** ♦ Nom de plusieurs rois sassanides de Perse. ♦ **BAHRĀM Ier** (de 273 à 277). Il fit exécuter Mani*. ♦ **BAHRĀM II** (de 277 à 293). Il lutta contre Rome (→ **Carus**). ♦ **BAHRĀM IV** (de 388 à 399). ♦ **BAHRĀM V GÔR** (de 421 à 438). Il repoussa une invasion des Huns (Hephthalites ou Khionites). En 422, à la suite d'une intervention byzantine, il toléra les chrétiens en Perse. ♦ **BAHRĀM VI TCHOBÈN.** Général destitué après sa défaite contre Byzance, il se révolta contre Ormizd* IV (589), se fit reconnaître comme roi (590) mais fut vaincu par Khosrō* II allié à l'empereur byzantin Maurice (591). ➝ ÉTYM. *Bahrām* est le nom iranien de la planète Mars et du 20ᵉ jour de chaque mois.

**BAHRDT (Karl Friedrich)** ♦ Théologien et pédagogue allemand (Bischofswerda 1741 - Halle 1792). La traduction laïcisée du Nouveau Testament qu'il publia sous le titre *Die neuesten Offenbarungen Gottes in Briefen und Erzählungen* (1772 - 1775) suscita une telle hostilité de la part de l'Église qu'il fut contraint de s'exiler en Suisse où il dirigea une école. Revenu en Allemagne, il tenta d'appliquer les principes pédagogiques de J. B. Basedow* dans une école modèle qu'il fonda à Heidesheim (Palatinat). Outre le récit de ses voyages et de ses querelles théologiques, il a laissé un traité d'éducation (*Philanthropinischer Erziehungsplan*, 1775).

## BAHREÏN

▮ n. m. – en ar. ***al-Baḥrayn***, off. ***Royaume de Bahreïn*** – «les deux mers» ♦ État composé de 33 îles, situé à peu près au centre du golfe Arabo-Persique. ➝ **Arabie** (carte). 691 km². 650 604 hab. *(Bahreïniens)* dont 38 % d'immigrés (Inde, Pakistan, Iran, sultanat d'Oman et Extrême-Orient). LANGUE : arabe. RELIGION : musulmans (sunnites, 40 % ; chiites, 60 %). MONNAIE : dinar bahreini. CAPITALE : al-Manāma. RÉGIME : monarchie constitutionnelle. Bahreïn est la principale île de l'archipel. L'île de Bahreïn est reliée par des ponts, au N.-E. à l'île de Muharrak (6 km de long) et à l'île de Sitra, et à l'O. à l'Arabie saoudite.

▮ **ÉCONOMIE** Bahreïn était, avant la découverte du pétrole et du gaz, le pays le plus riche de la région (pêche perlière). L'émirat fut le premier pays de la région à exploiter ses ressources en hydrocarbures, découvertes en 1932. Aujourd'hui le secteur pétrolier représente plus de 60 % des revenus et Bahreïn est le seul membre du Conseil de coopération du Golfe (CCG) à n'exporter que des produits pétroliers raffinés et non du brut. Le pays, dont les réserves sont limitées, a été amené à diversifier ses sources de revenus, en s'imposant notamment comme un carrefour commercial du Golfe et comme une importante place financière. Désavantagé par le manque d'eau, l'importante salinité des sols, le climat et l'urbanisation, l'archipel est peu propice à l'agriculture. Deux nouveaux ports de pêche (Muharrak, 1984 et Sitra, 1991) ont été ouverts pour accroître le potentiel d'exportation (crevettes vers les États-Unis et le Japon). De nombreux ouvriers immigrés, notamment indiens, vivent dans la misère.

▮ **HISTOIRE** Après plusieurs siècles d'indépendance, Bahreïn passa d'abord sous contrôle portugais (1521 - 1602) avant d'entrer dans la sphère persane (1602 - 1782). Les Perses furent chassés par les Khalifa, venant d'Arabie, qui prirent le contrôle de Bahreïn. En 1799, l'île fut occupée par les forces de l'imam de Mascate. Les Khalifa obtinrent l'aide des wahhabites pour reconquérir l'île (1809), mais ils furent assignés à résidence par les nouveaux «protecteurs wahhabites». Appuyés par les Perses et l'imam de Mascate, ils chassèrent les wahhabites en 1812. Les Britanniques commencèrent à étendre leur domination sur l'archipel à partir de 1814 avec la signature d'un traité commercial. Quatre autres traités (1855, 1880, 1898 et 1911) contribuèrent à asservir l'émirat aux décisions de Londres. À la veille de la Première Guerre mondiale, la Grande-Bretagne et l'Empire ottoman conclurent un accord qui délimitait leurs zones d'influences respectives et qui comportait l'indépendance de Bahreïn. Cheikh Ahmad (1923 - 1942) puis Cheikh Salman (1942 - 1961) réussirent à moderniser le pays avant de passer la main à Cheikh Issa ibn Salman al-Khalifa. Après l'échec des négociations visant la création d'une fédération d'États de la côte de la Trêve *(Trucial States)*, le Qatar et Bahreïn, l'émir décida, avec l'accord des Britanniques, de proclamer l'indépendance de son pays (1971). Les accords avec la Grande-Bretagne furent remplacés par un traité d'amitié. Des tentatives de démocratisation furent amorcées au début des années 1970. Mais, en août 1975, Cheikh Issa prononça la dissolution de l'assemblée parlementaire et suspendit la Constitution de 1973. Sunnite, dans un pays à majorité chiite, la famille régnante, qui détient tous les postes clés, a dû faire face à des tentatives de subversion provoquées par l'Iran lors de la guerre irano-irakienne. L'Iran fait en effet sporadiquement valoir ses revendications sur l'archipel. Lors de la crise du Golfe, Bahreïn, se rangeant dans le camp des coalisés, devint une importante base aérienne pour l'aviation américaine. À la mort de Cheikh Issa (1999), son fils Hamad lui succéda et s'employa à ouvrir son pays vers ses voisins (Qatar, Iran). Le conflit frontalier avec le Qatar, vieux de soixante ans, a été réglé en 2001. Face à la contestation politique et sociale, l'émir Hamad s'est proclamé roi (févr. 2002), transformant la monarchie absolue en monarchie constitutionnelle avec les premières élections depuis 27 ans. Des tensions interconfessionnelles agitent le pays depuis l'élection en 2006 d'une majorité chiite à l'une des deux chambres du Parlement, tandis que l'autre chambre, nommée par le roi, est composée de sunnites (minoritaires dans le royaume).

---

**BAHR EL-ABIAD** n. m. ➝ ÉTYM. ar. «le fleuve *(bahr)* blanc *(el-abiad)*», ou **NIL BLANC** ♦ Nom donné au Nil du Soudan, entre le lac Nô et sa jonction avec le Bahr el-Azrak, à Khartoum. Le canal de Jonglei, dont les travaux n'ont pu être achevés en raison de la guerre civile, doit relier Bor à Malakal en coupant les méandres du Bahr el-Abiad sur 360 km, et permettre l'extension des zones irriguées ainsi que le désenclavement du Sud.

**BAHR EL-ARAB** n. m. ➝ ÉTYM. ar. «le fleuve *(bahr)* des Arabes *(el-Arab)*» ♦ Fl. du Soudan sud-occidental (800 km), qui, par sa réunion avec le Djour, forme le Bahr* el-Ghazal.

**BAHR EL-AZRAK** ou **NIL BLEU** n. m. – en éthiopien ***Nil Abbai*** ♦ Riv. d'Éthiopie et du Soudan (1 600 km), issue du lac Tana. Elle conflue à Khartoum* avec le Bahr el-Abiad pour former le Nil.

**BAHR EL-DJEBEL** ou **BAHR AL-JABAL** n. m. ➝ ÉTYM. ar. «le fleuve *(bahr)* des montagnes *(el-djebel)*» ♦ Nom donné au Nil*, du lac Mobutu à sa jonction avec le Bahr el-Ghazal.

**BAHR EL-GHAZAL** n. m. ➝ ÉTYM. ar. «le fleuve *(bahr)* des gazelles *(el-ghazal)*» ♦ Fl. du Soudan (240 km). Né à la frontière soudano-congolaise, il traverse une vaste zone marécageuse formée par l'apport du Bahr* el-Arab et du Djour, puis rejoint le Bahr el-Djebel, à la hauteur du lac Nô. C'est l'un des principaux affluents du Nil*.

**BAHRITES** n. m. pl. ➝ ÉTYM. du turc *bahr* «fleuve» ♦ Nom de la première dynastie des mamelouks turcs qui régnèrent sur l'Égypte de 1250 à 1382 (➝ **mamelouks**).

**Bahr Youssef** ou **Bahr Yūsuf** n. m. ➝ ÉTYM. ar. «le fleuve de Joseph» ♦ Canal d'irrigation de la Moyenne-Égypte, utilisant les eaux dérivées du Nil et arrosant la région du Fayoum*.

**BAHYA IBN PAQUDA** ♦ Philosophe juif espagnol (Saragosse ? XIᵉ s.). Il est l'auteur, en arabe, de l'*Introduction aux devoirs des cœurs* (*Kitāb al-Hidāya ilā Farā'id al-Qulūb*, v. 1080), méditation sur le *Shema** (Écoute, Israël) et l'un des chefs-d'œuvre de la spiritualité juive.

**BAIA MARE** ➝ ÉTYM. «la grande mine» ♦ V. de Roumanie septentrionale, ch.-l. du district des Maramureş, dans le bassin du Someş. 139 870 hab. Centre d'indus. métallurgiques et chimiques à proximité de gisements métallifères (or, argent, plomb et zinc). Sources minérales.

**BAIE-COMEAU** ♦ V. du Canada (Québec), fondée en 1937, sur la rive N. de l'estuaire du Saint-Laurent et sur la Manicouagan. 22 554 hab. Centrale hydroélectrique. Papier. Fonderie d'aluminium. Port (exportation de céréales).

**BAIE-MAHAULT** [97122] ➝ ÉTYM. de *baie* et *maho*, n. d'une variété de palétuviers utilisée pour fabriquer des cordages ♦ V. de la Guadeloupe, dans l'aggl. de Pointe-à-Pitre. 23 389 hab. Important port de commerce à la pointe Jarry.

**BAIES** – en lat. ***Baiae***, en it. ***Baia*** ♦ Loc. d'Italie, en Campanie (prov. de Naples), sur le golfe de Pozzuoli. Vestiges de thermes romains. ▮ **Histoire** Dans l'Antiquité, *Baiae* était un lieu de résidence très fréquenté par les riches Romains et par les empereurs. C'est là que Néron fit assassiner Agrippine.

**BAÏF (Lazare DE)** ♦ Diplomate et humaniste français (Les Pins, près de La Flèche 1496 - Paris 1547). Attaché au cardinal de Lorraine, il devint conseiller de François Iᵉʳ et ambassadeur à Venise (1529), puis en Allemagne. Élève de Jean Lascaris, il fut l'un des plus grands hellénistes de son temps (traduction de quatre *Vies* de Plutarque et, en vers français, de l'*Électre* de Sophocle). Il publia des ouvrages d'archéologie qui firent longtemps autorité (*De re vestiaria*, 1526 ; *De re navali*, 1536).

**BAÏF (Jean Antoine DE)** ♦ Écrivain français (Venise 1532 - Paris 1589), fils naturel de Lazare de Baïf*. Élève de Dorat, helléniste fervent, condisciple de Du Bellay et de Ronsard, il fit partie de la Brigade (qui allait devenir la Pléiade*) et montra son admiration pour la culture antique en adaptant les dramaturges latins et grecs (*Le Brave*, 1567, d'après Plaute ; *Antigone*, 1573, d'après Sophocle). Poète érudit, il donna les poèmes pétrarquisants des *Amours de Méline* (1552), puis les pièces plus spontanées des *Amours de Francine* (1555), enfin les *Mimes, enseignements et proverbes* (1576, 1581 et posth. 1597), suite de réflexions morales et satiriques d'une grande variété. ▪ Réformateur et théoricien hardi, Baïf préconisa l'adoption d'une orthographe phonétique et d'une prosodie imitée de l'antique, tenant compte de la quantité vocalique, par laquelle il tentait de soumettre aux mêmes lois mélodiques la poésie et la musique (ce qui le conduisit à fonder, avec l'appui de Charles IX, une académie de poésie et de musique). Baïf échoua dans son entreprise, en tentant d'imposer à la prosodie française des règles étrangères à ses possibilités phonétiques.

**BAIGNEUX-LES-JUIFS** [21450] ♦ Ch.-l. de cant. de la Côte-d'Or, arr. de Montbard. 271 hab. *(Bagnolais)*. Une colonie juive s'y établit aux XIII$^{e}$ et XIV$^{e}$ s.

**BAÏKAL** → **ÉTYM.** du yakoute *baikul* « le lac *(kul)* riche [poissonneux] *(bai)* » ♦ Lac de Russie en Sibérie orientale, orienté du N.-E. au S.-O., situé entre les monts Iablonovyï (E.), les monts Baïkal (O.) et le plateau des Stanovoï (N.), à une altitude de 456 m. Long de 636 km, large de 48 km en moy., c'est un immense réservoir d'eau (23 000 $km^3$), et le lac le plus profond du globe (1 741 m). Alimenté par 336 rivières, dont la plus importante est la Selenga, il n'a qu'un seul émissaire, l'Angara. Ses eaux, d'une extrême pureté, se maintenant à une température moyenne de 10 °C, sont riches en espèces animales et végétales endémiques. ▪ Pêcheries. Ports princ. : Baïkal, Listvianka, Oust-Bargouzine, Nijne-Angarsk. Les pressions écologistes ont conduit V. Poutine à éloigner un projet d'oléoduc qui devait longer la rive nord du lac.

**BAÏKAL** (monts) ♦ Chaîne montagneuse au N.-O. et en bordure du lac Baïkal. Alt. max. : 2 572 m ; longueur : env. 275 km. La Lena y prend sa source.

**BAÏKONOUR** ♦ V. du Kazakhstan. 54 200 hab. À 400 km de la ville, près de Tiouratam, le cosmodrome de Baïkonour fut la principale base soviétique de lancements d'engins spatiaux. Ce site est auj. exploité par une société mixte russo-kazakhe.

**BAILE ÁTHA CLIATH** → Dublin

**BAILÉN** ou **BAYLEN** ♦ V. d'Espagne (Andalousie), prov. de Jaén. 18 583 hab. ▮ **Histoire** Le général Dupont* de l'Étang y fut contraint de signer (1808) la capitulation de son armée dont une partie fut internée dans des conditions humiliantes dans l'îlot de Cabrera*. Le général victorieux, Castaños, fut fait duc de Bailén ; pour la première fois, les armées de Napoléon s'étaient montrées vulnérables.

**BAILLAIRGÉ** ou **BAILLARGÉ** ♦ Famille de sculpteurs et architectes canadiens des XVIII$^{e}$ et XIX$^{e}$ s. ♦ **Jean Baillairgé** (Villaret, Poitou 1726 - Québec 1805). Auteur des plans de reconstruction de la cathédrale de Québec. ♦ **François Baillairgé** (Québec 1759 - *id.* 1830). Fils de Jean. Il étudia à Paris et fut l'introducteur du style Louis XVI au Canada. Il travailla au mobilier et à l'ornementation de la cathédrale ainsi qu'à de nombreuses églises. ♦ **Thomas Baillairgé** (Québec 1791 - *id.* 1859). Fils de François. Il éleva le palais épiscopal de Québec (1844). → **ÉTYM.** Ce nom est celui d'un « producteur (ou marchand) de *baillarge* (sorte d'orge ; du latin *balearicus* originaire des Baléares) ».

**BAILLARGER (Jules Gabriel François)** ♦ Médecin français (Montbazon 1806 - Paris 1891). Il fut un aliéniste de renom et fonda les *Annales médico-psychologiques*.

**BAILLARGUES** [34670] ♦ Comm. de l'Hérault, arr. de Montpellier. 5 842 hab. (aggl. 8 319).

**BAILLAUD (Benjamin)** ♦ Astronome français (Chalon-sur-Saône 1848 - Toulouse 1934). Directeur de l'observatoire de Paris (1908 - 1925), il participa à l'établissement de la carte du ciel. [Acad. sc. 1908]

**BAILLEUL** [59270] → **ÉTYM.** de l'anc. fr. *baille* « espace fortifié autour d'un château » ♦ Ch.-l. de cant. du Nord, arr. de Dunkerque, sur la Becque. 14 146 hab. (aggl. 17 732) *(Bailleulois)*. Musée Benoît-de-Puydt (céramiques). ▪ Indus. textile (lin) et alimentaire.

**BAILLIF** [97123] → **ÉTYM.** p.-ê. du n. d'un riche propriétaire du XVII$^{e}$ s. ♦ V. de Guadeloupe, arr. de Basse-Terre. 5 837 hab.

**BAILLON (Henri)** ♦ Botaniste français (Calais 1827 - Paris 1895). Il est l'auteur d'un *Dictionnaire de botanique* (1876 - 1885) et d'une importante *Histoire des plantes* (1867 - 1885).

**BAILLON (André)** ♦ Écrivain belge d'expression française (Anvers 1875 - Saint-Germain-en-Laye 1932). Une existence misérable et tourmentée, qui conduira l'écrivain aux portes de la folie, puis au suicide, inspire des récits autobiographiques où l'écriture se fait incisive, haletante, parfois hallucinée (*Histoire d'une Marie*, 1921 ; *Un homme si simple*, 1925 ; *Le Perce-oreille du Luxembourg*, 1928).

**BAILLOT (Pierre)** ♦ Violoniste et compositeur français (Passy 1771 - Paris 1842). Virtuose de réputation européenne, il a publié *L'Art du violon* (1834), méthode pour l'enseignement de cet instrument qui a longtemps fait autorité. Il est l'auteur d'une œuvre abondante (concertos, quatuors, thèmes et variations, préludes).

**BAILLY (Jean-Sylvain)** ♦ Savant et homme politique français (Paris 1736 - *id.* 1793). Membre de l'Académie des sciences (1763) pour ses travaux d'astronomie, puis de l'Académie française (1783), il fut député du tiers état aux états généraux (1789) et, en tant que président de l'Assemblée nationale, fut le premier à prêter le serment du Jeu* de paume (20 juin). Nommé maire de Paris (15 juil. 1789) après la prise de la Bastille*, il joua, avec La Fayette, un rôle primordial sous l'Assemblée nationale constituante, mais perdit sa popularité et démissionna après avoir proclamé la loi martiale et fait tirer sur les manifestants venus déposer au Champ*-de-Mars une pétition exigeant la déchéance et le jugement du roi (17 juil. 1791). Arrêté en 1793, il fut condamné à mort et exécuté sur le Champ-de-Mars. → **ÉTYM.** Ce nom de famille correspond à la fonction de *bailli*, employé comme sobriquet.

**BAILLY (Anatole)** ♦ Helléniste français (Orléans 1833 - *id.* 1911). On lui doit un remarquable *Dictionnaire grec-français* (1894).

**BAILLY** [78870] → **ÉTYM.** anc. *Baliaco*, du lat. *Ballius*, n. de pers., et suff. *-acum* ♦ Comm. des Yvelines, arr. de Saint-Germain-en-Laye, au N.-O. de Versailles. 4 094 hab.

**BAIN (Alexander)** ♦ Philosophe et psychologue écossais (Aberdeen 1818 - *id.* 1903). Reprenant les thèses de l'atomisme et de l'associationnisme de Hume, Condillac, etc., il tenta de faire de la psychologie une science expérimentale et influença les travaux de Taine* sur l'intelligence (*Les Sens et l'Intelligence*, 1855 ; *Les Émotions et la Volonté*, 1859). Ses recherches en pédagogie témoignent d'un même souci de positivité (*Science de l'éducation*, 1874).

**Bain** (ordre du) – en angl. ***Knights of the Bath*** ♦ Ordre de chevalerie anglais qui aurait été fondé par Henri* IV en 1399. Il fut repris par George* I$^{er}$ en 1725 et devint en 1815 une récompense militaire.

**BAIN-DE-BRETAGNE** [35470] ♦ Ch.-l. de cant. de l'Ille-et-Vilaine, arr. de Redon. 5 516 hab. *(Bainais)*.

**BAINS-LES-BAINS** [88240] ♦ Ch.-l. de cant. des Vosges, arr. d'Épinal. 1 415 hab. *(Balnéens)*. Station thermale.

Le **Bain turc** ♦ Dernier tableau d'Ingres*, qui l'acheva en 1859, le modifia en 1860 pour l'inscrire dans un cercle et le retoucha encore en 1863. La forme originale du tableau s'harmonise parfaitement avec le traitement tout en arabesque de ces superbes nus aux formes pleines.

Le **Bain turc.** Tableau d'Ingres (108 × 108 cm). Musée du Louvre, Paris.
*Phot. ©RMN-Gérard Blot*

**BAINVILLE (Jacques)** ♦ Historien français (Vincennes 1879 - Paris 1936). Disciple de C. Maurras* avec lequel il collabora à *L'Action française*, il fit porter sa réflexion sur les rapports entre la France et l'Allemagne et exalta la monarchie dans son *Histoire de France* (1924) et dans *Napoléon* (1931). *La Troisième République* (1935) le montra préoccupé de l'avenir de la France dont la politique démocratique lui parut une faible sauvegarde contre le pangermanisme renaissant (*Histoire de trois générations*, 1934). Ce pessimisme se retrouve dans ses chroniques de la *Revue universelle* qu'il dirigea, à partir de 1920, avec H. Massis* et J. Maritain*. [Acad. fr. 1935]

**BAIRD (John Logie)** ♦ Ingénieur et physicien britannique (Helensburgh, Écosse 1888 - Bexhill 1946). Pionnier de la télévision en Grande-Bretagne, il réalisa sa première démonstration de transmission d'images en noir en 1926, et en couleur, en 1928.

**BAIRE (René)** ♦ Mathématicien français (Paris 1874 - Chambéry 1932). On lui doit des travaux relatifs à la théorie des fonctions en relation avec la théorie des ensembles.

**BAÏSE** n. f. → **ÉTYM.** anc. *Baisa*, probablt rac. hydronym. *ban-* et suff. prélatin ♦ Riv. de Gascogne (190 km), affl. de la Garonne. Née sur le plateau de Lannemezan, elle est formée par la Grande et la Petite Baïse. Elle reçoit la Gélise et rejoint la Garonne près d'Aiguillon.

Le **Baiser** ♦ Marbre de Rodin* (1886). Le lyrisme sensuel de ce couple, qui devait figurer Paolo et Francesca dans *La Porte de l'enfer*, n'était pas considéré par Rodin lui-même comme très représentatif de son art. La sculpture, bien accueillie par le public, évoque la manière des impressionnistes pour rendre les moments de vie. La puissance émotionnelle de l'œuvre est le résultat d'un travail en profondeur du matériau, les surfaces n'étant pour Rodin que « l'extrémité d'un volume ». *Le Baiser* sera suivi en 1887 de *Fugit Amor*.

**BAISIEUX** [59780] ◆ ÉTYM. du gaul. *bavicum* «verger à fruits» ou du lat. *Basius*, n. de pers. gallo-rom. ou du lat. *vavicus (ager)* «(champ) inculte» ♦ Comm. du Nord, arr. de Lille, à la frontière belge. 4 039 hab.

**BAJ (Enrico)** ♦ Peintre italien (Milan 1924 - Vergiate, près de Varèse 2003). Artiste d'une grande vitalité, il lança la Peinture nucléaire (1951) et participa à de nombreuses actions collectives : Mouvement pour un Bauhaus imaginiste (avec A. Jorn, 1953), manifeste *Contre le style* (avec Arman et d'autres, 1957), *Manifeste de Naples* (contre l'abstraction, 1959), etc. Partie des taches et du dripping «nucléaire», sa peinture évolua vers une figuration violente, chargée de satire politique et d'humour, d'où se détachent la série des *Généraux* (1960 - 1961), *Les Funérailles de l'anarchiste Pinelli* (1972), l'ensemble de *L'Apocalypse* (1978 - 1979). Ses œuvres incorporent volontiers des tableaux académiques qu'il repeint (*Modifications*, 1959 - 1960), de la passementerie, des médailles, des morceaux de verre, du bois de placage (*Meubles*, 1960 - 1962) ou des pièces de Meccano (marionnettes pour *Ubu Roi*, 1984).

**BAJA** ♦ V. de Hongrie, située au S. du pays, sur un bras du Danube. 37 913 hab. Centre ferroviaire et routier.

**BAJA CALIFORNIA** → **Californie (Basse-)**

**BAJAZET** → **Bayazid**

**Bajazet** ♦ Tragédie en 5 actes de Jean Racine* (1672). Avant de partir pour la guerre, le sultan Amurat a donné l'ordre à sa favorite Roxane de faire exécuter son propre frère Bajazet. Roxane révèle à ce dernier le projet du sultan et lui promet la vie sauve s'il consent à diriger une révolte contre Amurat et à l'épouser. Mais Bajazet aime Atalide, cousine d'Amurat. Roxane consentira à le laisser en vie s'il accepte de voir périr Atalide. Son refus entraîne sa perte. Tandis qu'il succombe, Roxane elle-même est tuée par un messager d'Amurat ; désespérée, Atalide se donne la mort.

**BA Jin** ou **PA Kin (Li Feigan**, dit**)** ◆ ÉTYM. l'étym. faisant venir ce nom de la contraction de *Ba*kounine et de Kropo*tkine* est populaire. ♦ Écrivain chinois (Chengdu, Sichuan 1904 - Shanghai 2005). Marqué par l'anarchisme, il étudia la philosophie et l'histoire en France (1927) puis les littératures russe et française. Son patriotisme antijaponais et une œuvre imprégnée de romantisme et d'utopie enthousiasmèrent les jeunes, contribuant à les faire rejoindre nombreux la révolution, ce dont le parti lui fut reconnaissant en dépit de ses idées. Son œuvre la plus connue, *Famille* (1931), dénonce les liens traditionnels et la morale confucéenne.

**BAJOCASSES** n. m. pl. ◆ ÉTYM. p.-ê. du celt. «qui a des boucles blondes», de *bodio-* «jaune, blond» et *cassi-* «chevelure» (→ aussi Bayeux, Bessin) ♦ Nom de peuplades gauloises qui occupaient la région N.-O. du Calvados et avaient pour capitale *Augustodurum*, auj. Bayeux*.

**BAKEMA (Jacob Berend)** ♦ Architecte néerlandais (Groningue 1914 - Rotterdam 1981). Il s'associa à J. H. Van den Broeck et tous deux s'illustrèrent par leurs réalisations à Rotterdam et à Breda. Ils participèrent à la reconstruction de Francfort-sur-le Main. Le rationalisme et le mouvement De Stijl ont eu une grande importance dans leurs réalisations architecturales.

Le **Baiser.** Marbre de Rodin. Musée Rodin, Paris.
*Phot. © du musée © Bruno Jarret*

**BAKER (sir Samuel White)** ♦ Explorateur britannique (Londres 1821 - Sandford Orleigh, Devon 1893). Après avoir exploré la région du haut Nil et découvert le lac Albert en 1864, il entra au service du khédive Ismā'īl et lutta contre le brigandage et la traite des Noirs dans le Soudan égyptien.

**BAKER (Joséphine)** ◆ ÉTYM. n. de son 2e mari, Willie *Baker* ♦ Chanteuse et danseuse noire française d'orig. américaine (Saint Louis, Missouri 1906 - Paris 1975). Vedette de la *Revue nègre* en 1925, à Paris, elle se produisit ensuite dans de nombreuses revues (Folies-Bergère, Casino de Paris). Sa fantaisie et le rythme trépidant de ses danses et de ses chansons (*La Petite Tonkinoise, J'ai deux amours*) lui apportèrent une renommée internationale. Elle joua un rôle actif dans la Résistance, puis adopta des enfants de diverses origines ethniques, faisant acte d'antiracisme.

**BAKER (Chesney H.**, dit **Chet)** ♦ Trompettiste, chanteur et compositeur de jazz américain (Yale, Oklahoma 1929 - Amsterdam 1988). Membre du quartette de Gerry Mulligan* en 1952, il fut l'un des créateurs du style West Coast. L'année suivante, il constitua son propre groupe mais son activité, tant aux États-Unis qu'en Europe, fut interrompue à diverses reprises par des poursuites pour usage de stupéfiants. Son jeu, d'une grande richesse mélodique, évitait les facilités tout en bénéficiant d'une technique instrumentale exceptionnelle. Princ. enregistrements : *Rocker* (avec Gerry Mulligan, album, 1953) ; *Chet* (album, 1959).

**BAKER (James Addison)** ♦ Homme politique américain (Houston, Texas 1930). Proche ami de Ronald Reagan*, il fut l'un de ses principaux conseillers avec Edwin Meese et Michael Deaven («troïka californienne») avant de devenir le secrétaire général de la Maison-Blanche. Secrétaire d'État au Trésor dans la deuxième administration Reagan, puis secrétaire d'État lors de la présidence de G. Bush* (1989 - 1993), il s'est efforcé de trouver des solutions au conflit israélo-arabe. Mandaté par l'ONU (1997 - 2004), il proposa un plan de médiation au Sahara occidental qui fut rejeté par le Maroc.

**BAKER (Alan)** ♦ Mathématicien britannique (Londres 1939). Ses travaux concernent essentiellement les nombres transcendants. [Médaille Fields 1970]

**BAKERSFIELD** ♦ V. des États-Unis (Californie), dans la vallée de San Joaquin. 247 057 hab. Centre commercial et indus. au cœur d'une région agricole (agrumes, vigne, coton). Gisements de pétrole exploités depuis 1889. Mines d'argent et de tungstène.

**BAKHOY** n. m. ◆ ÉTYM. «fleuve blanc» ♦ Riv. d'Afrique occidentale née dans le Fouta*-Djalon, dont la réunion avec le Bafing («fleuve noir») à Bafoulabé (Mali) donne naissance au fleuve Sénégal. Anc. région aurifère.

**BAKHTARĀN** → **Kermanchāh**

**BAKHTCHISSARAÏ** ♦ V. d'Ukraine, en Crimée, sur la Tchourouksou. 26 628 hab. Palais des khans (XVIe - XVIIe s.) : appartements, harems, nécropole des khans, mosquées, et la Fontaine aux larmes (1764) qui inspira Pouchkine («La Fontaine de Bakhtchissaraï») et Mickiewicz (*Les Sonnets de Crimée*). Musée historique et archéologique. ▮ **Histoire** Fondée au XVIe s., c'était la capitale du khanat de Crimée jusqu'en 1783. ♦ ***Traité de Bakhtchissaraï*** Traité par lequel l'Empire ottoman céda l'Ukraine occidentale à la Russie (1681).

**BAKHTIAR (Chahpour)** ou **BAKHTIYĀR (Chahpūr)** ♦ Homme politique iranien (Bakhtyāri 1916 - Suresnes 1991). Dernier Premier ministre du chah (6 janv.-10 fév. 1979), il dirigea un éphémère gouvernement qui fut emporté par la vague révolutionnaire islamiste (→ **Iran**). Réfugié en France, il fut assassiné.

**BAKHTINE (Mikhaïl Mikhaïlovitch)** ♦ Critique littéraire russe (Orel 1895 - Moscou 1975). Les études qu'il a consacrées à Dostoïevski et à Rabelais insistent sur l'importance de l'aspect carnavalesque de l'œuvre des deux écrivains, qui fait réapparaître dans la conscience occidentale une culture populaire parfois subversive (*Problèmes de la poétique de Dostoïevski*, 1929, 2e éd. 1961 ; *François Rabelais et la culture populaire sous la Renaissance*, 1965).

**BÂKÎ (Mahmud Abdül)** ♦ L'un des plus grands poètes classiques turcs (Constantinople 1526 - *id.* 1600). Il écrivit des *ghazals*, des *qasida* et des oraisons funèbres, dont celle de Soliman* le Magnifique, qu'il rassembla dans un *Divan*.

**BAKIN** ou **KYOKUTEI BAKIN** ou **TAKIZAWA BAKIN** ♦ Écrivain japonais (Edo, auj. Tōkyō 1767 - *id.* 1848). Il est l'auteur de romans populaires qui connurent une très grande audience au Japon. Trop audacieux, il se fit interdire en 1842 par le gouvernement shogunal d'Edo. Parmi ses œuvres, *Satomi Hakkenden* («Les Huit Chiens de Satomi», 1814 - 1842), en 106 feuilletons, est considérée comme la plus importante. Hokusai a illustré ses ouvrages.

**BAKONY** (monts) n. m. pl. ♦ Chaîne boisée située à l'O. de la Hongrie, au N. du lac Balaton*, s'étendant sur 90 km de long et env. 40 km de large, et culminant à 709 m. Ses pentes sont couvertes de vignobles. Mines de bauxite. ▪ Abbaye bénédictine fondée par le roi Étienne (Pannonhalma) au N.

**BAKOU** ◆ ÉTYM. du persan *badkuba* «la montagne *(kuh)* battue par le vent *(bād)*» ♦ Cap. de l'Azerbaïdjan, dans la presqu'île d'Apchéron, sur la mer Caspienne. 1 223 000 hab. Minaret de Synyk-Kala (XIe s.).

Tour de la Vierge, datée du XIIe s. (musée). Mosquées des XIe, XIIe, XIIIe s. Palais des chahs de Chirvan (surtout du XVe s.) abritant le musée d'histoire architecturale de Bakou. Musée du tapis et des arts décoratifs. Musée des Beaux-Arts et musée de littérature Nizāmi. Siège de l'Académie des sciences de l'Azerbaïdjan. Université. Centre de formation de spécialistes pour l'indus. pétrolière. ▪ Vieux centre pétrolier, auj. en voie d'expansion : exploitation en mer, raffinerie, pétrochimie. Point de départ de l'oléoduc reliant Tbilissi et Ceyhan (1 770 km). Indus. chimique, métall., mécanique, textile et alimentaire. ▮ **Histoire** Anc. ch.-l. d'un khanat indépendant, la ville fut occupée par les Turcs puis par les Persans avant d'être cédée à la Russie en 1806. Tour à tour occupée par les Britanniques, les Turcs, et de nouveau par les Britanniques après la révolution d'Octobre, elle abrita, de sept. 1918 à avr. 1920, le gouvernement de la république indépendante d'Azerbaïdjan. Soviétique jusqu'en 1991, elle a retrouvé, depuis, son rôle de capitale d'un État indépendant.

**BAKOU (SECOND-)** ➝ ÉTYM. en russe ***Ouralski neftianoï basseïn*** «bassin pétrolier d'Oural» ♦ Nom donné à la grande région pétrolifère, située entre la Volga et l'Oural, exploitée depuis 1935 (le premier sondage date de 1929). Répartis sur plus de 1 000 km du N. au S., les principaux bassins sont localisés en Bachkirie (plus de 50 gisements le long du cours moyen de la Belaïa et de son affl. l'Oufa), dans le Tatarstan (depuis 1948, gisement s'étendant sur 3 500 $km^2$), et dans la région de Kouïbychev (auj. Samara) : à Syzran depuis 1936 ; à Kouïbychev depuis 1956. En nette diminution depuis 1970, la production régionale de pétrole était de 108 millions de t en 1991, celle de gaz de 48 milliards de $m^3$ (soit, respectivement, 23 % et 7 % de la prod. russe). Raffineries et point de départ de longs oléoducs.

**BAKOUBAS** ➝ **Kubas**

**BAKOUNINE (Mikhaïl Aleksandrovitch)** ♦ Révolutionnaire anarchiste russe (Priamoukhino, gouv. de Tver 1814 - Berne 1876). Officier, il quitta l'armée et émigra à Berlin en 1841, puis, en 1842, à Paris où il rencontra Marx, Proudhon et Herzen, et soutint la révolution de 1848. Il participa ensuite au mouvement insurrectionnel de Dresde (1849) ; condamné à mort en Saxe (1849), il fut livré par l'Autriche au gouvernement russe qui le déporta en Sibérie (1857), d'où il réussit à s'évader en 1861 pour gagner Londres. Après l'insurrection de la Pologne contre l'Empire tsariste (1863 - 1864), et sous l'influence de Proudhon* qu'il revit à Paris (1864), Bakounine s'orienta définitivement vers l'anarchisme. En Italie, il fonda une société secrète, l'Alliance des révolutionnaires socialistes (1864) ; il participa au congrès de la ligue de la Paix et de la Liberté des démocrates bourgeois (Genève, 1867) dans l'espoir d'y faire voter des résolutions socialistes ; n'ayant pas réussi, il créa, avec J. P. Becker*, l'Alliance internationale de la démocratie socialiste (1868) dont il rédigea le programme et qui devint l'une des sections (Genève) de la Ire Internationale*. Bakounine prit également une part active au développement du mouvement révolutionnaire russe, rédigeant avec Joukovski le journal contenant le programme de la démocratie socialiste russe (*Narodnoïe Delo*, à Genève), puis, sous l'influence de S. Netchaïev, un appel intitulé *Quelques mots aux jeunes frères de Russie* et une nouvelle série de *La Cloche* (➝ **Herzen**). Il défendit la Commune de Paris dans ses écrits (*La Commune de Paris et la notion d'État*, 1871). Au congrès de La Haye (1872), Bakounine et ses partisans furent exclus de la Ire Internationale par Marx* et les représentants du socialisme autoritaire. Partisan du coopératisme (*De la coopération*, 1869) et du fédéralisme antiautoritaire, prônant la suppression immédiate et radicale de l'État par la révolution socialiste, Bakounine apparaît comme l'un des grands théoriciens de l'anarchisme* (*Étatisme et Anarchie*, 1873). ➝ ÉTYM. Ce nom de famille vient du russe *bakun* (sorte de tabac).

**BAKR (Ahmad Hassan AL-)** ♦ Homme d'État irakien (Takrit 1912 - Bagdad 1982). Membre du parti Baas*, il participa au renversement de la monarchie hachémite qui porta Kassem au pouvoir (1958). Accusé d'être compromis dans un complot contre l'État (1958), il fut écarté de l'armée en 1959 et rejoignit l'opposition clandestine jusqu'au coup d'État de 1963 qui amena le nassérien Abdul Salem Aref au pouvoir. Devenu Premier ministre (1963), il composa progressivement un gouvernement entièrement baassiste. Il reprit son activité clandestine lorsque Aref entreprit d'éliminer les baassistes du pouvoir. Il participa au coup d'État de 1968 qui ramena les baassistes à la tête de l'État et devint le même jour président de la République, président du Conseil de la révolution et commandant en chef de l'armée. En 1979 il laissa le pouvoir à Saddam Hussein. Sa politique fut marquée par une radicalisation du régime, par un développement économique audacieux et par l'octroi d'une loi d'autonomie pour le Kurdistan (1971), tentative infructueuse visant à mettre un terme à la révolte kurde.

**BAKRĪ (Abū 'Ubayd 'Abd Allāh AL-)** ♦ Géographe arabe (Cordoue 1040 - *id.* 1094). Il écrivit un dictionnaire géographique concernant surtout l'Arabie, où les noms sont classés par ordre alphabétique. Il est aussi l'auteur d'une *Description géographique du monde connu*, sorte de compilation dont il reste des fragments, notamment les parties qui décrivent l'Afrique du Nord et le Soudan et celle qui reprend l'ambassade du juif andalou Ibrāhīm ibn Ya'qūb envoyé par le calife omeyade de Cordoue à la cour d'Othon* le Grand (v. 965).

**BAKST (Lev Samouilovitch ROSENBERG, dit Léon)** ♦ Peintre et décorateur russe (Saint-Pétersbourg 1866 - Paris 1924). Formé à Moscou puis à Paris, il travailla pour les Ballets* russes de Diaghilev.

**BAKWÉLÉS** ➝ **Kwélés**

**BALAAM** ➝ ÉTYM. à rapprocher de l'ar. *balagha* «éloquent» ♦ Dans la Bible, devin païen qui, mandé par le roi de Moab pour maudire le peuple d'Israël, est contraint par Yahvé de le bénir (*Nombres*, 22-24) ; il n'en aurait pas moins incité ce même peuple à l'idolâtrie, ce qui lui vaut d'être massacré par la suite. Dans le récit biblique, *l'ânesse de Balaam* aperçoit l'ange de Yahvé* posté pour tuer le prophète ; refusant d'avancer, elle est maltraitée par son maître et se voit dotée de la parole pour lui reprocher son ingratitude. En 1967, on découvrit à Deir 'Alla (Jordanie) les fragments (du –VIIIe s.) d'un «Livre de Balaam, fils de Béor, l'homme qui voyait les dieux», plus ancien texte littéraire araméen connu, recueil de visions du même personnage.

Le **Baladin du monde occidental** – en angl. ***The Playboy of the Western World*** ♦ Pièce de J. M. Synge* (1907). Les habitants d'un village des côtes de Mayo offrent l'hospitalité à un jeune homme qui leur raconte comment il a tué son père. Mais le père, qui n'est pas mort, vient réclamer son fils ; humilié par ses remontrances, ce dernier tente alors de prouver à tous qu'il est capable de répéter son geste. L'assistance crie d'horreur et comprend que seul le récit, non l'acte, était beau. Le père se relève encore et emmène le vaurien. Cette pièce conquit rapidement toutes les scènes. Elle doit son succès à son style poétique dans l'étrangeté. Elle est l'un des chefs-d'œuvre de la «renaissance littéraire» de l'Irlande du début du XXe s.

**BALAGNE** n. f. ♦ Plaine du N.-O. de la Corse entre Calvi et L'Île-Rousse, surnommée le «jardin de la Corse» en raison de sa fertilité et de la douceur de son climat favorisant la culture de la vigne, des arbres fruitiers (figuiers, cédratiers) et de l'olivier. Élevage de chèvres. Tourisme sur la côte (marinas) et dans l'arrière-pays ; artisanat. ➝ **Calenzana.**

**BALAGUER (Victor)** ♦ Écrivain et homme politique catalan (Barcelone 1824 - Madrid 1901). Député, puis ministre, il lutta pour l'autonomie de la Catalogne* et se consacra à la renaissance de sa langue natale. Il écrivit une remarquable *Histoire de la Catalogne* (1885 - 1889).

**BALAGUER (Joaquín)** ♦ Homme d'État dominicain (Navarrete, République dominicaine 1907 - Saint-Domingue 2002). Il fut dès sa jeunesse un fidèle partisan du dictateur Rafael Leónidas Trujillo. À la mort de ce dernier (1961), il était président de la République en titre. Élu à ce poste de 1966 à 1978, il passa ensuite dans l'opposition puis fut de nouveau élu en 1986 puis de 1990 à 1996. Appuyée sur les États-Unis, sa politique se caractérisa par le conservatisme social, malgré une réforme agraire limitée. Les grands travaux (aéroports, routes) menés par ses gouvernements ont permis une modernisation du pays.

**BALAÏTOUS** (mont) ➝ ÉTYM. anc. *Batlaïtous*, gasc. «vallée *(bat)* laiteuse *(laitouse)*» ♦ Massif granitique des Hautes-Pyrénées (3 144 m), qui se dresse sur la frontière franco-espagnole entre les gaves d'Ossau et d'Arrens ; site protégé du Parc national des Pyrénées.

**BALAKIREV (Mili Alekseïevitch)** ♦ Compositeur russe (Nijni-Novgorod 1837 - Saint-Pétersbourg 1910). Il fut l'un des promoteurs de l'École nationale russe. Fondateur de l'École libre de musique (1862), directeur des concerts de la Société impériale de musique russe (1867), il a édité les œuvres de Glinka* et composé des ouvrages dont les plus remarquables sont un poème symphonique *(Thamar)*, une fantaisie orientale pour piano *(Islamey)*, deux symphonies et deux recueils de chansons populaires. C'est comme animateur, conseiller et guide du «groupe des Cinq*» qu'il a joué un rôle de premier plan dans la vie musicale de son pays.

**Balaklava** (bataille de) ➝ ÉTYM. en turc *balïklava* «vivier» (le n. date de l'occupation turque) ♦ Bataille livrée le 25 oct. 1854 par les troupes russes sous le commandement du général Liprandi aux forces britanniques de lord Cardigan. ➝ **Crimée (guerre de).**

**BALAKOVO** ♦ V. de Russie, dans la région de Saratov, sur la Volga. 200 600 hab. Chantier naval. Indus. mécaniques (machines agricoles). Combinat de fibres artificielles.

**BALANCE** n. f. – en lat. ***Libra*** ♦ Constellation zodiacale de l'hémisphère austral. Septième signe du zodiaque (23 sept.-22 oct.).

**BALANCHINE (Gueorgui Melitonovitch BALANCHIVADZE, dit George)** ➝ ÉTYM. abrév. de son vrai nom ♦ Danseur et chorégraphe américain d'origine géorgienne (Saint-Pétersbourg 1904 - New York 1983). Fils et frère de musiciens, il débuta en Russie au théâtre du Kirov et fut engagé par Diaghilev* (1925). Devenu maître de ballet et chorégraphe, il créa pour les Ballets* russes *Le Triomphe de Neptune* (Londres, 1926), *La Chatte* (Monte-Carlo, 1927) et *Le Fils prodigue* (musique de Prokofiev*, 1929). À la mort de Diaghilev, il fut engagé comme maître de ballet à Copenhague, puis passa aux Ballets russes de Monte-Carlo (1932), où il créa *Concurrence* (musique de Georges Auric) et *Cotillon* (musique de Chabrier). Revenu à Paris, il fonda sa propre compagnie, «Les Ballets 1933», avec laquelle il présenta *Les Sept Péchés capitaux* (musique de K. Weill), *Mozartiana* (musique de Mozart). Appelé aux États-Unis pour y diriger l'école de l'American Ballet (1934), il assura la direction de plu-

George **Balanchine.**
*Orphée* (1976). *Phot. © Bernand*

sieurs compagnies indépendantes. Naturalisé américain (1939), il fut placé à la tête du New York City Ballet (1948), troupe avec laquelle il effectua de nombreuses tournées en Europe. Il créa plusieurs ballets sur des musiques de son ami Stravinski *(Apollon* musagète, Duo concertant, Thème et Variations, Jeux de cartes, Le Baiser de la fée).*

**BALANDIER (Georges)** ♦ Anthropologue et sociologue français (Aillevillers, Haute-Saône 1920). Il a profondément marqué l'étude des sociétés africaines contemporaines (*Sociologie actuelle de l'Afrique noire, dynamique sociale en Afrique centrale,* 1955 ; *Afrique ambiguë,* 1957), en étudiant notamment les phénomènes urbains (*Sociologie des Brazzavilles noires,* 1955). Son œuvre relève d'une sociologie dynamique qui étudie les mécanismes de stabilité et d'instabilité, y compris dans les phénomènes peu visibles (*Sens et Puissance, les dynamiques sociales,* 1971 ; *Le Désordre : éloge du mouvement,* 1988). Il s'intéresse à la façon dont les configurations symboliques peuvent exprimer des conduites sociales (*Anthropo-logiques,* 1974) et aux mécanismes du pouvoir (*Anthropologie politique,* 1967 ; *Le Pouvoir sur scènes,* 1980). ➝ ÉTYM. Ce nom de famille est un dérivé de *baland,* du participe présent de *baler* « danser » et signifie « le danseur, le baladin ».

**BALARĀMA** ♦ Dans la mythologie hindoue, frère aîné de Krishna*, parfois considéré, à l'égal de ce dernier, comme une des dix incarnations majeures de Vishnou*. Il incarne la force et le courage des cultivateurs, son emblème étant un soc de charrue.

**BALARD (Antoine Jérôme)** ♦ Chimiste français (Montpellier 1802 - Paris 1876). Il est surtout célèbre pour sa découverte du brome, qu'il isola des sels dissous dans l'eau de mer (1826). [Acad. sc. 1844]

**BALARUC-LES-BAINS** [34540] ➝ ÉTYM. p.-ê. lat. « gués *(vada)* du bois *(luci)* » ♦ Comm. de l'Hérault, arr. de Montpellier, sur l'étang de Thau. 5 688 hab. *(Balarucois).* Station thermale. Centre nautique.

**BALASSI** ou **BALASSA (Bálint,** baron) ♦ Poète hongrois (Zólyom 1554 - Esztergom 1594). Né dans une famille aristocrate et calviniste, il tomba en disgrâce et mena une vie aventureuse, participa à la guerre contre les Turcs et mourut en héros au siège d'Esztergom. Mariant le pétrarquisme aux chants hongrois, il fut le premier grand poète de langue hongroise. Son projet de 3 cycles de 33 poésies + 1 ne fut réalisé qu'en partie. Ses poèmes chantent les joies de la vie guerrière, son repentir devant Dieu et le chagrin causé par sa maîtresse dédaigneuse (cycle dédié à Julia). Il créa une nouvelle forme poétique composée de 9 périodes de 6-6-7 syllabes *(strophe de Balassi).*

**BALATON** (lac) ➝ ÉTYM. du vx slave *blato* « marais » ♦ Lac situé dans l'O. de la Hongrie*, au pied des monts Bakony. Mesurant 80 km de long et 1,5 km à 15 km de large, c'est le plus grand lac d'Europe centrale (596 km²). La rive N. est bordée par les coteaux viticoles de Bakony ; sources minérales et stations thermales sont nombreuses sur les rives N. (Balatonfüred) et S. (Siófolk). Lieu de villégiature. Tourisme.

**BALÁZS (Herbert BAUER, dit Béla)** ♦ Écrivain, scénariste et théoricien hongrois (Szeged 1884 - Budapest 1949). Auteur aux multiples facettes (il a écrit le livret du *Château* de Barbe-Bleue,* pour Béla Bartók), il a appliqué les théories marxistes à l'esthétique du cinéma, récusant son imagerie aliénante au profit d'un art social et réaliste. Exilé un temps en Allemagne, il collabora avec Pabst (*L'Opéra* de quat'sous,* 1931) et Leni Riefenstahl (*La Lumière bleue,* 1932).

**BALBEK** ➝ Baalbek

**BALBIANI (Édouard)** ♦ Biologiste français (Saint-Domingue 1825 - Meudon 1899). Connu surtout pour ses travaux sur les infusoires (génération sexuée en particulier) et sur le phylloxéra, il décrivit les renflements des chromosomes géants de certaines larves de diptères, appelés *anneaux de Balbiani.*

**BALBIN** – en lat. ***Decimus Caelius Calvinus Balbinus*** ♦ (v. 178 - 238). Empereur romain (238). Élu à la mort de Gordien* II pour partager le pouvoir avec Pupien*, il fut massacré avec ce dernier après trois mois de règne par les cohortes prétoriennes et remplacé par Gordien* III.

**BALBO (Cesare),** comte **DE VINADIO** ♦ Patriote et homme politique italien (Turin 1789 - *id.* 1853). Fidèle à la monarchie piémontaise, il persuada Charles*-Albert en 1821 de prendre la tête du mouvement constitutionnel. Après cet échec **(➝ Italie)**, il se retira pendant quelques années de la vie politique et devint l'un des grands écrivains du Risorgimento* avec *Speranza d'Italia* (1844). Nommé Premier ministre en mars 1848 par Charles-Albert, il n'accepta pas l'orientation démocratique de l'insurrection et démissionna.

**BALBO (Italo)** ♦ Maréchal et homme politique italien (Ferrare 1896 - Tobrouk 1940). Il fut l'un des *quadrumvirs* fascistes qui organisèrent avec Mussolini* la marche sur Rome en 1922. Promoteur de l'aviation italienne, ministre de l'Air, il dirigea personnellement plusieurs raids de prestige à travers le monde. Jaloux de sa popularité, Mussolini l'éloigna en le nommant gouverneur de Libye. Il mourut au début de la guerre, son avion ayant été abattu par erreur par la DCA italienne.

**BALBOA (Vasco NÚÑEZ DE)** ♦ Navigateur espagnol (Jerez, Estrémadure 1475 - Acla, Panamá 1517). Chef des Espagnols du Darién, il contribua à la fondation de Santa Maria el Antigua. Il fut le premier à franchir le détroit de Darién et à découvrir l'océan Pacifique, avec F. Pizarro* (1513). Il fut décapité sur l'ordre de son successeur, le gouverneur du Darién, Pedro Arias Dávila.

**BALBOA** ➝ ÉTYM. du n. de Vasco Núñes de *Balboa** ♦ Port de la ville de Panamá, à l'extrémité S.-E. du canal. 2 336 hab. Il contrôle, avec Colón* (à l'autre extrémité du canal), la quasi-totalité du trafic maritime.

**BALBUS (Lucius CORNELIUS)** ♦ Poète tragique latin (né au -Ier s.). Il fit construire un théâtre près du Tibre, inauguré en -13. ♦ **CORNELIUS BALBUS Minor** ou **le Second** (né à Gadès au -Ier s.). Neveu du précédent. Devenu citoyen romain, il dirigea une expédition contre la tribu africaine des Garamantes (-32 - -19) et fut nommé proconsul d'Afrique.

**BALCH (Emily Greene)** ♦ Économiste et pacifiste américaine (Jamaica Plain, Massachusetts 1867 - Cambridge, Massachusetts 1961). Quakeresse, elle représenta son pays au Congrès international des femmes de La Haye (1915) et prit part à la création de la Ligue internationale des femmes pour la paix et la liberté dont elle fut la secrétaire (1919 - 1922 et 1934 - 1935). [Prix Nobel de la paix 1946]

Le **Balcon** ♦ Pièce en 9 tableaux de Jean Genet* (écrite de 1955 à 1959, créée en 1960). Au sein d'une maison close ou Maison d'illusions, dite le Grand Balcon, se jouent des cérémonies sexuelles sous la tutelle de Madame Irma. Dehors, les quartiers de la ville tombent les uns après les autres aux mains de révoltés dont on ne sait s'ils sont réels ou acteurs d'une autre cérémonie, par une « glorification de l'image et du reflet ». Le monde réel n'existe que masqué ; seul compte le monde liturgique, cérémoniel.

**BALDER** ou **BALDR** ➝ ÉTYM. du vx norv. *baldr* «audacieux» (➝ aussi Baudin, Baudot) ♦ Dieu scandinave, fils d'Odin* et de Frîja*, de la famille des Ases*. C'est un dieu de lumière, de justice et de beauté. Sa mort explique le malheur du monde : sa mère a fait jurer aux éléments de ne pas attenter à sa vie ; les dieux font l'essai de son invulnérabilité, mais une pousse de gui a été omise et l'astucieux Loki* convainc l'aveugle Hödhr d'en frapper Balder, qui meurt ; Loki parvient ensuite à empêcher sa résurrection. On l'a souvent rattaché au cycle de la fertilité, mais cette mort définitive semble contredire cette hypothèse.

**BALDOVINETTI (Alesso** ou **Alessio)** ♦ Peintre et mosaïste florentin (Florence v. 1425 - *id.* 1499). Étroitement lié par son maître Domenico Veneziano* aux grands peintres toscans de la première Renaissance italienne (Angelico, Andrea* del Castagno, dont il fut parfois le collaborateur, et Piero* della Francesca), il peignit des portraits (*Dame en jaune*, v. 1460, Londres), des retables (*Madone*, v. 1460, Paris), et surtout de belles fresques (*Nativité* à la Santissima Annunziata, 1460 - 1462 ; *Annonciation* à San Miniato al Monte, 1466 - 1473) dont plusieurs sont perdues (Santa Trinita, 1470 - 1471). Par la clarté ample de la composition, la place accordée aux paysages, la délicatesse des couleurs dans le rendu de la lumière et de l'espace, Baldovinetti s'inscrit dans la lignée de Piero della Francesca. Curieux d'innovations techniques et dessinateur très apprécié, il fut chargé de surveiller les travaux de décoration et de réfection du baptistère San Giovanni et mena, parallèlement à sa carrière de peintre, une activité de mosaïste (baptistère de Florence, 1453 - 1455 ; cathédrale de Pise, 1462). ➝ ÉTYM. Ce nom italien est le diminutif de *Baldovini*, du germanique *Baldwin*, nom de personne, de *bald* «audacieux» et *win* «ami».

**BALDUCCI (Francesco)** ➝ ÉTYM. du germ. *bald* «audacieux» ♦ Marchand florentin (mort v. 1347). Il est l'auteur d'un ouvrage qui fournit de précieux renseignements sur le commerce international de son époque (*Pratica della mercatura*).

**BALDUNG (Hans)**, dit **Baldung Grien** ➝ ÉTYM. «vert» ♦ Peintre, dessinateur et graveur allemand (Gmünd v. 1484 - Strasbourg 1545). Formé à Strasbourg, il devint ensuite à Nuremberg l'élève de Dürer* et résida probablement à Halle dès 1507. Il séjourna à Strasbourg de 1509 à 1512, travailla cinq ans à Fribourg (retable de la cathédrale, 1516), puis se fixa définitivement à Strasbourg où il fréquenta le milieu humaniste et réformateur. Ses estampes sont en partie tributaires de l'art de Dürer*, mais il affirma son indépendance, principalement dans son œuvre picturale : il exécuta des retables, des portraits où dominent les tons vifs (son surnom est dû à sa prédilection pour les verts), et traita, notamment après la révolte iconoclaste, de nombreux thèmes mythologiques et allégoriques (*Pyrame et Thisbée*, 1530) qui présentent des tendances maniéristes (modelé lisse et uni des nus). Représentant de la renaissance germanique, il reste à bien des égards attaché à l'esprit du gothique tardif, notamment par son goût du démoniaque et du macabre (*La Beauté et la Mort*, 1509 - 1511 ; *Les Trois Âges de la femme et la Mort*, 1511). Coloriste, il semble avoir profité de la leçon de Grünewald*.

Hans **Baldung.** *Les Trois Âges de la femme et la Mort* (151 × 61 cm). Musée du Prado, Madrid.
*Phot. © Carlo Bevilacqua/Ricciarini*

**BALDWIN (Robert)** ♦ Homme politique canadien (Toronto 1804 - *id.* 1858). Avocat, chef des libéraux, il forma avec Louis Lafontaine*, représentant des Canadiens français, deux ministères (1842 - 1843 et 1848 - 1851) dont le second procéda à d'importantes réformes administratives (pour l'Ontario) et judiciaires. ➝ ÉTYM. *Baldwin* vient du germanique *bald* «audacieux» et *win* «ami» (➝ Baudouin).

**BALDWIN (James Mark)** ♦ Psychologue et sociologue américain (Columbia, Caroline du Sud 1861 - Paris 1934). Il fonda l'*American Journal of Psychology* et l'American Psychological Association (1892, avec G. S. Hall*). Ses recherches portèrent principalement sur le développement psychologique de l'enfant et la psychologie sociale (*Individu et Société*, 1910).

**BALDWIN (Stanley)**, comte **BALDWIN DE BEWDLEY** ♦ Homme politique britannique (Bewdley, Worcestershire 1867 - Stourport, Worcestershire 1947). Élu député conservateur en 1908, il fut chancelier de l'Échiquier dans le gouvernement de A. Bonar Law, auquel il succéda comme Premier ministre en 1923. Après une brève éclipse, il revint au pouvoir de 1924 à 1929. Il brisa la grève générale de 1926. Il fut de nouveau Premier ministre de 1935 à 1937 (➝ **Grande-Bretagne**). Désapprouvant le mariage et l'abdication d'Édouard VIII, il démissionna en 1937.

**BALDWIN (James)** ♦ Romancier américain (New York 1924 - Saint-Paul-de-Vence 1987). Fils d'un pasteur noir, il prêcha lui-même pendant son adolescence à Harlem. Il vécut plusieurs années à Paris, ville qui sert de décor à son second roman, *Giovanni, mon ami* (*Giovanni's Room*, 1956), histoire d'un jeune homosexuel américain incapable d'amour. C'est aussi en France qu'il termina son premier roman, *Les Élus du Seigneur* (*Go Tell it on the Mountain*, 1953) ; il y met en scène des êtres emprisonnés dans leur négritude et auxquels les autres tentent d'arracher leur individualité. *Un autre pays* (1961) et *Blues for Mister Charlie* (1964) évoquent également la question noire. *La prochaine fois, le feu* (*The Fire Next Time*, 1963) est un recueil d'essais sur la morale chrétienne et la discrimination raciale telle que l'a vécue l'auteur, qui montre aussi avec une grande émotion comment son sens social entre en conflit avec ses aspirations artistiques dans *L'Homme qui meurt* (*Tell me How Long the Train's Been Gone*, 1968).

**BÂLE** - en all. ***Basel*** ; lat. *Basilia*, de sens incertain ♦ V. de Suisse, sur le Rhin, aux frontières de la France et de l'Allemagne, ch.-l. du canton de Bâle-Ville. 163 081 hab. (aggl. 479 308) (*Bâlois*). Carrefour ferroviaire. Aéroport de Bâle-Mulhouse (Blotzheim). Univ. Le Rhin divise la ville en deux parties : sur la rive d., le *Petit-Bâle*, quartier industriel et port sur le Rhin (13 millions de t) ; sur la rive g., le *Grand-Bâle*, centre commercial et culturel ; cathédrale gothique (XIV^e s.), église Saint-Martin des XI^e - XIV^e s., hôtel de ville (XVI^e s.), église Saint-Antoine par Karl Moser (1931). Le musée des Beaux-Arts abrite des œuvres de Witz, Holbein le Jeune et Böcklin, ainsi qu'une très importante coll. de peintures des XIX^e et XX^e s. ▪ À l'extrémité du fossé rhénan, Bâle est la véritable porte de la Suisse en direction de l'Europe du Nord : elle en constitue la tête de pont outre-Jura. Seul grand port fluvial de la Suisse, Bâle reçoit en volume le cinquième des importations suisses, profitant de sa position sur le Rhin. Cette situation favorable en a fait un grand centre commercial et industriel : indus. chimique, métallurgique, alimentaire et textile. La ville abrite le siège de deux puissantes multinationales de la chimie : Hoffmann-La Roche et surtout Novartis, née de la fusion de Ciba-Geigy et de Sandoz en 1996. Ville-frontière, naturellement tournée vers l'étranger comme son économie, sa zone d'influence en Suisse est sévèrement limitée par le Jura au S. Au centre de l'Europe, mais marginale en Suisse, la ville de Bâle s'individualise nettement du reste du pays, notamment au niveau politique, où elle s'affirme généralement proche de la Suisse romande. ▪ Son carnaval, le 1^er lundi de carême, est renommé.

▌**HISTOIRE** L'ancienne *Basilia* romaine, fondée au IV^e s., fit partie du royaume de Bourgogne au X^e s. et passa sous la domination du Saint Empire en 1032. L'université fut fondée en 1460 (la première en Suisse). En 1501, la ville entra dans la Confédération. Depuis le V^e s., Bâle était gouvernée par ses évêques ; lorsque Œcolampade* y introduisit la Réforme, les évêques abandonnèrent leur évêché (1528) pour se retirer à Porrentruy* (➝ **Jura [canton du]**). La présence d'Érasme à l'université fit de la ville un des principaux centres du protestantisme. Devenue toute-puissante au XVIIIe s. (la ville était le centre de l'industrie de la soie), la bourgeoisie de Bâle se comporta en véritable suzeraine à l'égard de la campagne, et une guerre civile éclata en 1831 qui aboutit à la création des deux demi-cantons de Bâle-Ville et Bâle-Campagne (1833). ♦ ***Concile de Bâle, Ferrare, Florence*** 17e concile œcuménique, convoqué par le pape Martin V qui mourut avant son ouverture. L'assemblée siégea à Bâle de 1431 à 1437, à Ferrare (1437 - 1439), à Florence (1439 - 1442) et à Rome (1443). Une fraction du concile restée à Bâle déposa le pape Eugène IV et élut l'antipape Félix V (Amédée* de Savoie). Une union (éphémère) fut réalisée avec l'Église d'Orient. ♦ ***Traités de Bâle*** Traités signés sous la Convention thermidorienne (→ **Convention nationale**), qui mirent fin, avec le traité de La Haye*, à la première Coalition*. Par le premier (4 - 5 avr. 1795), la Prusse, représentée par Hardenberg, s'engageait à reconnaître la République française (représentée par F. Barthélemy*), dont les troupes évacueraient les possessions prussiennes de la rive droite du Rhin, mais se maintiendraient sur la rive gauche. La Prusse et la France s'engageaient en outre à observer une stricte neutralité. Le second fut signé le 22 juil. 1795, entre la France (représentée par F. Barthélemy) et l'Espagne (représentée par Yriarte). En échange de la partie espagnole de Saint-Domingue, la France évacuait les régions espagnoles conquises peu avant par Moncey (Bilbao*, Vitoria). Le traité fut prolongé par celui de Saint-Ildefonse (août 1796).

**BÂLE** (canton de) ♦ Ancien canton du N.-O. de la Suisse, divisé en deux cantons : Bâle-Ville *(Basel-Stadt)*, CH.-L. : Bâle, comprenant la ville de Bâle et au N. du Rhin celle de Riehen. 37 km². 184 822 hab., de langue allemande et en majorité de rel. protestante ; Bâle-Campagne *(Basel-Land)*, CH.-L. : Liestal. 428 km². 267 166 hab., de langue allemande et en majorité de rel. protestante. ▪ L'économie, très industrielle, se confond avec celle de la ville de Bâle. Agriculture présente dans le S. du canton de Bâle-Campagne (versant N. du Jura). En 1994, le district de Laufon (en all. Laufen), précédemment bernois, a été rattaché au canton de Bâle-Campagne.

**BALÉARES** n. f. pl. (îles) ◆ **ÉTYM.** p.-ê. du pré-indo-eur. *°bal* «brillant, blanc» (l'étym. populaire «les lanceurs» est fausse) ♦ Archipel méditerranéen formant une Communauté autonome et une province de l'Espagne. → **Espagne** (carte). Îles princ. : Majorque* (la grande Baléare), Minorque (la petite Baléare), Ibiza*, Formentera* et de nombreux îlots dont Cabrera*. 5 014 km². 1 030 650 hab. *(Baléares)*. LANGUE : catalan. CAP. : Palma de Majorque. Les îles vivent de l'agriculture (fruits, légumes). La douceur du climat a favorisé l'essor du tourisme (stations balnéaires). ▌**Histoire** Peuplées dès la préhistoire, les Baléares ont connu successivement la domination phénicienne, carthaginoise, romaine, vandale, puis, de la fin du VIIIe au début du XIIIe s., arabe, avec des intermittences d'occupation franque ou génoise. Après la reconquête de Jacques* Ier d'Aragon (1229), elles firent partie du royaume de Majorque*, puis de nouveau de l'Aragon* et enfin de l'Espagne. Au XVIIIe s., Minorque* fut tour à tour occupée par les Britanniques, les Français et les Espagnols. Les îles eurent fréquemment à se défendre contre les incursions barbaresques jusqu'à la prise d'Alger par les Français en 1830.

**Baléares.** Majorque : la Chartreuse de Valldemosa.
*Phot. © Thouvenin/Explorer*

**BALEN** ♦ Comm. de Belgique (Région flamande), prov. d'Anvers, arr. de Turnhout. 20 379 hab. Métallurgie du zinc et du plomb ; poudres et explosifs.

**BALENCIAGA (Cristóbal)** ♦ Couturier espagnol (Guetaria, Espagne 1895 - Valence 1972). Établi à Paris en 1937, il s'affirma grâce à un style à la fois dépouillé et somptueux. Fidèle à l'idée d'une haute couture de prestige, il rejeta le *new-look* (→ **Dior**), puis le prêt-à-porter. Il cessa son activité en 1968. ◆ **ÉTYM.** Ce nom de famille basque signifie «région de coteaux».

**BALES (Robert Freed)** ♦ Psychosociologue américain (Ellington, Missouri 1916 - San Diego 2004). Ses recherches ont porté sur l'interaction sociale (*Interaction Process Analysis : a Method for the Study of Small Groups*, 1950 ; *Family, Socialization and Interaction Process*, 1955).

**BALESTRINI (Nanni)** ♦ Poète, narrateur et auteur dramatique italien (Milan 1935) lié à la «néo-avant-garde» du Groupe 63. Membre de l'extrême gauche, il dut se réfugier en France, puis en Allemagne jusqu'en 1985. Sa poétique est fondée sur la conception de la nature mystificatrice du langage : *Blackout*, 1980 ; *Electra*, 2001. Il relate dans *Nous voulons tout* (1971) l'expérience des milieux militants d'extrême gauche durant l'automne 1969, et évoque dans *Les Invisibles* (1987) le passage de la contestation lycéenne à l'activisme révolutionnaire pendant les années de plomb.

**BALFOUR (Arthur James, 1er comte DE)** ♦ Homme politique britannique (Whittinghame, Écosse 1848 - Woking, Surrey 1930). Chef des conservateurs aux Communes en 1891, il devint Premier ministre (1902 - 1905) et fit une politique active : réforme de l'enseignement public (1902), réorganisation de l'Afrique du Sud après la guerre, création d'un Comité de défense impériale, signature des accords de l'Entente cordiale avec la France et renouvellement de l'alliance anglo-japonaise (1904). S'étant rallié au protectionnisme sous la pression de Joseph Chamberlain* et n'ayant pu empêcher le vote du Parliament* Act, il subit deux grandes défaites électorales (1906 et 1911). Son rôle se limita alors à la politique extérieure : en tant que ministre des Affaires étrangères (1917 - 1919), il proposa la création d'un foyer national juif en Palestine (déclaration Balfour*, le 2 nov. 1917). Ayant signé le traité de Versailles et participé à la conférence de Washington, il s'intéressa au règlement des dettes de guerre. ◆ **ÉTYM.** *Balfour* provient du gaélique et signifie «lieu de pâture (*pùir*, gén. de *pór*) du village *(bail)*».

**Balfour (déclaration)** ♦ Déclaration publiée par le gouvernement britannique (2 nov. 1917) sous la forme d'une lettre adressée par lord Balfour* (alors ministre des Affaires étrangères) à lord Rothschild*. Il y était affirmé : «Le gouvernement de Sa Majesté envisage favorablement l'établissement en Palestine d'un Foyer national pour le peuple juif [...], étant clairement entendu que rien ne sera fait qui pourrait porter préjudice aux droits civils et religieux des communautés non juives en Palestine, ainsi qu'aux droits et au statut politique dont les Juifs pourraient jouir dans tout autre pays.» → **sionisme.**

**BALI** ◆ **ÉTYM.** p.-ê. du sanskr. *balī* «fort, vigoureux» ♦ Île d'Indonésie ayant statut de prov. → **Indonésie** (carte). 5 561 km². 3 124 674 hab. *(Balinais)*. RELIGION : en maj. hindouisme syncrétique *(hindu-bali)*. CAP. : Denpasar. Bali constitue la plus petite province de l'Indonésie. L'île, de nature volcanique (l'éruption du mont Agung* en 1963 fit des milliers de victimes) et de climat semi-humide avec une saison sèche marquée, est très fertile. Culture du riz et du café. L'organisation de l'irrigation est prise en charge, depuis le XIe s., par des organisations paysannes *(sutak)*, distinctes des institutions villageoises. Élevage de bovins. Bali est le grand pôle d'attraction touristique indonésien. Les industries liées au tourisme (hôtellerie, artisanat d'art et confection) deviennent le moteur économique de l'île. Sites touristiques : le temple de Besakih, le lac Batur, le palais de Tampak Siring et la région autour d'Ubud. Bali est renommée pour ses arts : musique, danse, théâtre, peinture et sculpture. ▌**Histoire** Touchée par les influences hindouistes et bouddhistes dès le VIIIe s., Bali fut englobée dans la sphère d'influence javanaise (XIIIe - XVe s.), avant de redevenir indépendante après la destruction du royaume de Majapahit* au XVIe s. Partagée en plusieurs petits royaumes, l'île fut conquise par les Hollandais entre 1846 et 1906 et incorporée au sein des Indes néerlandaises. En octobre 2002, un attentat dirigé contre des

**Bali.** Théâtre balinais.
*Phot. © Charles Lénars*

touristes étrangers, et faisant plus de 90 victimes, a été commis par l'organisation islamiste asiatique *Jamaah Islamiyah* («communauté islamique»), qui serait liée au réseau al-Qaida et ambitionnerait la création d'un État islamique englobant une partie de l'Asie du Sud-Est. De nouveaux attentats ont eu lieu en 2005. ♦ *Conférence de Bali* → Kyōto (protocole de).

**BALIKESİR** ♦ V. de Turquie, dans la région de la mer Égée, ch.-l. de prov. 241 404 hab. Indus. alimentaires. ▮ **Histoire** Balıkesir était au début du XIV^e^ s. une des capitales, avec Pergame, de l'émirat de Karesi, dont la conquête, menée de 1334 à 1345, ouvrit aux Ottomans la porte des Dardanelles et de la Roumélie.

**BALIKPAPAN** ♦ V. d'Indonésie, cap. de la prov. de Kalimantan Timur, sur la côte O. du détroit de Makassar. 416 200 hab. Principal centre pétrolier de l'Indonésie (raffinerie), gaz naturel, usine d'engrais.

**BALINAIS** ♦ Peuple indonésien de langue malayo-polynésienne (env. 2 900 000 pers.), habitant Bali* et une partie de Lombok*. La culture balinaise est issue d'un fonds austronésien très vivace mêlé d'éléments d'origine indienne reçus notamment de Java. Le système religieux repose sur la croyance en un ordre cosmique dont participent à la fois les dieux de l'Inde, de nombreuses divinités locales et les ancêtres divinisés, honorés dans des milliers de temples par la présentation d'offrandes très élaborées, et des manifestations artistiques (danses, théâtre d'ombres, théâtre) de grande qualité. La sculpture et la peinture s'inspirent surtout de thèmes empruntés à la mythologie et à la littérature traditionnelle. La société est formée de groupes généalogiques hiérarchisés, eux-mêmes regroupés au sein de catégories sociales qui n'ont en commun avec les castes indiennes que le nom ; localement, elle repose sur des institutions villageoises très structurées.

**BALINT (Michael)** ♦ Psychiatre britannique d'origine hongroise (Budapest 1896 - Londres 1970). Dans la lignée de Ferenczi*, dont il fut l'élève, il étudia la première phase des relations affectives et son importance dans le développement de l'individu (*Primary Love and Psycho-Analytic Technique*, 1952). À partir de l'étude des rapports entre l'enfant et son objet primaire, il a proposé de substituer à la notion de narcissisme primaire celle d'amour primaire (*Le Défaut fondamental*, 1967). Mais il est surtout connu pour ses innovations dans la pratique de la médecine générale : les *groupes Balint* rassemblent des médecins qui effectuent un travail d'interrogation de type psychanalytique sur leur pratique et leurs patients (*Le Médecin, son malade et la maladie*, 1957).

**BALKAN** (mont) ← **ÉTYM.** en bulg. ***Stara Planina*** «vieille montagne» ♦ Chaîne montagneuse de la Bulgarie centrale (alt. moy. 2 000 m), s'étendant en arc de cercle sur 500 km, des Portes de Fer à la mer Noire. On distingue d'O. en E. : les chaînes cristallines du Balkan occidental, le long de la frontière bulgaro-serbe, entre les Portes de Fer et l'Isker et du Grand Balkan, culminant au Botev* (2 376 m). Un réseau de vallées, dont la plus connue est la vallée des Roses (Kazanlăk*), isole le Grand Balkan des massifs de la Sredna Gora (la «montagne moyenne») et de la Sarnena Gora (la «montagne des Cerfs») qui le doublent au S. Le Petit Balkan s'étend du Grand Balkan à la mer Noire. Le Balkan est bordé au N. et au S. de collines prébalkaniques de 600 à 700 m d'alt. De nombreux affl. bulgares du Danube (Isker, Osum, Vit, Jantra*) et de la Marica (Tundža*) prennent leur source dans la Stara Planina.

**BALKANABAT** → Nebit-Dag.

**BALKANS** n. m. pl. ou **PÉNINSULE BALKANIQUE** ← **ÉTYM.** probablt du persan *balakhana* «édifice *(khana)* élevé *(bala)* [pour désigner les montagnes]» ♦ La plus orientale des trois péninsules méridionales de l'Europe. Limitée au N. par le Danube et son affluent la Save, elle est baignée par la Méditerranée et la mer Noire. Le canal d'Otrante la sépare de l'Italie, les détroits des Dardanelles et du Bosphore de l'Asie Mineure. Elle comprend l'Albanie, la Bosnie-Herzégovine, la Bulgarie, la Croatie, la Grèce, le Kosovo, la Macédoine, le Monténégro, la Serbie et la Turquie d'Europe, soit env. 550 000 km² et 53 000 000 hab. Trois systèmes montagneux forment l'ossature de la péninsule. Les Alpes dinariques se prolongent du N.-O. vers le S.-E. par les chaînes de l'Albanie, du Pinde, du Péloponnèse et celles de l'arc insulaire de la mer Égée. La chaîne du Balkan rejoint au N.-O. l'arc des Carpates et sépare la plaine danubienne des plaines de Plovdiv et de Thrace. Le massif de Rhodope, enfin, sépare ces plaines orientales de la Macédoine. Le sillon de la Morava et du Vardar traverse du N. au S. le centre montagneux de la péninsule.

▮ **HISTOIRE** Dans l'Antiquité, l'histoire des Balkans se confond avec celle de la Grèce, de l'Illyrie, des royaumes de la Macédoine et de l'Épire. Conquise par les Romains à partir du -II^e^ s., la péninsule fit partie de l'Empire byzantin (395). Après les invasions des Goths, des Huns et des Avars, l'expansion slave, à partir du VII^e^ s., détermina la composition ethnique de la partie N. des Balkans. → **Bulgarie, Serbie, Croatie, Slovénie, Bosnie-Herzégovine, Monténégro, Macédoine.** Conquise par les Turcs (XIV^e^ - XV^e^ s.), la péninsule s'en émancipa à partir du début du XIX^e^ s. avec les soulèvements des peuples asservis. L'intervention des forces européennes intéressées au partage de l'Empire ottoman fit alors surgir la question d'Orient*, qui s'aggrava avec la guerre russo-turque de 1877 - 1878. → **San Stefano** (traité de) ; **Berlin** (congrès de) ; **Bulgarie, Serbie, Russie, Autriche.** ▪ Les *guerres balkaniques* (1912 - 1913) marquent une nouvelle phase de la crise, où les efforts russes pour le contrôle des détroits jouèrent un rôle décisif. La première se termina par la victoire de l'Entente balkanique (Serbie-Bulgarie-Grèce-Monténégro) sur la Turquie ; le traité de Londres (1913) acheva le démembrement de l'Empire ottoman d'Europe et ratifia l'indépendance de l'Albanie. La seconde guerre balkanique opposa la Bulgarie à la Serbie et à la Grèce pour le partage du territoire conquis. Après l'intervention de la Roumanie et de la Turquie, la Bulgarie vaincue dut, par le traité de Bucarest (1913), renoncer à la Macédoine, qui fut partagée entre la Serbie et la Grèce, céder Andrinople (auj. Edirne) à la Turquie et la Dobroudja septentrionale à la Roumanie. ▪ La péninsule fut l'un des théâtres de la Première Guerre mondiale : offensive austro-hongroise et bulgare contre la Serbie, débarquement des Alliés à Salonique (1915), échec de l'opération des Dardanelles* et offensive alliée en Macédoine (1916, 1918). → **Bulgarie, Grèce, Yougoslavie.** Elle fut durement éprouvée pendant la Deuxième Guerre mondiale : occupation de l'Albanie par les Italiens (1939), offensive italienne contre la Grèce (1940), occupation de la Yougoslavie et de la Grèce par les forces de l'Axe (1941 - 1944). La carte politique des Balkans après la guerre fut marquée par les grands conflits du monde contemporain : Grèce et Turquie membres de l'Otan, Bulgarie associée au pacte de Varsovie, Yougoslavie entre les influences des deux blocs et les tendances du tiers-monde, Albanie alignée sur la politique soviétique puis chinoise. L'effondrement du communisme et la dislocation de la Yougoslavie* en 1991 ont profondément modifié cette carte politique : les six républiques anciennement fédérées, ainsi que la province du Kosovo, ont obtenu leur indépendance mais de durs combats ont opposé certaines des nationalités.

**BALKH** ← **ÉTYM.** anc. ***Bactres*** ; du n. de la riv. *Baktros*, de l'avestique *baxtar-* «répartiteur, distributeur» [allus. aux ramifications de la riv.] ♦ V. d'Afghanistan du Nord, cap. de la Bactriane*. 11 000 hab. C'est aussi le nom d'une province du N. de l'Afghanistan (CH.-L. : Mazār*-é Charīf).

**BALKHACH** n. m. ← **ÉTYM.** du kazakh *Balkaš* qui désigne une région marécageuse et herbeuse ♦ Lac du Kazakhstan, au S. de Karaganda (17 000 à 22 000 km²). Il reçoit les eaux de l'Ili et du Karatal. Ses eaux sont douces à l'O., saumâtres à l'E. Importants gisements de cuivre sur la rive N., où s'est établie la ville de Balkhach (87 000 hab.). Salines, fonderies de cuivre.

**BALKIS** ♦ Nom que les auteurs arabes depuis le Coran donnent à la reine de Saba*.

**BALL (Hugo)** ♦ Écrivain allemand (Pirmasens 1886 - San Abbondio, Tessin 1927). Après avoir étudié la philosophie, la littérature et la sociologie à Munich, il se lia avec le mouvement anarchiste, et écrivit des pièces de théâtre pour Max Reinhardt* (*Die Nase des Michelangelo*, «Le Nez de Michel-Ange», 1911). Jusqu'en 1913, il fréquenta le groupe du Cavalier* bleu et noua amitié avec Kandinsky et Wedekind. En 1915, il émigra en Suisse où, avec sa future épouse la poète Emmy Henning, il ouvrit en 1916 le Cabaret Voltaire, qui devint le lieu de rencontre des émigrants, parmi lesquels l'Alsacien Arp et le Roumain Tzara. Il participa activement au mouvement Dada* jusqu'en 1917. Œuv. princ. : *Zur Kritik der deutschen Intelligenz* («Critique de l'intelligence allemande», 1919), *Damals in Zürich, La Fuite hors du temps, Journal 1913-1921, Dada* (posth. 1977), et une excellente biographie de son ami Hermann Hesse* (1927).

**BALLA (Giacomo)** ♦ Peintre, dessinateur et sculpteur italien (Turin 1871 - Rome 1958). Il peignit d'abord dans un style académique puis, ayant admiré lors d'un séjour à Paris les œuvres impressionnistes et divisionnistes, il adopta cette dernière technique picturale et la transmit à Severini* et Boccioni*. À la suite de sa rencontre avec Marinetti*, il signa en 1910 le *Manifeste des peintres futuristes* et, sans abandonner l'intérêt qu'il portait à la décomposition de la lumière (*Lampe à arc*, 1909 ; *Compénétrations iridescentes*), chercha à exprimer le mouvement en en présentant simultanément les phases successives (*Chien en laisse*, 1912). Puis, tendant à abandonner les références au monde extérieur, il suggéra le dynamisme en établissant des interprétations de formes colorées selon des schémas généralement géométriques (*Vitesse abstraite*, 1913). Il réalisa des œuvres peintes ou en relief en juxtaposant des matériaux et des objets divers. Son rôle de précurseur dans le domaine de l'abstraction, du collage et de l'assemblage n'a été compris que tardivement.

La **Ballade du soldat** – en russe ***Ballada o soldate*** ♦ Film soviétique de Grigori Tchoukhraï (1959). Un jeune soldat, qui s'est conduit héroïquement face aux panzers nazis, connaît une brève et touchante idylle pendant une permission, avant de repartir pour le front, où il mourra. Réalisé au lendemain de la déstalinisation, ce film, venant après *Le Quarante et Unième* (1956), du même auteur, témoignait d'un incontestable «dégel» du cinéma soviétique.

**Ballades lyriques** – en angl. ***Lyrical Ballads*** ♦ Recueil de poèmes publié anonymement par W. Wordsworth* et S. T. Coleridge* (1798). Il est d'usage de voir en ce recueil l'acte de naissance du romantisme anglais. Ces poèmes (notamment «Le Dit du vieux marin» de Coleridge et «L'Épine» de Wordsworth) manifestent la sensibilité nouvelle : attrait du Moyen Âge, amour de la nature, goût du surnaturel et de l'exotisme, inquiétude mystique, aspiration à la liberté, attention portée aux humbles.

**BALLADUR (Édouard)** ♦ Homme politique français (Smyrne, auj. İzmir 1929). Secrétaire général de la présidence de la République (1973 - 1974), il fut ensuite, lors de la première cohabitation, entre le gouvernement Chirac et le président Mitterrand, ministre de l'Économie, des Finances et de la Privatisation (1986 - 1988) : partisan d'une économie libérale, il conduisit la privatisation de plusieurs grandes entreprises publiques. Après la victoire massive de l'UPF (RPR et UDF) aux élections législatives de mars 1993, il fut Premier ministre, tandis que débutait une nouvelle période de cohabitation (1993 - 1995). Il a mené une politique de rigueur, mais s'est trouvé confronté à la dépression économique et au chômage. Député de 1986 à 2007, il a été candidat à l'élection présidentielle de 1995. ➝ ÉTYM. *Balladur* vient peut-être de l'occitan *ballada* «chant qui accompagne les danses» (cf. *Ballade*).

**BALLANCHE (Pierre Simon)** ♦ Écrivain, imprimeur et éditeur français (Lyon 1776 - Paris 1847). Ami de M$^{me}$ Récamier*, il s'installa auprès d'elle à Paris (1813), et fut, avec Chateaubriand*, un familier de l'Abbaye*-aux-Bois. Il donna une signification religieuse à l'histoire («épopée de la pensée»), s'efforçant de saisir l'apport de chaque peuple dans le développement de l'humanité (*Essai sur les institutions sociales*, 1818 ; *Essais de Palingénésie sociale*, 1827 - 1829). Son influence fut déterminante sur l'idéologie romantique. [Acad. fr. 1842]

**BALLANCOURT-SUR-ESSONNE** [91610] ➝ ÉTYM. anc. *Berlencurt* «domaine (bas lat. *curtis*) de *Berlandus* (n. de pers. germ.)» ♦ Comm. de l'Essonne, arr. d'Évry, près de l'Essonne. 6 273 hab. (aggl. 16 849) *(Ballancourtois)*.

**BALLAN-MIRÉ** [37510] ♦ Ch.-l. de cant. de l'Indre-et-Loire, arr. de Tours. 7 059 hab.

**BALLARAT** ♦ V. d'Australie (Victoria), au S.-O. de la cordillère Australienne et au cœur de l'anc. district aurifère ; elle est reliée par voie ferrée à Melbourne. 88 437 hab. Métall., construc. mécaniques, brasseries, filatures de laine.

**BALLARD** ♦ Famille d'imprimeurs et éditeurs français qui, de 1551 à 1792, eut le monopole de l'édition musicale à Paris.

**BALLARD (James Graham)** ♦ Écrivain britannique (Shanghai 1930 - Londres 2009). Son œuvre a renouvelé la science-fiction en remplaçant l'anticipation par l'exploration de l'inconscient : les cataclysmes naturels qui se déchaînent dans *Le Monde englouti* (1963), *Sécheresse* (1965) ou *Le Monde de cristal* (1966) relèvent consciemment d'interprétations freudiennes. *L'Île de béton* (1974) ou *Salut l'Amérique* (1980) décrivent, dans un monde apocalyptique où l'affectivité humaine est menacée, l'effort de personnages obsédés par la sauvegarde de leur intériorité. *Empire du soleil* (1984) raconte le séjour d'un enfant dans un camp japonais pendant la Deuxième Guerre mondiale (c'est-à-dire sa propre expérience) et sa fascination devant les vainqueurs. Ce roman qui éclaire d'un jour nouveau le reste de l'œuvre a été porté à l'écran par S. Spielberg (1987).

**BALLEROY** [14490] ➝ ÉTYM. anc. *Balaré*, du gaul. *Balaros*, n. de pers., et suff. *-acum* ♦ Ch.-l. de cant. du Calvados, arr. de Bayeux. 787 hab. *(Biardais)*. Château bâti par F. Mansart de 1626 à 1636 (décors intérieurs) ; musée des ballons.

**BALLESTEROS (Severiano)** ♦ Joueur de golf espagnol (Pedreña 1957). Né dans une famille de golfeurs (dont Ramón Sota, l'un des meilleurs golfeurs européens des années 1960), il s'initia très tôt au golf et accumula les victoires : Open britannique (1979, 1984, 1988), Masters en 1980 et 1983, Championnats du monde en 1981, 1982, 1984, 1985 et 1991, et plusieurs Open de pays européens. Il a été le principal représentant européen du tournoi de la Ryder Cup dans les années 1980 et 1990.

**Ballets russes** (les) ♦ Compagnie de ballets créée par Diaghilev* à Saint-Pétersbourg (1909) dans le dessein de soutenir la création russe et de la promouvoir à l'étranger. Elle prit son essor avec la venue de Nijinski* (1911) dont la première apparition, dans *Le Pavillon d'Armide* (1909), avait fait sensation. Après de prestigieuses tournées en Europe, la compagnie quitta la Russie (1917) pour Paris et Monte-Carlo. Creuset de création, s'alimentant aux courants les plus novateurs, elle propagea un esprit créatif passionné, libérateur et jubilatoire. Elle favorisa la rencontre des plus grands artistes (les danseurs Nijinski et Lifar ; les chorégraphes Massine, Balanchine et Nijinska ; les peintres Bakst, Benois, Picasso, Matisse et Braque ; les musiciens Prokofiev, Stravinski et Satie), pour des œuvres qui ont fait date : *L'Après-Midi d'un faune*, musique de Debussy (1912), *L'Oiseau de feu* (1911), *Petrouchka* (1912) et *Le Sacre du printemps* (1913), musiques de Stravinski, ou *Parade* de E. Satie* (1917). Après la mort de Diaghilev (1929), la compagnie se dispersa et entra dans la légende. Avec l'aide de certains de ses membres (Boris Kochno, Léonide Massine), René Blum et le colonel W. de Basil fondèrent les Ballets russes de Monte-Carlo (1932 - 1936), d'où sont issus le Ballet russe de Monte-Carlo de R. Blum (1936 - 1938) et le Ballet russe du colonel W. de Basil, devenu ensuite L'Original Ballet russe (1936 - 1951), dont l'un des directeurs artistiques fut le marquis de Cuevas.

**BALLETTI (Giuseppe)** ♦ Acteur du Théâtre-Italien (Munich 1692 - Paris 1762). Interprète de Marivaux et époux de Rosa Benozzi* créatrice du personnage de Silvia.

**BALLIF (Claude)** ♦ Compositeur français (Paris 1924 - Poissons, Haute-Marne 2004). Il fut assistant au Groupe des recherches musicales de l'ORTF de 1959 à 1963. Il est le créateur de la «métatonalité» qui réconcilie la tonalité et l'atonalité, le chromatisme et de diatonisme. Il est l'auteur d'œuvres pour orchestre (*Ivre moi immobile*, 1976), d'opéras (*Dracoula*, 1984) et de musique religieuse (*Prière à la Sainte Vierge*, 1992).

**BALLIN (Claude)** ♦ Orfèvre français (Paris 1615 - *id.* 1678). Il fut l'un des orfèvres préférés de Louis XIV et exécuta de nombreux et fastueux ouvrages pour le château de Versailles (mobilier, candélabres, grands vases d'argent) mais qui furent envoyés à la fonte en 1789. ♦ **Claude Ballin II** (1661 - 1754). Neveu du précédent. Il exécuta notamment la couronne du sacre de Louis XV, travailla pour les cours d'Espagne et de Russie. Il adopta le style rocaille*, dont la vogue se répandit sous le règne de Louis XV.

**BALLIOL** ou **BAILLEUL** ♦ Famille noble de Grande-Bretagne, originaire de Normandie, dont le fondateur GUI DE BAILLEUL fut compagnon de Guillaume le Conquérant. Guillaume II le Roux lui donna des fiefs dans le Northumberland. ▪ Son petit-fils JOHN BALLIOL fonda le collège Balliol à Oxford (1263).JOHN (DE) BALLIOL (v. 1249 - Château-Gaillard 1314). Fils du précédent. Il devint roi d'Écosse en 1292 peu après la mort de Marguerite de Norvège (1290) sur le choix d'Édouard* I$^{er}$ d'Angleterre, dont il dut subir divers affronts ; il se révolta en 1295. Vaincu en 1296, il resta prisonnier jusqu'en 1302, date à laquelle il put quitter l'Angleterre pour la Normandie. EDWARD BALLIOL (mort à Wheatley, près de Doncaster 1364). Fils du précédent. Il lutta contre Robert* I$^{er}$ Bruce et se fit couronner roi d'Écosse (1332). Malgré le soutien d'Édouard III d'Angleterre, il fut renversé et remplacé par David* II (1341).

**BALLON (Grand)** ➝ **Guebwiller (ballon de)**

**BALLU (Théodore)** ♦ Architecte français (Paris 1817 - *id.* 1885). Élève d'Hippolyte Lebas et prix de Rome en 1840, il continua l'édification de l'église néogothique Sainte-Clotilde de Paris d'après les plans de Gau. Il mêla dans l'église de la Trinité (1861 - 1867) les formes et les motifs décoratifs de style roman aux réminiscences de la Renaissance et du baroque italien. En 1872, il fut chargé avec Deperthes de reconstruire l'Hôtel* de Ville de Paris (1873). Il restaura l'église Saint-Germain-l'Auxerrois et la tour Saint-Jacques. ➝ ÉTYM. Ce nom est une variante de *Bellu*, qui désigne une personne farouche, de l'ancien français *belue* «bête sauvage» ou de *beluter* «bluter».

**BALLY (Charles)** ♦ Linguiste suisse (Genève 1865 - *id.* 1947). Philologue spécialiste du grec, puis du sanskrit, il devint l'élève de F. de Saussure* à Genève et s'orienta vers une linguistique descriptive et structurale. Il renouvela la «science des moyens d'expression», ou *stylistique* (*Précis de stylistique*, 1905 ; *Traité de stylistique française*). *Linguistique générale et Linguistique française* (1932) constitue une synthèse de ses idées sur le signe linguistique et sur la chaîne syntaxique, aboutissant à une caractérisation du français (notamment par rapport à l'allemand).

**BALLYCASTLE** ♦ Station balnéaire et port de pêche d'Irlande du Nord (comté d'Antrim), sur le canal du Nord, en face de l'île de Rathlin. 3 500 hab.

**BALLYMENA** ♦ V. nouvelle d'Irlande du Nord (comté d'Antrim), au N. de Belfast. 58 610 hab.

**BALMA** [31130] ➝ ÉTYM. prélatin «trou au pied d'un rocher, grotte» ♦ Comm. de la Haute-Garonne, banl. E. de Toulouse. 11 944 hab.

**BALMAIN (Pierre)** ♦ Couturier français (Saint-Jean-de-Maurienne 1914 - Neuilly-sur-Seine 1982). Il délaissa l'architecture pour fonder, en 1945, sa maison de couture. Ses modèles, d'abord d'une élégante sobriété, évoluèrent vers plus d'opulence et de richesse. Dans les années 1950, il revint au néoclassicisme de la coupe en développant le thème de la «jolie madame». ➝ ÉTYM. *Balmain* vient du prélatin *balma* «grotte» ou est une contraction de *Bellemain*.

**BAL MASQUÉ (Un)** – en ital. ***Un ballo in maschera*** ♦ Opéra en trois actes de G. Verdi* (livret d'A. Somma), créé à Rome en 1859, s'inspirant d'un sujet traité par Scribe* et Auber* (1833), lui-même tiré d'un fait historique : l'assassinat de Gustave III de Suède au cours d'un bal en 1792. L'intrigue a été déplacée, pour des raisons de censure, dans l'Amérique du XVII$^{e}$ s. Dans cet opéra — le plus mozartien de Verdi — se fait jour le travail de «fusion des genres» du compositeur, qui, pour la première fois, semble sourire des conventions opératiques, voilant d'ironie la beauté structurelle, psychologique et musicale de son œuvre.

**BALMAT (Jacques)** ♦ Guide français (Chamonix 1762 - vallée de Sixt 1834). Il réalisa avec le D$^{r}$ Paccard, en 1786, la première ascension du mont Blanc et en atteignit à nouveau le sommet, l'année suivante, avec l'expédition de H. B. de Saussure*.

**BALME** (col de) ♦ Col de Haute-Savoie (2 191 m) qui relie la vallée de l'Arve, au N.-O. de Chamonix, à celle de Trient (Valais). Centre d'excursions.

**BALME-DE-SILLINGY (LA)** [74330] ♦ Comm. de la Haute-Savoie, au N.-O. d'Annecy. 3 729 hab.

**BALMER (Johann Jakob)** ♦ Physicien suisse (Lausen 1825 - Bâle 1898). Il établit empiriquement la formule qui donne les longueurs d'onde des différentes raies du spectre de l'hydrogène. Justifiée théoriquement par N. Bohr* dans le cadre de son modèle de l'atome, la *formule de Balmer* joua un grand rôle dans le développement de la physique quantique.

**BALMONT (Konstantine Dmitrievitch)** ♦ Poète russe (Goumnichtchi, distr. de Vladimir 1867 - Noisy-le-Grand 1942). Il écrivit de nombreux recueils de vers qui l'apparentent principalement aux symbolistes : *Sous le ciel nordique* (1894), *Édifices en flammes* (1900), *Soyons comme le Soleil* (1903), *Rien que l'amour* (1903), *Sonnets au soleil, au miel et à la lune* (1917). Sa poésie, d'une grande richesse formelle, possède un caractère «occidental». Il a également laissé des essais historiques et critiques et des traductions, très personnelles, de Shelley, Baudelaire, Verlaine, Hauptmann. Il émigra en France en 1920.

**Balmoral** (château de) ♦ Résidence d'été des souverains britanniques, en Écosse, près de Braemar dans les monts Grampians, sur la Dee. ▮ **Histoire** Érigé en 1855 d'après les plans de William Smith, ce fut la résidence favorite de la reine Victoria et de sa famille, ainsi que de la reine Élisabeth II.

**BALOUBAS** → **Lubas**

**BALOUNDAS** → **Lundas**

**BALQA (AL-)** ♦ Mouhafaza de Jordanie, en bordure du plateau désertique de la Chamiya. 248 471 hab. CH.-L. : al-Salt. Kaolin.

**BALSAS** (río) ♦ Fl. du Mexique qui prend sa source dans l'État de Puebla et se jette dans le Pacifique (720 km). Il jalonne le fossé tectonique (fossé du Balsas) marquant la séparation entre Amérique du Nord et Amérique centrale. Équipements hydroélectriques.

**BALTARD (Victor)** ♦ Architecte et aquarelliste français (Paris 1805 - *id.* 1874). Élève du peintre Lethière et grand prix d'architecture en 1833, il séjourna en Italie, puis dirigea à Paris la restauration de plusieurs églises (Saint-Eustache, Saint-Étienne-du-Mont). Dans les Halles centrales (1854 - 1870) de Paris, dont les plans sont parfois attribués à l'ingénieur Horeau (1801 - 1872), il osa utiliser le fer d'une façon fonctionnelle, le bâtiment ayant une destination strictement utilitaire. Il allégea au maximum les supports, remplaça les murs par des surfaces vitrées et laissa l'armature apparente. Le succès de cet ouvrage imposa l'usage des matériaux modernes. Cependant, dans ses autres œuvres, notamment dans l'église Saint-Augustin (1860 - 1871), il resta fidèle au style éclectique et, ne tirant pas les conséquences esthétiques de l'emploi du fer, il imita le style gothique et Renaissance et masqua sous la pierre l'armature métallique. ➝ **ÉTYM.** Ce nom de famille vient du germanique *Baldhard,* nom de personne, de *bald* «audacieux» et *hard* «dur».

**BALTES** (pays) ♦ Pays qui bordent la Baltique entre l'embouchure du Niémen à l'O. et le golfe de Finlande à l'E. (→ **Estonie, Lettonie, Lituanie.**) ▮ **Histoire** La population des pays baltes se rattache à l'origine à deux grands groupes ethniques différenciés par leurs langues. Le premier comprend les Lives (Livonie*), les Ingriens (Ingrie*) et les Estes (Estonie*). Leurs langues s'apparentent au finnois (famille finno-ougrienne). Le groupe balte correspond un rameau linguistique indo-européen dont les langues, très anciennes, comprennent le lette (Lettonie), le lituanien (Lituanie ; fortement représenté aux États-Unis par plus de 400 000 émigrants) et le vieux prussien parlé jusqu'au XVIII^e^ s. en Prusse-Orientale. Les peuples baltes furent très tôt en relations maritimes et commerciales avec les Scandinaves, les Slaves et les Germaniques. Christianisés et germanisés à partir du XIII^e^ s. par les chevaliers Teutoniques et les Porte-Glaive, contrôlés par la Hanse, les pays baltes passèrent sous la domination de la Pologne, de la Suède et de la Russie. Slavisés dès le début du XVIII^e^ s., en partie cédés à la Russie au traité de Nystad en 1721 (→ **Ingrie, Livonie, Estonie, Lettonie**), ils furent annexés à la Russie lors du troisième partage de la Pologne en 1795 (→ **Courlande, Lituanie**). Convoités et occupés par les Allemands et les Soviétiques au cours des deux guerres mondiales, les pays baltes, après une brève période d'indépendance (1920 - 1940), furent incorporés à l'URSS avec le statut de républiques socialistes soviétiques. Les réactions nationalistes de la population balte contre la russification provoquèrent des mesures de répression accompagnées de déportations et d'exils. À partir de 1990, les trois États ont recouvré leur indépendance, devenue officielle après le putsch manqué d'août 1991 à Moscou.

**BALTHASAR** ou **BALTHAZAR** ➝ **ÉTYM.** de l'akkadien *balat-sa(r)-usur* «protège la vie du roi !» ♦ Nom donné, d'après la Bible, à Bêl-Shar-Usur, fils de Nabonide* et régent de Babylone en l'absence de son père. Il fut tué lors de la prise de la ville par Cyrus (-539). ♦ ***Festin de Balthasar*** Dans la Bible (Daniel, V), le personnage, donné comme roi et fils de Nabuchodonosor, voit, lors d'un festin, une main tracer sur le mur l'inscription *Mané, Thécel, Pharès* : Daniel* l'interprète comme le signe de la fin prochaine du roi et de son royaume.

**BALTHASAR (Hans Urs VON)** ♦ Jésuite et théologien suisse (Lucerne 1905 - Bâle 1988). Il entra dans la Compagnie de Jésus après des études de philosophie à Vienne et à Berlin. Marqué par l'enseignement du père de Lubac*, il se fit l'interprète et le défenseur de la tradition chrétienne face aux tentations d'une pensée moderne sécularisée. Centrée sur la personne du Christ, sa théologie tente de faire le lien entre le dogme et l'expérience quotidienne de la piété. Il quitta la Compagnie de Jésus en 1950 pour fonder un institut séculier avec Adrienne von Speyr. Il devint cardinal en 1988. Il traduisit en allemand des poètes français (Péguy, Claudel) ainsi que plusieurs Pères de l'Église(Origène, Grégoire de Nysse, Irénée, Basile). Son œuvre théologique est considérable, en particulier : *Apocalypse de l'âme allemande* (1937 - 1939), *La Gloire et la Croix* (1961 - 1969), *La Dramatique divine* (1973 - 1983).

**BALTHAZAR** ♦ Un des Rois mages de la légende chrétienne représentant généralement la race noire.

**BALTHUS (Balthasar KLOSSOWSKI DE ROLA, dit)** ➝ **ÉTYM.** surnommé *Baltus* par ses parents quand il était petit. Lui-même, au début de sa carrière, se nommait *Baltusz* ♦ Peintre français (Paris 1908 - Rossinière, cant. de Vaud, 2001). Frère de l'écrivain P. Klossowski*, il apprit la peinture au Louvre et en Italie ; sa technique proche de la fresque, à base de tempera, et son traitement de l'espace restèrent influencés par les primitifs italiens. Il obtint un succès de scandale dans les années 1930 avec des scènes d'intérieur d'un érotisme trouble *(Alice : la Leçon de guitare)*. Très marqué par *Les Hauts de Hurlevent* d'Emily Brontë, il en distilla l'atmosphère dans ses portraits énigmatiques de jeunes filles, présentées dans des décors dépouillés. En marge de tous les courants, il peignit également des paysages, aussi construits que ses décors d'architecture. Son œuvre, de plus en plus académique, resta fondée sur la double tendance de la provocation d'un érotisme suggéré et de la monumentalité (*La Rue,* 1933 ; *Le Passage du Commerce-Saint-André,* 1952 - 1953). Balthus a été directeur de la villa Médicis, à Rome, de 1961 à 1976.

**BALTI** – anc. ***Beltsy,*** en roum. ***Bălţi*** ♦ V. de Moldavie, au N. du plateau de Bessarabie. 122 669 hab. Centrale thermique. Centre important d'indus. alimentaires (combinats d'huile et de viande, sucrerie, distillerie). Construc. mécaniques. Pelleteries, confection.

**BALTIMORE (George CALVERT,** 1^er^ baron**)** ♦ Homme d'État anglais (Kipling, Yorkshire v. 1580 - Londres 1632). En 1621, il fonda une colonie à Terre-Neuve, puis, en 1629, dans la région de Chesapeake et du Delaware. ♦ **Cecilius,** 2^e^ baron **Baltimore** (1603 - 1676). Il obtint en 1632 la charte lui accordant la propriété de la colonie qui fut appelée Maryland*.

**BALTIMORE (David)** ♦ Biologiste américain (New York 1938). Auteur de recherches sur les mécanismes d'action des rétrovirus, il découvrit notamment la transcriptase inverse. → **Temin.** [Prix Nobel de physiol. ou méd. 1975, avec R. Dulbecco* et H. Temin]

**BALTIMORE** ➝ **ÉTYM.** du n. de Cecilius Calvert, 2^e^ baron *Baltimore** ♦ V. des États-Unis (Maryland), sur un estuaire au fond de la baie de Chesapeake*. 651 154 hab. dont 59 % de Noirs (zone urbaine 2 552 994). Plusieurs monuments du déb. du XIX^e^ s. Importants musées d'art. La zone portuaire ainsi que le centre-ville ont fait l'objet d'une remarquable rénovation. ▪ Port commercial très actif. Construc. navales. Centre indus. : sidérurgie (usine de la Bethlehem Steel Corporation), indus. chimiques, alimentaires. Univ. Johns Hopkins, célèbre notamment pour son centre de recherche médicale. ▮ **Histoire** Fondée en 1729, Baltimore s'est développée grâce au commerce maritime lointain, notamment pendant la guerre d'Indépendance (1776 - 1783). La ville fut en partie détruite par un grand incendie en 1904.

**BALTIQUE** n. f. (mer) ➝ **ÉTYM.** en lat. *Mare Balticum,* p.-ê. de *balteus* «ceinture» (allus. à sa forme allongée) ♦ Mer d'Europe septentrionale, comprise entre la Suède, la Finlande, la Russie, les États baltes, la Pologne, l'Allemagne et le Danemark. 372 730 km$^2$. Elle forme deux golfes importants, au N. le golfe de Botnie et à l'E. le golfe de Finlande. Au S.-O., elle s'ouvre sur le Kattegat par une série de détroits (Øresund, Grand Belt, Petit Belt). Elle baigne Saint-Pétersbourg, Copenhague, Stockholm, Riga, Helsinki. Sa salinité est faible. L'activité industrielle en a fait une mer polluée. Le trafic maritime y est dense. ▪ En 1992, a été créé le Conseil des États de la mer Baltique qui regroupe l'Allemagne, le Danemark, l'Estonie, la Finlande, l'Islande, la Lettonie, la Norvège, la Pologne, la Russie et la Suède.

**BALTISTAN** ♦ Région de la partie pakistanaise du Cachemire. La haute vallée de l'Indus et celle de Hunza sont encadrées de très hautes montagnes (Nanga Parbat, 8 126 m). Env. 70 000 hab., en partie d'origine tibétaine. CAP. : Skardu.

**BALTRUŠAITIS (Jurgis Kazimirovitch)** ♦ Poète lituanien (Paantvardis, près de Kovno 1873 - Paris 1944). Il fut l'un des chefs de file du symbolisme* russe. Il écrivit des recueils de vers en russe (*Les Marches terrestres,* 1911 ; *Le Lis et la Faucille,* publ. 1948) et en lituanien (*Couronne de larmes,* 1942). Il émigra en France en 1939.

**BALTRUSAÏTIS (Jurgis)** ♦ Historien de l'art français d'origine lituanienne (près de Kovno 1903 - Paris 1988). Élève de Focillon, il a publié en 1931 sa thèse *La Stylistique ornementale dans la sculpture romane,* dans laquelle il établit un répertoire des formes et des figures ornementales. Il a analysé les apports exotiques, les enrichissements venant de l'Antiquité et de l'Orient dans l'art d'Occi-

**Balthus.** *Katia lisant.*
Coll. part. *Phot. ©Documentation du MNAMGP, Paris*

dent : *Art sumérien, art roman* (1934) ; *Le Moyen Âge fantastique* (1955 - 1981) ; *Réveils et prodiges. Le gothique fantastique* (1960). Décelant un fonds de tératologie et d'abstraction dans les arts de tous les temps, il a analysé les transfigurations, les anamorphoses, les systèmes visionnaires : *Aberrations. Quatre essais sur la légende des formes* (1957) ; *Anamorphoses ou Thaumaturgus opticus. Les perspectives dépravées* (1984) ; *La Stylistique ornementale de la sculpture moderne. Formations, déformations* (1986).

**BALUCHISTAN** ou **BÉLOUCHISTAN** ◆ ÉTYM. «pays des Baloutchis [des pâtres]», du persan *baloc (baluc)* «pâtre» et *-stan* «pays» ♦ Région de montagnes et de plateaux aux confins de l'Iran et du Pakistan, entre la plaine de l'Indus et le plateau irano-afghan. Elle est divisée en 2 provinces, l'une pakistanaise (CAP. : Quetta), l'autre iranienne, le Sīstān-et-Baluchistan (CAP. : Zahedan). Le climat est sec, et les populations baluchis et pashtounes pratiquent surtout l'élevage nomade ou semi-nomade d'ovins. Quelques oasis avec des cultures de blé, de vigne et de fruits. Gisements de charbon et de fer. **Histoire** La région, nommée Gédrosie* par les Grecs, fit partie de l'Empire perse achéménide. Le Baluchistan fut conquis par les Arabes au VIIIe s., puis passa sous la domination de la Perse et de l'Afghanistan. Le territoire occupé par les Britanniques lors des guerres afghanes (1839 - 1840) devint protectorat en 1877 avant d'être annexé à l'Empire indo-britannique en 1887 et divisé par une frontière artificielle entre le Pakistan et l'Iran. Les populations manifestent des volontés d'autonomie, voire d'indépendance.

**BALUE** ou **LA BALUE (Jean)** ♦ Cardinal et homme politique français (Angles-sur-Anglin v. 1421 - Ancône 1491). Aumônier, puis secrétaire d'État de Louis* XI, il fut nommé évêque d'Évreux en 1465 et cardinal en 1467. Il fut emprisonné de 1469 à 1480 pour avoir intrigué contre le roi avec Charles le Téméraire (mais non pas, comme le veut la légende, dans une cage de fer). Libéré sur l'intervention de Sixte IV, il devint ambassadeur auprès du pape.

**BALZAC (Jean-Louis GUEZ,** seigneur **DE)** ◆ ÉTYM. n. de lieu en Périgord ♦ Écrivain français (Angoulême 1597 - *id.* 1654). Condisciple de Théophile de Viau à l'université de Leyde, puis secrétaire du duc d'Épernon à Metz, il suivit le cardinal de La Valette à Rome (1621 - 1622). Ses premières *Lettres*, vibrantes d'enthousiasme pour l'Antiquité, furent accueillies avec faveur à l'hôtel de Rambouillet*, et le recueil publié en 1624 connut un succès prodigieux dans toute l'Europe. Choyé par Richelieu (qui en fit l'un des premiers membres de l'Académie), Guez de Balzac se retira pourtant sur ses terres de l'Angoumois et se consacra aux belles-lettres. Après *Le Prince* (1631), peinture du souverain idéal et panégyrique voilé de Louis XIII, il composa *Aristippe ou de la Cour* (posth. 1658), réflexion sur le machiavélisme en politique, et *Le Socrate chrétien* (1652), essai de doctrine et de morale religieuses. Considéré comme «le plus éloquent homme» du temps, il donnait tous ses soins à ses *Lettres* (publ. de 1624 à 1654), attendues par les milieux littéraires et mondains de la capitale (ses correspondants préférés restant Chapelain et Conrart) et qui manifestent un jugement littéraire très sûr (sur *Le Cid* ou *Cinna*, entre autres), une grande piété et un vif sentiment de la nature. Vivantes et variées, elles sont remarquables par l'aisance, et une maîtrise (confinant parfois à la préciosité) qui ne détruit jamais la pureté du style. Soucieux de rigueur et d'harmonie dans sa phrase, Guez de Balzac contribua pour la prose à la réforme entreprise par Malherbe*.

**BALZAC (Honoré DE)** ◆ ÉTYM. né Balssa (var. de *balsan* «[cheval] aux pieds blancs»), son père transforma son n. en Balzac et ajouta la particule, sans doute par anal. avec Jean-Louis Guez de Balzac* ♦ Écrivain français (Tours 1799 - Paris 1850). **Les débuts** À vingt ans, d'accord avec sa famille, il abandonna ses études de droit (poursuivies en travaillant chez un notaire) pour se consacrer à la littérature. Sans succès, il publia sous divers pseudonymes des romans «noirs» ou sentimentaux, et plusieurs «Physiologies». Mme de Berny, rencontrée en 1822, l'introduisit dans la société aristocratique et, surtout, l'aida matériellement. **Un travailleur forcené** De 1824 à 1828, des tentatives financières hasardeuses (achat d'une imprimerie) et des dépenses inconsidérées entraînant des dettes énormes rejetèrent Balzac vers les lettres. Dès lors, parallèlement à de multiples aventures sentimentales, à la correspondance très suivie *(Lettres à l'Étrangère)* qu'il entretint avec Mme Hanska, riche admiratrice polonaise qu'il épousa en mars 1850, et à sa vie mondaine, il s'adonna, durant vingt années de labeur, à une création littéraire intense. **La Comédie humaine** Dès 1829, *La Physiologie du mariage*, essai signé de son nom, puis un roman historique, *Le Dernier Chouan* (devenu, en 1841, *Les Chouans*), lui assurèrent la notoriété. Bientôt, il conçut, et appliqua, dans *Le Père* Goriot* (1834 - 1835) d'abord, le système du retour de ses personnages d'un roman à l'autre, procédé assurant à son œuvre une organisation synthétique qui en fera «comme un monde complet». Ainsi, outre 30 contes (les *Contes* drolatiques*, 1832 - 1837) et 5 pièces de théâtre (dont *Mercadet ou le Faiseur*, représenté en 1851), Balzac écrivit quelque 95 romans ou nouvelles qu'il rangea tout d'abord sous le titre *Études sociales* avant de choisir celui de *Comédie* humaine* en 1841.

**L'ŒUVRE** **L'observation** Son œuvre part du constat que penser et écrire le monde impliquent une même méthode : l'observation. Ainsi le romancier voulut-il rendre compte des «principes naturels» régissant les sociétés humaines, à partir de l'évocation de son époque. Persuadé de l'existence d'interférences constantes entre le matériel et l'immatériel, comme entre le milieu et l'homme, le physique et le moral, il s'attacha notamment à peindre les «ravages de la pensée», lorsqu'elle s'assimile à une passion si extrême qu'elle condamne l'être qui la nourrit avec ses proches (cf. Balthazar Claës, le héros de *La Recherche de l'absolu*). **Les personnages** On trouve chez Balzac des personnages monomanes qui évoluent au sein d'une société qui les suscite et les explique, Eugène de Rastignac dans *Le Père Goriot* ou Lucien de Rubempré dans *Illusions* perdues* et *Splendeurs* et Misères des courtisanes*. Pour Balzac, en effet, «une génération est un drame» : c'est

Honoré de **Balzac.** Daguerréotype rehaussé de pastel (8,7 × 8,3 cm). Maison de Balzac, Paris.
*Phot. ©Ph. Jeanbor©Archives Larbor*

essentiellement la volonté de puissance, servie par l'énergie, qui assure le triomphe d'individus comme Vautrin* ; de même que, dans cette «réunion de dupes et de fripons» que sont les différentes classes sociales, le moteur est l'argent, instrument des puissances de la Bourse, de la politique et du journalisme. **L'esthétique réaliste** Pour brosser ce tableau de la société française de 1789 à 1848, Balzac adopte l'esthétique réaliste : «L'auteur croit fermement que les détails constitueront désormais le mérite des ouvrages improprement appelés romans.» D'où le soin minutieux donné aux descriptions et aux portraits, préparation lente qui devance le travail de l'imagination de ce «visionnaire passionné» (Baudelaire). **Une œuvre unique** Mais outre ce sens de l'observation, Balzac puisa son énergie créatrice dans une curiosité intellectuelle qui le fit s'intéresser aux recherches de Cuvier ou de Geoffroy Saint-Hilaire, aux philosophes Descartes, Leibniz et Malebranche, ainsi qu'au théosophe Swedenborg. De cette manière s'est élaborée une œuvre, unique dans la littérature française, qui fait de son auteur à la fois un historien, un témoin de son époque, un penseur et un maître de la fiction et de l'émotion.→ **Comédie humaine (La), César Birotteau, Chef-d'œuvre inconnu (Le), Chouans (Les), Colonel Chabert (Le), Contes drolatiques, Cousine Bette (La), Cousin Pons (Le), Eugénie Grandet, Femme de trente ans (La), Illusions perdues, Lys dans la vallée (Le), Médecin de campagne (Le), Paysans (Les), Peau de chagrin (La), Père Goriot (Le), Physiologie du mariage (La), Recherche de l'absolu (La), Splendeurs et Misères des courtisanes.**

**BAM** ou **BAMM** ♦ V. d'Iran (Kermān). 75 215 hab. Cité médiévale. Palmeraie (dattes). Agrumes, coton, henné. **Histoire** Oasis fortifiée entre Kermān et le Baluchistan, sur la route de l'Inde*, elle était réputée imprenable dès le Xe s. En 1787, Loft Ali Khan, le dernier prince de la dynastie zend, s'y réfugia après la prise de Kermān. La ville moderne fut construite v. 1860. Un violent séisme a fait près de 40 000 morts en déc. 2003.

**BAM** [Baïkalo-Amourskaïa Maguistral] ♦ Ligne de chemin de fer russe, en Sibérie orientale et en Extrême-Orient. Longue de 4 300 km, elle relie Taïchet, sur le Transsibérien et parallèlement à celui-ci, au Pacifique (Sovietskaïa Gavan). Commencée aux deux extrémités dans les années 1930, la construction fut reprise en 1974 et achevée en 1989.

**BAMAKO** ← ÉTYM. bambara *Bamma-ko* «derrière Bamma», n. de pers. ou «l'affaire du crocodile», par allus. à la coutume d'offrir chaque année une victime vivante aux crocodiles du Niger ou *Bamma Kô* «le marigot du crocodile» ♦ Cap. de la république du Mali, au S.-O. du pays, sur la rive g. du Niger. 1 349 000 hab. *(Bamakois)*. La ville est reliée à Kayes et à Dakar par une voie ferrée, Dakar-Niger, qui se prolonge jusqu'à Koulikoro. Centrale thermique. Centre de recherches zootechniques. Abattoirs. Rizeries. Huileries.

**BAMBARA(S)** ou **BAMANA(S)** n. m. (pl.) ← ÉTYM. «ceux qui ont refusé d'être asservis», de *ban* «refus» et *mana* «maître» ou «les gens du grand rocher» de *ba mana* (ou *bamano*) ou «les gens du crocodile [les animistes]», de *bama* «crocodile» ♦ Peuple d'Afrique originaire du Mali, habitant la vallée du Niger dans la région de Bamako. Entre 1766 et 1861, ils ont constitué un royaume puissant autour de la ville de Ségou. Les génies des eaux et de la brousse ont présidé à la formation de ce peuple de paysans qui donne à ses masques zoomorphes des formes stylisées. Six initiations sont pratiquées au long de l'existence afin de conserver les forces spirituelles de ses membres, et les sociétés secrètes qui en sont issues maintiennent la cohésion de la communauté. Ainsi, le *Komo* règle la vie religieuse et honore les ancêtres ; le *Ntomo* surveille l'éducation des enfants ; les masques d'antilopes de la société *Tyiwara* participent aux rites agraires.

**BAMBERG** ← ÉTYM. du n. des comtes de *Babenberg** ♦ V. d'Allemagne (Bavière), ch.-l. de la régence de Haute-Franconie et port fluvial sur la Regnitz. 71 085 hab. Riche en monuments médiévaux et baroques, Bamberg possède une cathédrale gothique, chef-d'œuvre de l'architecture allemande du XIIIe s. Églises baroques, ancien hôtel de ville (XVIIIe s.) bâti dans une île artificielle, palais Renaissance de l'Ancienne Résidence, Nouvelle Résidence (XVIIIe s.) de style baroque. ▪ Indus. textiles (coton, confection) ; indus. du cuir ; produits alimentaires (brasseries). **Histoire** La ville, qui doit son nom aux comtes de Babenberg, fut érigée par l'empereur Henri II en évêché souverain (1007), rattaché à la Bavière en 1802.

**BAMBYCE** – en gr. ***Bambukê*** auj. ***Membidj*** ♦ Anc. ville grecque de Syrie, située à l'O. de l'Euphrate. Elle reçut des Séleucides qui la restaurèrent le nom de *Hiérapolis*.

**BAMILÉKÉ(S)** n. m. (pl.) ← ÉTYM. p.-ê. corruption de *mbaliku* «les gens du ravin [ceux qui se sont installés dans la cuvette de Dshang]», de *mba* «originaire de» et *liku* «ravin» ♦ Population du S.-O. du Cameroun dans la région dite *pays bamiléké*, vaste zone surpeuplée. Ils furent expulsés des plateaux du Cameroun par les Bamoums, il y a plus de trois siècles. Leur art est caractérisé par des encadrements de porte sculptés et de grandes statuettes représentant le chef et son épouse principale. Les Bamilékés émigrent facilement vers les villes, généralement pour y faire du commerce.

**BĀMYĀN** ♦ V. d'Afghanistan central, à 2 500 m d'alt. 11 000 hab. ch.-l. de la prov. du même nom et principal centre du Hazāradjāt. La vallée est bordée de hautes falaises dans lesquelles étaient taillées deux gigantesques statues de Bouddha debout (55 et 38 m), datées des IIIe - IVe s., qui furent détruites par le régime taliban en 2001 ; aux alentours étaient creusées quelque 750 cellules monastiques, parfois décorées de fresques et de sculptures, datées du Ve au VIIe s. Le bouddhisme ne s'éteignit ici qu'au XIe s. Au XIIIe s. Gengis* Khan rasa la ville et massacra les habitants.

**Bāmyān.** Statue colossale de Bouddha (détruite en 2001), Ve s.
*Phot. ©Nino Cirani/Ricciarini*

**BĀṆA BHAṬṬA** ♦ Écrivain indien (606 - v. 647). Historiographe et poète de la cour du roi indien Harṣa* de Kanauj, il est l'auteur de nombreux poèmes, de pièces de théâtre et d'une histoire du roi Harṣa, en sanskrit très pur.

**BANACH (Stefan)** ♦ Mathématicien polonais (Cracovie 1892 - Lvov 1945). Un des fondateurs de l'analyse fonctionnelle, il introduisit la notion d'espace vectoriel normé complet *(espace de Banach)*.

**BANAT** n. m. ♦ Région historique d'Europe centrale, limitée à l'E. par la Transylvanie et la Valachie, à l'O. par la Tisa, au N. par le

Mureş, et au S. par le Danube. La Hongrie n'en possède qu'une faible part, située autour de Szeged. Le *Banat serbe*, autour de Vršac, est une riche région agricole. Le *Banat roumain* (21 800 km²) compte 1 519 753 hab. CAP. : Timişoara. V. PRINC. : Arad*, Reşiţa*, Lugoj*, Caransebeş*. La plaine, autour du bassin du Timiş, est très fertile (céréales, pommes de terre, fruits) et on y pratique l'élevage. Les monts du Banat recèlent du charbon, du fer, du manganèse, du chrome, du cuivre et du marbre. ■ **Histoire** La région fut occupée par les Turcs après 1526 (victoire de Mohács). Après les victoires du Prince Eugène sur l'Empire ottoman, le Banat revint aux Habsbourg (traité de Passarowitz, 1718). D'abord région militaire, il fut intégré à la Hongrie en 1779. Il fut partagé entre la Hongrie, la Yougoslavie et la Roumanie en 1920 (traité de Trianon).

**BANBURY** ◆ **ÉTYM.** anc. *Banesberie* vieil angl. «bastion *(burh)* de *°Bana* (n. de pers.)» ♦ V. d'Angleterre (Oxfordshire), sur la Cherwell. 30 000 hab. Nœud ferroviaire.

**BANCO** ou **BANQUO** ♦ Gouverneur d'une province du N. de l'Écosse, sous Duncan* Ier (XIe s.), il aurait assisté au meurtre du roi par Macbeth (1040) qui l'aurait assassiné plus tard. ■ Shakespeare, dans *Macbeth*, fait apparaître son spectre à l'assassin.

**BANCQUART (Alain)** ♦ Compositeur français (Dieppe 1934). Élève de D. Milhaud, altiste à l'Orchestre national (1961 - 1973), il est notamment l'auteur de 5 symphonies (de 1979 à 1992), de l'opéra de chambre *Les Tarots d'Ulysse* (1984) et d'un cycle de six œuvres, *Labyrinthe* (2000).

**BANCROFT (George)** ♦ Historien et homme politique américain (Worcester, Massachusetts 1800 - Washington 1891). Il fonda l'Académie navale d'Annapolis (1845). Partisan de la libération des esclaves noirs, il soutint Lincoln* durant la guerre de Sécession. Il est l'auteur d'une *Histoire des États-Unis* (1834 - 1874). ◆ **ÉTYM.** *Bancroft* provient du vieil anglais *bēan* qui signifie «haricot» et *croft* «enclos».

**BANDA (Hastings Kamuzu)** ♦ Homme d'État malawite (District de Kasungu 1896 - Johannesburg 1998). Fervent partisan du panafricanisme, il conduisit son pays à l'indépendance. Président du Malawi de 1964 à 1994, il le gouverna de façon paternaliste et autoritaire. Il céda le pouvoir à l'issue d'élections imposées par la contestation populaire. Il fut poursuivi pour détournement de fonds et accusé d'avoir commandité le meurtre d'opposants.

**BANDA** ♦ Archipel d'Indonésie situé au centre des Moluques. ■ Production de muscade et de girofle. La *mer de Banda*, connue pour ses grandes profondeurs (de 3 000 à 7 000 m), est devenue un centre d'attraction touristique (plongée sous-marine).

**BANDA ACEH** ♦ V. d'Indonésie, cap. de la prov. d'Aceh. 291 300 hab. La ville a été en partie détruite par le tremblement de terre et le tsunami du 26 déc. 2004.

**BANDAR** → **Machilipatnam**

**BANDAR ABBAS** ♦ V. d'Iran, ch.-l. de la prov. d'Hormozgan, sur le détroit d'Ormuz. 379 301 hab. Pêche, conserveries de sardines et de crevettes. Filature de coton. Centrale nucléaire en construction. Base navale et aérienne. Installations portuaires les plus importantes d'Iran (près de 50 % des importations et exportations non pétrolières). ■ **Histoire** Après la prospérité d'Ormuz, de Minab et de l'île de Djarem au XIVe s., puis de Gomrom, la ville devait prendre la relève, mais la création du port de Bouchir* freina son développement qui reprit dans les années 1970, accéléré à la suite de la destruction des ports iraniens de l'E. du golfe Arabo-Persique pendant la guerre irano-irakienne (1980 - 1988).

**BANDARANAIKE (Sirimavo)** ♦ Femme d'État sri lankaise (Balangoda 1916 - Colombo 2000). Elle succéda en 1960 à son mari Salomon Bandaranaike (assassiné en 1959), comme Premier ministre du Sri Lanka (1960 - 1965), revint au pouvoir en 1970 pour entreprendre une révolution sociale puis fut de nouveau ministre (1994 - 2000) sous la présidence de sa fille, Chandrika Kumaratunga.

**BANDAR KHOMEYNI** – anc. ***Bandar Chahpour*** ♦ V. d'Iran (Khouzistan), sur le Khor Musa. 49 355 hab. Tête du chemin de fer Transiranien. Complexe pétrochimique et port pétrolier. Depuis la destruction de Khorramchahr*, il est devenu le deuxième port du pays pour le volume des marchandises.

**BANDAR LAMPUNG** – anc. ***Teluk betung-Tanjung karang*** ♦ V. d'Indonésie (Sumatra), cap. de la prov. de Lampung, sur le détroit de la Sonde. 832 400 hab. Liaison par ferry avec Java. ■ La ville fut entièrement détruite en 1883 par l'explosion du Krakatau.

**BANDAR SERI BEGAWAN** – anc. ***Brunei*** ♦ Cap. du sultanat de Brunei, sur le fleuve du même nom. 63 868 hab. Univ. Village lacustre.

**BANDAR TORKMAN** – anc. ***Bandar Chah*** ♦ V. d'Iran (Mazandéran), sur la mer Caspienne. 50 074 hab. Fondé en 1927 par Rizā* Chāh pour y sédentariser les nomades turkmènes. ■ Port. Terminus N. du chemin de fer Transiranien.

**Bande des Quatre** ♦ Surnom donné par leurs adversaires à la coalition de dirigeants chinois qui comprenait la veuve de Mao* Zedong, Jiang* Qing ; Wang Hongwen, vice-président du parti ; Zhang Chunqiao, vice-Premier ministre, et Yao Wenyuan, membre du bureau politique. Ils symbolisaient la ligne la plus dure de la Révolution culturelle et du parti et furent arrêtés à la suite d'un complot fomenté pour prendre la direction de l'État après la mort de Mao (1976). Leur procès (1980) fut le signal de la démaoïsation. Jiang et Zhang furent condamnés à mort (peine commuée en détention à perpétuité en 1983) et les autres à de lourdes peines de prison. → **Chine, Révolution culturelle.**

**BANDELLO (Matteo)** ♦ Conteur italien (près d'Alessandria 1485 - Agen 1561). Frère dominicain, homme de cour, soldat, il fut, après une vie aventureuse, exilé en France où Henri II le fit évêque d'Agen (1550). Auteur notamment d'une traduction en italien de l'*Hécube* d'Euripide, d'un *Canzoniere* de 200 poèmes pétrarquisants dédiés à Marguerite de France (1544), il est surtout connu par ses *Nouvelles*, dont trois livres parurent en 1554, et le quatrième (posth.) en 1577. Inspirées de récits anciens ou contemporains, ces nouvelles sont d'une variété extrême dans leurs sujets. Après Shakespeare (qui y puisa le sujet de *Roméo et Juliette*), ils inspirèrent Stendhal, Byron et Musset *(Barberine)*.

La **Bandera** ♦ Film français de Julien Duvivier* (1935), d'après le roman de Pierre Mac* Orlan, avec Jean Gabin, Annabella, Robert Le Vigan, Pierre Renoir, évocation de la Légion étrangère espagnole à l'époque des combats du Rif.

**BANDIAGARA** ◆ **ÉTYM.** dogon «grand plat de nourriture» [allus. à la forme du plateau] ♦ V. du Mali. 12 000 hab. ♦ ***Plateau de Bandiagara*** Il est limité à l'E. par des falaises au flanc desquelles se trouvent les villages des Dogons*. Lieu de pèlerinage des fidèles du conquérant toucouleur El-Hadj Omar qui y mourut.

**BANDINELLI (Baccio)** ♦ Sculpteur italien (Florence 1488 - *id.* 1560). Fils d'un orfèvre, il étudia auprès de son père, puis dans l'atelier de G. Rustici. Cellini et Vasari l'ont décrit comme un artiste soucieux d'honneurs, jaloux et faible imitateur de Michel-Ange. Il obtint de la faveur des Médicis la plupart de ses commandes, exécutées dans un langage classique, ferme et équilibré, souvent plus savant qu'inspiré (copie du groupe de *Laocoon*, 1525, Offices ; *Hercule et Cacus*, 1534, place de la Seigneurie ; bas-reliefs et statues pour Santa Maria del Fiore, 1547, musée de l'Œuvre).

**BANDOL** [83150] ◆ **ÉTYM.** du gaul. «gué *(ritum)* blanc *(uindos)*» ou du pré-indo-eur. *°ben-d-* «rocher» ♦ Comm. du Var, arr. de Toulon, sur la Méditerranée. 7 905 hab. *(Bandolais)*. Vignobles. Station balnéaire.

**BANDUNG** – anc. en fr. ***Bandoeng*** ; ◆ **ÉTYM.** *Bandung* : mot malais «digue, jetée» ♦ V. d'Indonésie, cap. de la province de Jawa Barat. 2 368 200 hab. Indus. textiles, chimiques, pharmaceutiques, aéronautiques. Réacteur nucléaire de recherche, laboratoire d'astronomie à Lembang, musée de géologie, univ. polytechnique. ♦ ***Conférence de Bandung*** La Ire conférence internationale (18 - 24 avr. 1955), réunissant 29 pays du tiers-monde (Asie et Afrique), fut à l'origine du mouvement des pays non alignés. Les orateurs les plus écoutés furent Jawaharlal Nehru (Inde), Zhou Enlai (Chine) et Sukarno (Indonésie).

**BANÉR (Johan Gustafsson)** ♦ Général suédois (Djursholm, près de Stockholm 1596 - Halberstadt, près de Maydebourg 1641). Il commanda à partir de 1634 les armées suédoises en Allemagne lors de la guerre de Trente Ans. Il vainquit les Saxons à Chemnitz (1639) et conquit la Bohême et la Silésie.

**BANERJEA (sir Surendranath)** ♦ Homme politique indien (Calcutta 1848 - Barrackpore 1925), surnommé le «père du nationalisme indien» et fondateur, en 1885, du parti du Congrès dont le but était l'autonomie de l'Inde (Svarāj).

**BANERJI** ou **BANDYOPĀDHYĀY (Bibhūti Bhūṣaṇ)** ♦ Écrivain indien d'expression bengali (Muratipur 1899 - Ghatsila 1950). Ses romans sociaux eurent un grand retentissement, surtout après avoir été portés à l'écran par Satyajit Ray* : *La Complainte du sentier* (*Pather Panchali*, 1929) ; *L'Invaincu* (*Aparajito*, 1932).

**BANFF** ♦ V. du Canada (Alberta). 6 700 hab. Centre de villégiature dans les Rocheuses* canadiennes, dans la haute vallée de la Bow River. ♦ ***Parc national de Banff*** Créé en 1887, c'est le plus ancien parc naturel du Canada. 6 600 km².

**BANFF** ♦ V. d'Écosse (Aberdeenshire), sur la côte N.-E., à l'embouchure du Deveron. 4 000 hab. Demeures des XVIIe et XVIIIe s. Port de pêche.

**BANG (Herman)** ♦ Écrivain danois (Adserballe, île d'Als 1857 - Ogden, Utah 1912). Il est le type même de l'écrivain «décadent». Il tenta sa chance au théâtre (il collabora avec Antoine*), puis dans le journalisme et la critique littéraire, avant un premier grand roman, *Haabløse Slaeger* («Générations sans espoir», 1880) où percent son pessimisme et sa fascination pour le thème du déclin. Il exprima sa sensibilité d'homosexuel dans de superbes nouvelles (*Stille Eksistensen*, «Existences tranquilles», 1886), un roman impressionniste (*Tine*, 1889) et une autobiographie en deux temps (*Maison blanche*, 1898 ; *Maison grise*, 1901).

**BANGALORE** ◆ **ÉTYM.** du tamoul *Bengalūr* «le village *(ūr)* des fèves *(bengalu)*» ♦ V. de l'Inde, cap. de l'État du Karnataka. 5 686 844 hab. Elle doit sa croissance rapide à une puissante industrialisation (aviation, machines-outils du secteur public) et à la douceur de son climat, à 1 000 m d'altitude. Elle possède aujourd'hui un énorme parc technologique (logiciels) dont le développement pose de gros problèmes d'infrastructures. Aéroport international.

**BANGE (Charles RAGON DE)** ♦ Officier français (Balignicourt, Aube 1833 - Le Chesnay 1914). Inventeur d'un système d'artillerie qui porte son nom.

**BANGKA** ♦ Île d'Indonésie, au S.-E. de Sumatra dont elle est séparée par le *détroit de Bangka*. 11 616 km². Env. 450 000 hab. V. PRINC. : Pangkalpinang. Centre d'extraction de l'étain.

**BANGKA BELITUNG** → Kepulauan Bangka Belitung

**BANGKOK** ou **KRUNG THEP** - ÉTYM. *Bangkok* thaï «endroit *(bāng)* des oliviers sauvages *(kōk)*» ; thaï *Krung Thep* «cité *(krung)* des anges *(thep)*» ♦ Cap. du royaume de Thaïlande, fondée en 1782 sur le cours inférieur du Menam Chao Phraya, près du golfe de Thaïlande. 6 355 144 hab. *(Bangkokiens)* (aggl. 9 668 854). La ville a perdu une partie de ses canaux, au profit de boulevards. La circulation automobile reste un problème, malgré de gros travaux d'infrastructures : ponts, autoroutes urbaines, lignes de métro, d'abord aérien (1999). Nouvel aéroport international de Suvarnabhumi (2006). Nombreux monuments du XVIIIe s. (anc. palais royal) et surtout du XIXe s. (plusieurs centaines de temples bouddhiques). Marché flottant à Thonburi*. C'est le centre culturel du pays (universités Chulalongkorn et Thamassat) et le siège d'organismes internationaux (CEAEO). 1er centre industriel de Thaïlande (rizeries, scieries, indus. légère). Principal port du pays.

## BANGLADESH

▮ n. m. – off. ***République populaire du Bangladesh*** – «pays du Bengale» ♦ Pays situé au N.-E. du monde indien, au fond du golfe du Bengale. 144 000 km². 124 355 263 hab. *(Bangladais)*. LANGUES : bengali, ourdou, anglais. RELIGION : musulmans. MONNAIE : taka. CAPITALE : Dacca. RÉGIME : démocratie parlementaire.

▮ **GÉOGRAPHIE** L'essentiel du pays est constitué par le delta commun du Gange, du Brahmapoutre et de la Meghana, les conditions étant un peu différentes sur les hautes terrasses de la région de Madhupur. Les pluies des moussons, la puissance des fleuves provoquent de graves inondations liées aux cyclones tropicaux qui l'atteignent périodiquement. L'agriculture est fondée sur la production du riz et du jute. Le niveau de vie reste très bas, en raison des densités parmi les plus élevées du monde, des problèmes de séparation d'avec le reste du Bengale, de l'exploitation dont le pays fut l'objet de la part du Pakistan occidental et des catastrophes périodiques. Les bassins d'élevage de crevettes destinées à l'exportation ont remplacé les rizières dans le delta du Gange, ce qui entraîne une sous-alimentation de la population paysanne. L'industrie (jute, papier) reste peu développée en dehors du textile qui a connu un essor phénoménal depuis 1994, et du prêt-à-porter pour les pays occidentaux, mais les conditions de travail sont déplorables et les salaires extrêmement bas.

**Bangladesh.**

**Bangladesh ▮ Productions en 2008**

| Produits | Quantités | Rang |
|---|---|---|
| Bananes | 100 000 t | 18e |
| Canne à sucre | 5 800 000 t | |
| Jute | 840 000 t | 2e |
| Pommes de terre | 5 000 000 t | 12e |
| Riz | 45 000 000 t | 4e |
| Thé | 58 000 t | 10e |
| Pêche | 2 400 000 t | 17e |

▮ **HISTOIRE** Lors de l'indépendance de l'Inde en 1947, la forte majorité musulmane du Bengale (oriental) lui valut d'être intégré au Pakistan dont il forma la partie orientale. Mais les Bengalais ne tardèrent pas à se révolter. Malgré une violente répression et grâce à l'intervention de l'armée indienne, ils obtinrent l'indépendance en 1971. N'ayant pas réussi à atteindre un équilibre politique, le Bangladesh a connu depuis une succession de phases de dictature militaire séparées par d'éphémères retours à la démocratie. Artisan de l'indépendance et dirigeant de la ligue Awami (parti nationaliste et laïque de gauche), devenu chef de l'État, Mujibur Rahman* fut assassiné en 1975, et remplacé par le général Zia ur Rahman, assassiné à son tour en 1981. Le général Ershad, installé par l'armée en 1982 et proclamé président en 1983, dut céder le pouvoir en 1990, à la suite de violentes émeutes menées par les classes moyennes et les étudiants. Avec le retour à la démocratie, la veuve du général Zia, Khaleda Zia du BNP (Parti nationaliste du Bangladesh, conservateur et islamique), fut Premier ministre de 1991 à 1996 puis de 2001 à 2006. Entretemps, le pays fut dirigé par Hasina Wajed, fille de l'ancien président Mujibur Rahman et leader de la ligue Awami. En 2007, Khaleda Zia fut accusée de corruption et démissionna, le pays connut alors une période de chaos et d'affrontements entre les partisans des deux principaux partis rivaux, ligue Awami et BNP. Après une période d'état d'urgence, des législatives purent se tenir et un gouvernement fut à nouveau formé par Hasina Wajed en janv. 2009.

**Bangladesh.** La vie autour du fleuve. *Phot. ©Ian Berry/Magnum*

**BANGOR** ♦ V. d'Irlande du Nord (comté de Down) à l'extrémité S.-O. de la baie de Belfast. 50 000 hab. Station balnéaire et banlieue de Belfast. ▮ **Histoire** Saint Comgall y fonda une abbaye en 559. Jusqu'aux invasions scandinaves du IXe s., elle fut l'un des principaux centres culturels d'Irlande et compta jusqu'à 3 000 moines. Saint Colomban et saint Colomba y étudièrent.

**BANGOR** ♦ V. du pays de Galles (Gwynedd), sur le détroit de Menai, face à l'île d'Anglesey. 15 000 hab. Ville universitaire. Station balnéaire. Cathédrale gothique (XV - XVIe s.).

**BAN GU** ou **PAN KOU** ♦ Historien et écrivain chinois (32 - 92). Il poursuivit l'œuvre de son père, et avec la collaboration de sa sœur Ban Zhao, l'histoire des premiers Han *(Hanshu*)*. On lui doit aussi le «Récit des deux capitales» *(Erdufu)*.

**BANGUI** - ÉTYM. en banda-ndiri *bángi* «les rapides» ou de *bangué* désignant un arbre ♦ Cap. de la République centrafricaine, au S.-O. du pays, sur l'Oubangui. 725 000 hab. *(Banguissois)*. Centre commercial. Manufacture de cigarettes. Bois, coton.

**BANGWEULU** ou **BANGOUÉLO** (lac) ♦ Dépression marécageuse au S. du lac Tanganyika. Env. 5 000 km². ▮ **Histoire** Livingstone* y mourut en 1873.

**BANI SADR (Abol Hassan)** ou **BANĪ SADR (Abū al-Ḥasan)** ♦ Homme politique iranien (Hamadān 1933). Intellectuel musulman, compagnon de Khomeiny*, il fut le premier président de la République islamique d'Iran, élu le 28 janv. 1980. S'opposant à l'installation d'une théocratie en Iran, il fut destitué après un vote du Parlement et dut s'exiler en France, à la suite de la répression sanglante des manifestations de ses partisans en juin 1981.

**BĀNIYAS** ➝ ÉTYM. du gr. *Panias* qui désignait un sanctuaire consacré au dieu Pan ♦ Port syrien sur la Méditerranée, exportateur des pétroles de Karatchok. 37 009 hab. Raffinerie. Base navale.

**BANJA LUKA** ♦ V. de Bosnie-Herzégovine, sur le Vrbas. 165 100 hab.

**BANJAR(S)** ♦ Peuple indonésien de langue malayo-polynésienne habitant surtout la prov. de Kalimantan Selatan. Il fut islamisé au XVII^e s.

**BANJARMASIN** – anc. ***Bandjarmasin, Bandjermasin*** ♦ V. d'Indonésie, cap. de la prov. de Kalimantan Selatan, située sur l'embouchure du Barito. 534 600 hab. Port exportant le bois, le coprah, le caoutchouc. ▮ **Histoire** La ville fut conquise en 1756 par les Hollandais.

**BANJUL** ➝ ÉTYM. du mandingue *bangjulo* «des nattes de corde» (réponse des indigènes disant ce qu'ils étaient en train de faire aux colons portugais qui leur demandaient où ils étaient) ou *Ba njolo* «là où il y a une longue suite *(julu)* de palmiers *(bano)*» (réponse des indigènes aux colons qui leur demandaient où ils allaient) ; anc. ***Bathurst*** ♦ Cap. de la Gambie, port sur l'Atlantique, à l'entrée de l'estuaire de la Gambie, située dans une île reliée artificiellement à la terre ferme. 743 723 hab. Exportation d'arachides et d'huile de palme. ▮ **Histoire** Anc. comptoir de Bathurst fondé au XVII^e s.

**BAN Ki-moon** ♦ Homme politique sud-coréen (1944). Il occupa divers postes auprès de l'ONU à partir de 1975. Ministre des Affaires étrangères et du Commerce en 2004, il devint secrétaire général de l'ONU en 2007.

**BANKS (sir Joseph)** ♦ Naturaliste britannique (Londres 1743 - Isleworth 1820). Il participa au premier voyage de James Cook* au cours duquel il étudia la faune et la flore d'Australie et de Nouvelle-Zélande. De 1778 à 1820, il présida la Royal Society.

**BANKS** (île) ➝ ÉTYM. du n. de sir Joseph *Banks** ♦ Île de l'archipel Arctique canadien, à l'O. de l'île Victoria.

**BANKS** (îles) ➝ ÉTYM. du n. de sir Joseph *Banks** ➝ Vanuatu

**BANN** n. f. ♦ Fl. d'Irlande du Nord (158 km). Il traverse le lough Neagh, arrose Coleraine et se jette dans le canal du Nord.

**BANNALEC** [29380] ➝ ÉTYM. du bret. *banaleg* «lieu où poussent les genêts (*banal* ; vx bret. *banadl*)» ♦ Ch.-l. de cant. du Finistère, arr. de Quimper. 4 785 hab. *(Bannalécois)*.

**BANNOCKBURN** ♦ V. d'Écosse (Stirling). 4 000 hab. ▮ **Histoire** Robert I^er Bruce y vainquit l'armée d'Édouard* II en 1314, affermissant ainsi l'indépendance de l'Écosse.

**BANON** [04150] ➝ ÉTYM. du gaul. *ban-* «pointe» et suff. *-onem* ♦ Ch.-l. de cant. des Alpes-de-Haute-Provence, arr. de Forcalquier. 878 hab. *(Banonais)*. Fromage de chèvre dit *banon*.

**Banque centrale européenne** (BCE) ➝ **Europe**

**Banque de France** ♦ Le 13 fév. 1800, la Caisse des comptes courants, banque privée formée par l'association de financiers en 1796 et réorganisée sur l'initiative de Bonaparte, devint la Banque de France peu à peu contrôlée par l'État. Le 14 avr. 1803, elle obtint le privilège exclusif de l'émission des billets de banque et le 2 déc. 1945 elle fut nationalisée. L'Union économique et monétaire européenne étant prévue par le traité de Maastricht*, elle fut dotée en 1993 d'un statut la rendant indépendante du gouvernement (création d'un Conseil de politique monétaire), avant que sa souveraineté monétaire ne soit transférée à la Banque centrale européenne(BCE) en 1998. Au 1^er janvier 1999, elle devint une banque centrale nationale chargée d'exécuter les décisions de la BCE, dans un cadre décentralisé.

**Banque européenne pour la reconstruction et le développement** (Berd) ♦ Institution créée en 1990 pour aider la transition des pays d'Europe centrale et orientale vers l'économie de marché grâce à des prêts ou par le biais d'investissements.

Le **Banquet** – en gr. ***Sumposion*** ♦ Dialogue de Platon* (vers –385), sur l'amour. Réunis chez Agathon, plusieurs convives (Phèdre, Pausanias, Éryximaque, Aristophane et Socrate) vont prononcer chacun un discours sur l'amour. Socrate* décrit l'Amour comme un être intermédiaire entre les mortels et les immortels, entre l'ignorance et la science, comme désir d'immortalité et aspiration au Beau-en-soi. La dialectique est la méthode qui par degrés successifs doit permettre de l'atteindre. L'ouvrage expose notamment le mythe de l'androgyne primitif (discours d'Aristophane) et exalte l'amour des garçons et de la vertu. ▪ Xénophon* a également écrit un *Banquet* sur le même thème.

**Banquets** (campagne des) ♦ Nom donné à l'ensemble des banquets réformistes organisés à la fin de la monarchie de Juillet (1847 - 1848), à l'instigation d'O. Barrot*, de Duvergier* de Hauranne, etc. Favorable à une réforme électorale et parlementaire, cette campagne fut interdite par Guizot*, interdiction qui fut le prélude de la révolution de 1848.

**BANQUO** ➝ Banco

**BAN-SAINT-MARTIN (LE)** [57050] ➝ ÉTYM. anc. *Banbeca*, du germ. *ban* «circonscription féodale» et *bach* «ruisseau» ♦ Comm. de la Moselle, banl. N.-O. de Metz. 4 293 hab.

**BANSKÁ BYSTRICA** ♦ V. de Slovaquie, sur le Hron, ville princ. de la Slovaquie centrale. 83 056 hab. Belles maisons des XV^e et XVI^e s. Château. ▪ Centre industriel. ▮ **Histoire** Centre du soulèvement national slovaque contre les nazis en 1944.

**BANTI (Lucia LOPRESTI, dite Anna)** ♦ Romancière et critique d'art italienne (Florence 1895 - Ronchi di Massa 1985). Élève puis épouse de Roberto Longhi*, elle collabora à sa revue *Paragone* et publia des monographies notamment sur *Lorenzo Lotto* (1953) et *Claude Monet* (1956). Exploratrice de la condition féminine, elle a décrit des destins de femmes dans *Artemisia* (1947), biographie romancée d'Artemisia Gentileschi*, l'une des premières femmes à avoir revendiqué le droit à la création ; *Lavinia disparue* (1952) ; *Matilde Serao* (1965).

**BANTEN** – anc. en fr. ***Bantam*** ♦ Prov. d'Indonésie à l'extrême ouest de Java. 8 232 km². 43 089 000 hab. CAP. : Serang. Elle comprend une bande côtière au N. et une zone montagneuse au S., culminant au mont Karang, 1 778 m. ▮ **Histoire** Le port de Banten, dont l'existence remonte au moins au XIII^e s., fut aux XVI^e - XVII^e s. le principal centre d'Asie du Sud-Est, pour le commerce des épices. Pour asseoir leur politique de monopole commercial, les Hollandais lui firent subir un long blocus et s'en emparèrent en 1684.

**BANTING (sir Frederick Grant)** ♦ Médecin canadien (Alliston 1891 - Musgrave Harbor, Terre-Neuve 1941). En 1921, avec C. Best* et J. Macleod, il parvint à isoler l'insuline, dont il découvrit le rôle dans le traitement du diabète. [Prix Nobel de physiol. ou méd. 1923, avec J. Macleod]

**BANTOCK (sir Granville)** ♦ Compositeur britannique (Londres 1868 - *id.* 1946). Il est l'auteur d'une œuvre abondante et variée, comprenant notamment des opéras et des symphonies *(Celtic Symphony ; A Hebridean Symphony)*.

**BANTOU(S)** n. m. (pl.) ➝ ÉTYM. «les gens, le peuple», d'une racine bantoue *mba-ntu, wa-ntu* «gens» ♦ Ensemble de populations africaines vivant au S. d'une ligne joignant Douala (Cameroun) et le fleuve Djouba (Somalie), et parlant des langues apparentées qui utilisent le préfixe *ba* pour dire «les hommes». ➝ **Bamilékés, Fangs, Gandas, Kubas, Lubas, Tékés, Zoulous.** Originaires d'un foyer situé entre le Nigeria et le Cameroun, les Bantous se seraient dispersés au cours du dernier millénaire avant l'ère chrétienne en direction de l'Afrique centrale. Agriculteurs, ils ont défriché les clairières de la grande forêt équatoriale établissant leur suprématie sur les populations locales (Pygmées puis Bochimans dans le S.) par leur connaissance de la métallurgie apportée par des rois-forgerons, ancêtres-fondateurs semi-légendaires, qui sont à l'origine des grandes ethnies et des royaumes fondés sur l'extraction et le commerce du métal (cuivre, fer, or).

**BANVILLE (Théodore DE)** ♦ Poète français (Moulins 1823 - Paris 1891). Opposé à la fois au matérialisme de son époque, «apothéose de l'épicerie», et aux excès de lyrisme romantique, ce disciple de T. Gautier prôna le culte de la beauté, identifiée à la perfection formelle (conception qui annonçait celle du Parnasse). Ses premiers recueils, *Les Cariatides* (1842) et *Les Stalactites* (1846), le montrent sensible à l'idéal de beauté sculpturale de la Grèce et soucieux, avant tout, de technique (La rime «est tout le vers»...). «Acrobate» du vers, il manifesta sa virtuosité dans les *Odes funambulesques* (1857) ; il y remettait en honneur les recherches formelles, notamment d'ordre rythmique, qu'il allait défendre dans son *Petit traité de poésie française* (1872). Mais le recueil manifestait surtout cette sensibilité teintée de sensualisme à laquelle Baudelaire puis Mallarmé allaient rendre hommage, et qui se retrouve dans *Les Exilés* (1867). Au théâtre, T. de Banville donna notamment une comédie historique, *Gringoire* (dédiée à V. Hugo, 1866), défense nuancée et pleine de fraîcheur de la condition du poète. Au recueil de causeries *Mes souvenirs* (1882), succédèrent des contes groupés dans *Madame Robert* (1887). Ses chroniques littéraires, réunies dans *Critiques* (posth. 1917), exaltent «la noble passion» qui anima le poète : «vouloir enfermer ses idées dans une forme parfaite et précise».

**BANYULS-SUR-MER** [baɲjuls] [66650] ➝ ÉTYM. n. catalan formé sur le lat. *balneolum*, de *balneum* «bain» ♦ Comm. des Pyrénées-Orientales, arr. de Céret, sur la Côte vermeille, en bordure des Albères. 4 532 hab. *(Banyulencques)*. Station balnéaire. Thalassothérapie. Port de plaisance. Laboratoire de recherche océanographique. Vins liquoreux.

**BẢO ĐẠI** ➝ ÉTYM. vietnamien «gardien de la grandeur» ♦ Nom de règne de l'empereur du Viêtnam *Nguyễn Phúc Vĩnh Thụy* (Huế 1913 - Paris 1997). Il succéda à son père Khải Định en 1926, mais repartit en France parfaire sa formation. Il ne commença effectivement son règne qu'en 1932, avec à ses côtés des personnalités telles que Ngô

Đình Diệm et Phạm Quỳnh, et manifesta un désir enthousiaste de réformes, désir très vite éteint quand il se trouva confronté à l'omniprésence de la France. Il proclama l'indépendance du Viêtnam le 11 mars 1945 mais abdiqua le 25 août, à la demande du Viêt-minh, pour n'être que conseiller dans le gouvernement de Hô Chí Minh. Il se rendit à Hong Kong (1946), puis en France (1948). Il revint au Viêtnam en 1949 et y proclama un «État du Viêtnam», anticommuniste et sous protection française, dont il devint le chef (Quôc truong). Après la défaite de Điện Biên Phủ et à la suite d'un référendum organisé par son Premier ministre Ngô Đình Diệm, il fut déposé en avr. 1955 et s'installa en France.

**BAODING** ou **PAO-TING** ♦ V. de Chine (Hebei). 902 496 hab. Indus. alimentaire et textile. Tabac. Papeterie. Imprimerie.

**BAOJI** ou **PAO-KI** ♦ V. de Chine (Shaanxi), sur le Wei he. 645 414 hab. Céréales et oléagineux.

**BAOTOU** ou **PAO-T'OU** ♦ V. de Chine, en Mongolie-Intérieure, sur le Huang he. 1 420 047 hab. C'est le plus important centre indus. de la région : métall., indus. mécanique et chimique. Céréales. ▪ À proximité, gisements de fer, d'or et de terres rares.

**BAOULÉ(S)** n. m. (pl.) ➝ ÉTYM. «le petit mourut», de *ba* «petit» ou «mort» et *lé*, forme du passé ; allus. à la légende selon laquelle la reine Abla Pokou sacrifia son enfant lors d'un conflit avec ses ennemis ♦ Peuple d'Afrique occidentale vivant en Côte d'Ivoire. Les Baoulés, d'origine akan (→ **Côte d'Ivoire**), venus du Ghana au début du XVIII^e s. sous la direction de la reine Abla Pokou, s'établirent dans le centre de la Côte d'Ivoire, autour de Bouaké. Ils pratiquent le culte des ancêtres à travers des masques et des statuettes de bois aux courbes très douces ; l'art de cour, lié aux échanges, se manifeste par la fabrication de masques recouverts de feuilles d'or, de bijoux en or, et par l'usage de poids à peser la poudre d'or, en or ou en laiton.

**BAOUR-LORMIAN (Pierre François Marie BAOUR, dit Pierre)** ♦ Écrivain français (Toulouse 1770 - Paris 1854). Après avoir adapté *La Jérusalem délivrée* du Tasse* (1795), il connut le succès avec sa traduction en vers des *Poèmes d'Ossian* (1801), puis avec une tragédie, *Omasis* (1806). La faveur de Napoléon I^er l'incita à composer de nombreux poèmes de circonstance. Admis à l'Académie française en 1815, il se rallia à la Restauration et défendit les thèses conservatrices du néoclassicisme contre le romantisme (*Le Classique et le Romantique*, dialogue en vers, 1825).

**BAPAUME** [62450] ➝ ÉTYM. anc. *Batpalmas* «bats [tes] paumes» en signe de désolation (désigne un endroit au sol ingrat) ♦ Ch.-l. de cant. du Pas-de-Calais, arr. d'Arras. 4 331 hab. (aggl. 4 495) *(Bapalmois)*. ▮ **Histoire** Faidherbe* y remporta une victoire sur les Prussiens de Goeben en 1871.

**baptistes**

n. m. pl. ♦ Membres des Églises réformées radicales qui pratiquent le baptême des adultes par immersion totale après profession de foi (Églises de «professants») et s'organisent en communautés autonomes refusant toute autre autorité que celles de la Bible (suivie dans sa lettre) et du Christ (congrégationalisme). → **anabaptistes, mennonites.** Le principal courant historique est le baptisme anglais, né en 1609 de la prédication de John Smyth (mort en 1612). Les baptistes, dont l'activité missionnaire est importante, forment la première confession aux États-Unis et sont nombreux en Russie. L'Alliance baptiste mondiale fondée en 1905 regroupe aujourd'hui de 35 à 40 millions d'adeptes issus de 118 Églises dans 87 pays.

**BAR** (comté, puis duché de) ou **BARROIS** n. m. ➝ ÉTYM. probablt du celt. *bar* «sommet, escarpement» ♦ Région de l'E. du Bassin parisien formant une partie du dép. de la Meuse* ; sa capitale était Bar-le-Duc. ▮ **Histoire** Érigé en comté vers le milieu du X^e s., le Barrois (anc. *Barrensis pagus*) entra, pour la partie située à l'O. de la Meuse, dans la mouvance du roi de France dès 1301. On distingua alors le *Barrois mouvant* et le *Barrois non mouvant* (comtal puis ducal en 1354). René* I^er le Bon, duc de Bar (1430 - 1480), devenu duc de Lorraine en 1431, réunit les deux États ; le Barrois passa, avec la Lorraine*, à la Couronne de France, après la mort de Stanislas* I^er Leszczyński en 1766.

**BAR** ♦ V. d'Ukraine, située en Podolie, où fut formée, en 1768, une union de patriotes polonais, dite *confédération de Bar*, qui s'insurgea contre l'immixtion de la Russie en Pologne après l'élection de Stanislas II Auguste Poniatowski. Les confédérés proclamèrent en 1770 la déchéance du roi, mais, vaincus, ne purent empêcher le premier partage de la Pologne en 1772.

**BARA** ou **BARRA (Joseph)** ♦ Soldat français (Palaiseau v. 1779 - Saint-Maixent 1793). Tambour dans les troupes républicaines, il serait, selon une légende promue par Robespierre, mort en héros dans une embuscade tendue par les Vendéens. En réalité, ce jeune domestique fut tué par des voleurs. ▪ M.-J. Chénier a évoqué sa figure dans *Le Chant du départ*.

**BARA (Theodosia GOODMAN, dite Theda)** ♦ Actrice américaine (Cincinnati 1890 - Los Angeles 1955). Presque tous ses films sont aujourd'hui perdus, mais elle fut la première «vamp» de l'écran. Elle joua notamment Carmen, Cléopâtre, Salomé.

**BARABBAS** ➝ ÉTYM. en araméen *bar-abbā* «fils *(bar)* du père *(abbā)*» ♦ Dans les Évangiles, voleur condamné à mort et gracié à l'occasion de la Pâque, sur la demande de la foule, alors que Pilate* proposait de libérer Jésus*.

**BARACALDO** ♦ V. d'Espagne (Pays basque espagnol), prov. de Biscaye. 96 412 hab. Important centre minier et métallurgique. Chantiers navals.

**BARADÉE** → **Jacques Baradée**

**BĂRĂGAN** n. m. ♦ Région steppique de Roumanie méridionale, entre le Siret, le Danube et la Dîmbovița, et formant la partie orientale de la plaine de Valachie. Primitivement vouée aux pâturages, la terre, riche en lœss, a permis d'y cultiver des céréales et du tournesol (surtout en système irrigué).

**BARAGUEY D'HILLIERS (Achille, comte)** ♦ Maréchal de France (Paris 1795 - Amélie-les-Bains 1878). Après avoir servi lors de l'expédition d'Espagne (1823) et de la conquête d'Alger (1830), il fut nommé lieutenant général. Élu député à l'Assemblée constituante (1848), puis à l'Assemblée législative (1849), il se rallia à Louis Napoléon Bonaparte et se distingua pendant les campagnes du Second Empire, en particulier au cours de la guerre de Crimée (1854 - 1855) et la campagne d'Italie, où il battit les Autrichiens à Marengo (juin 1859).

**BARAK (Ehud BROG, dit Ehud)** ➝ ÉTYM. en hébr. *bârâq* «éclair» ♦ Homme politique israélien (kibboutz de Mishmar-Hasharon 1942). Ministre de l'Intérieur dans le gouvernement d'Y. Rabin*, il devint ministre des Affaires étrangères après l'assassinat de celui-ci (1995). À la tête du Parti travailliste (1997 - 2001), il fut élu Premier ministre en 1999 et annonça la reprise du dialogue avec les Palestiniens. L'échec des négociations à Camp David (juil. 2000), notamment, le poussa à démissionner en déc. 2000. Il fut à nouveau élu à la tête du Parti travailliste en 2007 et nommé ministre de la Défense dans le gouvernement Olmert puis dans celui de Nétanyahou en 2009.

**BARAKA (Amiri)** → **LeRoi Jones (Everett)**

**BARAN (Paul Alexander)** ♦ Économiste américain (Nikolaïev, Ukraine 1910 - San Francisco 1964). Dans une perspective marxiste, il s'est efforcé d'analyser l'avenir du système capitaliste, soulignant la façon dont l'impérialisme a donné naissance au sous-développement (*L'Économie politique de la croissance*, 1957 ; *Le Capital monopoliste*, en collab. avec P. Sweezy, posth. 1966).

**BARANAGAR** ♦ V. de l'Inde, partie intégrante de l'agglomération de Calcutta. 250 615 hab. Industries diversifiées.

**BARANTE (Prosper BRUGIÈRE, baron DE)** ➝ ÉTYM. du n. du château de *Barante*, dans la comm. du Dorat (Puy-de-Dôme) ♦ Historien et homme politique français (Riom 1782 - Barante, Le Dorat, Puy-de-Dôme 1866). Après avoir connu M^me de Staël* à Genève (1802), il se lia avec M^me Récamier* (1807) dont il fut un fidèle ami. D'opinions libérales, il occupa de hauts postes sous l'Empire et la Restauration, fut nommé pair de France en 1819, et devint ambassadeur en Russie en 1835 (*Souvenirs de Russie)*. Il abandonna la carrière diplomatique en 1848. Connu par son *Tableau de la littérature française au XVIII^e siècle* (1805 ; publ. 1808), Barante acquit la notoriété littéraire avec les douze volumes de l'*Histoire des ducs de Bourgogne, de la maison de Valois* (1824 - 1826) où, s'appuyant sur des sources sûres, il donne une chronique vivante, exempte de doctrines politiques. Il groupa ses autres ouvrages dans les *Études historiques et biographiques*, ainsi que dans ses *Études littéraires et historiques* (1857 - 1858), laissant, par ailleurs, huit volumes de *Souvenirs* (posth. 1889 - 1901). [Acad. fr. 1828]

**BÁRÁNY (Robert)** ♦ Médecin autrichien (Vienne 1876 - Uppsala 1936). Il est surtout connu pour ses travaux sur le conduit auditif interne. [Prix Nobel de physiol. ou méd. 1914]

**BARATIER (Albert)** ♦ Général français (Belfort 1864 - sur le front de Champagne 1917). Il participa à plusieurs expéditions coloniales, et notamment à la mission Marchand (1896) avec laquelle il explora les marais du Soudan, atteignit le lac No, ouvrant ainsi la route de Fachoda*.

**BARATIERI (Oreste)** ♦ Général italien (Condino 1841 - Sterzing, auj. Vipiteno 1901). Gouverneur de l'Érythrée, il attaqua l'Éthiopie mais fut battu à Adoua (1896).

**BARATYNSKI (Ievgueni Abramovitch)** ♦ Poète russe (Mara, gouv. de Tambov 1800 - Naples 1844). Admirateur de Pouchkine*, il est l'auteur de contes en vers dans un style précis et réaliste. Dans le premier, *Éda* (1826), il analyse avec délicatesse la psychologie d'une jeune Finlandaise séduite par un officier de hussards et décrit admirablement le paysage finlandais. Avec ses poèmes *Le Bal* (1828) et *La Gitane* (1831), il devient plus romantique. Poète philosophique et quelque peu hermétique, dans sa maturité (*Sur la mort de Goethe*, 1832 ; *L'Automne*, 1837 ; *Rime*, 1841 ; *Plantation d'une forêt*, 1842), Baratynski a exprimé dans son œuvre sa douloureuse sensation de désunion entre l'enfant de la nature qu'est le poète et l'homme de la société industrialisée.

**BARBADE (LA)**

▮ – en angl. ***Barbados*** ◂ **ÉTYM.** de l'esp. *barbado* « barbu » [allus. à l'aspect des feuilles de figuiers qui couvrent l'île] ♦ Pays des Caraïbes de l'E., à 170 km env. de l'arc antillais. 431 km². 274 000 hab. *(Barbadiens).* LANGUE : anglais. RELIGION : christianisme. MONNAIE : dollar de la Barbade. CAPITALE : Bridgetown. RÉGIME : démocratie parlementaire. ▪ L'île est dans l'ensemble plate à l'exception d'une région érodée, le Scotland District, sur la façade orientale. Les sols, bien arrosés grâce aux vents alizés, sont fertiles. La Barbade est l'île la plus prospère des Caraïbes orientales. Le tourisme a supplanté les industries traditionnelles de la canne (sucre et rhum) grâce à un aéroport international. Nombreux hôtels. Pêche. Industries de montage. Le secteur financier offshore et les services de l'information sont prépondérants dans le commerce extérieur.

▮ **HISTOIRE** Découverte inhabitée par les Espagnols en 1519, l'île fut colonisée par l'Angleterre à partir de 1627 et demeura sous la tutelle britannique jusqu'en 1966, date de son indépendance. La vie politique se caractérise par une grande régularité de la pratique du parlementarisme. Le Democratic Labour Party (DLP) et le Barbados Labour Party (BLP) alternent au pouvoir.

**BARBARA (Monique SERF, dite)** ♦ Auteur, compositrice et chanteuse française (Paris 1930 - Neuilly 1997). Ses chansons *(Dis quand reviendras-tu, Nantes, Göttingen, L'Aigle noir)* sont marquées par des mélodies et des textes subtils que sa voix contribuait à charger d'une émotion profonde.

**BARBARES** n. m. pl. ◂ **ÉTYM.** en gr. *barbaroi*, n. formé à partir d'une onomatopée évoquant le bredouillement ♦ Nom sous lequel les Grecs, dès Homère, désignaient tous les peuples ne parlant pas leur langue. Défini comme un inférieur linguistique, le Barbare souffrait aussi, aux yeux des Grecs, d'une infériorité politique, son statut n'étant pas celui d'un citoyen libre mais celui de sujet d'un monarque. Ainsi, s'opposant à celle de civilisation, la notion de barbarie permit-elle aux Grecs de définir leur identité culturelle commune, donnant en particulier un sens idéologique et philosophique à la guerre contre les Perses*, comme en témoigne l'œuvre d'Hérodote*. Englobant tout d'abord les peuples du Nord (→ **Scythes, Thrace, Sarmates**), de l'Est (→ **Iran**) et du Sud (→ **Égypte, Nubie, Berbères**), le mot désigna principalement, durant la période hellénistique, les populations de l'Asie. Reprenant à leur tour cette notion, les Romains l'appliquèrent aux peuples n'appartenant pas à la romanité *(romanitas)*, notamment aux peuples germaniques qui, à partir du -IIe s., menaçaient Rome. Pour les contenir, les Romains, à l'instar des Chinois et de la Grande Muraille*, bâtirent un grand mur défensif, le *limes*, qui fut renforcé sous Hadrien*, et menèrent contre eux de longues opérations sous la conduite de Marc* Aurèle. ▪ À la veille des grandes migrations qui, débutant au IVe s., touchèrent l'essentiel de l'Europe et l'Asie, le terme de barbare recouvrait l'ensemble des populations qui se pressaient aux frontières des quatre grands empires, romain, perse (→ **Sassanides**), indien (→ **Gupta**) et chinois, qui dominaient alors l'Eurasie. Bien que d'une extrême diversité tant ethnique que culturelle, ces peuples avaient en commun le fait d'être des nomades, étrangers au phénomène urbain comme à toute organisation étatique, regroupés sous l'autorité absolue d'un chef, d'ascendance divine ou élu pour ses qualités guerrières. Ils se divisaient en trois grands ensembles géographiques : les éleveurs des steppes asiatiques (Mongolie, Turkestan, Tibet) rassemblant des tribus protomongoles (→ **Xianbei, Ruan Ruan, Avars**) et prototurques (→ **Xiongnu**), dont la poussée vers l'Ouest rejeta les Huns* vers la Perse, l'Inde et l'Europe ; les pasteurs du Proche-Orient (→ **Lakhmides, Ghassanides**) et d'Afrique du Nord (Blemmyes d'Éthiopie et Berbères) ; les chasseurs, éleveurs, cultivateurs et pêcheurs d'Europe qui, à l'exception des Pictes* et des Scots*, étaient tous des Germains* (→ **Alamans, Angles, Burgondes, Cimbres, Francs, Goths, Jutes, Lombards, Marcomans, Ostrogoths, Saxons, Suèves, Teutons, Vandales, Wisigoths**). Victimes de ces nombreuses infiltrations et migrations qui entraînèrent notamment une germanisation progressive de l'armée romaine, les quatre empires finirent par succomber aux invasions qui les submergèrent entre le IVe et le VIe s. → **Invasions (grandes)**. Pour de nombreux historiens, les victoires de Narsès* et l'établissement des Lombards en Italie marquent la fin des migrations *barbares* en Europe.

**BARBARI (Jacopo DE')** ◂ **ÉTYM.** du lat. *Barbarus*, du gr. *barbaros* « Barbare » (→ Barbares) ♦ Peintre et graveur vénitien (Venise ? 1440-1450 - Bruxelles ? 1516). On l'identifie généralement avec le Maître au Caducée, Jacob Walch, que Dürer* rencontra lors de son premier voyage en Italie (1494 - 1495) et qui l'initia ensuite à Nuremberg, de 1500 à 1504, aux techniques italiennes de la gravure, aux nouvelles conceptions en matière d'anatomie, de géométrie, de perspective et à la beauté selon Vitruve. Sa carrière se déroula jusque v. 1500 dans le milieu vénitien animé par Mantegna, A. Vivarini, G. Bellini et Antonello da Messina. Il voyagea ensuite en Allemagne et aux Pays-Bas, s'arrêtant dans les cours princières de Maximilien, de Frédéric III de Saxe, de Marguerite d'Autriche. Sa *Vue de Venise*, une xylographie, reste son œuvre la plus célèbre (1500, musée Correr, Venise). Dans sa peinture, encore mal connue, l'esprit septentrional domina bientôt la manière vénitienne : *Madone dans un paysage*, Berlin ; portrait d'*Henry de Mecklembourg*, La Haye. ▪ *Illustration :* → **Pacioli.**

**BARBARIE** n. f. ou **ÉTATS BARBARESQUES** ♦ Nom donné de la fin du Moyen Âge jusqu'au début du XIXe s. aux pays d'Afrique du Nord (→ **Algérie, Tunisie, Tripolitaine**) placés au XVIe s. sous suzeraineté ottomane. Chargé d'une connotation péjorative renvoyant à la notion de Barbares*, le terme de Barbarie vient d'une altération européenne de celui de Berbérie, du nom des populations berbères* autochtones. Disputant aux puissances européennes le contrôle de la Méditerranée, les corsaires algériens ou turcs se livrèrent à des razzias le long des rives espagnoles, françaises et italiennes (→ **Barberousse, Dragut**), s'aventurant même au XVIIe s. jusqu'en Atlantique, en Manche et en mer du Nord, d'où ils ramenaient des prisonniers chrétiens vendus principalement à Alger* comme esclaves. Cervantès, Regnard furent ainsi tenus en esclavage. Contre cette piraterie à laquelle participèrent parfois des chrétiens convertis à l'islam, les « renégats », des marins européens, tel le duc de Beaufort*, combattirent en Méditerranée ou, comme Duquesne* et lord Exmouth, commandèrent le bombardement d'Alger.

**BARBARINA (Barbara CAMPANINI, dite LA)** ♦ Danseuse italienne (Parme 1721 - Barschau, Silésie 1799). Elle excella dans des opéras-ballets de Rameau *(Les Fêtes d'Hébé ; Les Talents lyriques ; Dardanus)*. Engagée à Berlin par Frédéric II, elle renonça très jeune à la danse pour une carrière de favorite. Son art de la pantomime burlesque et d'une vision expressive de la danse est resté célèbre.

**BARBARO (Giosaphat ou Josaphat)** ♦ Marchand et voyageur vénitien (Venise 1413 - *id.* 1494). Il parcourut la Russie méridionale et le Caucase (1436 - 1451), puis la Perse (1473 - 1477), et laissa une relation de ses voyages.

**BARBAROUX (Charles Jean Marie)** ♦ Homme politique français (Marseille 1767 - Bordeaux 1794). Avocat, acquis aux idées révolutionnaires, il dirigea la section des fédérés marseillais lors de la prise des Tuileries le 10 août 1792. Élu député des Bouches-du-Rhône à la Convention, il se rapprocha des girondins, et, lorsque ceux-ci furent éliminés du pouvoir par les montagnards, il tenta d'organiser la résistance en Normandie avec Buzot* et Pétion* de Villeneuve (Caen, 1793) ; il échoua et, après s'être réfugié à Bordeaux, fut condamné à mort et guillotiné. ◂ **ÉTYM.** Ce nom méridional vient du latin *barbarus* « barbare, étranger » (sobriquet).

**BARBAUD (Pierre)** ♦ Compositeur français (Saint-Eugène, Algérie 1911 - Nice 1990). Promoteur de la « musique algorithmique », mode de composition programmée au moyen de machines électroniques, où la liberté du musicien est limitée au choix des données proposées à la machine, il composa notamment *Variations heuristiques, Cogitationes symbolicae I* et *II*. Il publia des ouvrages théoriques : *La Composition automatique*, 1966 ; *La Musique, discipline scientifique*, 1968.

**BARBAZAN** [31510] ◂ **ÉTYM.** anc. *Barbatia (villa)*, du lat. *Barbatius*, n. de pers., et suff. *-anum* ♦ Ch.-l. de cant. de la Haute-Garonne, arr. de Saint-Gaudens. 378 hab. *(Barbazanais)*. Station thermale.

**BARBAZAN-DEBAT** [65690] ◂ **ÉTYM.** *Barbazan* (→ Barbazan) et *Debat* « en bas » ♦ Comm. des Hautes-Pyrénées, banl. de Tarbes. 3 504 hab.

**BARBE** (sainte) ♦ Vierge et martyre légendaire. Patronne des artilleurs, des mineurs, des pompiers, etc. ▪ Fête le 4 déc.

La **Barbe bleue** ♦ Conte de Charles Perrault* (1697). → **Contes.** Pour avoir pénétré, malgré la défense de la Barbe bleue, son redoutable mari, dans un cabinet mystérieux où sont enfermés les corps des six épouses qu'il a tuées, une jeune femme serait punie de sa curiosité et égorgée si ses deux frères n'intervenaient au dernier moment. Le personnage terrifiant de la Barbe bleue inspira de nombreux artistes, notamment Maeterlinck* *(Ariane et Barbe-Bleue*, 1902 ; mis en musique par Paul Dukas* en 1907), Anatole France* *(Les Sept Femmes de Barbe-Bleue*, 1909) et des musiciens comme Grétry* *(Raoul Barbebleue*, 1789), Offenbach* *(Barbe-Bleue*, 1866) et Béla Bartók* *(Le Château* de Barbe-Bleue*, 1911).

**BARBE-NOIRE (Edward TEACH, dit Blackbeard et en fr.)** ♦ Pirate anglais (Bristol ? - sur les côtes de Caroline du Nord 1718). Célèbre pour sa cruauté et son allure (sa barbe le couvrait des yeux à la ceinture), il écuma de 1715 à 1718 les côtes des deux Carolines avant d'être tué lors d'un abordage.

**BARBENTANE** [13570] ◂ **ÉTYM.** anc. *Berbentana*, probablt du lat. *Barbus*, n. de pers., croisé avec rac. prélatine oronym. *°berben* ♦ Comm. des Bouches-du-Rhône, arr. d'Arles. 3 645 hab. Château du XVIIe s. (décors intérieurs du XVIIIe s.).

**BARBER (Samuel)** ♦ Compositeur américain (West Chester, Pennsylvanie 1910 - New York 1981). Auteur d'une symphonie (1936) et de diverses œuvres de facture et d'inspiration traditionnelles *(Adagio*, pour cordes, 1936), il a renouvelé sa manière avec un *Concerto pour violon* (1940), un *Concerto pour violoncelle* (1945), un poème symphonique, *Medea suite* (1947), et une *Sonate pour piano*

(1948). Dans cette dernière œuvre, il s'affirme comme un adepte du dodécaphonisme. Il est encore l'auteur d'un opéra *(Vanessa)* et d'un ouvrage pour chœurs et orchestre (*Prayers for Kierkegaard*, 1954).

**BARBERA (Joseph** dit **Joe)** ♦ Réalisateur américain de dessins animés (New York 1911 - Los Angeles 2006). Associé avec William Hanna (1910 - 2001), il fut le créateur de la série des *Tom et Jerry* (le chat et la souris plus destructeurs l'un que l'autre), dont le succès considérable valut à leurs auteurs plusieurs oscars. Après dix-huit ans d'activité à la MGM (1940 - 1958), ils se tournèrent vers la télévision.

Joe **Barbera.** Tom et Jerry. *Phot. ©TCD/Prod. DB/Hannah Barbera Productions/DR*

**BARBERAZ** [73000] ♦ Comm. de la Savoie, banl. E. de Chambéry. 4 663 hab.

**BARBERINI** ♦ Famille romaine, originaire de Barberino, près de Florence. L'un de ses membres, MAFFEO BARBERINI, fut pape sous le nom d'Urbain VIII. Ses neveux FRANCESCO (1597 - 1679) et ANTONIO (mort en 1671) furent cardinaux en 1623 et en 1627. Le premier fit construire le Palazzo Barberini (1624) où il fonda en 1627 la bibliothèque Barberini. Ils se battirent contre les Farnèse pour leur enlever les seigneuries de Castro et de Ronciglione (1641 - 1644). ▪ On leur reprocha d'avoir détruit des monuments antiques pour en extraire des matériaux *(Quod non fecerunt Barbari, fecerunt Barberini)*. → ÉTYM. *Barberini* est une variante de *Barbieri*, de l'italien *barbiere* «barbier».

**BARBERINO (FRANCESCO DA)** → **Francesco da Barberino**

**BARBEROUSSE** ♦ Nom donné en Europe à deux frères turcs d'origine sicilienne, corsaires, qui fondèrent la régence d'Alger au XVI^e^ s. ARUDJ (Mytilène v. 1474 - Tlemcen 1518) et KHAYR AL-DÎN (Mytilène v. 1476 - Constantinople 1546). Ce dernier, vassal du sultan ottoman, fut l'allié de la France contre Charles* Quint.

Khayr al-Dîn **Barberousse.** Portrait.
Peinture anonyme du XVI^e^ siècle. Musée des Offices, Florence. *Phot. ©Costa/Leemage*

**BARBÈS (Armand)** ♦ Révolutionnaire français (Pointe-à-Pitre 1809 - La Haye 1870). Venu à Paris en 1830, il fit immédiatement partie de l'opposition républicaine à la monarchie de Juillet. Emprisonné après les journées d'avr. 1834, puis après l'attentat de Fieschi* (1835), il organisa et dirigea avec A. Blanqui* et Martin-Bernard l'insurrection du 12 mai* 1839. Sa condamnation à mort fut commuée en peine de prison à perpétuité, en partie grâce à l'intervention de Victor Hugo. Libéré lors de la révolution de fév. 1848, il siégea à l'Assemblée comme député d'extrême gauche. Ayant été un des principaux instigateurs de la journée du 15 mai* 1848, il fut à nouveau condamné à la prison. Incarcéré à Doullens puis à Belle-Île-en-Mer, il refusa la grâce accordée par Napoléon III (1854) et, libéré contre son gré de prison, s'exila volontairement.

**Barbes Rouges** – en chin. ***Honghu zi*** ou ***Hong-hou tseu*** ♦ Société secrète chinoise qui créa, vers 1865, une république autonome en Mandchourie du Nord, sur des bases communautaires, mais fut décimée par les troupes impériales au début du XX^e^ s. Cette société secrète renaquit de ses cendres vers 1930 et forma des groupes de guérilleros antijaponais en Mandchourie.

**BARBEY D'AUREVILLY (Jules Amédée)** → ÉTYM. *Barbey*, var. région. de *barbe* «barbu» et *d'Aurevilly*, n. d'un de ses oncles qu'il ajouta à son nom ♦ Écrivain français (Saint-Sauveur-le-Vicomte 1808 - Paris 1889). Issu de la noblesse normande, habité de l'exigence d'une vraie grandeur, il manifesta son mépris pour la médiocrité d'un siècle bourgeois par la provocation aristocratique du dandysme *(Du dandysme et de George Brummel)*. Suivant un chemin inverse de celui de son ami Maurice de Guérin*, il se convertit, vers 1841, à un catholicisme intransigeant et, polémiste féroce dans sa *Revue du monde catholique*, défendit l'ultramontanisme et l'absolutisme. Ses critiques littéraires (réunies dans *Les Œuvres et les Hommes*, 1860-1909), également mordantes et dogmatiques, manifestent cependant l'indépendance d'esprit de Barbey d'Aurevilly. Sa célébrité tardive lui vint de son œuvre romanesque, captivante par l'alliance du réalisme, de l'actualité des décors et de la présence du surnaturel, en particulier satanique. *Le Chevalier Des Touches* (1864) comme *L'Ensorcelée* (1854) évoquent les superstitions du Cotentin et l'héroïsme des chouans tandis qu'*Une vieille maîtresse* (1851) et *Les Diaboliques** (1874) se présentent comme de sombres et extravagantes histoires où des caractères tourmentés éprouvent des passions invincibles. Cette littérature de l'insolite, dont le style brillant et précis sert la violence contenue, suscita l'admiration de jeunes écrivains, comme Léon Bloy* et Paul Bourget*, pour celui qu'ils baptisèrent le «Connétable des Lettres», et eut une grande influence sur l'œuvre de Bernanos.

**BARBEZIEUX (Louis LE TELLIER,** marquis **DE)** ♦ Ministre français (Paris 1668 - Versailles 1701). Fils de Louvois, il lui succéda au secrétariat à la Guerre en 1691.

**BARBEZIEUX-SAINT-HILAIRE** [16300] → ÉTYM. anc. *Berbezil*, du lat. *vervecile* «bergerie» et *saint Hilaire**, évêque de Poitiers au IV^e^ s. ♦ Ch.-l. de cant. de la Charente, arr. de Cognac. 4 819 hab. *(Barbeziliens)*. Restes d'un château du XV^e^ s. ▪ Viticulture. Race de poules réputée.

**BARBIER (Auguste)** ♦ Poète français (Paris 1805 - Nice 1882). Auteur d'une œuvre abondante et diverse (poèmes, nouvelles, traductions), il composa notamment, au retour d'un voyage en Italie, *Il Pianto* (1833), évocation mélancolique d'un passé glorieux, puis évoqua et déplora la misère des ouvriers anglais dans *Lazare* (1837). Ses *Souvenirs personnels et Silhouettes contemporaines* (posth. 1883) sont un document précieux sur l'époque romantique. Mais A. Barbier reste essentiellement le poète des *Ïambes* (1830 - 1831), recueil de satires qui fit sensation ; avec une véhémente indignation, l'auteur y dénonce les opportunistes et les profiteurs de la révolution de Juillet. [Acad. fr. 1869]

Le **Barbier de Séville ou la Précaution inutile** ♦ Comédie en 4 actes et en prose de Beaumarchais* (écrite en 1773, créée en 1775). Le comte Almaviva s'est épris de Rosine, la pupille du docteur Bartholo, et lui fait la cour sous le nom de Lindor. Aidé par la ruse et les intrigues de son valet Figaro*, il épousera la jeune fille malgré les «précautions inutiles» de Bartholo pour empêcher ce mariage. Cette pièce riche en surprises et en rebondissements, aux dialogues gais et légers, a renouvelé le genre comique et créé le personnage de Figaro, archétype du Français frondeur, vif et entreprenant. → **Mariage de Figaro (Le)**. ▪ La pièce inspira deux célèbres opéras bouffes italiens *(Il Barbiere di Siviglia)*, l'un de Paisiello* (Saint-Pétersbourg, 1782) et l'autre, qui supplanta le premier, de Rossini* (Rome, 1816).

**BARBIERI (Niccolò)** ♦ Acteur italien de commedia* dell'arte (Vercelli 1576 - Modène 1640). Créateur du masque-personnage Beltrame de Milan, il fit partie de la troupe des Fedeli (dont il devint le chef en 1625) et vint avec elle à Paris participer à la Comédie*-Italienne. Il est aussi l'auteur d'une comédie, *L'Incanto*, dont Molière* s'est inspiré pour écrire *L'Étourdi*.

**BARBIERI (Gato)** ♦ Saxophoniste de jazz argentin (Rosario 1934). Avec Charlie Haden, il enregistra *Liberation Music Orchestra*, disque clé du free-jazz où l'on entend Don Cherry (cornet et flûtes), Dewey Redman (saxophone), Howard Johnson (tuba) et Carla Bley (chant). Avec Don Cherry, il tenta de faire une musique «universelle» mêlant influences latino-américaines, afro-américaines et amérindiennes. À partir de 1968, il fut de plus en plus tourné vers les musiques latino-américaines (*Chapter IV* avec Emiliano Zapatta) et s'éloigna du free-jazz pour une musique plus populaire. On lui doit notamment *Hamba Khale* (avec Dollar Brand, 1965) ; *Escalator over the Hill* (avec Carla Bley, 1968) ; *El Pampero* (1971) ; *Chapter two : Hasta siempre* (1973).

**BARBIZON** [77630] ◆ **ÉTYM.** anc. *Barbitione*, du lat. *Barbatius*, n. de pers., et suff. *-onem* ou de l'indo-eur. °*borb-* « boueux » [lieu boueux] ♦ Comm. de Seine-et-Marne, arr. de Melun, à la lisière de la forêt de Fontainebleau. 1 490 hab. *(Barbizonnais)*. ▪ Centre de villégiature. ▪ Lieu de séjour favori de peintres paysagistes du milieu du XIXe s. *(école de Barbizon)* dont le style, procédant notamment de Corot et de Courbet, joua un rôle dans la genèse de l'impressionnisme : T. Rousseau, J.-F. Millet, J. Dupré, N. Diaz de la Peña, C. Daubigny, C. Troyon.

**BARBOSA (Duarte)** ♦ Voyageur portugais (Lisbonne v. 1480 - Cebu 1521). Après un séjour aux Indes, il entra au service de l'Espagne, accompagna Magellan lors de son expédition de circumnavigation et périt avec lui aux Philippines. Sa relation de voyage publiée à Lisbonne en 1813 contient d'intéressants renseignements ethnographiques sur les peuples des côtes du Natal jusqu'au Bengale.

**BARBOTAN-LES-THERMES** ♦ Station thermale du Gers, à la lisière de la forêt landaise (comm. de Cazaubon), dans l'Armagnac. Eaux-de-vie.

**BARBU (Eugen)** ♦ Écrivain roumain (Bucarest 1924 - 1993). Auteur de romans et de nouvelles : *Groapa* (« La Fosse », 1957) retraçant la vie sordide de la banlieue de Bucarest, *Şoseaua nordului* (« La Route du nord », 1959), *Facerea lumii* (« La Création du monde », 1964), il écrivit aussi des pièces de théâtre et des scénarios.

**BARBUSSE (Henri)** ♦ Écrivain français (Asnières 1873 - Moscou 1935). Il débuta dans le journalisme à seize ans, se mêla aux milieux littéraires du symbolisme (il devint le gendre de Catulle Mendès*) et fit paraître des poèmes *(Les Pleureuses*, 1895). H. Barbusse publia ensuite une étude de mœurs, *L'Enfer* (1908), dont le réalisme direct fit scandale. Engagé volontaire en 1914, il donna de son expérience de la guerre un récit *(Le Feu, journal d'une escouade*, 1916, prix Goncourt 1916) qui souleva de nombreuses protestations. Document effroyable sur la vie des tranchées, l'ouvrage exprimait les aspirations pacifistes de Barbusse, fondateur avec R. Rolland* du groupe Clarté. Ayant transposé sa rébellion sur le plan social, il milita, après 1920, en faveur du communisme *(Paroles d'un combattant*, 1921 ; *Les Judas de Jésus*, 1927 ; *Staline*, 1935), et séjourna fréquemment en URSS, où il mourut. ◆ **ÉTYM.** Ce nom vient probablement de l'ancien français *barbusser* « balbutier », surnom d'une personne bègue.

**BARBY** [73230] ♦ Comm. de la Savoie, banl. E. de Chambéry. 2 958 hab.

**BARCARÈS (LE)** [66420] ♦ Comm. des Pyrénées-Orientales, arr. de Perpignan, près de l'embouchure de l'Agly. 3 514 hab. *(Barcarésiens)*. Station balnéaire (Port-Barcarès) entre la Méditerranée et l'étang de Leucate (ou de Salses).

**BARCELÓ (Miquel)** ♦ Peintre, sculpteur et céramiste espagnol (Felanitx, Majorque 1957). Formé à l'École des beaux-arts Jordi de Barcelone, il se passionna pour Breton et les surréalistes, mais aussi pour Fontana, Rothko et Pollock. Au début de son travail, il incorpore des matériaux organiques dans du pigment, laisse le processus d'oxydation altérer progressivement les couches chromatiques puis travaille par éclaboussures et croquis. Sa vie de nomade le conduisit à Paris, Majorque et au Mali où les Dogons lui ont construit sa maison. Il est fasciné par l'Afrique où il « y a beaucoup de poussière et des mouches grandes comme des pigeons, des moustiques, et toutes les maladies du monde, et la mort tout le temps. Si je prends un pinceau, ça doit être justifiable. Et pudique. Que faire ? Le Néant, les trous, les coupures, les craquelures, les tranches... ». Il a décoré la chapelle de San Pere de la cathédrale de Palma de Majorque et a réalisé dans la coupole de la salle des Droits de l'homme du Palais des Nations unies à Genève une fresque faite d'une pâte picturale projetée par des canons sous pression et retombant en stalactites.

**BARCELONA** ♦ V. du Venezuela, cap. de l'État d'Anzoátegui, proche de la mer des Caraïbes et de Puerto La Cruz. 328 000 hab.

**BARCELONE** – en esp. ***Barcelona*** ◆ **ÉTYM.** p.-ê. nommée par les Carthaginois en l'honneur d'Hannibal* *Barca* ou à rapprocher du basque *ibar* « fond de vallée » ♦ V. d'Espagne, cap. de la Communauté autonome de Catalogne. Grand port sur la Méditerranée entre les deltas du Besós et du Llobregat. 1 595 110 hab. *(Barcelonais)*. Cathédrale ou Basilica de Santa Eulalia (XIVe s.) et cloître ; église Santa Maria del Mar (XIVe s.) ; Ayuntamiento (XIVe s.) ; Diputación provincial (XVe s.). Église de la Sagrada Familia, commencée en 1884 par Gaudí* qui a réalisé également le parc Güell. Nombreux musées : d'art de la Catalogne à Montjuich ; d'art moderne (Picasso, Miró, etc.). Capitale culturelle et artistique et véritable musée architectural qui s'est encore enrichi en 1992 des installations des jeux Olympiques. ▪ Premier complexe industriel de l'Espagne, l'agglomération de Barcelone (avec Badalona* et Hospitalet* de Llobregat) regroupe un grand nombre de centres de production de textile, de métallurgie de transformation, d'électronique ; mais c'est aussi l'un des rares centres tertiaires à proposer un contrepoids à Madrid en matière financière. ▮ **Histoire** D'abord carthaginoise, elle fut conquise par les Romains en –201 et fut prise

**Barcelone.** *La Sagrada Familia* de Gaudí. *Phot. ©Alain Rey*

par les Wisigoths du roi Athaulf* en 415 de notre ère. Les Arabes s'en emparèrent en 712, mais elle fut libérée par Charlemagne* (801) qui fit de la Catalogne* une marche de l'Empire franc. Les comtes de Barcelone se rendirent indépendants dès la fin du IXe s. et devinrent également comtes de Provence après le mariage de Raymond* Bérenger III avec l'héritière de Provence en 1112. Son successeur, Raymond Bérenger IV, ayant épousé la fille de Ramire* II, Pétronille*, en 1137, l'Aragon* et la Catalogne se trouvèrent réunis à l'avènement de leur fils Alphonse* II, comte de Barcelone. L'union de l'Aragon et de la Castille fit perdre à Barcelone ses prérogatives de capitale et son prestige artistique (P. Serra, R. Destorrents, Borrassá) au profit de Madrid, à partir de 1474. → **Ferdinand II, Isabelle Ire la Catholique.** Ce déclin encouragea les sentiments particularistes des Catalans, qui se donnèrent à Louis XIII en 1640. Louis de Bourbon, duc de Mercœur, régna à Barcelone comme vice-roi et commandant militaire de Catalogne, et son père César de Bourbon, duc de Vendôme*, battit une escadre espagnole devant la ville (1655). Cependant, Barcelone fit retour à l'Espagne, avec la Catalogne, au traité des Pyrénées (1659). Elle accueillit les Français en 1687 et fut prise par les Anglais en 1705. → **Peterborough.** Les Français l'occupèrent de nouveau en 1714 et, sous Napoléon* Ier, de 1808 à 1814. ▪ Vers 1900 s'épanouit le « modernisme » catalan, dont les principaux représentants furent les architectes Gaudí*, Domènech i Montaner, Puig i Cadafalch, Jujol, le décorateur Sert* et les peintres Casas, Clarasó et Rusiñol. Ils se réunissaient à la brasserie Els Quatre Gats que fréquenta aussi Picasso. ▪ Durant la guerre civile d'Espagne (1936 - 1939), la ville résista aux nationalistes jusqu'au 26 janv. 1939. → **Catalogne.**

**BARCELONNETTE** [04400] ◆ **ÉTYM.** de *Barcelone* (V. Hist. ci-dessous) ♦ Ch.-l. d'arr. des Alpes-de-Haute-Provence, sur l'Ubaye. 2 819 hab. (aggl. 3 460). *(Barcelonnettes)*. Centre touristique à proximité des stations de sports d'hiver du Sauze et de Pra-Loup. ▮ **Histoire** La ville, appelée d'abord *Barcelone*, en l'honneur de Raymond Bérenger V, comte de Provence, issu des comtes de Barcelone, connut au XIXe s., ainsi que toute la vallée de l'Ubaye, un mouvement d'émigration vers le Mexique.

**BARCLAY (Édouard RUAULT dit Eddie)** ♦ Producteur et éditeur de musique français (Paris 1921 - Boulogne-Billancourt 2005). Musicien, il créa à la Libération l'un des premiers clubs-discothèques et accompagna, avec son orchestre, Louis Armstrong, Ella Fitzgerald, Dizzy Gillepsie... Il importa le disque microsillon des États-Unis, lança, grâce à sa maison de disques (créée en 1951), de nombreux chanteurs dont Aznavour, Dalida, Ferré et Nougaro, et devint l'un des personnages phares de la jet-set française.

**BARCLAY DE TOLLY (Mikhaïl Bogdanovitch, prince)** ♦ Maréchal russe (Luhde-Grosshoff, Livonie 1761 - Insterburg auj. Tcherniakhovsk 1818). D'origine écossaise, il prit part aux campagnes contre la Turquie (1788 - 1789), la Suède (1790), la Pologne (1792 - 1794), puis contre Napoléon en Prusse où il fut blessé à Eylau (1807). Ministre de la Guerre en 1810, il adopta, lors de l'invasion française (1812), un plan de repli, fut battu à Smolensk*, se vit remplacé par Koutouzov*, et combattit sous ses ordres à la bataille de la Moskova*. Après la retraite de Napoléon, il participa à la campagne d'Allemagne (1813) où il contribua à la victoire de Leipzig*, commanda l'armée d'occupation russe en France, et fut nommé feld-maréchal.

**BARDDHAMAN** – anc. ***Burdwan*** ♦ V. de l'Inde (Bengale-Occidental). 285 871 hab. Située en marge de la région industrielle de la vallée de la Damodar.

**BARDEEN (John)** ♦ Physicien américain (Madison, Wisconsin 1908 - Boston 1991). Auteur de travaux de physique des solides. Ses recherches sur les semi-conducteurs l'amenèrent à l'invention, avec W. Brattain et W. Schockley, du transistor (1948). Il donna, en 1957, avec L. Cooper et J. Schrieffer, une théorie, dite BCS, de la supraconductivité de type I (le champ magnétique est nul à l'intérieur du supraconducteur). Celle-ci résulte de la formation au sein d'un supraconducteur des paires d'électrons (paires de Cooper*) transportant le courant électrique sans résistance. [Prix Nobel de phys. 1956, avec W. Brattain et W. Schockley et, 1972, avec L. Cooper et J. Schrieffer]

**BARDEM (Juan Antonio)** ♦ Cinéaste espagnol (Madrid 1922 - *id.* 2002). Observateur satirique et lucide de la réalité sociale espagnole, il fut le coscénariste de son ami Luis García Berlanga (*Bienvenue M. Marshall*, 1952), avant de réaliser lui-même plusieurs œuvres d'une riche signification : *Mort d'un cycliste* (1954) et *Grand-Rue* (1956). Dernier film remarquable : *Les Sept Jours de janvier* (1978).

**BARDHI (Frang)** ♦ Écrivain albanais (XVIIe s.). Auteur du premier *Lexique latin-albanais* (1635).

**BARDILI (Christoph Gottfried)** ♦ Philosophe allemand (Blaubeuren, Wurtemberg 1761 - Mergelstetten 1808). Adversaire de l'idéalisme critique de Kant (→ **kantisme**), il adopta un réalisme rationnel qui présente des analogies avec la pensée de Hegel : *Précis de logique, purifié des erreurs de la logique antérieure, particulièrement de celle de Kant* (1800).

**BARDIYA** – en gr. ***Smerdis*** ♦ Prince perse, fils de Cyrus* II le Grand et frère de Cambyse* II. Il usurpa le trône en l'absence de ce dernier mais fut tué au bout de six mois par la conjuration de Darios Ier (–522). Selon d'autres, il aurait été assassiné par ordre de Cambyse et c'est un mage nommé Gaumata qui, sous son nom, aurait pris le pouvoir en –522.

**BARDO (LE)** ♦ V. de Tunisie, dans la banl. de Tunis. 22 240 hab. Ancien palais des beys où fut signé en 1881 le *traité du Bardo* par lequel Muḥammad al-Ṣadūq, bey de Tunis, concédait à la France un protectorat sur la Tunisie, qui fut confirmé par le traité de la Marsa en 1883.

**BARDONNÈCHE** – en it. ***Bardonecchia*** ♦ V. d'Italie, dans le Piémont (prov. de Turin). 3 038 hab. Station de villégiature et de sports d'hiver (alt. 1 310 m) au débouché des tunnels du Fréjus à l'O. du Mont-Cenis.

**BARDOT (Brigitte)** ♦ Actrice de cinéma française (Paris 1934). Elle a conquis la faveur du public avec une œuvre de Roger Vadim, *Et Dieu créa la femme* (1956). Elle a continué de tourner avec son Pygmalion (et premier mari), mais aussi avec Clouzot (*La Vérité*, 1960), J.-L. Godard (*Le Mépris*, 1963) ou Louis Malle (*Viva Maria*, 1965), avant de se consacrer à la défense des animaux. Dans la prospérité des années 1960, elle fut, pour un vaste public, l'image quasi mythique de l'attraction sensuelle et de la vie facile. ➝ **ÉTYM.** Le nom de famille *Bardot* vient du nom de personne germanique *Bardo*, du vieux haut allemand *barta* «hache (d'armes)».

Brigitte **Bardot.** Une scène du film *Viva Maria* de Louis Malle. *Phot. ©Coll. Rui Nogueira*

**Bardo Thödol** ➝ **ÉTYM.** tibétain *Bar-do-thos-grol* «délivrance de l'état intermédiaire par l'écoute» ♦ Recueil dont les prescriptions, prières et recommandations, lues par un officiant pendant les quarante-neuf jours séparant la mort de la réincarnation, doivent aider le défunt confronté à l'inconnu et aux dangers qui l'attendent dans le monde intermédiaire où il se trouve alors. Ouvrage attribué à Padmasambhava*, qui aurait caché ce «texte-trésor» découvert au XIVe s. par Karmalingpa, il est connu en Occident, depuis sa traduction anglaise (1927), comme le *Livre des morts tibétain*.

**BARÈGES** [65120] ➝ **ÉTYM.** anc. *Valletica*, «(ville) de la vallée», du lat. *vallem* «vallée» et suff. *-etica* ♦ Comm. des Hautes-Pyrénées, arr. d'Argelès-Gazost 258 hab. *(Barégeois)*. Station thermale. Sports d'hiver dans la vallée du gave de Bastan (1 230 - 2 350 m).

**BAREILLY** ♦ V. de l'Inde (Uttar Pradesh), dans la plaine du Gange. 729 800 hab. Marché et ville indus.

**BARENBOÏM (Daniel)** ♦ Chef d'orchestre et pianiste israélien, palestinien, argentin et espagnol, d'origine russe (Buenos Aires 1942). Élève de E. Fischer pour le piano, d'Igor Markevitch pour la direction d'orchestre et de N. Boulanger pour la composition, il a commencé très jeune une carrière essentiellement consacrée aux maîtres classiques. Il a dirigé l'Orchestre de Paris de 1975 à 1989, l'Orchestre de Chicago de 1991 à 2006 et été directeur artistique de l'Opéra de Paris Bastille de 1987 à 1989. Il dirige le Staatsoper à Berlin depuis 1992. ➝ **ÉTYM.** Ce nom vient du yiddish *barn-boïm* «poirier», de *bar* «poire» et *boïm* «arbre».

**BARENTIN** [76360] ♦ Comm. de la Seine-Maritime, arr. de Rouen. 12 836 hab. (aggl. 20 757) *(Barentinois)*. La ville est ornée d'un grand nombre de statues (A. Bourdelle, A. Janniot, A. Rodin).

**BARENTS** ou **BARENTSZ (Willem)** ♦ Marin et explorateur néerlandais (île Terschelling, v. 1550 - La Nouvelle-Zemble 1597). À la recherche d'un passage maritime au N.-E. vers la Chine, il entreprit deux expéditions dans les mers arctiques, découvrit la Nouvelle-Zemble (Novaïa Zemlia, 1594), puis l'île aux Ours et le Spitzberg* (1596).

**BARENTS** (mer de) ➝ **ÉTYM.** du n. de Willem *Barents** ♦ Partie de l'océan Arctique baignant les côtes de Norvège et de Russie et s'étendant sur 1 405 000 $km^2$. Importantes pêcheries. Ports princ. : Mourmansk, Arkhangelsk.

**BARÈRE DE VIEUZAC (Bertrand)** ♦ Homme politique français (Tarbes 1755 - Paris 1841). Avocat à Toulouse, il fut élu député du tiers état aux États généraux (1789). Constitutionnel modéré sous la Constituante, il fut réélu à la Convention où il se rallia rapidement aux montagnards. Il dirigea, comme président de l'Assemblée, le procès de Louis XVI et vota pour la mort sans appel ni sursis. Membre du Comité de salut public, il fut un des organisateurs de la Terreur, au point d'être surnommé «l'Anacréon de la guillotine» ; il s'opposa toutefois à Robespierre et contribua à sa chute le 9 Thermidor (27 juil. 1794). Déporté en 1795, amnistié après le 18 Brumaire, il fut pair pendant les Cent-Jours. Proscrit comme régicide en 1816, il ne revint en France qu'après la révolution de 1830.

**BARETTI (Giuseppe)** ♦ Critique et poète italien (Turin 1719 - Londres 1789). Il se lia d'amitié avec Samuel Johnson à Londres, puis voyagea au Portugal, en Espagne et en France. De retour en Italie (1760), il fut, entre 1763 et 1765, le rédacteur d'un périodique mordant, *Le Fouet littéraire*. Il se fit tant d'ennemis qu'il s'exila en Angleterre, où il mourut. Partisan des Lumières et précurseur du préromantisme, il défendit la littérature italienne et surtout Shakespeare contre les attaques de Voltaire (*Discours sur Shakespeare et Monsieur de Voltaire*, 1777). ➝ **ÉTYM.** *Baretti* vient du germanique *Baro*, nom de personne (de °*bara* «homme libre»).

**BARFLEUR** [50760] ➝ **ÉTYM.** scand. «la crique *(floth)* en forme de coin *(barmr)*» ♦ Comm. de la Manche, arr. de Cherbourg, à 4 km de la *pointe de Barfleur*. 642 hab. *(Barfleurais)*. Église du XVIIe s. (statues en bois). Vestiges du «mur de l'Atlantique». ▪ Port de pêche et station balnéaire.

**Bargello** (palazzo del) ou **palazzo del Podestà** ♦ Palais du podestat, magistrat suprême de Florence (XIIIe - XIVe s.), puis du *bargello*, chef de la police, auj. siège du Musée national qui possède une magnifique collection de sculptures.

**BARGER (George)** ♦ Chimiste britannique (Manchester 1878 - Aechi, Suisse 1939). Il étudia les acides aminés et réalisa la synthèse de l'hypaphorine et de la thyroxine (1927). Il découvrit l'histamine dans l'ergot de seigle (1910).

**BAR HADAD** ➝ **ÉTYM.** dans la Bible ***Ben Hadad*** ♦ Nom de trois rois de Damas au –IXe s. → **Araméens.** ♦ **BAR HADAD Ier.** Il intervint contre Israël à la demande d'Asa, roi de Juda. ♦ **BAR HADAD II.** Fils du précédent, il vainquit Salmanasar* III d'Assyrie (bataille de Qarqar, –853) et domina Achab* d'Israël. ♦ **BAR HADAD III.** Fils de l'usurpateur Hazaël. Sa puissance déclina dans les dernières années du –IXe s.

**BAR-HILLEL (Yehoshua)** ♦ Logicien israélien d'origine polonaise (Vienne 1915 - Jérusalem 1975). Professeur de logique et de philosophie des sciences à l'université de Jérusalem (1961), il s'est surtout consacré à l'étude des structures logiques du langage et aux relations entre logique et linguistique ainsi qu'à la théorie de la traduction et de la documentation automatiques (*Foundations of Set-Theory*, avec A. A. Fränkel, 1958 ; *Language and Information*, 1964).

**BARI** ♦ V. d'Italie, ch.-l. des Pouilles et ch.-l. de prov. 316 532 hab. Université. Dans la vieille ville : basilique Saint-Nicolas et cathédrale romanes (XIe - XIIe s.) ; château XIIIe - XVIe s. Pinacothèque ; musée d'archéologie. La ville moderne, en damier, a été édifiée au XIXe s. sous l'impulsion de Murat. ▪ Port de pêche et de commerce. Centre indus. : mécanique, agroalimentaire, aluminium, sidérurgie, pétrochimie. Centrale thermique. Tourisme d'affaires. **Histoire** Anc. *Barium*, occupée par les Arabes (841) puis par les Byzantins (875), la ville fut conquise en 1071 par le Normand Robert* Guiscard. L'un des principaux ports d'embarquement des croisés, très prospère au Moyen Âge, elle fut la possession des Sforza* au XV$^{e}$ s. et fut annexée au royaume de Naples (1558)

**BARICCO (Alessandro)** ♦ Écrivain et musicologue italien (Turin 1958). Ses romans, dont certains peuvent être comparés à des poèmes en prose, racontent des histoires simples mais qui deviennent rapidement extravagantes. Des vies se croisent, s'entremêlent, se répondent dans leur étrange déroulement dont se dégage pourtant une certaine sérénité. Baricco a connu un succès immédiat avec *Châteaux de la colère* (1995), suivi entre autres de *Océan mer* (1998), *Soie* (1997), *Novecento* (2001) et a également écrit des essais sur la musique, dont *Hegel et les vaches du Wisconsin* et *Constellations*.

**BARIKA** ♦ V. d'Algérie (wilaya de Batna), dans la plaine du Hodna. 61 631 hab.

**BARILOCHE** ou **SAN CARLOS DE BARILOCHE** ♦ V. d'Argentine, prov. de Río Negro. 110 000 hab. Station touristique dans les Andes centrales. Pistes de ski. Lacs et forêt. Laboratoire d'études nucléaires.

**BARING (Maurice)** ♦ Romancier, poète et journaliste britannique (Londres 1874 - Beauly, Écosse 1945). Issu d'une illustre famille de banquiers, il fut attaché d'ambassade à Paris, Copenhague, Rome (1899 - 1905) puis devint correspondant du *Morning Post* en Mandchourie, à Constantinople, en Russie (*Le Peuple russe*, 1911 ; *Les Origines de la Russie*, 1914). Il fit la guerre dans l'aviation (1914 - 1918) et envoya alors des articles au *Times*. Après la guerre, ses romans-fleuves lui valurent la célébrité : *C* (1924), *La Princesse blanche* (*Cat's Cradle*, 1926), *Daphne, Adeane* (1926).

**BARITO** n. m. ♦ Fl. de Bornéo (900 km), en Indonésie. Il se jette dans la mer de Java, formant un delta où se trouve située la ville de Banjarmasin.

**BARJAVEL (René)** ♦ Écrivain français (Nyons, Drôme 1911 - Paris 1985). Un premier roman *Ravage* (1943), qui utilisait le cadre de la science-fiction pour dénoncer le matérialisme de la société, rendit célèbre celui qui fut toute sa vie journaliste et chroniqueur. Le même thème réapparut dans *Le diable l'emporte* (1946), pamphlet délibérément antibelliciste, et *La Tempête* (1982). Les trois romans les plus connus de Barjavel sont pourtant *La Nuit des temps* (1968), *Les Chemins de Katmandou* (1969) et *Le Grand Secret* (1973). Il publia également *Les Dames à la licorne* (1974), *La Charrette bleue* (1980).

**BARKLA (Charles Glover)** ♦ Physicien britannique (Widnes, Lancashire 1877 - Édimbourg 1944). Auteur de recherches sur les rayons X (polarisation et pouvoir pénétrant). [Prix Nobel de phys. 1917]

**BAR KOKHBA** ou **BAR KOCHBA** → **ÉTYM.** araméen «fils de l'étoile» ♦ Nom messianique (après sa défaite, certains rabbins le nomment Bar Koziba «fils du mensonge») de Simon bar Kosba, chef de la dernière révolte juive contre Rome (132 - 135). Traditionnellement datée du même jour que la chute du premier et du second Temple, sa mort lors de la chute de Bethar, sa dernière place forte, fut suivie d'une répression impitoyable menée, au nom d'Hadrien*, par Julius Severus. Des lettres et des documents de lui-même et de sa communauté, en hébreu, en araméen et en grec, ont été retrouvés dans le désert de Judée en 1960 - 1962 (grottes du Naḥal Ḥever et du Wadi Murabba'ât). → **Morte (manuscrits de la mer).**

**BARLACH (Ernst)** ♦ Sculpteur, peintre, dessinateur et écrivain allemand (Wedel 1870 - Rostock 1938). Après des études à Hambourg, Dresde et une année à Paris, il travailla comme dessinateur à la revue *Jugend*, puis fit un voyage en Russie (1906). Il se consacra alors surtout à la sculpture : s'inspirant de la sculpture médiévale et des formes cubistes, il réalisa en bronze et surtout en bois des statues ou groupes aux formes compactes et tendues, taillées par larges pans géométriques traitant de sujets humanitaires et dramatiques et qui témoignent de fortes tendances expressionnistes (*Terreur panique*, 1912 ; *Les Abandonnés*, 1913 ; *Vengeur*, 1914 ; *Fugitif*, 1920 ; *La Mort*, 1925). Les nazis, qui l'accusèrent de faire de l'art dégénéré, détruisirent ses monuments aux morts de Kiel et de Güstrow et confisquèrent ses œuvres. Auteur dramatique et poète, il illustra souvent ses ouvrages par des gravures sur bois.

**BÂRLAD** – anc. ***Bîrlad*** ♦ V. de Roumanie, en Moldavie, distr. de Vaslui, sur le Bârlad, affl. du Siret. 70 064 hab. Centre indus. (usine de roulements à billes, machines-outils, électrotechnique).

**BAR-LE-DUC** [55000] → **ÉTYM.** du gaul. *barr-* «sommet, hauteur» ♦ Ch.-l. du dép. de la Meuse, sur l'Ornain. 16 944 hab. (aggl. 20 549) (*Barisiens*). Église Saint-Étienne du XV$^{e}$ s. (statue funéraire de René de Chalon, dite «le Squelette», de L. Richier*). Musée du Barrois. Maisons anc. **Histoire** L'anc. capitale du duché de Bar* fut, durant la bataille de Verdun (1916), le point de départ de la Voie sacrée.

**BARLETTA** ♦ V. d'Italie, dans les Pouilles (prov. de Bari), au S. du golfe de Manfredonia, près de l'embouchure de l'Olfanto. 92 094 hab. Église San Sepolcro (XIII$^{e}$ s.), statue en bronze (IV$^{e}$ s.), dite «le Colosse». À proximité, champ de bataille de Cannes*. ▪ Indus. chimiques (textiles). Cimenteries. Indus. du gypse et de la chaux. Port et station balnéaire.

**BARLIN** [62620] ♦ Ch.-l. de cant. du Pas-de-Calais, arr. de Béthune. 7 925 hab. (*Barlinois*).

**BARLOW (Joel)** ♦ Poète, pamphlétaire et diplomate américain (Redding, Connecticut 1754 - Pologne 1812). Il résida longtemps en France et fut fait citoyen français à la suite de sa *Lettre à la Convention* (1792). Sa meilleure œuvre, *The Hasty-Pudding* (1796), poème héroïcomique, évoque les mœurs de la Nouvelle-Angleterre.

**BARLOW (Peter)** ♦ Mathématicien et physicien britannique (Norwich 1776 - Woolwich 1862). Il imagina en 1828 un appareil, dit *roue de Barlow*, considéré comme le prototype du moteur électrique.

**BARMAKIDES** ou **BARMÉCIDES** n. m. pl. ♦ Membres d'une famille persane qui fournit les premiers ministres persans dans le califat arabo-musulman. Le premier *barmak* connu dans le monde arabo-musulman vivait à la fin de l'époque omeyade. Son fils KHĀLID fut musulman et combattit contre les Omeyades* afin d'amener au pouvoir les Abbassides*. Il fut ensuite vizir, ou premier secrétaire des finances, sous le premier calife abbasside, Abū* al-'Abbās et conserva sa charge sous le règne d'al-Manṣūr*. ▪ Le fils de Khālid, YAḤYĀ (né v. 738), fut le précepteur du futur Haroun* al-Rachid et devint vizir avec de grands pouvoirs quand ce dernier prit les charges de calife (786). Il gouverna l'ensemble du territoire abbasside avec l'aide de ses fils FAḌL et JA'FAR. Ce dernier, compagnon inséparable du calife, fut chargé de l'éducation de Ma'mūn*, fils d'Haroun. Après dix-sept années de très grande prospérité, les Barmakides furent bannis (803). Ja'far fut mis à mort ; Yaḥyā et Faḍl moururent en prison.

**BARNABÉ** (saint) → **ÉTYM.** de l'araméen *bar-Nabû* «fils de Nabû», compris comme «fils de la consolation» ♦ Surnom donné par les apôtres à Joseph, lévite originaire de Chypre. Il fut le premier compagnon de saint Paul*, puis se brouilla avec lui et accompagna à Chypre son cousin Jean, surnommé Marc. Il est considéré comme un apôtre*. La tradition lui a attribué une Épître. ♦ ***Les «Actes de Barnabé»*** (grec, V$^{e}$ s.) sont apocryphes* comme l'Évangile de Barnabé (perdu) ; au XVI$^{e}$ s., des musulmans convertis (morisques) ont composé un Évangile de Barnabé dont nous connaissons une version espagnole et une version italienne : ce texte, où Jésus annonce la venue de Mohammed, connaît un grand succès dans certains milieux depuis le début du XX$^{e}$ s. ▪ Fête le 11 juin.

### barnabites

n. m. pl. ♦ Congrégation de clercs réguliers fondée en 1530 par saint Antoine Marie Zaccaria et qui s'établit dans le cloître Saint-Barnabé à Milan.

**BARNAOUL** ♦ V. de Russie, ch.-l. du territoire de l'Altaï, sur l'Ob. 603 500 hab. Indus. alimentaire, chimique et textile (coton). Construc. mécaniques, machines-outils. Centrale thermique. Tête de ligne d'une voie ferrée reliée au Transsibérien.

**BARNARD (Edward Emerson)** ♦ Astronome américain (Nashville 1857 - Observatoire Yerkes, Wisconsin 1923). On lui doit les premières études systématiques portant sur la nature des nébuleuses obscures, dont il publia un catalogue. Il découvrit (1892) le 5$^{e}$ satellite de Jupiter*, Amalthée.

Ernst **Barlach.** *L'Extatique,* bois.
Musée des Beaux-Arts, Zurich. *Phot. ©Arch. Smeets*

**BARNARD (Christian)** ♦ Chirurgien sud-africain (Beaufort West, Le Cap 1922 - Paphos, Chypre 2001). Après des études aux États-Unis, il introduisit en Afrique du Sud les opérations «à cœur ouvert» et réalisa en 1967 la première greffe du cœur (hôpital Groote Schur, au Cap). ← ÉTYM. Le nom de famille *Barnard* a la même étymologie que *Bernard**.

**BARNAVE (Antoine)** ♦ Homme politique français (Grenoble 1761 - Paris 1793). Avocat, membre des états du Dauphiné réunis à Vizille (1788), élu député du tiers état aux états généraux (1789), porte-parole de la bourgeoisie libérale, il fut l'un des orateurs les plus brillants de l'Assemblée nationale constituante où, avec A. Duport* et A. de Lameth* (le triumvirat), il s'opposa à La Fayette et à Mirabeau*, surtout lorsque celui-ci défendit les prérogatives royales. Toutefois, après la fuite manquée du roi (→ **Varennes-en-Argonne**), qu'il fut chargé de ramener à Paris, et l'affaire du Champ-de-Mars (juil. 1791), il se rallia à La Fayette et aux monarchistes constitutionnels du Club des feuillants*, et, se rapprochant de la cour, tenta de jouer le rôle de conseiller secret. Artisan de la Constitution de 1791, favorable à une monarchie «libre et limitée», il fut guillotiné sous la Terreur. Auteur d'une *Introduction à la Révolution française* (1792, publ. 1843), il lia «les progrès des arts, de la propriété mobilière et de l'opinion publique» à l'avènement de la démocratie, «n'assignant plus à la révolution qu'un rôle d'ajustement du politique au social» (F. Furet). ← ÉTYM. Ce nom de famille provient d'un lieu, du gaulois *barr-* «hauteur» et préceltique *nava* «plaine».

**BARNES (Djuna)** ♦ Romancière américaine (Cornwall-on-Hudson, New York 1892 - New York 1982). Marquée par un père excentrique et par une famille qu'elle évoque dans *Ryder* (1928), roman pseudo-historique en forme de chronique élisabéthaine, elle fut européenne autant qu'américaine, marquant son attachement à ses origines irlandaises, subissant l'influence de Joyce* et de Synge*, et résidant longtemps à Paris. Le grand événement de sa jeunesse, de 1920 à 1931, fut sa liaison avec la sculptrice Thelma Wood, qui lui inspira son chef-d'œuvre, *Le Bois de la nuit* (1936). Faulkner* a reconnu tout ce qu'il lui devait.

**BARNES (Julian)** ♦ Romancier britannique (Leicester 1946). Le premier roman de ce journaliste puis critique de télévision, *Metroland* (1981), lui valut le Somerset Maugham Award. Il publia ensuite *Avant moi* (1982) et connut un succès international avec *Le Perroquet de Flaubert* (1984) que suivirent *Une histoire du monde en dix chapitres et demi* (1989), *Love, etc.* (1992), *England, England* (1998), *Quelque chose à déclarer* (2004, sur Flaubert) et une biographie romancée de Conan Doyle, *Arthur et George* (2005). Le brassage impressionnant des références culturelles fait de ses livres une sorte d'épopée de la modernité, et dépasse la «crise du roman», rendant au récit sa liberté par le mélange des genres et des techniques de narration. *Rien à craindre* (2008) condense réflexion, citations d'écrivains (Montaigne, Daudet, les Goncourt, Stendhal, Camus, Jules Renard, Flaubert...) et échanges avec son frère, Jonathan Barnes, philosophe spécialiste d'Aristote, sur la mort et la religion.

**BARNET (Boris Vassilievitch)** ♦ Cinéaste soviétique (Moscou 1902 - Riga 1965). L'une des personnalités les plus attachantes du cinéma soviétique de la grande époque. C'est dans la lignée de Tchekhov que se situent ses comédies douces-amères d'une poésie simple : *La Jeune Fille au carton à chapeau* (1927), *Okraïna* (1933) et *Au bord de la mer bleue* (1936).

**BARNET** ♦ Faubourg *(borough)* résidentiel, du N. de Londres. 314 561 hab. ▮ **Histoire** Le comte de Warwick y périt pendant la guerre des Deux-Roses en 1471, vaincu par Édouard IV.

**BARNETT (Samuel Jackson)** ♦ Physicien américain (Woodson County, Kansas 1873 - 1956). Il découvrit l'effet gyromagnétique (1914) et effectua des mesures extrêmement précises concernant l'électron.

**BARNEVELD** ♦ V. des Pays-Bas (Gueldre). 50 953 hab. Centre d'élevage de volailles. Indus. alimentaires et mécaniques.

**BARNEVELDT (Jan VAN OLDEN)** → **Oldenbarnevelt**

**BARNEVILLE-CARTERET** [50270] ← ÉTYM. *Barneville* : du scand. *Biarn*, n. de pers., et du lat. *villa* «village» et *Carteret*, p.-ê. du lat. *quartarius* «quartier de rocher» et suff. *-etum* ♦ Ch.-l. de cant. de la Manche, arr. de Cherbourg. 2 429 hab. (*Barnevillais* et *Carterétais*). Église romane flanquée d'une tour du XV^e s. ▪ Station balnéaire (Carteret, Barneville-Plage).

**BARNSLEY** ♦ V. d'Angleterre, ch.-l. du South Yorkshire, au S. de Leeds. 218 062 hab. Centre sidérurgique et textile.

**BARNUM (Phineas Taylor)** ♦ Entrepreneur de spectacles américain (Bethel, Connecticut 1810 - Bridgeport, Connecticut 1891). Il exhiba des curiosités telles que la prétendue nourrice de Washington (qui aurait été âgée de plus de 150 ans) et, à l'American Museum créé en 1841, un nain appelé Tom Thumb («Tom Pouce»). Le cirque Barnum, fondé en 1871, fut rapidement une entreprise prospère et célèbre.

**BAROCCIO** ou **BAROCCI** en fr. **LE BAROCHE (Federigo FIORI, dit)** ♦ Peintre, dessinateur, pastelliste et aquarelliste italien (Urbino v. 1533 - *id.* 1612). Fils d'un sculpteur, il compléta sa formation artistique à Rome où il séjourna de nouveau v. 1557 - 1558, mais il travailla surtout en Émilie. Son style, en grande partie tributaire du Corrège*, s'inscrit dans le courant maniériste et révèle les influences de Rosso* et de D. de Volterra. Ses compositions religieuses, qui se caractérisent par un modelé très doux et fondu, des effets précieux d'éclairage et une gamme de tons aux harmonies rares, souvent claires, parfois acides, expriment une piété dont le sentimentalisme tombe parfois dans la mièvrerie *(L'Annonciation)*. Baroccio anime l'espace avec une ampleur et une maîtrise qui annoncent l'art baroque ; il a laissé des études au pastel et des dessins d'une facture sensible et nerveuse.

**Baroccio.** *L'Annonciation.* Galleria Nazionale delle Marche, Urbino.
*Phot. ©Scala*

**BAROCHE (Pierre Jules)** ♦ Homme politique français (Paris 1802 - Jersey 1870). Avocat, il défendit à plusieurs reprises des conspirateurs républicains sous la monarchie de Juillet et prit position contre la politique de Guizot. Après la révolution de février 1848, il fut élu à l'Assemblée constituante (avr. 1848) et ne cessa dès lors de voter avec les conservateurs. Nommé ministre de l'Intérieur par le prince-président Louis Napoléon Bonaparte (1850), il contribua à faire adopter la loi du 31 mai 1850 sur la limitation du suffrage universel. ← ÉTYM. Ce nom de famille vient du nom de lieu *Bazoche*, forme populaire du latin *basilica* «église».

**BARODA** → **Vadodara**

**BAROJA (Pío)** ♦ Écrivain espagnol (Saint-Sébastien 1872 - Vera de Bidasoa 1956). Il publia une œuvre abondante et s'essaya dans tous les genres. Basque, représentant de la «génération de 98», il décrivit la mentalité espagnole, créant une multitude de personnages, étonnamment vivants, empruntés à la vie des bas-fonds ou des milieux anarchistes (*Les Bas-Fonds de Madrid, La Lucha por la vida*, 1904). Dans la série *Terre basque* avec *Zalacain l'aventurier* (1909) il évoque l'atmosphère de son pays natal et des guerres carlistes. *Les Mémoires d'un homme d'action* (1911 - 1935) relèvent de la tradition picaresque. Dernières œuvres : *Ciudades de Italia* («Cités d'Italie», 1949), *El cantor vagabundo* («Le Chanteur vagabond», 1950), *La obsesión del misterio* («L'Obsession du mystère», 1952), *Mémoires* (1944 - 1949). Il s'interrogea sur le destin de l'Espagne et, comme Madariaga*, sur la psychologie des peuples, souhaitant pour son pays une plus grande ouverture vers l'Europe. Cette même tendance se fait jour dans ses travaux sur les courants artistiques.

**BAROM REACHEA** ♦ Nom de règne de quatre rois du Cambodge* qui exercèrent le pouvoir de 1556 env. à 1618 et combattirent longuement les Siamois. ♦ **BAROM REACHEA II** (de 1597 à 1599). Il fut soutenu par des aventuriers espagnols venus des Philippines. ♦ **BAROM REACHEA IV** (de 1603 à 1618). Devenu le vassal soumis du Siam, il dut abdiquer.

**BARON (Michel BOYRON, dit)** ♦ Comédien français (Paris 1653 - *id.* 1729). Il appartint d'abord à la troupe de Molière*, puis à la Comédie*-Française. Il est aussi l'auteur d'une dizaine de comédies dont *L'Homme à bonnes fortunes* (1686).

**BARONG** ♦ Bon génie du folklore et des légendes de l'île de Bali* représenté par un lion. Il s'oppose dans les danses et les drames au génie du mal, la sorcière Rangda.

**BARONNIES** n. f. pl. ♦ Région des Alpes du Sud. Elle tire son nom de trois baronnies (dont celle de Montbrun) qui furent incorporées au Dauphiné au XIVe s. et s'étend sur le S. de la Drôme (cant. de Nyons, Buis-les-Baronnies, Rémuzat, Séderon) et sur le cant. de Rosans dans les Hautes-Alpes. La vallée de l'Aygues la limite au N. et celle de l'Ouvèze la traverse d'E. en O. avant de déboucher sur Vaison-la-Romaine. ▪ Oliviers. Vergers. Élevage bovin et ovin.

**Barons** (guerre des) ♦ Guerre menée par les barons anglais sous la conduite de Simon de Montfort*, contre Henri* III qui refusait d'observer les provisions d'Oxford*. Elle se termina par la victoire d'Édouard, fils du roi (1265).

**BARQUISIMETO** ♦ V. du Venezuela, cap. de l'État de Lara, au N. de la cordillère de Mérida (Andes). 811 000 hab. Centre commercial d'une région riche en produits tropicaux (canne à sucre, café) exportés par Puerto Cabello.

**BARR** [67140] ➝ ÉTYM. du gaul. *barr-* «sommet, hauteur» ♦ Ch.-l. de cant. du Bas-Rhin, arr. de Sélestat. 5 892 hab. (aggl. 7 621) *(Barrois)*. Château (1640) transformé en hôtel de ville. ▪ Vins (sylvaner, riesling, gewurztraminer).

**BARRA (Joseph)** → Bara (Joseph)

**BARRANCABERMEJA** ♦ V. de Colombie (dép. de Santander) fondée en 1536 par les Espagnols. 187 311 hab. Port fluvial sur le río Magdalena. Grande raffinerie de pétrole. Indus. chimiques.

## baroque

n. m. ➝ ÉTYM. du port. *barroco* «perle irrégulière» ♦ Forme d'art née en Italie dans la dernière moitié du XVIe s., puis développée dans nombre de pays européens pendant tout le XVIIe s. et la première moitié du XVIIIe s., atteignant même l'Amérique espagnole et le Brésil. Le terme *baroque* fut utilisé péjorativement au cours des XVIIIe et XIXe s. pour qualifier ce qui paraissait bizarre ou trop compliqué. À la suite des travaux du critique allemand H. Wölfflin (*Renaissance und Barock*, 1888), on l'attribua à un style artistique défini et reconnu comme tel, puis à l'époque où s'épanouit ce style et aux diverses productions culturelles (littéraires, musicales) de cette époque. On devait en faire un concept esthétique général, opposant «baroque» à «classique» (E. d'Ors). Il paraît cependant nécessaire de limiter l'acception du terme, dans le domaine artistique, à la forme esthétique qui se développa sur près de deux siècles, avant d'évoluer vers le foisonnant, l'art rocaille* et le rococo au XVIIIe s., mais toujours faite du sens du monumental, de la recherche du mouvement, du décor et de l'effet, attribuant une place primordiale à l'émotion et au pathétique.

▌**Baroque et religion** On donne souvent au baroque la Réforme catholique (ou Contre*-Réforme) comme référence initiale. Certes c'est à Rome, avec le Bernin*, Borromini* ou Pierre* de Cortone que s'affirment les principes du baroque et c'est dans le monde catholique que cet art s'épanouit. Mais la lutte contre la Réforme*, auquel le concile de Trente* avait donné son cadre doctrinal, était faite de retour à l'austérité, à la discipline, à la pureté des mœurs : on est loin de l'exubérance de certaines peintures baroques, de la sensualité d'un Rubens*. Et l'église du Gesù* (1568) du Vignole*, archétype de l'architecture de la Contre-Réforme, toute de rigueur, est consacrée à la prédication qui cherche à démontrer et non à l'exaltation mystique de la grandeur de Dieu qui force l'adhésion. L'artiste baroque célèbre triomphalement la religion plus qu'il ne la prêche. Il associe tous les arts dans une mise en scène grandiose se préoccupant du paysage urbain dans sa totalité (places, palais, églises, fontaines, jardins). En témoigne un Bernin architecte, peintre et sculpteur-décorateur tout à la fois.

▌**ARCHITECTURE** En architecture, les façades s'animent d'un relief vigoureux (pilastres, colonnes, frontons et statues), avec une prédilection pour les courbes, les plans longitudinal, ovale et elliptique. ▌**En Italie** Ainsi à Rome, Borromini édifia Saint-Charles-aux-Quatre-Fontaines (1634, façade 1662 - 1667), Pierre de Cortone Sainte-Marie-de-la-Paix (1650 - 1656). Toujours en Italie, mais hors de Rome, le baroque s'étend à Venise, avec Longhena* (Santa Maria della Salute, 1631 - 1654), à Turin avec Guarini* (palais de Carignan, 1680) puis Juvara* (château Stupinigi, 1729).

▌**Hors d'Italie** Les architectes des autres pays catholiques, à leur tour, rivalisèrent avec les Italiens, élevant des édifices d'une rare somptuosité décorative : ainsi à Vienne J.-L. von Hildebrandt* (Belvédère, 1700 - 1723) et J. B. Fischer* von Erlach (Saint-Charles-Borromée, 1716 - 1732), à Munich les frères Asam* (Saint-Jean-Népomucène, 1733 - 1746), à Würzburg J. B. Neumann* (Résidence des ducs-évêques, 1719 - 1744), à Dresde D. Pöppelmann* (Zwinger, 1711 - 1723), à Melk J. Prandtauer*, à Wies les Zimmermann*, à Prague les Dientzenhofer. Des églises baroques à l'ornementation *churrigueresque* (du nom des Churriguera*, architectes, décorateurs et sculpteurs) couvrirent bientôt l'Espagne où s'était auparavant illustré Juan Gómez de Mora (Plaza Mayor de Madrid, 1617 - 1619). Passant en Amérique espagnole (Puebla, Oaxaca, Bogotá, Lima, Quito, etc.) et au Brésil (Ouro Prêto), le baroque va se surcharger d'ornementation et de luxuriance, accumulant l'or et le stuc.

▌**SCULPTURE** Souvent liée à la mise en scène du décor architectural, la sculpture se propose d'impressionner ou même de bouleverser le spectateur. S'illustrèrent parmi d'autres dans ce genre : le Bernin en Italie *(Sainte Thérèse en extase)*, Pierre Puget* et Michel-Ange Slodtz* en France, Alonso Cano* et Pedro de Mena en Espagne, L. Faydherbe*, A. Quellin, H.-F.Verbruggen dans les Pays-Bas catholiques (Belgique actuelle), B. Permoser* en Saxe, R. Donner en Autriche, l'Aleijadinho* au Brésil.

▌**PEINTURE** La peinture, elle, privilégia les grandes compositions, le pathétique, les tourbillons de personnages, le trompe-l'œil, les effets de perspective (Andrea Pozzo*, le Guerchin*, Guido Reni*, Pierre de Cortone, Tiepolo*, le Bernin, le Caravage*, les Carrache*, Vélasquez*, Ribera*, Murillo*, Zurbarán*, Rubens*, Jordaens*, F. Hals*, Ruysdael*). ▌**En France** En France, l'art baroque, même s'il fut rapidement contrecarré par le classicisme*, a joué un rôle non négligeable. Le projet du Louvre que le Bernin proposa à Louis XIV en 1665 fut accepté, mais des raisons principalement économiques en interdirent la réalisation. Par ailleurs, des peintres comme Georges de La* Tour s'inscrivent dans le courant du caravagisme européen et Simon Vouet* peut être qualifié d'une certaine façon de baroque.

▌**LITTÉRATURE** La littérature baroque est généralement définie comme l'opposé du classicisme* parce qu'elle manifeste le caractère exubérant d'une écriture qui multiplie les pointes rhétoriques dans une esthétique marquée par l'obsession du mouvement et de la mort. Chronologiquement limité entre 1560 et 1660, le baroque littéraire n'est pas une altération de la Renaissance : il accompagne le baroque artistique et trouve ses représentants principalement en Italie, en Espagne, en France et en Allemagne. Les écrivains baroques par excellence sont en effet Marino* (le Cavalier Marin) qui fit une partie de sa carrière en France, Tassoni*, Gracián*, Góngora* et Gryphius*. L'euphuisme anglais, contemporain du marinisme italien et du gongorisme espagnol, qui trouve son expression dans l'œuvre de Lyly*, est la forme anglaise du baroque à moins qu'on ne le considère comme une manifestation de la préciosité*. Car préciosité et baroque se complètent et s'interpénètrent. En France, si les œuvres d'Agrippa d'Aubigné* ou de Jean de Sponde* sont incontestablement baroques, si celles de Théophile de Viau*, de Saint*-Amant, de Tristan* L'Hermite contiennent les images les plus hardies de la littérature du XVIIe s., et si le théâtre de R. Garnier* et de Rotrou* peut également être rapproché du baroque, les œuvres de Voiture ou la *Guirlande* de Julie* appartiennent à la littérature précieuse.

▌**MUSIQUE** On regroupe sous l'appellation de musique baroque des musiciens allant de l'extrême fin du XVIe s. jusqu'au milieu du XVIIIe s., de 1580 à 1750 (de Monteverdi* à J.-S. Bach*). La musique baroque peut se définir par rapport à la musique de la Renaissance. Cette dernière, issue de la structure de la musique grégorienne, suit les règles d'un contrepoint modal et respecte l'équivalence des voix dans le tissu polyphonique. La musique baroque, au contraire, privilégie les voix extrêmes, ordonnant le contrepoint autour du principe tonal. Outre ce bouleversement radical, la musique baroque se caractérise par un renouveau formel sans précédent. L'épanouissement du style instrumental (Frescobaldi*, D. Scarlatti*, F. Couperin*) s'accompagne du développement de nouvelles techniques de composition (la fugue, Buxtehude*, J.-S. Bach*). L'invention du style concertant aboutit à l'apparition du concerto (Locatelli*, Corelli*, Vivaldi*). Et surtout, l'art baroque trouve son apogée dans l'opéra qui constitue le point de rencontre de toutes les expressions artistiques de l'époque (Monteverdi*, Cavalli*, Cesti*, Lully*, Charpentier*, Campra*, Purcell*, A. Scarlatti*, Vivaldi*, Haendel*, Pergolèse*). ▌**La relecture du XXe s.** Dans les années 1950 et 1960, un travail de recherche sur les techniques musicales de la période et un recours systématique aux instruments anciens conduisirent à une relecture des grands compositeurs (Monteverdi, Purcell, Couperin, Bach, Haendel, Rameau) et à la redécouverte d'auteurs délaissés (Buxtehude, Campra, Charpentier). Les principaux artisans de cette nouvelle approche, redevables du travail de Nadia Boulanger* et de Wanda Landowska*, sont Nikolaus Harnoncourt*, Gustav Leonhardt*, William Christie*, René Jacobs*, Sigiswald Kuijken*, Scott Ross*.

**BARRANQUILLA** ♦ V. de Colombie sur l'océan Atlantique, cap. du dép. d'Atlántico. 1 112 889 hab. Métropole régionale, 2e port de Colombie (ancien port de liaison entre la navigation maritime et fluviale) après Buenaventura. Centre industriel (pétrochimie, indus. mécanique, cimenterie).

**BARRAQUÉ (Jean)** ♦ Compositeur français (Puteaux 1928 - Paris 1973). Adepte du sérialisme le plus exclusif, il n'a laissé, outre divers écrits dont une monographie sur *Debussy* (1962), que six ouvrages dont les deux premiers furent *Sonate pour piano* (1950 - 1952) et *Séquence* pour soprano, ensemble instrumental et percussions (1950 - 1955). Il entreprit ensuite un cycle d'après le roman *La Mort de Virgile* de Hermann Broch en composant quatre éléments de 1958 à 1968.

**BARRAS (Paul, vicomte DE)** ♦ Homme politique français (Fox-Amphoux, Provence 1755 - Chaillot 1829). Il participa comme officier à la campagne des Indes. Élu député à la Convention où il siégea avec les montagnards, il fut envoyé comme représentant en mission à l'armée d'Italie et dans le S.-E. de la France où il organisa la répression après le siège de Toulon (19 déc. 1793). Il fut, avec Tallien et Fouché, l'un des principaux responsables de la chute de Robespierre* (9 Thermidor* an II), et, sous la Convention thermidorienne, réprima l'insurrection royaliste contre la Convention (5 oct. 1795-13 Vendémiaire* an IV) comme commandant en chef de l'armée de l'Intérieur. Directeur (1795), il fut un des instigateurs du coup d'État du 18 Fructidor* an V (4 septembre 1797) et devint le premier personnage de l'État jusqu'au coup d'État du 18 Brumaire* an VIII (9 nov. 1799). Bonaparte l'obligea à démissionner. Exilé en 1810, puis interné à Montpellier, il ne fut pas inquiété sous la Restauration. Ses *Mémoires* donnent une description intéressante de la vie politique, sociale et des mœurs sous le Directoire.

**BARRAUD (Henry)** ♦ Compositeur français (Bordeaux 1900 - 1997). Cofondateur avec P.-O. Ferroud, J. Rivier et E. Bondeville du groupe Le Triton, il est l'auteur d'une œuvre d'une grande diversité d'inspiration : drames lyriques (*La Farce de maître Pathelin*, 1938 ; *Numance*, 1940), pages symphoniques (*Poème*, 1933 ; *Concerto da camara*, 1935 ; *Offrande à une ombre*, 1941), ballets (*L'Astrologue dans le puits*, 1948), musique religieuse (*Le Mystère des Saints Innocents*, 1947, sur un poème de Charles Péguy ; *Te Deum*, 1955).

**BARRAULT (Jean-Louis)** ♦ Acteur, metteur en scène et directeur de théâtre français (Le Vésinet 1910 - Paris 1994). Élève de Charles Dullin*, il fut d'abord influencé par la conception d'Antonin Artaud* de l'acte théâtral comme rituel et étudia le mime auprès d'Étienne Decroux*. Sa rencontre avec Paul Claudel dont il mit en scène *Numance* (1937), *Le Soulier de satin* (1943) et *Le Partage de midi* (1948), son entrée à la Comédie-Française (1940) marquèrent les débuts de sa carrière. Avec sa femme la comédienne Madeleine Renaud il fonda une troupe qui se fixa au théâtre Marigny. Il fut directeur du théâtre de l'Odéon*, de 1958 à 1968. Metteur en scène d'avant-garde, il a monté tant les grandes œuvres du répertoire classique (*Hamlet**, 1946 ; *L'Orestie**, 1955) que des pièces contemporaines (*Tête* d'or* de Claudel, 1959 ; *Rhinocéros* de Ionesco*, 1960 ; *Oh* les beaux jours* de Beckett*, 1963). Après de nombreuses tournées, il mit en scène *Rabelais* (1970), dirigea le théâtre Renaud-Barrault de 1974 à 1980, où il monta *Zarathoustra* (1975), puis le théâtre du Rond-Point (1981 - 1991). ▪ Au cinéma, il est apparu dans quelques films célèbres, notamment : *Drôle de drame* (1937) et *Les Enfants* du paradis* (1945) de Carné, *La Ronde* (1950) de Max Ophuls, *Le Testament du docteur Cordelier* (1961) de J. Renoir. ➝ ÉTYM. Ce nom vient du germanique *Berwald*, nom de personne (de *ber* «ours» et *waldan* «gouverner»).

**BARRE (Raymond)** ♦ Économiste et homme politique français (Saint-Denis, la Réunion 1924 - Paris 2007). Professeur agrégé de droit et de sciences économiques, vice-président de la Commission des Communautés européennes (1967 - 1972), président de la Commission de réforme du financement de la construction (1975), ministre du Commerce extérieur (1976), il devint Premier ministre après la démission de J. Chirac* (1976) et s'efforça, par une politique de rigueur, de redresser la situation économique du pays (plans Barre). Il dut donner sa démission après l'échec de V. Giscard d'Estaing à l'élection présidentielle (1981). Il obtint 16,55 % des voix au premier tour de l'élection présidentielle de 1988. Il fut député du Rhône (1978 - 2002) et maire de Lyon (1995 - 2001). [Acad. sc. morales et polit. 2001] ➝ ÉTYM. *Barre* vient de l'ancien français *bare* «perche, barrière ; maison entourée d'une barrière».

**BARREIRO** ♦ V. du Portugal, face à Lisbonne, au S. de l'embouchure du Tage. 78 610 hab. Siège de l'entreprise CUF (chimie lourde). Tête de ligne des voies ferrées vers le S. du pays.

**BARRÈS (Maurice)** ♦ Écrivain et homme politique français (Charmes, Vosges 1862 - Paris 1923). Sa carrière littéraire commença à peu près en même temps que sa vie politique. Les deux premiers volumes de sa trilogie *Le Culte du moi* (*Sous l'œil des barbares*, 1888 ; *Un homme libre*, 1889), affirmation de son individualisme moral et social, venaient de paraître quand il fut élu député boulangiste de Nancy (1889). *Le Jardin de Bérénice* (1891) termine ce cycle. Antidreyfusard, défenseur de l'armée, préoccupé par la menace germanique, il exposa les principes de son nationalisme (qui enrichit le «moi» en l'enracinant socialement et géographiquement) dans une nouvelle trilogie, *Le Roman de l'énergie nationale* (1897 - 1902) [*Les Déracinés, L'Appel au soldat, Leurs figures*], et, conscient désormais de la nécessité de l'action, ne cessa d'exalter le patriotisme de la revanche jusqu'à la guerre qui fit de lui l'un des champions de l'Union sacrée (*Colette Baudoche*, 1909 ; *La Colline* inspirée*, 1913). Député de Paris depuis 1906, il était entré la même année à l'Académie. *Mes cahiers* (posth. 1930 - 1956), son journal intime, sont des mémoires intellectuels d'une grande sincérité, où Barrès exprime aussi les «mélodies qui sont en lui» et traduisent ses complexités intimes, «un sang qui demande l'action, un esprit qui veut rester libre» (H. de Montherlant). ➝ ÉTYM. *Barrès* vient de l'occitan «barrais, originaire de Barre», nom de lieu en Lozère ou dans le Tarn.

**BARRÉ-SINOUSSI (Françoise)** ♦ Biochimiste française (Paris 1947). [Prix Nobel de physiologie ou médecine 2008 avec L. Montagnier* et Harald zur Hausen* ; Acad. Sc. 2009]

**BARRETO (Francisco)** ♦ Capitaine portugais (Faro 1520 - en Abyssinie 1573 ou 1574). Gouverneur de l'Inde (1555 - 1559), puis du Mozambique (1569 - 1570), il tenta une expédition dans l'actuel Zimbabwe*, mais ne put s'y maintenir.

**BARRETTO (Ray)** ♦ Percussionniste américain (New York 1929 - Hackensack, New Jersey 2006). Fils d'immigrés portoricains, il fut nourri de musique afro-cubaine et aussi du swing de Duke Ellington, Count Basie et Benny Goodman. De son service militaire en Europe, il rapporta une passion pour les congas, le be-bop et le jazz et participa à l'éclosion d'un nouveau genre musical, la salsa, «forte expression sonore qui [combine] les éléments du jazz anglo-saxon et la percussion afro-antillaise dans un mélange de be-bop et de musique populaire cubaine». Princ. enregistrements : *Pachanga with Barretto* (1961), *Charanga moderna* (1962), *Acid* (1967), *Together* (1969), *Que Viva la Musica* (1972), *Barretto* (1975), *Rican / struction* (1979), *Ritmo en el Corazón* (avec Celia Cruz, 1988).

**Barricades** (journées des) ♦ Nom donné à plusieurs insurrections parisiennes. ♦ ***Journée du 12 mai 1588*** Le duc de Guise* brava la défense du roi et se rendit à Paris, appelé par les Seize*. Henri III voulut répliquer avec ses troupes mais la population se souleva, barrant les rues avec des barriques remplies de terre (cf. Barricade, *in Le Robert*). Le roi dut s'enfuir, laissant la place à Henri de Guise. ♦ ***Journée du 26 août 1648*** Le peuple se souleva, à la suite de l'arrestation de Broussel*, Charton et Blancmesnil par Anne d'Autriche, pour réclamer la libération de Broussel, qu'il obtint. Cette date marque le début de la Fronde*. ♦ ***Journées de juillet 1830, de février 1848 et de juin 1848*** ➝ **juillet 1830, février 1848, juin 1848.** ♦ ***Journée du 3 décembre 1851*** Journée révolutionnaire en protestation contre le coup d'État fomenté par Louis Napoléon Bonaparte (2 décembre* 1851) et qui vit la mort de Baudin sur une barricade du faubourg Saint-Antoine. ♦ ***Journées de la Commune de 1871*** ➝ **Commune (la).** ♦ ***Journées d'août 1944*** Libération de Paris*. ♦ ***Semaine des barricades d'Alger (24 janv.-1er fév. 1960)*** Insurrection contre la politique du général de Gaulle. ♦ ***Journées de mai 1968*** ➝ **mai 1968.**

**BARRIE (sir James Matthew)** ♦ Romancier et auteur dramatique britannique (Kirriemuir, Écosse 1860 - Londres 1937). Ses débuts dans le journalisme furent couronnés par la parution, sous un pseudonyme, de *Quand un homme est célibataire* (1888). Mais son premier succès fut *Le Petit Ministre* (1891), suivi par trois autres romans de mœurs écossaises : *Ogilvy* (1896), *Tommy le sentimental* (1896) et *Tommy et Grizel* (1900), dans la tradition de Dickens. Barrie appliqua avec succès au théâtre son inspiration fantaisiste : *L'Admirable Crichton* (1903) caricature les hiérarchies sociales, et son œuvre la plus populaire, *Peter* Pan ou le petit garçon qui ne voulait pas grandir* (1904), évoque le monde de l'imagination enfantine. Mais l'univers enchanté qu'il avait inventé se transforma peu à peu en un autre plus douloureux, peuplé d'infirmes (*Cher Brutus*, 1917 ; *Mary Rose*, 1920). On a dit de Barrie qu'il était un «Peter Pan» vieilli, inconsolé de son enfance.

**BARRIÈRE (GRANDE)** ♦ Chaîne de récifs coralliens de la mer de Corail, qui borde la côte N.-E. de l'Australie sur 2 400 km env. ➝ **Queensland.**

**BARRIOS (Justo Rufino)** ♦ Homme d'État guatémaltèque (San Lorenzo 1835 - Chachualpa 1885). Devenu président de la République en 1873, il gouverna en despote éclairé et entreprit la mise en valeur du pays. Il tenta de réunir les républiques d'Amérique centrale en un seul État, ce qui l'entraîna dans une guerre où il mourut.

**BARROIS (Charles)** ♦ Géologue français (Lille 1851 - Sainte-Geneviève-en-Caux 1939). Il est notamment connu pour ses travaux sur le Carbonifère du bassin houiller franco-belge et sur le Crétacé de France, d'Angleterre et d'Irlande. [Acad. sc. 1904]

**BARROIS** ➝ **Bar**

**BARROSO (Jose Manuel DURÃO)** ♦ Homme politique portugais (Lisbonne 1956). Membre du Parti social-démocrate, de centre droit, qu'il a présidé de 1999 à 2004, il a été ministre des Affaires étrangères de 1991 à 1995, puis Premier ministre de 2002 à 2004. Il préside la Commission européenne depuis 2004.

**BARROT (Odilon)** ♦ Homme politique français (Villefort, Lozère 1791 - Bougival 1873). Avocat en 1811, il prit rapidement position contre le régime de la Restauration à laquelle il s'était d'abord rallié. Monarchiste constitutionnel de tendance libérale, il défendit lors de la révolution de juil. 1830 l'idée d'«une royauté entourée d'institutions républicaines». Il devint sous la monarchie de Juillet le chef de l'opposition dynastique (monarchistes constitutionnels de gauche : parti du Mouvement). Organisateur de la «campagne des Banquets» (1847) pour la réforme électorale, il fut dépassé par les forces démocratiques lors de la révolution de 1848, et fut malgré lui l'un des artisans de la chute de la royauté. Rallié quelque temps à Louis Napoléon Bonaparte qui le nomma ministre de la Justice et chef du premier ministère (1848 - 1849), il passa peu après à l'opposition orléaniste, et fut arrêté (2 déc. 1851). En 1872, Thiers le nomma président du Conseil d'État. Ses *Mémoires* furent publiés en 1875 - 1876.

**BARROW (Isaac)** ♦ Mathématicien et théologien anglais (Londres 1630 - *id.* 1677). Maître de Newton*, il fut l'un des précurseurs du calcul différentiel.

**BARROW** n. m. ♦ Fl. d'Irlande (150 km). Il coule du N. au S. et se jette dans l'Atlantique par une vaste ria, le Waterford Harbour.

**BARROW-IN-FURNESS** ♦ V. d'Angleterre (Cumbria), sur la mer d'Irlande. 71 979 hab. Construc. navales spécialisées dans les sous-marins nucléaires (Vickers). ▪ Aux environs, couvent bénédictin de Furness Abbey, fondé en 1127.

**BARRY (Jeanne BÉCU, comtesse DU)** ♦ Favorite de Louis XV (Vaucouleurs 1743 - Paris 1793). Devenue la maîtresse du roi après une jeunesse agitée, elle se trouva au centre des intrigues de la cour, sans toujours le vouloir (elle contribua à la chute de Choiseul* et à l'avènement de Maupeou* et d'Aiguillon*). Elle quitta la cour à la mort du roi et se retira au château de Louveciennes, que Louis XV avait fait construire pour elle. Elle fut guillotinée lors de la Révolution.

**BARRY (sir Charles)** ♦ Architecte et dessinateur britannique (Londres 1795 - *id.* 1860). Après des études à Londres, il entreprit en 1817 un voyage en Europe et en Orient. Revenu en Grande-Bretagne, il s'affirma comme l'un des représentants de l'architecture éclectique, imitant soit l'architecture antique et italienne de la Renaissance (Traveller's Club de Pall Mall, 1831, le premier bâtiment londonien dérivant du style florentin) soit du style Tudor (King Edward's School de Birmingham, 1833 - 1836). Il acquit une renommée européenne en élevant avec Augustus W. Pugin (1812 - 1852) le nouveau palais de Westminster *(Houses of Parliament)* à Londres à partir de 1839, dans un style néogothique inspiré du gothique perpendiculaire anglais. ♦ **Edward Middleton Barry** (Londres 1830 - *id.* 1880). Fils du précédent. Il termina le palais de Westminster, restaura de nombreuses églises gothiques et éleva notamment l'opéra de Covent Garden.

Sir Charles **Barry.** Le palais de Westminster à Londres (Parlement).
*Phot. ©Ch. Bowman/Scope*

**BARRY** – en gallois *Y Barri* ♦ V. du pays de Galles (Vale of Glamorgan), au S. de Cardiff, sur le canal de Bristol. 45 000 hab. Ancien port charbonnier. Pétrochimie. Station balnéaire.

**BARRYMORE** ♦ Famille d'acteurs américains de théâtre et de cinéma, issue d'un couple de comédiens de théâtre célèbres au XIX$^e$ s., HERBERT BLYTHE, dit MAURICE BARRYMORE et GEORGIANA DREW. ♦ **Lionel Blythe,** dit **Lionel Barrymore** (Philadelphie 1878 - Van Nuys, Californie 1954). Fils des précédents. Il débuta au cinéma chez Griffith en 1909 et fut le partenaire de Pearl White (*Les Mystères de New York,* 1914 - 1915) et de Greta Garbo. ♦ **Ethel Mae Blythe,** dite **Ethel Barrymore** (Philadelphie 1879 - Beverly Hills 1959). Sœur du précédent. Elle fit surtout du théâtre, jouant épisodiquement au cinéma muet. Elle revint à l'écran après 1944 (*Le Procès Paradine,* 1948). ♦ **John Blythe,** dit **John Barrymore** (Philadelphie 1882 - Los Angeles 1942). Frère des précédents. Interprète shakespearien à la scène, il fut Don Juan dans le premier film sonore (A. Crosland, 1926) et Mercutio dans *Roméo et Juliette* (G. Cukor, 1936). Ses enfants, DIANA BARRYMORE (1921-1960) et JOHN BARRYMORE Jr (1932-2004), connurent des carrières moins glorieuses. ➝ **ÉTYM.** *Barrymore* vient du nom irlandais d'une baronnie de l'île de *Barrymore* (aujourd'hui Great Island, comté de Cork).

**BARSAC** [33720] ➝ **ÉTYM.** du germ. *Bertus,* n. de pers., et suff. *-acum* ♦ Comm. de la Gironde, arr. de Bordeaux, sur la Garonne. 1 948 hab. *(Barsacais).* Église des XVI$^e$ - XVII$^e$ s. (mobilier Louis XV). ▪ Vins blancs liquoreux (barsac et sauternes).

**BARSACQ (André)** ♦ Décorateur, metteur en scène et directeur de théâtre français (Théodosie, Crimée 1909 - Paris 1973). Il fut l'assistant de Jacques Copeau* à Florence (1935). Directeur du théâtre de l'Atelier* (1940 - 1972), il y a monté des œuvres d'Anouilh*, de M. Aymé*, et adapté *L'Idiot* de Dostoïevski. ➝ **ÉTYM.** *Barsacq* vient d'un nom de domaine gallo-romain *Barciacum,* du nom d'homme gaulois *Barcios* et suffixe *-acum.*

**BARSBAY (al-Mālik al-Achraf Sayf al-Dīn)** ♦ Sultan d'Égypte de la dynastie des mamelouks* circassiens (1422 - 1438). Il mena une expédition contre Chypre et captura Janus, roi de Chypre, de Jérusalem et d'Arménie, qu'il libéra moyennant un tribut annuel.

**BAR-SUR-AUBE** [10200] ➝ **ÉTYM.** du gaul. *barr-* «sommet, hauteur» ♦ Ch.-l. d'arr. de l'Aube, sur l'Aube. 6 261 hab. (aggl. 6 553) *(Baralbins* ou *Barsuraubois).* Église Saint-Pierre du XII$^e$ s. («halloy», galerie couverte d'une charpente, du XIV$^e$ s.). ▪ Prod. de paille de chanvre. ▌**Histoire** Bar-sur-Aube fut réuni à la France avec la Champagne au XIV$^e$ s. Les Autrichiens y furent battus par le maréchal Mortier en 1814.

**BAR-SUR-LOUP (LE)** [06620] ➝ **ÉTYM.** du gaul. *barr-* «sommet, hauteur» ♦ Ch.-l. de cant. des Alpes-Maritimes, arr. de Grasse. 2 543 hab. *(Barois).* Patrie du comte de Grasse (château).

**BAR-SUR-SEINE** [10110] ➝ **ÉTYM.** du gaul. *barr-* «sommet, hauteur» ♦ Ch.-l. de cant. de l'Aube, arr. de Troyes, sur la Seine. 3 510 hab. *(Barséquanais).* Église Saint-Étienne des XVI$^e$ et XVII$^e$ s. (vitraux). Maisons anc. ▪ Aux environs, à Rumilly-lès-Vaudes, église du XVI$^e$ s. (retable, vitraux). ▌**Histoire** Bar-sur-Seine fut réuni à la Bourgogne en 1435 et définitivement rattaché à la Couronne en 1529 par le traité de Cambrai.

**BART (Jean)** ♦ Marin français (Dunkerque 1650 - *id.* 1702). Il passa du service de la Hollande (sous Ruyter*) à celui de Louis XIV, et remporta, comme corsaire, de nombreux succès. Il réussit notamment à forcer le blocus anglais devant Dunkerque (1694) et à prendre ou brûler plus de 80 vaisseaux marchands hollandais (1696). Ses exploits lui valurent d'être anobli par Louis XIV et promu chef d'escadre (1697).

**BARTABAS (Clément MARTY, dit)** – esp. «tzigane» ♦ Cavalier et metteur en scène français (Boulogne-sur-Seine 1957), cofondateur du Théâtre équestre de Zingaro (1984), troupe itinérante puis installée au fort d'Aubervilliers en 1989. Il a inventé une nouvelle forme de spectacle dans laquelle les chevaux, sa passion, côtoient musiciens, danseurs, chanteurs et acrobates dans une atmosphère où le mystique l'emporte sur le cirque. En 2003, il a créé l'Académie du spectacle à Versailles au sein de laquelle il forme des écuyers au métier du spectacle.

**BARTAS** [bartas] **(Guillaume DE SALLUSTE, seigneur DU)** ♦ Poète français (Montfort, près d'Auch 1544 - Paris 1590). Huguenot et guerrier courageux, il se mit au service d'Henri de Navarre et remplit pour le roi différentes missions diplomatiques en Angleterre et au Danemark. Son œuvre littéraire, abondante, se compose surtout de poèmes religieux, où il apparaît comme un moraliste austère : *Uranie, Le Triomfe de la foi* (1583), *Judith* (1583). Son principal ouvrage, qui connut un succès prodigieux, est *La Sepmaine ou la Création du monde* (1578 - 1584), poème en sept chants inspiré de l'Ancien Testament, que suivit *La Seconde Sepmaine* (inachevée, 1585), évoquant l'histoire de l'humanité. Plus encore qu'une œuvre religieuse, il s'agit d'une poésie scientifique qui participe de l'esthétique baroque.

**BARTH (Heinrich)** ♦ Explorateur et géographe allemand (Hambourg 1821 - Berlin 1865). De 1850 à 1855, il explora le nord et le centre de l'Afrique et parvint jusqu'à Tombouctou (*Voyages et découvertes dans le nord et le centre de l'Afrique,* 1857 - 1859).

**BARTH (Karl)** ♦ Théologien calviniste suisse (Bâle 1886 - *id.* 1968). Pasteur en Suisse, il devint célèbre par sa lecture de l'Épître aux Romains (1918). Appelé à enseigner en Allemagne, il participa à la naissance de l'Église confessante allemande (1934) aux côtés de Bonhoeffer*, et fut expulsé en 1935 par le régime nazi auquel il continua de s'opposer sans relâche depuis Bâle, où il enseigna jusqu'en 1962. Son œuvre insiste sur l'absolue transcendance de Dieu, avec des accents souvent tragiques, mais qui attachent à la personne du Christ l'espérance du salut humain. Il exprima sa «théologie dialectique» dans un ouvrage monumental demeuré inachevé *Dogmatique*(*Kirchliche Dogmatik,* 1927 - 1932 - 1951).

**BARTH (John)** ♦ Romancier américain (Cambridge, Maryland 1930). D'abord musicien, puis professeur d'anglais à l'université d'État de New York, il est connu par *L'Opéra flottant* (1956), *The Sot-Weed Factor* (*Le Courtier en tabac,* 1960), *L'Enfant-Bouc* (1966) et *Chimère* (1972). Disciple de Kafka et de Joyce, il traite de thèmes sérieux (l'absence de valeurs dans le monde, l'impossibilité de prendre une décision juste) dans un style irrévérencieux et satirique.

**BARTHÉLEMY** ou **BARTHOLOMÉ** (saint) ➝ **ÉTYM.** en gr. *Bartholomaios,* de *Bar Tolmay* (forme araméenne de *Ptolémée*) «fils de Tolmay» ♦ Un des douze apôtres*, identifié avec le Nathanaël de l'Évangile de Jean*. La tradition en fit l'évangélisateur de l'Inde, puis de l'Arménie où il serait mort écorché vif (scène représentée par plusieurs peintres, dont Ribera). La tradition gnostique en fait un des interlocuteurs de Jésus (notamment dans la *Pistis Sofia*). ♦ ***Les «Questions de Barthélemy»*** (grec, II$^e$ s.) et le Livre de la Résurrection du Christ, de Barthélemy (copte, V$^e$ s.), sont apocryphes*, comme la Prédication de Barthélemy dans la ville de l'Oasis et le Martyre de Barthélemy conservés dans les Combats des apôtres (coptes). ▪ Fête le 24 août.

**BARTHÉLEMY** (abbé **Jean-Jacques**) ♦ Écrivain et érudit français (Cassis 1716 - Paris 1795). Orientaliste, directeur du cabinet des Médailles (1754) dont il enrichit la collection, ami de Choiseul* qui le combla de faveurs, Barthélemy consacra sa vie à l'étude de l'Antiquité. Arrêté comme suspect en 1793, il fut par la suite réintégré dans sa charge. ▪ Outre des mémoires d'archéologie, il composa (de 1757 à 1787) un ouvrage évoquant la Grèce du temps de Démosthène, le *Voyage du jeune Anacharsis en Grèce vers le milieu du IVe siècle avant l'ère vulgaire* (1788). Mine de documentation archéologique et philologique, l'œuvre connut un succès considérable, et son influence sur la littérature du début du XIXe s. (Chateaubriand) est incontestable.

**BARTHÉLEMY** (**François**, marquis **DE**) ♦ Homme politique français (Aubagne 1747 - Paris 1830). Ministre des Affaires étrangères sous Choiseul, ambassadeur de la République en Suisse jusqu'en 1797, il négocia et signa les deux traités de Bâle* avec la Prusse et l'Espagne. Membre du Directoire* (1797), il fut éliminé après le coup d'État du 18 Fructidor (4 sept. 1797) en raison de ses relations avec les royalistes, déporté en Guyane d'où il s'évada. De retour en France après le 18 Brumaire (9 nov. 1799), sénateur et comte d'Empire, il se rallia à Louis XVIII, qui le nomma ministre d'État (1815 - 1819) et le fit pair de France.

**BARTHÉLEMY** (**Auguste Marseille**) ♦ Poète satirique français (Marseille 1794 - *id.* 1867). En collaboration avec Méry*, il créa une gazette satirique contre la monarchie de Juillet, *La Némésis* (1831 - 1832).

**BARTHÉLEMY** (**René**) ♦ Physicien français (Nangis 1889 - Antibes 1954). Ses travaux contribuèrent au progrès de la télévision. Il perfectionna le système de transmission inventé par Baird*, augmenta la définition et apporta des améliorations aux tubes électroniques. [Acad. sc. 1946]

**BARTHÉLEMY SAINT-HILAIRE** (**Jules**) ♦ Érudit et homme politique français (Paris 1805 - *id.* 1895). Collaborateur au *Globe* sous la Restauration puis au *National* et au *Constitutionnel* sous la monarchie de Juillet, il fut nommé secrétaire du gouvernement provisoire après la révolution de févr. 1848 et siégea comme républicain modéré aux Assemblées constituante et législative (1848, 1849). Retiré de la vie politique après le coup d'État du 2 déc. 1851 et opposé à l'Empire, il fut élu membre du Corps législatif en 1869, puis député à l'Assemblée nationale (1871), et, nommé ministre des Affaires étrangères dans le cabinet J. Ferry (1880 - 1881), signa le traité du Bardo, par lequel la Tunisie devint protectorat français. Ami de Littré, il a laissé des traductions d'Aristote, des ouvrages de philosophie et d'histoire religieuse, en particulier sur le bouddhisme.

**BARTHES** (**Roland**) ♦ Critique et sémiologue français (Cherbourg 1915 - Paris 1980). Après des études classiques et une expérience théâtrale (Groupe de théâtre antique de la Sorbonne, 1936), il fut influencé par la lecture de Marx et de Sartre, après 1945. La lecture de *L'Étranger* de Camus l'amena à l'idée d'un «type d'écriture qui essaie de dépasser les signes du style, de la littérature, pour arriver à une sorte d'écriture neutre» (ou «blanche»). *Le Degré zéro de l'écriture* (1953), réflexion sur le langage littéraire et sur ses conditions historiques, veut témoigner «d'une certaine *difficulté* de la littérature, condamnée à se signifier elle-même à travers une écriture qui ne peut être libre». L'essai fut considéré comme le manifeste d'une «nouvelle critique», immanente, soucieuse du texte seul et de ses significations (et non des phénomènes extérieurs à sa production). Des travaux sur *Michelet* (1954), sur *Racine* (1963), etc., illustrent cette méthode critique, où la psychanalyse freudienne joue un grand rôle. C'est la critique sociale qui domine dans *Mythologies* (1957), réflexion sur les mythes de la vie quotidienne, par quoi la société donne pour naturels les produits historiques de son idéologie. Cette réflexion conduisit Barthes à la linguistique structurale. → **Saussure (Ferdinand de)**. *Éléments de sémiologie* (1965), *Système de la mode* (1967), analyse d'énoncés concernant la mode féminine et du «code» qu'ils manifestent, contribuent, par une méthode rigoureuse empruntée notamment à L. Hjelmslev*, à la connaissance des lois de la signification. Revenant à l'étude du texte littéraire, Barthes a publié l'exégèse minutieuse d'une nouvelle de Balzac, qui met notamment en scène le thème de l'ambiguïté sexuelle et de la castration (*S/Z*, 1970) et des essais sur *Sade, Fourier, Loyola* (1971), manifestant un intérêt accru pour le signifiant en tant que symptôme de l'inconscient (Freud, Lacan) et pour la pluralité des codes comme révélateurs de l'épaisseur historique des textes (Marx). Proches des recherches du groupe *Tel Quel*, les travaux de Barthes dépassent les positions de la «Nouvelle Critique» pour reconnaître les lois fonctionnelles de la signification ; ils tendent à abolir la mythologie historique de l'«auteur» et de l'«œuvre» comme la distinction entre œuvre et critique, et à rechercher avec plus de rigueur les rapports profonds entre les signes et l'homme, vision appliquée à un objet social très complexe, le Japon, dans *L'Empire des signes* (1970). Précurseur de la critique formaliste, R. Barthes, avec les cinq volumes d'*Essais critiques* (1964 - 1984), *Le Plaisir du texte* (1973), puis *Roland Barthes par lui-même* (1975), récuse la tentation de «scientificité» pour exalter la jouissance que le texte fait éprouver au lecteur, l'effet de «coexistence» qui en résulte et la «saveur» humaine, plus précieuse que le «savoir» même (*Fragments d'un discours amoureux*, 1977). Par ailleurs, *La Chambre claire* (1980) est une méditation sur la photographie qui met en évidence les rapports entre l'image et le temps. R. Barthes fut professeur au Collège de France à partir de 1976. ➝ ÉTYM. *Barthes* vient de l'occitan *barta* «buisson» (nom de lieu).

**BARTHEZ** [baʀtɛz] (**Paul-Joseph**) ♦ Médecin et philosophe français (Montpellier 1734 - Paris 1806). Successivement rédacteur au *Journal des savants*, collaborateur à l'*Encyclopédie*, chancelier à l'université de Montpellier (1785) et médecin du Gouvernement (1802), il est l'un des fondateurs du vitalisme (*Nouveaux éléments de la science de l'homme*, 1778).

**BARTHOLDI** (**Frédéric Auguste**) ♦ Sculpteur français (Colmar 1834 - Paris 1904). Son premier succès fut la statue du général Rapp* (1853) ; puis, pour des commandes officielles, il chercha à exprimer ses sentiments patriotiques dans un style marqué par la tradition académique. *La Liberté éclairant le monde* (inaugurée en 1886), dans le port de New York (réduction à Paris, pont de Grenelle), fut exécutée en lames de cuivre montées sur une armature d'acier due à Gustave Eiffel. *Le Lion de Belfort* fut taillé à même le roc à Belfort en 1880 (réduction à Paris, place Denfert-Rochereau). ➝ ÉTYM. Ce nom de famille vient du germanique *Berhtwald*, nom de personne, de *berht* «brillant» et *waldan* «gouverner».

**Bartholdi.** *La Liberté éclairant le monde* (33 m), détail, 1886. © *PhotoDisc*

**BARTHOLIN** (**Erasmus BERTELSEN**, dit) ♦ Savant danois (Roskilde 1625 - Copenhague 1698). Fils et frère de médecins, il fut le premier à remarquer le phénomène de la double réfraction dans le spath d'Islande (1669), interprété ensuite par C. Huygens*.

**BARTHOLOMÉ** (**Paul-Albert**) ♦ Sculpteur et peintre français (Thiverval, Seine-et-Oise 1848 - Paris 1928). D'abord peintre, il se consacra ensuite (1886) à la sculpture et resta toute sa vie très lié avec Degas*. Il acquit une grande renommée comme sculpteur funéraire et fut chargé du monument aux morts (1899) du cimetière du Père*-Lachaise, ainsi que de nombreux monuments aux morts de la Première Guerre mondiale. ➝ ÉTYM. *Bartholomé* a la même étymologie que *Barthélemy**.

**BARTHOU** (**Louis**) ♦ Homme politique français (Oloron-Sainte-Marie 1862 - Marseille 1934). Député du centre droit en 1884, il fut plusieurs fois ministre sous la IIIe République. Président du Conseil (mars-déc. 1913), il fit adopter la loi dite des trois ans sur le service militaire, s'attirant l'hostilité des radicaux et des socialistes. Sénateur (1922), ministre des Affaires étrangères dans le cabinet Doumergue (1934), il travailla à réaliser la politique d'alliance avec l'Est (en particulier l'URSS), mais fut victime de l'attentat contre Alexandre Ier de Yougoslavie qu'il était allé accueillir à Marseille. Auteur de plusieurs ouvrages historiques. [Acad. fr. 1918] ➝ ÉTYM. Le nom est une variante de *Berthou (Bertou)* ; du germanique *Berhtwulf*, nom de personne, de *berht* «brillant» et *wulf* «loup».

**BARTÓK (Béla)** ♦ Compositeur hongrois (Nagysentmiklós 1881 - New York 1945). Il s'orienta de bonne heure vers la carrière musicale, étudiant d'abord à Bratislava puis à Budapest où il allait bientôt devenir professeur (1907). Il y enseigna le piano jusqu'en 1935. Influencé à ses débuts par la musique de tradition allemande, il reçut la révélation de Debussy (1905) et cette rencontre allait marquer une partie de son œuvre à venir. Simultanément, il entreprit avec son ami Kodály* des voyages d'études à travers de nombreuses régions d'Europe centrale (Hongrie, Slovaquie, Roumanie) et, plus tard, d'Afrique, afin d'y recueillir et d'y enregistrer plusieurs dizaines de milliers de chants folkloriques. Fondamentalement hostile au nazisme, il s'expatria quand le régime dictatorial hongrois pactisa avec Hitler. Alors qu'il était installé définitivement aux États-Unis (1940), l'incompréhension, la gêne et la maladie hâtèrent sa fin. Marquée d'abord par le romantisme de Liszt (*Symphonie Kossuth*, 1903) puis par l'impressionnisme de Debussy (*Images*, 1911), l'œuvre de Bartók devait aboutir à une phase de recherches où l'expressionnisme de Stravinski voisine avec le chromatisme de Berg et de Schoenberg. Sans cesser toutefois d'être imprégné d'influences folkloriques, caractérisé tour à tour par une intense vivacité de coloris, une violence sauvage et une sereine douceur propice au rêve poétique, l'art de Bartók exprime un effort de synthèse et d'assimilation dont ses meilleurs ouvrages portent témoignage. En même temps, ils constituent l'affirmation d'une puissante personnalité de mélodiste, de rythmicien et d'orchestrateur. Art tout à la fois savant et populaire, d'un généreux lyrisme, au contrepoint incisif, à la polytonalité toujours plus complexe. Outre des œuvres vocales (*Vingt chansons populaires hongroises*, 1911) et scéniques (*Le Château* de Barbe-Bleue*, 1911 ; *Le Prince de bois*, 1916 ; *Le Mandarin merveilleux*, 1919), ses réussites les plus achevées sont des compositions pour piano, traité pour la première fois par Bartók en instrument de percussion (*Allegro barbaro*, 1911 ; *Sonatine*, 1915 ; *Trois concertos*, 1926, 1931, 1945 ; *Sonate pour deux pianos et percussion*, 1937), pour instruments à cordes (*Deux sonates pour violon et piano*, 1921, 1922 ; *Concerto pour violon et orchestre*, 1938 ; *Les Six Quatuors à cordes*, 1908 - 1939 ; la *Musique pour cordes, percussion et célesta*, 1936). Son œuvre la plus populaire demeure *Le Concerto pour orchestre* (1943). De cet effort incessant de renouvellement dans la rigueur qui caractérise l'œuvre de Bartók, une suite de 153 pièces, *Mikrokosmos** (1939), que le musicien composa pour suivre les progrès pianistiques de son fils, apporte un édifiant témoignage.

**BARTOLI (Cecilia)** ♦ Mezzo soprano italienne (Rome 1966). Grâce à son agilité vocale et à l'étendue de ses possibilités, elle mène en parallèle une carrière d'interprète d'opéras classiques (Haydn, Rossini, Vivaldi et surtout Mozart dont *Cosi Fan Tutte* ou *Les Noces de Figaro*) et de musique baroque avec des choix d'œuvres moins connues. Capable d'aborder également les airs écrits pour des castrats, elle enregistre *Opera Proibita* en 2005 (œuvres de Haendel, Scarlatti et Caldara).

**BARTOLO** ♦ Jurisconsulte italien (Sassoferrato, duché d'Urbino 1314 - Pérouse 1357). Il jouit d'une renommée considérable auprès de ses contemporains et fut comblé d'honneurs par l'empereur Charles IV. Se tenant à l'écart des rivalités entre guelfes et gibelins, il enseigna le droit romain à Pérouse et composa d'importants traités de droit public, criminel et privé et de procédure (réunis, pour la plupart, dans l'édition de 1588). Visant un but pratique, il s'efforça de répondre aux besoins de son temps en conciliant les principes de la législation romaine avec le droit canonique et le droit féodal. Son influence, très grande en Allemagne, fut combattue en Italie et en France, dès le XVIe s., par l'école historique fondée par Alciat* et illustrée par Jacques Cujas*.

**BARTOLO DI FREDI** ♦ Peintre siennois (Sienne v. 1330 - *id.* v. 1409). Il assura avec les peintres de sa *bottega* le maintien de la tradition siennoise dans la seconde moitié du Trecento.

**BARTOLOMEO** ou **BARTOLOMMEO (Baccio DELLA PORTA,** dit **FRA)** ♦ Peintre italien (Soffignano 1472 - Florence 1517). Il ouvrit en 1494 une *bottega* avec Mariotto Albertinelli, élève comme lui de Cosimo Rosselli* (*Annonciation*, 1497, cathédrale de Volterra) mais, devenu disciple de Savonarole* dont il a laissé un portrait célèbre (Florence, San Marco), il brûla ses œuvres profanes dans les « bûchers des vanités » et se fit dominicain (1500), laissant inachevé un *Jugement dernier* à Santa Maria Novella. Ordonné à San Marco, et chargé en 1505 de diriger l'atelier du monastère (*Vision de saint Bernard*, 1504 - 1507), il devait reprendre une collaboration moins étroite avec Albertinelli (1508 - 1512). Un voyage à Venise (1508), un autre à Rome (1514) l'aidèrent à conjuguer techniques et styles nouveaux dans ses compositions largement organisées, aux grandes figures drapées : il en tempéra l'austérité par le coloris et le sfumato (*Le Mariage mystique de sainte Catherine*, v. 1512, Offices ; *Salvator Mundi*, v. 1516, palais Pitti).

**BARTON** (sir **Derek Harold Richard**) ♦ Chimiste britannique (Gravesend 1918 - College Station, Texas 1998). Ses travaux sur les relations entre la forme spatiale d'une molécule et sa réactivité chimique furent à la base d'une nouvelle branche de la chimie, l'analyse conformationnelle. Il fut le premier à l'appliquer à des systèmes complexes relevant de la biochimie. [Prix Nobel de chimie 1969 avec O. Hassel*]

**BARUCH** [baʀyk] → ÉTYM. en hébr. *Bârûch* « béni » ♦ Dans la Bible, secrétaire du prophète Jérémie* (dont il fut l'éditeur, selon la version grecque du livre de Jérémie) qui lui dicte ses oracles. On a retrouvé deux sceaux portant son nom (ou celui d'un scribe de même nom). ♦ ***Livre de Baruch***, deutérocanonique* (→ **Bible**). 5 chapitres composés en hébreu en tout ou en partie (le texte est moitié en prose, moitié en vers, nous n'avons pas le texte original), 6 chapitres dans la Vulgate qui y ajoute la Lettre de Jérémie*. Poèmes de confession du peuple et de supplication, puis de consolation, entrecoupés par une méditation sur la sagesse. L'Apocalypse grecque et l'Apocalypse syriaque de Baruch sont apocryphes*. Le Reste des Paroles de Baruch est le nom éthiopien des Paralipomènes de Jérémie*, apocryphe. ▪ Allusion litt. : « Avez-vous lu Baruch ? C'est un bien beau génie ! », question que La Fontaine allait répétant après avoir lu le Livre de Baruch.

**BARUK (Henri)** ♦ Psychiatre français (Saint-Avé, Morbihan 1897 - Saint-Maurice 1999). Son *Traité de psychiatrie* est un ouvrage de référence, dont le rôle est comparable à celui de l'ouvrage équivalent de Henri Ey*.

**BARYCHNIKOV (Mikhaïl Nikolaïevitch)** ♦ Danseur et chorégraphe américain d'origine soviétique (Riga 1948). Engagé au Kirov en 1966, il entama en Union soviétique une carrière couronnée de succès avant d'émigrer aux États-Unis (1974). En 1976, il créa *Push Comes to Shove* de T. Sharp au New York City Ballet, puis à l'Opéra de Paris. Il dansa pour J. Neumeier (*Hamlet : Connotations*, 1976), J. Robbins (*Other Dances*, 1976), A. Ailey (*Pas de Duke*, 1977) avant d'aborder lui-même la chorégraphie (*Don Quichotte*, 1978). Il dirigea l'American Ballet Theatre de 1980 à 1991, puis le White Oak Dance Project, ballet qui exécuta des chorégraphies de Mark Morris et T. Sharp (*Pergolesi*, Nantes, 1993). → ÉTYM. Ce nom de famille vient du prénom russe *Baryshnik* « homme chanceux ».

**BARYE (Antoine-Louis)** ♦ Sculpteur et aquarelliste français (Paris 1796 - *id.* 1875). Fils d'orfèvre, élève de Bosio*, puis de Gros*, il se fit remarquer comme animalier avec un *Tigre dévorant un gavial* (1831) puis un *Lion écrasant un serpent* (1833). Le non-conformisme de ses œuvres fut violemment critiqué ; il reçut cependant des commandes officielles (*Lion en marche* de la colonne de Juillet, 1840) et exécuta parfois des œuvres d'un esprit plus classique (*Le Lapithe et le Centaure*, 1850). Il avait le sens du mouvement, le goût des masses animées, exaltait le caractère épique et dramatique de ses sujets, avec une prédilection marquée pour le thème romantique du combat de fauves. Observateur attentif, il allait souvent peindre à Barbizon* : ses aquarelles et dessins rehaussés de gouaches sont d'une grande puissance expressive.

Antoine-Louis **Barye.** *Thésée combattant le Minotaure* (45 × 30 × 18 cm). Musée du Louvre, Paris. *Phot. ©Arch. Smeets*

**BARYSSAV** – anc. ***Borissov*** ♦ V. de Biélorussie. 150 700 hab. Indus. mécanique et chimique. Instruments de musique. ▮ **Histoire** Fondée en 1102, la ville fut lituanienne, polonaise puis russe après 1793.

**BARZANI (Mustafa AL-)** ♦ Chef kurde (Bārzān 1903 - Washington 1979). Commandant en chef des troupes de la République kurde (1945), il dut se replier en Iran, puis en URSS. En 1958, il revint en Irak et devint chef du Parti du Kurdistan irakien, devenu légal, mais il se révolta en 1961, réclamant l'autonomie. Le maréchal Aref dut négocier avec lui (1963), et, après une reprise de la lutte, signer la paix (1966), acceptant l'autonomie du pays kurde.

**BASCH (Victor)** ♦ Philosophe français d'origine autrichienne (Budapest 1863 - Neyron, Ain 1944). Ses travaux sur Kant et Schelling ont contribué à une meilleure connaissance de la philosophie allemande en France, notamment dans le domaine de l'esthétique. Militant de gauche et président de la Ligue des droits de l'homme, il fut assassiné, ainsi que sa femme, par des membres de la Milice.

**BASDEVANT (Jules)** ♦ Juriste français (Anost, Saône-et-Loire 1877 - *id.* 1968). Professeur de droit international à Paris, il fut président de la Cour internationale de justice de La Haye (1949 - 1952).

**BASEDOW** ou **BASEDAU (Johann Bernhard)** ♦ Pédagogue allemand (Hambourg 1723 - Magdeburg 1790). Il formula dans son *Manuel élémentaire d'éducation* (1774) les principes d'une réforme de l'enseignement qui s'inspire en partie de l'*Émile* de J.J. Rousseau. Basedow s'y est montré soucieux de rendre l'étude vivante pour l'enfant, d'en graduer les difficultés, tout en y introduisant l'éducation physique et l'apprentissage de la vie collective. Avec l'appui du prince Léopold de Dessau, il créa en 1774 le Philantropinum, école modèle destinée aussi à la formation des maîtres. Bien que des difficultés administratives l'aient obligé à en abandonner peu après la direction à J. H. Campe*, les principes pédagogiques qu'il avait énoncés furent repris dans plusieurs tentatives du même genre à l'époque (→ **Bahrdt**).

**BASEDOW (Karl VON)** ♦ Médecin allemand (Dessau 1799 - Merseburg 1854). Il donna la description de l'hyperthyroïdie et de ses symptômes (*maladie de Basedow*, ou goitre exophtalmique).

**BASELITZ (Georg KERN, dit Georg)** ♦ Peintre, graveur et sculpteur allemand (Deutschbaselitz, Saxe 1938). Né en Allemagne de l'Est, il réussit à passer à l'Ouest en 1956. Il s'est réclamé dès ses débuts de l'expressionnisme allemand et de l'art informel, exaltant la qualité physique de la peinture avec une certaine violence. Il a rédigé deux manifestes contre l'école de Paris et contre l'abstraction américaine, en 1961 et 1962. Dans une atmosphère de polémique et de scandale, deux tableaux lui furent même confisqués lors d'une exposition en 1963 : *Die grosse Nacht im Eimer*, montrant un jeune homme se masturbant, et *Der nackte Mann*. À partir de 1969, les figures de ses tableaux, mêlées au fond et peintes en couleurs crues, sont présentées systématiquement la tête en bas, en une réaffirmation exaltée du renversement des priorités plastiques de son art (*Die Mädchen von Olmo*, 1981) et en réponse à une stricte éducation protestante. À plus de 60 ans, il a repris ses œuvres de jeunesse pour en donner des versions dotées d'effets de transparence et de couleurs plus lumineuses (*Remix*).

**Bas-Empire** n. m. ♦ Terme utilisé par Camille Lebeau (en 1752) pour désigner l'histoire de Byzance du IV^e^ au XV^e^ s. Aujourd'hui, le terme, souvent évité par les historiens, peut désigner la période de la «décadence» de l'Empire romain : de l'avènement de Dioclétien* (284) au sac de Rome (476) pour l'empire d'Occident, et jusqu'à la mort de Justinien* I^er^ (565) pour l'empire d'Orient.

**BASHŌ (MATSUO Munefusa, dit)** ♦ Moine et poète japonais (Tsuge, auj. Ueno 1644 - Ōsaka 1694). Créateur du *haiku*, il en est considéré comme le plus grand maître. Ses poèmes sont insérés dans des textes en prose, essentiellement des journaux et récits de voyage, dont ils présentent, cristallisés en trois vers, des moments exceptionnels, des émotions, des réflexions : *La Sente étroite du bout du monde* (1694). Ses disciples recueillirent nombre de ses poèmes : *Shōmon shichi bushū* («Sept recueils de l'école de Bashō», 1774).

**BASIE (William, dit Count)** ♦ Pianiste, compositeur et chef d'orchestre de jazz américain (Red Bank, New Jersey 1904 - Hollywood, Floride 1984). Après avoir débuté à New York et participé à diverses tournées, il entra en 1929 dans l'orchestre de Benny Moten à Kansas City. À la mort du chef d'orchestre (1935), il reprit plusieurs musiciens du groupe pour former son propre orchestre. Pianiste au jeu concis et percutant, chef d'une extrême exigence, il fit de cet ensemble une machine à swing que servirent des artistes tels que les trompettistes Buck Clayton et Harry Edison, les saxophonistes Herschel Evans et Lester Young*, le tromboniste Dicky Wells, les vocalistes Billie Holiday*, Jimmy Rushing* puis, après la guerre, Joe Williams* et, dans une section rythmique devenue légendaire, le guitariste Freddie Green, le bassiste Walter Page et le batteur Jo Jones. À travers remaniements et évolutions, l'orchestre resta l'un des représentants les plus typiques du middle jazz. Princ. enregistrements : *One O'Clock Jump* (1937), *Tickle Toe* (avec Lester Young, 1940), *The Kid from Red Bank* (1957).

**BASILAN CITY → Isabela**

**BASILDON** ♦ V. d'Angleterre (Essex), dans la banl. E. de Londres. 165 661 hab. Ville nouvelle de la première génération, fondée en 1949, et destinée à décongestionner Londres. Indus. diversifiées.

**BASILE le Grand** (saint) ◆ ÉTYM. en gr. *Basileios* «royal» ♦ Père et docteur de l'Église (Césarée de Cappadoce 330 - *id.* 379). Après des études à Constantinople et Athènes, il visita les ascètes d'Orient et fonda une communauté monastique en Cappadoce. Prêtre puis évêque de Césarée (370), il lutta contre l'arianisme de l'empereur Valens. Princ. œuvres : deux *Règles* monastiques et les *Ascétiques* ; le *Contre Eunomios* (contre l'arianisme) ; des homélies (*Sur la Genèse* ou *Hexaméron*, *Sur les Psaumes*) ; des lettres. Frère de Grégoire* de Nysse et ami de Grégoire* de Nazianze. ▪ Fête le 2 janv.

**BASILE I^er^ le Macédonien** – en gr. *Basileios* ♦ Empereur byzantin (Andrinople, auj. Edirne v. 813 - 886). Favori de Michel* III l'Ivrogne qui l'associa au trône (866), il l'assassina et fonda la dynastie macédonienne (867). Destituant Photios*, patriarche de Constantinople (qu'il devait d'ailleurs rétablir en 877), il mit provisoirement fin au schisme de l'Église d'Orient, repoussa les Arabes d'Asie Mineure (863) et rétablit l'autorité de l'Empire byzantin en Italie du Sud (880). → **Basiliques.**

**BASILE II** surnommé **le Bulgaroctone** ◆ ÉTYM. «tueur de Bulgares» ♦ (958 - 1025). Empereur byzantin (963 - 1025). Coempereur avec son frère Constantin* VIII, il fut placé sous la régence de Nicéphore* II Phocas, puis de Jean* I^er^ Tzimiskès auquel il succéda (976) conjointement avec Constantin VIII, qui lui laissa toute autorité. Il rétablit la prospérité de l'Empire en dépit de la révolte des nobles, et favorisa l'influence de Byzance sur la Russie par son alliance avec Vladimir*, grand-prince de Kiev. Menacé par l'Empire bulgare, il mena contre celui-ci une guerre d'extermination (989 - 1018). Après la bataille victorieuse de Stoumitza (1014), il donna l'ordre de crever les yeux aux 15 000 prisonniers, à l'exception de 150 d'entre eux (qui furent éborgnés) pour être les guides au chemin du retour auprès de leur tsar Samuel. Celui-ci mourut de chagrin deux jours après. Il annexa encore l'Arménie, le Caucase et la Géorgie et combattit les Arabes en Asie* Mineure. Son règne marqua l'apogée de Byzance.

**BASILE (Giambattista)** ♦ Écrivain italien (Naples 1575 - Giugliano, Naples 1632). Frère de la célèbre cantatrice Adriana Basile, il servit Venise par les armes et séjourna à la cour de Mantoue. Rentré à Naples, il administra des fiefs de grands seigneurs. Poète, il donna une œuvre en italien dans le goût mariniste, mais (sous le pseudonyme de Gian Alesio Abbattutis) il reste surtout l'auteur en dialecte des *Muses napolitaines* (1635), églogues dialoguées, et du *Conte des contes* (*Lo Cunto de li Cunti*, 1634 - 1636), ou *Pentamerone*, recueil de contes merveilleux où apparaissent pour la première fois certains thèmes désormais universels (*La Gatta Cenerentola*) → **Cendrillon.** Au croisement de la verdeur grotesque et de la sophistication baroque, Basile produisait là une œuvre où allaient puiser en particulier Perrault et les Grimm.

**Basile-le-Bienheureux** (église de) ♦ Église de Moscou, sur la place Rouge (1555 - 1560), construite sur l'ordre du tsar Ivan* le Terrible par les architectes Yakovlev et Barma Possnik. Ses bulbes ouvragés et son décor polychrome suscitent l'admiration.

**BASILE VALENTIN** ♦ Alchimiste allemand (né v. la fin du XIV^e^ s.). Il fut probablement bénédictin. Auteur d'un ouvrage sur l'antimoine, il a été le premier à l'utiliser comme médicament. Il décrivit la préparation de l'esprit-de-sel (acide chlorhydrique) et la distillation de l'eau-de-vie.

**BASILICATE** n. f. anc. n. m. – en it. *Basilicata* ; ◆ ÉTYM. du gr. *basilikos* «royal» ♦ Région d'Italie, dans le S. du pays (Mezzogiorno*). Elle correspond à peu près à l'ancienne Lucanie* et groupe aujourd'hui les prov. de Matera et de Potenza. → **Italie** (carte). 9 992 km². 597 768 hab. CH.-L. : Potenza. ▮ **Géographie** Le relief est très bouleversé. L'intérieur, sauvage et montagneux, est fait de blocs calcaires et de bassins argileux ravinés par l'érosion. La côte marécageuse du Métaponte, le long du golfe de Tarente, a été bonifiée. Très pauvre et trop peuplée, la région vivait surtout de l'élevage ovin et caprin, de la *coltura promiscua*, associant céréales et arbres fruitiers, au rendement faible, et c'est souvent grâce aux subsides des émigrés vers l'Amérique (les «Américains») que se maintenaient bon nombre de familles. Dans le val de Basento, l'industrie chimique se développe sur un gisement de méthane, tandis que sur le littoral des lidos touristiques forment un axe en cours de développement. ▮ **Histoire** Ancienne Lucanie, la région connut successivement la domination des Grecs, des Romains, des pirates sarrasins, des Lombards (duchés de Bénévent et de Salerne), puis des Normands qui lui donnèrent le nom de Basilicate. Elle fut ensuite incluse dans le royaume de Sicile puis dans celui de Naples.

**BASILIDE** – en gr. *Basileidês* ♦ Gnostique d'Alexandrie (1^re^ moitié du II^e^ s.), fondateur d'un culte à mystères. Ses spéculations cosmologiques (365 cieux et ordres d'anges entre Dieu et l'homme) sont connues à travers les réfutations d'Irénée* et d'Hippolyte*.

les **Basiliques** – en gr. *Basilikai* ♦ Recueil des lois de l'Empire byzantin* constitué sous le règne de Basile* I^er^ le Macédonien et de ses successeurs Léon* VI et Constantin* VII Porphyrogénète. Publié en 905 et révisé en 945 (divisé alors en 60 livres), il recomposait le Code de Justinien qu'il mettait dans un nouvel ordre et en langue grecque.

**BASIN (Thomas)** ♦ Prélat et chroniqueur français (Caudebec-en-Caux 1412 - Utrecht 1491). Évêque de Lisieux (1447 - 1474), membre du conseil privé de Charles* VII, il fut contraint à l'exil par Louis XI pour avoir participé à la ligue du Bien public. On lui doit une *Histoire de Charles VII et de Louis XI* et un *Mémoire* justificatif pour la réhabilitation de Jeanne* d'Arc.

**BASINGSTOKE** ◆ ÉTYM. en vieil angl. *Basingastoc* «village (*stoc*) fondé par un homme nommé *Basa*» (*-inga* est la marque du génitif) ♦ V. d'Angleterre

(Hampshire), au S.-O. de Londres, dans l'aggl. de Basingstoke and Deane. 152 583 hab. Centre commercial et indus. dont la croissance bénéficie de la proximité de Londres et de l'autoroute M3.

**BASKERVILLE (John)** ♦ Imprimeur britannique (Wolverley 1706 - Birmingham 1775). Il grava le caractère qui porte son nom ; les poinçons en furent achetés par Beaumarchais* pour l'édition de Kehl des œuvres de Voltaire. ➝ **ÉTYM.** Ce nom de famille vient d'un nom de lieu dans l'Eure, *Boscherville,* de l'ancien français du Nord *boschet* « petit bois » et *ville.*

**BASNAGE (Jacques)** ♦ Théologien protestant (Rouen 1653 - La Haye 1723). Pasteur à Rouen, il se réfugia en Hollande lors de la révocation de l'édit de Nantes et contribua à la Triple-Alliance* de 1717.

**BASQUE (PAYS)** ➝ **ÉTYM.** du lat. *Vascones* → Vascons ♦ Ensemble géographique, formé sur les deux versants des Pyrénées* occidentales par une région d'Espagne, comprenant le Pays basque espagnol et la province de Navarre, et le Pays basque* français, auj. inclus dans le département des Pyrénées-Atlantiques. Cet ensemble tire son nom de la communauté d'origine et de la langue d'une partie de ses habitants (Basques). Sur une superficie de 20 000 km$^2$ env. (Navarre espagnole comprise) un tiers de la population totale parle le basque ou des dialectes basques (env. 600 000 personnes en Espagne et 80 000 en France), sans compter quelques milliers d'émigrés à travers le monde (en Amérique du Sud, notamment). ▮ **Histoire** On ignore encore l'origine ethnique des Basques, mais l'on admet généralement que leur langue, antérieure aux invasions indo-européennes en Europe occidentale, provient initialement de la zone caucasienne. Salluste les mentionne sous le nom de *Vascones* (→ **Vascons**) v. –40 et l'histoire médiévale les retrouve franchissant les Pyrénées et donnant leur nom à la Gascogne* (VIe - VIIe s.), combattant Dagobert, infligeant une défaite à l'arrière-garde de Charlemagne en 778 à Roncevaux, puis s'installant sur le trône de Navarre à partir du Xe s. → **Sanche Ier Garcia.** Cependant, l'unité basque s'effrita dès le XIe s. et se désagrégea du XIIe au XVIe s. avec l'annexion à la Castille du Guipúzcoa, de l'Álava, de la Biscaye et de la plus grande partie de la Navarre. En Aquitaine, après trois siècles de domination anglaise, l'annexion à la France de la Soule et du Labourd au XVe s., puis celle de la Basse-Navarre sous Henri IV achevèrent le partage du Pays basque entre la France et l'Espagne, avant même que le traité des Pyrénées eût fixé la frontière franco-espagnole (1659). La politique centralisatrice de Madrid, face aux aspirations des Basques espagnols à l'autonomie, les entraîna au XIXe s. vers les carlistes* et vers l'émigration en Amérique du Sud. La guerre civile espagnole de 1936 - 1939 les divisa en deux camps jusqu'à la victoire des nationalistes de Franco. (Voir les deux articles ci-dessous.)

**BASQUE ESPAGNOL (PAYS)** – en basque ***Euzkadi,*** en esp. ***País Vasco*** ♦ Communauté autonome d'Espagne. → **Espagne** (carte). 7 261 km$^2$. 2 141 860 hab. *(Basques).* LANGUE : basque (euskara). CAP. : Vitoria. La Communauté autonome comprend 3 provinces : Biscaye*, Guipúzcoa*, Álava*. ▮ **Géographie** La région est formée d'une étroite bande côtière (Ribeira) surplombée par des montagnes (Pyrénées* et partie orientale des monts Cantabriques*) ne dépassant pas 1 500 m. Climat humide. La vie rurale est basée sur une polyculture fondée sur le maïs et sur l'élevage bovin. L'implantation industrielle est ancienne (bois, papeteries utilisant l'énergie hydraulique). L'industrie lourde (forges, sidérurgie) est concentrée à Bilbao*, l'électrosidérurgie à Elgoïbar. L'industrie textile est active. La pêche anime la côte. Bilbao est le 2e port d'Espagne. Le tourisme, qui avait connu un grand essor dès le début du XXe s. (Saint*-Sébastien), n'a plus la même importance.L'émigration (surtout vers l'Amérique du Sud) est très forte et la population, encore importante, a tendance à décroître. ▮ **Histoire** À partir du VIIIe s., les Basques formèrent des petites principautés d'où émergèrent les royaumes des Asturies* et de Navarre*, annexés par la Castille du XIIIe au XVe s. Dès lors, ces provinces basques obtinrent des privilèges particuliers *(fueros)* dont bénéficièrent aussi les provinces basques françaises. Ceux-ci leur furent retirés au XIXe s. car les Basques espagnols s'étaient dressés violemment contre la politique centralisatrice de Madrid et étaient devenus d'ardents partisans du carlisme. De cette époque date leur émigration vers l'Amérique latine. À l'avènement de la République (1931), le nationalisme basque fut plus vivace que jamais : un avant-projet de statut fut approuvé en juin 1931, reconnaissant l'euskara comme langue officielle. En oct. 1936 un gouvernement provisoire *(Aguirre)* fut approuvé ; il dura jusqu'en 1937 (début de l'occupation franquiste). Les partisans du nationalisme basque se trouvèrent alors divisés par la guerre civile : les uns (carlistes*) se rallièrent à Franco* et formèrent le corps des *requetes,* d'autres, même catholiques, mais autonomistes, combattirent aux côtés des républicains. Au cours de cette guerre, l'aviation allemande détruisit la ville sainte de Guernica* (1937). Les Provinces basques restent toujours un foyer d'opposition au gouvernement de Madrid, opposition qui s'exprime par des actes terroristes revendiqués par l'ETA. La Biscaye, le Guipúzcoa et l'Álava ont obtenu un statut de « grande autonomie » approuvé par référendum en oct. 1979. La victoire des nationalistes aux élections du parlement régional (mars 1980) plaça les partisans de l'indépendance, alliés ou non à l'ETA*, en position de force, mais le terrorisme resta actif, même après l'arrivée des socialistes au gouvernement espagnol en 1982 (→ **Espagne**). L'intransigeance de l'ETA, l'apparition du contre-terrorisme (GAL « groupes antiterroristes de libération nationale ») et la condamnation de membres de la branche politique de l'ETA, Herri Batasuna, plongèrent le pays dans la spirale de la violence. L'arrivée de la droite espagnole en 1996, avec J.-M. Aznar*, plus centralisatrice, aggrava la situation. Les actes de violence de l'ETA se multiplièrent tandis que l'exaspération populaire grandissait face aux nombreux attentats. Batasuna fut déclaré illégal en mars 2003. Élu à la tête du gouvernement autonome en 1998 (réélu en 2001 et en 2005), J. J. Ibarretxe, du Parti nationaliste basque, s'engagea dans un bras de fer avec l'État espagnol sur la souveraineté de la région. Mais en mai 2009, un revirement a mis fin à trente ans d'hégémonie nationaliste et le socialiste Patxi López a été élu, et nommé chef du gouvernement, grâce à un pacte de gouvernance signé entre les socialistes et les conservateurs du Parti populaire.

**BASQUE FRANÇAIS (PAYS)** ♦ Région du S.-O. de la France, qui s'étend à l'O. du pic d'Anie, sur l'avant-pays des Pyrénées dans le dép. des Pyrénées-Atlantiques ; il groupe les anciens pays de la Soule*, du Labourd (Bayonne et Ustaritz) et la basse Navarre*. La partie montagneuse n'est en général pas très élevée (905 m à la Rhune), mais atteint 2 017 m au pic d'Orhy. Nombreux cours d'eau. Paysage de bocages et de collines. Climat doux et humide. La population basque est essentiellement paysanne. ▮ **Économie** L'agriculture reste une importante ressource, en particulier la culture du maïs et l'élevage (ovins, porcins) ; elle est liée à une industrie agroalimentaire située dans les centres urbains (Bayonne, Le Boucau, Mauléon, Saint-Jean-de-Luz) et spécialisée dans le fromage et le jambon, dit « de Bayonne ». Le tourisme se développe sur la Côte d'Argent (Biarritz, Hendaye) mais avec un souci évident de maîtriser la croissance immobilière. L'amélioration du réseau autoroutier, vers Pau et Toulouse à l'E., vers Bordeaux et Paris au N., vers l'Espagne au S., renforce encore le potentiel touristique.

**BASQUIAT (Jean-Michel)** ♦ Artiste américain (New York 1960 - *id.* 1988) d'origine portoricaine et haïtienne, revendiquant la culture de la rue. Créateur du tag sous le pseudonyme de SAMO *(same old shit),* il poursuivit son œuvre sur tout support utilisable : cartons, planches, carrelage, meuble. Il mêla écriture, peinture, dessin, collages, dans un style à l'apparence infantile, parfois proche de la bande dessinée, où apparaissent le corps et la mort, le souvenir de son accident de voiture, ainsi que sa passion pour le jazz. Il succomba à une overdose à l'âge de 28 ans.

**BAS-RHIN [67]** n. m. ➝ **ÉTYM.** du n. du fl. ♦ Dép. de l'E. de la France, région Alsace. 4 755 km$^2$. 1 026 120 hab. CH.-L. : Strasbourg. CH.-L. D'ARR. : Haguenau, Molsheim, Saverne, Sélestat-Erstein, Wissembourg. Cour d'appel : Colmar. Académie : Strasbourg. → **Alsace.**

**BASS (Saul)** ♦ Dessinateur et cinéaste américain (New York 1920 - Los Angeles 1996). Il est surtout connu pour ses génériques d'un graphisme enjoué, proche de l'abstraction : ceux, par exemple, de *L'Homme au bras d'or* (1955), *Vertigo* (1958), *West Side Story* (1961) et surtout *Psychose** (1960). En 1974, il réalisa un film de science-fiction remarqué, *Phase IV.*

**BASS** (détroit de) ➝ **ÉTYM.** du n. de George *Bass,* qui fit partie de l'expédition de Matthew Flinders* en Australie ♦ Bras de mer qui sépare l'Australie et la Tasmanie (200 km de large). Gisements de gaz naturel et de pétrole.

**BASSAC** ♦ Défluent du Mékong à partir de Phnom Penh, l'un des éléments de son delta. ▪ Anc. n. de la prov. de Champasak*.

**BASSAE** – en gr. ***Bassai*** ♦ Loc. de la Phigalie, dans le S.-O. de l'Arcadie (Péloponnèse), célèbre par les ruines du temple d'Apollon Epicourios (« secourable »). Ce temple, construit par Ictinos (v. –440), d'ordre dorique extérieurement, mais avec une colonnade ionique à l'intérieur, est l'un des plus beaux de Grèce. Fragments de sa frise *(Amazonomachie)* au British Museum.

**Bassae.** Fragment de frise du temple d'Apollon Epicourios : la bataille des Lapithes et des Centaures. British Museum, Londres.
*Phot. © Arch. Smeets*

**BASSAN** (le) → **Bassano (les)**

**BASSANI (Giovanni Battista)** ♦ Compositeur et organiste italien (Padoue v. 1657 - Bergame 1716). Auteur d'opéras, de ballets et de plusieurs ouvrages de musique instrumentale *(Douze sonates à deux violons et basse),* il a excellé dans l'oratorio et la cantate.

**BASSANI (Giorgio)** ♦ Écrivain italien (Bologne 1916 - Rome 2000). Ayant eu à souffrir des persécutions raciales pendant la période fasciste, il a donné le *Jardin des Finzi-Contini* (1962) et d'autres récits (*Cinq Histoires ferraraises,* 1956 ; *Derrière la porte,* 1964 ; *Le*

*Héron*, 1968 ; *L'Odeur du foin*, 1972) où, à travers une prose lente, à la fois analytique et rêveuse, se trouvent mis en scène la cruauté de l'histoire, l'enchantement de l'enfance, l'exclusion violente de groupes ou d'individus (la bourgeoisie juive de Ferrare, le plus souvent, mais aussi un homosexuel dans *Les Lunettes d'or*, 1958). Bassani est l'auteur de poèmes (*Un' altra libertà*, 1952).

**BASSANO** (les) ♦ Famille de peintres italiens des XVIe et XVIIe s., issus de FRANCESCO DA PONTE, dit l'Ancien (1470 ? - 1530 ?), peintre provincial à Bassano, ville de Vénétie d'où provient leur surnom. ♦ **Jacopo da Ponte** dit **l'Aîné** et aussi **il Bassano**, en fr. **le Bassan** (Bassano 1510-1518 - *id.* 1592). Fils de Francesco da Ponte. Il ne quitta Bassano pour Venise qu'entre 1534 et 1549. Sensible aux influences successives de Véronèse et de Titien, il influença lui-même le Greco. Il quitta progressivement les formes et les couleurs recherchées du maniérisme (*Décollation de saint Jean-Baptiste*, Copenhague) pour un réalisme original (après 1560), recourant à de fantastiques effets d'ombre et de lumière pour faire surgir les formes (*Crucifixion*, 1562, Trévise). Il joua de ce luminisme dans les scènes agrestes, les paysages dont il fit un élément essentiel de ses tableaux religieux ou profanes (*Adoration des bergers*, 1568, Bassano ; *Saint Jérôme*, Venise, Académie ; *Martyre de saint Laurent*, 1571, Belluno ; *Prédication de saint Paul*, 1574, Marostica). ▪ Quatre de ses fils poursuivirent la tradition de la pastorale inaugurée par leur père. FRANCESCO (Bassano 1549 - Venise 1592) fut son plus proche collaborateur. Il travailla à Venise, au palais des Doges. LEANDRO (1557 - 1622) a donné de beaux portraits.

**BASSANO DEL GRAPPA** ♦ V. d'Italie, en Vénétie (prov. de Vicence), sur la Brenta. 40 736 hab. Pont couvert (XIIIe s.). Musée : œuvres de Jacopo da Ponte (→ **Bassano**). ▪ Prod. d'une eau-de-vie de raisin, la *grappa*. ▮ **Histoire** Bonaparte y remporta une victoire sur les Autrichiens commandés par Wurmser* (1796). La ville fut érigée en duché par Napoléon en 1809 en faveur de Maret*.

**BASSE-AUTRICHE** – en all. ***Niederösterreich*** ♦ État fédéral (Bundesland) du N.-E. de l'Autriche. → **Autriche** (carte). 19 178 km$^2$. 1 545 804 hab. CAP. : Sankt Pölten. 21 arrondissements. ▪ Au N. de la province se trouve le versant S. du massif de Bohême disposé en gradins (Waldviertel), au S. les derniers contreforts du Massif alpin (Wienerwald). Ces deux régions montagneuses sont séparées par la vallée du Danube, tantôt resserrée (Wachau*), tantôt élargie dans les bassins de Tulin et de Vienne. La Basse-Autriche est la plus grande et la plus peuplée (après Vienne) des provinces autrichiennes. Ce fut le berceau de la nation autrichienne ; la dynastie des Babenberg* est originaire de Pöchlarn, près de l'abbaye de Melk* (qui fut leur œuvre). C'est une riche région agricole, notamment dans la vallée du Danube (céréales, betterave à sucre, prairies artificielles, fruits, vigne). La province renferme les gisements de pétrole de la République (exploitations à Zistersdorf, Matzen) et possède d'importants centres industriels. → **Sankt Pölten, Wiener Neustadt.**

**BASSÉE (LA)** [59480] ➝ ÉTYM. de l'adj. *bas* ou d'une rac. *bat-* (n. de pers.) et du frq *sala* « grande habitation » ou du germ. *Bezecha*, n. de femme ♦ Ch.-l. de cant. du Nord, arr. de Lille, sur le canal de La Bassée (ou d'Aire à La Bassée). 5 914 hab. *(Basséens)*. ▮ **Histoire** Théâtre de violents combats pendant la Première Guerre mondiale (1914, 1915 et 1918).

**BASSE-GOULAINE** [44115] ➝ ÉTYM. anc. *Goulena*, probablt de *goule* « goulot » (canal relié à des marais) ♦ Ch.-l. de cant. de la Loire-Atlantique, arr. de Nantes, sur la Loire. 7 499 hab.

**BASSELIN** ou **BACHELIN (Olivier)** ♦ Écrivain français normand (Vire déb. XVe s.). La tradition en fait l'inventeur des *Vaux de Vire* (v. 1430 - 1440), chansons à boire rendues populaires par la tradition orale, puis remaniées et publiées par Jean Le Houx, à la fin du XVIe s. Poésie gaie, de forme très libre, tour à tour bachique, satirique et patriotique (Basselin y exprima sa haine de l'Anglais), le *Vau de Vire* subsista jusqu'au XVIIIe s. comme genre populaire s'opposant à la romance. → **Le Houx.**

**BASSE-NORMANDIE** n. f. ♦ Région administrative de l'O. de la France, comptant 3 dép. : Calvados, Manche et Orne. 17 589 km$^2$ (3,2 % du territoire, 15e rang). 1 422 193 hab. (2,5 %, 17e rang). 1,9 % du PIB (18e rang). CH.-L. : Caen.

▮ **GÉOGRAPHIE** La région, qui recouvre l'O. et le centre de l'anc. province (→ **Normandie**), repose, à l'O. d'une ligne Cherbourg-Nogent-le-Rotrou, sur les terrains anc. du Massif armoricain et à l'E. sur les assises sédimentaires du Bassin parisien. Les régions armoricaines hercyniennes ont un relief de collines : au S. les collines de Normandie, plus au N. le Bocage normand, enfin le Cotentin, creusé d'une dépression centrale humide (marais de Carentan, Valognes), s'achevant au N.-E. par le massif granitique du Val de Saire et la pointe de Barfleur plongeant sous les eaux, et au N.-O. par la côte déchiquetée de La Hague. En zone sédimentaire, le relief s'ordonne en fonction des divers affleurements, avec, du N. au S., les plateaux du Lieuvin, la plaine marneuse du pays d'Auge, les calcaires jurassiques de la campagne de Caen, et, à l'E. de l'Orne, les collines du Perche où l'altitude atteint 331 m. À l'exception des forêts du S. (parc naturel régional de Normandie-Maine), le bocage constitue le paysage dominant, avec ses parcelles encloses de « fossés » plantés d'arbres et de haies vives. Assez serré dans le pays d'Auge, où les herbages sont piquetés de pommiers, il est plus aéré en Bessin et dans le Perche. ▪ Le climat océanique humide favorise la végétation. Les précipitations augmentent du littoral (600 - 700 mm/an) vers les collines (plus de 1 000 mm) où les hivers, ailleurs très modérés, se font un peu plus rigoureux. Les étés restent frais et le ciel changeant, soumis en toute saison aux dépressions cycloniques.

▮ **POPULATION** Autrefois très peuplée (7 % de la pop. française en 1700, 5 % en 1801), modèle de civilisation rurale organisée autour de bourgs-marchés, ayant développé un artisanat spécialisé (quincaillerie de Villedieu-les-Poêles), la Basse-Normandie a mal réagi au choc de la révolution industrielle : émigration et dénatalité ont fait passer sa population de 1 547 000 hab. en 1826 à 1 086 000 hab. en 1920. Malgré un renversement de tendance pendant la deuxième moitié du XXe s. (+30,5 % entre 1946 et 1999, mais +42,8 % pour la France), son poids démographique relatif continue à décroître.

▮ **ÉCONOMIE** ▮ **Agriculture** Elle est fortement spécialisée dans l'élevage, qui représente 82 % de la prod. totale. Un cheptel de 1,7 million de bovins (3e rang), 24 millions d'hl de lait collectés par an (4e rang) ne peuvent masquer les difficultés structurelles du secteur, même s'il représente encore 7 % de l'emploi régional (2 % pour la France). Petite taille des exploitations, souvent familiales (retard du remembrement), et productivité insuffisante expliquent que le revenu agricole y soit encore légèrement inférieur d'un quart à la moyenne nationale, dans un contexte de surproduction laitière au regard de la politique agricole commune (PAC) européenne. L'image de la région reste associée à quelques spécialités gastronomiques traditionnelles, des boissons (calvados et cidre) aux fromages (camembert, livarot, pont-l'évêque) en passant par la crème fraîche. ▮ **Industrie** La Basse-Normandie a su se doter, depuis les années 1960 et avec l'aide des instances professionnelles (programme d'actions concertées, plan de développement encouragé par l'État), d'une puissante industrie agroalimentaire spécialisée dans la viande et les produits laitiers (Nestlé). Elle a bénéficié, dès la même époque, de nombreuses implantations d'usines (certaines décentralisées depuis la région parisienne) : Philips Semiconducteurs, Peugeot-Citroën, Renault, près de Caen. Les industries liées au nucléaire (usine de retraitement des déchets radioactifs de La Hague et centrale nucléaire de Flamanville) et à la construc. navale militaire (arsenal de Cherbourg) y sont des activités d'importance nationale. L'industrie représente 25 % de l'emploi régional, contre 20 % pour la France. ▮ **Activités tertiaires** Malgré les efforts entrepris pour développer les activités tertiaires en général et notamment les activités de recherche autour de l'université de Caen, le secteur des services accuse un léger retard (68 % de l'emploi régional, contre 77,2 % pour la France). L'activité touristique, au contraire, se développe, en particulier dans le Calvados, où les stations balnéaires se sont dotées d'importants équipements de sport, de loisirs et d'hébergement (Deauville, Cabourg, Ouistreham) ainsi qu'autour du Mont-Saint-Michel, élément du patrimoine culturel mondial attirant des visiteurs de tous les pays (env. 2,5 millions de personnes par an) ; les plages « du Débarquement » (Calvados et Cotentin) engendrent un tourisme spécifique. Dans les collines du Perche ainsi que près des côtes de la Manche se concentrent les résidences secondaires de nombreux Parisiens, tandis que la liaison maritime régulière Caen-Portsmouth favorise les investissements britanniques dans l'immobilier de loisirs. ▮ **Urbanisation** La région est modérément urbanisée. La structure bocagère va de pair avec un habitat dispersé et un émiettement communal, un réseau urbain fortement contrasté mais peu structuré. Avec son agglomération avoisinant les 200 000 hab., Caen, seule grande ville et capitale de la région, domine un réseau de villes moyennes régulièrement espacées : Lisieux, Trouville, Bayeux et, un peu plus loin, Saint-Lô. Seules villes de l'Orne dépassant 20 000 hab., Alençon et Flers n'influencent que leur seul proche « pays » et, au N. du Cotentin, Cherbourg apparaît bien isolée.

**BASSENS** [33530] ♦ Comm. de la Gironde, arr. de Bordeaux, sur la Gironde. 6 978 hab. *(Bassenais)*. Avant-port de Bordeaux.

**BASSENS** [73000] ♦ Comm. de la Savoie, banl. N. de Chambéry. 3 503 hab.

**BASSE-POINTE** [97218] ➝ ÉTYM. la v. surplombe une pointe rocheuse peu élevée ♦ V. de Martinique, arr. de la Trinité. 4 183 hab.

**BASSES-ALPES** n. f. pl. → **Alpes-de-Haute-Provence**

**BASSE-SAXE** – en all. ***Niedersachsen*** ♦ État (Land) de la République fédérale d'Allemagne, le deuxième en étendue après la Bavière, formé en 1946 par la réunion de l'ancienne province prussienne de Hanovre, le duché de Brunswick et les petites principautés d'Oldenbourg et de Schaumburg-Lippe. → **Allemagne** (carte). 47 348 km$^2$. 7 993 900 hab. Le Land est divisé en 4 régences ou *Regierungsbezirke* (Brunswick, Hanovre, Lunebourg, Weser-Ems), et 47 cercles ou *Kreise*. CAP. : Hanovre. ▮ **Géographie** La Basse-Saxe, géographiquement, appartient à la fois à la grande plaine du N., à la zone des *Börde* et à l'Allemagne moyenne (hercynienne). Le N., domaine de la grande plaine germanique très fortement modelée par l'érosion glaciaire, juxtapose plusieurs types de paysage. La côte de Frise* orientale, le long de la mer du Nord, est basse, formée derrière un chapelet d'îles sableuses, de vasières *(Watten)*, objet d'assèchement en polders *(Marschen)*. L'intérieur offre une succession monotone de plaines sableuses et de collines morainiques correspondant au pays de Geest et interrompues par les grandes étendues tourbeuses des *Moore* (marais de Boutrange à l'E. de

**Basse-Normandie.**

l'Ems, Teufelmoor et landes de Lunebourg* entre Weser et Elbe). La zone intermédiaire, de Hanovre à Brunswick, est constituée par l'étroite bande lœssique des *Börde*, séparant la plaine du N. de l'Allemagne hercynienne, au S. Cette dernière est constituée par une série de massifs : extrémité N.-O. du Teutoburgerwald, Wiehengebirge, monts de la Weser et extrémité O. du Harz. ▮ **Économie** Les terres du N., au sol ingrat, portent de maigres cultures. En revanche, les terres des *Börde*, couvertes de lœss, sont favorables à une agriculture hautement productive (pommes de terre, élevage porcin et bovin pour la boucherie et le lait, blé, betterave sucrière). Le N.-O., domaine des *Moore*, est grand producteur de tourbe. Les ressources du sous-sol sont variées mais d'intérêt inégal : riches gisements de fer de Salzgitter et des confins du Harz, lignite (Harz, région d'Helmstedt), pétrole (Celle, bassin de l'Ems), potasse (Hanovre) et métaux non ferreux (cuivre, plomb, zinc) du Harz. L'activité industrielle est favorisée par la présence du Mittellandkanal, du rail et de l'autoroute entre Minden et Brunswick sur l'axe Ruhr-Berlin. L'éventail des activités, sidérurgie (Peine, Salzgitter), constructions mécaniques (Brunswick, Hanovre), automobiles (Wolfsburg) et navales (Cuxhaven, Emden, Wilhelmshaven), chimie (Emden, Hanovre, Wilhelmshaven), textiles (Delmenhorst, Osnabrück), montre une prédominance des indus. de produits de base et la rareté de la haute technologie. Le rideau de fer entre les deux Allemagnes a longtemps freiné les investissements. La réunification redonne à Hanovre une place centrale en Allemagne.

**BASSES TERRES** → Lowlands

**BASSE-TERRE** [97100] ♦ Ch.-l. du dép. de la Guadeloupe, situé sur la côte S.-O. de l'île de Basse-Terre (ou Guadeloupe* proprement dite). 12 410 hab. (aggl. 36 126). *(Basse-Terriens)*. Centre admin. et commercial. Le port exporte des bananes vers la métropole. Imposant fort colonial, appelé fort Saint-Charles, puis fort Delgrès. ▮ **Histoire** Autour de Basse-Terre se sont déroulés en 1802 les combats entre les troupes de Delgrès, à la tête des Noirs et mulâtres révoltés, et les troupes françaises dirigées par Richepance, venues rétablir l'esclavage.

**BASSE-YUTZ** → Yutz

**BASSIGNY** n. m. ◆ ÉTYM. du germ. *Basinus,* n. de pers., et suff. *-iacum* ♦ Région de la Haute-Marne et de la haute Meuse, aux confins de la Champagne et de la Lorraine, entre le plateau de Langres au S. et le Barrois au N. La Meuse y prend sa source. Comprise en majeure partie dans le dép. de la Haute-Marne, elle déborde à l'E. sur le dép. des Vosges et au N. sur celui de la Meuse. C'est une région de prairies et d'élevage, mais aussi de petite industrie métallurgique localisée. ▮ **Histoire** Le Bassigny relevait au Moyen Âge du comte de Champagne* (dont quelques châtellenies étaient tenues par le comte de Bar) à l'exception d'une partie du Bassigny barrois situé à l'E. de la Meuse, qui releva des empereurs d'Allemagne avant de passer aux ducs de Lorraine*.

**BASSIN (GRAND)** → Grand Bassin

**BASSIN ROUGE** n. m. ♦ Région de la Chine centrale, couvrant l'E. de la prov. du Sichuan. Limitée à l'O. par les Alpes du Sichuan et le rebord du Tibet, au N. par les Taibai shan et les Zang shan, au S. par les plateaux du Yunnan et du Guizhou et à l'E. par les Wu shan, elle est constituée d'un ensemble de plaines et de collines de faible altitude où domine le grès rouge, d'où son nom. V. PRINC. : Chengdu*, Chongqing sur le Chang jiang.

**BASSOMPIERRE (François DE)** ♦ Maréchal de France (Haroué, Lorraine 1579 - Provins 1646). Entré au service d'Henri IV, colonel général des Suisses (1614), ambassadeur en Espagne (1621), en Suisse (1625) puis en Angleterre (1626), il fut nommé maréchal de France en 1622. Richelieu*, l'accusant de complot, le fit enfermer à la Bastille en 1631 à la suite de son mariage secret avec la princesse de Conti. Il en sortit en 1643 après avoir écrit ses *Mémoires*. → ÉTYM. Ce nom de famille vient du germanique *Basso*, nom de personne et *petra* « pierre [château fort]. »

**BASSORA** – en ar. *Baṣra* ♦ V. d'Irak, ch.-l. de prov., située sur la rive droite du Chatt al-Arab, à 120 km du golfe Arabo-Persique. 825 000 hab. C'est la 2e ville du pays et le port le plus important, par où s'effectuait traditionnellement la quasi-totalité des exportations, sauf en ce qui concerne le pétrole, exporté principalement par Fao. Avant la guerre contre l'Iran, c'était le 3e centre industriel d'Irak (indus. textiles, chimiques, mécaniques, papeterie, raffinerie de pétrole). Terminus de la voie ferrée qui relie la Turquie au Golfe via Bagdad. ♦ *Province de Bassora* 19 070 km². 1 761 000 hab. C'est une région riche en pétrole et qui possède les plus vastes plantations de dattiers au monde. Elle fut dévastée lors de la guerre avec l'Iran et de la guerre du Golfe. ▮ **Histoire** La ville originelle, qui fut fondée par le troisième calife (Omar) en 636, se trouve à Zubayr à une dizaine de kilomètres de la ville actuelle, reconstruite après sa destruction en 1258 par les Mongols. Elle fut très célèbre au VIIIe et au IXe s. par ses activités commerciales (plaque tournante du commerce entre l'Inde, l'Extrême-Orient, l'Afrique et la Méditerranée) et intellectuelles (enseignement du droit, de la théologie et surtout de la grammaire : l'école de Bassora s'opposait à celle de Kūfa). Mais elle déclina avec l'affaissement de l'autorité abbasside. Les canaux furent négligés, et, la vase s'accumulant, sa communication avec le golfe Arabo-Persique fut réduite. Entre 1720 et 1752, la Compagnie anglaise des Indes orientales s'y établit et, durant le XIXe s., Bassora connut un grand développement, comme débouché du trafic fluvial vers Bagdad. Occupée par les Britanniques en 1914, elle servit de base à la reconquête de la Mésopotamie.

**BASSOV (Nikolaï Guennadievitch)** ♦ Physicien russe (Ousman 1922 - Moscou 2001). Il découvrit, avec A. M. Prokhorov, en même temps que C. Townes*, le principe du maser. Toutes ses recherches concernent la production et l'amplification d'ondes électromagnétiques par des moyens quantiques, aussi bien dans le domaine des hyperfréquences que dans l'infrarouge et le visible. [Prix Nobel de phys. 1964, avec A. M. Prokhorov et C. Townes]

**BASTET** ♦ Déesse égyptienne représentée sous l'aspect d'une femme à tête de chat, et honorée à Bubastis*.

**BASTIA** [20200] → ÉTYM. du corse *bastia* « bastion, ouvrage de fortification » ♦ Ch.-l. du dép. de la Haute-Corse, sur la côte N.-E. de l'île. 37 884 hab. (aggl. 54 075) *(Bastiais)*. Cour d'appel. Enceinte de la citadelle (XVe - XVIIe s.). Anc. palais des gouverneurs génois (XIVe - XVIe s.), auj. musée d'Ethnographie corse. ▪ Principal port et centre économique de l'île. Tabac. Viticulture. Arboriculture fruitière. Secteur tertiaire admin. important, siège de la Somivac (Société mixte pour la mise en valeur de la Corse). Centre touristique. ▮ **Histoire** Fondée en 1383 par les Génois, Bastia fut la capitale de la Corse sous la domination génoise jusqu'en 1767, et le chef-lieu du dép. du Golo de 1793 à 1811, avant la formation du dép. de la Corse. → **Corse.**

**BASTIAN (Adolf)** ♦ Anthropologue et médecin allemand (Brême 1826 - Port of Spain 1905). Grand voyageur, il visita l'Australie, la Nouvelle-Zélande, l'Amérique du Sud, la Chine (1851 - 1859), la Birmanie (1861). Fondateur de la *Zeitschrift für Ethnologie* (1862), auteur d'un important ouvrage sur les civilisations de l'Amérique précolombienne (*Kulturländer des alten Amerikas*, 1878 - 1889), il a affirmé l'homogénéité de la mentalité et du stock culturel des différents peuples, se différenciant sous l'action des facteurs extérieurs (*Der Völkergedanke im Aufbau einer Wissenschaft von Menschen*, 1881). → ÉTYM. *Bastian* est l'aphérèse de l'allemand *Sebastian* « Sébastien », du grec *sebastos* « vénérable ».

**BASTIAT (Frédéric)** ♦ Économiste français (Bayonne 1801 - Rome 1850). Ayant eu connaissance des tentatives réformistes de Cobden*, il fonda en 1846 une Association pour la liberté des échanges, et publia une série de pamphlets, les *Sophismes économiques*, où il s'insurge contre la législation douanière. Ainsi, contre le protectionnisme, mais aussi contre le socialisme de Proudhon, il apparaît comme un partisan d'un libéralisme « optimiste » (contrairement à Malthus et Ricardo) fondé sur une croyance en un ordre providentiel, comme le suggère le titre de ses *Harmonies économiques*. → ÉTYM. *Bastiat* est une forme altérée de *Bastien*.

**BASTIDE (Jules)** ♦ Publiciste et homme politique français (Paris 1800 - *id.* 1879). Affilié à la Charbonnerie sous la Restauration, il prit part à la révolution de juillet 1830. Condamné à mort pour sa participation aux journées insurrectionnelles de juin 1832, puis acquitté (1834), il prit la direction du journal *Le National* (1836) et fut ministre des Affaires étrangères (1849). Il publia des ouvrages historiques et politiques (*La République française et l'Italie en 1848*, 1858).

**BASTIDE (Roger)** ♦ Anthropologue français (Nîmes 1898 - Maisons-Laffitte 1974). Après des études de philosophie, il travailla au Brésil et étudia notamment les mécanismes d'acculturation (*Les Amériques noires*, 1967). Ses contributions portent sur la sociologie des religions (*Les Religions africaines du Brésil*, 1960), mais aussi sur les problèmes de la psychopathologie dans leur lien avec les spécificités culturelles (*Sociologie des maladies mentales*, 1965 ; *Le Rêve, la Transe, la Folie*, 1972).

**BASTIDE-PUYLAURENT (LA)** [48250] → ÉTYM. de *bastide*, *puy* et *Laurent* ♦ Comm. de la Lozère, arr. de Mende. 157 hab. *(Bastidois)*. Station de sports d'hiver (1 025 m).

**BASTIÉ (Maryse)** ♦ Aviatrice française (Limoges 1898 - Lyon 1952). Détentrice de dix records internationaux de distance et de durée, elle fit seule la traversée de l'Atlantique Sud, de Dakar à Natal (1936). Elle mourut lors d'un meeting aérien.

**Bastien et Bastienne** ♦ *Singspiel* en un acte de Mozart* (Vienne, 1768), sur un livret en allemand traduit d'une parodie par Favart du *Devin* du village* de Jean-Jacques Rousseau.

**Bastille (la)** ♦ Anc. forteresse située à Paris à la porte Saint-Antoine. Construite sous Charles V (1370), cette citadelle militaire, flanquée de huit tours massives, devint prison d'État sous Richelieu. Ses prisonniers les plus illustres furent Jacques d'Armagnac, Bernard Palissy, Bassompierre, Fouquet, le Masque de fer, Latude, Voltaire, Lally-Tollendal, Sade. Elle a été rasée en 1790 (→ **Bastille [prise de la]**). C'est désormais une vaste place au centre de laquelle se dresse la colonne de Juillet, en bronze et surmontée d'un génie de la Liberté, qui fut érigée de 1833 à 1840 pour commémorer les combattants de juil. 1830. À l'emplacement de l'anc. gare de la Bastille, l'Opéra de Paris Bastille, théâtre national lyrique, construit par le Canadien Carlos Ott, a été inauguré en 1989. ▪ Nom du quartier environnant.

**Bastille (prise de la)** ♦ Événement marquant le 14 juil. 1789 le passage de la révolution parlementaire à la révolution populaire parisienne. → **Révolution française.** Les concessions faites par Louis XVI au tiers état (→ **États généraux**) furent désapprouvées par la cour et la menace d'un complot aristocratique précipita les événements. Dès le 26 juin, des régiments suisses et allemands avaient été concentrés autour de Versailles et de Paris. « Tocsin d'une Saint-Barthélemy des patriotes » (C. Desmoulins), le renvoi de Necker*, remplacé par le baron de Breteuil*, provoqua la fermeture de la Bourse. Avec l'appui des banquiers (Delessert, Boscary) fut constituée une milice bourgeoise, en même temps qu'était nommé un Comité permanent (« municipalité insurrectionnelle ») à l'Hôtel de Ville. La milice et la foule furent armées. Comme le gouverneur de la Bastille, Jordan de Launay*, avait refusé de livrer des armes et qu'une députation y avait été accueillie à coups de fusil, la prison d'État, symbole de l'arbitraire de l'Ancien Régime, fut assiégée, prise et détruite par le peuple. Launay, sa garnison et le prévôt des marchands, Flesselles, furent massacrés. Cet acte révolutionnaire eut pour conséquence le renvoi des troupes de Paris, le rappel de Necker, et la nomination de J.-S. Bailly* comme maire de la nouvelle municipalité et de La* Fayette comme commandant de la garde nationale. La Révolution s'étendit aux grandes villes du royaume en même temps que se propageait dans les campagnes une révolte (la Grande Peur*) qui aboutit à la nuit du 4 Août*. ▪ Le 14 Juillet est la fête nationale de la France depuis 1880.

**BASTOGNE** – en néerl. *Bastenaken* → ÉTYM. p.-ê. du lat. *°Bastonacum* ♦ V. de Belgique (Région wallonne), prov. de Luxembourg, ch.-l. d'arr., sur un plateau de l'Ardenne (alt. 515 m) où naît la Wiltz. 14 386 hab. Église Saint-Pierre, en gothique mosellan (1535). Porte de Trèves (XIIIe s.). Monument du Mardasson (mosaïques de F. Léger). ▪ Matériel agricole. Charcuteries d'Ardenne. Tourisme. ▮ **Histoire** En déc. 1944, les Américains y résistèrent à l'offensive allemande des Ardennes.

**BASUTOLAND** → **Lesotho**

**BATA** ♦ Port de Guinée Équatoriale (Mbini, anc. Río Muni). Env. 20 000 hab. Anc. comptoir portugais cédé aux Espagnols. ▪ Exportation de cacao, de café et de bois d'okoumé.

**BAT'A (Tomáš)** ♦ Industriel tchèque (Zlín 1876 - Otrokovice 1932). Fondateur d'une importante manufacture de chaussures à Zlín, il fut un des premiers grands industriels à faire participer son personnel aux bénéfices de l'entreprise.

**BATAAN** ♦ Prov. et péninsule montagneuse des Philippines fermant partiellement la baie de Manille. En 1942, les Américains, à la tête de troupes philippines, défendirent ce point stratégique, mais furent vaincus par les Japonais qui leur firent subir « la marche de la mort ».

**Ba-Ta-Clan** → ÉTYM. titre d'une opérette (« chinoiserie musicale ») d'Offenbach ♦ Café-concert parisien créé en 1865, boulevard Voltaire, par Charles Duval. Très grande salle en forme de pagode appelée à l'origine Grand Café chinois, le Ba-Ta-Clan devint en 1882 la propriété du chanteur Paulus qui y créa *En revenant de la revue*. Tour à tour théâtre lyrique, music-hall, salle de revues à grand spectacle, il fut transformé en cinéma en 1932. Il a retrouvé sa vocation de salle de spectacles depuis 1971, accueillant des récitals de chanteurs et de musiciens.

**BATAILLE (Nicolas)** ♦ Marchand français du XIVe s., qui fit exécuter, sur la commande de Louis Ier d'Anjou, les tapisseries de l'*Apocalypse d'Angers*. → **Apocalypse.**

La **Bataille de San Romano.** Tableau de Paolo Uccello (1,82 × 3,17 m). Musée du Louvre, Paris. *Phot. ©Arch. Nathan*

**BATAILLE (Gabriel)** ♦ Compositeur et luthiste français (v. 1575 - Paris 1630). Maître de la Musique de la reine (1617 - 1630), il composa des airs pour des ballets de cour et publia six livres d'*Airs de différents auteurs mis en tablature de luth* (1608 - 1615). Il est aussi l'auteur de dix psaumes sur des poèmes de Desportes.

**BATAILLE (Henry)** ♦ Auteur dramatique français (Nîmes 1872 - Rueil-Malmaison 1922). Son théâtre propose la peinture complaisante de mœurs décadentes dans un style que l'on a appelé «le réalisme sentimental». Œuv. princ. : *Maman Colibri* (1904), *La Marche nuptiale* (1905), *La Femme nue* (1908), *La Vierge folle* (1910).

**BATAILLE (Georges)** ♦ Écrivain français (Billom, Puy-de-Dôme 1897 - Paris 1962). Persuadé que «la littérature authentique est prométhéenne», G. Bataille fit de son œuvre «la mise en question (à l'épreuve), dans la fièvre et l'angoisse, de ce qu'un homme sait du fait d'être». Converti au catholicisme, puis au marxisme, attiré par la sociologie et la psychanalyse, empruntant leur technique ascétique aux mystiques de l'Extrême-Orient, G. Bataille axa sur l'idée de transgression son interprétation de la société et de l'histoire (*La Part maudite*, 1949 ; *Lascaux ou la Naissance de l'art*, 1955), son expérience mystique et sa conception de la littérature (*La Littérature et le Mal*, 1957). Considérant la mort et la sexualité comme facteurs de désordre, la société les a frappés d'interdit, appelant ainsi la transgression dans les religions (par le sacrifice et l'orgie) ou la révolte chez les individus (la notion de plaisir chez Sade ou Gilles de Rais) [*L'Érotisme*, 1957]. Dès lors, Bataille choisit «la voie ardue, mouvementée, celle de l'homme entier, non mutilé» : une trilogie, *Somme athéologique* (*L'Expérience intérieure*, 1943 ; *Le Coupable*, 1944 ; *Sur Nietzsche*, 1945), rend compte de cette expérience qui récuse toute présupposition morale, religieuse ou mystique (cf. «l'hypermorale» de *L'Abbé C.*, 1950). Or «l'homme ignorant de l'érotisme n'est pas moins étranger, au bout du possible, qu'il ne l'est sans expérience intérieure». Recherchant «l'outrance du désir [...] la joie suppliciante» (*Histoire de l'œil*, 1928) jusqu'à cet extrême où la volupté et le dégoût coïncident et s'annulent (*Anus solaire*, 1931 ; *Alleluiah*, 1947 ; *Le Bleu du ciel*, écrit en 1935, publ. en 1957 ; *Madame Edwarda*, 1941), Bataille demande à l'écriture d'être un moyen de provocation, une violence nécessaire, tendant à la limite à «substituer au langage une contemplation silencieuse, [celle] de l'être au sommet de l'être» (*L'Impossible*, nouveau titre [1962] de *La Haine de la poésie*, 1947). ➝ ÉTYM. Le nom de *Bataille* est le surnom d'une personne querelleuse.

La **Bataille de Marignan** ou La **Guerre** ♦ Chanson polyphonique à quatre voix de Clément Janequin*, parue en 1527 sous le titre original *Écoutez tous, gentils Gallois, la victoire du noble roy François*. Les préparatifs, le déroulement et les suites de la bataille y sont décrits en détail, de façon pittoresque, mais non sans grandeur.

La **Bataille de San Romano** ♦ Peinture de Paolo Uccello*, en trois panneaux (1456 - 1460 ; *Niccolò da Tolentino à la tête des Florentins*, National Gallery, Londres ; *Bernardino della Ciarda désarçonné*, Offices, Florence ; *La Contre-attaque de Micheletto da Cotignola*, Louvre, Paris). Illustrant des épisodes de la bataille remportée par les Florentins sur les Siennois en 1432, l'œuvre, qui formait à l'origine un ensemble, connut une célébrité immédiate et fut installée pour Laurent le Magnifique dans la salle d'honneur du Palazzo Medici à Florence. Les trois panneaux reflètent la solution très personnelle (décorative) qu'Uccello apporta au problème de la perspective.

La **Bataille du rail** ♦ Film français de René Clément* (1944 - 1945). C'est, à l'origine, un simple documentaire, *Ceux du rail*, destiné à exalter la lutte des cheminots de France contre l'occupant nazi. Au lendemain de la Libération, le réalisateur en fit un long métrage en lui adjoignant quelques éléments de fiction et la reconstitution d'un déraillement spectaculaire. Cette succession de tableaux d'une grande sobriété narrative, filmés alors que le pays était encore occupé, reçut le Prix de la mise en scène au premier festival de Cannes en 1946.

**BATAK(S)** n. m. (pl.) ♦ Groupe de peuples malayo-polynésiens d'Indonésie (env. 3 700 000 pers.), parlant des langues apparentées entre elles, habitant le N. de Sumatra* et principalement composés d'agriculteurs. Convertis en majorité au XIX^e s., soit à l'islam au S., soit surtout au protestantisme autour du lac Toba, ils ont néanmoins conservé des survivances de leur ancienne religion, et l'habitude de construire des tombeaux monumentaux. Quelques villages traditionnels conservent de remarquables échantillons de l'ancienne architecture en bois. L'artisanat (tissage, sculpture) est resté très actif.

**Bataks.** Village batak du lac Toba. *Phot. ©Leigheb/Ricciarini*

**BATALHA** ♦ V. du Portugal (région Centre), district de Leira. 15 789 hab. Monastère dominicain fondé en 1388 par Jean* I^er de Portugal pour célébrer sa victoire d'Aljubarrota* sur la Castille (1385) : église de style gothique flamboyant (tombeaux de Jean I^er, de sa femme et d'Henri* le Navigateur) ; cloître royal gothique et manuélin ; salle capitulaire ; chapelles inachevées à piliers ciselés et balcon Renaissance.

**BATAM** ♦ Île d'Indonésie (Riau*). 416 km². 62 000 hab. Raffineries et indus. dérivées du pétrole et du gaz, indus. électroniques. Un nombre croissant d'entreprises singapouriennes y ont été délocalisées.

**BATAVE** (République) ◂ ÉTYM. du n. des *Bataves** ♦ Nom donné aux Pays*-Bas après la conquête par Pichegru* (1794 - 1795). Constituée en république démocratique, alliée de la France, elle fut officiellement proclamée indépendante par le traité de Presbourg* (1805). Napoléon Ier l'érigea en royaume de Hollande en faveur de Louis Bonaparte* (1806 - 1810).

**BATAVES** n. m. pl. ◂ ÉTYM. du germ. *Batawoz*, de *bata* «meilleur, avantageux, utile» ♦ Peuple germanique établi avant le –Ier s. dans l'île formée par les deux bras du Rhin à son embouchure, appelée *île des Bataves (insula Batavorum)*. Alliés des Romains, ils se révoltèrent pourtant contre Rome sous la conduite de leur chef Civilis* (69 - 70), mais furent vaincus par Vespasien*. Ils s'assimilèrent aux Francs* à la fin du IIIe s.

**BATAVIA** → **Jakarta**

Le **Bateau ivre** ♦ Poème d'Arthur Rimbaud* (1871, publ. dans la revue *Lutèce* en 1883). Les 25 quatrains qui le composent suivent les évolutions d'un navire tout au long des fleuves d'Amérique («Comme je descendais des Fleuves impassibles»). La «coque de sapin» s'engage sur l'océan pour aller se jeter ensuite dans «le Poème de la Mer» qui appelle une expérience cosmique de l'infini («des archipels sidéraux»). Les allusions autobiographiques sont nombreuses : Rimbaud a sans doute transcrit son expérience de l'hiver 1870 - 1871, ses multiples fugues vers Paris qui s'achevèrent toujours par un retour lamentable à Charleville.

**Bateau-Lavoir (le)** ♦ Nom donné à un ensemble de bâtiments situé à Montmartre et démoli en 1970. Habité par de nombreux artistes et écrivains tels Max Jacob*, A. Salmon*, Van* Dongen, P. Reverdy*, Modigliani*, Juan Gris*, Picasso* (de 1904 à 1909) et fréquenté par Apollinaire, Marie Laurencin, M. Raynal, Vlaminck*, Dufy*, Gertrude et Leo Stein, Kahnweiler, le Bateau-Lavoir fut considéré comme l'un des centres d'éclosion du cubisme, car Picasso y peignit en 1907 *Les Demoiselles* d'Avignon* et son atelier devint vers 1908 le lieu de réunion des défenseurs du jeune mouvement.

**BATÉKÉS** → **Tékés**

**BATES (Herbert Ernest)** ♦ Romancier britannique (Rushden Northamptonshire 1905 - Canterbury 1974). Après avoir exploité le thème de la vie rurale (*The Poacher*, 1935), il écrivit des histoires de guerre : *The Greatest People in the World* (1942), *How Sleep the Brave* (1943). *The Wedding Party* (1965) fait songer à Tchekhov. Bates acheva son œuvre par une remarquable autobiographie (*The Vanished World*, 1969 et *The Blossoming World*, 1970). ◂ ÉTYM. *Bates* est l'hypocoristique de *Bartholomew* «Barthélemy» ou vient du vieil anglais *bat* «bateau» et signifie «batelier».

**BATESON (William)** ♦ Biologiste et généticien britannique (Whitby 1861 - Merton, Surrey 1926). Il vit dans les variations discontinues la cause essentielle de la formation d'espèces nouvelles (1894). Il redécouvrit et vérifia les lois de l'hérédité de Mendel* par le croisement de plantes et d'animaux domestiques, étudia le phénomène des groupes de liaison de chromosomes *(linkage)* et introduisit les notions fondamentales d'allélomorphe, d'homozygote et d'hétérozygote. C'est lui qui appela «génétique» la science de l'hérédité.

**BATESON (Gregory)** ♦ Ethnologue et psychologue américain (Cambridge, Grande-Bretagne 1904 - San Francisco 1980). Fils de William Bateson*. Anthropologue, il travailla en Nouvelle-Guinée (*La Cérémonie du Naven*, 1936) et, avec sa femme Margaret Mead*, il apporta une contribution majeure à l'anthropologie culturaliste à partir d'études sur Bali. Puis, dans le centre de recherches de Palo Alto en Californie, il développa des investigations novatrices sur les troubles psychiques à partir des théories de la communication et de la cybernétique. Il a construit la notion de *double-bind* («double lien») pour expliquer la schizophrénie : les malades ont reçu des ordres contradictoires et simultanés. Ses derniers travaux traitent des problèmes de l'écologie globale (*Vers une écologie de l'esprit*, 1972).

**BATH** ♦ V. d'Angleterre (Bath and North East Somerset), sur l'Avon, au S.-E. de Bristol. 85 000 hab. Festival annuel. L'urbanisme de la ville conçu au XVIIIe s. par John Wood, père et fils, fait de Bath un des ensembles géorgiens les mieux réussis des îles Britanniques (Pump Room, Royal Circus, Royal Crescent). Les bains datent de l'époque romaine mais la période de gloire de la ville correspond au XVIIIe s. quand la société londonienne en fit un centre culturel et de loisirs. Station thermale.

**BÂTHIE (LA)** [73540] ◂ ÉTYM. du lat. *bastita* «ouvrage de fortification» (→ aussi Bastia) ♦ Comm. de la Savoie, arr. d'Albertville, près de la rive d. de l'Isère, en Tarentaise. 2 022 hab. *(Bâthiolains)*. Centrale hydroélectrique souterraine, reliée au barrage de Roselend*.

**BATHILDE** ou **BALTHILDE** (sainte) ♦ Esclave anglo-saxonne (en Angleterre v. 635 - abbaye de Chelles 680). Elle devint, en 649, l'épouse de Clovis II dont elle eut trois fils : Clotaire III, Childéric II et Thierry III. Veuve en 657, elle fut nommée régente pendant la minorité de Clotaire III. Elle fonda l'abbaye de Corbie et se retira à l'abbaye de Chelles* en 665. ◂ ÉTYM. *Bathilde* provient du germanique *Badhilde*, de *bad* «combat» et *hild* (même sens).

**BÁTHORY** ♦ Anc. famille hongroise de laquelle sont issus des princes de Transylvanie et Étienne* Ier, roi de Pologne. ♦ **Christophe Báthory** (1530 - 1581). Prince de Transylvanie (1575 - 1581). ♦ **Sigismond Báthory** (1572 - Prague 1613). Prince de Transylvanie (1581 - 1602). Reconnu prince héréditaire par l'empereur Rodolphe II en 1594, il abandonna la Transylvanie à l'empereur en 1596 puis la reprit en 1601 avant de la remettre définitivement aux Habsbourg en 1602. ♦ **Gabriel Báthory** (1589 - 1613). Prince de Transylvanie (1608 - 1613). Il fut assassiné.

**BÁTHORY (Elisabeth)** ♦ (v. 1560 - Csej 1614). Nièce du roi de Pologne Étienne Ier Báthory, elle aurait fait tuer des centaines de jeunes filles pour se baigner dans leur sang chaud. Elle fut arrêtée en 1610 et condamnée à la détention à vie.

**BATHURST** ◂ ÉTYM. du nom du comte Henry Bathurst (1762 - 1834), secrétaire d'État aux colonies ♦ V. du Canada (Nouveau-Brunswick), au S. de la baie des Chaleurs. 12 714 hab. (aggl. 31 424 hab.) La population juive y est très importante. Cathédrale catholique. ▪ Indus. du bois et du papier. Mines de cuivre, plomb, zinc (exploitées depuis 1963).

**BATHURST** → **Banjul**

**BATIOUCHKOV (Konstantin Nikolaïevitch)** ♦ Poète russe (Vologda 1787 - *id.* 1855). Chef de file de la poésie anacréontique dans la poésie russe, disciple de Karamzin*, il fut également très sensible à l'esprit «latin». Il écrivit des épîtres et des élégies : *À l'ombre d'un ami* (1814), *Le Tasse mourant* (1817).

**BATISTA (Fulgencio)** ♦ Militaire et homme d'État cubain (Banes, Cuba 1901 - Marbella 1973). Sergent, il appuya le soulèvement des étudiants en 1933. Colonel puis chef d'état-major, il devint président de la République (1940 - 1944). En 1952, il fomenta un coup d'État qui le réinstalla au pouvoir, parvint à se faire réélire en 1954 et établit la dictature. Il fut chassé par le mouvement révolutionnaire de F. Castro* dans les derniers jours de 1958 et se réfugia d'abord au Portugal puis en Espagne.

**BATLLE Y ORDÓÑEZ (José)** ♦ Homme d'État uruguayen (Montevideo 1856 - *id.* 1929). Journaliste démocrate, chef du parti Colorado (libéral), il fut président de la République de 1903 à 1907 et de 1911 à 1915. Ayant mis fin à la guerre civile (1904), il fut le modèle de l'homme d'État créole, probe et efficace, favorisant le progrès social et économique de son pays.

**BATMAN** ♦ V. de Turquie, en Anatolie orientale, ch.-l. de prov. 293 024 hab. Centre industriel (raffinerie de pétrole, traitant la production du gisement de Ramandağı).

**BATNA** ◂ ÉTYM. du dialecte berbère *bat'en* «ventre», métaphore pour désigner une plaine fertile ♦ V. d'Algérie, ch.-l. de wilaya, au pied du massif de l'Aurès. 184 069 hab. Aux environs, célèbres ruines romaines. → **Tazoult, Timgad.**

**BATON ROUGE** ◂ ÉTYM. nom donné par les Français d'après un cyprès rouge servant de bornage aux Indiens ♦ V. des États-Unis, cap. de la Louisiane (depuis 1849), sur le Mississippi. 227 818 hab. dont 44 % de Noirs (zone urbaine 602 894). La ville est dominée par un capitole de 28 étages. Université d'État. ▪ Centre indus. : très importantes raffineries de pétrole, caoutchouc synthétique, indus. chimique.

**BATOUMI** ou **BATOUM** ◂ ÉTYM. du caucasien *°batomi* «la Roche (la forteresse)» ♦ V. de Géorgie, cap. de la rép. autonome d'Adjarie. 122 200 hab. Important port pétrolier sur la mer Noire, relié à Bakou par chemin de fer et oléoduc. Raffinage de pétrole. Centrale électrique. Construc. mécaniques. Chantier naval. Indus. alimentaire. Terminus du chemin de fer transcaucasien. ▮ **Histoire** Anc. comptoir grec *(Bathys)*, puis station militaire romaine, disputée entre Géorgiens et Turcs (XVe - XVIIIe s.), Batoumi fut restitué à la Russie au traité de San* Stefano (1878).

**BATROUN** ♦ V. côtière du Liban, située au sud de Tripoli. 50 000 hab. Vestiges de l'époque romaine. ▪ Port de pêche.

**BATSÁNYI (János)** ♦ Poète hongrois (Tapolca 1763 - Linz 1845). Corédacteur avec Kazinczy* de la revue *Magyar Museum*. Il fut dénoncé à cause de son poème *Sur les changements survenus en France* (1789). Condamné, sans preuves, pour sa participation au mouvement des jacobins hongrois, il fut emprisonné, puis s'installa à Vienne. Il traduisit le manifeste de Napoléon adressé aux Hongrois en 1809 et suivit l'armée française dans sa retraite. Il vécut à Paris de la pension que l'Empereur lui attribua. En 1815, il fut exilé à Linz.

**BATTAMBANG** ◂ ÉTYM. en khmer *Pā't-ṭampaṅ*, de *ṭampaṅ* «bâton» ♦ V. du Cambodge, située à l'O. du Tonle Sap, ch.-l. de prov. 127 000 hab. ▮ **Histoire** La prov. de Battambang fut cédée au Siam par la France en 1867 par le traité de Paris, rendue au Cambodge en 1907, reprise par le Siam en 1941 grâce aux Japonais et restituée finalement en 1946. Région fertile et riche (bois, produits agricoles), la province a été saccagée par les combats depuis 1970. Elle conserve 791 958 hab.

**BATTĀNĪ (AL-)** – en lat. ***Albategnius*** ou ***Albatenius*** ♦ Astronome arabe (Harran 858 - Qasr al-Djiṣṣ, près de Samarra 929). Un des plus grands astronomes de son temps, il rectifia certaines valeurs de l'*Almageste** de Ptolémée*. Il fut l'auteur de travaux remarquables en trigonométrie, en particulier sphérique, et de tables astronomiques relativement précises.

**BATTERSEA** ➝ **ÉTYM.** du vieil angl. *Badrices ege* «endroit sec dans un marécage *(eg)* appartenant à un homme nommé *Beaduric*» ♦ Quartier O. de Londres, sur la Tamise. Centrale thermique désaffectée.

**BATTHYÁNY (Lajos)** comte **DE NÉMETUJVAR** ♦ Homme politique hongrois (Presbourg 1806 - Pest 1849). Militant du Mouvement national hongrois, Batthyány ne souhaitait pas la rupture avec l'Autriche. Il fut président du Conseil du premier ministère hongrois en mars 1848, mais devant la politique antiautrichienne de Kossuth*, il démissionna. Bien qu'il ait tenté de ménager une voie moyenne à la diète, il fut fusillé par les Autrichiens après l'échec de la révolution hongroise.

**BAṬṬŪṬA** ➝ **Ibn Baṭṭūṭa**

**BATŪ KHĀN** ♦ Chef mongol (v. 1207 - v. 1255), petit-fils de Gengis* Khān et fils de Jöchi auquel il succéda comme khan de la Horde* d'Or en 1227. Il conquit la Russie, l'Ukraine (Kiev*) et la Pologne et prit la ville de Pest en 1241 pour le compte d'Ögödei*. ➝ **mongol (Empire).**

**BATY (Gaston)** ♦ Directeur, metteur en scène et théoricien du théâtre (Pélussin 1885 - *id.* 1952). Proche de Firmin Gémier* dans les débuts de sa carrière, il dirigea ensuite le Théâtre Montparnasse (1930 - 1947). Influencé par l'expressionnisme allemand, il a très tôt affirmé la suprématie du décor et des éclairages, contestant la primauté du texte. Outre ses tentatives d'actualisation des classiques (*Phèdre*, 1940 ; *Bérénice*, 1946), il monta de nombreuses pièces contemporaines (*Le Simoun*, de H. R. Lenormand, 1920) et fut l'un des fondateurs du Cartel avec Dullin*, Jouvet* et Pitoëff*. Il manifesta un intérêt croissant pour les marionnettes. Il a laissé des écrits théoriques, dont *Le Masque et l'Encensoir* (1926).

**BAT YAM** ♦ V. côtière d'Israël, dans la banl. de Tel-Aviv. 129 400 hab. Ville en expansion.

**BATZ** [bɑ] (île de) ➝ **ÉTYM.** à rapprocher du vx bret. *bazenn* «haut-fond» ➝ Île-de-Batz

**BATZ-SUR-MER** [bɑ] [44740] ♦ Comm. de la Loire-Atlantique, arr. de Saint-Nazaire. 3 049 hab. *(Batziens)*. Église Saint-Guénolé de style gothique flamboyant des XVe - XVIe s. (clefs de voûtes). Ruines de la chapelle gothique Notre-Dame-du-Mûrier. ▪ Station balnéaire. Marais salants.

**BAUCHANT (André)** ♦ Peintre français (Château-Renault 1873 - Montoire 1958). Fils de vigneron, lui-même horticulteur, il commença à peindre durant la guerre et exposa au Salon d'automne en 1921. Remarqué par Le* Corbusier, Lipchitz* et Lurçat*, il eut droit à sa première exposition en 1927 et Diaghilev lui confia les décors du ballet de Stravinski *Apollon* musagète* (1927). Représentant de l'art naïf, classé comme peintre de la réalité populaire, il s'adonna au «grand genre», transposant avec ingénuité et fantaisie des sujets bibliques, mythologiques et historiques traités souvent dans une gamme de coloris clairs. Il peignit aussi des bouquets, paysages, scènes agrestes et portraits dans des tonalités plus vives.

**BAUCHAU (Henry)** ♦ Écrivain belge d'expression française (Malines 1913). Les séquelles affectives dues aux deux guerres mondiales puis l'expérience de la psychanalyse préludent aux débuts littéraires d'Henry Bauchau : la poésie (*Géologie*, 1958), puis le théâtre (*Gengis Khan*, 1960), enfin le roman (*La Déchirure*, 1966). Après *Le Régiment noir* (1972) et l'*Essai sur la vie de Mao Zedong* (1982), il affronte la puissance du mythe dans sa grande trilogie : *Œdipe sur la route* (1990), *Diotime et les lions* (1991), *Antigone* (1997). Puis, tandis que sont publiés ses journaux (1983-2005), l'écrivain renoue avec l'inspiration psychanalytique dans *L'Enfant bleu* (2004) et *Le Boulevard périphérique* (2007). [Acad. royale de langue et de litt. françaises de Belgique 1990]

**BAUCIS** ➝ **Philémon**

**BAUD** [56150] ♦ Ch.-l. de cant. du Morbihan, arr. de Pontivy. 4 813 hab. *(Baldiviens)*. Chapelle Notre-Dame-de-la-Clarté (XVIe s.). ▪ Aux environs, restes du château de Quinipily. Chapelle Saint-Adrien du XVe s. (lieu de pèlerinage). Au sud de Baud, la forêt de Camors renferme des vestiges d'un camp romain et des mégalithes.

**BAUDEAU** (abbé **Nicolas**) ♦ Économiste français (Amboise 1730 - Paris 1792). Fondateur du recueil périodique *Éphémérides du citoyen* (1765), d'abord hostile aux physiocrates, il en adopta les thèses, développa et expliqua le système de Quesnay* dans *Première introduction à la philosophie économique ou Analyse des États policés* et se fit défenseur de Turgot.

**BAUDELAIRE (Charles)** ♦ Écrivain français (Paris 1821 - *id.* 1867). ▮ **L'enfance et l'adolescence** Sa mère s'étant remariée avec le commandant Aupick, alors qu'il n'avait que sept ans, l'enfant fut mis en pension et ressentit déjà un «sentiment de destinée éternellement solitaire». Révolté contre sa bourgeoise famille qu'il scandalisait par sa vie de bohème, l'adolescent fut d'abord embarqué, pour dix mois, sur un voilier (rapportant de ce voyage à l'île Bourbon la nostalgie de l'exotisme), puis doté (1845) d'un conseil judiciaire. ▮ **Le spleen** Dès lors, son dégoût du monde contemporain et un «spleen» profond (aggravé par l'angoisse morbide de l'impuissance créatrice et l'obsession de la vieillesse, puis de la mort) poussèrent le poète à rechercher l'évasion sous toutes ses formes, affichant «la supériorité aristocratique de son esprit» par un dandysme délibéré ou s'adonnant aux excitants et aux drogues. À sa liaison avec la

Charles **Baudelaire.** Portrait par Courbet.
Musée Fabre, Montpellier. *Phot. © Telarci/Giraudon*

«Vénus noire», Jeanne Duval (dont maints poèmes célèbrent la «ténébreuse» beauté), répondit son amour mystique pour Marie Daubrun, puis pour Mme Sabatier, «l'Ange gardien, la Muse, et la Madone». Cependant, découragé, miné par la maladie et en proie aux difficultés matérielles, il partit pour la Belgique (1864) où le terrassèrent des troubles nerveux ; après une année de paralysie et d'aphasie, il mourut à quarante-six ans. ▮ **Les publications posthumes** À sa mort furent publiés les *Petits Poëmes en prose* (ou *Le Spleen* de Paris*, 1869), tentative originale pour adapter une prose «musicale sans rythme et sans rime [...] aux mouvements lyriques de l'âme», et un choix de ses articles, *L'Art* romantique* (1868). Des notes éparses furent groupées dans les *Journaux intimes* (*Fusées*, 1851 ; *Mon cœur mis à nu*, 1862 - 1864). ▮ **L'œuvre** C'est l'art surtout que Baudelaire chargea d'exprimer le conflit de l'âme moderne, déchirée par l'antagonisme de la chair et de l'esprit. On lui doit d'avoir défendu des créateurs comme Delacroix* ou Constantin Guys* (*Curiosités* esthétiques*, 1868), compris le génie musical de Wagner* (*L'Art romantique*), révélé T. De* Quincey (*Les Paradis artificiels*, 1860) et Edgar Poe* qu'il traduisit (1852 - 1865) et en qui il voyait un génie fraternel. Mûri depuis quinze ans, son recueil poétique, *Les Fleurs* du mal* (1857 ; condamné par la justice impériale après un célèbre procès), manifesta le mieux «cet admirable, cet immortel instinct du beau qui nous fait considérer la terre et ses spectacles comme un aperçu, comme une correspondance du ciel». Engagement mystique en même temps qu'esthétique, la démarche du poète est de retrouver dans la vie de tous les jours l'insolite, les signes sensibles d'un monde à la fois antérieur et idéal qui n'est pas soumis, comme le réel, c'est-à-dire la nature, à la fatalité du péché et à la nécessité de la souffrance. D'où cette œuvre obéissant, comme l'amour, à une double postulation satanique et angélique, où les images et les symboles sont renouvelés par le subtil réseau d'associations, de «correspondances», qu'ils portent. Au service de cet «art pur», spirituel, Baudelaire met la «magie suggestive» d'un langage et d'une métrique très rigoureux, aussi étrangers pourtant au culte parnassien de la forme qu'à l'«art positif» des réalistes. Solitaire, mais solidaire des autres hommes qu'il convie «par la poésie et à travers la poésie» à entrevoir «les splendeurs situées derrière le tombeau», Baudelaire a énoncé les principes créateurs de la poésie moderne, du symbolisme au surréalisme. ➝ **ÉTYM.** Le nom de famille *Baudelaire* est peut-être une variante de l'ancien français *badelaire*, sorte de sabre ou de coutelas à lame courbe [surnom du porteur de cette arme].

**BAUDELOCQUE (Jean-Louis)** ♦ Médecin accoucheur français (Heilly, Picardie 1746 - Paris 1810). Il contribua par ses travaux à faire de l'obstétrique une discipline scientifique (*L'Art des accouchements*, 1782). ♦ **Louis Auguste Baudelocque.** Médecin accoucheur français (Paris v. 1799 - v. 1864), neveu de J.-L. Baudelocque. Il mit au point un procédé opératoire pour la césarienne. ➝ **ÉTYM.** Le nom vient de *Baudelot*, de l'ancien français *baud* «bête de somme» (désigne celui qui transportait du bois avec des bêtes de somme) ou signifie «hardi, joyeux».

**BAUDIN (Nicolas)** ♦ Marin et explorateur français (île de Ré 1750 - Port-Louis, île de France 1803). Le récit de son *Voyage de découverte aux terres australes* (Nouvelle-Hollande, Nouvelle-Galles du Sud, etc., 1800) à l'occasion duquel Gérando* formula un des premiers guides d'enquête ethnologique, fut publié par Péron et L. de Freycinet (1807). ➝ **ÉTYM.** Le nom vient du germanique *bald* «audacieux».

**BAUDIN (Alphonse)** ♦ Médecin et homme politique français (Nantua 1811 - Paris 1851). Affilié à la franc-maçonnerie, député à l'Assemblée législative (1849), il fut tué sur une barricade le 3 déc. 1851 (disant, d'après la tradition : «Vous allez voir, citoyens, comme on meurt pour 25 francs par jour»).

**BAUDIN (Louis)** ♦ Économiste français (Bruxelles 1887 - Paris 1964). Auteur de travaux sur les Incas, représentant du néolibéralisme, il a surtout étudié *La Monnaie et la formation des prix* (1947). Autres œuvres : *Précis d'histoire des doctrines économiques ; Traité d'économie politique* (1947).

**BAUDOIN DE COURTENAY (Jan)** ♦ Linguiste polonais (Radzymin, Varsovie 1845 - Varsovie 1929). Il enseigna notamment à Cracovie (1893 - 1899) puis à Saint-Pétersbourg (1900 - 1918). Développant les acquisitions et montrant les limites de la phonétique expérimentale, il proposa de distinguer la phonétique «physique» (acoustique et physiologique) de la phonétique «psychologique» (fonctionnelle). Cette dernière ouvrait la voie à la phonologie, qu'allaient élaborer Troubetzkoï* et Jakobson*.

**BAUDOT (Anatole DE)** ♦ Architecte et théoricien français (Sarrebourg 1834 - Paris 1915). Élève de Labrouste, puis de Viollet*-le-Duc, il travailla à des restaurations de monuments anciens (château de Blois, cathédrales de Clermont, du Puy) et défendit les théories rationalistes et l'utilisation des techniques modernes. Il adopta le béton armé et, à Saint-Jean-de-Montmartre, premier édifice religieux construit entièrement selon cette technique, il créa des formes qui, bien qu'inspirées par l'architecture gothique, sont en partie dictées par le matériau (supports légers, surfaces unies, évidement des murs). En 1909, à Tulle, il édifia le premier théâtre en béton armé. Il publia *L'Architecture : le passé, le présent* et *L'Architecture et le béton armé.* ➜ ÉTYM. *Baudot* vient du germanique *bald* «audacieux».

**BAUDOT (Émile)** ♦ Ingénieur français (Magneux, Haute-Marne 1845 - Sceaux 1903). Il fit breveter en 1874 le système de télégraphe multiple, rapide et imprimeur, qui porte son nom et qui fut utilisé jusqu'à la fin des années 1970.

## BAUDOUIN

➜ ÉTYM. lat. médiév. *Balduinus*, du germ. *Baldwin*, de *bald* «audacieux» et *win* «ami» [it. *Baldovino*, esp. *Balduino*, all. *Balduin*, angl. *Baldwin*, gaél. *Maldwyn*] ♦ Nom de plusieurs personnages, classés selon les rubriques suivantes : Belgique ; Flandre ; Hainaut ; Jérusalem ; empereurs latins d'Orient.

### BELGIQUE

**BAUDOUIN Ier** ♦ (Bruxelles 1930 - Motril, Espagne 1993). Roi des Belges (1951 - 1993). Fils de Léopold* III, il devint roi à la suite de l'abdication de son père et épousa Fabiola* de Mora y Aragón en 1960. Ce fut un ardent défenseur de l'unité de la Belgique.

### FLANDRE

**BAUDOUIN** ♦ Nom de plusieurs comtes de Flandre*. ♦ **BAUDOUIN Ier Bras-de-Fer** (mort en 878). Il reçut de son beau-père Charles* le Chauve le comté de Flandre et fonda Bruges*. ♦ **BAUDOUIN II le Chauve** (mort en 919). Fils du précédent, il fit assassiner Foulques*, archevêque de Reims. ♦ **BAUDOUIN V le Pieux** ou **de Lille.** Comte de Flandre (1036 - 1067), gendre de Robert* le Pieux. Il fut le tuteur de son neveu, le jeune roi de France, Philippe* Ier (1060). ♦ **BAUDOUIN VI de Mons.** Fils du précédent, il réunit pendant trois ans (1067 - 1070) le Hainaut (où il régna sous le nom de Baudouin Ier) à la Flandre. ♦ **BAUDOUIN IX.** Comte de Flandre (1194 - 1206). ➜ **Baudouin Ier**, empereur latin d'Orient.

### HAINAUT

**BAUDOUIN** ♦ Nom de plusieurs comtes de Hainaut* dont BAUDOUIN Ier (Baudouin* VI de Flandre), BAUDOUIN V (Baudouin VIII de Flandre) et BAUDOUIN VI (Baudouin IX de Flandre, empereur d'Orient sous le nom de Baudouin Ier).

### JÉRUSALEM

**BAUDOUIN** ♦ Nom de plusieurs rois de Jérusalem. ♦ **BAUDOUIN Ier** (1058 - El-Arich 1118). Premier roi de Jérusalem (1100 - 1118). Frère de Godefroi* de Bouillon, il participa à la 1re croisade et devint comte d'Édesse (1098). À la mort de son frère, il devint roi de Jérusalem. Il prit Saint-Jean-d'Acre (1104), Beyrouth (1109) et Sidon (1110). ♦ **BAUDOUIN II DU BOURG** (mort en 1131), comte d'Édesse (1100 - 1118) et roi de Jérusalem (1118 - 1131). Cousin de Baudouin Ier, il vainquit plusieurs fois les musulmans devant Antioche, mais fut emprisonné par les Turcs (1124 - 1128) après la prise de Tyr. Il permit l'établissement des Templiers, gouverna la principauté d'Antioche à la mort de son gendre Bohémond* II (1129) et légua son royaume à son autre gendre Foulques* V d'Anjou. ♦ **BAUDOUIN III** (1129 - Beyrouth 1163). Roi de Jérusalem (1143 - 1163). Fils de Foulques* V, il régna d'abord sous la régence de sa mère. Il défendit le royaume de Damas contre Nūr al-Dīn et épousa Théodora, nièce de Manuel Ier Comnène (1158). Il fit appel à Louis* VII de France et à Conrad* III de Hohenstaufen, ce qui aboutit à la 2e croisade (1147 - 1149). Il eut pour successeur son frère Amaury* Ier. ♦ **BAUDOUIN IV,** dit **le Roi lépreux** (1160 - 1185). Roi de Jérusalem (1174 - 1185). Fils d'Amaury* Ier, il vainquit Saladin* par deux fois (1176 et 1177) puis fit la paix en 1180. Il tenta d'associer au trône son beau-frère Guy de Lusignan en 1183, mais associa par la suite son neveu Baudouin V ♦ **BAUDOUIN V** (v. 1179 - Acre 1186). Fils de Guillaume de Montferrat et de Sybille, sœur de Baudouin IV, il succéda à ce dernier sous la tutelle de Jocelin III, comte d'Édesse.

### EMPEREURS LATINS D'ORIENT

**BAUDOUIN Ier** ♦ (Valenciennes 1171 - en Orient v. 1206). Comte de Flandre sous le nom de Baudouin IX (1194 - 1206) et empereur latin d'Orient (1204 - 1206). Fils de Baudouin VIII de Flandre (Baudouin V de Hainaut), il hérita à la mort de ce dernier (1195) de la Flandre et du Hainaut, puis en 1196 de Namur. Prince cultivé, il encouragea les lettres. Il participa à la quatrième croisade*, devint empereur de Constantinople et conféra à son rival Boniface de Montferrat*, le royaume de Thessalonique. Favorisant les Latins dans le gouvernement et l'administration, il se fit des ennemis des Grecs, qui se révoltèrent en 1205 avec l'aide des Bulgares. Vaincu et fait prisonnier à la bataille d'Andrinople (1205), il mourut peut-être prisonnier. Son frère Henri de Hainaut devint régent.

**BAUDOUIN II DE COURTENAY** ♦ (1217 - 1273). Dernier empereur latin d'Orient (1228 - 1261). Fils de Pierre II de Courtenay, il succéda à son frère Robert de Courtenay, mais régna d'abord sous la tutelle de Jean* de Brienne qui devint son beau-père. Il chercha en vain des protections en Europe et fut chassé par Michel* VIII Paléologue.

---

**BAUDRICOURT (Robert DE)** ♦ Capitaine royal de Vaucouleurs au temps de Jeanne* d'Arc, à laquelle il donna une escorte pour se rendre à Chinon auprès du roi.

**BAUDRIER (Yves)** ♦ Compositeur français (Paris 1906 - *id.* 1988). Cofondateur, avec O. Messiaen*, A. Jolivet* et Daniel*-Lesur, du groupe Jeune France (1936), qui préconisait un «retour à l'humain» dans la musique, il est l'auteur d'une œuvre d'une grande fraîcheur de coloris, fréquemment inspirée par la Bretagne : poèmes symphoniques (*Raz de Sein*, 1935 ; *Le Grand Voilier*, 1939 ; *Le Musicien dans la cité*, 1946), une *Symphonie* (1945), mélodies et musiques de films (*La Bataille du rail*, 1946).

**BAUDRILLARD (Jean)** ♦ Philosophe français (Reims 1929 - Paris 2007). Germaniste de formation, il fut d'abord marxiste (et traducteur de Marx) puis, par une assimilation entre la «valeur» au sens économique chez Marx et au sens linguistique chez Ferdinand de Saussure, il élabora une sémiologie sociale (*Pour une critique de l'économie politique du signe*, 1972 ; *L'Échange symbolique et la Mort*, 1976), puis une réflexion sur la communication (*L'Autre par lui-même*, 1987). Il décrivit la soumission de toutes les cultures à la mondialisation et le terrorisme qui en résulte : *La Transparence du mal* (1990), *La Guerre du Golfe n'a pas eu lieu* (1991), *Le Crime parfait* (1995). ➜ ÉTYM. *Baudrillard* vient de *Baudry*, du germanique *Baldric*, nom de personne, de *bald* «audacieux» et *rik* «puissant».

**BAUDRIMONT (Alexandre Édouard)** ♦ Chimiste français (Compiègne 1806 - Bordeaux 1880). On lui doit les premiers travaux sur les colloïdes.

**BAUER (Bruno)** ♦ Critique et philosophe allemand (Eisenberg 1809 - Rixdorf, près de Berlin 1882). Il est l'un des représentants de la «gauche hégélienne» (➜ **hégélianisme**) par ses travaux de critique historique du christianisme (*Critique des faits contenus dans l'Évangile de saint Jean*, 1840 ; *Critique de l'histoire évangélique des synoptiques*, 1841 ; *Le Christianisme dévoilé*, 1843). Ses thèses furent mises en question par Marx* et Engels*. Il est également l'auteur de nombreux ouvrages d'histoire. ➜ ÉTYM. Ce nom allemand signifie «paysan, fermier ; constructeur, maçon».

**BAUER (Otto)** ♦ Homme politique autrichien (Vienne 1882 - Paris 1938). L'un des principaux représentants de l'austro-marxisme, favorable en 1918 au rattachement de l'Autriche à l'Allemagne, il fut l'instigateur du programme de Linz, hostile au modèle bolchevique et partisan de la social-démocratie. L'Anschluss* le contraignit à émigrer en France.

**BAUGÉ** [49150] ➜ ÉTYM. anc. *Balgiacum*, du lat. *Balbius*, n. de pers. (de *balbus* «qui bégaye»), et suff. *-acum* ♦ Ch.-l. de cant. du Maine-et-Loire, arr. de Saumur, dans le Baugeois. 3 663 hab. (aggl. 4 915). *(Baugeois).* Château de Yolande d'Aragon, bâti en 1430, auj. hôtel de ville et musée. Hôpital Saint-Joseph, abritant une pharmacie du XVIIIe s. Hôtels et maisons anc.

**BAUGEOIS** n. m. ➜ ÉTYM. de *Baugé** ♦ Plateau du N.-E. de l'Anjou. ➜ **Anjou.**

**BAUGES** n. m. pl. (massif des) ➜ ÉTYM. anc. *de Bogis*, p.-ê. n. d'alpage ou du franco-prov. «écurie» ♦ Plateau de Savoie qui s'étend à l'E. d'Aix-les-Bains. Limité à l'O. par le mont Revard, il culmine à l'E. au sommet de l'Arcalod (2 217 m). Le massif est traversé du S.-E. au N.-O. par le Chéran. Sylviculture et élevage bovin laitier. ▪ Un parc naturel régional couvrant 80 000 ha y fut créé en 1996.

**Bauhaus** ➜ ÉTYM. all. «maison de la construction» ♦ École d'architecture et d'art constituée en 1919 à Weimar par W. Gropius*, par la fusion et l'entière réorganisation de l'Académie des beaux-arts et de l'École des arts décoratifs. Elle fut transférée à Dessau en 1925 dans les bâtiments construits de 1925 à 1926 par Gropius. L'arrivée des nazis au pouvoir dans la province provoqua son déménagement à Berlin (1932) puis sa fermeture. Elle fut dirigée par W. Gropius, H. Meyer (1927 - 1930) et Mies* van der Rohe (1930 - 1933), et des artistes comme J. Itten, L. Feininger*, A. Meyer (dès 1919), P. Klee*, O. Schlemmer* (à partir de 1921), W. Kandinsky* (à partir de 1922), Moholy*-Nagy (1923) y enseignèrent. L'enseignement dispensé visait à intégrer l'architecture aux autres arts

**Bauhaus.** Affiche de l'exposition du Bauhaus réalisée par Joost Schmidt, Weimar, 1923.
*Phot. © The Art Archive/Dagli Orti/DR*

«majeurs» et «appliqués» en établissant une étroite collaboration entre l'artiste et l'artisan ; il préconisait la création collective. S'appuyant sur un idéal socialiste, il tendait à remettre en cause la fonction de l'art par rapport à l'ordre social et à l'intégrer à la civilisation industrielle. Le Bauhaus accordait une grande place à l'expérimentation et à la création de prototypes d'objets usuels destinés à la standardisation. La liberté esthétique y était prônée mais ce furent l'abstraction géométrique, le rationalisme et le fonctionnalisme qui s'imposèrent, sous l'influence du constructivisme russe et du Stijl néerlandais. Les principes et les réalisations du Bauhaus jouèrent un rôle important dans le développement de l'art contemporain, notamment aux États-Unis, où plusieurs de ses anciens membres émigrèrent.

**BAUHIN (Jean)** ♦ Médecin et naturaliste suisse d'origine française (Bâle 1541 - *id.* 1613). Médecin du duc de Wurtemberg, il lui dédia une *Encyclopédie botanique*. ♦ **Gaspard Bauhin.** Botaniste (Bâle 1560 - *id.* 1624), frère de Jean Bauhin. Il fut un des premiers à tenter de donner une classification naturelle des plantes.

**BAULE-ESCOUBLAC (LA)** [44500] ➝ **ÉTYM.** Baule : du mot région. *baule* «dune» et *Escoublac* : du gaul. *Scopilus*, n. de pers., et suff. *-acum* ♦ Ch.-l. de cant. de la Loire-Atlantique, arr. de Saint-Nazaire, à l'O. de Saint-Nazaire. 15 831 hab. *(Baulois)*. Importante station balnéaire appelée La Baule (plage de sable de 8 km) à laquelle sont rattachées La Baule-les-Pins et La Baule-sur-Mer. Port de plaisance. Thalassothérapie.

**BAULIEU (Étienne BLUM,** dit dans la Résistance **Étienne-Émile)** ♦ Médecin français (Strasbourg 1926). Endocrinologue, il est l'auteur de recherches sur les hormones stéroïdes et leurs antagonistes impliquées dans les phénomènes de la reproduction et du cancer ainsi que dans le fonctionnement du système nerveux. Il a mis au point, en 1980, la pilule contragestive RU 486 et mène des recherches sur la DHEA. [Acad. sc., 1982]

**BAULIG (Henri)** ♦ Géographe français (Paris 1877 - Ingwiller 1962). Spécialisé en géographie physique, il affirma l'importance des phénomènes responsables des changements généraux des niveaux des mers (variations eustatiques) sur les formes du relief et collabora à la *Géographie* universelle* de Vidal de La Blache.

**BAUM (Vicki)** ♦ Romancière américaine d'origine autrichienne (Vienne 1888 - Hollywood, Californie 1960). Auteur d'une œuvre abondante et populaire, elle est surtout connue par *Grand hôtel* (*Menschen im Hotel*, 1929) qui fut adapté par Hollywood en 1930 avec Greta Garbo et porté à la scène à New York en 1931. On se souvient aussi de son *Lac aux dames* (1932).

**BAUMANN (Oskar)** ♦ Voyageur autrichien (Vienne 1864 - 1899). Entre 1887 et 1893, il entreprit trois expéditions en Afrique orientale (en particulier d'Ousoumboura au Kilimandjaro) et découvrit la source de la rivière Kagera*.

**BAUMÉ (Antoine)** ♦ Pharmacien et chimiste français (Senlis 1728 - Paris 1804). Ses travaux portèrent sur des sujets très divers : préparation du mercure, du soufre, du platine, des corps gras, de l'acide borique ; cristallisation des sels ; fermentation. Il mit au point des procédés de teinture du tissu, s'intéressa à la fabrication de porcelaine, et inventa l'aréomètre qui porte son nom ainsi qu'une échelle de mesure de densité *(degré Baumé)*. [Acad. sc. 1772]

**BAUMEISTER (Willi)** ♦ Peintre et dessinateur allemand (Stuttgart 1889 - *id.* 1955). Condisciple de Schlemmer* à Stuttgart, il séjourna ensuite à deux reprises à Paris. D'abord influencé par le cubisme, il se rapprocha ensuite du constructivisme et du courant abstrait. Dans son œuvre, aux orientations très diverses, on peut déceler une oscillation entre une abstraction rigoureusement géométrique et une expression plus libre qui s'apparente parfois à Klee*, Kandinsky* et Miró* : le recours à des symboles élémentaires, à des signes inventés où affleure le souvenir de caractères cunéiformes, instaure une écriture sensible, où l'élégance du dessin se conjugue à un jeu limité d'harmonies colorées et de textures (*Deux lanternes*, 1955). Classé par les nazis comme «artiste dégénéré», il poursuivit son œuvre dans la clandestinité et devint après la guerre professeur à Stuttgart. ➝ **ÉTYM.** Ce nom de famille allemand signifie «constructeur, architecte».

**BAUME-LES-DAMES** [25210] – anc. ***Baume-les-Nonnains*** ➝ **ÉTYM.** du prélatin *balma* «grotte, trou dans un rocher» et *dames* «religieuses» ♦ Ch.-l. de cant. du Doubs, arr. de Besançon, sur la rive d. du Doubs. 5 384 hab. *(Baumois)*. Anc. abbaye de bénédictines fondée au VIIe s. pour recevoir les femmes nobles : anc. abbatiale (XVIe et XVIIe s.). Église Saint-Martin (XVIIe s.). Maisons anc. Musée des pipes. ▪ Construc. mécaniques.

**BAUME-LES-MESSIEURS** [39210] – anc. ***Baume-les-Moynes*** ➝ **ÉTYM.** du prélatin *balma* «grotte, trou dans un rocher» et *messieurs* «moines» ♦ Comm. du Jura, arr. de Lons-le-Saunier. 194 hab. *(Baumois)*. Anc. abbaye fondée au VIe s. par saint Colomban (12 de ses moines fondèrent Cluny en 910). Abbatiale romane du XIIe s. (retable flamand du XVIe s.). Situation exceptionnelle dans une des plus belles «reculées» de Franche*-Comté.

**BAUMGARTEN (Alexander Gottlieb)** ♦ Philosophe allemand (Berlin 1714 - Francfort 1762). Il enseigna la philosophie à Halle et Francfort-sur-l'Oder. Disciple de C. Wolff*, il compléta le système de celui-ci par une *Esthétique*. ➝ **ÉTYM.** L'allemand *Baumgarten* signifie «verger» [littéralement «jardin *(Garten)* d'arbres *(Baüme)*»].

**BAUR (Christian)** ♦ Théologien protestant allemand (dans le Wurtemberg 1792 - Tübingen 1860). Influencé par Schleiermacher puis Hegel, il fut le chef de l'école de Tübingen, qui chercha à faire une analyse critique des premiers siècles de l'Église chrétienne (*Traité d'histoire dogmatique chrétienne*, 1847 ; *Histoire de l'Église aux trois premiers siècles*, 1853).

**BAUR (Henri,** dit **Harry)** ♦ Acteur français (Paris 1880 - *id.* 1943). Sa complexion massive, son visage buriné valurent à ce grand acteur de théâtre quelques rôles au cinéma parlant, taillés à sa forte mesure : le commissaire Maigret dans *La Tête d'un homme* (1933), Jean Valjean dans *Les Misérables* (1934), le juge Porphyre dans *Crime et Châtiment* (1935), Hérode, Beethoven, Volpone... et une ample moisson de Russes, de Tarass Boulba à Raspoutine.

**BAURU** ♦ V. du Brésil (État de São Paulo). 260 000 hab. Située au centre d'une riche région agricole où la production de café fait maintenant place à celle de la canne à sucre (alcool).

**BAUSCH (Pina)** ♦ Danseuse et chorégraphe allemande (Solingen 1940 - Wuppertal 2009). Elle dansa avec le New American Ballet et le Metropolitan Opera House avant de devenir directrice du Ballet de Wuppertal (1974). Chacune de ses chorégraphies a imposé une personnalité puissante s'inspirant fortement de l'expressionnisme, sa vision d'une danse très proche du théâtre (baptisée *Tanztheater*), son pessimisme fin de siècle : *Bacchanale de Tannhäuser*, 1972 ; *Orphée et Eurydice*, musique de Gluck, 1975 ; *L'Opéra de quat' sous*, musique de K. Weill, 1978 ; *Les Sept Péchés capitaux* et *Barbe-Bleue*, 1979 ; *Café Müller* et *La Légende de la chasteté*, 1982 ; *Bandonéon et 1980, ein Stück von Pina Bausch*, 1983 ; *Le Sacre du printemps*, 1985 ; *Arien*, 1986 ; *Auf dem Gebirge hat man ein Geschrei gehört*, 1987 ; *Ahnen*, 1988 ; *Nelken*, 1990 ; *Iphigénie en Tauride*, 1991 ; *Tanzabend II*, 1992. Ses dernières créations, *Danzon* (1995), *Masurca Fogo* (1998), *Nefés* (2003) ou *Vollmond* (2006), renouèrent avec une danse plus douce. Son influence en France, où elle créa ses spectacles tantôt au Théâtre de la Ville, tantôt à l'Opéra de Paris, fut considérable.

Pina **Bausch.**
Ballet *Palermo Palermo*. *Phot. © Bernand*

**BAUTZEN** ♦ V. d'Allemagne (Saxe), en Haute-Lusace, sur la rive d. de la haute Spree. 41 876 hab. La minorité sorabe appelle la ville *Budyšin*. ▪ Centre indus. développé autour d'un bassin de lignite : métall. lourde, textiles. ▮ **Histoire** Napoléon y défit les Russes et les Prussiens (20 - 21 mai 1813) après une bataille où se distingua Oudinot.

**BAUVIN** [59221] ← **ÉTYM.** du germ. *Badlvin*, n. de pers. ou de *balwinja*, de *balwa* «mauvais» ♦ Comm. du Nord, arr. de Lille. 5 338 hab. *(Bauvinois)*.

**BAUWENS (Lievin)** ♦ Industriel belge (Gand 1769 - Paris 1822). Ayant réussi à passer en fraude d'Angleterre la nouvelle *mule-jenny* (→ **Crompton**), il installa à Gand plusieurs usines pour la filature du coton. Il devint maire de sa ville natale avec l'appui de Bonaparte.

**BAUX-DE-PROVENCE (LES)** [13520] ← **ÉTYM.** anc. *Balcium*, du bas lat. *balteus*, du précélt. *bal* «escarpement» et suff. *-itius* ♦ Comm. des Bouches-du-Rhône, arr. d'Arles, sur un promontoire abrupt des Alpilles. 434 hab. *(Baussencs)*. Ruines d'une cité médiévale dont les seigneurs jouèrent un grand rôle dans l'histoire de la Provence du Xe au XVe s. Église Saint-Vincent (XIIe s.). Hôtels et maisons Renaissance. Plusieurs musées dont le musée d'Art contemporain. ▪ Extraction de *bauxite* (découverte en 1821 nommée d'après les Baux).

**BAVANS** [25550] ♦ Comm. du Doubs, arr. de Montbéliard. 3 917 hab. Construc. automobile.

**BAVAY** [59570] ← **ÉTYM.** du gaul. *bag-* «hêtre» et suff. *-acum* ♦ Ch.-l. de cant. du Nord, arr. d'Avesnes-sur-Helpe. 3 581 hab. (aggl. 5 588) *(Bavaisiens)*. Vestiges d'une cité romaine *(Bagacum)* qui fut l'une des plus importantes de la Belgique. Musée archéologique.

**BAVIÈRE** n. f. ← **ÉTYM.** en all. ***Bayern*** «pays des défenseurs et des combattants», du germ. *Bai-warioz*, à rapprocher de *Boii* [les *Boïens**], de la rac. indo-eur. *°bhei-* «combattre» et de *°warjan* «défendre, protéger» ♦ Région historique du S. de l'Allemagne.

▮ **HISTOIRE** ▮ **Antiquité et Moyen Âge** Peuplée à l'origine de Celtes, occupée à partir de –15 par les Romains, la région fut conquise aux Ve et VIe s. par des envahisseurs venus de Bohême* (Marcomans, Quades, Boïens*) qui constituèrent un État sous domination franque et prirent le nom de *Bajuvares*. Leur duc Tassilon* III tenta de s'affranchir de la tutelle de Pépin le Bref, mais Charlemagne le déposa en 788 et la Bavière, érigée en royaume en 814 par Louis* le Pieux, passa à Louis* II le Germanique en 817, puis à son fils Carloman* (865), qui eut à la défendre contre les ducs de Moravie. Redevenue un duché à la suite de l'extinction des Carolingiens allemands (911), elle entra en 947 dans la maison de Saxe* (qui lui donna notamment pour souverain en 995 le futur empereur Henri* II le Saint), dans celle de Franconie, puis dans la maison des Guelfes* qui connut son apogée avec Henri* le Lion (duc de Bavière de 1156 à 1180). Ce dernier, mis au ban de l'Empire, fut dépossédé de son duché au profit du comte palatin Otton de Wittelsbach* dont la dynastie devait régner sur le pays jusqu'en 1918. La Bavière s'accrut en 1214 du Palatinat* rhénan et, sous l'empereur Louis* IV de Bavière (1314 - 1347), de considérables possessions qui se dispersèrent entre ses fils. L'un d'eux, ayant reçu en partage les comtés de Hollande et de Hainaut, fut le père de Jacqueline* de Bavière (1401 - 1436). ▮ **De la Sainte Ligue à la guerre de succession de Bavière** Au XVIIe s., Maximilien* Ier (1573 - 1651), duc et électeur de Bavière, prit la tête de la Sainte Ligue et combattit aux côtés de l'empereur contre les princes protestants durant la guerre de Trente* Ans. Le traité de Westphalie (1648) le maintint dans sa dignité d'électeur et lui conserva le Haut-Palatinat. Son petit-fils Maximilien* II Emmanuel se fit l'allié de Louis XIV dans la guerre de Succession* d'Espagne. Battu à Blenheim* (1704) et à Ramillies* (1706), il se vit confisquer ses États jusqu'au traité de Rastatt (1714). Charles*-Albert eut l'appui de la France dans la guerre de Succession* d'Autriche (1740 - 1748) et se fit couronner empereur en 1742, mais, après la défaite de Dettingen* (1743), il fut chassé de ses États (1745). L'extinction de la ligne directe des Wittelsbach provoqua la guerre de Succession* de Bavière. ▮ **De la première coalition à la guerre de 1870** La première coalition contre la France (1791 - 1797) porta la guerre en territoire bavarois en 1796 : les généraux Moreau* et Jourdan* s'avancèrent en plein cœur de la Bavière, mais durent battre en retraite après les victoires de l'archiduc Charles* d'Autriche. La victoire de Moreau à Hohenlinden* (1800), à l'E. de Munich, brisa la seconde coalition et poussa Maximilien* Ier Joseph de Bavière à s'attacher plus étroitement à la France à partir de 1801, ce qui lui valut, après les victoires de Soult et de Ney à Donauwörth et à Elchingen* (1805), de s'accroître considérablement (traité de Presbourg*) et de recevoir le titre de roi de Bavière. En 1806, la Bavière entra dans la Confédération* du Rhin. La victoire d'Eckmühl* (1809) renforça encore l'alliance franco-bavaroise. Cependant, à la suite des désastres napoléoniens de 1813, la Bavière se rangea du côté des Alliés. Le traité de Vienne (1815) la confirma dans ses possessions et lui permit de s'agrandir à nouveau du Palatinat* rhénan. Après l'abdication de Louis* Ier, son fils aîné Maximilien* II monta sur le trône de Bavière (1848) tandis que le second, Othon* Ier, était roi de Grèce depuis 1832. La Bavière fut du côté de l'Autriche dans la guerre austro-prussienne (1866) et alliée de la Prusse dans la guerre franco-allemande. ▮ **La chute de la monarchie** Par le traité de Versailles de nov. 1870, le royaume de Bavière entrait dans l'Empire allemand en conservant une certaine autonomie, mais la monarchie s'effondra le 7 nov. 1918 et, sous la République de Weimar, le pays, devenu Land, avait perdu la plupart de ses droits réservés. Il les perdit totalement lorsque le nazisme, né à Munich, triompha et que Hitler proclama l'avènement du IIIe Reich (1933). L'autorité y était désormais exercée par un statthalter. Occupée par les Américains en 1945 (sauf Lindau, en zone française), la Bavière est devenue en 1949 l'un des Länder de la République fédérale d'Allemagne.

**BAVIÈRE** n. f. – en all. ***Bayern*** ♦ État (Land) de la République fédérale d'Allemagne. → **Allemagne** (carte). 70 554 km². 12 440 000 hab. CAP. : Munich. Le Land, qui se proclame officiellement État libre *(Freistaat Bayern)*, avec son blason aux losanges blancs et bleus, est divisé en 7 régences ou *Regierungsbezirke* (Haute-Bavière, Basse-Bavière, Haut-Palatinat, Haute-Franconie, Moyenne-Franconie, Basse-Franconie, Souabe) et en 96 cercles ou *Kreise*.

▮ **GÉOGRAPHIE** La Bavière s'est constituée dans le bassin sédimentaire formé entre la chaîne des Alpes et le massif bohémien. Le Danube installé dans la gouttière centrale sur une ligne brisée passant par Ulm, Ratisbonne et Passau partage la région en deux : au N. s'étendent les plateaux gréseux et calcaires du bassin de Souabe-Franconie, dont la partie N. est drainée par le Main vers le Rhin ; au S. du Danube s'étendent d'abord les riches collines de molasse tertiaire jusqu'aux environs de Landshut*. Plus au S. commence le Plateau souabe-bavarois, avant-pays alpin, où alternent les médiocres plateaux de cailloutis et les collines morainiques parsemées de lacs (Ammersee, Starnberger See, Chiemsee), dans une ambiance froide et humide liée à l'altitude. Les chaudes campagnes à blé de Franconie, coupées par la vallée viticole du Main, contrastent avec les pâturages de l'Allgäu souabe ou munichoise. Enfin la frontière s'accroche aux Préalpes de Haute-Bavière, dont les escarpements calcaires ont un caractère de haute montagne (Zugspitze, sommet de la RFA, 2 962 m). Les affluents alpins du Danube (Iller, Lech, Isar, Inn) se disposent en éventail. D'autres petites rivières, qui ont donné leur nom aux quatre glaciations quaternaires (Günz, Mindel, Riss, Würm), lui apportent beaucoup plus d'eau (nombreuses centrales hydroélectriques) que les affl. de sa rive g. (Altmühl, Naab et Regen). Ces deux dernières proviennent des hauteurs boisées aux confins de la Bohême : Fichtelgebirge*, Forêt du Haut-Palatinat, Bayerischer Wald et Forêt de Bohême*, qui ont les sommets arrondis propres aux massifs hercyniens (Grosser Arber, 1 456 m).

▮ **ÉCONOMIE** Avec 159 hab./km², contre une moyenne de 222 pour la RFA, la Bavière est, malgré l'importance et le modernisme de Munich, un Land terrien, tant par le nombre de ses exploitations agricoles que par son tempérament politique plutôt conservateur longtemps incarné par la personnalité de Franz Josef Strauss* (CSU). Élevage laitier des Alpes et du piémont bavarois ; houblon entre Munich et Ingolstadt ; céréales et betterave à sucre en Franconie et en Basse-Bavière ; vignes du Main près de Würzburg. Longtemps limitée aux constructions mécaniques de Munich, Augsbourg et Nuremberg (le sigle MAN est d'ailleurs celui d'une firme) ou aux industries textiles (Fürth, Augsbourg), l'industrie s'est diffusée dans les campagnes à partir de 1960, à la recherche de main-d'œuvre à bon marché, tandis que la haute technologie (électronique, aéronautique, armement) était attirée par Munich et les Alpes voisines. Les industries du bois, du papier, de l'alimentation et de la bière sont actives. Banques et assurances munichoises (Bay, Hypo, Allianz) parviennent à sauvegarder leur autonomie de l'emprise de Francfort. Le tourisme culturel (Munich, Rothenburg*, Bayreuth*) ou montagnard (Garmisch*-Partenkirchen, Berchtesgaden) accentuent encore la faveur que le sud de l'Allemagne connaît depuis un demi-siècle.

**BÂVILLE (Nicolas DE LAMOIGNON DE)** ♦ Intendant français (Paris 1648 - *id.* 1724). À la tête de la généralité de Montpellier pendant plus de trente ans (1685 - 1718), il y acquit la réputation d'un administrateur efficace, mais il fut pour les protestants le «tyran du Languedoc», surnom mérité par sa férocité après la révocation de l'édit de Nantes* et pendant la guerre des Cévennes.

**BAVILLIERS** [90800] ♦ Comm. du Territoire de Belfort, banl. S.-O. de Belfort. 4 582 hab.

**BAVON** (saint) ♦ Moine flamand (près de Liège v. 589 - v. 657). Il a donné son nom à un ancien monastère qui fut le berceau de la ville de Gand*.

**BAXIAN** ou **PA HIEN** ♦ Les Huit Immortels du panthéon taoïste chinois représentés dans l'imagerie traditionnelle. Ils présentaient des vœux de longévité à l'anniversaire de la Reine Mère de l'Ouest. Par extension, on désigne les assemblées ou confréries de huit personnes sous l'appellation de Baxian.

**BAYADH (EL-)** – anc. ***Géryville*** ♦ V. d'Algérie, ch.-l. de wilaya, au pied du versant N. du djebel Amour, en contact avec les hauts plateaux. 45 164 hab. Important marché de moutons.

**BAYAMÓN** ♦ V. de Porto Rico, dans l'aggl. de San Juan. 220 629 hab. Zone résidentielle en croissance rapide. ▪ Rhumerie.

**Bavière.** Le château de Neuschwanstein. *Phot. © Maugli/Shutterstock*

**BAYAR (Celâl)** ♦ Homme d'État turc (Umurbey, près de Brousse 1883 - İstanbul 1986). Cadre de la Deutsche Orient Bank, il participa au gouvernement de Mustafa* Kemal après la Première Guerre mondiale. Il fut ministre de l'Économie nationale (1921 - 1937) et fonda la banque Iş (1924) avant de devenir Premier ministre (1937 - 1939). Après avoir été vice-président du Parti républicain du peuple pendant la présidence de Mustafa Kemal, il le quitta et fonda le parti démocratique (1945 - 1946). Élu à la présidence de la république (1950), réélu (1954), il fut renversé en mai 1960.

**BAYARD (Pierre TERRAIL, seigneur DE)** ♦ Gentilhomme français (château de Bayard, près de Grenoble v. 1475 - sur les bords de la Sesia, Milanais 1524). Après s'être distingué dès l'âge de vingt ans à Fornoue* (1495) sous Charles* VIII, il contribua, sous Louis* XII, à la conquête du Milanais (1499 - 1500), s'illustra en défendant le pont du Garigliano* contre les Espagnols (1503), et en battant les Vénitiens à Agnadel* (1509). Blessé au siège de Brescia* (1512), il fut pris par les Anglais en Picardie (1513) ; mais, bientôt relâché, il accompagna François* Ier en Italie et prit une part décisive à la victoire de Marignan* (1515). Après les défaites de l'amiral de Bonnivet*, Bayard fut mortellement blessé en couvrant la retraite au passage de la Sesia à Romagnano (1524). Il est passé dans la légende sous le surnom de «Chevalier sans peur et sans reproche». ➝ ÉTYM. *Bayard* vient de *bai*, adjectif qualifiant la robe d'un cheval brun-rouge (surnom donné à un homme à la barbe et aux cheveux roux et noirs).

**BAYARD (Hippolyte)** ♦ Photographe français (Breteuil-sur-Noye, Oise 1801 - Nemours 1887). Il réalisa la première image positive directe sur papier (1839), le «dessin photogéné». Délibérément floues, ses images se prêtent à une appréciation esthétique, mais sont peu propices aux applications scientifiques. Il adopta en 1842 le procédé positif-négatif et exécuta ses négatifs sur support de papier à la manière de Talbot*.

**BAYARD** (col) ➝ ÉTYM. p.-ê. de l'occit. *baïard* «bai» ♦ Passage des Alpes dauphinoises (1 248 m) entre la vallée du Drac (Champsaur) et celle de la Durance, à 7 km au N. de Gap (Hautes-Alpes).

**BAYAZID** – en fr. *Bajazet* ♦ Nom de sultans ottomans. ♦ **BAYAZID Ier** (v. 1354 - Akşehir 1403). Sultan ottoman (1389 - 1402). Fils et successeur de Murat* Ier, il acheva la conquête de la Serbie, de la Thessalie et de la Bulgarie (1394). Il vainquit à Nicopolis* l'armée des croisés occidentaux envoyés au secours des Byzantins (1396). Il prit Athènes et semblait prêt à s'attaquer à Constantinople, mais fut attaqué à son tour, battu et fait prisonnier par Tamerlan* à Angora en 1402. ♦ **BAYAZID II** (v. 1447 - près de Démotika 1512). Arrière-petit-neveu du précédent, il fut sultan de 1481 à 1512. Battu en Égypte et en Hongrie, il battit à son tour les Vénitiens avant de signer la paix avec eux (1502). Son fils Sélim* le fit déposer par les janissaires. ➝ ÉTYM. Ce nom provient de l'arabe *abū* «père de» et *yazīd* «il s'accroît».

**BAYBARS Ier [al-Mālik al-Zāhir Rukn al-Dīn al-Ṣāliḥ]** ♦ Sultan mamelouk* bahrite d'Égypte (Kiptchak, Turkestan 1223 - Damas 1277). Esclave vendu à Damas, il fut envoyé en Égypte où il fit partie de la garde personnelle du sultan ayyubide* Mālik* al-Sāliḥ. Il retourna en Syrie où il remporta sur les Mongols la victoire d'Ayn Jalūt (1260). Revenu en Égypte, il exécuta le sultan Qutuz et se fit proclamer sultan par les chefs militaires. Pour légitimer son ascension au pouvoir il fit appel à un descendant abbasside et le reconnut comme calife. Celui-ci le proclama à son tour sultan. Après une activité diplomatique qui lui assura la neutralité de Byzance et des Seldjoukides* d'Anatolie, il mena l'offensive contre les croisés en Syrie. Il prit successivement Césarée (1265), la forteresse des templiers à Safed (1266), Jaffa (1268) et le Krak des Chevaliers (1271). Les croisés durent appeler les Mongols à l'aide. Baybars se résigna alors à signer une trêve de dix ans (1272) et s'appliqua à soumettre la secte des Assassins*. En Égypte, il installa une administration efficace, restaura plusieurs forteresses, améliora le réseau routier et le système d'irrigation. Il est le héros d'un roman populaire, la *Sīrat al-Mālik al-Zāhir*.

**BAYDHĀWĪ ('Abd Allāh ibn 'Umar)** ♦ Écrivain persan (Baydhā, région de Chirāz - Tabriz 1286). Juge *(qādi)* à Chirāz, il écrivit en arabe un des plus célèbres commentaires du Coran (*Anwār al-tanzīl wa asrār al-ta'wīl*, «Les Lumières de la Révélation et les Secrets de l'interprétation»). Il rédigea en persan un important précis d'histoire universelle (*Nizām al-Tawārikh*, «L'Ordre dans les annales»).

**BAYEL** [10310] ➝ ÉTYM. probablt du germ. *Baghari*, n. de pers. ♦ Comm. de l'Aube, arr. de Bar-sur-Aube. 860 hab. *(Bayellois)*. Verrerie fondée en 1666 (cristalleries de Champagne).

**BAYEN (Pierre)** ♦ Chimiste français (Châlons-sur-Marne 1725 - Paris 1798). Organisateur de la pharmacie militaire française, il combattit, avant Lavoisier*, la théorie du phlogistique (➝ **Stahl**) et, avant Priestley*, prépara, sans le savoir, de l'oxygène en chauffant l'oxyde rouge de mercure (1774). [Acad. sc. 1795]

**BAYER (Johann)** ♦ Astronome allemand (Rain, Bavière 1572 - Augsbourg 1625). Auteur de la première représentation complète de la sphère céleste, il introduisit la notation des étoiles dans chaque constellation par des lettres grecques (1603), notation toujours en vigueur.

**BAYERN** ➝ Bavière

**BAYEUX** [14400] ➝ ÉTYM. du n. des *Bajocasses** ♦ Ch.-l. d'arr. du Calvados, sur l'Aure. 14 961 hab. (aggl. 17 362) (*Bayeusains* ou *Bajocasses*). Évêché. Cathédrale Notre-Dame (en grande partie du XIIIe s.), caractéristique des styles roman et gothique normands. La bibliothèque renferme la broderie dite de la reine Mathilde (ou «tapisserie de Bayeux») : d'une longueur de 70 m (sur 50 cm de haut), elle raconte la conquête de l'Angleterre par les Normands et date de 1077 env. Musée Baron-Gérard (porcelaines et dentelles de Bayeux, peintures). ▪ Petite ville indus. ▌**Histoire** Bayeux fut la capitale gauloise des Bajocasses, puis une ville romaine et un évêché important : c'est l'anc. capitale du Bessin. Première ville de France libérée par les Alliés (7 juin 1944) dès le lendemain du Débarquement, et l'une des moins éprouvées par la guerre. Le 16 juin 1946, de Gaulle y prononça un discours qui contenait les prémices de la Constitution de 1958.

**BAYHAQĪ** ♦ Historien persan (996 ? - 1077 ?). Il écrivit une histoire de la dynastie des Ghaznavides dont il ne reste que la partie réservée au règne de Mas'ūd Ier. Cet ouvrage, précis quant aux informations données, est écrit dans une langue simple et dépouillée.

**BAYINNAUNG** ♦ Souverain birman (1515 - 1581). Chef militaire et compagnon d'armes de Tabinshwehti, à qui il succéda en 1551. Il reconquit Pegou, dont il fit sa capitale, et Taungou. Il envahit le Siam par deux fois, conquit Chiengmaï et Āyuthyā, et fit entrer les États shans dans le royaume birman. Ce fut aussi un mécène, à qui la poésie birmane doit beaucoup, et un bâtisseur, dans la tradition des grands rois birmans. Despote éclairé, juriste, il se fit le champion du bouddhisme du Theravada, qu'il imposa aux Shans.

**BAYLE** [bɛl] **(Pierre)** ♦ Écrivain et philosophe français (Carla-Bayle, Ariège 1647 - Rotterdam 1706). Élevé dans la religion calviniste, converti au catholicisme en 1668, il revint à la foi protestante dès 1670 et émigra à Genève. Professeur de philosophie à Sedan (1675), il s'installa à Rotterdam en 1681 et y enseigna également l'histoire. Dans ses *Pensées diverses [sur] la Comète de 1680* (1682), il abordait, sous prétexte de récuser la superstition, des questions de métaphysique et de théologie, et séparait nettement la morale de la religion, réclamant la liberté de conscience et même celle d'être athée. Après s'être attaqué aux adversaires de la Réforme dans sa *Critique de l'histoire du calvinisme du P. Mainbourg* (1682) et avoir lancé une publication littéraire mensuelle (publiée en Hollande), les *Nouvelles de la république des lettres* (de 1684 à 1687), il publia un pamphlet en faveur de la liberté civile, *La France toute catholique sous le règne de Louis le Grand* (1685), qui lui aliéna les protestants eux-mêmes, notamment son ancien ami Pierre Jurieu*, et le contraignit à quitter sa chaire. Il se consacra désormais à son monumental *Dictionnaire historique et critique* (4 vol. ; 1695 - 1697), conçu au départ pour corriger celui de Moreri*, et qui devint un examen critique des dogmes et des traditions. Bayle y mettait sa prodigieuse érudition au service d'une argumentation habile en faveur de la tolérance (la hardiesse de sa pensée s'exprimant indirectement sous forme de commentaires, méthode reprise dans l'*Encyclopédie*). Adoptant une conception rationaliste de la religion, il critiquait l'autorité et légitimait le libre examen, puis la liberté de pensée. Cette apologie de la tolérance fait de P. Bayle un précurseur de la critique historique moderne. ➝ ÉTYM. *Bayle* est la forme méridionale de *bailli*, nom employé comme sobriquet.

**BAYLE (Gaspard Laurent)** ♦ Médecin français (Vernet, Provence 1774 - 1816). Ses travaux sur la tuberculose contribuèrent aux progrès de la médecine clinique et de l'anatomie pathologique. ♦ **Antoine Laurent Jessé Bayle.** Médecin français (Vernet 1799 - Paris 1858). Neveu du précédent. Élève de Laennec*, il travailla à la maison des aliénés de Charenton. Il décrivit les symptômes de la paralysie générale progressive *(maladie de Bayle)*.

**BAYLE (François)** ♦ Compositeur français (Tamatave, 1932). Autodidacte, il reçut les conseils de Messiaen et de Stockhausen, puis travailla avec P. Schaeffer* et devint l'un des animateurs du groupe de Recherches musicales de l'ORTF. Il a orienté ses recherches vers l'électroacoustique. On lui doit *Trois portraits de l'oiseau qui n'existe pas* (1963), *Espaces inhabitables* (1966), œuvre inspirée par J. Verne, *Jeita ou le Murmure des eaux* (1970), *L'Expérience acoustique* (créée à Avignon en 1972), *Les Couleurs de la nuit* (1982), *Son-vitesse-lumière* (1983), *Fabulae* (1990).

**BAYON** n. m. ♦ Grand temple central de la cité d'Angkor* Thom, au Cambodge, élevé à la fin du XIIe s. par Jayavarman* VII, caractérisé par ses «tours à visages» et de nombreux bas-reliefs illustrant les conquêtes du roi et des scènes de la vie quotidienne. L'édifice est construit en grès sans ciment. Temple de règne, il était consacré au Bouddha, entouré de toutes les divinités vénérées dans l'Empire.

**Bayon.** Tour à visage. *Phot. ©Arch. Nathan/Sonneville*

**BAYONNE** [64100] → ÉTYM. en basque *Baiona*, du bas lat. *baia* «baie» ou du basque *ibai-on-a* «la *(-a)* bonne *(-on)* rivière *(ibai)*» ♦ Ch.-l. d'arr. des Pyrénées-Atlantiques, au confluent de l'Adour et de la Nive. 40 078 hab. (aggl. 174 476) *(Bayonnais)*. Évêché. Cathédrale gothique Sainte-Marie. Cloître du XIVe s. Maisons anc. Restes de remparts par Vauban. Musée Bonnat (antiquités, objets d'art, peintures, cabinet de dessins). Musée basque. ▪ Port (exportation de maïs et de soufre ; importation de phosphates et d'hydrocarbures). Avec sa banl. (Boucau, Anglet), Bayonne est également un centre d'indus. diversifiées où domine la construc. aéronautique. Électronique. Technopole (informatique). ▮ **Histoire** Anc. *Lapurdum* des Gallo-Romains, quartier général de la province de Novempopulanie, Bayonne fut un temps la capitale de la vicomté de Labourd, vassale du duc de Gascogne puis du duc de Guyenne. Après le mariage d'Aliénor, duchesse d'Aquitaine, avec Henri Plantagenêt (1152), elle vécut trois siècles sous la domination anglaise jusqu'à la prise de la ville par Dunois en 1451. Au XVIIe s., la ville était un centre de fabrication d'armes blanches et donna son nom à la baïonnette. En 1808, une entrevue y eut lieu entre Napoléon Ier et les souverains espagnols qui abdiquaient en faveur de Joseph, frère de l'Empereur.

**BAYREUTH** → ÉTYM. en vieil all. *Baierrute* «clairière (de *riuti* éclaircir) de la Bavière *(Baier)*» ♦ V. d'Allemagne (Bavière) en Haute-Franconie, sur le Roter Main, au fond d'une vallée située entre le Fichtelgebirge, le Frankenwald et les reliefs ruiniformes de la «Suisse franconienne». 72 000 hab. Porcelaines. ▮ **Histoire** Au XVIIIe s., Bayreuth eut un certain éclat comme résidence des margraves de Brandebourg-Bayreuth qui firent construire l'Opéra margravial, le Nouveau Château, l'Ermitage. Le rayonnement de Bayreuth s'estompa en 1791 avec son rattachement à la Prusse. Mais la ville connut un nouveau rayonnement grâce à Richard Wagner* qui y fit construire, avec l'aide du roi Louis II de Bavière, un théâtre modèle, inauguré en 1876 avec *L'Anneau du Nibelung*. Depuis 1882, Bayreuth est devenu le centre international de l'opéra wagnérien (festival annuel).

**BAYROU (François)** ♦ Homme politique français (Bordères, Pyrénées-Atlantiques 1951). Député (1986 - 1999, 2002-), secrétaire général de l'UDF (1989 - 1994), il fut président du CDS (1994) qu'il transforma en Force* démocrate en 1995. Ministre de l'Éducation nationale (1993 - 1997), il dut renoncer à son projet de réforme de la loi Falloux. Candidat de l'UDF, qu'il présidait depuis 1998, à l'élection présidentielle en 2002, il n'obtint que 6,86 % des voix, mais arriva troisième à celle de 2007 avec 18,57 % des voix. Il refonda aussitôt son parti en UDF-Mouvement démocrate (MoDem) et fut réélu député en juin. → ÉTYM. Ce nom de famille vient de *Baire*, forme gasconne de *vaire* ; du latin *varius* [a désigné celui qui a des yeux vairons].

**BAZAINE (François Achille)** ♦ Maréchal de France (Versailles 1811 - Madrid 1888). Après avoir servi en Algérie et en Espagne contre les carlistes, il fut promu général, se distingua lors de la guerre de Crimée* (prise de Sébastopol), puis au cours de la campagne d'Italie (victoire de Solferino, juin 1859). En 1862, il fut envoyé au Mexique* où il fut nommé commandant en chef en remplacement de Forey* et fait maréchal (1864). Ayant épousé une Mexicaine, il intrigua, en partie sous son influence, pour évincer l'empereur Maximilien. Disgracié quelque temps à son retour en France, il fut néanmoins nommé commandant de la garde impériale par Napoléon III (1869). Commandant en chef de l'armée française en Lorraine lors de la guerre de 1870 contre la Prusse, il se replia sur Metz* sans tenter d'établir la jonction avec l'armée de Châlons, commandée par Mac-Mahon. Voulant exploiter la reddition de Napoléon III et la chute de l'Empire (4 sept. 1870), il tenta de négocier avec Bismarck et l'impératrice ; mais il fut finalement contraint de capituler (27 oct. 1870). En 1873, il fut condamné à mort pour trahison par un conseil de guerre. Sa peine fut commuée en 20 ans de prison ; s'étant évadé de Sainte-Marguerite, il passa en Espagne où il termina sa vie. → ÉTYM. *Bazaine* est une variante de *basane* «peau de mouton tannée» (surnom de marchand).

**BAZAINE (Jean)** ♦ Peintre français (Paris 1904 - Clamart 2001). Sa première exposition personnelle eut lieu en 1932, et en 1941 il organisa l'exposition «Jeunes peintres de tradition française» dont les répercussions furent importantes. Malgré leur titre descriptif ou anecdotique, ses œuvres perdirent progressivement tout aspect identifiable. Cependant, il a toujours refusé l'étiquette d'«abstrait» (*Notes sur la peinture d'aujourd'hui*, 1948 - 1953 et 1955). Soucieux de se référer au réel, il affirmait : «Ce que je peins est l'aboutissement d'une émotion que j'ai éprouvée devant la nature.» Transposant celle-ci, il créa un jeu de rythmes plus ou moins serrés établis à partir de «lignes de force» et d'éléments colorés peu modelés qui forment un réseau irrégulier, leur caractère graphique tendant à disparaître progressivement au profit d'un jeu de touches de couleurs denses, morcelées, juxtaposées ou fondues (*La Clairière*, 1951). Il a réalisé des vitraux (église du plateau d'Assy, 1944 - 1946, église Saint-Séverin, à Paris, 1965 - 1969) et des mosaïques.

**BAZARD (Armand)** ♦ Socialiste français (Paris 1791 - Courtry 1832). Fondateur de la Charbonnerie en France (→ **carbonarisme**), il devint avec Enfantin* (dont il se sépara en 1831) un des principaux propagateurs du saint-simonisme (→ **Saint-Simon**) dont il exposa et développa les thèmes dans *Le Producteur* et *Le Globe*.

**BAZARGAN (Mehdi)** ♦ Homme politique iranien (Téhéran 1905 - Zurich 1995). Intellectuel réformiste musulman, nommé par Mossadegh* président de la Société nationale du pétrole en 1950, il fut chargé par l'ayatollah Khomeiny de former un gouvernement provisoire (fév. 1979). Débordé par la radicalisation intégriste de la révolution iranienne, il démissionna après la prise en otages des diplomates américains à Téhéran (4 nov. 1979).

**BAZAS** [33430] → ÉTYM. du n. des *Vasates*, peuple aquitain ♦ Ch.-l. de cant. de la Gironde, arr. de Langon. 4 357 hab. *(Bazadais)*. Cathédrale du XIIe s. (façade et portail sculptés). Maisons anc. ▪ Viticulture.

**BAZEILLES** [08140] → ÉTYM. de la langue d'oïl °*baseille* «église» ♦ Comm. des Ardennes, arr. de Sedan. 1 879 hab. *(Bazeillais)*. Une division d'infanterie de marine y fut vaincue par les Bavarois, qui s'en emparèrent le 1er sept. 1870, exerçant de terribles représailles sur la population. Musée.

**BAZILLE (Frédéric Jean)** ♦ Peintre et dessinateur français (Montpellier 1841 - Beaune-la-Rolande, Loiret 1870). Il se lia avec Monet*, Renoir*, Sisley* dans l'atelier de Gleyre et alla peindre avec eux à Fontainebleau. Il soutint financièrement ses amis et se trouva lié à la formation de l'impressionnisme. Son art doit beaucoup à Manet*. Dans ses portraits et scènes familières, il a le goût des couleurs claires, des formes nettes et le sens du volume. Il témoigne d'une certaine naïveté dans son dessin un peu sec et dans le caractère de ses expressions, mais son sens très subtil de la lumière le fait considérer comme un des initiateurs de l'impressionnisme (*Réunion de famille*, 1867). → ÉTYM. Ce nom de famille vient du prénom *Basile**.

**BAZIN (René)** ♦ Écrivain français (Angers 1853 - Paris 1932). Il fut professeur de droit et acquit une grande notoriété auprès de la bourgeoisie française catholique par des romans marqués de son attachement aux valeurs traditionnelles. *Le blé qui lève* (1907) et *Davidée Birot* (1912) connurent un vif succès ; et plus encore les ouvrages qui évoquent la vie des paysans et les liens qui les unissent à leur propriété (*La terre qui meurt*, 1899) ou aux traditions religieuses et patriotiques de leur terroir (*Les Oberlé*, 1901 ; *Les Nouveaux Oberlé*, 1919). [Acad. fr. 1903]

**BAZIN (Jean-Pierre HERVÉ-BAZIN, dit Hervé)** ♦ Écrivain français (Angers 1911 - *id.* 1996), petit-neveu de René Bazin. Auteur de recueils de poèmes, dont *Jour* (1947) et *Torchères* (1991), Hervé Bazin a acquis la notoriété avec son œuvre romanesque qui est un réquisitoire contre la société bourgeoise. Révolté contre tous les pouvoirs sociaux de coercition (*La Tête contre les murs*, 1949), féroce pour attaquer l'autorité maternelle (*Vipère au poing*, 1948 ; *La Mort du petit cheval*, 1950 ; *Cri de la chouette*, 1972) ou conjugale (*Madame Ex*, 1975), audacieux dans sa peinture de l'inceste (*Qui j'ose aimer*, 1956) et émouvant dans celle des rapports de l'enfant à l'adulte (*Au nom du fils*, 1961), il est devenu un auteur à succès dont les œuvres, tout en manifestant une écoute du monde contemporain, ne se privent pas d'une certaine ironie (*L'Église verte*, 1981). [Acad. Goncourt 1958 ; président 1973]. → ÉTYM. *Bazin* vient du germanique *Basinus*, nom de personne, de *badhuo* «combat».

**BAZIN (André)** ♦ Critique de cinéma français (Angers 1918 - Nogent-sur-Marne 1958). Fondateur, avec Jacques Doniol-Valcroze, des *Cahiers du cinéma* (1952), il a exercé jusqu'à l'extrême limite de ses forces, par la parole et par l'action, une influence féconde sur la jeune génération de cinéastes (Truffaut, Godard, Resnais, Chabrol) qui allait former la Nouvelle* Vague. Théoricien passionné, il a publié de nombreux articles et quelques livres (*Qu'est-ce que le cinéma ?*, 1958 - 1961).

**BAZOIS** n. m. ♦ Région de plaine, entre le Morvan et les plateaux bourguignons. Dans la dépression qu'emprunte le canal du Nivernais, coule l'Aron. Région d'embouche et de culture (céréales, plantes fourragères).

**BAZY (Pierre)** ♦ Chirurgien français (Sainte-Croix-de-Volvestre, Ariège 1853 - Paris 1934). Auteur de nombreux travaux sur les maladies des voies urinaires. [Acad. sc. 1921] ♦ **Louis Bazy.** Chirurgien français (Paris 1883 - *id.* 1960), fils du précédent. Président de la Croix-Rouge française, il fut également un des promoteurs de la vaccination antitétanique. [Acad. sc. 1952]

**BBC** → **British Broadcasting Corporation**

**BEACHY HEAD** – en fr. *Béveziers* ♦ Promontoire sur la côte S. de l'Angleterre, Sussex. ▪ Tourville* y remporta une victoire sur la flotte anglo-hollandaise (1690).

**BEADLE (George Wells)** ♦ Biochimiste américain (Wahoo, Nebraska 1903 - 1989). Opérant sur une variété de champignon (*Neurospora*), il découvrit, avec E. Tatum*, l'action chimique régulatrice des gènes dont chacun assure la formation d'une enzyme commandant une réaction. Ces résultats ouvrirent la voie à l'approche biochimique de la génétique. [Prix Nobel de physiol. ou méd. 1958, avec J. Lederberg* et E. Tatum]

**BEAMON (Bob)** ♦ Athlète américain, spécialiste du saut en longueur (New York 1946). Aux jeux Olympiques de Mexico, en 1968, il pulvérisa le record du monde du saut en longueur, avec un bond de 8,90 m améliorant ainsi de 55 cm le record antérieur. Ce record ne fut battu que 23 ans plus tard avec le saut de Mike Powell qui franchit les 8,95 m aux Championnats du monde d'athlétisme de Tōkyō (1991).

**BEARDSLEY (Aubrey Vincent)** ♦ Dessinateur et écrivain britannique (Brighton 1872 - Menton 1898). Jeune dandy, atteint de tuberculose, il acquit vite une grande réputation dans les milieux décadents : il illustra *Le Morte d'Arthur,* de Malory (1892), *Salomé* de O. Wilde (1894), réalisa de nombreuses affiches et devint le directeur artistique du *Yellow Book,* magazine symboliste voué à l'Art nouveau, puis collabora au *Savoy Magazine.* Il illustra de dessins érotiques *Lysistrata* et l'œuvre de Juvénal, et écrivit *L'Histoire de Vénus et Tannhäuser.* Inspiré par les estampes japonaises, il avait un sens original de la composition, faisant souvent dominer les masses noires uniformes et jouer en de savantes arabesques un trait elliptique proche de la préciosité, au service d'une imagination sensuelle, parfois morbide. Il eut une profonde influence sur les dessinateurs de l'époque 1900.

**Beardsley.** *Isolde,* illustration publiée dans « The Studio ». *Phot. ©Arch. Smeets*

**BÉARN** n. m. ← ÉTYM. de *Benarni,* n. d'un peuple aquitain ♦ Anc. prov. du S.-O. de la France qui a formé, avec le Pays basque, le dép. des Basses-Pyrénées (auj. Pyrénées-Atlantiques). CAP. : Pau. *(Béarnais).* Limitée au N. par les Landes (Chalosse*) et l'Armagnac, au S. par l'Espagne, à l'O. par la Soule et à l'E. par la Bigorre, elle couvre l'arr. de Pau et celui d'Oloron-Sainte-Marie (à l'exception des cant. de Mauléon et de Tardets).

▮ **HISTOIRE** Après avoir subi les invasions des Wisigoths, des Francs et des Vascons, le Béarn fut érigé en vicomté v. 820 et eut successivement pour capitale Lescar*, Morlaàs* (v. 841), Orthez* (1194) et enfin Pau* (1464). Vassal du duc de Gascogne*, puis du duc de Guyenne*, le Béarn parvint à se rendre à peu près indépendant du roi d'Angleterre au XIII^e s. Passé par mariage (1290) au comte de Foix*, il ne cessa de lutter contre l'Armagnac*, durant tout le XIV^e s., notamment sous Gaston* III, dit Phébus. L'union de l'héritière de Foix-Béarn avec Archambault de Grailly* (1381) allait bientôt faire du vicomte de Béarn un roi de Navarre* : Gaston* IV de Foix ayant épousé (1436) Éléonore d'Aragon, future reine de Navarre, leur petit-fils monta sur le trône en 1479. Sa sœur, Catherine, lui succéda en 1483 et épousa Jean d'Albret* (1484), qui devint roi de Navarre sous le nom de Jean* III. La maison d'Albret conserva le titre royal durant tout le XVI^e s., malgré l'annexion de la haute Navarre à la Castille. Henri II d'Albret, roi de Navarre, épousa en 1527 Marguerite* d'Angoulême, sœur de François I^er, et du mariage (1548) de sa fille Jeanne* d'Albret avec Antoine* de Bourbon, descendant de Saint Louis, naquit Henri, dit le Béarnais, futur roi de Navarre (1572) et, sous le nom d'Henri* IV, roi de France (1589 - 1610). Cependant, le Béarn ne fut réuni à la Couronne qu'en 1594 et la publication de l'édit de réunion n'eut lieu qu'en 1620 sous Louis XIII.

## beat generation

n. f. ← ÉTYM. angl. « la génération épuisée » ♦ Mouvement littéraire et social qui se développa aux États-Unis entre 1950 et 1960. Né à New York, influencé par Céline* et les surréalistes français, il donna un nouveau souffle à la culture américaine de l'après-guerre. Les écrivains de cette génération (Ferlinghetti*, Ginsberg*, Kerouac*, Burroughs*, Corso*) se réunissaient à la librairie City Lights de San Francisco pour des lectures publiques. Ils marquaient leur refus de la société de consommation par leur langage (un vocabulaire emprunté au jazz), leur mode de vie (errance, usage des hallucinogènes) et leur attirance pour la spiritualité hindoue. Appelés *beatniks* par dérision, ils furent récupérés, non sans malentendus, par le mouvement hippie.

Les **Béatitudes** ♦ Oratorio de César Franck* (1869 - 1879) composé sur un livret de M^me Colomb. Exécutée pour la première fois à Dijon (1891), cette œuvre se présente sous la forme de huit cantates liées entre elles par un leitmotiv qui apparaît dès le prologue. D'une inspiration généreuse, orchestrée avec maîtrise, elle exprime une foi candide et rayonnante.

**BEATLES** (les) ← ÉTYM. de l'angl. *beetle* « scarabée » ; d'après les Beatles eux-mêmes, parce qu'ils étaient très admirateurs d'un groupe appelé *Crickets* et qu'ils voulaient adopter un n. ressemblant, ou en raison d'une réplique de Lee Marvin à Marlon Brando dans *L'Équipée sauvage : « Johnny, on t'a cherché, tu as manqué aux beetles* (dans l'argot américain "les filles motards") » ♦ Groupe britannique de musique pop, constitué à Liverpool en 1962 (et dissous en 1970), par quatre auteurs-compositeurs-interprètes : George Harrison (1943 - 2001), John Lennon (1940 - 1980), Paul McCartney (1942, fait sir en 1997) et Ringo Starr (1940). La qualité des textes de leurs chansons, écrits le plus souvent par John Lennon, l'originalité de la musique subtilement rythmée, composée par Paul McCartney, l'humour et la tenue vestimentaire des quatre musiciens en font le symbole de la musique pop des années 1960. Princ. enregistrements : *Love me Do* (1962), *Michelle* (1965), *Yesterday* (1965), *Let it Be* (1970).

**BEATON** ou **BETHUNE (David)** ♦ Cardinal écossais (Fife 1494 ? - Saint Andrews 1546). Ambassadeur à Paris (1519 - 1525), puis archevêque de Saint Andrews et primat d'Écosse (1539), il défendit sous Jacques V* l'alliance avec la France, lutta contre John Knox* qu'il fit chasser de l'Université pour son protestantisme, et périt victime d'un complot.

**BEATON (Cecil)** ♦ Photographe britannique (Londres 1904 - Broadchalk, Wiltshire 1980). Photographe pour Vogue, célèbre pour ses photos de stars telles Garbo ou Dietrich et portraitiste officiel de la famille royale, il est aussi l'auteur de photos saisissantes de la Bataille d'Angleterre à Londres en 1940. Il fut également costumier et décorateur (*My Fair Lady,* 1964). D'une grande élégance, son œuvre est influencée par la tradition romantique, le surréalisme et le cinéma hollywoodien.

**BÉATRICE [Beatrice PORTINARI]** ♦ Dame italienne (Florence v. 1265 - *id.* 1290). Dante* la rencontra « presque au commencement de sa neuvième année » et elle lui inspira un amour durable. Il la célébra (avec d'autres) dans *La Vita nuova.* Mariée en 1288, la *Gentilissima* mourut en 1290. Concevant désormais sa passion comme une source de dépassement mystique, le poète fit de Béatrice son intercesseur dans la quête du salut : dans la *Divine* Comédie*, du chant XXX du «Purgatoire» au chant XXXI du «Paradis», après Virgile et avant saint Bernard, elle guide le poète vers la vision de Dieu. ➝ ÉTYM. Le nom germanique *Biautreich* signifie «riche en beauté», de *biauti* «beauté» et *rik* «riche, puissant» [probablement attraction du latin *beatus* «heureux»].

**BEATRIX Iʳᵉ** ♦ Reine des Pays-Bas (Soestdijk 1938). Fille de la reine Juliana*, mariée en 1966 à Claus von Amsberg, elle accéda au trône en 1980.

**BEATTIE (James)** ♦ Poète et philosophe britannique (Lawrencekirk, Écosse 1735 - Aberdeen 1803). Son poème *Le Ménestrel* (1771 - 1774) entend retracer la genèse d'un génie poétique à l'époque médiévale, mêlant les paysages d'Ossian* et la tonalité élégiaque de Thomas Gray*. Beattie est également l'auteur d'un *Essai sur la vérité* (1770) dirigé contre Hume*.

**BEATTY (David)** ♦ Amiral britannique (Borodale, Irlande 1871 - Londres 1936). Il s'illustra à la bataille du Jutland* (1916) et fut premier lord de l'Amirauté (1919 - 1927).

**BEAUBOURG** (plateau) ♦ Espace situé dans le quartier des Halles à Paris, où est édifié le Centre* national d'art et de culture Georges-Pompidou.

**BEAUCAIRE** [30300] ➝ ÉTYM. occit. «belle forteresse (*caire* "pierre de taille, forteresse")» ♦ Ch.-l. de cant. du Gard, arr. de Nîmes, à la jonction du Rhône et du canal du Rhône à Sète. 13 748 hab. (aggl. 26 416) *(Beaucairois)*. Le château des XIIIᵉ et XIVᵉ s. (chapelle romane, donjon triangulaire) abrite le musée de la Vignasse (histoire locale). Hôtel de ville (1679 - 1683) par F. Mansart. Église Notre-Dame-des-Pommiers du XVIIIᵉ s. (façade). ▪ Commerce des vins. Centrale hydroélectrique sur une dérivation du Rhône. ▮ **Histoire** Au Moyen Âge, la ville appartint aux comtes de Toulouse. En 1271, elle fut réunie à la Couronne avec le Languedoc. La foire de Beaucaire fut instituée en 1277 par Raymond VI, comte de Toulouse.

**BEAUCE** n. f. ♦ Région du Canada, au S. de Québec. Nombreux lacs. Industries manufacturières. Tourisme. ▮ **Histoire** Anc. seigneurie (1736) dont les premiers colons venaient de la Beauce orléanaise.

**BEAUCE** n. f. ➝ ÉTYM. anc. *Belsa*, du celt. *belisa* «plaine» ♦ Région du Bassin parisien, entre la vallée de l'Eure au N., les dépressions du Hurepoix et du Gâtinais à l'E., le val de Loire au S. et les collines du Perche à l'O. *(Beaucerons)*. Elle couvre une grande partie de l'Eure-et-Loir, le N. et le N.-E. du Loiret et une partie du Loir-et-Cher. Vaste plateau recouvert d'une épaisse couche limoneuse, la Beauce a une vocation essentiellement céréalière mais d'autres types de culture (betterave à sucre, pomme de terre) prédominent dans certaines exploitations. ▪ On appelle *petite Beauce* la région située entre les vallées de la Loire et du Loir et qui comprend le Dunois (Châteaudun), le Blésois (Blois) et le Vendômois (Vendôme).

**BEAUCHAMP (Charles Louis BEAUCHAMPS, dit Pierre)** ♦ Danseur, maître de ballet et chorégraphe français (Versailles 1636 - Paris v. 1705). Issu d'une famille de musiciens et de danseurs, il fut nommé directeur de l'Académie royale de danse et régla les divertissements de plusieurs œuvres de Molière *(La Princesse d'Élide ; Monsieur* de Pourceaugnac ; Le Bourgeois* gentilhomme)*. Surintendant des Ballets du roi, il régla les parties dansées des principaux opéras et tragédies lyriques de Lully *(Cadmus et Hermione ; Alceste ; Thésée)*. C'est à Beauchamp qu'est attribuée la codification des cinq positions classiques.

**BEAUCHAMP** [95250] ➝ ÉTYM. «belle campagne» ♦ Ch.-l. de cant. du Val-d'Oise, arr. de Pontoise. 8 986 hab. *(Beauchampois)*. Indus. automobile, papeterie.

**BEAUCHASTEL** [07800] ➝ ÉTYM. anc. prov. *bel castel* «beau château, citadelle solide» ♦ Comm. de l'Ardèche, arr. de Privas, au S. de Valence. 1 565 hab. (aggl. 2 860). *(Beauchastellois)*. Centrale hydroélectrique.

**BEAUCHEMIN (Yves)** ♦ Écrivain canadien d'expression française (Noranda 1941). Son roman *Le Matou* (1981), histoire rocambolesque d'où la critique sociale n'est pas absente, est une des références des années 1980 au Québec. Il réitéra ce succès avec *Juliette Pomerleau* en 1989. De 2004 à 2005, il se consacra aux trois volumes d'un roman d'apprentissage dont le héros traverse l'histoire de la seconde moitié du XXᵉ siècle du Québec : *Charles le Téméraire*. Beauchemin est un ardent défenseur du patrimoine francophone de la «Belle Province».

**Beaucoup de bruit pour rien** – en angl. ***Much Ado about Nothing*** ♦ Comédie en 5 actes de Shakespeare*, écrite v. 1598, dont le titre est passé en proverbe. La pièce, bâtie sur le thème de la substitution de personnes, repose plus sur les jeux verbaux que sur une intrigue habilement agencée. Du naturel à la recherche et de la farce au lyrisme, elle construit l'univers déconcertant propre à la comédie shakespearienne.

**BEAUCOURT** [90500] ♦ Ch.-l. de cant. du Territoire de Belfort, près de la frontière suisse. 5 348 hab. (aggl. 8 236) *(Beaucourtois)*.

**BEAUCOUZÉ** [49070] ♦ Comm. du Maine-et-Loire, arr. d'Angers. 4 851 hab.

**BEAU DE ROCHAS (Alphonse)** ♦ Ingénieur français (Digne 1815 - 1893). Inventeur du cycle à quatre temps qui porte son nom (1862), applicable à un moteur consommant un mélange carburé air-essence enflammé en vase clos, et qui est toujours à la base du fonctionnement des moteurs à explosion. ➞ **Otto.**

**BEAUDIN (André)** ♦ Peintre, dessinateur, graveur et sculpteur français (Mennecy 1895 - Paris 1979). Marqué par le cubisme à la suite de sa rencontre avec Juan Gris, il traita des thèmes très variés : natures mortes, dormeurs, chevaux, oiseaux, plantes, ponts de Paris, fleuves, mais dans ces œuvres l'objet et la figure humaine tendent à disparaître ou sont réduits à un ensemble de lignes de force, de contours décoratifs, de plans colorés avec finesse. Il a décoré le plafond de l'église Saint-Jean-Marie-Vianney à Rueil-Malmaison et a illustré de nombreux ouvrages (Ponge, Éluard).

**BEAUDOUIN (Eugène)** ♦ Architecte et urbaniste français (Paris 1898 - *id.* 1983). Il réalisa avec Lods* la cité du Champ-des-Oiseaux (Bagneux, 1931 - 1932) et l'école de plein air de Suresnes (1935) où furent utilisés systématiquement les éléments préfabriqués. Il éleva de nombreux bâtiments administratifs collectifs (résidence universitaire d'Antony, 1954) ainsi que des grands ensembles d'habitations économiques. Il conçut divers plans d'urbanisme et des plans régionaux d'aménagement du territoire et est l'un des auteurs du plan d'ensemble de Maine-Montparnasse, à Paris. [Acad. des beaux-arts 1961]

**BEAUFORT** ♦ Branche de la maison de Lancastre*. ♦ **Jean de Beaufort** (mort en 1409), fils de Jean* de Gand. ♦ **Henri de Beaufort** (v. 1374 - Winchester 1447). Fils de Jean de Gand et demi-frère d'Henri* IV d'Angleterre. Après avoir été lord-chancelier (1403 - 1404), il fut évêque de Winchester (1405), à nouveau lord-chancelier (1413 - 1417) et cardinal (1426). Il participa au concile de Constance et fit élire Martin V (1417). Ce fut lui qui couronna Henri VI roi de France et d'Angleterre à Paris (1431). ♦ **Margaret de Beaufort,** comtesse **de Richmond et Derby** (Bletslhoe, Bedford 1443 - morte en 1509). Nièce du précédent. Elle épousa Edmond Tudor et fut la mère d'Henri* VII.

**BEAUFORT** ♦ Famille française issue de Gabrielle d'Estrées*, faite duchesse de Beaufort par Henri* IV. ♦ **François de Bourbon-Vendôme,** duc **de Beaufort** (Paris 1616 - Candie 1669). Petit-fils de Gabrielle d'Estrées, fils cadet de César de Vendôme*. Il fut l'un des chefs de la Fronde*. Sa popularité lui valut le sobriquet de «roi des Halles». S'étant soumis, il se vit confier le commandement d'une flotte contre les Barbaresques qu'il battit deux fois (1665). Il périt lors du siège de Candie* (1669).

**BEAUFORT** (sir **Francis**) ♦ Amiral britannique (Nevar 1774 - 1857). Il proposa en 1805 l'échelle qui porte son nom, servant à mesurer la vitesse du vent et graduée de 0 à 12. Elle fut modifiée à plusieurs reprises et tient compte actuellement de l'état de la mer.

**BEAUFORT** ou **BEAUFORT-SUR-DORON** [73270] ➝ ÉTYM. de *beau* et *fort* «forteresse» (désigne un château fort) ♦ Ch.-l. de cant. de la Savoie, arr. d'Albertville, dans le Beaufortin. 1 985 hab. *(Beaufortains)*. Dans l'église, chaire sculptée de 1722. ▪ Centrale hydroélectrique. Fromage (beaufort). ▪ Aux environs, sports d'hiver à Arêches.

**BEAUFORT-EN-VALLÉE** [49250] ♦ Ch.-l. de cant. du Maine-et-Loire, arr. d'Angers, dans le Val d'Anjou. 5 390 hab. *(Beaufortais)*. Vestiges d'un château (XIVᵉ - XVᵉ s.). Église des XVᵉ - XVIᵉ s. (clocher).

**BEAUFORTIN** n. m. ou massif de **BEAUFORT** ♦ Massif cristallin des Alpes du Nord, au N. de la Tarentaise (2 995 m au Roignais). Sylviculture. Élevage bovin (fromage de beaufort).

**BEAUGENCY** [45190] ➝ ÉTYM. p.-ê. «domaine de °*Balgentius* (n. de pers. gallo-rom.)» ♦ Ch.-l. de cant. du Loiret, arr. d'Orléans, sur la rive d. de la Loire. 7 106 hab. (aggl. 8 321). *(Balgentiens)*. Vestiges de l'enceinte. Donjon (XIᵉ s.). Anc. abbatiale Notre-Dame (XIIᵉ s., restaurée). Château Dunois du XVᵉ s. (musée de l'Orléanais). Hôtel de ville Renaissance (tentures du XVIIᵉ s.). Pont sur la Loire, en partie gothique. ▮ **Histoire** Un concile s'y tint en 1152 pour prononcer le divorce de Louis VII et d'Aliénor d'Aquitaine.

**BEAUHARNAIS (Alexandre,** vicomte **DE)** ♦ Général français (Fort-Royal, Martinique 1760 - Paris 1794). Il épousa en 1779 Joséphine* Tascher de La Pagerie dont il eut deux enfants : Eugène et Hortense. Il participa à la guerre d'Indépendance américaine, puis, député de la noblesse aux États* généraux, il fut président de l'Assemblée* constituante. Général en 1792, il refusa d'être nommé ministre de la Guerre. Accusé d'avoir mal défendu Mayence en 1793, il fut guillotiné.

**BEAUHARNAIS (Joséphine DE)** ➞ **Joséphine**

**BEAUHARNAIS (Eugène DE)** ♦ (Paris 1781 - Munich 1824). Fils d'Alexandre et de Joséphine de Beauharnais, il accompagna Bonaparte, son beau-père depuis 1796, dans ses campagnes d'Italie et d'Égypte. Il devint général en 1804, prince d'Empire et vice-roi d'Italie en 1805. Il se distingua en Russie et à Lützen* (1813) ; puis, après avoir défendu jusqu'au bout l'Italie contre les Alliés, il se réfugia à Munich chez Maximilien Iᵉʳ de Bavière dont il avait épousé la fille Augusta en 1809 ; en 1817, son beau-père le fit duc de Leuchtenberg et prince d'Eichstätt.

**BEAUHARNAIS (Hortense DE)** ♦ Reine de Hollande (Paris 1783 - Arenenberg 1837). Fille d'Alexandre et de Joséphine, elle fut mariée contre son gré par son beau-père Bonaparte à Louis Bonaparte en 1802. L'union fut malheureuse. Hortense devint reine de Hollande en 1806 ; après l'abdication de son mari en 1810, elle se sépara de lui et tint un brillant salon à Paris. Lors de la Première Restauration, Louis* XVIII la fit duchesse de Saint-Leu ; exilée lors de la Seconde Restauration, elle s'installa en Suisse (1817), au château d'Arenenberg. De son union avec Louis naquirent Napoléon Charles en 1802, Napoléon Louis en 1804, Charles Louis Napoléon en 1808 ; ce dernier, seul survivant, devint Napoléon III. D'une liaison avec le comte de Flahaut, elle eut un fils en 1811, le futur duc de Morny*. Elle a laissé des *Mémoires*.

**BEAUHARNOIS** ♦ V. du Canada (Québec) sur la rive d. du Saint-Laurent. 11 918 hab. Indus. du papier et de l'aluminium. ▪ Centrale hydroélectrique sur le Saint-Laurent.

**BEAUJEU (Anne DE)** → **Anne de France**

**BEAUJEU** [69430] ➝ **ÉTYM.** du prov. *bèl jóg* « beau sommet », confondu avec *bèl jòc* « beau jour » ♦ Ch.-l. de cant. du Rhône, arr. de Villefranche-sur-Saône. 1 905 hab. *(Beaujolais)*. Anc. cap. du Beaujolais. Musée des traditions populaires Marius-Audin. ▪ Viticulture (beaujolais).

**BEAUJOLAIS** n. m. ➝ **ÉTYM.** de *Beaujou*, de la forme dialectale *jou* « mont, colline » (et non de *Beaujeu*) ♦ Région qui forme la bordure orientale du Massif central, entre la Loire et la Saône, au S. des monts du Charolais et du Mâconnais et au N. des monts du Lyonnais. On y distingue la côte, pays de vignoble qui surplombe la vallée de la Saône, et la montagne, elle-même divisée en deux zones, les monts du Beaujolais, dominés au N. par le mont Saint-Rigaud (1 009 m) et, à l'O. de l'Azergues, les monts de Tarare, qui s'étendent des Écharmaux aux sources de la Brévenne, près de Chazelles-sur-Lyon. Le Beaujolais couvre une partie des dép. du Rhône (arr. de Villefranche-sur-Saône) et de la Loire. Vins renommés : brouilly et côtes-de-brouilly, chénas, chiroubles, fleurie, juliénas, morgon, moulin-à-vent (Romanèche-Thorins), régnié, saint-amour. ▮ **Histoire** Le Beaujolais forma à partir du X^e s. une seigneurie indépendante, fief des sires de Beaujeu*, vassaux directs du roi. Cédé à la maison de Bourbon* en 1400, il échut en 1456 à Pierre, sire de Beaujeu, qui épousa Anne* de France (1474), fille de Louis XI, et devint le 7^e duc de Bourbon* en 1488 sous le nom de Pierre II. Leur fille, épouse du connétable Charles III de Bourbon*, étant morte sans enfant (1521), le Beaujolais fut attribué à Louise* de Savoie, mère de François I^er, puis aux Bourbon-Montpensier* (1560) et enfin à la maison d'Orléans*, à la mort de la Grande Mademoiselle (→ **Montpensier**). Villefranche-sur-Saône en était devenue la capitale en 1532. Le comté faisait partie du gouvernement du Lyonnais* à la veille de la Révolution.

**BEAUJOYEUX (Baldassarino DI BELGIOIOSO,** dit en fr. **Balthazar DE)** ♦ Danseur, maître de ballet et chorégraphe français d'origine italienne (Piémont déb. XVI^e s. - Paris 1587). Il fut tout d'abord violoniste-compositeur et organisateur de fêtes pour les cours de Marie Stuart, Charles IX, Henri III, puis Catherine de Médicis. Il composa pour elle *La Défense du paradis*, pièce à allusions politiques représentée 4 jours avant le massacre de la Saint-Barthélemy. Il est aussi l'auteur du célèbre *Ballet comique de la reine* (1581), considéré comme le premier ballet de cour à teneur véritablement dramaturgique.

**BEAULIEU (Victor-Lévy)** ♦ Écrivain canadien d'expression française (Saint-Jean-de-Dieu, Québec 1945). Essayiste (*Pour saluer Victor Hugo*, 1971), admirateur de Joyce et de Melville, il est l'auteur de romans (*Don Quichotte de la Démanche*, 1974 ; *Steven Le Hérault*, 1985), où les jeux de mots, la dérision, la subversion des formes romanesques tentent d'exprimer la crise de l'individu dans la société contemporaine. On lui doit également des pièces de théâtre (*En attendant Trudot*, 1974 ; *Ma Corriveau*, 1975). Il fonda en 1976 sa propre maison d'édition, VLB (dont il céda les droits en 1985) puis les Éditions Trois-Pistoles en 1994.

**BEAULIEU-LÈS-LOCHES** [37600] ➝ **ÉTYM.** « beau lieu » (décrit la beauté du site) ♦ Comm. de l'Indre-et-Loire, arr. de Loches, sur la rive d. de l'Indre. 1 720 hab. *(Bellilociens)*. Anc. abbaye fondée par Foulques Nerra (1004) : abbatiale romane (clocher) ; bâtiments abbatiaux (XVI^e - XVIII^e s.). ▮ **Histoire** La paix de Monsieur* (ou paix de Beaulieu) y fut signée en 1576.

**BEAULIEU-SUR-DORDOGNE** [19120] ♦ Ch.-l. de cant. de la Corrèze, arr. de Brive-la-Gaillarde, sur la Dordogne. 1 286 hab. *(Bellocois)*. L'église romane, anc. abbatiale bénédictine, possède un remarquable portail (1125).

**BEAULIEU-SUR-MER** [06310] ♦ Comm. des Alpes-Maritimes, arr. de Nice. 3 675 hab. *(Berlugans)*. Villa « Kerylos », reconstitution d'une villa grecque par Th. Reinach (1902). ▪ Station balnéaire. Port de plaisance. Cultures florales.

**BEAUMANOIR (Philippe DE REMI,** sire **DE)** ♦ Jurisconsulte et écrivain français (Beauvaisis 1246 - Pont-Sainte-Maxence 1296). Bailli de Clermont (Oise), puis sénéchal du Poitou, il est l'auteur d'un ouvrage sur les *Coutumes de Beauvaisis*, document fondamental sur le droit coutumier et les institutions de l'époque, de romans en vers (*La Manekine, Jehan et Blonde*) et de recueils de fatrasies.

**BEAUMANOIR (Jean DE)** ♦ Maréchal de Bretagne (mort en 1366 ou 1367). Partisan de Charles de Blois, il combattit contre les Anglais durant la guerre de Succession* de Bretagne (1341 - 1364) et fut l'un des héros du combat des Trente*, près de Ploërmel (1351). Fait prisonnier avec Du Guesclin à la bataille d'Auray (1364), il négocia ensuite le traité de Guérande* qui mit fin à la guerre (1365).

**BEAUMARCHAIS (Pierre Augustin CARON DE)** ♦ Écrivain et auteur dramatique français (Paris 1732 - *id.* 1799). Fils d'un horloger, professeur de harpe des filles de Louis XV, juge des délits de braconnage sur les terres royales, il fut introduit, grâce à la protection du financier Paris-Duverney, dans le monde de la finance et des affaires. Un procès qui l'opposa au comte de La Blache, héritier de Paris-Duverney, lui valut une subite notoriété, car il lui offrit l'occasion d'accuser publiquement de vénalité un de ses juges, le conseiller Goëzman (*Mémoires*, 1773 - 1774). Une idée reçue veut que Beaumarchais soit un libertin, un aventurier et un écrivain par hasard. Rien n'est plus faux. Il souhaita d'abord faire une œuvre dramatique sérieuse, donna deux drames bourgeois, *Eugénie ou la Vertu du désespoir* (1767), *Les Deux Amis ou le Négociant de Lyon* (1770), complétée d'un *Essai sur le genre dramatique sérieux* (1767). Sa comédie, *Le Barbier* de Séville*, interdite par la censure en 1774, connut un échec lors de sa création en 1775, échec métamorphosé en succès deux jours plus tard : Beaumarchais avait refondu en 4 actes la version première qui en comptait 5. La suite, *Le Mariage* de Figaro*, fut jouée après six censures en 1784 et un troisième volet du triptyque, *L'Autre Tartuffe ou la Mère coupable*, comédie larmoyante plus sévèrement jugée, fut représenté en 1792. Entre-temps, il avait fondé la Société des auteurs dramatiques, première société de protection des droits des auteurs (1777), et publié une édition monumentale des œuvres de Voltaire (l'édition de Kehl, 1784 - 1789), et un livret d'opéra, *Tarare* (musique de Salieri, 1787), accompagné d'une réflexion destinée *Aux abonnés de l'Opéra qui voudraient aimer l'opéra* (1787). ▪ L'œuvre de Beaumarchais, notamment *Le Mariage de Figaro*, devait, à la veille de la Révolution, apparaître comme la manifestation éclatante de la primauté longtemps méprisée du tiers état, de son intelligence et de son bon droit. À travers le personnage de Figaro*, la revendication des opprimés est formulée pour la première fois sur une scène française. Elle sonne le glas d'une société établie sur des hiérarchies et des privilèges de classe. Le succès du triptyque fut prolongé par l'opéra. Paisiello (1782) puis Rossini (1816) mirent en musique *Le Barbier de Séville*, Mozart composa, sur un livret de Da Ponte, *Les Noces de Figaro* (1786) et Darius Milhaud donna sa propre version de *La Mère coupable* (1966). ➝ **ÉTYM.** *Beaumarchais* vient de *beau* et de *marchais* « marais, marécage », nom acquis par son mariage et *Caron* du nom d'un saint du V^e s., archevêque de Chartres.

**BEAUMARIS** ♦ V. du pays de Galles (Gwynedd) dans l'île d'Anglesey. 1 600 hab. Station balnéaire.

**BEAUMES-DE-VENISE** [84190] ➝ **ÉTYM.** de l'occit. *bauma* « grotte » et *Venise*, du n. du Comtat* *venaissin* ♦ Ch.-l. de cant. du Vaucluse, arr. de Carpentras. 2 051 hab. *(Balméens)*. Viticulture (vin muscat réputé).

**BEAUMESNIL** [bomɛnil] [27410] ➝ **ÉTYM.** de *beau* et du lat. *mansionile*, de *mansio* « maison de paysan » ♦ Ch.-l. de cant. de l'Eure, arr. de Bernay, dans le pays d'Ouche. 562 hab. (*Beaumesnilais* ou *Beaumesnilois*). Château de style Louis XIII.

**BEAUMETZ** [bomɛ] **(Jean DE)** ♦ Peintre originaire de la Flandre, sans doute de Cambrai (connu de 1370 à 1396). Il travailla à Paris au service du roi à partir de 1371, puis fut appelé à la cour de Bourgogne et devint le peintre de Philippe le Hardi en 1376. Il fut notamment chargé de diriger les travaux décoratifs de la chartreuse de Champmol, peignit sans doute la voûte de la chapelle (1388) et entreprit l'exécution des tableaux de chevalet destinés aux vingt-six cellules des moines. Deux crucifixions sur fond d'or où figure un chartreux agenouillé feraient partie de cet ensemble : on y dénote les influences conjuguées de l'art siennois, des miniaturistes parisiens et de l'art flamand (recherche de l'expression dramatique). Il influença les peintres travaillant dans la région et fut l'un des premiers représentants de l'école bourguignonne.

**BEAUMONT (Francis)** ♦ Auteur dramatique anglais (Grace-Dieu, Leicestershire 1584 - Londres 1616). Collaborateur de John Fletcher*, il est le créateur d'une forme dramatique proche du mélodrame, où l'ingéniosité de l'intrigue et la fantaisie charmante du romanesque portent rarement atteinte à la qualité très fine de la psychologie. Œuv. princ. : *La Tragédie de la jeune fille* (1609), *Un roi sans être roi* (1610), *Le Chevalier au pilon ardent* (1611), *La Belle Dédaigneuse* (1616).

**BEAUMONT (Christophe DE)** ♦ Prélat français (château de La Roque, près de Sarlat 1703 - Paris 1781). Archevêque de Paris en 1746, il lutta contre les jansénistes et les philosophes. Son mandement contre l'*Émile* de J.-J. Rousseau* lui attira de ce dernier la *Lettre à M. de Beaumont* (1762) où Rousseau revendique avec force la liberté d'examen à l'égard de la religion.

**BEAUMONT** ♦ V. des États-Unis (Texas). 113 866 hab. dont 41 % de Noirs. Deuxième port pétrolier du Texas et principal centre pétrochimique (raffineries parmi les plus grandes du monde). Construc. navales.

**BEAUMONT** [63110] ♦ Comm. du Puy-de-Dôme, banlieue S.-E. de Clermont-Ferrand. 10 741 hab. *(Beaumontois)*. Église Saint-Pierre des XII$^e$ et XIII$^e$ s. (statues).

**BEAUMONT-DE-LOMAGNE** [82500] ♦ Ch.-l. de cant. du Tarn-et-Garonne, arr. de Castelsarrasin, sur la Gimone. 3 690 hab. *(Beaumontois)*. Église fortifiée du XIV$^e$ s. (clocher toulousain octogonal). Halles du XV$^e$ s. Place à arcades.

**BEAUMONT-LÈS-VALENCE** [26760] ♦ Comm. de la Drôme, arr. de Valence. 3 679 hab. (aggl. 7 885).

**BEAUMONT-SUR-OISE** [95260] ♦ Ch.-l. de cant. du Val-d'Oise, arr. de Pontoise, sur l'Oise. 8 390 hab. (aggl. 31 565) *(Beaumontois)*. Église Saint-Laurent des XII$^e$ - XIII$^e$ s. (tour Renaissance). Vestiges d'un château du XIII$^e$ s.

**BEAUNE** [21200] ➝ ÉTYM. du gaul. *Belena*, adj. fém. tiré du n. de *Bélénos** ♦ Ch.-l. d'arr. de la Côte-d'Or, en bordure de la côte de Beaune. 21 923 hab. *(Beaunois)*. Beffroi (XIV$^e$ s.). Hôtel de la Rochepot (1522). Célèbre hôtel-Dieu (fondé en 1443 par le chancelier N. Rolin), magnifique spécimen d'architecture civile bourguignonne (art burgondo-flamand) ; musée abritant des œuvres flamandes dont le polyptyque du *Jugement dernier* de Van* der Weyden. Église Notre-Dame (XII$^e$ - XV$^e$ s.) de style roman clunisien (tapisseries de la *Vie de la Vierge*). Musée du vin de Bourgogne dans l'hôtel des ducs de Bourgogne. Hôtel de ville (XVII$^e$ s.) abritant le musée des Beaux-Arts et le musée Étienne-Jules-Marey. Maisons anc. ▪ Viticulture (côtes-de-beaune). Cap. vinicole de la Bourgogne (vente aux enchères des vins des Hospices). Station œnologique. Fabrique de matériel vino-viticole. ▮ **Histoire** ch.-l. du *Pagus belninsis* sous la domination romaine, la ville fut rattachée à la Bourgogne en 1227 et à la Couronne en 1478. Elle fut au XVI$^e$ s. une place forte de la Ligue. ➝ **Bourgogne.**

**Beaune.** Cour d'honneur de l'hôtel-Dieu. *Phot. ©Hétier*

**BEAUNE** (côte de) ♦ Région de grands crus de la Bourgogne, qui s'étend en Côte-d'Or, au S. de la côte de Nuits. Elle comprend les communes d'Aloxe*-Corton, Pernand, Savigny, Beaune*, Pommard*, Volnay*, Monthelie, Auxey-le-Grand, Meursault*, Puligny*-Montrachet, Chassagne*-Montrachet, Santenay.

**BEAUNEVEU (André)** ♦ Sculpteur, peintre et miniaturiste (Valenciennes v. 1330 - Bourges entre 1403 et 1413). Il fut l'un des artistes les plus célèbres de son époque. Après avoir travaillé en Flandre (v. 1360), puis à Valenciennes, il fut chargé par le roi Charles V des tombeaux de Philippe VI et de Jean le Bon pour Saint-Denis ; il sculpta leur visage d'après les moulages pris sur leur cadavre, et pour le gisant de Charles V manifesta le même souci réaliste en prenant comme modèle le roi âgé de vingt-sept ans. Il travailla aussi en Angleterre (1366), à Courtrai pour le comte de Flandre (de 1374 à 1376) et se fixa à Bourges à partir de 1368, travaillant pour Jean de Berry (décoration du château de Mehun-sur-Yèvre et *Psautier de Jean de Berry*, v. 1384). Ce dernier comporte vingt-quatre figures en grisaille ; les visages y sont modelés avec finesse et se détachent sur des fonds colorés à caractère décoratif. On attribue à Beauneveu les statues du pilier d'Amiens aux formes amples et nobles.

**BEAUPRÉAU** [49600] ➝ ÉTYM. de *beau* et lat. *pratellum*, dimin. de *pratum* «pré» ♦ Ch.-l. de cant. du Maine-et-Loire, arr. de Cholet, en Anjou. 6 217 hab. *(Bellopratains)*. Château des XV$^e$ - XVI$^e$ s., remanié au XVIII$^e$. Maisons anc. ▪ Cuir.

**BEAURAINS** [62217] ♦ Comm. du Pas-de-Calais, banlieue S. d'Arras. 4 708 hab.

**BEAUREPAIRE** [38270] ➝ ÉTYM. «beau refuge, bel abri» ♦ Ch.-l. de cant. de l'Isère, arr. de Vienne. 3 839 hab. (aggl. 4 604). *(Beaurepairois)*.

**BEAUSOLEIL** [06240] ♦ Ch.-l. de cant. des Alpes-Maritimes, arr. de Nice. 12 775 hab. *(Beausoleillois)*. Station hivernale et balnéaire.

**BEAUSSET (LE)** [83330] ➝ ÉTYM. ➝ Baux*-de-Provence (Les) ♦ Ch.-l. de cant. du Var, arr. de Toulon. 7 723 hab. *(Beaussetans)*. Viticulture.

**Beauté** (château de) ♦ Anc. résidence royale construite vers 1375 au lieu-dit Beauté-sur-Marne (entre Nogent-sur-Marne et Vincennes) par Charles V qui y mourut en 1380. Charles VII l'offrit à Agnès Sorel* (1448) qui prit ainsi le surnom de *dame de Beauté*. Louis XIII le fit raser en 1622.

**BEAUTEMPS-BEAUPRÉ (Charles François)** ♦ Ingénieur hydrographe français (La Neuville-au-Pont, Marne 1766 - Paris 1854). Il fit partie de l'expédition d'Entrecasteaux* (1791) au cours de laquelle il releva et dressa les cartes des côtes de l'océan Pacifique*. Les travaux dont il fut chargé sous l'Empire et la Restauration lui valurent le surnom de «père de l'hydrographie». [Acad. sc. 1810]

**BEAUTOR** [02800] ♦ Comm. de l'Aisne, arr. de Laon, sur l'Oise. 2 977 hab. Métallurgie.

**BEAUVAIS** [60000] ➝ ÉTYM. du n. des *Bellovaques** ♦ Ch.-l. du dép. de l'Oise, sur le Thérain. 55 392 hab. (aggl. 59 003) *(Beauvaisiens* ou *Beauvaisins)*. Évêché. Cathédrale Saint-Pierre (XIII$^e$ - XIV$^e$ s.) dont le chœur est un des plus beaux spécimens du gothique (tapisseries, horloge astronomique). Église Saint-Étienne (roman du XII$^e$ s. et gothique flamboyant du XVI$^e$ s. ; vitraux Renaissance). Manufacture nationale de la Tapisserie, dont les métiers, transférés aux Gobelins après 1940, ont été réaménagés à Beauvais en 1989. Musée départemental de l'Oise (archéologie, céramiques, peintures, mobilier 1900). Galerie nationale de la tapisserie. ▪ Centre admin., commercial et industriel. Chimie. Agroalimentaire. Travail des métaux. Brosserie. ▮ **Histoire** Cap. gauloise des Bellovaques, Beauvais *(Caesaromagus)* fit partie, sous la domination romaine, de la Belgique I$^{re}$. Comté-évêché à partir de 1015, elle fut assiégée en vain par les Anglais en 1443, puis par Charles le Téméraire (1472), qui se heurta à une héroïque résistance animée par Jeanne Hachette. En 1664, Colbert y fonda la Manufacture royale des tapisseries qui prit un grand essor au XVIII$^e$ s. sous la direction de J.-B. Oudry (1734 - 1753).

**BEAUVAISIS** n. m. ➝ ÉTYM. de *Beauvais** ♦ Pays du Bassin parisien aux confins de la Picardie et de l'Île-de-France. Peuplé à l'origine par les Bellovaques, avec Beauvais pour cap., il fut incorporé au domaine royal sous Louis XI. Au XVI$^e$ s., les «grès azurés» du Beauvaisis acquirent une renommée européenne. Le nom de l'anc. prévôté de Beauvaisis (ch.-l. : Grandvilliers) s'est conservé dans celui de quelques communes de l'Oise.

**BEAUVALLON** ♦ Station balnéaire du Var, dans les Maures, sur la rive N. du golfe de Saint-Tropez (comm. de Sainte-Maxime).

**BEAUVILLIER (François Honorat DE)**, duc **DE SAINT-AIGNAN** ♦ Homme de guerre français (Saint-Aignan 1607 - Paris 1687). Gouverneur de la Touraine, il gagna par ses qualités militaires la faveur de Louis* XIV. Protecteur des gens de lettres et membre de l'Académie française (1663). ♦ **Paul**, duc **de Beauvillier** (Saint-Aignan 1648 - Vaucresson 1714). Fils du précédent. Il fut nommé par Louis XIV gouverneur du duc de Bourgogne en 1689, puis du duc d'Anjou en 1690 (➝ **Philippe V**) et du duc Charles de Berry* en 1693. Ami de Fénelon et de Saint-Simon, il fut nommé ministre d'État en 1691.

**BEAUVOIR (Simone DE)** ♦ Écrivain français (Paris 1908 - *id.* 1986). S. de Beauvoir quitta l'enseignement de la philosophie en 1943 quand parut son premier roman, *L'Invitée*, et se consacra à l'écriture d'essais (*Pyrrhus et Cinéas*, 1944 ; *Pour une morale de l'ambiguïté*, 1947) et de romans (*Le Sang des autres*, 1945 ; *Tous les hommes sont mortels*, 1946). Sa vie et sa pensée sont liées à celles de J.-P. Sartre*. Elle voulut écrire avant tout des œuvres «signifiantes» et philosophiques, tentant de définir une relation authentique entre l'homme et la femme dont elle affirma, indépendamment de la sexualité et de la situation sociale privilégiée de l'homme, la «structure ontologique commune» (*Le Deuxième Sexe*, 1949). En 1954, son roman *Les Mandarins* posa le problème de l'engagement et indiqua qu'en politique comme en morale il faut «confronter le sens de l'acte avec son contenu». Cette recherche d'une morale authentique, qui est le thème de son œuvre romanesque, s'exprime également dans la suite de récits autobiographiques où Simone de Beauvoir a dépeint son «projet d'englober le monde dans l'expérience de [sa] vie» : *Mémoires d'une jeune fille rangée* (1958), *La Force de l'âge* (1960) et *La Force des choses* (1963), auxquels ont succédé *Une mort très douce* (1964), *Tout compte fait* (1972) et *La Cérémonie des adieux* (1981). On a publié, après sa mort, son *Journal de guerre* (1990) et des *Lettres à Sartre* (1990). ➝ ÉTYM. Ce nom de famille vient d'un nom de lieu et signifie «belle vue ; bel aspect».

**BEAUVOIR-SUR-MER** [85230] ➝ ÉTYM. anc. *de Bello Visu*, lat. «belle vue, bel aspect» ♦ Ch.-l. de cant. de la Vendée, arr. des Sables-d'Olonne. 3 399 hab. *(Belvérins)*. Marais salants.

**BEAUZELLE** [31700] ♦ Comm. de la Haute-Garonne, arr. de Toulouse, sur la Garonne. 5 376 hab.

**BEBEL (August)** ♦ Homme politique allemand (Cologne 1840 - Passugg, Suisse 1913). Ouvrier tourneur, il adhéra à la Ire Internationale (1865) sous l'influence de W. Liebknecht* avec qui il fonda le Parti ouvrier social-démocrate (Eisenach, 1869). Député au Reichstag depuis 1867, il fut condamné à la prison en raison de son opposition à la guerre franco-allemande. Il joua un rôle prépondérant au sein de la IIe Internationale (constituée en 1889). Chef incontesté du Parti social-démocrate allemand, Bebel devint centriste en 1908 pour en préserver l'unité. Il a publié *Christianisme et Socialisme*, 1874 ; *La Femme et le Socialisme*, 1879 ; *Ma vie*, 1910-1914.

**BÉCASSINE** ♦ Personnage de bandes dessinées apparu en 1905 dans *La Semaine de Suzette*, dessiné par JOSEPH-PORPHYRE PINCHON (1871 - 1953), sur un scénario de CAUMERY (Maurice Languereau, 1867 - 1941). Les aventures de cette petite Bretonne naïve, mais pleine de bon sens, armée de son parapluie rouge, servante totalement dévouée à sa maîtresse, la Marquise de Grand-Air, font de Bécassine une des plus anciennes héroïnes de la bande dessinée française. L'œuvre fut critiquée pour l'image condescendante qu'elle donnait de la Bretonne.

**BÉCAUD (François SILLY, dit Gilbert)** ➝ ÉTYM. du n. de Louis *Bécaud*, compagnon de sa mère, qu'il considérait comme son père ♦ Compositeur et chanteur français (Toulon 1927 - Paris 2001). Une remarquable présence sur scène (d'où son surnom de «Monsieur 100 000 volts»), un répertoire qui apparaît comme une suite de variations autour de thèmes traditionnels (*Nathalie, Mes mains, L'Important c'est la rose*) et un grand sens mélodique lui ont valu la faveur du public.

**BECCAFUMI (Domenico di Pace, dit Domenico)** ♦ Peintre et sculpteur italien (env. de Sienne v. 1486 - Sienne 1551). Actif à Sienne, il séjourna à Rome (1510 - 1512, 1519), Gênes (1533 - 1535), Pise et Florence, et put connaître la peinture du Pérugin*, de Michel*-Ange, de Raphaël*, de Fra Bartolomeo* et de Sodoma*. Considéré comme un des principaux initiateurs du maniérisme (fresques du Palais public de Sienne, v. 1535), il introduisit dans la richesse des coloris siennois de fantastiques contrastes d'ombre et de lumière, contenant pourtant par l'ampleur solide de la construction le caractère visionnaire de ce luminisme (*L'Archange Michel*, 1524 - 1530, Santa Maria del Carmine, Sienne ; *Naissance de la Vierge*, 1543, *Christ aux limbes*, pinacothèque de Sienne).

**BECCARIA (Cesare Bonesana, marquis DE)** ♦ Juriste italien (Milan 1738 - *id.* 1794). Voulant fonder la justice «en raison et en humanité», il dénonça dans son traité *Des délits et des peines* (1764) la torture et la peine de mort, ainsi que l'inégalité des peines selon les personnes. Cet ouvrage connut un grand succès dans l'Europe des Lumières. Beccaria écrivit également des ouvrages d'économie. ➝ ÉTYM. *beccaria* est un terme piémontais qui signifie «boucher».

**BÉCHAR** – anc. ***Colomb-Béchar*** ♦ V. d'Algérie, ch.-l. de wilaya, au N.-O. du Sahara sur le versant O. du djebel Béchar. 108 376 hab. Centre ferroviaire à proximité d'exploitations minières dont Kenadsa. À proximité était installé le «centre (français) interarmées d'essais d'engins spéciaux». → **Hammaguir.**

**BEC-HELLOUIN (LE)** [27800] ➝ ÉTYM. du norrois *bekkr* «ruisseau» et du n. de saint *Herlouin* (XIe s.) ♦ Comm. de l'Eure, arr. de Bernay. 406 hab. (*Bexiens* ou *Bec-Hellouinais*). Abbaye bénédictine (abbaye du Bec), fondée en 1034 par saint Herluin (ou Hellouin) et devenue sous l'impulsion de Lanfranc et de saint Anselme un des grands foyers intellectuels de l'Europe au Moyen Âge. Reconstruite aux XVIIe s. et XVIIIe s. par les mauristes, elle fut supprimée en 1790. Des olivétains s'y établirent en 1948.

**BECHER (Johann Joachim)** ♦ Alchimiste allemand (Spire 1635 - Londres 1682). Il fut l'un des derniers à soutenir la thèse de la transmutation des métaux ; il développa et diffusa la théorie du «phlogistique» de Stahl*.

**BECHER (Johannes)** ♦ Poète lyrique et auteur dramatique allemand (Munich 1891 - Berlin 1958). D'inspiration expressionniste, ses premières œuvres (*De profundis Domine*, 1913 ; *À l'Europe*, 1916 ; *Péan contre notre époque*, 1918) dénoncent le monde moderne dans un langage pathétique, violent, voire outrancier. Membre du Parti communiste allemand, il lutta au côté des spartakistes (1918 - 1919). Émigré en URSS en 1935, il donna à cette époque des poèmes d'un lyrisme plus simple, plus populaire, qui s'accordait avec les exigences du «réalisme socialiste» (*Poèmes du temps de l'exil*). Après la guerre, il devint ministre de l'Éducation de la RDA.

**BECHER (Bernd et Hilla)** ♦ Photographes allemands, Bernd (Siegen 1931 - Rostock 2007) et sa femme Hilla (Potsdam 1934). Ils enseignèrent à l'École des beaux-arts de Düsseldorf et pratiquèrent eux-mêmes une photographie d'une facture apparemment neutre, choisissant le noir et blanc, l'aspect documentaire, sans effet d'ombre prononcé. Ils photographièrent de façon systématique les paysages désertiques des rebuts de la société industrielle (châteaux d'eau, puits de mine...). Ce travail d'«objectivité photographique» a influencé toute une génération de photographes allemands élèves des Becher, tel Gursky*, et a reçu le nom d'École de Düsseldorf.

**BECHET (Sidney)** ♦ Musicien de jazz américain (La Nouvelle-Orléans 1891 ou 1897 - Garches 1959). Surtout connu comme saxophoniste soprano, il joua d'abord de la clarinette, instrument qu'il n'abandonna jamais complètement. Sa personnalité l'éloigna quelque peu du style Nouvelle-Orléans d'autant qu'il commença très tôt une carrière internationale, jouant en Europe dès 1919. Il devint l'un des plus célèbres interprètes du New Orleans Revival (→ **Nouvelle-Orléans [La]**) à partir de 1938, grâce à sa parfaite maîtrise du saxophone soprano dont il sut tirer un vibrato caractéristique d'une tradition fortement liée au blues. Il se fixa en France en 1950. Princ. enregistrements : au saxo soprano, *Wild Cat Blues* (1923), *Maple Leaf Rag* (1932), *Really the Blues* (1938) ; à la clarinette, *Blackstick* (1938).

**BECHTEREV (Vladimir Mikhaïlovitch)** ♦ Psychophysiologiste russe (près de Viatka 1857 - Leningrad 1927). Dans *La Psychologie objective* (1913), il tenta d'expliquer l'ensemble du comportement humain à partir des réflexes conditionnés, qu'il étudia avec Pavlov*.

**BECHUANALAND** n. m. → **Botswana**

**BECK (Ludwig)** ♦ Général allemand (Biebrich, près de Wiesbaden 1880 - Berlin 1944). Il joua un rôle important dans la création de la Wehrmacht mais, opposé à Hitler, il démissionna en 1938. Principal chef du complot qui élabora l'attentat contre Hitler le 20 juil. 1944, il fut, après l'échec, arrêté et abattu par Fromm qui avait changé de camp.

**BECK (Béatrix)** ♦ Femme de lettres française d'orig. belge (Villars-sur-Ollon 1914 - Saint-Clair-sur-Epte 2008). Fille du romancier et dramaturge CHRISTIAN BECK (1879 - 1916), elle fut la secrétaire de Gide* (1950 - 1951), qui l'encouragea à écrire. Auteur de romans, souvent autobiographiques, où l'amour, la religion et l'écriture sont les issues recherchées pour transcender l'existence, elle connut le succès avec *Léon Morin, prêtre* (1952), qui fut porté à l'écran par Jean-Pierre Melville en 1961.

**BECK (Julian)** ♦ Acteur et directeur de théâtre américain (New York 1925 - *id.* 1985). Fondateur et codirecteur avec Judith Malina du Living* Theatre, il participa à la mise en scène de pièces de Brecht, Büchner, Beckett. Il fit aussi connaître des dramaturges américains comme Gelber (*The Connection*, 1959). Il entreprit de très nombreuses tournées en Europe jusqu'à la dissolution du Living Theatre (1970). Il séjourna ensuite longtemps à Rome et son dernier spectacle fut *L'Homme-masse*.

**BECKE (Friedrich)** ♦ Minéralogiste autrichien (Prague 1855 - Vienne 1931). Auteur de nombreux travaux concernant la structure des roches, il mit au point une méthode permettant de déterminer l'indice de réfraction des sections cristallines microscopiques.

**BECKENBAUER (Franz)** ♦ Footballeur allemand (Munich 1945). En 1974, à la tête de la Mannschaft, il remporta la Coupe du monde de la FIFA contre les Pays-Bas. Grâce à sa technique et à sa vision du jeu, il sut donner une nouvelle dimension au poste de libéro en le rendant plus offensif. Il confirma alors ses talents de leader et amena l'Allemagne à sa deuxième victoire en Coupe du monde, en qualité d'entraîneur (1990). En 2006, il contribua à l'organisation de la Coupe du monde de la FIFA qui se déroula en Allemagne. Surnommé le «kaiser», il est le plus grand joueur de football que l'Allemagne ait connu.

**BECKER (Johann Philip)** ♦ Socialiste allemand (Frankenthal, Bavière 1809 - Genève 1886). Socialiste révolutionnaire dès 1830, il participa à l'insurrection de Bade (1848 - 1849), après laquelle il émigra en Suisse. Fondateur avec Bakounine* de la section genevoise de la Ire Internationale et rédacteur de la revue *Der Vorbote* («Le Précurseur», 1866 - 1871, puis à partir de 1877), il prit position en faveur de la tendance marxiste contre les anarchistes au congrès de La Haye (1872). ➝ ÉTYM. Ce nom vient de l'allemand *Bäcker* qui signifie «boulanger».

**BECKER (Jacques)** ♦ Cinéaste français (Paris 1906 - *id.* 1960). Faite de logique et d'honnêteté, son œuvre est née d'une observation attentive de la réalité sociale française, dans les années qui vont de la fin de l'Occupation à 1960. Réal. princ. : *Goupi Mains rouges* (1943), *Antoine et Antoinette* (1947), *Rendez-vous de juillet* (1949), *Édouard et Caroline* (1951), *Rue de l'Estrapade* (1953), *Touchez pas au grisbi* (1954), *Le Trou* (1960). À cette chronique des temps contemporains, il convient d'ajouter une œuvre exceptionnellement sensible, *Casque* d'or* (1952).

**BECKER (Gary Stanley)** ♦ Économiste américain (Potsville, Pennsylvanie 1930). Dans *Human Capital* (1964), il a examiné les rapports entre l'investissement en capital humain, dont l'éducation est la principale forme, et la productivité. Il a également appliqué son analyse en termes de choix économique à des domaines nouveaux (comportement familial, criminalité). [Prix Nobel de sc. écon. 1992]

**BECKER (Boris)** ♦ Joueur de tennis allemand (Leimen 1967). Joueur précoce, il remporta son premier grand tournoi à 17 ans à Wimbledon et se distingua par une grande puissance de service (on le surnomma *Boum-Boum*), un jeu complet disposant d'un bon coup droit, un puissant revers à une main et une volée très efficace. Sa longue carrière contribua à installer la popularité du tennis en Allemagne.

**BECKET** → **Thomas Becket (saint)**

**BECKETT (Samuel)** ♦ Romancier et dramaturge irlandais (Dublin 1906 - Paris 1989). Fixé en France à partir de 1937, il écrivit principalement en français à partir de 1945, composant une œuvre influencée par celles de Kafka* et de Joyce*, dont il fut le traducteur et l'ami. Son expérience se poursuivit de livre en livre : de *Murphy* (angl. 1938, fr. 1947) à *Molloy* (fr. 1951), *Malone meurt* (1951), *L'Innommable* (1953) et *Comment c'est* (1961), l'écrivain présente une humanité qui se dégrade jusqu'à un état larvaire, image d'une vie réduite à sa pauvreté essentielle et reflet d'une réduction ontologique. Dans une grisaille indéterminée, «dans la tranquillité de la décomposition physique», c'est bientôt «une grande bouche idiote... [qui se vide] inlassablement... des mots qui l'obstruent», et qui parle en vain (*Nouvelles et Textes pour rien*, 1955) ; car «nommer, non, rien n'est nommable ; dire, non, rien n'est dicible». Ce murmure fragile, témoignage que la vie est (encore) là («ce sont des mots, il n'y a que ça, il faut continuer»), tend à disparaître dans les dernières œuvres de l'écrivain qui confinent à un dépouillement presque absolu : *Imagination morte, imaginez* (1965), repris dans *Têtes-mortes* (1967), *Le Dépeupleur* (1970), *Pour finir encore et autres foirades* (1976), *Compagnie* (1980), *Mal vu mal dit* (1981) et *Soubresauts* (1989). L'œuvre théâtrale de Beckett, sous la forme d'une bouffonnerie sinistre et exténuée, donne la même vision dérisoire de l'activité humaine. Espérant, sans doute vainement, en un Dieu mystérieux (*En* attendant Godot*, 1953), soumis aux ordres du «consortium» (image de la société, abstraite), affublé d'un misérable compagnon qu'il tyrannise (*Fin de partie*, 1956), le plus souvent «seul au monde avec [sa] voix» (*La Dernière Bande* et *Cendres*, 1958), un être agonisant s'accroche à de pitoyables joies (*Oh* les beaux jours*, angl. 1961, fr. 1963) ou se livre à une interminable confession (*Comédie et Actes divers*, 1964). Beckett a également exploré le rapport entre l'image et la voix dans plusieurs pièces pour la télévision : *Trio du Fantôme* (1977), *...Mais les nuages...* (1977), *Quad* (1981), *Nacht und Traüme* (1983). L'ensemble a été publié sous le titre *Quad* (angl. 1984, fr. posth. 1992). [Prix Nobel de littér. 1969] ➛ **ÉTYM.** *Beckett* est le diminutif de l'ancien français *bec* «bouche».

Samuel **Beckett** en 1985.
*Phot. ©L. Monier/Gamma*

**BECKFORD (William)** ♦ Écrivain britannique (Fonthill Gifford, Wiltshire 1760 - Bath 1844). Aristocrate, esthète, dilettante prodigieusement doué, il étudia l'architecture et la musique et publia à vingt ans ses *Vies authentiques de peintres imaginaires*, cinq contes inspirés par son amour de la peinture. Mais il doit surtout sa gloire à *Vathek*, un conte à la manière des *Mille et Une Nuits* écrit en français en 1782, dont l'audace et la modernité firent plus tard l'admiration de Villiers* de L'Isle-Adam et de Mallarmé*, qui rédigea pour lui une importante préface. Il se fit construire à Fonthill par James Wyatt une pseudo-abbaye, devenue l'archétype du «gothique ressuscité», où il espérait fuir parmi livres et tableaux la réputation sulfureuse que lui valait son homosexualité. On lui doit également d'admirables récits de voyage *(Voyage d'un rêveur éveillé, Journal intime au Portugal et en Espagne)*.

**BECKMANN (Max)** ♦ Peintre et dessinateur allemand (Leipzig 1884 - New York 1950). Il étudia à Weimar où il subit surtout l'ascendant de Hans von Marées* ; il séjourna ensuite à Paris (1903) et fit un voyage en Italie. D'abord marqué par les impressionnistes, il révéla ensuite un tempérament profondément expressionniste en peignant des compositions sombres aux sujets dramatiques *(Le Naufrage du Titanic)*. Le bouleversement provoqué par la guerre laissa une profonde empreinte sur son art : évoluant vers un style plus dur, un dessin sec et appuyé, il peignit des portraits, prétextes à un jeu d'expressions dont le registre s'étend de l'ennui à la peur (*Autoportrait*, 1919) et des scènes brutales, peintes dans des harmonies de couleurs crues ou ternes, dans lesquelles le choix de la mise en page et l'utilisation de formes anguleuses apparaissent comme un lointain écho des découpages cubistes. Après une période plus sereine (v. 1923), il s'installa aux Pays-Bas (1938 - 1947) pour fuir le nazisme, puis aux États-Unis, et réalisa de grandes compositions symboliques au dessin sommaire et rude.

**BÉCLARD (Pierre Augustin)** ♦ Chirurgien et anatomiste français (Angers 1785 - Paris 1825). On lui doit la mise au point de techniques opératoires et une méthode de guérison de la fistule du canal de Sténon.

**BÉCLÈRE (Antoine)** ♦ Médecin français (Paris 1856 - *id.* 1939). Créateur de l'enseignement de la radiologie médicale, auteur d'importants travaux de technique radiologique, de radiodiagnostic, de radiothérapie.

**BECQUE (Henry)** ♦ Auteur dramatique français (Paris 1837 - *id.* 1899). Ce fut un observateur réaliste et satirique de la société bourgeoise des débuts de la IIIe République. Son exigence morale et son intransigeance ont souvent nui au succès de ses pièces. Œuv. princ. : *Les Corbeaux* (1882), *La Parisienne* (1885).

**BÉCQUER (Gustavo Adolfo)** ♦ Poète et prosateur espagnol (Séville 1836 - Madrid 1870). Négligé par une époque où l'on aimait l'emphase, Bécquer influença certains poètes ultérieurs. Poète de l'irréel et de l'amour délicat continuellement blessé, il créa un monde musical, magique, où se mêlent le mystère des légendes germaniques et l'obsession de la mort *(Rimes)*. On l'a souvent comparé à Heine*. Dans son œuvre en prose, il introduisit un genre alors peu connu : l'essai d'introspection *(Légendes espagnoles)*. Toutes ses œuvres ont été réunies après sa mort dans les *Obras* (1871).

**BECQUEREL (Antoine)** ♦ Physicien français (Châtillon-sur-Loing, auj. Châtillon-Coligny 1788 - Paris 1878). Il entrevit le phénomène du diamagnétisme, mais il est surtout connu pour ses travaux dans le domaine de l'électrochimie, notamment pour son invention de la pile impolarisable à deux liquides (1829). [Acad. sc. 1829] ➛ **ÉTYM.** *Becquerel* vient de *bec*, du nom d'anciens moulins (à cause du bruit émis par les clapets du moulin) ou est le sobriquet d'une personne très bavarde.

**BECQUEREL (Edmond)** ♦ Physicien français (Paris 1820 - *id.* 1891), fils d'Antoine Becquerel. Il réalisa une étude photographique du spectre solaire mettant en évidence l'existence de raies de Fraunhofer* dans sa partie ultraviolette (1842). Il participa entre autres à la mise au point des couples thermoélectriques, étudia les propriétés magnétiques des minéraux et les phénomènes de phosphorescence. [Acad. sc. 1863]

**BECQUEREL (Henri)** ♦ Physicien français (Paris 1852 - Le Croisic 1908), fils d'Edmond Becquerel. Étudiant les relations entre les rayons X et la fluorescence sur des sels d'uranium, il découvrit le phénomène de la radioactivité (1896) ainsi que les propriétés ionisantes du nouveau rayonnement. [Acad. sc. 1889 ; prix Nobel de phys. 1903, avec P. et M. Curie*]

**BÉDARIEUX** [34600] ➛ **ÉTYM.** p.-ê. «(ferme) du cours d'eau», du bas lat. *beta* «lit, cours d'eau» et suff. lat. *-aria* ou même étym. que *Béziers** ♦ Ch.-l. de cant. de l'Hérault, arr. de Béziers, sur l'Orb. 5 962 hab. *(Bédariciens)*. Matériaux de construction. Viticulture.

**BÉDARRIDES** [84370] ➛ **ÉTYM.** p.-ê. du gaul. «les quatre *(°petor-)* gués *(ritu)*» ou du lat. *Bitturritae* «les deux tours» ♦ Ch.-l. de cant. du Vaucluse, arr. d'Avignon. 5 110 hab. *(Bédarridais)*. Viticulture. Engrais.

**BEDAUX (Charles)** ♦ Ingénieur français (Paris 1888 - Miami 1944). Il mit au point un système de mesure du temps de travail, applicable dans l'exécution de toute espèce de tâche, l'unité de mesure étant le point-minute, ou *point-Bedaux*.

**BEDDOES (Thomas Lovell)** ♦ Poète britannique (Clifton 1803 - Bâle 1849). Il subit l'influence du romantisme allemand au cours de ses études à Göttingen et écrivit des poèmes en vers libres (*Improvisatore*, 1821). Son goût du macabre et du surnaturel se retrouve dans son œuvre principale, *Recueil de bons mots de la Mort* (*Death's Jest-Book or The Fool's Tragedy*, 1825, publ. 1850), qu'il construisit «comme une cathédrale gothique».

**BÈDE** ou **BEDA** (saint), dit **le Vénérable** ♦ Érudit et historien anglo-saxon (Wearmouth, Durham 673 - Jarrow Durham 735). Orphelin, il passa son enfance et sa jeunesse dans l'abbaye de Wearmouth et le monastère de Jarrow, devenant diacre, puis prêtre. Il consacra sa vie à l'écriture et à l'enseignement. Esprit cultivé et curieux, il est l'auteur d'ouvrages fort variés : un traité de métrique, une histoire naturelle, une chronologie universelle calculée sur l'ère chrétienne et fondée sur de sérieuses études astronomiques, un martyrologe, une vie de saint Cuthbert et surtout une *Histoire ecclésiastique des Angles* (*Historia Ecclesiastica Gentis Anglorum*, 731) qui va de la conquête de Jules César à 597. Son style impersonnel, clair et simple, le place au-dessus de ses contemporains. → **Aldhelm.** ▪ Fête le 25 mai.

**BEDEAU (Marie Alphonse)** ♦ Général français (Vertou 1804 - *id.* 1863). Il se distingua en Algérie à partir de 1836 et y fut nommé gouverneur général en 1847. Ministre de la Guerre dans le gouvernement provisoire de 1848, puis commandant militaire de Paris, il fut exilé après le coup d'État du 2 décembre 1851 et amnistié en 1859.

**BEDEL (Maurice)** ♦ Écrivain français (Paris 1883 - La Genauraye, Poitou 1954). Médecin, journaliste, globe-trotter, il reçut le prix Goncourt en 1927 pour *Jérôme 60° de latitude nord*, évocation plaisante d'un Français en Suède. Après ses rencontres avec Mussolini et Hitler, il dénonça le danger politique de ces régimes (*Fascisme an VII*, 1929 ; *Monsieur Hitler*, 1933). ➛ **ÉTYM.** Ce nom de famille vient du francique *°bidal* «sergent de justice».

**BEDFORD** ➝ ÉTYM. de *Bēda*, n. de pers., ou de l'anc. angl. *byde* «creux, dépression» et *ford* «gué» ♦ V. d'Angleterre, ch.-l. du Bedfordshire, dans une boucle de l'Ouse, au N. de Londres. 147 913 hab. Construc. mécaniques et aéronautiques.

**BEDFORDSHIRE** ➝ ÉTYM. de *Bedford** et angl. *shire* «comté» ♦ Comté du S. de l'Angleterre. 1 234 km². 381 571 hab. CH.-L. : Bedford. Région agricole dont l'industrialisation dépend de la proximité de Londres.

**BÉDIER (Joseph)** ♦ Médiéviste français (Paris 1864 - Le Grand-Serre, Drôme 1938). Élève de Gaston Paris, il lui succéda à la chaire de littérature française du Moyen Âge (1903 - 1936) au Collège* de France (dont il devint l'administrateur en 1929). Déjà connu par des travaux sur les *Fabliaux* (1895) et son adaptation de *Tristan et Iseult* (1900), Bédier suscita un renouveau d'intérêt pour l'épopée avec son ouvrage *Les Légendes épiques* (1908 - 1915). Après avoir donné une édition critique de la *Chanson de Roland* (1921), il publia avec Paul Hazard* une *Histoire illustrée de la littérature française* (1923 - 1924). [Acad. fr. 1920]

**BEDNORZ (Johannes Georg)** ♦ Physicien allemand (Neuenkirchen 1950). ➝ **Müller.** [Prix Nobel de phys. 1987, avec K. A. Müller]

**BÉDOUINS** n. m. pl. ➝ ÉTYM. en ar. *Badawī* p.-ê. «habitants du désert» ♦ Nom donné aux Arabes nomades répandus dans l'Afrique septentrionale depuis le Maroc jusqu'en Égypte ainsi qu'en Syrie et en Arabie.

**Bédouins** de Mauritanie. *Phot.©J. Blair/Corbis*

**BÉDRIAC** – en lat. *Betriacum* ♦ Anc. ville d'Italie du N. en Gaule cisalpine à l'E. de Crémone*. Vitellius* y battit Othon* (69) mais y fut peu de temps après vaincu par Vespasien*.

**BEEBE (William)** ♦ Explorateur et naturaliste américain (New York 1877 - La Trinité 1962). Il fit plusieurs plongées sous-marines en bathysphère (atteignant la profondeur de 923 m en 1934), photographia et décrivit la faune abyssale.

**BEECHAM (sir Thomas)** ♦ Chef d'orchestre britannique (Saint Helens, Lancashire 1879 - Londres 1961). Fondateur de quatre orchestres, dont le London Philharmonic Orchestra (1932) et le Royal Philharmonic Orchestra (1946), il fut l'un des principaux animateurs de la vie musicale en Angleterre et mena une brillante carrière internationale.

**BEECHER-STOWE (Harriet Elizabeth), née BEECHER** ♦ Romancière américaine (Litchfield, Connecticut 1811 - Hartford, Connecticut 1896). En dépit d'une formation puritaine (elle avait pour père un pasteur congréganiste de la tradition de Jonathan Edwards), elle n'était ni prude ni bigote. La loi de 1850, qui obligeait à dénoncer les esclaves fugitifs, lui inspira un feuilleton qui parut en 1851 dans *The National Era : La Case* de l'oncle Tom ou la Vie des humbles.* Cet ouvrage suscita des controverses passionnées qui eurent une influence déterminante sur la guerre civile. Il fut traduit en trente-deux langues, et on en tira une pièce qui fut jouée jusqu'en 1930. *Dred, histoire du grand marécage désolé* (1856) est de la même veine, alors que *La Fiancée du ministre* raconte l'histoire très cornélienne d'une parole donnée. Le succès de Harriet Beecher-Stowe est moins dû à la valeur littéraire de son œuvre qu'à son actualité. Pour Abraham Lincoln, elle fut «la jeune femme qui gagna la guerre». Mais l'ironie de l'histoire a voulu que son œuvre généreuse devînt le symbole du paternalisme colonialiste le plus inacceptable pour la communauté noire.

**BEECKMANN (Isaac)** ♦ Physicien hollandais (Middelburg 1588 - Dordrecht 1637). Il formula, dès 1613, la loi de conservation du mouvement, énonça des règles exactes concernant les chocs des corps inélastiques et étudia avant Galilée* la chute des corps. Il exerça une influence sur la pensée scientifique de Descartes*.

**BEER (Wilhelm)** ♦ Astronome allemand (Berlin 1797 - *id.* 1850). Il établit avec Mädler* une carte de la Lune (1834 - 1837) et participa à la construction d'une carte de la planète Mars.

**BEERNAERT (Auguste)** ♦ Homme politique belge (Ostende 1829 - Lucerne 1912). Avocat, plusieurs fois ministre de 1873 à 1884, il fut Premier ministre de 1884 à 1894. Il fit voter la reconnaissance de l'État indépendant du Congo et de la souveraineté africaine du roi Léopold* II. [Prix Nobel de la paix 1909]

**BEERSE** ♦ Comm. de Belgique (Région flamande), prov. d'Anvers, arr. de Turnhout. 16 600 hab. Indus. chimique et des métaux non ferreux. Taille du diamant.

**BEERSHEBA** ou **BE'ER SHEVA** ➝ ÉTYM. hébr. «puits du serment» ♦ V. d'Israël, dans le N. du Néguev, au centre du pays dans sa plus grande largeur, ch.-l. du district S. 185 400 hab. Centre admin. et commercial (indus. du bois et du bâtiment, matières plastiques, indus. chimiques). Nœud routier (routes en direction de la mer Morte et de la mer Rouge, de Tel-Aviv, Gaza, Jérusalem). Passage de l'oléoduc Eilat-Haïfa. **Histoire** La ville marquait la limite méridionale de la Terre promise. Les traductions françaises de la Bible la nomment *Bersabée.* La ville actuelle fut construite dans le désert en 1950.

**BEETHOVEN (Ludwig VAN)** ♦ Compositeur allemand (Bonn 1770 - Vienne 1827). **L'enfance** Petit-fils de LUDWIG VAN BEETHOVEN (1712 - 1773), maître de chapelle de l'électeur de Cologne, originaire du Brabant et venu se fixer sur les bords du Rhin (1733), fils de Johann, ténor à la chapelle princière, et de Maria Magdalena Keverich, fille d'un chef cuisinier de l'électeur de Trèves, il reçut très tôt de son père une éducation musicale sévère. Brutal, obtus, résolu à exploiter son fils comme enfant prodige, Johann lui fit donner son premier concert à Cologne (1778) et entreprit avec lui une tournée en Hollande (1781). D'heureuses influences allaient cependant s'exercer sur l'enfant : celle de l'organiste Christian Gottlieb Neefe, esprit ouvert, curieux de nouveauté et nature généreuse, qui l'initia à J.-S. et C. P. E. Bach ; celle aussi de la famille von Breuning, hospitalière et très cultivée qui l'aida à oublier sa misère. Devenu l'auxiliaire de Neefe, non seulement à l'orgue mais aussi au théâtre de la Cour, le jeune Ludwig fut nommé second organiste et altiste dans l'orchestre du théâtre. Ainsi lui fut révélée la musique lyrique, française et italienne, et surtout celle de Mozart (1784). Déjà Neefe avait fait publier ses premières œuvres (dont 3 sonates pour le clavier) mais, si sa précocité musicale était étonnante, il ne reçut qu'une instruction générale sommaire. C'est plus tard que sa ferveur d'autodidacte le conduisit à la découverte d'Homère, de Platon, de Plutarque, de Shakespeare et des romantiques allemands. **Les débuts à Vienne** Encouragé par le comte Waldstein, il partit pour Vienne, y rencontra Mozart, mais la maladie de sa mère le contraignit à rentrer à Bonn. Il y revint pour la voir mourir (1787). Dès lors, son père, perdu par la boisson, lui abandonna la direction du foyer et Ludwig dut prendre en charge l'éducation de ses jeunes frères Johann et Karl. Cependant, sans cesser de composer *(Cantates pour la mort de Joseph II, pour l'avènement de Léopold II),* il s'inscrivit à l'université (1789) où, sous l'impulsion du jeune archiduc Maximilian Franz, favorable aux idées nouvelles, un enseignement largement libéral était donné. Sur l'avis bienveillant de Haydn, de passage à Bonn, et après une seconde intervention du comte Waldstein, Beethoven retourna alors à Vienne. Il quittait pour toujours les rives du Rhin (nov. 1792). **Les premiers chefs-d'œuvre** Tandis que la capitale de François II (qui venait de succéder à Léopold) devenait celle d'un gouvernement policier, les leçons de Haydn n'eurent pas pour Beethoven tout le succès escompté. Quand Haydn repartit pour Londres en janv. 1794, il mit Beethoven entre les mains d'Albrechtsberger pour le contrepoint. Plus tard, Beethoven eut aussi recours à Salieri pour l'écriture vocale. Adopté bientôt par la haute société mélomane (princes Lichnowsky, Lobkowic, comte Razoumovski, baron Swieten), il commença une carrière de pianiste virtuose et d'improvisateur. Il devait étonner et souvent déconcerter ses admirateurs par l'originalité et la fougue de son invention. De cette première période datent trois trios pour piano, plusieurs sonates, des variations, menuets, danses allemandes, un quintette à cordes, et des lieder qui firent de lui, en peu de temps, l'une des personnalités dominantes du monde musical viennois. Les tournées qu'il entreprit alors comme pianiste (1796 - 1798), à Prague, Leipzig, Dresde, Berlin (où il joua devant Frédéric-Guillaume II) et Presbourg, furent triomphales. S'il renonça à revenir à Bonn, devenue sous-préfecture française et où son père était mort (1793), c'est que le succès, l'amitié (le médecin Wegeler, le violoniste Schuppanzigh, le pasteur Amenda, Stephan von Breuning) autant que la rente annuelle que lui allouait le prince Lichnowsky (1800) le retenaient désormais à Vienne. Dans le groupe de ses amis, il convient encore de mentionner, parmi les plus chers, la famille von Brunswick (Franz, Thérèse, Joséphine et Charlotte) qui communiera longtemps avec lui dans le culte de la musique. À cette époque brillante appartiennent ses premiers chefs-d'œuvre (sonates pour piano, dont la sonate dite *Pathétique,* 1799 ; les six premiers quatuors à cordes, 1800 ; *Sonate quasi una fantasia,* dite *Clair de lune,* 1802 ; *Sonate pour violon et piano,* dite *Sonate à Kreutzer,* 1803, où l'allégresse la plus joyeuse cède parfois la place à la détresse et au désespoir ; *Première Symphonie,* 1800). Un amour malheureux, pour la frivole Giulietta Guicciardi, l'épreuve de l'infirmité dont il était atteint depuis 1796, cette surdité qui devait s'aggraver jusqu'à devenir totale (1819), lui dictèrent le pathétique

Ludwig van **Beethoven.** *Beethoven aux deux mains,* Bourdelle, 1908. Musée Bourdelle, Paris. *Phot. ©Éric Emo*

*Testament d'Heiligenstadt* (1802) que l'on ne connaîtrait qu'après sa mort. Cependant il compose la joyeuse *Deuxième Symphonie* (1803) si proche de Haydn et de Mozart, et déjà si profondément beethovénienne. **▮ L'épanouissement** Justement contestée de nos jours pour ce qu'elle offre d'arbitraire, la théorie des trois manières de Beethoven, soutenue par W. de Lenz (*Beethoven et ses trois styles,* 1854), ne résiste guère à une étude attentive des œuvres. «Continue dans son ensemble et en même temps discontinue d'une œuvre à l'autre, l'évolution de Beethoven se poursuit dans tous les domaines selon des cheminements irréductibles à la classification stricte» (A. Boucourechliev). Il demeure toutefois que dans la période de dix années qui s'ouvre avec la *Troisième Symphonie (Symphonie* héroïque)* entreprise dès 1802 et s'achève avec la *Huitième Symphonie* (1812), la pensée de Beethoven marque un épanouissement dont la fécondité et la richesse de sa production portent l'éclatant témoignage. Dans cette période, illuminée par des amitiés amoureuses (Thérèse et Joséphine von Brunswick, Maria von Erdödy, Bettina Brentano) ou assombrie par des déceptions sentimentales (Amalia von Sebald, Thérèse Malfatti), où les soucis matériels ne se font pas encore pressants pour Beethoven, grâce aux commandes de ses protecteurs et à l'éphémère mécénat des princes Lobkowic, Kinsky et de l'archiduc Rodolphe, de nombreux chefs-d'œuvre voient le jour. Citons entre autres ouvrages de première importance : le *Triple Concerto pour piano, violon, violoncelle et orchestre* (1804) ; la *Sonate* op. 57 dite *Appassionata** (1804) ; *Fidelio**, unique opéra du compositeur, représenté d'abord sans succès (1805) puis remanié (1806), et enfin accueilli avec faveur (1814) ; la *Quatrième Symphonie* (1806) ; le *Quatrième Concerto pour piano* (1806) ; l'ouverture de *Coriolan* (1807) ; la *Fantaisie pour chœurs, orchestre et piano* (1808) ; les *Cinquième* et *Sixième Symphonies* (cette dernière dite *Symphonie* pastorale,* 1808) ; la *Sonate* op. 81 dite *Les Adieux* (1809) ; le *Cinquième Concerto pour piano* (1810) ; l'ouverture d'*Egmont* (1810) ; le *Trio pour piano, violon et violoncelle* op. 97 dit *À l'archiduc* (1811) ; les *Septième* et *Huitième Symphonies* (1812). **▮ L'isolement** Après l'été 1812, où Beethoven fit la décevante rencontre de Goethe à Toeplitz et rédigea la bouleversante et énigmatique lettre à l'*Immortelle Bien-Aimée,* le musicien entra dans une période de silence. Malade, hanté par l'idée de la mort, contraint par la gêne, il accepta de diriger l'éducation de son neveu Karl dont son frère mourant lui avait confié la tutelle (1815) et qui allait devenir pour lui le sujet d'un inépuisable tourment. Tandis qu'il perdait peu à peu la faveur du public viennois gagné à Rossini et à la musique italienne, il sembla s'abandonner au désespoir. Cependant, il allait tirer de tant d'épreuves accumulées une nouvelle leçon de courage et de foi en son art. Résolu désormais à ne plus composer que pour les hommes de l'avenir, muré dans sa surdité et dans sa solitude, il allait écrire dans ses dernières années quelques-unes des œuvres les plus grandioses de toute l'histoire de la musique, renouvelant plus qu'il ne l'avait encore fait l'écriture pianistique et orchestrale, et préparant l'évolution musicale du XIX$^{e}$ s. À cette période appartiennent les cinq dernières sonates dont la *Grande Sonate* op. 106 (*Hammerklavier,* 1818), la *Messe solennelle* (1822), les *33 Variations sur une valse de Diabelli* (1823), la *Neuvième Symphonie* (1824) et les six derniers quatuors (1824 - 1826). Assombrie par les soucis domestiques, par le délabrement physique, la dernière année de Beethoven fut tragique. Il mourut le 26 mars 1827. Vienne lui fit de grandioses funérailles. **▮ Une œuvre exceptionnelle** De cette œuvre immense dont le catalogue a été établi par G. Kinsky (Munich, 1955) on retiendra qu'elle comporte 137 numéros d'opus et 205 numéros d'œuvres non classées. Œuvre qui connut une gloire presque immédiate et qui n'a cessé d'être examinée, commentée, sollicitée. «Vous me faites l'impression d'un homme qui a plusieurs têtes, plusieurs cœurs, plusieurs âmes» : ce propos de Haydn au jeune Beethoven peut aussi s'appliquer à son œuvre. Ni classique ni romantique, inclassable selon les canons de l'esthétique traditionnelle, rebelle à toute interprétation qui lui refuse cette autonomie que l'homme a revendiquée pour lui-même tout au long de sa vie, elle témoigne d'une permanente remise en question des formes, d'une interrogation toujours ouverte sur la validité du langage, et toute réponse n'y est jamais que provisoire. Expression d'une indomptable force morale, célébrant tour à tour le triomphe de la volonté, de l'héroïsme et de la joie sur les forces du chaos et de la nuit, elle impose une idée optimiste de l'homme, en marche sur les chemins de la liberté. ◆ **ÉTYM.** Ce nom de famille signifie «jardin où l'on cultive des bettes», du moyen allemand *bete* «bette» et *hoven* (de *hov*) «cour».

**BEFFA (Karol)** ♦ Compositeur, improvisateur et pianiste français (Paris 1973). Inspiré par Debussy, Bartók et Ligeti, il s'exprime dans des formes classiques et pratique un langage néotonal raffiné : *Concerto pour violon* (2007), *Concerto pour piano* (2009), œuvres pour piano *(Sillages, Mirages, Six Études, Sur le nom de Mozart), Quatuor à cordes* (2008).

**BÉGARD** [22140] ♦ Ch.-l. de cant. des Côtes-d'Armor, arr. de Guingamp. 4 474 hab. *(Bégarrois).* Ruines d'une abbaye cistercienne du XII$^{e}$ s.

**BEGIN (Menahem)** ♦ Homme politique israélien (Brest-Litovsk 1913 - Tel-Aviv 1992). Il dirigea en Pologne le mouvement sioniste Betar (1938) et gagna la Palestine en 1942. Chef de l'Irgoun à partir de 1943, il devint par la suite président du Hérout (1948) puis du Likoud (1973) formation de droite opposée aux travaillistes. Premier ministre de l'État d'Israël (1977 - 1983), il négocia la paix avec l'Égypte (1978 - 1979), mais fit intervenir l'armée israélienne au Liban (1982). Il se retira en 1983. → **Israël.** [Prix Nobel de la paix 1978, avec Sadate*] ◆ **ÉTYM.** L'hébreu *Menahem* signifie «consolateur».

**BÈGLES** [33130] ♦ Comm. de la Gironde, banlieue S.-E. de Bordeaux. 22 475 hab. *(Béglais).*

**BEG-MEIL** [bɛgmɛj] ♦ Écart de la comm. de Fouesnant, arr. de Quimper, dans le Finistère. Station balnéaire.

**BEGRĀM** – anc. *Kāpissā* ♦ Anc. ville de l'E. de l'Afghanistan, au N. de Kaboul, fondée au -III$^{e}$ s. et capitale de plusieurs rois indo-grecs avant de devenir capitale d'été des Kushans*. Le site a livré un trésor de pièces en plâtre, verre et bronze provenant d'Égypte et de Syrie, d'ivoires sculptés indiens et de laques chinoises, témoignage du grand rayonnement de la ville du I$^{er}$ au III$^{e}$ s.

**Begrām.** Plaque d'ivoire datant du II$^{e}$ s. Musée national d'Afghanistan, Kaboul. *Phot. ©Arch. Smeets*

**BÉGUIN (Albert)** ♦ Critique littéraire suisse d'expression française (La Chaux-de-Fonds 1901 - Rome 1957). Professeur à l'université de Bâle, journaliste, directeur de la revue *Esprit* de 1950 à 1957, il a publié des essais sur Balzac, Bernanos, Bloy, Nerval, Pascal et Péguy. Dans son ouvrage majeur, *L'Âme romantique et le Rêve* (1939), il s'est attaché à définir «l'esprit romantique» en confrontant des œuvres d'écrivains allemands et français.

**BEHAÏM (Martin)** ♦ Navigateur et cosmographe allemand (Nuremberg 1459 - Lisbonne 1507). Géographe de l'expédition africaine de Diogo Cam* (1484), il est surtout connu pour avoir construit un globe terrestre (1492), le plus ancien qui nous soit parvenu. Il introduisit l'usage de l'astrolabe sur les vaisseaux.

**BEHAN (Brendan)** ♦ Auteur dramatique et nationaliste irlandais (Dublin 1923 - *id.* 1964). Emprisonné durant onze années, il trouva dans l'alcool une compensation et fit du théâtre une projection de son univers d'interné. L'emploi fréquent de la langue gaélique, provocateur pour le spectateur anglais, le réalisme de l'observation, la rigueur de la construction dramatique ont fait de son théâtre l'un des témoignages les plus éloquents de la révolte irlandaise. Œuv. princ. : *Gibier de potence* (1956) et *Deux otages* (1959).

**BEHANZIN** ♦ Dernier roi du royaume d'Abomey* (1844 - 1906). Il s'opposa fortement à la pénétration française. Plusieurs expéditions furent engagées contre lui, dont celle de Dodds* qui aboutit à l'annexion du royaume (1894). Déchu de son trône, il fut banni de son pays et mourut en exil à Alger. → **Bénin (royaume du).**

**behaviorisme**

n. m. → ÉTYM. de l'angl. *behavior* «comportement» ♦ Théorie psychologique fondée en 1913 par J. B. Watson*. Contre la psychologie introspective qui dominait alors aux États-Unis, le behaviorisme veut être une étude objective, fondée sur l'observation et l'expérimentation des comportements animaux et humains ; ceux-ci sont définis d'un point de vue physiologique comme des réactions déterminées (du type du réflexe) à des stimuli, ou encore comme des adaptations de l'organisme aux conditions du milieu. Matérialiste et déterministe, cette théorie contribua en Amérique au développement des études de psychologie expérimentale, à leurs applications pratiques dans le domaine de l'éducation (→ **Dewey**) et de la publicité et influença les sciences de l'homme (→ **Bloomfield**). Son influence fut néanmoins supplantée par la psychologie biologique et par les théories visant à une compréhension globale de la conduite humaine (comme la psychanalyse).

**BÉHISTUN, BISITUN** ou **BISOTUN** → ÉTYM. anc. ***Bagistana*** «séjour des dieux» ♦ Village d'Iran (Kurdistan) dans le massif du Zagros entre Bakhtarān et Hamādan, sur l'ancienne route d'Ecbatane à Babylone Sur la paroi de la falaise dominant la route, Darios* I^er^ fit sculpter un bas-relief et graver des inscriptions célébrant son triomphe sur Gaumata. Le texte était rédigé en écriture cunéiforme et en trois langues : vieux perse, babylonien et élamite. La découverte du texte et le déchiffrement (1835 - 1850) du vieux perse puis du babylonien par Rawlinson* aidé par Hincks, Talbot et Oppert fournit la base essentielle à l'étude des civilisations babyloniennes.

**BEHN (Aphra)** ♦ Auteur dramatique et romancière anglaise (1640 - Londres 1689). Sa naissance demeure mystérieuse ; elle voyagea au Suriname durant son enfance et épousa en 1658 un marchand londonien du nom de Behn qui mourut en 1666. Elle fut alors agent secret en Hollande pour le compte de Charles II. En prison pour dettes, elle commença à écrire et fut la première femme de lettres anglaise à vivre de sa plume. Elle se fit appeler «l'incomparable Astrée». Au théâtre, *The Rover* (1677 et 1681) fut son plus grand succès, mais elle est surtout remarquable pour son roman *Oroonoko* (1688), le premier plaidoyer contre l'esclavage. Elle fut redécouverte en 1927 grâce à une biographie de Vita Sackville*-West.

**BEHREN-LÈS-FORBACH** [57460] ♦ Comm. de la Moselle, arr. de Forbach. 10 073 hab. *(Behrinois)*. Anc. cité minière.

**BEHRENS (Peter)** ♦ Architecte et dessinateur allemand (Hambourg 1868 - Berlin 1940). Il débuta comme peintre et graveur ; s'orientant vers les arts appliqués, il subit d'abord l'emprise du Jugendstil et s'intéressa dès 1898 à l'esthétique industrielle. Sa participation au groupe des Sept de Darmstadt, en 1899, son rôle de directeur à l'École des arts et métiers de Düsseldorf (de 1903 à 1907), son adhésion au Werkbund de Munich, et surtout le rôle qu'il joua comme conseiller artistique de la firme industrielle AEG à partir de 1907, témoignent de sa volonté de s'éloigner de l'esthétique passéiste et de rénover les arts décoratifs en instaurant des relations entre les diverses disciplines plastiques, l'architecture et la production industrielle, et en tenant compte des nouvelles données techniques. Pionnier de l'architecture moderne en Allemagne, il prôna un strict fonctionnalisme : visibilité de la structure, emploi systématique du béton, du fer et du verre, clarté et dépouillement des formes (usine de turbines d'AEG, Berlin, 1909) tout en manifestant dans plusieurs de ses réalisations des tendances expressionnistes : recherche de l'effet de puissance, insistance sur la plasticité des volumes (ambassade d'Allemagne à Saint-Pétersbourg, 1911 - 1912 ; bâtiments des Farbwerke à Höchst, Francfort, 1920 - 1925).

**BEHRING (Vitus)** ♦ Navigateur et explorateur danois (Horsens, Jutland 1681 - île d'Avatcha, auj. île Béring 1741). Entré au service de la Russie sous Pierre le Grand, puis sous l'impératrice Catherine, il dirigea une première expédition au Kamtchatka dont il longea la côte septentrionale (1725 - 1728), afin de savoir si l'Amérique et la Sibérie étaient unies. Mais ce n'est que lors de la troisième tentative (1741) qu'il découvrit le détroit qui porte aujourd'hui son nom (en fr. Béring*), atteignit l'Alaska, les Aléoutiennes et l'île Kodiak, avant d'aborder à l'île d'Avatcha. Le résultat immédiat de sa découverte fut le développement du commerce des fourrures.

**BEHRING (Emil von)** ♦ Médecin et bactériologiste allemand (Hansdorf, Prusse-Orientale 1854 - Marburg 1917). L'un des fondateurs de la sérothérapie, il étudia les maladies infectieuses, en particulier la diphtérie et la tuberculose. Il découvrit, avec Émile Roux*, l'existence des antitoxines dans le sang et mit au point le sérum antidiphtérique. [Prix Nobel de physiol. ou méd. 1901]

**BEHRING** → **Béring**

**BEHZĀD (Kamāl al-Dīn** ou **Kamāladdīn)** ♦ Miniaturiste persan (Herāt v. 1460 - Tabriz v. 1535). Dernier grand maître de l'école timuride* de Herāt qu'il dirigea de 1486 à 1506, il fut nommé en 1522 directeur de l'atelier royal safavide à Tabriz, où il travailla à la réalisation des plus grands chefs-d'œuvre de la miniature persane. Il est le créateur d'un style combinant réalisme expressif et sens parfait du décor qui fut ensuite introduit en Inde et à Boukhara.

**BEÏDA (EL-)** ♦ V. de Libye, sur la côte de l'anc. prov. de Cyrénaïque, au pied du djebel Akhdar. 35 000 hab. Centre admin. Centre religieux (univ. théologique).

**BEIDERBECKE (Leon Bismarck, dit Bix)** ♦ Cornettiste de jazz américain (Davenport 1903 - New York 1931). Après avoir été la vedette des Wolverines en 1923, il joua dans l'orchestre de Jean Goldkette puis, en 1927, dans celui de Paul Whiteman. Autodidacte, il s'intéressa à certains musiciens classiques comme Ravel et Debussy et s'initia au piano, mais c'est surtout en qualité de cornettiste qu'il a eu une influence considérable sur l'évolution du jazz blanc. Princ. enregistrements : au cornet, *Jazz me Blues* (1924), *Singing the Blues* (1927) ; au piano, *In a Mist* (1927).

**BEIJING** → **Pékin**

**BEIRA** – anc. ***Sofala*** → ÉTYM. du n. de *Beira** (Portugal) ♦ V. du Mozambique. 299 300 hab. Port desservant les pays intérieurs voisins, relié par voie ferrée à Blantyre (Malawi), Lusaka (Zambie), Harare (Zimbabwe) et Lubumbashi (Congo). Centre indus. et commercial. **Histoire** Comptoir fondé par les Arabes au VIII^e^ s. et port du royaume de Zimbabwe (cuivre, or, fer, ivoire), pris par les Portugais en 1502.

**BEIRA** n. f. → ÉTYM. aphérèse du port. *ribeira* «rivière» ♦ Anc. province du Portugal correspondant à peu près à l'actuelle région Centre. Elle regroupe, autour de la serra d'Estrela, les plateaux de basse et de haute Beira ainsi que la région littorale. Important vignoble (Dão). Grandes pinèdes. Indus. textiles. ▪ Plus de la moitié de la population est concentrée sur une bande littorale de moins de 50 km de large.

**BEIT SHEAN** ♦ Site d'Israël, au S. du lac de Tibériade*. Importants vestiges de cités remontant au –IV^e^ millénaire.

**BEJA** ♦ V. du Portugal (Alentejo), ch.-l. de district dans le bas Alentejo. 34 776 hab. Château (donjon du XIII^e^ s.). Musée dans le cloître d'un couvent du XV^e^ s.

**BEJA** – en ar. ***Bājah*** ♦ V. de Tunisie, ch.-l. de gouvernorat, dans la vallée de la Medjerda, au pied du versant S. des monts de Kroumirie*. 56 677 hab. Raffinerie de sucre et traitement de la betterave. Région céréalière.

**BÉJAÏA,** – anc. ***Bougie*** ; du n. de la tribu berbère des *Béjaïa* ou du berbère *habegha* (pl. *tibagaïn*) «ronces» ♦ V. d'Algérie, ch.-l. de wilaya, sur le *golfe de Béjaïa*, à l'E. de la Grande Kabylie. 120 104 hab. Port pétrolier au débouché de l'oléoduc de Hassi Messaoud. **Histoire** Anc. ville romaine, prise par les Vandales en 439, elle fut successivement occupée par les Arabes (708), les Espagnols (1509), les Turcs d'Alger (1555) et les Français en 1833 (→ **Trézel**).

**BEJAR** ♦ V. d'Espagne (Castilla-León), prov. de Salamanque*. 15 016 hab. Indus. textile (draps, lainages).

**BÉJART** ♦ Nom d'une famille de comédiens qui fonda L'Illustre*-Théâtre en 1643, avec Molière*. ♦ **Madeleine Béjart** (1618 - 1672). Elle fut directrice de L'Illustre-Théâtre et interpréta le plus souvent les rôles de soubrette dans les comédies de Molière. ♦ **Armande Béjart** (1642 ? - 1700). Fille (ou sœur) de Madeleine, elle épousa Molière en 1662. Créatrice du rôle de Célimène*, elle dirigea L'Illustre-Théâtre jusqu'en 1680.

**BÉJART (Maurice Berger, dit Maurice)** → ÉTYM. il choisit son pseudonyme en hommage à Armande Béjart ♦ Danseur et chorégraphe français (Marseille 1927 - Lausanne 2007). Il débuta à l'Opéra de Marseille (1945) et fonda, avec Jean Laurent, les Ballets de l'Étoile (1954) qui devinrent le Ballet-Théâtre de Paris (1957). Il fut nommé directeur de ballet au Théâtre royal de la Monnaie, à Bruxelles (1960 - 1987), et anima le Ballet du XX^e^ siècle (1960 - 1980), devenu le Béjart Ballet Lausanne en 1987. Insatisfait des corps de ballet formés à l'école d'une tradition qu'il juge périmée, metteur en scène autant que danseur, il puise un renouvellement de la danse dans les grands mythes occidentaux (Faust, Tristan, Don Juan) et dans des sources orientales. Il réalise des œuvres originales où prédomine souvent une recherche mystique, en vue de réaliser par la synthèse du chant, de la parole et de la danse, un spectacle total qui se veut «une cérémonie pour le plus grand nombre» (*Symphonie pour un homme seul*, musique de P. Henry et P. Schaeffer, 1955 ; *Le Sacre du printemps*, 1955 ; *La Damnation de Faust*, 1964 ; *Messe pour le temps présent*, 1967 ; *À la recherche*

Maurice **Béjart.** *Phot. © Roger Pic*

de..., 1968 ; *Le Marteau sans maître,* musique de Boulez, 1973 ; *Gaîté parisienne,* 1978 ; *Éros Thanatos,* 1980, *Le Tour du monde en 80 minutes,* 2007). [Acad. des bx-arts 1995]

**BEK (Aleksandr Alfredovitch)** ♦ Écrivain soviétique (Saratov 1903 - Moscou 1972). Auteur d'un cycle de nouvelles sur la défense de Moscou en 1941 (*La Chaussée de Volokolamsk,* 1943 - 1944 ; *La Réserve du général Panfilov,* 1960), il a également publié des romans dans lesquels il soulève les problèmes posés par le système totalitaire des années 1930 - 1950 (*La Nouvelle Affectation,* 1965 publié à l'étranger en 1972, en URSS en 1986) ou analyse la psychologie du travail (*La Vie de Berejkov,* 1956).

**BEKAA** n. f. ♦ Haute plaine du Liban, située dans une dépression longitudinale qui s'étend entre les chaînes escarpées du Liban et de l'Anti-Liban. Longue de 120 km et large au plus de 12 km, elle est coupée en deux à hauteur de Baalbek par les bassins fluviaux de l'Oronte au N. et du Litani au S., et séparée de la dépression de Ghor* qui lui fait suite jusqu'à la mer Morte par les derniers chaînons du massif de l'Hermon. La communauté musulmane chiite pratique la culture des céréales, de légumes, de fruits et même du coton sur les terres bien irriguées du S. Après le déclenchement de la guerre civile (1975), la culture du pavot et du cannabis y a été développée.

**BÉKÉSCSABA** ♦ V. de Hongrie, ch.-l. du comitat de Békés, située dans le S.-E. du pays, à 20 km env. de la frontière roumaine. 67 968 hab. Centre agricole et industriel.

**BÉKÉSY (Georg VON)** ♦ Physicien américain d'origine hongroise (Budapest 1899 - Honolulu 1972). Ses recherches en acoustique concernant les techniques de communication téléphonique l'amenèrent à s'intéresser aux problèmes de l'audition et à élaborer des modèles du fonctionnement de l'oreille. Il élucida en particulier le rôle de la membrane basilaire. Ses découvertes permirent d'améliorer les traitements de la surdité. [Prix Nobel de physiol. ou méd. 1961]

**BÊL** ➝ ÉTYM. de l'akkadien *bêlu* «seigneur» ♦ Titre donné au dieu babylonien Marduk* devenu le dieu suprême. Temples de Bêl : ➝ **Babylone, Palmyre.** ♦ ***Bêl et le Dragon*** Épisode (deutérocanonique*, ➝ **Bible**) de la version grecque du livre de Daniel* : le prophète y détruit la statue de Bêl, puis le grand serpent (le Dragon) qui passaient pour des dieux ; jeté dans une fosse aux lions, il y est ensuite secouru par Habacuc*.

**BÉLA** ➝ ÉTYM. p.-ê. du hongr. *bél* «intestin, moelle, pulpe» et suff. dimin. *-a* ou du turc «éminent» ♦ Nom de plusieurs rois de Hongrie. ♦ **BÉLA Ier.** Roi de Hongrie (de 1061 à 1063). Il monta sur le trône après avoir vaincu son frère André* Ier. Roi chrétien, Béla Ier s'employa à affermir le christianisme. Il dut céder le trône à Salomon* Ier, fils d'André Ier, soutenu par les Allemands. Père de Géza* Ier. ♦ **BÉLA II l'Aveugle.** Roi de Hongrie (de 1134 à 1141). Son oncle le roi Koloman* lui fit crever les yeux, mais le fils de Koloman, Étienne* II, abdiqua en sa faveur. ♦ **BÉLA III.** Roi de Hongrie (de 1172 à 1196). Fils d'Étienne* III. Imitant les monarchies occidentales, il tenta d'améliorer l'organisation du pays : création d'une chancellerie, nouveaux impôts. Il se tourna vers l'Occident, se maria avec Marguerite de France, sœur de Philippe* Auguste, appela des religieux cisterciens de France et combattit les Byzantins. ♦ **BÉLA IV.** Roi de Hongrie (de 1235 à 1270). Fils d'André* II. Ses tentatives de restauration de l'autorité royale furent arrêtées par l'invasion mongole. Vaincu à la bataille de Mohi (11 avr. 1241), il dut se réfugier dans l'archipel dalmate. À son retour en Hongrie, Béla IV fortifia le pays, organisa une cavalerie lourde et s'appuya sur les plus grands féodaux. Il octroya des privilèges aux villes afin de ranimer la vie économique. Son fils Étienne* V lui succéda.

**BELAÏA** ou **BIELAÏA** ➝ ÉTYM. du russe *belaïa (reka)* «rivière blanche» ♦ Riv. de Russie (1 430 km). Née dans l'Oural, elle arrose la Bachkirie, le Tatarstan et se déverse dans la Kama (rive g.). Elle est navigable jusqu'à Oufa pendant l'été, et jusqu'à Sterlitamak au printemps.

**BELAÏA** ou **BIELAÏA TSERKVA** ➝ ÉTYM. «église blanche» ♦ V. d'Ukraine, région de Kiev. 204 794 hab. Indus. mécanique (machines agricoles). Traitement du bois (meubles) et du cuir. Indus. alimentaire (fruits et légumes).

**Bel-Ami** ♦ Roman de Guy de Maupassant* (1885), satire d'un «certain journalisme» et de «certains milieux» politiques et mondains de Paris. Georges Duroy pallie son origine et son instruction modestes par son charme et son absence de scrupules. Il fera son ascension dans le monde de la presse en s'aidant des femmes, et deviendra influent et considéré. Cet ouvrage scandalisa par son cynisme apparent, mais eut un grand succès.

**BÉLANGER (François Joseph)** ♦ Architecte et décorateur français (Paris 1745 - *id.* 1818). Il construisit de nombreux hôtels particuliers, des «fabriques», des «folies» et aménagea des parcs. Le pavillon de Bagatelle, élevé en 1777 pour le comte d'Artois, montre l'influence du palladianisme (➝ **Palladio**) mais l'emploi de motifs pompéiens, dans la folie Saint James, annonce le style Directoire. En 1811, Bélanger reconstruisit la Halle au blé (Bourse du commerce) dans un style antiquisant et utilisa pour la coupole une structure en fer. ➝ ÉTYM. *Bélanger* est une variante de *Béranger**.

**BELARUS** ➝ **Biélorussie**

**BELAU** ➝ **Palaos**

**BELAÚNDE TERRY (Fernando)** ♦ Homme d'État péruvien (Arequipa 1912 - Lima 2002). Issu d'une famille de la haute bourgeoisie, député (1945 - 1948), il échoua à l'élection présidentielle de 1956. Il fonda alors le Parti de l'action populaire et se proclama président de la République en 1962 à la suite d'un coup d'État militaire. Il mena une politique de conciliation entre les partisans de Haya* de la Torre et les conservateurs, mais dut faire face aux guérillas d'extrême gauche, au blocage de l'institution parlementaire et à l'emballement des dépenses publiques. Évincé du pouvoir en 1968 par les militaires, il ne rentra d'exil qu'en 1975 et revint à la présidence de la République de 1980 à 1985.

**BELAVAL (Yvon)** ♦ Philosophe français (Sète 1908 - Paris 1988). Auteur d'essais d'esthétique (*La Recherche de la poésie,* 1947 ; *L'Esthétique sans paradoxe de Diderot,* 1950), de philosophie et de psychologie (*Les Philosophes et leur langage,* 1952 ; *Les Conduites d'échec,* 1953), il a consacré sa thèse à la philosophie de Leibniz (*Leibniz, critique de Descartes,* 1960).

**BELÉM** ♦ V. du N. du Brésil. Cap. de l'État de Pará, au bord du rio Pará. 1 272 000 hab. Porte d'entrée de l'Amazonie. Port d'exportation des produits de la forêt. Usines de transformation de la bauxite en aluminium.

**BELÉM** ➝ ÉTYM. prononciation port. de *Bethléem* ♦ Quartier de Lisbonne*. Monastère hiéronymite de style manuélin (XVIe s.) fondé par Manuel* Ier, et où se trouvent les tombeaux de plusieurs rois et princes du Portugal. Tour édifiée en 1515 et 1520 au bord du Tage, également de style manuélin.

**BÉLÉNOS** ➝ ÉTYM. du gaul. *belo* «fort, puissant» ♦ Divinité gauloise. Dieu des sources, des sanctuaires prophétiques et de la médecine, que les Romains identifiaient à Apollon*.

**BELFAST** ➝ ÉTYM. en gaél. *Béal Feirste* «l'embouchure de la rivière» ♦ Cap. de l'Irlande du Nord, sur le Belfast Lough. 277 391 hab. (aggl. 500 000). Université (Queen's). Princ. port d'Irlande du Nord. Aéroport George-Best. La ville prit son essor au XVIIIe s. avec la révolution industrielle. L'indus. traditionnelle du lin est supplantée par celle des fibres synthétiques. Les constructions navales et mécaniques sont en crise. Belfast a subi de plein fouet, pendant 30 ans, le contrecoup de la guerre civile d'Irlande du Nord. Les quartiers populaires (Falls Road catholique, Sandy Road et Shankill Road protestants) portent les stigmates des troubles. La population, à 60 % protestante et à 40 % catholique, a connu pendant longtemps l'un des plus forts taux de chômage de Grande-Bretagne. La situation s'est améliorée depuis la signature des accords de paix en 1998.

**BELFORT** [bɛfɔʀ] ou [bɛlfɔʀ] [90000] ➝ ÉTYM. anc. *Pefferauga,* du germ. *Peffer,* n. de pers., et *auga* «prairie humide» (*Peffer[auga]* se rapproche de la prononc. [bɛfɔʀ]) ♦ Ch.-l. du dép. du Territoire de Belfort, sur la Savoureuse. 50 417 hab. (aggl. 79 369) *(Belfortains).* Château au pied duquel se trouve le *Lion* de Belfort (1875 - 1880), symbole de la résistance de la ville en 1870 - 1871 ; il a été taillé à même le roc par F. Bartholdi. Cathédrale Saint-Christophe (XVIIIe s.) en grès rouge. Musée d'Art et d'Histoire. ▪ Ville à fonction tertiaire diversifiée, Belfort est un carrefour ferroviaire (gare de triage) et routier, industrialisé (construc. mécaniques et électriques [locomotives]). ▌**Histoire** La ville appartint à l'Autriche de 1350 à 1636 ; assiégée pendant la guerre de Trente Ans, elle devint française au traité de Westphalie (1648), et Vauban la fortifia. En 1814, Belfort soutint un long siège contre les Autrichiens et ne capitula qu'après l'abdication de Napoléon. La conspiration de Belfort organisée par des officiers avec l'appui de membres influents de la Charbonnerie (A. Bazard, La Fayette, A. Carrel, J. Kœchlin), prévue pour les 1er et 2 janv. 1822, fut l'un des principaux épisodes de la lutte des libéraux contre le régime de la Restauration ; dénoncée, elle échoua. Pendant la guerre de 1870, la ville, défendue par le colonel Denfert-Rochereau, résista pendant 103 jours aux Allemands (nov. 1870 - 18 fév. 1871), ce qui lui valut, ainsi qu'au Territoire, de rester française lorsque l'Alsace fut cédée à l'Allemagne par le traité de Francfort en 1871. Pendant la Deuxième Guerre mondiale, Belfort fut libérée de l'occupation allemande le 20 nov. 1944.

**BELFORT** (trouée de) ou porte de **BOURGOGNE** ♦ Dépression d'une trentaine de kilomètres de large séparant les Vosges, au N., du Jura au S. et qui est traversée par le canal du Rhône au Rhin, des routes et une voie ferrée. Région industrielle.

**BELFORT (TERRITOIRE DE) [90]** ➝ ÉTYM. du n. de la v. ♦ Dép. de l'E. de la France, région de Franche-Comté. 609 km$^2$. 137 408 hab. CH.-L. : Belfort. Cour d'appel : Besançon. Académie : Besançon. Anc. partie du dép. du Haut-Rhin, conservée à la France après l'annexion de l'Alsace à l'Allemagne en 1871, et qui a reçu depuis 1922 le statut de département. ➝ **Franche-Comté.**

**BELGAUM** ♦ V. de l'Inde (Karnataka), sur le revers des Ghâts de l'Ouest. 506 235 hab. Indus. chimiques et métallurgiques.

**BELGIOJOSO** (marquise **Cristina TRIVULZIO,** princesse **DE**) ♦ Patriote et femme de lettres italienne (Milan 1808 - *id.* 1871). Soutenant le Risorgimento*, elle dut s'exiler à Paris où son salon devint le lieu de rencontre des partisans de la cause italienne. Elle participa en 1848 et en 1849 au soulèvement de son pays contre l'Autriche.

## BELGIQUE

▮ n. f. – off. ***Royaume de Belgique ;*** en néerl. ***België***, en all. ***Belgien*** ➝ ÉTYM. du lat. *Belgica* « pays des Belges *[Belgae]* », p.-ê. de l'indo-eur. *°bhelgh* « gonfler, être en colère » [à cause du caractère batailleur des anciens *Belgae*] ♦ Pays de l'Europe occidentale. 30 527 km$^2$. 10 584 534 hab. *(Belges).* CAPITALE : Bruxelles. LANGUES : néerlandais (en Flandre et en Région bruxelloise), français (en Wallonie et en Région bruxelloise), allemand (dans 9 communes proches de l'Allemagne, à l'Est de la Wallonie). RÉGIME : État fédéral. Monarchie parlementaire. MONNAIE : euro.

### COMMUNAUTÉS ET RÉGIONS

La Belgique unitaire de 1830 a vécu plusieurs révisions de la Constitution à partir de 1970 pour devenir, en 1993, un État fédéral composé de Communautés et de Régions (article 1er de la Constitution). Il existe trois Communautés, en référence à l'emploi des langues. Elles sont compétentes pour les matières culturelles, l'enseignement, les matières sociales dites personnalisables (par exemple, l'accueil de l'enfant avant l'âge de la scolarité). Les limites des trois Régions sont, quant à elles, définies territorialement : la Flandre, la Région wallonne et la Région bilingue de Bruxelles-Capitale. Les Régions sont compétentes pour les matières telles que l'économie, l'emploi, l'urbanisme et l'agriculture. Chaque Communauté et chaque Région disposent d'un Conseil (Parlement) et d'un Gouvernement : les institutions flamandes (Communauté et Région flamandes) sont fusionnées, CAP. : Bruxelles ; la Communauté française, CAP. : Bruxelles ; la Communauté germanophone, CAP. : Eupen ; la Région wallonne, CAP. : Namur ; la Région de Bruxelles-Capitale. Dans cette dernière, trois Commissions communautaires (française, flamande et commune) exercent également certaines compétences liées à l'emploi des langues. Le troisième niveau, l'autorité fédérale, n'exerce formellement que les compétences résiduaires (article 35 de la Constitution) mais qui concernent des domaines essentiels de tout État national : l'Intérieur, la Défense, la Justice, la Sécurité sociale, la Fiscalité des personnes physiques, etc. Le Conseil des ministres compte 15 membres au plus et le Parlement est bicaméral (Chambre des représentants et Sénat), CAP. : Bruxelles. ▮ **Mouvement flamand et mouvement wallon** La Belgique fédérale est demeurée une monarchie parlementaire. Le fédéralisme belge découle de l'action revendicative des mouvements flamand et wallon et des conflits linguistiques. Le mouvement flamand s'est affirmé très tôt en mouvement social porteur d'une conscience nationale, en lutte contre les discriminations ressenties dans la Belgique unitaire dirigée par une classe dominante francophone. Le mouvement wallon s'est affirmé plus tardivement, en réaction au déclin industriel, revendiquant l'autonomie dans la décision économique, cherchant à s'affranchir du centralisme de l'État national. Le caractère culturel du mouvement flamand et le caractère régionaliste du mouvement wallon permettent notamment d'expliquer la complexité institutionnelle belge. ▮ **Frontière linguistique** Deux autres conceptions s'affrontent, « le droit du sol » et « le droit des gens ». La première conception, majoritaire en Flandre, a conduit à l'établissement de la frontière linguistique dès 1962 : chaque commune fait partie d'une région linguistique (flamande, francophone, germanophone ou bilingue de Bruxelles-Capitale). ▮ **Protection des minorités** La seconde conception, portée par les francophones de Wallonie et de Bruxelles, a entraîné un système de protection des minorités avec la création de communes à régime spécial : 12 communes flamandes avec protection des francophones, dont les 6 communes dites « à facilités » de la périphérie bruxelloise dans lesquelles les francophones sont majoritaires ; les 9 communes germanophones avec protection de la minorité francophone ; 2 communes francophones avec protection des germanophones ; 4 communes wallonnes avec protection de la minorité flamande. La population flamande, majoritaire dans le pays, est également minoritaire dans la Région bruxelloise ; cette dissymétrie est atténuée par le caractère multiculturel et international de la Capitale de l'Europe et le bon fonctionnement de ses institutions régionales bilingues.

### GÉOGRAPHIE

Le N. de la Belgique appartient à la plaine de l'Europe du Nord, zone de sédimentation marine et fluviale et, localement, de morphologie périglaciaire. Il y règne un climat maritime frais, et les types de paysages variés sont en rapport avec la diversité des sols. Une zone littorale, formée de dunes d'origine éolienne, interrompues par l'estuaire de l'Yser et le Zwin, et de plages d'une largeur maximale au voisinage de la frontière française, s'interpose entre la mer et les plaines d'accumulation formées de sables et d'argiles en proportion variable. D'une altitude inférieure à 5 m, la plaine maritime présente un paysage de polders. Les plaines continentales ont un relief vallonné. La plaine fluviatile de Flandre et de Campine (5 - 20 m) s'étend vers le S. jusqu'en France(Scarpe, Escaut) et vers l'E. jusqu'au pied du plateau campinois. La plaine d'érosion (20 - 50 m) est dominée par des interfluves (crête de Flandre) et, en Campine, par des dunes continentales. Le plateau de l'E. de la Campine (50 - 104 m) est un fragment du cône alluvial de la Meuse, au climat plus continental. Le paysage de la Flandre argilo-sableuse de polyculture intensive, d'aspect bocager, voire boisé dans le Houtland, s'oppose à la Campine sablo-argileuse, à l'agriculture médiocre au milieu de vastes landes de bruyères et de genêts et, depuis le XIXe s., de plantations de pins sylvestres. Les reliefs de plaine se terminent au pied d'un talus de quelques

**Belgique** ▮ Les divisions administratives

| Régions et provinces | Superficie (en km$^2$) | Population | Capitale (ch-l. pour les prov.) | Langue(s) |
|---|---|---|---|---|
| ▮ Région flamande | 13 522 | 6 617 440 | Bruxelles | néerlandais |
| Anvers | 2 867 | 1 700 570 | Anvers | |
| Brabant flamand | 2 106 | 1 052 467 | Louvain | |
| Flandre-Occidentale | 3 144 | 1 145 878 | Bruges | |
| Flandre-Orientale | 2 982 | 1 398 253 | Gand | |
| Limbourg | 2 422 | 820 272 | Hasselt | |
| ▮ Région de Bruxelles-Capitale | 161 | 1 031 215 | Bruxelles | bilingue |
| 19 communes | | | | |
| ▮ Région wallonne | 16 844 | 3 435 879 | Namur | français |
| Brabant wallon | 1 090 | 370 460 | Wavre | |
| Hainaut | 3 785 | 1 294 844 | Mons | |
| Luxembourg | 4 439 | 261 178 | Arlon | |
| Namur | 3 666 | 461 983 | Namur | |
| Liège | 3 862 | 1 047 414 | Liège | français/allemand |

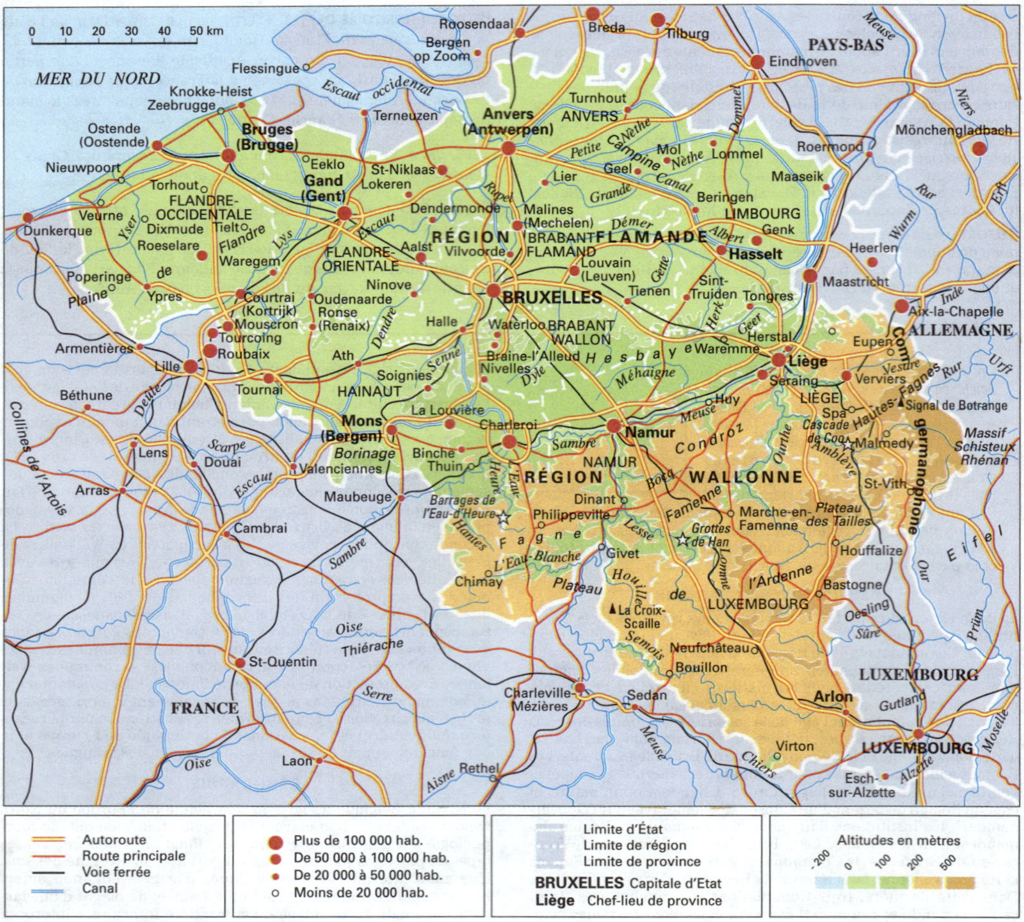


**Belgique.**

dizaines de mètres qui borde des surfaces subhorizontales de 100 à 300 m d'alt. Ces surfaces sont coupées en leur milieu par le sillon Sambre-Meuse. Au N., des plateaux au sous-sol crayeux (Hesbaye) ou sablo-argilo-limoneux (plateau hainuyer-brabançon) ont un rebord festonné, précédé de buttes témoins (monts de Flandre, Hageland) fréquemment boisées. Au S., des plateaux au sous-sol formé de roches primaires, plissées et cohérentes, constituent un relief appalachien : le plateau condrusien est formé d'une succession de crêtes arrondies (grès) et de dépressions évasées (calcaire, schiste), les paysages boisés alternant avec des herbages et des champs ouverts ; la dépression schisteuse de Fagne-Famenne, sylvo-herbagère, établit une séparation entre bas et haut plateau, soulignée par l'étroite bande calcaire de la Calestienne. Entre Vesdre et Meuse, la crête du plateau de Herve (200 - 300 m) est séparée du haut plateau par le sillon de la Vesdre. Le haut plateau ardennais est plus large et plus élevé (694 m au signal de Botrange, point culminant du Benelux) dans sa partie E., où il se raccorde à l'Eifel. Le relief est accidenté à la périphérie par suite de l'érosion de quelques puissantes rivières, faisant de cette région, la plus froide et la plus humide du pays, le château d'eau du Benelux. Plus au S., 200 m plus bas, les cuestas de la Lorraine belge connaissent un climat plus doux et des précipitations moins fortes que sur le massif ardennais. Deux bassins fluviaux transfrontaliers se partagent l'essentiel du territoire belge : celui de l'Escaut, qui s'étend en Région flamande et dans l'O. du Hainaut, et celui de la Meuse en Wallonie et dans l'E. de la Campine ; le reste du territoire se partage entre les bassins de l'Yser, du Rhin et de la Senne.

## ÉCONOMIE

**AGRICULTURE** Elle n'occupe plus que 2 % de la population active et la surface agricole utile (SAU) n'atteint plus que 44,6 % de la superficie du pays, reculant devant l'extension de l'urbanisation, des infrastructures industrielles et des communications. Les exploitations agricoles belges ont un caractère familial. Leur superficie moyenne s'est accrue, passant de 6,2 ha en 1959 à 26,9 ha en 2005 (elle atteint jusqu'à 39 ha en Wallonie). En 1989, 59 % des exploitants étaient âgés de plus de 50 ans, et seuls 19 % d'entre eux avaient un successeur, dans les exploitations les plus rentables. Les 2/3 des terres agricoles sont exploitées en fermage. Le morcellement parcellaire s'est atténué à la suite du remembrement qui concernait, fin 1987, 20 % de la superficie agricole. 58 % de la SAU (47 % en herbages, 10 % en fourrages verts, surtout le maïs, 10 % en racines fourragères) sont destinés à la nourriture des bovins, qui fournissent 39 % de la valeur finale de la production agricole. Les 42 % restants de la SAU sont occupés par les céréales (26 %), dont le froment et l'orge augmentent au détriment de l'avoine et du seigle, par les cultures industrielles (9 %), dont 90 % représentés par les betteraves sucrières, 8 % par le lin, les 2 % restants partagés entre la chicorée à café, le houblon, le tabac, le colza et, récemment, la chicorée à sucre. La pomme de terre n'occupe plus que 3 % de la SAU. L'ensemble de ces cultures ne compte que pour 14 % de la valeur finale.Le secteur horticole, avec 3,5 % de la SAU, fournit 20 % de cette valeur finale, grâce aux légumes destinés à la conserverie et à la surgélation, aux fruits (malgré la disparition de 30 000 ha de vergers haute-tige) et aux pépinières et fleurs. Le cheptel bovin est en légère diminution, les difficultés du secteur laitier au sein de la PAC entraînent une diminution du nombre des vaches laitières au profit des vaches allaitantes. L'expansion du cheptel porcin et des granivores a été spectaculaire et atteint 27 % de la valeur finale (porcins 21 %, viande de volaille 3 %, œufs 3 %). L'agriculture belge a connu une forte augmentation de la productivité par unité de superficie et par travailleur. Mais le revenu agricole moyen est plus bas que celui des travailleurs des autres secteurs. La balance commerciale agricole est négative sauf dans le secteur des produits animaux. Les forêts occupent 20,2 % du territoire. La pêche, essentiellement côtière, intéresse principalement le port d'Ostende.

**INDUSTRIE** L'emploi dans les industries est tombé à 25 % du total et la part de ce secteur représente 25 % du PIB national. Ces chiffres ont fortement diminué en raison de l'accroissement de la part du secteur tertiaire, qui occupe 73 % des emplois et fournit 74 % du PIB national. L'extraction du charbon a cessé en 1992. La production d'électricité est à 58 % d'origine nucléaire (centrales de Tihange et de Doel) et seulement à 31 % d'origine thermique et à 2,4 % d'origine hydraulique. L'indus. sidérurgique appartient depuis 2001 au 1er groupe mondial pour l'acier, Arcelor-Mittal, qui développe le pôle inox à Charleroi mais pourrait fermer le bassin de Liège. La métallurgie non ferreuse est localisée autour d'Anvers, en Campine et dans le bassin liégeois. L'indus. textile, fortement restructurée, caractérise une zone allant du pays de Waas au Hainaut occidental par Gand et Courtrai ; elle a cessé ses activités à Verviers. Les fabrications métalliques ont une répartition plus diffuse, comme les industries alimentaires. La pétrochimie (importation de pétrole et, en provenance des Pays-Bas, de gaz naturel), la chimie lourde, les produits pharmaceutiques et photographiques sont surtout localisés sur l'axe Bruxelles-Anvers, en Campine et dans le Hainaut. Le lent glissement de l'industrie vers le N. du pays, l'irruption massive du capital transnational, une crise profonde provoquant l'effondrement des emplois industriels, la multiplication des zones et parcs industriels, des parcs de services et des parcs scientifiques, la délocalisation des industries et les friches industrielles de plus en plus nombreuses caractérisent l'évolution récente du secteur industriel, dont une partie croissante des emplois ressortit au «tertiaire industriel». Ces mutations ont surtout pénalisé la Wallonie avec un taux de chômage plus élevé qu'en Flandre, devenue la plus riche des deux régions.

**COMMUNICATIONS** Voie de transit depuis le Moyen Âge, la Belgique a une vocation commerciale : associée au Luxembourg, elle est la dixième puissance commerciale mondiale et la première par habitant, et plus de 70 % des exportations et des importations se font avec les partenaires de l'Union européenne. Il existe trois grands ports maritimes, Anvers, Gand et Zeebrugge, et deux ports intérieurs accessibles aux navires de mer, Liège et Bruxelles. Le réseau navigable, au gabarit européen de 1 350 t et plus, est dense au N. du sillon Sambre-Meuse, mais absent au S. en raison du relief. Un réseau autoroutier important assure des liaisons de transit avec la France, l'Allemagne et les Pays-Bas. Le réseau ferré qui connaît depuis près d'un demi-siècle des fermetures de lignes, surtout en Wallonie, a été complété par le passage du TGV (Thalys) Paris-Bruxelles-Amsterdam et Paris-Bruxelles-Cologne. La compagnie aérienne Sabena, filiale de Swissair, a été entraînée dans la faillite de celle-ci fin 2001. Le tourisme est en expansion, le nombre de nuitées ayant doublé entre 1960 et 1985, dépassant 29 millions en 2003 avec plus de 12 millions de visiteurs. L'économie belge est liée à celle de l'Union économique belgo-luxembourgeoise (UEBL) depuis 1922, à celle du Benelux* depuis 1960 et à celle de l'Union européenne, dont certains organismes ont leur siège à Bruxelles.

Belgique | Productions en 2008

| Produits | Quantités | Rang |
|---|---|---|
| **Agriculture** | | |
| Betteraves à sucre | 4 700 000 t | 13e |
| Blé | 1 900 000 t | |
| Maïs | 740 000 t | |
| Orge | 420 000 t | 20e |
| Pommes de terre (2009) | 3 000 000 t | 19e |
| Bovins (têtes) | 2 540 000 | |
| Porcins (têtes) | 6 200 000 | |
| **Mines et énergie** | | |
| Cuivre | 120 000 t | |
| Énergie nucléaire | 47 GWh | 13e |
| Plomb | 80 000 t | |

## HISTOIRE

De peuplement ancien, les territoires formant l'actuelle Belgique avaient une population plus dense au Néolithique que pendant la période romaine.

**DES ROMAINS AUX CAROLINGIENS** **De la Gaule belgique aux invasions germaniques** À l'époque de César, la *Gaule belgique* ou *Belgica*, qui s'étendait de la Seine au Rhin, était habitée par des peuples d'origine celte et germanique : les Atrébates, les Bellovaques, les Éburons, les Morins, les Aduatuques, les Trévires, les Rèmes. Conquise par César en –57 malgré une résistance farouche (→ **Ambiorix**), elle fut divisée sous l'Empire en 4 provinces : la *Germanie Ire* ou supérieure (ch.-l. : *Moguntiacum*, Mayence), la *Germanie IIe* ou inférieure (ch.-l. : *Colonia Agrippinensis*, Cologne), la *Belgique Ire* (ch.-l. : *Augusta Treverorum*, Trèves), la *Belgique IIe* (ch.-l. : *Durocortorum*, Reims). Mise en valeur sur les plans économique et urbain, elle joua un grand rôle dans l'Empire romain. Ses deux principales cités étaient *Turnacum* (Tournai) et *Aduatuca* (Tongres). **L'évangélisation** Au milieu du IIIe s., les invasions de Germains (Francs, Saxons, Frisons) obligèrent les villes à se fortifier ; en même temps le christianisme pénétrait en Belgique (343, évêché de Tongres). La *Belgique Ire* était sous la domination franque dès le Ve s. Les territoires du Nord (correspondant à la Flandre, au Brabant, à la Campine) furent très marqués par l'influence germanique, alors que la future Wallonie assimila les Francs par la culture latine. Après la conquête de toute la Gaule

**Belgique.** La Meuse et la citadelle de Namur. *Phot. ©Hétier*

par Clovis, la Belgique resta à la périphérie des royaumes francs (Neustrie à l'O., Austrasie à l'E.). Mais les Carolingiens, avec Pépin le Bref et Charlemagne, redonnèrent son importance à la région arrosée par la Meuse. C'est à partir du VIIe s. qu'eut lieu l'évangélisation des campagnes (saint Hubert en Ardenne, saint Lambert à Liège, saint Amand dans la vallée de l'Escaut) et que les grandes abbayes furent fondées.

**L'ÉPOQUE DES PRINCIPAUTÉS ET DES VILLES** Au IXe s., la frontière se stabilisa sur l'Escaut en 843 (traité de Verdun*) : la Flandre passait à Charles le Chauve, le Hainaut et le Brabant à Lothaire (Lotharingie*). La Lotharingie fut rattachée à l'Allemagne en 925 et l'Escaut sépara la France de l'Empire. Des principautés se formèrent : Brabant* (autour de la maison de Louvain), Liège (gouvernée par un prince-évêque), Hainaut*. En Flandre, l'autorité du roi de France fut supplantée par celle du comte. C'est aux Xe et XIe s. que furent gagnées sur la mer les zones côtières. Les villes (Louvain, Malines, Ypres, Bruges) enrichies par le commerce, notamment avec l'Angleterre, obtinrent les privilèges nécessaires pour se gouverner (révolte des tisserands de Gand au XIVe s.). Le corporatisme triomphant dut alors compter avec la domination des ducs de Bourgogne (XIVe - XVe s.) : Philippe le Hardi, Jean sans Peur, Philippe le Bon, Charles le Téméraire réunirent, par des héritages, des achats, des mariages, la plupart des États. **Le développement de l'art** Cette domination fut propice au développement de l'art. Elle correspondit au premier apogée de la peinture flamande et à l'éclosion d'une multitude de foyers artistiques. R. Campin* travailla à Tournai, Van* Eyck à Lille, Van* der Weyden à Bruxelles, D. Bouts* à Louvain, Hugo Van* der Goes à Gand, H. Memling* et G. David* à Bruges. À partir du XIIIe s., toutes ces villes, en plein essor, édifièrent leur cathédrale (Anvers*, Malines*, Tournai*, Gand*, Mons*), leur hôtel de ville et leur beffroi (Bruges*, Bruxelles*, Louvain*, Gand*), chefs-d'œuvre de l'architecture gothique. **Les Habsbourg** En épousant Maximilien d'Autriche (1477), Marie de Bourgogne mit la Belgique sous l'égide des Habsbourg. Maximilien signa avec Louis XI le traité d'Arras qui laissait à la France la Bourgogne ducale et la Picardie. C'est à cette époque que disparut le particularisme urbain malgré les soulèvements (Bruges, Gand, 1492 - 1495).

**LE TEMPS DES PAYS-BAS** **Charles Quint** En 1493, Philippe le Beau devint maître des Pays-Bas puis épousa l'héritière de la maison d'Espagne. Son fils Charles Quint domina donc les Pays-Bas et les Espagnes (1516) avant d'être élu roi des Romains (1519). C'est lui qui compléta le bloc des Pays-Bas, dix-sept provinces groupées en un cercle de Bourgogne (1548), qui dota le pays d'une administration centralisée, mais écrasa ses sujets d'impôts, alors qu'épices, or et diamants affluaient d'Amérique. Luthéranisme et calvinisme provoquèrent à la même époque le rétablissement de l'Inquisition. **De l'abdication de Charles Quint à la création des Provinces Unies** En 1555, Charles Quint abdiqua en faveur de Philippe II, qui provoqua le mécontentement par sa politique catholique. Nommé gouverneur en 1567, le duc d'Albe appliqua ses mesures draconiennes (les comtes d'Egmont* et de Hoorne* en furent les victimes les plus connues). En conséquence, la Zélande et la Hollande, refuge des calvinistes, firent sécession avec Guillaume d'Orange (1572). Il fallut attendre la pacification de Gand (1576) pour retrouver un moment l'unité des Pays-Bas. Flandre et Hainaut devinrent alors calvinistes et Juan d'Autriche dut évacuer les provinces du Sud (Édit perpétuel, 1577). Les catholiques formèrent la confédération d'Arras pour lutter contre les orangistes qui lui opposèrent l'union d'Utrecht (1579), acte de naissance des Provinces-Unies. Alexandre Farnèse négocia toutefois la paix d'Arras avec les provinces catholiques et réussit à s'emparer d'Anvers (1585). Avec la trêve de Douze Ans (1609), l'existence autonome des Provinces-Unies fut entérinée. Isabelle, fille de Philippe II, favorisa à partir de 1621 (mort de l'archiduc Albert) un catholicisme intransigeant qui eut pour résultat la naissance de foyers de la Contre-Réforme à Bruges, Ypres, Malines et Louvain. L'Espagne céda le Brabant septentrional et la Flandre zélandaise aux Provinces-Unies en 1648, alors que les Hollandais contrôlaient les bouches de l'Escaut. **La richesse artistique** Cette période mouvementée fut d'une extraordinaire richesse artistique : l'art de Rubens*, Jordaens* et Van* Dyck s'épanouit. Fortement influencés par l'art italien, ces peintres dépassèrent la tradition flamande, très liée à la peinture de genre des Bruegel*, pour créer un art baroque d'une grande sensualité. En architecture, la Grand-Place de Bruxelles*, reconstruite en 1695, constitue l'un des plus beaux ensembles de style baroque italo-flamand. **Le traité d'Utrecht** En 1713, le traité d'Utrecht* remit les Pays-Bas à la maison d'Autriche qui fit la prospérité du sud du pays, région la plus peuplée (100 hab. au km²).

**Belgique.** Quai de Potterie Rei, Bruges. *Phot. ©Explorer*

**LA MARCHE VERS L'INDÉPENDANCE** L'essor de l'industrie wallonne et la paupérisation du prolétariat datent de cette époque. Charles VI (1711 - 1740) et Marie-Thérèse (1740 - 1780) réduisirent les biens du clergé au nom du despotisme éclairé, politique poursuivie par Joseph II. En 1786, deux séminaires d'État, à Louvain et Luxembourg, remplacèrent les séminaires épiscopaux. Organisateur, Joseph II remplaça les provinces par neuf cercles et supprima les corporations, ce qui créa des réactions révolutionnaires (Henri Van* der Noot), et la crise économique de 1788 provoqua l'union des classes populaires. Les troupes autrichiennes furent chassées en 1789, avec l'annulation de la «charte de la Joyeuse Entrée» (qui engageait les Habsbourg à respecter les droits de la Belgique), mais réoccupèrent le pays l'année suivante, à l'avènement de Léopold II, bientôt supplantées par les troupes françaises de Dumouriez (Jemappes*, 1792). **La Belgique française** Reprise par l'Autriche en 1793 (Neerwinden*), la Belgique fut annexée à la France après la victoire de Fleurus (1794). Le pays fut alors divisé en neuf départements : Lys (Bruges) ; Escaut (Gand) ; Jemappes (Mons) ; Deux-Nèthes (Anvers) ; Dyle (Bruxelles) ; Meuse-Inférieure (Maastricht) ; Ourthe (Liège) ; Sambre-et-Meuse (Namur) ; les Forêts (Luxembourg) ; et le traité de Campoformio* (1797) déclara la Belgique française. Le Blocus continental que Napoléon infligea à la Grande-Bretagne se révéla bénéfique pour Anvers. **Le royaume de Belgique et Hollande** Ce fut en Belgique (Waterloo, 1815) que se joua le sort de l'Empire français. La Grande-Bretagne conçut alors l'idée d'un État tampon, destiné à contenir la France, constitué (1815) par un royaume dirigé par le prince d'Orange et comprenant la Belgique et la Hollande. Mais le clergé belge accusa les Hollandais de calvinisme étroit, et, en 1830, la révolution française de Juillet fit prendre conscience à la Belgique de son existence en tant que nation.

**L'INDÉPENDANCE** Les états généraux proclamèrent la séparation du N. et du S. et, le 4 octobre 1830, l'indépendance et la neutralité de la Belgique, à l'encontre de la décision du congrès de Vienne*. Cette indépendance fut ratifiée par la conférence de Londres (1831), et Léopold de Saxe-Cobourg, proposé par Lebeau*, devint roi des Belges. L'intervention française empêcha en 1832 une tentative de reconquête hollandaise (prise d'Anvers) et l'indépendance belge fut reconnue par Guillaume Iᵉʳ en 1839. Après l'avènement de Léopold II en 1865, la Belgique connut un extraordinaire essor industriel et économique et se lança dans une politique de colonisation. Le suffrage universel (pour les hommes) fut établi en 1894. En 1908, l'État indépendant du Congo (propriété personnelle du roi) fut légué par Léopold à la Belgique (→ **Congo [Rép. démocratique du]**). Dans les années 1890 - 1914, le renouveau artistique alla de pair avec la prospérité économique. À la fin du XIXᵉ s., le symbolisme était prépondérant, tant en littérature (→ **Rodenbach, Maeterlinck, Verhaeren**) qu'en peinture (F. Khnopff, F. Rops*). D'autres courants se firent jour cependant : l'Art nouveau avec Horta* et Van* de Velde, le néo-impressionnisme avec T. Van* Rysselberghe. Quant à J. Ensor*, il sut créer un art d'esprit expressionniste, mais défiant toute classification.

**LES DEUX GUERRES MONDIALES ET LA NAISSANCE DU BENELUX** **Albert Iᵉʳ** Une monarchie libérale et éclairée s'établit avec Albert Iᵉʳ (1909 - 1934), qui refusa le libre passage des troupes allemandes en 1914 (front de l'Yser*) et le pays fut occupé jusqu'à la fin de la guerre. 1919 marqua la fin de la neutralité belge, et, en 1921, les troupes franco-belges occupèrent la Ruhr. Après les accords de Locarno (1925), le Pacte rhénan garantit l'inviolabilité des frontières belges. **Léopold III** Le nationalisme flamand s'affirma en 1934 à l'avènement de Léopold* III. Côté wallon, l'entre-deux-guerres fut fécond sur le plan artistique : le surréalisme s'affirma avec Magritte* et Delvaux* ; Ghelderode* écrivit ses premières pièces de théâtre, Simenon* ses premiers romans policiers et Hergé* créa Tintin. En 1936, la Belgique adopta la politique des «mains libres», après l'occupation allemande de la Rhénanie ; l'invasion allemande eut lieu en 1940. Le roi fut fait prisonnier et la Résistance s'organisa. Le territoire fut libéré en 1944. C'est à La Haye, le 14 mars 1947, que fut signé le protocole d'union douanière avec les Pays-Bas et le Luxembourg (Benelux). La Belgique participa, à Washington, à la signature du traité de l'Atlantique Nord (Otan) en 1949.

**DEPUIS 1950** **Baudouin Iᵉʳ** Après la crise politique de 1950, Léopold III abdiqua en faveur de son fils Baudouin* (1951). Le traité de la CECA fut signé à Paris en 1951 et celui du Marché commun (CEE) à Rome en 1957. Le gouvernement belge joua un grand rôle dans l'essor donné à la Communauté. → **Spaak.** C'est à la même époque que la Belgique adhéra à l'Euratom* et devint un centre politique européen en abritant la capitale de la CEE, puis de l'Euratom. À partir de 1960, date de l'indépendance du Congo (→ **Congo [Rép. démocratique du]**) accordée après des troubles violents, le pays fut secoué par la querelle linguistique, sous-tendue par une inégalité économique, entre Flamands (néerlandophones) et Wallons (francophones). Sous le gouvernement L. Tindemans, cofondateur du PPE (parti populaire européen rassemblant les partis conservateurs et démocrates-chrétiens européens), un accord donna l'autonomie aux régions et aux communautés (1977). Cette querelle linguistique mit en difficulté les gouvernements successifs, empêchés dans leurs décisions devant les urgences économiques et sociales. Premier ministre de 1979 à 1992, le flamand W. Martens (PPE) fit progresser la régionalisation de la Belgique et réussit à limiter les conséquences de la crise économique. J.-L. Dehaene* (Parti populaire chrétien) lui succéda en 1992 : il conduisit la réforme constitutionnelle en vue d'achever la fédéralisation du pays et chercha à assainir les finances publiques. **Albert II** Le pays, un instant ressoudé derrière la monarchie après la mort de Baudouin Iᵉʳ auquel a succédé son frère Albert II en 1993, a traversé depuis lors une grave crise, marquée par des scandales politiques, financiers et judiciaires qui révélèrent le délitement de l'appareil d'État, et par une recrudescence de la querelle entre Flamands et Wallons, accentuée par la récession. Les élections européennes et législatives de 1999 sanctionnant la coalition au pouvoir, J.-L. Dehaene démissionna. Guy Verhofstadt*, président du VLD (Vlaamse Liberalen en Democraten, parti des libéraux et démocrates flamands), fut désigné par Albert II pour former le nouveau gouvernement qui regroupa libéraux, socialistes et écologistes puis uniquement libéraux et socialistes après les législatives de 2003. La situation s'est gravement détériorée avec les élections fédérales de juin 2007 et le vote de 60 % des Flamands pour des partis de droite (CD&V, chrétiens-démocrates flamands) et d'extrême droite (Vlaams Belang) revendiquant une autonomie accrue. Il revint à Yves Leterme*, ancien ministre-président de la Flandre et chef du CD&V, de constituer un gouvernement mais il ne put parvenir à une entente avec les libéraux francophones de Wallonie (le gouvernement belge étant, de par le mode de scrutin, un gouvernement de coalition), notamment sur la réforme des institutions fédérales, et sa nomination au poste de Premier ministre fut différée à mars 2008. Entretemps, sur fond de crise politique divisant Wallons et Flamands, Guy Verhofstadt fut rappelé pour diriger un gouvernement intérimaire. En déc. 2008, Herman Van* Rompuy (CD&V) succéda à Y. Leterme de façon temporaire puisqu'il fut nommé président du conseil de l'Europe dès déc. 2009. Aux prises avec la crise économique mondiale et ayant échoué en 2007 et 2008 à concrétiser une réforme sur l'autonomie renforcée de la Flandre, Y. Leterme déclara alors se tourner vers un «véritable fédéralisme de coopération» entre la Flandre, la Wallonie et Bruxelles.

**Belgique** | Les souverains

| | |
|---|---|
| Léopold Iᵉʳ | 1831-1865 |
| Léopold II | 1865-1909 |
| Albert Iᵉʳ | 1909-1934 |
| Léopold III | 1934-1951 |
| Baudouin Iᵉʳ | 1951-1993 |
| Albert II | 1993- |

**BELGOROD** ou **BIELGOROD** ➝ ÉTYM. russe « la ville *(gorod)* blanche *(biel)* » ♦ V. de Russie, ch.-l. de région, sur le Donets du Nord, près de la frontière de l'Ukraine, au N. de Kharkiv. 337 600 hab. Centre d'exploitation du minerai de fer. Indus. mécanique. Cimenteries. Nœud ferroviaire.

**BELGRADE** ➝ ÉTYM. en serbe ***Beograd*** « ville blanche » ♦ Cap. de la Serbie. 1 574 050 hab. (aggl. 1 600 000 hab.). Siège du patriarcat serbe orthodoxe. Le promontoire du Kalemegdan (ancienne forteresse ottomane) offre une vue étendue sur le paysage de la confluence du Danube et de la Save. Univ. Port fluvial. Centre indus. et commercial. ▮ **Histoire** Fondée par les Celtes, puis place forte romaine, Belgrade fit partie de l'Empire serbe au XIVe s., de la Hongrie au XVe s. Tenus en échec par Jean Hunyadi en 1456, les Turcs s'en emparèrent en 1521 sous Soliman II. Les Autrichiens la leur reprirent deux fois (1718 - 1739, 1789 - 1791). Bien que la Serbie eût conquis son autonomie en 1815, les Turcs y tinrent garnison jusqu'en 1867. Elle devint la capitale du royaume de Serbie en 1878. Les Autrichiens l'occupèrent de 1915 à 1918. En 1941, l'armée allemande s'empara de la ville qui fut libérée par les Partisans de Tito en oct. 1944 avec l'aide des troupes du maréchal Tolboukhine. Belgrade a été la capitale des deux premières Yougoslavie, le royaume (1918 - 1941) et la république socialiste fédérative (1945 - 1991). Son histoire mouvementée lui a valu des hauts et des bas : 100 000 hab. au XVIIe s., dix fois moins au début du XIXe s., 82 000 en 1910. La croissance urbaine et industrielle est, pour l'essentiel, postérieure à la Première Guerre mondiale, l'expansion sur la rive gauche de la Save (Novi Beograd) date d'après la Deuxième. Les bombardements de l'Otan de 1999 ont causé d'importantes destructions.

**BELGRANO (Manuel)** ♦ Général argentin (Buenos Aires 1770 - *id.* 1820). Capitaine dans les milices qui chassèrent les Britanniques de Buenos Aires (1806), il fut général dans l'armée du Pérou qui vainquit les Espagnols à Tucumán* en 1812. Il contribua avec San Martín à la victoire sur les Espagnols en Argentine*.

**BÉLIAL** ➝ ÉTYM. en hébr. *Beliyya'al* « vaurien », de *belî* « rien » et *yâ'al* « être utile » ou de *'âlâh* « dont on ne remonte pas » ♦ Dans l'Ancien Testament, personnification du principe du mal, des tentations du paganisme. Dans le Nouveau Testament (II Corinthiens, VI, 15), le terme désigne le diable.

**BÉLIER** n. m. – en lat. ***Aries*** ♦ Constellation zodiacale de l'hémisphère boréal. Premier signe du zodiaque (21 mars-20 avril).

**BELIN (Édouard)** ♦ Inventeur français (Vesoul 1876 - Territet, Vaud 1963). Il conçut, en 1907, le *bélinographe,* appareil permettant la transmission par fil des images à distance. ➝ ÉTYM. *Belin* vient probablement du moyen néerlandais *belle* « cloche » (désigne le porteur de la cloche, c'est-à-dire le *bélier* qui conduit le troupeau).

**BÉLISAIRE** ➝ ÉTYM. en gr. ***Belisarios***, p.-ê. de *Belisama* « très puissante », déesse gauloise assimilée à la Minerve romaine ♦ Général byzantin, originaire de Thrace ou d'Illyrie (v. 500 - 565). Il réprima la sédition Nika* à Constantinople en 532. L'empereur Justinien* lui ayant confié le commandement d'une expédition contre les Vandales, il battit Gelimer près de Carthage et reconquit l'Afrique du Nord (533 - 534). En Italie, il vainquit Vitigès, roi des Ostrogoths, en 540. Les succès militaires qu'il obtint en Asie Mineure et en Italie provoquèrent la jalousie de l'empereur. Procope*, qui fut son secrétaire, le représente sous un aspect peu flatteur dans son *Histoire secrète.*

**BELITUNG** – anc. en fr. ***Billiton*** ♦ Île d'Indonésie, située entre Sumatra et Bornéo. 4 800 km². Env. 180 000 hab. Port de Tanjung Pandan. Mines d'étain.

## BELIZE

▮ n. m. ➝ ÉTYM. en esp. ***Belice*** [du n. du pirate Peter *Wallace* (ou *Wallis*), déformé en vieil esp. en *Valize* ou *Balize*] – anc. ***Honduras-Britannique*** ♦ Pays d'Amérique centrale. 22 960 km². 311 500 hab. *(Béliziens).* LANGUES : anglais (off.), espagnol, créole, maya, garifuna. POPULATION : métis, Noirs, Amérindiens, Blancs d'origine espagnole. RELIGION : catholiques (62 %). MONNAIE : dollar de Belize. CAPITALE : Belmopán. RÉGIME : démocratie parlementaire. Le pays est divisé en 6 districts. ▪ Par sa culture, son histoire et sa position géographique, le Belize est plus tourné vers la Caraïbe que vers l'Amérique centrale. Il fait partie du Caricom (Caribbean Community), zone de libre-échange qui regroupe les Antilles anglophones et le Guyana. La forêt (dans les régions montagneuses du S.), la canne à sucre (dans les terres basses du N.), les fruits tropicaux et la pêche assurent l'essentiel de l'activité économique. Le commerce se fait principalement avec les États-Unis et la Grande-Bretagne. Entre juil. et nov., la côte est frappée par de nombreux cyclones. Aussi Belize City, détruite en partie en 1970, a-t-elle perdu son statut de capitale au profit de Belmopán, située à l'intérieur des terres. La première reste cependant le centre économique du pays, la seconde n'étant qu'une cité administrative.

**Belize.**

▮ **HISTOIRE** Plusieurs sites archéologiques (Santa Rita, Lamanaí) montrent que les Mayas occupaient cette région depuis au moins −1500. Les Espagnols l'ayant négligée lors de la conquête, les Anglais y établirent, dès le XVIIe s., des exploitations forestières. Durant toute l'époque coloniale ils résistèrent aux tentatives des Espagnols pour les en chasser. En 1670, un traité entre les deux États limita l'activité des pirates dans la région. Devenu colonie en 1862, sous le nom de Honduras-Britannique, le pays vit ses frontières reconnues par le Mexique dès 1893. Territoire autonome à partir de 1963, le Honduras-Britannique prit le nom de Belize en 1973 et accéda à l'indépendance, dans le cadre du Commonwealth, en 1981. Le Guatemala, qui recherchait un accès sur la mer des Antilles, ne reconnut sa souveraineté qu'en 1991 et un différend territorial subsiste entre les deux pays. Le trafic de drogue occupe une part croissante dans l'économie nationale.

**BELIZE CITY** ♦ V. principale et anc. capitale du Belize, sur la mer des Antilles. 63 700 hab. Le port assure le trafic vers les pays voisins. La ville a été plusieurs fois détruite par des cyclones. ➝ **Belize.**

**BELKAHIA (Farid)** ♦ Peintre et plasticien marocain (Marrakech 1934). Formé à Paris, Prague et Milan, il prit la direction de l'École des beaux-arts de Casablanca. Soucieux du rapport entre les signes traditionnels et la modernité la plus avancée, hanté par la dimension sensuelle du monde, il a développé une sorte d' « érotisme abstrait » en élaborant, à partir de matériaux naturels (cuivre, henné, peaux, pigments), des œuvres, souvent imposantes, où les formes élémentaires s'accompagnent d'une technique raffinée.

**BELL (sir Charles)** ♦ Physiologiste britannique (Édimbourg 1774 - Worcester 1842). Il fit la découverte, confirmée onze ans plus tard par F. Magendie*, du double rôle des nerfs rachidiens, dont les racines ventrales ont une fonction motrice et les racines dorsales une fonction sensitive. Il décrivit la paralysie faciale périphérique, caractérisée par le *signe de Charles Bell.* ➝ ÉTYM. Ce nom de famille anglais signifie « cloche » (pour désigner une maison proche d'un clocher) ou est le diminutif de *Isabelle.*

**BELL (Alexander Graham)** ♦ Inventeur et physicien américain d'origine britannique (Édimbourg 1847 - Baddeck, Canada 1922). Ses recherches destinées à faire entendre les sourds lui permirent de mettre au point un appareil traduisant les oscillations acoustiques en oscillations électriques ; elles aboutirent en 1876 à l'invention du téléphone.

**BELL (Marie-Jeanne BELLON-DOWNEY, dite Marie)** ♦ Actrice française (Bègles 1900 - Neuilly-sur-Seine 1985). Entrée à la Comédie-Française en 1921, elle y resta jusqu'en 1953. Elle joua *Phèdre* (1942), *Le Soulier de satin* (1943), mise en scène de J.-L. Barrault et, au cinéma, *Le Grand Jeu* de Feyder (1934). Elle dirigea le théâtre du Gymnase (de 1956 à sa mort) et interpréta des pièces de boulevard (*La Bonne Soupe* de Félicien Marceau, 1958). Elle créa en 1960 le rôle de Madame Irma du *Balcon* de J. Genet mis en scène par P. Brook.

**BELL (Daniel)** ♦ Politologue américain (New York 1919). Son ouvrage le plus connu, avec *Vers la société postindustrielle* (1974), est *La Fin de l'idéologie* (1960). *Les Contradictions culturelles du capitalisme* (1973) montre bien son ambition de réfléchir aux effets des transformations des systèmes sociaux contemporains.

**BELLAC** [87300] ♦ Ch.-l. d'arr. de la Haute-Vienne. 4 576 hab. (aggl. 5 680) *(Bellachons)*. Importante église à deux nefs, l'une romane, l'autre gothique, abritant une châsse émaillée du XIIᵉ s. Fontaine érigée à la mémoire de Jean Giraudoux, né à Bellac et qui y situa sa pièce *L'Apollon de Bellac*.

**BELLANGE (Jacques DE)** ♦ Peintre, graveur et dessinateur lorrain (v. 1575 - Nancy 1616). Son œuvre peinte, notamment ses portraits, et les travaux de décoration qu'il exécuta au palais ducal de Nancy lorsqu'il était au service de Charles III de Lorraine, de 1602 à 1616, ont pratiquement disparu. Mais ses gravures et ses dessins parfois légèrement rehaussés dénotent un talent très personnel, d'une inspiration mystique et étrange, souvent sensuelle. Les formes étirées, les poses recherchées, la tension et l'élégance de son graphisme l'apparentent au maniérisme florentin et à l'école de Fontainebleau, dont il semble prolonger le style.

Jacques de **Bellange.**
*Trois saintes femmes*, gravure. British Museum, Londres. *Phot. © Bridgeman-Giraudon*

**BELLANO (Bartolomeo)** ♦ Sculpteur italien (Padoue v. 1434 - *id.* v. 1497). Élève de Donatello, il accentua la manière de son maître et obtint un style expressif et rapide dans ses panneaux de reliefs en bronze (décoration pour la basilique Saint-Antoine ou Santo, Padoue).

**BELLARMIN** → Robert Bellarmin (saint)

**BELLAUD DE LA BELLAUDIÈRE (Louis BELLAUD, dit)** ♦ Poète provençal (Grasse 1543 - *id.* 1588). Les *Obros et rimos*, le *Don-don infernau* et le *Passa-tens* placent ce rénovateur du provençal littéraire, épicurien et mauvais garçon aux antipodes de la Pléiade : dans le provençal dru et coloré de son époque, il chante avec maestria le vin, l'amitié, l'amour des filles, mais aussi la misère et la calamité de la prison.

**BELLAVITIS (comte Giusto)** ♦ Mathématicien italien (Bassano 1803 - Tezze, prov. de Vicence 1880). Auteur de nombreux travaux en géométrie algébrique, il formula notamment la théorie des «équipollences» qui est à l'origine du calcul vectoriel.

**BELLAY (Guillaume DU)** ♦ Seigneur de Langey, homme de guerre, diplomate et écrivain français (Glatigny, Sarthe 1491 - Saint-Symphorien, Rhône 1543). Fait prisonnier à Pavie*, puis libéré, il réussit à se rendre à Madrid auprès du roi François Iᵉʳ, captif de Charles* Quint. Il a laissé des *Mémoires* complétés par son frère Martin (v. 1495 - 1559). ♦ **Jean du Bellay.** Cardinal et diplomate (1492 - Rome 1560). Frère du précédent. Protecteur des lettres, il eut Rabelais* pour médecin et lui fit obtenir la cure de Meudon.

**BELLAY (Joachim DU)** ♦ Poète français (Liré 1522 - Paris 1560). Ayant renoncé à la carrière militaire, il décida, sous l'influence de Peletier du Mans, de s'adonner à la poésie. Partageant la ferveur humaniste de Ronsard (qu'il avait rencontré en 1547), il suivit les leçons de l'helléniste Jean Dorat, au collège de Coqueret (1547 - 1549), puis rédigea le programme de la Brigade (qui deviendra la Pléiade* en 1553), la *Défense* et Illustration de la langue française* (1549). S'inspirant lui-même de l'exemple italien (particulièrement de Pétrarque), il donna la même année les sonnets de *L'Olive* (anagramme, peut-être, de Mˡˡᵉ Viole) où, adhérant à l'idéalisme platonicien, il exhortait son âme à «reconnaître l'Idée/De la beauté, qu'en ce monde [elle] adore». Tombé gravement malade, en 1550, atteint de surdité, il suivit néanmoins, en 1553, son oncle le cardinal Jean du Bellay à Rome où il resta quatre ans ; à son exaltation de voir «les sept coteaux romains, sept miracles du monde» succéda le dégoût de sa charge et des mœurs romaines, comme la nostalgie de la France. Les sonnets des *Regrets** (publiés à son retour, 1558) font alterner les gracieuses pièces mythologiques et les satires amères (le «rire sardonien»). *Les Antiquités* de Rome* (1558), d'un ton plus grave, évoquent le travail du temps sur ces ruines glorieuses. En 1558 parurent aussi les *Divers jeux rustiques*, contenant sur des rythmes d'une extrême variété des poèmes à la savante simplicité («Vœu d'un vanneur de blé» ; «L'Hymne à la surdité»). En proie à des tracas domestiques, mal en cour (malgré l'admirable *Discours au Roi*, 1559, et à cause peut-être d'une véhémente satire, *Le Poète courtisan*, 1559), de plus en plus malade, du Bellay mourut subitement au début de 1560. Poète qui s'enorgueillit d'avoir introduit en France le sonnet amoureux, parvenu à une grande maîtrise de l'alexandrin (adopté après le décasyllabe), il sut être tour à tour élégiaque et satirique, pleurant ses «ennuis» avec un charme prenant qui annonce le lyrisme romantique.
→ ÉTYM. *Bellay* signifie «lieu planté de bouleaux», nom de lieu, du latin *betulla* «bouleau».

**BELLEAU (Rémi)** ♦ Érudit et poète français (Nogent-le-Rotrou 1528 - Paris 1577). Protégé par la puissante maison de Lorraine, il put s'adonner à sa vocation poétique et compta, dès 1554, parmi les sept membres de la Pléiade*. Après avoir suscité l'admiration de Ronsard* pour sa traduction d'Anacréon* (1556), Belleau se montra un interprète sensible de la nature dans *La Bergerie* (1565 ; augmentée en 1572), œuvre mêlée de vers et de prose où il chante les beautés des paysages champêtres ou les plaisirs de l'amour. Il évoqua également avec grâce les mythes de l'Antiquité dans ses *Amours et Nouveaux Échanges de pierres précieuses* (1576).

**BELLEAU** [02400] → ÉTYM. du lat. *Ballius*, n. de pers., et du gaul. *ialo* «clairière» ♦ Comm. de l'Aisne, arr. de Château-Thierry. 135 hab. Grand cimetière américain, au pied de la butte du *bois Belleau*, enlevé par les Américains le 29 juin 1918 ; cimetière allemand.

La **Belle au bois dormant** ♦ Conte de Charles Perrault* (1697). → **Contes.** Une jeune princesse devra attendre cent ans le baiser du prince charmant qui la réveillera du sommeil magique dans lequel l'a plongée une méchante fée. Ce récit qui, outre ses valeurs psychologiques, symbolise sans doute l'engourdissement hivernal de la nature, inspira notamment un ballet de Marius Petipa*, mis en musique par Tchaïkovski* (1890), puis *La Pavane de la Belle au bois dormant* de Maurice Ravel* (dans *Ma mère l'Oye*, 1908), enfin un conte musical d'O. Respighi* (1920). Il fut adapté en dessin animé de long métrage par les studios Disney en 1959.

**BELLECHOSE (Henri)** ♦ Peintre et enlumineur originaire du Brabant (v. 1380 - Dijon ? 1440-1444). Il succéda à Malouel* comme peintre de Jean sans Peur (1415) et exécuta des peintures pour les résidences du duc de Bourgogne et pour la Chartreuse de Champmol. *Le Martyre de saint Denis* (v. 1410 - 1416) qu'on lui attribue (sans

Henri **Bellechose.** *Retable de saint Denis* (2,11 × 1,62 m), détail. Musée du Louvre, Paris. *Phot. © Arch. Smeets*

doute commencé par Malouel) est révélateur de la tendance franco-flamande du «gothique international». On y décèle l'attachement à la conception narrative médiévale, la marque de l'art italien (paysage, fond d'or), l'influence des miniaturistes parisiens (gestes élégants, coloris), auxquels s'ajoute une recherche de réalisme dans l'expression et le modelé qui apparaît comme un apport d'origine flamande.

**BELLEDONNE** (massif de) → ÉTYM. p.-ê. altér. du pré-indo-eur. *°bel-* ou *°bal-* «escarpement» («belle femme» est peu vraisemblable) ♦ Chaîne cristalline des Alpes françaises (Isère) qui s'étend, à l'E. du Grésivaudan, de la vallée de la Romanche jusqu'au-delà d'Allevard. 2 977 m au grand pic de Belledonne. 2 253 m à la Croix de Chamrousse.

La **Belle et la Bête** ♦ Film français de Jean Cocteau* (1946), d'après un conte de Mme Leprince de Beaumont, avec Jean Marais et Josette Day. Pour sauver son père, victime des sortilèges de la Bête, chimère à corps d'homme et à tête de lion, Belle se sacrifie. Elle gagne en retour l'amour de la Bête, qui se change en prince charmant. La conception et la réalisation de Cocteau, les décors et les costumes de Christian Bérard, les images d'Henri Alekan, la musique de Georges Auric, l'interprétation de Jean Marais ont abouti à un grand poème plastique.

La **Belle et la Bête.** Jean Marais et Josette Day dans le film de Jean Cocteau.
*BIS/Phot. © Aldo G. Rossano/Coll. Archives Larbor*

**BELLEGAMBE (Jean)** ♦ Peintre de retables (Douai v. 1470 - *id.* 1534). Il se forma sans doute à Valenciennes dans l'atelier de S. Marmion*. Il travailla exclusivement dans la région de Douai, excepté un bref séjour à Anvers en 1510. Fervent croyant, il produisit de nombreux retables dont l'iconographie savante, parfois novatrice, exprime le souci de défendre la tradition du dogme catholique. Ces vastes compositions au caractère statique, souvent monumental, révèlent un attachement à l'art flamand du XVe s., notamment le *Polyptyque d'Anchin* (v. 1508 - 1513), *L'Immaculée Conception* (1526). Il aimait les coloris clairs et brillants et se révèle un observateur plein de finesse dans le traitement des visages des donateurs et des paysages.

**BELLEGARDE** (maison de) ♦ Famille originaire de Saint-Lary (Haute-Garonne), ayant pris le nom d'une terre acquise en Bourgogne. ♦ **Roger Ier,** duc **de Bellegarde** (mort en 1579). Favori du roi Henri III, qui le fit maréchal de France en 1574. ♦ **Roger II,** duc **de Bellegarde** (v. 1565 - 1646). Il fut, avant Henri IV, l'amant de Gabrielle d'Estrées*. Louis XIII le fit duc et pair en 1620.

**BELLEGARDE** [30127] ♦ Comm. du Gard, arr. de Nîmes. 4 913 hab. *(Bellegardais).*

**BELLEGARDE** [45270] ♦ Ch.-l. de cant. du Loiret, arr. de Montargis. 1 558 hab. *(Bellegardois).* Église du XIIe s., romane (façade ; peintures du XVIIe s.).

**BELLEGARDE-SUR-VALSERINE** [01200] → ÉTYM. de *belle* et du germ. *wart* «garde», «tour de garde» puis «forteresse» ♦ Ch.-l. de cant. de l'Ain, arr. de Nantua, au confluent du Rhône et de la Valserine. 10 846 hab. (aggl. 11 781) *(Bellegardiens).* ▪ La mise en eau du barrage de Génissiat a submergé, en amont du Rhône, les gorges du fleuve et le célèbre site de la «perte» du Rhône, proche de la ville.

La **Belle Hélène** ♦ Opéra bouffe en 3 actes de Meilhac et Halévy, musique de J. Offenbach* (1864).

**BELLE-ÎLE** ou **BELLE-ÎLE-EN-MER** ♦ La plus grande des îles bretonnes au large de Quiberon (8 461 ha, 17,5 km de long sur 5 à 9 km de large). 4 489 hab. *(Bellilois).* Elle forme un cant. du Morbihan dont Le Palais* est le chef-lieu. C'est un plateau de 40 m d'altitude en moyenne (point culminant 71 m) entaillé de criques. ▪ Pêche, conserveries de poisson. Moutons de pré-salé. Tourisme. ▮ **Histoire** De 1650 à son arrestation en 1661, l'île appartint au surintendant Fouquet*.

**BELLE-ISLE** [bεlil] **(Charles Louis Auguste FOUQUET,** comte puis duc **DE)** ♦ Maréchal de France (Villefranche-de-Rouergue 1684 - Paris 1761). Petit-fils de Nicolas Fouquet*, il combattit sur le Rhin durant la guerre de Succession de Pologne et fut nommé maréchal en 1741. Il soutint Charles-Albert de Bavière dans la guerre de Succession d'Autriche et contribua à le faire élire empereur d'Allemagne contre Marie-Thérèse (1742). Fait duc de Gisors en 1742, il conduisit avec succès, la même année, la retraite de Prague. Élu à l'Académie française en 1749, il fut secrétaire d'État à la Guerre de 1758 à 1760.

**BELLE-ISLE** (détroit de) ♦ Détroit qui relie le golfe du Saint-Laurent à l'Atlantique entre le Labrador et Terre-Neuve.

**BELLÊME** [61130] → ÉTYM. de *Belisama* «très puissante», n. d'une déesse gauloise assimilée à la Minerve romaine ♦ Ch.-l. de cant. de l'Orne, arr. de Mortagne-au-Perche, près de la forêt de Bellême. 1 774 hab. (aggl. 2 862). *(Bellêmois).* Église Saint-Sauveur des XVIIe - XVIIIe s. ; porte fortifiée du XVe s. Maisons anc. dans la Ville-Close, à l'emplacement de l'ancienne citadelle. ▮ **Histoire** Blanche de Castille et le futur Saint Louis prirent la citadelle d'assaut en 1229.

La **Belle Meunière** – en all. ***Die schöne Müllerin*** ♦ Cycle de lieder inspirés à Schubert* (1823) par un recueil de poésies de Wilhelm Müller (1823).

**BELLERIVE-SUR-ALLIER** [03700] ♦ Comm. de l'Allier, arr. de Vichy, sur la rive g. de l'Allier. 8 448 hab. *(Bellerivois).*

**Bellerophon** n. m. ♦ Nom du navire britannique sur lequel Napoléon, après avoir volontairement quitté l'île d'Aix (15 juil. 1815), s'embarqua pour Plymouth, première étape avant Sainte-Hélène.

**BELLÉROPHON** ♦ Héros, fils de Poséidon* ou de Glaucos* et petit-fils de Sisyphe. Ayant réussi à dompter le cheval Pégase*, il tua la Chimère* et vainquit les Amazones. Le roi de Lycie, enfin convaincu de l'origine divine du héros, lui donna sa fille en mariage et lui légua son trône.

**BELLEU** [02200] → ÉTYM. «beau lieu» ♦ Comm. du dép. de l'Aisne, banl. de Soissons. 4 031 hab.

**BELLEVILLE** ♦ Quartier de l'E. de Paris (20e arr.), sur des collines. Ancienne commune annexée à Paris en 1860, ce fut longtemps un quartier ouvrier (→ **Ménilmontant**) aux rues populaires et animées, dont les cabarets étaient déjà célèbres au XVIIIe s. Durant le Second Empire, Belleville se donna pour député L. Gambetta et la population du quartier joua un rôle important durant la Commune. → **Belleville (programme de).**

**Belleville (programme de)** ♦ Présenté en avril 1869 par L. Gambetta*, alors candidat aux élections du Corps législatif, ce programme, la première charte du radicalisme, exigeait «l'application la plus radicale du suffrage universel», la liberté individuelle, les libertés de presse, de réunion et d'association, la séparation des Églises et de l'État, l'instruction primaire gratuite et obligatoire, la suppression des armées permanentes et la disparition de l'«antagonisme social» par une recherche de la justice et de l'égalité.

**BELLEVILLE** [69220] → ÉTYM. du bas lat. *bella villa* «beau domaine» puis «beau village» ♦ Ch.-l. de cant. du Rhône, arr. de Villefranche-sur-Saône, sur la Saône, dans le Beaujolais. 5 840 hab. (aggl. 8 115) *(Bellevillois).* Anc. abbatiale du XIIe s. (portail roman, nef gothique). ▪ Centre viticole du Beaujolais.

**BELLEVILLE-SUR-LOIRE** [18240] ♦ Comm. du Cher, arr. de Bourges. 1 088 hab. Centrale nucléaire sur la Loire.

**BELLEVILLE-SUR-MEUSE** [55430] ♦ Comm. du dép. de la Meuse, banl. N. de Verdun. 3 137 hab.

**BELLEVUE** ♦ Section de la comm. de Meudon (Hauts-de-Seine). Le château de Bellevue fut construit pour Mme de Pompadour en 1748. De nombreux artistes contribuèrent à sa décoration : G. Coustou le Jeune, É. Falconet, J.-B. Pigalle, F. Boucher, C. Van Loo. Le château fut endommagé pendant la Révolution ; en 1823, le parc fut mis en lotissement.

**BELLEY** [01300] → ÉTYM. du lat. *Belicius,* n. de pers. gallo-rom. ♦ Ch.-l. d'arr. de l'Ain, dans le Bugey. 8 004 hab. *(Belleysans).* Évêché. Cathédrale reconstruite au XIXe s. ; chœur et transept du XVe s. Palais épiscopal construit par G. Soufflot (XVIIIe s.). Maison natale de Brillat-Savarin. ▪ Centre admin. et commercial avec quelques industries (mécanique).

**BELLI (Giuseppe Gioacchino)** ♦ Poète dialectal italien (Rome 1791 - *id.* 1863). Orphelin à seize ans, il vécut d'abord de petits emplois. En 1816, il épousa une riche veuve, ce qui lui permit de s'ouvrir à la culture du Nord (Voltaire, les libéraux, C. Porta*) et de se consacrer à ses *Sonnets.* Mais, à la mort de sa femme (1837), il se trouva de nouveau plongé dans les embarras financiers. De libéral, il devint réactionnaire et exerça sévèrement la fonction de «censeur moral» à laquelle il fut nommé à partir de 1852. ▪ Tranchant sur l'indigence culturelle de la Rome papale, les 2 279 *Sonnets* qui constituent l'essentiel de son œuvre se présentent comme une véritable comédie humaine*(Er Commedione)*, où le choix audacieux du dialecte *romanesco* répond à la mise en scène truculente ou sarcastique de la plèbe romaine et, à travers elle, de la société pontificale et du monde humain.

**BELLIGNAT** [01810] ♦ Comm. du dép. de l'Ain, arr. de Nantua. 3 488 hab.

**BELLINGSHAUSEN (Fabian VON)** ♦ Officier de la marine russe (île de Saaremaa 1778 - Kronstadt 1852). Lors d'une expédition dans l'Antarctique (1819 - 1821), il découvrit les îles Pierre-Ier et Alexandre-Ier.

**BELLINI** → ÉTYM. de *Bello*, nom de baptême, du lat. *bellus* «beau, bon» ♦ Famille de peintres italiens qui jouèrent un rôle très important dans l'évolution de l'école vénitienne. ♦ **Jacopo Bellini** (Venise v. 1400 - *id.* v. 1470). Il fut, avec son maître Gentile da Fabriano* et avec Pisanello*, parmi les peintres septentrionaux qui tentèrent de s'affranchir du gothique international ou de l'enrichir (*Christ en croix*, Vérone ; *Saint Jérôme*, Vérone ; *Annonciation*, Brescia). Ses œuvres monumentales ont disparu. Toutefois, ses deux recueils de dessins (Londres, Paris), composés de morceaux à l'antique et de représentations architecturales complexes, révèlent une volonté de contribuer aux recherches nouvelles. ♦ **Gentile Bellini** (Venise v. 1431 - *id.* 1507). Fils de Jacopo, il apprit à peindre dans l'atelier de son père. Sa première œuvre signée date de 1465. Excellent dans le portrait, il devint peintre officiel de Venise (portraits du *Doge Francesco Foscari*, de l'*Empereur Frédéric III*). Envoyé à Constantinople, il y peignit le portrait de Mehmet* II et dut ensuite séjourner en Égypte. À son retour, il introduisit l'orientalisme et l'exotisme dans la peinture vénitienne (*Prédication de saint Marc à Alexandrie*, Milan). Ses qualités de peintre narratif sont confirmées dans ses représentations précises et anecdotiques du milieu urbain de sa ville (*Procession sur la place Saint-Marc*, 1496, Venise ; *Miracle de la croix au pont San Lorenzo*, 1500, Venise). De ce fait, il influença Carpaccio*. ♦ **Giovanni Bellini** dit **Giambellino** (Venise v. 1433 - *id.* 1516). Fils peut-être illégitime de Jacopo, il suivit à ses débuts les formules proposées par son père et ses premières madones, aux coloris clairs et au ciel lumineux, rappellent les icônes byzantines par leur forte spiritualité. Il subit ensuite l'influence de son beau-frère Mantegna* ; aussi ses œuvres des années 1465 - 1470 présentent-elles des lignes aiguës et des paysages vigoureusement taillés (*Madone*, Berlin ; *Transfiguration*, Venise ; le *Précieux Sang*, Londres ; *Christ après la résurrection*, Louvre). Cependant, en donnant à la lumière un aspect diffus, il élabora des paysages dégageant une intense irréalité différente de celle de Mantegna (*Prière au jardin des Oliviers*, Londres ; *Christ mort*, Milan). Le passage d'Antonello* da Messina à Venise (1475) lui permit de renouveler son style et de l'adapter aux possibilités qu'offre la peinture à l'huile. Il arriva ainsi à résoudre par l'effet tonal l'accord entre les personnages et l'espace dans lequel ils sont figurés (*Transfiguration*, 1480 - 1485, Naples), sa préoccupation principale restant le traitement de la lumière. Dans la *Pala di San Giobbe* (1486 - 1487, Venise), l'architecture sombre et solide renforce le jeu vibrant de la lumière se déployant sur les corps. Les effets de réverbération sont multipliés dans l'*Allégorie sacrée* (1490, Florence) où une

Jacopo **Bellini.** *Madone et Enfant* (50 x 45 cm).
Pinacothèque de Brera, Milan.
*Phot. © Carlo Bevilacqua/Ricciarini*

atmosphère diaphane unifie une rythmique chromatique complexe, alors que les personnages — arrachés à leurs contextes dramatiques habituels — forment une condensation symbolique analogue à celle du rêve. Jusqu'à un âge avancé, Giambellino conserva une grande inventivité ; il sut adapter certaines trouvailles de son élève Giorgione* à sa propre manière (*Portrait du doge Loredan*, Londres). Ses dernières œuvres (*Sacra conversazione*, Venise ; *Assomption*, Murano ; *Saint Jérôme avec saint Christophe et saint Augustin*, Venise) renforcent les effets d'irréalité par un traitement plus dense de la lumière et une organisation chromatique plus accentuée. Ses grandes productions profanes furent détruites (incendie du palais des Doges en 1577), mais ses tableaux mythologiques (*Fête des dieux*, Washington), bibliques (*Ivresse de Noé*, Besançon) et allégoriques (Venise) montrent un style fantaisiste et libre. Giovanni, en assimilant les grandes nouveautés (Mantegna, Antonello, Piero della Francesca) et en les intégrant dans la tradition spirituelle de Venise, ouvrit la voie aux rénovations de Giorgione* et de Titien*.

**BELLINI (Vincenzo)** ♦ Compositeur italien (Catane 1801 - Puteaux 1835). Élève à Naples de Zingarelli, il débuta très tôt au théâtre San Carlo de cette ville, puis à Milan, où avec *Le Pirate*, sur un livret de Felice Romani, avec qui il collabora jusqu'à son avant-dernière œuvre, il obtint un triomphe. En 1830, il donna à Venise *Les Capulets et les Montaigus*, puis en 1831 à Milan ses deux chefs-d'œuvre : *La Somnambule* et *Norma**. Après *Béatrice de Tende* (Venise, 1833), Rossini l'invita à composer pour le Théâtre italien de Paris (*Les Puritains*). Quelques jours après la création, Bellini mourut dans des conditions mystérieuses. On a souvent reproché au compositeur la pauvreté de son orchestration et son harmonie élémentaire, mais c'est en toute conscience que Bellini sacrifie ces éléments à l'exceptionnelle richesse de son don mélodique (qui

Giovanni **Bellini.** *La Transfiguration.*
Museo di Capodimonte, Naples.
*Phot. © Arch. Smeets*

l'apparente souvent à Chopin), capable non seulement de s'épandre dans les tonalités les plus pathétiques de l'élégie, mais aussi de projeter la vocalité dramatique du bel canto dans un romantisme passionné, dont les duos et le vaste finale de *Norma* sont exemplaires. Outre la musique religieuse, auquel il a apporté une modeste contribution, Bellini est l'auteur de délicates mélodies.

**BELLINZONA** ➝ ÉTYM. du lat. d'orig. celt. *Bilitionis castrum,* de sens incertain ♦ V. de Suisse, ch.-l. du cant. du Tessin, au débouché de la route du Saint-Gothard, au N.-E. du lac Majeur. 16 983 hab. (aggl. 45 196). Maisons anc., remparts. Église collégiale (XVI^e s.) à décor baroque. La ville est dominée par trois châteaux : le *castello Grande* ou château d'Uri, le *castello di Montebello* ou château de Schwyz (déb. XIV^e s.) et le *castello di Sasso Corbaro* ou château d'Unterwald (1479).

**BELLMAN (Carl Michael)** ♦ Poète et chansonnier suédois (Stockholm 1740 - *id.* 1795). Auteur bohème typique de son temps, en s'inspirant d'airs d'opéras français, il célèbre, en chansons étonnamment vivantes, le petit peuple du Stockholm de son temps, la joie de vivre et la bouteille. En même temps, il exorcise les démons de la mort et du néant. Ses *Épîtres et Chansons de Fredman,* rassemblées par ses amis en 1790, n'ont rien perdu, aujourd'hui, de leur fraîcheur et de leur popularité.

**BELLMER (Hans)** ♦ Peintre français d'origine allemande (Katowice 1902 - Paris 1975). Surréaliste, il traduisit ses obsessions érotiques dans la réalisation de *Poupées* articulées. Il est aussi l'illustrateur de nombreuses œuvres, notamment celles de Georges Bataille*.

**BELLO (Andrés)** ♦ Poète, philosophe, juriste et grammairien vénézuélien (Caracas 1781 - Santiago, Chili 1864). Patriote, ami de Bolívar, il contribua à l'épanouissement culturel du continent hispano-américain dont il fut l'un des maîtres à penser. Il rédigea le Code civil du Chili ainsi qu'une grammaire espagnole où il se montre partisan de l'élargissement du castillan par l'incorporation des américanismes.

**BELLOC (Joseph-Pierre, dit Hilaire)** ♦ Historien, poète et romancier britannique (La Celle-Saint-Cloud 1870 - Guilford, Surrey 1953). Étudiant à Oxford, il écrivit *Vers et Sonnets* (1895). Il composa des poèmes fantaisistes pleins de charme (*Le Livre de bêtes pour méchants enfants,* 1896), quelques romans et des ouvrages d'érudition historique (*Danton,* 1899 ; *Robespierre,* 1901 ; *Napoléon,* 1932 ; *Cromwell,* 1934). Il figure parmi les représentants les plus typiques du mouvement catholique en Angleterre.

**BELLOCHIO (Marco)** ♦ Cinéaste italien (Plaisance 1939). Il tourna en 1966 un film violemment contestataire, qui récuse l'autorité familiale, *Les Poings dans les poches. Au nom du père* (1971), *Viol en première page* (1972), *La Marche triomphale* (1976), *Le Saut dans le vide* (1979), *Le Sourire de ma mère* (2002) développèrent cette veine subversive. Le retour sur l'enlèvement d'Aldo Moro, sujet de *Buongiorno, notte* (2004) créa une nouvelle controverse en Italie sur l'univers complexe des années de plomb. Il consacra *Vincere* (2009) au destin tragique d'Ida Dasler, la maîtresse reniée de Mussolini.

**BELLONE** ➝ ÉTYM. du lat. *bellare* «faire la guerre» ♦ Déesse romaine de la guerre, considérée parfois comme la femme de Mars*.

**BELLONTE (Maurice)** ♦ Aviateur français (Méru, Oise 1896 - Paris 1984). Il accomplit avec Dieudonné Costes* la première liaison aérienne sans escale Paris-New York (1930) sur le Breguet *Point-d'Interrogation.*

**BELLOT (Joseph René)** ♦ Marin français (Paris 1826 - mers arctiques, au N. de l'Amérique 1853). Il participa à l'expédition de Kennedy à la recherche de J. Franklin (1851) puis à celle d'Inglefield au cours de laquelle il trouva la mort. On a donné son nom au détroit situé entre l'île Somerset et la presqu'île Boothia (franchi pour la première fois en 1937).

**BELLOTTO (Bernardo) dit Canaletto le Jeune** ♦ Peintre, dessinateur et graveur italien (Venise 1721 - Varsovie 1780). Neveu d'Antonio Canal (→ **Canaletto**), il choisit le même surnom que lui, si bien que leurs œuvres furent souvent confondues, car il fut lui aussi peintre de *vedute.* Il fit de nombreux voyages en Italie. Appelé à Dresde en 1746, il y devint peintre de la cour en 1748. Il travailla ensuite à Vienne pour l'impératrice Marie-Thérèse, puis, à la demande du roi Stanislas Poniatowski, s'installa définitivement en Pologne. Il imita d'abord de très près Canaletto, puis préféra souvent un chromatisme plus sombre et contrasté à tonalité froide. Dans ses œuvres de Dresde, de Vienne et de Varsovie, il affirma mieux sa personnalité, détachant les formes avec une grande netteté sur des ciels aux couleurs denses. Très soucieux du rendu objectif des choses, il fit preuve d'une facture solide et précise (*Vues de Varsovie ; Élection de Stanislas-Auguste,* 1764).

**BELLOVAQUES** n. m. pl. ➝ ÉTYM. en lat. ***Bellovaci,*** p.-ê. «les hurleurs», du celt. *bello* «hurler» ♦ Peuple de la Gaule belgique établi autour de *Bratuspantium,* plus tard *Caesaromagus* (Beauvais*).

**BELLOW (Saul)** ♦ Romancier américain (Lachine, Québec 1915 - Brookline, Massachusetts 2005). Issu d'une famille d'émigrants russes, il a notamment traité des problèmes rencontrés par la minorité judéo-américaine (*La Victime,* 1947). Son roman picaresque *Les Aventures d'Augie March* (1953) raconte l'enfance à Chicago d'un juif pauvre, dans un style spontané et humoristique. *Le Faiseur de pluie* (1959) est la comique épopée africaine d'un milliardaire américain excentrique. *Herzog* (1964), son roman le plus connu, et *La Planète de M. Sammler* (1970) retracent les difficultés d'intellectuels juifs devant les névroses du monde contemporain ; l'accent y est mis sur le quotidien, voire le banal. *Au jour le jour* (1956) critique le mythe national du succès. Chef de file de l'école des romanciers juifs américains, universitaire, Bellow a également écrit *Le Don de Humboldt* (1975), *Retour de Jérusalem* (1976) et *La Bellarosa Connection* (1989). Le domaine d'élection de l'auteur est l'inhabituel, voire le bizarre, dans la vie de tous les jours ; il excelle à créer des personnages hypersensibles et sophistiqués, forcés par les circonstances à explorer les côtés obscurs de leur être et à trouver un accommodement avec leur milieu (*Un larcin,* 1989). [Prix Nobel de littér. 1976]

**BELLOY (Pierre Laurent Buirette, dit Dormont de)** ♦ Auteur dramatique français (Saint-Flour 1727 - Paris 1775). Destiné à une carrière judiciaire, il préféra se faire comédien et suivit une troupe théâtrale ; très bien reçu à la cour de Russie (où il bénéficia de la faveur de l'impératrice Élisabeth), il revint en France pour faire jouer ses pièces, notamment *Le Siège de Calais* (1765), une des premières pièces historiques à sujet national qui conquit le public par ses accents patriotiques. Dormont de Belloy est l'auteur de *Gaston et Bayard* (1771) et de *Gabrielle de Vergy* (posth. 1777). [Acad. fr. 1771]

**BELLUNO** ♦ V. d'Italie, ch.-l. de prov., en Vénétie, sur le Piave, dans le massif des Dolomites. 35 050 hab. Cathédrale du XVII^e s., avec un campanile baroque du XVIII^e s. par Juvara. ▪ Station de sports d'hiver. ▮ **Histoire** Masséna y défit les Autrichiens en 1797.

**BELMONDO (Jean-Paul)** ♦ Acteur français (Neuilly-sur-Seine 1933). Il connut ses premiers succès dans le mouvement cinématographique de la Nouvelle* Vague, avec *À* bout de souffle* (1960) et *Pierrot* le Fou* (1965). Démodant le classique jeune premier, il joua des rôles de mauvais garçons et de fantaisistes qui lui assurèrent la popularité. À la fin des années 1980, il a fait sensation au théâtre avec un caracolant *Cyrano de Bergerac.* ➝ ÉTYM. *Belmondo* est un nom d'origine probablement germanique et désigne un domaine.

Jean-Paul **Belmondo.** Une scène du film *Pierrot le Fou* de Jean-Luc Godard.
*Phot. © Coll. Kipa Interpress*

**BELMOPÁN** ➝ ÉTYM. mot-valise composé de *Bel-* (de *Belize*) et de *Mopán,* n. de la riv. auprès de laquelle la v. fut construite ♦ Cap. du Belize* depuis 1970. 16 400 hab.

**BELO (Carlos Felipe Ximenez)** ♦ Prélat timorais (Baucau 1946). Administrateur apostolique du diocèse de Dili, capitale du Timor* oriental, puis évêque (1988 - 2002), il tint un rôle de médiateur en vue d'une résolution pacifique du conflit. [Prix Nobel de la paix 1996, avec J. Ramos*-Horta]

**BELO HORIZONTE** ➝ ÉTYM. port. «bel horizon» ♦ V. du Brésil, cap. du Minas Gerais. 2 239 000 hab. (aggl. 5 100 000). Ville nouvelle planifiée en 1894 sur un plan géométrique, et dotée de larges avenues bordées d'arbres. Centre d'une riche région minière et agricole. Centres universitaires et de recherche. Indus. sidérurgiques, métallurgiques et automobiles. Aéroport Tancredo-Neves à 45 km.

**BELOÏARSK** ou **BIELOÏARSK** ♦ Loc. de Russie, dans l'Oural. Importante centrale nucléaire.

**BÉLON** ou **BELON** n. m. ♦ Riv. du Finistère (Bretagne) qui forme un estuaire où se trouvent la commune de Riec*-sur-Bélon et le petit port de Bélon, renommés pour leurs huîtres plates. Elle rejoint l'estuaire de l'Aven et débouche dans l'Atlantique.

**BÉLOUCHISTAN** → **Baluchistan**

**BELOVO** ou **BIELOVO** ♦ V. de Russie, en Sibérie occidentale, dans le bassin du Kouzbass. 93 000 hab. Extraction houillère. Indus. métallurgique (combinat du zinc).

**BELPHÉGOR** ➔ ÉTYM. de *Béelphégor*, transcription dans les Bibles grecque et latine, de l'hébreu *Ba'al Pe'or* ♦ Dieu moabite, Baal* du mont Pe'or, mentionné dans la Bible (Nombres, XXV, 3, etc.).

**BEL-SHAR-USUR** → **Balthasar**

**BELSUNCE DE CASTELMORON (Henri François-Xavier DE)** ♦ Prélat français (La Force, Périgord 1670 - Marseille 1755). Évêque de Marseille, il fit preuve d'un dévouement héroïque pendant la peste de 1720 - 1721.

**BELT (GRAND)** – en danois *Store Bælt* ♦ Détroit danois reliant la mer Baltique au Kattegat, entre les îles de Fionie et de Sjælland. ♦ ***Petit Belt*** en danois *Lille Bælt.* Détroit danois reliant la Baltique au Kattegat, entre la Fionie et le Jutland.

**BELTRAFFIO** → **Boltraffio**

**BELTRAMI (Eugenio)** ♦ Mathématicien italien (Crémone 1835 - Rome 1900). Ses travaux portèrent essentiellement sur les géométries non euclidiennes. Il montra que, de même que la géométrie de Riemann* peut être considérée comme une transposition plane de la géométrie sphérique, la géométrie de Lobatchevski* est une transposition au plan de la géométrie «pseudosphérique», la «pseudosphère» étant une surface à courbure négative constante. ➔ ÉTYM. *Beltrami* a la même origine que *Bertrand**.

**BELTSY** → **Balti**

**Belvédère** n. m. ♦ Villa de la cité du Vatican, bâtie au N. de la basilique pour Innocent VIII (fin XVᵉ s.). Plus tard, sous Jules II, Bramante* le relia au palais apostolique par deux longues ailes enserrant une perspective en terrasses de plus de 300 m (perspective brisée lors de l'adjonction, en transversale, de la Bibliothèque vaticane, sous Sixte V, puis du Braccio Nuovo, au XIXᵉ s.). Le Belvédère donne sur le *Cortile della Pigna* («cour de la Pomme de pin»). Il abrite quelques salles du musée Pie-Clémentin et les cabinets qui s'ouvrent en son centre sur la cour du Belvédère ou Cour octogonale renferment des chefs-d'œuvre de la statuaire antique : *Laocoon, Apollon, Torse* «du Belvédère».

**BELVÈS** [24170] ➔ ÉTYM. anc. *monasterium Belvacense*, de *Bellovacis*, n. de lieu (→ Beauvais) avec attraction de l'occit. *bèl vézer* «belle vue» ♦ Ch.-l. de cant. de la Dordogne, arr. de Sarlat-la-Canéda. 1 431 hab. *(Belvésois).* Maisons anc., église (XIVᵉ - XVIᵉ s.), beffroi, anc. halles en bois. Château (XVᵉ s.).

**BÉLY (Boris Nikolaïevitch BOUGAÏEV, dit Andreï Bielyï ou Belyï et en fr. André)** ♦ Écrivain russe (Moscou 1880 - *id.* 1934). En 1902 parut son premier essai, *La Seconde Symphonie dramatique,* dont il dit : «Cet ouvrage a trois sens : un sens musical, un sens satirique et un sens philosophico-symbolique.» On peut en dire autant des trois essais qui suivirent : *La Première Symphonie héroïque,* 1904 ; *La Troisième Symphonie (Le Retour),* 1905 ; *La Quatrième Symphonie (La Coupe des tempêtes de neige),* 1908. En 1909, il publia deux recueils de vers, *Cendre* et *L'Urne,* qui reflètent tous deux la déception qu'éprouva Bély devant l'échec de la révolution de 1905. Son premier roman, *Le Pigeon d'argent* (1905), raconte l'histoire d'un intellectuel se mêlant aux paysans de la Russie centrale. En 1913 parut *Pétersbourg,* puis en 1917 - 1918 *Kotik Letaïev,* suivi du *Crime de Kotik Letaïev* où Bély évoque ses souvenirs d'enfance. Après la révolution de 1917, il ne perdit jamais sa foi dans la renaissance mystique de la Russie. Il écrivit à cette époque ses *Souvenirs sur Blok* (1922 - 1923), livre important pour l'histoire du symbolisme* russe, puis analysa *L'Art de Gogol* (1934). Il laissa encore trois tomes de *Mémoires* (1930 - 1934) et commença une tétralogie sur la vie russe pendant et après la révolution. Écrivain à la prose savante, il fut pleinement symboliste, voyant la vie comme un rêve, remplie d'incohérence et d'absurdité.

**BELZ** [bɛls] [56550] ♦ Ch.-l. de cant. du Morbihan, arr. de Lorient, sur la rivière d'Étel. 3 289 hab. *(Belzois).*

**BELZÉBUTH** ➔ ÉTYM. de *Béelzéboul* «seigneur du fumier» ou «seigneur de la maison suprême», c'est-à-dire de l'enfer ♦ Un des noms du diable.

**BEŁŻEC** ♦ Anc. camp d'extermination nazi créé en Pologne*, voïvodie de Lublin, en 1941, où disparurent env. 600 000 personnes jusqu'en 1943.

**BEMBA (Sylvain)** ♦ Écrivain congolais d'expression française (Sibiti 1934 - Paris 1995). Il fut un romancier et un dramaturge fécond (*La Chambre noire,* nouvelle, 1963 ; *Leopolis,* roman, 1984) ainsi qu'un fin connaisseur de la musique congolaise (*Cinquante Ans de musique au Congo-Zaïre,* 1984). Ses multiples compétences artistiques lui valurent de devenir ministre de l'Information (1973).

**BEMBO (Pietro)** ♦ Cardinal et humaniste italien (Venise 1470 - Rome 1547). Ayant appris le grec avec C. Lascaris et latiniste éminent, il séjourna notamment à Florence, puis à Rome comme secrétaire de Léon X, avant de s'établir à Padoue où il fut historiographe de la république de Venise (1530). En 1539, Paul III le nomma cardinal ; il mourut à Rome, alors qu'on le considérait comme candidat au trône pontifical. Ami de l'Arioste et de Tebaldeo, il manifesta lui aussi son admiration pour Pétrarque dans ses *Poésies* (*Rime,* 1530). Dans *Les Azolains* (*Gli Asolani,* v. 1497 ; publ. 1505 et dédiés à Lucrèce Borgia) est exaltée la nécessité d'un amour pur, force vitale, en des dialogues inspirés du *Banquet* de Platon. Persuadé que les classiques grecs et latins restent des modèles à suivre, Bembo démontra néanmoins dans les *Proses sur la langue vulgaire* (*Prose della volgar lingua,* v. 1525) que l'italien devait être préféré, comme langue, au latin. ▪ Prosateur et poète de talent, Bembo a fixé l'usage littéraire de la langue italienne et inauguré la mode du pétrarquisme.

**BEN (Benjamin VAUTIER, dit)** ➔ ÉTYM. de la 1ʳᵉ syllabe de son prénom ♦ Artiste français d'origine suisse (Naples 1935). Ami d'Arman* et de Klein*, Ben a mené par la dérision une réflexion sur la notoriété et la commercialisation des œuvres d'art. Il transforma dès 1958 sa librairie de Nice en lieu d'échanges et d'expositions pour les artistes du Non Art, de Support*-Surface, du nouveau réalisme. Sa librairie, devenue une accumulation d'objets qu'il s'appropriait, à la manière de Duchamp*, était intitulée *N'importe quoi* et promue au rang d'objet d'art. Elle fut achetée par le Musée national d'Art moderne sous le titre *Le Magasin de Ben, 1958-1973* avant d'être remontée à Nice à son emplacement d'origine.

**BENACERRAF (Baruj)** ♦ Médecin et généticien américain d'origine vénézuélienne (Caracas 1920). Auteur de travaux sur les mécanismes génétiques de la réponse immunitaire, il étudia les gènes responsables de la production d'anticorps chez la souris. [Prix Nobel de physiol. ou méd. 1980, avec J. Dausset* et G. Snell*]

**BENALCÁZAR** ou **BELALCÁZAR (Sebastián MOYANO, dit DE)** ♦ Conquistador espagnol (Benalcázar, Cordoue 1480 - Carthagène, Colombie 1551). Après avoir exploré l'isthme de Panamá, il participa à la conquête du Pérou par F. Pizarro, puis entreprit une expédition en Colombie* où il fonda Santiago de Guayaquil avant de retourner au Pérou.

**BEN ALI (Zine el-Abidine)** ♦ Homme d'État et général tunisien (Hammam, Sousse 1936). Nommé Premier ministre en oct. 1987, il destitua le président Bourguiba* «pour incapacité» et lui succéda en nov. 1987. Il fut réélu en 1994, en 1999 et en 2004. ➔ ÉTYM. Ce nom de famille arabe signifie «fils *(ben)* d'Ali».

**BÉNARÈS** ou **VARANASI** ➔ ÉTYM. prononciation populaire de l'hindi *Banaras,* p.-ê. «masse *(rási-)* de roseaux *(bāṇa-)*» ♦ V. de l'Inde (Uttar Pradesh), sur le Gange. 1 211 749 hab. L'une des sept villes sacrées de l'hindouisme, centre de pèlerinage majeur. La croyance selon laquelle la dispersion des cendres dans le Gange est d'un heureux présage pour les vies ultérieures explique l'importance des «ghâts» de crémation qui descendent vers le fleuve. La ville ayant été détruite à la fin du XVIIᵉ s. par Aurangzeb, la plupart des nombreux temples sont récents. Artisanat de luxe (soieries), lié à la clientèle des pèlerins.

**BENAVENTE Y MARTINEZ (Jacinto)** ♦ Auteur dramatique espagnol (Madrid 1866 - *id.* 1954). Benavente a traité tous les genres : pièces fantastiques, fantaisistes ou drame paysan (*Le Mal Aimé,* 1913 ; *Roses d'automne,* 1905). Son chef-d'œuvre, *Los intereses creados* («Les affaires sont les affaires», 1909) est la satire d'une société sacrifiant tout à l'argent. [Prix Nobel de littérature 1922]

**BEN BARKA (el-Mehdi)** ♦ Homme politique marocain (Rabat 1920 - ? 1965). Membre de l'aile gauche de l'Istiqlāl, il quitta ce parti pour l'Union nationale des forces populaires (UNFP), dont il fut le secrétaire. Exilé et condamné à mort par contumace par le gouvernement marocain, il s'occupait de la coordination des mouvements révolutionnaires du tiers-monde. En oct. 1965, il fut enlevé à Paris sans doute par deux agents français et fut probablement assassiné peu après. Le général Oufkir, ministre de l'Intérieur du Maroc, fut accusé d'être l'instigateur de l'enlèvement et la Justice française le condamna par contumace à la réclusion criminelle à vie. L'affaire compromit momentanément les relations franco-marocaines (1967).

**BEN BELLA (Ahmed)** ♦ Homme politique algérien (Marnia, gouvernorat de Tlemcen 1916). Ancien sous-officier de l'armée française, devenu l'un des chefs de l'insurrection algérienne, il fut interné en France de 1956 à 1962. Libéré après les accords d'Évian, il fut président du Conseil, puis président de la République algérienne (1963). Renversé par Boumédiène en 1965, il fut emprisonné. Libéré en 1980 et exilé en France, il y fonda le Mouvement pour la démocratie en Algérie (MDA). Il est rentré en 1990 en Algérie.

**BENDA (Julien)** ♦ Écrivain français (Paris 1867 - Fontenay-aux-Roses 1956). Il débuta à *La Revue blanche* (1898), se proclamant «dreyfusard par raison» (*Dialogues à Byzance,* 1900). Il se lia un moment avec Péguy* et collabora aux *Cahiers* de la quinzaine,* puis, se baptisant lui-même Éleuthère «l'homme libre», défendit désormais la connaissance rationnelle liée au jeu d'une liberté qui restât souveraine. Ses romans et surtout ses essais, au ton volontiers polémique, condamnèrent tout ce qui ressortit au domaine de l'émotion et de l'intuition : *Le Bergsonisme, ou une philosophie de la mobi-*

*lité* (1912). Il s'attaqua à la «critique pathétique» dans un pamphlet littéraire, *La France byzantine* (1945), qui défendait un classicisme strict, sinon étroit. Reprise du thème de *Belphégor* (1919), l'ouvrage capital de J. Benda, *La Trahison des clercs* (1927) dénonçait la démission des intellectuels, traîtres à leur mission d'«officiants de la justice abstraite» et de défenseurs du rationalisme démocratique, succombant à la tentation d'un engagement qui les soumettait aux pouvoirs temporels ou spirituels. Sa trilogie autobiographique, *La Jeunesse d'un clerc* (1936), *Un régulier dans le siècle* (1938) et *Exercice d'un enterré vif* (1946), développe les mêmes thèses.

**BENDERY** → **Tiguina**

**BENDIGO** ♦ V. d'Australie (Victoria), située sur la bordure intérieure de la cordillère Australienne, reliée par voie ferrée à Melbourne 85 080 hab. Expédition de fruits et légumes (tomates) vers Melbourne. Blé ; marché du bétail ; fonderies ; poteries ; indus. alimentaires et textiles. ▮ **Histoire** Le développement de Bendigo, créée en 1871 date de la découverte des champs aurifères.

**BENDJEDID (Chadli)** → **Chadli**

**BENDOR** ♦ Petite île de la Côte d'Azur, située en face de Bandol (Var), comm. dont elle dépend. Station balnéaire.

**BENE BRAQ** ♦ V. d'Israël, dans la banl. de Tel-Aviv. 147 900 hab. Centre en expansion. Études talmudiques.

**BENEDEK (Ludwig August von)** ♦ Général autrichien (Ödenburg 1804 - Graz 1881). S'étant distingué pendant la guerre de Lombardie* (1848) et à Solferino* (1859), il commanda l'armée autrichienne à Sadowa*-Königgrätz (1866) et dut démissionner après la victoire des Allemands sous les ordres de Moltke*.

**BENEDETTI (Vincent)** ♦ Diplomate français (Bastia 1817 - Paris 1900). Chargé dès 1855 de la direction des affaires politiques au ministère des Affaires étrangères, il négocia avec les Italiens la cession de Nice et de la Savoie à la France (traité de Turin de 1860). Ambassadeur en Italie (1861 - 1862), puis à Berlin (1864), il tenta, sans succès, d'obtenir de la Prusse le Luxembourg et la Belgique en échange de la neutralité française dans le conflit austro-prussien. Après le retrait de la candidature de Charles-Antoine de Hohenzollern au trône d'Espagne (1870), il demanda à Guillaume Ier des garanties sûres contre toute nouvelle candidature d'un Hohenzollern (entrevue d'Ems du 13 juillet 1870). Volontairement déformée dans un sens insultant pour la France par Bismarck*, Moltke* et Roon, la réponse négative du roi de Prusse (dépêche d'Ems*) fut l'occasion de la déclaration de la guerre à l'Allemagne par la France (17 juil.). → ÉTYM. Le nom *Benedetti* est la forme corse de *Benoît**.

**BENEDETTO DA MAIANO** ♦ Architecte et sculpteur (Florence 1442 - *id.* 1497). Frère cadet et élève de Giuliano* da Maiano. Il créa le porche de Santa Maria delle Grazie à Arezzo (1470). Il travailla souvent avec son frère, exécutant les autels des chapelles bâties par celui-ci. Il érigea et sculpta magnifiquement la chaire de Santa Croce (Florence), dont l'escalier traverse le pilier auquel elle s'adosse (v. 1472 - 1475). Il sculpta notamment le tombeau de Marie d'Aragon, où il prit la suite de Rosselino (apr. 1481, Sainte-Anne-des-Lombards, Naples), et celui de Filippo Strozzi (1491, Santa Maria Novella, Florence ; buste au Louvre). En tant qu'architecte, son chef-d'œuvre est le palais Strozzi à Florence (commencé en 1489, achevé par Cronaca).

**BENEDICT (Ruth)** ♦ Anthropologue américaine (New York 1887 - *id.* 1948). Elle s'est consacrée à des études sur les Indiens du sud-ouest des États-Unis, cherchant à mettre en évidence les relations entre les formes de culture propres à chaque société et les habitudes individuelles qu'elles déterminent. Elle opposa ainsi la culture des Indiens zunis, caractérisée par un esprit d'équilibre, de modération, à celle des Indiens kwakiutls, marquée par des instincts agressifs, individualistes (*Patterns of Culture*, 1934 ; *Continuities and Discontinuities in Cultural Conditioning*, 1938).

**BENEDIKTSSON (Einar)** ♦ Poète islandais (Ellidavatn 1864 - Herdísarvík 1940). Il tenta de combiner l'exaltation de sa patrie à un hymne vibrant à toutes les réussites du modernisme. Il se ruina à force de vouloir sortir l'Islande de la misère. On lui doit de splendides *Contes et Poèmes* (1897) et ces *Lames* (1921) où se mêlent les influences du symbolisme* français et un panthéisme typique des inspirations nordiques.

**Benelux** [BElgique-NEderland-LUXembourg] n. m. ♦ Union économique constituée de la Belgique, des Pays-Bas et du Luxembourg (1948), déjà liés depuis 1944 par une convention d'union douanière, héritière de l'Union économique belgo-luxembourgeoise (UERL) créée en 1922. C'est à partir de 1960 que le traité de 1948 fut effectivement appliqué, les trois pays coordonnant leur politique également sur les plans social et financier, malgré des difficultés suscitées par la politique agricole. → **Union européenne, Europe.** Bien que membres des Communautés européennes, les trois pays continuent d'appliquer les accords relatifs au développement du Benelux même. Son organisation est dirigée par un Conseil de ministres, assisté d'un Conseil économique et social, et d'un Conseil interparlementaire. Le secrétariat général siège à Bruxelles.

**BENEŠ (Edvard)** ♦ Homme politique tchécoslovaque (Kožlany, Bohême 1884 - Sezimovo-Ústí 1948). Professeur à l'université de Prague (1914), il lutta aux côtés de Masaryk* pour l'indépendance de la Tchécoslovaquie. Ministre des Affaires étrangères de 1918 à 1935, il assura les bases du nouvel État en adhérant à la Petite-Entente (avec la Yougoslavie et la Roumanie). À la suite des accords de Munich (1938), Beneš, qui, en 1935, avait succédé à Masaryk comme président de la République, démissionna. Président du gouvernement tchécoslovaque en exil à Londres (1941), il rentra à Prague en 1945, redevint président de la République mais se retira après le coup de force communiste de 1948.

**bénédictins**

n. m. pl. → ÉTYM. du n. de saint *Benoît** ♦ Religieux qui suivent la règle de saint Benoît* de Nursie. Codifiée par saint Benoît* d'Aniane (817), la règle s'imposa aux nombreux monastères de l'ordre, parmi lesquels celui de Cluny* joua un rôle capital aux Xe et XIe s. De nouveaux ordres apparurent dans le cours du Moyen Âge : camaldules, célestins, chartreux, cisterciens, olivétains. Au XVIIe s., la congrégation de Saint*-Maur regroupa en France un grand nombre de monastères bénédictins. Après l'abolition des vœux de religion et la confiscation des biens monastiques sous la Révolution, l'ordre fut restauré en France grâce à l'action de dom Guéranger*. La Confédération bénédictine, créée par Léon* XIII en 1893, est soumise à un règlement de Pie XII (1952). ▪ Princ. abbayes : Mont-Cassin, Chèvetogne, Cluny, Farnborough, Fleury (Saint-Benoît-sur-Loire), Fontevraud, Fontgombault, Hautecombe, Jouarre, Ligugé, Maredsous, Montserrat, Orval, La Pierre-qui-Vire, Saint-Wandrille, Solesmes, Subiaco, Valmont, Wisques. ♦ ***Bénédictines*** n. f. pl. Les religieuses de l'ordre reconnaissent pour patronne sainte Scholastique*, sœur de saint Benoît. Au Moyen Âge, sainte Hildegarde*, sainte Gertrude* la Grande et sainte Françoise* Romaine furent parmi les plus célèbres. L'une de leurs congrégations, les Filles du Calvaire, date du XVIIe s. ▪ Princ. abbayes : Clervaux, Disibodenberg, Faremoutiers, Fontevraud, Jouarre.

**BENET (Juan)** ♦ Écrivain et ingénieur des Ponts et Chaussées espagnol (Madrid 1927 - *id.* 1993). *Tu reviendras à Région* (1967) se détache du roman social des années 1950 pour explorer un nouveau style narratif se rapprochant du Nouveau Roman français avec une prépondérance de l'imaginaire et de l'écriture. Il fut lauréat du prix Planeta en 1980 pour *L'Air d'un crime*, et en 1991 pour *Le Chevalier de Saxe*.

**BENET** [85490] ♦ Comm. de Vendée, arr. de Fontenay-le-Comte. 3 202 hab. *(Bénétins)*.

**BENÉT (Stephen Vincent)** ♦ Poète et prosateur américain (Bethlehem, Pennsylvanie 1898 - New York 1943). Son poème narratif sur la guerre de Sécession, *John Brown's Body* (1928), lui valut un prix Pulitzer. Sa nouvelle *The Devil and Daniel Webster*, portée à la scène et à l'écran, est un classique américain.

**BÉNÉVENT** – en it. ***Benevento*** → ÉTYM. latin «bon événement» ♦ V. d'Italie, en Campanie, ch.-l. de prov. sur le Calore, affl. du Volturno. 61 791 hab. *(Bénéventins)*. Église Sainte-Sophie (VIIIe s.), avec un cloître arabe du XIIe s. Arc de Trajan (114) très bien conservé (sculptures). ▪ Petit pôle tertiaire. Centre agricole (tabac). ▮ **Histoire** D'abord appelée *Maleventum* (ou *Maluentum*), cette ancienne cité samnite fut rebaptisée *Beneventum* par les Romains en –268, après leur victoire sur Pyrrhus d'Épire en –275. Au VIe s., elle fut enlevée à la domination byzantine par les Goths (545), puis par les Lombards (589) qui en firent la capitale d'un puissant duché. Conquise par les Normands en 1047, elle tomba alors aux mains de l'empereur Henri III qui la céda au pape Léon IX (1052). Bénévent fit partie du domaine pontifical jusqu'à l'orée du XIXe s. Charles Ier d'Anjou y vainquit Manfred (1266), qui trouva la mort dans la bataille. Elle fut occupée par les Français en 1799, puis Napoléon Ier l'érigea en principauté en faveur de Talleyrand (1806). Rendue au pape en 1814, elle fut annexée par le royaume d'Italie en 1860.

**BÉNEZET** (saint) ♦ Berger de la tradition provençale qui, avec l'aide de disciples, aurait construit au XIIe s. le pont d'Avignon*.

**BENFELD** [67230] → ÉTYM. du germ. *Beno*, n. de pers., et *feld* «champ» ♦ Ch.-l. de cant. du Bas-Rhin, arr. de Sélestat. 4 878 hab. (aggl. 6 972). *(Benfeldois)*. Hôtel de ville du XVIe s. (horloge à jaquemart).

**BENFEY (Theodor)** ♦ Linguiste allemand (Nörten, Göttingen 1819 - Göttingen 1881). Ses travaux sur le sanskrit, sur les racines grecques et sur les relations entre l'égyptien antique et les langues sémitiques firent date en linguistique comparée.

**BENGALE** n. m. → ÉTYM. du n. du peuple primitif *Vangas (Vangalam, Bangala)* ♦ Région historique du monde indien, située au fond du *golfe du Bengale*, essentiellement constitué par le delta commun du Gange et du Brahmapoutre. Le développement précoce de la riziculture lui a valu un peuplement ancien. Porte de la plaine du Gange, le Bengale a été parmi les premières régions colonisées par les Britanniques. La conscience d'une unité culturelle fondée sur la langue, la littérature et l'art en fit un des foyers indépendantistes les plus actifs. La partition ordonnée par lord Curzon en 1906 fut

**Bengale.** La rue Bepin Behari Ganguly à Calcutta.
*Phot. © Stefano Torrione/ Hemis.fr*

très mal acceptée et en 1911, les Britanniques durent rétablir l'unité du Bengale. Cette unité fut de nouveau remise en question lors de l'indépendance de l'Inde en 1947, en raison de l'inégale pénétration de l'islam. La partie occidentale resta dans l'Union indienne (Bengale*-Occidental), tandis que la partie orientale fut rattachée au Pakistan, dont elle se détacha pour constituer le Bangladesh* (1971). Cette division eut des conséquences très lourdes sur l'organisation économique de la région : le Pakistan oriental fut confiné à un rôle de fournisseur de matières premières agricoles tandis que le Bengale-Occidental connut une industrialisation rapide.

**BENGALE-OCCIDENTAL** – en angl. ***West Bengal*** ♦ État de l'Inde. 88 752 km². 80 176 197 hab. LANGUE : bengali (off.). CAP. : Calcutta. Allongé de l'Himalaya (région de Darjiling) à la mer, l'État est dominé par l'agglomération de Calcutta. L'industrie, d'abord fondée sur le travail du jute et la sidérurgie (mines de charbon de la vallée de la Damodar), s'est beaucoup diversifiée.

**BENGBU** ou **PENG-POU** ♦ V. de Chine (Anhui). 696 811 hab. Indus. alimentaire, textile, mécanique, pétrochimique et électronique. Céréales, légumes.

**BENGHAZI** ou **BENGAZI** – en it. ***Bengasi*** ➝ ÉTYM. en ar. *Mars ibn Ghāzī* «port d'ibn Ghāzī» du n. d'un marabout réputé, enterré au nord de la ville ♦ V. de Libye, sur la côte orientale du golfe de la Grande Syrte, au pied du versant O. du djebel Akhdar. Cap. de la Cyrénaïque. 800 000 hab. Université. ▪ Port. Indus. alimentaires. ▮ **Histoire** Au cours de la Deuxième Guerre mondiale, Benghazi fut occupée par les Britanniques en févr. et en déc. 1941. Deux fois reprise par l'Afrikakorps, elle fut définitivement conquise par Montgomery le 20 nov. 1942.

**BENGKULU** – anc. en angl. ***Bencoolen*** ♦ Prov. d'Indonésie, au S.-O. de Sumatra. 21 168 km². 1 405 000 hab. CAP. : Bengkulu. Région exportatrice de caoutchouc, de café et de clous de girofle. ▮ **Histoire** Les Anglais s'y installèrent en 1682 après avoir été chassés de Banten* par les Hollandais. En 1824, ils l'échangèrent avec ces derniers contre leur abandon de Melaka.

**BEN GOURION (David GRIN, dit David)** ➝ ÉTYM. hébr. «fils de lion», pseud. pris en mémoire de Joseph Ben Gourion, chef du gouvernement juif indépendant lors de la révolte des Juifs contre les Romains ♦ Homme politique israélien (Płońsk, Pologne 1886 - Tel-Aviv 1973). À la suite des pogroms, il s'établit en Palestine (1906). Porte-parole du sionisme, il travailla dès 1917 à l'union des diverses tendances socialistes qu'il réalisa par la création de l'Histadrout (1920) puis du Parti social démocrate (Mapaï) dont il devint secrétaire général. Face à l'opposition britannique, il plaida pour l'immigration juive en Palestine (1936). Devenu l'un des principaux chefs de la Haganah*, il proclama l'établissement de l'État d'Israël, en mai 1948. Premier ministre de 1948 à 1953 et de 1955 à 1963, il se retira du pouvoir (Levi Eshkol lui succéda), puis du Mapaï (1964) et fonda le parti Rafi.

**BENGUELA** ➝ ÉTYM. mot local «défense, protection» ou corruption de *bayuella* «région montagneuse» ♦ V. de l'Angola, sur l'Atlantique. Plus de 50 000 hab. Port. Terminus du chemin de fer permettant l'évacuation du cuivre congolais et zambien. ♦ ***Courant de Benguela*** Courant marin froid remontant le long des côtes de l'Angola jusqu'à l'équateur.

**BENHA** ou **BANHĀ** ♦ V. de Basse-Égypte, au N. du Caire, sur une branche du Nil. ch.-l. du gouvernorat de Kalioubieh. 158 389 hab. Nœud ferroviaire et centre agricole (coton, céréales, agrumes, fabrique d'essence de rose).

**Ben Hur** ♦ Film américain de Fred Niblo (1925), d'après le roman de Lew Wallace, qui conte l'itinéraire de Judas Ben Hur, prince de Judée, croisant celui du Christ. Après une première version muette (1907), celle de Fred Niblo, avec Ramon Novarro, fut une entreprise colossale (célèbre course de chars). Le remake parlant et en couleurs supervisé par William Wyler (1959) avec Charlton Heston obtint 11 nominations aux oscars.

**BENI** ♦ Dép. de la Bolivie. 213 564 km². 430 000 hab. CAP. : Trinidad. Ses plaines sont arrosées par les affl. du río Madeira. ▪ Élevage extensif des bovins. ♦ ***Río Beni*** Riv. de Bolivie (1 600 km). Issu des Andes orientales, il conflue avec les riv. Madre de Dios et Mamoré pour former le Madeira.

**BÉNIGNE** (saint) ♦ Apôtre légendaire de la Bourgogne, qui aurait subi le martyre vers 178.

**BENIGNI (Roberto)** ♦ Acteur et cinéaste italien (Misericordio 1952). Héritier des comiques tels que Toto, Groucho Marx ou Chaplin, il joua entre autres dans *La Voce della Luna*, de Fellini ou *Down by law* de Jarmush. Dans ses propres films, il transforma des sujets dramatiques en comédies : *Le Petit Diable* (1988), *Johnny Stecchino* (1991), *La vie est belle* (1997), fable poétique sur l'Holocauste (Grand Prix du jury au Festival de Cannes, Oscar du meilleur film étranger), *Le Tigre et la neige* (2005).

**BÉNI MELLAL** ➝ ÉTYM. de l'ar. *ben* (pl. *beni*) «fils» et p.-ê. de la rac. *mell* «blancheur» ♦ V. du Maroc, ch.-l. de prov., située au pied du Moyen-Atlas, dans la plaine du Tadla. 163 286 hab. Centre commercial et agricole.

**BÉNIN** (royaume du) ➝ ÉTYM. de *Bini*, n. de tribu ♦ Anc. État africain, fondé par les Yoroubas* vers le XIIe s. dans le bas Niger. Le pouvoir y était tenu par un souverain, l'*oba*, flanqué d'un conseil de dignitaires. Le royaume commerçait avec les Européens dès le XVIe s. (esclaves et ivoire). Opposé à la mainmise des Britannique qui répondirent par une expédition punitive en 1897, il fut détruit et pillé et les attributs de sa légitimité (têtes d'*oba* en bronze surmontées d'une défense d'ivoire) dispersés en Europe. L'art du Bénin (têtes et plaques de bronze à la cire perdue) est héritier des arts de Nok* et d'Ife*.

Royaume du **Bénin**. Bronze du XVIe s. Musée de Bâle. *Phot. ©Charles Lénars*

## BÉNIN

▮ n. m. – off. ***république du Bénin*** anc. ***Dahomey*** ♦ Pays d'Afrique occidentale. 112 622 km². 9 589 000 hab. *(Béninois)*. LANGUES : français (off.), haoussa, yorouba, fon. POPULATION : Yoroubas, Fons, Minas, Adjas, Baribas, Haoussas, Peuls. RELIGIONS : animistes, chrétiens, musulmans. MONNAIE : franc CFA. CAPITALE : Porto-Novo. RÉGIME : démocratie parlementaire. 12 départements.

▮ **GÉOGRAPHIE** Cinq régions naturelles déterminent un large éventail de zones climatiques : une zone littorale sableuse bordant des lagunes ouvertes ou fermées sur la mer ; une «terre de barre» (argile) très fertile précédant des plateaux cristallins qui s'étendent sur la majeure partie du pays ; la région montagneuse de l'Atakora au N.-O. ; les plaines du bassin du Niger au N.-E. **(→ Borgou).** L'Atakora donne naissance à l'Ouémé qui se jette dans la lagune de Cotonou, ainsi qu'à la Mékrou et à l'Alibori, affluents du Niger. Les zones de végétation s'étagent du S. au N. : aux bandes forestières du bas Bénin de climat subéquatorial succèdent le centre et le N. couverts de savane arborée puis herbeuse à longue saison sèche. ▪ L'économie est essentiellement agricole et caractérisée par des cultures vivrières (manioc, patate douce dans le S. ; maïs dans le centre puis sorgho et mil dans le N. où l'absence de mouche tsé-tsé permet l'élevage du bétail) ; l'agriculture constitue la seule source de devises (cocotiers, entre mer et lagune, palmiers à huile sur la terre de barre, coton et arachide dans la savane). L'industrie est peu développée ; exploitation du pétrole au large de Cotonou. Important commerce de transit du port de Cotonou vers le Sahel, et entre les pays du golfe de Guinée. Un Béninois sur trois vit sous le seuil de pauvreté. L'économie parallèle représente le tiers du PIB et près de la moitié de l'emploi total.

▮ **HISTOIRE** On trouve des traces du Paléolithique dans la savane et des vestiges de la métallurgie du fer dans la vallée de la Mékrou. Dans le S., les lagunes devinrent des centres de peuplement. Les premiers royaumes se mirent en place à partir du XIVe s. Le plus

**Bénin.**

connu, le royaume du Dan-Homé, aurait été créé dans le Sud par les Yoroubas et serait à l'origine des principautés de Sava et d'Allada qui prirent contact avec les navigateurs européens (ouverture de comptoirs commerciaux sur les côtes dès le XVIIe s.) → **Ouidah.** Des clans chassés d'Allada créèrent le royaume d'Abomey*. Ce royaume guerrier, organisé par Houegbadja (milieu du XVIIe s.), fut caractérisé par le culte aux ancêtres-fondateurs. Le roi Agadja (début du XVIIIe s.) créa un corps d'amazones et se lança dans des guerres de conquête pour en ramener des captifs destinés aux commerçants européens qui les échangeaient contre des fusils, contribuant ainsi à la déstabilisation de la région. Sous le long règne de Ghézo (1818 - 1858), le royaume d'Abomey développa son agriculture vivrière et commerciale en introduisant de nouvelles plantes : maïs, tomate, tabac, arachide. Mais la traite exercée aux dépens des peuples voisins pesa trop lourdement sur l'économie, malgré les efforts des successeurs de Ghézo, Glélé* et Behanzin*. La France, qui avait ouvert un comptoir à Cotonou en 1851, signa un traité de protectorat en 1881 avec le souverain du petit royaume côtier de Porto-Novo, adversaire de Behanzin. Battu, ce dernier fut déporté à la Martinique (1894). La colonie du Dahomey fut organisée la même année et intégrée à l'A-OF en 1904. Elle accéda à l'indépendance en 1960. Surnommé le «Quartier latin de l'Afrique» durant l'époque coloniale, en raison de sa vie politique, le pays a connu quatre régimes successifs, dirigés par des hommes du Sud, jusqu'au coup d'État du commandant Mathieu Kérékou en 1972. Pour briser le poids des «sudistes» sur la politique locale, ce dernier rebaptisa le pays du nom de Bénin (1975), vieille cité-État du Nigeria voisin. En 1991, une conférence nationale obtint un retour au multipartisme et les élections ramenèrent au pouvoir un civil, Nicéphore Soglo. Revenu au pouvoir en 1996, M. Kérékou a été battu en mars 2006 par Boni Yayi, président de la Banque ouest-africaine de développement (BOAD).

---

**BÉNIN** (golfe de) ♦ Golfe qui baigne la côte des Esclaves, à l'O. du delta du Niger, partie du golfe de Guinée.

**BENIN CITY** ♦ V. du Nigeria, cap. de l'État du Bendel. 780 976 hab. Artisanat d'art. Anc. cité du royaume du Bénin. → **Bénin (royaume du).**

**BENIOFF (Victor Hugo)** ♦ Géophysicien américain (Los Angeles 1899 - près de Mendocino, Californie 1968). Ses recherches portèrent essentiellement sur la sismologie ; il découvrit dans les zones de subduction le plan incliné d'environ 50° par rapport à l'horizontale qui est le siège des foyers des tremblements de terre *(plan de Benioff)*.

**BENI SAF** ♦ V. d'Algérie (wilaya d'Aïn Témouchent). 32 139 hab. Port. Exploitation de minerai de fer. Conserveries de poisson.

**BENI-SOUEF** – en ar. *Banī Suwayf* ♦ V. de Haute-Égypte, sur la rive g. du Nil, ch.-l. de gouvernorat. 211 173 hab. Centre agricole et commercial. Oléoduc acheminant le pétrole de Tibnine.

**BENJAMIN** → ÉTYM. en hébr. *Binyâmîn* «fils *(bén)* de la droite *(yâmîn)*» [«fils de bonheur»] ♦ Personnage biblique (Genèse, XXXV, 16-20). Dernier fils de Jacob* et de Rachel*, ancêtre éponyme d'une tribu d'Israël qui resta fidèle à Roboam*, roi de Juda, après la mort de Salomon*.

**BENJAMIN (René)** ♦ Romancier et journaliste français (1885 - 1948). La Première Guerre mondiale lui inspira *Gaspard*, où il évoque la vie des poilus (prix Goncourt, 1915), *Sous le ciel de France* (1916), *Grandgoujon* (1919). Grand admirateur de Maurras (*Charles Maurras, ce fils de la mer*, 1932), il se fit le critique de la IIIe République (*Les Justices de paix ou les Vingt Façons de juger dans Paris*, 1931) et fut arrêté en tant qu'écrivain pro-allemand.

**BENJAMIN (Walter)** ♦ Écrivain allemand (Berlin 1892 - Port-Bou 1940). Il fit des études de philosophie à Berlin, Munich et Berne. En 1919, il passa son doctorat avec une thèse sur *Le Concept de critique d'art dans le romantisme allemand*. Jusqu'alors à la recherche d'une esthétique moderne, il s'intéressa au marxisme à partir de 1924. D'origine juive, désespéré par la montée du nazisme, il quitta l'Allemagne en 1933 et vécut à Nice, à Paris et à Ibiza. En septembre 1940, il tenta de franchir les Pyrénées mais, ne pouvant supporter les difficultés qu'il rencontra à la frontière, il se suicida. ▪ Il fait partie du courant de l'école de Francfort*, au sein duquel il fut surtout proche d'Adorno*. Dans son œuvre se mêlent esthétisme moderne, marxisme et messianisme : essai sur *Les Affinités électives de Goethe* (1922) ; *Sens unique* (1928) ; *Enfance berlinoise* (1932) ; *Paris, capitale du XIXe s.*, *Le Livre des passages* (1936) ; *Allemands. Une série de lettres* (anthologie contre le nazisme, 1936) ; essais sur Brecht*, Kraus*, Baudelaire*, où il chercha à penser la modernité, sur un mode critique, mais sans nostalgie, et deux volumes de correspondance. Il fut l'un des théoriciens majeurs de la traduction. L'*Origine du drame baroque allemand* (1928) est une contribution importante à l'esthétique contemporaine.

**BENJAMIN DE TUDÈLE** ♦ Voyageur et rabbin du XIIe s. (mort à Tudela, Navarre espagnole v. 1173). Il entreprit pour des motifs politiques, commerciaux et religieux, un long voyage afin «de visiter et de dénombrer tous les juifs d'obédience mosaïque répandus sur la surface du globe». Bien qu'il n'ait pas toujours évité le merveilleux et la légende, son récit contient de nombreux renseignements sur les mœurs et les coutumes, les croyances et pratiques religieuses des pays qu'il traversa et sur la situation des juifs (en particulier à Rome et à Constantinople).

**BEN JELLOUN (Tahar)** ♦ Écrivain marocain d'expression française (Fès 1944). Ses romans *Harrouda* (1973), *Moha le Fou, Moha le Sage* (1978), *L'Écrivain public* (1983), *Jour de silence à Tanger* (1990), et ses poèmes *Cicatrices du soleil* (1972), *Les amandiers sont morts de leurs blessures* (1976), *À l'insu du souvenir* (1980) traitent du déracinement, de la double culture, de l'oppression des minorités, des carences historiques et des trahisons politiques. *La Nuit sacrée* a reçu le prix Goncourt (1987), *Cette aveuglante absence de lumière* (2000) fustige l'horreur du bagne marocain de Tazmamart. Il a publié une anthologie de la nouvelle poésie au Maroc (1976) et s'est aussi adressé aux enfants de façon très didactique avec *Le racisme expliqué à ma fille* (1998). Il vit à Paris. → ÉTYM. Ce nom arabe est formé de *ben* «fils de» et *jallûn*, augmentatif probable de *jalâl* «majesté».

**BEN LADEN (Oussama)** ♦ Chef politique et religieux d'origine saoudienne (Riyad 1957). Issu d'une très riche famille proche du pouvoir saoudien, il se rallia à l'islamisme, se rendit en Afghanistan pour combattre l'intervention soviétique (1979) et fonda al-Qaida*. Après la guerre du Golfe, il se retourna contre ses anciens alliés américains, envers lesquels il lança une guerre sainte (djihad). Il fut soupçonné d'avoir financé de nombreux groupes islamistes à travers le monde et encouragé plusieurs attentats anti-américains. L'accusant d'avoir commandité les attentats du 11 septembre 2001 aux États-Unis, les Américains bombardèrent l'Afghanistan où il s'était réfugié, provoquant la chute des talibans et le démantèlement d'al-Qaida, mais ne parvinrent pas à le capturer (2002). Depuis, il s'est exprimé par l'intermédiaire de quelques enregistrements vidéo (en 2003, 2004, 2007 puis en 2009, à l'encontre du nouveau président américain B. Obama).

**BEN MAYMON (Mosheh)** → Maïmonide

**BENN (Gottfried)** ♦ Écrivain allemand (Mansfeld, Prusse 1886 - Berlin 1956). Expressionnistes, ses premiers recueils poétiques (*Morgue*, 1912 ; *Les Fils*, 1914 ; *Chair*, 1917 ; *Déblai*, 1919 ; *Le Je moderne*, 1919) décrivent avec violence et cynisme un monde absurde, déchiré, et dénoncent le mythe du progrès auquel ils opposent le spectacle d'une civilisation décadente. Disciple de Nietzsche, G. Benn tenta de dépasser le nihilisme. Il adhéra jusqu'en 1937 au national-socialisme, pensant y trouver une «rénovation» qui, «hors du rationalisme et du fonctionnalisme», serait capable d'arracher «le pays à l'ankylose» (*Après le nihilisme*, 1931 ; *L'État nouveau et les Intellectuels*, 1933 ; *Art et Puissance*, 1934). C'est dans une recherche purement formelle qu'il crut pouvoir affirmer en définitive le dépassement du pessimisme et du nihilisme (*Poèmes statiques*, 1948).

**BENNETT (James Gordon)** ♦ Journaliste américain (New Mill, Écosse 1795 - New York 1872). Fondateur du *New York Herald*, il fut un pionnier du journalisme moderne et le premier utilisateur du télégraphe. Il envoya Stanley* à la recherche de Livingstone. Son fils lui succéda à la direction du journal et organisa le voyage polaire malheureux de la *Jeannette* (1879).

**BENNETT (Enoch Arnold)** ♦ Journaliste, dramaturge et romancier britannique (Hanley, Staffordshire 1867 - Londres 1931). Il dirigea la revue *Woman* («Femme») et publia son premier roman, *Un homme du Nord*, en 1898. Alors qu'il vivait à Paris (1903 - 1911) il sut discerner l'importance de l'impressionnisme, des Ballets russes, de la musique de Stravinski. Influencé par Dostoïevski et les naturalistes, Bennett évoqua le milieu pauvre de sa province : *Anna des cinq villes*, 1902 (sa patrie, Hanley, faisait partie des cinq villes groupées dans Stoke*-on-Trent) *La Famille Clayhanger*, 1925. Il écrivit des comédies et des romans humoristiques, mais est surtout considéré comme un maître du roman régionaliste. Critique littéraire, il signala le premier l'importance de Joyce, soutint D. H. Lawrence et salua Faulkner. ➝ ÉTYM. *Bennett* est le diminutif de *Benedict*.

**BENNETT (Richard Bedford)** ♦ Homme politique canadien (Hopewell, Nouveau-Brunswick 1870 - Mickleham, Surrey 1947). Chef du parti conservateur (1927), Premier ministre (1930), il dut céder la place à Mackenzie King après la victoire des libéraux en 1935.

**BENNETT (sir Richard Rodney)** ♦ Compositeur britannique (Broadstairs, Kent 1936). Élève de Berkeley, de Ferguson, de Boulez. Utilisateur des techniques sérielles, il les a notamment employées au théâtre (*The Ledge*, 1961 ; *The Mines of Sulfur*, 1965 ; *A Penny for a Song*, 1967).

**BEN NEVIS** n. m. ♦ Point culminant (1 343 m) des îles Britanniques dans les monts Grampians (Écosse).

**BENNI (Stefano)** ♦ Écrivain et journaliste italien (Bologne 1947). Il dénonce avec une déformation et une exagération voulues les travers de la société italienne dans un style poétique, drôle, parfois tragicomique, mêlant grotesque et absurde. *Le Bar sous la mer*, 1987 ; *La Compagnie des Célestins*, 1992 ; *La Dernière Larme*, 1994 ; *Hélianthe*, 1996 ; *Bar 2000*, 1997 ; *Achille au pied léger*, 2003 ; *Margherita Dolcevita*, 2005.

**BENNIGSEN (Levin August, devenu Leonti Leontievitch)** ♦ Général russe (Brunswick 1745 - Banteln, Hanovre 1826). Il entra au service de la Russie dès 1773. Commandant de l'armée du Nord (1806), il combattit Napoléon à Eylau (fév. 1807) où, ayant résisté à l'adversaire, il revendiqua la victoire, mais fut battu à Friedland (juin 1807). Après avoir pris part à la bataille de la Moskova (sept. 1812), il contribua à la victoire de Leipzig (oct. 1813).

**BÉNODET** [29118] ➝ ÉTYM. du bret. *ben* «estuaire» et *Odet** ♦ Comm. du Finistère, arr. de Quimper, sur l'estuaire de l'Odet. 2 750 hab. *(Bénodétois)*. Port de plaisance, station balnéaire.

**BENOIS (Aleksandr Nikolaïevitch, en fr. Alexandre)** ♦ Peintre, décorateur et critique russe (Saint-Pétersbourg 1870 - Paris 1960). Il fonda avec Diaghilev* le groupe Mir Iskousstva («le Monde de l'art») ; trouvant souvent son inspiration dans l'opéra français du XVIIe s., la commedia dell'arte, le décor rococo ou la tradition folklorique russe, il réalisa de nombreux décors, notamment ceux de *Giselle* (1910) et de *Petrouchka* (1911).

**BENOIST (Michel)** ♦ Jésuite, mathématicien, astronome et géographe français (Dijon 1715 - Pékin 1774). Arrivé en Chine comme missionnaire en 1744, il servit à la cour des Qing sous le nom chinois de Jiang Youren. Il participa à la réalisation d'une carte générale de l'empire de Chine gravée sur cuivre en 1769, et réalisa, en collaboration avec G. Castiglione*, les travaux hydrauliques des buffets et jeux d'eau des palais européens du Yuanmingyuan* (anc. palais d'Été).

**BENOIST-MÉCHIN (Jacques)** ♦ Écrivain et historien français (Paris 1901 - *id.* 1983). Journaliste avant la guerre, auteur d'une *Histoire de l'armée allemande*, il exerça diverses fonctions officielles au sein du gouvernement de Vichy. On lui doit de nombreux ouvrages historiques : *Un printemps arabe* (1962), *Deux étés africains* (1972), *Fayçal, roi d'Arabie* (1975). ➝ ÉTYM. Ce nom de famille est formé de *Benoît** et de l'ancien français *meschin* «jeune homme».

**BENOIT (Pierre)** ♦ Romancier français (Albi 1886 - Ciboure 1962). Écrivain très lu et très fécond que son premier roman, *Kœnigsmark* (1918), consacra, Pierre Benoit composa une quarantaine d'ouvrages où sa maîtrise du récit linéaire traditionnel, ses intrigues adroites et pleines de péripéties, son art de créer une atmosphère font merveille. Héros idéalistes et sentimentaux, héroïnes (dont le nom commence par la lettre A) dominatrices et cruelles, décors dépaysants où subsiste toujours une part de mystère assurèrent le succès de *L'Atlantide* (1919), de *Mademoiselle de La Ferté* (1923), de *La Châtelaine du Liban* (1924). [Acad. fr. 1931]

**BENOÎT** ➝ ÉTYM. du lat. *benedictus* «béni», p. p. de *benedicere* «bénir, célébrer»

**BENOÎT Ier dit Bonose** ♦ 62e pape (de 575 à 578). Romain.

**BENOÎT II** (saint) ♦ 81e pape (de 684 à 685). Romain. ▪ Fête le 8 mai.

**BENOÎT III** ♦ 104e pape (de 855 à 858). Romain, élu contre l'antipape Anastase* le Bibliothécaire.

**BENOÎT IV** ♦ 117e pape (de 900 à 903). Romain.

**BENOÎT V le Grammairien** ♦ Antipape (de 964 à 966). Élu par les Romains à la mort de Jean* XII et contre Léon* VIII. Othon Ier l'exila à Hambourg. Certains le regardent comme pape légitime.

**BENOÎT VI** ♦ 133e pape, élu en 972, consacré en 973. Romain. Il fut étranglé (974) par Boniface* VII, antipape.

**BENOÎT VII** ♦ 134e pape (de 974 à 983), de la famille des comtes de Tusculum, ancien évêque de Sutri. Il anathématisa l'antipape Boniface* VII, et avec l'appui d'Othon II, calma l'agitation féodale en Italie.

**BENOÎT VIII [Théophylacte, des comtes DE TUSCULUM]** ♦ 142e pape (de 1012 à 1024). Il eut l'appui de l'empereur Henri II contre l'antipape Grégoire (de la lignée des Crescentii), réunit le synode de Pavie (1022) pour réformer les mœurs du clergé, laissa le pouvoir temporel à son frère Romanus (→ Jean XIX).

**BENOÎT IX [Théophylacte, des comtes DE TUSCULUM]** ♦ (mort en 1055). Pape de 1032 à 1044, vingt jours en avril 1045, et huit mois en 1047 - 1048. Enfant débauché élu à douze ans, il fut chassé au profit de Sylvestre* III (fin 1044), se rétablit par la force mais abdiqua, contre argent, en faveur de Grégoire* VI (1er mai 1045), revint après la mort de Clément* II et fut chassé au profit de Damase* II (1048). Un concile (Rome, 1046) prononça sa déposition. Il figure généralement deux fois sur les listes pontificales (144e et 148e pape).

**BENOÎT XI** (bienheureux) **[Niccolò BOCCASINI]** ♦ (près de Trévise 1240 - Pérouse 1304). 192e pape (1303 - 1304), ancien général des dominicains (1296), cardinal-évêque d'Ostie (1298). Il renoua avec Philippe IV le Bel, ne maintenant l'excommunication que contre les auteurs de l'attentat d'Anagni* (→ Boniface VIII), G. de Nogaret et Sciarra Colonna. Il quitta Rome, aux mains des Colonna, pour Pérouse et y mourut, sans doute empoisonné.

**BENOÎT XII [Jacques FOURNIER]** ♦ (Saverdun, pays de Foix - Avignon 1342). 195e pape (1334 - 1342), cistercien, ancien abbé de Fontfroide. Il commença l'édification du palais des papes en Avignon. Il entreprit une réforme de la moralité et de la fiscalité de la curie.

**BENOÎT XIII [Pedro DE LUNA]** ♦ (Illueca 1324 ou 1329 - Peñiscola 1423). Antipape (1394 - 1423) élu pour succéder à l'antipape d'Avignon Clément* VII. Il refusa d'abdiquer malgré sa promesse, résista à la pression française (retrait de la France hors de son obédience, 1398 - 1403, puis 1408), aux tentatives de conciliation de Grégoire* XII et à sa déposition par les conciles de Pise* (1409) et de Constance* (1417). Il avait fui Avignon dès 1409 et s'était réfugié (1415) dans la forteresse de Peñiscola* où il dirigea une curie de trois cardinaux. → schisme.

**BENOÎT XIII [Vincenzo Maria ORSINI]** ♦ (Gravina, royaume de Naples 1649 - Rome 1730). 243e pape (1724 - 1730), dominicain, ancien évêque de Bénévent. Austère, peu compétent en politique, il se laissa gouverner par l'indigne cardinal Niccolò Coscia.

**BENOÎT XIV [Bernard GARNIER]** ♦ (mort en 1430). Sacriste de Rodez, antipape élu en 1425 à Peñiscola contre Clément VIII (Gil Sánchez de Muñoz), par un seul cardinal.

**BENOÎT XIV [Prospero LAMBERTINI]** ♦ (Bologne 1675 - Rome 1758). 245e pape (1740 - 1758). Au prix de concessions, il fut le pape de la conciliation, avec le Portugal, l'Espagne, les Deux-Siciles, la Prusse même dont il reconnut enfin l'érection en royaume. Canoniste et érudit réputé, il promut l'enseignement des sciences historiques et naturelles dans un sens libéral, fit réviser l'*Index* (d'où Galilée et Copernic devaient être retirés en 1759), entretint une vaste correspondance avec le monde savant et s'attira l'estime des protestants et des déistes eux-mêmes.

**BENOÎT XV [Giacomo DELLA CHIESA]** ♦ (Pegli, près de Gênes 1854 - Rome 1922). 256e pape (1914 - 1922), ancien archevêque de Bologne (1907) et cardinal (1914). Il fut le pape de la Première Guerre mondiale, maintenant, dans la neutralité, une grande activité humanitaire et diplomatique ; mais ses propositions de paix (1er août 1917) n'aboutirent pas et l'Italie obtint que le Saint-Siège fût exclu de la Conférence de la Paix. Il travailla à un rapprochement avec les Églises séparées d'Orient.

**BENOÎT XVI [Josef RATZINGER]** ♦ (Marktl-am-Inn, Bavière 1927). 263e pape, élu en avril 2005. Allemand. Ordonné prêtre en 1951, professeur de théologie dans les universités de Freysing, Bonn, Münster, Tübingen puis Ratisbonne, il devint évêque puis cardinal de Munich en 1977 avant d'être nommé par Jean-Paul II préfet de la Congrégation pour la doctrine de la foi, organe chargé de préserver le dogme catholique (1981). Connu pour son conservatisme doctrinal, il s'engagea, au lendemain de son élection, à «dialoguer avec ceux qui suivent d'autres religions» et avec les autres civilisations, ainsi qu'avec les non-croyants. Il publia sa première encyclique, *Deus caritas est* (2006), réhabilita la messe ancienne, selon le rite de saint Pie V, en latin et leva l'excommunication des évêques intégristes consacrés sans consentement par Mgr Lefebvre* en 1988, notamment celle de l'évêque négationniste Richard Williamson.

**BENOÎT (René)** ♦ Physicien français (Montpellier 1844 - Courbevoie 1922). Inventeur, avec C. E. Guillaume*, de l'alliage invar, il participa, avec Michelson* puis avec Pérot* et Fabry*, à l'évaluation de la longueur du mètre en longueurs d'onde lumineuse.

**BENOÎT BISCOP** (saint) ♦ Moine northumbrien (629 - Wearmouth 690). Ayant séjourné à Lérins et à Rome, il accompagna Théodore* de Canterbury en Angleterre et, comme abbé de St. Augustin de Canterbury, l'aida à organiser l'Église d'Angleterre. Il fonda les monastères de Wearmouth et de Jarrow et introduisit livres et usages romains et gaulois. ▪ Fête le 12 janv.

**BENOÎT D'ANIANE** (saint) ♦ Bénédictin français (v. 750 - près d'Aix-la-Chapelle 821). Fondateur de l'abbaye d'Aniane* (780), il fut, sous l'égide de Louis le Pieux qui le chargea de réformer les monastères de l'empire, le commentateur et le codificateur de la règle de saint Benoît* de Nursie (Concile d'Aix 817).

**BENOÎT DE NURSIE** (saint) ♦ Fondateur de l'ordre bénédictin (Norcia, Pérouse v. 480 - Mont-Cassin v. 547). Sa vie n'est connue qu'à travers le récit, empreint de légende, de Grégoire le Grand (*Dialogues*, II). On en retient qu'après avoir mené une vie érémitique puis cénobitique à Subiaco*, il fonda v. 529 l'abbaye du Mont-Cassin*. Il y rédigea v. 540 une *Règle* qui, reprise par saint Benoît* d'Aniane, se répandit à l'époque carolingienne et reste la règle fondamentale des bénédictins*. Sainte Scholastique* était sa sœur. Il aurait eu pour disciple saint Maur*. Saint Benoît est traditionnellement vénéré comme «patriarche des moines d'Occident». ▪ Fête le 11 juil.

**BENOÎT DE SAINTE-MAURE ou DE SAINTE-MORE** ♦ Trouvère anglonormand, d'origine tourangelle (XIIe s.). En faveur auprès d'Aliénor d'Aquitaine et d'Henri II Plantagenêt, il triompha de son rival Wace* et continua, sur l'ordre du roi, l'*Histoire des ducs de Normandie* (43 000 octosyllabes, v. 1180). Il est l'auteur d'un des premiers romans antiques (*Roman* de Troie*, v. 1165).

**BENOÎT-JOSEPH LABRE** (saint) ♦ Mystique français (Amettes, Artois 1748 - Rome 1783). Il parcourut les routes d'Europe en pèlerin mendiant. Il a été canonisé en 1881. ▪ Fête le 16 avr.

**BÉNOUÉ** n. f. ➝ ÉTYM. «mère *(noué)* des eaux *(be)*» ♦ Riv. d'Afrique occidentale (1 400 km). Née dans l'Adamaoua, elle se jette dans le Niger (rive g.) dont elle constitue le princ. affluent. Navigable jusqu'à Garoua (Cameroun) en période de crue, son cours est utilisé principalement pour le transport des arachides et du coton.

**BENOZZI (Rosa)** ♦ Comédienne d'origine italienne (Toulouse 1701 - Paris 1758). Entrée dans la compagnie Riccoboni en 1716, elle interpréta Marivaux* et créa le personnage de Silvia.

**BENSAÏD (Daniel)** ♦ Philosophe français (Toulouse 1946 - Paris 2010). Après Mai 68, il devint l'un des dirigeants de la Ligue* communiste révolutionnaire aux côtés d'A. Krivine* et l'un des principaux théoriciens trotskystes. Professeur de philosophie à Vincennes, il s'intéressa à W. Benjamin et à Marx (*Marx l'intempestif*, 1996) et tenta d'apporter à la mondialisation néolibérale une critique marxiste à la fois philosophique et politique renouvelée (*Un monde à changer*, 2003 ; *Une lente impatience*, 2004).

**BENSERADE** [bɛ̃sʀad] **(Isaac DE)** ♦ Poète français (Lyons-la-Forêt 1612 ou Paris 1613 - Gentilly 1691). Bien accueilli à l'hôtel de Rambouillet*, protégé de Richelieu, puis de Mazarin, il composa des tragédies (*Cléopâtre*, 1635 ; *Méléagre*, 1640), mais il doit le meilleur de sa réputation aux livrets des ballets qu'il écrivit pour la cour de Louis XIII d'abord, puis pour celle de Louis XIV, notamment avec Lully* (*Ballet de la nuit*, 1653 ; *La Naissance de Vénus*, 1665). Son *Sonnet de Job* (1648) le posa en rival de Voiture* (*Sonnet d'Uranie*). Homme à la mode, il vit son succès décliner après sa transcription en rondeaux des *Métamorphoses* d'Ovide (1676).

**BENSHEIM-AUERBACH** ♦ V. d'Allemagne (Hesse), au pied de l'Odenwald. 39 521 hab.

**BENTHAM (Jeremy)** ♦ Philosophe et jurisconsulte britannique (Londres 1748 - *id.* 1832). Disciple de Hobbes et d'Helvétius, il est le fondateur de l'utilitarisme moral. Le principe d'utilité ou «principe du plus grand bonheur du plus grand nombre d'individus» consiste en une recherche calculée des plaisirs (l'«arithmétique des plaisirs») et sert de base au gouvernement et au droit pénal. La philosophie de Bentham fit école (James Mill*, John Stuart Mill*) et eut un rôle important dans la vie politique britannique (1824 - 1832) ; elle peut être considérée comme une des bases de l'idéologie bourgeoise du XIXe s. Ses œuvres (*Introduction aux principes de la morale et de la législation*, 1789 ; *Traité des peines et des récompenses*, 1811 ; *Déontologie*, publ. 1834) furent en partie traduites en français par E. Dumont. ➝ ÉTYM. Ce nom vient du vieil anglais *beonet* «lande» et *hām* «ferme».

**BENTINCK** ♦ Famille anglaise d'origine hollandaise. ♦ **William Bentinck**, 1er comte **de Portland** (Schoonheeten, Gueldre 1649 - Bulstrode, Buckinghamshire 1709). Il suivit en Angleterre Guillaume* III d'Orange-Nassau dont il était un ami d'enfance. Très impopulaire auprès des tories, il fut l'un des artisans du traité de Rijswijk*. ♦ **William Henry Cavendish Bentinck**, 3e duc **de Portland** (Oxford 1738 - Bulstrode, Buckinghamshire 1809). Chef du ministère Fox*-North, il fut bientôt renversé et revint au pouvoir dans le gouvernement Pitt*, puis comme Premier ministre (1807 - 1809). Il laissa gouverner Burke*, Canning*, Castlereagh* et Fox*.

**BENTIVOGLIO** ♦ Famille de la noblesse italienne qui régna à Bologne* de 1401 à 1506. ➝ ÉTYM. Il s'agit du prénom italien qui signifie «je te veux *(voglio)*, je t'accepte volontiers, avec joie *(bene)*» [dit lors de la naissance d'un fils].

**BENVENISTE (Émile)** ♦ Linguiste français (Alep 1902 - Paris 1976). Dans le domaine de la grammaire comparée indo-européenne, où il s'est rapidement imposé (*Essai de grammaire sogdiane*, avec Gauthiot, 1929 ; *Les Infinitifs avestiques*, 1935), il a proposé une théorie de la racine (formée de trois éléments : consonne-voyelle-consonne, auxquels des élargissements peuvent s'appliquer). En lexicologie, il a étudié du point de vue structural (→ **Saussure**) les *Noms d'agent et Noms d'action en indo-européen* (1948), puis le *Vocabulaire des institutions* (cours au Collège de France). ▪ Ses principaux travaux théoriques ont été regroupés dans *Problèmes de linguistique générale* (1966 ; 1974), ouvrage où sont notamment étudiés le problème des cas, celui des personnes verbales, des temps verbaux et à travers eux les relations entre fonctions (ou sémantique) et formes. Benveniste a discuté la théorie de l'arbitraire du signe (Saussure) et enrichi la syntaxe de considérations sur les rapports entre le locuteur et son discours. Enfin, il a proposé d'importantes hypothèses théoriques en sémiologie. [Acad. inscr. 1960]

**BENXI ou PEN-HI** ♦ V. de Chine (Liaoning). 860 838 hab. Cimenterie, indus. textile, machines-outils.

**BEN YEHUDA (Eliézer PERELMAN, devenu)** ♦ Écrivain et lexicographe de la langue hébraïque (en Lituanie 1858 - Jérusalem 1922). Il mit toute son énergie à réaliser son idéal : renaissance d'Israël sur la terre ancestrale avec la langue ancestrale. À son arrivée à Jérusalem (1881), il prit le patronyme de Ben Yehuda, et s'employa à adapter la langue hébraïque aux besoins nouveaux, par son enseignement, son activité journalistique, et surtout linguistique (création dès 1891 du Comité de la langue, future Académie de la langue hébraïque) et par la rédaction d'un grand dictionnaire historique de l'hébreu en 16 vol. dont 7 publiés de son vivant.

**BENZ (Carl)** ♦ Ingénieur allemand (Karlsruhe 1844 - Ladenburg 1929). Après avoir créé une petite usine pour la construction de machines à gaz à deux temps (1879), il mit au point son premier véhicule à trois roues et l'équipa en 1886 d'un moteur à essence à quatre temps et à une seule vitesse.

**BEOGRAD** → **Belgrade**

**BÉOTIE** n. f. ➝ ÉTYM. en gr. *Boiôtia*, de *boiôtos* (ou *boiôtios*) «béotien» ; rattaché à *boôtês* «qui laboure avec les bœufs ; terre à bœufs» ♦ Région de la Grèce centrale. L'actuel nome de Béotie comprend la partie est de l'anc. Phocide. Env. 135 000 hab. CH.-L. : Livadia. V. PRINC. : Thèbes. ▪ L'Hélikon* et ses prolongements séparent deux riches bassins agricoles : au N., celui de l'ancien lac Copaïs, drainé par le Céphise canalisé (coton, maïs) ; au S., celui de Thèbes (céréales, légumes) séparé de l'Attique par le Cithéron. Favorisée par les mesures de déconcentration d'Athènes, la Béotie orientale s'industrialise rapidement.

**▮ HISTOIRE** Les premiers occupants de cette contrée étaient deux peuples pélasgiques mal connus : les Minyens*, installés autour d'Orchomène*, et les Cadméens, autour de Thèbes et de sa citadelle Cadmée*. La légende de Cadmos* et de son rôle civilisateur pourrait trouver un fondement historique dans l'hypothèse de l'origine phénicienne de ces derniers. Terrain fécond de la mythologie, la Béotie est rattachée à un grand nombre de légendes, dont celles d'Ogygos* et du déluge, de la naissance d'Héraclès* et de Dionysos*, du cycle thébain, etc. Berceau, avec l'Argolide, de la civilisation mycénienne, la Béotie fut envahie par les *Béotiens*, race éolienne de Thessalie (–XIIIe ou –XIIe s.), qui lui donnèrent son nom. **▮ Ligue béotienne** Sous la direction de Thèbes, elle réunit v. –550 les cités principales. → **Aulis, Chéronée, Coronée, Leuctres, Orchomène, Platées, Tanagra, Thespies.** Pendant la seconde guerre médique (–480), la Ligue, à l'exception de Platées et de Thespies, se rallia aux Perses et fut dissoute par les autres Grecs après leur victoire. Réorganisée par Sparte*, elle fut de nouveau dissoute par Athènes qui imposa des gouvernements démocratiques aux cités béotiennes en –457. Aux côtés de Sparte pendant la guerre du Péloponnèse*, puis contre elle pendant la guerre de Corinthe* (–395 - –386), elle fut dissoute par les Lacédémoniens. Par les victoires d'Épaminondas* et de Pélopidas* (→ **Leuctres**), Thèbes et la Béotie s'assurèrent une suprématie provisoire en Grèce et la Ligue se réorganisa sur des bases démocratiques. Alliée d'Athènes contre les Macédoniens, la Béotie subit, après la défaite de Chéronée (–338), de graves représailles. → **Thèbes.** ▪ En dépit de la réputation de lourdeur et de grossièreté faite aux Béotiens par les Athéniens, la Béotie donna à la Grèce Hésiode* (seul survivant d'une longue tradition épique), les grands lyriques Corinne* et Pindare*, puis Plutarque*, ainsi que des réalisations remarquables dans la musique et l'art. → **Tanagra.**

**Beowulf (lai de)** ♦ Poème anglo-saxon (3 000 vers assonancés), anonyme, de l'époque préchrétienne, remanié entre le VIIIe et le Xe s. Le manuscrit (British Museum) ne fut publié qu'en 1815. Par sa rédaction, c'est la plus ancienne des épopées du monde teutonique. On y voit une transposition mythique de la défaite que les Francs infligèrent aux Goths conduits par Hygelac vers 512. Dans ce combat se serait distingué le vaillant Beowulf, un Goth («Geat») de Seeland (Sjælland). Dominé par Wyrd, la déesse de la fatalité, le poème raconte la victoire du héros sur le monstre Grendel puis, cinquante ans plus tard, sa défaite devant un autre fléau et sa mort.

**BERAIN** ♦ Famille de dessinateurs, graveurs et ornemanistes français du XVIIe s. dont le plus brillant représentant fut JEAN Ier, dit Jean le Vieux (Saint-Mihiel 1639 - Paris 1711). Dessinateur de la chambre du roi en 1674, il dessina les décors et costumes des carnavals, ballets, opéras, spectacles et cérémonies du règne de Louis XIV. Auteur de décorations intérieures et de cartons de tapisserie *(Tentures à grotesques, Triomphes marins)* pour la manufacture de Beauvais, il exerça une influence notable en Hollande, en Angleterre et en Allemagne («style Berain»). Il annonce par la finesse, l'élégance de son graphisme et la fantaisie de ses motifs le style rocaille du règne de Louis XV. ▸ **ÉTYM.** *Berain* est une variante de *Bénigne*.

**BÉRANGER (Pierre Jean DE)** ♦ Poète et chansonnier français (Paris 1780 - *id.* 1857). Typographe, commis dans la banque fondée par son père (1796), puis expéditionnaire aux bureaux de l'Université (1809) ; il écrivit très tôt ses premiers vers, une comédie satirique, un poème épique, et devint membre de la société du Caveau* (1813). Avec la Restauration (1814, 1815 - 1830), il devait trouver son genre propre : «la chanson libérale et patriotique qui fut et restera sa grande innovation» (Sainte-Beuve). Évoquant à l'occasion le temps passé (notamment l'épopée napoléonienne), ses satires anticléricales, ses pamphlets politiques, aux rythmes simples, dont beaucoup restèrent très longtemps populaires *(Le Roi d'Yvetot, Le Vieux Sergent, Le Dieu des bonnes gens, Le Sacre de Charles le Simple, La Sainte-Alliance des peuples)*, lui valurent la prison à deux reprises (1815, 1828). Ses *Chansons* furent publiées en quatre recueils (1815, 1821, 1828, 1830), sa *Biographie* parut en 1857, sa *Correspondance* en 1860. ▸ **ÉTYM.** *Béranger* vient du nom de personne germanique *Berengari*, de *berin* (accusatif de *ber*) «ours» et *gari* «lance» ou *°garwa* «prêt».

**BÉRARD (Victor)** ♦ Helléniste français (Morez 1864 - Paris 1931). Auteur d'une traduction de l'*Odyssée* en prose rythmée, il proposa un itinéraire des voyages d'Ulysse et une géographie odysséenne, fondés sur des recherches scientifiques qui firent autorité.

**BÉRARD (Christian)** ♦ Peintre et décorateur français (Paris 1902 - *id.* 1949). Il créa de nombreux décors au théâtre pour des mises en scène de Louis Jouvet* *(L'École des femmes*, 1936 ; *La Folle de Chaillot*, 1945 ; *Dom Juan*, 1947) et au cinéma pour des films de Jean Cocteau *(La Belle et la Bête*, 1946 ; *L'Aigle à deux têtes*, 1948).

**BÉRARDE (LA)** ♦ Hameau de la comm. de Saint-Christophe-en-Oisans (Isère). Station de sports d'hiver et centre d'alpinisme (1 740 m).

**BERAT** ou **BERATI** ♦ V. d'Albanie, ch.-l. de distr., sur l'Osum. 45 572 hab. Mosquée du XVe s., forteresse. ▪ Industrie textile.

**BERBERA** ♦ V. du N. de la Somalie, sur le golfe d'Aden. 70 000 hab. Centre commercial, exportation de cuirs. Pêche. La ville a abrité une base aéronavale soviétique de 1975 à 1977, devenue américaine à partir de 1979. Berbera a été en partie détruite par la guerre civile qui a éclaté en 1991.

**BERBÈRES** n. m. pl. ▸ **ÉTYM.** de l'ar. *barbar*, probablt déformation du lat. *barbarus* «barbare*, étranger» ♦ Ensemble des populations d'Afrique du Nord qui parlent un des dialectes berbères : Marocains, env. 4 000 000 (Chleuhs*, Rifains), Algériens, env. 2 000 000 (Aurès*, Chaouïas*, Kabyles*), 500 000 Touaregs, les habitants du Mzab, de l'île de Djerba, etc., ainsi que des îlots libyens et égyptiens (Sioua). ▪ On distingue trois groupes fondamentaux de dialectes berbères : masmuda, sanhaja, zanata. **Histoire** Les Berbères occupaient l'Afrique du Nord dès la préhistoire. Les Grecs et les Phéniciens établirent des comptoirs commerciaux et des postes stratégiques sur la côte. Leur présence eut une certaine influence sur les populations installées sur le littoral. La fondation de Carthage et le développement de la civilisation punique marquèrent une partie de la région. Après la destruction de Carthage et la colonisation romaine de la Tunisie, de l'E. et du N. de l'Algérie, de l'O. et du N. du Maroc, certains Berbères adoptèrent le christianisme et la langue latine.

**Berbères.** Femme et enfant nomades à Kairouan.
*Phot. © Nino Cirani/Ricciarini*

Cependant, diverses colonies juives s'installèrent dans la région et les actuels Juifs berbérophones des montagnes en sont les descendants. Après la première invasion arabe, au VIIe s., l'islam remplaça rapidement le christianisme et l'arabe le latin dans les zones romanisées ; des villes arabo-musulmanes, telles Fès et Kairouan, furent fondées. Au XIe s. intervint la seconde vague d'invasion arabe (Hilaliens, Banū Sulaym, puis Banū Maqil) qui contribua à arabiser les Berbères des steppes et des franges désertiques, mais se heurta à la résistance des Almoravides* qui reconquirent le Maroc au XIIe s. et établirent un vaste empire. Les Almohades* qui leur succédèrent régnèrent sur la moitié de l'Espagne et la totalité du Maghreb. Les Mérinides* et les Abdelwadides* furent les dernières grandes dynasties berbères. La culture berbère est essentiellement orale malgré les tentatives récentes de la codifier, et se perpétue par la chanson, le folklore et les contes. L'art (orfèvrerie, céramique, tapis, sculpture sur bois) se caractérise par des décors géométriques.

**BERBEROVA (Nina Nikolaïevna)** ♦ Femme de lettres américaine d'origine russe (Saint-Pétersbourg 1901 - Philadelphie 1993). Émigrée en 1922, elle vécut en France, où elle devint critique littéraire et auteur de romans *(Les Derniers et les Premiers*, 1930 ; *La Souveraine*, 1932 ; *Sans déclin*, 1938), évoquant la vie des Russes émigrés. Elle écrivit sur le même sujet une série de récits attachants et drôles *(Les Chroniques de Billancourt ; L'Allègement du destin*, 1949) et deux nouvelles *(L'Accompagnatrice*, 1935 ; *Le Laquais et la Putain*, 1937) qui lui apportèrent la célébrité un demi-siècle plus tard. Installée aux États-Unis à partir de 1950, elle a publié une autobiographie : *C'est moi qui souligne* (1972).

**BERCEO (GONZALO DE)** → **Gonzalo de Berceo**

**BERCHEM** ou **BERGHEM (Claes Pieter)** ♦ Peintre et graveur hollandais (Haarlem 1620 - Amsterdam 1683). Fils du peintre de natures mortes Pieter Claesz*, il fut notamment l'élève de Van* Goyen. Inscrit à la guilde de Haarlem en 1642, il résida à Rome probablement de 1642 à 1645 et y subit l'influence des «bambochades» de P. Van* Laar. Il travailla ensuite à Haarlem, puis se fixa en 1677 à Amsterdam. Auteur de paysages animés par des personnages, chevaux et troupeaux, il fut l'un des principaux représentants du courant italianisant dans le domaine du paysage *(Le Gué italien)*. Mêlant le détail pittoresque et la fable, les éléments italiens et hollandais, il représenta des scènes pastorales et idylliques aux coloris vifs et baignant souvent dans une lumière dorée qui furent très appréciées et influencèrent au XVIIIe s. notamment Oudry* et Boucher*.

**BERCHEM-SAINTE-AGATHE** – en néerl. ***Sint-Agatha-Berchem*** ♦ Comm. de Belgique (Région de Bruxelles-Capitale). 20 431 hab. Indus. chimique (caoutchouc). Confection.

**BERCHET (Giovanni)** ♦ Poète italien (Milan 1783 - Turin 1851). Traducteur de Gray, Bürger, Schiller, il donna en 1816 une sorte de manifeste du romantisme lombard avec sa *Lettera semiseria di Grisostomo*. Collaborateur du *Conciliatore*, qui regroupait la nouvelle école, il dut s'exiler à Paris, puis en Angleterre et en Belgique, après les émeutes de 1821. Célèbre pour son poème sur les *Profughi di Parga* («Les Réfugiés de Parga»), il exprima son romantisme élémentaire, pittoresque mais superficiel, dans des *Romances* (1822 - 1824) et des *Fantaisies* (1829). Il donna en 1837 une traduction partielle du *Romancero** espagnol.

**BERCHTESGADEN** ▸ **ÉTYM.** d'un 1er élément inconnu et du vx haut all. *gadem* «hutte, remise» ♦ V. d'Allemagne (Bavière), dans les Alpes bavaroises, sur l'Achen. 7 721 hab. Au pied du massif du Watzmann, station climatique et de sports d'hiver. Salines exploitées depuis le Moyen Âge. **Histoire** Au sommet d'une des montagnes entourant la ville (l'Obersalzberg), Hitler avait installé son fameux «nid d'aigle» ou Berghof, sa résidence favorite, où se tinrent plusieurs conférences diplomatiques. Le Berghof fut occupé par la division Leclerc le 4 mai 1945.

**BERCK** [62600] ➝ ÉTYM. du germ. *birko* «bouleau» ♦ Comm. du Pas-de-Calais, arr. de Montreuil. 14 378 hab. (aggl. 20 113) *(Berckois)*. ▪ À 2 km du centre, *Berck-Plage*, station balnéaire, climatique et médicale (maladies et traumatismes osseux).

**BERCY** ➝ ÉTYM. de l'anc. fr. *bercil* ou *bergil* «bergerie» ♦ Quartier de Paris (12$^{e}$ arr.). Anc. comm. annexée à Paris en 1860, ce fut dès le XVI$^{e}$ s. un port aux bois et aux vins. De nombreuses et belles demeures s'y élevèrent à partir du XVII$^{e}$ s. (hôtel de la Rapée, château de Bercy) remplacées par des entrepôts de vin au XIX$^{e}$ s. Ces derniers ont fait l'objet, à partir des années 1980, d'un vaste programme de rénovation : Palais omnisports de Bercy (1984), ministère des Finances (1989).

**BERD** n. f. ➝ **Banque européenne pour la reconstruction et le développement**

**BERDIAEV** ou **BERDIAEFF (Nikolaï Aleksandrovitch,** en fr. **Nicolas)** ♦ Philosophe russe (Kiev 1874 - Clamart 1948). Exclu de l'université en raison de ses opinions révolutionnaires, il poursuivit ses études à Heidelberg. De retour en Russie, il s'éloigna du marxisme, après être revenu à la foi chrétienne, sans perdre de vue la nécessité des réformes sociales. D'abord toléré par le régime soviétique (après la révolution d'octobre 1917), il fut expulsé de Russie en 1922 et se fixa à Berlin, puis à Paris. Contrairement à ses compatriotes en exil, il ne condamna jamais le nouveau régime en URSS. Se rattachant à l'existentialisme chrétien, sa pensée est centrée sur la question de la liberté humaine. Il chercha le sens de l'histoire dans l'ordre spirituel et dans la relation de l'homme et de Dieu. Sa philosophie est aussi une théosophie eschatologique (*Philosophie de la liberté*, 1911 ; *De la destination de l'homme*, 1931 ; *Cinq méditations sur l'existence*, 1936 ; *Essai de métaphysique eschatologique*, 1946).

**BERDIANSK** ♦ V. d'Ukraine, sur la côte N. de la mer d'Azov. 119 290 hab. Port. Indus. mécaniques. Raffinerie de pétrole.

**BERDITCHEV** ♦ V. d'Ukraine, dans la région de Jitomir. 84 313 hab. Indus. mécanique et alimentaire. Traitement du cuir. Nœud ferroviaire.

**BÉRÉGOVOY (Pierre)** ♦ Homme politique français (Déville-lès-Rouen 1925 - Nevers 1993). Ancien ajusteur-fraiseur, socialiste, il fut, après l'arrivée de la gauche au pouvoir en 1981, secrétaire général de la présidence de la République, ministre des Affaires sociales et de la Solidarité nationale, puis de l'Économie, des Finances et du Budget (1984 - 1986 ; 1988 - 1992) et enfin Premier ministre d'avr. 1992 à mars 1993. Il s'affirma partisan de la rigueur économique, pratiqua une politique fondée sur la stabilité du franc ainsi que sur la lutte contre l'inflation et les dépenses publiques, mais dut faire face à l'augmentation du chômage qui fut l'une des raisons principales de la défaite de la gauche aux élections législatives de mars 1993. Il se donna la mort. ➝ ÉTYM. Ce nom de famille vient peut-être du russe *bereg* «de la rive».

**BERELSON (Bernard R.)** ♦ Sociologue américain (Spokane 1912 - North Tarrytown, New York 1979). Spécialiste de l'étude du comportement électoral qu'il décrivit dans *The People's Choice : How the Voter Makes up His Mind in a Presidential Campaign* («Le Choix du peuple : comment l'électeur prend sa décision dans une campagne présidentielle», avec P. Lazarsfeld et H. Gaudet, 1944) et *Voting : a Study of Opinion Formation in a Presidential Campaign* («Le Vote : étude de la formation de l'opinion dans une campagne présidentielle», avec P. Lazarsfeld et W. McPhee, 1954).

**BÉRENGER I$^{er}$** ♦ (mort à Vérone en 924). Roi d'Italie (888 - 924), empereur d'Occident (915 - 924). Petit-fils, par sa mère Gisèle, de l'empereur Louis* le Pieux, il fut battu près de Plaisance (923) par son compétiteur Rodolphe* II de Bourgogne et périt assassiné par les Véronais révoltés.

**BÉRENGER II** ♦ (mort à Bamberg en 966). Roi d'Italie (950 - 961). Petit-fils de Bérenger I$^{er}$, il lutta contre Lothaire* II, roi d'Italie, le fit empoisonner et lui succéda, gardant prisonnière sa veuve Adélaïde. Celle-ci appela à son secours Othon* I$^{er}$, qui la délivra et l'épousa (951). Obligé de se reconnaître vassal du souverain allemand, Bérenger ne tarda pas à se révolter à nouveau, mais vaincu par Othon, il perdit son trône et mourut en prison.

**BÉRENGER DE TOURS** ♦ Théologien, archidiacre d'Angers (Tours v. 1000 - *id.* 1088). Sa doctrine sur l'eucharistie, niant la présence réelle fut combattue par Hildebrand (➝ **Grégoire VII**) et condamnée par plusieurs conciles (1050 - 1054). Il se rétracta lors du concile de Rome (1073).

**BÉRENGÈRE** ♦ (1181 - 1244). Reine de Castille (1217). Fille d'Alphonse* VIII le Noble, elle fut mariée en 1197 à son cousin Alphonse* IX, roi de León. Régente de Castille après la mort de son père (1214), elle monta sur le trône après celle de son frère Henri I$^{er}$ (1217), mais abdiqua en faveur de son fils Ferdinand* III.

**BÉRÉNICE** ➝ ÉTYM. en gr. *Pherenikê* «porteuse de victoire» ♦ Nom de plusieurs princesses égyptiennes de la famille des Ptolémées*. ♦ **BÉRÉNICE** (fin –IV$^{e}$ s.). Femme de Ptolémée* I$^{er}$ Sôter et mère d'Arsinoé* II et de Ptolémée* II, fondateur du port de Bérénice sur la mer Rouge. ♦ **BÉRÉNICE.** Fille de Ptolémée* II et d'Arsinoé* I$^{re}$, elle épousa Antiochos* II de Syrie (v. –252) et fut assassinée, à la mort de celui-ci, par sa première femme Laodice (–246). ♦ **BÉRÉNICE.** Fille de Magas, roi de Cyrène (–221). Elle épousa Ptolémée* III (–247). Elle consacra une boucle de ses cheveux à Aphrodite pour obtenir que son mari revienne sain et sauf d'une expédition en Syrie. Ces cheveux ayant disparu du temple où ils avaient été placés, l'astronome Conon de Samos affirma qu'ils avaient été changés en astre et donna à une constellation le nom de *Chevelure de Bérénice*. D'où le poème de Callimaque* que Catulle* adapta quelques siècles plus tard.

**BÉRÉNICE** ➝ ÉTYM. en gr. *Pherenikê* «porteuse de victoire» ♦ Nom de deux princesses juives d'Idumée. ♦ **BÉRÉNICE.** Fille de Salomé, sœur d'Hérode* I$^{er}$ le Grand (–I$^{er}$ s.) ; elle épousa d'abord son cousin Aristobule, fils d'Hérode* I$^{er}$ et de Mariamne. ♦ **BÉRÉNICE.** Fille d'Hérode* Agrippa I$^{er}$ (v. 28 - 79) et sœur d'Hérode* Agrippa II avec lequel on l'accusait d'avoir des relations incestueuses. C'est devant elle et son frère que saint Paul présenta sa défense à Césarée en 59. Après le siège de Jérusalem (70), Titus*, qui avait vingt ans de moins qu'elle, s'en éprit, l'emmena à Rome, mais renonça à l'épouser devant l'opposition publique romaine. ▪ Sujet de *Bérénice** de Racine* et de *Tite et Bérénice* de Corneille*.

***Bérénice*** ♦ Tragédie de Racine* (1670). Amoureux de la reine Bérénice qu'il a emmenée à Rome après le siège de Jérusalem, l'empereur Titus la renvoie, aux premiers jours de son règne, au mépris de ses promesses et de leur passion commune, devant l'hostilité du peuple romain à son projet de mariage. Prince oriental lié à Bérénice par un amour malheureux, Antiochus s'éloigne à son tour, désespéré de n'avoir pu l'émouvoir.

**BERENSON (Bernhard)** ♦ Amateur et critique d'art américain d'origine lituanienne (Butremanz, près de Vilnius 1865 - Settignano, près de Florence 1959). Il se spécialisa dans la peinture de la Renaissance italienne et joua un rôle important dans le choix des acquisitions par les grands collectionneurs et musées américains. Il s'imposa comme un expert d'une grande compétence et rassembla lui-même une riche collection de tableaux et de livres dans sa villa florentine *I Tatti*, léguée à l'université Harvard. Il a écrit de nombreux ouvrages historiques, théoriques et esthétiques ainsi que des souvenirs *(Drawings of the Florentine Painters ; The Italian Painters of the Renaissance)*. Bien que ses méthodes et les *a priori* esthétiques sur lesquels elles se fondent soient très discutés et ses attributions remises en cause, il n'en manifesta pas moins une remarquable intuition et exerça un rôle important dans la diffusion des œuvres du Quattrocento, notamment aux États-Unis.

**BERETTA (Caterina)** ♦ Danseuse italienne (Milan 1839 - *id.* 1910). La perfection de sa technique, sa virtuosité ont justifié le succès ininterrompu de sa carrière. Elle fut maîtresse de ballet au théâtre Marie de Saint-Pétersbourg (1877) puis à la Scala de Milan (1902). Elle a compté parmi ses élèves Anna Pavlova et Tamara Karsavina.

**BÉRÉZINA** ou **BEREZINA** n. f. ➝ ÉTYM. en russe «bois de bouleaux», de *bereza* «bouleau» et suff. collectif *-ina* ♦ Riv. de Biélorussie (613 km). Elle arrose Bobrouisk avant de se jeter dans le Dniepr. ▮ **Histoire** Lors de la retraite de Russie, la Grande Armée la franchit (27 - 29 nov. 1812) grâce aux pontonniers du général Éblé* et aux troupes qui couvraient le passage, parmi lesquelles celles de Ney et de Victor et la légion polonaise de Dąbrowski. Les souffrances et les morts de cet épisode de défaite ont fait du mot *bérézina*, en français familier, le synonyme de «débâcle, échec catastrophique».

**BEREZNIKI** ♦ V. de Russie, région de Perm, sur la Kama. 173 500 hab. Indus. chimique (potassium, magnésium, bicarbonate de sodium). Gaz naturel.

**BERG (Max)** ♦ Architecte allemand (Stettin 1870 - Baden-Baden 1947). Architecte-urbaniste de la ville de Breslau (auj. Wrocław), il réalisa la salle du Centenaire (Jahrhunderthall, 1912 - 1913), de plan circulaire et couverte par une vaste coupole dont la structure en béton (nervures et anneaux concentriques) reste apparente. Dans cette œuvre, l'une des plus audacieuses de l'époque, s'affirment à la fois une conception strictement fonctionnelle et une recherche de l'effet plastique de caractère expressionniste qui préfigurent certains des partis adoptés dans la construction en béton, notamment par Nervi*.

**BERG (Alban)** ♦ Compositeur autrichien (Vienne 1885 - *id.* 1935). Issu de la haute bourgeoisie viennoise, il entreprit ses études musicales avec A. Schoenberg* (1904 - 1910) auprès de qui il rencontra A. von Webern*. Le maître et ses élèves ne tardèrent pas à se lier d'une solide amitié. Les premières compositions de Berg, une *Sonate pour piano* op. 1 (1907 - 1908) et *Quatre Mélodies* op. 2 (1908 - 1909), œuvres intensément lyriques, restent fidèles à la tonalité. Mais dès le premier *Quatuor à cordes* op. 3 (1910), elle est rejetée. Suivirent les *Altenberg Lieder* op. 4 (1912), les *Quatre Pièces pour clarinette et piano* op. 5 (1913) et les *Trois Pièces pour orchestre* op. 6 (1914). Mobilisé en 1914, affecté à un poste administratif, Berg put poursuivre ses tâches. La révélation de l'œuvre de Büchner*, *Woyzeck**, lui inspira un opéra, *Wozzeck*. Il procéda à un remaniement du texte dont il concentra la teneur dramatique puis en écrivit la musique ; la partition fut achevée en 1919. Donné d'abord en fragment, l'ouvrage ne sera représenté à Berlin qu'en 1925 et déchaînera les sarcasmes et la fureur d'une critique incompréhensive. L'importance du *Wozzeck* de Berg est considérable dans l'histoire de la musique dramatique au XX$^{e}$ s. Si le musicien y respectait la structure de l'opéra classique, il y utilisait le leitmotiv dans une structure largement atonale, donnant à chaque scène une rigoureuse unité, et y introduisait aussi le «chanté parlé» *(Sprechgesang)* schoenbergien, synthétisant tous ces éléments grâce à un puissant dynamisme, une rare intensité dramatique et une étonnante richesse d'orchestration. De la même période créatrice datent le concerto de chambre (*Kammerkonzert,* 1923 - 1925) et un autre grand chef-d'œuvre, la *Suite lyrique pour quatuor à cordes* (1926) où, pour la première fois, Berg utilise la technique dodécaphonique sérielle. Dans une dernière période de sa carrière (1927 - 1935), il s'attacha à la composition d'un nouvel opéra, *Lulu** (d'après deux drames de F. Wedekind), mais cet ouvrage expressionniste et violent demeura inachevé et le public n'en connaîtra jusqu'en 1979 que les deux premiers actes. Berg composa encore une cantate pour soprano et orchestre, *Le Vin,* sur trois poèmes de Baudelaire (1927). Le concerto pour violon (*À la mémoire d'un ange,* 1935), hommage funèbre rendu à la fille d'Alma Mahler et de Walter Gropius, morte à dix-huit ans, marque un retour au romantisme et à une certaine tonalité. → **sérialisme.**

**BERG (Paul)** ♦ Biochimiste américain (New York 1926). Ses études sur les acides nucléiques et en particulier sur les recombinaisons d'ADN font de lui l'un des pionniers des manipulations génétiques. Il fut le premier à réussir la fabrication d'hybrides moléculaires. [Prix Nobel de chimie 1980, avec W. Gilbert* et F. Sanger*]

**BERG** (duché de) ♦ Anc. État d'Allemagne situé sur la rive d. du Rhin. Assez convoité pour être passé successivement du duché de Clèves et du Palatinat à la Bavière (1777), à Napoléon en 1806 qui en fit pour Murat un grand-duché, enfin à la Prusse en 1815 qui l'incorpora en 1824 à la *Rheinprovinz,* auj. en Rhénanie-du-Nord-Westphalie, le pays de Berg offre sur les premières pentes du Massif schisteux rhénan une très forte densité de petites entreprises métallurgiques autour de Solingen*, travaillant en sous-traitance pour Cologne, Düsseldorf et la Ruhr.

**BERGAMA** → **Pergame**

**BERGAME** – en it. ***Bergamo*** ♦ V. d'Italie, en Lombardie, ch.-l. de prov., au pied des Alpes bergamasques. 113 143 hab. *(Bergamasques).* Dans la ville haute : basilique Sainte-Marie-Majeure (XII$^e$ - XIV$^e$ s.), intérieur baroque (tapisseries, marqueteries, fresques) ; baptistère (XIV$^e$ s.). Chapelle Colleoni par Amadeo (fin XV$^e$ s.) : façade de marbres polychromes, monument funéraire du condottiere (statue équestre) à bas-reliefs, fresques de Tiepolo. Palais communal (XII$^e$ - XVI$^e$ s.) à beffroi, palais Scamazziano palladien. Maisons anc. et forteresse. Dans la ville basse, Académie Carrare : peintures XV$^e$ - XVIII$^e$ s. (Botticelli, Pisanello, Antonello da Messina, G. Bellini, Carpaccio, L. Lotto, Titien, Tintoret). Université. ▪ Importantes implantations sidérurgiques, métallurgiques et mécaniques. Activités tertiaires. Centrale thermique. **Histoire** Anc. cité romaine, capitale d'un duché lombard au XII$^e$ s., Bergame passa sous la domination de Venise de 1428 à 1797, où la ville se transforma grâce au commerce et à l'industrie. Rattachée à la République cisalpine, elle devint, en 1806, chef-lieu du département de Serio. Attribuée à l'Autriche en 1815, elle passa au Piémont après la paix de Villafranca, en 1859. ▪ C'est à Bergame qu'est née, au XVI$^e$ s., la commedia dell'arte.

**BERGAMÍN (José)** ♦ Écrivain espagnol (Madrid 1895 - Saint-Sébastien 1983). Fondateur en 1933 de la revue *Cruz y Raya* où il essaie de concilier catholicisme et libéralisme, il prit parti en 1936 pour la République et s'exila au Mexique, puis en Amérique du Sud. De retour à Madrid en 1958, il dut s'exiler à nouveau de 1964 à 1969. Il écrivit des recueils d'aphorismes (*L'Étoile et la Fusée,* 1923), des pièces de théâtre, des essais sur le théâtre et la poésie, ainsi que des poèmes.

**BERGANZA (Teresa)** ♦ Soprano espagnole (Madrid 1935). Elle s'est imposée, avant de mener une carrière internationale, dans les rôles de Chérubin (des *Noces de Figaro*) et de Rosine (du *Barbier de Séville*). Elle chante volontiers le répertoire espagnol (chansons populaires, zarzuelas).

**BERGEDORF** ♦ Anc. ville d'Allemagne incorporée à la ville-État de Hambourg, dont elle forme les quartiers S.-E. sur un bras de l'Elbe. ▪ Cultures maraîchères (polder des Vierlander).

**BERGEN** → **Mons**

**BERGEN** → **ÉTYM.** du vx norvég. *Bjørgvin* «la prairie *(vin)* des montagnes *(bjørg)*» ♦ V. du S.-O. de la Norvège, sur le Vågenfjord, au N. de Stavanger. ch.-l. du comté d'Hordaland et 2$^e$ ville du pays. 237 631 hab. Université. École supérieure de commerce. Construite sur une plaine côtière et dominée par des montagnes granitiques, la ville s'est étendue autour du fjord et vers le N. C'est l'un des sites les plus arrosés d'Europe. Musée des Arts décoratifs, musée de plein air. ▪ Centre touristique. Importantes activités portuaires : Bergen est un port de pêche, de commerce et de voyageurs (vers la Grande-Bretagne, le N. de la Norvège et le reste de l'Europe). Centre indus. : chantiers navals (équipement de plateformes pétrolières), conserveries, électrochimie, électrométallurgie, indus. mécaniques et alimentaires. Imprimerie. **Histoire** Fondée en 1070 par Olaf Kyrre, Bergen devint une résidence royale au XIII$^e$ s. et la première ville de Norvège. De 1350 à 1559, ce fut une importante cité hanséatique, dominée par les marchands allemands. La ville, en partie détruite par des incendies à plusieurs reprises, demeure un important témoin de l'architecture des XVIII$^e$ et XIX$^e$ s.

**BERGEN** ♦ V. des Pays-Bas (Hollande-Septentrionale). 31 332 hab. **Histoire** Victoire de Brune sur les Anglo-Russes (1799), commandés par le duc d'York et le général Abercromby.

**BERGEN-BELSEN** ♦ Camp de concentration établi par les nazis près de Celle* (Hanovre) en 1943 et libéré par les Britanniques, qui y découvrirent l'affreux spectacle de dizaines de milliers de mourants et de cadavres décharnés (1945).

**BERGEN OP ZOOM** ♦ V. des Pays-Bas (Brabant-Septentrional), sur l'Escaut oriental. 65 440 hab. Métall., construc. mécaniques, indus. chimiques et alimentaires. **Histoire** La ville fut prise par les Français que commandait Lœwendal (1747), puis en 1795 par Pichegru.

**BERGER (Hans)** ♦ Neuropsychiatre allemand (Neuses an der Eichen, Bavière 1873 - Iéna 1941). Le premier à étudier l'activité électrique du cerveau, il découvrit, en 1929, les rythmes α et β et mit au point l'électroencéphalogramme.

**BERGER (Gaston)** ♦ Philosophe et psychologue français (Saint-Louis, Sénégal 1896 - Longjumeau 1960). Parti d'une réflexion sur les problèmes psychologiques et logiques de la connaissance, il fut amené à une étude critique de la phénoménologie (plus particulièrement du sujet transcendantal, ou cogito) de Husserl* ; puis il s'orienta vers des recherches plus concrètes de caractérologie (*Traité pratique d'analyse du caractère,* 1951 ; *Caractère et Personnalité,* 1954). → **Heymans.**

**BERGER (Yves)** ♦ Écrivain français (Avignon 1931 - Paris 2004). Critique littéraire et éditeur, il a consacré son œuvre romanesque à la célébration des États-Unis d'Amérique au temps des Indiens et des pionniers. Dans un style lyrique et baroque, *Le Sud* (1962), *Le Fou d'Amérique* (1976), *Les Matins du Nouveau Monde* (1987), *La Pierre et le Saguaro* (1990), *L'Attrapeur d'ombres* (1992) et *Le monde après la pluie* (1998) construisent un univers mythique, symbole d'un absolu à conquérir.

**BERGER** (étoile du) → **Vénus**

**BERGERAC (CYRANO DE)** → **Cyrano de Bergerac**

**BERGERAC** [24100] → **ÉTYM.** de *Bracarius,* n. de pers., du gaul. *braca* «braie, fabricant de braies» et suff. *-acum* ♦ Ch.-l. d'arr. de la Dordogne, sur la Dordogne. 26 053 hab. (aggl. 33 539). *(Bergeracois).* Maison des XVI$^e$ et XVII$^e$ s. dite château Henri-IV. Musée du Tabac. ▪ Centre admin. et commercial (vins, tabac). Institut expérimental des tabacs. Poudres et explosifs (nitrocellulose). **Histoire** Citadelle des calvinistes au XVI$^e$ s. (paix de Bergerac, 1577). Avec l'édit de Nantes (1598), Bergerac fut une des places de sûreté des calvinistes. En 1621, Louis XIII en fit raser les fortifications.

**BERGERET (Jules)** ♦ Homme politique français (Paris 1839 - New York 1905). Ouvrier typographe, il fut membre du Comité central de la garde nationale et de la première commission exécutive de la Commune de Paris (qui le révoqua). Après la Semaine sanglante (22 - 28 mai 1871), il se réfugia à Jersey, puis à New York.

**BERGERON (Pierre)** ♦ Historien et géographe français (XVI$^e$ - XVII$^e$ s.). Auteur d'un *Traité de la navigation et des voyages de découvertes et de conquêtes modernes* (1629), d'une *Histoire de la première découverte et conquête des Canaries* (1630). → **Béthencourt.**

**BERGERON (André)** ♦ Syndicaliste français (Suarce, Territoire de Belfort 1922). Il a été secrétaire général de la CGT-FO de 1963 à 1989, et a été à ce titre l'un des signataires des accords de Grenelle (→ **mai 1968**). → **ÉTYM.** Ce nom de famille vient de *Berger.*

Les **Bergers d'Arcadie** ♦ Tableau de Poussin (non daté ; vers 1650). Œuvre très admirée du maître du classicisme français, qui invite le spectateur à une méditation philosophique sur le thème métaphysique de la mort, *Les Bergers d'Arcadie* connurent une première version dans les années 1630, lors du premier séjour de Poussin à Rome (collection du duc de Devonshire, Chatsworth). Lors de son second séjour dans cette ville, dans sa période de maturité, alors que l'influence de Raphaël était prédominante, Poussin revint sur ce thème et en donna une nouvelle interprétation, qui témoigne de sa manière classique : une composition simple et claire, solennelle, statique, des formes puissantes, des couleurs claires et froides, une lumière voilée.

**BERGÈS (Aristide)** ♦ Ingénieur français (Lorp, Ariège 1833 - Lancey, Isère 1904). C'est lui qui eut l'idée d'utiliser les chutes d'eau (houille blanche) pour la production d'électricité (1869).

**BERGIUS (Friedrich)** ♦ Industriel et chimiste allemand (Goldschmieden, auj. Wrocław 1884 - Buenos Aires 1949). Il mit au point le premier procédé de synthèse industrielle des carburants, fondé sur l'hydrogénation catalytique de la lignite (*berginisation,* 1921). [Prix Nobel de chimie 1931, avec C. Bosch*]

**BERGMAN (Torbern Olof)** ♦ Chimiste suédois (Katrineberg 1735 - Medevi 1784). Auteur de recherches sur les affinités chimiques, dont il établit une table, il introduisit le concept d'attraction élective, remarqua la différence des résultats obtenus par voie sèche et par voie humide et se montra un précurseur de la notation symbolique.

On lui doit également une théorie réticulaire des cristaux. [Acad. sc. 1782] ◆ ÉTYM. Ce nom suédois signifie «homme *(man)* de la montagne *(berg)*»

**BERGMAN (Hjalmar)** ♦ Écrivain suédois (Örebro 1883 - Berlin 1931). Essayant d'échapper par l'écriture à ses terreurs pathologiques et animé par une intense pitié pour la condition humaine, il composa d'extraordinaires romans où le monde moderne est impitoyablement mis en accusation (*Le Testament de Sa Grâce,* 1910 ; *Les Mémoires d'un mort,* 1918). *Le Clown Jac* (1930) fait le procès d'un monde qui ne supporte pas les inadaptés : peu d'œuvres ont mené plus loin la condamnation radicale d'une vie défigurée où seule l'angoisse est laissée aux hommes.

**BERGMAN (Ingrid)** ♦ Actrice suédoise (Stockholm 1915 - Londres 1982). Lancée par son compatriote Gustav Molander, elle connut la consécration de Hollywood à partir de 1941. Ses plus grands succès furent *Casablanca* (1943), *Les Enchaînés* (1946), *Jeanne d'Arc* (1948). Elle quitta cette gloire un peu factice par amour pour Roberto Rossellini*, dont elle fut l'épouse et l'interprète de *Stromboli* (1950) à *Voyage en Italie* (1953). Elle revint aux sources nationales dans son dernier film, *Sonate d'automne,* de son homonyme Ingmar Bergman (1978).

**BERGMAN (Ingmar)** ♦ Cinéaste et homme de théâtre suédois (Uppsala 1918 - Faro 2007). D'abord scénariste (*Tourments,* Alf Sjöberg, 1944), il s'affirma très vite comme le chef de file de l'école suédoise contemporaine, tout en poursuivant une carrière de metteur en scène de théâtre (il est directeur du Théâtre royal de Stockholm). Son art puise aux sources profondes de la mystique scandinave, et sa vision du monde se ressent d'une stricte éducation luthérienne (il est fils de pasteur), qui l'incline tantôt vers l'espérance métaphysique, tantôt vers un amer scepticisme. «La vie n'est rien d'autre qu'un voyage cruel et dénué de sens, vers la mort», fait-il dire à un personnage dans *Prison* (1949). D'une œuvre considérable (plus de 40 longs métrages), dont l'impact ne s'est pas démenti, on retiendra quelques films-jalons : *La Nuit des forains* (1953), *Sourires d'une nuit d'été* (1955), *Le Septième* Sceau* (1956), *Les Fraises sauvages* (1957) *Le Silence* (1963), *Persona* (1966), *Une passion* (1969), *Cris* et Chuchotements* (1972), *Sonate d'automne* (1978), *Fanny et Alexandre* (1982), *Sarabande* (2004). La plage heureuse de *La Flûte enchantée* (1973), modèle d'opéra filmé, se détache de cet univers un peu étouffant.

**BERGOGNONE** ou **BORGOGNONE (Ambrogio DA FOSSANO, dit)** ♦ Peintre lombard (né v. 1455), connu de 1481 à 1522. Inscrit en 1481 au registre des peintres milanais, il travailla aussi à Pavie (1488 - 1494 et 1512 - 1514), où il exécuta des fresques à la chartreuse, à Lodi (1498 - 1500), où il décora l'abside de l'Incoronata, et à Marignan (*Baptême du Christ,* 1506) et Bergame (polyptyque de San Spirito, 1508). Influencé par V. Foppa et les artistes français et flamands, il ne se laissa pas très profondément toucher par la Renaissance quand il connut Léonard de Vinci, et demeura attaché à la tradition lombarde qu'il adoucit cependant par le lyrisme délicat des coloris, le rendu de l'atmosphère, et moins de sévérité dans la composition (*Pietà,* 1480, Gazzada ; *Miracle de saint Benoît,* 1490, Nantes ; *Madone,* 1490 - 1494, Bergame).

**BERGSLAGEN** n. m. ♦ Région minière et forestière de Suède centrale, au N.-E. du lac Vänern. Elle produit du fer, mais aussi des minerais de toutes sortes (or, argent, cuivre, plomb, zinc). Le Bergslagen fournit, jusqu'au XVIII^e s., le tiers de la production mondiale de fer, puis fut concurrencé par l'Angleterre (fonte au coke). Il s'est spécialisé dans la transformation des métaux. La région, en crise, est en restructuration économique.

**BERGSON** [bɛʀksɔn] **(Henri)** ♦ Philosophe français (Paris 1859 - *id.* 1941). Professeur au Collège de France (1900 - 1914), il a laissé une œuvre philosophique abondante (*Essai sur les données immédiates de la conscience,* 1889 ; *Matière* et Mémoire,* 1896 ; *Le Rire,* 1900 ; *L'Évolution* créatrice,* 1906 ; *L'Énergie spirituelle,* 1919 ; *Durée et Simultanéité,* 1922 ; *Les Deux Sources* de la morale et de la religion,* 1932 ; *La Pensée et le Mouvant,* 1934). Hostile à l'intellectualisme formaliste, en particulier à Kant et au néokantisme, ainsi qu'au positivisme scientiste et matérialiste, il a élaboré sa pensée tout en faisant une analyse critique des méthodes et des résultats scientifiques de son époque (particulièrement en biologie et en psychologie). Spiritualiste, sa philosophie veut être «un retour conscient et réfléchi aux données de l'intuition». Contrairement à l'intelligence dont la destination première est pratique (fabricatrice d'outils) et dont les notions et principes ne peuvent s'appliquer qu'à la matière, l'intuition nous permet de coïncider avec la durée pure (par opposition au temps spatialisé), avec le mouvement libre et créateur de la vie et de l'esprit. Philosophie de la compréhension, attentive à l'expérience immédiate (et proche en ceci de la phénoménologie), le bergsonisme connut un certain succès jusqu'à la Deuxième Guerre mondiale et influença bien des écrivains et philosophes (E. Le* Roy, H. Massis, C. Péguy, M. Proust, J. E. Rodó). [Acad. fr. 1914 ; prix Nobel de littér. 1927]

**BERGSTRASSE** n. f. ◆ ÉTYM. all. «route de montagne» ♦ Région d'Allemagne (Hesse), axe sur la voie de piémont dans la plaine du Rhin moyen, au pied de l'Odenwald, de Heidelberg à Darmstadt. La chaleur du fossé rhénan en fait un riche verger.

**BERGSTRÖM (Sune K.)** ♦ Biochimiste suédois (Stockholm 1916 - *id.* 2004). Il ouvrit la voie à la recherche sur les prostaglandines, substances sécrétées par un grand nombre de tissus où elles jouent un rôle semblable à celui d'une hormone locale. Il parvint à élucider la structure de certains de ces composés et réussit, avec B. Samuelsson*, à décrire leur biosynthèse. [Prix Nobel de physiol. ou méd. 1982, avec B. Samuelsson et J. Vane*]

**BERGUES** [59380] ◆ ÉTYM. du germ. *berg* «montagne» ♦ Ch.-l. de cant. du Nord, arr. de Dunkerque. 4 209 hab. (aggl. 11 176) *(Berguois).* Fortifications de Vauban. Très endommagée en 1940, la ville conserve le Mont-de-Piété (XVII^e s.), qui abrite un musée, et deux tours du XI^e s. ▮ **Histoire** A. de Lamartine fut député de Bergues en 1833.

**BERIA (Lavrenti Pavlovitch)** ♦ Homme politique soviétique (Merkheouli, Géorgie 1899 - Moscou 1953). Membre du parti bolchevik dès 1917, chef de la Tcheka en Géorgie (1921 - 1931), chef suprême de la police politique et ministre de l'Intérieur (1942 - 1946), promu maréchal de l'Union soviétique (1945), il devint vice-président du Conseil des ministres en 1946. Après la mort de Staline* (mars 1953), il fut, avec Malenkov* et Molotov*, l'un des chefs du triumvirat qui dirigea l'URSS, mais, bientôt arrêté, il fut exécuté après un procès secret.

**BÉRING** ou **BEHRING** (détroit de) ♦ Bras de mer qui relie l'océan Arctique (mer des Tchouktches) à l'océan Pacifique (mer de Béring) et sépare l'Alaska de la Sibérie nord-orientale. Découvert par Behring* en 1728, il fut exploré par Cook* en 1778, puis emprunté par McClure* en 1850 (passage du Nord*-Ouest) et par Nordensk-

Les **Bergers d'Arcadie.**
Tableau de Poussin (121×85 cm).
Musée du Louvre, Paris.
*Phot. © Dagli Orti*

jöld* en 1879 (passage du Nord*-Est). Deux petites îles, au centre du détroit, appartiennent respectivement à la Russie (Grande Diomède ou Ostrov Ratianova) et aux États-Unis (Petite Diomède).

**BÉRING** ou **BEHRING** (mer de) ➝ ÉTYM. du n. de Vitus *Behring** ♦ Mer de l'océan Pacifique, entre l'Asie du N.-E. et l'Amérique du Nord. Elle borde à l'E. la côte de l'Alaska, au N. et à l'O., les côtes de l'Anadyr et du Kamtchatka, au S. les îles Aléoutiennes et les îles du Commandeur. Elle communique avec l'océan Arctique par le détroit de Béring. ▪ Îles princ. : Aléoutiennes, du Commandeur, Pribilof, Saint-Laurent, Saint-Mathieu.

**BERINGEN** ♦ Comm. de Belgique (Région flamande), prov. de Limbourg, arr. d'Hasselt. 41 531 hab. Camp militaire de Beverlo, créé en 1850 par Léopold II. ▪ Machines agricoles. Indus. du meuble. Anc. charbonnage.

**BERIO (Luciano)** ♦ Compositeur italien (Oneglia 1925 - Rome 2003). Élève de Ghedini à Milan puis de Dallapiccola* aux États-Unis, il devint dans les années 1950 avec L. Nono* et B. Maderna* l'un des chefs de file de la musique italienne contemporaine. Utilisant d'abord les techniques sérielles (*Nones*, pour orchestre, 1954), il s'en dégagea assez vite pour s'intéresser à la musique électroacoustique, fondant avec Maderna le *Studio di fonologia* de la radio italienne à Milan (*Murazioni*, 1956 ; *Perspectives*, 1957 ; *Momenti*, 1960). *Différences* (1958 - 1959), pour cinq instruments et bande magnétique, chercha à rompre les frontières entre électroacoustique et musique instrumentale. Avec *Omaggio a Joyce* (sur un texte extrait d'*Ulysse*, 1958), Berio entreprit le même travail, pour la voix. C'est d'ailleurs à la voix qu'il allait consacrer une grande part de ses recherches, s'appuyant sur le talent exceptionnel de Cathy Berberian (*Circles*, 1960), sur un poème de E. E. Cummings (*Visage*, 1961). *Épiphanie* (1962 - 1965), écrit sur un collage de textes de Proust, Joyce, Machado, Sanguineti, Brecht et C. Simon, réalise l'intégration totale du texte à la structure musicale. Dans les douze *Sequenze* (1962 - 1995), dont chacune est consacrée à un instrument différent, le travail d'exploration déjà effectué pour la voix s'applique aux possibilités de chaque instrument. S'intéressant aux musiques populaires, Berio réunit dans *Folk Songs* (1963) une sorte d'anthologie de mélodies de toute l'Europe. Il composa aussi pour la scène (*Allez-Hop* en 1959, pour mezzo-soprano, huit mimes, ballet et orchestre). À l'occasion du 700e anniversaire de la naissance de Dante, il écrivit *Laborintus II* (1963 - 1965), qui se présente comme un «catalogue de références», de Monteverdi à Stravinski, sur des textes de E. Sanguineti. Dans *Sinfonia* (1968 - 1969) pour orchestre, on retrouve ce caractère de collage, de citations. Berio, après avoir enseigné aux États-Unis de 1965 à 1971, a été jusqu'en 1980 directeur de la section électroacoustique de l'Ircam, à Paris. Parmi ses œuvres récentes, *Coro* pour 40 voix et orchestre (1976), *Formazioni* et *Festum* pour orchestre (1987, 1989), et deux opéras, *La Vera Storia* (Milan, 1982) et *Un Re in ascolto* (Salzbourg, 1984).

**BÉRIOT (Charles Auguste DE)** ♦ Violoniste belge (Louvain 1802 - Bruxelles 1870). Virtuose, il fit une brillante carrière européenne. Professeur au Conservatoire royal de Bruxelles (1843), il compta Vieuxtemps* parmi ses élèves et composa de nombreuses pages pour le violon. Il avait épousé la Malibran* en 1836.

**BERISHA (Sali)** ♦ Homme d'État albanais (Tropojë, 1944). Membre du Parti du travail d'Albanie, il le quitta en 1990 pour fonder le Parti démocratique. Élu président de la République en 1992, il gouverna avec un autoritarisme croissant et démissionna en 1997 après la débâcle électorale de son parti, consécutive à la crise née de l'effondrement des «pyramides» financières. Après la victoire du centre droit aux législatives, il fut nommé Premier ministre en 2005.

**BERKELEY (George)** ♦ Théologien et philosophe irlandais (Dysert 1685 - Oxford 1753). Entré dans les ordres, il enseigna le grec, l'hébreu et la théologie à Dublin, voyagea en France, en Italie et en Sicile (1713 - 1720), puis fut nommé doyen de Derry (Irlande, 1723). Désirant propager le christianisme, il partit pour Rhode Island ; mais, faute de moyens financiers pour réaliser son projet, revint en Angleterre en 1732. ▪ Critiquant l'importance habituellement accordée à la vue dans le sens de la profondeur et du relief, le *Traité de la vision* (1708 - 1709) met en évidence la nature symbolique de la perception visuelle et constitue ainsi le point de départ d'une théorie de la perception, dont Berkeley développa les implications métaphysiques dans le *Traité sur les principes de la connaissance* (1710) et les *Dialogues entre Hylas et Philonoüs* (1713). Refusant la distinction faite par Locke* entre les qualités secondes (sensibles) et les qualités premières (étendue et mouvement) des objets, Berkeley paraît nier toute réalité extérieure à la pensée. Ainsi sa thèse centrale : «Être, c'est être perçu ou percevoir», fut habituellement considérée comme la base d'une philosophie immatérialiste (ou idéalisme empirique et nominaliste). Toutefois, en ramenant les objets à des idées, Berkeley n'entend pas mettre en question leur réalité telle qu'elle est admise par le sens commun, mais tente de faire apparaître leur valeur de signe. Ainsi le monde est, pour lui, «un système de relations signifiantes» (P. Trotignon) dont Dieu, auquel participent les esprits humains, est la source créatrice.

**BERKELEY** ♦ V. des États-Unis (Californie), à l'E. de la baie de San Francisco. 102 743 hab. Ville essentiellement résidentielle. Indus. légères. La ville doit son nom et son renom à l'université qui fut fondée en 1858 par l'État californien et nommée d'après George Berkeley en 1866. Son campus participa au mouvement de contestation des jeunes à la fin des années 1960.

**BERKELEY** ➝ ÉTYM. vieil angl. «forêt (ou clairière) *[lēah]* de bouleaux *[beorc]*» ♦ Localité d'Angleterre (Gloucestershire), au S. de Gloucester. Centrale nucléaire. ▮ **Histoire** Château où Édouard II fut assassiné en 1327.

**BERKMAN (Aleksandr, dit Sacha)** ♦ Anarchiste d'origine russe (Vilnius 1870 - Nice 1936). Juif émigré aux États-Unis (1886), il participa à Pittsburgh à la lutte des grévistes des usines sidérurgiques. Condamné à la prison (1893 - 1907), il fut expulsé vers la Russie soviétique en 1919. Après la répression de Kronstadt (1921), il s'installa en Allemagne, puis en France, à Nice, où il se suicida (*Mémoires de prison d'un anarchiste*, 1912 ; *Le Mythe bolchevique*, 1922).

**BERKSHIRE** ➝ ÉTYM. anc. *Berrocsire*, d'un anc. n. celt. «lieu vallonné» et angl. *shire* «comté» ♦ Anc. comté du S. de l'Angleterre.

**BERL (Emmanuel)** ♦ Écrivain français (Le Vésinet 1892 - Paris 1976). Figure du mouvement intellectuel de l'entre-deux guerres, volontiers anticonformiste, il se fit l'observateur sans complaisance de son époque dans ses essais (*Mort de la pensée bourgeoise*, 1929 ; *Mort de la morale bourgeoise*, 1930). Il fut également journaliste et dirigea *Marianne*, hebdomadaire politique et artistique (1932 - 1937). Son pacifisme l'amena à se rapprocher du maréchal Pétain, pour lequel il écrivit plusieurs discours, mais il prit rapidement ses distances avec le gouvernement de Vichy (1940). Il publia un récit autobiographique, *Sylvia* (1952) et des études sur l'histoire contemporaine (*Histoire de l'Europe*, 3 tomes 1945, 1947, posth. 1983 ; *Présence des morts*, 1956 ; *La Fin de la Troisième République*, 1968).

**BERLAAR** ♦ Comm. de Belgique (Région flamande), prov. d'Anvers, arr. de Malines. 10 668 hab. Indus. alimentaire. Fabriques de meubles. Dentelles. Taille du diamant.

**BERLAGE (Hendrick Petrus)** ♦ Architecte et théoricien néerlandais (Amsterdam 1856 - La Haye 1934). Il fut un adepte des théories rationalistes de Viollet*-le-Duc. Au cours d'un voyage aux États-Unis en 1897, il s'intéressa aux nouvelles méthodes de construction de l'école de Chicago*. La Bourse d'Amsterdam (1897 - 1903), d'apparence austère, avec son toit d'acier et de verre, sa structure métallique apparente, ses grands murs nus pratiquement dépouillés d'ornements, apparaît, malgré certaines réminiscences des formes romanes, comme l'un des premiers bâtiments modernes construits aux Pays-Bas. Fonctionnaliste convaincu, partisan de l'utilisation des qualités spécifiques des matériaux (notamment de la brique), Berlage exerça une influence profonde sur de nombreux architectes néerlandais.

**BERLAIMONT** [59145] ➝ ÉTYM. du germ. *Berland*, n. de pers., et du lat. *mons* «montagne» ♦ Ch.-l. de cant. du Nord, arr. d'Avesnes-sur-Helpe, sur la Sambre. 3 229 hab. *(Berlaimontois)*.

**BERLANGA (Luis Garcia)** ♦ Cinéaste espagnol (Valence 1921). Associé à J. A. Bardem* (pour *Bienvenue Mr Marshall*, 1952), il s'orienta par la suite vers le fabliau picaresque. *Calabuig* (1956), *Le Bourreau* (1963), *Grandeur nature* (1973), *La Vaquilla* (1985).

**BERLARE** ♦ Comm. de Belgique (Région flamande), prov. de Flandre-Orientale, arr. de Dendermonde. 14 272 hab. Textile.

**BERLICHINGEN (Götz** ou **Gottfried VON), dit Main de fer** ♦ Chevalier allemand (Jagsthausen, Wurtemberg v. 1480 - Château de Hornberg 1562). Il participa aux luttes seigneuriales de son temps, combattit les Suisses, les Turcs et les Français. Sa vie a inspiré Goethe* (*Götz von Berlichingen*, 1773) et Sartre* en a fait le personnage principal de sa pièce *Le Diable et le Bon Dieu* (1951).

**BERLIER (Jean-Baptiste)** ♦ Ingénieur français (Rive-de-Gier 1843 - Deauville 1911). Inventeur d'un système de transmission pneumatique des cartes-télégrammes, il est l'auteur d'un projet de tramway souterrain utilisé lors de la construction du métropolitain de Paris.

**BERLIET (Marius)** ♦ Industriel français (Lyon 1866 - Cannes 1949). Il fonda en 1900 à Vénissieux une entreprise de construction automobile qui se spécialisa à partir de 1908 dans les poids lourds. Après 1945, il devint le premier constructeur européen, grâce à l'introduction de méthodes modernes de travail venant d'Amérique. Rachetée en 1967 par Michelin, puis par Renault en 1974, la marque Berliet disparut en 1980. ➝ ÉTYM. Le nom *Berliet* signifie «qui cultive la berle [sorte de cresson]» (➝ aussi Berlioz).

**BERLIN (Israël Isidore BALINE, dit Irving)** ♦ Compositeur américain d'origine russe (Temoun 1888 - New York 1989). Il est l'auteur de chansons et d'airs de danse que la comédie musicale et le film ont rendus populaires dans le monde entier (*Le Danseur du dessus*, 1935 ; *Alexander Ragtime Band*, 1938).

**BERLIN** ➝ ÉTYM. p.-ê. mot wende, de *berle* «sol non cultivé» ou de *barlin* «abri, refuge» ou «enclos, champ» (l'étym. populaire *Bärlin* «petit ours» est fausse) ♦ Cap. de l'Allemagne réunifiée, dont elle constitue un seul et même Land depuis 1990. 889 km². 3 391 264 hab. *(Berlinois)*. Anc. cap. du Reich allemand jusqu'en 1945, divisée après 1945 en deux parties, physiquement séparées par un mur d'août 1961 à nov. 1989, la ville a retrouvé son unité et les limites du grand Berlin de 1920, mais aussi le libre accès à sa banlieue (Potsdam*, Falkensee, Hennigsdorf, Oranienburg, Bernau, Strausberg). Établie au centre de la grande plaine d'Allemagne du Nord, la ville est reliée par des canaux à l'Elbe et à l'Oder, grand carrefour ferroviaire, autoroutier (rocade de 100 km autour de la ville) et aérien (aéroports de Tegel*, Schönefeld). **Le paysage urbain** Les longues années de séparation ont durablement marqué le paysage urbain, même si les deux parties de la ville fusionnent de plus en plus. La césure créée par les emprises du mur fait l'objet d'initiatives architecturales importantes comme la construction de la nouvelle gare centrale de Berlin (Lehrter Stadtbahnhof), la construction du quartier gouvernemental (Regierungsviertel) de l'Allemagne réunifiée entre le Reichstag et la cathédrale, ou encore l'aménagement de la Potsdamer Platz (siège de Daimler-Benz et de sociétés étrangères comme le grand complexe Sony, recouvert d'un chapiteau en verre, réalisé par Helmut Jahn) dont la direction fut confiée à Renzo Piano qui s'entoura notamment, pour la construction des 19 bâtiments de la place d' Isozaki* Arata, de José Rafael Moneo* et de Richard Rogers*. Mais la vie urbaine est ailleurs, dans les différents quartiers aux histoires et aux identités très marquées. ***L'ouest*** À l'O., elle se rassemble, au-delà du parc central du Tiergarten, depuis les carrefours qu'offrent la gare, le Zoologischer Garten, l'Europa-Center et l'Église commémorative (Gedächtniskirche) jusqu'aux deux tiers de la longue avenue Kurfürstendamm, qui fut très sciemment, avec ses airs de Champs-Élysées, la vitrine de l'Occident. La Philharmonie (œuvre de Scharoun), la Nouvelle Galerie, la bibliothèque de l'Héritage culturel de Prusse, le musée de Dahlem, le musée juif et l'Université libre en constituent les autres points forts. Vers le S.-O., près du lac de Wannsee, se développent les quartiers bourgeois de Zehlendorf, de Grünewald et de Charlottenburg. ***Le nord et le sud*** Les quartiers industriels et ouvriers se répartissent au N. et au S. : les premiers, ceux de Siemensstadt (Siemens) et de Reinickendorf (Borsigwalde) sont survolés à basse altitude par le trafic aérien de Tegel* (à proximité, le quartier Napoléon abrita les forces françaises après 1945). Ceux du S., Marienfelde et Rüdow, sont entre l'anc. aérodrome de Tempelhof* et celui de Schönefeld. Le quartier ouvrier de Kreuzberg, longtemps isolé tout près du mur, avec le fameux point de contrôle Checkpoint* Charlie, fut longtemps laissé aux travailleurs turcs, aux artistes et aux marginaux, mais voit de plus en plus arriver de nouvelles populations plus aisées. ***L'est*** Dans l'anc. Berlin-Est, l'avenue Unter den Linden retrouve peu à peu l'animation qu'elle avait perdue et qui se concentrait sur l'Alexanderplatz, à proximité de la gare de Friedrichstrasse, qui était, sous surveillance renforcée, le point de contrôle ferroviaire entre les deux Berlin. Cette place, la tour de télévision qui domine le centre historique de Berlin (Hôtel de ville), tout comme plus loin la monumentale Stalinallee des années 1950 (rebaptisée Karl-Marx-Allee) traduisaient la volonté des architectes de la RDA de répondre aux initiatives de l'Ouest (Hansaviertel). Le quartier de Prenzlauer Berg, aujourd'hui rénové et très prisé, surtout par les jeunes, voit cohabiter des populations aisées et des artistes. Le centre historique de la ville où voisinent la cathédrale Sainte-Edwige (1747 - 1773), l'Opéra, l'«île des Musées» (le musée de Pergame a de remarquables collections d'art mésopotamien, égyptien et hellénistique) et, à l'entrée de l'avenue Unter den Linden, l'université Humboldt, et l'ancienne Chambre du peuple (Volkskammer) des années 1960, a retrouvé tout son éclat. Enfin, dans le quartier Mitte, la nouvelle synagogue, reconstruite puis inaugurée en 1995, témoigne de la reconstitution d'une communauté juive à Berlin. **La cohabitation** Dans ce Berlin jadis divisé, où bon nombre d'intellectuels et d'artistes sont venus fantasmer (en témoigne par exemple le film de Wim Wenders *Les Ailes du désir*), deux sociétés urbaines ont appris à cohabiter : d'un côté, celle de l'Ouest, qui n'a toutefois pas hésité à s'installer à l'Est depuis le réaménagement de la capitale ; de l'autre, celle de l'Est, dont les quartiers sont peu à peu rénovés et deviennent attractifs. La municipalité (élue en 2001 et réélue en 2006), coalition des sociaux-démocrates et des ex-communistes du Parti du socialisme démocratique (PDS), s'emploie à surmonter les différences. Le réseau des transports est à présent bien unifié et de belles rénovations, comme celle très réussie des Hackesche Höfe avec ses enfilades de cours intérieures aux façades Jugendstil, aident à retrouver la vie trépidante du Berlin d'autrefois.

**HISTOIRE** Fondée probablement v. 1237, la ville, issue de deux bourgs, Cölln dans une île de la Spree et Berlin sur la rive d., connut une certaine importance commerciale en adhérant à la Hanse* au début du XVI$^e$ s., puis politique comme résidence des Hohenzollern*, électeurs du Brandebourg* (1486). **La capitale de la Prusse** Au XVII$^e$ s., elle devint le refuge de nombreux émigrés, en particulier de protestants français après la révocation de l'édit de Nantes (1685). Au début du XVIII$^e$ s., ils formaient 20 % de la population berlinoise. A. Schlutter construisit à cette époque le château de Charlottenburg. Centre intellectuel important, capitale de la Prusse en 1701, la ville prit un grand essor sous les règnes de Frédéric*-Guillaume I$^{er}$, le «roi-sergent», qui fit tracer le quartier en damier de la Friedrichstadt (devenu sous le règne de Frédéric II le Grand le quartier des ministères), et de Frédéric* II le Grand, en dépit de l'occupation par les Autrichiens (1757) et les Russes (1760). L'édification de la porte de Brandebourg (1788), le tracé de l'avenue Unter den Linden et le talent de Knobelsdorff, architecte de l'Opéra et du château de Sans-Souci à Potsdam, contribuèrent à faire de Berlin l'une des plus belles villes d'Europe. Sous Frédéric*-Guillaume III, elle fut occupée par les Français, après la bataille d'Iéna* (1806 - 1808).

**Berlin.** La chute du mur en 1989. *Phot. ©Christopher Morris/Rapho*

C'est à cette occasion que Fichte rédigea son *Discours à la nation allemande* (1807). La création de l'université de Berlin, en 1810, s'inscrivit dans la perspective du redressement national. Patronnée par W. von Humboldt*, elle avait pour mission de fournir à l'État les cadres indispensables à son relèvement. Fichte, Hegel, Bopp, Schleiermacher, Ranke y enseignèrent. **La capitale du Reich** Sous la direction de l'architecte Schinkel, Berlin acquit alors un visage néoclassique et devint en 1871, grâce à l'action énergique de Bismarck*, la capitale de l'Empire allemand. ***L'industrialisation*** L'Allemagne entreprit dans ces années une industrialisation rapide ; les industries mécaniques (Borsig) et électriques (Siemens, AEG) attirèrent des milliers d'ouvriers entassés dans des immeubles locatifs médiocres *(Mietskasernen)* du N. et de l'E. ***La vie culturelle*** En pleine expansion économique et démographique, Berlin afficha sa prospérité en se couvrant de nombreux monuments de style dit «wilhelmien» (cathédrale, Reichstag). Derrière cette brillante façade, une avant-garde intellectuelle et artistique regroupée autour des écrivains Tucholsky* et H. Mann*, du sculpteur Kollwitz, des peintres de la Sécession (Liebermann, Slevogt) puis de ceux du mouvement Die Brücke, porta un regard critique sur cette prospérité matérielle porteuse de profondes injustices. **Le «Gross-Berlin» et l'apogée culturel** À la fin de la Première Guerre mondiale, la révolution éclata à Berlin, entraînant l'abdication de Guillaume* II, la proclamation de la République de Weimar et la réinstallation du Reichstag* dans la capitale. Le développement énorme lié à l'économie de guerre grossit une banlieue annexée en 1920, date de création du *Gross-Berlin*, fort de 4 millions d'hab. Durant les années 1920, le rayonnement culturel de Berlin fut à son apogée. Sur les banquettes du légendaire Romanisches Café se côtoyaient alors des écrivains (Brecht, Döblin, Remarque), des peintres expressionnistes (Grosz, Beckmann, Dix), des metteurs en scène (Reinhardt, Piscator), des architectes (Mendelsohn, Poelzig, Behrens), des cinéastes (F. Lang, W. Pabst). Le climat de liberté dans lequel baignait le Berlin des Années folles favorisa toutes les formes de création, y compris les plus modernes, comme le cinéma. *L'Ange bleu* de Sternberg devint ainsi l'image emblématique d'une ville très animée. **Le nazisme** La prise du pouvoir par les nazis, jalonnée par l'incendie du Reichstag*, les défilés, les jeux Olympiques de 1936, fut suivie par la déportation de dizaines de milliers de Juifs berlinois. L'architecte A. Speer* fit miroiter aux yeux d'Hitler des projets grandioses : Berlin, haut lieu de la technologie, capitale de «l'Europe allemande». **La guerre froide** Violemment bombardée durant la Deuxième Guerre mondiale, Berlin fut le théâtre de combats acharnés entre les dernières troupes allemandes et les Russes de Joukov (22 avr. - 2 mai 1945). Après le suicide de Hitler et de Goebbels, la capitulation allemande y fut signée par Keitel* le 8 mai 1945. Les accords de Potsdam* confirmèrent la division de la ville en quatre secteurs d'occupation, soviétique, américain (Zehlendorf, Steglitz, Tempelhof, Kreuzberg, Neukölln), britannique (Spandau, Tiergarten, Charlottenburg, Wilmersdorf) et français (Reinickendorf), sous autorité interalliée. Mais, bientôt, la tension entre Américains et Soviétiques entraîna le blocus de Berlin-Ouest par ces derniers (1948 - 1949) et l'organisation par les Occidentaux d'un pont aérien destiné à ravitailler leurs secteurs. En 1949, *Berlin-Ouest* devint un Land de la République fédérale d'Allemagne, divisé en trois secteurs (américain, britannique, français) tandis que *Berlin-Est* était englobée dans la République démocratique allemande (→ **Allemagne**). L'état de siège en RDA qui suivit les manifestations ouvrières (1953) de Berlin-Est et surtout l'émigration massive des habitants de l'Allemagne de l'Est vers Berlin-Ouest aboutirent en 1961 à la construction, par les autorités de RDA, d'un mur de séparation et à un strict régime de séparation des deux parties de la ville. Le passage d'une zone à l'autre se faisait par des postes-frontières (→ **Checkpoint Charlie**). **Depuis 1989** La chute du mur de Berlin, symbole de la guerre froide, le 9 nov. 1989, a laissé place à une libre circulation dans un Berlin réunifié qui retrouve son statut de capitale politique en 1999. Carrefour entre l'Europe de l'Est et l'Europe de l'Ouest, pourvu d'une infrastructure culturelle absolument unique en Europe, Berlin peine toutefois à relever ces nouveaux défis. Lourdement endettée et politiquement coupée entre les quartiers de l'est, dont les habitants sont restés fidèles aux ex-communistes est-allemands, et la partie occidentale où dominent les partis de l'ex-RFA, la nouvelle capitale de l'Allemagne souffre des séquelles de l'histoire du XX^e s. Cependant, la reconstruction du centre historique *(Berlin Mitte)*, qui est redevenu le cœur de l'Allemagne politique, a beaucoup contribué à la fusion urbanistique de la capitale, dont la force d'attraction demeure considérable.

**Berlin** (congrès de) ♦ Réunion des principales puissances européennes du 13 juin au 13 juill. 1878, qui modifia le traité de San* Stefano, pour tenter de régler la question des Balkans.

**Berlin** (conférence ou congrès de) ♦ Réunion à Berlin de l'Allemagne, de la Grande-Bretagne, de la Belgique, de la France, du Portugal et de la Turquie pour la délimitation des zones d'influence en Afrique (1884 - 1885). Conçue à l'origine pour réglementer le commerce, la conférence se transforma rapidement en un partage politique du «gâteau africain» (Léopold II) et déclencha une course entre les puissances européennes pour tracer des frontières dans un *hinterland* qui n'avait pas encore été exploré. → **Fachoda, Caprivi, Cabinda.**

**BERLINER (Emil)** ♦ Technicien américain d'origine allemande (Hanovre 1851 - Washington 1929). Il imagina le gramophone, en remplaçant le cylindre d'Edison* par le disque (1877), et construisit un microphone.

**Berliner Ensemble** ♦ Troupe théâtrale allemande fondée à Berlin-Est en 1949, dirigée par Helene Weigel* et Bertolt Brecht*. En 1954, elle s'installa définitivement au Theater am Schiffbauerdamm. S'étant entouré de comédiens de tout premier rang, Brecht y créa ses propres œuvres jusqu'à sa mort (1956) et y signa des adaptations *(Coriolan*, Antigone*)*. Helene Weigel prit la relève jusqu'en 1971, en restant fidèle aux principes brechtiens. De nombreuses tournées en Europe (1954 - 1971) permirent d'exporter le théâtre de Brecht à l'étranger. Benno Besson* en fut l'un des animateurs (*Dom Juan*, 1954), relayé ensuite par le metteur en scène Matthias Langhoff (1963 - 1969).

**Berliner Ensemble.** Helene Weigel dans *Mère Courage* de Bertolt Brecht, mise en scène par elle-même et par l'auteur, au Théâtre Sarah-Bernhardt, à Paris, en 1953. *Phot. ©Bernand*

**BERLINGHIERI** ♦ Famille de peintres italiens, actifs à Lucques au XIII^e s. De BERLINGHIERO (Milan ? - Lucques v. 1242) on ne connaît qu'un *Crucifix*, traité dans le mode byzantin. ▪ L'un de ses fils, BONAVENTURA (connu de 1215 à 1274), signa en 1235 un intéressant *Retable de saint François* (Pescia).

**BERLINGUER (Enrico)** ♦ Homme politique italien (Sassari 1922 - Padoue 1984). Secrétaire général du Parti communiste italien de 1972 à sa mort, il défendit l'idée d'«une voie italienne vers le socialisme», engageant le PCI dans une politique d'entente avec la Démocratie chrétienne («compromis historique» de 1977) et dans l'eurocommunisme (essai de construction d'un modèle démocratique et occidental de passage vers le socialisme). ➝ **ÉTYM.** *Berlinguer* est une variante de *Beringhieri*, du germanique *Beringhièro*, de *beren* (de *ber*) «ours» et *ger* «javelot».

**BERLIOZ (Hector)** ♦ Compositeur français (La Côte-Saint-André, Isère 1803 - Paris 1869). **▌Les débuts** Issu d'un milieu cultivé, il vint à Paris (1821) et y commença des études de médecine qu'il abandonna bientôt pour entrer au Conservatoire (1826). L'enthousiasme qu'il éprouvait alors pour Virgile, Shakespeare et Goethe, Beethoven et Weber, sut se conjuguer en lui avec son application à recueillir l'enseignement de deux maîtres éminents, Lesueur et Reicha. De cette époque datent ses premiers ouvrages : *Ouverture des Francs-Juges*, 1828 ; *Huit Scènes de Faust*, 1829 ; *Sardanapale*, cantate pour laquelle il obtint le Grand Prix de Rome, 1830, et son premier chef-d'œuvre, la *Symphonie* fantastique*, 1830, prestigieuse réussite de la musique romantique par sa couleur mélodique et ses hardiesses rythmiques et harmoniques. **▌Le critique musical et le compositeur** Au retour d'Italie (séjour à la villa Médicis, 1831 - 1832), il épousa l'actrice britannique Harriett Smithson (1833) dont il eut un fils, Louis (1834). Malgré le succès qui accueillit sa symphonie avec alto solo, *Harold en Italie* (1834), la carrière de critique musical (au *Journal des débats*) allait être, sa vie durant, sa principale source de revenus (1835 - 1864). Déjà aux prises avec de multiples difficultés matérielles, et malgré l'hostilité déclarée de la critique et les sarcasmes d'une grande partie du public, il poursuivit son activité de compositeur avec la grande messe des Morts (*Requiem*, 1837), *Benvenuto Cellini*, opéra (1838), et *Roméo et Juliette*, symphonie dramatique (1839). Si le *Requiem*, œuvre grandiose et visionnaire, connut le succès, ces deux derniers ouvrages, en dépit de leur foisonnante richesse orchestrale et vocale, furent un demi-échec. **▌Les honneurs** Cependant, Berlioz était nommé sous-bibliothécaire du Conservatoire. Il y reçut l'hommage public de Paganini* (1838) et le gouvernement de Louis-Philippe le fit chevalier de la Légion d'honneur (1839). Composée pour la célébration du dixième anniversaire de la révolution de Juillet, la *Symphonie* funèbre et triomphale* (1840) eut à pâtir d'une exécution en plein air. **▌Les tournées européennes** La vie conjugale de Berlioz était devenue insupportable. Il décida de s'enfuir en Belgique avec une jeune chanteuse espagnole, Marie Recio (1842), qu'il devait épouser après la mort de sa première femme (1854). Ainsi commença pour lui une carrière européenne (Allemagne, Autriche, Europe centrale, Russie et Angleterre) qui comporta, jusqu'en 1867, des tournées annuelles souvent triomphales, parfois aussi vouées à l'insuccès. Durant ces années, il bénéficia de l'amitié et du soutien de Mendelssohn, Wagner, Meyerbeer et Liszt, et de l'enthousiasme des publics de Berlin, de Weimar, de Vienne, de Prague et de Saint-Pétersbourg. **▌La fin** Mais le désastre de la *Damnation* de Faust*, légende dramatique (Paris, 1846), l'échec de la «Société philharmonique» (1849 - 1851), les succès sans lendemain de *L'Enfance* du Christ*, trilogie sacrée (1854), du *Te Deum* (1855), de *Beatrix et Benedict*, opéra-comique créé à Baden-Baden (1862), et de son opéra *Les Troyens* à Carthage* (Paris, 1863), conjugués à la douleur de voir disparaître peu à peu tous les siens, enfin l'usure d'un combat dont il ne voyait pas la fin eurent raison de sa santé. Frappé de congestion cérébrale à Nice, il revint à Paris pour y mourir (11 mars 1869). Il avait été élu membre de l'Institut en 1856. **▌L'œuvre** Outre des ouvertures (*Waverley*, 1828 ; *Les Francs-Juges*, 1828 ; *Le Roi Lear*, 1834 ; *Benvenuto Cellini*, 1844 ; *Carnaval romain*, 1844 ; *Le Corsaire*, 1855 ; *Beatrix et Benedict*, 1862), Berlioz a composé des mélodies (*Nuits d'été*, 1834 - 1841) et une harmonisation de *La Marseillaise* (1830). Il est aussi l'auteur des récitatifs du *Freischütz** de Weber (1841), il a préparé la reprise de deux opéras de Gluck, *Orphée** (1859) et *Alceste* (1861). Théoricien, il a publié un *Traité d'instrumentation et d'orchestration* (1844). Voyageur et critique, il a également écrit *Voyage musical en Allemagne et en Italie* (1844), *Les Soirées de l'orchestre* (1852), *Les Grotesques de la musique* (1859), *À travers chants* (1861). Il a laissé des *Mémoires* (1870). **▌Berlioz aujourd'hui** Considéré trop longtemps, et dans son pays même, comme un excentrique de la musique, Berlioz apparaît aujourd'hui comme le créateur d'un univers sonore inouï. Mélodiste d'une inspiration toujours généreuse, rénovateur de l'harmonie, il est aussi l'inventeur d'un style polyphonique dont l'influence s'est exercée jusqu'à nos jours. ➝ **ÉTYM.** *Berlioz* est la forme dauphinoise de *Berlot*, du nom de la *berle*, plante aquatique (→ aussi Berliet).

**BERLUSCONI (Silvio)** ♦ Homme d'affaires et homme politique italien (Milan 1936). À la tête d'un groupe financier (Fininvest) et de nombreuses sociétés de construction, de presse *(Il Giornale)*, d'édition (Mondadori), de télévision, de cinéma, de grande distribution, etc., il fonda en janv. 1994 le mouvement Forza Italia et forma avec les partis de droite et d'extrême droite une coalition qui remporta les élections législatives de mars 1994. Nommé président du Conseil en mai, il fut contraint de démissionner en déc. 1994. Depuis, il a retrouvé par deux fois ce mandat : de 2001 à 2006, après sa victoire aux législatives avec la coalition qu'il définit de droite classique, la Maison des Libertés, et avec laquelle il mena une politique ultralibérale, puis en mai 2008. Populiste charismatique surnommé il Cavaliere, Berlusconi suscite une vive protestation auprès d'intellectuels (écrivains, presse d'opposition, réalisateurs...) qui dénoncent sa mainmise dans tous les secteurs — politique, économie, finance, medias, publicité — et posent la question des relations entre le pouvoir et les médias. Par ailleurs, plusieurs scandales sur sa vie privée ont éclaté en 2009. ➝ **ÉTYM.** Ce nom vient peut-être du lombard *berlüsch* «celui qui louche».

**BERMEJO (Bartolomé DE CÁRDENAS)** ♦ Peintre espagnol originaire de Cordoue (connu de 1474 à 1495). Formé probablement à Naples, il séjourna peut-être dans les Flandres, travailla en Aragon entre 1475 et 1477 et en Catalogne entre 1486 et 1498. Il adopta la technique de la peinture à l'huile et subit l'influence de R. Van* der Weyden. Dans le *Saint Dominique de Silos*, le goût du décor somptueux s'allie à un sens monumental : traitement vigoureux du visage, modelé par larges plans, et pose hiératique. Dans la *Pietà du chanoine Despla* (1490) s'affirme l'originalité d'un talent profondément hispanique : l'intensité expressive atteint au pathétique, le paysage agencé avec ampleur est éclairé par un ciel d'orage, les formes âpres ont des contours incisifs et les tons saturés dominent.

**BERMEJO** (río) n. m. ➝ **ÉTYM.** esp. «[rivière] vermeille» ♦ Riv. d'Argentine (1 500 km) qui prend sa source dans les Andes de la Bolivie, traverse le Chaco argentin et sépare les prov. de Formosa et du Chaco, avant de se jeter dans le Paraguay. ▪ Périmètre irrigué récent (fruits et légumes, expédiés à Buenos Aires en contre-saison).

**Bermejo.** *Saint Dominique de Silos* (2,42 × 1,30 m). Musée du Prado, Madrid.
*Phot. © Dagli Orti*

**BERMUDES**

▮ n. f. pl. – en angl. ***Bermuda*** ➝ ÉTYM. du n. de Juan *Bermúdez* (V. ci-dessous) ♦ Archipel de l'Atlantique Nord, au N.-E. des Bahamas. Il est composé d'env. 140 îles dont 7 principales reliées entre elles par des ponts, la plus importante étant la Grande Bermude (Main Island). 53 km². 62 131 hab. LANGUE : anglais. POPULATION : Noirs en maj. MONNAIE : dollar des Bermudes. CAPITALE : Hamilton. RÉGIME : démocratie parlementaire. Baignées par le Gulf Stream, les Bermudes ont un climat doux et pluvieux. L'économie repose sur l'agriculture maraîchère, le tourisme et les services financiers.

▮ **HISTOIRE** Découvertes au XVIᵉ s. par l'Espagnol Juan Bermúdez, les Bermudes sont depuis 1612 une colonie de la Couronne britannique qui, depuis 1968, possède son autonomie pour les affaires internes. Les États-Unis y ont installé une base aéronavale en 1941.

**BERNADETTE SOUBIROUS** [subiʀus] (sainte) ♦ Paysanne française (Lourdes 1844 - Nevers 1879). Les visions qu'elle eut de la Vierge à l'âge de quatorze ans sont à l'origine du pèlerinage de Lourdes*. Elle entra chez les Sœurs de Charité de Nevers en 1866. Elle fut canonisée en 1933. ▪ Fête le 18 févr. ➝ ÉTYM. *Soubirous* est un nom de lieu, qui désigne la situation de la maison en haut (du village), du bas latin *°superanus* « supérieur ».

**BERNADOTTE** ➝ ÉTYM. de *Bernard* ➞ **Charles XIV** (Suède).

**BERNANOS** [bɛʀnanɔs] **(Georges)** ♦ Écrivain français (Paris 1888 - Neuilly-sur-Seine 1948). Ayant débuté dans le journalisme comme militant de l'*Action française*, il se livra à la critique morale de la politique, dénonçant la faillite de la bourgeoisie française (*La Grande Peur des bien-pensants*, 1930). D'abord favorable aux insurgés franquistes, il s'éleva cependant contre la collusion de l'Église avec Franco et Maurras (*Les Grands Cimetières sous la lune*, 1938 ; *Nous autres Français*, 1939), puis contre l'imposture de Vichy (*Lettre aux Anglais*, 1941 ; durant son séjour au Brésil, 1940 - 1945), devenant ainsi un des animateurs spirituels de la Résistance. Il séjourna en Tunisie (1946 - 1948), y achevant la pièce *Dialogues* des carmélites* (posth., 1949), ultime illustration du motif de l'angoisse et du thème de la réversibilité des mérites. ▪ Venu tard à la littérature (1926), Bernanos composa en dix ans l'essentiel de son importante œuvre romanesque (surtout durant son séjour à Palma de Majorque, 1934 - 1937). À la fois réaliste et visionnaire, placée sous le signe d'un drame surnaturel qui donne ses dimensions au monde quotidien, elle dépeint le « combat des âmes » contre les entreprises du démon, lutte dont le prêtre est le lieu privilégié. Dotés de « la divine ignorance des saints », les personnages ont le douloureux pouvoir de percer le mal (*Sous* le soleil de Satan*, 1926 ; *La Joie*, 1929) et de racheter l'excès d'orgueil des « possédés » par une atroce agonie spirituelle (*L'Imposture*, 1928 ; *Le Journal* d'un curé de campagne*, 1936). Le pire des péchés est l'indifférence au salut (*Monsieur Ouine*, 1933 - 1946) et le mal suprême, l'absence de Dieu ; car si « le blasphème [...] engage dangereusement l'âme, (du moins) il l'engage » (*La Nouvelle Histoire de Mouchette*, 1937). ▪ Violemment pathétique, reposant toute sur l'ambiguïté des événements, cette œuvre appelle une lecture sur deux plans ; car « le monde du péché fait face au monde de la grâce ainsi que l'image reflétée d'un paysage au bord d'une eau noire et profonde ». ➝ ÉTYM. *Bernanos* est le nom d'une famille espagnole émigrée en Lorraine.

**BERNARD** ➝ ÉTYM. du lat. médiév. *Bernardus*, du germ. *Berinhard*, de *beren* (de *ber*) « ours » et *hard* « fort » (➞ aussi Barnard, Bernadotte (Charles XIV), Bernardin, Bernhard, Besnard)

**BERNARD** ♦ (797 - Aix-la-Chapelle 818). Roi d'Italie (813 - 817). Fils de Pépin*, roi d'Italie, il se révolta, à la suite du nouveau partage de l'Empire carolingien (817), contre son oncle, l'empereur Louis* Iᵉʳ le Pieux, qui le vainquit et lui fit crever les yeux.

**BERNARD (Samuel)** ♦ Financier français (Sancerre 1651 - Paris 1739). Il fonda la compagnie de Guinée et prêta des sommes importantes à Louis XIV et à Louis XV.

**BERNARD (Claude)** ♦ Physiologiste français (Saint-Julien, Rhône 1813 - Paris 1878). Préparateur en pharmacie à Lyon, puis étudiant en médecine à Paris (1834 - 1843), il travailla avec Magendie* avant de lui succéder à la chaire de médecine expérimentale du Collège de France (1855). Ses premiers travaux portèrent sur le rôle du suc gastrique (1843) et du suc pancréatique (1849) dans la digestion. Mais il est surtout connu par la découverte capitale de la fonction glycogénique du foie : il put isoler le glycogène, et donna une explication de la pathogénie du diabète sucré. Il compléta les travaux de Lavoisier par ses recherches sur la chaleur animale et le mécanisme de sa régulation. Ses études sur la physiologie du système nerveux l'amenèrent à montrer l'influence du nerf pneumogastrique sur la respiration et l'action vasomotrice du grand sympathique. Il analysa enfin les effets de certains produits toxiques (oxydes de carbone, curare, strychnine) sur le système nerveux. Ses travaux convergent vers la notion fondamentale de milieu intérieur de l'être vivant, constitué par le sang et la lymphe dont l'équilibre et la fixité sont la condition d'une vie organique autonome. C. Bernard fit de la physiologie « une science indépendante ayant ses méthodes et son but » (Dastre), et il en exposa, dans *Introduction* à l'étude de la médecine expérimentale* (1865), la méthode et les principes fondamentaux : déterminisme des phénomènes biologiques, spécificité des fonctions vitales, identité des lois du fonctionnement normal et pathologique de l'organisme. Il tenta de formuler l'esquisse d'une théorie générale de la biologie dans *La Science expérimentale* (1878) et les *Leçons sur les phénomènes communs aux animaux et aux végétaux* (posthumes). Il eut de nombreux élèves : Dastre, Bert*, d'Arsonval*, Ranvier*. [Acad. sc. 1854 ; Acad. fr. 1868]

**BERNARD (Paul, dit Tristan)** ♦ Romancier et auteur dramatique français (Besançon 1866 - Paris 1947). Dans son théâtre l'humour, une douce ironie et le goût du bon mot se teintent d'une tendre indulgence. Œuv. princ. : *L'Anglais tel qu'on le parle* (1899), *Triplepatte* (1905), *Le Petit Café* (1911).

Tristan **Bernard.** Portrait par François Bernard (60 x 73 cm), 1932. Musée national d'Art moderne, Centre Georges Pompidou, Paris.
*BIS/Phot. Luc Joubert © Archives Bordas*

**BERNARD (Émile)** ♦ Peintre français (Lille 1868 - Paris 1941). À partir de 1884, il étudia à l'atelier de Cormon où il rencontra Toulouse-Lautrec. Il se lia ensuite avec Van* Gogh, Gauguin*, Cézanne* et Odilon Redon*, avec lesquels il entretint une correspondance suivie. Il alla travailler à Pont*-Aven où il rencontra Gauguin en 1886. Il avait alors déjà peint *Le Christ jaune* et *Le Pouldu*. Dans ses écrits, il revendiqua la paternité du «cloisonnisme» et du «synthétisme», alors que l'histoire veut que Gauguin et lui élaborèrent cette technique, qui est à l'origine du mouvement symboliste pictural, en 1888 à Pont-Aven *(Madeleine au Bois d'Amour)*. Pratiquant une peinture en aplats, aux formes schématisées, il prônait l'emploi des couleurs pures, l'abandon des empâtements et la juxtaposition des tons *(La Gardeuse d'oies)*. En 1893, il voyagea en Italie, puis en Égypte, où il resta six ans. Il évolua alors vers un style plus conventionnel, mais ses écrits théoriques (publiés de 1905 à 1910) restent ceux d'un des acteurs décisifs de la peinture moderne.

**BERNARD (Raymond)** ♦ Cinéaste français (Paris 1891 - *id.* 1977). Fils de Tristan Bernard, il se fit connaître en portant à l'écran une pièce de son père : *Le Petit Café* (1919). Mais on se souviendra surtout de l'artisan de superproductions historiques, au muet (*Le Miracle des loups*, 1924 ; *Le Joueur d'échecs*, 1927), puis, au parlant, de solides adaptations littéraires (*Les Croix de bois*, 1932 ; *Les Misérables*, 1934). Un dernier bon film, à tendance sociale, en 1939 : *Les Otages*.

**BERNARD (Jean)** ♦ Médecin français (Paris 1907 - *id.* 2006). Spécialiste de l'hématologie, il est l'auteur d'importants travaux sur la leucémie dont il montra la nature cancéreuse. Il obtint les premières guérisons de leucémie aiguë chez l'enfant (1970). On lui doit le concept d'hématologie géographique. Il fut président du Comité national d'éthique de 1983 à 1992. [Acad. sc. 1972 ; Acad. fr. 1975]

**BERNARD (Henry)** ♦ Architecte et urbaniste français (Albertville 1912 - Paris 1994). Admirateur de Mies* van der Rohe, et partisan d'un strict fonctionnalisme, il est notamment l'auteur de l'université de Caen et de la maison de la Radio à Paris (1959 - 1963), conçue selon un anneau avec, au centre, une tour quadrangulaire. [Acad. des bx-arts 1960]

**BERNARD (Alain)** ♦ Nageur français (Aubagne 1983). Médaillé d'or du 100 m nage libre aux jeux Olympiques de Pékin de 2008, il a été en 2009 le premier nageur de l'histoire à descendre sous la barre des 47 secondes dans cette discipline.

**BERNARD DE CLAIRVAUX** (saint) ♦ (Château de Fontaine, près de Dijon 1090 - Clairvaux 1153). Moine à Cîteaux* en 1112, il fut le fondateur et le premier abbé de Clairvaux* (1115). En 1128, il fit reconnaître l'ordre des Chevaliers de la milice du Temple* dont il rédigea les statuts. Il devint alors une des principales personnalités de l'Occident chrétien, intervenant dans les affaires publiques et conseillant les papes. Au concile d'Étampes (1131), il trancha en faveur d'Innocent* II, déterminant l'attitude de plusieurs souverains. Hostile au rationalisme d'Abélard*, il obtint sa condamnation au concile de Sens (1140). En 1146, à la demande du pape Eugène* III, son disciple, il prêcha la 2ᵉ croisade (à Vézelay, à Spire). Il soutint des polémiques contre l'ordre de Cluny (→ **Pierre le Vénérable**). Plus homme d'action et de spiritualité que théologien, il est l'auteur de traités polémiques, de sermons, de poèmes (à la gloire de la Vierge). Il fut canonisé en 1173. ▪ Docteur de l'Église. ▪ Fête le 20 août.

**BERNARD** ou **BERNHARD DE LIPPE-BIESTERFELD** ♦ Prince consort des Pays-Bas (Iéna 1911 - Utrecht 2004). D'origine allemande (→ **Lippe**), naturalisé néerlandais (1936), il épousa Juliana* en 1937.

**BERNARD DE MENTHON** (saint) ♦ Prêtre puis archidiacre d'Aoste (Menthon-Saint-Bernard, près d'Annecy 923 - *id.* 1008). Il fonda les hospices du Grand et du Petit-Saint-Bernard dans les Alpes. ▪ Fête le 28 mai.

**BERNARD DE SAXE-WEIMAR** ♦ Général allemand (Weimar 1604 - Neubourg 1639). Après s'être distingué sous Gustave* II Adolphe, durant la guerre de Trente* Ans, il succéda à ce dernier à la tête de l'armée suédoise en Allemagne du Sud et subit la défaite de Nördlingen* (1634). Il entra alors au service de la France, toujours contre les Impériaux (victoire de Rheinfelden en 1638, prise de Fribourg et de Brisach).

**BERNARD** ou **BERNART DE VENTADOUR** ♦ Troubadour limousin (v. 1150 - abbaye de Dalon v. 1200). D'origine plébéienne, il vécut au château de Ventadour, puis à la cour d'Aliénor d'Aquitaine, pour laquelle il composa bon nombre de ses *Chansons*. Persuadé que «le chant qui ne vient pas du fond du cœur n'a pas de valeur», il sut allier dans ses poèmes la virtuosité formelle à la sincérité du sentiment. Dans la quarantaine de *Chansons* qui nous restent, il s'est montré avant tout le poète de l'amour ; sur des rythmes d'une subtile variété, il a livré de mélancoliques confidences sur sa passion pour la Dame de Ventadour ou pour Aliénor et a su traduire, en de splendides images symboliques, les désirs ou les désillusions de tous les «fous amants».

**BERNARDIN DE SAINT-PIERRE (Jacques-Henri)** ♦ Écrivain français (Le Havre 1737 - Éragny-sur-Oise 1814). D'abord officier, puis ingénieur des Ponts et Chaussées, il fut poussé par son caractère brusque et instable, mais aussi par ses rêves utopiques (fonder une république idéale, *L'Arcadie*, 1781), à de nombreux voyages (à Malte, en Russie, en Pologne et en Allemagne) qui lui fourniront ses «observations sur la nature et sur les hommes». Après un long séjour à l'île de France (actuellement île Maurice), de 1768 à 1770, il revint à Paris où il se fit le disciple de J.-J. Rousseau*. Affirmant dès lors que «notre bonheur consiste à vivre suivant la nature et la vertu» et prônant l'abandon au sentiment, «faculté plus propre à découvrir la vérité que notre raison», il exprima sa nostalgie d'un paradis perdu dans le *Voyage à l'isle de France* (1773), puis dans ses *Études* de la nature* (1784 - 1788), qui lui valurent d'un coup la célébrité. Ce succès s'accrut avec la publication de *Paul* et Virginie*, qui figure dans le dernier volume des *Études de la nature* (1788), auquel succédèrent *La Chaumière indienne* (1790), puis les *Harmonies de la nature* (1796). Nommé intendant du Jardin des Plantes (1792), reçu à l'Institut en 1795, Bernardin de Saint-Pierre fut également comblé d'honneurs par l'Empire. Si son ambition scientifique paraît aujourd'hui illusoire, il s'est montré un remarquable précurseur du romantisme, en particulier de Chateaubriand, dont il a annoncé les thèmes (goût de la «mélancolie voluptueuse» au sein d'une nature amie ; plaisir de la solitude) et préparé la rhétorique : soucieux de «peindre un sol et des végétaux différents de ceux de l'Europe», il a créé un style précis et expressif, destiné à évoquer les aspects variés du monde extérieur dans sa «magnificence singulière». [Acad. fr. 1803]

**BERNARDIN DE SIENNE** (saint) ♦ Prédicateur italien (Massa Marittima, près de Sienne 1380 - L'Aquila 1444). Il entra en 1402 chez les franciscains de l'Observance et fut l'un des plus grands prédicateurs populaires de la fin du Moyen Âge. ▪ Fête le 20 mai.

**BERNARDIN DE SIENNE** dit **Ochino** → **Ochino**

**BERNAY** [27300] ◂ **ÉTYM.** anc. *Brenaicum*, de *Brennus*, n. de pers. gallo-rom., et suff. *-acum* ou du gaul. °*brenno* «terrain humide» ♦ Ch.-l. d'arr. de l'Eure, sur la Charentonne. 11 024 hab. (aggl. 12 346) *(Bernayens)*. Église Sainte-Croix des XIVᵉ - XVIᵉ s. (œuvres d'art provenant du Bec*-Hellouin). Ancienne abbatiale du XIᵉ s. (musée). ▪ Marché agricole. Équipements mécaniques. Parachimie. ♦ ***Trésor de Bernay*** On découvrit en 1830 à Berthouville, près de Bernay, des vases d'argent de facture hellénistique datant de l'époque d'Auguste (BNF).

**BERNBURG** ♦ V. d'Allemagne (Saxe-Anhalt), sur la Saale. 32 202 hab. Extraction de potasse. Indus. mécaniques et chimiques. ▮ **Histoire** La ville fut la capitale de l'anc. duché d'Anhalt-Bernburg.

**BERNE** ◂ **ÉTYM.** en all. *Bern* ; du n. du poète alémanique Dietrich von *Bern* (→ Théodoric le Grand) ou du roman *brena* «broussailles ; forêt» [l'étym. populaire de *Bären* «les ours» est fausse] ♦ V. de Suisse, sur l'Aar, cap. (ville fédérale) de la Confédération suisse et ch.-l. du cant. de Berne. 122 422 hab. (aggl. 349 096) *(Bernois)*. Aéroport de Belpmoos. Univ. La ville a gardé son aspect médiéval : rues à arcades, fontaines du XVIᵉ s., cathédrale gothique (Münster) des XVᵉ - XVIᵉ s., hôtel de ville (XVᵉ s.), hôtel des Monnaies par Antoine (XVIIIᵉ s.), tour de l'Horloge (Zeitglockenturm, en dialecte alémanique Zytglogge), tour des Prisons (Käfigturm). Célèbre fosse aux ours. Musée des Beaux-Arts. Centre Paul Klee, réalisé par Renzo Piano. Musée historique bernois. ▪ Siège du gouvernement fédéral et de nombreux organismes internationaux : Union postale universelle, Commission internationale pénale et pénitentiaire, Office central des transports internationaux par chemin de fer. Important centre industriel : indus. alimentaire (chocolat), mécanique, textile et chimique. Située à 20 km de la limite linguistique, Berne est la seule grande agglomération occupant une position centrale dans le pays. De par sa vitalité politique, elle est restée plus traditionnelle que les autres grandes villes helvétiques, cultivant un lien avec une histoire prestigieuse (la ville de Berne dominait la Suisse de l'époque moderne), et conservant ce rôle politique en devenant capitale fédérale en 1848. Ainsi, Berne est une ville tournée vers les fonctions administratives et, de ce fait, accorde moins d'importance que d'autres à un développement économique rapide : elle vit, par certains côtés, d'une rente de situation qu'elle a su se créer dans le cours de son histoire. ▮ **Histoire** Fondée en 1191 par Berthold V, duc de Zähringen*, Berne devint ville libre en 1218, vainquit Rodolphe de Habsbourg (1288) et entra dans la Confédération en 1353. Ralliée à la Réforme dès 1528, elle se porta au secours de Genève et conquit le pays de Vaud (1536). Extrêmement puissante au XVIIIᵉ s. (elle contrôlait pratiquement le moyen pays suisse des portes de Genève jusqu'en Argovie), la ville fut amputée d'une grande partie de ses territoires en 1798 par les Français, et sa suprématie sur les campagnes prit fin en 1831. En 1848, Berne devint la capitale fédérale de la Suisse.

**BERNE** (canton de) ♦ Canton de l'O. de la Suisse. 6 051 km². 958 897 hab. Il est drainé par l'Aar et ses affluents, l'Emme et la Sarine. L'Aar y forme les lacs de Brienz et de Thoune, et communique avec le lac de Bienne. On divise le canton de Berne en deux grandes régions : l'Oberland bernois, au S. (tourisme, élevage, énergie électrique) et le Mittelland, au centre, formé par les vallées de l'Aar et de l'Emme, de Thoune à Bienne, région vivant aussi bien de l'élevage (Emmental*) que de l'agriculture et de l'industrie. S'y ajoutait autrefois le Jura bernois, au N.-O., de Bienne à Moutier, dont trois districts francophones forment, depuis le référendum de 1974, le nouveau canton du Jura*. Depuis, la population de langue française représente moins de 10 % de celle du canton de Berne, en majorité de langue allemande et de religion protestante. En 1994, le district de Laufon (en all. Laufen) a été détaché du canton de Berne et a rejoint le demi-canton de Bâle-Campagne. Deuxième canton suisse par la taille, après avoir été longtemps le premier, le canton de Berne symbolise une Suisse traditionnelle et marquée par ses campagnes protestantes (les agrariens remportent ici la moitié de leurs sièges au Conseil national). Cependant, il se veut également un pont entre Suisse romande et Suisse alémanique, ne connaissant pas la fière puissance de Zurich, mais recevant, tant par proximité que par le rôle fédéral de Berne, beaucoup plus de francophones que les autres parties de la Suisse alémanique.

**BERNERIE-EN-RETZ (LA)** [44760] ♦ Comm. de la Loire-Atlantique, arr. de Saint-Nazaire. 2 139 hab. (aggl. 3 044). *(Berneriens)*. Station balnéaire dans la baie de Bourgneuf.

**BERNEX (Théodore Antoine)** ♦ Urbaniste et homme politique français (Marseille 1813 - *id.* 1889). Il assista son père, Anthelme Bernex (1777-1848), qui conçut la promenade du Prado à Marseille. Maire de la ville jusqu'à la chute de l'Empire (1864-1870), il réalisa le colossal percement de la rue Impériale (aujourd'hui rue de la République) et d'importantes innovations urbanistiques (caserne Saint-Charles, rue Noailles, rue Paradis, palais Longchamp, etc.).

**BERNHARD (Thomas)** ♦ Écrivain autrichien (Heerlen, Pays-Bas 1931 - Gmunden, Haute-Autriche 1989). Après des années passées en sanatorium, il fit des études de musique et de dramaturgie à Salzbourg. Son œuvre, souvent inspirée par une violente hostilité à la société autrichienne, comprend des romans (*Gel*, 1963 ; *Perturbation*, 1967 ; *Ungemach*, 1968 ; *La Plâtrière*, 1970 ; *Corrections*, 1975 ; *Oui*, 1978 ; *Le Neveu de Wittgenstein*, 1982 ; *Béton*, 1982), des drames (*La Société de chasse*, 1974 ; *Emmanuel Kant*, 1978), de même que des œuvres à tendance autobiographique (*L'Origine*, 1975 ; *La Cave*, 1976 ; *Le Souffle*, 1978 ; *Le Froid*, 1981). Inspiré par des techniques empruntées à la musique, son style est fondé sur l'obsédant retour des phrases et des motifs et sur l'imprécation incantatoire. ➜ **ÉTYM.** *Bernhard* est l'équivalent allemand de *Bernard**.

**BERNHARDI (Friedrich VON)** ♦ Général allemand (Saint-Pétersbourg 1849 - Kunesdorf, Silésie 1930). Théoricien militaire du pangermanisme, il présenta la guerre comme un devoir moral.

**BERNHARDT (Rosine BERNARD, dite Sarah)** ♦ Tragédienne française (Paris 1844 - *id.* 1923). Après un passage à la Comédie-Française, elle fonda sa propre compagnie, fit des tournées dans le monde entier, joua à l'Odéon puis dans des théâtres de boulevard. Ses interprétations de *Phèdre* (1874), de *La Dame aux camélias* et de *L'Aiglon* (1900) sont demeurées fameuses. Elle a paru dans plusieurs films (*La Tosca*, 1906 ; *Adrienne Lecouvreur*, 1913 ; *La Voyante*, 1923).

Sarah **Bernhardt.** Dans le rôle de Marion Delorme, photo Nadar. Musée Carnavalet, Paris.
*Phot. © Lauros/Giraudon*

**BERNHEIM (Hippolyte)** ♦ Médecin français (Mulhouse 1837 - Paris 1919). Il enseigna à Strasbourg et à Nancy où il forma des disciples, dont É. Coué*. Ses travaux sur l'hypnotisme et la suggestion relèvent d'une orientation différente de celle de Charcot : il mit l'accent sur les possibilités de la suggestion impérative qui pourrait produire une multitude d'effets curatifs (*De la suggestion et de ses applications à la thérapeutique*, 1886). Freud* conduisit auprès de lui en consultation une de ses patientes viennoises en 1889. ➜ **ÉTYM.** *Bernheim* est un nom de lieu en Bavière (et en Franconie) qui signifie «maison *(Heim)* des ours *(Bären)*.»

**BERNI (Francesco)** ♦ Poète italien (Lamporecchio, Toscane v. 1497 - Florence 1535). Ayant servi plusieurs seigneurs, parmi lesquels le cardinal Bibbiena, il dut quitter Rome à cause de ses attaques contre Adrien VI. En 1533, il passa au service des Médicis, mais mourut empoisonné, dit-on, sur l'ordre du duc Alexandre. ■ Il récrivit en pur toscan le *Roland* amoureux* de Boiardo et créa surtout le style «bernesque» avec ses *Capitoli* et ses sonnets antipétrarquistes, pleins de verve et d'un amer épicurisme, qui s'attardent sur les aspects sordides et risibles de la vie, à travers un lexique bigarré.

**BERNIER (François)** ♦ Voyageur et médecin français (Joué-Étiau, Anjou 1620 - Paris 1688). Il fut pendant plusieurs années médecin d'Aurangzeb en Inde, et donna, à son retour en France, le récit de ses voyages en Orient, ouvrant ainsi la voie à l'orientalisme. ➜ **ÉTYM.** *Bernier* vient du nom de personne germanique *Bernhari*, de *ber* «ours» et *hari* «armée».

**BERNIER (Nicolas)** ♦ Compositeur français (Mantes 1664 - Paris 1734). Attaché au service de la duchesse du Maine, il composa de la musique pour les célèbres *Nuits de Sceaux*. Il fut aussi conseiller musical du régent et chef des chœurs à la Sainte-Chapelle. C'est son œuvre de musicien religieux (cantates et motets) d'une rare noblesse d'inspiration qui lui assura une durable réputation.

**BERNIER (Étienne Alexandre)** ♦ Prélat français (Daon, Anjou 1762 - Paris 1806). Curé de Saint-Laud au début de la Révolution, il refusa de prêter serment à la Constitution civile du clergé et prit une part active à l'insurrection vendéenne. Rallié à Bonaparte (1800), il joua alors en Vendée le rôle de pacificateur, fut un des négociateurs du concordat et devint évêque d'Orléans (1802).

**BERNIER (Louis Stanislas)** ♦ Architecte français (Valenciennes 1845 - Paris 1915). Prix de Rome en 1872, il fut chargé de reconstruire l'Opéra-Comique détruit par un incendie en 1887. Cette troisième salle Favart (auj. Opéra Studio), au décor surabondant et pompeux et de style éclectique, fut inaugurée en 1898.

**BERNIN (LE)** ou **BERNINI (Gian Lorenzo)** dit parfois en fr. **le Cavalier Bernin** ♦ Sculpteur, architecte, décorateur et peintre italien (Naples 1598 - Rome 1680). **▮ Les débuts** Formé auprès de son père PIETRO BERNINI (1562 - Rome 1628), sculpteur florentin marqué par le maniérisme et installé à Rome depuis 1605, il manifesta des dons précoces pour la sculpture (buste de G. B. Santoni, v. 1615). Ayant assimilé avec aisance l'art de Michel-Ange et de la sculpture hellénistique (*Jupiter et la chèvre Amalthée*, *Saint Sébastien*, *Énée et Anchise*, 1618 - 1619), il obtint la protection du cardinal Scipion Borghèse et s'imposa avec *L'Enlèvement de Proserpine*, 1621 - 1622 ; *David*, 1623 ; *Apollon et Daphné*, 1622 - 1624. Outre une rare virtuosité technique perceptible dans l'art de suggérer les différentes textures (tissus, chairs, cheveux, etc.), ces œuvres révèlent l'adoption d'un point de vue unique de vision en même temps qu'une composition ouverte visant à traduire la véhémence du mouvement et la tension du geste et de la mimique. **▮ Les statues et les bustes** À partir de 1624, grâce à la faveur des papes, excepté les brèves années de disgrâce sous Innocent X (v. 1644 - 1646), et l'appui des grandes familles romaines, sa personnalité domina le milieu romain. Déployant une activité multiple, il se fit

Le **Bernin.** Le baldaquin de la basilique Saint-Pierre, Rome.
*Phot. © Arch. Smeets*

aider par de nombreux collaborateurs. Il ne cessa de réaliser des portraits dans lesquels la mobilité de l'expression peut s'allier à la précision rigoureuse de l'observation (*Scipion Borghèse*, 1622 ; *Constanza Buonarelli*, 1635 ; *Urbain VIII*, 1623, 1644) ou tendre à la recherche d'un effet dynamique de caractère héroïque qu'accentuent les effets de drapés et de chevelure (*Buste de Louis XIV*, 1665). Il n'exécuta plus que rarement de grandes statues isolées (*La Vérité*, statue équestre de Louis XIV, 1665) mais s'affirma surtout comme le grand créateur du décor baroque par son art d'agencer de vastes ensembles décoratifs où la sculpture tend à s'intégrer à l'architecture. ▮ **Les œuvres colossales** Il réalisa d'abord le colossal baldaquin de Saint-Pierre (1624 - 1633), commandé par Urbain VIII, communiqua un caractère à la fois puissant et dynamique à cette structure en adoptant des colonnes torses, un couronnement de statues et de *putti* mis en valeur par le jeu contrasté de matière. Son goût des effets scénographiques s'épanouit dans des ensembles tels que la chapelle Cornaro de Sainte-Marie-de-la-Victoire (1644 - 1657), conçue comme un théâtre et où est placé le groupe de *Sainte Thérèse en extase*, ses monuments funéraires, notamment la tombe d'Urbain VIII (1642 à 1648), celle d'*Alexandre VII* (après 1671), la chapelle Altieri à San Francesco a Ripa avec la *Bienheureuse Ludovica Albertoni*, 1671 - 1674, caractérisés par le goût de la pompe, le maniement illusionniste de la lumière, la recherche du mouvement convulsif par le jeu des draperies, la torsion des poses, l'expression spasmodique (yeux levés, bouche ouverte). Ainsi, il sut traduire plastiquement un mysticisme sensuel de caractère dramatique et spectaculaire dans lequel on a vu l'expression de la phase triomphale de la Contre-Réforme. Ses réalisations architecturales : travaux au palais Barberini, églises à plan central de Castel Gandolfo, 1658 - 1662, d'Arricia, 1662 - 1664, et surtout Saint-André du Quirinale, 1658 - 1670 au portail convexe, colonnade de la place Saint-Pierre aux ailes légèrement convergentes, révèlent une certaine fidélité aux partis de la Renaissance, en général amplifiés dans un sens grandiose et fastueux avec une prédilection pour les effets illusionnistes (escalier de la Scala Regia avec la *statue de Constantin*, 1654 - 1670). En tant qu'urbaniste, il anima surtout les places d'une façon théâtrale et pittoresque en concevant des fontaines sculptées (fontaine au Triton, place Barberini, 1640 ; fontaine des Quatre-Fleuves, place Navone, 1647 - 1652). Ses projets pour le Louvre, onéreux et critiqués par les tenants du classicisme français, furent finalement abandonnés. ▮ **Le créateur de la sculpture baroque** Considéré comme le créateur de la sculpture baroque, il fut aussi «par ses multiples aptitudes et son rôle de metteur en scène de toute une époque, une personnalité proche de Rubens» (Chastel). → **baroque.** ▪ *Autre illustration :* → **Thérèse de Jésus.**

**BERNINA** n. f. ♦ Massif des Alpes suisses (Grisons) à la frontière de l'Italie, entre les vallées de l'Inn et de l'Adda. Il culmine au *Piz Bernina* (4 049 m). ♦ ***Col de la Bernina*** Col reliant l'Engadine (Suisse) à la Valteline (Italie) à 2 323 m d'altitude.

**BERNIS** [bɛʀnis] **(François Joachim DE PIERRE DE)** ♦ Prélat et homme politique français (Saint-Marcel-d'Ardèche 1715 - Rome 1794). Il gagna la faveur de Mme de Pompadour* par ses vers légers et ses talents de causeur. Ambassadeur à Venise, puis ministre des Affaires étrangères, il fut l'auteur du renversement des alliances qui préluda à la guerre de Sept* Ans. Disgracié pour avoir conseillé la paix après Rossbach* et Leuthen (1758), il devint archevêque d'Albi (1764), puis ambassadeur à Rome (1768), où il demeura pendant la Révolution. Il est l'auteur d'une *Correspondance* avec Voltaire, de *Mémoires*, et l'on a pu voir en lui le type de l'homme d'esprit libertin.

**BERNISSART** ♦ Comm. de Belgique (Région wallonne), prov. de Hainaut, arr. d'Ath. 11 513 hab. Lac. Indus. textile et alimentaire. ▪ Ses houillères ont livré en 1878 des squelettes d'iguanodons, auj. à l'Institut des sciences naturelles de Bruxelles.

**BERNOULLI** ou **BERNOUILLI** ♦ Famille de mathématiciens et physiciens suisses, originaire d'Anvers et installée à Bâle au XVIe s. ♦ **Jacques Bernoulli** (Bâle 1654 - *id.* 1705). Disciple de Leibniz*, il s'initia au calcul infinitésimal qu'il développa (il introduisit le terme de *calcul intégral*) ; auteur d'importants travaux sur les séries (1689), il étudia les spirales logarithmiques et publia la première intégration d'une équation différentielle qui porte son nom ; dans sa solution du problème des isopérimètres (recherche parmi toutes les courbes d'une longueur donnée de celle qui limite une aire maximale) et dans ses études des courbes brachystochrones (celles de la chute la plus rapide d'un corps), il jeta les bases du calcul des variations et en étendit les principes et les applications au calcul des probabilités auquel il apporta d'importantes contributions, établissant notamment la *loi des grands nombres* (ou *théorème de Bernoulli*). Il est le père du calcul exponentiel. [Acad. sc. 1699] ♦ **Jean Bernoulli** (Bâle 1667 - *id.* 1748). Frère de Jacques Bernoulli. Initié par son frère au calcul de Leibniz, il détermina les tangentes, les inflexions et les rayons de courbure de nombreuses courbes planes ; étudiant la résolution des équations différentielles, il utilisa un facteur intégrant (1691), ainsi que la méthode de variation des constantes (1693). Il participa à l'amélioration de la méthode de calcul des variations et donna, indépendamment de Jacques, une solution au problème de la *brachystochrone* (1696). Il obtint d'importants résultats concernant les séries, établit le principe des déplacements virtuels et introduisit le symbole *g* pour l'accélération de la pesanteur. [Acad. sc. 1699] ♦ **Daniel Bernoulli** (Groningue 1700 - Bâle 1782). Fils de Jean Bernoulli. Auteur de la première théorie cinétique des gaz, il fut l'un des créateurs de l'hydrodynamique qu'il fonda sur la conservation des forces vives, transposant en mécanique des fluides les idées énergétiques de Huygens*. On lui doit un *Traité sur les marées* (1748). [Acad. sc. 1748]

**BERNSTEIN (Eduard)** ♦ Écrivain et homme politique allemand (Berlin 1850 - *id.* 1932). Militant dès 1870 au sein du parti social-démocrate allemand qu'il dirigea avec Kautsky*, il fut d'abord marxiste orthodoxe, mais s'orienta rapidement vers un socialisme réformiste. Il prévoyait une transformation graduelle et sans heurt de la société capitaliste en société socialiste (*Socialisme théorique et Social-démocratie pratique*, 1899). Ses thèses réformistes s'imposèrent dans la politique du parti social-démocrate allemand. ➝ ÉTYM. *Bernstein* vient du germanique «ambre», littéralement «pierre *(stein)* de l'ours *(ber)*» [surnom d'un vendeur d'ambre].

**BERNSTEIN (Henry)** ♦ Auteur dramatique français (Paris 1876 - *id.* 1953). Le succès de son théâtre, considérable dès l'avant-guerre de 1914, put se maintenir jusqu'aux années de l'après-guerre de 1939. Il décrit les mœurs d'une société où l'argent et la vie sensuelle constituent d'essentielles raisons de vivre. Œuvr. princ. : *La Rafale* (1905), *Samson* (1907), *Le Secret* (1913), *Mélo* (1929), *La Soif* (1949).

**BERNSTEIN (Leonard)** ♦ Compositeur et chef d'orchestre américain (Lawrence, Massachusetts 1918 - New York 1990). Disciple de Koussevitzki, il débuta comme chef d'orchestre à New York en 1943, et fut de 1958 à 1969 directeur musical de la Philharmonie de cette ville. Il mena jusqu'à sa mort une carrière internationale prestigieuse, et réalisa de mémorables enregistrements (musique américaine ; Haydn, Beethoven, Mahler, Sibelius). Comme compositeur, il est surtout connu comme l'auteur de la comédie musicale *West* Side Story* (1957), mais il a laissé aussi, entre autres, trois symphonies (*Jeremiah*, 1942 ; *The Age of Anxiety*, 1949 ; *Kaddish*, 1947), *Chichester Psalms* (1965), *Mass* (1971), l'opéra *Trouble in Tahiti* (1952), l'opérette *Candide* (1956). Il a enseigné à Harvard (*The Unanswered Question : Six Talks at Harvard*, 1976).

**BERNSTEIN (Basil)** ♦ Sociolinguiste britannique (Londres 1924 - 2000). Ses travaux portent sur la sociologie de l'éducation, et plus largement sur la sociologie du langage. Il montre que les «codes de discours» dépendent des conditions sociales et peuvent être soit «restreints» *(restricted)* soit «élaborés». «Études théoriques pour une sociologie du langage», 1971 ; «La Structuration du discours pédagogique», 1990. *Langage et classes sociales. Codes sociolinguistiques* (traduit en fr., 1975).

**BERNSTORFF (Johann Hartwig Ernst,** comte **VON)** ♦ Homme politique danois originaire du Mecklembourg (Hanovre 1712 - Hambourg 1772). Il fut appelé au pouvoir par Frédéric* V et appliqua les principes du despotisme éclairé. Artisan de la paix pour le Danemark pendant la guerre de Sept* Ans, il favorisa le commerce (création d'une marine marchande) et entreprit des réformes, notamment en faveur des paysans (lois agraires, 1763). Il fut évincé par Struensee*. ♦ **Andreas Peter,** comte **von Bernstorff** (Hanovre 1735 - Copenhague 1797). Neveu du précédent. Il fut ministre des Affaires étrangères du Danemark de 1773 à 1780 et de 1784 à 1797. Il participa à la libération des paysans en 1788.

**BERNSTORFF (Johann Heinrich,** comte **VON)** ♦ Diplomate allemand (Londres 1862 - Genève 1939). Il fut ambassadeur à Washington (1908 - 1917). Il tenta en vain d'obtenir de son gouvernement la limitation de la guerre sous-marine dans l'intention d'éviter l'entrée en guerre des États-Unis.

**BÉROALDE DE VERVILLE (François BROUARD,** dit**)** ♦ Écrivain français (Paris 1556 - Tours 1629). Sa vie est mal connue : il fut chanoine de Saint-Gatien à Tours, pratiqua la philosophie, la poésie et l'alchimie. Son œuvre principale, *Le Moyen de parvenir* (v. 1610 - 1620), parue sans nom d'auteur ni marque d'imprimeur, est un extraordinaire mélange de saillies, de paradoxes et d'esprit humaniste, qui évite soigneusement de répondre au programme contenu dans le titre. On lui doit également un poème didactique sur *L'Histoire des vers qui filent la soye* (ou *sérodokimasie*, 1600) ainsi qu'une imitation de *L'Utopie** de Thomas More, *L'Idée de la République* (1599).

**BÉROUL** ♦ Trouvère anglo-normand (XIIe s.), auteur d'un poème en vers octosyllabiques sur la légende de *Tristan* et Iseult* (v. 1190), dont subsistent les épisodes centraux (env. 3 000 vers). Différent du poème «courtois» composé à la même époque par Thomas*, le texte de Béroul évoque avec un réalisme direct la violence douloureuse de la passion des deux amants (→ **J. Bédier**). ➝ ÉTYM. *Béroul* vient du germanique *Berwulf*, nom de personne, de *ber* «ours» et *wulf* «loup».

**BERQUE (Jacques)** ♦ Sociologue et orientaliste français (Molière, Algérie 1910 - Saint-Julien-en-Born, Landes 1995). Administrateur colonial, directeur d'études de l'École pratique des hautes études et professeur au Collège de France, il consacra d'importants travaux au monde arabe (*Structures sociales du Haut-Atlas*, 1955 ; *Le Maghreb entre deux guerres*, 1962 ; *Égypte. Impérialisme et révolution*, 1967 ; *L'Intérieur du Maghreb : XVe - XIXe siècles*, 1978) et milita pour une décolonisation progressive (*Les Arabes d'hier à* *demain*, 1960). Puis son intérêt se porta sur les textes sacrés de l'Islam (*Le Coran*, 1991). Par son art d'écrire et son érudition il chercha à saisir les dimensions symboliques et réelles d'un monde arabe dont les avatars contemporains sont travaillés par l'histoire et le verbe.

**BERQUIN (Arnaud)** ♦ Écrivain français (Langoiran, près de Bordeaux 1747 - Paris 1791). D'abord poète, Berquin connut le succès avec ses *Idylles* (1775) et ses *Romances* (1776). Puis il composa des œuvres, notamment de brèves comédies, destinées à la jeunesse (*L'Ami des enfants*, 24 vol., 1782 - 1783 ; *L'Ami des adolescents, Le Livre de famille*, etc., 1784 à 1791). Illustrant une leçon morale, d'un optimisme un peu fade, ces histoires donnèrent naissance au terme, légèrement péjoratif, de *berquinades*. ➝ ÉTYM. *Berquin* vient de *Barquier* désignant un batelier.

**BERR (Henri)** ♦ Historien et philosophe français (Lunéville 1863 - Paris 1954). Fondateur de la *Revue de synthèse historique* (1900) et directeur de la collection « L'évolution de l'humanité » il tenta de réaliser un vaste programme de synthèse historique des connaissances humaines, étudiées par des spécialistes des différentes disciplines.

**BERRE** (étang de) ➝ ÉTYM. p.-ê. du pré-indo-eur. *°ber* « montagne » ♦ Étang des Bouches-du-Rhône, relié à la Méditerranée (golfe de Fos) par le canal de Caronte et à Marseille par le tunnel du Rove. 15 530 ha. Annexe indus. de Marseille. Importation d'hydrocarbures. Raffineries (Berre-l'Étang, La Mède, Lavéra). Oléoduc sud-européen alimentant les centres de Feyzin, de Cressier (Suisse), d'Alsace, du pays de Bade et de Bavière. Pétrochimie. Construc. aéronautiques (Marignane). Base aérienne (Istres). Marais salant.

**BERRE-L'ÉTANG** [13130] ♦ Ch.-l. de cant. des Bouches-du-Rhône, arr. d'Istres, sur l'étang de Berre. 13 415 hab. *(Berrois)*. Raffinerie de pétrole. Pétrochimie.

**BERRI (Claude LANGMANN, dit Claude)** ➝ ÉTYM. de *Berel*, nom de sa mère ♦ Réalisateur et producteur français (Paris 1934 - *id.* 2009). Après un court-métrage, *Le Poulet*, qui reçut un oscar en 1962, il réalisa *Le Vieil homme et l'enfant* (avec Michel Simon) puis des films autobiographiques. Il dirigea Coluche* à plusieurs reprises, notamment dans *Tchao Pantin*. Il adapta *Jean de Florette* et *Manon des sources* (1986) de Pagnol et produisit de nombreux films, de la comédie populaire au film d'auteur (Chéreau, Annaud, Pialat, Téchiné).

**BERRUGUETE (Pedro)** ♦ Peintre espagnol (Paredes de Nava v. 1450 - Ávila v. 1504). Il travailla d'abord en Castille et subit l'emprise de l'art flamand. On sait qu'il séjourna en Italie vers 1477, travaillant notamment à Urbino pour le duc Federigo da Montefeltro ; il aurait succédé à Juste* de Gand et on lui attribue, quoique sans certitude, une grande partie des portraits des *Hommes illustres* destinés au « studiolo » ainsi que les *Arts libéraux* (*La Rhétorique* et *La Musique*) et le *Portrait du duc et de son fils*. À la mort de Federigo (1482), il revint en Espagne, réalisant des commandes destinées à la cathédrale de Tolède (disparues) et travaillant ensuite à Paredes de Nava *(Retable de la vie de la Vierge à Santa Eulalia)*. À la demande de l'inquisiteur Torquemada, il exécuta pour le couvent de Santo Tomás à Ávila les retables consacrés à saint Dominique, saint Thomas et saint Pierre-Martyr. Il conserva le goût des étoffes luxueuses et des fonds d'or, traditionnels en Espagne, mais assimila profondément les principes de la Renaissance italienne : la sérénité de l'expression, l'organisation spatiale et surtout le traitement de la lumière et des volumes en témoignent. Cependant, plusieurs de ses scènes présentent un caractère pathétique qui semble prendre sa source dans un mysticisme spécifiquement espagnol.

**BERRUGUETE (Alonso)** ♦ Sculpteur, peintre et architecte espagnol (Paredes de Nava v. 1490 - Tolède 1561). Fils de Pedro Berruguete, il fut sans doute l'élève de son père, puis poursuivit sa formation à Rome et à Florence, où il fit la connaissance de Bramante* et de Michel*-Ange. Revenu en Espagne v. 1517, il travailla comme peintre pour Charles Quint. Comme sculpteur, il exécuta des travaux à Valladolid, à Salamanque et à Tolède. Il pratiquait une sculpture polychrome d'inspiration dramatique ; sa recherche réaliste tend avant tout au pathétique et est associée à un sens plastique qui porte la marque du maniérisme italien. La tension des formes, leur agitation vise à l'expression d'une spiritualité véhémente (retable de San Benito y Real de Valladolid, 1526 - 1532 ; retable du collège des Irlandais, 1529).

**BERRY (Jean DE FRANCE, duc DE)** ♦ Prince capétien (Vincennes 1340 - Paris 1416). Troisième fils de Jean* II le Bon et frère de Charles* V, il fut l'un des tuteurs de son neveu Charles* VI et gouverneur du Languedoc (1380). Destitué de ses charges par les marmousets* (1388), il retrouva son autorité quand Charles VI devint fou. Fastueux mécène, il commanda à Beauneveu* le *Psautier de Jean de Berry*, puis à Jacquemart* de Hesdin les *Très Belles Heures* et les *Grandes Heures*, et aux frères Limbourg* les *Très Riches Heures du duc de Berry*, l'un des plus beaux manuscrits enluminés de son époque.

**BERRY (Charles DE FRANCE, duc DE)** ♦ (1686 - Marly 1714). Petit-fils de Louis XIV et troisième fils de Louis de France. Il eut pour gouverneur Paul de Beauvillier* et épousa la fille aînée du Régent, Marie-Louise.

Alonso **Berruguete.** *Ève*, bois. Stalle du chœur, cathédrale de Tolède. *Phot. ©Arch. Smeets*

**BERRY (Marie-Louise Élisabeth D'ORLÉANS, duchesse DE)** ♦ (Saint-Cloud 1695 - La Muette, Paris 1719). Fille aînée du régent Philippe d'Orléans. Épouse de Charles de France, duc de Berry, veuve dès 1714, elle fut célèbre par son esprit et ses débauches. Elle fut soupçonnée d'inceste avec son père.

**BERRY (Charles Ferdinand, duc DE)** ♦ (Versailles 1778 - Paris 1820). Deuxième fils du comte d'Artois (futur Charles* X), et de Marie-Thérèse de Savoie, il émigra dès les débuts de la Révolution, servit dans l'armée de Condé (1792), puis passa en Angleterre où il épousa Anna Brown dont il eut deux filles. De retour en France, lors de la Première Restauration, il suivit son oncle Louis XVIII à Gand (Cent*-Jours). Son premier mariage n'ayant pas été reconnu par sa famille, il épousa en 1816 la princesse Marie-Caroline de Bourbon-Sicile, dont il eut une fille et un fils posthume, le comte Henri de Chambord*. Ultraroyaliste (➝ **ultras**), il s'attira l'hostilité des libéraux et fut assassiné (février 1820) par Louvel*. Sa mort provoqua la chute du cabinet Decazes*.

**BERRY (Jules PAUFICHET, dit Jules)** ♦ Acteur français (Poitiers 1883 - Paris 1951). Considéré en son temps comme « le comédien le plus original et le plus séduisant de Paris », il a marqué de sa verve (outre une cinquantaine de comédies de boulevard, souvent mises en scène par lui-même) bon nombre de films parlants, entre autres *Baccara* (1935), *Le Crime* de M. Lange* (1936), *Le jour se lève* (1939), *Les Visiteurs* du soir* (1942).

**BERRY (Chuck)** ♦ Guitariste américain de rock (Saint Louis, Missouri 1926). Formé au blues et au gospel song, ce fut une des plus grandes vedettes du rock and roll, et ses compositions furent très souvent reprises.

**BERRY** n. m. ➝ ÉTYM. anc. *Biturigum pagus* « pays des *Bituriges** » ♦ Région du centre de la France entre la Loire et la Creuse, au N. du Massif central. Elle couvre la plus grande partie des dép. du Cher et de l'Indre et quelques parcelles de la Creuse et du Loiret. *(Berrichons)*. ▪ On y distingue au centre, la *Champagne* berrichonne*, plaine qui s'étend sur 600 000 ha entre l'Indre et la Loire ; au N.-E. les collines crayeuses du *Sancerrois** ; à l'E. le val de Germigny, parcouru par l'Aubois, affluent de la Loire ; au S.-O. le *Boischaut**

**Berry.** L'abbaye de Noirlac. *Phot. ©Ph. Blondel/Scope*

(Bocage) à la limite du Massif central ; à l'O. la *Brenne** entre la Creuse et son affluent, la Claise. ▮ **Histoire** Pays des *Bituriges Cubi* à l'époque gauloise, avec Avaricum (Bourges) pour capitale, le Berry fut englobé dans l'Aquitaine après la conquête romaine (-52). Comté héréditaire indépendant sous les Carolingiens, il fut vendu vers 1100 à Philippe Ier, roi de France, puis érigé en duché-pairie (1360) par Jean* le Bon, qui le donna en apanage à son fils Jean, duc de Berry*. Pendant la guerre de Cent Ans, Charles* VII s'y réfugia (1418), ce qui lui valut le titre de roi de Bourges. Le Berry fut réuni à la Couronne en 1601, mais le titre de *duc de Berry* fut encore porté par le futur Louis* XVI, par le fils de Charles X (→ **Berry [Charles Ferdinand, duc de]**), puis par la duchesse de Berry.

**BERRY** (canal du) ♦ Canal, aujourd'hui désaffecté, qui unissait la Loire au Cher (de 1840 à 1955).

**BERRY-AU-BAC** [02190] ♦ Comm. de l'Aisne, arr. de Laon, sur l'Aisne. 528 hab. *(Berriaciens).* ▮ **Histoire** Près de ce village, les premiers chars d'assaut français furent mis en action au cours de la Première Guerre mondiale (16 avr. 1917).

**BERRYER (Pierre Antoine)** ♦ Avocat et homme politique français (Paris 1790 - Augerville-la-Rivière, Loiret 1868). Célèbre par ses plaidoiries au cours des procès de Ney, Cambronne, Lamennais, Chateaubriand et Louis Napoléon Bonaparte (après la tentative de Boulogne), il fut élu député en 1830. Catholique et légitimiste, il tenta de détourner la duchesse de Berry de ses projets ; considéré néanmoins comme complice, il fut jugé et acquitté. Il siégea encore à l'Assemblée nationale (1848) et fut membre du Corps législatif (1863) bien qu'ayant pris position en 1851 contre le coup d'État et le Second Empire (*Discours parlementaires,* 1872 - 1874, *Plaidoyers,* 1875 - 1878). [Acad. fr. 1855]

**BERRYMAN (John)** ♦ Poète et critique américain (McAlester, Oklahoma 1914 - Minneapolis 1972). Professeur d'université dans le Minnesota, il publia des poèmes historiques ou confessionnels, graves, érotiques ou humoristiques, profondément troublés. Son œuvre comporte notamment *Homage to Mistress Bradstreet* (1956), *Poems* (1942), *77 Dream Songs* (1964), qui lui valurent un prix Pulitzer, et *Delusions* (1972).

**BERSABÉE** → **Beersheba**

**BERT (Paul)** ♦ Physiologiste et homme politique français (Auxerre 1833 - Hanoi 1886). Élève de C. Bernard*, il fit des recherches sur les greffes animales, sur la physiologie de la respiration et sur ses variations en fonction de la pression atmosphérique, sur les anesthésiques, etc. Il abandonna les sciences pour la politique. Ministre de l'Instruction publique (cabinet de Gambetta*, 1881 - 1882), il contribua aux réformes sur l'enseignement, en particulier l'adoption de la gratuité et de l'obligation de l'instruction primaire. En 1886, il fut nommé gouverneur général de l'Annam et du Tonkin. [Acad. sc. 1882]

**BERTAUT (Jean)** ♦ Poète français (Donnay, Normandie 1552 - Séez, auj. Sées 1611). Encouragé à ses débuts par Ronsard* et introduit à la cour par Desportes*, J. Bertaut gagna la faveur de Henri III, puis celle de Henri IV ; il célébra dans des poèmes officiels tous les événements de la cour et déplora en particulier les deuils royaux (*Recueil des œuvres poétiques,* 1601). Dans son *Recueil de quelques vers amoureux* (1602) figurent les *Élégies* où le poète chante en alexandrins harmonieux les souffrances de l'amant.

**BERTE, BERTHE** ou **BERTRADE** ♦ (morte à Choisy-au-Bac 783). Fille du comte de Laon, Caribert, elle épousa (749 ?) Pépin* le Bref. Mère de Charlemagne* (né en 742, ce qui en ferait un enfant naturel légitimé) et de Carloman*. ▪ Elle a inspiré au trouvère brabançon Adenet* un poème en alexandrins *(Li Roumans de Berte aus grans piés)*, où l'héroïne, une princesse de Hongrie, se voit substituer une rivale lors de son mariage avec Pépin. La fausse reine ressemble étonnamment à Berte, mais elle a les pieds plus petits. Après diverses péripéties, Pépin reconnaît sa vraie femme, qui devient la mère de Charlemagne. ➝ **ÉTYM.** Le nom germanique *Berhta,* vient de *berht* « brillant, fameux », de l'indo-européen *°bhereg* « éclat ».

**BERTELSMANN** ♦ Groupe de communication, créé par Carl Bertelsmann en 1835. D'abord centré sur l'édition, ce groupe allemand s'est développé en direction de la musique, de la télévision (M6*, RTL*), du multimédia et de la presse.

**Bertha** n. f. ou **Grosse Bertha** – en all. *Dicke Bertha* ♦ Surnom donné, en l'honneur de Mme Bertha Krupp, à un obusier géant allemand, produit par les usines Krupp* et employé au début de la Première Guerre mondiale. Il fut appliqué, par extension, aux canons à longue portée qui bombardèrent Paris, en 1918.

**BERTHE** ♦ Fille de Charlemagne*, elle épousa secrètement Angilbert* et lui aurait donné deux fils, dont Nithard*.

**BERTHE** ♦ Princesse de Bourgogne (morte v. 1024). Fille de Conrad, roi de Bourgogne, elle épousa Robert* II le Pieux en 996. Mais le mariage fut cassé par le pape Grégoire V pour cause de parenté, en 999.

**BERTHE DE HOLLANDE** ♦ Reine de France (morte en 1094). Épouse de Philippe* Ier qui la répudia (1092) pour épouser Bertrade* de Montfort. Elle était la mère de Louis* VI le Gros.

**BERTHELOT (Marcelin)** ♦ Chimiste et homme politique français (Paris 1827 - *id.* 1907). Ses travaux scientifiques portèrent notamment sur la chimie organique. Il réussit plusieurs synthèses (acide formique, 1856 ; méthane, 1858 ; benzène, 1866), mais ce fut celle de l'acétylène (1860) qui bouleversa la chimie, démontrant qu'il était possible de créer artificiellement, sans intervention d'une « force vitale », des molécules entrant dans la composition des êtres vivants. En thermochimie, il perfectionna le calorimètre (1865), créa la bombe calorimétrique (un appareil de mesure des chaleurs), étudia les explosifs et l'évolution des systèmes chimiques. Il travailla sur la fixation de l'azote libre par les sols nus. Élu sénateur inamovible en 1881, il devint ministre de l'Instruction publique (1886 - 1887) puis des Affaires étrangères (1895 - 1896). Son corps repose au Panthéon. [Acad. sc. 1873 ; Acad. fr. 1901] ➝ **ÉTYM.** *Berthelot* est un hypocoristique de *Bertaud,* du germanique *Berhtwald,* nom de personne (de *berht* « brillant » et *waldan* « gouverner »).

**BERTHIER (Louis Alexandre)** ♦ Maréchal français (Versailles 1753 - Bamberg 1815). Major général de la garde nationale en 1789, il protégea la famille royale. Chef d'état-major de l'armée d'Italie (1796), il s'empara de Rome (1798) et, sur ordre du Directoire, procéda à l'arrestation et à la déportation du pape Pie* VI. Ministre de la Guerre (1800 - 1807), il fut promu maréchal en 1804, puis major général de la Grande Armée (1805 - 1814). Collaborateur immédiat de Napoléon*, il reçut la principauté de Neuchâtel (1806) et le titre de prince de Wagram (1809). En 1814, il se rallia à Louis XVIII qui le nomma pair de France. Réfugié en Bavière durant les Cent*-Jours, il mourut accidentellement. ➝ **ÉTYM.** *Berthier* correspond au germanique *Berhthari,* nom de personne, de *berht* « brillant » et *hari* « armée ».

**BERTHOLLET (Claude Louis,** comte**)** ♦ Chimiste français (Talloires 1748 - Arcueil 1822). Il découvrit (1789) les propriétés décolorantes du chlore qu'il appliqua au blanchiment des toiles sous la forme de l'eau de Javel, prépara les chlorates avec lesquels il réalisa des explosifs, étudia la composition des acides, participa à l'édification d'une nomenclature chimique rationnelle (avec Lavoisier*, Fourcroy* et Guyton* de Morveau) et énonça les lois dites de Berthollet sur la double décomposition des sels, acides et bases (*Essai de statique chimique,* 1803). Il fut également, avec Laplace*, le cofondateur de la Société d'Arcueil qui rassemblait les plus grands savants de l'époque. [Acad. sc. 1780]

**BERTHOUD (Ferdinand)** ♦ Horloger suisse (Plancemont, principauté de Neuchâtel 1727 - Groslay 1807). Inventeur de l'horloge marine pour la détermination de la longitude en mer (→ **Le Roy**). [Acad. sc. 1795]

**BERTHOUD** → **Burgdorf**

**BERTIER DE SAUVIGNY (Louis Bénigne)** ♦ Administrateur français (Paris 1737 ou 1742 - *id.* 1789). Adjoint à l'Intendance de Paris (1768), nommé intendant en 1776, il tenta d'introduire certaines réformes. Chargé de l'approvisionnement de l'armée de siège au début de la Révolution, il prit des mesures qui le rendirent impopulaire. Accusé, entre autres, de spéculations sur les grains, il fut tué, après Foullon*, par les émeutiers révolutionnaires le 22 juillet 1789.

**BERTILLON (Adolphe)** ♦ Médecin, démographe et statisticien français (Paris 1821 - Neuilly 1883). Maire socialiste du 5e arrondissement, il contribua à la création de l'École d'anthropologie de Paris (→ **Broca**), où il s'occupa de démographie et de géographie médicale (*Démographie figurée de la France,* 1874). ♦ **Jacques Bertillon.** Médecin, démographe et statisticien français (Paris 1851 - Valmondois, Val-d'Oise 1922). Fils du précédent. On lui doit des recherches sur la baisse de la natalité en France (*La Dépopulation de la France,* 1911). ♦ **Alphonse Bertillon.** Administrateur français (Paris 1853 - *id.* 1914). Frère du précédent. Créateur de l'anthropométrie judiciaire (ou *bertillonnage*) qu'il utilisa pour l'identification des criminels dans ses fonctions de chef du service de l'identité judiciaire à la préfecture de police de Paris (1882). ➝ **ÉTYM.** *Bertillon* est l'hypocoristique de *Bertilo,* du germanique *berht* « brillant ».

**BERTIN** ♦ Famille de journalistes français. ♦ **François Bertin,** dit **l'Aîné.** Journaliste français (Paris 1766 - *id.* 1841). Secrétaire du duc de Choiseul, il devint propriétaire du *Journal* des débats* après le 18 Brumaire (1799). Suspect de royalisme, incarcéré, puis exilé (1801 - 1804), il put reprendre la publication de son journal sous le titre *Journal de l'Empire.* Sous la Restauration, le *Journal des débats* devint un des organes du royalisme constitutionnel, et, après 1830, se montra favorable à la monarchie de Juillet. Portrait par Ingres (1832). ♦ **Louis-François Bertin de Vaux** (Paris 1771 - *id.* 1842). Frère du précédent. Codirecteur du *Journal des débats,* il fut secrétaire au ministère de la Police (1815 - 1818), député (1820) et conseiller d'État (1827). Il résigna ses fonctions lors de la formation du cabinet conservateur de Polignac. Nommé ambassadeur aux Pays-Bas au début de la monarchie de Juillet, il entra à la Chambre des pairs en 1832.

**BERTINI (Elena SERACINI VITIELLO,** dite **Francesca)** ♦ Actrice italienne (Florence 1892 - Rome 1985). La star la plus célèbre du cinéma italien muet, héroïne de mélodrames mondains emphatiques, mais efficaces, tel *Assunta Spina* (1915). Louis Delluc voyait en elle l'«expression quasi divine de la beauté tragique» (d'où l'étiquette de *diva*). Elle reparut, à l'âge de 84 ans, dans *1900*, de Bernardo Bertolucci (1976).

**BERTOLUCCI (Bernardo)** ♦ Cinéaste italien (Parme 1941). Après un film sur un scénario de Pasolini (*La Commare secca*, 1962), il fut révélé par *Prima della rivoluzione*, 1964, film en partie autobiographique qui met en scène la révolte d'un jeune bourgeois contre la société dont il est issu. Il a réalisé *Partner* (1968), *Le Conformiste* (1970), *La Stratégie de l'araignée* (1970) (d'après un texte de Borges), *Le Dernier Tango à Paris* (1972), *1900* (1976), *La Luna* (1979), *Le Dernier Empereur* (1987), *Un thé au Sahara* (1990), *Little Buddha* (1993), *Innocents-The Dreamers* (2003).

**BERTON (Jean-Baptiste BRETON, dit)** ♦ Général français (près de Sedan 1769 - Poitiers 1822). Sorti des écoles militaires de Brienne et de Châlons, il participa aux différentes campagnes de l'Empire et se distingua en particulier à Austerlitz, Friedland et en Espagne (prise de Málaga). Après la défaite de Waterloo (*Précis historique de la bataille de Waterloo*), il s'affilia sous la Restauration à la Charbonnerie et fut désigné pour diriger l'insurrection de Saumur ; celle-ci ayant échoué (févr. 1822), Berton fut arrêté et guillotiné.

**BERTON (Pierre)** ♦ Écrivain canadien d'expression anglaise (Whitehorse, Yukon 1920 - Toronto 2004). Éditorialiste au *News-Herald* de Vancouver dès l'âge de 21 ans, cet historien très populaire débuta par un ouvrage de vulgarisation sur la famille royale d'Angleterre (1954). Ont suivi *Le Grand Défi ; Le Chemin de fer canadien (The National Dream)* et *Le Dernier Mille (The Last Spike)* (1970) qui propose une vision héroïque du passé canadien.

**BERTRADE DE MONTFORT** ♦ Reine de France (v. 1070 - abbaye de Fontevraud v. 1118). Épouse de Foulques IV, comte d'Anjou, elle fut enlevée par Philippe* Ier roi de France (1092) qui répudia Berthe* de Hollande pour l'épouser.

**BERTRAM (Bertram VON MINDEN, dit Maître)** ♦ Peintre allemand (Minden v. 1345 - Hambourg v. 1415). S'inscrivant dans la tradition gothique de l'Allemagne du Nord, il exécuta de nombreux retables dont le retable de Grabow (1379 - 1380), pour l'église Saint-Pierre de Hambourg (musée de Hambourg), œuvre remarquable par son sens de la composition et de la narration. → ÉTYM. *Bertram* est l'équivalent allemand de *Bertrand**.

**Bertram.** *Dispute entre les docteurs*, tempera sur bois. Kunsthalle, Hambourg. *Phot. ©Bridgeman-Giraudon*

**BERTRAN DE BORN** ♦ Troubadour périgourdin (v. 1140 - abbaye de Dalon v. 1215). D'humeur belliqueuse et «semeur de discorde» (Dante), Bertran de Born, seigneur de Hautefort, fut mêlé aux luttes qui opposèrent la féodalité provençale au roi d'Angleterre, Henri II, puis à Philippe Auguste ; il prit parti pour Jean sans Terre, puis en 1183 pour Richard Cœur de Lion, donnant, dans ses poésies violentes, le reflet des conflits politiques de son époque. De son œuvre, il reste une quarantaine de poèmes, essentiellement des *sirventès* satiriques et moraux, remarquable tableau de la société féodale.

**BERTRAND** (saint) → ÉTYM. du germ. *Berhthramm*, de *berht* «brillant, fameux» et *hramm* «corbeau» (symbole de la sagesse chez les Celtes et les Germains) (it. *Beltrami*, esp. *Beltrán*, all. et angl. *Bertram*) ♦ Prélat français (L'Isle-Jourdain ? - Comminges 1123). Évêque de Comminges (1073), il fit bâtir la cathédrale romane et le palais épiscopal, auprès desquels se forma une nouvelle ville qui prit son nom. → **Saint-Bertrand-de-Comminges.**

**BERTRAND (Henri Gatien, comte)** ♦ Général français (Châteauroux 1773 - *id.* 1844). Fidèle compagnon de Napoléon Ier, il le suivit à l'île d'Elbe, puis à Sainte-Hélène (1815 - 1821) où il retourna en 1840 avec le prince de Joinville pour ramener en France les cendres de l'Empereur. Il repose à ses côtés aux Invalides.

**BERTRAND (Louis, dit Aloysius)** ♦ Écrivain français (Ceva, Piémont 1807 - Paris 1841). Ardent disciple de V. Hugo, il tenta en vain sa chance à Paris. Ses «poèmes en prose», *Gaspard de la nuit. Fantaisies à la manière de Rembrandt et de Callot* (posth. 1842), furent salués par Baudelaire dans la dédicace de son *Spleen* de Paris* et ont inspiré trois ballades pour piano à M. Ravel*. «Peinture de la vie ancienne, si étrangement pittoresque», ces poèmes en prose manifestent un goût très romantique pour une vision pittoresque et fantastique du Moyen Âge. Mais la recherche des images étranges et les résonances secrètes de certains textes font également d'Aloysius Bertrand un précurseur du surréalisme*.

**BERTRAND (Alexandre)** ♦ Archéologue français (Paris 1820 - Saint-Germain-en-Laye 1902). Il contribua à la création du musée des Antiquités nationales (Saint-Germain). On lui doit des *Études de mythologie et d'archéologie grecque* (1863) et des *Études d'archéologie celtique et gauloise* (1876).

**BERTRAND (Joseph)** ♦ Mathématicien français (Paris 1822 - *id.* 1900). Frère d'Alexandre Bertrand. Spécialiste de physique mathématique, il fut l'auteur de travaux sur les séries, les surfaces et la dynamique. [Acad. sc. 1856 ; Acad. fr. 1884]

**BERTRAND (Marcel)** ♦ Géologue français (Paris 1847 - *id.* 1907). Fils de Joseph Bertrand. Ses travaux sur les plis couchés et les charriages des régions plissées (en particulier des Alpes et du bassin houiller franco-belge) font de lui un des fondateurs de la tectonique moderne. [Acad. sc. 1896]

**BERTRAND (Gabriel)** ♦ Chimiste et biologiste français (Paris 1867 - *id.* 1962). Ses travaux portèrent essentiellement sur la composition de la matière vivante. Il mit en évidence les oligoéléments présents dans l'organisme à l'état de traces et en étudia les fonctions. Ce fut lui qui découvrit la première enzyme oxydante (laccase) et son mode d'action. [Acad. sc. 1923]

**BERTRAND (Xavier)** ♦ Homme politique français (Châlons-sur-Marne 1965). Il s'engagea au RPR puis à l'UMP et remplit deux mandats de député (2002-2007). Il fut ministre de la Santé (2005-2007) puis ministre du Travail, des Relations sociales et de la Solidarité (2007-2009) après avoir été le porte-parole de Nicolas Sarkozy pendant la campagne présidentielle. Il est secrétaire général de l'UMP depuis déc. 2008.

**BERTRUDE** ♦ Seconde épouse de Clotaire* II (morte en 610). Elle fut la mère de Dagobert Ier. → ÉTYM. Le nom allemand *Berhttrud* vient de *berht* «brillant» et *trud* «fidèle».

**BÉRULLE (Pierre DE)** ♦ Cardinal français (château de Sérilly, près de Troyes 1575 - Paris 1629). Il établit en France l'ordre des Carmélites (1604) avec l'aide de Mme Acarie (→ **Marie de l'Incarnation**) et fonda la congrégation séculière de l'Oratoire* (1611). Contemplatif et mystique, il fut aussi conseiller de Louis XIII et s'opposa à Richelieu. Cardinal en 1627, il a profondément marqué l'école française de spiritualité du XVIIe s. (Saint-Cyran, Condren, saint Vincent de Paul). Son œuvre majeure, *Discours de l'estat et des grandeurs de Jésus* (1622), est influencée par l'héritage augustinien et la spiritualité ignacienne.

**BERWALD (Franz)** ♦ Compositeur suédois (Stockholm 1796 - *id.* 1868). Il appartient à une famille qui illustra longtemps la musique suédoise. Il a composé des symphonies, de la musique de chambre et deux opéras.

**BERWICK (James Stuart FITZ-JAMES, duc DE)** ♦ Maréchal de France (Moulins 1670 - Philippsburg 1734). Fils naturel de Jacques* II et de la sœur de Marlborough*, il fut élevé en France et passa à son service, tout en prenant part à toutes les tentatives jacobites. Après avoir commandé en Espagne, il fut envoyé contre les camisards* (1705) et fut fait maréchal de France. Retourné en Espagne, il remporta sur les Anglais la victoire d'Almansa* (1707) et consolida le trône de Philippe* V par la prise de Barcelone (1714). Il prit ensuite la tête des armées du Rhin et fut tué à Philippsburg.

**BERWICK UPON TWEED** ♦ V. d'Angleterre (Northumberland), à l'embouchure de la Tweed, annexée en 1482 (le comté du même nom est en Écosse). 25 948 hab. Sa fonction stratégique sur la frontière entre les deux royaumes est à l'origine de son développement.

**BERZÉ-LA-VILLE** [71960] → ÉTYM. anc. *Berciacus*, du germ. *Berisius*, n. de pers., et suff. *-acum* ♦ Comm. de Saône-et-Loire, arr. de Mâcon, dans le Mâconnais. 530 hab. *(Berzéens)*. Chapelle romane du prieuré (fresque des ateliers clunisiens). Château féodal à Berzé-le-Châtel.

**BERZELIUS (Jöns Jacob, baron)** ♦ Chimiste suédois (Väfversunda Sörgard, près de Linköping 1779 - Stockholm 1848). Il adopta les vues de Dalton* sur les proportions multiples et établit un tableau d'équivalents en choisissant l'oxygène comme élément de référence (1818) ; il introduisit la notation symbolique moderne, utilisant dans les formules des lettres pour représenter les éléments et des exposants numériques pour indiquer leurs proportions ; il définit les notions fondamentales d'isomérie, de polymérie et d'allotropie et étudia la catalyse. Il est l'auteur de la théorie du dualisme électrochimique qui influença la chimie jusqu'à la fin du XIX^e s. Il obtint également de nombreux corps simples dont le calcium (1808), le silicium (1823) et le zirconium (1824) ; il découvrit le sélénium (1817) et le thorium (1828) et établit le rôle de certains groupements particuliers d'atomes (radicaux) dans les composés organiques. [Acad. sc. 1822]

**BÈS** ♦ Dieu égyptien représenté sous l'aspect d'un nain difforme, tirant la langue, vêtu d'une peau de lion et portant une barbe hirsute. C'est un dieu de la gaieté dont l'aspect grotesque fait naître la bonne humeur et repousse les esprits maléfiques.

**BESANCENOT (Olivier)** ♦ Homme politique français (Levallois-Perret 1974). Employé à la Poste, il a adhéré en 1991 à la Ligue communiste révolutionnaire (LCR) qu'il a représentée à l'élection présidentielle de 2002 (4,25 % des voix au 1^er tour) et en 2007 (4,08 % au 1^er tour). Il en a été le porte-parole avec Alain Krivine* qui l'a soutenu dans son initiative lancée en 2008 de transformer la Ligue en un Nouveau Parti Anticapitaliste (NPA).

**BESANÇON** [25000] ➝ **ÉTYM.** anc. *Vesontio,* rac. précelt. *ves-* « hauteur » (➝ Vesoul) ; le *b* p.-ê. par attraction de *besant* [monnaie byzantine] ou du gaul. *visu* « digne, apte » et suff. *-ontione* ♦ Ch.-l. du Doubs et de la région Franche-Comté, sur le Doubs. 117 733 hab. (aggl. 127 452 hab.) *(Bisontins).* La vieille ville, enserrée dans un méandre du Doubs, est dominée par la citadelle construite par Vauban au S.-E. sur la partie la plus étroite. Son patrimoine architectural atteste la durée de sa prospérité : Porte-Noire et square archéologique Castan (vestiges romains) ; cathédrale Saint-Jean (XI^e, XIII^e, XVIII^e s.), renfermant l'horloge astronomique (1857 - 1860). Nombreuses demeures et églises des XVI^e, XVII^e et XVIII^e s. ; palais de justice avec façade Renaissance ; anc. église des Grands-Carmes (XV^e s.), en partie occupée par le Muséum jurassien ; palais Granvelle (XVI^e s.) abritant le musée d'Histoire et d'Ethnographie de la Franche-Comté et le musée du Temps ; théâtre de Ledoux, incendié en 1958 puis restauré. Musée des Beaux-Arts et d'Archéologie. Maisons natales de V. Hugo, de C. Fourier et des frères Lumière. ▪ Anc. capitale mondiale de l'horlogerie, la cité s'est reconvertie, du fait de la concurrence suisse et asiatique, dans la micromécanique et les microtechniques. École nationale supérieure de mécanique et des microtechniques. Gare TGV (à partir de 2011). ▮ **Histoire** Capitale des Séquanes*, *Vesontio* fut soumise par César (-58) et devint métropole de la Grande Séquanaise. Conquise par les Burgondes* en 456, elle fit partie des divers royaumes de Bourgogne* jusqu'en 1032, puis devint ville libre impériale sous tutelle épiscopale. Cédée à l'Espagne en 1649, conquise par Louis XIV en 1668, puis en 1674, elle fut définitivement rattachée à la France par le traité de Nimègue* (1678) et devint la capitale de la Franche*-Comté ; elle fut fortifiée par Vauban. Au XVIII^e s., des horlogers suisses bannis de leur pays vinrent se réfugier à Besançon, favorisant ainsi le développement de l'industrie horlogère.

**BESBRE** n. f. ➝ **ÉTYM.** anc. *Berbera,* p.-ê. « (la rivière) des castors », du gaul. *bebros* « castor » ♦ Riv. du Bourbonnais (100 km), née dans les monts des Bois-Noirs. Elle draine la partie orientale du dép. de l'Allier, traverse le canal latéral à la Loire et se jette dans cette dernière en Sologne bourbonnaise.

**BESCHERELLE** [bɛʃʀɛl] ♦ Grammairiens et lexicographes français. ♦ **Louis Nicolas Bescherelle,** dit **Bescherelle l'Aîné** (Paris 1802 - *id.* 1883). Hostile à la création des règles arbitraires, il s'appuya sur l'usage des grands écrivains pour rédiger sa *Grammaire nationale* (1834 - 1836), puis donna le *Dictionnaire national* ou *Dictionnaire universel de la langue française* (1843 - 1846), plusieurs fois édité jusqu'à la fin du XIX^e s. ♦ **Henri Bescherelle,** dit **Bescherelle le Jeune** (Paris 1804 - *id.* 1852). Il collabora aux premiers travaux de son frère et fut l'auteur d'un *Cours complet de langue française* (1852). ➝ **ÉTYM.** *Bescherelle* vient de *bec,* désignant un moulin ou est une allusion au bruit du clapet du moulin ou vient du nom de son propriétaire (sobriquet d'une personne bavarde).

**BESKIDES** ou **BESKYDES** – en polon. *Beskidy,* en tchèque et slovaque *Beskydy* ♦ Ensemble de montagnes gréseuses formant la partie N.-O. des Carpates, entre la porte de Moravie et la frontière polono-ukrainienne. ▪ Les *Beskides occidentales,* dominées au S. par les Hautes Tatras, culminent dans les massifs de Babia Góra (1 722 m) à la frontière slovaquo-polonaise.

**BESLAN** ♦ V. d'Ossétie du Nord. Env. 30 000 hab. En sept. 2004, une prise d'otages dans une école par un groupe armé d'indépendantistes tchétchènes donna lieu à un assaut des troupes russes et fit 450 morts.

**BESLAY** [bɛlɛ] **(Charles)** ♦ Ingénieur et homme politique français (Dinan 1795 - Neuchâtel 1878). Député de Pontivy après 1830, représentant du peuple à la Constituante en 1848, et affilié à la I^re Internationale, il fut membre de la Commune de Paris (1871) puis délégué à la Banque de France dont il soutint les intérêts.

**BESNARD (Albert)** ♦ Peintre, décorateur et dessinateur français (Paris 1849 - *id.* 1934). Élève de Cabanel* et prix de Rome en 1874, il devint à Londres de 1880 à 1884 un portraitiste mondain apprécié en poursuivant la tradition de Reynolds*, Gainsborough* et Lawrence*. Sa carrière fut ensuite jalonnée de récompenses officielles et il fut chargé de plusieurs décorations monumentales (École de pharmacie, 1884 ; Hôtel de Ville de Paris ; Sorbonne, 1896 ; Petit Palais, 1909 ; Théâtre-Français, 1910 - 1913 ; palais de la Paix de la Haye). Fortement marqué par la tradition académique, il n'en fut pas moins perméable à certains courants modernistes (art nouveau, symbolisme d'esprit préraphaélite). [Acad. fr., 1924] ➝ **ÉTYM.** *Besnard* a la même étymologie que *Bernard*.*

**BESNARD (Marie)** ♦ (Saint-Pierre-de-Maillé 1896 - Loudun 1980). Accusée en 1949 d'avoir empoisonné à l'arsenic treize membres de sa famille, elle fut acquittée en 1961, après douze années de procédures judiciaires et de batailles d'experts. Cette affaire mit en évidence la fragilité des expertises scientifiques (on découvrit de l'arsenic dans tout le cimetière) et permit de renforcer les droits de la défense.

**BESSAN** [34550] ♦ Comm. de l'Hérault, arr. de Béziers, au N. d'Agde. 4 025 hab. *(Bessanais).*

**BESSANCOURT** [95550] ➝ **ÉTYM.** anc. *Bercencort* « domaine (bas lat. *curtis*) de Bersindis (n. de femme germ.) » ♦ Comm. du Val-d'Oise, arr. de Pontoise. 6 999 hab.

**BESSANS** [73480] ➝ **ÉTYM.** du lat. *Bessius,* n. de pers. gallo-rom., et suff. *-anum* ♦ Comm. de Savoie, arr. de Saint-Jean-de-Maurienne, sur l'Arc. 311 hab. *(Bessannais* ou *Bessanais).* Église (statues du XII^e s.). Chapelle Saint-Antoine (peintures du XV^e s.). ▪ L'artisanat local fabrique des figurines grimaçantes dites *diables de Bessans.* Ski à *Bessans-Val d'Arc.* ▪ La commune a été incendiée en 1944 par les Allemands. Elle fut inondée par une crue en 1957.

**BESSARABIE** n. f. ➝ **ÉTYM.** de *Basaraba,* n. des princes valaques régnant depuis le XIV^e s. [probablt tatar « père *(aba)* dominateur *(basar)* »] ♦ Région d'Europe orientale comprise entre le Dniestr au N. et à l'E., et le Prout à l'O., et partagée entre les rép. de Moldavie et d'Ukraine. ▪ V. PRINC. : Chisinau, Balti, Bendery (Moldavie) ; Bielgorod, Dniestrovski, Izmaïl, Khotine (Ukraine). ▮ **Histoire** Partie de la Dacie romaine sous Trajan, la Bessarabie fut successivement envahie par les Wisigoths, les Huns et les Bulgares, les Avars, les Hongrois et les Petchenègues, puis réunie à la Moldavie v. 1367. À la fin du XV^e s. elle passa sous domination ottomane, mais les Russes l'envahirent à plusieurs reprises entre 1711 et 1812 et l'occupèrent entièrement après le congrès de Berlin (1878). Par le plébiscite de 1920, toute la région fut annexée à la Roumanie qui la céda à l'URSS en 1940, la reconquit de 1941 à 1944 et l'abandonna à la Russie par le traité de Paris en 1947. Depuis 1990, elle est l'enjeu de combats entre Moldaves et Russes sécessionnistes. ➝ **Moldavie.**

**BESSARION (Jean)** ♦ Humaniste et théologien byzantin (Trébizonde v. 1400 - Ravenne 1472). Moine à Constantinople, il se rendit à Mistra et se lia d'amitié avec Gémiste* Pléthon. Archevêque de Nicée (1437), il accompagna Jean* VIII Paléologue en Italie pour requérir l'aide de l'Occident contre l'invasion turque ; il s'illustra au concile de Bâle*-Ferrare Florence en 1439 comme partisan de l'union des deux Églises. L'union étant rejetée par les Grecs, il se fixa à Rome. Cardinal en 1439, nommé patriarche latin de Constantinople (1463), il fut chargé de plusieurs missions diplomatiques en Allemagne, dans les États italiens et en France. Son action d'humaniste contribua à la renaissance des lettres en Italie. Il protégea les érudits grecs et forma une importante bibliothèque comprenant des manuscrits qu'il légua à Venise (premier fonds de la future Marciana). Afin de défendre la philosophie platonicienne, il publia la polémique *In calumniatorem Platonis* contre l'aristotélicien Georges de Trébizonde.

**BESSE-ET-SAINT-ANASTAISE,** – anc. *Besse-en-Chandesse* [63610] ➝ **ÉTYM.** du gaul. *betu* (ou *bettu*) « bouleau » et du n. de saint *Anastase* ♦ Ch.-l. de cant. du Puy-de-Dôme, arr. d'Issoire, dans le massif du Mont-Dore. 1 672 hab. *(Bessards* ou *Bessois).* Anc. collégiale Saint-André (nef romane, XII^e s.). Maisons anc. ▪ Laboratoire de biologie de l'université Blaise Pascal de Clermont-Ferrand. Station de sports d'hiver à *Super-Besse* (1 300 - 1 850 m). Fromages.

**BESSÈGES** [30160] ➝ **ÉTYM.** du gaul. *betu* (ou *bettu*) « bouleau » ♦ Ch.-l. de cant. du Gard, arr. d'Alès, sur la Cèze. 3 137 hab. (aggl. 4 613) *(Bességeois).*

**BESSEL (Friedrich)** ♦ Astronome allemand (Minden 1784 - Königsberg 1846). Directeur de l'observatoire de Königsberg où il étudia plusieurs milliers d'étoiles dont il détermina la position, il calcula la première valeur précise de la constante de précession (1815) et fit des évaluations significatives de parallaxes (1838). Il fut également l'un des premiers à prédire l'existence d'un compagnon invisible de Sirius (1844), découvert 22 ans plus tard. ➝ **Adams (John Couch), Le Verrier.** Il introduisit les fonctions mathématiques qui portent son nom, très utiles en physique et en astronomie. [Acad. sc. 1840]

**BESSEMER** (sir **Henry**) ♦ Ingénieur britannique (Charlton, Hertfordshire 1813 - Londres 1898). On lui doit surtout la mise au point d'une méthode de production de l'acier au moyen d'un convertisseur qui porte son nom (1855) ; il mit son procédé en application dans ses usines de Sheffield.

**BESSENYEI (György)** ♦ Écrivain hongrois (Berczel 1747 - Kovácsipuszta 1811). Il naquit dans une famille protestante appauvrie, et, à l'âge de 18 ans, entra dans la garde à Vienne. Autodidacte, il apprit le français, l'allemand, s'intéressa à la littérature et à la philosophie. Il fut un grand admirateur de Gottsched*, de Sonnenfels et surtout de Voltaire. Il écrivit des tragédies (*Agis*, 1772 ; *Buda*, 1773), s'inspirant des comédies de Marivaux et de Destouches, dans le *Philosophe* (1771) et *Laïs* (publ. 1889). Bessenyei fit connaître en Hongrie les idées et les formes nouvelles venues de l'étranger.

**BESSIÈRES (Jean-Baptiste)** duc **D'ISTRIE** ♦ Maréchal de France (Prayssac, Lot 1768 - Rippach, Saxe 1813). Il participa à l'expédition d'Égypte. Promu maréchal en 1804, il prit part à toutes les campagnes de l'Empire à la tête de la cavalerie de la garde impériale et fut tué lors d'une reconnaissance à la veille de la bataille de Lützen* (1813). ➝ ÉTYM. Ce nom occitan signifie «plantation de bouleaux *(bès)*».

**BESSIN** n. m. ➝ ÉTYM. de *Bajocasses** ♦ Petite région de Normandie qui s'étend autour de Bayeux, au N.-O. du Calvados, entre le Cotentin à l'O., la campagne de Caen à l'E., la Manche au N. et le Bocage normand au S. *(Bessins)*. Élevage bovin, produits laitiers (beurre d'Isigny). → **Port-en-Bessin-Huppain.**

**BESSINES-SUR-GARTEMPE** [87250] ♦ Ch.-l. de cant. de la Haute-Vienne, arr. de Bellac. 2 743 hab. *(Bessinauds)*. Extraction d'uranium jusqu'en 1995.

**BESSON (Benno)** ♦ Acteur et metteur en scène suisse (Yverdon 1922 - Berlin 2006). Ayant rejoint Bertolt Brecht* à Berlin-Est (1954), il devint l'un des créateurs en titre du Berliner* Ensemble. Il a réalisé une cinquantaine de mises en scène d'auteurs aussi bien classiques (Shakespeare, Molière) que contemporains (Brecht, Schwartz, Hacks*) dont il a renouvelé la lecture. Conjuguant la vitalité du jeu et la force du visuel, il militait pour un théâtre ouvert au public, sans séparation du culturel et du social.

**BESSON (Colette)** ♦ Athlète française (Saint-Georges-de-Didonne 1946 - Angoulins, près de La Rochelle 2005). Son titre de championne olympique du 400 mètres en 1968 à Mexico et son record du monde du 400 m à Athènes (51,74 s, ex-aequo avec Nicole Duclos) en 1969 lui procurèrent une immense popularité.

**BESSON (Luc)** ♦ Cinéaste et producteur français (Paris 1959). Après des débuts remarqués, dans la mouvance d'une certaine avant-garde (*Le Dernier Combat*, 1983), il remporta un triomphe commercial avec *Le Grand Bleu* (1988), odyssée sous-marine à l'intrigue minimale. *Subway* (1985), *Nikita* (1990) et *Léon* (1994) furent d'autres plongées, dans les abysses de la violence urbaine. Il a réalisé *Jeanne d'Arc* en 1999. Il a également tourné une trilogie destinée aux enfants (*Arthur et les Minimoys*, 2006 à 2010) et coproduit le film de Yann Arthus*-Bertrand sur la planète, *Home* (2009). ➝ ÉTYM. Le nom de famille *Besson* signifie «jumeau».

**BEST (Charles Herbert)** ♦ Physiologiste et médecin canadien (West Pembroke, Maine 1899 - Toronto 1978). Il fit des recherches sur l'histamine, l'héparine, la choline et participa à la découverte de l'insuline avec Banting*.

**BESTOUJEV (Aleksandr Aleksandrovitch MARLINSKI, dit)** ♦ Romancier russe (Marli, près de Peterhof 1797 - Adler, Caucase 1837). Il participa en 1825 au mouvement des décabristes et fut déporté en Sibérie puis envoyé au Caucase en 1829 comme simple soldat. Ses romans, pleins de verve et d'esprit, ont pour cadre la Sibérie et le Caucase : *Le Lieutenant Bielozor* (1831), *La Frégate Espoir* (1832), *Incursions* (1832), *Ammalat Bek* (1832). Admirateur de Byron et Hugo, il allia l'influence de ces deux écrivains.

**BETANCOURT (Rómulo)** ♦ Homme politique vénézuélien (Guatira, Miranda 1908 - New York 1981). Chef d'un parti de gauche non communiste, Acción Democrática, il fut l'auteur du coup d'État de 1945 qui le porta au pouvoir jusqu'en 1948. Élu président de la République en 1958, il lutta contre les partisans communistes. L'hostilité de la droite et des castristes provoqua son renversement (1964). → **Venezuela.**

**BETANCOURT (Ingrid)** ♦ Femme politique franco-colombienne (Bogotá 1961). Issue d'une famille engagée en politique (son père fut ministre de l'Éducation en Colombie), elle milita contre la corruption et la drogue et fonda son parti, Oxígeno Verde («Oxygène Vert») en 1998. Elle fut enlevée par les FARC (→ **Colombie**) en février 2002 lors de sa campagne à l'élection présidentielle et ne put être libérée que grâce à une opération de l'armée colombienne en juillet 2008.

**Bété** n. m. (pl.) ➝ ÉTYM. mot bété «paix, pardon» en référence à l'amnistie accordée par la France à l'issue de leur révolte à l'époque coloniale ♦ Population du centre-ouest de la Côte d'Ivoire d'origines diverses. Plus de la moitié des Bété vivent dans les grandes villes du Sud, en particulier à Abidjan. ▪ Leur territoire fut organisé par la France à l'époque coloniale pour y développer l'agriculture forestière (café, cacao).

La **Bête humaine** ♦ Roman d'Émile Zola*, 17e volume du cycle des *Rougon*-Macquart* (1890). Jacques Lantier, mécanicien sur la *Lison*, une locomotive, est conduit, par une irrésistible pulsion de meurtre, à assassiner sa maîtresse Séverine Roubaud, elle-même criminelle. Il s'oppose par la suite à Pecqueux, le chauffeur de la *Lison*, dans une violente rivalité amoureuse. Le livre s'achève alors que les deux hommes se battent à mort, après avoir abandonné les commandes de la locomotive. Celle-ci symbolise, tout au long de la narration, à la fois le progrès et la permanence de l'instinct violent au sein de l'humanité. ♦ ***La Bête humaine*** Film français de Jean Renoir* (1938), avec Jean Gabin, Fernand Ledoux, Simone Simon. Le réalisateur a modifié la fin (Lantier se suicide), gommé les thèses naturalistes, et humanisé les personnages en les rattachant à sa thématique personnelle, faisant baigner cette tragédie intimiste dans une poésie nocturne.

**La Bête humaine.** Film de Jean Renoir avec Jean Gabin. *Phot. ©Stills*

**Bételgeuse** ➝ ÉTYM. de l'ar. *Bayt al-Rhūl*, de *'abth aljawzā'* «aisselle des Gémeaux» ♦ Nom donné à l'étoile α Orion*. Magnitude variable de 0,4 à 1,3 ; type spectral M2 ; distance 520 années-lumière.

**BÉTHANIE** ➝ ÉTYM. de l'hébr. *béth 'ânî* «maison du pauvre» ou *béth 'anâyâh* «maison d'Ananie» ♦ Dans les Évangiles, bourg proche de Jérusalem du côté du mont des Oliviers, résidence de Marthe* et Marie*, et de leur frère Lazare*. ▪ On l'identifie habituellement à l'actuelle al-Azarieh.

**BÉTHARRAM** ♦ Lieu de pèlerinage des Pyrénées-Atlantiques (comm. de Lestelle-Bétharram). Église du XVIIe s., pont du XVIIe s. ▪ Aux environs, grottes (galeries et rivière souterraines) aménagées pour la visite dès le début du XXe siècle.

**BETHE (Hans Albrecht)** ♦ Physicien américain d'origine allemande (Strasbourg 1906 - Ithaca, New York 2005). Auteur de recherches sur les rayons cosmiques, il donna avec Heitler*, en 1934, la théorie des gerbes-cascades ; mais il est surtout connu pour la découverte du cycle de réactions thermonucléaires de fusion qui porte son nom (1938) et qui explique l'origine de l'énergie du Soleil et des étoiles chaudes. [Prix Nobel de phys. 1967]

**BÉTHEL** ➝ ÉTYM. hébr. «maison de Dieu» ♦ Anc. loc. de Palestine (auj. Beitîn, env. 20 km au N. de Jérusalem). Sanctuaire cananéen* vénéré également par les israélites, elle fut après le schisme un des principaux hauts lieux du royaume du Nord (Israël) ; Jéroboam Ier y institua le culte du Veau d'or. ▪ Dans la Genèse, c'est un des premiers campements d'Abraham* qui y bâtit un autel à Iahvé, et le lieu du songe de Jacob* (l'échelle).

**BÉTHENCOURT (Jean DE)** ♦ Gentilhomme et navigateur normand (Grainville-la-Teinturière, pays de Caux v. 1360 - *id.* 1425). Il se fit nommer seigneur des îles Canaries* par Henri III de Castille après les avoir conquises, avoir converti les habitants au christianisme et avoir fondé la première colonie européenne (1402 - 1404). En 1406, il laissa le commandement à son neveu (Maciot) qui transmit ses droits aux Portugais ; ceux-ci les cédèrent aux Espagnols. La relation de cette découverte et de cette conquête fut rédigée et publiée par Bergeron* (1630). ➝ ÉTYM. Ce nom de famille signifie «le domaine *(court)* de *Bethon* (nom de personne germanique)».

**BÉTHENY** [51450] ♦ Comm. de la Marne, banl. de Reims. 5 943 hab.

**BÉTHISY-SAINT-PIERRE** [60320] ➝ ÉTYM. anc. *Besticiacum*, du lat. *Bestitius*, n. de pers. (de *bestia* «bête»), et suff. *-acum* ♦ Comm. de l'Oise, arr. de Senlis, au S. de la forêt de Compiègne. 3 135 hab. (aggl. 4 269).

**BETHLÉEM** ➝ ÉTYM. en hébr. ***Bêth Lèhèm*** «maison du pain» ♦ V. de Cisjordanie, occupée par Israël à la suite de la guerre des Six Jours. Sous autogouvernement palestinien (déc. 1995). 25 266 hab. ▪ À l'époque biblique, elle fut le berceau de la famille de David (→ **Jessé**) ; une prophétie de Michée, V, 1, la donne comme patrie d'un futur messie ; les Évangiles de Matthieu, II, 1-6, et Luc, II, 4-15, rappellent ces données et y relatent la naissance de Jésus. Basilique de la Nativité, élevée, dit-on, par Constantin et sainte Hélène* (à partir de 326), restaurée par Justinien (VIe s.) puis par les croisés (XIIe s.). Séjour de saint Jérôme* qui y fonda des monastères (IVe s.).

**BETHLEHEM** ♦ V. des États-Unis (Pennsylvanie), au N.-O. de Philadelphie. 52 300 hab. (zone urbaine 687 000 avec Allentown et Easton). Centre sidérurgique parmi les plus importants des États-Unis, Bethlehem a réussi à se moderniser : la Bethlehem Steel Company (1904) est le 2e producteur d'acier du pays.

**BETHLEN (Gabriel** ou **Gábor)** ♦ Prince de Transylvanie* (Illye 1580 - Alba Iulia 1629). Ayant chassé Gabriel Báthory*, avec l'aide des Turcs, il entra en lutte, aux côtés de la Bohême, contre l'empereur Ferdinand* II, et ceignit la couronne de Hongrie, à laquelle il dut bientôt renoncer. Il conduisit la Transylvanie à son apogée politique et culturelle.

**BETHLEN (István,** comte**)** ♦ Homme politique hongrois (Gernyeszeg 1874 - URSS 1947). Chef du parti de la résistance au gouvernement de Béla Kun, il fut Premier ministre de Horthy* de 1921 à 1931. Il mena une politique conservatrice à l'intérieur ; en politique extérieure, il s'efforça de gagner la confiance des grandes puissances et chercha à faire réviser le traité de Trianon* ; il conclut pour cela un accord avec l'Italie (1927). La crise économique l'obligea à démissionner en 1931. Il s'opposa ensuite à l'évolution dictatoriale du gouvernement de Horthy et surtout aux mesures antisémites de 1938. Il se cacha pendant la guerre, mais les Soviétiques l'arrêtèrent et le déportèrent en 1944.

**BETHMANN-HOLLWEG (Theobald VON)** ♦ Homme politique allemand (Hohenfinow, Brandebourg 1856 - *id.* 1921). Administrateur appliqué, il se heurta, dès sa nomination à la tête de la chancellerie d'Empire (1909), à la tension internationale. Hostile à la guerre, il s'était efforcé d'améliorer les relations de l'Allemagne avec la Russie et la Grande-Bretagne, mais il fut trop faible pour s'opposer aux ambitions de Guillaume II et de son état-major (l'amiral von Tirpitz*, en particulier). Il dut, pendant la guerre, céder peu à peu de son pouvoir devant la pression des autorités militaires et, partisan d'une paix qui maintiendrait le statu quo de l'Allemagne, il dut démissionner en juil. 1917. Sa politique intérieure (instauration du suffrage universel en Alsace-Lorraine, suppression du système électoral des trois classes en Prusse) l'avait mis en conflit avec le parti conservateur.

**BÉTHONCOURT** [25200] → ÉTYM. «domaine (bas lat. *curtis*) de Betto (n. de pers. germ.)» ♦ Comm. du Doubs, banl. N. de Montbéliard. 6 848 hab. *(Béthoncourtois)*.

**BETHSABÉE** → ÉTYM. en hébr. ***Bath-Shèba'***, de *bath* «fille», *shâba'* «jurer» ou *shèba'* «sept» ♦ Femme israélite d'une grande beauté, épouse d'Urie*. L'ayant surprise au bain, David* l'enleva et l'épousa après avoir fait périr Urie, ce qui lui valut le blâme du prophète Nathan*. Elle lui donna quatre fils dont Salomon*. Récit biblique : II Samuel, XI-XII.

**BETHSAÏDE** → ÉTYM. de l'araméen *bêt saydā'* «maison de pêche» ♦ Anc. loc. de Palestine (Galilée) située près de Capharnaüm, au N.-E. du lac de Génésareth*. Patrie des apôtres André, Jacques le Majeur, Jean, Philippe et Pierre.

**BÉTHUNE** n. f. ♦ Riv. de Normandie (52 km), qui prend sa source dans le pays de Bray, arrose Neufchâtel-en-Bray et se réunit à la Varenne près d'Arques-la-Bataille pour former l'Arques.

**BÉTHUNE** [62400] → ÉTYM. du germ. *°bi-tunja*, de *tuna* «enclos» ou de *Betto*, n. de pers. ♦ Ch.-l. d'arr. du Pas-de-Calais, près du canal d'Aire. 27 808 hab. (aggl. 259 198, 22e rang) *(Béthunois)*. Beffroi (XIVe s.). ▪ Anc. centre houiller. Port fluvial relié à la Lys et à la Deûle par le canal d'Aire. Activités indus. prédominantes (pneus, métall., mécanique, ingénierie). ▮ **Histoire** La ville a souffert de la Première Guerre mondiale.

**BETI (Alexandre BIYIDI,** dit **Mongo)** → ÉTYM. n. de son ethnie ♦ Écrivain camerounais (M'Balmayo, région de Yaoundé 1932 - Douala 2001). Installé en France à partir de 1951, il y publia des ouvrages critiques sur la civilisation occidentale : *Ville cruelle* (1954) ; *Le Pauvre Christ de Bomba* (1956), une charge contre les missionnaires ; *Mission terminée* (1957) ; *Le Roi miraculé* (1958). Les troubles de l'indépendance en 1960 et l'instauration du parti unique furent pour lui autant d'occasions de critiquer les nouveaux maîtres de son pays : *Main basse sur le Cameroun* (1972), *Perpétue ou l'Habitude du malheur* (1974), *Les Deux Mères de Guillaume Ismaël Dzewatama, futur camionneur* (1983) et *La Revanche de Guillaume Ismaël* (1984) dénoncent également l'injustice et l'autocratie.

**BÉTIQUE** n. f. – en lat. ***Baetica*** → ÉTYM. de *Baitis*, n. gr. du Guadalquivir* ♦ Anc. prov. romaine de l'Espagne méridionale, correspondant approximativement à l'Andalousie actuelle. Elle faisait partie de l'Espagne ultérieure *(Hispania ulterior)* avant d'être organisée en province par Auguste. ▪ V. PRINC. Corduba (Cordoue*), Hispalis (Séville*), Italica (patrie de Trajan*, Hadrien* et Théodose* Ier).

**BÉTIQUE** (chaîne ou cordillère) – du n. de la prov. ♦ Chaîne montagneuse qui s'étend en Espagne méridionale, le long de la côte méditerranéenne, sur 500 km, du détroit de Gibraltar au cap de la Nao sur les provinces d'Andalousie, de Murcie, et d'Alicante. Point culminant : Mulhacén (3 482 m), dans la sierra Nevada. Au N. la zone sub-bétique correspond à des sierras fragmentées comme au S. le long de la Costa del Sol.

**BETSCHDORF** [67660] ♦ Comm. du Bas-Rhin, arr. de Wissembourg. 3 727 hab.

**BETSILÉO** n. m. → ÉTYM. du n. du peuple ♦ Partie du plateau central de Madagascar, au S.-E. de l'île et de l'Imérina. ♦ ***Betsiléos*** n. m. pl. → ÉTYM. probablt «les invincibles» Population qui vit dans cette région. Leur art se manifeste surtout par de grands poteaux funéraires de bois sculpté en l'honneur des personnages importants.

**BETTELHEIM (Bruno)** ♦ Psychiatre et psychanalyste américain d'origine autrichienne (Vienne 1903 - Silver Spring 1990). Il s'intéressa très tôt aux psychoses infantiles, notamment à l'autisme. À Dachau, puis à Buchenwald où il fut déporté en 1938, il étudia les réactions (déshumanisation) de certains individus face à des «situations extrêmes» éprouvées par eux comme radicalement destructrices, et établit un parallèle avec celles qui, selon lui, sont à l'origine de l'autisme. Émigré aux États-Unis, il y dirigea et y réforma l'École orthogénique (Chicago) dont il fit un centre de thérapeutique pour les enfants psychotiques, de formation d'éducateurs et de recherches. Princ. ouvrages : *Les Blessures symboliques* (1955), *La Forteresse vide* (1967).

**BETTELHEIM (Charles Oscar)** ♦ Économiste français (Paris 1913 - *id.* 2006). S'inspirant des positions marxistes, il a surtout étudié la planification socialiste et posé en particulier la problématique du sous-développement. Il a publié *Problèmes théoriques et pratiques de planification* (1946), *L'Économie soviétique* (1950), *L'Inde indépendante* (1962), *Planification et Croissance accélérée* (1964), *Révolution culturelle et organisation industrielle en Chine* (1973), *Les Luttes de classe en U. R. S. S.* (4 vol. 1974, 1977, 1982, 1983).

**BETTEMBOURG** ♦ V. du Luxembourg (cant. d'Esch-sur-Alzette). 9 063 hab. Indus. chimiques.

**BETTI (Ugo)** ♦ Poète, romancier et auteur dramatique italien (Camerino 1892 - Rome 1953). La langue des personnages de ce dramaturge, qui fut aussi magistrat, est l'une des plus pures et des plus rigoureuses du théâtre italien contemporain. Son œuvre est un théâtre d'accusation, soucieux de justice et d'amour dans un monde d'abjection ; ennemi de tous les machiavélismes, il reflète le drame d'une conscience à jamais déchirée. Œuv. princ. : *Corruption au Palais de justice* (1949), *L'Île des chèvres* (1950), *La Reine et les Insurgés* (1951).

**BETTIGNIES (Louise DE)** ♦ (Saint-Amand-les-Eaux 1880 - Cologne 1918). Agent de renseignements de l'armée britannique, dans le Nord (1914), sous le nom d'Alice Dubois, elle fut arrêtée par les Allemands à Tournai en 1915 et mourut en captivité à Cologne.

**BETTON** [35830] ♦ Comm. de l'Ille-et-Vilaine, arr. de Rennes. 8 547 hab.

**BETUWE** n. f. ♦ Plaine des Pays-Bas (→ **Gueldre**) formée par les alluvions de la Meuse et du Rhin, et aux sols argileux fertiles. Cultures maraîchères et fourragères. Céréales. Fruits.

**BEUDANT (François)** ♦ Minéralogiste français (Paris 1787 - *id.* 1850). On lui doit les premiers travaux d'ensemble sur l'isomorphisme des composés chimiques (1818). → **Mitscherlich.** [Acad. sc. 1824]

**BEURNONVILLE (Pierre RIEL,** comte puis marquis **DE)** ♦ Maréchal de France (Champignolle, Champagne 1752 - Paris 1821). Général de la République, il participa aux batailles de Valmy et de Jemappes (1792), fut nommé ministre de la Guerre (1793) et chargé d'enquêter sur la conduite de Dumouriez par la Convention (mars 1793). Livré aux Autrichiens par ce dernier, il resta prisonnier jusqu'en 1795. Membre du gouvernement provisoire en 1814, il fut fait pair de France, maréchal et marquis sous la Restauration.

**BEUST (Friedrich Ferdinand,** comte **VON)** ♦ Homme politique saxon et autrichien (Dresde 1809 - château d'Altenberg, près de Vienne 1886). Président du Conseil de Saxe depuis 1858, il s'efforça de constituer avec les petits États allemands une 3e force entre l'Autriche et la Prusse. Après la défaite de Sadowa*, il démissionna et passa au service de François*-Joseph comme ministre des Affaires étrangères. Il négocia avec le Hongrois Deák le compromis austro-hongrois de 1867, puis, après 1871, il se résigna au rapprochement de l'Autriche et de l'Empire allemand.

**BEUVE-MÉRY (Hubert)** ♦ Journaliste français (Paris 1902 - Fontainebleau 1989). Correspondant du *Temps* à Prague (1934), en désaccord avec la position du journal à la suite des accords de Munich, il démissionna. Après avoir milité dans la Résistance (1943 - 1944), il fonda en déc. 1944 le quotidien *Le Monde** qu'il dirigea jusqu'en 1969. Son intégrité et son prestige lui permirent d'en faire un grand journal de référence. Il est l'auteur d'ouvrages politiques (*Réflexions politiques*, 1951 ; *Onze ans de règne, 1958 - 1969*, 1974).

**BEUVRAGES** [59192] → ÉTYM. probablt du lat. *biberaticum* «abreuvoir», de *bibere* «boire» ♦ Comm. du Nord, banl. N. de Valenciennes. 7 673 hab.

**BEUVRAY** (mont) ♦ Sommet du Morvan (810 m), au S.-O. d'Autun, près de Saint-Léger-sous-Beuvray. Oppidum de Bibracte* (fouilles archéologiques).

**BEUVRON** n. m. → ÉTYM. du gaul. *Bebronos* «la rivière aux castors» (alors nombreux en Gaule), de *bebros* «castor», avec finale *-onnu, -onna* «eau courante» ♦ Riv. de Sologne (125 km), affl. de la Loire. Elle prend naissance dans le Loiret, mais la plus grande partie de son cours est située dans le Loir-et-Cher.

**BEUVRY** [62660] ➝ ÉTYM. anc. *Bevriacum,* du lat. *Biberius* (de *bibere* «boire», surnom de buveur), n. de pers., et suff. *-acum* ♦ Comm. du Pas-de-Calais, arr. de Béthune, sur le *canal de Beuvry,* qui la relie au canal d'Aire. 9 175 hab. *(Beuvrygeois).*

**BEUYS (Joseph)** ♦ Artiste allemand (Krefeld 1921 - Düsseldorf 1986). L'œuvre et la vie de Beuys se sont confondues en une continuelle mise en scène de ses fantasmes. Après avoir fait partie des Jeunesses hitlériennes, il s'engagea comme pilote dans la Luftwaffe. Légende ou réalité, son avion, touché par un obus en 1943, s'écrasa en Crimée et Beuys ne dut la vie qu'aux Tatars qui l'enveloppèrent dans une couverture de feutre et soignèrent ses brûlures à l'aide de graisse. Le feutre, la graisse, le sang, les os deviendront les composantes fétiches de ses œuvres (*Infiltration homogène pour piano à queue,* 1966 ; *Felt Suit,* 1970) et de ses interventions («performances») contestataires. Aux matériaux bruts il adjoignit ensuite la présence d'animaux morts (*Comment expliquer des tableaux à un lièvre mort,* 1965), ou vivants (un coyote, dans *J'aime l'Amérique et l'Amérique m'aime,* 1974). Ses psychodrames, d'un narcissisme souvent morbide, proches des manifestations de Fluxus*, assument auprès du spectateur une fonction de catharsis.

**BEVAN (Aneurin)** ♦ Homme politique britannique (Tredegar, Monmouthshire 1897 - Asheridge Farm, Chesham, Buckinghamshire 1960). Député travailliste (1929), il fut ministre de la Santé et de la Reconstruction dans le gouvernement Attlee* (1945). Il fut l'un des artisans de la création des assurances maladie (*National Health Service*). Ministre du Travail (1951), A. Bevan s'opposa à la majorité de son propre parti, lui reprochant d'abandonner ses options pacifistes et socialistes, et devint l'un des dirigeants de la gauche travailliste.

**BEVELAND** (îles) ♦ Anc. îles des Pays-Bas (Zélande) situées dans la mer du Nord à l'embouchure de l'Escaut (entre l'Escaut occidental et l'Escaut oriental). À la suite du plan Delta*, l'île a été réunie, en 1960, à la presqu'île constituée par les anciennes îles de Walcheren et Zuid-Beveland.

**BEVEREN** ♦ Comm. de Belgique (Région flamande), prov. de Flandre-Orientale, arr. de Sint-Niklaas, dans les polders du pays de Waas. 45 771 hab. Église (XII^e^ et XV^e^ s.). Château (déb. du XVI^e^ s.). ▪ Extensions du port d'Anvers sur la rive g. de l'Escaut. Indus. chimique et agroalimentaire. Dentelles. ▮ **Histoire** Les polders furent inondés en 1914 pour la défense d'Anvers.

**BEVERIDGE (lord William Henry)** ♦ Économiste et administrateur britannique (Rangpur, Bengale 1879 - Oxford 1963). Il est surtout connu par son plan d'organisation des assurances sociales britanniques (1941 - 1942) qu'il compléta en 1944 par un ouvrage intitulé *Du travail pour tous dans une société libre.* Tout en préservant les libertés fondamentales, l'État a, selon lui, pour rôle de lutter contre la misère, le chômage et la maladie.

**BEVERLEY** ♦ V. d'Angleterre (East Riding of Yorkshire), au N. de Kingston-upon-Hull. 118 000 hab. L'architecture de la collégiale Saint John traduit l'évolution du gothique anglais du XIII^e^ au XV^e^ s.

**BEVERLY HILLS** ♦ V. des États-Unis (Californie), enclavée dans Los Angeles. 33 784 hab. Résidence des personnalités de l'industrie du cinéma et du monde des affaires.

**BEVERWIJK** ♦ V. des Pays-Bas (Hollande-Septentrionale). 36 835 hab. Fabriques de conserves. Station balnéaire à Wijk aan Zee sur la mer du Nord.

**BEVIN (Ernest)** ♦ Homme politique britannique (Winsford, Somerset 1887 - Londres 1951). Issu d'une famille prolétarienne, il eut une activité syndicale qui le conduisit au poste de secrétaire général adjoint du syndicat des dockers puis à celui de président du Conseil général des syndicats (Trade Unions Council) en 1937. Il devint ministre du Travail dans le gouvernement de coalition de Churchill* (1940) puis ministre des Affaires étrangères dans le gouvernement travailliste d'Attlee* (1945 - 1951). Il représenta la Grande-Bretagne à la conférence de Potsdam* (1945) et s'employa à renforcer les liens entre son pays et les États-Unis. Devenu très méfiant à l'égard de la politique extérieure de Staline, il fut l'un des principaux artisans du traité de l'Atlantique Nord (1949).

**BEX** [bɛ] ♦ V. de Suisse (Vaud), dans la plaine du Rhône à 414 m d'alt. 6 086 hab. Mines de sel.

**BEYDTS (Louis)** ♦ Compositeur français (Bordeaux 1895 - Caudéran, Gironde 1953). Dans la veine élégante et spirituelle d'André Messager et de Reynaldo Hahn qui furent ses maîtres, il est l'auteur d'opérettes (*Moineau,* 1931 ; *La SADMP,* 1931 ; *À l'aimable Sabine,* 1947), d'une suite d'orchestre (*À travers Paris,* 1937), ainsi que de nombreuses mélodies. Il a composé des musiques de films (*La Kermesse héroïque* de Feyder*, 1935).

**BEYLE (Henri)** → **Stendhal**

**BEYNE-HEUSAY** ♦ Comm. de Belgique (Région wallonne), prov. et arr. de Liège dans la banl. E. 11 739 hab.

**BEYNES** [78650] ➝ ÉTYM. du gaul. *bawina,* de *baua* «boue» ou de *bagina* «hêtraie» (de *bagos* «hêtre») ♦ Comm. des Yvelines, arr. de Rambouillet. 7 200 hab. *(Beynois).* Stockage souterrain de gaz naturel. Chimie. Pétrole.

**BEYNOST** [01700] ♦ Comm. de l'Ain, arr. de Bourg-en-Bresse. 3 530 hab.

**BEYROUTH** ➝ ÉTYM. en ar. ***Bayrūt*** ; p.-ê. équivalent amorite de l'hébr. *be'ērôth* «les puits», seul moyen de se procurer de l'eau dans la v. jusqu'à l'époque romaine ♦ Cap. du Liban, située en bordure de la Méditerranée, adossée aux derniers contreforts de la chaîne du Liban. 1 500 000 hab. *(Beyrouthins).* Avant les désastres de la guerre civile, c'était un centre culturel de première importance avec 4 universités et le plus grand centre financier du Proche-Orient. Elle offrait l'aspect d'une ville moderne au caractère cosmopolite. ▮ **Histoire** Ancienne ville de Phénicie, mentionnée sous le nom de *Beryte* ou *Berytos* au milieu du –II^e^ millénaire, elle devint colonie romaine sous Auguste (15) et acquit sa renommée grâce à son école de droit. Conquise à l'islam en 635, prise par les croisés en 1110, reprise par Saladin en 1187, elle fut réoccupée par les croisés de 1197 à 1291. Elle passa ensuite tour à tour sous la domination des mamelouks d'Égypte, des émirs druzes, puis des Turcs. Un grand afflux de réfugiés (surtout des maronites) augmenta considérablement sa population après 1860 et la ville reprit son essor avant de devenir en 1920 capitale du Grand Liban sous mandat français, puis à l'indépendance capitale de l'État du Liban. Lorsque éclata la guerre civile en 1975, la ville devint le théâtre des affrontements intercommunautaires et, en 1976, une ligne de démarcation sépara l'Est (chrétien) de l'Ouest (palestino-musulman). Le désarmement des milices permit la reconstitution du Grand Beyrouth (1990). La ville à peine reconstruite fut à nouveau dévastée par les bombardements israéliens de juillet et août 2006.

**BÈZE (Théodore DE)** ♦ Écrivain et théologien protestant (Vézelay 1519 - Genève 1605), disciple et successeur de Calvin. Converti au calvinisme en 1548, il dirigea la délégation protestante au colloque de Poissy (1561) et tint un rôle important durant les guerres de Religion, appelant à la lutte contre le tyran après la Saint*-Barthélemy. Recteur de l'Académie genevoise depuis 1559, il avait succédé à Calvin en 1564 comme modérateur de la Compagnie des pasteurs. Humaniste et homme de lettres, il composa en particulier une tragédie biblique, *Abraham* sacrifiant* (1550), considérée comme la première tragédie du théâtre français.

**BÉZIERS** [34500] ➝ ÉTYM. anc. *Beteris* (V. ci-dessous), p.-ê. du basque «la localité *(erri)* de la route ou des routes *(bite)*» [gîte d'étape ou relais de poste] ♦ Ch.-l. d'arr. de l'Hérault, au croisement de l'Orb et du canal du Midi, dans le Biterrois. 69 153 hab. (aggl. 75 369) *(Biterrois).* Anc. cathédrale Saint-Nazaire (XII^e^ s.) fortifiée au XIV^e^ s. Église Saint-Jacques (abside romane du XII^e^ s.). Pont-Vieux sur l'Orb (XIII^e^ s.). Musée du vieux Biterrois et du Vin. Musée des Beaux-Arts. ▪ Marché viticole (vins et alcools du Languedoc). Indus. diversifiées. ▪ Aux environs : écluses de Fonséranes sur le canal du Midi (8 sas permettant de franchir 25 m de différence de niveau sur 312 m), auxquelles s'ajoute auj. une seule écluse parallèle. ▮ **Histoire** D'abord appelée *Beterris,* la ville, d'origine celtibère, fut conquise par les Romains et reçut le nom de *Julia Baeterrae.* Lors de la croisade contre les albigeois, elle fut dévastée par Simon de Montfort (1209) ; rattachée à la Couronne (1229), elle fut le siège de conciles contre les albigeois.

**BEZONS** [95870] ➝ ÉTYM. anc. *Vezonno,* de l'oronyme *ves-* (→ Besançon) et suff. dimin. *-ola* ou du germ. *Wizo,* n. de pers. ♦ Ch.-l. de cant. du Val-d'Oise, arr. d'Argenteuil, sur la Seine, banl. N.-O. de Paris. 26 263 hab. *(Bezonnais).* Construc. mécaniques. Chimie.

**BÉZOUT (Étienne)** ♦ Mathématicien français (Nemours 1730 - Les Basses-Loges, près de Fontainebleau 1783). Auteur d'une méthode de résolution de systèmes d'équations (par élimination et utilisant les déterminants), il démontra le théorème qui porte son nom, concernant les points de rencontre de deux courbes. [Acad. sc. 1758]

**BEZRUČ (Vladimír VAŠEK, dit Petr)** ♦ Poète tchèque (Opava 1867 - près d'Olomouc 1958). Il est connu pour une seule œuvre, *Les Chants de Silésie* (1899 - 1909), dans lesquels il relata avec un âpre et sobre réalisme la misère et l'oppression nationale des mineurs de Silésie. ➝ ÉTYM. Ce nom de famille tchèque signifie «sans responsabilité».

**BEZWADA** → **Vijayavada**

**BHADRAVATI** ♦ V. de l'Inde (Karnataka). 160 392 hab. Elle a connu l'une des premières implantations sidérurgiques de l'Inde, à l'initiative des souverains de l'État princier du Mysore.

**BHAGALPUR** ♦ V. de l'Inde (Bihar), dans la plaine du Gange. 340 349 hab.

**Bhagavad-gītā** n. m. ➝ ÉTYM. sanskr. «le chant du Seigneur» ♦ Poème philosophique sanskrit inclus dans le grand poème épique du *Mahābhārata*,* et texte capital du Vedānta, dans lequel le dieu Krishna* expose à Arjuna une doctrine de l'action. L'un des textes fondamentaux de la philosophie hindoue.

**BHAJA** ♦ Site archéologique de l'Inde (Maharashtra), célèbre pour ses sanctuaires bouddhiques rupestres. Creusés entre le –II^e^ et le I^er^ s., ils sont parmi les plus anciens de l'Inde.

**BHAKTAPUR** ou **BHATGAON** ➝ ÉTYM. ***Bhaktapur*** du népali «ville au service des dieux» ♦ V. du Népal, l'une des trois cités royales de la vallée de Katmandou* avec Katmandou et Patan*. 72 543 hab. Elle fut fondée au XII^e s. sous la dynastie des Malla et conserva sa puissance jusqu'au XVI^e s. Nombreux temples dont celui de Nyatapola, à cinq étages, le plus haut du Népal, palais royal.

**BHĀRAT** → Inde

**BHARHUT** ♦ Site archéologique de l'Inde (Madhya Pradesh). Ces monuments bouddhiques (stûpas, barrières et portiques) comptent parmi les premiers témoignages de l'art bouddhique indien (-II^e s.), avec le stûpa de Sanchi* non loin de là. Aujourd'hui les principaux éléments décoratifs sont dispersés entre les musées de Bombay et de New Delhi.

**BHARTRIHARI** ♦ Poète, philosophe et grammairien indien (VII^e s.). De style moralisateur, auteur de trois «centaines» en vers et d'un traité de philosophie du langage. Sa langue, un sanskrit très pur, est caractérisée par une «extrême appropriation de la forme à la pensée» (L. Renou). Ce nom correspond peut-être à deux personnages différents, le poète et le grammairien, bien que la tradition affirme qu'il s'agit du même. D'après le pèlerin chinois Iching, il serait mort en 651.

**BHĀSA** ♦ Auteur dramatique indien (v. III^e - IV^e s.). Son intense dévotion à Vishnou* transparaît à travers toutes les œuvres. Celles-ci, de valeur inégale, sont généralement tirées de thèmes appartenant aux grands poèmes épiques indiens et des *Upanishad**.

**BHATGAON** → ÉTYM. népali «le village du riz» → **Bhaktapur**

**BHAVABHŪTI** ♦ Poète indien d'expression sanskrite, de la cour du roi Yaśovarman de Kanauj (v. 730 - 740) et auteur de pièces de théâtre en vers sur la légende de Rāma*, dont trois titres nous sont parvenus.

**Bhāvakavitvam** n. m. ♦ École indienne de poésie moderne (XX^e s.) d'expression telugu, influencée par le lyrisme de Keats et de Shelley, qui eut et a encore de nombreux adeptes.

**BHAVE (Acharya Vinobha)** ♦ Homme politique, réformateur et philosophe indien (Gagoda 1895 - Paunar 1982). Disciple de Gandhi, il créa, en 1951, le mouvement du Bhudan («don des terres») destiné à promouvoir une plus juste répartition des terres, en demandant aux riches de se dessaisir volontairement d'une partie de leurs propriétés en faveur des plus déshérités.

**BHAVNAGAR** ♦ V. de l'Inde (Gujarat) en bordure du golfe de Khambhat. 517 578 hab. Principal port de la péninsule sèche du Kathiawar (exportation du coton et des arachides).

**BHILAI** ♦ V. de l'Inde (Chhattisgarh) rattachée à la ville de Durg sous le nom de Durg* Bhilainagar. 553 837 hab. Située dans une région peu peuplée, la ville a été choisie comme site de l'une des grandes implantations sidérurgiques du secteur public.

**BHOJA** ♦ Roi indien du Malva (O. du Dekkan) qui régna de 1018 à 1060 env. Sa haute culture, son esprit poétique, sa bravoure et sa générosité en firent l'idéal hindou du prince. On lui attribue de nombreuses pièces de théâtre et des poèmes en sanskrit.

**BHOPAL** → ÉTYM. de l'hindi *bhupal* «celui qui gouverne le pays» ♦ V. de l'Inde, cap. du Madhya Pradesh. 1 454 830 hab. Cette capitale d'un État princier est devenue celle de l'État du Madhya Pradesh en raison de sa position centrale. Le gouvernement y a implanté des usines du secteur public et y a attiré des firmes multinationales. C'est dans l'usine de pesticides d'Union Carbide que s'est produite en 1984 l'une des plus graves catastrophes industrielles connues (plus de 20 000 morts victimes des gaz toxiques).

## BHOUTAN OU BHŪTĀN

▮ n. m. – off. ***royaume du Bhoutan*** ou ***Druk Yul*** → ÉTYM. hindi *Bhūtān* ; du sanskr. *Bhotāntas* «bord, extrémité *(antas)* du Tibet *(Bhotas)*» ♦ Pays d'Asie situé au cœur de l'Himalaya oriental, aux confins de l'Inde et de la Chine. 46 500 km². 672 425 hab. *(Bhoutanais)*. LANGUE : dzongkha (dialecte tibétain). RELIGION : bouddhistes, 80 %. MONNAIE : ngultrum. CAPITALE : Thimphu. RÉGIME : monarchie appuyée par un système de seigneuries et de monastères contrôlé par le *jey kempo*, chef religieux qui bénéficie d'une grande influence. Environ 1 300 dzongs ou enceintes fortifiées entourent les monastères et les centres administratifs. C'est sans doute à cette stabilité politique et à son unité culturelle (population, langue, religion) que le Bhoutan doit son indépendance face à la Chine et à l'Inde qui l'enserrent. Le N. est formé par les sommets du haut Himalaya (plus de 7 500 m), avec des cols à plus de 4 000 m menant vers la Chine. Au S., des vallées étroites et quelques bassins sont séparés par des sommets de 3 000 m. La population est à 60 % rurale. L'élevage du yack domine au nord. Cultures de riz et d'arbres fruitiers dans les vallées. Exportation de bois et d'électricité vers l'Inde (barrage de Chukla). Tourisme.

▮ **HISTOIRE** Au VII^e s., le pays se convertit au bouddhisme. La secte lamaïste tantrique devint la plus importante. En 1720, les Mandchous, régnant sur la Chine, annexèrent nominalement le territoire. Des incidents frontaliers opposèrent, à la fin du XVIII^e et au début du XIX^e s., les Britanniques et les Bhoutanais.

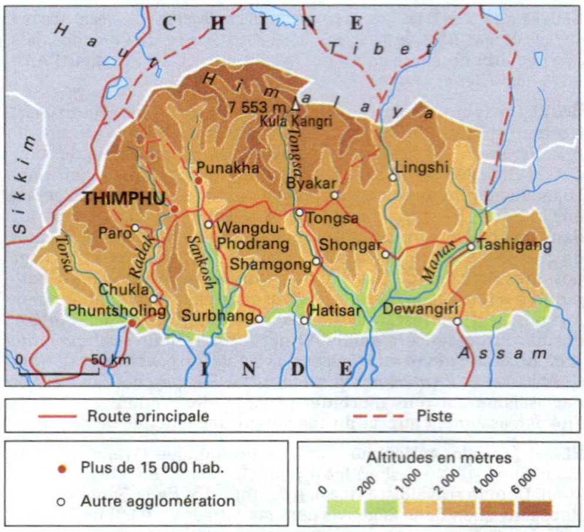


**Bhoutan.**

L'accord de 1910 octroya aux Britanniques le contrôle de la défense et des affaires extérieures, contrôle qui allait passer à l'Inde en 1949. Le roi Jigme Dorji Singye Wangchuk s'engagea à moderniser le pays à partir des années 1960. Son fils Jigme Singye Wangchuk lui succéda en 1972. Ce monarque très nationaliste fut critiqué par la communauté internationale en raison de la persécution des hindouistes d'origine népalaise dont environ 100 000 durent fuir le royaume et vivent depuis 1990 dans des camps de l'ONU au Népal. Il abdiqua en 2006 en faveur de son fils, Jigme Khesar Namgyel Wangchuk qui, dès son couronnement en 2008, transforma la monarchie absolue en monarchie constitutionnelle. Les premières élections législatives furent remportées par le Parti démocratique du peuple.

**BHUBANESHWAR** → ÉTYM. sanskr. «le Seigneur des mondes [Shiva]» ♦ V. de l'Inde, cap. de l'Orissa, à la tête du delta de la Mahanadi. 657 477 hab. La ville a été un grand centre hindou du VI^e au XIII^e s. Nombreux temples brahmaniques.

**Bhubaneshwar.** Le temple Mukteswar. *Phot. ©Prato/Ricciarini*

**BHUMIBOL ADULYADEJ,** parfois **PHUMIPOL ADULDEJ** → ÉTYM. thaï «force de la terre et pouvoir inégalé» ♦ Roi de Thaïlande (Cambridge, Massachusetts 1927). Il accéda au trône en 1946 (sous le nom de Rāma IX), succédant à son frère aîné Ānanda* Mahidol. Il est l'époux de la reine Sirikit depuis 1949. Vénéré et populaire, il joue depuis le renversement du régime militaire en 1973 un rôle croissant d'arbitrage politique. Le 60^e anniversaire de son accès au trône fut célébré avec faste à Bangkok en 2006.

**BHUTTO (Zulfikar Ali)** ♦ Homme politique pakistanais (Larkana 1928 - Rawalpindi 1979). Ministre d'Ayyūb Khān dès 1958, il passa dans l'opposition en 1966 et fonda le PPP (Parti du peuple du Pakistan) en 1967. Président de la République après la démission de Yahyā Khān en déc. 1971, il fit voter en 1973 une Constitution et abandonna le poste de chef de l'État pour celui de Premier ministre. Renversé en 1977 par le général Zia* ul-Haq et accusé d'avoir tenté de faire assassiner un adversaire politique en 1974, il fut condamné à mort en 1978 et exécuté l'année suivante. ♦ **Benazir Bhutto** (Karachi 1953 - Rawalpindi 2007). Fille du précédent. Chef de file du PPP, elle fut Premier ministre de 1988 à 1990, puis de 1993 à 1996, date à laquelle elle fut à nouveau démise de ses fonctions pour corruption. Le régime dictatorial de N. Sharif la condamna pour corruption en 1999 et en 2001, la contraignant à s'exiler et lui interdisant de se présenter aux élections. Forte d'une amnistie et d'un accord de réconciliation nationale avec le président Musharraf, elle rentra au Pakistan en oct. 2007 afin de se présenter aux législatives mais succomba à un attentat en déc., ce qui déclencha de nombreuses émeutes. Son fils, Bilawal Bhutto Zardari, alors âgé de 19 ans, et son mari, Asif Ali Zardari, prirent sa succession dans le parti, en tant que président et coprésident. Asif Ali Zardari est devenu président du Pakistan en 2008

**BIACHE-SAINT-VAAST** [62118] ➝ ÉTYM. anc. ***Bigartium,*** du germ. *bigard,* désignant le jardin clos attenant à la maison, et du n. de *saint Vaast,* évêque d'Arras au VI^e s. ♦ Comm. du Pas-de-Calais, arr. d'Arras, sur la Scarpe. 3 923 hab. (aggl. 4 383) *(Biachois).* Site préhistorique de plein air où deux crânes humains aux caractères archaïques ont été découverts (1976) et datés de 170 000 ans par les silex brûlés qui les accompagnaient. L'industrie lithique est caractéristique du Paléolithique* moyen.

**BIAFRA** n. m. – off. ***république du Biafra*** ➝ ÉTYM. probablt du n. du peuple *Afra* (ou *Afar*) ♦ Nom pris de 1967 à 1970 par l'anc. région orientale de la République fédérale du Nigeria, habitée surtout par les Ibos*, auj. divisée en 7 États fédérés dont les cap. sont : Akwa, Calabar, Enugu, Owerri, Port Harcourt, Uyo, Umuahia. Cet ensemble possède les principaux gisements miniers (houille, zinc, plomb, fer) et pétrolifères du Nigeria. ▮ **Histoire** Après la sécession de 1967 et la proclamation de l'indépendance du Biafra, le pays fut engagé dans une guerre civile qui fit un million de morts et aboutit en 1970 à la défaite des séparatistes biafrais.

**BIALIK (Haïm Nahman)** ♦ Écrivain de langue hébraïque (en Volhynie 1873 - Vienne 1934). Opérant la synthèse de sa profonde culture juive traditionnelle et de la littérature européenne moderne, il se fit connaître en Russie et en Pologne avant son installation à Tel-Aviv en 1924. Dans une poésie dégagée des contraintes formelles, il se fit le porte-parole d'une génération élevée dans la ferveur des milieux populaires hassidiques, prise entre tradition et modernité, exposée à la misère et aux pogroms et aspirant au retour à Sion. Il est considéré en Israël comme le poète national. ➝ ÉTYM. Ce nom vient du polonais *bialy* «blanc».

**BIAŁOWIEŻA** (forêt de) – en polon. ***Puszcza Białowieska*** ♦ Grande forêt d'Europe centrale, située de part et d'autre de la frontière polono-biélorusse (1 250 km² dont 580 env. en Pologne). Réserve de bisons d'Europe.

**BIAŁYSTOK** ♦ V. de Pologne orientale, ch.-l. de la voïvodie de Podlachie. 294 830 hab. Palais du XVIII^e s. ▪ Foyer culturel et scientifique. Nœud ferroviaire. Indus. textile.

**BIANCIOTTI (Hector)** ♦ Écrivain français d'origine argentine (Calchin Oeste, Córdoba 1930). Séminariste franciscain, il se consacra ensuite à l'écriture et émigra vers l'Europe en 1955. Ses premières œuvres sont imprégnées par l'univers de Borges. Depuis, ayant choisi de s'exprimer en français, Bianciotti unit le classicisme de la langue à une inspiration souvent baroque (*Sans la miséricorde du Christ,* 1985 ; *Seules les larmes seront comptées,* 1988 ; *Le Pas si lent de l'amour,* 1995) [Acad. fr. 1996].

**BIANCOLELLI (Giuseppe)** ♦ Comédien italien (Bologne 1636 - Paris 1688). Fameux interprète du personnage d'Arlequin*.

**BIAN Wenjin** ou **PIEN Wen-tsin** ♦ Peintre et poète chinois actif v. 1430 - 1450, au savoir encyclopédique. Artiste de l'Académie impériale de peinture, il y exerça une grande influence. Il excella dans le dessin au trait de fleurs et d'oiseaux.

**BIARD** ou **BIART (Pierre)** ♦ Sculpteur, architecte, dessinateur et graveur français (Paris 1559 - *id.* 1609). Élève de son père, sculpteur sur bois qui travailla au Louvre* et à Fontainebleau*, il séjourna en Italie où il subit notamment l'influence de Michel*-Ange et de Giambologna*. En 1590, il succéda à B. Androuet* du Cerceau comme intendant des bâtiments du roi. Il réalisa notamment un mausolée pour le duc d'Épernon à Cadillac dont subsiste une statue en bronze (*La Renommée,* Louvre) et travailla à la décoration sculptée du jubé de Saint-Étienne-du-Mont, à Paris. ♦ **Pierre Biard,** dit **le Jeune** (Paris 1592 - *id.* 1661). Fils du précédent. Il travailla à la Petite Galerie du Louvre* et réalisa une statue équestre de Louis XIII (détruite en 1793) pour la place Royale.

**BIARRITZ** [64200] ➝ ÉTYM. anc. *Bearriz,* du basque «[lieu] des deux *(bi)* rochers *(harri)*» ou «le(s) rocher(s) du guet» hybride gascon-basque de *bèire* «vue, point de vue» et *arritz* «lieu rocheux» ou «lieu où abonde l'herbe», de *belharr* «herbe» et suff. *-itz* ♦ Ch.-l. de cant. des Pyrénées-Atlantiques, arr. de Bayonne, sur le golfe de Gascogne et dans le Pays basque. 30 055 hab. *(Biarrots).* Importante station balnéaire et climatique. Musée de la Mer.

**BIART** ou **BYART (Colin** ou **Nicolas)** ♦ Maître maçon et architecte français (Amboise v. 1460 - v. 1516). Principal représentant d'une dynastie de maîtres d'œuvre français des XV^e et XVI^e s., il participa

**Biarritz.** Au premier plan, le Rocher de la Vierge. Sur la droite, Port-Vieux et le début de la côte des Basques. *Phot. ©Arch. Nathan*

aux grands chantiers de l'époque. On trouve son nom associé aux châteaux d'Amboise* (v. 1495 - 1496), du Verger, de Blois* et de Gaillon, ainsi qu'à la tour de Beurre de la cathédrale de Rouen, à la tour nord de la cathédrale de Bourges et à la reconstruction du pont Notre-Dame à Paris. La part qui lui revient est difficile à préciser, mais il semble avoir largement adopté les motifs décoratifs de la Renaissance, sans abandonner la structure architectonique gothique.

**BIAS** ➝ ÉTYM. du gr. *bia* (gén. *bias*) «force, puissance, violence» ♦ Un des Sept Sages* de la Grèce (Priène, Ionie v. –570). Législateur, avocat ou arbitre entre ses concitoyens en discorde, il fut très respecté pour sa modération. Les aphorismes qu'on lui attribue traditionnellement sont des sentences morales pleines de sens commun.

**BIBANS** (chaîne des) ♦ Chaîne de l'Atlas tellien (Algérie), au S. de la Grande Kabylie.

**BIBBIENA** (cardinal **Bernardo Dovizi,** dit) ♦ Lettré et auteur dramatique italien (Bibbiena 1470 - Rome 1520). Avec *La Calandria* (1513), comédie d'intrigue et de caractère où le travestissement joue un rôle essentiel, il a donné au théâtre italien sa première vraie comédie, dans l'esprit réaliste et enjoué du *Décaméron**.

**BIBER** ou **BIBERN (Heinrich Ignaz Franz VON)** ♦ Compositeur autrichien (Wartenberg 1644 - Salzbourg 1704). Violoniste virtuose, il fut maître de chapelle à la cour de l'archevêque de Salzbourg. Il a composé des sonates pour violon et clavecin *(Sonates du rosaire),* de la musique religieuse et des opéras.

**BIBESCU** ou **BIBESCO (Gheorghe Dimitrie)** ♦ (Nicopolis 1804 - Paris 1873). Hospodar de Valachie* (1842 - 1848). Il succéda à Alexandre Ghika* qu'il avait renversé, mais dut céder le pouvoir en 1848 à son frère DIMITRIE BARBU BIBESCU, prince de Ştirbei (Craiova 1801 - Nice 1869), qui tenta, comme lui, d'unir les pays danubiens.

**BIBIENA** ♦ Surnom des Galli, famille d'architectes, décorateurs de théâtre et plasticiens bolonais (fin XVII^e s. et XVIII^e s.). Ils furent célèbres dans la plupart des cours européennes pour leurs inventions scénographiques et leurs architectures de théâtre. La grande majorité de leurs œuvres a disparu, mais les multiples dessins et gravures qu'ils laissèrent témoignent de leur science de la perspective et de leur influence sur l'art baroque. ♦ **Ferdinando Bibiena** (Bologne 1657 - *id.* 1743 ?). Il innova dans ce domaine en utilisant la «scène d'angle», créant ainsi une perspective oblique au lieu d'une perspective à point de fuite central. ♦ **Francesco Bibiena** (Bologne 1659 - *id.* 1739). Il conçut le théâtre de Nancy (1707 - 1709, détruit en 1747) et celui de Vérone.

**BIBLE** n. f. ➝ ÉTYM. du lat. *Biblia,* du gr. *Ta biblia* «les livres» ♦ Recueil de textes tenus pour sacrés par les religions juive et chrétienne. Pour les croyants, cette Écriture est la parole de Dieu, transmise directement («sous la dictée») ou indirectement (par l'intermédiaire de rédacteurs inspirés) suivant les tendances théologiques dont ils se revendiquent ; elle peut être interprétée littéralement, spirituellement ou bien encore être replacée dans son contexte supposé. La Bible est un texte respecté dans l'islam, qui considère les juifs et les chrétiens comme «gens du Livre», c'est-à-dire bénéficiaires d'une révélation antérieure à celle de Mahomet (qui est la dernière et la plus parfaite). Le Coran cite l'Ancien Testament (*Tawrâh,* la Loi de Moïse ; *Zabûr,* le Psautier de David) aussi bien que le Nouveau (*Injîl,* l'Évangile) et évoque plusieurs épisodes bibliques ; mais il déplore aussi la corruption de ces textes *(taḥrîf),* dont l'origine peut être accidentelle (altération) ou volontaire (falsification). D'un point de vue profane, la Bible représente le trésor religieux et littéraire d'Israël* : il s'agit d'une bibliothèque (plusieurs livres de genres littéraires fort divers) qui est revendiquée et qui a été disputée par plusieurs communautés religieuses. Elle porte témoignage d'une réalité par ailleurs difficile à appréhender. En tant que production humaine, elle peut être utilisée comme document historique, mais son propos n'est pas d'écrire l'histoire (plutôt de l'interpréter) et le souci de ses rédacteurs n'est pas ce que nous considérons comme «objectivité».

**LA BIBLE HÉBRAÏQUE** La Bible hébraïque comprend 39 livres (canoniquement considérés comme 24), regroupés en trois sections : la *Torah** («Loi»), les *Nebhî'îm* («Prophètes*») et les *Kethûbhîm* («Écrits*»). Ces livres sont : Genèse*, Exode*, Lévitique*, Nombres*, Deutéronome* ; Josué*, Juges*, 1 et 2 Samuel*, 1 et 2 Rois*, Isaïe*, Jérémie*, Ézéchiel*, les Douze [Petits Prophètes] (Osée*, Joël*, Amos*, Abdias*, Jonas*, Michée*, Nahum*, Habacuc*, Sophonie*, Aggée*, Zacharie*, Malachie*, comptés comme 1 livre) ; Psaumes*, Proverbes*, Job*, Cantique* des cantiques, Ruth*, Lamentations*, Qohélet* (ou Ecclésiaste), Esther*, Daniel*, Esdras* (et Néhémie*, 1 livre), 1 et 2 Chroniques* (1 livre). Ces livres sont écrits en hébreu ; une partie des livres d'Esdras et de Daniel est en araméen. Les noms hébreux des livres de la Torah sont constitués de leur incipit (premiers mots ou mot pris dans la première phrase). Cœur de la Bible pour les juifs, la Torah est aussi le texte sacré des samaritains*, qui ont conservé leur propre recension («Pentateuque samaritain»). Contrairement aux juifs «rabbanites», et comme les sadducéens*, les caraïtes* ne reconnaissent pas l'existence, à côté d'une Torah écrite *(Miqrâ')* d'une Torah orale *(Mishna*)*. **Versions anciennes** La Bible hébraïque a été traduite en grec entre le -IIIe et le -Ier s. (→ **Septante**) ; dans l'état où elle nous est parvenue, cette version intègre des livres qui ne figurent pas dans le canon hébreu (→ **deutérocanoniques**). Des traductions araméennes ont été mises par écrit à partir du -Ier s. (→ **Targum**). **Traductions** En Orient, la Bible juive a été traduite en arabe (notamment par Saadia* Gaon, première moitié du Xe s.), en persan (XVIe s.) et même en tatar (XIXe s.) ; en Europe, il y eut plusieurs traductions en espagnol (dès le XIIIe s. ; en 1553, à Ferrare), en yiddish (dès le XVe s.), en italien (XVIe s.), en anglais (XIXe s.)... Le philosophe Moïse Mendelssohn* traduisit en allemand le Pentateuque (1780 - 1783), puis les Psaumes (proches de la Bible de Luther, 1783) et le Cantique des cantiques (1788). En français, la Bible du Rabbinat (sous la direction de Z. Kahn, 1899 - 1906) est toujours éditée. **Histoire du texte** Du point de vue documentaire, la Bible est attestée au -IIIe s. par des manuscrits hébreux (→ **Morte** [mer]) et par la traduction des Septante* ; par ailleurs, le traducteur du Siracide*, à la fin du -IIe s., mentionne trois groupes de textes : la Loi, les Prophètes et les autres écrits. On en conclut que l'actuelle tripartition existait déjà, et que la dernière catégorie était encore ouverte. Si l'on ne considère pas l'Écriture comme directement transmise et providentiellement préservée par Dieu, elle apparaît comme une littérature nationale, dont la production ne peut s'éclairer qu'en fonction de l'histoire de la nation qui l'a produite ; mais l'histoire d'Israël, elle-même longtemps conditionnée par le «témoignage» que la Bible est censée en donner, se trouve réévaluée par une archéologie qui replace les destinées du «peuple élu» dans le contexte où a vécu ce peuple humain et par l'évolution d'une exégèse qui relativise de plus en plus l'historicité des récits de la Bible (→ **Israël**). Depuis le XVIIe s., où la critique biblique contesta l'attribution traditionnelle du Pentateuque à Moïse (Spinoza, Richard Simon*), et le XVIIIe s., où le médecin Jean Astruc inaugura une critique «littéraire» du texte en y distinguant plusieurs couches rédactionnelles (*Conjectures sur les mémoires originaux dont il paraît que Moïse s'est servi pour composer le livre de la Genèse*, 1753), l'exégèse a toujours considéré la monarchie comme nécessaire à la production des textes (→ **Pentateuque**) : mais le schéma d'une monarchie unifiant les territoires du nord et du sud dans un âge d'or marquant la plus grande puissance des fils d'Israël n'est pas confirmé par l'archéologie et les textes qui la décrivent semblent être des projections idéalisées. Si la discussion demeure sur l'Antiquité (mais il est rare que l'on remonte au-delà du -VIIIe s.) et sur la qualité (mais on a beaucoup relativisé l'importance des «traditions orales») des matériaux pré-existants, la majorité des critiques s'accorde pour estimer que la composition des livres de la Bible ne saurait être antérieure à la période perse (-Ve s.). On suppose que l'expérience de l'Exil fut déterminante dans la constitution d'une «identité» dont la conscience se fit plus aiguë à la période hellénistique : c'est également au -IIIe s. qu'apparaît une «contre-histoire» juive, légende noire dont témoignent les écrits d'Hécatée d'Abdère et de Manéthon*. On a ainsi pu considérer que les trois sections de la Bible ont été organisées comme une réponse à l'ensemble constitué, dans le monde grec, par les corpus canoniques d'Homère, d'Hésiode et des tragiques. En tout état de cause, la Bible que nous connaissons est une sélection au sein d'une littérature dont le reste s'est, dans une optique religieuse, retrouvé catalogué comme «apocryphe*». Le critère de la langue ne fut sans doute pas déterminant à l'origine, et les textes rabbiniques reflètent moins une distinction entre «langue nationale» et autres langues qu'entre «langue sainte» et «langue des hommes» — l'hébreu non biblique est aussi une langue des hommes. La bibliothèque de Qumrân* (-IIIe -Ier s.), qui comprend d'autres textes que ceux de la Bible, atteste pour le texte biblique une diversité qui semble se réduire dans les autres manuscrits de la mer Morte* (plus tardifs) : ces derniers témoignent d'une normalisation textuelle, sinon canonique (on y a trouvé le Siracide*). La clôture du canon est généralement attribuée aux assemblées rabbiniques de Yavné* : il s'agit d'une lecture rapide de textes qui évoquent une réorganisation du judaïsme ; ce dernier, devenu pharisien après la destruction du Temple, se souciait évidemment de «faire une haie pour la Torah» et se préoccupait des revendications chrétiennes. Les rabbins ne négligèrent pas la Bible grecque (→ **Septante**), et le travail de correction du texte hébreu aboutit à la fixation de la massore*. Cette dernière a pu être contestée, dans les querelles du XVIIe s. (→ **samaritains**), au titre des «additions (ou altérations) rabbiniques», mais l'autorité du texte hébreu massorétique a rarement été contestée dans le christianisme occidental. Ce texte est de moins en moins «amendé», c'est-à-dire de plus en plus respecté, par exégètes et traducteurs. Les livres canoniques discutés dans le judaïsme de la fin du Ier s. furent moins le Cantique* des cantiques, comme on le croit souvent (on s'inquiéta plutôt de son utilisation profane) qu'Esther (qui n'est pas attesté à Qumrân) et surtout Ézéchiel et Qohélet. Le texte du Pentateuque est divisé en 54 sections (sing. *parashah*) correspondant aux lectures liturgiques. La division en chapitres et en versets a été reprise aux Bibles chrétiennes.

**LA BIBLE CHRÉTIENNE** À la Bible juive, utilisée généralement dans la version des Septante, les premiers chrétiens ajoutèrent au IIe s. des textes propres à la religion nouvelle : ils distinguèrent les deux séries par les noms d'Ancien et de Nouveau Testament*. Le Nouveau Testament comprend 27 livres : 4 évangiles (Matthieu*, Marc*, Luc*, Jean*) ; les Actes* des apôtres ; les épîtres attribuées à saint Paul* (Romains*, 1 et 2 Corinthiens*, Galates*, Éphésiens*, Philippiens*, Colossiens*, 1 et 2 Thessaloniciens*, 1 et 2 Timothée*, Tite*, Philémon* et Hébreux*) et celles attribuées à d'autres apôtres (Jacques*, 1 et 2 Pierre*, 1, 2 et 3 Jean*, Jude*) ; l'Apocalypse*. Les Bibles chrétiennes comprennent donc 66 livres (39 + 27) pour les Bibles protestantes et 73 (avec les 7 deutérocanoniques) pour les Bibles catholiques et orthodoxes. Ces livres ont tous été écrits en grec. **Versions anciennes** En Occident, la Bible grecque des Septante et le Nouveau Testament ont été traduits en latin dès le IIe s. : ces versions sont qualifiées de «vieilles latines» (en latin *Vetus latina* ou *Itala*, au sing.) ; elles furent progressivement éliminées au profit de la nouvelle traduction de saint Jérôme, soucieux d'en revenir à la «vérité hébraïque», qui devint la Vulgate* (version commune). En Orient, la traduction syriaque semble avoir été en partie traduite sur l'hébreu (→ **Peshitta**). Les versions coptes, éthiopiennes, arméniennes et géorgiennes de l'Ancien Testament dépendent directement ou indirectement de la Septante ; c'est également le cas pour les versions arabes chrétiennes. La Bible éthiopienne contient des textes apocryphes* (Hénoch*, Jubilés*) et deux (ou trois) livres des Maccabées* qui ne correspondent pas aux quatre livres connus par ailleurs. **Traductions modernes** En français, Lefèvre* d'Étaples (1523 et 1530), sur la Vulgate ; Pierre Olivétan* (1535), première Bible protestante ; Sébastien Castellion* (1555), traduction en «français courant» ; Le Maistre* de Saci (1667 et 1672 - 1693), sur la Vulgate, de tendance janséniste ; Louis Segond (1874 et 1880), la Bible protestante la plus diffusée ; Augustin Crampon (1894 - 1904), première traduction catholique sur l'hébreu ; la Bible de Jérusalem (1948 - 1954), Bible catholique ; la Bible de la Pléiade (É. Dhorme, 1956, 1961 et 1971 ; Écrits intertestamentaires 1987), non confessionnelle ; la Traduction œcuménique de la Bible («TOB», 1972 et 1975), Bible «scientifique», œuvre commune des catholiques et des protestants ; André Chouraqui (1974 - 1977), traduction de l'Ancien et du Nouveau Testament entreprise par un juif avec un souci de «calque poétique» ; la Bible Bayard (F. Boyer, 2001), à vocation littéraire, née de la collaboration entre des exégètes et des écrivains. En allemand, la traduction de Martin Luther (1522 et 1534), sur l'hébreu et le grec, a fondé l'allemand moderne. En anglais, la King James Version ou Authorized Version (1611) reste un modèle de langue classique. **Histoire du texte** Les listes canoniques («canon de Muratori*», IIe s. ?) et les textes des Pères de l'Église témoignent que le canon actuel ne fut pas clos avant le IVe s. : suivant les communautés, certains livres furent contestés (certaines épîtres catholiques, l'Apocalypse), d'autres considérés comme canoniques avant d'être relégués dans les apocryphes* (Apocalypse de Pierre*) ou dans la littérature ecclésiastique (*Pasteur* d'Hermas*, Lettre de Barnabé*) — le canon de Muratori semble même placer la Sagesse* dans le Nouveau Testament. La plus grande difficulté fut, au IIe s., d'assumer la Bible juive, non seulement parce qu'il fallait la connaître suffisamment bien pour en disputer avec les rabbins (ce que fait le chrétien Justin* avec le juif Tryphon), mais parce qu'elle semblait difficile à concilier avec le message chrétien. Cette difficulté apparaît dans des courants que tout oppose par ailleurs : aussi bien les judéo*-chrétiens, pour qui elle demeure une norme, que les gnostiques (→ **gnosticisme**), pour qui la Loi est viciée plus encore que définitivement caduque, opèrent une «critique» de l'Ancien Testament qui consiste à y distinguer plusieurs niveaux de rédaction et d'autorité (le *Roman pseudo-clémentin* [→ **Clément Ier**] théorise le phénomène autant que la *Lettre à Flora* du gnostique Ptolémée) ; la position «équilibrée» de ce qui deviendra l'orthodoxie consiste à sauvegarder l'unité de l'Écriture et d'en proposer une lecture de type allégorique (Irénée* de Lyon, puis Eusèbe* de Césarée) : ce ne fut qu'en surmontant une crise dont le protagoniste fut Marcion*, dont tout indique qu'il fut, de fait, le premier éditeur d'un

Nouveau Testament encore minimaliste tout autant que le théoricien de l'«antithèse» entre le Dieu juste de l'Écriture juive et le Dieu bon de l'Écriture chrétienne. Encore cette crise ne fut-elle durablement écartée que parce que le christianisme, comme le judaïsme rabbinique qui valorise la Loi orale (Talmud*), a été de fait davantage fondé sur une tradition que sur un texte : les plus sérieuses hérésies qu'il dût affronter ont toujours été des hérésies scripturaires, et un des fondements de la Réforme fut l'«Écriture seule» *(Sola Scriptura)*. En ce qui concerne le texte du moins, les disputes n'affectèrent plus sa nature mais son interprétation — et, à l'époque moderne, l'autorité des versions reçues : chrétienté orientale et chrétienté occidentale se sont longtemps accommodées de leurs textes traditionnels (Septante, Peshitta, Vulgate) et de leur canon élargi aux deutérocanoniques. Lorsque les Bibles (à l'origine des livres séparés, mais les chrétiens adoptèrent vite la forme du «codex» qui permettait de regrouper les textes et de s'y repérer) devinrent des «ouvrages» en un ou deux tomes (ce qui ne put se faire techniquement qu'à la fin du Moyen Âge et, surtout, après l'invention de l'imprimerie), il était relativement courant d'y faire figurer des textes qui complétaient l'Écriture, notamment des extraits de Flavius Josèphe* ou les préfaces (prologues) de saint Jérôme*, et des «outils» tels que les index et des concordances partielles. Toutefois, le principe de l'Écriture seule fut appliqué au livre aussi bien qu'à l'autorité dogmatique : au XIXe siècle, les sociétés bibliques protestantes imposèrent un modèle de livre dépourvu de notes (la parole de Dieu étant censée être claire) et en exclurent les «apocryphes» deutérocanoniques — c'est en ce sens que les protestants n'ont pas «la même Bible» que les catholiques.

**Bibliothèque nationale de France** [BNF] ♦ Établissement public, comprenant deux sites principaux, Richelieu (2e arr.) et Tolbiac (13e arr.), à Paris, issu de la fusion (1994) de la Bibliothèque nationale et de l'Établissement public de la bibliothèque de France. Anc. Bibliothèque royale, la Bibliothèque nationale (BN) fut installée rue Vivienne en 1666, puis annexa une partie de l'anc. palais Mazarin (notamment la galerie Mazarine, élevée par Mansart* en 1645), enfin l'hôtel de Chiry et l'hôtel Tubeuf (dû à Le* Muet, 1633). De 1854 à 1875, des remaniements importants furent effectués par H. Labrouste* (utilisation hardie du fer dans la salle des imprimés) ainsi que des travaux d'aménagement et d'agrandissement, car la BN s'accrut sans discontinuer (dépôt légal ; legs ; acquisitions et échanges). ▪ Le nouveau bâtiment de la Bibliothèque nationale de France porte le nom de François Mitterrand. Situé sur la rive gauche à hauteur du pont de Tolbiac et dû à Dominique Perrault*, il se compose de quatre tours d'angle en forme de livre ouvert entourant un parvis. Il conserve le fonds (livres, périodiques, imprimés) de l'ancienne Bibliothèque nationale, augmenté d'acquisitions importantes dans les domaines scientifique, économique et juridique, d'un fonds numérisé, et d'un nouveau secteur audiovisuel et multimédia. La bibliothèque Richelieu, qui ne conserve que des départements spécialisés (manuscrits, estampes et photographies, monnaies et médailles, cartes et plans, ouvrages se rapportant à la musique et au spectacle), doit recevoir le fonds de la bibliothèque de l'Arsenal* auquel sera adjoint un Institut national de l'Histoire de l'Art.

**BIBRACTE** ➝ ÉTYM. de *bi-* (redoublement) et gaul. *°bracte* «endroit fortifié» ♦ Anc. ville de Gaule, cap. et oppidum des Éduens, sur le mont Beuvray. Elle fut abandonnée après la conquête romaine (-I[er] s.) pour *Augustodunum* (Autun). Fouilles archéologiques. Vestiges à Autun (musée Rolin).

**Bicêtre** (hospice de) ➝ ÉTYM. du n. de Jean de Pontoise, évêque de *Winchester* [altéré en *Vincestre, Vicestre, Bissetre* puis *Bicêtre*] qui fit construire un château à cet endroit en 1285 ♦ Hospice de la commune du Kremlin*-Bicêtre, construit par Louis XIII pour les soldats estropiés.

**BICHAT (François Marie Xavier)** ♦ Médecin et anatomiste français (Thoirette, Jura 1771 - Paris 1802). Il fut le fondateur de l'anatomie générale, qui deviendra l'histologie. Étudiant non plus les organes particuliers, mais les tissus qui les constituent, il établit que des organes très différents peuvent contenir le même tissu. Il contribua également aux progrès de l'embryologie. Physiologiste, il fut un des auteurs de la doctrine vitaliste (on lui doit la définition de la vie comme «l'ensemble des fonctions qui résistent à la mort»). ♦ ***Entretiens de Bichat*** Rencontres annuelles de médecins, se tenant à Paris, créées en 1947. ➝ ÉTYM. En ancien français *bichat* signifie «faon» ou «mesure pour le grain».

**BICHKEK,** av. 1926 ***Pichpek,*** de 1926 à 1989 ***Frounze,*** de 1990 à 1994 ***Bichpek*** – p.-ê. mot local «hauteur» ♦ Cap. du Kirghizstan. 793 100 hab. Centre culturel et universitaire. Machines agricoles. Manufacture de tabac. Indus. alimentaire.

**BICKFORD (William)** ♦ Ingénieur britannique (Bickington 1774 - Camborne, Cornouailles 1834). Inventeur du *cordeau Bickford*, mèche de sûreté pour les mines (1831).

**BICOQUE (LA)** – en it. ***Bicocca*** ♦ Village et villa d'Italie, près de Milan. Prospero Colonna s'y était retranché en 1522. Attaqué par Lautrec*, il le défit, contraignant les Français à abandonner définitivement le Milanais.

**BIDACHE** [64520] ➝ ÉTYM. du basque *bide* «chemin» ♦ Ch.-l. de cant. des Pyrénées-Atlantiques, arr. de Bayonne, sur la Bidouze. 1 066 hab. Ruines de l'anc. château des ducs de Gramont (XVe - XVIe s.) qui portèrent le titre de *princes de Bidache*.

**BIDART** [64210] ➝ ÉTYM. basque «entre *(arte)* les chemins *(bide)*» ♦ Comm. des Pyrénées-Atlantiques, arr. de Bayonne. 4 670 hab. *(Bidartars)*. Station climatique et balnéaire sur la côte basque.

**BIDASSOA** n. f. ➝ ÉTYM. en basque *bidasso-a* «la *(a)* rivière *(bidasso)*» ♦ Riv. des Pyrénées-Atlantiques (70 km). Née en Navarre espagnole (où elle porte le nom de Baztán), elle sert de frontière entre la France et l'Espagne sur quelques kilomètres, avant de se jeter dans le golfe de Gascogne. Sur l'île des Faisans* près du pont de Béhobie fut signé le traité des Pyrénées en 1659.

**BIDAULT (Georges)** ♦ Homme politique français (Moulins 1899 - Cambo-les-Bains 1983). Agrégé d'histoire, il entra dans la Résistance sous l'Occupation et succéda à J. Moulin* à la tête du Conseil national de la Résistance (1943). Un des fondateurs du Mouvement républicain populaire (MRP) après la guerre, il devint président du gouvernement provisoire en 1946. Président du Conseil (1949 - 1950), plusieurs fois ministre des Affaires étrangères, il fut l'un des promoteurs de la politique d'union européenne sous la IVe République. Il entra dans l'opposition en 1954, et devint l'un des principaux partisans de l'Algérie française. Il se réfugia à l'étranger en 1962, et ne rentra en France qu'en 1968. ➝ ÉTYM. Le nom germanique *Bidwald* est formé de *bidan* «espérer» et *waldan* «gouverner».

La **Bibliothèque nationale de France,** la passerelle Simone-de-Beauvoir et les jardins de la terrasse de Bercy.
*Phot. © Frederic Stevens/SIPA*

**BĪDEL** ♦ Poète indien d'expression persane (mort en 1720). Il est considéré par les intellectuels de l'Inde qui connaissent la langue persane comme le meilleur poète persan de ce pays après Amīr* Khusrau. Dans sa poésie, les pensées mystiques sont exprimées à travers des images compliquées et ambiguës.

**Bidochon** (les) → **Binet**

**BIDPAY** ou **PILPAY** → **Kalila et Dimna, Pañcatantra**

**BIEDERMANN (Aloys Emmanuel)** ♦ Théologien protestant et philosophe suisse (Bendlikon 1819 - Zurich 1885). Il tenta de concilier la philosophie de Hegel et le christianisme (*Christliche Dogmatik*, 1869).

**BIEDNYÏ** ou **BEDNYÏ (Efim Alekseïevitch PRIDVOROV, dit Demian)** ♦ Poète soviétique (Goubovka, gouv. de Kherson 1883 - Moscou 1945). Fils de paysans, il fut le poète le plus populaire de la période de la NEP. Dans ses fables, de forme folklorique et à tendance satirique, il défend le sort des pauvres et des faibles (*À propos de la terre, de la liberté, et du sort des travailleurs*, 1917).

**BIELEFELD** ♦ V. d'Allemagne (Rhénanie-du-Nord-Westphalie), au N. du Teutoburgerwald*. 330 000 hab. Église du XIVe s. et hôtel de ville Renaissance. ▪ Important centre indus. : construc. mécaniques (machines-outils, cycles, machines à calculer), indus. pharmaceutiques et textiles (confection).

**BIELINSKI** ou **BELINSKI (Vissarion Grigorievitch)** ♦ Philosophe et critique littéraire russe (Sveaborg, auj. Suomenlinna 1811 - Saint-Pétersbourg 1848). Il débuta comme journaliste et réunit dans ses *Rêveries littéraires* (1834) une série d'articles véhéments le plaçant aussitôt comme chef de file des occidentalistes*. Il fit ensuite une série d'études sur Pouchkine*, Shakespeare*, Tourgueniev*, Dostoïevski*, Gogol*. Critique littéraire dans les revues *Annales de la patrie* (1839 - 1846) et *Le Contemporain* (1847 - 1848), sous la direction de Nekrassov*, il écrivit un *Aperçu de la littérature russe, 1847* (1848). Ses théories esthétiques critiquant « l'art pour l'art » au nom du réalisme, ses conceptions philosophiques qui le rapprochent du matérialisme et politiques (socialisme utopique) marquèrent la pensée russe du XIXe s. ➝ ÉTYM. Ce nom de famille russe est formé de *bielyï* « blanc » et du suffixe de nom *-ski*.

**BIELLA** ♦ V. d'Italie, dans le Piémont, ch.-l. de prov., sur le Cervo. 45 740 hab. La ville est divisée en *Biella Piano* (ou ville basse) et *Biella Piazzo* (sur la colline). Baptistère du Xe s. et cathédrale du XVe s. C'est le point de départ de nombreuses excursions alpines. À proximité, sanctuaire d'Oropa. ▪ Indus. textile (1er centre lainier d'Italie).

## BIÉLORUSSIE

▪ n. f. – off. ***république de Biélorussie*** ➝ ÉTYM. en biélorusse ***Respoublika Belarus*** « Russie blanche » ♦ Pays d'Europe orientale. 207 600 $km^2$. 10 044 800 hab. (*Biélorusses*). LANGUES : biélorusse, russe, ukrainien, lituanien. POPULATION : Biélorusses, 81 % ; Russes, 11 % ; Polonais, 4 % ; Ukrainiens, 2 % ; Juifs, 0,1 %. RELIGIONS : orthodoxes, catholiques. MONNAIE : rouble biélorusse. CAPITALE : Minsk. RÉGIME : démocratie parlementaire. La Biélorussie comprend 6 régions : Brest, Gomel, Grodna, Minsk, Maguilev, Vitebsk.

▪ **GÉOGRAPHIE** Incluse dans la grande plaine d'Europe orientale, la Biélorussie possède un relief de collines morainiques (jusqu'à 345 m) qui explique la pauvreté des sols et l'importance des parties lacustres ou boisées, surtout au S. (*polessié*). L'agriculture tire un bon parti de ces conditions médiocres, associant des cultures froides (seigle, sarrasin, pommes de terre, lin) ou un peu plus diversifiées au S. (betteraves, blé) à un élevage bovin intensif. Mais une bonne partie du territoire a été contaminée à la suite de la catastrophe survenue dans la centrale nucléaire de Tchernobyl*. Le sous-sol renferme quelques richesses (sel, tourbe, phosphorites) qui servent de base à une indus. chimique complétée par des importations russes (raffinerie de pétrole de Mozyr). Presque totalement détruits lors de la Deuxième Guerre mondiale, les centres urbains ont été reconstruits, si bien que la Biélorussie dispose d'un potentiel relativement moderne associant indus. traditionnelles (alimentaire, textile, travail du bois) et nouveaux secteurs (machines agricoles, camions, électronique). L'économie, figée dans le modèle soviétique, est planifiée.

▪ **HISTOIRE** Du IXe au XIe s., la Biélorussie actuelle appartenait au duché de Kiev. Après l'invasion de la Russie par les Tatars de Crimée, la Biélorussie fit partie de la Lituanie au début du XIVe s. et fut annexée avec elle par la Pologne au traité de Lublin (1569). Disputée ensuite entre Pologne et Russie (État de Moscou), elle resta sous la domination polonaise jusqu'au premier partage de la Pologne (1772), date à laquelle sa partie orientale (y compris Vitebsk, Moguilev et Gomel) fut annexée par la Russie. Au deuxième partage (1793), la partie centrale et la ville de Minsk passèrent à la Russie, et, au troisième partage, ce qui restait de la Biélorussie actuelle fut annexé par l'Empire russe (1795). Après la révolution d'Octobre (nov. 1917), le régime soviétique fut instauré en Biélorussie, mais les Allemands occupèrent une grande partie du pays (fév. 1918). Après le traité de Brest*-Litovsk, la retraite des troupes allemandes et la proclamation de la RSS de Biélorussie (1er janv. 1919), les Polonais continuèrent les hostilités, et le pays fut partagé au traité de Riga

Biélorussie.

(mars 1921) entre l'URSS et la Pologne (la frontière était celle de 1772). Le 30 déc. 1922, la RSS de Biélorussie devint une république fédérée de l'URSS. Les régions de Polotsk, Vitebsk, Orcha et Moguilev, puis la région de Gomel furent rattachées à la Biélorussie (1924 et 1926). Après l'invasion allemande en Pologne (1939), l'URSS s'empara des régions polonaises de la Biélorussie, jusqu'à la rivière Bug, y compris la région de Białystok. Occupée par les Allemands en 1941, la Biélorussie fut ravagée pendant leur retraite de 1944. Au traité de 1945 entre l'URSS et la Pologne, la Biélorussie occidentale fut annexée par l'URSS, sauf la région de Białystok, restituée à la Pologne. Dès la fondation de l'ONU (juin 1945), la Biélorussie y obtint un siège. Elle a proclamé son indépendance en 1991. Stanislas Chouchkevitch, le président du Parlement qui signa les accords de Minsk (1991) marquant la fin de l'URSS, fut destitué en 1994. L'autoritaire Aleksandr Loukachenko, président de la République depuis juillet 1994 (réélu en 2001 et 2006), a signé un traité d'Union avec la Russie (avril 1997) et s'est fait accorder en 2004 des pouvoirs sans limitation de durée.

---

**BIELSKO-BIAŁA** ♦ V. de Pologne, voïvodie de Silésie. 176 453 hab. Grand centre d'indus. textile. Métallurgie.

**BIÊN HÒA** ♦ V. du Viêtnam (Sud), au N.-E. de Hồ Chí Minh-Ville, sur la rive d. du Đồng Nai. Env. 400 000 hab. Important centre administratif et économique, dont la zone industrielle se confond avec celle du N. de Hồ Chí Minh-Ville, sur l'emplacement de ce qui fut l'une des plus grosses bases militaires des États-Unis au Viêtnam entre 1966 et 1972 (Long Binh). ▮ **Histoire** Un important groupe d'émigrés chinois s'y fixa à la fin du XVIIIe s. et une province de l'administration précoloniale et coloniale porta son nom.

**BIENNE** n. f. ➝ ÉTYM. anc. *Biena*, p.-ê. du gaul. °*bedo* «fossé, canal» et suff. *-enna* ♦ Riv. du Jura (55 km) qui passe à Morez et à Saint-Claude avant de se jeter dans l'Ain (rive g.).

**BIENNE** – en all. *Biel* ♦ V. de Suisse (cant. de Berne), à l'extrême N. du lac de Bienne. 49 038 hab. (aggl. 88 896), en majorité (2/3) de langue allemande (la ville est sur la frontière linguistique) et de rel. protestante. Fondée au XIIe s., elle a gardé en partie son caractère médiéval : maisons anc. à arcades, église Saint-Benoît (XVe s.). Musée Schwab. ▪ Important centre indus. : horlogerie, métall., indus. mécanique (matériel ferroviaire).

**BIENNE** (lac de) – en all. ***Bielersee*** ♦ Lac de Suisse (cant. de Berne) au pied du Jura. 39,2 km². Il est relié par la Thièle au lac de Neuchâtel et reçoit l'Aar par le canal de Hagneck. Vignobles sur la rive ouest. ▪ J.-J. Rousseau résida dans l'île Saint-Pierre (1765) qu'il décrivit dans *Les Rêveries* du promeneur solitaire*.

**Bien public** (ligue du) ♦ Coalition féodale qui s'insurgea en mars 1465 contre Louis XI et sa politique d'affermissement du pouvoir royal. Dirigée par le frère du roi, Charles de Berry, mais constituée à l'initiative des ducs d'Alençon, de Bourbon et François* II de Bretagne, auxquels se joignit notamment Charles* le Téméraire, cette ligue ne put obtenir le soutien de la petite noblesse et des bourgeois. Après la bataille décisive de Montlhéry (juil.), le roi dut se résoudre, par les traités de Conflans et de Saint-Maur (oct.), à restituer les villes de la Somme à Charles le Téméraire et à donner à son frère la Normandie, qu'il lui reprit l'année suivante.

**BIENVENÜE (Fulgence)** ♦ Ingénieur français (Uzel, près de Saint-Brieuc 1852 - Paris 1936). Il dressa les plans et dirigea les premiers travaux du métro de Paris.

**BIERCE (Ambrose Gwinnett)** ♦ Écrivain américain (Horse Cave Creek, Ohio 1842 - au Mexique 1914). Vétéran de la guerre de Sécession, puis journaliste chez Hearst*, il a laissé des nouvelles et des essais fantastiques, grinçants, macabres, à la façon de Swift* réunis dans ses *Collected Works* (12 vol., 1912). Il a influencé H. L. Mencken* et S. Crane*. Son humour féroce et sophistiqué s'exprime dans le *Dictionnaire du Diable* (1906). Les circonstances de sa disparition au Mexique sont restées mystérieuses.

**BIERMANN (Wolf)** ♦ Poète et chansonnier allemand (Hambourg 1936). Fils d'un docker communiste mort à Auschwitz, il choisit de vivre en RDA. Bientôt frappé d'une interdiction de paraître en scène et de publier, il fut déchu de la nationalité est-allemande en 1976, alors qu'il donnait un concert à Cologne. Ses chansons, qu'il interprétait lui-même, pratiquent toujours une violente critique politique et sociale : *La Harpe des barbelés*, 1965 ; *Ainsi soit-il et ça ira*, 1977 ; *Icare prussien*, 1978 ; *Monde à l'envers*, 1982 ; *Heimat*, 2006.

**BIERUT (Bolesław)** ♦ Homme d'État polonais (près de Lublin 1892 - Moscou 1956). Militant communiste, emprisonné (1933 - 1940), réfugié en URSS, il rentra clandestinement en Pologne (1943) et présida le Conseil national de Lublin (1945) avant d'être élu président de la République en 1947. Il devint président du Conseil des ministres (1952 - 1954), puis premier secrétaire du parti des travailleurs polonais unifié.

**BIET (Antoine)** ♦ Prêtre et voyageur français du XVIIe s. (né près de Senlis v. 1620). Il participa à l'expédition de Royville en Guyane (1652 - 1654) ; il a relaté les débuts de la colonisation et publié un dictionnaire de la langue galibi.

**BIÈVRE** n. f. ➝ ÉTYM. du lat. *beber*, empr. au gaul. *bebros* «castor» ♦ Riv. née près de Saint-Cyr (Yvelines), dans la plaine de Trappes (40 km), anc. affl. de la Seine. Elle traverse Jouy-en-Josas, Bièvres, Arcueil, Gentilly et se perd dans les égouts de Paris.

**BIÈVRES** [91570] ➝ ÉTYM. → Bièvre ♦ Ch.-l. de cant. de l'Essonne, arr. de Palaiseau, dominant la Bièvre, à la lisière du bois de Verrières. 4 034 hab. *(Biévrois)*. Musée départemental de la photographie.

**BIGANOS** [33380] ➝ ÉTYM. du lat. *vicanus* «villageois» ou du gaul. *Vicannus*, n. de pers., et suff. aquit. *-ossum* ♦ Comm. de la Gironde, arr. d'Arcachon, près du bassin d'Arcachon. 6 950 hab. (aggl. 10 898) *(Boïens)*.

**BIGARD (Barney)** ♦ Clarinettiste et saxophoniste ténor de jazz américain (La Nouvelle-Orléans 1906 - Culver City, Californie 1980). Après avoir débuté à La Nouvelle-Orléans où il joua jusqu'en 1922, il entra dans l'orchestre de King Oliver* à Chicago puis en 1927 dans celui de Duke Ellington* à New York où il resta jusqu'en 1942. Après cette date, il participa à diverses formations dont les All Stars de Louis Armstrong* (1947 - 1955 et 1960 - 1961) et à divers groupes liés au New Orleans Revival. → **Nouvelle-Orléans (La)**. Son jeu, particulièrement fluide à la clarinette, moins brillant au saxophone, a été influencé par son long séjour dans l'orchestre d'Ellington. Princ. enregistrements : *Mood Indigo* (avec Ellington, 1930), *Clarinet Lament* (avec Ellington, 1933), *Barney's Bounce* (1944), *Swinging Clarinets* (1960).

**BIGORRE** n. f. ➝ ÉTYM. de *Bigerriones* ou *Begerri*, n. de tribu ♦ Région du S.-O. de la France, qui s'étend sur le bassin supérieur de l'Adour et forme la majeure partie du dép. des Hautes-Pyrénées *(Bigourdans)*. Élevage. Thermalisme. Hydroélectricité. ▮ **Histoire** Comté dépendant du duché d'Aquitaine, la Bigorre passa à Philippe le Bel à la suite de son mariage avec Jeanne de Navarre, mais, cédée en 1425 au comte de Foix, elle ne fut réunie à la Couronne qu'en 1607 par Henri IV.

**BIGOT DE PRÉAMENEU (Félix)** ♦ Homme politique français (Rennes 1747 - Paris 1825). Avocat, il fut député à l'Assemblée* législative. Conseiller d'État sous le Consulat, il fit partie de la commission nommée par Bonaparte en 1800 pour l'élaboration du Code* civil. Il fut ministre des Cultes de 1807 à 1814. [Acad. fr. 1803]

**BIGUGLIA** [20620] ➝ ÉTYM. p.-ê. rac. oronym. ♦ Comm. de Haute-Corse, arr. de Bastia, dominant l'*étang de Biguglia*. 5 018 hab. Tourisme sur le cordon littoral séparant l'étang de Biguglia de la mer. ▮ **Histoire** Cap. de l'île sous la domination pisane et résidence des gouverneurs génois jusqu'en 1372.

**BIHAR** ♦ État de l'Inde. 94 163 km². 82 998 509 hab. CAP. : Patna. Couvrant une partie de la plaine du Gange, le nord de l'État produit du riz, du blé et de la canne à sucre. Le monde rural, qui demeure très misérable, est le lieu de fortes tensions sociales. Au S., les terrains du socle péninsulaire portent des collines arrondies, et recèlent des métaux non ferreux, du mica, de l'amiante, du fer et du charbon. Des villes minières et industrielles comme Jamshedpur (sidérurgie) émaillent un ensemble qui reste boisé et assez peu peuplé. La plaine du Bihar a été le lieu de formation des premiers États organisés de l'Inde (dynastie des Mauryas), et c'est près de Patna que vécut et prêcha Bouddha. Nombreux vestiges bouddhiques.

**BIHOR** ou **BIHAR** n. m. ♦ Massif montagneux de la Roumanie, à l'O. du plateau de Transylvanie dans les Carpates occidentales, formant la partie la plus élevée des monts Apuseni ; 1 849 m au mont Biharia. Tourisme.

**BIHOREL** [76420] ➝ ÉTYM. dimin. région. de *bohart* «[champ de] tournoi» ou anc. fr. «héron nocturne» ♦ Comm. de la Seine-Maritime, banl. de Rouen. 9 057 hab. *(Bihorellais)*.

**BIISK** ♦ V. de Russie, en Sibérie méridionale, au confluent de la Biia (301 km) et de la Katoun (688 km) qui forment l'Ob. 218 600 hab. Indus. mécanique et alimentaire.

**BIJAPUR** ♦ V. de l'Inde (Karnataka), sur le plateau du Dekkan. 253 307 hab. Fondée au début du XIe s., elle devint la capitale de la dynastie indo-musulmane des Ādil Chāh, et perdit son rôle politique au XVIIIe s. L'architecture indo-musulmane y est bien représentée : citadelle, fort, tombes et palais. L'œuvre la plus somptueuse est le tombeau du chef de cette dynastie Gol Gunbadh (1627 - 1656).

Les **Bijoux indiscrets** ♦ Roman de Denis Diderot* (1748). Un sultan qui s'ennuie trouve à se divertir grâce à une bague magique. Les femmes, chaque fois qu'on tourne le chaton du bijou vers elles, sont contraintes d'avouer les intrigues qu'elles connaissent. L'œuvre s'inscrit dans la littérature libertine de l'époque et Diderot, loin de la renier comme on a pu le soutenir, lui ajouta trois chapitres en 1772.

**BIKANER** ♦ V. de l'Inde (Rajasthan), en bordure du désert de Thar. 529 007 hab. Industries de la laine et du cuir, liées à l'importance de l'élevage dans la région. Importante école de peinture rajput aux XVIIe et XVIIIe s.

**BIKINI** ♦ Atoll du N.-O. de l'archipel Marshall (groupe des îles Ralik) où eurent lieu des expériences atomiques américaines de 1946 à 1956. La première bombe thermonucléaire fut expérimentée au-dessus de l'atoll d'Eniwetok dans le même archipel en 1952.

**BILAL (Enki)** ♦ Dessinateur et scénariste de bandes dessinées français (Belgrade 1951). Il collabora longuement, avec Pierre Christin comme scénariste, à la série *Légendes d'aujourd'hui* (1975 - 1983). *La Trilogie Nikopol* (1980 - 1992), qu'il réalisa seul, est une œuvre originale et violente. Il a créé les décors du film *La vie est un roman* d'Alain Resnais (1983), puis il a tourné ses propres films : *Bunker Palace Hotel* (1989), *Immortel* (2004).

**BILBAO** ← ÉTYM. du biscaïen *Belvao* « le bon *(bel)* gué *(vao)* » ♦ V. d'Espagne (Pays basque espagnol), ch.-l. de la prov. de Biscaye, sur l'estuaire du Nervión*, à une douzaine de kilomètres de la côte cantabrique (golfe de Biscaye). 353 168 hab. 2e port d'Espagne. Entrepôt minier. Indus. métallurgiques et chimiques. Depuis la crise de 1974, le tertiaire prend le relais des activités industrielles. Musée Guggenheim*. ▮ Histoire Bilbao doit son essor au chemin de fer vers la Meseta et à son réseau bancaire (1855 et 1858). La création de la chambre de commerce en 1886 et de la Bourse en 1889 en fit une métropole régionale. Bastion de la résistance républicaine durant la guerre civile, Bilbao fut enlevée par les franquistes en juin 1937.

**Bilbao.** Musée Guggenheim. *Phot. © Le Tourneur-Explorer*

**Bild Zeitung** ♦ Quotidien allemand créé en 1952 par le groupe Springer. Journal populaire, bon marché et proche des positions de la CSU, le parti conservateur, il est aujourd'hui le quotidien le plus lu en Allemagne et en Europe. Il tire à 3,5 millions d'exemplaires.

**BILL (Max)** ♦ Architecte, peintre, sculpteur et essayiste suisse (Winterthur 1908 - Berlin 1994). Il étudia à Zurich puis au Bauhaus* (1927 - 1929). Installé à Zurich en 1930 comme architecte, il pratiqua aussi bien la sculpture et la peinture que l'esthétique industrielle ou le graphisme publicitaire. Ainsi fidèle à l'idéal de synthèse des arts, il dirigea de 1951 à 1956 le centre de la Hochschule für Gestaltung d'Ulm dont il avait donné les plans. De 1932 à 1936, il participa au mouvement Abstraction-Création à Paris et, pour ses sculptures, trouva une source d'inspiration dans les mathématiques, établissant des formes selon des schèmes géométriques et des rythmes de plus en plus souples et complexes ; il chercha aussi à mettre en valeur les qualités plastiques spécifiques des matériaux utilisés (*Ruban sans fin*, 1935 - 1953 ; *Unité tripartite*, 1951).

**BILLAUD-VARENNE (Jean-Nicolas)** ♦ Homme politique français (La Rochelle 1756 - Port-au-Prince 1819). Avocat au parlement de Paris, inscrit au Club des jacobins, il avait fait paraître dès 1789 une violente critique du *Despotisme des ministres de France*, puis un pamphlet, *Acéphalocratie* (1792), où il affirmait ses convictions républicaines. Membre de la Commune insurrectionnelle de Paris après le 10 août 1792, député montagnard à la Convention, puis membre du Comité* de salut public (sept. 1793), il participa à la lutte de Robespierre contre les factions hébertiste et dantoniste, avant de devenir l'un des instigateurs du 9 Thermidor* (27 juil. 1794). Déporté néanmoins en Guyane (1795), il refusa de bénéficier de l'amnistie de Bonaparte et passa à Haïti après le retour des Bourbons.

**BILLAUT (Adam)** dit **Maître Adam** ♦ Menuisier, poète et chansonnier français (Nevers 1602 - *id.* 1662). Son recueil *Les Chevilles* (1644) connut un grand succès.

**BILLE (Stéphanie, dite Corinna S.)** ♦ Écrivain suisse d'expression française (Lausanne 1912 - Sierre 1979). Auteur de romans, de poèmes et de pièces de théâtre, elle s'est cependant avant tout imposée dans les genres de la nouvelle et du conte : *La Fraise noire* (1968), *La Demoiselle sauvage* (1974), *Cent petites histoires d'amour* (1978), *Le Bal double* (posth. 1980).

**BILLÈRE** [64140] ← ÉTYM. anc. ***Vilhere***, forme gasc. du lat. *villela* « petit village » ♦ Comm. des Pyrénées-Atlantiques, banl. de Pau. 13 398 hab. *(Billérois).*

**BILLETDOUX (François)** ♦ Auteur dramatique français (Paris 1927 - *id.* 1991). Homme de radio à ses débuts puis comédien, il a élaboré, au travers de créatures bien vivantes aux prises avec les événements et les épreuves, un théâtre de l'ironie et de l'incommunicabilité qui pose les questions fondamentales de la société contemporaine. Œuv. princ. : *Tchin-Tchin* (1959), *Va donc chez Törpe* (1961), *Comment va le monde, Môssieu ? Il tourne, Môssieu* (1964), *La Nostalgie, camarade* (1974).

**BILLINGHAM** ♦ V. d'Angleterre (Stockton-on-Tees), sur le Billingham, affl. de la Tees, dans la banl. N. de Middlesbrough. 35 000 hab. Indus. chimiques.

**BILLOM** [bijɔ̃] [63160] ← ÉTYM. anc. ***Billomaco***, du gaul. *Billios*, n. de pers., et *magos* « marché » ou « champ *(magos)* de l'arbre sacré *(bilio-)* » ♦ Ch.-l. de cant. du Puy-de-Dôme, arr. de Clermont-Ferrand. 4 246 hab. *(Billomois).* Église Saint-Cerneuf (chœur roman ; crypte du XIe s.). Maisons anc. ▮ Histoire La ville eut un important collège de jésuites au XVIIe s. ; il fut affecté, au XIXe s., à une école militaire.

**BILLOTTE (Gaston Henri)** ♦ Général français (Sommeval, Aube 1875 - près d'Ypres 1940). Commandant les troupes françaises en Indochine en 1930, gouverneur militaire de Paris (après Gouraud, 1937), il fut nommé à la tête du 1er groupe d'armées du Nord (1939) qui pénétra en Belgique. Il mourut accidentellement. ♦ **Pierre Gaston Billotte.** Général et homme politique français (Paris 1906 - Boulogne-Billancourt 1992). Fils du précédent. Chef d'état-major du général de Gaulle, il participa à la campagne de 1944 - 1945. Chef de la mission militaire française à l'ONU (1946 - 1950), plusieurs fois député, il fut ministre de la Défense (1955), puis des Départements et Territoires d'outre-mer (1966 - 1968). ← ÉTYM. *Billotte* est l'abréviation de *Robillot*, hypocoristique de *Robert* ou vient de *bille*.

**BILLY (André)** ♦ Écrivain français (Saint-Quentin 1882 - Fontainebleau 1971). Romancier et critique littéraire, il a également publié des études sur Balzac, Sainte-Beuve, Diderot, etc.

**BILLY-BERCLAU** [62138] ♦ Comm. du Pas-de-Calais, arr. de Béthune. 4 259 hab.

**BILLY-MONTIGNY** [62420] ♦ Comm. du Pas-de-Calais, arr. de Lens. 8 396 hab. *(Billysiens).* Anc. centre houiller.

**BILOXI** ← ÉTYM. du n. d'une tribu sioux ♦ V. des États-Unis (Mississippi), sur le golfe du Mexique. 50 644 hab. Port de pêche et station balnéaire. ▮ Histoire Fort Maurepas, sur la baie de Biloxi, fut le premier établissement français de la région (1699), et Biloxi fut par trois fois capitale du territoire français (av. 1722).

**BILSTON** ♦ V. d'Angleterre (West Midlands), banl. de Wolverhampton. 35 000 hab. Métallurgie.

**BILZEN** ♦ Comm. de Belgique (Région flamande), prov. de Limbourg, arr. de Tongres, sur le Démer. 30 173 hab. Église gothique. Maison communale du XVIIe s. ▪ Indus. alimentaire.

**BIMBISĀRA** ♦ Roi du Magadha* de la dynastie des Siśunaga, qui régna de –543 à v. –491. Il fut le contemporain et l'ami de Bouddha. Son fils Ajātaśatru l'assassina et lui succéda.

**BINCHE** ← ÉTYM. probablt du gaul. *°penn(i)co* « sommet, hauteur » ♦ V. de Belgique (Région wallonne), prov. de Hainaut, arr. de Thuin, sur la Haine. 32 508 hab. *(Binchois).* Hôtel de ville gothique, modifié par Du Broeucq au XVIe s. Athénée (XVIIIe s.). Remparts (XIIe - XIVe s.). Collégiale Saint-Ursmer (XIIe s.). Musée du Masque et du Carnaval. ▪ Indus. textiles (dentelle de Binche). Confection pour hommes. Construc. électriques. ▮ Histoire Quintus Cicéron y établit un camp dont Ambiorix s'empara en –54. César vint le reprendre. ▪ Résidence des comtes de Hainaut au XIIe s., son château fut la demeure favorite de Marie de Hongrie. La ville fut ruinée en 1554 par le roi de France, Henri II. ▪ La tradition du carnaval binchois (Mardi gras) remonte au XIVe s. (célèbres *Gilles*).

**Binche.** Le défilé des Gilles. *Phot. © Harry Gruyaert/Magnum.*

**BINCHOIS (Gilles)** ♦ Compositeur franco-flamand (Mons 1400 - Soignies 1460). Soldat et prêtre, il fut d'abord au service du duc de Suffolk puis, après 1430, de Philippe le Bon. Contemporain de Guillaume Dufay*, il a composé, sur des poèmes de Charles d'Orléans, Alain Chartier, Christine de Pisan, une musique dont la qualité de l'invention mélodique égale souvent celle de l'harmonie. Il est aussi l'auteur d'œuvres religieuses (motets, hymnes, magnificat, fragments de messes).

**BINDUSĀRA** ♦ Roi du Magadha* qui aurait régné de -297 à v. -274. Il entretint avec les Grecs (qui le nommaient Amitrochatos) d'amicales relations. Son fils Ashoka* lui succéda.

**BINET (Alfred)** ♦ Physiologiste et psychologue français (Nice 1857 - Paris 1911). Élève de Charcot*, fondateur, avec Beaunis, de *L'Année psychologique*, il contribua au progrès de la psychologie expérimentale (*Introduction à la psychologie expérimentale*, 1894). Il est surtout connu par ses travaux (en collaboration avec Théodore Simon*) sur la mesure du développement de l'intelligence chez les jeunes enfants. Son échelle métrique de l'intelligence établie en 1905 fut révisée par Terman*. ➝ ÉTYM. *Binet* est l'aphérèse de *Robin*, lui-même hypocoristique de *Robert*.

**BINET (Léon)** ♦ Médecin français (Saint-Martin, Seine-et-Marne 1891 - Paris 1971). On lui doit des travaux sur la physiologie pulmonaire, les hémorragies aiguës, les occlusions intestinales et des études sur divers procédés de réanimation. [Acad. sc. 1942]

**BINET (Christian)** ♦ Dessinateur et scénariste de bandes dessinées français (Tulle 1947). Créé en 1977 dans *Fluide glacial*, le chien Kador céda bientôt la place à ses maîtres, Raymonde et Robert Bidochon, un couple de Français moyens, dont la bêtise et la triste condition sociale sont tournées en dérision d'un coup de crayon simple et efficace.

**BINGEN (Jacques)** ♦ Résistant français (Paris 1908 - Clermont-Ferrand 1944). Au lendemain de la défaite de 1940, il rejoignit l'Angleterre où il rallia la France libre du général de Gaulle. Après l'arrestation de Jean Moulin, il fut parachuté en France pour représenter de Gaulle auprès de la Résistance. Poursuivi par les Allemands, sur le point d'être arrêté sur dénonciation, il se donna la mort.

**BINGEN** ♦ V. d'Allemagne (Rhénanie-Palatinat), entre la rive g. du Rhin et la rive d. de la Nahe. 26 102 hab. Église gothique (XV^e^ s., avec crypte du XI^e^ s.). Château féodal. ▪ Commerce de vins mousseux. ▮ **Histoire** C'est l'ancienne *Bingium* fondée par Drusus sur le *limes* du Rhin. Bien placée à l'entrée de la Trouée héroïque* la ville contrôlait le trafic rhénan. La Mäuseturm, construite sur un écueil au milieu du fleuve, garantissait le paiement du péage.

**BINGER (Louis Gustave)** ♦ Officier, explorateur et administrateur français (Strasbourg 1856 - L'Isle-Adam 1936). De 1887 à 1889, il explora la boucle du Niger et la Côte d'Ivoire dont il devint gouverneur en 1893 avant de prendre la direction des Affaires d'Afrique au ministère des Colonies en 1897.

**BINGHAM CANYON** ♦ Loc. des États-Unis (Utah) près du Grand Lac Salé. Très importante mine de cuivre, à ciel ouvert.

**BINGHAMTON** ♦ V. des États-Unis (État de New York), au S.-O. d'Albany. 47 380 hab. (zone urbaine 252 320 avec Endicott et Johnson City). Centre agricole (produits laitiers) et industriel.

**BÌNH ĐỊNH** → An Nhón

**BINIC** [22520] ➝ ÉTYM. bret. «estuaire *(ben)* de l'Ic (riv.)» ♦ Comm. des Côtes-d'Armor, arr. de Saint-Brieuc. 3 110 hab. (aggl. 8 738) *(Binicais)*. Petit port de plaisance et station balnéaire.

**BINNIG (Gerd)** ♦ Physicien allemand (Francfort 1947). Il mit au point en 1982, avec H. Rohrer, le microscope à balayage utilisant l'effet tunnel des électrons dans le vide. L'appareil permet d'atteindre des grossissements de l'ordre de 100 millions et d'obtenir des images de la structure atomique des surfaces observées. [Prix Nobel de phys. 1986, avec H. Rohrer et E. Ruska*]

**BINSWANGER (Ludwig)** ♦ Psychiatre suisse (Kreuzlingen 1881 - *id.* 1966). Il est le maître de la psychanalyse existentielle. Sa méthode combine les apports de la psychanalyse et de la phénoménologie (*Discours, parcours et Freud, analyse existentielle, psychiatrie clinique et psychanalyse*, 1947 ; *Introduction à la psychanalyse existentielle*, 1947).

**BIOBÍO** n. m. ♦ Fl. du Chili (384 km). Issu des Andes, il se jette dans l'océan Pacifique près de Concepción, et délimite le pays araucan. ♦ ***Région administrative de Biobío*** 37 000 km². 1 862 000 hab. CAP. : Concepción. Agriculture. Exploitation forestière. Pêche.

**BIOKO** ou **FERNANDO POO** ♦ Île volcanique de la Guinée Équatoriale, dans le golfe de Guinée, face au mont Cameroun. 2 017 km². Env. 65 000 hab. CH.-L. : Malabo. Prod. de cacao, café, bananes, huile. ▪ De 1973 à 1979, l'île s'appela Macias Nguema, du nom du dictateur alors au pouvoir en Guinée Équatoriale.

**BIOT (Jean-Baptiste)** ♦ Physicien français (Paris 1774 - *id.* 1862). Il reconnut l'origine céleste des météorites (1803), étudia la conduction thermique (1804), effectua avec Arago* les premières mesures précises sur la densité des gaz (1806). S'intéressant aux propriétés optiques de nombreux cristaux, il reconnut que la polarisation rotatoire consistait, pour une lumière monochromatique, en une rotation de la vibration lumineuse (1812) et établit les lois du phénomène ; en 1815, il découvrit le pouvoir rotatoire de certains liquides et reconnut que la rotation produite est proportionnelle à l'épaisseur de liquide traversée ; il inventa le saccharimètre ; à la suite de l'expérience d'Ørsted*, il effectua avec Savart* l'étude quantitative des interactions entre le courant électrique et le champ magnétique ; ils découvrirent ensemble la loi qui porte leur nom (1820). [Acad. sc. 1803 ; Acad. fr. 1856] ➝ ÉTYM. Le nom *Biot* est un dérivé de *bie*, variante de *buie* «cruche», surnom de marchand.

**BIOT** [06410] ➝ ÉTYM. p.-ê. mot pré-indo-eur. ♦ Comm. des Alpes-Maritimes, arr. de Grasse. 7 395 hab. Poteries. Verrerie artisanale. Cultures florales. ▪ Aux environs, musée Fernand-Léger.

**BIOY CASARES (Adolfo)** ♦ Écrivain argentin (Buenos Aires 1914 - *id.* 1999). Il a épousé en 1940 l'écrivain Silvina Ocampo*. Sa carrière littéraire débuta avec *L'Invention de Morel* (1940), roman qui privilégie l'approche policière et objective du sujet. J. L. Borges*, qu'il rencontra en 1931 chez Victoria Ocampo*, allait exercer une influence décisive sur son œuvre. Ils publièrent en collaboration une *Anthologie de la littérature fantastique* (1940), qui connut une importante postérité dans la littérature sud-américaine. On doit à leur collaboration sous divers pseudonymes (Suarez Lynch, Bustos Domecq) une série de nouvelles marquées par le genre policier dont *Six Problèmes pour don Isidro Parodi* (1942). Il est également l'auteur de *Plan d'évasion* (1945), *Le Songe des héros* (1954), *Journal de la guerre au cochon* (1969), *Dormir au soleil* (1973), *Le Héros des femmes* (1978).

**BIRAGUE (René DE)** ♦ Cardinal et homme politique français, d'origine italienne (Milan 1510 - Paris 1583). Il se réfugia en France pour échapper à Ludovic* Sforza, devint garde des Sceaux et chancelier, et fut l'un des instigateurs de la Saint*-Barthélemy. Il contribua à répandre en France la pensée de Machiavel.

**BIRGER** ♦ Homme d'État suédois (v. 1210 - 1266). Conseiller du roi Éric XI, il délivra Lübeck assiégée par les Danois (1236) et conquit la Finlande. À la mort d'Éric, la dynastie étant éteinte, il fit nommer roi son fils Valdemar et exerça la régence. Il fortifia Stockholm et s'entendit avec la Hanse. ♦ **BIRGER II Magnusson** (1280 - Gotland 1321), petit-fils de Birger. Roi de Suède (1290 - 1318). Il régna sous tutelle puis fut chassé par un soulèvement.

**BIR HAKEIM** ♦ Point d'eau du désert de Cyrénaïque* à 60 km de Tobrouk (Libye). La résistance des Français libres de Koenig à Bir Hakeim (mai-juin 1942) contre les assauts des troupes de Rommel* permit la retraite des Britanniques jusqu'à El-Alamein* d'où repartit en oct. 1942 la reconquête alliée de la Libye*.

**BIRKENAU** ➝ ÉTYM. all. «la petite prairie aux bouleaux» – en polon. ***Brzezinka*** ♦ Loc. de Pologne, à 3 km à l'O. d'Auschwitz*. Camp de concentration où les nazis firent périr des milliers de Juifs durant la Deuxième Guerre mondiale.

**BIRKENFELD** ➝ ÉTYM. anc. *Birkenuelt*, germ. «la plaine des bouleaux», de *birkhīna* «bouleau» et *feldu* «plaine» ♦ V. d'Allemagne (Rhénanie-Palatinat). 7 500 hab. Cap. de l'anc. principauté du même nom qui, rattachée à l'Oldenburg* en 1817, fut incorporée à la Rhénanie-Palatinat en 1946.

**BIRKENHEAD** ♦ Port d'Angleterre (Merseyside) sur l'estuaire de la Mersey, reliée par un tunnel à Liverpool. 280 000 hab. Centre minotier, construc. navales en récession.

**BIRKHOFF (George David)** ♦ Mathématicien américain (Overisel, Michigan 1884 - Cambridge, Massachusetts 1944). Spécialiste de l'analyse appliquée à la dynamique, en particulier des équations différentielles, il eut une grande influence sur les mathématiques aux États-Unis. Parmi ses résultats les plus importants, on peut citer la démonstration du théorème de géométrie dit «dernier théorème de Poincaré» essentiel dans l'étude du problème des trois corps, son théorème ergodique qui donne des bases rigoureuses à la théorie cinétique des gaz, sa théorie de la gravitation et une formalisation mathématique de l'esthétique.

**BÎRLAD** → Bârlad

## BIRMANIE

▮ n. f. – off. ***Union de Birmanie***, depuis 1989 ***Myanmar*** ; en birman ***Myanma*** ♦ Pays de l'Asie du S.-E., situé dans la péninsule indochinoise. 676 579 km². 49 008 000 hab. *(Birmans)*. LANGUES : birman (off.), langues et dialectes des différentes ethnies. POPULATION : outre les Birmans (off. *Bama*), qui occupent la plaine centrale et l'Arakan, on recense les principaux groupes des Chins, Kachins et Karens (Tibéto-Birmans), des Shans (Thaïs), des Môns (Môns-Khmers), et quelques centaines de milliers de Chinois et d'Indiens, établis principalement dans les villes. RELIGION : bouddhisme (Theravāda) teinté d'animisme (culte à des génies, au nombre de 37, les *nats*, 85). Certaines minorités ethniques ont été christianisées au XIX^e^ s. (Karens et Chins). MONNAIE : kyat. CAPITALE : Nay Pyi Taw (depuis 2006). Cap. commerciale : Rangoon (Yangon). RÉGIME : militaire. ▪ Le pays est une union fédérale de 7 États, théoriquement peuplés de non-Birmans (Arakan, Chin, Kachin, Karen, Kayah, Shan et Môn) et de 7 provinces ou «divisions», peuplées de Birmans (Rangoon, Irrawaddy, Mandalay, Sagaing, Tenasserim, Magway, Pégou).

**GÉOGRAPHIE** La Birmanie est constituée de massifs montagneux, à l'O., au N. et à l'E., qui forment une sorte de fer à cheval autour des vallées centrales. Étirée en longueur entre les confins tibétains, qui culminent à 5 881 m (Hkakabo Razi), et la pointe S. du Tenasserim, elle atteint 960 km dans sa partie la plus large. À part l'extrême N. dont la zone montagneuse peut être très froide, l'ensemble du pays jouit d'un climat de mousson à trois saisons : sèche, des pluies, et froide. Dans les plateaux shans, le climat est tempéré. Le total des précipitations varie de 2 000 mm/an (Arakan et Tenasserim) à 800 mm en Birmanie centrale.

**Birmanie.**

**ÉCONOMIE** Les conditions climatiques sont favorables au développement de la végétation, et la forêt (teck, bois de fer, hévéa au S.) couvre 57 % du pays ; elle est toutefois mise en péril par les coupes sauvages et les méthodes de culture sur brûlis des montagnards. On trouve dans le pays tous les types de cultures, d'abord celle du riz un peu partout, mais aussi celle de légumineuses (principalement des haricots), de céréales (blé, maïs, millet) et les cultures maraîchères. L'activité de la population est agricole à plus de 50 %. La pêche se développe sur les côtes. L'artisanat de la laque est actif dans la région de Pagan et celui de la soie dans la région de Mandalay. Le sous-sol est riche : gaz, pétrole (centre et région du delta), jade dans l'État kachin, mines de rubis (Mogok), plomb, zinc, argent, tungstène ; cependant, l'exploitation est freinée par la difficulté des communications (peu de routes carrossables) et le rationnement de l'essence. La navigation fluviale reste importante. Les échanges se font surtout avec les autres pays de l'Asie du S.-E. et la Chine populaire. Les importations sont représentées à 64 % par des produits de consommation, tandis que les exportations concernent le gaz, les produits agricoles (27 %), le teck, les produits de la mer et les minéraux et pierres précieuses. Mais le pays tire surtout ses revenus de la culture de l'opium (2ᵉ producteur après l'Afghanistan), en progression constante, qui alimente le trafic et la corruption et fait qualifier le régime de «narco-dictature». Les mesures d'isolement de la part des pays occidentaux n'ont aucunement modifié la stratégie de la junte qui appauvrit une population majoritairement paysanne sacrifiée, confrontée à la confiscation des terres, à l'inflation et à la malnutrition (qui touche 25 % des enfants de 0 à 5 ans). La régression économique touche tous les secteurs et la Birmanie est devenue l'un des pays les plus pauvres du monde.

Birmanie | Productions en 2008

| Produits | Quantités | Rang |
|---|---|---|
| Canne à sucre | 7 500 000 t | |
| Caoutchouc naturel (2005) | 40 000 000 t | |
| Haricots secs (2007) | 1 800 000 t | |
| Riz | 30 000 000 t | 6ᵉ |
| Bovins (têtes) | 12 000 000 | |
| Porcins (têtes) | 7 200 000 | |
| Pêche | 2 200 000 t | 15ᵉ |

**HISTOIRE** **Pyus, Môns, Birmans, Mongols et Shans** Alors que les Pyus étaient établis dès les VIIᵉ - VIIIᵉ s. dans la vallée centrale, et que les Môns s'étaient installés au IXᵉ s. en basse Birmanie, les Birmans, originaires des confins de l'Himalaya, semblent avoir transité par le Yunnan avant d'entamer leur descente vers le S., commune à tous les peuples d'Asie du Sud-Est. L'existence historique du pays ne débute qu'avec le règne d'Anawratha (1044 - 1077) qui fonda Pagan* et conquit la capitale môn de Thaton d'où il ramena les lettrés bâtisseurs et bonzes, chargés de «civiliser» les Birmans. Au XIIIᵉ s., les armées mongoles déferlèrent sur Pagan qui tomba définitivement sous l'attaque des Shans. L'histoire de la Birmanie fut ensuite dominée par des luttes intestines pour la prééminence politique et la possession de la plaine centrale, ainsi que par des guerres contre le Siam. → **Thaïlande, Lan Na, Āyuthyā.** De nombreuses hégémonies se constituèrent au cours des siècles ; Arakanais et Môns formèrent des royaumes indépendants, convoités par les Birmans. Les Shans fondèrent une dynastie qui régna sur le pays pendant deux siècles et demi. **Les guerres anglo-birmanes et la domination britannique** Au XIXᵉ s., les Britanniques, alors souverains en Inde, accusèrent les Birmans d'exactions dans leur territoire, ce qui déclencha la première des trois guerres anglo-birmanes (1824 - 1826, 1852 - 1855, 1885), à l'issue desquelles l'autonomie birmane se trouva considérablement réduite. Le pays fut finalement annexé dans sa totalité à la Couronne britannique, en tant que province de l'empire des Indes, ce qui ne tenait compte ni de son histoire ni de sa culture. Les Birmans réagirent très mal à cette colonisation maladroite et, dès le début du XXᵉ s., la résistance s'organisa. En introduisant l'imprimerie, qui permettait de faire circuler les écrits subversifs, et en fondant l'université de Rangoon, qui devint tout de suite un foyer de rébellion, les Britanniques avaient fourni aux Birmans les armes de la révolte. **La conquête de l'indépendance** En 1941, Aung* San réunit les Trente* Camarades et tenta de conquérir l'indépendance, mais l'aide promise par les Japonais ne fut qu'un leurre, qui se solda par l'occupation brutale du pays. À l'issue de la guerre, des pourparlers s'engagèrent avec la Grande-Bretagne et la Birmanie accéda enfin à l'indépendance le 4 janv. 1948, refusant d'emblée de faire partie du Commonwealth. Vinrent alors des années d'une relative prospérité, troublée par les incessantes exigences des minorités karens et shans, surtout, sous les gouvernements d'U Nu. **De Ne Win à Than Shwe** En mars 1962, celui-ci fut renversé par le coup d'État du général Ne Win. La Birmanie fut alors soumise au BSPP (Burmese Socialist Party Programme), et s'engagea sur la «voie birmane du socialisme», qui entraîna une catastrophe économique d'autant plus insupportable qu'elle se doublait d'une réduction des libertés. Ne Win démissionna en 1988, et une période d'émeutes s'ensuivit, dont la répression fut impitoyable : on dénombra plus de 3 000 morts. Finalement, l'armée (la *Tatmadaw*) reprit le pouvoir en sept. 1988. En 1990, la Ligue nationale pour la démocratie d'Aung* San Suu Kyi, fille de Aung San, remporta une victoire écrasante aux législatives mais le résultat des élections ne fut pas respecté par la junte qui écarta la leader et continue de la maintenir en résidence surveillée après l'avoir également emprisonnée. Depuis, en dépit des protestations internationales et des mesures d'isolement prises par l'Occident, le gouvernement birman a réussi à faire entrer le pays dans l'Asean (1997) et à poursuivre sa politique de répression et de «nettoyage» du pays. Aucune information n'est communiquée par les autorités et l'on ne peut que supposer que le tsunami qui a touché le pays le 26 déc. 2004 a causé de nombreuses victimes. La junte, dirigée par le général Than Shwe depuis 1992 détient tous les pouvoirs et toutes les richesses du pays. En 2007, elle a décidé l'augmentation des prix des carburants, des transports et de certaines denrées, ce qui a provoqué à l'automne un soulèvement de milliers de moines bouddhistes rejoints par la population («révolte safran»). En dépit du caractère sacré des bonzes, la répression a été extrêmement brutale. Après le passage du cyclone Nargis qui a fait des milliers de morts, les 2 et 3 mai 2008, le gouvernement birman a limité, après l'avoir empêchée, l'action des organisations humanitaires dans le delta de l'Irrawaddy (sud-ouest), la région la plus affectée.

---

**Birmanie** (route de) ♦ Route stratégique construite par les Chinois durant la guerre sino-japonaise (1937 - 1939), et reliant Chongqing (prov. du Yunnan) à Lashio (Birmanie). Les Alliés lui joignirent en 1944 la route Stilwell, de Ledo (Assam) à Lashio.

**BIRMINGHAM** ♦ V. des États-Unis (Alabama). 242 820 hab. dont 63 % de Noirs. Une ancienne ville industrielle du S. des États-Unis, à proximité d'énormes ressources minières (charbon, fer). Sidérurgie, textile, indus. chimique, alimentaire.

**BIRMINGHAM** ➜ ÉTYM. de *Bermingeham*, p.-ê. vieil angl. «la demeure (*hām*) de *°Beorma* (n. de pers.)» ♦ V. d'Angleterre, ch.-l. du comté des West Midlands, sur la Rea. 977 091 hab. (aggl. 2 620 000). La conurbation s'étend jusqu'à Wolverhampton, englobant Walsall et Dudley. Elle tend à rejoindre Coventry dont la sépare une ceinture verte de plus en plus poreuse. Troisième ville britannique après Londres et Manchester, elle s'est développée grâce à la métallurgie : au XIXe s., Birmingham méritait le surnom d'«ateliers du monde» et de «ville aux 1 001 métiers». Mais la sidérurgie a disparu. L'industrie mécanique représente encore une bonne part des emplois industriels et le passage à une économie postindustrielle est difficile. Rover et Jaguar continuent la tradition automobile, mais avec des effectifs réduits. La crise de l'industrie britannique et un manque de diversification tertiaire, que ne peuvent compenser deux universités renommées, ont entraîné le déclin de la ville. La population diminue malgré un apport important d'immigrés provenant d'Inde et du Pakistan.

**BIROBIDJAN** n. m. ♦ District autonome de l'URSS (créé en 1928), au N. du confluent de l'Amour et de la Soungari, devenu région autonome des Juifs (1934). 217 800 hab.

**BIROBIDJAN** ➜ ÉTYM. du n. des riv. Bolchaïa *Bira* et *Bidjan* ♦ V. de Russie, ch.-l. de la région autonome des Juifs, sur la Bolchaïa Bira (288 km) et le Transsibérien, à l'O. de Khabarovsk. 77 000 hab. Exportation de minerais de cuivre et de fer. Indus. mécanique et alimentaire. Traitement du bois. ▮ **Histoire** La ville fut fondée et la région créée en 1934 pour y héberger les Juifs chassés de Russie ou apatrides. Mais peu d'entre eux y vivent : 8 887 en 1989 pour toute la région, soit 4 % de la population.

**BIRON (Armand de Gontaut,** baron **de)** ♦ Maréchal de France (1524 - Épernay 1592). Il combattit dans les rangs catholiques pendant les guerres de Religion*, mais se rallia très vite à Henri* IV, et prit part à la bataille d'Arques*. Il mourut au siège d'Épernay. ♦ **Charles de Gontaut,** duc **de Biron** (1562 - Paris 1602). Fils du précédent. Favori d'Henri IV en raison de ses brillants services, il devint amiral puis maréchal de France et gouverneur de Bourgogne. Ayant conspiré avec l'Espagne et la Savoie, il refusa d'avouer et fut exécuté. ♦ **Armand Louis de Gontaut,** duc **de Lauzun,** puis duc **de Biron,** dit **le Beau Lauzun** (Paris 1747 - *id.* 1793). Après avoir défrayé la chronique scandaleuse de la cour, il s'engagea pour l'Amérique. Député aux états généraux, aigri contre la cour, il rallia la Révolution, mais fut guillotiné en 1793.

**BIRON** [24540] ♦ Comm. de la Dordogne, arr. de Bergerac. 140 hab. *(Bironais)*. Château célèbre dont les parties les plus anciennes remontent au XIe s. (chapelle Renaissance).

**BĪRŪNĪ (Abū Rayḥān Muḥammad ibn Aḥmad al-)** ♦ Savant et philosophe arabo-islamique d'origine iranienne (Kāth, Khorezm 973 - Ghazni 1048) Grand voyageur, il visita l'Iran et l'Inde avant de séjourner à Ghazni. Il s'est illustré dans les domaines les plus divers : histoire (*Livre sur l'Inde* dont il étudia les religions et philosophies, *Chronologie des anciens peuples*), mathématiques, astronomie et astrologie, minéralogie et surtout cosmographie et géographie (*Qanun al-Mas'ūdī*). Ses ouvrages philosophiques sont perdus, mais on peut néanmoins trouver chez lui une philosophie de l'histoire En mathématiques, il donna des démonstrations originales de formules relatives aux aires du triangle et des quadrilatères inscriptibles. Il détermina, avec une remarquable précision, les poids spécifiques de nombreuses substances.

**BISCARROSSE** [40600] ➜ ÉTYM. probablt rac. aquit. (en basque *bizkar* «tertre») et suff. *-ossum* ♦ Comm. des Landes, arr. de Mont-de-Marsan, au N. de l'étang de Biscarrosse et de Parentis. 9 281 hab. *(Biscarrossais)*. Musée historique de l'Hydraviation. ▪ Base du Centre d'essais des Landes (missiles). ▪ À 8 km, station balnéaire de Biscarrosse-Plage. Forêt de Biscarrosse (plus de 6 000 ha).

**BISCAYE** [biskaj] n. f. ➜ ÉTYM. en esp. ***Vizcaya***, en basque *Biskaia*, de *bizkar* «hauteur, montagne» ♦ L'une des 3 provinces du Pays basque espagnol, bordée au N. par le golfe de Biscaye (ou de Gascogne*). 2 217 km². 1 141 457 hab. *(Biscaïens)*. CH.-L. : Bilbao. Mines de fer. ▮ **Histoire** Seigneurie indépendante jusqu'en 1379, elle fut rattachée à la Castille, mais jouit de nombreux privilèges. De sanglants combats s'y déroulèrent pendant la guerre civile, en 1937.

**BISCEGLIE** ♦ V. d'Italie, dans les Pouilles (prov. de Bari), sur l'Adriatique. 51 718 hab. Port.

**BISCHHEIM** [67800] ➜ ÉTYM. du germ. *bischof* «évêque» et *heim* «village» ♦ Comm. du Bas-Rhin, arr. de Strasbourg-Campagne, banl. N. de Strasbourg. 16 763 hab. *(Bischheimois)*.

**BISCHWILLER** [67240] ➜ ÉTYM. «la ferme (bas lat. *villare*) de l'évêque (du germ. *bischof*)» ♦ Ch.-l. de cant. du Bas-Rhin, arr. de Haguenau, sur la Moder. 11 596 hab. (aggl. 14 540) *(Bischwillerois)*. Anc. ville fortifiée. ▪ Petit centre industriel (mécanique, plasturgie).

**BISHOP (Michael)** ♦ Biologiste américain (York, Pennsylvanie 1936). Il découvrit, avec H. Varmus, les oncogènes, gènes dont le dérèglement induit la transformation des cellules saines en cellules cancéreuses. [Prix Nobel de physiol. ou méd. 1989, avec H. Varmus] ➜ ÉTYM. Ce nom de famille vient de l'anglais et signifie «évêque».

**BISKRA** ➜ ÉTYM. du lat. *Vescera*, n. donné par les Romains qui fondèrent la ville ♦ V. d'Algérie, ch.-l. de wilaya, au pied du massif de l'Aurès. 129 611 hab. Centre principal du groupe des oasis du Zab*. Important centre de culture et de commercialisation des dattes. Station touristique.

**BISKUPIN** ♦ Loc. de Pologne (voïvodie de Couïavie-Poméranie). Cité fortifiée de civilisation lusacienne, datant d'env. –400. Découverte en 1934, elle a permis de connaître l'évolution de la civilisation des protoslaves.

**BISMARCK (Otto,** prince **von)** ♦ Homme d'État allemand (Schönhausen, Brandebourg 1815 - Friedrichsruh 1898). ▮ **La jeunesse** D'une famille de *junkers* luthériens, il fit des études de droit sans assiduité à Göttingen puis, plus sérieusement, à Berlin, et entra dans l'administration prussienne. N'acceptant pas la monotonie de ses fonctions, il démissionna en 1839 et vécut quelque temps sur ses terres en Poméranie sans se désintéresser de la vie politique. ▮ **Les débuts politiques** Élu au Landtag de Prusse en 1847, dans les rangs de l'extrême droite, il refusa la faiblesse de Frédéric*-Guillaume IV pendant la révolution de mars 1848 et le décida à organiser la répression. Son conservatisme le fit envoyer comme plénipotentiaire prussien à la diète de Francfort (1851 - 1858) où il prit une attitude antiautrichienne de plus en plus marquée. Il fut alors nommé à l'ambassade de Saint-Pétersbourg (1859 - 1862) puis à celle de Paris (1862) et, rappelé par Guillaume Ier, il devint Premier ministre le 23 sept. 1862. ▮ **Le premier ministre** ▮ ***Contre l'Autriche*** Avec la confiance de son souverain, il put établir une véritable dictature (budget voté par la seule Chambre haute, limitation de la liberté de la presse) qui devait lui donner les moyens de réaliser, son unique objectif : la grandeur de la Prusse. Sûr de son armée, devenue la première du monde, il poussa habilement l'Autriche à la guerre afin de l'exclure de l'Allemagne, après avoir réglé la question des duchés (➜ **Duchés [guerre des]**) et s'être assuré de la neutralité des autres pays européens (entrevue avec Napoléon III à Biarritz). La victoire prussienne contre l'Autriche à Sadowa le 3 juil. 1866, suivie du traité de Prague, aboutit à la création de la Confédération de l'Allemagne du Nord sous la tutelle de la Prusse, dont furent exclus les Habsbourg. Pour la première fois, le territoire de la Prusse était d'un seul tenant. Ce succès éclatant rallia une partie des libéraux à Bismarck, qui avait assoupli sa politique intérieure. ▮ ***Contre la France*** Pour réaliser la seconde phase de son programme, il lui fallait le soutien des États du Sud. Par la ruse, il signa avec eux une alliance offensive et défensive en prenant le prétexte des ambitions territoriales de Napoléon III (ce que Bismarck appelait la politique des «pourboires»). Puis il les entraîna dans une guerre contre la France, à la suite d'une habile falsification diplomatique (➜ **Ems [dépêche d']**). La défaite des troupes impériales à Sedan* rallia aussitôt à Bismarck les États de l'Allemagne du Sud, y compris la Bavière, et le 18 janv. 1871 fut signé l'acte de fondation de l'Empire allemand. ▮ **Le chancelier du Reich** ▮ ***Le Kulturkampf*** Devenu chancelier du Reich et président du Conseil de Prusse, il eut dès lors pour seul souci de consolider l'empire, en réduisant toute force hostile à l'unitarisme prussien. À 56 ans, il détenait des pouvoirs immenses : il n'était responsable que devant l'empereur (Guillaume Ier était âgé et de plus en plus conciliant) ; mais il lui fallait tenir compte de la tendance majoritaire du Reichstag. Usant de compromis, il gouverna donc en s'appuyant successivement sur les différents partis. Tout d'abord allié aux nationaux-libéraux, il engagea le Kulturkampf* contre le centre catholique qu'il soupçonnait d'être plus fidèle à Rome qu'à Berlin. Ce fut un échec car le parti du centre avec Windthorst s'en trouva consolidé et, à partir de 1880, devant la montée du socialisme, Bismarck, ayant abandonné une partie des «lois de mai», gouverna avec le centre et les conservateurs. ▮ ***Le protectionnisme*** Il commença par rétablir le protectionnisme réclamé par les agriculteurs et les métallurgistes. Puis, prenant le prétexte de deux attentats contre l'empereur, il interdit toute propagande socialiste tout en mettant sur pied la première législation sociale d'Europe (système des assurances maladie, accidents, vieillesse, de 1883 à

Otto von **Bismarck** (à gauche) avec Guillaume Ier, image d'Épinal.
*Phot. ©Lauros-Giraudon*

1889). Cet ensemble de lois n'empêcha pas les progrès du socialisme. ▮ *Les minorités* Il rencontra le plus grand échec de sa carrière avec l'opposition systématique des minorités annexées contre leur gré (Danois du Schleswig, Polonais et surtout Alsaciens-Lorrains). Ni la politique de germanisation ni les mesures d'intimidation (emprisonnements) ne vinrent à bout de leur résistance. ▮ *L'Entente des trois empereurs* La question de l'Alsace-Lorraine, en entretenant en France un esprit de revanche, accrut la tension entre les deux pays. Pour isoler diplomatiquement son voisin, Bismarck mit en place l'Entente des trois empereurs (Allemagne, Autriche-Hongrie et Russie, 1872), renouvelée en 1881 puis en 1884, et la Triple-Alliance*. Par ces systèmes d'alliance, il manœuvra pendant vingt ans toute la diplomatie européenne, se plaçant lui-même en arbitre au centre des rivalités (congrès de Berlin, 1878 ; conférence de Berlin, 1884 - 1885, seul moment où il accepta que l'Allemagne s'engageât dans la voie coloniale). ▮ **La chute** C'est d'ailleurs en partie sur cette question de politique coloniale qu'il entra en conflit avec Guillaume II et qu'il dut à contrecœur quitter le pouvoir le 20 mars 1890. Il se retira en Poméranie où il acheva la rédaction de ses *Mémoires* en critiquant avec amertume ses successeurs et Guillaume II. ➝ ÉTYM. Ce nom de famille vient d'un nom de lieu dans le Magdebourg, anciennement *Biscopesmark* «marche, frontière *(mark)* de l'évêque *(biscopes)*» [étymologie contestée car il n'y avait pas d'évêché à cet emplacement].

**BISMARCK** ♦ V. des États-Unis, cap. du Dakota du Nord, sur la rive d. du Missouri. 55 532 hab. (zone urbaine : 94 719). Centre agricole (commerce du blé et du bétail).

**BISMARCK** (archipel) ♦ Groupe d'îles de Papouasie-Nouvelle-Guinée, appelé aussi *archipel de la Nouvelle-Bretagne* (du nom de l'île princ.), dans l'océan Pacifique occidental. L'archipel dessine une concavité ouverte vers le N.-O., où se situe la *mer de Bismarck* ; il est baigné au S. par la mer des Salomon*. Ses principales îles sont (du S.-O. au N.-O.) : Nouvelle-Bretagne, Nouvelle-Irlande, Lavongaï et, à l'extrémité, les îles de l'Amirauté. → **Océanie** (carte). 49 620 km². Env. 166 000 hab. (Mélanésiens et env. 9 000 Européens). V. PRINC. : Rabaul (Nouvelle-Bretagne). ▪ Les îles sont pour la plupart volcaniques ; leurs côtes sont bordées de récifs coralliens. Le climat est équatorial, chaud et humide. Forêts denses. La ressource économique essentielle est le coprah, le bois de charpente et, plus récemment, le cacao. ▮ **Histoire** L'archipel, avec le N.-E. de la Nouvelle-Guinée, fut annexé par les Allemands en 1844, et occupé par les Australiens en 1914. Cette zone fut le théâtre de violents combats sur terre et sur mer pendant la Deuxième Guerre mondiale, qui aboutirent à la destruction de Rabaul*, forteresse japonaise. L'archipel a été sous tutelle australienne (New Guinea Trust Territory) de 1946 à 1975.

**BISSAGOS** ou **BIJAGOS** (îles) ♦ Archipel de la Guinée-Bissau. Env. 20 000 hab. Élevage. Palmiers à huile. Pêche.

**BISSAU** ➝ ÉTYM. d'un n. indigène, probablt n. de peuple ou du mandingue *bissa* «baguette» ♦ Cap. de la Guinée-Bissau. 197 610 hab. *(Bissaliens)*. Port principal du pays. Exportation d'arachide, d'huile de palme et de bois tropicaux. Aéroport international à Bissalanca.

**BISSIÈRE (Roger)** ♦ Peintre, dessinateur et graveur français (Villeréal, Lot-et-Garonne 1888 - Marminiac, Lot 1964). Après des études à l'École des beaux-arts de Bordeaux, il s'installa à Paris, fréquentant notamment A. Lhote*, J. Gris* et se liant à partir de 1922 avec G. Braque*. Il collabora aussi à la revue de Le* Corbusier et d'Ozenfant* *L'Esprit nouveau* et devint professeur à l'académie Ranson de 1925 à 1938. Installé dans le Lot à partir de 1939, malade des yeux, il abandonna la peinture jusqu'en 1945. Il exécuta cependant des tentures murales faites de chiffons cousus. Après sa guérison il peignit des œuvres non figuratives, abandonnant le cubisme et peignant par touches de couleurs aux nuances subtiles formant un canevas plus ou moins serré qui donne à l'ensemble une unité tonale originale. Ces œuvres, où la couleur tend à devenir le véhicule privilégié de l'émotion, procèdent souvent d'une contemplation soutenue de la nature (*Le Jardin cette nuit*, 1962). Il a aussi exécuté de nombreuses gravures et conçu des vitraux pour la cathédrale de Metz. ➝ ÉTYM. Ce nom de famille vient d'un nom de lieu, du latin *luxaria* «lieu couvert de buis».

**BISSING (Moritz,** baron **VON)** ♦ Général allemand (Bellmannsdorf 1844 - Bruxelles 1917), gouverneur de la Belgique occupée de 1914 à sa mort. Pour préparer l'annexion de la Belgique, ou du moins de sa partie flamande, il favorisa le mouvement flamingant.

**BISSORTE** n. f. ♦ Torrent des Alpes qui se jette dans l'Arc à l'O. de Modane (Savoie). Un barrage, qui retient ses eaux à 2 050 m d'alt., alimente l'usine hydroélectrique de La Praz.

**BIṢṬĀMĪ (Abū Yazīd AL-)** ♦ Soufi musulman (né à Biṣṭām, Perse - mort en 874). Après des études de droit islamique (école hanéfite), il se tourna vers le soufisme et fut un ascète solitaire. Il n'a rien rédigé ; des fragments et des sentences ont été recueillis bien après sa mort par ses disciples. Il cherchait à atteindre par l'ascèse «l'esseulement de l'âme devant l'Essence de Dieu».

**BISTRIŢA** ♦ Riv. de la Roumanie nord-orientale (290 km). Issue des Carpates, elle irrigue la Moldavie, passe à Piatra Neamţ, à Bacău et se jette dans le Siret. Les 12 centrales construites sur son cours atteignent une puissance totale de 500 MWh.

**BITCHE** [57230] ➝ ÉTYM. du germ. *Bito*, n. de pers., ou du germ. *bitisch*, de l'anc. haut all. *tisc* «table ; hauteur plate» ♦ Ch.-l. de cant. de la Moselle, arr. de Sarreguemines. 5 752 hab. *(Bitchois)*. Citadelle construite par Vauban en 1679. ▪ Cristallerie industrielle. Camp militaire. ▪ Aux environs, ouvrage de la ligne Maginot (Simserhof). ▮ **Histoire** Importante place forte commandant le passage des Vosges, elle résista aux Autrichiens en 1744, aux Prussiens en 1793 et, durant la guerre franco-allemande de 1870 - 1871, jusqu'à la signature de la paix.

**BITERROIS** n. m. ♦ Région de Béziers, dans le bas Languedoc, constituée de plaines que baignent les cours inférieurs de l'Orb et de l'Hérault. Viticulture.

**BITHYNIE** n. f. ➝ ÉTYM. en gr. *Bithynia*, p.-ê. de *Bithys*, ancêtre des Bithyniens, de *bhi* (pour *ambhi*) et de la rac. *teu* «être fort» ♦ Anc. région du N.-O. de l'Asie Mineure appartenant auj. à la Turquie. Elle était limitée par le Pont*-Euxin au N., la Paphlagonie* à l'E., la Galatie* et la Phrygie* au S., la Propontide* et la Mysie* à l'O. V. PRINC. : Nicomédie (auj. İzmit*), Prusa*, Nicée*, Héraclée*. D'origine thrace, les Bithyniens formèrent d'abord un État indépendant et n'entrèrent en contact avec le monde hellénique que sous le règne de Nicomède* Ier (−278 - −250). Ils eurent ensuite pour souverains Prusias* Ier qui voulait livrer Hannibal* (−183), Prusias* II qui fut détrôné par Attale* II, roi de Pergame au profit de Nicomède* II (−149 - −127), Nicomède III (−127 - −91) et Nicomède* IV (−91 - −74) qui légua son royaume à Rome en −74. La Bithynie devint alors province romaine. Les Turcs ottomans s'en emparèrent à la fin du XIIIe s.

Archipel **Bismarck.** Sculpture Malanggam, art mélanésien.
Australian Museum, Sydney. *Phot. ©Prato/Ricciarini*

**BITOLA** – en serbe ***Bitolj***, anc. en turc ***Monastir*** ♦ V. de Macédoine. 46 969 hab. La ville et ses environs furent l'enjeu de violents combats durant la Première Guerre mondiale.

**BITON** → **Cléobis et Biton**

**BITONTO** ♦ V. d'Italie, dans les Pouilles (prov. de Bari). 56 929 hab. Cathédrale romane du XII^e^ s. ▪ Centre agricole (vins). ▮ **Histoire** Durant la guerre de Succession* de Pologne, les Espagnols y remportèrent une victoire sur les Autrichiens en 1734.

**BITOV (Andreï Gueorguievitch)** ♦ Écrivain russe (Leningrad, auj. Saint-Pétersbourg 1937). Révélé par un recueil de récits tendres et poétiques (*Le Gros Ballon*, 1963), il publia ensuite des récits et des romans consacrés à la connaissance de soi et au rôle de l'individu dans la société (*L'Herbe et le Ciel*, 1965 ; *Genre de vie*, 1972 ; *Les Journées d'un homme*, 1976). Sa participation à *Métropole* (almanach «non officiel» publié en 1979 par des écrivains connus) et la publication en 1978 aux États-Unis de *La Maison Pouchkine* (1987 en URSS), portrait, à travers l'histoire d'un jeune homme d'origine aristocratique, de toute une génération qui n'a appris à vivre que dans le mensonge, lui valurent la censure et le roman ne fut édité en URSS qu'en 1987. Écrivain reconnu en Russie depuis la fin du régime communiste, il a entre autres publié *Les Amours de Monakhov* (2005).

**BITURIGES** n. m. pl. ➝ **ÉTYM.** gaul. «les rois *(rix)* du monde *(bitu-)*» (→ aussi Berry, Bourges) ♦ Peuple de la Gaule qui se divisait en deux familles : les *Bituriges Cubi* avec pour cap. Avaricum* et les *Bituriges Vivisci* dont le centre était Burdigala (auj. Bordeaux*). Ils tinrent un rôle important lors du soulèvement de la Gaule contre César* (→ Bourges).

**BIWA** (lac) ♦ Grand lac du Japon, au N. de Kyōto, qui tire son nom de la ressemblance de sa forme avec le *biwa*, sorte de luth japonais piriforme. Allongé du N. au S. et traversant l'île de Honshū* dans sa partie médiane étranglée, il mesure 64 km de longueur et a une surface de 675 km$^2$. Sa profondeur maximale est de 95 m seulement, bien qu'il soit entouré de montagnes. Ses eaux, très poissonneuses, se déversent dans la mer intérieure du Japon (baie d'Ōsaka) par le fleuve Yodo.

**BIXIO (Jacques Alexandre)** ♦ Médecin, agronome et homme politique français (Chiavari, anc. dép. des Apennins 1808 - Paris 1865). Il participa à la révolution de 1830, puis au mouvement réformiste qui aboutit à celle de 1848. Fondateur d'une librairie agricole et du *Journal d'agriculture pratique et de jardinage* (1837), il fut membre de la Constituante et de la Législative en 1848. En 1853, il organisa des dîners où se retrouvaient savants et hommes de lettres.

**BIZANOS** [64320] ♦ Comm. des Pyrénées-Atlantiques, banl. S.-E. de Pau. 4 673 hab.

**BIZERTE**, – en ar. ***Binzart*** ou ***Banzart*** ➝ **ÉTYM.** déformation (par l'it. et l'ar.) de *Hippona Zarytus*, du phénicien *Ippo* «enceinte fortifiée» et du gr. *Diarrhutos* (prononcé localement *Zarytos*) «traversé par des eaux courantes» [allus. au goulet reliant la Méditerranée au lac] ♦ V. et port de Tunisie, ch.-l. de gouvernorat, au débouché du *lac de Bizerte*, sur le détroit de Sicile en Méditerranée. 114 371 hab. Raffinerie de pétrole. Sidérurgie. La base navale aménagée par la France à partir de 1881 a été remise à la Tunisie en 1963.

**BIZET (Georges)** ♦ Compositeur français (Paris 1838 - Bougival 1875). Entré au Conservatoire à dix ans, il se vit attribuer, au terme de brillantes études, le premier grand prix de Rome (1857). Des nombreux ouvrages qu'il a composés pour le théâtre, se détachent des opéras-comiques et des opéras : *Les Pêcheurs de perles* (1863), *La Jolie Fille de Perth* (1866), *Djamileh* (1871) et surtout *Carmen** (1875), chef-d'œuvre du drame lyrique français, où la musique se fait la plus éloquente interprète de la psychologie. D'une œuvre que la mort interrompit prématurément et que l'insuccès accueillit presque toujours, il convient de retenir encore la *Symphonie en ut*, charmante œuvre de jeunesse (1855), les *Jeux d'enfants*, 12 pièces pour piano à quatre mains (1871), et la célèbre musique de scène de *L'Arlésienne** (1872). ➝ **ÉTYM.** *Bizet* est le diminutif de *bis* «gris foncé» (surnom donné d'après le teint ou une couleur de vêtement).

**BJÖRLING (Gunnar Olof)** ♦ Poète finlandais d'expression suédoise (Helsinki 1887 - *id.* 1960). Il représente avec Södergran*, Diktonius* et Enckell* le modernisme finlandais d'après 1920. Après des recueils d'apparence quelquefois dadaïste comme *Kirira !* (1930), il développa un style allusif et fragmentaire qui recompose un monde nouveau avec les débris de l'ancien. Il est l'auteur de nombreux recueils aux titres peu conventionnels comme *Mais souffle des violettes sur la mer* (1936), *Que la griffe bleue du péché* (1936), *Les Heures de notre vie de chat* (1949), *Toi terre et jour* (1957).

**BJØRNSON (Bjørnstjerne)** ♦ Auteur dramatique et écrivain norvégien (Kvikne 1832 - Paris 1910). Contemporain, ami et rival d'Ibsen*, il prit la succession de Wergeland* en tant que chef du nationalisme norvégien. Sa première œuvre fut un conte paysan, *Synnöve Solbakken* (1857), qui décrit la beauté de la nature norvégienne et les difficultés d'un jeune paysan. Il écrivit en même temps ses deux premiers drames : *Entre les batailles* (1857) et *Hulta la boiteuse* (1858). Puis se succédèrent des contes paysans, *Arne* (1859), *Un joyeux garçon* (1860), et des drames, *Le Roi Sverre* (1861), *Sigurd Slembe*, grande trilogie inspirée par l'histoire de la Norvège (1862). Se tournant à partir de 1864 vers les problèmes du monde moderne, conformément à la vague naturaliste venue du Danemark (G. Brandes*), il écrivit *Les Nouveaux Mariés* en 1865. En 1870 parut le cycle épique *Arnljot Gelline* et en 1872 un drame *Sigurd Jorsalfar* (mis en musique par Grieg*), ainsi qu'un petit recueil de vers d'une rare perfection musicale. Après un voyage de deux ans en Italie, il publia en 1875 deux pièces plus réalistes, le célèbre drame de mœurs *La Faillite*, et *Le Rédacteur*. À cette époque, le christianisme optimiste de Bjørnson évolua sous l'influence des théories nouvelles lancées par Brandes. La foi de sa jeunesse fit place à un idéal humaniste, optimiste et moral, et il s'attaqua aux questions de son temps. En 1879 parurent successivement un drame, *Le Roi*, un roman, *Magnhild*, et deux autres drames, *Le Nouveau Système* et *Leonarda*. Enfin, après un court roman, *Poussière* (1882), parut sa grande tragédie sociale *Au*-delà des forces humaines* (1883, remaniée en 1895). Il fit preuve d'humour et d'optimisme dans ses deux dernières comédies : *Amour et Géographie* (1885) et *Lorsque la vigne fleurit* (1909). Avec son drame *Le Gant* (1884), il lança une nouvelle morale du mariage. Il laissa encore deux romans, *On pavoise* (1884) et *Les Voies de Dieu* (1889), ainsi qu'un drame psychologique, *Paul Lange et Tora Parsborg* (1898), que lui inspira le suicide d'un ami. L'œuvre abondante et variée de Bjørnson témoigne de sa vitalité optimiste, de son esprit batailleur, de son caractère généreux. Il incarne, aux yeux de ses compatriotes, les traits essentiels de l'inspiration norvégienne. [Prix Nobel de littér. 1903] ➝ **ÉTYM.** Ce nom norvégien signifie «fils *(søn)* de l'ours *(bjørn)*» (son prénom : *Bjørn* «ours» et *stjerne* «étoile»).

**BJÖRNSSON (Sveinn)** ♦ Homme d'État islandais (Copenhague 1881 - Reykjavík 1952). Il fut le 1^er^ président de la république d'Islande depuis l'indépendance en 1944 jusqu'en 1952.

**BLACAS D'AULPS (Pierre Jean Casimir,** comte puis duc **DE)** ♦ Homme politique français (Vérignon, Provence 1771 - Autriche 1839). Émigré dès les débuts de la Révolution, il fut un des conseillers du comte de Provence (futur Louis XVIII). À la première Restauration (1814), il fut nommé secrétaire d'État et ministre de la Maison du roi. Après la révolution de juil. 1830, il suivit la famille royale en exil.

**BLACHER (Boris)** ♦ Compositeur allemand (prov. de Liaoning, Chine 1903 - Berlin 1975). D'origine germano-balte, il étudia en URSS, en Chine, puis à Berlin où il se fixa. Directeur de la Musikhochschule (1953 - 1959), il dirigea la radio de Berlin dès 1945. Influencé par Stravinski (*Concertante Musik*, 1937), il élabora ensuite sa théorie des «mètres variables», structures métriques selon des séries mathématiques, mise en œuvre dans les *7 Ornamente für Klavier* (1950). Son œuvre concise donne une grande place à la rythmique : pièces lyriques (*Die Flut*, 1947), ballets (*Lysistrata*, 1950 ; *Der Mohr von Venedig*, 1955), pièces symphoniques, concertos et sonates pour plusieurs instruments, jazz.

**BLACHÈRE (Régis)** ♦ Orientaliste français (Montrouge 1900 - Paris 1973). Titulaire de la chaire de philosophie arabe à la Sorbonne et directeur de l'Institut des études islamiques à Paris, il a publié une *Grammaire de l'arabe classique* (avec Gaudefroy-Demombynes), une *Histoire de la littérature arabe* (1952), *Le Problème de Mahomet* (1952), une traduction du Coran (1949 - 1950 et 1957) ainsi qu'une *Introduction au Coran* (1959). ➝ **ÉTYM.** Ce nom est un dérivé de *Blache*, de l'ancien occitan *blaca* «terrain couvert de chênes».

**BLACK (Joseph)** ♦ Physicien et chimiste britannique (Bordeaux 1728 - Édimbourg 1799). Il découvrit la magnésie (1755), puis effectua des travaux sur les carbonates de magnésie et de chaux et décela l'existence du gaz carbonique dans l'atmosphère. Mais ses plus grandes découvertes concernent la physique : il fonda la calorimétrie en faisant, le premier, la distinction entre la température et la quantité de chaleur. On lui doit les notions de chaleur spécifique, de chaleur latente et de changement d'état, ainsi que les méthodes de détermination de ces grandeurs.

**BLACK** (sir **James)** ♦ Médecin et pharmacologue britannique (Uddingston, Écosse 1924 - 2010). Il mit au point, en 1964, le premier bêtabloquant, utilisé dans les traitements des maladies cardiovasculaires. En 1972, il découvrit la cimétidine, antagoniste des récepteurs de l'histamine, qui est à la base des médicaments contre l'ulcère de l'estomac. [Prix Nobel de physiol. ou méd. 1988, avec G. Elion* et G. Hitchings*]

**BLACKBURN (Elizabeth H.)** ♦ Biologiste américaine d'origine australienne (Hobart 1948). Elle découvrit, à la fin des années 1970, que les extrémités des chromosomes, les télomères, sont constituées d'une répétition d'une séquence d'ADN. Elle montra ensuite, avec J. Szostak*, que cette structure rend possible la stabilité des chromosomes au cours des divisions cellulaires successives. En 1984 elle découvrit, en collaboration avec C. Greider*, que la synthèse des télomères est assurée par une enzyme, la télomérase, dont les deux chercheuses élucidèrent la structure et le fonctionnement. [Prix Nobel de physiol. ou méd. 2009, avec C. Greider et J. Szostak]

**BLACKBURN** ➝ **ÉTYM.** anc. *Blacheburne* «le fleuve sombre» du vieil angl. *blæc* «noir» et *burna* «cours d'eau» ♦ V. d'Angleterre (Lancashire), sur le Blackburn, au N.-O. de Manchester. 137 241 hab. Centre cotonnier où James Hargreaves* inventa en 1764 une nouvelle machine à tisser, la «spinning jenny», qui devait transformer l'industrie textile.

**BLACK COUNTRY** ← ÉTYM. angl. «pays noir» ♦ Nom donné à la conurbation de Wolverhampton-Dudley, en raison de l'extraction houillère et des paysages industriels et miniers. Par extension, le terme s'applique à tous les anciens bassins houillers du pays.

**BLACKETT** (lord **Patrick Maynard**) ♦ Physicien britannique (Londres 1897 - *id.* 1974). Il mit au point, avec G. Occhialini*, un dispositif qui déclenche la chambre de Wilson au moment du passage des particules étudiées, système qui leur permit d'obtenir des résultats remarquables concernant les rayons cosmiques. Ils découvrirent ainsi les faisceaux de particules secondaires (gerbes), observèrent la transmutation de l'azote et la matérialisation du photon, et confirmèrent l'existence du positon. [Prix Nobel de phys. 1948]

**Black Panthers** → Panthères noires

**BLACKPOOL** ← ÉTYM. vieil angl. «mare *(°pull)* sombre *(blaec)*» ♦ V. d'Angleterre (Lancashire), sur la mer d'Irlande. 142 284 hab. Première station balnéaire britannique, caractérisée par sa clientèle populaire.

**BLACKWATER** n. m. ← ÉTYM. angl. «eau noire» ♦ Nom de plusieurs cours d'eau irlandais. La dénomination est due à la tourbe. Le principal draine le S.-O. de la république d'Irlande, d'E. en O.

**BLAEU (Willem Janszoon)** ♦ Géographe et cartographe hollandais (Uitgeest 1571 - Amsterdam 1638). Élève de Tycho Brahé*, il établit une carte du monde (1605) et des cartes géographiques et marines (1617).

**BLAGA (Lucian)** ♦ Poète roumain (Lancrăm, Transylvanie 1895 - Cluj 1961). Diplomate puis professeur à l'université de Cluj, il s'attacha dans sa poésie à exprimer le «mystère du monde» : *Paşii Profetului* («Les Pas du Prophète», 1921) ; *Lauda somnului* («Éloge du sommeil», 1929). Ouvrages philosophiques : *Trilogie de la connaissance* (1931 - 1934), *Trilogie de la culture* (1936 - 1937), *Trilogie des valeurs* (1946).

**BLAGNAC** [31700] ← ÉTYM. anc. *Blaniaco*, du gaul. *Blannius*, n. de pers., et suff. *-acum* ♦ Comm. de la Haute-Garonne, banl. N.-O. de Toulouse, sur la rive g. de la Garonne. 20 586 hab. *(Blagnacais)*. ▪ Au S.-O., aéroport de Toulouse-Blagnac. Indus. aéronautique.

**BLAGOVECHTCHENSK** ← ÉTYM. du russe *blagoveshchenie* «fête de l'Annonciation [25 mars]» ; de *blahy* «chanceux» et *veshchenie* «annonce» ♦ V. de Russie, ch.-l. de la région de l'Amour, au confluent de l'Amour et de la Zeïa, à la frontière chinoise. 218 800 hab. Construc. et réparation de bateaux. Indus. mécanique et alimentaire. Traitement du bois.

**BLAIN** [44130] ← ÉTYM. du gaul. *Belenius*, n. de pers. ♦ Ch.-l. de cant. de la Loire-Atlantique, arr. de Châteaubriant, sur la rive d. de l'Isac canalisé. 7 733 hab. *(Blinois)*. Vestiges d'un château fort des XIV^e^ - XVI^e^ s., démantelé sur l'ordre de Richelieu. ▪ Forêt.

**BLAINVILLE (Henri DUCROTAY DE)** ♦ Naturaliste français (Arques 1777 - Paris 1850). Élève de Cuvier*, dont il combattit les théories (en particulier le fixisme), il enseigna l'anatomie et la zoologie au Muséum. Il soutenait que tous les êtres vivants forment une chaîne non interrompue et furent créés simultanément. Ses idées exercèrent une grande influence sur la pensée de A. Comte*. Il a publié : *Physiologie générale et comparée, Prodrome d'une nouvelle distribution du règne animal* (1816) ; *De l'organisation des animaux* (1822). [Acad. sc. 1825]

**BLAINVILLE-SUR-L'EAU** [54360] ← ÉTYM. anc. *villa Bladini*, du germ. *Bladinus*, n. de pers., et lat. *villa* «domaine» ♦ Comm. de Meurthe-et-Moselle, arr. de Lunéville. 3 790 hab. (aggl. 6 600) *(Blanvillois)*.

**BLAINVILLE-SUR-ORNE** [14550] ← ÉTYM. → Blainville-sur-l'Eau ♦ Comm. du Calvados, banl. N.-O. de Caen. 4 390 hab. *(Blainvillais)*. Construc. automobile.

**BLAIR (Anthony, dit Tony)** ♦ Homme politique britannique (Édimbourg 1953). À la tête du Parti travailliste de 1994 à 2007, il s'attacha à réduire l'influence des syndicats, il fit du «New Labour» une formation de centre gauche. Ce recentrage lui permit de remporter les législatives de 1997. Premier ministre jusqu'en 2007, il fit adopter plusieurs mesures dans les domaines social (création d'un salaire minimum) et institutionnel (instauration de parlements locaux en Écosse et au pays de Galles). Il joua un grand rôle dans la signature d'un accord de paix en Irlande du Nord (avril 1998), engagea militairement son pays aux côtés des États*-Unis en Afghanistan* après les attentats du 11 sept. 2001 et en Irak en mars 2003. Partisan d'une politique plus libérale que socialiste, il fit quelques tentatives de rapprochement avec l'Europe, hésitant toutefois à introduire son pays, profondément eurosceptique, dans la zone euro. Depuis 2007 il est le représentant du Quartet de médiateurs sur le Proche-Orient (ONU, U. E., États-Unis et Russie) pour la mise en place d'un État palestinien. ← ÉTYM. *Blair* vient du gaélique *blár* (génitif *bláir*) qui signifie «plaine, champ ; champ de bataille».

**BLAIS (Marie-Claire)** ♦ Écrivaine canadienne d'expression française (Québec 1939). Elle a commencé à écrire jeune (*La Belle Bête*, 1959). Après deux recueils de poésie (*Pays voilés*, 1963 ; *Existences*, 1964), elle s'est consacrée à un univers romanesque où le ton gouailleur ne dissimule pas la noirceur de la peinture. D'abord oniriques (*Tête blanche*, 1960 ; *Le jour est noir*, 1962), ses romans se rapprochent de la réalité à partir d'*Une saison dans la vie d'Emmanuel* (1964). Galerie impitoyable de personnages affublés de vices ou d'anomalies, cet ouvrage évoque sur un ton grinçant la vie d'une pauvre famille paysanne du Québec (*Soif*, 1995).

**BLAKE (Robert)** ♦ Amiral anglais (Bridgwater 1599 - Plymouth 1657). Ami de Cromwell*, il détruisit la flotte du prince Rupert* (1649), puis tint tête à Tromp* et à Ruyter* (1652). Plus tard, en Méditerranée, il tint en respect les flottes barbaresques et détruisit l'escadre espagnole aux Canaries (1657).

**BLAKE (William)** ♦ Poète, peintre et graveur britannique (Londres 1757 - *id.* 1827). À partir de 1772, il étudia chez le graveur J. Basire et s'intéressa à l'art du Moyen Âge. À l'Académie royale, il rencontra Flaxman*, puis Füssli*, et fut influencé par leurs conceptions du dessin ; il garda de l'enseignement de Reynolds un profond mépris pour la peinture s'inspirant de la nature. Il épousa en 1782 une jeune fille sans instruction, Catherine Boucher, qui fut la compagne de toute sa vie et l'«ange gardien» de son œuvre, malgré la jalousie maladive du poète. En 1783, parut son premier volume de vers, au lyrisme intense et de caractère visionnaire. En 1784, il fonda un atelier de gravure et y travailla avec son frère. La mort de celui-ci en 1787 lui causa des hallucinations et développa ses tendances visionnaires ; il inventa alors un procédé original de gravure *(illuminated painting)* qui lui permettait de graver en relief, en même temps, le texte et l'illustration qu'il rehaussait ensuite d'aquarelle ; il illustra ainsi la plupart de ses ouvrages. En 1789, il publia *Chants d'innocence*, le *Livre de Thel*, puis la *Révolution française* en 1791, le *Mariage du Ciel et de l'Enfer* en 1793 et les *Chants d'expérience* en 1794. Il y affirme sur un ton prophétique l'intérêt qu'il porte à l'idéal révolutionnaire, sa haine de la morale chrétienne dont il souligne le caractère répressif, son refus du dogmatisme religieux, et élabore une mythologie personnelle au symbolisme complexe, imprégnée d'un profond humanisme (inspiré par la lecture de la Bible et de Swedenborg). Il y proclame avec véhémence la supériorité de l'imagination poétique et le pouvoir de l'énergie créatrice, seule susceptible de reconquérir le divin. Mais la Terreur détourna Blake de son admiration pour la Révolution française. En 1795, dans une série de douze planches en couleur, peintes à la détrempe et à l'aquarelle (il méprisait la peinture à l'huile), il s'inspira du dessin de Michel-Ange et de Füssli, s'éloignant définitivement de tout réalisme pour concrétiser sa vision et employant des harmonies de couleurs stridentes *(Newton ; Nabuchodonozor)*. Dans ses écrits suivants, *Le Livre d'Urizen, Le Chant de Los* (1795), il forge une cosmogonie complexe à partir de symboles bibliques détournés. Il illustra aussi les *Nuits* de Young (1797), la *Bible, La Divine Comédie* et les *Pastorales* de Thornton qui exercèrent une influence décisive sur Palmer* et Calvert. Malgré le secours de quelques mécènes, l'œuvre de Blake fut méconnue de son vivant et ne fut pleinement reconnue qu'au XX^e^ s., grâce à l'autorité, notamment, de W. B. Yeats et d'André Gide (qui traduisit *Le Mariage du Ciel et de l'Enfer*).

William **Blake.** *Le Blasphémateur* ou *La Lapidation d'Achan* (38,4 × 34 cm). Tate Gallery, Londres. *Phot. ©Arch. Smeets*

**Blake et Mortimer** → Jacobs (Edgar-Pierre)

**BLAKEY (Art)** converti à l'islam avec le nom de **Abdullah ibn Buhaina** ♦ Batteur de jazz américain (Pittsburgh 1919 - New York 1990). Après avoir débuté chez Fletcher Henderson* (1939), il devint l'un des plus remarquables batteurs be-bop et prit en 1955 la direction des Jazz Messengers, groupe dans lequel, pour la première fois dans l'histoire du jazz, la batterie, originellement instrument rythmique et accompagnateur, devint soliste et directeur. Son jeu, très inspiré des percussions africaines, est d'une exceptionnelle variété avec d'innombrables variations sonores dans les solos. Princ. enregistrements : *Nothing but Soul* (1953), *Straight Ahead* (album, 1981).

**BLALOCK (Alfred)** ♦ Médecin américain (Culloden, Géorgie 1899 - Baltimore 1964). Spécialiste de la chirurgie cardiaque, il réalisa la première opération de péricardite et la première anastomose de l'artère sous-clavière avec l'artère pulmonaire (avec Helen Taussig, 1944).

**BLANC (Louis)** ♦ Homme politique et historien français (Madrid 1811 - Cannes 1882). Fils d'un inspecteur général des Finances du roi Joseph Bonaparte, il connut une enfance difficile après la chute du Premier Empire. Journaliste à Paris (1834), il fonda *La Revue du progrès* (1839), se fit connaître par son ouvrage sur *L'Organisation du travail* (1839), où il exposait un programme de réformes socialistes qu'il ne cessa de défendre ultérieurement. Il publia peu après un violent pamphlet contre la monarchie de Juillet, *Histoire de dix ans* (1841). Membre du gouvernement provisoire constitué lors des journées de février 1848 (→ **révolution française de février 1848**), il présida la Commission du Luxembourg, affirmant le *Droit au travail* (1848) de chaque citoyen et proposant la formation d'ateliers sociaux, associations ouvrières de production qui seraient largement financées par l'État et dont les travailleurs auraient un salaire égal. Son projet, déformé par le gouvernement, donna naissance aux Ateliers* nationaux, dont la fermeture provoqua les journées révolutionnaires de juin 1848. Considéré comme responsable, bien que n'y ayant pas pris part directement, L. Blanc émigra en Grande-Bretagne où il resta jusqu'à la chute du Second Empire (sept. 1870). Député d'extrême gauche à l'Assemblée nationale (1871 - 1876), il prit position contre la Commune de Paris (1871). Il a laissé une *Histoire de la Révolution française* écrite entre 1847 et 1862. ♦ **Charles Blanc.** Critique d'art français (Castres 1813 - Paris 1882), frère du précédent. Auteur d'une *Histoire des peintres français du XIX^e^ siècle* (1845), il fut nommé directeur de l'administration des beaux-arts (1848 - 1850), puis se consacra à la rédaction de son *Histoire des peintres de toutes les écoles* (14 volumes, 1876). [Acad. fr. 1876]

**BLANC** (cap) ♦ Nom de plusieurs caps, notamment en Afrique du Nord. ▪ En Tunisie, au N. de Bizerte. ▪ Au Maroc, au S. d'El-Jadida. ▪ En Mauritanie, près de Nouadhibou (d'après Ca' da Mosto qui l'avait vu «blanc et sans arbres»); derniers phoques moines d'Afrique.

**BLANC** (mont) ➝ ÉTYM. nommé ainsi à cause des neiges éternelles ♦ Point culminant des Alpes et du massif du Mont-Blanc à 10 km au S. de Chamonix (Haute-Savoie), tout près de la frontière italienne dominant Courmayeur. 4 810 m. Il fut conquis pour la première fois en 1786 par le D^r^ Paccard et le guide J. Balmat puis, l'année suivante, par H.-B. de Saussure*. ♦ ***Massif du Mont-Blanc*** Orienté S.-O.-N.-E., il est compris entre la vallée supérieure de l'Arve (Chamonix) qui le sépare des Aiguilles-Rouges, le val Ferret (Suisse et Italie) et la Doire Baltée (Italie). → **Argentière, Balme (col de), Contamines-Montjoie (Les), Glace (mer de), Jorasses (Grandes), Midi (aiguille du).** ♦ ***Tunnel du Mont-Blanc*** Percé de 1959 à 1965 sous le massif, il relie la vallée de Chamonix à la Vallée d'Aoste. 11 600 m. – Une catastrophe routière, en mars 1999, a entraîné sa fermeture jusqu'en mars 2002.

**BLANC (LE)** [36300] ➝ ÉTYM. anc. *Vicaria Obliacensis* ♦ Ch.-l. d'arr. de l'Indre, sur la Creuse. 6 998 hab. *(Blancois).* Siège de l'écomusée de la Brenne et du pays blancois. ▪ Foires. ▪ Aux environs, abbaye bénédictine de Fontgombault. Bâtiments monastiques du XV^e^ s. Église abbatiale (XI^e^ s.).

**BLANCHARD (Jacques)** ♦ Peintre et dessinateur français (Paris 1600 - *id.* 1638). Il peignit des sujets religieux *(Sainte Famille)* et surtout des scènes mythologiques qui révèlent une prédilection pour les nus sensuels aux chairs opulentes et le souvenir des formes étirées des maniéristes. La richesse de son chromatisme et sa façon de traiter la lumière lui valurent le surnom de «Titien français» *(Cimon surprenant Éphigène,* v. 1631 - 1633).

**BLANCHARD (Jean-Pierre)** ♦ Aéronaute français (Les Andelys 1753 - Paris 1809). Il réalisa la première traversée de la Manche en ballon (1785) et fut, la même année, le premier à expérimenter le parachute (avec des animaux) → **Garnerin.** ♦ **Sophie Armant** (La Rochelle 1778 - Paris 1819). Sa femme. Elle participa à des ascensions. Elle trouva la mort dans l'explosion d'un ballon.

**BLANCHARD (Raoul)** ♦ Géographe français (Orléans 1877 - Paris 1965). Auteur de travaux sur les Alpes occidentales (1938 - 1953), sur le Canada français (1935 - 1952), il collabora à la *Géographie* universelle* de Vidal* de La Blache.

**BLANCHARD (María GUTIERREZ BLANCHARD, dite Maria)** ♦ Artiste peintre espagnol (Santander 1881 - Paris 1932). Après ses études à Madrid, qu'elle accomplit malgré une santé fragile et une destinée difficile, elle se rendit à Paris en 1908 ; elle s'inscrivit à l'académie Vitti, où elle rencontra Van* Dongen. Elle définit son style, un cubisme figuratif proche de celui de Juan Gris* et de Metzinger*. Comme eux, elle peignit des natures mortes, mais aussi des sujets liés à la vie familiale, des portraits pleins de tendresse de femmes et d'enfants. Sa gamme chromatique limitée, conforme au style cubiste, est vivifiée par une luminosité métallique.

**BLANCHART** (raz) ♦ Détroit qui sépare le cap de La Hague et le nez de Jobourg de l'île d'Aurigny (16 km).

**BLANCHE (Esprit)** ♦ Médecin français (Rouen 1796 - Paris 1852). Aliéniste aux méthodes novatrices par l'importance accordée au cadre de vie du malade, il fonda en 1846 une maison de santé à Passy dans l'ancien hôtel des Lauzun-Lamballe. ♦ **Émile Blanche** (Paris 1820 - *id.* 1893). Fils du précédent, il lui succéda. ▪ La maison de santé du Dr Blanche accueillit de nombreuses personnalités du monde littéraire et artistique dont G. de Nerval* et G. de Maupassant*.

**BLANCHE (Jacques-Émile)** ♦ Peintre, écrivain et critique d'art français (Paris 1861 - Offranville 1942). Fils de l'aliéniste Émile Blanche*, il fut un portraitiste célèbre et prit de nombreux écrivains pour modèle *(Jean Cocteau,* 1912). Critique d'art brillant, parfois acerbe, il écrivit aussi des romans et laissa de nombreux témoignages sur son époque *(Propos dans l'atelier, Dates, De Gauguin à la Revue nègre, Cahiers d'un artiste, Manet).* ▪ *Illustrations :* → **Claudel, Proust.**

**BLANCHE (Francis)** ♦ Poète, fabuliste, fantaisiste et acteur français (Paris 1921 - *id.* 1974). Il débuta à la radio en août 1944 en rédigeant des textes pour la jeunesse et connut la notoriété en animant des émissions de variétés comme *Sans rime ni raison* (avec Pierre Cour) et *Faites chauffer la colle,* tout en poursuivant au cinéma une carrière d'acteur *(Babette s'en va-t'en guerre,* 1959 ; *Le Repas des fauves,* 1964 ; *Belle de jour,* 1967). Au music-hall et à la radio il forma à partir de 1950 avec Pierre Dac* un duo qui connut le succès grâce à des sketches d'esprit loufoque *(Le sâr Rabindranath Duval,* 1960) et au feuilleton intitulé *Malheur aux barbus* puis *Signé Furax* (1 034 épisodes, 1956 - 1960).

**BLANCHE** (mer) ➝ ÉTYM. allus. à la couleur de la glace ♦ Dépendance de l'océan Arctique s'étendant sur une surface de 90 000 km$^2$ au N.-O. de la Russie. Elle est libre de glaces de mai à sept. Importantes pêcheries. Ports princ. : Arkhangelsk, Belomorsk.

**BLANCHE D'ARAGON-NAVARRE** ♦ Reine de Navarre (Olite 1424 - Orthez 1464). Fille de Jean* II d'Aragon, elle épousa en 1440 le futur Henri IV de Castille, qui la répudia en 1453.

**BLANCHE DE BOURGOGNE** ♦ (v. 1296 - abbaye de Maubuisson 1326). Fille du comte Othon IV de Bourgogne, elle épousa v. 1308 le futur roi de France Charles* IV le Bel, qui, la soupçonnant d'adultère, s'en sépara (1314), puis la répudia (1322).

**BLANCHE DE CASTILLE** ➝ ÉTYM. le prénom *Blanche* est symbole de pureté ♦ (Palencia, Vieille-Castille 1188 - Paris 1252). Reine de France. Fille d'Alphonse* VIII de Castille, elle épousa le futur Louis* VIII de France (1200) et assura la régence à la mort de ce dernier (1226) pour son fils Louis IX. Après avoir maté la révolte des grands féodaux (→ **Thibaud, comte de Champagne**), elle conclut la croisade contre les albigeois* par le traité de Paris en 1229. La France obtenait la moitié du comté de Toulouse et Alphonse* II de France, frère de Louis IX, épousait la fille de Raymond* VII de Toulouse. Lors de la 7^e^ croisade, la reine redevint régente et mit fin à la révolte des pastoureaux* (1249 - 1252).

**BLANCHÉ (Robert)** ♦ Logicien et épistémologue français (Sauze-Vaussais, Deux-Sèvres 1898 - Toulouse 1975). Il a consacré sa thèse à Whewell et critiqué le psychologisme *(Whewell : De la construction de la science,* 1938). Il a publié, entre autres : *l'Axiomatique* (1955), *Introduction à la logique contemporaine* (1957) et *La Science actuelle et le Rationalisme, Raison et Discours. Défense de la logique réflexive* (1967).

**Blanche-Neige et les sept nains** – en angl. ***Snow White and the Seven Dwarfs*** ♦ Film d'animation américain de Walt Disney* (1937), d'après le conte des frères Grimm. Ce premier dessin animé de long métrage de l'histoire du cinéma est aussi l'un des meilleurs. Le conte garde sa fraîcheur bucolique, les nains sont astucieusement personnalisés et une musique entraînante confère à l'ensemble un dynamisme irrésistible. L'entreprise nécessita 100 000 dessins, 3 ans de travail, 750 techniciens spécialisés, et un budget de 1,5 million de dollars.

**BLANCHOT (Maurice)** ♦ Essayiste et romancier français (Devrouze, Saône-et-Loire 1907 - Le Mesnil-Saint-Denis 2003). Son engagement le conduisit à militer, d'abord dans les rangs de l'extrême droite : il collabora, notamment, à *La Revue française* et à *Réaction,* et participa au mouvement culturel vichyssois Jeune France. Sa rencontre avec Georges Bataille, en 1941, fut déterminante. Blanchot passa dans la Résistance en 1942, et faillit être exécuté par les nazis en juillet 1944. Plus tard, il participa activement à la rédaction du «Manifeste des 121» (1960) ainsi qu'au fonctionnement du Comité Étudiants-Écrivains (1968). Avec *Thomas l'Obscur* (1941 et 1951), *Aminadab* (1942), *Le Très-Haut* (1948), *L'Arrêt de mort* (1948), *Celui qui ne m'accompagnait pas* (1953), *Le Dernier Homme* (1957), son œuvre littéraire, à l'image du titre *L'Instant de ma mort* (1994), dit le paradoxe d'un être «empêché de mourir par la mort même» et pour qui l'écrivain «n'a rien à dire» mais «doit dire ce rien». Consacrés à *Lautréamont et Sade* (1949), à Mallarmé (*Faux Pas*, 1943), à Kafka, Rilke et Hölderlin (*La Part du feu*, 1949 ; *Le Livre à venir*, 1959 ; *De Kafka à Kafka*, 1982 ; *La Communauté inavouable*, 1983), les essais de Maurice Blanchot se présentent comme la même quête des formes littéraires du neutre. Le récit *L'Attente, L'Oubli* (1962), puis *L'Entretien infini* (1969), *L'Amitié* (1971) et *Le Pas au-delà* (1973), trois livres «théoriques» où dialoguent essai et fiction, illustrent de façon poignante la démarche de Blanchot. Il s'agit d'affirmer — pour tenter de s'ouvrir à l'Autre — ce qu'il est interdit de dire, tout en affrontant la réalité moderne de l'écrit (*Après coup* précédé par *Le Ressassement éternel*, 1983). C'est ainsi que s'affirme *L'Écriture du désastre* (1980).

**BLANC-MESNIL (LE)** [mɛnil] [93150] ➝ ÉTYM. de l'adj. *blanc* (allus. au terrain crayeux de l'endroit) et du bas lat. *mansionile* «maison de paysan» ♦ Ch.-l. de cant. de la Seine-Saint-Denis, arr. du Raincy, au N.-E. de Paris. 46 936 hab. *(Blanc-Mesnilois)*. ▪ Activités tertiaires. Commerces. Indus. diversifiées (Garonor).

**BLANC NEZ** (cap) ♦ Cap aux falaises de marne et de craie, dans le Boulonnais, à l'O. de Calais, entre Sangatte et Wissant. Site pittoresque.

**BLANCO (Serge)** ♦ Rugbyman français (Caracas 1958). Joueur complet, il obtint 93 sélections en équipe de France et marqua 38 essais (record national), dont l'un permit à la France d'accéder à la finale de la Coupe du Monde en 1987, et il remporta six tournois des Cinq nations (1981, 1983, 1986 à 1989), dont deux Grands Chelems en 1981 et 1987. Il est considéré comme le meilleur arrière des années 1980, voire de toute l'histoire du rugby. Après sa carrière de joueur, il présida la ligue nationale de rugby, qui regroupe les clubs professionnels (1998-2008).

**blancs**

n. m. pl. ♦ Nom donné, durant la guerre de Vendée*, sous la Révolution, aux royalistes qui avaient le drapeau blanc pour emblème. ➝ **bleus.**

**blancs** et **noirs**

n. m. pl. ♦ Factions rivales de Florence au début du XIVe s., issues toutes deux du parti guelfe*. Les noirs, conduits par les Donati et soutenus par le pape Boniface* VIII, étaient des extrémistes hostiles à toute entente avec le parti gibelin* chassé de la ville en 1262 et avec lesquels les blancs, groupés autour des Cerchi et plus modérés, étaient prêts à s'entendre afin de préserver l'indépendance de Florence face aux visées de la curie romaine. En 1300, les chefs des deux partis furent exilés. En 1302, aidés par Charles d'Anjou, les noirs expulsèrent les blancs parmi lesquels figurait Dante*.

**BLANDINE** (sainte) ♦ Martyre à Lyon, en même temps que saint Pothin* (177). ▪ Fête le 2 juin.

**BLANGY-SUR-BRESLE** [76340] ♦ Ch.-l. de cant. de la Seine-Maritime, arr. de Dieppe. 3 405 hab. (aggl. 4 420). *(Blangeois)*. Station préhistorique de Campigny qui a donné son nom à des pics et tranchets en silex taillé, datés du Néolithique*.

**BLANKENBERGE** ♦ V. de Belgique (Région flamande), prov. de Flandre-Occidentale, arr. de Bruges, sur la mer du Nord. 18 329 hab. Église Saint-Antoine (gothique). Hôtel de ville (1532). ▪ Importante station balnéaire, port de pêche.

**BLANQUEFORT** [33290] ♦ Ch.-l. de cant. de la Gironde, arr. de Bordeaux. 13 901 hab. *(Blanquefortais)*.

**BLANQUI (Louis Auguste)** ♦ Théoricien socialiste et révolutionnaire français (Puget-Théniers, Alpes-Maritimes 1805 - Paris 1881). Il étudia le droit à Paris, adhéra au carbonarisme et participa dès 1827 aux mouvements antimonarchiques ; il se familiarisa avec les théories de Saint*-Simon, de Fourier* et surtout de Babeuf*. À partir de 1831, il organisa des sociétés secrètes (républicaines puis socialistes) et tenta plusieurs conspirations. Il fut arrêté en 1831, et la *Défense* qu'il prononça devant ses juges est un violent réquisitoire contre la société capitaliste bourgeoise. Emprisonné de nouveau avec Barbès* (1839) après une insurrection contre le gouvernement de Louis-Philippe, il reprit à sa libération (1847) la tête du mouvement prolétarien à Paris, mais fut incarcéré une troisième fois après un coup de force contre l'Assemblée (1848). Pendant la guerre de 1870, il fonda le journal *La Patrie en danger* ; arrêté par le gouvernement de Versailles en mars 1871, celui qu'on surnommait *l'Enfermé* ne put participer à la Commune. Il fut amnistié en 1879 et reprit alors son activité d'organisateur du mouvement socialiste, publiant le journal *Ni Dieu ni Maître*. Lecteur des œuvres de Marx, il critiqua le communisme utopique et préconisa l'action révolutionnaire. Sa doctrine (blanquisme) constitue «le lien nécessaire entre la première pensée socialiste française et le marxisme» (Gian Mario Bravo). ♦ **Jérôme Adolphe Blanqui** (Nice 1798 - Paris 1854). Frère du précédent. Économiste de l'école libérale.

**BLANTON (Jimmy)** ♦ Contrebassiste de jazz américain (Chattanooga, Tennessee 1918 - Los Angeles 1942). Après avoir débuté dans l'orchestre de Fate Marable sur les *riverboats* du Mississippi, il joua en 1937 dans une formation de Saint Louis où il fut remarqué par Duke Ellington*, qui l'engagea dans son orchestre (1939). Il n'y resta que deux ans et mourut de la tuberculose quelques mois plus tard. Bien que sa carrière ait été brève, il a été l'un des premiers à dégager la contrebasse de son rôle rythmique et harmonique et à la faire accéder à celui d'instrument mélodique. Princ. enregistrements : *Conga Brava* (1940), *John Hardy's Wife* (1941).

**BLANTYRE-LIMBE** ♦ Aggl. du Malawi, au S. du pays. Plus de 400 000 hab. Centre commercial et industriel.

**BLANZAT** [63112] ♦ Comm. du Puy-de-Dôme, arr. de Clermont-Ferrand. 3 918 hab.

**BLANZY** [71450] ♦ Comm. de la Saône-et-Loire, arr. d'Autun, sur la Bourbince et le canal du Centre, dans la dépression de Dheune-Bourbince. 7 070 hab. *(Blanzynois)*. Anc. houillère. Pneumatiques.

**BLASCO IBÁÑEZ (Vicente)** ♦ Romancier espagnol (Valence 1867 - Menton 1928). Anticlérical et républicain, Blasco Ibáñez mena une vie agitée et publia une œuvre assez inégale. Dans ses premiers romans, d'un réalisme haut en couleur, il se consacra au régionalisme valencien, illustrant parfois une thèse sociale ou politique : *Arènes sanglantes* (qui connut un grand succès international, 1908), *Boue et Roseaux, Parmi les orangers, La Barraca* (1894 - 1902). Ce style de roman populiste, avant-coureur du roman social, l'a fait comparer à Zola. Il évolua vers une prise de conscience plus large du monde et fut très attiré par le continent hispano-américain : *Les Argonautes* (1914) et *La Terre de tous* (1912). Nombre de ses romans, qui eurent toujours plus de succès à l'étranger, furent portés à l'écran (*Les Quatre Cavaliers de l'Apocalypse*, 1916). ➝ ÉTYM. *Blasco* vient du basque *Belasko* (➝ aussi Vélasquez) ; *Ibáñez*, du latin *Johannes* «Jean».

**BLASETTI (Alessandro)** ♦ Cinéaste italien (Rome 1900 - *id.* 1987). Critique cinématographique influent, il aborda en quarante ans de réalisation (1929 - 1969) des genres très divers : fresques historiques, comédies, péplums, films à sketches, etc. De cette production, on retiendra *1860*, épopée à la gloire du Risorgimento (1933), *La Couronne de fer*, extravagante superproduction baroque (1940), et le populaire *Quatre pas dans les nuages* (1941).

**BLASIS (Carlo)** ♦ Danseur, chorégraphe et théoricien de la danse italien (Naples 1797 - Cernobbio, près de Côme 1878). Formé par Pierre Gardel*, il débuta à l'Opéra de Marseille (1807), devint premier danseur à la Scala de Milan, puis directeur de l'Académie impériale de danse (1837). Il créa des ballets pour des opéras de Gluck et de Mozart. Théoricien, il a publié un *Traité élémentaire théorique et pratique de l'art de la danse* (1820), dans lequel il définit les principes de la danse académique et codifie certaines figures. Fanny Cerrito et Rosati furent ses élèves.

**BLASKET** ♦ Îles de la rép. d'Irlande au large de la presqu'île de Dingle. Habitées jusqu'en 1953, les trois îles ont été désertées à la suite de violentes tempêtes.

**Blaue Reiter (Der)** ➝ **Cavalier bleu (le)**

**BLAVET (Michel)** ♦ Compositeur et flûtiste français (Besançon 1700 - Paris 1768). Musicien de la cour, il fut un temps au service de Frédéric II. Il a composé de la musique de chambre (sonates pour flûte, concerto pour flûte, violons et basse) ainsi que des opéras bouffes d'inspiration populaire.

**BLAVET** n. m. ➝ ÉTYM. de °*blau* «marécageux», d'orig. précelt. ♦ Fl. de Bretagne (140 km), qui prend sa source dans les Côtes-d'Armor, rejoint à Gouarec le canal de Nantes à Brest dont il se sépare après avoir formé avec lui le lac de Guerlédan près de Mur-de-Bretagne. Canalisé, il arrose Pontivy, Hennebont et s'unit en rade de Lorient avec le Scorff pour déboucher dans l'Atlantique devant Port-Louis.

**BLAYAIS** n. m. ➝ ÉTYM. de *Blaye** ♦ Région viticole du Bordelais qui s'étend sur les cant. de Blaye, Saint-Ciers-sur-Gironde et Saint-Savin (Gironde). ▪ Centrale thermonucléaire sur l'estuaire de la Gironde, à Braud-et-Saint-Louis.

**BLAYE** [blaj] [33390] ➝ ÉTYM. anc. ***Blavia***, du gaul. *Blavus* (de *blavos* «jaune»), n. de pers. ♦ Ch.-l. d'arr. de la Gironde, sur la rive d. de la Gironde. 4 666 hab. (aggl. 5 522) *(Blayais)*. Citadelle achevée par Vauban en 1689. ▪ Petit port de commerce. Vins du Blayais (côtes-de-blaye).

**BLAYE-LES-MINES** [81400] ♦ Comm. du Tarn, arr. d'Albi et aggl. de Carmaux. 2 944 hab. *(Blayais)*. Anc. houillère.

Le **Blé en herbe** ♦ Roman de Colette* (1923). Cet hymne à la douceur féminine rend compte de la passion, mouvementée mais finalement heureuse, de deux adolescents, Phil et Vinca, qui ont grandi ensemble. L'œuvre fit scandale à sa parution.

**BLENDECQUES** [62570] ♦ Comm. du Pas-de-Calais, arr. de Saint-Omer, dans la banl. d'Arques, sur l'Aa. 5 186 hab. *(Blendecquois)*. Restes d'une abbaye cistercienne du XIIe s.

**BLÉNEAU** [89220] ➝ ÉTYM. → Blagnac* ♦ Ch.-l. de cant. de l'Yonne, arr. d'Auxerre, sur la rive d. du Loing. 1 459 hab. *(Blénaviens)*. ▮ Histoire Durant la Fronde, en 1652, Condé y battit les troupes royales commandées par d'Hocquincourt, mais fut vaincu dès le lendemain par Turenne.

**BLENHEIM** → **Höchstädt**

**BLÉNOD-LÈS-PONT-À-MOUSSON** [54700] ♦ Comm. de Meurthe-et-Moselle, arr. de Nancy, au S. de Pont-à-Mousson. 4 899 hab. *(Bellédoniens)*. Centrale thermique. Métallurgie.

**BLÉRÉ** [37150] ♦ Ch.-l. de cant. d'Indre-et-Loire, arr. de Tours. 4 576 hab. (aggl. 6 549) *(Blérois)*. Chapelle funéraire Renaissance (1526). ▪ Viticulture.

**BLÉRIOT (Louis)** ♦ Aviateur et industriel français (Cambrai 1872 - Paris 1936). Il réalisa, le premier, la traversée de la Manche en avion de Calais à Douvres, le 25 juillet 1909. Il construisit également le Spad, utilisé par Guynemer* et tous les as de 1914 - 1918. ➝ ÉTYM. *Blériot* vient de l'ancien français *bler* «tacheté» désignant un animal portant une tache blanche sur le front, puis est devenu un sobriquet pour désigner un homme méfiant et rusé «comme un *blaireau*».

L'avion de Louis **Blériot.** Musée national des Techniques, Paris.
*Phot. © Giraudon*

**BLESLE** [blɛl] [43450] ➝ ÉTYM. de *Blasillus*, n. de pers. gallo-rom. ♦ Ch.-l. de cant. de la Haute-Loire, arr. de Brioude. 660 hab. *(Bleslois)*. Donjon du XIVe s. Église Saint-Pierre, anc. abbatiale romane du XIIe s. Maisons anc.

**BLÉSOIS** ou **BLAISOIS** n. m. ♦ Région de la petite Beauce, englobée dans le dép. du Loir-et-Cher, dont Blois est la capitale.

**BLESSINGTON (Marguerite POWER,** comtesse**)** ♦ Écrivain irlandais (Knockbrit, Tipperary 1789 - Paris 1849). Amie du comte d'Orsay*, elle publia *Conversations avec lord Byron* (1834), et quelques romans où elle fait avec humour la satire de la pruderie anglaise.

**BLEU** (fleuve) → **Chang jiang**

**BLEUES** (montagnes) → **Blue Mountains (AUSTRALIE) ; Blue Ridge (ÉTATS-UNIS)**

**BLEULER (Eugen)** ♦ Psychiatre suisse (Zollikon, près de Zurich 1857 - *id.* 1939). Influencé par la psychanalyse (→ **Freud**), il tenta d'en tirer des applications au traitement des psychoses, en particulier de la schizophrénie, terme qu'il employa pour désigner les états pathologiques dont le syndrome essentiel est la «rupture» (gr. *schizo-*) du contact avec la réalité et la dissociation des fonctions psychiques (1911).

**bleus**

n. m. pl. ♦ Nom donné aux soldats républicains, portant un uniforme *bleu*, pendant la guerre de Vendée*. → **blancs.**

**bleus** et **verts**

n. m. pl. ♦ Factions de l'hippodrome et groupements politiques de Constantinople* et d'autres villes byzantines. Les deux plus importants des quatre groupes de concurrents dans les courses de chars, surnommés bleus et verts, d'après la couleur des casques des cochers, partagèrent dès le VIe s. la population urbaine en véritables partis politiques et religieux retranchés dans quatre quartiers (dèmes) de composition sociale distincte : les bleus (et les blancs) représentant les quartiers riches à tendances aristocratiques et d'une orthodoxie intransigeante, les verts (et les rouges) les quartiers populaires à tendances démocratiques et aisément séduits par les hérésies.

**BLEUSTEIN-BLANCHET (Marcel)** ➝ ÉTYM. *Bleustein* : littéralt all. «pierre bleue», désignant l'antimoine, le lapis-lazuli (p.-ê. n. de métier) ; *Blanchet* : pseud. pris lors de la Deuxième Guerre mondiale ♦ Publicitaire français (Enghien-les-Bains 1906 - Paris 1996). Il créa en 1926 Publicis, la première agence de publicité française, ainsi que la société d'émissions radiophoniques Radio-Cité.

**BLEYMARD (LE)** [48190] ♦ Ch.-l. de cant. de la Lozère, arr. de Mende, sur la rive g. du Lot, au pied du mont Lozère. 446 hab. *(Bleymardois)*. Station de sports d'hiver (1 440 - 1 699 m).

**BLIDA** → **Boulaida (El-)**

**BLIER (Bernard)** ♦ Acteur français (Buenos Aires 1916 - Saint-Cloud 1989). Sa rondeur bon enfant, avec des pointes de causticité, sera exploitée jusqu'à saturation par le cinéma. D'une carrière abondante (plus de 70 films), on retiendra *Hôtel* du Nord* (1938), *Quai des Orfèvres* (1947), *Le Café du cadran* (1947), *L'École buissonnière* (1949), *Manèges* (1950), *Les Camarades* (en Italie, 1963), *Buffet froid* (1979). ➝ ÉTYM. *Blier* est la contraction de *bélier*.

**BLIER Bertrand** ♦ Cinéaste et écrivain français (Boulogne-Billancourt 1939). Fils du précédent. Doté d'un tempérament provocateur, il réalisa *Les Valseuses* (1974), *Buffet froid* (1979), *Tenue de soirée* (1986), *Merci la vie* (1991), *Un, deux, trois, soleil* (1993), *Les Acteurs* (2000).

**BLIGH (William)** ♦ Amiral et administrateur britannique (Tyntam, Cornouailles 1754 - Londres 1817). Après avoir participé au deuxième voyage de Cook, il dirigea lui-même deux expéditions dans le Pacifique ; en 1788, il découvrit les îles Bounty (nom de son navire), séjourna quelque temps à Tahiti, et, abandonné par son équipage révolté, échoua aux îles qui portent son nom (*Voyages dans la mer du Sud*, 1790).

**BLIN (Roger)** ♦ Acteur et metteur en scène de théâtre français (Neuilly-sur-Seine 1907 - Paris 1984). Ami d'Artaud*, il interpréta sa pièce *Les Cenci* (1935), travailla avec J. Prévert* dans le groupe Octobre (compagnie de théâtre révolutionnaire des années 1934 - 1936), et avec J.-L. Barrault* (*Numance*, 1937 ; *La Faim*, 1939). Remarqué lors de sa première mise en scène (*La Sonate des spectres* de Strindberg, 1949), il signa un parcours de metteur en scène en marge, attentif aux accents de révolte des textes, dont il recomposait la prosodie. Les plus exigeants des auteurs contemporains lui confièrent leurs pièces : Arthur Adamov* (*La Grande et la Petite Manœuvre*, 1950 ; *La Parodie*, 1952), Samuel Beckett* (*En attendant Godot*, 1953 ; *Fin de partie*, 1957 ; *La Dernière Bande*, 1960 ; *Oh les beaux jours*, 1963), Jean Genet* (*Les Nègres*, 1959 ; *Les Paravents*, qui firent scandale en 1966). ➝ ÉTYM. *Blin* est la forme contractée de *Belin*, probablement du moyen néerlandais *belle* «cloche» désignant le bélier qui conduit le troupeau.

**BLISH (James)** ♦ Romancier américain (Orange, New Jersey 1921 - Londres 1975). Possédant une vaste culture scientifique, il est l'auteur d'une œuvre de science-fiction exprimant une foi humaniste et réaliste dans la science et dans l'homme. Son cycle des *Villes nomades*, histoire d'un avenir où l'homme parcourt l'espace dans des villes flottantes, a conquis le rang de classique : *La Terre est une idée* (1955) ; *Aux hommes les étoiles* (1956) ; *Un coup de cymbales* (1958) et *Villes nomades* (1962). En dépit de son rationalisme foncier, il aborda les questions religieuses dans d'autres livres qui s'interrogent sur les limites de la connaissance humaine : *Un cas de conscience* (1953) ; *Doctor Mirabilis* (1965, biographie imaginaire du philosophe Francis Bacon*) ; *Le Lendemain du Jugement dernier* (1970).

**BLISS (sir Arthur)** ♦ Compositeur britannique (Londres 1891 - *id.* 1975). Maître de musique de la reine (1953), auteur de *A Colour Symphony* (1921 - 1922) et du ballet *Checkmate* (1937).

**BLIXEN (Karen)** née **DINESEN** ♦ Écrivain danois (Rungstedlund 1885 - *id.* 1962). Issue de la haute société danoise, partagée entre art et lettres, Karen Dinesen, après avoir épousé son cousin, le baron Bror Blixen, voulut mener la vie de colon au Kenya en dirigeant une plantation de café. Ses épreuves (maladie, drame sentimental, divorce, faillite de son entreprise) et la découverte de la noblesse inhérente à l'âme des Noirs déterminèrent sa vocation d'écrivain (*La Ferme africaine*, 1937 ; *Ombres sur la prairie*, 1957 ; *Lettres africaines*, 1978). Sous divers pseudonymes d'abord (Isak Dinesen, Pierre Andrézel), puis sous son nom propre, elle allait doter les lettres danoises de chefs-d'œuvre narratifs, dans le goût fantastique, comme *Sept Contes gothiques* (écrits d'abord en anglais, 1934), *Contes d'hiver* (1942), *Nouveaux contes d'hiver* (1957), *Anecdotes du destin* (1958). Sa marque est la distance et elle a retrouvé avec un rare bonheur l'art de dire des anciennes sagas. Ses *Essais* (1965) montrent toute la richesse de sa personnalité. On citera encore les nouvelles du *Dîner de Babette* (1957).

**BLOBEL (Günter)** ♦ Biologiste américain d'origine allemande (Waltersdorf, Silésie, auj. Pologne 1936). Dès 1970, il formula l'hypothèse de l'existence des signaux guidant les protéines vers les sites où elles doivent effectuer leur tâche. Il montra par la suite que cette «adresse intracellulaire» est contenue dans la séquence des acides aminés qui composent la protéine. L'élucidation du processus de localisation, nécessaire au fonctionnement des cellules (de nombreuses maladies, comme la mucoviscidose, sont liées à un mauvais adressage de protéines), permettra des applications dans les thérapies cellulaires et génétiques. [Prix Nobel de physiol. ou méd. 1999]

**Bloc des gauches** ou **Bloc républicain** ♦ Regroupement des forces de gauche (radicaux et socialistes) sous la direction de Waldeck*-Rousseau au lendemain de l'affaire Dreyfus (1899). Avec l'appui des républicains modérés de l'Alliance démocratique, le Bloc des gauches remporta les élections législatives de 1902 et mena, avec les cabinets Waldeck-Rousseau et Combes*, une politique anticléricale et hostile au mouvement nationaliste. Mais la victoire de la tendance guesdiste (→ **Guesde**) contribua à provoquer la dislocation du Bloc.

**BLOCH (Ernest)** ♦ Compositeur américain d'origine suisse (Genève 1880 - Portland, Oregon 1959). Violoniste, élève d'Ysaïe* puis chef d'orchestre à Lausanne, il quitta l'Europe pour l'Amérique (1916) où il devint professeur à l'université de Californie. Il y enseigna jusqu'en 1930. Outre un opéra (*Macbeth,* 1909) et de nombreuses compositions de musique de chambre, il est l'auteur d'une œuvre à la fois profonde et claire, au style généreux, où prédomine l'inspiration hébraïque (*Israël,* symphonie, 1912 - 1916 ; *Trois Poèmes juifs,* 1913). ➡ ÉTYM. Ce nom vient du vieux haut allemand *walah, walch* «étranger d'origine romane», devenu ensuite *waloch, wloch.*

**BLOCH (Jean-Richard)** ♦ Écrivain français (Paris 1884 - *id.* 1947). Créateur de spectacles dramatiques où s'expriment ses convictions politiques (*Le Dernier Empereur,* 1926 ; *Naissance d'une cité,* 1937 ; *Danton,* 1946), J.-R. Bloch mit en œuvre sa recherche d'une culture révolutionnaire dans ses nouvelles et ses romans, où la peinture des mœurs et l'analyse psychologique s'allient à l'appel à la justice sociale : *Lévy* (1912), recueil de nouvelles évoquant des milieux israélites ; *Et Cie* (1914, publ. 1917), fresque balzacienne de l'ascension d'une famille juive en Alsace ; enfin *La Nuit kurde* (1925). Fondateur de la revue *L'Effort libre* (1910) où il refusa la gratuité de l'art, puis de la revue *Europe* (avec Romain Rolland, 1923), J.-R. Bloch se rallia au communisme, collabora à l'hebdomadaire *Clarté,* puis, à partir de 1942, fut annonceur de Radio-France à Moscou.

**BLOCH (Ernst)** ♦ Philosophe allemand (Ludwigshafen 1885 - Tübingen 1977). Attiré par le socialisme, il publia dès 1918 *L'Esprit de l'Utopie,* puis *Thomas Münzer, comme théologien de la révolution* (1922). Exilé aux États-Unis lors de la montée du nazisme, il s'installa à Leipzig après la guerre, et poursuivit ses travaux sur la fonction sociale de l'utopie comme conception globale du devenir historique des sociétés (*Das Prinzip Hoffnung,* 1954 - 1956 ; *Abriss der sozialen Utopien,* 1946 - 1961).

**BLOCH (Marc)** ♦ Historien médiéviste français (Lyon 1886 - Saint-Didier-de-Formans, Ain 1944). Fils de Gustave Bloch, professeur d'histoire romaine à la Sorbonne, il fonda avec L. Febvre* *Les Annales d'histoire économique et sociale* (1929), fut nommé professeur d'histoire économique à la Sorbonne (1936), entra dans la Résistance en 1942 et fut torturé puis fusillé par les Allemands. ▪ Son œuvre (*Les Rois thaumaturges,* 1924 ; *Les Caractères originaux de l'histoire rurale française,* 1931 ; *La Société féodale,* 1939 - 1940) a renouvelé l'historiographie du Moyen Âge et élargi considérablement le champ de la recherche historique. Son livre posthume (*Apologie pour l'histoire,* publ. 1952), où il définit sa conception de l'histoire, a contribué à faire de M. Bloch l'un des historiens les plus marquants de sa génération.

**BLOCH (Felix)** ♦ Physicien américain d'origine suisse (Zurich 1905 - *id.* 1983). Il est notamment connu par ses travaux sur la physique des solides et sur les phénomènes magnétiques observés au niveau de l'atome et du noyau atomique. Il mesura, en utilisant l'induction magnétique (méthode dont il est l'auteur), le moment magnétique du neutron. [Prix Nobel de phys. 1952 avec E. Purcell*]

**BLOCH (Konrad)** ♦ Biochimiste américain d'origine allemande (Neisse, auj. Nysa, Pologne 1912 - Boston 2000). Il élucida le mécanisme de la formation du cholestérol dans l'organisme. [Prix Nobel de physiol. ou méd. 1964, avec F. Lynen*]

**Bloc national** ♦ Formation politique constituée en France au lendemain de la Première Guerre mondiale (1919) groupant modérés et conservateurs, face aux radicaux-socialistes et socialistes. Victorieux aux élections législatives (16 nov. 1919 ; constitution de la Chambre «bleu horizon»), le Bloc national gouverna la France pendant quatre ans (→ **Millerand, Leygues, Briand, Poincaré**), puis fut battu par le Cartel* des gauches en mai 1924.

**Blocus continental** ♦ Ensemble des mesures prises par Napoléon Ier pour répondre au blocus maritime déclaré par la Grande-Bretagne contre l'Empire français. L'objectif de Napoléon était d'empêcher la Grande-Bretagne d'écouler ses produits et les denrées coloniales dont elle faisait un commerce de transit. Il espérait ainsi déclencher une crise économique qui la conduirait à réclamer la paix. Le 21 nov. 1806, le décret de Berlin déclarait les îles Britanniques en état de blocus, et interdisait tout commerce avec elles. La Grande-Bretagne riposta en n'accordant la libre circulation sur mer qu'aux navires qui auraient payé des droits de douane dans les ports britanniques. Les décrets de Fontainebleau (13 oct. 1807) et de Milan (23 nov. 1807) déclarèrent que tout navire visité par la flotte britannique serait dénationalisé et saisi. Pour assurer l'efficacité du blocus, Napoléon fut poussé à de nouvelles conquêtes et il intervint en Espagne et au Portugal. Le tsar, ayant adhéré au blocus à Tilsit*, se retira en 1811, ce qui amena Napoléon à envahir la Russie. Les exportations britanniques diminuèrent et le pays connut le chômage, mais renforça son commerce avec les colonies espagnoles d'Amérique. Dès 1809, des assouplissements furent apportés au blocus ; le 3 juil. 1810, le décret de Saint-Cloud laissa entrer les denrées coloniales d'origine britannique.

**BLOEMAERT (Abraham)** ♦ Peintre et graveur hollandais (Gorinchem 1564 - Utrecht 1651). Auteur d'œuvres très diverses, portraits, natures mortes, paysages, fleurs, tableaux bibliques et mythologiques, il établit avec maîtrise des effets lumineux contrastés et fit preuve de force expressive dans ses portraits (*Allégorie de l'Hiver,* 1622). Son œuvre, tout en présentant des caractères spécifiquement hollandais, n'en révèle pas moins la persistance d'un fort courant romaniste aux Pays-Bas. Il eut quatre fils peintres et graveurs. Les plus connus sont HENDRICK (1601 - 1672), dont l'œuvre s'inscrit dans le courant caravagesque, et ADRIAEN, auteur de nombreux paysages.

**BLOEMBERGEN (Nicolaas)** ♦ Physicien américain d'origine néerlandaise (Dordrecht 1920). Ses travaux concernent notamment le pompage maser, la spectroscopie laser, la résonance magnétique nucléaire. Il est l'un des pionniers de l'optique non linéaire (cas où la lumière très intense, comme celle du laser, interagit avec le milieu qu'elle traverse, et le modifie). [Prix Nobel de phys. 1981 avec A. Schawlow* et Kai Siegbahn*]

**BLOEMENDAAL** ♦ V. des Pays-Bas (Hollande-Septentrionale). 17 028 hab. Théâtre de plein air. ▪ Cultures de fleurs. Construc. mécaniques. ▪ Aux environs, ruines imposantes du château de Brederode (XIIIe - XVIe s.).

**BLOEMFONTEIN** ♦ V. d'Afrique du Sud, cap. de l'État libre d'Orange. 256 000 hab. Siège de la Cour suprême de la République. Centre de la confection.

**BLOIS** [41000] ➡ ÉTYM. p.-ê. de la rac. hydronym. pré-indo-eur. *°bl-h* «couler» ♦ Ch.-l. du dép. du Loir-et-Cher, sur la Loire. 49 171 hab. (aggl. 65 989) *(Blésois).* Évêché. Le château, construit aux XIIIe - XIVe s. par la famille de Châtillon sur l'emplacement d'une ancienne forteresse, fut profondément remanié du XVe au XVIIe s. Trois corps de logis, d'époques différentes, entourent la vaste cour d'honneur : l'aile Louis XII, construite de 1498 à 1503 dans le style gothique finissant, à laquelle s'appuie la chapelle Saint-Calais, de la même époque ; l'aile François Ier, où l'influence de la Renaissance italienne se lit dans l'architecture du monumental escalier à cage octogonale et dans l'exubérance de la décoration ; l'aile Gaston d'Orléans, de style classique, construite par F. Mansart au début du XVIIe s. Église Saint-Nicolas, romane et gothique. Anc. abbaye bénédictine Saint-Laumer (XVIIe - XVIIIe s.). Cathédrale Saint-Louis (XVIIe s. ; vitraux de Jan Dibbets, 2000). Hôtel de ville (XVIIIe s.). Hôtel d'Alluye, Renaissance. Maison-Musée de la magie. ▪ Importante cité touristique. Indus. agroalimentaire (chocolaterie, transférée en 1991 à Villebarou, banl. de Blois). ▮ **Histoire** La ville de Blois n'apparaît que tardivement dans l'histoire : Grégoire de Tours est le premier chroniqueur qui en fasse mention, au VIe s. Après avoir été aux XIe - XIIe s. le centre d'un puissant comté qui s'étendit jusqu'à la Champagne, Blois passa à la maison d'Orléans à la fin du XIVe s. Louis XII y séjourna souvent au début de son règne. Anne de Bretagne y mourut en 1514. Les états généraux s'y réunirent à deux reprises, en 1576 et en 1588. Pendant les états généraux de 1588, Henri III, se sentant dangereusement menacé par les complots des ligueurs et près d'être déposé, fit assassiner au château le chef de la Ligue, Henri de Guise, et son frère Louis, cardinal de Lorraine. ▪ La ville subit d'importantes destructions en juin 1940.

**BLOK (Aleksandr Aleksandrovitch)** ♦ Poète russe (Saint-Pétersbourg 1880 - Petrograd 1921). Son premier recueil parut en 1904 : *Vers à la Belle Dame,* chef-d'œuvre du symbolisme romantique. La «Belle Dame» symbolise la Sagesse divine, désirée, attendue, puis épousée. Mais le poète évolua vers un réalisme pessimiste. Son second recueil, *Joie inattendue* (1907), a pour décor les faubourgs populaires de Saint-Pétersbourg ; la poésie y est plus humaine. L'échec de la révolution de 1905, qu'il avait accueillie avec joie, le déçut amèrement. Il écrivit alors une trilogie dramatique (1906 - 1907) : *La Baraque foraine,* satire de ses espérances ; *Le Roi sur la place ;* et enfin*L'Inconnue,* obsession immatérielle qui remplaça la «Belle Dame». Un troisième recueil de vers écrits entre 1908 et 1916 marque la maturité de Blok ; son symbolisme a évolué vers un patriotisme mystique : *Russie, Au champ de Koulikovo* (1909), *Châtiment* (1910 - 1921), poème narratif sur le peuple russe et son destin, *La Rose et la Croix* (1913), tragédie lyrique. En 1917, il se rangea du côté des bolcheviks* et en 1918 il écrivit son poème le plus admiré, *Les Douze*,* ainsi que son dernier poème, *Les Scythes,* contre l'occidentalisme. De nouveau déçu par la révolution, il mourut dans le désespoir. ▪ Blok est le principal poète du symbolisme russe, avec une œuvre marquée par un mysticisme profondément pessimiste et une angoisse tragique. Sa poésie est inspirée et musicale. *Les Lettres de A. A. Blok* furent éditées en 1925, son *Journal,* embrassant la période de 1911 à 1921, en 1928.

**BLONDEL (François)** ♦ Mathématicien, ingénieur militaire, diplomate, architecte et théoricien français (Ribemont, près de Saint-Quentin 1618 - Paris 1686). Il fit de solides études scientifiques et littéraires, voyagea en Europe, fut chargé de missions diplomatiques, notamment en Égypte, aux Antilles et à Constantinople. Il construisit des fortifications aux Antilles (1666), donna les plans d'urbanisme de Rochefort, restaura le pont antique de Saintes. Il entra à l'Académie des sciences, fut protégé par Colbert et contribua à la fondation de l'Académie royale d'architecture (1671). Il fit élever, en s'inspirant librement des modèles romains, l'arc de triomphe de la porte Saint-Denis à Paris (1671 - 1672). Il fut l'un des principaux théoriciens du dogme classique, prôna l'imitation des «Anciens» et de l'architecture de la Renaissance italienne et condamna les «fantaisies et les dérèglements» des baroques italiens. Sa conception d'une beauté en soi, universelle et rationnelle (*Cours d'architecture*, 1675) fut combattue au sein de l'Académie par Claude Perrault*. ➝ ÉTYM. *Blondel* vient de *blond* (surnom d'une personne blonde).

**BLONDEL (Jacques François)** ♦ Architecte, urbaniste et théoricien français (Rouen 1705 - Paris 1774). Neveu de François Blondel. Il joua un rôle important dans l'élaboration du style Louis XVI en ouvrant une école privée d'architecture (1734) et en publiant plusieurs ouvrages théoriques et pratiques : *De la distribution des maisons de plaisance et de la décoration en général*, 1737 ; *L'Architecture française*, 1752 - 1756 ; *Cours d'architecture civile*, 1771 - 1777. Condamnant l'utilisation du décor rocaille, il prônait la simplicité ornementale, la perfection des proportions, le respect des règles et manifesta son admiration pour les maîtres français du XVII^e s. (Mansart*) et pour l'Antiquité. Il conçut des plans d'aménagement de Metz et y éleva le parlement, le palais de l'archevêché et surtout l'hôtel de ville (à partir de 1765).

**BLONDEL (Maurice)** ♦ Philosophe français (Dijon 1861 - Aix-en-Provence 1949). Élève d'Ollé-Laprune, il a tenté dans sa thèse de doctorat sur *L'Action : essai d'une critique de la vie et d'une science de la pratique* (1893) de résoudre le problème des rapports de la spéculation et de la pratique, d'affirmer «la synthèse du vouloir du connaître et de l'être». Penseur religieux, il a voulu concilier la raison et la foi, l'immanence et le surnaturel. Son œuvre tint une place importante dans la crise intellectuelle de l'Église catholique (→ **Laberthonnière, Le Roy [Édouard]**). D'abord discutée par les philosophes et les théologiens, elle influença le développement de la pensée catholique (*Vers un réalisme intégral*, 1898 ; *La Philosophie et l'Esprit chrétien*, 1944 - 1946).

**BLONDEL (André)** ♦ Physicien français (Chaumont 1863 - Paris 1938). Technicien et théoricien de l'électrotechnique et de la radioélectricité. Son nom fut donné à l'usine-barrage de Donzère-Mondragon. [Acad. sc. 1913]

**BLONDEL (Charles)** ♦ Psychologue et médecin français (Lyon 1876 - Paris 1939). Affirmant le rôle du milieu social dans la formation des fonctions psychologiques normales (sentiment, mémoire, intelligence, volonté), il caractérisa la maladie mentale comme un débordement dans la conscience d'impressions organiques et affectives individuelles (le «psychologique pur») irréductibles aux influences sociales (*La Conscience morbide*, 1914 ; *La Mentalité primitive*, 1926 ; *Introduction à la psychologie collective*, 1928 ; *Le Suicide*, 1937).

**BLONDEL DE NESLE** ♦ Trouvère picard (fin du XII^e s.). Il est l'auteur d'une trentaine de *Chansons* ayant pour sujet l'amour. À son nom se rattache la légende reproduite dans les *Anciennes chroniques de Flandre* et qui inspira l'opéra de Sedaine*, *Richard Cœur de Lion* (1784) : grâce à une chanson connue d'eux seuls, le trouvère aurait retrouvé son roi, prisonnier en Autriche, et aurait permis sa délivrance.

**BLONDIN (Antoine)** ♦ Écrivain français (Paris 1922 - *id.* 1991). Ayant accédé à la notoriété avec *L'Europe buissonnière* (1949), roman désinvolte sur la guerre, il fut lié avec le groupe des Hussards et publia ensuite *Les Enfants du Bon Dieu* (1952), *L'Humeur vagabonde* (1955) et *Un singe en hiver* (1959). Passionné de sport, notamment de cyclisme, il fut également journaliste sportif.

**BLOOMFIELD (Robert)** ♦ Poète britannique (Honington, Suffolk 1766 - Shefford, Bedfordshire 1823). Auteur du *Petit Fermier*, long poème pastoral (1800), il écrivit des *Contes campagnards* (1802), *Fleurs sauvages* (1806), *Jour de mai avec les muses* (1822), toujours inspirés par son enfance rurale.

**BLOOMFIELD (Leonard)** ♦ Linguiste américain (Chicago 1887 - New Haven, Connecticut 1949). Élève du linguiste Edward Prokosch à Chicago, il commença en 1909 une longue carrière universitaire. Après des travaux de phonologie et de morphologie indo-européenne, il publia une *Introduction à l'étude du langage* (1914) influencée par Wundt et étudia des langues amérindiennes. Devenu un adepte de la psychologie du comportement, il fit paraître en 1933 une importante œuvre de synthèse, *Le Langage*. Cet ouvrage devint rapidement le classique de la linguistique descriptive, inductive et fonctionnelle qui domina aux États-Unis jusqu'en 1955 (école *postbloomfieldienne* : Bloch, Smith, Trager, Z. Harris*). Contre le «mentalisme», Bloomfield a voulu faire de la linguistique une science positive par l'étude objective du comportement. ➝ ÉTYM. Ce nom est une variante anglicisée de *Blumfeld* «champ *(Feld)* de fleurs *(Blum)*», nom de famille porté par des juifs askhénazes.

**BLOOMSBURY** ♦ Quartier de Londres (West End) où sont rassemblées un grand nombre de maisons d'édition. ▪ De 1907 à 1930, des artistes et des intellectuels (Leonard et Virginia Woolf*, Aldous Huxley*, T. S. Eliot*, E. M. Forster*, John M. Keynes*, Lytton Strachey*, Bertrand Russell*), qui formaient le *groupe de Bloomsbury*, se réunissaient dans ce quartier.

**BLOTZHEIM** [68730] ♦ Comm. du Haut-Rhin, arr. de Mulhouse. 3 564 hab. Aéroport européen Bâle-Mulhouse-Fribourg.

**BLOW (John)** ♦ Organiste et compositeur anglais (Newark, Nottinghamshire 1649 - Londres 1708). Titulaire de l'orgue à l'abbaye de Westminster (1668) puis maître de musique de la Chapelle royale (1674), il eut Purcell* pour élève ; celui-ci lui succéda à Westminster (1679). Célèbre surtout pour sa musique religieuse (anthems, psaumes, odes) il a composé un opéra dans le goût de Lully, *Vénus et Adonis* (v. 1682).

**BLOY (Léon)** ♦ Écrivain français (Périgueux 1846 - Bourg-la-Reine 1917). Journaliste de combat (en littérature, il attaqua toute l'école naturaliste, et notamment Zola dans *Je m'accuse*, 1900), catholique ardent qui fustigea le conservatisme du Vatican (exaltant en revanche, dans son *Brelan d'excommuniés*, Barbey d'Aurevilly, Hello et Verlaine) comme le matérialisme, la démocratie et le positivisme par ses invectives violentes, Léon Bloy écrivit une œuvre romanesque, en partie autobiographique, qui exprime ses tourments personnels, ses angoisses et ses illuminations spirituelles. *Le Désespéré* (1886) et *La Femme pauvre* (1897) notamment, suivant une mystique de la pauvreté, relatent son «éternelle montée furibonde... vers l'Absolu». Ouvrage à la violence également apocalyptique, le journal intime de Bloy (paru en 8 volumes sous des titres divers : *Le Mendiant ingrat, Mon journal, Le Pèlerin de l'Absolu*) traduit aussi ce qui fut son désespoir : «Il n'y a qu'une tristesse, c'est de n'être pas des saints.» Cette œuvre polémique peut être contemplative et, à l'invective, mêler l'effusion mystique (*Le Salut par les Juifs*, 1892 ; *Celle qui pleure*, 1908). L'écrivain, au style habituellement tendu et vigoureux, au vocabulaire d'une richesse baroque, atteint alors par ses métaphores hyperboliques à une dimension de visionnaire. ➝ ÉTYM. *Bloy* vient de l'ancien français *bloi* «blond», du celtique *blavos* «jaune».

**BLÜCHER (Gebhard Leberecht)**, prince **BLÜCHER VON WAHLSTATT** ♦ Maréchal prussien (Rostock 1742 - Krieblowitz, Silésie 1819). À la tête de l'armée de Silésie, il prit une part décisive à la victoire de Leipzig* (1813) et fut fait feld-maréchal. Durant la campagne de France, il fut vaincu par Napoléon à Champaubert, Montmirail et Ligny en 1814 et une seconde fois à Ligny* en 1815. Son arrivée sur le champ de bataille de Waterloo* décida de la victoire des Alliés. ➝ ÉTYM. *Blücher* est un nom de lieu d'origine slave, sur l'Elbe.

**BLUEFIELDS** ♦ V. du Nicaragua, ch.-l. de dép., sur la côte des Mosquitos (mer des Antilles). 45 547 hab. Port. ▪ Ancien centre des Indiens miskitos, la ville a été détruite par un cyclone en 1988.

**BLUE MOUNTAINS** ➝ ÉTYM. angl. «montagnes Bleues» [à cause d'une brume bleutée au-dessus des montagnes couvertes de forêts d'eucalyptus] ♦ Plateaux de grès de la cordillère Australienne, à l'E. de Sydney, dont les vallées très encaissées forment de véritables canyons. Forêts d'eucalyptus. ▪ Zone touristique.

**Blue Mountains.** *Phot. ©J. F. Lanzarone/Hoa Qui*

**BLUE RIDGE** ➝ ÉTYM. angl. «chaîne [des montagnes] bleue[s]» ♦ L'une des chaînes principales des Appalaches*, aux États-Unis. De nature métamorphique, elle forme une crête d'alt. continue (entre 1 500 et 2 000 m) sur plus de 1 000 km.

**BLUM (Léon)** ♦ Écrivain et homme politique français (Paris 1872 - Jouy-en-Josas 1950). Ancien élève de l'École normale supérieure, entré au Conseil d'État en 1895, il se fit d'abord connaître par des articles de critique littéraire et de chronique théâtrale. Son ouvrage, *Nouvelles Conversations de Goethe avec Eckermann* (1901), fut suivi en 1907 d'un essai critique traitant *Du mariage* et, en 1914, d'un livre sur *Stendhal et le beylisme*. Il s'était inscrit dès 1902 au parti socialiste et collaborait, depuis 1904, avec Jaurès à *l'Humanité*. De 1914 à 1916, il fut le chef de cabinet de Marcel Sembat* dans le gouvernement d'Union sacrée. Rédacteur du programme socialiste, il fut élu député en 1919. Après le congrès de Tours (1920) auquel il prit une part importante, il fit partie de la minorité socialiste, hostile au bolchevisme et fidèle à la IIe Internationale. Fondateur du journal *Le Populaire*, chef de la SFIO, il présida le premier gouvernement de Front* populaire (juin 1936-juin 1937). Après la démission de son cabinet, Blum fut vice-président du cabinet Chautemps* (juin 1937-janv. 1938), puis tenta de constituer un grand ministère d'Union nationale (Thorez, L. Marin) en mars 1938 (à la suite de l'Anschluss) ; mais celui-ci dut se retirer dès avril face à l'opposition des modérés. L. Blum fut, peu après l'armistice de juin 1940, interné administrativement et rédigea en prison son ouvrage *À l'échelle humaine* (1941, publ. 1945), exposant sa conception du socialisme dans ses différences avec le communisme et exhortant son parti à la résistance. Après avoir comparu au procès de Riom (1942), que sa remarquable et courageuse défense obligea le gouvernement de Vichy à suspendre, Léon Blum fut livré aux Allemands et déporté à Buchenwald (1943 - 1945). Libéré, il reprit la direction du *Populaire* en 1946, et constitua un gouvernement socialiste homogène (déc. 1946-janv. 1947) qui décida une baisse autoritaire des prix et mit en place les institutions de la IVe République. ➝ ÉTYM. Le nom allemand *Blum* signifie «fleur» (peut-être une enseigne ou une allusion à un teint fleuri).

**BLUMBERG (Baruch Samuel)** ♦ Médecin et biologiste américain (New York 1925). Après des recherches en génétique des populations, il découvrit l'antigène *australia*, dont il étudia le rôle dans les hépatites, mettant en évidence des interactions entre l'agent infectieux et l'hôte. [Prix Nobel de physiol. ou méd. 1976, avec C. Gajdusek*]

**BLUMENBACH (Johann Friedrich)** ♦ Médecin et naturaliste allemand (Gotha 1752 - Göttingen 1840). Un des fondateurs de l'anthropologie, il établit un parallèle entre l'homme et les animaux et décrivit d'une manière extrêmement détaillée les caractères distinctifs de cinq «variétés» humaines : caucasique, mongolique, éthiopienne, américaine et malaise. Il est l'auteur du *De generis humani varietate nativa* (1803). [Acad. sc. 1830]

**BLUNDEN (Edmund Charles)** ♦ Poète britannique (Yalding, Kent 1896 - Long Melford, Suffolk 1974). Il appartint au groupe des poètes georgiens*. On lui doit des poèmes de facture classique inspirés par son expérience de la guerre (*Undertones of War*, 1928) ou par l'Orient où il vécut (*A Hong Kong House*, 1962).

**BLUNTSCHLI (Johann Kaspar)** ♦ Jurisconsulte et historien suisse (Zurich 1808 - Karlsruhe 1881). Professeur à Zurich dès 1833 et mêlé activement à la vie politique comme chef du gouvernement conservateur-libéral du canton de Zurich (1839 à 1846), il alla s'établir en Allemagne après la guerre du Sonderbund* et enseigna à Munich (1848 à 1861), puis à Heidelberg (1861 à 1881). Il fut l'un des promoteurs de la Société des juristes allemands (1860) et de l'Institut de droit international (1873). Il a composé de nombreux ouvrages consacrés au droit privé (origine du code civil de Zurich) et au droit public international.

**BLYTH** ♦ V. d'Angleterre (Northumberland), sur la mer du Nord, à l'embouchure de la Blyth au N. de Newcastle. 39 568 hab. Centrale thermique. Port moderne.

**BOABDIL (Abū'Abd Allāh Muḥammad XI,** connu en Occident sous le nom de) ➝ ÉTYM. p.-ê. de l'ar. *abū 'abd allāh* «père du serviteur de Dieu» ♦ (mort en 1527). Dernier roi arabe de Grenade* (de 1482 à 1492). Il accéda au trône en renversant son père, mais fut capturé l'année suivante par les Castillans, qui le relâchèrent après qu'il eut promis de leur livrer Grenade. Une fois libre, il refusa d'abdiquer, et Ferdinand* II mit le siège devant Grenade, où il entra le 2 janv. 1492. Boabdil se réfugia au Maroc où il aurait trouvé la mort en combattant pour le sultan mérinide* de Fès.

**BOADICÉE** ou **BOUDICCA** ♦ Reine des Icènes (Ier s.), établie dans l'actuel Norfolk, en Grande-Bretagne. Elle déclencha une révolte contre les Romains (60) et, vaincue par Paulinus Suetonius, s'empoisonna.

**BOAS (Franz)** ♦ Anthropologue et ethnologue américain d'origine allemande (Minden, Westphalie 1858 - New York 1942). Après une expédition chez les Esquimaux de l'île de Baffin (1883), il se consacra essentiellement à l'étude des Indiens d'Amérique, faisant porter ses recherches sur l'anthropologie physique (variations des races sous l'influence du milieu) et culturelle (mythes et traditions orales). Aux grandes synthèses ethnologiques, il opposa un effort d'analyse précise et rigoureuse des différentes formes de culture (École analytique). Princ. ouvrages : *The Central Eskimo* (1888), *The Social Organization and Secret Societies of the Kwakiutl Indians* (1897), *The Mind of the Primitive Man* (1911), *General Anthropology* (1938).

**BOA VISTA** ♦ V. du Brésil, cap. de l'État du Roraima, sur l'axe routier Manaus-Caracas. 197 000 hab.

**BOBADILLA (Francisco DE)** ♦ Gouverneur espagnol (mort en 1502). Chargé d'enquêter sur la situation à Hispaniola (Haïti), il fit emprisonner et renvoyer en Espagne C. Colomb* auquel il succéda comme gouverneur des Indes occidentales avant d'être lui-même destitué par N. de Ovando ; il mourut lors de son retour en Espagne.

**BOBBIO** ♦ V. d'Italie en Émilie-Romagne (prov. de Plaisance), sur la Trébie. 3 816 hab. Célèbre abbaye fondée en 612 par saint Colomban* qui y mourut en 615. ▪ Station thermale.

**BOBÈCHE (Antoine MANDELOT, dit)** ♦ Paradiste des théâtres de la Foire (mort à Bordeaux en 1836 ou 1837). Son duo avec Galimafré* fut célèbre sous la Restauration.

**BOBET (Louis, dit Louison)** ♦ Coureur cycliste français (Saint-Méen-le-Grand, Ille-et-Vilaine 1925 - Biarritz 1983). Très populaire, il fut champion de France (1950 et 1951), champion du monde sur route (1954) et gagna trois fois de suite le Tour de France (1953, 1954, 1955).

**BOBIGNY** [93000] ➝ ÉTYM. anc. ***Balbiniacum***, du lat. *Balbinius*, n. de pers., et suff. *-acum* ♦ Ch.-l. du dép. de la Seine-Saint-Denis, sur le canal de l'Ourcq, dans la banl. N.-E. de Paris. 44 079 hab. *(Balbyniens)*. ▪ Gare de triage. Hôpital franco-musulman Avicenne (dans lequel on a découvert en 2002 une nécropole gauloise). Faculté de médecine. Enseignement technologique. Théâtre (MC 93). ▪ Matériel chirurgical, laboratoires de recherche médicale. Travaux publics. Industrie agroalimentaire.

**Bobino** ♦ Music-hall parisien tirant son nom du clown et marionnettiste Saix, dit Bobino, qui fonda en 1816 un petit théâtre situé rue Madame, démoli en 1868. Un autre établissement fut créé rue de la Gaîté en 1873, sous l'enseigne Folies-Bobino, mais sans lien avec le précédent. Il connut le succès au lendemain de la Première Guerre mondiale en évoluant du café-concert vers le spectacle de music-hall. Il fut démoli en 1984, puis reconstruit sur le même emplacement.

**BOBO-DIOULASSO** ➝ ÉTYM. du n. des *Dioulas** ♦ V. du Burkina Faso. 489 967 hab. Centre agricole et économique fondé par les Dioulas au XVe s., relié par voie ferrée à Ouagadougou et à Abidjan.

**BOBROUISK** ➝ **Babrouisk**

**BOBROWSKI (Johannes)** ♦ Écrivain allemand (Tilsit, auj. Sovietsk 1917 - Berlin 1965). Marqué par la vie et les paysages de Prusse orientale de son enfance, il décrivit dans ses romans, dont le plus connu est *Le Moulin à Levine* (1964), la vie sur les bords du Niémen. Il puisait son inspiration dans le mélange des cultures slave, allemande et baltique. Il ne croyait pas aux oppositions entre les cultures et les nationalités et il prit pour héros des gens simples, souvent en marge de la société. Il s'engagea dans des mouvements protestants antinazis (Bekennende Kirche) et s'installa à Berlin après la guerre. Ses poèmes (*Terre d'ombres fleuves*, 1962) furent récompensés par le prix du Groupe* 47.

**BOCAGE NORMAND** n. m. ♦ Région de Normandie qui s'étend, au S. du Cotentin et du Bessin et à l'O. de la campagne de Caen, sur une partie des dép. du Calvados, de la Manche et de l'Orne. On l'appelle aussi Suisse normande. C'est la région la plus élevée et l'une des plus pittoresques de l'O. de la France (413 m) avec les collines du Maine (417 m) situées un peu plus au S. Élevage.

**BOCCACCINO (Boccaccio)** ♦ Peintre italien (Ferrare v. 1465 - Crémone v. 1525). Les peintres ferrarais, lombards, ombriens eurent un rôle dominant dans sa formation ; il rechercha ensuite auprès des Vénitiens (Bellini*), puis auprès des Toscans et des Romains, les éléments renaissants (organisation de l'espace, architectures) qu'il introduisit dans son naturalisme (*Scènes de la vie de Marie*, v. 1506 - 1507, Dôme de Crémone). ♦ **Camillo Boccaccino** (Crémone 1501 - *id.* 1546). Plus fidèle à la tradition locale, il s'inspira de Romanino et de Pordenone* dans ses fresques du dôme de Crémone, puis se tourna, à Parme, vers les contrastes chromatiques et les rythmes compositionnels du maniérisme (*Madone avec des saints*, 1532, Brera).

**BOCCACE (Giovanni BOCCACCIO,** dit en fr.) ♦ Écrivain italien (Florence ? 1313 - Certaldo, Toscane 1375). Fils naturel d'un marchand toscan et d'une Française, il fut envoyé dès l'adolescence à Naples, pour y apprendre le métier de banquier, mais devant son aversion pour les affaires, son père lui fit apprendre le droit canon. Il participa à la vie fastueuse et raffinée de la cour de Robert d'Anjou et découvrit les lettres avec délices, favorisé en cela par la présence d'esprits tels que Cino* da Pistoia. Pourtant ses vers de l'époque ne sont guère plus que des exercices littéraires, et c'est sous la forme d'un roman que son expérience amoureuse lui dicta sa seule œuvre napolitaine notable, le *Filocolo* (1336 - 1338), dont la prose, tranchant sur celle de *La Vita* nuova* dantesque, narre les amours de Florio et Biancifiore, à partir d'un thème byzantin exploité en France au XIIe s. De retour vers 1340 à Florence (qu'il quitta probablement assez vite pour des voyages dans le nord de l'Italie

**Boccace.** Fresque d'Andrea del Castagno (2,50 × 1,54 m). Sant'Apollonia, Florence.
*Phot. © Carlo Bevilacqua/Ricciarini*

et où il ne s'établit de nouveau qu'en 1348), Boccace mûrit son art dans l'allégorie pastorale du *Ninfale d'Ameto* (1341 - 1342) et surtout dans l'*Elegia di Madonna Fiammetta* (sans doute écrit vers 1344 - 1345), roman dont la distance narrative et la subtilité psychologique sont gâtées par un style empesé. La dernière œuvre remarquable de cette période est le *Ninfale fiesolano* (1344 - 1346), poème qui mêle les tons réalistes de la poésie populaire aux tours mélodiques de la poésie de cour. C'est très certainement entre 1349 et 1353, au lendemain de la peste qui ravagea Florence (évoquée dans le prologue du livre), que Boccace rédigea *Le Décaméron**, dont on présume que le titre est forgé sur l'exemple de l'*Hexaméron* de saint Ambroise. Sa dernière œuvre d'imagination est le *Corbaccio* (probablement écrit entre 1365 et 1366), sorte de violente satire misogyne qui étonne après les prises de position «féministes» du *Décaméron*. Après une profonde crise morale, Boccace n'écrivit plus que des œuvres en latin. En 1350, il avait fait la connaissance de Pétrarque, avec lequel il ne cessa de correspondre. En 1373, Florence le chargea de commenter en public *La Divine* Comédie*, activité qu'il poursuivit jusqu'à sa mort. ➝ **ÉTYM.** En italien, *boccàccia* signifie «mauvaise bouche [haleine]».

**BOCCADOR (Domenico BERNABEI, dit Domenico da Cortona** ou **LE)** ♦ Architecte, ingénieur et décorateur italien (Cortone - Paris v. 1549). Il travailla en France après 1496 au service de Louis XII, puis de François Ier. On lui attribue les premiers projets pour le château de Chambord* (1530), ainsi que les plans de l'Hôtel* de Ville de Paris (1533). Tout en se référant à la tradition locale française, il utilisa le répertoire ornemental italien et peut être considéré comme l'un des initiateurs de la Renaissance française.

**BOCCANEGRA** ♦ Famille génoise qui lutta contre les nobles aux XIIIe et XIVe s. ♦ **Guglielmo Boccanegra.** Capitaine de Gênes de 1257 à 1262. ♦ **Simone Boccanegra.** Petit-fils du précédent. Il fut le premier doge de Gênes (1339). Il a inspiré un opéra à Verdi. → **Simon Boccanegra.** ➝ **ÉTYM.** Le nom de famille italien *Boccanegra* signifie «bouche (*bocca*) noire (*negra*)» [à propos d'une personne grossière].

**BOCCATI (Giovanni di Piermatteo, dit Giovanni)** ♦ Peintre italien, né à Camerino, actif à Pérouse entre 1445 et 1480. Originaire des Marches, il s'établit à Pérouse, fit un séjour à Padoue en 1448, et décora, à Urbino, le palais des Montefeltro (v. 1455). Auteur d'une *Pietà* (1479, Pérouse), il peignit surtout de gracieuses madones entourées d'anges, de saints, de fleurs, qui révèlent un talent délicat de coloriste, influencé par les maîtres toscans, Filippo Lippi* et Domenico Veneziano* : la *Madone à la pergola*, avec ses beaux paysages de prédelle, 1447, Pérouse ; le polyptyque de Belforte del Chienti, près d'Ancône, 1468 ; la *Madone à l'orchestre*, Pérouse ; la *Madone aux fraises*, Settignano ; la *Vierge aux anges musiciens*, musée d'Ajaccio.

**BOCCHERINI (Luigi)** ♦ Compositeur italien (Lucques 1743 - Madrid 1805). Violoncelliste virtuose, il entreprit avec son ami le violoniste Manfredi de nombreuses tournées à travers l'Europe, menant en même temps une carrière de compositeur. Établi à Madrid, au service de l'infant don Luis (1769), il ne devait plus quitter l'Espagne, recevant néanmoins en 1787 de Frédéric Guillaume II de Prusse (à qui il envoya des œuvres) le titre de compositeur de la Chambre du roi. Il mourut pourtant dans la plus grande misère. Abondante et variée, son œuvre comporte des opéras, des symphonies, un *Stabat mater* et surtout de très nombreuses pièces de musique de chambre (quatuors et quintettes à cordes essentiellement). Il fut aussi un mélodiste d'une inspiration toujours élégante et claire.

**BOCCHORIS** – nom gr. de ***Bokenrenef*** ♦ Fondateur et unique pharaon de la XXIVe dynastie saïte (–720 - –715).

**BOCCHUS** ♦ (–IIe - –Ier s.). Roi de Maurétanie. Beau-père de Jugurtha*, il s'allia d'abord avec lui contre les Romains puis le livra à Sylla* (–105). Il reçut en récompense la Numidie orientale et le titre d'allié et ami du peuple romain.

**BOCCIONI (Umberto)** ♦ Peintre, sculpteur et théoricien italien (Reggio de Calabre 1882 - Vérone 1916). Établi à Rome de 1898 à 1902, il rencontra Balla* qui l'initia à la peinture divisionniste. Il se lia ensuite avec Marinetti* (1908) et signa le *Manifeste de la peinture et de la sculpture futuriste* en 1910. Marqué par le symbolisme, il exécuta des œuvres empreintes de réminiscences du style Art nouveau et d'un expressionnisme procédant de Munch*. À la suite d'un voyage à Paris (1911), il emprunta aux cubistes certains de leurs procédés (décomposition des objets par l'intersection et la compénétration des plans) mais, s'opposant violemment au caractère statique et intellectuel de cet art, il chercha à exprimer le dynamisme de la civilisation moderne et à suggérer le mouvement (*Élasticité*, 1912). Il publia en 1912 le *Manifeste technique de la sculpture futuriste*, affirmant qu'il voulait renouveler le «rapport forme-espace» par l'«abolition de la ligne finie et de la statue fermée». Il disloqua les formes de ses sculptures en créant des volumes où «chaque profil porte en soi l'indication des autres profils précédents et suivants», les décomposant, non pas selon des procédés rigoureux, mais selon l'«ambiance émotive» qu'il désirait créer (*Forme unique de continuité dans l'espace*, 1913).

Umberto **Boccioni.** *Dynamisme d'un joueur de football* (1,97 × 2,01 m). Musée d'Art moderne, New York. *Phot. © Arch. Smeets*

**BOCHIMANS** n. m. pl. ➝ **ÉTYM.** en angl. ***Bushmen*** ; afrikaans «les gens (*man*) de la futaie (*bosje*)» ♦ Peuple nomade du S.-O. africain, qui vit dispersé dans le désert du Kalahari. Premiers habitants de l'Afrique australe, ils sont les auteurs des peintures rupestres des pays de la région. Ils vivent en groupes de quelques dizaines d'individus, selon les ressources offertes par les terrains de chasse et de cueillette. Le pouvoir est détenu par le chasseur le plus expérimenté ou par un magicien renommé. La culture matérielle est pauvre, contrairement à la tradition orale. Ils tendent à disparaître par assimilation (mariage des femmes avec des Bantous). Leurs dialectes, répartis en trois groupes (Sud, Centre et Nord), font partie des langues khoisan (langues à clicks), comme le hottentot.

**BOCHOLT** ♦ V. d'Allemagne (Rhénanie-du-Nord-Westphalie), sur l'Aa, au N.-O. du bassin de la Ruhr et près de la frontière néerlandaise. 73 790 hab. Église gothique (XVe s.) et hôtel de ville de style Renaissance hollandais (1618 - 1621). ▪ Centre indus. (travail du coton, métall. et mécanique).

**BOCHOLT** ♦ Comm. de Belgique (Région flamande), prov. de Limbourg, arr. de Maaseik. 12 509 hab. Église gothique (XVe s.). ▪ Indus. agroalimentaire. Chimie nucléaire.

**BOCHUM** ➝ **ÉTYM.** germ. «la demeure (*heim*) des hêtres (*buok*)» ♦ V. d'Allemagne (Rhénanie-du-Nord-Westphalie), dans la Ruhr*. 376 586 hab. ; elle en comptait 5 000 en 1850. Université de la Ruhr. Musée de l'Industrie minière comptant 18 km de galeries. ▪ Institut de recherche spatiale et observatoire de satellites. Anc. houillère. Centre indus. Construc. automobile (usines Opel), indus. textile, alimentaires, téléphonie.

**BOCK (Fedor VON)** ♦ Feld-maréchal allemand (Küstrin 1880 - Lehnsahn, Holstein 1945). D'une famille d'officiers, il se rallia très tôt à Hitler malgré ses idées monarchistes. En 1938, il reçut le commandement des troupes qui envahirent l'Autriche, puis en 1939 d'un des groupes d'armées qui anéantirent la Pologne en quelques semaines. Nommé maréchal en juin 1940, à la suite de la campagne de France, il prit la tête d'une des armées qui entrèrent en URSS en juin 1941. Après son échec à 30 km de Moscou, il prit un commandement en Ukraine puis franchit le Don avec ses troupes (1942) ; en désaccord avec Hitler à propos de Stalingrad, il démissionna en novembre 1942.

**BÖCKLIN (Arnold)** ♦ Peintre, dessinateur et sculpteur suisse (Bâle 1827 - Fiesole 1901). De 1845 à 1847, il étudia à Düsseldorf puis séjourna à Bruxelles, Anvers, Paris et Rome. À Bâle, il se lia avec l'écrivain d'art J. Burckardt qui encouragea sa passion pour l'art italien. À Rome, de 1850 à 1858, il s'intéressa à la littérature antique et au paysage classique et exécuta de nombreux paysages idylliques et mythologiques d'où se dégage un sentiment de violence et d'étrangeté. Il recherchait souvent, par souci d'expressivité, les tonalités intenses et les contrastes d'une certaine crudité. Il fut professeur à Weimar (1858 - 1861) et obtint à Munich un grand succès avec *Le Dieu Pan dans les roseaux* (1859). Après de longs séjours en Italie, il s'installa définitivement à Fiesole. Exaltant le caractère dionysiaque de ses scènes mythologiques (*Combat de centaures, Triton et Néréide,* 1873), il chargea sa peinture de préoccupations idéalistes et exécuta vers la fin de sa vie des vues calmes à la composition géométrique et aux tons saturés, d'une grande puissance onirique (*L'Île des morts,* 1880). Peu apprécié en France, il fut admiré dans les milieux idéalistes et symbolistes allemands, considéré comme un précurseur par les expressionnistes du groupe Die Brücke et il éveilla l'intérêt des surréalistes.

**BOCSKAY (István)** ♦ (Kolozsvàr 1577 - Kassa 1606). Prince de Transylvanie (1605 - 1606). Conseiller des Báthory*, Bocskay se tourna contre les Habsbourg par fidélité au protestantisme. Chef des Haidouks, maître de la Hongrie orientale, il fut élu en 1605 prince de Hongrie et de Transylvanie. L'empereur dut consacrer en 1606 l'indépendance de la Transylvanie, et accorder une certaine autonomie à la Hongrie royale avec l'autorisation du culte protestant. Bocskay favorisa la conclusion de la paix entre Allemands et Turcs (1606) et prit d'importantes mesures sociales en faveur des paysans. Après sa mort, son chancelier, Katay, accusé de l'avoir empoisonné, fut tué par la foule.

**BOCUSE (Paul)** ♦ Cuisinier français (Collonges-au-Mont-d'Or 1926). Issu d'une famille de restaurateurs de Collonges-au-Mont-d'Or, dans la banlieue de Lyon (depuis 1765), il a rénové la cuisine classique de façon à la rendre plus simple et légère, posant pour principe essentiel la qualité et la fraîcheur des produits. Il s'est fait le promoteur de la cuisine française dans le monde.

**BODARD (Lucien)** ♦ Journaliste et écrivain français (Chongqing 1914 - Paris 1998). Correspondant du journal *France-Soir* pendant la guerre d'Indochine dont il écrivit une histoire (5 vol., 1963 - 1969), il fut l'auteur d'études consacrées à la Chine contemporaine (*La Chine de la douceur,* 1958 ; *Mao,* 1971) et au Brésil (*Le Massacre des Indiens,* 1968). Narrateur de récits d'une abondance pullulante, il illustra une morale de l'énergie et de la force vitale. Il évoqua son enfance dans l'univers de la Chine coloniale (*Monsieur le consul,* 1973 ; *Le Fils du consul,* 1975 ; *Anne-Marie,* 1981, Prix Goncourt) et donna avec *La Chasse à l'ours* (1985) un long roman à la gloire de l'amour fou. ➝ ÉTYM. Ce nom de famille vient du germanique *Bodhard,* de *bod* «messager» et *hard* «fort»

**BODAWPAYA** ♦ (1745 - 1819). Roi de Birmanie. Venu au pouvoir en 1782, il fit massacrer toute sa famille et établit sa capitale à Amarāpura. Il envahit l'Arakan* d'où il rapporta l'image sacrée de Bouddha appelée Mahāmuni, puis se lança à la conquête du Siam, mais échoua. Il fit élever de nombreuses pagodes, dont une, immense (elle devait avoir 150 m de hauteur), ne put être achevée. Il passa des traités commerciaux avec les Britanniques. Son petit-fils Bagyidaw* lui succéda.

**BODE (Johann Elert)** ♦ Astronome allemand (Hambourg 1747 - Berlin 1826). La loi empirique qui porte son nom, établie d'après les observations de Titius*, permit de calculer approximativement les distances relatives des planètes (jusqu'à Uranus) par rapport au Soleil (1778).

**BODEL (JEAN)** ➝ **Jean Bodel**

**BODENSEE** ➝ **Constance (lac de)**

**BODHAYANA** ♦ Auteur comique indien (VIIe s. ?) à qui est attribuée une farce pleine de saveur : *L'Ascète transformé en courtisane (Bhagavadajjukīya).*

**BODH GAYA** ou **BODDH GAYĀ** ♦ Bourgade du Bihar (Inde) où le Bouddha*, assis sous un arbre pippal, devint «éveillé» et médita sur la doctrine qu'il allait enseigner au monde. Un temple élevé par Ashoka* et plusieurs fois réédifié signale l'endroit où se produisit cet événement.

**BODHIDHARMA** ♦ Moine bouddhiste indien (VIe s.) qui prêcha en Chine et fonda la secte chan* (zen* en japonais). La légende assure qu'il demeura neuf ans assis la face tournée vers un rocher, perdant ainsi l'usage de ses jambes et de ses yeux.

**BODIN (Jean)** ♦ Économiste et philosophe français (Angers 1529 ou 1530 - Laon 1596). Avocat au parlement de Paris, il devint lieutenant général puis procureur du roi au bailliage de Laon. Dans son traité *Methodus ad facilem historiarum cognitionem* (1566), il a montré l'importance de la connaissance de l'histoire pour la compréhension du droit et de la politique. Économiste, il a analysé le phénomène de la montée des prix au XVIe s. en relation avec l'apport des métaux précieux d'Amérique (*Réponse aux paradoxes de Malestroit*). Enfin, auteur de *La République**, il se fit en politique le théoricien de la monarchie absolue. ➝ ÉTYM. C'est un mot angevin qui signifie «veau» (surnom d'un jeune garçon un peu niais).

**BODIN DE BOISMORTIER** ➝ **Boismortier**

**BODLEY (sir Thomas)** ♦ Diplomate et érudit anglais (Exeter 1545 - Londres 1613). À partir de 1598, il se consacra à la restauration et à l'enrichissement de la fameuse bibliothèque d'Oxford qui prit le nom de *bibliothèque Bodléienne.*

**BODMER (Johann Jakob)** ♦ Écrivain et critique suisse d'expression allemande (Greifensee, près de Zurich 1698 - Zurich 1783). Il reste célèbre pour la polémique qui l'opposa à Gottsched*, le tenant du classicisme français en littérature. Influencé par Addison (*Le Spectator*) et surtout par Milton (*Le Paradis perdu,* dont il donna une traduction en prose, 1723), il publia un hebdomadaire littéraire et moral, *Discours des peintres* (1721 - 1723, avec J. J. Breitinger*) et un *Traité critique du merveilleux* (1740) où il affirme le rôle prépondérant de l'imagination et du merveilleux en art. Il fut également un des premiers à reconnaître le génie de Klopstock*, de Wieland*, et à redécouvrir la poésie allemande médiévale, publiant *Le Chant des Nibelungen** (1757) et une collection de *Minnesänger* (1758 - 1759).

**BODØ** ♦ V. du N. de la Norvège, ch.-l. du comté de Nordland, à l'entrée du Saltfjord, à 80 km au N. du cercle polaire. 41 090 hab. Terminus septentrional des voies ferrées norvégiennes (liaison avec Trondheim). Port de pêche. Indus. mécanique (équipement des activités de pêche et des plateformes pétrolières).

**BODONI (Giambattista)** ♦ Imprimeur italien (Saluces 1740 - Padoue 1813), qui travailla pour le grand-duc de Parme. Créateur du caractère qui porte son nom, auteur d'un *Manuel typographique* (1818, posth.), il publia d'importantes éditions de classiques grecs, latins, italiens et français.

**BODRUM** ♦ V. de Turquie, dans la prov. de Muğla (Carie*), sur le golfe de Cos, à l'emplacement de l'anc. Halicarnasse*. 28 575 hab. ▪ Station touristique très fréquentée.

## body art

n. m. ➝ ÉTYM. angl. «art corporel» ♦ Mouvement artistique apparu en Europe à la fin des années 1960 et répandu ensuite aux États-Unis et au Japon. Las de l'art conceptuel et abstrait, les tenants du body art organisaient dans des lieux publics, des galeries notamment, des gestes sacrificiels pour atteindre directement le public, en se blessant, en se mutilant (Gina Pane, 1939 - 1990 ; Michel Journiac ; les actionnistes viennois), en utilisant leur corps comme unité de mesure (Klaus Rinke*), en se suspendant. De ces actions ils gardaient des traces photographiques. Le body art a eu ses précurseurs, avec Marcel Duchamp* et sa tonsure, Yves Klein* et ses *Anthropométries,* Joseph Beuys*, le visage barbouillé de miel et tenant dans ses bras un lièvre mort. Le groupe Présence Panchounette, constitué de cinq théoriciens bordelais anonymes, a interprété le body art avec humour.

**BOÉ** [47550] ➝ ÉTYM. n. de pers., du lat. *bovarius* «bouvier» ♦ Comm. du Lot-et-Garonne, arr. d'Agen. 4 503 hab.

**BOÈCE** ➝ ÉTYM. en lat. ***Anicius Manlius Severinus Boetius,*** de *boethus* «aide d'un commis aux écritures» ♦ Philosophe et homme politique latin (Rome 480 - près de Pavie 524). Après avoir achevé des études scientifiques et philosophiques à l'école d'Athènes, il devint consul (510) sous Théodoric. Mais, accusé de complot et de magie, il fut emprisonné : il écrivit alors son œuvre principale, *De la consolation* de la philosophie,* avant d'être exécuté. Héritier de la culture grecque, il souhaitait la transmettre au monde occidental. Il commença à traduire et à commenter en latin les traités d'Aristote dont il voulait accorder la philosophie avec celle de Platon. Sa place dans l'histoire de la logique est importante, entre Aristote et les stoïciens d'une part, et le Moyen Âge d'autre part.

**BOECHOUT** ♦ Comm. de Belgique (Région flamande), prov. et arr. d'Anvers (banl. S.-E.). 12 149 hab. Château du XVIIIe s. ▪ Métallurgie. Taille du diamant.

**BOEGNER (Marc)** ♦ Pasteur et homme de lettres français (Épinal 1881 - Paris 1970). Président du Conseil* œcuménique des Églises (1948 - 1954) et président d'honneur de la Fédération protestante de France à partir de 1961. [Acad. fr. 1962] ➝ ÉTYM. Ce nom d'Alsace-Lorraine vient du moyen haut allemand *bogenaere* «fabricant d'arcs».

**BOËLY (Alexandre)** ♦ Compositeur et organiste français (Versailles 1785 - Paris 1858). Organiste de Saint-Germain-l'Auxerrois, il a composé de nombreuses pièces pour l'orgue et le piano, dans un style qui rappelle à la fois la manière de Bach et l'inspiration du premier Beethoven.

**BOËN** [bɔɛ̃] [42130] ← ÉTYM. du germ. *Bodinus*, n. de pers. ♦ Ch.-l. de cant. de la Loire, arr. de Montbrison, sur le Lignon. 3 112 hab. (aggl. 4 462) *(Boënnais)*. ▪ Aux environs, château de Couzan (XIIIe - XVe s.).

**BOERHAAVE (Hermann)** ♦ Médecin et chimiste hollandais (Voorhout, près de Leyde 1668 - Leyde 1738). Il enseigna à Leyde où sa renommée attira les étudiants de toute l'Europe. Il fut un des partisans de l'iatromécanisme (→ **Borelli**). [Acad. sc. 1731]

**Boers** [buʀ] n. m. pl. ← ÉTYM. mot néerl. « paysans » ♦ Nom donné aux descendants des colons néerlandais qui s'établirent au Cap* puis dans toute l'Afrique australe et, par extension, aux émigrés allemands, scandinaves et français qui les rejoignirent. Les descendants des Boers, Afrikaanders ou Afrikaners, forment aujourd'hui la majorité de la population blanche d'Afrique du Sud et l'afrikaans, forme dialectale du néerlandais, est langue officielle au même titre que l'anglais. ♦ ***Guerre des Boers ou guerre du Transvaal*** Guerre menée par les *Boers* contre la colonisation britannique (1899 - 1902). → **Afrique du Sud.**

**BOESMANS (Philippe)** ♦ Compositeur belge (Tongres 1936). Disciple d'Henri Pousseur, il se dégagea du sérialisme en y réintégrant certaines fonctions harmoniques. Il reçut le prix Italia pour *Upon La Mi* (1971). On lui doit *Fanfare I* pour deux pianos (1972), *Attitudes* (œuvre de théâtre musical, 1979), un *Concerto pour violon* (1979), *Conversions* pour orchestre (1980), *Day Dreams* pour marimba et instruments de synthèse (1991), les opéras *La Passion de Gilles* (1983), *La Ronde* d'après Schnitzler (1993), *Wintermärchen* d'après le *Conte d'hiver* de Shakespeare (1999), *Julie* d'après Strindberg (2005) et *Yvonne, Princesse de Bourgogne* d'après Gombrowicz (2009).

**BOESSET** ou **BOYSSET (Antoine),** sieur **DE VILLEDIEU** ♦ Compositeur français (Blois 1586 - Paris 1643). Surintendant de la musique sous Louis XIII (1623), il a collaboré à de nombreux ballets de cour et publié plusieurs livres d'airs qui le font considérer comme un des maîtres de la musique vocale au XVIIe s. Il entretint des relations avec Descartes, le père Mersenne et Huygens.

Le **Bœuf sur le toit** ♦ Pantomime cubiste de Jean Cocteau* (1920), musique de Darius Milhaud*, décors de Raoul Dufy*. Dans une ambiance de meurtre et de jazz se déroulent des scènes burlesques opposant les habitués d'un bar (« Le Bœuf sur le toit ») et un agent de police. *Le Bœuf sur le toit* devint l'enseigne d'un cabaret fréquenté notamment par les dadaïstes, par Picabia*, et qui fut grâce à Cocteau un des hauts lieux de toutes les avant-gardes poétiques et musicales.

**BOFF (Leonardo)** ♦ Franciscain et théologien brésilien (Concordia 1938). Il a été avec son frère Clodovis un des fondateurs de la théologie de la libération. Condamné par le Vatican en 1985 pour son ouvrage *Église, charisme et pouvoir* (1981), il quitta la prêtrise en 1992. Militant pour une économie au service de l'homme, il est devenu conseiller du président Lula (2002-2004).

**BOFFRAND (Germain)** ♦ Architecte et décorateur français (Nantes 1667 - Paris 1754), élève de Girardon* et de J. H. Mansart. Tout en conservant l'esprit classique de ses prédécesseurs, il intégra avec mesure et raffinement le décor rocaille à ses constructions. Il éleva à Paris de nombreux hôtels particuliers (hôtel Amelot de Gournay, 1695). Nommé architecte du duc de Lorraine (1708), il construisit les châteaux de Craon et d'Haroué, l'église Saint-Jacques de Lunéville (1730 - 1747), des résidences princières pour les cours étrangères (plan de « la Favorite » pour l'électeur de Mayence), contribuant à propager l'art français en Europe. Décorateur élégant et inventif, il aménagea les appartements de l'Arsenal (1718 - 1728) et l'hôtel Rohan-Soubise (1735 - 1740), caractéristiques du style rocaille* ou rococo.

**BOFILL (Ricardo)** ♦ Architecte espagnol (Barcelone 1939). Représentant du postmodernisme classique, il crée dans ses bâtiments une tension esthétique par la monumentalité des façades, qui sont autonomes par rapport au plan et s'ornent de colonnades et de frontons. Son cabinet, Taller de Arquitectura, consacre à la France une grande part de son activité depuis 1979 : belvédère de Saint-Christophe à Cergy-Pontoise (1981 - 1985), quartier Antigone à Montpellier (1979 - 1986), les Espaces d'Abraxas à Marne-la-Vallée (1978 - 1982), les Échelles du baroque à Paris (1979 - 1985), réaménagement de Saint-Étienne (1992 - 1993), marché Saint-Honoré à Paris (1997). Bofill a aussi construit le siège social de la Swift à Bruxelles (1989), le Teatre nacional de Catalunya à Barcelone (1997), la tour Shiseido à Tōkyō (2001). ← ÉTYM. Le nom de famille *Bofill* vient du latin *bonus filius* « bon fils ».

**BOGARDE (Derek VAN DEN BOGAERDE, dit Dirk)** ← ÉTYM. n. d'orig. néerl. *van den Bogaerde* « des vergers » [sa famille était originaire des Pays-Bas] ♦ Acteur britannique (Hampstead 1921 - Londres 1999). Après des débuts obscurs dans le film policier de série, il fut choisi, pour des rôles importants, par Joseph Losey (*The Servant*, 1963 ; *Pour l'exemple*, 1964 ; *Accident*, 1967), Luchino Visconti (*Les Damnés*, 1969 ; *La Mort* à Venise*, 1971) et Alain Resnais (*Providence*, 1977). Il interpréta également *Daddy Nostalgie* de Bertrand Tavernier (1990).

Ricardo **Bofill.** La place de Séoul dans le quartier Montparnasse à Paris. *Phot. © Dagli Orti*

**BOGART (Humphrey)** ← ÉTYM. n. d'orig. néerl. ; son ancêtre Gisbert In Den *Bogart* (« dans le verger ») émigra aux États-Unis au XVIIe s. ♦ Acteur américain (New York 1899 - Los Angeles 1957). Son interprétation au théâtre et au cinéma de *La Forêt pétrifiée* (1935) lança sa carrière. Il s'imposa au cinéma dans des rôles d'aventurier et de détective privé auxquels il conféra un style dur, à la générosité masquée, qui fit de lui l'acteur emblématique du film noir. Princ. films : *Le Faucon* maltais* (1941), *Casablanca* (1943), *Le Port de l'angoisse* (1943), *Le Grand Sommeil* (1946), *Key* Largo* (1948), *La Femme à abattre* (1951), *The African Queen* (1952), *La Comtesse aux pieds nus* (1954).

**BOĞAZKALE** – anc. ***Boğazköy*** ♦ Site archéologique de Turquie, à l'E. d'Ankara*, à l'emplacement de l'anc. capitale hittite Hattousas*.

**BOGDAN** ♦ Nom de plusieurs princes de Moldavie. ♦ **BOGDAN Ier** (de 1359 à 1365). Il s'émancipa de la tutelle hongroise et fonda la principauté de Moldavie (1359), dont il proclama l'indépendance. ♦ **BOGDAN II** (de 1449 à 1451), fils d'Alexandre le Bon. Il fut assassiné par Pierre Aron (Pierre III), fils naturel d'Alexandre le Bon. Il était le père d'Étienne le Grand. ♦ **BOGDAN III le Borgne** (de 1504 à 1517), fils d'Étienne le Grand auquel il succéda. En lutte à la fois contre les Polonais et les Turcs, la Moldavie passa, sous son règne, sous domination ottomane.

**BOGDAN (Pjetër)** ♦ Évêque et écrivain albanais (Guri i Hasit, près de Prizren 1625 - Priština 1689). Auteur d'un célèbre traité religieux, le *Cuneus prophetarum* (1685), important pour la constitution de la littérature écrite albanaise.

**BOGDANOV (Aleksandr Aleksandrovitch MALINOVSKI, dit)** ← ÉTYM. du slave *Bogdan* « cadeau *(dan)* de Dieu *(Bog)* », n. de pers. ♦ Philosophe, économiste et sociologue russe (Sokolka, gouvern. de Grodno 1873 - Moscou 1928). Bolchevik jusqu'en 1907, il fut, à partir de 1908, un des principaux représentants du mouvement de mise en question et de révision du matérialisme dialectique et historique de Marx et d'Engels et créa « l'empiriomonisme », variété de l'empiriocriticisme (→ **Avenarius, Mach**), dont les positions idéalistes furent vivement critiquées par Lénine*.

**BOGHARI** → **Ksar el-Boukhari**

**BOGNY-SUR-MEUSE** [08120] ♦ Comm. des Ardennes, arr. de Charleville-Mézières. 5 838 hab. (aggl. 8 629) *(Bognysiens)*.

**bogomiles**

n. m. pl. ← ÉTYM. rapporté à *Bogomil* en bulg. « l'ami de Dieu », nom du fondateur, probablement légendaire ♦ Hérétiques dualistes apparus en Bulgarie au Xe s.. S'appuyant sur les doctrines manichéennes (→ **manichéisme**), le *bogomilisme* se répandit au XIIe s. dans les pays balkaniques et l'Empire byzantin. Son influence semble être l'une des causes du mouvement cathare*.

**BOGOR** ♦ V. d'Indonésie (Java), au S. de Jakarta, dans la grande banlieue, appelée autrefois *Buitenzorg* (« Sans Souci ») par les Hollandais. 285 000 hab. Beau jardin botanique, centre d'études agronomiques. Ancien palais des gouverneurs hollandais. ▪ Indus. alimentaires, pharmaceutiques. Ciment, chaux.

**BOGOTÁ** ← ÉTYM. p.-ê. du chibcha *-tá* « champ » ou du n. d'un seigneur local ♦ Cap. de la Colombie, à 2 600 m d'alt. au flanc de la chaîne Monserrate (cordillère orientale des Andes) et en lisière de la *sabana* (plaine). 6 778 691 hab. Musées d'Art colonial, national, de l'Or (objets précolombiens). ▪ Avec 14 % de la population nationale, elle concentre de plus en plus les activités tertiaires (grand centre d'administration, de finances, de commerce et d'enseignement

**Bogotá.** Place Bolivár. *Phot.©Explorer*

supérieur) et les activités industrielles du pays (31,4 % des établissements industriels, 33 % des actifs et 26 % de la valeur ajoutée), avec une très grande diversification de la production. La ville gagne sur la *sabana* dont le drainage a permis l'installation d'une industrie laitière puissante et le développement de la floriculture en serre destinée à l'exportation grâce à l'aéroport international. **▮ Histoire** Fondée en 1538 sous le nom de Santa Fe de Bogotá, par Quesada*, sur le site de l'anc. Bacatá ; centre de la civilisation des Indiens chibchas, la ville fut la capitale de la vice-royauté espagnole de Nouvelle-Grenade (1598 - 1819) avant de devenir celle de la République colombienne.

**BOGOUTCHANY** ♦ Loc. de Russie (Sibérie). Grande centrale hydroélectrique sur l'Angara (4 millions de kW).

**BOHAI** ou **PO-HAI** – en coréen ***Balhae*** ♦ Royaume coréen du N.-E. de la Chine (centre de la Mandchourie), créé en 668 par les fugitifs d'un royaume coréen (Koguryŏ) mêlés avec des tribus toungouzes. Sa culture fut prestigieuse, mais ne survécut pas à la conquête en 926 par la dynastie chinoise des Liao* (ethnie des Khitans).

**BOHAI** ou **PO-HAI** (golfe du) – anc. ***golfe du Petchili*** ♦ Golfe de la mer Jaune, situé entre les péninsules du Liaodong et du Shandong. Le Huang he et les autres fleuves de la Chine du Nord y déversent leurs alluvions. Gisements de pétrole.

**BOHAIN-EN-VERMANDOIS** [02110] ➝ **ÉTYM.** du germ. *Bodo* ou *Bolo*, n. de pers., et *heim* «village» ♦ Ch.-l. de cant. de l'Aisne, arr. de Saint-Quentin. 6 600 hab. *(Bohainois)*.

**BOHARS** [29820] ♦ Comm. du Finistère, arr. de Brest. 3 170 hab.

**BOHÊME** n. f. ➝ **ÉTYM.** du n. des *Boïens** ; en tchèque ***Čechy*** ♦ Région historique et géographique constituant la partie occidentale de la Tchécoslovaquie* jusqu'en 1992 et formant actuellement la principale composante de la République tchèque*. 52 770 km². 6 290 000 hab. Jusqu'en 1992, la Bohême était divisée en 6 régions administratives *(kraj)*.

**▮ GÉOGRAPHIE** La Bohême se présente comme un vaste quadrilatère entouré de massifs hercyniens rajeunis : au N.-E. et à l'E. les monts des Sudètes, au N. (entre la Neisse et la trouée de l'Elbe) les Lužické Hory (1 012 m), au N.-O. les Krušné Hory ou monts Métallifères (en all. Erzgebirge*), flanqués de deux massifs volcaniques (les České Stredohory à l'E. et les Doupovské Hory à l'O.), au S.-O. le Český Les et la Forêt-de-Bohême, enfin au S.-E. les collines tchéco-moraves (837 m), au relief peu marqué du côté de la Bohême. L'intérieur de la région, formé essentiellement de plateaux, comprend trois bassins : le bassin marécageux de České Budějovice drainé par la Vltava ; le bassin de Plzeň, séparé du précédent par les crêtes gréseuses des Brdy, drainé par la Berounka et hautement industrialisé ; la plaine limoneuse du Polabí*, au N.-E., la région la plus riche de la Bohême.

**▮ ÉCONOMIE** ➝ **République tchèque.**

**▮ HISTOIRE ▮ Antiquité et Moyen Âge** Peuplée à partir du –Vᵉ s. par les Celtes boïens, occupée par les Marcomans* (Iᵉʳ s.), puis par des Slaves, les Tchèques, qui devinrent les vassaux de Charlemagne à la fin du VIIIᵉ s., la Bohême, évangélisée à partir de 863 par Cyrille* et Méthode, fit partie du royaume de Grande-Moravie à la fin du IXᵉ s. Celui-ci engloba à un moment donné la Moravie et la Slovaquie occidentale, mais, à partir de 894, la Moravie fut séparée de la Bohême pour un siècle. ➝ **Moravie.** Quant à la Slovaquie, elle tomba sous le joug magyar en 905. L'État tchèque, fondé par les Přemyslides, reconnut la suzeraineté des rois allemands après l'assassinat de saint Wenceslas*, duc de Bohême (923 - 929), par son frère Boleslav* le Cruel (929 - 967). Sous Vratislav II (1061 - 1092), le duché fut élevé au rang de royaume, lequel devint héréditaire en 1198. Le règne d'Ottokar* II Přemysl (1253 - 1278) fut marqué par une série de conquêtes (la Silésie, la Slovaquie, la Lusace, l'Autriche, la Styrie, la Carinthie et la Carniole), abandonnées sous la contrainte de l'empereur Rodolphe* Iᵉʳ de Habsbourg. La dynastie des Přemyslides s'éteignit en 1306 avec l'assassinat de Wenceslas* III et fut remplacée en 1310 par celle des Luxembourg. **▮ L'apogée de la Bohême** À Jean* Iᵉʳ de Luxembourg (1310 - 1346) succéda Charles* IV (1346 - 1378), empereur du Saint Empire, qui porta la Bohême à son apogée et agrandit considérablement le royaume. Il fonda l'université de Prague et appela auprès de lui le Souabe P. Parler, architecte et sculpteur de génie, qui donna un nouveau visage à la ville (cathédrale Saint-Guy, pont Charles). ➝ **Prague.** Des enluminures de manuscrits (*Liber viaticum, Évangéliaire* de Jean de Troppau) et des peintures sur bois furent commandées à des artistes étrangers venus des quatre coins de l'Europe (Nicolas Wurmser). Les peintures murales gothiques de Maître Théodoric au château de Karlštejn témoignent de l'exceptionnelle qualité du travail artistique effectué au long du XIVᵉ s. **▮ La réforme et les hussites** Sous le règne du fils de Charles IV, Wenceslas* IV (1378 - 1419), le mouvement de réforme dirigé par Jan Hus* provoqua une crise à la fois religieuse, nationale et sociale qui aboutit à la guerre civile sous Sigismond* de Luxembourg (1436 - 1437). Après une période confuse, la couronne de Bohême passa successivement à Georges* de Poděbrady (1458 - 1471) dont le règne vit reparaître des traces de hussisme (fondation de l'Unité des Frères Tchèques), aux Jagellon* (Ladislas VI [1471 - 1516] et Louis* II [1516 - 1526] qui unit les couronnes de Bohême et de Hongrie), puis à la maison des Habsbourg avec Ferdinand* Iᵉʳ (1526 - 1564). Les Habsbourg gardèrent le trône jusqu'en 1918. **▮ La fin de l'autonomie de la Bohême** Rodolphe II continua la tâche entreprise par le mécène Charles IV et fit de Prague l'un des plus grands centres d'art européen (➝ **Prague**). Cependant, la politique de germanisation et le non-respect des libertés religieuses reconnues en 1609 par Rodolphe* II (1576 - 1612) provoquèrent en 1618 l'insurrection des protestants nationalistes (défenestration* de Prague) et marquèrent le début de la guerre de Trente Ans. Les insurgés, refusant le trône à Ferdinand* II, élirent l'électeur palatin Frédéric* V (1619 - 1620), mais la défaite protestante de la Montagne*-Blanche (8 nov. 1620) marqua la fin de l'autonomie de la Bohême. **▮ La germanisation** La Constitution de 1627 institua l'hérédité de la couronne de Bohême dans la maison de Habsbourg. Le souverain s'appropriait le pouvoir législatif détenu jusqu'alors par la Diète. À partir de cette époque, l'étouffement du protestantisme et la politique de germanisation à outrance (à peine adoucie par quelques concessions sous l'empereur Charles* VI, roi de Bohême sous le nom de Charles III [1711 - 1740], qui restèrent lettre morte) éveillèrent le sentiment national. Ainsi, alors que le pays se couvrait d'édifices baroques conformes à l'esthétique de la Contre-Réforme (église Saint-Nicolas à Prague), certains sculpteurs (M. Braun, F. M. Brokoff) et certains peintres (K. Škréta, P. J. Brandl) réussirent à faire passer leurs aspirations nationalistes. Le règne de Joseph* II (1780 - 1790) fut marqué par un accroissement de la centralisation des États habsbourgeois et par une détente sur le plan religieux (édit de tolérance de 1781). **▮ Le nationalisme tchèque** Le mouvement de renaissance culturelle et nationale tchèque, soutenu par les Éveilleurs (J. Dobrovský, J. Jungmann, P. J. Šafařík*, F. Palacký* [défenseur de l'austroslavisme]), se développa surtout après 1815 et aboutit à l'émeute de Prague (juin 1848), durement réprimée par Windischgrätz*. Le règne de François*-Joseph (1848 - 1916) vit apparaître, à côté de l'austroslavisme des Vieux-Tchèques (qui préconisait l'autonomie de la Bohême dans le cadre de l'Empire habsbourgeois), le néoslavisme des Jeunes-Tchèques (qui penchait vers le séparatisme). Un parti social-démocrate fut fondé en 1870 et s'implanta rapidement au sein du monde ouvrier. Diverses institutions renforcèrent les bases du nationalisme tchèque (la Matice, destinée à promouvoir l'enseignement de la langue, le Sokol, société de gymnastique, etc.). La peinture (J. Mánes, A. Kosárek, J. Čermák, A. Chitussi, Mařák, N. Aleš, W. Brožik), la musique (B. Smetana, A. Dvořák*, L. Janáček*) et la littérature (J. Neruda*, Hynek, Karásek et J. Hašek*, qui inventa le personnage de Chveik*) renforcèrent également le patriotisme, même si certains artistes préférèrent s'établir à Paris (A. Mucha, F. Kupka). La Première Guerre mondiale cristallisa l'opposition tchèque à la monarchie austro-hongroise et aboutit à la création d'une Tchécoslovaquie indépendante en 1918. ➝ **Tchécoslovaquie, tchèque (République).**

**BOHÊME (FORÊT-DE-)** – en all. ***Böhmerwald***, en tchèque ***Šumava*** ♦ Massif montagneux allongé séparant le S.-O. de la Bohême* (République tchèque) de l'Allemagne et de l'Autriche. L'Arber (1 456 m) et le Plechý (ou Plöckenstein, 1 378 m) en sont les points culminants. Prolongé au N.-O. par l'Oberpfälzerwald et le Český Les.

La **Bohème** ♦ Opéra en 4 actes de Puccini* sur un livret de Giacosa et Illica d'après *Scènes* de la vie de bohème* d'Henri Murger, créé à Turin le 1ᵉʳ fév. 1896. Il a été porté à l'écran en 1987 par L. Comencini.

**BOHÉMOND** ♦ Nom porté par plusieurs princes francs d'Antioche et comtes de Tripoli. ♦ **BOHÉMOND Iᵉʳ** (v. 1057 - Canossa, Pouilles 1111). Prince d'Antioche (1098 - 1111). Fils de Robert* Guiscard, il fut l'un des chefs de la 1ʳᵉ croisade* (1095 - 1099) et prit Antioche (1098). Après avoir été prisonnier de 1100 à 1103, il remit le gouvernement d'Antioche aux soins de son neveu Tancrède pour venir demander de l'aide en Occident. Il épousa alors Constance, fille de Philippe Iᵉʳ de France. Il se reconnut ensuite Vassal d'Alexis Iᵉʳ Comnène, empereur d'Orient. ♦ **BOHÉMOND II.** Fils du précédent. Prince d'Antioche (de 1126 à 1131). ♦ **BOHÉMOND III.** Petit-fils du précédent. Prince d'Antioche (de 1163 à

1201). ♦ **BOHÉMOND IV.** Fils du précédent. Prince d'Antioche (de 1201 à 1233). ♦ **BOHÉMOND V.** Petit-fils du précédent. Prince d'Antioche (de 1233 à 1251). ♦ **BOHÉMOND VI.** Fils du précédent. Il perdit Antioche. ♦ **BOHÉMOND VII.** Fils du précédent. Il fut comte de Tripoli (de 1275 à 1287) et mourut sans postérité.

**BÖHM (Georg)** ♦ Organiste et compositeur allemand (Hohenkirchen, Thuringe 1661 - Lunebourg 1733). Titulaire de l'orgue à l'église Saint-Jean de Lunebourg (1698), il composa de nombreuses œuvres pour cet instrument (préludes et fugues) ainsi que des cantates et des pièces pour le clavecin. Il exerça sur J.-S. Bach, jeune choriste à Lunebourg, une influence certaine. ➝ ÉTYM. Ce nom est de même étymologie que *Böhme**.

**BÖHM (Karl)** ♦ Chef d'orchestre autrichien (Graz 1894 - Salzbourg 1981) Il dirigea les plus grands orchestres européens et l'Opéra de Vienne en 1944 - 1945 et 1954 - 1955, se consacrant surtout aux œuvres de Mozart, Wagner et Strauss.

**BÖHM-BAWERK (Eugen BÖHM VON BAWERK, dit)** ♦ Homme politique et économiste autrichien (Brünn, auj. Brno 1851 - Vienne 1914). Trois fois ministre des Finances, il fut l'un des principaux représentants de l'école marginaliste de Vienne (➝ **Menger**). Il est surtout connu pour sa théorie de l'intérêt, qui repose sur le principe de la productivité marginale et sur le facteur psychologique de la «dépréciation du futur» (selon laquelle un bien actuel vaut plus que le même bien futur), ainsi que pour sa critique des conceptions marxistes de l'exploitation de la force de travail de l'ouvrier par le capitalisme et de la baisse tendancielle du taux de profit (*Kapital und Kapitalzins*, 1884 - 1889 ; *Grundzüge der Theorie des wirtschaftlichen Güterwertes*, 1886).

**BÖHME** ou **BOEHME (Jakob)** ♦ Mystique allemand de confession luthérienne, surnommé «philosophus teutonicus» (Altseidenberg, près de Görlitz 1575 - Görlitz 1624). Cordonnier de son métier, il écrivit plusieurs ouvrages mystiques : *L'Aurore à son lever, Des trois principes de l'essence divine, De la triple vie de l'homme*. Contrairement à la métaphysique néoplatonicienne, qui, partant de l'Un, de la Perfection, décrit les degrés successifs de sa dégradation, la mystique de Böhme tente de montrer la genèse de l'être parfait à partir des êtres imparfaits. ➝ ÉTYM. Le nom allemand *Böhme* signifie «Bohémien, habitant de la Bohême» (➝ aussi Böhm).

**BOHR (Niels)** ♦ Physicien danois (Copenhague 1885 - *id.* 1962). L'un des pères de la physique quantique, il fut, autant par l'importance de ses découvertes que par le rayonnement de sa personnalité, l'un des savants les plus marquants du XX$^e$ s. En 1913, il proposa le modèle de la structure interne de l'atome qui porte son nom, dans lequel il appliqua au modèle planétaire de E. Rutherford* le postulat de la quantification de l'énergie de M. Planck*. Élaboré sans justification théorique, mais rendant bien compte des résultats expérimentaux, le modèle de Bohr permettait de rompre avec les concepts classiques et ouvrait la voie aux idées nouvelles. Après la formulation de la mécanique quantique par W. Heisenberg*, Bohr apporta une contribution essentielle à la compréhension de cette théorie. Son Institut devint un centre de recherches et de réflexion dans lequel séjournèrent pratiquement tous les physiciens de l'époque. Il proposa deux principes, de correspondance (établissant le lien entre les notions classique et quantique) et de complémentarité (d'après lequel corpuscule et onde sont deux aspects d'une même réalité) qui constituent la base de l'interprétation, dite de Copenhague, de la mécanique quantique et à laquelle s'opposait A. Einstein*. On lui doit aussi le modèle du noyau appelé «de la goutte liquide», qui permet d'expliquer le phénomène de la fission (1939). [Prix Nobel de phys. 1922] ➝ ÉTYM. *Bohr* vient de l'allemand *bohren* «forer».

**BOHR (Aage)** ♦ Physicien danois (Copenhague 1922 - Copenhague 2009), fils de Niels Bohr. Il est l'auteur, avec B. Mottelson, du modèle «unifié» du noyau atomique, qui établit la synthèse du modèle «en couches» et du modèle «collectif». [Prix Nobel de phys. 1975, avec J. Rainwater et B. Mottelson]

**BOIARDO (Matteo Maria)** ♦ Poète italien (Scandiano v. 1441 - Reggio nell'Emilia 1494). De noble famille, il se mit au service des Este et fut pour leur compte gouverneur de Modène puis de Reggio nell'Emilia. Issu d'un milieu humaniste, il composa un *Canzoniere* notable, où les paysages prévalent sur la psychologie. Son poème chevaleresque *Roland* amoureux* (commencé en 1476 et interrompu par sa mort) mêle le cycle carolingien au cycle breton, introduisant ainsi des thèmes et des figures destinés à une grande fortune avec l'Arioste et le *Roland furieux*.

**BOIELDIEU** [bɔjɛldjø] **(François Adrien)** ♦ Compositeur français (Rouen 1775 - Jarcy, Seine-et-Oise 1834). Auteur de mélodies et de pièces pour le piano, il connut la célébrité avec une quarantaine d'opéras-comiques et d'opéras, ensemble d'œuvres de qualité inégale d'où se détachent *Le Calife de Bagdad* (1800) et *La Dame blanche* (1825). Directeur de la musique à l'Opéra impérial de Saint-Pétersbourg (1803 - 1810), il fut aussi professeur de composition au Conservatoire de Paris. ➝ ÉTYM. C'est la déformation de *boyau Dieu !* «par les boyaux de Dieu !», ancien juron.

**BOÏENS** ou **BOÏES** n. m. pl. ➝ ÉTYM. en lat. ***Boii*** «les combattants, les guerriers» ; de la rac. indo-eur. *°bhei* «combattre» ♦ Peuple celte établi dans le S.-O. de l'Allemagne et qui se divisa au –V$^e$ s. en deux groupes. Le premier se fixa en Italie du Nord dans la région de Bologne et fut soumis par les Romains en –191. Le deuxième s'installa dans la région qui prit plus tard le nom de Bohême*. Mais, chassés par les Marcomans au –I$^{er}$ s., ces Boïens émigrèrent soit vers la Pannonie*, soit vers la Gaule où ils s'établirent dans la région de Bordeaux et dans l'Allier.

**BOILEAU** ou **BOILLESVE (Étienne)** ♦ Prévôt de Paris sous Saint Louis en 1261 (mort à Paris en 1270). À la demande du roi, il rédigea en 1268 un recueil des statuts des corporations parisiennes (*Le Livre des métiers*).

**BOILEAU (Nicolas)** dit **Boileau-Despréaux** ➝ ÉTYM. *Boileau*, de *bois l'eau*, surnom de buveur (par antiphrase) [➝ aussi Boylesve] et *Despréaux*, du n. d'une propriété familiale à Crosne ♦ Écrivain français (Paris 1636 - *id.* 1711). Issu de la bourgeoisie parlementaire parisienne, il fut élève au collège d'Harcourt. Il se montra un combattant plein de fougue dans ses neuf premières *Satires** (écrites entre 1660 et 1667), inspirées de celles d'Horace, de Juvénal et de Mathurin Régnier ; portant des attaques virulentes contre ceux qu'il estimait coupables de mauvais goût, donc de mauvais style (Chapelain*, Cotin*, Scudéry*), il louait ses amis Chapelle et Molière comme il soutiendra plus tard La Fontaine et Racine. Introduit dans une société moins libertine (chez le président de Lamoignon*, qui lui présenta notamment le Grand Arnauld*), Boileau allait se tourner vers le genre plus serein des *Épîtres** (1669 à 1695), volontiers nourries de réflexions morales. Il donna parallèlement en 1674 une traduction du *Traité du sublime* attribué à Longin*, les premiers chants du *Lutrin**, et son *Art* poétique* qui résume en formules vigoureuses la doctrine classique déjà illustrée par de nombreux chefs-d'œuvre. Historiographe du roi en 1677, entré à l'Académie en 1684, installé dans sa «retraite» d'Auteuil*, Boileau poursuivit la composition des *Satires*, des *Épîtres* et du *Lutrin*. Il retrouva en 1693 contre Charles Perrault* la fougue du polémiste dans ses *Réflexions sur Longin* (➝ **Anciens et des Modernes [querelle des]**), en s'élevant contre les mœurs modernes dans la *Satire X* («Contre les femmes», 1694), puis en se rangeant aux côtés des jansénistes contre les jésuites et leur casuistique dans l'*Épître XII* («Sur l'amour de Dieu», 1695). Cette protestation contre *l'équivoque* (titre d'un texte que Louis XIV interdit de publier), en littérature comme en morale ou en théologie, et cette passion de la vérité sont le fondement de la critique et de l'esthétique de Boileau.

**BOILEAU-NARCEJAC** ♦ Nom de plume de PIERRE BOILEAU (Paris 1906 - Beaulieu-sur-Mer 1989) et PIERRE AYRAUD dit THOMAS NARCEJAC (Rochefort 1908 - Nice 1998). Après avoir publié séparément des romans d'aventures, ils s'associèrent, à partir de 1948, pour écrire des romans policiers à suspense dont l'intrigue, située dans un cadre provincial, met en scène des personnages pris au piège de subtiles machinations. Leur œuvre, abondante, fut fréquemment adaptée au cinéma (*Celle qui n'était plus*, 1952, adapté sous le titre *Les Diaboliques* par H.-G. Clouzot* ; *D'entre les morts*, 1956, porté à l'écran sous le titre *Sueurs froides* par A. Hitchcock*). On leur doit également *Les Magiciennes* (1957), *La Mort a dit : peut-être* (1967), *Dans la gueule du loup* (1984), etc.

**BOILLY (Louis Léopold)** ♦ Peintre et graveur français (La Bassée 1761 - Paris 1845). Auteur de portraits, d'images galantes et de quelques peintures d'histoire, il est surtout célèbre comme peintre de genre (*L'Arrivée d'une diligence*, 1803). ▪ *Illustrations* : ➝ **Laclos, Robespierre.**

**BOIS** (lac des) – en angl. ***Lake of the Woods*** ♦ Lac du Canada (S.-O. de l'Ontario) et des États-Unis (Minnesota). 3 500 km$^2$.

**BOISCHAUT** n. m. ➝ ÉTYM. en Bourgogne *boichot* «petit bois» ♦ Plaine du S. du Berry, qui s'étend de part et d'autre de la haute vallée de l'Indre, entre le Cher et la Creuse, en bordure du Massif central, sur une partie des dép. de l'Indre et du Cher. ▪ C'est la vallée Noire de George Sand. ▪ Élevage. Vignoble.

**BOIS-COLOMBES** [92270] ➝ ÉTYM. de *bois* et *Colombes** ♦ Ch.-l. de cant. des Hauts-de-Seine, arr. de Nanterre, dans la banl. N.-O. de Paris. 23 885 hab. *(Bois-Colombiens)*. Comm. résidentielle. Cosmétiques.

**BOIS-D'ARCY** [78390] ♦ Comm. des Yvelines, arr. de Versailles. 12 064 hab. Archives du film du Centre national de la cinématographie.

**BOIS-DE-LA-CHAIZE** ♦ Écart de la comm. de Noirmoutier, dans l'île de Noirmoutier. Station balnéaire.

**BOISE** ou **BOISE CITY** ➝ ÉTYM. du fr. *boisé* ♦ V. des États-Unis, cap. de l'Idaho, dans la plaine de la Snake River. 126 000 hab. Protégée par les montagnes au N. et à l'E., la ville possède un climat doux pour la région. ▪ Centre commercial. Indus. du bois.

**BOISGUILBERT** ou **BOISGUILLEBERT (Pierre LE PESANT, sieur DE)** ♦ Économiste français (Rouen 1646 - *id.* 1714). Lieutenant général du bailliage de Rouen, il fut frappé par les difficultés économiques des campagnes à la fin du règne de Louis XIV, chercha à en étudier les causes et proposa comme remèdes la liberté du commerce et une réforme fiscale. Son ouvrage *Factum de la France* (1707), comme *La Dîme royale* de son parent Vauban (1707), fut interdit par un arrêté du Conseil du roi et Boisguilbert fut exilé en Auvergne. Il publia ses autres écrits sous le titre *Testament politique du maréchal de Vauban* (1714).

**BOIS-GUILLAUME** [76230] ← ÉTYM. de *bois* et du n. de son propriétaire ♦ Comm. de la Seine-Maritime, banl. N. de Rouen. 11 968 hab. *(Boisguillaumais)*.

**BOIS-LE-DUC** – en néerl. ***'s-Hertogenbosch*** ♦ V. des Pays-Bas, ch.-l. du Brabant-Septentrional, au confluent de l'Aa et de la Dommel, et sur le canal Guillaume (Zuid-Willemsvaart). 135 648 hab. La ville conserve la cathédrale Saint-Jean (XIV$^{e}$ - XVI$^{e}$ s.), la plus belle église gothique des Pays-Bas. ▪ Indus. textiles, chimiques et alimentaires. Pneumatiques. Centre admin., commercial et culturel. ▮ **Histoire** La ville doit son nom à Henri I$^{er}$, duc de Brabant, qui l'érigea en cité en 1185. Elle fut prise par les Impériaux en 1629 puis donnée au Provinces-Unies en 1648. Prise par Pichegru, elle fut française jusqu'en 1814.

**BOIS-LE-ROI** [77590] ← ÉTYM. de *bois* et du n. de son propriétaire (p.-ê. le roi Louis IX) ♦ Comm. de Seine-et-Marne, arr. de Fontainebleau, à la lisière N. de la forêt de Fontainebleau. 5 292 hab. (aggl. 8 519) *(Bacots)*.

**BOISMORTIER (Joseph BODIN DE)** ♦ Compositeur français (Thionville 1689 - Roissy-en-Brie 1755). Auteur de nombreuses compositions de musique de chambre (sonates, trios, concertos pour flûte, violon, violoncelle), de cantates et de motets, il fut, dans le domaine de l'opéra-ballet (*Daphnis et Chloé*, 1747), un rival de Rameau*.

**BOISROBERT (François LE MÉTEL, seigneur DE)** ♦ Poète et abbé de cour français (Caen 1592 - Paris 1662). «Plus célèbre par sa faveur auprès du cardinal de Richelieu et par sa fortune que par son mérite» (Voltaire), il écrivit des pièces de théâtre et composa *Les Nouvelles héroïques et amoureuses* (1667). Il contribua à la création de l'Académie* française dont il fut un des premiers membres (1634). À ce titre, il prit part à la querelle du *Cid** → **Corneille (Pierre)**.

**BOISSIÈRE (Jean-Baptiste Prudence)** ♦ Lexicographe français (Valognes, Manche 1806 - Paris 1885). On lui doit un *Dictionnaire analogique de la langue française* (1862).

**BOISSISE-LE-ROI** [77310] ♦ Comm. de Seine-et-Marne, arr. de Melun. 3 653 hab.

**BOISSY D'ANGLAS** [ɑ̃glas] **(François Antoine, comte DE)** ♦ Homme politique français (Saint-Jean-Chambre, Ardèche 1756 - Paris 1826). Député du tiers état aux états généraux (1789), il vota généralement avec les constitutionnels. Réélu à la Convention, il en fut le président après le 9 Thermidor an II (27 juil. 1794). Membre du Conseil des Cinq-Cents, après avoir participé à la rédaction de la Constitution de l'an III, il fut proscrit lors du coup d'État du 18 Fructidor (4 sept. 1797), mais réussit à échapper à la déportation. Membre du Tribunat après le 18 Brumaire an VIII (9 nov. 1799), sénateur et comte d'Empire, il fut fait pair sous la Restauration.

**BOISSY-SAINT-LÉGER** [94470] ← ÉTYM. anc. ***Bucciacus***, du lat. *Buttius* ou *Buccius*, n. de pers., et suff. *-acum*, et du n. de *saint Léger**, patron de l'église ♦ Ch.-l. de cant. du Val-de-Marne, arr. de Créteil. 15 289 hab. *(Boisséens)*. Comm. résidentielle. Horticulture (orchidées). Nettoyage industriel. ▪ Aux environs, château de Grosbois du XVI$^{e}$ s., rebâti au XVII$^{e}$ s. Après avoir appartenu successivement au comte de Provence (futur Louis XVIII), à P. Barras, au général J. Moreau, à J. Fouché, il devint la propriété de L. Berthier qui le meubla et le décora somptueusement : mobilier Empire (G. Jacob) ; portraits et bustes par P. Mignard, P.-P. Prud'hon, A. Gros, A. Canova ; fresques de A. Bosse.

**BOISSY-SOUS-SAINT-YON** [91790] ♦ Comm. de l'Essonne, arr. d'Étampes. 3 566 hab.

**BOITAC (Diogo)** ♦ Architecte portugais (1460-1528 ?), il est l'un des créateurs du style manuélin et conçut notamment les colonnes torsadées aux motifs abondants caractéristiques de l'époque. Il participa à la construction de l'église de Jésus à Setúbal* et du monastère des Hiéronymites à Belém*.

**BOITO (Arrigo)** ♦ Poète et compositeur italien (Padoue 1842 - Milan 1918). Fils d'une comtesse polonaise et d'un peintre italien, tôt lié à la Scapigliatura milanaise, il publia des poésies (*Re Orso*, 1865 ; *Il libro dei versi*, 1877), des nouvelles (*L'Alfiere nero*), et donna son opéra *Méphistophélès* (1868), dont il avait écrit musique et livret d'après Goethe. Par la suite, il écrivit surtout des livrets pour ses amis (*La Gioconda*, de Ponchielli) et traduisit des opéras étrangers (*Tristan*, 1876). Reconnu comme une figure de premier ordre, il devint le librettiste de Verdi en écrivant pour lui les deux chefs-d'œuvre *Otello* et *Falstaff*. Il n'achèvera pas son*Néron*, opéra créé après sa mort par Toscanini. ♦ **Camillo Boito.** Architecte et écrivain (1836 - 1914). Frère du précédent. Il est l'auteur de *Senso*, nouvelle dont Visconti* a tiré un film (→ **Senso**).

**BOJADOR** ♦ Cap d'Afrique nord-occidentale, dans le Sahara* occidental.

**BOJER (Johan)** ♦ Conteur et romancier norvégien (Orkanger, près de Trondheim 1872 - Asker 1959). Enfant du peuple, autodidacte, il fut un grand admirateur de Maupassant*. Narrateur de talent, il décrivit la vie populaire dans des contes (*Sur le chemin de l'église*, 1897 ; *Oiseaux blancs*, 1904). Ses romans, plus célèbres, furent souvent traduits : *La Grande Faim* (1916) où il confronta les tendances réalistes et religieuses de l'époque, *Le Dernier des Vikings* (1921) où il retraça la vie rude des pêcheurs de morue au large des îles Lofoten, *Gens de la côte* (1929) où il peignit la pauvreté des gens simples.

**BO Juyi** ou **PO Kiu-yi** ♦ Poète et ministre impérial chinois (Xinzheng 772 - Luoyang 846). Il est considéré comme l'un des plus grands poètes de Chine. Certaines de ses œuvres, réalistes et à caractère social, qui reflétaient la sensibilité à la fin des Tang, furent écrites dans un style qu'il voulut compréhensible par tous. Auteur notamment du célèbre *Chant de l'éternel regret*.

**BOKASSA (Jean-Bedel)** ♦ Homme d'État centrafricain (Bobangui 1921 - Bangui 1996). Ancien capitaine de l'armée française, il s'empara du pouvoir en 1966, se proclama président à vie (1972), maréchal (1974) puis empereur (1976). Il instaura un régime autoritaire sanguinaire. Il fut renversé en sept. 1979 par l'ex-président D. Dacko. Jugé et condamné à mort en 1987, il fut libéré en 1993.

**BOKÉ** ♦ V. de Guinée, proche de la côte. Env. 10 000 hab. Gisement de bauxite.

**BOKENRENEF** → **Bocchoris**

**BOKSBURG** ♦ V. d'Afrique du Sud (Gauteng). 150 000 hab. Mines d'or et de charbon.

**BOL (Ferdinand)** ♦ Peintre et graveur hollandais (Dordrecht v. 1610 - Amsterdam 1680). Ami et élève de Rembrandt, il assimila notamment sa manière de traiter le clair-obscur, et certaines de ses œuvres (portraits et surtout eaux-fortes) ont longtemps été attribuées au maître. La fermeté de sa facture apparaît surtout dans ses portraits collectifs *(Quatre Régentes de l'hôpital des lépreux)*.

Ferdinand **Bol.** *Otto Van der Waeyen en costume polonais* (1,58 × 1,21 m).
Musée Boymans-Van Beuningen, Rotterdam.
*Phot. © Arch. Smeets*

**BOLBEC** [76210] ← ÉTYM. du n. du ruisseau *Bolbec*, du scand. *bol* «ferme» et *bekkr* «ruisseau» ♦ Ch.-l. de cant. de la Seine-Maritime, arr. du Havre, dans le pays de Caux. 12 588 hab. (aggl. 16 450) *(Bolbécais)*.

## bolchevik

n. m. ← ÉTYM. russe «partisan de la majorité» ♦ Nom adopté par les partisans de Lénine* pour désigner l'aile gauche du Parti ouvrier social-démocrate russe qui obtint la majorité au II$^{e}$ congrès de ce parti en 1903 contre les mencheviks. → **Russie, URSS.** Après l'échec de la révolution de 1905, la lutte des deux tendances s'aggrava. Plekhanov* se sépara de Lénine et les bolcheviks fondèrent en 1912 un parti politique indépendant. Rentrés en Russie après la révolution de mars 1917, leurs chefs visèrent aussitôt la conquête du pouvoir et Lénine* s'en empara effectivement en nov. en prenant la présidence du Conseil des commissaires du peuple. La guerre civile se termina en 1920 par la victoire complète des bolcheviks. ▪ L'épithète de *bolchevik* resta accolée jusqu'en 1952 au parti communiste de l'URSS (PCB).

**BOLDINI (Giovanni)** ♦ Peintre italien (Ferrare 1842 - Paris 1931). Il étudia à Florence, et se lia avec le groupe des macchiaioli* (tachistes), dont le chef de file était Adriano Cecioni. À Londres en 1869, il devint rapidement un portraitiste mondain très prisé. Il s'établit à Paris vers 1872 et devint notamment l'ami de Degas*. Il peignit des scènes de genre *(Lavandière sur la Seine)* et des scènes d'intérieur où apparaît son audace technique et chromatique : taches colorées étalées d'un pinceau léger et nerveux. Devenu le portraitiste favori du Paris mondain, il multiplia les portraits rapides au pastel et à l'huile où l'élégance désinvolte et sensuelle, le maniérisme des poses, la vivacité de l'expression sont rendus d'une touche virevoltante et lâche *(Cléo de Mérode, Robert de Montesquiou, La Marquise Casati)*.

**BOLDREWOOD (Thomas Alexander BROWNE, dit Rolf)** ♦ Écrivain australien (Londres 1826 - Melbourne 1915). Ses romans décrivent l'époque aventureuse de la ruée vers l'or en Australie. Le plus connu est *Vol à main armée* (1888).

**BOLDUC (Mary TRAVERS, dite LA)** ♦ Auteur, compositrice et interprète canadienne d'expression française (Newport, Gaspésie 1894 - Montréal 1941). Ses chansons, caractérisées par de piquantes observations sur les petites gens et l'actualité à l'époque de la crise économique de 1929 *(Les Agents d'assurance, Ça va venir découragez-vous pas)*, marquent la naissance d'une chanson authentiquement québécoise. L'emploi du parler populaire ainsi que le «turlutage» (roulement de la langue contre le palais dans une litanie de syllabes sans signification précise) confèrent à son œuvre un style unique.

**Boléro** ♦ Ballet en un tableau, musique de Maurice Ravel, chorégraphie de B. Nijinska (créé à l'Opéra de Paris en 1928). Cette œuvre, commandée par Ida Rubinstein, qui fut l'une des interprètes, avait pour titre initial *Obsession d'un rythme*. Bâti sur un crescendo, *Boléro* évoque la danse d'une gitane et l'exaltation qui se communique à la foule des spectateurs.

**BOLESLAS** – en polon. ***Bolesław*** ♦ Nom de plusieurs souverains de Pologne* de la dynastie des Piast*. ♦ **BOLESLAS Ier dit le Vaillant** (v. 966 - 1025) Fils de Mieszko* Ier, duc de Pologne en 992, il soumit la Bohême*, la Lusace*, la Moravie*, une grande partie de la Slovaquie*, et devint en 1025 le premier roi de Pologne. ♦ **BOLESLAS II dit le Généreux ou le Hardi** (1039 - Hongrie 1081). Fils de Casimir Ier, duc (1058) puis roi de Pologne (1076), il fut excommunié et déposé pour avoir assassiné saint Stanislas* en 1079. Son frère Ladislas* Ier Herman lui succéda. ♦ **BOLESLAS III dit Bouche-Torse** (1086 - 1138). Fils et successeur de Ladislas* Ier Herman, duc de Pologne de 1102 à 1138, il soumit la Poméranie* occidentale qu'il fit évangéliser par Othon* de Bamberg, et rétablit l'unité de la Pologne. À sa mort, le pays connut une période d'anarchie, due au partage des États entre ses fils (Ladislas II, Boleslas IV, Mieszko III, Casimir II). ♦ **BOLESLAS IV dit le Crépu** (1125 - Cracovie 1173). Fils du précédent, duc de Pologne (1146 - 1173), il succéda à son frère Ladislas* II. ◆ ÉTYM. *Boleslas* vient du vieux russe *bole* «grand» et *slava* «gloire».

**BOLESLAV** ♦ Nom de plusieurs ducs de Bohême. ♦ **BOLESLAV Ier** (mort en 967). Duc de Bohême de 929 à sa mort. Il monta sur le trône après avoir assassiné son frère Wenceslas* et fonda l'État tchèque. ♦ **BOLESLAV II.** Fils et successeur du précédent, il fut duc de Bohême de 967 à 999. ♦ **BOLESLAV III** (mort en 1037), fils et successeur du précédent. Duc de Bohême de 999 à 1003, il fut ensuite prisonnier de Boleslas* Ier de Pologne. ◆ ÉTYM. *Boleslav* vient du vieux russe *bole* «grand» et *slava* «gloire».

**BOLINGBROKE (Henry SAINT JOHN, 1er vicomte)** ♦ Homme politique et écrivain britannique (Battersea, Surrey 1678 - *id.* 1751). Sa carrière politique prit un essor rapide dans les rangs tories, sous Guillaume* III et Anne* Stuart. Il négocia le traité d'Utrecht*. Il perdit son influence à l'avènement des Hanovre et dut s'exiler du fait de ses sympathies pour le prétendant Jacques III (→ **Jacques Édouard Stuart**). Réconcilié avec la nouvelle dynastie, il s'opposa à Walpole*. De 1727 à 1731, il collabora au *Craftsman* (organe d'opposition à Walpole) où il publia notamment une *Dissertation sur les partis*. Cynique et déiste, Bolingbroke a fourni à Pope* les lignes générales de la philosophie religieuse de l'*Essai sur l'homme*.

**BOLÍVAR (Simón José Antonio)** ♦ Général et homme d'État sud-américain (Caracas 1783 - Santa Marta, Colombie 1830). Après avoir rallié en 1810 le mouvement d'indépendance du Venezuela* (→ **Miranda**), il fut envoyé en mission à Londres par la junte révolutionnaire. Là, il décida Miranda à retourner à Caracas. Il servit sous ses ordres, puis se brouilla avec lui. Les Espagnols s'étant emparés de Miranda, Bolívar s'exila en Nouvelle-Grenade (1812) et prit le commandement du corps expéditionnaire qui devait libérer le Venezuela. Dès 1813, il entrait dans Caracas et recevait le titre de *Libertador*, mais l'année suivante, battu par les Espagnols, il dut à nouveau s'exiler. De retour au Venezuela (déc. 1816), il organisa une armée et remporta en août 1819 la victoire décisive de Boyacá*, qui lui permit d'entrer à Bogotá*. Président et dictateur, il fit proclamer la république de Grande-Colombie. En juin 1821, la victoire de Carabobo* lui ouvrit les portes de Caracas. Il entreprit une action pour la libération de l'Équateur* avec le concours de son lieutenant Sucre*. Après la chute de Quito* (1822), il rencontra San* Martín, protecteur du Pérou*, qui, abandonnant le pouvoir, lui laissait le champ libre. Battus à Junín* et à Ayacucho*, les Espagnols du Bas-Pérou capitulèrent (1824) et les victoires de Sucre* dans le Haut-Pérou amenèrent la création de l'État de Bolivie* (1825), ainsi nommé en l'honneur de Bolívar. Maître d'une grande partie de l'Amérique du Sud, Bolívar réunit à Panamá* (1826) un congrès panaméricain, mais il ne réussit pas à empêcher la guerre entre la Colombie et le Pérou ni la sécession du Venezuela (1829). Il abandonna le pouvoir en mai 1830 et mourut peu après. ◆ ÉTYM. Ce nom vient du nom de lieu *Bolívar*, du basque *bolu* «moulin» et *ibar* «pré».

**BOLÍVAR** ♦ État du Venezuela, entre l'Orénoque, le Guyana et le Brésil. 238 000 km². 1 214 846 hab. CAP. : Ciudad Bolívar. C'est le plus vaste État du pays. D'importants gisements de minerai de fer et l'énergie produite par le barrage de Guri sur le Caroni ont permis l'établissement d'un pôle industriel autour d'un complexe sidérurgique et d'une usine d'aluminium. Grâce aux investissements réalisés à partir des ressources pétrolières nationales et gérés par la Corporation vénézuélienne de Guyane (CVG), le Venezuela a réussi à créer les bases du développement de cette immense Guyane vénézuélienne. La ville nouvelle de Ciudad Guayana est devenue une métropole régionale.

## BOLIVIE

■ n. f. – off. ***État plurinational de Bolivie***, en esp. ***Estado Plurinacional de Bolivia*** ◆ ÉTYM. du n. de Simón *Bolívar** ♦ Pays d'Amérique du Sud. 1 098 581 km². 10 028 000 hab. *(Boliviens)*. LANGUES : espagnol (off.), quechua et aymara. RELIGION : chrétienne à majorité catholique. MONNAIE : boliviano. CAPITALE : Sucre (cap. constitutionnelle) et La Paz (cap. gouvernementale). RÉGIME : présidentiel. La Bolivie est divisée en 9 départements.

■ **GÉOGRAPHIE** ■ **Le relief** La Bolivie comprend deux grandes régions géographiques : à l'O. la cordillère des Andes, à l'E. les plaines de l'Oriente. Le pays est sans accès à la mer. Les deux chaînes parallèles qui forment la cordillère ont des sommets dépassant 5 000 m et encadrent un immense haut plateau (l'Altiplano) de 4 000 m d'altitude moyenne. La Cordillère occidentale a pour sommet le plus élevé le volcan Sajama (6 542 m). La Cordillère orientale, traversée par de profondes vallées *(yungas)* qui communiquent avec les plaines orientales, comprend au N. la cordillère Royale où se situent l'Illampú (6 362 m) et l'Illimani (6 402 m), et au S. la cordillère de Cochabamba. Sur l'Altiplano (2 000 km de long sur 200 km de large) le lac Titicaca*, dont la plus grande partie est péruvienne, a comme exutoire le río Desaguadero*. ■ **Le climat et la population** Les conditions de vie sont rudes en raison du climat de montagne froid et venté (9 °C en moy.). Seuls les bords du lac Titicaca (600 mm de précipitations) ont des densités humaines élevées, grâce à une économie agricole associée à la pêche et à l'élevage. Ailleurs, les cultures sont limitées en l'absence d'irrigation (souvent moins de 200 mm de pluies par an) dans cette immense steppe *(puna)*. 3 % de l'espace bolivien est cultivé. C'est sur l'Altiplano que vit la majorité des habitants (70 % de la pop., sur 1/3 du territoire) malgré la faible superficie cultivable, la dimension trop réduite des exploitations agricoles familiales (moins de 2 ha) et les rendements aléatoires. Le reste de la population quitte les secteurs miniers pour gagner les villes, en particulier La Paz, et parfois les plaines orientales (Santa Cruz), où se développe depuis trente ans un mouvement de colonisation. ■ **Les mines** Le secteur minier et pétrolier occupe une grande place dans l'économie bolivienne. Outre l'étain et l'argent, la Bolivie exploite des mines de zinc, cuivre, plomb et bismuth. L'essor récent de l'or y est considérable. À la frontière brésilienne, la mine de fer d'El Mutún (réserves de 40 milliards de t) est exploitée en grande partie au profit des Brésiliens. ■ **L'agriculture** Les vastes plaines de l'E. sont drainées par des fleuves issus des Andes, soit vers le río Mamoré et le bassin amazonien au N., soit vers celui du Paraná au S. Aux forêts tropicales humides du N., couvertes parfois de savanes, succèdent peu à peu, en progressant vers le S., la forêt à longue saison sèche du Chaco, les savanes arborées puis la forêt claire à épineux. Terre de colonisation récente à partir des débouchés des vallées andines et sur-

Bolivie ■ Productions en 2008

| Produits | Quantités | Rang |
|---|---|---|
| ■ Agriculture | | |
| Bananes | 630 000 t | |
| Blé | 168 000 t | |
| Café | 25 000 t | |
| Canne à sucre | 6 300 000 t | |
| Maïs (2009) | 810 000 t | |
| Pommes de terre | 750 000 t | |
| Riz (2009) | 320 000 t | |
| Soja (graines) (2009) | 1 000 000 t | |
| Bovins (têtes) | 7 800 000 | |
| Ovins (têtes) | 9 100 000 | |
| ■ Mines et énergie | | |
| Argent | 480 t | |
| Étain | 18 000 t | 4e |
| Gaz naturel | 14 000 000 000 m³ | |
| Or | 8 t | |
| Pétrole | 6 000 000 t | |
| Zinc | 200 000 t | |

**Bolivie.**

tout autour de Santa Cruz, la capitale régionale, c'est la région des productions tropicales (café, canne à sucre, coton et fruits), des grands domaines d'élevage bovin et de l'exploitation forestière qui permet d'équilibrer l'agriculture vivrière des hautes terres, d'approvisionner l'agro-industrie et d'exporter une petite partie de la production. La culture de la coca est ancienne, mais son essor a imposé, sous la pression des États-Unis, l'adoption d'une politique de «coca zéro» qui bouleverse l'économie agricole et accélère l'exode rural. 90% de la valeur des exportations proviennent des minerais et hydrocarbures. ▮ **Économie** L'économie connaît une croissance régulière. Membre associé du Mercosur depuis 1996, la Bolivie doit nécessairement conserver de bonnes relations commerciales avec ses voisins argentin et surtout brésilien, qui constituent des marchés importants. Cependant le pays demeure l'un des plus pauvres de l'Amérique latine (moins de 1 800 dollars par hab. en 2008).

▮ **HISTOIRE** ▮ **Des Incas à la domination espagnole** Peuplée à l'origine principalement par les Aymaras* (→ **Tiahuanaco**), les Chiquitos* et les Quechuas*, la région du Haut-Pérou, qui forme aujourd'hui la Bolivie, fit partie de l'empire des Incas. Conquise par Pizarro, elle passa sous domination espagnole en 1538, fut rattachée à la vice-royauté du Pérou (1543 - 1776) puis à la vice-royauté du Río de La Plata (→ **Argentine**). ▮ **La république** La victoire de Sucre à Ayacucho lui apporta l'indépendance (1825), et la nouvelle république se donna le nom de Bolivie en l'honneur de Bolívar*, qui en rédigea lui-même la Constitution. ▮ ***La guerre du Pacifique et la guerre du Chaco*** L'échec de la tentative bolivienne pour réunir la Bolivie et le Pérou (1839) fut suivi par une succession de coups d'État, de guerres civiles et de conflits de frontières qui aboutirent à la guerre du Pacifique (1879 - 1883) contre le Chili. La Bolivie dut abandonner la province d'Atacama (1884) au profit du Chili, se privant ainsi de son unique accès à la mer (→ **Antofagasta**). Après avoir cédé la région de l'Acre au Brésil en 1903, la Bolivie fut encore amputée d'une grande partie du Chaco, annexée par le Paraguay à l'issue de la guerre du Chaco (1932 - 1935). ▮ ***Réformes et révolution*** Un gouvernement révolutionnaire présidé par Paz Estenssoro (1952 - 1964) réalisa d'importantes réformes, surtout dans les domaines agraire et minier (nationalisations). La junte militaire qui le renversa fut mise en cause par un

**Bolivie.** Indiens à La Paz. *Phot. ©Nino Cirani/Ricciarini*

mouvement révolutionnaire dont le chef le plus populaire, Ernesto «Che» Guevara*, fut tué dans un combat de guérilla (1967). Après une série de coups d'État (près de 200 en 50 ans), la Bolivie retrouva pour quelques mois un régime civil lorsque le colonel Natush Bush abandonna le pouvoir en 1979 à Lidia Gueiler. Celle-ci entra en conflit avec les extrémistes de droite et l'armée, sans obtenir le soutien de l'extrême gauche, et dut céder le pouvoir aux militaires en 1980. Le pouvoir civil fut rétabli en 1982 avec l'élection de Hernán Siles Suazo, l'un des artisans de la révolution de 1952. En 1985, Paz Estenssoro fut élu président de la République pour la troisième fois. Le Pacte pour la démocratie qu'il établit avec l'ancien président Hugo Banzer permit la mise en œuvre d'une politique néolibérale et d'un plan d'austérité qui provoquèrent la récession et la dégradation du climat social. Dès lors, les revenus fournis par la culture de la coca et la fabrication de la cocaïne constituèrent un véritable ballon d'oxygène pour l'économie (1/3 de la population participe à des activités illégales). Le président social-démocrate J. Paz Zamora (1989 - 1993) et le libéral G. Sánchez de Lozada (1993 - 1997) poursuivirent la politique d'ajustement structurel inaugurée en 1985 en accord avec les recommandations du FMI (nombreuses privatisations) mais dont le coût social fut très lourd. L'exaspération de la population, les revendications indigènes et régionalistes et l'espoir de compter sur l'exploitation du gaz pour redresser l'économie entraînèrent à nouveau une instabilité politique avec une succession rapide de gouvernements de droite ou du centre droit entre 1997 et 2005. Pendant cette période les communications étaient fréquemment coupées et la vie économique du pays très perturbée par des manifestations et des troubles. ▮ ***2006. Un président indien*** En 2006, le chef paysan d'origine aymara, Evo Morales*, accéda à la présidence avec une majorité confortable. Il nationalisa partiellement le secteur du pétrole et du gaz, entama une réforme agraire et lança une campagne d'alphabétisation. En 2009, il fit adopter par référendum une nouvelle Constitution qui, en renforçant les droits des Amérindiens, a matérialisé le clivage entre les intérêts de la population pauvre des montagnes et celle des riches plaines de l'est (Santa Cruz en tête) défendue par une opposition libérale de plus en plus virulente qui ne parvint cependant pas à le battre à l'élection présidentielle cette même année.

---

**BÖLL (Heinrich)** ♦ Nouvelliste et romancier allemand (Cologne 1917 - Langenbroich, près de Düren 1985). Représentant de la génération d'après-guerre victime du nazisme, dont il dénonça la bêtise et l'horreur, membre du Groupe* 47, il a exprimé dans ses œuvres un profond humanisme qui doit beaucoup à sa formation catholique et socialiste (*Le train était à l'heure*, 1949 ; *Où étais-tu, Adam ?*, 1951). Il fut révélé par son roman *Les Deux Sacrements* (*Billard um halb zehn*, 1959), où s'opposent la brutalité du nazisme naissant (le sacrement du buffle) et les valeurs de l'humanisme chrétien (le sacrement de l'agneau). Il a dénoncé les tares de l'Allemagne moderne : *Portrait de groupe avec dame* (1971) ; *L'Honneur perdu de Katharina Blum* (1974) ; *Femmes devant un paysage fluvial* (1985). [Prix Nobel de littér. 1972] ➝ **ÉTYM.** Le germanique *boll* signifie «ami, frère, compagnon».

**BOLLAND (Jean)** latinisé en **Bollandus** ♦ Jésuite belge (Julémont 1596 - Anvers 1665). Il fut chargé, après le père Héribert Rosweyde, de la publication des *Acta* sanctorum* (premiers volumes parus en 1643). ▪ Les *bollandistes* forment une société, composée essentiellement de jésuites, qui a étendu cette œuvre dans le sens de la critique la plus érudite. Elle assure diverses publications savantes, dont la revue *Analecta bollandiana* (depuis 1882).

**BOLLAND (Adrienne)** ♦ Aviatrice française (Arcueil 1895 - Paris 1975). Elle fut la première à accomplir la traversée de la cordillère des Andes en avril 1921.

**BOLLÉE (Amédée)** ♦ Constructeur français (Le Mans 1844 - Paris 1917). L'un des précurseurs de l'industrie automobile, il construisit plusieurs voitures à vapeur (la première en 1873). LÉON BOLLÉE (Le Mans 1870 - Neuilly-sur-Seine 1913) et AMÉDÉE BOLLÉE (Le Mans 1872 - *id.* 1926), ses fils, collaborèrent à ses travaux et furent parmi les premiers constructeurs d'automobiles à essence.

**BOLLÈNE** [84500] ➝ **ÉTYM.** anc. ***Abolena***, du germ. *Abbolenus*, n. de pers., avec chute du *a* initial par anal. avec le niçois *boulina* «éboulement» ♦ Ch.-l. de cant. du Vaucluse, arr. d'Avignon, sur le Lez. 14 130 hab. *(Bollénois)*. Musée (dessins de P. Picasso et M. Chagall). ▪ Marché agricole. Centrale hydroélectrique sur le canal de dérivation du Rhône qui relie Donzère à Mondragon. Produits réfractaires.

**BOLLIGEN** ♦ V. de Suisse (cant. de Berne), dans la banl. N.-E. de Berne. 6 008 hab. Indus. laitière.

**BOLLWILLER** [68540] ➝ **ÉTYM.** «la ferme (bas lat. *villare*) de *Ballo* (n. de pers. germ.)» ♦ Comm. du Haut-Rhin, arr. de Guebwiller. 3 552 hab. (aggl. 4 462 hab.).

**BOLLYWOOD** ➝ **ÉTYM.** mot valise formé à partir de *Bo*mbay et Ho*llywood* ♦ Ensemble des studios de cinéma situés dans la banlieue de Bombay.

**Bollywood.** Scène de danse avec l'actrice Gauthar Khan en 2004. *Phot. ©Rajesh Nirgude/AP/SIPA*

**BOLM (Adolphe)** ♦ Danseur et chorégraphe russe (Saint-Pétersbourg 1884 - Hollywood, Californie 1951). Il devint à partir de 1911 un membre régulier des Ballets* russes de Diaghilev*. Parti avec celui-ci pour les États-Unis (1914), il y devint maître de ballet au Metropolitan Opera de New York (*Petrouchka*, 1929). Pionnier du ballet américain, il travailla à Hollywood à la réalisation de films de danse, dont le premier fut *La Danse macabre* de Saint-Saëns. Dans les années 1920, il régla des ballets sur des partitions de compositeurs d'avant-garde (*Pierrot lunaire* de Schoenberg ; *Parnassus on Montmartre* d'après le *Mercure* de Satie, 1926). Son *Ballet mécanique* (1932), inspiré d'une visite à l'usine Ford à Detroit, a eu une grande influence.

**BOLOGNE (JEAN DE)** ➝ **Giambologna**

**BOLOGNE** ➝ **ÉTYM.** en it. ***Bologna***, du lat. *Bononia*, p.-ê. du gaul. *bona* «fondation» ou de *Boïens** ♦ V. d'Italie, ch.-l. de l'Émilie-Romagne et ch.-l. de prov. 371 217 hab. *(Bolonais)*. Université. Le Palais communal (XIIIe - XVIe s.), séparé du palais du Podestat (Renaissance) par la fontaine de Neptune (statue par Giambologna), forme, avec le palais du roi Enzo (XIIIe s.) et la basilique San Petronio (XIVe - XVIIe s.), le centre anc. de la ville. Celle-ci est dominée par les deux hautes tours penchées de nobles familles médiévales : la tour des Asinelli (XIIe s.) et la tour Garisenda. Basilique Saint-Étienne composée de plusieurs églises (VIIIe - XIIIe s.). Église Saint-Jacques-le-Majeur (XIIIe s.) : fresques de L. Costa. Église Saint-Dominique (XIIIe s.) : tombeau du saint par Nicola Pisano et Michel-Ange ; tableau de F. Lippi. Pinacothèque : œuvres d'artistes de Bologne, depuis les fresques du XIVe s. jusqu'aux Carrache (XVIIe s.) et à l'école bolonaise. ▪ Grand centre indus. : exploitation du méthane, mécanique de précision, chimie (textiles), imprimeries. Centre agrocommercial et tertiaire (banques et commerce international). Tourisme culturel. Carrefour routier et ferroviaire. Foire annuelle internationale du Livre pour la jeunesse. ▮ **Histoire** Anc. ville étrusque (*Felsina*), elle fut colonie romaine (*Bononia*) v. –189. Ville libre au XIIe s. où fut fondée l'université (1119) spécialisée dans le droit, elle fut la possession des Bentivoglio au XVe s. puis fut annexée aux États pontificaux par Jules II (1513). À la fin du XVIe s., les Carrache fondèrent l'académie des Incamminati qui eut une influence déterminante sur toute la peinture bolonaise du XVIIe s. (➝ **Albane, Dominiquin, Guerchin, Reni**). Après Marengo*, la ville fut annexée à la France jusqu'en 1815 où elle fut restituée au pape. Des mouvements libéraux réprimés par les Autrichiens éclatèrent au XIXe s. ; en 1860, Bologne passa au royaume d'Italie.

**BÖLSCHE (Wilhelm)** ♦ Écrivain et critique allemand (Cologne 1861 - Oberschreiberhau 1939). Auteur d'ouvrages de vulgarisation des théories de Darwin, dont il donna une biographie, il composa aussi un ouvrage sur les fondements scientifiques de la poésie (*Les Sciences naturelles, fondements de la poésie*, 1886 - 1887), qui s'inscrit dans le courant du naturalisme littéraire.

**BOLSENA** ♦ V. d'Italie, dans le Latium (prov. de Viterbe), sur les bords du lac de Bolsena. 4 111 hab. L'enceinte de l'anc. *Volsinies* étrusque a été retrouvée sur les collines dominant la ville, ainsi qu'une nécropole villanovienne (–VIIe s.). Église Sainte-Christine (chapelle du Miracle). Château du XIIIe s. ♦ ***Lac de Bolsena*** Lac de cratère, au N.-O. de Viterbe. 100 km².

**BOLSÓN DE MAPIMÍ** n. m. ♦ Région quasi désertique du N. du Mexique, à cheval sur les États de Chihuahua, Coahuila et Durango. ▪ Coton et céréales dans la partie méridionale (irrigation).

**BOLSWARD** ♦ V. des Pays-Bas (Frise). 9 599 hab. Une des plus vieilles cités de la Frise, elle possède un hôtel de ville du XVIIe s. et l'église Saint-Martin du XVe s. ▪ Indus. du lait.

**BOLT (Usain)** ♦ Athlète jamaïcain (Trelawny Parish1986). Spécialiste du sprint, triple champion olympique et détenteur des records du monde du 100 m , du 200 m et du 4×100 m aux jeux de Pékin de 2008, il a battu ses propres records du monde du 100 m (9 s 58) et du 200 m (19 s 19) l'année suivante.

**BOLTANSKI (Christian)** ♦ Artiste français (Paris 1944). Autodidacte, il exposa, telles des reliques, les moments de son enfance avec des objets-souvenirs et des photographies d'amateur (*Les Suisses morts*, 1990), ou la vie des autres dans leur banalité (*L'Album de la famille D.*, 1971 ; *Objets ayant appartenu à une femme de Bois-Colombes*, 1974). Il utilise des matériaux humbles (fil de fer, chiffons, bouts de carton) ou se met en scène en clown ridicule, met en question le statut du musée (*21 saynètes comiques*, 1974, et *Composition grotesque*, 1981). Il joua sur les effets chromatiques binaires dans ses mystérieuses compositions architecturales (1982) inspirées de l'art japonais. Il créa ensuite des installations de jeux d'ombres, image de l'ambivalence de sa vie et de son rapport à l'art (*Ombres*, 1985). Il a continué son travail sur la mémoire avec l'exposition *Le Cœur* (2005) et *Les Archives du cœur* (2008) qui se poursuit avec l'archivage dans une île japonaise du plus grand nombre possible de pulsations cardiaques enregistrées par les visiteurs puis avec l'exposition *Personnes* (2010) où s'amoncellent objets et vêtements usés parmi lesquels une pince géante effectue régulièrement un choix aléatoire symbolisant ainsi la main de Dieu et les mystères de la destinée humaine.

**BOLTON** ♦ V. d'Angleterre (Greater Manchester), dans la banl. N.-O. de Manchester. 261 035 hab. Construc. mécaniques, matières plastiques. ▪ En 1779, S. Crompton y mit au point une machine à filer la laine et le coton, la «mule jenny».

**Bolton Abbey** ♦ Ancienne abbaye augustine d'Angleterre (West Yorkshire), fondée vers 1120. Il n'en subsiste que la nef de l'église, de style gothique primitif.

**BOLTRAFFIO** ou **BELTRAFFIO (Giovanni Antonio)** ♦ Peintre italien (Milan 1467 - *id.* 1516). Il se forma dans la tradition lombarde représentée par Zenale et Foppa avant de devenir le meilleur disciple de Léonard* de Vinci. Auteur de fresques (Rome, Sant'Onofrio, 1515), de retables (*Vierge de la famille Casio*, v. 1500, Louvre ; *Dévots agenouillés*, Milan, Brera), il fut un excellent portraitiste (*J. Casio*, Brera) et on lui a souvent attribué *La Belle Ferronnière* de Léonard de Vinci (Louvre). Classique par la pureté géométrique des formes, la netteté des volumes, sa peinture précise, animée de riches coloris, révèle moins d'esprit que celle de son maître.

**BOLTZMANN (Ludwig)** ♦ Physicien autrichien (Vienne 1844 - Duino, près de Trieste 1906). Ses travaux sur la théorie cinétique des gaz, dont il est, avec J. Maxwell*, l'un des créateurs, constituent la base de la mécanique statistique. Le premier il supposa que l'énergie d'une molécule de gaz ne peut prendre que certaines valeurs, hypothèse reprise par M. Planck* dans sa théorie des quanta. Il fut le premier à établir le lien entre la probabilité d'une situation macroscopique et le nombre de structures microscopiques dont elle peut résulter. Il donna une interprétation probabiliste de la notion d'entropie et du second principe de la thermodynamique, et proposa une explication de l'irréversibilité des processus naturels.

**BOLYAI (János)** ♦ Mathématicien hongrois (Kolozsvár, auj. Cluj 1802 - Marosvásárhely, auj. Târgu Mureş 1860). Il découvrit (1831) un système de géométrie non euclidienne («géométrie absolue», fondée sur l'hypothèse qu'on peut mener par un point une infinité de parallèles à une droite), ignorant les idées équivalentes déjà développées par Gauss* et Lobatchevski*.

**BOLZANO (Bernhard)** ♦ Mathématicien, logicien et philosophe tchèque d'origine italienne (Prague 1781 - *id.* 1848). Précurseur de la théorie des ensembles (**→ Cantor**) par ses travaux sur la notion d'infini (*Die Paradoxen des Unendlichen*, 1848, publ. 1951), il fut aussi un des principaux critiques de l'idéalisme postkantien (Fichte, Schelling, Hegel) auquel il opposa une conception scientifique de la philosophie. Distinguant les processus psychologiques empiriques des vérités logiques, il fut un des fondateurs de la logique pure, systématique, comme base de l'épistémologie. Son ouvrage *Théorie de la connaissance* (*Wissenschaftlehre*, 1837) exerça une profonde influence sur Husserl*. Rénovateur de l'analyse mathématique, où il introduisit plus de rigueur, il donna une nouvelle définition de la continuité des fonctions (*Rein analytischer Beweis...*, 1817).

**BOLZANO** ← **ÉTYM.** anc. en lat. *Bauzanum*, probablt «domaine de *°Bautius* (n. de pers.)» ♦ V. d'Italie, ch.-l. de prov., dans le Trentin-Haut-Adige, au confluent de l'Adige et de l'Isarco. 94 989 hab. Église du XIe s. ▪ Centre sidérurgique et métallurgique. Indus. automobile, agroalimentaire (conserveries). Centrale hydroélectrique. Centre commercial et tertiaire à un carrefour de communications routières. ▌**Histoire** L'anc. *Bauzanum* fut successivement romaine puis lombarde, appartint jusqu'au XIe s. aux évêques de Trente, devint autrichienne en 1531 et fut durant tout le Moyen Âge une importante place financière (ville de banquiers et de changeurs). Prise par les Français en 1809, elle appartint à l'Autriche de 1815 à 1919, et à l'Italie depuis lors.

**BOMA** ← **ÉTYM.** kikongo «enceinte» ♦ V. de la Rép. démocratique du Congo au fond de l'estuaire du Congo. Plus de 100 000 hab. ▪ Port. Exportation d'huile de palme, de bananes et de bois. ▌**Histoire** Anc. capitale de l'État indépendant du Congo (1885-1908), puis du Congo belge avant Léopoldville (**→ Kinshasa**).

**BOMBAY** ← **ÉTYM.** p.-ê. transcription port. de *Mumbai*, qui viendrait de *Mumba-devī* «déesse Mumba» ; off. depuis 1995 ***Mumbai*** ♦ V. de l'Inde, cap. du Maharashtra. 11 914 398 hab. (aggl. 16 368 084). La ville dispose d'un site remarquable : des îlots volcaniques maintenant reliés entre eux par des remblaiements forment l'île de Bombay, rattachée au continent par la chaussée de Salsette et dont la rade abrite le port. L'île de Bombay comprend des quartiers résidentiels, dont certains très luxueux (Malabar Hill), un quartier d'affaires aux grands immeubles modernes, les quartiers très denses de la ville indienne traditionnelle, et des quartiers industriels créés au XIXe s. Le site, idéal pour un comptoir portuaire, est néanmoins mal adapté à une ville gigantesque, et l'entassement prévaut, avec de grands bidonvilles et de très nombreux «habitants des trottoirs». Gare Chhatrapati Shivaji (anc. gare Victoria). Au nord de la chaussée de Salsette s'étend une vaste banlieue avec des industries modernes et l'aéroport international de Santa Cruz, siège d'Air India. Les liaisons avec le continent ont été renforcées par de nouveaux ponts, et on y entreprend la construction d'un «second Bombay». Les communautés parsi et jaïn jouent un rôle important dans les affaires et l'industrie. Celle-ci s'est développée au XIXe s. ; d'abord fondée sur les cotonnades, elle s'est, ces derniers temps, bien diversifiée. Premier port de l'Inde. ▌**Histoire** La ville, fondée par des musulmans, fut un comptoir portugais de 1534 à 1661, et devint possession britannique en 1661 lors du mariage de Catherine de Bragance avec Charles II qui la céda à la Compagnie anglaise des Indes orientales. Dès lors, la ville connut un développement rapide et passa sous le contrôle direct de la Couronne en 1783. Capitale de l'État de Bombay sous les Britanniques, elle devint, en 1956, celle du Maharashtra, séparé du Gujarat lors de la réorganisation des États de l'Union indienne.

**BOMBELLI (Raffaele)** ♦ Mathématicien italien (près de Bologne 1522 - Bologne 1572). Il fut le premier à utiliser les racines imaginaires dans l'étude des équations (*Algebra*, 1572). ← **ÉTYM.** *Bombelli* vient de l'italien *bombello* «(qu'il soit, qu'il grandisse) bon et beau».

**BOMBIERI (Enrico)** ♦ Mathématicien italien (Milan 1940). Spécialiste de la théorie des nombres, il est surtout connu pour ses études concernant les nombres premiers. [Médaille Fields 1974]

**BOMBOIS (Camille)** ♦ Peintre français (Venarey-les-Laumes, Côte-d'Or 1883 - Paris 1970). Valet de ferme, docker, typographe, athlète forain, Bombois appartient à la génération des peintres qui, comme le Douanier Rousseau*, ont élevé la peinture naïve au-dessus des critères habituels de reproduction simpliste de la réalité. À Paris en 1922, il exposa sa peinture à la Foire aux croûtes de Montmartre où il fut remarqué par le critique Wilhelm Uhde, qui acheta une part importante de sa production. À partir de 1925, il put vivre de son art et peignit des paysages, des nus, des personnages de cirque, traités en aplats de couleurs lumineuses, revanche sur l'aridité quotidienne (*Le Pont de Chablis*, 1923 ; *Nature morte au homard*, 1932). La raideur des personnages, en position frontale, dont les formes simplifiées se découpent souvent sur un fond sombre, évoque parfois le style surréaliste et indique un certain détachement du peintre par rapport au sujet.

**BOMI HILLS** ♦ Site minier du Liberia, au N. de Monrovia à laquelle il est relié par voie ferrée. Exploitation de minerai de fer.

**BOMPAS** [66430] ← **ÉTYM.** occit. «bon *(bon)* passage *(pas)*» ♦ Comm. des Pyrénées-Orientales, arr. de Perpignan. 6 944 hab.

**BON** (presqu'île du cap) ♦ Péninsule de Tunisie (3 000 km²) qui ferme au N. le golfe de Tunis, au S. celui de Hammamet et se termine par un promontoire. Région montagneuse (637 m), très peuplée (500 000 hab.), qui domine la plaine de Grombalia. ▪ Nombreuses stations balnéaires et hivernales. Vignes. Oliviers. Pêche. Gisement de gaz. ▌**Histoire** Le 12 mai 1943, capitulation des forces italo-allemandes d'Afrique (général von Arnim) devant les Alliés.

**BONAIRE** ♦ Île des Antilles néerlandaises, la plus orientale des îles Sous-le-Vent. 288 km². 11 000 hab. CAP. : Kralendijk. Tourisme. Plongée sous-marine. Salines.

**BONAIUTO (ANDREA DI)** → Andrea da Firenze

**BONALD** (vicomte **Louis DE**) ♦ Écrivain politique français (Château de Monna, près de Millau 1754 - *id.* 1840). Attaquant violemment le matérialisme empiriste et athée ainsi que les idées démocratiques, il se posa en défenseur des principes monarchiques et du catholicisme (*Essai analytique sur les lois naturelles de l'ordre social,* 1800 ; *Législation primitive,* 1802). [Acad. fr. 1816]

**BONAMPAK** ♦ Site archéologique du S.-E. du Mexique (Chiapas). Les ruines contiennent de remarquables peintures mayas.

**BONAPARTE** ou **BUONAPARTE** ♦ Famille française d'origine lombarde établie en Corse au XVI$^{e}$ s., dont est issu Napoléon I$^{er}$. ♦ **Charles Marie Bonaparte** (Ajaccio 1746 - Montpellier 1785). Père de Napoléon I$^{er}$. Avocat à Ajaccio, il lutta aux côtés de Paoli* pour l'indépendance de la Corse (1768 - 1769), puis se rallia au gouvernement royal à partir de 1770. ♦ **Marie Letizia Bonaparte,** née **Ramolino** (Ajaccio 1750 - Rome 1836). Mère de Napoléon I$^{er}$. Sous l'Empire, elle reçut le titre de *Madame Mère.* De caractère énergique, elle mena une vie modeste à l'écart de la cour ; après la chute de l'Empire, elle se retira à Rome. Elle avait eu treize enfants, dont huit survécurent. ♦ **Joseph Bonaparte** (Corte 1768 - Florence 1844). Frère aîné de Napoléon I$^{er}$. Député de la Corse au Conseil des Cinq-Cents (1796), il participa à la préparation du coup d'État du 18 Brumaire*. Chargé de missions diplomatiques, il signa en 1801 le traité de Lunéville*, la paix d'Amiens* et le Concordat*. Il fut fait par son frère roi de Naples (1806 - 1808), puis roi d'Espagne (1808 - 1813). Il vécut aux États-Unis après Waterloo, puis en Angleterre et enfin à Florence. Il avait épousé Julie Clary en 1794. ♦ **Napoléon Bonaparte.** Deuxième fils de Charles Marie. → **Napoléon I$^{er}$.** ♦ **Lucien Bonaparte** (Ajaccio 1775 - Viterbe 1840). Intelligent et d'esprit indépendant, il fut membre (1797) puis président du Conseil des Cinq-Cents. Il prépara le 18 Brumaire et fut l'artisan de son succès. Ministre de l'Intérieur (1799), ambassadeur en Espagne (1800), il fut membre du Tribunat après son retour en France. En désaccord avec Napoléon sur le pouvoir autoritaire que celui-ci s'arrogeait, il se réfugia à Rome (1804), puis à Canino qui fut érigé en principauté en sa faveur par le pape Pie VII. Il se réconcilia avec l'Empereur au moment des Cent-Jours. Il eut deux filles de son premier mariage avec Christine Boyer (1795). Malgré l'hostilité de Napoléon, il épousa en secondes noces Marie Alexandrine de Bleschamp, veuve d'un agent de change. Il en eut neuf enfants dont PIERRE NAPOLÉON BONAPARTE (Rome 1815 - Versailles 1881), qui tua d'un coup de pistolet le journaliste Victor Noir* (1870). ♦ **Maria-Anna,** dite **Élisa Bonaparte.** Princesse de Lucques et de Piombino, grande-duchesse de Toscane (Ajaccio 1777 - Trieste 1820). Épouse (1797) de Félix Bacciochi* dont elle vécut séparée à partir de 1805, elle se montra une femme énergique, active, et une très bonne administratrice de ses États. Après la chute de l'Empire, elle vécut à Bologne, puis en Allemagne. ♦ **Louis Bonaparte** (Ajaccio 1778 - Livourne 1846). Il fut aide de camp de Napoléon pendant les campagnes d'Italie et d'Égypte. Il épousa contre son gré Hortense de Beauharnais* en 1802. Napoléon le fit roi de Hollande en 1806. Il n'en refusa pas moins l'application du Blocus continental, afin de ne pas léser ses sujets. Entré en conflit avec l'Empereur, il abdiqua en 1810. Il eut trois enfants, dont Louis Napoléon, le futur Napoléon* III. ♦ **Marie Paulette,** dite **Pauline Bonaparte** (Ajaccio 1780 - Florence 1825). Veuve en 1802 du général Leclerc*, elle épousa en 1803 le prince Camille Borghèse (devenant ainsi Pauline, princesse Borghèse) ; mais bientôt elle vécut séparée de lui, menant une existence libre et indépendante. Elle était célèbre pour sa beauté. Napoléon la fit duchesse de Guastalla (1806). Éloignée de la cour en 1810 pour avoir manqué de respect envers l'impératrice Marie-Louise, elle resta toujours très attachée à Napoléon, qu'elle rejoignit à l'île d'Elbe (1814) ; elle demanda à le suivre à Sainte-Hélène. ▪ Canova* a laissé d'elle une statue célèbre, en *Vénus Victrix.* ♦ **Marie-Annonciade,** dite **Caroline Bonaparte** (Ajaccio 1782 - Florence 1839). Elle épousa Murat* en 1800. Très ambitieuse, elle exerça une forte influence sur son mari. Reine de Naples (1808), elle favorisa les arts et la vie culturelle dans son royaume ; après la mort de son mari, elle prit le titre de comtesse de Lipona. ♦ **Jérôme Bonaparte** (Ajaccio 1784 - Château de Villegenis, Massy 1860). Marié en secondes noces à la princesse Catherine de Wurtemberg (1807), il devint roi de Westphalie la même année, mais, incapable de gouverner, il perdit son trône en 1814. Après Waterloo, il se réfugia auprès de son beau-père. Rentré à Paris en 1848, il profita de l'ascension de son neveu Louis Napoléon, le futur Napoléon III, ce qui lui valut les titres de gouverneur des Invalides (1848), maréchal de France (1850), président du Sénat (1852). ♦ **Mathilde Letizia Wilhelmine Bonaparte,** dite **la princesse Mathilde** (Trieste 1820 - Paris 1904). Fille du précédent. Elle fut tout d'abord fiancée au futur Napoléon III, mais les fiançailles furent rompues par suite de l'emprisonnement du prince à Ham. Après un mariage malheureux, la princesse Mathilde se fixa à Paris où, avant et après les événements de 1870 qui l'obligèrent pour un temps à s'expatrier, son salon fut le rendez-vous des personnalités les plus brillantes du monde artistique et littéraire (Taine, Renan, les Goncourt, Flaubert). ♦ **Napoléon Joseph Charles Paul Bonaparte,** dit **le prince Jérôme** (Trieste 1822 - Rome 1891). Fils de Jérôme Bonaparte. Sénateur du Second Empire, puis ministre des Colonies (1858), il épousa en 1859 la princesse Clotilde*, fille de Victor-Emmanuel II. De cette union naquit NAPOLÉON VICTOR BONAPARTE, dit le prince Victor (Meudon 1862 - Bruxelles 1926). Prétendant impérial (1879), il fut expulsé de France (1886) et se réfugia à Bruxelles. ➝ **ÉTYM.** Ce nom vient de l'italien *buona parte* « bonne part » (surnom d'origine toscane pris au Moyen Âge par certaines familles italiennes qui, lors des luttes civiles, avaient su choisir le meilleur parti).

**BONAPARTE (Marie)** ♦ Psychanalyste française (Saint-Cloud 1882 - Saint-Tropez 1962), petite-fille de Pierre Napoléon Bonaparte. Elle contribua à faire connaître l'œuvre de Freud et fut une des fondatrices de la Société psychanalytique de Paris (1926). Comme K. Horney, elle insista sur le rôle des facteurs socioculturels dans les névroses.

**BONATTI (Walter)** ♦ Alpiniste italien (Bergame 1930). Il réalisa en solitaire l'ascension du pilier sud-ouest des Drus (1955) et l'hivernale de la face nord du Cervin (1965).

**BONAVENTURE** (saint) **[Giovanni DI FIDANZA,** surnommé **le Docteur séraphique]** ♦ Théologien italien (Bagnorea, auj. Bagnoregio, Toscane 1221 - Lyon 1274). Entré chez les franciscains en 1243, il enseigna à Paris, fut élu général de son ordre en 1256 et en rédigea les constitutions (1260) ; il définit une voie moyenne entre les interprétations rigoriste et laxiste de la règle franciscaine et, par son action, retarda la scission de l'ordre. Il contribua à l'élection de Grégoire* X qui le nomma évêque d'Albano et cardinal (1273) et le désigna comme légat au concile de Lyon* (1274) où il mourut. Philosophe et mystique, il s'inscrit dans la lignée augustinienne. Princ. œuvres : *Commentaires sur les Sentences de Pierre Lombard, Itinéraire de l'âme vers Dieu, Méditations sur la vie de Jésus-Christ, Vie de saint François.* ▪ Docteur de l'Église. ▪ Fête le 15 juil.

**BONCERF (Pierre François)** ♦ Économiste français (Chassaulx, Franche-Comté 1745 - Paris 1794). Premier commis de Turgot en 1774, il publia en 1776, sous un pseudonyme, un ouvrage sur les *Inconvénients des droits féodaux,* qui, condamné par le Parlement à être brûlé, devait, par ses idées, contribuer à l'abolition de la féodalité lors de la nuit du 4 août 1789. Il est également l'auteur de mémoires sur l'émigration des paysans, sur les moyens de mettre en culture des terres stériles, etc.

**BONCHAMP** ou **BONCHAMPS (Charles,** marquis **DE)** ♦ Chef vendéen (près de Châteauneuf, Anjou 1759 ou 1760 - Saint-Florent-le-Vieil 1793). Il participa à l'insurrection vendéenne sous les ordres du général d'Elbée. Blessé à la bataille de Cholet (17 oct. 1793), il aurait, avant de mourir, réussi à obtenir des insurgés la grâce de 4 000 prisonniers républicains détenus à l'abbaye de Saint-Florent.

**BONCHAMP-LÈS-LAVAL** [53960] ♦ Comm. de la Mayenne, arr. de Laval. 4 793 hab.

**BONCOUR (Paul-)** → Paul-Boncour (Joseph)

**BONCOURT** ♦ V. de Suisse (Jura), dans l'Ajoie*. 1 278 hab. Manufacture de tabac.

**BOND (William Cranch)** ♦ Astronome américain (Portland, Maine 1789 - Cambridge, Massachusetts 1859). Il découvrit (1848) Hypérion, huitième satellite de Saturne, et fut le premier à photographier la Lune (1850) et une étoile, Véga.

**BOND (Thomas EDWARD, dit Edward)** ♦ Dramaturge britannique (Holloway, Londres 1934). Marquée par l'esthétique de Brecht*, son œuvre dénonce avec une violence destructrice, parfois proche du surréalisme, les valeurs répressives de la société établie : *Demain la veille* (*Early Morning* 1968) tourne en ridicule la reine Victoria ; *Lear* (1972) et *Bingo* (1974) s'en prennent à Shakespeare et à l'idéologie réactionnaire de son théâtre ; *L'Idiot* (1976) voit dans la folie de John Clare* la conséquence des contradictions du métier d'écrivain dans la société bourgeoise. Plus didactiques, les dernières pièces de Bond traitent des grands problèmes collectifs contemporains : le terrorisme (*The Works,* 1980), la misère (*Derek,* 1982), l'après-guerre atomique (avec la trilogie *Pièces de guerre,* 1985), le capitalisme (*La Compagnie des hommes,* 1989), un monde en voie de déshumanisation (tétralogie entamée en 2001 : *Café, Le Crime du XXI$^{e}$ siècle, Naître* et *Les Gens*). La conclusion de *La Mer* (1973) est aussi la leçon de toute son œuvre : « Il faut continuer à changer le monde. »

**BONDARTCHOUK (Sergueï Fedorovitch)** ♦ Acteur et cinéaste soviétique (Belozerka, Odessa 1920 - Moscou 1994). Il débuta dans *La Jeune Garde* (1948) de S. Guerassimov, puis tourna dans de nombreux films, notamment dans *Le Roman inachevé* (1955) de F. Ermler, *Othello* (1957) de S. Ioutkevitch, puis dans *Les Évadés de la nuit* (1960) de Rossellini. Il s'initia à la mise en scène à partir de 1959 dans *Le Destin d'un homme,* d'après Cholokhov, puis tourna un monumental *Guerre et Paix* (1965), suivi de *Waterloo* (1970) et de *Boris Godounov* (1986).

**BONDOL (Jean DE)** dit **Hennequin** ou **Jean de Bruges** ♦ Peintre français né à Bruges, actif à Paris (1367 - 1381), auteur des cartons de la tenture de l'Apocalypse* d'Angers.

**BONDOUFLE** [91070] ♦ Comm. de l'Essonne, arr. d'Évry. 9 129 hab. Élément de la ville nouvelle d'Évry*.

**BONDUES** [59910] ➝ **ÉTYM.** du germ. *Bondo* ou lat. *Bondius,* n. de pers., et suff. *-acum* ♦ Comm. du Nord, arr. de Lille. 10 680 hab.

**BONDY** [93140] ➤ **ÉTYM.** du lat. *Bonisius*, n. de pers. gallo-rom. ♦ Ch.-l. de cant. de la Seine-Saint-Denis, arr. de Bobigny, au S. du canal de l'Ourcq, à l'E. de Paris. 46 826 hab. *(Bondynois)*. Comm. résidentielle. Nécropole mérovingienne découverte en 2006. ▪ Sa grande forêt, dont il ne subsiste plus que des parcelles près de Clichy-sous-Bois, passait autrefois pour un repaire de brigands.

**BÔNE** ➤ **ÉTYM.** p.-ê. contraction de l'anc. n. de la v., *Hippone** → **Annaba**

**BON-ENCONTRE** [47240] ➤ **ÉTYM.** «bonne rencontre» ♦ Comm. du Lot-et-Garonne, arr. d'Agen. 5 759 hab.

**BONER** ou **BONERIUS (Ulrich)** ♦ Dominicain et fabuliste bernois du XIVe s. Auteur d'un recueil de cent fables, *La Pierre précieuse*, dont le succès se maintint jusqu'au XVIIIe s.

**BONGARS (Jacques)** ♦ Diplomate et érudit français (Orléans 1554 - Paris 1612). Il fut agent d'Henri* IV auprès du Saint Empire romain germanique. On lui doit un important recueil des historiens des croisades (1611).

**BONGO (Albert-Bernard,** converti à l'islam en 1973 sous le nom d'**Omar)** ♦ Homme d'État gabonais (Lewai, près de Masuku 1935 - Barcelone 2009). Ancien collaborateur de Léon M'Ba, il lui succéda à la présidence de la République (1967) et instaura un parti unique, le PDG (Parti démocratique gabonais, 1968). Il fut la cible des régimes révolutionnaires qui lui reprochèrent son libéralisme en matière économique et son inféodation aux intérêts français. À partir de 1981, il répondit par la répression aux manifestations en faveur d'une ouverture mais, en 1987, il autorisa l'existence de plusieurs listes investies par le PDG. Après les émeutes de Port-Gentil en 1990, il réintroduisit le multipartisme et fut sans cesse réélu. Sa longévité politique (42 ans) doit autant à son aptitude à utiliser les revenus du pétrole pour promouvoir sa politique qu'au parapluie représenté par la présence militaire française. Proche des grandes entreprises françaises opérant au Gabon et de certains milieux politiques de l'ancienne métropole, il fut l'archétype de ce que l'on a appelé «la Françafrique», et qu'il résumait par l'aphorisme : «La France sans l'Afrique, c'est une voiture sans carburant».

**BONGO ODIMBA (Alain-Bernard** jusqu'à la conversion de son père à l'islam, dit **Ali ben)** ♦ Homme d'État gabonais (Brazzaville, 1959), fils d'Omar Bongo*. Il fit des études de droit en France puis il participa à la vie politique de son pays dans le cadre du Parti démocratique du Gabon (PDG), ancien parti unique. Ministre de la Défense à la mort de son père, il a été élu président en sept. 2009 avec 41,73 % des voix dans une élection à un tour dont le résultat contesté a déclenché des émeutes sanglantes.

**BONHEIDEN** ♦ Comm. de Belgique (Région flamande), prov. d'Anvers, arr. de Malines. 14 499 hab. Cultures maraîchères (serres). Indus. agroalimentaire. Fabriques de meubles.

**BONHEUR (Marie Rosalie,** dite **Rosa)** ♦ Peintre française (Bordeaux 1822 - By, Seine-et-Marne 1899). Ses scènes rustiques, traitées dans un style réaliste, lui valurent un succès considérable de son vivant (*Labourage nivernais*, 1848).

**BONHOEFFER (Dietrich)** ♦ Théologien protestant allemand (Breslau 1906 - camp de concentration de Flossenbürg, Bavière 1945). Assistant de théologie à Berlin, il y soutint ses thèses, influencées à la fois par Hegel, par la sociologie religieuse de Troeltsch et par la dogmatique de K. Barth (*Communio Sanctorum, Recherche dogmatique pour la sociologie de l'Église* et *Acte et Être*, 1927 - 1930). À l'arrivée de Hitler au pouvoir (janv. 1933), Bonhoeffer s'engagea dans le combat de l'Église confessante face au «christianisme positif» de l'idéologie nazie et publia alors *Le Prix de la grâce* (1937) et *De la vie communautaire* (1938), où il affirmait l'exigence de la foi et la responsabilité de l'Église dans le monde. Après un bref séjour aux États-Unis, il fut arrêté en avril 1943 pour avoir participé au mouvement d'opposition à Hitler dirigé par von Stauffenberg, et pendu deux ans plus tard, laissant une *Éthique* (inachevée) et des lettres de prison (*Résistance et Soumission*, 1951). L'œuvre de Bonhoeffer a surtout valeur d'un témoignage : celui d'un chrétien engagé dans un monde abandonné de Dieu (a-théiste).

**BONHOMME** (col du) ➤ **ÉTYM.** du n. d'un rocher en surplomb appelé *Tête du Bonhomme* ♦ Col des Alpes (Haute-Savoie) qui fait communiquer, entre Saint-Gervais et Bourg-Saint-Maurice, les vallées de l'Arve et de l'Isère (2 329 m). ▪ Col des Vosges, entre Saint-Dié et Colmar (949 m).

**BONIFACE** (saint) **[Wynfrid** ou **Wynfrith]** surnommé **l'Apôtre de la Germanie** ♦ Évêque et missionnaire anglais (dans le Wessex v. 675 - près de Dokkum, Frise 754). Prêtre, il quitta l'Angleterre pour évangéliser les Saxons de Frise (716), reçut du pape Grégoire* II une mission plus large (718) et travailla en Rhénanie, en Hesse, en Thuringe et en Bavière, fondant Fulda* mais échouant à réformer l'Église franque comme le lui avait demandé Carloman*. Il fut consacré évêque missionnaire en 722, puis archevêque de Mayence (751). Martyr. ➤ **ÉTYM.** *Boniface* vient du latin *bonifatus* «qui a une heureuse destinée».

**BONIFACE** (saint) → **Brunon de Querfurt**

**BONIFACE Ier** (saint) ➤ **ÉTYM.** du lat. *bonum fatum* «sort favorable» ♦ 42e pape (de 419 à 422). Romain. Il lutta contre le pélagianisme. ▪ Fête le 4 sept.

**BONIFACE II** ♦ 55e pape (de 530 à 532). Romain.

**BONIFACE III** ♦ 66e pape (de fév. à nov. 607). Romain.

**BONIFACE IV** ♦ 67e pape (de 608 à 615) de Valérie des Marses, bénédictin. Il transforma le Panthéon* en église : Sainte-Marie *ad martyres*.

**BONIFACE V** ♦ 69e pape (de 619 à 625). Napolitain.

**BONIFACE VI** ♦ 112e pape (15 jours en 896). De Gallese (Rome).

**BONIFACE VII [Francon]** ♦ (mort en 985). Antipape en 974 et de 984 à 985. Il prit la place de Benoît* VI qu'il fit étrangler mais s'enfuit à Constantinople avec le trésor du Vatican à l'arrivée d'Othon II. Après la mort de ce dernier, il revint avec une armée byzantine, fit enfermer et peut-être assassiner Jean* XIV. Certains le considèrent comme indigne mais légitime.

**BONIFACE VIII [Benedetto CAETANI]** ♦ (Anagni v. 1235 - Rome 1303). 191e pape (de 1294 à 1303). Canoniste réputé, cardinal (1281), légat en France (1290), il s'imposa comme successeur de Célestin* V qu'il avait poussé à abdiquer. Il porta à l'extrême la doctrine de la souveraineté spirituelle et temporelle du pape et se heurta à la politique très «séculière» de Philippe* IV le Bel. L'objet du conflit fut d'abord (1296) la prétention d'interdire au roi de lever des impôts sur les gens d'Église. Philippe IV répliqua en interdisant toute sortie d'argent notamment vers Rome. Puis, après une accalmie (canonisation de Louis IX en 1297, célébration triomphale du premier jubilé à Rome, 1300), le procès de l'évêque de Pamiers, Bernard Saisset (1301), déclencha une violente polémique entre légistes et théologiens des deux camps, avec convocation d'un synode d'évêques français à Rome, proclamation de la bulle *Unam sanctam* (affirmation de la suzeraineté du pape sur tous les souverains 1302), projet d'excommunication de Philippe le Bel (1303) et finalement, attentat d'Anagni* : Guillaume de Nogaret* et Sciarra Colonna brutalisèrent le pape (7 - 9 sept. 1303), qui en mourut un mois plus tard.

**BONIFACE IX [Pietro TOMACELLI]** ♦ 201e pape (de 1389 à 1404). Napolitain. Il prit des mesures financières extraordinaires pour pallier le déficit dû à l'existence de papes schismatiques à Avignon.

**BONIFACIO** [20169] ➤ **ÉTYM.** du n. du marquis toscan *Boniface* qui aurait fondé la ville ou p.-ê. n. donné pour placer la ville sous de bons augures (lat. *bonifatus* «qui a une heureuse destinée») ♦ Ch.-l. de cant. de la Corse-du-Sud, arr. de Sartène, à l'extrême pointe méridionale de l'île, en face de la Sardaigne, dont elle est séparée par le *détroit* (ou *bouches*) *de Bonifacio*, large de 12 km. 2 658 hab. *(Bonifaciens)*. ▪ La ville haute est entourée d'une enceinte fortifiée du XVIe s. Église romane remaniée Sainte-Marie-Majeure ; église Saint-Dominique (XIIIe - XIVe s.). Dans le quartier de la «Marine» se trouve le port de pêche et de voyageurs.

**Bonifacio.** Falaises. *Phot. © Arch. Nathan*

**BONIN (Charles-Eudes)** ♦ Explorateur français (Poissy 1865 - Barcelone 1929). Lors d'une première expédition (1895 - 1896), il explora les frontières de la Chine du Tonkin à la Sibérie, puis il traversa l'Asie centrale d'E. en O. (1898). Pour revenir en Europe (1900), il emprunta l'itinéraire de Marco Polo.

**BONIN** (îles) → **Ogasawara**

**BONINGTON (Richard Parkes)** ♦ Peintre, aquarelliste et lithographe britannique (Arnold, Nottingham 1802 - Londres 1828). Sa famille s'installa à Calais en 1817 ; il étudia alors chez l'aquarelliste L. Francia, disciple de Girtin*. En 1821, il travailla dans l'atelier de Gros*. Delacroix admirait la spontanéité de ses aquarelles, d'une grande légèreté de facture. Au Salon de 1824, il obtint lui-même un vif succès. En 1825, il se rendit à Londres avec Delacroix* et fut frappé par la manière de Turner*, et, après un voyage à Venise (1826), il donna à sa palette plus d'éclat *(Vue de Venise)*. Son penchant pour le Moyen Âge et pour les sujets historiques aux détails pittoresques *(François Ier et Marguerite de Navarre)*, l'intérêt qu'il porta à l'Orient (*Odalisque au palmier*, 1827) en font l'un des initiateurs du style troubadour et de l'orientalisme. Sa technique fluide, sa touche large, sa prédilection pour les tonalités claires influencèrent les paysagistes français et peuvent le faire considérer comme un lointain précurseur de l'impressionnisme.

**BONIVARD** ou **BONNIVARD (François DE)** ♦ Patriote suisse (Seyssel, Savoie v. 1496 - Genève 1570). Prieur de Saint-Victor de Genève, il défendit l'indépendance de Genève contre Charles* III, duc de Savoie, et fut emprisonné au château de Chillon* en 1530. Délivré par les Bernois en 1536, il rédigea ses *Chroniques de Genève*. Byron* l'a immortalisé dans son poème *Le Prisonnier de Chillon*.

**BONN** ◆ **ÉTYM.** anc. *Bonna*, du celt. *bōnā* «citadelle» ♦ V. d'Allemagne (Rhénanie-du-Nord-Westphalie), sur la rive g. du Rhin. Cap. de la République fédérale d'Allemagne de 1949 à 1990. 314 301 hab. (depuis le rattachement en 1969 des aggl. voisines, Beuel, Bad* Godesberg, de part et d'autre du Rhin). *(Bonnois)*. Bonn possède l'une des plus belles collégiales romanes (Münster) des bords du Rhin (XIe - XIIIe s., cloître du XIIe s.). Hôtel de ville du XVIIIe s. Université fondée en 1788 (installée dans l'anc. palais des princes électeurs). Maison natale de Beethoven. Centre administratif et diplomatique (siège des ambassades), culturel (musées d'art et d'histoire naturelle) et scientifique (observatoire). **Histoire** Anc. camp romain (*Bonna* ou *Castra Bonnensis*), sur la grande voie rhénane, Bonn devint au XIIIe s. la résidence de l'archevêque-prince-électeur de Cologne. Elle fut annexée par la France (1801), puis par la Prusse (1815) et fut très éprouvée par les bombardements de 1944. Ville moyenne quand elle devint capitale fédérale en 1949 sous la pression d'Adenauer*, elle était qualifiée de *Bundesdorf* (village fédéral). Bonn est restée le siège du gouvernement après la réunification jusqu'au moment du transfert du Parlement et de la Chancellerie en 1999.

**BONNANO** ♦ Sculpteur et architecte pisan (2de moitié du XIIe s.). Auteur de portes de bronze pour les cathédrales de Pise (v. 1180 → **Andrea Pisano**) et Monreale (1186), il a appliqué dans ses reliefs une technique d'origine rhénane à des thèmes iconographiques byzantins. Vasari lui attribue un rôle dans l'édification de la Tour penchée.

**BONNARD (Pierre)** ♦ Peintre, aquarelliste, dessinateur, graveur et affichiste français (Fontenay-aux-Roses 1867 - Le Cannet 1947). Fils de fonctionnaire, il poursuivit des études de droit et fréquenta à partir de 1888 l'académie Julian où il fit la connaissance de Sérusier*, Denis*, Ranson*, Roussel* et Vuillard*, qui allait devenir son meilleur ami. Il devint membre du groupe des nabis. Cependant les théories symboliques et mystiques de Denis et Sérusier le touchèrent peu ; étranger à toute préoccupation d'ordre littéraire, il était surtout fasciné par les estampes japonaises. À partir de 1889, le succès de l'affiche *France-Champagne* le décida à se consacrer exclusivement à la peinture. Il créa alors de nombreuses affiches (*La Revue blanche*, 1894), des modèles de meubles, exécuta des séries de lithographies en noir et en couleurs et fit des décors pour le théâtre de l'Œuvre de Lugné*-Poe. Dans ses premiers tableaux, les tons sont plats, le modelé réduit, l'espace sans profondeur, la composition linéaire et sinueuse (*Le Peignoir*, 1892). Il utilisait alors une gamme chromatique souvent assourdie, à dominante froide, et traitait de préférence des scènes de rue (*Le Fiacre de Paris*, 1898), des portraits de femmes et d'enfants, des nus (*L'Indolente*, 1899) aux mises en page audacieuses. Il réalisa aussi des illustrations de livres (*Parallèlement* de Verlaine, 1900 ; *Daphnis et Chloé*, 1902). S'éloignant progressivement du cercle nabi, il se consacra plus souvent au plein air et traita des scènes de la vie familière et des paysages avec des couleurs plus riches et vibrantes, étalées par masses fluides qui révèlent une reconsidération de l'art des impressionnistes. Après de nombreux voyages en Belgique, aux Pays-Bas (1907), en Espagne, en Tunisie, en Algérie, Bonnard entreprit une série de nus à la toilette où s'affirment ses dons exceptionnels de coloriste, la spontanéité de sa facture et son sens des compositions vigoureuses et originales (*Nu à contre-jour*, 1908). En 1909, il séjourna auprès de Manguin. Il développa alors les qualités expressives de la couleur, recherchant les harmonies intenses de couleurs pures où dominent les tons chauds (*Paysage de Saint-Tropez*, 1911). Jusqu'à 1920 environ, il cherchait à donner à ses œuvres une structure ferme (*Nu devant la cheminée*, 1919), puis il poursuivit ses recherches chromatiques, recourant à des harmonies plus audacieuses. Il créait ainsi un univers lyrique et sensuel qui prend souvent un caractère onirique. Dans les dix dernières années de sa vie, les références au réel disparaissent presque entièrement au profit d'un jeu subtilement varié de couleurs incandescentes. Peu touché par les révolutions picturales qui secouèrent son époque, il resta attaché aux pures valeurs plastiques. Il n'en fut pas moins admiré par des peintres poursuivant des visées diamétralement opposées et exerça une forte influence sur les adeptes de l'abstraction lyrique. ◆ **ÉTYM.** *Bonnard* vient du composé latino-germanique *Bonhard*, du latin *bonus* «bon» et du germanique *hard* «fort».

Pierre **Bonnard.** *Nu de dos à la toilette.*
MNAMGP, Paris. *Phot. ©Dagli Orti*

**BONNAT (Léon)** ♦ Peintre et dessinateur français (Bayonne 1833 - Mouchy-Saint-Éloi, Oise 1922). Après avoir exécuté des œuvres religieuses, il devint sous la IIIe République le portraitiste favori des milieux officiels *(Thiers, Jules Ferry)*. Orientant dans un sens conventionnel le réalisme* de Courbet*, il se montra soucieux d'atteindre une objectivité quasi photographique et développa un style peu personnel où s'affirme surtout sa maîtrise technique, représentatif de la peinture académique et bourgeoise. Il a légué à l'État une remarquable collection de peintures et de dessins (musée Bonnat, à Bayonne ; Louvre).

**BONNE DE LUXEMBOURG** ♦ Fille de Jean* Ier de Luxembourg, épouse de Jean* II le Bon (1332) et mère de Charles* V le Sage (1338).

**BONNE-ESPÉRANCE** (cap de) ◆ **ÉTYM.** en angl. ***Cape of Good Hope***, anc. ***cap des Tempêtes***, baptisé en port. *Cabo da Boa Esperança* par le roi du Portugal, Jean* II le Parfait, car il permit à Vasco de Gama de découvrir la route des Indes ♦ Cap du S. de l'Afrique du Sud, anc. îlot rocheux rattaché au continent. Il fut découvert en 1488 par Bartolomeu Dias*. Vasco de Gama le doubla en 1497. → **Cap (Le).**

Cap de **Bonne-Espérance.**
*Phot. ©Nino Cirani/Ricciarini*

**BONNEFOY (Yves)** ♦ Poète français (Tours 1923). Critique, traducteur de Shakespeare et de Yeats, professeur au Collège de France (1981 - 1993), il a développé une méditation poétique très intense autour de l'inertie de la matière. Reconnaissant au verbe une action vivifiante sur les choses, il lui confie l'espoir d'un retour à l'innocence du monde, recréé par la poésie. Sa pensée, exprimée dans une langue qui suggère plus qu'elle ne décrit, traduit également une angoisse tragique. Son œuvre poétique, dont on peut retenir *Du mouvement et de l'immobilité de Douve* (1953), *Dans le leurre du seuil* (1975), *Ce qui fut sans lumière* (1987), *Début et fin de la neige* (1991) et *Les Planches courbes* (2001), est inséparable de ses récits (*L'Arrière-pays*, 1972 ; *Rue Traversière*, 1977), qui eux-mêmes accompagnent une critique sans cesse remise en cause (*L'Improbable*, 1959 ; *Entretiens sur la poésie*, 1990). Il a consacré de nombreux essais à une réflexion qui dépasse le cadre de la création poétique et de l'acte d'écriture pour englober celui de la création artistique et de l'histoire des idées afin d'approcher la compréhension des grandes œuvres (André Breton et le surréalisme, Rimbaud, Baudelaire, Celan, Giacometti, Goya).

Les **Bonnes** ♦ Pièce de Jean Genet* (1947). Deux sœurs fanées au service d'une «Madame» trop brillante répètent inlassablement la cérémonie des insultes, des crachats et de l'empoisonnement de leur patronne. Elles pousseront leur cruelle cérémonie jusqu'au meurtre de l'une d'entre elles. Ni politique ni sociologique, cette pièce arrache le théâtre à la réalité et le projette dans l'espace rituel du sacrifice.

**BONNET (Charles)** ♦ Naturaliste et philosophe suisse (Genève 1720 - Genthod, près de Genève 1793). Auteur d'ouvrages de botanique et de zoologie (son *Traité d'insectologie*, 1745, expose ses découvertes sur la parthénogenèse des pucerons), il admit le préformationnisme (*Considérations sur les corps organisés*, 1762 ; *Contemplation de la nature*, 1764). Ses analyses psychologiques sont proches de celles de Condillac*, mais en diffèrent par la distinction qu'il établit entre la sensation «passive» et l'«activité» de l'âme capable de choix (*Essai analytique sur les facultés de l'âme*, 1760). [Acad. sc. 1783] ➝ ÉTYM. Ce nom de famille vient du latin *Bonitus*, de *bonus* «bon».

**BONNET (Ossian)** ♦ Mathématicien français (Montpellier 1819 - Paris 1892). Son œuvre porte notamment sur la géométrie infinitésimale. On lui doit, entre autres, les concepts de courbure et de torsion géodésiques, ainsi que l'étude des surfaces orthogonales. [Acad. sc. 1862]

**BONNET (Georges)** ♦ Homme politique français (Bassilac, Dordogne 1889 - Paris 1973). Député radical-socialiste, ministre des Finances dans le cabinet Chautemps, il reçut le portefeuille des Affaires étrangères (1938 - 1939) et s'efforça d'éviter la guerre. → **Munich (accords de)**. Ministre de la Justice jusqu'à la chute du cabinet Daladier (mars 1940). Retiré peu après de la vie politique, exclu du parti radical, il créa en 1955 le groupe des radicaux dissidents et fut réélu député (1956).

**BONNÉTABLE** [72110] ➝ ÉTYM. «bonne étable» (lieu favorable à l'élevage ou aussi auberge) ♦ Ch.-l. de cant. de la Sarthe, arr. de Mamers, dans le Maine. 4 018 hab. *(Bonnétabliens)*.

**Bonnets** et **Chapeaux** – en suéd. ***Mössorna*** et ***Hattar*** ♦ Nom des deux partis politiques qui se disputèrent le pouvoir en Suède entre 1738 et 1772. Les Bonnets (bonnets de nuit) étaient partisans de la paix et prêts aux concessions envers la Russie et la Grande-Bretagne, tandis que les Chapeaux, francophiles, voulaient reprendre la politique belliqueuse de Charles* XII. Leur action cessa avec Gustave* III.

**BONNEUIL-SUR-MARNE** [94380] ➝ ÉTYM. anc. *Bonoilo*, du gaul. *Bonos*, n. de pers., ou «village fondé dans une clairière» du gaul. *bona* «village, fondation» et *ialo* «clairière» ♦ Ch.-l. de cant. du Val-de-Marne, arr. de Créteil. 15 889 hab. *(Bonneuillois)*. Port fluvial sur la rive g. de la Marne. Secteur tertiaire. Fabrication de machines et d'équipement.

**BONNEVAL (Claude Alexandre, comte DE)** ♦ Général français (Coussac-Bonneval, Limousin 1675 - Constantinople 1747). Disgracié pour avoir offensé Mme de Maintenon, il passa au service de l'Autriche et combattit contre la France. Il se réfugia ensuite en Turquie, se convertit à l'islam (1730) et prit le nom d'Ahmed Pacha. Il y acquit une grande influence.

**BONNEVAL** [28800] ➝ ÉTYM. du lat. *bona vallis* «la bonne vallée» ♦ Ch.-l. de cant. de l'Eure-et-Loir, arr. de Châteaudun. 4 285 hab. *(Bonnevalais)*. Église Notre-Dame, gothique (XIIIe s.). Anc. abbaye (XIIIe - XVe s.). Restes de fortifications.

**BONNEVAL-SUR-ARC** [73480] ♦ Comm. de la Savoie, arr. de Saint-Jean-de-Maurienne, au pied du col de l'Iseran. 242 hab. *(Bonnevalains)*. Station de sports d'hiver et d'alpinisme (1 835 - 3 250 m).

**BONNEVILLE (Nicolas DE)** ♦ Écrivain français (Évreux 1760 - Paris 1828). Lors de la Révolution, il fonda, avec C. Fauchet*, le Cercle social et les journaux *La Bouche de Fer* et *La Chronique du jour*. Révolutionnaire à tendance mystique, partisan de l'illuminisme du philosophe Saint-Martin, il fut emprisonné sous la Terreur, puis persécuté sous l'Empire. On lui doit une *Histoire de l'Europe moderne* (1789 - 1792) et *De l'esprit des religions* (1791).

**BONNEVILLE** [74130] ♦ Ch.-l. d'arr. de la Haute-Savoie, sur l'Arve. 10 463 hab. (aggl. 17 333) *(Bonnevillois)*. Anc. cap. du Faucigny.

**Bonneville** (barrage de) ♦ Grand barrage situé aux États-Unis sur la Columbia* (frontière de l'Oregon et du Washington).

**Bonnie and Clyde** ♦ Film américain d'Arthur Penn* (1967), avec Warren Beatty, Faye Dunaway. Au début des années 1930 aux États-Unis, un couple de jeunes truands, Clyde Barrow et Bonnie Parker, sème la terreur dans les bourgades du Texas en proie à la crise économique. Ce western moderne est traité avec un recul ironique.

**BONNIER (Gaston)** ♦ Botaniste français (Paris 1853 - *id.* 1922). Auteur de flores remarquables par leur précision (dont la *Flore complète illustrée*), il étudia l'influence du milieu sur la structure et la fonction des organes chez les végétaux. [Acad. sc. 1897]

**BONNIÈRES-SUR-SEINE** [78270] ➝ ÉTYM. du lat. *Bonus*, n. de pers., et suff. *-aria* ou région. *bonière* «mesure agraire» ♦ Ch.-l. de cant. des Yvelines, arr. de Mantes-la-Jolie, sur la Seine. 3 993 hab. *(Bonnièrois)*. Allée sépulcrale néolithique. ▪ Port fluvial.

**BONNIVET (Guillaume GOUFFIER, seigneur DE)** ♦ Amiral français (v. 1488 - Pavie 1525). Favori de François Ier, nommé chef de l'armée d'Italie (1523). Inférieur à sa tâche, il fut battu et tué à la bataille de Pavie (1525).

**BONNOT (Jules Joseph)** ♦ Criminel français (Pont-de-Roide, Doubs 1876 - Choisy-le-Roi 1912). Chef d'un groupe se réclamant de l'anarchisme, connu sous le nom de *bande à Bonnot*, qui se livra à de nombreuses attaques de banques en automobile (dont plusieurs avec meurtres), il fut abattu alors qu'il allait être arrêté. Les autres membres de la bande furent jugés en 1913 (4 condamnations à mort, 11 peines de travaux forcés ou de prison).

**BONOMI (Ivanoe)** ♦ Homme politique italien (Mantoue 1873 - Rome 1951). Exclu du Parti socialiste italien pour avoir soutenu la guerre en Libye (1912), il prit alors la tête des socialistes indépendants et modérés. Plusieurs fois ministre puis président du Conseil en 1921 et 1922, il se montra impuissant à s'opposer au fascisme. Hostile au nouveau régime, il dirigea le Comité central de libération (1943), puis un gouvernement antifasciste en 1944 - 1945, mais sa volonté de maintenir la monarchie provoqua l'hostilité des partis de gauche et le contraignit à démissionner. Il fut élu président du Sénat en 1948.

**BONONCINI (Giovanni)** ♦ Compositeur italien (Modène 1670 - Vienne 1747). Fils de GIOVANNI MARIA (Montecorone, Modène 1642 - Modène 1678) et frère d'ANTONIO MARIA BONONCINI (Modène 1677 - *id.* 1726), l'un et l'autre compositeurs et instrumentistes réputés, il fit une brillante carrière européenne, particulièrement à Vienne (1699 - 1711) et à Londres (1720 - v. 1732). Auteur de nombreuses œuvres de musique religieuse et de musique de chambre, il composa une trentaine d'opéras dont un avec Haendel, *Muzio Scevola*. Devenu le rival de ce dernier et malgré la protection du duc de Marlborough, il dut s'effacer devant lui.

**BONPLAND (Aimé GOUJAUD, dit Aimé)** ♦ Médecin et naturaliste français (La Rochelle 1773 - Santa Ana, Argentine 1858). Avec A. von Humboldt*, il explora l'Amérique du Sud dont il rapporta de nombreuses espèces de plantes inconnues. Il est l'auteur de plusieurs ouvrages de botanique. [Acad. sc. 1817]

**bon-po**

n. m. ♦ Religion chamanique primitive du Tibet*, antérieure à l'introduction du bouddhisme (VIIe s.), teintée d'animisme et (plus tardivement) de pratiques tantriques indiennes.

**BONSECOURS** [76240] ➝ ÉTYM. n. d'orig. religieuse ♦ Comm. de la Seine-Maritime, arr. de Rouen. 6 853 hab. Basilique néogothique (1840).

**BONS-EN-CHABLAIS** [74890] ♦ Comm. de la Haute-Savoie, arr. de Thonon-les-Bains. 3 980 hab. (aggl. 4 650).

**BONSON** [42160] ➝ ÉTYM. anc. *Bonczonis*, du n. d'un ruisseau ♦ Comm. de la Loire, arr. de Montbrison. 3 816 hab.

**BONSTETTEN (Charles Victor DE)** ♦ Écrivain suisse (Berne 1745 - Genève 1832). Après des études en Hollande et en Angleterre, il voyagea en France et en Italie, puis vint s'établir à Genève où il se lia avec Mme de Staël* et Sismondi*, composant dès lors (1803) ses ouvrages en français : ses *Études de l'homme ou Recherches sur les facultés de sentir et de penser* (1821), ainsi que *L'Homme du Midi et l'Homme du Nord ou l'Influence des climats* (1824) notamment, sont très représentatifs de la tendance cosmopolite, européenne du début du XIXe s. On a publié ses *Lettres à Mathisson* (1827) et ses *Lettres à Frédérike Brun* (1829).

**BONTEMPELLI (Massimo)** ♦ Écrivain italien (Côme 1878 - Rome 1960). Il fonda avec Malaparte la revue *XXe Siècle (Novecento)*, rédigée en français, qui accueillit Mac Orlan et James Joyce. Acquis au «réalisme magique», Bontempelli s'opposa au vérisme comme à l'esthétisme dans un ouvrage théorique *L'Aventure du XXe siècle* (1928), préconisant un délire lucide, où le fantastique s'allie à l'humour. À cette veine appartiennent les nombreux romans de cet écrivain fécond : *L'Échiquier devant le miroir* (1922) ; *Vie et mort d'Adria et de ses fils* (1930) et *Des gens dans le temps* (1937), dont le fantastique inquiétant contraste avec la rigueur glaciale du langage. Le théâtre de Bontempelli, d'abord futuriste, puis néoclassique, est imprégné de métaphysique et d'authentique poésie (*Notre déesse*, 1928 ; *Nuée*, 1938). ➝ ÉTYM. Ce nom est une variante de l'italien *Buontempo (Bontempo)* «qu'il ait de bons moments».

**BONTEMPS (Pierre)** ♦ Sculpteur français (v. 1505-1510 - v. 1568-1570). Il fit partie de l'équipe travaillant à Fontainebleau sous la direction du Primatice* (stucs de la chambre de la reine, à partir de 1536) et fut aussi chargé de la restauration des antiques de la collection royale. Fixé ensuite à Paris, il collabora au tombeau de François Ier sous la direction de Philibert Delorme* (1548 - 1559), réalisant probablement les deux gisants, cadavres en état de décomposition d'un esprit encore caractéristique de la fin du Moyen Âge, et les priants d'une inspiration plus classique. Il est aussi l'auteur des 54

Pierre **Bontemps.** *Claude de France,* marbre. Tombeau de François Ier et Claude de France, abbaye de Saint-Denis. *Phot. ©Arch. Smeets*

bas-reliefs représentant des épisodes des guerres d'Italie ainsi que de l'*Urne du cœur de François Ier* (1550 - 1556) dont le répertoire thématique (allégories de l'Architecture, de la Sculpture, de la Peinture) et décoratif, la finesse du modelé, le goût des effets de perspective se rattachent à l'esthétique de la première école de Fontainebleau.

**BONVALOT (Gabriel)** ♦ Explorateur français (Épagne, Aube 1853 - Paris 1933). De 1880 à 1882, il explora l'Asie centrale (Turkestan, Perse, Afghanistan, Cachemire), puis se rendit de Sibérie au Tonkin par le Tibet avec le prince Henri d'Orléans* (1889 - 1890). Il a écrit *De Paris au Tonkin à travers le Tibet inconnu,* 1892.

**BOOLE (George)** ♦ Logicien et mathématicien britannique (Lincoln 1815 - Ballintemple, près de Cork 1864). Créateur de la logique symbolique moderne (*The Mathematical Analysis of Logic,* 1847), il y introduisit les notations mathématiques. Il élabora une théorie appelée *treillis ou algèbre de Boole,* c'est-à-dire l'algèbre de la logique.

**BOOM** ♦ Comm. de Belgique (Région flamande), prov. et arr. d'Anvers, sur le Rupel. 16 326 hab. Briqueterie (briques de Boom). Construc. métalliques. Chantier naval.

**BOON (Louis-Paul)** ♦ Écrivain belge d'expression néerlandaise (Aalst 1912 - Erembodegem 1979). Rédacteur au quotidien socialiste *Vooruit,* il témoigna dans son œuvre d'une attention constante pour la question sociale. D'inspiration populiste, ses romans décrivent la misère du prolétariat flamand (*Le faubourg s'étend,* 1942 ; *Rue oubliée,* 1946 ; *Ma petite guerre,* 1946), mais s'écartent progressivement du modèle naturaliste pour adopter une fragmentation des points de vue qui les rapproche du Nouveau Roman français (*De Kapellekensbaan,* 1953, suivi de *Été à Ter-Muren,* 1956).

**BOONE (Daniel)** ♦ Pionnier américain (près de Reading, Pennsylvanie 1734 - Charette, Missouri 1820). Après avoir franchi les Appalaches en 1769, il découvrit le Kentucky, y fonda le premier établissement, sous le nom de Boonesborough, et s'installa ensuite sur les bords du Missouri. ➝ **ÉTYM.** Ce nom de famille vient de *Bohon,* commune de la Manche ou est l'anglicisation du nom ou surnom *Bon.*

**BOORMAN (John)** ♦ Cinéaste britannique (Sheperton 1933). D'ascendance protestante et d'éducation religieuse, il réalise un film policier en 1967 : *Le Point de non-retour.* Ses films dénotent un grand intérêt pour la nature «sauvage». Celui-ci se manifeste aussi bien dans l'allégorie de *Leo the Last* (1970) que dans l'aventure initiatique de *Délivrance* (1972), dans la féerie anticipatrice (*Zardoz,* 1974), médiévale (*Excalibur,* 1981) ou exotique (*La Forêt d'émeraude,* 1985). *Hope and Glory* (1987) recompose l'univers d'un enfant pendant la Deuxième Guerre mondiale. Avec *Rangoon* (1995) et la figure historique d'Aung* San Suu Kyi, Boorman révèle au grand public l'oppression du peuple birman par la junte militaire.

**BOOTH (William)** ♦ Réformateur religieux britannique (Nottingham 1829 - Londres 1912). Prédicateur méthodiste, il fonda en 1878 l'Armée du salut et en devint le général. ➝ **ÉTYM.** Ce nom anglais signifie «cabane».

**BOOTH (John Wilkes)** ♦ Acteur américain (Bel-Air, Maryland 1838 - Bowling Green, Virginie 1865). Partisan de la cause sudiste, il assassina le président Lincoln*.

**BOOTHIA** (péninsule de) ♦ Péninsule du N. du Canada, dans l'Arctique (Territoires du Nord-Ouest) ; elle est séparée au S.-O. de l'île du Roi-Guillaume et bordée à l'E. par le profond *golfe de Boothia* qui la sépare de l'extrémité O. de l'île de Baffin. Elle se prolonge au N. par l'île de Somerset.

**BOOTLE** ♦ V. d'Angleterre (Merseyside) sur la Mersey. Faubourg portuaire de Liverpool. 70 000 hab. Métallurgie de l'étain.

**BOOZ** ➝ **ÉTYM.** en hébreu ***Bo'az,*** p.-ê. «en lui *(bô)* la force *('az)*» ♦ Personnage biblique (Livre de Ruth), époux de Ruth*, père d'Obed et, par lui, bisaïeul de David*. ♦ ***Booz endormi*** Poème de V. Hugo (1859) inclus dans *La Légende des siècles.*

**BOPHUTHATSWANA** n. m. ♦ Anc. homeland (bantoustan) d'Afrique du Sud auj. englobé dans la province du Nord-Ouest. Habité par les Tswanas, il fut déclaré indépendant par l'Afrique du Sud de 1977 à 1994 puis réintégré à la fin de l'apartheid en 1996. Mines de platine et de chrome. Centre de loisirs à Sun City.

**BOPP (Franz)** ♦ Linguiste allemand (Mayence 1791 - Berlin 1867). Après des études à Aschaffenburg, il vint étudier le sanskrit à Paris (1812), notamment avec Chézy. Il publia dès 1816 un traité sur le *Système de conjugaison en sanskrit.* Après un séjour à Londres, il alla à Göttingen (1818) et devint professeur à Berlin (1821) où il fut appelé par W. von Humboldt. Il mena dès lors une vie calme et studieuse, publiant plusieurs mémoires importants. Il est l'auteur de grammaires et d'un glossaire du sanskrit. Sa grande œuvre, la *Grammaire comparée du sanskrit, du zend, du latin, du lituanien, du vieux slave, du gothique et de l'allemand,* parut en six parties, de 1833 à 1852. ▪ Mû par l'intérêt philologique pour l'histoire des cultures et des religions (Schlegel, l'école «symboliste» de Heidelberg), Bopp, voulant découvrir la raison commune et profonde à l'ensemble des langues indo-européennes (leur «organisme»), sut se tenir à l'écart des interprétations romantiques et des généralisations de ses grands contemporains allemands et découvrir dans la morphologie du verbe et du nom un véritable système de formes fonctionnelles. Il est par là le père incontesté de la linguistique moderne.

**BOR (Vladimir PAVSIĆ, dit Matej)** ♦ Poète et auteur dramatique slovène (Grgar 1913 - 1996). Influencé par Maïakovski, il écrivit des poèmes d'une vie intense qu'il allait réciter aux maquisards pour les soutenir dans leur résistance contre les fascistes. Traducteur de Shakespeare, il aborde, dans son propre théâtre, des sujets contemporains : *L'Heure difficile* (1944), *La Roue des ténèbres* (1961).

**BOR** ♦ V. de Serbie. 55 739 hab. Importantes mines de cuivre et métallurgie associée.

**BÓR (Tadeusz KOMOROWSKI, dit)** ♦ Général polonais (Lemberg, auj. Lvov 1895 - Grove Farm, Buckinghamshire 1966). Commandant supérieur de l'armée secrète du pays (la résistance antinazie soutenue par le gouvernement polonais de Londres) de 1943 à 1944, il déclencha l'insurrection de Varsovie (août - sept. 1944), qui fut écrasée sans que les troupes soviétiques, pourtant à proximité de la ville, interviennent. Il émigra en 1945.

**BORA (Katharina VON)** ♦ Religieuse allemande (Lippendorf, Saxe 1499 - Torgau 1552). Après s'être enfuie de son couvent, elle épousa Luther* (1525) et lui donna six enfants.

**BORA BORA** ♦ Île volcanique occidentale des îles Sous-le-Vent appartenant à l'archipel de la Société* (Polynésie française) et située au milieu d'un vaste lagon. 2 500 hab. env. ▪ Tombeau de A. Gerbault*.

**BORÅS** ♦ V. de Suède méridionale, à l'E. de Göteborg. 100 221 hab. ▪ Centre de l'indus. textile suédoise. Construc. mécaniques.

**BORCHARDT (Rudolf)** ♦ Poète et écrivain allemand (Königsberg 1877 - Trins, Tyrol 1945). À l'encontre des mouvements littéraires de l'époque (naturalisme, impressionnisme, etc.), il a voulu être le défenseur de la tradition et donna, dans une langue et un style aux formes recherchées et difficiles, des poèmes (*L'Ode à la grenade,* 1907, *Magnolia d'automne, Del Durant,* 1920, poème épique), des romans (*Jonction par-delà les lignes ennemies,* 1937), des essais et de nombreuses traductions (en particulier de *La Divine Comédie* de Dante).

**BORCHERDS (Richard E.)** ♦ Mathématicien britannique (1959). Spécialiste de l'algèbre, il donna notamment une preuve de la conjecture «moonshine» qui relie les fonctions elliptiques et le «monstre», le plus grand groupe fini existant ($10^{53}$ éléments) qui ne fait pas partie d'un ensemble infini. [Médaille Fields 1998]

**BORCHERT (Wolfgang)** ♦ Écrivain allemand (Hambourg 1921 - près de Bâle 1947). Son destin et son œuvre sont ceux de toute une génération sacrifiée. Condamné à mort pour défaitisme et antinazisme, puis gracié, Borchert passa les années de guerre entre la prison et le front, et mourut peu après la défaite allemande, de maladie et d'épuisement. Auteur de nouvelles et de poèmes, il est surtout célèbre pour son drame *Dehors devant la porte* (1947), histoire d'un sergent qui revient de guerre dans un Hambourg dévasté où il ne retrouve ni foyer ni parents. Il est l'exemple même de ce que l'on a appelé la *Trümmerliteratur*, littérature des ruines ou du «point zéro». ➝ ÉTYM. *Borchert* vient du nom de personne germanique *Burghard*, de *burg* «forteresse» et *hard* «dur».

**BORCHGREVINK (Carsten Egeberg)** ♦ Explorateur norvégien (Oslo 1864 - *id.* 1934). À bord du *Southern Cross*, il explora les régions antarctiques et parvint jusqu'au cap Adare (terre Victoria) en 1898 - 1899. On a donné son nom à une île de la mer de Ross.

**BORDA (Jean Charles),** dit **le chevalier DE BORDA** ♦ Physicien français (Dax 1733 - Paris 1799). Auteur de recherches sur la balistique, il participa également, avec Méchain* et Delambre*, à la mesure de l'arc du méridien terrestre pour l'établissement du système métrique et inventa de nouveaux instruments de mesure. Son nom fut donné aux vaisseaux qui portèrent l'École navale de 1840 à 1913. [Acad. sc. 1772]

**BÖRDE** n. f. ♦ Région d'Allemagne, riche en lœss, qui s'étend en bordure de la plaine du Nord et du massif hercynien, de la rive g. du Rhin (Börde de Juliers) à la haute Lusace*. Liseré étroit à l'O., élargi dans la Börde de Magdeburg, ce type de sol très fertile permet des cultures variées (blé, betterave à sucre, plantes fourragères, lin, tabac, cultures maraîchères) associées à l'élevage bovin et porcin. Le sous-sol est riche en potasse (exploité à Hanovre, Stassfurt), et en sel (mines de Brunswick). Fer (Peine) et lignite. Indus. mécanique ; chimique ; alimentaire. Axe de circulation très important, entre Flandre et Silésie.

**BORDEAUX** (duc **DE**) ➝ **Chambord**

**BORDEAUX (Henry)** ♦ Écrivain français (Thonon-les-Bains 1870 - Paris 1963). Se reconnaissant pour maître Paul Bourget*, H. Bordeaux s'attacha à exalter l'ordre moral, incarné dans l'esprit de famille et dans une foi traditionnelle. Dans *Les Roquevillard* (1906), *La Robe de laine* (1910), *La Neige sur les pas* (1911) et *La Peur de vivre* (1921), il reprit le «vieux thème des tragédies domestiques», au sein de sa Savoie natale, pour livrer l'analyse d'une certaine société provinciale et se montrer l'avocat des sentiments «naturels» et des vertus bourgeoises. Auteur de pièces de théâtre, de recueils de nouvelles, il a également écrit *Histoire d'une vie* (9 vol. ; 1946 - 1963). [Acad. fr. 1919]

**BORDEAUX** [33000] ➝ ÉTYM. anc. *Burdigala* ♦ Ch.-l. du dép. de la Gironde et de la région Aquitaine, sur la Garonne, à 98 km de l'océan Atlantique. 215 363 hab. (aggl. 735 337, 6e rang) *(Bordelais)*. ▮ **Les monuments** La ville possède de nombreuses églises : cathédrale Saint-André (nef du XIIe s., transept et chœur du XIVe s.) ; église Sainte-Croix (XIIe - XIIIe s.) ; église Saint-Seurin (XIIe - XVe s.) ; église Sainte-Eulalie (XIIe au XVIe s.) ; église Saint-Michel (XIVe - XVIe s.) et tour Saint-Michel, haute de 109 m, qui est la pointe la plus élevée du S. de la France ; église Notre-Dame (XVIIe - XVIIIe s.). Ruines du palais Gallien (IIIe s.). On doit à l'architecte Victor Louis le Grand-Théâtre (1773 - 1780), trois hôtels qui abritent la préfecture. La place de la Bourse est un bel ensemble architectural du XVIIIe s., œuvre de Gabriel*. L'hôtel de ville est situé dans l'anc. évêché (XVIIIe s.). Le monument des Girondins par Dumilâtre et Rich (1895) et sa fontaine avec les chevaux de Debrie se trouvent sur la fameuse esplanade des Quinconces (XIXe s.). Le «Jardin public», célèbre promenade, a été créé par Tourny* au XVIIIe s. Porte de la Grosse Cloche (XIIIe - XVe s.), porte de Bourgogne et porte d'Aquitaine du XVIIIe s. Nombreux musées, maisons et hôtels anc. Siège d'un archevêché, d'universités et de grandes écoles. ▮ **Un centre industriel** Métropole économique du S.-O. de la France, Bordeaux a bénéficié d'un processus de renouvellement urbain à partie de l'implantation du tramway. Auj., la rive droite de la Garonne, longtemps à l'écart, est aménagée en un centre moderne concentrant habitations, loisirs et un jardin botanique. Le passé prestigieux de la cité comme premier port d'exportation vers l'Angleterre puis les destinations lointaines est aujourd'hui relayé par des activités de pointe : chimie fine et indus. pharmaceutique, aéronautique et avionique, missiles balistiques, électronique. L'économie locale dépend en partie des commandes militaires. Les raffineries de pétrole ont disparu. EDF a construit la puissante centrale nucléaire du Blayais, le long de l'estuaire. Deux branches traditionnelles maintiennent leur activité : celle de la cellulose, liée à l'exploitation de la forêt landaise ; et celle du vin (plus grand vignoble du monde avec 120 000 ha ; 5 à 8 millions d'hl récoltés, selon les années). ▮ **Les communications** La ville est richement dotée en infrastructures de transport : 6e port de France pour le trafic des marchandises (disposant de six terminaux spécialisés, Le Verdon, Pauillac, Blaye, Ambès, Bassens et Bordeaux) et 8e aéroport (Bordeaux-Mérignac) pour les passagers, elle est également devenue un carrefour autoroutier et elle est reliée, depuis 1990, à la capitale par une liaison ferroviaire TGV. ▮ **Histoire** Capitale des Bituriges* Vivisques sous le nom de *Burdigala*, elle devint, après la conquête de la Gaule* par les Romains, capitale de l'Aquitaine* IIe (370 - 508). Possession anglaise à la suite du mariage d'Aliénor* d'Aquitaine avec Henri* II en 1152, elle revint à la France après la bataille de Castillon* (1453) et Louis XI y installa le parlement de Guyenne* que présida Montesquieu. Durant la Fronde, s'y développa un mouvement municipal original, l'Ormée*. Bordeaux connut de nouveau une grande prospérité au XVIIIe s. grâce au commerce avec les Antilles et avec la traite des Noirs. Capitale des girondins durant la Révolution, la ville souffrit beaucoup de

**Bordeaux.** Le tramway sur les quais. *Phot. © Stephane Frances / OnlyFrance.fr*

la Terreur (Ch. Barbaroux* y fut décapité en 1794). Elle fut l'une des premières villes à se rallier aux Bourbons en 1814, d'où le nom de *duc de Bordeaux* donné par Louis XVIII au futur comte de Chambord*. Le gouvernement français y siégea en 1870, 1914 et 1940.

**BORDELAIS** n. m. ♦ Région autour de Bordeaux* et, particulièrement, celle du vignoble bordelais qui couvre environ 120 000 ha dans le dép. de la Gironde*, de part et d'autre de la Garonne depuis les environs de La Réole* au S.-E. jusqu'à la pointe de Grave* au N.-O., sur les deux rives de la basse Dordogne des abords de Sainte*-Foy-la-Grande au bec d'Ambès* et sur la rive d. de la Gironde jusqu'à la limite de la Charente-Maritime. ▪ Le Médoc* au N.-O. est subdivisé en Haut-Médoc, de la banlieue N. de Bordeaux (Blanquefort*) à Saint-Seurin-de-Cadourne (Castelnau-de-Médoc, Margaux* [Château-Margaux], Pauillac* [Château-Lafite, Château-Latour, Château-Mouton-Rothschild], Saint*-Estèphe, Saint-Julien [Château-Lagrange], Saint*-Laurent-Médoc), et Bas-Médoc, entre Saint-Seurin et Soulac*-sur-Mer (Lesparre*-Médoc, Saint-Vivien-de-Médoc). ▪ Les Graves* sont situées entre Blanquefort au N. de Bordeaux et Langon* au S. (Pessac* [Château-Haut-Brion], Labrède*) ; s'y rattachent les «Graves méridionales» du Sauternais (Barsac*, Sauternes* [Château-Yquem]), les «petites» ou «secondes» Graves (Cérons, Podensac) et le Bazadais (Bazas*). ▪ Les vignobles des Côtes dominent la rive d. de la Garonne et de la Gironde et comprennent le Libournais (Libourne*, Pomerol*, Saint*-Émilion, Castillon*-la-Bataille), le Fronsadais (Fronsac*), le Cubzadais (Saint*-André-de-Cubzac), le Bourgeais (Bourg*-sur-Gironde), le Blayais* (Blaye*) ainsi que la région de Coutras* et de Guîtres et, entre Garonne et Dordogne, l'Entre*-Deux-Mers (Carton-Blanc, Créon*, Sainte*-Foy-la-Grande).

**BORDÈRES-SUR-L'ÉCHEZ** [65320] ➝ ÉTYM. anc. fr. *borde*, gasc. *bordèras* «petite maison ; ferme» ♦ Comm. des Hautes-Pyrénées, arr. de Tarbes. 3 551 hab. *(Borderais)*.

**BORDES (Charles)** ♦ Compositeur français (Rochecorbon, près de Vouvray 1863 - Toulon 1909). Élève de César Franck*, il fut maître de chapelle à Saint-Gervais. Fondateur de l'association des Chanteurs de Saint-Gervais, il a contribué à la renaissance de la musique polyphonique des XVe, XVIe et XVIIe s. En association avec Alexandre Guilmant et Vincent d'Indy*, il participa aussi à la fondation de la Schola Cantorum (1894). Il a publié les *Archives de la tradition basque*, l'*Anthologie des maîtres religieux primitifs*, les *Chansonniers du XVIe siècle*. Il est aussi l'auteur de quelques compositions musicales, dont *18 Mélodies pour chant et piano* (1914). ➝ ÉTYM. *Bordes* a désigné une ferme, de *bord* «planche».

**BORDES (François)** ♦ Préhistorien français (Rives 1919 - Tucson, Arizona 1981). Fondateur de l'Institut du Quaternaire (Bordeaux) et inventeur d'une méthode d'étude statistique des industries lithiques utilisant une liste de types d'outils (*Typologie du Paléolithique ancien et moyen*, 1961), il fouilla de nombreux sites du Bassin parisien, du Périgord et d'Australie.

**BORDES** [64510] ♦ Comm. des Pyrénées-Atlantiques, arr. de Pau. 1 941 hab. *(Bordais)*. Construc. aéronautique.

**BORDET (Jules)** ♦ Médecin et microbiologiste belge (Soignies 1870 - Bruxelles 1961). Un des fondateurs de la sérologie, il découvrit l'hémolyse, mit au point (avec O. Gengou) une technique de recherche d'agents pathogènes et découvrit le bacille de la coqueluche (1906). Il dirigea l'institut Pasteur du Brabant. [Prix Nobel de physiol. ou méd. 1919]

**BORDEU (Théophile DE)** ♦ Médecin français (Izeste, Béarn 1722 - Paris 1776). Connu pour ses travaux sur les eaux thermales (en particulier du Béarn) et sur les glandes, il collabora à l'*Encyclopédie*, et fut, avec Barthez*, un des fondateurs du vitalisme.

**BORDIGHERA** ♦ V. d'Italie, en Ligurie (prov. d'Imperia), sur la Riviera du Ponant, près de la frontière française. 10 292 hab. Station balnéaire et hivernale réputée pour la douceur de son climat et ses cultures florales.

**BORDJ BOU ARRERIDJ** ♦ V. d'Algérie, ch.-l. de wilaya, située dans les hauts plateaux du Sétifis. 87 651 hab.

**BORDJ EL-BAHRI** (cap) – anc. ***Matifou*** ♦ Cap d'Algérie qui ferme à l'E. la baie d'Alger. À proximité est située la ville de Bordj el-Bahri (wilaya d'Alger). 10 800 hab. Centre touristique.

**BORDJ MENAÏEL** ♦ V. d'Algérie (wilaya de Boumerdès). 47 384 hab.

**BORDONE (Pâris)** ♦ Peintre italien (Trévise 1500 - Venise 1571). Il travailla en Lombardie (1535 - 1540), à la cour de France, à Augsbourg, invité par les Fugger, puis s'établit à Venise. Influencé dans sa manière et ses sujets par Giorgione* et Titien*, il se montra bon coloriste, se plut surtout à représenter les jeux de la lumière sur des étoffes somptueuses (*L'Anneau de saint Marc,* v. 1535, Venise), trouva quelque grandeur dans ses compositions (*Le Baptême du Christ,* Milan), mais ne sut pas toujours garder la rigueur formelle et la force expressive de ses œuvres de jeunesse dans ses scènes bibliques, allégoriques ou mythologiques (*Bethsabée au bain,* Cologne ; *Vertumne et Pomone,* Louvre). Il exécuta de beaux portraits (*La Nourrice,* palais Pitti, Florence).

Pâris **Bordone.** *Bethsabée au bain.* Wallraf-Richartz Museum, Cologne.
*Phot. ©Arch. Smeets*

**BORDUAS (Paul-Émile)** ♦ Peintre canadien (Saint-Hilaire, Québec 1905 - Paris 1960). D'abord élève du peintre d'église Ozias Leduc, puis, à partir de 1928, de Maurice Denis*, Borduas, de retour au Canada, abandonna la décoration d'église pour s'orienter vers la peinture surréaliste sous l'influence de Pellan* et de la lecture de Breton* (*Le Château étoilé).* Il regroupa autour de lui les « Automatistes » (*Sous le vent de l'île,* 1947). Esprit courageux, il observa avec lucidité la société du Québec, et publia en 1948 son manifeste *Refus global,* dans lequel il attaquait, entre autres, la hiérarchie catholique, ce qui lui valut de perdre son poste d'enseignant à l'École du Meuble de Montréal. Il s'exila aux États-Unis en 1953, où il rejoignit la communauté des peintres de Provincetown, dans le Massachusetts, y exécutant 40 tableaux (*L'Étang recouvert de givre,* 1954). Au contact des expressionnistes américains, dont Robert Motherwell*, son style évolua vers un éclatement des formes. Il se rendit à Paris en 1953 et peignit des œuvres à la structure plus austère, formelle où de vastes plages de couleur noire, puis grise, rouge ou bleue sont disposées sur des fonds blancs.

**BORÉE** – en gr. ***Boreas*** ♦ Dieu grec du vent du nord, fils du Titan Astraeos et d'Éos (l'Aurore), il fut particulièrement célébré à Athènes.

**BOREL (Joseph-Pierre BOREL D'HAUTERIVE, dit Petrus)** ♦ Écrivain français (Lyon 1809 - Mostaganem 1859), surnommé le Lycanthrope, « l'homme-loup ». Républicain véhément, il écrivit un roman, *Madame Putiphar* (1839), où un sentimentalisme exacerbé soutient de grandes revendications égalitaires. Ses tendances antisociales apparaissent dans le recueil poétique des *Rhapsodies* (1832), et sa hantise de la mort dans *Champavert. Contes immoraux* (1833), nouvelles où la truculence se mêle à l'horrible. Ce maître de l'humour noir fit l'objet d'une étude de Baudelaire. Il traduisit en 1836 le *Robinson* Crusoé* de Daniel De Foe.

**BOREL (Émile)** ♦ Mathématicien et homme politique français (Saint-Affrique 1871 - Paris 1956). En analyse, il étudia la théorie des ensembles et de la mesure ; ses résultats constituent le point de départ de la théorie de l'intégration de Lebesgue*. Il donna également la définition rigoureuse de la probabilité et jeta les bases de la théorie des jeux stratégiques. Il créa une publication spécialisée (*Collection de monographies sur la théorie des fonctions)* et fut député (1924) et ministre de la Marine (1925). [Acad. sc. 1921]

**BOREL (Armand)** ♦ Mathématicien suisse (La Chaux-de-Fonds 1923 - Princeton 2003). Ses recherches sur la théorie des groupes de Lie* et des groupes algébriques linéaires permirent notamment une classification de certaines familles de groupes algébriques.

**BORELLI (Giovanni Alfonso)** ♦ Physicien et physiologiste italien (Naples 1608 - Rome 1679). Professeur de mathématiques, il fut le fondateur de l'iatromécanisme, conception mécaniste de l'être vivant et de ses activités, inspirée du mécanisme cartésien.

**BORG (Björn)** ♦ Joueur de tennis suédois (Södertälje 1956). Cinq fois vainqueur à Wimbledon, six fois aux Internationaux de France à Roland-Garros, il s'est imposé comme un joueur hors pair. Il marqua, par sa puissance, le début d'une nouvelle ère tennistique.

**BORGEN (Johan)** ♦ Écrivain norvégien (Christiania, auj. Oslo 1902 - *id.* 1979). Il fut d'abord, sous le pseudonyme populaire de Mumle Gåsegg, un auteur de nouvelles et un dramaturge, puis il aborda le roman avec la trilogie *Petit Lord* (1955 - 1957), étude psychologique de la formation d'un jeune homme. Ensuite, il s'appliqua à écrire, avec une finesse de style remarquable, des récits de type réaliste comme *Moi* (1959).

**BORGES (Jorge Luis)** ♦ Écrivain argentin (Buenos Aires 1899 - Genève 1986). Issu d'une lignée liée à la conquête et à l'indépendance du Río de La Plata, il déclara sa vocation littéraire dès l'âge de six ans. Durant la Première Guerre mondiale, il résida à Genève, où il étudia au collège Calvin, puis en Italie et en Espagne, où il entra en contact avec l'avant-garde littéraire (mouvement ultraïste). De retour en Argentine, il célébra les mythologies créoles (*Ferveur de Buenos Aires,* poèmes 1923 ; *Lune d'en face,* poèmes 1925 ; *Cuaderno San Martin,* poèmes 1929 ; *Evaristo Carriego,* 1930). Les récits de l'*Histoire universelle de l'infamie* (1935), dont il minimisa la portée, contiennent l'amorce d'un genre nouveau, mais c'est aux nouvelles fantastiques de *Fictions** (1941 - 1944) que Borges dut la gloire. *L'Aleph* (1949), recueil de nouvelles qui parachève la manière de *Fictions,* est un livre « susceptible de répétitions, de versions et de perversions presque inépuisables ». Délaissant le style souvent recherché et baroque de ses débuts, Borges, que gagnait la cécité, cultiva progressivement un style dépouillé caractérisé par une économie de moyens toujours plus grande (*Le Rapport de Brodie,* 1970 ; *Le Livre de sable,* 1975 ; *La Rose profonde,* 1975 ; *La Monnaie de fer,* 1976 ; *Histoire de la nuit,* 1977 ; *Le Chiffre,* 1981 ; *Les Conjurés,* 1985). Borges est également l'auteur d'une importante œuvre de critique et d'essayiste (*Otras inquisiciones,* 1952, traduit sous le titre *Enquêtes,* devenu *Autres inquisitions*), ainsi que de contes parodiques écrits en collaboration avec A. Bioy* Casares. Il décida en 1984 de publier en français ses œuvres complètes, avec un ensemble considérable de textes inédits ou introuvables (1993 - 1999, 2 vol.). ▪ Très tôt considéré comme un écrivain universel, Borges a été privé par ses commentateurs de son américanité, élément pourtant indissociable de sa double réalité. Il se confond avec la littérature qu'il se plaisait à considérer comme une vaste partition écrite à plusieurs voix dans l'espace et le temps confondus. Sa plus grande ambition était d'« écrire un livre, un chapitre, une page, un paragraphe qui soit tout pour tous les hommes [et] que l'analyse ne parvienne pas à épuiser ». Certains écrivains se sont attachés à changer un peu l'univers ; Borges, pour sa part, confessait être « de ceux qui veulent changer l'imaginaire ».

**BORGESE (Giuseppe Antonio)** ♦ Écrivain italien (Polizzi Generosa, Palerme 1882 - Fiesole 1952). Journaliste et universitaire, il émigra en 1931 aux États-Unis, où il publia en anglais un sévère réquisitoire contre le fascisme, qui est aussi une analyse des maux italiens : *Goliath, la marche du fascisme.* Critique de valeur et esthéticien, il publia également des nouvelles (*Les Belles)* et des romans, parmi lesquels le splendide *Rubè* (1921), tragique portrait d'une génération perdue.

**BORGHÈSE** – en it. ***Borghese*** ♦ Famille noble d'Italie, originaire de Sienne, qui s'établit à Rome au XVI$^{e}$ s., quand le cardinal Camille Borghèse devint pape (→ **Paul V**). Les Borghèse firent construire le palais qui porte leur nom. → **Borghèse (palais)** ♦ **Camille Borghèse** en it. **Camillo Borghese** (Rome 1775 - Florence 1832). Il épousa la sœur de Napoléon, Pauline Bonaparte*. Il fut gouverneur du Piémont sous l'Empire (1808 - 1814). ◆ ÉTYM. Le nom de famille italien *Borghese* signifie « bourgeois, habitant du bourg ».

**Borghèse** (palais) ♦ Palais construit à Rome par Lunghi et Ponzio, commencé pour le cardinal Dezza en 1590 et terminé en 1607 pour Paul V (Camille Borghèse). ♦ ***Casino Borghèse*** Résidence d'été construite dans la villa (ou parc) Borghèse à Rome au début du XVII$^{e}$ s. pour le cardinal Scipion Cafarelli Borghèse, neveu du pape Paul* V. Le casino, devenu galerie Borghèse, renferme un musée de sculpture (œuvres du Bernin*, buste de Pauline Borghèse par Canova) et une importante galerie de peinture.

**BORGIA** ♦ Famille romaine, originaire de *Borja*, près de Saragosse (Espagne). ♦ **Alonso Borgia.** → **Calixte III**, pape. ♦ **Rodrigo Lançol y Borgia.** → **Alexandre VI**, pape ♦ saint **François Borgia.** → **François Borgia.**

**BORGIA (César)** ♦ (Rome 1476 - près de Viana, Navarre 1507). Fils du futur pape Alexandre* VI, il fut cardinal à l'âge de seize ans. Il abandonna la vie religieuse et succéda comme capitaine général de l'Église à son frère Giovanni, qui venait d'être assassiné (peut-être avec sa complicité). Nommé duc de Valentinois (1498) par Louis XII, puis duc de Romagne (1501) par son père, il se débarrassa de ses principaux ennemis en les faisant assassiner. Il chassa Malatesta de Rimini (1500) et conquit toute la Romagne et le duché d'Urbino (1502). Il eut une grande influence sur son père et c'est grâce à lui que la papauté devint, sous Alexandre VI, l'État le plus puissant d'Italie. → **Église(États de).** La mort de son père ruina sa puissance (1503) ; il ne put empêcher l'élection du pape Jules* II qui le força à livrer ses forteresses. Réfugié auprès de Gonzalve de Cordoue qui l'arrêta, il s'évada, rejoignit son beau-frère le roi de Navarre et mourut lors d'une expédition en Espagne. Il inspira Machiavel dans son œuvre *Le Prince.*

**BORGIA (Lucrèce)** ♦ (Rome 1480 - Ferrare 1519). Fille du futur pape Alexandre* VI, elle fut un instrument aux mains de son père et de son frère, qui lui fit épouser en troisièmes noces (1501) Alphonse d'Este* duc de Ferrare. Elle se fit la protectrice des arts et des lettres. Elle inspira à Victor Hugo le drame *Lucrèce Borgia.*

**BORGNE** n. f. ♦ Riv. de Suisse, née dans les Alpes du Valais, qui arrose le val d'Herens et reçoit la Dixence avant de se jeter dans le Rhône un peu en amont de Sion.

**BORGO** [20290] ← **ÉTYM.** corse «lieu fortifié» ♦ Ch.-l. de cant. de la Haute-Corse, arr. de Bastia, au S. de Bastia. 5 002 hab. *(Borgiens).* ▪ Viticulture. Arboriculture fruitière.

**BORGOU** n. m. ← **ÉTYM.** de *Bari-Gou* «le pays des Bariba» ou haoussa «le pays des infidèles» ou de *Borkou,* n. employé par les hab. pour désigner certaines palmeraies ♦ Plaine élevée du N.-E. du Bénin, qui se prolonge sur le Nigeria, drainée par l'Alibori, le Sota et l'Oti, affluents du Niger, et par la haute vallée du fl. Ouémé. Région habitée par les Baribas qui se constituèrent en royaumes (Nikki, Kouandé et Kandi) aux XVIII^e^ et XIX^e^ s.

**BORINAGE** n. m. ← **ÉTYM.** du picard *borin* qui désignait un ouvrier des houillères qui extrayait le charbon du sol (wallon *borer, boriner* «faire des trous») ♦ Région indus. de Belgique s'étendant à l'O. de Mons jusqu'à la frontière franco-belge du Valenciennois, dans le Hainaut. *(Borains).* Comm. princ. : Boussu*, Colfontaine*, Dour*, Frameries*, Quaregnon*, Saint*-Ghislain. Le Borinage correspond à la dépression de la Haine et à son versant S., qui le relie aux Hauts-Pays, au relief accidenté et aux paysages contrastés. ▮ **Économie** Après la fermeture des charbonnages et les difficultés persistantes des indus. traditionnelles (verrerie, céramique, carbochimie) est venue la reconversion dans des indus. diverses, souvent à capitaux étrangers, localisées dans la zone indus. de Saint-Ghislain. Celles-ci connaissent à leur tour des difficultés, quelques projets d'investissements américains ou japonais atténuant cependant le constat de crise ; des indus. de pointe (titane, aéronautique) se sont même implantées à Dour et à Frameries. Depuis 1989, l'Invest Borinage-Centre a soutenu 20 entreprises de moins de 250 personnes (machines-outils, agroalimentaire, menuiserie, imprimerie). ▪ Le Borinage inspira de nombreux peintres tels Constantin Meunier et Van Gogh.

**BORIS I^er^** ♦ (mort en 907). Khan des Bulgares (852 - 889). Il se convertit au christianisme orthodoxe (865) sous la pression de Byzance. En fondant une Église nationale et en imposant l'usage de la langue slave, il contribua à renforcer l'unité de son royaume. Il se retira dans un monastère en 889.

**BORIS III** ♦ (Sofia 1894 - *id.* 1943). Roi de Bulgarie (1918 - 1943), fils et successeur de Ferdinand* I^er^. Après l'adhésion de la Bulgarie à l'Axe (1941), il autorisa les troupes allemandes à pénétrer sur son territoire. Il mourut au retour d'une entrevue avec Hitler. Son fils, Siméon* II, lui succéda.

**BORIS GODOUNOV** ← **ÉTYM.** *Godounov* : du russe *gudun* «tuteur, protecteur» ♦ (v. 1551 - Moscou 1605). Tsar de Russie (1598 - 1605). Beau-frère de Fedor* I^er^, il exerça la régence (1588 - 1598) avant de se faire proclamer tsar à la mort de Fedor, et à la suite de l'assassinat de l'héritier légitime du trône, Dimitri, fils d'Ivan IV, crime dont il fut accusé (1591). Il émancipa l'Église russe de la tutelle de Constantinople (création du patriarcat de Moscou, 1589), organisa la colonisation de la Sibérie et s'efforça de rapprocher la Russie de l'Occident. La famine qui ravagea le pays vers la fin de son règne entraîna une insurrection, sur laquelle s'appuya le faux Dimitri*, un usurpateur soutenu par la Pologne, qui fit massacrer Fedor II, fils et successeur de Godounov, et s'empara du trône.

***Boris Godounov*** ♦ Chronique dramatisée de Pouchkine* (1824 - 1825, publ. 1831), inspirée d'une légende de la fin du XVI^e^ s. et construite sur le modèle des drames shakespeariens. Issu de la petite noblesse, Boris Godounov a fait assassiner Dimitri, fils d'Ivan le Terrible, et son propre beau-frère. Élu tsar, il doit, avant de mourir, mener un double combat, contre un imposteur, le faux Dimitri, et contre son peuple. ♦ ***Boris Godounov*** Drame musical en 4 actes et 9 tableaux de Moussorgski* (Saint-Pétersbourg, 1874). Œuvre d'un puissant lyrisme où l'emploi hardi du style modal, la couleur sonore et l'art du récitatif se conjuguent en une magistrale synthèse de la pensée, de la mélodie et du verbe. ▪ Le nom de Fedor Chaliapine demeure attaché à l'interprétation du rôle de Boris.

**BORISSOV** → **Baryssav**

**BORLAUG (Norman Ernest)** ♦ Agronome américain (Cresco, Iowa 1914 - Dallas 2009). On lui doit la découverte d'une variété de blé résistant à la rouille noire, et de très fort rendement, qui a été implantée au Mexique où elle a fourni des résultats spectaculaires. [Prix Nobel de la paix 1970]

**BÖRLIN (Jan)** ♦ Danseur et chorégraphe suédois (Härnosänd 1893 - New York 1930). Travaillant pour Fokine* à Copenhague (1918), il devint l'animateur principal de la troupe des Ballets suédois, fondée par Rolf de Maré (1920). Parmi ses principales chorégraphies figurent *L'Homme et son désir* (mus. de Milhaud, 1921), *Les Mariés de la tour Eiffel* (Cocteau, musique de cinq des Six, 1921), *La Création du monde* (Cendrars, mus. de Milhaud, 1923), *Relâche* (Picabia, mus. de Satie, 1924), *La Jarre* (mus. de Corella, 1924).

**BORMA (EL-)** – en ar. ***al-Burma*** ♦ Gisement de pétrole du Sahara tunisien à proximité de la frontière algérienne. Oléoduc qui rejoint celui d'Edjelé et aboutit à Skhira.

**BORMANN (Martin)** ♦ Homme politique allemand (Halberstadt, Saxe-Anhalt 1900 - Berlin ? 1945 ?). Général des SS, il succéda comme chef de la Chancellerie du parti nazi à Rudolf Hess* en mai 1941. Devenu secrétaire particulier de Hitler en 1943, il encouragea ses projets les plus extrêmes concernant l'extermination des Juifs et des Polonais. Il devait être son exécuteur testamentaire mais il disparut le 2 mai 1945 à Berlin. Il fut condamné à mort par contumace par le tribunal de Nuremberg.

**BORMES-LES-MIMOSAS** [83230] ← **ÉTYM.** du pré-indo-eur. °*bor-* «hauteur» (et non du gaul. *Bormo,* divinité des sources chaudes) ♦ Comm. du Var, arr. de Toulon. 6 324 hab. *(Borméens).* ▪ Centre touristique dans le massif des Maures. Cultures florales.

**BORMIDA** n. f. ♦ Riv. d'Italie formée de deux branches nées dans les Alpes ligures et qui se joignent en amont d'Acqui Terme (50 km). Elle se jette dans le Tanaro* en aval d'Alessandria.

**BORN (BERTRAN DE)** → **Bertran de Born**

**BORN (Max)** ♦ Physicien britannique d'origine allemande (Breslau, auj. Wrocław 1882 - Göttingen 1970). Auteur de nombreux travaux dans toutes les branches de la physique théorique, notamment en physique des solides et en physique atomique et moléculaire, il est connu pour sa contribution à l'élaboration de la mécanique quantique. Il relia la fonction d'onde de l'équation qui décrit le comportement d'un objet quantique (équation de Schrödinger*) à sa probabilité de présence en un point, posant ainsi les fondements de l'interprétation dite probabiliste de la théorie quantique. [Prix Nobel de phys. 1954 avec W. Bothe]

**BÖRNE (Löb Baruch,** dit **Ludwig)** ♦ Écrivain allemand (Francfort-sur-le-Main 1786 - Paris 1837). Juif converti au christianisme en 1818, devenu républicain, il vint à Paris en 1822 et fit partie avec Heine* du groupe des libéraux allemands émigrés proche du mouvement Jeune*-Allemagne. Dans ses *Lettres de Paris* (1832 - 1835), il se révéla un observateur minutieux de la vie parisienne.

**BORNEM** ♦ Comm. de Belgique (Région flamande), prov. d'Anvers, arr. de Malines, en amont du confluent de l'Escaut et du Rupel. 20 235 hab. Église romane (crypte du XII^e^ s.). ▪ Indus. chimique et agroalimentaire.

**BORNÉO** ← **ÉTYM.** adapt. port. du n. local *Burne* ou *Burni* – en indon. ***Kalimantan*** ♦ Île de l'Insulinde*, au N. de Java. → **Indonésie** (carte). 736 561 km². 15 752 500 hab. Bornéo est partagée entre l'Indonésie (prov. de Kalimantan Timur, Kalimantan Selatan, Kalimantan Tengah, Kalimantan Barat), la Fédération de Malaisie (Sarawak*, Sabah*) et Brunei*. L'île est montagneuse, dotée de hauts massifs anciens (Kinabalu 4 095 m) et très humide ; couverte de forêts tropicales, Bornéo possède l'écosystème le plus complexe du monde avec quelque 800 espèces différentes d'arbres. La terre est peu fertile, mais, grâce à sa richesse en produits naturels rares, l'île fut une place importante en relation avec Java, Sumatra, la Chine, l'Inde et le Moyen-Orient. Une exploitation forestière trop intensive et de graves incendies de forêt (1 200 000 ha brûlés en 1984) provoquent des dégradations importantes de l'environnement. L'intérieur sous-peuplé, domaine traditionnel des Dayaks*, agriculteurs sur brûlis, et des Penans, chasseurs et collecteurs nomades, est investi progressivement par des populations côtières, essentiellement malaises, et par des migrants venus des régions surpeuplées de Java, Madura et Bali, pratiquant la riziculture irriguée. Aux plantations de café, d'hévéa et à la production d'huile de palme, se sont ajoutées les cultures du cacao, du poivre et de la girofle. L'exploitation du bois et du rotin est en pleine expansion. Élevage. Ressources minières (or, diamants, uranium, charbon). Exploitation intensive du pétrole et du gaz à Sarawak, à Kalimantan Timur et à Brunei. ▮ **Histoire** Occupée au –III^e^ millénaire par des

**Bornéo.** Femme au marché de Balikpapan.
*Phot. © Prato/Ricciarini*

populations austronésiennes, en contact dès –400 avec les centres de civilisation du Viêtnam actuel, Bornéo a vu très tôt se constituer, sur le cours inférieur de ses grands fleuves, des implantations marchandes parfois indianisées. L'île passa ensuite dans la sphère d'influence des royaumes de Srivijaya (Sumatra) puis de Majapahit* (Java) et plusieurs États côtiers se développèrent, qui furent islamisés au XVIe s. Les Hollandais ne parvinrent à asseoir leur domination sur les côtes S. et E. qu'à la fin du XVIIIe s., et à soumettre l'intérieur qu'au XIXe s., tandis que les Britanniques s'établissaient à Sarawak* et à Sabah* et imposaient un protectorat à Brunei*. → **Kalimantan.**

**BORNES** (massif des) ♦ Massif des Alpes françaises (Haute-Savoie), compris entre l'Arve au N. et le lac d'Annecy au S., culminant à 2 438 m à la pointe Blanche. Pays forestier et herbager (fromages). ▪ Au centre du massif, entre Thorens-Glières et le Grand-Bornand, se trouve le plateau des Glières*.

**BORNHOLM** ← ÉTYM. du vx dan. *Burgundarholm* « l'île *(holm)* des Burgondes *(Burgundar)* » ♦ Île du Danemark, dans la Baltique, à 36 km au S.-E. de la Scanie suédoise, municipalité du Hovedstaden. 588 km². 43 040 hab. CH.-L. : Rønne*. Ses côtes ont un aspect abrupt et rocheux au N., plus sablonneux au S. Le climat est doux et la flore riche. ▪ Culture de céréales (blé, avoine), important élevage de bovins et de porcs. Les gisements de kaolin permettent la fabrication de faïences et de poteries. Pêche (saumon, morue, hareng). Tourisme. ▮ **Histoire** Bornholm fut contrôlée successivement par les archevêques de Lund, par la Hanse, par les Danois, par la ville de Lübeck et finalement reconquise par les Danois en 1660.

Une des églises rondes de **Bornholm.** *Phot. © Prato/Ricciarini*

**BORNOU** n. m. ← ÉTYM. de l'ar. ***Barr Nao*** « pays de Noé » ♦ Ancien empire africain du Soudan central, au S. du lac Tchad, à l'intersection des grandes voies commerciales transsahariennes et transsahéliennes. Issu du royaume du Kanem*, il était gouverné par un *maï*, son organisation était de type féodal et l'armée y jouait un rôle essentiel. Il tenta de dominer les États voisins (Haoussas*) et connut son apogée au XVIe s. sous le sultan Idris III (1580 - 1603). Il s'étendait sur le Niger, le N. du Cameroun et le Kanem reconquis. Foyer de l'islam, il convertit le Baguirmi et l'Ouaddaï. Après la conquête peule du début du XIXe s. (→ **Ousman dan Fodio**), il se reconstitua sous l'impulsion de chefs originaires du Kanem, puis tomba sous la domination du marchand d'esclaves Rabah, qui fut tué à la bataille de Kousseri contre les Français en 1900. Le territoire fut partagé entre la France (Niger, Tchad), la Grande-Bretagne (Nigeria) et l'Allemagne (Cameroun).

**BORNY** ♦ Anc. comm. de la Moselle, auj. rattachée à Metz. ▮ **Histoire** Théâtre d'un combat entre l'arrière-garde de F. Bazaine et les Prussiens de K. von Steinmetz le 14 août 1870.

**BOROBUDUR** ♦ Célèbre monument bouddhique du centre de Java, de dimensions gigantesques, et comportant huit galeries pourtournantes ornées de 1 640 bas-reliefs remarquables illustrant les vies antérieures du Bouddha, de stûpas creux contenant des statues du Bouddha assis (en tout, 504 statues du Bouddha), le tout surmonté d'un grand stûpa. Ce monument, appartenant au Mahāyāna, fut élevé du milieu du VIIIe s. à 824 par les souverains de la dynastie des Śailendra*, sur le principe des mandalas.

Bas-reliefs de **Borobudur.** *Phot. © Arch. Smeets*

**BOROCHOV** ou **BOROKHOV (Ber)** ♦ Sociologue polonais (Zolotonocha, Ukraine 1881 - Kiev 1917). Dans son ouvrage *Classe et Nation* (1905), il a tenté de donner une analyse sociologique du peuple juif qui concluait à la nécessité de créer un État national s'appuyant sur une large base prolétarienne. Le « borochovisme », tentative pour justifier d'un point de vue marxiste les aspirations sionistes, a inspiré la gauche sioniste, mais sa valeur fut mise en question par d'autres marxistes.

**BORODINE (Alexandre)** ♦ Compositeur russe (Saint-Pétersbourg 1833 - *id.* 1887). Il fut médecin militaire puis professeur de chimie et apprit la musique en autodidacte auprès de son ami Balakirev*. Il adhéra au groupe des Cinq dès sa fondation (1862) et devait consacrer près d'une vingtaine d'années à la composition de son œuvre principale, *Le Prince Igor*, qu'il laissa cependant inachevée et que terminèrent Rimski-Korsakov et Glazounov (1890). Si l'inspiration thématique de Borodine est toujours d'essence folklorique, sa mélodie demeure imprégnée d'italianisme. D'une œuvre relativement peu étendue quelques pages maîtresses subsistent, dont un poème symphonique, *Dans les steppes de l'Asie centrale* (1880), une *Petite suite pour piano* (1885) ainsi que les célèbres *Danses polovtsiennes* du *Prince Igor*. Outre de la musique de chambre et des mélodies, Borodine a composé trois symphonies (1867 - 1876 - 1887) dont la dernière fut achevée par Glazounov. ← ÉTYM. Ce nom de famille vient du russe *boroda* « barbe ».

**BORODINE (Mikhaïl Markovitch GROUZENBERG, dit)** ♦ Homme politique soviétique (Ianovitchi, gouv. de Vitebsk 1884 - en Sibérie 1951). Membre du parti bolchevik depuis 1903, il fut conseiller politique de Sun Yat-sen en Chine de 1923 à 1927. Rédacteur en chef de *Moscow News* après 1932, il mourut victime des purges staliniennes et fut réhabilité à titre posthume.

**BORODINO** ♦ Village de Russie, à l'O. de Moscou, où se déroula le 7 sept. 1812 la sanglante bataille de la Moskova (appelée par les Russes bataille de Borodino). → **Moskova.**

**BOROMORĀJA** ♦ Nom de règne de plusieurs rois d'Āyuthyā* (→ **Thaïlande**) entre 1370 et 1767. Ils embellirent la ville de monuments, agrandirent leur territoire au prix de guerres contre les autres royaumes thaïs, et luttèrent surtout contre les Birmans.

**BOROTRA (Jean)** ♦ Joueur de tennis français (Biarritz 1898 - Arbonne, Pyrénées-Atlantiques 1994). Polytechnicien, membre de l'équipe de France victorieuse de la coupe Davis de 1927 à 1932 (→ **Mousquetaires [Les]**), il remporta grâce à la rapidité de ses déplacements, qui lui valut le surnom de «Basque bondissant», la plupart des grands tournois dont Wimbledon (1924, 1926) et les Internationaux de France (1924, 1931). De 1940 à 1942, il fut commissaire général à l'Éducation physique et aux Sports dans le gouvernement de Vichy. ◆ **ÉTYM.** *Borotra* est un nom basque qui vient probablement de *borosta* «broussailles».

**BOROWCZYK (Walerian)** ♦ Cinéaste polonais établi en France (Kwilcz 1923 - Le Vésinet 2006). Spécialisé dans l'animation, tirée vers la fable grinçante (*Les Astronautes*, 1959 ; *Le Théâtre de M. et Mme Kabal*, 1967), il s'orienta, à partir de *Goto, l'île d'amour* (1969), vers un cinéma érotique. Après *Blanche*, insolite et féroce, en 1972, ses films relèvent de la pornographie de luxe.

**BORRASSÀ (Luís)** ♦ Peintre catalan (Gérone v. 1360 - Barcelone v. 1424). Fils de peintre, il dirigea un important atelier de peinture à Barcelone, produisant de nombreux retables (polyptyque de Santa Clara, retable de San Pedro de Tarrasa, 1411). Maître de la tendance catalane du style gothique international, il manifesta son goût pour le réalisme anecdotique, les détails pittoresques et fastueux, donnant à ses personnages un aspect familier, parfois caricatural, et employant des coloris éclatants et saturés (rouges vifs, verts foncés). Son style influença les peintres aragonais et avignonnais.

**BORROMÉE** (saint **Charles**) → **Charles Borromée**

**BORROMÉE (Frédéric)** ♦ Cardinal, archevêque de Milan (Milan 1564 - *id.* 1631). Fondateur de la bibliothèque Ambrosienne*.

**BORROMÉES** (îles) ◆ **ÉTYM.** en it. ***Isole Borromee***, du n. du comte Vitaliano *Borromeo*, qui, au XVIIe s., participa à l'embellissement de l'une des îles ♦ Groupe de quatre îles d'Italie, dans le Piémont sur le lac Majeur* : isola Madre, isola dei Pescatori, isoletta di San Giovanni et isola Bella, la plus connue, située dans la pointe occidentale du lac, entre Stresa et Pallanza et abritant le palais du comte Borromeo (XVIIIe s.). Elles sont réputées pour la douceur de leur climat (tourisme, cultures florales).

**BORROMINI (Francesco CASTELLI ou CASTELLO, dit)** ♦ Architecte, décorateur et sculpteur originaire du Tessin (Bissone, près de Lugano 1599 - Rome 1667). Apprenti sculpteur ornemaniste dès neuf ans à Milan, il se rendit probablement à Rome (1615) et fut initié à l'architecture par Maderno*. Il travailla d'abord à Saint-Pierre, puis avec le Bernin* au palais Barberini, mais leurs tempéraments ne s'accordèrent pas. Il révéla sa forte personnalité en édifiant le couvent et l'église Saint-Charles-aux-Quatre-Fontaines en 1634 (façade : 1662 - 1667) : le plan ovoïde, le jeu raffiné des lignes en ellipse, les articulations singulières concourent à créer un effet dynamique. Dans la galerie à perspective accélérée du palais Spada (1634 - 1636), il manifesta sa prédilection pour les recherches illusionnistes. On lui confia ensuite la construction de nombreux édifices religieux, notamment l'oratoire de Saint-Philippe-Neri (1637 - 1642) et surtout l'église Saint-Yves-de-la-Sapience (1642 - 1661) dans laquelle il chercha à suggérer l'idée d'un volume unique et mouvant en adoptant un plan complexe, un jeu savant d'entablements courbés, un décor aux fines nervures et une flèche hélicoïdale. De 1647 à 1649, il aménagea la nef de Saint-Jean-de-Latran. En faveur sous le pontificat d'Innocent X, il éleva notamment la façade concave de Sainte-Agnès (1654 - 1655) et commença l'église de Sant'Andrea delle Fratte (1653 - 1657), au campanile d'une ingénieuse fantaisie. Puis il bâtit le Collège de la propagation de la foi (1662 - 1666) à la façade ondulée. Il contribua avec force à infléchir le caractère colossal, symétrique et stable du baroque* romain dans un sens plus nerveux et dynamique où l'effet de surprise, l'irrégularité, la recherche de la grâce priment sur l'effet de puissance. Il recourut pour cela à des rythmes complexes et à des effets en trompe-l'œil. Déployant une rare science stéréotomique, il utilisa courbes, contre-courbes et obliques, encorbellements en porte à faux, préférant les articulations nerveuses, les volumes souples et adoptant un décor en blanc et or. Il fut l'architecte le plus inventif de son époque, mais son art savant et tendu eut un retentissement plus tardif (style rococo) grâce notamment à son ouvrage, *Opus architectorum*, et au parti qu'en tira Guarini*.

**BORT-LES-ORGUES** [19110] ◆ **ÉTYM.** anc. ***Boort***, probablt du gaul. *°Boduoritum* «le gué *(ritu)* de la corneille *(boduos)*» ♦ Ch.-l. de cant. de la Corrèze, arr. d'Ussel, sur la Dordogne. 3 534 hab. *(Bortois)*. La ville tire son surnom des colonnes phonolitiques en forme d'orgues qui la dominent sur près de 2 km. Église des XIIe s. et XVe s. (œuvres d'art). ▪ Tannerie, maroquinerie, menuiserie. Tourisme. ▪ Important barrage sur la Dordogne (retenue de 1 100 ha) ; centrale hydroélectrique. ▪ Aux environs, château de Val (XVe s.) sur le lac du barrage ; plage et base nautique.

**BORUDJERD** ♦ V. d'Iran (Loristan). 229 541 hab. Centre agricole et commercial.

**BORUTA (Kazys)** ♦ Poète lituanien (Koulokaï 1905 - 1965). Il voulut, par son œuvre poétique d'un symbolisme transparent, apporter une révolution dans le langage poétique. Conscient de son échec, il chercha alors à créer dans une nouvelle, *Le Moulin de Baltaragis* (1945), un langage populaire qui exprime la vérité tout en intégrant le symbole.

**BORY DE SAINT-VINCENT (Jean-Baptiste MARCELLIN, baron)** ♦ Général et naturaliste français (Agen 1778 - Paris 1846). Il participa au voyage de N. Baudin* (1800) puis à l'expédition scientifique de Morée (1829). Œuv. princ. : *Voyage dans les quatre principales îles des mers d'Afrique* (1803) ; *Dictionnaire classique d'histoire naturelle ; L'Homme, essai zoologique sur le genre humain* (1827). [Acad. sc. 1884]

**BORZAGE (Frank)** ♦ Cinéaste américain (Salt Lake City, 1893 - Hollywood, Californie 1962). Poète romantique dans sa description du couple (*Je vous ai toujours aimé*, 1946), il possédait un sens aigu de la réalité sociale qui lui fit dénoncer, dans les années de la grande crise économique, la détresse du prolétariat américain : *Ceux de la zone* (1933), *Mannequin* (1938), et décrire avec une rigoureuse exactitude les premiers symptômes de la fièvre totalitaire (*Et demain ?*, 1934). Chez Borzage, la lucidité de la vision n'exclut ni un idéalisme généreux (*Strange Cargo*, 1940 ; *Moonrise*, 1948) ni une forte charge d'érotisme (*La Femme au corbeau*, 1929).

**BOSANQUET (Bernard)** ♦ Philosophe britannique (Rock Hall, Northumberland 1848 - Londres 1923). Comme celle de F. H. Bradley*, sa philosophie est un idéalisme d'inspiration hégélienne qui, à travers l'expérience de l'unité du monde physique, de la vie en société, des valeurs esthétiques, morales et religieuses, tente de saisir la réalité comme une totalité cohérente (*Connaissance et Réalité*, 1885 ; *Logique*, 1888 ; *Histoire de l'esthétique*, 1892 ; *Ce qu'est la religion*, 1920).

**BOSC (Jean)** ♦ Dessinateur humoriste français (Nîmes 1924 - Antibes 1973). Il dessina dans de nombreux journaux et publia aussi des albums (*Mort au Tyran*, 1956 ; *Les Boscaves*, 1965).

**BOSCÁN (Juan)** ♦ Poète catalan (Barcelone 1490 - *id.* 1550), il introduisit en Espagne les formes et les mètres italiens (vers hendécasyllabiques, sonnet, canzone) désormais adoptés par la poésie ibérique. Il prépara la voie à Garcilaso* de la Vega. Il traduisit en espagnol le *Courtisan* de Castiglione.

**BOSCAWEN (Edward)** ♦ Amiral britannique (en Cornouailles 1711 - Guildford 1761). Envoyé aux Indes contre les Espagnols et les Français, il ne put s'emparer de Madras ni de Pondichéry (1748) mais prit ensuite Cap-Breton et Louisbourg (1758), et vainquit l'escadre de Toulon à Lagos (1759).

**BOSCH (Hieronymus VAN AKEN ou AEKEN, dit en fr. Jérôme)** ◆ **ÉTYM.** du n. de *s'Hertogenbosch* (V. ci-dessous) ♦ Peintre et dessinateur flamand (Bois-le-Duc v. 1450 - *id.* 1516). Issu d'une famille de peintres installée à Bois-le-Duc (en néerl. 's Hertogenbosch, d'où le choix de son pseudonyme) et probablement originaire d'Aix-la-Chapelle, il était membre de la confrérie Notre-Dame, qui s'occupait notamment d'organiser les représentations théâtrales et les processions. Son activité à Bois-le-Duc est attestée à partir de 1480 - 1481 et sa renommée en Europe fut très grande ; en Espagne Philippe II acquit nombre de ses œuvres. Dès le milieu du XVIe s., de nombreux faux et des répliques circulaient. Aujourd'hui on lui attribue une trentaine de tableaux et autant de dessins. Ainsi, la chronologie de ses œuvres est surtout fondée sur des critères stylistiques et thématiques. Son style, qui apparaît d'emblée comme très personnel, présuppose la connaissance des grands maîtres flamands (notamment Bouts*). On a aussi fait des rapprochements avec Geertgen* tot Sint Jans, et les graveurs rhénans (Schongauer*) et plusieurs caractéristiques de son art ont fait supposer une formation auprès d'un peintre de miniatures : graphisme insistant et élégant, goût des compositions foisonnantes, abondant répertoire de «diableries» et «drôleries», animaux fabuleux, proches des figures marginales des manuscrits à peintures des XIVe et XVe s. On place à ses débuts : *Les Sept Péchés capitaux, L'Opération de la pierre de folie, L'Escamoteur, La Nef des fous*, œuvres d'inspiration populaire, satiriques et moralisatrices. De sa maturité on date de grandes compositions comme *Le Jardin* des délices terrestres ; La Charrette de foin ; Le Jugement dernier ; La Tentation de saint Antoine ; Saint Jean à Patmos ; Le Vagabond* ou *L'Enfant prodigue*, dans lesquelles se manifeste un rare sens de la composition, grâce auquel Bosch unifie ses visions fantastiques, grouillantes d'êtres hybrides, où faune, flore, formes humaines et objets se mêlent et se juxtaposent avec une imagination délirante et un sens narratif inépuisable (scènes infernales et démoniaques, détails cruels et érotiques). On situe plus tard les œuvres traitant de la Passion du Christ *(Couronnement d'épines)*, compositions ramenées à un plan unique, d'un chromatisme plus sombre présentant souvent des têtes de profil violemment caricaturales. L'œuvre de Bosch, redécouverte vers la fin du XIXe s., a donné lieu à des exégèses et commentaires multiples. Les symboles ésotériques qui abondent, et dont beaucoup semblent être d'origine alchimique, ont été rapprochés de la littérature et de l'hagiographie populaire, de la tradition scé-

Jérôme **Bosch.** *Le Jardin des délices terrestres,* détail du volet droit, *L'Enfer* (220 × 97 cm). Musée du Prado, Madrid. *Phot. © Dagli Orti*

nique, de la littérature mystique, etc. On a replacé son œuvre dominée par le thème de la folie, du péché et de la mort dans le climat de crise spirituelle de l'époque. On a rangé Bosch soit parmi les défenseurs de l'orthodoxie, soit parmi les hérétiques. Ses scènes d'enfer et de tentation furent souvent imitées au XVIᵉ s., mais seul P. Bruegel* peut apparaître comme son héritier.

**BOSCH (Robert)** ♦ Chimiste et industriel allemand (Albeck, près d'Ulm 1861 - Stuttgart 1942). Afin de produire industriellement un système d'allumage électrique (bougies, magnéto) pour les moteurs à explosion dont il était l'inventeur, il créa en 1886 sa propre firme, qui est aujourd'hui spécialisée dans l'équipement électrique automobile et les machines de précision.

**BOSCH (Carl)** ♦ Chimiste et industriel allemand (Cologne 1874 - Heidelberg 1940). Il réalisa avec Haber* en 1909 la synthèse industrielle de l'ammoniac (procédé *Haber-Bosch*). [Prix Nobel de chim. 1931 avec F. Bergius*]

**BOSCH (Juan)** ♦ Écrivain et homme politique dominicain (La Vega, République dominicaine 1909 - Santo Domingo 2001). Un des maîtres du genre de la nouvelle en langue espagnole *(Cuentos antes del exilio),* auteur de nombreux ouvrages d'histoire et de sociologie, il fut élu président de la République dominicaine en 1962 mais fut renversé par un coup d'État militaire l'année suivante.

**BOSCHÈRE** ou **BOSSCHÈRE (Jean DE)** ♦ Écrivain belge d'expression française (Uccle 1878 - La Châtre, Indre 1953). Des recueils de poésies (*The Closed Door,* 1917 ; *Job le Pauvre,* 1922), deux romans (*Marthe et l'Enragé,* 1927 ; *Satan l'Obscur,* 1933) et le *Journal d'un rebelle solitaire* (1946 - 1952) balisent une œuvre originale et inclassable, restée en marge des courants qui l'inspirent : le symbolisme, l'imagisme anglo-américain et le surréalisme.

**BOSCO (Jean)** → **Jean Bosco (saint)**

**BOSCO (Henri)** ♦ Écrivain français (Avignon 1888 - Nice 1976). Bosco a célébré les paysages méditerranéens dans une œuvre où le réalisme se double de fantastique. Il en est ainsi dans ses poésies : *Églogues de la mer* (1928), *Bucoliques de Provence* (1944) et *Des sables à la mer* (1950), qui chantent la terre marocaine. Dès son premier roman, *Pierre Lampedouze* (1924), apparaît cette alternance du mystère et de la réalité quotidienne, au sein d'un monde paysan régi par des croyances ancestrales. La Provence, pour Bosco, est le « lieu où l'esprit souffle, un site orienté ». *L'Âne Culotte* (1937), *Le Jardin d'Hyacinthe* (1945) et *Le Mas Théotime* (1945) sont des histoires baignées de surnaturel où même les éléments, quand ils sont déchaînés, permettent de « communiquer avec le divin ». Élaborant un syncrétisme poétique où fusionnent les mystères païens, une philosophie ésotérique (*L'Antiquaire,* 1954) et la mystique chrétienne, Bosco recherche une sagesse fondée sur le « respect du mystère ». Il publia *Malicroix* (1948), *Un rameau de la nuit* (1950), *Sabinus* (1957) et un essai, *Sites et Mirages* (1951). « Je n'écris pas : je transcris — et ce sont des hallucinations que je transcris », dit-il.

**BOSCOREALE** ♦ V. d'Italie, en Campanie (prov. de Naples), au pied du Vésuve. 27 618 hab. ♦ ***Trésor de Boscoreale*** Aux environs de la ville, en 1895, on a découvert de la vaisselle d'argent de forme hellénique mais de décor romain (musée du Louvre) et des fresques datant de l'époque augustéenne.

**BOSCOVICH, BOCHKOVITCH** ou **BOŠKOVIĆ (Rudjer Josip)** ♦ Savant et philosophe dalmate (Raguse 1711 - Milan 1787). Vulgarisateur de la physique de Newton, il formula lui-même une théorie de la nature à la fois dynamiste et atomiste.

**BOSE (sir Jagadish Chandra)** ♦ Botaniste et physicien indien (Mymensigh, Bengale 1858 - Giridith, Bengale 1937). Il inventa un cohéreur d'ondes (prototype de récepteur radio) et un appareil permettant de détecter les réponses des plantes aux stimuli extérieurs ; on lui doit des ouvrages de biologie végétale.

**BOSE (Satyendranath)** ♦ Physicien indien (Calcutta 1894 - *id.* 1974). Il est l'auteur d'une description statistique du rayonnement, qu'il considéra comme un gaz de particules identiques et indiscernables. Reprise par A. Einstein*, cette description est connue sous le nom de *statistique de Bose-Einstein* et les particules auxquelles elle s'applique sont appelées bosons.

**BOSE (Subash Chandra)** ♦ Homme politique indien (Cuttack 1897 - Taiwan 1945). Disciple de Gandhi, il fut emprisonné plusieurs fois pour son activité nationaliste. En 1942, par haine des Britanniques, il se fit le complice des Japonais et forma un gouvernement de l'« Inde libre » à Singapour en 1943. Réfugié à la fin de la guerre à Taiwan, il mourut dans un accident d'avion.

**BOSIO (François Joseph, baron)** ♦ Sculpteur monégasque (Monaco 1768 - Paris 1845). D'abord élève de Pajou*, il subit surtout l'influence de son maître Canova*. À partir de 1808, il devint sculpteur officiel sous l'Empire et le resta à la Restauration. Il exécuta des sujets mythologiques de style néoclassique empreints d'un certain lyrisme, de nombreux bustes et des statues monumentales (statue équestre de Louis XIV, place des Victoires, 1822, et Quadrige du Carrousel, 1828).

**BOSKOOP** ♦ V. des Pays-Bas (Hollande-Méridionale). 15 223 hab. Horticulture et pépinières.

**BOSNIE** n. f. ➝ ÉTYM. de *Bosna,* affl. de la Save ♦ Région des Balkans, limitée à l'O. et au N. par la Croatie, à l'E. par la Serbie, au S. par l'Herzégovine. Ses habitants sont les *Bosniens (Bosanci),* le nom de *Bosniaques (Bošnjaci)* désignant les seuls musulmans. **▌Histoire** Après avoir fait partie de la province romaine d'Illyrie, elle fut peuplée par les Serbes et les Croates et devint partie intégrante de l'Empire ottoman en 1463. Sa marge nord, le long de la Save, fut cédée aux Habsbourg en 1718 (traité de Passarowitz), puis restituée à l'Empire ottoman en 1739. Elle passa avec l'Herzégovine sous administration austro-hongroise en 1878. → **Bosnie-Herzégovine.**

## BOSNIE-HERZÉGOVINE

▌n. f. – off. ***république de Bosnie-Herzégovine ;*** en serbo-croate ***Bosna i Hercegovina*** ➝ ÉTYM. → Bosnie, Herzégovine ♦ Pays des Balkans. 51 129 km². 3 875 000 hab. *(Bosniens)* en 1991, 3,8 millions en 2006 (un million d'exilés et probablement 200 000 morts du fait de la guerre). LANGUE : serbo-croate, selon l'appellation usuelle en France ; les habitants la nomment bosniaque, serbe ou croate selon leur appartenance nationale. MONNAIE : Mark bosniaque convertible. CAPITALE : Sarajevo.

**▌GÉOGRAPHIE** À l'exception des plaines de la rive droite de la Save, la Bosnie-Herzégovine est montagneuse, avec des sommets dépassant 2 000 m. Le N. et le centre sont boisés, le S. offre des paysages karstiques dénudés où s'ouvrent de vastes dépressions fermées, les poliés (→ **Karst**). En 1991, les habitants se partageaient entre 44 % de Musulmans (au sens national que le régime de Tito a donné à ce terme), 31 % de Serbes (orthodoxes) et 17 % de Croates (catholiques), communautés unies par de nombreux mariages mixtes. C'est un pays d'élevage, dont le relief limite les possibilités agricoles (fermes de petite taille). L'industrie, fondée par les Autrichiens, s'est surtout développée dans le cadre de la Yougoslavie socialiste, sur la base de ressources naturelles : charbon de Banovići, lignite, fer, manganèse, sel gemme de Tuzla. La sidérurgie s'était installée à Zenica et à Vareš, la chimie à Tuzla, la métallurgie à Sarajevo ; l'acier et l'aluminium représentent l'essentiel des exportations. L'industrie du bois est dispersée. Une grande partie de la reconstruction est financée par l'aide internationale. Mais, du fait des tensions politiques et de la méfiance des investisseurs, le relèvement économique est faible, le chômage massif et l'émigration a repris.

**▌HISTOIRE** Incluse au XVᵉ s. dans l'Empire ottoman, la Bosnie-Herzégovine se souleva en 1875. Le congrès de Berlin (1878) la plaça sous l'occupation de l'Autriche-Hongrie, qui l'annexa en 1908. Le conflit entre la domination austro-hongroise et le natio-

**Bosnie-Herzégovine.**

nalisme serbe aboutit, le 28 juin 1914, à l'assassinat, à Sarajevo, de l'archiduc François-Ferdinand, à l'origine de la Première Guerre mondiale. En 1918, la Bosnie-Herzégovine s'unit au Royaume des Serbes, Croates et Slovènes, plus tard nommé Yougoslavie. De 1941 à 1944, elle fut incluse dans l'État libre de Croatie, satellite du III$^e$ Reich. Une grande partie des combats de la résistance antifasciste s'y déroulèrent. Elle fut, à partir de 1945, l'une des six républiques fédérées de la Yougoslavie*. Son indépendance, proclamée et reconnue par la communauté internationale en 1992, répondait aux vœux de ses habitants musulmans et croates mais fut refusée par les Serbes qui, désireux de demeurer yougoslaves, proclamèrent une République serbe de Bosnie-Herzégovine et déclenchèrent une guerre civile assortie de massacres et de l'expulsion massive des non-Serbes, pratique dite *purification ethnique*. À l'automne 1993, ils contrôlaient 70 % de la Bosnie-Herzégovine, tandis que les Croates locaux, ayant institué une Communauté croate d'Herceg-Bosna, combattaient les musulmans, initialement leurs alliés. Mais en mars 1994, les États-Unis obtinrent la création d'une Fédération croato-musulmane. Trois plans de paix furent proposés en vain par l'ONU (en 1993 et 1994). L'arrêt des combats, après des bombardements massifs de l'Otan contre les forces serbes assiégeant Sarajevo (août 1995), conduisit enfin à un accord politique, négocié à Dayton (États-Unis) en novembre. La République de Bosnie-Herzégovine y est définie comme l'association de deux entités, la Fédération de Bosnie-Herzégovine (51 % du territoire, dont Sarajevo) et la République serbe (49 %). L'ONU et l'Otan (relayée fin 2004 par une force militaire de l'Union européenne) en surveillent l'application, rendue difficile par les dissensions entre les partis nationalistes au pouvoir. À cet effet, a été créé un poste de Haut représentant : celui-ci peut imposer ses décisions en cas de manque d'accord entre les parties et renvoyer fonctionnaire ou politique qui fait obstruction au processus de paix. En 2001, des réformes constitutionnelles furent engagées pour aboutir à une représentation proportionnelle de chaque communauté (Croates, Serbes, Bosniaques musulmans) dans les deux entités du pays. Les autorités de la République serbe, soumises à une forte pression internationale, reconnurent fin 2004 la responsabilité des forces serbes dans le massacre de Srebrenica* (1995). Pour se conformer aux exigences européennes, de difficiles réformes ont été mises en place, dont celle de la police, après des années de blocage entre les différents partis. Un Accord de stabilisation et d'association avec l'Union européenne fut donc signé en mai 2008. Toutefois, le pays reste tiraillé par la division ; l'indépendance du Kosovo en février 2008 a été l'occasion pour le gouvernement de la République serbe de Bosnie-Herzégovine de mettre en avant ses velléités sécessionnistes. Par ailleurs, la réforme constitutionnelle des accords de Dayton demeure le principal défi à venir pour rationaliser l'organisation administrative et territoriale du pays et renforcer les prérogatives de l'État central, aujourd'hui quasiment inexistantes. En attendant, le Haut représentant de la communauté internationale continue à exercer sa tutelle.

---

**BOSON** ♦ (mort en 887). Roi de Bourgogne-Provence (879 - 887). Beau-frère de Charles le Chauve, il lutta contre les rois carolingiens. Son fils Louis* III l'Aveugle fut élu roi de Provence (890).

**BOSPHORE** n. m. ➝ ÉTYM. en gr. ***Bosporos*** «passage de la vache» – en turc ***Karadeniz Boğazı***, anc. ***détroit de Constantinople*** ♦ Détroit qui sépare, en Turquie, l'Europe (Balkans) de l'Asie et fait communiquer la mer Noire avec la mer de Marmara. Sa longueur est d'env. 30 km et sa largeur de 550 à 3 000 m. Le centre historique d'İstanbul est situé sur l'extrémité S. de la rive européenne et séparé de Galata-Beyoğlu par la Corne* d'Or. Les deux rives sont désormais urbanisées jusqu'à 5 km de la mer Noire et reliées par deux ponts suspendus. ▮ **Histoire** → **Détroits (les).**

**BOSPHORE CIMMÉRIEN** ♦ Nom antique du détroit de Kertch*. ▪ Les Grecs établirent des colonies dans cette région dès les –VII$^e$ et –VI$^e$ s. Le royaume du *Bosphore*, fondé v. –480 sur les rives du Bosphore cimmérien et presque toute la Crimée* avec Panticapée pour capitale (auj. Kertch), tomba aux mains de Mithridate VI, roi du Pont, v. –107. Il régna jusqu'à sa mort en –63. Son fils Pharnace II, d'abord allié des Romains, se rebella et fut vaincu par César en –47. L'État du Bosphore se maintint sous protectorat romain jusqu'au IV$^e$ s.

**BOSQUET (Pierre Jean François)** ♦ Maréchal de France (Mont-de-Marsan 1810 - Pau 1861). Après avoir participé à la conquête de l'Algérie (1839 - 1853), il se distingua en Crimée, contribua aux victoires de l'Alma (1854), d'Inkerman, à la prise de Sébastopol et fut blessé à l'assaut de Malakoff (1855). Il fut promu maréchal et fait sénateur à son retour en France (1856).

**BOSQUET (Anatole Bisk,** dit **Alain)** ➝ ÉTYM. *Alain Bosquet* est presque l'anagramme de *Anatole Bisk* ♦ Écrivain français (Odessa 1919 - Paris 1998). Poète, journaliste, essayiste, traducteur, polémiste et romancier, il a recueilli du surréalisme* le goût de la violence verbale, mais non celui d'un langage libéré des contraintes de l'écriture traditionnelle. De son œuvre abondante, on peut retenir les recueils *Maître objet* (1962), *Le Tourment de Dieu* (1987), *Je ne suis pas un poète d'eau douce* (1945 - 1996), ainsi que les romans *La Confession mexicaine* (1965), *Une mère russe* (1978), *Lettre à mon père qui aurait eu cent ans* (1986), *Une femme, un parc, quelques mensonges* (1997).

**BOSRA** ➝ ÉTYM. en ar. ***Boṣrā*** «forteresse» ♦ Localité du S.-O. de la Syrie à proximité de la frontière jordanienne. Porte nabatéenne, théâtre romain transformé par les Arabes en forteresse (enceinte du XIII$^e$ s.), vestige d'une cathédrale construite en 512, mosquées. ▪ Agriculture, tourisme. ▮ **Histoire** Elle a été l'une des premières villes des Nabatéens (–I$^{er}$ s.) avant de devenir, sous l'Empire romain, capitale de la province d'Arabie (106). Première ville de Syrie devenue musulmane (634), elle fut jusqu'au XVII$^e$ s. une étape privilégiée pour les pèlerins se rendant à La Mecque.

**BOSSE (Abraham)** ♦ Dessinateur, graveur, peintre et théoricien français (Tours 1602 - Paris 1676). Il s'initia à l'eau-forte à Tours, puis s'établit à Paris ; en 1628 il y rencontra J. Callot* qui lui fit connaître le procédé de l'eau-forte sur vernis dur ; l'utilisant dans un esprit très différent, il chercha à produire l'effet du burin. Il fut nommé professeur de perspective lors de la fondation de l'Académie (1648) mais il en fut exclu à la suite d'une controverse avec Le* Brun sur la perspective. Il fonda alors une école libre que le roi fit fermer et écrivit de nombreux billets pour sa défense. Une grande partie de sa production (plus de 1 500 planches) constitue un document sur les mœurs de la première moitié du XVII$^e$ s. en France. Ses descriptions méticuleuses révèlent un esprit rigoureux et sobre et une facture manquant parfois d'aisance (*La Galerie du palais ; La Saignée ; Les Cris de Paris*). Ses ouvrages, notamment *Traité des manières de graver en taille-douce* (1645) et *Leçon de géométrie et de perspective pratique* (1648) obtinrent un grand succès auprès des graveurs.

Le **Bossu** ♦ Roman de Paul Féval* (1857). Lagardère feint d'être bossu pour s'introduire auprès de Philippe de Gonzague et révéler que ce dernier a assassiné Philippe de Nevers. Après avoir tué l'assassin, Lagardère épouse Aurore, la fille de Nevers. Prototype du roman de cape et d'épée, parfois considérée comme un succédané des romans de Dumas*, l'œuvre s'est imposée durablement par son allégresse d'écriture, et a été portée plusieurs fois à l'écran (J. Delannoy, 1944 ; A. Hunebelle, 1959 ; Ph. de Broca, 1997).

**BOSSUET (Jacques Bénigne)** ♦ Prélat, théologien et écrivain français (Dijon 1627 - Paris 1704). Ordonné prêtre en 1652 et archidiacre de Metz jusqu'en 1658, il fut orienté vers la prédication par saint Vincent* de Paul dont il soutint les missions populaires. Souvent envoyé à Paris, il y conquit une grande autorité par ses *Sermons** (en 1662, il prêcha le *Carême du Louvre* devant le roi et la cour). Il illustrait les mêmes leçons dans les *Oraisons* funèbres* qu'il prononça entre 1656 et 1687. Évêque de Condom en 1669, il subordonna ses activités d'homme d'Église à la tâche de précepteur du Grand Dauphin qui lui fut confiée de 1670 à 1680 : pour son élève, il se fit philosophe et historien, notamment dans le *Discours* sur l'his-*

Jacques Bénigne **Bossuet.**
Portrait par H. Rigaud.
Musée des Offices, Florence.
*Phot. © Giraudon*

*toire universelle* (1681) où il tentait de faire la synthèse de l'ordre divin et de l'activité humaine. Nommé évêque de Meaux (1681), il s'adonna avec activité à sa tâche pastorale, lutta contre les protestants (polémiques avec Pierre Jurieu* et Jean Claude*) et, véritable chef de l'Église de France, rédigea la *Déclaration* du clergé de France* (1682) où, à la demande de Louis XIV, il conciliait l'autorité papale avec les libertés gallicanes. Aux controverses avec les protestants où il fit preuve d'une extrême partialité (*Histoire des variations des Églises protestantes,* 1688 ; *Défense de l'Histoire des variations,* 1691) puis à sa correspondance avec Leibniz* sur la réunification des Églises (1690 - 1693), succéda le combat contre le quiétisme*, qui opposa Bossuet à Fénelon* (*Relation sur le quiétisme,* 1698). C'est au milieu de la lutte qu'il entreprit contre Richard Simon*, à propos de l'exégèse des Écritures, que Bossuet mourut. ▪ Mystique préoccupé par la recherche d'un ordre significatif qui permît la coïncidence de l'exigence religieuse et de l'exigence rationnelle, «intelligence guidée par la foi», Bossuet se montra fidèle à l'orthodoxie, dans son œuvre théologique, morale et politique. Persuadé que, dans l'ordre du monde, «la balance est juste, et l'équilibre parfait», les causes secondes, historiques, étant assujetties au mystère de la Providence divine, Bossuet rattacha de même «les secrets de la politique, les maximes du gouvernement ... aux] exemples de la Sainte Écriture». «Puissance [...] divine et salutaire au genre humain», le pouvoir des rois les «charge devant Dieu d'un plus grand compte» et les soumet à de plus grands périls dans leur exigence de salut. Seules la Justice et son premier devoir, la Charité, peuvent légitimer les «prospérités» des grands de ce monde, chargés d'incarner les valeurs morales du christianisme. Orateur soucieux de combler à la fois le cœur et l'esprit, nourri des auteurs de l'Antiquité mais soumettant étroitement l'éloquence à l'enseignement du christianisme, soutenant par sa rigueur formelle une démonstration rhétorique et frappant la sensibilité par des visions grandioses issues de la Bible et notamment de l'Apocalypse, Bossuet a su conférer à sa prédication l'intensité dramatique ou le souffle lyrique. Dans ses œuvres parlées, une période puissamment rythmée, aux accents expressifs, un vocabulaire riche et adapté à l'auditoire et le lyrisme des images donnent au discours un pouvoir poétique indiscutable. [Acad. fr. 1671] ➝ ÉTYM. *Bossuet* est le diminutif de *bossu.*

**BOSSUT** (abbé **Charles**) ♦ Mathématicien français (Tartaras, Haut Forez 1730 - Paris 1814). Auteur de traités de mathématiques, de mécanique et d'hydrodynamique, il collabora avec d'Alembert* à la partie mathématique de l'*Encyclopédie**. [Acad. sc. 1779]

**BOST (Pierre)** → **Aurenche (Jean)**

**BOSTON** ➝ ÉTYM. de *Boston**, v. d'Angleterre ♦ V. des États-Unis, cap. du Massachusetts, à l'embouchure de la Charles River, sur la *baie de Boston.* 589 141 hab. dont 25 % de Noirs (zone urbaine 3 406 829) (*Bostoniens*) (→ **Cambridge, Lynn, Newton**). Musées (notamment arts d'Extrême-Orient). Plusieurs bâtiments du XVIII^e^ s. (Christ Church, le Capitole) subsistent. La bibliothèque et le musée des Beaux-Arts furent décorés par J. Sargent*. ▪ Centre commercial (1^er^ marché de la laine aux États-Unis) et indus. (mécanique, électricité, indus. alimentaires, imprimeries). Laboratoires de recherche (électronique, informatique, chimie, biotechnologie), qui ont donné naissance à la périphérie de Boston à des centres de haute technologie (→ **Cambridge**). Port très actif. Construc. navales. ▮ **Histoire** Fondée en 1630 par des colons britanniques, la ville devint un grand centre intellectuel et un foyer de puritanisme. Les premières insurrections qui eurent lieu en 1770, puis en 1773 à Boston (destruction des cargaisons de thé de la Compagnie des Indes en réponse aux taxes instituées par Charles Townshend) aboutirent à la guerre d'Indépendance (1775 - 1776). En 1879 y fut ouverte la première église de la Science* chrétienne. La ville fut au XIX^e^ s. la capitale intellectuelle du pays : Emerson, Hawthorne, Thoreau, Longfellow y vécurent.

**BOSTON** ➝ ÉTYM. du vieil angl. *Botuluestan* «pierre (marquant une limite) d'un nommé *Bōtwulf*» [l'identification avec le missionnaire homonyme du VII^e^ s. est douteuse] ♦ V. d'Angleterre (Lincolnshire), sur la Witham. 55 759 hab. Église du XIV^e^ s., de style gothique perpendiculaire. ▮ **Histoire** Au Moyen Âge, Boston fut le deuxième port du royaume. De là partit en 1630 un groupe d'émigrés qui fonda la ville de Boston en Nouvelle-Angleterre.

**BOSWELL (James)** ♦ Mémorialiste britannique (Édimbourg 1740 - Londres 1795). Fils de lord Auchinleck, il étudia le droit à Édimbourg, se consacra au journalisme et fréquenta les clubs littéraires de Londres où il connut Samuel Johnson* qui le convertit à un «christianisme rationnel». D'un voyage à l'étranger (1763), il rapporta la *Relation sur la Corse, journal d'un voyage à cette île, avec les Mémoires de Pascal Paoli* (1768). Son journal (*Boswell's London Journal,* publ. 1951) soutient la comparaison avec celui de Pepys*. Boswell y décrit le début de son amitié pour Johnson dont il nota pendant vingt ans (1763 - 1783) tous les propos fidèlement reproduits dans son chef-d'œuvre, la *Vie de Samuel Johnson,* 1791. Son *Voyage dans les îles Hébrides* (1785), conçu pour compléter les ouvrages de Johnson, est un remarquable document sociologique.

**BOSWORTH** ♦ Localité d'Angleterre (Leicestershire), près de laquelle Richard III, meurtrier des enfants d'Édouard IV, fut tué le 22 août 1485 par Henri Tudor, ce qui mit fin à la guerre des Deux-Roses et au règne des Plantagenêts.

**BOTANY BAY** ♦ Baie de la côte orientale de l'Australie (Nouvelle-Galles du Sud) au S. de Sydney. ▮ **Histoire** Découverte par J. Cook* en 1770, elle fut la première colonie pénitentiaire (1788) et le premier centre de peuplement du pays.

**BOTERO (Giovanni)** surnommé **Benisius** ♦ Écrivain italien (Bêne, Piémont 1540 - Turin 1617). Secrétaire de saint Charles Borromée (archevêque de Milan), puis précepteur des enfants de Charles Emmanuel (1599), il a critiqué les théories politiques de Machiavel et fut, avec Serra, un des principaux représentants du mercantilisme en Italie (*Della ragione di Stato,* 1583 ; *Delle cause della grandezza della città,* 1589).

**BOTERO (Fernando)** ♦ Peintre et sculpteur colombien (Medellín 1932). Universalisant des principes de l'art précolombien, où la beauté est souvent synonyme de volume et de rondeur des formes, il créa en peinture, en dessin et en sculpture des personnages, animaux ou natures mortes aux formes généreuses, boursouflées, qui symbolisent la vie, parfois dénués d'expression. Il peignit des pastiches colorés de chefs-d'œuvre classiques (*Mona Lisa à l'âge de douze ans,* 1959), ridiculisant les personnalités politiques, militaires, religieuses. Cet esprit parodique se raffine dans ses sculptures, créées dans les fonderies de Pietrasanta en Toscane. Elles veulent refléter la puérilité, l'immaturité de notre société (*Figure allongée,* 1984 ; *Soldat romain,* 1985 ; *Femme au miroir,* 1987 ; *Homme debout,* 1992). Il réalisa une série de toiles (2004 - 2005) représentant la torture de prisonniers irakiens par des soldats américains dans la prison d'Abou Ghraib. ➝ ÉTYM. En espagnol d'Amérique du Sud, *botero* signifie «cordonnier».

**BOTEV (Hristo)** ♦ Poète et patriote bulgare (Kalofer, près de Plovdiv 1849 - région de Vraca 1876). Il fit ses études à Odessa où il fut gagné au socialisme révolutionnaire russe. Rentré en Bulgarie en 1866, il s'opposa au clergé et dut émigrer à Bucarest, où il joua un rôle déterminant au Comité central révolutionnaire bulgare. En 1876, il tenta une insurrection et mourut en combattant les gendarmes turcs lors de l'«insurrection d'avril». Son idéal patriotique et révolutionnaire s'exprime dans son œuvre poétique (en particulier dans *Hadži Dimităr*) qui en fait le premier grand poète moderne bulgare.

**BOTEV** (pic) – anc. ***Jumrukčal*** ♦ Point culminant (2 376 m) de la chaîne du Balkan* (ou Stara Planina), en Bulgarie.

**BOTHA (Louis)** ♦ Général et homme d'État sud-africain (Greytown, Natal 1862 - Pretoria 1919). Durant la deuxième guerre des Boers* (1899 - 1902), il réorganisa leur armée et combattit les Britanniques, poursuivant la lutte après 1900 sous forme de guérilla. Il fut Premier ministre du Transvaal* de 1907 à 1910 puis de l'Union sud-africaine de 1910 à 1919.

**BOTHA (Pieter Willem)** ♦ Homme d'État sud-africain (État d'Orange 1916 - près de Wildernes, Cap-Occidental 2006). Député dès 1948, il occupa plusieurs ministères à partir de 1966. Il fut Premier ministre, puis président de la République sud-africaine de 1978 à 1989, après la démission de Vorster. Conservateur et favorable à l'apartheid, il se retira avec la venue au pouvoir de F. De Klerk (1989). → **Afrique du Sud.**

**BOTHE (Walter)** ♦ Physicien allemand (Oranienburg, près de Berlin 1891 - Heidelberg 1957). Inventeur de la technique des coïncidences (1925 - 1929) dans l'utilisation du compteur de Geiger*-Müller, il découvrit en 1930, avec H. Becker, les rayonnements de neutrons. [Prix Nobel de phys. 1954, avec M. Born]

**BOTHWELL (James Hepburn,** 4^e^ comte **de)** ♦ Gentilhomme écossais (v. 1536 - Dragsholm 1578). Acquitté après l'assassinat de Darnley*, il suscita le mécontentement de l'aristocratie lorsqu'il épousa Marie* Stuart, et fut contraint de s'enfuir au Danemark.

**BOTNIE** n. f. ➝ ÉTYM. du norrois *botn* «sol, fond» (apparenté à l'angl. *bottom*) et suff. *-ia* (n. de lieu) ; en suéd. ***Botten,*** en finnois ***Pohja*** ou ***Pohjola*** ♦ Région du N. de l'Europe, baignée par le golfe de Botnie et partagée entre le N.-E. de la Suède (comtés de Norrbotten, Västerbotten) et le N.-O. de la Finlande (comtés de Lappi, Oulu, Vaasa).

**BOTNIE** (golfe de) ♦ Golfe de l'extrémité septentrionale de la mer Baltique, situé au N. des îles Åland, entre la Suède à l'O. et la Finlande à l'E.

**BOTOCUDO(S)** n. m. (pl.) ➝ ÉTYM. du port. *botoque* «tampon, bouchon» (allus. à leur coutume d'insérer des rondelles de bois dans leur lèvre ou dans leurs oreilles) ♦ Indiens du Brésil, appartenant à la famille linguistique des Aymorés. Ils sont en voie de disparition.

**BOTOŞANI** ♦ V. de Roumanie, en Moldavie septentrionale, ch.-l. de distr. 115 739 hab. Église du XV$^{e}$ s. Centre commercial et indus. : textiles, électronique, électrotechnique, machines agricoles, caoutchouc.

**BOTRANGE** (signal de) ♦ Point culminant de la Belgique (694 m) en Haute-Ardenne, sur le plateau des Hautes-Fagnes*.

**BOTREL (Théodore)** ♦ Chansonnier français (Dinan 1868 - Pont-Aven 1925). Une inspiration qui allie tendresse et mélancolie caractérise ses nombreux recueils de chansons : *Le Petit Grégoire, Lilas blanc, Fleur de blé noir, La Paimpolaise.* ➝ ÉTYM. *Botrel* est une variante de *Bothorel*, de l'ancien français *boterel* «petit crapaud» (sobriquet pour désigner un homme gros et court comme un crapaud).

## BOTSWANA

■ n. m. – anc. ***Bechuanaland*** ; off. ***république du Botswana*** – «pays des Tswanas» ♦ Pays de l'Afrique australe. 600 372 km². 1 929 000 hab. *(Botswanais).* LANGUES : anglais (off.), tswana (bantou), khoïsan. POPULATION : peuplement homogène constitué de Tswanas (Bantous), minorité de Bochimans. RELIGIONS : chrétiens, musulmans, hindous. MONNAIE : pula. CAPITALE : Gaborone. RÉGIME : présidentiel.

■ **GÉOGRAPHIE** Traversé par le tropique du Capricorne et occupé en grande partie par le désert du Kalahari et les dépressions de l'Okavango et de Makarikari (exploitation du sel), le Botswana est un pays aride au climat subtropical. Les traditions pastorales font de la possession du troupeau la marque du statut social, même après le passage à l'agriculture ; le semi-nomadisme est pratiqué au S.-E. dans la savane arbustive et l'agriculture (sorgho, mil, maïs, agrumes) dans la vallée du Limpopo. L'exploitation du cuivre et du nickel (usine de Selebi-Phikwe), du charbon à Motupule et surtout du diamant (27 % de la valeur des diamants dans le monde), dont le pays cherche à contrôler l'ensemble de la filière, assure le PIB le plus élevé d'Afrique. De nombreux travailleurs se rendent en Afrique du Sud à la fin des travaux agricoles. Ces migrations saisonnières favorisent la transmission du sida qui touche plus du tiers de la population (espérance de vie : 34 ans).

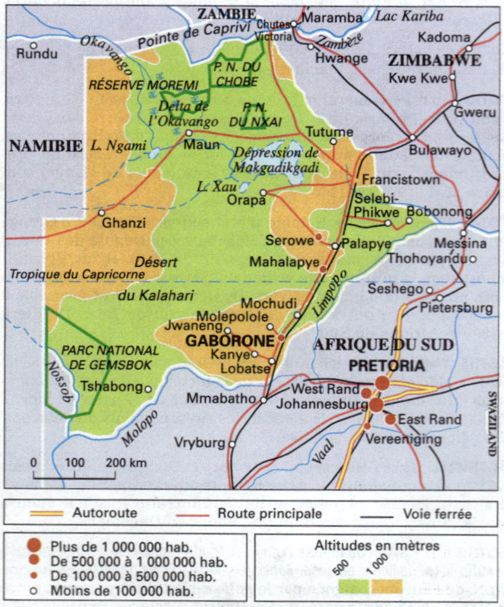


Botswana.

■ **HISTOIRE** Des vestiges du Sangoen (-40 000) ont été découverts dans la vallée du Limpopo. La présence des Bochimans est attestée dès le début de notre ère. Les pasteurs bantous s'installèrent dans l'E. au I$^{er}$ millénaire. En 1885, les Britanniques établirent le protectorat du Bechuanaland en réponse à la demande de protection du roi des Tswanas, inquiet des incursions des Boers. Pendant la période coloniale, le pays fut administré à partir de Mafeking, ville d'Afrique du Sud située dans le homeland frontalier du Bophuthatswana. Malgré l'opposition de l'Afrique du Sud, le Botswana devint en 1966 une république indépendante associée au Commonwealth, sous la direction de Sereste Khama, l'«unificateur des Tswanas», puis de Quette Masire (1980). Celui-ci s'est retiré en 1998, laissant le pouvoir à son vice-président, Festus Mogae, jusqu'aux élections de 1999. Bien que dépendant totalement de l'Afrique du Sud pour l'exportation de ses richesses, le Botswana a réussi à préserver son indépendance durant les années de lutte contre l'apartheid. En 2008, le président Mogae a remis le pouvoir au vice-président Ian Khama, fils de l'ancien souverain, qui s'est impliqué dans la dénonciation du régime de R. Mugabe au Zimbabwe voisin. En oct. 2009, la division de l'opposition a favorisé la victoire aux élections législatives du Parti démocratique du Botswana (BDP).

**BOTTA (Carlo)** ♦ Médecin, homme politique et historien italien (San Giorgio Canavese, Piémont 1766 - Paris 1837). Représentant du parti français en Italie, il fut exilé en France où il prit position contre Napoléon I$^{er}$. Il est l'auteur d'une *Histoire de l'Italie.* ♦ **Paul-Émile Botta.** Archéologue français (Turin 1802 - Achères 1870). Fils du précédent. Consul de France à Alexandrie, Mossoul, Tripoli, il entreprit des fouilles à Khorsabad, Ninive, etc.

**BOTTA (Mario)** ♦ Architecte et designer suisse (Mendrisio, Tessin 1943). Héritier de Le Corbusier et L. Kahn, il mêle dans ses réalisations modernité et souci du bien-être, utilisant des matériaux traditionnels. Connu pour ses constructions en forme de cylindre, il réalisa aussi bien des maisons individuelles que des édifices publics ou sacrés : Centre culturel de Chambéry (1987), musée d'Art moderne de San Francisco (1994), cathédrale d'Évry (1995), musée Tinguely à Bâle (1996), musée d'Art moderne et contemporain de Trente (2002). Il a rénové la Scala de Milan (2004).

Mario **Botta.** La cathédrale d'Évry, dans l'Essonne, 1995. *Phot.* ©*Archipress*

**BOTTICELLI (Sandro di Mariano FILIPEPI, dit Sandro)** ➝ ÉTYM. it. «petit fût» (de *botte* «fût»), surnom de son frère Giovanni dû à son embonpoint [le surnom fut adopté par toute la famille] ♦ Peintre, dessinateur et graveur italien (Florence 1445 - *id.* 1510). Il étudia l'orfèvrerie avant d'entrer chez Filippo Lippi* puis chez Verrocchio*, qui eurent avec Antonio* del Pollaiolo une grande influence sur la formation de son style (*La Fortezza, Judith,* Offices, Florence). En faveur auprès des Médicis, qu'il représenta dans une de ses *Adoration des Mages* (v. 1475, Offices), il connut à leur cour cette réunion du politique, du religieux et de l'humanisme néoplatonisant qui inspira ses sujets : une «peinture d'exécration» après la conjuration des Pazzi (1478, perdue), un *Saint Augustin* pour l'Ognissanti (1480), des *Madone* (plusieurs *tondi* et le *Retable de saint Barnabé,* v. 1487, Offices), enfin, les célèbres allégories où il chercha parfois à retrouver des exemples antiques à travers les textes d'Apulée ou de Lucien : *Le Printemps** (v. 1478, Offices), *La Naissance* de Vénus* (v. 1485, Offices), les fresques de la villa Lemmi (1486, Louvre) et *La Calomnie d'Apelle* (v. 1494, Offices). Appelé entre-temps à Rome pour décorer la Sixtine, il y avait donné trois fresques (1481, *Scènes de la vie de Moïse, Tentation de Jésus, Châtiment des Lévites*). C'est après le départ des Médicis et la mort de Savonarole, dont il fut peut-être un disciple tardif, qu'il exécuta les *Mise au tombeau* (v. 1500, Milan, Munich), la *Nativité mystique* (1500, National Gallery), la *Crucifixion* (après 1500, Cambridge, Massachusetts), *les Épisodes de la vie de saint Zénobe* (après 1500, National Gallery). L'exaspération de la courbe, les effets expressionnistes ou les traits archaïsants accusent dans les dernières œuvres l'incidence nécessaire des événements florentins sur un art nourri moins de réalité sensible que d'idées, et dont l'originalité avait isolé le peintre de ses contemporains (→ **Léonard de Vinci**). Maître incontesté de la ligne en Occident, Botticelli l'utilisa, dans ses dessins, comme l'ultime frontière entre le visible et l'intelligible (illustrations pour *La Divine Comédie*, après 1480) ; en peinture, il en fit l'expression subtile de ce qui l'engendre, qu'elle unit et sépare : lumière, matière, mouvement. Ses enlacements fluides enchaînent les uns aux autres les centres multiples de compositions où paysages et architectures servent plus de décor que d'espace à des figures sans épaisseur, comme de bas-relief, et l'on a pu dire, de cet art de «présentation», qu'«il était à la représentation ce que la musique est à la parole» (Berenson). Vite oublié, Botticelli fut redécouvert par les préraphaélites.

**BOTTIN (Sébastien)** ♦ Statisticien et administrateur français (Grimonwiller, Lorraine 1764 - Paris 1853). Il publia l'*Annuaire statistique du Bas-Rhin* (le premier en France) et édita l'*Almanach du commerce de Paris, des départements et de l'étranger* (fondé en 1797 par J. de Latynna) auquel il donna en 1819 le titre de l'*Almanach-Bottin*. En 1857, cette publication fut fondue avec l'*Annuaire général du commerce*, édité depuis 1838 par Firmin Didot* pour être continuée par la société anonyme de *l'Annuaire du commerce Didot-Bottin* (depuis 1882). ▸ **ÉTYM.** *Bottin* vient du germanique *Botto* (de *bod* «messager»), n. de pers.

**BOTTROP** ♦ V. d'Allemagne (Rhénanie-du-Nord-Westphalie), dans la Ruhr. 118 200 hab. Mines de houille. Sidérurgie, mécanique lourde et indus. chimique.

**BOTZARIS** ou **BÓTSARIS (Márkos)** ♦ Patriote grec (Souli, Albanie v. 1789 - Karpeníssi, auj. Karpenision 1823). Un des chefs de la guerre de l'indépendance grecque, il s'illustra dans la défense de Missolonghi* (1822 - 1823) et fut tué en combattant les Turcs.

**BOUAKÉ** ▸ **ÉTYM.** du baoulé *boua* «mouton» et *ké* «sec» [les marchands faisaient sécher les peaux des moutons] ou déformation par les Européens de la phrase *boihéké* «c'est de la viande séchée» ♦ V. de Côte d'Ivoire, au centre du pays. Env. 500 000 hab. Nœud routier. Indus. textiles. Égrenage du coton. Manufacture de tabac. Université. ▪ Gisement de tantale à l'O.

**BOUAYE** [44830] ♦ Ch.-l. de canton de la Loire-Atlantique, arr. de Nantes. 5 251 hab. (aggl. 13 488).

**BOUBAT (Édouard)** ♦ Photographe français (Paris 1923 - *id.* 1999). Photographe-reporter, il collabora à *Réalités* à partir de 1951 et réalisa des reportages dans de nombreux pays. Ses photographies furent aussi publiées dans *Infinity* et *Camera*. Comme reporter, il opta pour un style exempt de sensationnalisme. Il fut en outre l'auteur de nombreuses images intimistes.

**BOUCAU** [64340] ▸ **ÉTYM.** gasc. «bouche» [allus. à l'embouchure de l'Adour] ♦ Comm. des Pyrénées-Atlantiques, arr. de Bayonne, sur l'Adour. 7 007 hab. *(Boucalais)*. Centre indus., formant avec Bayonne et son port une unité économique.

**BOUC-BEL-AIR** [13320] ♦ Comm. des Bouches-du-Rhône, arr. d'Aix-en-Provence. 12 297 hab.

**BOUCHAIN** [59111] ♦ Ch.-l. de cant. du Nord, arr. de Valenciennes, dans le Cambrésis, sur l'Escaut. 4 282 hab. *(Bouchinois)*. Centre historique minier à Lewarde. ▪ Centrale thermique.

**BOUCHARD (Charles)** ♦ Médecin français (Montier-en-Der 1837 - Sainte-Foy-lès-Lyon 1915). Il fut un des premiers à montrer l'importance de la microbiologie en médecine. [Acad. sc. 1887]

**BOUCHARD (Lucien)** ♦ Homme politique canadien (Saint-Cœur-de-Marie, Québec 1938). Avocat, ambassadeur du Canada en France (1985 - 1988), député conservateur (1988), il fut ministre de l'Environnement (1988 - 1990) dans le cabinet Mulroney*. Mais opposé à sa politique vis-à-vis du Québec, il démissionna et fonda un parti, le Bloc québécois, afin de promouvoir la souveraineté du Québec au sein des instances fédérales. Après l'échec des indépendantistes lors du référendum de 1995, il succéda en 1996 à J. Parizeau* à la tête du Parti québécois (PQ) et comme Premier ministre du Québec mais démissionna en 2001.

**BOUCHARDON (Edme)** ♦ Sculpteur et dessinateur français (Chaumont-en-Bassigny 1698 - Paris 1762). Élève de son père, puis de Guillaume Ier Coustou*, il séjourna à Rome de 1722 à 1732 et y exécuta de nombreux bustes. À Paris, il dessina des médailles et les pierres gravées du cabinet du roi. Il travailla pour les jardins de Versailles (bassin de Neptune, *Protée*). Admirateur de la sculpture antique, il s'opposa à la mode rocaille et amorça la tendance «alexandrine» de la réaction néoclassique (copie pour le roi du *Faune Barberini*, 1726 - 1730 ; *L'Amour taillant son arc*, 1739 - 1750). Il conçut et sculpta la fontaine des Quatre-Saisons, rue de Grenelle à Paris (1739 - 1750) et la statue équestre de Louis XV, habillé à l'antique (1748 - 1762), chargeant Pigalle* de la terminer. Il exécuta des dessins à la sanguine et les *Études prises dans le bas peuple* ou *Les Cris de Paris* gravés par Caylus*.

**BOUCHEMAINE** [49080] ▸ **ÉTYM.** «bouche [embouchure] de la Maine» ♦ Comm. du Maine-et-Loire, arr. d'Angers, au confluent de la Loire et de la Maine. 6 153 hab.

**BOUCHER (Jean)** ♦ Théologien français (Paris v. 1548 - Tournai v. 1645). Recteur de l'université de Paris, curé de Saint-Benoît à Paris, il fut l'un des instigateurs de la Ligue* et de l'assassinat d'Henri III. Il quitta Paris à l'arrivée d'Henri IV (1594).

**BOUCHER (Pierre)** ♦ Gouverneur français (Mortagne 1622 - Trois-Rivières 1717). Lieutenant général de la Nouvelle-France et gouverneur des Trois*-Rivières, il publia un ouvrage sur le Canada (1665) et laissa son nom à une localité du pays : *Boucherville**.

**BOUCHER (François)** ♦ Peintre, dessinateur, décorateur et graveur français (Paris 1703 - *id.* 1770). Il fut l'élève de Lemoine, puis du graveur F. Cars pour lequel il reproduisit cent vingt-cinq œuvres de Watteau. Il séjourna en Italie de 1727 à 1731, et y subit l'influence du Corrège* et de Tiepolo*. Par ses multiples travaux de décoration (chambre de la Reine à Versailles, 1734 ; premier étage de l'hôtel Rohan-Soubise à Paris), cartons de tapisseries pour Beauvais et les Gobelins (*Fêtes chinoises*, 1743), modèles de «biscuits» pour Sèvres, scènes mythologiques (*Le Triomphe de Vénus*, 1740), pastorales, scènes libertines et nus (*Odalisque*, 1754), il fut le maître de la peinture galante et rococo. Il créa un univers sensuel et gracieux, fait de formes ondulantes, de compositions en spirale, de couleurs claires et vives (particulièrement les tonalités bleues) et peignit les chairs nacrées. Il obtint un succès considérable ; protégé de Mme de Pompadour, il fut nommé premier peintre du roi Louis XV en 1765. Il fut beaucoup imité, n'évita pas toujours la facilité et refléta dans son art les goûts de la société aristocratique et bourgeoise éprise d'un art léger et galant. Il exécuta de nombreux dessins à la sanguine, notamment des nus d'une facture raffinée mais vigoureuse. Diderot, blâmant son art licencieux, s'acharna contre lui.

François **Boucher.** *La Marquise de Pompadour* (60 × 45,5 cm). Musée du Louvre, Paris.
*Phot. © Dagli Orti*

**BOUCHER (Hélène)** ♦ Aviatrice française (Paris 1908 - Guyancourt 1934). Elle accomplit seule le raid Paris-Saigon (1929), conquit successivement sept records mondiaux, mais fut mortellement blessée au cours d'un vol d'entraînement.

**BOUCHER DE PERTHES (Jacques BOUCHER DE CRÈVECŒUR DE PERTHES,** connu sous le nom de**)** ♦ Préhistorien français (Rethel 1788 - Abbeville 1868). La découverte d'instruments de silex dans les alluvions de la Somme en 1844 (→ **Abbevillien**) l'amena à affirmer l'existence de l'homme antédiluvien ; il fut un des fondateurs de la science préhistorique, critiqué par Élie* de Beaumont (*Antiquités celtiques et antédiluviennes*, 1847 - 1864.)

**BOUCHERVILLE** ♦ V. du Canada (Québec), sur la rive d. du Saint-Laurent. 39 062 hab. Industries et commerces.

**BOUCHES-DU-RHÔNE** n. f. pl. [13] ▸ **ÉTYM.** «embouchure du Rhône» ♦ Dép. du S.-E. de la France, région Provence-Alpes-Côte-d'Azur. 5 087 km². 1 835 719 hab. CH.-L. : Marseille. CH.-L. D'ARR. : Aix-en-Provence, Arles, Istres. Cour d'appel : Aix-en-Provence. Académie : Aix-Marseille. → **Provence-Alpes-Côte-d'Azur.**

**BOUCHET (André DU)** ♦ Poète français (Paris 1924 - Truinas, Drôme 2001). En quête d'un impossible ailleurs. A. du Bouchet livra des poèmes denses, qui sont autant de tentatives pour capter un instant d'éblouissement : «Ces mots sourds, ces éclats de lampe que je ne comprends pas.» Dans un climat de dénuement, d'aridité, le texte lutte avec le blanc de la page (thèmes du mur, de l'épaisseur qui fait obstacle) et engendre des notations isolées par la typographie, des phrases incomplètes et hachées. Principaux recueils : *Sans couvercle* (1953), *Dans la chaleur vacante* (1961), *Où le soleil* (1968), *Qui n'est pas tourné vers nous* (1972), *La Couleur* (1976), *Ici en deux* (1981), *Désaccordée comme de la neige* (1989), *Poèmes et proses* (1995). Du Bouchet a traduit Hölderlin, Celan et Shakespeare.

**BOUCHIR** ou **BANDAR BOUCHIR** ♦ V. d'Iran, ch.-l. de prov., sur le golfe Arabo-Persique. 169 966 hab. Port. Centre administratif. Base

Le **Bouddha** d'Avukana, Sri Lanka, v^e s.
*Phot. © Arch. Nathan/Sonneville*

aérienne. Pétrole. Filature et tissage du coton. Centrale nucléaire ouverte en 2010. ▌**Histoire** Devenu le principal port du pays sous Nâdêr* Chāh, Bouchir déclina au début du XX^e s. avec le développement des ports de l'O. du Golfe, mais retrouva un nouvel essor en particulier pendant la guerre irano-irakienne.

**BOUCHOTTE (Jean-Baptiste Noël)** ♦ Homme politique français (Metz 1754 - Ban-Saint-Martin, Moselle 1840). Ministre de la Guerre sous la Convention (1793), organisateur de la défense nationale, lié aux hébertistes*, il fut arrêté, puis amnistié en 1794.

**BOUCICAUT (Jean I^er^) dit Le Meingre** ♦ Maréchal de France (mort à Dijon 1367). Il se distingua sous Jean II le Bon et Charles V et fut l'un des négociateurs du traité de Brétigny (1360). ♦ **Jean II Boucicaut.** Maréchal de France (Tours v. 1365 - Londres 1421), fils du précédent. Après avoir contraint les Turcs à lever le siège de Constantinople* (1399), il devint gouverneur de Gênes de 1401 à 1407. Fait prisonnier à Azincourt* (1415), il mourut en captivité.

**BOUCICAUT (Aristide)** ♦ Négociant et philanthrope français (Bellême 1810 - Paris 1877). Ayant acquis en 1852 le Bon Marché, il en fit le plus grand magasin de Paris sous le Second Empire, et se consacra à de nombreuses activités philanthropiques, poursuivies après sa mort par sa veuve MARGUERITE BOUCICAUT, née GUÉRIN (1816 - 1887), fondatrice de l'hôpital Boucicaut à Paris. ➡ **ÉTYM.** Ce nom de famille vient probablement du nom de personne germanique *Bucco* (à rapprocher de l'allemand *Buche* « hêtre »).

**BOUCLIER CANADIEN** n. m. ♦ Nom donné à la vaste zone de terrains précambriens formant toute la partie N.-E. du Canada, vaste pénéplaine s'étendant en demi-cercle entre l'Atlantique à l'E., les plaines du Saint-Laurent, les Grands Lacs, les grandes plaines de l'intérieur (→ **Prairie**) au S., et l'archipel arctique. Déprimé au centre, il est envahi par la mer (baie d'Hudson) tandis qu'il est relevé sur sa bordure orientale, au N.-E. du Labrador et au S., dans les Laurentides*. 4 144 000 km². Immenses réserves de minerais métallifères (→ **Canada, Labrador, Québec, Ontario, Manitoba, Territoires du Nord-Ouest**).

**BOUCOURECHLIEV (André)** ♦ Compositeur français d'origine bulgare (Sofia 1925 - Paris 1997). D'abord pianiste, il aborda la composition avec *Texte I* et *Texte II* (1957 - 1959) pour bande magnétique. Il se fit connaître par la série des cinq *Archipels* (1967 - 1973), séquences instrumentales aléatoires. On lui doit l'opéra *Le Nom d'Œdipe* (1978), *Les Cheveux de Bérénice* (1988), ainsi que des livres consacrés à Beethoven, Schumann et Stravinski.

**BOUDARD (Alphonse)** ♦ Romancier et scénariste français (Paris 1925 - Nice 2000). Ancien résistant (*Les Combattants du petit bonheur*, 1977 ; *Bleubite*, 1966) devenu malfaiteur (*La Métamorphose des cloportes*, 1962), il passa plusieurs années en prison (*La Cerise*, 1963) puis à l'hôpital et en sanatorium (*L'Hôpital*, 1972). Il a écrit, dans une langue argotique savoureuse (*La Méthode à Mimile*, 1970), une œuvre abondante et largement autobiographique : *Cinoche* (1974) sur le milieu du cinéma pour lequel il a écrit des scénarios et des dialogues ; *Mourir d'enfance* (1995) ; *Les Trois Mamans du petit Jésus* (posth. 2000). ➡ **ÉTYM.** *Boudard* est une variante de *Bodard*, du germanique *Bodhard*, de *bod* « messager » et *hard* « dur, fort ».

**BOUDDHA** ➡ **ÉTYM.** sanskr. « l'Éveillé » ♦ Surnom donné à Siddhārta Gautama*, fils d'un souverain de la tribu des Śākyas* (v. -536 - v. -480 ou plutôt, selon les historiens, -480 - -400). Ce prince (appelé aussi Śākyamuni* « Sage des Śākyas ») naquit à Kapilavastu, dans le S.-E. du Népal, au lieudit Lumbinī* (aujourd'hui Rumindei). À l'âge de vingt-neuf ans, il quitta subrepticement le palais royal pour aller sur les chemins en quête de la Vérité. Il ne la trouva qu'assez tardivement, après avoir renoncé aux austérités, un jour qu'il s'était assis sous un figuier pippal pour méditer, à Bodh* Gaya. C'est là qu'il reçut l'Éveil et de là qu'il partit vers Bénarès pour y enseigner ses anciens compagnons. Philosophe pragmatique plutôt que religieux, il prêchait que toute vie est douleur et enseignait un moyen de se libérer de cette douleur en suivant un chemin (*le noble octuple sentier*) tracé en huit points. Ses adeptes furent nombreux et il fonda une communauté monastique (*saṇaa*). Ses doctrines furent par la suite transformées en dogmes religieux, ce qu'il ne concevait pas. Il mourut âgé de quatre-vingts ans, et ses reliques furent disputées, selon la légende, par huit souverains. Ses doctrines de renoncement, de compassion infinie envers tous les êtres, d'oubli de soi, allaient bouleverser l'Asie tout entière et la vie de 600 millions d'êtres humains : il reste pour l'Asie le plus grand maître à penser avec Confucius*, son contemporain. → **bouddhisme.**

**Boudewijnkanaal** en fr. **canal Baudouin,** – anc. ***canal de Zeebrugge*** ♦ Canal de Belgique (11 km) reliant le port intérieur de Bruges* au port de Zeebrugge*. Il est accessible aux bateaux de 2 000 t.

**BOUDIAF (Mohamed)** ♦ Homme politique algérien (M'Sila 1919 - Annaba 1992). Membre fondateur du Comité révolutionnaire pour l'unité et l'action (CRUA) qui déclencha l'insurrection nationaliste contre la présence française, il fut incarcéré en France de 1956 à 1962. Lors de l'indépendance de l'Algérie (1962), il se démarqua du FLN dont il dénonça la dérive dictatoriale. Condamné à mort en 1965, il s'exila au Maroc. Sollicité par le Haut Comité d'État, constitué après la démission du président Chadli, il revint en Algérie en janv. 1992 et prit la direction du pays. Mais il fut assassiné sans avoir pu mettre en œuvre son plan de redressement national.

**BOUDICCA** → Boadicée

**BOUDIENNY (Semen Mikhaïlovitch)** ♦ Maréchal soviétique (Koziourine, région de Rostov 1883 - Moscou 1973). Sous-officier dans l'armée tsariste, il se rallia à la révolution et combattit, à la tête d'une division de cavalerie, contre Denikine* (1919) et les Polonais (1920). Promu maréchal en 1935, il dirigea le front sud contre les Allemands en 1941.

**BOUDIN (Eugène)** ♦ Peintre aquarelliste, pastelliste et dessinateur français (Honfleur 1824 - Deauville 1898). Découvert par Troyon* et Millet*, il alla étudier à Paris auprès d'Isabey*. Il voyagea en Belgique, aux Pays-Bas et dans le nord de la France, travailla surtout sur la côte normande, et vers 1856, fonda à Honfleur avec Courbet* et Jongkind* l'école de Saint-Siméon. Il peignit sur le motif des marines, vues de ports, scènes de plages, études de ciels, avec une palette claire, des tons vibrants et fluides, traduisant avec délicatesse la lumière frémissante, les reflets dans l'eau, et représentant ses personnages par quelques touches rapides de couleurs en évitant les détails. Il fut le maître de Monet*, et son attitude devant la nature comme sa technique en font le précurseur direct des impressionnistes avec lesquels il exposa en 1874 (*La Plage de Trouville*, 1863 ; *La Jetée à Deauville*, 1869). ➡ **ÉTYM.** *Boudin* est le surnom d'une personne ventrue ou d'un marchand de boudin.

Eugène **Boudin.** *La Plage de Trouville.* Musée des Beaux-Arts, Reims.
*Phot. © de Gregorio/Ricciarini*

**BOUDJEDRA (Rachid)** ♦ Romancier algérien d'expression française (Aïn Beïda 1941). Il quitta l'Algérie de 1969 à 1976. Chargés d'images

## bouddhisme

n. m. ♦ **Une doctrine** Doctrine religieuse née en Inde vers le milieu du -VIe s. Le bouddhisme partage certaines des conceptions propres au brahmanisme, notamment celles des réincarnations, que subissent tous les êtres vivants, et celle du conditionnement de ces réincarnations par la valeur morale des actes accomplis dans les vies antérieures (le *karman*). Il s'en sépare par le refus d'accorder une réalité suprême à l'*ātman* (mot abusivement rendu par «âme», désignant un élément impersonnel, universel et créateur, le *brāhman*, aussi bien qu'individuel, le «soi», traduction appropriée à ce qui est originellement un pronom personnel), et de reconnaître une révélation (le *Veda**). L'intuition propre du Bouddha* est que toute existence est douloureuse : même ce qui nous est agréable nous ramène à la douleur et à la mort, et la mort à une nouvelle existence. Hommes et dieux sont prisonniers du cycle des transmigrations *(saṃsāra)*, retenus par des liens qui sont les passions, le désir et la haine, l'illusion et l'ignorance. La connaissance de cette réalité, portée par l'observance d'une morale rigoureuse et par la pratique d'exercices de méditation, amène l'être vivant à une délivrance dont l'être humain, plus sensible à la douleur que les dieux, est le plus capable. Le Bouddha est le premier de ces «éveillés» à atteindre une prise de conscience de la réalité dont la première conséquence est la rupture de la chaîne de l'existence ; il a ainsi acquis une sérénité totale *(nirvāṇa)* et l'assurance de ne plus renaître. **Un mode de vie** L'ascèse bouddhique ne pouvait s'adresser originellement qu'à des êtres qui renonçaient à la vie ordinaire, donc à des «moines» *(bhikksus)* mendiants dont l'entretien était pour le commun des mortels un acte méritoire garantissant une vie future plus propice à l'engagement dans la voie de la délivrance proprement dite. Le Bouddha organisa sa communauté *(saṅgha)* et codifia sa discipline *(vinaya)*. Mais il ne constitua pas une «Église». Après sa mort *(parinirvāṇa)*, la personne même du Bouddha devint l'objet d'un culte, alors que la prédication du message transformait le bouddhisme en véritable religion. **Les différentes écoles** La communauté, qui ne fut pas dirigée par le principal disciple, Ānanda*, se divisa en plusieurs groupes ou écoles développant leur propre «théologie» (on emploie couramment, à ce propos, les termes de «schismes», de «conciles» et de «sectes»). Un corpus de doctrine s'est constitué et s'est transmis oralement jusqu'au début de notre ère. Bien que les variations aient été parfois très grandes entre les écoles, le canon des écritures bouddhiques est en général triple, composé de trois «corbeilles» *(tripiṭaka)* : un recueil de sermons *(sūtra)*, des textes de discipline monastique *(vinaya)* et des textes de doctrine approfondie *(abhidharma)*. Constitué «historiquement», élaboré par les penseurs de chaque tendance, le contenu des «trois corbeilles» est traditionnellement attribué à Bouddha lui-même ou à ses proches disciples. On distingue cependant des textes «canoniques» (remontant au Bouddha), tels le *Saddharmapuṇḍarīka*Sūtra* (sutra du Lotus) et la *Prajnaparamita* (perfection de la Sagesse), et des textes attribués à d'autres personnages. Les deux grandes «voies» du bouddhisme diffèrent quant à la langue des textes sacrés : le canon est en pali pour le *Hīnayāna*, en sanskrit pour le *Mahāyāna*. Les écritures, qui forment un très vaste corpus, ont été traduites dans les langues principales des pays qui ont accueilli le bouddhisme et, comme pour les textes (religieux ou non) de notre tradition occidentale, certaines d'entre elles ne sont plus connues que par ces précieuses versions.

**HISTOIRE** Au début de notre ère, une nouvelle forme de bouddhisme prit de plus en plus d'ampleur : se nommant *Mahāyāna** («grand véhicule») et désignant péjorativement l'ancien bouddhisme comme un *Hīnayāna** («petit véhicule»), il accentue la compassion du Bouddha et gomme l'égoïsme du «salut individuel». Plus qu'un bouddha lui-même (un *arhat*, oudélivré pour son propre compte de la roue des existences), le modèle devient le *bodhisattva* (être éveillé) qui renonce à son propre nirvana pour pratiquer au plus haut degré les vertus de don et de sagesse, et pour conduire tous les êtres à la délivrance. On peut devenir un bodhisattva sans être un moine. Comme les bodhisattvas font office de «sauveurs», ils sont de plus en plus l'objet d'un culte, qui se surajoute à la vénération propre envers le Bouddha lui-même ; c'est ainsi que se constitue, et s'étoffe suivant les pays, un véritable «panthéon» bouddhique, dont les deux bodhisattvas les plus célèbres sont Avalokiteśvara* et Maitreya*. Aux IIe et IVe s. le bouddhisme vit se développer une véritable «scolastique» (*Mādhyamika**, avec Nāgārjuna* ; et *Yogācāra*, avec Asanga*) qui ne peut se comprendre qu'en interaction avec le développement propre de l'hindouisme «brahmaniste». Le VIIe s. vit l'apparition du *Vajrayana* ou bouddhisme «tantrique», application au bouddhisme d'un ritualisme magique qui fait participer le monde et ses forces (dont la sexualité) à l'obtention de «pouvoirs» et à l'accession à la délivrance. **En Inde** Paradoxalement, le bouddhisme a disparu de l'Inde aux alentours du Ier millénaire, victime de la vitalité de l'hindouisme ; son dernier bastion était le Bengale, qui fut envahi au XIIIe s. par les armées musulmanes. Si le Hīnayāna, ou plus justement le *Theravāda* («opinion des anciens»), a dominé l'Asie du Sud-Est (et notamment le Sri Lanka dont il est demeuré la religion jusqu'à nos jours), c'est sous sa forme mahayaniste que le bouddhisme s'est répandu dans plusieurs pays orientaux. **En Chine** En Chine, le bouddhisme se manifesta dès le Ier s. (mêlé au taoïsme populaire), puis au IVe s. (chez les lettrés, culte du Bouddha Amithaba → **Amida**), et au Ve s. (activité du traducteur Kumārajīva*) ; plus tard apparurent les écoles du Tiantai (du nom d'une montagne) et du Chan (du sanskrit *dhyāna* «méditation»), créé par Huineng*. Il se développa jusqu'au Xe s., avant d'être victime des mesures «anti-étrangères» qui accompagnèrent la chute des Mongols. Le roman *Xiyouji* («Pèlerinage vers l'Occident», ou plus simplement «Voyage vers l'Ouest»), que nous connaissons sous le nom de *Singe pèlerin*, met en scène la confrontation du taoïsme et du bouddhisme dans un récit que l'on suppose inspiré du voyage de Xuanzang*. **En Corée et au Japon** Le bouddhisme se développa en Corée jusqu'au Xe s., avant d'être limité par un confucianisme devenu religion d'État. Au Japon, il évolua à partir du VIe s. en de nombreuses «sectes» dont les plus importantes sont le tendaishu*, le zen*, le shingon* et l'amidisme (→ **Amida**). Outre les fondateurs de ces écoles, le grand nom du bouddhisme japonais est celui de Nichiren*. Fortement combattu par le shintoïsme d'État de l'ère Meiji, le bouddhisme japonais est actuellement l'un des plus dynamiques, porté par de nombreuses sectes dont la plus connue chez nous est la Sōka* Gakkai. On dispose d'un témoignage littéraire de la quête des textes sacrés grâce au journal d'Ennin*. **Au Tibet** Au Tibet, dès le VIIe s., un double courant mahayaniste et vajrayaniste (ou «tantriste»), combiné à d'anciennes conceptions religieuses, a finalement constitué une religion qui est devenue la religion principale du pays, et a inspiré un système «théocratique», assez improprement appelé lamaïsme, qui a duré jusqu'à l'invasion chinoise de 1959 (→ **Mar-Pa, Milarepa**). **L'évolution** Bien entendu, la religion s'est modifiée, parfois considérablement, en se confrontant à des langues ou à des modes de pensée si différents de ceux où elle vit le jour. Ce syncrétisme, avec lequel ont dû composer toutes les religions universelles, est d'autant plus apparent à des esprits occidentaux que le bouddhisme n'a jamais connu de centralisation doctrinale et que, par ailleurs, la «délivrance» dans le nirvana a toujours été perçue comme un phénomène individuel et élitiste : tant que l'on est dans le monde, il peut être judicieux de composer avec les forces naturelles (le pouvoir politique) ou surnaturelles (les divinités) qui le régissent.

violentes, volontiers scatologiques, que brasse une écriture de délire et cependant concertée, les romans de R. Boudjedra se veulent des œuvres de combat (comme l'explicite son *Journal palestinien*, 1972). *La Répudiation* (1969) dénonce avec un emportement lyrique les structures sociales et mentales de la société algérienne que l'auteur dit encore dominée par un «patriarcat polygame», tandis que *Topographie idéale pour une agression caractérisée* (1975) fustige, à travers le périple mortel d'un immigré dans le métro parisien, la condition faite par la France aux ouvriers algériens. Dans *FIS de la haine* (1992), il s'insurge contre le mouvement intégriste en Algérie. Il a écrit le scénario de *Chronique des années de braise* (Palme d'or à Cannes, 1975).

**BOUDON (Raymond)** ♦ Sociologue français (Paris 1934). S'appuyant sur *L'Analyse mathématique des faits sociaux* (1967), il s'inscrit dans la tradition de l'individualisme méthodologique. Cette tradition sociologique refuse les conceptions holistes et se fonde sur les interactions individuelles (*La Logique du social*, 1973). Après avoir étudié l'inégalité scolaire (*L'Inégalité des chances*, 1973), R. Boudon montre dans *Effets pervers et Ordre social* (1977) comment une série d'actions peut aboutir à un résultat contraire à ce qui était souhaité : ainsi, la multiplication du nombre des diplômés diminue la valeur des diplômes. Il a développé une réflexion épistémologique dans *La Place du désordre. Critique des théories du changement social* (1983). [Acad. des sc. morales et politiques 1990]

**BOUDOUAOU** – anc. *L'Alma* ♦ V. d'Algérie (wilaya de Boumerdès), sur la bordure orientale de la Mitidja. 38 420 hab. Gros marché. Culture du tabac.

**BOUËXIÈRE (LA)** [35340] → ÉTYM. du lat. *buxaria* «lieu planté de buis», de *buxus* «buis» et suff. *-aria* ♦ Comm. de l'Ille-et-Vilaine, arr. de Rennes. 3 503 hab.

**BOUFARIK** → ÉTYM. berbère «terre *(bou)* du froment précoce *(farik)*» ♦ V. d'Algérie (wilaya d'El-Boulaida), au centre de la plaine de la Mitidja. 54 141 hab. Vignobles. Agrumes. Jus de fruits.

**BOUFFÉMONT** [95570] → ÉTYM. du germ. *Boffo*, n. de pers., et lat. *mons* «montagne» ♦ Comm. du Val-d'Oise, arr. de Sarcelles. 5 701 hab.

**BOUFFLERS** [buflɛʀ] **(Louis François,** duc **DE)** ♦ Maréchal de France (dans le Beauvaisis 1644 - Paris 1711). Vaincu à Lille par le Prince Eugène* (1708), il permit la retraite de l'armée après la défaite de Malplaquet* (1709).

**BOUFFLERS (Stanislas Jean,** chevalier **DE)** ♦ Poète français (Nancy 1738 - Paris 1815). Maréchal de camp (1784) puis gouverneur du Sénégal (1785 - 1788), il est surtout connu par ses poésies légères et ses contes. [Acad. fr. 1788]

**Bouffons** (querelle des) ♦ Querelle qui partagea le monde musical parisien au XVIIIe s., opposant les partisans de la musique italienne et ceux de la musique française, et qui éclata à l'occasion des débuts de la troupe italienne des Bouffons, avec la représentation de *La Serva Padrona* («La Servante maîtresse») de Pergolèse*, le 1er août 1752. ▪ «Les Bouffons firent à la musique italienne des sectateurs très ardents. Tout Paris se divisa en deux partis plus échauffés que s'il se fût agi d'une affaire d'État ou de religion» (Rousseau).

**BOUG** n. m. ou **BOUG OCCIDENTAL** ♦ Riv. d'Europe orientale (772 km). Né en Ukraine, à l'E. de Lvov, le Boug longe la frontière ukraino-biélorusso-polonaise sur 300 km, passe près de Brest, traverse la Podlachie et reçoit le Narew avant de se jeter dans la Vistule au N.-O. de Varsovie.

**BOUGAINVILLE (Louis Antoine,** comte **DE)** ♦ Navigateur français (Paris 1729 - *id.* 1811). Après des études de mathématiques (*Traité du calcul intégral,* 1749-1756) et de droit, il fit une carrière militaire. Il accompagna Montcalm* au Canada (1756). Entré dans la marine (1763), il tenta (sans succès) de fonder une colonie aux Malouines avant d'entreprendre avec P. Commerson* une expédition scientifique autour du monde (1766 - 1769). Après avoir franchi le détroit de Magellan, il traversa l'océan Pacifique, atteignit Tahiti (début avr. 1768), puis les Samoa et les Grandes-Cyclades (ou Nouvelles-Hébrides), découvrit un groupe d'îles qu'il nomma Louisiade (au sud-est de la Nouvelle-Guinée), longea les Salomon et la côte de la Nouvelle-Guinée, et revint par le cap de Bonne-Espérance, l'Ascension et le Cap-Vert. Nommé capitaine de vaisseau, membre de l'Académie de marine, secrétaire de la Chambre et du Cabinet du roi à son retour, il fit publier en 1771 la relation de son *Voyage autour du monde.* Son corps repose au Panthéon.

**BOUGAINVILLE** (île) ➝ **ÉTYM.** V. ci-dessous ♦ Île de Papouasie-Nouvelle-Guinée, la plus grande des îles Salomon*, baignée par l'océan Pacifique et séparée de l'île Choiseul*, au S.-E., par le *détroit de Bougainville.* 10 000 km². 175 160 hab. *(Mélanésiens).* Dix langues différentes sont parlées dans l'île. V. PRINC. : Kieta. ▪ L'île a un relief accidenté et montagneux et possède deux volcans actifs (mont Balbi et mont Bagana) ; elle est couverte par une forêt dense, son climat est équatorial. Coprah ; minerais de cuivre. ▮ **Histoire** L'île doit son nom à l'explorateur Bougainville* qui longea ses côtes en 1768. Elle appartint à l'Allemagne, avec l'île Buka (1899 - 1914). Sous mandat australien en 1921, occupée par les Japonais en 1942, elle fut attaquée en vain par les Américains en 1943. À la fin du second conflit mondial, elle fut placée par l'ONU sous tutelle de l'Australie (New Guinea Trust Territory) jusqu'à l'indépendance de la Papouasie-Nouvelle-Guinée en 1975. En 1989, l'île tenta de faire sécession pour exploiter le minerai de cuivre à son seul profit, occasionnant une guérilla durable. Un accord fut signé en mars 2000, prévoyant une large autonomie, et le premier gouvernement autonome fut élu en 2005.

**BOUGAROUN** (cap) ♦ Cap d'Algérie (wilaya de Constantine) formant l'extrémité N. de la Kabylie de Collo, sur la Méditerranée.

**BOUGIE** → **Béjaïa**

**BOUGIVAL** [78380] ➝ **ÉTYM.** du germ. *Bodegisil,* n. de pers., et lat. *vallis* «vallée» ♦ Comm. des Yvelines, arr. de Saint-Germain-en-Laye, sur la Seine. 8 432 hab. *(Bougivalais).* C'était un lieu de villégiature pour les Parisiens au XIXe s. et de nombreux artistes y séjournèrent, dont C. Corot, W. Turner, A. Renoir, G. Bizet, H. Berlioz, I. Tourgueniev (dont subsiste la «Datcha»).

**BOUGLÉ (Célestin)** ♦ Sociologue français (Saint-Brieuc 1870 - Paris 1940). Disciple de E. Durkheim* et représentant de l'esprit de l'Université laïque de la IIIe République, il a publié notamment *Les Idées égalitaires* (1899), *La Démocratie devant la science* (1904), *Leçons de sociologie sur l'évolution des valeurs* (1922), *Bilan de la sociologie française* (1935).

**BOUGLIONE** ♦ Famille française de dompteurs, d'écuyers et de directeurs de cirque d'origine italienne et gitane. JOSEPH BOUGLIONE fut à la fin du XIXe siècle un célèbre écuyer. Ses quatre fils ALEXANDRE (1900 - 1954), JOSEPH (1904 - 1987), FIRMIN (1905 - 1980) et SAMPION (1910 - 1967) montèrent au début du XXe siècle un cirque célèbre pour sa ménagerie et la présence d'un faux Buffalo Bill dans la troupe. En 1934, ils prirent tous les quatre la direction du Cirque d'hiver à Paris, reprise depuis par leurs fils et petits-fils.

**BOUG MÉRIDIONAL** n. m. – en russe ***Ioujnyï Boug*** ♦ Fl. d'Ukraine (806 km) qui prend sa source sur le plateau de Volhynie, arrose Khmelnitski, Vinnitsa et Nikolaïev et se jette dans la mer Noire.

**BOUGUENAIS** [44340] ♦ Comm. de la Loire-Atlantique, arr. de Nantes, dans la banl. nantaise. 15 627 hab. *(Bouguenaisiens).*

**BOUGUER (Pierre)** ♦ Astronome et mathématicien français (Le Croisic 1698 - Paris 1758). Il fut membre de l'expédition du Pérou (1735) chargée de mesurer un arc de méridien sur l'équateur. → **La Condamine.** Ses travaux sur les facteurs de transmission et de réflexion en font un des créateurs de la photométrie ; il inventa en 1748 le photomètre et l'héliomètre. [Acad. sc. 1735]

**BOUGUEREAU (William)** ♦ Peintre français (La Rochelle 1825 - *id.* 1905). Prix de Rome en 1850, il se voulut le disciple de Raphaël et contribua avec Cabanel* à maintenir le Salon dans un strict académisme. Il réalisa des portraits méticuleux, reçut la commande de grandes décorations au Grand-Théâtre de Bordeaux, à Saint-Augustin et Sainte-Clotilde de Paris et peignit des tableaux religieux qui attestent l'influence des préraphaélites (*Vierge consolatrice,* 1877). Il est surtout l'auteur de compositions allégoriques et mythologiques, peintes dans des tons amortis et avec une facture léchée, prétextes à représenter dans un décor «archéologique» des nus féminins aux chairs pâles et lisses *(Les Oréades ; Bacchante sur une panthère).* ➝ **ÉTYM.** *Bouguereau* vient de *bogue* «enveloppe de la châtaigne».

**BOUHOURS (Dominique)** ♦ Jésuite, grammairien et critique français (Paris 1628 - *id.* 1702). Bel esprit, ami de Boileau et de Racine, il se fit connaître par des écrits proposant une doctrine du bon usage plus souple que celle de Vaugelas, et cherchant à définir des règles d'expression exacte (*Entretiens d'Ariste et d'Eugène,* 1671 ; *La Manière de bien penser dans les ouvrages d'esprit,* 1687). ➝ **ÉTYM.** Ce nom vient de l'ancien français *bohort,* variante de *behort,* sorte de lance dont on se servait pour jouter dans les tournois (désigne celui qui manie la lance).

**BOUIDES** → **Buyides**

**BOUILHET** [bujɛ] **(Louis)** ♦ Poète et auteur dramatique français (Cany 1822 - Rouen 1869). Ami et condisciple de Flaubert*, il abandonna la médecine pour s'adonner aux lettres, connaissant un certain succès avec *Mélaenis, conte romain* (1851), poème qui tentait une savante reconstitution de la Rome de la décadence, puis avec *Les Fossiles* (1854), alliance de la poésie et de la science moderne. Il s'illustra aussi dans la poésie «artiste» avec *Festons et Astragales* (1858). Au théâtre, *Madame de Montarcy* (1856) reçut un accueil triomphal ; *La Conjuration d'Amboise* (1866), au lyrisme exubérant, fut aussi fort admirée. En collaboration avec Flaubert (cf. la *Correspondance* de ce dernier), il composa une féerie, *Le Château des cœurs* (posth. 1880).

**BOUILLADISSE (LA)** [13720] ➝ **ÉTYM.** dér. prov. de *bouillir,* avec suff. *-adisse* (désigne une source bouillonnante) ♦ Comm. des Bouches-du-Rhône, arr. de Marseille. 4 904 hab.

**BOUILLANTE** [97125] ➝ **ÉTYM.** doit son n. aux sources chaudes de la région ♦ V. de la Guadeloupe, arr. de Basse-Terre. 7 336 hab. Une centrale électrique exploite l'énergie thermique naturelle (volcanisme).

**BOUILLARGUES** [30230] ♦ Ch.-l. de cant. du Gard, arr. de Nîmes. 5 253 hab.

**BOUILLAUD (Jean)** ♦ Médecin français (Garat 1796 - Paris 1881). Il décrivit le rhumatisme articulaire ou *maladie de Bouillaud.* Ses travaux sur les lésions des lobes antérieurs du cerveau et sur les troubles du langage qu'elles occasionnent, préparaient ceux de Broca* (*Sur le siège du sens du langage articulé,* 1839 - 1848). [Acad. sc. 1868]

**BOUILLÉ (François Claude AMOUR,** marquis **DE)** ♦ Général français (Cluzel-Saint-Eble, Auvergne 1739 - Londres 1800). Colonel en 1761, gouverneur aux colonies (Guadeloupe, 1768 ; îles du Vent, 1777), il participa à la guerre d'Indépendance américaine. Lieutenant général en 1782, il était commandant militaire des Trois-Évêchés, de l'Alsace, de la Lorraine et de la Franche-Comté en 1789. Général en chef de l'armée de Meuse et de Moselle, il réprima la révolte de la garnison contre les officiers, en particulier à Nancy (1790). Il participa ensuite à l'organisation de la fuite de Louis* XVI (→ **Varennes-en-Argonne**) et dès le 22 juin passait la frontière. Après deux voyages aux Antilles (1796 et 1797), il termina ses jours en Angleterre. Il est l'auteur de *Mémoires sur la Révolution française.*

**BOUILLON (Godefroi DE)** → **Godefroi**

**BOUILLON (Henri DE LA TOUR D'AUVERGNE,** vicomte **DE TURENNE,** duc **DE)** ♦ Maréchal de France (Joze 1555 - Sedan 1623). Il servit Henri IV et fut un des chefs du parti protestant. Il fut le père de Turenne* et de FRÉDÉRIC MAURICE DE LA TOUR D'AUVERGNE, duc DE BOUILLON (Sedan 1604 - Pontoise 1652), qui ne cessa de conspirer sous Richelieu (allié aux Espagnols, il fut vainqueur des Français à la Marfée), et pendant la Fronde*.

**BOUILLON** ➝ **ÉTYM.** p.-ê. du wallon *bouye* «bosse» [sur laquelle fut édifié le château] ♦ V. de Belgique (Région wallonne), prov. de Luxembourg, arr. de Neufchâteau, sur la Semois. 5 477 hab. Château des ducs de Bouillon (entrepris vers l'an mille par Godefroi le Barbu). Musée. ▪ Centre touristique. ▮ **Histoire** Le territoire de Bouillon, situé aux confins de la France, du Luxembourg et de la Belgique, fut érigé en duché de Bouillon (ch.-l. : Bouillon) en 1093 en faveur de Godefroi* de Bouillon. Il fut cédé par ce dernier aux évêques de Liège en 1095 et passa en 1483 à la maison de La Marck, puis en 1591 aux seigneurs de La Tour d'Auvergne. Annexé par la France en 1795, il fut réuni aux Pays-Bas en 1814 et passa à la Belgique en 1831.

**BOUILLOUSES** (lac des) ♦ Lac des Pyrénées-Orientales, au pied du Carlitte, à 2 013 m d'alt. Situé sur le cours du Têt, il a été transformé par un barrage en réservoir qui alimente des centrales hydro-électriques.

**BOUILLY** [10320] ♦ Ch.-l. de cant. de l'Aube, arr. de Troyes, en Champagne. 1 090 hab. *(Bouillerands).* Église Saint-Laurent du XVIe s. (retable Renaissance en pierre ; bas-relief ; statues du XVIe s.).

**BOUIN (Jean)** ♦ Athlète français (Marseille 1888 - sur le front 1914). Champion de course à pied, recordman du monde des 10 000 m. Un stade de Paris porte son nom.

**BOUIRA** ♦ V. d'Algérie, ch.-l. de wilaya, au pied du Djurdjura, sur la Soummam. 44 202 hab.

**BOUKHARA** ➝ ÉTYM. du sanskr. *pauskaram* «lieu couvert de lotus, étang» ♦ V. d'Ouzbékistan, ch.-l. de région, dans la vallée de la Zeravchan. 237 900 hab. La ville abrite encore auj. une ancienne communauté juive parlant le persan. Grande cité d'art islamique : remarquable mausolée des Samanides (v. 907) ; citadelle du XVIe s., résidence de l'émir jusqu'en 1920 ; grand minaret (achevé en 1127) ; Grande mosquée du XVIe s. (mihrab orné de majoliques polychromes) ; nombreuses médersas. ▪ Indus. textile (coton, soie), indus. du cuir (moutons de race astrakan), artisanat du tapis. ▪ Aux environs, Afchana, patrie d'Avicenne. ▮ **Histoire** Au IXe - Xe s., elle fut capitale de l'État des Samanides et fut prise par Gengis Khân en 1220. Du XVIe au début du XXe s., elle fut la capitale du khanat de Boukhara. Ce dernier, fondé par les Ouzbeks au début du XVIe s. dans l'Ouzbékistan actuel, englobait jusqu'au XIXe s. la Karakalpakie et une partie du Tadjikistan. En 1868, le khanat de Boukhara se reconnut vassal de l'Empire russe. La république populaire soviétique de Boukhara, proclamée en oct. 1920, fut partagée entre l'Ouzbékistan, le Tadjikistan et le Turkménistan après la délimitation territoriale de l'Asie centrale (1924).

**Boukhara.** Le grand minaret. *Phot. ©Nino Cirani/Ricciarini*

**BOUKHARINE (Nikolaï Ivanovitch)** ♦ Homme politique et théoricien marxiste russe (Moscou 1888 - *id.* 1938). Bolchevik dès 1906, membre du bureau politique du comité central du Parti et du Comité exécutif du Komintern (IIIe Internationale) après la révolution d'octobre 1917, il fut choisi par Lénine pour rédiger avec Preobrajenski un *A. B. C. du communisme* (1920) et écrivit plusieurs autres ouvrages sur le marxisme (*Théorie du matérialisme historique*, 1921 ; *Impérialisme et accumulation du capital*, 1925). Il soutint la NEP (➝ **URSS**) instaurée par Lénine et s'opposa, à partir de 1928, à la politique de Staline. Accusé par ce dernier de déviationnisme de droite, il fut exclu du Parti (1937), condamné à mort et exécuté. Il a été réhabilité en 1988. ➝ ÉTYM. *Boukharine* vient de *Boukhara** ou du russe *buhâra*, mot du nord de la Russie qui désigne des insectes à la piqûre dangereuse.

**BOULAIDA (EL-)** – anc. *Blida* ➝ ÉTYM. de l'ar. *bled* «petit canton» ♦ V. d'Algérie, ch.-l. de wilaya, au pied de l'atlas de Blida, et au S. de la plaine de la Mitidja. 131 615 hab.

**BOULAINVILLIERS (Henri DE)** comte **DE SAINT-SAIRE** ♦ Historien français (Saint-Saire, Normandie 1658 - Paris 1722). Admirateur du régime féodal, il a développé une théorie sur l'ascendance franque de la noblesse française (*Histoire de l'ancien gouvernement de la France*, 1727 ; *Essai sur la noblesse*, 1732).

**BOULANGER (Louis Candide)** ♦ Peintre et lithographe français (Verceil, Piémont 1806 - Dijon 1867). *Le Supplice de Mazeppa*, exposé en 1827, lui valut la notoriété et l'admiration de Victor Hugo. Il exécuta des peintures d'histoire et des sujets littéraires d'une composition mouvementée ou d'une sécheresse classicisante. Il illustra les œuvres de Victor Hugo et fit les portraits de nombreux écrivains (Hugo, Balzac). ▪ *Illustration :* ➝ **Balzac.**

**BOULANGER (Georges)** ♦ Général et homme politique français (Rennes 1837 - Ixelles 1891). Sorti de Saint-Cyr, il servit en Kabylie, en Italie et en Cochinchine, participa à la guerre franco-allemande (1870 - 1871), devint directeur de l'infanterie au ministère de la Guerre, puis général de division des troupes de Tunisie (1884). Bénéficiant de l'appui de Clemenceau, mais aussi du duc d'Aumale, il fut nommé ministre de la Guerre dans le cabinet de Freycinet (1886). Les réformes de l'armée qu'il entreprit (loi d'exil des princes, frappant, entre autres, le duc d'Aumale, son protecteur ; suppression du tirage au sort) et son attitude hostile à l'Allemagne dans l'affaire Schnaebelé (avr. 1887) le firent écarter du ministère par Rouvier, alors que déjà s'était cristallisée autour de lui une grande partie de l'opposition avec des nationalistes désireux de revanche (on le surnomma le général La Revanche), des bonapartistes, voire des monarchistes. Son départ pour Clermont-Ferrand, où il avait été nommé commandant du 13e corps d'armée, donna lieu à une importante manifestation populaire (gare de Lyon). Mis à la retraite par le gouvernement (1888), il se présenta aux élections alors que l'affaire Wilson avait aggravé l'opposition au régime parlementaire. Soutenu par ses partisans (Déroulède, Naquet, Rochefort) qui avaient constitué la Ligue des patriotes, il fut élu par quatre départements, puis par Paris (janv. 1889). Mais, en partie sous l'influence de sa maîtresse, Mme de Bonnemain, il renonça à marcher sur l'Élysée, laissant au gouvernement le temps de prendre des mesures contre lui. L'accusant de complot contre l'État, le ministre de l'Intérieur, Constans, le menaça d'arrestation et prononça la dissolution de sa Ligue. Boulanger, qui s'était enfui à l'étranger, fut condamné par contumace à la détention perpétuelle. Il séjourna en Belgique (avr. 1889), passa quelque temps en Angleterre avant de se suicider, en Belgique, sur la tombe de sa maîtresse, morte peu avant.

**BOULANGER (Nadia)** ♦ Compositeur et professeur de musique français (Paris 1887 - *id.* 1979). Sœur de LILY BOULANGER (1893 - 1918) qui fut une remarquable musicienne (première femme grand prix de Rome, 1913) à la trop brève carrière, elle a consacré sa vie à l'enseignement musical. Parmi ses élèves, il faut citer Jean Françaix, Igor Markevitch, Aaron Copland.

**BOULANGER (Daniel)** ♦ Écrivain et scénariste français (Compiègne 1922). Chroniqueur d'une vie provinciale où la féerie affleure sans cesse sous la banalité des choses et des destins, il privilégie la forme brève de la nouvelle, où s'exprime son talent de narrateur (*Le Chemin des Caracoles*, 1966 ; *Vessies et Lanternes*, 1971 ; *Les Jeux du tour de ville*, 1983). On lui doit également des romans (*Le Téméraire*, 1962 ; *Mes coquins*, 1990 ; *Caporal supérieur*, 1995), des recueils de poèmes, et des scénarios pour le cinéma, notamment pour Philippe de Broca (*L'Homme de Rio*, 1963) et Louis Malle* (*Le Voleur*, 1967). [Acad. Goncourt 1983 - 2008]

**BOULAQ** ou **BŪLĀQ** ♦ Faubourg populaire du Caire (Égypte) où A. E. Mariette fonda le musée du Caire.

**BOULAY DE LA MEURTHE (Antoine Claude Joseph,** comte**)** ♦ Homme politique français (Chaumousey, Vosges 1761 - Paris 1840). Avocat à Paris au début de la Révolution, engagé comme volontaire peu après et nommé capitaine à l'armée du Rhin (1792), il fut membre du Conseil des Cinq-Cents en 1797, et prit parti pour le coup d'État du 18 Brumaire*. Conseiller d'État, il participa à l'élaboration du Code* civil. Ministre d'État pendant les Cent-Jours, il rédigea l'Acte additionnel. Il fut destitué et proscrit lors de la Seconde Restauration.

**BOULAY-MOSELLE** [57220] ♦ Ch.-l. d'arr. de la Moselle. 4 374 hab. *(Boulageois).* Fabrique d'orgues d'église. ▮ **Histoire** La ville fut occupée au cours de la dernière guerre par les Allemands et détruite en partie.

**BOULAZAC** [24750] ♦ Comm. de la Dordogne, arr. de Périgueux. 6 050 hab.

**BOULDER** ♦ V. des États-Unis (Colorado), au pied des Rocheuses. 83 000 hab. (zone urbaine 225 000). Boulder constitue avec Denver une agglomération de 1 848 000 hab. ▪ Siège de l'université du Colorado, dans un très beau site.

**Boulder** (barrage de) ➝ **Hoover (barrage)**

**BOULE (Marcellin)** ♦ Paléontologue français (Montsalvy, Cantal 1861 - *id.* 1942). Fondateur de l'Institut de paléontologie humaine (1920), il est connu par ses travaux sur la géologie du Massif central et sur la paléontologie (mammifères, hommes fossiles) ; il a donné en particulier la description de l'homme néandertalien de La Chapelle-aux-Saints (Corrèze, 1913). Il est l'auteur d'un *Essai de paléontologie stratigraphique de l'homme* (1888 - 1889).

**Boule de suif** ♦ Nouvelle de Guy de Maupassant* (1880). Pendant la débâcle de 1870, un officier allemand fait retenir la diligence de Dieppe. Il veut profiter de Boule de suif, une prostituée. Celle-ci refuse, mais les bourgeois qui voyagent avec elle la poussent finalement à céder, et la méprisent sitôt que la voiture repart. Ce récit parut dans *Les Soirées* de Médan.*

**BOULEZ (Pierre)** ♦ Compositeur et chef d'orchestre français (Montbrison 1925). Élève de Messiaen et de Leibowitz, il renonça à une carrière scientifique pour s'orienter vers la musique. Fondateur des concerts du Domaine* musical (1954), il s'est appliqué à réaliser la synthèse des enseignements de Schoenberg*, de Berg* et de Webern* qu'il fit mieux connaître en France, renouvelant en même temps l'esthétique de Debussy. Chef incontesté de l'école dodécaphonique française, il exerce une profonde influence sur la musique contemporaine. De sa détermination à décomposer la matière sonore en ses éléments simples sont nées des œuvres qui ont assuré sa réputation internationale : *Le Visage nuptial*, pour chœur et orchestre (1946 - 1950), *Le Soleil des eaux*, pour soli, chœur et orchestre (1948), *Sonate pour deux pianos* (1950), *Poly-*

*phonie X*, pour 18 instruments (1951), *Le Marteau* sans maître*, pour voix d'alto et 6 instruments (1955), *Pli* selon pli*, pour soprano et orchestre (créé en 1960), *Cummings ist der Dichter* (1970), *Rituel «in memoriam Maderna»* (1975) et *Répons* (3 versions : 1981, 1982 et 1984). Président de l'Ensemble InterContemporain depuis sa création en 1976, directeur musical de l'orchestre de la BBC (1969 - 1975) et du New York Philharmonic (1971 - 1977), P. Boulez a assumé d'importantes responsabilités dans la vie musicale en France ; il a dirigé l'Ircam depuis sa création en 1974 jusqu'en 1991. Il est aussi l'auteur de plusieurs livres (*Points de repère*, 1981 ; *Jalons pour une décennie*, 1989). → **dodécaphonisme, sérialisme.**

**BOULGAKOV (Sergueï Nikolaïevitch)** ♦ Théologien russe (Livni, près d'Orel 1871 - Paris 1944). Son œuvre est dominée par le souci d'unir l'exigence de justice sociale et les aspirations métaphysiques de l'homme, et par l'affirmation de la valeur absolue de la personne humaine destinée à la vie spirituelle. Il est l'auteur de deux «trilogies» théologiques : *Le Buisson ardent* (1927), *L'Ami de l'époux* (1928) et *L'Échelle de Jacob* (1929) d'une part, et *La Sagesse divine et la Théanthropie* d'autre part.

**BOULGAKOV (Mikhaïl Afanassievitch)** ♦ Écrivain soviétique (Kiev 1891 - Moscou 1940). Médecin puis journaliste, il dut son succès autant à ses œuvres de narration qu'à ses drames. En 1925 parut *La Garde blanche*, roman réaliste porté au théâtre sous le titre *Les Jours des Tourbine* (1926), dans lequel il constatait la défaite des troupes blanches, thème repris dans la pièce *La Fuite* (1926 - 1928, jouée en 1957). Pourtant, cet «émigrant intérieur» exprima son scepticisme ironique dans des recueils de contes fantastiques (*La Diaboliade*, *Les Œufs fatals*, 1925), violente caricature des mœurs de la NEP et peinture corrosive de la bureaucratie, laquelle est également la cible d'une comédie : *L'Île pourpre*, jouée en 1928. Victime de la censure dès 1930, il développa dans ses pièces *Molière ou la Cabale des dévôts* (jouée en 1936, publiée en 1962), *Les Derniers Jours* (1940, jouée en 1943) l'un des thèmes centraux de son œuvre : le destin d'un artiste de talent face à un État despotique. Après sa mort furent publiés les romans *La Vie de Monsieur Molière* (1933, publ. 1962), *Le Roman théâtral* (1937, publ. 1965), un recueil de contes *Cœur de chien* (1987) et son chef-d'œuvre *Le Maître et Marguerite* (1929 - 1940, publ. 1966), grand roman fantastique et satirique sur la vie à Moscou dans les années 1920 - 1930.

**BOULGANINE (Nikolaï Aleksandrovitch)** ♦ Homme politique soviétique (Nijni-Novgorod 1895 - Moscou 1975). Membre du parti bolchevik dès 1917, directeur de la Banque d'État (1938 - 1941), puis commissaire politique de l'armée de Joukov, il remplaça le maréchal Vorochilov au Conseil suprême de la défense (1944). Ministre des forces armées et maréchal de l'Union soviétique (1947), successeur de Malenkov à la présidence du Conseil des ministres (1955), il fut remplacé par Khrouchtchev* en 1958. ➝ **ÉTYM.** Ce nom vient peut-être de l'ancien nom turc de la Volga.

**BOULLE (André Charles)** ♦ Ébéniste français (Paris 1642 - *id.* 1732). Il travailla pour Le* Brun, fut protégé par Colbert et devint l'un des plus importants fournisseurs du roi et de la cour à partir de 1672. Il évolua d'un style chantourné, influencé par Berain* (commode mazarine) à une conception plus monumentale et géométrique. Bien qu'il ne fût ni l'inventeur ni le seul auteur de meubles en ébène et bois précieux incrustés de cuivre, étain, écaille, ivoire et nacre, richement ornés de bronze doré et ciselé, il a laissé son nom à ce type de meubles (cabinets, bureaux et surtout commodes). Ses quatre fils l'imitèrent. La vogue des meubles Boulle durant le Second Empire eut pour conséquence la multiplication des copies. ♦ ***École Boulle*** Nom donné en 1891 à l'école municipale d'ameublement fondée à Paris en 1886 et devenue un collège destiné à la formation de cadres techniques et artistiques. ➝ **ÉTYM.** *Boulle* vient du gaulois *betulla* «bouleau».

**BOULLE (Pierre)** ♦ Écrivain français (Avignon 1912 - Paris 1994). Après des études d'ingénieur, il mena en Asie du Sud-Est une vie d'aventures qui alimente ses romans (*Le Pont de la rivière Kwaï*, 1952, porté à l'écran en 1956). Il s'est également tourné vers la science-fiction (*La Planète des singes*, 1963) et les nouvelles ($E = mc^2$, 1957).

**BOULLÉE (Étienne Louis)** ♦ Architecte et dessinateur français (Paris 1728 - *id.* 1799). Élève de Legeay, il édifia des hôtels particuliers (hôtel de Brunoy, 1774) et des châteaux (Chaville, 1764) qui s'inscrivent dans le courant d'une architecture sobre et dépouillée, caractéristique du style Louis XVI. Sous l'influence des recueils de Piranèse* et des documents sur l'architecture archaïque grecque, orientale et égyptienne publiés à la suite des nombreux voyages archéologiques, il imagina des projets de monuments colossaux (cénotaphe de Newton, 1784) et de bâtiments civils (amphithéâtre pour 300 000 spectateurs). Développant un symbolisme en rapport avec les idéaux révolutionnaires, il prônait une esthétique fondée sur l'imitation de l'architecture antique et surtout l'adoption de formes géométriques inspirées de la nature (*Essai sur l'Art*, 1783 - 1793). Certains de ses monuments révolutionnaires semblent préfigurer ceux de l'avant-garde russe des années 1920.

**BOULLIAU (Ismaël)** ♦ Astronome français (Loudun 1605 - Paris 1694). Il donna la première explication vraisemblable des variations lumineuses de certaines étoiles et détermina en 1665 la période de l'étoile Mira Ceti (333 jours).

Meuble d'André Charles **Boulle**. *Phot. ©Arch. Rencontre*

**BOULLONGNE** ou **BOULOGNE** ♦ Famille de peintres et graveurs français. ♦ **Louis Boullongne le Père** ou **le Vieux** (Paris 1609 - *id.* 1674). Élève de J. Blanchard* et lié avec S. Bourdon*, il participa à la décoration peinte du Louvre et de Versailles ; il fut l'un des membres fondateurs de l'Académie. Il réalisa notamment une série de planches pour le *Livre de portraicture* (1648). ♦ **Bon Boullongne l'Aîné** (Paris 1649 - *id.* 1717). Peintre et dessinateur, fils et élève du précédent. Il fut protégé par Colbert et passa cinq ans à l'Académie de Rome travaillant ensuite à Versailles et, après 1680 - 1685, réalisant des tableaux mythologiques pour le Trianon, Meudon, Saint-Cloud, etc. À l'église des Invalides, il travailla à la décoration des chapelles Saint-Jérôme et Saint-Ambroise. ♦ **Louis Boullongne le Jeune** (Paris 1654 - *id.* 1733). Frère du précédent et élève de son père, il copia à Rome les fresques de Raphaël pour la Manufacture nationale des Gobelins*. De retour en France (1680), il collabora aussi à la décoration du château de Versailles, du Trianon (1688 - 1701), de Meudon et de Fontainebleau ; il peignit de nombreuses œuvres religieuses (chapelle Saint-Augustin à l'église des Invalides). Reçu à l'Académie en 1681 et devenu son directeur en 1722, il eut la charge de premier peintre du roi. Ses œuvres dénotent les influences conjuguées de Poussin*, des Bolonais, de Le* Brun et aussi du Corrège (*Le Repos de Diane*, 1707). ➝ **ÉTYM.** *Boullongne* signifie «originaire de Boulogne».

**BOULOGNE** (bois de) ♦ Parc public à l'O. de Paris (16e arr.) qui s'étend sur 850 ha entre Neuilly-sur-Seine et Boulogne-Billancourt. Partie de l'anc. forêt de Rouvray, il doit son nom à un sanctuaire qu'y dédia Philippe IV à Notre-Dame-de-Boulogne (v. 1310) ; au XIIIe s. y fut fondée l'abbaye de Longchamp. Possession de la Couronne (comme terrain de chasse), le bois de Boulogne devint au XVIIIe s. une promenade à la mode quand Louis XVI l'ouvrit au public. En 1852, il fut cédé à la Ville de Paris ; Haussmann en confia l'aménagement à J.-C. Alphand, puis à G. Davioud et I. Hittorf : création des deux lacs et de la cascade, des allées cavalières et des chemins forestiers. L'hippodrome de Longchamp* y fut inauguré en 1857, celui d'Auteuil en 1873 ; le Jardin d'acclimatation* fut ouvert en 1860 ; en 1905 fut acquis le parc de Bagatelle*.

**BOULOGNE-BILLANCOURT** ou **BOULOGNE-SUR-SEINE** [92100] ➝ **ÉTYM.** anc. *Les Menuls* ; la v. prit le n. de Boulogne en souvenir des pèlerins qui fondèrent son église en revenant de *Boulogne*-sur-Mer* ; *Billancourt* : «domaine (bas lat. *curtis*) de Billa (n. de femme germ.)» ♦ Ch.-l. d'arr. des Hauts-de-Seine, au S. du bois de Boulogne, dans une boucle de la Seine, à la limite S.-O. de Paris. 106 367 hab. (2e comm. de l'aggl. parisienne après la capitale) *(Boulonnais)*. Église du XIVe s. restaurée au XIXe s. ▪ Les quartiers résidentiels du N. ont gagné sur les quartiers indus. du S. Sièges sociaux de nombreuses entreprises dont le siège historique des automobiles Renault (dans l'île Seguin, sur la Seine), le site industriel ayant été abandonné en 1992.

**BOULOGNE-SUR-MER** [62200] – anc. ***Gesoriacum, Bononia*** puis ***Bolonia*** ➝ **ÉTYM.** du gaul. *bona* «village, fondation» (→ aussi Bologne, Bonneuil-sur-Marne) ♦ Ch.-l. d'arr. du Pas-de-Calais, sur la côte du Boulonnais, à l'embouchure de la Liane. 44 859 hab. (aggl. 92 704) *(Boulonnais)*. La ville haute, fortifiée de remparts et d'un château (XIIIe s.), est dominée par la basilique (XIXe s.). Musée (vases grecs, faïences, archéologie). Détruite pendant la Deuxième Guerre mondiale, la ville basse, commerçante et maritime, a été reconstruite.

▪ Premier port de pêche français. Port de commerce. Conserveries. Agroalimentaire. Centre national de la Mer. Station balnéaire. ▮ **Histoire** Port des Morins dans l'Antiquité, la ville suivit au Moyen Âge l'histoire du Boulonnais dont elle fut le chef-lieu. Napoléon Ier y forma le *camp de Boulogne* (1803) et le futur Napoléon III y tenta de renverser Louis-Philippe Ier en août 1840 (affaire dite de Boulogne) ; arrêté et emprisonné au fort de Ham, il s'évada en 1846, sous le nom de Badinguet.

**BOULONNAIS** n. m. ➝ ÉTYM. du n. de *Boulogne**-sur-Mer ♦ Région du Pas-de-Calais, constituée par un plateau crayeux, creusé d'une dépression argileuse et humide : la *fosse du Boulonnais.* Élevage de chevaux et de bœufs. Cultures céréalières. ▮ **Histoire** Tout d'abord peuplée par les Morins, la région fut, après la conquête romaine, comprise dans la Belgique IIe (avec la Picardie) puis s'érigea en comté au Moyen Âge, avec pour capitale Boulogne-sur-Mer. Passée sous la domination de Philippe III le Bon, duc de Bourgogne (1422), elle fut définitivement rattachée à la Couronne en 1478.

**BOULOU (LE)** [66160] ♦ Comm. des Pyrénées-Orientales, arr. de Céret, sur la rive g. du Tech, au pied des Albères. 4 428 hab. *(Boulounencqs).* Église rupestre avec un portail roman des XIe et XIIe s. (peintures murales du XIIe s.). Musée archéologique. ▪ Indus. du liège. Station thermale.

**BOULOURIS-SUR-MER** ♦ Station balnéaire du Var (comm. de Saint-Raphaël), sur le littoral de l'Esterel.

**BOUMÉDIÈNE (Mohamed BOUKHARROUBA, dit Houari)** ➝ ÉTYM. en hommage à Sidi *Eou Medin,* scientifique et figure légendaire de Tlemcen ♦ Militaire et homme d'État algérien (Guelma 1932 - Alger 1978). Il adhéra très jeune au parti du peuple algérien (PPA) de Messali Hadj, participa au soulèvement du 1er nov. 1954 et devint chef de la 5e wilaya en 1958. Il prit parti pour le président Ben Bella en 1962 avant de l'évincer en 1965. Nationaliste intransigeant, il imposa à l'Algérie un mode de développement fondé sur l'industrialisation accélérée et sur les nationalisations.

**BOUMERDÈS** – anc. ***Le Rocher-Noir*** ♦ V. d'Algérie, ch.-l. de wilaya, sur le littoral. 22 338 hab. Cité admin. Fort de Tamenfoust (XVIIe s.). Violent tremblement de terre en 2003.

**BOUNINE (Ivan Alekseïevitch)** ♦ Poète et romancier russe (Voronej 1870 - Paris 1953). Il obtint en 1903 le prix Pouchkine pour ses œuvres poétiques. Puis, il rallia le groupe Gorki* et écrivit son premier roman, *Le Village* (1910). Il y décrit à travers deux frères, Tikhon et Kouzma Krassov, la vie du peuple russe dans un village de la Russie centrale, insistant sur la misère du moujik et la dureté du koulak. D'un style relâché, sans construction narrative, ce roman précède quatre livres de nouvelles d'un style plus dense qui placent Bounine au premier rang des prosateurs russes de la première moitié du XXe s. : *Soukhodol* (1912) où la nouvelle de ce nom raconte la chute d'une grande famille vue par une servante ; *Ioan qui pleure* (1913) ; *La Coupe de la vie* (1913) et *Le Monsieur de San Francisco* (1915) où la nouvelle de ce nom, considérée comme son chef-d'œuvre, raconte comment un milliardaire américain rencontre la mort en cherchant la fortune. Parmi les nouvelles que contiennent ces quatre recueils, certaines furent écrites lors de voyages (Algérie, Palestine, Ceylan) avant la Première Guerre mondiale («Les Frères», 1914 ; «Les Songes de Tchang», 1918). Après 1917, adoptant une attitude antibolchevique, Bounine quitta la Russie soviétique (1920) et devint l'un des principaux écrivains de l'émigration russe. Il écrivit une longue nouvelle appréciée pour ses qualités lyriques, *L'Amour de Mitia* (1925). En 1943, il publia un recueil de nouvelles sur Paris : *Sombres allées.* Enfin, il a laissé un roman autobiographique inachevé, *La Vie d'Arseniev* (1930). En 1950, il publia ses *Mémoires.* ▪ Dans la lignée de Tolstoï* et de Tourgueniev*, il est resté un classique, à l'inverse de ses contemporains les symbolistes. ➝ **symbolisme.** [Prix Nobel de littér. 1933]

**Bounty** n. m. ♦ Bâtiment de la marine royale britannique sur lequel se produisit une mutinerie au large des îles Tonga* (1789). Son capitaine, William Bligh, fut abandonné dans une chaloupe avec 18 membres de l'équipage par son second, Fletcher Christian, qui se trouvait à la tête des mutins. La chaloupe de Bligh parcourut 5 800 km jusqu'à Timor, et son chef, de retour en Angleterre, fit instruire un procès contre les révoltés. Pendant ce temps, Christian et ses compagnons avaient fait souche sur la petite île excentrée de Pitcairn, et les descendants de la petite colonie ne furent retrouvés qu'en 1808.

**BOUQUET (Michel)** ♦ Acteur français (Paris 1925). Dès son premier rôle au théâtre dans *Caligula* de Camus (1945), il s'est distingué dans des personnages en proie à des inquiétudes qu'il traduit sur la scène avec retenue. Il participa à l'aventure du TNP (*La Mort de Danton,* 1953), a joué Anouilh, *La Danse de mort* de Strindberg (1984) et *L'Avare* de Molière (1989). Il s'est imposé au cinéma depuis les années 1960, notamment dans des films de Claude Chabrol (*La Femme infidèle,* 1969 ; *Poulet au vinaigre,* 1985), et a incarné François Mitterrand dans *Le Promeneur du champ de Mars* (2005).

**BOURASSA (Henri)** ♦ Journaliste et homme politique canadien (Montréal 1868 - Outremont, Montréal 1952). Petit-fils de Louis Papineau*, il fonda un journal d'inspiration catholique, consacré à la défense des Canadiens français (*Le Devoir,* 1910). Il s'opposa à la politique anglo-canadienne, et à la conscription en 1917.

**BOURASSA (Robert)** ♦ Homme politique canadien (Montréal 1933 - *id.* 1996). Chef du Parti libéral du Québec, il devint le plus jeune Premier ministre de l'histoire du Québec en 1970. Battu aux élections de 1976 par le Parti québécois, il démissionna de son poste de chef du Parti libéral mais fut réélu à sa tête en 1983. Après la victoire électorale des libéraux en 1985, il constitua à nouveau le gouvernement et se donna pour tâche de «gérer le Québec comme une entreprise privée.» L'échec du référendum de 1992 sur la révision constitutionnelle contribua à affaiblir sa position. Il démissionna en 1993 pour raisons de santé.

**BOURBAKI (Charles Denis SAUTER)** ♦ Général français d'origine grecque (Pau 1816 - Cambo 1897). Après avoir servi en Algérie et en Crimée, il fut nommé commandant de la Garde impériale au début de la guerre franco-allemande (1870 - 1871). À la tête de l'armée de l'Est, il remporta sur les Prussiens la victoire de Villersexel* (1871) ; mais ayant perdu peu après la bataille de Lisaine (➝ **Héricourt**), il fut contraint de se replier sur la frontière suisse où il tenta de se suicider.

**BOURBAKI (Nicolas)** ♦ Pseudonyme collectif pris par de jeunes mathématiciens de l'École normale supérieure en 1933, et dont les membres fondateurs furent H. Cartan*, C. Chevalley*, J. Delsarte, J. Dieudonné* et A. Weil*. Outre quelques articles, Bourbaki fait paraître depuis 1939 un gigantesque ouvrage de référence, *Éléments de mathématique,* publié sous forme de monographies avec des notices historiques rassemblées dans les *Éléments d'histoire des mathématiques* (1969). Bourbaki reprend la mathématique moderne dans ses fondements pour l'édifier sur des bases axiomatiques rigoureuses selon la pensée de Hilbert* ; codifiant et clarifiant le langage mathématique à l'aide de la logique formelle et de la théorie des ensembles, il unifie cette science par l'établissement de structures communes à ses diverses branches.

**BOURBINCE** n. f. ➝ ÉTYM. du gaul. *borv-* «bouillonnement» et suff. prélatin *-entia* ♦ Riv. de Saône-et-Loire qui se jette dans l'Arroux près de Digoin (72 km). Sa vallée, empruntée par le canal du Centre, est le site de nombreuses industries.

**BOURBON** (maison de) ♦ Famille française qui doit son nom à la seigneurie de Bourbon*-l'Archambault et du Bourbonnais*, et dont les membres régnèrent sur la Navarre, la France, l'Espagne, Naples et le duché de Parme. La maison de Bourbon remonte au XIe s. Son héritage passa par mariage à la maison de Dampierre (XIIe s.) et échut au XIIIe s. à la première maison capétienne de Bourgogne* et, enfin, à Robert de Clermont*, fils de Saint Louis, par son mariage avec l'héritière Béatrice de Bourgogne-Bourbon (1272). De ce mariage naquit Louis Ier le Grand, comte de Clermont et de la Marche et premier duc de Bourbon après la transformation du Bourbonnais en duché (1327). Il laissa deux fils, dont Pierre Ier qui devint le chef de la branche aînée et Jacques, comte de la Marche, chef de la branche cadette. ▪ La branche aînée s'éteignit avec Pierre II de Beaujeu (1503) et son gendre, le connétable de Bourbon*. ▪ La branche cadette, après avoir acquis le titre de Marche-Vendôme et hérité en 1527, sous Charles (1489 - 1537), duc de Bourbon (1515 - 1537), du titre de Bourbon à l'extinction de la branche aînée, parvint au trône de Navarre par le mariage d'Antoine* de Bourbon (1548) avec Jeanne d'Albret*, puis au trône de France par l'avènement de leur fils, Henri* IV (1589). Le frère d'Antoine, Louis Ier de Bourbon, donna naissance à la maison de Condé*. Le fils d'Henri IV, Louis* XIII, eut deux fils. ▪ Le premier, Louis* XIV, devint le chef de la ligne aînée. Celle-ci régna en France jusqu'en 1792 et de 1814 à 1830 (Louis* XV, Louis* XVI, Louis* XVIII et Charles* X). Cette branche s'éteignit en 1883 avec le comte de Chambord*, petit-fils de Charles* X et fils posthume du duc de Berry*. ▪ La ligne cadette est issue du second fils de Louis XIII, Philippe Ier, duc d'Orléans. ♦ **BOURBON-ORLÉANS.** Branche issue de Philippe Ier, duc d'Orléans, à laquelle appartint le Régent, et qui régna en France avec Louis*-Philippe Ier (fils de Philippe Égalité) et dont le représentant actuel est Henri, comte de Paris*. ➝ aussi **Orléans.** ▪ Trois branches bâtardes se rattachent également à la maison française : la branche de Vendôme*, issue de César, aîné des enfants naturels d'Henri IV et de Gabrielle d'Estrées ; la branche du Maine, issue de Louis Auguste de Bourbon, duc du Maine*, fils légitimé de Louis XIV et de Mme de Montespan* ; la branche de Penthièvre, issue de Louis Alexandre, comte de Toulouse*, fils cadet légitimé des mêmes. ♦ **BOURBON-ANJOU.** Branche issue de Philippe, duc d'Anjou, petit-fils de Louis XIV, devenu roi d'Espagne sous le nom de Philippe* V (1700). Elle régna sur l'Espagne avec Louis* Ier, Ferdinand* VI, Charles* III, Charles* IV, Ferdinand* VII, Isabelle* II, Alphonse* XII et Alphonse XIII et est à l'origine des maisons des Bourbons de Naples et de Parme*. La légitimité de la succession au trône d'Isabelle* II (reine de 1833 à 1868), contestée par Charles de Bourbon (➝ **carlistes**), provoqua des guerres civiles. La monarchie, abolie en 1931, fut rétablie en 1975, en faveur de Juan* Carlos Ier ♦ **BOURBON DE NAPLES** ou **BOURBON-SICILE.** Branche issue de Ferdinand* Ier de Bourbon, fils de Charles* III (roi d'Espagne en 1759) et frère cadet de Charles* IV. Elle régna à Naples jusqu'en 1860 avec François Ier, Ferdinand* II et François* II. ➝ **Naples (royaume de).** ♦ **BOURBON-PARME.** Maison ducale, issue des Bourbons d'Espagne, fondée en 1748 par un des fils de Philippe* V et d'Élisabeth Farnèse. Elle régna à

**Les Bourbons**

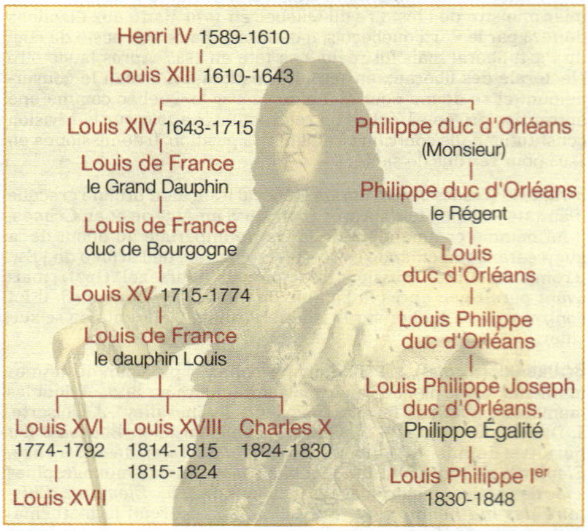


Parme jusqu'en 1859. Une fille du dernier duc régnant, Zita de Bourbon-Parme, fut impératrice d'Autriche (1916 - 1918). ♦ **BOURBON BUSSET.** Branche des Bourbons qui eût été la branche aînée légitime si Louis XI n'avait pas refusé de reconnaître le mariage de Louis, évêque de Liège, frère cadet de Pierre II, sire de Beaujeu. Son fils épousa une dame de Busset et la branche des Bourbon-Busset est aujourd'hui la seule survivante de la famille aînée. ♦ **BOURBON-CONDÉ.** Branche des Bourbons. → **Condé.** ♦ **BOURBON-CONTI.** Branche cadette des Condé*. → **Conti.** ♦ **BOURBON-MONTPENSIER.** Branche des Bourbons, issue de la ligne aînée par le mariage du petit-fils de Pierre Ier de Bourbon* avec l'héritière du comte de Montpensier. Cette branche s'éteignit avec le connétable Charles III de Bourbon* en 1527. Le titre échut à la maison de Bourbon-Orléans par le mariage (1626) de Gaston, duc d'Orléans* (frère de Louis* XIII) avec la duchesse de Montpensier*, héritière de la deuxième branche de Bourbon-Montpensier. Cette branche s'éteignit avec la Grande Mademoiselle qui légua le duché à son cousin Philippe d'Orléans (1640 - 1701). ♦ **BOURBON-VENDÔME.** Branche des Bourbons, issue de la ligne cadette de la Marche-Vendôme. À la mort du connétable Charles III de Bourbon* (1527), Charles, duc de Vendôme (1489 - 1537), grand-père du futur Henri* IV, devint chef de la maison de Bourbon. ➝ **ÉTYM.** *Bourbon* vient de la racine celtique *borb*, désignant des sources chaudes.

**BOURBON (Charles III,** 8e duc **DE)** dit **le Connétable de Bourbon** ♦ (Montpensier 1490 - Rome 1527). Comte de Montpensier (1501), duc de Bourbon et d'Auvergne (1503), héritier du comté de Montpensier (→ **Bourbon-Montpensier**), il épousa en 1505 sa cousine, fille de Pierre II de Beaujeu*, et réunit les immenses domaines des deux lignes de la maison de Bourbon. Il participa brillamment à la bataille d'Agnadel* (1509), reçut le titre de connétable (1514) et contribua décisivement à la bataille de Marignan* (1515). Après la mort de sa femme (1521), il refusa la main (1523) de Louise* de Savoie, mère de François Ier. Cette dernière lui réclama l'héritage des Bourbons. Le connétable passa alors au service de Charles* Quint et contribua à la défaite française de Pavie* (1525). Il fut tué au siège de Rome (1527). La ligne aînée des Bourbons s'éteignit avec lui et François Ier confisqua ses domaines.

**BOURBON (Charles DE)** ♦ Cardinal français (La Ferté-sous-Jouarre 1523 - prison de Fontenay-le-Comte 1590). Quatrième fils de Charles de Bourbon, duc de Vendôme. Archevêque de Rouen (1550), il reçut de la Sainte Ligue* le titre de roi (1589) sous le nom de Charles X. Emprisonné par Henri III, il reconnut ensuite la légitimité d'Henri IV.

**BOURBON** (île) → **Réunion**

**Bourbon** (palais) ♦ Monument de Paris, siège de l'Assemblée nationale. Édifié pour la duchesse de Bourbon (fille de Louis XIV et de Mme de Montespan) par Giardini, puis P. Lassurance, Aubert* et Gabriel* (1722 à 1728), cet hôtel particulier s'ouvrait rue de l'Université. Acheté par Louis XV (1756), puis par le prince de Condé (1764) qui lui annexa l'hôtel de Lassay (devenu depuis hôtel de la présidence), il fut confisqué en 1790 et attribué au Conseil des Cinq-Cents (salle des séances, par Gisors* et Leconte). Napoléon Ier fit élever par Poyet* la façade à l'antique tournée vers la Concorde* (1804 à 1807) : un portique de douze colonnes corinthiennes, surmonté d'un fronton sculpté par Cortot* et flanqué de deux bas-reliefs par Pradier* et Rude*. En 1830, le palais fut aménagé pour le Corps législatif (cour d'honneur ; salle des séances actuelle ; bibliothèque décorée par Delacroix* : 1838 à 1847). De 1879 à 1940 ce fut le siège de la Chambre des députés. Aujourd'hui siège de l'Assemblée nationale (on écrit alors Palais-Bourbon).

**BOURBON BUSSET (Jacques DE)** ♦ Écrivain français (Paris 1912 - *id.* 2001). Il publia des études historiques (*Moi César,* 1959) et littéraires, et des romans d'une facture élégante et classique (*Antoine, mon frère,* 1956 ; *Le Silence et la Joie,* 1957). Marquée par la foi chrétienne, son œuvre s'est orientée ensuite vers la célébration du couple, notamment dans son *Journal* (10 vol., 1966 - 1985), ainsi que dans *Le Berger des nuages* (1982), *L'Empire de la passion* (1984), *L'Audace d'aimer* (1990). [Acad. fr. 1981]

**BOURBON-LANCY** [71140] ➝ **ÉTYM.** *Bourbon,* de *Boruo* ou *Bormo,* dieu gaul. des sources chaudes, du gaul. *boruo, bormo* «source chaude» ; *Lancy,* de *Ancy,* de *Anséis,* prénom médiéval ♦ Ch.-l. de cant. de la Saône-et-Loire, arr. de Charolles, sur une colline dominant la plaine du Bourbonnais. 5 634 hab. *(Bourbonniens).* Église Saint-Nazaire (XIe s.) abritant un musée. Hospice d'Aligre. Musée militaire. ▪ Station thermale. Véhicules utilitaires.

**BOURBON-L'ARCHAMBAULT** [03160] ➝ **ÉTYM.** *Bourbon :* même étym. que *Bourbon**-Lancy ; *Archambault :* prénom traditionnel des sires de Bourbon ♦ Ch.-l. de cant. de l'Allier, arr. de Moulins, dans le Bourbonnais. 2 564 hab. *(Bourbonnais).* Anc. cap. de la seigneurie puis du duché de Bourbon. Ruines du château des premiers ducs de Bourbon. ▪ Station thermale.

**BOURBONNAIS** n. m. ➝ **ÉTYM.** de la seigneurie de *Bourbon** ♦ Anc. prov. du centre de la France occupant une partie de la bordure septentrionale du Massif* central et correspondant approximativement au dép. de l'Allier* et à quelques fractions du dép. du Cher*. ▮ **Histoire** Issu de la seigneurie de Bourbon*, d'abord cantonnée autour de l'abbaye de Souvigny*, puis du château de Bourbon*-l'Archambault, agrandie peu à peu jusqu'aux limites de l'actuel dép. de l'Allier, le fief fut érigé en duché (1327) pour Louis Ier, duc de Bourbon*. Moulins* en devint la capitale. Revendiqué par Louise* de Savoie, le Bourbonnais fut réuni à la Couronne après la confiscation des domaines du connétable Charles III, duc de Bourbon*-Montpensier, par François Ier (1527) et le titre de Bourbon, désormais dépourvu d'apanage, fut transmis à la branche de Marche-Vendôme.

**BOURBONNE-LES-BAINS** [52400] ➝ **ÉTYM.** de *Boruo* ou *Bormo,* dieu gaul. des sources chaudes, du gaul. *boruo, bormo* «source chaude» ♦ Ch.-l. de cant. de la Haute-Marne, arr. de Langres. 2 495 hab. *(Bourbonnais).* Station thermale.

**BOURBOULE (LA)** [63150] ➝ **ÉTYM.** de l'auvergnat *bourboulo* «eau boueuse», du précelt. *borb-,* qui désigne des sources chaudes ♦ Comm. du Puy-de-Dôme, arr. de Clermont-Ferrand, sur la Dordogne. 2 043 hab. (aggl. 2 542). *(Bourbouliens).* Station hydrominérale. Tourisme.

**BOURBOURG** [59630] ➝ **ÉTYM.** anc. *Brucbourgh,* du flam. *brœk* «marais» et germ. *burg* «lieu fortifié» ♦ Ch.-l. de cant. du Nord, arr. de Dunkerque, en Flandre. 6 908 hab. *(Bourbourgeois).*

**BOURBRE** n. f. ➝ **ÉTYM.** anc. *Borvara,* du gaul. *borv-* «bouillonnement» ♦ Riv. du bas Dauphiné (65 km), affl. du Rhône.

**BOURBRIAC** [22390] ♦ Ch.-l. de cant. des Côtes-d'Armor, arr. de Guingamp. 2 299 hab. *(Briacins).* Mausolée de Saint-Briac (XVIe s.) dans l'église.

**BOURDALOUE (Louis)** ♦ Prédicateur français (Bourges 1632 - Paris 1704). Après avoir enseigné chez les jésuites, à la société desquels il appartenait, Bourdaloue fit ses débuts de prédicateur en 1666, vint à Paris en 1669 et acquit une grande notoriété auprès de la cour devant laquelle il prêcha très souvent pour le carême et l'avent (de 1670 à 1693). Après la révocation de l'édit de Nantes

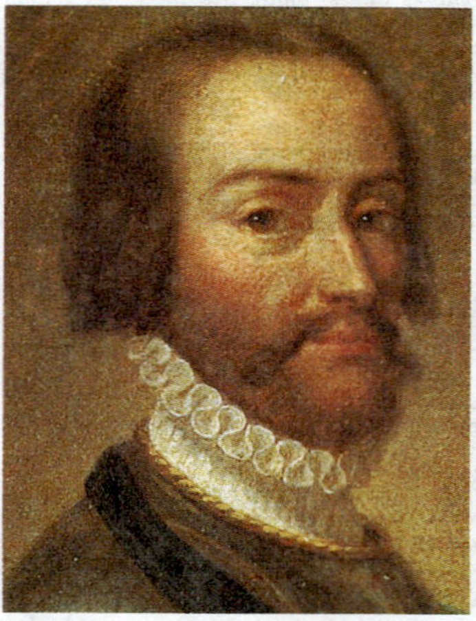

**Bourbon.** Portrait de Charles de Bourbon, duc de Vendôme, attribué à Fragonard. Musée Condé, Chantilly. *Phot. © Giraudon*

(1685), il fut envoyé par Louis XIV enseigner les nouveaux convertis du Languedoc ; après 1696, il se voua essentiellement aux œuvres de charité. Prédicateur le plus suivi du XVIIe s., Bourdaloue frappait son auditoire par la morale exigeante et le style austère de ses sermons : suivant une démarche d'une extrême rigueur, s'appuyant sur des analyses psychologiques minutieuses, il n'hésitait pas à fustiger les péchés dans des portraits «à clés» (le *Sermon sur la médisance,* où l'on évoque Pascal ; l'allusion au Grand Arnauld dans le *Sermon sur la sévérité chrétienne ;* à Molière et au *Tartuffe* dans le *Sermon sur l'hypocrisie*). Ses *Sermons et Œuvres diverses* (posth. 1707 - 1734) ont été repris dans une édition (moins contestée) de 1822 - 1826. ➝ ÉTYM. Ce nom est l'altération de *Bourg d'Alloue* (*Alloue* est une petite commune de Charente, dont le nom vient du gaulois *alauda* «alouette»).

**BOURDEILLES** [24310] ♦ Comm. de la Dordogne, arr. de Périgueux. 777 hab. *(Bourdeillais).* Château comprenant un édifice du XIIIe s. et un édifice Renaissance (mobilier).

**BOURDELLE (Antoine)** ♦ Sculpteur, peintre et dessinateur français (Montauban 1861 - Le Vésinet 1929). Fils d'un ébéniste, il se forma à Montauban puis à Paris dans l'atelier de Falguière* à partir de 1885. Devenu l'aide de Rodin* (1893 à 1903), il subit fortement son ascendant. Il réalisa dans une veine héroïque et pathétique le monument aux morts de Montauban (1893 à 1902) où s'affirment, par-delà un naturalisme et un modelé bosselé, une volonté simplificatrice, le goût des volumes massifs et des déformations expressives. En se référant à la sculpture romane, gothique et grecque archaïque, il s'engagea dans une voie plus personnelle (*Tête d'Apollon,* 1900 ; *Héraclès archer,* 1909, inspiré du fronton d'Égine). S'attachant à définir les structures essentielles (relief du théâtre des Champs-Élysées, 1912), il chercha les rythmes puissants, l'effet de masse, le caractère monumental sans abandonner l'expression dynamique. Tempérament lyrique, il visait à l'expression épique (monument à Alvear à Buenos Aires, 1914 - 1919 ; monument à Mickiewicz à Paris, 1928) et tomba parfois dans l'emphase. Il contribua à libérer la sculpture du rendu strictement naturaliste. ▪ *Autre illustration :* ➝ **Beethoven.** ➝ ÉTYM. *Bourdelle* vient du francique *bord-* «planche ; maison en planches» puis «ferme» et ensuite «habitant de la ferme».

Antoine **Bourdelle.** *Héraclès archer.*
MNAMGP, Paris. *Phot. © Nimatallah/Ricciarini*

**BOURDET (Édouard)** ♦ Auteur dramatique français (Saint-Germain-en-Laye 1887 - Paris 1945). Observateur incisif des mœurs de la société bourgeoise de l'entre-deux-guerres, il en composa le portrait sans complaisance dans *Le Sexe faible* (1929) et *Les Temps difficiles* (1934). Nommé administrateur général de la Comédie-Française de 1936 à 1940, il y obtint la collaboration de Jacques Copeau, Charles Dullin, Louis Jouvet et Gaston Baty.

**BOURDICHON (Jean)** ♦ Peintre et miniaturiste français (Tours ? v. 1457 - Tours 1521). Il fut en faveur auprès de Louis XI puis de Charles VIII dont il devint le peintre attitré en 1484 ; il fut chargé par François Ier de la décoration du Camp du Drap d'or. Il dirigea un important atelier d'enluminures et exécuta de multiples travaux de décoration. Il est l'auteur des *Grandes Heures d'Anne de Bretagne* (v. 1503 - 1508) : les marges décorées de fleurs, fruits et insectes révèlent un talent délicat. Bourdichon cherchait surtout à rendre la grâce des gestes et des visages. On lui a longtemps attribué les *Heures de Ferdinand d'Aragon,* les *Heures de Charles VIII* et celles de *François de Vendôme* (v. 1480), qui seraient plutôt d'un disciple de Fouquet.

**BOURDIEU (Pierre)** ♦ Sociologue français (Denguin, Pyrénées-Atlantiques 1930 - Paris 2002). Professeur au Collège de France. Ses travaux se réclament de la triple tradition de Marx*, Weber* et Durkheim* : il analyse à la fois les rapports de force, la légitimité et les croyances dans les groupes. Mais il se réclame aussi de Lévi*-Strauss et emprunte des notions à Freud* (par exemple celle de dénégation). De *Les Héritiers* (1966) (en collab. avec J.-C. Passeron) jusqu'à *La Distinction, critique sociale du jugement* (1979), il s'intéressa particulièrement à la sociologie de la culture et au lien entre domination et violence symbolique. Les dominés ont intériorisé leur condition sous la forme de disposition à agir (ou *habitus*). D'où l'importance d'une étude de la pratique (*Le Sens pratique,* 1980 ; *La Domination masculine,* 1998). La notion de champ, entendu comme système de places, permet d'analyser les fortes contraintes qui pèsent sur les individus ; ainsi le système scolaire est-il essentiellement caractérisé par la reproduction (*La Reproduction : éléments d'une théorie du système d'enseignement,* en collab. avec J.-C. Passeron, 1970). Pierre Bourdieu et ses élèves ont conduit une critique de la notion d'opinion publique et de la pratique des sondages, ainsi que des mécanismes de la représentation et de la délégation qui fonctionneraient comme une confiscation ou une usurpation de la parole des groupes dominés. Soutenant les mouvements sociaux qui se sont développés en France à partir de 1995, Bourdieu, au sein d'un mouvement de critique radical, Raisons d'agir, se plaça lui-même «à la gauche de la gauche». *Les Règles de l'art : genèse et structure du champ littéraire* (1992), qui s'appuie sur l'étude de Flaubert, est une contribution à la sociologie de l'art. ➝ ÉTYM. *Bourdieu* est un nom de lieu, de l'occitan *borda* «petite ferme».

**BOURDON (Sébastien)** ♦ Peintre et dessinateur français (Montpellier 1616 - Paris 1671). Fils d'un peintre verrier, il se forma à Paris puis se rendit en Italie vers 1634, où, pour vivre, il pasticha les paysages de Claude Lorrain* et les scènes de Bamboche (➝ **Van Laar**). Revenu à Paris en 1637, il exécuta des travaux de décoration et peignit de nombreux tableaux de genre, inspirés des Le* Nain. Il fut l'un des membres fondateurs de l'Académie (1648) et devint en 1653 premier peintre de la reine Christine de Suède *(Portraits de la reine, du prince héritier).* En France (1654), il entreprit des grandes décorations, notamment pour l'hôtel de Bretonvilliers (1663, détruites). Peintre éclectique, il est l'auteur de compositions mythologiques agencées avec une rigueur toute classique, qui portent la marque de Poussin* *(Moïse sauvé des eaux),* de scènes de genre aux détails réalistes et pittoresques et de portraits où l'aisance de sa facture apparaît avec le plus de force *(L'Homme aux rubans noirs).*

**BOURDOUXHE (Madeleine)** ♦ Écrivain belge d'expression française (Liège 1906 - Bruxelles 1996). La solitude de l'amour, ses drames et ses silences, inspirent une œuvre discrète et singulière, composée de courts récits : *Sous le pont Mirabeau* (1944), *Sept nouvelles* (1985). *La Femme de Gilles* (1937), son premier roman, fut adapté au cinéma en 1994.

**BOU REGREG** (oued) ♦ Fl. du Maroc occidental (179 km) qui prend sa source dans la Meseta marocaine et se jette dans l'Atlantique, après avoir formé l'estuaire qui sépare Rabat de Salé.

**BOUREÏA** n. f. ♦ Riv. de Russie en Extrême-Orient (623 km). Née dans la chaîne montagneuse de Boureï, elle arrose les régions de Khabarovsk et de l'Amour, et se jette dans l'Amour (rive g.). Navigable d'avr. à oct. jusqu'à sa confluence avec le Niman. Dans son bassin, gisements de houille et de fer.

**BOURG** [33710] ♦ Ch.-l. de cant. de la Gironde, arr. de Blaye, dans le Bordelais. 2 115 hab. *(Bourquais).* Vignobles des côtes de Bourg et du Bourgeais.

**BOURGAIN (Jean)** ♦ Mathématicien belge (Ostende 1954). Il a résolu de nombreux problèmes concernant l'analyse harmonique, la théorie des nombres, les espaces de Banach*, la théorie des fonctions et la théorie ergodique, essentielle en physique (théorie des gaz, mécanique quantique). [Médaille Fields 1994]

**BOURGANEUF** [23400] ♦ Ch.-l. de cant. de la Creuse, arr. de Guéret. 3 163 hab. *(Bourganiauds).* Restes de l'anc. grand prieuré d'Auvergne de l'ordre de Malte ; tour Zizim du XVe s. (charpente).

**BOURGAS** ➝ **Burgas**

**BOURG-DE-PÉAGE** [26300] ➝ ÉTYM. *Péage :* allus. aux droits perçus sur les marchandises à l'entrée sud du pont sur l'Isère ♦ Ch.-l. de cant. de la Drôme, arr. de Valence, en face de Romans, sur l'Isère. 9 752 hab. *(Péageois).*

**BOURG-D'OISANS (LE)** [38520] ♦ Ch.-l. de cant. de l'Isère, arr. de Grenoble, sur la Romanche. 2 984 hab. *(Bourcats).* Musée des Minéraux. ▪ Centre touristique. Marché.

**BOURGELAT (Claude)** ♦ Vétérinaire français (Lyon 1712 - *id.* 1779). Fondateur de l'art vétérinaire scientifique, il créa à Lyon la première école vétérinaire d'Europe (1761) et dirigea celle de Maisons-Alfort créée en 1765.

**BOURG-EN-BRESSE** [burkɑ̃brɛs] [01000] ♦ Ch.-l. du dép. de l'Ain, sur la Reysouze. 40 666 hab. (aggl. 57 198) *(Burgiens).* Église Notre-Dame des XVe et XVIe s. (stalles sculptées du XVIe s.). Église et monastère de Brou (➝ **Brou**). Maisons anc. ▪ Important marché agricole (volailles de Bresse). Centre indus. (métallurgie, carrosserie indus., agroalimentaire).

**BOURGEOIS (Léon)** ♦ Homme politique français (Paris 1851 - château d'Oger, Marne 1925). Député radical (1888), plusieurs fois ministre et président du Conseil (1895 - 1896), président du Sénat (1920 - 1929), il est l'auteur d'un *Essai d'une philosophie de la solidarité* (1902), dans lequel il élabora la doctrine du solidarisme, «tiers chemin» entre le collectivisme et le libéralisme. Ce réformisme donna lieu à diverses mesures sociales telles la loi sur les retraites ouvrières ou la démocratisation de l'enseignement secondaire, et contribua dans le domaine international à la création de la SDN dont Bourgeois fut l'un des promoteurs. [Prix Nobel de la paix 1920]

**BOURGEOIS (Robert)** ♦ Général et savant français (Sainte-Marie-aux-Mines 1857 - Paris 1945). Il dirigea une mission scientifique pour la mesure d'un arc de méridien en Équateur (1899 - 1906). Il est l'auteur de travaux de géodésie, de topographie et d'astronomie. [Acad. sc. 1917]

**BOURGEOIS (Louise)** ♦ Sculptrice américaine d'origine française (Paris 1911). Elle s'installa à New York en 1938 et commença à peindre et à sculpter au milieu des années 1940 (thème de la femme-maison symbolisant le poids du foyer dans la vie des femmes). Défiante à l'égard des surréalistes (qu'elle fréquenta néanmoins) et de certains «avant-gardistes», elle élabora une œuvre très personnelle, utilisant des matériaux divers (marbre, bronze, bois, chiffons, verre ou latex) pour exprimer de façon métaphorique la solitude de l'exil (*L'Un et les Autres,* 1955) ou la violence sexuelle (*La Fillette,* 1968, qui représente un pénis). Elle réalisa une série d'araignées dédiées à sa mère. Ces sculptures aux formes puissantes sont aussi des réflexions sur la composition que Louise Bourgeois dégage de toute frontalité. Ses sculptures abstraites, ses installations restent chargées de sa psyché, de sa subjectivité. Elle obtint en 1993 le Grand Prix français de la sculpture.

Le **Bourgeois gentilhomme** ♦ Comédie-ballet en 5 actes et en prose, de Molière* (1670), musique de Lully*. Marchand de drap enrichi, M. Jourdain n'a d'autre souci que de passer pour un gentilhomme. Il s'applique à imiter la noblesse en entretenant sous son toit des maîtres d'armes, de musique, de danse, de philosophie. Flatté par l'amitié que lui porte Dorante, un gentilhomme décavé, il ne voit pas que celui-ci n'en veut qu'à sa fortune. Amoureux de Dorimène et lui faisant une cour coûteuse, il ignore que Dorante se dispose à épouser la jeune femme. Cependant, la sagesse l'emportera lorsque Covielle, valet de Cléonte, aura imaginé, pour faire triompher les amours contrariées de son maître et de la jeune Lucile, fille de M. Jourdain, une extravagante mascarade en sabir méditerranéen, où le bourgeois recevra la dignité de «grand mamamouchi».

**BOURGES (Élémir)** ♦ Écrivain et journaliste français (Manosque 1852 - Paris 1925). Lié à Barbey d'Aurevilly, à Bourget et à Mallarmé, il fut un esthète, amateur de musique et de Wagner plus particulièrement. Écrivain «fin de siècle», il montra dans son œuvre un goût profond pour les constructions grandioses. Il laissa trois romans, *Sous la hache* (1883), *Le Crépuscule des dieux* (1884) et *Les oiseaux s'envolent et les fleurs tombent* (1893) ainsi qu'un drame, *La Nef* (1904 - 1922). [Acad. Goncourt 1903]

**BOURGES** [18000] ➝ ÉTYM. du n. des *Bituriges** (→ aussi Berry) ♦ Ch.-l. du dép. du Cher, au confluent de l'Yèvre et de l'Auron, en Champagne berrichonne. 72 480 hab. (aggl. 91 434) *(Berruyers).* Archevêché. Cour d'appel. La cathédrale Saint-Étienne (fin XIIe - début XIVe s.) est un des plus grands édifices gothiques de France, remarquable par sa quintuple nef ouvrant sur la façade par cinq portails sculptés, par ses doubles bas-côtés et ses vitraux des XIIIe, XVe et XVIe s. Le palais Jacques-Cœur (XVe s.) offre un intéressant exemple de l'architecture civile gothique. L'hôtel Cujas (XVe s.) abrite le musée de Berry (collections gallo-romaines, stèles funéraires), l'hôtel Lallemant, de style Renaissance, un musée d'art décoratif. Maisons anc. Vestiges du rempart gallo-romain. ▪ Centre admin., commercial et indus. (armement, construc. aéronautiques, caoutchouc, électroménager). Établissements et écoles de l'Armée (École centrale de pyrotechnique). Festival annuel de musique (Printemps de Bourges) et festival des musiques expérimentales. ▌**Histoire** Anc. *Avaricum,* capitale gauloise des Bituriges Cubi, conquise par César en −52, elle devint métropole de l'Aquitaine Ire au IVe s. Au Moyen Âge, elle s'enrichit grâce aux opérations financières et commerciales de J. Cœur. Charles VII, le «roi de Bourges», en fit sa résidence : il y promulgua la pragmatique* sanction (1438). Son fils Louis XI y fonda une célèbre université (1463) où devaient enseigner A. Alciat (1529 - 1533) et J. Cujas (1559 - 1566). De nombreux conciles se tinrent entre 1031 et 1584 dans cette anc. capitale du Berry.

**BOURGET (Paul)** ♦ Romancier français (Amiens 1852 - Paris 1935). Connu d'abord pour ses poésies, Paul Bourget, avec ses *Essais de psychologie contemporaine* (1883 et 1885), se proposa d'analyser, selon le procédé scientifique et naturaliste, les «maladies morales» de son époque. Romancier traditionaliste et didactique, hostile au naturalisme de Zola*, P. Bourget prôna le retour au spiritualisme (*Le Disciple,* 1889) et au catholicisme (*Un divorce,* 1904 ; *Le Sens de la mort,* 1915) et voulut du «pathétique qui [fît] penser» (*André Cornélis,* 1887 ; *Mensonges,* 1887). Puis, il s'orienta vers des études sociales (*Cosmopolis,* 1892 ; *L'Étape,* 1902) et des ouvrages à thèse et il s'attacha à démontrer notamment que la *Némésis* divine (1918) veille et que *Nos actes nous suivent* (1927). Doté de «l'imagination des sentiments», il subordonna son art à une rigoureuse «anatomie morale», mettant à peindre les caractères une clarté et une minutie qui évoquent Stendhal ou Benjamin Constant auxquels il avait consacré certains de ses *Essais.* On lui a reproché d'avoir été le peintre à la mode de la société riche de son époque, et de l'avoir flattée. Son œuvre par là même constitue un document. [Acad. fr. 1894]

**BOURGET (LE)** [93350] ➝ ÉTYM. «petit bourg» ♦ Ch.-l. de cant. de la Seine-Saint-Denis, arr. de Bobigny, dans la banl. N.-E. de Paris. 12 110 hab. *(Bourgetins).* Construc. aéronautiques et mécaniques. ▪ Anc. aéroport international de Paris : créé en 1914, ce fut longtemps le principal aéroport de la capitale. Il conserve auj. une activité d'aviation d'affaires et abrite, tous les deux ans, le Salon international de l'Aéronautique et de l'Espace. Musée de l'Air et de l'Espace. Gare de triage.

**BOURGET** (lac du) ♦ Lac des Alpes françaises (Savoie). Alimenté par la Leysse à son extrémité S., il se déverse dans le Rhône par le canal de Savières (3 km) à son extrémité N. Long. 18 km ; larg. 1,5 à 3 km (4 500 ha) ; prof. max. 145 m. Aix-les-Bains se trouve sur la rive orientale. Le Bourget-du-Lac à la pointe S.-O. et l'abbaye de Hautecombe sur la rive occidentale. ▪ A. de Lamartine l'a évoqué dans une de ses *Méditations,* «Le Lac».

**BOURGET-DU-LAC (LE)** [73370] ♦ Comm. de la Savoie, arr. de Chambéry, à l'extrémité S.-O. du *lac du Bourget.* 3 945 hab. *(Bourgetains).* Église des XIe, XIIIe et XVe s. (remarquables sculptures du XIIIe s.).Château-prieuré (XIe - XVe s.). ▪ Station estivale et port de plaisance à l'embouchure de la Leysse.

**BOURG-LA-REINE** [92340] ➝ ÉTYM. le *bourg* fut la possession de la *reine* Adélaïde* de Savoie ♦ Ch.-l. de cant. des Hauts-de-Seine, arr. d'Antony, sur la Bièvre. 18 251 hab. (*Burgo-réginiens* ou *Réginaburgiens* ou *Réginaborgiens*). Comm. résidentielle.

**BOURG-LÈS-VALENCE** [26500] ♦ Ch.-l. de cant. de la Drôme, banl. N. de Valence. 18 347 hab. *(Bourcains).* Usine hydroélectrique sur un canal de dérivation du Rhône.

**BOURG-MADAME** [66760] ➝ ÉTYM. anc. *La Guinguette,* la ville fut ainsi nommée en 1815 par le duc d'Angoulême, fils de Charles X, en l'honneur de sa femme ♦ Comm. des Pyrénées-Orientales, arr. de Prades, à la frontière espagnole. 1 166 hab. *(Guinguettois).* Centre touristique (1 130 m). Gare internationale.

**BOURGNEUF-EN-RETZ** [burnœfɑ̃re] [44580] ♦ Ch.-l. de cant. de la Loire-Atlantique, arr. de Saint-Nazaire. 2 403 hab. (*Novobourgeois* ou *Novembourgeois*). Musée du Pays-de-Retz. ▪ Ostréiculture. ▌**Histoire** Bourgneuf était un important port du sel au Moyen Âge.

**BOURGOGNE** n. f. ➝ ÉTYM. anc. *Burgundia,* du n. des *Burgondes** ♦ ▌**La Bourgogne gauloise et romaine** Anc. prov. française qui a donné son nom à une région administrative. → **Bourgogne.** À l'époque gauloise, le territoire actuel de la Bourgogne était principalement occupé par les Éduens*. Après la conquête romaine (→ **Gaule**), il fut compris dans la Lyonnaise Ire et tôt évangélisé (par saint Bénigne). ▌**Les invasions** Les Burgondes* s'y établirent vers le milieu du Ve s. et leur roi Gondebaud* (mort en 516) promulgua leur premier code de lois (loi Gombette). Son fils Sigismond* fut tué par Clodomir, fils de Clovis, en 524, et les Francs annexèrent le premier royaume de Bourgogne en 534. Cependant, après la mort de Clotaire* Ier, un second royaume de Bourgogne échut en partage à son fils Gontran (roi de 561 à 592) : il s'étendait d'Orléans au val d'Aoste et des environs de Sens à ceux d'Arles en Provence. Les Mérovingiens puis les Carolingiens lui conservèrent une certaine indépendance, mais il subit différents partages. ▌**Les deux Bourgognes** La Bourgogne proprement dite entra au traité de Verdun (843) dans la part de Charles* le Chauve, cependant que la future Franche-Comté allait à Lothaire Ier. De nouveaux partages intervinrent dans la seconde moitié du IXe s. Avant de mourir (877), Charles le Chauve avait créé un duché de Bourgogne en faveur de son beau-frère (→ **Boson**). Ce dernier obtint en 879 la couronne du royaume de Provence, comprenant une Bourgogne cisjurane, tandis que le comte d'Auxerre se faisait proclamer roi de Bourgogne transjurane (sous le sceau de Rodolphe Ier, après la déposition de l'empereur Charles III le Gros [en 888]). Les deux Bourgognes, cisjurane ou Basse-Bourgogne (→ **Louis III l'Aveugle, Hugues** [d'Arles]) et transjurane ou Haute-Bourgogne (→ **Rodolphe Ier, Rodolphe II**), survécurent jusqu'à leur réunion en 934 dans le royaume de Bourgogne-Provence ou royaume d'Arles*. Ce dernier demeura autonome sous Conrad dit le Pacifique (937 - 993), père de Berthe de Bourgogne et de Rodolphe III. Mais en 1034 il passa sous la suzeraineté des empereurs germaniques (Conrad* II). ▌**Le duché de Bourgogne** ▌***De Raoul à Philippe II le Hardi*** Après la mort de Raoul* ou Rodolphe de Bourgogne, roi de France et neveu de Boson, la Bourgogne passa aux Capétiens et devint un duché dans la mouvance de la couronne de France. Robert* II le Pieux, roi de France, époux de Berthe de Bourgogne, l'annexa même au domaine royal mais, à sa mort (1031), la Bourgogne en fut à nouveau détachée au profit d'un cadet, Robert de France, frère du roi Henri* Ier. Cette branche — dont sortit notamment une reine de France, Marguerite* de Bourgogne, fille du duc Robert II — s'éteignit en 1361 avec Philippe Ier de Rouvres. La mère de ce dernier, Jeanne de Boulogne, ayant épousé le roi Jean* II le Bon, ce fut le quatrième fils du roi, Philippe* II le Hardi, premier des Valois de Bourgogne, qui reçut le duché en apanage des mains de son frère aîné, le futur roi de France Charles V (1363). Il épousa en 1369 la veuve de Philippe de Rouvres et recueillit à la mort de son beau-père Louis de Male, comte de Flandre (1384), l'important héritage flamand, comprenant le comté palatin de Bourgogne, terre d'empire issue de l'ancien royaume d'Arles et correspondant à la Franche*-Comté (cap. : Dole), puis les comtés de Flandre, d'Artois, de Nevers, etc. ▌***De Jean***

***sans Peur à Charles le Téméraire*** Son fils Jean* sans Peur, duc de 1404 à 1419, prit la tête de la faction des bourguignons* contre les armagnacs* et fut assassiné sous Charles VI. Devenu duc (1419 - 1467) à la mort de son père, Philippe* III le Bon rattacha le comté de Mâcon et accrut encore son domaine, notamment en Picardie, en Belgique et en Hollande. Devenu l'un des plus puissants princes de son temps, il eut une cour particulièrement brillante. Il fonda l'ordre de la Toison* d'or pour symboliser l'union des divers territoires bourguignons. Charles le Téméraire (1467 - 1477), son fils unique, constamment en conflit avec Louis XI, échoua dans ses guerres contre les Suisses et contre les Lorrains. → **Charles le Téméraire.** ▮ ***Après la mort de Charles le Téméraire*** Tué près de Nancy, il ne laissait qu'une fille pour héritière : Marie* de Bourgogne, qui épousa quelques mois plus tard Maximilien d'Autriche (1477). Elle parvint à conserver la majeure partie de ses possessions, mais entre-temps Louis* XI s'était emparé de la Bourgogne ducale qui, désormais, fit partie du domaine royal. Il établit à Dijon en 1480 un parlement qui devait jouer un grand rôle jusqu'à la fin de l'Ancien Régime. En 1526, les *États de Bourgogne* refusèrent de céder la province à Charles* Quint, qui dut y renoncer formellement par la paix de Cambrai* (1529), puis au traité de Crépy (1544). ▮ ***Du XVI$^{e}$ s. à la Révolution*** Le «gouvernement de Bourgogne» s'accrut, du XVI$^{e}$ s. à la Révolution, de nombreux territoires (Bresse, Bugey, pays de Gex en 1601, comté de Charolais en 1751).

**BOURGOGNE** n. f. ♦ Région administrative du centre-est de la France, comptant 4 dép. : Côte-d'Or, Nièvre, Saône-et-Loire, Yonne. 31 582 km$^2$ (5,8 % du territoire, 6$^{e}$ rang). 1 610 067 hab. (2,8 %, 15$^{e}$ rang). *(Bourguignons)*. 2,3 % du PIB (15$^{e}$ rang). Correspond à une large partie de l'anc. province de Bourgogne augmentée du Nivernais. CH.-L. : Dijon*.

▮ **GÉOGRAPHIE** Située sur un seuil entre le Bassin parisien et le sillon rhodanien, la Bourgogne regroupe un ensemble disparate de pays rassemblés lors de sa tumultueuse histoire. Sur les plateaux de calcaire jurassique de basse et haute Bourgogne, redressés vers le S.-E., l'altitude augmente par paliers : 200 m à l'O. en Auxerrois, 340 m en Tonnerrois où la «côte» souligne, du S.-O. au N.-E., la dépression de la «vallée» (220 m à Châtillon), plus de 600 m au-delà,

**Bourgogne.**

de part et d'autre de la percée de l'Ouche (641 m au Bois de Pierre Saux), dans la «montagne» dijonnaise qui retombe sur les plaines d'effondrement de la Saône, alluviales et boisées, par une série de gradins. Cette dénivellation de 400 m fait des pentes chaudes et ensoleillées de la «Côte d'Or» un abri idéal pour le vignoble, en bordure de plateaux âpres et rudes, secs et souvent dénudés quoique très arrosés (phénomènes karstiques), et disséqués par le réseau des vallées (Yonne, Cure, Serein, Armançon, Ouche) où se concentrent la circulation et la vie. Au S., la région est morcelée par une alternance de horsts cristallins (600 - 800 m) et de dépressions S.-O.-N.-E. : celle d'Autun (300 m) et surtout celle de «Dheune-Bourbince» qui, à travers le Charolais, débouche sur le bassin tertiaire de Digoin (230 m), trouée naturelle entre la Saône et la Loire (canal du Centre). Le long de la plaine, les coteaux calcaires du Chalonnais et du Mâconnais, que sépare le fossé de la Grosne (Cluny), portent également des vignobles renommés. À l'O., le Nivernais doit à sa structure faillée la variété de ses paysages : la forêt recouvre les sables granitiques tandis que, vers le N., les collines de Puisaye, bocagères et boisées, rejoignent l'Auxerrois. Entre Nevers et Dijon se dresse l'obstacle du Morvan : massif forestier humide (901 m au Bois du Roi, à l'O. d'Autun), limité à l'E. et à l'O. par des escarpements de failles, il s'incline vers le N. en un glacis de sols maigres entaillé de gorges profondes qui, vers Avallon (250 m), disparaît sous la couverture sédimentaire. Une dépression parsemée de buttes (Vézelay) l'entoure d'une ceinture de «bons pays» (Bazois, Terre-Plaine, Auxois) que dominent les plateaux bourguignons.

**▮ POPULATION** La région a connu de 1881 (1 714 000 hab.) à 1946 (1 358 000 hab.) un recul démographique au bénéfice de Lyon et Paris. Une légère reprise a été constatée dans les années 1950 et 1960 grâce à la décentralisation industrielle suivie par une quasi-stagnation dans les décennies suivantes en raison de la crise (1982 - 1999 : +0,8 % seulement). Les disparités internes sont bien marquées : le recul démographique se poursuit dans la Nièvre et la Saône-et-Loire mais la population augmente dans l'Yonne (nombreux retraités parisiens) et la Côte-d'Or (relatif dynamisme de Dijon).

**▮ ÉCONOMIE ▮ Agriculture** La région possède un bon potentiel agricole qui combine les cultures (65 % de la valeur de la prod.) et l'élevage (35 %). Le secteur assure un peu plus de 5 % de l'emploi régional (France : 2 %), 5 % du PIB et produit annuellement 900 000 t d'orge (3e rang national), 260 000 t de colza (2e r.), 2 000 000 t de blé, associés à un cheptel bovin de 1 300 000 têtes (5e r.). Les paysages bocagers des pays d'embouche, Auxois, Charolais et Nivernais, contrastent avec les plateaux céréaliers découverts. Mais c'est à la vigne que la Bourgogne doit sa réputation internationale (1 600 000 hl de vin par an) et ses grands crus, par exemple ceux issus de la côte de Nuits* et de la côte de Beaune*, sont connus dans le monde entier. **▮ Industrie** À Dijon, un secteur agroalimentaire très spécialisé se consacre aux condiments (moutarde, bien qu'Amora ait fermé son usine historique en 2009), aux petits fruits rouges (cassis) et aux liqueurs, produits régionaux réputés. La Côte-d'Or, l'Yonne et la Saône-et-Loire accueillent de grandes entreprises agroalimentaires telles que Nestlé, Senoble, Yoplait, Joker, Orangina... L'activité industrielle liée à la métallurgie et à la sidérurgie se maintient malgré la fermeture des mines (région de Montceau-les-Mines et du Creusot), la faillite du groupe Creusot-Loire ayant constitué un drame économique et social pour cette ville. Mais la position stratégique de la région dans l'espace européen lui permet d'attirer les entreprises comme Framatome (nucléaire) à Chalon-sur-Saône. Le secteur des services s'affirme plus difficilement (69,1 % de l'emploi régional ; France : 77,2 %). Cependant, la région doit encore renforcer son potentiel économique pour ne pas limiter son rôle à celui de lieu de passage obligé entre l'Europe du Sud et les grands foyers économiques du Nord (Allemagne, d'une part ; région parisienne, Benelux et Grande-Bretagne, d'autre part) que lui confèrent ses infrastructures autoroutières (A6 : Paris-Beaune-Lyon ; A31 : Luxembourg-Nancy-Dijon-Beaune ; A36 : Beaune-Mulhouse) et ferroviaires (TGV entre Paris et Lyon avec la gare du Creusot et, attendue pour 2012, la liaison entre Dijon et Mulhouse qui situera la Région sur l'axe ferroviaire reliant l'Espagne à la Suisse et l'Allemagne). **▮ Tourisme** La Bourgogne ajoute aux atouts d'une région rurale un riche patrimoine historique et culturel : les édifices religieux, les châteaux et les palais couvrent la région. Grâce au monachisme (Cîteaux, Cluny), l'art roman s'y est particulièrement développé (Vézelay, Autun, Fontenay, Paray-le-Monial, etc.) et, au XVe s., la Bourgogne a été un foyer d'art international d'une grande richesse, dont témoignent, à Dijon, le palais des Ducs et la chartreuse de Champmol (avec le *Puits de Moïse** de Claus Sluter) et, à Beaune, l'Hôtel-Dieu, qui abrite le polyptyque du *Jugement dernier* de Van* der Weyden. **▮ Urbanisation** Dijon, la capitale régionale, est avant tout un centre tertiaire qui domine mal un réseau de villes moyennes souvent sous l'influence d'autres métropoles : Mâcon est attirée par Lyon ; Sens et Auxerre sont dans l'orbite de Paris. Alors que les plateaux bourguignons continuent à se dépeupler, l'activité se concentre dans la vallée de la Saône. Les grandes infrastructures de communication (échangeur autoroutier de Beaune et gare TGV du Creusot) ont déplacé vers le S. et dissocié le principal carrefour régional, autrefois dijonnais.

**Bourgogne.** Semur-en-Auxois. *Phot. © Arch. Nathan*

**BOURGOGNE** (porte de) → **Belfort (trouée de)**

**Bourgogne** (canal de) ♦ Canal prenant naissance à Laroche (jonction avec l'Yonne) et finissant à Saint-Jean-de-Losne, où il se réunit à la Saône. Il relie ainsi la Seine au Rhône (242 km). Sa construction, commencée en 1775, fut achevée en 1834.

**Bourgogne (théâtre de l'Hôtel de)** ♦ Nom du premier théâtre régulier de Paris. Il fut acheté en 1548 par la Confrérie* de la Passion qui en fit l'aménagement (fin XVIe s.). Quelques-unes des œuvres les plus célèbres du répertoire français y furent créées au XVIIe s. (Jodelle*, R. Garnier*, Rotrou*, Corneille* et Racine*). Après le départ de la troupe de l'Hôtel de Bourgogne pour la Comédie-Française nouvellement créée (1680), les comédiens-italiens occupèrent l'hôtel de façon presque régulière jusqu'en 1779.

**BOURGOING (François)** ♦ Théologien français (Paris 1585 - *id.* 1662). Il se joignit au cardinal de Bérulle pour créer l'Oratoire* de France, dont il fut élu général en 1641. Bossuet prononça son oraison funèbre.

**BOURGOIN-JALLIEU** [38300] ➝ **ÉTYM.** *Bourgoin*, du gaul. *bergusia, bergona, bergo-* «mont» avec attraction de l'adj. *Burgundius* «habitant de la Burgundia [pays des Burgondes (la Bourgogne)]» et *Jallieu*, du lat. *Gallius*, n. de pers. ♦ Ch.-l. de cant. de l'Isère, arr. de La Tour-du-Pin, sur la Bourbre, dans le bas Dauphiné. 22 947 hab. (aggl. 33 087) *(Berjalliens)*. Musée Victor-Charreton. ▪ Centre indus. (chimie, textile, architecture solaire).

**BOURG-SAINT-ANDÉOL** [07700] ♦ Ch.-l. de cant. de l'Ardèche, arr. de Privas, sur la rive d. du Rhône. 7 768 hab. *(Bourguésans)*. Église Saint-Andéol romane. ▪ Viticulture (côtes-du-rhône).

**BOURG-SAINT-MAURICE** [73700] ♦ Ch.-l. de cant. de la Savoie, arr. d'Albertville, en Tarentaise, sur l'Isère. 6 747 hab. (aggl. 8 715) *(Borains)*. Station d'été et de sports d'hiver. Garnison de chasseurs alpins.

**BOURGUEIL** [buʀgœj] [37140] ➝ **ÉTYM.** du bas lat. *burgus* «bourg, lieu fortifié» et du gaul. *ialo* «clairière» ou suff. lat. *-eolum* ♦ Ch.-l. de cant. d'Indre-et-Loire, arr. de Chinon, 4 109 hab. (aggl. 6 204) *(Bourgueillois)*. Vestiges d'une abbaye fondée au Xe s. (celliers et greniers du XIIIe s.). Maisons anc. ▪ Vins rouges réputés.

**BOURGUIBA (Habib)** ♦ Homme d'État tunisien (Monastir 1903 - *id.* 2000). Membre du Destour*, puis chef du Néo-Destour (1934), il prit une part active au mouvement d'indépendance de la Tunisie. Deux fois arrêté et placé en résidence surveillée (1946 ; 1952 - 1954), il négocia avec le gouvernement de Pierre Mendès* France, en 1955, l'indépendance de la Tunisie. Président du Conseil en 1956, il devint, après avoir fait déposer le bey, président de la République tunisienne (1957). Il mena une politique laïque à l'intérieur et conserva à l'extérieur de bonnes relations avec les puissances occidentales en dépit d'un violent incident avec la France, en 1961, au sujet de l'évacuation de Bizerte*. Élu président à vie en 1975, il fut destitué «pour incapacité» par son Premier ministre, le général Ben* Ali, qui lui succéda (nov. 1987). ➝ **ÉTYM.** Ce nom de famille vient peut-être de l'arabe *abū raqība* qui signifie «père de la surveillante».

**BOURGUIGNON (Francis DE)** ♦ Compositeur et pianiste belge (Bruxelles 1890 - *id.* 1961). Il fit d'abord une carrière internationale de virtuose, puis se consacra à la composition et à l'enseignement au conservatoire de Bruxelles. Son œuvre comporte un drame lyrique, *Tradimento* (1929), des poèmes symphoniques *(Esquisses sud-américaines)*, des ballets *(La Mort d'Orphée)*, un oratorio *(La Nuit)*, des concertos et de la musique de chambre.

**BOURIATES** n. m. pl. ➝ **ÉTYM.** du russe *buriat*, p.-ê. du mongol *buriad* «peuple forestier», de *bur* «sombre, obscur» ♦ Peuple mongol de la région sibérienne du lac Baïkal, probablement de souche très ancienne. Il fut

## bourguignons

n. m. pl. ♦ Partisans du duc de Bourgogne opposés aux armagnacs* (partisans du duc d'Orléans), pendant la guerre de Cent* Ans. Profitant de la démence de Charles* VI, les bourguignons et leur chef Jean* sans Peur essayèrent de dominer la France et s'allièrent aux Anglais. Afin de conserver le pouvoir, la reine Isabeau* de Bavière passa dans leur camp, après l'assassinat du duc d'Orléans (1407). Dans Paris, les cabochiens* massacrèrent les armagnacs. Jean sans Peur ayant été assassiné, son fils, Philippe* III le Bon, négocia avec les Anglais le traité de Troyes (1420). Devant Compiègne*, Jeanne d'Arc fut capturée par les bourguignons qui la livrèrent aux Anglais (1431). L'un de ses juges, Pierre Cauchon*, était rallié au parti bourguignon. Finalement, la réconciliation de Philippe III le Bon avec Charles* VII, scellée par le traité d'Arras* (1435), mit un terme à la guerre civile.

intégré par les Russes au XVIIe s. Les Bouriates sont répartis entre la République de Mongolie et la République autonome de Bouriatie (Russie).

**BOURIATIE** n. f. – off. ***république de Bouriatie***, en russe ***Bouriatskaïa Respoublika*** ➝ ÉTYM. du n. des *Bouriates** ♦ République de la fédération de Russie. ➞ **Russie** (carte et tableau des divisions admin.). 351 300 km². 981 000 hab. *(Bouriates)*. LANGUES : bouriate, russe. POPULATION : Bouriates, 24 % ; Russes, 70 % ; Ukrainiens, Tatars. RELIGIONS : bouddhistes, orthodoxes. CAPITALE : Oulan-Oude. La république de Bouriatie est divisée en 20 districts. ▪ Les montagnes et les plateaux du N., couverts de forêts, sont quasiment vides mais une ligne de chemin de fer, le BAM*, devrait permettre d'y exploiter de riches gisements métalliques. Les plaines du S. sont vouées aux céréales et à l'élevage. Indus. métall. et mécanique. Travail du bois. La zone du lac Baïkal* connaît un bel essor, grâce au tourisme. ▮ **Histoire** La Bouriatie fut dominée par les Russes dès le XVIIe s. En 1918, le régime soviétique y fut instauré. Occupée par les Japonais (août 1918), puis par les Américains (avr. 1919), elle fut reconquise par les bolcheviks (mars 1920) et divisée en deux régions autonomes de Bouriato-Mongolie, unies en mai 1923 dans la République socialiste soviétique autonome de Bouriato-Mongolie, qui prit le nom de Bouriatie en juil. 1958. En 1992 la république de Bouriatie a obtenu sa souveraineté au sein de la fédération de Russie.

**BOURLIOUK (David Davidovitch)** ♦ Poète et peintre russe (près de Kharkov 1882 - Long Island, New York 1967). Proche de Khlebnikov, Maïakovski et Severianine, il fut l'un des premiers poètes futuristes et fonda, en 1911, le groupe cubo-futuriste Hyleïa. Il émigra au Japon (1920) puis aux États-Unis (1922), où il vécut surtout de sa peinture et écrivit des souvenirs sur le futurisme* et Maïakovski. Il a laissé un recueil de poésies : *Un demi-siècle* (1932).

**BOURMONT (Louis-Auguste-Victor,** comte **DE GHAISNES DE)** ♦ Maréchal de France (château de Bourmont, Maine-et-Loire 1773 - *id.* 1846). Officier aux gardes françaises, il émigra dès les débuts de la Révolution. Rentré en France (1794 - 1795), il devint l'un des chefs de la Chouannerie*, au service du comte d'Artois. Les succès républicains l'obligèrent à signer la paix sous le Consulat (1800). Compromis dans l'affaire de l'attentat de la rue Saint-Nicaise, il fut arrêté, mais réussit à s'évader et gagna Lisbonne, où il se mit au service de Junot. Il prit part aux campagnes d'Italie, de Russie et de France et devint général de division (1814). Rallié aux Bourbons, il fut maintenu dans ses fonctions lors des Cent-Jours, mais refusa de signer l'Acte additionnel et rejoignit Louis XVIII à Gand. Après avoir participé à l'expédition d'Espagne (1823), il fut fait pair de France et nommé ministre de la Guerre (1829), avant de prendre le commandement de l'expédition d'Alger* (1830), qui lui valut le bâton de maréchal. Ayant refusé de prêter serment à Louis-Philippe (1831), il se mit au service de l'armée absolutiste et apostolique de dom Miguel du Portugal (1833 - 1834), après avoir en vain tenté de soulever l'ouest de la France. Il revint en France en 1840.

**BOURNEMOUTH** ➝ ÉTYM. du vieil angl. *burna* «rivière» et *mūtha* «embouchure» ♦ V. d'Angleterre formant le district dans le Dorset, sur la Manche. 163 441 hab. Station balnéaire. La ville bénéficie de l'attrait général de la côte anglaise du S. et de la proximité de Londres pour diversifier ses activités. Dans les faubourgs, le port de Poole est spécialisé dans la manutention par roulage. De là partent également des ferries vers le continent.

**BOURNONVILLE (Auguste)** ♦ Danseur et chorégraphe danois (Copenhague 1805 - *id.* 1879). Issu d'une famille de danseurs, il reçut à Paris les leçons de Vestris* avant de devenir lui-même maître de ballet à l'opéra de Copenhague (1830 - 1877). Il est le créateur du Ballet royal du Danemark. Sous l'influence de la tradition française, il a composé de nombreuses chorégraphies (*La Sylphide* de Taglioni, 1836 ; *Les Fêtes à Albano*, 1840 ; *Napoli*, 1842).

**BOURRIENNE (Louis Antoine FAUVELET DE)** ♦ Homme politique français (Sens 1769 - Caen 1834). Camarade d'études de Bonaparte, il devint son secrétaire en 1797. Il fut chargé d'affaires à Hambourg en 1804. En 1814, il se rallia à Louis XVIII et fut préfet de police et ministre d'État. Il a laissé des *Mémoires* (1829 - 1831).

**BOURSAULT (Edme)** ♦ Auteur dramatique français (Mussy-sur-Seine 1638 - Paris 1701). Adversaire acharné de Molière, il est l'auteur de deux comédies : *Le Portrait du peintre ou la Contre-Critique de «l'École* des femmes»* (1663) et *Le Mercure galant* (1683).

**BOURSEILLER (Antoine)** ♦ Auteur, directeur et metteur en scène français (Paris 1930). Ses mises en scène sont placées sous le signe de la violence et du rituel (*Dans la jungle des villes*, de Brecht* ; *Le Métro fantôme*, de LeRoi* Jones, 1965).

**BOURSEUL (Charles)** ♦ Ingénieur français (Bruxelles 1829 - Saint-Céré 1912). Il perfectionna le télégraphe et fut l'un des premiers à imaginer l'appareil téléphonique (1854).

**BOURVIL (André RAIMBOURG, dit)** ➝ ÉTYM. du n. du village natal de sa mère ♦ Acteur et chanteur français (Prétot-Vicquemare, Normandie 1917 - Paris 1970). Il connut le succès à la Libération comme chanteur d'opérette et surtout comme acteur de cinéma. D'abord cantonné dans un personnage de paysan niais et ridicule, il incarna ensuite des rôles tour à tour comiques (*Le Corniaud*, 1964 ; *La Grande Vadrouille*, 1967) et dramatiques (*Les Grandes Gueules*, 1965 ; *Le Cercle rouge*, 1970), mais toujours empreints d'une grande sensibilité comme dans *La Traversée de Paris* (1956).

**BOU SAADA** ♦ V. d'Algérie (wilaya de M'Sila), au N.-E. et au pied des monts des Ouled Naïl et au S. du chott el-Hodna. 69 009 hab. Oasis la plus proche d'Alger.

**BOUSBECQUE** [59166] ➝ ÉTYM. flam. «le ruisseau *(baki)* du bois *(busc)*» ♦ Comm. du Nord, arr. de Lille. 4 157 hab.

**BOUSCAT (LE)** [33110] ➝ ÉTYM. de l'anc. occit. *bosc* «bois» ♦ Ch.-l. de cant. de la Gironde, dans la banl. N.-O. de Bordeaux. 22 455 hab. *(Bouscatais)*.

**BOUSQUET (Joë)** ♦ Écrivain français (Narbonne 1897 - Carcassonne 1950). Immobilisé jusqu'à sa mort par une grave blessure de guerre, reçue à la bataille de Vailly en 1918, il a mené l'existence recluse d'un poète et d'un penseur épris d'ombre et de silence. Aux limites du monde physique et du surnaturel, nourrie par la solitude et la contemplation, sa pensée s'exprime dans un langage d'une transparente pureté. Il a laissé des recueils poétiques, fragments détachés d'un journal intime : *Traduit du silence* (1936), *Le Meneur de lune* (1946), *La Connaissance du soir* (1947), ainsi qu'une importante *Correspondance*.

**BOUSQUET-D'ORB (LE)** [34260] ♦ Comm. de l'Hérault, arr. de Lodève, sur l'Orb. 1 483 hab. *(Bousquetains)*.

**BOUSSAC** [23600] ➝ ÉTYM. anc. ***Bociacum***, du lat. *Buccius*, n. de pers., et suff. *-acum* ♦ Ch.-l. de cant. de la Creuse, arr. de Guéret, au N.-E. de la Marche. 1 602 hab. (aggl. 2 390). *(Boussaquins)*. Remparts. Château (XVe - XVIe s.) au-dessus de la petite Creuse.

**BOUSSINESQ (Joseph)** ♦ Mathématicien français (Saint-André-de-Sangonis, Hérault 1842 - Paris 1929). Spécialiste de mécanique générale et de mécanique physique, il étudia notamment la capillarité, l'élasticité, la résistance des matériaux, l'hydrodynamique, et, en acoustique, établit avec Alfred Terquem la théorie des battements commencée par Helmholtz*. [Acad. sc. 1886]

**BOUSSINGAULT (Jean-Baptiste)** ♦ Chimiste et agronome français (Paris 1802 - *id.* 1887). Il fut l'un des fondateurs de la chimie agricole ; il montra le rôle essentiel de l'azote dans l'économie animale ou végétale et en traça sommairement le cycle ; il étudia également la photosynthèse. Par ailleurs, il découvrit le rôle du silicium dans les propriétés de l'acier et fut collaborateur de J.-B. Dumas* dans ses travaux sur les masses atomiques. [Acad. sc. 1839]

**BOUSSOIS** [59168] ♦ Comm. du Nord, arr. d'Avesnes-sur-Helpe. 3 449 hab.

**BOUSSU** ♦ Comm. de Belgique (Région wallonne), prov. de Hainaut, arr. de Mons, sur la Haine. 20 118 hab. Église Saint-Géry (XIIIe - XVe s.). Château (XVIe s.). ▪ Cristallerie.

**BOUSSY-SAINT-ANTOINE** [91800] ♦ Comm. de l'Essonne, arr. d'Évry. 6 352 hab. Maison natale de A. Dunoyer de Segonzac (musée).

**BOUTEFLIKA (Abdelaziz)** ♦ Homme politique algérien (Oujda 1937). Commandant dans l'armée de libération nationale en 1961, il fut élu député et nommé ministre de la Jeunesse et des Sports (1962), puis ministre des Affaires étrangères de 1963 à 1979. Il participa à la déposition de Ben Bella (1965) et à l'élection de Boumédiène dont il devint l'homme de confiance. Écarté de la succession de ce dernier, il dut s'exiler de 1981 à 1989. Il est président de la République depuis 1999, élu sur un programme de «concorde civile» et de modernisation de l'économie. En 2005, il fit approuver par référendum sa Charte pour la paix et la réconciliation nationale, véritable loi d'amnistie des crimes commis par des groupes armés et par les forces de sécurité de l'État pendant la guerre civile de 1992 à 2002. ➝ ÉTYM. *Bouteflika* est un nom arabe qui signifie «celui qui fait tout exploser».

**BOUTHAN** ➞ **Bhoutan**

**BOUTHILLIER** ou **BOUTILLIER (Jean)** ♦ Jurisconsulte français (v. 1340 - 1395). Auteur d'un manuel de jurisprudence, *La Somme rurale*.

**BOUTHILLIER (Claude)** ♦ Homme politique français (Paris 1581 - Pont-sur-Seine 1652). Seigneur de Pont-sur-Seine, ami et collaborateur de Richelieu*, il fut secrétaire d'État en 1628 puis surintendant des Finances de 1632 à 1643.

**BOUTHOUL (Gaston)** ♦ Sociologue français (Monastir 1896 - Paris 1980). Connu pour ses travaux sur *Les Guerres, éléments de polémologie* (1951), il a publié également un *Traité de sociologie* (1946 - 1954) et un ouvrage sur *Les Mentalités* (1952).

**BOUTMY (Émile)** ♦ Écrivain politique français (Paris 1835 - *id.* 1906). Il fonda et dirigea l'École libre des sciences politiques (1872) où il prit la chaire de droit constitutionnel. Il a publié des ouvrages d'histoire constitutionnelle.

**BOUTO** ➝ ÉTYM. de l'égypt. *per-Ouadjet* «la maison de Ouadjet» ♦ Nom grec d'une ville de l'ancienne Égypte sise dans la partie N. du delta du Nil. La déesse de cette ville, Ouadjet, est la protectrice de la Basse-Égypte, tandis qu'à El-Kâb réside Nekhbet, déesse protectrice de la Haute-Égypte.

**BOUTONNE** n. f. ♦ Riv. de l'O. de la France (94 km), affl. de la Charente. Née dans le Poitou, près de Chef-Boutonne, elle arrose Saint-Jean-d'Angély et Tonnay-Boutonne.

**BOUTROS GHALI (Boutros)** ♦ Homme politique égyptien (Le Caire 1922). Juriste, membre de l'Union socialiste arabe, il fut ministre des Affaires étrangères (1977 - 1992), secrétaire général de l'ONU (1992 - 1996), puis secrétaire général de l'Organisation internationale de la francophonie (1997 - 2002).

**BOUTROUX (Émile)** ♦ Philosophe français (Montrouge 1845 - Paris 1921). S'opposant au scientisme, il fit une critique du déterminisme par l'analyse de la connaissance scientifique, montrant que les différents ordres de phénomènes (mécaniques, physicochimiques, biologiques, etc.) étudiés par chaque science constituent un ensemble hiérarchisé où les formes supérieures sont irréductibles aux formes inférieures, et que la liberté se développe ainsi aux dépens de la nécessité physique. Seule la vie morale et religieuse nous permet de saisir l'Être «dans sa source créatrice» (*De la contingence des lois de la nature*, 1874 ; *De l'idée de loi naturelle...*, 1895 ; *Science et religion dans la philosophie contemporaine*, 1908). ➝ ÉTYM. *Boutroux* est une forme altérée de *Boutroue* qui désigne une borne placée aux angles des bâtiments pour empêcher les roues des carrosses de toucher les murs.

**BOUTS (Dierick ou Thierry)** ♦ Peintre hollandais (Haarlem v. 1415 - Louvain 1475). Il se serait formé à Haarlem, puis à Bruxelles, auprès de Van* der Weyden. Il fut nommé en 1468 peintre de la ville de Louvain. On lui attribue notamment le *Retable du Saint-Sacrement* (1464 - 1468), un *Portrait d'homme* (1462), une *Adoration des Mages* (apr. 1457). Habile perspectiviste, il rend avec délicatesse et homogénéité l'atmosphère lumineuse. Attentif à la description précise des détails familiers, il emploie souvent des tonalités froides. L'expression du sentiment religieux semble retenue, mais une certaine tension expressive naît de l'élongation des personnages aux formes anguleuses, des attitudes immobiles et de l'emploi d'un graphisme acéré. Ces traits stylistiques apparaissent particulièrement dans l'*Épreuve du feu* (v. 1473), qui fait partie de la série destinée à l'hôtel de ville de Gand, et consacrée à la *Justice d'Othon* ; ils révèlent les liens qui rattachent Bouts à la tradition gothique.

**Bouvard et Pécuchet** ♦ Œuvre satirique de Gustave Flaubert* (inachevée et posth., 1881) qui s'en prend au culte de la science mal comprise. Deux employés parisiens, auxquels une soudaine aisance permet de se retirer à la campagne, veulent apaiser leur soif de connaissances et effectuent de maladroites tentatives dans tous les domaines, passant de l'agronomie à la philosophie transcendantale avec une bonne volonté naïve et appliquée. Malgré leurs échecs, ils acquièrent au moins le sens critique : «Ils constatent la bêtise de ceux qui les entourent et ne peuvent plus la supporter.» Dans cette critique de la connaissance et de sa transmission, dans cette encyclopédie dérisoire, l'auteur se libère peu à peu de son pessimisme par une complicité amusée avec ses deux personnages.

**BOUVERESSE (Jacques)** ♦ Philosophe français (Épenoy, Doubs 1940), professeur au Collège de France depuis 1995. Il fut l'un des premiers, à la suite de Jules Vuillemin, à introduire en France la philosophie analytique et la philosophie de Wittgenstein (*Le Mythe de l'intériorité*, 1976, ouvrage dans lequel il s'intéresse à la théorie wittgensteinienne du langage privé et à ses conséquences sur la subjectivité). Mettant volontiers l'ironie et la satire au service de la défense du rationalisme (il s'intéresse à Robert Musil), il se consacre principalement à la philosophie de la connaissance : *Langage, perception et réalité*. Il s'est érigé contre l'imposture tant philosophique que journalistique.

**BOUVET (île)** – en norv. *Bouvetøya* ♦ Île volcanique de l'Atlantique S. (terres Australes), située à 54° 26′ S. et 3° 24′ E. 50 km². Elle est presque entièrement recouverte d'une calotte glaciaire. Découverte par le Français Bouvet* de Lozier (1739), elle est devenue possession norvégienne en 1927. Station météorologique (1977).

Dierick **Bouts.** *Adoration des Mages* (80 × 56 cm).
Musée du Prado, Madrid.
*Phot. © Carlo Bevilacqua/Ricciarini*

**BOUVET DE LOZIER ou LOZIER-BOUVET (Jean-Baptiste Charles)** ♦ Navigateur français (Saint-Malo 1705 - 1786). Capitaine de frégate en 1747, il explora les mers des Indes, puis administra les îles de France (île Maurice) et de Bourbon (la Réunion) de 1750 à 1763.

**BOUVIER (Louis)** ♦ Naturaliste français (Saint-Laurent-Grandvaux, Jura 1856 - Maisons-Laffitte 1944). Ses travaux portèrent principalement sur le monde des insectes et sur les mollusques. [Acad. sc. 1902]

**BOUVIER (Nicolas)** ♦ Écrivain suisse d'expression française (Genève 1929 - *id.* 1998). Photographe et voyageur, il a retracé ses pérégrinations orientales dans *L'Usage du monde* (1963), *Chronique japonaise* (1975), *Le Poisson-scorpion* (1982), *Journal d'Aran et d'autres lieux* (1990), qui sont moins des récits que des impressions de voyage, à l'écriture finement ciselée.

**BOUVIER** n. m. – en lat. *Bootes* ♦ Constellation boréale située dans le prolongement de la Grande Ourse*, dont l'étoile la plus brillante est Arcturus*.

**BOUVINES** [59830] ➝ ÉTYM. du germ. *Buvinus*, n. de pers., et suff. *-inum* ou du lat. *bovem* «bœuf» ♦ Comm. du Nord, arr. de Lille, sur la Marcq. 772 hab. *(Bouvinois)*. **Histoire** Victoire décisive de Philippe Auguste, soutenu par Gaucher de Châtillon, Matthieu II de Montmorency et les milices communales, sur les troupes coalisées de Jean sans Terre, Othon IV de Brunswick, Renaud, comte de Boulogne, et Ferdinand de Portugal, comte des Flandres (1214). On a pu considérer cette bataille comme le premier témoignage du sens national chez les habitants de la France.

**BOUXIÈRES-AUX-DAMES** [54136] ➝ ÉTYM. du lat. *buxaria* «lieu planté de buis» de *buxus* «buis» et suff. *-aria* et *Dames* «religieuses» (la v. abritait un couvent) ♦ Comm. de la Meurthe-et-Moselle, sur la Meurthe. 4 124 hab.

**BOUXWILLER** [buksvilɛʀ] [67330] ➝ ÉTYM. «la ferme (bas lat. *villare*) de Bucco (n. de pers. germ.)» ♦ Ch.-l. de cant. du Bas-Rhin, arr. de Saverne. 3 683 hab. *(Bouxwillerois)*. Hôtel de ville Renaissance (musée d'Histoire, d'Arts et Traditions populaires).

**BOUYGUES (Francis)** ♦ Industriel français (Paris 1922 - Saint-Malo 1993). Il fonda en 1951 une entreprise de bâtiment et de travaux publics qui devint la première de France. À partir de 1970, il diversifia ses activités, se lançant notamment dans l'ingénierie pétrolière et dans l'audiovisuel (rachat de la première chaîne de télévision en 1987). ➝ ÉTYM. *Bouygues* vient du gaulois *bodica* «friche, jachère».

**BOUZIGUES** [34140] ➝ ÉTYM. du gaul. *bodica* «friche» ♦ Comm. de l'Hérault, arr. de Montpellier, sur l'étang de Thau*. 1 208 hab. *(Bouzigauds)*. Centre de mytiliculture et d'ostréiculture.

**BOUZONVILLE** [57320] ♦ Ch.-l. de cant. de la Moselle, arr. de Boulay-Moselle. 4 117 hab. (aggl. 4 627). *(Bouzonvillois)*.

**BOUZY** [51150] ♦ Comm. de la Marne, arr. de Reims. 997 hab. *(Bouzillons)*. Viticulture (vin rouge de Champagne : bouzy).

**BOVE (Emmanuel)** ♦ Écrivain français (Paris 1885 - *id.* 1945). Ses principaux romans (*Mes amis*, 1924 ; *Armand*, 1925 ; *Henri Duchemin* *et ses ombres,* 1928 ; *La Dernière Nuit,* 1927) ont été célébrés par Colette, Rilke et Beckett. Il s'en dégage une impression de détresse et de mélancolie devant la médiocrité humaine que met en valeur une écriture parfaitement limpide. On lui doit également *Un homme qui savait* (posth. 1985).

**BOVET (Daniel)** ♦ Pharmacologue italien d'origine suisse (Neuchâtel 1907 - Rome 1992). Il découvrit le rôle de l'histamine dans les phénomènes allergiques et prépara les premiers antihistaminiques. Ses études sur le curare, poison naturel qui paralyse les muscles, le conduisirent à la synthèse de composés relaxants non toxiques utilisés pour l'anesthésie, et sont à l'origine de certains médicaments employés en psychiatrie. [Prix Nobel de physiol. ou méd. 1957]

**BOWEN (Elizabeth)** ♦ Romancière britannique (Dublin 1899 - Londres 1973). Ses nouvelles (*Rencontres,* 1923 ; *Ann Lee,* 1928) et ses romans (*L'Hôtel,* 1927 ; *La Maison à Paris,* 1935 ; *La Mort du cœur,* 1938 ; *Les Petites Filles,* 1964), mettent en scène des enfants solitaires et trop précoces ou des jeunes femmes vulnérables confrontées à la fin d'un monde (la haute bourgeoisie édouardienne). *La Chaleur du jour* (1949) restitue l'atmosphère angoissée de Londres durant la Deuxième Guerre mondiale.

**BOWIE (David Robert JONES, dit David)** ➝ **ÉTYM.** du gaél. *buidhe* «jaune, blond» ♦ Compositeur, chanteur et acteur britannique (Brixton, près de Londres 1947). Rock, pop, soul, punk, techno, le chanteur a abordé tous les styles et toutes les modes, qu'il a souvent précédés, au cours d'une carrière commencée dans les années soixante. Sa réussite passe par la scène, où il excelle dans la démesure. Parmi ses sources d'inspiration reviennent la science-fiction et la libération sexuelle. Il a joué également dans plusieurs films et trouvé son plus beau rôle dans *Furyo* (d'Ōshima, 1982).

**BOWLES (Paul)** ♦ Compositeur et écrivain américain (New York 1910 - Tanger 1999). Il étudia la musique avec Aaron Copland* et Virgil Thomson*, composa des ballets, de la musique de film et un opéra (*The Wind Remains,* 1943). À l'instigation de Gertrude Stein*, il voyagea longtemps, explorant le Mexique et le monde arabe, puis s'installa à Tanger et se consacra à son œuvre littéraire, mêlant fiction et autobiographie (*Réveillon à Tanger,* nouvelles ; *Le Scorpion,* nouvelles ; *Un thé au Sahara,* roman 1949). Il est également l'auteur de récits de voyage (*Leurs mains sont bleues,* 1963), a écrit des poèmes et transcrit les récits du conteur arabe Mohammed Mrabet (*Le Citron, Le Café de la plage).* ➝ **ÉTYM.** Ce nom de famille vient du vieil anglais *bolla* «bol», surnom d'un buveur ou nom de métier d'un fabricant de bols.

**BOWMAN (Isaiah)** ♦ Géographe américain (Waterloo, Canada 1878 - Baltimore 1950). Il est l'auteur de travaux sur les Andes et d'ouvrages de géographie politique (*Le Monde nouveau,* 1929).

**Boxers** n. m. pl. ♦ Nom anglais de la secte chinoise *Yihequan* «Poings de justice et de concorde». Fondée v. 1770 dans le Shandong, cette branche du Lotus blanc provoqua à partir de 1899 la «Révolte des Boxers (ou Boxeurs)» dirigée contre l'influence occidentale. Cette résurgence fut accueillie favorablement par la cour, qui voulut l'utiliser contre les étrangers. En 1900, ses membres massacrèrent les missions étrangères à Pékin et assiégèrent les légations. Un corps expéditionnaire international sous le commandement du général allemand Waldersee prit alors T'ien-tsin (Tianjin*) puis entra à Pékin. Le gouvernement chinois dut payer aux puissances européennes une très forte indemnité.

**BOYACÁ** ♦ V. de Colombie, dans la cordillère orientale des Andes. 4 947 hab. Élevage laitier. ♦ ***Département de Boyacá.*** 23 189 km². 1 211 000 hab. CAP. : Tunja. ▮ **Histoire** Lieu de victoire de Bolívar sur les Espagnols (1819) qui permit la libération de la Nouvelle-Grenade.

**BOYCE (William)** ♦ Compositeur britannique (Londres 1710 - *id.* 1779). Maître de musique à la cour, il a publié *Cathedral Music,* anthologie de la musique religieuse des XVIe et XVIIe s. Il est aussi l'auteur de nombreuses partitions de musique de scène *(La Tempête ; Cymbeline ; Macbeth),* d'ouvertures, d'odes et de symphonies. Trop proche de Haendel*, il n'a pu connaître, en dépit de son grand talent, la même gloire que son aîné.

**BOYD-ORR (John, 1er baron)** ♦ Nutritionniste britannique (Kilmaurs, Ayrshire, Écosse 1880 - Brechin, Écosse 1971). Spécialiste des problèmes d'alimentation, il fut directeur général de la FAO (1946 - 1947). [Prix Nobel de la paix 1949]

**BOYE (Karin)** ♦ Écrivain suédois (Göteborg 1900 - Alingsås 1941). Une sensibilité maladive, des choix politiques de gauche très marqués, une carrière d'enseignante : elle ne trouvera pas le bonheur qu'elle a tant cherché et finira par se suicider. C'est un des grands poètes de son pays, pour ses recueils (*Nuages,* 1922 et surtout *Pour l'amour de l'arbre,* 1935) où les symboles servent à la fois à masquer et à dévoiler l'angoisse de son âme. Elle est également l'auteur d'un roman d'anticipation, *La Callocaïne* (1940), qui revient, lui aussi, à une amère méditation sur le mal.

**BOYER (Alexis)** ♦ Chirurgien français (Uzerche 1760 - Paris 1833). Il est l'auteur d'un *Traité complet d'anatomie* et d'un *Traité des maladies chirurgicales et des opérations qui leur conviennent.* [Acad. sc. 1825] ➝ **ÉTYM.** Ce nom de famille est une variante régionale de *Bouvier**.

**BOYER (Jean-Pierre)** ♦ Homme d'État haïtien (Port-au-Prince 1776 - Paris 1850). Président de la république d'Haïti à la mort de A. Pétion* en 1818, il réunifia le pays, reprenant la partie N. en sécession, et annexa la partie orientale de l'île (auj. Rép. dominicaine) en 1822. Renversé en 1843 par un coup d'État dirigé par un de ses lieutenants, Charles Hérard, il mourut en exil.

**BOYER (Charles)** ♦ Acteur américain d'origine française (Figeac 1899 - Phoenix 1978). Interprète au théâtre de Guitry et de Bernstein, il vint tôt au cinéma (*L'Homme du large* de Marcel L'Herbier, 1920). Sa carrière se partagea entre la France (*Le Bonheur,* 1935 ; *Mayerling,* 1936) et les États-Unis (*Marie Walewska,* 1937 ; *Elle et Lui,* 1939), où il se fixa dès 1934. D'une carrière féconde, on retiendra encore *Madame de* (Max Ophuls, 1953) et *Stavisky* (Alain Resnais, 1974).

**BOYER (Paul D.)** ♦ Biochimiste américain (Provo, Utah 1918). Il contribua à l'élucidation du mécanisme de l'action de l'ATP synthétase, enzyme qui catalyse la formation de l'ATP (adénosine triphosphate), molécule assurant le métabolisme cellulaire. Son hypothèse, émise dans les années 1970, est fondée sur la structure complexe de l'enzyme (deux parties composées chacune de plusieurs sous-unités) dont le fonctionnement est possible grâce aux changements de conformations des sous-unités. [Prix Nobel de chimie 1997, avec J. Skou* et J. Walker*]

**BOYER (Herbert Wayne)** ♦ Biochimiste américain (Pittsburgh 1936). Pionnier du génie génétique, il mit au point, en 1973, avec Stanley Norman Cohen*, une méthode d'introduction de gènes étrangers dans une cellule bactérienne.

**BOYLE (sir Robert)** ♦ Physicien et chimiste irlandais (Lismore Castle 1627 - Londres 1691). Il améliora le thermomètre de Galilée* et la pompe pneumatique d'Otto von Guericke*, grâce à laquelle il put effectuer de nombreuses études sur les propriétés de l'air (sa nature, son élasticité, son poids spécifique, la nécessité de sa présence pour la respiration et la combustion), puis sur les gaz en général. Il mit au point une technique permettant de recueillir les gaz en fin de réaction, et surtout énonça (indépendamment de C. Mariotte*) la loi concernant la compressibilité des gaz qui porte le nom des deux savants. Il rejeta la théorie des éléments d'Aristote* et définit les corps simples et primitifs et les corps composés, sans parvenir toutefois au concept d'élément chimique (➝ **Lavoisier**). Il put établir sa classification très moderne des composés en acides, alcalis et sels, grâce à l'utilisation systématique des réactifs colorés. Il montra également, expérimentalement, que l'air ne joue aucun rôle dans l'attraction magnétique et établit la réciprocité des attractions électriques.

**BOYLE (Willard Sterling)** ♦ Physicien canadien et américain (Amherst, Nouvelle-Écosse 1924). En 1962, il mit au point le premier laser à rubis capable de fonctionner de façon continue. Avec G. E. Smith* il inventa, en 1969, le capteur CCD (*coupled-charged device* ou dispositif à couplage de charges) permettant, grâce à l'effet photoélectrique (➝ **Einstein**), la transformation de la lumière en signaux électriques. Cela rendit possible la réalisation d'images numériques, utilisées notamment dans les appareils photographiques, les télescopes ou les instruments de microchirurgie. [Prix Nobel de phys. 2009, avec G. E. Smith et C. K. Kao*]

**BOYLESVE (René TARDIVEAU, dit René)** ➝ **ÉTYM.** n. de sa mère ; «bois l'ève», de l'anc. fr. *ève* «eau», surnom de buveur (par antiphrase) [➝ aussi Boileau] ♦ Écrivain français (La Haye-Descartes 1867 - Paris 1926). Après avoir composé des études provinciales nuancées où il se fit le peintre des vies manquées (*Mademoiselle Cloque,* 1898 ; *La Becquée,* 1901), il évoqua l'atmosphère voluptueuse et *Le Parfum des îles Borromées* (1898), avant de manifester sa sensibilité et son ironie dans un délicat libertinage, *La Leçon d'amour dans un parc* (1902). [Acad. fr. 1918]

**Boymans-Van Beuningen** (musée) ♦ Musée d'art de Rotterdam*, fondé en 1847. Riches collections de tableaux de l'école flamande et hollandaise, d'art moderne et contemporain. Section d'arts décoratifs.

**BOYNE** n. m. ♦ Fl. côtier de la rép. d'Irlande (135 km), qui se jette dans la mer d'Irlande à Drogheda. Nombreux tumulus (Newgrange, -2500). Sur les rives du Boyne, Guillaume* III remporta, le 1er juil. 1690, sur Jacques *II la victoire qui confirma le triomphe de la révolution de 1688 et la chute des jacobites. L'anniversaire de cette bataille est fêté par les protestants de l'ordre d'Orange.

**BOYSSET (Antoine)** ➝ **Boesset**

**BOZCAADA** ➝ **Ténédos**

**BOZ DAG** ➝ **Tmolos**

**BOZEL** [73350] ♦ Ch.-l. de cant. de la Savoie, arr. d'Albertville. 1 854 hab. *(Bozelains).* Centrale hydroélectrique sur le Doron de Bozel.

**BOZOULS** [12340] ➝ **ÉTYM.** du germ. *Boato (Boazo),* n. de pers. ♦ Ch.-l. de cant. de l'Aveyron, arr. de Rodez, sur le causse Comtal. 2 329 hab. *(Bozoulais).* Canyon du Dourdou dit *trou de Bozouls.*

La **Brabançonne** ♦ Hymne national belge composé par Frans Van Campenhout (1780 - 1848), lors de l'insurrection victorieuse contre le gouvernement hollandais (1830). Le texte officiel en fut écrit par Charles Rogier.

**BRABANT** n. m. → ÉTYM. en lat. *Bracbantum*, probablt «terre (ou domaine) *[bant]* en friche *[brac]*» ♦ Région historique située entre la Meuse et l'Escaut, auj. partagée entre la Belgique (prov. d'Anvers, du Brabant flamand et du Brabant wallon) et les Pays-Bas (Brabant-Septentrional). ▪ Occupé par les Nerviens avant la conquête romaine et franque, le Brabant fit successivement partie du royaume d'Austrasie* et de Lotharingie*. Divisé en quatre comtés au IX$^e$ s. ; il fut établi en duché au début du XII$^e$ s. par les comtes de Louvain qui l'enrichirent de la Basse-Lorraine (1106) et du duché de Limbourg* (1288). Dévolu par héritage à une branche cadette de la maison de Valois-Bourgogne en 1406, le duché de Brabant-Limbourg revint en 1430 à Philippe* III le Bon, duc de Bourgogne, et passa par mariage, avec les autres États bourguignons, à la maison d'Autriche (1477), puis à la branche austro-espagnole (1553). La partie septentrionale du Brabant fut cédée en 1609 aux Provinces*-Unies insurgées, tandis que le traité d'Utrecht (1713) reconnaissait à la branche autrichienne des Habsbourg sa partie méridionale. Réuni à la France sous la Révolution et l'Empire, le Brabant fut annexé en 1815 au royaume des Pays*-Bas, puis à nouveau divisé lors de l'indépendance de la Belgique en 1830. → **Belgique.**

**Brabant.** Philippe III le Bon, duc de Brabant-Limbourg, et sa femme Isabelle de Portugal, anonyme du xv$^e$ s., école flamande. Musée des Beaux-Arts, Gand. *Phot. ©Giraudon*

**BRABANT FLAMAND** n. m. – en néerl. ***Vlaams Brabant*** ♦ Prov. du centre de la Belgique. → **Belgique** (carte). 2 106 $km^2$. 1 052 467 hab. LANGUE : néerlandais, avec l'enclave bilingue de la Région de Bruxelles-Capitale, et 6 comm. à facilités pour la «minorité» francophone, en réalité majoritaire. CH.-L. : Louvain. La prov. est divisée en 2 arr. : Louvain* et Halle*-Vilvoorde*. ▪ Le Brabant flamand s'étend principalement dans les avant-pays des plateaux limoneux. Entre la Dendre et la Senne, entre Asse et Enghien, s'étend le Pajottenland, caractérisé par le contraste entre les champs ouverts des crêtes et le bocage des dépressions et petites vallées. En Campine* brabançonne, de nombreux petits bois agrémentent un paysage qui a attiré dans des quartiers de villas des habitants aisés travaillant à Bruxelles. Plus à l'E., le Hageland est une région de transition formée de collines, entre la Campine au N. et la Hesbaye* limoneuse au S., et spécialisée dans la production fruitière. ▮ **Économie** L'horticulture est associée avec l'élevage du gros bétail dans le Pajottenland. Dans la vallée de la Senne, des industries très diversifiées sont implantées au S. de Bruxelles (Beersel, Drogenbos, Halle, Sint*-Pieters-Leeuw), alors que les constructions métalliques et la chimie sont regroupées au N. (Vilvoorde*, Machelen*). Dès les années 1960, des parcs industriels ont été installés le long du «ring» autoroutier vers Dilbeek et Asse à l'O. et à proximité de l'aéroport de Zaventem au N.-E. Plus à l'E., Louvain* est le pôle industriel principal (construc. électriques, indus. alimentaires). Dans l'E. de la prov., l'industrialisation se limite à trois villes : Aarschot* (construc. électriques), Diest* et Tienen* (construc. métalliques, sucrerie). Le tourisme d'un jour est principalement localisé à Louvain* (ville d'art) et dans le Hageland (paysages, villes d'art, pèlerinage à Scherpenheuvel*).

**BRABANT-SEPTENTRIONAL** – en néerl. ***Noordbrabant*** ♦ Prov. méridionale des Pays-Bas. 4 957 $km^2$. 2 419 042 hab. CH.-L. : Bois*-le-Duc. ▪ D'altitude partout inférieure à 50 m, la province possède un sous-sol sableux au S.-E., argileux au N. et à l'O. Les terres agricoles se répartissent également, entre cultures et prairies, tandis que l'horticulture se développe à l'O. La province a connu une forte industrialisation après la guerre, surtout dans sa partie orientale (influence d'Eindhoven et de Philips) ; en revanche, les vieux foyers du textile (Tilburg) et du cuir sont en déclin. L'unification européenne et l'amélioration des communications avec l'Allemagne et la Belgique donnent au Brabant-Septentrional de bonnes perspectives de développement.

**BRABANT WALLON** n. m. ♦ Prov. du centre de la Belgique. → **Belgique** (carte). 1 090 $km^2$. 370 460 hab. LANGUE : français. CH.-L. : Wavre. La prov. compte un seul arr. : Nivelles*. ▪ Le Brabant wallon constitue la banl. résidentielle du S. de Bruxelles. Il comprend la majeure partie du bas plateau limoneux brabançon découpé par la Senne, la Sennette et le Hain à l'O., la Dyle et la Lasne au centre, la Grande Gette et la Petite Gette à l'E. ▮ **Économie** Les plateaux d'interfluve sont caractérisés par de grandes fermes en carré exploitant des cultures de céréales et de betteraves sucrières. Les versants sont agrémentés de bois, tandis que dans les vallées l'agriculture cède le pas à l'urbanisation de la périphérie bruxelloise. Dans la partie de l'axe ABC (Anvers-Bruxelles-Charleroi) qui traverse l'O. de la province, se situent les forges de Clabecq, en difficulté, alors que la vallée de la Dyle possède au S. de Wavre la seule ville nouvelle de Belgique, à Ottignies*-Louvain-la-Neuve, avec son université catholique francophone et son parc d'industries scientifiques. Nivelles* dispose également d'un parc d'industries diversifiées à proximité d'une autoroute. Quelques sites d'intérêt historique, comme le champ de bataille de Waterloo*, Nivelles* et sa collégiale gothique, les ruines de l'abbaye de Villers-la-Ville, le lac de Genval ou le château de la Hulpe, constituent des centres d'intérêt pour le tourisme d'un jour, mais c'est le parc d'attractions Walibi à Wavre* qui attire le plus de visiteurs.

**BRABHAM** (sir **Jack**) ♦ Pilote et constructeur automobile australien (Sydney 1926). Il remporta 67 Grands Prix et fut à trois reprises champion du monde des conducteurs en 1959, 1960 et 1966. À partir de 1965, il se lança également dans la construction de voitures de course.

**BRAČ** ♦ Île croate. La plus élevée de l'archipel dalmate (778 m). 394 $km^2$. 14 031 hab.

**BRACCIO DA MONTONE** (**Andrea FORTEBRACCI**, comte) ♦ Condottiere italien (Pérouse 1368 - Aquila 1424). Il rivalisa avec Malatesta* et Jacopo Sforza*, et fut un moment maître de Rome (1417). Il fut tué en assiégeant Aquila.

**BRACHET** (**Jean**) ♦ Biochimiste belge (Etterbeek 1909 - 1988). Il a étudié les acides nucléiques et la différenciation cellulaire. [Acad. sc. 1978]

**BRACKNELL** → ÉTYM. Vieil anglais *Braccan heal* «lopin de terre *(halh)*, de *Bracca* (n. de personne)». ♦ V. nouvelle d'Angleterre (district de Bracknell Forest), à l'O. de Londres. 109 606 hab. Sa situation sur l'autoroute M4 et la proximité de l'aéroport d'Heathrow ont facilité sa très forte croissance, fondée sur le développement de l'indus. mécanique puis de l'informatique. Siège du Meteorological Office.

**BRACQUEMOND** (**Félix**) ♦ Aquafortiste, lithographe et peintre français (Paris 1833 - *id.* 1914). Élève d'un disciple d'Ingres, Guichard, il étudia la lithographie et s'initia à l'eau-forte. Cette technique devint son moyen d'expression favori et il réalisa des gravures de reproduction, ainsi que des œuvres originales (*Le Haut d'un battant de porte*, 1850). Ami de Gavarni*, Th. Gautier, Baudelaire, Champfleury, Banville et des Goncourt, et jouant un rôle d'animateur, il contribua à revaloriser la gravure à l'eau-forte qu'il enseigna à Rousseau*, Corot*, Millet*, Rops* et Manet*. Il participa à la première exposition des impressionnistes (1874) et aurait été l'un des premiers à leur faire connaître les estampes japonaises. À partir de 1871, il dirigea l'atelier de peinture de la manufacture de Sèvres et en 1872 travailla aussi pour Limoges.

**Bradamante** ♦ Héroïne du *Roland* amoureux* de Boiardo et du *Roland* furieux* de l'Arioste, sœur de Renaud et amante de Roger (qu'elle cherche sans répit), elle est aussi tendre amoureuse que courageuse guerrière.

**BRADBURY** (**Raymond**, dit **Ray**) ♦ Écrivain américain (Waukegan, Illinois 1920). Auteur de récits fantastiques et d'anticipation et scénariste. Ses premiers récits, publiés dans des revues, furent réunis dans *Dark Carnival* (1947). Les *Chroniques martiennes*, réunies en 1950, *L'Homme illustré* (1951), *Fahrenheit 451* (1953) et *Le Pays d'octobre* (1955) fondèrent sa réputation mondiale de conteur. Mettant en œuvre des préoccupations morales et politiques très classiquement humanistes, dénonçant les injustices et les tyrannies au nom des valeurs libérales de sa culture, Bradbury est surtout remarquable par la qualité imaginaire, poétique et angoissante de son récit. Ses œuvres postérieures furent moins appréciées (*Je chante le corps électrique*, 1969). → ÉTYM. *Bradbury* vient du vieil anglais *brād* «grand» et *burh* «forteresse».

**BRADFORD** → ÉTYM. du vieil angl. *Bradanforda* «le large *(bradan)* gué *(forda)*» ♦ V. d'Angleterre (West Yorkshire), sur la bordure orientale des Pennines. 467 668 hab. Ses usines lainières furent les plus importantes du pays, et pendant longtemps la ville fut le principal centre de conditionnement de la laine et des produits finis. Le taux de chômage y est élevé en raison du déclin de l'industrie manufacturière. Église Saint Peter (xv$^e$ s.). – La ville a été le théâtre de violentes émeutes raciales en 2001.

**BRADLEY (James)** ♦ Astronome britannique (Sherborne, Gloucestershire 1693 - Chalford 1762). Il découvrit (1728) l'aberration astronomique (due à la composition du mouvement de la Terre et de celui de la lumière émise par l'étoile) ; la précession et la nutation de l'axe terrestre (1748) ; il établit également des tables de réfraction astronomique et des tables de mouvements des satellites de Jupiter. [Acad. sc. 1748] → ÉTYM. En vieil anglais, ce nom de lieu signifie «vaste *(brād)* forêt *(leah)*».

**BRADLEY (Francis Herbert)** ♦ Philosophe britannique (Glasbury 1846 - Oxford 1924). Représentant de l'idéalisme anglo-saxon (→ **hégélianisme**), il développa une philosophie de la connaissance de l'absolu (la réalité concrète dans sa totalité, en tant qu'elle se distingue de l'apparence) influencée par la pensée de Hegel (*Les Principes de la logique*, 1883 ; *Apparence et Réalité*, 1893). → **Bosanquet, Royce.**

**BRADLEY (Omar Nelson)** ♦ Général américain (Clark, Missouri 1893 - New York 1981). Spécialiste de la tactique d'infanterie, il commanda en Tunisie et en Sicile en 1943. En 1944, il commanda les forces américaines lors du débarquement en Normandie et, à la tête du XIIe groupe d'armées, progressa de la Bretagne jusqu'à l'Elbe où il fit jonction avec les Russes (1945).

**BRADWARDINE (Thomas)** ♦ Mathématicien et théologien anglais (Hartfield, Sussex 1290 - Lambeth 1349). Ses études du mouvement l'amenèrent à formuler une relation entre la force qui le provoque, la vitesse et la résistance qui s'oppose au déplacement. En géométrie, il s'intéressa notamment aux polygones étoilés. Il soutenait que Dieu, tout-puissant, est présent et agissant en toute créature.

**BRADY (Mathew B.)** ♦ Photographe et peintre américain (Lake George, New York 1823 - New York 1896). Portraitiste de studio, il réalisa des clichés de personnages illustres, dont celui d'Abraham Lincoln (1860). Il est également connu pour ses reportages sur la guerre de Sécession : il se rendit au front et prit le parti d'en montrer l'horreur.

**BRAEMAR** ♦ Loc. d'Écosse (Aberdeenshire), sur la Dee. Station touristique estivale et hivernale au cœur des Highlands du Sud près de Balmoral*.

**BRAGA (Teófilo)** ♦ Homme d'État et écrivain portugais (Ponta Delgada, Açores 1843 - Lisbonne 1924). Professeur de littérature moderne à l'université de Lisbonne (1872), il fut l'introducteur du positivisme au Portugal. Poète dont l'œuvre est abondante (*Tempêtes sonores*, 1864 ; *Torrents*, 1869), il a également écrit une *Histoire de la littérature portugaise* (1870 - 1873) ainsi qu'un ouvrage sur *Camoens* (1873 - 1875) et réuni des *Contes traditionnels du peuple portugais* (1883). Ardent républicain et anticlérical, il présida le gouvernement provisoire en 1910 et fut président de la République en 1915.

**BRAGA** → ÉTYM. p.-ê. de *Bracari*, n. de peuple ♦ V. du Portugal (région Nord), ch.-l. de district dans le Minho. 99 319 hab. Capitale religieuse du Portugal (archevêché primatial). Université. Cathédrale (XIIe - XVIIIe s.) : boiseries baroques ; chœur flamboyant. ▪ Indus. légères. ▪ Aux environs, sanctuaire du Bom Jesus do Monte (escalier monumental à fontaines baroques).

**BRAGANCE** – en port. ***Bragança*** → ÉTYM. du gaul. *briga* «hauteur, forteresse» ♦ V. du Portugal (région Nord), ch.-l. de district dans le Trás-os-Montes. 34 628 hab. Vieille cité fortifiée ; château (XIIe s.). ▮ **Histoire** Au XVe s., la création du duché de Bragance se trouve à l'origine d'une grande maison aristocratique dont le 8e duc devint roi de Portugal en 1640. → **Bragance (maison capétienne de).**

**BRAGANCE** (maison capétienne de) ♦ Famille portugaise de la branche bourguignonne des Capétiens, issue d'Alphonse Ier, duc de Bragance, fils naturel de Jean Ier le Grand. L'un de ses descendants devint roi du Portugal en 1640 sous le nom de Jean* IV, établissant ainsi la dynastie royale de Bragance qui régna sur le Portugal jusqu'à la révolution de 1910 et la proclamation de la république (→ **Jean IV, Alphonse VI, Pierre II, Jean V, Joseph Ier, Marie Ire, Jean VI, Pierre III, Michel Ier, Marie II, Pierre V, Louis Ier, Charles Ier, Manuel II**) et sur le Brésil de 1822 à 1889 (→ **Pierre Ier, Pierre II**). ▪ À partir de 1644, le titre de duc de Bragance fut donné à l'héritier du trône du Portugal.

**BRAGG (sir William Henry)** ♦ Physicien britannique (Wigton 1862 - Londres 1942). Il utilisa, avec son fils sir William Lawrence, la diffraction des rayons X par les cristaux pour étudier la structure des solides. Ils énoncèrent la loi qui porte leur nom et qui relie la direction des rayons diffractés aux distances entre les plans atomiques, et établirent les bases de la spectroscopie des rayons X. Leurs travaux permirent l'élucidation de la structure de nombreuses protéines. [Acad. sc. 1922 ; prix Nobel de phys. 1915, avec W. L. Bragg] ♦ Sir **William Lawrence Bragg** (Adélaïde, Australie 1890 - Ipswich 1971), fils et collaborateur du précédent. Il fonda le laboratoire de biologie moléculaire de Cambridge. [Acad. sc. 1939 ; prix Nobel de phys. 1915, avec W. H. Bragg]

**BRAGI BODDASON** ♦ Écrivain norvégien (v. 835 - v. 900 ?). On ne connaît guère que le nom de cet écrivain que la tradition crédite pourtant de l'«invention» du grand mètre scaldique, le *drottkvaett*. Il aurait rédigé dans ce mètre particulièrement complexe la *Ragnarsdrápa*, poème mythologique qui est aussi le premier témoin dont on dispose de cette poésie, la plus élaborée qu'ait inventée l'Occident.

**BRAHÉ (Tycho)** ♦ Astronome danois (Knudstrup 1546 - Prague 1601). Le roi Frédéric II de Danemark lui ayant octroyé en 1576 l'île de Hveen (Sund) pour y construire son laboratoire (château d'Uraniborg), il consacra à l'observation les vingt années qu'il y passa : il étudia, en 1572, une étoile temporaire de la constellation de Cassiopée, ainsi que les mouvements de la Lune ; il fut le premier à tenir compte de la réfraction de la lumière et rédigea un catalogue de 777 étoiles. Mis plus ou moins en disgrâce après l'avènement de Christian IV (1588), à cause de ses dettes permanentes, il quitta Uraniborg quand sa pension lui fut retirée (1597). Devenu le protégé de Rodolphe II, il s'installa en Bohême où, à partir de 1601, son équipe, renforcée par l'adjonction de Kepler*, se remit au travail, commençant notamment l'élaboration des *Tabulae rudolphinae*. Ses observations sur le mouvement de la planète Mars (dix oppositions) permirent à Kepler de réformer l'astronomie. Il fut pourtant un adversaire du système héliocentrique de Copernic* et tenta de parvenir à un compromis satisfaisant entre ses observations et la doctrine de Ptolémée*. → ÉTYM. *Brahé* est un nom scandinave qui signifie «bien, excellent».

**BRAHM (Otto)** ♦ Critique, metteur en scène et directeur de théâtre allemand (Hambourg 1856 - Berlin 1912). Il fut le fondateur de la Freie Bühne dont l'esthétique s'inspirait du même esprit que celle du Théâtre-Libre d'Antoine*.

**BRAHMĀ** → ÉTYM. sanskr. «l'absolu», apparenté à *brahman* «Être suprême» ou «Principe suprême» ♦ Divinité hindoue, membre de la trinité Brahmā-Shiva-Vishnou. Autrefois Entité suprême, il perdit cette qualité au profit des deux autres divinités. Les temples qui lui furent consacrés sont très rares. On le représente avec quatre faces et deux paires de bras, et son animal-support est une oie sacrée.

**Brahmā.** Sculpture Chālukya, trouvée à Aihole.
Prince of Wales Museum, Bombay.
*Phot. ©Arch. Smeets*

**Brāhmaṇa** n. m. pl. ♦ Nom générique des traités et des recueils de commentaires des Veda*, écrits en prose sanskrite et compilés par les diverses écoles védiques anciennes.

**Brahmanisme** → **Hindouisme**

**BRAHMAPOUTRE** n. m. → ÉTYM. probablt sanskr. «enfant *(putra)* de Brahmā*» ; en angl. ***Brahmaputra***, en chin. ***Zangbu jiang*** ♦ Fl. de l'Himalaya oriental (2 900 km). Né au Tibet dans un sillon au N. de l'Himalaya, il traverse celui-ci aux gorges de Dihang pour atteindre l'Inde puis le Bangladesh où il forme un delta commun avec le Gange. Son alimentation par les neiges et les pluies de mousson et la taille de son bassin (900 000 km²) en font le 5e fleuve du monde pour le débit à l'embouchure (20 000 m³/s).

**BRAHMS (Johannes)** ♦ Compositeur allemand (Hambourg 1833 - Vienne 1897). Musicien très précoce, issu d'une famille modeste, il joua du piano dans les brasseries et les tavernes dès l'âge de treize ans. En 1853, il fit la connaissance de Liszt* et de Schumann*. Après de nombreuses tournées de concert comme pianiste et chef d'orchestre, il se fixa à Vienne en 1862 pour se consacrer à la com-

Johannes **Brahms**.
*Phot. © Gloria Lunel/Ricciarini*

position. Son œuvre pour piano (environ cinquante pièces : sonates, variations, ballades) est révélatrice du génie du compositeur ; son écriture revêt souvent un caractère symphonique (suggérant les instruments de l'orchestre) ; très dense, d'exécution difficile, elle fait une grande part à la mélodie et aux rythmes superposés ou syncopés. Les trois sonates, de forme classique, sont pourtant de véritables poèmes romantiques, par leur climat tantôt héroïque tantôt fantastique, onirique ou tendre, qui puise ses sources dans les légendes et le folklore allemand. Ce souci de la mélodie, on le retrouve dans ses quelque trois cents lieder, dans la ligne de Schubert et de Schumann. Ses quatre symphonies, écrites entre 1876 et 1885, continuent avec une ampleur lyrique et une variété thématique toujours renouvelée la tradition beethovénienne. Comme les lieder, les symphonies restent dans le ton intime de la confidence et de la méditation : Nietzsche y voyait l'expression de «la mélancolie de l'impuissance». Comme dans ses symphonies, Brahms utilise dans son importante musique de chambre le cadre beethovénien, la forme sonate et la technique de la variation. Ayant su tirer profit des leçons du passé pour exprimer une sensibilité moderne, romantique et souvent pessimiste, Brahms reste un architecte qui ne recherche pas la nouveauté à tout prix, mais la liberté formelle nécessaire à sa sensibilité poétique : sa fantaisie dans l'invention rythmique, son emploi d'enchaînements d'accords audacieux, l'ampleur de sa mélodie, lui permettent d'échapper à l'académisme. ➝ **ÉTYM.** Ce nom de famille vient du bas allemand *bram* qui signifie «genêt» ; le *s* final résulte d'une abréviation de *Bramson* «fils de Bram».

**BRAHUI** n. m. pl. ♦ Peuple de langue dravidienne du Baluchistan* pakistanais et de ses marges (env. 650 000). Son origine semble être un assemblage de petites communautés nomades, issues du Dekkan* occidental et islamisées dans le Sind* à l'époque ghaznavide* (X-XI^e^ s.). Les Brahui sont en voie de sédentarisation et d'acculturation rapide au sein de la communauté baluchi avec laquelle ils constituèrent vers 1660 un État organisé, le khanat de Kalât, qui connut son apogée durant la seconde moitié du XVIII^e^ s. et maintint une indépendance de fait jusqu'en 1876, date de son incorporation dans l'Empire des Indes.

**BRAID (James)** ♦ Médecin britannique (Rylaw House, Fifeshire 1795 - Manchester 1860). Il fut l'un des promoteurs des travaux sur l'hypnose (1843), terme qu'il créa pour désigner le sommeil provoqué.

**BRĂILA** ♦ V. du S. de la Roumanie, ch.-l. de distr., dans la plaine de Munténie. 215 316 hab. Important port sur le Danube inférieur. Centre indus. (cellulose, métall. lourde, construc. navales).

**BRAILLE (Louis)** ♦ Professeur et organiste français (Coupvray, Seine-et-Marne 1809 - Paris 1852). Atteint de cécité dès l'âge de trois ans, il devint en 1828 professeur à l'Institution des aveugles où il inventa pour ses élèves le système d'écriture en points saillants qui porte son nom et qui connut un succès immédiat. Ses cendres ont été transférées au Panthéon en 1952. ➝ **ÉTYM.** *Braille* vient du latin *bragulare* «pleurnicher, crier».

**BRAINE (John)** ♦ Romancier britannique (Bradford, Yorkshire 1922 - Londres 1987). Comme John Osborne* et Kingsley Amis*, il fut avant tout sensible au problème de l'injustice sociale. Le héros d'*Une pièce au soleil* (1957) essaie, malgré son humble origine, de se frayer un chemin dans la société, alors que celui de *La Vie au sommet* (1962) veut s'intégrer à un milieu inférieur au sien. *Le Dieu jaloux* (1964) évoque un conflit psychologique.

**BRAINE** [02220] ➝ **ÉTYM.** du gaul. *braco* «boue» et suff. *-ona* ou de *Brennus** ou de *Brannós* «le corbeau» ♦ Ch.-l. de cant. de l'Aisne, arr. de Soissons, sur la Vesle. 2 069 hab. *(Brainois)*. Anc. abbatiale Saint-Yved (XII^e^ - XIII^e^ s.) dont le chevet est remarquable. **▮ Histoire** L'anc. *Brannacum* était une «villa» des rois mérovingiens.

**BRAINE-L'ALLEUD** – en néerl. ***Eigenbrakel*** ♦ Comm. de Belgique (Région wallonne), prov. du Brabant wallon, arr. de Nivelles, sur le Hain. 37 512 hab. ▪ Parc industriel (indus. pharmaceutique). Centre commercial et culturel. **▮ Histoire** La commune vit se dérouler une partie de la bataille de Waterloo* : la butte du Lion de Waterloo est un site touristique très fréquenté (musées).

**BRAINE-LE-COMTE** – en néerl. ***'s Gravenbrakel*** ♦ V. de Belgique (Région wallonne), prov. de Hainaut, arr. de Soignies. 20 548 hab. Église Saint-Géry (XVI^e^ s.). Chapelle baroque du couvent des Récollettines. ▪ Construc. métalliques. Sablière. ▪ Aux environs, plan incliné de Ronquières, sur le canal Charleroi-Bruxelles, rachetant une différence d'alt. de 62 m (site touristique ; audiovisuel).

**BRAKEL** ♦ Comm. de Belgique (Région flamande), prov. de Flandre-Orientale, arr. d'Oudenaarde, à la frontière linguistique. 13 759 hab. Source d'eau minérale au Toep. Indus. alimentaire et textile.

**BRAKPAN** ♦ V. d'Afrique du Sud (Gauteng). Env. 120 000 hab. Houille ; métallurgie. Or.

**BRAMABIAU** (abîme de) ♦ Grotte située à l'O. du mont Aigoual (Gard) et parcourue par le ruisseau du Bonheur.

**BRAMAH (Joseph)** ♦ Mécanicien britannique (Stainborough 1749 - Londres 1814). On lui doit de nombreuses inventions, notamment une presse hydraulique qu'il réalisa avec du cuir embouti (1795) et une serrure de sûreté qui porte son nom.

**BRAMANTE (Donato di Angelo,** dit**)** ♦ Architecte et peintre italien (Monte Asdruvaldo, près d'Urbino 1444 - Rome 1514). **▮ Urbino** Formé dans le milieu humaniste d'Urbino, il se familiarisa avec le style calme et géométrique élaboré par ses artistes (L. B. Alberti*, Francesco di Giorgio Martini*, Laurana, Piero* della Francesca). **▮ Milan** Il s'installa ensuite à Milan (v. 1475 - 1499) où il décora la Casa Panigarola en peignant à fresque les grandes figures des *Hommes d'armes* (1480 - 1485, Brera) dans un style proche de la manière de Melozzo* da Forli. Abandonnant la peinture, il se consacra à l'architecture et édifia l'abside de Santa Maria delle Grazie et la sacristie de San Satiro ; construites sur plans centrés, ces réalisations offrent un agencement de lignes géométriques pures, altérées par la concession que fit Bramante aux traditions décoratives locales. Dans Santa Maria presso San Satiro, il donna, par un savant artifice de perspective, une illusoire monumentalité à un espace réel étriqué. **▮ Rome** À Rome, où il travailla de 1499 à sa mort, les monuments antiques ravivèrent ses souvenirs urbinates et le débarrassèrent des conventions lombardes. Il édifia sur le Janicule le *tempietto* de San Pietro in Montorio (1502), petite rotonde entourée de colonnes doriques surmontées d'une coupole (le projet prévoyait en outre un cloître circulaire). Cette œuvre, austère et dépouillée, illustre une rigoureuse symbolique des nombres et des concordances des mondes telles que l'enseigna le néoplatonisme. Le cloître de Santa Maria della Pace, tout aussi austère, offre cependant d'habiles inventions tant dans la rupture rythmique de l'élévation que dans

**Bramante.** L'un des *Hommes d'armes*.
Pinacothèque de Brera, Milan. *Phot. © Arch. Smeets*

l'accentuation des angles (les pilastres réduits à une mince saillie leur donnent plus de profil). Sous le pape Jules* II (1503 - 1513), Bramante fut chargé au Vatican de travaux consistant à unir le Belvédère d'Innocent III au palais pontifical médiéval. Mais son grand projet fut celui qu'il proposa pour la reconstruction de la basilique Saint-Pierre : il conçut un édifice sur croix grecque surmontée d'une immense coupole inspirée du Panthéon ; l'extérieur aurait présenté quatre façades identiques visualisant par leur aspect unitaire l'universalité de l'Église. Ce projet fut modifié par les successeurs de Bramante (Michel*-Ange et surtout Maderno qui adopta finalement un plan basilical). ■ **L'influence de Bramante** Bramante influença profondément l'architecture de son temps en adaptant, d'une manière à la fois rigoureuse et originale, les formes antiques aux exigences monumentales et symboliques de la papauté.

**BRAMANTINO (Bartolomeo SUARDI, dit LE)** ♦ Peintre et architecte italien (Milan entre 1450 et 1465 - *id.* entre 1530 et 1536). À l'exception d'un voyage à Rome en 1508 et d'un bref exil politique, il vécut dans sa ville natale où il fut attaché, à la fin de sa vie, à la cour des Sforza. Il érigea, à San Nazaro Maggiore, la chapelle de la famille Trivulzio (1519), pour laquelle il dessina aussi des cartons de tapisseries (*Les Mois*). Influencé d'abord en peinture par Butinone (*Madone*, v. 1490, Boston), il étudia Foppa et Bramante*, et créa un univers abstrait par l'ampleur et l'austérité du style (*Crucifixion*, Brera). Sa *Fuite en Égypte* (Locarno) reste plus proche de la manière lombarde.

**BRAMPTON** ♦ V. du Canada (Ontario). 433 806 hab. Centre indus. (construc. automobile, indus. du bois, affinage des métaux précieux). Horticulture.

**BRANCAS** ♦ Famille originaire du royaume de Sicile venue en France au XIV$^e$ s. LOUIS DE BRANCAS (1672 - 1750), marquis de Céreste, fut maréchal de France. ■ La maison de Brancas comprenait également les branches de Courbon, de Villars*, de Villeneuve.

**BRANCATI (Vitaliano)** ♦ Écrivain italien (Pachino, Syracuse 1907 - Turin 1954). Ayant renié ses œuvres antérieures à 1934, il donna en 1941 *Don Juan en Sicile*, mise en scène drolatique de la faiblesse cachée derrière le «machisme» sicilien, puis *Le Vieux avec les bottes* (1944) et *Le Bel Antonio* (1949), récit tragicomique d'une impuissance sexuelle. L'obsession érotique sert encore de fond à son roman inachevé *Paolo il caldo* («Les Ardeurs de Paolo», 1954). C'est en revanche à une puissante satire politique que se rattache *Le Vieux avec les bottes* (1944).

**BRANCION** ♦ Anc. bourg féodal, rattaché à la comm. de Martailly-lès-Brancion (Saône-et-Loire). Église Saint-Pierre (XII$^e$ s.). Château féodal.

**BRANCUSI** ou **BRÂNCUŞI (Constantin)** ♦ Sculpteur français d'origine roumaine (Peştişani 1876 - Paris 1957). Fils de paysan pauvre et autodidacte, apprenti ébéniste à Bucarest, puis élève aux Beaux-Arts (1898), il voyagea ensuite en Europe. Fixé à Paris en 1904, il s'inscrivit aux Beaux-Arts mais subit l'influence de Rodin* puis s'engagea dans une voie plus personnelle, fréquentant Apollinaire*, Max Jacob*, Picasso*, Léger*, Modigliani* et, probablement stimulé par les exemples de la sculpture africaine et océanienne ainsi que par les expériences des cubistes, il abandonna progressivement la représentation naturaliste en procédant à une élongation et à une stylisation élégante des formes. En éliminant de ses œuvres les éléments anecdotiques et descriptifs, il abandonna progressivement toute référence au monde extérieur. Cette démarche est sensible dans la *Muse endormie* (1910) et dans les différentes versions de *Mademoiselle Pogany* (1912 à 1933). La volonté de tout ramener à des formes primordiales qui prennent chez lui une valeur symbolique (l'œuf, le vol) s'exprime par la création d'œuvres ovoïdes ou fusiformes (*Le Commencement du monde ; Oiseau dans l'espace ; Princesse X*) et par une volonté «d'épurer» la matière : le marbre et le bronze étant polis avec soin afin de révéler leurs qualités plastiques spécifiques. Mais on trouve aussi dans son œuvre une volonté de force émotive par le recours à une expression naïve et fruste et une volonté de restituer à la représentation son pouvoir magique primitif (*La Sorcière*, 1916 ; *La Chimère*, 1918 ; *La Maïastra* ; ainsi que la *Table du silence*, la *Porte du baiser* et la *Colonne sans fin*, sculptures monumentales pour la ville de Târgu Jiu, 1937 - 1938). Le renouvellement plastique auquel il procéda fait de lui le grand initiateur de la sculpture moderne.

**BRAND** ou **BRANDT (Hennig)** ♦ Alchimiste allemand (Hambourg v. 1625 - 1692). Il découvrit fortuitement le phosphore en distillant de l'extrait d'urine (1669).

**Brand** ♦ Drame en 5 actes de H. Ibsen* (1866). Héros de la volonté, Brand veut régénérer l'humanité en exigeant «tout ou rien». Mais la rigueur kierkegaardienne de ses exigences l'amène à tuer son enfant et à renier son amour.

**BRANDAN** ou **BRENDAN** (saint) ♦ Moine irlandais (Tralee, Kerry 484 - Annadown 577). Abbé-évêque de Clonfert. La légende en fait le héros d'une navigation merveilleuse vers l'île de Promission (le paradis), qui fournit la matière de nombreux textes médiévaux (*Navigatio sancti Brendani*, X$^e$ s. ; poème anglo-normand anonyme, 1121).

Constantin **Brancusi.** *Muse endormie* (16×25×18 cm). MNAM, Centre Georges-Pompidou. Paris. *Phot. ©Adam Rzepka. ©MNAM, Centre Georges-Pompidou. Paris, ©Adagp, Paris.*

**BRANDEBOURG** n. m. – en all. ***Brandenburg*** → ÉTYM. du n. de la ville ♦ Région historique de l'Allemagne s'étendant sur la partie N. de la grande plaine centrale allemande, entre l'Elbe et l'Oder à l'E. ■ **Histoire** Occupé jusqu'au II$^e$ s. par des peuples germaniques, puis envahi par les Slaves, le Brandebourg fut constitué en marche par Charlemagne*. Après la mort de ce dernier, les tribus slaves peu à peu christianisées et germanisées furent regroupées sous l'autorité d'Albert* I$^{er}$ de Ballenstädt, qui prit le titre de margrave de Brandebourg (1157) et établit le pouvoir des Ascaniens*. Ceux-ci étendirent leur domination à l'E. de l'Oder et sur la Lusace et régnèrent sur le Brandebourg jusqu'au XIV$^e$ s. Passé à la maison de Wittelsbach* (1323), érigé en électorat en 1361, le Brandebourg leur fut arraché par la maison de Luxembourg en 1373. Sigismond* de Luxembourg en fit don en 1415 à son neveu Frédéric de Hohenzollern et lui conféra le titre d'électeur en 1417. Le Brandebourg s'enrichit du duché de Clèves en 1614 et du duché de Prusse en 1618. Frédéric*-Guillaume, dit le Grand Électeur, après sa victoire de Fehrbellin (1675), y ajouta la Poméranie suédoise, qu'il fut contraint de rendre en 1679. Son fils et successeur Frédéric III prit en 1701 le titre de roi en Prusse, sous le nom de Frédéric* I$^{er}$. L'histoire du Brandebourg se confondit dès lors avec l'histoire de la Prusse. En 1815, l'ancienne province de Brandebourg fut partagée, à l'intérieur de la Prusse, en deux gouvernements : Potsdam* à l'O. et Francfort*-sur-l'Oder à l'E. Le Brandebourg resta aux Hohenzollern jusqu'en 1918. En 1945, la partie de l'ancien Brandebourg située à l'E. de l'Oder passa à la Pologne, tandis que la partie située à l'O. était constituée en Land de la RDA puis en Land de l'Allemagne réunifiée en 1990.

**BRANDEBOURG** n. m. – en all. ***Brandenburg*** → ÉTYM. du n. de la région ♦ État (Land) de la République fédérale d'Allemagne. En 1990 le Land a retrouvé à peu de chose près sa configuration de 1945 - 1952, après sa division en districts (Potsdam, Francfort-sur-Oder, Cottbus). Il recouvre pour l'essentiel l'ancienne province de Brandebourg qui appartint au royaume puis au Land de Prusse. → **Allemagne** (carte). 29 476 km$^2$. 2 559 483 hab. CAP. : Potsdam. Non subdivisé en régences, le Land compte 44 cercles (*Kreise*). ■ **Géographie** Le Land s'étend tout entier dans la grande plaine germano-polonaise du N., dont les assises sédimentaires disparaissent sous les dépôts laissés par les glaciers quaternaires et leurs eaux de fonte. Les moraines frontales anciennes ont construit les collines et dunes sableuses du Fläming* et de la basse Lusace* ; les eaux de fonte ont creusé un chenal proglaciaire (*Urstromtal*) qui a évacué les vallées (de la Havel, de la Spree) vers l'O.-N.-O. Aujourd'hui trop larges et aussi mal drainées que les dépressions interdunaires, ces vallées de la Mittelmark nécessitent un drainage artificiel. Landes, bois de pins sur les sables et marais se partagent un pays naturellement ingrat, pourtant bonifié par les Hollandais et les huguenots appelés comme colons. ■ **Économie** La densité de population (89 hab./km$^2$), la plus faible après celle du Mecklembourg, s'explique par la pauvreté des sols, l'étendue des forêts et l'ombre portée de Berlin entravant le développement des villes et des activités tertiaires. Une agriculture contrastée fait voisiner les grandes exploitations extensives et les productions maraîchères demandées par la capitale. Le lignite a été longtemps exploité pour l'alimentation en énergie des villes et des gros complexes de base (raffinerie de pétrole russe à Schwedt, sidérurgie à Eisenhüttenstadt et Lauchhammer). Mais cette exploitation sans égards pour l'environnement est remise en question depuis la réunification. Le Land constitue donc une sorte de vide entre Berlin, la Saxe, le littoral balte, Magdeburg et la Pologne. Il ne peut compter que sur de nouvelles activités provenant de Berlin.

**BRANDEBOURG** – en all. ***Brandenburg*** → ÉTYM. du n. d'un château, probablt du slave *brenna* «marécage» et du germ. *brand* «bruyère [terre infertile]» ♦ V. d'Allemagne (Brandebourg), sur la Havel, à l'O. de Berlin. 74 129 hab. Cathédrale gothique (XIV$^e$ s.). ■ Centre industriel.

**Brandebourg (porte de)** ♦ Arc de triomphe édifié au centre de Berlin* par Langhans* (1788) dans l'axe de l'avenue Unter* den Linden, à l'E. et de la rue du 17-Juin à l'O. Le monument est surmonté par le *quadrige de la Victoire* dû à G. Schadow (1793). Les passages ménagés entre les six colonnes se prêtaient aux parades militaires et aux défilés nazis. En 1945, la porte, située dans Berlin-Est, marqua la limite entre les secteurs américain et soviétique.

**BRANDES (Georg)** ♦ Écrivain et critique littéraire danois (Copenhague 1842 - *id.* 1927). Il fut le véritable responsable de ce que l'on est convenu d'appeler la «percée moderne» des lettres scandinaves, c'est-à-dire leur irruption au premier plan des lettres européennes. Brandes, athée marqué d'hégélianisme et de radicalisme kierkegaardien, disciple de Taine et de Sainte-Beuve ainsi que des théories naturalistes françaises, allait lancer, par la parole (il prononça, en 1870, de retentissantes conférences à l'université de Copenhague), par la presse (il fonda divers journaux ou revues avec son frère Edvard) et par la traduction (notamment d'ouvrages français et anglais), un vaste mouvement d'idées (*Les Principaux Courants de la littérature européenne du XIXe siècle*, 1872 - 1890, qui font aussi de lui le père de la littérature comparée) tendant à instaurer le modernisme dans tous les domaines, à ouvrir la littérature à tous les problèmes politiques, moraux ou religieux. Il suscita plus ou moins de la sorte les vocations de tout ce que le Nord allait compter de grands écrivains (Strindberg*, Ibsen*, Jacobsen*, par exemple). Mais la rigueur de ses prises de position lui valut bien des déboires, en particulier le refus de la chaire d'esthétique qu'il sollicitait à Copenhague. Cela le fit évoluer vers ce qu'il appela lui-même «un radicalisme aristocratique» (1889) : il découvrit et diffusa Nietzsche et consacra la fin de sa vie à rédiger de vastes biographies de Shakespeare, Goethe, Voltaire, César et Michel-Ange.

**BRANDO (Marlon)** ♦ Acteur américain (Omaha 1924 - Los Angeles 2004). Après un très bref passage à l'Actors* Studio, il joua au théâtre *Un tramway nommé Désir*. Venu au cinéma avec des rôles violents et tendres à la fois, c'est à Elia Kazan qu'il doit son ascension : *Viva Zapata* (1952), *Sur les quais* (1954). Suivront des prestations de plus en plus spectaculaires, dans *Le Bal des maudits* (Edward Dmytryk, 1958), *La Poursuite impitoyable* (Arthur Penn, 1966), *La Comtesse de Hong-Kong* (Charlie Chaplin, 1967), *Reflets dans un œil d'or* (John Huston, 1967), *Le Dernier Tango à Paris* (Bernardo Bertolucci, en Europe, 1972), ainsi que dans *Le Parrain* (1972) et *Apocalypse Now* (1979) de Francis Ford Coppola. ➝ **ÉTYM.** *Brando* est un nom de personne germanique, de *brand* «épée».

Marlon **Brando.** Une scène du film *Sur les quais* d'Elia Kazan. *Phot. ©Christophe L.*

**BRANDT** ou **BRANT (Sebastian)** ♦ Jurisconsulte et poète alsacien (Strasbourg 1458 - *id.* 1521). Après des études à Bâle, où il enseigna plusieurs années le droit et la littérature latine, il revint dans sa ville natale (1499) et y fut nommé syndic et chancelier, fonctions qu'il assuma jusqu'à sa mort. Défenseur du Saint Empire germanique, en particulier contre les prétentions du roi de France sur l'Alsace, il fut très estimé de l'empereur Maximilien. Il édita de nombreux textes juridiques et littéraires, mais doit surtout sa renommée à *La Nef* des fous*. Publiée à Strasbourg (1494) et rapidement traduite dans de nombreuses langues européennes, cette œuvre est celle d'un moraliste, cherchant moins à plaire qu'à édifier en s'adressant aux foules dans une langue expressive et imagée. ➝ **ÉTYM.** *Brandt* vient du nom germanique *Brando*, de *brand* «épée».

**BRANDT (Edgar)** ♦ Ferronnier d'art et industriel français (Paris 1880 - Genève 1960). Auteur de nombreux ouvrages dont le monument de l'armistice à Rethondes, le monument de la Flamme sous l'arc de triomphe de l'Étoile.

**BRANDT (Bill)** ♦ Photographe britannique (Londres 1904 - *id.* 1983). Parallèlement à une carrière de reporter-photographe, il entreprit, au début des années 1940, la réalisation de portraits d'artistes et d'écrivains, ainsi que des recherches sur le paysage. Proche du surréalisme, il commença en 1945 sa célèbre série de nus déformés.

**BRANDT (Karl Herbert FRAHM, dit Willy)** ➝ **ÉTYM.** n. choisi lors de son exil en Norvège ♦ Homme d'État allemand (Lübeck 1913 - Unkel 1992). Il milita dès sa jeunesse dans la fraction de gauche des sociaux-démocrates. À l'avènement du nazisme, il s'exila en Norvège et devint citoyen norvégien sous le nom de Willy Brandt. De retour en Allemagne (1945), il reprit sa nationalité et devint membre du parti social-démocrate (SPD). Il fut député de Berlin au Bundestag de 1950 à 1957, puis maire de Berlin-Ouest de 1957 à 1966. Sa politique à l'égard de l'Est, à la fois ferme et conciliante, visait à «accélérer un processus de détente et d'apaisement». En 1966, il devint ministre des Affaires étrangères dans le cabinet de coalition de Kiesinger. Partisan du rattachement de Berlin à la République fédérale d'Allemagne, très «européen», W. Brandt inaugura une politique d'ouverture vers les pays de l'Est et d'accords avec la République démocratique allemande *(Ostpolitik)*. Élu chancelier en 1969, il accentua la politique sociale à l'intérieur et continua la politique de rapprochement avec l'Est. Il dut démissionner en mai 1974 à la suite de l'affaire de l'espion Guillaume. Président de l'Internationale socialiste de 1976 à 1980, il siégea au Parlement européen de 1979 à 1983. [Prix Nobel de la paix 1971]

**BRANLY (Édouard)** ♦ Physicien français (Amiens 1844 - Paris 1940). Il est surtout connu pour son invention d'un radioconducteur ou «cohéreur» à limaille (1890), organe principal des appareils de réception de la télégraphie sans fil. [Acad. sc. 1911] ➝ **ÉTYM.** Ce nom de famille vient d'un nom de lieu, c'est une forme ancienne de *Brailly* (Pas-de-Calais).

**BRANNER (Hans Christian)** ♦ Romancier danois (Ordrup 1903 - Copenhague 1966). Dans ses romans *Le Cavalier* (1949) et *Personne ne connaît la nuit* (1955), il évoque les conflits sociaux et psychologiques de sa génération pendant l'Occupation et la Résistance.

**BRANTFORD** ♦ V. du Canada (Ontario), à l'O. d'Hamilton, sur la rivière Grand. 90 192 hab. (zone urbaine 124 607 hab.). Musée et centre culturel amérindiens. Centre indus. (matériel agricole, carrosseries, réfrigérateurs, horlogerie). ▪ A. Graham Bell* y expérimenta son téléphone en 1876.

**BRANTING (Karl Hjalmar)** ♦ Homme politique suédois (Stockholm 1860 - *id.* 1925). Chef du parti social-démocrate, il dirigea plusieurs gouvernements entre 1920 et 1925, contribua à l'amélioration de la législation ouvrière et fit adopter d'importantes réformes sociales. [Prix Nobel de la paix, 1921]

**BRANTÔME (Pierre DE BOURDEILLE,** abbé et seigneur **DE)** ♦ Écrivain français (Bourdeille v. 1538 - *id.* 1614). Homme de cour, doté de la faveur d'Henri II, il fut gentilhomme ordinaire de la chambre de Charles IX et d'Henri III. Homme de guerre, il batailla en Italie dès 1557, guerroya contre les Turcs en Afrique, prit deux fois part aux guerres de Religion (1562 et 1569). Brantôme découvrit sa vocation de mémorialiste quand, retiré sur ses terres du Périgord, il fut immobilisé par une chute de cheval. Ses *Mémoires* contenant les *Vies des dames illustres* (posth. 1665) furent complétés par les *Vies des hommes illustres et des grands capitaines*, enfin par les *Vies des dames galantes*, galeries de portraits alertes et recueils d'anecdotes volontiers licencieuses. Brantôme s'y montre un narrateur «écrivant à la cavalière», plus soucieux de trousser de piquantes histoires, parfois fictives, que de faire œuvre de chroniqueur.

**BRANTÔME** [24310] ➝ **ÉTYM.** p.-ê. du germ. *Brantho*, n. de pers., et *stumm* «muet» ♦ Ch.-l. de cant. de la Dordogne, arr. de Périgueux, sur la Dronne. 2 043 hab. *(Brantômais)*. Anc. abbaye bénédictine fondée, suivant la tradition, par Charlemagne en 769 (clocher à gâbles du XIIe s.). Bâtiments conventuels du XVIIIe s. abritant le musée Fernand-Desmoulin (préhistoire). Dans des grottes situées derrière l'abbaye, sculptures du XVIe s. à même le roc.

**BRAQUE (Georges)** ♦ Peintre, dessinateur et graveur français (Argenteuil 1882 - Paris 1963). Fils d'un entrepreneur en bâtiment, il fit un apprentissage comme peintre décorateur puis alla étudier à Paris à l'académie Humbert (1902) et à l'École des beaux-arts. Il peignit ensuite des paysages à Honfleur qui dénotent l'influence de l'impressionnisme, puis voyagea avec Friesz* en Belgique (1906) et séjourna à La Ciotat (1907). La technique plus libre à laquelle il recourait alors — larges coups de pinceau de couleurs pures étalées en aplats — indique son ralliement au fauvisme (*Le Port de l'Estaque*, 1906) en même temps que s'affirmait la volonté d'exploiter la fonction constructive de la couleur. Ensuite il subit fortement l'influence de Cézanne* et découvrit en 1909 au Bateau*-Lavoir les *Demoiselles d'Avignon* de Picasso. Les toiles peintes à l'Estaque en été 1908 marquent un profond changement d'orientation : rompant avec la perspective traditionnelle, il réduisit les formes à des volumes simples échelonnés en hauteur, adopta la technique des «passages cézanniens» et une gamme austère de bruns, gris et verts ternes. Cherchant selon une démarche intellectuelle à réélaborer l'objet à trois dimensions sur la toile à deux dimensions, il projetait simultanément ses diverses parties en suggérant la multiplicité des points de vue. Travaillant en étroite collaboration avec Picasso*, il tendit à décomposer les formes par facettes qui, progressivement, s'interpénètrent plus librement, le sujet tendant à disparaître au profit d'un jeu formel plus linéaire et presque monochrome qui confine à l'abstraction (période dite du cubisme analytique, de 1909 à 1911). Mais, parallèlement, il introduisit des éléments en trompe-l'œil (faux bois, faux marbres,

Georges **Braque.**
*Le Duo.* MNAMGP, Paris.
*Phot. © Carlo Bevilacqua/Ricciarini*

caractères typographiques *(Le Portugais)*, clou *(Violon et Cruchel)*, mélangea les matières (sable, colle, etc.) et inséra des morceaux de papier journal, cartes à jouer, papier peint, en réélaborant l'objet à partir de quelques éléments choisis (période des papiers collés ou du cubisme dit synthétique, de 1911 à 1914). Après la guerre, il élargit et diversifia ses recherches avec de fréquents retours en arrière. Enrichissant sa palette (*La Musicienne,* 1917), il adopta des formes plus souples et sinueuses (série des *Guéridons, Canéphores* et *Natures mortes,* de 1922 à 1930 env.), orchestra des couleurs sourdes en jouant sur les effets de matières et réintroduisit largement la figure humaine (*Plages ; Falaises ; Baigneuses,* 1928 - 1931). Soucieux d'organiser subtilement sa toile, il décomposa les objets en multipliant les plans et décalant les contours avec une grande liberté (*Billards,* 1944 ; *Ateliers,* 1950 - 1956 ; *Oiseaux,* 1955 - 1963). Son sens décoratif se déploya aussi dans ses sculptures, reliefs gravés sur plâtre, carton de vitraux, dessin de bijoux et grande peinture (plafond du Louvre, 1952). ➝ **ÉTYM.** *Braque* signifie « chien de chasse ».

**BRASIDAS** ♦ Général spartiate (–Ve s.) qui s'illustra dans les guerres du Péloponnèse et de Thrace. Il prit la ville d'Amphipolis*, alliée d'Athènes (➝ **Thucydide**) et fut blessé mortellement lors d'un combat près de cette ville (–422).

**BRASÍLIA** ➝ **ÉTYM.** de *Brasil,* n. port. du Brésil ♦ Cap. du Brésil (depuis 1960). Le district fédéral de 5 822 km² compte 2 051 000 hab., dont 300 000 dans le « plan-pilote » en forme d'oiseau, à la fois siège du pouvoir et lieu de résidence des fonctionnaires. Le reste de la population habite dans les villes satellites à croissance extrêmement rapide (Taguatinga, Ceilandia, etc.). Une ligne de métro est en construction. De Brasília partent les routes vers l'Amazonie et le Centre-Ouest. Le déplacement de la capitale vers l'intérieur du pays avait été prévu par la Constitution de 1891, mais ce ne fut que sous la présidence de Kubitschek en 1956 que la construction fut entreprise sur un site vierge du plateau central, à 1 100 km de Rio, selon les plans audacieux de l'urbaniste Lúcio Costa* et de l'architecte Oscar Niemeyer*. La ville présente un aspect régulier, alternant espaces verts et monuments d'un style très moderne (place des Trois-Pouvoirs, palais de l'Aurore, cathédrale). Une dizaine de districts industriels abritent des PME (entreprises agroalimentaires et de construction). Mais l'essentiel de la population active est employé par les secteurs de services publics et privés.

**Brasília.** Le palais administratif et la chambre des députés.
*Phot. © Arch. Nathan/Sonneville*

**BRASILLACH (Robert)** ♦ Écrivain français (Perpignan 1909 - fusillé au fort de Montrouge 1945). Après des études brillantes à l'École normale supérieure (1928), il se vit confier par Ch. Maurras* le feuilleton littéraire de *L'Action française.* Ses Chroniques (1932 - 1939 ; réunies dans *Les Quatre Jeudis,* 1944) témoignent d'une culture nuancée et d'un esprit curieux. Brasillach se passionna aussi pour le théâtre (*Animateurs de théâtre,* 1936) et composa, avec son beau-frère Maurice Bardèche, une *Histoire du cinéma* (1935). Engagé dans la politique d'extrême droite depuis 1934, devenu rédacteur en chef de *Je suis partout* (1937), Brasillach célébra la collaboration avec l'Allemagne et écrivit de nombreux articles en faveur du nazisme, entre les années 1941 et 1944. Condamné à mort à la Libération (cf. les *Poèmes de Fresnes,* posth. 1949), il fut exécuté malgré la pétition signée par de nombreux intellectuels. ▪ Son œuvre romanesque, empreinte d'un réalisme tendre, montre Brasillach sensible à la poésie urbaine qu'il évoque par touches impressionnistes (*L'Enfant de la nuit,* 1934) et porté par un sentiment nostalgique de l'adolescence (*Comme le temps passe,* 1937). En 1941, il avait publié ses souvenirs de jeunesse *(Notre avant-guerre).*

**BRAŞOV** ➝ **ÉTYM.** du bulg. *Brasov* « ville de *Braso* [n. de pers.] » ; de 1950 à 1960 ***Oraşul Stalin,*** en all. ***Kronstadt*** ♦ V. de Roumanie centrale, ch.-l. de distr., dans la partie N.-E. des Alpes de Transylvanie. 277 345 hab. La ville a conservé un caractère médiéval avec l'hôtel de ville (XVe s.), l'église Noire (XIVe s.) de style gothique allemand, l'église Saint-Bartholomeu (XIIIe - XVIe s.), l'église Saint-Nicolas (XIVe - XVIIe s.) et les restes d'une citadelle du XVe s. Musée ethnographique. ▪ Tourisme : festival international annuel de musique. Centre indus. : construc. automobile, électromécanique, indus. chimique, textile et alimentaire. ▮ **Histoire** Fondée au début du XIIIe s. par les chevaliers Teutoniques, la ville fut le centre de la Réforme en Transylvanie aux XVe et XVIe s. Les Allemands y battirent les Roumains en oct. 1916.

**BRASSAC-LES-MINES** [63570] ♦ Comm. du Puy-de-Dôme, arr. d'Issoire, sur l'Allier, 3 249 hab. (aggl. 9 311) *(Brassacois).* Anc. houillère. Électromécanique.

**BRASSAÏ (Gyula HALÁSZ, dit)** ➝ **ÉTYM.** de *Braşov**, sa ville natale ♦ Photographe français d'origine hongroise (Braşov 1899 - Nice 1984). Arrivé à Paris en 1923, il se lia avec les surréalistes. Ses albums, *Paris de nuit* (1933), *Camera in Paris* (1949), *Graffiti* (1961), exaltent dans un style à la fois onirique et précis les aspects insolites de la capitale. Auteur en 1945 des décors du ballet photographique *Le Rendez-vous* (de Prévert et Kosma), il fut aussi sculpteur.

**BRASSCHAAT** ♦ Comm. de Belgique (Région flamande), prov. et arr. d'Anvers. 37 133 hab. Indus. agroalimentaire. Taille du diamant. Aérodrome militaire. Banl. résidentielle d'Anvers.

**BRASSEMPOUY** [40330] ➝ ÉTYM. de *Brassens*, anc. n. de loc. [de *Braccius*, n. de pers. gallo-rom., et suff. *-incum*] et du gasc. *pouy* «colline» ♦ Comm. des Landes, arr. de Dax. 267 hab. Site préhistorique de la grotte du Pape où fut découverte, en 1894, la «dame à la capuche», tête de femme sculptée dans l'ivoire, datant du Gravettien*.

**BRASSENS (Georges)** ♦ Auteur, compositeur et interprète français de chansons (Sète 1921 - Saint-Gély-du-Fesc 1981). Les chansons de ce poète populaire de la langue quotidienne, interprétées le plus souvent sur accompagnement de guitare et de contrebasse, parlent de l'amitié (*Jeanne, Chanson pour l'Auvergnat, Les Copains d'abord*), de l'amour (*Je me suis fait tout petit, La Première Fille, Rien à jeter*) et de la mort (*Le Testament, Pauvre Martin*) avec sensibilité et anticonformisme (*La Mauvaise Réputation, Le Gorille, Je suis un voyou*). Brassens a en outre mis en musique des poèmes de Villon, V. Hugo, P. Fort. ➝ ÉTYM. *Brassens* est un nom de lieu dans les Landes (le *Brassenx* est une région naturelle et une ancienne baronnie).

**BRASSEUR (Pierre ESPINASSE, dit Pierre)** ➝ ÉTYM. n. de jeune fille de sa mère (n. de métier) ♦ Comédien français (Paris 1905 - Brunico, près de Balzano 1972). Issu d'une famille d'acteurs, ami des surréalistes, il écrivit des pièces de théâtre et entreprit une carrière de comédien, d'abord comme jeune premier comique du boulevard (*Le Sexe faible*, 1929). Il s'est ensuite créé un personnage mythique dont la meilleure illustration est sans doute son Frédérick Lemaître, dans le film *Les Enfants* du paradis* (1945). Il joua, toujours avec la même flamboyance, dans des pièces de théâtre (*Le Bossu*, 1949 ; *Le Retour*, 1966) et au cinéma (*Les Amants de Vérone*, 1948 ; *Goto, l'île d'amour*, 1968). ♦ **Claude Brasseur.** Comédien français (Paris 1936). Fils du précédent. Il s'est fait connaître au cinéma dans un registre souvent plus léger : *Le Caporal épinglé* (1962) ; *Bande à part* (1964), *George Dandin* (1987), *Le Souper* (1992).

**BRĂTIANU (Ion)** ♦ Homme politique roumain (Piteşti 1821 - Florica, près de Bucarest 1891). Chef du parti national libéral, ministre puis président du Conseil, il négocia, au congrès de Berlin* (1878), l'indépendance de la Roumanie. ♦ **Ion, dit Ionel Brătianu** (Florica 1864 - Bucarest 1927). Fils du précédent. Il fut chef du parti libéral et plusieurs fois président du Conseil.

**BRATISLAVA** ➝ ÉTYM. en vieil all. *Brezalauspurc* «la ville *(purc)* de Brezlav (n. de pers.)», n. modifié en 1919 pour obtenir une consonance slave – en hongr. ***Pozsony***, anc. en all. ***Pressburg***, en fr. ***Presbourg***. ♦ Cap. de la Slovaquie située sur le Danube, près des frontières autrichienne et hongroise. 428 672 hab. Château (Xe s., incendié en 1811, restauré), un hôtel de ville (XVe s., transformé en musée), plusieurs églises gothiques (XIIIe s.), hôtels et palais de l'époque baroque. Développement résidentiel vers le N.-E. et le S. (quartier de Petvažalka sur la rive g. du Danube) ; développement indus. vers l'E. Université. ▪ Grâce à sa situation, Bratislava est un important centre commercial (port fluvial, redistribution régionale de produits alimentaires et indus.). Carrefour ferroviaire et routier (liaisons avec l'Autriche, la Hongrie, la République tchèque et le reste de la Slovaquie). Le développement de ses industries est récent : raffineries de pétrole, industries chimique et alimentaire. Construc. mécaniques, câbles électriques, filatures. ➝ **Slovaquie.** ▌**Histoire** Fondée au Xe s., Bratislava fut, sous le nom de Pressburg, la capitale de la Hongrie habsbourgeoise après la prise de Buda par les Turcs (1541). ➝ **Presbourg (traité de).**

**BRATSK** ♦ V. de Russie, en Sibérie, région d'Irkoutsk, sur l'Angara, au S. d'un lac de retenue de 500 km de long créé par un barrage sur le fleuve. 259 200 hab. Métallurgie de l'aluminium et pâte à papier. ▪ À 30 km, l'une des plus importantes centrales hydroélectriques du monde (4,5 millions de kW).

**BRATTAIN (Walter Houser)** ♦ Physicien américain (Xiamen, Chine 1902 - Seattle 1987). ➝ **Bardeen.** [Prix Nobel de phys. 1956, avec J. Bardeen et W. Schockley]

**BRAUCHITSCH (Walther VON)** ♦ Maréchal allemand (Berlin 1881 - Hambourg 1948). Commandant en chef de l'armée de terre en 1938, il dirigea les campagnes de Pologne (1939), de Norvège, de Danemark, des Pays-Bas, de Belgique et de France (1940) et les débuts de l'offensive contre l'URSS ; à la suite de l'échec des armées allemandes devant Moscou, en 1941, il fut relevé de ses fonctions par Hitler. Il mourut prisonnier des Alliés.

**BRAUDEL (Fernand)** ♦ Historien français (Luméville-en-Ornois, Meuse 1902 - Cluses 1985). Professeur au Collège de France (1949), disciple de L. Febvre*, il contribua aux travaux entrepris par l'école des Annales*. Dans *La Méditerranée et le Monde méditerranéen à l'époque de Philippe II* (1949), il tenta ainsi, reprenant l'idée d'une unité profonde des sciences humaines, d'intégrer à la recherche historique les acquis de la géographie et de l'économie. L'essentiel de ses travaux, marqués par l'importance accordée aux différents temps de l'histoire, notamment la longue durée (*Écrits sur l'histoire*, 1969), envisage l'évolution profonde de l'infrastructure économique européenne (*Civilisation matérielle, économie et capitalisme, XVe - XVIIIe siècle*, 1967 - 1979 ; *Histoire économique et sociale*, avec E. Labrousse). Dans *L'Identité de la France* (t. I : «Espace et Histoire», t. II [2 vol.] : «Les Hommes et les Choses», 1986), il renoua avec la tradition des vastes synthèses sur l'histoire de France. [Acad. fr. 1984] ➝ ÉTYM. Ce nom de famille vient de *Braud*, forme contractée de *Beraud*, du germanique *Berwald*, nom de personne, de *ber* «ours» et *wald- (waldan)* «gouverner».

**BRAUER (Richard)** ♦ Mathématicien américain d'origine allemande (1901 - Belmont, Massachusetts 1977). Il a travaillé sur les algèbres simples et la théorie des groupes finis.

**BRAUN (Carl Ferdinand)** ♦ Physicien allemand (Fulda 1850 - New York 1918). On lui doit plusieurs inventions dont l'oscillographe cathodique (1897) et les antennes dirigées (1902). [Prix Nobel de phys. 1909, avec G. Marconi*] ➝ ÉTYM. Ce nom de famille allemand signifie «brun» (germanique *brun*) (➝ aussi Brown, Bruno, Lebrun, Moreno).

**BRAUN (Wernher VON)** ♦ Ingénieur américain d'origine allemande (Wirsitz 1912 - Alexandria, Virginie 1977). Spécialiste de la propulsion des fusées, il mit au point les V2 en 1944, puis s'étant rendu aux troupes américaines, partit pour les États-Unis. Il participa au programme spatial américain et conçut notamment la fusée à trois étages *Jupiter-C* (qui servit au lancement du premier satellite américain), ainsi que la fusée *Saturne*.

**BRAUNAU** ♦ V. d'Autriche (Haute-Autriche), située à la frontière bavaroise, sur l'Inn. 16 332 hab. Église Saint-Étienne (fin XVe s.) ; maisons des XVIe - XVIIIe s.

**BRAUNER (Victor)** ♦ Peintre français d'origine roumaine (Piatra-Neamţ 1902 - Paris 1966). Après avoir participé en Roumanie aux mouvements d'avant-garde, il s'installa à Paris vers 1929 - 1930 et y fit la connaissance de Brancusi*, Giacometti*, Tanguy*, puis Breton*. Adhérant dès lors au surréalisme, il participa à toutes les expositions du groupe. Marqué par Ernst* et Klee*, il chercha à mettre en image l'univers du rêve en établissant dans ses œuvres la confusion du règne humain, animal et végétal, et en mêlant des symboles empruntés aux arts primitifs, aux sciences occultes et initiatiques (*Chimères*, 1938 - 1940). Il parvint à créer un univers personnel aux accents souvent ingénus, parfois cruels (*L'Étrange Cas de Monsieur K*, 1934). Contrairement à certains surréalistes fidèles à un système de figuration conventionnel, il conjugua la transcription picturale de ses fantasmes avec des recherches d'ordre plastique (linéarisme des formes, effets de matière, aplats de couleurs pures ou subtilement nuancées) ou techniques (séries de peintures à la cire réalisées pendant la guerre, *Le Lion double*, 1945).

**BRAUNSCHWEIG (Stéphane)** ♦ Metteur en scène français (Paris 1964). Il a signé une dizaine de mises en scène, dont *Brand* d'Ibsen, pour le Théâtre national de Strasbourg qu'il a dirigé de 2000 à 2008 avant d'être nommé au Théâtre de la Colline à Paris en 2009 où il a poursuivi son travail sur Ibsen.

**BRAUNWALD** ♦ Station d'été et de sports d'hiver de Suisse (cant. de Glaris), dominant la vallée de la Linth, en face du Tödi (1 254 - 1 500 m). 367 hab.

**BRAUTIGAN (Richard)** ♦ Romancier américain (Tacoma, Washington 1935 - Bolinas, Californie 1984). Autodidacte, il est l'auteur d'une œuvre multiforme et le créateur d'un style insolite aux images surréelles, où le mélange des genres, la citation parodique, le coq-à-l'âne sont de règle, et qui a pu aller chez lui jusqu'à une volonté de «détruire la littérature» : *L'Avortement* (1966 - 1971), *La Pêche à la truite* (1967), *Le Monstre des Hawkline* (sous-titré «western gothique», 1974), *Retombée de sombrero* («roman japonais», 1976), *Tokyo-Montana-Express* (1980) sont des livres drôles et pourtant hantés par la mort. Brautigan se suicida deux ans après la parution de son dernier livre, *Mémoires sauvés du vent* (1982).

**BRAUWER (Adrian)** ➝ **Brouwer (Adriaen)**

**BRAVAIS (Auguste)** ♦ Physicien et minéralogiste français (Annonay 1811 - Versailles 1863). Il montra qu'il est possible de décrire tous les cristaux à partir de 14 types de mailles élémentaires (*réseaux de Bravais*) ; il s'intéressa également à l'optique des phénomènes atmosphériques. [Acad. sc. 1854]

Le **Brave Soldat Chveik** ➝ **Chveik**

**BRAVO** (río) ➝ **Rio Grande**

**BRAY (John Francis)** ♦ Socialiste américain (Washington 1809 - Pontiac 1897). Partisan du communisme, il a montré la nécessité d'une phase transitoire où coexisteraient la propriété privée de produits et la propriété collective des forces productives (*Labour's Wrongs and Labour's Remedies*, «Ce qui va mal dans le travail et ce qu'il faut faire pour y remédier», 1839).

**BRAY** (pays de) ➝ ÉTYM. «pays des marais» ; du gaul. *braco* «boue, marais» ♦ Région du N.-O. du Bassin parisien située en Haute-Normandie, dans la Seine-Maritime, comprise entre la Picardie au N., le pays de Thelle à l'E., le Vexin français et normand au S., le pays de Caux au S.-O. et à l'O. C'est une dépression argileuse allongée, orientée du N.-O. au S.-E., véritable «boutonnière» verdoyante, bordée de falaises de craie. Élevage bovin laitier.

**BRAY** ♦ V. de la rép. d'Irlande (comté de Wicklow), sur la côte. 27 041 hab. La ville marque l'extrémité S. de l'agglomération de Dublin. Station balnéaire.

**BRAY-DUNES** [59123] ➝ ÉTYM. du n. de Alphonse de *Bray*, armateur qui lança la station et *Dunes*, n. de hameau ♦ Comm. du Nord, arr. de Dunkerque, sur la mer du Nord, à la frontière franco-belge. 4 557 hab. (aggl. 6 135) *(Bray-Dunois)*. Station balnéaire.

**BRAYE** n. f. ♦ Riv. de France (70 km), affl. du Loir. Elle prend naissance dans l'Eure-et-Loir et conflue au Pont-de-Braye.

**BRAZZA (Pierre SAVORGNAN DE)** ➝ ÉTYM. de *Brazza*, île italienne de l'Adriatique ♦ Explorateur et colonisateur français d'origine italienne (Castel Gandolfo, près de Rome 1852 - Dakar 1905). Il fit des études à l'École navale (1868 - 1870) et obtint la nationalité française (1874). À partir de 1875, il entreprit plusieurs expéditions au cours desquelles il explora le cours de l'Ogooué et parvint jusqu'au Congo* qu'il fit placer sous protectorat français (1879 - 1882). Il créa Brazzaville. Son sens de l'égalité entre les hommes lui gagna l'estime des populations. De 1887 à 1897, il fut commissaire général du gouvernement au Congo français (d'abord nommé Colonie de l'Ouest africain). Ses restes ont été transférés à Brazzaville.

**BRAZZAVILLE** ➝ ÉTYM. du n. de P. Savorgnan de *Brazza** ♦ Cap. du Congo, sur la rive d. du fleuve Congo, au bord du Malebo Pool, reliée à l'Atlantique par le chemin de fer Congo-Océan. 900 000 hab. *(Brazzavillois)*. Indus. alimentaires. Construc. métalliques. ▮ **Histoire** La ville fut fondée par Savorgnan de Brazza* en 1880 et devint capitale de l'Afrique-Équatoriale française en 1910. Le 30 janv. 1944 s'y tint une conférence qui, sur l'initiative du général de Gaulle, réunit les représentants de tous les territoires de l'empire colonial français et posa les fondements de l'Union française. Les Discours de Brazzaville (1946, 1958) du général de Gaulle préludèrent à l'indépendance des pays africains francophones.

**BRDA** n. f. ♦ Riv. de Pologne (238 km). Née en Poméranie, elle arrose Bydgoszcz avant de se jeter dans la Vistule.

**BREA (Louis)** ♦ Peintre niçois (connu de 1475 à 1523). Ses premières œuvres dénotent l'influence de la peinture avignonnaise (*Pietà* de l'église de Cimiez). À partir de 1480, il travailla beaucoup dans la région de Gênes et, subissant l'influence de l'école lombarde, il mit l'accent sur le caractère sentimental de ses scènes. Vers les années 1490, il travailla avec Foppa qui l'influença. Il modela alors vigoureusement les volumes et insista sur les détails. Il manque parfois d'ampleur et les retables de la fin de sa vie révèlent un affadissement de son inspiration.

**Bread and Puppet Theatre** ♦ Troupe américaine, fondée en 1965 par Peter Schumann, utilisant toutes les techniques de marionnettes pour créer des spectacles mobiles, généralement d'intervention, dans lesquels se conjuguent éléments mythiques et symboliques, réflexions politiques et humanistes.

**BRÉAL (Michel)** ♦ Linguiste français (Landau, Bavière 1832 - Paris 1915). Il suivit de près les travaux de Burnouf*, puis, en Allemagne, reçut l'enseignement de Franz Bopp. Chargé de l'enseignement de la grammaire comparée au Collège de France (1864), il devint secrétaire de la Société de linguistique de Paris (1868). L'*Essai de sémantique* (1897) constitue le projet d'une nouvelle partie de la linguistique, la *sémantique*, encore limitée à l'étude du sens des mots et de leur évolution. Traducteur de la *Grammaire comparée* de F. Bopp* (1866 - 1874), Bréal a tenté la synthèse du fonctionnalisme formel de la linguistique allemande et de la tradition mentaliste et rationaliste française. Il étudia aussi les mythologies. ➝ ÉTYM. *Bréal* est une variante de l'ancien français *Breuil* «petit bois entouré d'une haie».

**BRÉAL-SOUS-MONTFORT** [35310] ♦ Comm. de l'Ille-et-Vilaine, arr. de Rennes. 3 825 hab.

**BREBIÈRES** [62117] ➝ ÉTYM. du bas lat. *berbicaria* «bergerie» ♦ Comm. du Pas-de-Calais, arr. d'Arras, sur la Scarpe. 4 424 hab.

**BRECH** [56400] ➝ ÉTYM. du bas lat. *bracium*, du gaul. *°bracu* «marais» ♦ Comm. du Morbihan, arr. de Lorient. 4 500 hab.

**BRECHT (Bertolt)** ♦ Poète, auteur dramatique et théoricien du théâtre allemand (Augsbourg 1898 - Berlin 1956). Après des études de médecine interrompues par la Première Guerre mondiale où il servit dans l'armée allemande en qualité d'infirmier, il devint assistant metteur en scène de Max Reinhardt au Deutsches Theater de Berlin (1923), puis collaborateur de Piscator (1927). Cinq années après le succès de son adaptation de *The Beggar's Opera* de John Gay, œuvre qu'il popularisa sous le titre *L'Opéra* de quat'sous*, il quitta l'Allemagne en raison de l'arrivée de Hitler au pouvoir. La majeure partie de son exil s'écoula en Amérique d'où il ne revint qu'en 1948. Il fonda alors à Berlin-Est la troupe du Berliner* Ensemble qu'il dirigea jusqu'à sa mort avec sa femme Helene Weigel ; celle-ci continua son œuvre jusqu'en 1971. Contemporain des trente années les plus sombres peut-être de toute l'histoire de l'Allemagne, Brecht en a fortement éprouvé l'amertume et la désillusion. L'échec du socialisme avec la disparition prématurée de Rosa Luxemburg et de Liebknecht, l'échec d'une Allemagne enfin délivrée du militarisme et de l'impérialisme l'ont marqué. S'il a souvent trouvé dans la philosophie marxiste une explication et un possible remède aux maux du monde moderne, il n'en a pas fait la

Bertolt **Brecht** (à gauche) avec Arthur Adamov.
*Phot. © Lipnitzki/Roger-Viollet*

source unique de sa méditation. Sensible aux attraits de la sagesse orientale et réservant finalement son adhésion à toute orthodoxie, sa pensée, en ce domaine, n'est pas dénuée d'ambiguïté. Fortement défini en de nombreux textes théoriques comme le *Petit Organon pour le théâtre* (1948) et illustré avec éclat par les réalisations du Berliner Ensemble, son système dramatique bannit du spectacle tous les éléments qui en faisaient traditionnellement le pittoresque et la magie, pour lui assigner en premier lieu un rôle didactique. Par un constant souci de «distanciation» *(Verfremdungseffekt)*, le théâtre de l'ère scientifique doit hâter chez le spectateur la naissance d'une prise de conscience qui le conduira à l'action politique immédiate. En favorisant le caractère démonstratif du jeu de l'acteur, il s'agit d'amener le spectateur à adopter un point de vue critique sur la pièce et sur le personnage auquel il ne peut plus s'identifier, et de lui permettre ainsi de démonter le mécanisme de l'illusion. Le recours à la parabole ou à l'allégorie, à la musique et à la chanson contribue à cette mise en perspective de l'action théâtrale. Cet appel à la raison plus qu'au sentiment, qui caractérise selon Brecht le théâtre épique ou dialectique, lui a inspiré des ouvrages aussi divers que *Maître* Puntila et son valet Matti* (1940), *La Résistible Ascension d'Arturo Ui* (1941), *Mère* Courage et ses enfants* (1941), *La Bonne Âme de Setchouan* (1942), *La Vie de Galilée* (1943), *Le Cercle* de craie caucasien* (1943 - 1945). Faite de créations originales ou de libres adaptations, cette œuvre très vaste a exercé une influence profonde sur le théâtre contemporain. ➝ ÉTYM. *Brecht* est le nom d'un saint flamand, du germanique *beracht* «illustre».

**BRECHT** ♦ Comm. de Belgique (Région flamande), prov. et arr. d'Anvers. 26 730 hab. Église gothique (retable de Van der Weyden). Lande, marais et étangs (réserve naturelle). ▪ Indus. diverses le long du canal de la Campine. Taille du diamant. Sanatoriums.

**BRECON BEACONS** ♦ Hautes collines du S. du pays de Galles culminant à 886 m. Parc national.

**BREDA** ➝ ÉTYM. néerl. «l'endroit où l'Aa *(A)* devient large *(bred-)*» ♦ V. des Pays-Bas (Brabant-Septentrional), au confluent de la Mark et de l'Aa. 170 349 hab. (aggl. 311 659). Église de style brabançon. Parc public, le Valkenberg. Château du XVIe s. ▪ Grand centre de construc. mécaniques. Métall., textiles, matières plastiques, indus. alimentaires (brasserie). Carrefour routier et ferroviaire. Centre de services de l'O. du Brabant-Septentrional. Académie militaire. ▮ **Histoire** Résidence des princes de Nassau, elle fut prise par les Espagnols en 1581, par Maurice de Nassau en 1590, par les Espagnols de Spinola* en 1625 (*La Reddition de Breda* de Vélasquez) mais reconquise par le prince Frédéric-Henri en 1637. Occupée par Dumouriez en 1793 et par Pichegru en 1795, Breda resta à la France impériale jusqu'en 1813. Elle fut occupée par les Allemands de mai 1940 à oct. 1944. ♦ ***Compromis de Breda*** Texte par lequel les seigneurs calvinistes demandaient à Marguerite de Parme, régente des Pays-Bas, la tolérance religieuse et la suppression de l'Inquisition (1566). ♦ ***Déclaration de Breda*** Texte par lequel le roi d'Angleterre Charles II proclama en 1660 une amnistie et accepta les revendications parlementaires de 1641, ce qui amena sa restauration. ♦ ***Traité de Breda*** Traité signé en 1667, entre les Provinces-Unies, l'Angleterre, la France et le Danemark. Charles II d'Angleterre recevait *Nieuw Amsterdam* qui devint New York. La France reprenait l'Acadie, les Provinces-Unies recouvraient la liberté du commerce dans les ports anglais.

**BRÉDA** n. m. – anc. *Brida, Breyda* ♦ Torrent des Alpes françaises du Nord (31 km), affl. de l'Isère, né dans le massif de Belledonne. Aménagements hydroélectriques.

**BRÈDE (LA)** [33650] ➝ ÉTYM. anc. *Labrède*, du bas lat. *breda* «buisson d'épines» ♦ Ch.-l. de cant. de la Gironde, arr. de Bordeaux. 3 128 hab. *(Brédois)*. Château des XIIe et XVe s. où naquit Montesquieu.

**BREDENE** ♦ Comm. de Belgique (Région flamande), prov. de Flandre-Occidentale, arr. d'Ostende, sur la mer du Nord. 15 343 hab. Chapelle Notre-Dame-des-Dunes. Station balnéaire.

**BREE** ♦ Comm. de Belgique (Région flamande), prov. de Limbourg, arr. de Maaseik. 14 515 hab. Maison communale du XVIII$^e$ s. ▪ Indus. automobile et agroalimentaire.

**BREENDONK** → Willebroek

**BRÉGANÇON** (cap de) ✦ ÉTYM. du gaul. *brigantio(n)-* «éminence, lieu élevé» ♦ Cap de Provence (Var). Anc. fort (XVI$^e$ s.) devenu résidence d'été (1968) des présidents de la République française.

**BREGENZ** ✦ ÉTYM. du celt. *brigant-* «haut, fort» ♦ V. d'Autriche, cap. du Vorarlberg*, située à l'extrémité S.-E. du lac de Constance. 26 747 hab. Tour Saint-Martin (XIII$^e$ s., remaniée en 1599 - 1602) ; église paroissiale Saint-Gall (XV$^e$ s., remaniée au XVIII$^e$ s.). Univ. Festival d'été de Bregenz, donné sur un radeau ancré dans le lac (représentations lyriques et chorégraphiques). ▮ **Histoire** *Brigantium* fut fondé par les Romains à l'emplacement d'un oppidum celte. La ville prit de l'importance au Moyen Âge grâce à sa situation sur les routes commerciales des Alpes. Elle devint possession des Habsbourg au XVI$^e$ s. Cette même position en fait aujourd'hui un point névralgique de la circulation estivale entre l'Allemagne et l'Italie.

**BREGNO (Andrea)** ♦ Sculpteur et architecte italien (Osteno, près de Côme 1421 - Rome 1506). Il se spécialisa dans la sculpture funéraire et édifia à Rome plusieurs tombeaux dans le style monumental des portiques triomphaux (monuments du cardinal d'Albret, du cardinal Coca, du cardinal Pietro Riario, l'autel Borgia). Son atelier de sculpture était célèbre et très fréquenté. En tant qu'architecte, on lui attribue le palais Riario (actuel palais de la Chancellerie) auquel Bramante aurait collaboré en raison des quelques agencements qui rappellent le palais ducal d'Urbino.

Andrea **Bregno**.
*Le Doge Francesco Foscari.*
Palais ducal, Venise. *Phot. ©Giraudon*

**BREGUET** [bʀegɛ] ♦ Famille d'horlogers, d'inventeurs et d'industriels français. ♦ **Abraham Louis Breguet** (Neufchâtel 1747 - Paris 1823). Suisse d'origine. Ses inventions dans la fabrication des montres et pendules firent considérablement avancer l'industrie de l'horlogerie. ♦ **Louis Breguet** (Paris 1804 - *id.* 1883). Petit-fils du précédent. Également horloger, il s'intéressa de bonne heure au télégraphe et réalisa dans ce domaine de nouveaux appareils de précision. → Cooke, Morse. ♦ **Louis Breguet** (Paris 1880 - Saint-Germain 1955). Petit-fils du précédent. Pionnier de l'aéronautique, il fut l'un des premiers constructeurs d'avions (1909) et d'hélicoptères en France. C'est à bord d'un *Breguet-XIX* que Costes* et Bellonte* accomplirent la première liaison sans escale Paris-New York (1930). ✦ ÉTYM. Ce nom vient de l'ancien occitan *brega* «bruit, tumulte» (surnom d'une personne bruyante, querelleuse).

**BRÉHAT** (île de) ♦ Île de la Manche au large de Paimpol (Côtes-d'Armor). → Île-de-Bréhat.

**BRÉHIER (Louis)** ♦ Historien français (Brest 1868 - Reims 1951). Professeur à la faculté de Clermont-Ferrand (1899 à 1938), il s'imposa comme spécialiste de l'histoire et de l'art byzantins. Ses travaux témoignent d'une optique synthétique dans l'histoire d'une civilisation et de ses productions (*Le Monde byzantin*, 3 vol., 1947 - 1950). ♦ **Émile Bréhier** (Bar-le-Duc 1876 - Paris 1952). Frère du précédent. Philosophe, auteur d'une importante *Histoire de la philosophie* (1926 - 1932).

**BREHM (Ludwig)** ♦ Ornithologiste allemand (Schönau 1787 - Renthendorf 1864). ♦ **Alfred Edmund Brehm.** Naturaliste et voyageur (Renthendorf 1829 - *id.* 1884). Fils du précédent. Il étudia la faune de plusieurs pays et écrivit une *Vie des animaux*, publiée en France sous le titre *Les Merveilles de la nature*.

**BREIL-SUR-ROYA** [06540] ✦ ÉTYM. anc. prov. *brohl*, mot d'orig. gaul. *(brogilos)* qui désigne un petit bois entouré d'un mur ou d'une haie ♦ Ch.-l. de cant. des Alpes-Maritimes, arr. de Nice, dans la vallée de la Roya. 2 028 hab. *(Breillois)*. Centrale hydroélectrique.

**BREISACH** ou **ALT-BREISACH** – en fr. *Vieux-Brisach* ♦ V. du S.-O. de l'Allemagne (Bade-Wurtemberg), en Brisgau, sur la rive d. du Rhin, à 16 km au N. de Fribourg-en-Brisgau, en face de la ville française de Neuf-Brisach. Env. 5 000 hab. Basilique mi-romane, mi-gothique (X$^e$ - XV$^e$ s.). ▮ **Histoire** Anc. place forte celte, puis romaine *(Mons Brisiacus)*. Prise par les Alamans, elle devint aux XVII$^e$ - XVIII$^e$ s. l'une des principales places fortes de la haute vallée rhénane, surnommée «la clé de l'Allemagne», assiégée à maintes reprises par les Français. En 1805 (traité de Presbourg), elle fut rattachée au duché de Bade.

**BREITINGER (Johann Jakob)** ♦ Critique et érudit suisse d'expression allemande (Zurich 1701 - *id.* 1776). Ami de J. J. Bodmer*, avec qui il publia *Discours des peintres* (1721 - 1723), il critiqua, comme celui-ci, les règles de l'idéal classique défendu par Gottsched* et leur opposa, sous l'influence de la littérature anglo-saxonne, le rôle du génie et de l'imagination dans la création artistique (*Art poétique critique*, 1740 ; *Sur la nature, les buts et l'emploi de la métaphore*, 1740).

**BREJNEV (Leonid Ilitch)** ♦ Homme politique et maréchal soviétique (Dnieprodzerjinsk 1906 - Moscou 1982). Membre du parti communiste dès 1931, commissaire politique du 4$^e$ front de l'Ukraine pendant la Deuxième Guerre mondiale, premier secrétaire du Comité central du PC de Moldavie (1950 - 1952), puis du PC du Kazakhstan (1954 - 1956), il remplaça Vorochilov à la tête du praesidium du Conseil suprême de l'URSS en 1960, et succéda à Khrouchtchev comme premier secrétaire du Parti communiste de l'URSS en oct. 1964. Il symbolisa la période de guerre froide à l'extérieur et de «stagnation» à l'intérieur. → URSS. ✦ ÉTYM. *Brejnev* vient probablement d'un adjectif dérivé du slavon *breg* «rivage, côte» (nom d'une personne logeant près d'un rivage. → aussi Cousteau, Coustou).

**BREKER (Arno)** ♦ Sculpteur allemand (Elberfeld 1900 - Düsseldorf 1991). Il séjourna à Paris où il admira Rodin*, Bourdelle*, Maillol* et devint l'aide de Despiau*, et en Italie où il fut impressionné par Michel-Ange. Installé à Berlin, il réalisa des statues (*Prométhée, Dionysos, L'Athlète*) que remarquèrent les nazis. Devenu l'un des principaux artistes officiels du régime hitlérien, il exécuta des bas-reliefs et des statues allégoriques dans lesquels s'affirme le goût du colossal et de l'expression grandiloquente.

**BREL (Jacques)** ♦ Auteur, compositeur et interprète belge de chansons (Bruxelles 1929 - Bobigny 1978). Marquée à ses débuts par le catholicisme, son œuvre devint violemment anticonformiste (*Les Bourgeois, Les Bigotes*), obsédée par l'idée de la mort (*Le Moribond, Le Dernier Repas*) ou sentimentale (*Ne me quitte pas*). ✦ ÉTYM. Selon son autobiographie, de l'arabe *baġl, berl* «mulet», prononcé *brel* au Maghreb, peut-être sobriquet apporté dans les Flandres par l'occupation espagnole ; ou variante de *breuil*, du gaulois *Brogilos* «bois humide» ou «bois sacré» ou de l'ancien français *braiel*, ceinture nouée à la taille pour retenir les braies.

**BRÊME** ✦ ÉTYM. en all. *Bremen*, du lat. médiév. *Brema*, du haut all. *brem* «côte marécageuse» ♦ V. d'Allemagne, au fond de l'estuaire de la Weser. La ville constitue avec Bremerhaven*, son avant-port, le plus petit des Länder allemands, dénommé officiellement «ville libre hanséatique». 404 km², 662 734 hab. Construite sur les deux rives du fleuve, Brême est le deuxième port d'Allemagne (après Hambourg). L'ancienne ville *(Altstadt)* s'allonge sur la rive droite. Cathédrale (XII$^e$ s.), statue de Roland, hôtel de ville du XIV$^e$ s., quartier du Schnoor (maisons des XVI$^e$ au XVIII$^e$ s.). La nouvelle ville *(Neustadt)*, construite au XVII$^e$ s., a été très endommagée lors de la Deuxième Guerre mondiale, puis reconstruite avec l'aide américaine. Le port occupe les deux rives de la Weser. Son tonnage annuel (32 723 000 t en 1989 avec Bremerhaven*) s'est trouvé très accru par le dragage du fleuve à 10 m. Le minerai et les denrées exotiques (coton, laine brute, café, fruits, maïs et soja) constituent l'essentiel des importations. La gamme des activités industrielles est en rapport direct avec le trafic portuaire : sidérurgie (complexe Weser-port) ; automobiles ; indus. aéronautique et spatiale, matériel de précision ; raffinage du pétrole ; industries textiles et alimentaires (torréfaction du café, chocolateries, denrées de luxe, aliments pour animaux). ▮ **Histoire** Siège d'un évêché fondé en 787 par saint Willehad, Brême ne forma en 845 qu'un seul évêché avec Hambourg, chargé de l'évangélisation de la Scandinavie, du Groenland et de l'Islande. Dès le IX$^e$ s., elle devint une importante cité commerciale et elle adhéra à la Ligue hanséatique en 1358. En 1522, elle prit parti pour la Réforme. Elle accéda au statut de ville libre impériale après les traités de Westphalie (1648), dignité qu'elle réussit à sauvegarder malgré deux guerres contre la Suède (sièges de 1654 et 1666). Occupée par les Français en 1810, elle devint le chef-lieu du département des Bouches-du-Weser, mais fut rétablie ville libre au congrès de Vienne (1815). En 1866, elle entra dans la Confédération de l'Allemagne du Nord, puis dans l'Empire allemand en 1871. Elle fut durement éprouvée par la Deuxième Guerre mondiale. La ville et Bremerhaven furent en 1945 enclaves américaines dans la Basse-Saxe* sous contrôle britannique et constituées en Land en 1947.

**BREMER (Frederika)** ♦ Romancière suédoise (Tuorla, Finlande 1801 - Årsta 1865). Elle fut la première romancière réaliste suédoise (*Esquisses de la vie quotidienne*, 1828). Dans *Nina* (1835), elle pose les fondations de ce qui sera plus tard le féminisme suédois, en revendiquant pour la femme le droit d'organiser sa vie et, dans *Veilles du matin* (1842), de choisir sa religion. Ses œuvres suivantes, écrites lors de séjours aux États-Unis ou en Palestine, durciront des positions qui reviennent à une méditation, très en avance pour son époque, sur les valeurs de l'Occident.

**BREMERHAVEN** → ÉTYM. all. «port *(Haven)* de Brême» ♦ Avant-port de Brême, sur l'estuaire de la Weser*, à 61 km au N. de Brême*. 116 865 hab. Grand port de pêche et gare maritime pour les transatlantiques de la Norddeutsche Lloyd, réception du minerai de fer pour l'usine de Brême, trafic de conteneurs. ▮ **Histoire** La ville de Brême acheta en 1827 au Hanovre les terrains nécessaires à un avant-port. En 1939, la fusion de Bremerhaven et de Geestmünde lui fit donner le nom de Wesermünde, abandonné en 1945.

**BREMOND** (abbé **Henri**) ♦ Critique et historien français (Aix-en-Provence 1865 - Arthez-d'Asson, près de Nay-Bourdettes 1933). Il étudia les modes d'expression de la spiritualité religieuse dans sa monumentale *Histoire littéraire du sentiment religieux en France* (inachevée, 11 vol., 1916 - 1932) et manifesta son hostilité à Bossuet comme au jansénisme dans l'*Apologie pour Fénelon* (1910), où s'affirmait sa tendance au mysticisme. Suspecté par les orthodoxes catholiques, il s'attira également les critiques des partisans du classicisme quand il prit parti *Pour le romantisme* (1923) et la littérature individualiste. Assimilant l'acte poétique à l'expérience mystique (*Prière et Poésie*, 1927), il entama un débat passionné (avec P. Valéry* notamment) sur l'essence de la poésie ; défenseur de *La Poésie pure* (1926), «état confus inaccessible à la conscience claire», fondé sur une «intuition» instinctive de l'univers et qui tend «à suspendre le cours des activités ordinaires», il s'opposait fortement à l'intellectualisme et au néoclassicisme. [Acad. fr. 1923]

**BRÉMONTIER (Nicolas)** ♦ Ingénieur français (Quevilly 1738 - Paris 1809). Il réalisa la fixation des dunes des Landes en dotant le littoral de milliers d'hectares de pins maritimes.

**BRENDEL (Alfred)** ♦ Pianiste autrichien (Wiesenberg, Moravie 1931). Élève d'Edwin Fischer*, il fut un des premiers à se spécialiser dans Schubert, et excelle aussi dans Bach, Haydn, Mozart, Beethoven, Liszt et Schoenberg.

**BRENETS (LES)** ♦ Village de Suisse (cant. de Neuchâtel), sur les bords du Doubs, qui sert de frontière entre la France et la Suisse. 850 m d'alt. 1 129 hab. ▪ Station estivale. Le Doubs s'y élargit pour former le *lac des Brenets* ou *lac de Chaillexon* (en France) à quelques kilomètres de la chute appelée *saut du Doubs*. ▪ À quelques kilomètres au S.-O. se trouve la localité de La Brévine, réputée pour l'extrême rudesse de son climat hivernal (les températures de −40 °C ne sont pas exceptionnelles), pôle du froid en Suisse.

**BRENNE** n. f. → ÉTYM. p.-ê. du gaul. *braco* «terre humide et fertile» ♦ Région du Berry (Indre) à l'O. de Châteauroux, entre la Creuse et la Claise, au contact du Massif central (parc naturel régional). Constitués pour l'essentiel de dépôts siliceux peu fertiles, les sols de cette région «aux mille étangs» sont couverts de forêts et surtout de landes. Pisciculture. Pêche. Élevage bovin. Tourisme nautique.

**BRENNER (Yosef Haïm)** ♦ Romancier, critique, journaliste russe de langue hébraïque et yiddish (Novi Mlini, Ukraine 1881 - Jaffa 1921). Établi à Jérusalem en 1909, considéré comme le père de la littérature israélienne, il est l'auteur d'une œuvre qui campe dans une écriture simple et réaliste des figures d'antihéros en quête de sens, partagés entre le village et la ville (*En Hiver*), l'Est et l'Ouest (*Depuis la digue*), la diaspora et Israël (*D'ici et de là*). Il fut assassiné pendant les émeutes arabes de Jaffa en 1921.

**BRENNER (Sydney)** ♦ Biologiste britannique d'origine sud-africaine (Germiston 1927). Ses travaux des années 1960 concernent la génétique : il découvrit, avec F. Jacob*, l'ARN messager, et contribua, avec F. Crick*, au décryptage du code génétique. Son choix de *Caenorhabditis elegans*, un ver némapode transparent, comme organisme modèle pour l'étude de la différenciation cellulaire, est à l'origine de l'élucidation des mécanismes génétiques de l'organogénèse. [Prix Nobel de physiol. ou méd. 2002, avec J. Sulston* et R. Horvitz*]

**BRENNER** n. m. → ÉTYM. p.-ê. de *Breuni*, n. d'une tribu ♦ Col des Alpes orientales (1 375 m) qui unit l'Autriche à l'Italie. C'est le passage transversal le plus bas de la chaîne des Alpes. Il est praticable toute l'année et le seul qu'une voie ferrée importante traverse à ciel ouvert. La route de 1772, la voie ferrée de 1867, l'autoroute de 1974 avec l'Europabrücke (785 m de long au dessus de la vallée de la Wipp) assurent le trafic sur un axe majeur de l'espace européen. ▮ **Histoire** Le col fut fréquenté dès l'époque romaine, menant à la route de l'ambre vers le N. Il fut au Moyen Âge une des grandes routes commerciales de l'Europe. Hitler rencontra plusieurs fois Mussolini entre 1933 et 1945 dans le village de Brenner. Depuis 1919, le col marque la frontière entre l'Autriche et l'Italie. Celle-ci a dû accorder à la province du Trentin*-Haut-Adige un statut particulier. Mais pour les irrédentistes autrichiens, le versant sud est toujours le Südtirol. → **Tyrol.**

**BRENNILIS** [29218] → ÉTYM. bret. «la colline *(bré)* de l'église *(iliz)*» ♦ Comm. du Finistère, arr. de Châteaulin, 467 hab. *(Brénilisiens)*. Grand dolmen.

**BRENNUS** → ÉTYM. du celtique *brenn* «chef militaire» ♦ (−IV^e s.). Chef gaulois qui, selon la tradition, se serait emparé de Rome en −390 après avoir vaincu les Romains sur l'Allia ; il se serait retiré contre un tribut important. Après s'être servi de faux poids, il aurait jeté son épée dans la balance servant à peser l'or qu'on devait lui offrir en disant : «Vae victis !» (malheur aux vaincus !). Il aurait été vaincu par Camille* (Marcus Camillus).

**BRENTA** n. f. ♦ Fl. d'Italie, né dans les Dolomites au S.-E. de Trente (174 km). La Brenta traverse Bassano* del Grappa et passe près de Padoue* avant de se jeter dans l'Adriatique près de Chioggia*.

**BRENTANO (Clemens)** ♦ Poète et romancier allemand (Ehrenbreitstein 1778 - Aschaffenburg 1842). Il fit à Iéna ses débuts littéraires avec son roman *Godwi* (1801) et deux comédies, *Les Joyeux Musiciens* (mis en musique par Hoffmann) et *Ponce de León* (1804). À Heidelberg, il fut l'un des principaux représentants du «cénacle romantique» et publia avec A. von Arnim* *Le Cor enchanté de l'enfant* (1806 - 1808). Auteur d'une épopée lyrique, inachevée, et d'un drame (*La Fondation de Prague*, 1824), il est surtout célèbre par ses contes et ses nouvelles (*Gockel, Hinkel et Gackelia ; Histoire du brave Gaspard et de la belle Anna*, 1817) et par sa chronique (*Le Journal de voyage d'un écolier*, 1818). Il se convertit au catholicisme sous l'influence de la visionnaire Anna Katharina Emmerich dont il transcrivit et publia les visions (1843).

**BRENTANO (Elisabeth, dite Bettina)** ♦ Femme de lettres allemande (Francfort-sur-le-Main 1785 - Berlin 1859). Sœur de C. Brentano* et femme de A. von Arnim, elle fut la «muse du second romantisme», admiratrice de Goethe (*Correspondance de Goethe avec une enfant*, 1835), de Beethoven. Elle a su évoquer son amie *Caroline de Günderode* (1840) et son frère (*La Couronne printanière de Clemens Brentano*). Elle fut l'une des premières à se pencher sur le problème du prolétariat industriel (*Ce livre appartient au roi*, 1873).

**BRENTANO (Franz)** ♦ Philosophe et psychologue allemand (Marienberg 1838 - Zurich 1917). Neveu de Clemens Brentano. Père de la psychologie descriptive, il définit la conscience par son «intentionnalité» («Toute conscience est conscience de quelque chose»), et la représentation comme une visée de l'objet lui-même (et non sa reproduction dans l'esprit). Précurseur de la méthode phénoménologique, il influença Meinong* et surtout Husserl*. Œuv. princ. : *Psychologie du point de vue empirique*, 1873 ; *De la classification des phénomènes psychiques*, 1911.

**Brera** (palazzo) ♦ Palais de Milan, bâti au XVII^e s., abritant la *Pinacoteca di Brera* ou *galleria Brera* (œuvres de Piero della Francesca, Mantegna, le Tintoret). Le palais comporte par ailleurs un observatoire, une bibliothèque riche de 700 000 vol. (dont 1 620 manuscrits et 2 300 incunables) et une école des beaux-arts.

**BRESCIA** → ÉTYM. probablt celt., p.-ê. à rapprocher du gaul. *briga* «hauteur, forteresse» ♦ V. d'Italie, ch.-l. de prov., en Lombardie, sur les contreforts des Alpes brescianes. 187 567 hab. Université. La cathédrale du XVII^e s. (Duomo Nuovo) jouxte l'anc. édifice roman du XII^e s. (Duomo Vecchio ou Rotonda) et le palais roman du Barletto. Piazza della Loggia (palais communal, XV^e - XVI^e s.) : palais Renaissance et maisons anc. Musée romain dans les ruines du temple Capitolin ; musée chrétien dans l'église Santa Giulia. Nombreuses églises du XIII^e au XVI^e s. contenant des œuvres de l'école de Brescia (Moretto, Romanino) également bien représentée à la pinacothèque Tosio-Martinengo, qui possède aussi des tableaux de Raphaël, le Tintoret, L. Lotto. ▪ Actif centre indus. : métall., indus. mécaniques (Fiat), chimiques (matières plastiques), textile (coton), papeteries. Tourisme. ▮ **Histoire** L'anc. *Brixia*, patrie des Celtes cénomans*, fut soumise par les Romains en −225, appartint aux Lombards puis à Charlemagne. Ville libre (XI^e - XIII^e s.), elle fut conquise par Henri VII d'Allemagne (1311). Annexée par les Visconti, elle passa à Venise en 1426, fut conquise par Gaston de Foix (1512) et défendue par Bayard (1520). Annexée à la France en 1796, elle fut le chef-lieu du département de la Mella puis tomba sous la domination autrichienne en 1815. Elle se souleva en 1849 sous la conduite de Tito Speri. Cette période, qui dura 10 jours, est connue dans l'histoire de l'indépendance sous le nom des «dix journées». La ville fut finalement libérée en 1859.

**BRESDIN (Rodolphe)** ♦ Graveur français (Ingrandes, Maine-et-Loire 1822 - Sèvres 1885). Il est l'auteur d'eaux-fortes et de lithographies exécutées avec une minutie extrême. Ces œuvres ont pour thème initial des paysages ou des scènes bibliques auxquels il confère un caractère fantastique et visionnaire par une accumulation de motifs étranges. Il collabora à la *Revue fantaisiste* de Gautier et Banville, fut admiré par Baudelaire, J. K. Huysmans, Champfleury (qui le choisit comme modèle dans *Chien-Caillou*). Il conseilla et influença O. Redon*.

## BRÉSIL

■ n. m. – off. ***République fédérative du Brésil,*** en port. ***República Federativa do Brasil*** ➔ **ÉTYM.** de *brasil,* nom d'un arbre qui donne une teinture couleur de braise et un excellent bois de construction pour les navires ♦ Pays d'Amérique du Sud, s'étendant entre 5° de latitude N. et 33° de latitude S. et entre 34° et 73° de longitude O. et occupant presque la moitié de l'Amérique latine. 8 514 000 km². 169 799 000 hab. *(Brésiliens).* LANGUE : portugais. POPULATION : métis, Blancs, Noirs, Amérindiens. RELIGION : majorité de catholiques. MONNAIE : real. CAPITALE : Brasília. RÉGIME : démocratie présidentielle. Le Brésil compte 26 États et un district fédéral (Brasília).

■ **GÉOGRAPHIE** Le Brésil est un sous-continent au relief peu accentué de plateaux et de plaines bordés d'escarpements cristallins sur le littoral atlantique. On y rencontre tous les types de climats tropicaux, l'intérieur étant plus sec et plus chaud que le littoral. Le pays est divisé en 5 régions économiques. ■ **Nord** 7 États : Acre (Rio Branco), Amapá (Macapá), Amazonas (Manaus), Pará (Belém), Rondônia (Porto Velho), Roraima (Boa Vista), Tocantins (Palmas). 3 867 886 km² (45 % du territoire). 12 901 000 hab. La région, couverte par la forêt amazonienne, est faiblement peuplée et les deux tiers de ses habitants vivent dans les grandes villes. Pêche. Caoutchouc, bois, noix du Brésil. Élevage bovin. Richesses minières (manganèse, or, fer, bauxite et étain). La région, qui réalise 6 % du PIB brésilien, a connu depuis les années 1970 un formidable essor : construction de routes (Transamazonienne), d'un système de télécommunications, d'un réseau hydroélectrique, mises en exploitation de mines (Carajás) et création de grandes entreprises agropastorales. ➔ **Amazonie.** ■ **Nordeste** 9 États : Alagoas (Maceió), Bahia (Salvador), Ceará (Fortaleza), Maranhão (São Luís), Paraíba (João Pessoa), Pernambouc (Recife), Piauí (Teresina), Rio Grande do Norte (Natal), Sergipe (Aracaju). 1 546 058 km². 47 742 000 hab. (28 % de la pop.). Caractérisée par une anomalie climatique à l'origine des sécheresses répétées dans le Sertão, la région s'est peuplée dès le XVI^e s. sur la façade littorale humide constituée de riches plaines alluviales propices à la culture de la canne à sucre. Le modèle de développement adopté par le Brésil au XX^e s. l'a reléguée au second plan, et elle ne réalise que 13 % du PIB brésilien. Canne à sucre, cacao, riz, tabac, noix de coco, coton, sisal. Élevage dans l'intérieur. Pétrole et minéraux rares (tungstène, scheelite, vanadium). ■ **Sudeste** 4 États : Espírito Santo (Vitória), Minas Gerais

Brésil.

(Belo Horizonte), Rio de Janeiro, São Paulo. 924 935 km$^2$. 72 412 000 hab. C'est la région la plus peuplée du pays. Sa prospérité date de l'exploitation des mines d'or du Minas Gerais dès le XVIIIe s. et plus encore du développement de la culture du café dans l'État de São Paulo, qui a favorisé l'essor industriel de la ville de São Paulo à la fin du XIXe s. Aux migrants portugais, italiens puis japonais, ont succédé ceux venus du Nordeste. Doté d'un tissu industriel diversifié (automobile, aéronautique, armement, textile, électronique, sidérurgie, agroalimentaire) et d'une agriculture à haut rendement(café, alcool de canne, jus d'orange, soja, produits laitiers), le Sudeste réalise 58 % du PIB brésilien. Un immense gisement de pétrole a été découvert en 2008 dans le bassin de Santos, au large de São Paulo. **Sud** 3 États : Paraná (Curitiba), Rio Grande do Sul (Porto Alegre) et Santa Catarina (Florianópolis). 577 723 km$^2$. 25 108 000 hab. (15 % de la pop.). La région a été marquée par une forte immigration d'origine européenne (allemande et italienne). Le climat subtropical est favorable à une agriculture diversifiée (blé, vignobles) spécialisée depuis les années 1980 dans les cultures d'exportation, principalement le soja. C'est la deuxième région économique du pays tant sur le plan agricole que sur le plan industriel (indus. mécanique, textile), et elle réalise 16 % du PIB brésilien. **Centre-Ouest** 3 États auxquels s'ajoute le district fédéral de Brasília. Goiás (Goiânia), Mato Grosso (Cuiabá), Mato Grosso do Sul (Campo Grande). 1 592 749 km$^2$ (19 % du territoire). 11 637 000 hab. (7 % de la pop.). Zone de front pionnier agropastoral s'étendant dans le cerrado (savane arborée) en direction de l'intérieur jusqu'au Pantanal. L'agriculture mécanisée et irriguée prédomine, mais la région, qui réalise 7 % du PIB, connaît une urbanisation très rapide (81 % de la population).

**POPULATION** La population brésilienne occupe le cinquième rang mondial. Bien qu'ayant diminué, notamment en milieu urbain, le taux de natalité reste élevé (22 ‰ en 2001). À la façade atlantique fortement peuplée s'oppose l'intérieur relativement vide. Aux immigrants portugais et aux esclaves noirs (l'esclavage fut aboli en 1888) ont succédé les Allemands puis les Italiens et, plus tard, les Japonais. Aujourd'hui les Noirs occupent le bas de l'échelle socioéconomique et, bien que non officielle, la ségrégation raciale existe *de facto*.

**ÉCONOMIE** Le Brésil est un pays en voie de développement transformé par une industrialisation rapide, concentrée dans l'État de São Paulo, et par une puissante agriculture d'exportation. Il compte ainsi parmi les premiers fournisseurs de denrées alimentaires du monde. La canne à sucre (Plan proalcool-carburant) et le soja (1er exportateur mondial de tourteaux et 2e pour l'huile de soja) ont largement bénéficié des programmes gouvernementaux engagés dans les années 1980. Le Brésil reste le 1er producteur-exportateur mondial de café. Il est également le 1er exportateur mondial de jus d'orange et de volailles. Au 10e rang mondial pour l'acier (33 millions de t), le Brésil est surtout devenu un grand fournisseur de produits manufacturés : automobiles, avions, armement. Dans le but de s'intégrer à une vaste union douanière comprenant l'Argentine, le Paraguay et l'Uruguay, le Brésil a signé le traité constitutif du Mercosur* en 1991. La crise mondiale de 2008 n'a pas épargné le Brésil mais une reprise s'est enclenchée dès 2010. Selon la FAO, la malnutrition a reculé de plus de 70 % et la mortalité infantile de 45 % depuis la mise en place de la politique sociale du président Lula en 2003. Toutefois, le taux d'inégalité entre les plus riches et les plus pauvres reste parmi les plus forts du monde. Le monopole sur la terre n'a pas été touché par la timide réforme agraire de Lula.

**HISTOIRE** **La colonisation portugaise** C'est au Portugais Pedro Álvarez Cabral que l'on attribue la découverte du Brésil, en 1500. Quelques colons portugais s'installèrent au XVIe s. dans le pays et lui donnèrent son nom. Les Français, les Anglais et les Hollandais qui tentèrent de s'implanter furent repoussés. Au XVIIe s., l'économie sucrière, fondée sur l'esclavage, dominait. Des aventuriers portugais, les *bandeirantes*, pénétrèrent à l'intérieur des terres, réduisant les Indiens à l'esclavage. Dès le XVIIIe s., ils trouvèrent de l'or et des diamants dans le Minas Gerais. Après avoir été divisé en capitaineries, le Brésil devint une vice-royauté portugaise, siégeant à Bahia (1720), puis à Rio (1763). Les rois de la maison de Bragance s'intitulaient rois de Portugal et Brésil. Fuyant en 1807 devant Napoléon, le roi Jean VI vint se fixer à Rio, qui devint alors la capitale de l'empire portugais. **L'indépendance** ***L'empire*** De retour dans son pays, il laissa son fils comme régent ; celui-ci proclama l'indépendance du Brésil en 1822 et devint empereur constitutionnel sous le nom de Pierre Ier. Il abdiqua en 1831 en faveur de son fils Pierre II, dont le règne marqua une ère de progrès économique, malgré les guerres coûteuses contre l'Argentine (1851 - 1852) et le Paraguay (1866 - 1870). ***La république des «coronels»*** Après l'abolition de l'esclavage, en 1888, une révolution chassa la famille impériale et établit la Constitution républicaine du Brésil, érigé en un État fédéral, ce qui entérinait la victoire des régions sur le centralisme étatique. En réalité, le pouvoir revint à une petite oligarchie constituée par les «coronels» et qui contrôlait la culture du café, alors dominante. Mais la surproduction et l'effondrement des cours du café dans les années 1920 entraînèrent une grave crise économique et la fin du règne des coronels. ***Le président Vargas*** En 1930, Getúlio Vargas, appuyé par l'armée, établit un régime populiste et nationaliste qui abolit certaines libertés mais conduisit à d'importants progrès sociaux et économiques ; il resta à la tête du pays, comme président de la République, de 1930 à 1945 et y revint de 1951 à 1954. Durant la Deuxième Guerre mondiale, le Brésil se rangea, à partir de 1942, aux côtés des Alliés. Les États-Unis y installèrent des bases aéronavales pour la bataille de l'Atlantique et un corps expéditionnaire de 15 000 soldats brésiliens fut envoyé en Italie. Après la guerre, le Brésil obtint l'appui économique des États-Unis (sidérurgie de Volta Redonda et aménagement hydroélectrique du São Francisco). ***Kubitschek, Quadros et Goulart*** En 1955, le président Kubitschek inaugura un programme d'expansion industrielle et de grands travaux (dont la construction de la nouvelle capitale Brasília). Ses successeurs furent Jânio Quadros puis João Goulart qui tenta de promouvoir une réforme agraire et des nationalisations. Il fut renversé par l'armée et la droite en 1964. ***Le régime militaire*** Le Brésil connut alors, de 1964 à 1985, un régime militaire, impitoyable envers l'opposition politique (arrestations arbitraires, tortures, justice expéditive des «escadrons de la mort» ; Constitution de 1969 suspendant les droits politiques du citoyen). Ce régime, qui dut faire face à une opposition permanente et notamment à celle d'une partie de l'Église, favorisa un temps le développement économique par des mesures autoritaires, mais ne put surmonter les difficultés croissantes (spéculations financières, dettes extérieures) qui déclenchèrent une inflation de 200 % (1984) et des mouvements de

**Brésil** | Productions en 2008

| Produits | Quantités | Rang |
|---|---|---|
| **Agriculture** | | |
| Bananes | 6 800 000 t | 3e |
| Blé (2009) | 5 800 000 t | |
| Bois | 244 000 000 m$^3$ | |
| Cacao | 190 000 t | 6e |
| Café | 2 500 000 t | 1er |
| Canne à sucre | 550 000 000 t | 1er |
| Citrons | 1 100 000 t | 4e |
| Coton (2006) | 1 250 000 t | 5e |
| Maïs | 45 000 000 t | 3e |
| Manioc | 26 000 000 t | 2e |
| Oranges | 18 000 000 t | 1er |
| Riz | 12 000 000 t | 9e |
| Soja (graines) | 61 000 000 t | 2e |
| Sucre | 34 000 000 t | 2e |
| Tabac | 900 000 t | 2e |
| Bovins (têtes) | 201 000 000 | 1er |
| Ovins (têtes) | 16 000 000 | 18e |
| Porcins (têtes) | 33 000 000 | 3e |
| **Mines et énergie** | | |
| Bauxite | 25 000 000 t | 3e |
| Étain | 10 000 000 t | 5e |
| Fer | 380 000 000 t | 2e |
| Gaz naturel | 12 000 000 000 m$^3$ | |
| Houille | 6 000 000 t | |
| Hydroélectricité | 370 TWh | 3e |
| Manganèse | 3 000 000 t | 4e |
| Nickel | 77 000 t | 9e |
| Or | 40 t | 14e |
| Pétrole | 94 000 000 t | 14e |
| Zinc | 180 000 t | |

**Brésil.** Le «Pain de Sucre» vu des hauteurs de Rio.
*Phot. © Luminouslens/Shutterstock*

**Brésil.** Vue de São Paulo avec, au premier plan, un immeuble de l'architecte Niemeyer.
*Phot. © Dagli Orti*

grève très durs (1979, 1980). ▮ ***Le retour des civils*** Les élections de 1985 ramenèrent les civils au pouvoir. La politique d'austérité («plan Cruzado») menée par le président J. Sarney (1985 - 1989) échoua (1 000 % d'inflation en 1988). F. Collor de Melo, élu président au suffrage universel, lança à son tour un plan draconien de redressement mais il fut destitué par le Parlement en 1992 pour corruption. I. Franco puis F. H. Cardoso* (1994) lui succédèrent. La faiblesse du réal, la dette extérieure, la récession, le chômage et les inégalités sociales amenèrent en 2002 les Brésiliens à élire pour la première fois un représentant de la gauche ouvrière (Parti des Travailleurs) à la présidence de la République : Luiz Inácio Da Silva (dit «Lula*»), ancien syndicaliste. Celui-ci mena, durant son premier mandat, une politique étrangère dynamique et gagna l'appui des couches populaires par des mesures sociales adaptées ; il a été réélu en 2006 et gouverne à la tête d'une coalition formée avec un parti de centre-droit. Alors qu'il jouit d'un bilan jugé plutôt positif, puisque le Brésil est devenu l'une des principales économies émergentes et que sa politique de rigueur a protégé le pays de la récession mondiale et d'une partie de ses effets néfastes, il ne peut se représenter pour un troisième mandat en octobre 2010.

---

**BRESLAU** → **Wrocław**

**BRESLE** [bʀɛl] n. f. ♦ Riv. de Normandie à la limite de la Normandie et de la Picardie (72 km). Née au S. d'Aumale, elle arrose Blangy-sur-Bresle, Eu et se jette dans la Manche au Tréport.

**BRESLES** [60510] ← ÉTYM. probablt du gaul. *°bracu* «marais» ou du germ. *Bradilo,* n. de pers. ♦ Comm. de l'Oise, arr. de Beauvais. 3 749 hab. *(Breslois).*

**BRESSE** n. f. ← ÉTYM. anc. *Briscia,* probablt du celt. «forêt humide» ♦ Région de l'E. de la France, plaine ou bassin de la Saône, s'étendant sur env. 30 km entre cette rivière et le revers O. du Jura (Revermont et Bugey) et sur env. 90 km entre le Doubs au N. et le plateau de la Dombes au S. Elle couvre une partie des dép. de l'Ain et de la Saône-et-Loire. On distingue la Bresse chalonnaise (Chalon*-sur-Saône) au N.-O., la Bresse bressane (Bourg*-en-Bresse) au S.-E. et la Bresse centrale ou Bresse louhannaise (Louhans*). Bourg-en-Bresse est le grand marché des poulardes de Bresse, race de volailles de qualité supérieure, dont un élevage traditionnel maintient la qualité. Extension de l'élevage bovin et culture du maïs. ▮ **Histoire** Passée par mariage à la maison de Savoie en 1272, la Bresse fut cédée à Henri IV par le duc Charles-Emmanuel en 1601. D'abord incluse dans le gouvernement de Bresse-Bugey, elle fit ensuite partie du gouvernement de Bourgogne jusqu'à la fin de l'Ancien Régime.

**BRESSE (LA)** [88250] ♦ Comm. des Vosges, arr. d'Épinal, dans les hautes Vosges. 4 928 hab. (aggl. 12 461). *(Bressauds).* Station d'été et de sports d'hiver (630 - 1 350 m). Fromages (munster). Textile.

**BRESSON (Robert)** ♦ Cinéaste français (Bromont-Lamothe 1901 - Droué-sur-Drouette, Eure-et-Loir 1999). Peu abondante, son œuvre se caractérise par un style d'une exigence toute janséniste qui confinerait à la sécheresse si ce dépouillement ne dissimulait une quête passionnée de la vérité humaine, au-delà de tous les artifices du cinéma considéré comme un spectacle. Réal. princ. : *Les Anges du péché* (1944), *Les Dames* du bois de Boulogne* (1945), *Journal* d'un curé de campagne* (1951) d'après Bernanos, *Un condamné à mort s'est échappé* (1956), *Pickpocket* (1959), *Le Procès de Jeanne d'Arc* (1963), *Au hasard Balthazar* (1966), *Mouchette* (1967), *Lancelot du lac* (1974), *L'Argent* (1983).

**BRESSUIRE** [79300] ← ÉTYM. anc. ***Berzoriacum,*** probablt du gaul. *Briccius, Brittius,* n. de pers., et *durum* «forteresse» ♦ Ch.-l. d'arr. des Deux-Sèvres, 17 799 hab. *(Bressuirais).* Importants vestiges du château. Église Notre-Dame des XII$^e$ et XVI$^e$ s. (tour gothique et Renaissance). ▪ Important marché agricole. Abattoir. Conserves de viande. Mobilier scolaire.

**BREST** ← ÉTYM. jusqu'en 1921 ***Brest-Litovsk,*** en polon. ***Brześć Litowsk*** «Brest de Lituanie» ♦ V. de Biélorussie, ch.-l. de région, sur la Moukhavets, affl. du Boug occidental, à la frontière polonaise. 304 200 hab. Nœud ferroviaire. Indus. alimentaire et textile. Traitement du bois. ▮ **Histoire** La ville, autrefois polonaise et où fut conclue en 1596 l'union des Églises catholique et orthodoxe de Pologne (Union de Brest), fut annexée par la Russie au troisième partage de la Pologne (1795). Occupée par les Allemands (1915), redevenue polonaise (1921), à nouveau occupée par les Russes (1939) puis par les Allemands (1941 - 1944), elle fut attribuée à l'URSS en 1945. ♦ ***Traité de Brest-Litovsk*** Après deux mois de pourparlers entre la République soviétique et le bloc allemand, la délégation russe (dirigée par Trotski, puis Tchitchérine) fut obligée d'y signer, le 3 mars 1918, ce que Lénine appela le «honteux traité de paix» qui enlevait à la Russie la Pologne, les pays baltes, la Finlande, l'Ukraine, une partie de la Biélorussie, Batoumi, Ardahan et Kars. Le 13 nov. 1918, le traité fut annulé par le gouvernement soviétique.

**BREST** [29200] ← ÉTYM. du vx bret. *bré* «colline» et suff. *-st* ♦ Ch.-l. d'arr. du Finistère, à l'extrémité occidentale de la Bretagne, sur la rive N. de la *rade de Brest,* qui communique avec le large par le *goulet de Brest.* 149 634 hab. (aggl. 206 589, 29$^e$ rang) *(Brestois).* La ville a été largement endommagée au cours de la Deuxième Guerre mondiale. Reconstruite dès les années 1950 selon un plan en damier, elle abrite encore la tour de la Motte-Tanguy (XVI$^e$ s.), qui contient le musée du Vieux-Brest, les remparts élevés par Vauban, et le château (XII$^e$ - XVI$^e$ s.) dont les tours restaurées sont occupées par un musée de la Marine. Pont levant de Recouvrance, sur la Penfeld. Le centre de la Mer, Océanopolis, contient le plus grand aquarium d'Europe. Principale agglomération de l'extrême Ouest français, c'est une ville à fonction spécialisée dont le rayonnement régional se limite à son proche «pays». Son rôle relève de décisions prises au niveau national : la ville est le 1$^{er}$ port militaire français de l'Atlantique (base des sous-marins nucléaires, arsenal, recherche). Il est également port commercial et ses autres activités dépendent du secteur militaire : électronique, acoustique sous-marine, radars. Seule l'indus. agroalimentaire rattache la ville à sa région (produits laitiers). Brest développe également des activités d'enseignement et de recherche : nombreuses écoles d'ingénieurs, université de Bretagne-Occidentale, Institut français de recherche pour l'exploitation de la mer (Ifremer) et École navale à Lanvéoc-Poulmic. Malgré l'activité de l'aéroport de Brest-Guipavas et la liaison TGV avec Paris, la ville reste à l'écart des grands courants d'échanges européens. À l'extrémité d'un finistère, Brest ne tire guère profit de l'énorme trafic maritime. ▮ **Histoire** La ville commença à prendre de l'importance avec les travaux du port et des arsenaux entrepris par Richelieu en 1631. De nouvelles fortifications furent construites par Vauban à partir de 1683. Au cours de la Deuxième Guerre mondiale, Brest subit de nombreux bombardements alliés visant à détruire la base de sous-marins installée par les Allemands. Ceux-ci capitulèrent le 18 sept. 1944, après un siège de 43 jours qui acheva d'anéantir le centre de la ville.

**BRETAGNE** ← ÉTYM. en lat. ***Britannia*** «(région) des Bretons», p.-ê. de *°Britto,* n. de pers. ou de *bred* «esprit, pensée» ♦ Nom de l'Angleterre* jusqu'aux invasions anglo-saxonnes des V$^e$ et VI$^e$ siècles. Envahie par les Celtes dès la protohistoire, la Bretagne avait une civilisation très proche de celle de la Gaule* au moment de l'intervention de César (-55). Entreprise par Claude* I$^{er}$ en 43, la conquête de l'île, bien que menacée par de violentes révoltes **(→ Boadicée),** fut achevée par Agricola* (77 - 83). Préservée des invasions des Pictes* et des Scots* par les murs d'Hadrien* (122) et d'Antonin* (142), la Bretagne vit se développer au III$^e$ s. les centres de *Londinium* (Londres) et *Eburacum* (York). Christianisée au IV$^e$ s. l'île fut définitivement abandonnée par les Romains en 407. Submergés par les envahisseurs anglo-saxons aux V$^e$ et VI$^e$ s., les Bretons de l'O. émigrèrent vers l'Armorique* et lui donnèrent leur nom.

**BRETAGNE** n. f. ← ÉTYM. en bret. «Breizh» ♦ Région naturelle et historique de l'O. de la France. C'est une péninsule bordée par la Manche et l'Atlantique, qui couvre une partie du Massif armoricain* *(Bretons).* Elle donne son nom à une région et comprend en outre la Loire*-Atlantique. On distingue la Bretagne maritime ou Armor avec ses 1 200 km de côtes et la Bretagne intérieure ou Arcoat avec sa montagne et ses bois. D'un point de vue linguistique, la haute Bretagne à l'E., où l'on parle français, s'oppose à la basse Bretagne à l'O. où l'on parle français et breton (Bretagne bretonnante).

▮ **HISTOIRE** ▮ **L'Armorique** Les mégalithes (dolmens, tumulus, menhirs) qui parsèment la péninsule attestent l'existence de populations antérieures aux invasions des Celtes*. Parmi elles, les Vénètes* celtisés opposèrent une farouche résistance à la conquête romaine, et César* ne parvint à réduire l'Armorique qu'en –51. ▮ **La christiani-**

**sation** Aux V^e^ et VI^e^ s. les Bretons (Britons) celtes des îles Britanniques, surtout de la Cornouailles*, fuyant l'invasion des Angles et des Saxons, vinrent chercher refuge en Armorique, qui prit dès lors le nom de Bretagne. L'implantation de ces nouveaux colons favorisa l'essor de la vie chrétienne et le pays, déjà évangélisé par des apôtres comme saint Clair, se couvrit de monastères, embryons de futures villes. Dagobert* I^er^, roi des Francs, lui imposa sa suzeraineté (636), mais sous les Carolingiens, après la mort de Louis* I^er^ le Pieux (840), Nomenoé se révolta contre Charles* le Chauve, s'affirma indépendant en 846 et fonda la dynastie des comtes de Rennes. **▮ Le duché de Bretagne** Son descendant Conan I^er^ prit le titre de duc en 987 et Conan IV donna sa fille Constance en mariage (1170) à Geoffroi II Plantagenêt, fils du roi d'Angleterre Henri II. Leur fils Arthur I^er^, reconnu duc de Bretagne dès sa naissance (1187), fut tué par ordre de Jean* sans Terre, mais sous la pression de Philippe* Auguste la sœur d'Arthur épousa un prince capétien, Pierre I^er^ de Dreux, dit Mauclerc (duc de 1213 à 1237), qui donna à la Bretagne une dynastie de princes capétiens jusqu'à la mort de Jean* III qui ne laissait pas d'enfant, en 1341. À cette date s'ouvrit la guerre de Succession* de Bretagne (1341 - 1364) qui se termina par la victoire de Jean* IV, fils de Jean* de Montfort, sur Charles* de Blois. Au traité de Guérande* (1365), le duc Jean était reconnu par Charles* V comme le légitime possesseur de son duché sous condition d'en faire hommage à la couronne de France. Sous son règne (1365 - 1399) et sous ceux de ses fils Jean V (1399 - 1442) et Arthur* III (1457 - 1458), et de ses petits-fils François I^er^ (1442 - 1450), Pierre III (1450 - 1457) et François II (1458 - 1488), la Bretagne vit s'épanouir une civilisation prospère. Après le mariage d'Anne* de Bretagne avec Charles* VIII (1491) puis avec Louis XII (1499), l'union de sa fille Claude* de France avec le futur François* I^er^ (1514) allait assurer l'annexion définitive de la Bretagne à la France par legs de la reine, morte en 1524. Le titre de duc de Bretagne disparut avec l'avènement de Henri* II sur le trône de France (1547). **▮ Une province française** Le particularisme breton n'en continua pas moins à se manifester dans les états provinciaux et sous différents gouverneurs et intendants de l'Ancien Régime, tels le duc de Mercœur et le duc d'Aiguillon. La* Chalotais s'est rendu célèbre par sa résistance aux exactions de ce dernier. Sous la Révolution, les paysans bretons constituèrent un des foyers de la Chouannerie*. → **Vendée (guerre de).** Le Club breton est à l'origine du Club des jacobins*. Au XX^e^ s., certains mouvements autonomistes dont le FLB (Front de libération de Bretagne) revendiquent l'indépendance de la région.

**BRETAGNE** n. f. ♦ Région administrative de l'O. de la France, comptant 4 dép. : Côtes-d'Armor, Finistère, Ille-et-Vilaine et Morbihan. 27 208 km² (5 % du territoire, 9^e^ rang). 2 906 197 hab. (5 %, 7^e^ rang). 4,3 % du PIB (7^e^ r.) CH.-L. : Rennes. Unité historique liée au peuplement breton, mais amputée de la région nantaise, la Bretagne coïncide avec la partie péninsulaire du Massif armoricain.

**▮ GÉOGRAPHIE** L'ossature hercynienne dessine deux alignements, restes d'anciennes chaînes usées (300 m en moyenne), orientés O.S.O.-E.N.E. en basse Bretagne ou Bretagne occidentale, les monts d'Arrée au N., la Montagne Noire au S., puis infléchis vers l'E.S.E. dans les landes du Méné et celles de Lanvaux. De part et d'autre de ces reliefs dénudés, et contrastant avec eux, les plateaux cristallins s'abaissent vers la mer (Léon et Trégorrois au N., Cornouaille et Vannetais au S.). Un soulèvement ancien (Tertiaire) a provoqué l'encaissement des cours d'eau ; l'ennoyage récent des basses vallées (IV^e^ s.) explique les « rias » sinueuses et profondes qui, de

| | | |
|---|---|---|
| Autoroute | Plus de 100 000 hab. | Limite de région |
| Route principale | De 50 à 100 000 hab. | Limite de département |
| Voie ferrée | De 20 à 50 000 hab. | **RENNES** Chef-lieu de région |
| Parc naturel | De 10 à 20 000 hab. | **VANNES** Chef-lieu de département |
| Canal | Moins de 10 000 hab. | **Brest** Chef-lieu d'arrondissement |

Altitudes en mètres: -50, 0, 100, 200

Bretagne.

Claire **Bretécher.** Vignette extraite de *Agrippine.* © *Claire Bretécher*

l'estuaire de la Rance à celui de la Vilaine, constituent à la fois des obstacles, que franchissent les viaducs de Dinan, Morlaix, Bénodet, Hennebont, La Roche-Bernard, et des atouts touristiques (ports de plaisance). Si les remembrements successifs (notamment dans le bassin de Rennes) ont fait disparaître de nombreuses haies, la Bretagne intérieure reste un pays de bocage, où landes et forêts sont peu nombreuses. La presqu'île est coupée par de nombreuses vallées (de l'Aulne, de l'Odet, du Blavet, de la Penfeld) qui ont longtemps entravé la circulation entre les terroirs. Le rattachement tardif au royaume, l'usage de la langue celtique et de divers dialectes ajoutèrent encore aux particularismes et à l'isolement de ces «pays» répartis entre Armor (pays de la mer) et Arcoat (pays des bois) et divisés par une frontière linguistique, suivant une ligne Plouha-Vannes, en pays «bretonnant» à l'O. et pays «gallo» à l'E. Si une certaine unité intérieure s'est peu à peu réalisée, la position excentrée de la Bretagne dans l'espace européen constitue indéniablement un handicap mais qui n'a pas empêché la région de connaître une remarquable croissance économique depuis les années 1970. ▪ De type océanique, le climat est doux et humide, facilement changeant, plus ensoleillé au S., aux confins des Pays de la Loire.

▮ **POPULATION** Très peuplée, la Bretagne a longtemps fait partie des régions à forte natalité. Une émigration massive vers Paris a commencé avant la Première Guerre mondiale (2 602 000 hab. en 1911, 2 337 000 hab. en 1946) et s'est poursuivie jusque dans les années 1950. Malgré la prise de conscience des autorités régionales (plan de 1956), le phénomène a duré encore une vingtaine d'années. Après 1975, les flux migratoires se sont inversés. La croissance démographique est voisine de la moyenne française (1982 - 1999 : +7,2 %).

▮ **ÉCONOMIE** ▮ **Agriculture** La population active agricole (6 % des emplois) reste plus importante en Bretagne que dans la plupart des autres régions (France 2 %). L'agriculture, surtout spécialisée dans l'élevage (40 % de la prod. nationale), se consacre aussi à l'aviculture, à la culture des légumes primeurs (artichauts, choux-fleurs, tomates, haricots verts, petits pois) et des céréales (orge). Depuis 1945, de grandes coopératives agricoles encadrent cette production et ont permis le développement d'une indus. agroalimentaire spécialisée et intégrée. Le caractère très intensif de l'agriculture et de l'élevage (8,3 millions de porcins) est à l'origine de problèmes écologiques (pollution des eaux par les nitrates). Le secteur de la pêche, qui n'emploie plus que 7 000 marins, assure cependant toujours 1/3 de la valeur des prises françaises. Les principaux ports (Lorient, Concarneau, Guilvinec, Douarnenez) sont situés au S.-O. Le trafic des ports bretons reste, lui, modeste, à quelques encablures de la plus forte circulation maritime du monde. ▮ **Industrie** La Bretagne a été industrialisée depuis les années 1960. Les arsenaux (7 000 salariés pour Brest et Lorient), l'industrie agroalimentaire (viande), l'électronique (implantée à Rennes, Lannion, Brest) et l'automobile sont les principaux employeurs du secteur secondaire (24 % des emplois). ▮ **Urbanisation et secteur tertiaire** Le taux d'urbanisation de la région est modéré (70 %) et les côtes, plus densément peuplées, contrastent avec le vide relatif des campagnes de l'intérieur. Rennes, cap. administrative, économique et universitaire, ne rayonne guère au-delà de l'Ille-et-Vilaine, subissant au S. et au S.-O. la concurrence de Nantes ; les villes moyennes alignées tout au long de la côte (Saint-Brieuc, Morlaix, Brest, Quimper, Lorient, Vannes) connaissent une relative indépendance. Les activités tertiaires, spécialement les services, ont connu un fort développement depuis les années 1970. Le tourisme constitue la 2e activité après l'agriculture, hissant la Bretagne au 4e rang français des régions touristiques. Les communes côtières ont su refuser l'installation de grandes stations balnéaires, préservant ainsi leur atout majeur : 2 800 km d'un littoral changeant et spectaculaire (de la Côte de granit rose à la pointe du Raz, de l'île de Bréhat au golfe du Morbihan) en dépit de problèmes écologiques (marées noires, algues vertes). Traditions fortes (fêtes folkloriques, pardons, criées), sites archéologiques (→ **Carnac, Gavr'inis**), monuments typiques (enclos paroissiaux, villes-musées de Saint-Malo ou de Locronan), aménagements de loisirs (Dinard, Quiberon, La Trinité-sur-Mer), ressources naturelles préservées (réserve ornithologique du cap Sizun, conservatoire du littoral) attirent de nombreux visiteurs.

**BRETAGNE (NOUVELLE-)** → **Bismarck (archipel)**

**BRETÉCHER (Claire)** ♦ Dessinatrice et scénariste-dialoguiste de bandes dessinées française (Nantes 1940). *Cellulite* (1969), romantique et stupide princesse moyenâgeuse au physique ingrat, parut pour la première fois dans *Pilote*. À partir de 1973, elle publia dans *Le Nouvel Observateur* la chronique des *Frustrés*, suivie des *Mères*, puis d'*Agrippine*. D'un trait dépouillé, elle épingle ses contemporains, caricature leur langage et leurs conventions, ridiculise les modes, créant la plus pertinente des rubriques de société. ▸ **ÉTYM.** Ce nom vient de *bretèche* (a désigné l'ouvrier chargé de garnir une demeure de bretèches).

**BRETENOUX** [46130] ▸ **ÉTYM.** anc. ***villa Bretenoro***, du n. des colons bretons qui fondèrent le village ♦ Ch.-l. de cant. du Lot, arr. de Figeac. 1 231 hab. *(Bretenouviens)*. Fortifications ruinées. ▪ À 2 km, château de Castelnau. ▮ **Histoire** En 1944, les Allemands y massacrèrent des résistants et des otages.

**BRETEUIL (Louis Auguste LE TONNELIER,** baron **DE)** ♦ Homme politique français (Azay-le-Féron 1730 - Paris 1807). Il fut chargé de plusieurs ambassades sous Louis XV et d'un ministère sous Louis XVI, au cours duquel il réforma certains abus du système judiciaire (restriction de l'usage des lettres de cachet). Son hostilité à toute réforme des impôts comme à toute concession au tiers état lui valut d'être nommé par Louis XVI en remplacement de Necker (12 juil. 1789). La prise de la Bastille (14 juil. 1789) marqua la fin de son ministère et il émigra. Il rentra en France sous le Premier Empire.

**BRETEUIL** [60120] ▸ **ÉTYM.** anc. ***Brituogilum***, du gaul. *Brittus*, n. de pers., et de *ialo* «clairière» ♦ Ch.-l. de cant. de l'Oise, arr. de Clermont, en Picardie. 4 131 hab. *(Brétulliens)*.

**BRETEUIL-SUR-ITON** [27160] ♦ Ch.-l. de cant. de l'Eure, arr. d'Évreux, sur un bras forcé de l'Iton, à la lisière E. de la *forêt de Breteuil*. 3 473 hab. *(Bretoliens)*.

**BRÉTIGNY** ♦ Hameau de la Beauce, à 8 km de Chartres, auj. en Eure-et-Loir (comm. de Sours). ▮ **Histoire** Le roi Jean II le Bon, prisonnier des Anglais, y signa avec eux, le 8 mai 1360, le *traité de Brétigny* par lequel, en plus d'une énorme rançon, il abandonnait à l'Angleterre l'Aquitaine et de nombreux autres territoires. → **Cent Ans (guerre de)**.

**BRÉTIGNY-SUR-ORGE** [91220] ▸ **ÉTYM.** anc. ***Britiniacum***, du lat. *Britanius*, n. de pers., et suff. *-acum* ou d'une rac. prélatine *-bart* qui aurait désigné des endroits bourbeux ou de *Brittania (villa)* «le village des Bretons» [voire l'installation d'un seul Breton] ♦ Ch.-l. de cant. de l'Essonne, arr. de Palaiseau. 21 650 hab. *(Brétignolais)*. ▪ Enseignement technologique. Station d'observation des satellites français. Aérodrome militaire, centre d'essais en vol. Centre de contrôle de l'Organisation européenne pour la sécurité de la navigation aérienne. Pépinières.

**BRETON (André)** ♦ Écrivain français (Tinchebray, Orne 1896 - Paris 1966). Il entreprit d'abord des études de médecine (1913), mais s'engagea bientôt sur les voies de la poésie. Mobilisé à Nantes, il correspondit avec Apollinaire* qu'il fréquenta dès son retour à Paris (1917). De la même période datent pour Breton deux lectures capitales, celles de Freud et de Lautréamont, et la révélation d'une nouvelle amitié avec Paul Éluard*. Fondateur, aux côtés d'Aragon* et de Soupault*, de la revue *Littérature*, il écrivit, en collaboration avec Soupault, le premier texte surréaliste, *Les Champs* magnétiques*, et publia son premier recueil de poèmes, *Le Mont de Piété* (1919). Dès l'arrivée de Tristan Tzara* à Paris, le groupe s'engagea dans l'aventure dadaïste (1920). Mais Breton et ses amis rompirent bientôt avec Tzara (1922). Breton confirma ces positions dans le premier *Manifeste du surréalisme* (1924) où se trouve la définition du mouvement. À un rationalisme prosaïque, il oppose la folie féconde de *Nadja** (1928), révélatrice d'une activité fantastique de l'esprit, ou l'insolite de la réalité quotidienne appréhendée par un regard neuf (*Les Vases communicants*, 1932). Son adhésion au parti communiste (1927) marqua le début de son engagement dans l'action politique (*Second Manifeste du surréalisme*, 1930), mais fut bientôt suivie d'une rupture (*Position politique du surréalisme*, 1935). La rencontre de Léon Trotski, lors d'un voyage au Mexique (1938), confirma Breton dans une opposition farouche au stalinisme, cette opposition inspirant encore la campagne qu'il mena plus tard contre le réalisme socialiste (1951). Intransigeant sur la doctrine, il assuma le rôle d'inquisiteur, rompant même avec Aragon (1935), puis avec Éluard (1938). Breton voyait d'abord la transformation de l'homme dans l'amour. Poète de la femme, il la célébra en des termes d'une ferveur quasi religieuse, confondant à dessein amour courtois, érotisme et sadisme (*Union libre*, 1931 ; *L'Amour fou*, 1937 ; *Arcane 17*, 1947). Après l'interdiction de son *Anthologie de*

André **Breton.** *Phot. ©Roger Pic*

*l'humour noir* (1940), il quitta la France (1941) pour les États-Unis. C'est durant cet exil qu'il effectua de nombreux voyages en quête des vestiges précolombiens (Arizona, Nouveau-Mexique). De retour à Paris, il organisa deux expositions internationales du surréalisme (1947, 1965), publia une *Ode à Charles Fourier* (1947), une édition collective de ses *Poèmes* (1948), des essais sur l'art (*Le Surréalisme et la Peinture*, 1946 ; *L'Art magique*, 1957). Loin de s'affirmer par une rupture radicale, le surréalisme, tel qu'André Breton en a défini et illustré les ambitions, peut être considéré comme l'aboutissement du romantisme autant que du symbolisme. → **Manifestes du surréalisme, surréalisme.**

**BRETONNEAU (Pierre)** ♦ Médecin français (Saint-Georges-sur-Cher 1778 - Passy 1862). Il donna une description de la diphtérie et de la fièvre typhoïde et formula la doctrine de la spécificité des maladies infectieuses.

**BRETTEVILLE-SUR-ODON** [14760] → ÉTYM. anc. *Brittavilla*, en normand «le village breton» ♦ Comm. du Calvados, arr. de Caen. 3 951 hab. Siège de l'École de défense nucléaire, biologique et chimique de l'armée de terre.

**Bretton Woods** (accords de) ♦ Accords signés en juil. 1944 lors de la conférence de Bretton Woods (États-Unis), par 44 pays, et portant sur la réforme du système monétaire. Afin de relancer les échanges internationaux au lendemain de la Deuxième Guerre mondiale et reconnaissant la prééminence économique des États-Unis, ces accords instituèrent le système de l'étalon de change-or (Gold-Exchange Standard), faisant du dollar une monnaie de réserve (seule convertible en or), véritable unité de compte internationale jouant un rôle monétaire comparable à celui de l'or, notamment dans le domaine des parités de change. En vue d'assurer le fonctionnement de ce système, un organisme, le Fonds* monétaire international (FMI), fut constitué, chargé principalement de la stabilité des parités. Ces accords, qui provoquèrent de nombreuses crises dues en particulier au déclin économique américain et aux chocs pétroliers, furent remplacés en 1976 par les accords de la Jamaïque qui supprimèrent toute référence monétaire à l'or, ainsi que la fixité des parités de change.

**BREUER (Josef)** ♦ Physiologiste et psychiatre autrichien (Vienne 1842 - *id.* 1925). En soignant une jeune hystérique, il fut amené à expliquer ses symptômes par la rétention de certains souvenirs («états hypnoïdes» qu'il compare à l'amnésie posthypnotique). Sa méthode «cathartique», utilisant la suggestion (l'hypnose), lui permit de rendre conscients ces souvenirs inconscients et de provoquer la disparition des symptômes. Cette méthode est à l'origine de la psychanalyse de S. Freud* qui publia avec Breuer *Les Études sur l'hystérie* (1895).

**BREUER (Marcel)** ♦ Architecte, dessinateur et urbaniste américain d'origine hongroise (Pecs 1902 - New York 1981). Après des études à Vienne, il devint élève au Bauhaus* de Weimar (1922). Professeur de la section ameublement (1924), il conçut le mobilier intérieur des nouveaux bâtiments de Gropius* ; par ses modèles en acier tubulaire aux formes géométriques et dépouillées (fauteuil Wassily, 1925) destinés à la fabrication industrielle, il s'est révélé comme l'un des principaux créateurs du mobilier contemporain. Installé à Berlin en 1928, à Londres en 1935, puis en 1937 aux États-Unis, où il travailla avec Gropius, se consacrant surtout à l'architecture, il acquit une réputation internationale en édifiant les grands magasins Bijenkorf à Rotterdam (1955 - 1957), l'ambassade des États-Unis à La Haye, le siège de l'Unesco à Paris (1952 - 1958) en collaboration avec Nervi* et Zehrfuss*. Il est aussi l'auteur du centre de recherche IBM à La Gaude, près de Nice (1960 - 1962), et des plans de Flaine*. Partisan d'un fonctionnalisme rigoureux, soucieux d'exprimer clairement l'organisation intérieure, il n'en est pas moins sensible à l'architecture organique de F. L. Wright*.

**BREUGHEL** → **Bruegel**

**BREUIL (abbé Henri)** ♦ Paléontologue et préhistorien français (Mortain 1877 - L'Isle-Adam 1961). Professeur d'ethnographie préhistorique au Collège de France, il se spécialisa dans l'étude de l'art paléolithique* et participa à la découverte ou à l'authentification des grottes ornées les plus importantes (→ **Combarelles, Font-de-Gaume, Altamira, Lascaux, Marsoulas**). Il est l'auteur de *Quatre Cents Siècles d'art pariétal*, 1952.

**BREUIL (LE)** [71670] → ÉTYM. anc. fr. *breuil*, du gaul. *brogilos* «petit bois entouré d'un mur ou d'une haie» ♦ Comm. de Saône-et-Loire, arr. d'Autun, à l'E. du Creusot. 3 667 hab. Sidérurgie.

**BREUIL-CERVINIA** ♦ Importante station climatique et de sports d'hiver du N.-O. de l'Italie (Vallée d'Aoste), au fond d'une vallée située au pied du Cervin, à 2 010 m d'altitude.

**BREUILLET** [91650] ♦ Comm. de l'Essonne, arr. d'Étampes. 7 331 hab. Briques réfractaires.

**Brévannes** (château de) → **Limeil-Brévannes**

**BRÉVENT** n. m. ♦ Sommet des Alpes (chaîne des Aiguilles-Rouges) à 2 525 m d'altitude, offrant un magnifique panorama sur le massif du Mont-Blanc. Téléphérique.

**Brève rencontre** – en angl. ***Brief Encounter*** ♦ Film britannique de David Lean* (1945), d'après la pièce de Noël Coward, avec Celia Johnson et Trevor Howard. Un honorable médecin londonien et une mère de famille de la petite bourgeoisie se rencontrent sur un quai de gare et vivent une chaste liaison sans lendemain. Plus qu'à la mise en scène qui pousse le souci de réalisme jusqu'à la grisaille, ce film dut son succès (Grand Prix de Cannes en 1946) au scénario de Noël Coward, qui a joué ici la carte de l'anti-comédie de mœurs.

**BREWSTER (sir David)** ♦ Physicien britannique (Jedburgh, Écosse 1781 - Allerly, Écosse 1868). Auteur de travaux sur les propriétés optiques des cristaux, il découvrit les lois de la polarisation par réflexion, calcula l'angle d'incidence pour lequel la polarisation est maximale (*angle de Brewster*) et étudia la double réfraction. Inventeur du kaléidoscope, de la lampe monochromatique, il découvrit également les raies telluriques du spectre solaire (1834). [Acad. sc. 1825]

**BREYTENBACH (Breyten)** ♦ Écrivain français d'origine sud-africaine (Bonnieval, Province du Cap 1939). En révolte contre l'apartheid, il interrompit ses études aux Beaux-Arts du Cap et vint à Paris en 1961, où il épousa une Française d'origine vietnamienne, enfreignant ainsi la loi sud-africaine sur les mariages mixtes. Il ne fut autorisé à rentrer qu'en 1973 pour un séjour de trois mois. Ayant décidé de militer sur place pour l'abolition de la discrimination raciale, il fut arrêté en 1975 et condamné à neuf ans de prison. Libéré en déc. 1982, il prit la nationalité française. De son expérience carcérale, il a tiré des livres où le rêve semble la seule résistance efficace à la souffrance : *Une saison au paradis* (1980) d'abord écrit en afrikaans et publié à Amsterdam ; en anglais *Confession véridique d'un terroriste albinos* (1983), *Mouroir* (nouvelles ou fragments [*mirrornotes*] pour un roman, 1984), *Mémoires de poussière et de neige* (1989). Ses écrits politiques ont été réunis dans *Feuilles de route* (1985). *Le Monde du milieu* (2009) dénonce le dérèglement du monde, le pillage des ressources de l'Afrique et pose la question de la perception de l'écrivain africain qu'il considère, en Occident, relever plus du symbole de l'engagement que d'une reconnaissance littéraire. → ÉTYM. Ce nom de famille vient du germanique *Breitenbach* «large ruisseau», de *breit* «large» et *bach* «ruisseau».

**BRÉZÉ (Louis DE)** ♦ Grand sénéchal de Normandie (mort en 1531). Il épousa Diane* de Poitiers, la future maîtresse d'Henri II.

**BŘEZINA (Václav Ignác JEBAVÝ, dit Otokar)** ♦ Poète tchèque (Počátky 1868 - Jaroměřice 1929). D'inspiration spiritualiste, son œuvre évolua d'un pessimisme initial, où la mort comme seul salut apparaissait «joyeuse et heureuse», vers un mysticisme sublime. En cinq recueils, *Lointains mystérieux* (1895), *Aube à l'ouest* (1896), *Les Vents du pôle* (1897), *Les Architectes du Temple* (1899), *Les Mains* (1901), d'une langue riche, puissante et majestueuse, d'un rythme ample (il passa au vers libre dans le dernier recueil), il s'éleva dans l'extase et la souffrance vers une unité mystique, sorte d'harmonie cosmique dans la gloire de Dieu. Il exerça une forte influence sur les poètes de l'école «moderne», en particulier ceux qui, comme lui, menèrent une vie retirée au fond de la Moravie.

**BRIALMONT (Henri Alexis)** ♦ Ingénieur militaire belge (Venlo 1821 - Bruxelles 1903). Il créa le système fortifié de la Belgique, d'Anvers à la Meuse.

**BRIANCHON (Charles Julien)** ♦ Mathématicien français (Sèvres 1785 - Versailles 1864). Il participa au renouveau de la géométrie analytique et de la géométrie pure, et énonça notamment un théorème concernant l'hexagone circonscrit à une conique.

**BRIANÇON** [05100] → ÉTYM. anc. *Brigantione*, du gaul. *brigantio(n)*- «éminence, lieu élevé» ♦ Ch.-l. d'arr. des Hautes-Alpes, au confluent de la Durance et de la Guisane. 10 737 hab. (aggl. 14 692) *(Briançonnais)*. À l'intérieur de ses remparts, la ville haute est une place forte construite par Vauban, ainsi que l'église Notre-Dame. Citadelle ou fort du château ; pont d'Asfeld, du XVIII^e^ s. Ville basse (ou Sainte-

Catherine). ▪ Station climatique et touristique. ▮ **Histoire** Rattachée à la France en 1349, la ville fut attribuée à la Savoie en 1697 (paix de Ryswick) et rendue à la France en 1713. De tout temps, Briançon a été une ville militaire.

**BRIANÇONNAIS** n. m. ➝ ÉTYM. de *Briançon** ♦ Région de la haute Durance dans les Alpes du Dauphiné (Hautes-Alpes). Briançon communique avec l'Oisans par le col du Lautaret, avec la Maurienne par le col du Galibier, avec l'Italie par le col de Montgenèvre, avec la Provence par les cols de l'Izoard et de Vars. À l'O., la Vallouise conduit au pied du mont Pelvoux. ▪ Hydroélectricité. Tourisme et sports d'hiver (stations de Montgenèvre et Serre-Chevalier).

**BRIAND (Aristide)** ♦ Homme politique français (Nantes 1862 - Paris 1932). Avocat et journaliste, il fut rédacteur à *l'Humanité* (créé en 1904), membre puis secrétaire général (1901) du Parti socialiste français (qu'il devait quitter en 1905 après le congrès d'Amsterdam de 1904), il fut élu député (1902) et contribua à faire adopter la loi de séparation des Églises et de l'État. Chargé du portefeuille de l'Instruction publique dans le cabinet Sarrien (1906), il connut une des plus longues carrières ministérielles de la IIIe République. Il fut plus de 20 fois ministre, en particulier des Affaires étrangères, et 11 fois président du Conseil. Après avoir organisé les expéditions de Salonique et des Balkans lors de la Première Guerre mondiale, il fut un des plus ardents partisans de la politique de paix et de collaboration internationale, signant le pacte de Locarno* (1925), le pacte Briand-Kellogg (➝ **Kellogg**) qui mit la guerre hors la loi (août 1928), proposant un régime d'union fédérale européenne (mémorandum Briand, 1930) et soutenant les travaux de la SDN. Son éloquence, servie par une voix persuasive, est restée célèbre. [Prix Nobel de la paix 1926] ➝ ÉTYM. *Briand* vient du vieux breton *brient* «prééminence, privilège».

**BRIANSK** ➝ ÉTYM. corruption de *Dobriansk*, du slave *dobru*, *debru* «forêt» [la v. se trouvait au milieu de la forêt] et suff. *sk* qui désigne une ville ♦ V. de Russie, ch.-l. de région, sur la Desna. 431 600 hab. Indus. métallurgique, mécanique et alimentaire. Traitement du cuir. Nœud ferroviaire. ▮ **Histoire** Capitale d'une principauté indépendante du XIIIe au XIVe s., la ville fut lituanienne de 1356 à 1503, avant d'être réunie à la Russie. Prise par les Allemands en oct. 1941, elle fut réoccupée par les Russes en août 1943.

**BRIARE** [45250] ➝ ÉTYM. anc. ***Brivodurum***, gaul. «marché *(duron)* du pont *(briva)*» ♦ Ch.-l. de cant. du Loiret, arr. de Montargis. 5 994 hab. *(Briarois)*. Le canal latéral y franchit la Loire sur un pont et rejoint le *canal de Briare*.

**Briare** (canal de) ♦ Canal unissant la Loire et la Seine par le Loing (56 km). C'est une des branches du canal du Loing (l'autre étant le canal d'Orléans). Creusé de 1604 à 1642, c'est le plus ancien canal de France.

**BRIARÉE** ➝ ÉTYM. en gr. ***Briareôs***, de *briaros* «fort, vigoureux» ♦ L'un des trois hécatonchires, géants à cent bras et à cinquante têtes, dans la mythologie.

**BRICE** (saint) ➝ ÉTYM. de l'irl. *brigh* «puissance» ♦ Évêque de Tours (mort en 444). Il succéda en 397 à saint Martin*, son maître. ▪ Fête le 13 nov.

**BRIÇONNET (Guillaume)** ♦ Cardinal français (1445 - 1514). Conseiller de Charles VIII, il devint, après la mort de sa femme, évêque de Saint-Malo, archevêque de Reims, puis archevêque de Narbonne et cardinal. Il eut des démêlés avec le pape Jules II sous Louis XII. ♦ **Guillaume Briçonnet.** Prélat français (v. 1472 - Paris 1534). Fils du précédent. Il devint évêque de Meaux* en 1516. D'esprit libéral, il fut suspecté d'hérésie et le cercle d'humanistes qu'il animait se dispersa (le «Cénacle de Meaux» : Lefèvre* d'Étaples, Farel*, Vatable).

**BRICQUEBEC** [50260] ➝ ÉTYM. du vx norrois *brekka* «colline» et *bekkr* «ruisseau» ♦ Ch.-l. de cant. de la Manche, arr. de Cherbourg. 4 360 hab. *(Bricquebétais)*. Enceinte fortifiée et donjon de l'anc. château du XIVe s.

**BRIDAINE (Jacques)** ♦ Missionnaire français (Chusclan, près d'Uzès 1701 - Roquemaure, près d'Avignon 1767). Il fut célèbre par son éloquence hardie et pleine de saillies inattendues.

**BRIDES-LES-BAINS** [73570] ♦ Comm. de la Savoie, arr. d'Albertville. 593 hab. *(Bridois)*. Station hydrominérale.

**BRIDGEND** ♦ V. du pays de Galles (dictrict de Bridgend, 251 km², 128 645 hab.), à l'E. de Swansea. 39 429 hab. Centre indus.

**BRIDGEPORT** ♦ V. des États-Unis (Connecticut). 139 529 hab. dont 26,6 % de Noirs et 26,5 % d'Hispaniques. Indus. variées (mécanique, électricité). ▪ Barnum en fut le maire.

**BRIDGES (Robert Seymour)** ♦ Poète britannique (Walmer, île de Thaner 1844 - Oxford 1930). Durant ses études à Oxford, il se lia d'amitié avec G. M. Hopkins* dont il devait éditer les œuvres en 1916, le sauvant ainsi de l'oubli. Devenu médecin, il se maria en 1884 et mena une vie recluse, se consacrant à la poésie. D'une forme savante inspirée de la prosodie grecque, ses poèmes volontiers néoclassiques (*Shorter Poems*, 1890, 1895 ; *New Verses*, 1925) lui valurent une grande renommée (il fut poète lauréat de 1913 à sa mort). Les 4 000 vers de son *Testament de beauté* (1925) qu'il considérait comme le couronnement de son œuvre sont aujourd'hui oubliés, de même que ses drames historiques en vers.

**BRIDGETOWN** ♦ Cap. de la Barbade, située au S.-O. de l'île. 102 000 hab. env. pour l'aggl. Port actif. Tourisme. Siège de la Caribbean Development Bank (banque régionale des Caraïbes de l'E.). Campus de l'université des Indes occidentales à Cave Hill.

**BRIDGMAN (Percy Williams)** ♦ Physicien américain (Cambridge, Massachusetts 1882 - Randomph, New Hampshire 1961). Il mit au point de nouvelles techniques d'obtention des très hautes pressions, et étudia leurs influences sur les propriétés de la matière, en particulier la conductibilité des métaux, les caractéristiques des cristaux et les réactions chimiques. Il découvrit ainsi des glaces plus denses que l'eau et le phosphore noir. [Prix Nobel de phys. 1946]

**BRIE** n. f. ➝ ÉTYM. anc. *Briegum*, du gaul. *briga* «hauteur, forteresse» ♦ Région de l'E. du Bassin parisien, plateau recouvert de limons fertiles, situé entre la Seine et la Marne *(Briards)*. La Brie s'étend sur la plus grande partie du dép. de la Seine-et-Marne, recouvre également en partie le Val-de-Marne, l'Essonne, l'Aisne, la Marne et l'Aube. C'est une région de grandes propriétés pratiquant une agriculture mécanisée : culture du blé, de la betterave à sucre, du maïs ; fromages réputés. Au S., la Brie française est la partie la plus riche, au N., la Brie champenoise est moins fertile. ▮ **Histoire** Il y eut sous les derniers Carolingiens et les premiers Capétiens une Brie française (cap. : Brie-Comte-Robert) et une Brie champenoise (cap. : Meaux) dont les seigneurs s'intitulaient comtes de Meaux. Celle-ci fut rattachée à la Couronne, avec la Champagne, en 1361.

**BRIEC** [29510] ♦ Ch.-l. de cant. du Finistère, arr. de Quimper. 4 603 hab. *(Briécois)*. Autrefois renommé pour ses chevaux dits «doubles bidets».

**BRIE-COMTE-ROBERT** [77170] ➝ ÉTYM. anc. *in pago Briego*, du gaul. *briga* «hauteur, forteresse» (ou de °*bracu* «marais») et de *Robert*, n. du *comte* de Dreux ♦ Ch.-l. de cant. de la Seine-et-Marne, arr. de Melun, sur le plateau de Brie. 13 397 hab. *(Briards)*. Ruines du château construit par Robert, comte de Dreux, frère de Louis VII (v. 1170). Église gothique Saint-Étienne (XIIIe s.), remaniée aux XVe et XVIe s. (verrière du XIIIe s.). ▪ Marché agricole. Roseraies. ▪ C'est l'anc. capitale de la Brie française.

**BRIENNE** (maison de) ♦ Famille champenoise dont les premiers comtes furent vassaux, dès 987, des comtes de Champagne. À cette maison appartinrent JEAN (1148 - 1237), roi de Jérusalem (1210) et empereur de Constantinople (1231 - 1237), GAUTIER V et GAUTIER VI, ducs d'Athènes durant la première moitié du XVe s. À la mort de Gautier VI (1356), cette lignée s'éteignit. Le titre de comte de Brienne fut repris au XVIIe s. par la famille de Loménie.

**BRIENNE-LE-CHÂTEAU** [10500] ➝ ÉTYM. du gaul. *brivonna*, de *briva* «pont» et suff. *-onna* désignant un cours d'eau ♦ Ch.-l. de cant. de l'Aube, arr. de Bar-sur-Aube, près de l'Aube. 3 336 hab. (aggl. 3 756) *(Briennois)*. Église Saint-Pierre-et-Saint-Paul (XIVe, XVIe s. ; restaurée). Château construit au XVIIIe s. par L. Fontaine sur l'emplacement d'un château féodal. L'anc. couvent des Minimes abritait l'école militaire où Bonaparte fit ses études de 1779 à 1784 ; musée Napoléon. ▪ Culture du chou ; fabrication de choucroute. ▮ **Histoire** Napoléon repoussa, le 29 janv. 1814, les Prussiens qui occupaient la ville, mais dut se retirer le 2 fév.

**BRIENON-SUR-ARMANÇON** [89210] ♦ Ch.-l. de cant. de l'Yonne, arr. d'Auxerre, sur l'Armançon et sur le canal de Bourgogne. 3 234 hab. *(Brienonnais)*. Anc. collégiale Saint-Loup, gothique et Renaissance. ▮ **Histoire** Anc. résidence des archevêques de Sens. Pèlerinage à Saint-Loup.

**BRIENZ** ♦ V. de Suisse (cant. de Berne), à l'extrême N.-E. du lac de Brienz. 2 928 hab. Artisanat (sculpture sur bois). ♦ ***Lac de Brienz*** en all. ***Brienzer See.*** Lac formé par l'Aar, et séparé du lac de Thoune par le cône alluvial de la Lutschine sur lequel est bâtie Interlaken*. Sa superficie est de 30 km².

**BRIÈRE** ou **GRANDE-BRIÈRE** n. f. ➝ ÉTYM. du gaul. *bruca* «bruyère» ♦ Région de marais, ancien golfe parsemé d'îles, comblé par des alluvions, au N. de l'estuaire de la Loire (Loire-Atlantique). Elle s'étend sur une vingtaine de kilomètres, entre Saint-Nazaire et Donges au S. et La Chapelle-des-Marais au N. et sur une largeur d'une quinzaine de kilomètres d'O. en E. Elle a été classée (1970), avec sa région, parc naturel régional (18 comm. 40 000 ha). *(Briérons)*.

**BRIÈRE DE BOISMONT (Alexandre Jacques François)** ♦ Médecin français (Rouen 1797 - Saint-Mandé 1881). Il fut l'un des fondateurs des *Annales médico-psychologiques* et laissa de nombreux travaux sur les maladies mentales, en particulier *L'Influence de la civilisation sur le développement de la folie* (1839), *Le Délire aigu* (1845), *Les Hallucinations* (1845), *Sur le suicide et la folie suicide* (1854) ; il contribua également au développement de la psychiatrie médicolégale.

**BRIÈRE DE L'ISLE (Louis Alexandre)** ♦ Général français (Saint-Michel-du-François, Martinique 1827 - Saint-Leu 1896). Il prit part aux expéditions françaises en Indochine, où il acheva la conquête du Tonkin (1884 - 1885).

**BRIEUX (Eugène)** ♦ Auteur dramatique français (Paris 1858 - Nice 1932). L'un des auteurs favoris du Théâtre-Libre d'Antoine par l'intérêt qu'il porta aux problèmes sociaux dans des pièces à thèse qui ont connu le succès. Œuv. princ. : *La Robe rouge* (1900), *Les Avariés* (1901). [Acad. fr. 1909]

**BRIEY** [54150] ♦ Ch.-l. d'arr. de la Meurthe-et-Moselle, sur la bordure O. du *bassin de Briey*. 4 858 hab. (aggl. 111 664). *(Briotins)*. «Cité radieuse», construite par Le Corbusier et A. Wogenscky. ▪ Le *bassin de Briey* formait une partie du bassin minier lorrain.

**Brigades internationales** ♦ Unités de volontaires étrangers qui allèrent combattre aux côtés des forces républicaines, lors de la guerre civile espagnole (1936 - 1939). Créées en octobre 1936, les Brigades virent leurs premiers éléments engagés dans les durs combats de la cité universitaire à Madrid, dès le mois de nov. 1936. Bien que leur effectif ne dépassât jamais 40 000 hommes, les Brigades prirent une part importante à toutes les grandes batailles : Guadalajara, Brunete, Teruel. Parmi leurs cadres se trouvaient plusieurs hommes qui jouèrent un rôle essentiel dans le mouvement communiste : André Marty*, Josip Broz dit Tito*, Walter Ulbricht*, L. Rajk*, etc. À la demande du Comité de non-intervention, les Brigades internationales furent retirées du combat en sept. 1938 et quittèrent alors l'Espagne.

**Brigades rouges** ♦ Groupe de terroristes italiens qui se manifesta à partir des années 1970 par de nombreux attentats contre des personnalités politiques (Aldo Moro*, 1978).

**BRIGGS (Henry)** ♦ Mathématicien anglais (Warley Wood, Yorkshire 1561 - Oxford 1631). Travaillant, après Napier*, sur les logarithmes, il eut l'idée d'utiliser le nombre 10 comme base et calcula ainsi les «logarithmes décimaux» des 31 000 premiers nombres entiers jusqu'à la 14ᵉ décimale.

**BRIGHT (Richard)** ♦ Médecin britannique (Bristol 1789 - Londres 1858). Il fut un des fondateurs de l'anatomie pathologique. On lui doit une description (1827) de la néphrite chronique (ou *mal de Bright*).

**BRIGHT (John)** ♦ Homme politique britannique (Rochdale 1811 - *id.* 1889). Industriel quaker et ami de Cobden*, il entra au Parlement en 1843 pour défendre le libre-échange et supprimer les Corn* Laws. Ses luttes contre la guerre de Crimée* et la politique impériale, et ses nombreuses propositions de lois libérales en firent le véritable modèle du libéral victorien. Gladstone* le choisit comme ministre du Commerce (1868 - 1870) mais ils entrèrent en désaccord sur la question de l'autonomie irlandaise.

**BRIGHTON** ➝ **ÉTYM.** du vieil angl. *Bristelmestune* «le village (*tūn*) de Bristelm (ou *Beorhthelm*) [n. de pers.]» ♦ V. d'Angleterre (East Sussex, district de Brighton and Hove), sur la Manche. 155 350 hab. (247 820 hab. avec Hove*). Royal Pavilion construit pour le prince de Galles (futur Georges IV), en partie dû à J. Nash*. Urbanisme typique de l'époque victorienne. Casino et machines à sous sur la jetée. Principale station balnéaire de la côte S., la ville bénéficie de la proximité de Londres. L'activité touristique est favorable à la création d'emplois. Lieu de résidence de nombreux retraités, attirés par le climat, et lieu de séjour linguistique traditionnel de jeunes continentaux.

**BRIGIDE, BRIGID** ou **BRIGITTE** (sainte) ➝ **ÉTYM.** de l'irl. *Brighid*, n. d'une déesse irlandaise ♦ Abbesse de Kildare*, dont elle aurait fondé le monastère v. la fin du Vᵉ s. L'une des patronnes de l'Irlande. ▪ Fête le 1ᵉʳ fév.

**BRIGITTE, BIRGITTA, BRÏTE** ou **BRIDGET** (sainte) ♦ Religieuse suédoise (v. 1303 - Rome 1373). Veuve d'un gouverneur de province, dont elle avait eu huit enfants (dont sainte Catherine* de Suède), elle fonda v. 1346 le monastère de Vadstena et l'ordre du Saint-Sauveur *(brigittins)*. Ses *Révélations* ont été publiées en 1492. ▪ Fête le 23 juillet.

**BRIGNAIS** [69530] ♦ Comm. du Rhône, arr. de Lyon. 11 207 hab. Vestiges d'un aqueduc romain.

**BRIGNOLES** [83170] ➝ **ÉTYM.** anc. *termino Bronoliacense* «petites sources», du prélatin *born-* «source» et suff. lat. *-eolas* ♦ Ch.-l. d'arr. du Var, sur le Caramy, 12 487 hab. (aggl. 13 569) *(Brignolais)*. Ancien palais des comtes de Provence (XIIIᵉ s.) renfermant le sarcophage de la Gayole (fin IIᵉ ou déb. IIIᵉ s.), connu pour le plus ancien monument chrétien de la Gaule. Musée du pays brignolais. ▪ Important marché agricole (vins). ▪ Aux environs, gisements de bauxite et carrières de marbre (fermés).

**BRIGUE (LA)** [06430] ➝ **ÉTYM.** du gaul. *briga* «hauteur, forteresse» ♦ Comm. des Alpes-Maritimes, arr. de Nice, au S.-E. de Tende. 595 hab. *(Brigasques)*. Elle devint française, comme les autres communes de la haute vallée de la Roya (→ **Tende**), à la suite du plébiscite du 12 oct. 1947.

**BRIGUE** – en all. *Brig* ♦ V. de Suisse (Valais), dans la vallée du Rhône. 12 056 hab. (aggl. de Brigue-Visp 31 083) de langue allemande. Palais de Stockalper. ▪ Important nœud de communications à l'entrée du tunnel du Simplon. Douane. Centre touristique.

**BRIL** ou **BRILL (Paul)** ♦ Peintre et graveur flamand (Anvers 1556 - Rome 1626). D'abord décorateur de clavecins à Anvers, il se rendit ensuite à Rome. À partir de 1580, il réalisa de nombreuses décorations à fresque avec vues de la campagne romaine (au palais du Latran, 1589 ; à Santa Maria Maggiore, 1605 ; au casino Ruspigliosi et au Vatican). Il réalisa de nombreux petits paysages sur bois, toile ou cuivre, où figurent des scènes mythologiques, allégoriques ou religieuses : la vision pittoresque et anecdotique du maniérisme flamand tend à disparaître au profit d'une conception plus ample et monumentale. La distribution de la lumière, l'organisation claire et équilibrée des masses, l'évocation d'un univers bucolique concourent à la formation d'un type de paysage «idéal» ou classique qui marqua Poussin* et le Lorrain* (*Pêcheurs*, 1624 ; *Pan et Syrinx*). ➝ **ÉTYM.** Ce nom vient de l'ancien français *beril* «piège [pour prendre les oiseaux]».

Paul **Bril.** *Pan et Syrinx* (40 x 61 cm). Musée du Louvre, Paris.
*Phot. © Lauros-Giraudon*

**BRILLAT-SAVARIN (Anthelme)** ♦ Magistrat, gastronome et écrivain français (Belley 1755 - Paris 1826). Député à l'Assemblée constituante, il manifesta sa modération quand il s'opposa à l'introduction de la Terreur dans la ville de Belley dont il était le maire. Il émigra à Lausanne, puis à New York (1794 - 1796) et ne revint en France que sous le Directoire. Il est surtout connu par un spirituel traité dans l'esprit de l'époque (cf. la *Physiologie du mariage* de Balzac, etc.) : la *Physiologie du goût ou Méditations de gastronomie transcendante* (anonyme, 1825), série de causeries entremêlées d'aphorismes, d'anecdotes, voire de recettes.

**BRILLOUIN (Marcel)** ♦ Physicien français (Saint-Martin-lès-Melle, Deux-Sèvres 1854 - Paris 1948). Auteur de travaux sur les fluides, notamment sur la diffusion et la viscosité. [Acad. sc. 1921] ♦ **Léon Brillouin.** Physicien français (Sèvres 1889 - New York 1969). Fils du précédent. Il étudia le phénomène de diffraction des ondes électromagnétiques par les ultrasons *(diffusion de Brillouin)* et apporta une contribution fondamentale à la théorie des semi-conducteurs par l'introduction des *bandes de Brillouin*. On lui doit également le rapprochement entre les concepts d'information et d'entropie, et la création de celui de néguentropie.

**BRINDAS** [69126] ♦ Comm. du Rhône, arr. de Lyon. 4 555 hab.

**BRINDISI** ♦ V. d'Italie, ch.-l. de prov., dans les Pouilles. 89 081 hab. Port sur l'Adriatique (pêche), centre agricole (olives), commercial et industriel : indus. mécaniques, chimiques (matières plastiques) ; centrales thermiques. Station balnéaire. ▮ **Histoire** Cité romaine depuis –226, l'antique *Brentesion* grecque, devenue *Brendusium* (Brindes), fut reliée à Rome dès le –IIᵉ s. par la *via Appia* (→ **Appienne**). Mécène y négocia la paix entre Octave (Auguste) et Antoine (–40). Détruite par un tremblement de terre en 1456, elle déclina à partir du XVIᵉ s., mais reprit son essor au XIXᵉ s. grâce à l'ouverture du canal de Suez (1869).

**BRINK (André)** ♦ Écrivain sud-africain d'expression afrikaans (Vrede, État libre d'Orange 1935). Élevé dans le milieu très fermé des Afrikaners traditionnels, il prit conscience de l'horreur de l'apartheid à l'occasion d'un premier séjour en France (1959 - 1961) et du massacre de Sharpeville (21 mars 1960). Il y écrivit *l'Ambassadeur* (publié en 1963). Le gouvernement sud-africain fit interdire pour «pornographie» son roman *Au plus noir de la nuit* (1974) ; il le traduisit lui-même en anglais et conquit alors une audience internationale. Il est l'auteur d'une quarantaine de romans (dont *Une saison blanche et sèche*, 1979 ; *Le Mur de la peste*, 1984). Depuis la fin de l'apartheid son œuvre s'est diversifiée (*Au-delà du silence*, 2003). Il a été un fervent partisan de Mandela et a fait de sa déception sur le pouvoir après son départ. En 2009, il a publié ses mémoires, sous forme de textes thématiques, *Mes bifurcations*. Il a traduit en afrikaans près de 70 œuvres de la littérature mondiale (de l'anglais, du français, de l'allemand, de l'espagnol).

**BRINON (Fernand DE)** ♦ Homme politique français (Libourne 1885 - fort de Montrouge 1947). Rédacteur en chef du *Journal des débats*

(1920 - 1932), puis spécialiste de politique étrangère à *L'Information*, il s'était montré dès 1921 favorable à une politique d'entente entre la France et l'Allemagne, et créa le Comité France-Allemagne (1935). Partisan de la collaboration, il fut représentant du gouvernement de Vichy auprès des autorités allemandes à Paris (1940 - 1942), puis secrétaire d'État. Réfugié en Allemagne (Sigmaringen, 1945), il fut ramené en France, condamné à mort par la Haute Cour de justice et exécuté.

**BRINVILLIERS (Marie-Madeleine D'AUBRAY,** marquise **DE)** ♦ Empoisonneuse française (Paris 1630 - *id.* 1676). Après son procès et son exécution, une Chambre ardente fut chargée de l'affaire des Poisons*.

**BRIOCHÉ (Pierre DATELIN,** dit**)** ♦ Bateleur et montreur de marionnettes français (mort à Paris en 1671). Réputé sur les théâtres de la Foire et au Pont-Neuf, il popularisa le personnage de Polichinelle*. Son partenaire, le singe Fagotin, fut tué d'un coup d'épée par Cyrano de Bergerac.

**BRION (Marcel)** ♦ Historien de l'art et écrivain français (Marseille 1895 - Paris 1984). Il publia des monographies consacrées à des artistes de la Renaissance italienne (*Michel-Ange*, 1939 ; *Léonard de Vinci*, 1954) et des synthèses (*L'Art abstrait*, 1956 ; *L'Art fantastique*, 1961 ; *L'Art romantique*, 1963). Les quatre volumes de *L'Allemagne romantique* (1962 - 1978) remontent aux sources de l'inspiration des poètes romantiques allemands, en relation avec le thème du voyage initiatique. On lui doit également des contes (*Les Escales de la haute nuit*, 1942) et des romans fantastiques (*La Folie Céladon*, 1935 ; *La Fête de la tour des âmes*, 1974). [Acad. fr. 1964]

**BRIONNE** [27800] ➝ **ÉTYM.** anc. ***Breviodurum***, du gaul. *briva* «pont» et *durum* «forteresse» ♦ Ch.-l. de cant. de l'Eure, arr. de Bernay, dans la vallée de la Risle. 4 449 hab. (aggl. 4 992). *(Brionnais)*. Donjon normand carré (XI$^e$ s.). ▪ Centre indus. (coton hygiénique, chimie).

**BRIOUDE** [43100] ➝ **ÉTYM.** anc. ***Brivas***, du gaul. *briva* «pont» et suff. *-ate* ♦ Ch.-l. d'arr. de la Haute-Loire, près de l'Allier. 6 820 hab. *(Brivadois)*. Basilique Saint-Julien, imposant édifice de style roman auvergnat (appareil polychrome, chapiteaux historiés, peintures murales des XII$^e$ - XIII$^e$ s.).

**BRIOULLOV** → **Brullov**

**BRIOUSSOV (Valeri Iakovlevitch)** ♦ Poète et critique russe (Moscou 1873 - *id.* 1924). En 1894, il publia avec Miropolski un recueil de poésies, *Les Symbolistes russes*, qui marque les premiers pas du symbolisme en Russie. En 1895, il donne en français le titre de *Chefs-d'œuvre* à un second recueil. Puis avec *Urbi et Orbi* (1903) et *Stephanos* (1906), il fut reconnu comme le chef de file du symbolisme* russe. Ensuite, sa gloire déclina, mais il continua son travail de critique, de traducteur et de théoricien, laissant de nombreux ouvrages dont des traductions de Verlaine*, Verhaeren* du *Faust* de Goethe, et un livre sur *La Poésie arménienne* (1916). En 1920, sans avoir jamais pris part à la vie politique, il devint communiste (*Aux camarades intellectuels*, 1919 ; *Le Troisième Automne*, 1920 ; *Lénine*, 1924). Il écrivit également des romans, dont *L'Ange de feu* (1907 - 1908), roman historique sur l'époque de Luther*.

**BRISBANE** ➝ **ÉTYM.** du n. de Thomas Macdougall *Brisbane*, gouverneur de la Nouvelle-Galles du Sud (n. donné d'abord à une riv. en 1823) ♦ V. d'Australie, cap. du Queensland, au S. de l'État, sur l'océan Pacifique. 1 820 400 hab. La ville est reliée à Sydney, à Townsville et à l'intérieur du pays par voie ferrée ; un gazoduc la relie directement à Roma (gaz naturel) ; le charbon d'Ipswich y est transporté par voie d'eau. ▪ Univ. La ville est le débouché d'une vaste et riche région agricole et pastorale, située à l'O. de la cordillère Australienne. Centre commercial et indus. Raffinerie de pétrole. Aciéries. Construc. navales et mécaniques. Raffinerie de sucre. Conserves alimentaires. C'est un des ports les plus actifs du pays (exportation de laine, viande, sucre, minerais, produits laitiers). ▮ **Histoire** Une colonie pénitentiaire y fut fondée en 1824 et, en 1839, la ville fut ouverte à la libre colonisation.

**Briséis** ♦ Personnage de l'*Iliade**, fille de Brisès, jeune captive aimée d'Achille et enlevée par Agamemnon.

**BRISGAU** n. m. ➝ **ÉTYM.** en all. ***Breisgau*** ; rac. celt. *bris-* (p.-ê. à rapprocher du lat. *brisare* «briser» [le Rhin se divise en plusieurs branches]) et *gau* «canton, province» ♦ Région du S.-O. de l'Allemagne, formant la partie méridionale de la plaine de Bade, entre la vallée du Rhin et la Forêt-Noire. C'est une région de plaine, limitée au N. par les collines du Kaiserstuhl* (557 m). ▮ **Histoire** Occupée par les Celtes, puis par les Alamans, elle fut le *Gau* («fief») des Zähringen* jusqu'en 1218, devint possession du margrave de Bade, puis, au XIV$^e$ s., de l'Autriche (Habsbourg) qui lui laissa une large autonomie. La paix de Presbourg (1805) l'attribua au duché de Bade.

**BRISSAC (Charles I$^{er}$ DE COSSÉ-),** comte **DE BRISSAC,** dit **le maréchal de Brissac** ♦ Maréchal de France (1505 - 1563). D'une grande bravoure et d'une grande sévérité, il fut gouverneur de Picardie, puis de Normandie, et reprit Le Havre aux Anglais (1563). ♦ **Artus de Cossé-Brissac.** Maréchal de France (1512 - 1582). Frère du précédent. Il combattit les calvinistes à Saint*-Denis et à Moncontour*. ♦ **Charles II,** comte **de Cossé-Brissac.** Maréchal de France (1550 - 1621). Fils de Charles I$^{er}$, il se rangea aux côtés des ligueurs mais rendit Paris à Henri IV.

**BRISSON (Barnabé)** ♦ Magistrat français (Fontenay-le-Comte, v. 1530 - Paris 1591). Avocat au parlement de Paris, puis président à mortier, il écrivit plusieurs ouvrages juridiques (*Code de Henri III*, 1587). Nommé premier président par les Seize* au moment de la Ligue*, il montra une modération qui le rendit suspect, et il fut pendu.

**BRISSOT (Jacques Pierre)** dit **Brissot de Warville** ♦ Journaliste et homme politique français (Chartres 1754 - Paris 1793). Après avoir été au service du procureur Nolleau à Paris, il se lança dans la littérature politique, s'affirmant comme un partisan des idées nouvelles. Il voyagea en Angleterre, où il collabora à la rédaction du *Courrier de l'Europe*, en Hollande et aux États-Unis, où il s'intéressa au problème des Noirs. Il fonda à son retour en France le journal *Le Patriote* français* et la Société des amis* des Noirs. Membre du Club des jacobins, dès les débuts de la Révolution, il y réclama la proclamation de la République après la fuite du roi à Varennes (20 - 21 juin 1791) et contribua à la rédaction de la pétition qui fut portée au Champ*-de-Mars (17 juil.). Élu député à l'Assemblée législative, il siégea à gauche, fut, avec Roland* de La Platière et Vergniaud, un des chefs du mouvement girondin* (parfois appelé *brissotin*) et prit nettement position en faveur de la déclaration de la guerre à l'Autriche. Réélu à la Convention, il s'opposa violemment aux montagnards, plus particulièrement à Robespierre. Proscrit avec les chefs girondins (2 juin 1793), il réussit à s'enfuir, mais fut arrêté à Moulins, jugé par le Tribunal révolutionnaire et guillotiné. Outre ses *Mémoires* (publ. 1830), il a laissé un ouvrage sur la *Théorie des lois criminelles* (1781) et une étude politique intitulée *De la France et des États-Unis* (1787).

**brissotins**

n. m. pl. ♦ Nom donné sous la Législative et la Convention (1791 - 1793) aux partisans de Brissot*, plus connus sous celui de girondins*.

**BRISTOL** ➝ **ÉTYM.** vieil angl. «la localité *(stow)* sur le pont *(brycg)*» ♦ V. d'Angleterre formant un district, sur l'Avon, à proximité de l'estuaire de la Severn. 380 615 hab. dans l'agglomération. Beaux monuments : l'église Sainte-Marie, la cathédrale, anc. église abbatiale remaniée au XIII$^e$ s. Maisons du XVIII$^e$ s. Univ. Port de commerce. Bristol est un des principaux centres de l'industrie alimentaire britannique et surtout le premier centre de constructions aéronautiques et spatiales. La ville bénéficie à la fois de la proximité de Londres (informatique, délocalisation de services bancaires) à l'extrémité de l'autoroute M4, pour la diversification industrielle, et de son éloignement relatif qui lui permet de jouer le rôle de capitale régionale pour tout le S.-O. de l'Angleterre, Plymouth et Exeter en étant les relais. ▮ **Histoire** Fondée à l'époque romaine sur l'actuel faubourg de *Clifton*, Bristol se distingua dès la conquête normande (XII$^e$ s.) et connut une grande prospérité au XIV$^e$ s., grâce au commerce de la laine. En 1497, les explorateurs Jean et Sébastien Cabot* s'y embarquèrent pour le Canada. À partir du XVII$^e$ s., le port noua d'étroites relations commerciales avec les Indes occidentales. Bristol connut un nouvel essor au XIX$^e$ s. grâce à l'aménagement du port ; la ville fut très endommagée par les bombardements aériens lors de la Deuxième Guerre mondiale.

**BRISTOL** (canal ou chenal de) ♦ Golfe formé par l'océan Atlantique entre le pays de Galles au N. et l'Angleterre au S. (Devon, Somerset), prolongeant l'estuaire de la Severn.

**BRITANNIA** → **Bretagne**

**BRITANNICUS (Tiberius Claudius Caesar, dit)** ➝ **ÉTYM.** de *Britannia** ♦ Fils de Claude* et de Messaline* (41 - 55), il reçut son surnom à la suite de la conquête de la Bretagne (Angleterre) par son père. Écarté du trône par Agrippine*, seconde femme de Claude, au profit de Néron*, il fut empoisonné sur l'ordre de ce dernier. Héros de la tragédie de Racine.

**Britannicus** ♦ Tragédie de Racine* (1669). Seconde femme de l'empereur Claude qu'elle a fait assassiner, Agrippine est parvenue à écarter du trône l'héritier présomptif, Britannicus, en faisant adopter Néron, fils d'un premier lit. Déçue par Néron qui se dispose à l'écarter du pouvoir, elle favorise les amours de Britannicus et de Junie. Mais Néron, devenu amoureux de la jeune princesse et secondé par le perfide Narcisse, empoisonne Britannicus.

**BRITANNIQUES** (îles) ♦ Archipel du N.-O. de l'Europe, entre l'Atlantique et la mer du Nord, séparé du continent par la mer du Nord, la Manche et le pas de Calais. Il est formé de deux îles principales, la Grande-Bretagne et l'Irlande, ainsi que d'archipels de taille plus petite (Orcades, Shetland, Arran, Scilly), et d'îles isolées (Man, Anglesey, Wight). Les îles Britanniques relèvent de l'autorité de deux États : le Royaume-Uni de Grande-Bretagne et d'Irlande du Nord et la république d'Irlande.

**BRÎTE** (sainte) → **Brigitte**

**British Broadcasting Corporation** [BBC] ♦ Office national créé en 1922 et qui a reçu en 1927 le monopole de la radiodiffusion, puis de la télévision britannique. Ce dernier cessa avec la création en 1954 d'un réseau commercial indépendant de télévision et celle en 1970 de stations régionales de radio. Dirigée par un Board of Governors composé de membres choisis par le Premier ministre, la BBC est responsable devant le Parlement mais elle jouit en réalité d'une très grande indépendance à l'égard des pouvoirs publics. Elle a été pendant la Deuxième Guerre mondiale l'organe officiel de la propagande alliée soutenant la Résistance contre l'occupation allemande dans les pays conquis par Hitler.

**British Museum** n. m. ➝ ÉTYM. angl. «Musée britannique» ♦ Musée de Londres, fondé en 1753, l'un des plus vastes et des plus riches du monde. Il renferme d'inestimables collections d'art assyrien, suméro-babylonien, extrême-oriental et africain, des chefs-d'œuvre de l'archéologie égyptienne, grecque (sculptures du Parthénon) et romaine. Sa bibliothèque de plus de 2 millions de volumes (manuscrits enluminés du XIe au XIVe s., fonds Cotton, bibliothèque de George III) fait maintenant partie de la British Library, fondée en 1973.

**BRITTEN (Benjamin,** baron **BRITTEN OF ALDEBURGH)** ♦ Compositeur britannique (Lowestoft 1913 - Aldeburgh 1976). Des élisabéthains à Verdi, Mahler, Debussy, Berg et Chostakovitch, il a su assimiler la leçon des maîtres sans cesser de s'exprimer dans un langage qui lui est propre et dont l'exigence et la fantaisie constituent les traits dominants. S'il a consacré la majeure partie de son œuvre au théâtre lyrique (*Peter Grimes*, 1945 ; *Le Viol de Lucrèce*, 1946 ; *Albert Herring*, 1947 ; *The Beggar's Opera*, 1948 ; *Billy Bud*, 1951 ; *The Turn of the Screw*, 1954 ; *Le Songe d'une nuit d'été*, 1960), il est aussi l'auteur d'œuvres symphoniques où se manifestent une vive originalité d'écriture et un ample lyrisme : *Variations sur un thème de Frank Bridge*, pour orchestre à cordes (1937), *Concerto pour violon* (1939), *Concerto pour piano*. Fondateur de l'English Opera Group (1947), Britten marque une prédilection pour les œuvres où se conjuguent polyphonie et construction orchestrale : *A Boy was Born* (1935), *Sinfonia da Requiem* (1940), *A Ceremony of Carols* (1942), *Spring Symphony* (1950), *War Requiem* (1961), et pour les mélodies inspirées du folklore britannique.

**BRIVE-LA-GAILLARDE** [19100] ➝ ÉTYM. du gaul. *briva* «pont» ♦ Ch.-l. d'arr. de la Corrèze, sur la rive g. de la Corrèze, près de son confluent avec la Vézère. 49 141 hab. (aggl. 64 837) *(Brivistes)*. Collégiale Saint-Martin des XIIe et XIVe s. (chapiteaux historiés). Hôtel de Labenche du XVIe s., musée Ernest-Rupin (archéologie, arts décoratifs, ethnographie). Maisons anc. ▪ Nœud ferroviaire et carrefour routier. Centre indus. (agroalimentaire, métallurgie, bois et papier, composants électriques).

**BRIVES-CHARENSAC** [43700] ♦ Comm. de la Haute-Loire, arr. du Puy-en-Velay. 4 356 hab.

**BRNO** ➝ ÉTYM. en all. ***Brünn***, probablt à rapprocher du vieux slave d'église *brnije* «boue, limon» ♦ V. de la République tchèque, au confluent de la Svitava et de la Svratka. Ville principale de la Moravie. 366 680 hab. Important centre universitaire et culturel. La Náměstí Svobody («place de la Liberté»), avec sa colonne baroque (Sainte-Marie), constitue le centre de Brno. La ville conserve des églises gothiques (église Saint-Jacques, monastère des Augustins, 1322) et surtout de nombreux édifices baroques (église des Minorites, église des Jésuites). Hôtel de ville. Musée morave, musée ethnographique. La ville est dominée par la forteresse de Spielberg (ou Spilberk). ▪ Au N., le karst de Moravie est un but d'excursion touristique. ▪ C'est un carrefour ferroviaire et routier et un centre industriel important : ses industries traditionnelles (manufactures d'armes, fabriques de draps), autrefois destinées à l'armée austro-hongroise, se sont reconverties. Indus. diversifiées (matériel ferroviaire, machines-outils, textile, chimie, agroalimentaire). Importante foire annuelle internationale. ▮ **Histoire** La forteresse du Spielberg fut la résidence des margraves de Moravie (1349 - 1411), puis une prison autrichienne (1740 - 1855). La bataille d'Austerlitz* (1805) se déroula dans les environs de Brno.

**BROADSTAIRS** ♦ V. d'Angleterre (Kent), sur la mer du Nord, près de Ramsgate. Station balnéaire. Résidence d'été de Ch. Dickens*.

**BROADWAY** ➝ ÉTYM. néerl. «large *(Breede)* chemin *(Wegh)*» ♦ L'une des plus célèbres avenues de New York, dans Manhattan, qu'elle traverse obliquement. Centre traditionnel de la vie nocturne et des théâtres.

**BROCA (Paul)** ♦ Chirurgien et anthropologue français (Sainte-Foy-la-Grande 1824 - Paris 1880). Il est surtout connu pour ses recherches (préparées par celles de Bouillaud*) sur la localisation des centres cérébraux de la parole et sur l'aphasie consécutive à leurs lésions *(aphasie de Broca)*. Fondateur de la Société, de la Revue et de l'École d'anthropologie (1859, 1872, 1876), il peut être considéré comme l'initiateur de l'anthropologie physique moderne, en particulier par ses travaux de craniologie (*Mémoires sur les caractères physiques de l'homme préhistorique...*, 1869 ; *Mémoires d'anthropologie*, 1871 - 1875 ; *Instructions craniologiques et craniométriques*, 1875).

**BROCÉLIANDE** ♦ Forêt légendaire où les romans de la Table* ronde faisaient vivre l'enchanteur Merlin et la fée Viviane. On la situe dans l'Ille-et-Vilaine (forêt de Paimpont), ou dans les Côtes-d'Armor, entre Quintin et Saint-Brieuc.

**BROCH (Hermann)** ♦ Romancier autrichien (Vienne 1886 - New Haven, Connecticut 1951). Venu tardivement à la littérature, après une carrière d'ingénieur dans la manufacture textile de son père, puis des études de mathématiques, de psychologie et de philosophie, il a donné un tableau de l'Allemagne sous Guillaume II et de la décadence des valeurs bourgeoises dans son premier roman, *Les Somnambules* (1929 - 1932), divisé en trois phases : *Pasenow ou le Romantisme* (1888), *Esch ou l'Anarchie* (1903), *Huguenau ou le Réalisme* (1918). Lors de l'Anschluss, il émigra aux États-Unis et fut chargé de recherches à l'université de Princeton après avoir obtenu le prix de la Fondation Rockefeller pour ses travaux sur la psychologie des foules. Enraciné dans la tradition littéraire allemande, mais aussi influencé par J. Joyce (sur qui il écrivit un essai), Broch composa encore plusieurs romans, d'un accès souvent difficile ; à la description d'un monde où règnent le mal, l'égoïsme, l'indifférence, il opposa sa foi dans un nouveau salut de l'humanité (*La Mort de Virgile*, 1945 ; *Les Innocents*, 1950 ; *Le Tentateur*, 1953).

**BROCKEN** ou **BLOCKSBERG** n. m. ♦ Point culminant du massif du Harz* en Allemagne (1 142 m). Des fêtes folkloriques s'y déroulent pour la nuit de Walpurgis* (veille du 1er mai).

**BROCKES (Berthold Heinrich)** ♦ Poète allemand (Hambourg 1680 - *id.* 1747). «Traité de théologie naturelle en vers» (M. Gravier), son poème en 9 livres *Plaisir terrestre en Dieu* (1721 - 1748), qui chante les beautés et la finalité de la Création, l'a fait considérer parfois comme un précurseur de Bernardin de Saint-Pierre.

**BROCKHOUSE (Bertram N.)** ♦ Physicien canadien (Lethbridge, Alberta 1918 - Hamilton, Ontario 2003). Spécialiste de la spectroscopie à neutrons, il mit notamment au point un spectromètre triaxial, qui fournit des informations sur les mouvements atomiques inaccessibles par d'autres moyens et a permis d'étudier la structure de corps tels que les semi-conducteurs, les supraconducteurs, les matériaux composites. [Prix Nobel de phys. 1994, avec C. Shull*]

**BROD (Max)** ♦ Écrivain juif d'expression allemande (Prague 1884 - Tel-Aviv 1968). Il fut l'ami et l'exécuteur testamentaire de Kafka*, dont il publia les œuvres et dont il rédigea une biographie (1937). Il lutta pour la cause sioniste et émigra en Palestine lors de la montée du nazisme ; il devint directeur de la troupe théâtrale Habima à Tel-Aviv. Réunis sous le titre *Le Combat pour la vérité*, ses trois principaux romans *Le Chemin de Tycho-Brahé vers Dieu* (1916), *Rubeni, prince des Juifs* (1925), *Galilée en captivité* (1948) s'inscrivent dans la ligne du roman réaliste à caractère psychologique. Il a également laissé une autobiographie, *Une vie combative* (1964).

**BRODIE** (sir **Benjamin Collins)** ♦ Chirurgien britannique (Winsterlow, Wiltshire 1783 - Broome Park, Surrey 1862). Premier chirurgien de la reine Victoria, il est l'auteur de travaux sur les poisons, sur les maladies des organes urinaires, des os et des articulations (*maladie de Brodie* ou coxalgie hystérique).

**BRODSKY (Joseph)** ♦ Poète américain d'origine russe (Leningrad, auj. Saint-Pétersbourg 1940 - New York 1996). Il fut condamné en 1964 en URSS pour «parasitisme social» et, jusqu'aux années 1980, ses vers parurent en Union soviétique sous forme de samizdat. En 1972, il émigra aux États-Unis, écrivant dès lors autant en russe qu'en anglais. La profondeur philosophique et la richesse de la langue caractérisent sa poésie : *Une halte dans le désert* (1970), *La Fin d'une belle époque* (1976), *La Partie du discours* (1977), *Nouvelles Stances* (1983), *Urania* (1987), *Vertumne* (1993). Il publia des pièces de théâtre, *Le Marbre* (1984), *Démocratie* (1990), et un recueil d'essais, *Loin de Byzance* (1988). Il est l'auteur d'une *Histoire du XXe siècle* (1986). [Prix Nobel de littér. 1987]

**BROEDERLAM (Melchior)** ♦ Peintre flamand (né à Ypres). Il travailla pour le comte de Flandre (1381), devint à partir de 1385 peintre du duc de Bourgogne Philippe le Hardi et séjourna à Paris entre 1390 et 1393. Il peignit les volets latéraux du retable de la chartreuse de Champmol (*Présentation au Temple, Fuite en Égypte*, 1394 - 1399). L'éclectisme des influences qu'on y décèle s'inscrit dans le courant du gothique international, avec une prédominance de l'influence nordique, caractéristique de l'école dite bourguignonne.

**BROGLIE** [bʀɔj] ♦ Famille française descendant d'un noble Piémontais, FRANCESCO MARIA BROGLIA, qui prit du service en France en 1643 et reçut le titre de comte de Broglie. Son fils VICTOR MAURICE (1646 - 1727), comte de Broglie, fut nommé maréchal de France en 1724. ♦ **François Marie Broglie** (1671 - 1745). Troisième fils de Victor Maurice, maréchal de France (1734), il remporta des victoires en Italie (Parme, Guastalla). Il fut fait duc de Broglie en 1742. ♦ **Victor François,** duc **de Broglie** (1718 - Münster, Westphalie 1804). Fils du précédent. Il s'illustra durant la guerre de Sept* Ans et fut nommé maréchal de France et prince du Saint Empire en 1759. Il émigra sous la Révolution et commanda l'armée des princes en 1792 avant de servir la Russie. ♦ **Charles Louis Victor de Broglie** (1756 - Paris 1794). Fils du précédent. Député de la noblesse aux États généraux de 1789, il fut exécuté sous la Terreur. ➝ ÉTYM. *Broglie* est la forme francisée de l'italien *Broglio*, équivalent de *breuil* «petit bois entouré d'une haie».

**BROGLIE (Achille Léon Charles Victor,** duc **DE)** ♦ Homme politique français (Paris 1785 - *id.* 1870). Chargé de plusieurs missions diplomatiques sous l'Empire, il fit partie de la Chambre des pairs lors de la Restauration. Constitutionnel modéré et libéral, désireux de concilier les acquis de la Révolution avec le régime politique de la Restauration, il se rallia à Louis-Philippe après la révolution de juil. 1830, fut président du Conseil (1835 - 1836), puis ministre. Élu représentant à l'Assemblée législative après la révolution de 1848, il prit position contre le mouvement démocratique et se retira de la vie politique après le 2 déc. 1851. [Acad. fr. 1855]

**BROGLIE (Albert,** duc **DE)** ♦ Homme politique français (Paris 1821 - *id.* 1901), fils du précédent. Député de tendance orléaniste à l'Assemblée nationale (1871) sous la IIIe République, ambassadeur à Londres (1871 - 1872), il contribua à provoquer la chute de Thiers (24 mai 1873). Vice-président du Conseil (mai 1873), il dut donner sa démission après l'échec de la seconde tentative de restauration de la monarchie (→ **Chambord [comte de]**) en mai 1874. Rappelé par Mac*-Mahon à la tête du gouvernement après le renvoi de Jules Simon (16 - 17 mai 1877), pour tenter de faire triompher la politique de l'Ordre moral, il fit dissoudre la Chambre des députés à majorité républicaine, mais fut à nouveau contraint de démissionner après une nouvelle victoire des républicains aux élections (19 nov. 1877). Auteur de nombreux ouvrages historiques : *L'Église et l'Empire romain au IVe siècle* (1856 - 1866), *Frédéric II et Marie-Thérèse* (1882), *Mémoires de Talleyrand* (1891). [Acad. fr. 1862]

**BROGLIE (Maurice,** duc **DE)** ♦ Physicien français (Paris 1875 - Neuilly-sur-Seine 1960). Petit-fils d'Albert de Broglie. Il étudia les spectres de rayons X, inventa une méthode de détermination de la structure cristalline par diffraction des rayons X (méthode du cristal tournant) et découvrit l'effet photoélectrique nucléaire (1921). [Acad. sc. 1924 ; Acad. fr. 1934]

**BROGLIE (Louis,** prince, puis duc **DE)** ♦ Physicien français (Dieppe 1892 - Louveciennes 1987) frère de Maurice de Broglie. Il fonda la mécanique ondulatoire en montrant que tout corpuscule peut être considéré comme une onde (et inversement) et établit la formule permettant de calculer la longueur d'onde associée à une particule *(formule de De Broglie)*. Ses travaux, point de départ de l'optique électronique, sont à la base de la théorie quantique moderne. Il publia également quelques ouvrages de haute vulgarisation, dont *La Physique nouvelle et les Quanta* (1937). [Prix Nobel de phys. 1929 ; Acad. sc. 1933 ; Acad. fr. 1944]

**BROGLIE** [27270] ← **ÉTYM.** du n. de la famille de *Broglie** ♦ Ch.-l. de cant. de l'Eure, arr. de Bernay, sur la Charentonne. 1 105 hab. *(Brogliens)*. Château du XVIIIe s. où mourut le maréchal François Marie de Broglie en 1745.

**BROKEN HILL** ♦ V. d'Australie (Nouvelle-Galles du Sud), dans une région subdésertique, reliée à Port Pirie et à Sydney par voie ferrée. 20 139 hab. Sa zone minière est une des plus riches d'Australie (plomb, argent, zinc). Métall. ; indus. chimiques (acide sulfurique). ▪ Les relations commerciales se font principalement avec l'Australie-Méridionale. Broken Hill est aussi le centre d'une importante région d'élevage.

**BROMFIELD (Louis)** ♦ Romancier américain (Mansfield, Ohio 1896 - Colombus, Ohio 1956). Son roman, *La Mousson*, 1937, lui valut une grande popularité. Les annales de sa propre famille constituent le sujet de *La Ferme* (1933), et la guerre de Sécession celui du *Fleuve indomptable* (1941). On lui doit aussi des essais.

**BROMLEY** ♦ Faubourg *(borough)* résidentiel de la banlieue S.-E. de Londres, à la limite du Kent. 295 530 hab.

**BROMMAT** [12600] ← **ÉTYM.** du n. de la *Bromme*, riv. ♦ Comm. de l'Aveyron, arr. de Rodez. 781 hab. *(Brommatois)*. Importante usine hydroélectrique souterraine, alimentée par les eaux de la Truyère, pouvant produire 800 millions de kWh/an. → **Sarrans (barrage de)**.

**BRÖMSEBRO** ♦ Loc. de Suède, au S.-O. de Kalmar. Lieu d'un traité entre la Suède et le Danemark (1645), donnant à la Suède les îles de Gotland et d'Ösel (auj. Saaremaa), les provinces de Jämtland et de Härjedalen.

**BROMSGROVE** ♦ V. d'Angleterre (Worcestershire), dans la conurbation de Birmingham. 87 846 hab.

**BRON** [69500] ← **ÉTYM.** probablt du germ. *Bero*, n. de pers. ♦ Ch.-l. de cant. du Rhône, banlieue S.-E. de Lyon. 37 369 hab. *(Brondillants)*. Aéroport à 10 km au S.-E. de Lyon. Université Lyon 2.

**BRONGNIART (Alexandre Théodore)** ♦ Architecte et décorateur français (Paris 1739 - *id.* 1813). Élève de Boullée* et de J. A. Gabriel*, il poursuivit les travaux de l'École militaire et édifia de nombreux hôtels particuliers (hôtel de Mme de Bourbon-Condé, 1786) d'un classicisme sobre et élégant. Adepte du style antiquisant, il créa ensuite des œuvres austères et massives, en s'inspirant des temples grecs de Paestum* (plan de la Bourse de Paris, dit *palais Brongniart*, 1808 ; couvent des capucins de l'église Saint-Louis-d'Antin, auj. lycée Condorcet). ← **ÉTYM.** *Brongniart* signifie «porteur d'une *broigne*» [ancien type de cuirasse], surnom d'un homme d'armes, au tempérament belliqueux.

**BRONGNIART (Alexandre)** ♦ Minéralogiste et géologue français (Paris 1770 - *id.* 1847). Fils d'Alexandre Théodore Brongniart. L'un des principaux fondateurs de la paléontologie stratigraphique (*Sur les caractères zoologiques des formations...*, 1821), il définit le système jurassique du Secondaire et introduisit systématiquement les notions de structure et de texture dans la description des roches. Directeur de la manufacture de Sèvres (1800 - 1847), il créa (1824) le musée de céramique de Sèvres. Il est l'auteur d'un *Traité des arts céramiques* (1842). [Acad. sc. 1815] ♦ **Adolphe Brongniart.** Botaniste (Paris 1801 - *id.* 1876). Fils du précédent. Il fut le fondateur de la paléontologie végétale. [Acad. sc. 1834]

**BRØNSTED (Johannes Nicolaus)** ♦ Chimiste danois (Varde, Jutland 1849 - Copenhague 1947). Spécialiste de la thermodynamique et de l'étude des solutions d'électrolytes, il est surtout connu pour avoir élaboré, indépendamment du Britannique Thomas Martin Lowry, la théorie d'acides et bases, dite de *Brønsted-Lowry* (1923). Cette théorie généralise la notion d'acide à toutes les substances capables de céder des protons (noyaux d'hydrogène), alors qu'on appelle base les accepteurs des protons.

**BRONTË (Charlotte)** ← **ÉTYM.** n. d'orig. irl., anc. *Brunty*, que son père transforma en *Bronté*, puis *Brontë* (graphie rare en angl.) ♦ Poète et romancière britannique (Thornton, Yorkshire 1816 - Haworth 1855). Comme ses sœurs, elle eut une enfance et une jeunesse difficiles qui lui inspirèrent (outre l'œuvre enfantine des *Juvenilia* écrite avec son frère Branwell) des romans semi-autobiographiques : la brutalité du directeur d'un pensionnat, où elle passa un an et où moururent ses deux sœurs aînées, est évoquée dans *Jane Eyre* qu'elle publia en 1847 sous le pseudonyme de Currer Bell. L'histoire de cette orpheline, gouvernante dans une riche famille, remporta un vif succès. *Le Professeur* (posth. 1857) et *Villette* (1853) trouvent leur origine dans l'expérience de Charlotte à Bruxelles (1842) où elle apprit le français afin de fonder une école en Angleterre. Emily lui servit de modèle pour *Shirley* (1849), tableau de mœurs où les pasteurs protestants sont peints avec une ironie subtile.

Les sœurs **Brontë**. Charlotte, Emily et Anne, peintes par leur frère Branwell Brontë (90,2 × 74,6 cm). National Portrait Gallery, Londres.
*Phot. © Nimatallah/Ricciarini*

**BRONTË (Branwell Patrick)** ♦ Écrivain britannique (Thornton, Yorkshire 1817 - Haworth 1848). Il exerça une forte influence sur ses sœurs (son personnage, violent et tragique, inspira celui de Heathcliff dans *Les Hauts de Hurlevent*). Encore enfant, il collabora avec Charlotte à la rédaction des *Juvenilia* (publ. 1972), dont le héros est Alexander Percy, personnage omniprésent bien qu'il change de nom suivant les épisodes de cette œuvre littéraire enfantine exceptionnelle. Branwell Brontë participa aussi à la rédaction de *L'Histoire des jeunes hommes*. Alcoolique, il mena une vie déréglée et mourut jeune ; sa mauvaise réputation causa la faillite de l'école privée ouverte par ses sœurs.

**BRONTË (Emily Jane)** ♦ Poète et romancière britannique (Thornton, Yorkshire 1818 - Haworth 1848). Auj. la plus connue des sœurs Brontë, Emily qui publia sous le nom d'Ellis Bell fut pourtant celle qui écrivit le moins : quelques poèmes et un roman (*Les Hauts* de

*Hurlevent,* 1847), dont émane une poésie envoûtante, due au sentiment de parfaite communion avec la nature, la lande déserte et inquiétante. E. Brontë fut contrainte, par une situation matérielle et affective difficile, à ne chercher qu'en elle-même joies et épanouissement héroïque. Ses héros, évoquant les drames affectifs de sa vie familiale, sont admirables de vérité et de tension tragique.

**BRONTË (Anne)** ♦ Poète et romancière britannique (Thornton, Yorkshire 1820 - Scarborough 1849). Orpheline de mère à un an, elle fut sévèrement élevée par son père, un pasteur vivant dans les landes du Yorkshire. Dans un cercle familial fermé, l'écriture tenait lieu de divertissement et elle s'adonna très tôt à la littérature, composant contes, nouvelles et journaux en collaboration avec son frère et ses sœurs. Ces écrits de jeunesse sont sans équivalent dans la littérature. Ses romans, *Agnes Grey,* 1847, et *Le Locataire de Wildfell Hall,* 1848, sont aujourd'hui relativement oubliés. Ses poèmes parurent avec ceux de ses sœurs dans le recueil publié par Charlotte en 1846, sous le pseudonyme d'Acton Bell.

**BRONX** n. m. ➝ ÉTYM. du n. de Jonas *Bronck* qui y avait sa ferme pendant l'occupation hollandaise ♦ Distr. *(borough)* de New York, séparé de l'île de Manhattan par la rivière de Harlem. 1 332 650 hab. Autrefois habité par des minorités blanches (Juifs, Italiens, Irlandais), qui se sont installées dans le Queens au cours des années 1960, le Bronx compte désormais une majorité de Portoricains. Dans les années 1980, la ville de New York a contribué à la réhabilitation et à la construction de nombreux logements, en attribuant 2 milliards de dollars aux associations en charge du développement du Bronx.

**BRONZINO (Agnolo di Cosimo TORRI, dit)** ♦ Peintre italien (Florence 1503 - *id.* 1572). Il acquit sa formation auprès de Pontormo* qu'il aida à la chartreuse du Val d'Ema (1522 - 1525), à la chapelle Capponi de Santa Felicità et plus tard à Poggio a Caiano. Après 1539, il devint peintre officiel du grand-duché de Toscane et exécuta une série de portraits qui s'imposèrent comme modèles à l'art de cour européen comme aux spécialistes du genre, jusqu'à Ingres, par leur précision psychologique et leur richesse vestimentaire qui décide des poses et organise la composition (portraits de *Cosme Ier de Médicis, Éléonore et son fils, Bartolomeo et Lucrezia Panciatichi* [Offices, Florence]). Grand représentant de la seconde génération maniériste à Florence, il proposa dans ses peintures religieuses *(Pietà, Vie de Moïse, Trinité)* comme dans sa savante allégorie *Le Temps et la Vérité découvrant la Luxure* (Londres) une interprétation de la manière de Michel*-Ange aboutissant à un style froid, raffiné, parfois surchargé, obtenu en usant d'une palette claire s'attardant sur les bleus, les verts et les violets soutenus par un dessin vigoureux comme le veut la tradition florentine. ▪ *Illustration :* ➝ **Doria.**

**BROODTHAERS (Marcel)** ♦ Artiste belge (Bruxelles 1924 - Cologne 1976). Il se consacra d'abord à la poésie (*Mon livre d'ogre,* 1957), dans l'ambiance du surréalisme. L'influence de Magritte*, rencontré en 1940, de Mallarmé, de Duchamp* resta permanente dans son œuvre. Journaliste à Paris dans les années 1960, il ne commença sa carrière artistique qu'en 1964, avec une sculpture constituée des invendus de son livre *Pense-bête.* Ses recherches mêlèrent tout à la fois les tendances de Dada, du surréalisme, de l'art conceptuel, du nouveau réalisme, et même du pop art. Utilisant des matériaux naturels (*Panneau de moules,* 1965), des photographies, des plaques de plastique, des cartes postales, il interrogea la légitimité et la fonction de l'histoire de l'art, du musée, des œuvres d'art (*Rubens,* 1973 ; *L'Angelus de Daumier,* 1975). Son discours oscille entre l'histoire et la fable (*Le Corbeau et le Renard,* 1968).

**BROOK (Peter)** ♦ Metteur en scène de théâtre et de cinéma britannique (Londres 1925). Après plusieurs mises en scène remarquées, il participa à la fondation de la Royal Shakespeare Company (1962). Son travail sur Shakespeare (*Le Roi Jean,* 1945 ; *Le Songe d'une nuit d'été,* 1960 ; *Le Roi Lear,* 1962) ne l'ont pas empêché de faire connaître au public anglais les auteurs contemporains (Sartre, Anouilh) et de manifester une ouverture critique au monde (*US,* 1966). Il fonda à Paris le Centre international de recherche théâtrale (CIRT, 1970) pour des travaux de groupe avec des acteurs de toutes nationalités. Son théâtre se caractérise par le dépouillement, les décors et les accessoires réduits à quelques signes, l'importance du travail de l'acteur. Il s'intéresse à l'Orient (*La Conférence des oiseaux,* 1979 ; *Le Mahabharata,* créé au festival d'Avignon, 1985). Il a dirigé le théâtre des Bouffes-du-Nord, ouvert en 1974 avec *Timon d'Athènes,* jusqu'en 2011. Il monta *La Tempête* d'après Shakespeare (1991) puis, engageant une réflexion sur le cerveau, *L'homme qui* (1993) et *Je suis un phénomène* (1998). *Le Costume* (1999) peint l'amour et la trahison sous les traits de l'horreur. Au cinéma, outre les films réalisés d'après ses propres spectacles (*Marat-Sade,* 1966 ; *Le Roi Lear,* 1970 ; *Le Mahabharata,* 1990), il a réalisé notamment *Moderato cantabile* (1960) et *Sa Majesté des Mouches* (1963).

**BROOKE (Rupert Chawner)** ♦ Poète britannique (Rugby 1887 - île de Scyros, mer Égée 1915). Élève à la prestigieuse école de Rugby, où son père était enseignant, puis étudiant à Cambridge, d'une grande beauté physique, il représentait l'élite de la jeunesse anglaise. Trop

Peter **Brook.** Répétition de *Mesure pour mesure* de Shakespeare aux Bouffes du Nord, à Paris, en 1978. *Phot. ©Bernand*

souvent dissimulée derrière la célébrité de ses cinq *Sonnets de guerre* qui font de lui un « poète patriotique », son œuvre célèbre la beauté des corps, la confiance dans l'élan vital, l'angoisse devant la mort physique, et l'inscrit dans le mouvement que Virginia Woolf*, lors de la parution de son premier recueil de *Poèmes* en 1911, appela le néopaganisme. Des textes comme *Le Grand Amant, Voyage de Nuit, Poussière, Le Charme,* comptent parmi les plus beaux de la langue anglaise et situent Brooke dans la lignée des grands lyriques, Keats, Shelley, Browning, Blake. Un recueil posthume fut publié par ses amis en 1915 *(1914 and Other Poems).* En 1932 parurent ses *Poèmes complets* et, en 1956, ses *Lettres et Œuvres en prose.*

**BROOKLYN** ➝ ÉTYM. de *Breuckelen* « marais », n. donné par les colons hollandais car l'endroit leur rappelait leur village, près d'Utrecht, ou de *Bruijkleen,* en néerl. mod. « prêt *(leen)* pour usage *(bruik)* », procédé juridique qui consiste à prêter des terrains sans intérêt à seule charge pour l'emprunteur de les restituer après en avoir profité [procédé utilisé afin d'attirer les colons] ♦ Distr. *(borough)* de New York, à l'extrémité S.-O. de Long Island. 2 465 326 hab. Autrefois peuplé d'immigrés juifs, russes, italiens et scandinaves, Brooklyn a perdu sa population blanche au profit des Noirs et des Portoricains, notamment dans le N. ▪ La ville maintient des activités portuaires et industrielles tout en essayant de développer le secteur tertiaire du fait de la proximité de Wall Street. ▮ **Histoire** La ville fut fondée par les Hollandais en 1645. La bataille de Long Island y eut lieu en 1776.

**BROOKS (Louise)** ♦ Actrice américaine (Cherryvale, Kansas 1906 - Rochester, New York 1985). Sa carrière fulgurante compta au moins trois œuvres majeures, où sa sensualité, son style audacieux pour l'époque (coiffure à la garçonne, amoralisme affiché), le modernisme de son jeu constituèrent des gages d'une gloire durable : à Hollywood *Les Mendiants de la vie* (1928), en Allemagne *Loulou** et *Le Journal d'une fille perdue,* de Pabst (1929). Son indépendance d'esprit lui valut l'ostracisme des producteurs. Celle qu'on a appelée « l'antistar » abandonna le cinéma en 1938.

**BROOKS (Richard)** ♦ Cinéaste américain (Philadelphie 1912 - Beverly Hills 1992). Scénariste de ses films, il s'est institué, avec honnêteté, le défenseur des valeurs humanistes, en dénonçant, tour à tour, la malfaisance de l'argent (*Bas les masques,* 1952), le racisme (*La Dernière Chasse,* 1956), le colonialisme (*Le Carnaval des dieux,* 1957), l'hypocrisie d'un certain prosélytisme religieux (*Elmer Gantry, le charlatan,* 1960), la machine judiciaire (*De sang-froid,* 1967, d'après Truman Capote).

**BROONS** [bʀɔ̃] [22250] ➝ ÉTYM. du bret. *bronn* « mamelle [colline] » ♦ Ch.-l. de cant. des Côtes-d'Armor, arr. de Dinan. 2 382 hab. *(Bronnais).* Vestiges du château de La Motte-Broons où est né Du Guesclin.

**BROONZY (William Lee CONLEY, dit Big Bill)** ♦ Guitariste et chanteur de blues américain (Scott, Mississippi 1893 - Chicago 1958). Il fut révélé au grand public par les concerts « From spirituals to swing » à partir de 1938 à Carnegie Hall et participa à deux tournées en Europe (1951 et 1954). Il fut le représentant le plus important du country blues grâce à la qualité de son chant et de son jeu de guitare. Princ. enregistrements : *Black Brown and White* (1950).

**BROSSARD (Sébastien DE)** ♦ Musicographe et bibliophile français (Dompierre, Orne 1655 - Meaux 1730). Prêtre, il fut maître de chapelle des cathédrales de Strasbourg et de Meaux. Compositeur, il a laissé des œuvres d'inspiration religieuse (élévations et motets), ainsi que de la musique instrumentale (sonates). Auteur d'un *Dictionnaire de la musique* (1703), il constitua une riche collection d'œuvres musicales qui se trouvent aujourd'hui à la Bibliothèque nationale.

**BROSSARD** ♦ V. du Canada (Québec) sur la rive d. du Saint-Laurent. 71 154 hab. Ville résidentielle.

**BROSSE (Salomon DE)** ♦ Architecte français (Verneuil-sur-Oise 1571 - Paris 1626). Fils et élève de l'architecte Jean de Brosse, il se forma aussi auprès de son grand-oncle, Jacques II Androuet* du Cerceau, et fut nommé architecte de Marie de Médicis en 1614. Il éleva le château de Coulommiers (1613) pour Catherine de Gonzague et le château de Blérancourt. Il se montra l'héritier du maniérisme de la Renaissance. Cependant, l'ampleur de la conception et le caractère monumental du palais du Luxembourg* (1615 - 1630), entrepris à la demande de Marie de Médicis selon le modèle du palais Pitti, ne sont pas sans annoncer le classicisme français (insistance sur les horizontales, symétrie de la façade sur jardin). Il fut chargé en 1618 de construire le Parlement de Bretagne à Rennes. De 1621 à 1623, il avait aussi élevé le temple des protestants à Charenton (détruit après 1685) dont la structure fut reprise plus tard en Suisse, en Angleterre (Wren*) et aux États-Unis.

**BROSSES (Charles DE)** ♦ Magistrat et écrivain français (Dijon 1709 - Paris 1777). Premier président du parlement de Dijon, il était indépendant et frondeur et fut par deux fois exilé sur ses terres. Bon vivant, spirituel et érudit, de Brosses s'intéressa à l'histoire romaine, à l'art et à l'archéologie (*Lettres sur Herculanum*, 1750), à la géographie (*Histoire des navigations aux terres australes*, 1756) et à l'origine des langues. Lecteur passionné de l'œuvre de Salluste, dont il entreprit de donner une édition critique, il fut amené par ses recherches à faire un voyage en Italie (1739 - 1740) ; rédigées postérieurement d'après des notes, ses *Lettres familières écrites d'Italie à quelques amis* (posth., 1799) dépeignent avec netteté les monuments et les villes ; elles livrent des observations perspicaces et savoureuses sur les mœurs de la société et de l'Église. D'une séduisante vivacité de ton et d'une liberté de pensée qui atteint souvent le cynisme, ces *Lettres* furent fort prisées de Stendhal*.

**BROSSETTE (Claude)** ♦ Érudit français (Theizé 1671 - Lyon 1743). Ami de Boileau*, il en publia les *Œuvres* (1716) après la mort de celui-ci (1711). Il fonda l'Académie de Lyon (1724).

**BROSSOLETTE (Pierre)** ♦ Résistant français (Paris 1903 - *id.* 1944). Militant socialiste et journaliste, il devint, en 1942 à Londres, conseiller politique du général de Gaulle et fut à l'origine de la création du Conseil national de la Résistance. Arrêté par la Gestapo, il se jeta par une fenêtre pour être certain de ne pas livrer de secrets sous les tortures des interrogatoires. ➝ ÉTYM. Ce nom est un diminutif de *Brosse* (nom de marchand ou de fabricant de brosses) ou vient d'un nom de lieu qui signifie « broussailles ».

**BROTONNE** (forêt de) ♦ Forêt domaniale de Normandie enfermée dans une boucle de la Seine (7 400 ha) et peuplée de hêtres et de chênes. ▪ Le parc naturel régional des Boucles de la Seine normande, englobant 50 comm. de l'Eure et de la Seine-Maritime s'étend sur 50 000 ha autour de la forêt de Brotonne.

**BROU** ♦ Quartier de Bourg-en-Bresse au S.-E. de la ville. Monastère (1506 - 1512) et église (1513 - 1532) édifiés par L. Van Boghem sur l'ordre de Marguerite d'Autriche, à la mémoire de son mari Philibert le Beau, duc de Savoie. Chef-d'œuvre du style gothique flamboyant, l'église abrite les tombeaux de Philibert le Beau, de sa femme et de sa mère, Marguerite de Bourbon. Le chœur, clos par un jubé d'une étonnante richesse décorative, possède 74 stalles dues à P. Terrasson et des verrières d'inspiration flamande. Les bâtiments monastiques abritent le musée de l'Ain.

**BROU** [28160] ➝ ÉTYM. anc. ***Braiolum***, de l'anc. fr. *brai* « boue » et suff. *-eolum* ♦ Ch.-l. de cant. de l'Eure-et-Loir, arr. de Châteaudun. 3 713 hab. (aggl. 5 420) *(Broutains)*.

**BROUAGE** ♦ Village de la comm. d'Hiers-Brouage (Charente-Maritime). Anc. place forte et port de mer prospère jusqu'au XVII^e s. (auj. ensablé), il était alors le plus important producteur et exportateur de sel. Les remparts (1630 - 1640), ornés de la vieille porte Royale, constituent un exemple capital de l'art des fortifications avant Vauban.

**BROUGHAM (Henry Peter)**, 1^er baron **BROUGHAM AND VAUX** ♦ Homme politique britannique (Édimbourg 1778 - Cannes 1868). Brillant avocat à Londres, il entra en 1810 à la Chambre des communes comme député whig après avoir fondé l'*Edinburgh Review*. Il consacra sa vie politique à la défense des libertés (libre-échange, tolérance envers les catholiques, réforme électorale de 1832, abolition de l'esclavage dans les colonies) et proposa des mesures sociales en faveur d'une meilleure assistance publique et d'un enseignement populaire, ainsi que des réformes judiciaires.

**BROUSSAIS (François)** ♦ Médecin français (Saint-Malo 1772 - Vitry 1838). Sa théorie, la « médecine physiologique », fait de l'inflammation des tissus la cause exclusive des maladies, et préconise comme thérapeutique la diète et la saignée. Broussais prétendit étendre ses idées à la psychologie *(Traité de l'irritation et de la folie)*.

**BROUSSE (Paul)** ♦ Homme politique français (Montpellier 1844 - Paris 1912). Médecin anarchiste disciple de Bakounine*, il fut membre de la I^re Internationale, participa à la Commune de Paris et fonda avec Kropotkine* une société secrète à La Chaux-de-Fonds. Il devint socialiste réformiste (1880), créant (avec Joffrin) le parti possibiliste (ou broussiste) qui prônait le changement social sans révolution.

**BROUSSE** → Bursa

**BROUSSEL (Pierre)** ♦ Conseiller au parlement de Paris (1575 - Paris 1654). Opposé aux mesures du gouvernement, il fut arrêté sur l'ordre d'Anne* d'Autriche (1648) ce qui déclencha le soulèvement du peuple (journée des Barricades*) et la Fronde*.

**BROUSSILOV (Aleksis Alekseïevitch)** ♦ Général russe (Tiflis 1853 - Moscou 1926). Commandant de la VIII^e armée, puis du front du S.-O., il mena en 1916 - 1917 une puissante offensive en Galicie contre les Austro-Hongrois et réussit à s'emparer de la Bucovine. Général commandant de l'armée russe en mai - juil. 1917, il collabora avec les bolcheviks après la révolution d'Octobre, et fut nommé inspecteur de la cavalerie rouge (1923 - 1924).

**BROUSSONET (Pierre Marie Auguste)** ♦ Médecin et naturaliste français (Montpellier 1761 - *id.* 1807). Auteur de travaux sur l'anatomie comparée et la physiologie végétale, il aurait, le premier, introduit en France le mérinos et la chèvre angora. [Acad. sc. 1795]

**BROU-SUR-CHANTEREINE** [77177] ♦ Comm. de la Seine-et-Marne, arr. de Meaux. 4 280 hab.

**BROUWER** ou **BRAUWER (Adriaen)** ♦ Peintre et dessinateur flamand (Oudenaarde 1605 - Anvers 1638). Fils d'un dessinateur de cartons de tapisserie, il étudia probablement à Anvers v. 1622, à Amsterdam en 1625, puis à Haarlem dans l'atelier de F. Hals*. Il devint rapidement célèbre en représentant des scènes de taverne avec fumeurs et buveurs, et des scènes de mœurs. En 1631, il se trouvait inscrit à la guilde d'Anvers. Il mena une vie agitée, fit de la prison pour dettes (et peut-être pour des raisons politiques). Héritier de la tradition réaliste de Bosch* et de Bruegel*, il fut l'un des maîtres les plus puissants de la peinture de genre flamande. Auteur de remarquables études physiognomoniques, il semble avoir surtout recherché l'intensité expressive, plutôt que l'anecdote et le pittoresque, malgré la verve déployée dans sa description de la misère populaire *(Rixe paysanne)*. Son amer constat est empreint d'intentions satiriques et polémiques. Quant à ses paysages tardifs où figure souvent une scène paysanne, ils reflètent une vision dramatique du monde. À la force expressive de ses œuvres correspond une facture audacieuse : touche apparente et nerveuse, palette réduite mais raffinée où dominent les tons assourdis, matière dense, habile maniement des effets de clair-obscur. Il fut abondamment imité.

Adriaen **Brouwer.** *Le Toucher* (24 × 20 cm). Alte Pinakothek, Munich.
*Phot. © Arch. Smeets*

**BROUWER (Luitzen Egbertus Jan)** ♦ Mathématicien néerlandais (Overschie 1881 - Blaricum, Hollande-Septentrionale 1966). Ses travaux portèrent notamment sur la topologie algébrique : il généralisa la définition de l'espace topologique et démontra le théorème du point fixe. En philosophie des mathématiques, il fut le chef de file de l'intuitionnisme qui, niant la possibilité de déduire toute la mathématique de la seule logique, défend le rôle de l'intuition pour éviter les antinomies que peut faire naître le développement de la science.

**BROWN (Charles Brockden)** ♦ Écrivain américain (Philadelphie 1771 - *id.* 1810). De famille quaker, il fut marqué par les idées de Godwin et de Condorcet. Un fait divers sanglant inspira son premier roman, *Wieland* (1798), où une voix mystérieuse pousse le héros au crime. Dans *Ormond* (1799), la méchanceté raisonnée atteint une sorte d'ascèse et de fanatisme. *Edgar Huntley* (1799) met en scène un somnambule et *Arthur Mervyn* (1800) évoque une épidémie de fièvre jaune à Philadelphie. Cette œuvre qui annonce Poe et Hawthorne est également à l'origine du mouvement naturaliste. Malgré la violence de ses thèmes, Brown se considérait avant tout comme un «moraliste conteur». Il écrivit aussi des essais et des écrits politiques comme *Alcuin* (*The Dialogue of Alcuin*, 1797) en faveur des droits de la femme. ➝ ÉTYM. Ce nom de famille anglais signifie «brun» (➝ aussi Braun, Brunhes, Bruno, Lebrun, Moreno).

**BROWN (Robert)** ♦ Botaniste britannique (Montrose, Écosse 1773 - Londres 1858). Naturaliste de l'expédition Flinders* en Australie (1801) où il étudia la flore et dont il rapporta une énorme collection, il découvrit le noyau des cellules végétales. On lui doit également la découverte, en 1827, du mouvement désordonné des particules microscopiques dans un liquide, appelé le *mouvement brownien*, dont l'étude joua un rôle fondamental dans le développement de la théorie atomique.

**BROWN (John)** ♦ Homme politique américain (Torrington, Connecticut 1800 - Charlestown, Virginie 1859). Dans sa lutte contre l'esclavagisme, il s'empara d'un arsenal, mais arrêté peu après, il fut condamné à mort et pendu. Au cours de la guerre de Sécession, une chanson *(John Brown's Body)* le célébra comme un martyr de la liberté.

**BROWN (Ford Madox)** ♦ Peintre, fresquiste et graveur britannique (Calais 1821 - Londres 1893). Il étudia en Belgique, puis séjourna à Paris en 1840. Il débuta par des sujets byroniens sombres et dramatiques, puis en Italie (1845), fut influencé par les nazaréens et exerça une influence certaine sur les préraphaélites, sans pour autant faire partie de leur confrérie. Il s'intéressait au Moyen Âge et employait des couleurs brillantes et claires, parfois stridentes. Adepte de la peinture en plein air, il peignait les détails avec une attention minutieuse et chargeait ses œuvres d'un contenu social et didactique (*Le Dernier Regard sur l'Angleterre*, 1852 - 1853).

**BROWN (Clarence)** ♦ Cinéaste américain (Clinton, Massachusetts 1890 - Santa Monica 1987). Assistant de Maurice Tourneur, devenu son coréalisateur *(Le Dernier des Mohicans)*, il affirma sa maîtrise avec *La Chair et le Diable* (1927) avant d'être l'adaptateur habile de plusieurs romans célèbres : *Anna Karénine* (1935), d'après Tolstoï ; *La Mousson* (1939), d'après Bromfield ; *L'Intrus* (1949), d'après Faulkner.

**BROWN (Fredric)** ♦ Romancier américain (Cincinnati 1906 - Tucson 1972). Ses nouvelles et ses romans policiers (*Crime à Chicago*, 1947, où apparaît le duo de détectives formé par le forain Ambrose Hunter et son neveu Ed ; *Le Fantôme du Chimpanzé*, 1948), se caractérisent par leurs intrigues délirantes et jubilatoires, tandis que son chef-d'œuvre *La Fille de nulle part* (1951), joue sur une savante construction temporelle. Il écrivit également des romans de science-fiction.

**BROWN (Herbert Charles)** ♦ Chimiste américain (Londres 1912 - Lafayette, Indiana 2004). Auteur de travaux sur la synthèse des composés organiques utilisant, comme agents de synthèse, les dérivés du bore. En raison de leur excellent rendement, ces réactions sont très largement employées dans l'industrie. [Prix Nobel de chim. 1979, avec G. Wittig*]

**BROWN (Earle)** ♦ Compositeur américain (Lunenburg, Massachusetts 1926 - New York 2002). Élève et collaborateur de John Cage*, il composa des pièces pour musique aléatoire dont la répartition instrumentale est très personnelle. *Twenty-Five Pages* (1951) pour ensemble de 1 à 25 pianos, *Available Forms II* (1961 - 1962) pour 98 instruments et 2 chefs, *Calder Piece* (1964) pour 4 percussions et un mobile de Calder, *Syntagme III*, *Synergy II* (1970).

**BROWN (Raymond Matthews, dit Ray)** ♦ Contrebassiste de jazz américain (Pittsburgh 1926 - Indianapolis 2002). Il fut accompagnateur de musiciens tels que Dizzy Gillespie* (1945) et Oscar Peterson*, et créa en 1974 un groupe de renommée mondiale, les L. A. Four. Il épousa Ella Fitzgerald en 1948. Son jeu précis et sonore allié à une grande richesse harmonique fait de lui l'un des musiciens les plus représentatifs du jazz moderne. Princ. enregistrements : *Don't Forget the Blues* (1985), *Dodo's Blues* (avec Dizzy Gillespie, 1947), *Way Out West* (avec Sonny Rollins, 1957).

**BROWN (Clifford)** ♦ Trompettiste et compositeur de jazz américain (Wilmington, Delaware 1930 - dans l'Indiana 1956). Il débuta vers 1948 et joua avec Miles Davis* et Fats Navarro* avant de partir en tournée européenne avec Lionel Hampton* (1953). C'est de son association avec Max Roach* en Californie (1954) que date sa célébrité. Doué d'une technique de virtuose, jouant avec puissance tout en étant précis et juste, il était appelé à une brillante carrière lorsqu'il fut tué dans un accident d'automobile. Princ. albums : *Memorial Album* (1953), *Study in Brown* (1955).

**BROWN (James)** ♦ Chanteur américain (Barnwell, Caroline du Sud ou Macon, Géorgie 1933 - Atlanta 2006). Membre des Famous Flames dans les années 1950, il délaissa le gospel pour la soul music *(Please, Please me)*. Célèbre pour son jeu de scène et ses costumes extravagants, «Mister Dynamite» connut un rapide succès, mêlant musique commerciale et chansons engagées contre le racisme, parfois teintées d'humour et d'un machisme outrancier *(Sex Machine)*.

**BROWN (Trisha)** ♦ Danseuse et chorégraphe américaine (Aberdeen 1936). Figure majeure de la post-modern dance américaine, elle participa en 1962 à la fondation du Judson Dance Theater où elle s'efforça de «pousser les limites de ce qui est acceptable [en chorégraphie]» et fonda sa propre compagnie en 1970. Elle fonctionne par cycles, tentant d'épuiser chaque domaine d'investigation. Dans *Equipment Pieces* (1964 - 1967), elle investit les lieux publics, développe la «task» (les gestes du quotidien). Dans *Unstable Molecular Structures*, conçu avec Robert Rauschenberg, elle cherche comment mémoriser l'improvisation. Dans *Valiant Series* et *Newark* (1987), elle repousse les limites physiques des danseurs. Dans *Back to Zero*, elle recherche le mouvement inconscient. Dans *M.O.*, elle met en scène un opéra (sur *Offrande musicale* de Bach). On lui doit également *Walking on the Wall* (1979), *Glacial Decoy* (1979), *Set and Reset* (1983), *If you couldn't see me* (1994), *El Trilogy*, une rencontre avec le jazz (2000), *Present Tense* (2003), *L'Amour au théâtre* (2009).

**BROWN (Michael Stuart)** ♦ Biochimiste américain (New York 1941). Il élucida, avec J. Goldstein, le processus au cours duquel le cholestérol traverse la membrane cellulaire et étudia les mécanismes qui permettent de maintenir constant le taux de cholestérol dans le sang. Leurs travaux permirent de comprendre l'athérosclérose au niveau moléculaire ; par ailleurs, ils sont à l'origine de l'explication d'un problème très général, celui de la pénétration de macromolécules entières à l'intérieur des cellules (endocytose). [Prix Nobel de physiol. ou méd. 1985, avec J. Goldstein]

**BROWN (James Gordon)** ♦ Homme politique britannique (Giffnock, près de Glasgow 1951). Chancelier de l'Échiquier (1997 - 2007) dans le gouvernement de Tony Blair, il succéda à celui-ci au poste de Premier ministre en juin 2007 alors qu'il était également nommé président du Parti travailliste. Il rompit temporairement avec son impopularité de début de mandat grâce aux mesures exceptionnelles qu'il initia contre la crise financière de sept. 2008 (nationalisation partielle des banques en difficulté, garanties interbancaires, recapitalisation massive) et qui furent imitées par les autres gouvernements occidentaux dont les États-Unis. Mais il ne réussit ni à juguler l'ampleur du désastre bancaire ni à rassurer les Britanniques, et procéda dès février 2009 à un nouveau plan de sauvetage.

**BROWNING (Elizabeth Barrett)** ♦ Poète britannique (Coxhoe Hall, Durham 1806 - Florence 1861). Comme Byron, la chute de l'homme et sa rédemption l'inspirèrent (*The Drama of Exile*, 1840). Mais ses meilleurs poèmes furent composés pour Robert Browning* qu'elle épousa secrètement en 1846, et qu'elle suivit en Italie. *Les Sonnets de la Portugaise* (1850) expriment la passion mystique qu'Elizabeth ressentait pour son mari. Quant à *Aurora Leigh*, 1855, véritable roman en vers, l'influence de Robert Browning (et notamment de son *Paracelse*) y est évidente. Elizabeth Browning contribua au vote de la loi de 1843 sur la limitation du temps de travail des enfants grâce à un poème, *La Plainte des enfants*, qui émut l'opinion publique. Elle suivit aussi avec passion le mouvement de l'unification italienne.

**BROWNING (Robert)** ♦ Poète britannique (Camberwell, Londres 1812 - Venise 1889). Fils d'un employé de la Banque d'Angleterre qui, chargé de surveiller les esclaves des plantations de son père, les avait tous libérés, R. Browning en avait hérité un certain idéalisme. D'abord influencé par Shelley* (*Pauline*, 1833), il adopta très vite une manière personnelle, et utilisa la forme du monologue dramatique. *Paracelse* (1835) est un dialogue philosophique en vers sur le thème de l'amour et de la science. De même, *Sordello*, 1840, retrace l'histoire d'une âme. Le caractère statique inhérent à ce type de sujet fut fatal à son théâtre (*Strafford*, 1837 ; *Le Retour des Druses*, 1843 ; *Luria*, 1846). Mais *La Tragédie d'une âme* (1846) atteint à une grandeur plus poétique que dramatique. Cette œuvre fut d'ailleurs insérée dans une série de poèmes, *Cloches et Grenades* (1841 - 1846), comprenant le célèbre «Pippa passe». Les poèmes d'amour *d'Hommes et Femmes*, 1855, valurent à Browning d'être salué par Ruskin* comme le plus grand après Shakespeare. Browning traduisit le sentiment religieux qu'il éprouvait à l'égard du monde dans *Veille de Noël et Jour de Pâques*, 1850. Mais son chef-d'œuvre demeure *L'Anneau et le Livre* (1869), poème en douze livres (20 000 vers) analysant les mêmes faits, lors d'un procès, du point de vue de chaque protagoniste. Fondé sur un événement réel (un assassinat à Rome en 1698), ce récit est une reconstitution psychologique savante. R. Browning mourut le jour même où paraissait son recueil de poésies lyriques, *Asolando*, 1889. Il avait fait de l'âme «la protagoniste de la tragédie de la vie» (O. Wilde). Il eut en particulier une grande influence sur Conrad*.

**BROWNING (John Moses)** ♦ Inventeur américain (Ogden 1855 - Herstal, Belgique 1926). Il donna son nom à un pistolet automatique (7,65 mm) et dota l'armée américaine de divers types d'armes de sa fabrication.

**BROWNING (Tod)** ♦ Cinéaste américain (Louisville 1882 - Santa Monica 1962). Il fut l'un des maîtres, longtemps méconnu, du fantastique à l'écran, sous sa forme la plus traditionnelle (*Dracula*, 1931 ; *La Marque du vampire*, 1935), mais aussi la plus éloquemment réaliste, quand il tourna *Freaks*, intitulé aussi *La Monstrueuse Parade* (1932), exhibition sans complaisance des disgraciés du cirque Barnum, devenue pour toute une génération un film-culte.

**BROWN-SÉQUARD (Édouard)** ♦ Médecin et physiologiste français (Port-Louis, île Maurice 1817 - Paris 1894). Successeur de C. Bernard* à la chaire de médecine expérimentale au Collège de France (1878), il étudia surtout la physiologie nerveuse et décrivit le syndrome qui porte son nom (lésion unilatérale de la moelle épinière), il fut également un des pionniers de l'endocrinologie en préconisant un traitement de la sénilité par les extraits testiculaires (opothérapie). [Acad. sc. 1886]

**BRUANT (Libéral)** ♦ Architecte et ingénieur français (Paris v. 1636 - *id.* 1697). Issu d'une famille d'architectes, il obtint la charge d'architecte du roi en 1663 et devint membre de l'Académie royale d'architecture (1671). Il adopta un parti pris de simplicité et de dépouillement dans l'église sur un plan en croix grecque de l'hôpital de la Salpêtrière (1670 - 1677), entreprise à laquelle travaillèrent Le* Vau et Le* Muet. Pour le duc d'York, il éleva en Angleterre le château de Richmond. Son œuvre maîtresse est l'hôtel des Invalides (1671 - 1676) dont l'église fut construite par J. H. Mansart*. Les plans s'inspirent de l'Escurial* et l'ordonnance est sévère et monumentale, le décor de la façade est limité aux lucarnes et à l'imposante arcade centrale, les horizontales sont affirmées. Il fut l'un des représentants caractéristiques du classicisme français.

**BRUANT (Aristide)** ♦ Chansonnier français (Courtenay 1851 - Paris 1925). Ayant commencé, vers 1875, à interpréter ses propres chansons dans les cafés-concerts de la butte Montmartre*, il se fit connaître au fameux Chat noir, qui devint son propre cabaret (Le Mirliton). Ses chansons, qui sont restées célèbres, évoquent la vie quotidienne des faubourgs (*À la Villette, À Ménilmontant*), reflètent l'anarchisme et une certaine réalité sociale de la fin du XIXe s. (*À la Roquette, Nini Peau d'chien*) ou expriment le sentimentalisme de son époque (*Rose blanche*). Complaintes imagées, écrites dans une langue populaire, volontiers argotique, elles ont été réunies en recueils (*Dans la rue...*, 3 vol. 1889 - 1909 ; *Chansons et Monologues*, 1896 - 1897 et *Sur la route*, 1897). Auteur de romans-feuilletons, A. Bruant a également composé un *Dictionnaire de l'argot au XXe siècle* (1901). ➛ **ÉTYM.** *Bruant* est une variante de *bruyant*, ancien participe présent du verbe *bruire* (peut-être un surnom).

Aristide **Bruant.** Lithographie, affiche de Toulouse-Lautrec. Bibliothèque nationale de France, Paris. *Phot. © Giraudon*

**BRUAT (Armand Joseph)** ♦ Amiral français (Colmar 1796 - en mer 1855). Fait prisonnier en Algérie (1827), libéré après la conquête d'Alger (1830), il fut nommé gouverneur des îles de la Société (1843 - 1847) et négocia avec la reine Pomaré l'instauration du protectorat français à Tahiti (1847). Gouverneur des Antilles (1849), il commanda la flotte française en Crimée (1851 - 1855).

**BRUAY-LA-BUISSIÈRE** [62700] ➛ **ÉTYM.** anc. *Bruay-en-Artois ; Bruay :* du gaul. *Brugus*, n. de pers., et suff. *-acum ; Buissière :* du lat. *buxaria* «lieu planté de buis» ♦ Ch.-l. de cant. du Pas-de-Calais, arr. de Béthune. 23 998 hab. (*Bruaysiens-labuissiérois*). Anc. centre houiller. Construc. automobiles.

**BRUAY-SUR-L'ESCAUT** [59860] ♦ Comm. du Nord, arr. de Valenciennes. 11 828 hab. (*Bruaysiens*).

**BRUBECK (David Warren dit Dave)** ♦ Pianiste et compositeur de jazz américain (Concord, Californie 1920). Initié au piano et au violoncelle par sa mère, il étudie ensuite la composition musicale avec Darius Milhaud*, se tourne vers le jazz et crée un quartette avec le saxophoniste alto Paul Desmond, le contrebassiste Gene Wright et le batteur Joe Morello. On leur doit en 1959 l'album *Time out* (avec *Blue Rondo à la Turk, Take Five, Three to get ready*) puis en 1961 *Time Further out* (avec *Unsquare Dance*) qui se distinguent par des compositions rythmiques atypiques (3/4, 5/4, 7/4). La formation dissoute en 1967, Dave Brubeck continue à jouer en trio (piano / basse / batterie). Compositeur, il a écrit des ballets, une comédie musicale, un oratorio, des cantates, des œuvres pour formation de jazz et orchestre et des pièces pour piano seul.

**BRUCE** ou **DE BRUS** ♦ Nom d'une famille écossaise descendant d'un chevalier normand, compagnon de Guillaume le Conquérant. Elle donna deux rois à l'Écosse. ♦ **Robert Bruce** (1210 - Lochmaben, Dumfriesshire 1295). Il fut l'un des régents d'Alexandre III d'Écosse (1249 - 1286). Après la mort de la petite-fille de ce dernier, Marguerite, en 1290, il figurait parmi les candidats au trône ; mais John Balliol* fut préféré par Édouard Ier d'Angleterre. → **Écosse.** ▪ Grand-père de Robert* Ier, roi d'Écosse et arrière-grand-père de David* II.

**BRUCE (James)** ♦ Voyageur britannique (Kinnaird House, Stirlingshire 1730 - Londres 1794). De 1768 à 1772, il explora l'Abyssinie, découvrit la source du Nil abyssin (ou fleuve Bleu) qu'il confondit avec celle du Nil.

**BRUCH (Max)** ♦ Compositeur allemand (Cologne 1838 - Berlin 1920). Il fit carrière dans plusieurs villes d'Allemagne (Cologne, Mannheim, Coblence) avant de se fixer à Berlin où il enseigna la composition (1891 - 1910). Influencée par le romantisme de Mendelssohn, son œuvre comporte trois opéras, trois symphonies, des concertos pour violon et piano, de la musique de chambre et des mélodies.

**BRUCHE** n. f. ➛ **ÉTYM.** probablt du germ. *bruoch* «marais» ♦ Riv. d'Alsace (70 km), affl. de l'Ill. Née au col de Saales dans les Vosges, elle traverse Schirmeck, Mutzig et Molsheim avant de rejoindre l'Ill au S.-O. de Strasbourg.

**BRÜCKE (Ernst Wilhelm VON)** ♦ Physiologiste allemand (Berlin 1819 - Vienne 1892). Élève de J. Müller*, il fit des travaux sur la physiologie digestive et sensorielle (physiologie des sons du langage, des couleurs, etc.).

**Brücke (Die)** ➛ **ÉTYM.** all. «le Pont» ♦ Association artistique fondée à Dresde en 1905 par E. L. Kirchner*, F. Bleyl, E. Heckel* et K. Schmidt*-Rottluff, alors étudiants en architecture et à laquelle adhérèrent notamment E. Nolde* (de 1906 à 1907), M. Pechstein* (exclu en 1912), Cuno Amiet et Kees Van* Dongen (à partir de 1908). En rupture avec l'art académique, ces artistes voulaient rallier tous les artistes révolutionnaires d'alors. Ils organisèrent des réunions, des expositions, publièrent leurs réalisations dans le journal *Der Sturm* («La Tempête») jusqu'en 1911. Die Brücke, dissoute en 1913 après de nombreuses scissions, avait été le ferment le plus actif de l'expressionnisme allemand, comme le souligna dès 1914 le critique P. Fechter. Ses participants admiraient Van* Gogh, Gauguin*, Böcklin*, Hodler*, Ensor* et surtout Munch* et s'inspiraient notamment des arts primitifs, des miniatures carolingiennes, des gravures allemandes (XVe et XVIe s.) ainsi que des «fauves». Ils accordèrent la primauté à l'«impulsion créatrice» exprimée «directement» et «sincèrement» (Kirchner) et cherchèrent non pas à écrire mais à projeter leur subjectivité souvent angoissée et tragique en recourant à des déformations schématiques et à des couleurs violentes.

**BRUCKNER (Anton)** ♦ Organiste et compositeur autrichien (Ansfelden 1824 - Vienne 1896). Il obtint le titre de «maître de musique» à Vienne en 1861, et devint professeur au Conservatoire et organiste de la chapelle impériale en 1868. Jusqu'en 1863, date où il découvrit Wagner et écrivit sa première symphonie, Bruckner n'avait composé pour l'essentiel que des œuvres de musique religieuse. Dans une production qui compte environ 120 numéros d'opus, les compositions les plus remarquables sont des symphonies, deux de jeunesse et celles numérotées de 1 à 9, la dernière étant inachevée. → **Symphonie romantique.** Influencées par Schubert, Schumann et surtout Wagner, ces symphonies s'apparentent à la symphonie beethovénienne, mais contiennent des éléments nouveaux, suscités par sa maîtrise d'organiste : goût pour les combinaisons sonores, art de la fugue et des contrepoints complexes. Les autres ouvrages majeurs de Bruckner sont ses trois messes de maturité, son *Te Deum* et son quintette à cordes. ➛ **ÉTYM.** Ce nom de famille est une variante de l'allemand *Brückner* «péager [personne percevant le péage]», nom de métier ; de *Brücke* «pont».

**BRUCKNER (Theodor TAGGER, dit Ferdinand)** ♦ Auteur dramatique autrichien (Vienne 1891 - Berlin 1958). Il contribua, entre les deux guerres mondiales, à la rénovation du théâtre dans son pays, porta sur la scène, comme les expressionnistes, des sujets jugés alors audacieux, conflits politiques et sociaux, problèmes sexuels, qu'il traita dans un style réaliste (*Les Criminels*, 1928, adapt. fr. 1929 ; *Le Mal de la jeunesse*, 1929 ; *Les Races*, 1934 ; *Le Combat de l'Ange*, 1958).

**BRUCTÈRE(S)** n. m. (pl.) ➝ ÉTYM. «les coléreux», du vx germ. *braht* «bruit» ♦ Peuple germanique établi au I$^{er}$ s. entre l'Ems, la Lippe et la Weser, dans la région correspondant à la Westphalie et au Hanovre actuels. Ils luttèrent contre les Romains, participèrent à la révolte d'Arminius* (9) et au soulèvement des Bataves* (70). Ils s'assimilèrent aux Francs à la fin du I$^{er}$ siècle.

**BRUÉ (André)** ♦ Administrateur colonial français (La Ciotat 1654 - Marseille 1738). Directeur général du commerce français au Sénégal (1697 - 1723), il a laissé des récits sur cette région et ses habitants.

**BRUEGEL (Pieter)** dit **Bruegel l'Ancien,** autrefois francisé en **BREUGHEL** ♦ Peintre et dessinateur flamand (Bruegel ? près de Breda ? v. 1525-1530 - Bruxelles 1569). Il se serait formé à Anvers auprès de Pieter Coecke van Aalst, sans pour autant subir l'emprise du romanisme qui régnait en Flandre. Reçu franc-maître à la guilde d'Anvers en 1551, il entreprit un voyage en Italie (1552 - 1553) d'où il ramena de nombreux dessins, surtout des paysages alpins qui révèlent une sensibilité aiguë à la nature et une vision cosmique de l'univers. Il fit preuve d'indépendance en négligeant le répertoire thématique italien tout en faisant quelques emprunts formels aux grands maîtres de la Renaissance. De retour à Anvers, il produisit de nombreux dessins destinés à la gravure : séries documentaires *(Les Vaisseaux de mer)*, paysages, scènes paysannes à tendance satirique et moralisatrice, illustrations de paraboles, série des *Sept Péchés capitaux* (1556 - 1557) et des *Sept Vertus* (1559 - 1560) se consacrant tardivement à la peinture (vers 1557 ?), il s'installa à Bruxelles après avoir épousé la fille de P. Coecke en 1563. Dans ses premières œuvres, l'influence de Bosch* est patente : «diableries», monstres et hybrides peuplent ses compositions grouillantes, animées d'un mouvement giratoire ou établies suivant de grandes diagonales ; s'y affirment un sens personnel de la couleur et une fertile invention dans les détails (*Le Triomphe de la mort*, 1562 ; *La Chute des anges rebelles*, 1562 ? ; *La Dulle Griet*, 1562 ?). Les autres thèmes religieux qu'il traita *(La Tour de Babel, Le Dénombrement de Bethléem, Le Massacre des Innocents, La Crucifixion, L'Adoration des Mages)* sont présentés selon une optique originale : la mise en scène des protagonistes, l'importance accordée au cadre familier font prévaloir le caractère profane. L'intérêt porté à la description de la vie populaire, tout en s'appuyant sur des traditions flamandes et nordiques (Lucas* de Leyde, Dürer*), révèle le modernisme de sa sensibilité. Plusieurs œuvres semblent en effet comporter des allusions aux événements contemporains (misère, Réforme, pouvoir espagnol, etc.) mais leur sens est encore sujet à controverse et bien des thèmes obscurs trouvent sans doute leur source dans la littérature, le théâtre ou la tradition orale flamande (*La Pie sur le gibet* ; *Le Pays* de cocagne*, 1566 *Le Combat de Carnaval et de Carême*). L'œuvre entière présente un caractère satirique et moralisateur (série de *Proverbes*) et allégorique *(La Chute d'Icare)*. Ainsi, le paysage aux rythmes amples et sereins contraste souvent avec le caractère tragique, dérisoire ou ridicule de l'activité ou du destin humain *(Les Aveugles ; Les Mendiants ; Le Misanthrope)*, excepté lorsque le travail s'accorde au rythme paisible de la nature (série des *Saisons*). Bruegel, longtemps considéré comme un peintre pittoresque et truculent de scènes de mœurs paysannes, était en effet en relation avec des humanistes et il semble qu'il ait fait passer des préoccupations humanistes dans ses tableaux où se déploient des qualités strictement plastiques : sens de la mise en scène, du geste, de la mimique expressive, utilisation d'un chromatisme raffiné et personnel propre à rendre l'unité atmosphérique et à imposer une vision de la nature à la fois synthétique et subtilement variée (effets de neige, de mer, etc.). Figure dominante de la peinture flamande au XVI$^{e}$ s. et profondément lié à ses traditions, il influença notablement les paysagistes et les peintres de genre hollandais. ➝ ÉTYM. Ce nom flamand est à rapprocher du moyen haut allemand *brüel* «noue».

**Bruegel l'Ancien.** *Les Mendiants* (1,85×2,15 m). Musée du Louvre, Paris.
*Phot. ©Arch. Smeets*

**BRUEGEL (Pieter II)** dit **BRUEGEL le Jeune** ou **d'Enfer,** autrefois francisé en **BREUGHEL** ♦ Peintre et dessinateur flamand (Bruxelles v. 1564 - Anvers 1638), fils aîné de Bruegel l'Ancien. Il se serait formé dans l'atelier de G. Van Coninxloo et, inscrit à la guilde d'Anvers en 1585, aurait ensuite dirigé un atelier spécialisé dans les copies ou interprétations des œuvres paternelles et peut-être dans les scènes d'incendie ou d'«enfers», d'où son surnom *(Incendie de Troie)*. Il eut tendance à simplifier les formes, à insister sur les aspects anecdotiques et pittoresques et à utiliser une facture plus sèche. Il collabora probablement aux œuvres de J. de Momper et fut imité par son fils PIETER III (né en 1589).

**BRUEGEL (Jan I$^{er}$)** dit **BRUEGEL de Velours,** autrefois francisé en **BREUGHEL** ♦ Peintre et dessinateur flamand (Bruxelles 1568 - Anvers 1625). Second fils de Bruegel l'Ancien, il se forma à Anvers, séjourna à Naples en 1590, à Rome en 1593 - 1594, à Milan en 1595 et fut protégé par le cardinal Borromée. Maître de la guilde d'Anvers en 1597, il fut nommé peintre de la cour des archiducs Albert et Isabelle (1609). Ami et collaborateur de Rubens*, il peignit parfois certains des éléments de paysages et des guirlandes de fleurs encadrant ses figures *(Madone)*. Ses paysages dérivent de Van Coninxloo et de P. Bril*. Ses œuvres, natures mortes (*Coupes avec bijoux*, 1618), fleurs, scènes de genre, scènes bibliques ou allégoriques (*Le Paradis terrestre*, série des *Cinq Sens*) révèlent une vision miniaturiste et raffinée de l'univers, de caractère idyllique, une imagination féconde dans les détails, une facilité à organiser des motifs proliférants (*Bataille d'Arbèles*, 1602) et surtout une délicatesse de coloris, et la matière brillante et fine qui lui valut son surnom. Imitée par de nombreux peintres flamands, son œuvre fut poursuivie par son fils JEAN II (1602 - 1678). ▪ *Illustration :* ➝ **Albert le Pieux.**

**BRUEYS D'AIGAÏLLIERS (François Paul)** ♦ Vice-amiral français (Uzès 1753 - Aboukir 1798). Commandant la flotte de l'expédition d'Égypte, il fut attaqué par Nelson après le débarquement des troupes et périt au combat.

**BRUGES** ➝ ÉTYM. en néerl. ***Brugge***, p.-ê. du vx norrois *bryggja* «quai, débarcadère» ♦ V. de Belgique (Région flamande), ch.-l. de la prov. de Flandre-Occidentale, à 13 km de la mer du Nord. 116 982 hab. *(Brugeois)*. Évêché. Cité ancienne et pittoresque parcourue de nombreux canaux (la «Venise du Nord»), Bruges possède un style architectural typique : fenêtres à croisée de pierre, façades sculptées, pignons en gradins. Nombreux monuments : beffroi du XIII$^{e}$ s. (carillon) ; halles (XIII$^{e}$ - XVI$^{e}$ s.) ; musée Memling situé dans l'hôpital Saint-Jean, du XIII$^{e}$ s. ; basilique du Saint-Sang (commencée au XII$^{e}$ s.) ; hôtel de ville du XIV$^{e}$ s. (restauré au XIX$^{e}$ s.) ; musée Gruuthuse(XV$^{e}$ s.) ; béguinage dont l'origine remonte au XIII$^{e}$ s. L'église Notre-Dame (XIII$^{e}$ s.) contient les mausolées de Charles le Téméraire, de Marie de Bourgogne, et la *Vierge à l'Enfant* de Michel-Ange. ▌**Économie** La ville est située à la jonction des canaux vers Ostende (2 000 t), vers Sluis aux Pays-Bas (300 t), vers Gand (600 t). Le Boudewijnkanaal* (2 000 t) réunit le port de Bruges à celui de Zeebrugge*, construit en partie sur la mer (port pétrolier et méthanier, transroulage, passagers vers la Grande-Bretagne). Indus. traditionnelles (meubles, dentelle au «point de fée» dite «guipure des Flandres»). Constructions métalliques (matériel ferroviaire, machines agricoles) et électroniques (radio-télévision). À la périphérie, anc. comm. de Sint-Andries (indus. variées et horticulture en serres) et de Sint-Michiels (matériel de chemin de fer). Indus. agroalimentaires, cokerie, verrerie. Importante activité touristique. ▌**Histoire** C'est en 837 que le premier comte de Flandre, Baudouin Bras de Fer, éleva un château où devaient résider, du XI$^{e}$ au XV$^{e}$ s., les puissants comtes de Flandre. La prospérité de la cité fut telle qu'un marchand brugeois put payer la rançon (400 000 couronnes d'or) du dernier comte de Flandre, Jean sans Peur. Bruges était un grand marché d'échanges avec la ville de Damme* pour avant-port (drap flamand, laine anglaise, bois scandinave, ambre russe, vins espagnols, soieries vénitiennes). Devenue comptoir des villes hanséatiques, au XIII$^{e}$ s., Bruges connut une activité artistique intense. Une enceinte commencée en 1297 marque ses limites d'alors. Mais en 1301 des luttes intestines aboutirent à l'intervention de Philippe le Bel. Les guerres de Religion, sous Philippe II, avaient commencé de ruiner Bruges. Après un renouveau de prospérité au XV$^{e}$ s. (ducs de Bourgogne), dès le XVI$^{e}$ s. l'ensablement du Zwin* et le déclin de l'industrie drapière marquèrent une décadence. La ville put cependant encore accueillir fastueusement Charles Quint. L'invasion française de 1794 acheva de la ruiner. Mais, depuis le début du XX$^{e}$ s., *Bruges-la-Morte*, célébrée par Rodenbach*, est redevenue une ville active.

**BRUGES** [33520] ◆ ÉTYM. du gasc. *bruche* «grosse bruyère, broussaille» ♦ Comm. de la Gironde, banlieue N.-E. de Bordeaux. 10 610 hab. *(Brugeais).*

**BRUGG** ♦ V. de Suisse (Argovie), sur la rive d. de l'Aar, en amont du confluent de l'Aar et de la Reuss. 9 143 hab. (aggl. Baden-Brugg 106 736).

**BRUGGE** → **Bruges**

**BRUGMANN (Friedrich Karl)** ♦ Linguiste allemand (Wiesbaden 1849 - Leipzig 1919). Professeur à l'Université de Leipzig de 1887 jusqu'à sa mort, il est le fondateur (1878) avec Osthoff de la revue *Morphologische Untersuchungen* («Recherches morphologiques») et l'auteur des deux premiers volumes d'une grande grammaire comparée des langues indo-européennes *Grundriss der vergleichenden Grammatik des indogermanischen Sprachen*, 5 vol., 1886 - 1893. → **Delbrück.** Ces travaux en font l'un des principaux représentants de l'école des «néogrammairiens» *(Junggrammatiker).*

**BRUGUIÈRES** [31150] ◆ ÉTYM. «champ couvert de bruyère», de l'occit. *bruguièra* «bruyère» ♦ Comm. de la Haute-Garonne, arr. de Toulouse. 3 862 hab. (aggl. 9 521). Oranges.

Le **Bruit et la Fureur** – en angl. ***The Sound and the Fury*** ♦ Roman de W. Faulkner* (1929). Cette œuvre est divisée en quatre parties datées. La première est le monologue intérieur de l'idiot Benjy, à qui tel ou tel détail remet en mémoire un lambeau du passé de sa famille. La deuxième partie se situe dix-huit ans plus tôt. C'est le monologue clair et tragique de la descente fatale en enfer du deuxième frère, Quentin. La troisième partie est bâtie sur un autre monologue intérieur, celui du troisième frère, Jason, «monstre de fourberie et de sadisme» qui poursuit de sa haine sa nièce de dix-huit ans. La quatrième partie fait enfin apparaître physiquement les personnages et mène logiquement à la conclusion. Par sa construction, son style et sa technique heurtée (phrases inachevées, ellipses entre deux idées, personnages portant des noms identiques), *Le Bruit et la Fureur* est un livre complexe, dont l'originalité fit reconnaître Faulkner.

**BRUIX (Eustache)** ♦ Amiral français (Saint-Domingue 1759 - Paris 1805). Lieutenant de vaisseau au début de la Révolution, il fut renvoyé en 1793, puis réintégré dès 1795. Ministre de la Marine en 1798, il se vit confier par Bonaparte le commandement maritime du camp de Boulogne*.

**BRÛLÉ (Étienne)** ♦ Voyageur français (Champigny-sur-Marne v. 1591 - en Nouvelle-France 1633). Il vint avec Champlain à Québec. Après avoir atteint la baie de Chesapeake (1628), il fut tué par les Hurons.

**BRULLOV** ou **BRIOULLOV (Karl Pavlovitch)** ♦ Peintre russe (Saint-Pétersbourg 1799 - Marciano, près de Rome 1852). Il acquit une réputation internationale comme peintre d'histoire avec *Le Dernier Jour de Pompéi* (1833) : l'inspiration romantique, la recherche du mouvement et d'effets de lumière n'excluent pas une facture académique. Auteur de scènes d'extérieur où transparaissent des tendances réalistes, de sujets historiques et religieux (peintures murales de Saint-Isaac à Saint-Pétersbourg, *Le Siège de Pskov*) et de portraits *(La Comtesse Samoïlov).*

**Brumaire an VIII (le 18)** ♦ Journée (9 nov. 1799) au cours de laquelle Napoléon* Bonaparte, peu après son retour d'Égypte, renversa le Directoire* à l'instigation de Sieyès* et fit transférer les Conseils à Saint-Cloud. Le lendemain, les grenadiers firent évacuer la salle où siégeait le Conseil des Cinq*-Cents. La suppression du Directoire fut votée par le Conseil des Anciens et par la minorité du Conseil des Cinq-Cents, son remplacement étant assuré par trois consuls : Sieyès*, Ducos* et Bonaparte, les conseils étant remplacés par deux commissions chargées de réviser la constitution. → **Consulat, Napoléon.**

**BRUMATH** [67170] ◆ ÉTYM. anc. ***Brocomagos,*** du gaul. *broccos* «blaireau» (ou *Broccus,* n. de pers.) et *magos* «marché» ♦ Ch.-l. de cant. du Bas-Rhin, arr. de Strasbourg-Campagne, sur la Zorn. 8 930 hab. *(Brumathois).* Anc. thermes romains.

**BRUMEL (Valeri Nikolaïevitch)** ♦ Athlète russe (Tolbouzino, Russie 1942 - Moscou 2003). Sauteur en hauteur, il battit de nombreuses fois le record du monde entre 1959 et 1963 (2,28 m) avant de devenir champion olympique en 1964.

**BRUMMELL (George Bryan)** dit **le Beau Brummel** ♦ Dandy britannique (Londres 1778 - Caen 1840). L'amitié du prince de Galles (le futur George* IV), autant que son goût, établit sa réputation d'*arbitre des élégances,* de *roi de la mode.* Exilé, il mourut dans un asile en France.

**BRUNDTLAND (Gro Harlem)** ♦ Femme politique norvégienne (Oslo 1939). Présidente du parti travailliste de 1981 à 1992, elle fut Premier ministre en 1981, puis de 1986 à 1989 et de 1990 à 1996. Elle présida la commission des Nations unies pour l'environnement et le développement en 1983 (le rapport Brundtland a abouti au sommet de la Terre à Rio en 1992). Sa tentative de faire adhérer la Norvège à l'UE échoua (référendum 1994) mais sa popularité demeura importante. Elle démissionna néanmoins en 1996. Elle dirigea l'OMS de 1998 à 2003.

**BRUNE (Guillaume)** ♦ Maréchal de France (Brive 1763 - Avignon 1815). Il s'illustra à Arcole* sous Bonaparte (1797) et battit en 1799 l'armée anglo-russe en Hollande à Bergen*. Maréchal en 1804. Envoyé en Provence durant les Cent-Jours, il fut massacré par les royalistes lors de la Terreur* blanche.

**BRUNEAU (Alfred)** ♦ Compositeur français (Paris 1857 - *id.* 1934). Ami de Zola et des écrivains du groupe de Médan, il renouvela le drame lyrique sous l'influence de l'esthétique naturaliste avec des opéras, *Le Rêve* (1890), *L'Attaque du moulin* (1893), *Messidor* (1897), *L'Ouragan* (1901). Critique musical et essayiste, il a publié des études sur Fauré (1925) et Massenet (1935).

**BRUNEHAUT** ♦ Reine d'Austrasie (Espagne 543 - Renève, près de Dijon 613). Fille d'Athanagild*, roi des Wisigoths, elle fut mariée en 567 à Sigebert* I^er^, roi d'Austrasie, cependant que sa sœur Galswinthe épousait Chilpéric* I^er^, roi de Neustrie. À l'instigation de Frédégonde*, sa concubine, ce dernier fit assassiner sa femme, puis Sigebert (575). Brunehaut régna sur l'Austrasie durant la minorité de son fils Childebert II et signa à Andelot (587) un traité d'alliance avec Gontran, roi de Bourgogne, qui adoptait le jeune roi comme successeur. La lutte se poursuivit contre Frédégonde jusqu'à la mort de celle-ci (597) et reprit après la mort de Thierry* II, fils de Childebert. Clotaire* II, fils de Frédégonde et roi de Neustrie, envahit l'Austrasie (613) et, s'étant emparé de Brunehaut, la supplicia, la faisant périr attachée à la queue d'un cheval. De culture romaine, femme d'État à conception unitaire, elle avait tenté d'instaurer dans les royaumes francs, Austrasie et Neustrie, les techniques administratives et les arts de la civilisation romaine. Elle soutint la réforme de Grégoire* le Grand et fonda l'abbaye de Saint-Martin d'Autun. ◆ ÉTYM. *Brunehaut* vient de l'allemand *Brunehilde,* du germanique *Brunechilde,* de *brunnia* «corset de fer, bouclier» et *hild* «combat».

## BRUNEI

■ n. m. ◆ ÉTYM. p.-ê. du sanskr. *bhūmi* «terre, région» ; off. ***Negara Brunei Darussalam*** ♦ État de la côte N.-O. de Bornéo, formé de deux parties enclavées dans la région N. de Sarawak*. 5 785 km². 342 000 hab. *(Brunéiens).* LANGUES : malais (off.), anglais, mandarin et dialectes chinois, langues autochtones. POPULATION : Malais* (50 %), Chinois (28 %), Kedayan (16 %), diverses autres populations dayaks*. RELIGION : islam. MONNAIE : dollar de Brunei. CAPITALE : Bandar* Seri Begawan. RÉGIME : monarchie constitutionnelle. ■ Le climat est chaud (28 °C de moyenne) et humide. L'économie repose essentiellement sur l'extraction et le raffinage du pétrole, ainsi que sur l'exploitation du gaz naturel (Lumut, un des plus importants gisements mondiaux) qui donnent au pays un grand excédent commercial et un des plus forts PNB par hab. d'Asie.

**Brunei.**

**HISTOIRE** Royaume connu dès le IX^e^ s., devenu sultanat lors de l'islamisation vers 1520, il étendait son autorité sur toute la côte N.-O. de l'île de Bornéo (qui en a tiré son nom) et sur Sulu. Très affaibli par la suite, il céda ses droits sur Sarawak* en 1841, sur Labuan en 1846 et sur Sabah en 1877. Protectorat britannique en 1888, il refusa en 1963 de participer à la création de la Malaysia, fut doté par son sultan d'une constitution en 1959 et devint indépendant en 1984.

---

**BRUNEL** (sir **Marc Isambard**) ♦ Ingénieur britannique d'origine française (Hacqueville, Eure 1769 - Londres 1849). Il réalisa le tunnel sous la Tamise (1824 - 1842). ♦ **Isambard Kingdom Brunel** (Portsmouth 1806 - Westminster 1859). Fils du précédent, il construisit les navires transatlantiques *Great Western, Great Britain* (premier navire de ce type réalisé en fer), et le *Great Eastern* (1858) qui fut durant une cinquantaine d'années le plus grand vaisseau du monde.

**BRUNELLESCHI (Filippo di ser Brunellesco,** dit **Filippo)** ♦ Sculpteur et architecte italien (Florence 1377 - *id.* 1446). Il reçut une formation d'orfèvre et participa au fameux concours de 1401 remporté par Ghiberti*. Il apprit à Rome, en ingénieur et en technicien, la leçon des monuments antiques et, de retour à Florence, se livra à des études de perspective que nous connaissons par L. B. Alberti*, G. Manetti, P. del Pozzo Toscanelli (qui les appliqua à la cartographie). La grande coupole du Dôme de Florence, conçue comme centre réel et symbolique de la ville, fut le fruit de ces recherches (1420 - 1436). Dans ses ouvrages religieux ou civils (hôpital des Innocents, ancienne sacristie et église de San Lorenzo, chapelle des Pazzi* à Santa Croce, Santa Maria degli Angeli [inachevée], Santo Spirito, palais du Parti guelfe), il fit régner une grâce régie par le nombre, claire aux sens comme à la raison, dans un parti pris humaniste qui l'unissait, en précurseur, à ses contemporains : Masaccio* et Donatello* son ami et parfois, dit-on, son émule en sculpture.

Filippo **Brunelleschi.** La nef de l'église San Lorenzo à Florence.
*Phot. © Carlo Bevilacqua/Ricciarini*

**BRUNER (Jerome Seymour)** ♦ Psychologue américain (New York 1915). Il a travaillé sur le mécanisme de l'apprentissage linguistique et du développement cognitif de l'enfant (*Le Développement de l'enfant, savoir faire, savoir dire,* 1983).

**BRUNETIÈRE (Ferdinand)** ♦ Critique littéraire français (Toulon 1849 - Paris 1906). Il professa à l'École normale supérieure (1886), puis dirigea *La Revue des Deux Mondes* (1893). Son nom reste attaché à la théorie de l'évolution des genres littéraires : *Études critiques sur l'histoire de la littérature française* (6 vol., 1880 à 1892) et *Essais et Nouveaux Essais sur la littérature contemporaine* (1892 - 1895). Il s'opposa au romantisme et au symbolisme, puis jugea sévèrement *Le Roman naturaliste* (1882) au nom d'exigences morales. Converti au catholicisme (1900), il défendit ses convictions, cependant marquées par le positivisme, dans *Discours de combat* (1899 - 1903 ; 1907) et *Sur les chemins de la croyance* (1904). [Acad. fr. 1893] ➝ ÉTYM. Ce nom est un sobriquet désignant une personne aux cheveux bruns.

**BRUNETTO LATINI** ➝ Latini

**BRUNHES (Jean)** ♦ Géographe français (Toulouse 1869 - Boulogne-sur-Seine 1930). Professeur au Collège de France, il se consacra au développement de la géographie humaine, publiant, sous ce titre, un important ouvrage (1910) et contribuant par ses reportages photographiques et cinématographiques à faire mieux connaître les mœurs et coutumes des peuples du monde. ➝ ÉTYM. C'est le surnom d'une personne brune (➝ aussi Brown).

**BRÜNHILD** ou **BRUNEHILDE** ♦ Personnage de la mythologie germanique, une des héroïnes de la *Chanson des Nibelungen**, reprise par le romantisme.

**BRÜNING (Heinrich)** ♦ Homme politique allemand (Münster 1885 - Norwich, Vermont 1970). Chef du Centre catholique, chancelier de la république de Weimar (1930 - 1932), il tenta d'enrayer la crise économique et soutint contre Hitler la candidature de Hindenburg* à la présidence de la République. Écarté par ce dernier, il s'exila aux États-Unis.

**BRÜNN** ➝ Brno

**BRUNNEN** ♦ Loc. de Suisse dépendant de la comm. d'Ingenbohl (cant. de Schwyz), sur la rive N. du lac des Quatre-Cantons. Importante station touristique. Centre de cure. **Histoire** La ville est célèbre par le pacte qu'y conclurent, le 9 décembre 1315, les cantons de Schwyz, d'Uri et d'Unterwald et qui renforçait l'alliance du 1^er^ août 1291. ➝ **Rütli.**

**BRUNNER (Kilian HOUSTON,** dit **John)** ♦ Romancier britannique (Oxfordshire 1934 - Glasgow 1995). Son premier et plus célèbre livre, *Tous à Zanzibar* (1969), décrit les conséquences de la surpopulation au XXI^e^ s. Livre-monde, qualifié de « non-roman » par son auteur, il décrit les mégalopoles du siècle à venir comme le cauchemar de la disparition de toute sphère privée. Les nombreux autres livres de Brunner (*L'Orbite déchiquetée,* 1970 ; *Le Troupeau aveugle,* 1974 ; *Sur l'onde de choc,* 1975) sont rédigés dans une langue exubérante et se caractérisent par une déconstruction du récit traditionnel qui a renouvelé la science-fiction contemporaine.

**BRUNO** (saint) ♦ Fondateur de l'ordre des chartreux* (Cologne v. 1035 - La Torre, Calabre 1101). Il établit son premier monastère près de Grenoble dans la Grande-Chartreuse* (1084). ▪ Fête le 6 oct. ▪ Sa vie fait l'objet d'une série de tableaux, par Le* Sueur. ➝ ÉTYM. *Bruno* vient du germanique *brun* « brun [de cheveux] » ou de *brunnia* « corset de fer, bouclier ». ➝ aussi Braun, Brown, Brunetière, Brunhes, Lebrun, Moreno.

**BRUNO (Giordano)** ♦ Philosophe italien (Nola, royaume de Naples 1548 - Rome 1600). Dominicain, il étudia la théologie et la philosophie. Dès 1576, une première accusation d'hérésie l'amena à quitter son ordre et à s'enfuir d'Italie. Après plusieurs années de vie errante, il revint en Italie (Venise), mais fut arrêté par l'Inquisition et, après un procès qui dura plusieurs années, il fut condamné à mort et brûlé vif à Rome. Il n'a pas seulement critiqué la philosophie d'Aristote (et particulièrement sa cosmologie) mais, bien que partisan de la théorie de Copernic*, il semble l'avoir dépassée sur certains points (infinité de l'univers, pluralité des mondes). Panthéiste, il affirme l'éternité et l'unité de la substance et paraît ainsi annoncer Spinoza*. Parmi ses ouvrages, on peut citer *De la cause, du principe et de l'unité ; De l'infini, de l'univers et des mondes ; Expulsion de la bête triomphante* (critique des croyances religieuses dans un style bouffon) et *Des fureurs héroïques* (texte sur l'amour).

**BRUNON DE QUERFURT** (saint), en rel. **Boniface** ♦ Moine bénédictin (en Saxe v. 974 - 1009). Chapelain d'Othon III, consacré « archevêque des Gentils » (1004), il évangélisa en Ukraine, en Pologne et en Prusse. Il fut tué par ordre de Boleslas le Vaillant. ▪ Fête le 19 juin.

**BRUNOT (Ferdinand)** ♦ Grammairien français et historien de la langue française (Saint-Dié 1860 - Paris 1938). Outre sa très importante *Histoire de la langue française* (1916 - 1938 ; continuée dans un tout autre esprit, et du point de vue exclusif des usages littéraires, par Charles Bruneau ; inachevée), il a publié un essai d'esprit psychologiste (*La Pensée et la Langue,* 1922), dont la méthode intuitive va à l'encontre de l'évolution de la grammaire moderne. Il a vivement et justement critiqué la *Grammaire* de l'Académie française.

**BRUNOY** [91800] ➝ ÉTYM. du lat. *Braunius,* n. de pers., et *-ate,* avec attraction du suff. collect. *-oy* ♦ Ch.-l. de cant. de l'Essonne, arr. d'Évry, sur l'Yerres, sur la bordure N. de la forêt de Sénart. 23 617 hab. *(Brunoyens).* Église Saint-Médard (boiseries et mobilier du XVIII^e^ s.). Musée municipal (histoire locale). Comm. résidentielle.

**BRUNSCHVICG (Léon)** ♦ Philosophe français (Paris 1869 - Aix-les-Bains 1944). Refusant l'empirisme positiviste et le spiritualisme, il a adopté une position idéaliste critique dans son étude des conditions de l'esprit scientifique et de leur évolution. Considérant la raison comme une activité législatrice qui pose et perfectionne ses principes et ses règles de démonstration, il vit dans les mathématiques son expression la plus parfaite (*Les Étapes de la philosophie mathématique,* 1912 ; *Les Âges de l'intelligence,* 1922 ; *L'Expérience humaine et la causalité physique,* 1922 ; *Le Progrès de la conscience dans la philosophie occidentale,* 1927).

**BRUNSTATT** [68200] ◆ ÉTYM. probablt du germ. *Brun-*, n. de pers., et *stat* «endroit» ou «habitation près de la source», de *Brunn* «fontaine» et *stat* «endroit» ♦ Comm. du Haut-Rhin, banlieue S. de Mulhouse. 5 536 hab.

**BRUNSWICK (Charles Guillaume Ferdinand,** duc **DE)** ♦ Général au service de la Prusse (Wolfenbüttel 1735 - Ottensen 1806). Chef des armées austro-prussiennes, il lança l'ultimatum dit *manifeste de Brunswick**. Vaincu à Valmy* (sept. 1792), il reprit plus tard le commandement de l'armée prussienne, fut vaincu à Iéna* et le jour même grièvement blessé à Auerstedt* (14 oct. 1806).

**Brunswick (manifeste de)** ♦ Proclamation rédigée par un émigré et signée par le général en chef des armées prussiennes et autrichiennes, le duc Charles Guillaume Ferdinand de Brunswick*. Elle fut lancée de Coblence (25 juil. 1792) et connue à Paris le 1er août 1792. Elle menaçait le peuple parisien, notamment les jacobins, d'«une vengeance exemplaire et à jamais mémorable, en livrant la ville de Paris à une exécution militaire et à une subversion totale», si le moindre outrage était fait à la famille royale. Formulé sous la pression des émigrés et sans doute de Marie-Antoinette, ce manifeste avait pour but d'effrayer les forces révolutionnaires patriotiques ; il ne fit en réalité qu'aviver leur colère et contribuer à la journée révolutionnaire du 10 août* 1792.

**BRUNSWICK** n. m. ◆ ÉTYM. en all. ***Braunschweig***, du n. de la v. ♦ Anc. État d'Allemagne qui comprenait des territoires morcelés dans le Harz et la moyenne Weser. Formé à l'origine des possessions qui restèrent à Henri* le Lion après sa défaite en 1180, il fut érigé en duché pour son petit-fils Othon* Ier, après la victoire définitive de Frédéric* II sur les guelfes. Parmi les nombreuses branches de la maison de Brunswick, les plus importantes furent celles de *Brunswick-Lunebourg*, qui obtint l'électorat de Hanovre en 1692, et celle de *Brunswick-Wolfenbüttel*, qui conserva le duché et prit Brunswick pour capitale. Cet État entra successivement dans le royaume de Westphalie (1807), dans l'empire allemand (1871), puis fut un État de la république de Weimar (1919). Il forme actuellement l'une des quatre régences du land de Basse-Saxe*.

**BRUNSWICK** ◆ ÉTYM. en all. ***Braunschweig***, de *Bruneswick* «la ville (anc. all. *wîch*) de Bruno (fils du 1er duc de Saxe)» ♦ V. d'Allemagne (Basse-Saxe) et ch.-l. de régence, sur l'Oker, à proximité du Mittellandkanal. 239 921 hab. (1986). Assez endommagée lors de la Deuxième Guerre mondiale, Brunswick a pourtant conservé de son passé une belle église romane (XIe - XIIIe s.) abritant le tombeau de Henri le Lion, et la résidence ducale de Dankwarderode (IXe - XIIIe s.). ▪ Important centre commercial et industriel à la lisière de la grande plaine du nord. Pôle aéronautique et spatial. Biotechnologies. Automobiles (Volkswagen) ; machines à calculer ; optique et matériel photographique ; pianos (Steinway) ; imprimeries et édition ; conserves alimentaires. Importante université technique. ▮ **Histoire** Fondée en 861 par Bruno, fils de Ludolf de Saxe, elle fut fortifiée par Henri le Lion au XIIe s., devint au XIIIe s. l'une des principales villes de la Hanse et connut du XVe au XVIIIe s. une grande prospérité. En 1671, elle perdit son indépendance et tomba aux mains des ducs de Brunswick.

**BRUNSWICK (NOUVEAU-)** → **Nouveau-Brunswick**

**BRUNSWIK (Egon)** ♦ Psychologue américain d'origine hongroise (Budapest 1903 - Berkeley 1955). Collaborateur de l'*International Encyclopedia of Unified Sciences* de tendance néopositiviste (→ **Morris, Neurath**), il a formulé une théorie du comportement et de la perception qu'il qualifia de «fonctionnalisme probabiliste».

**BRUSSEL** → **Bruxelles**

## brut (art)

♦ L'art brut, défini en mouvement par Jean Dubuffet* en 1945, regroupe les œuvres de marginaux, autodidactes, malades mentaux jusqu'alors écartés des circuits artistiques. Le Dr Paul Meunier avait écrit dès 1907 sous le pseudonyme de Marcel Réjà *L'Art et les fous*, suivi en 1922 par le Dr Morgenthaler, qui rédigea une biographie d'Adolf Wölfli. Les artistes de l'art brut, pour exprimer leurs visions, utilisent des matériaux rudimentaires, tels que des morceaux de bois, des débris de verre ou de tissu, assemblés de manière spontanée ou grossière. Leurs peintures s'apparentent à un expressionnisme* «sauvage», aux couleurs et aux formes exacerbées. Dubuffet fonda en 1948 la Compagnie de l'Art brut et organisa à Paris en 1949 l'exposition «L'art brut préféré aux arts culturels» (à laquelle participa Chaissac*), puis une exposition de 700 œuvres au Musée des Arts décoratifs à Paris. En 1976, Dubuffet ouvrit un musée de l'Art brut au château de Beaulieu à Lausanne.

**BRUTTIUM** ou **BRUTIUM** n. m. ◆ ÉTYM. de la rac. illyrienne ou sicane °*bretto* ou °*brento* «cerf» ♦ Région de l'Italie ancienne, correspondant à la partie méridionale de l'actuelle Calabre*. Elle fut colonisée par les Grecs puis conquise par les Romains (-270).

**BRUTUS** – en lat. ***Lucius Junius Brutus*** ♦ (-VIe s.). Héros semi-légendaire de Rome, associé à la chute de la royauté. Craignant les violences de Tarquin* le Superbe, il contrefit longtemps la folie (*brutus* = idiot). Sa sœur Lucrèce* ayant été outragée par Sextus*, il souleva le peuple et renversa la monarchie (-509 ?).

**BRUTUS** ◆ ÉTYM. en lat. ***Marcus Junius Brutus*** («lourd, stupide, idiot», d'orig. osque) ♦ Homme politique romain (Rome v. -85 - -42), neveu de Caton* d'Utique, fils adoptif de César*. Malgré sa participation aux côtés des pompéiens à la bataille de Pharsale*, César le nomma propréteur en Gaule cisalpine (-46) puis préteur urbain (-44). Pourtant, il organisa avec Cassius* le complot qui amena la mort de César, puis s'enfuit en Macédoine où il fut battu par Antoine* et Octave (Auguste*) à Philippes* (-42). Il se tua après la défaite et son épouse Porcia* se suicida en apprenant sa mort.

**BRUXELLES** [bʀysɛl] ◆ ÉTYM. en néerl. ***Brussel***, de *bruoc* «marais» et *sella* «habitation» ♦ Cap. de la Belgique, ch.-l. de la Région et de l'arr. de Bruxelles-Capitale, sur la Senne (voûtée dans son parcours urbain) et sur le canal maritime de Bruxelles* au Rupel, prolongé vers le S. par le canal Charleroi-Bruxelles. 145 917 hab. *(Bruxellois)*. LANGUES : français (85 %), néerlandais (15 %). Bruxelles est une des 19 communes de la Région et de l'arr. de Bruxelles-Capitale. ▮ **Le territoire** Le territoire communal est passé de 416 ha jusqu'en 1853 à 3 260 ; au centre-ville (le Pentagone) ont été successivement ajoutés par fusion les quartiers du Cinquantenaire (1853), du Bois de la Cambre (1864), du port (1867), du Solbosch (1907), du Parc Léopold (1913), de Laeken, Neder-over-Heembeek et Haren et des parties de Schaerbeek et de Molenbeek (1921) ; quelques rectifications mineures ont été apportées en 1925 et 1937. Sur la rive droite de la Senne (E. du Pentagone, rue de la Loi et avenue Louise) se situe le district commercial central. L'indus. à prédominance chimique se concentre sur les rives du canal de Bruxelles au Rupel. ▮ **Les monuments** Le domaine royal de Laeken et l'hôpital militaire de Neder-over-Heembeek occupent une partie des extensions N. de la commune. Bruxelles possède des boulevards très animés (notamment à l'emplacement des fortifications du XIVe s.) contrastant avec de petites rues aux maisons à pignons. La partie haute de la ville (E.) comprend la cathédrale Saint-Michel (gothique) élevée en trois périodes (XIIIe - XVe s., XVIe s. etXVIIe s.), le Parc (ancienne réserve de chasse des ducs de Brabant), les palais de la Nation (1779) et du Roi (façade Louis XVI) et le palais de Justice (1883) qui domine la ville. Autres monuments remarquables : hôtel de ville flamboyant (XVe s.), halle au pain ou Maison du roi (XVIe s.), Maisons des corporations (façades baroques) sur la très belle Grand-Place. Place Royale, de style Louis XVI. Église Notre-Dame-de-la-Chapelle (caractéristique de l'art brabançon, XIIIe et XVe s.). Église Notre-Dame-du-Sablon (XIVe, XVe et XVIe s.). Église du Béguinage (baroque, 1657 - 1676). L'Atomium, témoin de l'Exposition universelle de 1958, figure les atomes d'un cristal agrandi 150 milliards de fois. ▮ **Les musées** Nombreux musées : musée d'Art ancien (peintures du XVe au XIXe s.) ; musée d'Art moderne ; musée d'Art et d'Histoire (indus. d'art, préhistoire et Antiquité) ; musée Magritte ; musée royal d'Armes et d'Armures (Porte de Hal), le plus ancien d'Europe (1406) ; musée de l'Armée. Institut des sciences naturelles (paléontologie). ▮ **Un carrefour** Siège du Conseil des ministres et de la Commission de l'Union européenne, ainsi que de l'OTAN, résidence du roi, la ville est un grand centre politique, administratif et culturel (univ.). Archevêché (avec Malines*).

▮ **ÉCONOMIE** Premier centre tertiaire, deuxième pôle indus. et cinquième port belge, Bruxelles fait partie de l'axe économique Anvers-Bruxelles-Charleroi (axe «ABC»). Les industries y sont liées à la main-d'œuvre, au marché de consommation et aux capitaux (56 % des sièges sociaux). S'y concentrent le tiers de la confection belge, le quart de la chimie (savons, peintures, pharmacie), le quart des constructions mécaniques (montage automobile, matériel ferroviaire, appareillage électrique, radio-télévision), 40 % de l'imprimerie. Indus. alimentaires.

▮ **HISTOIRE** ▮ **Le Moyen Âge** C'est en 977 qu'Othon II, héritier du duché de Basse-Lotharingie, choisit de se fortifier dans les îles de la Senne. Mais les premiers remparts ne furent élevés qu'au XIIe s. Étape entre Cologne et la Flandre, Bruxelles développa alors ses industries drapières. Le XVe s. y fut une période artistique florissante tant en architecture qu'en peinture. En 1435, Van* der Weyden fut nommé peintre officiel de la ville. ▮ **Du XVIe au XVIIIe s.** Au début du XVIe s., l'italianisme s'imposa avec les œuvres de Van* Orley. En 1516, Charles Quint y fut couronné, puis transmit ses pouvoirs à Philippe II en 1555. La domination espagnole souleva des révoltes (exécution des comtes d'Egmont* et de Hoorne*, en 1568, sous le duc d'Albe*). Le maréchal de Villeroi, lors des guerres de Louis XIV (1695), bombarda Bruxelles, qui ne retrouva la paix que sous Charles de Lorraine (1744 - 1780). Chef-lieu du département français de la Dyle après Fleurus* (1794 - 1814), Bruxelles fut, avec La Haye, la résidence du roi des Pays-Bas. ▮ **La capitale de la Belgique** En 1830 (août et sept.) éclata la révolution qui devait donner l'indépendance à la Belgique. Léopold Ier fit son entrée solennelle à Bruxelles en 1831. La physionomie de la ville fut profondément modifiée sous Léopold II qui fit voûter la Senne, construire les grands boulevards, la Bourse, le Théâtre royal de la Monnaie et le palais de Justice. À la fin du XIXe s., Bruxelles devint un centre littéraire et artistique très

**Bruxelles.** Vue générale. Au premier plan, la Grand-Place. *Phot. ©Hétier*

actif, haut lieu du symbolisme avec le cercle des Vingt (Octave Maus 1884), puis de l'Art nouveau autour de la Libre Esthétique (1894). → **Horta, Van de Velde.** Au XX^e s., quoique occupée deux fois par les Allemands (1914 - 1918 et 1940 - 1944), la ville étendit son rayonnement politique et économique avec son choix comme capitale européenne et comme site de l'Exposition universelle de 1958, mais aussi artistique avec l'activité surréaliste d'un Magritte* ou la création du groupe Cobra* (où *br* est mis pour Bruxelles). Une politique de grands travaux entreprise dans les années 1950 et la construction d'un quartier d'affaires dans le centre ont transformé la ville.

**Bruxelles (traité de)** ♦ Alliance défensive signée en 1948 pour cinquante ans par la France, la Grande-Bretagne et le Benelux. Elle précéda l'Organisation* du traité de l'Atlantique Nord (Otan) dont les clauses furent reprises par le traité de l'Union de l'Europe* occidentale (1954).

**Bruxelles au Rupel** (canal maritime de) ou canal de **Willebroek** ♦ Canal de Belgique (28 km). Accessible aux bateaux de 10 000 t, il connaît un trafic de l'ordre de 7 millions de t/an.

**BRUXELLES-CAPITALE** ♦ Région et arr. de Belgique. 161,4 km². 1 031 215 hab. La région comprend 19 comm. non fusionnées en 1977 : Anderlecht*, Auderghem*, Berchem*-Sainte-Agathe, Bruxelles*, Etterbeek*, Evere*, Forest*, Ganshoren*, Ixelles*, Jette*, Koekelberg*, Molenbeek*-Saint-Jean, Saint*-Gilles, Saint*-Josse-ten-Noode, Schaerbeek*, Uccle*, Watermael*-Boitsfort, Woluwe*-Saint-Lambert et Woluwe*-Saint-Pierre.

**BRUYÈRES** [88600] ♦ Ch.-l. de cant. des Vosges, arr. d'Épinal, près de la rive g. de la Vologne. 3 362 hab. (aggl. 4 462) *(Bruyérois).* Station estivale. ▪ La ville a été très endommagée en 1944.

**BRUYÈRES-LE-CHÂTEL** [91680] ♦ Comm. de l'Essonne, arr. de Palaiseau. 3 015 hab. Centre de la Direction des applications militaires du Commissariat à l'énergie atomique, qui abrite le supercalculateur Tera.

**BRUYÈRES-SUR-OISE** [95820] ♦ Comm. du Val-d'Oise, arr. de Pontoise. 3 391 hab.

**BRUZ** [35170] ← **ÉTYM.** probablt du gaul. *bruca* «bruyère» ♦ Ch.-l. de cant. d'Ille-et-Vilaine, arr. de Rennes. 13 207 hab. *(Bruzois).* Centre d'électronique de l'armement. ▮ **Histoire** Détruit en 1944, le bourg a été reconstruit.

**BRYANT (William Cullen)** ♦ Poète et publiciste américain (Cummington, Massachusetts 1794 - New York 1878). Sa renommée est due à *Thanatopsis* (1821), poème élégiaque en vers libres où la mort est décrite comme participant au continuel devenir de la nature. Cette idée sera reprise par Whitman* qui qualifia Bryant de «chantre des rivières et des bois». *À un oiseau aquatique* (*To a Waterfowl*, 1813), poème d'une simplicité suggestive, exalte le courage d'un oiseau solitaire qui, pour atteindre son but, ne craint ni la nuit ni l'infini. L'œuvre de cet admirateur de Wordsworth a aussi des préoccupations didactiques. Avocat, rédacteur en chef du *New York Evening Post*, Bryant voulait dénoncer les injustices. On le considère auj. comme le premier en date des poètes américains.

**BRYEN (Camille BRIAND, dit Camille)** ♦ Poète et peintre français (Nantes 1907 - Paris 1977). Après s'être consacré à la poésie dans l'esprit dada et surréaliste *(Opoponax)*, il créa vers 1934 une série de dessins automatiques puis, de 1935 à 1937, l'*Aventure des objets*, assemblages d'objets de la vie quotidienne. Il chercha ensuite son inspiration dans le monde réel, «organique», et délaissant l'aquarelle, il peignit après 1945 des tableaux à l'huile faits de «signes, de traces, de taches», style que Michel Tapié appela «abstraction informelle» et dont Bryen fut le précurseur avec Wols* et Mathieu*. Dans les années 1950 - 1960, ses tableaux montrent des touches de couleurs vives évocatrices de la nature, en un étonnant rapprochement avec l'art des impressionnistes (*Précambryen*, 1956).

**BRY-SUR-MARNE** [94360] ♦ Ch.-l. de cant. du Val-de-Marne, arr. de Nogent-sur-Marne, à l'E. de Paris. 15 000 hab. *(Bryards).* Musée d'histoire locale. ▪ Élément de la ville nouvelle de Marne*-la-Vallée. Institut national de l'audiovisuel (INA). Studios de télévision.

**BUBASTIS** ou **BOUBASTIS** ← **ÉTYM.** forme gr. de l'égypt. *Pi-Bastit* «la ville de Bastet», en hébr. ***Pibeseth***, auj. ***Tell Basta*** ♦ Anc. ville de Basse-Égypte, sur le bras oriental du Nil, consacrée à la déesse Bastet*. Devenue capitale de l'Égypte, aux dépens de Thèbes*, à la XIX^e dynastie (-1314 - -1200), elle atteignit son apogée avec l'avènement de Chéchonq* I^er (-950). Elle fut prise et détruite par les Perses en -352. ▪ Les fouilles entreprises de 1887 à 1889 ont mis au jour le grand temple décrit par Hérodote*, où se déroulaient les fêtes en l'honneur de Bastet. Les principaux fragments sont maintenant au musée du Caire.

**BUBER (Martin)** ♦ Philosophe israélien d'origine autrichienne (Vienne 1878 - Jérusalem 1965). Petit-fils d'un savant talmudiste, il milita dans sa jeunesse au sein d'organisations sionistes et enseigna la pensée juive à l'université de Francfort (1925 - 1933). Lors de la montée du national-socialisme, il se fixa en Palestine, où il professa à l'université de Jérusalem (1938 - 1950). Son personnalisme religieux est inséparable de sa méditation spirituelle qui s'inscrit dans le courant, populaire et anti-intellectualiste, du hassidisme. Désireux d'un dialogue entre juifs et chrétiens, il n'a cessé également de lutter pour le rapprochement et l'amitié entre Juifs et Arabes en Palestine (*De l'esprit du judaïsme*, 1916 ; *Mon chemin vers le hassidisme*, 1918 ; *Le Message du hassidisme*, 1952 ; *Le Je et le Tu*, 1923 ; *La Vie en dialogue*, 1932 ; *Gog et Magog*, 1949).

**BUBKA (Sergueï)** ♦ Perchiste ukrainien (Donetsk, auj. Lougansk 1963). Premier homme à franchir les 6 mètres, il fut champion du monde à six reprises (1983, 1987, 1991, 1993, 1995, 1997) et champion olympique à Séoul (1988).

**BUC** [78530] ♦ Comm. des Yvelines, arr. de Versailles, sur la Bièvre. 5 764 hab. *(Bucois).* Aqueduc construit en 1684.

**BUCARAMANGA** ♦ V. de Colombie, cap. du dép. de Santander. 509 518 hab. Centre local d'une région agricole andine. Indus. textiles et métallurgiques.

**BUCAREST** ← **ÉTYM.** en roum. ***București*** «la ville de Bucur», de *Bucur*, n. de pers. (du lat. tardif *buculus* «jeune taureau»), et suff. à valeur collect. *-ești* [L'étym. populaire «la ville plaisante» est fausse] ♦ Cap. de la Roumanie, située au milieu de la plaine de Valachie, sur la rive d. de la Dâmbovița, sous-affl. du Danube. ch.-l. de distr. 1 931 838 hab. *(Bucarestois).* Centre culturel, universitaire et religieux. Bien que moderne dans sa plus grande part, la ville conserve plusieurs monuments de son passé : églises Curtea Veche (XV^e s.), Colțea, de la Princesse (XVII^e s.), de Stavropoleos, Antim (XVIII^e s.) ; monastères de Plumbuita (1560) et de Pantelimon (1750). Musée national d'Art : art religieux ; art français du XIX^e s. Musée Georges-Enesco. Musée folklorique dit «du village» conservant des spécimens d'architecture traditionnelle de tout le pays. La politique de «grands travaux», menée par N. Ceaușescu de 1977 à 1989, a entraîné la destruction d'une partie du patrimoine historique et artistique de la ville. ▪ S'étant surtout développé après la Deuxième Guerre mondiale, Bucarest est devenu le principal centre industriel de la Roumanie, et fournit plus de 15 % de la production nationale. Métall., mécanique (machines agricoles, construc. automobile), mécanique de précision, polygraphie, indus. textile, chimique. Traitement du cuir. ▮ **Histoire** À la fin du

**Bucarest.** La place Unirii. *Phot. © José Fuste Raga/Eyedea/Age/Hoa Qui*

XVII$^{e}$ s., elle devint capitale de la Valachie (succédant à Tîrgoviște). Prise par les Russes, puis par les Autrichiens, elle fut chaque fois restituée à l'Empire ottoman jusqu'à la création des principautés unies roumaines (1861) et à l'élection d'Alexandre Jean Cuza*. Elle devint capitale du royaume de Roumanie en 1881. ♦ ***Traités de Bucarest*** ▪ *Traité du 28 mai 1812*, signé entre la Russie et la Turquie ; il cédait aux Russes la Bessarabie, une partie de la Moldavie et restituait les territoires conquis en Asie. ▪ *Traité du 10 août 1913*, mettant fin à la seconde guerre balkanique. La Bulgarie cédait à la Serbie et à la Grèce une partie de la Macédoine avec accès à la mer Égée, à la Turquie Andrinople, et à la Roumanie la Silistrie. ▪ À la suite de la paix de Brest*-Litovsk, la Roumanie, isolée, dut signer le *traité de Bucarest (7 mai 1918)* avec les Puissances centrales. Elle cédait une zone des Carpates à l'Autriche-Hongrie, la Dobroudja à la Bulgarie et se soumettait économiquement à l'Allemagne. Elle conservait l'usage du port de Constanza et annexait la Bessarabie (retirée à l'Ukraine). Jamais ratifié, ce traité fut déclaré caduc lors de l'armistice de Rethondes puis par le traité de Paris.

**Bucentaure** n. m. – en it. *Bucintoro* ♦ Galère d'apparat d'où le doge de Venise jetait chaque année, à l'Ascension, un anneau d'or dans l'Adriatique, symbolisant ainsi ses épousailles avec la mer.

**BUCÉPHALE** ➝ ÉTYM. en gr. ***Boukephalas*** «à la tête de bœuf» ♦ Nom du cheval favori d'Alexandre* le Grand. Le conquérant ayant remarqué que le cheval était affolé par son ombre put le dompter en le plaçant face au soleil. Bucéphale fut tué dans la bataille de l'Hydaspe (-326) ; Alexandre fonda sur son tombeau la ville de *Bucéphalie*.

**BUCER** ou **BUTZER (Martin KUHHORN** «corne de vache», hellénisé en**)** ♦ Réformateur allemand (Sélestat 1491 - Cambridge 1551). Dominicain rallié à Luther*, il fut excommunié (1523) et s'installa à Strasbourg où il organisa la Réforme. Il fut l'un des principaux rédacteurs de la *Confessio tetrapolitana* qui fut envoyée à la diète d'Augsbourg* (1530) au nom de Strasbourg, Constance, Lindau et Memmingen. Il s'entremit entre luthériens et zwingliens pour organiser le colloque de Marburg* (1529) et la concorde de Wittenberg* (1536) ; il participa à la diète de Ratisbonne* (1541). Après l'intérim d'Augsbourg* (1548), qu'il refusa, il travailla à la Réforme en Angleterre et enseigna à Cambridge.

**BUCHANAN (George)** ♦ Humaniste et dramaturge écossais (Killearn, Stirlingshire 1506 - Édimbourg 1582). La majeure partie de son existence s'écoula en France où il compta Montaigne parmi ses élèves. Gagné au calvinisme, il prit résolument parti contre Marie Stuart, lors de son procès, et se déclara l'adversaire de l'absolutisme dans un traité qu'il composa à l'intention de son élève, le futur Jacques VI. Composées en latin, ses tragédies, d'inspiration biblique et historique, furent d'abord représentées dans les collèges où il enseignait, avant d'être traduites en français (1566 - 1614). Ses œuvres *(Alceste, Médée, Baptiste, Jephté)* devaient exercer leur influence sur la dramaturgie de Jodelle, Grévin et La Taille. ➝ ÉTYM. Ce nom gaélique signifie «maison *(buth)* du chanoine *(chanain)*».

**BUCHANAN (James)** ♦ Homme d'État américain (Stony Better, Pennsylvanie 1791 - Wheatland, Pennsylvanie 1868). 15$^{e}$ président des États-Unis (1856 - 1861). Très pacifiste, il facilita, par son attitude modérée, la sécession des États du Sud.

**BUCHANAN (James)** ♦ Économiste américain (Murfreesboro, Tennessee 1919). Souvent qualifié d'ultralibéral, il rejette, dans ses travaux sur les choix publics dans les domaines économique et politique, les théories de la stabilisation, aussi bien keynésiennes que monétaristes. Ses idées ont notablement influencé la politique du président Reagan. [Prix Nobel de sc. écon. 1986]

**BUCHENWALD** ➝ ÉTYM. all. «forêt *(Wald)* de hêtres *(Buche)*» ♦ Camp de concentration allemand, près de Weimar, créé en 1937 pour l'internement d'opposants au régime nazi. Il se dédoubla avec le camp de Dora (usines souterraines de V1 et V2) et essaima en une centaine de *kommandos* (camps de travail annexes). Il comptait en moyenne 40 000 détenus mais, camp de triage, il en vit passer 240 000. Plus de 50 000 personnes y moururent. Il fut libéré par les Américains en avril 1945.

**BUCHEZ (Philippe Joseph Benjamin)** ♦ Philosophe et homme politique français (Matagne-la-Petite, Ardennes belges 1796 - Rodez 1865). D'abord partisan des théories de Saint-Simon, il collabora au *Producteur* (revue du saint-simonisme), avant de devenir l'un des fondateurs du socialisme chrétien, directeur du journal catholique *L'Européen* (1831 - 1832 ; 1835 - 1838) et inspirateur de *L'Atelier*. En 1848, il fut quelque temps président de la Constituante (*Introduction à la science de l'histoire*, 1833 ; *Traité complet de philosophie*, 1839 - 1840). Dans son *Histoire parlementaire de la Révolution française* (40 vol. en coll. avec Prosper-Charles Roux, 1833 - 1838), il s'attacha à démontrer que la Révolution, en instaurant la souveraineté populaire et l'égalité, est dans le droit fil du message de l'Évangile.

**BUCHNER (Eduard)** ♦ Chimiste allemand (Munich 1860 - Focsami, Roumanie 1917). Auteur de recherches sur les fermentations, il découvrit le rôle joué par les enzymes et parvint, en 1897, à extraire la zymase d'un jus de levures. [Prix Nobel de chimie 1907]

**BÜCHNER (Georg)** ♦ Poète et romancier allemand (Godelau, près de Darmstadt 1813 - Zurich 1837). Lui qui écrivait à son ami Gutzkow* : «Le conflit entre les riches et les pauvres est le seul conflit révolutionnaire», rédigea le *Messager des campagnes hessoises* (1834), considéré comme le premier tract socialiste, et fut contraint, en raison de ses positions politiques, de quitter son pays pour Strasbourg, où il poursuivit ses études, puis Zurich où il fut nommé professeur de zoologie, mais où il mourut peu après son arrivée, âgé d'à peine 24 ans. C'est avec une parfaite lucidité qu'il sut analyser et exprimer les bouleversements et le désarroi du monde dans lequel il vivait. Dans *Lenz* (nouvelle, 1836), le héros, inspiré du dramaturge J. M. R. Lenz*, veut anéantir les rêves des idéalistes ; animé d'une tension intérieure poussée jusqu'aux limites de l'angoisse, il sombrera finalement, devant cet univers «criblé de blessures». Il écrivit également *La Mort de Danton*, drame qui oscille entre l'action révolutionnaire et le néant, l'histoire et sa négation, *Woyzeck** (1836), drame du peuple berné par les militaires et les intellectuels (mis en musique par A. Berg*), et une comédie *Léonce et Léna* (1836). ♦ **Ludwig Büchner.** Philosophe allemand (Darmstadt 1824 - *id.* 1899). Frère du précédent. Philosophe matérialiste, il se vit interdire d'enseigner à la suite de la publication de son ouvrage *Force et Matière* en 1855. Il a publié ensuite *Nature et Esprit*, 1876 ; *Darwinisme et Socialisme*, 1894.

**BUCK (Pearl)** ♦ Romancière américaine (Hillsboro, Virginie-Occidentale 1892 - Danby, Vermont 1973). Emmenée en Chine par des parents missionnaires presbytériens alors qu'elle était tout enfant, elle y retourna après son mariage. Ayant appris à comprendre et aimer ce pays, elle composa le cycle de romans qui débute avec *Vent d'Est, Vent d'Ouest* (1923) et qui comprend *La Terre chinoise* (1931), *Les Fils de Wang-Lu* (1932) et *La Famille dispersée* (1935). Malgré un style assez conventionnel, les œuvres chinoises de Pearl Buck ainsi que *Pavillon de femmes* (1946) ou *Pivoine* (1948), roman historique sur la vie des juifs de Chine, eurent un immense succès et contribuèrent à la compréhension de l'Orient par l'Occident. [Prix Nobel de littér. 1938]

**BUCK (Linda B.)** ♦ Neurobiologiste américaine (Seattle 1947). [Prix Nobel de physiol. ou méd. 2004 avec R. Axel*]

**BUCKINGHAM (George VILLIERS, 1$^{er}$ duc DE)** ♦ Homme politique anglais (Brooksby, Leicestershire 1592 - Portsmouth 1628). Favori de Jacques I$^{er}$ puis de Charles I$^{er}$, il s'enrichit scandaleusement et son action politique se révéla néfaste. Il fut assassiné par un fanatique alors qu'il s'apprêtait à rejoindre La Rochelle.

**BUCKINGHAM** ➝ ÉTYM. anc. *Buccingahamm*, vieil angl. «la prairie *(hamm)* des gens de Bucca (de *Buccings*, n. de clan [dont l'ancêtre s'appelait *Bucca*])» ♦ V. d'Angleterre (Buckingamshire), sur l'Ouse. 5 000 hab. Château des ducs de Buckingham (XVIII$^{e}$ s.).

**Buckingham Palace** ♦ Palais de Londres érigé en 1705 dans le parc Saint James pour le duc de Buckingham. Acheté en 1761 par George III, il fut remanié par John Nash* de 1821 à 1836, par Blore en 1846, par Aston Webb en 1913. C'est, depuis 1837, la résidence londonienne des souverains britanniques.

**BUCKINGHAMSHIRE** ➝ ÉTYM. de *Buckingham** et angl. *shire* «comté» ♦ Comté du centre de l'Angleterre, au N.-O. de Londres. 1 883 km$^{2}$. 640 000 hab. CH.-L. : Aylesbury. Comté agricole sauf dans sa partie S. où l'emprise de la capitale se fait sentir.

Les **Bucoliques** – en lat. ***Bucolica*** ou ***Eclogae*** ♦ (-42 - -39). Première grande œuvre de Virgile*, formée de dix pièces courtes ou églogues écrites sous forme de dialogues qui, à l'imitation des *Idylles** de Théocrite*, mettent en scène des bergers. Ces chants servent de prétexte à l'expression des sentiments personnels du poète sur ses propres malheurs et l'avenir de Rome (4$^{e}$ Églogue.)

**BUCOVINE** n. f. ➝ ÉTYM. en roum. ***Bucovina***, en ukrainien ***Bukovina*** «terre des hêtres», du vx slave *bouky* «hêtre» ♦ Région des Carpates nord-orientales. Partagée entre l'Ukraine, la Moldavie et la Roumanie, elle est drainée par le Dniestr, le Prout et le Siret. Sa partie O. est montagneuse, et l'E. est vallonné, couvert d'épaisses forêts. ▮ **Histoire** La région devint turque en 1538. Cédée à l'Autriche en 1775, elle devint roumaine après la Première Guerre mondiale (traité de Saint-Germain, 1919). En 1940, le N. de la Bucovine fut intégré à l'Union soviétique (accords de juin 1940) ; après l'occupation roumaine (1941 - 1944), cette région redevint soviétique, avec le traité de paix de 1947.

**BUDAPEST** ➝ ÉTYM. de *Buda*, mot slave «cabane» ou trad. magyare de *Pest*, et de *Pest** ♦ Cap. de la Hongrie, formée par la réunion de Buda et de Pest. 1 777 921 hab. *(Budapestois)*. Budapest a une situation géographique privilégiée, sur le Danube et au contact de l'Alföld et des collines carpatiques. Grande ville touristique grâce au site naturel, aux monuments nombreux de Buda (château royal, église Mathias, Bastion des pêcheurs, palais baroques) et de Pest (parlement de style néogothique), aux musées, et aux sources thermales nombreuses utilisées dans les établissements de bains au bord du Danube et à Buda. ▪ Budapest est le plus grand centre industriel de la Hongrie et l'un des plus grands d'Europe orientale. Sidérurgie, métall. (à Csepel), matériel de transport (à Kőbanya), mécanique générale, mécanique de précision, chimie (à Százhalombatta), textile, confection, bois, papier. Nœud de communications

**Budapest.**
Le Parlement. © *PhotoDisc*

routières et ferroviaires. Dans la capitale se trouvent également les 3/4 des sièges sociaux du pays et presque toutes les organisations de recherche ; c'est l'unique centre de décision du pays. ▪ Budapest est, en outre, une ville universitaire importante et un foyer culturel actif. ▮ **Histoire** Grâce à sa situation privilégiée, l'emplacement de Budapest connut très tôt des établissements humains. Les Celtes y construisirent Ak-Ink («eaux abondantes»), et plus tard les Romains y ont fondé *Aquincum*, qui fut pendant près de quatre siècles la capitale de la Pannonie* inférieure et qui tomba en 376 sous l'assaut des Barbares. Malgré quelques établissements florissants grâce au gué sur le Danube, la ville ne reprit de l'importance que lorsque Béla* IV construisit en 1247 le château de *Buda*, défense contre les Mongols, et surtout au XIVe s. lorsque la cour des rois, jusqu'alors itinérante, s'y fixa et que les nobles y tinrent leur assemblée annuelle. Les rois Sigismond et Mathias* firent de Buda une ville de type occidental ; une cour royale somptueuse y régna qui devint le premier foyer de l'humanisme (Pannonius*) et de la renaissance hors d'Italie. Mathias fit des commandes aux maîtres italiens (Botticelli), invita de nombreux artistes et surtout constitua la bibliothèque royale Corvina qui comprenait 2 000 manuscrits enluminés. Flamands et Vénitiens firent de la ville de Pest une place commerciale importante. Les deux villes, prises par les Turcs au XVIe s. (1541 pour Buda) et tenues par eux jusqu'en 1686, connurent une stagnation qui dura jusqu'à la seconde moitié du XVIIIe s. Alors, grâce aux efforts de Marie*-Thérèse et de Joseph* II et grâce au rôle économique de la ville, de plus en plus important dans l'Empire autrichien, les villes connurent un nouvel essor. L'Université de Hongrie y fut transférée en 1777, puis l'Académie de Hongrie y fut fondée en 1830. Enfin, en 1848, le premier pont définitif (le pont des Chaînes) relia Buda à Pest qui, entre-temps, était devenu un foyer culturel de première importance. Le Musée national y avait été fondé en 1840, l'École de peinture en 1846, avec une nette ouverture sur l'art occidental. En 1848, Pest fut le centre intellectuel et politique de la révolution. Le compromis austro-hongrois (1867) fit de Buda la capitale du pays et enfin la réunion officielle de Buda et de Pest (1873), jusqu'alors séparées administrativement, consacra la naissance de Budapest. Son développement économique et démographique se poursuivit rapidement, mais, après le traité de Trianon, la ville devint une capitale trop grande pour un petit pays et ce déséquilibre s'accentua entre les deux guerres. Les événements déterminants de l'histoire hongroise contemporaine s'y déroulèrent. → Hongrie.

**BUDÉ (Guillaume)** ♦ Humaniste français (Paris 1467 - *id.* 1540). Reprenant ses études à 24 ans, il acquit une vaste érudition et, élève de Jean Lascaris, devint un remarquable helléniste. Il accomplit d'importantes missions diplomatiques, fut plusieurs fois prévôt des marchands, manifesta ses qualités de mesure dans sa charge de maître des requêtes. Il créa la bibliothèque de Fontainebleau, à l'origine de la Bibliothèque* nationale, et obtint de la faveur de François Ier la fondation du futur Collège* de France (1530). En correspondance avec les hommes les plus illustres de son temps (Érasme, Bembo, Rabelais, Dolet), il composa également des ouvrages qui touchent à la numismatique (*De asse*, 1514), à la législation (*Annotations aux Pandectes*, 1508), à la pédagogie, à la philosophie et aux mathématiques. Mais il fut surtout le propagateur de l'étude du grec en France, et ses *Commentaires sur la langue grecque* (*Commentarii linguae graecae*, 1529) en font un philologue précurseur de la méthode comparative. ➝ **ÉTYM.** *Budé* est la forme méridionale de *boyau* (surnom de tripier).

**BUDĚJOVICE** → **České Budějovice**

**BUÉA** ♦ V. du Cameroun, cap. de la prov. du Sud-Ouest, sur le versant S.-E. du mont Cameroun. Plus de 30 000 hab. Anc. cap. du Cameroun allemand puis britannique. ▪ Centre touristique.

**BUËCH** n. m. ♦ Torrent des Alpes du Sud (90 km) qui prend sa source dans le massif du Dévoluy et se jette dans la Durance à Sisteron.

**BUECKELAER** ou **BEUCKELAER (Joachim)** ♦ Peintre flamand (Anvers v. 1530 - *id.* 1573). Neveu et élève de Pieter Aertsen* inscrit comme maître à la guilde d'Anvers en 1561, il peignit des scènes religieuses, prétexte à représenter des natures mortes et des scènes de marché (*Jésus chez Marthe et Marie*), ainsi que des scènes de genre imitant celles de son maître. Avec une facture ferme et libre, parfois plus nuancée, il représentait des fruits, du gibier, et surtout des poissons (*Le Marché aux poissons*). L'opulence et la vivacité de ses figurations dénotent une appréhension sensuelle et joviale du quotidien qui annonce Rubens et surtout Jordaens* et atteste sa maîtrise technique (*Le Porc équarri*).

**BUEIL (Jean V DE)**, comte **DE SANCERRE** ♦ Homme de guerre français, surnommé le *Fléau des Anglais* (v. 1405 - v. 1480). Compagnon d'armes de Jeanne* d'Arc, il devint amiral de France (1450) et contribua à la reconquête de la Normandie* (1450) et de la Guyenne* (1453). Il est l'auteur d'un texte autobiographique, *Le Jouvencel*.

**BUENAVENTURA** ♦ V. de Colombie, sur le Pacifique. 324 907 hab. 1er port de Colombie. Exportation des productions de Cali et du bassin du Cauca. Port du café.

**BUENOS AIRES** ➝ **ÉTYM.** du n. de la Vierge du Bon Air, patronne des marins de Séville ♦ Cap. fédérale de l'Argentine sur la rive méridionale du río de La Plata. 2 776 000 hab. À la ville-centre, s'ajoutent de vastes banlieues (appelées «Grand Buenos Aires»), qui comprennent 24 *partidos* (divisions administratives), s'étendant sur 3 627 km² et comptant 8 684 000 hab. Ville portuaire. Universités. Théâtre Colón. ▮ **Urbanisme** Buenos Aires, malgré la crise financière des années 2000-2003, a connu une modernisation importante. Le quartier central est remis en valeur tandis que le front sur le fleuve est transformé par l'implantation d'immeubles de bureaux, de résidences de luxe et de centres commerciaux. L'ancien quartier portuaire de La Boca est en voie de réhabilitation, en vue de son incorporation dans les itinéraires touristiques. Les quartiers périphériques du S. de l'aggl. comprennent de nombreux bidonvilles et abritent une population défavorisée, livrée au sous-emploi et à certaines formes de marginalité. La pollution des eaux de surface constitue une menace pour la qualité de la nappe phréatique. ▮ **Histoire** Le poste fortifié espagnol fondé en 1580 par Juan de Garay est devenu une grande ville avec la création de la vice-royauté de La Plata en 1776 et surtout avec la mise en valeur, au XIXe s., des plaines argentines (Pampa). Situé au fond d'un estuaire, le port de Buenos Aires a reçu, grâce à un immense réseau ferroviaire, l'essentiel des productions céréalières et pastorales de l'Argentine pampéenne pour les expédier ou les transformer dans ses industries créées autour du port. L'arrivée des immigrants depuis le XIXe s., la concentration des affaires et celle du pouvoir, en dépit du fédéralisme, ont fait de Buenos Aires une ville dominant l'ensemble des autres villes argentines et, par son influence culturelle, certains pays voisins. En effet, le niveau des services bancaires, de santé, d'enseignement supérieur et des médias lui permet de jouer le rôle de métropole du cône Sud.

**BUENOS AIRES** (province de) ♦ Prov. d'Argentine. → **Argentine** (carte). 308 000 km². 13 827 000 hab. CAP. : La Plata. C'est la région la plus prospère de l'Argentine grâce aux riches terroirs agricoles de la Pampa. Un réseau de villes et une bonne infrastructure, établie depuis un siècle, facilitent sa mise en valeur et l'acheminement des productions agricoles et pastorales vers les ports de Buenos Aires, La Plata, Bahía Blanca et leur transformation dans les industries locales.

**BUEN RETIRO** ou **RETIRO** → ÉTYM. esp. «bonne retraite» ♦ Parc de Madrid sur l'emplacement duquel Philippe IV avait bâti une résidence royale (1631). Les jardins furent cédés à la ville de Madrid en 1868 avant d'être ouverts au public en 1876.

**BUERO VALLEJO (Antonio)** ♦ Auteur dramatique espagnol (Guadalajara 1916 - Madrid 2000). Il se fit connaître en recevant le prix Lope de Vega (1949) avec *Historia de una escalera* («Histoire d'un escalier») qui présente les familles humbles d'une maison madrilène. *En la ardiente oscuridad* («Dans l'ardente obscurité», 1955) met en scène des aveugles. Cet homme de théâtre, emprisonné sept ans par les franquistes pendant la guerre civile, a défendu les pauvres, les opprimés et les petites gens, avec un sens dramatique très poussé.

**BUFFALO** ♦ V. des États-Unis (New York), sur le lac Érié. 292 648 hab. dont 30 % de Noirs (zone urbaine 1 170 111 avec Niagara Falls). Musée d'art (Albright-Knox Art Gallery). Premier port intérieur des États-Unis. Siège de l'université d'État de New York. ▪ Indus. (acier, minoteries, mécanique de précision, électronique, etc.). Centre sidérurgique de Lackwana à proximité.

**BUFFALO BILL (William Frederick CODY, dit)** → ÉTYM. *buffalo* «bison» et *Bill*, abrév. de William ♦ Aventurier américain (Scott County, Iowa 1846 - Denver 1917). Il fut éclaireur dans les rangs nordistes pendant la guerre de Sécession et s'illustra lors des combats menés par le général Custer* contre les Indiens (1868 - 1876). Fameux cavalier et tireur, artisan de la destruction massive des bisons *(buffaloes)* des Grandes Plaines, qui contribua à priver les Amérindiens de leurs ressources, il devint directeur d'un cirque qui se produisit aux États-Unis et en Europe. Ses exploits ont inspiré de nombreux romans et films.

**BUFFET (Bernard)** ♦ Peintre et graveur français (Paris 1928 - Tourtour, Var 1999). Il participa au mouvement de l'Homme témoin et acquit rapidement la notoriété. Resté fidèle à la perspective et aux modes de composition académiques, il s'est imposé avec des scènes dont l'inspiration misérabiliste et les partis pris formels (canon maigre et allongé des personnages, graphisme insistant) procèdent en partie de Gruber* (*Déposition de croix, La Chambre,* 1947). Sa palette, d'abord limitée aux gris et beiges ternes, évolua vers un chromatisme plus riche (*Les Raies,* 1949), abandonnant ensuite sa manière initiale pour des formes pleines et des sujets nouveaux. [Acad. des bx-arts 1974]

**BUFFET (Marie-George)** ♦ Femme politique française (Sceaux 1949). Elle adhéra au parti communiste en 1969. En 1997, elle devint membre du secrétariat national du PCF et ministre de la Jeunesse et des Sports (jusqu'en 2002). Elle est secrétaire nationale du PCF depuis 2001 et députée depuis 2002. Candidate à l'élection présidentielle en 2007, elle obtint 1,93 % des voix.

**BUFFIER (Claude)** ♦ Philosophe et théologien français (Pologne 1661 - Paris 1737). Jésuite, il enseigna la philosophie au collège Louis-le-Grand. Il est surtout connu par son *Traité des vérités premières et de la source de nos jugements* (1732) où il prétend développer une philosophie du «sens commun» en accord avec les vérités de la religion (d'où une attaque de certains aspects de la métaphysique cartésienne).

**BUFFON (Georges Louis LECLERC,** comte **DE)** ♦ Naturaliste et écrivain français (Montbard 1707 - Paris 1788). Partageant son temps entre ses fonctions d'intendant du jardin du roi (actuellement Muséum national d'histoire naturelle) et son domaine de Montbard, il rédigea son *Histoire* naturelle,* suivie des *Époques de la nature,* avec plusieurs collaborateurs dont Daubenton*. Soucieux de fonder la connaissance scientifique sur des faits d'expérience, il critiqua le caractère, selon lui trop systématique, de la classification des espèces de Linné*. Croyant en la génération spontanée, il expliqua la genèse des espèces (38 types originels) à partir de «molécules organiques». Il semble avoir admis un transformisme limité, en particulier sous l'influence du milieu, de la nourriture et de la domestication. Convaincu que «les ouvrages bien écrits seront les seuls qui passeront à la postérité», et soucieux avant tout de l'ordre et de l'enchaînement des idées, il prôna une parfaite adaptation de l'expression au sujet (*Discours sur le style,* 1753), théorie que ses écrits illustrent : plein de vivacité dans la monographie sur l'écureuil, son style devient épique pour évoquer les «époques de la nature». [Acad. sc. 1733 ; Acad. fr. 1753] → ÉTYM. *Buffon* est un nom de lieu, de *Bufe (buffe)* «endroit où le vent souffle».

**BUGATTI (Ettore)** ♦ Industriel italien, naturalisé français (Milan 1881 - Paris 1947). Fondateur (1909) à Molsheim* d'une usine de construction automobile (sport, course, luxe), il réalisa les premières automotrices à essence pour les chemins de fer français.

**BUGEAUD (Thomas Robert),** marquis **DE LA PICONNERIE,** duc **D'ISLY** ♦ Maréchal de France (Limoges 1784 - Paris 1849). Après s'être illustré comme jeune officier dans les guerres de l'Empire, notamment en Espagne, il se rallia aux Bourbons (1814), puis à Napoléon Ier pendant les Cent-Jours, au cours desquels il repoussa les Autrichiens en Savoie. Nommé maréchal de camp au début de la monarchie de Juillet et élu député en 1831, il fut chargé de la garde de la duchesse de Berry en 1832 et de la répression de l'insurrection d'avril* 1834, répression qui le rendit très impopulaire. Envoyé une première fois en Algérie en 1836, où il remporta la victoire de Sikkah (juil.), il prit d'abord position contre cette possession qu'il estimait trop coûteuse pour la France. En 1837, il signait avec l'émir Abd* el-Kader, le traité de la Tafna*. Celui-ci ayant été violé, Bugeaud, nommé gouverneur général de l'Algérie (1840), se déclara alors partisan d'une guerre acharnée et organisa la conquête du pays. Promu maréchal en 1843 et fait duc d'Isly après sa victoire sur les Marocains, sur les rives de l'Isly* (1844), il tenta de former en Algérie des colonies militaires et d'y instaurer un mode de gouvernement indirect (nomination de chefs indigènes reliés au commandement français par des bureaux arabes). Mais n'ayant pas obtenu d'appui suffisant de la part du gouvernement français, Bugeaud donna sa démission (1847) et fut remplacé par le duc d'Aumale*. Revenu en France, il mourut peu après du choléra. → ÉTYM. Ce nom est une variante de *Bugue*, de l'ancien occitan *bugua* «cuve à lessive» (surnom de blanchisseur, de possesseur de cuves).

**BUGEY** n. m. → ÉTYM. anc. *pagus Bellicensis*, du n. de la v. de *Belley** ♦ Région du sud-est du dép. de l'Ain. On distingue au N. le haut Bugey entre la cluse de Nantua-Bellegarde et celle d'Ambérieu-Culoz, avec le Valromey pour bordure orientale, et au S. le bas Bugey, compris dans la boucle du Rhône. Élevage et, localement, tourisme. Importante centrale électronucléaire à Saint-Vulbas* (centrale du Bugey). ▮ **Histoire** Anc. pays de France avec Belley pour cap., le Bugey fit partie de la Bourgogne cisjurane en 879, puis du royaume de Bourgogne en 934, passa sous la suzeraineté des empereurs germaniques puis à la maison de Savoie avant d'être définitivement réuni à la France par Henri IV au traité de Lyon (1601).

**BUGGENHOUT** ♦ Comm. de Belgique (Région flamande), prov. de Flandre-Orientale, arr. de Dendermonde. 13 890 hab. Indus. textile.

**BUGIS** n. m. ♦ Peuple de langue malayo-polynésienne de la péninsule S.-O. de Célèbes. Au nombre de 3 900 000 environ, islamisés depuis le XVIIe s., ils ont une société hiérarchisée et possèdent une riche littérature. Ayant pour principales activités de subsistance la riziculture et la pêche, ils ont aussi développé à partir du XVIIIe s. un important commerce maritime, essaimant en de nombreuses régions côtières d'Indonésie et de Malaisie.

**BUGUE (LE)** [24260] → ÉTYM. anc. *Albuca*, gaul. «pierre marneuse blanche» ♦ Ch.-l. de cant. de la Dordogne, arr. de Sarlat-la-Canéda, dans le Périgord, sur la rive d. de la Vézère. 2 778 hab. *(Buguois).* Grotte de Bara-Bahau, ornée de gravures préhistoriques. Gouffre de Proumeyssac (50 m de profondeur). ▪ Centre de villégiature.

**BUḤTURĪ (Abū 'Ubāda al-Walīd ibn 'Ubayd Allāh AL-)** ♦ Poète arabe (Manbidj, Syrie du Nord 819 - *id.* 897). Il fut poète de cour sous Mutawakkil* à Bagdad. L'originalité de sa thématique réside uniquement dans des descriptions de palais.

**BUICAN (Denis)** ♦ Historien des sciences et généticien français d'origine roumaine (Bucarest 1934). Il est l'auteur de recherches sur l'histoire de la génétique et de l'évolutionnisme (*Histoire de la génétique et de l'évolutionnisme en France,* 1984 ; *Mendel et la génétique d'hier et d'aujourd'hui,* 1993 ; *L'Évolution et les théories évolutionnistes,* 1997). Il a élaboré la théorie synergique de l'évolution et la biognoséologie, une nouvelle théorie de la connaissance.

**BUIRGE (Susan)** ♦ Danseuse et chorégraphe américaine (Minneapolis 1940). Issue de la post-modern dance, danseuse dans la compagnie d'Alwin Nikolais (1963 - 1967), elle s'installa en 1970 en France, opta pour une danse épurée, aux processus répétitifs, et fonda sa propre compagnie, le Susan Buirge Project, en 1975. Elle contribua à introduire en France les innovations de la danse américaine : performances dans des lieux insolites, remise en question du rôle du chorégraphe, relation avec le public et collaboration avec des musiciens ou des plasticiens ; ses talents de pédagogue marquèrent toute une génération de danseurs et de chorégraphes. À partir de 1990, elle privilégia la chorégraphie et la recherche et voyagea, notamment au Japon où elle fonda le groupe Ma To Ma. On lui doit *Trilogy,* solo (1962), *En allant de l'ouest à l'est* (1976), *Parcelle de ciel* (1985), *La Terrasse à l'ombre de la lune* (1995), *Danse Nord* (2000), *L'Œil de la forêt* (2002), *En-dessous* (2005).

**BUIS-LES-BARONNIES** [26170] ♦ Ch.-l. de cant. de la Drôme, arr. de Nyons, dans les Baronnies, sur l'Ouvèze. 2 226 hab. *(Buxois).* Tour de Saffre (XIIe s.), seul vestige de l'anc. enceinte. Anc. couvent des Ursulines du XVIIe s. (portail Renaissance). ▪ Marché (fruits, huile d'olive, herbes de Provence, tilleul).

**BUISSON (Ferdinand)** ♦ Pédagogue et homme politique français (Paris 1841 - Thieuloy-Saint-Antoine, Oise 1932). Inspecteur général de l'Instruction publique (1878) et auteur d'un grand *Dictionnaire de pédagogie* (1882 - 1887), il lutta dès 1880, sous le ministère J. Ferry*, puis comme député radical-socialiste (1902 - 1914 ; 1919 - 1924), pour la laïcité de l'enseignement, sa gratuité, pour l'enseignement professionnel obligatoire, ainsi que pour le droit de vote des femmes. Président de la Ligue des droits de l'homme (1913 - 1926). [Prix Nobel de la paix 1927, avec L. Quidde]

**BUISSON-DE-CADOUIN (LE)** [24480] ♦ Ch.-l. de cant. de la Dordogne, arr. de Bergerac. 2 075 hab. *(Buissonnais, Caduniens).* ▪ À Cadouin, restes d'une abbaye cistercienne fondée en 1116 (église romane, cloître des XV^e et XVI^e s.). Un saint suaire, dont l'inauthenticité fut établie au XX^e s., fut l'objet de pèlerinages.

**BUITENZORG** → **Bogor**

**BUJUMBURA** – anc. ***Usumbura*** ♦ Cap. du Burundi, sur la rive N.-E. du lac Tanganyika. Env. 300 000 hab. *(Bujumburiens).* ▪ Exportation de café et de thé. Indus. alimentaires et textiles. Construc. mécaniques.

**BUKA** (île) ♦ La plus septentrionale des îles Salomon*, séparée de l'île Bougainville au S. par le *détroit de Buka.* ▮ **Histoire** → **Bougainville (île).**

**BUKAVU** ← ÉTYM. «pays des abreuvoirs» – anc. ***Costermansville*** ♦ V. de la Rép. démocratique du Congo sur la rive méridionale du lac Kivu. Plus de 200 000 hab. Dans la région, mines d'étain et terres rares. Parc touristique des Birungas (volcans, gorilles). ▪ La ville a souffert des différents conflits qui ont touché la région depuis 1960. → **Congo (Rép. démocratique du).**

**BUKHĀRĪ (Muḥammad ibn Ismā'īl 'Abd Allāh al-Ju'fī AL-)** ♦ Auteur arabe, d'origine persane (Boukhara 810 - Khartank, Samarkand 870). Il est considéré par les musulmans sunnites* comme le plus grand rapporteur de *ḥadīth**. Sa compilation *Kitāb al-Jāmi al-Ṣaḥīḥ* (en. fr. *Les Traditions islamiques,* 1904) contient près de 74 000 traditions choisies dans un corpus d'environ 600 000. Il écrivit aussi le *Tārīkh,* consacré aux biographies critiques des autorités qui formaient le lien dans les chaînes de transmission du *Ḥadīth**.

**BUKITTINGGI** ♦ Localité d'Indonésie (Sumatra Barat) en pays Minangkabau, dans une région montagneuse (920 m) au climat frais. Centre admin. et touristique (canyon de Sianok, volcan Merapi).

**BUKKA** ♦ Roi indien qui régna de 1355 à 1379 (?) à Vijayanagar*. Il fut le fondateur du royaume de ce nom, au détriment des royaumes indo-musulmans du Dekkan* qu'il battit ou détruisit. Son fils Harihara lui succéda, affermissant le pouvoir de cette nouvelle dynastie hindoue et agrandissant ses possessions.

**BUKOWSKI (Charles)** ♦ Écrivain américain d'origine allemande (Andernach, Rhénanie-Palatinat 1920 - San Pedro, Californie 1994). Après une jeunesse tumultueuse, il commença à trente-cinq ans une œuvre largement autobiographique dans laquelle il étalait avec truculence et ironie les défauts (notamment l'alcoolisme) et les passions qui l'écartaient de la morale conventionnelle. Ses *Contes de la folie ordinaire* et *Nouveaux Contes de la folie ordinaire* (1967), ses nouvelles (*Mémoires d'un vieux dégueulasse,* 1969 ; *Je t'aime, Albert, Hot Water Music,* 1983) et de nombreux romans (*Le Postier,* 1971 ; *Women,* 1978) ou récits (*Souvenirs d'un pas grand'chose, Ham on Rye,* 1982) lui ont valu une célébrité mondiale. Il est également l'auteur d'une trentaine de recueils de poèmes (*L'amour est un chien de l'enfer,* 1977 ; *Viande de cheval,* 1982). ← ÉTYM. Ce nom de famille signifie «personne qui vit près d'une hêtraie», du polonais *buk* «hêtre».

**BULAWAYO** ← ÉTYM. «endroit où l'on tue [ceux qui n'ont pas été invités par le roi]» ♦ V. du Zimbabwe*, au S.-O. du pays dans le Matabeleland. 675 000 hab. ▪ Hauts fourneaux. Cimenterie. Indus. agricoles.

## BULGARIE

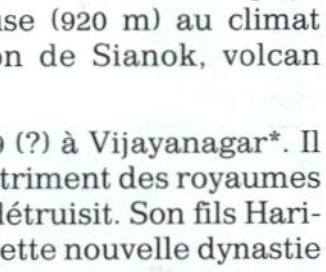

▮ n. f. – off. ***république de Bulgarie*** ← ÉTYM. en bulg. ***Bălgarija ;*** du turc *bulgar* «mêlé, croisé», les Bulgares étant un peuple métissé ♦ Pays de l'Europe du S.-E. 110 912 km². 7 932 984 hab. *(Bulgares).* LANGUES : bulgare, turc. POPULATION : Bulgares 85,5 % ; Turcs 8,6 %. RELIGION : orthodoxe. MONNAIE : lev. CAPITALE : Sofia. RÉGIME : démocratie parlementaire. La Bulgarie est divisée en 28 régions.

▮ **GÉOGRAPHIE** Trois domaines naturels ont longtemps conditionné l'organisation de l'espace économique et humain. ▮ **Les montagnes** Les montagnes omniprésentes (28 % du territoire) ne dépassent pas 3 000 m : le mont Balkan* au N., le Rhodope au S. Espaces de refuge sous l'occupation ottomane, elles n'offrent aujourd'hui que quelques îlots de peuplement dans les bassins intérieurs et dans les parties supérieures des grandes plaines toujours cultivées. La forêt s'est développée sur ces massifs humides. ▮ **Les plaines** Les plaines forment deux ensembles : les plaines prédanubiennes au N. du Balkan, et, au S., celles qui s'étendent du bassin de la Marica à celui de Sofia. Elles dessinent, entre les versants du Balkan et du Rhodope, un couloir que parcourt d'O. en E. la Marica et qui constitue l'axe principal de circulation reliant İstanbul à Belgrade. Au N., les plaines limoneuses connaissent des hivers rudes et des étés chauds et secs ; au S., les plaines, protégées par le Balkan, ont des hivers plus cléments. ▮ **Le bord de la mer Noire** La façade littorale de la mer Noire (378 km) est haute et rocheuse sur sa partie septentrionale, généralement basse et uniforme dans sa partie centro-méridionale, où s'individualise la baie du golfe de Burgas*. En été, elle bénéficie d'un climat de type méditerranéen.

▮ **ÉCONOMIE** Depuis le début de la transition postcommuniste, en raison de la dissolution du Comecon et du faible avancement des réformes structurelles, la situation économique reste tendue : fort taux de chômage, crise alimentaire, réduction du pouvoir d'achat, pauvreté généralisée de la population. Une réforme du système bancaire a été entreprise et le programme des privatisations a été accéléré. ▮ **Agriculture** Le système agricole de la Bulgarie communiste se caractérisait par la coexistence d'énormes complexes agro-industriels et de lopins privés (13 % des terres). Dès 1989, ce système avait été remis en cause par un décret autorisant la restructuration des complexes. Une loi de reprivatisation des terres a été adoptée en 1991 et renforcée en 1992. Le secteur agricole demeure prépondérant, mais il connaît, depuis 1989, un véritable bouleversement, les changements de propriété et de taille des exploitations entraînant des modifications dans l'utilisation des terres agricoles et une baisse de la productivité. Les principales cultures sont les céréales (blé, maïs, orge) sur les plateaux du N.-E. et dans la plaine de la Marica ; les cultures industrielles (coton, tabac, tournesol, betterave sucrière) dans le bassin de la Marica ; les cultures fruitières, maraîchères, la vigne dans les plaines prébalkaniques ; le riz autour de Plovdiv. La culture traditionnelle des roses est concentrée dans la Vallée des Roses de Kazanlăk. L'élevage, essentiellement ovin et caprin, fournit des produits laitiers (fromages, yogourts, produits de création bulgare). ▮ **Industrie** Elle a connu un essor rapide grâce à l'aide soviétique et à son intégration dans le Comecon. Le développement industriel, calqué sur le modèle soviétique, s'est appuyé sur l'industrie lourde et l'industrie énergétique (thermique [Dimitrovgrad, Marica-Istok], hydraulique [Marica, Danube et leurs affl.] et nucléaire [Cernavodă, Belene — qui devrait ouvrir vers 2014 — et Kozloduy en cours de fermeture en raison de sa dangerosité]) et une spécialisation dans certains secteurs tels que les machines-outils ou le matériel informatique. Le sous-sol recèle du lignite, localisé dans le Balkan (Sofia, Dimitrovgrad, Pernik). On trouve un peu de pétrole au N. de Varna, de fer à Kremikovci et Sofia. Les métaux non ferreux (plomb, zinc, cuivre, uranium) sont extraits dans le Rila et autour de Dimitrovgrad. L'acier est produit dans les grands combinats de Kremikovci* et Pernik*. Les métaux non ferreux sont raffinés à Madan et Rudozem (plomb et zinc) et à Pirdop (cuivre). La chimie a eu un récent développement (engrais à Dimitrovgrad*, plastiques et produits pharmaceutiques à Pernik, Sofia, Stara Zagora). Le textile (Gabrovo*, Marica*-Istok, Sliven*, Stara Zagora) et les conserves alimentaires sont des secteurs plus traditionnels. ▮ **Communications et commerce** Les réseaux routier et ferré couvrent l'ensemble du territoire. Ruse* est le principal port fluvial, Varna* et Burgas* sur la mer Noire, les seuls débouchés maritimes. Avec la dissolution du Comecon, la Bulgarie apparaît particulièrement vulnérable du fait même de sa structure industrielle et de sa forte intégration dans le système qui lui assurait 80 % de ses échanges commerciaux et une quasi-dépendance envers l'URSS pour ses importations d'énergie. Les échanges restent prioritaires avec la Russie mais se développent avec l'Europe, notamment les exportations. Le tourisme a progressé grâce à l'aménagement hôtelier des plages de la mer Noire, autour de Varna. Les investissements étrangers demeurent rares à cause de l'instabilité de la situation politique.

**Bulgarie** ▮ Productions en 2008

| Produits | Quantités | Rang |
|---|---|---|
| ▮ Agriculture | | |
| Blé (2009) | 3 600 000 t | |
| Maïs | 1 360 000 t | |
| Orge | 800 000 t | |
| Pommes de terre | 350 000 t | |
| Tabac | 70 000 t | 15^e |
| Ovins (têtes) | 1 500 000 | |
| ▮ Mines et énergie | | |
| Argent | 60 t | |
| Cuivre | 85 000 t | |
| Énergie nucléaire | 16 TWh | 19^e |
| Lignite | 27 000 000 t | |
| Plomb | 18 000 t | |
| Uranium (2006) | 600 t | |
| Zinc | 12 000 t | |

▮ **HISTOIRE** ▮ **Le premier royaume bulgare** Formé des anciennes provinces romaines de Thrace* et de Mésie*, le pays fut occupé par des tribus slaves (VI^e s.), puis par une ethnie d'origine turco-mongole, les

**Bulgarie.**

Bulgares (VII^e s.), dont la fusion donna naissance au premier État bulgare. La conquête bulgare, achevée au début du IX^e s. après de nombreuses luttes contre l'Empire byzantin*, fut confirmée sous Boris I^er (852 - 889) par la conversion de la Bulgarie au christianisme byzantin (865) et l'adoption de l'alphabet cyrillique → **Cyrille.** Le royaume bulgare, atteignit son apogée sous Siméon I^er (893 - 927). L'art (icônes en céramique) et la littérature (l'*Hexaemeron* de Jean l'Exarque) se développèrent. Affaibli par des luttes dynastiques et des dissensions religieuses (l'hérésie des bogomiles*), le royaume bulgare fut soumis par Byzance en 972 après l'abdication de Boris II (969 - 972). Rétabli par Samuel (980 - 1014), il fut à nouveau annexé après la victoire de Basile* II *(le Bulgaroctone)* de 1018 à 1086. **Le second royaume bulgare** Le second royaume bulgare, reconstitué par les Asénides* avec Tărnovo pour capitale (Jean I^er, Jean II, Jean III, 1186 - 1241), devint, sous leur impulsion, une puissance dominante dans les Balkans, mais déclina après les premières incursions mongoles (1272) suivies par un soulèvement paysan en 1278 → **Ivajlo. La domination ottomane** Tributaire de la Serbie de 1331 à 1335, la Bulgarie, démembrée, en butte aux invasions turques, fut annexée par l'Empire ottoman en 1396 et maintenue sous domination ottomane jusqu'en 1878 → **Turquie.** L'occupation turque entraîna la chute d'une civilisation florissante. Tout au long des XIII^e et XIV^e s., la Bulgarie était parvenue à développer un style populaire et réaliste, en marge de l'art officiel byzantin : fresques des églises de Bojana, Skalna, Zemen ; miniatures de l'*Évangéliaire du tsar Ivan Alexandre* (1356 ; British Museum), des *Chroniques de Constantin Manassé* (1360, bibliothèque du Vatican). ***L'éveil national*** Le XIX^e s. fut marqué par l'éveil de la conscience nationale auquel contribuèrent de nombreux écrivains patriotes (H. Botev*, L. Karavelov*, G. Rakovski*, P. Slavejkov*). **L'indépendance** L'intervention de la Russie (1877 - 1878), qui suivit la répression de la révolte nationale de 1876, aboutit par le traité de San* Stefano (1878) à l'indépendance de la Bulgarie, mais la révision du traité, faite peu après par le congrès de Berlin*, lui fit perdre la Macédoine et la Roumélie orientale. La Bulgarie du N. devint alors une principauté vassale de la Turquie. Alexandre* I^er de Battenberg, prince de Bulgarie (1879 - 1886), abdiqua après avoir annexé la Roumélie orientale (1885), laissant un conseil de régence présidé par Stamboulov* (1886 - 1887). Son successeur, Ferdinand* de Saxe-Cobourg, élu en 1887, prit en 1908 le titre de tsar, proclama l'indépendance totale du pays et s'engagea aux côtés de la Serbie, de la Grèce et du Monténégro dans la première guerre balkanique (1912). D'abord victorieuse de la Turquie, puis vaincue lors de la seconde guerre balkanique, engagée contre ses alliés en 1913, elle fut dépouillée d'une partie de ses conquêtes par le traité de Bucarest* de 1913. ***Les deux guerres mondiales*** Alliée de l'Autriche et de l'Allemagne durant la Première Guerre mondiale, elle fut contrainte de demander l'armistice en 1918, ce qui entraîna l'abdication de Ferdinand de Saxe-Cobourg en faveur de Boris* III (1918) et la perte de la Dobroudja méridionale et de son débouché maritime de Thrace au traité de Neuilly*. Le gouvernement bulgare, face à de graves crises économiques et politiques sous Boris III (1918 - 1943), après avoir occupé la Dobroudja (1940), se joignit au Reich allemand (1941), annexa la Thrace occidentale et la Macédoine grecque, et déclara la guerre à la Grande-Bretagne (1941). Cependant, la mort de Boris III et l'institution d'un conseil de régence sous Siméon* II (1943 - 1946) entraînèrent, après l'occupation des troupes soviétiques (1944), un renversement des alliances. ***Une république populaire*** Au Front de la patrie succéda en 1946 un gouvernement communiste présidé par G. Dimitrov* qui devint le premier président du Conseil (1946 - 1949). La république populaire instituée en 1946 fut ramenée par le traité de Paris* (1947) à ses anciennes frontières, mais conserva néanmoins la Dobroudja méridionale. Membre du Comecon* (1949), elle adhéra en 1955 au pacte de Varsovie*. T. Živkov, secrétaire général du PC depuis 1954, chef de l'État depuis 1971, fut remplacé en 1989 par P. Mladenov. Ce dernier, après la transformation du parti communiste en parti socialiste, dut démissionner en 1990. ***Une république parlementaire*** Le chef de l'opposition (Union des forces démocratiques, UFD), Ž. Želev, lui succéda alors. En juillet 1991, la Constitution établit un régime parlementaire et, en janv. 1992, Ž. Želev fut élu président de la République au suffrage universel. Cependant la situation politique demeura très instable en raison notamment de l'aggravation de la crise économique. Ainsi, les ex-communistes revinrent au pouvoir en déc. 1994 puis à nouveau l'UFD, en 1997, avec Petar Stoïanov à la présidence de la République et Ivan Kostov comme Premier ministre. Ces derniers menèrent une politique d'intégration euroatlantique (la Bulgarie intégra l'OTAN en 2004, négociations d'adhésion à l'UE). La crise intérieure (chômage, corruption) engendra un vote de protestation aux législatives de 2001 et à la présidentielle qui suivit : le pays se retrouva dans une situation atypique où le gouvernement était dirigé par son ancien monarque, Siméon II, tandis que la présidence de la République était confiée à un ex-communiste, G. Parvanov (réélu

**Bulgarie.** Sofia, vue de la cathédrale orthodoxe. *Phot.* ©*Dagli Orti*

en 2006). Le pays continuant d'être gangrené par la corruption et une partie de la population étant pénalisée par la politique de rigueur exigée par le FMI et les instances européennes, les législatives de 2005 donnèrent une courte majorité aux travaillistes (due à la montée d'un nouveau parti d'extrême droite) qui durent former un gouvernement de centre gauche sous la direction de S. Stanichev. La Bulgarie entra dans l'Union européenne en 2007 et bénéficia d'un programme de soutien qui, devant la lenteur des réformes et la corruption persistante, fut revu à la baisse et Boïko Borisov, leader d'un nouveau parti de centre-droit (GERB), remporta les législatives de 2009 et devint Premier ministre avec l'engagement de rétablir la confiance.

**BULL (John)** ♦ Compositeur anglais (Somerset v. 1562 - Anvers 1628). Organiste de la chapelle royale à Londres (1585), il quitta plus tard l'Angleterre (1614) pour Bruxelles puis Anvers ; il a composé de nombreuses pièces pour orgue et virginal, violes et clavecin, ainsi que quelques œuvres vocales.

**BULL (Frederik Rosing)** ♦ Ingénieur norvégien (Oslo 1882 - *id.* 1925). Inventeur d'une des premières machines à cartes perforées (1919). Ses brevets furent acquis en 1931 par un groupe français qui les exploita sous le nom de Compagnie des machines Bull.

**BULL (Olaf)** ♦ Poète norvégien (Christiania, auj. Oslo 1883 - *id.* 1933). Il écrivit des recueils de poèmes qui reflètent l'influence de Bergson* : *Poèmes* (1909), *Nouveaux Poèmes* (1913), *Les Étoiles* (1924), *Oinos et Éros* (1930) et la cantate *Ignis Ardens* (1929). Loin des problèmes contemporains, il médita en visionnaire et en philosophe sur la mort, l'homme et l'univers.

**BULL (John)** → **John Bull**

**BULLANT (Jean)** ♦ Architecte, dessinateur et théoricien français (1520 - Écouen 1578). Fils de Jean I$^{er}$ Bullant, maître d'œuvre à Amiens, il fit un voyage en Italie vers 1537 et travailla ensuite pour les ducs de Montmorency, probablement au château de Fère-en-Tardenois, et surtout à la reconstruction du château d'Écouen ; il éleva la chapelle, ainsi que les portiques où l'emploi de l'ordre colossal manifeste son penchant pour les partis pris monumentaux. Il succéda à P. Delorme* comme architecte des Tuileries* (1570) et y édifia deux pavillons. Il éleva aussi pour la reine l'hôtel dit de Soissons (1572), à Paris, dont il ne subsiste que la colonne astronomique. Il publia un recueil d'*Horlogiographie* et une *Règle générale d'architecture* (1564). Par-delà l'influence de la Renaissance italienne, Bullant chercha à s'inspirer de l'Antiquité ; il subit surtout l'influence de P. Delorme et se montra maniériste, notamment par l'importance qu'il accorda au décor.

**BULLE** ‣ ÉTYM. du lat. *Butulum*, p.-ê. du bas lat. *butum*, emprunté au frq. *but* «souche ; éminence» ♦ V. de Suisse (cant. de Fribourg), au centre de la région de Gruyère. Alt. 771 m. 16 272 hab. (aggl. 20 845). Château (XIII$^e$ s.). ▪ Élevage de bétail (viandes, fromage de Gruyère), centre régional d'indus. et de services. Station estivale.

**Bulle d'or** ♦ Série d'actes ou ordonnances rendus par les empereurs romains germaniques et scellés d'or. La plus célèbre, due à Charles* IV, promulguée aux diètes de Nuremberg* et de Metz* (1356), a réglé le droit politique de l'Allemagne* jusqu'en 1806, en organisant l'élection au Saint Empire.

**BULLET (Pierre)** ♦ Architecte français (Paris 1639 - *id.* 1716). Élève de F. Blondel*, il participa aux travaux de la porte Saint-Denis à Paris, puis édifia en s'inspirant de son maître l'arc de la porte Saint-Martin (1674), aux formes plus massives. Il édifia le château d'Assy et, à Paris, plusieurs hôtels particuliers d'apparence sévère (hôtel Le-Peletier-de-Saint-Fargeau, hôtel Crozat). Il conçut et éleva la nef et le chœur de Saint-Thomas-d'Aquin et fit preuve d'une grande maîtrise technique dans la construction du quai Le Peletier. Membre de l'Académie en 1685, il manifesta des préoccupations rationalistes et fut l'un des représentants caractéristiques du classicisme français. Il est l'auteur d'un *Plan de Paris* (1677) et d'une *Architecture pratique* (1691).

**BULLI** ♦ V. d'Australie (Nouvelle-Galles du Sud), située sur la côte au S. de Sydney, et faisant partie de la conurbation de Wollongong*. C'est le centre du gisement houiller d'Illawaro. Les réserves totales du bassin sont estimées à 600 millions de t. Briqueteries. Indus. textiles.

**BULLY-LES-MINES** [62160] ♦ Ch.-l. de cant. du Pas-de-Calais, arr. de Lens. 12 045 hab. *(Bullygeois).* Anc. houillères.

**BÜLOW (Friedrich Wilhelm),** comte **BÜLOW VON DENNEWITZ** ♦ Général prussien (Falkenberg 1755 - Königsberg 1816). En 1813, il battit Ney* à Dennewitz et contribua à la défaite napoléonienne de Leipzig*. Son intervention sur le flanc est des Français fut décisive à Waterloo*.

**BÜLOW (Hans,** baron **VON)** ♦ Chef d'orchestre et pianiste allemand (Dresde 1830 - Le Caire 1894). Élève de Wagner* et de Liszt, il dirigea en première audition *Tristan et Isolde* (1865) et *Les Maîtres chanteurs* (1868). Nommé maître de chapelle à la cour de Louis II de Bavière (1867), il fut directeur de la musique à Hanovre, Meiningen puis Hambourg (1887) où il se fixa. Animateur fécond de la vie musicale et pianiste remarquable, il entreprit de nombreuses tournées à travers l'Allemagne, l'Amérique et la Russie (Saint-Pétersbourg, 1885). Il épousa Cosima Liszt (1857) qui divorça d'avec lui pour épouser Richard Wagner (1869).

**BÜLOW (Karl VON)** ♦ Feld-maréchal allemand (Berlin 1846 - *id.* 1921). Vainqueur des Français à Namur et à Saint-Quentin, à la tête de la II$^e$ armée, il fut l'un des responsables de la défaite allemande de la Marne* (1914).

**BÜLOW (Bernhard,** prince **VON)** ♦ Homme politique allemand (Klein-Flottbeck, Altona 1849 - Rome 1929). Après une carrière dans la diplomatie, il fut ministre des Affaires étrangères de Hohenlohe* (1897), puis devint chancelier du Reich (octobre 1900). Se voulant le continuateur de la politique bismarckienne, il se refusa cependant, sous l'influence de Guillaume II *(Weltpolitik)* et de Holstein, à limiter l'expansion allemande à la seule Europe (annexion de la baie de Jiaozhou, des îles Carolines et Samoa ; intervention au Maroc → **Algésiras**). Son attitude intransigeante à l'égard de la Russie favorisa la formation de la Triple-Entente*, à laquelle il riposta par la Triple-Alliance*. Malgré quelques mesures sociales très prudentes et une évolution vers un régime de type parlementaire, il ne résolut aucun des problèmes graves posés à l'empire au début du XX$^e$ s. (dualisme Prusse-Allemagne, par ex.), et, désavoué par Guillaume II en juill. 1909, il démissionna. En déc. 1914, il s'efforça en vain de dissuader les Italiens d'entrer en guerre aux côtés de l'Entente.

**BULOZ (François)** ♦ Journaliste français (Vulbens, Haute-Savoie 1803 - Paris 1877). Rédacteur en chef de *La Revue* des Deux Mondes* de 1831 jusqu'à sa mort, il sut s'attirer la collaboration des grands écrivains de son temps.

**BULTMANN (Rudolf)** ♦ Théologien protestant allemand (Wiefelstede 1884 - Marburg 1976). Professeur de Nouveau Testament à Marburg (1921 - 1951), il a publié une œuvre d'exégète, d'historien des religions et de dogmaticien. Ses travaux sur les Évangiles synoptiques constituent une entreprise de «démythologisation» du Nouveau Testament, c'est-à-dire de mise en question du mythe comme conception préscientifique du monde et comme compréhension de l'existence humaine. Critiquant le processus de rationalisation et d'objectivation de la pensée mythique, Bultmann pensa trouver dans l'«analyse existentiale» de Heidegger* «la conceptualité adéquate pour l'interprétation du Nouveau Testament et de la foi chrétienne». Si sa pensée a fait l'objet de nombreuses critiques, elle a exercé une grande influence sur le renouvellement de la théologie par son souci de faire apparaître le paradoxe de la foi chrétienne, renoncement à toute sécurité, «saut» dans l'inconnu (au sens luthérien et kierkegaardien du terme). Princ. ouvrages : *L'Histoire de la tradition synoptique,* 1921 ; *Commentaire de l'Évangile de Jean,* 1941 ; *Le Christianisme dans le cadre des religions antiques,* 1950 ; *Théologie du Nouveau Testament,* 1953 ; *Jésus, mythologie et démythologisation,* 1968 (trad. fr. réunissant deux livres de Bultmann : *Jésus,* 1926 et *Jésus et la mythologie,* 1958).

**BUNCHE (Ralph Johnson)** ♦ Sociologue et homme politique noir américain (Detroit 1904 - New York 1971). Après plusieurs voyages d'études (Asie, Afrique, Europe), il occupa des postes importants aux ministères de la Guerre et des Affaires étrangères lors de la Deuxième Guerre mondiale. Médiateur de l'ONU au Proche-Orient (1948 - 1949), il fut ensuite nommé sous-secrétaire d'État aux Nations unies pour les affaires politiques spéciales. [Prix Nobel de la paix 1950]

**BUNCHŌ** ♦ Nom de deux peintres japonais : IPPITSUSAI BUNCHŌ (1725 - 1794), peintre d'estampes (ukiyoe) et TANI BUNCHŌ (1763 - 1840). Ce dernier, le plus connu, originaire d'Edo*, fut très productif. Il peignit dans le style de l'école des lettrés et écrivit des ouvrages sur la technique picturale.

**Bund** n. m. ♦ Union générale des ouvriers juifs de Lituanie, Pologne et Russie, fondée en 1897. Lors de son premier congrès (Vilnius, sept. 1897), le Bund prit position contre les thèses du sionisme*, favorable à la création d'un Foyer national juif en Palestine, et chercha à lutter contre l'antisémitisme (pogroms de la Russie tsariste). Membre du Parti ouvrier social-démocrate russe (1898), «en tant qu'organisation autonome, indépendante seulement dans les questions concernant spécialement le prolétariat juif», il s'en sépara en 1903. Le Bund, dont Lénine devait condamner le «séparatisme» et le «nationalisme», fut éliminé après la révolution d'octobre 1917.

**BUNDELKHAND** n. m. ♦ Région du centre de l'Inde (Madhya Pradesh), aux sous-sols de grès et de gneiss. Fief des souverains Chandela du X$^e$ au XII$^e$ s. : leur capitale Khajuraho* conserve des temples célèbres pour leurs sculptures érotiques.

**Bundesrat** n. m. ➝ **ÉTYM.** all. «Conseil fédéral», de *Bund* «fédération» et *Rat* «conseil» ♦ L'une des deux chambres législatives de la Confédération de l'Allemagne du Nord (1866 - 1871), de l'Empire allemand (1871 - 1918) puis de l'Allemagne fédérale depuis 1949. Le Bundesrat représente les États au Parlement.

**Bundestag** n. m. ➝ **ÉTYM.** all. «Diète fédérale», de *Bund* «fédération» et *Tag* «assemblée» ♦ Assemblée législative de l'Allemagne fédérale élue pour quatre ans au suffrage universel direct. Le Bundestag élit le chancelier et, sous réserve de lui trouver un successeur, peut le renverser par un vote de défiance constructif. Les lois qu'il vote en première lecture sont soumises à l'approbation du Bundesrat* ; une commission de médiation harmonise le débat entre les deux chambres en cas de conflit.

**Bundeswehr** n. f. ➝ **ÉTYM.** all. «armée fédérale» ♦ Nom donné en 1956 aux forces armées de l'Allemagne fédérale, reconstituées à la suite des accords de Londres dans le cadre du pacte Atlantique (Otan).

**BUNEL (Jacob)** ♦ Peintre et dessinateur français (Blois 1558 - Paris 1614). Fils de Jean et frère de François Bunel le Jeune qui fut portraitiste officiel du roi de 1583 à 1599, il travailla probablement en Espagne à l'Escurial et à Rome. La plus grande partie de ses travaux ont disparu (notamment la décoration de la Petite Galerie du Louvre* en collaboration avec T. Dubreuil*). Représentant du maniérisme de la seconde école de Fontainebleau, il aurait surtout exécuté des portraits dans l'esprit des Clouet* *(Portrait du roi Henri IV)*. Il fut le maître de Claude Vignon*.

**BUNKER HILL** ♦ Site traditionnel d'une bataille de la guerre d'Indépendance américaine, qui se déroula non loin de là (près de Charlestown, Massachusetts) le 17 juin 1775. Les patriotes américains, encerclant Boston, y vainquirent les Britanniques.

**BUNSEN (Robert Wilhelm)** ♦ Physicien et chimiste allemand (Göttingen 1811 - Heidelberg 1899). Inventeur d'une pile électrique impolarisable à l'acide nitrique (1841), d'un photomètre à tache d'huile (1843), d'un calorimètre à fusion de la glace (1870), d'un bec de gaz à introduction d'air utilisé dans les laboratoires *(bec Bunsen)*, il créa en 1859, avec Kirchhoff*, l'analyse spectrale ; ensemble ils montrèrent que la lumière émise par chaque élément lui est caractéristique, réalisèrent l'expérience du renversement des raies et découvrirent deux éléments nouveaux : le césium et le rubidium.

**BUÑUEL (Luis)** ♦ Cinéaste espagnol naturalisé mexicain (Calenda 1900 - Mexico 1983). Tous ses films, d'*Un chien* andalou* (1928) à *Cet obscur objet du désir* (1977), se ressentent de la triple influence d'une éducation catholique (qui en a fait un athée irréductible), du surréalisme (dont il fut, et demeura jusqu'à la fin, un fervent adepte) et de la tradition hispanique, littéraire *(La Célestine)* et picturale (Goya, Zurbarán). Le pouvoir subversif de son inspiration éclata en pleine lumière dans *L'Âge d'or* (1930), un brûlot anarchiste qui déclencha les foudres de la censure ; avec le temps, il se tempérera d'humour ou de dérision (*La Vie criminelle d'Archibald de la Cruz*, 1955 ; *L'Ange exterminateur*, 1962 ; *Le Charme discret de la bourgeoisie*, 1972). *Nazarin* (1958) et *La Voie lactée* (1969) sont des satires de la religion d'une fascinante ambiguïté, et *El* (1952) une démonstration impeccable d'un cas de schizophrénie. Mais Buñuel sait aussi, à l'occasion, débrider les plaies à vif d'une société malade, et son message alors n'en est que plus fort : *Terre sans pain* (1932), *Los* Olvidados* (1950). Il a enfin brossé des portraits de femme d'un subtil érotisme : *La Jeune fille* (1960), *Viridiana** (1961), *Belle de jour* (1967), *Tristana* (1970). Sous toutes les latitudes (France, Espagne, Mexique), Buñuel a surtout exprimé son profond amour de la liberté. ➝ **ÉTYM.** Ce nom vient de l'espagnol *buñuelo* «beignet».

**BUN UM** ou **BOUN OUM** ♦ Prince héritier du royaume de Champasak* (Champasak 1911 - Boulogne-Billancourt 1980). En 1946, à la demande de la France, il renonça à sa couronne afin de permettre l'unification du Laos*, Sisavang* Vong demeurant le seul souverain à Luang Prabang. Il joua un rôle actif dans la lutte contre le neutralisme et le communisme.

**BUNYAN (John)** ♦ Écrivain religieux anglais (Elstow, Bedfordshire 1628 - Londres 1688). Fils d'un chaudronnier, il fut enrôlé dans l'armée du Parlement en 1644. La lecture des livres pieux de sa femme (*Le Chemin du ciel* et *La Pratique de la piété*) lui révéla sa vocation. Ministre de l'Église baptiste en 1657, il fut jeté en prison (de 1660 à 1672) où il composa *L'Afflux de la grâce* (1666), confession directe et personnelle qui montre ce visionnaire atteint d'un sentiment de culpabilité puisé dans l'enfance et rationalisé par le puritanisme. *La Vie de M. Lemauvais* (1680), *La Guerre sainte* (1682) reposent sur le procédé de l'allégorie, parfois encore mal maîtrisé. Le chef-d'œuvre de Bunyan, qui fut le livre le plus lu, après la Bible, en Angleterre, est aussi une allégorie. Parsemé de citations bibliques, dans un style simple où abondent les monosyllabes : *Le Voyage du pèlerin* (*The Pilgrim's Progress from this World to that which is to Come*, 1678) montre le cheminement de Chrétien accompagné de Docile *(Pliable)* et Fidèle *(Faithful)* vers la Cité céleste parmi les embûches les plus variées : voix et démons de la vallée de l'Ombre et de la Mort, brouillard et ronces de la Terre enchantée, bourbier du Découragement, foire aux Vanités. La théologie calviniste donne leur unité à ces épisodes qu'admirèrent Swift et Johnson.

Luis **Buñuel** avec Delphine Seyrig pendant le tournage du film *Le Charme discret de la bourgeoisie*. *Phot. ©Coll. Rui Nogueira*

**BUON** ou **BON (Bartolomeo)** ♦ Sculpteur italien (Venise v. 1374 - *id.* v. 1467). Il réalisa des sculptures pour la Ca' d'Oro, chef-d'œuvre vénitien d'architecture gothique. Influencé par le réalisme des sculpteurs de l'Allemagne du Sud, il resta imprégné par les tendances du gothique tardif, malgré une ouverture sur le classicisme (*La Justice*, Venise ; *Madonna della Misericordia*, Londres).

**BUONARROTI (Michelangelo)** → Michel-Ange

**BUONARROTI (Philippe)** ♦ Révolutionnaire français d'origine italienne (Pise 1761 - Paris 1837). Il fut, avec Babeuf*, un des chefs de la conspiration des Égaux* contre le Directoire. Emprisonné et libéré sous Napoléon, il s'installa à Genève puis à Bruxelles, travaillant à organiser les forces révolutionnaires françaises. Il y publia *La Conspiration pour l'Égalité*, dite *de Babeuf* (1828), qui influença A. Blanqui. ➝ **ÉTYM.** Ce nom italien, nom de bon augure, vient de *buona* «bonne» et *arrota* «profit».

**BUONTALENTI (Bernardo)** ♦ Architecte, sculpteur, peintre et miniaturiste italien (Florence 1536 - *id.* 1608). Disciple de Vasari*, il construisit et décora plusieurs villas aux environs de Florence. Il fut également organisateur des fêtes à la cour des Médicis et conçut pour les jardins Boboli la grotte qui porte son nom.

**BURAYDA** ou **BORAÏDA** ♦ V. d'Arabie saoudite située dans une oasis du Nedjd, au centre du pays. 378 422 hab. C'est le plus grand marché de dromadaires du monde.

**BURAYMI** ou **BOURAYMI** ♦ Vaste oasis située entre Oman et les Émirats arabes unis, à la frontière saoudienne. Plus de 70 000 hab. Elle fut revendiquée, jusqu'en 1974, par l'Arabie saoudite. Un accord sur le partage de cette oasis a été conclu avec le sultanat d'Oman. Sur les neuf villages de l'oasis, six sont rattachés à l'émirat d'Abou Dhabi, trois au sultanat d'Oman.

**BURBAGE** ♦ Famille d'acteurs et de directeurs de théâtre anglais. ♦ **James Burbage** (1531 - Londres 1597). Acteur, il fit construire le premier théâtre public anglais (1576). ♦ **Cuthbert Burbage** (1566 - 1636). Fils du précédent. Il fonda le premier théâtre du Globe*. ♦ **Richard Burbage** (Londres v. 1567 - *id.* 1619). Acteur, frère de Cuthbert. Créateur des grands rôles de Shakespeare (Richard III, Hamlet, Othello, Lear), il fut aussi son associé.

**BURBURE** [62151] ♦ Comm. du Pas-de-Calais, arr. de Béthune. 2 840 hab.

**BURCKHARDT (Johann Ludwig** ou **Lewis)** ♦ Explorateur suisse (Lausanne 1784 - Le Caire 1817). Chargé de mission par l'African Association, il visita, sous le nom de cheikh Ibrahim, la Syrie, l'Égypte, la Nubie et fut le premier Européen à pénétrer dans les villes saintes de l'Arabie (*Travels in Nubia*, posth. 1819 ; *Travels in Syria and the Holy Land*, posth. 1822 ; *Travels in Arabia*, posth. 1829).

**BURCKHARDT (Jakob)** ♦ Historien suisse d'expression allemande (Bâle 1818 - *id.* 1897). Professeur à l'université de Bâle, spécialiste d'histoire de l'art et de la civilisation, auteur de travaux sur la Renaissance italienne et la Grèce antique, il s'est montré soucieux de saisir chaque époque dans son individualité. Collègue de Nietzsche sur lequel il eut une certaine influence, il accueillit avec scepticisme la croyance au progrès à laquelle il opposa tous les signes de décadence de l'Europe (*L'Époque de Constantin le Grand*, 1853 ; *Le Cicérone, guide de l'art antique et l'art moderne en Italie*, 1855, trad. fr. 1892 ; *La Civilisation de la Renaissance en Italie*, 1860, trad. fr. 1885 ; *Histoire de la culture grecque*, 1898 - 1902 ; *Considérations sur l'histoire universelle*, 1905). ➜ ÉTYM. *Burckhardt* vient du nom de personne d'origine germanique *Burcard*, du vieux haut allemand *burg* «lieu fortifié» et *hard* «fort».

**BURDWAN** → **Barddhaman**

**BUREAU (Jean)** ♦ Seigneur de Montglat (mort à Paris en 1463). Grand maître de l'artillerie sous Charles* VII en collaboration avec son frère Gaspard Bureau (mort v. 1469). Il prit part à la bataille de Castillon (1453), fut nommé maire de Bordeaux et y fit bâtir des points de défense.

**Bureau central de renseignements et d'action** [BCRA] ♦ Service de renseignement des Forces françaises libres (FFL) de De Gaulle, installé à Londres (oct. 1941) et dirigé par le colonel Passy (Dewavrin), il fut chargé de coordonner l'action des réseaux de Résistance et de les équiper. Devenu Direction générale d'enquêtes et de recherches après la Libération.

**Bureau international du travail** → **Organisation internationale du travail**

**Bureaux arabes** ♦ Organismes créés en Algérie par Drouet d'Erlon et officiellement mis en place par Bugeaud* en 1844. Chargés de l'administration et de la sécurité des territoires de commandement, ils furent à l'origine du service des Affaires indigènes, puis musulmanes, qui s'étendit à toute l'Afrique du Nord durant la colonisation française.

**BUREI** ou **BUREYA** → **Boureïa**

**BUREN (Daniel)** ♦ Artiste français (Boulogne 1938). En 1966, il participa au groupe BMPT (Buren, Masset, Parmentier, Toroni), dissous en 1968. Les critiques rattacheront à tort Buren à l'art informel, puis, à raison, à l'art in situ. Il créa ses premières œuvres avec du tissu industriel à motifs identiques, des bandes blanches alternant avec des bandes de couleurs variées, toutes verticales et d'égale largeur. Sa démarche est une mise en question de l'art à travers le lieu où il est exposé. Il planta dans les années 1975 - 1977 des drapeaux rayés sur le toit de bâtiments célèbres de Paris (le Louvre, la Samaritaine) pour en modifier l'image traditionnelle. Dans un esprit proche de l'Internationale situationniste, il révèle par ses interventions les lieux tout en les critiquant. En 1985 - 1986 il installa ses colonnes rayées dans la cour d'Honneur du Palais-Royal à Paris : *Les Deux Plateaux*, sculpture in situ. Depuis, il a réalisé plusieurs centaines d'expositions personnelles («Le musée qi n'existait pas» Centre Pompidou, 2002 ; Musée Guggenheim de Bilbao, 2005) et a multiplié ses supports et les couleurs. ▪ *Illustration :* → **Palais-Royal.**

**BURES-SUR-YVETTE** [91440] ➜ ÉTYM. du germ. *bûr* «hutte, habitation» ♦ Comm. de l'Essonne, arr. de Palaiseau, sur l'Yvette, au S.-O. de Paris. 9 679 hab. *(Buressois)*. Élément de l'université de Paris-Sud.

**BURETSU TENNŌ** ♦ (489 - 506). 25e empereur du Japon (499 - 506), connu pour sa très grande cruauté. Il aurait été assassiné par le peuple.

**BURGAS** ou **BOURGAS** ♦ V. de Bulgarie méridionale, ch.-l. de région, dans la Dobroudja, sur le littoral de la mer Noire, au fond du golfe de Burgas. 209 479 hab. Port de pêche et de commerce (1 million de t de trafic annuel) rival de Varna. Burgas importe des hydrocarbures et traite les métaux de l'arrière-pays. Le tourisme balnéaire connaît un grand essor.

**BURGDORF** – en fr. ***Berthoud*** ♦ V. de Suisse (cant. de Berne), sur l'Emme, à l'entrée de l'Emmental. 14 856 hab. (aggl. 27 197 hab.) Fromages (emmental). Indus. textile.

**BURGENLAND** n. m. ➜ ÉTYM. all. «le pays *(Land)* des châteaux forts *(Burgen)*» [les trois châteaux forts en question ne sont plus sur le territoire du Burgenland] ♦ État fédéral (Bundesland) d'Autriche. → **Autriche** (carte). 3 965 km². 277 569 hab. CAPITALE : Eisenstadt. Avancée occidentale de la plaine Pannonienne, le Burgenland est une région de plaines et de collines aux sols fertiles. Riche zone agricole, l'État produit des céréales, de la vigne, des arbres fruitiers et du tabac. Gisements de lignite et de pétrole. ▮ **Histoire** Le pays fit partie jusqu'en 1918 du royaume de Hongrie. L'État fut formé d'anciens territoires hongrois attribués à l'Autriche par le traité de Trianon* (1920). Après la chute des Habsbourg, les frontières entre les deux pays furent l'objet de nombreuses querelles (la ville de Sopron* est restée hongroise [plébiscite de 1921]).

**BÜRGENSTOCK** n. m. ♦ Massif montagneux de Suisse centrale (cant. de Nidwald) dominant la rive S. du lac des Quatre-Cantons en face de Weggis. Il culmine à la Hammetschwand (1 128 m). ▪ Station estivale très fréquentée (800 m).

**BÜRGER (Gottfried August)** ♦ Poète lyrique allemand (Molmerswende, Harz 1747 - Göttingen 1794). Ami de L. Hölty*, il dirigea quelque temps l'*Almanach des Muses* à Göttingen. S'il fut d'abord influencé par Klopstock, il se rattacha bientôt au Sturm* und Drang par l'inspiration populaire de ses ballades, en particulier *Lénore** (1770).

**BURGERS (Thomas François)** ♦ Homme politique sud-africain (colonie du Cap 1834 - *id.* 1881). Docteur en théologie (Utrecht) et ministre de l'Église réformée hollandaise, il fut déclaré hérétique. Il fut élu président du Transvaal en 1872 et s'employa à développer l'économie du pays. Mais il rencontra l'opposition de ses concitoyens et son influence s'effaça après l'annexion du pays par les Britanniques. → **Kruger.**

**BURGESS (John BURGESS WILSON, dit Anthony)** ♦ Romancier britannique (Manchester 1917 - Londres 1993). Universitaire, il commença d'écrire après quarante ans à la faveur d'une maladie qu'il croyait mortelle, et devint à partir d'*Orange mécanique* (1962) un auteur prolifique et mondialement célèbre, publiant sous divers pseudonymes (notamment Joseph Kell). Ses romans et ses nouvelles, souvent insolites, interrogent la condition de l'homme moderne et l'avenir de l'humanité (*Les Puissances des ténèbres, Dernières Nouvelles du monde, Le Testament de l'orange*). *Orange* mécanique* a été porté à l'écran par S. Kubrick* (1971).

**BURGHLEY** → **Cecil**

**BÜRGI (Jost** ou **Jobst)** ♦ Horloger et astronome suisse (Lichtensteig 1552 - Kassel 1632). Il travailla à l'observatoire de Prague avec Tycho Brahé* puis avec Kepler* et construisit notamment des horloges qui, par leur précision, servirent à celui-ci dans l'élaboration de sa théorie du système solaire. Il découvrit les logarithmes indépendamment de Napier*, mais ne publia ses travaux qu'en 1630.

**BURGKMAIR (Hans)** ♦ Peintre, graveur et dessinateur allemand (Augsbourg 1473 - *id.* 1531). Formé dans l'atelier de son père Thomas Burgkmair, il devint à Colmar en 1480 l'élève de Schongauer*, voyagea en Italie du Nord et revint à Augsbourg en 1498. Tout en conservant certains traits typiquement germaniques, il adopta les conceptions de la Renaissance vénitienne et lombarde : ordonnances majestueuses (*La Vierge*, 1501), motifs ornementaux italiens, coloris intenses et costumes chatoyants. Rendu célèbre par une série de peintures représentant des basiliques (*Saint-Jean-de-Latran*, 1502), il produisit ensuite de nombreux retables (*saint Jean*, 1518). Ses portraits placides, souvent bien caractérisés, dénotent l'influence de Holbein*. L'empereur Maximilien* Ier lui confia une série de travaux d'illustration pour les ouvrages qu'il faisait imprimer et décorer somptueusement. Il réalisa aussi des planches pour la traduction du *Nouveau Testament* par Luther (1523). Représentant caractéristique de la Renaissance germanique, il apparaît comme le principal adepte de cet art de détente qui s'épanouit à Augsbourg sous l'influence italienne.

Hans **Burgkmair.** *Retable de saint Jean* (1,53 × 1,25 m). Alte Pinakothek, Munich.
*Phot. © Arch. Smeets*

**BURGONDES** n. m. pl. ➜ ÉTYM. en lat. *Burgundiones* «les grands [de taille]», du germ. *burg-und-ja(n)*, de l'indo-eur. *°bhrghu* [même sens] (→ aussi Bourgogne) ♦ Peuple germanique d'origine scandinave, d'abord établi sur les rives de la Baltique, puis dans la vallée de la Vistule, qui émigra vers le Main pour fonder un royaume, étendu jusqu'au Rhin au début du V^e^ s. (cap. Worms). Ce royaume fut envahi et détruit en 437 par les Huns (base historique des légendes des *Nibelungen**) et les Burgondes se portèrent vers l'E. de la Gaule (région rhodanienne et Savoie) avec l'aide du général romain Aetius*. Ils y fondèrent un nouveau royaume qui, peu à peu, déborda des vallées du Rhône et de la Saône jusqu'aux Cévennes et à la Méditerranée. → **Bourgogne.** Après son mariage avec Clotilde, fille de Chilpéric, roi des Burgondes, Clovis* Ier laissa Gondebaud, oncle de sa femme, sur le trône de Burgondie (500), mais plus tard ses fils attaquèrent le royaume. L'un d'entre eux, Clodomir*, fut tué à la bataille de Vézeronce (524). Ses deux frères, Childebert Ier et Clotaire Ier, démembrèrent le royaume burgonde en 534. Gontran* le restaura en 561.

**BURGOS** → ÉTYM. esp. «bourgs, faubourgs» [la v. résulte de la réunion de plusieurs bourgs] ♦ V. d'Espagne (Castilla-León), ch.-l. de prov., à l'O. des monts Ibériques (850 m). 174 075 hab. Célèbre cathédrale gothique Sainte-Marie (XIIIe - XVIIIe s.). Églises San Gadea (XIIe s.) ; San Estebán (XIIe s.) ; San Gil (XIIIe - XIVe s.). Abbaye cistercienne de Santa Maria de las Huelgas, chartreuse de Miraflores. Anc. fortifications. Maison du Cid* (Solar del Cid). ▪ Centre commercial et indus. ▮ **Histoire** Anc. capitale de la Castille jusqu'à la fin du XIe s., la ville fut prise par les Français en 1808 et assiégée par les Britanniques en 1812. Elle fut le siège du gouvernement nationaliste espagnol de 1936 à 1939.

**Burgos.** La cathédrale. *Phot. © Vladimir Korostyshevskiy/Shutterstock*

**BURGOYNE (John)** ♦ Général britannique (Londres 1722 - *id.* 1792). L'échec de son offensive vers le sud, à la fin de la guerre de l'Indépendance* américaine, le contraignit à la capitulation de Saratoga* (1777), qui consacrait la victoire des États-Unis. Auteur de pamphlets et de pièces de théâtre. ♦ Sir **John Fox Burgoyne.** Maréchal britannique (Londres 1782 - *id.* 1871). Fils illégitime du précédent. Il se distingua particulièrement en Espagne, sous Wellington* (1809 - 1814) et eut un rôle capital auprès de Raglan*, au siège de Sébastopol* (1855).

Les **Burgraves** ♦ Drame en 3 parties de Victor Hugo* (1843). L'empereur Frédéric Barberousse a disparu en Orient. Au bord du Rhin, dans son château solitaire, seul témoin d'une époque qui fut fabuleuse pour l'Allemagne, son frère, le vieux burgrave Job, vit encore. Les deux hommes se sont jadis querellés pour une femme, Guanhumara, et Job, qui se nommait alors Fosco, a poignardé son frère qui portait lui aussi un autre nom, Donato. Mais voici que Barberousse reparaît sous la défroque d'un mendiant. Instigatrice d'une affreuse vengeance, Guanhumara périt tandis que les deux frères se réconcilient.

**BURIAN (Emil)** ♦ Metteur en scène et compositeur tchèque (Pilsen 1904 - Prague 1959). Affirmant l'importance du politique, il créa le «théâtrographe», inspiré de Piscator*. En 1934, il dirigea le théâtre D-34 à Prague. Dans ses textes théoriques, il prône la prédominance du metteur en scène.

**burgraves**

n. m. pl. → ÉTYM. du moy. haut all. *burcgrâve* «châtelain» ♦ Nom donné sous la IIe République aux représentants du parti de l'Ordre (conservateur à tendance monarchiste) qui, à l'Assemblée législative, contribuèrent à faire voter la suppression du suffrage universel (loi du 31 mai 1850).

**BURIDAN (Jean)** ♦ Philosophe scolastique (Béthune v. 1300 - apr. 1358). Son nom fut popularisé par le fameux argument de l'âne (*âne de Buridan*), qui, ayant aussi faim que soif et se trouvant à égale distance d'une botte de foin et d'un seau d'eau, ne parvient pas à choisir ; cet argument, dont on ne trouve point trace dans son œuvre, pourrait avoir été utilisé dans ses cours contre les partisans du déterminisme (pour lesquels l'âne mourra de faim et de soif, ce qui semble peu vraisemblable) ou au contraire contre ceux du libre arbitre (qui le supposent doué d'une liberté d'indifférence). Recteur de l'université de Paris en 1328 et 1340, Buridan a laissé l'œuvre d'un maître ès arts du Moyen Âge : logique, métaphysique, philosophie naturelle, éthique. Disciple de Guillaume d'Occam, il n'en accepta pas sans réserve le nominalisme. Une des parties les plus intéressantes de sa pensée réside dans sa critique de la doctrine couramment admise du mouvement. À l'idée [aristotélicienne] selon laquelle la continuation du mouvement suppose la présence «actuelle» d'un moteur (distinct du mobile lui-même), il opposa la thèse selon laquelle elle résulte d'un élan (*impetus*) transmis par le moteur à l'objet mû. Aussi n'est-ce pas sans raison qu'on a pu dire qu'il «est arrivé fort près de la notion qui sera celle de l'*impeto* chez Galilée et de la quantité de mouvement chez Descartes» (E. Gilson), c.-à-d. celle du mécanisme scientifique du XVIIe s.

**BURKE (Edmund)** ♦ Homme politique et écrivain britannique (Dublin 1729 - Beaconsfield, Buckinghamshire 1797). Un des chefs du parti des whigs ; lié à Fox*, il se fit le défenseur des colonies américaines, des catholiques irlandais et s'opposa au second Pitt*. Brillant orateur, il attaqua violemment Hastings* sur sa politique indienne. Adversaire résolu de la Révolution, il publia des *Réflexions sur la Révolution française* (1790) dénonçant au nom du libéralisme un bouleversement qui ne pouvait, selon lui, que conduire à la tyrannie.

**BURKE (Robert O'HARA)** ♦ Voyageur britannique (Saint Cleram, Galway 1821 - en Australie 1861). Il traversa l'Australie du S. au N., découvrant des régions alors inexplorées.

**BURKINA FASO**

▮ n. m. → ÉTYM. «pays des hommes intègres» – anc. ***Haute-Volta*** ♦ Pays d'Afrique occidentale. 274 000 km². 15 650 000 hab. (*Burkinabés*). LANGUES : français (off.), mossi, malinké, dioula, peul. POPULATION : Mossis* dans le Centre (2/3 de la pop.), Bobos, Gourounsis, Lobis, Dioulas* dans l'O. et le S., Touaregs* nomades dans le N., Haoussas*, Peuls. RELIGIONS : animistes, musulmans, chrétiens. MONNAIE : franc CFA. CAPITALE : Ouagadougou. RÉGIME : présidentiel. Le Burkina Faso est divisé en 45 provinces.

▮ **GÉOGRAPHIE** Le Burkina Faso forme un vaste plateau latéritique peu raviné de 300 m d'alt. qui s'effondre au S.-O. (falaise de Banfora). Le climat est de type soudanais avec forêt claire et savane arborée au centre, sahélien avec savane arbustive au N. ; forêts-galeries le long des cours d'eau. Au centre, les Volta Noire (la seule rivière pérenne), Rouge et Blanche coulent vers le Ghana ; de petites rivières alimentent le Niger à l'E. et la Pendjari au S. ; la Comoé, fleuve de la Côte d'Ivoire, prend sa source dans la falaise de Banfora à l'O. L'aridité du plateau Mossi est un obstacle au développement de l'agriculture (mil, sorgho, maïs pour les cultures vivrières ; coton — 1er producteur d'Afrique subsaharienne ; 60 % des recettes à l'exportation — et arachide pour les cultures dites de rente). L'éradication de l'onchocercose dans les vallées de la Volta permet la culture inondable du riz. Dans le N. l'absence de mouche tsé-tsé favorise l'élevage du bétail (abattoirs frigorifiques à Ouagadougou et Bobo-Dioulasso). Le chemin de fer Abidjan — Bobo-Dioulasso — Ouagadougou a été prolongé jusqu'aux mines de manganèse de Tambao dans le N. Le Burkina Faso a surmonté la crise en Côte d'Ivoire, qui a chassé 350 000 Burkinabés expatriés et fermé le port d'Abidjan à ses productions.

▮ **HISTOIRE** Le N. est riche en vestiges néolithiques et l'existence de la métallurgie (scories, restes de fours) est attestée sur le reste du territoire dès le début de notre ère. L'or fut exploité au Moyen Âge pour le compte des empires de la savane, tandis que des petits royaumes se mettaient en place dans l'E. (Gourmantchés à Fada-N'Gourma), au Centre et au N.-O. (Mossis à Tenkodogo, au Yatenga

**Burkina Faso.**

et à Ouagadougou). Les Dioulas fondèrent Bobo-Dioulasso au XV^e^ s. Devançant les Britanniques, les Français Voulet et Chanoine s'emparèrent de Ouagadougou en 1897 et signèrent un traité de protectorat avec le *naba* (roi). Territoire militaire intégré au Soudan français jusqu'en 1904, le pays fit ensuite partie du Haut-Sénégal-Niger jusqu'en 1919 puis devint la colonie de Haute-Volta. De 1932 à 1947, la région de Bobo-Dioulasso fut intégrée politiquement et économiquement à la Côte d'Ivoire et les autres régions annexées au Niger et au Soudan (Mali). La Haute-Volta retrouva ses limites territoriales en 1947 et s'engagea dans la lutte politique à travers le syndicalisme et la section locale du Rassemblement démocratique africain regroupant les nationalistes de l'A-OF. Elle accéda à l'indépendance en 1960 sous la présidence de Yaméogo (mort en 1993) qui fut chassé par un soulèvement populaire en 1966. L'armée prit le pouvoir en 1970 et les coups d'État se succédèrent, ponctués par des manifestations populaires jusqu'à l'arrivée en 1983 du capitaine Thomas Sankara. Ce dernier rebaptisa la Haute-Volta «Pays des hommes intègres» ou Burkina Faso, et engagea une «révolution démocratique et populaire». En 1987, il fut renversé par Blaise Compaoré, son Premier ministre et compagnon d'armes. En 1991, une nouvelle Constitution instaura le multipartisme, mais l'opposition, qui ne put obtenir la tenue d'une conférence nationale, boycotta l'élection présidentielle. Le président Compaoré, fortement contesté à l'occasion de l'assassinat du journaliste N. Zongo (non-lieu rendu en 2006), a été accusé de mener une politique activiste dans les guerres civiles du Liberia, de Sierra Leone et de Côte d'Ivoire. L'augmentation des prix et les effets sur l'économie de ce pays enclavé ont provoqué de violentes émeutes en 2008.

**BURLINGTON** ♦ V. du Canada (Ontario). 164 415 hab. Ville résidentielle. Siège du Centre de recherche pour les eaux intérieures.

**BURNABY** ♦ V. du Canada (Colombie-Britannique). 202 799 hab. Université. Ville résidentielle et industrielle (bois, sidérurgie).

**BURNE-JONES** (sir **Edward Jones,** dit) ♦ Peintre aquarelliste, dessinateur, peintre sur verre et céramiste britannique (Birmingham 1833 - Londres 1898). Ami de W. Morris*, il admira Ruskin* et les premières œuvres des préraphaélites ; il fut marqué par Botticelli puis par les Vénitiens, Mantegna et Michel-Ange. À Londres en 1856, il subit fortement l'influence de Rossetti*. Il empruntait ses sujets à la littérature, surtout aux légendes médiévales, était peu attentif à l'observation de la réalité et aimait les clairs-obscurs accentués. Le caractère décoratif de ses œuvres, son goût pour les rythmes linéaires et les formes sinueuses annoncent l'Art nouveau (*L'Enchantement de Merlin,* 1874). Sous les traits de femmes légendaires et médiévales, il a en fait peint, en les idéalisant, les Anglaises de l'aristocratie victorienne.

**BURNET** (sir **Frank Macfarlane**) ♦ Médecin australien (Traralgon, Victoria 1899 - Melbourne 1985). Auteur de recherches sur les virus, en particulier celui de la grippe, il est surtout connu pour ses travaux sur l'immunité tissulaire comme cause du rejet des greffes. [Prix Nobel de physiol. ou méd. 1960, avec P. Medawar*]

**BURNEY (Charles)** ♦ Compositeur, homme de lettres et historien britannique de la musique (Shrewsbury 1726 - Chelsea College, Londres 1814). Il publia une histoire de la musique *(General History of Music)* en quatre volumes (1776, 1782, 1789), la première en langue anglaise. Pour s'y préparer, il parcourut en 1770 la France et l'Italie et en 1772 l'Allemagne, les Pays-Bas et les Provinces-Unies, publiant chaque fois à son retour un volume sur l'état de la musique *(The Present State of Music...)* dans ces pays (1771 et 1773). Élevé dans le culte de Haendel, il s'enthousiasma pour Haydn, qu'il accueillit à Londres en 1791, et reconnut la grandeur de Beethoven.

**BURNEY (Frances,** dite **Fanny)** ♦ Romancière britannique (King's Lynn, Norfolk 1752 - Londres 1840). Fille du musicien Charles Burney, elle connut très tôt la vie mondaine londonienne et fut une adepte de S. Richardson* à qui elle emprunta la forme (épistolaire) et le style de ses romans. Les 84 lettres d'*Evelina ou l'Entrée d'une jeune personne dans le monde* (1778) constituent un document plein de fraîcheur sur les habitudes de la bonne société de l'époque. *Cécilia ou les Mémoires d'une héritière* (1782), *Camilla* (1796) et *La Vagabonde* (1814) sont de la même veine. Son *Journal* (posth. 1889) montre cette devancière de Jane Austen* demoiselle d'honneur de la reine (1786 - 1791), mariée au général d'Arblay (1791), parisienne à la mode et même emprisonnée par la police impériale. Après la mort de son père, elle détruisit ou rendit illisibles certains de ses manuscrits.

**BURNHAM (James)** ♦ Philosophe américain (Chicago 1905 - 1987). Affilié à un groupe trotskiste en 1933, il s'en sépara en 1940 et fit alors une analyse critique du marxisme, socialisme et capitalisme lui paraissant dépassés par le développement et la complexité croissante de l'économie mondiale, avec l'avènement de la technocratie. Princ. ouvrages : *L'Ère des organisateurs* (1941, trad. fr. 1947), *Les Machiavéliens* (1943, trad. fr. 1950), *Pour la domination mondiale* (1947).

**BURNLEY** ♦ V. d'Angleterre (Lancashire), au N. de Manchester sur le canal de Leeds à Liverpool. 89 451 hab. Anc. ville minière. Indus. mécaniques, textiles et cartonnages. Taux de chômage élevé en raison du déclin des industries manufacturières. — La ville fut le théâtre de violentes émeutes raciales en 2001.

**BURNOUF (Jean-Louis)** ♦ Philologue français (Urville, Normandie 1775 - Paris 1844). On lui doit des méthodes pour l'étude du grec (1814) et du latin (1840), ainsi qu'une traduction de Tacite*. ♦ **Eugène Burnouf.** Orientaliste français (Paris 1801 - *id.* 1852). Fils du précédent. Professeur de sanskrit au Collège de France (1832), il étudia l'avestique et traduisit et commenta un des livres de l'Avesta* (1829 - 1833). On lui doit également une *Introduction à l'histoire du bouddhisme indien* (1845). ➝ **ÉTYM.** *Burnouf* vient du norrois *Bjoern* «ours» et *wulf* «loup».

**BURNS (Robert)** ♦ Poète britannique (Alloway, Ayrshire 1759 - Dumfries 1796). Fils de petits fermiers écossais, autodidacte, il lut Pope, Thomson, Gray, Young, pour former son style et publia ses *Poèmes* en 1786 avec la mention «pour la plupart en langage écossais» (c'est-à-dire en anglais régional d'Écosse). Burns écrivait ses vers aussi bien aux champs qu'à l'église ; sa poésie célèbre la beauté de la vie rustique. Son poème comique *Tam O'Shanter,* 1790, 200 vers, fut composé en une seule journée. Révolutionnaire dans l'âme, Burns ne dédaignait pas la satire religieuse et politique *(La Prière du bon Willie). Les Deux Chiens* est une imitation pleine d'ironie légère de *La Conversation des chiens* de Cervantès. Le même ton imprègne une cantate avec récitatifs, *Les Joyeux Mendiants* (1799). Ses chansons parurent dans le *Musée musical écossais* de James Johnson. L'emploi de régionalismes populaires, le ton vivant et simple, la drôlerie humaine et le sens spontané de la nature valurent à sa poésie l'admiration des romantiques.

**BURRI (Alberto)** ♦ Artiste italien (Città di Castello, Ombrie 1915 - Nice 1995). Médecin pendant la Deuxième Guerre mondiale et retenu prisonnier dans un camp du Texas, il commença à peindre en autodidacte. De retour à Rome, marqué par la guerre et l'effondrement des valeurs traditionnelles, il créa des collages avec ce qui devait devenir son matériau permanent, des déchets de toile. Il fonda le groupe *Origine* et travailla par séries : *Catrami* («Goudrons»), *Muffe* («Moisissures»), *Sacchi* à partir de 1950 *(Sacco e bianco,* 1953), *Legni* («Bois») en 1955, puis *Combustione* («Combustions»). Les *Cellotex,* couches de vinyle brûlées, suivirent, puis les *Cretti,* en blanc et noir uniquement, à la surface savamment craquelée. L'extrême réduction de moyens annonce l'arte povera et le junk art, mais Burri fait œuvre esthétique par la rigueur de ses compositions et par son message : les matériaux de ses œuvres résisteront aux pires désastres du fait de leur pauvreté.

**BURRI (René)** ♦ Photographe suisse (Zurich 1933). Depuis les années 1950, il a couvert tous les événements marquants de la planète dans le registre documentaire et de reportage (guerre de Corée, du Viêtnam, Cuba, États-Unis, Chine, Japon, Afrique du Sud...) mais il a également excellé dans la photographie de portrait (Che Guevara fumant le cigare, Giacometti, Le Corbusier, Picasso), de paysage ou d'architecture (*Sao Paulo,* 1960). Il doit notamment sa réputation à sa manière de composer les images et à l'audace de ses cadrages. Il devint membre de l'agence Magnum en 1959.

**BURROUGHS (Edgar Rice)** ♦ Romancier américain (Chicago 1875 - Encino, près de Los Angeles 1950). Après avoir servi dans la cavalerie américaine, il fut chercheur d'or en Oregon, cow-boy en Idaho et policier à Salt Lake City. En 1914, il publia le premier volume de la série des *Tarzan**, dont il avait créé le personnage en 1912 (*Le Retour de Tarzan*, 1915 ; *Le Fils de Tarzan*, 1917 ; *Tarzan le Terrible*, 1921 ; *Tarzan et les Hommes léopards*, 1935, etc.). La série de *La Princesse de Mars* (feuilleton 1912 ; vol. 1917), roman de science-fiction, connut moins de succès. ➝ ÉTYM. Ce nom vient du vieil anglais *burh* «place fortifiée».

**BURROUGHS (William Seward)** ♦ Écrivain américain (Saint Louis, Missouri 1914 - Lawrence, Kansas 1997). Petit-fils de l'industriel William Seward Burroughs, associé aux premiers «beatniks», drogué et aventurier, il se fit connaître en 1959 par *Le Festin nu*, roman hallucinatoire, pornographique et satirique, bâti sur son expérience personnelle. L'univers grotesque, fantasmagorique et homosexuel de Burroughs s'exprime dans *La Machine molle* (1961), *Nova Express* (1964) ou *Les Garçons sauvages* (1971). *Junkie* (1953) décrit avec réalisme le milieu des toxicomanes. Avec son ami le peintre et écrivain Brion Gysin, le romancier a mis au point pour ses manuscrits une méthode de découpage et de pliage relativement aléatoires, donnant des rhapsodies hétéroclites, souvent influencées par la science-fiction, écrites dans une langue drue, imaginative, argotique et puissante où perce une veine satirique évoquant Céline.

**BURRUS** ou **BURRHUS** – en lat. ***Sextus Afranius Burrus*** ♦ (mort en 62). Préfet du prétoire de 51 à 62 par la faveur d'Agrippine*, il fut chargé avec Sénèque* de l'éducation de Néron*. Son austérité valut au monde romain sept années de bon gouvernement pendant lesquelles il s'employa à contenir les mauvais penchants du jeune prince. Mais il n'hésita pas à tirer profit du meurtre de Britannicus* et Néron se débarrassa de lui. Racine en fit un personnage de *Britannicus**.

**BURSA** ➝ ÉTYM. anc. ***Brousse*** ; du n. de *Prusias** 1er ♦ V. du N.-O. de la Turquie, ch.-l. de prov., en Asie Mineure, près de la mer de Marmara, au pied de l'Ulu Dağ (Olympe de Brousse). 1 431 172 hab. Siège de l'univ. de l'Ulu Dağ. ▪ Station thermale et touristique (monuments anc.). Grand centre industriel (tissage de la soie et de la laine, indus. agroalimentaires, automobile) et métropole régionale des rives S. de la mer de Marmara. ▮ **Histoire** Fondée par Prusias* Ier à la fin du –IIIe s., l'antique *Prusa* fut la capitale des rois de Bithynie*. Devenue romaine puis byzantine, elle tomba aux mains des Turcs et fut la résidence des sultans ottomans au XIVe s. et au début du XVe s.

**Burschenschaft** n. f. ♦ Association d'étudiants allemands, d'inspiration patriotique et libérale, qui se développa lors des guerres de libération antinapoléoniennes, et poursuivit son action après 1815 : elle organisa notamment la rencontre de la Wartburg, en 1817. L'assassinat de Kotzebue par Sand permit à Metternich* de la faire interdire par le congrès de Karlsbad (➝ **Karlovy Vary**). Elle prit alors un caractère clandestin et ses membres furent poursuivis et souvent emprisonnés.

**BURT (sir Cyril)** ♦ Psychologue britannique (Stratford on Avon 1883 - Londres 1971). Spécialiste de la statistique psychologique et des théories de l'intelligence, il a écrit notamment : *Factors of the Mind* («Les Facteurs de l'esprit», 1940) et *The Causes and Treatment of Backwardness* («Causes et Traitement de l'arriération», 1952).

**BURTON (Robert)** ♦ Essayiste anglais (Lindley, Leicestershire 1577 - Oxford 1640). Après des études au Brasenove College d'Oxford, il devint pasteur, mais il se considérait comme «ecclésiastique de profession et médecin par vocation». *L'Anatomie de la mélancolie* (1621) étudie «ses manifestations, causes, symptômes, signes pronostiques et les différentes manières de la soigner». Dans cette analyse de la folie, à la fois sérieuse et humoristique, l'auteur utilise une méthode scolastique malgré une curiosité de psychologue apparentée à celle de Montaigne. Son influence sur Milton* et Lamb* est certaine et Keats* s'en inspira. Il est considéré comme l'un des principaux humanistes anglais. ➝ ÉTYM. Ce nom de famille vient du vieil anglais *burh* «forteresse» et *tūn* «village».

**BURTON (sir Richard Francis)** ♦ Voyageur et écrivain britannique (Torquay 1821 - Trieste 1890). Ancien officier de la Compagnie des Indes et polyglotte exceptionnel, il visita sous un déguisement La Mecque et Médine (1853), l'Afrique orientale, notamment Harrar également interdite aux Européens, et, à la recherche des sources du Nil, découvrit le lac Tanganyika* avec Speke* (1858). Il explora ensuite le pays des Mormons (États-Unis), le Brésil, la Syrie, la Côte-de-l'Or (Ghana) avant d'être nommé consul à Trieste. Très abondante, son œuvre littéraire comporte les récits de ses explorations et une traduction célèbre des *Mille et Une Nuits* (1885).

**BURTON (Richard Walter JENKINS, dit Richard)** ➝ ÉTYM. du n. de son professeur Philip H. *Burton* ♦ Acteur britannique (Pontrhydfen, pays de Galles 1925 - Genève 1984). Reconnu pour son talent de composition, il joua au célèbre théâtre londonien de l'Old Vic (1953 - 1954). Acteur shakespearien au jeu généreux et classique, il interpréta Caliban, Othello, Iago et Hamlet. Après 1960, il mena une carrière cinématographique à Hollywood, souvent aux côtés de sa femme Elizabeth Taylor (*Cléopâtre* de J. Mankiewicz, 1963 ; *Qui a peur de Virginia Woolf ?* de M. Nichols, 1966).

**BURTON (Tim)** ♦ Réalisateur américain (Burbank 1958). Après avoir fait de l'animation dans les studios Disney, il affirma son goût pour les films de monstres et la veine du fantastique dans *Pee Wee's Big Adventure* (1985), *Beetlejuice* (1988), *Batman* (1989 et 1992) ou *Edward aux mains d'argent* (1991) avec Johnny Depp qui devint son acteur fétiche. Son humour teinte la biographie d'*Ed Wood* (1994), hommage au cinéma à travers le portrait d'un réalisateur passionné mais sans talent, et *Mars attacks !* (1996), sur le mythe des Martiens. On lui doit également *Sleepy Hollow* (1999), *Big Fish* (2003), *Charlie et la chocolaterie* (2005), *Les Noces funèbres* (dessin animé, 2005) et *Sweeny Todd* (2008).

Tim **Burton**. Johnny Depp dans le film *Edward aux mains d'argent*.
*Phot. © Rue des Archives/CSFF*

**BURTON UPON TRENT** ♦ V. d'Angleterre (Staffordshire) sur la Trent, au S.-O. de Nottingham. 50 000 hab. Brasseries.

**BURU** ♦ Île indonésienne (9 000 km²), au centre des Moluques, à l'O. de Seram. Cette île, très montagneuse (mont Kapalatmada, 2 736 m), produit de l'huile d'eucalyptus. Des milliers de sympathisants communistes y furent envoyés en captivité par les autorités indonésiennes à la suite du coup d'État de 1965.

## BURUNDI

▮ n. m. – off. ***république du Burundi***, anc. ***Urundi*** – «pays des Rundi» ♦ Pays d'Afrique centrale, dans la région des Grands-Lacs. 27 834 km². 9 207 000 hab. (*Burundais*). LANGUES : kirundi et français (off.), souahéli. POPULATION : Hutus (majoritaires), Tutsis (15 %), Twas (Pygmées). RELIGIONS : chrétiens, musulmans, animistes. MONNAIE : franc du Burundi. CAPITALE : Bujumbura. RÉGIME : présidentiel.

▮ **GÉOGRAPHIE** Le Burundi est un pays de hauts plateaux (1 500 m en moyenne) situé sur la crête Congo-Nil : il est bordé à l'O. par le lac Tanganyika et la rivière Ruzizi ; la Ruvubu prend sa source dans le S. Le relief, relevé à l'O., est constitué de nombreuses collines soumises à une forte érosion en raison du surpâturage. L'économie est essentiellement fondée sur l'agriculture et les zones de cultures sont différentes selon l'altitude : à l'E. (900 à 1 500 m), le climat tropical humide est favorable aux cultures vivrières traditionnelles (sorgho, manioc, haricots, patates douces) et aux anciennes cultures coloniales (coton, palmier à huile) ; au centre (1 500 à 2 000 m), le climat humide et tempéré de moyenne altitude est bien adapté à la culture du café, du thé et du tabac, qui constituent la plus grande partie des exportations ; à l'O. (2 000 m et plus), la zone de haute altitude permet la culture des céréales (froment, orge) et des arbres fruitiers. Le bétail (vaches à longues cornes), peu productif, occupe une partie très importante de la superficie. Les minerais (nickel, uranium, étain, or) sont peu exploités en raison de l'enclavement du pays. La pêche est pratiquée dans le lac Tanganyika et dans des retenues d'eau aménagées. Le Burundi possède l'une des plus fortes densités humaines d'Afrique (277 hab./km²). Son PNB par hab. est le plus faible du monde.

▮ **HISTOIRE** ▮ **Bantous, Hutus, Tutsis et Twas** Des vestiges du Lupembien (Paléolithique final du bassin du Congo, v. –10 000) ont été découverts sur les bords du lac Tanganyika. Des cultivateurs bantous s'installèrent dans la région au début de l'ère chrétienne (défrichage des clairières et métallurgie du fer) et des pasteurs en provenance du N.-E. s'établirent dans le pays à partir du IIe millénaire. La population du Burundi présente les caractéristiques d'une seule ethnie (langue, traditions) divisée en castes et en clans. La mise en place des castes alla de pair avec l'affirmation progressive du pouvoir royal au détriment des clans militaires (XVIe s. env.). La possession du bétail devint le critère de différenciation sociale, les agriculteurs, les Hutus, assumant, en un échange inégal, l'entretien des bovins appartenant aux pasteurs, les Tutsis (contrat dit de l'*ubuhake*). Le souverain, le

**Burundi.**

*mwami*, était un Tutsi et la reine mère était le deuxième personnage du royaume. Les Twas, chasseurs-cueilleurs de la forêt semi-sédentarisés, étaient forgerons ou potiers au service des Tutsis. Querelles dynastiques et coups d'État ponctuèrent les règnes des souverains, mais l'enracinement des institutions permit au pays de résister aux raids esclavagistes qui déstabilisèrent l'Afrique centrale au XIXe s. **▮ La colonisation** Les missionnaires furent les premiers explorateurs du Burundi (une mission fut fondée à Bujumbura, au bord du lac Tanganyika en 1896). En 1903 le mwami Kisabo signa un traité de protectorat avec l'Allemagne. → **Afrique-Orientale allemande.** Celle-ci fut battue en 1916 par les troupes belges qui confirmèrent le mwami au pouvoir. En 1923, la SDN confia au roi des Belges un mandat sur le pays qui constitua, avec son voisin du N., le territoire du Ruanda*-Urundi ayant Bujumbura pour capitale, et dépendant du Congo* belge. En 1946, l'ONU transforma le mandat en une administration sous tutelle devant aboutir à l'indépendance. **▮ L'indépendance et la monarchie** Les élections de 1961 mirent en évidence l'existence d'un clivage politique tutsi-hutu. La même année, l'assassinat du prince-héritier et chef du gouvernement, Louis Rwagasore, marqua le début des malheurs du Burundi. Après l'indépendance (1962), le Premier ministre hutu, Pierre N'Gendandunwe, fut assassiné à son tour (1964). En octobre de l'année suivante, des officiers hutus tentèrent un coup de force. Le mwami s'enfuit et son fils en profita pour le déposer. Le ministre de la Défense, le capitaine Michel Micombero, s'empara du pouvoir et proclama la république (1966). **▮ La république et la guerre civile** L'abolition de la monarchie laissa le champ libre aux clans tutsis, les plus hostiles au partage du pouvoir par crainte d'une révolution comme au Rwanda* voisin. Ils s'engagèrent dans une politique de répression contre les Hutus qui culmina avec les massacres de 1972 (200 000 morts). En 1976, la nomination du général Bagaza à la présidence de la République marqua un retour au dialogue (abolition des distinctions ethniques), mais Bagaza fut déposé en 1987 par le major Buyoya et de nouveaux massacres de Hutus ensanglantèrent le pays. Les élections libres de juin 1993 portèrent au pouvoir un Hutu, Melchior N'Dadaye, qui s'engagea dans une politique de réconciliation. Mais son assassinat (oct. 1993), perpétré, selon une commission d'enquête, par l'armée à majorité tutsie, déclencha des massacres dans tout le pays et la fuite vers les pays voisins de près d'un million de réfugiés. Cyprien Ntaryamira, élu en fév. 1994, fut à son tour tué en même temps que le président du Rwanda (avr. 1994) et des milliers de Rwandais fuyant la guerre civile affluèrent au Burundi. Un Hutu, Sylvestre Ntibantunganya, lui succéda en oct. 1994 mais il ne put mettre fin aux massacres touchant surtout les Hutus. **▮ Le retour à la paix** Revenu au pouvoir par un putsch en 1996, l'ancien président tutsi Pierre Buyoya engagea des pourparlers de paix avec la rébellion hutue à Arusha sous l'égide de l'Afrique du Sud. En conformité avec cet accord, auquel se rallia le dernier mouvement rebelle (les Forces nationales de libération) en janv. 2004, le président Buyoya céda la place à un président de transition, le Hutu Domitien Ndayizeye. Une nouvelle Constitution garantit 60 % des sièges de l'Assemblée nationale aux Hutus et 40 % aux Tutsis. Le Conseil national pour la défense de la démocratie (CNDD-FDD), principal mouvement rebelle hutu, signa un accord de paix, remporta les législatives en 2005 et son dirigeant, Pierre Nkurunziza, fut élu à la présidence. Un gouvernement de large consensus, constitué en nov. 2007, aboutit à la transformation du principal mouvement de guérilla en un parti politique.

---

**BURY (Pol)** ♦ Peintre et sculpteur belge (Haine-Saint-Pierre 1922 - Paris 2005). Après une phase surréaliste, il se joignit au groupe Cobra* de 1949 à 1951, puis, abandonnant la peinture, s'orienta vers l'art cinétique. Il exécuta des sculptures à éléments mobiles, animés, par le moyen de moteurs électriques, de mouvements dont la lenteur même incite le spectateur à une réflexion sur l'espace et le temps. Utilisant les forces magnétiques, il créa des œuvres monumentales : quarante colonnes pour la faculté des sciences de Montpellier, plafond du métro de Bruxelles. Il est l'auteur de nombreux écrits, dont *L'Art à bicyclette et la révolution à cheval* (1972) et *Les Horribles Mouvements de l'immobilité* (1977).

**BURY** ♦ V. d'Angleterre (Greater Manchester), au N. de Manchester. 180 612 hab. Indus. textile, papeteries.

**BURY SAINT EDMUNDS** ♦ V. d'Angleterre (Suffolk). 27 000 hab. Ruines d'une abbaye, fondée v. 630.

**BUSAN** → **Pusan**

**BUSCH (Wilhelm)** ♦ Humoriste allemand (Wiedensahl, Hanovre 1832 - Mechtshausen, Harz 1908). Ses dessins, volontiers caricaturaux, et accompagnés de légendes en vers, raillent avec humour mais aussi pessimisme, la culture et la morale bourgeoises de l'époque (*Max und Moritz*, 1865, trad. fr. 1952 ; *La Pieuse Hélène*, 1872 ; *Tobie Knopp*, 1877).

**BUSCH (Adolf)** ♦ Violoniste suisse d'origine allemande (Siegen 1891 - Guilford 1952). Il forma un quatuor et se consacra surtout à la musique de chambre. Il fut l'interprète de Bach et de la musique romantique allemande. Il eut deux frères, le chef d'orchestre FRITZ BUSCH (Siegen 1890 - Londres 1951) et le violoncelliste HERMANN BUSCH (Siegen 1897 - Bryn Mawr, Pennsylvanie 1975).

**BUSH (Vannevar)** ♦ Ingénieur américain (Everett, Massachusetts 1890 - Belmont, Massachusetts 1974). Il créa le premier calculateur analogique complet et contribua à la naissance de la cybernétique. Il joua un grand rôle dans l'effort de guerre américain et participa à la mise au point de la bombe atomique.

**BUSH (George Herbert Walker)** ♦ Homme d'État américain (Milton, Massachusetts 1924). 41e président des États-Unis. Il fut le plus jeune pilote de l'aéronavale américaine et fut décoré pendant la guerre du Pacifique. Diplômé de Yale, il fonda une compagnie de pétrole au Texas. Élu à la Chambre des représentants sous l'étiquette républicaine en 1966 et en 1968, il fut nommé ambassadeur à l'ONU en 1971, président du parti républicain en 1973, représentant des États-Unis en Chine en 1975 et directeur de la CIA en 1976. Vice-président de R. Reagan dès 1981, il devint président des États-Unis en 1989. Sa politique s'inscrivit dans la continuité de celle de R. Reagan*, sauf en ce qui concerne la protection de l'environnement (*Clean Air Act*, 1990). Il remporta d'indéniables succès en politique étrangère (dégel des relations avec l'Union soviétique, fin de la guerre froide, guerre du Golfe*), mais il ne réussit pas à juguler la crise économique et sociale (déficit budgétaire, récession, montée du chômage) et fut battu par B. Clinton* en 1992. ♦ **George W. Bush** (New Haven, 1946). Fils du précédent. 43e président des États-Unis (2001-2009). Il devint gouverneur républicain du Texas dès 1995. En déc. 2000, il remporta difficilement l'élection présidentielle sur le démocrate Al Gore. Le contentieux opposant les deux candidats dut être porté devant la Cour suprême des États-Unis. En mars 2001, il refusa de ratifier le protocole de Kyōto*. Confronté au terrorisme islamiste avec les attentats du 11 sept. 2001, il lança une opération militaire («Liberté immuable») contre al-Qaida* et les talibans en Afghanistan*. Considérant le régime de Saddam Hussein comme dangereux pour la paix, il intervint militairement en Irak en mars 2003. Il obtint un deuxième mandat en 2004 et continua d'exercer une vive pression sur l'Iran, alléguant le risque nucléaire. ➝ **ÉTYM.** Le nom de famille *Bush* vient d'un nom de localité, de l'anglais *bush* «buisson».

**Bushidō** n. m. ♦ Code éthique des guerriers du Japon, formulé au XVIIe s. selon des principes confucéens, par des philosophes désireux d'affermir la puissance de la caste des samouraïs. Ce code remplaça celui, plus ancien et non formulé (mais plus véritablement japonais), de la «Voie de l'Arc et du Cheval».

**BUSHMEN** → **Bochimans**

**BUSHNELL (David)** ♦ Inventeur américain (Saybrook, Connecticut 1742 - Warrenton 1824). Un des précurseurs de la conception des sous-marins (il construisit la *Tortue* en 1775) et de l'emploi de l'hélice comme moyen de propulsion des navires.

**BUSI (Aldo)** ♦ Écrivain italien (Montichiari 1948). Il se fit connaître en 1984 avec la publication de *Séminaire sur la jeunesse* puis avec *Vie standard d'un vendeur provisoire de collants* (1985) et *Sodomie en corps onze : non voyage, non sexe et écriture* (1988). Auteur fécond, il a également «réécrit» des classiques italiens tels *Le Décaméron* de Boccace et *Le Livre du courtisan* de Baldassare Castiglione.

**BUSIRIS** ♦ Roi d'Égypte, dans la mythologie grecque. La sécheresse et la famine éprouvant l'Égypte depuis plusieurs années, un devin de Chypre, Phrasios, déclara qu'il fallait sacrifier tous les étrangers pour apaiser la colère de Zeus. Busiris immola le devin. Lorsque Héraclès* arriva en Égypte, Busiris voulut le sacrifier mais le héros tua le roi, son fils Amphidamas et ses serviteurs. ▪ Le nom de Busiris est sans doute une transcription grecque (comme le sera plus tardivement Osiris*) du nom du dieu égyptien *Usyri*.

**BUSNOIS (Antoine)** ♦ Poète et musicien français (v. 1440 - Bruges 1492). Chantre de la chapelle de Bourgogne jusqu'en 1482, il est l'auteur de trois messes (dont *L'Homme armé*, à quatre voix), de motets, mais brilla surtout dans la chanson. Disciple des rhétoriqueurs, il montra une grande aisance dans les jeux d'écriture les plus raffinés.

**BUSON** ou **YOSA BUSON (TANIGUCHI In, dit)** ♦ Poète et peintre japonais (Kema 1716 - Kyōto 1783). Formé à la peinture chinoise, il est le fondateur de l'école des lettrés *(Shankasha)*, que l'austérité raffinée de ses paysages oppose à l'ukiyoe. Le premier, il associa la peinture au haïku, illustrant les œuvres de Bashō*, ou composant lui-même ses poèmes.

**BUSONI (Ferruccio)** ♦ Compositeur et pianiste allemand, d'origine italienne (Empoli 1866 - Berlin 1924). Pianiste et virtuose, il entreprit de brillantes tournées tant en Europe qu'en Amérique du Nord. Successivement professeur à Bologne, Vienne, Moscou et Berlin, il a composé dans tous les genres (opéras, musique symphonique et chorale, musique de chambre). Esprit curieux de nouveauté, il a poursuivi dans le domaine de l'harmonie des recherches qui font de lui le précurseur de Schoenberg et de Hindemith (*Arlecchino*, 1916, opéra ; *Doktor Faust*, 1925, opéra achevé par Ph. Jarnach). Il a publié une *Ébauche d'une nouvelle esthétique de la musique* (1907). Ses transcriptions de Bach pour le piano sont célèbres. ➝ **ÉTYM.** *Busoni* est une autre forme de *Bosone* (de *Bosio*, ou *Buoso*), du germanique *boso* «méchant, mauvais».

**BUSSANG** [88540] ➝ **ÉTYM.** du germ. *Busso*, n. de pers., et suff. *-ing* ♦ Comm. des Vosges, arr. d'Épinal, sur la Moselle, près du col du même nom. 1 777 hab. *(Bussenets)*. Théâtre du Peuple fondé en 1885 par M. Pottecher. ▪ Station thermale. Sports d'hiver (620 - 1 220 m). ♦ ***Col de Bussang*** Col des Vosges, près de la source de la Moselle (alt. 727 m).

**BUSSER (Henri)** ♦ Compositeur français (Toulouse 1872 - Paris 1973). Élève de Gounod, Franck, premier Grand Prix de Rome (1893), il fut chef d'orchestre à l'Opéra (1905), puis professeur de la classe de composition au Conservatoire (1931). Son œuvre illustre tous les genres, en particulier l'art lyrique (*Les Noces corinthiennes*, 1922 ; *La Pie borgne*, 1929).

**BUSSET** → Bourbon

**BUSSOTTI (Sylvano)** ♦ Compositeur italien (Florence 1931). Il a travaillé successivement le dodécaphonisme* puis les méthodes aléatoires sous l'influence de J. Cage*, parallèlement à une grande activité de concertiste, de peintre et de metteur en scène orientant ses recherches dans la direction d'un théâtre total. *Due voci*, pour soprano et ondes Martenot ; *Memoria*, pour voix et orchestre (1962) ; ballets (*Bergkristall*, 1973) ; œuvres théâtrales (*Nottetempo*, 1976 ; *Fedra*, 1988 ; *Bozzetto Siciliano*, 1990).

**BUSSUM** ♦ V. des Pays-Bas (Hollande-Septentrionale). 31 308 hab. Commune résidentielle. Indus. légères. Studios de télévision.

**BUSSY D'AMBOISE (Louis DE CLERMONT D'AMBOISE, seigneur DE BUSSY, dit)** ♦ Homme de guerre français (Mognéville v. 1549 - Coutancière, Anjou 1579). Favori du duc d'Alençon*, il fut nommé par lui gouverneur de l'Anjou* (1576) et soumit cette région au pillage. Célèbre pour sa bravoure et ses duels, il fut assassiné par le comte de Monsoreau* dont il avait séduit la femme. ▪ Alexandre Dumas en fit le héros de sa *Dame de Monsoreau*.

**BUSSY-LECLERC** ou **LECLERC (Jean)** ♦ Un des chefs des Seize* pendant la Ligue*, il se montra particulièrement impitoyable. Il mourut en exil à Bruxelles (1635).

**BUSSY-RABUTIN (Roger DE RABUTIN, comte DE BUSSY, dit)** ♦ Écrivain français (Épiry, Nivernais 1618 - Autun 1693). Officier, il participa à la Fronde et gagna l'estime de Condé, puis combattit sous les ordres de Turenne. Il connut la disgrâce dès 1659 en raison de sa réputation de «libertin» et de ses propos sur les amours du roi. L'hostilité du roi s'accentua quand parut à Liège, anonymement (1665), l'*Histoire amoureuse des Gaules*, «roman satirique» où, s'inspirant du *Satiricon* de Pétrone, Bussy-Rabutin dépeignait les vices de la cour et les intrigues galantes du jeune roi. Après un emprisonnement à la Bastille et désormais exilé sur ses terres, il écrivit ses *Mémoires* (posth., 1856), entretenant une importante *Correspondance* (posth., 1697 et 1858) avec les beaux esprits du temps, notamment avec Mme de Sévigné*, sa cousine. Homme d'esprit, railleur jusqu'à la cruauté, il a laissé de ses contemporains des portraits d'une grande pénétration.

**Bussy-Rabutin** (château de) ♦ Château situé à Bussy-le-Grand (Côte-d'Or). Anc. forteresse du XVe s. cantonnée de quatre grosses tours rondes du XVIe s. Roger de Rabutin fit reconstruire, en 1649, la façade principale et s'occupa personnellement de la décoration, en particulier dans la tour Dorée.

**BUSSY-SAINT-GEORGES [77603]** ♦ Commune de Seine-et-Marne, dans l'arr. de Torcy. 19 458 hab. *(Buxangeorgiens)*.

**BUSTAMANTE (Jean-Marc)** ♦ Photographe, peintre et sculpteur français (Toulouse 1952). Après avoir été assistant de William Klein* au sein du groupe Bazilebustamante (1983 - 1987), il créa des «tableaux photographiques», qui sont une tentative de recréer des peintures avec l'outil photographique. De grand format, souvent traités en séries, ce sont des «instantanés lents», contemplatifs, offrant un décalage entre des sujets volontiers inesthétiques — des «lieux sans qualités» que sont par exemple les zones suburbaines — et une qualité de tirage exceptionnelle.

**BUSTO ARSIZIO** ♦ V. d'Italie, en Lombardie (prov. de Varèse). 75 916 hab. Église du XVe s., renfermant des œuvres de Ferrari et de B. Luini. ▪ Filatures de coton.

**BUTE (John STUART, 3e comte DE)** ♦ Homme politique britannique (Édimbourg 1713 - Londres 1792). Membre du parti tory*, il succéda au jeune Pitt* comme Premier ministre de George* III (1761). Il mit fin à la guerre de Sept Ans (1763) mais, impopulaire en raison de son autoritarisme, il démissionna.

**BUTE** (île de) ♦ Île d'Écosse (Argyll and Bute), sur l'estuaire de la Clyde. 122 km². 10 000 hab. Patrie des Stuarts.

**BUTENANDT (Adolf)** ♦ Chimiste allemand (Bremerhaven-Lehe 1903 - Munich 1995). Auteur de travaux sur les hormones sexuelles, il réussit à obtenir à l'état cristallisé la folliculine (œstrogène) et à synthétiser la testostérone et la progestérone ; il parvint également, avec Peter Karlson, à isoler l'ecdysone (hormone de mue des insectes) et à déterminer sa structure chimique. [Prix Nobel de chimie 1939, avec L. Ružička*]

**BUTLER (Samuel)** ♦ Poète anglais (Strensham, Worcestershire 1612 - Londres 1680). Il connut la réussite littéraire avec *Hudibras* (publié en trois parties en 1663, 1664, 1678, et illustré par Hogarth). Cette œuvre en octosyllabes met en scène des personnages représentant de façon burlesque les chefs du parti puritain. Le nom du héros est emprunté à *La Reine des fées* (Spenser*). Dans ce poème héroïcomique, Ralph est le Sancho Pança indépendant d'un don Quichotte presbytérien. Toutes les autres œuvres de Butler (*L'Éléphant dans la Lune*, 1676) portent le sceau de la satire et témoignent d'une grande culture, dominée par l'influence de Rabelais et des auteurs latins. ➝ **ÉTYM.** Le nom anglais *Butler* signifie «sommelier, bouteiller», de *bottle* «bouteille».

**BUTLER (Joseph)** ♦ Prédicateur et théologien britannique (Wantage, Berkshire 1692 - Bath 1752). Il s'opposa au déisme philosophique qui se développait alors en Angleterre, et défendit la religion révélée dans *Quinze Sermons* (1726) et l'*Analogie de la religion naturelle et révélée avec la constitution et le cours de la nature* (1736). On lui doit aussi un essai *Sur la nature de la vertu*.

**BUTLER (Samuel)** ♦ Romancier britannique (Langar Rectory, Nottinghamshire 1835 - Londres 1902). Après des études religieuses il quitta l'Angleterre à la suite d'une crise spirituelle, et vécut en Nouvelle-Zélande de 1860 à 1864. De retour à Londres il vécut en solitaire et en sage (Valery Larbaud le compare à Épicure), écrivant des ouvrages satiriques sur les traditions religieuses et morales dont il avait eu lui-même à souffrir : *Ainsi va toute chair* (posth., 1903) ; *Erewhon* (1872) ; *Nouveaux Voyages en Erewhon* (1901) largement autobiographiques. Comme Swift et Voltaire, Butler appuie sa satire sur la description d'une civilisation imaginaire — celle de *Erewhon*, anagramme de *Nowhere* «nulle part», procédé qui influença H. G. Wells* et George Orwell*. Butler se consacra également à la peinture et à la musique et donna des ouvrages aux thèses souvent farfelues sur tous les sujets, y compris la querelle de l'évolutionnisme.

**BUTLER (Nicholas Murray)** ♦ Philosophe et universitaire américain (Elizabeth, New Jersey 1862 - New York 1947). Il publia plusieurs écrits de sciences politiques et sociales. Président de l'université Columbia, il critiquait «le vieux dogme de l'éducation classique» et prônait le cosmopolitisme. [Prix Nobel de la paix 1931]

**BUTOR (Michel)** ♦ Écrivain français (Mons-en-Barœul 1926). Il enseigna la philosophie avant que le succès de *La Modification** (prix Renaudot, 1957) ne lui permît de se consacrer à son œuvre.

Sous l'influence de Dos* Passos et de Joyce*, il tenta de donner une vision stéréoscopique du monde et développa une écriture qui joue sur les structures spatiales (*Passage de Milan*, 1954) et temporelles (*L'Emploi du temps*, 1956). Il lia étroitement ces données dans *La Modification** (1957) et *Degrés* (1960), où il renouvelle les conventions romanesques. En contraignant le lecteur à devenir un agent actif devant le texte, il fit ensuite éclater la structure narrative avec *Mobile, étude pour une représentation des États-Unis* (1962), *Description de San Marco* (1963) et *6 810 000 litres d'eau par seconde* (1966). Son écriture désormais se rapprochera de l'architecture musicale (*Votre Faust* «fantaisie variable genre opéra», musique de H. Pousseur*, 1962 ; *Dialogue avec 33 variations de Ludwig van Beethoven sur une valse de Diabelli*, 1971 ; *Patience*, 1991). ▪ Auteur d'études de critique littéraire et artistique (*Répertoire I-V*, 1960 - 1982 ; *Essais sur les Essais*, 1968 ; *Improvisations sur Flaubert*, 1984 ; *Alechinsky dans le texte*, 1984 ; *Improvisations sur Rimbaud*, 1989 ; *Improvisations sur Balzac*, 1998), Butor a multiplié les expériences combinatoires (*Illustrations I-IV*, 1964 - 1976 ; *Matières de rêve*, 5 vol., 1975 - 1985).

**BUTTERWORTH** ♦ V. de la Fédération de Malaisie, dans l'État de Pulau Pinang, sur le détroit de Malacca, face à l'île de Pénang. 101 377 hab.

**BUTTES-CHAUMONT** ➝ ÉTYM. *Chaumont* «mont chauve», le site du parc était un terrain argileux sur lequel rien ne poussait ♦ Parc de Paris, dans le 19$^{e}$ arr., sur les hauteurs creusées d'anciennes carrières où se déroula la bataille de Paris (1814). Sur l'ordre d'Haussmann, Alphand dessina (de 1864 à 1867) un jardin de 23 ha, très pittoresque avec ses cascades et son lac au centre duquel se dresse un îlot rocheux.

**BUTUAN CITY** ♦ V. des Philippines (Mindanao). 267 279 hab. Bois, pétrole.

**BUXEROLLES** [86180] ➝ ÉTYM. du lat. *buxaria* «lieu planté de buis», de *buxus* «buis» et suff. *-aria* ♦ Comm. de la Vienne, banlieue N. de Poitiers. 8 787 hab.

**BUXHÖVDEN (ALBERT DE)** → **Albert de Buxhövden**

**BUXTEHUDE (Dietrich)** ♦ Organiste et compositeur germano-danois (Oldesloe 1637 ? - Lübeck 1707). Organiste à Hälsingborg, à Elseneur puis à Sainte-Marie de Lübeck (1668), c'est dans cette dernière ville qu'il composa à partir de 1673, pour les *Abendmusiken*, grands concerts de l'après-midi, un nombre important d'œuvres vocales et instrumentales (cantates, psaumes et chorals). Outre des pièces de musique de chambre, son œuvre pour orgue forme un ensemble imposant qui fait de lui le compositeur le plus éminent de l'Allemagne du Nord. Maître d'un art à la fois savant, âpre et mystique qui n'exclut ni l'effusion ni la tendresse, il exerça une influence profonde sur les musiciens de son temps, en particulier sur Haendel et J.-S. Bach.

**BUYIDES** ou **BUWAYHIDES** n. m. pl. ♦ Dynastie persane (932 - 1055), fondée par Buya, originaire du Daylam. Ses descendants occupèrent Bagdad où le calife leur remit la réalité du pouvoir (→ **Abbassides**). Première grande dynastie chiite, ils régnèrent à leur apogée sur un vaste espace entre la Méditerranée et l'Oman. Leur royaume se morcela après 'Adud al-Dawla* et ils furent renversés par les Turcs Seldjoukides* (1055).

**BUYS BALLOT (Christophorus Henricus)** ♦ Météorologiste néerlandais (Kloetinge 1817 - Utrecht 1890). On lui doit une règle permettant de localiser le centre d'une dépression d'après la direction des vents.

**BUYSSE (Cyriel)** ♦ Écrivain belge d'expression néerlandaise (Nevele 1859 - Deurle 1932). Disciple de Zola* et de Maupassant*, il débuta par des études du prolétariat paysan où s'expriment, en un style naturaliste, ses sentiments sociaux : *Le Droit du plus fort* (1893) ; *Le Valet de pique* (1898). Il s'attacha à peindre la vie bourgeoise, se montrant excellent conteur, au style imagé non dénué d'humour : *La Maison bleue* (1895) ; *Un lion des Flandres* (1900). Son œuvre, très vaste, comporte des romans, comme *La Vie de Rose Van Dalen* (1906), et des pièces, telles *Le Juge de paix suppléant* (1898) et *La Famille Van Paemel* (1903), puissant drame social flamand. En 1893, il fonda avec A. Vermeylen*, P. Van Langendonck et E. De Bom, la revue *Van Nu en Straks* («D'aujourd'hui et de demain», 1893 - 1894 ; 1896 - 1901) qui exerça une influence profonde sur les lettres flamandes.

**BUYSSENS (Eric Jean Louis)** ♦ Linguiste belge (Gand 1900 - Bruxelles 2000). De formation philologique et littéraire, il découvrit dans l'entre-deux-guerres le *Cours de linguistique générale* de Saussure* dont il proposa une lecture originale qui le situe, aux côtés de Benveniste*, Hjelmslev* et Greimas*, parmi les fondateurs de la sémiologie. Son œuvre constitue une réflexion rigoureuse sur l'idée de fonction («idée fondamentale dont toute notion (...) naît» et qui «permet seule de définir la notion»). Il en étendit l'usage au plan du discours («la partie fonctionnelle de la parole»). Il a forgé et défini le concept de sème compris comme «procédé idéal dont la réalisation permet la communication». On lui doit notamment *Les Langages et le discours* (1943), *La Communication et l'articulation linguistique* (1967). Membre de l'Académie royale de Belgique (1972).

**BUYTENDIJK (Frederic Jacobus Johannes)** ♦ Physiologiste et psychologue néerlandais (Breda 1887 - Nimègue 1974). On lui doit des travaux de psychologie expérimentale et animale : études sur la spécificité et la complexité de l'instinct, sur l'apprentissage en laboratoire (*Psychologie des animaux*, 1920 ; *Traité de psychologie animale*, publ. en France en 1952).

**BUZANÇAIS** [36500] ➝ ÉTYM. du lat. *Busentius*, n. de pers., et suff. *-acum* ou du germ. *Boso*, n. de pers., et double suff. *-in* et *-iacum* ♦ Ch.-l. de cant. de l'Indre, arr. de Châteauroux, sur l'Indre. 4 581 hab. (*Buzancéens*).

**BUZANCY** [08240] ➝ ÉTYM. → Buzançais* ♦ Ch.-l. de cant. des Ardennes, arr. de Vouziers, au N.-E. de la forêt d'Argonne. 411 hab. (*Buzancéens*). ▮ **Histoire** Théâtre de violents combats au cours de la guerre de 1914 - 1918.

**BUZĂU** ♦ V. de Roumanie, au pied des collines subcarpatiques, en Valachie, sur le Buzău, affl. du Siret. ch.-l. de distr. 134 619 hab. Cathédrale des XVI$^{e}$ et XVII$^{e}$ s. ▪ Carrefour ferroviaire. Centre agricole, commercial (foire de Drăgaica) et indus. : électrotechnique, métall., chimie, matériaux de construction. Champs pétrolifères.

**BUZENVAL** ➝ ÉTYM. du germ. *Boso*, n. de pers., et *val* «vallon» ♦ Écart de la comm. de Rueil-Malmaison (Hauts-de-Seine). Le château de Buzenval fut le lieu d'un des derniers combats du siège de Paris (19 janv. 1871) durant la guerre franco-allemande (1870 - 1871).

**BUZOT (François)** ♦ Homme politique français (Évreux 1760 - Saint-Magne, Gironde 1794). Député du tiers état aux États généraux (1789), il fut également élu à la Convention et siégea avec les girondins*. Il prit part à l'Insurrection fédéraliste* ; ayant échoué, il se suicida pour échapper à la guillotine. Il a laissé des *Mémoires sur la Révolution française*.

**BUZZATI (Dino)** ♦ Écrivain italien (Belluno 1906 - Milan 1972). Intellectuel raffiné et sensible à l'absurde, Buzzati a composé des récits où un puissant sentiment d'étrangeté se dégage de la banalité la plus quotidienne ; ainsi *Barnabo des montagnes* (1933), *Le Désert* des Tartares* (1940) et les contes de *Panique à la Scala* (1949) utilisent une rhétorique complexe (métaphores, allégories) et un style ramassé pour traduire la sensation que l'univers vacille autour de l'homme. Dans *Un amour* (1963) et dans le recueil de nouvelles *Le K* (1966) transparaît un pessimisme profond exprimé en un style plus fiévreux. On a pu déceler dans sa prédilection pour la fable et pour un certain bestiaire fantastique l'influence d'un goût nordique, voire «gothique». Les chroniques sportives sur le Tour d'Italie, le mythique Giro, qu'il a écrites dans le Corriere della Sera où il fut journaliste, constituent un chef-d'œuvre du genre (*Sur le Giro 1949 : le duel Coppi-Bartali*, 1984).

**BYATT (Antonia Susan, dite A. S.)** ♦ Romancière britannique (Sheffield 1936). Ses romans témoignent de son intérêt pour l'histoire, sa réflexion sur le métier d'écrivain et le schéma familial qui conditionne le rôle de la femme. Elle y revendique également l'héritage de la littérature anglaise et le pastiche pour mieux en dévoiler les mécanismes. Œuvres princ. : *La Vierge dans le jardin*, 1978 ; *Nature morte*, 1985 ; *La Tour de Babel*, 1996 ; *Possession*, 1990, Booker Prize ; *Des anges et des insectes*, 1992 ; *The Children's Book*, 2009.

**BYBLOS** ➝ ÉTYM. du gr. *bublos* «papyrus» ♦ Nom grec de la cité phénicienne de *Gebal*, auj. Jbaïl*, au N. de Beyrouth (Liban). Fouilles par Renan (1860), P. Montet (1921), M. Dunand (1926). ▪ La cité fut surtout florissante aux -III$^{e}$ et -II$^{e}$ millénaires et, plus tard, à l'époque romaine. Elle était gouvernée par des rois, généralement vassaux de l'Égypte dont l'influence fut prépondérante (attestée dès avant le -XXV$^{e}$ s.). Son port exportait du bois de cèdre du Liban. Ses habitants étaient réputés comme constructeurs de vaisseaux et comme tailleurs de pierre. ▪ Princ. divinités : Adonis*, Ba'alat Gebal («dame de Gebal»), Isis. ▪ Le sarcophage d'Ahiram(-XIII$^{e}$ s., découvert en 1923) est un des plus beaux bas-reliefs phéniciens ; son inscription constitue la plus ancienne attestation de l'écriture phénicienne (alphabétique). → **Phénicie.**

**Byblos.** Le sarcophage du roi Ahiram (détail).
Musée archéologique de Beyrouth. *Phot. ©Dagli Orti*

**BYDGOSZCZ** ♦ V. du centre N. de la Pologne, ch.-l. de la voïvodie de Couïavie-Poméranie, sur la Brda près de son confluent avec la Vistule, au débouché du canal reliant l'Oder à la Vistule. 363 468 hab. Carrefour ferroviaire et fluvial. Indus. agricole, chimique et textile.

**BYKOV (Vassil Vladimirovitch)** ♦ Écrivain biélorusse (Tcherenovtchina, région de Vitebsk 1924 - Minsk 2003). Marqué par la guerre, il en fit le thème de ses récits et choisit, sans diminuer l'héroïsme et le patriotisme, d'éclairer des individualités confrontées à des situations délicates et d'étudier leur comportement, la nature de leur engagement : *Les morts n'ont plus mal* (1966), *Sotnikov* (1970), *Le Signe du malheur* (1982), *Le Courrier* (1986), *Dans le brouillard* (1987).

**BYNG (George,** vicomte **TORRINGTON)** ♦ Amiral britannique (Wrotham, Kent 1663 - Londres 1733). Il s'illustra au cours de la guerre de Succession* d'Espagne, commanda l'escadre qui prit Gibraltar* (1704), tint en échec les flottes continentales lors de leurs tentatives de débarquement en Grande-Bretagne, et en 1718, vainquit près du cap Passero* la flotte espagnole de Sicile. ♦ **John Byng** (Southill, Bedfordshire 1704 - Portsmouth 1757). Fils du précédent. Amiral britannique, il fut battu par La Galissonnière devant Minorque. Accusé de trahison, il fut exécuté.

**BYRD (William)** ♦ Compositeur anglais (Lincolnshire 1543 - Stondon Massey, Essex 1623). Bien que de confession catholique, il fut organiste à la chapelle royale d'Angleterre (1572) conjointement avec Th. Tallis. Esprit profondément religieux, il a composé de nombreuses œuvres de musique d'église, d'inspiration tantôt anglicane (motets, psaumes, anthems), tantôt catholique (messes) que caractérise l'écriture polyphonique de la Renaissance. Humaniste, il est aussi l'auteur d'une œuvre profane (chansons, madrigaux, fantaisies et danses pour violes, clavier et virginal) composée dans le goût populaire de France et d'Angleterre.

**BYRD (Richard Evelyn)** ♦ Marin, aviateur et explorateur américain (Winchester, Virginie 1888 - Boston 1957). Après avoir survolé le pôle Nord (1926), il entreprit plusieurs expéditions dans l'Antarctique au cours desquelles il survola le pôle Sud (1929), établit la base de Little America dans la baie des Baleines, et fit des recherches géologiques, géographiques et météorologiques sur cette région du globe.

**BYRON (John)** ♦ Navigateur britannique (Newstead Abbey 1723 - Londres 1786). Après avoir participé à la lutte contre les Français, il explora le Pacifique (1764 - 1766) et découvrit en Polynésie les îles du Désappointement, du Roi-George et de Byron.

**BYRON (George Gordon Noel,** 6e baron **BYRON,** lord) ♦ Poète britannique (Londres 1788 - Missolonghi, Grèce 1824). Fils d'un père excentrique surnommé Jack le Fou dans le régiment où il était capitaine et d'une mère qui se moquait ouvertement du pied-bot dont l'enfant était affligé, Byron était issu d'une ancienne famille normande, les Buron. Son père mort (1791), il passa son enfance dans une Écosse dont le calvinisme ne fit qu'accentuer sa mélancolie naturelle. Étudiant «bizarre et belliqueux» (Praz) à Harrow, puis à Cambridge (1801 - 1808), il publia ses *Heures de loisir, série de poésies originales et traduites* (1807) suivies de *Bardes anglais et Critiques écossais* (1808). Dans ce recueil, il se venge du mauvais accueil fait à ses premiers poèmes et se montre admirateur de Pope*. Héritier d'un titre et d'un domaine dans le Nottinghamshire (1798), il siégea en 1809 à la Chambre des lords. Son voyage dans les pays du Levant, Lisbonne, Séville, Cadix (1810 - 1811) lui inspira son premier chef-d'œuvre, un poème en stances spenseriennes, *Le Pèlerinage de Childe Harold* (1812, 1816, 1818), dont le héros, pèlerin révolté, misanthrope et blasé, personnification de Byron, parut incarner le mal du siècle. La légende romantique du poète fut renforcée par la parution, en 1813 et 1814, de nouvelles en vers : *Lara, La Fiancée d'Abydos, Le Corsaire* (réplique du type d'Harold, dont s'inspira Verdi), *Le Giaour* (célèbre pour la description de son héros, pâle et satanique, qui inspira Delacroix), *Le Siège de Corinthe* (1816) et *Parisina* dont le thème, l'inceste, était autobiographique. En 1816, Byron se sépara de sa femme, Anna Isabella Milbanke. Ce scandale, l'accusation d'inceste, sans parler de publications peu patriotiques *(Ode traduite du français)* le firent mettre au ban de l'aristocratie. En Suisse, il composa *Le Captif de Chillon*, ample méditation poétique, et rencontra Shelley* qui l'initia à la lecture de Wordsworth*. De sa liaison avec Miss Clare Clairmont, il eut une fille, Allegra (1817 - 1822). La vie licencieuse qu'il mena ensuite à Rome, Ferrare, Venise, est racontée avec verve dans ses lettres (*La Vie, les Lettres et le Journal intime de lord Byron*, 1830). Pulci et Casti lui révélèrent le burlesque italien auquel il s'essaya dans un poème en strophes de huit vers, *Beppo, histoire vénitienne* (1818). Le même ton de bavardage en vers qui permet de rattacher Byron aux «humoristes» du XVIIIe s., caractérise son chef-d'œuvre, *Don Juan, satire épique* dont les seize chants furent publiés entre 1819 et 1824. Installé à Ravenne (1819), Byron prit part aux conspirations des Carbonari, écrivit la *Prophétie de Dante* sous l'influence de *La Divine Comédie* ainsi qu'un drame en cinq actes dédié à Goethe et dont s'inspira Delacroix, *Marino Faliero* (1821). À Pise, il composa *Werner, le Difforme transformé*, variante de la légende de Faust, et fonda, avec le concours de Leigh Hunt*, un magazine, *Le Libéral*. Il poursuivait en même temps son œuvre dramatique : *Caïn* (1821), tragédie manichéiste en vers, fit scandale, alors que *Le Ciel et la Terre* (1823), illustration d'un épisode biblique, révèle les tendances mystiques de son auteur. Élu en 1823 au Comité grec de libération contre la domination turque, il mourut alors qu'il s'était rallié aux combattants. Admiré de Shelley, Scott et Goethe, Byron fut aussi apprécié de Lamartine et de Musset, et son influence (morale, littéraire, politique) fut immense sur tout le romantisme français (Delacroix, Berlioz). ➝ **ÉTYM.** *Byron* signifie «gardien de vaches», du vieil anglais *byrum* «étable».

**BYRRANGA** (monts) ♦ Chaîne de montagnes sibérienne de l'extrême N.-E., dans la péninsule de Taïmyr, sur l'océan Arctique, longue de 1 100 km et culminant à 1 146 mètres.

**BYRSA** ♦ Citadelle de Carthage sur une colline dominant les ports et la ville. Elle fut le dernier bastion de la résistance contre les Romains lors du siège de Carthage par Scipion Émilien (-146). Sa prise mit fin aux guerres puniques.

**BYTOM** ♦ V. de Pologne méridionale, voïvodie de Silésie, en haute Silésie. 186 540 hab. Important centre minier (houille, zinc, plomb). Sidérurgie, métallurgie.

**BYZANCE** – en gr. ***Byzantion*** ♦ V. de la Thrace ancienne, établie sur un promontoire baigné au N. par la Corne* d'Or, à l'E. par le Bosphore* et au S. par la mer de Marmara*. Colonie de Mégare* fondée en -667, face à la Chalcédoine*, elle fut occupée par les Athéniens (-470 - -411) et prise par Alcibiade* en -409. Indépendante en -358, elle devint une des grandes puissances maritimes. Elle fut assiégée à plusieurs reprises, notamment par Philippe* de Macédoine (-341 - -339) et par Septime Sévère qui la fit raser (196). Choisie pour capitale de l'Empire romain par Constantin* Ier (330) et baptisée en son honneur Constantinople, elle devint capitale de l'Empire byzantin lors du partage de l'Empire (395), puis capitale de l'Empire ottoman* sous le nom d'İstanbul (1453). → **Constantinople, İstanbul.** ■ *Par ext.* Nom donné à l'Empire byzantin.

**BYZANTIN (EMPIRE)** ou **EMPIRE ROMAIN D'ORIENT** ♦ Nom donné par les historiens à l'Empire romain oriental (→ **Rome**) qui survécut à l'effondrement de l'empire d'Occident (476) et se maintint pendant un millénaire après le partage de l'ancien empire jusqu'à la chute de Constantinople* en 1453. Son origine remonte à la dyarchie instituée par Dioclétien* (285) afin d'assurer la défense des frontières orientales, et maintenue après lui par Galère. Cette séparation se renforça avec la fondation de Constantinople* sur l'emplacement de l'anc. Byzance* et la décision de Constantin d'en faire sa capitale (324), pour aboutir au partage effectif de l'Empire romain entre les fils de Théodose* Ier, à la mort de ce dernier (395). → **Rome, Arcadius, Honorius.** L'empire d'Orient qui s'étendait, au S. du Danube, sur toute la péninsule des Balkans et l'Asie* Mineure, comprenait, en outre, Chypre*, la Crète*, la Syrie*, la Palestine*, l'Égypte* et la Mésopotamie du Nord.

■ **LA SUPRÉMATIE DE L'EMPIRE D'ORIENT** ■ **D'Arcadius à la sédition Nika** Le règne d'Arcadius* (395 - 408), premier empereur d'Orient, fut marqué par l'invasion des Wisigoths d'Alaric* (395), détournés vers l'Occident et par des troubles religieux (→ **Eudoxie, Jean Chrysostome**) qui se poursuivirent, de 408 à 457, sous les règnes de Théodose* II, de Pulchérie* et de Marcien*. → **Eutychès, Nestorius.** L'unité de l'Empire, attestée par le code théodosien (448) en vigueur aussi bien en Orient sous Théodose* II, qu'en Occident sous Valen-

Empire **byzantin.** L'empereur Constantin IX Monomaque et l'impératrice Zoé entourent le Christ pantocrator. Sainte-Sophie, Istanbul. *Phot. ©Arch. Smeets*

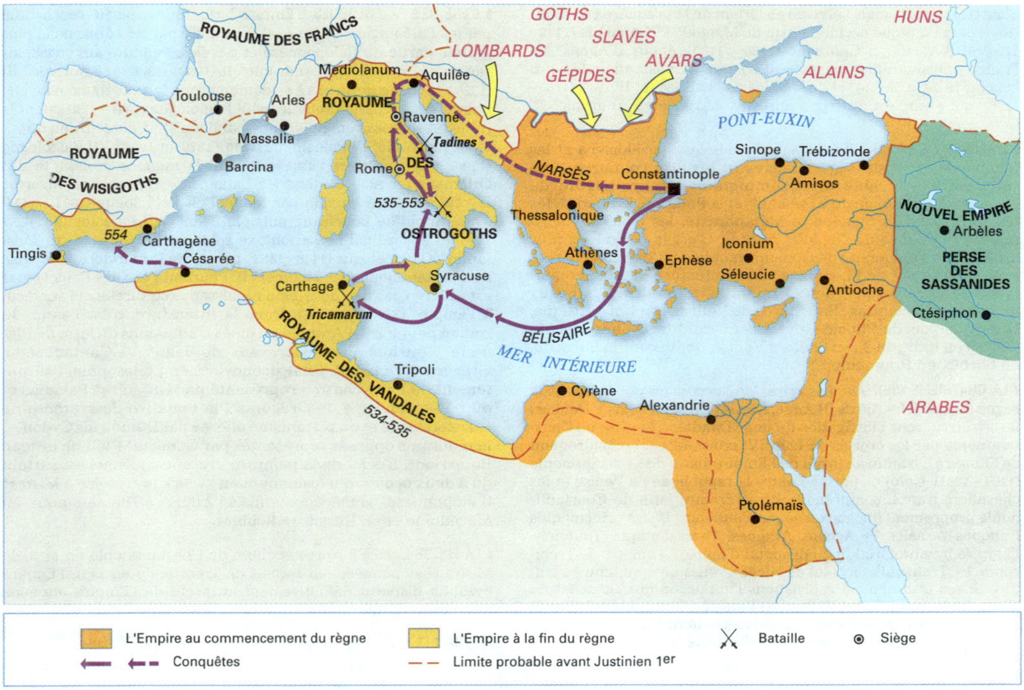


**Empire byzantin.**

tinien* III, était menacée par les invasions barbares. → **Attila.** Celles-ci entraînèrent, malgré le soutien de Léon* Ier le Grand (457 - 474), l'effondrement de l'empire d'Occident (476) et la suprématie orientale au profit de Zénon* (474 - 491), successeur de Léon* II (474). Cependant, l'empire d'Orient, qui eut à se défendre sous Anastase* Ier (491 - 518) contre les premières incursions slaves dans les régions danubiennes, ne parvenait pas à surmonter sa crise religieuse (→ **monophysites**) qui, provisoirement écartée sous Justin* Ier (518 - 527), réapparut sous Justinien* Ier (527 - 565) et, conjuguée aux troubles sociaux, provoqua la sédition Nika* (532). → **Théodora.** ▮ **Justinien Ier** Justinien Ier, qui tenta dès le début de son règne de rétablir l'Empire romain dans son intégrité, réalisa une réforme administrative (Code justinien, 529) et entreprit la reconquête de l'Occident. Son règne fut marqué par un épanouissement artistique dont témoignent en particulier Sainte*-Sophie de Constantinople ou les basiliques de Ravenne* et leurs somptueuses décorations (mosaïques). Après la fermeture des écoles païennes d'Athènes* en 529, Constantinople devint le centre intellectuel de l'hellénisme chrétien. Mais l'expansion territoriale ne fut que de courte durée.

▮ **INVASIONS ÉTRANGÈRES ET CRISES RELIGIEUSES** ▮ **De Justin II à Constantin IV** Dès le règne de Justin* II (565 - 578), les Lombards* occupèrent une grande partie de l'Italie (568) tandis que Léovigild reprenait plusieurs villes d'Espagne (572). L'Empire, affaibli par les invasions des Avars, des Perses et des Slaves sous Tibère* II, Maurice* et Phocas* (578 - 610), se redressa provisoirement avec Héraclius* Ier (610 - 641) qui chassa les Perses de Syrie (611 - 628) et de Palestine (630) (→ **Khosrō II**), mais ne put faire entièrement front aux invasions arabes. Ses successeurs (→ **Constantin III, Héraclius II, Constant II**) héritèrent d'un empire amputé par les Arabes de l'Arménie (636), de la Mésopotamie (635 - 639), de la Syrie (636 - 640), de la Palestine (636 - 638) et de l'Égypte (639 - 642). Ils repoussèrent, sous Constantin* IV (668 - 685), un assaut arabe contre Constantinople* (678), mais ne purent contenir les invasions bulgares. À l'intérieur, les tentatives d'unification d'Héraclius Ier et Constant II n'aboutirent qu'à une nouvelle crise religieuse. → **monothélètes.** ▮ **La fin des Héraclides** Le règne des Héraclides, marqué par l'hellénisation et l'orientalisation de l'Empire, s'acheva sous Justinien* Rhinotmète (685 - 695, 705 - 711). La déposition de ce dernier, et la succession des usurpateurs Léontius et Tibère III (695 - 705), entraîna la perte de la province romaine d'Afrique (697 - 709). Des soulèvements de l'armée portèrent successivement au trône Philippique* Bardane (711 - 713), Anastase II (713 - 715) et Théodose* III (715 - 717). ▮ **La réorganisation de l'Empire** Léon* III l'Isaurien (717 - 741) réorganisa l'Empire et repoussa de nouvelles offensives arabes. L'œuvre de réorganisation se poursuivit sous Constantin* V, Léon* IV, Constantin* VI et Irène (de 741 à 802), mais de nouveaux problèmes religieux (→ **iconoclastes, Jean Damascène, Théodore le Studite**) confirmèrent, après la perte de l'exarchat de Ravenne* (752), la séparation de l'Église romaine et de l'Empire, pratiquement consommée lorsque la papauté se plaça sous la protection des Francs et que furent constitués les États de l'Église (754 - 756 ; Donation de Pépin). → **Étienne II.** Les luttes permanentes contre les Arabes (→ **Haroun al-Rachid**) et, surtout, contre les Bulgares, sous les règnes de Nicéphore* le Logothète (802 - 811) et de Michel* Ier Rangabé (811 - 813), n'empêchèrent pas les luttes et les persécutions religieuses. L'iconoclasme domina de nouveau sous Léon* V (813 - 820), Michel* II le Bègue (820 - 829) et Théophile* (829 - 842). À l'extérieur, Byzance perdait la Crète (826) puis la Sicile (829) enlevée par les Arabes. Une brève accalmie suivit le rétablissement de l'orthodoxie sous la régence de Théodora* (842 - 856), mais les initiatives de la christianisation développées sous Michel* III l'Ivrogne (842 - 867) par Cyrille* et Méthode* et la nomination de Photios* provoquèrent avec Rome de nouvelles divergences, provisoirement écartées par Basile* Ier (867 - 886), fondateur de la dynastie macédonienne. Ses successeurs, Léon* VI (886 - 912), élève de Photios, et Constantin* VII Porphyrogénète (913 - 959), poursuivirent son œuvre législatrice et redonnèrent à l'Empire un essor, marqué par les victoires de Romain* Ier Lécapène (920 - 944) et par les conquêtes amorcées sous Romain II (959 - 963) et Théophano, et achevées sous Nicéphore* II Phocas (963 - 969) et Jean* Ier Tzimiskès (969 - 976).

▮ **LA RUPTURE AVEC ROME** L'Empire, à l'apogée de sa puissance, échut à Basile* II le Bulgaroctone (976 - 1025) qui, tout en conservant les conquêtes de ses prédécesseurs, réprima la révolte de l'aristocratie terrienne (Bardas Phocas*) grâce à son alliance avec les Russes (→ **Vladimir**) et réussit, après une guerre sanglante, à annexer la Bulgarie* (1018). Sous ses successeurs (Constantin VIII, Romain III Argyre, Michel IV le Paphlagonien, Michel V le Calfat, Constantin* IX Monomaque, Théodora*, Michel VI Stratiotique, de 1025 à 1057), l'aristocratie reprit ses privilèges et la rupture religieuse entre Rome et Byzance fut consommée par le schisme* d'Orient en 1054. → **Cérulaire.** Les premiers assauts des Seldjoukides* et des Normands* (→ **Vikings**), qui se poursuivirent sous Isaac* Ier Comnène (1057 - 1059), Constantin* X Doukas (1059 - 1067), Romain* IV Diogène (1068 - 1071) et Michel* VII Doukas (1071 - 1078), affaiblirent considérablement l'Empire, déjà divisé par des révoltes intérieures sous Nicéphore* Botaniate (1078 - 1081). ▮ **Les Comnènes** La dynastie des Comnènes (1081 - 1185), représentant l'alliance du parti militaire et de l'aristocratie terrienne des provinces, s'attacha tout d'abord à reconstituer le territoire. Alexis* Ier Comnène (1081 - 1118), après avoir réussi à contenir les Normands, repoussa les Petchenègues*, qui furent définitivement chassés par Jean* II Comnène (1118 - 1143), mais l'arrivée en Orient de la première croisade* (1097) et la politique occidentaliste de Manuel* I^er^ Comnène (1143 - 1180) et d'Alexis* II Comnène (1180 - 1183), époux d'Agnès* de France, entraînèrent le massacre des Latins à Constantinople (1182) et la perte de la Serbie* et de la Bulgarie* sous Isaac* II Ange (1185 - 1195), qui s'empara du trône après avoir renversé Andronic* I^er^ Comnène (1183 - 1185).

**L'APOGÉE DE LA CULTURE BYZANTINE** Sous les Macédoniens et les Comnènes (IX^e^ - XII^e^ s.), les lettres et les arts connurent une renaissance durable dont témoignent l'encyclopédie de Photios*, l'anthologie de Céphalas* et la Palatine, la Souda*, les hagiographies de Syméon le Métaphraste, les chansons acritiques et l'épopée de *Digénis* Acritas*. C'est la période la plus brillante de l'université de Constantinople, où s'enracina le courant rationaliste de M. Psellos*. L'architecture et l'art, notamment de la mosaïque, nous laissent certains des plus beaux monuments byzantins : San Marco de Venise, Daphni d'Attique, Hosios Loukas de Phocide, etc. L'art byzantin rayonna ensuite (XIII^e^ s.) en Italie du S., en Sicile, à Venise, en Russie, en Bulgarie, en Serbie, en Roumanie.

**LA QUATRIÈME CROISADE** Les crises de succession qui suivirent le règne d'Isaac II (→ **Alexis III Ange, Alexis IV Ange, Alexis V Doukas**) favorisèrent, sous l'instigation du doge Dandolo*, la prise de Constantinople par les croisés en 1204 (IV^e^ croisade*) et l'effondrement de l'Empire byzantin au profit de l'Empire* latin de Constantinople (1204 - 1261). Celui-ci, partagé entre la république de Venise et les chevaliers francs, comprenait outre l'Empire latin de Constantinople proprement dit, gouverné par Baudouin* I^er^, les principautés franques vassales. → **Achaïe, Athènes, Thessalonique.** Toutefois, l'Empire byzantin, réduit au despotat d'Épire, à l'empire de Trébizonde (→ **Trabzon**) et à celui de Nicée*, réussit à maintenir sa culture et ses traditions et reprit, sous l'impulsion des Lascaris* de Nicée (Théodore I^er^, Jean III Doukas Vatatzès, Théodore II, Jean IV), la lutte contre la domination latine jusqu'à la reconquête de Constantinople (1261) par Michel* VIII Paléologue (1261 - 1282).

**L'ÈRE DES PALÉOLOGUES** L'Empire byzantin, en partie reconstitué par les *Paléologues** (1261 - 1453), amputé par les Latins de la plus grande partie du Péloponnèse et des îles, en butte aux invasions serbes et turques sous Andronic* II (1282 - 1328) et Andronic* III (1328 - 1341), ne tarda pas à se démembrer à la suite d'une nouvelle guerre de succession sous Jean* V Paléologue (1341 - 1391), dont le trône fut successivement occupé par Jean* VI Cantacuzène (1347 - 1355), Andronic* IV Paléologue (1376 - 1379) et Jean* VII Paléologue (1390). **La renaissance culturelle** Devant la menace croissante des Ottomans en Asie et dans les Balkans, le rapprochement avec l'Occident, tenté en vain par Manuel* II Paléologue (1391 - 1425) avec l'appui de Boucicaut, puis par Jean* VIII Paléologue (1425 - 1448) et le cardinal Bessarion*, se solda par un échec sous Constantin* XI Paléologue (1448 - 1453), qui trouva la mort lors de la prise de Constantinople par Mehmet* II. Pourtant l'ère des Paléologues est éclairée par une deuxième renaissance culturelle qui survécut à l'Empire (XIV^e^ - XVI^e^ s.). Dans la littérature, c'est l'essor du roman populaire, l'Anthologie et les traductions du latin de Planude* ; en histoire, les travaux de Jean* VI Cantacuzène, Grégoras*, Doukas*, Chalcocondyle* ; en philosophie, l'affrontement de l'hésychasme représenté par Grégoire* Palamas et du néo-platonisme de Grégoras*, la tentative de synthèse de l'aristotélisme et du platonisme opérée par Démétrios Cydonès, les courants opposés représentés par Gémiste* Pléthon et Jean Bessarion*. L'éclat de la peinture (fresques, icônes) est surtout dû à deux écoles (qui fusionnent au XVI^e^ s.), la crétoise à Mistra* (Péloponnèse), la macédonienne à l'Athos*, à Thessalonique, en Macédoine et en Russie. → **Roublev.**

**LA FIN DE L'EMPIRE** Après la chute de Constantinople en 1453, de Mistra (Péloponnèse) en 1460 et de Trébizonde en 1461, l'Empire byzantin disparut définitivement au profit de l'Empire ottoman. → **ottoman (Empire).**

**BZURA** n. f. ♦ Riv. de Pologne (166 km), affl. de la Vistule.

# C

**Cabale** (ministère de la) – en angl. ***Cabal*** ♦ Nom donné à un conseil privé de Charles* II d'Angleterre, d'après les initiales de ses membres. Fort impopulaire, il gouverna de 1669 à 1674.

**CABALLÉ (Montserrat)** ♦ Soprano espagnole (Barcelone 1933). Révélée dans *Lucrèce Borgia* de Donizetti, en 1965, elle s'est surtout illustrée dans le répertoire du bel canto italien (Bellini, Rossini).

**CABALLERO (Cecilia BÖHL VON FABER, dite Fernán)** ♦ Femme de lettres espagnole d'origine allemande (Morges, Suisse 1796 - Séville 1877). On lui doit des nouvelles et des romans de mœurs. *Seule* (1831), qui évoque l'Andalousie, est écrit en allemand ; *La Gaviota, La Mouette* (1849), *Larmes* (1853), *La Famille d'Alvoreda* (1856) en espagnol. Ses œuvres, d'un réalisme régionaliste, sont imprégnées d'intentions moralisatrices.

**CABANEL (Alexandre)** ♦ Peintre français (Montpellier 1823 - Paris 1889). Représentant de la peinture académique, il fut, sous Napoléon III, comblé d'honneurs et de commandes officielles. Il exécuta de grandes décorations historiques, des portraits et des nus féminins d'une facture assez molle (*Naissance de Vénus*, au musée d'Orsay).

**CABANIS (Pierre Jean Georges)** ♦ Médecin et philosophe français (Cosnac, Limousin 1757 - Rueil, comm. de Seraincourt, Seine-et-Oise 1808). Professeur d'hygiène et de médecine clinique après Thermidor, il participa à la vie politique : s'il aida Bonaparte à prendre le pouvoir, il osa par la suite le désavouer. Membre du groupe des idéologues*, il se sépara de Condillac en affirmant dans son traité des *Rapports du physique et du moral* (1802) la nécessité de rattacher l'étude des faits psychiques à la physiologie, en voyant dans l'instinct le lien entre le monde organique et intellectuel. Il formule ainsi un monisme naturaliste. On lui doit également : *Observations sur les hôpitaux* (1789) ; *Coup d'œil sur les révolutions et la réforme de la médecine* (1804). Son corps repose au Panthéon. [Acad. fr. 1803]

**CABANIS (José)** ♦ Romancier français (Toulouse 1922 - *id.* 2000). Son œuvre romanesque s'organise en un cycle auquel l'auteur a donné le titre du premier tome : *L'Age ingrat* (1952), *L'Auberge fameuse* (1953), *Juliette Bonviolle* (1954), *Les Mariages de raison* (1954) et *Le Fils* (1955). Autour d'un héros, Gilbert Samalagnou, un monde de personnages enfermés dans une triste ville provinciale souffrent de mal aimer ou d'être mal aimés. *Le Bonheur du jour* (1960), *Les Cartes du temps* (1962), *Les Jeux de la nuit* (1964), *La Bataille de Toulouse* (1966), *Des Jardins en Espagne* (1969) et *Le Crime de Torcy* (1990) prolongent le premier cycle en s'ouvrant à une écriture plus poétique. Cabanis est l'auteur de nombreux essais monographiques dont *Le Sacre de Napoléon* (1970), *Goya* (1985), *Chateaubriand* (1988) et d'un *Journal : Les Années profondes* (1976), *Petit entracte à la guerre* (1981) et *L'Escaladieu* (1987). [Acad. fr. 1990]

**CABANNES** [13440] ➝ **ÉTYM.** forme méridion. du lat. *capanna* «cabane» ♦ Comm. des Bouches-du-Rhône, arr. d'Arles. 4 119 hab. *(Cabannais)*. Vergers. Viticulture.

Alexandre **Cabanel.** *Naissance de Vénus* (1,30 x 2,25 m), 1863. Musée d'Orsay, Paris. *BIS/Phot. Hubert Josse © Archives Larbor*

**CABARDÈS** n. m. ♦ Région du S. du Massif central, s'étendant à tout le versant méridional de la Montagne Noire. Garrigues. ▪ Les quatre châteaux (XIIe et XIIIe s.) de Lastours commandaient la région.

**CABARRUS** [-rys] **(François,** comte **DE)** ♦ Financier espagnol d'origine française (Bayonne 1752 - Séville 1810). Directeur de la banque Saint-Charles à Madrid, ministre plénipotentiaire, représentant de l'Espagne au congrès de Rastatt (1797 - 1799), il fut ministre des Finances de Ferdinand VII puis de Joseph Bonaparte. THÉRÉSA DE CABARRUS, sa fille, épousa en secondes noces Jean-Lambert Tallien. → **Tallien (Madame).**

**CABASILAS (Nicolas)** ♦ Théologien grec (XIVe s.). Neveu de NIL CABASILAS (mort en 1363), polémiste antilatin, archevêque de Thessalonique. Familier de l'empereur Jean Cantacuzène, il semble être resté laïc et avoir fait carrière dans la haute administration ; sa chronologie précise est inconnue. Il soutint le mouvement hésychaste (→ **Grégoire Palamas**). L'*Explication de la messe* et *La Vie en Christ* (7 livres) comptent parmi les œuvres les plus profondes de la spiritualité orthodoxe.

**CABELLOU** ♦ Station balnéaire du Finistère (comm. de Concarneau), située sur la pointe du Cabellou.

**CABEO (Niccolò)** ♦ Mathématicien et physicien italien (Ferrare 1586 - Gênes 1650). Il édifia la première théorie du magnétisme (*Philosophica magnetica*, 1629) et étudia les effets de répulsion électrique.

**CABESTANY** [66330] ← ÉTYM. «le bout de l'étang», du lat. *caput* «tête, extrémité» et *stagnum* «étang» ♦ Comm. des Pyrénées-Orientales, banl. S.-E. de Perpignan. 8 259 hab. Église Notre-Dame-des-Anges (tympan roman, œuvre du *maître de Cabestany*, sculpteur anonyme du XIIe s.).

**CABET (Étienne)** ♦ Socialiste français (Dijon 1788 - Saint Louis, Missouri 1856). Adepte de la Charbonnerie, il participa aux mouvements insurrectionnels contre la monarchie en 1830, fonda le journal *Le Populaire* et consacra son premier ouvrage à l'*Histoire de la révolution de 1830* (1832). Ayant dû émigrer en Angleterre, il y subit l'influence des théories d'Owen* et publia à son retour en France *L'Histoire populaire de la Révolution française de 1789* (1839) et son roman philosophique *Le Voyage en Icarie* (1840 et 1842), où il prônait un communisme pacifiste et utopique. Partisan de la communauté des biens, il accordait un rôle primordial à l'État, chargé de permettre la réalisation, grâce au développement des techniques, du principe «À chacun selon ses besoins». Il tenta de montrer l'exemple en fondant, sans succès, des colonies communautaires en Amérique (1848). ← ÉTYM. *Cabet* est le diminutif de *cap*, du latin *caput* «tête» (surnom d'une personne à petite tête).

**CABEZA DE VACA (Álvar NUÑEZ)** ♦ Conquistador et administrateur espagnol (Jerez de la Frontera v. 1490 - Séville v. 1560). Il fut l'un des seuls survivants de l'expédition P. de Narváez* en Floride (1527 - 1528). Pendant six ans, tantôt réduit à l'esclavage, tantôt «homme-médecine», il parcourut le Texas, le nord du Mexique actuel et parvint au Sinaloa (1536). Gouverneur du Paraguay (1540), il fut renvoyé en Espagne, exilé à Oran, puis revint à Séville. Sa *Relation* de son voyage en Amérique du Nord (1542) et ses *Commentaires* d'Amérique du Sud (1555) le hissent au rang des meilleurs chroniqueurs de la conquête des Indes occidentales, grâce à une méthode déjà ethnologique et un parti pris humaniste. ← ÉTYM. L'espagnol *cabeza de vaca* signifie «tête de vache».

**CABEZÓN (Antonio DE)** ♦ Compositeur et organiste espagnol (Castrojeriz v. 1500 - Madrid 1566). Musicien favori de la cour d'Espagne, aveugle dès l'enfance, il fut successivement au service de Charles Quint et de Philippe II (1548) qu'il accompagna dans ses voyages. Son œuvre se compose de pièces pour orgue, luth et clavicorde. ♦ **Hernando de Cabezón** (1541 - 1602). Fils du précédent. Successeur de son père à la cour de Philippe II et Philippe III, il a composé des pièces d'orgue et de la musique vocale.

**cabillauds**

n. m. pl. ♦ Faction politique hollandaise dont la rivalité avec celle des hameçons troubla le pays du milieu du XIVe s. à la fin du XVe s. Cette faction fut écrasée par Maximilien d'Autriche (1492).

**CABIMAS** ♦ V. du Venezuela (Zulia), sur la rive orientale du lac de Maracaibo. 210 000 hab. Gisements et raffinerie de pétrole.

**CABINDA** (enclave de) ♦ Territoire d'Afrique, partie intégrante de l'Angola, au N. de l'embouchure du Congo, entre la Rép. du Congo et la Rép. démocratique du Congo. 7 270 km². 114 000 hab. CH.-L. : Cabinda (13 500 hab.). ▪ L'exploitation offshore du pétrole assure les trois quarts des revenus du gouvernement angolais. Le territoire de Cabinda a été séparé de l'Angola en 1885 par la création d'une ouverture sur la mer de l'État libre du Congo de Léopold II. L'indépendance de l'enclave de Cabinda est revendiquée depuis l'indépendance de l'Angola* en 1975 par le Front de libération de l'État de Cabinda (FLEC) qui mène une guérilla parfois meurtrière comme en janv. 2010 (→ **Congo [Rép. démocratique du]**).

Le **Cabinet du docteur Caligari** – en all. ***Das Kabinett des Doktor Caligari*** ♦ Film allemand de Robert Wiene* (1920). Une histoire de fou, contée par un malade, et dont tous les éléments (personnages hallucinés, décors de toile peinte aux fortes distorsions géométriques, ambiance de cauchemar, et jusqu'aux sous-titres en caractères gothiques) tendent à dérouter le spectateur. Le rôle des décorateurs (Hermann Warm, Walter Röhrig) fut prépondérant dans ce film, qui transforma l'expressionnisme* cinématographique et influença l'esthétique des dix dernières années du «muet».

Le **Cabinet du docteur Caligari.** Film de Robert Wiene.
*BIS/Phot. © Coll. National Archive-Archives Larbor*

**Cable News Network** [CNN] ♦ Chaîne de télévision américaine émettant sur le réseau câblé, lancée en 1980 à Atlanta par Ted Turner et diffusant en Europe depuis 1985. Diffusant de l'information en continu, CNN a connu une audience croissante grâce à la couverture des grands événements internationaux (notamment la «guerre du Golfe»).

**cabochiens**

n. m. pl. ♦ Faction populaire du parti des bourguignons*, dirigée par Simon Caboche, ancien écorcheur de la Boucherie de Paris, sous Charles* VI, pendant la guerre de Cent* Ans. Ils soutinrent Jean sans Peur, qui les laissa accomplir la sanglante révolution dite *cabochienne*, prirent la Bastille (1413), tuèrent Des Essarts et furent finalement exterminés par les armagnacs (1414).

**CABOT (Giovanni CABOTO** dit en fr. **Jean)** ♦ Navigateur italien (Gênes ou Venise v. 1450 - Angleterre 1499). Au service de l'Angleterre, il proposa à Henri VII de découvrir une route maritime septentrionale vers la Chine. Avec son fils Sébastien, il découvrit Terre*-Neuve, explora les côtes du Groenland, du Labrador et de la Nouvelle-Angleterre. ♦ **Sebastiano Caboto,** dit en fr. **Sébastien Cabot.** Navigateur d'origine italienne (Venise v. 1476 - Londres 1557). Fils du précédent. Après la découverte de Terre-Neuve et du Labrador (1497) avec son père, il tenta de trouver un passage méridional vers les Indes et atteignit ainsi la côte occidentale de l'Amérique du Sud, explora le río de La Plata* et le Paraná jusqu'au Paraguay (apr. 1525). Il a réalisé une mappemonde où figurent ces découvertes.

**CABOT** (détroit de) – en angl. ***Cabot Strait*** ← ÉTYM. du n. de Jean *Cabot** ♦ Détroit reliant le golfe du Saint-Laurent à l'Atlantique, entre Terre*-Neuve au N. et l'île du Cap-Breton (Nouvelle-Écosse) au S.

**CABOURG** [14390] ← ÉTYM. anc. *Catusburgus* «le camp fortifié», du gaul. *catu* «bataille» et lat. tardif *burgus* «forteresse» ou du germ. *Hadebourg*, n. de pers. ♦ Ch.-l. de cant. du Calvados, arr. de Caen, sur la Manche et la rive g. de la Dives. 3 520 hab. *(Cabourgeais)*. Station balnéaire. Festival du film romantique. ▪ Marcel Proust y séjourna souvent et l'a évoquée sous le nom de Balbec.

**CABRAL (Gonsalvo Velho)** ♦ Navigateur portugais du XVe s. Il découvrit la première île du groupe oriental de l'archipel des Açores.

**CABRAL (Pedro Álvarez)** ♦ Navigateur portugais (Belmonte v. 1460 - près de Santarém 1526). Après avoir découvert le Brésil* (1500), qu'il appela *Terra de Santa Cruz* et dont il prit possession au nom du Portugal, il fit route vers les Indes en contournant le cap de Bonne-Espérance et en longeant les côtes orientales de l'Afrique. Il revint au Portugal après avoir signé un traité de commerce avec le prince de Cochin (1502). Le récit de son expédition a été rapporté par Ramusio (*Navigazioni e Viaggi*, 1563).

**CABRAL (Amilcar)** ♦ Homme politique guinéen (îles du Cap-Vert v. 1924 - Conakry 1973). Fondateur du Parti africain pour l'indépendance de la Guinée portugaise (future Guinée-Bissau) et des îles du Cap-Vert (PAIGC) en 1956, il en devint le dirigeant en 1961, et organisa la lutte armée contre l'occupation portugaise. Il fut assassiné par la police portugaise.

**CABRERA** ♦ Îlot espagnol des Baléares*, au S. de Majorque*. Après la capitulation de Bailén* (1809), de nombreux soldats français y furent déportés.

**CABRERA INFANTE (Guillermo)** ♦ Écrivain britannique d'origine cubaine (Gibara 1929 - Londres 2005). Il se libéra peu à peu du système castriste avec lequel il rompit en 1965 et s'exila en Espagne puis à Londres. Après un premier roman, *Trois tristes tigres* (1967), qui retrace un long parcours nocturne dans La Havane à la fin du siècle, il écrivit des scénarios, dont celui de *Wonderwal*. On peut encore citer : *La Havane pour un Infante défunt* (1979), et *Coupable d'avoir dansé le cha-cha-cha* (1999).

**CABRIÈS** [13480] → ÉTYM. de l'occit. *cabrièr* «de chèvre» [lieu où l'on élève des chèvres] ♦ Comm. des Bouches-du-Rhône, arr. d'Aix-en-Provence. 7 890 hab.

**CABROL (Christian)** ♦ Médecin français (Chézy-sur-Marne, Aisne 1925). Spécialiste de la chirurgie cardiaque, il effectua la première greffe de cœur en France (1968), la première greffe cœur-poumons (1982) et la première implantation d'un cœur artificiel (1986). → ÉTYM. Ce nom de famille vient du latin *capreolus* «chevreuil».

**CAC 40** n. m. (Cotation assistée en continu) ♦ Indice de la Bourse de Paris, créé en 1988 par la Société des Bourses françaises, qui représente la moyenne des cours des 40 sociétés françaises les plus importantes.

**CACCINI (Giulio)** ♦ Chanteur et compositeur italien (Tivoli v. 1550 - Florence 1618). Entré dès l'enfance au service des Médicis, il composa pour les fêtes de la cour de Toscane des œuvres de circonstance dont la plupart ont été perdues. Réformateur du chant après Bardi et Cavalieri, il a établi avec Jacopo Peri les règles d'un nouveau style, plus dépouillé et plus proche du naturel (*Nuove musiche*, 1602). Il apparaît comme l'un des inventeurs du *stilo recitativo* dans l'opéra.

**CÁCERES** → ÉTYM. du lat. *Castra Caecilii* «camp de Caecilius», en l'honneur de Quintus Caecilius Metellus* Pius ♦ V. d'Espagne (Estrémadure), ch.-l. de prov. 90 802 hab. Enclose dans une enceinte romaine puis dans une enceinte almohade du XIIe s., la ville a conservé de nombreux palais et églises des XVe et XVIe s. classés au patrimoine mondial de l'Unesco. Cáceres vit du commerce de grains et de fruits, du travail du liège et du cuir. ▮ **Histoire** La *colonia Norba Caesarina*, fondée par les Romains, fut prise par les Arabes au IXe s. ♦ ***Province de Cáceres*** L'une des plus vastes d'Espagne (19 545 $km^2$), elle s'étend sur une vaste pénéplaine granitique, l'Estrémadure de Cáceres. 401 936 hab. Assez pauvre, elle vit de la culture du chêne-liège et de l'élevage ovin.

**Cáceres.** Monastère de Notre-Dame de Guadalupe, province de Cáceres. *Phot. © Taka/age/Eyedea illustration*

**CACHAN** [94230] → ÉTYM. p.-ê. gaul. «cercle *(cantus)* de combat *(catu)*» ♦ Ch.-l. de cant. du Val-de-Marne, arr. de L'Haÿ-les-Roses, dans la banl. S. de Paris. 24 838 hab. *(Cachanais)*. Centre national de l'enseignement technique.

**CACHEMIRE** n. m. – en angl. ***Kashmir*** → ÉTYM. du sanskr. *Kaśyapamar* «habitation de Kaśyapa*» ♦ Région du nord du monde indien, dans les hautes régions de l'Himalaya occidental et du Karakoram. Plus de 300 000 $km^2$. 12 000 000 hab. Le Cachemire comporte une série de puissantes chaînes N.-O.-S.-E. : Karakoram, avec plusieurs sommets de plus de 8 000 m, dont le K2, ou mont Godwin Austin, 2e sommet du monde, ainsi que le Ladakh, le Zanskar, le Nanga Parbat, appartenant à l'Himalaya proprement dit. Il est entaillé de profondes vallées comme celle du haut Indus et de bassins, comme celui de Shrinagar. ▮ **Histoire** Peuplé d'une majorité de musulmans, il constituait en 1947 un État souverain dont les dirigeants étaient hindous, et son attribution donna lieu à un conflit armé entre l'Inde et le Pakistan. Une ligne de cessez-le-feu imposée par l'ONU en 1949 sert encore de frontière et un traité sur le partage des eaux provenant de l'Himalaya et de l'Indus (1960), relativement appliqué, organise la répartition de l'eau — enjeu de taille, surtout pour l'irrigation. Chaque État a continué de revendiquer la souveraineté sur la totalité de la région, cependant un accord de cessez-le-feu a été

**Cachemire.** Le Palais royal de Leh. *Phot. © Falk Kienas/Shutterstock*

signé en nov. 2003 et un processus de paix lancé en 2004. Mais les attentats d'extrémistes religieux pakistanais qui frappent régulièrement le sol indien (dont le plus meurtrier est celui de Bombay en 2008) mettent à rude épreuve les relations entre les deux pays. De plus, une partie de la zone accordée à l'Inde est occupée par l'armée chinoise (région de l'Aksai Chin). La partie indienne forme l'État de Jammu*-et-Cachemire, la partie pakistanaise, dont la ville principale est Gilgit, est dotée d'un statut autonome. La région a été touchée par un violent séisme en 2005.

**CACHIN (Marcel)** ♦ Homme politique français (Paimpol 1869 - Choisy-le-Roi 1958). Membre du Parti ouvrier français dès 1891, il prit part aux congrès socialistes d'Amsterdam (1904), puis de Paris (1905). Député (1914 - 1932), rallié à la politique d'union nationale, il fut envoyé en mission diplomatique en Russie (1917). Lors du congrès de Tours (1920), il se rangea du côté de la fraction majoritaire (communiste) qui adhéra à la IIIe Internationale. Directeur de *l'Humanité* (1918 - 1958), il fut membre du bureau politique du parti communiste (1923 - 1958) et sénateur (1935), puis de nouveau député (1946). → ÉTYM. *Cachin* vient du latin *cachinnare* «rire aux éclats» (surnom d'un moqueur ou d'un homme peu sérieux).

**CACOYANNIS (Michael)** ♦ Cinéaste grec (Limassol 1922). Son film *Stella* (1955) imposa à l'étranger son réalisateur et, avec lui, le cinéma grec. Il réalisa *Électre* (1962), considéré comme son meilleur film, *Zorba le Grec* (1965) d'après Kazantzakis, *Iphigénie* (1977) puis *La Cerisaie* (2000). Poursuivant parallèlement une carrière théâtrale, il a mis en scène *Les Troyennes* (1965, TNP), dont il a également tiré un film (1971).

**CACUS** ♦ Héros de la mythologie romaine, fils de Vulcain*, dont les trois têtes crachaient du feu. Il habitait dans une grotte de l'Aventin. Lorsque Hercule* revint de son expédition en Occident, ramenant les bœufs de Géryon* (→ **Héraclès**), Cacus lui déroba une partie du troupeau qui paissait à l'emplacement du futur *forum boarium* et la dissimula dans son antre. Pour tromper son adversaire, il avait traîné les animaux par la queue, et les traces semblaient ainsi se diriger vers l'extérieur. Mais Hercule, renseigné par la sœur de Cacus, ou attiré par les meuglements, découvrit la cachette et tua le brigand. Le combat entre Hercule et Cacus a été raconté par Virgile dans *L'Énéide* (liv. VIII).

**CADALSO (José)** ♦ Écrivain espagnol (Cadix 1741 - Gibraltar 1782). Élevé par un oncle jésuite et ouvert aux idées des Lumières, il voyagea beaucoup en Angleterre, en Allemagne, en Italie et en France, puis il entra dans les armées espagnoles et trouva la mort devant Gibraltar au sein de l'escadre franco-espagnole qui luttait contre les Britanniques. Ami des poètes et écrivains de son temps, il écrivit quelques volumes de poésie ainsi qu'un recueil *Cartas Marruecas* («Lettres marocaines») publié après sa mort en 1789. Ce dialogue d'un ambassadeur marocain en Espagne avec un noble espagnol célèbre les vertus castillanes et dénonce les pesanteurs de l'Espagne du XVIIIe s., posant les problèmes essentiels que doit résoudre le pays pour avancer dans la modernité.

**CA' DA MOSTO** ou **CADAMOSTO (Alvise)** ♦ Navigateur vénitien (Venise 1432 - ? 1488). Il accomplit plusieurs voyages commerciaux en Méditerranée et entreprit, avec Antonio Da Noli*, une expédition aux Canaries, le long des côtes du Sénégal et de Gambie (1455 - 1456) pour le compte d'Henri le Navigateur, infant du Portugal. Il est l'auteur d'*Il libro de la prima navigazione per l'oceano a la terra de Nigri* (publ. 1507).

**CADAQUÉS** ♦ V. d'Espagne (Catalogne), prov. de Gérone. 2 806 hab. Port de pêche sur la Costa Brava. Maison-musée Salvador Dalí. Station balnéaire rendue célèbre par Dalí, Picasso, Duchamp, Man Ray, Max Ernst, André Derain.

**CADARACHE** → ÉTYM. du prov. *cataracho* (ou *cadaracho*) «chute d'eau» ♦ Écart de la comm. de Saint-Paul-lès-Durance (Bouches-du-Rhône), sur la rive g. de la Durance, en aval du confluent du Verdon. Barrage (hydroélectricité). Centre de recherche nucléaire.

**CADAUJAC** [33140] ♦ Comm. de la Gironde, banl. S. de Bordeaux. 4 408 hab. Cultures maraîchères et fruitières. Viticulture (pessac-léognan).

**CADE (John, dit Jack)** ♦ Révolutionnaire anglais (mort dans le Kent en 1450). Il souleva le Kent contre Henri* VI, en se faisant passer pour un membre de la famille royale. Il fut tué neuf jours après s'être emparé de Londres.

**CADENET** [84160] → ÉTYM. anc. *Cadaneto*, du lat. *catanus* «cade, genévrier» et suff. collectif *-etum* ♦ Ch.-l. de cant. du Vaucluse, arr. d'Apt. 3 883 hab. *(Cadenétiens)*. Église du XVI^e s. (fonts baptismaux).

**CADEROUSSE** [84860] → ÉTYM. du gaul. *Cataros* ou *Catarus*, n. de pers., et suff. précélt. *-ossa* ou d'une rac. précélt. hydronym. *kat- (kat-ar)* ♦ Comm. du Vaucluse, arr. d'Avignon, sur le Rhône. 2 496 hab. Centrale hydroélectrique sur une dérivation du Rhône.

**CADET ROUSSELLE** → ÉTYM. de *Cadet* «soldat du rang» et *Rousselle* «le rouquin» ♦ Type de niais, héros d'une chanson de 1792 à la mode parmi les volontaires français et de plusieurs pièces de Joseph Aude, dont *Cadet Roussel ou le Café des Aveugles* (1793). Le personnage fut popularisé sous le Premier Empire par l'acteur BRUNET (1766 - 1851).

**CADIÈRE-D'AZUR (LA)** [83740] → ÉTYM. p.-ê. de l'occit. *°cap d'ièra* «aire à battre le blé» avec attraction de *cadiéra* «chaire» ou du prov. *cade* «cade, genévrier» ♦ Comm. du Var, arr. de Toulon. 4 239 hab. Lieu de séjour. Viticulture (bandol).

**CADILLAC** [33410] → ÉTYM. anc. *Cadilacum*, du lat. *Catilius*, n. de pers. gallo-rom. (en gasc. *Cadilhac*), et suff. *-acum* ♦ Ch.-l. de cant. de la Gironde, arr. de Bordeaux, sur la Garonne. 2 365 hab. (aggl. 4 220) *(Cadillacais)*. Église du XV^e s. avec chapelle du XVII^e s. Château d'Épernon du XVII^e s. ▪ Commerce des vins locaux (premières côtes-de-bordeaux).

**CADIX** – en esp. ***Cádiz*** → ÉTYM. du phénicien *'gder (gader)* «muraille, place fortifiée» (→ aussi Agadir) ♦ V. d'Espagne (Andalousie), ch.-l. de prov., sur la rive E. du golfe du même nom, face à l'embouchure du Guadalete, située à l'extrémité de l'île de León qui ferme la *baie de Cadix*. 128 554 hab. Ville fortifiée (XVII^e s.). Cathédrale (XIII^e - XIX^e s.). ▪ Port. ▌**Histoire** Anc. *Gades* romaine, reconquise par les chrétiens (1262) après les invasions wisigothiques et arabes, elle connut un nouvel essor avec la découverte de l'Amérique (1492). Au XVIII^e s., à la suite de Séville*, elle détint le monopole du commerce avec l'Amérique du Sud et les Indes occidentales. Base de la flotte espagnole, elle fut attaquée à plusieurs reprises, notamment par Francis Drake*. En 1805, la flotte franco-espagnole de Cadix fut battue à proximité, à Trafalgar*. Pendant la «guerre d'indépendance» elle fut assiégée, en vain, par les Français (1810 - 1812) ; une junte centrale, puis les Cortés s'y installèrent et y promulguèrent une Constitution libérale. En 1823, la ville dut se rendre après la prise du fort de Trocadero*.

**CADMÉE** n. f. – en gr. ***Kadmeia*** ♦ Citadelle de l'anc. Thèbes* en Béotie*, qui avait été fondée par Cadmos*. Des vestiges du palais dit de *Cadmos* (–XV^e ou –XIV^e s.) furent découverts au sommet de l'acropole (centre de la ville actuelle).

**CADMOS** ♦ Héros légendaire grec, Phénicien d'origine, fondateur de Thèbes*. À la recherche de sa sœur Europe*, il consulta l'oracle de Delphes qui lui enjoignit de suivre une vache errante et de fonder une ville à l'endroit où elle se coucherait, épuisée. Il atteignit la Béotie, puis sur l'ordre d'Athéna tua un dragon et avec l'aide de cinq hommes armés, nés des dents du dragon, fonda la ville. Roi des Cadméens, époux d'Harmonie*, il eut de nombreux enfants dont Ino* et Sémélé*. Les Grecs lui attribuèrent un grand rôle civilisateur (introduction de l'alphabet phénicien).

**Cadmus et Hermione** ♦ Premier opéra de Lully*, en 5 actes, sur un livret de P. Quinault (1673). Empruntant le style récitatif des Florentins Peri et Caccini, le musicien y apparaît comme le créateur de la tragédie lyrique en France.

**CADORNA (Luigi,** comte**)** ♦ Général italien (Pallanza, lac Majeur 1850 - Bordighera 1928). Fils du général Raffaele Cadorna qui s'était distingué pendant les guerres pour l'unité italienne, il fut nommé chef d'état-major général en juin 1914 et s'efforça de réorganiser l'armée. Rendu responsable de la terrible défaite de Caporetto* (oct. - nov. 1917), il fut mis en disponibilité, réhabilité par Mussolini en 1923 et nommé maréchal en 1924.

**CADOU (René-Guy)** ♦ Poète français (Sainte-Reine-de-Bretagne 1920 - Louisfert, Loire-Atlantique 1951). Instituteur rural, disciple de Max Jacob, il rallia l'école de Rochefort, fondée par Pierre Penon et Jean Bouhier. Il a célébré, avec tendresse, ferveur et sérénité, les grands thèmes de la nature, de l'amitié, de l'amour et de la mort. Œuv. princ. : *Bruit du cœur* (1942), *La Vie rêvée* (1944), *Les Biens de ce monde* (1951), *Hélène ou le Règne végétal* (posth. 1952 - 1953). → ÉTYM. Il s'agit de l'hypocoristique en *o(u)* du gallois *cad* «combat», correspondant au vieux breton *cat.*

**CADOUDAL (Georges)** ♦ Conspirateur français (Kerléano, près d'Auray 1771 - Paris 1804). Il participa à la guerre de Vendée* et fut un des chefs des chouans. → **Chouannerie.** Il se réfugia à Londres en 1800 et fut nommé lieutenant général par le comte d'Artois. Il organisa deux complots contre Bonaparte : le 24 déc. 1800, une machine infernale explosa rue Saint-Nicaise au passage de Bonaparte qui se rendait à l'Opéra, il y eut 22 morts ; le second complot (1803), avec la complicité de Pichegru*, fut déjoué. Cadoudal fut arrêté et exécuté le 25 juin 1804. → ÉTYM. *Cadoudal* signifie «ferme au combat», du vieux breton *cat* «combat» et *uudal* «ferme, valeureux».

**CADOUIN → Buisson-de-Cadouin (Le)**

**CADURQUES** ou **CADURCI** n. m. pl. → ÉTYM. p.-ê. «les sangliers de la bataille», du gaul. *catu* «bataille» et *turcos* «sanglier» (→ aussi Cahors, Quercy) ♦ Peuple de la Gaule établi dans le Quercy entre *Uxellodunum* (Puy d'Issolud) et *Divona* (Cahors*).

**CAEDMON** ♦ Poète chrétien anglo-saxon (VII^e s.). Probablement de descendance bretonne, il entra (de 650 à 680) au monastère de Streaneshalch (Whitby) après un songe qui lui inspira un poème sur la création du monde. Illettré, il adapta oralement les Écritures que les moines lui commentaient (*Histoire ecclésiastique* de Bède*). On lui attribua les *Poèmes caedmoniens (Caedmon Poems)* du manuscrit dit *de Junius*, conservés à la Bodleian Library d'Oxford. Cette œuvre consiste en une paraphrase de certaines parties de la Genèse, de l'Exode, de Daniel. L'auteur d'un autre grand poème allitéré anonyme, *Heliand* («Le Sauveur») écrit en saxon, aurait collaboré à la rédaction des *Poèmes caedmoniens*.

**CAELIUS** (mont) ♦ L'une des sept collines de Rome se détachant du plateau de l'Esquilin* et finissant près du Colisée*. Entièrement détruit en 27 par un incendie, le quartier qui s'y trouvait est auj. celui de Saint-Jean-de-Latran. Grégoire le Grand y transforma sa propriété de famille en monastère. Actuellement : église Saint-Grégoire et villa Celimontana.

**CAEM → Comecon**

**CAEN** [14000] → ÉTYM. «terrain d'exercice», du gaul. *catu* «combat» et *magos* «champ, marché» ♦ Ch.-l. du dép. du Calvados et de la région de Basse-Normandie, au confluent de l'Orne et de l'Odon. 113 987 hab. (aggl. 199 490) *(Caennais)*. Les principaux monuments de la ville ont échappé aux destructions de la Deuxième Guerre mondiale : église Saint-Pierre du XIII^e au XVI^e s. (célèbre pour sa tour) ; église de la Trinité de l'Abbaye-aux-Dames (fondée par la reine Mathilde au XI^e s.) ; château et église romane Saint-Étienne de l'Abbaye-aux-Hommes (fondée par Guillaume le Conquérant en 1062). Musée des Beaux-Arts. Musée mémorial pour la paix. Musée de Normandie (histoire et archéologie). ▪ Ville moderne, en grande partie reconstruite après 1945, elle est reliée à la Manche par le canal de Caen, long de 14 km, qui aboutit au port d'Ouistreham. Située dans l'orbite parisienne et reliée à la capitale par autoroute (A13), la ville est avant tout un centre d'activités tertiaires. L'industrie connaît certaines difficultés mais, outre l'automobile (Citroën, Renault), de nouveaux constructeurs se sont installés depuis les années 2000 (Philips). Dotée d'un important centre universitaire, d'instituts de recherche et d'une école d'ingénieurs, la ville se spécialise peu à peu dans les services, surtout dans l'enseignement et la recherche. ▪ La *campagne de Caen*, très ouverte, contraste avec les régions bocagères environnantes. ▌**Histoire** Caen fut la résidence préférée de Guillaume* le Conquérant qui y fit bâtir un château et deux abbayes. Après la conquête de la Normandie en 1204 par Philippe Auguste, les Anglais assiégèrent Caen en 1346 et 1417 et y restèrent jusqu'en 1450. L'université fut fondée au XV^e s. Caen connut une prospérité commerciale au XVI^e s. En 1944, la ville fut gravement endommagée.

**CAERE → Cerveteri**

**CAERPHILLY** ♦ V. du pays de Galles (district de Caerphilly, 277 km², 169 519 hab.), sur le Taff, au N. de Cardiff. 28 000 hab. Ruines d'une forteresse médiévale (XIII^e s.). Anc. ville minière.

**CAFFIERI (Jean-Jacques)** ♦ Sculpteur français (Paris 1725 - *id.* 1792). Issu d'une famille de sculpteurs, ciseleurs et ébénistes d'origine napolitaine, il fut élève de son père, puis de J.-B. Lemoyne*. Lors de son séjour à Rome (1748 - 1754), il fut marqué par le Bernin* et resta, dans ses grandes compositions sculptées, fidèle à la tradition baroque. Surtout célèbre comme portraitiste, il exécuta les bustes de personnages célèbres auxquels il sut donner une expression animée (*Corneille*, 1777 ; *Molière*). Il rendit les traits de ses contemporains avec exactitude et vérité (*Rotrou*, 1783 ; *Piron*, 1762 ; *Puigré*, 1789).

**CAFRERIE** n. f. → ÉTYM. de l'ar. *kafir* «infidèle» ♦ Nom donné par les Européens avant le XX^e s. à la partie orientale de l'Afrique australe habitée alors par des populations animistes (les Cafres, auj. péjoratif) qualifiées d'«infidèles» (païennes) par les Arabes.

**CAGAYAN DE ORO CITY** ♦ V. des Philippines, ch.-l. de Northern Mindanao. 461 877 hab. Indus. du bois, ciment, coprah. Pêche, volailles. Université.

**CAGE (John)** ♦ Compositeur américain (Los Angeles 1912 - New York 1992). Élève de Cowell et de Schoenberg, il poursuivit des recherches sur les sonorités, par lesquelles il s'apparente aux pionniers de la musique concrète. Il composa des œuvres pour instruments à percussion *(Construction de métal)*, pour «piano préparé», instrument dont il dénaturait le son pour obtenir un timbre nouveau et différent, pour 12 postes de radio, où le son était fourni au hasard des émissions de 12 chaînes. Il introduisit en musique, de façon très originale, les notions de hasard et d'indétermination. Il collabora avec Merce Cunningham*.

**CAGLIARI** → ÉTYM. en gr. *Karalis*, en lat. *Caralis (Calaris ; Callaris)*, probablt à rapprocher de la racine pré-indo-eur. *°car-* «rocher, pierre» ♦ V. d'Italie, ch.-l. de la Sardaigne, ch.-l. de prov. 164 249 hab. Université. Amphithéâtre romain. Fortifications et tours pisanes (XIIIe - XIVe s.). Cathédrale de style pisan (XIIIe s.), remaniée au XVIIe s. : chaires sculptées, crypte. Musée d'archéologie (bronzes sardes). ▪ Port pétrolier et centre industriel : sidérurgie, mécanique, cimenteries. Indus. agroalimentaires (vins, olives, tabac). Salines. ▮ **Histoire** D'origine phénicienne, la ville fut occupée par les Carthaginois, puis devint une colonie romaine très florissante et garda son indépendance jusqu'au XIIIe s. Elle subit ensuite les dominations pisane et espagnole et passa à la Maison de Savoie (1718). Cagliari fut détruite à 75 % lors de la Deuxième Guerre mondiale.

**CAGLIOSTRO** [kaljɔstʀo] (**Giuseppe BALSAMO,** dit **Alexandre,** comte **DE**) ♦ Aventurier italien (Palerme 1743 - San Leone, Urbino 1795). En contact avec les loges maçonniques mystiques, il parcourut l'Europe et connut à Paris un très vif succès pour ses talents de guérisseur et sa pratique des sciences occultes. Lié au cardinal de Rohan*, compromis dans l'affaire du Collier*, il fut expulsé en 1786. Condamné à mort comme franc-maçon en Italie (1791), il vit sa peine commuée en détention perpétuelle. ▪ Alexandre Dumas évoque le personnage (Joseph Balsamo) dans les *Mémoires d'un médecin*.

**CAGNES-SUR-MER** [06800] → ÉTYM. du pré-indo-eur. *°kan-* «hauteur» [la ville est située sur une arête rocheuse] ou du lat. *Canius*, n. de pers. ♦ Comm. des Alpes-Maritimes, arr. de Grasse, à l'O. de l'embouchure du Var. 43 942 hab. *(Cagnois)*. Le *Haut-de-Cagnes* est dominé par un château médiéval qui abrite le musée de l'Olivier et le musée d'Art moderne méditerranéen. Maison de A. Renoir (musée). Festival international de peinture. ▪ Horticulture. Électronique. Informatique. ▪ Au S., station balnéaire au Cros-de-Cagnes. Hippodrome.

**CAGNIARD DE LATOUR (Charles,** baron) ♦ Physicien français (Paris 1777 - *id.* 1859). Surtout connu comme inventeur de la sirène (1819), il est aussi l'auteur de travaux relatifs à la propagation des ondes sonores dans les liquides. Il détermina la température critique de plusieurs liquides et, découvrant la multiplication par bourgeonnement de la levure de bière, en conclut qu'il s'agissait d'un organisme vivant responsable de la fermentation alcoolique. [Acad. sc. 1851]

**Cagoule (la)** ♦ Surnom donné par la presse au Comité secret d'action révolutionnaire (CSAR), groupe d'extrême droite, dont le principal dirigeant fut E. Deloncle* et qui, à partir de 1935, se signala par des actions violentes visant à renverser le régime républicain (assassinat d'antifascistes italiens, les frères Rosselli en 1937). Plusieurs membres de la Cagoule se rallièrent au gouvernement de Vichy, d'autres cependant militèrent dans les rangs de la Résistance.

**Cahiers de la quinzaine** ♦ Revue fondée par Charles Péguy* en 1900 et qui traduisit jusqu'en 1914 les multiples combats de l'écrivain. Dreyfusard, Péguy s'opposa à la Sorbonne, à la droite catholique et à la gauche intellectuelle. Julien Benda* et Romain Rolland* participèrent régulièrement à ces publications.

Les **Cahiers de Malte Laurids Brigge** – en all. ***Die Aufzeichnungen des Malte Laurids Brigge*** ♦ Récit en prose de Rainer Maria Rilke* (1910). Le jeune Danois Malte vient vivre à Paris où il «apprend à voir». Sous forme de journal intime, il évoque la terreur et l'angoisse que lui inspire le malheur humain tel que la grande ville le lui révèle. Des retours sur son enfance danoise permettent des ouvertures sur le fantastique. Un des livres fondateurs de l'époque contemporaine.

**CAHORA BASSA** ♦ Complexe hydroélectrique en amont de Tete sur le Zambèze, au Mozambique, devant alimenter l'Afrique du Sud en énergie. Construit en 1965, il n'a pas fonctionné en raison de la guerre civile.

**CAHORS** [kaɔʀ] [46000] → ÉTYM. du n. des *Cadurques** (→ aussi Quercy) ♦ Ch.-l. du dép. du Lot, sur le Lot, au pied des Causses du Quercy. 20 003 hab. (aggl. 23 128) *(Cadurciens, Cahorsiens* ou *Cahorsains)*. Cathédrale Saint-Étienne (XIIe, XIIIe et XIVe s.), romane à coupoles (portail du XIIe s. ; cloître Renaissance). Pont Valentré (XIVe s.). Remparts (XIVe s.). Vestiges de thermes romains. ▪ Centre admin. et commercial. Tourisme. Vignobles. Truffes. ▮ **Histoire** Anc. capitale des Cadurques sous le nom de *Divona*, puis *Cadurcum* sous la domination romaine, elle devint une place forte et un grand centre de commerce au Moyen Âge. Jean XXII y fonda une université. Cédée aux Anglais après le traité de Brétigny* (1360), elle n'en fut délivrée qu'en 1428.

**CAILLAUX (Joseph)** ♦ Homme politique français (Le Mans 1863 - Mamers 1944), fils d'EUGÈNE CAILLAUX (1822 - 1896), qui fut lui-même parlementaire et ministre. Député (Sarthe, 1898), il fut plusieurs fois ministre des Finances et contribua à faire voter, par la Chambre, l'impôt progressif sur le revenu. Président du Conseil (1911), il négocia avec l'Allemagne le traité de novembre après l'incident d'Agadir*, puis reprit le portefeuille des Finances dans le cabinet Doumergue (1913). Sa politique d'impôt sur le revenu et d'opposition à la guerre lui valut d'être violemment attaqué par le journal *Le Figaro* (soutenu par Barthou et Poincaré). L'assassinat du directeur du *Figaro*, Calmette*, par sa femme, l'obligea à donner sa démission (1914). Envoyé en mission en Amérique du Sud, puis en Italie au cours de la Première Guerre mondiale, il fut suspecté par les nationalistes et arrêté par le gouvernement Clemenceau (1917). Condamné par la Haute Cour de justice pour aide involontaire à l'ennemi (1920), il fut amnistié quelques années plus tard. Réélu député, il fut nommé ministre des Finances dans le cabinet Painlevé (1925). Sénateur (1925), il resta président de la commission des Finances jusqu'en 1940. Il est l'auteur de *Mémoires*. → ÉTYM. *Caillaux* est un nom de lieu désignant un endroit caillouteux, notamment au nord de la Loire.

**CAILLAVET (Gaston ARMAN DE)** ♦ Auteur dramatique français (Paris 1869 - Essendiéras, Dordogne 1915). En collaboration avec Robert de Flers*, il a écrit des comédies légères (*Le Roi*, 1908 ; *L'Habit vert*, 1912 ; *La Belle Aventure*, 1913).

**CAILLEBOTTE (Gustave)** ♦ Peintre français (Paris 1848 - Gennevilliers 1894). Il étudia dans l'atelier de Bonnat* et, à partir de 1873, à l'École des beaux-arts. Marqué par le réalisme de Courbet*, il fut sensible à la nouveauté de l'art de Manet* et de Degas*. À Argenteuil, il se lia avec Monet* et Renoir* et devint un adepte de l'impressionnisme. Ses paysages reflètent successivement l'influence de Bazille*, de Monet et de Renoir. Ayant assimilé la leçon de Degas, il se montra plus personnel dans ses scènes de la vie populaire (*Les Raboteurs de parquet*, 1875). Jouissant d'une importante fortune, il fut pour ses amis impressionnistes un généreux mécène et légua à l'État une collection de 67 tableaux, ce qui provoqua un énorme scandale (27 furent refusés). Le legs Caillebotte constitue une part importante du fonds impressionniste conservé au musée d'Orsay. → ÉTYM. Ce nom de famille signifie «lait caillé», de *caillebotter* «réduire en caillots» (surnom d'un fabricant de fromages) ou est un nom désignant un lieu caillouteux.

**CAILLETET (Louis Paul)** ♦ Physicien, chimiste et industriel français (Châtillon-sur-Seine 1832 - Paris 1913). Il parvint, le premier, à liquéfier les gaz comme l'azote, l'oxygène, l'oxyde de carbone, le méthane et l'air qui, jusque-là, avaient été considérés comme «permanents». [Acad. sc. 1884]

**CAILLIAUD (Frédéric)** ♦ Explorateur français (Nantes 1787 - *id.* 1869). Après des études de minéralogie, il fut chargé de l'exploration de la Haute-Égypte (1815), puis d'une expédition en Nubie, au cours de laquelle furent découvertes les ruines de Dongola (ou Dunqulah) et de Méroé. Il a laissé le récit de ses voyages.

**CAILLIÉ (René)** ♦ Explorateur français (Mauzé 1799 - La Baderre 1838). Embarqué en 1816 pour le Sénégal, il séjourna chez les Maures (1824) et décida de gagner Tombouctou* en se faisant passer pour un Arabe. Il fut le premier Français à visiter cette cité (avr. 1828) dont il donna la description dans *Le Journal d'un voyage à Tombouctou et à Djenné dans l'Afrique centrale* (1830).

**CAILLOIS (Roger)** ♦ Essayiste français (Reims 1913 - Le Kremlin-Bicêtre 1978). Fondateur en 1937 du Collège de sociologie (avec G. Bataille* et M. Leiris*), dont le but était d'étudier les manifestations du sacré dans la société (*Le Mythe et l'Homme*, 1938 ; *L'Homme et le Sacré*, 1939), il créa également dans les années 1940 l'Institut français de Buenos Aires, et à son retour en France contribua à faire connaître la littérature hispano-américaine, puis dirigea la revue de sciences humaines *Diogène*. Marqué à la fois par le surréalisme auquel il participa et par le rationalisme de Descartes ou de Montesquieu, il se consacra à l'analyse des mécanismes de l'imagination. Afin de faire apparaître cette cohérence de l'imaginaire (*L'Incertitude qui vient des rêves*, 1956), d'en dégager le principe fondamental (*La Dissymétrie*, 1973), il s'attacha à découvrir les «récurrences dérobées» par le biais des «sciences obliques» chargées de «compenser le découpage parfois dangereusement parcellaire des différents domaines de la recherche par des coupes transversales dans le savoir». Ainsi s'explique l'apparente diversité de son œuvre qui le conduisit à étudier aussi bien le monde minéral (*L'Écriture des pierres*, 1970) que les mythologies modernes ou les faits de société (*Les Jeux et les Hommes*, 1958 ; *Bellone ou la Pente de la guerre*, 1963) et les processus de création artistique et littéraire (*Babel*, 1948 ; *Esthétique généralisée*, 1962). Originale par son but et sa méthode, sa démarche l'est aussi par son style où s'affirment son souci de classicisme et de rigueur ainsi que son exigence taxinomique. [Acad. fr. 1971] → ÉTYM. Ce nom de famille vient de *Cailleux*, toponyme qui désigne un lieu caillouteux.

**CAÏMANS** (îles) → ÉTYM. en angl. ***Cayman Islands***, de l'esp. *caimán* «caïman» (allus. à l'abondance de ces reptiles) ♦ Archipel des Grandes Antilles, composé de 3 îles au S. de Cuba et dépendant du Royaume-Uni. → **Antilles** (carte). 264 km². 53 172 hab. LANGUE : anglais. MONNAIE : dollar des îles Caïmans. CAPITALE : George Town. La plus peuplée est l'île de Grand Cayman. Important centre touristique et financier. ▮ **Histoire** Reconnue possession anglaise par le traité de Madrid (1670), cette colonie de la Couronne est restée rattachée à Londres, à l'exception d'une brève période où elle fut administrée par le gouverneur de la Jamaïque (1959 - 1962).

**CAIN (James Mallahan)** ♦ Romancier américain (Annapolis, Middlesex 1892 - University Park, Maryland 1977). Ses romans, souvent fondés sur le sexe et la violence, eurent un grand succès dans les années

1930 et 1940, en particulier *Le facteur sonne toujours deux fois* (1934, plusieurs fois adapté au cinéma). *Sérénade* (1937) fit scandale à cause de la bisexualité du héros, traitée sans fard.

**CAÏN** ➔ ÉTYM. en hébr. *Qayin*, de *qayin* «lance», ou à rapprocher de l'araméen *qéynâ'âh* «forgeron» ♦ Personnage biblique (Genèse, IV). Fils aîné d'Adam* et Ève*, voué à la culture du sol. Il tue son frère Abel*, devenant le premier homicide, et est condamné à fuir perpétuellement. *La Conscience* de Victor Hugo dépeint la fuite et le remords de Caïn. Byron, William Blake évoquèrent aussi cet épisode.

**CAÏPHE** ♦ Grand prêtre juif de 18 à 36. Dans les Évangiles, il préside le sanhédrin et condamne Jésus.

**CAIRE (LE)** ➔ ÉTYM. en ar. *al-Qāhira* «la Victorieuse» ♦ Cap. de l'Égypte, située en amont du delta, dans la plaine qui s'étend entre la rive d. du Nil et le versant occidental du mont Muqattam, Le Caire est la plus grande ville de l'Afrique et du monde arabe. 7 786 640 hab. (près de 18 000 000 d'hab. pour le *Grand Caire*), soit plus d'un quart de la pop. de l'Égypte *(Cairotes)*. C'est un centre politique (siège du gouvernement de l'Égypte et de la Ligue arabe) et intellectuel : université musulmane al-Azhar, université américaine (fondée en 1919), universités de Giza et de Ayn al-Chams (fondée en 1950). Son patrimoine artistique est particulièrement riche (musée égyptien, fondé en 1857 par Mariette, musée d'art islamique, musée d'art copte). Centre commercial, Le Caire est bien desservi par des voies ferrées et par deux aéroports internationaux. Principal centre sidérurgique du pays : Hélouan*, relié au centre de la ville par un métro. Indus. automobile, chimique et textile. Réfrigérateurs. Manufactures de tabac et de cuir. Industrie cinématographique (depuis 1926). ▮ **Histoire** 'Amr* ibn al-Āṣ, le conquérant de l'Égypte, fonda Fustāt après la prise de la forteresse de Babylone (639) entre le Muqattam (rive d.) et le Nil. Il y construisit la mosquée qui porte son nom et qui est considérée comme le plus ancien monument religieux de l'islam en Égypte, malgré les importantes restaurations du XVe s. En dehors de l'enceinte de Fustāt s'étendit le faubourg d'al-'Askar («l'armée») avec le palais du gouverneur de l'Égypte sous les premiers califes abbassides. Aḥmad ibn* Ṭūlūn fit construire sa résidence sur la colline Yachkar (870) où d'autres édifices s'élevèrent pour constituer la ville nouvelle d'*al-Qaṭa'iya* («fief») au centre de laquelle Ibn Ṭūlūn fit édifier la mosquée qui porte son nom (876) et qui conserve son aspect original. Jawhar, le général du calife fatimide al-Mu'izz*, qui conquit l'Égypte (969), fit élever une ville nouvelle *(al-Qāhira)* englobant *al-'Askar* et *al-Qaṭa'iya* et rejoignant le Muqattam. Les Fatimides s'y installèrent dès 973. Ils y fondèrent la mosquée-université d'al-Azhar (970 - 978). Al-Ḥākim y fit construire la mosquée qui porte son nom (990 - 1004) et enrichit la ville de nombreux monuments. Saladin*, restaurateur de l'orthodoxie sunnite en Égypte, substitua aux anciennes murailles en brique de la ville une enceinte en pierre (1176), fit élever la citadelle et étendre la ville vers le S. Sous les mamelouks, Le Caire connut son apogée (XIVe s.) et atteignit presque ses limites actuelles. Elle fut dotée d'un grand nombre de mosquées, de médersas, de palais et d'ouvrages d'art. La ville ne connut pas de grands changements sous les Ottomans. Les grands travaux de rénovation urbanistique moderne commencèrent sous le règne d'Ismā'īl à partir de 1865, et le mouvement ne s'est pas ralenti depuis cette date. Deux quartiers ; l'un résidentiel et l'autre d'affaires se développent à l'O. : Aouza et Mohande. Le Grand Caire compte 7 villes nouvelles construites en plein désert dont Medinet al-Salam, 6-Octobre, Sadat City, et 10-Ramadan.

**CAIRNES (John Elliot)** ♦ Économiste irlandais (Castle Bellingham 1823 - Blackheath, près de Londres 1875). Disciple de J. Stuart Mill, auteur de nombreux traités d'économie politique (*Some Leading Principles of Political Economy*, 1874).

**CAIRNS** ♦ V. d'Australie (Queensland), sur la côte de la péninsule d'York*. 131 564 hab. Port. Centre d'une région agricole (canne à sucre). Gisements de bauxite dans la région. Tourisme.

**CAIROLI (Benedetto)** ♦ Patriote et homme politique italien (Pavie 1825 - Capodimonte 1889). Ayant participé aux côtés de Garibaldi* à l'insurrection italienne de 1848, il fut président du Conseil (1878, puis 1879 - 1881) mais démissionna, et devint l'un des chefs radicaux.

**CAIRO MONTENOTTE** ♦ V. d'Italie, en Ligurie (prov. de Savone), sur la Bormida. 13 419 hab. Bonaparte y vainquit les Autrichiens le 12 avr. 1796.

**CAISSARGUES** [30132] ♦ Comm. du Gard, banl. de Nîmes. 3 326 hab.

**CAÏUS** (saint) ➔ ÉTYM. du prénom romain *Gaius* ♦ 28e pape (de 283 ? à 296), Dalmate, martyr (?). ▪ Fête le 22 avr.

**CAJARC** [46160] ♦ Ch.-l. de cant. du Lot, arr. de Figeac, sur le Lot. 1 114 hab. *(Cajarcois)*. Maisons anc. ▪ Centre de villégiature. Centrale hydroélectrique. ▮ **Histoire** Louis XIII ordonna la destruction des remparts.

**CAJETAN (Tommaso DE VIO, dit)** ♦ Théologien italien (Gaète 1469 - Rome 1534). Général de l'ordre des dominicains, il fut également cardinal. Nommé légat d'Allemagne par le pape Léon* X, il eut pour mission en 1517 d'amener Luther*, qui venait de publier ses 95 thèses, à se rétracter, mais il échoua.

**Çakuntalā (L'Anneau de)** ➔ **Śakuntalā**

**ÇAKYA, ÇAKYAMUNI** ➔ **Śākya**

**CALABAR** ♦ V. du Nigeria, cap. de l'État de Cross River. ➔ **Biafra.** 380 862 hab. ▪ Port. Exportation d'huile de palme. Indus. du bois et pétrochimique (gisements pétroliers en mer).

**CALABRE** n. f. ➔ ÉTYM. en it. *Calabria* ; du lat. *Calabria*, n. de peuple, du pré-indo-eur. *kalabra* (ou *galabra*) «roc, rocher» ♦ Région d'Italie. ➔ **Italie** (carte). 15 080 km². 2 011 466 hab. CH.-L. : Catanzaro. Elle est divisée en 3 provinces : Catanzaro, Cosenza et Reggio di Calabria. ▮ **Géographie** Région très montagneuse, aux massifs dénudés : le Pollino (2 248 m), la sierra de Pellegrino (1 987 m), le Sirino (2 005 m au monte del Papa) au N. ; la Sila (1 928 m) et l'Aspromonte (1 955 m au Montalto) au S. Entre ces massifs, les vallées, très exiguës, sont ravinées par les torrents. Il existe une nette dissymétrie entre le littoral de la mer Tyrrhénienne, à l'O., où de hautes falaises découpent le rivage, et le littoral de la mer Ionienne, à l'E., rectiligne et marécageux. ▮ **Économie** La Calabre est l'une des régions les plus pauvres d'Italie. On y cultive principalement l'olivier, les arbres fruitiers, les agrumes dans les vallées (la bergamote servant de base à la préparation de parfums) ; les montagnes fournissent du bois de sapin et de châtaignier. L'élevage ovin, bovin et porcin est important. Une réforme agraire (partage et bonification des terres) a été tentée dans la région du Mont-Sila et sur le littoral ionien, mais elle ne semble guère suffire à soulager la misère paysanne. Reggio di Calabria possède quelques industries, insuffisantes pour employer toute la main-d'œuvre locale. Comme dans tout le Mezzogiorno*, le littoral attire les agriculteurs qui abandonnent les hautes terres : le tourisme balnéaire envahit la «Côte Violette». L'espace calabrais oppose des îlots de prospérité, par exemple la ville de Crotone, et de vastes terroirs abandonnés. ▮ **Histoire** Colonie tour à tour lucanienne, grecque (jusqu'au -IIIe s.), romaine (*Bruttium*) et byzantine, elle fut ravagée par les Arabes et les Ostrogoths. Conquise par les Normands de Robert Guiscard (XIe s.), la Calabre devint le noyau du royaume de Sicile*. Elle fut dominée par les Aragonais, les Angevins et les Bourbons, avant d'être intégrée à l'Italie, en 1860. La bataille de l'Aspromonte* s'y déroula en 1862. Le pays est souvent affecté par des séismes ; celui de 1783 fit 40 000 victimes. Le choix de Catanzaro comme capitale a provoqué de graves troubles en 1972 - 1973.

**CALACUCCIA** [20224] ➔ ÉTYM. du pré-indo-eur. *kal-a* «[maison de] pierre» et *kuk-ia* «hauteur» ♦ Ch.-l. de cant. de la Haute-Corse, arr. de Corte, sur le Golo. 340 hab. *(Calacucciais)*. Barrage sur le Golo, destiné à l'irrigation et à la production d'énergie électrique. ▪ Centre d'excursions.

**CALAFERTE (Louis)** ♦ Écrivain français d'origine italienne (Turin 1928 - Dijon 1994). Autodidacte, il a évoqué, dans ses romans autobio-

**Le Caire.** © *PhotoDisc*

graphiques (*Requiem des innocents*, 1952 ; *Portrait de l'enfant*, 1969), sa jeunesse dominée par la violence et le désespoir. Révolté contre toutes les formes de bêtise et d'oppression, il a construit une œuvre corrosive, au style flamboyant et cru, où l'érotisme, constamment présent, exprime l'amour de la vie (*Septentrion*, récit de son accession à l'écriture, fut interdit pour pornographie dès sa sortie en 1963, et ne fut réédité qu'en 1984). Il a publié des récits (*Memento mori*, 1988 ; *La Mécanique des femmes*, 1992), des recueils de poésie (*Rag-time*, 1972 ; *Haïkaï du jardin*, 1991 ; *Ton nom est sexe*, 1994), des pièces de théâtre, et des carnets intimes.

**CALAHORRA** → ÉTYM. anc. *Calaguris*, p.-ê. «le creux montagneux (pré-indoeur. *kal-*) rouge (*gurri*, à rapprocher du basque *gorri*)» ♦ V. d'Espagne (Communauté autonome et prov. de La Rioja), à proximité de l'Èbre. 23 768 hab. Cathédrale gothique.

**CALAIS** [62100] → ÉTYM. p.-ê. de *Calètes*, n. de peuple gaul., et suff. lat. *-enses* ♦ Ch.-l. d'arr. du Pas-de-Calais, sur la côte du *pas* de Calais*. 77 333 hab. (aggl. 104 852) *(Calaisiens)*. Presque entièrement détruit pendant la Deuxième Guerre mondiale, le vieux Calais (*Calais Nord*, près de la mer) a été reconstruit dans le style moderne, ou flamand en brique rouge. Monument des *Bourgeois de Calais* par A. Rodin. Musée des Beaux-Arts et de la Dentelle. ▪ Principal port français de voyageurs (11,8 millions en 2005), port de commerce et de plaisance. Indus. chimiques et dentelle mécanique. Usine de retraitement des déchets. ▮ **Histoire** Durant la guerre de Cent Ans, la ville fut prise par les Anglais d'Édouard III à Philippe VI de Valois (1347) et ne fut sauvée de la destruction que grâce au dévouement de six bourgeois qui, conduits par Eustache* de Saint-Pierre, se livrèrent en otages au roi anglais. Restée pendant plus de deux siècles sous la domination anglaise, Calais fut reprise sous le règne d'Henri II par François de Guise (1558), après un siège de six jours au cours duquel se distingua L. de Crillon*.

**CALAME (Alexandre)** ♦ Peintre, dessinateur et graveur suisse (Vevey 1810 - Menton 1864). Il fut l'élève du paysagiste suisse F. Diday. Son *Orage à la Handeck* le rendit célèbre à Paris (1837). Ses paysages alpestres révèlent un sentiment romantique de la nature : il aimait à représenter des arbres tordus, des torrents et des sommets abrupts (*Le Mont Rose*). Dans ses petites études, il fait preuve d'une sensibilité plus frémissante.

**CALAMINE (LA)** – en all. ***Kelmis*** ♦ Comm. de Belgique (Région wallonne) prov. de Liège, arr. de Verviers, Communauté germanophone sur la Göhl, à la frontière allemande, à 8 km d'Aix-la-Chapelle, comm. à facilités pour la minorité francophone. 10 472 hab. ▪ Carnaval du Rosenmontag.

**CALAMIS** ♦ Sculpteur grec qui travailla à Athènes vers le milieu du -Ve s. Son art, qui appartient au «style sévère» du premier classicisme, introduit la souplesse vigoureuse du corps et la grâce du mouvement. Il est considéré comme le créateur du type de l'*Apollon* à l'omphalos* (v. -470). On lui attribue parfois le *Poséidon* d'Histiaia ou d'Artémision (Musée national d'Athènes) et la métope du Trésor des Athéniens à Delphes.

**CALANQUES** n. f. pl. ♦ Littoral des Bouches-du-Rhône, entre Marseille et Cassis, parsemé de criques étroites et profondes.

**CALAS** [kala] **(Jean)** ♦ Négociant calviniste de Toulouse (Lacabarède, près de Castres 1698 - Toulouse 1762). Son fils aîné s'étant pendu, Calas dissimula son suicide. Accusé d'avoir assassiné son fils pour l'empêcher de se convertir au catholicisme, il fut condamné au supplice de la roue et exécuté. Sa famille, avec l'aide de Voltaire*, qui écrivit en cette circonstance son *Traité sur la tolérance* (1763), réussit à prouver l'erreur judiciaire et à réhabiliter la victime (1765), et l'*affaire Calas* devint un exemple de l'intolérance et de la persécution catholique à l'égard des protestants.

**CALASSO (Roberto)** ♦ Écrivain italien (Florence, 1941), directeur des éditions Adelphi depuis 1971. Ses propres livres, souvent inspirés par les études de René Girard témoignent, dans une écriture à mi-chemin entre l'essai et la création poétique, des grandes problématiques symboliques, mythiques et religieuses de l'histoire de l'humanité : *La Littérature et les dieux* (2001). Il revisite la mythologie grecque dans *Les Noces de Cadmos et Harmonie* (1988), voyage au cœur de la mythologie indienne dans *Ka* (1996), aborde la question de la légitimité du pouvoir, de la tyrannie et du sacrifice dans *La Ruine de Kasch* (1983) et interroge l'œuvre de Kafka dans *K* (2002). Il a uni ses passions sur Paris et sur Baudelaire dans *La Folie Baudelaire* (2008).

**CALATAYUD** → ÉTYM. de l'ar. *Ḳal'at Ayyūb* «le château (*ḳal'at*) d'Ayyūb [Ayyūb ben Ḥabīb al-Lakhmī]» ♦ V. d'Espagne (Aragon), prov. de Saragosse, sur le Jalón. 21 040 hab. Monuments mudéjars (collégiale, église San Pedro Martir). ▪ Aux environs, ruines de l'antique Bilbilis.

**CALATRAVA** → ÉTYM. ar. *Ḳal'at Rabāḥ* «le château (*ḳal'at*) de Rabāh». ♦ Anc. ville forte d'Espagne, près de Ciudad* Real. La ville, prise par les Castillans sur les Maures en 1145, et de nouveau attaquée en 1158, fut défendue par un groupe de chevaliers et religieux qui furent les premiers membres de l'*ordre de Calatrava*. Cet ordre religieux et militaire joua un grand rôle durant la Reconquista* puis fut rattaché à la Couronne d'Espagne avec le roi pour grand maître (1523).

**CALATRAVA (Santiago)** ♦ Architecte et ingénieur espagnol (Benimámet, près de Valence 1951). Après des études d'art, d'architecture et d'urbanisme, il présenta à l'école polytechnique de Zurich sa thèse de doctorat sur la pliabilité des structures spatiales tridimensionnelles. On lui doit de nombreux ponts : Bach de Roda à Barcelone (1987), commandé pour les jeux Olympiques ; Alamillo à Séville (1987 - 1992), construit pour l'Exposition universelle ; Alameda à Valence (1995) ; passerelle Campo Volantín à Bilbao (1996) ; pont de l'Europe à Orléans (2000) ; pont Calatrava à Venise (2007). Il a également conçu des gares caractérisées par des structures métalliques blanches et un travail sur le béton donnant une impression de dynamisme et de légèreté : gare TGV de Lyon-Saint-Exupéry (1994), gare d'Orient de Lisbonne (1998), gare TGV de Liège-Guillemins (2008), ainsi que des bâtiments sportifs (complexe olympique d'Athènes, 2004) et culturels (extension du Musée d'art moderne de Milwaukee, grand oiseau blanc avec ses ailes déployées en guise de toit, 2001 ; Cité des arts et des sciences de Valence en Espagne, complexe futuriste construit sur l'eau, 2006).

**CALAURIE** → Poros

**CALBE-SUR-SAALE** ou **CALBE** ♦ V. d'Allemagne (Saxe-Anhalt). Env. 11 000 hab. Le centre sidérurgique (Eisenhüttenkombinat-West), reposant sur la cokéfaction du lignite, ne se concevait que dans le contexte autarcique de la RDA.

**CALCHAS** [-kas] → ÉTYM. du gr. *kalchas* «aux pensées profondes», de *kalchê*, qui désigne un coquillage de couleur pourpre ♦ Devin grec qui, selon *L'Iliade**, accompagna les Grecs au siège de Troie*, ordonna à Agamemnon d'immoler Iphigénie*, prédit la durée de la guerre et contribua au stratagème du «cheval de Troie». Supplanté par Mopsos* dans l'art de la divination, il mourut de chagrin.

**CALCUTTA** – off. ***Kolkata*** → ÉTYM. sanskr. «habitation *(kata)* de Kali*» ♦ V. de l'Inde, capitale du Bengale-Occidental. 4 580 544 hab. (aggl. 13 216 546). Située au fond du golfe du Bengale, sur un affluent du delta du Gange, le Hooghly, Calcutta est à l'entrée d'une voie d'accès majeure vers la partie la plus peuplée du monde indien, et a servi de base au pouvoir britannique dans la région. Le centre est installé en aval, autour du port. Un quartier d'affaires de style victorien est né à proximité du Fort William, premier site occupé, entouré de l'immense parc du Maidan, espace découvert pour des raisons stratégiques et conservé tel quel. Les quartiers de forte densité, résidentiels et commerçants, se trouvent plus au N. L'agglomération s'étend en amont, le long du Hooghly, sur les deux rives, et comporte plus de trente villes de plus de 100 000 hab., dont la plus peuplée est Haora. L'urbanisation se poursuit aujourd'hui sur les régions basses, marécageuses et assez malsaines du delta. On y trouve de très grands bidonvilles *(bustees)*, où loge environ le tiers de la population. Malgré la construction d'une ligne de métro et de nouveaux ponts, les communications restent difficiles, notamment entre les deux rives du Hooghly. La présence de charbon à proximité et le développement de cultures commerciales ont permis une industrialisation précoce du comptoir primitif, qui s'est accélérée depuis l'indépendance. Cependant, l'amputation de son arrière-pays depuis la division du Bengale en 1947, l'envasement du Hooghly qui pèse sur l'activité portuaire, et les craintes des investisseurs devant la puissance du communisme au Bengale gênent la croissance. ▮ **Histoire** Fondée en 1690, la ville fut le siège de la Compagnie anglaise des Indes orientales puis la capitale des Indes britanniques, de 1773 à 1912, date du transfert de la capitale à New Delhi. La ville fut un des pôles du nationalisme indien et reste le foyer de la culture bengalie.

**CALDARA (Antonio)** ♦ Compositeur italien (Venise v. 1670 - Vienne 1736). Au terme de nombreux voyages, il se fixa à Vienne en qualité de second maître de la chapelle impériale. Auteur d'une œuvre abondante et diverse, tant dans le domaine de la musique religieuse que dans celui de la musique profane (opéras, madrigaux, sonates), il fut un des plus illustres représentants de la dernière période du baroque vénéto-autrichien, et exerça à ce titre une influence certaine sur les compositeurs viennois de l'époque, en particulier sur le jeune Haydn.

**CALDAS DA RAINHA** → ÉTYM. port. «thermes de la reine» ♦ V. du Portugal (région Centre), district de Leiria. 52 270 hab. Station thermale fondée par la reine Léonor (1458 - 1525).

**CALDER (Alexander)** ♦ Sculpteur et peintre américain (Philadelphie 1898 - New York 1976). Après des études d'ingénieur, il étudia la peinture et se rendit à Paris en 1926. Il y exposa en 1927 (Salon des humoristes) un *Cirque* miniature avec de petites marionnettes en fil de fer, morceaux de bois et bouchons. Il exécutait alors des figurines (*Joséphine Baker*, 1926) et des portraits en fil de fer, tentative de construction graphique dans l'espace. Il entra ensuite en contact avec Arp*, Miró*, Léger* et Mondrian* et réalisa en métal des sculptures abstraites aux formes géométriques. En 1932, il entreprit de faire mouvoir ses constructions en y adjoignant un moteur puis exposa ses premiers «mobiles» que meuvent les seuls mouvements de l'air. Inversant le rapport traditionnel plein-vide et détruisant les principes de stabilité et de rigidité inhérents jusqu'alors à la sculpture, il fait appel «aux pures joies de l'équilibre» (Breton) et ne «suggère pas le mouvement mais le capte» (Sartre). À partir de 1942, il réalisa aussi des sculptures monumentales ou «stabiles» (Arp) aux formes lourdes et rigides. Il est aussi l'auteur d'illustrations de livres, de décors de théâtre

**Alexander Calder.** *La Porte de l'espace*, **surplombant le lac Léman.**
*Phot. © Dagli Orti*

(*Nucléa*, 1951) et de nombreuses peintures pleines d'humour et de vivacité. ➝ ÉTYM. Il s'agit d'un nom de lieu, peut-être du vieux norrois *kaldr* «froid» ou du gaélique *call* «noisetier» et *dobhar* «eau».

**CALDERA RODRÍGUEZ (Rafael)** ♦ Homme d'État vénézuélien (San Felipe 1916 - Caracas 2009). Membre du parti démocrate-chrétien (COPEI), il fut président de la République de 1969 à 1974 et mit en place une législation pétrolière de caractère nationaliste. Il fut confronté à la montée d'un mécontentement, concernant principalement l'inégale redistribution des bénéfices pétroliers au sein de la population vénézuélienne. Ayant quitté la COPEI et pris la tête d'une large coalition nationale opposée au social-démocrate Carlos Andres Perez, il fut de nouveau président de la République de 1993 à 1998.

**CALDER HALL** ♦ Centrale nucléaire d'Angleterre, au S. de Carlisle (Cumbria).

**CALDERÓN DE LA BARCA (Pedro)** ♦ Poète dramatique espagnol (Madrid 1600 - *id.* 1681). Issu de la petite noblesse, ayant d'abord étudié la théologie, il embrassa la carrière littéraire vers 1620 pour devenir le dramaturge officiel de la cour de Philippe IV. Il s'enrôla à plusieurs reprises dans l'armée et devint l'ordonnateur des fêtes de la cour (v. 1635), puis entra dans les ordres (1651). Nommé chapelain d'honneur du roi Philippe IV (1663), il ne s'éloigna pas du théâtre pour lequel il composa encore de nombreuses œuvres d'inspiration religieuse. C'est l'idéologie de la Contre-Réforme que Calderón a illustrée dans ses *autos sacramentales*, petites pièces en un acte, au nombre d'environ 80, dont les personnages, pour être allégoriques (incarnant les vices et les vertus), n'en sont pas moins doués d'une étonnante vérité (*Le Grand Théâtre du monde*, v. 1645). Ses nombreuses œuvres théâtrales *(comedias)* développent des thèmes historiques (*L'Alcade* de Zalamea*, entre 1640 et 1650), moraux (*Le Médecin* de son honneur*, 1637) ou religieux (*La Dévotion* à la Croix*, 1633 ; *La vie* est un songe*, v. 1633 ; *Le Magicien prodigieux*, 1637). Si les *autos sacramentales* confèrent une définitive perfection à un genre qui était en faveur dans le théâtre espagnol depuis le Moyen Âge, les *comedias* de Calderón à caractère religieux atteignent souvent une grandeur tragique inégalée depuis les Grecs. À la fin de sa vie, il se consacra aux comédies mythologiques à l'écriture élégante et à la mise en scène brillante : *Écho et Narcisse*, 1660 ; *La Statue de Prométhée*, 1670. Il a surtout mis en scène les grands thèmes sentimentaux des Espagnols de son siècle : fidélité au roi, honneur personnel, foi catholique et esprit chevaleresque. Sa mort marque, d'une certaine manière, la fin du Siècle d'or espagnol.

**CALDWELL (Erskine Preston)** ♦ Romancier américain (Moreland, Géorgie 1903 - Paradise Valley, Arizona 1987). Ses romans mettent en scène, d'une manière à la fois dramatique et joviale, les pauvres Blancs du Sud. Les plus célèbres sont *La Route* au tabac* (1932) et *Le Petit Arpent du Bon Dieu* (1933). Il écrivit aussi d'excellentes nouvelles et consigna ses observations de correspondant de guerre dans *Toute la nuit*. Avec sa femme Margaret Bourke-White, photographe célèbre, il a publié en 1937 *You Have Seen their Faces*, documentaire sur la misère rurale aux États-Unis pendant la Dépression. Il a également compilé les 25 volumes de *American Folkways* (1945 - 1955), qui traitent des régions et de leur diversité culturelle. ➝ ÉTYM. *Caldwell* vient du vieil anglais *cald* «froid» et *wella* «source, ruisseau».

**CALEB** ➝ ÉTYM. en hébr. *kâlébh*, p.-ê. à rapprocher de *kèlèbh* «chien» ♦ Personnage biblique, fils de Yephounnéh, tribu de Juda (Nombres, XIII - XIV ; Josué, XIV). Avec Josué*, il est le seul des Israélites de l'Exode à entrer en Terre promise, où il conquiert Hébron.

**CALÉDONIE** n. f. ➝ ÉTYM. en lat. ***Caledonia***, sur le celtique *caled* «rude, sauvage» ♦ Nom donné par les Romains aux régions situées en Écosse, au N. des Lowlands.

**CALÉDONIE (NOUVELLE-)** → **Nouvelle-Calédonie**

**Calédonien** (canal) ♦ Canal creusé en 1822 dans la dépression de Glen More pour relier la mer du Nord (Inverness) à l'Atlantique (Fort William). Il utilise le loch Ness sur près de 40 km.

**Calendrier républicain** ♦ Calendrier institué par la Convention le 24 oct. 1793. L'année, divisée en 12 mois de 30 jours, plus 5 jours au cours desquels étaient célébrées les fêtes républicaines ou sans-culottides, débutait à l'équinoxe d'automne (22 sept.), date de l'instauration de la République. L'appellation des mois fut proposée par Fabre* d'Églantine (vendémiaire, brumaire, frimaire pour les mois d'automne ; nivôse, pluviôse, ventôse pour ceux d'hiver ; germinal, floréal, prairial pour ceux du printemps ; messidor, thermidor, fructidor pour ceux de l'été). Utilisé pendant treize ans, le calendrier républicain fut remplacé par le calendrier grégorien le 1er janv. 1806.

**CALENZANA** [20214] ➝ ÉTYM. du lat. *Calentius*, n. de pers., et suff. *-ana* ♦ Ch.-l. de cant. de Haute-Corse, arr. de Calvi, dans la Balagne. 1 722 hab. *(Calenzanais)*. Église Sainte-Restitude, reconstruite au XVe s. dans le style roman d'origine. Forêt de Calenzana au S. (plus de 3 000 ha).

**CALEPINO (Ambrogio)** francisé en **Ambroise CALEPIN** ♦ Religieux et lexicographe italien (Bergame v. 1435 - *id.* 1511). Il est l'auteur d'un *Dictionnaire de la langue latine* (1502) qui fut enrichi de traductions (fr., all., angl.) et devint d'édition en édition une référence pour toute traduction aux XVIe et XVIIe s. (dernière édition, 1772). Les *Calepins*, malgré leurs dimensions imposantes, donnèrent leur nom au carnet de notes dit *calepin* (cf. *Le Robert*).

**CALET (Henri)** ♦ Écrivain et journaliste français (Paris 1904 - Vence 1956). D'inspiration autobiographique, l'œuvre de cet amoureux de Paris constitue une chronique désenchantée, faite de notations brèves, de portraits, de bribes de dialogues, où la peinture critique de la société se marie à un humour doux-amer. Il a écrit des romans (*La Belle Lurette*, 1935, évocation de son adolescence ; *Le Bouquet*, 1945, récit de sa captivité et de son évasion en 1940 ; *Le Tout sur le tout*, 1948, peinture du Paris populaire de sa jeunesse, considéré comme son chef-d'œuvre ; *Les Grandes Largeurs*, sous-titré «balades parisiennes», 1951), un recueil de nouvelles, *Trente à quarante* (1947), et des notes en vue d'un roman qui demeura inachevé, *Peau d'ours* (posth. 1958). Certains des articles qu'il donna dans la presse, notamment à *Combat*, furent rassemblés en volume (*Acteur et Témoin*, posth. 1959, où il note : «J'écris dans la mesure où je n'existe pas»). ➝ ÉTYM. Ce nom vient de *Calle*, de l'ancien français *cale*, sorte de bonnet rond et plat.

**CALGARY** ♦ V. du Canada (Alberta). 988 193 hab. (zone urbaine 1 079 310 hab.). Université. Sur le parcours du chemin de fer Canadian Pacific, au centre d'une région agricole (blé ; élevage), Calgary est un important marché. Indus. alimentaires (meuneries, conditionnement de la viande), raffineries de pétrole, indus. chimiques. Centre administratif des compagnies pétrolières. Aéroport. La métropole Calgary-Edmonton tend à éclipser par sa vitalité celle de Winnipeg. ▪ Jeux Olympiques d'hiver en 1988.

**CALI** ♦ V. de Colombie, cap. du dép. du Valle del Cauca, à 950 m d'altitude, dans le bassin du Cauca. 2 075 380 hab. ▪ Métropole d'une région agricole prospère (café, canne à sucre, élevage laitier). Son port est Buenaventura sur le Pacifique. Grand centre indus. (à égalité avec Medellín). Agro-industrie (raffineries de sucre, café soluble), textile, électroménager, indus. chimique.

**CALIBAN** ➝ ÉTYM. anagramme angl. de *cannibal* ou du tsigane *kaliben* «noirceur» (de *kalo* «noir») ♦ Personnage de *La Tempête**, comédie-féerie de W. Shakespeare. Né d'un démon et d'une sorcière, nain grimaçant et malicieux, il est l'incarnation des forces élémentaires toujours en révolte contre l'ordre établi, et s'oppose à Ariel*.

**CALICUT** → **Kozhikode**

**CALIFORNIE** n. f. ➝ ÉTYM. du n. d'une île mythique abondante en richesses, tiré du roman espagnol *Las Sergas de Esplandián* (1510) de Montalvo, p.-ê. de l'esp. *caliente fornalla* «chaud fourneau», en raison de la température du lieu ♦ Vaste région de l'Amérique du Nord, sur le Pacifique, divisée politiquement entre les États-Unis et le Mexique.

**CALIFORNIE** n. f. – en angl. ***California*** ♦ État de l'O. des États-Unis. → **États-Unis** (carte). 411 012 km². 33 871 648 hab., dont 32 % d'Hispaniques, 10 % d'Asiatiques et 7 % de Noirs. C'est l'État le plus peuplé des États-Unis et celui qui compte le plus grand nombre de minorités. Parmi les 10 villes américaines ayant enregistré le taux de croissance le plus important depuis 20 ans, 7 appartiennent à la Californie. CAPITALE : Sacramento.

▮ **GÉOGRAPHIE** On distingue 3 régions principales, de la côte vers l'intérieur. ▮ **La côte** La chaîne côtière (Coast Range) est formée de nombreux plis parallèles (sommets de 1 500 à 2 000 m), interrompus par un fossé, la baie de San Francisco ; elle se prolonge au N. par les monts Klamath et l'extrémité de la chaîne des Cascades. Au S., une plaine côtière s'étend jusqu'aux monts San Bernardino. ▮ **Le centre** L'intérieur de l'État, la Grande Vallée, est formé par un vaste fossé tectonique comblé (vallée du Sacramento au N. et de San Joaquim au centre). ▮ **L'est** À l'E. s'élève la chaîne de la sierra Nevada* (mont Whitney, 4 418 m ; Yosemite* National Park ; Sequoia National Park). Au S.-E. et jusqu'aux environs de Los Angeles, les zones désertiques sont nombreuses (désert Mojave*, Vallée de la Mort*, désert du Colorado). ▮ **Le risque sismique** Traversée par le système de la faille de San Andreas qui s'étend du golfe de Californie au cap Mendocino, la Californie vit dans la crainte du «Big One», le tremblement de terre d'une magnitude supérieure à 8,5 contre lequel toute protection serait inefficace. ▮ **Le climat** Le climat est méditerranéen, doux et humide, mais sec et chaud au S., sauf dans les régions montagneuses.

▮ **ÉCONOMIE** La Californie est l'un des premiers producteurs de fruits du monde (agrumes). La viticulture (Napa Valley, au N. de San Francisco), les cultures maraîchères, le coton, l'élevage et la pêche contribuent également à la prospérité économique de l'État. L'extraction de l'or est en rapide déclin, mais les richesses en pétrole et gaz naturel ont permis un remarquable développement industriel (métall., chimie, aéronautique ; indus. alimentaires), notamment dans les énormes concentrations urbaines de Los* Angeles, San* Diego et San* Francisco. L'industrie cinématographique (→ **Hollywood**) est l'une des plus importantes du monde. L'État possède de nombreux équipements scientifiques (observatoires du mont Palomar et du mont Wilson ; centres de la Nasa à Amos, Moffett Fields, Pasadena, Edwards) et d'importantes univ. publiques et privées (Université de Californie à Berkeley, Los Angeles, Santa Barbara ; Université de Californie du Sud ; Californian Institute of Technology à Pasadena). Autour de l'université Stanford, à Palo Alto, s'est créé dans les années 1950 l'un des premiers parcs de haute technologie, la Silicon* Valley. Le développement économique de la Californie au cours de la seconde moitié du XX$^e$ s., lié aux commandes du Pentagone, a été ralenti par le programme de réduction des dépenses militaires depuis 1980, et l'aéronautique a dû licencier des milliers de salariés. Les entreprises vinicoles, textiles et cinématographiques attirent 1/3 des capitaux étrangers investis aux États-Unis. L'Accord de libre-échange nord-américain (Alena*) devrait avoir des répercussions sur l'économie et l'immigration californiennes.

▮ **HISTOIRE** ▮ **Les origines** Peuplée initialement de tribus indiennes (Chumaches sur la côte, Gabrielinoos et Luiseno-Cahuilla dans les sites élevés, Yuma et Shoshones plus à l'E.), la Californie fut découverte en 1542 par Juan Rodriguez Cabrillo, colonisée à partir de 1769 et annexée par le Mexique en 1822. De nombreuses missions espagnoles y furent édifiées, où les Indiens furent employés comme main-d'œuvre et convertis au catholicisme. ▮ **Le 31$^e$ État de l'Union** Le traité de Guadalupe* Hidalgo (1848) céda la haute Californie aux États-Unis. Elle devint en 1850 le 31$^e$ État de l'Union. La découverte de l'or dans la région de San Francisco en 1848 attira de nombreux immigrés et la spéculation foncière et immobilière, suscitée par les compagnies de chemin de fer, déclencha la croissance économique. La mise au point d'une agriculture fondée sur l'irrigation et sur l'utilisation d'une main-d'œuvre saisonnière bon marché fit de la Californie le premier producteur agricole du pays. La découverte et l'exploitation du pétrole provoquèrent un nouvel afflux de population. ▮ **La Californie aujourd'hui** Dans les années 1960, le campus de Berkeley fut le théâtre d'un mouvement de contestation étudiante, tandis que les mouvements hippies tentaient de créer des modes de vie différents. La Californie est souvent à l'origine de lois adoptées ultérieurement au niveau fédéral dans le domaine de la fiscalité, de la protection de l'environnement ou des économies d'énergie.

**Californie.** Yosemite National Park. *Phot. © Andy Z./Shutterstock*

**CALIFORNIE (BASSE-)** n. f. – en esp. ***Baja California*** ♦ Presqu'île montagneuse du Mexique s'étendant sur plus de 1 000 km du N. au S., dans le prolongement de la Californie américaine. L'intérieur aride a une densité très faible. La population se concentre au N. à proximité de la frontière des États-Unis (activités industrielles, agriculture irriguée, pêche). Le Sud comprend des stations touristiques renommées (Loreto, Cabo San Lucas). La péninsule est divisée en deux États : la Basse-Californie au N. (2 844 469 hab.) et la Basse-Californie-Sud (512 170 hab.).

**CALIFORNIE** (golfe de) ♦ Golfe compris entre la presqu'île de Californie (Basse-Californie) et la côte mexicaine, long de plus de 1 000 km. Ce fossé tectonique traduit l'existence d'un rift qui se prolonge aux États-Unis par la faille de San Andreas et fait coulisser vers le N. la Californie par rapport au continent.

**CALIGULA (Caius Caesar Germanicus,** dit**)** → **ÉTYM.** surnom lat. de *caliga* «calige», sorte de chaussure du soldat romain, de *calx, calcis* «talon» ♦ (Antium 12 - Rome 41). Empereur romain (37 - 41). Fils de Germanicus* et d'Agrippine*, il passa son enfance dans un camp militaire de Germanie où le port des chaussures militaires *(caligae)* le fit surnommer *Caligula*. Il succéda à Tibère* et mena pendant quelque temps une politique de libéralisme. On attribue à une maladie le brusque changement de sa personnalité qui le fit régner en roi et en dieu. Arrière-petit-fils d'Auguste*, élevé parmi les serviteurs égyptiens d'Antonia et servant d'Isis, il s'offrit à l'adoration de ses sujets comme le «Nouveau Soleil». Sa folie sanguinaire lui fit souhaiter que le peuple romain n'eût qu'une tête afin de la trancher d'un seul coup. Il mourut assassiné.

**Caligula** ♦ Pièce d'Albert Camus* écrite en 1939, publiée en 1944 et créée à Paris en 1945 avec Gérard Philipe dans le rôle-titre. Maître absolu de Rome, Caligula a eu la révélation de l'absurdité de la condition humaine après la mort de sa sœur Drusilla. Décidé à exercer sa propre liberté contre l'ordre des hommes et des dieux, niant le bien et le mal, il se transforme en un tyran sanguinaire, bourreau de lui-même autant que des autres.

**Calima** ♦ Nom d'une culture régionale établie dans la vallée du fleuve Calima, au N.-O. de Cali (Colombie), et dont la période d'épanouissement s'étend du –III$^e$ s. au XII$^e$ s. Cette culture est célèbre pour ses vestiges d'architecture monumentale, ses gravures rupestres et ses pièces d'orfèvrerie.

**CĂLINESCU (Gheorghe)** ♦ Écrivain roumain (Bucarest 1899 - *id.* 1965). Comme romancier, il dépeignit la société de Bucarest, bourgeoise (*L'Énigme d'Otilia*, 1938), puis socialiste (*Ce pauvre Ioanide*, 1953). Également écrivain de théâtre et de poésie, il fut l'auteur de monographies sur les «classiques» roumains (Eminescu*, Creangă*), d'une monumentale *Histoire de la littérature roumaine* (1941) et d'une *Esthétique du conte populaire*.

**CALIXTE** ou **CALLISTE I$^{er}$** (saint) → **ÉTYM.** du gr. *kallistos* «le plus beau» ♦ (v. 155 - 222). 16$^e$ pape (217 - 222), Romain, martyr (?). Diacre sous Zéphyrin*, il administra les cimetières chrétiens. Son élection fut contestée par Hippolyte* qui l'accusa de modalisme. Mais il condamna Sabellius*. ▪ Fête le 14 oct.

**CALIXTE** ou **CALLISTE II [Guy de Bourgogne]** ♦ (v. 1060 - 1124). 160$^e$ pape (1119 - 1124). Archevêque de Vienne (1088), il fut élu à Cluny par les six cardinaux qui avaient suivi Gélase* II. Il régla la querelle des Investitures* (concordat de Worms*, 1122 ; concile du Latran*, 1123).

**CALIXTE III [Jean Morson,** abbé de Struma**]** ♦ D'origine hongroise, antipape en 1168, il succéda à Pascal* III contre Alexandre* III. Soutenu par Frédéric Barberousse*, il se soumit en 1178.

**CALIXTE III [Alonso Borgia]** ♦ (Játiva, Espagne 1378 - Rome 1458). 207$^e$ pape (1455 - 1458). Il tenta vainement d'organiser une croisade contre les Turcs. Il éleva au cardinalat plusieurs membres de sa famille, dont le futur Alexandre* VI, son neveu.

**CALLAGHAN (Morley)** ♦ Écrivain canadien d'expression anglaise (Toronto 1903 - *id.* 1990). Hemingway et Fitzgerald sont à l'origine de l'œuvre de Callaghan, qui fut le premier écrivain canadien à atteindre une réputation internationale dans les années 1930, par des livres courts à caractère moral comme *Telle est ma bien-aimée* (1934) et *More Joy in Heaven* (1937), écrits sous l'influence de J. Maritain et s'apparentant aux récits de Gide ou de Camus. Il souleva également le problème des relations entre Blancs et Noirs dans *The Loved and the Lost* (1951).

**CALLAGHAN (Leonard James)** ♦ Homme politique britannique (Portsmouth 1912 - dans le Sussex 2005). Élu député travailliste en 1945, il devint chancelier de l'Échiquier en 1964, puis ministre de l'Intérieur (1967 - 1970). Ministre des Affaires étrangères à partir de 1974, il favorisa les négociations sur le maintien de la Grande-Bretagne dans la CEE. Il devint Premier ministre après la démission de H. Wilson* (1976 - 1979) et leader des travaillistes (1976 - 1980).

**CALLAHAN (Harry)** ♦ Photographe américain (Detroit 1912 - Atlanta 1999). Ingénieur de formation, il commença en 1946 à assister Moholy*-Nagy dans son enseignement au Chicago Institute of Design. Fidèle à l'esprit d'expérimentation du Bauhaus*, il réalisa de nombreux portraits de sa femme, des paysages urbains, et surtout des paysages au graphisme dépouillé à l'extrême.

**CALLAO** ou **EL CALLAO** ♦ V. du Pérou et port de Lima, cap. de dép. 389 579 hab. Le tissu urbain est continu avec Lima, distante de 12 km. Premier port du pays. Pêche, fabrication et exportation de farine de poisson. ▮ **Histoire** La victoire des Chiliens sur les Espagnols lors d'un affrontement livré en 1820 fut décisive pour l'indépendance du Chili (1821).

**CALLAS (Maria Kalogeropoulos,** dite **Maria)** → **ÉTYM.** n. obtenu par ses parents par décision de justice à leur entrée aux États-Unis, dans un désir de simplification de leur n. patronymique ♦ Cantatrice grecque (New York 1923 - Paris 1977). Elle débuta à Athènes (1938), mais sa carrière commença vraiment en Italie (1947). Après ses succès à la Scala de Milan, en Amérique du Sud, à Londres et à New York, elle s'imposa comme une des plus grandes artistes de la scène lyrique. Alliant à ses rares dons de soprano un tempérament de tragédienne, elle se

Maria **Callas,** en 1955, à la Scala de Milan, dans *La Traviata. Phot. ©Burt Glinn/Magnum*

révéla l'interprète incomparable des opéras italiens *(Norma ; La Traviata ; Tosca)*. Au cinéma, elle interpréta *Médée* sous la direction de Pasolini.

**CALLE (LA)** → Kala (El-)

**CALLES (Plutarco Elías)** ♦ Homme d'État mexicain (dans le Sonora 1877 - Mexico 1945). Président de la République de 1924 à 1928, il continua la politique sociale de Carranza* et d'Obregón* et mena une lutte violente contre l'Église, qui provoqua le soulèvement paysan des *Cristeros* (1926 - 1929). Calles fonda, en 1929, le parti national révolutionnaire (ancêtre du parti révolutionnaire institutionnel, PRI) et son influence politique resta déterminante jusqu'en 1935. Mais, sous la présidence de Cárdenas*, il s'opposa aux réformes et s'exila aux États-Unis.

**CALLIAS** ♦ Homme politique grec (v. -511). Issu d'une illustre famille d'Athènes*, il signa en -449 avec la Perse la paix dite *paix de Callias* qui mettait fin aux guerres médiques*, reconnaissait l'indépendance de fait des villes d'Ionie et assurait la prédominance maritime athénienne. Il négocia la paix de trente ans entre Athènes et Sparte en -446.

**CALLICRATÈS** ♦ Architecte grec qui vécut à Athènes* au -V$^{e}$ s. Il éleva avec Ictinos* le Parthénon*. On lui attribue aussi le temple d'Athéna Niké sur l'Acropole et la construction d'une partie des «Longs Murs».

**CALLIÈRES (Louis Hector DE)** ♦ Administrateur colonial français (Thorigny, Normandie 1646 - Québec 1703). Il fut gouverneur de la Nouvelle-France de 1699 à 1703.

**Calligrammes** ♦ Recueil de poèmes de Guillaume Apollinaire* publié en 1918. Certains de ces poèmes, brefs et sans ponctuation, sont disposés de telle façon qu'ils forment des dessins et représentent les objets évoqués. D'autres, comme le poème-conversation «Lundi rue Christine», comptent parmi les œuvres les plus novatrices de leur auteur.

**CALLIMAQUE** – en gr. ***Kallimakhos*** ♦ Sculpteur, ciseleur et orfèvre grec qui vécut à Athènes à la fin du -V$^{e}$ s. Maître de l'élégance ionienne et du raffinement, il s'éloigne de l'idéalisme de Phidias* et annonce déjà certains traits de la plastique praxitélienne. La draperie «mouillée» caractérise ses figures féminines. On lui attribue l'*Aphrodite** dite *Venus Genitrix* (réplique au musée du Louvre), la lampe d'or de l'Érechthéion, les reliefs des *Lacédémoniennes dansantes* (musée de Berlin). Selon une légende, il aurait été l'inventeur du chapiteau corinthien. ➝ ÉTYM. Ce nom signifie «qui se bat courageusement», de *kallos* «beauté» et *makhomai* «combattre».

**CALLIMAQUE** – en gr. ***Kallimakhos*** ♦ Poète, grammairien et érudit grec (Cyrène v. -315 - Alexandrie v. -240). Admis à la bibliothèque d'Alexandrie* et à la cour des Ptolémées, il serait l'auteur de plus de 800 ouvrages (selon la *Souda*), dont les 120 livres des *Tableaux*, immense catalogue élaboré des ouvrages de la bibliothèque, qui constitua un fondement de l'histoire de la littérature grecque. De son œuvre poétique, seulement 6 *Hymnes* et 63 *Épigrammes* sont conservés intacts, ainsi que la traduction latine, par Catulle, de *La Chevelure de Bérénice*. Des papyrus égyptiens nous ont restitué des fragments des *Causes* ou *Origines*, élégies en quatre livres, d'*Hécalé*, court poème épique, des *Iambes*, fables et apologues, et des *Poèmes lyriques*. Maître de l'élégie narrative et du conte épique, Callimaque fut aussi un polémiste et un critique vigoureux. En exposant sa poétique dans les *Causes* ou en réfutant dans l'*Ibis* ses adversaires (dont son anc. disciple Apollonios* de Rhodes), il se révéla fondateur de la nouvelle école poétique, représentant typique de l'art raffiné et de l'érudition alexandrine : combattant l'anachronisme du merveilleux homérique, l'emphase et l'héroïsme conventionnel, la longueur même du poème cyclique, il se fit le champion d'une poésie précieuse, adaptée à une époque de science et de réalisme. Hautement estimé dans l'Antiquité, il fut imité par des poètes latins. Aristophane* de Byzance continua son œuvre d'historien littéraire.

**CALLINOS** ♦ Poète grec qui vécut à Éphèse* v. le milieu du -VII$^{e}$ s., peut-être le plus anc. des élégiaques grecs. Il ne nous reste que quatre fragments de ses *Élégies* guerrières. Le plus long en est une exhortation au combat pour la défense de la patrie menacée par les Cimmériens.

**CALLIOPE** ➝ ÉTYM. gr. «femme à la belle voix» ♦ La plus éminente des Muses*, protectrice de la poésie épique et parfois de l'éloquence. Selon la légende, elle est la mère de Linos et d'Orphée*.

**CALLIPPOS** ♦ Astronome grec (Cyzique début du -IV$^{e}$ s.). Dirigeant l'école d'astronomie fondée à Cyzique par son maître Eudoxe* de Cnide, il révisa le système astronomique des sphères homocentriques ; il corrigea également le cycle de Méton*.

**CALLIRRHOÉ** ➝ ÉTYM. gr. «fontaine aux belles eaux» ♦ Nom de femmes et de fontaines mythiques très répandu chez les anciens Grecs.

**CALLISTHÈNE** ♦ Historien et philosophe grec (Olynthe -360 - -327). Neveu d'Aristote*, il fut formé par lui, en même temps qu'Alexandre* le Grand. Il accompagna ce dernier en Asie à titre d'historiographe ; mais, ayant raillé ses prétentions à la divinité, il fut condamné à mort et exécuté. Il est l'auteur d'une *Histoire de la Grèce* de -387 à -357, d'une *Chronique de la guerre de Phocide* et d'un *Récit de l'expédition d'Alexandre*, textes qui ne sont pas parvenus jusqu'à nous. ➝ ÉTYM. *Callisthène* vient du grec *kallos* «beauté» et *sthenos* «force».

**CALLISTO** ➝ ÉTYM. du gr. *kallistô* «la plus belle», de *kallos* «beau» ♦ Nymphe de la suite d'Artémis* fille de Lycaon, roi d'Arcadie. Aimée de Zeus*, elle suscite la jalousie d'Héra* qui la transforme en ourse pour la faire tuer à la chasse par Artémis ou par son propre fils, Arcas. Mais Zeus la place au ciel où elle devient la constellation de la Grande Ourse.

**CALLOT (Jacques)** ♦ Graveur et dessinateur français (Nancy 1592 - *id.* 1635). En 1609, il apprit à Rome la technique du burin auprès du peintre graveur Thomassin, puis entra en 1614 au service des Médicis à Florence, copia les maîtres italiens et les maniéristes anversois et s'initia à l'eau-forte auprès de Parigi. Dès lors, il se consacra à cette technique et innova en abandonnant le vernis mou pour le vernis dur des luthiers, qui permettait un trait d'une extrême finesse. Sa profonde originalité s'affirme avec la série des *Caprices* (*Capricci di varie figure*, 1619), ce genre fut appelé par la suite «à la manière de Callot», et avec la *Foire de l'Impruneta* (1620). Il se rendit ensuite à Nancy, grava *La Petite Foire* puis la série des *Gueux* (1622), évocation pleine de mordant, où l'invention expressive s'allie à un sens aigu de l'observation. Il grava ensuite à Nancy *La Noblesse lorraine* (1623), puis aux Pays-Bas le *Siège de Breda* (1628). Louis XIII lui commanda alors le *Siège de La Rochelle*, le *Siège de Saint-Martin-de-Ré*. Il séjourna à Paris de 1628 à 1631 *(Vue du Pont-Neuf)* puis refusa d'exécuter le *Siège de Nancy* et, profondément touché par l'invasion de la Lorraine, entreprit *Les Misères et Malheurs de la guerre* (1633) et *Les Supplices* (1634), dont la veine véhémente et dramatique se retrouve dans la *Grande Passion* et la *Tentation de saint Antoine* (1634). Doué d'une exceptionnelle maîtrise technique, Callot fut à bien des égards héritier du maniérisme ; il affectionnait les éclairages savants, les effets de perspective oblique, agrandissant l'espace où prolifèrent de petites figures minutieusement détaillées et employait un canon allongé. Son inspiration, à composantes souvent grotesques et fantastiques, est servie par un trait nerveux d'une grande tension expressive. L'audace de sa vision, son caractère synthétique est surtout manifeste dans ses dessins et esquisses. Certaines de ses compositions, par leur concision et leur sobriété, semblent indiquer une orientation plus classique. Ses estampes, recherchées par les amateurs du XVIII$^{e}$ s., furent admirées par les romantiques. ➝ ÉTYM. → Calet.

Jacques **Callot.** *Franca Trippa et Fritellino.* Musée de la Scala, Milan. *BIS/Phot.G.C. Costa © Archives Larbor*

**CALLOWAY (Cabell,** dit **Cab)** ♦ Chanteur et chef d'orchestre de jazz américain (Rochester, New York 1907 - Hosckessin, Delaware 1994). Après avoir débuté en 1928 à Chicago et à New York avec l'orchestre des Missourians, il atteignit la célébrité en devenant la vedette du Savoy de Harlem puis du Cotton Club de New York, où il remplaça Duke Ellington* à partir de 1931. À la tête de son grand orchestre jusqu'à la fin des années 1940, il connut un succès international grâce à ses audaces verbales, utilisant abondamment l'argot et les onomatopées dans un contexte souvent burlesque. C'est à l'une de ses onomatopées favorites, *zah zuh zah*, qu'on doit le «zazou» français. Princ. enregistrements : *In that Religion* (1930), *Jonah Joins the Cab* (1941). ➝ **ÉTYM.** Ce nom de famille vient de *Caillouet-Orgeville*, nom de lieu dans l'Eure (de *caillou*).

**CALMAR** → **Kalmar**

**CALMETTE (Gaston)** ♦ Journaliste français (Montpellier 1858 - Paris 1914). Directeur du *Figaro* (1903), il entreprit en 1914 une campagne contre le ministre des Finances, Caillaux*, et fut tué par l'épouse de ce dernier. ➝ **ÉTYM.** Ce nom vient du prélatin *calmis* «haut plateau dénudé».

**CALMETTE (Albert)** ♦ Médecin et bactériologiste français (Nice 1863 - Paris 1933), frère de Gaston Calmette. Fondateur de l'Institut bactériologique de Saigon (1891) et de l'institut Pasteur à Lille (1896 - 1919), il découvrit la sérothérapie antivenimeuse et antipesteuse, et mit au point avec C. Guérin* la méthode de vaccination préventive contre la tuberculose (BCG). [Acad. sc. 1927]

**CALONNE (Charles-Alexandre DE)** ♦ Homme politique français (Douai 1734 - Paris 1802). Procureur général au parlement de Douai (1759), il devint intendant de la généralité de Metz (1766), puis de Lille (1778) où il fit la preuve de ses qualités d'administrateur (création de routes, de canaux, développement du commerce maritime de Dunkerque). Appelé au contrôle des Finances en 1783, peu après la démission de Necker*, il pratiqua d'abord une politique d'expédients (emprunts, grands travaux) puis, face à la crise économique et financière de 1785, proposa un projet de réformes plus radicales (le 20 août 1786) pour unifier l'administration des provinces, et surtout établir l'égalité fiscale. L'Assemblée des notables* qu'il convoqua pour 1787 s'éleva violemment contre ses propositions. Calonne dut démissionner (avr. 1787) et fut remplacé par Loménie* de Brienne.

**CALONNE-RICOUART** [62470] ➝ **ÉTYM.** «la maison de l'eau», du bas lat. *cala* «abri sous roche, maison» et du gaul. *-onna* «eau» ♦ Comm. du Pas-de-Calais, arr. de Béthune. 5 989 hab. *(Calonnois)*.

**CALPÉ** ♦ Nom d'une des deux colonnes* d'Hercule, celle de l'extrémité de la péninsule Ibérique, appelée Gibraltar* après l'invasion des Maures (VIII$^e$ s.).

**CALPURNIUS PISO** → **Pison**

**CALTANISSETTA** ♦ V. d'Italie, au centre de la Sicile, ch.-l. de prov. 61 438 hab. Ville tertiaire. Indus. alimentaires. Station touristique et thermale. Nœud de communications.

**CALUIRE-ET-CUIRE** [69300] ➝ **ÉTYM.** *Caluire*, probablt du mot régional *caloire* «glissoire» (désignant un lieu en pente) et *Cuire*, p.-ê. de *cuer* «(foin) qui reste en dernier» ♦ Ch.-l. de cant. du Rhône, banlieue N. de Lyon, sur la rive g. de la Saône. 41 233 hab. *(Caluirards)*. **▮ Histoire** Le 21 juin 1943, Jean Moulin y fut arrêté lors d'une réunion des principaux chefs de la Résistance.

**CALVADOS** n. m. [14] ➝ **ÉTYM.** du n. des *Rochers du Calvados*, du lat. *calva dorsa* «les dos chauves (ou hauteurs dénudées)», ou du lat. *caballi dorsum* «dos de cheval» d'après leur forme, ou de *Salvador*, n. d'un vaisseau de l'Invincible Armada venu s'échouer sur la côte ♦ Dép. du N.-O. de la France, région de Basse-Normandie. 5 548 km$^2$. 648 385 hab. CH.-L. : Caen. CH.-L. D'ARR. : Bayeux, Lisieux, Vire. Cour d'appel : Caen. Académie : Caen. → **Basse-Normandie.**

**CALVAERT** ou **CALVART (Denijs)** dit en it. **Dionisio Fiammingo** ♦ Peintre, dessinateur et graveur flamand (Anvers v. 1540 - Bologne 1619). Formé à Anvers auprès d'un paysagiste, il subit surtout l'influence d'Aertsen* et de Floris*. Il se rendit en Italie vers 1652, s'établit à Bologne, mais séjourna aussi à Parme et à Rome. Il a laissé de nombreux dessins pastichant le Corrège, Michel-Ange et Raphaël. Il est l'auteur de nombreux retables et de petits tableaux religieux de style maniériste, aux coloris souvent suaves et qui attestent l'assimilation aisée de diverses influences italiennes : le Parmesan*, le Corrège* *(Martyre de sainte Ursule ; Mariage mystique de sainte Catherine)*. Il créa à Bologne une académie qui annonce celle des Carrache* et eut comme élèves G. Reni*, le Dominiquin*, l'Albane* et le Guerchin*.

**CALVAIRE** n. m. → **Golgotha**

**CALVI** [20260] ➝ **ÉTYM.** p.-ê. du pré-indo-eur. *kal-* «pierre, rocher» avec attraction du lat. *calvus* «chauve (dénudé)» ou du lat. *Calvius*, n. de pers. ♦ Ch.-l. d'arr. de la Haute-Corse, au fond du *golfe de Calvi*, sur la côte N. de l'île. 5 177 hab. *(Calvais)*. Citadelle génoise ou Ville-Haute entourée de remparts du XV$^e$ s. ▪ Centre touristique desservi par le port (la Marine) et l'aéroport Sainte-Catherine.

**CALVIN (Jean CAUVIN,** dit**)** ♦ Réformateur religieux et écrivain français (Noyon, Picardie 1509 - Genève 1564). Il étudia les lettres et la philosophie à Paris, le droit à l'université d'Orléans puis à celle de Bourges, l'hébreu, le grec et la théologie au Collège royal. Sa formation d'humaniste transparaît dans son *Commentaire du «De clementia» de Sénèque**. C'est en 1533 qu'il adhéra à la Réforme, et dès lors commença pour lui une vie de prédicateur (Saintonge, Angoumois). Mais l'affaire des Placards (1534) l'obligea à quitter la France pour Bâle où il publia la première édition en latin de *L'Institution* de la religion chrétienne* (1536), qu'il traduisit ensuite en français (1541). Alors qu'il passait à Genève, il y fut retenu par Farel* (1536), et tenta avec lui une première fois d'appliquer les principes de la Réforme mais il échoua et dut quitter la ville (1538). À Strasbourg où il s'était rendu auprès de Martin Bucer*, il enseigna la théologie, dirigea l'Église des réformés de France, rencontra Melanchthon*, et épousa Idelette de Bure. Rappelé à Genève par Farel et le Conseil de la ville, il y retourna en 1541 et devait y jouer dès lors un rôle à la fois religieux et politique. Il participa à la rédaction des *Ordonnances ecclésiastiques* qui furent le statut de l'Église réformée de Genève, réorganisa l'académie de la ville qui devint rapidement un centre universitaire renommé et ne cessa de s'occuper de l'éducation religieuse des Genevois (sermons ; rédaction d'un *Catéchisme ;* d'un *Petit Traité de la Sainte Cène*). Mais cette œuvre de réforme ne se fit pas sans heurt et Calvin recourut à la force pour faire face aux opposants politiques et religieux qu'il fit condamner à l'exil ou à la mort, comme Michel Servet* qui fut brûlé vif en 1553. C'est Théodore de Bèze* qui, à la mort de Calvin, le remplaça à la tête de l'Église réformée (→ **calvinisme**). ➝ **ÉTYM.** *Calvin* est la latinisation de *Cauvin*, forme normanno-picarde de *Chauvin*, de *chauve*. → aussi Macmillan, Plekhanov.

Jean **Calvin.** Portrait.
Bibliothèque nationale de France, Paris.
*BIS/Phot. © Coll. Archives Bordas*

**CALVIN (Melvin)** ♦ Biochimiste américain (Saint Paul, Minnesota 1911 - Berkeley 1997). Créateur de techniques très fines d'analyse chimique faisant appel à la fois à la chromatographie et à la radioactivité, il étudia la photosynthèse et élucida le mécanisme du cycle du carbone. [Prix Nobel de chim. 1961]

**calvinisme**

n. m. ♦ Doctrine religieuse de Calvin*, dont les principes théologiques furent exposés dans son *Institution de la religion chrétienne*. Ils résident essentiellement dans : la reconnaissance de la Bible comme source unique de la foi, tout en admettant les dogmes des cinq premiers conciles ; la doctrine de la prédestination et de la grâce, proche des thèses de saint Augustin ; le retour à la simplicité primitive du culte où seuls sont admis comme sacrements le baptême et la communion auxquels est accordée une valeur symbolique de commémoration (contrairement au luthéranisme). L'éthique calviniste joua un rôle important sur le plan économique : glorifiant le travail et autorisant le prêt, elle fut, selon le sociologue Max Weber *(L'Éthique du protestantisme et l'Esprit du capitalisme)*, étroitement liée à l'essor du capitalisme. Elle contribua également au développement des principes de la démocratie politique (déjà réalisée à Genève par Calvin) et des valeurs culturelles. Le calvinisme se répandit en France où ses partisans furent appelés huguenots (N.-O., S.-E. et Massif central), aux Pays-Bas où les calvinistes se divisèrent en arminiens et gomaristes, en Angleterre et en Écosse (J. Knox, fondateur du presbytérianisme) et, à partir du XVII$^e$ s., dans des pays d'outre-mer comme l'Afrique du Sud, les États-Unis et le Canada. Il compte actuellement 45 millions d'adeptes dont env. 460 000 en France et 2 200 000 en Suisse → **protestantisme.**

**CALVINO (Italo)** ♦ Écrivain italien (Santiago de Las Vegas, Cuba 1923 - Sienne 1985). Après avoir publié un des meilleurs romans italiens inspirés par la Résistance, *Le Sentier des nids d'araignée* (1947), il se tourna vers un type de fiction plus littéraire, souvent proche de la fable morale, où la satire sociale et politique, qui nourrit encore *La Spéculation immobilière* (1957 ; éd. définitive 1963) et *La Journée d'un scrutateur* (1963), est équilibrée par le divertissement ironique et formel. De cette période, on retiendra la magnifique trilogie allégorique *Le Vicomte pourfendu* (1952), *Le Baron perché* (1957) et *Le Chevalier inexistant* (1959), regroupés plus tard sous le titre de *Nos aïeux*. À partir de cette époque, sans perdre son humour ni rien renier de sa très personnelle relecture des classiques (Ovide, l'Arioste, Voltaire, Galilée), Calvino enrichit son œuvre du côté de la bande dessinée, de la science-fiction et bientôt de la combinatoire formaliste (*Marcovaldo*, 1963 ; *Cosmicomics*, 1965 ; *Les Villes invisibles*, 1972 ; *Le Château des destins croisés*, 1973 ; *Si par une nuit d'hiver un voyageur*, 1979). Proche de Queneau et membre de l'OuLiPo* (il vécut longtemps à Paris), il renonça cependant dans son dernier livre, *Palomar* (1983), au jeu formaliste pour interroger le monde à travers le regard d'un personnage sans psychologie, en deçà de la science et du sentiment, dans une langue toujours limpide. Parallèlement à son œuvre de fiction, Calvino a donné une riche anthologie de *Contes italiens* et deux remarquables volumes de critique : *La Machine littérature* (*Una pietra sopra*, 1980) et *Leçons américaines* (posth.). → ÉTYM. *Calvino* est le diminutif de l'italien *calvo* «chauve».

**CALVOS (André)** ♦ Poète grec (Zante 1792 - Londres 1867). De formation italienne et inspiré par la révolution grecque comme son contemporain Solomos, il s'écarta cependant de l'école ionienne et des formes traditionnelles de la poésie démotique. Sa strophe, d'une structure rigide et invariable, évoque la versification italienne et la métrique du lyrisme éolien. Son œuvre (*La Lyre*, 1824 ; *Odes nouvelles*, 1826) constitue un manifeste pour la vertu civique et le sacrifice à un idéal.

**CALVO SOTELO (José)** ♦ Homme politique espagnol (Tuy, Pontevedra 1893 - Madrid 1936). Ministre des Finances durant la dictature de Primo* de Rivera (1925 - 1930), il devint, sous le régime républicain, un des chefs du parti monarchiste. Son assassinat, le 13 juil. 1936, donna le signal du soulèvement nationaliste et de la guerre civile.

**CALYDON** ♦ V. de l'anc. Grèce en Étolie*. Son roi légendaire Tydée* figure parmi les Sept Chefs et son fils Diomède* est un héros de l'expédition des Épigones contre Thèbes et de la guerre de Troie. La ville est surtout célèbre pour la chasse au *sanglier de Calydon*, monstre qui ravageait le pays. Cette opération réunit un grand nombre des héros grecs. → **Méléagre, Héraclès, Atalante, Déjanire.** ▪ Les ruines d'un temple d'Artémis Laphria ont été mises au jour en 1925.

**CALYPSO** → ÉTYM. «la cachée (ou celle qui cache)», du gr. *kaluptô* «couvrir ; enveloppée» ♦ Nymphe, de l'île mythologique d'Ogygie*. Selon *L'Odyssée**, elle accueillit Ulysse* après son naufrage et le retint sept ans.

**CALZABIGI (Ranieri DE')** ♦ Écrivain et librettiste italien (Livourne 1714 - Naples 1795). Auteur d'une correspondance abondante, qui le montre sensible au renouveau de l'Italie (*Lettre [...] au comte V. Alfieri*, 1784), vivement intéressé par l'effort de rénovation entrepris par Métastase dans l'art dramatique et lié par une étroite amitié à Gluck (qu'il connut à Vienne, en 1761), il entreprit en commun avec le musicien la «réforme» de l'opéra, illustrée par *Orfeo ed Euridice* (1762), *Alceste* (1768) et *Paride ed Elena* (1770).

**CAM** ou **CÃO (Diogo)** ♦ Navigateur portugais (XV^e s.) Chargé par Jean II du Portugal de découvrir un passage maritime vers les Indes par le S. de l'Afrique, il entreprit une expédition, avec M. Behaïm*, au cours de laquelle il atteignit le Congo (1485). L'exploration de la côte occidentale africaine fut poursuivie par B. Dias* (1487 - 1488).

**CAM** n. f. → ÉTYM. anc. *Camma*, d'un anc. mot celt. «en courbe» ♦ Riv. d'Angleterre (38 km) traversant Cambridge à laquelle elle donne son nom. Elle longe les principaux collèges de la ville.

**CAMAGÜEY** ♦ V. de Cuba, ch.-l. de prov. 327 046 hab. Située dans le centre de l'île. Les Espagnols transférèrent en 1576 sur le site actuel une *villa*, qu'ils avaient fondée sur la côte N. en 1515 sous le nom de Santa María del Puerto del Príncipe. La ville n'adopta le nom d'origine amérindienne de Camagüey qu'en 1903. ♦ ***Province de Camagüey*** Elle compte 784 445 hab. env. Usines sucrières. Élevage. Pêche maritime dans les ports de Nuevitas et de Santa Cruz del Sur. ♦ ***Archipel de Camagüey*** Chapelet d'îles basses et marécageuses bordant la côte N. de Cuba. Chasse au gibier aquatique.

**camaldules**

n. m. pl. ♦ Membres d'un ordre religieux (ermites et moines) fondé dans la vallée de Camaldoli (Toscane) par saint Romuald en 1010, approuvé en 1050, détaché des bénédictins en 1113.

**CAMARA** (dom **Hélder**) → **Pessôa Camara (Hélder)**

**CAMARAT** (cap) ♦ Promontoire de la côte des Maures (Var).

**CAMARET-SUR-AIGUES** [84850] → ÉTYM. p.-ê. «petite maison à arcades», du lat. *camera* «voûte, arcade» et suff. dimin. *ittum* ♦ Comm. du Vaucluse, arr. d'Avignon. 3 553 hab.

**CAMARET-SUR-MER** [29129] → ÉTYM. en bret. *Kamaled*, d'orig. prébretonne, formé sur le gaul. *cambo* «courbe» et suff. *-etum* au sens de «anse» ♦ Comm. du Finistère, arr. de Châteaulin, dans la presqu'île de Crozon. 2 668 hab. *(Camarétois)*. Fortin de Vauban. ▪ Station balnéaire. Port de pêche.

**CAMARGO (Marie Anne DE CUPIS DE CAMARGO, dite LA)** ♦ Danseuse française (Bruxelles 1710 - Paris 1770). Elle triompha à l'Opéra de Paris (1726 - 1751) dans des œuvres de Rameau, de Campra et de Mouret. Rivale de M^lle Salé (dont le style, plein de mesure et de retenue, s'opposait au sien), elle introduisit dans les rôles féminins des pas réservés jusqu'alors aux danseurs : entrechats, pas battus, cabrioles.

**CAMARGUE** n. f. → ÉTYM. p.-ê. du gr. *kamaricos* «voûté» (côtes arrondies comme une voûte) ♦ Région de Provence (Bouches-du-Rhône), située entre deux branches du delta du Rhône et essentiellement constituée de prairies et d'étangs dont celui de Vaccarès* est le plus étendu. Au centre et au S., l'activité reste traditionnelle : élevage de taureaux de combat, de chevaux blancs (camarguais). Le Nord, irrigué et drainé, est voué à la grande exploitation : blé, vigne, riz (en régression depuis les années 1960), cultures maraîchères et fruitières. L'exploitation des salins, près de Salin-de-Giraud et à l'O. du Petit Rhône, assure près de la moitié de la récolte française de sel. Peu peuplée, c'est surtout une région touristique. L'originalité de la flore où dominent les salicornes (sansouire) et de la faune a motivé la création, en 1970, du *parc naturel régional de la Camargue* qui englobe 80 000 ha répartis sur les comm. d'Arles et des Saintes-Maries-de-la-Mer. Le mas du Pont-de-Rousty abrite un musée camarguais.

**CAMARÓN DE LA ISLA (José MONGE CRUZ, dit)** → ÉTYM. Son surnom Camarón vient de *camarón* «crevette», à cause de la couleur de ses cheveux, et *de la Isla* parce que San Fernando, sa ville de naissance, est ainsi surnommée. ♦ Chanteur de flamenco espagnol (San Fernando, près de Cadix 1950 - Badalona 1992). Après avoir enregistré de nombreux albums entre 1969 et 1977 avec le guitariste Paco de Lucía*, il bouleversa la tradition en 1979 en ajoutant de nouveaux instruments (basse électrique, batterie, percussion, piano feuder, flûte, cithare, etc.) qui enrichissaient le genre avec des influences rock, jazz et orientales (*Leyenda del tiempo*, avec le guitariste Tomatito). On lui doit notamment *Al verte las flores lloran* (1969), *Soy caminante* (1974), *Viviré* (1984), *Flamenco vivo* (1987), *Soy gitano* (1989), *Potro de rabia y miel* (1991).

**CÀ MAU** ♦ V. du Viêtnam, ch.-l. de prov., située au centre de la région du même nom qui forme la pointe S. du pays, constituée d'alluvions déposées par le delta du Mékong. Env. 110 000 hab. ▪ Pêche ; fabrication de *nước mắm* (saumure de poisson). Culture du riz. Terre d'accueil pour les mouvements intérieurs de population.

**CAMBACÉRÈS (Jean-Jacques Régis DE)** duc **DE PARME** ♦ Juriste et homme politique français (Montpellier 1753 - Paris 1824). Conseiller à la cour des comptes de Montpellier en 1771, président du tribunal criminel de l'Hérault en 1789, il fut élu député à la Convention (1792), où il vota la mort de Louis XVI. Il se prononça pour l'arrestation des chefs girondins après la trahison de Dumouriez. Il rédigea un premier projet de Code civil, présenté à la Convention en août 1793 et rejeté. Membre du Conseil des Cinq-Cents, ministre de la Justice (18 juin 1799), il fut nommé deuxième consul à la demande de Bonaparte. Président du Sénat et du Conseil d'État, il se spécialisa dans les questions d'administration judiciaire, contribuant à l'élaboration du Code* civil ; archichancelier de l'Empire (1804) et duc de Parme, il se rallia aux Bourbons en 1814, reprit néanmoins ses fonctions lors des Cent-Jours, et fut ensuite proscrit comme régicide de 1815 à 1818. [Acad. fr. 1803 ; radié en 1816] → ÉTYM. L'occitan *Cambassèdès* signifie «possesseur d'un champ *(camp)* de bouleaux *(beç)*».

**CAMBALUC** → ÉTYM. du mongol *Khanbaliq* «ville du khan» ♦ Nom donné par les voyageurs occidentaux du Moyen Âge, notamment Marco Polo, à la capitale mongole de l'Empire chinois édifiée près de Pékin à partir de 1264.

**CAMBAY** → **Khambhat**

**CAMBERLEY** ♦ V. d'Angleterre, au S.-O. de Londres (Surrey). 47 123 hab. Siège de l'École de guerre britannique.

**CAMBERT (Robert)** ♦ Compositeur français (Paris v. 1628 - Londres 1677). Organiste et claveciniste, élève de Chambonnières, il fut le maître de musique d'Anne d'Autriche et composa, avec le poète Pierre Perrin, *La Pastorale d'Issy* (1659), premier opéra français. Ayant obtenu le monopole de la représentation des spectacles de musique en langue française, il se vit supplanté par Lully et dut quitter la France pour l'Angleterre (1673). Il fonda, avec Grabu, la Royal Academy of Music, à Londres, où il mourut.

**CAMBIASO (Luca)** ♦ Peintre italien (Moneglia, près de Gênes 1527 - Madrid 1585). Premier grand maître de l'école génoise, il décora plusieurs palais et églises en collaboration avec son maître et père Giovanni comme avec Lazaro Calvi ou Francesco Brea (fresques dans le palais Saluzzo, le palais Doria [auj. Spinola], Santa Maria del Canneto). Son premier style, profondément influencé par les fresques de Perino del Vaga et du Pordenone*, tire certains de ses effets des manières du Corrège* et de Véronèse* tandis que ses travaux de maturité révèlent des compositions plus originales et plus mesurées ainsi qu'une palette moins exubérante *(Saint Augustin entouré de saints)*. Parmi ses œuvres tardives, les «nocturnes», où la répartition de la lumière accentue le clair-obscur, exercèrent une forte influence sur la peinture caravagesque (*Madone à la chandelle ; Christ devant Caïphe*, Gênes). Ayant acquis une grande célébrité, il fut appelé par Philippe II d'Espagne (1582) pour décorer la grande voûte de l'Escurial *(Couronnement de la Vierge)*. Certains de ses dessins montrent des figures décomposées et géométrisées qui sont considérées comme une lointaine justification du cubisme. ◆ **ÉTYM.** *Cambiaso* est le nom d'une localité de la région de Gênes.

## CAMBODGE

▮ n. m., – off. ***royaume du Cambodge,*** de 1970 à 1975 ***République khmère,*** de 1976 à 1989 ***Kampuchea démocratique*** ◆ **ÉTYM.** du sanskr. *Kambojas,* n. de peuple [l'étym. «né *(ja-)* de Kambu (ermite légendaire)» est populaire] ◆ Pays de l'Asie du Sud-Est, situé dans la péninsule indochinoise. 181 000 km². 11 426 223 hab. *(Cambodgiens).* **LANGUE** : khmer. **RELIGION** : bouddhisme du Theravāda. **MONNAIE** : riel. **CAPITALE** : Phnom* Penh. **RÉGIME** : monarchie parlementaire. Le pays est divisé en 20 provinces *(khêt)* et 4 municipalités.

**▮ GÉOGRAPHIE ▮ Le relief** Le Cambodge occupe une vaste cuvette alluvionnaire entourée de montagnes, l'escarpement des Dangkrek au N., les monts des Cardamomes (culminant au Phnom Aural, 1 771 m) au S., la cordillère de l'Indochine orientale à l'E. Des plateaux gréseux ou basaltiques, de faible altitude, occupent le N. et le N.-E. Cette zone d'effondrement est traversée par le Mékong et ses affluents, dont les eaux alimentent le Tonle* Sap, déversoir régulateur de la crue annuelle. **▮ Le climat** Le climat est tropical et rythmé par la mousson, mais les précipitations varient de 1 300 mm par an vers Battambang à plus de 4 000 mm par an sur la côte. Les Cambodgiens ont toujours lutté pour maîtriser l'eau (réservoirs ou *baray*, drainage). **▮ L'économie** La population, peu urbanisée, est concentrée dans les plaines et les vallées. 80 % des actifs travaillent dans le secteur primaire. L'agriculture constitue la principale ressource bien que la productivité soit faible en raison du morcellement des terres. Le pays produit surtout du riz, du soja, du latex, du poivre. La pêche est active. Le pétrole et le gaz découverts dans la mer de Chine sont exploitables à partir de 2011. Les désastreuses années du régime de Pol Pot et de la guerre civile sont à l'origine du manque d'infrastructures. Aujourd'hui, le réseau routier (4 177 km) et les voies ferrées (552 km) sont dans un état déplorable. Les ports de Phnom Penh et de Sihanoukville ne connaissent qu'une faible activité. La fin de l'insécurité favorise la reprise économique et la reconstruction. Les minorités chinoises et vietnamiennes, chassées par la guerre, se reconstituent tandis que subsistent dans les régions élevées les populations proto-

**Cambodge.**

| Cambodge ▮ Productions en 2008 | | |
|---|---|---|
| **Produits** | **Quantités** | **Rang** |
| Caoutchouc (2009) | 35 000 t | 16ᵉ |
| Maïs | 500 000 t | |
| Oranges (2007) | 63 000 t | |
| Poivre (2007) | 2 500 t | |
| Riz | 6 800 000 t | 14ᵉ |
| Soja (graines) | 117 000 t | |
| Bovins (têtes) | 3 400 000 | |
| Porcins (têtes) | 2 800 000 | |

indochinoises. Le tourisme (Angkor) est la principale ressource du pays avec la confection qui est confrontée à la concurrence chinoise et vietnamienne et qui a pâti de la crise mondiale en 2008 et 2009.

**▮ HISTOIRE ▮ Le Funan** Du Iᵉʳ au VIᵉ s., le royaume indianisé du Funan*, sans doute plus maritime qu'agricole, contrôlait les côtes du golfe du Siam et le moyen Mékong. Plus au N., vers le bas Laos, le Zhenla, pays des Kambuja, ancêtres des Khmers, d'abord vassal du Funan, entreprit sa conquête au VIᵉ s. **▮ L'empire d'Angkor** Victorieux, il se morcela dès le VIIIᵉ s. Jayavarman* II rassembla par la force les petits royaumes et ouvrit la voie à l'empire d'Angkor*, qui lutta contre les Chams, les Môns, puis les Thaïs et contrôla aux XIᵉ et XIIᵉ s. la moitié de la péninsule indochinoise, tout en développant une admirable civilisation. Au XVᵉ s., la capitale fut transférée vers l'E., surtout à Phnom Penh, à Lovêk et à Udong, mais resta sous la menace siamoise (→ **Naresuen**). Du XVIIᵉ au XIXᵉ s., le royaume, déchiré par les rivalités des princes et des dignitaires, fut une proie pour ses voisins siamois et vietnamiens, et perdit de nombreuses provinces. → **Thaïlande.** **▮ Le protectorat français** En 1863, il se plaça sous le protectorat de la France (→ **Norodom**) et connut, malgré quelques incidents, une longue période de paix et de développement (mise en valeur du sol, enseignement moderne, extension du territoire). → **Sisowath, Sisowath Monivong.** **▮ La monarchie constitutionnelle et l'indépendance** Après 1945, le Cambodge tenta une expérience de monarchie constitutionnelle qui échoua à cause des rivalités de clans et de la forte personnalité du roi Norodom* Sihanouk. Toutefois, il reconquit peu à peu son indépendance, partielle en 1949, puis totale en 1953. Il recouvra sa souveraineté monétaire fin 1954. Ayant abdiqué, en 1955, en faveur de son père pour prendre la tête du gouvernement, Norodom Sihanouk s'efforça de développer l'économie tout en affirmant la neutralité du pays. **▮ Les Khmers rouges et le Kampuchea démocratique** Critiqué à l'intérieur et à l'étranger, il fut renversé par un coup d'État en mars 1970 (→ **Lon Nol**) et la république fut proclamée. Le Cambodge connut la guerre civile et fut entraîné dans la seconde guerre d'Indochine (→ **Viêtnam**). Exilé à Pékin, Sihanouk forma un gouvernement avec les Khmers* rouges qui, victorieux en avr. 1975, imposèrent un régime totalitaire soutenu par la Chine (→ **Pol Pot**) visant à éliminer les Khmers éduqués et les symboles du monde occidental. Sihanouk, revenu à Phnom Penh (sept. 1975), démissionna lors de la création du *Kampuchea démocratique*, démocratie populaire, présidée par Khieu* Samphan, avec Pol Pot pour Premier ministre. Très vite le régime s'enfonça dans la terreur et entra en conflit avec le Viêtnam qui envahit le Cambodge (déc. 1978) et installa un gouvernement sympathisant présidé par Heng Samrin. Des charniers furent mis au jour mais le nombre de victimes du régime khmer rouge, env. 1 million et demi, est resté mal connu avec précision. De nombreux Cambodgiens se réfugièrent en Thaïlande et des maquis s'organisèrent. Poussé par la Chine, Sihanouk forma un gouvernement rassemblant les trois tendances de la résistance (1982), puis se rapprocha de Hun* Sen, Premier ministre provietnamien. **▮ L'État du Cambodge** Après de nombreuses réunions internationales infructueuses, Phnom Penh créa l'État du Cambodge et renonça au marxisme (avr. 1989). Les Vietnamiens, épuisés, retirèrent leurs troupes (sept. 1989). Les quatre factions acceptèrent un cessez-le-feu et un Conseil national suprême (CNS), présidé par Sihanouk (juil. 1991). L'accord de Paris (23 oct. 1991) reconnut le CNS et plaça le Cambodge sous la tutelle de l'ONU. Sihanouk revint à Phnom Penh (nov.). À partir de mars 1992, l'Apronuc (Autorité provisoire de l'ONU sur le Cambodge) s'efforça de contrôler le pays. Cependant, la mésentente et la haine entre les factions continuaient ; le cessez-le-feu, le désarmement, le retour des réfugiés étaient à peine ébauchés quand eurent lieu les élections législatives de mai 1993. Un gouvernement provisoire d'union nationale fut constitué, le pouvoir étant partagé entre les partisans de Norodom Ranariddh, un des fils de Sihanouk, et ceux de Hun Sen. **▮ Le rétablissement de la monarchie** La monarchie fut rétablie en sept. 1993. N. Sihanouk redevint roi, Ranariddh Premier ministre et Hun Sen second Premier ministre. Mais de graves tensions apparurent au sein du gouvernement et, malgré le ralliement de plusieurs chefs khmers rouges à l'armée royale, le pays a du mal à retrouver son unité, condition de la reconstruction. En 1997, le mouvement khmer rouge se disloqua. Ranariddh et Hun Sen rivalisèrent alors et Ranariddh fut chassé du pouvoir par un coup de force de Hun* Sen (1997), dont le parti, le Parti du Peuple cambodgien, remporta les élections législatives de 1998. Le roi obtint un accord organisant le gouvernement et le partage des pouvoirs (nov. 1998). Dès lors, le Cambodge retrouva son siège à l'ONU et entra à l'ASEAN (1999). Le prince Norodom Sihamoni fut couronné roi en 2004, succédant ainsi à son père. Avec un parti contrôlant à lui seul plus de 70 % des institutions, la démocratie n'est pas encore réelle, cependant l'accalmie politique a permis des réformes : moins de soldats et de fonctionnaires et lancement de grands travaux. La crise économique de 2008-2009 a surtout touché la population paysanne en raison de la baisse du cours des produits agricoles. En 2009, le tribunal de Phnom Penh, parrainé par les Nations unies, a entrepris le jugement de plusieurs dirigeants du régime des Khmers rouges, dont Khieu Samphan, accusés de crimes de guerre et de crimes contre l'humanité.

---

**CAMBODGE** (monts du) ♦ Groupe de montagnes du S.-O. du Cambodge, comprenant surtout la chaîne des Cardamomes*.

**CAMBO-LES-BAINS** [64250] ♦ Comm. des Pyrénées-Atlantiques, arr. de Bayonne, sur la Nive. 4 416 hab. *(Camboars)*. Station climatique. Musée Edmond-Rostand dans la villa où il vécut, l'*Arnaga*.

**CAMBON (Joseph)** ♦ Homme politique français (Montpellier 1756 - près de Bruxelles 1820). Député à l'Assemblée législative, puis à la Convention où il quitta la Plaine* pour se rallier aux montagnards, il fut membre du premier Comité* de salut public (avr. - juil. 1793), puis président du Comité des Finances (jusqu'en 1795). Il tenta en vain d'enrayer l'inflation et institua le grand livre de la Dette publique (24 août 1793), par lequel le nouveau régime reconnaissait les dettes de l'ancien. Hostile à Robespierre*, il vota contre lui le 8 Thermidor, contribuant à sa chute (9 Thermidor). Mais il fut poursuivi sous la Convention thermidorienne et réussit à se cacher jusqu'à l'amnistie de l'an IV. Proscrit comme régicide (1815), il vécut en exil en Belgique. ➝ ÉTYM. Ce nom de famille vient du gaulois *cambo* «méandre».

**CAMBON (Paul)** ♦ Administrateur et diplomate français (Paris 1843 - *id.* 1924). Frère de Jules Cambon. Chef de cabinet de J. Ferry après le 4 sept. 1870, il fit une carrière administrative en France et fut résident général en Tunisie (1882), puis entra dans la diplomatie. Ambassadeur à Madrid (1886), à Constantinople (1891) et enfin à Londres (1898), où il resta jusqu'en 1920, il travailla à l'entente (→ **Entente cordiale**) et à la coopération avec la Grande-Bretagne. Sa *Correspondance* a été publiée.

**CAMBON (Jules)** ♦ Administrateur et diplomate français (Paris 1845 - Vevey 1935). Frère de Paul Cambon. Après une carrière administrative, en particulier comme gouverneur général de l'Algérie (1891), il fut nommé ambassadeur à Washington en 1897, puis à Madrid et à Berlin (1907 - 1914), poste où il eut à régler les questions diplomatiques relatives au Maroc (incident d'Agadir*). Il fut secrétaire général au ministère des Affaires étrangères de 1915 à 1919, et l'un des signataires du traité de Versailles. Il publia *Le Diplomate* (1925). [Acad. fr. 1918]

**CAMBRAI** [59400] ➝ ÉTYM. p.-ê. du lat. *Camarus*, surnom de pers. gallo-rom. (de *cammarus* «homard, crabe»), et suff. *-acum* ♦ Ch.-l. d'arr. du Nord, sur l'Escaut, dans le Cambrésis. 33 738 hab. (aggl. 48 261) *(Cambrésiens)*. Archevêché (Fénelon* en fut titulaire de 1695 à 1715). Cathédrale Notre-Dame (XVIII$^e$ s., restaurée au XIX$^e$ s.). Chapelle du grand séminaire du XVII$^e$ s. (façade baroque). Église Saint-Géry du XVIII$^e$ s. (jubé de 1632 ; *Mise au tombeau* de P. Rubens). Beffroi des XV$^e$ et XVIII$^e$ s., haut de 70 m. Porte Notre-Dame de 1623. Musée municipal (archéologie, sculptures ; tableaux des écoles flamande et française). ▪ Indus. textile (coton) en difficulté. Indus. agroalimentaire. Spécialité de confiseries (bêtises de Cambrai). Construction mécanique. **▌Histoire** Ville principale des Nerviens dans l'Antiquité, elle devint sous Clodion le Chevelu (V$^e$ s.) capitale d'un royaume franc qui fut détruit par Clovis I$^{er}$. Englobée en 843 dans la Lotharingie, la ville fut réunie à la France par l'un des traités de Nimègue (1678). Occupée par les Allemands de 1914 à 1918, elle fut l'objectif en 1917 d'une puissante attaque alliée à laquelle participèrent pour la première fois 400 chars de combat. La ville fut libérée par les Canadiens le 9 oct. 1918. ♦ ***Ligue de Cambrai*** Ligue formée en 1508 par l'empereur Maximilien, le roi de France Louis XII, le roi d'Aragon, Ferdinand II le Catholique et le pape Jules II contre Venise. Louis XII, désigné comme l'exécuteur des décisions de la ligue, remporta la victoire d'Agnadel (1509) ; mais Venise réussit à dissocier cette coalition dès 1510. ♦ ***Paix de Cambrai*** ou ***paix des Dames*** Paix négociée et signée en 1529 entre Louise de Savoie, représentant son fils François I$^{er}$, et Marguerite d'Autriche, représentant son neveu Charles Quint, d'où le surnom paix des Dames. Selon ses clauses, François I$^{er}$ épousait Éléonore de Habsbourg, renonçait à tous ses droits en Italie et Charles Quint à ses prétentions sur la Bourgogne. Elle fut rompue par François I$^{er}$ en 1539.

**CAMBRAI (le cygne de)** → **Fénelon.**

**CAMBRELING (Sylvain)** ♦ Chef d'orchestre français (Amiens 1948). Lauréat du concours de Besançon (1974), directeur adjoint de l'Orchestre de Lyon (1975 - 1981), premier chef invité de l'Ensemble InterContemporain (1979), il s'imposa à partir de 1981 au Théâtre royal de la Monnaie à Bruxelles et prit la direction artistique de l'opéra de Francfort (1993 - 1997). Il est premier chef invité de l'ensemble Klangforum de Vienne, spécialisé dans la musique du XX$^e$ s. et, depuis 1999, chef principal de l'Orchestre symphonique SWR de Baden-Baden et Fribourg. ➝ ÉTYM. *Cambreling* est une variante ancienne de *Camberlin* «chambellan».

**CAMBRÉSIS** [kɑ̃bʀezi] n. m. ➝ ÉTYM. de *Cambrai** ♦ Région du N. de la France qui couvre la partie S.-E. du dép. du Pas-de-Calais et une partie du dép. du Nord. CAP. : Cambrai. Voie de passage entre la Flandre et le Bassin parisien *(seuil du Cambrésis)* qu'empruntent le rail, le canal du Nord et l'autoroute, c'est une région limoneuse vouée à la culture (céréales, betterave à sucre, endive) et à l'élevage bovin et porcin. **▌Histoire** → **Cambrai.**

**CAMBRIA** ♦ Nom latin du pays de Galles, qui a donné son nom aux monts Cambriens.

**CAMBRIDGE** ➝ ÉTYM. de *Cambridge** (Angleterre) ♦ V. des États-Unis (Massachusetts), dans la zone urbaine de Boston, sur la Charles River. 101 355 hab. (zone industrielle de Boston 5 816 100). Indus. (instruments scientifiques, indus. alimentaires, électr.). Siège de l'univ. Harvard* (avec la Harvard School of Law) et du Massachusetts* Institute of Technology (MIT). Ces deux universités sont à l'origine de nombreuses entreprises de haute technologie.

**Cambridge** (Massachusetts). L'Université Harvard.
*Phot. © Zhong Chen /Shutterstock*

**CAMBRIDGE** ➝ ÉTYM. angl. «pont *(bridge)* sur la Cam*» ♦ V. d'Angleterre, ch.-l. du Cambridgeshire, sur la Cam, au N. de Londres. 108 879 hab. Une des deux plus prestigieuses universités anglaises avec Oxford. Les nombreux collèges, le long de la rivière, en font une des principales villes d'art de l'East Anglia. L'université de Cambridge est constituée d'un ensemble autonome de fondations privées, les collèges, même si ceux-ci bénéficient de subventions. Fondée au XIII$^e$ s. sur le modèle d'Oxford et de la Sorbonne, elle compte 21 collèges dont les plus célèbres sont : Peterhouse, le plus ancien (1284), Clare (1326), Pembroke (1347), l'un des plus vastes, Gonville et Caius (1348), Corpus Christi (1352), King's (1441) dont la chapelle de style gothique perpendiculaire (XV$^e$ - XVI$^e$ s.) possède d'admirables vitraux, Queen's (1448), St. Catharine's (1473), Jesus (1496), Christ's (1505), le plus vaste de tous, St. John's (1511), Magdalene (1542), Trinity (1546) relié à la bibliothèque par un pont sur la Cam, le Trinity Bridge (XVIII$^e$ s.), Emmanuel (1584) et Sidney Sussex (1596). L'université possède depuis le XVI$^e$ s. un département d'édition et d'imprimerie, Cambridge University Press. C'est l'un des grands centres de recherche britanniques

**Cambridge** (Angleterre). L'Université. *Phot. © Lance Bellers /Shutterstock*

(mathématiques, économie et histoire). La présence de l'université a permis le développement d'industries liées à la recherche.

**CAMBRIDGESHIRE** ◆ ÉTYM. de *Cambridge* et angl. *shire* «comté» ♦ Comté du S.-E. de l'Angleterre. 3 409 km². 552 655 hab. CH.-L. : Cambridge. Économie céréalière et d'élevage en particulier sur les marais drainés entre Ely et March. Pôle intellectuel et industriel de Cambridge.

**CAMBRIENS** (monts) ♦ Massif montagneux qui occupe la majeure partie du pays de Galles et qui a donné son nom à un étage géologique du début de l'ère primaire.

**CAMBRONNE (Pierre Jacques Étienne,** vicomte**)** ♦ Général français (Nantes 1770 - *id.* 1842). Engagé comme volontaire en 1792, il prit part aux campagnes de la Révolution et de l'Empire, fut nommé général de brigade puis major général de la garde impériale. Ayant accompagné Napoléon Ier à l'île d'Elbe (1814), il revint avec lui en 1815, et fut fait comte et pair de France pendant les Cent-Jours. Lors de la bataille de Waterloo (juin 1815), il fit partie du «dernier carré» de la Vieille Garde et, sommé de se rendre, aurait répondu, selon la tradition : «La garde meurt et ne se rend pas» (ou encore aurait adressé aux Anglais, le *mot de Cambronne*, anecdote reprise par Hugo dans *Les Misérables*). Blessé, il fut emmené comme prisonnier en Angleterre. À son retour en France, il fut traduit devant un conseil de guerre. Défendu par l'avocat Berryer*, il fut acquitté et fut peu après chargé du commandement de la place de Lille (1820 - 1822). ◆ ÉTYM. *Cambronne* est un nom de lieu, du gaulois *cambo* «méandre» et *-onna* «rivière».

**CAMBYSE** – en gr. ***Kambusês***, en vieux perse ***Kambuziya*** ♦ Nom de deux souverains de la dynastie achéménide. ♦ **CAMBYSE Ier.** Roi d'Anshan (de v. -600 à -559), fils de Cyrus* Ier, père de Cyrus* II. Il fut le vassal des Mèdes Cyaxare* et Astyage*. Il épousa une fille de ce dernier, Mandane. ♦ **CAMBYSE II.** Roi de Perse (de -530 à -522), fils et successeur de Cyrus* II le Grand. Il conquit l'Égypte et s'y fit couronner roi, fondant la XXVIIe dynastie (-525). Mais il échoua contre l'oasis d'Ammon et contre l'Éthiopie et renonça à attaquer Carthage. L'esprit troublé, il se livra à de nombreuses violences (meurtre de sa sœur Roxane) ; il mourut, en Syrie, peut-être par suicide, après avoir appris l'usurpation de son frère Bardiya.

**CAMDEN** ♦ V. des États-Unis (New Jersey) sur la rive d. de la Delaware. 79 904 hab. Indus. (conserves, construc. navales, produits chimiques). La compagnie Victor (1894) y développa le phonographe.

**CAMÉLINAT (Zéphyrin)** ♦ Homme politique français (Mailly-la-Ville, Yonne 1840 - Paris 1932). Ouvrier militant socialiste, il participa à la fondation de la Ire Internationale (1864), et, en 1871, s'exila en Grande-Bretagne après l'échec de la Commune de Paris à laquelle il avait pris part. Amnistié, il fut élu député (1885 - 1889), et était l'un des principaux actionnaires du journal des socialistes *l'Humanité**. Lors du congrès de Tours (1920), il se rallia à la majorité qui adhéra à la IIIe Internationale, et *l'Humanité* devint alors l'organe de la section française de l'Internationale communiste (Parti communiste* français). ◆ ÉTYM. Ce nom vient de l'ancien français *camelin* «étoffe de poil de chèvre mélangé de laine et de soie» (surnom du fabricant de cette étoffe ou de la personne habillée de cette étoffe).

**CAMELOT (Robert)** ♦ Architecte français (Reims 1903 - 1992). Auteur de nombreux édifices scolaires et de grands ensembles d'habitations économiques, il a souvent utilisé la technique du béton armé en voile mince, notamment pour l'édification de la voûte triangulaire du Centre national des industries et des techniques (Cnit, 1958) qu'il éleva à la Défense, à l'O. de Paris, avec Jean de Mailly et Zehrfuss*.

**Camelots du roi** ♦ Groupes de combat royalistes fondés en nov. 1908 à l instigation de Maxime Real del Sarte et de Lacour, chargés à l'origine de la vente du journal *L'Action* française* et recrutés parmi les étudiants disciples de C. Maurras. Ils furent dissous en 1936.

**CAMEMBERT** [61120] ◆ ÉTYM. anc. *Campum Maimberti* «champ de Maimbert», du lat. *campus* «champ» et du germ. *Maginberht* n. de pers. ♦ Comm. de l'Orne, près de Vimoutiers, arr. d'Argentan. 197 hab. *(Camembertains).* A donné son nom au célèbre fromage que Marie Harel y aurait créé en 1791.

**CAMERARIUS (Joachim Ier)** – en all. ***Kammermeister*** ♦ Humaniste allemand (Bamberg 1500 - Leipzig 1574). Il participa avec Melanchthon* à la rédaction de la Confession d'Augsbourg et de son *Apologie* et correspondit avec François Ier, puis Maximilien Ier, sur le problème de la réunification des Églises.

**CAMERARIUS (Rudolf Jakob)** ♦ Naturaliste allemand (Tübingen 1665 - *id.* 1721). Petit-fils de Joachim Ier Camerarius. Il réalisa les premiers travaux sur la sexualité des végétaux (*Epistola de sexu plantarum*, 1694).

**CAMERON (Charles)** ♦ Architecte britannique (1743 - Saint-Pétersbourg 1812). Il fit l'essentiel de sa carrière en Russie après un bref passage à Rome en 1768. En 1778, Catherine II l'appela à son service et de 1779 à 1784 il réalisa l'intérieur du palais de Tsarskoïe* Selo (galerie Cameron et pavillon Agathe de 1782 à 1785), le palais du grand-duc Paul à Pavlovsk de 1781 à 1785 et l'hôpital naval et la caserne de Kronstadt (île de Kotline) vers 1805. ◆ ÉTYM. Le gaélique *camaron* ou *camshròn* signifie «nez *(sròn)* tordu *(cam)*».

**CAMERON (Julia Margaret)** ♦ Photographe britannique (Calcutta 1815 - Kalutara, Ceylan 1879). Outre des allégories et des scènes religieuses inspirées des peintures des préraphaélites anglais, elle réalisa de nombreux portraits, parfois de personnages éminents (Darwin), remarquables par leur intensité psychologique et par un flou dû à l'absence volontaire de mise au point, voire d'objectif.

**CAMERON (Verney Lovett)** ♦ Explorateur britannique (Radipole, Dorset 1844 - Leighton Buzzard, Bedford 1894). Envoyé à la recherche de Livingstone* (entre-temps retrouvé par Stanley), il traversa l'Afrique d'E en O. Parti de Zanzibar (1873), il atteignit le lac Tanganyika (1874), et parvint à la côte occidentale de l'Afrique près de Benguela (1875). Il a laissé le récit de son voyage *Across Africa* (1877).

**CAMERON (James)** ♦ Réalisateur canadien (Kapuskasing, Ontario 1954). Maître du cinéma de science-fiction, il utilise les technologies les plus pointues pour réaliser des productions spectaculaires à gros budget qui enregistrent un nombre record d'entrées dans le monde entier : *Terminator* (1985), *Titanic* (1998), *Avatar* (2009, tourné en 3D).

**CAMERONE** ou **CAMARÓN** ♦ Loc. du Mexique où le 30 avr. 1863, durant la guerre du Mexique, 64 hommes de la Légion étrangère française résistèrent pendant 9 heures à 2 000 Mexicains. L'anniversaire du 30 avr. marque la fête de la Légion.

## CAMEROUN

▮ n. m. – off. ***république du Cameroun*** ◆ ÉTYM. du port. *Rio dos Camarões* «rivière aux crevettes» (l'estuaire du Wouri) ♦ Pays d'Afrique centrale, sur le golfe du Biafra (golfe de Guinée). 475 442 km². 19 291 000 hab. *(Camerounais).* LANGUES : anglais et français (off.), bantou dans le S., soudanais dans le N. POPULATION : Bamilékés, Fangs, Peuls, Pygmées, Betis, Boulous, Bassas, Doualas, Haoussas. RELIGIONS : catholiques, musulmans, protestants, animistes. MONNAIE : franc CFA. CAPITALE : Yaoundé. RÉGIME : présidentiel. Le Cameroun est divisé en 10 régions.

▮ **GÉOGRAPHIE** Le Cameroun appartient à l'Afrique des savanes et à l'Afrique équatoriale, avec une part importante de l'Afrique des hauts plateaux. Une étroite zone septentrionale bordant le Chari et son affluent, le Logone, lui donne un accès au lac Tchad. Les monts Mandara à l'O. (1 500 m), remarquables par l'émergence de pitons de laves dans la région des Kapsikis, habités par les Kirdis, marquent le rebord de la cuvette tchadienne. Le climat est celui du sahel et de la savane, avec une longue saison sèche. Au centre, le massif en arc de cercle de l'Adamaoua* sépare les deux grandes régions du Cameroun. Véritable pivot et château d'eau de l'Afrique, l'Adamaoua domine les bassins du Niger, du Tchad, de la Sanaga et du Congo, donnant naissance à quelques-uns de leurs affluents, dont la Bénoué. Cette région volcanique se prolonge par le mont Cameroun* qui domine le fond du golfe du Biafra. La forêt équatoriale couvre la majeure partie du S. et les côtes sont très découpées à partir de Douala.

▮ **ÉCONOMIE** Elle est essentiellement agricole. Le manioc, la banane et la patate douce en zone humide, le mil et le sorgho dans les régions plus sèches constituent les grandes cultures vivrières. Le N. et le centre, régions d'élevage, produisent de l'arachide et du coton. Dans la région forestière, le café, le cacao, la canne à sucre,

Cameroun ▮ Productions en 2008

| Produits | Quantités | Rang |
|---|---|---|
| ▮ Agriculture | | |
| Bananes | 1 400 000 t | 8e |
| Cacao | 200 000 t | 5e |
| Café | 48 000 t | |
| Canne à sucre | 1 450 000 t | |
| Caoutchouc | 55 000 t | 14e |
| Coton fibre | 70 000 t | |
| Huile de palme | 160 000 t | |
| Maïs | 900 000 t | |
| Manioc | 2 000 000 t | |
| Millet | 55 000 t | |
| Bovins (têtes) | 6 000 000 | |
| Ovins (têtes) | 3 800 000 | |
| ▮ Énergies | | |
| Pétrole | 4 300 000 t | |

**Cameroun.**

l'huile de palme et, sur la côte, le coprah constituent la richesse agricole du pays. La forêt est également exploitée pour ses hévéas (caoutchouc), ses bois précieux (acajou, ébène) ou de placage (okoumé) souvent illégalement. Le Cameroun se situe à la 2^e^ place des pays d'Afrique francophone, après la Côte d'Ivoire, pour l'industrialisation. Celle-ci concerne essentiellement la transformation des minerais. Le sous-sol, en effet, est riche en rutile (minerai de titane), en fer, en uranium, et surtout en bauxite ; celle-ci, extraite des environs de N'Gaoundéré, est affinée dans une usine alimentée par le complexe hydroélectrique d'Édéa* sur la Sanaga. Le pétrole est exploité au large des côtes (52 % des exportations) et le port pétrolier de Kribi exporte le pétrole du Tchad acheminé par oléoduc depuis 2003, au détriment de la pêche qui reste une ressource importante pour la population. Depuis 2006, la presqu'île pétrolifère de Bakassi, disputée au Nigeria, appartient au Cameroun par décision de la Cour internationale de justice de La Haye. Un chemin de fer moderne, le Transcamerounais, joignant Douala à N'Gaoundéré, favorise le désenclavement du pays. Dans le N., le parc national de Waza et la région des Kapsikis s'ouvrent au tourisme. Malgré tous ces atouts, le Cameroun est lourdement handicapé par la corruption.

▮ **HISTOIRE** Au N., accompagnant le retrait des eaux consécutif à l'assèchement de la région, des populations s'établirent sur les promontoires du lac Tchad au –I^er^ millénaire. → **Saos.** Cette région tomba ensuite sous l'influence du Kanem*, des royaumes haoussas*, puis du mouvement réformiste d'Ousman* dan Fodio, au début du XIX^e^ s. L'O. du Cameroun fit partie du berceau originel de la langue bantoue. ▮ **La colonisation** Les côtes furent reconnues en 1471 par le Portugais Fernando Póo, mais les Européens, qui faisaient du commerce avec les populations locales pour se procurer de l'ivoire, des bois précieux et des esclaves, ne créèrent des établissements commerciaux qu'à partir du XVII^e^ s. Le commerce fut essentiellement britannique jusqu'à l'arrivée de négociants allemands à partir de 1868. En 1884, prenant de vitesse les Britanniques et les Français, Nachtigal* signa un traité avec les chefs de Douala. En 1902, l'Allemagne étendit son autorité jusqu'aux rivages du lac Tchad. Après l'incident d'Agadir* en 1911, elle négocia avec la France la cession de près de 150 000 km² de l'Oubangui-Chari en échange de la reconnaissance du protectorat français sur le Maroc. Comme au Togo*, les autorités tentèrent de faire du territoire, baptisé Kamerun, un protectorat modèle, pratiquant une administration directe. La construction d'un chemin de fer, destiné à désenclaver la zone forestière de moyenne altitude, donna lieu à de nombreux abus (travail forcé, portage). Les Allemands introduisirent l'agriculture de plantation, mais l'exploitation naturelle de la forêt et le commerce de l'ivoire demeurèrent très importants. Occupé par la France et la Grande-Bretagne en 1916, le Kamerun fut divisé en 1919 dans un sens longitudinal et confié par la SDN à l'administration des deux pays. La partie britannique occidentale fut administrée à partir du Nigeria. ▮ **L'indépendance** Le Cameroun français obtint son autonomie interne dans le cadre de la Communauté en 1958, puis accéda à l'indépendance en 1960. À l'issue d'un référendum en 1959, le N. du Cameroun britannique, soudanais et musulman, demanda son rattachement au N. du Nigeria, tandis que le S., bantou et en majeure partie chrétien, opta pour la fédération avec le Cameroun français. Gouvernée par Ahmadou Ahidjo, un musulman du N., la République fédérale du Cameroun connut dès sa naissance une vague de terrorisme née au S. dans le pays bamiléké. Le pouvoir créa un parti unique, musela l'opposition dans l'espoir de prévenir toute manifestation de tribalisme, notamment dans le S. ▮ **La démocratisation** En 1982, Ahidjo céda le pouvoir à son Premier ministre, Paul Biya, un homme du sud qui dut faire face à une rébellion militaire et au mécontentement de la région anglophone qui s'estimait défavorisée et commençait à revendiquer l'instauration du fédéralisme. Celui-ci dut autoriser le multipartisme (1991) et la tenue d'élections qui furent remportées par son parti (1992, 1997). Il fut réélu à la présidentielle de 1997 boycottée par l'opposition, et à celle de 2004 avec 75 % des voix. En févr. 2008, de violentes émeutes antigouvernementales à Yaoundé et à Douala causées par le prix de l'essence ont fait une vingtaine de morts.

**CAMEROUN** (mont) ♦ Volcan du S. du Cameroun* occidental aux éruptions assez fréquentes (1959, 1982, 1999, 2000). Il domine la plaine alluviale qui continue l'alignement des îles du golfe de Guinée* (Bioko*). Point culminant (4 070 m) de la partie occidentale de l'Afrique.

Mont **Cameroun.** *Phot. ©de Selva/Tapabor*

**CAMICHEL (Charles)** ♦ Mathématicien français (Montagnac, Hérault 1871 - Cap-Daurat 1966). Ses études sur la similitude permirent la mise au point de la technique des modèles réduits utilisée notamment dans les usines hydroélectriques. [Acad. sc. 1936]

**CAMILLE** ♦ Reine légendaire des Volsques, personnage de *L'Énéide** (chant XI).

**CAMILLE** ♦ Jeune fille romaine, sœur des Horaces* (morte en –667 ?). Elle ne put contenir sa douleur après le triomphe de son frère meurtrier de son fiancé, l'un des Curiaces, et fut tuée par le héros, irrité de ses imprécations.

**CAMILLE** ◆ ÉTYM. en lat. ***Marcus Furius Camillus***, à rapprocher de *camillus* désignant le jeune homme noble qui assistait le prêtre lors des sacrifices ♦ Général romain (–V^e^ s. - –IV^e^ s.) dont les exploits sont en partie légendaires. Tribun consulaire puis dictateur, il prit Véies (–396) dont le siège durait depuis dix ans et chassa les Gaulois qui s'étaient emparés de Rome en –390 (→ **Brennus**).

**CAMILLERI (Andrea)** ♦ Écrivain italien (Porto Empedocle 1925). D'abord metteur en scène et scénariste (il a adapté Maigret pour la télévision italienne), il fut encouragé à écrire par L. Sciascia*. Son activité narrative oscille entre romans historiques (*L'Opéra de Vigàta*, 1995) et romans policiers. Ces derniers, articulés autour du commissaire de police Montalbano, directement inspiré de Vázquez* Montalbán, sont écrits dans un mélange savoureux de dialecte sicilien et d'italien classique (*La Forme de l'eau*, 1994 ; *Le Voleur de goûter*, 1996 ; *Un mois avec Montalbano*, 1998 ; *La Peur de Montalbano*, 2002 ; *La Patience de l'araignée*, 2004 ; *La Lune de papier*, 2005).

**CAMIRI** ♦ V. de Bolivie (Santa Cruz), sur le versant de la Cordillère orientale. 29 800 hab. Centre pétrolier de Bolivie dont le gisement est épuisé. Oléoduc vers Cochabamba et Santa Cruz.

**camisards**

n. m. pl. ➝ ÉTYM. du languedocien *camiso* «chemise» ♦ Nom donné aux calvinistes des Cévennes parce qu'ils auraient porté une chemise blanche par-dessus leurs vêtements comme signe de reconnaissance entre eux durant leurs attaques de nuit. Après la révocation de l'édit de Nantes* et la répression religieuse qui s'ensuivit, les camisards se révoltèrent en 1702 et l'un de leurs chefs, J. Cavalier*, défit les troupes royales commandées par le maréchal Montrevel. Après la tactique d'apaisement du maréchal de Villars*, Cavalier composa avec lui (1704). Les camisards continuèrent la lutte sous la direction de Pierre Laporte, dit Roland, qui fut tué (1705). En 1709 la révolte reprit dans le Vivarais avec Abraham Mazel qui, trahi, fut arrêté et exécuté (1710).

**CAMOENS** en port. **CAMÕES (Luis DE)** ♦ Poète portugais (Lisbonne 1524 ? - *id.* 1580). Il eut une vie aventureuse et difficile, souvent très dure qui, après l'université de Coimbra, le mena en Afrique, aux Indes, en Extrême-Orient à l'époque de l'expansion portugaise. On retrouve l'écho de ses voyages dans son œuvre maîtresse, *Les Lusiades* («les fils de *Luso*,» c'est-à-dire les Portugais, 1572) ; composée de 10 chants, cette épopée en vers raconte la découverte de la route des Indes par Vasco de Gama* (1497 - 1498). Grâce à des artifices habiles, on y trouve aussi l'histoire du Portugal et une description du système du monde. Cette œuvre, à la fois traditionnelle et italianisante, où se mêlent merveilleux païen et merveilleux chrétien, est devenue le poème national du Portugal. Outre des sonnets amoureux, Camoens a écrit des œuvres dramatiques : *Amphitryon* (v. 1540) ; *Le Roi Selenco ; Philodemo*. ➝ ÉTYM. Ce nom de famille signifie «originaire de Camano» [nom de village].

**CAMOIN (Charles)** ♦ Peintre français (Marseille 1879 - Paris 1965). Élève de G. Moreau* à l'École des beaux-arts (1896), il exposa à partir de 1903 avec Matisse*, Marquet*, J. Puy, Manguin, Dufy* et Friesz* et participa aux manifestations des Fauves en 1905 et 1906. Après avoir rencontré Cézanne* dans le Midi (1902), il entreprit une correspondance suivie avec lui. En 1912, il se rendit au Maroc en compagnie de Matisse* et de Marquet*, fit ensuite la connaissance de Renoir* à Cagnes et subit son influence. Auteur de nombreux paysages, marines, scènes intimistes, nus, portraits (*Marquet*, v. 1905), natures mortes et fleurs, il conserva une certaine modération dans le choix de ses accords chromatiques, maintenant plus que les autres Fauves les références au système perspectif traditionnel. Il évolua progressivement vers une gamme plus nuancée et claire, mais toujours lumineuse (*Jeune Fille au bouquet*, 1919). ➝ ÉTYM. *Camoin* est l'adaptation en français du nom portugais *Camoens*.

**CAMON** [80450] ➝ ÉTYM. p.-ê. du germ. *Garimundus*, n. de pers. (avec attraction de *Calmont*, n. de lieu) ou du gaul. *cambo* «méandre» ♦ Comm. de la Somme, banl. E. d'Amiens. 4 366 hab.

**Camp du Drap d'or** ♦ Nom donné au lieu, situé dans la plaine entre Guînes et Ardres (Pas-de-Calais), où se déroula en 1520 l'entrevue entre François Ier et Henri VIII en vue d'une alliance durable contre Charles Quint. Malgré le faste ostentatoire déployé par les deux souverains pour s'impressionner mutuellement, cette alliance ne fut pas conclue.

**CAMPAGNOLA (Giulio)** ♦ Peintre italien (Padoue 1482 - Venise 1516). Élève de Gentile Bellini*, il imita Giorgione* avec qui il se serait lié d'amitié. On lui attribue plusieurs œuvres proches de la manière de Giorgione, mais d'une facture moins parfaite (fresques de la Scuola del Carmine à Padoue ; certaines parties des tableaux de Giorgione : *L'Épreuve du feu de Moïse ; Le Jugement de Salomon*, Offices ; *Le Jeune Satyre*, Munich).

**CAMPAN (Jeanne Louise Henriette GENEST, Mme)** ♦ Éducatrice française (Paris 1752 - Mantes 1822). Lectrice des filles de Louis XV, puis première femme de chambre et amie de la reine Marie-Antoinette, elle fonda, après le 9 Thermidor an II, un pensionnat de jeunes filles, où séjourna Hortense de Beauharnais, et obtint en 1805 la direction de la maison de la Légion* d'honneur à Écouen. Retirée à Mantes lors de la Restauration, elle laissa des *Mémoires sur Marie-Antoinette* (1822), et sa *Correspondance avec la reine Hortense* (1835).

**CAMPAN** [65710] ➝ ÉTYM. du gasc. *campà* «champ, domaine» ou du lat. *Campanus*, n. de pers. ♦ Ch.-l. de cant. des Hautes-Pyrénées, arr. de Bagnères-de-Bigorre, sur l'Adour. 1 483 hab. *(Campanois)*. Église et halles du XVIe s. ▪ Carrières de marbre. Centrale hydroélectrique.

**CAMPANA (Giampietro DI CAVELLI, marquis DE)** ♦ Collectionneur italien (Rome 1807 - *id.* 1870). Collectionneur éclairé et passionné de médailles, de sculptures antiques et de tableaux de primitifs des XIVe et XVe s., il détourna les fonds du mont-de-piété de Rome pour tenter de redresser sa situation financière mise à mal par sa passion et fut condamné. Ses collections furent mises en vente et achetées par la France en 1861 ; les 11 385 œuvres furent regroupées après leur restauration, dans le musée des Primitifs italiens (ou musée du Petit-Palais) à Avignon.

**CAMPANA (Dino)** ♦ Poète italien (Marradi, Florence 1885 - Castel Pulci, Florence 1932). Après des études interrompues et un premier séjour à l'asile psychiatrique en 1906, sa vie ne sera plus qu'un long vagabondage (Suisse, France, Argentine, Russie, Belgique), entrecoupé d'internements. En 1918, après une tumultueuse liaison avec Sibilla Aleramo, il entra définitivement à l'hôpital. Il avait publié à ses frais en 1914 ses *Chants orphiques*, où l'ampleur dannunzienne s'unit à la fréquentation de Rimbaud et des futuristes pour servir une parole hallucinée.

**CAMPANELLA (Tommaso)** ♦ Philosophe italien (Stilo, Calabre 1568 - Paris 1639). Dominicain, il avait étudié la magie et la kabbale. Ses idées lui valurent d'être suspecté par l'Inquisition, mais il fut absous après deux procès. À la suite d'un complot manqué qui devait abolir la féodalité et les privilèges des nobles en Calabre, il fut emprisonné pendant vingt-sept ans. Libéré par le pape Urbain VIII, il vint en France où Richelieu lui attribua une pension. Dans son utopie politique *La Cité* du Soleil*, l'auteur prône un communisme intégral. ➝ ÉTYM. Ce nom italien signifie «clochette, marteau de porte», de *campana* «cloche».

**CAMPANIE** n. f. ➝ ÉTYM. en it. ***Campania***, du lat. *campania* «plaine» ♦ Région d'Italie. → **Italie** (carte). 13 595 km². 5 701 931 hab. *(Campaniens)*. CH.-L. : Naples. Elle comprend les provinces d'Avellino, Bénévent, Caserte, Naples et Salerne. ▮ **Géographie** On distingue les plaines côtières (Naples, Paestum), entre lesquelles s'étendent les champs Phlégréens et le Vésuve, puis la péninsule de Sorrente, au S. L'intérieur est montagneux : monts Matese au N.-E., Cilento au S.-O. L'organisation régionale est sous la domination de Naples, une ville-civilisation. Entre Herculanum et Pompéi s'étend une plaine côtière que son sol volcanique rend très fertile. La *coltura promiscua*, qui associait les céréales, les arbres fruitiers et les cultures vivrières, a été remplacée par des systèmes agricoles spécialisés, imposés par la politique européenne, et qui ravitaillent l'aggl. napolitaine et, au-delà, les grandes villes. Dans un contexte foncier de propriétés très morcelées, des flux migratoires ont drainé les ruraux vers les villes, en particulier vers Naples. Naples et Salerne, qui ont souffert de la désindustrialisation lors de la réalisation de l'unité italienne, bénéficient de la politique de développement du Mezzogiorno*. Un véritable boulevard industriel, qui fixe des firmes à la recherche de primes d'installation et d'aides fiscales, s'étire au nord de Naples. La côte est vouée au tourisme (baie de Naples, Vésuve, Capri, baie de Sorrente, ruines de Pompéi, d'Herculanum et de Paestum). ▮ **Histoire** Peuplée primitivement par les Ausones et les Osques, colonie grecque dès le –VIIIe s., la Campanie fut colonisée ensuite par les Étrusques. Les Grecs y fondèrent Cumes*, Poseidonia (Paestum), Parthénope (à l'emplacement de Naples), Pozzuoli ; les Étrusques occupèrent Herculanum* et Pompéi* et fondèrent Capoue*. Conquise par les Samnites (–Ve s.) puis romanisée à partir de –300, elle passa ensuite sous domination ostrogothe, byzantine, lombarde (→ **Bénévent**), enfin normande (Robert Guiscard, XIe s.). À partir du XIIe s. (1130), elle fut intégrée au royaume de Sicile (→ **Naples**). Occupée par Championnet, elle devint pour peu de temps (1799) la République parthénopéenne, avant de revenir au royaume de Naples, puis (1860) au royaume d'Italie.

**CAMPANUS DE NOVARE** ♦ Astronome et mathématicien italien (XIIIe s.). Auteur d'un commentaire classique sur les *Éléments* d'Euclide*. Il participa également au progrès de l'astronomie, réagissant contre la physique d'Aristote*.

**CAMPBELL** ♦ Famille et clan d'Écosse dirigés par les comtes d'Argyll qui jouèrent un rôle important à partir du XIIIe s., défendirent l'indépendance nationale et soutinrent le presbytérianisme. ➝ ÉTYM. Ce nom vient du gaélique *caimbeul* «bouche tordue».

**CAMPBELL (Colen)** ♦ Architecte britannique (Boghole 1676 - Londres 1729). Campbell fut le fondateur du palladianisme anglais (→ **Palladio**) et l'architecte de l'aristocratie whig (Wanstead House, Essex, 1714 - 1720, désormais démolie). Contrairement à lord Burlington, palladianiste plus dogmatique, Campbell conserva certains éléments baroques, pour Mereworth Castle (1722 - 1725) notamment. Ses écrits et surtout son livre *Vitruvius Britannicus or the British Architect*, publié en 1715 - 1725, eurent une influence considérable.

**CAMPBELL (Thomas)** ♦ Poète et critique littéraire britannique (Glasgow 1777 - Boulogne-sur-Mer 1844). Surtout connu pour ses poèmes patriotiques (*Les Marins d'Angleterre, Hohenlinden, La Bataille de la Baltique*), il contribua à la fondation de l'université de Londres dirigée contre la dictature d'Oxford et de Cambridge, et fut aussi journaliste et critique littéraire.

**CAMPBELL** (sir **Colin),** baron **CLYDE** ♦ Maréchal britannique (Glasgow 1792 - Chatham, Kent 1863). S'étant illustré à la bataille de l'Alma*, il commanda en chef les forces de l'Inde jusqu'à la répression de la révolte (en 1857) des Cipayes*.

**CAMPBELL (William Wallace)** ♦ Astronome américain (Hancock County, Ohio 1862 - San Francisco 1938). Il fut parmi les premiers à déterminer la vitesse radiale de centaines d'étoiles. Il est également l'auteur de remarquables observations sur la couronne solaire et il participa aux mesures de la déviation de la lumière par le Soleil qui confirmèrent la théorie d'Einstein*.

**CAMPBELL (Ignatius Roy DUNNACHIE CAMPBELL,** dit **Roy)** ♦ Poète sud-africain d'expression anglaise (Durban 1901 - Setúbal, Portugal 1957). Son œuvre extravertie, volontiers satirique, exalte la force vitale, attaque l'intellectualisme des écrivains de Bloomsbury* et dénonce l'hypocrisie des intellectuels d'Afrique du Sud. Elle épouse sa vie mouvementée (il soutint les franquistes pendant la guerre d'Espagne, s'illustra en Afrique du Nord pendant la Deuxième Guerre mondiale et mourut dans un accident de voiture). Il fut également traducteur de français, d'espagnol et de portugais.

**CAMPBELL (Avril Phaedra,** dite **Kim)** ♦ Femme politique canadienne (Porth Alberni 1947). Avocate, plusieurs fois ministre, notamment de la Justice (1989 - 1992) et de la Défense (1992 - 1993) dans le gouvernement de B. Mulroney*, elle succéda à ce dernier à la tête du parti conservateur et devint la première femme Premier ministre du Canada (juin-oct. 1993). Battue aux élections législatives de 1993 par le parti libéral, elle démissionna de son poste de chef du parti conservateur.

**CAMPBELL-BANNERMAN (Henry)** ♦ Homme politique britannique (Glasgow 1836 - Londres 1908). Élu député libéral en 1868, il fut secrétaire d'État à la Guerre en 1886, puis de 1892 à 1895. Chef du parti libéral aux Communes en 1899, il s'efforça d'en apaiser les dissensions créées par la guerre des Boers, en faisant l'unanimité sur la question du libre-échange à partir de 1903. Les victoires importantes de son parti aux élections de 1905 et 1906 lui donnèrent les moyens d'exercer son rôle de Premier ministre (1905 - 1908) [loi de 1906 sur les conflits du travail], mais ses autres projets (indépendance de l'Afrique du Sud et vote du Parliament* Act) n'aboutirent qu'après sa mort.

**Camp David** ♦ Résidence du président des États-Unis, dans le Maryland. ♦ ***Accords de Camp David*** Accords-cadres signés à Washington entre le président américain (J. Carter*), le chef d'État égyptien (Anouar al-Sadate*) et le Premier ministre israélien (M. Begin*) à la suite d'un sommet américano-égypto-israélien tenu à Camp David (5 - 17 sept. 1978), et prévoyant un traité de paix entre l'Égypte et Israël (entraînant notamment le retrait israélien du Sinaï) et l'instauration d'un statut transitoire de cinq ans pour la Cisjordanie et Gaza, dans l'attente de négociations entre Israël, l'Égypte et la Jordanie. Le traité de paix israélo-égyptien fut signé le 26 mars 1979 à Washington.

**CAMPE (Joachim Heinrich)** ♦ Érudit, moraliste et pédagogue allemand (Deersen ou Teersen, Brunswick 1746 - Brunswick 1818). Directeur du Philanthropinum après J. B. Basedow*, il fonda une école modèle à Hambourg (1777). Outre des *Lettres* sur la Révolution française (au cours de laquelle il vint à Paris), il a laissé, entre autres, un *Dictionnaire de la langue allemande* (1807 - 1811) et des ouvrages pour la jeunesse (*Robinson le Jeune,* 1799).

**CAMPECHE** ➝ ÉTYM. «le lieu des couleuvres et des tiques», des mots indigènes *cam* «couleuvre» et *pech* «tique» ♦ V. et port du Mexique, cap. de l'État du même nom, dans la baie de Campeche (golfe du Mexique) délimitée par la presqu'île du Yucatán. 211 671 hab. Monuments de l'époque coloniale. ♦ ***État de Campeche*** 50 812 km². 754 730 hab. Situé dans la partie méridionale de la presqu'île du Yucatán, il associe une plaine côtière lagunaire et des forêts sur la table calcaire du Yucatán (bois de teinture). Le pétrole découvert dans la baie représente les 2/3 de la production mexicaine. Il profite à Ciudad del Carmen.

**CAMPER (Petrus)** ♦ Anatomiste et naturaliste hollandais (Leyde 1722 - La Haye 1789). Pionnier de la craniologie, il tenta de déterminer le degré d'intelligence par la mesure de l'angle facial qui porte son nom.

**CAMPI** ♦ Famille de peintres italiens de Crémone. ♦ **Galeazzo Campi** (v. 1477 - v. 1536). Inspiré par Boccaccino*, il s'intègre dans la Renaissance finissante. ♦ **Giulio Campi** (1502 - 1572). Fils et élève de Galeazzo, il subit l'influence de Jules* Romain et du Pordenone* et acquit une manière élégante (*Saint Michel,* 1566 ; *Triomphe de Mardochée,* 1567, Crémone). ♦ **Antonio Campi** (v. 1535 - 1591). Frère du précédent. Il fut à la fois peintre, architecte, graveur, sculpteur et écrivain. Ses premiers essais en peinture révèlent les mêmes références et la même inspiration que son frère Giulio. Cependant, ses œuvres ultérieures tendent vers un naturalisme et des effets de lumière qui annoncent en partie le Caravage* (*Mort de la Vierge,* 1577, Milan ; *Présentation au temple,* 1586, Naples). ♦ **Vincenzo Campi** (1536 - 1591). Frère des deux précédents. Il réalisa surtout des portraits et des peintures de fleurs et de fruits (*Femme avec des fruits,* Milan) qui annoncent une autre tendance de l'œuvre du Caravage. ♦ **Bernardino Campi** (1522 - v. 1590). Probablement cousin des précédents. Il fut un peintre d'orientation maniériste profondément influencé par Jules Romain et le Corrège* (*Vierge pleurant sur le corps de son fils,* Louvre). ➝ ÉTYM. *Campi* est une forme italienne de *camp.*

Galeazzo **Campi.** *Vierge à l'Enfant entourée de saints.*
Pinacothèque de Brera, Milan. *Phot. ©de Gregorio/Ricciarini*

**CAMPIDANO** n. m. ♦ Région de plaines et de collines du S. de la Sardaigne*, d'orientation N.-O.-S.-E., dans la province de Cagliari*.

**CAMPIGLI (Massimo)** ♦ Peintre italien (Florence 1895 - Saint-Tropez 1971). Il fréquenta les futuristes et Boccioni*, menant aussi une carrière littéraire à Milan. Journaliste et peintre à Paris, il fut influencé par le cubisme, l'art archaïque crétois et les portraits du Fayoum puis, de retour en Italie, par l'art étrusque. Il élabora une œuvre figurative fortement construite, aux formes massives mais élégantes, aux couleurs sourdes (ocres, gris, noirs), aux lignes de force savamment entrecroisées et dont les thèmes énigmatiques ou tendres (visages et portraits de femmes, compositions évoquant la «peinture métaphysique» de De Chirico et de Carrà) sont chargés d'un charme onirique et rêveur (*Les Amazones,* 1924 ; *Couple de danseuses,* 1941 ; *Au balcon,* 1953). Campigli fut aussi un remarquable lithographe.

**CAMPIN (Robert)** ♦ Peintre flamand (Valenciennes 1378 - Tournai 1444). Certains historiens attribuent à ce peintre, actif à Tournai entre 1406 et 1444 et connu pour avoir eu comme élève, à partir de 1427, Roger de La Pasture (➝ **Van der Weyden**) et Jacques Daret, les œuvres regroupées sous le nom traditionnel de Maître de Flémalle (d'après le nom supposé d'une abbaye) qui sont parfois considérées comme des œuvres de jeunesse de Van der Weyden. Après maintes controverses, les principaux tableaux attribués à Campin sont : *Le Mariage de la Vierge* (v. 1420 - 1430) ; *La Nativité** (v. 1425) ; *L'Annonciation* (Triptyque de Mérode) ; *La Vierge et l'Enfant.* Par ces œuvres, contemporaines de celles de Van* Eyck, Campin apparaît comme l'un des fondateurs de la peinture flamande ; certains traits du gothique international subsistent, notamment l'élégance du graphisme, l'importance des éléments symboliques dans l'ensemble de la composition et les hésitations concernant l'agencement spatial, mais l'originalité de son style s'affirme dans l'amour du détail vrai, le souci d'évoquer la réalité la plus familière en traitant de sujets religieux, la puissance du modèle, la polychromie brillante.

**CÂMPINA** ♦ V. de Roumanie, en Valachie, au pied des Alpes de Transylvanie. 38 017 hab. Bassin pétrolier non loin de Ploieşti*.

**CAMPINA GRANDE** ♦ V. du Brésil (État de Paraíba). 337 000 hab. Fondée en 1774 à la porte du Sertão, la ville est le point de passage obligé du bétail et du coton. Centre commercial. Université.

**CAMPINAS** ♦ V. du Brésil (État de São Paulo). 953 000 hab. La ville bénéficie de la déconcentration industrielle de São Paulo. Véritable technopole, elle dispose d'une université très réputée et de centres de recherche de premier plan (télécommunications). Indus. diversifiées.

**CAMPINE** n. f. ➝ ÉTYM. en néerl. ***Kempen ;*** du moy. néerl. *kamp* «champ» ou du lat. *campania* (de *campus*) de même sens ♦ Région de Belgique (prov. d'Anvers et de Limbourg) et des Pays-Bas (prov. de Limbourg et du Brabant-Septentrional). La Campine s'étend sur 100 km entre les polders du bas Escaut et le talus rive g. de la Meuse ; à l'E., le plateau campinois est formé par le cône de déjection de la Meuse, édifié au Quaternaire et qui constitue une partie de la limite des bassins de l'Escaut et de la Meuse (*Waterschei* «séparation des eaux») ; l'alt. diminue vers la plaine de la Campine occidentale. **▮ Économie** La lande de bruyères et de genêts, les plantations de pins sylvestres laissent peu de place au domaine agricole. La prod. fourragère domine, et la plus grande partie des recettes provient de la prod. laitière et des veaux à l'engrais. Limitée au S. par le sillon Démer-Dyle, la Campine est arrosée par les deux Nèthe et traversée par le canal Albert, le canal de Turnhout, le canal de la Campine et le Zuidwillemsvaart. Le dernier charbonnage a cessé son activité en 1992. Jusqu'aux années 1960, quelques indus. isolées (métaux non ferreux, verre) étaient implantées à l'E. d'Herentals. Le développement s'est orienté surtout vers les construc. métalliques et électriques, l'indus. automobile ainsi que la confection, le meuble et le papier près de la frontière néerlandaise. Un pôle chimique s'individualise à Tessenderlo*, et la chimie nucléaire domine à Dessel, Bocholt et Alken ; le premier centre nucléaire belge est situé à Mol*. La Campine anversoise, en revanche, possède des structures industrielles assez peu typées. L'expansion démographique a entraîné une urbanisation importante, Turnhout* et Genk* demeurant toutefois des villes campinoises typiques. La Campine est la 3e région touristique de Belgique, grâce à ses musées en plein air de Bokrijk et d'Essen, à ses petits musées locaux, à ses parcs d'attractions et à ses stations de vacances de luxe.

**CAMPION (Jane)** ♦ Cinéaste néo-zélandaise (Wellington 1954). Le film *La Leçon de piano* (1993), d'un romantisme survolté, a imposé le talent de cette jeune réalisatrice, anthropologue de formation. Il avait été précédé de deux œuvres de facture audacieuse, *Sweetie* (1989) et *Un ange à ma table* (1990) suivis de *Portrait of a Lady* (1996), *Holy Smoke* (1999) puis du drame *Bright Star* (2009) sur la vie amoureuse du poète John Keats.

**CAMPISTRON (Jean GALBERT DE)** ♦ Auteur dramatique français (Toulouse 1656 - *id.* 1723). Protégé du duc de Vendôme, il exerça durant plusieurs années la charge de secrétaire général des galères et de la marine du Levant. Malgré le mépris qu'elle inspira à Hugo, son œuvre dramatique le situe au-dessus de Boyer et de Pradon, ses contemporains, par l'originalité des caractères et la vigueur du dialogue. Œuv. princ. : *Virginie* (1683) ; *Andronic* (1685) ; *Alcibiade* (1686). [Acad. fr. 1701]

**CAMPOBASSO** ➝ ÉTYM. it. «champ *(campo)* bas *(basso)*» ♦ V. d'Italie, ch.-l. du Molise, ch.-l. de prov. 50 762 hab. Activités tertiaires. Coutellerie.

**CAMPOFORMIO** ou **CAMPOFORMIDO** ➝ ÉTYM. vénitien «plaine *(campo)* chaude *(formio)*» ♦ V. d'Italie, en Vénétie (prov. d'Udine). 7 244 hab. ♦ ***Traité de Campoformio*** Préparé à Leoben (Autriche), il fut signé près de Campoformio par Bonaparte et Cobenzl en 1797, suspendant les «campagnes d'Italie*.» L'Autriche abandonnait à la France la Belgique, les pays de la rive gauche du Rhin, les îles Ioniennes et reconnaissait la République cisalpine*. En compensation, elle recevait une partie de la Vénétie, l'Istrie et la Dalmatie. Ce traité fut confirmé en 1801 par celui de Lunéville*.

**CAMPO GRANDE** ♦ V. du Brésil, cap. de l'État du Mato Grosso do Sul. 656 600 hab. Université. ▪ La ville est située sur la voie de chemin de fer reliant São Paulo à la Bolivie.

**CAMPOS DOS GOYTACAZES** ou **CAMPOS** ♦ V. du Brésil (État de Rio de Janeiro) près de l'embouchure du Paraíba do Sul. 364 000 hab. Depuis 1974, la ville bénéficie de la découverte et de la mise en exploitation du plus important gisement de pétrole offshore du Brésil (bassin de Campos) qui satisfait la moitié des besoins du pays en pétrole.

**CAMPRA (André)** ♦ Compositeur français (Aix-en-Provence 1660 - Versailles 1744). D'abord maître de musique à Notre-Dame de Paris (1694 - 1700), puis à la cour, il devint directeur de l'Opéra. À son œuvre religieuse, il convient d'ajouter plusieurs opéras-ballets (*L'Europe galante*, 1697 ; *Les Fêtes vénitiennes*, 1710 ; *Les Âges*, 1718 ; *Les Noces de Vénus*, 1740), genre dont il est le créateur, dans un style qui allie avec bonheur l'inspiration française au goût italien.

**CAM RANH** ♦ Vaste baie en eau profonde du Viêtnam (Centre), sommairement aménagée pendant la période coloniale. Puissante base aéronavale américaine de 1965 à 1972, utilisée par les Soviétiques de la fin des années 1970 au tournant des années 1990. Par les atouts de son site et de sa situation (ressources énergétiques dans l'intérieur, grande route maritime au large immédiat), Cam Ranh offre les conditions d'un développement économique possible.

**CAMUS (Jean-Pierre)** ♦ (Paris 1582 - *id.* 1652). Évêque de Belley (démissionnaire en 1629), puis abbé d'Aunay. Secrétaire et ami de François de Sales, il fut un prélat réformateur. Auteur d'ouvrages de controverse contre les protestants et de romans édifiants (*Agathonphile ou les Martyrs siciliens*, 1621).

**CAMUS (Armand Gaston)** ♦ Jurisconsulte et homme politique français (Paris 1740 - *id.* 1804). Avocat du clergé au parlement de Paris, il fut député du tiers état aux États généraux et contribua à l'élaboration de la Constitution civile du clergé (juil. 1790). Député sous la Convention, il fit partie de la commission qui enquêta sur la conduite de Dumouriez* (1793) ; celui-ci le livra aux Autrichiens qui l'échangèrent contre Madame Royale (déc. 1795).

**CAMUS (Albert)** ♦ Écrivain français (Mondovi, Algérie 1913 - près de Villeblevin 1960). Issu d'un milieu très modeste, Camus entama des études de philosophie qu'il ne put achever à cause de la tuberculose. Trouvant en Jean Grenier son premier maître, il publia quelques articles et essais littéraires et adhéra quelque temps au parti communiste (1934 - 1937). Dès cette époque il fonda le Théâtre du Travail et publia son premier recueil d'essais, *L'Envers et l'Endroit* (1937). Ajourné à cause de son état de santé alors qu'il souhaitait s'engager au moment de la guerre, il vint à Paris et fut secrétaire de rédaction à *Paris-Soir* (1940 - 1941). Puis il entra dans le mouvement de résistance Combat et devint, après la libération de Paris, rédacteur en chef du journal qui parut sous le même titre. La publication en 1942 d'un roman, *L'Étranger**, et d'un essai, *Le Mythe* de Sisyphe*, lui apporta une renommée qui s'accrut encore avec les créations de ses pièces *Le Malentendu* (1944) et *Caligula** (1945). Au moment du soulèvement de Sétif en Algérie (1945), Camus tenta vainement de mobiliser la conscience métropolitaine. La parution de *L'Homme révolté* (1951) entraîna une vive polémique puis une brouille définitive entre Camus et Sartre. Ce dernier lui reprochait, notamment, de confondre dans une même critique nazisme et stalinisme, alors que Camus, plus simplement, cherchait à définir une morale collective qui exaltât la solidarité humaine face au mal, dans le prolongement de son roman *La Peste** (1947) et de ses chroniques, réunies sous le titre d'*Actuelles* (1950, 1953, 1958). La position de Camus, pendant la guerre d'Algérie, rencontra une certaine incompréhension : travaillant comme journaliste à *L'Express* (1955 - 1956), il se heurta à l'hostilité des Français d'Algérie lorsqu'il appela à la trêve, en 1956. La même année paraissait le roman *La Chute** qui exprimait une remise en cause radicale de l'existentialisme sartrien. En 1957, il publia *L'Exil et le Royaume* et les *Réflexions sur la guillotine* et reçut le prix Nobel de littérature «pour avoir mis en lumière les problèmes se posant de nos jours à la conscience des hommes». Il mourut dans un accident de voiture, laissant un roman à l'état d'ébauche, *Le Premier Homme* (posth. 1994). Si l'on a classé trop rapidement Camus parmi les philosophes existentialistes de l'absurde, il ne faut pas oublier que sa pensée a connu une évolution qui fait de lui un humaniste sceptique. La littérature, la politique ou la métaphysique ne produisent que des illusions dont il faut prendre conscience pour tenter de forger, au gré des engagements, sa propre liberté. C'est pour traduire cette pensée que son style dépouillé donne l'illusion de la neutralité, c'est aussi à cause d'elle qu'il rompit avec les sartriens. ➝ ÉTYM. *Camus* est le sobriquet de celui «qui a le nez court et plat».

**CANA** ➝ ÉTYM. de l'hébr. *qânèh* «roseau» ♦ V. de Galilée où l'Évangile de Jean, II, 1-11, situe le premier miracle de Jésus, le changement de l'eau en vin.

**CANAAN** ➝ ÉTYM. p.-ê. de l'hébr. *kâna'* «se soumettre» ♦ Dans la Bible, fils de Cham* (Genèse, IX, 22), maudit par Noé*. Ancêtre éponyme des Cananéens. ♦ ***Terre, pays de Canaan*** Nom donné à la Syrie-Palestine dans les sources anciennes et dans la Bible (qui en fait la «Terre promise»). Sur le territoire de l'actuel État d'Israël, du Liban et du sud de la Syrie, les Cananéens étaient à l'âge du bronze des agriculteurs organisés en cités-États indépendantes (Beth-Shéan, Byblos, Guézer, Haçor, Jéricho*, Jérusalem*, Lakish, Megiddo*, Ougarit*, Sichem*, Sidon*, Tyr*), unis par une même langue (sémitique occidental). Soumis aux influences de l'Égypte et de la Mésopotamie, convoités par les hittites (–XIVe - –XIIIe s.), ils durent faire face à des vagues amorrites. L'équilibre de la région fut détruit par les Peuples* de la mer. L'âge du fer vit la mise en place de nouvelles entités politiques et culturelles : les Cananéens proprement dits se replièrent sur la côte au nord du Carmel (Phénicie*), le sud fut occupé par les Philistins* et les hautes terres par Israël*. ▪ La religion cananéenne était constituée de cultes agraires locaux, pratiqués sur des hauts lieux. Princ. divinités : El*, Hadad* (Baal*), Dagan* ; Asherat, Anat*, Ashtart*.

**CANACHOS** ♦ Sculpteur grec qui travailla comme bronzier et marbrier à Sicyone* pendant la seconde moitié du –VIe s. L'un des derniers maîtres de la statuaire archaïque, Canachos assouplit déjà les lignes du *couros* et rompt la frontalité. Son fameux *Apollon Philésios*, qu'il cisela pour la ville de Milet, est perdu. On lui attribue un torse en marbre (musée du Louvre) et parfois l'original de l'*Apollon de Piombino* (réplique au Louvre).

## CANADA

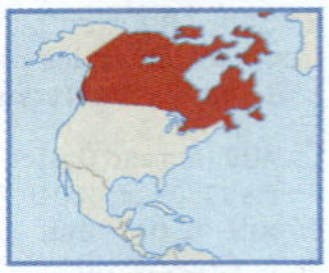

▮ n. m. ➝ ÉTYM. du huron ou de l'iroquois *kanata* « groupe de tentes, village » ♦ Pays de l'Amérique* du Nord traversé par le cercle polaire arctique*. 9 984 670 km². 31 612 897 hab. *(Canadiens)*. LANGUES : (off.) anglais, français. POPULATION : Blancs d'origine européenne, 95 % ; Amérindiens, 1,5 % ; Inuits, 0,3 % ; Asiatiques, 3 %. RELIGIONS : majorité de catholiques et de protestants. MONNAIE : dollar canadien. CAPITALE : Ottawa (capitale fédérale). RÉGIME : démocratie parlementaire ; État fédéral membre du Commonwealth. ▪ Le Canada est une fédération de 10 provinces, ayant chacune une capitale et un gouvernement, et de 3 territoires.

### GÉOGRAPHIE

On peut distinguer dans l'immense territoire du Canada 4 régions principales : la région appalachienne du S.-E. (Provinces maritimes), le socle précambrien du Bouclier canadien, au centre et à l'E., disparaissant sous les sédiments des plaines (au S.-E., région du Saint-Laurent, S. de l'Ontario et du Québec ; au S.-O., la Prairie), enfin les Rocheuses, à l'O., dont le point culminant est le mont Logan. Mais les divisions utilisables en géographie humaine doivent tenir compte avant tout du climat (hivers très froids et prolongés ; écarts de température considérables) et de la répartition de l'espace normalement occupé et exploitable *(œkoumène)*, espace relativement exigu (13 à 14 % du total) et discontinu. ▮ **Le Saint-Laurent** On distingue alors, à l'E., la région du golfe du Saint-Laurent (➝ **Terre-Neuve et Labrador, Nouveau-Brunswick, Nouvelle-Écosse, Québec**) ; puis la région des Grands* Lacs et du Saint-Laurent (S. du Québec* ; S.-E. de l'Ontario*), plaines ou reliefs de la bordure du bouclier précambrien (les Laurentides* au Québec), région de loin la plus peuplée et la plus active du Canada, autour de la Grand'Rue, un centre urbain échelonné autour d'une série de grandes villes, allant de Windsor à Québec et incluant Montréal et Toronto. ▮ **La Prairie** La Prairie, au centre S. du pays, forme une partie des grandes plaines nord-américaines, de Winnipeg aux Rocheuses : c'est une zone d'agriculture extensive et de peuplement discontinu. ▮ **Les Rocheuses** À l'O., la partie méridionale de la Colombie*-Britannique est occupée par le S. des Rocheuses, les plateaux intérieurs (Columbia, Fraser) et le S. de la chaîne côtière canadienne (Coast Range) avec l'île de Vancouver. Cet ensemble constitue une bande grossière parallèle à la frontière des États-Unis. Plus au N., une zone de transition *(subœkoumène)* correspond à un peuplement discontinu. ▮ **Le Bouclier canadien** Le S. est couvert de grandes forêts (7 % de la surface). La région forestière centrale (Bouclier canadien), trouée de lacs, n'est guère habitée que sur les sites métallifères (Labrador, Ungava). ▮ **Les zones subarctiques et arctiques** Les autres zones subarctiques importantes sont la région du Yukon et celle du Mackenzie. Enfin, la zone arctique à sous-sol gelé *(permafrost)*, à végétation de toundra, se prolonge par l'archipel arctique. ➝ **Arctique.** Les zones subarctique et arctique correspondent à 77 % de la superficie du Canada.

▮ **L'HYDROGRAPHIE** Les grandes zones hydrographiques sont, au S.-E., celle du Saint-Laurent ; dans la Prairie, celle que drainent les deux Saskatchewan ; dans les Rocheuses, celles de la Columbia et du Fraser ; dans le N.-O., les bassins du Mackenzie (et ses annexes : riv. Athabasca, riv. de la Paix) et du Yukon. Les principaux fleuves et rivières du Canada sont doublement importants comme voies de passage et producteurs d'énergie électrique.

### POPULATION

▮ **Un pays d'immigration** Le Canada est au 3ᵉ rang des pays les moins peuplés de l'OCDE. Il est par tradition un pays d'immigration, où les autochtones (Amérindiens, Inuits) représentent seulement 4,6 % de la population. Si la majorité des francophones descend des premiers colons (XVIIᵉ - XVIIIᵉ s.), la population anglophone a des origines plus hétérogènes. Issue d'une immigration d'origine britannique continue depuis le XVIIᵉ s., l'anglophonie a incorporé la majorité des allophones (dont la langue d'origine n'était ni le français ni l'anglais), en particulier les Italiens, les Ukrainiens et les Juifs d'Europe centrale arrivés au début du XXᵉ s., ce qui lui donne un poids à la fois démographique et socioéconomique considérable. ▮ **Une société multiculturelle** Le Canada continue de pratiquer une politique d'immigration active, mais depuis les années 1980 il accueille plus d'Asiatiques que d'Européens. Cette diversité ethnique est un phénomène nouveau après un passé nettement biculturel, lourdement marqué par le conflit linguistique, et le pays est à la recherche de son identité. Contrairement aux États-Unis, qui pratiquent une politique d'intégration culturelle des immigrants, le Canada a opté pour une société multiculturelle. On distingue ainsi une centaine de groupes ethniques et linguistiques minoritaires, qui représentent 40 % de la population. Les nouveaux arrivants sont pour la plupart originaires de la sphère culturelle anglo-américaine (Inde, Hong Kong, Caraïbes) et la part de la francophonie reste faible dans l'immigration. Toutefois, l'intégration des enfants d'immigrants de toutes origines au système scolaire francophone a été facilitée depuis les années 1970 et le principe même du multiculturalisme, qui se met en place au détriment de la suprématie anglo-saxonne, renforce indirectement la francophonie. ▮ **Les autochtones** Les autochtones, peu nombreux (1 400 000) et relégués dans des régions hostiles (ils représentent plus de la moitié de la pop. totale des Territoires du Nord), dépendent en grande partie des aides sociales et connaissent un taux de mortalité élevé. Ils revendiquent la propriété des terres et une autonomie administrative. Les Inuits ont obtenu satisfaction en 1999 avec la création du Territoire autonome du Nunavut*.

### ÉCONOMIE

La pop. active est de 18,3 millions et le taux de chômage se maintient aux alentours de 6 % depuis 2005.

▮ **AGRICULTURE** Avec moins de 2,2 % de la population active (30 % en 1941) exploitant 7,5 % du territoire et représentant env. 2 % du PNB, le Canada produit plus de 50 millions de t de céréales et d'oléagineux par an, des fruits et légumes, du tabac, des produits laitiers. Son cheptel compte près de 30 millions de têtes. Dans les Provinces maritimes et dans la plaine du Saint-Laurent, la polyculture, la culture des fruits et légumes et l'élevage laitier sont pratiqués dans des exploitations de taille moyenne ; il s'agit d'une agriculture évoluée desservant des marchés locaux ou régionaux. Dans la Prairie, de grandes exploitations très mécanisées pratiquent une agriculture extensive ou en zone irriguée (à l'O.), produisant des céréales, des oléagineux et du fourrage pour l'élevage bovin. La forêt est l'une des bases de l'industrie canadienne, avec 45 % de la production mondiale, dont les 2/3 sont exportés, notamment vers les États-Unis (bois de construc tion, contreplaqué, pâte à papier, papier). Cependant, les effets des pluies acides et l'insuffisance de la sylviculture menacent la forêt canadienne. Les animaux à fourrure, chassés ou élevés dans plus de 1 500 fermes, font du Canada le 1ᵉʳ producteur mondial. La pêche en mer ou dans les Grands Lacs constitue un secteur essentiel (morue, saumon, homard) ; le Canada est le 5ᵉ exportateur de poisson.

**Canada** ▮ Les divisions administratives

| | Superficie (en km²) | Population | Capitale |
|---|---|---|---|
| ▮ Provinces | | | |
| Alberta | 661 848 | 3 290 350 | Edmonton |
| Colombie-Britannique | 944 735 | 4 113 487 | Victoria |
| Manitoba | 647 797 | 1 148 401 | Winnipeg |
| Nouveau-Brunswick | 72 908 | 729 997 | Fredericton |
| Nouvelle-Écosse | 55 284 | 913 462 | Halifax |
| Ontario | 1 076 395 | 12 160 282 | Toronto |
| Prince-Édouard (île du) | 5 683 | 135 851 | Charlottetown |
| Québec | 1 542 056 | 7 546 131 | Québec |
| Saskatchewan | 651 036 | 968 157 | Regina |
| Terre-Neuve-et-Labrador | 405 212 | 505 469 | Saint-John's |
| ▮ Territoires | | | |
| Nord-Ouest | 1 346 106 | 41 464 | Yellowknife |
| Nunavut | 2 093 190 | 29 474 | Iqaluit |
| Yukon | 482 443 | 30 372 | Whitehorse |

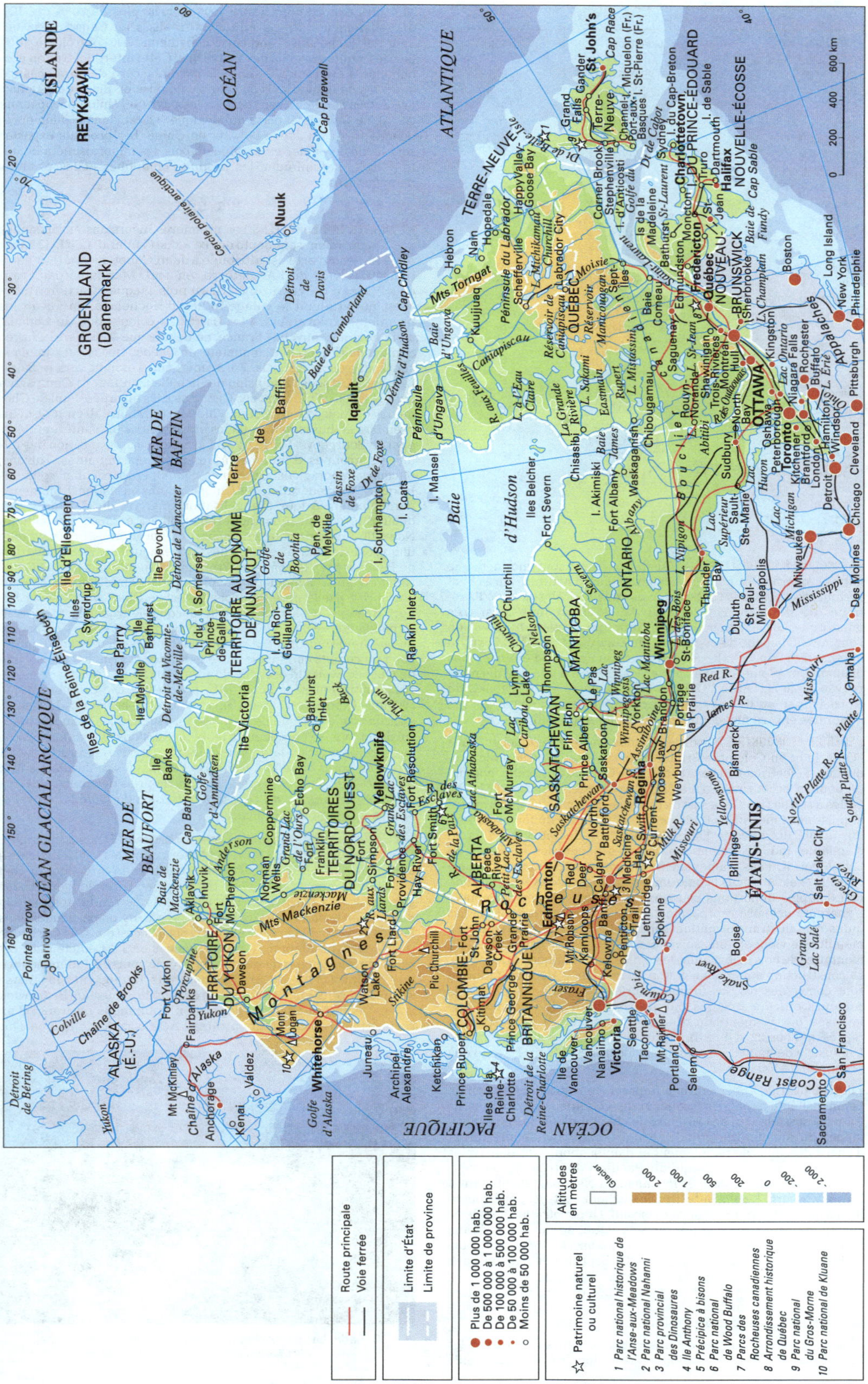
OCÉAN GLACIAL ARCTIQUE
MER DE BEAUFORT
MER DE BAFFIN
OCÉAN ATLANTIQUE
OCÉAN PACIFIQUE
GROENLAND (Danemark)
ISLANDE
REYKJAVÍK
Nuuk
ALASKA (É.-U.)
TERRITOIRE DU YUKON
TERRITOIRES DU NORD-OUEST
TERRITOIRE AUTONOME DE NUNAVUT
COLOMBIE-BRITANNIQUE
ALBERTA
SASKATCHEWAN
MANITOBA
ONTARIO
QUÉBEC
TERRE-NEUVE
NOUVEAU-BRUNSWICK
NOUVELLE-ÉCOSSE
I. DU PRINCE-ÉDOUARD
ÉTATS-UNIS
OTTAWA
Toronto
Montréal
Québec
Winnipeg
Regina
Edmonton
Victoria
Whitehorse
Yellowknife
Iqaluit
Fredericton
Charlottetown
Halifax
St John's
Baie d'Hudson
Montagnes Rocheuses
Appalaches
Mts Mackenzie
Terre de Baffin
Ile Victoria
Ile d'Ellesmere
Iles de la Reine-Élisabeth
Détroit de Davis
Détroit d'Hudson
Cap Chidley
Cap Farewell
Cercle polaire arctique
Route principale
Voie ferrée
Limite d'État
Limite de province
Plus de 1 000 000 hab.
De 500 000 à 1 000 000 hab.
De 100 000 à 500 000 hab.
De 50 000 à 100 000 hab.
Moins de 50 000 hab.
Altitudes en mètres
Glacier
2 000
1 000
500
200
0
- 200
- 2 000
Patrimoine naturel ou culturel
1 Parc national historique de l'Anse-aux-Meadows
2 Parc national Nahanni
3 Parc provincial des Dinosaures
4 Ile Anthony
5 Précipice à bisons
6 Parc national de Wood Buffalo
7 Parcs des Rocheuses canadiennes
8 Arrondissement historique de Québec
9 Parc national du Gros-Morne
10 Parc national de Kluane
0 200 400 600 km

Canada.

Canada | Productions en 2008

| Produits | Quantités | Rang |
|---|---|---|
| **Agriculture** | | |
| Blé | 25 000 000 t | 6ᵉ |
| Bois | 200 000 000 m³ | |
| Colza | 9 000 000 t | 2ᵉ |
| Maïs | 12 000 000 t | 11ᵉ |
| Orge (2009) | 10 000 000 t | 5ᵉ |
| Soja (graines) | 2 700 000 t | 7ᵉ |
| Bovins (têtes) | 14 000 000 | 18ᵉ |
| Porcins (têtes) | 12 500 000 | 10ᵉ |
| Pêche | 1 200 000 t | |
| **Mines et énergies** | | |
| Aluminium | 3 000 000 t | 3ᵉ |
| Argent | 800 t | 8ᵉ |
| Cobalt | 5 600 t | 3ᵉ |
| Cuivre | 600 000 t | 8ᵉ |
| Diamants gemmes (2007) | 17 000 000 carats | 5ᵉ |
| Énergie nucléaire | 94 TWh | 7ᵉ |
| Fer | 35 000 000 t | 9ᵉ |
| Gaz naturel | 180 000 000 000 m³ | 3ᵉ |
| Houille | 68 000 000 t | 14ᵉ |
| Hydroélectricité | 370 TWh | 2ᵉ |
| Magnésium | 50 000 t | 2ᵉ |
| Nickel | 230 000 t | 2ᵉ |
| Or | 100 t | 8ᵉ |
| Pétrole | 155 000 000 t | 7ᵉ |
| Plomb | 80 000 t | 6ᵉ |
| Potasse | 11 000 000 t | 1ᵉʳ |
| Titane | 800 000 t | 3ᵉ |
| Uranium | 9 800 t | 1ᵉʳ |
| Zinc | 600 000 t | 5ᵉ |

**RESSOURCES NATURELLES** Les réserves minières sont énormes : gaz naturel, charbon et pétrole. Les gisements d'hydrocarbures sont surtout localisés dans l'Alberta, mais ceux de l'Alaska et de l'Arctique (île d'Ellesmere, delta du Mackenzie) sont aussi très importants. Le Canada produit de l'uranium, du zinc, du nickel, de l'amiante (Québec), de la potasse, du cuivre, du plomb, de l'or, du magnésium, du cobalt, de l'argent, du fer, de l'étain et des diamants, en pleine expansion avec l'ouverture d'une sixième mine prévue en 2011. Outre l'Ontario et le Québec, les Territoires du Nord-Ouest et le Labrador recèlent d'immenses réserves minérales encore mal connues et d'exploitation difficile.

**ÉNERGIE ET INDUSTRIE** L'hydroélectricité, surtout au Québec, dans l'Ontario et en Colombie-Britannique, représente 60 % de la production d'électricité du pays et classe le Canada au 2ᵉ rang mondial (5ᵉ pour la prod. totale d'électricité, avec 610 milliards de kWh). Grâce à son bas prix, elle sert de base énergétique à de nombreuses et puissantes industries : sidérurgie, métallurgie du fer, du nickel, du plomb, du zinc, de l'aluminium (3ᵉ producteur), production d'amiante, industrie chimique, grandes papeteries et usines de pâte à bois. Un vaste aménagement hydroélectrique a été réalisé entre 1974 et 2011 dans la baie James* qui possède avec La Grande l'un des plus importants complexes hydroélectriques du monde. L'énergie nucléaire représente 15 % de la production totale. Les industries de transformation sont localisées dans les villes. La métallurgie vient en tête, suivie par les industries agricoles et alimentaires, le bois et le papier, les industries chimiques et le textile. La construction automobile et une grande partie de la métallurgie sont contrôlées par les firmes américaines. Mais ces différents secteurs ont été touchés par la restructuration économique imposée par la mondialisation de l'économie et l'industrie ne représente que 22 % du PIB, contre plus de 75 % pour les services. L'industrie de haute technologie est localisée au S. de Toronto et à proximité de Vancouver.

**COMMUNICATIONS** Elles ont une importance capitale en raison de l'immensité du pays et de la rigueur des conditions climatiques. Le Canada possède l'un des réseaux de chemin de fer les plus développés du monde. Les grandes artères transcanadiennes furent d'abord des voies de peuplement et d'unification, avec deux voies de chemin de fer, le Canadian Pacific (Montréal-Vancouver, 4 700 km, achevé en 1885) et le Canadian National, aboutissant à Prince Rupert. L'autoroute transcanadienne et de nombreuses lignes aériennes renforcent ce dispositif. La pénétration vers le N. se fait par plusieurs voies ferrées (Québec-lac Saint-Jean ; Sudbury-baie d'Hudson ; Edmonton-Athabasca ; ligne de Churchill ; lignes du Labrador : Schefferville-Sept-Îles et Gagnon-Port-Cartier), par la route (route de l'Alaska ; routes du Yukon et des Territoires du Nord-Ouest) et l'avion. Les débouchés maritimes sont avant tout constitués par le système Grands Lacs-Saint-Laurent. La baie d'Hudson n'est navigable qu'entre juil. et oct.

**ÉCHANGES** Les échanges commerciaux se font surtout avec les États-Unis (78 % des exportations en 2008) dont le Canada accueille 25 % des exportations. Entre 1995 et 1998, plus de 60 % des IDE (investissements directs étrangers) réalisés au Canada proviennent des États-Unis. L'industrie canadienne est contrôlée à 75 % par des capitaux venus des États-Unis. Cette interpénétration économique a été renforcée en 1988 par un accord de libre-échange entre les deux pays puis en 1994 par la mise en place de l'Alena*. Les autres vendeurs sont surtout les pays de l'Union européenne (12 %). Le Canada exporte au Mexique (1,2 %), dans l'Union européenne (5 %), au Japon (3 %) et en Chine. Les produits exportés sont le blé, le papier et la pulpe de bois, les minerais métalliques, le pétrole, l'aluminium, les produits chimiques et les produits manufacturés.

## HISTOIRE

**L'ARRIVÉE DES EUROPÉENS** Les premières incursions européennes au Canada datent sans doute des IXᵉ - Xᵉ s. (Vinland, Leif Eriksson), mais sa découverte est attribuée à Jean Cabot, navigateur vénitien au service de l'Angleterre, en 1497. Mandatés par François Iᵉʳ, Jean de Verrazane* (1524) puis Jacques Cartier* (1534 - 1536), qui atteignit le village indien d'Hochelaga, en furent les premiers explorateurs. **Les Français** La colonisation du Canada, alors nommé Nouvelle*-France, ne débuta que sous Henri IV avec Samuel de Champlain*, fondateur de Québec (1608), qui stimula la venue de colons français. En Acadie, elle s'étendit vers le Saint-Laurent, puis sous l'impulsion de Richelieu, en 1627, la Compagnie de la Nouvelle-France ou des Cent-Associés fut créée. Paul de Chomedey de Maisonneuve fonda Ville-Marie (Montréal) en 1642, et les premiers établissements publics et religieux s'implantèrent (Marguerite Bourgeoys, Marie de l'Incarnation). La pacification des différents groupes d'Indiens (Algonquins, Assiniboines, Hurons, Micmacs, Montagnais, Outaouais, Sioux), en particulier celle des Iroquois* (confédération des Cinq*-Cantons ou Nations), fut menée parallèlement à leur évangélisation (martyrs du Canada*). Ces débuts de colonisation incitèrent Colbert en 1663 à établir en Nouvelle-France le gouvernement royal qui administra le pays telle une province française, avec des gouverneurs comme le marquis de Beauharnois, le comte de Frontenac*, le marquis de La* Galissonnière, et La* Jonquière. L'exploration de l'intérieur du pays fut entreprise par le père François-Xavier de Charlevoix*, Louis Jolliet*, Robert Cavelier* de La Salle, Jacques Marquette*. **Les Anglais** Cependant les Anglais (Charles II avait créé en 1670 la Compagnie de la baie d'Hudson*) qui revendiquaient les terres canadiennes, objet de conflits continuels entre la France et l'Angleterre (la ville de Québec avait été occupée de 1629 à 1632 puis l'Acadie de 1654 à 1667), obtinrent sous Louis XIV, par le traité d'Utrecht* (1713), l'Acadie (Nouvelle-Écosse), Terre-Neuve et la baie d'Hudson. Il s'ensuivit une période de paix durant laquelle les Français poursuivirent la mise en valeur de leurs possessions et l'exploration de l'arrière-pays. Mais la guerre de Sept Ans vit renaître le conflit armé, et, après la défaite française des plaines d'Abraham suivie de la prise de Québec (sept. 1759) et de la prise de Montréal (1760), le traité de Paris* (1763) consacra la cession de toute la Nouvelle-France à la Grande-Bretagne.

**UNE COLONIE BRITANNIQUE** **L'Acte constitutionnel** Dès ses débuts le *Canada anglais* (1763 - 1867) dut lutter contre les tribus indiennes alliées de la France, qui se révoltèrent sous la direction du chef outaouais Pontiac* (1763 - 1766), tandis que son premier gouverneur général James Murray* (1763 - 1766) tenta de rendre tolérable la domination britannique aux Franco-Canadiens, en particulier dans les domaines judiciaire et religieux. Son successeur Guy Carleton* (1766 - 1778) fit adopter l'Acte de Québec en 1774 édicté dans cet esprit de tolérance et d'ouverture. Après la guerre d'Indépendance américaine (1775 - 1783), de nombreux immigrants loyalistes s'implantèrent au Canada et créèrent le Nouveau-Brunswick (1784). Ce nouvel afflux de population britannique désireuse d'un régime plus représentatif entraîna l'Acte constitutionnel de 1791

**Canada.** Lac de montagne, dans le parc de Jasper (Alberta).
*Phot. ©National Geographic/Stock Image*

**Canada** | Les Premiers ministres

| | |
|---|---|
| 1867-1873 | John Alexander Macdonald (conservateur) |
| 1873-1878 | Alexander Mackenzie (libéral) |
| 1878-1891 | John Alexander Macdonald (conservateur) |
| 1891-1892 | John Joseph Caldwell Abbott (conservateur) |
| 1892-1894 | John Sparrow David Thompson (conservateur) |
| 1894-1896 | Mackenzie Bowell (conservateur) |
| 1896 | Charles Tupper (conservateur) |
| 1896-1911 | Wilfrid Laurier (libéral) |
| 1911-1917 | Robert Laird Borden (conservateur) |
| 1917-1920 | Robert Laird Borden (unioniste) |
| 1920-1921 | Arthur Meighen (unioniste) |
| 1921-1926 | William Lyon Mackenzie King (libéral) |
| 1926 | Arthur Meighen (conservateur) |
| 1926-1930 | William Lyon Mackenzie King (libéral) |
| 1930-1935 | Richard B. Bennet (conservateur) |
| 1935-1948 | William Lyon Mackenzie King (libéral) |
| 1948-1957 | Louis Stephen Saint-Laurent (libéral) |
| 1957-1963 | John G. Diefenbaker (progressiste-conservateur) |
| 1963-1968 | Lester B. Pearson (libéral) |
| 1968-1979 | Pierre Elliott Trudeau (libéral) |
| 1979-1980 | Joe Clark (progressiste-conservateur) |
| 1980-1984 | Pierre Elliott Trudeau (libéral) |
| 1984 | John Turner (libéral) |
| 1984-1993 | Brian Mulroney (progressiste-conservateur) |
| 1993 | Kim Campbell (progressiste-conservateur) |
| 1993-2003 | Jean Chrétien (libéral) |
| 2003-2006 | Paul Martin (libéral) |
| 2006 | Stephen Harper (conservateur) |

qui partagea le pays en deux provinces : le Haut-Canada (Ontario) presque entièrement britannique et le Bas-Canada (Québec) à forte majorité française. Mais, à la suite de la déclaration de guerre des États-Unis à la Grande-Bretagne (18 juin 1812), le Canada fut envahi par les Américains que Michel de Salaberry* repoussa à Châteauguay (1813). Tandis que se poursuivait l'exploration du pays vers l'O. (→ **Mackenzie**) et dans l'Arctique (→ **Franklin [John], Vancouver [George]**), une grave crise sociale secoua le Canada. La population réclamant un gouvernement responsable, des rébellions éclatèrent (1837 - 1838) sous la direction de W. L. Mackenzie dans le Haut-Canada et, dans le Bas-Canada, de Louis Papineau*, qui se fit le défenseur des Canadiens français (en 1835 le gouverneur britannique Matthews Aylmer* avait été rappelé pour sa politique trop conciliante à leur égard). **▮ L'Acte d'union** Lord John Durham*, envoyé par Londres, décida de l'union des deux colonies qui se concrétisa par l'Acte d'union (→ **Québec**) en 1840, première ébauche d'un gouvernement responsable, qui, après plusieurs gouverneurs généraux dont Charles Bagot* (1841 - 1843), fut accordé par James Bruce Elgin* (1847 - 1854). Il proclama la reconnaissance officielle du système parlementaire et désigna R. Baldwin* et Louis Lafontaine* comme Premiers ministres. **▮ La Confédération du Canada** Puis, sous l'impulsion de John Alexander Macdonald* et de sir Georges Étienne Cartier*, la tendance vers un fédéralisme se formula et l'Acte de l'Amérique du Nord britannique (1867) créa la Confédération du Canada qui réunit les quatre provinces du Nouveau-Brunswick, de la Nouvelle-Écosse, de l'Ontario et du Québec et entra en vigueur le 1er juil. 1867. **▮ L'expansion territoriale** Le *dominion du Canada* s'augmenta des provinces du Manitoba (1870), de la Colombie-Britannique (1871) et de l'île du Prince-Édouard (1873). L'avance des Européens vers l'O., qui inquiétait les Indiens et les métis repoussés vers les Rocheuses, fut à l'origine de la révolte de 1869 puis de celle de 1884 - 1885 (construction du Canadian Pacific Railway), toutes deux dirigées par Louis Riel*. Ce mouvement d'immigration des Européens vers l'O. entraîna sous Wilfrid Laurier* (1896 - 1911) la création en 1905 de deux nouvelles provinces, la Saskatchewan et l'Alberta. Terre-Neuve fut en 1949 la dixième province qui adhéra à la Confédération.

**▮ UN ÉTAT DU COMMONWEALTH** Durant les deux conflits mondiaux, le Canada apporta une aide précieuse aux Alliés et, après le statut

**Canada.** Cultures dans l'Alberta. *Phot. © Graca Victoria/Shutterstock*

de Westminster en 1931 (→ **Commonwealth**), il jouit d'un gouvernement pleinement indépendant. Vincent Massey fut le premier gouverneur général d'origine canadienne. Après Richard Bennett (1930 - 1935) et à l'exclusion du gouvernement conservateur de John Diefenbaker* (1957 - 1963), l'État fut dirigé par des libéraux. **▮ L'opposition des souverainistes** Pierre Elliott Trudeau*, élu Premier ministre en 1968, proclama le français et l'anglais langues officielles du Canada et mit sur pied un projet ambitieux pour réviser la Constitution du pays (dès 1971). Cependant, il subit l'opposition (renforcée par la victoire du parti québécois de René Lévesque* aux élections provinciales de 1976) des «souverainistes» du Québec et de la réaction conservatrice (des prov. de l'O. notamment). Cette opposition se manifesta concrètement aux élections de mai 1979 qui furent tout autant l'expression d'un mécontentement économique (inflation, chômage croissant) que celle d'une opposition entre francophones et anglophones et qui virent la victoire des conservateurs (Joe Clark*). Mis en difficulté par le refus des Communes d'adopter son budget, J. Clark et son gouvernement démissionnèrent en déc. 1979 et les élections de fév. 1980 ramenèrent P. E. Trudeau au pouvoir. Celui-ci s'opposa au projet de «souveraineté-association» proposé par référendum aux Québécois par le gouvernement provincial du Québec, et put considérer l'échec de ce dernier comme une victoire pour sa politique. **▮ L'alternance politique** J. Turner succéda à P. E. Trudeau à la tête du parti libéral et du pays en juin 1984. Le parti conservateur obtint une majorité sans précédent aux élections de sept. 1984 et son chef, Brian Mulroney*, devint alors Premier ministre et se donna pour tâche de réformer la Constitution en vue d'accroître la représentation des petites provinces, de redéfinir les pouvoirs entre Ottawa et les provinces, d'accorder des avantages territoriaux aux Indiens et d'affirmer le caractère «distinct» du Québec (accord non ratifié du lac Meech, 1987 - 1990). En 1992, les Canadiens rejetèrent le nouveau projet préparé à Charlottetown. Le 25 juin 1993, Kim Campbell*, nouvellement élue à la tête du parti conservateur, succédait à Brian Mulroney comme Premier ministre. L'aggravation de la crise économique et de l'opposition entre anglophones et francophones entraîna la défaite des conservateurs aux élections d'oct. 1993 et l'arrivée au pouvoir des libéraux de Jean Chrétien*. Cependant le problème de la dette publique fédérale ainsi que la question du statut du Québec ont continué à peser sur la vie politique et économique du Canada (comme en témoignent les défaites des indépendantistes lors du référendum d'oct. 1995 sur la souveraineté du Québec et aux législatives d'avril 2003). Le libéral Paul Martin* succéda à Jean Chrétien en 2004 après sa démission mais une affaire de corruption au sein du parti libéral provoqua la chute du gouvernement. Les élections de janv. 2006 virent la victoire relative du parti conservateur dont le chef, Stephen Harper*, est devenu Premier ministre. Celui-ci est très critiqué par la population et par l'opposition pour les pertes de soldats canadiens en Afghanistan où la présence militaire est effective depuis 2001 et son parti est devenu minoritaire à la Chambre des communes après les élections fédérales d'oct. 2008.

**Canada (martyrs du)** ♦ Groupe de huit jésuites français missionnaires au Canada, martyrs entre 1642 et 1649, et canonisés ensemble en 1930 : Antoine* Daniel, Charles Garnier, Gabriel* Lalemant, Isaac* Jogues, Jean* de Brébeuf, Jean de Lalande, Noël Chabanel, René Goupil. ▪ Fête le 19 oct.

**CANADEL (LE)** → Rayol-Canadel-sur-Mer

**ÇANAKKALE** ◆ ÉTYM. anc. ***Tchanak Kalesi*** «le fort aux poteries» du turc *çanak* «pot, poterie» et *kale* «forteresse» ♦ V. de Turquie, ch.-l. de prov., sur la rive asiatique des Dardanelles. 86 544 hab. Port. **▮ Histoire** Victoire navale des Turcs sur la flotte des Alliés qui tentait de forcer le détroit des Dardanelles (1915).

**CANALETTO (Giovanni Antonio CANAL, dit)** ♦ Peintre, dessinateur et graveur italien (Venise 1697 - *id.* 1768). Fils de Bernardo Canal, décorateur de théâtre, il débuta comme scénographe dans l'atelier de son père avant de se rendre en 1719 à Rome où il exécuta des décors pour les opéras de Scarlatti. C'est à Rome, à travers les œuvres de Vanvitelli et des Hollandais, qu'il découvrit la peinture de *vedute* (vues de ville). De retour à Venise en 1720, il travailla d'abord à des vues idéales, qui témoignent de sa science de la mise en scène, de la perspective et du clair-obscur. À la fin des années 1730, il s'attacha à rendre la réalité avec une précision rigoureuse et objective, utilisant à cet effet une chambre optique. Succédant au clair-obscur de la période précédente, une lumière claire et intense baigne désormais ses toiles, caractéristique de sa manière (*Le Quai de la Piazzetta ; Le Cortège du doge sur le campo San*

**Canaletto.** *Pont du Rialto à Venise* (1,19 × 1,54 m). Musée du Louvre, Paris. *Phot.* ©AKG

*Rocco).* Entre 1746 et 1753, Canaletto fit deux séjours à Londres où son œuvre était déjà connue grâce au marchand et collectionneur John Smith. Il s'adapta à l'atmosphère grise de la ville et exécuta de nombreuses vues de la Tamise *(La Tamise et Whitehall vus de la terrasse de Richmond House)* et de la campagne anglaise. Très apprécié de son vivant, le plus important peintre de *vedute* influença de nombreux artistes et fut abondamment imité aussi bien en Italie qu'en Angleterre. ➝ ÉTYM. *Canaletto* vient de *Canale,* nom de lieu très fréquent en Vénétie.

**CANALETTO le Jeune** → **Bellotto (Bernardo)**

**Canal Plus** ♦ Chaîne de télévision française à péage créée en 1984. Émettant sur le réseau hertzien, première chaîne privée en France, Canal+, filiale du groupe Havas puis de Vivendi Universal, ex-CGE, diffuse notamment des films et des manifestations sportives, mais aussi des émissions originales. Jouant un rôle important dans la production cinématographique en France, Canal+, en 1996, a lancé une télévision numérique (Canal Satellite) et a fusionné avec le néerlandais NetHold, donnant ainsi naissance au plus grand groupe européen de télévision à péage.

**CANANÉENS** n. m. pl. → **Canaan**

**CANAQUES** ou **KANAKS** n. m. pl. ➝ ÉTYM. du polynésien *kanaka* «homme» ♦ Nom générique donné aux autochtones de certaines parties de l'Océanie. Le terme a été appliqué aux Mélanésiens, parfois de manière péjorative, ce qui a poussé les militants politiques de Nouvelle*-Calédonie des années 1970 à revendiquer l'autre graphie dans leur lutte pour la «révolution kanak». Le trait essentiel du monde canaque est sa relation métaphysique avec la terre nourricière où se trouvent ses ancêtres, ses croyances et sa vie affective.

**Canard enchaîné (Le)** ♦ Principal hebdomadaire satirique français fondé à Paris en 1916 par Maurice et Jeanne Maréchal. Né en réaction contre la censure, la propagande officielle et la guerre, *Le Canard,* qui cessa de paraître entre 1940 et 1944, se veut un journal antimilitariste, anticlérical, proche de l'esprit anarchiste, critiquant les travers des milieux politiques, économiques et artistiques. Depuis 1970, il s'oriente vers la dénonciation de scandales politiques. Refusant toute publicité, il tire à 550 000 exemplaires.

Le **Canard sauvage** – en norv. ***Vildanden*** ♦ Drame de Henrik Ibsen* (1884). Cette pièce marque un tournant dans la production de l'écrivain. C'est l'histoire de «marginaux», ratés et pauvres, qui vivent dans l'illusion de pouvoirs (le photographe Hjalmar Ekdal) qu'ils seront incapables de saisir au moment où on les leur offrira, et de rêves qui les mèneront au suicide (la petite Hedvige), les beaux parleurs (Gregers Werle) se montrant incapables de dépasser leurs propos. Le canard sauvage prisonnier au grenier est un parfait symbole de la décadence des fausses valeurs laissées à l'homme libre. Ibsen laisse éclater ici, pour la première fois, ce doute essentiel qui assombrira toute la fin de son œuvre.

**CANARIES** (îles) ➝ ÉTYM. en esp. ***Canarias,*** du lat. *Insula Canaria* «L'île des chiens (*canis* "chien")» [le roi numide Juba II aurait trouvé dans l'île des chiens de taille gigantesque] ♦ Archipel volcanique de l'océan Atlantique, situé au N.-O. du Sahara* occidental, formant une Communauté autonome d'Espagne. 7 273 km². 2 025 951 hab. *(Canariens).* CAP. : Las Palmas et Santa Cruz de Tenerife, en alternance. Composées de 7 îles principales et de quelques îlots, les Canaries constituent 2 provinces : la prov. de Las Palmas regroupe les îles de Grande-Canarie, Fuerteventura et Lanzarote* ; la prov. de Santa Cruz de Tenerife regroupe les îles de Hierro*, Gomera*, Palma* et Tenerife*. Elles vivent de la culture des légumes, des agrumes et de la vigne. Tourisme très important. ▮ **Histoire** Identifiées dans l'Antiquité aux Hespérides* et ensuite connues sous le nom d'îles Fortunées (peut-être en raison de la douceur de leur climat), les Canaries furent redécouvertes et conquises en 1402 par le gentilhomme normand Jean de Béthencourt* pour passer en 1477 sous la domination espagnole ratifiée par le traité d'Alcáçovas (1479). Les Espagnols exterminèrent complètement les autochtones, les Guanches*.

**CANARIES** (courant des) ♦ Courant déclenché par les vents du nord, sur la bordure occidentale de l'anticyclone des Açores : il véhicule des eaux froides le long de la côte de Gibraltar à Dakar et y détermine des baisses de température en été, des nuages et des brouillards. → **Benguela (courant de).**

**CANARIS** → **Kanaris**

**CANARIS (Wilhelm)** ♦ Amiral allemand (Aplerbeck, Westphalie 1887 - camp de Flossenbürg, Bavière 1945). Chef de l'Abwehr* au grand état-major (1935), il utilisa les services de renseignement qu'il dirigeait à des fins politiques. Hostile à Hitler et devenu suspect, il fut destitué en février 1944. Arrêté après l'attentat manqué du 20 juil. suivant (→ **Beck**), il fut envoyé en camp de concentration et exécuté en avr. 1945.

**CANAVERAL** (cap), de 1963 à 1972 ***Cap Kennedy*** – en esp. *Cabo del Cañaveral* «cap de la Roselière» (allus. à la présence de nombreux roseaux), ♦ Cap situé sur la côte E. de la Floride ; formé par une avancée du cordon littoral, il est séparé du continent par deux lagons. Centre aérospatial et principale base de lancement de la Nasa*.

**CANBERRA** ➝ ÉTYM. p.-ê. du mot aborigène *nganbirra* «endroit de la rencontre» ♦ Cap. fédérale du Commonwealth d'Australie, située dans une plaine de la cordillère Australienne, dans le S.-E. de l'État de Nouvelle-Galles du Sud. 334 225 hab. Centre politique, admin. et commercial. Musée national d'Australie. Univ. Nombreux établissements d'organisation et de recherche scientifique et indus. ▮ **Histoire** Le site de la capitale fut choisi en 1909 entre les deux grandes villes de Sydney et Melbourne. Sa construction débuta en 1913 sous la direction de l'architecte américain W. B. Griffin et la ville fut inaugurée en 1927 par le duc d'York (futur George VI).

**CANCALE** [35260] ➝ ÉTYM. vx bret. «l'anse *(konk)* de la rivière *(aven)*» ♦ Ch.-l. de cant. de l'Ille-et-Vilaine, arr. de Saint-Malo, sur la baie du Mont-Saint-Michel. 5 203 hab. *(Cancalais).* Port (pêche, plaisance), station balnéaire. Ostréiculture.

**CANCER** n. m. – en lat. ***Cancer*** ♦ Constellation zodiacale située vers la partie la plus septentrionale de l'écliptique. Quatrième signe du zodiaque (22 juin - 22 juil.).

**Cancer** (tropique du) ♦ Parallèle de la sphère terrestre (latitude 23°26' N), limite N. de la zone tropicale.

**CANCHE** n. f. ➝ ÉTYM. p.-ê. du lat. *(aqua) cubans* «(eau) dormante» ♦ Fl. d'Artois (96 km). Elle prend sa source non loin de Saint-Pol, passe à Hesdin (où elle reçoit la Ternoise), Montreuil-sur-Mer et se jette dans la Manche à Étaples. Son estuaire et celui de la Somme délimitent la région du Marquenterre.

**CANCÚN** ♦ V. du Mexique (État de Quintana Roo). 526 701 hab. Station balnéaire de renommée internationale, appréciée pour son climat tropical et la qualité des eaux transparentes et chaudes de la mer des Caraïbes.

**CANDACE** – en gr. *kandakê* ♦ Titre porté par les reines de Méroé* qui assumaient le pouvoir avec leur fils. En –23, la candace Amanishakéto signa un traité de paix avec les Romains préservant son royaume. Sa pyramide a livré un superbe trésor.

**CANDAULE** – en gr. ***Kandaulês*** ♦ Roi de Lydie* (de –735 à –708). La légende, soutenue par Hérodote, veut qu'il soit mort assassiné par son favori Gygès* qu'il aurait eu la vanité de cacher dans le bain de la reine afin qu'il admirât sa beauté. Celle-ci, offensée, poussa Gygès à tuer le roi, puis l'épousa. Selon une autre version, Gygès, soutenu par les banquiers d'Éphèse, souleva contre son souverain une armée de mercenaires v. –687. Avec Candaule s'éteignit la dynastie des Héraclides*.

**CANDELA (Félix)** ♦ Architecte mexicain d'origine espagnole (Madrid 1910 - Durham, Caroline du Nord 1997). Spécialiste des voûtes en béton très mince, qu'il utilisa dans la construction de nombreux édifices à Mexico (bâtiment du laboratoire d'étude du rayonnement cosmique de l'Université, 1950 ; Bourse, 1954 ; église Santa María Milagrosa, 1954 ; Palais des Sports pour les jeux Olympiques, 1968).

**CANDES-SAINT-MARTIN** [37500] ➝ ÉTYM. du gaul. *condate* «confluent» ♦ Comm. de l'Indre-et-Loire, arr. de Chinon, au confluent de la Loire et de la Vienne. 227 hab. Église élevée aux XIIᵉ et XIIIᵉ s. à l'endroit où mourut saint Martin* en 397 et fortifiée au XVᵉ s.

**CANDIANO** ♦ Famille de Venise* qui fournit à la République cinq doges aux IXᵉ et Xᵉ s.

**Candide ou l'Optimisme** ♦ Conte philosophique (1759) où Voltaire* réfute l'optimisme outré qu'il attribue à Leibniz* et préconise une sagesse toute pratique. Candide doté d'un «jugement assez droit avec l'esprit le plus simple» essuie, par le monde, toutes les vexations imaginables, dans la nature comme dans la société, faits qui sont autant de preuves de l'existence du mal, nié par son maître «leibnizien» Pangloss*. Pourtant si la vie est médiocre, «un jour tout sera bien, voilà notre espérance». Hostile à une vaine métaphysique Voltaire propose une activité au service de l'humanité : «cultivons notre jardin», c'est-à-dire le monde. L'affirmation de cette thèse assure l'unité des aventures diverses de Candide, narrées en un style animé, fait de dissonances burlesques et toujours imprégné d'ironie.

**CANDIE** ➝ ÉTYM. de l'ar. *handaq* «fossé, tranchée, canal» (allus. aux fortifications ou au chenal portuaire) ♦ Nom donné à la Crète par les Arabes lorsqu'ils occupèrent l'île (IXᵉ - Xᵉ s.), du nom de la ville qu'ils avaient construite. ➝ **Héraklion.**

**CANDILIS (Georges)** ♦ Architecte et urbaniste français d'origine grecque (Bakou 1913 - Paris 1995). Collaborateur de Le* Corbusier de 1945 à 1951, il est l'auteur de plusieurs ensembles d'habitation au Maroc et en Algérie, et s'est particulièrement intéressé aux problèmes d'urbanisme. Il a réalisé l'ensemble de Bagnols-sur-Cèze (1956 - 1959), a participé à la construction du vaste quartier Toulouse-Le-Mirail et au projet d'aménagement de la côte Languedoc-Roussillon (Leucate-Barcarès). Partisan d'une architecture sobre et fonctionnelle, il a évité l'uniformisation par des implantations variées et des effets de polychromie.

**CANDOLLE (Augustin Pyrame DE)** ♦ Botaniste suisse (Genève 1778 - *id.* 1841). Il dirigea la 3ᵉ édition de *La Flore française* de Lamarck* et fut l'un des fondateurs de la géographie botanique. [Acad. sc. 1826] ♦ **Alphonse Pyrame de Candolle.** Naturaliste (Paris 1806 - Genève 1893). Fils d'Augustin de Candolle, il poursuivit l'œuvre de son père et acheva son ouvrage *Prodromus systematis naturalis regni vegetabilis*. [Acad. sc. 1874]

**CANEBIÈRE (LA)** ➝ ÉTYM. du prov. *canèbe* «chanvre» (allus. à une corderie de chanvre) ♦ Une des avenues les plus animées du centre de Marseille, allant du Vieux-Port à l'église Saint-Vincent-de-Paul. ▪ Elle tire son nom des plantations de chanvre (chènevières) qui s'étendaient autrefois à son emplacement.

**CANÉE (LA)** – en gr. mod. ***Khaniá*** ♦ V. de Grèce, cap. admin. de la Crète* jusqu'en 1971, sur la côte N.-O. de l'île. Aggl. 65 519 hab. ch.-l. du nome de La Canée. Remparts vénitiens, monuments turcs. Le port de la baie de Souda (base américaine), à 7 km à l'E. de la ville, a remplacé l'ancien port. ▮ **Histoire** La ville, très prospère sous les Vénitiens, fut la capitale de la Crète autonome en 1898 (➝ **Venizélos**), Héraklion* devenant capitale en 1971.

**CANÉJAN** [33610] ♦ Comm. de la Gironde, arr. de Bordeaux. 5 114 hab.

**CANET-EN-ROUSSILLON** [66140] ➝ ÉTYM. du pré-indo-eur. *°kan-* «hauteur» et suff. lat. *-ittum* ♦ Ch.-l. de cant. des Pyrénées-Orientales, arr. de Perpignan. 10 182 hab. *(Canétois)*. Station balnéaire à *Canet-Plage*.

**CANETTI (Elias)** ♦ Écrivain britannique d'origine bulgare (Roustchouk 1905 - Zurich 1994). D'origine judéo-espagnole, il étudia à Vienne avant d'émigrer à Londres en 1938 mais écrivit uniquement en allemand. Il a abordé tous les genres (roman, essai, théâtre). Le roman *Autodafé* (1936) et l'essai *Masse et Puissance* (1960) sont sans doute ses œuvres majeures, avec son autobiographie *Histoire d'une jeunesse, la langue sauvée* (1977). [Prix Nobel de littér. 1981]

**CANGE (Charles DU FRESNE,** seigneur **DU)** ♦ Byzantiniste et lexicographe français (Amiens 1610 - Paris 1688). Il fut l'un des plus grands érudits du XVIIᵉ s., et laissa, outre deux importants dictionnaires de latin et de grec médiéval (*Glossarium mediae et infimae latinitatis*, 1678 ; *Glossarium mediae et infimae graecitatis*, 1688), des ouvrages historiques sur Byzance et l'Orient latin, qu'il fut l'un des premiers à étudier sérieusement (*Histoire de Constantinople sous les empereurs français*, 1657).

**CANGUILHEM (Georges)** ♦ Philosophe français (Castelnaudary 1904 - Marly-le-Roi, Yvelines 1995). De formation philosophique et médicale, il proposa, à travers une série d'ouvrages (*La Connaissance de la vie*, 1952 ; *La Formation du concept de réflexe aux XVIIᵉ et XVIIIᵉ siècles*, 1955 ; *Le Normal et le Pathologique*, 1966) et d'articles (*Études d'histoire et de philosophie des sciences*, 1968), une philosophie du vivant ne s'opposant pas à la connaissance qui, pourtant, est analytique. Le vitalisme ne peut être radicalement condamné. La clinique et la pathologie sont «le sol de la physiologie», ce qui impose une interrogation sur le concept de «normalité». Plus largement Canguilhem propose une théorie de la science comme production de problématiques et de concepts, qui est plus proche de l'histoire des sciences que de la logique formelle. Il exerça une forte influence, sur Michel Foucault* notamment.

**CANICATTI** ♦ V. d'Italie, en Sicile (prov. d'Agrigente). 31 713 hab. Gisements de soufre.

**CANIFF (Milton)** ♦ Dessinateur américain (Hillsboro, Ohio 1907 - New York 1988). Auteur de bandes dessinées d'aventures (*Terry and the Pirates*, 1934 - 1946).

**CANIGOU** n. m. ➝ ÉTYM. du catalan *Canigó*, de la base oronym. *°kan* «hauteur, sommet» (➝ aussi Calanques ; Cannes) ou du basque *gaineko* «audessus» ♦ Massif granitique des Pyrénées, dominant le Roussillon. Il s'élève à 2 784 m à moins de 50 km de la mer. Chaînon isolé, dont les bords sont tranchés au N.-O. par le Conflent (vallée de la Têt), au S.-E. par le Vallespir (vallée du Tech). ▪ Mines de fer manganifère. Observatoire astronomique. ▪ Aux environs, abbaye Saint*-Martin-du-Canigou.

**CANINO** ♦ V. d'Italie, dans le Latium (prov. de Viterbe). 5 072 hab. ▮ **Histoire** La ville fut érigée en principauté en 1814, en faveur de Lucien Bonaparte*.

**CANISIUS (Pierre)** ➝ **Pierre Canisius (saint)**

**CANKAR (Ivan)** ♦ Romancier et auteur dramatique slovène (Vrhnika 1876 - Ljubljana 1918). Après un premier recueil de vers, *Erotika* (1899), il se révéla un prosateur de talent dans des nouvelles psychologiques : *Vignettes* (1899), *À l'aube* (1903), *Le Valet Jernej et son droit* (1907), *Mila et Milena* (1913), et des romans comme *Martin Kačur* (1907). Il inaugura le drame social avec *Pour le bien du peuple* (1902) et *Les Valets* (1910). Socialiste et patriote, il exprime dans son œuvre une profonde compassion pour la souffrance des hommes et manifeste une grande compréhension du monde de l'enfance.

**CANNABICH (Johann Christian)** ♦ Compositeur allemand (Mannheim 1731 - Francfort 1798). Fils de MARTIN CANNABICH (1700 - 1773), hautboïste et flûtiste à Mannheim, il succéda à J. Stamitz à la tête de l'orchestre de cette ville (1757), et contribua à faire de la capitale palatine un des centres musicaux les plus importants d'Europe. Il se lia d'amitié avec Mozart à Mannheim (1777 - 1778). Il est l'auteur d'un grand nombre de symphonies, de ballets et de plusieurs œuvres de musique de chambre.

**CANNES** [06400] ➝ ÉTYM. du pré-indo-eur. *°kan-* «hauteur» et suff. prélatin *-ua* ou du bas lat. *canua* «corbeille» avec attraction de *canna* «roseau» ♦ Ch.-l. de cant. des Alpes-Maritimes, arr. de Grasse, sur la Côte d'Azur, en face des îles de Lérins. 67 304 hab. (aggl. 355 169) *(Cannois)*. Cannes fait partie de l'aggl. Grasse-Cannes-Antibes. Quartier du *vieux Cannes*. Casinos, palais des Festivals et des Congrès sur le front de mer (la Croisette). Musée de la Castre (archéologie, ethnographie). ▪ Célèbre station balnéaire et touristique. Port de plaisance. Festival international du film depuis 1946. ▪ Ville à majorité d'emplois tertiaires avec quelques indus. (aérospatiale). Ville de congrès. ▮ **Histoire** C'est sous le Second Empire que les touristes britanniques (notamment lord Brougham) et russes firent du petit port de Cannes leur lieu de villégiature hivernale.

**CANNES** – en lat. ***Cannae*** ♦ Anc. v. d'Italie méridionale (Apulie) sur les bords de l'Aufidus (Ofanto), près de l'actuelle Barletta. En –216, lors de la deuxième guerre punique, Hannibal y vainquit l'armée romaine conduite par les consuls Paul* Émile et Varron*.

**CANNET (LE)** [06110] ➝ **ÉTYM.** → Cannes ♦ Ch.-l. de cant. des Alpes-Maritimes, arr. de Grasse, banl. N. de Cannes. 42 158 hab. (*Cannetans* ou *Cannettans*). ▪ Station touristique. Institut d'actinologie.

**CANNET-DES-MAURES (LE)** [83340] ➝ **ÉTYM.** du pré-indo-eur. *°kan-* «hauteur» et suff. lat. *-ittum* ♦ Comm. du Var, arr. de Draguignan. 3 478 hab.

**CANNING (George)** ♦ Homme politique britannique (Londres 1770 - Chiswick 1827). Il fut élu député conservateur en 1793 puis nommé par Pitt sous-secrétaire d'État aux Affaires étrangères (1796 - 1801). En 1797, il fonda le journal *Anti-Jacobin* qui critiquait l'anarchie de la Révolution française. Ministre des Affaires étrangères (1807 - 1809), il engagea à fond l'armée en Espagne mais démissionna à la suite de sa mésentente avec Castlereagh* et ne joua plus de rôle politique important jusqu'au suicide de celui-ci. En 1822, George IV l'appela aux Affaires étrangères où il fit montre de plus en plus de libéralisme : sa haine des despotes européens l'incita à isoler la Grande-Bretagne de la Sainte-Alliance ; il reconnut l'indépendance des colonies espagnoles en Amérique du Sud et aida les Grecs dans leur lutte contre les Turcs. Le roi le nomma Premier ministre en 1827 pour qu'il soutienne l'émancipation des catholiques irlandais, mais il mourut quelques mois plus tard. D'un conservatisme modéré, il sut prévenir les mouvements révolutionnaires en accordant les réformes nécessaires.

**CANNIZZARO (Stanislao)** ♦ Chimiste italien (Palerme 1826 - Rome 1910). Il précisa les notions de molécule et d'atome et formula la loi selon laquelle les éléments chimiques interviennent toujours dans les composés comme multiples d'une même quantité : l'atome. Il introduisit la notion de nombre d'Avogadro* (1858). Une réaction de transformation d'aldéhydes en acides et en alcools sous l'influence des bases porte son nom.

**CANNON (Walter Bradford)** ♦ Neurophysiologiste américain (Prairie du Chien, Wisconsin 1871 - Franklin, New Hampshire 1945). On lui doit la notion d'homéostasie, déjà entrevue par C. Bernard*, désignant la tendance générale de l'organisme au rétablissement de l'équilibre du milieu intérieur. Il montra la relation entre le taux de sécrétion d'adrénaline et l'excitation du système nerveux et découvrit la noradrénaline.

**CANO (Alonso)** ♦ Sculpteur, peintre et architecte espagnol (Grenade 1601 - *id.* 1667). D'abord formé auprès de son père, sculpteur de retables, il devint à Séville élève du sculpteur Mar tinez Montañés et du peintre Juan de Castillo ; de 1616 à 1621, il étudia en compagnie de Vélasquez*, auprès de F. Pacheco*. Il travailla à la cathédrale de Grenade, entra en conflit avec le chapitre mais ses plans pour la façade, originale adaptation de formes dérivées de la Renaissance, furent finalement acceptés (1667). Dans ses tableaux religieux, il évolua d'un ténébrisme hérité de ses premiers maîtres à une manière plus souple et colorée qui annonce directement Murillo* (*Les Sept Joies de la Vierge*, 1652 - 1654 ; *Le Miracle du puits*). Il fut le sculpteur le plus célèbre de son époque ; préférant les formes calmes et équilibrées aux effets pathétiques et mouvementés, il exprima avec intensité et une grande concision de facture une ferveur grave et retenue (*Retable pour Lebrija*, 1629 ; *Saint Jean de Dieu* ; *Immaculée Conception*, après 1660 ; *Bustes d'Adam et Ève*). ➝ **ÉTYM.** De l'espagnol *cano* «blanc», sobriquet désignant une personne aux cheveux blancs.

Alonso **Cano.** *Saint Paul.* Cathédrale de Grenade. *Phot.* © *Carlo Bevilacqua/Ricciarini*

**CANOHÈS** [66680] ➝ **ÉTYM.** → Cannes ♦ Comm. des Pyrénées-Orientales, arr. de Perpignan. 4 349 hab.

**CANOPE** – en gr. ***Kanôpos*** ♦ Anc. ville d'Égypte au N.-E. d'Alexandrie* à l'embouchure de la branche dite *canopique* du Nil, près de l'actuel Aboukir*. Son temple dédié à Sérapis* fut jusqu'au IV^e s. un important lieu de pèlerinage. Ville des plaisirs, elle était réputée pour les orgies et les débauches auxquelles se livraient les Romains sur le canal qui menait d'Alexandrie à Canope. Hadrien* donna le nom de *Canope* à une partie de sa villa à Tivoli*. Osiris* y était adoré sous la forme d'une jarre dont le couvercle représentait la tête du dieu. Les archéologues attribuèrent à tort le nom de *vases canopes* aux jarres à tête d'homme ou d'animal dans lesquelles, depuis l'Antiquité la plus reculée, les Égyptiens plaçaient les viscères retirés au moment de la momification, puis aux urnes funéraires étrusques ayant des couvercles à tête emblématique.

**CANOPUS** ♦ Nom donné à l'étoile α Carène*, la plus brillante après Sirius*. Magnitude –0,7 ; type spectral F0 ; distance 98 années-lumière.

**CANOSA DI PUGLIA** – anc. ***Canusium*** ♦ V. d'Italie, dans les Pouilles (prov. de Bari), sur l'Ofanto. 31 445 hab. Cathédrale romane (XI^e s.), remaniée au XVII^e s., qui renferme le tombeau de Rohémond, fils aîné de Robert* Guiscard. ▮ **Histoire** Selon la légende, la ville fut fondée par Diomède*.

**CANOSSA** ♦ Village d'Italie (Émilie-Romagne), dans les Apennins. 3 377 hab. Le château fort de la comtesse Mathilde* de Toscane servit de refuge au pape alors que l'empereur Henri* IV descendait sur Rome. Celui-ci vint alors, en tenue de pénitent, implorer le pardon du pape (25 - 28 janv. 1077), ce qui ne l'empêcha pas de reprendre les hostilités par la suite. → **Grégoire VII, Investitures (querelle des).** ▪ L'expression *aller à Canossa*, «faire amende honorable, s'humilier devant l'adversaire», s'emploie encore.

**CANOURGUE (LA)** [48500] ➝ **ÉTYM.** anc. *Canonica*, du lat. *canonica* (*villa* ou *ecclesia*) «(habitation) des chanoines, ou (église) collégiale» ♦ Ch.-l. de cant. de la Lozère, arr. de Mende, proche de la vallée du Lot. 1 922 hab. (*Canourguais*). Église des XII^e - XIV^e s. Beffroi. Demeures anc. (hôtel de Meillan, XVI^e s.).

**CANOVA (Antonio)** ♦ Sculpteur italien (Possagno, près de Venise 1757 - Venise 1822). Fils de tailleur de pierre, il fit son apprentissage à Venise et s'installa à Rome à partir de 1781. Il subit l'influence des théories néoclassiques de Winckelmann* et de Mengs*. Il concrétisa sa conception du «Beau idéal» dans les monuments de Clément XIV (1784 - 1787) et de Clément XII. Devenu le maître du néoclassicisme en sculpture, il acquit une autorité comparable à celle de David* en peinture. Invité à Paris, en 1802, il exécuta le *buste de Napoléon* (1803) et la statue colossale de *Napoléon tenant la Victoire* (1811). Il imita la sculpture antique dans ses portraits de contemporains, en lui conférant un caractère gracieux et sensuel (*Pauline Bonaparte* [dont il passe pour avoir été l'amant] ; *L'Amour et Psyché*). Il avait le goût du marbre poli et se préoccupait plus de ligne que de modelé. ➝ **ÉTYM.** Ce nom de famille italien signifie «chai ; garde-manger» (a pu désigner le gestionnaire d'un chai).

Antonio **Canova.** *Psyché ranimée par le baiser de l'Amour* (1,55 × 1,68 × 1,01 m), détail. Musée du Louvre, Paris. *Phot.* © *Dagli Orti*

**CÁNOVAS DEL CASTILLO (Antonio)** ♦ Écrivain et homme politique espagnol (Málaga 1828 - Santa Águeda, Guipúzcoa 1897). Chef du parti conservateur, conseiller d'Alphonse* XII, il abolit presque toutes les réformes de la République et contribua à discréditer la monarchie. Premier ministre, de 1876 à 1881, il fut plusieurs fois président du Conseil, avant d'être assassiné par un anarchiste.

**CANROBERT (François Certain)** ♦ Maréchal de France (Saint-Céré, Lot 1809 - Paris 1895). Sorti de Saint-Cyr, il prit part à la conquête de l'Algérie. Général et aide de camp de Louis Napoléon Bonaparte, auquel il apporta son soutien lors du coup d'État du 2 décembre* 1851, il remplaça Saint*-Arnaud à la tête des forces françaises en Crimée (1854 - 1855) et fut promu maréchal à son retour en France.

Lors de la guerre de 1870, il contribua à la défense de Saint*-Privat-la-Montagne, mais dut se replier sur Metz où il fut fait prisonnier. Sous la IIIe République, il fut un des chefs du parti bonapartiste.

**CANSADO** ♦ Port minéralier, annexe de Nouadhibou (Mauritanie).

**CANTABRES** n. m. pl. ◆ ÉTYM. en lat. *Cantabri* «ceux qui habitent les endroits pierreux», de la rac. pré-indo-eur. *°canto* «pierre, rocher» ♦ Anc. peuple celtibère* établi sur la côte N. de l'Espagne dans l'actuelle province d'Oviedo au pied des monts Cantabriques. Après avoir été soumis par Auguste* en –25, il se révolta et fut en grande partie exterminé (–19).

**CANTABRIE** n. f. – en esp. *Cantabria* ◆ ÉTYM. de *Cantabres** ♦ Communauté autonome et province du N. de l'Espagne. → **Espagne** (carte). 5 289 km². 572 824 hab. CAP. : Santander. La Cantabrie est une région de montagnes (monts Cantabriques), bordée par une étroite plaine littorale. Le moyen pays est très accidenté. ▪ Élevage de bovins et indus. alimentaires (produits laitiers, conserveries, pêches) dans les plaines. Mines de zinc, de plomb, d'argent et de manganèse. Métall. et grosses indus. chimiques (Torrelavega). Ports de Laredo et de Castro-Urdiales, seul débouché maritime de Castilla-León. Tourisme. ▪ Grotte préhistorique d'Altamira* près du village médiéval de Santillana del Mar.

**CANTABRIQUES** (monts) ◆ ÉTYM. de *Cantabres** ♦ Chaîne de montagnes du N.-C. de la péninsule Ibérique, qui s'étend dans le prolongement des Pyrénées, le long du golfe de Gascogne jusqu'à l'extrémité N.-O. de la péninsule, à travers le Pays basque, la Cantabrie, les Asturies, le N. du León et culmine aux pics d'Europe (2 648 m au Torrecerredo). L'Èbre et le Minho y prennent leurs sources.

**CANTACUZÈNE** – en grec *Kantakouzênos* ♦ Famille byzantine dont sont issus Jean* VI Cantacuzène, empereur byzantin (de 1341 à 1355), plusieurs despotes de Mistra*, des hospodars de principautés roumaines (Moldavie, Valachie) et des hommes politiques dont GEORGE CANTACUZÈNE, président du Conseil de Roumanie de 1904 à 1907.

**CANTAL** (massif ou monts du) ◆ ÉTYM. base oronym. *can-*, du pré-indo-eur. *°cant-* «pierre» ♦ Massif volcanique de l'Auvergne au cœur du Massif central et du dép. du Cantal auquel il donne son nom. Points culminants : plomb du Cantal (1 855 m), puy Mary (1 787 m). Élevage bovin laitier (fromages).

**Cantal.** Vallée de Mandailles. *Phot. ©Arch. Nathan*

**CANTAL** n. m. [15] ◆ ÉTYM. du n. du massif ♦ Dép. du centre de la France, région Auvergne. 5 726 km². 150 778 hab. CH.-L. : Aurillac. CH.-L. D'ARR. : Mauriac, Saint-Flour. Cour d'appel : Riom. Académie : Clermont-Ferrand. → **Auvergne.**

La **Cantatrice chauve** ♦ «Antipièce» d'Eugène Ionesco* (1950). Au cours d'une soirée, deux paisibles bourgeois anglais et leurs amis, par la banalité des propos qu'ils échangent, l'usure désolante du langage qu'ils emploient, illustrent la dérision de toute tentative de communication entre les hommes.

**CANTELEU** [76380] ◆ ÉTYM. picard «chante (impératif) loup !» ♦ Comm. de la Seine-Maritime, arr. de Rouen. 15 430 hab. *(Cantiliens).*

**CANTELOUBE DE MALARET (Marie-Joseph)** ♦ Compositeur français (Annonay 1879 - Paris 1956). Élève de Vincent d'Indy, il s'est surtout intéressé au folklore français, transcrivant et harmonisant un grand nombre de chansons populaires (*Chants d'Auvergne*, 1923 - 1955). Il a en outre donné deux opéras (*Le Mas*, 1929 ; *Vercingétorix*, 1933) et de nombreuses pièces de musique instrumentale.

**CANTEMIR (Dimitrie)** ♦ Historien roumain (Fălciu 1673 - Dimitrowka 1723). Il s'associa aux vains efforts de Pierre le Grand pour libérer la Moldavie de l'emprise ottomane, et dut s'exiler en Russie où il développa, en latin, une œuvre d'historien : *Description de la Moldavie*, 1716 ; *Histoire de la grandeur et de la décadence de l'Empire ottoman*, 1716 ; *Chronique de l'Antiquité des Romano-Moldo-Valaques*, 1717, dont la thèse sur les origines latines des peuples roumains fut reprise au XIXe s. par l'école «latiniste» transylvaine. Il traduisit le Coran en latin et en russe.

**CANTEMIR (Antioch Dmitrievitch KANTEMIR,** dit en fr.) ♦ Poète et diplomate russe (Constantinople 1708 - Paris 1744), fils du prince Dimitrie Cantemir*. Défenseur des réformes de Pierre le Grand, il s'attaqua aux adversaires de celles-ci dans des satires (*Contre les dénigreurs de la culture, Contre l'envie et l'orgueil des méchants nobles*, 1729 - 1739) qui furent d'abord publiées en français (1749) puis en russe (1762). Il fut l'ambassadeur de Russie en France.

**CANTERBURY** ◆ ÉTYM. anc. en fr. *Cantorbéry*, en vieil angl. *Cantwaraburg* «ville fortifiée *(burh)* des gens *(-ware)* du Kent (anc. celt. *cant*)» ♦ V. d'Angleterre (Kent), sur la Stour, à l'E. de Londres. 135 287 hab. Univ. La cathédrale (Christ Church Cathedral), l'un des plus célèbres édifices religieux d'Angleterre, fut érigée entre 1070 et 1503 et allie des styles différents. La crypte et le transept N.-E., romans, furent érigés v. 1070 par Lanfranc*, évêque de Caen ; le chœur gothique, œuvre de Guillaume de Sens, date de 1175 et la nef fut construite v. 1180 en gothique perpendiculaire. Les vitraux, les plus anciens d'Angleterre, datent du XIIe s. ▮ **Histoire** Anc. cap. du royaume du Kent au Ve s., dont Ethelbert fit après sa conversion le centre de l'Angleterre chrétienne. Saint Augustin* fonda le siège épiscopal de Canterbury en 597. La ville devint le siège de l'archevêque primat d'Angleterre, occupé notamment par saint Dunstan*, saint Anselme*, Thomas* Becket, Étienne Langton*, Edmond* Rich, Thomas Cranmer*, Reginald Pole* et William Laud*. Au Moyen Âge, Canterbury était un lieu de pèlerinage très fréquenté.

**CANTH (Minna)** née **Ulrika Wilhelmina JOHANSSON** ♦ Auteur dramatique, romancière et nouvelliste finnoise (Tampere 1844 - Kuopio 1897). Elle s'engagea dans la lutte féministe avec des pamphlets et des pièces comme *La Femme d'un ouvrier* (1885) ou *Sylvi* (1893). Imprégnée d'idées socialistes humanitaires, elle exposa les souffrances du prolétariat dans la pièce *Dures Destinées* (1888) et dans des nouvelles comme *Selon la loi* (1889). Très critiquée, elle se tourna vers les problèmes individuels dans ses nouvelles (*Agnès*, 1892) et le drame *Anna-Liisa* (1895).

**CẦN THƠ** ♦ V. du Viêtnam (Sud), ch.-l. de prov., sur la rive d. du Hậu Giang (Bassac, l'un des principaux bras du Mékong), véritable «capitale» de la fertile région du delta du Mékong. Env. 250 000 hab. Port fluvial. Artisanat et indus. agroalimentaire.

**Canti** ♦ Regroupant la quasi-totalité des poésies de Leopardi*, ce recueil (1818 - 1836 ; éd. 1831, 1835 et 1845 pour l'éd. posth.), où la souffrance d'être se fait poésie pensante, est un des sommets de la lyrique italienne et européenne. Il comporte 41 pièces.

**CANTILLON (Richard)** ♦ Banquier, économiste et démographe français d'origine irlandaise (1680 - assassiné à Londres 1733 ou 1734). Établi à Paris, il fut un des principaux bénéficiaires de l'expérience de Law*, dont il était le rival. Son *Essai sur la nature du commerce en général*, publié en 1755, donne une des premières vues d'ensemble de l'activité économique. Cantillon y soutient que la terre et le travail sont la source des richesses. Comme les mercantilistes, il fait dépendre la valeur de la monnaie et le niveau des prix de la quantité de métal précieux possédée par une nation, mais, contrairement à ceux-ci, il se montre pessimiste sur les possibilités d'un enrichissement indéfini d'un pays par le commerce extérieur. Il étudie enfin les relations entre faits économiques et démographiques, formulant les notions de population maximale et optimale. ◆ ÉTYM. Ce nom est une variante de *chantillon*, du latin *canthus* «angle, côté d'un objet», qui désigne une brique (surnom de maçon).

Le **Cantique des cantiques** ◆ ÉTYM. en hébr. *shîr ha-shîrîm* «chant des chants» au sens de «chant par excellence» ♦ Livre de la Bible, l'un des Cinq* Rouleaux (Écrits*), traditionnellement attribué à Salomon*. 8 chapitres mettent en scène l'amour passionné d'une jeune femme («la Sulamite») et de son bien-aimé. Cette histoire sensuelle et profane, où Dieu n'apparaît pas (et n'est même pas nommé), a très tôt été conçue comme une allégorie de la relation entre Dieu et son peuple, transposée par les chrétiens en union mystique entre le Christ et son Église ; les images du Cantique ont été développées par la mystique juive. Rares et téméraires ont été les exégètes (Théodore* de Mopsueste, Sébastien Castellion*) qui ont défendu le sens littéral d'une aventure humaine, avant que les critiques n'y voient une pièce dramatique (Ernest Renan) ou un recueil de chants d'amour sacrés ou profanes.

**CANTON** – (ainsi nommé par confusion avec le n. de la prov.) en chin. *Guangzhou* ou *Kouang-tcheou* ♦ V. de Chine, cap. de la prov. du Guangdong, sur la rivière des Perles (Zhu* jiang). 7 547 467 hab. ▪ Marché agricole (céréales, fruits). Importante foire bisannuelle. Textile. Artisanat. ▮ **Histoire** Canton était déjà un port ouvert au commerce avec l'étranger aux époques Qin* et Han*, et était connue des navigateurs arabes dès les Tang*. Les premières ambassades portugaises, puis les missionnaires pénétrèrent en Chine par Canton au XVIe s. C'est en 1861, à la suite de la seconde guerre de l'Opium*, que les Britanniques et les Français installèrent des concessions étrangères dans l'île de Shamian. C'est également de Canton que partit la révolution qui allait renverser la dynastie Qing* en 1911.

**CANTON** ♦ V. des États-Unis (Ohio), au S. du lac Érié. 80 806 hab. (zone urbaine 406 000). ▪ Indus. métallurgiques (aciers spéciaux). Briqueteries. Indus. mécaniques.

**CANTON ET ENDERBURY** (îles) → **Gilbert et Ellice (îles)**

**CANTONS DE L'EST** → **Estrie**

**CANTOR (Georg)** ♦ Mathématicien allemand (Saint-Pétersbourg 1845 - Halle 1918). Fondateur de la théorie des ensembles, il étudia le concept d'infini, ce qui l'amena à en définir la puissance et à introduire une hiérarchie entre les infinis. Il définit les ensembles dénombrables, les ensembles dérivés, les nombres cardinaux et ordinaux transfinis et en construisit une arithmétique. Ses théories, révolutionnaires pour l'époque, provoquèrent une véritable crise des mathématiques et conduisirent à la révision de leurs fondements.

**CANTORBÉRY** → **Canterbury**

**CANTYRE** → **Kintyre**

**CANUT** – en danois ***Knud,*** en suéd. ***Knut*** ♦ Nom de six rois de Danemark. ♦ **CANUT Ier.** Roi de Danemark v. 940. Son existence n'est pas attestée. ♦ **CANUT II,** dit **le Grand** (v. 995 - Shaftesbury 1035). Roi de Danemark (1018 - 1035), d'Angleterre (sous le nom de Canut Ier, 1017 - 1035) et de Norvège (1030 - 1035). Il poursuivit la conquête de l'Angleterre commencée par son père Sven. Il signa un traité de partage avec Edmond Côte-de-Fer mais, ce dernier ayant été assassiné, Canut se déclara son héritier. Il épousa Emma, veuve d'Ethelred II (1017). Il établit l'égalité des droits entre Anglais et Danois, assura la sécurité des personnes et des biens et employa des Anglais dans l'administration. Prince pieux, il fit un pèlerinage à Rome (1026 - 1027) et protégea l'Église. Il laissa la Norvège à son fils Sven, l'Angleterre à Harald et le Danemark à Canut III. ♦ **CANUT III,** dit **Hardeknut** ou **Harthaknut** «Knut le Hardi» (mort en 1042). Roi de Danemark (1035 - 1042) et d'Angleterre (1040 - 1042). Fils du précédent. Il devint roi d'Angleterre à la mort de son frère Harald, mais ne sut pas conserver le royaume. Sa mort marqua la fin de la dynastie danoise en Angleterre. ♦ **CANUT IV le Saint** (mort à Odense en 1086). Roi de Danemark (1080 - 1086). Neveu de Canut le Grand. Il protégea l'Église mais, voulant faire valoir les prétentions danoises sur l'Angleterre, il leva de lourds impôts qui provoquèrent une révolte. Il fut vaincu et assassiné. Déclaré premier martyr du Danemark, il fut canonisé en 1101. ♦ **CANUT V** (mort en 1157). Roi de Danemark (1147 - 1157). Il fut assassiné par son compétiteur Suénon. ♦ **CANUT VI** (1163 - 1202). Roi de Danemark (1182 - 1202). Fils de Valdemar Ier à qui il succéda. Il conquit le Mecklembourg, la Livonie, le Holstein, Lübeck (1201) et Hambourg (1202). Son frère Valdemar II lui succéda.

**Canuts** (révolte des) ♦ Insurrection des ouvriers de la soie *(canuts)* à Lyon en 1831. Provoquée par la dureté des conditions de travail et l'insuffisance des salaires, elle fut sévèrement réprimée par le gouvernement Casimir-Perier.

**CANY-BARVILLE** [76450] ♦ Ch.-l. de cant. de la Seine-Maritime, arr. de Dieppe dans le pays de Caux. 3 364 hab. *(Canicais).* Église Renaissance. ■ Petit centre d'indus. agroalimentaires. ■ Aux environs, château de Cany (XVIIe s.).

**Canzoniere** ♦ Titre fréquent des recueils de poésie en Italie. Le plus célèbre est celui de Pétrarque, élaboré à partir de 1335 environ, dont la perfection allait résonner durablement dans toute l'Europe. Le recueil marquait également une étape dans la formation de l'italien littéraire après le magistère dantesque. Composé de 317 sonnets, 29 chansons, 9 sextines, 7 ballades et 4 madrigaux, il s'organise comme un diptyque dont la charnière est la mort de Laure*, inspiratrice du poète. → **Bandello, Boiardo, Cino da Pistoia, Dante, Saba, Stampa.**

**CAO BẰNG** ♦ V. du Viêtnam (Nord), ch.-l. de prov. 35 000 hab. Exploitation de mines d'étain, de lignite. ■ **Histoire** C'est dans la région de Cao Bằng que se réfugièrent les Mạc* de 1593 à 1677 (le royaume de *Ciu Bang* des anc. cartes occidentales, dont la cap. était Cao Bình située dans les env. immédiats de la ville actuelle). ■ En oct. 1950, les troupes françaises occupant Cao Bằng, constamment menacées sur la frontière chinoise, durent quitter la ville. Attaquées par des bataillons du Việt-minh, elles furent écrasées. Cette défaite entraîna l'évacuation de Lang* Sơn et l'envoi en Indochine du général de Lattre de Tassigny.

**CAO Cao** ou **TS'AO Ts'ao** ♦ Homme politique, chef militaire et poète chinois (Qiao, auj. Haoxian, Anhui 155 - Luoyang 220). Premier ministre de l'empereur Xiandi (dynastie des Han* orientaux), il prit celui-ci en otage, parvint à unifier le nord de l'empire et ouvrit la voie à la dynastie de Wei, dont son fils Cao Pei se proclama empereur (Wendi). Bon littérateur, il a laissé des poèmes et des proses.

**Cao Đài** → **ÉTYM.** vietnamien «palais suprême» ♦ Religion syncrétiste vietnamienne, associant bouddhisme, taoïsme, confucianisme et christianisme, et affirmant la venue d'une grande religion salvatrice (Đại Đạo Tam Kỳ Phổ Độ : 3e Amnistie de Dieu en Orient). Fondée en 1920 par Ngô Văn Chiêu, elle fut rénovée en 1926 par Lê Văn Trung, Phạm Công Tắc. Elle se divisa rapidement en un grand nombre de sectes. Le «saint siège» de Tây Ninh, édifié dans le S. du Viêtnam sur l'initiative de Pham Công Tắc, est célèbre pour son architecture baroque, à l'image de la volonté de syncrétisme des membres fondateurs. Ses adeptes, fervents nationalistes, furent traqués par les autorités françaises. La doctrine, dans un souci rénovateur, vénère des «saints», parmi lesquels on compte Victor Hugo, Winston Churchill et Jeanne d'Arc, ainsi que Sun* Yat-sen. Elle a encore de nombreux adhérents, surtout dans le S. du Viêtnam.

**CAO Kun** ou **TSAO K'ouen** ♦ Maréchal chinois (1862 - 1938). Après des débuts de colporteur, il devint aventurier puis vassal de Yuan* Shikai qui fit sa carrière. Il devint le chef militaire de la Chine du Nord en 1921 et président de la république de Chine en 1923 et 1924, grâce à la corruption massive des parlementaires. En 1937, il fit partie du gouvernement installé par les Japonais, mais mourut peu de temps après.

**CAO Xueqin** ou **TS'AO Sine-k'in** – appelé aussi **CAO Zhan** ou **TS'AO Tchan** ♦ Écrivain chinois (Nankin v. 1715 - Pékin v. 1763). Il est l'auteur du roman d'amour d'inspiration bouddhique *Histoire de la pierre*, inachevé et posthume, connu sous le titre de *Le Rêve* dans le pavillon rouge.*

**CAO Yu** ou **TS'AO Yu** (**WAN Jiabao** ou **WAN Kia-pao,** dit) ♦ Auteur dramatique chinois (dans le Hubei 1910 - Pékin 1996). Il fut le premier à écrire des pièces de théâtre dans le style occidental : *L'Orage* (1934), *Lever de soleil* (1935), *Gens de Pékin* (1940).

**CAO Zhi** ou **TS'AO Tche** ♦ Poète chinois (192 - 232), fils de Cao* Cao et frère de Cao Pei (l'empereur Wendi) qui le confina dans ses fiefs. Ses poèmes, inspirés des chants populaires *(yuefu)* des Han*, exprimaient la douleur et la mélancolie d'un être persécuté et frustré dans son ambition. Ses vers réguliers pentasyllabiques ont eu une grande influence. Il est notamment l'auteur de la célèbre *Ballade de la déesse de la rivière Luo.*

**CAP (LE)** → **ÉTYM.** en angl. ***Cape Town,*** en afrikaans ***Kaapstad*** ; ainsi nommé en raison de la proximité du cap de Bonne-Espérance ♦ Cap. législative de l'Afrique du Sud, cap. de la prov. du Cap-Occidental, située à l'extrémité S.-O. du pays, sur la baie de la Table. 1 911 521 hab. pour la péninsule du Cap. Univ. ■ Port d'escale et d'exportation. Centre indus. Raffinerie de pétrole. Indus. alimentaires (conserveries) et textiles. Centre ferroviaire. ■ **Histoire** Le site du Cap fut exploré par B. Dias et Vasco de Gama, mais resta longtemps sans colonie blanche, à cause de l'hostilité des Africains (assassinat d'Almeida, 1510). Un fort y fut construit par les Hollandais en 1652 pour protéger cette escale sur la route des Indes orientales ainsi que l'implantation de colons hollandais et de huguenots français. Les Britanniques s'emparèrent de la colonie hollandaise en 1806. La ville fut la capitale de la colonie du Cap, devenue en 1910 une province de l'Union sud-africaine. → **Afrique du Sud.**

**CAP** (province du) ♦ Anc. prov. d'Afrique du Sud divisée depuis 1994 entre les prov. du Nord-Ouest, du Cap-Oriental, du Cap-Occidental et du Cap-Nord. Région d'élevage et d'indus. alimentaires, qui produit principalement pour l'exportation. Indus. variées dans les grandes villes.

**CAPA (André FRIEDMANN, dit Robert)** → **ÉTYM.** il choisit *Capa* comme nom pour sa facilité de prononciation dans de nombreuses langues et prit *Robert* comme prénom par admiration pour l'acteur *Robert* Taylor ♦ Photographe américain d'origine hongroise (Budapest 1913 - Thai Binh, Viêtnam 1954). Il participa en 1935 à la création de l'agence Alliance Photo pour laquelle il photographia la guerre civile en Espagne. Son image de la mort d'un militant (*Bataille des sierras,* 1936) le rendit célèbre. En 1947, avec Cartier*-Bresson, il fonda l'agence Magnum. → **Haas.** Correspondant de guerre pour *Life*, il fut tué par une mine au Viêtnam.

Robert **Capa.** Bataille des Sierras, 1936. *Phot. ©Robert Capa/Magnum*

**CAPAZZA (Louis)** ♦ Inventeur et aéronaute français (Bastia 1862 - Paris 1928). Il conçut le parachute-filet pour ballon, effectua en ballon sphérique le trajet Marseille-Corse (1886) et, devenu pilote de dirigeable, réalisa la première traversée de la Manche (1910).

**CAP-BRETON** (île du) – en angl. ***Cape Breton Island*** ♦ Île de la côte orientale du Canada (Nouvelle-Écosse) à l'entrée du golfe du Saint-Laurent, située au N. de la presqu'île de la Nouvelle-Écosse dont elle est séparée par un étroit bras de mer, à l'E. de l'île du Prince-Édouard et des îles de la Madeleine, et séparée au N. de l'île de Terre-Neuve par le détroit de Cabot. V. PRINC. : Cape* Breton. ▪ Anc. houillère. Pêche. Parc national au N. de l'île. ▮ **Histoire** Découverte par Jean Cabot* en 1497, colonisée par les Français dès le début du XVII$^{e}$ s., elle fit partie de l'Acadie*, sous le nom d'*Île royale*, et servit de refuge pour les Acadiens expulsés du continent américain ; mais les Britanniques l'occupèrent entre 1745 et 1748 et s'en emparèrent définitivement en 1758. Elle fut réunie à la Nouvelle-Écosse en 1819.

**CAPBRETON** [40130] ➝ **ÉTYM.** du lat. *caput* «tête [domaine principal]» et de *Berton*, n. de pers. (avec attraction de *Breton*) ♦ Comm. des Landes, arr. de Dax. 6 659 hab. (aggl. 12 378) *(Capbretonnais)*. Ancien port, auj. station balnéaire. ▪ Port de plaisance. Au large, fosse marine appelée *Gouf de Capbreton*.

**CAPCIR** ou **CAPSIR** n. m. ♦ Région déprimée du dép. des Pyrénées-Orientales, à l'O. du Carlitte, dans le bassin supérieur de l'Aude. *(Capcirais)*. ▮ **Histoire** Rattaché à la Cerdagne*, le Capcir fut réuni à la France en 1660.

**CAP-D'AGDE (LE)** ♦ Station balnéaire de l'Hérault (comm. d'Agde*). Musée d'archéologie sous-marine (*Éphèbe d'Agde*, –IV$^{e}$ s.).

**CAP-D'AIL** [06320] ➝ **ÉTYM.** du lat. *caput* «tête [domaine principal]» et *Alius*, n. de pers. ♦ Comm. des Alpes-Maritimes, arr. de Nice, sur la Côte d'Azur, à proximité du *cap d'Ail*. 4 532 hab. *(Cap-d'Aillois)*. Théâtre de plein air décoré de mosaïques par J. Cocteau, en 1960. ▪ Station balnéaire.

**CAP-DE-LA-MADELEINE** ♦ V. du Canada (Québec), sur la rive g. du Saint-Laurent, fusionnée dans la ville de Trois*-Rivières. Centre résidentiel. ▪ Indus. de l'aluminium et du papier. ▪ Pèlerinage (Notre-Dame du Cap).

**CAP-DE-LONG** (lac de) ♦ Retenue artificielle (55 ha) des Hautes-Pyrénées, dominée par le massif de Néouvielle et alimentant la centrale de Pragnères*.

**CAPDENAC** [46100] ♦ Comm. du Lot, arr. de Figeac, sur le Lot. 994 hab. *(Capdenacois)*. Vestiges gallo-romains. Remparts (XII$^{e}$ - XIV$^{e}$ s.). Château, résidence de Sully après la mort d'Henri IV. ▪ Centrale hydroélectrique sur le Lot.

**CAPDENAC-GARE** [12700] ♦ Ch.-l. de cant. de l'Aveyron, arr. de Villefranche-de-Rouergue, séparé de Capdenac par le Lot. 4 587 hab. (aggl. 5 581). *(Capdenacois)*. Centre ferroviaire.

**CAPE BRETON** ♦ V. du Canada (Nouvelle-Écosse), à l'extrémité orientale de l'île du Cap-Breton. 102 250 hab. Port. Industries.

**CAPECCHI (Mario R.)** ♦ Biophysicien américain d'origine italienne (Vérone 1937). Il mit au point (en même temps que O. Smithies*) une technique permettant de détruire un gène particulier dans le génome d'une souris. Complétée par le phénomène de recombinaison homologue, cette méthode permet d'introduire des segments d'ADN modifiés dans l'embryon en développement. Il devient alors possible d'étudier *in vivo*, au sein des souris transgéniques ainsi produites, le rôle d'un gène spécifique et l'origine de certaines pathologies héréditaires. [Prix Nobel de physiol. ou méd. 2007 avec M. J. Evans* et O. Smithies]

**ČAPEK (Karel)** ♦ Romancier et auteur dramatique tchèque (Svatoňovice 1890 - Prague 1938). On reconnaît dans ses débuts (*Abîmes étincelants*, 1916) l'influence de l'expressionnisme, qui marqua également la peinture de son frère Josef. Il se signala aussi par une traduction d'une anthologie de la *Poésie française du temps présent* (1920). Mais il évolua vite vers une vision pragmatique de la réalité qui n'empêche pas le quotidien de côtoyer le fantastique. Il publia d'abord des nouvelles au ton grinçant : *Calvaires* (1917), *Histoires pénibles* (1921), *Les Contes d'une poche* et *Les Contes de l'autre poche* (1927). Puis il aborda le théâtre avec des drames : *Le Jeu fatal de l'amour* (1928), et surtout *RUR, Les Robots universels de Rossum* (1921), où les robots (mot créé par Čapek d'après le radical du verbe slave, signifiant «travailler») se révoltent contre leurs créateurs. Dans la même veine, il écrivit d'autres pièces (*L'Affaire Makropoulos*, 1922 ; *Adam le Créateur*, 1927 ; *La Peste blanche*, 1937 ; *La Mère*, 1938) et des romans (*La Fabrique d'Absolu*, 1922 ; *La Krakatite*, 1924 ; *La Guerre des salamandres*, 1936). Toutes ces œuvres de science-fiction évoquent des dangers monstrueux qui pèsent sur l'humanité et indirectement l'atmosphère dramatique de leur époque. Il s'essaya aussi à un style plus léger dans lequel il excella avec des impressions de voyage : *Lettres d'Italie* (1923), *Lettres d'Angleterre* (1924) puis aborda le roman psychologique avec une trilogie : *Hordubal* (1933), *Le Météore* (1934), *Une vie ordinaire* (1934). Très influent dans la société de Bohême, notamment par l'intermédiaire du journal *Národní Listy* «Journal national», il occupa un peu, comme en témoignent les *Entretiens avec Masaryk**, la place d'écrivain «officiel» de la première République tchécoslovaque, dont la liquidation après les accords de Munich, en 1938, précéda de peu sa propre mort. ➝ **ÉTYM.** Ce nom tchèque signifie «petite cigogne».

**ČAPEK-CHOD (Karel Matěj)** ♦ Écrivain tchèque (Domažlice 1860 - Prague 1927). Il fut le collaborateur des frères Čapek* au journal *Národní Listy*, mais fit exception parmi les écrivains de sa génération en créant un grotesque naturaliste, dans des romans comme *La Vengeance de Kašpar Lén* (1908), *La Turbine* (1916), *Les Jindra* (1921), *Řešany* (1927), qui décrivent un monde tragique.

**CAPELLA** ou **CHÈVRE** n. f. ♦ Nom donné à l'étoile α Cocher*. Magnitude 0,1 ; type spectral G8 ; distance 45 années-lumière. C'est une étoile double, 150 fois plus lumineuse que le Soleil.

**CAPELUCHE** ♦ Bourreau de Paris de 1411 à 1418, sous le règne de Charles* VI. Il fut l'un des chefs du parti des bourguignons*, et fut décapité en 1418 pour ses atrocités.

**CAPENDU** [11700] ➝ **ÉTYM.** prov. «champ *(camp)* en pente *(pendut)*» ♦ Ch.-l. de cant. de l'Aude, arr. de Carcassonne. 1 229 hab. *(Capenduciens)*. Vestiges d'un château du XIV$^{e}$ s. Église du XIV$^{e}$ s., restaurée. ▪ Vins.

**CAPESTERRE-BELLE-EAU** [97130] ➝ **ÉTYM.** du lat. *caput terrae* «la tête de la terre» (en langage marin le capesterre est la côte offerte aux alizés) et *Belle-Eau*, en hommage à l'abondance de rivières, de cascades et de chutes d'eau qui caractérisent la région ♦ Ch.-l. de cant. de Guadeloupe, arr. de Basse-Terre, sur la côte sud-orientale de la Basse-Terre. 19 568 hab. *(Capesterriens)*. Bananes.

**CAPESTERRE-DE-MARIE-GALANTE** [97140] ➝ **ÉTYM.** → Capesterre-Belle-Eau et Marie-Galante ♦ V. de l'île de Marie-Galante. 3 559 hab. Belles plages.

**CAPET** ♦ Surnom donné à Hugues* I$^{er}$, fondateur de la dynastie des Capétiens*, probablement par allusion à la chape à laquelle son titre d'abbé lui donnait droit. ▪ Sous la Révolution, il fut attribué comme nom roturier à Louis* XVI et à sa famille.

**CAPET (Lucien)** ♦ Compositeur et violoniste français (Paris 1873 - *id.* 1928). Professeur au Conservatoire de Paris (1907), il a composé de la musique de chambre (*Quatuors, Sonate pour piano et violon*). Il fonda un quatuor qui fut longtemps célèbre dans le monde entier.

**CAPÉTIENS** ♦ Dynastie des rois de France, qui succéda aux Carolingiens* en 987 avec Hugues* Capet (→ **Capet**) et régna en ligne directe jusqu'à Charles* IV le Bel (1328). Elle était issue de Robert* le Fort, dont deux fils, Eudes* (888 - 898) et Robert* I$^{er}$ (922 - 923), ainsi que le gendre de ce dernier, Raoul* ou Rodolphe de Bourgogne (923 - 936), disputèrent le trône aux Carolingiens et régnèrent sous le nom de *Robertiens*. La dynastie capétienne s'installa avec Hugues Capet, fils de Hugues* I$^{er}$ le Grand et petit-fils de

**Les Capétiens**

Robert Ier, subsista d'abord par élection, et devint héréditaire à partir de 1179. Jusqu'à cette date, chaque souverain fit élire et couronner son fils aîné de son vivant. Le duché de Bourgogne* annexé par Robert* II le Pieux (996 - 1031) fut cédé par Henri* Ier (1031 - 1060) à son frère Robert de France, formant ainsi la tige de la première *maison capétienne de Bourgogne*. Les Capétiens, qui héritèrent en 987 d'un domaine peu étendu (duché de France : Paris, Orléans), s'employèrent dès Philippe* Ier (1060 - 1108), Louis* VI le Gros (1108 - 1137) et Louis* VII le Jeune (1137 - 1180) à son agrandissement. Ils annexèrent le Gâtinais (1069), le Vexin français (1082) et le Berry (1100). L'extension se poursuivit sous Philippe* II Auguste (1180 - 1223) qui reçut l'Artois (1180) par mariage, enleva le Vermandois (1191) et la Terre d'Auvergne (1198 - 1201) aux Plantagenêts*, auxquels il confisqua encore, en 1203, l'Anjou, le Maine, la Normandie, le Poitou, la Saintonge et la Touraine. Parallèlement, il fit épouser l'héritière de Bretagne à Pierre* Ier Mauclerc, fondant ainsi la maison capétienne de *Bretagne**, tandis qu'en Orient Pierre II de Courtenay*, petit-fils de Louis VI, devenait le premier empereur d'Orient de la maison capétienne. Dans le domaine religieux, les Capétiens s'illustrèrent lors des croisades*, d'abord sous Louis VII et Philippe Auguste, puis avec Louis* IX ou Saint Louis (1226 - 1270) après l'intervention de Louis* VIII le Lion (1223 - 1226) contre les albigeois*, qui permit l'annexion du Bas-Languedoc en 1229. Sous Philippe* III le Hardi (1270 - 1285), héritier du comté de Toulouse, le mariage de Robert de Clermont (fils de Saint Louis) avec Béatrice de Bourgogne-Bourbon fut à l'origine de la branche capétienne des Bourbons. → **Bourbon (maison de)**. Philippe* le Bel (1285 - 1314) étendit encore le domaine royal à la Champagne, à la Navarre, à l'Angoumois et au comté de Lyon, et renforça l'autorité monarchique ; mais ses fils et successeurs : Louis* X le Hutin (1314 - 1316), Philippe* V le Long (1316 - 1322) et Charles* IV le Bel (1322 - 1328), dernier des Capétiens directs, moururent sans postérité mâle ; ce qui amena sur le trône la branche collatérale des Capétiens de Valois (→ **Valois**) représentée par Philippe* VI, petit-fils de Philippe III le Hardi. Son élection au détriment d'Édouard* III d'Angleterre, petit-fils par sa mère de Philippe IV le Bel, fut l'une des causes immédiates de la guerre de Cent* Ans.

**CAPE TOWN** → **Cap (Le)**

**CAP-FERRET** ♦ Station balnéaire de la Gironde (comm. de Lège-Cap Ferret), à l'entrée du bassin d'Arcachon au cap Ferret. Pêche. Ostréiculture.

**CAP-HAÏTIEN** ♦ V. de la république d'Haïti, ch.-l. du dép. du Nord. 212 000 hab. *(Capois)*. Port (exportation de café et de cacao). ▮ **Histoire** Fondée par les Français sous le nom de Cap-François (Français), la ville fut la capitale de la colonie de Saint-Domingue jusqu'en 1770. Détruite à plusieurs reprises par des incendies et un tremblement de terre, elle n'en offre pas moins une architecture urbaine intéressante.

**CAPHARNAÜM** ← **ÉTYM.** de l'hébr. *kephâr naḥûm* «village de Nahum ["le consolé"]» ♦ V. de Galilée où les Évangiles situent le centre de la prédication de Jésus, avant sa montée à Jérusalem (*Matthieu*, IV, 17 ; *Luc*, IV, 31). Auj. Kefar Nahum.

**CAPISTRANO** → **Jean de Capistran** ***(saint)***

Le **Capitaine Fracasse** ♦ Roman picaresque de Théophile Gautier* (1863), inspiré du *Roman* comique* de Scarron : le jeune baron de Sigognac, baptisé pour la circonstance capitaine Fracasse, parcourt la France avec des comédiens ambulants et, au terme d'aventures nombreuses, épouse Isabelle, l'«ingénue» de la troupe.

Le **Capital** – en all. ***Das Kapital*** ♦ Ouvrage de Marx*, dont seul le premier tome, *Développement de la production capitaliste*, parut de son vivant (1867) ; les tomes II, *Le Procès de la circulation du capital*, et III, *Procès d'ensemble de la production capitaliste*, furent rédigés par Engels* (d'après les notes laissées par Marx) et publiés en 1885 et 1894. Quant à la quatrième partie, pour laquelle Marx avait réuni une abondante documentation, c'est Kautsky* qui l'acheva et la publia sous le titre *Les Théories de la plus-value* (1904 - 1910). Marx, dont l'ouvrage a pour objet d'analyser «le mode de production capitaliste et les rapports de production et d'échange qui sont les siens», tente donc à la fois de constituer un savoir totalisant et les concepts scientifiques permettant l'existence de ce savoir. Ainsi, partant de la condition de l'ouvrier, obligé, dans le système capitaliste, de vendre sa force de travail pour survivre, il s'attache à décrire les lois naturelles du capitalisme (en particulier le mécanisme de la formation de la plus-value) ainsi que leur complexification croissante. Mais la visée de Marx n'est pas seulement d'étudier les structures socioéconomiques qui régissent la société de son temps. Il s'agit aussi de mettre en évidence les contradictions liées au développement du capitalisme et le sens de son évolution (paupérisation croissante, extension et aggravation des crises) afin de donner au mouvement socialiste des outils théoriques et pratiques pour agir plus efficacement en faveur d'une société socialiste. → **Marx (Karl)**.

**Capitale de la douleur** ♦ Recueil de Paul Éluard* (1926) qui réunit des plaquettes antérieures (*Répétitions*, 1922, et *Mourir de ne pas mourir*, 1924) à des ensembles inédits (*Les Petits Justes* et *Nouveaux Poèmes*). Groupant des poèmes en prose et en vers dont les thèmes sont le rêve, l'amour, le miroir, la peinture, l'œuvre, d'une extrême densité poétique, illustre le trajet qui mène l'auteur du dadaïsme au surréalisme.

**CAPITANT (Henri)** ♦ Juriste français (Grenoble 1865 - Allinges, Haute-Savoie 1937). On lui doit des ouvrages de droit civil (*Introduction à l'étude du droit civil ; Cours de droit civil*).

**CAPITINI (Giunta)** → **Pisano (Giunta Capitini)**

**CAPITOLE** ou **CAPITOLIN** ← **ÉTYM.** en it. ***Campidoglio***, en lat. ***Capitolium***, de *caput* «tête» ♦ Nom donné à l'une des sept collines de Rome et à l'ensemble des édifices qu'elle supporte. Site légendaire de l'allaitement de Romulus* par la louve, cette colline devint le centre religieux de la Rome antique. On y trouvait au N. la Citadelle *(Arx)*, là où se dresse actuellement l'église Santa Maria in Aracaeli, et au S. le Capitole proprement dit *(Capitolium)*, temple étrusque à triple *cella*, consacré à Jupiter*, Junon* et Minerve* (–VIe s.) ; entre les deux, l'*Intermontium* correspondait à l'actuelle place du Capitole. Celle-ci, dessinée par Michel*-Ange v. 1546, n'a été réalisée que par la suite. Elle comporte, au fond, le palais des Sénateurs, siège de la commune de Rome (auj. hôtel de ville) ; à droite, le palais des Conservateurs (1564 - 1576, aujourd'hui musée et Pinacothèque capitoline) ; à gauche, le Palais nouveau (déb. XVIIe s.), abritant le Musée capitolin et sa collection d'antiques, dont le *Galate couché* (ou «Gaulois mourant»). Au centre, se dresse la statue équestre de Marc Aurèle. Du côté du Tibre se trouve la roche Tarpéienne (→ **Tarpéia**) d'où l'on précipitait les condamnés. Au flanc de la colline est creusée la prison du Tullianum*. ♦ ***Les oies du Capitole*** Oies consacrées à Junon, qui sauvèrent Rome de l'attaque des Gaulois en –390. → **Manlius**. ▪ Le nom de Capitole a été donné à des édifices servant de centre à la vie municipale ou parlementaire, comme, en France, le *Capitole de Toulouse* (XVIIIe s.) ou, aux États-Unis, le *Capitole de Washington*, où se réunissent le Sénat et la Chambre des représentants et qui fut construit sur les plans du Britannique W. Thornton (v. 1800) et achevé après 1850.

**CAPLET (André)** ♦ Compositeur et chef d'orchestre français (Le Havre 1878 - Neuilly-sur-Seine 1925). Ier Grand Prix de Rome (1901), il fut lié d'amitié avec Debussy. Son œuvre est d'inspiration mystique : *Messe à 3 voix* (1922), *Épiphanie* (1923), *Le Miroir de Jésus* (1923) pour voix solo, chœurs de femmes, orchestre à cordes et harpe. Il fut chef d'orchestre de l'opéra de Boston (1910 - 1914).

**CAP-MARTIN** → **Roquebrune-Cap-Martin**

**Capodimonte** ♦ Palais des Bourbons des Deux-Siciles au-dessus de Naples, construit sur l'ordre de Charles III à partir de 1738. Une prestigieuse manufacture de porcelaine y fut installée dès 1840.

**CAPO D'ISTRIA** ou **KAPODÍSTRIAS (Jean Antoine,** comte **DE)** ♦ Homme d'État grec (Corfou 1776 - Nauplie 1831). Secrétaire d'État des îles Ioniennes (1803), il entra au service de la Russie (1809) et devint ministre des Affaires étrangères (1816 - 1822). Opposé à la politique de la Sainte-Alliance, il se retira à Genève et soutint la lutte des Grecs pour l'indépendance. Élu président de la nation grecque en 1827, il eut à surmonter de très graves problèmes diplomatiques et intérieurs. Impopulaire en raison de sa politique autoritaire, suspect comme russophile et déplaisant à la bourgeoisie libérale et à l'aristocratie, il fut assassiné par deux membres d'un clan puissant du Péloponnèse.

**CAPONE (Alphonse,** dit **Al)** ♦ Gangster américain (New York 1899 - Miami 1947). Chef d'une bande dont les crimes (massacre de sept membres du gang des Irlandais le 14 fév. 1929) et les trafics en tous genres (drogue, prostitution) se situent à Chicago au temps de la prohibition.

**CAPORETTO** – en slovène ***Kobarid*** ♦ Village de Slovénie, avant 1945 en Italie (vallée de l'Isonzo). Le 24 oct. 1917, l'offensive austro-allemande dirigée par von Below y rompit le front italien. Dans sa retraite, l'armée italienne laissa 293 000 prisonniers, plus de 3 000 canons (la moitié de son artillerie), d'importants stocks d'armes, de matériel, de vivres. Cependant, elle n'était pas détruite et le front se stabilisa sur le Piave à partir du 26 nov. → **Guerre mondiale (Première)**.

**CAPOTE (Streckfus PERSONS,** devenu **Truman)** ← **ÉTYM.** n. de son beau-père ♦ Romancier américain (La Nouvelle-Orléans 1924 - Los Angeles 1984). Son premier roman, *Les Domaines hantés* (*Other Voices, Other Rooms*, 1948), aventure fantastique d'un enfant à la recherche de son père, connut un grand succès. Il puisa encore dans ses souvenirs pour composer *La Harpe d'herbes* (1951). Le ton de *Petit déjeuner chez Tiffany* (1958) est bien différent : l'humour et l'anecdote supplantent le surnaturel et l'élégie pour peindre Holly Golighty, individualiste généreuse, amorale et honnête. Le thème du mal revient comme un leitmotiv dans *Un arbre de nuit* (1949), recueil de nouvelles. De ce qui aurait pu n'être que le reportage d'un fait divers sanglant, Truman Capote construisit une œuvre très personnelle : *De sang-froid* (1966). Il ne put achever ce qui, espérait-il, serait son chef-œuvre, *Prières exaucées*.

**CAPOUE** – en it. ***Capua*** ← **ÉTYM.** probablt étrusque ♦ V. d'Italie, en Campanie (prov. de Caserte), sur le Volturno. 19 041 hab. Maisons anc.

Musée de la Campanie (archéologie). **Histoire** La ville actuelle est construite sur les ruines de *Casilinium*. À 4 km s'élevait l'ancienne Capoue (auj. Santa Maria Capua Vetere) qui fut fondée par les Étrusques (–VIIe s.). Elle fut alliée de Rome avant –300 ; Hannibal s'en empara en –215, après la bataille de Cannes, et y tint des quartiers d'hiver dont l'agrément, dangereux pour la combativité de ses troupes, est resté célèbre (les «délices de Capoue»). Reprise et colonisée par les Romains en –211, elle fut détruite deux fois par les Sarrasins, en 456 et 840, et reconstruite un peu plus loin. Capoue fut conquise par les Normands en 1058 et devint une place stratégique pour les rois de Naples.

**CAPP (Alfred Gerald CAPLIN, dit Al)** ♦ Dessinateur et humoriste américain (New Haven, Connecticut 1908 - Cambridge, Massachusetts 1979). Auteur d'une célèbre bande dessinée où il mettait en scène, avec une égale truculence dans le dessin et le langage, une famille de pauvres blancs du Sud (*Li'l Abner*, 1934). Il fut très critiqué après 1960 pour ses prises de positions anti-intellectuelles et conservatrices.

**CAPPADOCE** n. f. ← ÉTYM. p.-ê. du persan *katpatuka* désignant une satrapie ♦ Anc. pays d'Asie Mineure, appartenant auj. à la Turquie. Aujourd'hui, le terme de Cappadoce désigne plus précisément les plateaux volcaniques situés entre Nevşehir et Kayseri, autour d'Ürgüp*. L'érosion y a découpé dans les laves et tufs issus de l'Erciyes Dağı (anc. *Argée*, 3 916 m), du Melendiz Dağı et du Hasan Dağı des milliers de cônes, pitons et cheminées de fées, dans lesquels les communautés monastiques byzantines ont aménagé, entre le VIIIe et le XIIIe s., des centaines de couvents et d'églises rupestres décorées de fresques, dont le R. P. de Jerphanion entreprit l'inventaire au début du XXe s. Leur décor a évolué des motifs géométriques et symboles paléochrétiens de la période iconoclaste aux bandes narratives de l'art «archaïque» et aux grandes compositions de l'art proprement «byzantin» inspiré des modèles de Constantinople. Les sites les plus remarquables sont la vallée de Göreme, les canyons d'Ihlara et de Soğanlı et la ville souterraine de Derinkuyu. La Cappadoce est une grande région de tourisme. **Histoire** Envahie par les Hittites* dès le –IIe millénaire, puis englobée dans leur empire jusque v. –1200, la Cappadoce fit partie successivement de l'Empire perse, de l'empire d'Alexandre* le Grand, de la satrapie d'Eumène* et du royaume d'Antigonos* Monophtalmos. Devenue indépendante v. –301, convoitée par Mithridate* qui tenta de renverser Ariobarzane* (–94), elle fut placée sous protectorat romain et érigée en province romaine sous Tibère* (17). Un des premiers foyers du christianisme en Asie, la Cappadoce suivit la destinée des Empires romain et byzantin et fut intégrée par la suite dans l'Empire ottoman.

**Cappadoce.** Cheminées de fées. *Phot.© Alexis Lesaffre/Fotolia*

**CAPPELLE-LA-GRANDE** [59180] ← ÉTYM. forme région. du fr. *chapelle* ♦ Comm. du Nord, banl. S. de Dunkerque. 8 613 hab.

**CAPPIELLO (Leonetto)** ♦ Peintre, dessinateur, caricaturiste et affichiste français d'origine italienne (Livourne 1875 - Grasse 1942). À Livourne, il débuta comme caricaturiste. Installé à Paris en 1898, il exécuta des portraits-charges pour *Le Rire*, puis s'affirma comme dessinateur humoristique et affichiste. Il exécuta des affiches aux couleurs vivement contrastées et souvent pleines d'humour (*Ouate thermogène*, 1909 ; *Cinzano*, 1922 ; *Kub*, 1931). Il a aussi laissé une série de statuettes caricaturales exécutées vers 1900 (*Yvette Guilbert*).

**CAPRA (Frank)** ♦ Cinéaste américain d'origine italienne (Palerme 1897 - Quinta, Californie 1991). Il fut, avec son scénariste Robert Riskin, durant les dix années qui précédèrent l'entrée en guerre des États-Unis (1941), le meilleur interprète d'un optimisme fondé sur la foi en la bonne volonté humaine, capable à elle seule de porter remède aux injustices sociales. Pendant la Deuxième Guerre mondiale, il réunit des bandes d'actualités sous le titre *Pourquoi nous combattons*. Réal. princ. : *New York-Miami* (1934), *L'Extravagant* M. Deeds* (1936). *Vous ne l'emporterez pas avec vous* (1938), *Monsieur Smith au Sénat* (1939), *La vie est belle* (1946).
← ÉTYM. Ce nom italien signifie «chèvre».

**CAPRARA (Giovanni Battista)** ♦ Cardinal italien (Bologne 1733 - Paris 1810). Légat du pape Pie VII à Paris après la signature du concordat* de 1801, il présida au rétablissement du culte catholique en France. Archevêque de Milan (1802), il sacra Napoléon Ier roi d'Italie (1805). Son corps repose au Panthéon.

**CAPRI** ← ÉTYM. p.-ê. de l'it. *capra* «chèvre» ♦ Petite île d'Italie, dans la mer Tyrrhénienne, située dans le prolongement de la péninsule de Sorrente, en Campanie (prov. de Naples), et fermant le golfe de Naples dans sa partie méridionale. 10 km². 12 500 hab. CH.-L. : Capri (7 443 hab.). Le relief en est assez élevé (plateau d'Anacapri, monte Solaro, 589 m). Les côtes sont échancrées de baies (Marina Grande, Marina Piccola) et de grottes (dont la plus célèbre est la grotte Bleue). C'est un centre touristique particulièrement visité. L'empereur Tibère y séjourna de longues années (ses célèbres «antres» étaient des grottes aménagées) et y mourut.

Les **Caprices** ♦ Recueil de 80 gravures de Goya, publié en 1799. Elles furent exécutées après la maladie qui terrassa l'artiste en 1792, le rendant définitivement sourd. Isolé du monde extérieur, Goya jette un nouveau regard sur la société : avec un sens aigu du grotesque à travers des images satiriques et caricaturales, il exprime l'indignation que lui inspirent l'humanité, ses faiblesses, ses vices, sa folie.

Les **Caprices.** *Jolie maîtresse*, gravure de Goya, 1799. Bibliothèque nationale de France, Paris. *BIS/Phot. Coll. Archives Nathan*

Les **Caprices de Marianne** ♦ Comédie en 2 actes d'Alfred de Musset*, jouée en 1851. Aimée du tendre et pudique Cœlio, Marianne lui préfère son cousin Octave, jeune débauché qui ne l'aime pas. Se croyant trahi par son ami Octave, Cœlio se laisse tuer dans une embuscade que lui ont tendue les valets de Claudio, mari de Marianne.

**CAPRICORNE** n. m. – en lat. ***Capricornus*** ♦ Constellation zodiacale. Dixième signe du zodiaque (21 déc. - 19 janv.).

**Capricorne** (tropique du) ♦ Parallèle de la sphère terrestre (latitude 23°26′ S.) ; limite S. de la zone tropicale.

**CAPRIVI (Leo, comte DE)** ♦ Général et homme politique prussien (Charlottenburg, Berlin 1831 - Skyren, Brandebourg 1899). Officier d'état-major, puis chef de l'amirauté (1883), il prit la succession de Bismarck à la chancellerie en 1890 et y représenta la nouvelle orientation libérale de la politique de Guillaume* II (arrêt des lois antisocialistes, mesures envers les Polonais, abaissement des barrières douanières). En politique extérieure, il consolida la Triple-Alliance*, ce qui favorisa l'entente franco-russe. Très critiqué par les conservateurs et surtout par Bismarck, il démissionna de son poste de Premier ministre de Prusse en 1892, puis, en conflit avec Guillaume II, il se retira de la vie politique en oct. 1894. Il a laissé son nom à la *bande de Caprivi* entre la Zambie et le Botswana, qui donne à la Namibie un accès au Zambèze.

**CAPRONI (Giorgio)** ♦ Poète italien (Livourne 1912 - Rome 1990). Ayant dû renoncer à achever ses études de musique, il fut enseignant, journaliste, traducteur (Maupassant, Apollinaire, Céline, Genet, Frénaud). Il évolua vite d'une certaine ampleur lyrique (*Stances du funiculaire*, 1952) à un langage laconique et lacéré, où s'énonce la quête sans espoir du sens (*Le Mur de la terre*, 1975 ; *Le Franc-Chasseur*, 1982).

**CAPUANA (Luigi)** ♦ Écrivain et critique italien (Mineo, Catane 1839 - Catane 1915). Considéré comme le théoricien du vérisme (*Per l'Arte*, 1885), il illustra aussi ce mouvement par des nouvelles (*Le Appassionate*, 1893 ; *Le Paesane*, 1894) et des romans, dont le plus célèbre est *Le Marquis de Roccaverdina* (1901).

## capucins

n. m. pl. ♦ Branche de l'ordre des franciscains* fondée par Matteo de Bascio, moine réformateur, et approuvée en 1528 par Clément VII. L'adhésion de Bernardin de Sienne (→ **Ochino**) au protestantisme en 1541 faillit entraîner sa suppression. En France, il n'apparut qu'en 1573 et joua un rôle déterminant dans la lutte contre le protestantisme et la réforme du catholicisme. L'un des capucins les plus célèbres fut le P. Joseph* Leclerc du Tremblay.

**CAPULET** – nom fr. des ***Cappelletti*** ♦ Famille italienne noble, probablement de Vérone, appartenant au parti gibelin et rivale des Montaigus. Les dissensions de ces deux familles inspirèrent à Shakespeare le drame de *Roméo* et Juliette*. ➛ **ÉTYM.** Le nom de cette famille italienne vient probablement du latin *capulus* «poignée, garde [d'une épée]».

**CAPVERN** [65130] ➛ **ÉTYM.** de l'occit. *cap* «tête, bout» et pl. du gasc. *bèr* «aulne» ♦ Comm. des Hautes-Pyrénées, arr. de Bagnères-de-Bigorre. 1 074 hab. *(Capvernois)*. Station thermale à *Capvern-les-Bains* (450 m d'alt.). ▪ Aux environs, château de Mauvezin (XIII$^e$ - XIV$^e$ s.), qui appartint à Gaston Phœbus, et abbaye cistercienne de l'Escaladieu.

## CAP-VERT

▮ n. m. – off. ***république du Cap-Vert***, en port. ***Cabo Verde*** ➛ **ÉTYM.** ainsi nommé en raison de l'aspect verdoyant du promontoire qui contraste avec l'aspect désertique des régions voisines de la côte africaine ♦ Pays insulaire de l'Atlantique. 4 033 km$^2$. 555 000 hab. *(Cap-Verdiens)*. LANGUES : portugais (off.), créole portugais. RELIGION : catholiques. MONNAIE : escudo du Cap-Vert. CAPITALE : Praia. RÉGIME : démocratie parlementaire.

▮ **GÉOGRAPHIE** L'archipel du Cap-Vert est constitué d'une quinzaine d'îles et d'îlots à 645 km au large du Sénégal. Les principales îles sont Santo Antão, Boa Vista, Fogo, São Nicolao, Sal (aérodrome international), et São Tiago (Santiago), l'île principale, abritant la moitié de la population. Le relief est volcanique et culmine à 2 829 m au pic Fogo dans l'île du même nom. Le Cap-Vert est soumis au climat sahélien et son sol mis à nu par la déforestation est peu productif, sauf dans les vallées plus humides où l'agriculture tempérée (pommes de terre, haricots) fait place à une agriculture tropicale : bananes, patates douces, maïs, pour les cultures vivrières, canne à sucre, café et bananes pour l'exportation. Le petit bétail (chèvres, porcs) fournit un appoint alimentaire ainsi que la pêche. Les anciennes coulées de lave fournissent de la pouzzolane (isolant thermique) destinée à l'exportation. En raison de l'insuffisance des secteurs agricole et industriel (les services assurent les 3/4 des emplois), le Cap-Vert a toujours été un pays de forte émigration (les fonds envoyés par les 700 000 émigrés constituent 12 % du PIB).

▮ **HISTOIRE** On pense que l'archipel était inhabité quand il fut découvert par Ca' da Mosto en 1456. Il servit dès lors d'escale pour l'exploration des côtes africaines, puis de l'océan Indien et du Brésil. La possession portugaise fut confirmée par le traité de Tordesillas* (1494), et, durant toute l'époque coloniale, les îles du Cap-Vert furent le port avancé de Lisbonne sur la route de son empire outre-mer. Esclaves amenés du continent et Portugais de la métropole donnèrent naissance à une population métissée dont une grande partie fut employée comme cadres administratifs dans les possessions portugaises du Mozambique, d'Angola ou de Guinée-Bissau. Ces expatriés furent souvent à la pointe du combat indépendantiste dans ces colonies. Ils durent partir peu après les Portugais et revenir au Cap-Vert à la suite de l'«africanisation» des administrations locales. Le Cap-Vert devint indépendant en 1975. Au milieu des années 1980, le Parti africain pour l'indépendance du Cap-Vert et de la Guinée-Bissau (PAIGC), la formation nationaliste commune aux deux territoires, fit l'objet d'une scission et la section cap-verdienne gouverna le pays comme parti unique sous la direction d'Aristides Pereira jusqu'en 1990. Cette année-là, le retour au multipartisme vit l'arrivée au pouvoir du chef de l'opposition Antonio Mascarenhas Monteiro. Pedro Pires, candidat de l'ancien parti unique, lui a succédé début 2001. En 2005, le Cap-Vert a pris des mesures restrictives sur le transit des immigrés ouest-africains.

**CAQUETÁ** (río) ♦ Riv. du S. de la Colombie. Issue de la cordillère des Andes centrales, elle traverse la forêt amazonienne pour gagner l'Amazone. ♦ ***Département de Caquetá*** 88 965 km$^2$. 338 000 hab. CAP. : Florencia.

**CAQUOT (Albert)** ♦ Ingénieur français (Vouziers, Ardennes 1881 - Paris 1976). Il inventa le ballon captif dit «saucisse» (1914) mais ses travaux les plus connus concernent l'étude des matériaux (élasticité, résistance), dont le béton armé. Il réalisa notamment le pont George V à Glasgow, la forme de radoub de Saint-Nazaire, le Christ géant de la baie de Rio et le barrage de Donzère*-Mondragon. [Acad. sc. 1934]

**CARABAS** [-ba] (le marquis de) ♦ Personnage du conte *Le Chat* botté*, de Ch. Perrault*, détenteur de richesses fabuleuses et imaginaires.

**CARABIN (Rupert)** ♦ Sculpteur français (Saverne 1862 - Strasbourg 1932). Il s'est inspiré du corps humain et des animaux pour créer des meubles étranges, anthropomorphes (*Bibliothèque*, 1890, Musée d'Orsay, Paris), et a utilisé la photographie (plus de 500 clichés de nus féminins) pour ses sculptures. Nommé en 1920 directeur de l'école des Arts décoratifs de Strasbourg, il a réalisé dans le style de l'Art nouveau des figurines de Loïe Fuller.

**CARABOBO** ♦ État du Venezuela sur la mer des Antilles. 4 650 km$^2$. 1 932 168 hab. CAP. : Valencia. ▪ Riche région agricole (plantations de café, cacao, sucre) et zones industrielles autour de la capitale et de Puerto Cabello*. ▮ **Histoire** L'État doit son nom au village de Carabobo où Bolívar remporta deux victoires sur les Espagnols (1814 et 1821), assurant l'indépendance du Venezuela.

**CARABOSSE** (la fée) ♦ Fée malfaisante, vieille et «bossue à trente-six carats», c'est-à-dire «extrêmement bossue».

**CARACALLA (Marcus Aurelius Antonius Bassianus, dit)** ➛ **ÉTYM.** n. du manteau gaulois qu'il portait ♦ (Lyon 188 - Carrhae, auj. Harran, 217). Empereur romain (211 - 217), fils de Septime* Sévère, et de Julia Domna (→ **Julie**). Proclamé empereur en 211 avec son frère Geta*, il assassina ce dernier l'année suivante et se débarrassa de ses adversaires parmi lesquels Papinien*, préfet du prétoire. Par l'édit de 212 il tenta d'unifier l'Empire, accordant la citoyenneté romaine à tous les sujets libres de l'Empire. Empereur guerrier comme son père, il entreprit des conquêtes en Gaule (213), sur le Danube (214), en Égypte (215) et en Syrie (216) où il mourut assassiné par Macrin*, préfet du prétoire. Il fit construire à Rome de nombreux monuments dont les thermes gigantesques qui portent son nom.

**CARACAS** ➛ **ÉTYM.** n. d'une tribu indienne, de *caracaro* «arbre légumineux» ou de *caracari* «oiseau de proie» ♦ Cap. du Venezuela, située à 900 m d'alt. dans une vallée de la cordillère Caraïbe, à 20 km de la côte. 1 836 000 hab. (aggl. 4 800 000). *(Caracassiens)*. Aéroport de Maiquetía. ▪ La ville et le port (La Guaira) concentrent l'essentiel des activités tertiaires du pays (34 %). Un grand nombre d'industries ont été implantées sur l'axe autoroutier en raison du manque de place sur le site de Caracas, qui abrite néanmoins encore 30 % des emplois industriels et qui produit près de 50 % du PIB (minerais exclus). Les ressources liées au pétrole ont profité en priorité à la croissance de la ville et au développement de ses équipements (centres commerciaux, autoroutes, métro) même si des quartiers populaires *(ranchos)* ont gagné les pentes avoisinantes. ▮ **Histoire** La ville, fondée en 1567 sur un site visité par Christophe Colomb* dès 1498, devint peu après le siège d'une capitainerie générale sous domination espagnole. Devenue, à partir de 1810, l'un des principaux centres du mouvement d'indépendance dirigé par Bolívar*, elle fut libérée en 1821 et devint la capitale du Venezuela en 1829.

**CARACCIOLO** ou **CARACCIOLI** ♦ Famille noble napolitaine d'origine grecque. ♦ **Giovanni Caracciolo,** duc **de Venosa** (v. 1372 - 1432). Secrétaire et favori de Jeanne II (→ **Jeanne I$^{re}$**), reine de Naples, il exerça une véritable dictature à partir de 1416, mais fut assassiné sur ordre de la reine. ♦ **Giovanni** ou **Jean Caracciolo,** prince **de Melfi** (1480 - Suse 1550). Grand sénéchal du royaume de Naples, il se mit au service des Français sous François* I$^{er}$, devint maréchal de France en 1544 et lieutenant général du roi en Piémont* en 1545. ♦ **Domenico Caracciolo.** Diplomate et économiste napolitain (Malpartida de la Serena, Espagne 1715 - Naples 1789). Ambassadeur à Paris du roi de Naples Ferdinand* IV, il se lia avec les Encyclopédistes. Devenu vice-roi de Sicile (1780), il se comporta en despote éclairé. Il fut ministre des Affaires étrangères (1786). ♦ **Francesco Caracciolo.** Amiral de la flotte parthénopéenne (Naples 1752 - *id.* 1799). Il s'opposa au débarquement des Anglo-Siciliens à Naples et fut pendu, sur l'ordre de Nelson*, au grand mât de son propre navire.

Les **Caractères** ♦ Œuvre de La* Bruyère (1688), en 16 chapitres, publiée à la suite d'une traduction, par La Bruyère lui-même, des *Caractères* de Théophraste. *Les Caractères ou les Mœurs de ce siècle* se présentent comme une suite de maximes et de portraits, peinture pittoresque à la fois de types humains éternels et d'individus situés dans une époque et un milieu précis ; de là le double intérêt de l'ouvrage, réflexion de moraliste ainsi que document sur la société de la fin du XVII$^e$ s. La Bruyère augmenta considérablement son ouvrage à chaque réédition, jusqu'en 1696.

**CARAFA** ♦ Famille d'origine napolitaine. GIAN PIETRO CARAFA, pape (→ **Paul IV**), couvrit d'honneurs ses neveux CARLO CARAFA (1516 - 1561) et ANTONIO CARAFA (1538 - 1591) qui se rendirent très impopulaires par leur rapacité. Le premier, nommé cardinal, dirigea la politique pontificale, lutta contre le royaume de Naples mais fut battu par le duc d'Albe (1556). Il fut destitué pour indignité en 1559 et condamné à mort sous Pie IV. Le second, réhabilité sous Pie V, devint cardinal (1568) et bibliothécaire de la Vaticane. Savant helléniste, il travailla aux éditions officielles de la Vulgate* et des Septante.

**CARAGIALE (Ion Luca)** ♦ Homme de théâtre et écrivain roumain (Haimanale 1852 - Berlin 1912). D'une famille de comédiens, il devint directeur du Théâtre national de Bucarest. Ses comédies, très populaires et constitutives de la conscience nationale roumaine, mettent en scène négociants, fonctionnaires, artisans, politiciens, femmes du monde et maris trompés dans des intrigues comparables à celles de Labiche, avec une exploitation comique de l'absurde verbal et du lieu commun. Œuv. princ. : *Une nuit orageuse* (1878), *Monsieur Léonidas face à la réaction* (1880), *Une lettre perdue* (1884), *La Calomnie* (1890). Il est aussi un maître de la nouvelle *(Un cierge pascal ; Kir Ianulea)*.

**CARAÏBE** (cordillère) ou cordillère de la **COSTA** ♦ Chaîne montagneuse qui borde la mer des Antilles, de Puerto Cabello jusqu'au cap Codera. Elle culmine au sommet du Pico Naiguatá (2 765 m) près de Caracas.

**CARAÏBES** n. m. pl. → **Caribes**

**CARAÏBES** n. f. pl. ou **LA CARAÏBE** n. f. ← ÉTYM. du n. des *Caribes** ♦ Ensemble géographique situé au centre du continent américain et comprenant les Antilles ou Caraïbes insulaires, les pays bordiers au S. de la mer des Antilles (Venezuela et Colombie), Panamá et les pays de l'isthme centraméricain. On adjoint souvent à cet ensemble le Yucatán* mexicain, la Floride*, l'archipel des Bahamas et les Guyanes qui ont des caractéristiques naturelles et culturelles voisines. ♦ ***Mer des Caraïbes*** ou ***mer des Antilles*** Vaste mer de l'Atlantique nord d'une superficie de 2 500 000 km², limitée au N. et à l'E. par l'arc antillais, au S. par les côtes de l'Amérique du Sud et à l'O. par les côtes de l'Amérique centrale. Elle communique au N.-O. avec le golfe du Mexique par le détroit du Yucatán.

**caraïsme** ou **karaïsme**

n. m. ← ÉTYM. de l'hébr. *qârâ'* «lire» ♦ Dissidence du judaïsme* qui récuse l'autorité de la Loi orale, codifiée dans le Talmud*. Bien qu'ils aient pu revendiquer une filiation plus ancienne, les caraïtes ne semblent pas antérieurs à Anan ben David, qui vécut à Bagdad avant de se retirer à Jérusalem au VIIIe s. Considérées comme hérétiques par les autres juifs, les communautés caraïtes se répandirent dans le Proche-Orient (de l'Égypte à la Perse), en Asie Mineure, en Crimée et en Lituanie. À l'époque moderne, elles connurent la domination ottomane et russe, et les caraïtes revendiquèrent parfois une origine «non juive» pour échapper à l'antisémitisme russe et nazi. Au XXe siècle, la plupart des caraïtes se regroupèrent en Égypte et bénéficièrent de la loi du retour accordé par l'État d'Israël, malgré les réserves des rabbins les plus orthodoxes.

**CARAJÁS** (serra dos) n. f. ♦ Région montagneuse de l'Amazonie brésilienne, au S. du Pará. Très riche province minière : minerai de fer à 67 % de teneur, exploitable à ciel ouvert (réserves : 18 milliards de t), or (serra Pelada), manganèse, nickel, bauxite, etc. Depuis la construction de la voie de chemin de fer de 890 km rejoignant le port d'Itaqui (Maranhão), les exportations de minerai de fer de cette mine ont atteint 35 millions de t par an. Ville minière planifiée près du site d'extraction et favelas au pied de la serra.

**CARAMANLIS (Constantin)** ♦ Homme d'État grec (Serrai, Macédoine 1907 - Athènes 1998). Avocat, puis député, il fut ministre du Travail (1946), des Travaux publics (1952). Le roi Paul l'appela à la présidence du Conseil en 1955. En désaccord, dans la suite, avec le palais royal, notamment sur une réforme qu'il proposa pour réduire les prérogatives du roi, il démissionna en 1963. En exil volontaire à Paris durant la dictature des colonels, qu'il ne cessa de condamner, il fut rappelé en Grèce en juil. 1974 et forma un gouvernement civil qui rétablit la démocratie et les libertés publiques. Son parti, la Nouvelle Démocratie (ND), fit triompher les modérés aux élections générales de nov. 1974. Il fut président de la République de 1980 à 1985 et de 1990 à 1995. ♦ **Costas Caramanlis** (Athènes 1956). Neveu du précédent. Député de la ND à partir de 1989, il a été Premier ministre de 2004 à 2009.

**CARAN D'ACHE (Emmanuel POIRÉ dit)** ← ÉTYM. d'après le mot russe *karandach* «crayon» ♦ Dessinateur humoristique et illustrateur français (Moscou 1859 - Paris 1909). Il donna des dessins à de nombreux journaux parisiens et publia des albums (*Nos soldats du siècle*, 1889 ; *Pages d'histoire*, 1904) qui témoignent de son goût pour les sujets militaires et de ses opinions nationalistes et antidreyfusardes.

**CARANSEBEŞ** – anc. ***Tibiscum*** ♦ V. de Roumanie occidentale (Banat). 28 966 hab. Important carrefour routier et ferroviaire.

**CARANTEC** [29226] ← ÉTYM. du n. de saint *Caranteg*, du vx bret. *carantoc* «affectionné, cordial» ♦ Comm. du Finistère, arr. de Morlaix, sur la côte du Léon. 2 724 hab. *(Carantécois)*. Station balnéaire. Cultures maraîchères.

**CARAVAGE (Michelangelo MERISI ou AMERIGHI ou MERIGHI, dit il Caravaggio, et en fr. LE)** ← ÉTYM. du n. de son lieu de naissance ♦ Peintre italien (Caravaggio 1573 - Porto Ercole 1610). Il fit son apprentissage auprès d'un peintre bergamasque, Simone Petazzo ; cette formation lombarde développa probablement son goût pour l'observation directe naturaliste, en même temps que les exemples vénitiens du Tintoret*, du Bassano*, les éclairages nocturnes de Cambiaso*, et les effets de lumières des maniéristes le sensibilisèrent au problème de la lumière et à ses possibilités expressives. Il se rendit à Rome, probablement vers 1589, travaillant notamment au service du Cavalier d'Arpin, dont il méprisait le maniérisme érudit. Ses premières œuvres connues, *Bacchus* (deux versions), *Madeleine endormie, Corbeille de fruits, Le Joueur de luth, Le Repos pendant la fuite en Égypte, La Diseuse de bonne aventure*, présentent des formes en pleine lumière, un modelé lisse et sec et un chromatisme vif. Outre une grande maîtrise technique, elles dénotent une approche nouvelle et plus directe de la réalité qui tranchait avec la production contemporaine et offrait un renouvellement thématique qu'exploitèrent rapidement ses émules. Sa première commande officielle obtenue grâce au cardinal del Monte et destinée à la chapelle Contarelli à Saint-Louis-des-Français (*Vocation de saint Matthieu*, 1599 - 1600 ; *Martyre de saint Matthieu*, 1600 ; *Saint Matthieu et l'Ange*, 1602) marque un tournant dans son évolution : une nouvelle conception de la lumière s'y affirme en effet ; un violent éclairage latéral, qui produit une opposition brutale entre le fond sombre et les parties se détachant en fort relief et sans transition, scande puissamment la composition et met en valeur la gestuelle et la mimique des personnages. À cette nouveauté formelle correspondait un changement d'inspiration ; choisissant ses modèles dans le peuple et soulignant avec réalisme leur aspect humble et prosaïque, le peintre rompait avec les conventions expressives, idéalistes, du sentiment religieux. Il fit ainsi scandale et dut donner une nouvelle version de *Saint Matthieu et l'Ange*. Cependant, malgré l'hostilité de l'académie de Saint-Luc, les accusations d'indécence et de vulgarité, il affirma la violence de son tempérament et un sens de la provocation en réalisant dans un esprit identique : *La Madone des pèlerins* et *La Mort* de la Vierge*. À cette époque, exploitant la fonction dramatique de la lumière, il réalisa des œuvres religieuses ou mythologiques violentes et pathétiques *(Conversion de saint Paul ; La Crucifixion de saint Pierre ; Mise au tombeau ; David)*. La vie aventureuse qu'il menait lui valut de nombreux démêlés avec la police et, à la suite d'un duel, il fut accusé de meurtre et dut s'enfuir. Réfugié à Naples en 1606, il peignit *La Flagellation* et les sept *Œuvres de Miséricorde*. Il se rendit ensuite à Malte *(Décollation de saint Jean-Baptiste)* puis à Syracuse et à Messine *(Résurrection de Lazare)*. En 1609, il revint à Naples où son exemple entraîna le développement de l'école napolitaine. Il mourut en tentant de regagner Rome où ses protecteurs réussissaient à obtenir sa grâce. Son évolution stylistique semble révéler une tendance à adopter une palette plus rompue et vibrante, tout en conservant un clair-obscur contrasté, un sens de la mise en scène dramatique, une plastique expressive. Le succès de son œuvre fut immédiat, produisant un vaste mouvement, le caravagisme (Orazio et Artemisia Gentileschi*, Zurbarán*, Terbrugghen*) et le «ténébrisme» (José de Ribera*) qui eut des répercussions importantes sur la plupart des courants de la peinture européenne. → **baroque (art)**.

**Caravage.** *La Diseuse de bonne aventure* (99 x 131 cm), 1595-1598. Musée du Louvre, Paris. *BIS/Phot. Hubert Josse © Archives Larbor*

**CARAX (Alex DUPONT, dit Leos)** ← ÉTYM. anagramme de son prénom (Alex) et de Oscar ♦ Réalisateur français (Suresnes 1960). Il a réalisé dans des expériences extrêmes des films intenses et dérangeants sur la détresse et la déchéance : *Boy meets girls* (1984), *Mauvais Sang* (1986), *Les Amants du Pont-Neuf* (1991) avec Juliette Binoche. Son perfectionnisme et son ambition artistique exigeant d'importants budgets, il tourne peu mais finit par retrouver son autre comédien fétiche, Denis Lavant, aux performances physiques étonnantes, pour participer au film *Tokyo* (2008).

**CARBET (LE)** [97221] ◆ ÉTYM. du n. du massif volcanique «les pitons du *Carbet*» ♦ V. de Martinique, arr. de Fort-de-France. 3 316 hab.

**carbonarisme**

n. m. ◆ ÉTYM. de l'it. *carbonaro* «charbonnier» ♦ Mouvement politique secret qui se développa dans le royaume de Naples pour en chasser Murat et rétablir sur le trône Ferdinand IV et Marie-Caroline réfugiés en Sicile. Après le retour de Ferdinand IV à Naples (1815) et l'instauration du royaume des Deux-Siciles (1816), le carbonarisme devint un mouvement libéral ayant pour objectifs de chasser les Autrichiens, protecteurs des monarchies autoritaires, et d'établir des régimes démocratiques en Italie. Les *carbonari* provoquèrent la révolution de Naples (1820) et celle du Piémont (1821). La société secrète Jeune-Italie, fondée par Mazzini* en 1831, en fut l'héritière. L'organisation ressemblait à celle des loges franc-maçonnes : 20 *carbonari* formaient une «vente» *(venta)*, dirigée par 3 chefs, eux-mêmes organisés en «vente mère». Les délégués des ventes mères formaient la «haute vente» ou «vente suprême». ▪ En France, ce mouvement se développa pour lutter contre le régime politique de la Restauration*. Constitués sur le modèle italien, les groupes de charbonniers étaient formés de 10 membres ; ces ventes locales étaient dirigées par un Comité central, la «haute vente», qui fut quelque temps présidée par La* Fayette. La Charbonnerie française, qui compta parmi ses membres Bazard*, Berton*, Caron, Carrel, tenta simultanément plusieurs insurrections (Belfort*, La Rochelle, Saumur*, 1822) qui échouèrent. Affaiblie par des divisions internes, elle fut, dans l'ensemble, absorbée par d'autres sociétés républicaines vers la fin de la Restauration.

**CARBON-BLANC** [33560] ◆ ÉTYM. du n. d'une anc. auberge [dans le Sud-Ouest, *carbon blanc* désigne les épis de maïs dépourvus de leurs grains et servant de combustible] ♦ Ch.-l. de cant. de la Gironde, banl. N.-E. de Bordeaux. 6 620 hab. *(Carbonblannais)*. Viticulture (premières côtes-de-bordeaux).

**CARBONNE** [31390] ◆ ÉTYM. p.-ê. de l'occit. *calm* «lande, plateau désert» et adj. fém. *bona* «bonne», avec attraction de *carbo* «charbon» ♦ Ch.-l. de cant. de la Haute-Garonne, arr. de Muret au confluent de la Garonne et de l'Arize. 3 692 hab. *(Carbonnais)* (aggl. 4 542). Centrale hydroélectrique.

**CARCASSÈS** n. m. ♦ Pays du Languedoc, dont Carcassonne est la capitale, s'étendant aux plaines de l'Aude et du Fresquel.

**CARCASSONNE** [11000] ◆ ÉTYM. p.-ê. de la rac. pré-indo-eur. °*car-* «pierre» ♦ Ch.-l. du dép. de l'Aude, sur l'Aude, aux marges des Cévennes, dans le Carcassès. 43 950 hab. *(Carcassonnais)*. Évêché. Sur la rive g. s'étale la Ville basse, construite au XIIIe s. selon le plan régulier des «bastides». Église Saint-Vincent (XIVe s.) de style gothique languedocien. Musée des Beaux-Arts (peintures des XVIIe, XVIIIe et XIXe s.). Sur la rive d. de l'Aude se trouve la Cité, sur un escarpement. C'est une forteresse (restaurée par Viollet-le-Duc), composée de deux enceintes séparées par les lices. L'enceinte intérieure fut construite au VIe s. et remaniée au XIIIe s. ; l'enceinte extérieure est due à Saint Louis et Philippe le Hardi (XIIIe s.). Les murailles sont flanquées de tours (tour carrée de l'Évêque). La porte Narbonnaise constitue l'entrée de la Cité. Le Château comtal (1125 ?), bastion bien fortifié, d'une architecture magnifique, est entouré d'un fossé. L'église Saint-Nazaire, avec nef romane (1096), transept et chœur gothiques (1270 - 1320), possède de remarquables vitraux (XIVe - XVIe s.) et statues (XIVe s.). ▪ Centre admin. avec quelques indus. diversifiées. Tourisme. ▮ **Histoire** Anc. colonie latine, la ville devint au IXe s. un comté indépendant, puis elle fut assiégée et prise par Simon de Montfort, pendant la lutte contre les albigeois (1209).

**CARCO (François CARCOPINO-TUSOLI, dit Francis)** ◆ ÉTYM. abrév. de *Carcopino** ♦ Écrivain français (Nouméa 1886 - Paris 1958). Lié avec les poètes dits «fantaisistes» (P.-J. Toulet), il composa des poèmes intimistes (*La Bohème et mon cœur*, 1912 ; *Chansons aigres-douces*, 1913), évocation de souvenirs poursuivie avec des chroniques, *De Montmartre au Quartier latin* (1927) et *Mémoires d'une autre vie* (1934). Connu par des romans qui peignent le «milieu», ses mauvais garçons et ses filles (*Jésus la Caille*, 1914 ; *L'Équipe*, 1918), Carco a également abordé des études d'une plus grande densité psychologique avec *L'Homme traqué* (1922), évoquant deux personnages médiocres liés par la connaissance d'un crime, et *Rien qu'une femme* (1924), analyse d'une jalousie morbide. Il publia aussi : *Le Roman de François Villon* (1926), *La Légende et la Vie d'Utrillo* (1927), *Verlaine* (1939), *Gérard de Nerval* (1953).

**CARCOPINO (Jérôme)** ♦ Historien et homme politique français (Verneuil-sur-Avre, Eure 1881 - Paris 1970). Professeur à la Sorbonne (1920 - 1937), directeur de l'École française de Rome (1937 - 1940), il fut un temps ministre de l'Éducation nationale et de la Jeunesse dans le gouvernement de Pétain (1940 - 1941). Poursuivi après la Libération, il bénéficia d'un non-lieu en raison de services rendus à la Résistance. Helléniste et latiniste, il est connu pour ses travaux sur le dernier siècle de la République romaine, son évolution politique (*Sylla ou la Monarchie manquée*, 1931 ; *César*, 1936), son impérialisme, sa pensée religieuse et les débuts du christianisme (*Aspects mystiques de la Rome païenne*, 1941 ; *De Pythagore aux apôtres*, 1956 ; *Les Fouilles de Saint-Pierre et la tradition*, 1963). Il a laissé également une étude sur *Les Secrets de la correspondance de Cicéron* (1948). [Acad. fr. 1955] ◆ ÉTYM. *Carcopino* est un nom de lieu corse qui signifie «fagot de pin».

**CARDAMOMES** (monts ou chaîne des) ♦ Massif montagneux du S.-O. du Cambodge, culminant à 1 771 m, au relief lourd et constitué de plateaux gréseux et basaltiques, couverts de forêts denses où survivent des populations de chasseurs qui recueillent la cardamome, épice poivrée aux vertus médicinales. Petites exploitations de marbre.

**CARDAN (Gerolamo CARDANO, dit en fr. Jérôme)** ◆ ÉTYM. de *Cardano*, lieu d'orig. de la famille, en Lombardie ♦ Philosophe, médecin et mathématicien italien (Pavie 1501 - Rome 1576). Il fut professeur de mathématiques à Milan, de médecine à Bologne et à Pavie. Son système philosophique constituait un panthéisme sans immortalité de l'âme. Connu surtout comme mathématicien, il donna dans son *Ars magna sive de regulis algebraicis liber unus* (1545) la méthode de résolution de l'équation du 3e degré (il aurait ainsi dévoilé des méthodes que Tartaglia* lui aurait confiées en demandant le secret, mais son apport original paraît important et incontestable) et de celle du 4e degré due à L. Ferrari*. Cardan inventa également le dispositif d'articulation à mouvement libre conçu pour rendre la boussole insensible aux mouvements des vaisseaux (un *cardan* ou *joint de Cardan*). Il a laissé, rédigée en latin, l'une des premières autobiographies modernes : *De propria vita*.

**CÁRDENAS (Lázaro)** ♦ Homme d'État mexicain (Michoacán 1895 - Mexico 1970). Il participa à la lutte révolutionnaire devint général, gouverneur de l'État de Michoacán* (1928), puis ministre. Président de la République de 1934 à 1940, il rétablit la paix religieuse, instaura une importante réforme agraire et nationalisa le pétrole (1938). Il fut ensuite ministre de la Défense nationale, puis commandant en chef de l'armée mexicaine.

**CÁRDENAS (Agustín)** ♦ Sculpteur cubain (Matanzas 1927 - La Havane 2001). Admirateur de Brancusi* et de Jean Arp*, il abandonna l'Académie des beaux-arts de La Havane et se rendit à Paris en 1955. Il simplifia les volumes et intégra à ses sculptures les principes de l'art africain et totémique, leur conférant une poésie, une sensualité qui le firent admettre dans le mouvement surréaliste (*Plâtre*, 1955).

**CARDIFF** ◆ ÉTYM. en gallois *Caerdydd*, de *Caer Daf* «fort *(caer)* sur la rivière Taff» ou *Caer Dyf* «fort de Didius [général romain du Ier s.]» ♦ Cap. du pays de Galles, sur l'estuaire de la Severn. 305 340 hab. Bombardé pendant la Deuxième Guerre mondiale, le centre de Cardiff a été reconstruit. Univ. Parlement local («National Assembly for Wales») créé en 1999. ▪ L'exportation du charbon et la sidérurgie ont presque disparu. Mais la proximité de Londres, la qualité des liaisons avec le reste de la Grande-Bretagne ont assuré le renouveau industriel et surtout tertiaire de la ville. ▪ Le Millennium Stadium (anc. Arm's Park) est le haut lieu du rugby gallois.

**CARDIGAN** ◆ ÉTYM. du n. de *Keridig* ou *Ceredig*, prince gallois du VIe s. ; en gallois *Aberteifi* ♦ V. du pays de Galles (Ceredigion), au S. de la baie de Cardigan, près de l'embouchure de la Teifi. 4 000 hab. Centre touristique.

**CARDIGAN** (baie de) ♦ Vaste baie de la côte O. du pays de Galles. Plusieurs stations balnéaires dont Aberystwyth*.

**CARDIJN (Léon-Joseph)** ♦ Prélat belge (Schaerbeek 1882 - Louvain 1967). Vicaire d'une paroisse ouvrière de la banlieue bruxelloise, il fonda en 1925 la Jeunesse* ouvrière chrétienne (JOC) dont il fut l'aumônier général et le propagandiste à travers le monde jusqu'en 1965. Expert au concile Vatican II, il fut fait évêque puis cardinal en 1965.

**CARDIN (Pierre)** ♦ Couturier français (San Biagio di Callalta, Trévise 1922). Après avoir réalisé des costumes pour le théâtre et le cinéma (*La Belle et la Bête* de J. Cocteau) et participé, en 1947, au lancement de la collection Dior* inaugurant le *new-look*, il fonda sa maison en 1950. Novateur, il conçut la première ligne de prêt-à-porter, libéra la mode masculine de sa rigueur, et signa de nombreux produits annexes (accessoires de mode, meubles, parfums) fabriqués et diffusés dans le monde entier. Il fut le premier couturier admis à l'Académie des beaux-arts (1992). ◆ ÉTYM. *Cardin* est l'aphérèse de *Ricardin* ou de *Blancardin*.

**CARDOSO (Fernando Henrique)** ♦ Homme politique et sociologue brésilien (Rio de Janeiro 1931). Spécialiste de la sociologie du développement, il a été l'un des principaux théoriciens de l'école latino-américaine de la dépendance, proche des thèses marxistes. Il fut président de la république du Brésil de 1994 à 2002.

**CARDUCCI (Giosuè)** ♦ Poète et critique italien (Val di Castello, Toscane 1835 - Bologne 1907). Professeur ayant rapidement pris une orientation classique et humaniste, Carducci fut attiré, sur le plan politique, par l'idéologie républicaine et démocratique. Dès 1860, titulaire d'une chaire d'éloquence à Bologne, il mena, parallèlement à un enseignement très écouté, des travaux critiques où il envisageait les auteurs de la littérature italienne selon la méthode historique. ▪ Anticatholique (*L'Hymne à Satan*, 1863), et antiromantique au nom d'une tradition nationale, Carducci se voulut égalementment, dans la forme, fidèle aux modèles classiques, italiens et latins. À *Juvenilia* succédèrent *Levia Gravia* (1861 - 1868) et *Iambes et Épodes* (1867 - 1872), échos des passions politiques italiennes de l'époque. À l'inspiration intimiste des *Rimes nouvelles* (1861 - 1887) répondent les accents plus solennels de *Rimes et Rythmes* (1899). Dans *Les Odes barbares* (1877 - 1889), Carducci tenta de renouveler la poésie italienne en usant d'une prosodie calquée sur la structure métrique des vers grecs et latins, expérience qui fut commentée avec passion, comme le furent ses écrits polémiques (*Confessions et Batailles*, 1882 - 1884) dont le classicisme, d'un ton révolutionnaire, eut une influence décisive sur l'évolution intellectuelle de l'Italie. [Prix Nobel de littér. 1906]

**CARÉLIE** n. f. ➝ **ÉTYM.** en russe ***Karelia,*** du finnois *Karjala,* de *karja* « troupeau [pays des troupeaux] » ou « aride, inhabité [pays inhabité] » ♦ République de la fédération de Russie, limitrophe de la Finlande. ➝ **Russie** (carte et tableau des divisions admin.). 172 400 km². 716 700 hab. *(Caréliens).* LANGUE : carélien. RELIGION : orthodoxe. CAPITALE : Petrozavodsk. La Carélie est divisée en 15 districts. ▪ Prolongement du bouclier finno-scandien, la Carélie est un pays de collines, couvert de forêts et parsemé de lacs. L'exploitation forestière et la transformation du bois (cellulose, papier, meubles) sont une activité ancienne qui utilise l'énergie hydroélectrique des fleuves côtiers. Mais les forêts surexploitées s'épuisent. Le grand gisement de fer de Kostomoukcha alimente la métallurgie de Petrozavodsk. Métallurgie non ferreuse et construc. mécanique. L'agriculture est pauvre (élevage bovin, céréales froides, seigle et sarrasin, pommes de terre). Pêche active. Navigation sur les lacs et le canal mer Baltique-mer Blanche. ▮ **Histoire** Au XIIᵉ s., les chasseurs et les pêcheurs de Novgorod pénétrèrent dans la *Carélie orientale*, et y fondèrent des relais. Au XIIIᵉ s., les Caréliens furent convertis à l'orthodoxie par des missionnaires russes. Conquise en 1293 par les Suédois, qui y propagèrent le catholicisme, la *Carélie orientale* fut annexée par la Russie au traité de 1323. La *Carélie occidentale*, conquise par Pierre le Grand, fut annexée par la Russie au traité de Nystad* (1721), puis incorporée au grand-duché de Finlande par le traité de Hamina en 1809, date à laquelle la Russie obtint la suzeraineté de toute la Finlande. Après la révolution* d'octobre 1917 et la proclamation de l'indépendance finlandaise, des batailles eurent lieu en Carélie entre l'Armée rouge et les Finlandais, aidés par un corps expéditionnaire allemand. Au traité de 1920, la *Carélie orientale* fut annexée par la Russie, la *Carélie occidentale* par la Finlande. Après la guerre d'hiver de 1939 - 1940, la *Carélie occidentale* fut annexée par l'URSS, et le traité de 1947 confirma cette annexion, bien que la Carélie orientale, y compris Petrozavodsk, eût été reconquise par les Finlandais, pendant la Deuxième Guerre mondiale. La Carélie proclama sa souveraineté au sein de la fédération de Russie en 1991.

**Carélie.** Le lac Onéga. *Phot. © Hétier*

**CARELMAN (Jacques)** ♦ Artiste français (Marseille 1929). Illustrateur (*Exercices de style* de R. Queneau, 1963 et 1979), décorateur de théâtre, auteur d'un conte en collages (*Saroka la géante*, 1965) et d'un *Petit supplément à l'Encyclopédie de Diderot et d'Alembert* (1971), il est surtout sculpteur et assembleur d'objets : ses *Mécaniques pour Cyrano* reconstituent les inventions de Cyrano de Bergerac *La Hie* et *Le Diamant* celles de R. Roussel*, et ses *Objets introuvables* réalisent en trois dimensions des objets quotidiens détournés, avec humour, de leur fonction et dont il avait précédemment donné les dessins (*Catalogue d'objets introuvables*, 1969).

**CARÊME (Marie-Antoine)** ♦ Cuisinier et gastronome français (Paris 1784 - *id.* 1833). Chef de bouche du prince de Talleyrand, de George IV d'Angleterre, des empereurs de Russie, d'Autriche, il acquit une notoriété européenne en cuisinant pour les congrès d'Aix-la-Chapelle, de Vienne et de Laibach. Esthète, il s'inspirait de Palladio et de Vignole dans l'élaboration de ses pâtisseries. On lui doit de nombreux ouvrages, notamment *Les Déjeuners de l'empereur Napoléon, Le Pâtissier pittoresque* (1815), *Le Maître d'hôtel français ou Parallèle de la cuisine ancienne et moderne* (1822). On lui reproche d'avoir appauvri les traditions culinaires françaises par des règles trop strictes.

Jacques **Carelman.** Cafetière pour masochiste. *Phot. © Robert Grégoire / ADAGP*

**Carême** n. m. ♦ Temps liturgique chrétien de quarante-six jours incluant les quarante jours (les dimanches étant exclus) de préparation spirituelle à la fête de Pâques. Période de recueillement, marquée par le jeûne et l'abstinence complets prescrits pour le mercredi des Cendres* et le Vendredi Saint, le carême, institué au IVᵉ siècle, était jadis rythmé par la pause du jeudi de la troisième semaine, où la mi-carême voyait ressurgir les festivités du carnaval. Par extension, l'Église orthodoxe nomme « carêmes » d'autres périodes de jeûne. En milieu musulman français, le mot peut désigner le ramadan.

**Carène** n. f. – en lat. ***Carina*** ♦ Une des constellations du groupe du Navire Argo*, dont Canopus* est l'étoile principale.

**CARENTAN** [50500] ➝ **ÉTYM.** anc. *Karentonum,* du gaul. *Carantus,* n. de pers., et *magos* « marché » ♦ Ch.-l. de cant. de la Manche, arr. de Saint-Lô, dans le Cotentin. 6 340 hab. (aggl. 7 727) *(Carentanais).* Port de plaisance. Produits laitiers. Verrerie. Marché de bétail.

**CAREY (Henri Charles)** ♦ Économiste américain (Philadelphie 1793 - *id.* 1879). D'abord partisan du libre-échange (*Essai sur le taux des salaires*, 1835), il préconisa, après la crise de 1834 - 1842, un protectionnisme s'appliquant à l'agriculture et à l'industrie, grâce auquel devrait être réalisée, selon lui, l'indépendance économique des États-Unis par rapport à la Grande-Bretagne (*Le Passé, le Présent et le Futur*, 1848 ; *Principes de la science sociale*, 1858 - 1860).

**CAREY (Peter)** ♦ Romancier australien (Bacchus Marsh, Victoria 1943). Teintés d'onirisme voire de science-fiction mais néanmoins ancrés dans l'histoire et la culture de son pays natal, ses romans constituent une réflexion sur l'identité australienne : *Un écornifleur* (1985) ; *Oscar et Lucinda* (1988, Booker Prize) ; *Véritable Histoire du gang Kelly* (2003, Booker Prize).

**CARGÈSE** [20130] ♦ Comm. de la Corse-du-Sud, arr. d'Ajaccio, sur le cap du même nom. 982 hab. *(Cargésiens).* Église latine et église catholique de rite grec. ▪ Centre touristique. Pêche. ▮ **Histoire** Cargèse fut fondée par une colonie grecque qui s'installa en Corse en 1676 et se fixa sur ce site en 1774.

**CARHAIX-PLOUGUER** [29270] ➝ **ÉTYM.** *Carhaix,* en anc. gaul. *Vorgion,* puis en bas lat. *Carofes* « lieu de carrefour » et *Plouger,* du vx bret. *ploe* « paroisse » et *caer* « ville fortifiée » ♦ Ch.-l. de cant. du Finistère, arr. de Châteaulin. 7 648 hab. *(Carhaisiens).* Produits laitiers.

**CARIBERT Iᵉʳ** ➝ **ÉTYM.** en lat. médiév. *Charibertus,* du germ. *hari* « armée » et *berht* « brillant » ♦ Roi de Paris (de 561 à 567). Fils aîné de Clotaire Iᵉʳ, il régna sur la région de Paris et sur des territoires en Aquitaine. Intelligent, lettré, il fut excommunié pour bigamie et ses États revinrent à ses frères.

**CARIBERT II** ♦ Roi d'Aquitaine (de 628 à 632). Fils de Clotaire* II, il reçut de son frère Dagobert* Iᵉʳ, la domination de l'Aquitaine.

**CARIBES** ou **CARAÏBES** n. m. pl. ➝ **ÉTYM.** du guarani *carib* (ou *caraïb*) « fort, brave » ♦ Peuple indien établi aux Petites Antilles et en Guyane depuis le IXᵉ s. Lorsque les Européens les rencontrèrent au début du XVIᵉ s., les Caribes étaient anthropophages et livraient régulièrement bataille aux Taïnos. Ils furent vaincus au début du XVIIIᵉ s. puis disparurent. Leur présence dans l'archipel n'est plus sensible que dans les toponymes.

**CARIE** n. f. ➝ **ÉTYM.** en gr. ***Karia*** ; p.-ê. « le pays montagneux », de la rac. pré-indo-eur. *°kara* « montagne » ♦ Anc. région côtière du S.-O. de l'Asie Mineure. Colonie phénicienne, elle fut hellénisée par les Doriens* qui fondèrent Cnide* et Halicarnasse* et peuplèrent Milet*. Soumise aux Perses, elle était gouvernée par des satrapes indigènes. ➝ **Artémise, Mausole.** Elle fit ensuite partie du royaume de Pergame* et fut annexée par Rome en –133.

**CARIGNAN** [08110] ➝ **ÉTYM.** de *Carignano** [la v. avait appartenu à une branche de la maison de Savoie originaire de Carignano] ♦ Ch.-l. de cant. des Ardennes, arr. de Sedan, sur la Chiers. 3 259 hab. (aggl. 4 518). Métallurgie. ▮ **Histoire** La ville a été très endommagée en 1940.

**CARIGNANO** ➝ **ÉTYM.** en fr. ***Carignan*** ; du lat. *Carenius,* n. de pers. gallo-rom., et suff. *-anum* ♦ V. d'Italie, dans le Piémont (prov. de Turin), sur le Pô. 8 647 hab. ▮ **Histoire** Berceau d'une branche de la maison de Savoie.

**Carillon** (fort) ♦ Fort construit par les Français en Nouvelle-France, au S. du lac Champlain (1756). ▪ Montcalm* y remporta une importante victoire sur les Britanniques, malgré la faiblesse de ses effectifs (1758).

**CARIN** – en lat. ***Marcus Aurelius Carinus*** ♦ (mort en 285). Empereur romain (283 - 285). Fils de l'empereur Carus*, il lui succéda avec son frère Numérien*. Il lutta contre Dioclétien* qui s'était fait nommer empereur à la mort de Numérien, mais mourut assassiné par un tribun.

**CARINTHIE** n. f. ⇝ ÉTYM. en all. ***Kärnten***, p.-ê. de *Carni*, n. d'une tribu ♦ État fédéral (Bundesland) d'Autriche. → **Autriche** (carte). 9 533 km². 559 404 hab. CAP. : Klagenfurt. Du point de vue géographique et climatique, la Carinthie est un État à la fois très méridional et montagnard, sa limite N. étant dessinée par les massifs des bas et hauts Tauern*, où se trouvent le Grossglockner (3 798 m), le plus haut sommet de l'Autriche, et le Pasterze, son plus long glacier. Cependant la vallée de la Drave*, s'ouvrant sur le bassin de Klagenfurt, offre des terres cultivables. La population est formée de 90 % de germanophones et d'une minorité de Slovènes. 46 % du sol sont consacrés aux cultures et 44 % à la forêt. Le maïs, quelques céréales et des fruits sont cultivés dans les vallées et sur les bords des lacs. L'élevage alpin et l'exploitation de la forêt donnent des ressources supplémentaires. Le sous-sol contient du fer (Huttenberg), de la magnésite (près de Spittal), du plomb et du zinc. L'hydroélectricité a permis le développement d'industries : cellulose, papier, industries chimiques à Villach* ; laine, cuir, industries mécaniques à Klagenfurt. Le tourisme est une activité majeure, tant sur les pentes du Tauern qu'au bord des multiples lacs du bassin de la Drave (Wörther See). ▮ **Histoire** La région était peuplée de Celtes lorsqu'elle fut conquise par les Romains et intégrée dans la province du *Norricum*. Après la chute de l'Empire romain, les tribus avars, slaves et bavaroises ravagèrent le pays. La Carinthie devint une marche de l'Empire carolingien et fut transformée en duché en 976. Lorsque la lignée des ducs de Carinthie s'éteignit, la province fit partie de l'éphémère État d'Otakar de Bohême. En 1286, Rodolphe Iᵉʳ de Habsbourg la donna au comte de Tyrol. En 1335, la Carinthie fut rattachée à l'Autriche. ▪ En 1919, les régions du S. de la Carinthie (autour de Maribor) furent attribuées à la Yougoslavie et forment la Slovénie actuelle.

**CARISSIMI (Giacomo)** ♦ Compositeur italien (Marino 1605 - Rome 1674). Maître de chapelle de Saint-Apollinaire, à Rome (1629), il a composé des messes, des motets et des cantates, religieux et profanes. Par la puissance dramatique et le lyrisme qu'il y introduisit, il fut inégalable dans le genre de l'oratorio *(Jephté, Jonas, Balthazar, Judicium Salomonis, Diluvium universale)*. Il compta parmi ses élèves M. A. Charpentier*, P. A. Cesti et A. Scarlatti*.

**CARJAT (Étienne)** ♦ Photographe français (Fareins, Ain 1828 - Paris 1906). Acteur, caricaturiste, journaliste, photographe, il profita de la vogue de la « carte de visite » (→ **Disdéri**) et, en 1861, ouvrit un studio. Photographe en titre de Victor Hugo, il représenta aussi Baudelaire, Corot, Courbet. ⇝ ÉTYM. Ce nom est un diminutif de *Carge*, à rapprocher de l'ancien français *chargier* « celui qui charge les fardeaux ».

**CARLESON (Lennart)** ♦ Mathématicien suédois (Stockholm 1928). En 1966, il démontra le fait découvert en 1807 par J. Fourier* et constituant le fondement de l'analyse harmonique : toute fonction continue peut être représentée par une somme de fonctions sinusoïdales. On doit à Carleson plusieurs autres résultats fondamentaux, notamment dans l'étude des systèmes dynamiques. [Prix Abel 2006]

**CARLETON (Guy)** 1ᵉʳ baron **DORCHESTER** ♦ Général britannique (Strabane, Irlande 1724 - Maidenbead 1808). Gouverneur du Canada (1766 - 1778, 1786 - 1796), il ménagea les Canadiens (Acte de Québec, 1774), mais dut accepter le partage du Canada en deux provinces (1791).

**CARLING** [kaʀlɛ̃] [57490] ⇝ ÉTYM. du germ. *Karl* « Charles » et suff. *-ing* [du n. du comte *Charles*-Louis de Nassau Sarrebrück, fondateur de la localité, en 1714] ♦ Comm. de la Moselle, arr. de Forbach. 3 736 hab. *(Carlingeois)*. Important complexe indus. : cokerie, centrale thermique, indus. chimiques ; station d'émission de gaz.

**CARLISLE** (sir **Anthony**) ♦ Chirurgien et chimiste britannique (Stillington 1768 - Londres 1840). Chirurgien de George IV, il est surtout connu par sa découverte de l'électrolyse de l'eau (1800) avec W. Nicholson*.

**CARLISLE** ⇝ ÉTYM. de son anc. n. *Luguvalio* « [endroit] appartenant à un homme nommé *°Luguvalos* » (abrév. *Luel*) et du celt. *cair (caer)* « ville forte » ♦ V. du N. de l'Angleterre, ch.-l. de la Cumbria, près de la frontière écossaise. 100 734 hab. Cathédrale (XIIᵉ - XVᵉ s.). Centre indus. (construction de grues). Indus. alimentaire. ▮ **Histoire** De fondation romaine, à proximité du mur d'Hadrien, elle fut intégrée au royaume d'Angleterre au XIᵉ s.

**CARLITTE** n. m. ♦ Massif granitique des Pyrénées-Orientales, aux sommets parsemés de lacs qui alimentent des centrales hydroélectriques (Naguilles). Il culmine à 2 921 m au *pic Carlitte*.

**CARLOMAN** ♦ (mort à Vienne, Dauphiné, en 754). À la tête de l'Austrasie, de la Souabe et de la Thuringe depuis 741, il s'allia à son frère cadet, Pépin* le Bref, pour combattre les Alamans, les Bavarois et les Saxons, et encouragea l'entreprise d'évangélisation de saint Boniface*. Devenu moine en 747, il fut encore chargé d'une négociation par les Lombards (754). ⇝ ÉTYM. Ce nom vient du francique *Karloman*, de *Karl* « Charles » et *man* « homme ».

**carlistes**

n. m. pl. ♦ Nom donné aux partisans de don Carlos* de Bourbon, prétendant au trône d'Espagne après la mort de son frère Ferdinand* VII (1833) et de ses descendants. Les carlistes invoquaient le respect de la loi salique abrogée par Ferdinand en faveur de sa fille Isabelle* II. Le principe de la légitimité trouvant des adeptes dans le clergé et la paysannerie, le carlisme correspondait à un traditionalisme politique et religieux. L'agitation carliste a marqué profondément l'histoire de l'Espagne au XIXᵉ s. Ses partisans, soutenus surtout dans les régions périphériques de la péninsule, furent vaincus lors de la sanglante guerre de 1834 - 1840, puis en 1879. Le parti carliste ne disparut cependant pas ; rallié dès 1936 au soulèvement nationaliste de Franco*, il prit une part importante aux combats de la guerre civile espagnole. La tendance carliste survit encore, notamment en Navarre (→ **Espagne**).

**CARLOMAN** ♦ (751 - Samoussy, Aisne 771). Roi d'Austrasie (768 - 771). Il avait reçu la partie orientale du royaume de Pépin* le Bref, son père. Son frère Charlemagne* en hérita à sa mort, spoliant les enfants de Carloman et les faisant enfermer dans un monastère après avoir battu leur allié le roi des Lombards, Didier, beau-père de Carloman.

**CARLOMAN** ♦ (mort en 884). Roi de France (879 - 884). Deuxième fils de Louis* II le Bègue, il devint seul roi de France à la mort de son frère Louis* III (882).

**CARLOMAN** ♦ (828 - Öttingen 880). Roi d'Italie (877 - 879). Fils de Louis* II le Germanique. Il dut défendre la Bavière, qu'il avait reçue, contre les ducs de Moravie. À la mort de son père il monta sur le trône d'Italie, mais il dut bientôt le céder à son frère Charles.

**CARLOS (Maria José Isidoro DE BOURBON**, don) ♦ Infant d'Espagne (Madrid 1788 - Trieste 1855). Frère de Ferdinand* VII, il fut écarté du trône par sa nièce Isabelle* II qui avait profité de l'abolition de la loi salique. Refusant de prêter serment à la reine, il réclama la couronne sous le nom de Charles V (1833). Déclaré rebelle et expulsé d'Espagne, il trouva de nombreux partisans chez les traditionalistes basques, catalans et aragonais qui déclenchèrent la guerre civile de 1834. → **carlistes.**

**CARLOVTSI** → **Karlowitz**

**CARLOW** – en gaél. ***Ceatharlach*** ♦ V. de la rép. d'Irlande, ch.-l. de comté, sur le Barrow, à la limite de la zone d'influence de Dublin. 13 623 hab. ♦ ***Comté de Carlow*** 896 km². 50 349 hab. C'est l'une des principales terres agricoles d'Irlande (blé, orge, bovins).

**CARLSBAD** ♦ V. des États-Unis (Nouveau-Mexique). 25 625 hab. Centre touristique. Immense réseau de grottes calcaires (Carlsbad Caverns National Park).

**CARLSON (Carolyn)** ♦ Danseuse et chorégraphe américaine (Oakland 1943). Formée à l'université d'Utah, elle y rencontra la troupe de Nikolais, dont elle devint la vedette (1965 - 1971). Elle créa à Avignon *Rituel pour un rêve mort* (1972) pour la Compagnie Anne-Béranger. C'est son hommage à Varèse à l'Opéra de Paris qui la fit véritablement connaître (*Densité 21,5*, 1973). De 1975 à 1980, elle fut chargée du Groupe de recherche théâtrale de l'Opéra de Paris et créa entre autres *Wind, Water, Sand*, opéra de Bob Wilson* (1976), *Slow, Heavy and Blue, The Architects* (1980). Elle donna également une interprétation dansée de l'œuvre de Dante (musique de M. Portal, 1993). Elle dirige les ballets du Nord à Roubaix depuis 2005. Ses spectacles, servis par une extraordinaire fluidité du geste, où le corps est à la limite du déséquilibre, ont une forte tonalité incantatoire.

**CARLSSON (Arvid)** ♦ Pharmacologue suédois (Uppsala 1923). Il découvrit, à la fin des années 1950, que la dopamine est un neurotransmetteur jouant également un rôle essentiel dans le contrôle de la motricité. Il montra que la maladie de Parkinson* est due à un déficit de la dopamine dans certaines parties du cerveau, ouvrant la voie à l'élaboration de L-dopa, médicament qui, transformé en dopamine dans le cerveau, permet aux malades de retrouver une motricité normale. Ses autres travaux sur la dopamine concernent le traitement de la schizophrénie et de la dépression. [Prix Nobel de physiol. ou méd. 2000, avec P. Greengard* et E. Kandel*]

**CARLSSON (Ingvar)** ♦ Homme politique suédois (Borås 1934). Il succéda à O. Palme en 1986 à la direction du parti social-démocrate et comme Premier ministre, poste qu'il occupa jusqu'en 1991. De nouveau Premier ministre en 1994, il démissionna à mi-mandat (mars 1996), se retirant de la vie politique.

**CARLU (Jacques)** ♦ Architecte français (Bonnières-sur-Seine 1890 - Paris 1976). Prix de Rome en 1919, il enseigna aux États-Unis et édifia en France des bâtiments à usage collectif. Il éleva avec Boileau et Azema le palais de Chaillot à Paris (1936 - 1938), entreprise qui provoqua l'opposition des tenants de l'architecture d'avant-garde par son traditionalisme conforme aux goûts officiels. Il a aussi élevé avec de nombreux collaborateurs le palais de l'Otan, 1959 (maintenant faculté Dauphine). [Acad. des bx-arts 1957] ▪ Son frère JEAN CARLU (Bonnières-sur-Seine 1900 - Nogent-sur-Marne 1997) a créé de nombreuses affiches.

**CARLYLE (Thomas)** ♦ Historien, critique et philosophe britannique (Ecclefechan, Dumfriesshire 1795 - Londres 1881). Influencé par les écrivains allemands (Goethe, Schiller, Herder), il acquit la célébrité avec son *Histoire de la Révolution française* (1837) et sa série sur *Les Héros et le Culte des héros* (1841) ; adversaire de l'utilitarisme et du matérialisme, il professa la théorie des grands hommes et de leur rôle moteur dans l'histoire de l'humanité, tout en se faisant, à cette époque, le défenseur intransigeant de la justice sociale. Sa pensée s'est progressivement orientée vers une identification du droit et de l'efficacité. Déjà nette dans son *Histoire de Frédéric le Grand* (1855 - 1865), cette théorie fut renforcée par la victoire de l'Allemagne en 1870. Carlyle contribua au développement de l'étude de la pensée germanique en Angleterre. Il est aussi l'auteur d'une sorte d'autoportrait intellectuel humoristique, *Sartor resartus* (1836).

**CARMAGNOLA (Francesco BUSSONE, dit)** ♦ Condottiere italien (Carmagnola, v. 1380 - Venise 1432). Au service de Filippo Maria Visconti*, duc de Milan, dont il renforça le pouvoir, il passa à la république de Venise (1425), mais fut décapité pour trahison.

**Carmagnole (La)** ♦ Chant et danse populaires de la Révolution française, dont le nom rappelle sans doute l'habit à la mode. Composée en 1792, elle fut interdite par Bonaparte en 1799.

**CARMARTHEN** ou **CAERMARTHEN** – en gallois *Caerfyrddin* ♦ V. du S.-O. du pays de Galles (Carmarthenshire), sur le Towy, carrefour au fond d'une ria. 15 000 hab. ▮ **Histoire** Anc. cité romaine, la ville s'est peu développée depuis la fin de l'époque médiévale. Elle fut un haut lieu de la culture celtique où, selon la légende, serait né l'enchanteur Merlin.

**CARMARTHEN** (baie de) ♦ Baie du pays de Galles, sur la côte S. entre Llanelli et Tenby.

**CARMAUX** [81400] → ÉTYM. p.-ê. du prélatin *calmis* «haut plateau dénudé» et suff. gaul. *-avum* ou du gaul. *Caramantius*, n. de pers. ♦ Ch.-l. de cant. du Tarn, arr. d'Albi, sur le Cérou. 10 231 hab. (aggl. 16 076) *(Carmausins)*. Ancien bassin houiller.

**CARMEL** (mont) n. m. → ÉTYM. de l'hébr. *karmèl* «verger» ♦ Promontoire rocheux d'Israël qui s'élève à plus de 500 m en bordure du littoral sablonneux, et isole la Samarie de la vallée de Jezréel. Des Druzes y vivent du produit de la terre. La ville de Haïfa se trouve à ses pieds. ▪ Dans la Bible (I Rois, XVIII), Élie* y triomphe des prophètes de Baal*.

**Carmel (le)** ou **ordre de Notre-Dame du Mont-Carmel** → ÉTYM. du n. du mont *Carmel** ♦ Ordre religieux mendiant issu de la fondation en 1185 par Berthold de Calabre d'un établissement érémitique sur le mont Carmel, dont la règle fut approuvée par le pape Honorius III en 1226. La pression musulmane contraignit les ermites à l'émigration vers l'Europe (Angleterre, 1241 ; France, 1245). Saint Simon Stock donna aux carmes une nouvelle règle, inspirée de celle des ordres mendiants, qui fut reconnue par Innocent IV en 1247. Une règle adoucie (suppression de la clôture) fut promulguée par Eugène IV (1431). En 1452, Jean Soreth fonda la branche féminine des carmélites. À la suite de Thérèse d'Ávila (→ **Thérèse de Jésus**) dans son monastère, Jean* de la Croix et Antoine de Jésus rétablirent en 1568 la règle primitive, ce qui conduisit à la séparation des carmes en deux groupes, les carmes déchaux, issus de la réforme, et les grands carmes de l'antique observance (carmes chaussés). Le *descalcez* («déchaussement»), port de sandales et non de chaussures, marquait l'appartenance à la branche réformée, plus rigoureuse. La spiritualité contemplative des carmes donna naissance à une tradition mystique (outre Thérèse d'Ávila et Jean de la Croix, Marie*-Madeleine de Pazzi, Thérèse* de l'Enfant-Jésus), ainsi qu'à l'école théologique de Salamanque (1653 - 1724). L'ordre compte aujourd'hui environ 2 000 carmes chaussés et 3 500 carmes déchaux.

**carmélites** n. f. pl. → **Carmel (le)**

**Carmen** ♦ Nouvelle de P. Mérimée* (1845). Récit d'amour et de mort, dont la violence est mise en valeur par un ton détaché, elle relate la rencontre à Séville de la bohémienne Carmen, sensuelle et capricieuse, et du brigadier don José. Subjugué, celui-ci devient pour sa maîtresse contrebandier, puis brigand et assassin. Au moment où il croit posséder totalement la femme aimée, Carmen, qui ne l'aime plus, préfère mourir libre que de suivre son amant ; il la poignarde alors qu'elle le défie. ▪ Le personnage ardent et fataliste de Carmen a inspiré un opéra-comique célèbre (livret de Meilhac* et Halévy*) dont la musique est de G. Bizet* (1875), ainsi qu'un ballet de Roland Petit* (1949). Au cinéma on retiendra *Carmen* de Lubitsch (1918) ; *Carmen Jones*, d'Otto Preminger (1954), version filmée du show musical d'Oscar Hammerstein II, où tous les rôles sont tenus par des Noirs ; *La Tragédie de Carmen*, de Peter Brook (1983) ; *Carmen Story*, de Carlos Saura (1983) ; *Carmen* de Francesco Rosi (1984), et la transposition de J.-L. Godard, *Prénom Carmen* (1983). S'y ajoute la parodie de Charles Chaplin *Charlot joue Carmen* (1916).

**carmes** n. m. pl. → **Carmel (le)**

**CARMICHAEL (Hoagland Howard, dit Hoagy)** ♦ Pianiste et compositeur de musique légère américain (Bloomington, Illinois 1899 - Palm Springs, Californie 1981). Ses compositions pour les spectacles de Broadway et le cinéma l'ont rendu célèbre *(Stardust ; Georgia on my Mind)*.

**Carmina burana** → ÉTYM. «Chants de Beuren», du nom de l'abbaye où fut retrouvé le manuscrit. ♦ Coll. de pièces vocales, essentiellement d'inspiration profane, composées entre le XIe et le déb. du XIIIe s. Généralement en latin, exceptionnellement en moyen haut allemand ou en français, les *Carmina burana* contiennent des chants d'amour, des chansons à boire et de nombreuses critiques de l'Église. Carl Orff* s'en est inspiré.

**CARMONA (António Óscar DE FRAGOSO)** ♦ Maréchal et homme d'État portugais (Lisbonne 1869 - Lumiar 1951). Officier de carrière, ministre de la Guerre en 1923, il participa en 1926 au putsch militaire dirigé par le général Gomes da Costa, prit la direction de l'État dictatorial et fut confirmé dans ses fonctions de président de la République par l'élection de 1928. Il choisit comme président du Conseil A. Salazar* et fut réélu à la tête de l'État en 1935, 1942 et 1949.

**CARMONTELLE (Louis CARROGIS, dit)** ♦ Peintre, architecte, graveur et auteur dramatique français (Paris 1717 - *id.* 1806). Dessinateur de jardins (le parc Monceau, 1773), portraitiste spirituel des célébrités de son temps, il composa aussi pour la cour du duc de Chartres (Philippe d'Orléans) de fines comédies légères qui ont été recueillies dans les *Proverbes dramatiques* (1768 - 1781) et le *Théâtre de campagne* (1775). ▪ *Illustration :* → **Rameau.**

**CARNAC** → **Karnak**

**CARNAC** [56340] → ÉTYM. probablt du celt. et précelt. *carn* «tumulus, tas de pierres» et suff. lat. *-acum* ♦ Comm. du Morbihan, arr. de Lorient, proche de la baie de Quiberon. 4 444 hab. *(Carnacois)*. Église Saint-Cornély (XVIIe s.). Musée préhistorique Miln-Le-Rouzic. Célèbres monuments mégalithiques (Ménec, Kerlescan, Kermario) dont le tumulus Saint-Michel (12 m de haut sur une base de 125 m de long). ▪ Aux environs, station balnéaire de *Carnac-Plage*. Thalassothérapie.

Site mégalithique de **Carnac.** *Phot. ©Marge/Sunset*

**CARNAP (Rudolf)** ♦ Logicien et philosophe américain d'origine allemande (Wuppertal 1891 - Santa Monica 1970). Élève de G. Frege*, professeur de logique des sciences à Prague (1931), il fut l'un des plus éminents représentants du cercle de Vienne* ; émigré aux États-Unis, où il enseigna à Chicago à partir de 1936, il contribua à y faire connaître les principes du néopositivisme (ou positivisme logique) et dirigea avec O. Neurath* et Ch. Morris l'*International Encyclopedia of Unified Science.* Dans ses premiers ouvrages (*La Structure logique du monde*, 1928 ; *Syntaxe logique du langage*, 1934), il s'est proposé d'unifier le savoir scientifique par la constitution d'un langage rigoureux, fondé sur la logique formelle, afin d'éliminer les concepts et les problèmes vides de sens. Reprenant et développant la distinction entre les propositions empiriques, protocoles d'expérience, et les énoncés logiques (analytiques et tautologiques), il tenta de réduire la logique elle-même à une pure question de syntaxe, c'est-à-dire aux rapports entre les signes dans les propositions, la considérant comme un système de conventions librement choisies par le logicien (principe de tolérance). Dans ses ouvrages ultérieurs (*Signification et Nécessité*, 1947 ; *Introduction à la sémantique*, 1948 ; *Introduction à la logique symbolique*, 1954), Carnap élargit sa réflexion aux études de sémantique, au rapport des expressions du langage, aux objets et situations qu'elles désignent.

**CARNARVON (George Herbert, 5e comte DE)** ♦ Égyptologue britannique (Highclere, Berkshire 1866 - Le Caire 1923). Il finança les fouilles menées par H. Carter* et lui-même à Louksor*, qui permirent en 1922 d'exhumer la tombe de Toutankhamon*.

**CARNARVON** ou **CAERNARVON** → ÉTYM. graphie angl. du gallois *Caer yn Arfõ* «la place forte *(caer)* dans *(yn)* l'*Arfõn* [région près de *(ar)* l'île de *Fõn* (auj. Anglesey)]» ♦ V. du pays de Galles (Gwynedd), au débouché du détroit de Menai. 10 000 hab. Château du XIIIe s. où naquit Édouard II. ▪ Port. Station touristique balnéaire et centre d'excursions vers le Snowdonia Forest Park.

**Carnaval** ♦ Œuvre pour piano de Robert Schumann* (1834). Cette suite d'évocations d'une fête masquée, tantôt gracieuses tantôt mélancoliques, a inspiré à Michel Fokine l'une des premières chorégraphies qu'il composa pour les Ballets russes de Serge de Diaghilev (Opéra de Paris, 1910).

**Carnavalet** (hôtel) ♦ Hôtel situé à Paris, dans le Marais*. Il fut conçu par Pierre Lescot* (1544) et orné de sculptures de Jean Goujon* ; il prit le nom de *Carnavalet* en 1572 par altération du nom de sa propriétaire, Mme de Kernevenoy. Androuet* du Cerceau, puis Mansart* (de 1655 à 1661) lui donnèrent son aspect actuel. Mme de Sévigné* l'occupa de 1677 à 1696. ♦ ***Musée Carnavalet*** Musée de la Ville de Paris, installé dans les hôtels Carnavalet et Le-Peletier-de-Saint-Fargeau. Il renferme un cabinet d'estampes et de dessins ainsi que de riches collections concernant l'histoire de Paris, du XVIe s. à nos jours, notamment durant l'époque révolutionnaire.

**CARNÉ (Marcel)** ♦ Cinéaste français (Paris 1906 - Clamart 1996). Ancien assistant de Jacques Feyder et de René Clair, il fut, de 1936 à 1946, avec son scénariste Jacques Prévert*, le créateur d'une œuvre où le populisme se colore d'une prenante poésie, et dont les héros, petites gens issus des milieux ouvriers, se heurtent, dans leur quête du bonheur, à d'inéluctables fatalités, nées d'un ordre social malfaisant. Réal. princ. : *Le Quai* des brumes* (1938), *Hôtel* du Nord* (1938), *Le jour se lève* (1939), *Les Portes de la nuit* (1946). De la même période se détachent trois œuvres qui peuvent être considérées, pour l'insolite, le fantastique ou la ferveur de leur poésie, comme les chefs-d'œuvre de leurs auteurs : *Drôle de drame* (1937), *Les Visiteurs* du soir* (1942) et *Les Enfants* du paradis* (1945). [Acad. des bx-arts 1979] ➝ **ÉTYM.** Ce nom de famille vient peut-être de *carner*, forme normanno-picarde de l'ancien français *charner* «entailler la chair» [surnom pouvant signifier «balafré» ou plutôt «bien en chair»].

**CARNÉADE** – en gr. ***Karnéadês*** ♦ Philosophe grec de La Nouvelle Académie* (Cyrène v. –215 - Athènes v. –129). Disciple et successeur d'Arcésilas* à la tête de La Nouvelle Académie, il se forma notamment par la lecture des écrits de Chrysippe*. On ne sait quasiment rien de sa vie si ce n'est qu'il participa à une ambassade à Rome en 156, pendant laquelle il époustoufla les Romains en exposant le premier jour tout ce que l'on peut dire en faveur de la justice et en détruisant le lendemain ce qu'il avait dit la veille, montrant que la justice n'est qu'un mot masquant l'intérêt propre de chacun. Carnéade ne soutenait aucune thèse mais s'attaquait aux thèses dogmatiques stoïciennes en montrant qu'elles s'entredétruisent. Malgré son rejet radical de l'idée même de vérité, il développa le probabilisme, rendant ainsi possible la pensée et l'action sur fond d'incertitude.

**CARNEGIE (Andrew)** ♦ Industriel et philanthrope américain (Dunfermline, Écosse 1835 - Lennox, Massachusetts 1919). Il fut le fondateur de la Carnegie Steel Company of New Jersey (1900) qui dominait le marché du fer et de l'acier américain ; reprise en 1901 par Pierpont Morgan*, elle devint l'US Steel Corporation. Carnegie se consacra alors aux fondations charitables et aux instituts scientifiques qu'il avait créés. Il reste le type du self-made-man américain à l'époque du capitalisme triomphant. ➝ **ÉTYM.** Ce nom gaélique vient de *cathair an eige* «forteresse dans la trouée».

**CARNIOLE** n. f. ➝ **ÉTYM.** en all. ***Krain***, du lat. *carniola*, de *Carni*, n. des habitants, du pré-indo-eur. *°car-* «pierre, hauteur rocheuse» ♦ Anc. province d'Autriche, située entre la Carinthie et la Styrie au N., la Croatie à l'E., la Vénétie à l'O., l'Istrie au S.-O. et la mer Adriatique au S. Elle appartient auj. à la république de Slovénie*. ▌**Histoire** Comprise dans la Pannonie* à l'époque romaine, occupée par les Slovènes v. la fin du VIe s., la Carniole passa en 745 sous la domination des ducs de Bavière, et devint sous Charlemagne une marche de l'Empire. Annexée par la Bohême en 1269, conquise par Rodolphe Ier de Habsbourg en 1278, elle fut intégrée au duché d'Autriche en 1335. Rattachée aux provinces d'Illyrie* de 1809 à 1814, elle fut restituée à l'empire d'Autriche en 1815, partagée entre l'Italie et la Yougoslavie en 1919, entre l'Allemagne et l'Italie en 1941, avant d'être annexée en totalité par la Yougoslavie en 1945.

**CARNOT (Lazare Nicolas Marguerite)** surnommé **l'Organisateur de la victoire** ou **le Grand Carnot** ♦ Général, homme politique et savant français (Nolay, Bourgogne 1753 - Magdeburg 1823). Officier du génie avant la Révolution à laquelle il se rallia, il fut élu à l'Assemblée législative, puis à la Convention où il siégea avec les députés de la Plaine*, avant de rejoindre les montagnards*. Membre du Comité* de salut public (juil. 1793), où il s'occupa des questions militaires, créant les 14 armées de la République, il fut envoyé en mission auprès de l'armée du Nord commandée par Jourdan et contribua à la victoire de Wattignies (16 oct. 1793). Serviteur inconditionnel de l'État, il s'associa à la politique dictatoriale de la Terreur, mais prit position contre Robespierre, Couthon, Saint-Just lors des 8 et 9 Thermidor (26 - 27 juil. 1794). Membre du Directoire en 1795, il fut éliminé après le coup d'État du 18 Fructidor an V (4 sept. 1797). Rappelé après le 18 Brumaire an VIII (9 nov. 1799), il fut nommé ministre de la Guerre par Bonaparte, mais démissionna dès 1800, et fit alors partie du Tribunat. Hostile au consulat à vie et à l'Empire, il se retira de la vie publique et se consacra à ses recherches scientifiques jusqu'en 1814. Il participa alors à la défense d'Anvers en qualité de gouverneur (1814). Ministre de l'Intérieur pendant les Cent-Jours, il fut banni comme régicide en 1816. ▪ Carnot est l'auteur d'importants travaux scientifiques ; dans son *Essai sur les machines en général* (1783), il précisa les lois du choc, énonça la loi de conservation du travail ; il apparaît, en même temps que Monge*, comme l'un des créateurs de la géométrie analytique. Ses cendres ont été transférées au Panthéon en 1889. [Acad. sc. 1796] ➝ **ÉTYM.** *Carnot* est un dérivé de *Carré*, surnom d'un homme trapu.

**CARNOT (Nicolas Léonard Sadi)** ➝ **ÉTYM.** le prénom *Sadi* est un hommage au poète persan *Sa'di** ♦ Physicien français (Paris 1796 - *id.* 1832). Fils de Lazare Carnot, il établit, pour la première fois, un lien entre chaleur et travail ; étudiant la structure des machines thermiques, il énonça le principe, dit de Carnot, d'après lequel il n'est pas possible de transformer la chaleur en travail sans disposer de deux sources de chaleur ayant des températures différentes, ce qui est une expression du deuxième principe de la thermodynamique. Il créa de ce fait la thermodynamique (*Réflexions sur la puissance motrice du feu et les machines propres à développer cette puissance*, 1824). On appelle *cycle de Carnot* le cycle thermodynamique réversible comprenant deux sources de chaleur ; le *théorème de Carnot* exprime le rendement maximal dans un cycle de Carnot.

**CARNOT (Lazare Hippolyte)** ♦ Homme politique français (Saint-Omer 1801 - Paris 1888). Deuxième fils de Lazare Nicolas Carnot*, il partagea l'exil de son père, condamné en 1816 comme régicide. Revenu en France (1823), il adhéra quelque temps au saint-simonisme puis se sépara des positions d'Enfantin*. Après avoir participé à la révolution de juil. 1830, il fut élu député de Paris (1839 - 1849), se prononça pour la république après la révolution de fév. 1848 et fut nommé ministre de l'Instruction publique (1848). Élu en 1850 et 1857, il refusa de prêter serment et ne put siéger. Membre du Corps législatif en 1864, député républicain à l'Assemblée nationale (1871), il devint sénateur inamovible (1875).

**CARNOT (Marie François Sadi)** ♦ Homme d'État français (Limoges 1837 - Lyon 1894), fils de Lazare Hippolyte Carnot. Polytechnicien, ingénieur des Ponts et Chaussées, il fut nommé préfet après la chute du Second Empire (4 sept. 1870), puis élu député républicain à l'Assemblée nationale (1871). Deux fois ministre (1879 - 1880 ; 1885 - 1886), il devint président de la République (1887). Le début de son mandat fut marqué par l'agitation boulangiste, puis par le ralliement de nombreux catholiques au régime républicain (1890) et le scandale de Panamá (1892). Casimir*-Perier venait de faire voter les «lois scélérates» visant à réprimer l'agitation syndicale et anarchiste quand Carnot fut assassiné par l'anarchiste Caserio*, lors de l'Exposition de Lyon. Son corps repose au Panthéon.

**CARNOUX-EN-PROVENCE** [13470] ♦ Comm. des Bouches-du-Rhône, arr. de Marseille. 7 042 hab. Commune créée en 1966 et essentiellement peuplée de rapatriés d'Afrique du Nord.

**CARNUTES** n. m. pl. ➝ **ÉTYM.** en lat. ***Carnutes*** ; gaul. «ceux qui ornent leurs casques de cornes», de *carnon* «corne» [leur dieu tutélaire était *Cernunnos*, dieu aux cornes de cerf] (→ aussi Chartres) ♦ Peuple de la Gaule établi entre la Loire et la Seine autour d'*Autricum* ou *Carnutes* (Chartres*) et de *Genabum* (Orléans*). Les Carnutes donnèrent le signal de la révolte gauloise contre César* (–52). C'est dans leur territoire que les druides tenaient leurs assises annuelles.

**CARO (Joseph)** ♦ Docteur juif d'origine espagnole (Tolède ? 1488 - Safed, Galilée 1575). Il vécut en Turquie puis à Safed, où il dirigea une école rabbinique. Il est l'auteur de *La Maison de Joseph*, vaste commentaire halakhiste dont un abrégé, *La Table mise* (*Shulḥân Arukh*, 1564 - 1565) devint le plus classique des codes de la loi juive.

**CARO (Annibale)** ♦ Écrivain et poète italien (Civitanova 1507 - Rome 1566). Secrétaire de prélats influents, il passa au service des princes Farnèse, notamment du cardinal Alexandre. Auteur d'une comédie satirique, *Les Gueux* (*Gli Straccioni*, 1544), et de *Poésies* à la manière de Pétrarque (*Rime*, posth. 1569), il est aussi le traducteur inégalé de Virgile (*L'Énéide*, en hendécasyllabes blancs, publ. 1581). Mais il est surtout connu par ses *Lettres* (*Lettere familiari*, posth. 1573 - 1575) qui offrent de précieux renseignements biographiques.

**CARO** (sir **Anthony**) ♦ Sculpteur britannique (Londres 1924). Ingénieur, il devint l'assistant de Henry Moore de 1951 à 1953, puis enseigna la sculpture à la St Martin's School of Art. À partir de 1960 il créa des sculptures abstraites constituées d'éléments préfabriqués en métal, assemblés tels quels, l'ordonnance seule conférant à l'œuvre sa signification, et peints ensuite à l'aide de couleurs vives (*Early One Morning*, 1962). Il pose ses sculptures sur le sol, mettant en question le piédestal et la relation entre l'œuvre et le spectateur. En 1967, il racheta le stock de ferraille du sculpteur David Smith* et, abandonnant l'usage des couleurs vives, créa des constructions architecturales et des assemblages de métal laissé à l'état brut ou rouillé (*Night Movements*, 1987 - 1990).

**CAROBERT** → **Charles Robert**

**CAROL** ou **CHARLES Ier** ♦ (Sigmaringen 1839 - château de Pelesh, Sinaia 1914). Prince (1866 - 1881) puis roi (1881 - 1914) de Roumanie. Il fut élu prince de Roumanie et se rendit indépendant de la Turquie (1878). Il décida de rester neutre lors du premier conflit mondial et eut pour successeur son neveu Ferdinand* Ier. ♦ **CAROL** ou **CHARLES II** (château de Pelesh, Sinaia 1893 - Estoril, Portugal 1953). Roi de Roumanie (1930 - 1940). Fils de Ferdinand* Ier, il s'allia avec les États danubiens et balkaniques et promulgua une constitution autoritaire en 1938. Il fut contraint par l'Allemagne d'abdiquer en faveur de son fils Michel.

**CAROLINE DE BRUNSWICK** ♦ (Brunswick 1768 - Londres 1821). Reine de Grande-Bretagne et d'Irlande. Fille de Charles Guillaume, duc de Brunswick, elle fut mariée à son cousin George* IV, alors prince de Galles, qui se sépara bientôt d'elle. Elle voyagea alors en Europe, s'éprit de l'Italien Bergami, et revint en Angleterre, soutenue par la population, à l'avènement de George IV qui refusa de la reconnaître pour reine et lui intenta un procès en divorce pour adultère que d'ailleurs il perdit. Il lui interdit la porte de Westminster le jour du couronnement. Elle mourut peu après.

**CAROLINE DU NORD** n. f. – en angl. ***North Carolina*** ➔ **ÉTYM.** nommée en hommage à *Charles* Ier* d'Angleterre ♦ État du S.-E. des États-Unis → **États-Unis** (carte). Env. 135 000 $km^2$. 6 049 313 hab. dont 22 % de Noirs. CAP. : Raleigh. ▮ **Géographie** L'O. de l'État correspond au versant E. des Appalaches (Blue Ridge et Great Smoky Mountains). C'est une région pittoresque et boisée, culminant au mont Mitchell (2 037 m). Le centre est occupé par le Piedmont appalachien, pays de collines. La plaine côtière, à l'E., se termine vers l'océan par une région marécageuse et la côte est barrée par une ligne d'îles sablonneuses (cap Hatteras, cap Lookout) délimitant au N. de vastes *sounds* («détroits»). Le climat est subtropical au S.-E., continental et plus frais à l'O. ▮ **Économie** L'agriculture dépend traditionnellement du tabac, mais s'est différenciée (élevage, volaille, exploitation des forêts et des pêcheries). L'État possède d'importantes carrières de pierre ainsi que des indus. très actives (textiles, tabac, indus. alimentaires). Huitième État en nombre d'ouvriers, la Caroline du Nord a accueilli des industries de pointe dans le parc industriel (Research Triangle Park), initiative conjointe de l'État, des entreprises et des universités locales. ▮ **Histoire** Explorée par les Espagnols, puis par sir W. Raleigh qui y installa les premiers colons (1584 - 1587), la région, qui était à l'origine attachée à la Caroline du Sud fut au XVIIe s. une concession anglaise. Séparée de la Caroline du Sud, ralliée au mouvement d'indépendance, elle devint État de l'Union en 1789.

**CAROLINE DU SUD** n. f. – en angl. ***South Carolina*** ➔ **ÉTYM.** → Caroline du Nord ♦ État du S.-E. des États-Unis → **États-Unis** (carte). 79 176 $km^2$. 4 012 012 hab. dont 30 % de Noirs. CAP. : Columbia. ▮ **Géographie** La majeure partie de l'État est formée par la plaine côtière atlantique bordée par un littoral bas et souvent marécageux, et par le Piedmont appalachien. Au N.-O. se trouvent quelques sommets des Appalaches (1 000 m). Le climat est doux et égal. ▮ **Économie** C'est encore un État agricole, relativement peu urbanisé, produisant du tabac, des fruits, des légumes, des céréales et du soja. Mais aujourd'hui l'industrie dépasse de loin l'agriculture en importance. L'État est le 1er producteur de textile de coton du pays. L'industrialisation, fondée sur la chimie, l'électromécanique, l'énergie hydroélectrique et les dérivés du bois, s'est accélérée au cours des dernières décennies. ▮ **Histoire** Unie à la Caroline du Nord jusqu'en 1730, la Caroline du Sud devint un État de l'Union en 1788. Premier État à faire sécession en 1860, elle fut dévastée par les troupes de Sherman en 1865.

**CAROLINES** (îles) – en angl. ***Caroline Islands*** ➔ **ÉTYM.** nommées en l'honneur du roi d'Espagne *Charles* II* ♦ Archipel le plus étendu de la Micronésie, dans le Pacifique occidental, au N. de l'Équateur. → **Océanie** (carte). Il est constitué d'atolls et d'émergences volcaniques, groupant environ 500 îles, dont les plus importantes sont d'O. en E. : Palaos, Yap, Truk, Ponape et Kusaie ; les quatre premières forment des centres administratifs. 862 $km^2$. 78 000 hab. La culture la plus importante est le coprah. Indus. artisanales. Phosphates. ▮ **Histoire** Les îles furent annexées en 1686 par l'Espagne. Vendues à l'Allemagne en 1899, sous mandat japonais de 1919 à 1945 (les Japonais y installèrent des bases aéronavales stratégiques), elles furent attaquées par les Américains au cours de la Deuxième Guerre mondiale (Palaos servit de base de départ pour l'attaque sur Leyte*). En 1947, les Carolines furent confiées par l'ONU à l'administration des États-Unis (United States Trust Territory of Pacific Islands). Elles ont été intégrées à la fédération de Micronésie en 1980, sauf Palaos*.

**CAROLINGIENS** n. m. pl. ➔ **ÉTYM.** en all. *Karolinger*, du lat. médiév. *Carolus* «Charles», n. de *Charles** Martel ♦ Deuxième dynastie des rois francs, qui succéda aux Mérovingiens* en 751 avec Pépin* le Bref, et dont les représentants régnèrent jusqu'en 911 en Germanie (→ **Louis IV**) et jusqu'en 987 en France (→ **Louis V**). Elle était issue de l'union de deux puissantes familles d'Austrasie* dont l'origine remonte à Pépin l'Ancien, maire du palais et à saint Arnoul*, évêque de Metz : ses descendants (→ **Anségisel, Grimoald, Pépin* le Jeune, Charles* Martel**), après s'être emparés du trône (787), tentèrent de rétablir l'empire d'Occident. Leur règne, brillamment amorcé par Pépin le Bref (751 - 768) qui se fit proclamer au champ de Mai à Soissons, atteignit son apogée sous Charles Ier le Grand ou *Charlemagne*

**Les Carolingiens**

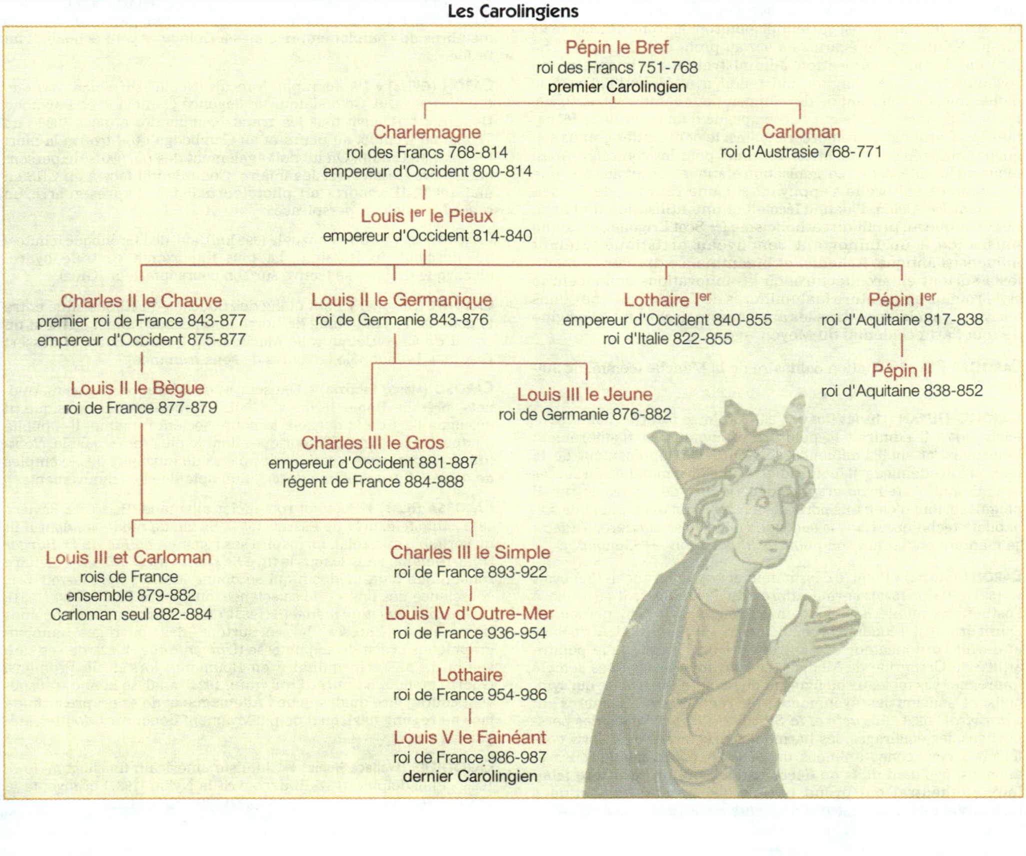

Vittore **Carpaccio.** *Légende de sainte Ursule*, la rencontre des fiancés et le départ en pèlerinage (2,80 × 6,10 m), détail. Accademia, Venise. *Phot. ©Dagli Orti*

(768 - 814). → **Charlemagne.** À la mort de son fils et successeur Louis* Ier le Pieux (814 - 840), l'empire, soumis aux raids normands depuis 840, fut partagé par le traité de Verdun* (843) entre ses trois héritiers : Lothaire* (840 - 855) qui obtint la Lotharingie, Louis* II le Germanique (843 - 876) qui reçut la Germanie et Charles* II le Chauve (843 - 877) qui régna sur la France. L'Empire carolingien, dont le démembrement se poursuivit sous les règnes de Louis* II le Bègue (877 - 879), Louis* III (879 - 882) et Carloman* (879 - 884), fut provisoirement réunifié sous Charles* III le Gros (881 - 887) mais se disloqua à sa mort. En France, les derniers Carolingiens, Charles* III le Simple (898 - 923), Louis* IV d'Outre-mer (936 - 954), Lothaire (954 - 986), Louis V (986 - 987) s'opposèrent aux Robertiens (ancêtres des Capétiens) qui leur disputèrent le trône dès 888, mais furent définitivement écartés en 987 au profit des Capétiens*. Se limitant à une organisation administrative rudimentaire du royaume, l'État carolingien, qui tendit à intégrer l'Église à la monarchie, fut contraint de développer, pour asseoir son autorité, les liens de vassalité (ce qui s'accompagna d'un essor de la féodalité). Les Carolingiens renforcèrent ainsi le pouvoir des grands seigneurs malgré l'envoi de *missi dominici* pour les contrôler. Aussi modeste fût-elle, cette réorganisation étatique permit au IXe s. une renaissance culturelle s'appuyant sur une réforme de l'enseignement (→ **Alcuin, Palatine [école]**) et une utilisation de l'héritage antique au profit du catholicisme (→ **Scot Erigène**), et donna naissance à un important renouveau artistique. Mêlant influences antique, italienne et byzantine, ce dernier se manifesta surtout en architecture, où les innovations annoncent le style roman, en peinture (enluminures de l'école Palatine), dans les ivoires sculptés et dans les arts somptuaires et fut à l'origine de tout l'art occidental du Moyen Âge.

**CAROLLES-PLAGE** ♦ Station balnéaire de la Manche (comm. de Jullouville).

**CAROLUS-DURAN (Charles DURAND, dit)** ♦ Peintre français (Lille 1837 - Paris 1917). Il admirait la peinture espagnole, particulièrement Vélasquez, et subit l'influence de Courbet*. Représentant de la peinture académique, il fut un peintre officiel et mondain au succès retentissant. Auteur de grandes décorations, de scènes de rue, il peignit surtout d'élégants portraits féminins qui témoignent de son habileté technique. Dans la seconde partie de sa carrière, il affadit sa manière en flattant son public. ▪ *Illustration :* → **Gounod.**

**CARON (Antoine)** ♦ Peintre dessinateur et graveur français (Beauvais v. 1521 - Paris 1599). Formé auprès du Primatice*, il se rallia à l'esthétique maniériste, tout en affirmant un talent personnel. Esprit érudit, il fréquenta probablement l'académie de J. A. de Baïf* et devint l'ordonnateur des Entrées et Fêtes ainsi que le peintre attitré de Catherine de Médicis. Le souvenir de ces fêtes semble imprégner ses tableaux où figurent de savantes allégories qui symbolisent souvent les événements du règne (*Les Massacres du triumvirat*, 1566 ; *Auguste et la Sibylle de Tibur*). Le jeu des perspectives, les éclairages, les harmonies précieuses de coloris confèrent à ces scènes animées de petits personnages graciles et allongés, évoluant dans un décor antiquisant, un caractère fabuleux et théâtral qui prend parfois des accents fantastiques (*Triomphe de l'hiver*, 1569 ; *Astrologue observant une éclipse*).

**CARON (François)** ♦ Administrateur colonial hollandais, descendant de réformés émigrés en Belgique (Bruxelles v. 1600 - en mer, au large de Lisbonne 1673). Engagé par la Compagnie hollandaise des Indes orientales, il séjourna plus de vingt ans au Japon, dont il a donné une description, avant d'entrer au service de la France (1664) qui l'envoya aux Indes comme directeur de la Compagnie française des Indes orientales.

**CARON (Joseph)** ♦ Colonel français (Creuse, Picardie 1774 - Strasbourg 1822). Après avoir servi dans l'armée sous la Révolution et l'Empire, il fut impliqué dans un complot bonapartiste (1820), mais acquitté par la Chambre des pairs. Après la conspiration de Belfort* (début 1822), il tenta une insurrection pour délivrer les membres du complot emprisonnés à Colmar. Ayant échoué, il fut fusillé.

**CARON (Gilles)** ♦ Photographe français (Neuilly-sur-Seine 1939 - au Cambodge 1970). Cofondateur de l'agence Gamma avec Raymond Depardon*, il suivit tous les grands conflits des années 1960 : au Tchad, en Irlande, au Biafra et au Cambodge où il trouva la mort (→ aussi **McCullin**). On lui doit également des portraits de personnalités (De Gaulle, Zizi Jeanmaire, Cohn-Bendit face à un CRS en mai 1968). Il apporta au photojournalisme d'après-guerre un regard sensible et perspicace.

**CARONÍ** n. m. ♦ Fl. du Venezuela (690 km), affl. de l'Orénoque (chutes) qui descend du Roraima. La plus importante centrale hydroélectrique du pays se trouve sur son cours inférieur (Guri).

**CARONTE** (étang de) ♦ Petit étang des Bouches-du-Rhône situé entre le golfe de Fos et l'étang de Berre. Il a permis l'aménagement du *canal de Caronte* qui relie Martigues à Port-de-Bouc, et dessert Lavéra. ▪ Technopôle (activités de sous-traitance).

**CAROSO (Marco Fabrizio)** ♦ Danseur et chorégraphe italien (Sermoneta, près de Rome 1526 - v. 1600). Compositeur de musique, il enseigna l'art de la danse à la haute société romaine. Il a publié d'importants ouvrages théoriques dont le plus remarquable, *Nobilità di dame* (1600), contient des pages de musique, des exemples de danse et propose une description détaillée des mouvements.

**CAROSSA (Hans)** ♦ Poète et romancier allemand (Bad Tölz, Bavière 1878 - Rittsteig, près de Passau 1956). Sa vie de médecin, dont il fit un véritable apostolat, lui inspira ses romans : *La Fin du Dr Bürger* (1913, remanié en 1930 sous le titre *Le Destin du Dr Bürger*), histoire romantique d'un médecin qui se donne la mort après avoir pris conscience des limites de sa science, ou encore *Le Dr Gion* (1931), *La Journée du jeune médecin* (1955). Outre des recueils de poèmes (1910, 1948), Carossa laissa surtout des ouvrages autobiographiques : récit de sa jeunesse (*Une enfance*, 1922), de ses souvenirs de médecin militaire en Roumanie lors de la Première Guerre mondiale (*Journal roumain*, 1924), analyse honnête et souvent courageuse du destin de l'Allemagne et de sa propre attitude face au régime nazi, qu'il ne put vraiment dénoncer (*Mondes inégaux*, 1951).

**CAROTHERS (Wallace Hume)** ♦ Chimiste américain (Burlington, Iowa 1896 - Philadelphie 1937). Il découvrit le Nylon (1937) et inventa le caoutchouc synthétique thermoplastique (Néoprène).

**CAROUGE** ♦ V. de Suisse (cant. de Genève), dans la banlieue S. de Genève, sur l'Arve. 18 967 hab. Horlogerie, métall., indus. alimentaire. ▮ **Histoire** Anc. ville sarde fondée au XIII^e s., érigée en ch.-l. de province par Victor-Amédée III de Savoie (1786), elle fut donnée au canton de Genève par le traité de Turin (1816).

**CARPACCIO (Vittore)** ➝ ÉTYM. de *Carpathius,* latinisation de son n. vénitien *Scarpazza* ♦ Peintre italien (Venise, v. 1460 - *id.* 1525 - 1526). Grand peintre narratif de l'école vénitienne, Carpaccio, malgré l'influence de Gentile et de Giovanni Bellini* ou celle d'Antonello* da Messina et de la peinture flamande, occupe une place marginale. Dans ses grands cycles, il fit intervenir une nouvelle forme narrative proche des suites des tapisseries septentrionales et marquée par les spectacles vénitiens. Les 9 toiles de la *Légende de sainte Ursule* (1490, Académie Venise) présentent une succession de scènes se déployant dans le cadre pittoresque des fêtes vénitiennes (à l'exception du *Rêve de sainte Ursule* situé dans un calme intérieur savamment organisé par la lumière). Le cycle de la Scuola degli Schiavoni (Venise), illustrant la vie de trois saints (Georges, Tryphon et Jérôme), révèle une diversité d'atmosphères : si *Saint Augustin dans sa cellule recevant la vision de saint Jérôme* atteste une manière flamande dans l'organisation de l'intérieur «humaniste», la *Mort de saint Jérôme* est fixée dans un statisme tout oriental. Dans d'autres œuvres, l'enseignement d'Antonello da Messina et de Giovanni Bellini se manifeste par l'utilisation d'un rapport de couleurs unifiant la composition (*Christ,* 1496, Udine ; *Méditation sur la Passion du Christ,* New York ; *Sainte Conversation,* Caen), tandis que la connaissance de Mantegna et du milieu ferrarais s'affirme dans la dureté, la symbolique macabre et la lumière sèchement dorée du *Christ mort avec saint Jérôme et saint Omphre* (New York) et de la *Mise au tombeau* (Berlin). Peintre du Quattrocento, Carpaccio refusa d'adapter son style à l'évolution picturale que connut le début du XVI^e s. Ses dernières œuvres témoignent du même traitement naïf et grave de la réalité vénitienne ainsi que du même goût pour le pittoresque (*Scènes de la vie de saint Étienne,* 1511 - 1520 ; *Deux Dames vénitiennes,* v. 1510, musée Correr, Venise). Par la présence de l'architecture, Carpaccio s'affirme comme le premier grand peintre vénitien de *vedute* (paysages urbains). Mais la représentation d'un paysage réel est souvent détournée chez lui vers une étrangeté onirique.

**CARPAS** → Karpas

**CARPATES** ou **KARPATES** n. f. pl. – en langues slaves ***Karpaty,*** en roum. ***Carpaţii*** ♦ Ensemble montagneux d'Europe centrale et orientale, d'origine alpine (fin du Tertiaire), formant un vaste cercle de plus de 1 500 km sur les territoires de la Slovaquie, de la Pologne, de l'Ukraine et de la Roumanie. Au N.-O., les Carpates occidentales débutent le long du Danube à Bratislava par les Petites Carpates (767 m) puis les Carpates blanches, que prolongent les massifs des Tatras* (point culminant de la chaîne carpatique au mont Gerlachovka*, 2 655 m), encadrés au N. par l'arc des Beskides (1 722 m) et au S. par les monts Métallifères slovaques (1 477 m). La chaîne carpatique s'infléchit ensuite en Ukraine, les monts Maramureş (2 303 m) annonçant les Carpates orientales de Roumanie. Au S., les Carpates méridionales (aussi appelées Alpes de Transylvanie) dépassent parfois 2 500 m (Moldoveanu, 2 544 m ; Negoiu, 2 535 m) et dominent le bassin transylvain. Prolongées vers l'O. par les Carpates roumaines occidentales (Peleaga, 2 509 m) et le massif de Bihor (1 849 m), les Carpates finissent de nouveau près du Danube, aux Portes de Fer. De nombreux fleuves (Dniestr*, Vistule*) ou affluents du Danube (Váh*, Tisa*, Olt*, Siret*, Prout*) prennent leur source dans les Carpates. De magnifiques forêts de hêtres et d'épicéas couvrent les montagnes où l'agriculture est dominée par l'élevage. Du fait de leur origine sédimentaire, les Carpates sont pauvres en métaux rares, mais on trouve à leur périphérie des gisements de pétrole (Ploieşti*, près de Bucarest), de gaz naturel (Transylvanie ; S. de Lvov, en Ukraine), de lignite (Carpates méridionales roumaines), de sel (Wieliczka*, près de Cracovie) et de potasse (Ukraine).

**CARPEAUX (Jean-Baptiste)** ♦ Sculpteur, dessinateur et peintre français (Valenciennes 1827 - Courbevoie 1875). Encouragé par son cousin le sculpteur Victor Liet et par le peintre Abel de Pujol, il entra en 1844 dans l'atelier de Rude* et en 1850 dans celui du sculpteur académique F. Duret. En 1856, il séjourna en Italie et réalisa le *Jeune Pêcheur à la coquille* (1857 - 1858), puis s'inspira de Michel-Ange dans *Ugolin et ses fils* (1861), dont le thème est emprunté à Dante. Le romantisme de cette œuvre lui valut de violentes critiques. À la suite du *Buste de la princesse Mathilde* (1861), il obtint cependant la faveur de Napoléon III et exécuta une série de bustes. Il peignit aussi des scènes de la vie de cour. Chargé par Lefuel* du fronton et du relief du pavillon de Flore, il fit scandale par son traitement réaliste et sensuel du nu féminin. Avec le groupe de *La Danse** (1869) destiné à la façade de l'Opéra de Garnier* il fut même accusé d'outrage à la pudeur. En 1874, il termina *Les Quatre Parties du monde* pour la fontaine de l'Observatoire. Il tenta d'imposer une conception plus naturaliste de la sculpture, voulant traduire le geste rapide, les attitudes naturelles, l'expression vive et frémissante par un modelé animé où jouent les effets d'ombres et de lumière. Il renoua d'une manière anticonformiste avec la tradition baroque et rococo par les compositions mouvementées et

**Carpeaux.** *La Danse* (2,32 x 1,48 x 1,15 m ), 1868. Musée d'Orsay, Paris.
*BIS/Phot. © Archives Larbor*

l'expression de la grâce. ▪ *Autre illustration :* → **Dumas fils.** ➝ ÉTYM. *Carpeaux* est le diminutif de *carpe* (surnom d'une personne silencieuse).

**CARPELAN (Bo)** ♦ Poète finlandais d'expression suédoise (Helsinki 1926). Après une étude sur G. Björling*, dans laquelle il défend une poésie libre et non conventionnelle, il écrivit des recueils de poèmes très personnels : *Poèmes* (1946), *Les Objets des mots* (1954), *Changements de paysage* (1957), *Journée fraîche* (1961). À travers l'emploi fréquent de la libre association d'images, on décèle l'évolution du pessimisme initial de Carpelan vers un positivisme plus ouvert au monde, dont il garde toujours une vision très subjective. Il a écrit deux romans. : *Axel* (1986), autobiographique, où courent des souvenirs de Sibelius*, méditation sur l'art, l'amour et la mort, et *le Vent des origines* (1997).

**CARPENTARIE** (golfe de) – en angl. ***Gulf of Carpentaria*** ➝ ÉTYM. du n. de Pieter *Carpentier,* gouverneur général de la Compagnie des Indes orientales de 1622 à 1628 ♦ Prolongement de la mer d'Arafura*, formant une large échancrure au N. de l'Australie entre la terre d'Arnhem et la péninsule d'York. Il est relié à l'E. à la mer de Corail par le détroit de Torres.

**CARPENTER (Nathanael)** ♦ Philosophe et polygraphe anglais (Northleigh, Devon 1589 - Dublin 1628 ou 1635). Auteur d'une réfutation de la philosophie d'Aristote, il fut surtout apprécié pour son traité de géographie, discipline qu'il fut un des premiers à concevoir comme une science explicative (*Geography Delineated forth in Two Books,* 1625 - 1635).

**CARPENTIER (Jules)** ♦ Ingénieur français (Paris 1851 - Joigny 1921). Constructeur de nombreux appareils de mesure de haute précision, il réalisa les premiers périscopes et les premiers appareils cinématographiques des frères Lumière*. [Acad. sc. 1907]

**CARPENTIER (Georges)** ♦ Boxeur français (Liévin 1894 - Paris 1975). Champion d'Europe des poids mi-moyens, moyens, mi-lourds et lourds. Champion du monde des poids mi-lourds en 1920, il fut battu par Dempsey en 1921.

**CARPENTIER (Alejo)** ♦ Romancier et musicologue cubain (La Havane [ou Lausanne] 1904 - Paris 1980). Son œuvre s'inspire de la tradition négro-cubaine et exprime ce «merveilleux réel» du continent américain (*Écué-Yamba-o,* 1933). Dans un autre genre, Carpentier a écrit des romans historiques, *Le Royaume de ce monde* (1948), *Le Siècle des lumières* (1962), qui se situent aux Antilles et dont l'écriture baroque est riche de métaphores et d'images poétiques. On lui doit également *Le Recours de la méthode* (1975), *Concert baroque* (1974), *La Harpe et l'Ombre* (1979).

**CARPENTRAS** [kaʀpɑ̃tʀa] [84200] ➝ ÉTYM. p.-ê. «la forteresse qui surveille le passage des chars», du gaul. *carbanto-* «char» et *rate* «forteresse» ♦

Ch.-l. d'arr. du Vaucluse, près de l'Auzon. 26 090 hab. (aggl. 45 824). *(Carpentrassiens)*. Arc de triomphe gallo-romain (sculptures). Anc. cathédrale Saint-Siffrein des XV$^{e}$ - XVI$^{e}$ s. (œuvres d'art). Synagogue fondée au XV$^{e}$ s., reconstruite au XVIII$^{e}$ s. (boiseries). Palais de justice du XVII$^{e}$ s. (anc. palais épiscopal). Hôtel-Dieu du XVIII$^{e}$ s. (pharmacie). Porte d'Orange, seul vestige de l'enceinte du XIV$^{e}$ s. Plusieurs musées dont le musée Duplessis (peintures ; très riche fonds d'ouvrages anciens). ▪ Marché d'intérêt national et quelques industries. Sable industriel. Confiserie (spécialité de berlingots). ▮ **Histoire** *Carpentoracte* à l'époque gallo-romaine, dans la Narbonnaise II$^{e}$. Elle appartint à la papauté de 1229 à 1791 ; le titulaire de l'évêché gouvernait au nom du pape le Comtat venaissin. Une importante communauté juive y était tolérée et maintenue par le pape.

**carpetbaggers**

n. m. pl. ➝ ÉTYM. de l'angl. *carpet bag* «sac de voyage» ♦ Surnom méprisant donné par les sudistes aux aventuriers, généralement venus du Nord, qui s'établirent dans le Sud des États-Unis à la suite de la guerre de Sécession*. Composés de «pauvres blancs» et de radicaux sans scrupules, ils bénéficièrent de l'accord des autorités fédérales pour se livrer à des trafics et à des exactions (distribution d'emplois publics) et dressèrent les Noirs contre les Blancs. Les sociétés secrètes qui se formèrent contre eux (Ku* Klux Klan) parvinrent à les faire progressivement disparaître.

**CARPOCRATE** – en gr. ***Karpokratês*** ♦ Philosophe platonicien et hérésiarque gnostique, enseignant à Alexandrie v. 120. Il professait un amoralisme révolté contre le monde, création des anges déchus.

**CARQUEFOU** [44470] ➝ ÉTYM. probablt du germ. *kirche* «église» et lat. *fagus* «hêtre» ♦ Ch.-l. de cant. de la Loire-Atlantique, arr. de Nantes. 15 377 hab. *(Carquefoliens)*. Horticulture.

**CARQUEIRANNE** [83320] ➝ ÉTYM. d'une base oronym. *°kar-k-ariu* (de *°kal-* «pierre») et suff. latin *-ana* ou du lat. *(fornax) calcaria* «(four à) chaux» et suff. *-ana* ♦ Comm. du Var, arr. de Toulon 8 436 hab. *(Carqueirannais)*. Station balnéaire.

**CARR (Emily)** ♦ Peintre et écrivain canadien (Victoria 1871 - *id.* 1945). Après des voyages d'étude en France et en Angleterre, elle revint au Canada et se mit à explorer les villages indiens dont elle reproduisit les mâts totémiques (*Blunden Arbour*, v. 1930). Elle voyagea dans les îles de la Reine-Charlotte et le long des rivières Skeena et Nass. Par la suite, elle se lia aux membres du Group of Seven et sortit de son isolement. Après 1930, elle peignit les forêts canadiennes en larges touches aussi construites que les formes de ses sculptures (*Forest, British Columbia*, v. 1932). Le succès arriva en 1936 avec son exposition de Toronto. Emily Carr a aussi écrit plusieurs récits autobiographiques, dont *Klee Wyck* (1940) et *House of all Sorts* (1944).

**CARRÀ (Carlo Dalmazzo)** ♦ Peintre et essayiste italien (Quargnento, prov. d'Alexandrie 1881 - Milan 1966). Il réalisa d'abord des travaux de décoration intérieure (Exposition universelle de 1900 à Paris) ; étudiant ensuite à Milan, il fréquenta les milieux anarchistes et socialistes et signa à la suite de sa rencontre avec Marinetti* le *Manifeste des peintres et sculpteurs futuristes* de 1910. Il peignit alors *Les Funérailles de l'anarchiste Galli* (1910). À la suite d'un séjour à Paris en 1911 avec Boccioni*, sous l'influence du cubisme, il recourut souvent, pour exprimer le mouvement, à la technique du papier collé, découpant des formes schématiques et mécaniques

Carlo Dalmazzo **Carrà**. *Nature morte*. Coll. part.
*Phot. © de Gregorio/Ricciarini*

*(Cavalier à cheval)*. Abandonnant le futurisme pour la peinture métaphysique, il utilisa un répertoire identique à celui de G. De* Chirico, présenté selon des effets insistants de perspective (*La Muse métaphysique*, 1917). Mais, peu à peu, le caractère énigmatique et onirique de ses œuvres disparut pour aboutir à une recherche d'ordre plastique : compositions statiques et équilibrées représentant des natures mortes. Il adhéra ensuite aux mouvements Novecento et Valori Plastici et peignit de sobres marines dans une pâte épaisse et une gamme chromatique claire. Ses nombreux écrits théoriques témoignent de son admiration pour les maîtres du Quattrocento.

**CARRACHE** – en it. ***Carracci*** ♦ Famille de peintres et décorateurs italiens qui jouèrent un rôle important comme initiateurs de l'école bolonaise en fondant vers 1585 l'Accademia del Naturale devenue degli Incamminati dont l'enseignement fortement organisé, fondé sur l'étude directe de la nature, en réaction contre les raffinements et la virtuosité du maniérisme tardif, prônait un retour à plus de simplicité en s'appuyant sur la «grande tradition» instaurée par les maîtres italiens du XVI$^{e}$ s. Cet enseignement exerça une influence décisive sur l'Albane*, le Guerchin*, le Dominiquin* et Guido Reni* et servit de modèle aux académies européennes instituées au cours du XVII$^{e}$ s. Ainsi, on a souvent considéré les Carrache comme responsables du mouvement académique et éclectique qui se développa à leur suite. Quoi qu'il en soit, ils contribuèrent à côté de la recherche plus radicale du Caravage* à établir la rupture avec le maniérisme et à élaborer, par la multiplicité de leurs recherches et l'accent moderne qu'ils surent insuffler à leurs emprunts, les composantes de la peinture du XVII$^{e}$ s. Ils travaillèrent souvent en commun mais (malgré certains problèmes d'attribution) affirmèrent des personnalités distinctes. ♦ **Ludovic Carrache** (Bologne 1555 - *id.* 1619). On lui attribue un rôle de guide à l'égard de ses cousins car il synthétisa les apports des maîtres toscans, romains, mais surtout émiliens (Corrège) et vénitiens, en faisant preuve dans ses œuvres religieuses d'un goût du mouvement et d'un sens pathétique annonciateur du style baroque et dont les aspects réalistes et véhéments, ainsi que le clair-obscur contrasté, présentent des affinités avec le Caravage (*Flagellation*, *Conversion de saint Paul*, 1587 - 1588 ; *Martyre de saint Pierre Thomas*). Après avoir collaboré à Bologne avec ses cousins à la décoration du palais Fava (1584) puis du palais Magnani (1588), il travailla brièvement à Rome (1602) au palais Farnèse mais resta surtout à Bologne où il joua le rôle d'un chef d'école. ♦ **Augustin Carrache** (Bologne 1557 - Parme 1602). Il acquit lui aussi une profonde connaissance des maîtres du XVI$^{e}$, surtout le Corrège et les Vénitiens. Il travailla aux entreprises communes à Bologne puis rejoignit Annibal à Rome de 1597 à 1599. La mésentente qui s'établit entre eux l'incita probablement à se rendre à Parme où il travailla pour les Farnèse. Il peignit de nombreuses œuvres religieuses composées avec ampleur mais laissa souvent transparaître les multiples réminiscences de Raphaël, du Corrège et des Vénitiens. Il a surtout laissé de nombreux dessins ainsi que des gravures où la liberté du trait s'allie souvent à une expression empreinte d'humour. ♦ **Annibal Carrache** (Bologne 1560 - Rome 1609). Il apparaît comme la figure dominante de la famille. Il semble avoir d'abord travaillé en étroite collaboration avec Ludovic ; outre les grandes décorations mythologiques des palais Fava et Magnani, il aborda des genres très divers : peintures religieuses (*La Charité de saint Roch*, 1595 ; *Pietà*), des scènes de genre (*Le Mangeur de fèves ; L'Étal du boucher*) aux forts accents réalistes et des paysages dans lesquels les détails pittoresques (*La Pêche*, 1585) sont progressivement subordonnés à une vision d'ensemble équilibrée et harmonieuse (*La Fuite en Égypte* au palais Aldobrandini à Rome, 1605) qui en font l'initiateur du paysage «idéal». Arrivé à Rome en 1595, il donna sa mesure dans la décoration du «Camerino» (1595 - 1597) : évocation élégiaque de la mythologie inspirée de la poésie classique et surtout dans la galerie Farnèse (1597 - 1604) où apparaît une conception d'ensemble originale fondée sur l'étroite et savante imbrication des compartiments avec architectures en trompe-l'œil, éléments peints et sculptés (stucs) et la mise en rapport raffinée des thèmes et sujets allégoriques. La prédominance des couleurs claires, les formes sculpturales animées mais distinctement ordonnées dégagent une vitalité et une sensualité nouvelles. Cette œuvre à laquelle travaillèrent de nombreux collaborateurs et qui servit de modèle à la plupart des peintres formés à Rome porte en germe aussi bien le baroque que le classicisme.

**CARRANZA (Venustiano)** ♦ Homme d'État mexicain (Cuatro Ciénegas, Coahuila 1859 - Tlaxcalantongo, Puebla 1920). Propriétaire terrien, gouverneur d'État, il fut un adversaire de P. Diaz*. Après l'assassinat de Madero*, dont il était devenu ministre, il prit la tête du mouvement «constitutionnaliste» qui l'emporta en 1914, combattit Pancho Villa et Zapata et fut élu président de la République en 1917. Renversé, il mourut assassiné.

**CARRARA** – en fr. ***Carrare*** ♦ Famille de la noblesse italienne, originaire de la ville de Carrare, qui régna sur Padoue de 1318 à 1406, et fut vaincue par Venise en 1435.

**CARRARE** – en it. ***Carrara*** ➝ ÉTYM. probablt de la rac. pré-indo-eur. *°kar(a)* «rocher» ♦ V. d'Italie, en Toscane (prov. de Massa-Carrara), située

Annibal **Carrache.** *Le Génie de la renommée* (1,74 x 1,14 m ), 1588-1589. Staaliche Kunstsammlungen, Dresde.
*BIS/Phot. G. Reinhold © Archives Larbor*

entre les Alpes apuanes et la Méditerranée. 65 034 hab. Centre d'exploitation et de commerce du marbre (500 carrières), de réputation mondiale et connu depuis la plus haute Antiquité.

**CARRÉ (Ferdinand)** ♦ Ingénieur français (Moislains, Somme 1824 - Pommeuse, Seine-et-Marne 1900). Il réalisa la première machine frigorifique à compression (1857), la première machine frigorifique à absorption à fonctionnement continu (1860), la production de la glace à l'aide d'appareils frigorifiques (1862) et utilisa l'ammoniaque comme fluide frigorifique (1863) ; on lui doit également le premier transport de viande congelée, entre Buenos Aires et la France, en 1875.

**CARREL (Armand)** ♦ Journaliste français (Rouen 1800 - Saint-Mandé 1836). Sorti de Saint-Cyr, il prit très tôt position contre le régime de la Restauration. Lors de l'expédition d'Espagne (1823), il débarqua à Barcelone et s'engagea dans les forces qui luttèrent contre le roi Ferdinand VII et les troupes de Louis XVIII. Acquitté, après avoir d'abord été condamné à mort, il fut quelque temps collaborateur d'A. Thierry et publia lui-même une *Histoire d'Écosse*, une *Histoire de la Grèce moderne* (1825), une *Histoire de la contre-révolution en Angleterre sous Charles II* (1827), pamphlet politique contre la Restauration. Fondateur du journal d'opposition constitutionnelle libérale *Le National** (1830), avec Mignet* et Thiers*, dont il se sépara politiquement, il passa à l'opposition républicaine lors de la monarchie de Juillet. À la suite d'une polémique de presse, il fut tué en duel par É. de Girardin*. Les *Œuvres politiques et littéraires d'Armand Carrel* ont été publiées par É. Littré (1854 - 1858).

**CARREL (Alexis)** ♦ Chirurgien et physiologiste français (Sainte-Foy-lès-Lyon 1873 - Paris 1944). Il réalisa de nombreuses expériences sur la suture des vaisseaux sanguins, les greffes de tissus et d'organes et la culture de tissus d'embryons de poulets. Il est l'auteur d'un ouvrage qui connut le succès, *L'Homme, cet inconnu* (1936). Ses théories sur l'eugénisme et son rôle à la tête de la Fondation française pour l'étude des problèmes humains (1941) ont suscité de vives critiques. [Prix Nobel de physiol. ou méd. 1912]

**CARREÑO DE MIRANDA (Juan)** ♦ Peintre espagnol (Avilés 1614 - Madrid 1685). Fixé à Madrid à partir de 1623, il obtint rapidement une grande réputation comme peintre religieux (*Messe de fondation de l'ordre des Trinitaires*). Protégé par Vélasquez* et introduit à la cour, il entra au service de la reine Marie-Anne d'Autriche à partir de 1669 et devint *pintor de cámara* en 1671. Habile fresquiste marqué à la fois par l'art italien et le style de Rubens* et Van* Dyck, il fut le collaborateur de F. Rizzi et travailla sous la direction de Vélasquez (Salon des miroirs de l'Alcázar de Madrid, 1659). Dans le domaine du portrait de cour, il fut le fidèle continuateur du maître, évoqua comme lui les êtres difformes (*Le Bouffon F. Bazan ; La Naine Eugenia Martinez*) et donna souvent une note mélancolique à ses portraits aristocratiques, traités dans un coloris à la fois sourd et vibrant.

**CARRERA (Rafael)** ♦ Homme d'État guatémaltèque (Guatemala 1814 - *id.* 1865). Métis d'Indien et de Noire, il gouverna le pays de façon autoritaire de 1839 à 1865.

**CARRERA ANDRADE (Jorge)** ♦ Poète équatorien (Quito 1903 - *id.* 1978). On l'a qualifié «d'indofuturiste» car il chante à la fois des thèmes cosmopolites et des thèmes indigènes. Il est l'auteur de *La Guirlande du silence* (1926), *Le Temps manuel* (1935), *La Terre toujours verte* (1955).

**CARRÈRE D'ENCAUSSE (Hélène)** née **ZOURABICHVILI** ♦ Historienne française (Paris 1929). Spécialiste de l'URSS, elle contribua, en associant les méthodes d'analyse sociopolitique de l'histoire immédiate et celles de l'histoire de longue durée, au développement d'études scientifiques sur l'Union soviétique. Elle a publié *L'Empire éclaté*, 1979 ; *Le Malheur russe*, 1988 ; *La Gloire des nations*, 1990 ; *Nicolas II*, 1996 ; *Lénine*, 1998 ; *Russie, la transition manquée*, 2005. [Acad. fr. 1991 ; secrétaire «perpétuel» 1999]

**CARRIER (Jean-Baptiste)** ♦ Homme politique français (Yolet, près d'Aurillac 1756 - Paris 1794). Conseiller au bailliage d'Aurillac (1792), député montagnard à la Convention (1792), où il prit part à l'institution du Tribunal révolutionnaire (mars 1793), il fut envoyé en mission en Normandie puis en Bretagne et organisa à Nantes d'effroyables massacres, faisant fusiller ou noyer tous les suspects des prisons. Rappelé à Paris par Robespierre, il contribua à sa chute, mais fut lui-même décrété d'accusation peu après, condamné à mort pour ses crimes par le Tribunal révolutionnaire et exécuté (déc. 1794).

**CARRIERA (Rosalba)** ♦ Miniaturiste, dessinatrice et pastelliste italienne (Venise 1675 - *id.* 1757). Ses portraits révèlent un sens délicat du modelé et des nuances.

**CARRIÈRE (Eugène)** ♦ Peintre français (Gournay-sur-Marne 1849 - Paris 1906). Il fut l'élève de Cabanel*, devint l'ami de Rodin* et se lia avec de nombreux écrivains (Verlaine, Mallarmé, Daudet, A. France) dont il a laissé des portraits. Il défendit avec conviction ses idées socialistes, notamment lors de l'affaire Dreyfus. Il réalisa des peintures religieuses et d'obscures allégories, décorant l'Hôtel de Ville de Paris et la Sorbonne. Dans ses thèmes d'élection, les portraits et surtout les maternités, il tenta d'exprimer sa sensibilité au moyen d'un clair-obscur presque monochrome, à dominante brune et grise, estompant les formes mais faisant ressortir les mains et les visages (*La Famille*, 1893 ; *Le Baiser*, 1903). ➝ **ÉTYM.** *Carrière* est le surnom d'une personne habitant une maison située dans la rue principale : la *carrère* «rue accessible aux chars».

**CARRIÈRES-SOUS-POISSY** [78955] ♦ Comm. des Yvelines, arr. de Saint-Germain-en-Laye, sur la Seine. 13 472 hab.

**CARRIÈRES-SUR-SEINE** [78420] ♦ Comm. des Yvelines, arr. de Saint-Germain-en-Laye. 12 050 hab. *(Carrillons)*. Vestiges d'un château médiéval. ▪ Champignonnières.

**CARRILLO (Santiago)** ♦ Homme politique espagnol (Gijón 1915). Fils de Wenceslao Carrillo, fondateur et dirigeant du Parti socialiste ouvrier espagnol (PSOE) et de l'Union générale des travailleurs (UGT). En 1936, il fut nommé secrétaire général de la Jeunesse socialiste unifiée. Rentré d'exil en fév. 1976, il retrouva l'Espagne pour la première fois depuis la guerre civile, et fut élu député en 1977. Au 6e congrès du Parti communiste espagnol (PCE) de 1960, il devint secrétaire général et le resta jusqu'en 1982 : il fut l'un des principaux partisans de l'eurocommunisme. Il quitta le PCE (1985) et fonda le Parti des travailleurs d'Espagne qui, dissous en 1991, rejoignit le PSOE. ➝ **ÉTYM.** Ce nom espagnol signifie «joue» [peut-être nom d'une personne ayant une particularité sur la joue ou la mâchoire] ou diminutif de *carro* «charrette».

**CARROLL (Charles Lutwidge DODGSON, dit Lewis)** ➝ **ÉTYM.** transposition de ses deux prénoms : *Lewis* pour *Lutwidge* et *Carroll* pour *Charles* ♦ Écrivain britannique (Daresbury, Cheshire 1832 - Guildford, Surrey 1898). Mathématicien et logicien de talent, Dodgson fut professeur à Oxford jusqu'en 1881 et signa plusieurs œuvres scientifiques (*Traité élémentaire des déterminants*, 1867 ; *Euclide et ses rivaux modernes*, 1879). Son pseudonyme date de 1856. Timide, il préférait la compagnie des enfants à celle des adultes et c'est à la demande d'une de ses très jeunes amies, Alice Liddell, qu'*Alice* au pays des merveilles* fut écrit. Le succès fut tel qu'une suite parut en 1872, *De l'autre côté du miroir*, où le monde et la logique des adultes sont symbolisés par un échiquier sur lequel l'enfant progresse. *La Chasse au snark* (1876) est un poème bâti sur un jeu verbal hérité des *nursery rhymes* et fort apprécié des Anglais : on y découvre que le «snark» (mot qui télescope *snake* «serpent» et *shark* «requin») est en réalité un «jabberwocky», mot plus opaque encore que le premier. Le poème fut traduit en français par Aragon. *Sylvie et Bruno* (1899) présente une autre vision du monde enfantin, chargée de notations morales ambiguës. Lewis Carroll avait également saisi l'importance de la photographie en tant qu'art. Ses sujets favoris étant des petites filles, il abandonna cet art pour que la réputation du révérend Dodgson (il était diacre) n'en souffrît point. Ses dernières œuvres utilisent avec humour la logique mathématique : *Une histoire embrouillée* (1885) ; *Ce que la tortue dit à Achille* (1894).

**CARROLL (John Bissell)** ♦ Psychologue américain (Hartford, Connecticut 1916 - Fairbanks 2003). Dans la tradition de Skinner*, il a étudié les mécanismes d'apprentissage du langage et la pédagogie des langues (*Le Langage et la Pensée*, 1964). Ses perspectives sont très éloignées de celles de N. Chomsky*.

**CARROS** [06510] → ÉTYM. p.-ê. du pré-indo-eur. *°car-* «pierre» ♦ Ch.-l. de cant. des Alpes-Maritimes, arr. de Grasse. 10 710 hab.

**CARROUGES** [61320] → ÉTYM. région. *carrouge*, du lat. *quadruvium* «carrefour de routes» ♦ Ch.-l. de cant. de l'Orne, arr. d'Alençon. 743 hab. *(Carrougiens)*. Château des XV$^e$ - XVII$^e$ s. (décors intérieurs). Maison du parc naturel régional Normandie-Maine.

**Carrousel** (arc de triomphe du) ♦ Monument de Paris, érigé sur les plans de Percier* et Fontaine* de 1806 à 1808, et s'inspirant de l'arc de Constantin à Rome. Conçu comme l'entrée monumentale de l'anc. palais des Tuileries*, il se trouve au centre des parterres décorés, depuis 1965, de statues en bronze de Maillol*. Décoré de colonnes de marbre polychrome et de bas-reliefs évoquant les batailles ou les traités de l'Empire, surmonté d'un groupe équestre dû à Bosio* (1828), c'est une œuvre très significative du style Empire.

**CARROZ** [kaRo] **(LES)** ♦ Station de sports d'hiver de la Haute-Savoie (comm. d'Arâches), au-dessus de Cluses (alt. 1 140 - 1 750 m).

**CARRY-LE-ROUET** [13620] ♦ Comm. des Bouches-du-Rhône, arr. d'Aix-en-Provence, au pied de la chaîne de l'Estaque. 6 009 hab. (aggl. 13 242). *(Carryens)*. Station balnéaire. Port de pêche.

**CARS (Laurent)** ♦ Graveur français (Lyon 1699 - Paris 1771). S'inspirant des peintures de ses contemporains (Lemoine, Boucher, Greuze, Chardin, Watteau), il illustra notamment l'édition de Molière de 1734 d'après les dessins de F. Boucher*.

**CARS (Guy de Pérusse des Cars,** en littér. **Guy des)** ♦ Romancier et auteur dramatique français (Paris 1911 - *id.* 1993). Auteur à succès, il a publié de très nombreux romans populaires : *Le Maître d'œuvre* (1945), *La Brute* (1950), *La Tricheuse* (1957), *Le Grand Monde* (1961), *La Maudite* (1964), *De cape et de plume* (1965), *Le Donneur* (1973). Il a également composé des pièces de boulevard et des opérettes.

**CARSO** → Karst

**CARSON CITY** → ÉTYM. du nom de *Kit Carson* ♦ V. des États-Unis, cap. du Nevada*, au pied de la sierra Nevada. 52 447 hab. Mines d'argent. ▪ Le lac Tahoe, à proximité, est un centre de tourisme (casinos) et de sports d'hiver en pleine expansion.

**CARSTENS (Johann Asmus)** ♦ Peintre, dessinateur et théoricien danois (Sankt Jürgen, Schleswig 1754 - Rome 1798). Partisan des théories néoclassiques de Winckelmann*, il imita l'antique, particulièrement la céramique grecque et Raphaël. Il exécuta des compositions de caractère linéaire inspirées d'Homère, de Dante, des poèmes ossianiques et de Goethe, et de nombreux dessins. Il exerça une grande influence sur le sculpteur Thorwaldsen et sur les paysagistes allemands classicisants.

**CARTAGENA** ou **CARTAGENA DE INDIAS** ♦ V. de Colombie, princ. port militaire du pays et cap. du dép. de Bolívar, sur la mer des Caraïbes. 895 400 hab. La ville, construite dans une zone lagunaire, a conservé ses fortifications coloniales et son centre historique (tourisme). Terminal pétrolier. Indus. chimique. ▮ **Histoire** Fondée en 1533, ce fut le port d'escale de la flotte espagnole venue de Cadix. La ville fut assiégée et occupée plusieurs fois par les Anglais (John Drake, 1585 ; Vernon, 1741) et par les Français. Elle se proclama indépendante en 1811, fut reprise par les Espagnols et libérée en 1821. L'accord de Cartagena (Pacte andin) y fut signé en 1969.

**CARTAGO** ♦ V. du Costa Rica, ch.-l. de prov. 132 057 hab. Fondée en 1563, au pied du volcan Irazú, elle a été victime de plusieurs éruptions et séismes. Capitale du pays jusqu'à l'indépendance, elle a été ensuite supplantée par San* José. ♦ ***Province de Cartago*** 3 125 km², 433 000 hab. Centre de recherche agronomique à Turrialba.

**CARTAILHAC (Émile)** ♦ Anthropologue français (Marseille 1845 - Genève 1921). Il s'occupa principalement de paléontologie humaine, créant les matériaux pour l'histoire naturelle et primitive de l'homme (1866). Il est l'auteur de *La France préhistorique* (1889).

**CARTAN (Élie)** ♦ Mathématicien français (Dolomieu, Isère 1869 - Paris 1951). Une part importante de ses travaux porta sur la théorie des groupes continus de S. Lie*, à laquelle il donna des développements fondamentaux. On lui doit également en géométrie des recherches relatives à certains aspects mathématiques de la notion d'espace telle qu'elle peut intervenir dans la physique moderne. [Acad. sc. 1931] → ÉTYM. *Cartan* était le nom d'une mesure de capacité et d'une mesure agraire, devenu un surnom d'arpenteur.

**CARTAN (Henri)** ♦ Mathématicien français (Nancy 1904 - Paris 2008). Fils d'Élie Cartan. Membre fondateur du groupe Bourbaki*, il est l'auteur d'importants travaux en algèbre et en topologie, concernant la théorie des fonctions de variables réelles et complexes, les équations aux dérivées partielles et la théorie du potentiel. [Acad. sc. 1974]

**cartésianisme**

n. m. ♦ Courant de pensée issu de la philosophie de Descartes*. Descartes a légué à la postérité une série de problèmes (le dualisme de l'âme et du corps), de concepts (la clarté et la distinction comme critères du vrai) et de thèmes (le *cogito*, le «je pense, donc je suis») qui ont structuré plusieurs grandes philosophies (celles de Spinoza*, de Leibniz*, de Malebranche*) qui s'en sont elles-mêmes éloignées. Il a aussi existé des cartésiens plus orthodoxes (comme A. Arnauld* et Nicole* dans *La Logique* de Port-Royal*). Les philosophies du sujet se réclament du cartésianisme, notamment la phénoménologie de Husserl* ainsi que celles qui définissent la liberté comme un choix fondateur (Alain*, Sartre*). La théorie cartésienne du langage comme compétence illimitée est considérée par Noam Chomsky* (*Linguistique cartésienne*, 1966) comme une anticipation de la grammaire transformationnelle qui affirme l'universalité des structures logiques de l'esprit / cerveau. L'anticartésianisme a revêtu des formes très diverses : métaphysique chez Pascal* ou politique chez Hayek* (*Droit, Législation, Liberté*, 1973) pour qui Descartes est le fondateur du constructionnisme qui veut imposer une organisation à la société au lieu de laisser apparaître son ordre spontané.

**Cartel des gauches** ♦ Constitué en 1924 pour faire face aux modérés et conservateurs du Bloc* national, il regroupa la gauche radicale (radicaux et radicaux-socialistes), les républicains socialistes et les socialistes (SFIO). Sa victoire aux élections (mai 1924) entraîna la démission du président de la République Millerand*, auquel succéda G. Doumergue, et la formation d'un ministère radical-socialiste (Herriot* auquel succédèrent Painlevé et A. Briand). Celui-ci, après l'échec de la politique financière, fut remplacé par un ministère d'union nationale, présidé par Poincaré* (1926).

**Cartel des quatre** ♦ Association fondée par Baty*, Dullin*, Jouvet* et Pitoëff* en 1927, sur des bases morales, en réaction contre la sclérose du théâtre classique et contre l'envahissement du théâtre commercial.

**CARTELLIER (Pierre)** ♦ Orfèvre, ornemaniste et sculpteur français (Paris 1757 - *id.* 1831). Il débuta en fournissant des modèles d'orfèvrerie et obtint ensuite, sous l'Empire et pendant la Restauration, de nombreuses commandes officielles (relief de *La Vigilance et la Guerre*, 1800 ; statues d'*Aristide* et de *Vergniaud* au Sénat ; *La Gloire* au Louvre, 1807 ; *Reddition d'Ulm* à l'arc de triomphe du Carrousel). Le plus brillant de ses élèves fut Rude*.

**CARTER (Howard)** ♦ Égyptologue britannique (Swaffham, Norfolk 1873 - Londres 1939), élève de Petrie*. Il découvrit en 1922 la tombe de Toutankhamon* dans la Vallée des Rois, alors qu'il travaillait en collaboration avec lord Carnarvon*.

**CARTER (Bennett Lester,** dit **Benny)** ♦ Saxophoniste, arrangeur et chef d'orchestre de jazz américain (New York 1907 - Los Angeles 2003). Chef d'orchestre au Savoy de New York en 1938, il fut, parmi les musiciens de middle jazz, l'un de ceux qui réussirent à poursuivre leurs activités en tenant compte du be-bop et du jazz cool des années 1950. Principaux albums : *Crazy Rhythm* (avec Coleman Hawkins, 1938), *I'm in the Mood for Swing* (avec Lionel Hampton, 1938), *The King* (1976).

**CARTER (Elliott)** ♦ Compositeur américain (New York 1908). Élève de Nadia Boulanger, d'abord influencé par Stravinski, il a développé le concept de «modulation métrique», ce qui permit à son langage de gagner en complexité rythmique tout en se libérant de la tonalité. Il a écrit entre autres cinq quatuors à cordes (1951, 1959, 1971, 1986, 1995), des quintettes, des concertos, des sonates, une symphonie, ainsi que des œuvres avec voix dont *A Mirror in Which to Dwell* (1975) et *In Sleep, in Thunder* (1981).

**CARTER (James Earl,** dit **Jimmy)** ♦ Homme d'État américain (Plains, Géorgie 1924). Membre du parti démocrate, il fut sénateur (1962) puis gouverneur (1970) de la Géorgie. 39$^e$ président des États-Unis (1977 - 1981), il organisa, en 1978, la rencontre Begin*-Sadate* de Camp* David. → **israélo-arabe (conflit)** ; **États-Unis.** Les difficultés intérieures, notamment économiques, et les échecs extérieurs (affaire des otages de Téhéran) lui firent perdre l'élection de nov. 1980 face à R. Reagan*. Il s'est consacré depuis à l'action en faveur de la démocratie et des droits de l'homme. Depuis 1992, il a rempli plusieurs missions diplomatiques pour le compte du gouvernement (en Bosnie, en Haïti, en Corée du Nord). [Prix Nobel de la paix 2002] → ÉTYM. Ce nom anglais signifie «charretier».

**CARTERET (Philip)** ♦ Navigateur et capitaine britannique du XVIII$^e$ s. (mort à Southampton 1796). Il a contribué par ses expéditions et ses découvertes à la connaissance des régions équatoriales de l'océan Pacifique, et sa relation de voyage fut jointe à celle du premier voyage de Cook*.

**CARTERET** ♦ Petit port et station balnéaire sur la Manche (comm. de Barneville-Carteret). Embarcadère pour les îles Anglo-Normandes.

**CARTHAGE** ➝ ÉTYM. *Kart hadasht* «la nouvelle ville» ♦ Ville de l'Afrique du Nord située sur le golfe de Tunis. 15 922 hab. Ruines à 16 km de Tunis. ▮ **Histoire** Elle fut fondée v. -814 - -813 autour de la citadelle de Byrsa*, et, selon Virgile*, par la reine Didon*, à la tête de colons venus de Phénicie et de Chypre. La ville, dont les débuts sont mal connus, s'enrichit par le commerce, établit des comptoirs sur le littoral de la Tunisie et de l'Algérie*. Elle ne sortit de l'ombre qu'après la décadence de Tyr, qu'elle remplaça en Méditerranée occidentale sous les rois magonides (v. -550 - -450). Elle établit alors un empire économique au commerce très actif avec l'Égypte, l'Étrurie et la Grèce. Ce fut à cette période que les Carthaginois entreprirent des voyages le long de l'Afrique *(Périple d'Hannon*)* et en Atlantique Nord. À partir du début du -Ve s., Carthage s'opposa aux Grecs pour la maîtrise de la Sicile (bataille d'Himère* : ➝ **Syracuse, Gélon, Hiéron Ier, Denys l'Ancien, Agathocle**) puis aux Romains dans le conflit des guerres puniques*. La première guerre punique (-264 - -241) aboutit à la perte de la Sicile, à la fin du régime oligarchique remplacé par celui de deux suffètes élus par une Assemblée populaire, et à une révolte des Mercenaires* (➝ **Hamilcar Barca, Hannon**). Hamilcar Barca, dédaignant l'Afrique, conquit sur les Celtibères* d'Espagne un État dont il fut pratiquement le maître, mais ce fut son fils Hannibal* qui réalisa ses projets, marquant de sa personnalité la deuxième guerre punique (-218 - -201). Carthage perdit alors l'Espagne. Sa puissance était détruite mais non sa richesse, qui inquiéta Caton* l'Ancien. La troisième guerre punique (-149 - -146) éclata sous le prétexte d'une guerre de Carthage contre Masinissa, roi de Numidie et allié de Rome. La ville, défendue par Hasdrubal*, fut prise par Scipion* Émilien et détruite, son territoire étant partagé entre Rome et la Numidie. Dès -122 cependant, Carthage fut reconstruite sous le nom de *Colonia Junonia* et placée sous la protection de Junon identifiée à Tanit*, la grande déesse carthaginoise. César* reconstruisit la ville, qui végétait, sur un site différent. Elle devint alors le centre intellectuel et religieux de l'Afrique romaine puis chrétienne, illustré par des conciles nombreux. Les écoles de Carthage produisirent des littérateurs et des apologistes païens ou chrétiens, tels Apulée*, Tertullien*, saint Cyprien*, Arnobe* et saint Augustin*. Prise en 439 par les Vandales*, reconquise en 534 par Bélisaire pour le compte de l'Empire byzantin, pillée par les Arabes en 698, Carthage n'était plus qu'une bourgade sans importance quand Louis* IX y mourut en 1270.

**Carthage.** Masque de pâte de verre de la période punique. Musée de Carthage.
*Phot. © Nou/Explorer*

**CARTHAGÈNE** ➝ ÉTYM. en esp. ***Cartagena*** ; fondée par Hasdrubal* le Beau, qui lui donna le même n. que *Carthage** ♦ V. d'Espagne (Communauté autonome et prov. de Murcie), au pied de la sierra de Carthagène dans le Levant. 207 286 hab. Important port militaire et commercial sur la Méditerranée, au fond d'une baie bien abritée. Construc. navales, métall. et chimie (cuivre, argent, zinc et plomb), raffinerie de pétrole d'Escombreras*.

**CARTIER (Jacques)** ♦ Navigateur français (Saint-Malo 1491 - *id.* v. 1557). Parti à la recherche d'une route vers l'Asie par le N. du Nouveau Monde, il atteignit Terre-Neuve et la côte du Labrador, déjà abordées par Jean et Sébastien Cabot* (1497), découvrit l'estuaire du Saint-Laurent et prit possession, à Gaspé, du Canada* au nom de François Ier. Il entreprit deux autres voyages (1535, 1541) au cours desquels il prouva l'insularité de Terre-Neuve, remonta le Saint-Laurent (qu'il prenait pour le passage du Nord-Ouest vers le «Cathay») jusqu'en amont du site de Québec, y fonda un établissement puis atteignit Hochelaga, lieu du futur Montréal. Il fut surnommé le «découvreur du Canada».

**CARTIER** (sir **Georges Étienne**) ♦ Homme politique canadien (Saint-Antoine-sur-Richelieu, prov. du Québec 1814 - Londres 1873). Défenseur des Canadiens français, il devint Premier ministre avec J. A. Macdonald* (1857). Il encouragea la politique ferroviaire et contribua à l'établissement de la Confédération canadienne (1867).

**CARTIER-BRESSON (Henri)** ♦ Photographe français (Chanteloup, Seine-et-Marne 1908 - Céreste 2004). Après avoir étudié la peinture dans l'atelier de A. Lhote* (1927 - 1928), il aborda la photographie, se consacrant dès 1931 au reportage. Il voyagea au Mexique en 1934, aux États-Unis de 1935 à 1936, puis devint l'assistant de J. Renoir* et réalisa lui-même à la fin de la guerre un documentaire sur les déportés, *Le Retour*. De ses voyages à travers le monde, notamment en Extrême-Orient, en URSS et au Proche-Orient (de 1947 à 1954), il a rapporté de nombreuses photos publiées en recueils dans lesquels il se montre attentif à saisir les particularités sociales des pays visités *(Images à la sauvette ; D'une Chine à l'autre ; Moscou ; Les Européens)*. Le caractère concis et sobre de ses images n'en révèle pas moins une sensibilité à leur contenu humain et affectif et n'exclut pas une recherche subtile dans le choix des cadrages et des effets de contrastes.

Henri **Cartier-Bresson.** *Sur les bords de la Marne* (1938).
*Phot. © Cartier-Bresson/Magnum*

**CARTOUCHE (Louis Dominique)** ♦ Bandit français (Paris 1693 - *id.* 1721). Chef d'une bande qui terrorisa Paris et sa banlieue au début du XVIIIe s., il réussit longtemps à échapper à la police ; enfin arrêté, il fut roué vif en place de Grève.

**CARTWRIGHT (John)** ♦ Homme politique britannique (Marnham, Nottinghamshire 1740 - Londres 1824). Précurseur du chartisme*, il réclama, dans des pamphlets, une grande réforme parlementaire mais sans abolition de la monarchie ni de la Chambre des lords. ➝ ÉTYM. Ce nom de famille vient du vieil anglais et signifie «fabricant *(wyrhta)* de charrettes *(croet)*».

**CARTWRIGHT (Edmund)** ♦ Inventeur britannique (Marnham, Nottinghamshire 1743 - Hastings 1823). Frère de John Cartwright. Ayant réussi à synchroniser les quatre mouvements du métier à tisser à bras, il inventa le premier métier mécanique en le faisant mouvoir par la machine à vapeur de Watt* (1785). Il conçut également une machine à peigner la laine (1790).

**CARUARU** ♦ V. du Brésil (État du Pernambouc). 214 000 hab. Célèbre pour son marché et ses poteries.

**CARUS** – en lat. ***Marcus Aurelius Carus*** ♦ (mort à Ctésiphon 283). Empereur romain (282 - 283). Préfet du prétoire sous Probus*, il fut proclamé empereur par ses soldats à la mort de ce dernier. Il s'associa à ses deux fils Numérien* et Carin*, vainquit les Parthes, s'empara de la Mésopotamie, prit Séleucie et Ctésiphon et mourut subitement.

**CARUS (Karl Gustav)** ♦ Médecin et philosophe allemand (Leipzig 1789 - Dresde 1869). Médecin à la cour et conseiller d'État (1827), il fit des recherches en anatomie et en physiologie animale. Ses travaux en biologie, l'influence de Goethe et de l'école romantique l'amenèrent à accorder une place importante à l'instinct et à l'inconscient dans la vie psychique (*Psyché, histoire du développement de l'âme humaine*, 1846 ; *Physis, histoire de la vie corporelle*, 1851). Il publia également des écrits littéraires, dont deux ouvrages sur Goethe.

**CARUSO (Enrico)** ♦ Ténor italien (Naples 1873 - *id.* 1921). Il fit une brillante carrière aux opéras de Milan, Saint-Pétersbourg et Londres avant de devenir premier ténor au Metropolitan Opera de New York (1903 - 1920). Le disque conserve le témoignage de ses mémorables interprétations du répertoire lyrique italien. ➝ ÉTYM. Ce nom, issu d'un dialecte italien, signifie «garçon» [en Sicile, on nommait ainsi les travailleurs agricoles ou les mineurs].

**CARVALHO (Léon CARVAILLE, dit Léon)** ♦ Directeur de théâtre français (Port-Louis, île Maurice 1825 - Paris 1897). Il dirigea l'Opéra-Comique de 1876 à 1887 et de 1891 à sa mort.

**CARVEN (Carmen DE TOMMASO, dite)** ➝ ÉTYM. modification de son prénom ♦ Couturière française (Châtellerault 1909). Elle ouvrit sa maison de couture en 1945. Le succès particulier de ses toilettes pour femmes de petite taille la fit connaître comme «grand couturier pour petites femmes». Elle a renouvelé la coupe de nombreux uniformes (hôtesses de l'air, «pervenches») et a lancé une ligne de parfums.

**CARVER (Raymond)** ♦ Nouvelliste et poète américain (Clatskanie, Oregon 1938 - Port Angeles, Washington 1988). Ses recueils de nouvelles dépeignent avec une extrême économie de moyens le désespoir et la solitude des Américains ordinaires : *Tais-toi je t'en prie* (1976, National Book Award) ; *Parlez-moi d'amour* (1981) ; *Les Vitamines du bonheur* (1983). Le film *Short Cuts* (1993) de Robert Altman* s'inspire de plusieurs de ses nouvelles.

**CARVIN** [62220] ➝ ÉTYM. du lat. *Calvinius*, n. de pers. gallo-rom. ♦ Ch.-l. de cant. du Pas-de-Calais, arr. de Lens. 17 772 hab. *(Carvinois)*.

**CARY (Arthur Joyce)** ♦ Romancier britannique (Londonderry 1888 - Oxford 1957). Après des études à Oxford, il séjourna comme fonctionnaire au Nigeria mais sa santé l'obligea à rentrer en Europe (1920). Ses premiers romans mettent en scène son expérience enfantine et africaine : *Aissa Saved* («Aïssa sauvée», 1932) ; *The African Witch* («La Sorcière d'Afrique», 1936) ; *Missié Johnson* (1939). Sa propre enfance lui inspira aussi *The House of the Children* («Une maison d'enfants», 1941). Cary prit l'art pour sujet d'une première trilogie : *Sara* (*Herself surprised*, 1941) ; *Le Grand chemin* (*To be a pilgrim*, 1942) ; *La Bouche du cheval* (1944), la politique pour sujet de la seconde : *La Gracieuse Prisonnière* (1952) ; *Except the Lord* («Si ce n'est Dieu», 1953) ; *Not Honour more* («Sans plus d'honneur», 1955) et la religion pour thème de son roman *The Captive and the Free* («Captivité et Liberté», 1959). Brillant portraitiste, Cary fait raconter leur histoire par les protagonistes de ses œuvres.

**CARZOU (Jean)** ➝ ÉTYM. de la première syllabe de son prénom (*Ga*mik) et de son nom (*Zou*loumian) ♦ Peintre et décorateur français (Alep, Syrie 1907 - Périgueux 2000). D'abord attiré par la peinture abstraite, il élabora un style figuratif alliant le géométrisme à une gamme de couleurs sombres, visant à la représentation d'un univers étrange et fantastique. L'œuvre de Carzou évolua vers une plus grande richesse de couleurs et une poésie évocatrice du tragique (*L'Apocalypse*, 1957) comme du charmant (*Venise*, 1953 ; *Le Paradis terrestre*, 1959). Cette dernière tendance est surtout sensible dans les décorations de théâtre qui ont fait sa célébrité (*Les Indes galantes* de Rameau, 1952 ; *Giselle*, 1954 ; *La Périchole* d'Offenbach, 1970). [Acad. des beaux-arts 1977]

**CASABLANCA** ou **DAR EL-BEÏDA** ➝ ÉTYM. *Casablanca*, du port. *Casabranca*, déformé en esp. «maison *(casa)* blanche *(blanca)*» ♦ V. du Maroc, chef-lieu de prov. et d'une préfecture urbaine, sur l'Atlantique, dans la plaine de la Chaouïa. 3 111 977 hab. Grand port artificiel (complété auj. par Mohammedia) aménagé sous l'impulsion de Lyautey* qui développa considérablement la ville avec l'aide de Prost et d'Albert Laprade*. Métropole économique et commerciale du pays (exportation de phosphates). Indus. chimiques, mécaniques, alimentaires. Le roi Hassan II y a fait édifier une Grande Mosquée (1993). ■ **Histoire** Lors de la Deuxième Guerre mondiale, les forces françaises aux ordres du résident général Noguès y résistèrent durant trois jours au débarquement américain avant de se rallier (1942). Au cours de la *conférence de Casablanca* (ou d'*Anfa*, quartier résidentiel), tenue par Churchill et Roosevelt en 1943, furent prises d'importantes décisions concernant le débarquement en Europe, l'invasion de l'Italie et les conditions de capitulation de l'Allemagne, de l'Italie et du Japon. Les deux protagonistes s'efforcèrent de préparer un rapprochement entre de Gaulle et Giraud.

**CASADESUS** [kazadsy] ♦ Famille de musiciens français originaire de Figueras (Catalogne). ♦ **Francis Casadesus** (Paris 1870 - Suresnes 1954). Élève de César Franck, compositeur et chef d'orchestre, il fonda le Conservatoire américain de Fontainebleau (1921). ♦ **Henri Casadesus** (Paris 1879 - *id.* 1947). Frère de Francis et de Marius. Altiste du quatuor Capet, il fut le fondateur de la Société des instruments anciens. ♦ **Marius Casadesus** (Paris 1892 - *id.* 1981). Frère de Francis et d'Henri. Violoniste et compositeur. ♦ **Robert Casadesus** (Paris 1899 - *id.* 1972). Neveu des précédents. Pianiste virtuose et compositeur, il fit une brillante carrière internationale et fut directeur du Conservatoire américain de Fontainebleau (1937 - 1948). ♦ **Jean-Claude Casadesus** (Paris 1935). Petit-fils d'Henri. Chef d'orchestre, il dirige l'orchestre de Lille depuis 1976. ➝ ÉTYM. *Casedesus* désigne une maison située en haut du village, de l'occitan *casa* «maison» et *desus* «dessus».

**CASALE MONFERRATO** ♦ V. d'Italie, dans le Piémont (prov. d'Alessandria), sur le Pô. 35 244 hab. Centre vinicole ; cimenteries, textiles artificiels. Anc. cap. du Montferrat*.

**CASALS** [kazals] **(Pablo)** ♦ Violoncelliste et chef d'orchestre espagnol (Vendrell, Tarragone 1876 - San Juan de Porto Rico 1973). Créateur,

Pablo **Casals.** Portrait par Jan Toorop.
Musée Boymans-Van Beuningen, Rotterdam.
*Phot. © Arch. Smeets*

avec A. Cortot* et J. Thibaud*, d'un trio célèbre (1905), il participa, avec les mêmes, à la fondation de l'École normale de musique, à Paris. Il s'exila d'Espagne après la victoire du général Franco et se fixa en France, à Prades (Pyrénées-Orientales) où il organisa des festivals de musique.

**CASAMANCE** n. f. ➝ ÉTYM. de *Casa mansa* «roi de la tribu des Cassas» ♦ Fl. du Sénégal méridional (env. 300 km). Il se termine par un remarquable estuaire encombré de mangroves. ♦ ***Casamance*** Région comprise entre l'enclave de la Gambie et la frontière guinéenne, elle a pour ressources essentielles l'arachide au N. du fleuve Casamance et le riz au S., auxquelles viennent s'adjoindre les cultures vivrières (mil, maïs) et récemment l'élevage. La désertification dans le Sahel et dans la savane a poussé vers la Casamance, plus humide, les éleveurs peuls et les cultivateurs d'arachide ouolofs, déclenchant à partir de 1983, une guérilla au sein des Diolas et des groupes apparentés. En déc. 2004, le Mouvement des forces démocratiques de Casamance (MFDC), indépendantiste, a renoncé à la lutte armée en contrepartie de l'ouverture de négociations.

**CASANOVA (Giacomo Girolamo)** dit **Casanova de Seingalt** ♦ Aventurier et écrivain italien (Venise 1725 - Dux, Bohême 1798). Fils d'acteurs, il reçut les ordres mineurs en 1743, puis voyagea par toute l'Europe, vivant d'expédients et d'intrigues, appliquant partout la devise «sequere deum» («Suis [ton] dieu»). Entre deux séjours à Paris (où il est à l'origine de la Loterie nationale), il fut enfermé aux Plombs de Venise pour impiété et pratiques magiques. Dénué de toute pudeur en matière de sentiments, il a gardé le secret sur ses activités politiques, qui le conduisirent peut-être à devenir agent du Grand-Orient et espion de divers gouvernements. Courant après le bonheur sans aucune idée de transgression (ce qui le distingue de Don Juan), estimé des rois, des grands, des philosophes, des scientifiques de son temps, il acheva sa vie comme bibliothécaire du château de Dux en Bohême. C'est là que, de 1791 à 1798, pour tromper le «noir chagrin» de la vieillesse, il écrivit en français l'*Histoire de ma vie* (également connue sous le titre de *Mémoires*), fresque savoureuse où, à travers le récit de ses innombrables aventures galantes, Casanova peint toute la société de la fin du XVIIIe s. Les *Mémoires* ne connurent une véritable édition qu'en 1960 - 1963. Auteur de divers autres ouvrages, il a laissé (encore en français) la célèbre *Histoire de ma fuite des prisons [...] de Venise* (1787) et un médiocre roman, *Icosameron*. ➝ ÉTYM. Ce nom italien signifie «maison *(casa)* neuve (*nova* [forme ancienne de *nuova*])».

**CASANOVA (Danièle, née Vincentella PÉRINI)** ♦ Résistante française (Ajaccio 1909 - Auschwitz 1943). Fille d'instituteurs, elle fit des études de dentiste. Entrée aux Jeunesses communistes, elle fonda en 1934 l'Union des jeunes filles de France, organisation proche du PCF. Mariée au dirigeant communiste Laurent Casanova, Vincentella, se faisant appeler Danièle, rejoignit la Résistance dès 1940 et participa à la création de l'Union des femmes françaises. La police française l'arrêta en 1942 et la livra aux Allemands. Elle fut déportée à Auschwitz où elle mourut en 1943. Après la guerre, le PCF en fit une héroïne de la Résistance.

**CASARÈS (Maria)** ♦ Comédienne française d'origine espagnole (La Corogne 1922 - Alloue, Charente-Maritime 1996). Fille de S. Casares* Quiroga, elle entra au Conservatoire, fut engagée à la Comédie-Française puis au TNP. Elle créa des œuvres de Camus (*Le Malentendu ; État de siège ; Les Justes*), de Sartre, de Genet (*Les Paravents ; Elle*) sans négliger les classiques (période du TNP : *Hécube* d'Euripide). Elle fut dirigée par Blin*, Chéreau*, Béjart*. Au cinéma elle a joué notamment dans *Les Enfants* du paradis* de M. Carné* (1945), *Les Dames du bois de Boulogne* de R. Bresson* (1945), *Orphée* de J. Cocteau* (1950).

**CASARES QUIROGA (Santiago)** ♦ Homme politique espagnol (1884 - 1950). Chef du parti autonomiste galicien, il était Premier ministre en juil. 1936 lorsque éclata le soulèvement militaire ; il démissionna alors et se réfugia en France.

**CASAUBON (Isaac)** ♦ Érudit français (Genève 1559 - Londres 1614). Helléniste remarquable, il entretint une correspondance suivie avec Scaliger* et, à partir de 1587, édita de nombreux textes grecs, notamment *Les Caractères* de Théophraste (1592), Polybe (inachevé) et une révision des *Deipnosophistes* d'Athénée. Convié par Henri IV à la conférence de Fontainebleau entre le cardinal Du Perron et Duplessis-Mornay, il y joua un rôle de conciliateur. Bibliothécaire du roi de 1600 à 1610, il fut alors une des grandes figures huguenotes de France. Après l'assassinat d'Henri IV, il partit pour l'Angleterre (1610). Naturalisé anglais en 1611, il subit les effets de l'impopularité de ses protecteurs (notamment le roi Jacques I^er^) et de la xénophobie. Casaubon édita et commenta également Perse et Suétone.

**CASCADES** (chaîne des) ➝ ÉTYM. en angl. ***Cascade Range,*** nommée ainsi à cause des cascades du fl. Columbia qui la traverse ♦ Chaîne montagneuse et volcanique de l'O. des États-Unis (Washington*, Oregon* et Californie* du N.) et du Canada, assez proche du Pacifique. Elle culmine au mont Rainier (4 391 m).

**CASCAIS** ♦ V. du Portugal, à l'O. de Lisbonne. 185 279 hab. Port de pêche et station balnéaire.

La **Case de l'oncle Tom** – en angl. ***Uncle Tom's Cabin*** ♦ Roman de Harriet Beecher*-Stowe (1852), qui a porté devant l'opinion publique le problème de l'esclavage.

**CASELLA (Alfredo)** ♦ Compositeur italien (Turin 1883 - Rome 1947). Élève de Diémer et de Fauré au Conservatoire, il vécut à Paris au début de sa carrière et se trouva activement mêlé aux mouvements de l'avant-garde musicale. D'abord sensible aux influences de Debussy, de Milhaud et de Stravinski, il devait renouer, après son retour en Italie (1915), avec l'ancienne tradition italienne, sans renoncer pour autant à un style très personnel, marqué d'intellectualité. On lui doit des symphonies, des opéras, des ballets et des œuvres de musique de chambre. Critique musical, chef d'orchestre et professeur, il a exercé une forte influence sur la génération suivante de musiciens italiens.

**CASE-PILOTE** [97222] ➝ ÉTYM. de *Pilote,* n. d'un chef caraïbe ♦ V. de Martinique, arr. de Fort-de-France. 4 048 hab.

**CASERIO (Santo Jeronimo)** ♦ Anarchiste d'origine italienne (Motta Visconti, Lombardie 1873 - Lyon 1894). Auteur de l'attentat contre le président M. F. Sadi Carnot* (juin 1894), il fut condamné à mort et guillotiné.

**CASERTE** ➝ ÉTYM. en it. ***Caserta*** «la maison *(casa)* élevée *(erta)*» ♦ V. d'Italie, ch.-l. de prov., en Campanie, au N. de Naples. 75 208 hab. Célèbre château et parc des Bourbons de Naples, dus à Vanvitelli (XVIII^e^ s.). ▪ Cultures de tabac. Cimenteries. Indus. alimentaires et électromécaniques. ▮ **Histoire** Les forces allemandes d'Italie y capitulèrent le 29 avr. 1945.

**CASHEL** – en gaél. ***Caiseal Mumhan*** ♦ V. de la rép. d'Irlande (comté de Tipperary). 2 936 hab. Jadis résidence des rois de Munster. Bâtie sur un piton rocheux dominant les collines agricoles du Tipperary, Cashel a conservé sur une «acropole» le plus bel ensemble architectural médiéval irlandais (tour du X^e^ s., croix de saint Patrick du XI^e^ s., abbaye du XIII^e^ s. et cathédrale gothique des XIII^e^ - XIV^e^ s.). Tourisme.

**CASILINUM** ♦ V. de l'Italie ancienne (Campanie), près de Capoue. Hannibal y vainquit Fabius* Cunctator en –216.

**CASIMIR** (saint) ♦ Prince polonais (Cracovie 1458 - Grodno 1484), fils de Casimir* IV Jagellon. Il mena une vie édifiante, fut prétendant au trône de Hongrie (d'où Mathias Corvin* avait été chassé momentanément) et administra la Pologne en l'absence de son père. Patron de la Pologne et de la Lituanie. ▪ Fête le 4 mars. ➝ ÉTYM. Le nom polonais *Kazimierz* vient de *kazać* «ordonner» et du slave méridional *mer,* équivalent du germanique *mar* «célèbre».

**CASIMIR I^er^ le Rénovateur** ♦ (1016 - 1058). Duc de Pologne* (1034 - 1058). Fils et successeur de Mieszko* II, il fut chassé de Pologne par une insurrection, mais rétablit son pouvoir en 1039 avec l'aide germanique. Père de Boleslas* II son successeur, et de Ladislas I^er^ Herman.

**CASIMIR II le Juste** ♦ (1138 - 1194). Prince de Pologne (1177 - 1194). Fils de Boleslas* III, il fut élu en 1177 en remplacement de son frère Mieszko* III.

**CASIMIR III le Grand** ♦ (Kowal, Cujavie 1310 - Cracovie 1370). Roi de Pologne (1333 - 1370). Fils et successeur de Ladislas* I^er^, dernier représentant des Piast*, il fut le véritable restaurateur de la Pologne dont il favorisa l'expansion commerciale, économique et intellectuelle. Il réforma la législation polonaise (statut de Wiślica, 1347), annexa la Mazovie*, la Podolie*, la Galicie* (1349), la Volhynie* (1366) et fonda en 1364 l'université de Cracovie*. Il dut néanmoins laisser la Poméranie* à l'ordre des chevaliers Teutoniques* et reconnaître la suzeraineté de la Bohême sur la Silésie*. Son neveu, Louis I^er^ de Hongrie, lui succéda.

**CASIMIR IV JAGELLON** ♦ (1427 - Grodno 1492). Roi de Pologne (1447 - 1492). Fils de Ladislas* II, il était grand-prince de Lituanie lorsqu'il succéda, en 1447, à son frère Ladislas* III. De 1454 à 1466, il combattit les Teutoniques, leur enleva la Prusse*-Occidentale et leur imposa, par la paix de Thorn* (1466), sa suzeraineté sur la Prusse-Orientale. Ses fils : Jean I^er^ Albert, Alexandre* I^er^, Sigismond* I^er^ lui succédèrent, tandis que Ladislas* VI fut élu roi de Bohême et de Hongrie. Il fut également le père de saint Casimir*.

**CASIMIR V** ➝ **Jean II Casimir**

**CASIMIR-PERIER (Auguste Casimir PERIER,** dit) ♦ Homme politique français (Paris 1811 - *id.* 1876). Fils du ministre de Louis-Philippe, C. Perier*. Diplomate, il siégea à la Chambre des députés (1846 - 1848), puis à l'Assemblée législative (II^e^ République, mai 1849). Retiré de la vie politique sous le Second Empire, il fut élu député à l'Assemblée nationale et nommé ministre de l'Intérieur dans le gouvernement Thiers*, dont il soutint la politique (1871 - 1873).

**CASIMIR-PERIER (Jean)** ♦ Homme d'État français (Paris 1847 - *id.* 1907). Fils de Casimir*-Perier. Entré dans la carrière politique après la chute du Second Empire, il fut élu député en 1876 et nommé en 1883 sous-secrétaire d'État à la Guerre, fonction dont il se démit à la suite du décret ôtant aux princes d'Orléans leur grade dans l'armée (1886). Président du Conseil (1893), il contribua à la répression des mouvements ouvriers et de l'agitation anarchiste en faisant voter les «lois scélérates» (cinq ans de prison pour provocation au meurtre, au vol, à l'incendie, condamnation de toute propagande anarchiste). Porté à la présidence de la République après l'assassinat de Sadi Carnot (juin 1894), Casimir-Perier, propriétaire des mines d'Anzin, socialement et politiquement conservateur, fut violemment attaqué par les socialistes, en particulier par J. Jaurès*, et démissionna dès janv. 1895.

**Casino de Paris** ♦ Salle de spectacle parisienne fondée en 1890 et située rue de Clichy. Sous l'impulsion de Léon Volterra qui le dirigea de 1917 à 1924, l'établissement connut le succès grâce aux revues de Jacques-Charles auxquelles participèrent Gaby Deslys, Mistinguett et M. Chevalier. Dirigé en 1924 par Oscar Dufrenne et Henri Varna (seul directeur de 1934 jusqu'à 1969), puis par Zizi Jeanmaire et Roland Petit (1969 - 1974), le Casino accueille aujourd'hui des chanteurs de variétés.

**CASLON (William)** ♦ (Hales-Owen, Shropshire 1692 - Bethnal Green, près de Londres 1766). Créateur à Londres, en 1716, de la première fonderie typographique anglaise et graveur du caractère *caslon.*

**CASORATI (Felice)** ♦ Peintre italien (Novare 1886 - Turin 1963). Ses premières œuvres montrent une forte influence du Jugendstil, de la Sécession viennoise, de Klimt*, de Toorop*, mais dès 1917 à Turin, il trouva son style personnel, proche de la peinture métaphysique de De* Chirico, réinterprétée à travers les thèmes de la solitude, du rêve, avec des références savantes au passé et des personnages aux yeux clos (des femmes le plus souvent) pris dans un cadre architectural aux fenêtres ouvrant sur un extérieur énigmatique. Il exposa en 1923 à la Quadriennale de Turin avec De Chirico et Carrà*, puis, soucieux de mécénat, il créa sa propre école dans son atelier de Turin.

**CASPIENNE** (mer) ➝ ÉTYM. en gr. *Kaspia thalassa,* de *Kaspioi,* n. de peuple du Caucase ♦ La plus vaste mer fermée du monde (sa superficie, de 422 000 km$^2$ en 1937, varie auj. entre 371 000 et 393 000 km$^2$). Située aux confins de l'Europe et de l'Asie, dans la partie occidentale de la dépression dite aralo-caspienne (➝ **Aral**) (26 à 28 m au-dessous du niveau de la mer) entre le Caucase à l'O., le plateau d'Oust-Iourt à l'E. et les monts Elbourz au S. Ses côtes (6 436 km) appartiennent au S. (1 146 km) à l'Iran, baignent l'Azerbaïdjan et le Daguestan à l'O., la Russie au N., le Kazakhstan au N. et à l'E. et le Turkménistan au S.-E. Elles sont fortement découpées, surtout à l'O., où s'avance la presqu'île d'Apchéron. À l'E., les presqu'îles (➝ **Manguychlak**) alternent avec des baies et des golfes profonds dont le plus important (Kara-Bogaz) est en voie d'assèchement. Grâce à l'apport d'eau considérable de ses tributaires (Oural, Emba, Kouma, Terek, Koura, Araxe et surtout la Volga qui déverse annuellement env. 240 milliards de m$^3$, soit 80 % du volume total), le niveau de la mer Caspienne (prof. moy. 206 m, max. 1 025 m), après une longue période de baisse, remonte depuis 1978. Très poissonneuse (esturgeon ; première région productrice de caviar), la Caspienne, reliée à la mer Blanche, à la mer Baltique, à la mer Noire et à la mer d'Azov par le Don, la Volga et des canaux, connaît actuellement un important boom pétrolier (➝ **Bakou, Emba, Neftedag**). Les États riverains partagent la mer en secteurs concédés aux compagnies pétrolières occidentales ou russes. Des projets concurrents d'oléoducs sont à l'étude pour exporter le brut, par la Russie, le Caucase ou l'Iran. Le programme européen Traceca (Transport Corridor Europe Caucasus Asia) vise à créer un axe mer Noire-Asie centrale par la Caspienne en modernisant les princ. ports (Bakou, Atyraou, Turkmenbachi) alors que la Russie développe les liaisons avec l'Iran (entre Astrakhan, Makhatchkala et Pahlevi).

**Casque d'or** ♦ Film français de Jacques Becker* (1952), avec Simone Signoret, Serge Reggiani. Les amours d'une fille et d'un honnête charpentier, pris dans l'engrenage funeste des bandes d'apaches de la Belle Époque. Amélie Hélie, dite Casque d'or, la reine des fortifs, et son protecteur, le beau Manda, étaient des figures célèbres du «milieu» vers 1900 : le roman populaire et la

**Casque d'or.** Simone Signoret, 1952.
*Paris Film, Spéva Film SA. BIS/Phot. Henri Thibault. Coll. Archives Larbor*

chanson ont tissé leur légende. Becker les a dépouillés de leur mythologie douteuse, sans pour autant négliger de reconstituer scrupuleusement le monde crapuleux où ils évoluaient. Comme chez Renoir, le drame naît sur un air de guinguette ; des personnages de Bruant accèdent à la dignité de héros de tragédie.

**Casques bleus** ♦ Militaires de la force d'urgence de l'ONU, formée en 1956 et constituée par des contingents nationaux fournis par les États membres et placés sous un commandement international.

**Casques d'acier** → Stahlhelm

**CASSAGNAC (Bernard GRANIER DE)** ♦ Publiciste et homme politique français (Avéron-Bergelle 1806 - château de Couloumé, Gers 1880). Rédacteur au *Globe* et à *L'Époque*, il soutint la politique de Guizot, puis, hostile au régime républicain, se rallia à Louis Napoléon Bonaparte et siégea comme député de 1852 à la fin du Second Empire, tout en restant journaliste. Député sous la IIIe République (1876 - 1877), il fut l'un des chefs du parti bonapartiste (*Histoire des causes de la Révolution française*, 1850 ; *Souvenirs du Second Empire*, 1879 - 1882). ♦ **Paul Granier de Cassagnac.** Publiciste et homme politique français (La Guadeloupe 1843 - Saint-Viâtre, Loir-et-Cher 1904). Fils du précédent. Rédacteur littéraire et politique dans divers journaux (*La Nation, Diogène, Le Pays*), fondateur de *L'Autorité*, il siégea comme représentant du parti bonapartiste à la Chambre des députés (1876, 1898) et participa à l'agitation boulangiste (1886 - 1891).

**CASSANDRE** – en gr. *Kassandra* ♦ Princesse troyenne, fille de Priam* et d'Hécube*. Ayant reçu d'Apollon* le don de prophétie en même temps que son frère jumeau Hélénos*, elle repousse son amour et le dieu offensé décrète que ses prédictions ne seront jamais prises au sérieux. Ainsi, Cassandre s'oppose sans succès à l'entrée dans la ville du cheval de bois et prédit en vain la chute de Troie*. Échue en partage à Agamemnon*, elle le supplie en vain de ne pas rentrer chez lui ; elle est tuée, ainsi que son maître, par Clytemnestre*. Elle apparaît dans *Agamemnon** d'Eschyle, *Les Troyennes** d'Euripide, *Alexandra* de Lycophron* de Chalcis, ainsi que dans *La guerre* de Troie n'aura pas lieu* de Jean Giraudoux.

**CASSANDRE** – en gr. *Kassandros* ♦ Roi de Macédoine (v -358 - -297), fils d'Antipatros*. Ayant vaincu le régent Polyperchon (-319), il devint maître de toute la Grèce, s'empara d'Athènes, confia son gouvernement à Démétrios* de Phalère et fit mettre à mort Démade*. Il ordonna la mort d'Olympias*, mère d'Alexandre* le Grand, et prit le titre du roi (-305) après avoir fait périr Roxane* et Alexandre* IV Aigos, femme et fils du conquérant. En lutte contre Antigonos* et Démétrios* Ier Poliorcète, fils de ce dernier, il fut battu aux Thermopyles, puis s'allia avec Lysimaque*, Ptolémée* Ier et Séleucos* et après la victoire d'Ipsos* (-301) il obtint en partage la plus grande partie de la Grèce.

**CASSANDRE (Adolphe MOURON, dit)** ♦ Peintre, décorateur et affichiste français (Kharkov 1901 - Paris 1968). Établi à Paris depuis 1915, il manifesta son goût pour la stylisation graphique, contribuant à créer un nouveau style publicitaire (*Le Bûcheron*, 1923 ; *L'Étoile du Nord*, 1927 ; *Dubonnet*, 1932 ; *Les Vins Nicolas*, 1935). Il créa des décors pour des pièces de théâtre (*Amphitryon 38* de Giraudoux, 1943) et de nombreux ballets.

**CASSANO D'ADDA** ♦ V. d'Italie, en Lombardie (prov. de Milan), sur l'Adda. 16 665 hab. **Histoire** Le duc de Vendôme y vainquit Eugène de Savoie en 1705. Moreau y fut battu par Souvorov en 1799.

**CASSARD (Jacques)** ♦ Marin français (Nantes 1679 - fort de Ham 1740). Après avoir pris part à l'expédition du baron de Pointis à Carthagène (Indes, 1697), il devint capitaine de frégate corsaire, pratiqua la guerre de course contre les Anglais dans la Manche et en Méditerranée (1708, 1709, 1710), attaqua les colonies portugaises d'Afrique (1712). Il fut incarcéré au fort de Ham (1726) sur les ordres du cardinal Fleury*, auquel il s'était assez violemment opposé.

**CASSATT (Mary)** ♦ Peintre, graveur, pastelliste et dessinatrice américaine (Pittsburgh 1845 - Le Mesnil-Théribus, Oise 1926). Après des études à l'Académie des beaux-arts de Pennsylvanie, elle se fixa à Paris en 1872. Elle s'intéressa aux œuvres de Manet*, de Degas* et des impressionnistes. En 1877, elle rencontra Degas qui l'encouragea et la fit exposer avec le groupe impressionniste ; elle adopta alors une palette lumineuse et vibrante, une touche plus large et plus libre et se soucia de la plasticité des formes et de la fermeté du dessin. Elle traita de préférence le thème de la maternité (*Mère et enfant*, 1886) et des scènes familières de femmes dans leur intérieur. En 1890, à la suite de l'Exposition d'art japonais à Paris, elle exécuta une série d'estampes (*La Toilette*, 1891). Elle contribua fortement à propager l'impressionnisme aux États-Unis.

Mary **Cassatt.** *Mère et enfant.* Coll. part.
*Phot. © Giraudon*

**CASSAVETES (John)** ♦ Cinéaste américain (New York 1929 - Los Angeles 1989). Il a également travaillé pour la télévision et le cinéma en tant qu'acteur. *Shadows* (1960) fut une des œuvres les plus réussies du Nouveau Cinéma américain. Après les concessions commerciales de *La Ballade des sans-espoir* (1961), il revint à des œuvres plus originales avec *Faces* (1968), *Une femme sous influence* (1974), *Love Streams* (1983).

**CASSEGRAIN (Laurent)** ♦ Physicien français (près de Chartres 1629 - Chaudon 1693). Il apporta plusieurs modifications au télescope de Newton*, réalisant une configuration de miroirs très compacte (*configuration de Cassegrain*), toujours utilisée.

**CASSEL** → Kassel

**CASSEL** [59670] ◆ **ÉTYM.** du lat. *castellum* «forteresse» ♦ Ch.-l. de cant. du Nord, arr. de Dunkerque, en Flandre, sur le mont Cassel. 2 290 hab. (aggl. 3 607) (*Casselois*). Hôtel de la Noble-Cour (XVIe et XVIIe s.) abritant un musée. Maisons anc. **Histoire** En 1071, Robert Ier le Frison y remporta une victoire sur Philippe Ier. Le 23 août 1328,

**Cassandre.** *Nord-Express*, 1927. *BIS/Phot. Musée de l'Affiche, Paris. Archives Larbor. © Cassandre*

Philippe VI de Valois y battit les Flamands. Le 11 avr. 1677, Philippe d'Orléans, frère de Louis XIV, vainquit Guillaume d'Orange, qui céda Cassel à la France.

**Casse-Noisette et le Roi des souris** ♦ Ballet-féerie en 2 actes et 3 tableaux, chorégraphie de Lev Ivanov, argument de Marius Petipa d'après E.T.A. Hoffmann, musique de Tchaïkovski (créé à Saint-Pétersbourg en 1892). Ce ballet a donné lieu à de nombreuses reprises, entre autres par Balanchine (New York City Ballet, 1954), Noureïev (Ballet royal suédois, 1967), Barychnikov (American Ballet Theatre, 1976). Son histoire enfantine d'une petite fille recevant en cadeau un casse-noisette qui, l'espace d'une nuit, se change en prince charmant et l'enlève, lui vaut d'être au répertoire de presque tous les théâtres du monde.

**CASSIN (René)** ♦ Juriste français (Bayonne 1887 - Paris 1976). Après avoir exercé diverses fonctions auprès du général de Gaulle à Londres, il fut membre de l'Assemblée consultative d'Alger en 1944. Vice-président du Conseil d'État (1944 - 1960), puis membre du Conseil constitutionnel (1960 - 1971), il participa à de nombreuses conférences internationales, fit adopter la Déclaration universelle des droits de l'homme et présida la Cour européenne des droits de l'homme de 1965 à 1968. Ses cendres ont été transférées au Panthéon en 1987. [Prix Nobel de la paix 1968] ➝ ÉTYM. Ce nom de famille vient du gaulois *cassanos* «chêne, arbre».

**CASSIN** (mont) – en it. ***monte Cassino*** ♦ Colline d'Italie (alt. 519 m), prov. de Frosinone. ▪ En 529, saint Benoît* de Nursie y fonda son célèbre monastère ; plusieurs fois restauré, entièrement détruit par les bombardements et la bataille de 1944 (➝ **Cassino**), il a été reconstruit par les Américains.

**CASSINI** ♦ Famille d'astronomes et de géodésiens français, directeurs de l'Observatoire de Paris pendant quatre générations. ♦ **Jean-Dominique,** dit **Cassini Ier** (Perinaldo, comté de Nice 1625 - Paris 1712). Auteur de nombreux travaux sur Jupiter, Mars et Vénus, il découvrit deux satellites de Saturne et la discontinuité entre les anneaux A et B (division de Cassini). [Acad. sc. 1669] ♦ **Jacques,** dit **Cassini II** (Paris 1677 - Thury, Beauvaisis 1756). Fils du précédent. Considéré comme le fondateur de la cartographie topographique, il réalisa des études sur la représentation de la surface de la Terre. [Acad. sc. 1699] ♦ **César François,** dit **Cassini III** (Thury 1714 - Paris 1784). Fils du précédent. Sa carte de France à l'échelle 1/86 400, non achevée, servit de modèle jusqu'au milieu du XIXe s., où elle fut remplacée par les cartes d'état-major. [Acad. sc. 1735] ♦ **Dominique,** comte **de Cassini** (Paris 1748 - Thury 1845). Fils du précédent. Il termina la carte commencée par son père. [Acad. sc. 1770] ➝ ÉTYM. *Cassini* est la forme italianisée de *cassin* (de l'occitan *casse* «chêne»).

**CASSINO** ♦ V. d'Italie, dans le Latium (prov. de Frosinone), près du mont Cassin*. 32 762 hab. Pôle tertiaire et industriel : indus. mécaniques, papeteries. ▌**Histoire** Centre de la ligne Gustav, la ville fut attaquée de janv. à mai 1944 par les troupes anglo-polonaises. ➝ **Guerre mondiale (Deuxième).**

**CASSIODORE** – en lat. ***Flavius Magnus Aurelius Cassiodorus*** ♦ Écrivain latin (Scylacium v. 480 - Brutium v. 575). Après avoir été consul et préfet sous Théodoric, il se retira au monastère du Vivarium (Sicile). Il y écrivit notamment une *Historia ecclesiastica tripartita*, un manuel encyclopédique sur le plan de l'œuvre de Martianus* Capella *Institutiones divinarum et saecularium lectionum* et un *De anima*.

**CASSIOPÉE** – en gr. ***Kassiepeia*** et ***Kassiopê*** ♦ Reine légendaire d'Éthiopie dont la vanité irrespectueuse est punie par la condamnation de sa fille Andromède*. Après sa mort, elle est placée parmi les constellations.

**CASSIOPÉE** – en lat. ***Cassiopeia*** ♦ Constellation voisine du pôle Nord céleste. Elle comporte une trentaine d'étoiles visibles à l'œil nu.

**CASSIQUIARE** n. m. ♦ Fl. du Venezuela (225 km), bras du cours supérieur de l'Orénoque (rive g.), qui se jette dans le río Negro et fait communiquer les deux grands bassins de l'Orénoque et de l'Amazone.

**CASSIRER (Ernst)** ♦ Philosophe allemand (Breslau, auj. Wrocław 1874 - Princeton 1945). Professeur à l'université de Hambourg (1919), il quitta l'Allemagne lors de la montée du national-socialisme (1933) en raison de ses origines israélites et s'installa en Suède, puis aux États-Unis (Yale). Marqué par l'intellectualisme logique de l'école de Marburg (➝ **kantisme ; Cohen [Hermann]**), il mit l'accent sur la formulation toujours plus précise dans l'histoire de la philosophie du criticisme pour lequel l'esprit, dans son activité, produit son propre objet de connaissance (*Le Problème de la connaissance dans la philosophie et la science de l'époque moderne*, 1906) ; il élabora en ce sens une conception logique des mathématiques (*Concept de substance et Concept de fonction*, 1910) et vit dans la théorie de la relativité d'Einstein une confirmation de l'idéalisme critique. Influencé par les études de Simmel*, Dilthey*, sur les valeurs culturelles et l'histoire, il publia un ouvrage sur la philosophie de l'histoire et du droit en Allemagne (*Liberté et Forme*, 1916) et chercha à intégrer en un vaste système les données des sciences mathématiques et naturelles et celles des sciences humaines (sociales) ; tel est l'objet de sa *Philosophie des formes symboliques* («La Langue», 1923 ; «La Pensée mythique», 1925 ; «Phénoménologie de la connaissance», 1929) où il analyse la fonction symbolique dans les différentes formes de la culture : mythe, religion, pensée scientifique, qui témoignent du développement progressif de la connaissance humaine. Les travaux de Cassirer font de lui un précurseur de l'herméneutique moderne et du structuralisme.

**CASSIS** [kasi] [13260] ➝ ÉTYM. anc. *Carsit,* de deux rac. oronym. pré-indo-eur. *°car-* et *°sit-* «pierre» ♦ Comm. des Bouches-du-Rhône, arr. de Marseille. 8 001 hab. *(Cassidains).* Ruines d'un château médiéval. Musée municipal (arts et traditions populaires ; archéologie). ▪ Petit port et station balnéaire. Viticulture (AOC Cassis). À l'O., côte des Calanques jusqu'à Marseille.

**CASSITÉRIDES** (îles) ➝ ÉTYM. du gr. *kassiteros* «étain» ♦ Îles mythiques productrices d'étain, que les géographes anciens situaient au large des côtes O. de l'Europe. On a tenté de les identifier avec les îles Scilly* (au S.-O. de la Grande-Bretagne). Mais les gisements d'étain exploités par les Phéniciens, les Carthaginois et les Romains se trouvant en Espagne, en Bretagne et en Cornouailles, il est possible que l'insularité de ces sites ait été imaginée par les Grecs. Le nom d'«îles Cassitérides» correspondait seulement, alors, à l'idée que l'étain était trouvé quelque part au-delà de la Méditerranée, vers l'O.

**CASSIUS** – en lat. ***Caius Cassius Longinus*** ♦ Général romain (mort à Philippes en –42). Partisan de Pompée* pendant la guerre civile, il fut fait prisonnier à Pharsale* par César* qui le nomma préteur (–44). Il fit partie des assassins de César. Puis il rejoignit Brutus* en Macédoine et, vaincu par Antoine à Philippes*, se donna la mort.

**CASSIUS** – en lat. ***Caius Avidius Cassius*** ♦ Général romain (mort en 175). Légat de Syrie sous le règne de Marc* Aurèle, il vainquit les Parthes (163), se fit proclamer empereur par ses légions et périt dans une révolte de ses propres soldats.

**CASSOU (Jean)** ♦ Écrivain français (Deusto, près de Bilbao 1897 - Paris 1986). Conservateur en chef du Musée national d'art moderne de 1946 à 1965 et critique d'art, il a publié de nombreux essais (notamment *Philippe II*, 1929 ; *Le Greco*, 1931 ; *Panorama de la littérature espagnole*, 1931 et *Trois poètes, Rilke, Milosz, Machado*, 1954) ainsi que des romans (*Les Inconnus dans la cave*, 1933 ; *Les Massacres de Paris*, 1936). Sa participation active à la Résistance lui a inspiré un pamphlet (*La Mémoire courte*, 1944) et un recueil de poèmes publié sous le pseudonyme de Jean Noir (*33 sonnets composés au secret*, 1944).

**CASTAGNICCIA** n. f. ➝ ÉTYM. corse «pays des châtaigniers» ♦ Région montagneuse du N.-E. de la Corse vouée à l'exploitation du châtaignier à laquelle s'est substitué l'élevage extensif des ovins. ▌**Histoire** Ce fut de tout temps un centre de lutte contre les Génois.

**CASTAGNO (ANDREA DEL)** ➝ **Andrea del Castagno**

**Castalie** ♦ Fontaine de Delphes*, au pied du Parnasse*. Elle tient son nom de la nymphe Castalia qui, selon la légende, s'y noya pour échapper à la poursuite d'Apollon*. L'eau de la fontaine, qui était fréquentée par les Muses*, inspirait les poètes.

**CASTANET-TOLOSAN** [31320] ➝ ÉTYM. de l'occit. *castanet* «châtaigneraie» et *Tolosan* «de Toulouse» ♦ Ch.-l. de cant. de la Haute-Garonne, arr. de Toulouse. 10 250 hab.

**Castel del Monte** n. m. ♦ Château construit près d'Andria (Italie) pour Frédéric II, empereur germanique (v. 1240). À la fois belvédère, forteresse et demeure princière, il présente une synthèse d'architecture arabe et de gothique cistercien dans la rigueur de son plan octogonal, tempérée par le raffinement des matériaux, de la décoration et de l'aménagement.

**CASTELDURANTE** ♦ Anc. centre italien de céramique (auj. *Urbania*, près d'Urbino), réputé du XIIIe au XVIIe s. pour la décoration de plats creux et de pots.

**CASTELFIDARDO** ♦ V. d'Italie, dans les Marches (prov. d'Ancône). 16 917 hab. Fabrique d'instruments de musique. ▌**Histoire** En 1860, les troupes piémontaises de Cialdini affrontèrent victorieusement l'armée pontificale de Lamoricière, entraînant l'annexion des Marches et de l'Ombrie au royaume de Victor-Emmanuel II.

**CASTEL GANDOLFO** ➝ ÉTYM. it. «château *(castello)* de la famille *Gandolfi* (premiers propriétaires du château)» ♦ Comm. d'Italie, dans le Latium (prov. de Rome), sur le lac d'Albano. 7 930 hab. Centre touristique (église, villa Barberini due au Bernin, palais pontifical). Résidence d'été du pape.

**CASTELGINEST** [31780] ➝ ÉTYM. du lat. *castellum* «château fort» et *Genest*, n. de pers. ♦ Comm. de la Haute-Garonne, arr. de Toulouse. 7 735 hab.

**CASTELJALOUX** [47700] ➝ ÉTYM. anc. *Castedgelos*, du lat. *castellum* «château fort» et *jaloux* «défendu avec un zèle ombrageux» ♦ Ch.-l. de cant. du Lot-et-Garonne, arr. de Nérac, sur l'Avance. 4 755 hab. *(Casteljalousains).* Église du XVIIIe s., anc. commanderie des Templiers (mairie). Ruines du château des sires d'Albret. Maisons en bois à encorbellements. ▪ Indus. du bois. Métallurgie.

**CASTELLAMMARE DI STABIA** ➝ ÉTYM. it. «le château *(castello)* au bord de la mer *(mare)* à Stabies» ♦ V. d'Italie, en Campanie (prov. de Naples), entre la baie de Naples et la presqu'île de Sorrente. 66 929 hab. Port. Indus. mécaniques. Eaux sulfureuses.

**CASTELLANE (Victor Boniface,** comte **DE)** ♦ Maréchal de France (Paris 1788 - Lyon 1862). Élevé à la dignité de pair de France (1837), après avoir participé aux campagnes de l'Empire et à l'expédition d'Espagne (1823), il soutint le coup d'État de Louis Napoléon, qui le fit sénateur et maréchal de France (1852).

**CASTELLANE** [04120] ◆ **ÉTYM.** anc. *Petra Castellana,* du lat. *castellum* «château» et suff. *-anum* ♦ Ch.-l. d'arr. des Alpes-de-Haute-Provence, sur le Verdon, au pied d'un rocher de 180 m de haut. 1 508 hab. *(Castellanais).* Église Saint-Victor romane du XIIe s. Restes d'une enceinte médiévale. Centre touristique, à proximité des gorges du Verdon. ▪ Aux environs, barrage de Castillon.

**CASTELLANI (Aldo)** ♦ Médecin italien (Florence 1877 - Lisbonne 1971). Il découvrit le trypanosome responsable de la maladie du sommeil (1900), l'agent pathogène du pian, maladie contagieuse des pays tropicaux (1903), et étudia la broncho-spirochétose hémorragique (*maladie de Castellani,* 1905).

**CASTELLANI (Renato)** ♦ Cinéaste italien (Finale Ligure 1913 - Rome 1985). Il fut, au lendemain de la guerre, l'un des espoirs du mouvement néoréaliste, avec *Sous le soleil de Rome* (1948), *Primavera* (1950) et *Deux Sous d'espoir* (1952). Puis le formalisme, qui le guettait à ses débuts, reprit le dessus, non sans brio d'ailleurs, dans le fastueux *Roméo et Juliette* (1954), décoré par Léonor Fini.

**CASTELLET (LE)** [83330] ◆ **ÉTYM.** occit. «petit village fortifié», de *castel* et suff. dimin. *-et* ♦ Comm. du Var, arr. de Toulon. 3 799 hab. Remparts, château, maisons anc. restaurées. ▪ Tourisme. Artisanat. Circuit automobile.

**CASTELLION, CASTALION** ou **CHÂTEILLON (Sébastien)** ♦ Humaniste français (Saint-Martin-du-Fresne, dans le Bugey 1515 - Bâle 1563). Protestant, il rencontra Calvin à Strasbourg (1540) et accepta, sur ses instances, un poste de régent au collège de Genève (1541). En 1544, à la suite de différends sur la canonicité du Cantique des cantiques et sur la descente du Christ aux enfers, il quitta Genève pour Bâle où il enseigna le grec. Il traduisit la Bible en latin (1551) et en français (1555). Il est considéré comme l'auteur d'un manifeste pour la tolérance (*De haereticis,* 1554) paru après le supplice de Servet*, sous le pseudonyme de Martinus Bellius.

**CASTELLÓN DE LA PLANA** ♦ V. d'Espagne (Communauté autonome de Valence), ch.-l. de prov., près de la côte du Levant*, à 4 km du golfe de Valence. 172 624 hab. Grand commerce d'oranges (3/4 de la prod. espagnole, avec la prov. de Valence), de caroubes, d'oignons, exportés par le port du Grao.

**CASTELLORIZO** ou **KASTELORIZO** – en gr. mod. ***Meyísti*** ♦ Îlot de Grèce (Dodécanèse), à 120 km à l'E. de Rhodes, face aux côtes turques de la Lycie. 274 hab. Citadelle médiévale ; port fortifié. ▪ Il appartint aux chevaliers de Rhodes, puis il passa successivement à la Turquie, à l'Italie (1918) et à la Grèce (1947).

**CASTELNAU le Bienheureux (Pierre DE)** ♦ Religieux français (mort à Saint-Gilles, près de Nîmes 1208). Moine cistercien, il fut légat du pape Innocent III pour combattre l'hérésie albigeoise et fut assassiné sur les terres de Raymond VI, comte de Toulouse, ce qui déclencha la croisade contre les albigeois*.

**CASTELNAU (Édouard DE CURIÈRES DE)** ♦ Général français (Saint-Affrique 1851 - Montastruc-la-Conseillère, Haute-Garonne 1944). Il participa à la guerre franco-allemande (1870 - 1871). Nommé sous-chef d'état-major de l'armée, puis membre du Conseil supérieur de la guerre (1911), il livra la bataille de Morhange (août 1914) et contribua à sauver Nancy. Il prit ensuite la direction de la bataille de Champagne (sept. 1915) et devint l'adjoint de Joffre* ; les conseils qu'il donna pour la bataille de Verdun (1916) permirent de conserver la rive droite de la Meuse. Élu député (1919), représentant de l'extrême droite catholique, il fonda la Fédération nationale catholique.

**CASTELNAUDARY** [11400] ◆ **ÉTYM.** occit. «château *(castel)* neuf *(nau)* d'*Ari* (n. antérieur du lieu)» ♦ Ch.-l. de cant. de l'Aude, arr. de Carcassonne, sur une colline dominant le canal du Midi. 10 851 hab. (aggl. 11 876) (*Chauriens* ou *Castelnaudariens*). Église Saint-Michel des XIIIe et XIVe s. (gothique méridional). ▪ Indus. alimentaires (cassoulet). Céramique. Poterie. Régiment de la Légion étrangère. ▮ **Histoire** La ville fut annexée à la France après la croisade contre les albigeois. En 1632, le duc de Montmorency y fut battu par Louis XIII.

**CASTELNAU-LE-LEZ** [34170] ◆ **ÉTYM.** du lat. *Castellum novum* «château neuf» et *Lez,* n. de riv. ♦ Comm. de l'Hérault, banl. N.-O. de Montpellier. 14 214 hab. *(Castelnauviens).*

**CASTELNUOVO (Guido)** ♦ Mathématicien italien (Venise 1865 - Rome 1952). Auteur de travaux sur la théorie des fonctions algébriques de plusieurs variables et en géométrie supérieure, il poursuivit l'étude géométrique des surfaces algébriques entreprise par Enriques*.

**CASTELNUOVO-TEDESCO (Mario)** ♦ Compositeur américain d'origine italienne (Florence 1895 - Hollywood, Californie 1968). Installé aux États-Unis depuis la Deuxième Guerre mondiale, il a composé des opéras sur des livrets tirés de Shakespeare (*Le Marchand de Venise,* 1956) et mis en musique des poèmes. On lui doit de la musique de chambre, des concertos pour violon et un concerto pour guitare et orchestre.

Baldassare **Castiglione.** Portrait par Raphaël (82 x 67 cm), prob. 1514-1515. Musée du Louvre, Paris. *BIS/Phot. © Archives Larbor*

**CASTELO BRANCO (Camilo)** ♦ Écrivain portugais (Lisbonne 1825 - São Miguel de Ceide 1890). Il fut l'un des maîtres du roman réaliste. Ses œuvres sont remplies d'observations impitoyables sur les milieux et les mœurs de son temps. On peut citer *Anathème* (1851), *Amour de perdition* (1862), *Nouvelles du Minho* (1875), *La Brésilienne de Prazino* (1882). On a comparé Castelo Branco à Balzac pour le réalisme dramatique de ses romans, servis en outre par une langue et un vocabulaire d'une savoureuse richesse.

**CASTELO BRANCO (Humberto)** ♦ Maréchal et homme d'État brésilien (Mecejana, près de Fortaleza 1897 - Fortaleza 1967). Président de la République du Brésil de 1964 à 1967, il fut nommé à la suite du coup d'État militaire qui évinça le président Goulart le 1er avr. 1964. Il rechercha l'appui politique, économique et militaire des États-Unis, formula la doctrine de la «Sécurité nationale», fondement des vingt ans de dictature militaire au Brésil. Remplacé par le maréchal Costa e Silva en mars 1967, il mourut dans un accident d'avion.

**CASTELO BRANCO** ♦ V. du Portugal (région Centre), ch.-l. de district. 54 574 hab. Marché agricole. Indus. textile.

**CASTELSARRASIN** [82100] ◆ **ÉTYM.** anc. *Castrum Cerrucium,* du lat. *castrum* «forteresse» et *Cerrucius,* n. de pers., avec attraction du n. des *Sarrasins* ♦ Ch.-l. d'arr. du Tarn-et-Garonne, sur le canal latéral à la Garonne. 11 352 hab. *(Castelsarrasinois).* Fruits et primeurs. À 5 km, anc. camp des Vandales.

**CASTELVETRANO** ♦ V. d'Italie, en Sicile (prov. de Trapani). 30 518 hab. Gisements de méthane. Nœud ferroviaire. Indus. alimentaires.

**CASTERET (Norbert)** ♦ Spéléologue français (Saint-Martory 1897 - Toulouse 1987). Il a exploré plus de 2 000 grottes et abîmes (gouffres de la Pierre-Saint-Martin, de la Henne-Morte, Martel, Frégato), découvert la cité gallo-romaine de Calaguris, 1922, ainsi que plusieurs sites préhistoriques (gravures et peintures des grottes de Montespan*, 1922 ; d'Alguerdi, 1929 ; de Labastide-de-Neste, 1930) et déterminé la source de la Garonne. On lui doit de nombreux ouvrages sur ses aventures souterraines.

**CASTEX (Raoul)** ♦ Amiral et théoricien militaire français (Saint-Omer 1878 - Villeneuve-de-Rivière, Haute-Garonne 1968). Commandant de l'École de guerre navale (1933) puis du Centre des hautes études navales (1935). Il publia en 1927 ses *Théories stratégiques* qui lui valurent la renommée et fut nommé premier directeur du Centre des hautes études de défense nationale et inspecteur des forces maritimes du Nord (1937). ◆ **ÉTYM.** *Castex* est une forme ancienne de *château.*

**CASTI (Giambattista)** ♦ Poète et librettiste italien (Acquapendente, Viterbe 1724 - Paris 1803). Abbé sceptique, jouisseur et spirituel, il séjourna à la cour de Russie (dont il se moqua dans le *Poème tartare,* 1797), visita Constantinople, puis, après avoir été un temps le rival de Da Ponte, il fut nommé «poète de cour» par François Ier à Vienne (1790), avant de finir ses jours à Paris. Il est l'auteur de bons livrets d'opéra (*Le Roi Théodore à Venise* de Paisiello), d'un long poème satirique, *Les Animaux parlants* et de *Nouvelles galantes* (en vers), souvent licencieuses, qui lui valurent la notoriété.

**CASTIGLIONE (Baldassare)** ♦ Écrivain italien (près de Mantoue 1478 - Tolède 1529). Gentilhomme accompli, artiste et littérateur, il vécut à la cour des marquis de Mantoue, puis des ducs d'Urbino, pour lesquels il accomplit plusieurs missions diplomatiques. ▪ Auteur de *Poésies (Rime)* en latin et en italien, il donna avec *Le Parfait Courtisan (Il libro del cortegiano*, 1513 - 1518, publ. en 1528) un ouvrage très caractéristique de la Renaissance italienne. En quatre soirées de conversations auxquelles participent Raphaël et Bembo, avec lesquels Castiglione s'était lié, sont exposés le portrait de l'homme de cour et les usages qu'il convient de respecter au sein d'une société où le raffinement des manières est à l'image de l'élégance de la pensée. Cette œuvre, traduite en toutes les langues, eut une influence considérable en Europe et contribua à fixer la notion de l'« honnête homme », exaltée en France au XVII^e s. ✦ ÉTYM. Ce nom italien signifie « grand (suffixe *-one*) château (*castiglio*, variante de *castello*) ».

**CASTIGLIONE (Giuseppe)** ♦ Jésuite, peintre et décorateur italien (Milan 1688 - Pékin 1766). Arrivé en Chine en 1715, il fut peintre à la cour des Qing* sous le nom chinois de Lang Shining. Très apprécié de Qianlong*, il exécuta de nombreuses œuvres en adoptant un style particulier qui mêlait les techniques occidentales à la manière traditionnelle chinoise. Il fut également le maître d'œuvre, avec la collaboration d'autres artistes jésuites dont Michel Benoist*, des palais européens du Yuanmingyuan* (anc. palais d'Été).

**CASTIGLIONE DELLE STIVIERE** ♦ V. d'Italie, en Lombardie (prov. de Mantoue). 18 428 hab. ▮ **Histoire** Bonaparte y vainquit les Autrichiens, qui, venus par le col du Brenner, tentèrent vainement de dégager leurs troupes enfermées dans Mantoue (5 août 1796).

**CASTILLA-LA MANCHA** – anc. ***Nouvelle-Castille*** ♦ Communauté autonome d'Espagne. → **Espagne** (carte). 79 226 km². 1 977 304 hab. CAP. : Tolède. Elle compte 5 provinces : Albacete, Ciudad Real, Cuenca, Guadalajara, Tolède. ▮ **Géographie** La région, limitée au N. par la Cordillère centrale, à l'E. par la chaîne Ibérique, au S. par la sierra Morena et à l'O. par l'Estrémadure, s'étend sur la partie méridionale de la Meseta et comprend les bassins supérieurs du Tage et du Guadiana (Manche). À l'O. s'élève un haut plateau rocheux entaillé par les vallées du Tage et du Guadiana, coupé en deux par les monts de Tolède. Au N. s'isole une zone de *páramos* (plateaux calcaires découpés en corniche), et, au S.-E., la Manche* est une haute plaine calcaire très plate. La région est essentiellement rurale. Sur les plateaux arides, on cultive du blé et on élève des ovins, alors que dans les régions irriguées s'est développée la culture intensive de l'olivier (Ciudad Real) et de la vigne (Valdepeñas). Le secteur industriel est encore peu développé. Le charbon de Puertollano a favorisé l'essor de la carbochimie, d'industries chimiques et mécaniques, mais seules Tolède et surtout Madrid sont d'importants centres industriels. ▮ **Histoire** → **Castille.**

**CASTILLA-LEÓN** – anc. ***Vieille-Castille*** ♦ Communauté autonome d'Espagne. → **Espagne** (carte). 94 147 km². 2 528 417 hab. CAP. : Valladolid. Elle compte 9 provinces : Ávila, Burgos, León, Palencia, Salamanque, Ségovie, Soria, Valladolid, Zamora. ▮ **Géographie** La région s'étend sur la partie N. du grand plateau arasé de la Meseta (700 à 800 m d'alt.) qui en occupe la majeure partie. Il correspond à la vallée ou « conque » du Douro et est fermé au S. par les sierras de la Cordillère centrale (Gata, Grados, Guadarrama) séparant la Vieille- de la Nouvelle-Castille. Ces campagnes désolées, au climat continental et rude, ont pour ressources essentielles la culture du blé pratiquée en assolement biennal, de l'olivier et l'élevage ovin. La région de Soria, sableuse, est plantée de pins. La vigne est cultivée au S.-E. de Zamora* (Tierra de Vino), au N. de Valladolid (Tierra de Campos). L'irrigation a permis la culture extensive des céréales au fond des vallées. C'est une région de petites propriétés (sauf dans la région de Salamanque). L'industrie textile traditionnelle se perpétue à Burgos (rayonne). On extrait la houille et l'anthracite dans le N. Le fer de Ponteferrada alimente la métallurgie de Santander et de Valladolid. L'énergie hydroélectrique du Douro et de l'Esla a favorisé le développement industriel de Burgos. ▮ **Histoire** → **Castille.**

**CASTILLE** n. f. ✦ ÉTYM. en esp. ***Castilla*** « pays des châteaux (*castillos*) » ♦ Région historique du centre de l'Espagne s'étendant sur la Meseta et traversée par la Cordillère centrale. La Vieille-Castille fit d'abord partie du royaume de León et devint indépendante au X^e s. La région fut toujours fortement défendue contre les Maures, notamment par le système fortifié (Castella) d'où la Castille tire son nom. Annexée au royaume navarrais de Sanche* III, qui la donna à son fils Ferdinand* I^er, elle prit alors le nom de royaume de Castille. Peu à peu, les rois de Castille étendirent leurs possessions en repoussant les Maures et annexèrent au XIII^e s. les territoires qui formèrent la Nouvelle-Castille (Tolède, Séville et Cadix). Pendant des siècles, le royaume fut plongé dans l'anarchie. Mais le mariage d'Isabelle* de Castille et de Ferdinand* d'Aragon (1469) réalisa l'union des deux royaumes et soumit l'Espagne à une autorité unique. → **Castilla-La Mancha, Castilla-León.**

**CASTILLEJO (Cristóbal DE)** ♦ Poète espagnol (Ciudad Real 1490 - Vienne 1550). Il s'opposa par ses écrits à l'introduction des modes italiennes dans la poésie espagnole (→ **Boscán**). Ses œuvres morales et religieuses *(Dialogue et Discours de la vie de cour)* mêlent les idées médiévales à l'esprit de la Renaissance.

**CASTILLON** ♦ Loc. des Alpes-de-Haute-Provence, sur le Verdon (comm. de Castellane). Barrage dont le lac de retenue (500 ha) alimente une centrale hydroélectrique.

**CASTILLON-LA-BATAILLE** [33350] ♦ Ch.-l. de cant. de la Gironde, arr. de Libourne. 3 113 hab. (aggl. 4 870) *(Castillonnais)*. Viticulture (côtes-de-castillon). ▮ **Histoire** Charles VII chassa les Anglais de Guyenne en 1453 et J. Talbot y fut tué.

**CASTLEREAGH (Henry Robert STEWART,** vicomte**)**, 2^e marquis **DE LONDONDERRY** ♦ Homme politique britannique (Mount Stewart, Down 1769 - North Craig, Kent 1822). Élu au Parlement irlandais en 1790 et à la Chambre des communes en 1794, il fut nommé secrétaire de l'Administration irlandaise en 1798. Il se prononça rapidement pour l'intégration de son pays à la Grande-Bretagne. Ministre de la Guerre (1805 - 1806 et 1807 - 1809), il comprit l'importance de l'engagement britannique en Espagne mais mit l'armée en difficulté à Walcheren (1809) et dut démissionner sous les attaques de Canning*. En 1812, nommé ministre des Affaires étrangères, il consolida la coalition européenne contre Napoléon et participa au congrès de Vienne*. Très autoritaire en politique intérieure, il combattit violemment l'opposition radicale entre 1816 et 1819 mais, ne pouvant supporter les haines qu'il s'était attirées, il se suicida.

**Castor** ♦ Nom donné à l'étoile $\alpha$ Gémeaux*. Magnitude 1,6 ; type spectral A0 ; distance 45 années-lumière.

**CASTOR** et **POLLUX** – en gr. ***Kastôr Poludeukês*** ♦ Fils jumeaux de Zeus* et de Léda*, dits les *Dioscures* (en gr. *Dioskouroi* « fils de Zeus »), frères d'Hélène* et frères utérins de Clytemnestre*. Selon une autre version, l'un seulement, Pollux, était né des amours de Léda et de Zeus (donc immortel), tandis que Castor était fils du roi de Sparte Tyndare*, époux de Léda. Inséparables, les deux frères participèrent à la lutte de Sparte contre Athènes, à l'expédition des Argonautes* et à d'autres aventures. Castor tué dans un combat, Pollux partage avec lui son immortalité. Ils ont été placés parmi les constellations sous le nom de Gémeaux*.

**Castor** et **Pollux** ♦ Tragédie lyrique composée par J.-P. Rameau* et créée à l'Opéra de Paris (1737).

**CASTORIADIS (Cornelius)** ♦ Philosophe français (Constantinople 1922 - Paris 1997). Il fut, avec Claude Lefort*, un des animateurs de la revue *Socialisme ou Barbarie* qui conduisait une critique de la société bureaucratique et du marxisme soviétique. Renonçant à un projet de type marxiste et influencé par la psychanalyse (dont il fut un praticien), il cherchait à comprendre les racines du social. Il publia *L'Institution imaginaire de la société* (1975), ouvrage dans lequel il montre que la pensée politique, de Platon à Marx, est prisonnière d'une théorie ontologique de la société et de l'histoire, occultant totalement la spécificité de l'imaginaire social-historique. Il rassembla nombre de ses essais dans *Les Carrefours du labyrinthe* (5 vol. de 1978 à 1996).

**CASTRACANI DEGLI ANTELMINELLI (Castruccio)** ♦ Seigneur italien (Lucques 1280 - *id.* 1328). Gibelin, il combattit en France, en Angleterre et en Lombardie puis rentra à Lucques* en 1320, battit Florence (1325) et reçut le titre de duc de Lucques de l'empereur germanique Louis de Bavière (1327).

**CASTRÉN (Mathias Alexander)** ♦ Philologue et ethnologue finlandais (Tervola 1813 - Helsinki 1852). Il explora la Finlande, la Laponie, la Sibérie, la Chine, et s'intéressa particulièrement aux tribus ostiaks et samoyèdes dont il étudia les dialectes (*Grammaire de la langue ostiaque*, 1849).

**CASTRES** [81100] ✦ ÉTYM. du lat. *castra*, plur. de *castrum* « camp fortifié ; château fort » ♦ Ch.-l. d'arr. du Tarn, sur l'Agout. 43 496 hab. (aggl.

**Castille.** Château de Montalegre. *Phot. ©Sime/Photononstop*

45 325) *(Castrais)*. Églises (XVII^e - XVIII^e s.). L'hôtel de ville (anc. évêché), construit sur les plans de J. Hardouin-Mansart avec jardin tracé par Le Nôtre, abrite le musée Goya et le musée Jean-Jaurès, celui-ci étant né à Castres. ▪ Indus. textile (laine). Travail du cuir. Ébénisterie. Produits chimiques et pharmaceutiques. Construc. mécaniques. ▮ **Histoire** Camp romain à l'origine, puis comté qui fit partie de la maison d'Armagnac, Castres fut intégrée à la Couronne en 1519. Évêché de 1317 à 1789.

**CASTRIES** [kastʀ] **(Charles Eugène Gabriel DE LA CROIX,** marquis **DE)** ♦ Maréchal de France (Castries 1727 - Wolfenbüttel 1801). Lieutenant général de la cavalerie pendant la guerre de Sept* Ans, il joua un grand rôle à la bataille de Rossbach*, dont il faillit assurer le succès. Ministre de la Marine (1780), puis gouverneur de Flandre et du Hainaut, il fut député à l'Assemblée des notables et s'y fit remarquer par son hostilité à toute réforme. Il combattit dans l'armée de l'émigration aux côtés de la Prusse (invasion de la Champagne, 1792).

**CASTRIES** [34160] ♦ Ch.-l. de cant. de l'Hérault, arr. de Montpellier. 5 146 hab. *(Castriotes)*. Aqueduc construit par P. de Riquet. Château (1560 - 1570), incendié par les protestants, restauré au XVII^e s. ▮ **Histoire** La ville fut le siège de l'une des baronnies du Languedoc.

**CASTRO (INÉS DE)** → **Inés de Castro**

**CASTRO (João DE)** ♦ Capitaine et administrateur portugais (Lisbonne 1500 - Goa 1548). Surnommé par Camoens le «vaillant Castro» (*Lusiades*, I), il explora la mer Rouge (1541) avant d'être nommé vice-roi des Indes (1545) et de contribuer à l'extension de l'empire colonial portugais avec la prise de Diu (1546 - 1547). Dans ses relations de voyage *(Roteiros)* il a étudié les courants, les moussons, les marées, etc., et apparaît ainsi comme un des précurseurs de l'océanographie.

**CASTRO (Rosalía)** ♦ Poète espagnole (Saint-Jacques-de-Compostelle 1837 - Padrón 1885). Elle passa presque toute sa vie en Galice, qu'elle chanta dans son œuvre poétique : *La flor* («La Fleur», 1858), *Cantares gallegos* («Chants galiciens», 1863), *Follas novas* («Feuilles nouvelles» en galicien) et *A orillas del Sar* («Sur les rives du Sar», 1884). Ses thèmes favoris sont la mélancolie, la tendresse, la douleur et un certain «mal de vivre» romantique.

**CASTRO (Josué DE)** ♦ Géographe brésilien (Recife 1908 - Paris 1973). Président de l'Association mondiale contre la faim, il a publié *Géopolitique de la faim* (1952), *Le Nordeste du Brésil* (1965).

**CASTRO RUZ (Fidel)** ♦ Révolutionnaire et homme d'État cubain (Mayarí, Cuba 1926). Fils d'un immigrant espagnol, étudiant en droit à l'université de La Havane, il devint président de la Fédération des étudiants. Il tenta de s'opposer au coup d'État de Fulgencio Batista* de 1952 et attaqua la caserne de la Moncada à Santiago de Cuba (1953). Exilé à Mexico, il prépara un débarquement dans l'île avec un groupe de 81 hommes. La guérilla qu'il livra aux forces de Batista dans la sierra Maestra lui permit d'accéder au pouvoir et de devenir Premier ministre en 1959. Dominant la vie politique cubaine, la puissante personnalité de Castro incarne le nationalisme intransigeant, le radicalisme allant jusqu'à l'adhésion à la doctrine communiste (1962) et le tiers-mondisme militant (expéditions militaires en Afrique à partir de 1975). Il cumula à partir de 1976 les fonctions de premier secrétaire du Parti communiste cubain et de chef de l'État. Extrêmement populaire à ses débuts, le régime personnel et autoritaire de Castro se transforma progressivement en dictature. Il renonça au pouvoir en 2008 au profit de son frère mais resta très actif dans la vie politique. ♦ **Raúl Castro Ruz** (Birán 1931). Demi-frère de Fidel Castro, il participa avec celui-ci au renversement de Batista et fut sans discontinuer deuxième secrétaire du Parti et membre du gouvernement : ministre de la Défense (à partir de 1959), vice-président du conseil d'État puis président intérimaire en 2006 jusqu'à sa nomination officielle en 2008. ➔ **ÉTYM.** L'espagnol *castro* signifie «éminence fortifiée», du latin *castrum* «forteresse, lieu retranché».

Fidel **Castro.** *Phot. ©J. C. Francolon/Gamma*

**CASTROP-RAUXEL** ♦ V. d'Allemagne (Rhénanie-du-Nord-Westphalie), dans la partie orientale de la Ruhr. 78 600 hab. Église romano-gothique Saint-Lambert (XIII^e s.). ▪ Centre indus. (houillères, métall., chimie).

**CASTRO Y BELLVÍS (Guilhem** ou **Guillén DE)** ♦ Auteur dramatique espagnol (Valence 1569 - Madrid 1631). Officier de cavalerie, il se consacra au théâtre et dut sa réputation à deux épopées dramatiques inspirées par le personnage légendaire du Cid Campeador : *Les Enfances du Cid* (*Las mocedades del Cid*, 1618) et *Les Entreprises de jeunesse du Cid* (*Las hazañas del Cid*, 1618). Corneille* a retenu les données de la première pour composer *Le Cid*.

**CASTRUCCIO CASTRACANI** → **Castracani**

**CATACH (Nina)** ♦ Linguiste française (Le Caire 1923 - Paris 1997). Spécialiste de l'histoire de l'orthographe et des systèmes d'écriture, elle est l'auteur de nombreux traités théoriques, pédagogiques et pratiques, ainsi que d'essais (*Les Délires de l'orthographe*, 1989) et du *Dictionnaire historique de l'orthographe française* (1994). Partisane d'une conception humaniste et évolutive de l'orthographe, elle prit une part active au projet des *Rectifications de l'orthographe française* (1990). ➔ **ÉTYM.** *Catach* vient de l'arabe *qaṭa'a* «couper» (probablement surnom de boucher).

**CATALAUNIQUES** (champs) ➔ **ÉTYM.** de *Catalauni* «chefs de guerre» (du gaul. *catu* «combat» et *uellaunos* «chef»), n. d'une peuplade gauloise (→ aussi Catalogne, Châlons-en-Champagne) ♦ Plaine située près de Troyes *(Campus Mauriacus)* où Aetius*, à la tête d'une coalition de Francs (→ **Mérovée**), de Burgondes et de Wisigoths (→ **Théodoric I^er**), vainquit Attila*, roi des Huns (451).

**ÇATAL HÖYÜK** ♦ Site préhistorique de Turquie (Anatolie), à 50 km de Konya. Les fouilles de 1961 à 1965 ont mis au jour une ville datant du Néolithique* ancien dans un excellent état de conservation. Cette découverte a fourni une documentation d'une grande importance sur l'habitat et la culture de cette période (-VII^e - -VI^e millénaire). Les peintures murales y sont remarquables : fresques monochromes ou polychromes en rose, rouge, blanc et noir à dessins géométriques ou à compositions naturalistes (actuellement au musée hittite d'Ankara).

**CATALINA** (île) ♦ Île des États-Unis (Californie), située à 40 km au large du port de Los Angeles. Gérée par le comté de Los Angeles, la majeure partie de l'île présente un paysage sauvage et attire les touristes depuis 1930.

**CATALOGNE** n. f. ➔ **ÉTYM.** en esp. ***Cataluña***, en catalan ***Catalunya*** ; p.-ê. de *Catalauni* «chefs de guerre» (du gaul. *catu* «combat» et *uellaunos* «chef»), n. d'une peuplade gauloise [l'étym. du lat. *Gothalania* «pays des Goths» est douteuse] ♦ Communauté autonome d'Espagne. → **Espagne** (carte). 31 930 km². 7 210 508 hab. *(Catalans)*. LANGUES : catalan, espagnol. CAP. : Barcelone. La Catalogne comprend 4 provinces : Barcelone, Gérone, Lleida, Tarragone. ▮ **Géographie** Le relief n'est pas unifié, mais on peut cependant isoler du N. au S. trois grands ensembles. La zone pyrénéenne formant une chaîne transversale, s'étendant de l'E. du massif de la Maladetta* (sierras de Montesch, de Cadi, 2 500 m) à la Méditerranée (Catalanides), est coupée de bassins (Cerdagne*, conca de Tremp). La zone centrale correspond aux terrasses alluviales de la basse vallée de l'Èbre et au bassin du Segre. La partie littorale, très abrupte, s'étend de l'Ampurdán à l'Èbre. Des sierras intérieures s'étendent sur 250 km (Montseny, 1 706 m ; Montserrat*, 1 236 m) et se terminent au-dessus de la Méditerranée par la Costa Brava. Ces cordillères sont coupées de vallées (Ter, Llobregat, Èbre) et de bassins d'effondrement (Ampurdán, Vallés, Panadés, Campo de Tarragone). ▮ **Économie** La montagne vit de cultures fourragères et de l'élevage bovin. On cultive légumes et primeurs dans le bassin de l'Èbre, bien irrigué, et sur le littoral au N. de Barcelone. La vallée du Llobregat délimite le domaine des cultures méditerranéennes (olivier, vigne) et maraîchères. L'activité commerciale et industrielle est très ancienne (XVIII^e s.) et emploie la moitié de la population catalane. L'industrie textile est la plus importante : travail du coton dans la vallée du Llobregat, de la laine à Barcelone, Terrassa et Sabadell. La métallurgie de transformation et la chimie se localisent le long du littoral (Baladona, Mataró, Barcelone). Le tourisme est particulièrement développé sur le littoral (Costa* Brava). ▮ **Histoire** Conquise au -III^e s. par les Carthaginois, la Catalogne devint au siècle suivant une province romaine, puis fut occupée au V^e s. par les Wisigoths. Les Arabes s'en emparèrent en 712, mais Charlemagne la reconquit et en fit une marche de l'Empire franc (IX^e s.). Au X^e s., les comtes de Catalogne se rendirent indé-

**Catalogne.** *Phot. © Alain Rey*

pendants et résistèrent avec succès à la poussée des Maures. Par le mariage de Raymond* Bérenger Ier (ou III) et de Douce, héritière de Provence, la Catalogne fut réunie à la Provence (1113 - 1245), puis à l'Aragon (1137). Engagés dans une politique commerciale méditerranéenne, les Catalans firent passer sous leur autorité les Baléares, le royaume de Valence, la Sicile et la Sardaigne (XIIIe - XIVe s.). Ce fut, pour le pays, une époque de grand épanouissement économique, littéraire et spirituel. La dynastie catalane d'Aragon s'éteignit au XVe s., la Catalogne supporta mal la nouvelle autorité castillane. L'Espagne unifiée se tourna vers l'Amérique, et la Catalogne se replia sur elle-même, développant son particularisme. Au XIXe s., elle devint la province la plus industrialisée d'Espagne tandis que le *catalanisme*, après s'être exprimé par des sympathies carlistes*, devenait le problème majeur de la politique espagnole. Cette volonté d'autonomie donna naissance à des partis catalans : l'Esquerra republicana proclama en 1931 la République catalane, qui obtint un statut d'autonomie. Les forces de gauche y furent toujours très puissantes et Barcelone (prise en janv. 1939) fut le dernier bastion des armées républicaines. Après la victoire de Franco, la Catalogne perdit ses franchises. La Généralité fut rétablie en 1977. Le statut de «grande autonomie» dont a bénéficié la Catalogne à partir de 1979 a été modifié en statut d'autonomie élargie en 2006.

**CATAMARCA** ♦ V. d'Argentine, cap. de prov., située dans une oasis au pied de la cordillère des Andes. 141 000 hab. Lieu de pèlerinage andin. ▪ Centre minier (or, cuivre). ♦ ***Province de Catamarca*** → **Argentine** (carte). 102 602 km². 335 000 hab. Elle est dominée, à l'O., par le complexe des volcans Ojos* del Salado sur la frontière avec le Chili et est traversée au S.-E. par les Salinas Grandes. ▪ Région aride, cultures dans les petites oasis fluviales.

**CATANE** – en it. ***Catania*** ♦ V. d'Italie, ch.-l. de prov., en Sicile. 313 110 hab. Université. Ensemble monumental baroque : cathédrale par G. B. Vaccarini, hôtel de ville et fontaine de l'Éléphant au centre de la ville. Nombreux palais XVIIIe s. ; château Ursino du XIIIe (musée). ▪ Deuxième port de Sicile et centre industriel : sidérurgie, mécanique, chimie (raffinage du soufre). Carrefour de communications, la ville est aussi un centre commercial et de tourisme d'affaires. ▮ **Histoire** Fondée vers –728, grecque puis romaine (–263), la ville connut une grande prospérité durant l'Empire puis stagna au Moyen Âge, avant de redevenir une cité florissante sous les rois aragonais (XVIe s.). Dévastée par le tremblement de terre de 1693, Catane a été reconstruite au XVIIIe s. selon un plan quadrangulaire.

**CATANZARO** ➝ **ÉTYM.** p.-ê. à rapprocher du gr. *katantion* «en face de» ♦ V. d'Italie, ch.-l. de la Calabre, ch.-l. de prov. 95 251 hab. Centre commercial. Tourisme d'affaires. Papeteries. Cimenteries.

**CATEAU-CAMBRÉSIS (LE)** [59360] ➝ **ÉTYM.** *Cateau :* forme picarde de *château* et *Cambrésis** ♦ Ch.-l. de cant. du Nord, arr. de Cambrai, dans le Cambrésis, sur la Selle. 7 460 hab. (aggl. 7 799) *(Catésiens)*. Église baroque (XVIIe s.). Anc. palais des évêques de Cambrai (XVIIe - XVIIIe s.). Hôtel de ville (XVIe s.). Beffroi (XIIe et XVIIIe s.). Musée Henri-Matisse. ▪ Petit centre indus. ▮ **Histoire** Le 2 avr. 1559, un traité y fut signé entre la France et l'Angleterre, par lequel la France conservait Calais, mais devait payer 500 000 écus en huit ans. Un autre traité y fut signé le 3 avr. 1559 entre Henri II, roi de France, et Philippe II, roi d'Espagne ; il mettait fin aux guerres d'Italie, et laissait à la France Metz, Toul, Verdun, mais lui enlevait la Savoie et les principales villes du Piémont. Le duc de Savoie épousait Marguerite, sœur d'Henri II, et Philippe II épousait Élisabeth de France, fille d'Henri II et de Catherine de Médicis.

Les **Catégories** ♦ Traité logique d'Aristote*. Par ce terme (cf. catégorie, *in Le Robert*), le philosophe entend les attributions générales des êtres. Ce traité fut souvent commenté par les néoplatoniciens (Porphyre*, Simplicius*) et au Moyen Âge lors de la querelle des Universaux qui opposa nominalistes et réalistes.

**CATHAY** [katɛ], **CATAY** ou **CATAI** n. m. ♦ Nom donné par les voyageurs et les cartographes médiévaux à la Chine du Nord, d'après le nom des Kitai, en chinois Khitan*, peuple toungouze qui domina cette région du Xe s. au début du XIIe s.

**CATHELINEAU (Jacques)** ♦ Chef vendéen (Le Pin-en-Mauges, Anjou 1759 - Saint-Florent-le-Vieil 1793). Fils d'un maçon, il exerça lui-même cette profession avant de devenir colporteur. Sacristain de la paroisse de sa commune, il fut surnommé le «saint de l'Anjou». Il fut, avec Bonchamp, d'Elbée et La Rochejaquelein, l'un des principaux chefs de l'insurrection vendéenne. Après avoir participé à plusieurs victoires (Jallais, Chemillé, Cholet, Thouars, Parthenay, Fontenay, Saumur), il fut nommé généralissime de l'armée «catholique et royale», mais fut tué lors de l'attaque de Nantes. ➝ **ÉTYM.** Ce nom de famille est la forme vendéenne de *Cathelin,* hypocoristique de *Catherine.*

**CATHER (Willa Sibert)** ♦ Romancière américaine (Back Creek Valley, Virginie 1873 - New York 1947). L'ensemble de son œuvre est enraciné dans les traditions des «pionniers» de l'Ouest américain. Le succès de *Pionniers* (1913) fut confirmé par *Mon Antonia* (1918), *L'Un des nôtres* (prix Pulitzer, 1922), *Une dame perdue* (1923), *La Mort et l'Archevêque* (1927) et le très subtil *Mon ennemi mortel* (1927). Elle publia également des essais et des recueils de nouvelles (*Destins obscurs,* 1932).

**cathares**

n. m. pl. ➝ **ÉTYM.** du gr. *katharos* «pur» ♦ Secte religieuse répandue aux XIe - XIIIe s. en Lombardie et en Italie centrale, en Rhénanie, en Catalogne, en Champagne et Bourgogne, et surtout dans le midi de la France (Albi, Toulouse, Carcassonne). → **albigeois.** La doctrine des cathares emprunte à la fois au manichéisme ancien et au christianisme. On distingue les dualistes mitigés pour qui le diable est une créature de Dieu révoltée, les âmes étant libres du Bien ou du Mal, et les dualistes absolus (dont les albigeois*) pour qui le principe du Mal est éternel et pour qui il n'y a point de libre arbitre. Le principal rite cathare était le «consolament» *(consolamentum),* administré par les «parfaits» ou «bonshommes» ; il correspondait à l'ensemble des sacrements, en particulier à l'entrée dans l'Église généralement retardée jusqu'au moment de la mort. Il y avait une certaine organisation ecclésiastique et en 1167 un concile cathare se tint à Saint-Félix-de-Caraman (Haute-Garonne) sous la direction d'un «pape» byzantin, Nicetas. L'austérité morale des cathares, contrastant avec l'opulence et le relâchement du clergé catholique, leur assura grand succès. L'Église les combattit par la prédication (saint Bernard, Pierre le Vénérable, saint Dominique*) puis par la répression (croisade contre les albigeois, Inquisition*). Les seuls docteurs cathares dont les traités aient subsisté sont Bartholomé de Carcassonne et Jean de Lugio. Les cathares sont peut-être issus des bogomiles* bulgares (d'où leur surnom de «bougres») ; il faut les distinguer nettement des vaudois (→ **Valdo (Pierre)**) et des patarins* italiens que l'Église engloba dans la même répression.

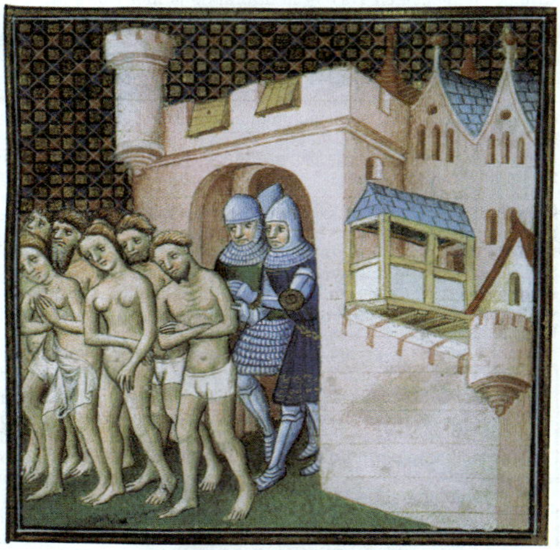

**Cathares.** Expulsion des cathares de Carcassonne, 1209. Miniature des *Chroniques de France,* XIVe s., British Library, Londres. *Phot. © British Library/akg-images*

**CATHERINE** ➝ **ÉTYM.** du gr. *Aikaterine,* probablt de *Ekata,* divinité thrace (l'étym. populaire, dans le monde chrétien, rattache ce nom à *katharos* «pur» [d'où le *h* de *Catherine*]).

**CATHERINE Ire** ♦ (Malbork 1684 - Saint-Pétersbourg 1727). Impératrice de Russie (1725 - 1727). Livonienne d'humble origine, elle fut la maîtresse de Menchikov*, puis du tsar Pierre* Ier le Grand qui l'épousa secrètement en 1707 et publiquement en 1712. Couronnée impératrice en 1724, elle succéda à son mari en 1725, avec l'appui de Menchikov, au détriment de Pierre* II qu'elle désigna comme son successeur. Elle inaugura l'Académie des sciences de Saint-Pétersbourg, fondée par Pierre Ier le Grand. Elle est la mère d'Élisabeth* Petrovna.

**CATHERINE II la Grande** ♦ (Stettin, auj. Szczecin 1729 - Saint-Pétersbourg 1796). Impératrice de Russie (1762 - 1796). Princesse allemande, née Sophie d'Anhalt-Zerbst, convertie à l'orthodoxie et rebaptisée Iekaterina (Catherine) Alekseïevna (1744), elle épousa en 1745 le futur Pierre* III. Amie de Diderot, Voltaire, Grimm, d'Alembert, d'une grande intelligence face à un mari débile qui menaçait de la répudier à cause de ses mœurs dissolues, elle s'empara du trône à la faveur d'un coup d'État militaire (juin 1762).

Après celui de Pierre* le Grand (dont elle fit ériger la statue équestre par Falconet* à Saint-Pétersbourg) son règne est le plus remarquable de l'histoire de la Russie. **Les réformes** Dès son avènement, Catherine II, qui voulait régner en «despote éclairé», s'attacha à affermir son pouvoir (l'ex-tsar Ivan* VI fut assassiné) et sa politique intérieure constitua le prélude des réformes de la seconde moitié du règne. En 1764, l'unification législative et administrative de l'Empire entraîna la suppression de l'autonomie ukrainienne et la sécularisation du clergé. La grande commission réunie en 1767, et composée de représentants de toutes les classes de la société (à l'exclusion des serfs : 50 % de la population) pour la rédaction d'un projet de code, fut suspendue en 1768, sans résultat positif, malgré l'urgence des réformes. Pour ce projet de code, l'impératrice avait rédigé une «Instruction» *(Nakaz)* inspirée de Montesquieu* et de Beccaria*. Ces mesures réformistes, conjuguées au renforcement du joug féodal au profit de la noblesse, entraînèrent, sous la conduite de Pougatchev, une révolte de serfs (1773 - 1774) qui se solda par une répression méthodique et un renforcement du pouvoir autocratique. Catherine II entreprit une importante réforme administrative (1775) en divisant la Russie en cinquante gouvernements eux-mêmes subdivisés en districts et présidés par un maréchal de la noblesse ; elle supprima les dernières libertés des cosaques Zaporogues et enfin, par la Charte de la noblesse (1785), elle codifia les privilèges. **La politique extérieure** Tandis que le sort des paysans allait en s'aggravant sous son règne, la politique extérieure était essentiellement dominée par les ambitions territoriales. En 1764, Catherine II imposa son ancien favori Stanislas* II Poniatowski sur le trône de Pologne, où elle établit un semi-protectorat qui devait aboutir aux trois partages de la Pologne (1772, 1793, 1795 → **Pologne**) et valut à la Russie une large façade sur l'Europe centrale. Parallèlement, les guerres russo-turques (1768 - 1774 et 1787 - 1792), durant lesquelles s'illustrèrent Potemkine* et Souvorov*, assurèrent à la Russie, après les traités de Kutchuk*-Kaïnardji (1774) et de Iaşi* (1792), la possession de la Crimée* (annexée en 1783) et le littoral de la mer Noire jusqu'au Dniestr, où furent aménagés les ports de Kherson*, Mykolaïv*, Sébastopol*, Odessa*. **Les arts et lettres** Protectrice des lettres et des arts, Catherine II s'entoura d'artistes de talent, embellit Saint-Pétersbourg de magnifiques palais, favorisa l'instruction et les mouvements littéraires auxquels elle prit une part active. **Le bilan de son règne** La prospérité économique favorisée par la croissance de l'industrie, l'essor culturel et les succès extérieurs de son règne firent de la Russie une puissance prépondérante en Europe. Son fils Paul* I^er^ lui succéda.

**CATHERINE D'ALEXANDRIE** (sainte) ♦ Vierge chrétienne qui aurait disputé victorieusement contre les philosophes païens et aurait subi le martyre sous Maxence (déb. IV^e^ s.). Le monastère Sainte*-Catherine-du-Sinaï lui est dédié. C'est à elle que se rattachent les traditions médiévales sur l'habillage ou la coiffe de sainte Catherine (cf. catherinette *in Le Robert*). ▪ Anciennement fêtée le 25 nov., elle a disparu du calendrier romain (1969).

**CATHERINE D'ARAGON** ♦ (Alcalá de Henares 1485 - Kimbolton Castle, Huntingdon 1536). Reine d'Angleterre. Fille de Ferdinand d'Aragon et d'Isabelle de Castille, elle avait épousé Arthur, fils aîné d'Henri VII, qui la laissa veuve quatre mois plus tard, et elle fut remariée au futur Henri* VIII (1509). Elle lui donna cinq enfants dont seule survécut Marie* Tudor. Henri VIII, devenu l'amant d'Anne* Boleyn, demanda au pape la dissolution de son mariage. Le refus de Rome fut à l'origine du schisme anglais. Le divorce n'en fut pas moins prononcé (1533) et Catherine passa la fin de sa vie, dans l'austérité, au château de Kimbolton.

**CATHERINE DE BOLOGNE** (sainte) ♦ Mystique italienne (Bologne 1413 - *id.* 1463). Clarisse à Ferrare puis fondatrice du couvent du Saint-Sacrement à Bologne (1456), elle est l'auteur du *Traité des sept armes spirituelles*. ▪ Fête le 9 mars.

**CATHERINE DE GÊNES** (sainte) ♦ Mystique italienne (Gênes 1447 - *id.* 1510). Fille du vice-roi de Naples, Jacques Fieschi. Elle soigna les pestiférés à l'hôpital de Gênes (1490 - 1496). On lui attribue le *Dialogue spirituel* et le *Traité du purgatoire*. ▪ Fête le 15 sept.

**CATHERINE DE MÉDICIS** ♦ (Florence 1519 - Blois 1589). Reine de France. Fille de Laurent II de Médicis*, duc d'Urbino, elle épousa le futur Henri* II (1533). Pendant le règne de son mari, éclipsée par la favorite Diane de Poitiers*, elle n'eut qu'un rôle effacé, qui continua sous le court règne de François* II. Nommée régente à l'avènement de Charles* IX, elle montra tout de suite de grandes capacités politiques qui s'embarrassaient peu des moyens employés, dans une situation rendue difficile par les intrigues des partis. S'efforçant de préserver l'autorité monarchique, elle joua des Guises catholiques et des Bourbons protestants les uns contre les autres. → **Guise, Bourbon.** Dépourvue elle-même de tout fanatisme, elle prit dès 1560 Michel de L'Hospital* pour ministre, et adopta sa politique de conciliation : après l'échec du colloque de Poissy* (1561), l'édit de Tolérance puis l'édit d'Amboise* (1563) furent accordés aux huguenots. Elle conclut avec eux la paix de Saint*-Germain (1570), favorisa le mariage de sa fille Marguerite* de Valois avec Henri de Navarre (→ **Henri IV**). Elle s'inquiéta cependant bientôt de l'ascendant pris par Coligny* sur Charles IX, et laissa faire les instigateurs de la Saint*-Barthélemy (1572) → **Religion (guerres de).** Son influence décrut sous Henri* III. Protectrice des arts, elle poursuivit la construction du Louvre et commença celle des Tuileries.

**CATHERINE DE SIENNE** (sainte) **[Caterina BENINCASA]** ♦ Mystique italienne (Sienne 1347 - Rome 1380), du tiers ordre de Saint-Dominique. Elle prêcha passionnément l'amour de Dieu, réunit un cercle de disciples, accomplit deux missions en Avignon et finit par convaincre Grégoire* XI de rentrer à Rome (1377). N'ayant pu empêcher le grand schisme* (1378), elle prit parti pour Urbain* VI. Elle raconta ses visions et ses extases dans le *Dialogue de la Divine Providence*, des lettres et des poèmes qui sont parmi les premières réussites de la littérature italienne. ▪ Fête le 29 avr.

## catholicisme

n. m. ♦ Une des confessions du christianisme, la plus importante par le nombre (environ 900 millions de fidèles, dont 3,5 % environ de catholiques de rite oriental) → **Église.** Chez les Pères* de l'Église, le mot *catholique* qualifie l'authenticité de la foi et son universalité. La notion de catholicité est donc commune à toutes les communions chrétiennes, mais l'Église romaine, qui se considère comme seule légitime, la retient dans son appellation. **Doctrine** (→ **christianisme**). À la différence des orthodoxes, les catholiques professent la doctrine du *filioque** et l'affirmation de la primauté du pape, renforcée par le dogme de l'infaillibilité pontificale (1870). Ils se distinguent des protestants en outre par : la reconnaissance, en complément de la Révélation, d'une Tradition transmise par les écrits des Pères* et docteurs* de l'Église, l'unanimité des théologiens sur les grands points de la doctrine, la liturgie, la continuité du magistère pontifical (enseignement des papes) ; l'existence de sept sacrements (deux seulement chez les protestants) ; la doctrine de la présence réelle et de la transsubstantiation dans la célébration de l'Eucharistie ; le culte marial, renforcé par les dogmes de l'Immaculée Conception (1854) et de l'Assomption (1950). **Institutions** L'Église catholique est divisée en diocèses (2 545 dans le monde, dont 164 pour les catholiques orientaux), portions du peuple de Dieu confiées à un évêque, et dont chacun correspond le plus souvent, mais pas toujours, à une circonscription territoriale. Les diocèses sont divisés en paroisses, et rassemblés pour des raisons administratives en provinces et régions ecclésiastiques. Le chef de l'Église catholique est le pape*, successeur de saint Pierre, évêque de Rome, vicaire du Christ sur terre, chef d'État de la Cité du Vatican* (accords du Latran*, 1929). L'autorité des évêques unis au pape (collégialité) est héritée des apôtres*. Elle s'exprime dans le collège épiscopal, avec au sommet le Sacré-Collège des cardinaux. Elle s'exprime aussi dans des assemblées : conciles œcuméniques ou régionaux, synodes des évêques, conférences épiscopales nationales, d'introduction récente et dont le droit canon limite la légitimité juridique. **Histoire** Avant la Réforme* → **christianisme.** Le concile de Trente* donna toute son ampleur à une Réforme catholique qui l'avait précédé (→ **Contre-Réforme**). Ses répercussions furent variées : renouveau spirituel (→ **Bérulle, Olier, Jean Eudes ; Marie de l'Incarnation**), réforme des ordres religieux anciens (→ **Carmel**) et création d'ordres nouveaux (→ **Jésus [Compagnie de], Oratoire, lazaristes**), essor des missions (→ **François Xavier [saint], Ricci [Matteo], Propagande**). Suivit un renforcement de l'autorité de Rome, qui suscita en retour controverses théologiques (→ **jansénisme**) et résistances nationales (→ **gallicanisme**), contre lesquelles la centralisation se poursuivit (→ **ultramontanisme**). Le rationalisme et la Révolution française (→ **Constitution civile du clergé**) portèrent à l'Église des coups que les restaurations napoléonienne (→ **concordat**) et royaliste ne compensèrent que superficiellement. Les États laïcs et nationaux réduisirent son pouvoir temporel : extinction des États pontificaux (→ **Église [États de], Pie IX, Latran [accords du]**, Kulturkampf* en Allemagne, séparation des Églises et de l'État en France (1905 → **Combes**). Le catholicisme se heurta surtout à la sécularisation de la pensée et des savoirs (→ **Renan, Darwin [Charles]**). Face à elle, le romantisme chrétien revivifia l'action missionnaire et ranima la tradition des martyrs (→ **Japon [martyrs du], Ouganda [martyrs de l']**). Rome renforça son intransigeance devant la société moderne (→ **Syllabus [Le], modernisme**), fit retour à Thomas* d'Aquin (1879 → **thomisme**), affirma une doctrine sociale (→ **Rerum novarum, catholicisme social**). Au concile de Vatican* II, le catholicisme s'ouvrit à la modernité et réalisa son aggiornamento, auquel s'opposa l'intégrisme (→ **Lefebvre [Marcel]**). Les années postconciliaires accrurent les contrastes régionaux : déclin de la pratique et dispersion des croyances dans le monde industriel sécularisé ; problème de l'inculturation de la foi dans les cultures locales (→ **Arrupe [Pedro]**) et concurrence des sectes à tendances syncrétistes (→ **Églises afro-chrétiennes**) dans le tiers-monde ; poids accru du catholicisme dans des pays de l'ancien bloc communiste. À ce risque d'éclatement, Jean*-Paul II répondit par la «nouvelle évangélisation», la multiplication des voyages pastoraux et la réaffirmation de l'autorité doctrinale romaine.

**CATHERINE DE SUÈDE** (sainte) ♦ (v. 1330 - monastère de Vadstena, Suède 1381). Fille de sainte Brigitte*, organisatrice et supérieure de l'ordre du Saint-Sauveur (brigittins) créé par sa mère, auprès de qui elle avait longtemps vécu à Rome. ▪ Fête le 24 mars.

**CATHERINE HOWARD** ♦ (v. 1522 - Londres 1542). Reine d'Angleterre. Nièce de Thomas Howard*, duc de Norfolk, elle avait mené une jeunesse très libre quand Henri* VIII s'éprit d'elle. Il l'épousa en 1540. Après plus d'un an de mariage, son inconduite fut dénoncée par Cranmer* au roi qui la fit exécuter.

**CATHERINE LABOURÉ** (sainte) **[Zoé LABOURÉ]** ♦ Religieuse française (Fain-lès-Moutiers, Côte-d'Or 1806 - Paris 1876). Entrée chez les filles de la Charité, rue du Bac à Paris (1830), elle eut une vision de la Vierge, à l'origine de la dévotion à la «médaille miraculeuse». ▪ Fête le 28 nov.

**CATHERINE PARR** ♦ (Kendal 1512 - Sudeley Castle, Gloucestershire 1548). Reine d'Angleterre. Elle épousa en troisièmes noces Henri* VIII dont elle devint la sixième femme (1543). Son ardeur luthérienne la mit parfois en danger de mort au cours de ses discussions avec le roi. Elle se remaria, un mois après la mort de celui-ci, avec Thomas Seymour, frère de Jeanne*.

## catholicisme social

♦ Courant doctrinal et militant du catholicisme contemporain. Né en France dans la mouvance mennaisienne (→ **Lamennais**) et dans un courant d'idées alliant démocratie et christianisme (1848 → **Ozanam, Lacordaire**), il se développa à travers l'œuvre d'économistes chrétiens (en France → **Villeneuve-Bargemont, Buchez, Le Play**), de militants (→ **La Tour du Pin [René de], Mun [Albert de], Harmel [Léon]**) et d'ecclésiastiques (en Allemagne → **Ketteler**; en France → **Alzon**). Inscrit dans la logique antilibérale et antimoderne qui prévalait à Rome (→ **Syllabus [Le]**), il opposa au paupérisme ouvrier et à l'atomisation des rapports sociaux au sein des sociétés capitalistes la réconciliation des classes, le retour à la corporation et la défense de la famille. De nombreuses œuvres sociales virent le jour dans sa mouvance. L'encyclique *Rerum* novarum* (1891) fut interprétée par certains dans le sens d'un ralliement à la République et à la démocratie moderne (→ **Sangnier**), ce qui conduisit à la condamnation du Sillon* dans le sillage de la crise moderniste (→ **modernisme**). À partir des années 1920, cependant que plusieurs textes pontificaux précisaient la doctrine sociale de l'Église (*Quadragesimo anno*, 1931 ; *Mater et magistra*, 1961 ; *Populorum progressio*, 1967 ; *Octogesima adveniens*, 1971), le catholicisme social connut son âge d'or avec l'essor du syndicalisme chrétien (→ **Confédération française des travailleurs chrétiens**), de l'Action* catholique (→ **Cardijn, Jeunesse agricole chrétienne, Jeunesse étudiante chrétienne, Jeunesse ouvrière chrétienne**), de puissants partis démocrates-chrétiens (→ **Sturzo, Adenauer**) en Europe (sauf en France où l'expérience du MRP fut éphémère) et en Amérique latine (→ **Frei Montalva**). En crise dans les années 1970, il fut remis à l'honneur par Jean*-Paul II qui en réaffirma l'actualité (encycliques *Laborem exercens*, 1981 ; *Sollicitudo rei socialis*, 1987 ; *Centesimus annus*, 1991).

**CATILINA** – en lat. ***Lucius Sergius Catilina*** ♦ Homme politique romain (v. −108 - Pistoria, auj. Pistoia −62) de famille patricienne. Agent de Sylla* puis propréteur en Afrique en −67, homme de main du parti populaire, il tenta, avec l'aide de quelques jeunes nobles ruinés comme lui, d'assassiner les deux consuls désignés pour −65. Puis il brigua le consulat en −63. Cicéron*, alors consul, l'interpella en plein Sénat. Catilina dut quitter Rome. Les conjurés furent exécutés et lui-même fut tué à Pistoria. Personnage mystérieux, il ne nous est connu que par ses adversaires, Cicéron *(Catilinaires*)* et Salluste* *(Conjuration de Catilina)* qui font de lui le type même d'une jeunesse démoralisée et dépravée par les guerres civiles, prête à tout pour satisfaire ses ambitions.

**Catilinaires** ♦ Nom donné à quatre harangues politiques prononcées par Cicéron*, alors consul, contre Catilina* en nov. et déc. −63.

**CATINAT (Nicolas)** ♦ Maréchal de France (Paris 1637 - Saint-Gratien 1712). Il s'illustra en Italie contre le duc de Savoie (Staffarde, 1690 ; La Marsaille, 1693), mais, faute de subsides, fut vaincu par le Prince Eugène* (Carpi, 1701). Il fut un des plus habiles capitaines du règne de Louis* XIV et se distingua par son humanité.

**CATLIN (George)** ♦ Peintre, écrivain et explorateur américain (Wilkes-Barre, Pennsylvanie 1796 - Jersey City, New Jersey 1872). Ayant abandonné en 1832 sa profession d'avocat, il vécut parmi les tribus indiennes, notamment chez les Sioux, leur culture servant de matière à son ouvrage *Illustrations of the Manners, Customs and Condition of the North American Indians* (1841). Dessinateur attentif et coloriste de grand talent, il produisit des paysages, des scènes de la vie indienne et des portraits de chefs dont il souligne la dignité (*Prairie Fire*, 1832 ; *Indian Troop*, 1844). Ses œuvres furent reconnues en Europe (Baudelaire* leur consacra des notices dans ses *Salons* de 1846 à 1859), mais restèrent longtemps ignorées du public américain. ✦ **ÉTYM.** *Catlin* vient de *Cateline*, forme médiévale de *Catherine*.

George **Catlin**. *Catlin peignant le portrait de Mah-to-toh-pa-Mandan* (47 x 62,3 cm), 1861-1869. National Gallery of Art, Washington.


**CATON** dit **l'Ancien** ou **le Censeur** – en lat. ***Marcus Porcius Cato*** ♦ Homme politique romain (Tusculum −234 - −149). Censeur en −184, il lutta contre le luxe et combattit la culture et les mœurs helléniques qui lui paraissaient porter atteinte aux vertus traditionnelles qui avaient fait la puissance de Rome. Il contribua à la condamnation de Scipion l'Asiatique, frère de Scipion* l'Africain. Envoyé en ambassade à Carthage* à la fin de sa vie et impressionné par sa prospérité, il joua un rôle dans la troisième guerre punique par ses discours, auxquels il ajoutait invariablement la formule «*Delenda quoque Carthago*» («et en outre, il faut détruire Carthage»). ▪ De son œuvre littéraire, il nous est parvenu, outre des discours, des fragments d'une histoire romaine *(Origines)* et un traité d'agriculture *(De agri cultura)*.

**CATON D'UTIQUE** – en lat. ***Marcus Porcius Cato*** ♦ Homme politique romain (−93 - Utique −46). Arrière-petit-fils de Caton* l'Ancien. Défenseur de la République et stoïcien farouche, il s'opposa aux revendications populaires, prit parti pour Cicéron* contre Catilina*, se dressa contre Crassus*, César* et Pompée* et s'allia en définitive avec ce dernier. Après la défaite de Pharsale* (−48) et la mort de Pompée, il continua la guerre en Afrique. Quand l'armée pompéienne fut vaincue à Thapsus* (−46), refusant de survivre à la République, il se donna la mort.

**CATROUX (Georges)** ♦ Général français (Limoges 1877 - Paris 1969). Gouverneur de l'Indochine (1939 - 1940), remplacé par l'amiral Decoux*, il rallia le général de Gaulle, fut nommé haut-commissaire au Levant (1941), puis gouverneur général de l'Algérie (1943 - 1944). Ambassadeur en URSS (1945 - 1948), il négocia, après les troubles du Maroc, le retour du sultan Mohammed* V en 1955. Ministre de l'Algérie dans le cabinet G. Mollet (1956), il ne put prendre ses fonctions en raison de manifestations nationalistes à Alger le 6 févr. 1956.

**CATSKILL** (monts) ♦ Massif montagneux des États-Unis (État de New York), au S. des Adirondacks, faisant partie du système des Appalaches*.

**CATTARO** → **Kotor**

**CATTEGAT** → **Kattegat**

**CATTELAN (Maurizio)** ♦ Artiste italien (Padoue 1960). «Je ne suis pas un artiste, je fais de l'art» dit ce génie de la communication. Provocateur, transgressif, son univers est fait de détournements, d'insubordination et d'usurpation symbolique : figures renversées de policiers transformés en «perdants» (*Frank et Jamie*, 2002), autruche naturalisée enfouissant sa tête dans le parquet (*Untitled*, 1997), sigle d'Hollywood au-dessus d'une décharge d'ordures à Palerme (*Hollywood*, 2002), image de l'artiste en voleur sortant du sol du Museum Bojmans (*Untitled*, 2001), portrait d'Hitler priant (*Untitled*, 2001), Jean-Paul II écrasé sous une météorite (*The Ninth Hour*, 1999) ou John Kennedy dans son cercueil (*Maintenant*, 2004).

**CATTELL (James McKeen)** ♦ Psychologue américain (Easton, Pennsylvanie 1860 - Lancaster, Pennsylvanie 1944). Élève de W. Wundt, familier des travaux de F. Galton*, il fut un des principaux promoteurs des applications pratiques de la méthode des tests (terme qu'il employa pour la première fois en 1890).

**CATTENOM** [57570] ✦ **ÉTYM.** anc. *Cathenem*, du germ. *Catto*, n. de pers., et de *heim* «village» ♦ Ch.-l. de cant. de la Moselle, arr. de Thionville-Est. 2 272 hab. Centrale nucléaire sur la Moselle.

**CATULLE** – en lat. ***Caius Valerius Catullus*** ♦ Poète latin (Vérone, v. −87 - Rome, v. −54), le plus grand et le plus original parmi les «poètes nouveaux», imitateurs des alexandrins. Les pièces lyriques inspirées par sa passion pour Lesbie* sont considérées comme son chef-d'œuvre. Il a laissé en outre les *Noces de Thétis et de Pélée*, petite épopée mythologique dans le goût de Callimaque*, et l'*Attis*, étrange évocation des rites de la déesse Cybèle*.

**CAUBÈRE (Philippe)** ♦ Acteur et auteur dramatique français (Marseille 1950). Membre de la troupe du Soleil (1971 - 1978), il incarne, pour le cinéma, le *Molière* d'A. Mnouchkine* (1977). Ensuite, partant de son expérience d'improvisation et de mime, il écrit et se met en scène dans *La Danse du diable* (1981) puis dans *Ariane ou l'Âge d'or* (1986), premier des onze épisodes du *Roman d'un acteur*. Cette «épopée burlesque et fantastique» ou autobiographie théâtrale de jeunesse donne lieu à une véritable performance physique puisque, poursuivant un art résolument figuratif à la façon de la commedia dell'arte, il restitue à lui seul, sur le plateau nu, une multitude de personnages autour de son double, Ferdinand. À partir de 2000, il ouvre un nouveau cycle : *L'Homme qui danse*. Il a également tourné *La Gloire de mon père* et *Le Château de ma mère*, réalisés par Yves Robert.

**CAUCA** (río) ♦ Fl. de Colombie (1 250 km), affl. du Magdalena (rive g.), issu de la cordillère des Andes centrales qu'il sépare de la Cordillère occidentale. La dépression du Cauca (200 km de long sur 30 km de large), autour de Cali, est une des plus riches régions agricoles du pays (café, canne à sucre, cacao, tabac, coton). ♦ ***Département du Cauca*** 29 308 km². 1 182 000 hab. CAP. Popayán*. ♦ ***Département du Valle del Cauca*** 22 140 km². 4 053 000 hab. CAP. Cali*.

**CAUCASE** n. m. ➝ ÉTYM. en gr. *Kaukasos*, p.-ê. du hourrite *kas* «montagne» – en russe ***Kavkaz*** ♦ Ensemble montagneux situé au S. de la Russie européenne, s'étendant entre la mer Noire (O.), la dépression de Kouma (N.), la mer Caspienne (E.) et bordé au S. par la Turquie et l'Iran. 440 000 km². Il se divise en 3 zones naturelles : la Ciscaucasie (en russe Predkavkazie) ou Caucase du Nord, le Grand Caucase au centre, et le Caucase méridional (en russe Transcaucasie) au S. La *Ciscaucasie* est occupée par les bassins de Kouban (terres noires) et du Terek (steppes semi-désertiques), séparés par le plateau de Stavropol. Région conquise après une longue guerre (817 - 1864) par l'armée russe, le Caucase est aujourd'hui encore disputé entre plusieurs peuples, les Russes nombreux sur les piémonts (cosaques du Kouban) et les «peuples caucasiens» d'origines diverses. → **Tchétchénie, Tcherkesses, Kabardes, Ossètes, Daguestan.** La zone axiale du *Grand Caucase* (1 300 km de longueur, 150 à 200 km de largeur) est généralement considérée comme la limite entre l'Europe et l'Asie. Elle culmine avec l'Elbrouz (5 642 m), le Chkhara (5 068 m) et le Kazbek (5 047 m). Nombreux glaciers (1 430 km²) ; pâturages pour les bovins à l'O., les ovins à l'E. Le Caucase méridional (ou Sud-Caucase) est partagé entre l'Arménie*, l'Azerbaïdjan* et la Géorgie*. Les riches bassins (Rioni, Koura) à l'agriculture subtropicale (vigne, thé, céréales) s'opposent aux plateaux et massifs volcaniques du Petit Caucase voués à l'élevage.

**CAUCHON (Pierre)** ♦ Prélat français (près de Reims v. 1371 - Rouen 1442). Évêque de Beauvais, il embrassa le parti des bourguignons et des Anglais et présida le tribunal ecclésiastique qui condamna Jeanne* d'Arc. ➝ ÉTYM. *Cauchon* est la forme normanno-picarde de *Chausson* (surnom d'un marchand de chaussons).

**CAUCHY** (baron **Augustin)** ♦ Mathématicien français (Paris 1789 - Sceaux 1857). Son œuvre se rapporte à de nombreux domaines des mathématiques et de la physique. Il introduisit en analyse mathématique une rigueur qui jusque-là n'avait pas été atteinte (travaux sur les intégrales définies, sur les conditions de convergence des séries, sur les équations différentielles) et créa la théorie des fonctions d'une variable complexe, qui allait jouer un grand rôle dans l'évolution des mathématiques. On lui doit également des travaux sur la mécanique des milieux élastiques, sur la propagation de la lumière, sur l'astronomie mathématique. [Acad. sc. 1816] ➝ ÉTYM. Ce nom est la forme normanno-picarde de *chaussée*.

**CAUDAN** [56850] ➝ ÉTYM. du n. de saint *Caudan*, forme ancienne de *Caltan*, du vx bret. *call* «sage, avisé» et *tan* «feu» ♦ Comm. du Morbihan, arr. de Lorient. 6 744 hab.

**CAUDEBEC-EN-CAUX** [76490] ➝ ÉTYM. anc. *Caldebec*, scand. «le ruisseau *(bekkr)* froid *(kald)*» ♦ Ch.-l. de cant. de la Seine-Maritime, arr. de Rouen, sur la Seine. 2 342 hab. (aggl. 3 514) *(Caudebecquais)*. Église Notre-Dame des XVᵉ et XVIᵉ s. de style gothique flamboyant (chapelle de la Vierge). Maison des Templiers du XIIIᵉ s. (musée d'histoire locale).

**CAUDEBEC-LÈS-ELBEUF** [76320] ♦ Ch.-l. de cant. de la Seine-Maritime, arr. de Rouen. 9 904 hab. *(Caudebecquais)*.

**CAUDÉRAN** ♦ Anc. comm. de la Gironde, rattachée à Bordeaux depuis 1964, banl. O. de Bordeaux.

**Caudines (Fourches)** → **Caudium**

**CAUDIUM** – auj. ***Montesarchio*** ♦ V. de l'Italie ancienne (Samnium) entre Bénévent* et Capoue*. Dans un défilé près de cette ville, les Romains subirent une de leurs plus humiliantes défaites (–321). S'y étant laissés enfermer par les Samnites, ils durent passer sous un joug dressé par les vainqueurs. D'où le nom de *Fourches Caudines* (auj. Stretto di Arpaja) donné à ce défilé.

**CAUDRON** ♦ Famille d'ingénieurs et d'aviateurs français. GASTON CAUDRON (Favières, Somme 1882 - Lyon 1915) et RENÉ CAUDRON (Favières 1884 - Vron, Somme 1959) réalisèrent un planeur dès 1908, puis une série d'avions utilisés pendant la Première Guerre mondiale. Gaston s'étant tué en essayant le premier avion de bombardement, René poursuivit la construction d'appareils civils et militaires.

**CAUDRY** [59540] ➝ ÉTYM. anc. *Calderiacum*, du lat. *°Caldarius*, n. de pers., de *caldus* «chaud», p.-ê. sobriquet «ardent, passionné» ♦ Comm. du Nord, arr. de Cambrai. 13 469 hab. (aggl. 14 146) *(Caudrésiens)*. Indus. textile.

**CAULAINCOURT (Armand Augustin Louis,** marquis **DE)** ♦ Général et diplomate français (Caulaincourt, Picardie 1772 - Paris 1827). Officier sous l'Ancien Régime et la Révolution, il fut chargé de missions en Russie en 1801, aide de camp de Bonaparte en 1802. Nommé ambassadeur en Russie de 1807 à 1811, il œuvra pour la paix entre la France et la Russie. Il fut créé duc de Vicence en 1808 ; sénateur et ministre des Affaires étrangères en 1813, il participa au congrès de Châtillon en 1813 (→ **Châtillon-sur-Seine**). ➝ ÉTYM. Ce nom signifie «domaine (bas latin *curtis*) de Cauwila (nom de femme germanique)».

**CAUMONT (Arcisse DE)** ♦ Archéologue français (Bayeux 1802 - Caen 1873). Il contribua à établir et à développer la science archéologique en publiant le *Bulletin monumental* et en fondant la Société française d'archéologie (1834). Son *Abécédaire ou Rudiments d'archéologie* (1850 - 1862) diffusa les connaissances nouvelles concernant l'art médiéval (notamment roman) en France.

**CAUMONT-SUR-DURANCE** [84510] ➝ ÉTYM. *Cavomonte*, forme méridion. du lat. *calvus mons* «mont chauve [dénudé]» ♦ Comm. du Vaucluse, arr. d'Apt. 4 253 hab. Viticulture.

**CAUS** [ko] **(Salomon DE)** ♦ Physicien français (pays de Caux v. 1576 - Paris 1626). Il élabora la théorie de l'expansion et de la condensation de la vapeur, et décrivit une machine, fondée sur ces principes, destinée au pompage de l'eau.

**Causeries du lundi** ♦ Recueil de critiques de Sainte*-Beuve, parues en 15 volumes (1851 - 1862), et suivies des *Nouveaux Lundis* (13 vol., 1863-1869). Cette étude se présente comme une succession de portraits, des Latins du siècle d'Auguste jusqu'aux contemporains. À partir de l'analyse des individualités (biographie, formation intellectuelle et morale des auteurs) et de la reconstitution des courants d'idées (parallèle entre classicisme et romantisme, t. XV), Sainte-Beuve s'efforce d'expliquer la naissance des œuvres.

**CAUSSADE** [82300] ➝ ÉTYM. forme méridion. du lat. *calceata* «chaussée ; route» (désigne une voie romaine) ♦ Ch.-l. de cant. du Tarn-et-Garonne, arr. de Montauban, sur la Lère. 5 971 hab. (aggl. 7 046) *(Caussadais)*. Indus. de la chapellerie (en déclin). ▮ **Histoire** Au XVIᵉ s., Caussade était une place forte calviniste.

**CAUSSES** ou **GRANDS CAUSSES** n. m. pl. ♦ Formations calcaires du S. du Massif central, constituées au contact de massifs cristallins, et situées entre le Lot (au N.), l'Hérault et l'Orb (au S.). Leurs surfaces furent nivelées par l'érosion, puis affectées de phénomènes karstiques qui les criblèrent d'avens, de dolines, de sotchs (aven Armand*, grottes de Dargilan). Les vallées, creusées en gorges, forment des canyons qui segmentent le plateau, et individualisent quelques unités, dont le causse de Sauveterre* (entre le Lot et le Tarn), le causse Méjean* (entre le Tarn et la Jonte), le causse Noir (entre la Jonte et la Dourbie), le causse du Larzac*, le causse de Séverac*, le causse Comtal. Ces étendues au climat rude offrent un paysage particulièrement dépouillé (qui aurait été jadis boisé) voué presque exclusivement à l'élevage (moutons des Causses). Le lait de brebis est destiné à la fabrication du roquefort et du bleu des Causses ; la laine était utilisée pour le tissage. Aujourd'hui les peaux d'agneaux alimentent la ganterie (Millau). Dans les vallées, cultures fruitières, de légumes, de lavande. Tourisme (gorges du Tarn*, de la Jonte et de la Dourbie).

**CAUTERETS** [kotrɛ] [65110] ➝ ÉTYM. anc. *Caldarez*, du lat. *caldarium* «étuve, chaudière» avec attraction du gasc. *cautère* «chaudière» ♦ Comm. des Hautes-Pyrénées, arr. d'Argelès-Gazost, sur le gave de Cauterets. 1 305 hab. *(Cautérésiens)*. Station thermale et station de sports d'hiver (1 000 - 2 350 m).

**CAUVERY** → **Kaveri**

**CAUX** [ko] (pays de) ➝ ÉTYM. anc. *pago calcis* «pays des Calètes», n. de peuple, ou de la rac. pré-indo-eur. *°cal-* «pierre» ♦ Plateau crayeux de Normandie (Seine-Maritime), retombant en falaises vives sur la Manche. Couvertes de limons, les petites vallées suspendues, appelées «valleuses», sont très fertiles : céréales, betterave à sucre, élevage bovin et porcin.

**CAVAFY** ou **CAVAFIS (Constantin)** ♦ Poète grec (Alexandrie 1863 - Athènes 1933). Il passa la plus grande partie de sa vie à Alexandrie, dont l'atmosphère imprègne sa poésie (*Poèmes*, 1935). Les souvenirs d'une jeunesse tourmentée de passions cachées, le scepticisme d'un historien manqué et d'un moraliste y trouvent des tons élégiaques. Seuls la beauté humaine et l'art gardent les valeurs suprêmes dans la décadence d'un monde dont il cherche les symboles dans les époques hellénistique et byzantine. Intimiste et ironique, amer et résigné, il rompt aussi avec la tradition des écoles ionienne et athénienne par sa langue composite et reste le poète le plus original et peut-être le plus grand de la Grèce moderne.

**CAVAIGNAC (Jean-Baptiste),** baron **DE LALANDE** ♦ Homme politique français (Gourdon 1763 - Bruxelles 1829). Élu à la Convention (1792),

Alberto **Cavalcanti.** Une scène du film *Monsieur Puntila et son valet Matti.* *Phot. ©Coll. Rui Nogueira*

il se signala par ses prises de position révolutionnaires extrémistes. Nommé préfet durant les Cent-Jours, il fut banni comme régicide sous la Restauration. ♦ **Godefroy Cavaignac.** Homme politique français (Paris 1801 - *id.* 1845). Fils du précédent. Après avoir participé à la révolution de juillet 1830, il entra dans l'opposition républicaine. Incarcéré après les troubles de juin 1834, il s'évada et gagna l'Angleterre ; rentré en France (1841), il présida la Société des droits de l'homme qu'il avait contribué à fonder. ♦ **Louis Eugène Cavaignac.** Général et homme politique français (Paris 1802 - Ourne, Sarthe 1857). Frère du précédent. Officier aux convictions républicaines, il fut envoyé en Algérie (1832) et en fut nommé gouverneur général en 1848, mais rappelé à Paris et devenu ministre de la Guerre, il réprima l'insurrection ouvrière de juin* 1848 et, investi de pouvoirs quasi dictatoriaux par l'Assemblée, mena une répression sévère. Battu aux élections de déc. 1848 par Louis Napoléon, il passa dans l'opposition. Élu membre du Corps législatif en 1852, il refusa de siéger pour ne pas avoir à prêter serment.

**CAVAILLÉ-COLL (Aristide)** ♦ Facteur d'orgues français (Montpellier 1811 - Paris 1899). Descendant d'une illustre famille d'organiers, il construisit les orgues de Saint-Denis, de la Madeleine, de Saint-Sulpice, de Sainte-Clotilde, de Notre-Dame, à Paris. Il apporta de remarquables perfectionnements à la facture de cet instrument.

**CAVAILLÈS (Jean)** ♦ Philosophe et logicien français (Saint-Maixent 1903 - Arras 1944). Auteur d'ouvrages de logique et de philosophie des mathématiques (*Remarques sur la théorie de la formation abstraite des ensembles,* 1938 ; *Essai sur le fondement des mathématiques,* 1938 ; *Transfini et Continu, Sur la logique et la théorie de la science,* posth. 1947), il s'opposa à la réduction des mathématiques à la logique (ou logicisme) et critiqua radicalement, dans son dernier ouvrage inachevé, le projet husserlien d'une philosophie de la conscience. Membre directeur du mouvement de résistance Libération, il fut arrêté (1943), emprisonné à Fresnes, puis exécuté à Arras par les Allemands.

**CAVAILLON** [84300] ➝ ÉTYM. de la rac. oronym. prélatine *°kab-* «hauteur» ou «bac, pont, passage» ♦ Ch.-l. de cant. du Vaucluse, arr. d'Apt, entre la Durance et le Coulon. 24 563 hab. (aggl. 37 721). *(Cavaillonnais).* Anc. cathédrale Saint-Véran du XII^e^ s. Synagogue du XVIII^e^ s. (musée judéo-comtadin). Musée archéologique. ▪ Marché d'intérêt national. Fruits et primeurs (melons). ▮ Histoire Dans l'Antiquité, *Cabellio* était le chef-lieu des Cavares.

**CAVALAIRE-SUR-MER** [83240] ➝ ÉTYM. anc. *Heraclea Caccabaria,* du prélatin ou du phénicien, transformé en *Cavallaria* (probablt à cause d'un élevage de chevaux) ♦ Comm. du Var, arr. de Draguignan, près du *cap Cavalaire.* 5 237 hab. (aggl. 7 971) *(Cavalairois).* Station balnéaire. Port de plaisance. ▮ Histoire Les Américains y débarquèrent le 15 août 1944.

**CAVALCANTI (Guido)** ♦ Poète italien (Florence v. 1250 - 1300). De famille aristocratique, traditionnellement guelfe, il s'opposa aux réformes démocratiques et fut exilé en 1300 (alors prieur, Dante, son ami, entérina peut-être l'ordre de bannissement). Amnistié presque aussitôt, il mourut la même année à Florence. De Cavalcanti, qui compte parmi les principaux représentants du Dolce stil nuovo, nous est parvenue une cinquantaine de pièces, où, renouvelant la tradition provençale à la lumière d'un platonisme très personnel et, probablement, de la philosophie averroïste, il exprime, de façon profondément pessimiste, dans un monde détaché des réalités, la dramatique intrusion de l'amour.

**CAVALCANTI (Alberto DE ALMEIDA-CAVALCANTI, dit Alberto)** ♦ Cinéaste brésilien (Rio de Janeiro 1897 - Paris 1982). Poursuivie en divers pays, sa carrière est marquée par l'importance et la qualité de son apport au cinéma. Précurseur du réalisme poétique en France (*La P'tite Lilie,* 1927 ; *En rade,* 1928), il devint en Angleterre l'un des maîtres de l'école documentariste (*Coal Face,* 1936), avant d'y réaliser des longs métrages, dont un film fantastique attachant, *Au cœur de la nuit* (1945). De retour dans son pays natal (1949), il suscita le renouveau du cinéma brésilien avec *O Canto do mar* (1954). Revenu en Europe, il devait y mettre en scène, pour le cinéma, *Monsieur Puntila et son valet Matti,* d'après B. Brecht (Vienne, 1956) et *Les Noces vénitiennes* (Rome, 1958).

**CAVALERIE (LA)** [12230] ♦ Comm. de l'Aveyron, arr. de Millau. 813 hab. *(Cavaleriens).* Champ de tir du Larzac. Camp militaire. Terrain d'aviation. ▮ Histoire Ancien siège d'une commanderie des templiers qui a conservé ses remparts.

**CAVALIER (Jean)** ♦ Chef camisard (Ribaute, Gard 1679 - Jersey 1740). → **camisards.** Il résista longtemps à Montrevel et à Villars*, et déposa les armes quand ce dernier lui eut offert une pension (1704). Il servit ensuite la Savoie puis l'Angleterre et fut gouverneur de Jersey.

## Cavalier bleu (le)

➝ ÉTYM. en all. ***Der Blaue Reiter,*** du n. d'un tableau de Kandinsky ♦ Mouvement artistique fondé à Munich en 1911, qui se dispersa pendant la guerre. Créé par W. Kandinsky* et F. Marc*, il réunit aussi Gabriele Munter, A. Macke*, A. Kubin* et d'autres. Il était issu de scissions de mouvements artistiques tels que La Phalange (1902), présidée par Kandinsky et Jawlensky*, et la Neue Münchener Künstlervereinigung (1909). Kandinsky publia avec Marc l'*Almanach du Blaue Reiter* (1912) et organisa des expositions réunissant notamment de déc. 1911 à janv. 1912 le Douanier Rousseau*, Delaunay*, Schoenberg*, et les membres du groupe, puis, en févr. 1912, les membres de la Brücke*, les Fauves, les cubistes ainsi que Malevitch*, Larionov*, Arp* et Klee*. Le groupe ne défendait aucun dogmatisme formel mais était lié par un désir commun de rupture avec la tradition, qui se traduisait notamment par l'emploi de couleurs non naturalistes proches de celles des expressionnistes, et par des emprunts formels aux arts non européens. Les artistes du Cavalier bleu ont reconsidéré le problème de la représentation réaliste par l'expression de l'*Einfühlung* (la «nécessité intérieure», ou encore, l'«empathie»), proches encore en cela des expressionnistes. Mais, contrairement à ceux-ci, Kandinsky et Marc conservaient une certaine confiance en l'avenir de l'art.

**CAVALIERI (Emilio DEI)** ♦ Compositeur italien (Rome v. 1550 - *id.* 1602). Il s'établit à Florence où Ferdinand I^er^ de Médicis le nomma surintendant pour l'art, les fêtes, le théâtre et la musique (1588). Premier musicien florentin à pratiquer le style monodique (récitatif), il composa des intermèdes, des pastorales (dont la musique est auj. perdue) et surtout des oratorios. Son œuvre principale, la *Rappresentazione di Anima e di Corpo* (1600), est considérée comme le premier oratorio dramatique.

**CAVALIERI** (R. P. **Bonaventura**) ♦ Prêtre et mathématicien italien (Milan 1598 - Bologne 1647). Disciple indirect de Galilée*, auteur de travaux en astronomie, en trigonométrie sphérique (démonstration de la proportionnalité de l'aire à l'excès sphérique) et en calcul logarithmique, il est surtout connu comme précurseur du calcul intégral grâce à la méthode dite des indivisibles qu'il exposa en 1635 *(Geometria indivisibilibus continuorum nova ratione promota).* Cette méthode du calcul des aires consistait à diviser la surface étudiée en un nombre indéfini de lignes sans épaisseur.

Les **Cavaliers** – en gr. ***Hippeis*** ♦ Comédie d'Aristophane* (–424). Le vieillard crédule Dêmos («Peuple») est mené par son serviteur Paphlagon (allusion au démagogue Cléon). Un charcutier ambulant, personnage encore plus vil et grossier, vainc Paphlagon dans le conflit pour obtenir les faveurs du maître. Il est secondé par le chœur des Cavaliers, sorte de milice composée de fils de familles aisées. Caricature de la démocratie athénienne à l'ère des démagogues, la pièce donne libre cours aux sentiments aristocratiques de l'auteur et à son pessimisme.

## cavaliers

n. m. pl. ♦ Terme qui servit à désigner au cours de la révolution anglaise les partisans de Charles* I^er^ par opposition aux têtes rondes, partisans du Parlement, aux cheveux coupés court.

**CAVALLERO (Ugo)** ♦ Maréchal italien (Casale Monferrato 1880 - Frascati 1943). Il commanda en Afrique orientale (1937), en Albanie (1940) puis remplaça Badoglio* comme chef d'état-major général de l'armée italienne (1941 - 1943). Il fut limogé au cours des intrigues qui amenèrent la chute de Mussolini et mourut dans des conditions non élucidées après l'armistice italo-allié.

**CAVALLI (Pier Francesco)** ♦ Compositeur italien (Crema 1602 - Venise 1676). Élève de Monteverdi*, il fut appelé à Paris par Mazarin et y fit représenter, sans succès, deux opéras *Xerxès* (1660) et *Hercule amoureux* (1662). De retour à Venise, il fut nommé maître de chapelle de la basilique Saint-Marc. Il est, avec Monteverdi, le maître incontesté de la première période de l'opéra vénitien. Illustrée par une quarantaine d'opéras, sa manière se caractérise par l'emploi d'un récitatif dramatique qui s'enrichit, sur le tard, d'ariosos mélodiques. Son ouvrage, *Le Nozze di Teti e di Peleo*, est le premier opéra vénitien dont on ait conservé la musique (1639).

**CAVALLINI (Pietro CERRONI, dit Pietro)** ♦ Peintre et mosaïste romain (Rome v. 1250 - *id.* v. 1340). Ne subsistent, des nombreuses œuvres mentionnées par Ghiberti*, que la mosaïque de la *Vie de la Vierge* à Santa Maria in Trastevere (1291) et des fragments de fresques à Santa Cecilia in Trastevere (*Jugement dernier*, v. 1293) et dans l'église napolitaine de Santa Maria Donnaregina (v. 1316), l'artiste ayant séjourné à la cour angevine. Riche et savant coloriste, il traita ses compositions majestueuses selon la «*maniera bizantina*», mais sans ignorer les exemples paléochrétiens et romains, et dans un esprit libre et novateur qui lui permit des échanges fructueux avec Cimabue* et Giotto*.

**CAVAN** – en gaél. ***Cabhán*** ♦ Comté de la rép. d'Irlande. 1 890 km². 64 003 hab. CH.-L. : Cavan. Comté à dominante agricole. Exode rural important.

**CAVAZZI DA MONTECUCCOLI (Giovanni Antonio)** ♦ Missionnaire et voyageur italien (v. 1621 - Gênes 1692). Il publia en 1687 sa *Relation historique des trois royaumes de Congo, Matamba et d'Angola*, qui contribua à la connaissance de l'Afrique méridionale.

**CAVÉ (François)** ♦ Industriel français (Le Mesnil, Somme 1794 - Paris 1875). Il donna l'essor à la grande industrie moderne de construction mécanique en France.

**Caveau (société du)** ♦ Société de chansonniers qui fut fondée en 1729 et connut des migrations successives dans divers cafés ; d'abord installée (1737) dans un cabaret (le «Caveau») de la rue de Buci, elle réunissait notamment Piron*, les deux Crébillon*, Gresset*, Helvétius*, Rameau*, Boucher* qui participaient aux dîners agrémentés de «chansons à boire» ou de chansons satiriques. Reconstituée en 1767 (avec Joseph Vernet*, Boufflers*, Parny*), dispersée à la Révolution, puis reformée en 1797 et baptisée les «Dîners du Vaudeville», la société du Caveau prit un nouveau développement en 1805 quand Capelle l'installa rue Montorgueil ; en faisaient alors partie Gouffé, Grimod* de la Reynière, Millevoye*, Désaugiers* et (à partir de 1813) Béranger*, qui y prit une place prépondérante. C'est en 1834, d'abord sous l'appellation des *Enfants du Caveau*, que la société se reforma définitivement avec A. Montémont, tenant ses assises au Palais-Royal, et recrutant ses membres aussi bien dans l'administration que chez les écrivains et les artistes (Jules Janin). Les chansons furent publiées longtemps dans des recueils périodiques tels *Le Dîner du Vaudeville* et *Le Journal des gourmands et des belles*. Les mélodies composées de 1733 à 1826 ont été rassemblées (notamment par Capelle) dans *La Clef du Caveau*.

**CAVELIER DE LA SALLE (René Robert)** ♦ Explorateur français (Rouen 1643 - au Texas 1687). Il partit au Canada où il obtint une concession en amont de Montréal et où il apprit plusieurs langues indiennes. À partir de 1669, il explora successivement le cours de l'Ohio (sans doute jusqu'aux rapides de Louisville), les Grands Lacs (Ontario, Érié, Huron, Michigan) et leur région, puis descendit le Mississippi jusqu'au golfe du Mexique (1681 - 1682). En 1684 il fut chargé de relever son embouchure et la côte mexicaine ; il aborda à la baie de Saint-Bernard et mourut lors de l'expédition (assassiné par un de ses compagnons).

**CAVENDISH** ou **CANDISH (Thomas)** ♦ Navigateur aventurier anglais (comté de Suffolk v. 1555 - sur les côtes du Brésil 1592). Sous le règne d'Élisabeth Ire, il entreprit une expédition le long de la côte orientale de l'Amérique du Sud, pillant les colonies espagnoles et portugaises ; après avoir franchi le détroit de Magellan (1586), il atteignit les Philippines, Java, et revint en Angleterre en contournant l'Afrique par le cap de Bonne-Espérance (1588). En 1591, il repartit avec J. Davis* pour les mers du Sud et mourut au cours de son voyage. ► ÉTYM. *Cavendish* est un nom de lieu dans le Suffolk, anciennement *Kananadisc* «endroit clos d'un homme nommé *Cafna*» (du vieil anglais *adisc* «endroit clos»).

**CAVENDISH (Henry)** ♦ Physicien et chimiste britannique (Nice 1731 - Londres 1810). Il fut l'un des premiers à introduire en chimie une stricte exigence de précision quantitative. Il identifia l'hydrogène, fit la première analyse précise de l'air, et il montra avec J. Priestley*, en provoquant la combinaison de l'oxygène et de l'hydrogène sous l'action de l'étincelle électrique, que ces deux gaz s'unissaient en proportions déterminées pour donner de l'eau. En 1771, il définit les notions de potentiel et de charge électriques. Dans d'autres travaux qu'il ne publia pas, mais que Maxwell* découvrit et fit connaître, il indiquait la forme newtonienne de la loi des actions électriques, définissait la capacité d'un conducteur, introduisait la notion de constante diélectrique d'un isolant, comparait avec précision les conductivités électriques de différents corps. Par de tels travaux il se reliait à Coulomb*, avec lequel il apparaît comme le fondateur de l'électrostatique. À l'aide de la balance de torsion, il a également procédé à des mesures de la constante de la gravitation et déduit la densité moyenne de la Terre.

**CAVENTOU (Joseph Bienaimé)** ♦ Chimiste et pharmacien français (Saint-Omer 1795 - Paris 1877). Avec P. J. Pelletier*, il isola de diverses plantes une série d'alcaloïdes dont la strychnine et la quinine. On leur doit l'introduction du nom de chlorophylle.

Les **Caves du Vatican** ♦ Roman d'André Gide* (1914). Une rumeur se répand selon laquelle le pape serait séquestré dans les caves du Vatican par la bande de Protos. Lafcadio, à la recherche de l'acte gratuit, peut aussi bien sauver la vie d'une jeune fille que tuer Amédée Fleurissoire... Le récit décousu et ironique de ce livre que l'auteur lui-même définissait comme une «sotie» mêle intrigues et personnages dans un ton souvent parodique. L'ouvrage scandalisa les milieux catholiques.

**CAVITE CITY** ♦ V. des Philippines, ch.-l. de prov., au S.-O. de Manille. 92 641 hab. Chantiers navals depuis l'époque espagnole. L'insurrection des ouvriers en 1872 marqua le début du nationalisme.

**CAVO RUIVO** ♦ Faubourg industriel de l'E. de Lisbonne. Complexe pétrochimique.

**CAVOUR (Camillo Benso, comte DE)** ♦ Homme d'État italien (Turin 1810 - *id.* 1861). Cadet d'une famille noble piémontaise, il fut officier du génie, mais il dut quitter l'armée à cause de ses idées libérales. Il se consacra alors à la gestion du domaine familial, tout en effectuant de nombreux voyages dans les capitales européennes. Il y observait les mœurs politiques et l'organisation sociale et économique, ce qui le renforça dans son libéralisme. En 1847, il créa *il Risorgimento*, journal modéré qui défendait l'idée d'une constitution ; celle-ci fut acceptée par le roi Charles*-Albert en févr. 1848. Élu député au parlement de Turin en juin de la même année, Cavour devint en 1849 le chef du centre droit et proposa un projet de loi réduisant les pouvoirs de la juridiction ecclésiastique. En 1850, Azeglio* l'appela au ministère de l'Agriculture : il mit alors en pratique ses théories libre-échangistes. Ministre des Finances cette même année, il améliora la répartition des impôts et les tarifs douaniers mais son alliance avec la gauche *(connubio)* l'obligea à démissionner en 1852. Victor*-Emmanuel II le rappela d'urgence le 4 nov. 1852 comme président du Conseil et ministre des Finances et il devint pendant sept ans le véritable maître de la politique piémontaise, puis italienne. Cherchant à imposer le royaume de Piémont-Sardaigne aux grandes puissances européennes, il modernisa l'infrastructure économique du pays (chemins de fer, douanes, finances). Il continua la réforme du Code pénal et mena une politique anticléricale. Mais surtout, il redonna confiance à l'armée sarde qui remporta des victoires en Crimée* aux côtés des Britanniques et des Français. Cela permit à Cavour d'être présent au congrès de Paris en 1856 et d'y exposer ses doléances envers l'Autriche. Napoléon III, peu à peu convaincu de la nécessité de chasser les Habsbourg des terres italiennes, rencontra Cavour à Plombières en juil. 1858 et lui promit son aide dans la création d'un royaume d'Italie du Nord en échange de Nice et de la Savoie. Cavour, ne se sentant plus isolé, provoqua l'Autriche et la guerre commença par les batailles de Magenta* et de Solferino* (juin 1859). Du fait de l'armistice de Villafranca*, Cavour ne put exploiter l'avantage de ces deux victoires et il démissionna. Il revint au pouvoir en janvier 1860 avec les titres de président du Conseil, ministre des Affaires étrangères et de l'Intérieur et, cédant Nice et la Savoie à la France, il rattacha au Piémont l'Émilie et la Toscane. Puis il appuya militairement l'expédition des Mille* et de Garibaldi*. Principal artisan de l'unité italienne, il ne put voir l'achèvement de son œuvre, car, malgré la proclamation du royaume d'Italie, le 14 mars 1861, sa mort laissait en suspens la question romaine.

**Cavour.** Portrait par S. Carnevali, XIXe s., Musée national du Risorgimento, Turin. *BIS/Phot. G. Tomsich © Archives Larbor*

**CAWNPORE** → **Kanpur**

**CAXIAS (Luis, duc DE)** ♦ Maréchal et homme politique brésilien (Rio de Janeiro 1803 - *id.* 1880). Commandant en chef dans la guerre contre le Paraguay*, après avoir réduit les troupes rebelles dans divers États en proie à la guerre civile ou à la rébellion (Maranhão, 1839 ; São Paulo et Minas, 1842), il fit parallèlement une carrière politique brillante en devenant ministre de la Guerre (1855), puis Premier ministre, poste qu'il occupa à diverses reprises, de 1857 jusqu'à sa mort.

**CAXIAS DO SUL** ♦ V. du Brésil (État du Rio Grande do Sul). 291 000 hab. Située au centre d'une région viticole.

**CAXTON (William)** ♦ Imprimeur anglais (comté de Kent, v. 1422 - Londres 1491). Il publia à Bruges le premier livre imprimé en anglais, le *Recuyell of the Historyes of Troye* (1474). Il introduisit l'imprimerie en Angleterre vers 1476.

**CAYATTE (André)** ♦ Cinéaste français (Carcassonne 1909 - Paris 1989). Avocat et journaliste, il est l'auteur de films d'un dessein généreux qui proposent à la réflexion du spectateur quelques-uns des grands problèmes de l'époque, et singulièrement celui de la justice : *Justice est faite* (1950), *Nous sommes tous des assassins* (1952), *Avant le déluge* (1954).

**CAYENNE** [97300] ➔ ÉTYM. probablt d'un terme anc. de marin *cayenne (caenne)* désignant la caserne des matelots en attente d'embarquement ♦ Ch.-l. du dép. de la Guyane française, sur la côte atlantique. 50 594 hab. (aggl. 66 149). *(Cayennais)*. Évêché. ▪ Centre admin. Port de commerce. Aéroport à Rochambeau. Distilleries de rhum. ▮ Histoire Les Français s'y établirent en 1664. Cayenne fut l'un des plus importants lieux de déportation pour les condamnés aux travaux forcés.

**CAYEUX (Lucien)** ♦ Géologue français (Semousies, Nord 1864 - Mauves-sur-Loire 1944). Auteur d'importants travaux pétrographiques sur les roches sédimentaires à l'aide du microscope polarisant il découvrit dans la région de Saint-Lô des protistes fossiles dans les terrains infracambriens. [Acad. sc. 1928]

**CAYEUX-SUR-MER** [80410] ➔ ÉTYM. p.-ê. du frq. °*haga* «remblai, rempart» ♦ Comm. de la Somme, arr. d'Abbeville. 2 781 hab. *(Cayolais)*. Station balnéaire et climatique.

**CAYLAR (LE)** [ləkɛlaʀ] [34520] ➔ ÉTYM. anc. *Castlar*, forme méridion. du lat. *castellum* «château» et suff. dimin. *-are* ♦ Ch.-l. de cant. de l'Hérault, arr. de Lodève, au S. du causse du Larzac. 383 hab. Tour de l'Horloge. Église. Vieux bourg. À l'O. de la ville se trouve un rocher dolomitique appelé le «Lion de Servières». À proximité, le cirque de Navacelles, creusé dans le calcaire du Larzac ; le Pas de l'Escalette (623 m) ; La Couvertoirade, petit village fortifié par les hospitaliers.

**CAYLEY (sir George)** ♦ Inventeur britannique (Brompton Hall, Yorkshire 1773 - *id.* 1857). Dès 1809, il définit le principe de fonctionnement de l'avion et envisagea l'emploi de l'hélice associée à un moteur à gaz ou à explosion inventé par Niépce.

**CAYLEY (Arthur)** ♦ Mathématicien britannique (Richmond 1821 - Cambridge 1895). Il définit la notion des groupes abstraits. Ses études des invariants et des déterminants (➔ **Sylvester**) l'amenèrent à introduire la notion de matrice, dont il précisa la nature et fonda la théorie. Il fut également l'auteur de travaux relatifs aux géométries à *n* dimensions, indépendamment de H. Grassmann*. Il s'est intéressé à la physique mathématique et à la mécanique céleste.

**CAYLUS** [kɛlys] **(Marguerite DE VILLETTE, marquise DE)** ➔ ÉTYM. n. de lieu, du bas lat. *castelucium*, de *castellum* «château fort» ♦ Dame française (en Poitou 1673 - Paris 1729). Parente de Mme de Maintenon*, elle a laissé d'intéressants *Souvenirs* sur la cour de Louis XIV et sur la maison de Saint-Cyr.

**CAYLUS (Anne Claude Philippe DE TURBIÈRES, comte DE)** ♦ Archéologue, graveur et écrivain français (Paris 1692 - *id.* 1765). Fils de la marquise de Caylus*. Après une carrière militaire, il fit de nombreux voyages (Italie, Grèce, Asie Mineure). De retour en France, il se passionna pour la gravure et se lia avec Watteau. Auteur de biographies de Mignard, Watteau, il est surtout connu par son *Recueil d'antiquités égyptiennes, étrusques, grecques, romaines et gauloises* (1752 - 1757), et par la collection d'antiques qu'il légua au Cabinet du roi (musée du Louvre).

**CAYOLLE (col de la)** ♦ Col des Alpes (Alpes-Maritimes) reliant la haute vallée du Var à la vallée de l'Ubaye, à 2 326 m d'alt.

**CAYROL** [kɛʀɔl] **(Jean)** ♦ Poète et romancier français (Bordeaux 1911 - id. 2005). L'œuvre poétique de Jean Cayrol, commencée avant la guerre, a été profondément transformée par l'expérience concentrationnaire. Dans les *Poèmes de la nuit et du brouillard* (1945) ou *Le Charnier natal* (1950), comme, plus tard, dans *Poèmes clefs* (1985), elle se veut un témoignage sur la condition humaine. Son œuvre romanesque traduit, dans un univers «lazaréen» (*Lazare parmi nous*, 1950), l'angoisse d'un personnage qui cherche vainement à justifier sa vie ratée (*La Noire*, 1949 ; *Le Déménagement*, 1956 ; *La Gaffe*, 1957 ; *Les Corps étrangers*, 1959). Mais dans ce monde apparemment vide où règne *Le Froid du soleil* (1963), subsiste un espoir religieux dont témoignent des essais comme *Les Pleins et les Déliés* (1960) ou *Le Droit de regard* (1963). Ce lyrisme retenu, Cayrol l'a exprimé également dans les scénarios de deux films qu'a tournés Alain Resnais*, *Nuit et Brouillard* (1956) et *Muriel* (1963), puis dans ses *Histoires* (1969 - 1979) ainsi que dans *L'Homme dans le rétroviseur* (1981) et *Des nuits plus blanches que nature* (1987) où se mêlent le fantastique et le quotidien d'un monde restauré. ➔ ÉTYM. C'est le diminutif de *Cayre*, ancien occitan «pierre carrée, angulaire».

**CAZALÈS (Jacques DE)** ♦ Homme politique français (Grenade, Armagnac 1758 - Engalin, Gers 1805). Député de la noblesse du Languedoc aux États généraux (1789), il fut un des plus brillants orateurs du parti royaliste à la Constituante où il s'opposa violemment à Barnave. Il émigra à Coblence après la journée révolutionnaire du 10 août 1792 et ne revint en France qu'en 1803. ➔ ÉTYM. *Cazalès* vient de l'occitan *casa* «construction», surnom d'une personne qui habitait un endroit signalé par une maison caractéristique.

**CAZAUX (étang de)** ou étang de **CAJEAUX** et de **SANGUINET** ♦ Étang de la côte des Landes ; relié à l'étang de Biscarrosse et de Parentis par un canal. Sur sa rive nord, base aérienne militaire.

**CAZÈRES** [31220] ➔ ÉTYM. forme gasc. du lat. *casella* «petite cabane» ♦ Ch.-l. de cant. de la Haute-Garonne, arr. de Muret, sur la Garonne. 3 260 hab. (aggl. 4 240) *(Cazèriens)*. À l'E., barrage sur la Garonne (plan d'eau de 80 ha).

**CAZOTTE (Jacques)** ♦ Écrivain français (Dijon 1719 - guillotiné à Paris 1792). Après avoir exercé diverses fonctions aux Antilles, de retour en France enrichi par un héritage (1762), il s'adonna à la composition de *Contes* à la fantaisie spirituelle avant de verser dans l'illuminisme. On lui doit notamment *Le Diable* amoureux* (1772). ➔ ÉTYM. Ce nom de famille vient du latin *casa* «maison».

**CAZOULS-LÈS-BÉZIERS** [34370] ➔ ÉTYM. du lat. *casulum* «petite maison» ♦ Comm. de l'Hérault, arr. de Béziers. 3 321 hab. *(Cazoulins)*. Viticulture.

**CBS** ➔ **Columbia Broadcasting System**

**CDU** n. f. ➔ **Christlich-Demokratische Union**

**CEA** n. m. ➔ **Commissariat à l'énergie atomique**

**CEARÁ** ➔ ÉTYM. p.-ê. du guarani «pleurs, cris» ♦ État du Brésil (région Nordeste). ➔ **Brésil** (carte). 145 694 km². 7 431 000 hab. CAP. : Fortaleza. La sécheresse des terres intérieures (Sertão) limite l'agriculture aux zones irriguées et aux piémonts (point culminant dans la serra de Baturité, 1 115 m). Pêche, culture, filatures et tissage du coton (hamacs). Indus. alimentaires et pharmaceutiques. Plages renommées.

**CÉARD (Henry)** ♦ Écrivain français (Bercy 1851 - Paris 1924). Ami de Zola* qui lui permit de publier une nouvelle, *La Saignée*, dans *Les Soirées* de Médan*, Céard est surtout connu pour son roman *Une belle journée* (1881). Il écrivit également pour le théâtre, *Les Résignés* (1889) et *Tout pour l'honneur* (1890). [Acad. Goncourt 1918]

**CEAUŞESCU (Nicolae)** ♦ Homme d'État roumain (Scorniceşti, Olt 1918 - Tîrgovişte 1989). Il milita dans les Jeunesses communistes et devint membre du parti en 1936. À cause de son activité communiste et russophile, il fut plusieurs fois arrêté par la Sûreté de l'État et emprisonné. En 1946, il fut élu député du département de l'Olt et devint membre du Comité central du parti communiste (1952) dont il fut premier secrétaire en 1965. Président du Conseil d'État (1967), puis de la République (1974), il sembla vouloir mener une politique originale et indépendante au sein des pays socialistes, mais instaura progressivement une dictature sanglante où tous les postes-clés étaient occupés par sa famille, appuyée par sa police politique *(Securitate)*. Renversé en déc. 1989 par un complot politique bénéficiant de l'appui de l'armée régulière et soutenu par un mouvement populaire, il prit la fuite mais fut rapidement arrêté, jugé sommairement et exécuté avec sa femme. ➔ **Roumanie.** ➔ ÉTYM. Ce nom roumain vient de *ceauş(u)* «fonctionnaire» et suffixe *-escu* qui marque l'origine familiale.

**CÉBAZAT** [63118] ➔ ÉTYM. probablt du lat. *Cepatius*, var. de *Cepasius*, n. de pers., de *cepa* «oignon» et suff. *-anum* ♦ Comm. du Puy-de-Dôme, arr. de Clermont-Ferrand. 7 800 hab.

**CEBU CITY** ou **CÉBOU** ♦ V. des Philippines, dans l'île du même nom, ch.-l. de Central Visayas. 718 821 hab. Grand centre commercial, industriel et universitaire des Visayas. ▪ Coprah, sucre. Électronique. En 1992, F. Ramos lui a octroyé un statut particulier destiné à favoriser les exportations.

**Ceca** n. f. ➔ **Communauté européenne du charbon et de l'acier**

**CECCHETTI (Enrico)** ♦ Danseur et maître de ballet italien (Rome 1850 - Milan 1928). Fils de danseurs, il débuta à la Scala de Milan (1879), poursuivit sa carrière à Londres et à Saint-Pétersbourg où il devint professeur de danse à l'École impériale, puis y ouvrit une école. Pédagogue hors pair, il forma les plus grands danseurs de la première moitié du XXe siècle dont T. Karsavina*, V. Nijinski*, A. Pavlova*. Il se joignit ensuite à la troupe des Ballets* russes de Diaghilev* avec laquelle il parut dans plusieurs ballets, tout en poursuivant ses activités de professeur. ➔ ÉTYM. *Cecchetti* est de même étymologie que *Cecchi**.

**CECCHI (Emilio)** ♦ Critique et narrateur italien (Florence 1884 - Rome 1966). Comptant parmi les fondateurs de *La Ronda** (1919), Cecchi donna des «proses d'art» raffinées : *Les Poissons rouges* (1920), *Quelque chose* (1931) et *L'Auberge du mauvais temps* (1927). Il rapporta de ses longs séjours à l'étranger des chroniques, comme *Mexique* (1932), *Et in Arcadia ego* (1936) et *Amère Amérique* (1939). Mais il est surtout considéré comme un des maîtres de la critique italienne du XXe s. (*I grandi romantici inglesi*, 1957 ; *Storia della letteratura italiana*, 1965 - 1969). ➔ ÉTYM. *Cecchi* est l'abréviation familière de *Francesco*.

**CECCO D'ASCOLI (Francesco STABILI, dit)** ♦ Astrologue et écrivain italien (Ancarano, apr. 1267 - Florence 1327). Il fut brûlé comme hérétique par l'Inquisition de Florence en raison des doctrines contenues dans son poème encyclopédique, *Acerba* (inachevé, 1326), rédigé en italien ; cet ensemble de connaissances philosophiques et naturalistes prétendait s'opposer à la vision thomiste de Dante.

**CECH (Thomas)** ♦ Biochimiste américain (Chicago 1947). Ses travaux, effectués indépendamment de ceux de S. Altman*, montrèrent que certains ARN (ribozymes) possèdent une activité catalytique en l'absence de toute enzyme ; cette découverte remit en cause la distinction entre les molécules participant au codage et à la transcription du message génétique (acides nucléiques) et celles jouant un rôle fonctionnel (protéines). [Prix Nobel de chim. 1989, avec S. Altman]

**ČECH (Svatopluk)** ♦ Poète, prosateur et publiciste tchèque (Ostředek 1846 - Prague 1908). Patriote de tendance romantique, il exprima ses idées panslavistes et nationalistes par son activité de journaliste (il fonda la revue *Květy*, «Fleurs», en 1879) et par ses œuvres poétiques très populaires : *Les Adamites* (1874), *Europe* (sur le thème de la Commune, 1878), *Václav de Michalovice* (1880), *Slavie* (1882), *Le Forgeron de Lešetín* (1883), *Dagmar* (1884), et surtout ses *Chants d'un esclave* (1895). Il écrivit aussi des romans à tendance satirique, comme *L'Excursion de M. Brouček dans la Lune* (1886), œuvre rendue célèbre par l'opéra de Janáček*.

**CECIL (William), baron BURGHLEY** ♦ Homme politique anglais (Bourne 1520 - Londres 1598). Il commença sa carrière dans le sillage d'Edward Seymour*, parvint à se maintenir après sa chute, et devint secrétaire d'État sous Élisabeth*, dont il resta le principal conseiller. Partisan de la modération, il affermit l'Église anglicane tout en réprouvant les persécutions, lutta contre Marie* Stuart, à la chute et à la mort de laquelle il contribua. Il géra les finances avec une probité rare à l'époque, développa l'activité économique et stimula aussi bien le commerce que l'industrie, contribuant puissamment à la prospérité élisabéthaine. Sa prudence en politique étrangère ne l'empêcha pas de préparer la lutte contre l'Espagne en organisant la flotte anglaise (→ **Armada**). ➝ ÉTYM. *Cecil* vient du vieux gallois *Seisyllt* (nom de personne), probablement altération de *Sextilius* (de *sextus* «sixième») avec attraction de *Cecilius*.

**CECIL (Robert), 1er comte DE SALISBURY** ♦ Homme politique anglais (Londres 1563 - Marlborough 1612). Fils de William Cecil. Comme son père, qui favorisa son ascension, il fut secrétaire d'État (1596) et le principal conseiller d'Élisabeth Ire ; il mena une politique étrangère visant à empêcher tout rapprochement entre la France et l'Espagne. À la mort d'Élisabeth, il joua un grand rôle dans l'accession au trône de Jacques Ier. Nommé lord trésorier (1608), il se fit le défenseur des visées absolutistes du roi face au Parlement.

**CÉCILE (sainte)** ♦ Vierge et martyre chrétienne, connue par une légende de la fin du Ve s. Romaine, apparentée aux Cecilii, elle est fiancée au païen Valérien mais elle le convainc de respecter sa virginité et le convertit dans la chambre nuptiale. Tous deux sont martyrisés ; elle-même, le cou mal tranché, agonise trois jours. Culte ancien à Rome (Santa Cecilia in Trastevere). Patronne de la musique. ▪ Fête le 22 nov. ➝ ÉTYM. Le nom latin *Caecilia* vient peut-être de *caecus* «aveugle».

**CÉCROPS [kekrɔps]** ♦ Premier roi mythique d'Attique* et fondateur d'Athènes* qui portait d'abord le nom de *Cécropia*. Considéré comme «autochtone» (né de la terre), il est souvent figuré moitié homme, moitié serpent. Une autre légende le veut natif d'Égypte, d'où il vint en Attique à la tête des colons égyptiens, représentant d'une civilisation supérieure. On lui attribua l'organisation de l'Attique en douze tribus, l'établissement de l'Aréopage*, l'enseignement de l'agriculture et de l'écriture, l'introduction de nouveaux cultes, la suppression des sacrifices humains et les premières institutions sociales : les lois de propriété, le mariage, l'inhumation, etc. Choisi comme arbitre dans la querelle qui opposa Poséidon* à Athéna* pour le patronage de l'Attique, il aurait accordé la préférence à la déesse, qui offrit au pays l'olivier.

**CEDAR RAPIDS** ♦ V. des États-Unis (Iowa). 120 768 hab. (zone industrielle 191 000). Importante bibliothèque maçonnique. Centre d'une région agricole (maïs, élevage). Indus. : radio, électronique, indus. alimentaires.

**CEDEAO (Communauté économique des États de l'Afrique de l'Ouest)** n. f. ♦ Association de 15 États d'Afrique occidentale (Bénin, Burkina Faso, Cap-Vert, Côte d'Ivoire, Gambie, Ghana, Guinée, Guinée-Bissau, Liberia, Mali, Niger, Nigeria, Sénégal, Sierra Leone, Togo ; la Mauritanie s'en est retirée en 2000), créée en 1975 à Lagos pour promouvoir leur intégration économique.

**CÉDRON** n. m. ➝ ÉTYM. en hébr. *Qidrôn*, de *qâdar* «être sombre» ♦ Cours d'eau torrentueux de Cisjordanie. Il coule au pied de la ville de Jérusalem, et sa vallée qui le sépare du mont des Oliviers est dominée par le quartier juif de la ville. Nombreuses grottes et nombreux cimetières. ▪ Aux temps bibliques on y jetait les objets cultuels réputés idolâtriques (*I Rois*, XV, 13, etc.).

**CEE** n. f. → **Communauté économique européenne**

**CEEA** n. f. → **Euratom**

**Cécile.** Sainte Cécile jouant de l'orgue, page d'antiphonaire. Musée Grobet Labadié, Marseille. *BIS/Phot. Jean Bernard © Archives Larbor*

**CEFALÙ** ➝ ÉTYM. du gr. *kephaloeidês* «en forme *(eidos)* de tête *(kephalê)*» ♦ V. d'Italie, en Sicile (prov. de Palerme), sur la côte N. de l'île. 13 789 hab. Situé entre la mer et un promontoire, ce pittoresque port de pêche est devenu un centre touristique. Cathédrale romane de style normand (XIIe s.), d'une grande pureté de lignes ; portique lombard (XVe s.), admirables chapiteaux ; remarquable mosaïque de style byzantin tardif (XIIe s.). Musée. ▮ **Histoire** De fondation phénicienne, *Kephaloidion* fut une cité grecque prospère. Elle fut prise par les Arabes (858), puis par les Normands.

**CEI** n. f. → **Communauté des États indépendants**

**CEIBA (LA)** ♦ Port du Honduras, sur la mer des Antilles. 127 592 hab. Exportation de bananes.

**CEILLAC** [05600] ➝ ÉTYM. du lat. *Caelius*, n. de pers., et suff. *-acum* ♦ Comm. des Hautes-Alpes, arr. de Briançon. 276 hab. Station de sports d'hiver (1 640 - 2 400 m).

**CELA (Camilo José)** ♦ Écrivain espagnol (Padrón, La Corogne 1916 - Madrid 2002). Il a renouvelé la tradition réaliste. *La Famille de Pascual Duarte* (1942), histoire d'un bandit racontée par lui-même, est remarquable par la sobriété tragique et la puissance expressive du style. Il a poursuivi avec *Pabellón de reposo* («Pavillon de repos», 1944), *Voyage en Alcarria* (1948), *Mrs. Caldwell parle à son fils* (1953) et surtout *La Ruche* (1951), roman ambitieux où s'agitent deux cents personnages observés dans la réalité quotidienne. Dans un autre genre, Cela a voulu renouveler la tradition picaresque avec *Les Nouvelles Aventures et Mésaventures de Lazarillo de Tormes* (1944). Il est aussi l'auteur de contes. L'unité de son style et ses facultés d'observation et de synthèse en font l'un des meilleurs prosateurs contemporains de langue espagnole. [Prix Nobel de littér. 1989]

**Céladon** ➝ ÉTYM. du gr. *keladôn* «retentissant» ♦ Personnage de *L'Astrée** (1607 - 1628), roman pastoral d'Honoré d'Urfé*. Incarnation de l'amour platonique, Céladon se montre un amant délicat et fidèle, soumis aux caprices d'Astrée. ▪ Son nom fut donné à un type de céramique chinoise dont la couleur ressemblait à celle des rubans du berger (vert olive ou bleu-gris).

**ČELAKOVSKÝ (František Ladislav)** ♦ Poète tchèque (Strakonice 1799 - Prague 1852). Influencé par l'attrait des romantiques allemands (Goethe et Herder notamment) pour le folklore et la chanson populaire, il s'inspira de *Chansons populaires slaves* qu'il recueillit en 3 volumes (1822 - 1827) pour composer des poèmes simples et gracieux : *Échos des chants russes* (1829) et *Échos des chants tchèques* (1839). Cette activité littéraire le plaça au premier rang des artisans du «Renouveau national».

**CELAN (Paul ANTSCHEL, dit Paul)** ♦ Poète français d'origine roumaine et d'expression allemande (Cernăuţi, auj. Tchernivtsi 1920 - Paris 1970). Juif, il fut très marqué par le génocide et par la déportation de ses parents et en garda toujours un sentiment de culpabilité. En 1948, il vint vivre à Paris et prit la nationalité française. Son œuvre, souvent hermétique, est d'une grande beauté : *Pavot et Mémoire*, 1952 ; *De seuil en seuil*, 1955 ; *Grille de parole*, 1959 ; *La Rose de personne*, 1963 ; *Todtnauberg*, 1968. Il est aussi l'auteur de nombreuses traductions : Essenine, Shakespeare, Ungaretti, Rimbaud, Valéry, Michaux. Il s'est suicidé en 1970.

**CELANO (THOMAS DE)** → **Thomas de Celano**

**CELAYA (Rafael MUGICÁ, dit Gabriel)** ♦ Écrivain espagnol (Hernani, Guipúzcoa 1911 - Madrid 1991). À Madrid, en 1927, il fréquenta Juan Ramón Jiménez, Ortega y Gasset et Unamuno. À Tours et à Paris, il suivit le surréalisme français ; il s'inspira également de Goethe et de Nietzsche. En 1947, il écrivit son premier recueil de poésie, *Marée de silence*, puis de nombreuses pièces de théâtre (*La Relève*, 1963), des romans : *Lázaro calla* («Lazare se tait», 1949) ; *Los buenos negocios* («Les Bonnes Affaires», 1966). Il est célèbre pour ses poésies (*Protopoésie*, 1934 - 1944 ; *Mouvement élémentaire et Objets poétiques*, 1947 ; *À la dérive*, 1951) où se marque l'influence de Pablo Neruda. En 1967, il publia sa *Poésie complète*.

**CÉLÉ** n. m. ← ÉTYM. anc. *Aqua Sileris* (rac. hydronym. *sel-/sal-*) ♦ Riv. du Quercy (102 km), affl. du Lot. Elle arrose Figeac.

**CÉLÈBES** ← ÉTYM. du port. *Punta dos Celebes* «Pointe des courants», du mot local *séllihě* «courant» ♦ → **Sulawesi**

**CELERINA** – en romanche ***Schlarigna*** ♦ Loc. de Suisse (Grisons) dans la haute Engadine, sur la rive g. de l'Inn. 1 477 hab. Station d'été et de sports d'hiver (1 724 m).

**CÉLESTIN Ier** (saint) ← ÉTYM. en lat. *Cælestinus*, de *cælestis* «céleste» ♦ 43e pape (de 422 à 432). Campanien. Il envoya Germain* d'Auxerre et Loup* de Troyes en Grande-Bretagne contre le pélagianisme, et saint Patrick* en Irlande. Il condamna Nestorius* (synode de Rome, 430) et fit renouveler la condamnation par le concile d'Éphèse* (431). ▪ Fête le 6 avr.

**CÉLESTIN II [Guido DI CITTÀ DI CASTELLO]** ♦ 163e pape (du 26 sept. 1143 au 8 mars 1144).

**CÉLESTIN III [Giacinto di Pietro di Bobone]** ♦ (Rome 1106 - *id.* 1198). 173e pape (1191 - 1198). Il couronna l'empereur Henri* VI mais résista à ses prétentions sur les Deux-Siciles. Il prit parti pour Isambour* répudiée par Philippe* Auguste.

**CÉLESTIN IV [Gioffredo CASTIGLIONI]** ♦ 177e pape (d'oct. à nov. 1241). Milanais, mort avant d'être consacré.

**CÉLESTIN V** (saint) ou saint **PIERRE CÉLESTIN [Pietro ANGELERI, dit del Morrone]** ♦ (Isernia, Pouilles v. 1215 - château de Fumone, Frosinone 1296). 190e pape (août - déc. 1294). Ermite au monte Morrone, près de Sulmona, fondateur des ermites de saint Damien (ou célestins, sous la règle bénédictine), il fut élu à Pérouse, après 27 mois de vacance du siège pontifical dus à la lutte des partis. Charles II d'Anjou, roi de Sicile, chercha à profiter de son ignorance politique ; mais cédant à la pression du cardinal Cae tani, il abdiqua. Caetani, élu (→ **Boniface VIII**), le garda en résidence forcée. ▪ Fête le 19 mai.

La **Célestine** ♦ Roman dialogué attribué à Fernando de Rojas* (1499) publié sous le titre *La Célestine ou Tragi-comédie de Calixte et de Mélibée*. Entremetteuse à la fois rusée et candide, généreuse et sordide, superstitieuse et cupide, Célestine favorise les amours de deux jeunes gens, Calixte et Mélibée. Comédie psychologique et satire de mœurs d'une grande vigueur.

**CELIBIDACHE (Sergiu)** ♦ Chef d'orchestre roumain (Iaşi 1912 - Paris 1996). Il dirigea la Philharmonie de Berlin (1945 - 1948) et l'Orchestre de la radio de Stockholm (1962 - 1971), et fut à la tête de la Philharmonie de Munich à partir de 1979. Il refusait de réaliser des enregistrements commerciaux, et exigeait un nombre considérable de répétitions. Il avait trouvé un de ses terrains d'élection dans les «cathédrales sonores» de Bruckner.

**CÉLIMÈNE** ♦ Personnage du *Misanthrope** de Molière. Jeune veuve de vingt ans, belle, spirituelle et coquette, Célimène est aimée d'Alceste*. Entourée de ses soupirants, elle ne peut se résoudre à abandonner les salons et à partager la vie austère du misanthrope qui, poussé à bout, se retire du commerce des hommes. Le rôle, créé par Armande Béjart, fut tenu par Mlle Mars et par Cécile Sorel.

**CÉLINE (Louis-Ferdinand DESTOUCHES, dit Louis-Ferdinand)** ← ÉTYM. prénom de sa grand-mère et un des prénoms de sa mère ♦ Écrivain français (Courbevoie 1894 - Meudon 1961). Passé par «douze métiers, treize misères», ayant expérimenté la «vacherie universelle» durant la guerre de 1914 - 1918, qu'il fit comme engagé volontaire et dont il revint grièvement blessé, il parvint à terminer ses études de médecine, exerça en Afrique et en Amérique avant de soigner une clientèle populaire à Clichy (1928), puis à Meudon (1951), tout en élaborant une des œuvres majeures de son époque. Entre-temps, de violents écrits politiques, anticommunistes avec *Mea culpa* (au retour d'un voyage en URSS, 1936), névrotiquement antisémites avec *Bagatelles pour un massacre* (1937) et *L'École des cadavres* (1938), enfin nettement proallemands avec *Les Beaux Draps* (1941), suscitèrent haines et ennuis à Céline. Il alla s'abriter en 1944 à Sigmaringen puis au Danemark, où il fut emprisonné. Il revint en France en 1951. Récits semi-autobiographiques, les premiers «romans lyriques» de Céline se proposent, par l'entremise d'un double de l'auteur (Ferdinand Bardamu), de faire «du vrai en arrangeant, en trichant comme il faut» : *Voyage* au bout de la nuit* (1932) et *Mort* à crédit* (1936) sont des épopées burlesques et amères où les invectives répétées contre l'argent, ce «cancer [qui] a bouffé l'âme» des Français, succèdent à l'évocation savoureuse et impitoyable de personnages navrants, grotesques, profondément humains. Caricaturiste plein d'invention dans la trilogie allemande *D'un château l'autre* (récit de son exil à Sigmaringen, 1957), *Nord* (1960) et *Rigodon* (posth. 1969), Céline, depuis *Féerie pour une autre fois* (1950) suivi de *Normance* (1954), a quitté la chronique minutieuse et hargneuse des mensonges sociaux pour d'hallucinants délires où il se montre un maître du «lyrisme de l'ignoble» (*Le Pont de Londres*, posth. 1964, suite de *Guignol's band*, 1944). S'avouant non pas «un homme à idées, [mais] un homme à style», Céline a recherché une écriture où l'on sente «que la matière soit organique et organisée», violentant la grammaire traditionnelle du français écrit afin d'y introduire le langage parlé, et notamment les richesses des tournures populaires et de l'argot. Ces moyens linguistiques au service d'un rythme véhément et d'un lyrisme haletant, ce style «à trous» (les fameux points de suspension), «rendu émotif», capable d'exprimer les «explosions des fonds d'âme», confèrent à l'œuvre de Céline une importance esthétique qui dépasse sans doute la tragique exhibition d'inguérissables blessures psychiques.

**CELLAMARE (Antonio DEL GIUDICE, duc DE GIOVENAZZO, prince DE)** ♦ Diplomate espagnol (Naples 1657 - Séville 1733). Ambassadeur d'Espagne en France (1715) sur ordre d'Alberoni*, il forma avec le duc et la duchesse du Maine* un complot qui devait mettre Philippe* V à la place du Régent, Philippe d'Orléans*.

**CELLE** ← ÉTYM. parfois **ZELLE** ♦ V. d'Allemagne (Basse-Saxe), sur l'Aller, à la lisière des landes de Lunebourg. 71 185 hab. Anc. résidence des ducs de Brunswick-Lunebourg (du XVIe au XVIIIe s.), Celle a conservé de son passé le château ducal (1292) auquel était rattaché le plus ancien théâtre d'Allemagne (1674), l'église paroissiale abritant des tombeaux ducaux et de belles maisons à colombages (XVIe - XIXe s.). ▪ Centre indus. lié à l'exploitation des gisements pétrolifères de la région.

**CELLE-SAINT-CLOUD (LA)** [78170] ← ÉTYM. du lat. chrétien *cella* «ermitage ; petit monastère» et *Saint*-Cloud* ♦ Ch.-l. de cant. des Yvelines, arr. de Saint-Germain-en-Laye. 21 527 hab. *(Celloclodoaldiens)*. Château du XVIIe s., remanié au XVIIIe s. pour Mme de Pompadour. ▪ Cité résidentielle.

**CELLES-SUR-BELLE** [79370] ← ÉTYM. du lat. chrétien *cella* «ermitage ; petit monastère» et *Belle*, n. de riv. ♦ Ch.-l. de cant. des Deux-Sèvres, arr. de Niort. 3 480 hab. *(Cellois)*. Église construite au XVIIe s. en pastichant le style gothique mais en conservant un portail roman. ▪ Aux environs, à Lambon, lieu de villégiature.

**CELLIER (LE)** [44850] ← ÉTYM. du lat. *cellarium* «cellier» ou de *cella* au sens de «petite maison» ♦ Comm. de la Loire-Atlantique, arr. d'Ancenis, sur la Loire. 3 448 hab.

**CELLINI (Benvenuto)** ♦ Orfèvre et sculpteur italien (Florence 1500 - *id.* 1571). Grand orfèvre, adroit sculpteur, brillant théoricien, il fut à la fois animé d'une vitalité qui confinait à la violence et d'une insatisfaction révélatrice d'un orgueil insatiable. Formé dans divers ateliers florentins, siennois, pisans et romains, il dut se réfugier à Rome à la suite d'une rixe (1519) et il y résida jusqu'en 1527. Il séjourna ensuite à Mantoue et à Florence et retourna en 1529 à Rome où il ouvrit un atelier et obtint la protection du pape Clément VII. Il s'y consacra à l'orfèvrerie et réalisa des pièces de monnaie et des médailles en s'inspirant des dessins de Léonard* de Vinci, de Michel-Ange*, de Raphaël* et des cahiers de Filippino Lippi*. Invité par François Ier, il quitta l'Italie à la suite d'un scandale et résida en France de 1540 à 1545. Il produisit pour le roi de France plusieurs œuvres dont trois statues-candélabres (disparues), une salière d'émail et d'argent (Vienne) représentant les deux divinités de la Terre et de la Mer, figures élégantes accompagnées subtilement d'une grande richesse de détails. Son œuvre la plus marquante de cette époque fut la *Nymphe de Fontainebleau* (1543, Louvre), bas-relief où le nu est traité selon le canon svelte et allongé de l'école locale. En 1545, il retourna précipitamment à Florence où il réalisa ses grandes pièces en ronde bosse. Le buste de Cosme Ier (Bargello) rend fermement les traits énergiques du duc tandis que le décor de la cuirasse rappelle les qualités d'orfèvre de Cellini. Dans le *Ganymède sur l'aigle* (Bargello) et le *Persée* (1545 - 1553, loge des Lanzi, Florence), Cellini fait intervenir une grâce quasi féminine dans l'héritage d'équilibre de Donatello* et de Michel*-Ange tout en proposant une multitude de points de vue offrant autant de combinaisons de lignes fortes. À la fin de sa vie, il dicta ses mémoires *(Vita)*, œuvre d'un remarquable tempérament et précieuse par les informations qu'elle contient sur la Rome de Clément VII, la France de François Ier, la Florence de

Benvenuto **Cellini**. *Persée avec la tête de Méduse* (3,20 m). Loge des Lanzi, Florence.
*BIS/Phot. Scala © Archives Larbor*

Cosme de Médicis et la fonte du célèbre *Persée*, qui reste une des toutes premières autobiographies en langue vulgaire. ➝ ÉTYM. Ce nom vient de l'hypocoristique *cello* (de *Baroncello, Parecello* ou *Simoncello*) ou de *cellaio* «tavernier» ou de *Cello*, nom de lieu.

**CELSE** ➝ ÉTYM. en lat. ***Aulus Cornelius Celsus*** «haut, grand» ♦ Médecin romain (Ier s. ?). Surnommé le «Cicéron de la médecine», à cause de son *De arte medica*, important recueil sur la médecine ancienne depuis Hippocrate.

**CELSE** – en lat. ***Celsus*** ♦ Polémiste antichrétien qui vécut sous Marc Aurèle (IIe s.) dans une grande ville de l'empire, peut-être Rome ou Alexandrie. Il est l'auteur du *Logos alêthês* («Discours véritable»), ouvrage connu par la réfutation qu'en donna plus tard Origène* (*Contre Celse*, 248). Celse paraît connaître passablement, sinon comprendre, la religion qu'il combat ; il reproche aux chrétiens de s'adonner à la superstition et de faire sécession dans l'État.

**CELSIUS (Anders)** ♦ Astronome et physicien suédois (Uppsala 1701 - *id.* 1744). Il créa, en 1742, l'échelle thermométrique centésimale, désignant par 0 le point d'ébullition de l'eau et par 100 le point de congélation (ce qui fut inversé par la suite). On lui doit également des travaux relatifs à la déclinaison magnétique, au calendrier, aux satellites de Saturne. Il fut l'un des premiers à comparer l'éclat lumineux des étoiles. ➝ ÉTYM. Ce nom vient du latin *Celsus*, nom de personne, de *celsus* «haut, grand».

**CELTES** n. m. pl. ➝ ÉTYM. p.-ê. d'une rac. gaul. à rapprocher de *gal, gala* «grave, fort» ♦ Nom d'un groupe de peuples indo-européens venus d'Allemagne qui firent leur apparition au –IIe millénaire en Europe centrale et occupèrent la Gaule*, la Grande-Bretagne, l'Espagne, l'Italie du N., les Balkans et l'Asie Mineure. On peut distinguer cinq grandes périodes dans l'histoire de la civilisation celtique. **▮ De –1800 à –750 : la civilisation protoceltique et la civilisation du champ d'urnes** Entre –1800 et –1200 une civilisation protoceltique partie de l'Allemagne du S. gagna une partie de l'Europe centrale et occidentale. De –1200 à –750 plusieurs vagues d'invasions, dont témoigne la civilisation dite des «champs d'urnes», caractérisée par la pratique de l'incinération et l'usage des tombes plates en pleine terre, étendirent leur influence jusqu'au S. de la Gaule et en Espagne ; ce fut l'époque du développement des *oppida*. **▮ La civilisation de Hallstatt** De –725 à –480 la civilisation celtique du 1er âge du fer ou civilisation de Hallstatt* s'implanta en Europe occidentale, gagnant l'Allemagne du S., la Bohême, l'Autriche, la Gaule de l'E., l'Italie du Nord et la Grande-Bretagne ; c'est à ce moment que s'organisa la société gauloise avec le développement du commerce entre Celtes et peuples de la Méditerranée et que, dans l'art, les influences grecques et étrusques se firent les plus profondes **(→ Vix)**. **▮ La civilisation de La Tène** Du –Ve au –IIe s. la civilisation du 2e âge du fer ou civilisation de La Tène* atteignit les Balkans, la Grèce (prise de Delphes, –270), l'Asie Mineure (Galates) et gagna la Gaule tout entière. À l'époque de La Tène II (–250 - –120), l'art celte était à son apogée et c'est à ce moment que se développa la grande sculpture monumentale dans le S. de la Gaule. **▮ Après le –IIe s.** À partir du –IIe s. (La Tène III), les Romains soumirent successivement les Gaules cisalpine et transalpine, l'Espagne, la péninsule Balkanique et la Grande-Bretagne ; l'élément celte ne se maintint qu'en Bretagne, en Cornouailles, au pays de Galles, dans le N.-O. de l'Écosse et en Irlande. **▮ La société et l'art celtes** Les Celtes n'ont jamais formé d'empire et se sont assimilés très rapidement aux peuples déjà en place, donnant les Celtibères* en Espagne, les Gallo-Grecs en Asie. Ils n'étaient unis que par des liens linguistiques et par la religion. Leur société était divisée en trois classes : la noblesse guerrière, le peuple et les druides. Art de petits objets utilitaires conçus à l'usage de l'homme (et non des dieux), l'art celte était caractérisé par une tendance au schématisme linéaire qui aboutit à une abstraction ornementale qu'on peut qualifier de «surréaliste». L'ornementation, à base de motifs animaux et végétaux, consistait en dessins géométriques et singulièrement en spirales, courbes et contre-courbes. Ce peuple excellait dans le travail du métal, du bronze, de l'or, et plus rarement de l'argent (chaudron de Gundestrup, musée de Copenhague) enrichi de pierres (ambre, corail) ; les Celtes connaissaient aussi l'émail et la verrerie. La statuaire n'apparut qu'au –IIIe s. (Hermès de Roquepertuse*, –IIIe s. ; tarasque de Noves, musée Calvet d'Avignon, –IIe s. ; têtes coupées d'Entremont*, –Ie s. ; tête de Msecké-Zehrovice, musée de Prague, –Ier s.).

**CELTES** ou **CELTIS (Conrad PICKEL, dit)** ♦ Humaniste allemand (Wipfel, Bavière 1459 - Vienne 1508). Premier des poètes lauréats, couronné par l'empereur Frédéric III (1487), il composa des odes et des élégies. Il fut également un grand érudit ; historien, géographe, il découvrit la carte des routes de l'Empire romain (table de Peutinger).

**CELTIBÈRES** n. m. pl. ♦ Peuple résultant de la fusion des Ibères* et des Celtes*, établi dans le N. de l'Espagne vers –500. Ils furent définitivement soumis par les Romains* en –133 **(→ Numance)**.

**CELTIQUE** n. f. ♦ Nom qui désigne d'abord le pays habité par les Celtes, c'est-à-dire la Gaule transalpine, puis sous César la Gaule proprement dite, limitée par la Seine au N., le Rhône et le Rhin inférieur à l'E., la Garonne au S. et l'océan Atlantique à l'O. Au temps d'Auguste, la Gaule celtique ou Lyonnaise* formait une bande entre la Loire et la Seine.

**CEMAL PAŞA → Djamal Pacha**

**Cénacle (le)** ♦ Appellation donnée au groupe qui se constitua, d'abord chez C. Nodier*, ensuite chez V. Hugo*, pour définir les idées du romantisme naissant et lutter contre le formalisme classique (1823 à 1828).

**CENCI** ♦ Famille romaine qui prétendait descendre du consul Crescentius. Elle s'opposa à deux empereurs (Othon II et Othon III) et au pape Grégoire VII (1075). ♦ **Francesco Cenci** (1549 - 1598). Fastueux, tyrannique et débauché, il fut assassiné par sa fille Béatrice. ♦ **Béatrice Cenci** (Rome 1577 - *id.* 1599). Fille du précédent. Elle fit assassiner son père, aidée de la seconde femme et du fils, Giacomo, de celui-ci et fut exécutée. Sa vie devait inspirer plusieurs écrivains (Shelley, Stendhal, Artaud).

**CENDRARS** [sɑ̃dʀaʀ] **(Frédéric SAUSER, dit Blaise)** ➝ ÉTYM. *«Ainsi, mon nom l'indique, CENDRARS Tout ce que j'aime et que j'étreins En cendres aussitôt se transmue — et Blaise vient de braise» (Une nuit dans la forêt)* ♦ Écrivain français d'origine suisse (La Chaux-de-Fonds 1887 - Paris 1961). Son œuvre, conquête poétique violente et fiévreuse du «monde entier», superpose à l'aventure vécue des visions insolites, images des aventures possibles. D'innombrables voyages effectués dans toutes les parties du monde (dès dix-sept ans, il était à Moscou), l'expérience de divers métiers et le souvenir des rencontres nourrissent une autobiographie à demi mythique : *L'Homme foudroyé* (1945), *La Main coupée* (1946 ; engagé dans la Légion étrangère, Cendrars perdit un bras durant la Première Guerre mondiale), *Bourlinguer* (1948) et *Le Lotissement du ciel* (1949). La même exaltation d'une «vie dangereuse» s'exprime dans des reportages romancés (*Rhum*, 1930) et, surtout, dans des récits comme *L'Or* (1925) qui retrace l'épopée de Suter en Californie, ou *Moravagine* (1926) qui peint les «phénomènes alternés de l'inconscient» chez un «grand fauve» animé d'une énergie intense et destructrice. Sous forme d'un dip-

Blaise **Cendrars** en 1953.
*Phot. © Lipnitzki/Roger-Viollet*

tyque allégorique, l'aventure de *Dan Yack* (*Le Plan de l'aiguille*, 1928, et *Les Confessions de Dan Yack*, 1929, réunis sous le même titre en 1948) évoque la reconquête de soi par l'écriture. ▪ Inaugurant le «simultanéisme» (si fécond pour l'œuvre d'Apollinaire* et le mouvement surréaliste), les poèmes de Cendrars appréhendent fiévreusement l'univers («Le seul fait d'exister est un véritable bonheur»), en célèbrent la variété ou disent «la tristesse et le mal du pays» Renouvelant les techniques poétiques (*Pâques à New York*, 1912), adoptant un rythme nerveux, voire syncopé (*La Prose du Transsibérien et de la Petite Jehanne de France*, 1913), privilégiant l'instantané et captant des images hétérogènes qui composent des *Sonnets dénaturés* (1916), des *Poèmes élastiques* (1919), ces poésies sont des notations brèves (*Feuilles de route*, 1924), des «photographies mentales» du monde moderne (*Documentaires*, intitulé d'abord *Kodak*, 1924 ; en fait, ces poèmes sont composés de phrases et d'images tirées du *Mystérieux Docteur Cornélius*, feuilleton de Gustave Le Rouge).

**CENDRE (LE)** [63670] → **ÉTYM.** anc. *Alexandra villa*, prononcé *Aussendra*, compris *au Cendre*, avec attraction de *cendre* ♦ Comm. du Puy-de-Dôme, arr. de Clermont-Ferrand. 4 869 hab.

**Cendres (mercredi des)** ♦ Nom donné par les catholiques au premier jour du carême*, quarante-six jours avant Pâques. Symbole de deuil dans l'Ancien Testament, les cendres apposées sur le front du fidèle, depuis le XI^e siècle, en ce jour de jeûne et d'abstinence, visent à rappeler la condition mortelle de l'homme, conséquence du péché originel.

**CENDRILLON** ♦ Personnage des contes de fées, et titre d'un conte de Charles Perrault* (1697). → **Contes.** Cendrillon est en butte aux persécutions de sa marâtre et aux sarcasmes de ses sœurs qui la relèguent près des «cendres», à la cuisine. Mais, aidée de la fée, sa marraine, elle apparaîtra au bal, où sa beauté fera sensation. Épris d'elle, le fils du roi la retrouvera grâce à sa «petite pantoufle de verre». (On rencontre l'expression «pantoufle de vair», variante due aux interventions réalistes de Balzac et de Littré.) *La Cenerentola* de Rossini (1817) et le ballet de Prokofiev (1945) ont assuré la survie musicale de ce conte, adapté en dessin animé de long métrage par Walt Disney (1950). → **ÉTYM.** *Cendrillon* vient de *cendre*.

**Cène** n. f. ♦ Dernier repas que Jésus prit avec les apôtres, la veille de son martyre, et par lequel il institua l'Eucharistie (Matthieu, XXVI, 20-29 ; Marc, XIV, 17-25 ; Luc, XXII, 14-20 ; Jean, XIII, 1-20 ; XIV, 1-16). L'iconographie met l'accent tantôt sur l'annonce de la trahison de Judas, tantôt sur la communion des apôtres ou premier repas eucharistique (la Cène a suscité de nombreuses querelles au cours de l'histoire au sujet de la transsubstantiation, rejetée par les Églises réformées). La forme de la table détermine la disposition des personnages : en demi-lune, le Christ se trouve à l'extrême gauche ; ronde ou rectangulaire, le Christ occupe le centre de la composition. Aux apôtres, généralement au nombre de douze, parfois réduits à cinq ou six, peuvent s'ajouter des domestiques. La représentation de la communion proprement dite où l'on voit le Christ offrir le pain aux apôtres est assez rare (Fra Angelico*, Juste de Gand, Luca Signorelli*, Federigo Baroccio*, Juan de Juanes). Les réfectoires monastiques furent des lieux de prédilection pour les représentations de la Cène. Exemples : fresque de la catacombe de Saint-Calixte (aujourd'hui au Vatican), codex de Rossano, mosaïque de Sant'Apollinare Nuovo à Ravenne, plafond peint de Zillis en Suisse, Giotto* (Arena, Padoue), Taddeo Gaddi* (réfectoire de Santa Croce, Florence), Jean Fouquet* (*Heures d'Étienne Chevalier*, Chantilly), Andrea* del Castagno (Sant'Apollonia, Florence), Dierick Bouts* (cathédrale de Louvain), Ghirlandaio* (réfectoire d'Ognissanti, Florence), Léonard* de Vinci (réfectoire de Santa Maria delle Grazie, Milan), Titien* (réfectoire de l'Escurial), Jordaens* (Anvers). ♦ ***La Cène*** Peinture murale (tempera et huile) de Léonard* de Vinci (1495 - 1497, réfectoire du couvent de Santa Maria delle Grazie, Milan). L'œuvre témoigne des caractéristiques de la peinture de Léonard, fondée sur la rigueur et la sensibilité. Elle représente l'instant dramatique de l'annonce de la trahison et rompt avec l'iconographie traditionnelle des Cènes toscanes du XV^e s. : les apôtres, dont certains sont debout, sont groupés par trois, deux groupes à gauche et deux à droite. C'est de l'expressivité des gestes que se dégage le message spirituel. Le mélange d'huile et de détrempe n'ayant pas résisté au temps, *La Cène* de Léonard a fait l'objet, depuis le XVIII^e s., de nombreux repeints qu'une campagne de restauration cherche à éliminer.

**CENIS (MONT-)** → **Mont-Cenis**

**CENNINI (Cennino)** ♦ Peintre italien (Colle di Val d'Elsa v. 1370 - Florence). Élève d'Agnolo Gaddi*. Toutes ses œuvres ont disparu, mais son *Libro dell'Arte*, sorte de manuel destiné aux peintres et à leurs apprentis, est la source principale de renseignements sur la technique des peintres italiens du XIV^e s. Il comporte des études sur le broyage des couleurs, la préparation des supports, la fabrication des plumes et des pinceaux ainsi que sur la manière de rendre le clair-obscur, de peindre les visages, les vêtements, les rochers, les arbres.

**CÉNOMANS** n. m. pl. → **ÉTYM.** en lat. ***Cenomani***, du celt. «hommes *(manni)* éloignés *(ceno)*» (→ aussi Mans [Le]) ♦ Peuple celtique de la tribu des Aulerques* qui s'établit dans la région du Pô v. -400, autour de *Brixia* (Brescia*), *Vrona* (Vérone*) et *Cremona* (Crémone*).

**CENON** [33150] → **ÉTYM.** du gaul. *Senos* (ou *Sannus*), n. de pers., et suff. *-one* ou de *sanus (magos)* «(marché) sain» ♦ Ch.-l. de cant. de la Gironde, banlieue E. de Bordeaux. 21 283 hab. *(Cenonnais)*.

**Cent Ans** (guerre de) ♦ Nom donné aux conflits qui opposèrent la France et l'Angleterre de 1337 à 1453. L'origine en fut le mariage d'Henri* II d'Angleterre avec Aliénor* d'Aquitaine (1152) qui eut pour conséquence de faire des rois d'Angleterre les vassaux des rois de France pour une partie de la France, dont l'Aquitaine. Les combats furent dès lors fréquents, les rois d'Angleterre essayant de soustraire leurs domaines français à tout lien de dépendance, les rois de France réussissant à les leur enlever en majeure partie (→ **Philippe II Auguste**). Au XIV^e s., les rois d'Angleterre ne possédaient plus guère que l'Aquitaine (ou Guyenne). Le conflit féodal se doubla alors d'un aspect dynastique. Édouard* III d'Angleterre, petit-fils par sa mère de Philippe IV le Bel, réclama la couronne de France contre Philippe* VI de Valois qui fut préféré en tant que prince français (1328). Les intérêts des deux royaumes étaient en outre opposés en Flandre. La

La **Cène.** Peinture murale de Léonard de Vinci (4,60 × 8,80 m). Santa Maria delle Grazie, Milan. *Phot. ©Erich Lessing/AKG, Paris*

guerre débuta mal pour la France, Philippe VI fut vaincu à L'Écluse* (1340) puis à Crécy (1346) par Édouard III qui prit Calais* (1347). Édouard*, prince de Galles, s'empara de Poitiers où il captura Jean* II le Bon (1356). La France, en proie aux plus graves difficultés sous la régence du dauphin, futur Charles V, signa le traité de Calais (après les préliminaires de Brétigny) par lequel elle perdait entre autres l'Aquitaine, le Ponthieu et Calais (1360). Sous Charles V, cependant, grâce à Du* Guesclin, se produisit le redressement français. L'Angleterre perdit la plupart de ses possessions, ne gardant guère que Calais, Cherbourg et Bordeaux. La situation militaire évolua peu ensuite car l'Angleterre et la France durent faire face à une situation intérieure difficile (minorités de Richard* II en Angleterre, de Charles* VI en France, révoltes dans les deux royaumes) et une trêve de fait s'établit jusqu'en 1404. Cependant, la démence de Charles VI puis la guerre civile entre les armagnacs* et les bourguignons affaiblirent la France. Profitant de ces dissensions, le roi d'Angleterre Henri* V s'allia au duc de Bourgogne Jean* sans Peur, remporta la victoire d'Azincourt* (1415) et imposa à la France le traité de Troyes qui le faisait roi de France et d'Angleterre (1420). Le dauphin, futur Charles* VII, refusa de reconnaître le traité et s'assura l'appui du centre et du sud de la France (à l'exception de la Guyenne). Les Anglais, toujours alliés aux bourguignons, maîtres de la France du Nord et de l'Ouest sous Henri VI d'Angleterre, remportèrent en 1424 la victoire de Verneuil*-sur-Avre sur Charles VII. L'intervention de Jeanne* d'Arc fut décisive ; ranimant les énergies, elle fit lever le siège d'Orléans, battit les Anglais à Patay (1429) et surtout fit sacrer Charles VII à Reims (1429). Malgré la condamnation de Jeanne d'Arc (1431), la France ne perdit plus l'avantage grâce à des hommes de guerre de valeur (→ **Xaintrailles, La Hire, Dunois**) ; le duc de Bourgogne Philippe III le Bon s'allia à la France (traité d'Arras, 1435). Les Français reprirent Paris (1436), la Normandie en 1449 et 1450 (victoire de Formigny), la Guyenne de 1450 à 1453 (victoire de Castillon*, prise de Bordeaux, 1453). Seul Calais restait à l'Angleterre, alors en proie à la guerre des Deux*-Roses. Le traité de paix définitif ne fut signé qu'en 1475 à Picquigny* entre Louis XI et Édouard IV. ▪ Ce fut lors de la guerre de Cent Ans qu'eurent lieu les premières manifestations de nationalisme français (→ **Du Guesclin, Jeanne d'Arc**).

**Cent ans de solitude** – en esp. ***Cien años de soledad*** ♦ Roman de Gabriel García* Márquez (1967). Foisonnante composition qui privilégie le «réalisme magique», *Cent ans de solitude* apparaît comme une somme que l'auteur résume en ces termes : «Ce n'est pas seulement l'histoire du colonel Buendía, mais celle de toute sa famille, depuis la fondation de Macondo jusqu'au jour où le dernier Buendía se suicide, cent ans plus tard, mettant fin à la lignée.» Ce chef-d'œuvre jubilatoire connut un succès considérable dans le monde entier et fut considéré, par une sorte de malentendu, comme l'emblème de la littérature baroque latino-américaine du XX$^e$ s.

**Cent-Associés (Compagnie des)** ou **Compagnie de la Nouvelle-France** ♦ Compagnie fondée par Richelieu (1627) pour le développement du Canada. Elle comportait cent actionnaires et possédait le monopole commercial contre l'engagement d'établir des colons. Elle échoua et, en 1645, céda ses privilèges à la compagnie des Habitants, en échange du monopole de la traite des fourrures. En 1663, le Canada fut réuni à la Couronne.

**CENTAURE** n. m. – en lat. ***Centaurus*** ♦ Constellation australe entre l'équateur et le pôle célestes. Son étoile α Centaure A*, Rigil* Kentarus, est l'une des trois étoiles les plus proches de la Terre (après le Soleil). α Centaure A forme, avec α Centaure B et α Centaure C (aussi appelée Proxima* du Centaure, la plus proche du Système solaire), un système stellaire triple.

**CENTAURES** n. m. pl. – en gr. ***Kentauroi*** ← ÉTYM. l'étym. gr. *kenteô* «piquer, aiguillonner» et *tauros* «taureau» est populaire ♦ Peuple sauvage d'aspect monstrueux (chevaux à torse et tête d'homme) qui habitait, selon la légende, en Thessalie* et en Arcadie*. Nés de l'union illusoire d'Ixion* et d'Héra, ils sont redoutables pour leur brutalité, à l'exception de Chiron* et de Pholos*. Ainsi, invités aux noces de Pirithoos*, roi des Lapithes*, ils s'enivrent et s'emparent de la jeune épouse et d'autres femmes, mais ils sont vaincus et chassés de Thessalie. Le Combat des Centaures et des Lapithes et la victoire de ces derniers, aidés par Thésée*, sujet souvent représenté dans l'art classique, symbolisent le triomphe de la civilisation sur la barbarie. Un des Centaures, Nessos*, est lié à la légende de la mort d'Héraclès*.

**Cent-Jours (les)** ♦ Dernière période du règne de Napoléon I$^{er}$, du 20 mars 1815 au 22 juin 1815, pendant laquelle il tenta une restauration de l'Empire. S'étant échappé de l'île d'Elbe*, il débarqua le 1$^{er}$ mars 1815 à Golfe-Juan, ralliant les troupes envoyées pour l'arrêter et soulevant l'enthousiasme des populations, lors de son passage à travers la France (Laffrey, Grenoble, Lyon, Auxerre, où Ney* se rallia). Il arriva le 20 mars aux Tuileries, cependant que Louis XVIII s'était enfui en Belgique. Il demanda à Benjamin Constant* de rédiger l'*Acte* additionnel aux constitutions de l'Empire*, qui fut approuvé par un plébiscite (2/3 des électeurs s'étaient abstenus). Cet acte favorisait la bourgeoisie. Il appela L. Carnot* au ministère de l'Intérieur. Les Alliés avaient mis Napoléon au ban de l'Europe. La défaite de Waterloo* mit fin à la restauration de l'Empire et Napoléon abdiqua pour la seconde fois (22 juin 1815).

## CENTRAFRICAINE (RÉPUBLIQUE) ou CENTRAFRIQUE

▪ n. f. ♦ Pays d'Afrique centrale, sans accès à la mer. 622 436 km$^2$. 4 508 000 hab. *(Centrafricains)*. LANGUES : français et sangho (off.), sara, peul. POPULATION : Babingas (Pygmées), Oubanguiens (communauté de commerçants du fleuve), Bandas, Mbakas, Mandjas, Gbayas, Saras, Zandés. RELIGIONS : animistes, catholiques, protestants, musulmans. MONNAIE : franc CFA. CAPITALE : Bangui. RÉGIME : présidentiel. La République centrafricaine est divisée en 16 préfectures.

▪ **GÉOGRAPHIE** Le pays est constitué par un vaste plateau de 600 à 900 m d'alt. au relief peu accentué (massif du Yadé à l'O., 1 410 m), couvert de savanes arborées et de forêts. Situé sur la ligne de séparation des eaux du Chari, tributaire du Tchad et de l'Oubangui, affluent du Congo, il est drainé par de nombreuses rivières qui y prennent leur source. Le climat est tropical dans le N. et l'E., avec une saison sèche assez marquée, et subéquatorial dans le S. et l'O. couverts de forêts. Le manioc, la patate douce et le maïs constituent les cultures vivrières d'une population essentiellement rurale qui a aménagé de petites clairières dans la forêt ; la culture du coton, du tabac, de l'arachide, du mil et l'élevage sont pratiqués dans la savane. La grande richesse du pays est son couvert forestier (bois tropicaux, café) et son sous-sol, en particulier les diamants, l'or et l'uranium à Bakouma. Pour ce pays enclavé au cœur de l'Afrique et dépourvu de voies de communication, les cours d'eau sont d'une importance primordiale. L'Oubangui, la grande artère du pays, permet d'exporter des matières premières par le fleuve Congo, puis par le chemin de fer de Brazzaville* (Congo) à Pointe*-Noire.

▪ **HISTOIRE** Les Babingas (Pygmées) sont les premiers habitants d'un pays autrefois entièrement couvert de forêts. La formation du peuple centrafricain est récente et résulte de l'afflux vers la forêt de nombreux groupes de populations de langues soudanaises fuyant les bouleversements politiques des pays de la savane (Tchad, Soudan) et les raids des chasseurs d'esclaves (XVIII$^e$ - fin du XIX$^e$ s.). Le point commun à la plupart des peuples qui vivent le long des rivières est le sangho, la langue des commerçants de l'Oubangui (Oubanguiens). À la fin du XIX$^e$ s., des «sociétés concessionnaires» s'adjugèrent de vastes superficies pour y exploiter le caoutchouc (la culture du coton sera introduite en 1925). Colonie française de l'Oubangui-Chari (1905), intégrée à l'A-ÉF (1910), territoire d'outre-mer (1946) proclamé République centrafricaine membre de la Communauté en 1956, le pays devint indépendant en 1960 avec David Dacko pour président. En janv. 1966, un coup d'État porta au pouvoir le général Jean-Bedel Bokassa* qui érigea la république en empire (1976). Le désordre économique et social, la répression sanglante exercée contre les opposants aboutirent à l'intervention discrète de la France et au retour de l'ancien président Dacko (1979). Ce dernier fut remplacé deux ans plus tard par le général André Kolingba qui perdit les élections présidentielles de 1993 au profit d'Ange-Félix Patassé, leader du Mouvement de libération du peuple centrafricain (MLPC). La corruption et le désordre économique provoquèrent des manifestations massives de fonctionnaires (2000). De même, à partir de 1996, le non-paiement des soldes suscita des rébellions militaires jugulées par l'intervention de la France, puis d'une force africaine relayée par

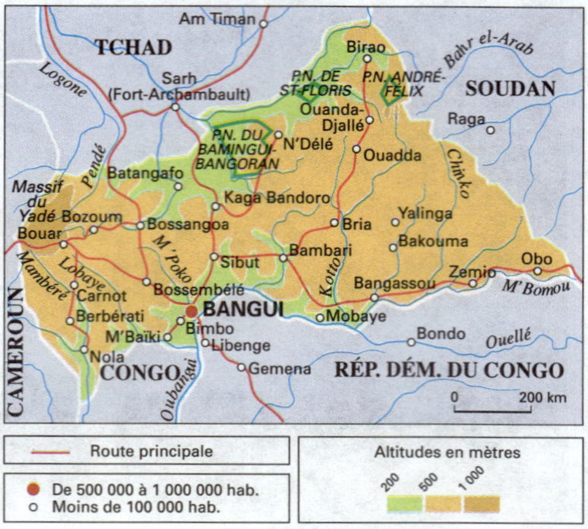


République centrafricaine.

l'ONU, et, après les tentatives de putsch des généraux Kolingba puis Bozizé (2001), par celle de la Libye à l'appel du président Patassé qui fut finalement déposé par Bozizé, soutenu par le Tchad, en mars 2003. Celui-ci fut élu démocratiquement en 2005 (65 % des suffrages). Comme au XIXe s., le pays souffre cruellement des guerres civiles régionales (Darfour, Tchad, Ouganda et Congo-Kinshasa) qui provoquent des afflux de réfugiés, le débordement des guérillas et la répression féroce des forces gouvernementales. La France est intervenue en 2006 sur mandat européen dans le cadre de la crise du Darfour*.

**Central Intelligence Agency** [CIA] – angl. «Agence centrale de renseignements» ♦ Service d'espionnage et de contre-espionnage des États-Unis, créé en 1947. Dirigée par Allen Dulles jusqu'à l'échec de la tentative d'invasion de Cuba (à la «baie des Cochons», 1961), la CIA se consacra principalement, jusqu'à l'effondrement du bloc de l'Est, à la lutte contre toutes les activités inspirées par le communisme. Utilisant des moyens techniques très puissants, elle peut intervenir dans le monde entier.

**Centre** n. m. ♦ Région administrative française comptant 6 dép. : Cher, Eure-et-Loir, Indre, Indre-et-Loire, Loir-et-Cher, Loiret. 39 151 km² (7,2 % du territoire, 4e rang). 2 440 329 hab. (4,2 %, 9e r.). 3,5 % du PIB (8e r.). CH.-L. : Orléans*. Artificiellement découpée dans la moitié S. du Bassin parisien, elle regroupe l'Orléanais, la Touraine, le Berry et le N.-O. du Bourbonnais.

**▮ GÉOGRAPHIE** La Loire assure l'unité d'un ensemble de plaines et de bas plateaux correspondant aux affleurements ou dépôts variés qui se succèdent depuis le Massif central jusqu'à la haute vallée de l'Eure : dépressions humides de Germigny et du Boischaut ; plaine calcaire de la Champagne berrichonne flanquée, à l'O., de la Brenne «aux mille étangs» ; bocages et forêts de la Puisaye ; plateaux argileux de la Touraine ; forêts, landes et halliers de la Sologne que prolonge, au N., la forêt d'Orléans ; plateau tertiaire limoneux de la Beauce que bordent, à l'E., le Gâtinais bocager, à

Centre.

l'O., les collines du Perche. Le relief, très effacé à l'exception des collines du Sancerrois (429 m), s'incline de tous côtés vers le cours de la Loire (93 m à Orléans ; 30 m en aval de Tours) détourné au Tertiaire par l'affaissement de cette partie du Bassin parisien : vaste zone déprimée favorisant les confluences (Cher, Indre, Vienne). Les influences océaniques valent au climat «ligérien» une relative douceur qui favorise la viticulture. Les précipitations varient légèrement en fonction du relief : moins de 600 mm/an en Beauce ; plus de 700 mm/an en Sancerrois et en bordure du Massif central.

**POPULATION** Après une croissance démographique régulière au XIXe s. (1 446 000 hab. en 1801, 1 932 000 hab. en 1891), ces pays connurent un net recul lié à la dénatalité et à l'attraction parisienne. La reprise de croissance est récente (début des années 1970) et n'a pas encore compensé un déclin relatif sur l'ensemble de la période d'après-guerre (1946 - 1990 : +22,6 % ; France : +39,6 %). Elle est liée à une décentralisation sélective et progressive depuis la capitale, qui laisse subsister de forts écarts dans les densités départementales, au demeurant peu élevées : 90 hab./km² dans le Loiret (dép. contigu à l'Île-de-France) et 33 hab./km² dans l'Indre (dép. le plus éloigné de Paris). La population augmente lentement (1990 - 1999 : +2,8 %).

**ÉCONOMIE** **Agriculture** C'est encore un secteur important de l'économie régionale avec 4,6 % de l'emploi (France : 2 %) et 3,7 % du PIB régional. Les cultures assurent 74 % de la valeur de la production grâce aux plaines de la Beauce et de la Champagne berrichonne : 1er rang national pour le blé (5 millions de t) et le tournesol (200 000 t) ; maïs (1 200 000 t) ; betterave sucrière, colza et vin (1 100 000 hl par an, quelques bons terroirs : Sancerre, Vouvray) complètent une production qui assure aux agriculteurs un revenu supérieur à la moyenne nationale. **Industrie** Longtemps considérée comme le grenier à blé de la capitale, la région s'est industrialisée tardivement mais plutôt dans des secteurs de pointe pour les villes proches de Paris avec une prédilection des entreprises japonaises pour Orléans (Honda, Hitachi). Les industries d'armement sont implantées à Bourges (Giat), Michelin possède deux importants centres de production à Joué-lès-Tours et Saint-Doulchard. Autres industries : pharmacie (3e rang national), parfumerie, cosmétiques, électronique, équipements automobiles. Production d'énergie nucléaire sur les bords de la Loire (Chinon, Saint-Laurent, Dampierre, Belleville). Le secteur industriel représente 26,3 % de l'emploi régional (France : 20,7 %). **Activités tertiaires** Le secteur des services (69,1 % de l'emploi régional ; France : 77 %) a longtemps subi la concurrence francilienne. Mais deux pôles de services prennent forme à Tours et à Orléans, autour des deux universités de ces villes et de leurs technopôles, comportant des entreprises de haute technologie et des bureaux d'études locaux. Les infrastructures autoroutières devraient amplifier le phénomène, Orléans devenant un important carrefour routier. Le tourisme culturel, lié au patrimoine historique, est très actif : cathédrales gothiques de Chartres, d'Orléans et de Bourges ; châteaux de la Loire Renaissance (Chambord, Blois, Cheverny, Amboise, Chenonceaux, Azay-le-Rideau) ; palais Jacques-Cœur de Bourges (XVe s.), ville où se déroule chaque année un célèbre festival de chansons (Printemps de Bourges). Pour sa part et avec faste, Orléans célèbre le 7 mai sa délivrance par Jeanne d'Arc en 1429. **Urbanisation** Le réseau urbain rappelle la proximité de la capitale, tant les villes semblent dépendantes du centre de décision parisien. La capitale régionale, Orléans, affirme difficilement sa primauté dans une région qui manque d'unité et où la concurrence de Tours est vive. Dreux, Chartres et Montargis sont désormais considérées comme des villes de la grande banlieue parisienne, alors que, plus au S., les agglomérations de Bourges, Vierzon et Châteauroux forment un triangle urbain relativement indépendant face à Tours et Orléans.

**Centre** (canal du) ♦ Canal unissant la Saône et la Loire, de Chalon-sur-Saône à Digoin, où il se termine sur le canal latéral à la Loire. Il emprunte la vallée de la Dheune et de la Bourbince. Construit de 1783 à 1793 par É. Gauthey, il dessert la zone industrielle du Creusot.

**Centre** (canal du) ♦ Canal de Belgique (21 km), reliant Mons au canal Bruxelles-Charleroi (tronçon d'une rocade unissant l'Escaut à la Meuse). Quatre ascenseurs hydrauliques accessibles aux péniches de 300 t permettent de franchir l'interfluve entre les deux bassins. En construction, le nouvel ascenseur de Strépy compensera une chute de 73 m, sur le nouveau canal à 1 350 t.

**Centre des démocrates sociaux** [CDS] ♦ Parti politique français, centriste, fondé en 1976 et issu de la fusion entre les comités d'études et de liaison des démocrates et le Centre démocratie et progrès. Dirigé par J. Lecanuet (1976 - 1982), par P. Méhaignerie (1982 - 1994), puis par F. Bayrou (1994 - 1995), le CDS fut l'un des membres fondateurs de l'UDF* en 1978. Après avoir participé au gouvernement de cohabitation (1986 - 1988), le CDS, réaffirmant ses positions centristes, prit ses distances avec le RPR et une partie de l'UDF. Il créa ainsi un groupe parlementaire indépendant (l'Union du centre) en 1988 et présenta sa propre liste, conduite par S. Veil*, aux élections européennes de 1989. En nov. 1995, le CDS se transforma en Force* démocrate.

**Centre national d'art et de culture Georges-Pompidou** ♦ Complexe culturel parisien dû à l'initiative de G. Pompidou et construit sur le plateau Beaubourg. Le bâtiment, inauguré en 1977, est l'œuvre des architectes Renzo Piano et Richard Rogers. La réalisation est résolument contemporaine, tous les éléments techniques étant rejetés vers l'extérieur. Il réunit le Musée national d'art moderne, le Centre de création industrielle, la Bibliothèque publique d'information, l'Ircam, l'atelier Brancusi, des espaces d'exposition et de spectacle. Avec près de 7 millions de visiteurs annuels, c'est l'un des monuments les plus fréquentés de Paris. Il a été entièrement rénové (2000).

**Centre Georges-Pompidou.** *Phot. ©O. Martin Bambier/Archipress.*

**Centre national de la recherche scientifique** [CNRS] ♦ Premier organisme de recherche fondamentale en Europe, cet établissement public fut créé à Paris en 1939. Il est placé sous la tutelle du ministère de la Recherche et de la Technologie et regroupe plus de 20 000 personnes, dont la majorité sont des chercheurs et des ingénieurs. Depuis 1990, 12 délégations régionales sont opérationnelles. Le décret du 24 nov. 1982 fixe les missions du CNRS qui sont essentiellement : évaluer et effectuer les recherches, contribuer à l'application et à la valorisation de leurs résultats, développer l'information scientifique en favorisant l'usage du français, apporter son concours à la formation à la recherche et par la recherche, participer à l'analyse de la conjoncture scientifique.

**Centre national d'études spatiales** [CNES] ♦ Établissement public, scientifique et technique à caractère industriel et commercial, fondé en 1961 avec pour objectif la mise en œuvre de la politique spatiale française. En dehors de son siège, installé à Paris, le Cnes possède trois centres principaux : la Direction des lanceurs à Évry, le Centre spatial de Toulouse (qui gère et réalise les grands programmes) et la base de lancement d'*Ariane** à Kourou*. Ses activités comprennent notamment la recherche scientifique fondamentale, le développement des technologies de base, les programmes d'application (télécommunications spatiales avec les satellites Télécom et TDF, l'observation de la Terre avec les satellites Spot*) et la conception, la réalisation et l'exploitation des lanceurs.

**CÉPHALAS** ou **KÉPHALAS (Constantin)** ♦ Érudit byzantin (déb. Xe s.) à qui l'on doit l'*Anthologie* grecque*. Compilation des *Anthologies* plus anciennes, cette collection a procuré le fond de l'*Anthologie* de Planude* et de l'*Anthologie palatine*.

**CÉPHALE** → **ÉTYM.** en gr. **Kephalos**, de *kephalê* «tête» ♦ Héros athénien, l'un des amants d'Éos* qu'il quitta pour épouser Procris. Jaloux d'elle et voulant la mettre à l'épreuve, il se déguise en étranger et essaie de la séduire au moyen de cadeaux. Quand elle cède, Céphale se fait reconnaître et la jeune femme, honteuse, disparaît. Elle joue plus tard le même mauvais tour à Céphale et les deux époux se pardonnent mutuellement. Mais Procris, jalouse à son tour d'une «Brise» que Céphale, disait-on, invoquait pour «rafraîchir son ardeur», le suit à la chasse pour le surprendre. Céphale, au bruit des feuillages remués par Procris, lance dans sa direction un javelot qui la blesse mortellement. Avant de mourir, elle a du moins la satisfaction d'apprendre que sa rivale Brise n'était que le vent. Céphale est banni pour ce meurtre.

**CÉPHALONIE** → **ÉTYM.** en gr. *Kephallênia*, de *kephalê* «tête [au sens de montagne]» ♦ La plus grande des îles Ioniennes (Grèce), elle forme, avec Ithaque*, le nome de Céphalonie. Env. 35 000 hab. CH.-L. : Argostoli. Oliviers, vigne. **Histoire** Prospère à l'époque mycénienne, elle formait une tétrapole : Krané, Paleis, Pronnaioi et Samé. Forcée de prendre le parti d'Athènes pendant la guerre du Péloponnèse, elle participa plus tard à la Ligue étolienne. Soumise aux Romains en −189, elle appartint à l'Empire byzantin, puis elle passa successivement aux Normands, aux Vénitiens et aux Turcs. → **Ioniennes (îles).**

**CÉPHISE** n. m. – en gr. mod. ***Kifisos*** ♦ Nom de deux rivières de Grèce : celle qui draine le bassin d'Amfiklia et d'Élatée en Phocide, puis l'ancien lac Copaïs* en Béotie (appelée auj. Mavronéro) ; celle qui coule à l'O. d'Athènes et débouche dans le golfe Saronique.

**CÉRAM** → **Seram**

**CÉRAMIQUE** n. m. → ÉTYM. en gr. ***Kerameikos*** «d'argile *(keramos)*» ou en relation avec l'art du potier *(kerameus)* ♦ Quartier de l'Athènes antique au N.-O. de l'Acropole. Il devait son nom aux ateliers de poterie primitivement installés à cet emplacement. À partir du -VIe s. ce fut un des plus beaux quartiers, centre de l'activité politique, commerciale et culturelle de la cité, comprenant l'Agora avec ses établissements publics, temples, portiques et théâtres. Le *Céramique extérieur*, au-delà des murs, s'étendait jusqu'aux jardins de l'Académie le long de la route de l'Académie et de la Voie sacrée. Il contenait la nécropole d'Éridanos. ▪ Auj. site archéologique : vestiges et musée de l'Agora (→ **Athènes**), stèles funéraires et musée du Céramique renfermant des trouvailles de la nécropole.

**CÉRASONTE** – en gr. ***Kerasous***, en turc ***Kiresoun*** ♦ Anc. ville d'Asie Mineure (Pont) sur le Pont-Euxin, colonie de Sinope. Lucullus en rapporta les premiers plants de cerisiers dans son pays (-73).

**CERBÈRE** – en gr. ***Kerberos*** ♦ Chien gardien des Enfers, dans la mythologie grecque. Fils de Typhon* et d'Échidna*, il a trois têtes et le cou hérissé de serpents. Pourtant, Orphée* le charme de sa lyre et Héraclès* le dompte et l'amène sur terre, puis le renvoie au royaume des morts. Psyché, ainsi qu'Énée, conduits par la sibylle de Cumes (dans l'*Énéide* de Virgile), l'amadouent avec des gâteaux.

**CERBÈRE** [66290] → ÉTYM. du pré-indo-eur. *°car-* «pierre» et suff. *-aria*, avec attraction du lat. *cervus* «cerf» ♦ Comm. des Pyrénées-Orientales, arr. de Céret, près de la frontière espagnole, abritée par le cap Cerbère. 1 487 hab. *(Cerbériens)*. Station balnéaire. Thalassothérapie. Port de pêche. Gare internationale.

**CERBÈRE** (cap) – en esp. ***Cervera*** ♦ Éperon rocheux séparant la France de l'Espagne et dominant le littoral de la Méditerranée.

Le **Cercle de craie caucasien** – en all. ***Der kaukasische Kreidekreis*** ♦ Pièce de Bertolt Brecht* (1943 - 1945). Le prélude se déroule en URSS. Deux kolkhozes se disputent une vallée qu'ils cultivent selon deux techniques différentes, l'une passéiste, l'autre moderne. Le juge accorde la vallée au plus moderne. Les kolkhoziens vainqueurs jouent alors une adaptation de la pièce chinoise *Le Cercle de craie caucasien*, sur le thème de la mère qui renonce à son enfant plutôt que de le voir couper en deux.

**CERDAGNE** n. f. → ÉTYM. en catalan ***Cerdanya***, en lat. *Ceretania* «pays des Ceretani», du lat. ibérique *Cerretanus* ♦ Région des Pyrénées orientales, partagée entre la France et l'Espagne. Elle est formée par les vallées du Sègre en Espagne, de la Têt et de l'Aude en France. *(Cerdans* ou *Cerdagnols)*. La région vit de l'élevage et du tourisme d'hiver (Font-Romeu). Les centres princ. sont Mont-Louis (France) et Puigcerdá (Espagne). ▮ **Histoire** Le pays des *Ceretani* fut réuni en 1177 au comté de Barcelone, puis au royaume d'Aragon. Par le traité des Pyrénées (1659), il fut partagé entre l'Espagne et la France. Puigcerdá, son ancienne capitale, est restée le chef-lieu de la Cerdagne espagnole.

**CERDAN (Marcel)** ♦ Boxeur français (Sidi Bel-Abbès 1916 - aux Açores 1949). Il remporta le titre de champion de France des poids moyens en 1938 et celui de champion du monde des poids moyens en 1948. Il trouva la mort dans un accident d'avion. → ÉTYM. Ce nom du Midi signifie «originaire de Cerdagne».

**CÈRE** n. f. – anc. *Cera* ♦ Riv. d'Auvergne (110 km), affl. de la Dordogne. Elle alimente les centrales électriques de Saint-Étienne-Cantalès, Lamativie et Laval-de-Cère.

**CÉRÈS** → ÉTYM. probablt apparenté au lat. *crescere* «croître» ♦ Divinité primitive de la fertilité chez les Latins, totalement assimilée par la suite à Déméter (→ **Déméter**).

**CÉRET** [66400] → ÉTYM. de *Ceretani*, n. de peuple ibère ou pré-ibère ♦ Ch.-l. d'arr. des Pyrénées-Orientales, dans le Vallespir. 7 291 hab. *(Céretans)*. Musée d'Art moderne : œuvres de nombreux artistes (G. Braque, M. Chagall, J. Gris, H. Matisse, J. Miró) réunis autour du sculpteur catalan Manolo à l'époque du cubisme. Monument aux morts par A. Maillol.

**CERGY** [95000] → ÉTYM. anc. *Cerviacum* ou *Serviacum*, du lat. *Cervius* ou *Servius*, n. de pers., et suff. *-acum* ♦ Ch.-l. du dép. du Val-d'Oise, au N.-O. de Paris. 54 781 hab. (41 566 en 1968) *(Cergynois)*. Cergy est au cœur de la ville nouvelle de Cergy-Pontoise qui couvre 8 073 ha, regroupe 11 communes et compte 180 000 hab. *(Cergy-Pontains)*. 3 500 entreprises y sont installées avec 700 000 m² de bureaux et 90 000 emplois. La ville domine un méandre de l'Oise où est installée une base de loisirs nautiques. Bien reliée à Paris par l'autoroute A15 et par une voie ferrée connectée au réseau RER, elle est devenue un pôle important pour le commerce et les services dans la banlieue N.-O. de Paris. Université de Cergy-Pontoise, École supérieure des sciences économiques et commerciales (Essec) et École nationale supérieure d'électronique et ses applications (Enséa). Église des XIIe, XIIIe et XVIe s. (portail Renaissance).

**CERHA (Friedrich)** ♦ Compositeur et chef d'orchestre autrichien (Vienne 1926). Fondateur de l'ensemble Die Reihe, qui, dans les années 1950, joua, à Vienne, un rôle semblable à celui du Domaine musical à Paris, il a composé notamment la série des *Spiegel I* à *VII* pour grand orchestre et bande (1960 - 1971), deux quatuors à cordes (1990) et les opéras *Baal* (d'après Brecht, Salzbourg, 1980) et *Der Rattenfänger* (d'après Zuckmayer, Graz, 1987). Il a réalisé l'orchestration du troisième acte de *Lulu** d'Alban Berg.

**CÉRIGNOLE** – en it. ***Cerignola*** ♦ V. d'Italie, dans les Pouilles (prov. de Foggia). 57 366 hab. ▮ **Histoire** Gonzalve* de Cordoue, à la tête des Espagnols, y défit les Français placés sous les ordres du duc de Nemours (1503), et chassa définitivement Louis* XII du royaume de Naples.

**CERIGO** → **Cythère**

La **Cerisaie** – en russe ***Vichnevyï Sad*** ♦ Comédie en 4 actes d'Anton Tchekhov* (1904). Lioubov Andreïevna Ranevskaïa rentre ruinée d'un voyage à l'étranger avec son amant. La propriété familiale doit être mise aux enchères au grand dam du reste de la famille Ranevskaia. Lopakhine, un marchand, conseille de diviser la propriété en petits lots et d'y construire des villas, même dans la cerisaie. La famille refuse et Lopakhine achète la cerisaie pour réaliser son projet. La pièce s'achève sur le déménagement de la famille. La pièce connut un vif succès, grâce à la mise en scène de Stanislavski, malgré l'opposition du dramaturge, qui reprochait au metteur en scène d'avoir atténué les critères comiques de l'œuvre et d'avoir trop souligné son atmosphère de tristesse.

**CÉRISOLES** – en it. ***Ceresole Alba*** ♦ Loc. d'Italie (Piémont), près de Cuneo. 2 089 hab. ▮ **Histoire** En 1544, les Français, sous les ordres de François d'Enghien, y remportèrent sur les Impériaux une victoire qui donna le Montferrat à la France.

**CERIZAY** [79140] → ÉTYM. anc. *Seresiacum*, du lat. *ceresea* «cerise», et suff. collectif *-etum* ♦ Ch.-l. de cant. des Deux-Sèvres, arr. de Bressuire. 4 589 hab. *(Cerizéens)*. Carrosserie automobile, matériel éducatif, imprimerie.

**Cern** n. m. ♦ Laboratoire européen de physique des particules (initialement *C*onseil *e*uropéen pour la *r*echerche *n*ucléaire). Cet organisme, inauguré en 1954 à Meyrin, près de Genève, sur la frontière franco-suisse, a pour mission la recherche fondamentale (sans objectif technologique ou commercial immédiat) en physique des particules, domaine où la taille et la complexité des installations dépassent les moyens des pays individuels. Le Cern emploie près de 3 000 personnes ; environ 6 500 scientifiques, soit la moitié des physiciens des particules dans le monde, utilisent ses installations. Il compte 20 États membres et deux États observateurs (Japon et États-Unis), fournissant chacun sa quote-part au financement de l'ensemble. Plus grand laboratoire scientifique du monde, le Cern possède plusieurs accélérateurs de particules. Le Lep, un collisionneur électron-proton de 27 km de circonférence mis en service en 1989 et démonté en 2000, permit la réalisation des expériences décisives contribuant à élaborer et confirmer le modèle dit standard des interactions entre les particules. Le grand collisionneur d'hadrons, Large Hadron Collider (LHC) inauguré fin 2008, doit permettre de sonder la matière à un niveau encore plus profond. Parmi les résultats les plus spectaculaires, on peut citer la découverte, par l'équipe de C. Rubbia* et S. Van* der Meer, en 1983, des particules W et Z, messagers de la force nucléaire faible, ou la conception de World Wide Web, développé à l'origine pour améliorer le partage des informations entre physiciens.

**CERNAY** [68700] → ÉTYM. anc. *Seyreney*, probablt de l'all. *Sennheim*, du germ. *Sanno*, n. de pers., et *heim* «village» ♦ Ch.-l. de cant. du Haut-Rhin, arr. de Thann, sur la Thur. 10 446 hab. (aggl. 29 706). *(Cernéens)*. Cernay fait partie de l'aggl. de Thann-Cernay. Restes de l'enceinte médiévale, dont la Porte de Thann qui abrite un petit musée sur les guerres de 1870 - 1871, 1914 - 1918, 1939 - 1945. Départ du chemin de fer touristique de la vallée de la Doller.

**CERNUDA (Luis)** ♦ Poète espagnol (Séville 1902 - Mexico 1963). Il retrouva dans le surréalisme le prolongement des grands thèmes lyriques de la poésie espagnole. Ses vers, purs et hermétiques, traduisent les sentiments délicats déjà exprimés par Bécquer* : *Donde habite el olvido* («Là où habite l'oubli», 1932 - 1933) ; *Invocaciones* («Invocations», 1934 - 1935) ; *Como quien espera el alba* («Comme celui qui attend l'aube», 1941 - 1944) ; *Variaciones sobre tema mexicano* («Variations sur un thème mexicain», 1951). Il a réuni en 1957 ses études sur la poésie espagnole contemporaine. Son recueil de poésies le plus important reste *La Réalité et le Désir* publié d'abord en 1936 puis augmenté en 1958.

**CERNUSCHI (Enrico)** ♦ Banquier italien (Milan 1821 - Menton 1896). Réfugié en France après la révolution de 1848 en Lombardie, il légua à la Ville de Paris son hôtel transformé en musée et une importante collection d'objets orientaux.

**CERREJÓN (EL)** ♦ Mine de houille du N.-E. de la Colombie exploitée depuis 1983 (15 millions de t). Exportation par Puerto Bolívar.

**CËRRIK** ou **CËRRIKU** ♦ V. d'Albanie, près d'Elbasan. 10 500 hab. Extraction et raffinage du pétrole.

**CERRITO (Fanny)** ♦ Danseuse italienne (Naples 1817 - Paris 1909). Par la perfection de son style et l'éclat de sa personnalité, elle fut l'une des danseuses romantiques les plus fêtées de son temps, triomphant à Milan, Paris et Londres où elle devait se produire aux côtés de trois de ses plus illustres rivales, Carlotta Grisi*, Maria Taglioni* et Lucile Grahn (*Pas de quatre*, de J. Perrot, 1845). Elle remporta ses plus grands succès dans les ballets *Alma ou la Fille de feu* (1840), *Ondine* (1842), *La Vivandière* (1844), *Le Violon du diable* (1849), *Stella ou le Contrebandier* (1850).

**CERRO DE PASCO** ♦ V. du Pérou, cap. du dép. de Pasco, à 4 350 m d'alt. dans la cordillère andine. 29 030 hab. (aggl. 66 860). Ensemble de plusieurs mines, dont certaines exploitées depuis les Incas (cuivre, argent, or, plomb, zinc). Fonderies.

**CERTEAU (Michel DE)** ♦ Théologien et anthropologue français (Chambéry 1925 - Paris 1986). Jésuite, membre de l'École freudienne de Paris et proche de Jacques Lacan*, il est l'auteur de travaux sur les expériences mystiques (*La Fable mystique, XVIe - XVIIe s.*, 1982), sur les phénomènes de possession diabolique (*La Possession de Loudun*, 1970), sur les pratiques culturelles (*L'Invention du quotidien : arts de faire*, 1980), sur les implications du discours (*La Prise de parole*, 1968). Il chercha à analyser comment les discours et les pratiques parallèles viennent subvertir et accélérer le processus de mutation de la culture.

**CERTON (Pierre)** ♦ Compositeur français (mort à Paris en 1572). Maître de chant à la Sainte-Chapelle, il a laissé de nombreuses œuvres religieuses (messes, motets, psaumes et cantiques) ainsi que 300 chansons polyphoniques qui font de lui le plus fécond des auteurs français du XVIe s.

**CÉRULAIRE (Michel)** – en gr. ***Keroularios*** ♦ (Constantinople v. 1000 - *id.* 1059). Patriarche de Constantinople de 1043 à 1058. Il favorisa l'hostilité à l'Église latine, fut excommunié à Sainte-Sophie par les légats de Léon* IX, répliqua par un synode qui les anathématisa (juil. 1054) ; le schisme d'Orient, réel depuis le début du siècle et précédé de plusieurs autres (→ **schisme**), était ainsi consommé. Par la suite, il participa au complot qui porta Isaac Ier Comnène au pouvoir (1057), mais ses ambitions causèrent sa déposition et son arrestation.

**CERVANTÈS (Miguel DE CERVANTES SAAVEDRA,** dit en fr.) ♦ Écrivain espagnol (Alcalá de Henares 1547 - Madrid 1616). On sait peu de choses sur sa vie errante, sinon qu'il fréquenta quelque temps l'université, accompagna le cardinal Acquaviva, légat du pape, à Rome puis servit comme soldat. Il participa à la bataille de Lépante (dans laquelle il perdit un bras) et chercha à incarner les valeurs d'héroïsme dans une Espagne où toutes les références morales s'écroulaient. Fait prisonnier par les Turcs, il passa cinq ans au bagne d'Alger dont il décrivit les misères dans plusieurs de ses œuvres. De retour dans son pays, il se maria, trouva un emploi de fonctionnaire et fut mêlé à d'obscures affaires qui le menèrent en prison. Il se fit connaître dans les lettres par un roman pastoral, tout à fait dans le goût de l'époque, *La Galatée* (1585). Ce n'est que très tard qu'il écrivit *El Ingenioso Hidalgo don Quijote de la Mancha* (→ **Don Quichotte**) dont la première partie fut publiée en 1605 et la seconde en 1615. Avec un art rigoureusement réaliste, Cervantès y décrit une Espagne qui s'est vite reconnue dans ce chef-d'œuvre et l'accueillit avec enthousiasme. En 1613 furent publiées les *Nouvelles exemplaires* où se détachent deux genres différents : certaines nouvelles racontent en les transposant avec imagination les aventures amoureuses de l'auteur («L'Espagnole anglaise», «L'Amant libéral»), d'autres parviennent à faire parler les êtres, à décrire tous les aspects de la société avec une remarquable vérité et une grande justesse psychologique («Rinconete et Cortadillo», «Le Dialogue des chiens», «La Gitanilla»). Pages picaresques, humoristiques sans cynisme, les *Nouvelles exemplaires* marquent un tournant dans le domaine de la brève narration. En 1614, Cervantès publia un ouvrage de critique littéraire, *Voyage au Parnasse*, et se fit connaître comme dramaturge (*Numance ; Huit comédies et «entremeses»*). À sa mort (1616), il laissait le manuscrit des *Travaux de Persilès et Sigismonde*, remarquable exemple du roman de chevalerie qu'il avait pourtant ridiculisé dans *Don Quichotte*. Ce retour aux chimères, constamment contredit par une réalité implacable, correspondait au drame de l'Espagne décadente et à celui de Cervantès lui-même. Son œuvre n'en est pas moins empreinte d'une rayonnante chaleur de poésie humaniste et d'une incomparable noblesse de ton. ➝ **ÉTYM.** L'espagnol *Servández* ou *Cervández* signifie «fils de Servando» et vient du latin médiéval *Servandus*, nom d'un saint (du verbe *servir*).

**CERVETERI** ♦ V. d'Italie, dans le Latium (prov. de Rome). 26 772 hab. Importante nécropole étrusque de la Banditaccia : tombes souterraines du -VIIe s. ; tombe des Reliefs (peintures). On y a trouvé de nombreuses terres cuites, auj. au musée de la Villa Giulia à Rome. ▪ Gisements de fluorite. ▮ **Histoire** L'anc. *Caere* (*Chisra* à l'époque étrusque) fut fondée par les Phéniciens (-VIIIe s.) puis prise par les Étrusques qui y créèrent deux ports, Alsio et Pyrgi, et annexée par Rome en -351.

**CERVIN** n. m. (mont) ➝ **ÉTYM.** en all. ***Matterhorn***, en it. ***monte Cervino***, de *cervo* «cerf» à cause de sa forme de corne ♦ Un des principaux sommets des Alpes pennines, situé à la frontière de la Suisse (Valais) et de l'Italie (Vallée d'Aoste) au-dessus de Zermatt. 4 478 m. Du côté suisse, il présente l'aspect caractéristique d'une corne (en all. *Horn*). Après de nombreuses tentatives, le Cervin fut escaladé pour la première fois le 14 juil. 1865 à partir de l'arête suisse par E. Whymper*. Mais quatre membres de l'expédition trouvèrent la mort en descendant. Trois jours plus tard, l'arête italienne était gravie par J.-A. Carrel et J.-B. Bich.

**CERVIONE** [20221] ➝ **ÉTYM.** du lat. *Cervius*, n. de pers., et suff. *-onem* ♦ Ch.-l. de cant. de la Haute-Corse, arr. de Bastia, dans la Castagniccia. 1 452 hab. *(Cervionais)*. Anc. cathédrale Saint-Érasme (XVIe s.). Musée ethnographique. À proximité, chapelle romane Sainte-Christine (fresques de 1473). ▪ Viticulture. Station balnéaire à Prunete.

**CÉRYNIE** – en gr. ***Keruneia*** ♦ Anc. v. du Péloponnèse (Grèce). ▪ Sa légendaire biche aux pieds d'airain fut capturée par Héraclès*.

**CÉSAIRE** (saint) ♦ (Chalon-sur-Saône 470 - Arles 542). Évêque d'Arles (503), primat des Gaules (514). Il lutta contre les ariens (→ **arianisme**), défendit l'augustinisme, convoqua plusieurs conciles provençaux (Arles, 524 - Orange et Vaison, 529). ▪ Fête le 26 août.

**CÉSAIRE (Aimé)** ♦ Poète français (Basse-Pointe, Martinique 1913 - Fort-de-France 2008). Professeur, député de la Martinique (1945 - 1993) et maire de Fort-de-France (1945 - 2001), membre du Parti communiste jusqu'en 1956, ce descendant des anciens esclaves déportés de leur Afrique natale vers l'Amérique a d'abord puisé dans le surréalisme les éléments propres à exprimer la soif d'affranchissement qu'il partage avec le peuple noir. Le flamboiement du verbe, l'ampleur épique des images traduisent avec violence dans son œuvre le mépris et la haine du colonisé pour le colonisateur venu d'Europe et font de Césaire le chantre de la «négritude», concept qu'approfondira son ami L. S. Senghor*. Mais ses écrits manifestent aussi, avec une foi puissante dans la vie, une aspiration universaliste à la justice et au bonheur. Aimé Césaire a publié des poèmes, *Cahier d'un retour au pays natal* (1938 - 1939, publ. 1947), *Soleil cou coupé* (1948), *Cadastre* (1961), ainsi que des pièces de théâtre d'inspiration politique, *La Tragédie du roi Christophe* (1963), *Une saison au Congo* (1966), puis *Une tempête*, adaptation très libre de Shakespeare (1969), où se fait entendre la même révolte : «Je pousserai d'une telle raideur le grand cri nègre que les assises du monde en seront ébranlées.» ➝ **ÉTYM.** Ce nom vient du latin *Caesarius*, de *Caesar* «César».

**CÉSALPIN (Andrea CESALPINO** francisé en **André)** ♦ Naturaliste et médecin italien (Arezzo 1519 - Rome 1603). On lui doit une description très détaillée des caractères morphologiques des plantes, dans lesquelles il voulut retrouver une organisation analogue à celle des animaux, et qui constitue un premier essai de classification systématique en botanique.

**CÉSAR** ou **JULES CÉSAR** ➝ **ÉTYM.** en lat. ***Caius Julius Caesar***, probablt d'origine étrusque (les étymologies populaires d'après *caesus* «né à la suite d'une césarienne» [de *caedere* «couper»] ou «né avec beaucoup de cheveux» semblent fausses) ♦ Général et homme d'État romain (Rome -101 - *id.* -44). D'une vieille famille patricienne, la gens Julia, il prétendait descendre de Iule, fils d'Énée* et par là de Vénus*. Il aurait pu faire carrière au sein de l'oligarchie sénatoriale, mais, lié aux milieux plébéiens par sa tante Julia qui avait épousé Marius*, il avait très tôt choisi le parti des *populares*. Rentré à Rome à la mort de Sylla* (-78), il entreprit sa marche vers le pouvoir absolu auquel il voulait être porté par le consentement du peuple. Préteur en -62, propréteur d'Espagne en -61, il forma à son retour le premier triumvirat avec Crassus* et Pompée* et obtint ainsi le consulat en -59. Il lui fallait un grand commandement militaire pour égaler la gloire de Pompée et une armée ; il se fit attribuer le proconsulat de la Gaule cisalpine et de la Narbonnaise pour -58. En son absence, le triumvirat fut dissous par la mort de Crassus (-53) et Pompée, profitant des heurts entre Clodius* et Milon*, se fit nommer par le Sénat consul sans collègue avec pleins pouvoirs (-52). Puis il exigea le rappel de César, toujours en Gaule, et le licenciement de ses troupes. Mais celui-ci, rendu célèbre par ses campagnes (→ **Gaule**), franchit le Rubicon* et marcha sur Rome (17 déc. -50), déclenchant une guerre civile qui dura quatre ans. Rejoignant Pompée qui s'était enfui, il l'écrasa à Pharsale* (-48) et le poursuivit en Égypte. Mais Pompée fut assassiné par les agents du roi Ptolémée* XIII. César châtia les meurtriers, donna le trône d'Égypte à Cléopâtre* et battit les derniers pompéiens à Thapsus* (-46) et à Munda* (-45). Maître du monde méditerranéen, il célébra à Rome son cinquième triomphe (oct. -45). Il gouverna alors en souverain absolu, mais sans sortir du cadre républicain. Chef de la religion romaine, en qualité de grand pontife (-63), il se fit conférer la dictature pour dix ans (-46) et devint en même temps consul annuel. Maître de soi, d'une insatiable ambition, animé d'une intelligence «napoléonienne», généreux, il bouleversa les institutions, préparant le régime impérial en ses points essentiels. De -49 à -44 il conçut des réformes d'une ampleur démesurée. Il resta toujours l'homme des *populares*, conscient de la détresse des pauvres. En Sicile et en Asie, provinces les plus éprouvées, il fit remplacer les dîmes que levaient les publicains par des impôts directs perçus par les gouverneurs sous une stricte surveillance. Il redistribua des familles sur les terres publiques (l'*ager publicus*), peuplant ainsi les colonies nouvelles de Sicile, de Grèce, d'Orient, de Gaule et d'Afrique, auxquelles il accorda le droit de cité. Par la *lex julia municipalis*, il donna aux communautés d'Italie un statut qui faisait d'elles des «Rome» en miniature, statut qui s'étendrait plus tard à toutes les cités de l'Empire. Il remania aussi le Sénat, l'augmentant démesurément. Tant par ses institutions que par son cadre matériel, la vieille Rome n'existait plus ; le nouvel Empire était l'œuvre d'un seul homme. César avait adopté son petit-neveu Octave, et, pour que l'ensemble de ses pouvoirs se perpétuât, il voulut être roi. Nommé dictateur et censeur à vie en Italie (fév.

–44), il allait recevoir le titre de roi, sur les sujets de Rome. À la séance où le Sénat devait le lui accorder (ides [15] de mars –44), il fut tué à coups de poignard par Marcus Junius Brutus*. La pensée de César revivra estompée avec Auguste*, mais l'Empire ne pourra résister aux influences orientales que le dictateur avait craintes sans les vouloir. Excellent orateur et historien de goût attique, il a laissé les *Commentaires* de la guerre des Gaules (Commentarii de bello gallico)* et *De la guerre civile (De bello civili)*, remarquables par la sobriété et la pureté de la langue.

**CÉSAR** (César **Baldaccini**, dit) ♦ Sculpteur français (Marseille 1921 - Paris 1998). Après avoir suivi des cours aux Beaux-Arts de Marseille (1935 - 1939) puis de Paris (1943), il tenta de se dégager de l'enseignement académique en réalisant des petites figures en métal ou en plâtre. En 1952, il aborda la sculpture en métal, travaillée au chalumeau ; tirant parti des coulées de métal, des effets de soudures et des contrastes de matériaux provenant de ferrailles de rebut, il réalisa notamment des animaux ou personnages parfois fantastiques dont la véhémence expressive, tragique ou humoristique, témoigne d'une tendance expressionniste (*L'Homme de Draguignan*, 1958 ; *Poissons*), évoluant ensuite vers une structure plus ferme et équilibrée (*Vénus de Villetaneuse*, 1962). En 1960, il présenta ses premières «compressions», automobiles puis objets divers passés au marteau-pilon : exploitant les effets du hasard, il mit en valeur les possibilités expressives et les qualités plastiques offertes par les matériaux et objets de la civilisation industrielle. En 1960, il adhéra au mouvement du nouveau réalisme, et, en 1967, réalisa en plastique des empreintes humaines agrandies à une échelle monumentale (pouce, sein) ainsi que ses premières «expansions» éphémères en mousse de polyuréthane, puis solidifiées ou moulées. Il est l'auteur des *Césars*, statuettes remises tous les ans en France depuis 1976 comme récompenses cinématographiques. ▪ Le projet d'un musée César, construit par Jean-Michel Wilmotte, qui devait ouvrir en 1995 à Marseille a été abandonné.

**César.** *Compression légère* (35 x 15 x 15 cm), 1988. Château Notre-Dame des Fleurs, Vence.
*BIS/Phot. © Archives Nathan © ADAGP, Paris, 2008*

**César Birotteau (Histoire de la grandeur et de la décadence de)** ♦ Roman de H. de Balzac* (1837) qui fait partie des *Scènes de la vie parisienne* de *La Comédie* humaine*. Parfumeur enrichi, et d'une foncière honnêteté, César Birotteau, perdu par sa vanité ingénue, se livre inconsidérément à des spéculations hasardeuses. Entraîné à la faillite, il manifeste de nouveau ses vertus laborieuses et déploiera une énergie infatigable pour obtenir sa réhabilitation. Sur ce sujet anecdotique, Balzac a évoqué l'ascension difficile de la petite bourgeoisie commerçante de Paris.

**CESAREC (August)** ♦ Écrivain croate (Zagreb 1893 - *id.* 1941). D'inspiration révolutionnaire, ses poèmes (*Vers*, 1919), ses romans (*La Croix et Judas*, 1921 ; *Les Fuyards*, 1933) et son théâtre (*Le Fils de la patrie*, 1940) expriment la profonde compréhension qu'il éprouvait pour l'homme déshérité et révolté. Communiste, il fut fusillé par les oustachis.

**CESARE DA SESTO** ♦ Peintre italien (Sesto Calende 1477 - Milan 1523). Élève de Léonard* de Vinci, il s'inspira fortement du style de son maître (*Madone avec l'Enfant et l'Agneau*, Milan) tout en puisant dans l'œuvre de Raphaël certains types de personnages (*Adoration des mages*, Naples ; *La Vierge, l'Enfant et sainte Anne*, Madrid). Ses paysages révèlent une habile synthèse entre la manière de Dosso* Dossi et la tradition flamande (*La Vierge et les Saintes Femmes*, Bergame ; *Sainte Famille*, Saint-Pétersbourg).

**CÉSARÉE** – en lat. ***Caesarea***, en gr. ***Kaisareia*** ♦ Nom de plusieurs villes romaines d'Asie Mineure, de Palestine, de Syrie et de Maurétanie, donné en l'honneur d'Auguste et d'autres empereurs romains. ♦ ***Césarée de Cappadoce***, auj. Kayseri* (Turquie). Fondée sous le règne de Trajan (Ier s.), elle devint la capitale de la Cappadoce. Patrie et évêché de saint Basile (IVe s.), elle passa des Byzantins aux Arabes, puis successivement aux Seldjoukides (1082), aux croisés, aux Mongols et aux Ottomans (1397, 1515). → **Kayseri.** ♦ ***Césarée de Palestine*** ou ***Césarée Maritime*** V. maritime, bâtie pour Hérode le Grand à l'emplacement d'une ville grecque (–Ier s.), elle fut, à partir de l'an 6, la résidence des procurateurs romains et connut une grande prospérité après la destruction de Jérusalem (70). Prise par les Arabes (633), elle fut détruite par les musulmans en 1265. Ruines importantes, auj. centre touristique d'Israël. ♦ ***Césarée de Maurétanie*** → **Cherchell.**

**CESARI (Giuseppe)** dit **le Cavalier d'Arpin** ➝ ÉTYM. de *César* ♦ Peintre italien (Arpino 1568 - Rome 1640). Fils d'un peintre d'ex-voto, il se fixa à Rome où il reçut la faveur de l'aristocratie. Chargé de décorer la grande salle du palais des Conservateurs (1596), il s'inspira de la manière de Raphaël. Son style, éclectique, est influencé par l'exubérance décorative des Zuccari* (*Ascension*, basilique Saint-Jean-de-Latran ; fresque de la chapelle Pauline à Sainte-Marie-Majeure) et par les formes savantes et emphatiques du maniérisme tardif (*Andromède*, Palerme ; *La Chute du Christ*, Rome).

**CESENA** ♦ V. d'Italie, en Émilie-Romagne (prov. de Forli), sur la rive d. du Savio. 90 948 hab. Cathédrale gothique (XIVe - XVe s.) ; château des Malatesta dominant la Rocca Malatestiana et abritant une riche bibliothèque (manuscrits). ▪ Centre agricole et commercial. Aux environs, exploitation du soufre.

**ČESKÉ BUDĚJOVICE** ♦ V. de la République tchèque, au confluent de la Vltava et de la Malše, ville principale de la Bohême* méridionale. 94 747 hab. Au centre de la ville, belle place du Marché, entourée d'arcades. Remparts et maisons anc. ▪ Carrefour ferroviaire et routier. Indus. mécanique. Manufacture de crayons. Brasseries. Articles de cuisine.

**CESSON** [77240] ➝ ÉTYM. anc. *Seccon*, du lat. *Cessius*, n. de pers., et suff. *-onem* ♦ Comm. de la Seine-et-Marne, arr. de Melun. 7 699 hab. *(Cessonnais)*. Élément de la ville nouvelle de Sénart.

**CESSON-SÉVIGNÉ** [35510] ♦ Comm. de l'Ille-et-Vilaine, arr. de Rennes, sur la Vilaine. 14 344 hab.

**CESTAS** [33610] ♦ Comm. de la Gironde, arr. de Bordeaux. 16 927 hab.

**CESTI (Pietro Antonio)** ♦ Compositeur italien (Arezzo 1623 - Florence 1669). Chantre de la chapelle pontificale à Rome, maître de chapelle à la cour des Médicis, puis à la cour de Vienne (1666), il composa, sous la double influence de son maître Carissimi* et du Vénitien Cavalli*, un nombre important d'opéras (*L'Orontea*, 1649 ; *L'Argia*, 1655 ; *Il Tito*, 1666 ; *Il Pomo d'Oron*, 1667). Dans ces compositions, l'autonomie du chant s'affirme au détriment de l'action dramatique. Il est aussi l'auteur de motets et de cantates.

**CETINJE** ♦ V. du Monténégro. 18 482 hab. Elle fut la capitale du pays jusqu'à l'incorporation de celui-ci, en 1918, dans le Royaume des Serbes, Croates et Slovènes. Monastère, palais.

**CEUTA** ➝ ÉTYM. en ar. ***Sabta*** ; de *sebta* «sept», trad. du lat. *Castellum ad Septem Fratres* «la forteresse près des sept frères» [les sept montagnes proches de la ville qui forment l'extrémité de la chaîne de l'Atlas] ♦ V. autonome d'Espagne constituant une enclave, sur la côte méditerranéenne du Maroc. Elle est située sur une presqu'île rocheuse, à l'extrémité N. du Rif, constituant le mont Acho (Abyla), une des deux colonnes d'Hercule, face à Gibraltar. → **Calpé.** 18 km². 76 603 hab. ▪ Port franc. ▮ **Histoire** Anc. possession carthaginoise, romaine, puis byzantine, prise par les Arabes, elle connut un très grand développement lors de l'invasion de l'Espagne, puis sous les Mérinides. Occupée par les Portugais en 1415, elle fut annexée en 1580 par l'Espagne.

**CÉVENNES** n. f. pl. ➝ ÉTYM. du gaul. *cemeno* «dos» et suff. *-enna* ou du précelt. *°kem (kam)* «hauteur arrondie ou recourbée» ♦ Région constituée par la retombée du Massif central sur la plaine rhodanienne et les hauteurs qui la dominent *(Cévenols)*. C'est une série de blocs cristallins orientés d'O. en E., qui furent surélevés à l'époque de la surrection alpine : le Tanargue (1 458 m), le mont Lozère (1 699 m), l'Aigoual (1 565 m). Le rebord cévenol (schistes tendres) est découpé en lanières (serres cévenoles) par le ruissellement, où coulent l'Hérault, les gardons, le Chassezac. Au S., les versants du massif de l'Aigoual s'abaissent brusquement devant les calcaires des Causses, interrompant la chaîne des Cévennes. Les forêts de châtaigniers couvrant les serres sont souvent reconstituées en résineux. La vie agricole, dominée autrefois par les cultures du mûrier et de la vigne, s'oriente vers l'élevage extensif et les cultures intensives (vergers). La vie industrielle se concentre autour du bassin d'Alès. ♦ ***Parc national des Cévennes*** Il fut créé en 1970 pour protéger la faune et sauvegarder les sites (84 200 ha ; zone périphérique 236 000 ha). Il chevauche les départements de la Lozère, de l'Ardèche, du Gard, englobant tout le massif de l'Aigoual et le mont Lozère. ▮ **Histoire** Les Cévennes furent un des secteurs les plus ardents du protestantisme. De nombreuses révoltes paysannes ensanglantèrent le pays après la révocation de l'édit de Nantes. → **camisards.**

**CEYHAN** n. m. ♦ Fl. de Turquie, en Asie Mineure (509 km), qui descend de l'Anti-Taurus, a construit de ses alluvions la plaine supérieure et une partie de la plaine inférieure de Cilicie, et se jette par un delta dans la Méditerranée. Barrage au N. d'Adana. ▪ La ville du même nom, centre d'industries textiles, est une sous-préfecture de la province d'Adana. 91 095 hab. Terminal de l'oléoduc Bakou-Tbilissi-Ceyhan.

**CEYLAN** → **Sri Lanka**

**CEYRAT** [63122] ← ÉTYM. anc. *Seyrac*, du lat. *Serius*, n. de pers., et suff. *-acum* ♦ Comm. du Puy-de-Dôme, arr. de Clermont-Ferrand. 5 593 hab. *(Ceyratois)*. Comm. résidentielle.

**CEYRESTE** [13600] ← ÉTYM. étym. douteuse ; le gr. *kitharistês* «joueur de cithare» est un rhabillage d'un anc. *°cederesta*, de sens inconnu ♦ Comm. des Bouches-du-Rhône, arr. de Marseille. 3 636 hab.

**CÉZALLIER** ou **CÉZALIER** n. m. ♦ Plateau basaltique d'Auvergne, au N.-E. du Cantal. Il culmine à 1 555 m au signal du Luguet. Région d'élevage.

**CÉZANNE (Paul)** ♦ Peintre français (Aix-en-Provence 1839 - *id.* 1906). Fils d'un banquier, il fit des études classiques suivies d'une courte formation juridique. Il décida de se consacrer à la peinture malgré les réticences de sa famille et arriva à Paris en 1863 où il étudia Delacroix* et, à travers lui, des peintres comme le Tintoret* et Rubens*. Dans ses premiers travaux, il adopta la théorie des couleurs de Delacroix et la «loi du contraste simultané» formulée par Michel Chevreul* ; il traita alors des sujets violents et dramatiques révélant une sensibilité romantique *(Les Assassins, L'Orgie, L'Enlèvement)*, des thèmes lyriques *(Jugement de Pâris, Déjeuner sur l'herbe)* et une série de portraits *(L'Homme au bonnet de coton, Paul Alexis lisant à Zola)*. ▮ **Cézanne et l'impressionnisme** Ces œuvres de jeunesse, de facture libre et véhémente, sont proches de l'art de Courbet*, mais celles qui datent des années 1872 - 1873 montrent une assimilation de la méthode impressionniste acquise à Auvers-sur-Oise auprès de Camille Pissarro* *(Maison du pendu à Auvers)*. Toutefois, Cézanne se sépara très rapidement de l'impressionnisme pur en retrouvant un dessin vigoureux et une composition classique organisée par masses larges et accentuées *(Mer à l'Estaque)*. Son ambition fut de «donner à l'impressionnisme la solidité de l'art des musées» et de «refaire Poussin sur nature». Portant un grand respect aux maîtres anciens (Véronèse, Chardin), il tenta d'intégrer dans une composition aussi équilibrée que celle d'un Poussin les découvertes impressionnistes. ▮ **Le précurseur du cubisme** Développant les conséquences de ce principe, il donna à ses touches, dans ses œuvres de maturité, un sens tel que le dessin et la couleur deviennent indissociables dans l'organisation du tableau *(Les Joueurs* de cartes)*. Dans ses paysages où les formes naturelles ont tendance à être ramenées à des formes géométriques simples (cônes, cylindres, sphères), il présenta une succession de plans clairement articulés autour de la masse principale souvent placée au centre de la composition. Il évita ainsi les effets illusionnistes propres aux démarches reproductrices du réel, tout en conservant une certaine profondeur dans l'espace et un certain sens du volume. Aussi arriva-t-il à traiter des structures plastiques complexes en fonction de leur rigueur et de leur logique spécifiques. Débarrassé de toute référence extérieure, le tableau est ainsi organisé de l'intérieur (série de *La Montagne Sainte-Victoire*). Dans plusieurs de ses natures mortes *(Tables de cuisine)* et de ses portraits *(Portrait de Gustave Geffroy)*, Cézanne abandonna la convention du point de vue unique et associa des objets présentés selon deux angles différents parfaitement intégrés dans l'unité de la composition. Cette découverte devait aboutir au cubisme. À la fin de sa vie, Cézanne retrouva une partie des élans romantiques de sa jeunesse et produisit une peinture plus riche par les couleurs, plus agitée par le rythme, plus véhémente par l'accent *(Les Grandes* Baigneuses*, 1899 - 1906 ; *Le Grand Pin)*. ▮ **Une reconnaissance posthume** Son œuvre, à peine appréciée pendant une grande partie de sa vie, toujours refusée par les instances officielles, connut la gloire posthume et fut considérée comme la grande rupture de la peinture occidentale depuis le Quattrocento et le point de départ des recherches picturales du XX$^{e}$ s. ← ÉTYM. *Cézanne* vient de l'italien *Cesana*, nom du lieu d'origine de sa famille dans le Haut-Piémont, probablement du latin *Caetius*, nom de personne, et suffixe *-anum*.

**Cézanne.** *Madame Cézanne à la jupe rayée* (72,4 x 55,9 cm), v. 1877. Museum of Fine Arts, Boston. *BIS/Phot © Archives Larbor*

**CÈZE** n. f. ♦ Riv. des Cévennes (100 km), affl. du Rhône. Elle passe à Bessèges et Bagnols-sur-Cèze. ▪ Gorges magnifiques.

**CFDT** n. f. → **Confédération française démocratique du travail**

**CFE-CGC** n. f. → **Confédération française de l'encadrement - Confédération générale des cadres**

**CFTC** n. f. → **Confédération française des travailleurs chrétiens**

**CGC** n. f. → **Confédération française de l'encadrement — Confédération générale des cadres**

**CGT** n. f. → **Confédération générale du travail**

**CGT-FO** n. f. → **Confédération générale du travail - Force ouvrière**

**Chaalis** [ʃali] (abbaye de) ♦ Anc. abbaye cistercienne située dans la comm. de Fontaine-Chaalis, près de Senlis (Oise). Elle fut fondée en 1136, fermée en 1785 et vendue comme bien national en 1793. Elle retrouva une certaine notoriété au XIX$^{e}$ s. (G. de Nerval l'a évoquée dans son œuvre). Il ne reste auj. que les ruines de l'église abbatiale (XII$^{e}$ s.), une chapelle dite «chapelle de l'Abbé» (XIII$^{e}$ s.) et le palais abbatial, construit par J. Aubert (1736). Acheté en 1902 par M$^{me}$ Jacquemart-André (morte en 1912) qui y constitua un musée (meubles et objets du Moyen Âge et de la Renaissance, peintures, sculptures, souvenirs de J.-J. Rousseau), l'ensemble du domaine a été légué par elle à l'Institut de France.

**CHABAN-DELMAS (Jacques DELMAS, dit)** ← ÉTYM. *Delmas* «habitant du mas» ; *Chaban*, du n. du château de Dordogne où il installa son réseau de Résistance, du lat. *capanna* «cabane» ♦ Homme politique français (Paris 1915 - *id.* 2000). Inspecteur des finances, il participa activement à la Résistance, prenant le pseudonyme de «Chaban», et fut promu général de brigade en 1944. Député radical (1946), maire de Bordeaux (1947 - 1995), il rallia le RPF du général de Gaulle et présida, après la disparition de ce parti, le groupe des Républicains sociaux à l'Assemblée nationale. Plusieurs fois ministre, notamment dans les cabinets Mendès France (1954 - 1955) et Mollet (1956 - 1957), il participa activement au retour de De Gaulle en 1958. Membre de l'UNR puis de l'UDR, président de l'Assemblée nationale (1958 - 1969), il fut Premier ministre (1969 - 1972) sous la présidence de G. Pompidou. Mais son projet de «nouvelle société» se heurta à l'opposition des conservateurs. Il n'obtint que 14,5 % des voix à l'élection présidentielle de 1974. Rallié au RPR formé par J. Chirac en 1976, il présida de nouveau l'Assemblée nationale de 1978 à 1981, puis de 1986 à 1988.

**CHABANNES** ♦ Famille noble du Bourbonnais. ♦ **Antoine de Chabannes.** Homme de guerre (Saint-Exupéry, Limousin, 1408 - Paris 1488). Ancien compagnon d'armes de Jeanne d'Arc, puis chef d'une bande d'écorcheurs*, il passa au service de Charles VII (1430). Il servit Louis* XI à partir de 1468, puis son fils Charles VIII qui le nomma gouverneur de Paris. ♦ **Jacques de Chabannes.** → **La Palice.**

**CHABEUIL** [26120] ← ÉTYM. «la clairière du bout» ou «le bout de la clairière», du lat. *caput* «tête, extrémité» et gaul. *ialo* «champ, clairière» ♦ Ch.-l. de cant. de la Drôme, arr. de Valence. 5 861 hab. *(Chabeuillois)*.

**CHABLAIS** n. m. ← ÉTYM. «la tête du lac», corruption du bas lat. *pagus Caputlacensis*, trad. du celt. *Pennelocas* ♦ Massif des Alpes, dans le N. de la Haute-Savoie, au S. du lac Léman, culminant à 2 466 m aux Hauts Forts. Élevage bovin laitier (race d'Abondance). Tourisme hivernal et estival. Thermalisme (→ **Évian-les-Bains, Thonon-les-Bains**). ▮ **Histoire** Le Chablais fut réuni à la Savoie à la fin du XVI$^{e}$ s. après avoir été longuement disputé entre les Vaudois et les Savoyards.

**CHABLIS** [-bli] [89800] ← ÉTYM. p.-ê. du lat. *capulum* «câble» et suff. collectif *-eta* (p.-ê. allusion au flottage du bois sur la riv.) ♦ Ch.-l. de cant. de l'Yonne, arr. d'Auxerre, sur le Serein. 2 594 hab. *(Chablisiens)*. Église Saint-Martin du XIII$^e$ s. (contenant *La Cène* de Ph. de Champaigne). Dans le «caveau chablisien», exposition de vins (anc. chapelle de l'Hôtel-Dieu, XIII$^e$ s.). ▪ Viticulture (crus célèbres de vins blancs secs). ▮ **Histoire** Le vignoble fut créé par les moines de l'abbaye de Pontigny au XII$^e$ s.

**CHABOT (Philippe DE)** ♦ Amiral français (v. 1480 - 1543). Seigneur de Brion et compagnon d'enfance de François I$^{er}$, il fut nommé amiral de France et gouverneur de Bourgogne (1526) après avoir négocié la rançon du roi au lendemain de la défaite de Pavie (1525). Il conquit le Piémont (1536), mais tomba en disgrâce (1538) à la suite d'intrigues à la cour. Condamné à la confiscation de ses biens et au bannissement (1540), il fut réhabilité dès 1541. ➝ **ÉTYM.** Ce nom de famille vient de l'ancien français *caput* «tête ; sommet, arête rocheuse» ou est le surnom d'un homme à grosse tête [du nom du *chabot*, poisson à grosse tête].

**CHABOT (François)** ♦ Homme politique français (Saint-Geniez, Aveyron 1759 - Paris 1794). Capucin défroqué, il fut évêque constitutionnel de Blois, et siégea comme député à l'Assemblée législative puis à la Convention. Membre du Club des jacobins et du Club des cordeliers, dont il adopta les positions extrémistes, auteur d'un *Catéchisme des sans-culottes* et promoteur du culte de la déesse Raison, il s'était marié avec la fille du banquier Frey et lancé dans les affaires. Impliqué dans le scandale de la liquidation de la Compagnie des Indes (1793), il se dénonça au Comité de salut public ; accusé de malversation, il fut condamné à mort et guillotiné, en même temps que Danton et les indulgents.

**CHABRIER (Emmanuel)** ♦ Compositeur français (Ambert 1841 - Paris 1894) Lié d'amitié avec Manet, Verlaine, Duparc et Fauré, il quitta un emploi au ministère de l'Intérieur pour se consacrer à la musique et fut d'abord chef des chœurs aux Concerts Lamoureux (1881). Il occupe dans la musique française à la fin du XIX$^e$ s. une place privilégiée pour sa truculence et sa vitalité, sa fantaisie inventive et sa couleur mélodique. Musicien d'une extrême plasticité, il a composé des mélodies (*Invitation au voyage*, 1870 ; *L'Île heureuse*, 1885), une *Ode à la musique*, pour voix de femme et orchestre (1890), des œuvres pour piano (*Pièces pittoresques*, 1881 ; *Valses romantiques*, 1883 ; *Bourrée fantasque*, 1891), des pièces pour orchestre (*España*, 1882 ; *Joyeuse Marche*, 1890) et des ouvrages lyriques (*L'Étoile*, 1877 ; *Une éducation manquée*, 1879 ; *Gwendoline*, 1885 ; *Le Roi malgré lui*, 1887). ➝ **ÉTYM.** C'est la forme auvergnate de *chevrier*.

**CHABROL (Claude)** ♦ Cinéaste français (Paris 1930). Une ironie qui peut aller jusqu'à la cruauté dans l'observation de la sottise, de la lâcheté et des monstruosités que recèle la nature humaine caractérise le meilleur de son œuvre : *Le Beau Serge* (1959), *Les Cousins* (1959), *À double tour* (1959), *Les Bonnes Femmes* (1960), *Landru* (1962), *Que la Bête meure* (1969), *Le Boucher* (1970), *Violette Nozière* (1978), *Madame Bovary* (1991), *Betty* (1992), *La Cérémonie* (1995).

**Chabrol** (fort) ♦ Surnom donné, en 1899, au siège du Grand Occident de France et du journal *L'Antijuif*, situé rue de Chabrol à Paris, où se retrancha son chef, J. Guérin. Il résista pendant plus d'un mois aux policiers venus pour l'arrêter à la suite de sa campagne d'agitation contre le procès en révision de Dreyfus*.

**CHACO** ou **GRAN CHACO** ➝ **ÉTYM.** du quechua *chacu* «chasse» (compris par les conquérants espagnols comme «terrain de chasse») ♦ Vaste plaine d'Amérique du Sud, située entre les Andes et le fleuve Paraná, couvrant le N. de l'Argentine (400 000 km²) où elle prolonge la Pampa, la moitié O. du Paraguay (245 000 km²) et le S.-E. de la Bolivie. Traversée d'O. en E. par des rivières issues des Andes (le Bermejo, le Pilcomayo et le Salado del Norte), affluents du Paraguay et du Paraná qui en constituent la frontière à l'E., c'est une steppe semi-aride, où se produisent des coups de froid. De 800 mm à l'E., les précipitations deviennent nulles à l'O. Des zones marécageuses et des savanes à palmiers forment, au S. et à l'E., un milieu naturel plus humide (pâturages). Au Paraguay, dans le centre N., peu peuplé, la forêt sèche est prépondérante. Exploitation du quebracho (tanin) et du maté. Élevage extensif. ♦ ***Province du Chaco*** Province d'Argentine n'occupant que partiellement le Chaco et qui s'étend au S. de la prov. de Formosa. ➝ **Argentine** (carte). 99 633 km². 984 000 hab. CAP. : Resistencia. Le Chaco a connu des changements avec l'essor du coton, et, récemment, avec l'introduction de cultures céréalières. ♦ ***Guerre du Chaco (1932 - 1935)*** Elle opposa le Paraguay à la Bolivie à propos d'hypothétiques réserves d'hydrocarbures dans la partie nord du Chaco et se termina par la victoire des forces paraguayennes. Cette guerre provoqua de très lourdes pertes pour les deux pays, qui en subirent les conséquences pendant plusieurs décennies. Un premier traité signé en 1938 attribua au Paraguay la plus grande partie des territoires en litige et à la Bolivie un étroit corridor d'accès au fleuve Paraguay. Le traité de paix définitif, confirmant la délimitation précise de la frontière, fut signé à Buenos Aires en avril 2009.

**Chacun sa vérité** – en it. ***Così è se vi pare*** ♦ Parabole en 3 actes de Luigi Pirandello* (1916). Nouveau conseiller de préfecture dans une petite ville italienne, M. Ponza séquestre-t-il sa femme et lui interdit-il de voir sa mère, M$^{me}$ Frola ? Tient-il sa belle-mère pour folle et lui dissimule-t-il que sa fille est morte et qu'il s'est remarié ? Selon M$^{me}$ Frola, c'est M. Ponza qui, frappé de folie, ne reconnaît plus sa femme. La rencontre des deux personnages, attachés jalousement à une vérité qui leur est vitale, n'apporte aucun éclaircissement à cette tragédie de l'ambiguïté.

**CHADLI (Chadli BENDJEDID, dit)** ♦ Homme d'État et colonel algérien (Bouteldja, près d'Annaba 1929). Chef des forces basées en Oranie dès 1963, il entra au Conseil de la révolution en 1965. Il fut élu président de la République en 1979. Après avoir réprimé dans le sang les «manifestations de la faim» (oct. 1988), il fut obligé d'engager une timide démocratisation du régime. Mais le multipartisme, décidé dans la précipitation, favorisa la montée du Front islamique de salut (FIS) et Chadli fut évincé par l'armée, hostile aux islamistes (1991).

**CHADRAC** [43770] ♦ Comm. de la Haute-Loire, arr. du Puy-en-Velay. 3 011 hab.

**CHADWICK (sir James)** ♦ Physicien britannique (Manchester 1891 - Cambridge 1974). Élève de Rutherford*, il se spécialisa dans l'étude de la physique nucléaire et s'intéressa en particulier aux phénomènes de désintégration artificielle de la matière sous l'action des rayonnements. Il parvint ainsi à mettre en évidence l'existence du neutron (1932), particule qui entre dans la composition du noyau atomique. [Prix Nobel de phys. 1935]

**CHĀFI'Ī (Abū 'Abd Allāh Muḥammad AL-)** ♦ Théologien et juriste arabo-musulman (Gaza 767 - Le Caire 820). Élève de Mālik* ibn Anas, il fut le fondateur de l'une des quatre écoles juridiques de l'islam orthodoxe. Conciliant les thèses de ses prédécesseurs, il définit rigoureusement les quatre sources du droit : le Coran, la tradition (*Ḥadīth*), l'usage (reconnu par l'ensemble de la communauté) et l'«analogie» (*al-Qiyās*).

**chafiites**

n. m. pl. ♦ Adeptes du théologien al-Chāfi'ī* qui fonda l'une des quatre écoles juridiques de l'islam orthodoxe.

**CHAGALL (Marc)** ➝ **ÉTYM.** francisation de son nom *Moyshe Segal* ♦ Peintre, graveur et sculpteur français d'origine russe (Vitebsk 1887 - Saint-Paul-de-Vence 1985). Issu d'une famille juive très religieuse, de condition modeste, il étudia la peinture à Saint-Pétersbourg et fut l'élève de Léon Bakst. À Paris, de 1910 à 1913, il s'installa à la Ruche* et fréquenta Apollinaire*, Blaise Cendrars*, Modigliani*, Soutine*, Léger*. Tirant du cubisme un procédé de décomposition des formes par facettes, il fit preuve d'une totale liberté à l'égard de la figuration traditionnelle et des courants d'avant-garde, en reconstruisant selon sa fantaisie un univers où personnages et objets conservent leur aspect identifiable mais sont rapprochés sans souci de vraisemblance, selon un processus analogue à l'élaboration des rêves, juxtaposant des souvenirs d'enfance et du folklore de sa ville natale et quelques motifs qui prendront un caractère obsessionnel (*Moi*

Marc **Chagall.** *Le Songe d'une nuit d'été* (116,5 × 89 cm). Musée des Beaux-Arts, Grenoble. *Phot. ©Arch. Smeets*

*et le village,* 1911 ; *Le Violoniste,* 1912 - 1913 ; *À la Russie, aux ânes et aux autres ; Portrait de l'artiste aux sept doigts,* 1912 ; *Vue de Paris par une fenêtre,* 1913). « C'est de cet instant, écrit Breton, que la métaphore avec lui seul marque son entrée triomphale dans la peinture moderne, pour consommer le bouleversement des plans spatiaux et en même temps affranchir l'objet des lois de la pesanteur... » En 1914, il peignit des figures de juifs et de rabbins où s'affirment ses tendances expressionnistes. En Russie, il épousa Bella dont les traits allaient hanter son œuvre. Nommé commissaire des Beaux-Arts de Vitebsk en 1917, il créa une académie révolutionnaire en faisant appel à Lissitzky* et à Malevitch*, mais entra en conflit avec ce dernier. Il réalisa ensuite des peintures murales, décors, costumes et mises en scène pour le théâtre juif de Moscou. En 1922, il s'initia à la gravure à Berlin, puis se fixa en France, entreprenant à la demande de Vollard l'illustration d'ouvrages (*Les Âmes mortes,* la Bible). Après 1931, il évolua vers une plus grande souplesse de composition, tendant à faire disparaître le contour tandis que la couleur, étalée par zones intenses avec des rapports de tons parfois stridents, joue un rôle primordial dans l'élaboration d'un espace d'où a disparu toute référence à la perspective traditionnelle. Le thème des fleurs, des paysages, des oiseaux et des amoureux est alors fréquent dans son œuvre ; mais, à l'approche de la guerre, sa peinture laisse transparaître une profonde angoisse (*La Chute de l'Ange ; Crucifixion*). Réfugié aux États-Unis, il perdit sa femme. Il revint ensuite en France, traitant de nombreux thèmes bibliques, s'intéressant à la sculpture, à la céramique et surtout au vitrail (cathédrale de Metz, synagogue du centre médical de Jérusalem, *Message biblique* destiné à un mémorial à Nice). Il conçut aussi, à la demande de Malraux, le plafond de l'Opéra de Paris (1964). Il reste comme le créateur d'une imagerie où l'effusion lyrique prévaut et où l'objet et la figure humaine jouent un rôle symbolique.

**CHAGAS (Carlos)** ♦ Médecin brésilien (Oliveira 1879 - Rio de Janeiro 1934). On lui doit l'identification de l'agent de la *maladie de Chagas,* maladie infectieuse, appelée aussi trypanosomiase américaine, répandue en Amérique latine, transmise par un insecte, se manifeste notamment par une boursouflure de la face et une fièvre élevée ; elle s'accompagne de complications cardiaques graves et peut conduire à la mort dans un cas sur dix.

**CHAGNY** [71150] ♦ Ch.-l. de cant. de Saône-et-Loire, arr. de Chalon-sur-Saône, sur la Dheune. 5 591 hab. (aggl. 6 593) *(Chagnotins).* ▪ **Histoire** Vers 1365, la ville fut le quartier général des Grandes Compagnies*.

**CHAGOS** (îles) ♦ Îles coralliennes de l'océan Indien, situées à l'extrême sud des îles Maldives et participant de la même chaîne de montagnes sous-marines. 200 km$^2$. Les îles sont sous mandat britannique depuis 1814 et sont revendiquées par l'île Maurice. Diego Garcia, la cap., abrite une importante base américaine. En oct. 2008, les habitants de l'archipel (env. 2 000), qui avaient été transférés sur l'île Maurice entre 1965 et 1972, se sont vu interdire définitivement l'autorisation d'y revenir par les tribunaux britanniques. ▪ Coprah.

**CHĀH-É ZENDEH (Qāsim ibn 'Abbās, dit)** ➝ **ÉTYM.** « chah vivant » ♦ Cousin présumé du prophète Mahomet* (mort près de Samarkand en 672). Venant en Iran prêcher l'islam*, il se serait installé dans une grotte près de Samarkand et y aurait disparu. Son tombeau reste très vénéré. Plusieurs grands personnages furent par la suite inhumés à côté de sa tombe. ▪ Chāh-é Zendeh désigne un ensemble important de mausolées et de mosquées (colline d'Afrāsiyāb, Samarkand).

**CHAHINE (Youssef)** ♦ Cinéaste égyptien (Alexandrie 1926 - Le Caire 2008). Il débuta par des mélodrames assez conventionnels (l'un d'eux est interprété par son compatriote, alors inconnu, Omar Sharif), avant d'affirmer ses conceptions réalistes dans *Gare centrale* (1958) et son sens épique dans *Saladin* (1963). Il se fit ensuite le chantre éclairé de l'unité arabe : *La Terre* (1969), *Le Moineau* (1973), *Le Retour du fils prodigue* (1976), *Le Sixième Jour* (1986). *Le Destin* (1997) est un vigoureux plaidoyer contre l'intégrisme. ➝ **ÉTYM.** Le nom arabe *shāhīn* signifie « faucon blanc ».

**Chāhnāme** n. m. ➝ **ÉTYM.** « le livre des rois » ♦ Première grande épopée persane écrite par Firdoussi* (x$^{e}$ s.). Composée de 60 000 distiques, l'œuvre comprend 4 épisodes (légendaire, semi-légendaire, semi-historique, historique) et relate les fastes de l'Empire perse. Inspiré des traditions épiques de l'Iran ancien, ce poème comporte des préceptes moraux et des énigmes. Firdoussi y décrit avec autant de talent les puissantes scènes guerrières et les gracieux épisodes amoureux. Le *Chāhnāme,* œuvre rigoureuse, marque le début de l'essor de la littérature persane.

**CHAHPOUR** ou **CHAHPŪR I$^{er}$** ➝ **ÉTYM.** en lat. *Sapor ;* de l'iran. *šāhpūr* « fils de roi, prince » ♦ Roi sassanide de Perse (de 241 à 272), fils d'Ardachêr* I$^{er}$. Il annexa le royaume de Kushan (N.-O. de l'Inde et Afghanistan), puis lutta contre Rome et ses satellites. En 244, il traita avec Philippe* l'Arabe qui lui reconnut la possession de la Mésopotamie et de l'Arménie ; en 253, il remplaça Tiridate II d'Arménie par un prince vassal ; en 260, il fit prisonnier l'empereur Valérien* près d'Édesse (de nombreux bas-reliefs représentent celui-ci à genoux devant Chahpour). Il envahit alors la Cilicie et la Cappadoce mais fut arrêté dans son avance par Ballista et Macrien le père, et attaqué par Odenath* de Palmyre (260) ; celui-ci lui reprit ensuite la Mésopotamie (262 - 264). Chahpour fonda une capitale, Gundechahpour, près de Suse, et bâtit sans doute le palais de Ctésiphon*. Il semble avoir encouragé la prédication de Mani*.

**CHAHPOUR** ou **CHAHPŪR II** ♦ Roi sassanide de Perse (de 310 à 379). Il lutta constamment contre Rome en Mésopotamie : il assiégea trois fois Nisibe (338, 346, 350), entreprit avec Constance* II des pourparlers qu'il rompit en 359, repoussa l'expédition de l'empereur Julien* qui y trouva la mort (363), conclut avec Jovien une paix assurant à la Perse les cinq satrapies transtigritanes, une partie de la Mésopotamie et la suzeraineté sur l'Arménie. Il repoussa les Huns dans le Caucase (377) et réaffirma sa domination sur les Kushans (378). À l'intérieur, il s'appuya sur le clergé mazdéen, fut à l'origine du synode qui fixa le texte de l'*Avesta* (325) et persécuta les chrétiens (à partir de 337).

**CHAHPOUR** ou **CHAHPŪR III** ♦ Roi sassanide de Perse (de 383 à 388). Il traita avec Théodose* I$^{er}$, empereur romain (partage de l'Arménie, 387).

**Chaillot** (palais de) ♦ Ensemble architectural édifié à Paris en 1937 par les architectes Carlu*, Boileau et Azéma. Utilisant les deux ailes courbes de l'anc. Trocadéro, le palais s'organise autour d'une terrasse centrale précédée de vastes degrés descendant jusqu'à la Seine. Le caractère monumental de l'édifice est souligné par une abondante statuaire (œuvres notamment de Belmondo et de Gimond*). Les jardins et leurs pièces d'eau encadrent le bassin central. Le palais de Chaillot abrite la Cité de l'architecture et du patrimoine, le musée des Monuments français, le musée de la Marine, le musée de l'Homme, ainsi que le Théâtre national de Chaillot et ses dépendances, à la décoration de laquelle collaborèrent de nombreux artistes (Chapelain-Midy, Roland Oudot, Brianchon, Dufresne, L. A. Moreau, H. de Waroquier*, Bonnard*, K. X. Roussel*, Dufy*, Maurice Denis*, Vuillard* et Othon Friesz*). Le palais est orné d'inscriptions composées par Paul Valéry*. Parvis « des Libertés et des Droits de l'homme ».

Palais de **Chaillot** vu des jardins. *Phot. ©Léonard de Selva/Tapabor*

**CHAIN** (sir **Ernst Boris**) ♦ Biochimiste britannique (Berlin 1906 - en Irlande 1979). Il fit des recherches sur les enzymes, et poursuivit avec Florey les travaux de A. Fleming* sur la pénicilline (isolement, purification, dosages), puis il étudia son mode d'action, ses applications cliniques et sa production industrielle. [Prix Nobel de physiol. ou méd. 1945, avec A. Fleming et H. Florey]

**CHAIRIL ANWAR** ♦ Poète indonésien (Medan 1922 - Jakarta 1949). Son œuvre, très limitée, est posthume : *Vacarme et Poussière* (1949) ; *Cailloux pointus* (1949) ; *Trois écartent le destin* (1950). Cependant, du fait de son activité dans les milieux intellectuels de Jakarta pendant la période d'occupation japonaise (1942 - 1945) et la révolution (1945 - 1949), du fait aussi de la violence de son tempérament, de la forme dense et incisive de ses poèmes, et de sa revendication individualiste, il est tenu pour le pionnier de la « génération de 1945 ».

**CHAISE-DIEU (LA)** [43160] ➝ **ÉTYM.** anc. en lat. *Casam Dei* « maison *(casa)* de Dieu *(deus)* » ♦ Ch.-l. de cant. de la Haute-Loire, arr. de Brioude. 772 hab. *(Casadéens).* Anc. abbatiale de l'abbaye bénédictine fondée en 1044 par saint Robert, chanoine de Brioude. Église Saint-Robert, reconstruite en 1344 par H. Morel dans le style gothique méridional : remarquables tapisseries du début du XVI$^{e}$ s. ; célèbre *Danse macabre* (1470 - 1480) ; stalles du XV$^{e}$ s. Cloître (fin du XIV$^{e}$ s.). ▪ Station d'altitude (1 083 m). Festival de musique.

Les **Chaises** ♦ Comédie dramatique de Ionesco* (1952). Un couple de vieillards, âgés de 95 et 94 ans, vit dans une île avec pour tout viatique un amour usé : le vieil homme a néanmoins un message à délivrer à l'humanité dont il a convoqué les meilleurs représentants. Les invités arriveront invisibles, matérialisés par les seules chaises qui peu à peu envahiront l'espace. Au vide et au silence répond la prolifération de la matière, thème récurrent chez Ionesco. Cet envahissement détruira une situation d'abord paisible avant de la rendre à la fois absurde et métaphysique.

**CHAISSAC (Gaston)** ♦ Peintre français (Avallon 1910 - La Roche-sur-Yon 1964). Issu d'une famille d'artisans, il s'établit d'abord comme cordonnier à Paris en 1934, inventant déjà des compositions à l'aide de débris de cuir. En 1937, il rencontra Otto Freundlich qui lui fit découvrir l'art abstrait et l'encouragea à exprimer ses aspirations vers l'art, de même que plus tard Albert Gleizes* et André Lhote*. Il participa en 1949 à l'exposition «L'Art brut préféré aux arts culturels» et entretint une correspondance régulière avec Dubuffet*. Mais se considérant plutôt comme un «peintre de village semi-naïf», il se défendit d'appartenir à l'art brut*. Son œuvre s'y apparente cependant par l'utilisation de matériaux ordinaires les plus divers (pierre, tôle, débris de vaisselle), collés de préférence sur bois ou sur papier. Par la volonté de faire resurgir à partir du motif de la bête «l'idée première ensevelie sous les dogmes», il créa une série de «Totems», personnages aux visages hallucinés constitués de plages colorées fortement cernées de noir. En 1942, il s'installa définitivement à Sainte-Florence-de-l'Oie, en Vendée, où il rédigea, à partir de 1954, ses *Chroniques de l'oie* pour la *Nouvelle Revue française*. En raison de son isolement volontaire, son œuvre ne fut reconnue qu'à partir de 1961.

**CHAITANYA** ♦ Philosophe indien d'expression sanskrite et bengalie (1485 - v. 1530) et réformateur religieux, adepte du culte piétiste de Krishna*. Sa mort est entourée de mystère. Il est parfois considéré par ses fidèles comme une incarnation de Krishna.

**CHAKHTY,** jusqu'en 1920 ***Aleksandrovsk-Grouchevski*** ♦ V. de Russie, région de Rostov. 220 400 hab. Centre houiller et indus. Centrale thermique.

**CHAKRAVARTIN** ➝ **ÉTYM.** «qui fait tourner la roue de la loi» ♦ Titre de «souverain universel» donné à de grands souverains de l'Inde, et parfois appliqué à Bouddha* lui-même.

**CHAKRI** ♦ Dynastie régnante de Thaïlande, fondée en 1782 par le Chao Phya Chakri, général qui s'empara du pouvoir, et dont tous les rois prirent le nom de règne de Rāma*.

**CHALAIS (Henri DE TALLEYRAND,** comte **DE)** ♦ Gentilhomme français (1599 - Nantes 1626). Poussé par sa maîtresse, la duchesse de Chevreuse*, il conspira contre Richelieu et fut exécuté.

**CHALAMOV (Varlam Tikhonovitch)** ♦ Écrivain soviétique (Vologda 1907 - Moscou 1982). Étudiant en droit à l'université de Moscou, il fut arrêté en 1929, puis en 1937 et passa 22 ans dans des camps au N. de l'Oural et dans la Kolyma. Il écrivit de nombreux poèmes dont certains furent publiés après sa réhabilitation en 1957. Son œuvre majeure, les *Récits de la Kolyma* (diffusés clandestinement en URSS, publiés à Londres en 1978), constituent un témoignage bouleversant sur la vie dans les camps staliniens et sur l'univers du Goulag.

**CHALCÉDOINE** [kal-] – en gr. ***Khalkêdôn*** ♦ Anc. ville d'Asie Mineure (Bithynie) sur le Bosphore, auj. Kadıköy, le plus important faubourg asiatique d'İstanbul, constituant un arrondissement (699 379 hab.). ▮ **Histoire** Colonie de Mégare* fondée en -685, elle fut supplantée par Byzance, bâtie en face d'elle en -667. Prise par les Perses (-Vᵉ s.), elle passa ensuite tantôt du côté de Sparte, tantôt du côté d'Athènes, et résista à Mithridate* (-73). ♦ ***Concile de Chalcédoine*** 4ᵉ concile œcuménique, réuni en 451 par l'empereur Marcien. Contre Dioscore, évêque d'Alexandrie, le concile condamna la doctrine d'Eutychès* (monophysisme).

**CHALCIDIQUE** [kal-] n. f. ➝ **ÉTYM.** en gr. mod. ***Khalkidikí ;*** du n. de *Chalcis** ♦ Presqu'île grecque de la mer Égée (Macédoine), formant trois péninsules (Kassandra, Sithonia et le mont Athos). Le nome de Chalcidique (98 000 hab.) a pour ch.-l. Polygyros. L'arrière-pays, élevé et boisé, s'oppose au littoral très touristique et agricole de Kassandra. ▮ **Histoire** Elle doit son nom aux colonies que Chalcis* (Eubée) y fonda au -VIIᵉ et au -VIᵉ s. Ses villes principales furent Potidée* (colonie corinthienne) et Olynthe*. Elle fut conquise par les Macédoniens au -IVᵉ s. puis par les Romains au -IIᵉ s.

**CHALCIDIUS** [kal-] ♦ Philosophe néoplatonicien (IVᵉ s.). Son commentaire latin du Timée* de Platon influença la philosophie au Moyen Âge.

**CHALCIS** ou **CHALKIS** [kal-] ➝ **ÉTYM.** en gr. ***Khalkis,*** de *khalkos* «cuivre» ou ce *khalkis* qui désigne un oiseau (un lézard ou un serpent) de couleur cuivrée ♦ V. de Grèce (île d'Eubée) sur le canal d'Euripe qui sépare l'île du continent. ch.-l. du nome d'Eubée. Env. 60 000 hab. Musée d'archéologie. ▪ Centre industriel (constructions mécaniques). Port. Station balnéaire. ▮ **Histoire** Cité ionienne puissante dès le -IXᵉ s. grâce à sa métallurgie, elle fonda de nombreuses colonies en mer Égée, sur les côtes de la Grèce du Nord (notamment les 32 villes de la Chalcidique*), en Sicile* et en Italie du Sud (-VIIIᵉ - -VIᵉ s.) ➝ **Grande-Grèce.** Dominante dans l'île d'Eubée après sa victoire sur la ville voisine d'Érétrie* (fin du -VIIᵉ s.), elle fut vaincue et colonisée par les Athéniens (-506). Entrée dès lors dans l'orbite d'Athènes*, elle partagea le sort de l'Eubée*. La ville connut un nouvel essor sous les Vénitiens (1351 - 1470).

**CHALCOCONDYLE** [kal-] **(Démétrios)** – en gr. ***Khalkokondulês*** ♦ Grammairien grec (Athènes 1424 - Milan 1511). Fuyant l'occupation turque, il s'établit en Italie et contribua à la renaissance des études grecques. Il enseigna à Padoue, à Florence, où il fut appelé par Laurent Iᵉʳ de Médicis, et à Milan. On lui doit une grammaire grecque *(Erotemata)* et surtout les premières éditions d'Homère* (Florence, 1488) et d'Isocrate* (Milan, 1493).

**CHALCOCONDYLE** [kal-] **(Laonique)** – en gr. ***Khalkokondulês*** ♦ Historien grec (Athènes v. 1430 - v. 1480). Disciple de Gémiste Pléthon, il fut prisonnier et secrétaire, pour la langue grecque, du sultan Murat II. Son *Histoire* embrasse la période de 1297 à 1463 : la décadence de l'Empire byzantin et sa chute.

**CHALDÉE** [kalde] n. f. ♦ Pays des Chaldéens (les *Khaldū* des textes cunéiformes ; hébr. *Kasdim ;* gr. *Khaldaioi*), région occidentale de Sumer. V. PRINC. : Ur. Le terme s'étendit à la Babylonie et même à la Mésopotamie (Empire chaldéen ou néobabylonien) ➝ **Babylone.**

**CHÂLETTE-SUR-LOING** [45120] ➝ **ÉTYM.** anc. *Catalecta,* du bas lat. *cataracta* emprunté au gr. *katarrhaktês* «qui se précipite ; d'où écluse, barrage» ♦ Ch.-l. de cant. du Loiret, banl. N. de Montargis. 13 969 hab. *(Châlettois).*

**CHALEURS** (baie des) – en angl. ***Chaleur Bay*** ♦ Baie du Canada, dans le golfe du Saint-Laurent, au S. de la Gaspésie (Québec) qu'elle sépare de la prov. du Nouveau-Brunswick.

**CHALFIE (Martin)** ♦ Chimiste américain (Chicago 1947). Il a mis au point l'utilisation de la protéine fluorescente verte découverte par Shimomura* Osamu comme marqueur permettant de suivre *in vivo* les phénomènes biologiques au niveau cellulaire (le développement des cellules nerveuses dans le cerveau ou des cellules tumorales, le devenir des cellules nerveuses malades, l'expression d'un gène). [Prix Nobel de chimie 2008 avec Shimomura Osamu et R. Y. Tsien*]

**CHALGRIN (Jean-François)** ♦ Architecte français (Paris 1739 - *id.* 1811). Prix de Rome en 1758, il alla étudier en Italie les monuments antiques. Il devint ensuite architecte du roi et du comte de Provence. Il réalisa des habitations particulières caractéristiques du style Louis XVI par leur parti pris de simplicité et d'élégance. Il fit aussi des travaux d'agrandissement et d'aménagement au Collège de France, au palais du Luxembourg (escalier de l'aile droite) et s'occupa du chantier de Saint-Sulpice (tour Nord, 1777). Représentant de la phase dite «grecque» ou dorique du néoclassicisme, il adopta à Saint-Philippe-du-Roule le type basilical à colonnade des premières églises chrétiennes (1769 - 1784, plan modifié ensuite par Baltard*). Il eut ensuite tendance, sous le Directoire et l'Empire, à insister sur le caractère triomphal et grandiose. Son projet pour l'arc de triomphe de Paris fut modifié par Goust et Percier. ➝ **ÉTYM.** *Chalgrin* signifie «écale le grain».

**CHALIAPINE (Fedor)** ♦ Chanteur russe (Kazan 1873 - Paris 1938). Célèbre basse et remarquable tragédien, il fut l'un des plus grands artistes lyriques de son temps. Il triompha successivement à Moscou (1899), Milan (1901), New York (1907) et Paris (1908) où son interprétation de *Boris Godounov,* dans la troupe de Diaghilev, marqua sa consécration. Au cinéma, il fut l'interprète du *Don Quichotte* de Pabst (1934).

Fedor Ivanovitch **Chaliapine** dans *Boris Godounov*, 1908. Bibliothèque de l'Opéra, Paris. *BIS/Phot. © Coll. Archives Nathan*

**CHALIER (Joseph)** ♦ Homme politique français (Beaulard, Piémont 1747 - Lyon 1793). Acquis aux idées révolutionnaires, il fut un des principaux représentants du parti montagnard de Lyon et membre de la commune de cette ville. Il fut condamné à mort et décapité après la victoire de l'insurrection fédéraliste et royaliste (17 juil. 1793). Comme Le Peletier de Saint-Fargeau et Marat*, il devint l'« une des divinités du Panthéon révolutionnaire » (A. Soboul).

**CHALK RIVER** ♦ Loc. du Canada (Ontario). 874 hab. Centre de recherche atomique.

**CHALLANS** [85300] ➝ ÉTYM. du pré-indo-eur. °*kal-* « pierre, rocher » et suff. précelt. *-anc* ♦ Ch.-l. de cant. de la Vendée, arr. des Sables-d'Olonne, dans le Marais breton. 16 132 hab. *(Challandais)*. Marché agricole (canards).

**CHALLE (Maurice)** ♦ Général d'aviation français (Le Pontet, Vaucluse 1905 - Paris 1979). Après avoir pris part aux opérations de la Deuxième Guerre mondiale (1944 - 1945), il fut nommé major général des forces armées. Commandant en chef en Algérie (1959) puis du secteur Centre-Europe de l'Otan, il fut l'un des auteurs de la tentative de coup d'État d'Alger (1961). Condamné à 15 ans de détention, il fut gracié par le général de Gaulle en 1966.

**CHALLEMEL-LACOUR (Paul Armand)** ♦ Homme politique français (Avranches 1827 - Paris 1896). Exilé jusqu'en 1859 en raison de son opposition au coup d'État du 2 déc. 1851, il fut nommé préfet après la chute du Second Empire (4 sept. 1870). Député à l'Assemblée nationale, où, avec L. Gambetta*, il prit position contre la coalition monarchiste, il fut nommé ministre des Affaires étrangères dans le cabinet Jules Ferry (1883), et fut président du Sénat (1893). [Acad. fr. 1893]

**CHALLES-LES-EAUX** [73190] ➝ ÉTYM. du n. de Louis de *Challes*, suzerain de la v. à partir de 1579 ♦ Comm. de la Savoie, arr. de Chambéry. 3 931 hab. *(Challésiens)*. Station hydrominérale.

**CHALNA** ♦ Port fluvial du Bangladesh, établi en 1950 à proximité de Dacca pour desservir la ville. Exportation de jute.

**CHALONNAIS** n. m. ➝ ÉTYM. de *Chalon**-sur-Saône ♦ Région de transition, en Bourgogne, au S. de la côte de Beaune*, dans la plaine de la Saône. C'est un ancien fond de lac pliocène où se mêlent cultures et forêts sur les dépôts argileux et sableux. Le vignoble de la *côte chalonnaise* prolonge la Côte-d'Or ; il produit des vins rouges et blancs (mercurey, givry, montagny, rully).

**CHALONNES-SUR-LOIRE** [49290] ➝ ÉTYM. anc. *Calonna* « maison de l'eau », du bas lat. *cala* « abri, maison » et du gaul. *onna* « eau » ♦ Ch.-l. de cant. du Maine-et-Loire, arr. d'Angers, sur la rive g. de la Loire. 5 594 hab. *(Chalonnais)*. Viticulture (anjou).

**CHÂLONS-EN-CHAMPAGNE,** jusqu'en 1995 ***Châlons-sur-Marne*** [51000] ➝ ÉTYM. de *Catalauni*, n. d'une peuplade gauloise (➝ aussi Catalauniques [champs]) ♦ Ch.-l. du dép. de la Marne, sur la Marne. 47 339 hab. (aggl. 60 013) *(Châlonnais)*. Évêché. Cathédrale Saint-Étienne (XIIe s.) remaniée au XIIIe s. en style rayonnant (tour romane ; vitraux des XIIe, XIVe et XVIe s.). Église Saint-Alpin des XIIe et XVIe s. (vitraux en grisaille du XVIe s.). Église Notre-Dame-en-Vaux (XIIe s.), anc. collégiale (vitraux champenois du XVIe s.) ; cloître (v. 1180), remarquable ensemble de statues-colonnes et de chapiteaux historiés. Hôtels des XVIIe et XVIIIe s., dont l'hôtel des gouverneurs de Châlons. Musée municipal : archéologie ; peintures et sculptures ; arts et traditions populaires. Musée Garinet : peintures du XVIe au XVIIIe s. ; coll. de maquettes d'églises de France (XIXe s.). Musée d'Histoire militaire. ▪ Centre admin. entouré de vastes camps militaires (Mourmelon*-le-Grand, Mailly*-le-Camp, Suippes*). Marché agricole (vins de Champagne). Indus. diversifiées (équipement automobile, mécanique, construc. électr., menuiserie, chimie, agroalimentaire). ▮ **Histoire** C'est aux environs du bourg gallo-romain de *Catalaunorum* (entre Châlons et Troyes) que se déroula la bataille des champs Catalauniques, où Attila* fut vaincu par Aetius* en 451. Châlons fut le siège de l'intendance et de la généralité de Champagne. La ville fut bombardée au cours des deux dernières guerres.

**CHALON-SUR-SAÔNE** [71100] ➝ ÉTYM. anc. *Cavillonum* ou *Cabillonum*, p.-ê. d'une rac. ligure °*cab* « hauteur » (➝ aussi Cavaillon) ♦ Ch.-l. d'arr. de la Saône-et-Loire, sur la rive d. de la Saône. 50 124 hab. (aggl. 75 447) *(Chalonnais)*. Anc. cathédrale Saint-Vincent (XIe - XVe s.) de style roman bourguignon et gothique. Hôpital du XVIe s. (nombreuses œuvres d'art). Église Saint-Pierre (fin XVIIe s.). Maisons anc. Musée Denon : archéologie régionale, peintures du XVIIe au XIXe s., objets d'art. Musée Nicéphore Niépce. ▪ Port fluvial à la jonction de la Saône et du canal du Centre. Marché agricole (vins). Centre indus. (métallurgie) ayant bénéficié d'opérations de décentralisation (verrerie ; électronucléaire ; transport routier). ▮ **Histoire** Centre commercial du pays des Éduens, siège d'un évêché jusqu'en 1790, la ville appartint aux ducs de Bourgogne. En 1814, elle résista aux Alliés.

**CHALOSSE** n. f. ♦ Région de l'Aquitaine, au S. des Landes, entre l'Adour et le Gave de Pau. Collines à l'habitat dispersé. Cultures (blé, maïs, vigne) et élevage (bovins, porcs, oies).

**CHĀLUKYA** ♦ Nom de plusieurs dynasties indiennes qui régnèrent sur la partie occidentale de l'Inde et le centre du Dekkan* du VIe s. à 1297. Elles s'établirent à Badami*, dans le Gujarat* et en pays āndhra*. De nombreuses branches créèrent des dynasties semi-indépendantes et l'une d'elles s'allia à la dynastie des Chola* du S. de l'Inde. Ils furent finalement éliminés de la scène politique par les musulmans. Les souverains Chālukya inaugurèrent les plus anciens ensembles indiens de temples construits, et non plus creusés dans le roc.

**CHÂLUS** [ʃaly] [87230] ➝ ÉTYM. du bas lat. *castellucium*, de *castellum* « château fort » et suff. *-ucium* ♦ Ch.-l. de cant. de la Haute-Vienne, arr. de Limoges, sur la Tardoire. 1 759 hab. *(Châlusiens)*. Vestiges d'un château féodal. ▮ **Histoire** C'est en assiégeant ce château en 1199 que Richard Cœur de Lion fut mortellement blessé.

**CHAM** [kam] ➝ ÉTYM. de l'hébr. *ḥâm* « beau-père » ou « chaud » ♦ Personnage biblique (Genèse, V-X) fils de Noé*, père de Canaan*, ancêtre éponyme des Chamites (c'est-à-dire selon la Bible : Égyptiens, Éthiopiens, Somalis). Il est montré comme un fils irrévérencieux dans l'épisode où il découvre à ses frères la nudité de son père ivre.

**CHAM (Amédée DE NOÉ, dit)** ♦ Dessinateur humoristique français (Paris 1819 - *id.* 1879). Collaborateur du *Charivari* pendant de longues années, il se tailla un vif succès dans les caricatures politiques. Celles-ci, plus remarquables encore par les légendes qui les accompagnent, furent publiées en albums *(Proudhon en voyage ; L'Assemblée nationale comique)*.

**CHAMALIÈRES** [63400] ➝ ÉTYM. anc. *Camalerias* « ensemble de petites landes », de l'occit. *calm* « lande, plateau désert », suff. dimin. *-el* et suff. coll. *-aria* ♦ Ch.-l. de cant. du Puy-de-Dôme, banl. O. de Clermont-Ferrand. 18 136 hab. *(Chamaliérois)*. Imprimerie de la Banque de France.

**CHAMALIÈRES-SUR-LOIRE** [43800] ➝ ÉTYM. ➝ Chamalières ♦ Comm. de la Haute-Loire, arr. du Puy-en-Velay. 407 hab. *(Chamaliérois)*. Église romane dont l'abside est d'une ampleur exceptionnelle.

**CHAMARANDE** [91730] ➝ ÉTYM. du n. du fief de *Chamarande*, dans le Forez, propriété de Clair-Gilbert d'Ornaison, acquéreur du château en 1685 ♦ Comm. de l'Essonne, arr. d'Étampes. 1 016 hab. *(Chamarandais)*. Église (XIIe - XIIIe s., restaurée sous le Second Empire). Château (XVIIe s.) construit par François Mansart ; parc dessiné par Le Nôtre.

**CHAMBAS (Jean-Paul)** ♦ Peintre et décorateur français (Vic-Fezensac 1947). Collaborateur attitré de Jean-Pierre Vincent* à partir de 1975 (*Le Misanthrope*, 1976 et 1984 ; *Le Mariage de Figaro*, 1987 ; *On ne badine pas avec l'amour*, 1988 et 1993). Il conçoit ses décors comme des tableaux en relief, créant dans l'espace des images à l'intérieur desquelles les acteurs se meuvent. Elles existent par elles-mêmes tout en traduisant, généralement, une vision globale des lieux dans lesquels s'inscrivent les situations, l'histoire et la société. Opéra : *Carmen* (1993). Peintre du rideau du théâtre de l'Athénée-Louis-Jouvet (1985). ➝ ÉTYM. *Chambas* est une variante régionale de *chanvre* (désigne une chènevière).

**CHAMBERLAIN (Joseph)** ♦ Homme politique britannique (Londres 1836 - *id.* 1914). S'étant enrichi dans les affaires, il fut élu en 1873 maire de Birmingham, qu'il administra de manière révolutionnaire. Cela lui valut d'être élu député en 1876 dans les rangs des libéraux. Gladstone* le nomma ministre du Commerce (1880 - 1885). La question du Home* Rule créa une scission au sein des libéraux et Chamberlain prit la tête du mouvement libéral unioniste qui refusait l'autonomie complète de l'Irlande et se rapprochait des conservateurs. Ministre des Colonies (1895 - 1903) dans un cabinet conservateur auquel il fit prendre de nombreuses mesures sociales, il mena à bien la guerre des Boers puis évolua vers une politique impérialiste de plus en plus conservatrice : en 1900, signature de l'Australian Commonwealth Act. Malgré une violente campagne d'opinion (1903 - 1904), il ne put imposer le protectionnisme à la Grande-Bretagne. ➝ ÉTYM. *Chamberlain* est la forme anglaise de *chambellan*, du francique *kamarling*, du latin *camera* « chambre ».

**CHAMBERLAIN (Houston Stewart)** ♦ Écrivain allemand d'origine britannique (Portsmouth 1855 - Bayreuth 1927). Auteur d'un ouvrage sur R. Wagner dont il épousa la fille Eva (1894), il y formula une philosophie vitaliste et nationaliste. Dans ses *Fondements du XIXe siècle* (1899), il a exposé une théorie raciste, pangermaniste qui fait de lui un précurseur direct du national-socialisme (➝ **Gobineau**).

**CHAMBERLAIN (sir Joseph Austen)** ♦ Homme politique britannique (Birmingham 1863 - Londres 1937). Fils de Joseph Chamberlain. Élu député en 1892 dans les rangs des libéraux unionistes, il fut chancelier de l'Échiquier de 1903 à 1905 et l'un des chefs du parti conservateur. Après deux années passées de nouveau à la direction de la chancellerie de l'Échiquier (1919 - 1921), il fut nommé ministre des Affaires étrangères par Baldwin (1924 - 1929) et participa à ce titre à l'élaboration du pacte de Locarno*. [Prix Nobel de la paix 1925]

**CHAMBERLAIN (Arthur Neville)** ♦ Homme politique britannique (Edgbaston, Birmingham 1869 - Heckfield, près de Reading 1940). Fils de Joseph Chamberlain. Tenté à ses débuts par les affaires, il s'orienta vers la vie politique après avoir été maire de Birmingham. En 1918, il fut élu député conservateur et de 1924 à 1929 prit, comme ministre de la Santé, des mesures sociales importantes. Nommé chancelier de l'Échiquier en 1931, il dut faire face à la crise économique (dévaluation de la livre et retour au protectionnisme). En 1937, il succéda à S. Baldwin* comme Premier ministre. Mais la politique d'« apaisement » qu'il voulait suivre pour éviter la guerre ne pouvait tenir tête aux ambitions d'Hitler. ➝ **Munich (accords de)**. Il réagit cependant à l'invasion de la Tchécoslovaquie en préparant la Grande-Bretagne à la guerre (conscription, traités d'alliance) mais ses hésitations lui avaient fait perdre la confiance de l'opinion et il dut démissionner après l'échec de l'expédition britannique en Norvège (1940).

**CHAMBERLAIN (Owen)** ♦ Physicien américain (San Francisco, 1920 - Berkeley 2006). → Segrè. [Prix Nobel de phys. 1959, avec E. Segrè]

**CHAMBERLAND (Charles Édouard)** ♦ Bactériologiste français (Chilly-le-Vignoble, Jura 1851 - Paris 1908). Collaborateur de Pasteur*, il inventa un filtre hygiénique qui porte son nom.

**CHAMBERS (Ephraïm)** ♦ Encyclopédiste anglais (Kendal, Westmoreland v. 1680 - Islington 1740). Lancée par souscription en 1728, son *Encyclopédie ou Dictionnaire universel des arts et des sciences* fut rapidement célèbre. Ce fut l'une des principales sources de l'*Encyclopédie* de Diderot et d'Alembert.

**CHAMBERS (William)** ♦ Architecte, paysagiste et dessinateur britannique (Göteborg 1723 - Londres 1796). Il voyagea notamment en Chine, aux Indes, aux Pays-Bas, en France où il travailla dans l'atelier de J. F. Blondel* en 1749, puis en Italie, de 1750 à 1755. Il fut ensuite nommé architecte du prince de Galles, joua avec Reynolds* un rôle important dans la fondation de l'Académie royale des arts et fut nommé en 1782 surintendant des bâtiments royaux. Représentant du néoclassicisme palladien et admirateur de l'architecture française (Somerset House à Londres, 1776 - 1786), il fut surtout un éclectique raffiné, éleva de nombreuses «fabriques» ou pavillons dans les jardins de Kew (pagode de dix étages, mosquée, temple, arc romain, 1752 à 1762) et le casino Marino près de Dublin (1763). Son goût pour l'exotisme et le pittoresque influença les architectes français, ainsi que la publication de ses ouvrages : *Recueil d'architectures chinoises* (1757), *Traité d'architecture civile* (1759) et surtout *L'Art de distribuer les jardins selon l'usage des Chinois* qui inspira les créateurs de parcs à l'anglaise.

**CHAMBÉRY** [73000] ◆ **ÉTYM.** anc. *Cambariacum*, du lat. *Cambarius*, n. de pers. gallo-rom., et suff. *-acum* [l'étym. *chamberoz* «écrevisse» est populaire] ♦ Ch.-l. du dép. de la Savoie, au confluent de l'Albane et de la Leysse, entre les Bauges et la Grande-Chartreuse. 55 786 hab. (aggl. 111 341) *(Chambériens)*. Archevêché. Cour d'appel. Université. Cathédrale Saint-François-de-Sales (XVe s., anc. église d'un couvent de franciscains). Fontaine des éléphants (XVIIIe - XIXe s.). Maisons et hôtels anc. Le château des ducs de Savoie, restauré au XIXe s., conserve des constructions des XIVe et XVe s. Musée des Beaux-Arts (peinture italienne). Musée savoisien (archéologie, ethnographie régionales, art religieux médiéval). Aux environs, maison des Charmettes*. ▪ Ville administrative et commerçante, cap. régionale et nœud de communications important. **Histoire** La ville fut cédée à la Savoie en 1232 et en devint la capitale. Annexée par la France de 1792 à 1815, elle revint à la Savoie jusqu'en 1860, date où elle redevint française.

**CHAMBI** (djebel) ♦ Montagne la plus élevée de la Tunisie (1 554 m), située dans le S.-O. de la Dorsale tunisienne, à proximité de la frontière algérienne. Mine de plomb. À son pied E. se situe la ville de Kasserine.

**CHAMBIGES** ♦ Famille d'architectes et maîtres d'œuvre français surtout actifs durant le XVIe s. ♦ **Martin Chambiges** (Paris ? - Beauvais 1532). Il contribua à l'élaboration du type du portail flamboyant en donnant les plans des transepts et en travaillant aux chantiers des cathédrales de Sens (1489 - 1514), Troyes (jusqu'en 1516), Beauvais (avec la collaboration de Jean Waast) et Senlis (1516). On lui attribue aussi la tour Saint-Jacques-de-la-Boucherie à Paris et la façade de Saint-Pierre de Senlis. Il participa aux plans de reconstruction du pont Notre-Dame à Paris (1499 - 1500). ♦ **Pierre Ier Chambiges** (Paris ? - *id.* 1544). Fils du précédent. Il travailla avec son père à Troyes et à Beauvais et adopta certains des motifs ornementaux de la Renaissance italienne. Il participa aux travaux des châteaux de Chantilly, Fontainebleau (cour de Gilles Le Breton), La Muette, Saint-Germain-en-Laye ainsi qu'à la construction de l'hôtel de ville de Paris avec le Boccador*. On lui attribue aussi le château de Challeau. ♦ **Pierre II Chambiges** (1544 - 1615). Fils du précédent. Il travailla à Paris, notamment au Pont-Neuf et à la Petite Galerie du Louvre.

**CHAMBLY** [60230] ♦ Comm. de l'Oise, arr. de Senlis. 9 138 hab. (*Camblisards* ou *Camblisiens*).

**CHAMBOLLE-MUSIGNY** [21220] ◆ **ÉTYM.** de la langue d'oïl *camboule* «enflure [hauteur]» ♦ Comm. de la Côte-d'Or, arr. de Dijon. 313 hab. *(Chambollois)*. Vignobles de la Côte de Nuits, grands vins rouges de Bourgogne.

**Chambon** (barrage du) ♦ Barrage et centrale hydroélectrique des Alpes (Isère), sur la Romanche, en amont de Bourg-d'Oisans (1 040 m d alt.).

**CHAMBON** (lac) ♦ Lac volcanique du Puy-de-Dôme (alt. 877 m ; 60 ha) alimenté par la Couze. Site touristique.

**CHAMBON-FEUGEROLLES (LE)** [42500] ◆ **ÉTYM.** du gaul. *cambo* «méandre» ♦ Ch.-l. de cant. de la Loire, arr. de Saint-Étienne, sur l'Ondaine. 14 090 hab. *(Chambonnaires)*.

**CHAMBONNIÈRES (Jacques CHAMPION DE)** ♦ Compositeur et claveciniste français (Chambonnières-en-Brie 1601 - Paris 1672). Issu d'une famille de musiciens, il fut claveciniste à la cour de Louis XIII et de Louis XIV et exerça une profonde influence sur l'art musical de son temps, aussi bien en France qu'à l'étranger. Maître des Couperin*, de d'Anglebert et de Cambert, il a fixé les bases de l'école du clavecin français avec ses *Pièces de clavecin* (Paris, 1670).

**CHAMBON-SUR-LIGNON (LE)** [43400] ♦ Comm. de la Haute-Loire, arr. d'Yssingeaux. 2 642 hab. *(Chambonnais)*. Station estivale. Maison d'enfants. **Histoire** Sous l'Occupation, la cité protégea de nombreux juifs.

**CHAMBON-SUR-VOUEIZE** [23170] ♦ Ch.-l. de cant. de la Creuse, arr. d'Aubusson. 1 012 hab. *(Chambonnais)*. Église Sainte-Valérie de style roman limousin.

**CHAMBORD (Henri D'ARTOIS, duc DE BORDEAUX, comte DE)** ♦ Dernier représentant de la branche aînée des Bourbons (Paris 1820 - Frohsdorf, Autriche 1883). Fils posthume du duc de Berry* et de la princesse Marie-Caroline de Bourbon-Sicile, il vécut en exil après la révolution de juillet 1830, fut élevé par sa tante la duchesse d'Angoulême* et épousa une princesse de Modène (1846). Dernier prétendant légitimiste au trône (sous le nom d'Henri V) à l'abdication de Charles* X (1830), il ne fit valoir ses droits qu'en 1871. À la suite de pourparlers entre légitimistes et orléanistes, son accession au trône parut un moment quasi certaine ; mais l'intransigeance du comte de Chambord, qui refusa, entre autres choses, de renoncer au drapeau blanc, fit échouer les négociations. Mort sans enfant, Henri de Chambord laissait la maison d'Orléans seule héritière du trône.

**CHAMBORD** [41250] ◆ **ÉTYM.** anc. *Cambortum*, gaul. «le gué *(ritu)* sur le méandre *(cambo)*» ♦ Comm. du Loir-et-Cher, arr. de Blois. 185 hab. *(Chambourdins)*. Le château de Chambord, dont la construction fut entreprise pendant le règne de François Ier sur les plans d'un architecte demeuré inconnu (peut-être le Boccador*), est l'un des chefs-d'œuvre de la Renaissance. Il marque une étape importante dans l'histoire de l'architecture française. Si le plan général de l'ensemble suit encore de très près le modèle de la forteresse féodale, avec une enceinte extérieure et un donjon cantonné de tours, la conception architecturale et la décoration sont délibérément ouvertes aux influences italiennes qui trouvent leur plein épanouissement dans le célèbre grand escalier à double révolution. **Histoire** Le château a appartenu successivement au maréchal de Saxe, au maréchal Berthier et au duc de Bordeaux à qui il fut offert par souscription nationale et qui prit le titre de comte de Chambord. Le château et son domaine (5 500 ha de parc cernés par un mur de 32 km de long) sont aujourd'hui la propriété de l'État.

**Chambord.** Le château. *Phot.© /Fotolia*

**CHAMBOURCY** [78240] ◆ **ÉTYM.** du lat. *Camburcius*, n. de pers. gallo-rom., et suff. *-acum* ♦ Comm. des Yvelines, arr. de Saint-Germain-en-Laye. 5 077 hab. Parc du Désert de Retz (XVIIIe s.), en lisière de la forêt de Marly.

**CHAMBRAY-LÈS-TOURS** [37170] ♦ Ch.-l. de cant. de l'Indre-et-Loire. 10 275 hab.

**Chambre des communes** – en angl. ***House of Commons*** ♦ Chambre basse du Parlement du Royaume-Uni, formée des représentants (651 membres en 1992) élus en Angleterre, au pays de Galles, en Écosse et en Irlande du Nord, au suffrage universel à un seul tour. Elle exerce un contrôle constant sur l'action du gouvernement et sur sa gestion financière et, si elle a le pouvoir d'amender ou de rejeter les lois, elle n'a pas l'initiative de celles-ci, qui revient au seul gouvernement. **Histoire** Elle trouve son origine au début du XIIIe s., quand des représentants des «bourgs» furent convoqués par le roi avec les barons. Les besoins financiers provoqués par la guerre de Cent* Ans accrurent le rôle des représentants élus des «communautés» (d'où son nom) auxquels le roi demandait des subsides. Dès le XIVe s., le «Bon Parlement» prenait à la Chambre des lords l'initiative financière, et s'en séparait pour délibérer, disposant déjà d'une organisation. Les Tudors la ren-

**Chambre des époux.** Fresques de Mantegna. Palais ducal, Mantoue. *Phot.* ©*Scala*

forcèrent en la mettant au service de leur politique, mais c'est au XVII^e^ et au XVIII^e^ s. que son pouvoir fut consacré grâce aux deux révolutions d'Angleterre, tandis que s'affirmait l'idée de responsabilité parlementaire, favorisée par l'effacement des premiers Hanovre. Les réformes du XIX^e^ s. lui permirent de s'adapter à l'évolution du pays et de devenir une représentation d'individus et non plus de groupes. Depuis les révolutions du XVII^e^ s., et même depuis la Réforme, elle s'est généralement trouvée divisée entre deux grandes tendances : aux cavaliers* et aux têtes rondes succédèrent les tories (→ **tory**) et les whigs, puis les conservateurs et les libéraux, et plus récemment les conservateurs et les travaillistes. → **libéral (Parti), conservateur (Parti), travailliste (Parti).**

**Chambre des députés** ♦ Nom donné sous la Restauration (→ **Charte constitutionnelle**), la monarchie de Juillet et la III^e^ République à une des assemblées du Parlement français. **▮ Sous la Restauration** La Chambre des députés était élue au suffrage censitaire pour cinq ans et renouvelable par 1/5 tous les ans (de 1817 à 1824). Siégèrent : la Chambre des députés des départements de la première Restauration (juin 1814 - mars 1815) qui se retira peu après le débarquement de Napoléon I^er^ (→ **Cent-Jours**) ; la Chambre dite *introuvable*, dominée par les royalistes résolus (→ **ultras**) qui adoptèrent plusieurs lois d'exception (élue en août 1815, dissoute en sept. 1816) ; la nouvelle Chambre (élue en oct. 1816), d'abord formée de constitutionnels modérés, mais qui, après l'assassinat du duc de Berry (fév. 1820), vit sa majorité se déplacer vers la droite (dissoute en déc. 1823). La Chambre *retrouvée*, ainsi appelée en raison du nouveau triomphe des ultras, dont la durée avait théoriquement été fixée à sept ans par Villèle (Chambre septennale), adopta plusieurs mesures réactionnaires (mars 1824 - nov. 1827). Les libéraux furent majoritaires dans la nouvelle Chambre qui, élue en nov. 1827 et réunie en fév. 1828, fut dissoute après l'adresse des 221 (mai 1830). **▮ Chambre des députés des départements** Elle fut plusieurs fois dissoute et réélue sous la monarchie de Juillet (août 1830 - avr. 1831, juil. 1831 - mai 1834, juil. 1834 - juil. 1837, déc. 1837 - janv. 1839, déc. 1839 - juin 1842, juil. 1842 - juil. 1846, août 1846 - fév. 1848). Les élections favorisèrent tour à tour l'opposition de gauche et le parti conservateur. **▮ Sous la III^e^ République** Les députés furent élus au suffrage universel et perçurent, pour la première fois, une indemnité. La Chambre, devant laquelle le gouvernement était responsable, se réunissait, avec le Sénat, en Assemblée nationale, pour élire le président de la République. Après la dissolution de l'Assemblée nationale (déc. 1875), 16 législatures se succédèrent jusqu'en 1940. La première Chambre (mars 1876), à majorité républicaine (Union républicaine de Léon Gambetta et gauche républicaine de Jules Ferry), fut dissoute par le président Mac*-Mahon, sous l'influence des conservateurs de l'Ordre moral (mai 1877). En dépit d'une progression des conservateurs, les républicains furent encore majoritaires dans la deuxième législature (nov. 1877 - juil. 1881) et, après la démission de Mac-Mahon (1879), imposèrent une politique républicaine et laïque. La troisième législature (oct. 1881 - août 1885) vit l'effondrement des conservateurs mais aussi une certaine opposition entre les divers mouvements républicains ; la quatrième (nov. 1885 - juil. 1889), le déclin du centre au profit des extrêmes droite et gauche ; la cinquième (nov. 1889 - juil. 1893), le renforcement des républicains face aux révisionnistes (partisans de Boulanger) ; la sixième (nov. 1893 - avr. 1898), la victoire des républicains modérés ; la septième (juin 1898 - mars 1902), un certain morcellement des représentations, puis un regroupement des forces de gauche avec l'affaire Dreyfus ; la huitième (juin 1902 - avr. 1906), une nette progression de la gauche ; la neuvième (juin 1906 - avr. 1910), le triomphe du Bloc des gauches et l'accession au pouvoir des radicaux ; la dixième (juin 1910 - avr. 1914), le progrès des socialistes qui n'apporta cependant point de modification profonde dans le rapport des forces politiques ; la onzième (juin 1914 - oct. 1919), une victoire des partis de gauche ; la douzième (déc. 1919 - avr. 1924), le triomphe des conservateurs du Bloc national ; la treizième (juin 1924 - mars 1928), le succès de la gauche (Cartel des gauches, 26 députés communistes) ; la quatorzième (juin 1928 - avr. 1932), une nouvelle victoire de la droite et du centre (face à la crainte du communisme international) ; la quinzième (juin 1932 - mars 1936), une tentative pour former une nouvelle majorité, excluant la droite et la gauche communiste ; la seizième (juin 1936 - juil. 1940), un succès de la gauche (gouvernement de Front populaire) avec un net recul des radicaux au profit des communistes et de la SFIO. ▪ En 1946, la Constitution de la IV^e^ République a donné à la Chambre des députés le nom d'Assemblée* nationale.

**Chambre des époux** ♦ Salle du palais ducal de Mantoue dont les murs et le plafond sont décorés de fresques de Mantegna* (exécutées en 1472 - 1474). Ce décor, véritable triomphe du trompe-l'œil, représente l'intérieur d'un pavillon d'où l'on voit, à l'extérieur, la famille Gonzague, des paysages des environs de Mantoue, des scènes de la vie de la cour, des animaux.

**Chambre des lords** – en angl. ***House of Lords*** ♦ Chambre haute du Parlement du Royaume-Uni. Elle est composée d'env. 1 200 pairs, les uns héréditaires, les autres élus pour une législature par les pairs d'Écosse et d'Irlande ; d'autres créés par le souverain en accord avec le gouvernement ; d'autres, enfin, pairs de par leurs fonctions : évêques et archevêques, hauts magistrats. Elle ne dispose plus que d'un droit de veto suspensif (limité à un an depuis 1949) sur les lois ne concernant pas le domaine financier (depuis 1911) et d'un pouvoir juridictionnel : elle forme traditionnellement un tribunal d'appel où siègent neuf lords. **▮ Histoire** Née du Conseil féodal qui siégea toujours auprès des rois, elle acquit un rôle impor-

**Chambres de Raphaël.** *Héliodore chassé du Temple.* Vatican, Rome. *Phot. ©Scala*

tant au XIIIe s., après la Grande Charte*, et le conserva jusqu'au XVe s. Par la suite, son action ne cessa de diminuer au profit de la Chambre* des communes.

**Chambre introuvable** ♦ Surnom donné à la Chambre* des députés élue en 1815 (→ **Restauration**).

**Chambres de Raphaël** ♦ Salles de l'appartement de Jules II au Vatican, redécorées par Raphaël à la demande du pape à partir de 1509. La plus célèbre et la plus accomplie, la chambre de la Signature (1509 - 1511), abrite notamment quatre grandes fresques illustrant la Théologie *(La Dispute du saint sacrement)*, la Philosophie *(L'École* d'Athènes)*, la Poésie *(Le Parnasse)* et la Justice *(Les Décrétales)*. La chambre d'Héliodore (1511 - 1514), qui dénote une évolution dans la technique picturale du peintre, fait allusion aux épreuves historiques du pontificat *(Héliodore chassé du Temple, Messe de Bolsena, La Délivrance de saint Pierre, Léon Ier arrêtant Attila aux portes de Rome)*. Le décor de la chambre de l'Incendie du Bourg (1514 - 1517), dont la scène la plus célèbre évoque l'incendie du quartier romain du Borgo, en 847, miraculeusement arrêté par un signe de croix de Léon IV, a été exécuté par l'atelier de Raphaël, d'après ses dessins. La chambre de Constantin (1517 - 1525), achevée après sa mort, fut entièrement décorée par ses élèves, en particulier par Jules* Romain.

**CHAMFORT (Sébastien Roch NICOLAS, dit Nicolas DE)** ♦ Moraliste français (près de Clermont-Ferrand 1741 - Paris 1794). Très fêté pour son esprit dans la société aristocratique, il s'enthousiasma cependant pour la Révolution, mais, hostile à la Terreur et plusieurs fois emprisonné, se suicida. Conteur spirituel et esprit caustique, il est l'auteur de fables et de poésies légères, et surtout d'épigrammes et de sentences hardies, les *Maximes et Pensées, Caractères et Anecdotes* (posth. 1795) : il y stigmatise la société de son temps et manifeste une misanthropie amère en des formules paradoxales, remarquables «pour la sûreté et la force percutante du trait, pour la légèreté du persiflage» (J. Rostand). [Acad. fr. 1781]

**CHAMIL** ♦ Héros de l'indépendance du Caucase (Guimry, Daguestan 1797 - Médine 1871). Troisième imam du Daguestan (1834 - 1859), il repoussa avec succès les Russes et fonda un véritable État théocratique au cœur du pays tchétchène. Mais il fut vaincu par les Russes en 1859.

**CHAMILLART (Michel DE)** ♦ Homme politique français (Paris 1652 - *id.* 1721). Protégé de Mme de Maintenon*, il fut contrôleur des Finances et secrétaire d'État à la Guerre sous Louis XIV.

**CHAMISSO DE BONCOURT (Louis Charles Adélaïde, dit Adelbert VON)** ♦ Écrivain et savant allemand d'origine française (château de Boncourt, Champagne 1781 - Berlin 1838). Il émigra sous la Terreur (1792), s'engagea dans un régiment prussien et fit à Berlin la connaissance de La Motte-Fouqué et de Varnhagen ; mais il revint en France à plusieurs reprises et séjourna auprès de Mme de Staël (1811 - 1812). Il s'embarqua en 1815 comme naturaliste *(Voyage autour du monde 1815-1818)*, avant de se fixer définitivement à Berlin où il fut directeur du Jardin botanique. «Enfant des Muses, caché sous les armes étrangères et adopté par les bardes de la Germanie» (Chateaubriand), il se sentit longtemps exilé, en quête de patrie, et sa *Merveilleuse Histoire de Pierre Schlemihl* (1814), l'homme qui a perdu son ombre, apparaît un peu comme la confession de son auteur, où le fantastique se mêle sans cesse au réel. La publication de ses poèmes *(Le Crucifix, Le Château de Boncourt, L'Amour et la Vie d'une femme)* lui valut en 1833 la fonction de directeur de *l'Almanach des muses*.

**CHAMIYA** n. f. ♦ Désert de Syrie, constitué par un vaste plateau steppique qui fait suite au désert de la Djésireh et que se partagent la Syrie, la Jordanie du Nord, l'Arabie saoudite et l'Irak. Elle borde les contreforts de l'Anti-Liban à l'O., les montagnes du Médian au S., et domine à l'E. les plaines de la Mésopotamie. Accidentée de chaînons isolés, elle est parcourue par les pasteurs bédouins.

**CHAMMAR** ♦ Contrée d'Arabie saoudite, dans le Nedjd, dont la population est essentiellement constituée de Bédouins nomades ralliés au clan Sa'ūd. Cultures dans les oasis (céréales, coton, palmiers dattiers).

**CHAMMAR** (jabal) n. m. ♦ Reliefs d'Arabie saoudite, orientés E.-O., situés dans le massif du Nedjd au S. du désert de Néfoud.

**CHAMOISEAU (Patrick)** ♦ Écrivain français (Fort-de-France 1953). Ardent défenseur de la créolité, il fait dire à l'un des personnages de *Chronique des sept misères* (1986) «Qu'allez-vous faire de toutes ces races qui vous habitent, de ces deux langues qui vous écartèlent, de ce lot de sangs qui vous travaillent ?». Il s'attache dans ses œuvres à rendre compte de la culture populaire martiniquaise, s'efforçant d'en traduire l'oralité par écrit, mêlant l'objectivité scientifique de l'analyse historique à la subjectivité du fictif romanesque : *Manman Dlo contre la Fée Carabosse* (1981), *Solibo Magnifique* (1988), *Éloge de la créolité* (manifeste rédigé avec Raphaël Confiant*, 1989), *Texaco* (prix Goncourt, 1992), *Écrire en pays dominé* (1997), *Biblique des derniers gestes* (2002), *Une enfance créole* (trilogie, 1993 - 2005), *Les Neuf Consciences du Malfini* (conte écologique et politique, 2009).

**CHAMONIX-MONT-BLANC** [-ni] [74400] ▸ ÉTYM. «champ *(campus)* muni [garni] *(munitus)*», probablt forme latinisée de *Chammonis*, d'orig. précelt., apparenté à l'anc. fr. *chamon* «friche, terre inculte» ♦ Ch.-l. de cant. de la Haute-Savoie, arr. de Bonneville, sur l'Arve, dans la vallée de Chamonix, à 1 037 m d'alt., entre le massif des Aiguilles-Rouges et le massif du Mont-Blanc. 9 830 hab. (aggl. 12 536) *(Chamoniards)*. Musée alpin. Festival des sciences. ▪ Centre d'alpinisme de réputation mondiale. Station de ski (été, hiver). Départ du téléphérique de l'aiguille du Midi* et du chemin de fer du Montenvers. → **Glace (mer de)**. École nationale de ski et d'alpinisme. École militaire de haute montagne. Matériel d'alpinisme. → **Blanc (mont)**.

**CHAMORRO (Violeta)** ♦ Femme politique nicaraguayenne (Rivas 1930). Veuve de Pedro Joaquín Chamorro, directeur du journal *La Prensa* (organe du parti conservateur), assassiné sur l'ordre du dictateur Somoza, candidate de l'Union de l'opposition contre les sandinistes (UNO), elle a été présidente de la République de 1990 à 1996. → **Nicaragua.** ✦ ÉTYM. Ce nom espagnol signifie «tondu» (surnom d'un homme rasé de près ou aux cheveux tondus).

**CHAMOUN (Camille)** ♦ Homme politique libanais (Deyr al-Qamr 1900 - Beyrouth 1987). Chrétien maronite, président de la République libanaise de 1952 à 1958, il prit la tête du Parti national libéral (1959), participa activement à la guerre civile et devint le chef du Front libanais, regroupant à partir de 1976 les milices chrétiennes. Après l'intervention syrienne, il apporta son soutien à la milice pro-israélienne du Sud, l'ALS (Armée du Sud-Liban). En 1980, son parti fut évincé de la direction du Front libanais au profit des phalanges de Béchir Gemayel qui liquidèrent ses milices. L'exode forcé des chrétiens du Chouf, son fief traditionnel, l'incita à rechercher un compromis avec la communauté druze. Son fils, Dany, qui lui succéda à la tête du Parti national libéral, fut assassiné, avec sa famille, en 1990.

**CHAMPA** ou **CAMPA** n. m. – en vietnamien ***Chiêm Thành*** ♦ Anc. royaume indianisé du centre du Viêtnam, formé par plusieurs principautés dont l'ethnie principale, les Chams, occupait les plaines côtières. Il fut fondé, selon la tradition, v. 192. L'histoire de ce royaume se confond avec celle de ses luttes contre les Khmers et plus encore contre les Vietnamiens qui le refoulèrent progressivement vers le S., où, bien que couramment considéré comme définitivement absorbé par le Viêtnam au XVI^e s., il continua d'exister de façon autonome jusqu'au XIX^e s. dans le Panduranga (région de Bình Thuận). Il laissa de nombreux témoignages d'un passé brillant et d'un art particulier (site de Mỹ* Sơn). Le musée cham de Danang en expose les œuvres, rassemblées pour la plupart à l'époque coloniale, à l'initiative de l'École française d'Extrême-Orient.

**CHAMPAGNE (Claude)** ♦ Compositeur et pédagogue canadien (Montréal 1891 - *id.* 1965). Tant à l'université qu'au conservatoire de Montréal, il forma de nombreux élèves et exerça une influence durable sur la vie musicale au Québec (*Suite canadienne*, 1928 ; *Altitudes*, sur des thèmes d'origine huronne, 1959).

**CHAMPAGNE** n. f. ✦ ÉTYM. du lat. *campania* «plaine» (désigne une terre fertile) ♦ Région orientale du Bassin parisien. Le vignoble, localisé sur la côte de l'Île-de-France dans la région de Reims* et d'Épernay*, est utilisé dans la fabrication des célèbres vins de Champagne. Il est cultivé dans trois zones : la Montagne de Reims (princ. crus à Mailly, Vernezay, Sillery, Verzy, Ambonnay, Bouzy*), autour d'Épernay, dans la vallée de la Marne (Hautvillers*, Ay*, Avenoy, Mareuil, Dizy, Damery, Pierry, Moussy, Vinay) et au S.-E. d'Épernay (côte des Blancs : Cramant, Avize*, Oger, Le Mesnil-Oger, Vertus*). ▪ À l'O., la Champagne sèche (dite «pouilleuse») fut longtemps une terre d'élevage de moutons et abritait des camps militaires ; c'est auj. une région de grande propriété productrice de blé. ▪ À l'E., la Champagne humide, au sol marneux, est recouverte d'étangs, de prairies ; c'est une région d'élevage. → **Champagne-Ardenne.** ▮ **Histoire** La Champagne, recouvrant les actuels dép. de l'Aube, de la Marne, de la Haute-Marne, des Ardennes et de l'Yonne, fut donnée au X^e s. à la maison de Vermandois. Eudes de Blois, qui en hérita au XI^e s., lui ajouta le Blésois et devint alors l'un des plus importants féodaux. Ses possessions furent divisées au XII^e s., mais la ligue champenoise, restée puissante, se distingua lors des croisades (Henri II fut roi de Chypre et de Jérusalem). Les XII^e et XIII^e s. furent l'époque des foires de Champagne qui valurent une extraordinaire prospérité à la région : à mi-chemin entre les Flandres et l'Italie, la Champagne organisa six foires dans différentes villes, réparties tout au long de l'année de façon à former une foire permanente, qui furent la seule place de commerce européenne de l'époque, et eurent la spécialité du crédit. Devenus rois de Navarre (1234), les comtes de Champagne se désintéressèrent du pays qui fut intégré au royaume de France par le mariage de Philippe* IV le Bel avec Jeanne de Champagne.

**Champagne** (batailles de) ♦ Au cours de la Première Guerre mondiale, la Champagne fut un des principaux théâtres d'opérations. Après la Marne (sept. 1914), les Allemands établirent leur front sur une ligne passant au N. de Reims, de Craonne à l'Argonne. En 1915, plusieurs offensives françaises (en fév., mars, puis à partir des 25 sept. et 5 oct.) donnèrent lieu à des combats très meurtriers mais de faible efficacité, entre Massiges et Auberive. En avr. 1917, l'offensive de Nivelle (→ **Chemin des Dames**) se déroula en partie en Champagne (sur le canal de l'Aisne, entre Berry-au-Bac et Reims). Lors de l'offensive allemande du 27 mai 1918 sur l'Aisne (→ **Aisne [batailles de l']**) et de l'avancée sur Château*-Thierry, la Montagne de Reims fut un des «môles» de la résistance française. L'attaque allemande du 15 juil. 1918 (*Friedensturm*, «assaut de la paix») se développa de Château-Thierry aux confins de l'Argonne et donna lieu à l'efficace défense en seconde ligne de Gouraud, sur les monts de Champagne, de Massiges à Auberive. La contre-offensive alliée du 26 sept. 1918, organisée par Foch, commença avec l'attaque de Gouraud sur Sommepy, tandis que les Américains attaquaient en Argonne*.

**CHAMPAGNÉ** [72470] ✦ ÉTYM. du lat. *Campanius*, n. de pers., et suff. *-acum* ♦ Comm. de la Sarthe, arr. du Mans. 3 294 hab. (aggl. 5 654) *(Champagnéens)*. Camp militaire d'Auvours.

**CHAMPAGNE-ARDENNE** n. f. ♦ Région administrative du N.-E. de la France, comptant 4 dép. : Ardennes, Aube, Marne et Haute-Marne. 25 606 km² (4,7 % du territoire, 12^e rang). 1 342 363 hab. (2,3 %, 18^e rang). 1,9 % du PIB (16^e rang). CH.-L. : Châlons-en-Champagne. La région coïncide à peu près avec l'anc. province de Champagne*, amputée à l'O., mais augmentée de fractions de la Lorraine (Sedan) et de la Bourgogne (Bar-sur-Seine).

▮ **GÉOGRAPHIE** La région est centrée sur la zone crayeuse du Crétacé supérieur, plaine perméable sèche, dénudée, dépourvue de limon, autrefois appelée «Champagne pouilleuse» (de 110 à 230 m d'O. en E.). À l'E., elle est flanquée de l'auréole infracrétacée de la «Champagne humide», limitée au N.-E. par le massif argilo-siliceux de l'Argonne (300 m) et au S.-E. par les hauts plateaux de calcaire jurassique du Barrois (350 - 400 m) que prolonge, au-delà du Bassigny, le plateau de Langres (450 - 510 m). Entaillé par les amples vallées alluviales de l'Aisne, la Marne, l'Aube et la Seine, le plateau s'élève insensiblement au N. jusqu'à la ligne de crête boisée du Jurassique (300 m) qui domine le profond sillon creusé par la Meuse dans les marnes du Lias (150 m), avant sa traversée du massif primaire ardennais (400 - 500 m) dont la région englobe un fragment. Au S.-E., la craie disparaît sous les argiles tertiaires du pays d'Othe. À l'O., les retombées des plateaux tertiaires de Brie (côte d'Île-de-France) sont les terres d'élection du vignoble. ▪ Au centre (Marne et Aube), le climat est doux et les précipitations sont modérées (de 2 à 18 °C ; de 550 à 700 mm/an) tandis que les Ardennes et la Haute-Marne sont plus humides (1 000 - 1 200 mm/an) avec des hivers assez rudes. Beaux massifs forestiers.

▮ **POPULATION** Anc. croisée de routes autour de Reims, sur les itinéraires reliant l'Italie et la Flandre, la Champagne, dont les foires stimulèrent dès le Moyen Âge une industrie florissante, s'enrichit tôt d'une population nombreuse (1 266 000 hab. en 1881). Cependant, sous les effets conjugués de la crise lainière, du phylloxéra et de la révolution industrielle, la régression démographique fut rapide. Écartelée entre les grandes concentrations humaines du Nord, de la Lorraine et de Paris, qui aspiraient sa main-d'œuvre potentielle, très atteinte par les guerres successives (1870 - 1871 ; 1914 - 1918 ; 1939 - 1945), la région ne comptait plus que 1 049 000 hab. en 1946. L'hémorragie cessa par la suite (1946 - 1990 : +28,2 % ; France : +39,6 %), mais sans parvenir à récupérer les pertes antérieures. Les deux dernières décennies montrent un nouveau recul mais de faible ampleur (–0,3 % de 1982 à 1999). Les Ardennes et la Haute-Marne, départements dont les industries traditionnelles sont en crise, sont les plus touchées par ce recul démographique. L'Aube et la Marne ont au contraire une population en légère croissance grâce à leur situation économique plus favorable. La densité moyenne (53 hab./km²) est une des plus faibles de France.

▮ **ÉCONOMIE** ▮ **Agriculture** C'est le secteur le plus dynamique : les terres jadis pauvres, devenues prospères grâce aux engrais, sont mises en valeur dans de grandes exploitations mécanisées dont la surface agricole utilisée (SAU) moyenne est de 58 ha. Les cultures assurent env. 85 % de la valeur de la prod. et concernent la betterave sucrière (plus de 8 millions de t ; 2^e rang), le blé (2,8 millions de t ; 4^e rang), l'orge (1,7 million de t ; 1^er rang) et, bien sûr, la vigne (2,8 millions d'hl de vin ; 6^e rang pour la quantité mais 2^e rang pour la valeur). Localisé entre Reims et Épernay, le vignoble (31 000 ha) a permis en 2006 la prod. de 321 millions de bouteilles de champagne qui devrait approcher 400 millions en 2015 (54 millions en 1961 ; 122 millions en 1975), ce qui constitue une exceptionnelle réussite pour un produit de luxe consommé dans presque tous les pays du monde. Ces productions assurent des revenus très supérieurs à la moyenne française : le revenu brut par exploitation (RBE) atteint l'indice 223,1 pour un indice national de 100. Les agriculteurs représentent d'ailleurs encore 6,7 % de l'emploi régional (France : 2 %). ▮ **Industrie** Le groupe métallurgique ardennais de la vallée de la Meuse (forges, estampage, boulonnerie) a traversé une crise difficile malgré la présence d'entreprises décentralisées depuis la capitale (Citroën à Villers-Semeuse). Certains secteurs tentent de se maintenir, tels l'industrie du verre (Ardennes), les activités liées à la bonneterie (Aube, en particulier à Troyes), les fonderies et le travail des métaux ainsi que la sidérurgie (Haute-Marne), tandis que d'autres essaient de se développer comme l'industrie agroalimentaire liée à la production de lait dans la Haute-Marne. La région fonde ses espoirs sur le développement d'entreprises locales dans la mécanique et l'agroalimentaire afin de maintenir un secteur en crise, mais qui représente encore 26 % de l'emploi régional (France : 20,7 %). ▮ **Activités tertiaires** Le retard de ce secteur (67,3 % de l'emploi régional ; France : 77 %) doit être comblé par le

**Champagne-Ardenne.**

développement des activités de commerce et de services, en particulier des activités liées à la recherche autour de l'université de Reims et par la meilleure valorisation de la situation ancienne de la région comme carrefour international. La région est desservie par les autoroutes A26 (Calais-Reims-Dijon) dite «des Anglais» et A4 (Paris-Reims-Strasbourg) et le TGV Est (Reims). Le tourisme reste, dans cette région de passage, une activité d'importance secondaire. Elle compte pourtant deux pôles d'attraction : la cathédrale de Reims et le vignoble de Champagne, avec ses caves prestigieuses. ▮ **Urbanisation** Le réseau urbain, marqué par les influences extérieures à la région, montre bien la difficulté qu'éprouve celle-ci à se trouver une identité entre ses trois voisines aux personnalités marquées : Nord*-Pas-de-Calais, Île*-de-France et Lorraine*. Reims n'est que sous-préfecture de la Marne et partage les fonctions de capitale régionale avec Châlons-en-Champagne, plus centrale mais moins peuplée. Les autres villes sont de taille moyenne et éloignées les unes des autres : Charleville-Mézières et Sedan au N., Épernay et Troyes (située dans l'orbite parisienne) au S., tandis que Saint-Dizier se trouve dans l'aire d'influence de Metz et Chaumont dans celle de Dijon. L'attraction de Paris se fait nettement sentir pour toutes les villes situées à l'ouest de la région.

**CHAMPAGNE-AU-MONT-D'OR** [69410] ▸ ÉTYM. → Champagne ♦ Comm. du Rhône, banl. N.-O. de Lyon. 4 955 hab.

**CHAMPAGNE BERRICHONNE** n. f. ♦ Région du S. du Bassin parisien, limitée par la Sologne au N., la vallée de la Loire à l'E., le Boischaut au S., la Beauce à l'O. Elle couvre une grande partie de l'Indre et du Cher. Domaine de grande culture mécanisée à dominante céréalière.

**CHAMPAGNE-SUR-OISE** [95660] ▸ ÉTYM. → Champagne ♦ Comm. du Val-d'Oise, arr. de Pontoise. 3 889 hab. *(Champenois).*

**CHAMPAGNE-SUR-SEINE** [77430] ▸ ÉTYM. → Champagne ♦ Comm. de la Seine-et-Marne, arr. de Fontainebleau, sur la Seine. 6 594 hab. (aggl. 24 363). *(Champenois).*

**CHAMPAGNEY** [70290] ➝ ÉTYM. du lat. *Campanius*, n. de pers., et suff. *-acum* ♦ Ch.-l. de cant. de la Haute-Saône, arr. de Lure. 3 310 hab. *(Champagnerots)*.

**CHAMPAGNOLE** [39300] ➝ ÉTYM. du lat. *campania* «plaine» (→ Champagne) ♦ Ch.-l. de cant. du Jura, arr. de Lons-le-Saunier, sur l'Ain. 8 616 hab. (aggl. 10 021) *(Champagnolais)*. Musée archéologique. ▪ Métallurgie (aciers spéciaux). Indus. du bois. Centre de villégiature.

**CHAMPAIGNE** [paɲ] ou **CHAMPAGNE (Philippe DE)** ♦ Peintre français, d'origine flamande (Bruxelles 1602 - Paris 1674). Ses maîtres bruxellois lui inculquèrent le goût du beau métier (facture fluide et onctueuse). Décidé en 1621 à partir pour l'Italie, il resta finalement en France, travaillant notamment à la décoration du Luxembourg sous la direction de Duchesne et, se liant avec Poussin*, il peignit alors des portraits et paysages. La faveur de Marie de Médicis lui valut la charge de peintre ordinaire de la reine mère et de nombreuses commandes : décorations religieuses pour le Carmel à Paris (*Nativité*, 1628 ; *Présentation au Temple*, 1629) ainsi que des portraits de cour, notamment de Richelieu (1635), dans lesquels la tradition des Pourbus* s'infléchit vers un style plus brillant et souple, inspiré, semble-t-il, de Van* Dyck. À la demande de Richelieu, il réalisa des commandes officielles (*Portrait de Louis XIII couronné par une victoire*, 1635 ; décoration de la Sorbonne, du Val-de-Grâce et du Palais-Cardinal : *Gaston de Foix*, 1635). Le caractère de ses compositions et la richesse du chromatisme semblent alors indiquer une orientation baroque mêlée à des emprunts aux Bolonais ou au caravagisme et parfois à Poussin. Mais à partir de 1643, il se lia avec le milieu janséniste et progressivement l'économie des moyens, l'austérité chromatique, la rigueur et la gravité de l'expression, perceptibles dans ses grandes compositions religieuses comme dans ses portraits des solitaires de Port-Royal (*Mère Angélique Arnauld*), révèlent un mépris de l'effet, une acuité psychologique apte à traduire une austère spiritualité qui lui valurent d'être considéré comme l'un des plus éminents représentants du classicisme français (*Ex-voto* commémorant la guérison miraculeuse de sa fille Catherine, 1662). ▪ *Autres illustrations :* → **Bérulle, Lemercier.**

Philippe de **Champaigne.** Portrait de Louis XIII (108 × 86 cm). Musée du Prado, Madrid.
*Phot. © Nimatallah/Ricciarini*

**CHAMPASAK** n. m. ♦ Prov. du Laos constituée par le territoire de Bassac, centre d'une anc. principauté plus vaste (CH.-L. : Pakse). Peuplée de 500 990 hab., surtout des Khâs*. Site archéologique khmer du Vat Phu. ▮ **Histoire** Le royaume du Champasak se rapprocha du Siam à partir de 1713 et tomba sous sa domination. → **Laos.** Passé sous influence française après 1893, il fut rattaché au Laos unifié en 1946. Son dernier souverain fut Bun* Um.

**CHAMPAUBERT** [51270] ➝ ÉTYM. anc. en lat. *Campus Alberti* «champ *(campus)* d'Albert (n. de propriétaire)» ♦ Comm. de la Marne, arr. d'Épernay. 127 hab. *(Aubertois)*. ▮ **Histoire** Victoire de Napoléon Ier sur les Russes et les Prussiens, le 10 fév. 1814.

**CHAMP DE MARS** – en lat. ***Campus Martius*** ♦ Plaine de Rome s'étendant au N. du Capitole dans la boucle du Tibre. Située hors du *pomerium*, elle fut d'abord réservée aux opérations militaires et aux réunions des comices. Dès la république, des édifices privés s'y élevèrent ; c'est là que se tenaient les assemblées du peuple et que s'exerçaient les jeunes gens ; Agrippa y installa le premier gymnase. Sous l'Empire, le champ de Mars se couvrit de monuments (Panthéon, Ara Pacis, mausolée d'Auguste, thermes d'Agrippa, de Néron).

**CHAMP-DE-MARS** ♦ Vaste esplanade située à Paris entre l'École militaire et la rive g. de la Seine et dominée au N. par la tour Eiffel. Ancienne plaine de Grenelle transformée en champ de manœuvre en 1765 (d'où son nom) lors de la construction de l'École militaire, esplanade publique où eurent lieu des courses de chevaux (de 1780 à 1857) ou les premières expériences aérostatiques (Charles* et les frères Robert, 1783 ; Blanchard, 1784), le Champ-de-Mars fut le théâtre privilégié des fêtes de la Révolution (fête de la Fédération, 1790 ; fête de l'Être suprême, 1794) ou de ses manifestations sanglantes (affaire du Champ*-de-Mars), puis des grandes heures de l'Empire (distribution des aigles, 1804 ; champ de Mai, 1815). Cadre des Expositions universelles de 1867, 1878, 1889, 1900 et 1937, le Champ-de-Mars a été aménagé en jardins de 1908 à 1928.

**Champ-de-Mars** (affaire du) ♦ La fuite manquée du roi (Varennes*, juin 1791) eut pour conséquence le développement d'un mouvement démocratique. Sous l'impulsion de certains représentants du Club des jacobins et surtout du Club des cordeliers*, une pétition fut présentée à l'Assemblée exigeant la déchéance du roi ; une seconde, demandant son jugement, fut déposée par des manifestants sur l'autel du Champ-de-Mars le 17 juil. 1791. À la suite d'un incident, Bailly* proclama la loi martiale, et, au commandement de La* Fayette, les gardes nationaux tirèrent sur les manifestants. Cet événement, qui ruina la popularité de La Fayette, accentua les divisions politiques au sein de l'Assemblée constituante et du Club des jacobins* dont les modérés, partisans du maintien de la monarchie constitutionnelle, se séparèrent pour former le Club des feuillants*.

**CHAMPDIVERS (Odette** ou **Odinette DE)** ♦ Favorite de Charles* VI de France (morte v. 1425). Elle soigna le roi pendant ses accès de démence et lui donna une fille.

**CHAMPEAUX (GUILLAUME DE)** → **Guillaume de Champeaux**

**CHAMPEIGNE** n. f. ♦ Plateau de Touraine*, entre le Cher et l'Indre, dans le département de l'Indre-et-Loire.

**CHAMPÉRY** ♦ Loc. de Suisse (Valais), face aux dents du Midi. 1 283 hab. Station d'été et de sports d'hiver (1 052 m).

**CHAMPFLEURY (Jules HUSSON, dit Fleury, puis)** ➝ ÉTYM. pseud. p.-ê. suggéré par l'œuvre de G. Tory*, *Champfleury* ♦ Écrivain français (Laon 1821 - Sèvres 1869). Ayant partagé la «bohème» de Murger*, il l'évoqua dans ses romans réalistes comme *Chien-Caillou* (1847), loué par Victor Hugo, et *Les Aventures de Mlle Mariette* (1853) où il apparaît passionné de vérité et d'observation. Auteur d'un recueil-manifeste, *Le Réalisme*, il se fit le champion de cette tendance, en littérature comme en art, en défendant Courbet et Daumier (→ **Duranty, réalisme**). Il s'intéressa à l'histoire de la caricature et à la culture populaire.

**CHAMPIGNEULLES** [54250] ➝ ÉTYM. anc. en lat. *Campineola*, dimin. de *campania* «plaine» ♦ Comm. de la Meurthe-et-Moselle, arr. de Nancy, sur la Meurthe. 7 172 hab. *(Champigneullais)*. Brasserie.

**CHAMPIGNY-SUR-MARNE** [94500] ➝ ÉTYM. anc. *Campaniaca*, du lat. *Campanius*, n. de pers. ♦ Comm. du Val-de-Marne, arr. de Nogent-sur-Marne, à l'E. de Paris et du bois de Vincennes. 74 237 hab. *(Campinois)*. Centre résidentiel. Indus. diversifiées. ▮ **Histoire** Sanglantes batailles entre Prussiens et Français (30 nov. et 2 déc. 1870).

**CHAMPION DE CICÉ (Jérôme)** ♦ Prélat et homme politique français (Rennes 1735 - Aix-en-Provence 1810). Archevêque de Bordeaux (1781), il fut élu député du clergé aux états généraux (1789) et fut l'un des premiers à se rallier au tiers état. Nommé garde des Sceaux (3 août 1789), il acquit une certaine popularité en faisant ratifier par Louis XVI la Constitution civile du clergé (juil. - août 1790). Toutefois le ministère dont il faisait partie fut accusé à plusieurs reprises de favoriser la contre-révolution et, en novembre 1790, Champion de Cicé donna sa démission et émigra. De retour en France, il fut nommé archevêque d'Aix (1802) après le concordat.

**CHAMPIONNET (Jean Étienne)** ♦ Général français (Valence 1762 - Antibes 1800). Il participa aux campagnes de la Révolution ; général de brigade en 1793, il se distingua à Fleurus*. En Italie, il battit les troupes de Ferdinand IV et créa à Naples en 1799 la République parthénopéenne*. Il fut arrêté sur ordre du Directoire*, puis libéré. À la tête de l'armée des Alpes, il fut vaincu à Genola et mourut peu après.

**CHAMPLAIN (Samuel DE)** ♦ Explorateur et colonisateur français (Brouage, Saintonge, entre 1567 et 1570 - Québec 1635). On sait peu de chose sur sa vie avant 1603. S'il servit en Bretagne comme maréchal des logis (sous d'Aumont), il ne semble pas, malgré son propre récit, qu'il ait participé, au service de l'Espagne, à une expédition aux Antilles, en Amérique centrale et au Mexique. Après avoir probablement étudié la cartographie, il fut envoyé en 1603 par Aymar de Chaste* en reconnaissance au Canada où il explora le Saint-Laurent jusqu'aux rapides de Lachine, en amont de Montréal. De retour en France (où il publia le récit de son voyage, *Des sauvages*), il repartit dès 1604 pour explorer la côte acadienne, en dresser la carte et établir une colonie française. Rentré en 1607, il retourna au Canada l'année suivante. Après avoir fondé Québec en 1608 (→ **Canada**), il s'allia aux Algonquins et aux Hurons contre les Iroquois. Interrompu par plusieurs voyages en France, son séjour fut consacré à l'exploration du pays (rivière Ottawa, lacs Nipissing, Huron, Ontario et Champlain, 1615 - 1616) et surtout à la mise en valeur et à l'organisation de la colonie dont il fut nommé lieutenant-gouverneur par le duc de Montmorency en 1619. En 1629, Québec dut capituler devant les troupes anglaises sous le commandement des frères Kirke* ; mais, par le traité de Saint-Germain-en-Laye (1632), la ville fut restituée à la France. ➝ ÉTYM. Ce nom est formé de *champ* et de *plain* «plan, plat».

**CHAMPLAIN** (lac) ♦ Lac du N.-E. des États-Unis, à la frontière du Vermont et de l'État de New York, dont la partie N. touche au Canada. 1 550 km². Il communique avec le Saint-Laurent (➝ **Richelieu**) et, par canaux, avec l'Hudson et le lac Érié*. Région pittoresque.

**CHAMPLITTE** [70600] ♦ Ch.-l. de cant. de la Haute-Saône, arr. de Vesoul. 1 828 hab. *(Chanitois)*. Le château des XVI^e^ et XVIII^e^ s. (façade Renaissance) abrite le musée départemental Albert-Demard (histoire, folklore).

**CHAMPMESLÉ (Marie Desmares,** dite **la)** ♦ Tragédienne française (Rouen 1642 - Auteuil 1698). Elle fut un temps la maîtresse de Racine et la créatrice des grands rôles du théâtre racinien (Bérénice, Iphigénie, Phèdre), marquant ses interprétations par un art vocal singulier.

**Champmol** [ʃɑ̃mɔl] (chartreuse de) ♦ Monastère fondé par Philippe le Hardi (1383), près de Dijon, pour recevoir les sépultures des ducs de Bourgogne. Elle abrita jusqu'à la Révolution (où elle fut détruite en grande partie) son tombeau et celui de Jean sans Peur, auj. au musée de Dijon. Sculptures de Claus Sluter* au portail de la chapelle et au *Puits de Moïse**. Actuellement, hôpital psychiatrique.

**CHAMPNIERS** [16430] ♦ Comm. de la Charente, arr. d'Angoulême. 4 604 hab.

**CHAMPOLLION (Jean-François)** dit **le Jeune** ♦ Égyptologue français (Figeac 1790 - Paris 1832). Il vint à Paris en 1807 pour y suivre les cours de l'École des langues orientales et du Collège de France. Dès 1806, il s'était mis à l'étude des écritures égyptiennes et avant tout du copte, convaincu après Kircher que la langue copte était une forme tardive de l'ancienne langue de l'Égypte. Il possédait un fac-similé de la pierre de Rosette*, dont T. Young* avait déjà fait une analyse qui n'apportait aucune solution au problème du déchiffrement des hiéroglyphes. C'est le texte d'un obélisque trouvé à Philae en 1821 qui permit à Champollion de découvrir la correspondance des signes hiératiques, hiéroglyphiques et démotiques. En 1822, il consigna ses résultats dans sa *Lettre à M. Dacier [...] relative à l'alphabet des hiéroglyphes phonétiques*, suivie en 1824 du *Traité sur l'écriture démotique* et du célèbre *Précis du système hiéroglyphique des anciens Égyptiens*. Sa découverte du système graphique complexe (partiellement phonétique, partiellement iconique) auquel correspondent les hiéroglyphes rendait possible le déchiffrement ultérieur, indispensable à la connaissance de la langue, et à l'établissement d'un vocabulaire et d'une grammaire. En 1826, Champollion fut nommé conservateur du département d'égyptologie au musée du Louvre. De 1828 à 1830, il conduisit une expédition scientifique en Égypte, à la suite de laquelle il publia ses *Monuments de l'Égypte et de la Nubie*. En 1831, fut créée pour lui une chaire d'Égyptologie au Collège de France. Il laissa inachevés à sa mort sa *Grammaire égyptienne* [...] et son *Dictionnaire égyptien* qui furent publiés par son frère en 1836 et 1841. ➝ ÉTYM. Ce nom signifie «champ envahi par les *pouillons* (diminutif de *pou*)» ou «champ au Léon», nom de propriété.

Jean-François **Champollion.** Portrait par Cogniet (73,5 × 80 cm). Musée du Louvre, Paris. *Phot.* ©*Nimatallah/Ricciarini*

**CHAMPSAUR** n. m. ➝ ÉTYM. occit. «champ jauni [par la sécheresse]» ♦ Région des Alpes françaises (Hautes-Alpes), où se trouve la haute vallée du Drac*.

**champs Élysées** – mythol. gréco-romaine ➝ **Élysées (champs)**

**CHAMPS-ÉLYSÉES** n. m. pl. ♦ Avenue de Paris qui relie la place de la Concorde à la place de l'Étoile (auj. place Charles-de-Gaulle). Encadrée, à son entrée, par les *Chevaux de Marly* de G. Coustou (moulages), l'avenue est bordée, jusqu'au rond-point des Champs-Élysées, de promenades limitées, au N., par l'avenue Gabriel (sur laquelle donne le palais de l'Élysée) et, au S., par le Cours-la-Reine ; tout près se dressent le Grand et le Petit Palais. Du rond-point à l'Arc de triomphe de l'Étoile se succèdent banques, bureaux, galeries commerciales, cinémas et cafés. Par son animation, l'avenue des Champs-Élysées attire les promeneurs parisiens et les visiteurs étrangers.

**Champs-Élysées (Théâtre des)** ♦ Nom désignant 3 salles de spectacle situées dans le même immeuble, avenue Montaigne, à Paris, construit en 1913 par A. Perret* et classé monument historique en 1957. ▪ Le Théâtre des Champs-Élysées, décoré par Bourdelle*, destiné à l'origine aux représentations lyriques et musicales, a accueilli notamment les Ballets russes de Diaghilev*. Le théâtre fut dirigé de 1920 à 1924 par J. Hébertot*. ▪ La Comédie des Champs-Élysées, située à l'étage au-dessus, eut pour directeurs, F. Gémier*, G. Pitoeff* et L. Jouvet* de 1922 à 1934 (où il monta notamment *Knock* de J. Romains ainsi que *Siegfried* de Giraudoux). ▪ Le Studio des Champs-Élysées, la plus petite des trois salles, ancienne galerie de peinture, fut créé par Hébertot qui voulait en faire un théâtre d'essai, «lieu d'études et atelier-laboratoire.» Sous l'impulsion de G. Baty*, il s'est alors ouvert principalement au répertoire moderne ou d'avant-garde.

Les **Champs magnétiques** ♦ Recueil de textes automatiques écrits par André Breton* et Philippe Soupault* (1920). L'ouvrage, qui marque le début de l'écriture surréaliste, se décompose en dix parties. Les textes, qui se différencient par la vitesse variable du temps de rédaction, sont cependant tous marqués par un très fort degré de dépersonnalisation des deux écrivains. ➝ **surréalisme.**

**CHAMPS-SUR-MARNE** [77420] ♦ Ch.-l. de cant. de la Seine-et-Marne, arr. de Torcy. 24 553 hab. *(Campésiens)*. Château de Champs (XVIII^e^ s.) construit par J.-B. Bullet : somptueux décor ; jardin dû à C. Desgots, neveu de Le Nôtre. ▪ Élément de la ville nouvelle de Marne*-la-Vallée.

**CHAMP-SUR-DRAC** [38560] ♦ Comm. de l'Isère, arr. de Grenoble. 3 260 hab. (aggl. 7 269 hab.).

**CHAMROUSSE** [ʃɑ̃-] [38410] ➝ ÉTYM. anc. *ad calmen rupham*, du lat. class. *rufa* (lat. populaire *russa* «rouge») et prélatin *calmis* «haut plateau dénudé» ♦ Station de sports d'hiver de l'Isère, arr. de Grenoble. 518 hab. (1 650 - 2 257 m). Site des jeux Olympiques d'hiver de 1968 (épreuves de ski).

**CHAM(S)** [tʃam] n. m. (pl.) ♦ Peuples (probablement indonésiens) des côtes de l'Annam* qui furent hindouisés vers le III^e^ s. de notre ère et qui constituèrent le royaume du Champa*. Ils furent progressivement refoulés dans le S. et les montagnes par les Vietnamiens venus du Tonkin. Ils ne sont maintenant guère plus de 100 000 individus, répartis dans les montagnes entre le S. du Viêtnam* et le Cambodge*. Ils parlent une langue apparentée au môn-khmer ou à l'indonésien.

**CHAMSON (André)** ♦ Écrivain français (Nîmes 1900 - Paris 1983). Son œuvre romanesque le montre soucieux de défendre l'homme contre les «désordres de l'histoire». De souche cévenole et protestante, il a débuté par des romans régionalistes écrits dans une langue sobre et austère : *Roux le Bandit* (1925), *Les Hommes de la route* (1927) et *Le Crime des justes* (1928) composent *La Suite cévenole*. Après s'être défini comme un intellectuel engagé, dans son essai *L'Homme contre l'histoire* (1927), A. Chamson a livré son expérience de la Résistance et de la Libération dans *Le Puits des miracles* (1945). S'intéressant aux problèmes du monde contemporain (*La Neige et la Fleur*, 1951), il les a combinés avec des données autobiographiques dans *L'Homme qui marchait devant moi* (1948), *Le Chiffre de nos jours* (1954) et *Nos ancêtres les Gaulois* (1958). Il a composé le martyrologe des huguenots cévenols dans le diptyque que forment *La Superbe* (1967) et *La Tour de Constance* (1970), témoignage complété par *Castanet le camisard de l'Aigoual* (1979). Il a également donné avec *Il faut vivre mieux* (posth. 1984) un poignant livre de souvenirs. [Acad. fr. 1956]

**chan** ou **tch'an**

n. m. ♦ Philosophie chinoise adaptée des techniques indiennes de méditation (dhyāna), qui aurait été importée par le moine Bodhidharma*, et qui connut une grande vogue en Chine du VI^e^ au IX^e^ s. Exportée au Japon, cette philosophie devint le zen*. Mettant surtout l'accent sur la connaissance intuitive, elle refuse la théorie bouddhique de la réincarnation et se montre indifférente à l'égard des aspects rituels. Elle refuse également les «Écritures» et recherche par un effort personnel la «propre nature de bouddha» qui est en chacun de nous.

**Chancay** ♦ Nom d'une culture établie sur la côte centrale des Andes péruviennes entre le XI^e^ et le XV^e^ s., après le déclin de l'empire Huari*. La culture Chancay est connue pour ses sépultures exceptionnellement riches et en particulier pour les textiles qu'elles contiennent.

**CHANCELADE** [24650] ← ÉTYM. du lat. *cancellatus* «qui a l'aspect d'un treillis», de *cancelli* «barreaux, treillis, balustrade» ♦ Comm. de la Dordogne, arr. de Périgueux, sur la rive d. de la Beauronne. 3 865 hab. *(Chanceladais).* Église romane (XIIe s.). Bâtiments (XIVe - XVIIe s.) d'une abbaye d'augustiniens fondée en 1128. ▪ La découverte d'un squelette humain fossile dans l'abri de Raymonden en 1888 fit donner le nom d'*homme de Chancelade* à une race que l'on croyait particulière du Paléolithique* supérieur. Datés du Magdalénien*, ces hommes sont contemporains de ceux de Cro*-Magnon, et montrent la variabilité humaine au Paléolithique supérieur.

**CHANCELLOR (Richard)** ♦ Navigateur anglais du XVIe s. (mort sur les côtes de l'Écosse en 1556). Au cours de deux expéditions, il explora la mer Blanche jusqu'à l'embouchure de la Dvina et, à l'invitation d'Ivan IV, se rendit à Moscou où il contribua à ouvrir la Russie au commerce anglais.

**CHANCEREL (Léon)** ♦ Écrivain et metteur en scène français (Paris 1886 - *id.* 1965). Il collabora avec Copeau* au Vieux*-Colombier et jeta les bases du théâtre amateur en fondant avec les Scouts de France la Compagnie des comédiens routiers (1929). Son travail était fondé sur l'entraînement corporel, l'improvisation, le masque.

**CHANCHÁN** ♦ Site archéologique du Pérou, sur la côte N., à proximité de l'actuelle ville de Trujillo. Ce site urbain daté du IXe au XVe s. couvre près de 20 km² et comprend 12 grands ensembles monumentaux en terre, 35 unités architecturales semi-monumentales, 4 quartiers populaires et 4 temples religieux. La complexité de son architecture reflète la puissance économique et politique de l'empire Chimú*, dont cette cité fut la capitale religieuse, politique et administrative.

**CHANDELA** ou **CHANDELLA** n. m. pl. ♦ Clan rājput* du Bundelkhand*. Ses chefs se rendirent indépendants vers le Xe s. et firent ériger dans leur capitale religieuse, Khajuraho*, de nombreux temples hindous et jaïna (→ **jaïnisme**) qui comptent parmi les chefs-d'œuvre de l'architecture indienne. Les Chandela disparurent en 1320 lors de la conquête de leur territoire par les musulmans de Delhi*.

**Chandela.** Le temple Chitragupta à Khajuraho. Xe-XIe s.
*Phot. © Arch. Nathan/Sonneville*

**CHANDERNAGOR** ou **CHANDRANAGARA** ← ÉTYM. sanskr. «ville *(nagaram)* de la Lune *(candras)*» ♦ V. de l'Inde (Bengale-Occidental), dans l'agglomération de Calcutta. 162 166 hab. Ancien comptoir français, fondé en 1686. À la différence d'autres anciens comptoirs français, qui constituent un territoire de l'Union indienne, Chandernagor fut directement rattaché au Bengale en 1951.

**CHANḌIDĀS** ♦ Poète indien originaire du Bengale (fin XIVe - déb. XVe s.). Il est l'auteur de plus de 200 poèmes de dévotion à Krishna*, mais on lui en attribue des milliers d'autres. Il écrivait en bengali.

**CHANDIGARH** ← ÉTYM. en hindi *Candigarh* «le palais *(garh)* de la terrible déesse *(candī)*» ♦ V. du N.-E. de l'Inde. 900 635 hab. La ville fut construite sur des plans de Le Corbusier pour servir de capitale à l'État du Panjab, constitué lors de la partition de l'Inde britannique en 1947. Lors de la nouvelle division de l'État entre le Panjab et le Haryana, un conflit éclata pour la possession de la ville, qui devint un territoire de l'Union servant de capitale commune à ces deux États. Université.

**CHANDLER (Raymond Thornton)** ← ÉTYM. du moy. angl. *cha(u)ndeler* «fabricant ou vendeur de chandelles, de cierges» ♦ Romancier américain (Chicago 1888 - La Jolla, Californie 1959). Il est l'auteur de romans criminels où des personnages souvent méprisables, bien typés ou complexes, sont entraînés dans des intrigues violentes. Ses romans (*Le Grand Sommeil*, 1939 ; *Adieu, ma jolie*, 1940 ; *La Dame du lac*, 1943 ; *Sur un air de navaja*, 1953) s'opposent aux intrigues mécaniques et aux personnages interchangeables du roman policier traditionnel. Son personnage principal est le détective Philip Marlowe.

**CHANDOS (John)** ♦ Homme de guerre anglais (mort à Mortemer, près de Poitiers 1370). Il négocia la paix de Brétigny (1360), battit et fit prisonnier Du* Guesclin à Auray (1364) et à la Najera en Castille (1367). Connétable d'Édouard*, prince de Galles, en Aquitaine.

**CHANDRAGUPTA MAURYA** ← ÉTYM. hindi *ĉandragupta*, de *ĉandra* «lune» et *gupta* «secret» et *Maurya** ♦ Roi indien du Magadha* et premier empereur des Indes (v. –322 - v. –298), fondateur de la dynastie des Maurya*. Il battit les garnisons macédoniennes du Panjab* et reçut à sa cour un envoyé grec, Mégasthènes. Sa capitale, Pāṭaliputra (actuelle Patna*), était élevée sur le modèle des palais achéménides. Selon la tradition, il se serait laissé mourir de faim à la manière jaïna (→ **jaïnisme**), à Sravana-Belgola (Mysore).

**CHANDRASEKHAR (Subrahmanyan)** ♦ Astrophysicien américain d'origine indienne (Lahore 1910 - Chicago 1995). Auteur de travaux théoriques, il contribua à l'élaboration de la théorie de la structure interne des étoiles et, en théorie des atmosphères stellaires, donna une solution approchée du problème de transfert de rayonnement. Il établit une limite de masse pour les naines blanches *(limite de Chandrasekhar)*, fondamentale pour la compréhension de l'évolution stellaire. [Prix Nobel de phys. 1983, avec W. Fowler*]

**CHANEL (Gabrielle CHASNEL, dite Coco)** ♦ Couturière française (Saumur 1883 - Paris 1971). D'abord modiste, elle ouvrit une maison de couture à Paris, en 1916, et créa des modèles d'une élégance toute simple, s'inscrivant dans le mouvement de libération de la mode féminine. Son style domina la mode des années 1920 et 1930 et elle fut la première couturière à lancer un parfum sous sa marque (*No 5*, 1921). En 1954, elle créa un tailleur de tweed gansé qui connut un succès mondial. ← ÉTYM. Ce nom est le diminutif de l'ancien français *chane* «cruche de forme allongée».

**CHANFARĀ (AL-)** ♦ Poète arabe antéislamique (IVe s.), brigand et chasseur, dont le principal poème fut traduit sous le titre «La Complainte de l'affamé».

**CHANGAN** ou **TCH'ANG-NGAN** ♦ Anc. capitale de la Chine impériale, notamment de la dynastie des Han* occidentaux, des Sui* et des Tang*. → **Xian.**

**CHANGARNIER (Nicolas Anne Théodule)** ♦ Général français (Autun 1793 - Paris 1877). Entré dans la garde du corps de Louis XVIII, il prit part à l'expédition d'Espagne (1823), puis se distingua au cours de la conquête de l'Algérie (1830 - 1848), dont il fut gouverneur après Cavaignac. Élu à l'Assemblée constituante (1848) et nommé commandant des troupes de Paris, il fut relevé de ses fonctions comme orléaniste par Louis Napoléon Bonaparte, puis proscrit après le coup d'État du 2 décembre* 1851. Revenu en France en 1859, il participa à la guerre de 1870 - 1871 dans l'armée de Metz. Élu à l'Assemblée nationale en 1871, il constitua un groupe de députés royalistes qui contribua à organiser la chute de Thiers* (24 mai 1873), et vota en 1875 contre les lois constitutionnelles qui reconnaissaient la République.

**CHANGBAI SHAN** ou **TCH'ANG-PAI-CHAN** ♦ Montagne de Chine (Liaoning), délimitant la frontière avec la Corée. Le Yalu jiang et le Tumen y prennent leur source ; à 2 155 m d'altitude se trouve le lac Céleste (Tian chi), d'où est issu le Songhua* jiang. Forêt vierge. Importante réserve naturelle (20 000 ha).

**CHANGCHUN** ou **TCH'ANG-TCH'OUEN** ♦ V. de Chine, cap. de la prov. de Jilin, sur le Songhua jiang. 2 750 204 hab. Cimenterie. Indus. automobile. Studios de cinéma. Céréales. ▪ À proximité, gisements de charbon, pétrole, gaz naturel.

**CHANGÉ** [53810] ♦ Comm. de la Mayenne, arr. de Laval. 4 909 hab.

**CHANGÉ** [72550] ♦ Comm. de la Sarthe, arr. du Mans. 5 200 hab.

Le **Changeur et sa femme** ♦ Tableau de Quentin Metsys* (1514). Œuvre charnière entre le Moyen Âge flamand et la Renaissance italienne, *Le Changeur et sa femme* ouvre la voie à une veine réaliste et moralisatrice qu'affectionna la peinture flamande du XVIe s. et notamment Bruegel. Considéré comme un chef-d'œuvre dès sa création, le tableau représente l'idéal des humanistes flamands à la veille de la Réforme, c'est-à-dire l'équilibre entre les biens terrestres et la foi religieuse.

**CHANGEUX (Jean-Pierre)** ♦ Biologiste français (Domont 1936). Professeur au Collège de France et à l'Institut Pasteur (1975). Ses recherches portent essentiellement sur le système nerveux, en particulier sur son développement, sur l'acétylcholine (un médiateur chimique) et sur le mécanisme de la transmission de l'influx nerveux au niveau des synapses, pour lequel il a proposé un modèle mathématique : *Matière à pensée* (avec Alain Connes*), 1989 ; *L'Homme de vérité*, 2002. Il est également l'auteur d'un ouvrage destiné à des non-spécialistes, *L'Homme neuronal* (1983). [Acad. sc. 1988]

**CHANG-HAI** → **Shanghai**

**CHANGHUA** ou **ZHANGHUA** ♦ V. de l'île de Taiwan. 235 998 hab. Ch.-l. d'un distr. de 1 314 354 hab. Site cultuel (bouddha de 22 m). ▪ Riz, agrumes. Indus. sucrière et alimentaire. Indus. textile.

**CHANG JIANG, YANGZI JIANG** ou **YANG-TSEU-KIANG** n. m. ← ÉTYM. du chin. *yāng* «abondant, prospère», *tse* ou *tseu* «enfant, prospérité» et *kiang* «fleuve» ♦ Le plus long fl. de Chine (6 300 km), également connu sous le nom de «fleuve Bleu». Né dans le Kunlun shan, il se jette dans la mer de Chine près de Jiangying (Jiangsu) ; son bassin de drainage s'étend sur 1 808 500 km² ; 300 millions de personnes y vivent et fournissent 70 % de la prod. nationale de riz. Ses principaux affl. sont le Min* jiang et le Jialing jiang. À Wuhan et à Nankin, il est franchi par deux ponts routiers et ferroviaires. S'étendant sur 189 km entre Fencheng et Yichang, les «Trois Gorges du long fleuve» (Chang jiang Sanxia) sont célèbres pour leur encaissement et leurs rapides (→ **Trois-Gorges** [barrage des]). Le Chang jiang est navigable sur son cours inférieur jusqu'à Wuhan (1 350 km de l'embouchure) pour les navires de 15 000 t, les navires de 4 000 t pouvant remonter jusqu'à Yichang (3 000 km de l'embouchure). La régularisation est réalisée grâce aux lacs Dongting* et Poyang*, déversoirs naturels, et grâce aux importants barrages hydroélectriques érigés sur son cours, notamment à Ghezhouba (à 5 km de Yichang).

**CHANG Myŏng** ou **JANG Myeong** ♦ Homme politique coréen (Inch'ŏn 1899 - *id.* 1966). Catholique, il fit des études aux États-Unis, où il retourna comme premier ambassadeur de Corée en 1949. Chef du parti démocratique républicain, il prit la direction du gouvernement sud-coréen, sous la présidence de Yun Posŏn, en 1960, après la chute de Syngman Rhee, mais fut chassé du pouvoir dès 1961 par un coup d'État militaire qui le remplaça par Pak* Chŏnghŭi.

**CHANGSHA** ou **TCH'ANG-CHA** ♦ V. de Chine, cap. de la prov. du Hunan. 2 122 873 hab. Centre culturel (théâtres d'ombres et marionnettes) ; musée (bronzes Shang* et Zhou*, laques Chu). ▪ Riz, orge, sorgho, patate douce, maïs. Gisements de fer, manganèse, vanadium. Indus. textile et mécanique. Machines-outils. ▪ Anc. cap. du royaume de Chu (époque Zhanguo*). Découvertes à Mawangdui en 1972, trois tombes Han ont livré de la poterie, des figurines de bois, des plantes médicinales ainsi que des manuscrits et des peintures sur soie, dont la célèbre bannière de la marquise Tai.

**CHANGZHOU** ou **TCH'ANG-TCHEOU** ♦ V. de Chine (Jiangsu). 1 513 152 hab. Riz, colza.

**CHANIERS** [17610] ← ÉTYM. de la langue d'oïl *chénier* «chênaie» ♦ Comm. de la Charente-Maritime, arr. de Saintes. 3 231 hab.

**CHANNEL ISLANDS** → **Anglo-Normandes (îles)**

**CHANNING (William Ellery)** ♦ Théologien américain (Newport, Rhode Island 1780 - Bennington, Vermont 1842). Pasteur à Boston, il devint l'un des chefs des unitaires et l'un des plus fervents antiesclavagistes.

**CHANOINE (Charles Paul Jules)** ♦ Officier et explorateur français (Paris 1870 - Maydjirgui, Soudan central 1899). Avec Joalland et Voulet* il explora le Mossi et le Gourounsi et contribua à leur annexion (1896 - 1897). En 1898, il fit partie de l'expédition qui devait rejoindre les missions Foureau-Lamy (→ **Foureau, Lamy**) et É. Gentil (Tchad) mais, ayant exercé de violentes représailles contre les populations autochtones, Voulet* et lui devaient être destitués. Ils assassinèrent Klobb*, qui était chargé de cette mission, puis furent tués par les tirailleurs qui les accompagnaient.

Le **Changeur et sa femme.** Tableau de Quentin Metsys (71 × 68 cm). Musée du Louvre, Paris. *Phot. ©Dagli Orti*

**CHAN-SI** → **Shanxi**

La **Chanson de Roland** ♦ Œuvre épique française faisant partie de la *Geste du roi*, biographie légendaire de Charlemagne*. C'est la plus ancienne de nos chansons de geste, écrite dans la seconde moitié du XIe s. et publiée pour la première fois par Francisque Michel, en 1837. Œuvre homogène, conçue et rédigée en dialecte anglo-normand par un écrivain unique qui signe Turold, *La Chanson de Roland* est divisée en quatre parties (la trahison ; la bataille ; le châtiment des ennemis païens ; la punition du traître) et composée de décasyllabes répartis en 291 laisses assonancées. Les faits historiques (→ **Roland**) sont l'occasion d'exalter le sentiment patriotique et religieux. Œuvre exemplaire, *La Chanson de Roland* est aussi une évocation des caractères grâce aux paroles et aux gestes des personnages, qui incarnent différentes manières de «servir Dieu», propres à la féodalité chrétienne.

**CHANTAL** → **Jeanne de Chantal (sainte)**

**Chant de Hildebrand** – en all. ***Hildebrandslied*** ♦ Poème épique de 68 vers transcrit par deux moines de l'abbaye de Fulda (v. 820). Écrit dans des formes linguistiques appartenant à différents dialectes (bavarois, francique, bas allemand), il retrace la légende de Hildebrand qui laisse sa femme et son fils, Hadubrand, pour suivre en exil son maître Théodoric* le Grand. Après trente ans, celui-ci revient dans son pays à la tête d'une armée ; Hildebrand est alors confronté à son fils, par qui il tente en vain de se faire reconnaître. Ce poème, évoquant le thème proprement indo-européen du combat du père et du fils, est inachevé ; mais, dans une saga islandaise, la légende se termine par la mort de Hadubrand.

Le **Chant de la Terre** – en all. ***Das Lied von der Erde*** ♦ Symphonie pour ténor et alto (ou baryton) et orchestre de Gustav Mahler* (1908), sur des poèmes adaptés du chinois par Hans Bethge, et dont la création (posth.) eut lieu le 20 nov. 1911 à Munich sous la direction de Bruno Walter. Il y a 6 parties, alternativement pour ténor et alto (ou baryton) ; la dernière, *Der Abschied* («L'Adieu»), s'oppose à elle seule, par ses dimensions, aux 5 précédentes, intitulées respectivement *Das Trinklied vom Jammer der Erde* («Chanson à boire de la douleur de la Terre»), *Der Einsame im Herbst* («Le Solitaire en automne»), *Von der Jugend* («De la jeunesse»), *Von der Schönheit* («De la beauté») et *Der Trunkene im Frühling* («L'Ivrogne au printemps»). Les poèmes sont centrés sur la Terre, la nature et sur la solitude de l'homme au sein de ces éléments. La fin est un adieu d'une nostalgie presque insoutenable, sur les paroles «Éternellement... Éternellement» laissées en suspens.

Le **Chant d'Ezzo** – en all. ***Ezzolied*** ♦ Poème composé à l'instigation de l'évêque Gunther de Bamberg (v. 1060), et relatant l'histoire spirituelle de l'humanité (Création, Chute, Rédemption), qui fut mis en musique par un dénommé Wille. Contrairement au christianisme pessimiste du courant ascétique de l'époque (Heinrich von Melk), cette œuvre est un chant de triomphe qui affirme la victoire du Christ sur le péché et la mort.

Le **Chant du départ** ♦ Hymne patriotique, paroles de M.-J. Chénier*, musique de Méhul*, composé pour la célébration du 5e anniversaire de la prise de la Bastille (1794). Il fut interprété à l'occasion de toutes les fêtes patriotiques, sous la Révolution et l'Empire, et servit à soutenir l'ardeur des attaquants, au début de certaines batailles.

**CHANTELLE** [03140] ← ÉTYM. anc. *Cantilia*, du lat. *Cantilius*, n. de pers. gallo-rom., et suff. *-acum* ♦ Ch.-l. de cant. de l'Allier, arr. de Moulins. 1 040 hab. *(Chantellois)*. Abbaye bénédictine Saint-Vincent (prieuré fondé au Xe s.), chapelle romane du XIIe s., cloître du XVe s.

**Chanteloup** (pagode de) ♦ Tour d'inspiration chinoise construite sur le domaine de Choiseul dans la forêt d'Amboise par Louis Denis Le Camus (1773 - 1778).

**CHANTELOUP-LES-VIGNES** [78570] ← ÉTYM. de l'impératif du verbe *chanter* et de *loup* (désigne un endroit où hurlent les loups) ♦ Comm. des Yvelines, arr. de Saint-Germain-en-Laye. 9 544 hab.

**CHANTEMERLE** → **Serre-Chevalier-Chantemerle**

**CHANTEMESSE (André)** ♦ Médecin français (Le Puy 1851 - Paris 1919). Il étudia principalement la dysenterie épidémique et la fièvre typhoïde, contre laquelle il mit au point une vaccination, avec Widal*.

**CHANTEPIE** [35135] ← ÉTYM. de l'impératif du verbe *chanter* et de *pie* ♦ Comm. de l'Ille-et-Vilaine, banl. S.-E. de Rennes. 6 793 hab. Imprimerie.

**CHANTEPIE DE LA SAUSSAYE (Daniel)** ♦ Théologien néerlandais (La Haye 1818 - Groningue 1874). Descendant de huguenots normands, il défendit l'orthodoxie calviniste (*Crise religieuse en Hollande*, 1860 ; *Le Principe de la société moderne et le Principe chrétien*, 1867). ♦ **Pierre Daniel Chantepie de La Saussaye.** Historien des religions (Zeenwarden, Frise 1848 - Bilthoven, Utrecht 1920). Fils du précédent. Auteur d'un *Manuel d'histoire des religions* (1887 - 1889), il s'est consacré à la mythologie des Germains.

**CHANTILLY** [60500] → ÉTYM. anc. *Chantileium*, du lat. *Cantilius*, n. de pers. gallo-rom., et suff. *-acum* ♦ Ch.-l. de cant. de l'Oise, arr. de Senlis, sur la Nonette. 10 902 hab. (aggl. 34 351) *(Cantiliens)*. Centre touristique important, au cœur d'un beau massif forestier : forêts de Chantilly (6 300 ha), du Lys, d'Ermenonville, d'Halatte. Château d'origine gallo-romaine, plusieurs fois reconstruit. Sur les soubassements du 3e édifice (1386), P. Chambiges édifia un petit palais fortifié (1528 - 1531) pour le connétable de Montmorency ; J. Bullant y ajouta (1550) le petit château Renaissance. Propriété des princes de Condé (1643 - 1830), le château fut embelli par Mansart, le parc et la forêt aménagés par Le Nôtre et La Quintinie. Il fut gravement endommagé pendant la Révolution, mais son ancienne splendeur lui fut rendue par le duc d'Aumale qui en fit don (1886) à l'Institut de France, avec ses riches collections qui forment le musée Condé : peintures des écoles italienne et française ; miniatures ; gravures ; sculptures ; bibliothèque. Importante activité hippique : près de cent entraînements de chevaux de course. Hippodrome (Prix du Jockey-club, Prix de Diane) sur lequel donnent les Grandes Écuries, remarquables bâtiments du XVIIIe s. (musée du Cheval ; démonstrations équestres). ▮ **Histoire** Chantilly fut le siège du grand quartier général français (1914 - 1917). Il s'y tint d'importantes conférences interalliées : celle des 12 - 13 mars 1916 déjoua le plan stratégique allemand en limitant les effectifs destinés à la défense de Verdun et en maintenant le principe d'une grande offensive alliée (ce sera celle de la Somme).

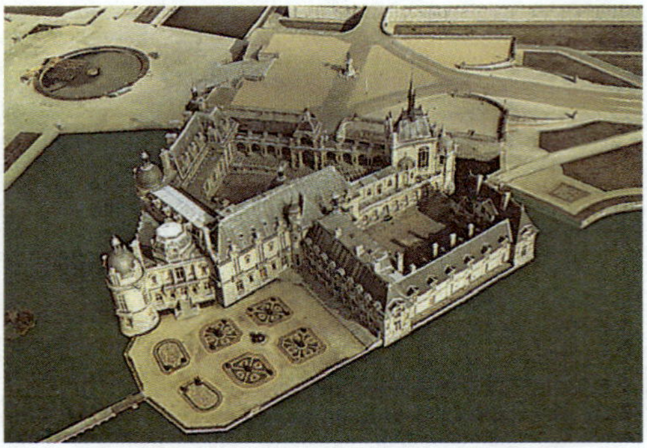

**Chantilly.** Le château. *Phot. © Perrard/Rapho*

**CHANTONNAY** [85110] → ÉTYM. anc. *Cantuanum*, du gaul. *Canto*, n. de pers., et suff. *-acum* ♦ Ch.-l. de cant. de la Vendée, arr. de La Roche-sur-Yon. 7 541 hab. *(Chantonnaisiens)*. ▮ **Histoire** Le 5 sept. 1793, les troupes royalistes de d'Elbée y anéantirent une armée républicaine forte de 6 000 hommes. → **Vendée (guerre de)**.

**Chantons sous la pluie** – en angl. ***Singin' in the Rain*** ♦ Film musical américain de Stanley Donen* et Gene Kelly* (1952), avec G. Kelly, Debbie Reynolds, Donald O'Connor, Cyd Charisse. *Singin' in the Rain* fut, dans les années 1920, un refrain en vogue dont Arthur Freed avait écrit les paroles. Vingt ans plus tard, devenu producteur de comédies musicales à la MGM, il eut l'idée de reprendre ce swing comme leitmotiv d'une évocation enjouée des débuts du « parlant ».

**Chants de Chu** – en chin. ***Chuci*** ♦ Anthologie de poèmes chinois composés entre le –IVe s. (royaume de Chu) et le –IIIe s. (dynastie Han). Compilée à l'origine par le bibliothécaire Liu Xiang en –77 - –76, cette poésie abondamment imitée par la suite incarnait la culture du sud de la Chine, d'inspiration chamanistique, taoïste et de style personnel.

**Chants de Maldoror** ♦ Épopée en prose d'Isidore Ducasse, dit le comte de Lautréamont*, publiée en 6 chants (1868 et 1869). Cauchemar sadique ou défi luciférien, c'est un manifeste de la révolte absolue car « le désespoir [...] conduit imperturbablement le littérateur à l'abrogation en masse des lois divines et sociales, et à la méchanceté théorique et pratique ». Aussi, au sein d'un univers insolite par sa cruauté et son impunité (« moi, je fais servir mon génie à peindre les délices de la cruauté »), un monstrueux double du poète, identifié à des bêtes de proie, mène-t-il à Dieu, puis à l'homme, une guerre frénétique. Ce bouillonnement d'images fantastiques, dont la violence se double d'un humour glacé, paraît être né sous la dictée de l'inconscient (« C'est un cauchemar qui tient la plume »). En fait, des moyens littéraires très variés assurent l'« autonomie » de cet univers : le lyrisme, les périodes oratoires, des hyperboles fulgurantes se mêlent à l'ironie, au pastiche et au « collage » de textes didactiques, ainsi poétisés par le contexte. Bien que l'édition originale n'ait connu presque aucune diffusion, l'œuvre, redécouverte par les symbolistes puis par les surréalistes, est une des sources de la poésie moderne.

Les **Chants du crépuscule** ♦ Recueil lyrique de Victor Hugo* (1835), qui traduit son inquiétude envers l'avenir, dans la vie politique comme dans sa vie personnelle. D'abord méditation historique, certains poèmes ne glorifient l'Empire (« Ode à la colonne », « Napoléon II ») que pour mieux rabaisser la monarchie de Juillet, crépuscule de la vie publique (« Prélude »). D'autres textes évoquent la crise intime traversée par le poète, épris de Juliette Drouet*.

**CHANUTE (Octave)** ♦ Ingénieur américain d'origine française (Paris 1832 - Chicago 1910). Développant les travaux de Lilienthal*, il conçut et expérimenta divers modèles de planeurs. Les frères Wright* trouvèrent en lui un conseiller précieux pour la réalisation de leurs appareils.

**CHANZY (Antoine Alfred Eugène)** ♦ Général français (Nouart, Ardennes 1823 - Châlons-sur-Marne 1883). Il servit dans les zouaves en Algérie, participa aux campagnes d'Italie (1859) et de Syrie (1860 - 1861). Placé à la tête de la IIe armée de la Loire lors de la guerre franco-allemande (1870 - 1871), il livra au prince Frédéric-Charles une bataille à Vendôme*. Député à l'Assemblée nationale (1871), il prit position contre le traité de Francfort. Nommé gouverneur de l'Algérie (1873), il fut ensuite ambassadeur en Russie (1879).

**CHAO ANU** ♦ Roi de Vientiane (1767 - Bangkok 1835). Il fut placé sur le trône par les Siamois en 1805 pour succéder à son frère Chao In. Après avoir maté une révolte des tribus khâs du Champasak, il se révolta contre le Siam (1826), mais fut battu et emmené en captivité à Bangkok (1831), où il mourut. Le royaume de Vientiane fut absorbé par le Siam. → **Laos.**

**CHAO PHRAYA** → **Menam Chao Phraya**

**CHAOUÏA** n. f. ♦ Région du Maroc, dans l'O. de la Meseta, limitée au S. par l'Oum er-Rebia, au N. par le pays zaër et qui se prolonge à l'E., en haute Chaouïa, par le plateau des Phosphates. La zone littorale, arrière-pays de Casablanca et Mohammedia, et la pénéplaine de la basse Chaouïa ont connu un important développement agricole. Centre vinicole réputé (vin gris de Boulaouane).

**CHAOURCE** [10210] → ÉTYM. anc. *Cadusia*, p.-ê. du gaul. *catu* « combat » ou du lat. *Caturicius*, n. de pers. ♦ Ch.-l. de cant. de l'Aube, arr. de Troyes. 1 092 hab. *(Chaourçois)*. L'église (XIIIe et XVIe s.) abrite un sépulcre (1515), chef-d'œuvre de la sculpture champenoise. ▪ Fabrication de fromage *(chaource)*.

**CHAOZHOU** ou **TCH'AO-TCHEOU** ♦ V. de Chine (Guangdong), sur l'embouchure du Wei he. 363 582 hab. Anc. centre d'émigration. ▪ Port. Céramique, poterie. Gastronomie.

**CHAPALA** (lac de) n. m. ♦ Grand lac du Mexique central (1 500 km²), à l'O. de Mexico dans l'État de Jalisco. Son alimentation par le río Lerma étant devenue insuffisante face aux prélèvements, le lac est menacé d'assèchement et d'eutrophisation.

**CHAPARÉ** ♦ Région de Bolivie (Cochabamba), située sur le versant andin oriental. Son climat tropical humide a favorisé l'essor de la culture de la coca au détriment des cultures vivrières.

**Chapeaux** → **Bonnets**

**CHAPELAIN (Jean)** ♦ Critique et poète français (Paris 1595 - *id.* 1674), auteur d'*Odes* et d'un poème épique de 24 chants (1656), *La Pucelle ou la France délivrée*, qui fut raillé par Boileau*. Il prôna la création de l'Académie* française, rédigea, en 1637, les *Sentiments de l'Académie sur le Cid* (→ **Corneille**) et contribua à fixer les principes de la doctrine classique. [Acad. fr. 1634]

**CHAPELLE (Claude Emmanuel LHUILLIER, dit)** ♦ Poète français (La Chapelle-Saint-Denis, près de Paris 1626 - Paris 1686), élève de Gassendi, ami de Boileau, de La Fontaine et des libertins. Il s'illustra en faisant avec Bachaumont* le récit plaisant, en vers et en prose, de son *Voyage en Languedoc* (1663), inaugurant ainsi un genre littéraire qui connut un grand succès.

**CHAPELLE** → ÉTYM. le n. *Chapelle* dans un n. de v. peut être déterminé par un n. de pers., notamment celui d'un seigneur féodal ou celui du saint à qui la chapelle est dédiée ; par un n. de v. (anc. n. du village, hameau voisin) ; par le n. de la région ; par la caractéristique du sol, par un n. de riv., par un n. d'animal, etc.

**CHAPELLE-AUX-SAINTS (LA)** [19120] → ÉTYM. *Saints* : probablt déformation de *Sans*, n. d'un seigneur ♦ Comm. de la Corrèze, arr. de Brive-la-Gaillarde. 164 hab. ▪ En 1908 y fut découvert un squelette humain fossile que les paléontologues considèrent actuellement comme l'exemple le plus représentatif de l'homme de Neandertal*. Son inhumation en position fléchie, dans une fosse, démontra l'ancienneté des rites funéraires qui apparurent il y a 100 000 ans environ.

**CHAPELLE-BASSE-MER (LA)** [44450] ♦ Comm. de la Loire-Atlantique, arr. de Nantes. 4 272 hab.

**CHAPELLE-D'ABONDANCE (LA)** [74360] ♦ Comm. de la Haute-Savoie, arr. d'Abondance, sur la Dranse d'Abondance. 719 hab. Station estivale et hivernale (1 020 - 1 750 m).

**CHAPELLE-D'ANGILLON (LA)** [18380] → ÉTYM. du n. de *Gilon* de Sully, l'un des constructeurs du château au XIe s. ♦ Ch.-l. de cant. du Cher, arr. de Vierzon. 667 hab. *(Chapellois)*. Château dit « de Béthune », ayant appartenu à Sully. Musée Alain-Fournier.

**CHAPELLE-D'ARMENTIÈRES (LA)** [59930] ♦ Comm. du Nord, arr. de Lille. 7 903 hab. *(Chapellois)*.

**CHAPELLE-DE-GUINCHAY (LA)** [71570] ♦ Ch.-l. de cant. de la Saône-et-Loire, arr. de Mâcon. 2 595 hab. (aggl. 3 474) *(Chapellois)*. Viticulture (beaujolais).

**CHAPELLE-DES-MARAIS (LA)** [44410] ♦ Comm. de la Loire-Atlantique, arr. de Saint-Nazaire. 2 955 hab.

**CHAPELLE-EN-VERCORS (LA)** [26420] ♦ Ch.-l. de cant. de la Drôme, arr. de Die. 662 hab. *(Chapelains)*. Centre de villégiature et station de sports d'hiver (945 m). ▪ **Histoire** Le bourg a été entièrement détruit par les Allemands en 1944.

**CHAPELLE-LEZ-HERLAIMONT** ♦ Comm. de Belgique (Région wallonne), prov. de Hainaut, arr. de Charleroi. 14 121 hab. Bâtiment et travaux publics. Carnaval.

**CHAPELLE-SAINT-LUC (LA)** [10600] ♦ Comm. de l'Aube, banl. N.-O. de Troyes. 14 447 hab. *(Chapelains)*.

**CHAPELLE-SAINT-MESMIN (LA)** [45300] ♦ Comm. du Loiret, banl. O. d'Orléans. 8 967 hab.

**CHAPELLE-SUR-ERDRE (LA)** [44240] ♦ Ch.-l. de cant. de la Loire-Atlantique, arr. de Nantes, à 1 km de la rive d. de l'Erdre. 16 391 hab. *(Chapelains)*. Château de la Gâcherie (XV^e^ s.), anc. siège du marquisat de Charette.

**CHAPLIN** (sir **Charles SPENCER,** dit **Charlie**) ♦ Auteur, acteur et cinéaste américain d'origine britannique (Londres 1889 - Vevey 1977). Fils d'un chanteur et d'une chanteuse de music-hall tombés dans la misère, il monta très jeune sur les planches pour interpréter, en compagnie de son frère aîné, Sidney, un numéro de danseurs excentriques (1897). Il parut ensuite dans des pantomimes, à l'occasion de nombreuses tournées (France, États-Unis, Canada). C'est au cours de l'une d'elles qu'il signa le contrat que lui proposait Mack Sennett* à Hollywood (1913). Les premiers films qu'il tourna relevaient tous d'un comique de farce, aux effets appuyés. Cependant, on y voyait apparaître le type qu'il allait rendre universellement célèbre : chapeau melon, grandes chaussures, pantalon en accordéon, petite moustache et face blême, badine et démarche de canard. Interprète, il devint scénariste, puis réalisateur et bientôt producteur de tous ses films (1917). Tandis que son audience s'étendait peu à peu au monde entier, son œuvre, où les inventions d'un

Charlie **Chaplin.** Charlot dans le film *Le Cirque. Phot. ©Coll. Rui Nogueira*

comique magistral se conjuguent avec l'émotion poétique, prit insensiblement le caractère d'une dénonciation vigoureuse de l'injustice, de l'hypocrisie et de la violence qui sévissaient dans un monde en proie à la crise économique et à la montée des fascismes. Le personnage qu'il avait créé, ce *Charlie*, devenu *Charlot* en français, tout d'insignifiance et de misère, de vaine révolte et d'inépuisable bonne volonté, devint le mythe de l'homme de notre temps, berné, battu, banni, enchaîné par la coalition monstrueuse des techniques, des intérêts et des conformismes et le symbole de la lutte incessante pour la dignité et la liberté individuelle. Tôt célèbre, Chaplin connut en même temps des difficultés personnelles. S'il recueillit au cours d'un tour du monde (1932) le témoignage de son immense popularité, il se vit finalement tenu de quitter les États-Unis, en pleine crise du maccarthysme (1952). Avec la fille d'Eugene O'Neill qu'il avait épousée en 1943, et leurs sept enfants, il se fixa en Suisse (1953). De son œuvre, on retiendra 5 périodes. ▪ Période Mack Sennett, 35 films (de 300 m) pour la Keystone, dont *Charlot garçon de café* (1914), *Charlot et Fatty sur le ring* (1914). ▪ Période Essanay, 14 films (de 600 m) dont *Charlot débute, Charlot vagabond, Charlot joue Carmen* (1916). ▪ Période Mutual Film, 12 films (de 600 m) dont *L'Émigrant, Charlot s'évade* (1917). ▪ Période First National, 8 films de moyen métrage : *Une vie de chien, Charlot soldat, Une idylle aux champs* (1919), *Une journée de plaisir* (1919), *Le Gosse* (*The Kid*, 1921), *Charlot et le Masque de fer* (1921), *Jour de paye* (1921), *Le Pèlerin* (1922). ▪ Les Artistes associés (United Artists), société constituée avec Mary Pickford, Douglas Fairbanks et D. W. Griffith : *L'Opinion publique* (1923), *La Ruée* vers l'or* (1925), *Le Cirque* (1928), *Les Lumières* de la ville* (1931), *Les Temps* modernes* (1936), *Le Dictateur* (1940), *Monsieur* Verdoux* (1947), *Limelight** (1952), *Un roi à New York* (1956), *La Comtesse de Hong-Kong* (1965).

**CHAPMAN (George)** ♦ Poète dramatique anglais (Hitchin, Hertfordshire v. 1559 - Londres 1634). Traducteur d'Homère et de Pétrarque, il est aussi l'auteur de drames dont l'intrigue lui est proposée par l'actualité de son temps (*Bussy d'Amboise*, 1597 ; *Charles, duc de Biron*, 1607) et de comédies (*Rien que des sots*, 1599 ; *Monsieur d'Olive*, 1604). Il collabora avec Marston* et Ben Jonson* (*Eastward Ho !*) → **ÉTYM.** *Chapman* signifie « marchand », du vieil anglais *ceap* « échange, prix » et *man* « homme ».

**CHAPOCHNIKOV (Boris Mikhaïlovitch)** ♦ Maréchal soviétique (Zlatooust, Oural 1882 - Moscou 1945). Officier de l'armée tsariste, il se rallia à la révolution et devint en 1936 un des conseillers militaires de Staline. Disciple de Clausewitz*, il réorganisa l'armée et fut chef d'état-major de 1938 à 1942.

**CHAPONOST** [69630] ♦ Comm. du Rhône, arr. de Lyon. 7 832 hab. Restes d'un aqueduc gallo-romain.

**CHAPPAZ (Maurice)** ♦ Écrivain suisse d'expression française (Lausanne 1916 - Martigny 2009). Ses recueils poétiques (*Testament du Haut-Rhône*, 1953 ; *Chant de la Grande-Dixence*, 1965 ; *Les Maquereaux des cimes blanches*, 1976), et ses récits (*Les Grandes Journées de printemps*, 1944 ; *Portrait des Valaisans en légende et en vérité*, 1965 ; *Le Match Valais-Judée*, 1968) célèbrent avec un lyrisme puissant les gens et les paysages de sa région natale, le Valais. D'un ton plus grave, les poèmes d'*Office des Morts* (1966) et le recueil consacré au souvenir de sa première femme, l'écrivain Corinna S. Bille* (*Le Livre de C.*, précédé d'*Octobre 79*, 1986), se font l'écho d'une inquiétude mystique, à la source de son inspiration.

**CHAPPE (Claude)** ♦ Ingénieur français (Brûlon, près de La Flèche 1763 - Paris 1805). Il fut le réalisateur du télégraphe aérien (1793) qui permettait la transmission de messages au moyen de signaux obtenus à l'aide de bras articulés établis sur des séries de tours. → **ÉTYM.** *Chappe* signifie « chape » ou est un nom de lieu désignant un terrain pierreux.

**CHAPTAL (Jean-Antoine)** comte **DE CHANTELOUP** ♦ Chimiste et homme politique français (Badaroux, près de Mende 1756 - Paris 1832). Fondateur des premières fabriques de produits chimiques en France, il améliora la production de l'acide chlorhydrique et inventa la *chaptalisation* des vins (ajout de sucre au moût de raisin avant la fermentation). Il institua les chambres de commerce et créa la première école d'arts et métiers. Ministre de l'Intérieur de 1800 à 1804. [Acad. sc. 1796] → **ÉTYM.** Ce nom vient de l'ancien français *chatel* « biens mobiliers, patrimoine ».

**CHAR (René)** ♦ Poète français (L'Isle-sur-la-Sorgue 1907 - Paris 1988). Après un recueil qu'il détruisit en grande partie, *Les Cloches sur le cœur* (1926), Char rencontra Éluard*, puis Breton*. Il en résulta un ouvrage en collaboration, *Ralentir travaux* (1930). Ses premiers poèmes, réunis dans le recueil *Le Marteau* sans maître* (1934), furent marqués par l'influence du surréalisme, mais Char y trouvait déjà le ton et la forme caractéristique de son œuvre ultérieure. La guerre d'Espagne le détermina à un engagement (*Placard pour le chemin des écoliers*, 1937) qui se conclut, après la défaite de 1940, par son entrée dans la Résistance. Engagé dans les Forces françaises combattantes (FFC) en 1943, Char fut nommé chef départemental (Basses-Alpes) de la Section atterrissage-parachutage du maquis de Céreste. Sa poésie, écrite dans l'urgence du combat,

René **Char** en 1971.
*Phot. ©Gisèle Freund, 1971*

devint action immédiate et leçon de vie. Le recueil *Fureur et Mystère* (1948) regroupa les écrits de cette période dont certains avaient été publiés séparément (*Seuls demeurent*, 1945 ; *Feuillets* d'Hypnos*, 1946). L'œuvre de Char emprunte les formes les plus diverses (aphorisme, vers libre, poème en prose, invocation, etc.) ; elle exalte les forces de vie contre l'intelligence analytique et les multiples visages de la fatalité. Char collabora régulièrement avec des artistes (Matisse, Picasso, Miró, Vieira da Silva). Cette proximité est la source de la *Recherche de la base et du sommet* (1955). Son œuvre s'agrandit avec *Les Matinaux* (1950), *La Parole* en archipel* (1962), *Le Nu perdu* (1971), *La Nuit talismanique* (1972), *Aromates chasseurs* (1976), *Fenêtres dormantes et porte sur le toit* (1979), *Les Voisinages de Van Gogh* (1985) et *Éloge d'une soupçonnée* (1988). Char rassembla également son œuvre théâtrale sous le titre *Trois coups sous les arbres* (1967) et traduisit, en collaboration avec Tina Jolas, dans *La Planche de vivre* (1981), de nombreux poètes, parmi lesquels Pétrarque, Shakespeare, Emily Dickinson et Mandelstam. ← ÉTYM. Ce nom de famille est le surnom d'un charretier, d'un fabricant de chars ou d'un boucher (ancien français *char* «viande»).

**CHARBONNEAU (Robert)** ♦ Écrivain canadien d'expression française (Montréal 1911 - Saint-Govite 1967). Chef de file de la génération de l'immédiat après-guerre, il a écrit de nombreux articles traitant de la littérature québécoise. Ses romans s'attachent à évoquer l'inquiétude spirituelle de l'homme contemporain. Attentif avant tout à la psychologie de ses personnages, il a écrit *Ils posséderont la terre* (1941), *Fontile* (1945), *Les Désirs et les Jours* (1948), *Aucune créature* (1961).

**Charbonnerie** n. f. → carbonarisme

**CHARBONNIÈRES-LES-BAINS** [69260] ← ÉTYM. du lat. *carbona*, de *carbo* «charbon» (lieu où l'on faisait du charbon de bois) ♦ Comm. du Rhône, arr. de Lyon. 4 377 hab. *(Charbonnois)*. Station thermale et centre de villégiature.

**CHARCOT (Jean Martin)** ♦ Médecin français (Paris 1825 - lac des Settons 1893). Professeur à la Salpêtrière, où S. Freud*, notamment, suivit ses leçons, il contribua au développement de la pathologie nerveuse, en particulier par ses recherches sur l'hystérie et l'hypnose. Il découvrit la localisation de plusieurs centres cérébraux responsables de fonctions spécifiques, étudia de très nombreux troubles neurologiques, entre autres la sclérose en plaques et la poliomyélite. On donna le nom de *maladie de Charcot* à la sclérose latérale amyotrophique. [Acad. sc. 1883]

**CHARCOT (Jean)** ♦ Savant et explorateur français (Neuilly-sur-Seine 1867 - en mer 1936). Fils de Jean Martin Charcot. Après avoir entrepris des études médicales, il se tourna vers l'océanographie. Au cours de deux expéditions dans l'Antarctique à bord du *Français*, puis du *Pourquoi-Pas ?* (1903 - 1905, 1908 - 1910), il établit la carte des régions australes de l'archipel Palmer à l'île qui porte son nom. De 1912 à 1936, il fit plusieurs expéditions dans l'Atlantique, la Manche et la mer du Nord (archipel des Hébrides, 1921 ; Groenland, 1925 - 1926), poursuivant ses travaux d'océanographie et d'hydrographie. Il publia *Le «Pourquoi-Pas ?» dans l'Antarctique*, 1910, *Autour du pôle Sud*, 1912, *La Mer du Groenland, croisières du «Pourquoi-Pas ?»* 1929.

**CHARDIN (Jean)** ♦ Voyageur français (Paris 1643 - Londres 1713). Il visita les Indes et la Perse et séjourna à Ispahan. Rentré en Europe, il publia *Le Récit du couronnement du roi de Perse Soliman III* (1670) et, après un second séjour dans ces pays, *Voyages en Perse et aux Indes orientales* (1686). Établi en Angleterre, il fut agent de la Compagnie anglaise des Indes en Hollande.

**CHARDIN (Jean-Baptiste Siméon)** ♦ Peintre et pastelliste français (Paris 1699 - *id.* 1779). Fils d'un ébéniste, il se forma chez Cazes, peintre d'histoire, disciple de Le* Brun, puis devint l'aide de N. Coypel et travailla auprès de J.-B. Van* Loo à la restauration des fresques du Primatice. Il se serait fait remarquer par la peinture d'une enseigne en 1728 puis en exposant *La Raie** et *Le Dressoir*, œuvres admirées par Largillière* qui lui auraient valu son admission immédiate à l'Académie comme «maître en nature morte». Vers 1733, il introduisit dans ses toiles la figure humaine et peignit plusieurs scènes de genre d'un style sobre et discret qui lui attirèrent l'admiration de la bourgeoisie (*Femme tirant de l'eau à la fontaine ; La Blanchisseuse ; Le Château de cartes*, 1734 - 1735 ; *La Pourvoyeuse* ; La Mère laborieuse ; Le Bénédicité*, 1740). Vers 1755, il revint à la nature morte (*Le Gobelet d'argent*). Il travaillait lentement, avec persévérance, et fut apprécié du public et de ses confrères, recevant les louanges de la critique, particulièrement de Diderot, mais on lui reprocha de travailler dans un genre mineur. À partir de 1757, il eut la jouissance d'un logement au Louvre et, en 1765, reçut des commandes officielles pour les châteaux de Choisy et de Bellevue (*Attributs des Sciences et des Arts*). À partir de 1770, sa vue baissant, il s'adonna au pastel, exécutant notamment un portrait de sa femme et trois autoportraits (*Chardin aux bésicles*), d'une facture vigoureuse. L'univers clos et serein qu'il aimait représenter était celui de sa vie domestique et de son entourage ; il évita aussi bien l'emphase et la somptuosité que l'anecdote ou le pittoresque. La simplicité apparente de ses agencements révèle en fait un art profondément médité, à la recherche d'un ordre rigoureux et harmonieux. ← ÉTYM. Ce nom est l'aphérèse de *Richardin*, diminutif de *Richard*.

Jean-Baptiste Siméon **Chardin.** *Autoportrait au chevalet* (40,5 × 32,5 cm). Musée du Louvre, Paris. *Phot. ©Arch. Smeets*

**CHARDONNE (Jacques Boutelleau, dit Jacques)** ← ÉTYM. du n. de *Chardonne*-sur-Vevey, comm. suisse où il alla se soigner en 1914 ♦ Romancier et essayiste français (Barbezieux 1884 - La Frette, Val-d'Oise 1968). Il acquit la notoriété dès son premier roman, *L'Épithalame* (1921), où il avait su trouver «assez de nuances dans les gris pour peindre l'intimité, l'amour dans la vie à deux». Chardonne s'attacha à évoquer les difficultés du bonheur à deux, à «montrer que la même femme peut désespérer un homme (*Eva ou le Journal interrompu*, 1930 ; *Romanesques*, 1938) ou l'enchanter» (*Claire*, 1931). Puis il relia l'évolution psychologique de ses personnages à la «réalité» des événements économiques et historiques dans une trilogie, *Les Destinées sentimentales* (*La Femme de Jean Barnery ; Pauline ; Porcelaine de Limoges*, 1934 - 1936), œuvre où la réflexion du moraliste et l'analyse du psychologue se doublent de la peinture des milieux de la grande bourgeoisie provinciale (dont l'écrivain était issu). Ces délicates études d'âmes, où subsiste une part de mystère, se sont complétées d'essais et recueils de pensées où apparaît souvent la même sagesse résignée (*L'amour, c'est beaucoup plus que l'amour*, 1937 - 1957 ; *Le Bonheur de Barbezieux*, 1938 ; *Matinales*, 1956). Le moraliste a encore donné *Demi-jour* (1964) et *Propos comme ça* (1966).

**CHARDONNET (Hilaire Bernigaud, comte de)** ♦ Chimiste et industriel français (Besançon 1839 - Paris 1924). En 1891, il installa à Besançon une usine pour la production de fils obtenus à partir de la nitrocellulose *(soie Chardonnet)*, selon un brevet qu'il avait déposé en 1884 : il apparaît ainsi comme le créateur de l'industrie des textiles artificiels. [Acad. sc. 1919]

**CHAREAU (Pierre)** ♦ Architecte et décorateur français (Le Havre 1883 - New York 1950). Admirateur des cubistes, lié avec Mallet*-Stevens, Lurçat* et Le* Corbusier, il affirma avec force son souci de modernisme en élevant et en décorant à Paris la maison du Dr Dalsace, caractérisée par un mur de façade translucide entièrement composé de dalles de verre, un plan libre, un agencement intérieur constitué de volumes imbriqués à trois niveaux et par l'exploitation formelle des matériaux bruts, notamment de la structure en poutrelle d'acier. Il émigra en 1939 aux États-Unis et y eut surtout une activité de décorateur et d'ensemblier.

**CHARENTE** n. f. ← ÉTYM. anc. *Carantonus*, probablt «rivière pierreuse» de la rac. pré-indo-eur. *°car-* «pierre» ♦ Fl. de l'O. de la France qui draine l'Angoumois et la Saintonge (360 km). Né en Haute-Vienne, il traverse le département de la Charente après une incursion dans la Vienne, et pénètre en Charente-Maritime où il rejoint l'Atlantique par un large estuaire en aval de Rochefort. Il reçoit la Touvre sur sa rive g. à Angoulême, et la Boutonne sur sa rive d. en amont de Tonnay-Charente.

**CHARENTE** n. f. [16] ◆ **ÉTYM.** du n. du fl. ♦ Dép. de l'O. de la France, région Poitou-Charentes. 5 956 km². 339 628 hab. CH.-L. : Angoulême. CH.-L. D'ARR. : Cognac, Confolens. Cour d'appel : Bordeaux. Académie : Poitiers. → **Poitou-Charentes.**

**CHARENTE-MARITIME** n. f. [17] ♦ Dép. de l'O. de la France, région Poitou-Charentes. 6 864 km². 557 024 hab. CH.-L. : La Rochelle. CH.-L. D'ARR. : Jonzac, Rochefort, Saintes, Saint-Jean-d'Angély. Cour d'appel : Poitiers. Académie : Poitiers. → **Poitou-Charentes.**

**CHARENTON-LE-PONT** [94220] ◆ **ÉTYM.** anc. *Pons Carantonis*, du lat. *pons* «pont» et *Carentus*, n. de pers. gallo-rom. ♦ Ch.-l. de cant. du Val-de-Marne, arr. de Créteil, au confluent de la Seine et de la Marne. 26 582 hab. *(Charentonnais)*. Pont sur la Marne (19 ponts ont été successivement construits à cet endroit depuis l'époque romaine, jouant un rôle essentiel dans la défense de Paris). ▪ Centre résidentiel et industriel. Anc. asile de Charenton → **Saint-Maurice.**

**CHARÈS** [ka-] ♦ Général et mercenaire athénien (-IVᵉ s.). Il mena plusieurs expéditions (-367 - -338), notamment contre les forces maritimes de la mer Égée et contre les Macédoniens. Il fut l'un des commandants de l'armée athénienne à Chéronée* (-338), puis il entra au service de Darios III.

**CHARÈS** [ka-] ♦ Sculpteur grec (Lindos, Rhodes -IVᵉ - -IIIᵉ s.). Élève de Lysippe*, il est l'auteur du colosse de Rhodes, l'une des Sept Merveilles du monde. Cette gigantesque effigie du Soleil en bronze (haute de 35 m), placée à l'entrée du port de Rhodes, fut renversée et détruite par un tremblement de terre en -224.

**CHAREST (Jean)** ♦ Homme politique canadien (Sherbrooke 1958). Élu député du parti progressiste-conservateur en 1984, il occupa le poste de ministre de l'Environnement (1991 - 1993), puis dirigea son parti de 1993 à 1998. Opposé aux indépendantistes, chef du Parti libéral du Québec depuis 1998, il est Premier ministre du Québec depuis 2003.

**CHARETTE DE LA CONTRIE (François Athanase DE)** ♦ Chef vendéen (Couffé, pays nantais 1763 - Nantes 1796). Officier de marine avant la Révolution, il dirigea l'insurrection vendéenne à Machecoul (mars 1793), participa au siège de Nantes et continua la lutte. Le 17 fév. 1795, il signait avec la Convention thermidorienne le traité de pacification de La Jaunaye, mais reprenait les armes dès le mois de juin pour aider les émigrés qui tentèrent de débarquer à Quiberon. Après l'échec de cette tentative, il fut arrêté par Hoche, condamné à mort et exécuté.

**CHARI** n. m. ◆ **ÉTYM.** langue locale «voie» ♦ Fl. du Tchad (1 100 km). Né de la réunion d'une multitude de rivières formées en République centrafricaine, il arrose Sarh et N'Djamena où il reçoit le Logone avant de se jeter dans le lac Tchad. La plaine du Chari, immense marais en saison des pluies (régime tropical), est une vaste zone d'accumulation et de dépôt. → **Oubangui-Chari.**

**CHARIBERT** → **Caribert**

**CHARIDÈMOS** ou **CHARIDÈME** [ka-] ♦ Aventurier grec (Oréos, Eubée v. -400 - -333). Commandant d'une armée de mercenaires, il entra successivement au service des Athéniens, du roi de Thrace, des Olynthiens et des satrapes d'Asie Mineure, qu'il trahit tour à tour.

**CHARISSE (Tula Ellice FINKLEA, dite Cyd)** ◆ **ÉTYM.** du n. de son premier mari Nico *Charisse*, professeur de danse ♦ Actrice et danseuse américaine (Amarillo, Texas 1921 - Los Angeles 2008). Elle fit partie des Ballets* russes de Monte-Carlo et travailla avec Massine et Fokine sous le pseudonyme de Maria Istomina. En 1943, elle fit ses débuts à l'écran dans un ballet de *Something to Shout About* (G. Ratoff), sous le pseudonyme de Lily Norwood, et dans *Mission to Moscow* de M. Curtiz. Puis elle dansa avec Fred Astaire* dans *Ziegfield Follies* (de V. Minnelli, 1946). Mais sa gloire commença véritablement en 1952 avec son apparition dans *Chantons sous la pluie* (de S. Donen et G. Kelly) puis dans *Tous en scène* (de V. Minnelli, 1953).

**CHARITES** ou **KHARITES** [ka-] n. f. pl. ◆ **ÉTYM.** «les [trois] Grâces» ♦ Divinités de la Beauté qui appartenaient, avec les Muses*, à la suite d'Apollon*. On les considérait comme trois filles de Zeus* et d'une Océanide, appelées Aglaé, Euphrosyne et Thalie, et on leur attribuait les agréments qui embellissent la vie des hommes et des dieux.

**CHARITÉ-SUR-LOIRE (LA)** [58400] ◆ **ÉTYM.** anc. *ad caritatem*, n. d'un prieuré clunisien ♦ Ch.-l. de cant. de la Nièvre, arr. de Cosne-Cours-sur-Loire. 5 460 hab. (aggl. 5 954) *(Charitois)*. Entreprise v. 1080, l'église Sainte-Croix de l'anc. prieuré, fondé en 1052, portait le titre de «fille aînée de Cluny» : chœur à chapelles rayonnantes (chapiteaux ; tympans sculptés) ; transept ; tour Sainte-Croix. Musée (objets médiévaux ; sculptures ; coll. d'Art nouveau et d'Art déco). ▮ **Histoire** La ville subit de nombreux sièges pendant la guerre de Cent Ans.

**CHARITON** [ka-] **DE LAMPSAQUE** ♦ Écrivain grec (fin du Iᵉʳ s.), auteur des *Aventures de Chaeréas et de Callirhoé* en 8 livres, un des plus anciens romans qui nous sont parvenus. Il décrit les infortunes d'un couple d'amants qui se retrouvent après une longue séparation, sujet qui inspira une longue série de romans jusqu'à l'époque byzantine.

Le **Charivari** ♦ Quotidien satirique français fondé par Charles Philipon et publié de 1832 à 1937. Opposé au régime de Louis-Philippe, il évolua, face à la montée du socialisme, vers un certain conservatisme sous le Second Empire puis sous la IIIᵉ République, qui le conduisit à abandonner la satire politique pour celle des mœurs. Mais, grâce à la valeur et à l'esprit de ses dessinateurs (Cham, Daumier, Gavarni) et à l'emploi de techniques nouvelles, telle la lithographie, le journal joua un rôle primordial dans l'histoire de la caricature.

**CHARLEBOIS (Robert)** ♦ Chanteur et compositeur canadien (Montréal 1944). Son premier disque, en 1966, fut un événement dans la chanson canadienne. Il rénova totalement la chanson traditionnelle de F. Leclerc* ou de G. Vigneault*, n'hésitant pas à introduire le joual dans ses textes, chantant éventuellement en anglais, et utilisant les ressources du rock *(Lindberg ; Les ailes d'un ange ; Conception)*.

**CHARLEMAGNE** ou **CHARLES Iᵉʳ le Grand** ◆ **ÉTYM.** en lat. ***Carolus Magnus*** «Charles le Grand», en all. ***Karl der Grosse*** ♦ (742 - 814). Roi des Francs (768 - 814), des Lombards et empereur d'Occident (800 - 814).

▮ **LE ROI DES FRANCS ET DES LOMBARDS** Fils de Pépin le Bref et de Berte* ou Bertrade, il reçut, à la mort de son père, la Neustrie, l'Austrasie et une partie de l'Aquitaine, son frère Carloman* régnant sur le reste de l'Aquitaine, l'Alémanie, l'Alsace, la Bourgogne et la Septimanie. Charles s'opposa à son frère à propos d'une révolte en Aquitaine (769) et, à la mort soudaine de Carloman (déc. 771), s'empara des biens de ce dernier, dépossédant ses neveux. En 771, Didier*, roi des Lombards, dont il avait épousé la fille, avait envahi Rome et mis à mort les chefs du parti franc, avant de tenter de faire couronner les fils de Carloman. Charles répudia alors sa femme, mobilisa une armée et envahit la Lombardie, assiégeant Pavie. À Rome (774), le pape Adrien* Iᵉʳ l'amena à renouveler en l'augmentant la donation faite autrefois par Pépin au bénéfice du Saint-Siège, lui concédant de nombreuses terres en Italie du Nord. → **Église (États de).** Puis Charles obligea Didier à capituler et se fit couronner roi des Lombards. Il fit entrer Adrien Iᵉʳ en possession des territoires promis, mais s'opposa ensuite aux ambitions du pape.

▮ **LES EXPÉDITIONS** Dès 772, il s'était opposé aux Saxons qui, profitant de sa politique italienne, s'avancèrent en Hesse et en Frise et reprirent des places franques sur la Ruhr (776). ▮ **Roncevaux** Mais Charles contre-attaqua et occupa le S. de la Westphalie. Profitant des dissensions entre 'Abd* al-Raḥmān Iᵉʳ, émir de Cordoue, et un de ses gouverneurs qui était venu le trouver à Aix-la-Chapelle, Charles entreprit ensuite une expédition en Navarre, tandis qu'une autre armée franque pénétrait en Catalogne. Mais l'élimination du gouverneur révolté permit à l'émir de menacer les Francs, qui se replièrent de Saragosse et eurent leur arrière-garde écrasée et pillée par des montagnards basques dans les Pyrénées (Roncevaux) ; ce fut la source de l'épisode héroïque du sacrifice de Roland*. ▮ **La Saxe** En même temps, le Saxon Widukind soulevait la Westphalie occupée et christianisée par la force, massacrant les prêtres et les nobles saxons ralliés. Charles l'attaqua en 779 - 780, mais Widukind, réfugié au Danemark, en revint en 782, écrasant les Francs à Sündtal ; Charles mena alors une nouvelle expédition, mais les Saxons reprirent la lutte (783) ; Widukind ne se rendit qu'en 785. La Saxe était soumise jusqu'à l'Elbe ; elle conservait son droit national, codifié et aménagé *(lex Saxonum)*. ▮ **La Bavière** Au S., Charles eut à faire face à la révolte du duc de Bavière Tassilon* III (787). En 788, Tassilon s'allia aux Avars, que Charles dut combattre à partir de 791 avec son fils Pépin, obtenant leur soumission en 796 (prise du *Ring* avar). Dès 788, Charles avait réorganisé la Bavière, qu'il intégra à son domaine en lui conservant sa personnalité juridique. Cependant, la Saxe se soulevait de nouveau (792) et il fallut plusieurs campagnes (793 - 797) pour la soumettre. ▮ **La Catalogne** D'autres opérations furent menées contre les Sarrasins, qui atteignirent Narbonne en 793 et furent arrêtés par un cousin de Charles,

La **Charité-sur-Loire.** *Phot. ©J. Guillard/Scope*

**Charlemagne.** Vitrail de la cathédrale de Chartres, XIIe s.
*Phot. © Arch. Smeets*

Guillaume «au courb nez» (au nez crochu). En 795, les Francs reprirent l'avantage et s'emparèrent de Barcelone (801), créant un «pays des Goths» (*Gothalania* «Catalogne»). Au long de ces campagnes, Charles s'était montré un remarquable organisateur militaire et un grand politique plutôt qu'un stratège.

**▮ L'EMPEREUR** En 795, Léon* III succéda à Adrien. Le nouveau pape se conduisit en vassal de Charles, patrice des Romains, lui laissant contrôler son administration. En l'an 800 Léon III couronna Charles empereur d'Occident. L'empire d'Occident ne restaurait qu'en apparence l'Empire romain ; gouverné d'Aix-la-Chapelle, hétérogène, mais avant tout franc, c'était une réalité politique appuyée sur le christianisme (Charles se considérait empereur «couronné par Dieu») et sur l'équilibre des forces européennes ; «le pouvoir royal [n'y] continue point la notion romaine du droit de souveraineté» (H. Pirenne). Aussi bien le projet d'union avec l'empire d'Orient, gouverné depuis 798 par l'usurpatrice Irène*, ne pouvait concerner qu'une union personnelle (il échoua, Irène ayant été déposée en 802, et le basileus Nicéphore refusa de reconnaître Charlemagne, d'où une guerre de frontières jusqu'aux traités signés avec Michel Rangabé et Léon l'Arménien). La principale activité de Charlemagne empereur fut l'organisation, sans autre rupture avec la période antérieure que la diminution de ses activités militaires. Les opérations furent menées par ses fils, Pépin* (roi d'Italie), Louis (roi d'Aquitaine) et Charles (contre les Slaves). En 806, Charlemagne leur partagea ses États. Mais Pépin mourut en 810, Charles en 811. Avant sa mort, Charlemagne couronna Louis empereur (sept. 813). → **Louis le Pieux.**

**▮ L'ORGANISATION DE L'EMPIRE** Un gouvernement central personnel, des assemblées politiques et religieuses soumises, une administration locale étroitement surveillée (par les *missi dominici*), une hiérarchie des pouvoirs fondée sur la propriété foncière et sur les liens personnels de l'«hommage» et au sommet de laquelle se trouvaient les «compagnons» *(comtes)* du roi et les évêques : ces institutions préféodales devaient sans doute à leur nouveauté, à la personnalité du roi et à la force de l'idéologie chrétienne leur fonctionnement efficace. L'organisation militaire, assurant la paix et l'ordre, reposait sur les grands propriétaires, la paysannerie vivant en majorité sur des «tenures libres». Sur cette classe structurée en petites unités économiques assez fermées reposait la vie matérielle du royaume franc où une réorganisation monétaire (781) assura une stabilité et une unité financière nouvelles. Cependant, la période carolingienne correspond à un faible développement des villes, alors que l'augmentation démographique atteste une relative prospérité. La Gaule était enfin unifiée et pacifiée, et l'empire, malgré sa complexité, formait un axe économique européen, de l'Adriatique au Jutland ; mais, malgré la prise de Barcelone, les relations maritimes avec l'Orient ne se rétablirent pas et le commerce extérieur resta stagnant.

**▮ LA RENAISSANCE CAROLINGIENNE** Autodidacte et amateur de grammaire, Charles chercha à promouvoir les connaissances en réunissant dans son palais d'Aix une sorte d'académie riche en savants de toute l'Europe (Alcuin, Paul Diacre, Théodulf), en créant une école du palais et en stimulant l'activité des grands monastères, notamment pour la diffusion des textes sacrés (invention de l'écriture *caroline* ; vaste activité de copistes). L'architecture et les arts décoratifs, en partie sous l'influence byzantine (par l'intermédiaire de Syriens romanisés ayant fui l'occupation musulmane), connurent un essor nouveau, mais peu de témoignages en subsistent.

**▮ L'HOMME** La personnalité de Charlemagne, uniquement connue par ses proches et ses partisans, en premier lieu son biographe Éginhard*, semble avoir été celle d'un homme robuste et jovial, intelligent, actif, courageux et autoritaire, mélange de soldat et de campagnard, chez qui le goût du luxe et des plaisirs se joignait à un réalisme intéressé et minutieux. Attaché aux traditions de son peuple, il aimait à la fois l'exercice physique et l'étude, ou du moins attachait du prix à donner de lui cette image, non sans quelque pédantisme. Parlant francique, il connaissait le grec et le latin, mais ne savait pas écrire ; entre «l'empereur illettré» (Pirenne) et l'humaniste promoteur d'une véritable renaissance, sa personnalité culturelle est moins nette que sa grandeur politique.

**CHARLEROI** → ÉTYM. nommée ainsi en l'honneur de *Charles** II, *roi* d'Espagne ♦ V. de Belgique (Région wallonne), prov. de Hainaut, ch.-l. d'arr., sur la Sambre et le canal Charleroi-Bruxelles. 201 550 hab. *(Carolorégiens)*. La Ville-Basse s'étend dans la vallée de la Sambre, la Ville-Haute sur le plateau dominant son versant rive g. Musée de la Photographie dans l'ancien couvent de carmélites, musée du Verre, musée de l'Industrie. ▪ Depuis le XVIIIe s., Charleroi, qui s'est développée au centre du bassin houiller et sidérurgique, possède une grande importance économique à l'extrémité S. de l'axe ABC (→ **Bruxelles**). Les charbonnages ont cessé leur activité ; la sidérurgie et la métallurgie, la construc. électrique, la verrerie ont connu plusieurs restructurations ayant entraîné une diminution de l'emploi ; indus. aérospatiale près de l'aéroport de Gosselies ; indus. chimique et de transformation. Secteur tertiaire en développement. **▮ Histoire** Charleroi fut créée à des fins militaires en 1666. Louis XIV s'en empara et fit édifier la Ville-Basse. Après la victoire de Jourdan contre les Autrichiens (juin 1794), la ville servit de base aux armées de la République, puis de Napoléon (campagnes de Belgique et du Rhin). En 1914, lors de la *bataille de Charleroi*, la Ve armée française défendit vainement les passages de la Sambre.

## CHARLES

– du lat. *Carolus*, en all. ***Karl***, en angl. ***Charles***, en esp. ***Carlos***, en it. ***Carlo***, en néerl. ***Karel***, en roumain ***Carol***, en suéd. ***Carl***, en port. ***Carlos*** ♦ Nom de plusieurs personnages, classés selon les rubriques suivantes : empereurs d'Occident et empereurs germaniques ; Angleterre ; Autriche ; Bourgogne ; Espagne ; France ; Hongrie ; Lorraine ; Monaco ; Naples ; Navarre ; Portugal ; Savoie ; Sicile ; Suède.

### EMPEREURS D'OCCIDENT ET EMPEREURS GERMANIQUES

**CHARLES Ier** ♦ Empereur d'Occident. → **Charlemagne.**

**CHARLES II** ♦ Empereur d'Occident. → **Charles II le Chauve,** roi de France.

**CHARLES III le Gros** ♦ (839 - Reichenau 888). Empereur d'Occident (881 - 888). Fils de Louis* II le Germanique, il fut roi d'Italie (884 - 888) et de Germanie (882 - 888). Il assura la régence de la France (884 - 887) pendant la minorité de Charles* III le Simple mais fut déposé pour avoir acheté le départ des Normands au lieu de les combattre.

**CHARLES IV** ♦ (Prague 1316 - *id.* 1378). Roi de Bohême sous le nom de Charles Ier (1346 - 1378), roi de Germanie (1346 - 1378) et empereur germanique (1355 - 1378). Fils de Jean* de Luxembourg, roi de Bohême, il abandonna la politique italienne de ses prédécesseurs pour se consacrer à la Bohême. Il fonda l'archevêché (1344) puis l'université de Prague (1348), achevant ainsi de faire de la ville une capitale intellectuelle et artistique. En 1356, il promulgua la Bulle d'or qui réglementait l'élection impériale, fixant le collège électoral à 7 membres : 3 électeurs ecclésiastiques (les archevêques de Mayence, Cologne et Trèves) et 4 électeurs laïques (le roi de Bohême, le comte palatin du Rhin, le duc de Saxe et le margrave de Brandebourg). ▪ Auteur d'une autobiographie, *Vita Caroli.* ▪ Père de Wenceslas* IV de Luxembourg et de Sigismond*.

**CHARLES QUINT** ou **CHARLES V** ♦ (Gand 1500 - Yuste, Estrémadure 1558). Empereur germanique (1519 - 1556), prince des Pays-Bas (1516 - 1555), roi d'Espagne sous le nom de Charles Ier, roi de Sicile sous le nom de Charles IV (1516 - 1556). Fils de Philippe* le Beau et de Jeanne* la Folle, il fut d'abord un prince bourguignon et, le français étant sa langue maternelle, il ne parla jamais correctement l'allemand. C'est en Bourgogne qu'il choisit ses principaux conseillers (Chièvres, Gattinara) et l'héritage bourguignon resta toujours au cœur de ses préoccupations, même lorsqu'il se trouva le maître d'un immense empire. Par sa mère, en effet, il hérita de la Castille, puis de l'Aragon, de Naples, de la Sicile et de l'Amé-

**Charles Quint.** Tableau de Titien (2,05 × 1,22 m). Alte Pinakothek, Munich. *Phot. © Carlo Bevilacqua/Ricciarini*

rique latine, et, par son père, des possessions héréditaires des Habsbourg, auxquelles il ajouta le titre d'empereur du Saint Empire âprement disputé à François* Ier et obtenu grâce aux subsides des Fugger*. La principale faiblesse d'un tel empire résidait dans sa taille même et dans sa dispersion qu'accentuaient encore les particularismes locaux : Charles Quint fut d'abord un étranger en Espagne et bien davantage encore en Allemagne. Les effets de cette dispersion furent la révolte des Comuneros* (1520) et celle de Gand (1539) aux Pays-Bas. En Allemagne régnait la plus grande anarchie politique, administrative et religieuse. L'empereur fut contraint de tirer de ses possessions héréditaires ou des colonies espagnoles les ressources nécessaires à la reconquête de l'intégralité de l'héritage bourguignon et au triomphe de l'orthodoxie sur la Réforme et sur les infidèles. Le long conflit qui l'opposa à François* Ier puis à Henri* II n'aboutit à aucun résultat définitif. Cette série de victoires et de défaites sans lendemain obligea les adversaires à des compromis, et la lutte continua avec son fils Philippe* II. Son importance et sa difficulté étaient accrues par le soutien apporté par la France aux protestants allemands révoltés. Sur ce plan non plus, l'empereur ne put obtenir un triomphe. Malgré le bannissement de Luther*, malgré ses victoires militaires (dont la plus importante fut celle de Mühlberg*), il ne put arrêter la Réforme (→ **Réforme**) dont il dut admettre le triomphe dans les États d'Allemagne du Nord (paix d'Augsbourg, 1555). Le péril turc n'était pas moindre : après la victoire de Mohács* (1526), Soliman Ier parvint jusqu'à Vienne devant laquelle il mit le siège (1529). Il fut repoussé mais resta dangereux, d'autant qu'en 1536 les Turcs s'allièrent à la France (traité des Capitulations). La lutte s'était poursuivie cependant en Méditerranée : Tunis fut prise (1535), mais une récidive devant Alger fut un échec (1541). Quand Charles Quint se retira à Yuste, après avoir abdiqué, partageant ses possessions entre son frère Ferdinand* et son fils Philippe II, aucun problème n'était résolu. La lutte avec la France se poursuivait, le défenseur de la foi n'avait pu écraser ni la Réforme ni l'Infidèle, il avait laissé s'accomplir le sac de Rome (1527) et n'avait pu empêcher les abus de la conquête espagnole en Amérique du Sud. C'est en Flandre que son règne avait été le plus heureux, favorisant une civilisation brillante illustrée par des érudits comme Érasme et des artistes comme Bruegel ou Roland de Lassus.

**CHARLES VI** ♦ (Vienne 1685 - *id.* 1740). Empereur germanique (1711 - 1740), roi de Hongrie sous le nom de Charles III (1711 - 1740) et de Sicile (1714 - 1734). Second fils de Léopold* Ier, il succéda à son frère Joseph* Ier après avoir tenté en vain de s'emparer de la couronne d'Espagne à la place de Philippe* V. Il concentra ses efforts pour assurer la succession à sa fille Marie*-Thérèse (pragmatique* sanction, 1713) et se laissa entraîner dans des opérations malheureuses comme la guerre de Succession* de Pologne, qui lui coûta la Lorraine, Naples et la Sicile (traité de Vienne, 1735), ou la guerre contre la Turquie (1736 - 1739).

**CHARLES VII ALBERT** ♦ (Bruxelles 1697 - Munich 1745). Empereur germanique (1742 - 1745), prince électeur de Bavière (1726 - 1745). Fils de Maximilien-Emmanuel, il avait épousé une fille de Joseph Ier. Il déclencha la guerre de Succession* d'Autriche, lors de la mort de l'empereur Charles* VI, et parvint à se faire couronner empereur à Francfort (1742) grâce à l'alliance française.

### ANGLETERRE

**CHARLES Ier** ♦ (Dunfermline, Écosse 1600 - Londres 1649). Roi d'Angleterre, d'Écosse et d'Irlande (1625 - 1649). Fils de Jacques* Ier Stuart, il s'aliéna rapidement une opinion d'abord favorable par des maladresses et par son absolutisme politique et religieux, que sa femme Henriette*-Marie de France encourageait. Une question d'impôts aggrava son conflit avec le Parlement, qu'il renvoya. De 1629 à 1640, il gouverna sans Parlement, avec l'aide de Strafford* et de Laud*. Mais l'Écosse se souleva quand on lui imposa le *Prayer Book* anglican, et le roi, à court d'argent et de troupes, dut convoquer de nouveau le Parlement (1640). Ce Court Parlement* fut rapidement dissous et le Long Parlement* qui lui succéda obtint l'arrestation de Laud et de Strafford qui furent exécutés. La Grande Remontrance* provoqua la réaction de Charles Ier : il tenta de faire arrêter cinq chefs de l'opposition, dont Pym* et Hampden*. Ceux-ci gagnèrent la Cité de Londres qui prit les armes pour les défendre. Désormais, la guerre civile opposait cavaliers* et têtes rondes pour des idéaux politiques et religieux (1642 - 1646). Maîtres de Londres et des ports, les parlementaires eurent vite l'argent qui faisait défaut aux royalistes. Pym s'allia aux Écossais et le roi fut vaincu à Marston Moor (1644), où se révéla Olivier Cromwell*. Celui-ci écrasa définitivement l'armée royale à Naseby* (1645). Réfugié en Écosse, le roi fut livré au Parlement. Il s'évada en 1647, mais ses troupes furent écrasées à Preston* (1648), et lui-même, ramené à Londres. Après un procès au cours duquel Charles Ier défendit courageusement ses conceptions, le Parlement* croupion le fit exécuter à Whitehall (1649). ▪ Il avait été un mécène éclairé et Van* Dyck fit de lui un portrait célèbre.

**CHARLES II** ♦ (Londres 1630 - *id.* 1685). Roi d'Angleterre, d'Écosse et d'Irlande (1660 - 1685). Fils de Charles* Ier et d'Henriette de France, il trouva refuge en France et, après la mort de son père, fut proclamé roi en Écosse (1649). Battu à Worcester* (1651) par Cromwell*, il fut obligé de s'exiler de nouveau. Rappelé au trône grâce à Monk* (1660) à la suite de la déclaration de Breda*, il fit preuve de tolérance et d'habileté. Ses convictions le portaient vers le catholicisme et l'absolutisme ; il sut cependant céder, accepter l'annulation de son édit de Tolérance et le Test* Act (1673). Sa politique étrangère favorable à la France, dont il touchait des subsides (traité de Douvres* 1670), le conduisit à des guerres malheureuses contre les Provinces-Unies. S'il perdit Dunkerque, il gagna des places sur l'Atlantique Sud. Le début de son règne fut assombri par la peste et l'incendie de Londres (1666), mais il entretint une cour brillante et fit retrouver à l'Angleterre puritaine une vie intellectuelle et artistique. Ses dernières années virent la naissance des partis tory* et whig* ; le discrédit dans lequel tombèrent les whigs lui permit un gouvernement presque absolu.

### AUTRICHE

**CHARLES Ier** ♦ (Persenbeug 1887 - Funchal, Madère 1922). Empereur d'Autriche et roi de Hongrie sous le nom de Charles IV (1916 - 1918). Héritier du trône à la mort de son oncle François*-Ferdinand, il succéda à son grand-oncle François*-Joseph. À la suite du refus de ses offres de paix par les Alliés (qu'il avait transmises par l'intermédiaire du Prince Sixte de Bourbon-Parme, frère de son épouse Zita* de Bourbon-Parme) et après la proclamation de la République autrichienne, il quitta son pays en novembre 1918. Réfugié en Suisse, il tenta en vain une restauration ; il dut alors s'établir à Madère. ▪ Père de l'archiduc Otto de Habsbourg (Vienne 1912) et grand-père de Karl de Habsbourg (Starnberg 1961), prétendant à la couronne d'Autriche. ▪ Il a été béatifié en 2004.

### BOURGOGNE

**CHARLES le Téméraire** ♦ (Dijon 1433 - près de Nancy 1477). Duc de Bourgogne (1467 - 1477). Fils de Philippe* III le Bon, il participa à la ligue du Bien public contre le roi de France Louis* XI et, après la bataille indécise de Montlhéry, obtint la restitution des villes de la Somme au traité de Conflans (1465). Toute sa politique tendit à unifier ses États par une structure administrative forte et à assurer une liaison entre les deux parties de l'État bourguignon (Flandre et Bourgogne), constituant ainsi une grave menace pour la monarchie française et ses voisins (Lorraine, Suisse). Les Liégeois, soutenus par Louis XI, s'étant révoltés contre leur évêque, son allié, Charles obligea le roi à l'aider dans la répression et à signer le traité de Péronne (1468). Il envahit la Picardie mais échoua devant Beauvais (→ **Hachette [Jeanne]**) puis Rouen (1472). Il conquit la Lorraine (1475), mais, battu à Grandson* et à Morat* par les Suisses

**Charles le Téméraire.** Portrait anonyme du xve s. Musée des Beaux-Arts, Gand. *Phot.* ©*Giraudon*

soutenus par Louis XI (1476), il mourut au siège de Nancy, dans une guerre contre René* II de Lorraine. ▪ Père de Marie* de Bourgogne qui épousa Maximilien de Habsbourg.

### ESPAGNE

**CHARLES Ier** → **Charles Quint,** EMPEREUR GERMANIQUE.

**CHARLES II** ♦ (Madrid 1661 - *id.* 1700). Roi d'Espagne (1665 - 1700) et de Sicile sous le nom de Charles V (1665 - 1700), il succéda à son père Philippe* IV. Si son règne a vu l'amorce d'une certaine renaissance intérieure, il fut désastreux sur le plan extérieur : l'Espagne dut céder à Louis XIV la Flandre (Aix*-la-Chapelle, 1668), puis l'Artois et la Franche-Comté (Nimègue*, 1678), et son entrée dans la ligue d'Augsbourg* provoqua l'invasion de la Catalogne. La santé chancelante de Charles II posa rapidement le problème de sa succession ; le testament qu'il fit en faveur de Philippe d'Anjou, futur Philippe* V, eut pour conséquence la guerre de Succession* d'Espagne.

**CHARLES III** ♦ (Madrid 1716 - *id.* 1788). Roi d'Espagne (1759 - 1788). Fils de Philippe* V et d'Élisabeth* Farnèse, il régna d'abord sur Parme, sur la Toscane et sur le royaume de Naples et de Sicile, sous le nom de Charles VII (1734 - 1759). Il succéda ensuite à son demi-frère Ferdinand* VI, et se conduisit, comme il l'avait fait à Naples, en despote éclairé. Aidé d'Aranda* et de Floridablanca*, il renforça la centralisation, lutta contre l'emprise de l'Église (expulsion des jésuites, 1767), encouragea l'agriculture et le commerce (fondation de la banque de Saint-Charles), et réforma les finances. Celles-ci souffrirent cependant de la politique extérieure. Le pacte de Famille* (1761) entraîna en effet le roi dans la guerre de Sept* Ans et dans celle de l'Indépendance américaine, qui donna à l'Espagne, par le traité de Versailles*, Minorque et la Floride mais lui enleva Gibraltar. L'œuvre de renouveau de Charles III, fondée sur des réformes mal assimilées par la population, ne lui survécut pas.

**CHARLES IV** ♦ (Naples 1748 - Rome 1819). Roi d'Espagne (1788 - 1808), fils et successeur de Charles III. Il épousa sa cousine Marie*-Louise de Parme, dont il subit fortement l'influence, et, par elle, celle de son favori Godoy*. Alliée de la France à partir de 1796, l'Espagne perdit la Trinité, la Louisiane (au bénéfice de la France) ; sa flotte fut détruite à Trafalgar* (1805). L'insurrection d'Aranjuez provoqua la démission, puis l'arrestation et le départ de Godoy ainsi que l'abdication de Charles IV en faveur de son fils Ferdinand VII. À Bayonne, en mai 1808, Napoléon obtint l'abdication du fils puis de nouveau celle du père en faveur de Joseph Bonaparte.

### FRANCE

**CHARLES MARTEL** ♦ Maire du palais franc (v. 688 - Quierzy 741). Fils de Pépin* de Herstal, il s'imposa à la mort de son père (714), opposant Clotaire* IV à Chilpéric* II, gouvernant pour Thierry* IV de Chelles, et unifia l'État mérovingien. Il contint les Frisons, les Saxons, les Alamans, les Thuringiens et les Bavarois, arrêta les musulmans d'"Abd* al-Raḥmān à Poitiers (732) et fit reconnaître sa suzeraineté à l'Aquitaine et à la Provence. Il laïcisa les biens ecclésiastiques mais soutint la politique d'évangélisation de Rome, protégeant notamment saint Boniface*. ▪ Son surnom de *Martel* (marteau) lui fut donné à cause de l'énergie qu'il déploya pour imposer sa politique. ▪ Père de Carloman* et de Pépin* le Bref.

**CHARLES Ier** ♦ Roi des Francs. → **Charlemagne.**

**CHARLES II le Chauve** ♦ (Francfort-sur-le-Main 823 - Avrieux, Savoie 877). Roi de France (843 - 877) et empereur d'Occident (875 - 877). Fils de Louis* le Pieux, il s'allia à Louis* II le Germanique contre Lothaire* qu'ils battirent à Fontenoy-en-Puisaye (841). Après avoir renforcé son entente avec Louis par les *Serments de Strasbourg** (842), il signa le traité de Verdun* (843) qui partageait l'empire de Charlemagne en trois. Il obtint la partie occidentale, limitée à l'E. par l'Escaut, la Meuse, la Saône et le Rhône. Son règne fut marqué par les invasions normandes et le développement de la féodalité consacré par le capitulaire de Quierzy*. Il s'entoura de lettrés, tels Hincmar*, Scot* Erigène. ▪ Père de Louis* II le Bègue.

**CHARLES III le Simple** ♦ (879 - Péronne 929). Roi de France (893 - 922). Fils de Louis* II le Bègue, il mena la lutte contre Eudes* qui avait été élu roi (888) et fut couronné en 893. Le conflit fut résolu en 897 et Eudes le désigna pour successeur. Il concéda un territoire (le pays de Caux) à Rollon*, chef des Normands, par le traité de Saint-Clair-sur-Epte (911). Détrôné en 922 et captif d'Herbert de Vermandois* dès 923, il mourut prisonnier. ▪ Père de Louis* IV d'Outre-Mer. Il eut pour successeur Robert* Ier.

**CHARLES IV le Bel** ♦ (v. 1294 - Vincennes 1328). Roi de France et de Navarre (1322 - 1328). Fils de Philippe* IV le Bel, mari de Blanche* de Bourgogne, il succéda à son frère Philippe* V. Il accomplit une œuvre importante en matière de justice et de finances. Mort sans héritier mâle, il fut le dernier des Capétiens directs ; la couronne passa aux Capétiens Valois (→ **Philippe VI de Valois).**

**CHARLES V le Sage** ♦ (Vincennes 1338 - Nogent-sur-Marne 1380). Roi de France (1364 - 1380). Mari de Jeanne de Bourbon (1350). Pendant la captivité de son père Jean* II, il assura la régence, réprima la révolte d'Étienne Marcel* et la Jacquerie* et signa le traité de Brétigny* avec l'Angleterre (1356 - 1364). Devenu roi, il sut s'entourer d'hommes de guerre de valeur (→ **Boucicaut [Jean Ier], Fiennes) ;** grâce à Du* Guesclin, il mit fin à la lutte contre le roi de Navarre Charles* II le Mauvais et débarrassa le royaume des Grandes Compagnies*. Reprenant la guerre contre les Anglais (1368), il s'empara de la plupart de leurs possessions. À sa mort, les Anglais ne possédaient plus que quelques places maritimes (notamment Bordeaux et Calais) et places fortes. Sous son règne se termina la guerre de Succession* de Bretagne. Il s'entoura de bons conseillers tels les chanceliers Jean et Guillaume de Dormans, Pierre d'Orgemont et, pour les finances, Nicolas Oresme*. Protecteur des lettres et des arts, il fonda la Bibliothèque royale, reconstruisit le Louvre, édifia l'hôtel Saint-Pol et la Bastille à Paris et le château de Beauté*. Il institua des impôts permanents et rétablit une monnaie saine. Lors du Grand Schisme*, il prit le parti du pape Clément VII. ▪ Sa vie nous est connue par Christine* de Pisan. Père de Charles* VI.

**CHARLES VI le Bien-Aimé** ou **le Fou** ♦ (Paris 1368 - *id.* 1422). Roi de France (1380 - 1422), fils de Charles V. Il gouverna d'abord sous la tutelle de ses oncles les ducs d'Anjou, de Bourgogne, de Berry et de Bourbon qui réprimèrent les révoltes des maillotins* à Paris, de la Hérelle à Rouen, des tuchins en Languedoc et de Philip Van* Artevelde en Flandre. Après le sage gouvernement des marmousets* (1388), le roi ayant été frappé de démence (1392), la France fut livrée à la guerre civile (→ **armagnacs, bourguignons).** Le roi d'Angleterre Henri V, profitant des troubles, s'allia aux bourguignons et remporta la victoire d'Azincourt* (1415). À la fin du règne fut signé le désastreux traité de Troyes* qui, avec l'appui de la reine Isabeau* de Bavière, déshéritait le dauphin (futur Charles VII), reconnaissait Henri V d'Angleterre comme héritier du royaume de France et lui confiait la régence (1420). ▪ Abandonné des siens, le roi dément fut soigné par sa maîtresse Odette de Champdivers*.

**CHARLES VII** ♦ (Paris 1403 - Mehun-sur-Yèvre, près de Bourges 1461). Roi de France (1422 - 1461), fils de Charles VI. Pendant la guerre civile entre armagnacs et bourguignons, il quitta Paris et se réfugia à Bourges (1418). Sa mère Isabeau* de Bavière signa le traité de Troyes* (1420) qui le déshéritait au profit du roi d'Angleterre Henri V. À la mort d'Henri V, Henri* VI lui succéda sous la régence de Bedford. Charles VII n'était reconnu que dans le Sud-Ouest et le Midi. Malgré le soutien d'Arthur III, comte de Richemont (→ **Arthur Ier**), il ne prit confiance en lui qu'après sa reconnaissance comme le vrai roi de France par Jeanne* d'Arc, qui délivra Orléans et le fit sacrer à Reims (1429). Après la reconquête d'une partie du nord de la France (Orléanais, Vendômois, Champagne, Brie, Valois, Beauvaisis), Charles VII se réconcilia avec Philippe* III le Bon, duc de Bourgogne allié aux Anglais, par le traité d'Arras* (1435). Paris étant repris (1436), les trêves de Tours signées avec les Anglais (1444), Charles VII réorganisa son royaume, limitant les pouvoirs de la papauté par la pragmatique* sanction de Bourges, créant une armée nouvelle par les ordonnances de 1445 - 1448 (compagnies d'ordonnance et infanterie des francs-archers), rétablissant une monnaie saine, levant des impôts réguliers. Avec Jacques Cœur, la France connut un net essor commercial. Charles VII débarrassa le pays des écorcheurs* et vainquit la révolte de la Praguerie*. Grâce à des hommes de guerre de valeur (→ **Dunois, La Hire, Bureau, Rieux, Xaintrailles),** la reconquête de la France se poursuivit. La victoire de Formigny* (1450) permit la reconquête de la Normandie ; celle de Castillon (1453) et la capitulation de Bordeaux

**Charles VII.** Portrait par Fouquet (86 × 72 cm).
Musée du Louvre, Paris.
*Phot. © Carlo Bevilacqua/Ricciarini*

(1453), la reconquête de la Guyenne. Seul Calais restait aux mains des Anglais. ▪ La maîtresse du roi, Agnès Sorel*, fut la première favorite officielle de l'histoire de France. ▪ Charles VII avait épousé Marie* d'Anjou qui fut la mère de Louis* XI.

**CHARLES VIII** ♦ (Amboise 1470 - *id.* 1498). Roi de France (1483 - 1498). Fils de Louis* XI, il régna d'abord sous la régence de sa sœur Anne* de France, épouse de Pierre de Beaujeu, qui sut obtenir des subsides des états généraux de Tours (1484) et lutta contre les nobles révoltés de la Guerre* folle (1485 - 1488), terminée par la victoire de Saint*-Aubin-du-Cormier sur le duc d'Orléans et sur François II, duc de Bretagne. La dame de Beaujeu le maria à Anne* de Bretagne (1491), préparant ainsi le rattachement du duché à la Couronne. Charles VIII signa les traités d'Étaples* avec Henri VII d'Angleterre et de Senlis avec Maximilien d'Autriche, à qui il restitua l'Artois et la Franche-Comté. Conseillé par Guillaume Briçonnet*, il entreprit de faire valoir les droits que Louis XI, son père, avait hérités de la maison d'Anjou sur le royaume de Naples. Il fut ainsi l'initiateur des guerres d'Italie. Il conquit facilement le royaume (1495) mais Milan, Venise, Maximilien d'Autriche, Ferdinand d'Aragon et même le pape Alexandre VI s'étant ligués contre lui, il battit en retraite, et dut forcer la victoire à Fornoue* pour regagner la France, perdant ainsi ses conquêtes. ▪ Il eut pour successeur son cousin, le duc d'Orléans (→ **Louis XII**).

**Charles VIII.** Portrait anonyme du xv<sup>e</sup> s.
Musée Condé, Chantilly.
*Phot. © Nimatallah/Ricciarini*

**CHARLES IX** ♦ (Saint-Germain-en-Laye 1550 - Vincennes 1574). Roi de France (1560 - 1574). Second fils d'Henri* II et de Catherine* de Médicis, il succéda à son frère François* II, et sa mère, après avoir exercé la régence, garda sur lui une grande influence. Il fit d'abord une tentative de conciliation envers le parti huguenot (→ **Saint-Germain-en-Laye**) au cours de laquelle il laissa gouverner Coligny*, puis céda à la pression de l'opinion catholique et ordonna à contrecœur le massacre de la Saint-Barthélemy. → **Saint-Barthélemy.**

**CHARLES X** ♦ (Versailles 1757 - Görz, auj. Gorizia, Vénétie 1836). Roi de France (1824 - 1830). Petit-fils de Louis XV, frère de Louis* XVI et du comte de Provence (Louis* XVIII), il porta d'abord le titre de comte d'Artois, épousa en 1773 Marie-Thérèse de Savoie, dont il eut deux fils (les ducs d'Angoulême* et de Berry*). Esprit borné attaché aux privilèges de l'Ancien Régime et à l'absolutisme royal, connu pour sa conduite légère et ses dépenses inconsidérées, il s'était rendu impopulaire et fut un des premiers à donner le signal de l'émigration au début de la Révolution (17 juil. 1789). Il prit part à la lutte contre-révolutionnaire, tenta même de débarquer à l'île d'Yeu pour soutenir les insurgés vendéens. Passé ensuite en Angleterre, où il séjourna jusqu'en 1814, il fut nommé lieutenant général du royaume (avr. 1814) et devint rapidement un des chefs des ultras*. À la mort de Louis XVIII (1824), il monta sur le trône et, renouant avec la tradition de l'Ancien Régime, se fit sacrer à Reims (1825). Son règne fut marqué par un renforcement de la politique réactionnaire et autoritaire. Après la démission du cabinet Villèle* (1827) auquel succéda le ministère plus libéral de Martignac*, le roi, inquiet des progrès de l'opposition, fit remplacer ce dernier par le ministère conservateur de Polignac* (août 1829). Le discours du trône (début 1830) suivi de l'« adresse des 221 » de la Chambre au roi entraîna la chute du gouvernement et la dissolution de la Chambre dont la réélection fut marquée par un renforcement de l'opposition libérale. C'est par le coup de force des ordonnances de Saint-Cloud (suspension de la liberté de presse, modification de la loi électorale, 25 juil. 1830), que Charles X tenta de rétablir l'autorité du régime. Mais, malgré le succès de l'expédition d'Alger (5 juil. 1830), le peuple de Paris, face à l'attitude autoritaire du roi, se souleva les 27, 28, 29 juil. 1830 (→ **révolution de juillet 1830**). Tout en acceptant la nomination du duc d'Orléans (Louis-Philippe), comme lieutenant général et régent, Charles X abdiqua en faveur de son petit-fils, le comte de Chambord*, et prit le chemin de l'exil. Sa chute marqua la fin du règne des Bourbons en France.

### HONGRIE

**CHARLES-ROBERT** ou **CHARLES I<sup>er</sup>**, dit **Carobert** ♦ (1288 - Visegrád 1342). Roi de Hongrie (1308 - 1342). Petit-fils de Charles* II d'Anjou, il lutta contre ses compétiteurs Wenceslas II de Bohême et Othon de Bavière. Il brisa la puissance de la noblesse magyare. ▪ Son fils Louis I<sup>er</sup> fut roi de Pologne.

**CHARLES II** → Charles III, ROI DE NAPLES.

**CHARLES III** → Charles VI, EMPEREUR GERMANIQUE.

**CHARLES IV** → Charles I<sup>er</sup>, EMPEREUR D'AUTRICHE.

### LORRAINE

**CHARLES IV** ♦ Duc de Lorraine (Nancy 1604 - Konz, près de Trèves 1675). Petit-fils de Charles III, il fut privé par Louis* XIII de son héritage et servit l'Autriche et l'Espagne (victoire de Konz, 1675).

**CHARLES V** ♦ Duc de Lorraine (Vienne 1643 - Wels 1690). Neveu de Charles* IV, il ne put entrer en possession de son héritage et servit l'empereur Léopold* I<sup>er</sup>, son beau-frère. Il se distingua contre les Turcs (1683 - 1688), remportant la grande victoire de Mohács* (1687).

### MONACO

**CHARLES III** ♦ (Paris 1818 - Marchais, Aisne 1889). Prince de Monaco (1856 - 1889), il obtint l'autonomie de sa principauté, par la cession à la France de Roquebrune et de Menton, en 1861.

### NAPLES

**CHARLES I<sup>er</sup> D'ANJOU** ♦ (1227 - Foggia 1285). Fils du roi de France Louis* VIII, comte d'Anjou et du Maine (1232 - 1285), fondateur de la 2<sup>e</sup> maison d'Anjou*, comte de Provence par son mariage avec Béatrice, fille de Raymond Bérenger V, comte de Provence (1246 - 1285), roi de Naples et de Sicile (1266 - 1285). Il participa à la septième et à la huitième croisade aux côtés de son frère Louis IX (Saint Louis). Le pape Urbain IV, désireux de mettre fin à la domination des Hohenstaufen sur le royaume de Naples et de Sicile, le chargea de le conquérir ; il battit Manfred* près de Bénévent (1266) puis Conradin* (1268) et imposa un dur régime aux pays conquis. Ses ambitions en Orient se bornèrent à l'achat du titre de roi de Jérusalem (1277). Après la révolte des Vêpres* siciliennes (1282) encouragée par Pierre* III d'Aragon, il fut contraint d'abandonner la Sicile à ce dernier, et ne conserva que le royaume de Naples. ▪ Père de Charles II d'Anjou.

**CHARLES II D'ANJOU le Boiteux** ♦ (v. 1254 - Naples 1309). Comte de Provence et roi de Naples (1285 - 1309). Fils de Charles I<sup>er</sup> d'Anjou à qui il succéda, il échoua dans ses tentatives de reconquête de la Sicile. ▪ Père de Robert* d'Anjou.

**CHARLES III,** dit **Charles de Duras** ou **de Durazzo** ♦ (1345 - Kerber, près de Visegrád 1386). Roi de Naples (1381 - 1386). Roi de Hongrie, sous le nom de Charles II (1385 - 1386). Fils adoptif de Jeanne I<sup>re</sup> de Naples qu'il fit assassiner, il dut faire face à son compétiteur Louis* I<sup>er</sup> d'Anjou. Il fut assassiné à l'instigation de la veuve du roi Louis I<sup>er</sup> de Hongrie. ▪ Père de Ladislas* (Lancelot le Magnanime).

### NAVARRE

**CHARLES I<sup>er</sup>** → Charles IV le Bel, ROI DE FRANCE.

**CHARLES II le Mauvais** ♦ (1332 - 1387). Roi de Navarre (1349 - 1387). Fils de Jeanne* II de Navarre et petit-fils de Louis X, roi de France, il prétendait au royaume de France. Il soutint la révolte d'Étienne Marcel* sous le règne de Jean* II le Bon et s'allia à l'Angleterre (1358). Il réprima la Jacquerie*. Battu par Du* Guesclin à Cocherel, près d'Évreux (1364), il ne s'immisça plus dans les affaires françaises.

**CHARLES III le Noble** ♦ (Mantes 1361 - Olite, Navarre 1425). Roi de Navarre (1387 - 1425). Fils de Charles II le Mauvais. Sa réconciliation avec les Valois lui permit d'obtenir le duché de Nemours et le titre de pair. Il se fit le propagateur de la civilisation française en Navarre.

### PORTUGAL

**CHARLES Ier** ♦ (Lisbonne 1863 - *id.* 1908). Roi du Portugal (1889 - 1908). Il succéda à son père Louis Ier et tenta de mettre un terme au désordre politique en confiant la dictature à João Franco*. Mais il fut assassiné en même temps que le prince héritier Louis-Philippe. Son second fils Manuel* II lui succéda.

### SAVOIE

**CHARLES III** ♦ (1486 - 1553). Duc de Savoie (1504 - 1553). Il succéda à son frère Philibert* II. Oncle de François* Ier et beau-frère de Charles* Quint, ses hésitations entre l'un et l'autre se soldèrent par la perte de presque tous ses États.

### SICILE

**CHARLES IV** → Charles Quint, EMPEREUR GERMANIQUE.

**CHARLES V** → Charles II, ROI D'ESPAGNE.

**CHARLES VI** → Charles VI, EMPEREUR GERMANIQUE.

**CHARLES VII** → Charles III, ROI D'ESPAGNE.

### SUÈDE

**CHARLES VII** ♦ (mort en 1167). Roi de Suède en 1161. Il fonda l'archevêché d'Uppsala (1164).

**CHARLES VIII KNUTSSON** ♦ (1409 - Stockholm 1470). Lors de la séparation des royaumes de Suède, de Norvège et de Danemark, en 1448, il fut nommé roi de Suède. Il dut combattre contre les Danois et les partisans de l'Union.

**CHARLES IX** ♦ (Stockholm 1550 - Nyköping 1611). Roi de Suède (1607 - 1611). Troisième fils de Gustave* Vasa. L'éloignement de l'héritier légitime, son neveu Sigismond*, roi de Pologne, lui permit d'exploiter l'attachement des Suédois à la Réforme et de s'emparer du pouvoir en devenant régent en 1595. Sigismond déposé, il monta sur le trône en 1607. Son règne fut une lutte constante contre la Pologne, la Russie et le Danemark.

**CHARLES X ou CHARLES-GUSTAVE** ♦ (Nyköping 1622 - Göteborg 1660). Roi de Suède (1654 - 1660). Petit-fils de Charles* IX par sa mère, il succéda à sa cousine Christine* qui abdiqua en sa faveur (1654). Il s'empara de la Pologne (1656). Ses succès sur le Danemark aboutirent à la paix de Roskilde (1658). Obligé par une coalition d'évacuer la Pologne, il mourut au cours d'une seconde guerre contre le Danemark.

**CHARLES XI** ♦ (Stockholm 1655 - *id.* 1697). Roi de Suède (1660 - 1697). Fils de Charles X. Son alliance avec la France lui valut d'être vaincu à Fehrbellin (1675) au cours d'une guerre contre la Hollande et le Brandebourg, mais aussi d'obtenir du Danemark la paix de Lund (1679). Il établit en Suède la monarchie absolue, en diminuant le pouvoir de la noblesse et en réorganisant l'Église et l'Université. Il fut le fondateur du port de Karlkrona et de l'université de Lund.

**CHARLES XII** ♦ (Stockholm 1682 - Fredrikshald, auj. Halden 1718). Roi de Suède (1697 - 1718). Il succéda à son père Charles* XI, à l'âge de quinze ans, et dut immédiatement faire face à une coalition : il remporta une série de succès, sur Frédéric* IV, roi de Danemark (paix de Travendhal, 1700), Pierre* le Grand (bataille de Narva*, 1700), et Auguste II, roi de Pologne et électeur de Saxe (bataille sur la Dvina, 1701). Il aurait pu profiter de la paix, mais il préféra continuer la conquête de la Pologne, où il mit sur le trône Stanislas* Leszczyński. Il poursuivit Auguste II jusqu'en Saxe (paix d'Altranstädt, 1706). Il se tourna alors vers la Russie, s'enfonçant d'abord vers Moscou et se laissant entraîner en Ukraine. Son armée épuisée fut vaincue à Poltava* (8 juil. 1709), et il s'enfuit chez les Turcs. Dès lors, les revers se suivirent : Stanislas fut chassé, le tsar reprit les provinces baltes, le Danemark envahit la Suède méridionale (victoire navale de Reigen, 1712). Quand Charles XII parvint à échapper aux Turcs, il ne put empêcher la chute de Stralsund*, sa dernière place en Allemagne. Aidé de son conseiller Görtz*, il tentait un redressement, quand il fut tué, dans des circonstances douteuses, au siège de Fredrikshald (1718). Il laissait un pays épuisé dont le rôle de grande puissance était achevé, mais, par sa bravoure, sa jeunesse, ses qualités de chef militaire, la rapidité de sa carrière, il laissait aussi une image légendaire et héroïque (elle devait inspirer à Voltaire* l'*Histoire de Charles XII*).

**CHARLES XIII** ♦ (Stockholm 1748 - *id.* 1818). Roi de Suède (1809 - 1818) et de Norvège (1814 - 1818) après le renversement de son neveu Gustave IV, il pratiqua une politique de paix avec la Russie et avec Napoléon Ier. La conquête de la Norvège le fit élire roi de ce pays en 1814. Il désigna Bernadotte comme successeur.

**CHARLES XIV ou CHARLES-JEAN [Charles Jean-Baptiste BERNADOTTE]** ♦ Maréchal de France et roi de Suède et de Norvège (Pau 1763 - Stockholm 1844). Soldat en 1780, général de brigade en 1794, il se distingua à la bataille de Fleurus*. En 1797, il servit sous Bonaparte en Italie, puis fut ambassadeur à Vienne (1798). La même année, il devint le beau-frère de Joseph Bonaparte en épousant Désirée Clary. Ministre de la Guerre en 1799, il refusa de participer au 18 Brumaire. Il fut fait maréchal et gouverneur du Hanovre en 1804, se distingua à Austerlitz* et fut nommé prince de Pontecorvo en 1806. Il remporta les victoires de Halle et de Lübeck sur les Prussiens (1806), celles de Mohrungen et de Spanden, où il fut blessé, sur les Russes. Devenu gouverneur des villes hanséatiques, et en guerre contre la Suède, il arrêta les opérations lorsque Gustave IV fut renversé (1808). Après Wagram, il se brouilla avec Napoléon. Les Suédois, qui avaient apprécié sa politique à leur égard, lui offrirent le trône en 1810. Élu prince royal de Suède le 20 août 1810, il fut adopté par le roi Charles* XIII et s'installa en Suède avec l'accord de Napoléon. Devant le danger du Blocus* continental pour la Suède, il se détourna de la France et s'allia au tsar Alexandre Ier en 1812. Généralissime de la coalition, il battit Oudinot (Grossbeeren), Ney (Dennewitz) et joua contre Napoléon un rôle décisif dans la bataille de Leipzig*. Après une campagne au Holstein, il signa avec le Danemark la paix de Kiel (1814), par laquelle la Norvège revenait à la Suède. Il devint roi de Suède, succédant à Charles XIII, en 1818, et se consacra à sa tâche avec ardeur et libéralisme, fondant l'actuelle dynastie.

**CHARLES XV** ♦ (Stockholm 1826 - Malmö 1872). Roi de Suède et de Norvège (1859 - 1872). Petit-fils de Charles XIV (Bernadotte), fils et successeur d'Oscar* Ier, il donna un régime constitutionnel au pays (1865).

**CHARLES XVI GUSTAVE** ♦ (château de Haga, Stockholm 1946). Roi de Suède depuis 1973. Il a succédé, à 27 ans, à son grand-père Gustave VI Adolphe*.

---

**CHARLES (Jacques Alexandre César)** ♦ Physicien français (Beaugency 1746 - Paris 1823). Il préconisa l'emploi de l'hydrogène pour le gonflage des aérostats inventés par les frères Montgolfier* et effectua la première ascension à bord d'un ballon de ce type, atteignant 3 000 m d'altitude (1er déc. 1783). Il établit la loi, qui porte son nom, selon laquelle le rapport entre la température et la pression à volume constant d'un gaz (parfait) est constant. → **Boyle.** [Acad. sc. 1795] ▪ Sa femme, Julie Bouchaud des Hérettes (1784 - 1817), fut évoquée par Lamartine dans les *Méditations*, sous le nom d'Elvire, et dans le roman *Raphaël*.

**CHARLES (Ray ROBINSON, dit Ray)** → ÉTYM. il changea son nom afin de ne pas être confondu avec le boxeur Ray Sugar Robinson* ♦ Chanteur et pianiste noir américain (Albany, Georgie 1932 - Beverly Hills 2004). Aveugle dès l'enfance, il accompagna tout d'abord des musiciens de blues comme T-Bone Walker et Joe Turner avant de créer son propre groupe où il imposa un répertoire plus large comprenant des blues, des gospels, voire des variétés. Sa voix, souvent tragique et prenante, lui a permis de devenir une vedette internationale. Princ. enregistrements : *What'd I Say* (1959), *Georgia on my mind* (1960), *Hit the Road, Jack* (1961).

**CHARLES-ALBERT** ♦ (Turin 1798 - Porto, Portugal 1849). Roi de Piémont-Sardaigne (1831 - 1849). Choisi comme régent par les partisans du *Risorgimento** après l'abdication de son cousin Victor-Emmanuel Ier, le 12 mars 1821, il confirma l'espoir qu'ils avaient mis en lui en proclamant, le 15 mars, une Constitution inspirée de celle de l'Espagne. Mais il dut s'enfuir peu de temps après à Florence, devant la menace des Autrichiens (→ **Italie**). Après dix années de disgrâce, il succéda sur le trône de Piémont* à son cousin Charles*-Félix. Il mena alors une politique assez ambiguë : très conservatrice sur certains plans (censure, exécutions de libéraux, entente avec l'Autriche), elle favorisa le développement économique et social et les progrès de l'administration. La révolution de 1848 le força à prendre la tête du mouvement libéral et national pour enrayer la menace républicaine : tout en refusant l'alliance avec les radicaux, il accorda une constitution, le *statuto*, qui devait rester en vigueur jusqu'en 1946, et leva une armée nationale contre l'Autriche. Mais ses hésitations et son incompétence militaire le conduisirent aux défaites de Custozza* en juil. 1848 et de Novare en mars 1849. Il abdiqua alors en faveur de son fils Victor*-Emmanuel II.

**CHARLES ALBERT DE BAVIÈRE** → Charles VII Albert, EMPEREUR GERMANIQUE.

**CHARLES ALEXANDRE** ♦ Prince de Lorraine et de Bar (Lunéville 1712 - Tervuren 1780). Frère de l'empereur François Ier, feld-maréchal autrichien, il lutta contre Frédéric* II le Grand pendant les guerres de Silésie et sut administrer avec talent les Pays-Bas (1748 - 1778).

**CHARLES-AUGUSTE** ♦ (Weimar 1757 - près de Torgau 1828). Duc (1758 - 1815) puis grand-duc (1815 - 1828) de Saxe-Weimar-Eisenach. Ami de Goethe*, il l'attira auprès de lui, ainsi que Wieland*, son précepteur, Herder*, Schiller*, et fit de son petit État le plus brillant foyer intellectuel de l'Allemagne préromantique (développement de l'université d'Iéna*, fondation du théâtre de Weimar). Obligé d'entrer dans la Confédération du Rhin (1806 - 1813), il rejoignit les Alliés en 1813, et fut l'un des premiers artisans de l'unité allemande. Il donna à ses États une Constitution libérale.

**CHARLES BORROMÉE** (saint) → ÉTYM. *Borromée*, n. lombard, de *romeo* «pèlerin» ♦ (Château d'Arona, sur le lac Majeur 1538 - Milan 1584). Neveu de Pie* IV qui en fit son secrétaire d'État et principal collaborateur et le nomma cardinal (1560), administrateur (1560) puis titulaire (1564) de l'archevêché de Milan, il travailla vigoureusement à la réforme de l'Église (→ **Contre-Réforme**), appliqua les décisions du concile de Trente* dans son diocèse, où il résida (1565), ouvrant un séminaire et déployant un zèle exemplaire, notamment lors de la peste de 1576 - 1577. Fondateur de la congrégation des oblats, prêtres séculiers destinés à l'aider dans son œuvre de réforme (1581). ▪ Fête le 4 nov.

**CHARLES DE BELGIQUE** ♦ (Bruxelles 1903 - Ostende 1983). Frère du roi des Belges Léopold* III. Il fut nommé par le Parlement belge le 20 sept. 1944, pour assurer la régence pendant l'absence du roi, emmené en Allemagne. Il assuma le pouvoir jusqu'au retour de Léopold III, en 1950.

**CHARLES DE BLOIS** ou **DE CHÂTILLON** ♦ Prétendant au duché de Bretagne (v. 1319 - Auray 1364). Il épousa Jeanne* de Penthièvre (1337), héritière du duché de Bretagne. Il fit reconnaître ses droits par la France (1341) mais dut mener contre Jean* de Montfort, qui lui disputait le duché, la guerre dite de Succession* de Bretagne. Il fut vaincu et tué à Auray par Jean* IV de Bretagne.

**CHARLES III DE BOURBON** → **Bourbon (Charles III, 8ᵉ duc de)**

**CHARLES DE COSSÉ** → **Brissac**

**CHARLES DE HABSBOURG** dit **l'archiduc Charles** ♦ Général autrichien (Florence 1771 - Vienne 1847), troisième fils de l'empereur Léopold II et frère de François* II. Il fut à la tête des troupes autrichiennes aux batailles de Jemappes, Neerwinden, Wattignies, Fleurus, et repoussa Moreau* et Jourdan* (1796 - 1797) au-delà du Rhin. Ministre de la Guerre en 1806, il réorganisa l'armée autrichienne. Blessé à la bataille de Wagram*, il fut écarté du commandement.

**CHARLES DE VALOIS** ♦ Prince français (1270 - Le Perray, près de Rambouillet 1325). Fils de Philippe* III le Hardi et frère de Philippe* IV le Bel ; comte de Valois et d'Alençon (1285), comte d'Anjou par mariage (1290). Par son second mariage avec l'héritière de Baudouin* II de Courtenay (1301), il acquit des droits sur l'Empire latin de Constantinople. Il joua un rôle considérable dans l'histoire de son temps en participant à la plupart des guerres de l'époque. ▪ Père de Philippe* VI de Valois.

**CHARLES D'ORLÉANS** ♦ Poète français (Paris 1394 - Amboise 1465). Duc d'Orléans, petit-fils de Charles V, neveu de Charles VI et père de Louis XII, chef des armagnacs, il fut fait prisonnier à Azincourt (1415) et demeura vingt-cinq ans captif en Angleterre. À son retour, il fit de sa cour de Blois un centre de poésie. ▪ Il chanta lui-même sous forme allégorique, en ballades et rondeaux, l'exil *(En regardant vers le pays de France)*, le temps envolé, sa solitude *(En la forêt d'ennuyeuse tristesse)* ou la nature *(En regardant ces belles fleurs)*. Il est avec François Villon* le principal poète français du XVᵉ s.

**CHARLES ÉDOUARD STUART** dit **le Prétendant** ou **le comte d'Albany** ♦ Prétendant au trône de Grande-Bretagne et d'Irlande (Rome 1720 - *id.* 1788). Aidé de la France, il fit une brillante campagne en Écosse en 1745, s'emparant d'Édimbourg, remportant la victoire de Prestonpans et s'avançant jusqu'à Derby. Cependant, l'indiscipline des troupes écossaises provoqua sa défaite à Culloden* et il ne regagna la France qu'au prix de grandes difficultés. Il en fut expulsé après le traité d'Aix-la-Chapelle et se réfugia en Italie.

**CHARLES-EMMANUEL Iᵉʳ le Grand** ♦ (Rivoli 1562 - *id.* 1630). Duc de Savoie (1580 - 1630). S'il échoua dans ses tentatives pour s'emparer de Genève, son intervention en Provence aux côtés de la Ligue* (1589 - 1593) puis son accord avec Henri IV (traité de Lyon) lui valurent le marquisat de Saluces. Louis XIII l'empêcha par sa victoire du pas de Suse* (1629) d'hériter du Montferrat. Avant de mourir, laissant ses territoires ravagés par les guerres, il prétendit encore à la couronne impériale.

**CHARLES-EMMANUEL II** ♦ (Turin 1634 - *id.* 1675). Duc de Savoie (1638 - 1675). Fils de Victor-Amédée Iᵉʳ, auquel il succéda après la régence de sa mère il resta fidèle à l'alliance française et eut un règne paisible.

**CHARLES-EMMANUEL III** ♦ (Turin 1701 - *id.* 1773). Duc de Savoie et roi de Sardaigne (1730 - 1773). Il succéda à Victor*-Amédée II, combattit l'Autriche (sa victoire de Guastalla lui donna Novare, en 1738), puis s'allia à elle contre la France et l'Espagne, et acquit une partie du Milanais (1748). Il accomplit une importante réforme judiciaire (*Corpus Carolinum*, 1770) et sa bonne administration favorisa l'essor économique de son royaume.

**CHARLES-EMMANUEL IV** ♦ (Turin 1751 - Rome 1819). Roi de Sardaigne (1796 - 1802). Fils de Victor-Amédée III, il fut chassé de Savoie par Grouchy*. Il abdiqua en faveur de son frère Victor*-Emmanuel Iᵉʳ.

**CHARLES-FÉLIX** ♦ (Turin 1765 - *id.* 1831). Roi de Sardaigne (1821 - 1831). Il succéda à son frère Victor-Emmanuel Iᵉʳ, contraint d'abdiquer le 12 mars 1821 à la suite de l'insurrection de Naples et de Turin. Il réprima violemment le mouvement libéral.

**CHARLES MARTEL** → **Charles Martel, souverain de France**

**CHARLESTON** ♦ V. des États-Unis (Caroline du Sud). 96 650 hab. (zone urbaine 549 033). La ville, fondée en 1670, garde de nombreux monuments de son passé. ▪ Port actif ; indus. (pâtes à papier, raffineries de pétrole, engrais chimiques, métall.). Tourisme.

**CHARLESTON** ♦ V. des États-Unis, cap. de la Virginie-Occidentale. 53 421 hab. (zone urbaine 251 662). Centre admin. et indus. (charbon, gaz naturel, indus. du verre ; importantes usines de produits chimiques dans la vallée de la Kanawha).

**CHARLET (Nicolas)** ♦ Peintre, dessinateur et lithographe français (Paris 1792 - *id.* 1845). Il fut élevé dans le culte de Bonaparte et étudia auprès de Gros*. Il se consacra à la peinture d'histoire et produisit de très nombreuses gravures sur la *Garde impériale, La Vieille Armée française* et *Les Costumes militaires*, glorifiant avec verve les soldats de l'Empire. Il obtint un grand succès populaire et contribua ainsi au développement de la légende napoléonienne.

**CHARLET (Armand)** ♦ Alpiniste français (Argentière 1900 - *id.* 1975). Excellent glaciériste, il réussit un grand nombre de premières, ouvrant notamment des voies dans l'aiguille Verte (1926 - 1928) et dans celles du Diable (1925 - 1928).

**CHARLEVILLE-MÉZIÈRES** [08000] → ÉTYM. du n. de *Charles* de Gonzague (V. ci-dessous) et *Mézières** ♦ Ch.-l. du dép. des Ardennes, sur la Meuse. 55 490 hab. (aggl. 65 727) *(Carolomacériens)*. Charleville et Mézières ont fusionné en 1966. Place ducale (XVIIᵉ s.) par Clément II Métezeau. Vieux moulin (musée Arthur-Rimbaud). Institut international de la marionnette (festival). ▪ Métall. Indus. automobile. Imprimerie. ▪ **Histoire** Charleville a été créée au XVIIᵉ s. par Charles de Gonzague, gouverneur de Champagne.

**CHARLEVOIX (François-Xavier DE)** ♦ Jésuite et historien français (Saint-Quentin 1682 - La Flèche 1761). Envoyé au Canada en 1720 - 1722, il explora le Saint-Laurent et le Mississippi. Auteur de l'*Histoire de Saint-Domingue* (1730) et de l'*Histoire et Description générale de la Nouvelle-France* (1744).

**CHARLIER (Jean-Michel)** ♦ Scénariste de bandes dessinées belge (Liège 1924 - Saint-Cloud 1989). Après des études de droit, il donna libre cours à son imagination en créant, pour de nombreuses générations de dessinateurs, les histoires mouvementées d'une vingtaine de héros : Buck Danny (1947), jeune capitaine de l'US Air Force, secoué par les soubresauts politiques de la planète, et Barbe rouge (1959), cruel pirate qui sème la terreur sur les mers, tous deux dessinés par Victor Hubinon ; le lieutenant Blueberry (1963), héros de l'Ouest américain, militaire indiscipliné qui n'hésite pas à déserter pour mener à bien ses nombreuses missions, dessiné par Gir (Jean Giraud*).

**CHARLIEU** [42190] → ÉTYM. du lat. *carus* «cher» et *locus* «lieu», avec attraction de *Carolus* «Charles» ♦ Ch.-l. de cant. de la Loire, arr. de Roanne. 3 582 hab. (aggl. 4 963) *(Charliendins)*. Restes d'une célèbre abbaye bénédictine rattachée à Cluny en 932 : portail du XIIᵉ s., chef-d'œuvre de la sculpture romane bourguignonne ; cloître du XVᵉ s., donjon du XIIᵉ s. ; chapelle et logis abbatial du XVIᵉ s. Église Saint-Philibert du XIIIᵉ s. (objets d'art). Anc. couvent des Cordeliers : cloître des XIVᵉ et XVᵉ s. Maisons gothiques. ▪ Carrefour routier. Tissage traditionnel de la soie.

**CHARLOT** → **Chaplin (sir Charles Spencer, dit Charlie)**

**CHARLOTTE** → ÉTYM. du n. de la reine *Charlotte*, épouse du roi George* III ♦ V. des États-Unis (Caroline du Nord). 540 828 hab. dont 30 % de Noirs (zone urbaine 1 499 293 avec Gastonia et Rock Hill). Architecture coloniale. ▪ Centre commercial et indus. (textiles, mécanique, indus. chimiques et alimentaires). Université.

**CHARLOTTE DE BELGIQUE** ♦ Impératrice du Mexique (près de Bruxelles 1840 - *id.* 1927). Fille du roi des Belges Léopold* Iᵉʳ, elle fut mariée en 1857 à l'archiduc Maximilien* d'Autriche qui devint empereur du Mexique. Partie avec lui, elle revint en Europe pour essayer de le sauver. Désespérée par l'exécution de son mari, elle perdit la raison.

**CHARLOTTE DE NASSAU** ♦ Grande-Duchesse de Luxembourg (château de Berg 1896 - château de Fischbach 1985). Elle succéda à sa sœur Marie-Adélaïde en 1919 et abdiqua en faveur de son fils, le prince Jean, en 1964.

**CHARLOTTE DE SAVOIE** ♦ Reine de France (v. 1445 - 1483). Fille de Louis II, duc de Savoie, elle fut la seconde femme de Louis* XI et la mère de Charles VIII et d'Anne de France.

**CHARLOTTE ÉLISABETH DE BAVIÈRE** dite **la princesse Palatine** ♦ (Heidelberg 1652 - Saint-Cloud 1722). Fille de Charles-Louis, électeur palatin, elle fut la seconde épouse de Philippe d'Orléans*, frère de Louis XIV, qui lui préférait les amours masculines. Sa correspondance, d'une brutale sincérité, est d'un grand intérêt documentaire. Elle eut pour fils le Régent, Philippe d'Orléans*.

**CHARLOTTETOWN** → ÉTYM. angl. «la ville *(town)* de la reine Charlotte (épouse de George* III)» ♦ V. du Canada, cap. de l'Île-du-Prince-Édouard.

32 174 hab. (aggl. 58 625). Port d'exportation actif (pommes de terre) ; importation de pétrole. Centre commercial et indus. (textiles, indus. alimentaires, bois).

**CHARLY** [69390] ♦ Comm. du Rhône, arr. de Lyon. 3 874 hab.

**CHARM EL-CHEIKH** ♦ V. d'Égypte située à l'extrémité S. du Sinaï, au bord de la mer Rouge. 39 414 hab. Station balnéaire. ▪ Occupée par Israël depuis la guerre des Six Jours (1967), elle a été rendue à l'Égypte en avril 1982. Plusieurs sommets israélo-palestiniens se sont tenus à Charm el-Cheikh (1999, 2005) ainsi que la conférence internationale de nov. 2004 pour décider des élections générales en Irak*. Une série d'attentats terroristes a eu lieu le 23 juill. 2005, jour de la fête nationale égyptienne.

**CHARMES** [88130] ➝ ÉTYM. langue d'oïl «friches», probablt du prélatin *calmis* «rocher ; hauteur dénudée» ♦ Ch.-l. de cant. des Vosges, arr. d'Épinal, sur la Moselle. 4 665 hab. (aggl. 5 466) *(Carpiniens)*. ▮ **Histoire** En août-sept. 1914, les Allemands furent repoussés à la bataille de la «trouée de Charmes». En 1944, la ville fut endommagée.

**CHARMETTES (LES)** ♦ Hameau proche de Chambéry (Savoie). La maison de M$^{me}$ de Warens dans laquelle J.-J. Rousseau* séjourna entre 1736 et 1742, et qu'il célébra dans *Les Confessions**, est aujourd'hui transformée en musée.

**CHARNACÉ (Hercule,** baron **DE)** ♦ Diplomate français (Charnacé, Anjou 1588 - Breda 1637). Conseiller de Richelieu, il obtint l'intervention militaire de la Suède dans la guerre de Trente* Ans (traité de Bärwalde, 1631), puis, nommé ambassadeur en Hollande (1633), négocia un traité avec les Provinces*-Unies afin qu'elles reprennent la guerre contre l'Espagne.

**CHARNAY-LÈS-MÂCON** [71850] ♦ Comm. de la Saône-et-Loire, arr. de Mâcon. 6 739 hab. *(Charnayoux)*. Maisons des XV$^{e}$ et XVI$^{e}$ s. en pierre dorée. Château XVII$^{e}$ s. ▪ Viticulture (beaujolais).

**CHAROLAIS** n. m. ➝ ÉTYM. de *Charolles** ♦ Région de Bourgogne*, au S. du Morvan ; rebord oriental du Massif central formé de plateaux morcelés par des fossés d'effondrement. Sur les argiles de l'avant-pays occidental, herbages du «bon pays» où l'on engraisse les *bœufs du Charolais*. À l'E., la dépression de la Grosne présente des calcaires jurassiques que se partagent bois et prairies. Au centre, les monts sont des plateaux cristallins, couverts de forêts (forêt de Charolles). ▮ **Histoire** Créé en 1316, le *comté de Charolais* fut réuni à la France en 1761.

**CHAROLLES** [71120] ➝ ÉTYM. anc. *Cadrella*, du lat. *quadrum* «carré» (désigne p.-ê. une petite ferme ou place forte de forme carrée [avec attraction de *char*]) ou de *pons carratus*, désignant un pont assez solide pour supporter le passage d'un char ♦ Ch.-l. d'arr. de la Saône-et-Loire, dans le Charolais, au confluent de la Semence et de l'Arconce. 3 027 hab. *(Charollais)*. Anc. château des comtes de Charolais. ▪ Marché agricole (foires). Faïencerie d'art. ▮ **Histoire** Au XI$^{e}$ s., la ville fut la capitale du comté de Charolais.

**CHARON** [ka-] ➝ ÉTYM. du gr. *charôn* «brillant» ♦ Nocher infernal de la mythologie grecque et romaine, fils d'Érèbe et de la Nuit, qui reçoit les âmes des morts et leur fait traverser l'Achéron* au prix d'une obole. Dur et avare, il refuse ceux qui n'ont pas cette monnaie entre les dents, ou n'ont pas de sépulture. ▪ Dans la mythologie étrusque, c'est le démon de la mort, armé d'une faucille.

**CHARONDAS (Loys LE CARON,** dit**)** ♦ Poète et jurisconsulte français (Paris 1536 - *id.* 1617). Auteur de recueils de poésies (dont *La Clarté amoureuse*, 1554), il est surtout connu pour ses ouvrages de droit, notamment *Le Grand Coutumier de France* (1598), étude d'une précieuse clarté pour connaître l'ancien droit français.

**CHARPAK (Georges)** ♦ Physicien français d'origine polonaise (Dąbrowica 1924). En 1968, il mit au point un nouveau type de détecteur, la chambre proportionnelle multifils, permettant de reconstituer en temps réel la trajectoire d'une particule élémentaire. Mille fois plus rapides que les chambres de Wilson (**➝ Wilson [Charles T. R.]**) et les chambres à bulles (**➝ Glaser**), les détecteurs multifils rendirent possibles les progrès de la physique des particules depuis les années 1970. À partir des années 1980, Charpak étudia leurs utilisations en recherche biologique et en imagerie médicale, ce qui a permis une diminution considérable des doses de rayonnement appliquées aux patients en augmentant le pouvoir de résolution et la sensibilité des appareils. [Prix Nobel de phys. 1992] [Acad. sc. 1985]

**CHARPENTIER (Marc Antoine)** ♦ Compositeur français (Paris 1643 - *id.* 1704). Élève de Carissimi* pendant trois ans à Rome, il revint en France où il eut à souffrir de l'inimitié de Lully. Devenu le collaborateur musical de Molière (ouvertures et intermèdes du *Malade* imaginaire*, 1673), il continua longtemps à composer pour le théâtre (ouvertures et intermèdes pour des œuvres de T. Corneille, Visé, Poisson, Baron, ainsi que trois tragédies en musique : *Celse martyr*, 1687 ; *David et Jonathas* 1688, et *Médée*, 1693). Son œuvre profane comporte encore des divertissements, des cantates, des pièces instrumentales et des airs de cour. Mais c'est à son œuvre religieuse qu'il doit d'être considéré comme l'un des plus grands maîtres de la musique française du XVII$^{e}$ s. Successivement maître de musique au collège de Clermont, maître de chapelle à l'église Saint-Louis puis à la Sainte-Chapelle (1698), il a laissé un nombre important de messes, antiennes, hymnes, motets, psaumes et cantiques, des *Leçons et Répons de ténèbres* (pour Port-Royal) ainsi qu'un *Te Deum* pour solistes, chœurs, orgue et orchestre où le musicien apparaît comme un précurseur de Haendel. Redécouvert récemment, Marc Antoine Charpentier possède, comme aucun de ses contemporains, l'art de la modulation et de la dissonance. Novateur à plusieurs titres, il a fixé les formes de l'oratorio baroque, abandonné la monodie pour la polyphonie accompagnée, introduit la cantate en France et instauré un genre nouveau, l'opéra chrétien. Son œuvre, de vastes dimensions (plus de 500 compositions), fait la synthèse entre l'art français et l'esthétique italienne.

**CHARPENTIER (Gustave)** ♦ Compositeur français (Dieuze 1860 - Paris 1956). Élève de Massenet, 1$^{er}$ grand prix de Rome (1887), il connut un triomphe avec une suite pour orchestre, *Les Impressions d'Italie* (1891). Décidé à introduire la musique instrumentale et surtout chorale dans les fêtes populaires, il composa le *Couronnement de la muse* (1897). Mais c'est avec *Louise*, «roman musical» (1900), qu'il a le mieux illustré sa conception d'un réalisme lyrique, riche de sève généreuse, de couleur et de poésie populaires.

**CHARPY (Georges)** ♦ Chimiste et ingénieur français (Oullins, Rhône 1865 - Paris 1945). Spécialiste de la métallurgie et de la chimie industrielle, il fut l'un des fondateurs de la métallographie française. Il étudia particulièrement les alliages et mit au point un pendule, qui porte son nom, permettant d'étudier la résistance des aciers. [Acad. sc. 1918] ➝ ÉTYM. *Charpy* est le nom de celui qui *charpe* («carde») la laine, du lat. *cardere* «éplucher (la laine)».

**CHARRAT (Janine)** ♦ Danseuse, pédagogue et directrice de ballet française (Grenoble 1924). Partenaire de Roland Petit (1941), elle signa pour les Ballets des Champs-Élysées sa première chorégraphie, *Jeu de cartes* (musique de Stravinski, 1945). Après avoir dansé des ballets de Serge Lifar, elle présenta le *Concerto n° 3* de Prokofiev à l'Opéra-Comique (1947), puis, avec les Ballets de Paris de Roland Petit, *La Femme et son ombre* et *'Adame Miroir* (musique de D. Milhaud, argument de Jean Genet, 1948). Elle fonda sa compagnie, les Ballets Janine Charrat (1952), pour laquelle elle régla *Le Massacre des Amazones* (1952), *Les Algues* (1953), *La Valse* (musique de Ravel, 1955) et qui devint en 1957 la troupe des Ballets de France. Janine Charrat y monta notamment *Électre* (1960) et *Les Sept Péchés capitaux* (1961). ➝ ÉTYM. Ce nom vient du latin *carrus* «chariot» [et par extension «chemin pour les charrettes»].

La **Charrette fantôme** – en suéd. ***Körkarlen*** ♦ Film suédois de et avec Victor Sjöström* (1921), d'après le roman de Selma Lagerlöf* *Le Charretier de la mort*. Selon une vieille légende scandinave, la nuit de la Saint-Sylvestre, un macabre attelage est chargé du ramassage des mourants. Cette année-là, c'est au tour de David, un alcoolique tombé dans le péché, que sauvera le vœu pathétique d'une jeune salutiste. Quelques lourdeurs moralisatrices n'enlèvent pas au film son pouvoir fantastique, qui doit moins à l'expressionnisme qu'au *Kammerspiel* («théâtre de chambre»), tel que le pratiquaient Ibsen ou Strindberg.

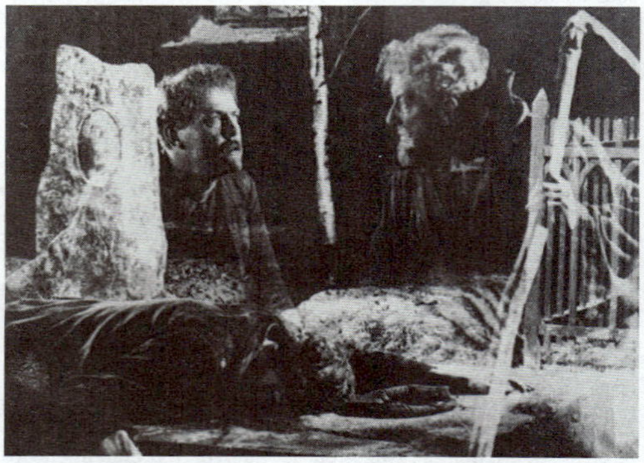

La **Charrette fantôme.** Film de Victor Sjöström. *Phot. © Coll. Rui Nogueira*

**CHARRIÈRE (Isabelle VAN TUYLL VAN SEROOSKERKEN VAN ZUYLEN,** M$^{me}$ **DE)** ♦ Femme de lettres (Zuylen, près d'Utrecht 1740 - Colombier, Neuchâtel 1805). Jeune, elle voyagea en Angleterre, puis en France, où elle étudia le pastel sous la direction de Quentin de La Tour (qui a évoqué sa beauté dans un portrait, *Belle de Zuylen*). Après son mariage (1771), elle résida essentiellement près de Neuchâtel où elle composa la plupart de ses romans (*Lettres neuchâteloises*, 1784 ; *Caliste ou Lettres écrites de Lausanne*, 1785 - 1787) dans lesquels de fines analyses psychologiques alternent avec la peinture des mœurs. Elle fut liée intimement avec Benjamin Constant* de 1787 à 1796 (*Lettres à M$^{me}$ de Charrière*, posth. 1894).

**CHARRON (Pierre)** ♦ Moraliste français (Paris 1541 - *id.* 1603). Théologien réputé, il s'inspira des *Essais** de Montaigne pour rédiger les trois livres *De la sagesse* (1601) où il prêche la tolérance religieuse et se livre à une apologie de la raison qui le fit accuser à tort d'athéisme.

**CHARROUX** [86250] ♦ Ch.-l. de cant. de la Vienne, arr. de Montmorillon, sur la rive d. de la Charente. 1 320 hab. *(Charlois)*. Vestiges de l'anc. église Saint-Sauveur, construite au XIe s. sur un plan composite combinant le plan cruciforme traditionnel et le plan circulaire du Saint-Sépulcre de Jérusalem (tour-lanterne octogonale intacte ; vestiges du transept sud). Cloître du XVe s. Salle capitulaire abritant des sculptures du XIIIe s. Église paroissiale du XVe s. Halles en charpente du XVIe s. ▮ **Histoire** L'abbaye Saint-Sauveur fut fondée à l'instigation de Charlemagne par Roger de Limoges dans le dernier quart du VIIIe s. Abritant de célèbres reliques (fragments de la Vraie Croix, reliques du Précieux Sang), elle était au Moyen Âge l'objet d'un pèlerinage très fréquenté et comptait parmi les plus puissantes abbayes d'Aquitaine. Les guerres de Religion mirent un terme à sa prospérité. Quatre conciles se tinrent à Charroux. Le premier, en 989, préparait l'institution de la trêve de Dieu.

**Charte (Grande)** – en lat. ***Magna Carta*** ♦ Charte imposée par les barons d'Angleterre au roi Jean* sans Terre, à Runnymede, près de Windsor (1215). Elle garantit les droits féodaux, les libertés de l'Église et des villes contre l'arbitraire royal et institua le contrôle de l'impôt par le Grand Conseil du royaume, ainsi que des garanties judiciaires. Désavouée par Jean sans Terre en 1216, confirmée par Henri III (1265), elle devint le symbole de la lutte contre le pouvoir absolu.

**Charte constitutionnelle** ♦ Charte octroyée par Louis* XVIII aux Français, lors de la première Restauration* (juin 1814). Compromis entre les acquisitions de la Révolution et de l'Empire (égalité civile, organisation sociale et administrative de la France instituée par le Code civil) et l'Ancien Régime avec lequel elle renouait (tradition royaliste, drapeau blanc, etc.), elle instaura en France une monarchie constitutionnelle. Le roi choisissait les ministres, les fonctionnaires, dirigeait les forces militaires et la politique extérieure et avait la possibilité, en vertu de l'article 14, de faire «des règlements et ordonnances nécessaires pour l'exécution des lois et la sûreté de l'État». Le Parlement, composé de la Chambre des pairs et de la Chambre des députés (élue au suffrage censitaire), détenait le pouvoir législatif. Enfin, tout en reconnaissant la liberté de culte, la Charte faisait du catholicisme la religion d'État. Après la révolution de juil. 1830, la Charte, à laquelle Louis*-Philippe prêta serment (août 1830), avait été modifiée : substitution du droit contractuel au droit divin, reconnaissance du drapeau tricolore comme drapeau national, suppression du caractère de religion d'État du catholicisme, interdiction du rétablissement de la censure. En 1831, la Charte était complétée par les lois organiques **(→ monarchie de Juillet)**.

**Charte 77** ♦ Document contestataire publié le 1er janv. 1977 par des citoyens tchécoslovaques, et reprenant les formulations de la déclaration finale de la conférence d'Helsinki* (1975). Grâce à une campagne de signatures, la Charte 77 servit de point de ralliement aux dissidents tchécoslovaques et aux opposants à la normalisation consécutive à l'échec du Printemps de Prague en 1968 **(→ Tchécoslovaquie)**. Le plus célèbre d'entre eux, V. Havel*, fut élu président de la République après la chute du pouvoir communiste (1989).

**CHARTIER (Alain)** ♦ Écrivain français (Bayeux, v. 1385 - v. 1433). Secrétaire de Charles VI et de Charles VII, il jouit, au XVe s., d'une grande renommée littéraire. Auteur de poèmes courtois (*La Belle Dame sans mercy*, 1424) ou patriotiques, il fut surtout le premier orateur politique français avec son *Quadrilogue invectif* (1422), débat en prose entre quatre personnages allégoriques : la France adjure ses enfants, le Chevalier, le Peuple et le Clergé, de s'unir afin de la sauver. ◆ **ÉTYM.** Ce nom vient de *chartetier*, nom de métier.

## chartisme

n. m. – en angl. ***chartism*** ♦ Mouvement réformateur qui agita la vie politique de la Grande-Bretagne, alors que les transformations industrielles du début du XIXe s. engendraient une terrible misère. Il tire son nom de la «Charte du Peuple» publiée le 8 mai 1838, qui réclamait, entre autres, le suffrage universel, le vote secret, un plus équitable découpage des circonscriptions électorales et l'indemnité parlementaire. Ses défenseurs les plus résolus (O'Connor* et O'Brien*) organisèrent des grèves et des émeutes. Le manque de cohésion de ce mouvement ne lui permit pas de lutter contre la répression policière et il s'effondra en 1848. Malgré son échec, le chartisme influença toute la vie politique européenne du XIXe s. par la menace révolutionnaire qu'il fit peser.

**CHARTRES** [28000] ◆ **ÉTYM.** du n. des *Carnutes** ♦ Ch.-l. du dép. de l'Eure-et-Loir, sur la rive g. de l'Eure, dans la Beauce. 40 361 hab. (aggl. 87 800) *(Chartrains)*. Évêché. ▪ La cathédrale Notre-Dame est un vaste édifice de style gothique. À l'exception du porche occidental et des tours, subsistant d'un édifice antérieur du XIIe s., elle fut

**Chartres.** Façade de la cathédrale. *Phot. ©Charles Lénars*

construite en trente ans environ au début du XIIIe s. Aussi offre-t-elle une unité de style rare pour une construction de cette ampleur. Elle témoigne d'une hardiesse nouvelle dans sa conception architecturale : c'est l'une des premières grandes cathédrales où les maîtres d'œuvre osent abandonner la tribune pour le triforium, en contrebutant la poussée des voûtes par des arcs-boutants. La nef, d'une largeur de 16,40 m (la plus large de France), a une longueur dans œuvre de 130 m pour une hauteur, mesurée au transept, de 32 m. Ses bas-côtés se prolongent dans le chœur par un double déambulatoire et le transept est flanqué de collatéraux. La triple nef ouvre sur la façade par le triple portail Royal, figurant divers épisodes de la vie du Christ, et considéré comme un des chefs-d'œuvre de la statuaire du XIIe s., avec ses statues-colonnes qui préfigurent le style gothique. Non moins remarquables sont les portails du transept, d'époque plus tardive (XIIIe s.). Le portail nord est consacré à l'Ancien Testament, le portail sud aux évangiles canoniques et apocryphes. La façade est encadrée par deux clochers : au S., le clocher Vieux, construit au XIIe s., est surmonté d'une flèche octogonale en pierre, d'un seul jet. Le clocher nord date de la même époque mais sa flèche, en pierre également, fut édifiée seulement au début du XVIe s. par Jehan de Beauce, dans un style flamboyant où l'influence renaissante est fortement accusée. Il faut aussi mentionner la collection de vitraux du XIIIe s., la plus riche en France par l'ancienneté et la beauté, ainsi que la clôture en pierre du chœur, de Jehan de Beauce également, et la double crypte des IXe et XIe s. Une statue de la Vierge est l'objet d'un pèlerinage annuel. ▪ Collégiale Saint-André (XIIe s.) romane. Église Saint-Pierre (XIe - XIIIe s.), anc. abbatiale gothique. Anc. palais épiscopal (XVIIe s.), auj. musée des Beaux-Arts et d'Archéologie médiévale. Vestiges de l'anc. enceinte. Centre international du vitrail dans le cellier de Loëns. ▪ Marché régional industrialisé (pharmacie, parfumerie : «cosmetic valley»). Antenne scientifique de l'université d'Orléans. ▮ **Histoire** Capitale des Gaulois *Carnutes*, la ville était à l'époque de la conquête romaine un haut lieu du culte druidique. Les Normands prirent la ville et l'incendièrent en 858 mais, en 911, une seconde expédition conduite par Rollon échoua devant ses murs. Saint Bernard y prêcha la croisade en 1146. Érigée en comté au Xe s., la ville appartint successivement aux maisons de Champagne, de Blois et de Châtillon, avant son intégration au domaine royal en 1286, sous Philippe le Bel. François Ier en fit un duché. Assiégée sans succès par les troupes huguenotes du prince de Condé en 1568, elle fut prise en 1591 par Henri de Navarre, qui revint trois ans plus tard s'y faire sacrer sous le nom d'Henri* IV. Louis XIV fit entrer le duché dans l'apanage de son frère Philippe d'Orléans, et l'héritier de la maison d'Orléans porta le titre de duc de Chartres jusqu'au règne de Louis-Philippe. La ville fut occupée par les Allemands pendant la guerre de 1870 - 1871 et lors de la Deuxième Guerre mondiale de juin 1940 à août 1944.

**Chartres (école de)** ♦ École épiscopale urbaine fondée par Fulbert* (évêque de la ville) en 990. Elle se développa au XI$^e$ s. et surtout lors de la «renaissance» du XII$^e$ s. Elle fut un des centres du renouveau des études littéraires, philosophiques et scientifiques. Le platonisme y était à l'honneur (en particulier avec Thierry de Chartres) et le *Timée** y fut souvent commenté. Parmi les représentants les plus connus de l'école, il convient de signaler Bernard de Chartres, Guillaume de Conches, Jean* de Salisbury et Bernard Sylvestre, auteur d'un traité de *Cosmographie* très apprécié au Moyen Âge.

**CHARTRES-DE-BRETAGNE** [35131] ➝ ÉTYM. du n. des *Carnutes** ♦ Comm. de l'Ille-et-Vilaine, arr. de Rennes. 6 467 hab. *(Chartrains)*.

**CHARTREUSE** (massif de la **GRANDE-**) ➝ ÉTYM. anc. *Cartusia*, probablt de *Caturiges*, n. de peuple, du gaul. *catu* «combat» et *riges* (plur. de *rix* «roi») ♦ Massif des Préalpes françaises qui s'étend entre la cluse de Chambéry au N. et celle de Grenoble au S. Le point culminant en est le pic de Chamechaude (2 082 m). ▪ Tourisme. Au cœur du massif, à Saint-Pierre-de-Chartreuse, se trouve le couvent de la Grande-Chartreuse. → **chartreux.**

La **Chartreuse de Parme** ♦ Roman de Stendhal* (1839) qui garde le mouvement fougueux de l'improvisation (il fut dicté en 53 jours). Le héros, Fabrice* del Dongo, incarne la passion de l'aventure et la séduction de l'amour, goûtées par l'auteur. Élevé durant la période des guerres napoléoniennes, dont il a ressenti la fascination (soldat novice, il assiste à la bataille de Waterloo), Fabrice, jeune noble milanais, sera victime, à la cour du petit tyran de Parme, des manœuvres des ennemis de sa tante, la belle duchesse de Sanseverina, qui le protège. Enfermé dans la tour Farnèse, il s'éprend de la fille du gouverneur, Clélia Conti, qui l'aide à s'échapper. Clélia mariée, il devient un célèbre prédicateur, réussit à rejoindre celle qu'il aime, puis, à la mort de leur enfant, se retire à la chartreuse de Parme. Roman historique, puisqu'il évoque l'occupation autrichienne en Italie et les complots des carbonari, roman politique par la satire de l'État policier (la cour de Parme), la *Chartreuse* est surtout le roman de l'enthousiasme et de la passion. Quant aux fréquents monologues intérieurs, ils soulignent le perpétuel va-et-vient entre l'analyse psychologique et l'effusion lyrique, faisant alterner la rigueur stylistique avec le «chant d'amour».

## chartreux

n. m. pl. ♦ Religieux dont l'ordre est issu de l'établissement de saint Bruno* à la Grande-Chartreuse* en 1084. La règle établie par Guigues le Chartreux (1090 - 1137) est un compromis entre le modèle érémitique d'établissement au désert et la règle bénédictine de vie cénobitique. Les moines vivent isolés en cellule, et ne se retrouvent qu'en certains moments de la vie du monastère : messe trois fois par jour, déjeuner du dimanche pris en silence, promenade le lundi (spaciement). Ils sont assistés par des convers, laïcs engagés en religion et menant une vie en communauté. Les chartreux contribuèrent à répandre le culte marial. Leur écart du monde assura leur essor au moment de la crise des XIV$^e$ - XV$^e$ s. et il y eut jusqu'à 200 chartreuses vers 1500. On en recense aujourd'hui une vingtaine, qui groupent environ 600 moines et convers.

**CHARVIEU-CHAVAGNEUX** [38230] ♦ Comm. de l'Isère, arr. de Vienne, sur la Bourbre. 7 889 hab. (aggl. 21 221).

**CHARYBDE** [ka-] et **SCYLLA** – en gr. ***Kharubdis, Skulla*** ♦ Monstres fabuleux gardant le détroit de Messine. Trois fois par jour, Charybde engloutissait d'énormes quantités d'eau, avec les navires attirés dans les tourbillons. Les marins qui changeaient de cap pour l'éviter tombaient sur l'écueil de Scylla, monstre à six têtes, qui les dévorait (de là l'expression *tomber de Charybde en Scylla*). Ulysse*, dans *L'Odyssée**, réussit à naviguer entre Charybde et Scylla, mais six de ses compagnons y périssent.

**CHASE (René Brabazon RAYMOND, dit James Hadley)** ♦ Romancier britannique (Ealing, Londres 1906 - Corseaux-sur-Vevey, canton de Vaud 1985). Son premier livre, *Pas d'orchidées pour miss Blandish* (1939), lui valut d'emblée la célébrité. Il est l'auteur de plus de 80 romans criminels, souvent d'une extrême violence, qui font de lui l'un des maîtres du genre. J. Losey tira d'un de ses romans son film *Eva* (1965).

**CHASLES** [ʃɑl] **(Michel)** ♦ Mathématicien français (Épernon 1793 - Paris 1880). Attaché à une géométrie pure, il fut notamment, avec J. V. Poncelet* et J. Steiner*, un remarquable représentant de la géométrie projective. On lui doit les formules qui portent son nom, concernant les sommes d'intégrales, d'angles, de vecteurs. [Acad. sc. 1851] ➝ ÉTYM. *Chasles* est une altération de *Charles**.

**CHASSAGNE-MONTRACHET** [mɔ̃ʀaʃɛ] [21190] ➝ ÉTYM. anc. en lat. *in Cassaneas*, de l'anc. prov. *cassanha* «chêne» et *Montrachet** ♦ Comm. de la Côte-d'Or, arr. de Beaune, au pied de la côte viticole. 472 hab. *(Chassagnais-Machérés)*. Vins de la côte de Beaune (chassagne-montrachet) blancs et rouges.

**CHASSELAS** [71570] ➝ ÉTYM. gaul. «domaine de Cassilius (n. de pers.)» ♦ Comm. de la Saône-et-Loire, arr. de Mâcon, située sur la côte chalonnaise. 164 hab. *(Chasseloutis)*. Cépage produisant un raisin de table renommé, le *chasselas*.

**CHASSELOUP-LAUBAT (François,** marquis **DE)** ♦ Général et ingénieur français (Saint-Sornin, Saintonge 1754 - Paris 1833). Officier, rallié à la Révolution, et promu général en 1797, il prit part aux campagnes de l'Empire et réalisa de nombreux travaux de forti- fication, en particulier dans le Piémont. Rallié à Louis XVIII, il fut fait pair de France. ♦ **Justin Chasseloup-Laubat.** Homme politique français (Alexandrie, Piémont 1805 - Versailles 1873). Fils du précédent. Député en 1837, il fut nommé ministre de la Marine (1851), puis reprit le portefeuille de la Marine et des Colonies sous le Second Empire (1860 - 1867), contribuant à réorganiser la flotte de guerre française, se prononçant pour l'annexion de la Cochinchine et pour l'établissement du protectorat français au Cambodge (1863). Ministre-président du Conseil d'État en 1869, il fut élu député à l'Assemblée nationale (1871) après la chute de Napoléon III.

**CHASSENEUIL-DU-POITOU** [86360] ➝ ÉTYM. du gaul. *Casonogilo* «clairière *(ialo)* de chênes *(cassanos)*» ♦ Comm. de la Vienne, arr. de Poitiers. 3 845 hab. *(Chasseneuillais)*.

**CHASSEPOT (Antoine Alphonse)** ♦ Armurier français (Mutzig 1833 - Gagny 1905). Il imagina en 1866 le fusil de guerre à aiguille qui porte son nom et qui fut utilisé par l'armée française de 1866 à 1874. → **Colt, Lebel.**

**CHASSÉRIAU (Théodore)** ♦ Peintre, graveur et dessinateur français (Sainte-Barbe-de-Samana, Saint-Domingue 1819 - Paris 1856). De onze à quatorze ans, il fut à Paris l'élève d'Ingres. Dans des œuvres comme *Vénus marine* (1838), *Suzanne au bain* (1840), il exprime une sensualité langoureuse et crée un type féminin original. Si le tracé des figures est dans la tradition ingresque, le traitement de la couleur s'inspire de la technique de Delacroix. Mais l'austérité «classique» du *Portrait de Lacordaire* (1840) et de celui de ses deux sœurs (1843) témoigne d'un autre aspect de son tempérament. Après 1840, il s'oppose à son maître Ingres ; sa peinture évolue alors, le choix de ses thèmes (Shakespeare, l'Orient, notamment après un voyage en Algérie en 1846) et son goût pour les coloris éclatants trahissant un esprit romantique. Il contribua aussi au renouvellement de la peinture murale en France (église Saint-Merri, 1841 - 1845 ; Cour des comptes, 1844 - 1848). Gustave Moreau* et Puvis* de Chavannes subirent son influence. ➝ ÉTYM. *Chassériau* vient de *chasseur*.

**CHASSE-SUR-RHÔNE** [38670] ♦ Comm. de l'Isère, arr. de Vienne. 4 795 hab. *(Chassères)*. Gare de triage.

**CHASSEY-LE-CAMP** [71150] ♦ Comm. de la Saône-et-Loire, arr. de Chalon-sur-Saône. 277 hab. Gisement préhistorique, site éponyme d'un faciès culturel néolithique, le Chasséen.

**CHASSIEU** [69680] ♦ Comm. du Rhône, arr. de Lyon. 9 049 hab.

**CHASTE** ou **CHASTES (Aymar DE CLERMONT DE)** ♦ Vice-amiral de France (mort en 1603). Chevalier de l'ordre de Malte. Lieutenant général des armées navales (1583), gouverneur de Dieppe dès 1589 et vice-amiral de France en 1595, il obtint en 1602 le monopole de la traite au Canada où il envoya S. Champlain* en mission (1603).

**CHASTEL (André)** ♦ Historien et critique d'art français (Paris 1912 - *id.* 1990). Élève de Focillon, spécialiste de l'art italien de la Renaissance, il a analysé les œuvres de cette époque en mettant en valeur le contexte historique, politique et philosophique de leur création (*L'Art italien*, 1956 ; *La Crise de la Renaissance*, 1968). Professeur au Collège de France de 1970 à 1980, il a créé en 1968 la *Revue de l'art* et, en 1975, l'Inventaire général. Son ouvrage monumental *L'Art français* (4 vol., posth. 1993), résultat de dix années de travail, révèle, outre ses méditations personnelles, son esprit de précision et de rigueur.

**CHASTELLAIN** [ʃatlɛ̃] **(Georges)** ♦ Chroniqueur flamand (Aalst v. 1410 - Valenciennes 1475). Au service de Philippe le Bon, duc de Bourgogne, il remplit diverses missions diplomatiques. Il écrivit la *Chronique des ducs de Bourgogne* qui nous est parvenue incomplète.

**CHASTELLUX (François Jean,** marquis **DE)** ♦ Militaire et écrivain français (Paris 1734 - *id.* 1788). Il participa à la guerre de Sept Ans en Allemagne et à la guerre d'Indépendance des États-Unis. Influencé par Voltaire et les Encyclopédistes, il a brossé un tableau des différentes époques de l'histoire humaine (*De la félicité publique*, 1772). Il est également l'auteur d'un *Voyage* dans l'Amérique septentrionale (1786). [Acad. fr. 1775]

**CHASTENET DE CASTAING (Jacques)** ♦ Journaliste et historien français (Paris 1893 - *id.* 1978). Après avoir collaboré à plusieurs journaux (*L'Opinion*, 1924 - 1930 ; *Revue politique et parlementaire*, 1930 -

1932), il devint codirecteur du *Temps* (1932 - 1942). Auteur d'une *Histoire de la III^e République* (1952 - 1963), il a publié également des essais sur la Grande-Bretagne et les États-Unis. [Acad. fr. 1956]

Le **Chat botté** ♦ Conte de C. Perrault* (1697). → **Contes.** Un chat, seul héritage du fils d'un meunier, fait passer son jeune maître pour le marquis de Carabas* et lui permet, par des ruses ingénieuses, d'épouser la fille du roi.

Le **Château** – en all. ***Das Schloss*** ♦ Roman inachevé de Franz Kafka*, écrit en 1922, publié en 1926 par son ami Max Brod* contre la volonté de l'auteur décédé. Le héros, K., est convoqué au village où il doit travailler comme arpenteur. Le village est sous l'autorité du château, propriété d'un comte Westwest que personne ne voit jamais, et dont l'intermédiaire est Klamm. K. ne parviendra pas à faire légitimer sa fonction ni à entrer dans ce château qui l'avait pourtant convoqué. Selon Max Brod, K. devait au dernier chapitre se réconcilier avec le château, au moment même où il mourait d'épuisement.

**CHÂTEAU-ARNOUX-SAINT-AUBAN** [04160] ♦ Comm. des Alpes-de-Haute-Provence, arr. de Forcalquier, sur la Durance. 4 970 hab. (aggl. 6 869). *(Jarlandins).*

**CHÂTEAUBERNARD** [16100] ♦ Comm. de la Charente, banl. S. de Cognac. 3 532 hab.

**CHÂTEAUBOURG** [35220] ♦ Ch.-l. de cant. de l'Ille-et-Vilaine, arr. de Rennes, sur la Vilaine. 4 877 hab. *(Castelbourgeois).*

**CHATEAUBRIAND (François René,** vicomte **DE)** ➝ **ÉTYM.** de *Châteaubriant** ♦ Écrivain français (Saint-Malo 1768 - Paris 1848). Ayant passé son adolescence en Bretagne à Combourg, il vit sa carrière militaire interrompue par la Révolution ; il voyagea en Amérique (1791), revint se mettre au service de la monarchie, puis émigra en Angleterre (1793) où il connut une vie difficile. Après *L'Essai sur les révolutions* (1797), il se consacra aux lettres, et, à son retour en France (1800), composa *Atala** (1801) et *René** inclus dans la première édition officielle du *Génie* du christianisme* (1802), vaste apologie de la religion correspondant aux desseins de Bonaparte. Bientôt hostile, cependant, à l'Empereur, Chateaubriand partit vers l'Orient du paganisme et du christianisme (*Itinéraire de Paris à Jérusalem*, 1811), qui lui inspira son épopée chrétienne, *Les Martyrs** (1809). Légitimiste par honneur, il joua un grand rôle politique à la Restauration : ambassadeur à Londres (1822), il représenta la France au congrès de Vérone et fut ministre des Affaires étrangères (1822 - 1824). Il acquit une certaine popularité en tant que monarchiste modéré. Alors parurent *Les Aventures du dernier Abencérage* (1826), *Les Natchez** (1826) et *Voyage en Amérique* (1827), parallèlement à de nombreux écrits politiques. En 1830, Chateaubriand, hostile à l'orléanisme, s'adonna désormais à ses *Études historiques* (1831), rédigea *La Vie de Rancé* (1844) et surtout composa ce qu'il avait conçu dès 1809 comme «l'épopée de (son) temps», les *Mémoires* d'outre-tombe.* Cette vie où tout fut action (voyages, carrière politique, création littéraire) est à l'image de l'homme, préoccupé de gloire personnelle mais toujours guidé par le sens de l'honneur, partagé entre le sentiment mélancolique qu'il «habite, avec un cœur plein, un monde vide» et l'ardeur à poursuivre «la séduction des chimères» que lui présente une imagination puissante. Dans son œuvre, en fondant l'imaginaire avec le sensible, il a su admirablement exprimer les aspirations de son siècle, lui qui a «restauré la cathédrale gothique, rouvert la grande nature fermée, inventé la mélancolie moderne» (T. Gautier). En évoquant les correspondances secrètes entre l'homme et la nature, il a excellé à présenter des tableaux superbes où la magnificence des images soutient l'ampleur des méditations, jouant enfin de toutes les ressources du rythme et de l'harmonie verbales pour composer de véritables poèmes lyriques en prose. [Acad. fr. 1811]

François René de **Chateaubriand.** Portrait par Girodet-Trioson (120 × 96 cm), détail. Musée national du château, Versailles. *Phot. © S. Guiley-Lagache © Archives Larbor*

**CHÂTEAUBRIANT** [44110] ➝ **ÉTYM.** «château de Briant» ♦ Ch.-l. d'arr. de la Loire-Atlantique, aux confins de la Bretagne et de l'Anjou. 12 065 hab. *(Castelbriantais).* Restes du Vieux-Château, construit au XI^e s. par un seigneur de Briant (lointain ancêtre de Chateaubriand*) : donjon carré (XI^e s.) ; logis seigneuriaux (XIII^e et XV^e s.) ; chapelle (XII^e - XIII^e s.). Château-Neuf de la Renaissance (auj. palais de justice). Église romane Saint-Jean-de-Béré (XI^e s.). Maisons anc. ▮ **Histoire** Au cours de la Deuxième Guerre mondiale, les Allemands fusillèrent (22 oct. 1941) 27 otages, dont Guy Môquet*, en représailles du meurtre du commandant de la place de Nantes.

**CHÂTEAU-CHINON (VILLE)** [58120] ♦ Ch.-l. d'arr. de la Nièvre. 2 307 hab. *(Château-Chinonais).* Au-dessus de la ville, calvaire et vestiges d'un château et d'un oppidum gaulois. Musée du Septennat. Fontaine aux sculptures animées de J. Tinguely et N. de Saint Phalle. ▮ **Histoire** La ville eut pour origine un monastère édifié vers le X^e s.

Le **Château de Barbe-Bleue** ♦ Opéra en un acte de Béla Bartók* sur un livret de Béla Balázs (1911), créé à Budapest le 24 mai 1918. À la demande de sa nouvelle épouse, Judith, et non sans tenter de l'en dissuader, Barbe-Bleue ouvre dans son château sept portes fermées à clé. À la fin, Judith rejoint dans l'obscurité les épouses précédentes, et Barbe-Bleue reste seul. Les portes sont refermées, l'amour de Judith n'a pu tirer Barbe-Bleue vers la lumière.

**CHÂTEAU-D'OLÉRON (LE)** [17480] ♦ Ch.-l. de cant. de la Charente-Maritime, arr. de Rochefort, dans l'île d'Oléron. 3 552 hab. *(Châtelains).* Citadelle du XVII^e s., gravement endommagée par les bombardements de 1945. ▪ Station balnéaire et port. Ostréiculture.

**CHÂTEAU-D'OLONNE** [85100] ♦ Comm. de la Vendée, arr. des Sables-d'Olonne. 12 908 hab. *(Castelolonnais).*

**CHÂTEAU-DU-LOIR** [72500] ♦ Ch.-l. de cant. de la Sarthe, arr. du Mans, près de la rive d. du Loir. 5 148 hab. (aggl. 6 904) *(Castéloriens).* Viticulture.

**CHÂTEAUDUN** [28200] ➝ **ÉTYM.** *château* «château fort» et *dun*, du gaul. *dunum* de même sens ♦ Ch.-l. d'arr. de l'Eure-et-Loir, aux confins de la Beauce et du Perche. 14 543 hab. (aggl. 17 894) *(Dunois).* Château (XII^e et XVI^e s.) : donjon (XII^e s.) ; Sainte-Chapelle (statues du XV^e s.) ; tapisseries. Église de la Madeleine (XII^e s.). Maisons anc. Musée (coll. d'oiseaux ; archéologie ; ethnographie). ▪ Indus. du caoutchouc. Base aérienne militaire. ▮ **Histoire** De durs combats se déroulèrent dans Châteaudun en oct. 1870, lors de la prise de la ville par les Prussiens.

**Châteaudun.** Le château, tour du XII^e s.
*Phot. © René Delon/Galliphot*

**CHÂTEAU-GAILLARD** → **Andelys (Les)**

**CHÂTEAUGAY** [63119] ♦ Comm. du Puy-de-Dôme, arr. de Riom. 2 963 hab. Ruines du château (XIV^e - XVI^e s.) : donjon. ▪ Viticulture.

**CHÂTEAUGIRON** [35410] ➝ **ÉTYM.** «château fort» et germ. *Giron*, n. de pers. ♦ Ch.-l. de cant. de l'Ille-et-Vilaine, arr. de Rennes. 5 500 hab. *(Castelgironnais).* Ruines d'un château féodal. Maisons anc.

**CHÂTEAU-GONTIER** [53200] ➝ **ÉTYM.** «château fort» et germ. *Gunther*, n. de seigneur (de *gundi* «guerre») ♦ Ch.-l. d'arr. de la Mayenne, sur la Mayenne. 11 131 hab. (aggl. 14 130) *(Castrogontériens).* Église romane Saint-Jean-Baptiste (vestiges de fresques romanes et gothiques). Maisons anc. ▪ Marché agricole (veaux et moutons).

**CHÂTEAUGUAY** n. m. ♦ Riv. du Canada et des États-Unis. Sur ses rives, les Canadiens repoussèrent les Américains en 1813.

**CHÂTEAUGUAY** ♦ V. du Canada (Québec), sur la rive d. du Saint-Laurent, dans la banl. S. de Montréal. 42 786 hab. Église du XVIII^e s. Centre résidentiel. Production laitière.

**Château-Lafite** ♦ Premier grand cru classé (1855) de vins rouges du Médoc, sur la comm. de Pauillac. → **Bordelais.**

**CHÂTEAU-LANDON** [77570] ♦ Ch.-l. de cant. de la Seine-et-Marne, arr. de Fontainebleau. 3 364 hab. *(Castellandonnais).* Remparts. Église Notre-Dame (clocher du XV^e s.). Anc. abbaye Saint-Séverin (fresques du XII$^e$ s.). ▪ Papeterie. Anc. carrières de pierre (utilisée notamment pour la construction de plusieurs monuments parisiens).

**Château-Latour** ♦ Premier grand cru classé (1855) de vins rouges du Médoc, sur la comm. de Pauillac. → **Bordelais.**

**CHÂTEAULIN** [29150] → ÉTYM. anc. *Kastellin,* du bret. *kastell* «château» et du vx bret. *nin* «sommet» (devenu *lin* par assimilation) ♦ Ch.-l. d'arr. du Finistère, sur l'Aulne, au centre du bassin de Châteaulin. 5 157 hab. *(Châteaulinois).* Chapelle Notre-Dame (colonnes et chapiteaux du XIII$^e$ s.), restaurée en 1991. ▪ Pêche (saumon).

**Château-Margaux** ♦ Premier grand cru classé de vins rouges du Médoc, sur la comm. de Margaux. → **Bordelais.**

**CHÂTEAUMEILLANT** [18370] → ÉTYM. *château* «château fort» et *meillant,* du gaul. *medolanon* «centre sacré [littéralt plein centre]» ♦ Ch.-l. de cant. du Cher, arr. de Saint-Amand-Montrond. 2 058 hab. *(Castelmeillantais).* Église romane Saint-Genès en pierre grise et rose (chœur encadré de six absidioles). Musée E.-Chénon (coll. gallo-romaine et médiévale). ▪ Viticulture (gamay).

**CHÂTEAUNEUF** [21320] ♦ Comm. de la Côte-d'Or, arr. de Beaune. 83 hab. Bourg fortifié situé sur un escarpement au N.-E. du Morvan. Vestiges de remparts. Maisons des XIV$^e$, XV$^e$ et XVI$^e$ s. Château fort du XII$^e$ s. entouré de murailles et de fossés.

**CHÂTEAUNEUF-DE-RANDON** [48170] → ÉTYM. *Randon,* du gaul. *randa* «limite» et suff. *-one* [à l'origine une fortification sur le Truc-de-Randon, située sur la ligne des hauteurs qui séparait les Gabales des Vellaves] ♦ Ch.-l. de cant. de la Lozère, arr. de Mende. 532 hab. *(Randonais).* Vestiges de remparts. ▪ Petit centre climatique. ▮ **Histoire** En 1380, Du* Guesclin y mourut au cours d'une attaque contre les Anglais. La ville fut le siège de l'une des huit baronnies du Gévaudan.

**CHÂTEAUNEUF-DU-FAOU** [29520] ♦ Ch.-l. de cant. du Finistère, arr. de Châteaulin, sur l'Aulne. 3 595 hab. *(Châteauneuviens).* Pêche (saumon et brochet). Conserverie.

**CHÂTEAUNEUF-DU-PAPE** [84230] ♦ Comm. du Vaucluse, arr. d'Avignon. 2 078 hab. (*Castel-Papaux* ou *Châteauneuvois*). Ruines d'un château du XIV$^e$ s. construit par les papes d'Avignon. ▪ Viticulture (châteauneuf-du-pape).

**CHÂTEAUNEUF-DU-RHÔNE** [26780] ♦ Comm. de la Drôme, arr. de Valence. 2 220 hab. *(Castelneuvois).* Restes d'un château du XIII$^e$ s. ▪ Centrale hydroélectrique sur une dérivation du Rhône.

**CHÂTEAUNEUF-EN-THYMERAIS** [28170] ♦ Ch.-l. de cant. de l'Eure-et-Loir, arr. de Dreux. 2 423 hab. (aggl. 3 352) *(Castelneuviens).* Anc. capitale du Thymerais.

**CHÂTEAUNEUF-LES-BAINS** [63390] ♦ Comm. du Puy-de-Dôme, arr. de Riom. 303 hab. Station hydrominérale sur les deux rives de la Sioule.

**CHÂTEAUNEUF-LÈS-MARTIGUES** [13220] ♦ Comm. des Bouches-du-Rhône, arr. d'Istres, près de l'étang de Berre. 11 375 hab.

**CHÂTEAUNEUF-SUR-CHARENTE** [16120] ♦ Ch.-l. de cant. de la Charente, arr. de Cognac. 3 422 hab. *(Castelnoviens).* Église Saint-Pierre du XV$^e$ s. (façade de style roman saintongeais du XII$^e$ s.).

**CHÂTEAUNEUF-SUR-CHER** [18190] ♦ Ch.-l. de cant. du Cher, arr. de Saint-Amand-Montrond, sur les rives du Cher. 1 614 hab. *(Castelneuviens).* Forteresse du XI$^e$ s., remaniée aux XVI$^e$, XVII$^e$ et XVIII$^e$ s.

**CHÂTEAUNEUF-SUR-ISÈRE** [26300] ♦ Comm. de la Drôme, arr. de Valence. 3 285 hab.

**CHÂTEAUNEUF-SUR-LOIRE** [45110] ♦ Ch.-l. de cant. du Loiret, arr. d'Orléans. 7 032 hab. *(Castelneuviens).* Vestiges de l'anc. château (XVII$^e$ s.). Musée de la Marine de Loire. Halles en bois.

**CHÂTEAUPONSAC** [87290] → ÉTYM. *château* «château fort» et *Ponsac,* du lat. *Potens,* n. de pers., et suff. *-acum* ♦ Ch.-l. de cant. de la Haute-Vienne, arr. de Bellac, sur la Gartempe. 2 252 hab. *(Châtelauds).* Église Saint-Thyrse des XII$^e$ et XV$^e$ s. (chœur roman orné de chapiteaux sculptés). Musée archéologique.

**CHÂTEAU-QUEYRAS** ♦ Écart de la comm. de Château-Ville-Vieille (Hautes-Alpes), dans le Queyras. Forteresse médiévale agrandie par Vauban.

**CHÂTEAURENARD** [13160] → ÉTYM. *château* «château fort» et *Renard,* du germ. *Raginhart,* n. de pers. ♦ Ch.-l. de cant. des Bouches-du-Rhône, arr. d'Arles. 12 999 hab. *(Châteaurenardais).* Ruines d'un château du XIV$^e$ s. ▪ Marché d'intérêt national ( primeurs).

**CHÂTEAU-RENARD** [45220] ♦ Ch.-l. de cant. du Loiret, arr. de Montargis. 2 389 hab. *(Castelrenardais).* Vestiges de l'anc. château (XIII$^e$ s.) et château de Louise de Coligny (XVI$^e$ - XVII$^e$ s.). ▪ Pétrole.

**CHÂTEAU-RENAULT (François Louis ROUSSELET,** comte **DE)** ♦ Vice-amiral, maréchal de France (Château-Renault 1637 - Paris 1716). Il combattit victorieusement Ruyter* (1675), soutint Jacques* II en Irlande (1675 - 1690), et conduisit la flotte espagnole d'Amérique en Europe lors de la guerre de Succession d'Espagne (défaite de Vigo*, 1702).

**CHÂTEAU-RENAULT** [37110] → ÉTYM. *château* «château fort» et *Renault,* de *Renaud,* fils de Geoffroy, comte de Blois, qui fit construire le château fort ♦ Ch.-l. de cant. de l'Indre-et-Loire, arr. de Tours, sur la Brenne. 5 538 hab. (aggl. 6 847) (*Castelrenaudins* ou *Renaudins*). Château du XII$^e$ s., remanié (donjon du XII$^e$ découronné). Musée du Cuir et de la Tannerie. ▪ Indus. du cuir. Chimie. Électronique.

**CHÂTEAUROUX (Marie Anne DE MAILLY-NESLE,** duchesse **DE)** ♦ Dame française (Paris 1717 - *id.* 1744). Maîtresse de Louis XV, après ses deux sœurs, elle exerça jusqu'à sa mort subite une grande influence sur le roi.

**CHÂTEAUROUX** [36000] → ÉTYM. «château de Raoul» (V. ci-dessous) ♦ Ch.-l. du dép. de l'Indre sur la rive g. de l'Indre. 49 632 hab. (aggl. 66 082) *(Castelroussins).* Église des Cordeliers (XIII$^e$ s.). Église Saint-Martial (XII$^e$ et XV$^e$ s.). Château Raoul (fondé au X$^e$ s. ; XIV$^e$ et XV$^e$ s.). Musée Bertrand dans un hôtel du XVIII$^e$ s. (archéologie, beaux-arts, souvenirs napoléoniens). ▪ Nœud de communications. Aéroport. Centre admin. et indus. (mécanique des métaux, céramique). ▮ **Histoire** Châteauroux doit son nom *(Castrum Radulphi)* à la forteresse construite au X$^e$ s. sur une colline dominant l'Indre par Raoul, seigneur de Déols. La ville fut prise en 1177 par Henri II d'Angleterre, puis par Philippe Auguste en 1187. Elle passa aux Chantigny pour trois siècles. La terre fut érigée en comté au profit d'Henri de Condé (1612). Elle fut vendue à Louis XV, qui en fit don en 1744 à Marie Anne de Mailly-Nesle, devenue duchesse de Châteauroux.

**CHÂTEAU-SALINS** [57170] → ÉTYM. *château* «château fort» et *Salins,* en raison de l'exploitation de sel gemme ♦ Ch.-l. d'arr. de la Moselle, sur la petite Seille. 2 470 hab. *(Castelsalinois).* Gisement de sel gemme. Indus. agroalimentaire (produits laitiers).

**CHÂTEAU-THIERRY** [02400] → ÉTYM. «château de *Thierry** IV de Chelles, roi des Francs» ♦ Ch.-l. d'arr. de l'Aisne, sur la Marne. 14 967 hab. (aggl. 23 522) *(Castelthéodoriciens).* Maison natale de La Fontaine (musée). ▪ Ville indus. (pâte à papier, verres optiques). Viticulture (champagne). ▮ **Histoire** Victoire de Napoléon sur Blücher, commandant les armées russes et prussiennes (1814). La ville fut occupée à deux reprises par les Allemands lors de la Première Guerre mondiale, de durs combats s'y déroulèrent et les troupes américaines se couvrirent de gloire aux environs, en 1918. → **Belleau, Marne (batailles de la).**

**CHÂTEL (Jean)** ♦ (1575 - Paris 1594). Il commit un attentat contre Henri* IV (1594) et fut écartelé. Il avait été élève des jésuites au collège de Clermont, à Paris, et ses maîtres furent soupçonnés de l'avoir poussé à agir. Momentanément expulsés du ressort du parlement de Paris, les jésuites purent rentrer en France en 1603.

**CHÂTEL** [74390] ♦ Comm. de la Haute-Savoie, arr. de Thonon-les-Bains. 1 190 hab. *(Châtellans).* Station de sports d'hiver dans le massif du Chablais (1 235 - 2 080 m).

**CHÂTELAILLON-PLAGE** [17340] → ÉTYM. du lat. *castrum Alionis* «château d'Agilon (n. de pers. germ.)» (→ Aunis) ♦ Comm. de la Charente-Maritime, arr. de La Rochelle. 5 625 hab. Station balnéaire au N. de l'embouchure de la Charente. Ostréiculture. – Cap. de l'Aunis* avant La Rochelle.

**CHATELAIN (Eugène Pierre Amable)** ♦ Homme politique et écrivain français (Paris 1829 - *id.* 1902). Ouvrier ciseleur, il participa à la révolution de 1848 et fut déporté en 1851 en raison de son opposition à l'empereur. Affilié à la I$^{re}$ Internationale, il fut membre du Comité central républicain des vingt arrondissements de Paris après le 4 sept. 1870, et prit part aux combats de la Semaine sanglante (22 - 28 mai 1871). Réfugié à Jersey, puis à Londres, il fut condamné par contumace à la déportation (1874). Après l'amnistie (1880), il fut rédacteur de la revue *Le Coup de feu.* Il est l'auteur de plusieurs recueils de poèmes (*Les Exilées de 1871,* 1886 ; *Fleurs ignorées*).

**CHÂTELARD (LE)** [73630] ♦ Ch.-l. de cant. de la Savoie, arr. de Chambéry, dans les Bauges. 546 hab. *(Castelardinois).* Station estivale.

**CHÂTELDON** [63290] ♦ Ch.-l. de cant. du Puy-de-Dôme, arr. de Thiers. 737 hab. *(Badins).* Église du XV$^e$ s. Château des XIII$^e$ et XV$^e$ s. Maisons anc. ▪ Eaux minérales.

**CHÂTELET (Émilie LE TONNELIER DE BRETEUIL,** marquise **DU)** ♦ (Paris 1706 - Lunéville 1749). Fort savante et férue de science, elle écrivit divers traités. Elle eut une longue liaison sentimentale et intellectuelle avec Voltaire* qu'elle accueillit dans son château de Cirey*, puis elle s'éprit du poète Saint-Lambert*.

**CHÂTELET** ♦ V. de Belgique (Région wallonne), prov. de Hainaut, arr. de Charleroi, sur la Sambre. 35 813 hab. Centre d'indus. diversifiées.

**Châtelet (Grand** et **Petit)** ♦ Anc. forteresses parisiennes qui protégeaient l'accès de la Cité* (mentionnées dès le IX$^e$ s. et reconstruites au XII$^e$ s.) Le Grand Châtelet était situé sur la rive d. de la Seine, à l'extrémité N. du Pont-au-Change, barrant l'entrée de la rue Saint-Denis ; c'était essentiellement le siège de la juridiction royale à Paris. ▪ Le Petit Châtelet, situé sur la rive g., à l'extrémité S. du Petit-Pont et à l'entrée de la rue Saint-Jacques, servait de prison ; il fut démoli en 1782. ▪ À l'emplacement du

Grand Châtelet, démoli à partir de 1802, se trouve l'actuelle place du Châtelet (théâtres du Châtelet et de la Ville, anc. Sarah-Bernhardt).

**CHÂTELET-EN-BRIE (LE)** [77820] ♦ Ch.-l. de cant. de la Seine-et-Marne, arr. de Melun. 4 532 hab.

**CHÂTELGUYON** [63140] ➝ ÉTYM. anc. *Castro Guidonis*, du lat. *castrum* «château» et germ. *Wido*, n. de pers. ♦ Comm. du Puy-de-Dôme, arr. de Riom. 5 241 hab. *(Châtelguyonnais)*. Station thermale. Ses eaux étaient déjà utilisées par les Romains.

**CHÂTELLERAULT** [86100] ➝ ÉTYM. anc. *Castrum Araldi*, du lat. *castrum* «château» et germ. *Adroaldus*, n. de pers. ♦ Ch.-l. d'arr. de la Vienne. 34 126 hab. (aggl. 36 026) *(Châtelleraudais)*. Église Saint-Jacques (XII^e^ - XIII^e^ s.). Pont Henri-IV, sur la Vienne (1575 - 1611). Maison de la famille de R. Descartes (musée). Hôtels et maisons anc. Musée municipal. Musée de l'Automobile et de la Technique. ▪ Centre indus. où l'équipement automobile et l'aéronautique ont remplacé la coutellerie et l'armurerie traditionnelles.

**Châtelperronien** n. m. ♦ Période préhistorique de transition entre le Paléolithique* moyen et le Paléolithique supérieur (de −35 000 à −30 000) qui doit son nom au site de Châtelperron (Allier). À côté de nombreux outils caractéristiques du Paléolithique moyen, l'industrie osseuse et surtout les éléments de parure s'y développent. Le Châtelperronien, dont l'artisan est l'homme de Neandertal, n'est connu qu'en Europe occidentale. ➝ **Saint-Césaire.**

**CHÂTENAY-MALABRY** [92290] ➝ ÉTYM. anc. *Castanetum*, du lat. *castaneum* «châtaignier» et du lieu-dit *Malabry*, déformation de *maladrerie* ou de *mal-abri* ♦ Comm. des Hauts-de-Seine, arr. d'Antony. 30 621 hab. *(Châtenaisiens)*. Église Saint-Germain-l'Auxerrois (XI^e^ s., remaniée au XIII^e^ s.). Domaine de la Vallée-aux-Loups où vécut R. de Chateaubriand, de 1807 à 1817. ▪ École centrale des arts et manufactures Élément de l'université de Paris-Sud (pharmacie).

**CHÂTENOIS** [67730] ♦ Comm. du Bas-Rhin, arr. de Sélestat. 3 373 hab.

**CHÂTENOY-LE-ROYAL** [71880] ♦ Comm. de la Saône-et-Loire, banl. O. de Chalon-sur-Saône. 5 938 hab.

**CHATHAM** (lord) ➝ **Pitt**

**CHATHAM** ➝ ÉTYM. en vieil angl. *Caetham* «village de [ou près de] la forêt», de *hām* «village» et du celt. *°caito-* «bois, forêt» ♦ V. d'Angleterre (Kent, district de Medway), sur l'embouchure de la Medway, face à Rochester. 50 000 hab. La proximité de Londres favorise le développement de la ville qui appartient à une conurbation de plus de 200 000 hab. ▮ **Histoire** Le port, dont les bassins les plus anciens remontent à Henri VIII et Élisabeth I^re^, était aux XVII^e^ et XVIII^e^ s. la principale base navale du royaume.

**CHATHAM** (îles) ♦ Petit archipel volcanique de l'océan Pacifique, situé à l'E. de la Nouvelle-Zélande. 963 km². 750 hab. Élevage de moutons. Station météorologique. ▮ **Histoire** Il fut découvert en 1791 par les Européens et appartient depuis 1842 à la Nouvelle-Zélande. Les indigènes Moriori (ou Morioris) furent exterminés au cours du XIX^e^ s. par les Maoris.

**CHATILA** ➝ **Sabra**

**CHÂTILLON** (maison de) ♦ Famille noble de Champagne qui possédait le comté de Châtillon-sur-Marne et dont sont issues les branches de Saint-Pol, Blois, Penthièvre, Chartres. ♦ **Eudes de Châtillon.** ➝ **Urbain II**, pape. ♦ **Renaud de Châtillon.** ➝ **Renaud.** ♦ **Gaucher de Châtillon** (mort en 1219). Il participa au siège de Saint-Jean-d'Acre lors de la 3^e^ croisade et à la bataille de Bouvines.

**CHÂTILLON** [92320] ➝ ÉTYM. anc. *Castellionem*, du lat. *castellum* «château fort» et suff. *-ionem* ♦ Ch.-l. de cant. des Hauts-de-Seine, arr. d'Antony, dans la banl. sud de Paris. 28 622 hab. *(Châtillonnais)*. Maison de santé de la Mutualité. Installations du Commissariat à l'énergie atomique. Indus. aéronautique. ▮ **Histoire** Théâtre de violents combats en 1870.

**CHÂTILLON** ♦ V. d'Italie, dans la Vallée d'Aoste. 4 712 hab. (de langue française). Centre commercial et indus. (chimie et textiles artificiels). Centrale hydroélectrique.

**CHÂTILLON-EN-BAZOIS** [58110] ♦ Ch.-l. de cant. de la Nièvre, arr. de Château-Chinon, sur l'Aron et le canal du Nivernais, en bordure du Morvan. 1 056 hab. *(Châtillonais)*. Église (tableau de N. Mignard). Château des XVI^e^ et XVII^e^ s. Tour du XIII^e^ s. ▪ Navigation de plaisance.

**CHÂTILLONNAIS** n. m. ♦ Région de plateaux, à la lisière septentrionale du Morvan*, formée de calcaires au faciès parfois très dur (pierres de Beaunotte, Chamesson et Magny) : la zone est tronquée par une surface d'érosion, où se détachent des buttes résiduelles, les «tasselots». Les vallées profondes de l'Ource, de l'Aube, de la Seine, où se trouvent les prairies, contrastent avec le plateau couronné de forêts. ▪ La *forêt domaniale de Châtillon*, formée de hêtres et de chênes, est actuellement reconvertie en résineux.

**CHÂTILLON-SUR-CHALARONNE** [01400] ♦ Ch.-l. de cant. de l'Ain, arr. de Bourg-en-Bresse. 4 137 hab. *(Châtillonnais)*. ▮ **Histoire** Saint Vincent de Paul y organisa la première de ses confréries de la Charité.

**CHÂTILLON-SUR-INDRE** [36700] ♦ Ch.-l. de cant. de l'Indre, arr. de Châteauroux. 3 119 hab. *(Châtillonnais)*. Église romane des XI^e^ et XII^e^ s. (chapiteaux sculptés).

**CHÂTILLON-SUR-SEINE** [21400] ♦ Ch.-l. de cant. de la Côte-d'Or, arr. de Montbard, dans deux boucles de la Seine. 6 269 hab. *(Châtillonnais)*. Église Saint-Vorles (XI^e^ s., remaniée) : arcatures lombardes ; saint sépulcre Renaissance. Musée installé dans la maison Philandrier, Renaissance bourguignonne : archéologie gallo-romaine, dont le trésor de Vix*. Source de la Douix. ▪ Indus. diversifiées. ▮ **Histoire** Le *congrès de Châtillon* (5 fév. - 18 mars 1814) réunit Napoléon (représenté par Caulaincourt) et les Alliés, qui désiraient que la France retrouve ses frontières de 1792. Il n'aboutit pas. ➝ **Chaumont.** ▪ De son quartier général installé à Châtillon-sur-Seine, le général Joffre* lança son fameux ordre du jour du 6 sept. 1914.

**CHÂTILLON-SUR-SÈVRE** ➝ **Mauléon**

Les **Châtiments** ♦ Recueil satirique de V. Hugo* (1853), composé durant son exil à Jersey et dont le succès, en France, fut considérable. Les poèmes «Nox» et «Lux» (l'Espérance) encadrent 7 livres dont les sous-titres, très ironiques, fustigent l'ordre établi et qui, sous des formes très variées, obéissent à une même inspiration, la «muse Indignation». Faisant de Napoléon III l'archétype de la tyrannie, Hugo condamne avec violence le «crime» commis, et dénonce la bassesse du régime. Pour mieux flétrir la répression menée par «Napoléon-le-Petit», le poète adopte le ton épique pour exalter les «soldats de l'An II» («À l'obéissance passive») ou ceux de l'armée impériale («L'Expiation»). Puis il proclame avec lyrisme sa confiance en l'avenir. La variété des tons (pamphlets, chansons, satires, visions épiques et invocations lyriques) élargit la portée du recueil : face à ce monde en souffrance, c'est au poète de précéder, par son action, «l'ange Liberté» («Stella»).

**Chat noir (Le)** ♦ Cabaret parisien fondé en 1881 par Rodolphe Salis boulevard Rochechouart à Montmartre. Haut lieu intellectuel et artistique, il contribua à la diffusion de la nouvelle chanson réaliste française ainsi qu'à celle de nombreux artistes (A. Allais*, Richepin*, Delmet). Célèbre pour les récitals qu'y donna A. Bruant* et le petit théâtre d'ombres établi par R. Salis, il déménagea rue Victor-Massé en 1885 et disparut en 1897.

**CHATOU** [78400] ➝ ÉTYM. p.-ê. de *cattavum*, du gaul. *Cattus*, surnom de pers. (de *catto* «chat»), et suff. *-avum* ♦ Ch.-l. de cant. des Yvelines, arr. de Saint-Germain-en-Laye, sur la Seine. 28 588 hab. *(Catoviens)*. G. Courbet, C. Monet, A. Renoir ont été inspirés par Chatou et ses environs. A. Derain et M. de Vlaminck y partagèrent un atelier. ▪ Cité résidentielle. Indus. diversifiées.

**CHÂTRE (LA)** [36400] ➝ ÉTYM. ➝ Castres ♦ Ch.-l. d'arr. de l'Indre, sur l'Indre. 4 547 hab. (aggl. 7 086) *(Castrais)*. Musée George-Sand et de la Vallée noire. Maisons anc. ▪ Indus. agroalimentaire.

**CHATRIAN** ➝ **Erckmann-Chatrian**

**CHATT AL-ARAB** n. m. ➝ ÉTYM. ar. «la côte *(shatt)* des Arabes *(Al-Arab)*» ♦ Cours d'eau situé en Irak, débouchant sur le golfe Arabo-Persique et qui est formé par la confluence du Tigre et de l'Euphrate auxquels viennent se mêler les eaux du Kārun (Iran). C'est une large voie d'eau (variant de 350 m à 1 220 m), longue de 180 km, qui aboutit à Fao. Bassora, Abadān en sont les plus principaux ports. C'est dans cette région fertile que prospéraient avant la guerre irano-irakienne les plus grandes palmeraies du monde (14 millions de palmiers, les 3/4 des plantations mondiales). Le Chatt al-Arab est une région vitale pour l'Irak car elle constitue son seul débouché maritime. Depuis longtemps, elle fait l'objet entre l'Irak et l'Iran d'un contentieux territorial qui a entraîné les deux pays dans une guerre sanglante (1980 - 1988).

**CHATTANOOGA** ➝ ÉTYM. creek «rocher en pointe» ♦ V. des États-Unis (Tennessee) sur le Tennessee. 155 554 hab. dont 33 % de Noirs (zone urbaine 465 161). La ville est située dans un site pittoresque, au pied de deux montagnes. Centre ferroviaire et fluvial (canal du Tennessee). Assurances. Indus. (textiles, réacteurs nucléaires, mécanique). En dépit d'un tourisme très actif, la ville connaît un ralentissement d'activité. ▮ **Histoire** Durant la guerre de Sécession, la ville fut un important centre de communication pour les sudistes. Attaqués par Grant et Sherman, ils y furent battus en nov. 1863 *(bataille de Chattanooga)*.

**CHATTERJI (Bankim Chandra)** ♦ Écrivain indien d'expression bengali (Kanthalpara, Bengale 1838 - Calcutta 1881). Ses romans et la revue *Banga Darshan* qu'il publia à partir de 1872 imposèrent la prose dans la littérature bengali. Ses récits historiques et ses essais exaltent les valeurs de l'hindouisme et du patriotisme *(Le Testament de Krishnakanta*, roman, 1878).

**CHATTERTON (Thomas)** ♦ Poète britannique (Bristol 1752 - Londres 1770). Orphelin de père, il fut obsédé par le rêve pendant son enfance. Le charme qu'exerça sur lui la cathédrale de Bristol se traduisit par la composition de poèmes qu'il attribua à Thomas Rowley, auteur imaginaire du XV^e^ s. *(Poésies de Thomas Rowley*, posth. 1777). La supercherie ne fut découverte qu'un siècle plus tard grâce à Skeat (1875). Ayant vainement essayé de gagner la protection de H. Walpole* puis de s'engager sur un navire marchand, il se rendit à Londres en 1770 où il voulut vivre de sa plume. Sans ressources, et sans appuis, il se suicida à l'arsenic. Ce destin tragique inspira Vigny (*Chatterton**) et les romantiques français qui virent en lui le symbole du poète maudit. Sa *Ballade de la charité*, transposition de la parabole du Bon Samaritain, influença Coleridge* et Keats*. ➝ ÉTYM. Ce nom de famille vient de *Chadderton*, nom de lieu en Grande-Bretagne, du celtique *°cadeir* «chaise [ici colline]» et *tun* «village».

**Chatterton** ♦ Drame en 3 actes et en prose (1835) tiré par Vigny* de son roman *Stello**. Victime de l'hostilité de la société bourgeoise qui s'incarne en deux odieux personnages, le brutal John Bell et l'insolent Beckford, le poète Chatterton, accusé d'imposture, se donne la mort après avoir brûlé tous ses manuscrits. La tendre et pitoyable Kitty, femme de John Bell, le suivra au tombeau.

**CHATTES** n. m. pl. ➝ ÉTYM. en lat. ***Chatti*** ou *Catti*, du germ. «celui qui brille» ♦ Peuple germanique établi au I$^{er}$ s. dans la région correspondant à la Hesse actuelle. Ils luttèrent longtemps contre les Romains, soumirent les Chérusques* (fin I$^{er}$ s.) et s'assimilèrent aux Francs au III$^{e}$ s.

**CHATUZANGE-LE-GOUBET** [26300] ♦ Comm. de la Drôme, arr. de Valence. 3 975 hab.

**CHAUCER (Geoffrey)** ♦ Poète anglais (Londres v. 1340 - *id.* 1400). Fils d'un marchand de vin de la Cité, il appartenait par sa naissance à la bourgeoisie. Pourtant, à dix-sept ans, il fut page de cour et ne cessa, sa vie durant, de se sentir à l'aise aussi bien à la cour que parmi les marchands, les clercs ou le peuple. Soldat, il fit campagne en Artois et en Picardie avant d'être protégé par le fils d'Édouard III, Jean de Gand, duc de Lancastre, et d'être chargé de missions diplomatiques en France, en Flandre et en Italie. C'est ainsi qu'il importa de France et assouplit sous l'influence italienne le décasyllabe qui devait devenir le vers «héroïque», unité métrique par excellence de la grande poésie anglaise. Il introduisit le rondeau, le virelai et la ballade. Son nom restera d'ailleurs attaché à la stance de sept vers *(ababbcc)*. Il fut aussi un virtuose du «couplet». Rompant avec le passé littéraire anglo-saxon, il s'inspira de Machaut et dut surtout son initiation poétique au *Roman de la Rose* qu'il traduisit très fidèlement. Son esprit même, comme son nom *(Chaussier)*, est français. Mais il a une dette considérable envers les poèmes de jeunesse de Boccace. Il condensa et abrégea la *Théséide* pour en faire son *Conte du chevalier* (inclus dans les *Contes de Cantorbéry*) sur la rivalité amoureuse de Palamon et d'Arcite, et où Thésée apparaît comme un personnage humoristique. Dans son *Troïlus* et Cressida*, en partie traduit, en partie adapté du *Filostrate* de Boccace, la drôlerie est toute d'invention chaucérienne. De même sa *Légende des femmes exemplaires* (inachevée, 1386), inspirée des *Héroïdes* d'Ovide, bien que pure et touchante parfois, contient des irrévérences caractéristiques. *La Maison de la renommée* (1379), essai de parodie de *La Divine Comédie*, est un poème allégorique : Chaucer y expose les caprices de la gloire et l'étrange façon dont se font et se répandent les rumeurs. C'est encore à l'allégorie qu'il recourut pour composer le *Parlement des oiseaux* (1382) où Nature enjoint à tous les oiseaux mâles de choisir leur compagne. On y trouve en germe l'antithèse de l'idéal et du réel qui sera la gloire des *Contes* de Cantorbéry* (publ. 1526), véritable chronique sociale de l'Angleterre de la fin du XIV$^{e}$ s. Cette volonté qu'avait Chaucer de «représenter les hommes au naturel» fait de l'auteur des *Contes* le premier écrivain réaliste. ➝ ÉTYM. *Chaucer* vient de l'ancien français *chausseur* «fabricant de culottes, de guêtres».

Geoffrey **Chaucer.** *Les Contes de Cantorbéry.*
Miniature d'un manuscrit du XV$^{e}$ s. représentant des pèlerins.
British Museum, Londres. *BIS/Phot. Fleming © Archives Larbor*

**CHAUDEFOUR** (vallée de) ♦ Vallée de l'Auvergne (Puy-de-Dôme) formée par le cours supérieur de la Couze du Chambon. Site pittoresque dans le massif des monts Dore.

**CHAUDES-AIGUES** [ʃɔd(ə)zɛg] [15110] ➝ ÉTYM. «eaux *(aigas)* chaudes» ♦ Ch.-l. de cant. du Cantal, arr. de Saint-Flour. 986 hab. *(Chaudesaiguois)*. Station thermale, dont les eaux chaudes étaient, dès l'Antiquité, également utilisées à des fins domestiques.

**CHAUDET (Denis Antoine)** ♦ Sculpteur français (Paris 1763 - *id.* 1810). Représentant du style néoclassique en sculpture, il devint célèbre avec un *Bélisaire* en bronze (1791). Il exécuta des commandes officielles (*Napoléon en César*, sur la colonne Vendôme, de 1810 à 1814), s'inspira de la littérature (*Paul et Virginie au berceau*, 1795) et de la mythologie ; soucieux de la forme pure, il atténua les plans au profit des contours et imita l'Antiquité.

**CHAUDFONTAINE** ♦ Comm. de Belgique (Région wallonne), prov. et arr. de Liège. 20 928 hab. Banl. résidentielle de Liège. Station thermale (eau minérale).

**CHAUDIÈRE** n. f. ♦ Riv. du Canada (192 km), affl. du Saint-Laurent (rive d.). Elle prend sa source près de la frontière du Maine et conflue en face de Québec. Hydroélectricité.

**CHÂU ĐỐC** ♦ V. du Viêtnam (Sud), ch.-l. de prov. 88 268 hab. Gros marché frontalier entre le Cambodge et le Viêtnam. Pisciculture. Saumure de poisson. Construction de barques. ▮ **Histoire** Autrefois situé en terre khmère (la région de Châu Đốc fut annexée au début du XVIII$^{e}$ s.), le bourg bénéficia de la navigation sur le Mékong et de travaux de mise en valeur dès 1757.

**CHAUFFAILLES** [71170] ➝ ÉTYM. du région. *chauffaille* «broussaille, ronce» ou de *Taifali*, n. d'un groupe de Germains installés par les Romains ♦ Ch.-l. de cant. de la Saône-et-Loire, arr. de Charolles, à la lisière du Charolais. 4 119 hab. *(Chauffaillons)*.

**CHAULIAC (Guy DE)** ♦ Chirurgien français (dans le Gévaudan v. 1300 - 1368). Médecin à Lyon, puis auprès des papes à Avignon, il est l'auteur d'un traité qui fut traduit du latin au XVI$^{e}$ s. sous le titre *La Grande Chirurgie*.

**CHAULIEU (Guillaume AMFRYE, abbé DE)** ♦ Poète français (Fontenay, Vexin normand 1639 - Paris 1720), auteur d'*Odes* et de poésies légères, d'inspiration anacréontique et épicurienne.

**CHAUMETTE (Pierre Gaspard)** ♦ Homme politique français (Nevers 1763 - Paris 1794). Membre du Club des cordeliers* et procureur-syndic de la Commune* insurrectionnelle de Paris (1792), il prit part aux massacres de Septembre (1792), au mouvement de déchristianisation et à l'institution de la fête de la Raison* (fin 1793). Il proposa des mesures démocratiques dans les domaines de l'enseignement et de la santé publique. Il fut arrêté et guillotiné avec les extrémistes hébertistes*. ➝ ÉTYM. Ce nom est un diminutif du bas latin *calmis* «haut plateau dénudé».

**CHAUMIAN (Sebastian Konstantinovitch)** ♦ Linguiste soviétique (Tbilissi 1916 - Londres 2007). Spécialiste de la phonologie (*Histoire du système des éléments différentiels dans la langue polonaise*, 1958 ; *Problèmes de phonologie théorique*, 1962), il a proposé un modèle général du langage (*La Linguistique structurale*, 1971). Inspiré de la logique combinatoire (travaux de H. Curry), ce modèle utilise le concept opératoire d'application et fait correspondre à un seul langage formé d'objets abstraits (langage génotype) des systèmes formels (langages phénotypes) correspondant éventuellement aux langues naturelles. Les universaux du langage y sont représentés par des formes mathématiques impliquant un système sémiotique (*Problèmes philosophiques de la linguistique théorique*, 1971).

**CHAUMONT** [52000] ➝ ÉTYM. du prélatin *calmis* «haut plateau dénudé» et *mons* «montagne» ♦ Ch.-l. du dép. de la Haute-Marne, au confluent de la Marne et de la Suize. 25 996 hab. (aggl. 27 017) *(Chaumontais)*. Église Saint-Jean-Baptiste, en partie gothique, des XIII$^{e}$ et XVI$^{e}$ s. : portail Saint-Jean ; mise au tombeau (1471) ; peintures de J.-B. Bouchardon. Maisons et hôtels anc. Viaduc. ▪ Carrefour ferroviaire et routier. Centre admin. et commercial avec quelques indus. ▮ **Histoire** *Calvus Mons* fut bâti autour d'une place forte. Siège d'un comté, la ville fut réunie à la Champagne (1228) et fut une des résidences des comtes de Champagne. ♦ ***Traité de Chaumont*** Signée le 9 mars 1814 entre la Russie, l'Autriche, la Prusse et la Grande-Bretagne pour une durée de vingt ans, cette alliance était dirigée contre Napoléon ; les Alliés désiraient ramener la France à ses frontières de 1792.

**CHAUMONT-SUR-LOIRE** [41150] ➝ ÉTYM. anc. en lat. *Calvum Montem* «mont *(mons)* chauve *(calvus)*» ♦ Comm. du Loir-et-Cher, arr. de Blois, sur la Loire. 1 031 hab. *(Chaumontais)*. Château construit de 1445 à 1510 par Pierre d'Amboise et ses héritiers Charles I$^{er}$ et Charles II sur l'emplacement d'une forteresse démantelée par Louis XI. Le château fut conçu au début de sa construction comme une forteresse, avec chemin de ronde, tours à mâchicoulis et douves sèches. Mais l'influence italienne renaissante se fait sentir dans les deux corps de logis et la chapelle construits entre 1498 et 1510 par Charles II d'Amboise. ▮ **Histoire** À la mort d'Henri II dont elle était la favorite, Diane de Poitiers fut contrainte d'accepter Chaumont en échange de Chenonceaux que convoitait Catherine de Médicis.

**CHAUNU (Pierre)** ♦ Historien français (Belleville, Meuse 1923 - Caen 2009). Il est l'un des principaux instigateurs de la méthode quantitative (constitution de séries comptabilisables sur la longue durée), qu'il appliqua non seulement à l'histoire économique (*Séville et l'Atlantique, entre 1504 et 1650*, 1956 - 1960) mais aussi à celle des mentalités (*La Mort à Paris, XVIe, XVIIe, XVIIIe s.*, 1978). [Acad. sc. morales et polit. 1982]

**CHAUNY** [02300] ➝ ÉTYM. anc. *Chauniacum*, du lat. *Calinius*, n. de pers., et suff. *-acum* ♦ Ch.-l. de cant. de l'Aisne, arr. de Laon, sur l'Oise, au confluent du canal de Saint-Quentin et du canal latéral à l'Oise. 12 523 hab. (aggl. 19 345) *(Chaunois)*. Ville indus. (chimie).

**CHAURAY** [79180] ♦ Comm. des Deux-Sèvres, arr. de Niort. 4 831 hab.

**CHAUSEY** (îles) ♦ Archipel de la Manche, au large de Granville, dépendant de la comm. de Granville ; il est composé d'env. 300 îles, dont une seule, la Grande Île, est habitée. ▪ Pêche du homard et de la crevette. Tourisme.

**CHAUSSÉE DES GÉANTS** – en angl. ***Giant's Causeway*** ♦ Curiosité naturelle et site touristique d'Irlande du Nord (comté d'Antrim). Le basalte d'Antrim en se refroidissant s'est cristallisé sous forme de 36 000 colonnes prismatiques de section hexagonale. L'érosion marine a dégagé l'estran, formant la chaussée. L'imagination populaire y reconnaît les formes les plus variées adaptées à la morphologie des «géants». La Chaussée des Géants a joué un rôle important dans le romantisme britannique du XIXe s.

**CHAUSSÉE-SAINT-VICTOR (LA)** [41260] ➝ ÉTYM. de *chaussée* (voie romaine), et *Victor*, n. d'un ermite du VIe s. qui vécut à cet endroit ♦ Comm. du Loir-et-Cher, banl. N.-E. de Blois. 4 069 hab.

**CHAUSSON (Ernest)** ♦ Compositeur français (Paris 1855 - Limay 1899). Influencé par César Franck et Wagner, il a su cependant trouver un style personnel dans des œuvres orchestrales d'un généreux lyrisme : *Poème de l'amour et de la mer* (1882), *Symphonie en si bémol* (1890), *Poème* pour violon et orchestre (1896), *La Chanson perpétuelle* (1898). Il composa aussi un drame lyrique, *Le Roi Arthus* (1896), de la musique de chambre (trio et quatuor avec piano ; *Concert* pour piano, violon et quatuor à cordes ; quatuor à cordes inachevé) et des mélodies.

**CHAUTEMPS (Camille)** ♦ Homme politique français (Paris 1885 - Washington 1963). Député radical-socialiste (1919), plusieurs fois ministre (1924 à 1926), il fut président du Conseil en fév. 1930 et de nov. 1933 à janv. 1934, date à laquelle il dut démissionner après l'affaire Stavisky*. Il succéda à L. Blum* à la tête du gouvernement (juin 1937 - janv. 1938 et janv. - mars 1938), tentant de poursuivre l'expérience de gouvernement de Front* populaire, tout en l'assouplissant et en décevant, pour cette raison, les socialistes et les communistes. Retiré peu avant l'Anschluss, il fit partie du cabinet Reynaud (1940), mais quitta le premier le gouvernement de Pétain (juil. 1940). ➝ ÉTYM. *Chautemps* signifie «temps chaud».

**CHAUVEAU (Pierre Joseph Olivier)** ♦ Écrivain et homme politique canadien (Québec 1820 - *id.* 1890). Premier ministre du Québec après la création de la Confédération canadienne (1867 - 1873). ➝ ÉTYM. Ce nom vient du latin *calvus* «chauve» (surnom d'un homme chauve).

**CHAUVEAU (Auguste)** ♦ Vétérinaire et physiologiste français (Villeneuve-la-Guyard, Yonne 1827 - Paris 1917). Inspecteur général des écoles vétérinaires, il a publié un *Traité d'anatomie comparée des animaux domestiques* (1855). Il participa aux recherches de Marey* sur la physiologie cardiaque et fut un des initiateurs de l'étude de l'énergétique dans l'organisme. Il étudia la glycogenèse et la tuberculose et fut un précurseur de Pasteur* en soutenant que les maladies infectieuses ont pour cause un agent spécial (virus). [Acad. sc. 1886]

**CHAUVEAU-LAGARDE (Claude François)** ♦ Avocat français (Chartres 1756 - Paris 1841). Défenseur sous la Terreur de Brissot, Charlotte Corday, Madame Élisabeth, sœur de Louis XVI, et de la reine Marie-Antoinette, il fut lui-même emprisonné quelque temps mais libéré lors du 9 Thermidor. Il a laissé une *Notice historique sur les procès de la reine et de Madame Élisabeth* (1826).

**CHAUVELIN (Germain Louis DE)** ➝ ÉTYM. → Chauveau ♦ Homme politique français (Paris 1685 - *id.* 1762). Garde des Sceaux, secrétaire d'État aux Affaires étrangères, il eut d'abord une grande influence sur Fleury* et fut l'un des instigateurs de la guerre de Succession* de Pologne. Il fut exilé en province pour s'être attiré la méfiance du ministre.

**CHAUVELIN (François Bernard,** marquis **DE)** ♦ Homme politique français (Paris 1766 - *id.* 1832). Bien que noble et maître de la garde-robe sous Louis XVI, il se rallia à la Révolution. Nommé ambassadeur à Londres (1792), il tenta d'obtenir la neutralité de la Grande-Bretagne, mais fut invité à quitter son poste après l'occupation de la Belgique et de la Hollande par les armées révolutionnaires françaises et l'exécution de Louis XVI. De retour en France, il fut emprisonné sous la Terreur jusqu'au 9 Thermidor. Membre du Tribunat après le 18 Brumaire (9 nov. 1799), préfet en 1804, il fut élu député sous la Restauration et siégea dans l'opposition libérale.

La **Chauve-Souris** – en all. ***Die Fledermaus*** ♦ Opéra-comique en 3 actes de Johann Strauss* fils sur un livret de Karl Haffner et Richard Genée d'après *Le Réveillon* de Meilhac et Halévy (Vienne, 5 avr. 1874). Première grande opérette viennoise, cette partition est aussi le chef-d'œuvre du genre.

**CHAUVET (grotte)** → **Vallon-Pont-d'Arc**

**CHAUVIGNY** [86300] ➝ ÉTYM. anc. *de Calviniaco*, du lat. *Calvinius*, n. de pers., et suff. *-acum* ♦ Ch.-l. de cant. de la Vienne, arr. de Montmorillon, sur la rive d. de la Vienne. 7 025 hab. *(Chauvinois)*. Vestiges de châteaux : château des évêques de Poitiers (XIIe - XIVe s.), château d'Harcourt (XIIIe - XVe s.), château de Gouzon (XIe s.), donjon (XIIIe s.) du château de Mauléon. Églises romanes des XIe et XIIe s. : Notre-Dame (chapiteaux ; fresque du XIVe s.), Saint-Pierre, anc. collégiale (chapiteaux historiés). ▪ Centre commercial et indus. (porcelaines). Carrières de pierre de taille.

**CHAUVIN (Yves)** ♦ Chimiste français (Menun, Belgique, 1930). Il élucida, en 1971, le mécanisme des réactions dites de métathèse (du grec *meta*, échange, et *thesis*, position). La réaction consiste en un échange de groupes d'atomes entre deux molécules par la rupture et reformation de doubles liaisons entre deux atomes de carbone, et nécessite la présence d'un catalyseur spécifique. Essentielle en synthèse organique, la métathèse permet de raccourcir le processus d'obtention d'un produit industriel ou d'un médicament, tout en réduisant l'apport d'énergie et le nombre de sous-produits. [Prix Nobel de chimie 2005 avec R. H. Grubbs* et R. R. Schrock*] [Acad. sc. 2005]

**CHAUVIRÉ (Yvette)** ♦ Danseuse française (Paris 1917). Créatrice de plusieurs ballets de Serge Lifar* (*David triomphant*, 1937 ; *Alexandre le Grand*, 1937 ; *Istar*, 1941 ; *Nauteas*, 1947 ; *La Péri*, 1957) à l'Opéra de Paris, elle marqua de sa personnalité et de sa technique l'interprétation des grands rôles de la danse classique *(Giselle ; Le Lac des cygnes ; La Mort du cygne)*.

**CHAUX-DE-FONDS (LA)** ➝ ÉTYM. du dialecte du Jura suisse *chaux*, du bas lat. *calmis* «plateau pierreux», et lat. *fons* «source, fontaine» ♦ V. de Suisse (cant. de Neuchâtel), à 997 m d'alt. 36 713 hab. (aggl. de La Chaux-de-Fonds-Le-Locle 47 545) (*Chaudefonniers* ou *Chauxois*). Centre d'indus. horlogère. Musée de l'Horlogerie et musée des Beaux-Arts.

**CHAVAL (Yvan LE LOUARN, dit)** ➝ ÉTYM. du n. du facteur *Cheval** ♦ Dessinateur humoriste français (Bordeaux 1915 - Paris 1968). Fondés sur l'absurde et l'humour noir, ses dessins illustrent les variétés de la bêtise humaine à l'aide d'un petit monde d'animaux et surtout d'humains, dont un célèbre vieillard au masque perplexe. Publiés dans les journaux *(Paris-Match, Le Figaro)*, ses dessins ont été rassemblés en albums (*Vive Gutenberg !*, 1956) ou ont fait l'objet de films d'animation (*Les oiseaux sont des cons*, 1965). Il est également l'auteur de gravures d'inspiration fantastique.

**CHAVANNES (Édouard)** ♦ Sinologue français (Lyon 1865 - Paris 1918). Après deux expéditions en Chine (1889 - 1893, 1907), il publia *Mission archéologique dans la Chine septentrionale* (1913) et traduisit les *Mémoires historiques* de Sima* Qian. ➝ ÉTYM. *Chavannes* est une forme régionale de *cabane*.

**CHAVANOZ** [38230] ➝ ÉTYM. du gaul. *Cavanus*, n. de pers., et suff. précelt. *-osc* ♦ Comm. de l'Isère, arr. de Vienne. 3 954 hab.

**CHAVÉE (Achille)** ♦ Poète belge d'expression française (Charleroi 1906 - La Hestre, près de La Louvière 1969). Fondateur du groupe Rupture (1934) puis du Groupe surréaliste du Hainaut (1939), il collabora à la plupart des revues surréalistes belges de l'après-guerre. Ses recueils de poèmes et d'aphorismes (*De vie et mort naturelles*, 1965) vitupèrent contre tous les conformismes dans une langue qui associe tout à tour l'émotion et la dérision, l'abondance et l'ellipse.

**CHÁVEZ (Carlos)** ♦ Compositeur et chef d'orchestre mexicain (Mexico 1899 - *id.* 1978). Fondateur de l'orchestre symphonique de Mexico (1928), il fut le principal animateur de la musique dans son pays. Inspirée des thèmes et des rites populaires du folklore mexicain (notamment indien), son œuvre contient des ballets (*El fuego nuevo*, 1921 ; *Los cuatro soles*, 1926), des compositions chorales (*Canto a la tierra*, 1946), des œuvres symphoniques (*Sinfonia india*, 1936) dont certaines de tendances révolutionnaires (*Sinfonia proletaria*, 1934 ; *Obertura republicana*, 1935) ainsi que de la musique de chambre *(Toccata pour percussion)*.

**CHÁVEZ FRÍAS (Hugo)** ♦ Homme d'État vénézuélien (Sabaneta, État de Barinas, 1954). Militaire, il fut arrêté après une tentative de coup d'État en 1992. Gracié, il obtint le soutien des forces de gauche et des pauvres et, sur la base d'un programme anticorruption, remporta l'élection présidentielle de 1998. Objet d'une forte opposition au début, le «chavisme» s'appuie sur des mouvements populaires et sur l'armée. À l'intérieur, il a réalisé de nombreuses réformes dont des nationalisations (pétrole). Anticapitaliste, Chávez est un allié du régime castriste, ce qui lui vaut l'hostilité des États-Unis qu'il a accusés d'avoir participé à une tentative de coup d'État en 2002. Très actif sur le plan international notamment afin de rallier les autres pays d'Amérique latine et de bénéficier d'une certaine reconnaissance, il s'est impliqué dans des négociations avec les FARC colombiennes qui ont abouti à la libération d'otages en 2008. La modification de la Constitution (2008) a renforcé ses pouvoirs et annulé la limitation du nombre de ses mandats.

**CHAVIGNOL** ♦ Lieu-dit de la commune de Sancerre (Cher), près de Bourges, célèbre pour ses fromages de chèvre, dits *crottins de Chavignol.*

**CHAVIGNY (Théodore CHEVIGNARD, comte DE TOULONGEON, baron D'UCHON DE)** ♦ Diplomate français (Beaune 1687 - Paris 1771). Ministre plénipotentiaire à la diète de Ratisbonne (1726 - 1731), il réussit à regrouper les opposants à la pragmatique* sanction et contribua, durant la guerre de Succession* d'Autriche, au rapprochement avec la Prusse par les traités de Francfort et de Paris (1744).

**CHAVILLE** [92370] → ÉTYM. du gaul. *Cattus* (ou du germ. *Hattho*), surnom d'homme (de *catto* «chat») ♦ Ch.-l. de cant. des Hauts-de-Seine, arr. de Boulogne-Billancourt, à l'O. du bois de Meudon. 17 966 hab. *(Chavillois).* Cité résidentielle.

**CHAVÍN DE HUANTAR** ♦ Site archéologique du Pérou septentrional, centre cérémoniel de la culture chavín, qui se développa de -900 à -200. Cette culture se caractérise par de grands édifices en pierre ornés de statues et par le culte du jaguar qui se propagea sur toute la côte. Les temples, les sculptures (bas-reliefs, ronde-bosse), la céramique et la métallurgie manifestent un style et une symbolique assez homogènes.

**CHAWQI ou SHAWQI (Ahmad)** ♦ Poète égyptien (Le Caire 1868 - *id.* 1932). Il fut proclamé en 1927 *Amīr al-Chu'arā'* («prince des poètes»). Il introduisit des thèmes nouveaux dans sa poésie (qui imite scrupuleusement le style de la poésie antéislamique) imprégnée d'un lyrisme emprunté à Lamartine et à Victor Hugo. Il écrivit aussi des pièces dramatiques en vers dont la plus importante est *Masra' Kulyubatara* («La Chute de Cléopâtre»).

**CHAYNES (Charles)** ♦ Compositeur français (Toulouse 1925). Chef du service de la création musicale à Radio-France (1975 - 1990), il a écrit notamment *Pour un monde noir* pour soprano et orchestre (1978) ainsi que trois opéras, *Erzebet* (six mouvements lyriques pour une femme seule, Paris, 1983), *Noces de sang* d'après García Lorca (Montpellier, 1988) et *Jocaste* (1993). [Acad. des bx-arts 2005]

**CHAZAL (Malcolm DE)** ♦ Écrivain mauricien d'expression française (Vacoas 1902 - Port-Louis, île Maurice, 1981). Il se fit connaître par un recueil d'aphorismes poétiques, *Sens plastique* (1947), que suivirent un essai explicitant sa démarche poétique, *La Vie filtrée* (1949), un «roman mythique», *Petrusmok* (1951), sur son île natale, et un recueil de poèmes, *Sens magique* (1957). Son style se caractérise par une profusion des images qui semble l'apparenter au surréalisme*. Mais il s'en distingue par sa tentative d'ériger la poésie en recherche spirituelle, permettant d'atteindre la connaissance de l'esprit par une écriture fondée sur la perception.

**CHAZAY-D'AZERGUES** [69380] ♦ Comm. du Rhône, arr. de Villefranche-sur-Saône. 3 903 hab.

**CHAZELLES-SUR-LYON** [42140] → ÉTYM. de l'occit. *casela* «petite maison» ♦ Ch.-l. de cant. de la Loire, arr. de Montbrison. 4 801 hab. *(Chazellois).* Musée du Chapeau. Anc. centre de la chapellerie.

**CHAZY (Jean)** ♦ Mathématicien et astronome français (Villefranche-sur-Saône 1882 - Paris 1955). Auteur de travaux sur les équations différentielles du troisième ordre et d'ordre supérieur, sur le mouvement des planètes pour lequel il approfondit le problème des trois corps, il appliqua les théories de la relativité générale à l'astronomie, étudiant notamment le déplacement du périhélie de Mercure. [Acad. sc. 1937]

**CHÉCHONQ, CHÉCHANQ ou SHESHONK** ♦ Nom de cinq pharaons des XXII^e et XXIII^e dynasties. ♦ **CHÉCHONQ I^er.** Fondateur de la XXII^e dynastie libyenne (v. -950 - -929). Chef militaire d'origine libyenne, il établit sa capitale à Bubastis* dans le delta ; il reprit la politique d'expansion de ses prédécesseurs, reconquit la Palestine et pilla Jérusalem (v. -935). Il laissa une stèle à Megiddo* et des statues à Byblos*. ♦ **CHÉCHONQ II.** Il régnait v. -847. ♦ **CHÉCHONQ III.** Pharaon de la XXII^e dynastie libyenne (v. -823 - -772). Son long règne fut marqué par l'accroissement de l'anarchie avec la fondation par Pédoubastis d'une dynastie rivale établie à Tanis*, la XXIII^e dynastie. Chéchonq III se fit enterrer à Tanis où il avait fait construire la porte monumentale d'Amon*. ♦ **CHÉCHONQ IV.** Pharaon de la XXIII^e dynastie (v. -763 ? - -757 ?), rival de Chéchonq V. ♦ **CHÉCHONQ V.** Pharaon de la XXIII^e dynastie (v. -767 - -730).

**Checkpoint Charlie** → ÉTYM. *checkpoint* angl. «point de contrôle» et *Charlie* d'après les codes de l'alphabet phonétique international ♦ Point de passage entre Berlin-Est et Berlin-Ouest entre août 1961 et 1990. Situé sur le mur de Berlin*, sur la Friedrichstrasse entre les quartiers de Kreuzberg et de Mitte, il était tenu par les troupes militaires soviétiques et américaines, séparées par un «no man's land», chargées de contrôler les étrangers et le personnel diplomatique se rendant d'un secteur à l'autre. Plus de 1 000 fugitifs de l'est y furent exécutés lors de leur tentative d'évasion.

**CHÉCY** [45430] ♦ Ch.-l. de cant. du Loiret, arr. d'Orléans. 7 221 hab.

**CHEDDE** ♦ Loc. de la Haute-Savoie (comm. de Passy). Électrochimie, graphite pour réacteurs nucléaires (Pechiney). ▪ La ville a donné son nom à un explosif, la *cheddite* (la poudrerie n'existe plus).

**CHEDID (Andrée)** ♦ Femme de lettres française, d'origine libanaise (Le Caire 1920). Son œuvre, qu'il s'agisse des poésies de *Texte pour le vivant* (1953), *Texte pour la terre aimée* (1955), de romans comme *Le Sixième Jour* (1960), *La Cité fertile* (1972), de pièces de théâtre comme *Le Montreur* (1969) ou *Le Dernier Candidat* (1973), est un questionnement ardent sur la condition humaine, les liens que tisse l'individu avec le monde, une quête du «lieu bleu» et la recherche du *Visage premier* (1969). Souvent portée par une ferveur mystique, son écriture est d'une grande sensualité pour évoquer l'Orient et ses parfums, mais sait se faire plus âpre pour dénoncer la guerre civile qui a déchiré le Liban (*Cérémonial de la violence*, 1976 ; *L'Enfant multiple*, 1989). → ÉTYM. Ce nom vient de l'arabe *shadīd* «ardent, impétueux».

Andrée **Chedid** en 2002.
Phot. © Jacques Sassier-Gallimard/Agence Opale

Le **Chef-d'œuvre inconnu** ♦ Nouvelle d'H. de Balzac* (1831), recueillie dans les *Études philosophiques* de *La Comédie* humaine.* Un vieux maître de peinture, Frenhofer, n'a pas achevé le chef-d'œuvre auquel il travaille depuis dix années, *La Belle Noiseuse.* Le jeune artiste Nicolas Poussin propose de faire poser la femme qu'il aime, et Frenhofer termine sa toile en quelques instants. Poussin et un autre peintre, Porbus, sont décontenancés : à l'exception d'un pied incroyablement réaliste, le tableau n'est qu'un ensemble de lignes sans signification apparente. Leur désillusion tue le vieux maître et son rêve d'absolu. La nouvelle a inspiré le film de J. Rivette *La Belle Noiseuse* (1991).

**CHEHAB (Fouad)** ♦ Homme d'État libanais (Ghazir 1903 - Jounieh 1973). Commandant en chef de l'armée libanaise en 1946, ce chrétien maronite participa en tant que tel à la première guerre israélo-arabe de 1948. Il fut élu président de la République en 1958 et s'érigea en réunificateur après les cassures de la guerre civile. Il déjoua en 1961 un coup d'État fomenté par un parti appelant à l'entrée du Liban dans une «Grande Syrie naturelle». Il s'effaça en 1964 devant le président Hélou, après le refus de la coalition antichéhabiste de procéder à une révision constitutionnelle qui eût permis sa réélection.

**CHEJU-DO ou JEJU-DO** – anc. île *Quelpart* ♦ Île de Corée du Sud située entre la mer Jaune et le détroit de Tsushima. 1 826 km². 531 887 hab. D'origine volcanique, elle est très fertile. Élevage de chevaux.

**CHELČICKÝ (Petr)** ♦ Penseur religieux et écrivain tchèque (Chelčice, près de Vodňany, Bohême v. 1390 - *id.* 1460). Précurseur du protestantisme, il inspira le premier mouvement des Frères bohêmes ou Frères moraves (→ **hussites**) en prêchant un idéal de communisme chrétien et pacifique. Il exposa ses idées dans différents traités théologiques dont le principal est *Le Filet de la vraie foi* (1440 - 1443).

**CHÉLIA** (djebel) ♦ Point culminant du massif de l'Aurès* (Algérie) (2 326 m). Forêt de cèdres.

**CHÉLIFF ou CHÉLIF** n. m. ♦ Oued d'Algérie (700 km) qui se forme sur les hauts plateaux par la réunion de deux maigres oueds, traverse les monts du Titteri (→ **Ksar el-Boukhari**), puis s'oriente vers l'O. entre les monts de Miliana* puis du Dahra et ceux de l'Ouarsenis. Il se jette dans la Méditerranée au N. de Mostaganem. Sur l'un de ses affl. de g. se situe le barrage-réservoir d'Oued-Fodda.

**CHELLES** [77500] → ÉTYM. p.-ê. de °*chelle*, var. du région. *cale* «abri» ♦ Ch.-l. de cant. de la Seine-et-Marne, arr. de Torcy, sur la Marne. 45 399 hab. *(Chellois).* Vestiges d'une abbaye de femmes fondée au XVII^e s. Musée préhistorique Alfred-Bonno.

**CHEŁMNO** ♦ Anc. camp d'extermination nazi, créé en Pologne (voïvodie de Grande-Pologne) en 1941, où périrent env. 300 000 personnes, en majorité des Juifs.

**CHELMSFORD** ♦ V. d'Angleterre, ch.-l. de l'Essex, au N.-E. de Londres. 157 053 hab. Indus. mécaniques. Centrale nucléaire.

**CHELSEA** → ÉTYM. anc. *Celchyth* p.-ê. «lieu de débarquement des blocs de craie (ou de calcaire)», du vieil angl. *cealc* «craie, calcaire» et *hyth* «lieu de débarquement» ♦ Quartier résidentiel du West End à Londres, formant avec Kensington le *borough* de Kensington and Chelsea.

158 922 hab. Résidence de nombreux artistes, mais le prix du foncier tend à transformer les immeubles du quartier en bureaux. Hôpital du XVII^e^ s. servant de maison de retraite pour vieux soldats.

**CHELTENHAM** ← ÉTYM. anc. *Celtanhomme*, probablt vieil angl. «enclos, prairie *(hamm)* près de la colline °Celte» (*Chelt*, n. de la riv., semble de formation postérieure au n. de l'endroit) ♦ V. d'Angleterre (Gloucestershire), sur le Chelt, affl. de la Severn. 110 025 hab. Université. Station thermale mise en vogue par George III.

**CHELYABINSK** → Tcheliabinsk

**CHEMA** → Shema

**CHEMETOV (Paul)** ♦ Architecte français (Paris 1928). Cofondateur de l'AUA (Atelier d'urbanisme et d'architecture) en 1961, il s'est spécialisé dans la construction de logements sociaux et de bâtiments publics dont le siège du PCF, place du Colonel-Fabien à Paris, le ministère des Finances, réalisé de 1984 à 1988 à Paris (Bercy) avec Borja Huidobro, l'ambassade de France à New Delhi (1986) et la bibliothèque municipale de Montpellier (2000).

**CHEMILLÉ** [49120] ← ÉTYM. anc. *Camilliacum*, du lat. *Camillius*, n. de pers., et suff. *-acum* ♦ Ch.-l. de cant. du Maine-et-Loire, arr. de Cholet. 6 169 hab. *(Chemillois)*. Église Notre-Dame désaffectée (clocher roman). ▪ Important centre d'élevage et de production de plantes médicinales. ▪ À 3,5 km, chapelle de la Sorinière (peintures murales du XVI^e^ s.).

**Chemin des Dames (le)** ♦ Route de crêtes de 30 km de long, entre l'Aisne et l'Ailette, qui connut le tragique échec de l'offensive de Nivelle en avril 1917, puis l'offensive victorieuse des divisions allemandes commandées par le Kronprinz en mai 1918.

**CHEMNITZ,** anc. ***Karl-Marx-Stadt*** ← ÉTYM. *Chemnitz* : du wende *Kamenica* «la pierreuse» [à cause du lit de la riv. qui l'arrose], de *kamy* «pierre» ♦ V. d'Allemagne (Saxe), au N. de l'Erzgebirge, sur la Chemnitz, affl. de la Mulde. 243 085 hab. Ind. textiles, mécaniques. Informatique. ▮ **Histoire** La ville connut un essor rapide à partir du XII^e^ s. et devint le principal centre textile de la Saxe au XIX^e^ s. (coton, textiles synthétiques) appelant ensuite une industrie de machines (machines textiles ; construc. de la 1^re^ locomotive allemande). Vivant sur son acquis et ses usines vieillies, la ville devint Karl-Marx-Stadt et fut promue chef-lieu de district de RDA de 1949 à 1990. Faisant désormais partie du Land de Saxe* reconstitué au profit de Dresde*, Chemnitz a grand-peine à moderniser son industrie.

**CHEMULPO** → Inch'ŏn

**CHENAB** n. f. ♦ Fl. de l'Inde (1 200 km). Issu de l'Himalaya (partie indienne du Cachemire), il passe ensuite au Pakistan où il se jette dans l'Indus après avoir constitué la Panjnad avec la Satlej. C'est l'une des cinq rivières qui ont donné son nom au Panjab. Très utilisée pour l'irrigation et la production hydroélectrique.

**Chenab.** Le fleuve à Ramban. *Phot. ©Nino Cirani/Ricciarini*

**CHENAL (Pierre COHEN, dit Pierre)** ♦ Cinéaste français (Bruxelles 1904 - Paris 1991). Il est l'auteur de bonnes adaptations romanesques (*La Rue sans nom*, d'après Marcel Aymé, 1933 ; *Crime et Châtiment*, 1935 ; *L'Homme de nulle part*, d'après Pirandello, 1937) et de policiers de facture solide (*L'Alibi*, 1937 ; *Rafles sur la ville*, 1958), pimentés de fantastique social. Son tempérament indéniable d'auteur fut parfois bridé par les contraintes commerciales.

**CHẾ Nǎng** ♦ Roi du Champa* (1312 - 1318), frère et successeur de Jaya* Simhavarman IV (Chế Chí). Ayant tenté de se libérer de la tutelle du Đại* Việt, il fut vaincu en 1318 et s'enfuit à Java où il disparut. Un chef militaire, Chế A-Nan, lui succéda.

**CHENARD (Ernest)** ♦ Industriel français (Nanterre 1861 - Chamalières 1922). Pionnier de l'industrie automobile, il réalisa en 1900 sa première voiture à transmission par courroie et, en 1901, sa voiture à transmission par engrenage. On lui doit les premières carrosseries profilées.

**CHEN Boda** ou **TCH'EN Po-ta** ♦ Homme politique chinois (dans le Fujian 1904 - Pékin 1986). Communiste en 1927, Chen devint le secrétaire de Mao* Zedong (1937) puis son porte-parole direct. Il orchestra le lancement des communes populaires et prit la tête en 1966 du groupe de la Révolution* culturelle. Mais lorsque Mao mit fin au mouvement, il fut victime d'une purge (1970). Accusé d'avoir participé au complot de Lin* Biao, il fit l'objet d'un procès joint à celui de la Bande* des Quatre (1981). Il mourut en prison.

**CHEN Cheng** ou **TCH'EN Tch'en** ♦ Homme politique et général chinois (Qingtian, Zhejiang 1896 - T'ai-pei 1965). Il soutint, dès 1924, Jiang* Jieshi (Chiang Kai-shek). Nommé généralissime des armées nationalistes en Mandchourie en 1947, il fut confronté à Lin* Biao. Gouverneur de Taiwan en 1948, il prépara la retraite des nationalistes. En 1964, il fut nommé vice-président de la République nationaliste de Taiwan.

**CHEN Duxiu** ou **TCH'EN Tou-sieou** ♦ Écrivain chinois (Huaining, Anhui 1880 - près de Chongqing, Sichuan 1942). Formé au Japon puis en France, il fonda à Shanghai en 1915 la revue *Xin Qingnian*, la première revue littéraire moderne, favorable à la rupture avec le passé. Il fut l'un des introducteurs du marxisme, participa à la fondation du Parti communiste chinois en 1921, mais en fut exclu en 1929 et finit sa vie en résidence surveillée.

**CHÊNEHUTTE-TRÈVES-CUNAULT** [49350] ♦ Comm. du Maine-et-Loire, arr. de Saumur. 1 102 hab. (*Tuffeliens* ou *Cunaultais*). ▪ À Cunault, imposante église bénédictine romane (clocher du XI^e^ s. ; flèche du XV^e^ s.) aux 223 chapiteaux historiés des XI^e^ et XII^e^ s. ▪ À Trèves-Cunault, tour crénelée (XV^e^ s.), seul vestige d'un anc. château fort. Église romane (nef).

**CHENGDE** ou **TCH'ENG-TÖ** ♦ V. de Chine (Hebei). 324 545 hab. Anc. résidence impériale de Bishu shanzhuang et ensemble cultuel (dynastie Qing).

**CHENGDU** ou **TCH'ENG-TOU** ♦ V. de Chine, cap. de la prov. du Sichuan, sur le Min jiang. 4 273 218 hab. Centre culturel (théâtre) et universitaire. Nœud de communications et centre indus. : métall., mécanique, électronique, aéronautique. Artisanat (tissage de la soie, broderies, laques). Gastronomie. ▮ **Histoire** Anc. cap. du royaume de Shu (III^e^ s.).

**CHENG Hao** ou **TCH'ENG Hao,** dit **maître Mingdao** ♦ Philosophe chinois (1032 - 1085). Il fonda, avec son frère Cheng Yi, dit maître Yichuan (1033 - 1107), l'École du Principe *(Li)*, doctrine des néoconfucianistes des Song*, reprise plus tard par Zhu* Xi. Leurs œuvres furent recueillies dans l'*Ercheng quanshu*.

**CHENGZU** ou **TCH'ENG TSOU** ♦ Titre posthume de plusieurs empereurs de Chine, notamment Yongle* (dynastie des Ming).

**CHEN Hong** ou **TCH'EN Hong** ♦ Conteur et poète chinois du IX^e^ s., ami du poète Bo* Juyi, et auteur d'un roman *(Histoire ou Chant des douleurs perpétuelles)* dans lequel il raconte la tragique aventure de l'empereur Xuanzong* et de sa favorite Yang* Guifei, en l'embellissant de récits fantastiques.

**CHÉNIER (André)** ♦ Poète français (Constantinople 1762 - Paris 1794). Dans le salon de sa mère, d'origine grecque, il s'imprégna de culture hellénique et s'enthousiasma pour les œuvres des philosophes français. D'abord poète de la Révolution libérale, il s'indigna contre les excès de la Terreur et mourut guillotiné. Son œuvre (posth. 1819, éditée par Latouche*) fit sensation dans la jeunesse romantique qui saluait en elle, par l'alliance remarquable de l'inspiration sincère et du culte de l'art, «une poésie nouvelle qui vient de naître» (V. Hugo). Dans *L'Invention*, il avait défini son art poétique, recherchant «les images, les mots que le génie inspire». Aussi, désireux de retrouver la beauté plastique et la musicalité des œuvres antiques, composa-t-il les *Idylles ou Bucoliques* où sa sensibilité, souvent mélancolique, est traduite avec une grande perfection formelle *(La Jeune Tarentine ; Néaere ; L'Aveugle)*. Poète lyrique, il chanta l'amour et les thèmes chers aux poètes du XVIII^e^ s. dans ses *Élégies* et les *Pièces à Fanny*, avant de manifester une inspiration moderne dans les ébauches de deux vastes poèmes *(L'Hermès ; L'Amérique)* qui auraient été l'épopée de la Science et du Progrès : «Sur des pensers nouveaux faisons des vers antiques.» Enfin, les cent vers, ardents et éloquents, des *Iambes**, où «son cœur gros de haine et affamé de justice» clame sa révolte devant les exactions de la Terreur, le font apparaître comme un admirable poète satirique. ← ÉTYM. Il s'agit peut-être d'un nom de profession «celui qui travaille le chêne» ou d'un nom de lieu «endroit planté de chênes», du gaulois *cassanos* «chêne».

**CHÉNIER (Marie-Joseph)** ♦ Homme politique et écrivain français (Constantinople 1764 - Paris 1811). Frère d'André Chénier. Renonçant à la carrière militaire et se consacrant à la littérature, il composa des poésies lyriques (*Poésies*, posth. 1844) et les paroles de nombreux chants patriotiques (notamment *Le Chant du départ*, mis en musique par É. Méhul*). Animé d'un ardent esprit révolutionnaire, son théâtre tragique connut un succès considérable : *Charles IX ou l'École des rois* (1788, joué par Talma* en 1789), *Henri VIII* (1791) et *Caius Gracchus* (1792). Membre du Club des jacobins, puis de la Convention, du Conseil des Cinq-Cents, enfin du Tribunat, auteur de nombreuses épigrammes et satires morales ou politiques, il fut en butte aux attaques de ses rivaux littéraires et de ses ennemis politiques : accusé d'avoir trahi son frère, il dut répondre par la vigoureuse *Épître sur la calomnie* (1797). Favorable à Bonaparte et nommé, sous l'Empire, inspecteur général de l'Université, il connut après 1806 une certaine défaveur ; son *Tibère* ne put être représenté (posth. 1844). Il se consacra alors au *Tableau de la littérature française de 1789 à 1808* (posth. 1816) où il se montrait partisan de l'école néoclassique.

**CHEN Jionming** ou **TCH'EN Kiong-ming** ♦ Général chinois nationaliste (Haifeng, Guangdong 1878 - Hong Kong 1933). Il contrôlait en 1913 la province de Guangdong. Il aida Sun* Yat-Sen à y établir une république (1921), mais se retourna ensuite contre lui en 1922. Il fut finalement battu par Jiang* Jieshi (Chiang Kai-shek) en 1923 et destitué.

**CHEN Lifu** ou **CH'EN Li-fu** ♦ Homme politique chinois (Shijiang 1900 - 2001). Issu d'une famille d'affaires du Jiangsu. Conseiller de Jiang* Jieshi (Chiang Kai-shek), il organisa la police politique nationaliste, ce qui lui valut d'être considéré comme criminel de guerre par Pékin. Il suivit Jiang à Taiwan et devint l'un des dirigeants du Guomindang*. Il préconisa en 1988 une aide économique de Taiwan à la République populaire de Chine.

**CHENNAÏ** → Madras.

**CHENNEVIÈRES-SUR-MARNE** [94430] ← ÉTYM. «chènevière» ♦ Ch.-l. de cant. du Val-de-Marne, arr. de Nogent-sur-Marne. 17 837 hab. *(Canaverois)*.

**CHENONCEAUX** [37150] ← ÉTYM. du lat. *Cano*, n. de pers., et *cella* «petit ermitage» ou du bas lat. *canalicellis* «petits chenaux» ♦ Comm. de l'Indre-et-Loire, arr. de Tours. 325 hab. (*Chenoncellois* ou *Chenoncelliens*). La construction du château de Chenonceaux (ou Chenonceau) fut entreprise en 1513 par Thomas Bohier, receveur général des Finances, et se poursuivit jusqu'à la fin du XVIe s. à l'instigation de Diane de Poitiers et de Catherine de Médicis qui l'occupèrent successivement. Au château de T. Bohier, décoré dans le style foisonnant de la première Renaissance, Diane de Poitiers ajouta un pont à cinq arches sur le Cher sur lequel Catherine de Médicis fit élever par Ph. Delorme deux étages de galeries dont la sobriété annonce le classicisme.

**Chenonceaux.** Le château.
*Phot. © Fred Mayer/Magnum*

**CHENÔVE** [21300] ← ÉTYM. anc. *in Canavis*, du lat. *cannaba* «baraque ; cellier» ♦ Comm. de la Côte-d'Or, arr. de Dijon, au pied des coteaux du Dijonnais. 16 257 hab. *(Cheneveliers)*. Cuverie et pressoirs (XIIIe s.) des ducs de Bourgogne. Anc. maisons vigneronnes. ▪ Vins des clos du Roi et du Chapitre.

**CHEN Shou** ou **TCH'EN Cheou** ♦ Fonctionnaire, historien et écrivain chinois (233 - 297). Il est l'auteur de l'*Histoire des Trois* Royaumes*, œuvre classique au même titre que les *Mémoires* historiques* ou les *Hanshu**. Certaines biographies insérées dans l'œuvre, notamment celles de Zhuge* Liang, le stratège, ou de Hua* Tuo, le médecin, sont célèbres.

**CHEN-SI** → Shaanxi

**CHENU (Marie Dominique)** ♦ Historien, théologien et dominicain français (Soisy-sur-Seine 1895 - Paris 1990). Auteur de travaux sur le Moyen Âge (*Introduction à l'étude de saint Thomas d'Aquin*, 1950 ; *La Théologie au XIIe siècle*, 1957) et sur le catholicisme contemporain (*Pour une théologie du travail*, 1955), il fut aussi l'un des principaux inspirateurs du concile Vatican* II (→ **Vatican [conciles du]**).

**CHEN Yi** ou **TCH'EN Yi** ♦ Maréchal chinois (Leshan, Sichuan 1901 - Pékin 1972). Chef historique de l'Armée populaire de libération pendant la guerre civile, il poursuivit sa carrière militaire et assuma des postes politiques, maire de Shanghai (1949 à 1958) puis ministre des Affaires étrangères (1958). Les gardes rouges brisèrent sa carrière en 1967, malgré la protection de Zhou* Enlai, et il resta dans l'ombre jusqu'à sa mort. Des funérailles nationales tinrent lieu de réhabilitation.

**CHÉOPS** → Khéops

**CHÉPHRÈN** → Khéphren

**CHER** n. m. ← ÉTYM. du bas lat. *caris*, d'une rac. précelt. *car-* «pierre» [p.-ê. pour désigner une riv. caillouteuse] ♦ Affl. rive g. (320 km) de la Loire. Né au plateau de Combrailles (Creuse), il traverse les dép. de l'Allier, du Cher, du Loir-et-Cher et de l'Indre-et-Loire et rejoint la Loire après Langeais. Sa vallée a été empruntée par le canal du Berry.

**CHER** n. m. [18] ← ÉTYM. du n. de la riv. ♦ Dép. du centre-ouest de la France, région Centre. 7 235 km$^2$. 314 428 hab. CH.-L. : Bourges. CH.-L. D'ARR. : Saint-Amand-Montrond, Vierzon. Cour d'appel : Bourges. Académie : Orléans-Tours. → **Centre.**

**CHERA** ♦ Anc. dynastie indienne de l'extrême sud de l'Inde (Tamil Nadu et Malabar) d'où vient le terme de Kerala*, et qui fut influente à partir du IIe s. Son territoire fut conquis par les dynasties Chola* vers la fin du Xe s.

**CHÊR 'ALĪ KHĀN** ♦ Émir d'Afghanistan (1823 - Mazār-é Charīf 1879). Fils et successeur désigné de Dōst Mohammad*, il dut affronter plusieurs de ses demi-frères avant de pouvoir prendre le contrôle de Kaboul en 1868. Il mena alors une politique modernisatrice, fortement inspirée par les idées de Jamāl* al-Dīn al-Afghānī. Accusé de sympathies prorusses, il dut quitter sa capitale devant l'avancée des troupes britanniques (1878) et mourut avant d'avoir pu organiser la résistance.

**CHÉRAN** n. m. ♦ Torrent (48 km) des Préalpes du Nord (Savoie), affl. du Fier. Il traverse les Bauges.

**CHERASCO** ♦ V. d'Italie, dans le Piémont (prov. de Cuneo). 7 208 hab. ▮ **Histoire** En 1631, Richelieu* y signa un traité par lequel Charles de Nevers succédait aux Gonzague-Mantoue. Le 28 avr. 1796, le roi de Sardaigne y conclut avec Bonaparte un armistice qui fut suivi du traité de Paris.

**CHERBOURG** [50100] ← ÉTYM. du scand. «fortification *(borg)* du (ou des) marais *(kjars)*» ou de *Kirbruc*, n. de pers. ♦ Ch.-l. d'arr. de la Manche, sur la côte N. de la presqu'île du Cotentin, à l'embouchure de la Divette. 25 370 hab. avec Octeville* (aggl. 88 588) *(Cherbourgeois)*. Musée Thomas-Henry (peintures des écoles flamande, espagnole, italienne et française du XVe au XIXe s. dont une série de portraits de J.-F. Millet). Musée de la Guerre et de la Libération au fort du Roule. ▪ École d'application militaire de l'énergie atomique. Institut national des techniques de la mer. Port militaire, port de pêche et port de passagers vers l'Angleterre. Arsenal. Construc. navales (sous-marins nucléaires). Métall. de transformation. Matériel pétrolier. ▮ **Histoire** Cherbourg est connue au XIe s. sous le nom de *Carusburc*. Disputée entre les rois de France et d'Angleterre, elle devint française après la victoire de Formigny (1450). Vauban la fortifia en 1686. C'est à Cherbourg que Charles X s'embarqua pour l'exil en 1830. Prise le 18 juin 1940 par les Allemands, elle devint une pièce maîtresse du «mur de l'Atlantique» et fut l'enjeu des opérations alliées aéroportées en 1944. Elle fut libérée le 27 juin. La v. a fusionné avec Octeville en 2000.

**CHERBULIEZ** [ʃɛʀbylje] **(Victor)** ♦ Écrivain français (Genève 1829 - Combs-la-Ville 1899). Après une éducation cosmopolite et un voyage en Orient, il fit paraître avec succès une série d'ouvrages où il mêlait à une fiction romanesque des propos concernant l'archéologie et l'esthétique (*À propos d'un cheval*, 1860 ; *Le Prince Vitale*, 1864 ; *Le Grand Œuvre*, 1867). Le bon accueil fait au *Comte Kostia* (1863) l'incita à composer des romans plus classiques, telle *L'Aventure de Ladislas Bolski* (1870, portée à la scène en 1879). On lui doit également des œuvres critiques comme *Hommes et Choses du temps présent* (1889). [Acad. fr. 1881]

**CHÊR CHĀH SŪRĪ** ♦ (mort en 1545). Sultan afghan du Bihar (Inde). Il s'opposa à Bābur* et établit sa cap. à Sasaram, puis il prit Delhi, y fit édifier une nouvelle ville et réorganisa les finances. Son fils Salīm Chāh lui succéda.

**CHERCHELL** ← ÉTYM. p.-ê. corruption de l'anc. n. *Caesarea* ♦ V. d'Algérie (wilaya de Tipasa), située sur la côte du massif de Miliana*. 33 265 hab. Ruines romaines (amphithéâtre, thermes, temples). Musées des antiquités (mosaïques). ▪ Port. Vins. Pêche. ▮ **Histoire** Comptoir carthaginois sous le nom de *Iol*, la ville fut rebaptisée par Juba II *Julia Caesarea* (→ **Césarée**) en l'honneur de son protecteur lequel en fit sa résidence principale, capitale de la Maurétanie césarienne.

**CHÉREAU (Patrice)** ♦ Metteur en scène et cinéaste français (Lézigné, Maine-et-Loire 1944). Codirecteur du TNP à Villeurbanne aux côtés de Roger Planchon* (1972 - 1981), il a dirigé ensuite le théâtre des Amandiers de Nanterre (1982 - 1990) où il a créé notamment les

Patrice **Chéreau.** Mise en scène de *La Dispute* de Marivaux, au théâtre de la Porte Saint-Martin, à Paris, en 1972. *Phot. ©Bernand*

œuvres de B.-M. Koltès*. Ses spectacles, qui associent presque toujours le scénographe Richard Peduzzi, allient la puissance des images à l'engagement physique et émotionnel des comédiens. Il proposa une nouvelle lecture de *La Dispute* de Marivaux, lui conférant une dimension sociale jusque-là inconnue (1972). Ses mises en scène du répertoire classique ont également fait date (*Édouard II*, 1976 ; *Hamlet*, 1988 ; *Phèdre*, 2003). Il réalise des mises en scène d'opéra dont celle devenue légendaire du *Ring*, pour le centenaire de la *Tétralogie** (Bayreuth, 1976), et *Tristan et Iseult* (2008), également de Wagner ; *Lulu** (1979) et *Wozzeck* d'Alban Berg (1992). Il est aussi l'auteur de films (*L'Homme blessé*, 1983 ; *La Reine Margot*, 1994 ; *Ceux qui m'aiment prendront le train*, 1998 ; *Intimité*, 2001 ; *Gabrielle*, 2005). ➝ ÉTYM. *Chéreau* vient de l'ancien français *cher* «char ; chemin par lequel peut passer un char» ou est un nom de lieu.

**CHÉRET (Jules)** ♦ Affichiste, peintre et décorateur français (Paris 1836 - Nice 1932). Il débuta en 1855 en exécutant des affiches en noir et blanc, puis en trois couleurs (*Orphée aux Enfers*, 1858). À Londres de 1859 à 1866, il étudia les procédés industriels de la lithographie en couleurs. Ses affiches (plus d'un millier) s'inscrivent dans le courant de l'art 1900 et se caractérisent par la vivacité de l'expression, un trait nerveux et léger (*La Saxoléine*, 1891).

Jules **Chéret.** Affiche. *Phot. ©Arch. Smeets*

**CHERGUI** (chott ech-) ♦ Dépression fermée de l'Algérie occidentale, longue de 150 km, située sur les hauts plateaux, au pied de l'Atlas saharien, succession de lacs, salés superficiellement (nappe aquifère d'eau douce), en pleine «mer de l'alfa».

**CHERMANN (Jean-Claude)** ♦ Médecin virologue français (Paris 1939). Il dirigeait à l'Institut Pasteur le laboratoire d'oncologie virale dans lequel Luc Montagnier* et Françoise Barré*-Sinoussi isolèrent et identifièrent le virus de l'immunodéficience humaine (VIH) à l'origine du sida, en 1983.

**CHERN Shiing Shen** ♦ Mathématicien chinois (Jiaxing 1911 - Tianjin 2004). Disciple de É. Cartan*, il contribua à presque tous les aspects de la géométrie différentielle. On lui doit en particulier l'introduction de nombreux outils déterminants dans l'étude de problèmes géométriques globaux (par ex. les classes qui portent son nom).

**CHEROKEE(S)** n. m. (pl.) ➝ ÉTYM. de l'indien *chilukki* «peuple des cavernes» [leur territoire, montagneux, était creusé de nombreuses cavernes] ♦ Peuple indien du S.-E. des États-Unis, parlant une langue d'origine iroquoyenne. À l'arrivée des Européens, ils occupaient un vaste territoire, vivaient dans des villages le long des cours d'eau et étaient cultivateurs, chasseurs et pêcheurs. Alliés aux Britanniques pendant la guerre d'Indépendance, vaincus, ils virent leurs villages détruits et furent dépossédés d'une partie de leurs terres. Ils se réorganisèrent et fondèrent en 1827 la Nation cherokee, avec une Constitution, un chef élu et un Parlement, cela en partie grâce à la création d'un alphabet syllabique de la langue cherokee. Le président Jackson ordonna néanmoins le Grand Déplacement (Indian's Removal) vers le Territoire indien. Aujourd'hui, les descendants de ceux qui échappèrent à la déportation vivent du tourisme dans une réserve située à l'O. de la Caroline du Nord.

**CHÉRONÉE** [keʀ-] – en gr. ***Khairôneia*** ♦ Anc. ville de Grèce (Béotie) sur le Céphise*, près de Thèbes*. ▪ Auj. site archéologique ; sépulcre des Thébains surmonté d'un colossal lion de marbre. ▮ **Histoire** Deux grandes batailles de l'histoire grecque y furent livrées. En –338 Philippe* II de Macédoine vainquit les forces réunies d'Athènes* et de Thèbes* (➝ **Démosthène**). Le jeune Alexandre* s'y illustra (➝ **Charès**). En –86, Sylla* battit l'armée de Mithridate* VI Eupator, commandée par Archélaos*.

**CHERRAPUNJI** ♦ V. de l'Inde (Meghalaya). 10 086 hab. Située au pied d'un relief modeste (plateau de Shillong) mais directement exposé aux souffles de la mousson d'été, elle compte parmi les stations climatiques les plus arrosées du monde (plus de 11 m de pluie en moy.).

**CHERSONÈSE** [keʀ-] – en gr. ***Khersonêsos*** «presqu'île» ♦ Nom que les Grecs donnaient à quatre péninsules. La *Chersonèse de Thrace* (auj. presqu'île de Gallipoli*) colonisée par Athènes* (–561), occupée par les Perses (–Ve s.), puis par les Macédoniens en –338. La *Chersonèse taurique* (auj. Crimée*) colonisée par les Grecs (–VIe s.), principal exportateur de blé vers les villes de la mer Égée. La *Chersonèse cimbrique* (auj. Jutland*). ➝ **Cimbres.** La *Chersonèse d'Or*, probablement l'actuelle presqu'île de Malacca*.

**CHÉRUBIN** ➝ ÉTYM. en hébr. *kerûbh*, de l'akkadien *kâribu* ou *kurîbu* «bénissant» (nom de génies gardiens) ♦ Personnage du *Mariage* de Figaro* de Beaumarchais (1784), adolescent passionné qui s'éveille à l'amour. Le rôle est joué en travesti par «une jeune et très jolie femme» ; dans l'opéra de Mozart, *Les Noces* de Figaro* (1786), il est écrit pour une soprano.

**CHERUBINI (Luigi)** ♦ Compositeur italien (Florence 1760 - Paris 1842). Il composa d'abord pour les théâtres des principales villes de l'Italie du Nord puis, après un séjour à Londres, il s'installa définitivement à Paris (1786). Il enseigna au Conservatoire dès sa fondation (1795) et le dirigea de 1822 à 1842. Fort estimé de Haydn et de Beethoven, il acquit une brillante réputation dans toute l'Europe. Très variée, son œuvre comprend des opéras (*Lodoïska*, 1791 ; *Médée*, 1797 ; *Les Deux Journées* ou *Le Porteur d'eau*, 1800 ; *Les Abencérages*, 1813), de la musique religieuse (de nombreuses messes, dont la *Messe en la majeur* pour le couronnement de Charles X, 1825 ; 2 requiems dont celui à la mémoire de Louis XVI, 1816 - 1817, et celui pour voix d'hommes, 1836), de la musique de chambre (6 quatuors à cordes, 1814 - 1837 ; sonates pour piano), des hymnes révolutionnaires et des mélodies.

**CHÉRUSQUES** n. m. pl. – en lat. ***Cherusci*** ♦ Peuple de Germanie établi entre l'Elbe et la Weser avant le –Ier s. Ils luttèrent longtemps contre la domination romaine et, sous la conduite de leur chef Arminius*, défirent les légions de Varus* dans le Teutoburgerwald (9), mais furent à leur tour vaincus par Germanicus* (16). Ils passèrent sous l'autorité des Chattes* vers la fin du Ier s.

**CHESAPEAKE** (baie de) ➝ ÉTYM. probablt du n. d'une tribu indienne «(les habitants) près de *(oc)* la grande *(che)* eau *(sipi)*» ♦ Profonde baie de la côte E. des États-Unis, dans le Maryland* et le N. de la Virginie. Longue de plus de 280 km et large de près de 30, la baie de Chesapeake correspond à la basse vallée de la Susquehanna*, ennoyée au Quaternaire. La Susquehanna (au N.), le Potomac (à l'O., et par une large embouchure) s'y jettent. Baltimore* et Annapolis* sont sur la côte O. de la baie, Hampton, Newport News, à son extrémité. Celle-ci, bien abritée, est accessible aux plus gros bâtiments ; un pont, avec la chaussée surélevée qui le prolonge, la traverse sur plus de 12 km (c'est l'un des plus longs ponts du monde, avec quatre îles artificielles, deux tunnels).

**CHESELDEN (William)** ♦ Chirurgien et anatomiste britannique (Somerby 1688 - Bath 1752). Premier chirurgien de la reine Caroline, il est surtout connu pour ses travaux sur la cataracte et plus particulièrement pour l'opération qu'il pratiqua sur un jeune garçon aveugle de naissance (1728), opération qui devait contribuer à l'étude de la formation des sensations et des perceptions visuelles.

**CHESHIRE** ou **CHESTER** ➝ ÉTYM. en vieil angl. *Cestre Scire* «région de Chester*» ♦ Comté d'Angleterre, au S. de Liverpool. 2 322 km$^2$. 673 777 hab. CH.-L. : Chester. L'élevage laitier fournit le *chester*, un fromage cylindrique à pâte dure, colorée en jaune foncé. Les salines voisines sont à la base de l'indus. chimique de la région.

**CHESNAY (LE)** [ʃɛnɛ] [78150] ➝ ÉTYM. anc. *Chesneto*, du gaul. *cassanos* «chêne» et suff. collectif *-etum* ♦ Ch.-l. de cant. des Yvelines, arr. de Versailles. 28 530 hab. *(Cheysnaysiens)*. Cité résidentielle (Parly 2).

**CHESNELONG** [ʃɛnəlɔ̃] **(Pierre Charles)** ♦ Homme politique français (Orthez 1820 - *id.* 1899). Républicain en 1848, il se rallia au Second Empire. Maire d'Orthez (1855), il fut élu député légitimiste à l'Assemblée nationale (1871), où il favorisa le rapprochement entre orléanistes et légitimistes pour le rétablissement de la monarchie en faveur du comte de Chambord*, tentative qui échoua.

**CHESSEX (Jacques)** ♦ Écrivain suisse d'expression française (Payerne 1934 - Yverdon-les-Bains 2009). Il est l'auteur d'une œuvre romanesque à forte orientation autobiographique, où dominent des personnages violemment sensuels, fascinés par la mort, hantés par un sens de la faute qui entraîne leurs passions à la catastrophe : *La Tête ouverte* (1962), *La Confession du pasteur Burg* (1967), *Carabas* (1971), *L'Ogre* (1973, prix Goncourt), *L'Ardent Royaume* (1975), *Les Yeux jaunes* (1979), *Jonas* (1987), *Monsieur* (2001), *Le vampire de Ropraz* (2007), à partir d'un fait divers ou encore *Un Juif pour l'exemple* (2009) inspiré d'un fait réel. J. Chessex est également un poète au lyrisme intense et concis (*L'Ouvert obscur*, 1967 ; *Élégie soleil du regret*, 1976 ; *Le Calviniste*, 1983) et un essayiste qui s'est attaché à évoquer ses compatriotes (*Portrait des Vaudois*, 1969) et les auteurs réalistes dont il se réclamait (*Maupassant et les autres*, 1981).

**CHESTER** ➝ ÉTYM. du lat. *Castra Legionem*, en vieil angl. *Legaceastir* «le camp de la légion» ♦ V. d'Angleterre, ch.-l. du Cheshire, sur la Dee, au S. de Liverpool. 118 207 hab. Seule ville britannique à avoir gardé ses remparts, Chester conserve ses «Rows» ou galeries courant autour des maisons de l'époque Tudor. Construc. aéronautiques et fonderies. **▮ Histoire** L'anc. castrum romain de *Deva* fut abandonné au Vᵉ s. C'est sur son emplacement que Ethelfeld, comte de Mercie, fonda une ville vers 907. Conquise de haute lutte par les Normands au XIᵉ s., Chester fut jusqu'au XVᵉ s. une florissante cité commerciale et un port important.

**CHESTERFIELD (Philip Dormer STANHOPE, 4ᵉ comte DE)** ♦ Épistolier, homme d'État, diplomate, orateur et journaliste britannique (Londres 1694 - *id.* 1773). Après un bref séjour à l'université de Cambridge, puis à la cour de Louis XIV, il devint membre du Parlement. Ambassadeur, il négocia le mariage du prince d'Orange avec Anne, fille aînée de George II. Ambassadeur aux Provinces-Unies, il se lia avec Élisabeth du Bouchet dont il eut un fils qui vécut de 1732 à 1768 et pour lequel il composa des lettres éducatives (*Letters to His Son*, 1774). Écrites en anglais, en latin et en français, elles enseignent, parfois avec cynisme, l'art de plaire considéré comme l'idéal du gentilhomme. Il entretiendra le même type de correspondance avec son filleul et neveu (*Letters to His Godson*, posth. 1890). Sa collaboration au *Fog's Journal* (1736), au *Common Sense* (1737) et au *Old England* (1743) lui valut l'inimitié du roi et un «exil honorable», la vice-royauté d'Irlande, où sa politique de tolérance religieuse fut appréciée. Ami de Pope, de Swift, de lord Bolingbroke, de Voltaire et de Montesquieu, ce lettré mondain fut aussi un mécène : il protégea notamment Samuel Johnson*.

**CHESTERFIELD** ➝ ÉTYM. du vieil angl. *ceaster* «camp [romain]» et *feld* «clairière» ♦ V. d'Angleterre (Derbyshire), au confluent du Rother et de l'Hipper, au S. de Sheffield. 98 852 hab. Mines de houille et indus. métallurgiques en déclin.

**CHESTERFIELD** (îles) ➝ **Nouvelle-Calédonie**

**CHESTERTON (Gilbert Keith)** ♦ Romancier et essayiste britannique (Kensington, Londres 1874 - Beaconsfield 1936). D'origine franco-écossaise, Chesterton fit d'abord des études d'art et débuta dans le journalisme comme critique (*The Debater*, 1899). Polémiste, il collabora au *Speaker*, et au *Daily News* où il rencontra lord Morley et Winston Churchill. *Hérétiques* (1915) rassemble ses controverses religieuses, sociales et philosophiques, notamment avec Wells et Shaw. Ses préférences catholiques apparaissent dans une parabole à la fois policière et métaphysique, *Le Nommé Jeudi* (1908). Le *Napoléon de Notting Hill* (1904) exalte avec humour l'héroïsme et la tradition, thème que l'on retrouve dans *La Sphère et la Croix* (1909). Mais c'est avant tout par ses histoires policières qu'il conquit la célébrité : son héros, le père Brown, est un prêtre-détective aux intuitions infaillibles (*La Clairvoyance du père Brown*, 1911 ; *La Sagesse du père Brown*, 1922 ; *L'Incrédulité du père Brown*, 1926). Chesterton attendra 1922 pour se convertir au catholicisme, attiré par le défi à la raison qu'offrait cette religion. Il écrivit alors des essais (*Saint François d'Assise*, 1923 ; *L'Homme éternel*, 1925 ; *L'Homme qu'on appelle le Christ*, 1927). Son autobiographie (*L'Homme à la clef d'or*, 1936) résume avec élégance et humour son itinéraire spirituel.

**CHESTOV (Lev Isaakovitch CHVARTSMAN, dit Léon)** ♦ Écrivain et philosophe russe (Kiev 1866 - Paris 1938). Son évolution intellectuelle et spirituelle fut profondément marquée par l'influence de penseurs comme Tolstoï, Dostoïevski, Nietzsche, Pascal et Kierkegaard. Après eux, il dénonça les vérités évidentes et rassurantes de la raison, leur opposant l'expérience de l'absurde et du tragique de l'existence humaine. Son irrationalisme religieux en fait un des représentants de l'existentialisme chrétien. Œuvres princ. : *L'Idée de bien chez Tolstoï et Nietzsche* (1900), *Dostoïevski et Nietzsche* (1903), *La Philosophie de la tragédie* (1927), *Kierkegaard et la philosophie existentielle* (1936), *Athènes et Jérusalem* (1938).

**CHEVAL (Ferdinand)** dit **le Facteur Cheval** ♦ Architecte amateur français (Charmes, Drôme 1836 - Hauterives, Drôme 1924). Facteur rural à Hauterives, il éleva, seul, de 1879 à 1912, un étrange palais dont l'onirisme baroque, comparable à la peinture dite «naïve» d'un Henri Rousseau*, débouche sur l'inventivité plastique et symbolique que l'on retrouvera plus tard avec l'art brut*.

**CHEVAL-BLANC** [84460] ➝ ÉTYM. du n. d'une anc. auberge ♦ Comm. du Vaucluse, arr. d'Apt, près de Cavaillon. 3 524 hab.

**CHEVALIER (Michel)** ♦ Économiste français (Limoges 1806 - Montplaisir, Hérault 1879). D'abord adepte convaincu et actif du saint-simonisme (➝ **Saint-Simon**), il devint ensuite partisan du libre-échange, et contribua, avec Cobden*, à la signature du traité libre-échangiste entre la France et la Grande-Bretagne (1860).

**CHEVALIER (Auguste)** ♦ Voyageur et botaniste français (Domfront 1873 - Paris 1956). Au cours de plusieurs expéditions, il explora différentes régions d'Afrique (Sénégal, Soudan occidental, Oubangui, lac Tchad) où il fit des recherches de géographie botanique. Il effectua ensuite deux séjours en Indochine. Outre le récit de ses voyages, il a laissé un ouvrage sur les *Végétaux utiles de l'Afrique tropicale* (1905) et contribua au *Traité de géographie physique* de E. de Martonne*. [Acad. sc. 1937]

**CHEVALIER (Maurice)** ♦ Chanteur fantaisiste français (Paris 1888 - *id.* 1972). Il débuta à treize ans au café-concert et composa bientôt la silhouette fameuse (smoking, canotier, lippe gouailleuse) qu'il allait imposer durant plus de cinquante ans à tous les publics du monde. Devenu le partenaire de Mistinguett* (1909), il parut ensuite dans de nombreuses revues. Interprète de l'opérette, il créa *Dédé* (Christiné, 1921) et *Là-haut* (M. Yvain, 1924). Commencée avant 1914 dans de petits films de Max Linder, sa carrière cinématographique connut son apogée quand Hollywood l'engagea (1928). Il y tourna une douzaine de films, dont *Parade d'amour* (1929), *La Veuve joyeuse* (1931), *Folies-Bergère* (1935). Rentré en France, il y poursuivit une brillante carrière, jouant notamment dans *Le silence est d'or* (1947) de R. Clair. Prodiguant un optimisme facile, son répertoire s'enrichit, au long des années, de créations mémorables (*Ma pomme, Prosper, Marche de Ménilmontant, La Chanson du maçon*). ➝ ÉTYM. Ce nom de famille est un titre honorifique ou un sobriquet.

Le **Chevalier à la rose** – en all. ***Der Rosenkavalier*** ♦ Opéra en 3 actes de Richard Strauss* sur un livret de Hugo von Hofmannsthal (Dresde, 26 janv. 1911). Il s'agit d'une «comédie en musique» dont l'action se situe à Vienne au XVIIIᵉ s., sous le règne de Marie-Thérèse, avec des personnages d'une subtilité psychologique inconnue depuis Mozart, et qui voit le triomphe de l'amour et de la jeunesse.

**CHEVALLEY (Claude)** ♦ Mathématicien français (Johannesburg 1909 - Paris 1984). Les recherches de ce membre fondateur du groupe Bourbaki* portent principalement sur l'algèbre, la théorie des nombres et la géométrie algébrique. Ses travaux les plus connus concernent la théorie des groupes de Lie*.

**CHEVALLIER (Gabriel)** ♦ Romancier français (Lyon 1895 - Cannes 1969). Auteur d'un roman prenant pour thème la guerre, *La Peur*, et d'un récit d'analyse, *Clarisse Vernon*, c'est avec les anecdotes savoureuses de *Clochemerle** (1934, porté à l'écran par Pierre Chenal en 1948) que G. Chevallier acquit le succès. Il conserva cette veine caricaturale dans *Sainte-Colline* (1937) et *Les Héritiers Euffe* (1954).

La **Chevauchée fantastique** – en angl. ***Stagecoach*** ♦ Film américain de John Ford* (1939), avec John Wayne et Claire Trevor. J. Ford, assisté de son scénariste favori, Dudley Nichols, confère ici au western sa forme définitive : récit linéaire et dépouillé, personnages soigneusement typés, alternance d'ironie et de bons sentiments. L'anecdote (une diligence traversant le Texas est attaquée par une horde d'Indiens) aurait été suggérée au scénariste par la lecture de *Boule*-de-Suif* de Maupassant.

**CHEVENARD (Pierre)** ♦ Métallographe français (Thizy, Rhône 1888 - Fontenay-aux-Roses 1960). Spécialiste des alliages ferreux et inventeur d'appareils permettant d'étudier avec précision les transformations des corps solides sous l'action de la chaleur, il conçut notamment le dilatomètre enregistreur en 1920. [Acad. sc. 1946]

**CHEVÈNEMENT (Jean-Pierre)** ♦ Homme politique français (Belfort, 1939). Ancien élève de l'ENA, membre du Parti socialiste, maire de Belfort (1983 - 1997 ; 2001 - 2007), député (1973 - 1981 ; 1986 - 1988 ; 1991 - 1997 ; 2000 - 2002) et sénateur (2008), il fut plusieurs fois ministre, notamment de l'Éducation nationale (1984 - 1986) et de la Défense (1988 - 1991). En désaccord avec le PS, il est le fondateur en 1992 du Mouvement des citoyens d'inspiration socialiste, républicaine et souverainiste, devenu le Mouvement républicain et citoyen (MRC) en 2003. Il fut ministre de l'Intérieur (1997 - 2000) dans le gouvernement Jospin, mais démissionna en réaction aux accords de Matignon sur la Corse. Candidat à l'élection présidentielle de 2002, il obtint 5,34 % des voix. ➝ ÉTYM. Ce nom de famille vient de *Schwenneman*, de *Schwenni* (ou *Schwenny*), nom d'un hameau dans le canton de Fribourg [peut-être francisé en *Chevènement* au XVIIᵉ s.].

**CHEVERNY** [41700] ◆ ÉTYM. du lat. *Caprinius*, n. de pers., et suff. *-acum* ou de *°Caverniacum* «lieu des cavernes (grottes ou cavités)», du lat. *caverna* ♦ Comm. du Loir-et-Cher, arr. de Blois. 986 hab. *(Chevernois)*. Château de style Louis XIII en pierre blanche de Bourré, construit par le comte Hurault de Cheverny de 1604 à 1634. Remarquables coll. de peintures (J. Mosnier, Titien, F. Clouet), de meubles et de tapisseries (d'après S. Vouet) et riches décors intérieurs. Centre de vénerie (chenil et trophées). Cheverny a inspiré Hergé pour le château de Moulinsart.

**CHEVERT (François DE)** ♦ Général français (Verdun 1695 - Paris 1769). Il commença sa carrière militaire comme simple soldat, prit une part active au siège de Prague et défendit brillamment la ville contre toute une armée autrichienne, avant une reddition très honorable (1742).

**CHEVIGNY-SAINT-SAUVEUR** [21800] ♦ Comm. de la Côte-d'Or, arr. de Dijon 10 141 hab.

**CHEVILLY-LARUE** [94550] ◆ ÉTYM. *Chevilly* : anc. *Civiliacum*, du lat. *Civilius*, n. de pers., et suff. *-acum* ; *Larue*, n. désignant un bourg constitué d'un groupe de maisons le long de la route ♦ Ch.-l. de cant. du Val-de-Marne, arr. de L'Haÿ-les-Roses, au S.-E. de Paris. 18 149 hab. *(Chevillais)*. Le marché de Rungis* occupe une partie du territoire de la commune.

**CHEVIOT** (monts) – en angl. ***Cheviot Hills*** ♦ Hautes collines de Grande-Bretagne entre l'Écosse et l'Angleterre (815 m au mont Cheviot). Élevage du mouton à laine produisant une étoffe légère et souple, la *cheviotte*. Parc national.

**CHEVIRÉ** (île) ♦ Faubourg industriel de Nantes, anc. île auj. réunie à la rive g. de la Loire. Centrale thermique.

**CHEVOTET (Jean Michel)** ♦ Architecte et décorateur français (Paris 1698 - *id.* 1772). Prix de Rome en 1722, il devint ensuite un architecte fort apprécié par l'aristocratie parisienne et réalisa dans un style caractéristique de l'époque Louis XV de nombreux hôtels particuliers et châteaux, notamment le pavillon de Hanovre (1760) dans les jardins de l'hôtel d'Autun dont il dirigea aussi la restauration ; ce pavillon a été ensuite rebâti dans le parc de Sceaux. Il édifia aussi les châteaux de Petit-Bourg (avec Contant d'Ivry), d'Arnouville et de Champlâtreux (au corps central arrondi). Il resta fidèle au style rocaille, surtout dans ses décorations intérieures. Il conçut aussi l'aménagement de nombreux parcs : Thoiry, Passy,et surtout Belœil en Belgique.

**CHÈVRE (LA) → Capella**

**CHEVREUL (Eugène)** ♦ Chimiste français (Angers 1786 - Paris 1889). Un des premiers à s'intéresser à la chimie organique, il découvrit le rôle des acides gras et fut l'auteur de la théorie de la saponification. Il étudia ensuite les corps gras dont il établit la composition ; puis appliqua ses résultats à la fabrication des bougies de stéarine (qui remplacèrent les chandelles de suif). Directeur des teintures à la manufacture des Gobelins, il s'intéressa aux matières colorantes, donna une théorie des couleurs (*De la loi du contraste simultané des couleurs*, 1839) et un cercle chromatique dont s'inspirèrent les peintres impressionnistes. [Acad. sc. 1826]

**CHEVREUSE (Marie DE ROHAN-MONTBAZON,** duchesse **DE)** ♦ Dame française (1600 - Gagny 1679). Elle épousa le duc de Luynes puis Claude de Lorraine, duc de Chevreuse. Sa vie fut remplie d'intrigues et d'aventures galantes. Un complot contre Richelieu coûta la vie à son jeune amant, Chalais*. Elle profita d'un de ses exils pour faire conspirer à son tour Charles IV, duc de Lorraine, dont elle était la maîtresse. Revenue en France à la mort de Louis XIII, elle prit part à la cabale des Importants* et à la Fronde*, avant de se remarier secrètement avec le marquis de Laigues.

**CHEVREUSE** [78460] ◆ ÉTYM. anc. *Cavrosa*, du lat. *capra* «chèvre» et suff. *-osa* (lieu d'élevage de chèvres) ♦ Ch.-l. de cant. des Yvelines, arr. de Rambouillet, sur l'Yvette. 5 364 hab. *(Chevrotins)*. Église Saint-Martin des XII^e^ et XVII^e^ s. (chœur à déambulatoire). Ruines du château de la Madeleine (XII^e^ - XV^e^ s.). Maisons anc. ▪ Comm. résidentielle. ♦ ***Vallée de Chevreuse*** Vallée moyenne et supérieure de l'Yvette, assez découpée, dont les affluents forment des vallons, surtout à partir de Saint-Rémy-lès-Chevreuse : vallon de Saint-Lambert **(→ Port-Royal des Champs)**, vallon des Vaux* de Cernay (château de Dampierre*). La vallée abrite également Orsay, Gif-sur-Yvette. Son urbanisation accélérée a justifié la création, en 1985, du Parc naturel régional de la haute vallée de Chevreuse (25 600 ha).

**CHEVROLIÈRE (LA)** [44118] ♦ Comm. de la Loire-Atlantique, arr. de Nantes. 4 851 hab.

**CHEVTCHENKO (Tarass Grigorievitch)** ♦ Poète ukrainien (Morintsy, distr. de Tcherkassy 1814 - Saint-Pétersbourg 1861). Après avoir étudié la peinture à l'École des beaux-arts de Saint-Pétersbourg, il publia en 1840 son premier recueil de poèmes inspirés de la chanson populaire : *Kobzar*, et écrivit l'année suivante, un poème épique, *Les Haïdamaques*. En 1846, il participa à la fondation de la «Confrérie de Cyrille et Méthode» qui voulait abolir le servage et établir l'égalité sociale ; lui-même était un ancien serf émancipé en 1838. La Confrérie fut dissoute et Chevtchenko fut déporté en Sibérie (1847) où il dut rester jusqu'en 1857. Héros et martyr du peuple ukrainien, il en est le représentant le plus brillant, incarnant la naissance de la littérature ukrainienne et le réveil national de l'Ukraine dont il rédigea l'hymne : *Testament*.

**CHEY CHETTHA** ♦ Nom de règne de cinq rois du Cambodge, qui vécurent de la fin du XVI^e^ s. au milieu du XVIII^e^ s. Le règne du premier (v. 1584) est douteux. CHEY CHETTHA II (de 1619 à 1627) est à l'origine des empiètements vietnamiens au Cambodge. CHEY CHETTHA IV (de 1675 à 1706) abdiqua quatre fois, semant le trouble.

**CHEYENNE** ◆ ÉTYM. du n. des *Cheyennes** ♦ V. des États-Unis, cap. du Wyoming. 53 011 hab. Centre du commerce du bétail sur la ligne de ch. de fer de l'Union Pacific. Base de missiles Atlas.

**CHEYENNES** n. m. pl. ◆ ÉTYM. de *Shahiyena* «les gens de langue étrange», n. qui leur fut donné par les Sioux ♦ Peuple indien d'Amérique du Nord, de langue algonquine, originaire de la région des Grands Lacs. Sédentaires, ils pratiquaient l'agriculture, la chasse et la cueillette. À la fin du XVII^e^ s., ils migrèrent vers les États actuels du Dakota du Nord et du Dakota du Sud, sans doute sous la pression des Sioux et des Chippewas, et adoptèrent le mode de vie des chasseurs nomades des Plaines. Leur résistance à l'avancée des Blancs fut acharnée. Vaincus, ils ne retrouvèrent une réserve qu'en 1884, dans le Montana. Les Cheyennes du Nord y vivent encore ; ceux du Sud sont en Oklahoma.

**CHEYLARD (LE)** [07160] ◆ ÉTYM. anc. *de Chaslaro*, forme méridion. du lat. *castellum* «château» et suff. dimin. *-are* ♦ Ch.-l. de cant. de l'Ardèche, arr. de Tournon-sur-Rhône, sur l'Eyrieux. 3 514 hab. *(Cheylarois)*.

**CHEYNEY (Peter SOUTHOUSE-CHEYNEY, dit Peter)** ♦ Romancier britannique (Londres 1896 - *id.* 1951). Ses romans d'espionnage se caractérisent par la violence physique et verbale. Ses héros, agents secrets et femmes fatales, sont des incarnations quelque peu parodiques des mythes de puissance. Parmi les titres les plus connus : *Cet homme est dangereux* (1936), *La Môme Vert-de-Gris* (1937), *Le valet prend la dame* (1947). Abondante et inégale, son œuvre influença le roman noir américain.

**CHÉZY (Antoine DE)** ♦ Ingénieur et mathématicien français (Châlons-sur-Marne 1718 - Paris 1798). Auteur d'importantes études dans le domaine de l'hydrodynamique (on lui doit notamment la formule reliant la section du canal au débit de l'eau), il réalisa les ponts de Neuilly, de Nantes, du Tréport.

**CHÉZY (Antoine Léonard DE)** ♦ Orientaliste français (Neuilly 1773 - Paris 1832). Il fut l'un des premiers à occuper la chaire de sanskrit au Collège de France. Il a donné une traduction française du poème persan *Laïla et Medjnoun* de Jāmī, ainsi que des traductions d'œuvres sanskrites.

**CHHATTISGARH** ♦ État de l'Inde. 135 191 km². 20 833 803 hab. CAP. : Raipur.

**CHIANG Kai-shek → Jiang Jieshi**

**CHIANG MAÏ** ♦ V. du N.-O. de la Thaïlande, cap. de prov. 174 338 hab. Fondée en 1296 par le prince thaï de Chiang Raï, Mang Raï, comme cap. du royaume du Lan* Na, la vieille ville, au plan carré, est submergée par une surabondance de quartiers modernes. Ses nombreux temples, son paysage accidenté et verdoyant, son climat modéré attirent un flot de touristes. ▪ Commerce actif du teck, des soieries et des objets en argent et en laque.

**CHIANTI** n. m. ◆ ÉTYM. anc. *Clanti*, d'étym. obsc. probablt étrusque ♦ Région d'Italie, en Toscane, dont les collines plantées de vignobles donnent un vin réputé (le *chianti*).

**CHIAPAS** n. m. ◆ ÉTYM. p.-ê. «dans l'eau de Chia» ou «dans le fleuve des graines d'huile» ou de *Teochiapanecos*, n. de tribu ♦ État du S.-E. du Mexique, bordé par le Pacifique, et situé à la frontière du Guatemala dont il est séparé, à l'E., par l'Usumacinta. 74 211 km². 4 293 459 hab. CAP. : Tuxtla Gutiérrez. Il associe de hautes terres dont le climat est tempéré par l'altitude (pays Chamula), des pentes vouées aux plantations de café, des plaines tropicales (Lacandonie) où la forêt vierge est menacée de disparition par l'exploitation du pétrole et l'élevage. Terre indienne et touristique, il annonce l'Amérique centrale. Princ. sites archéologiques : Bonampak*, Palenque*. ▪ En 1994, le Chiapas fut secoué par une violente rebellion menée par les Indiens qui, se réclamant du révolutionnaire E. Zapata*, revendiquaient notamment une réforme agraire.

**CHIAPPE** [kjap] **(Jean)** ♦ Administrateur et homme politique français (Ajaccio 1878 - en Méditerranée 1940). Préfet de police (1927 - 1934), connu pour ses sympathies à l'égard des ligues d'extrême droite, il fut muté au Maroc par Daladier* (3 fév. 1934), mutation qu'il refusa et qui contribua au déclenchement de l'émeute du 6 fév. En 1940, le gouvernement de Vichy le nomma haut-commissaire en Syrie ; l'avion qu'il avait pris pour s'y rendre fut abattu par la RAF. ◆ ÉTYM. *Chiappe* est la forme francisée du corse *Chiappa*, nom de lieu, de l'occitan *clapo* «pierre».

**CHIASSO** ♦ V. de Suisse (Tessin), à la frontière italienne (douane), sur la ligne du Saint-Gothard. 7 720 hab. (aggl. de Chiasso-Mendrisio 43 099). Indus. chimique (matière plastique) et métallurgique. Pâtes alimentaires. Manufacture de tabac. Cimenterie (à Ponte Chiasso).

**CHIAVENNA** ♦ V. d'Italie, en Lombardie (prov. de Sondrio), sur la rive g. de la Mera, au N. du lac de Côme*. 7 239 hab. Centre touristique au carrefour des routes de Saint-Moritz, par le col de la Maloja, et de Coire, par le col du Splügen. ▮ **Histoire** Clé *(chiave)* de la Suisse et de la Lombardie, la ville fut la capitale d'un comté qui appartint aux Visconti (XIVe s.), aux évêques de Coire (XVe s.), puis au canton des Grisons (de 1512 à 1597).

**CHIAYI** ou **JIAYI** ♦ V. de l'île de Taiwan, ch.-l. de distr. 273 075 hab. Site touristique d'Alishan.

**CHIBA** ➝ **ÉTYM.** jap. «mille feuilles» ♦ V. du Japon (Honshū), ch.-l. de préf., à l'E. de Tōkyō. 924 319 hab. Port de commerce et centre admin. L'industrie y a pris un essor considérable, grâce aux terrains gagnés sur la mer. Bois et papier ; métallurgie, sidérurgie, chimie ; centrale thermique géante.

**CHIBCHA(S)** n. m. (pl.) ♦ Peuple de l'Amérique du Sud (région de Bogotá) dont la civilisation fut détruite par les Espagnols au XVIe s. Leurs divinités étaient liées au culte du Soleil, mais on ne trouve pas chez eux les marques d'une culture très élaborée. Vivant du maïs et de la pomme de terre, ils fabriquaient des tissus de coton et surtout de remarquables objets en or. ▪ Le groupe linguistique *chibcha* correspond à des tribus diverses, vivant de l'Équateur au Costa Rica et à la Colombie.

**CHIBOUGAMAU** ♦ V. du Canada (Québec), fondée vers 1950, à près de 500 km au N.-O. de Québec, dans une région presque inhabitée. 7 563 hab. Importants gisements de cuivre et d'or. ▪ Réserve de chasse et de pêche.

**CHICAGO** ➝ **ÉTYM.** de l'algonquin «lieu où il y a des mouffettes ; pays des bêtes puantes», de *cikak*, pl. *cikakong* «mouffette» ou «endroit où pousse de l'ail» ♦ V. des États-Unis (Illinois) au bord du lac Michigan. 2 896 016 hab. dont 40 % de Noirs (zone urbaine 9 157 540). Troisième ville du pays, après New York et Los Angeles. Le centre de la ville *(the Loop)* présente d'intéressants spécimens d'architecture contemporaine (→ **Mies van der Rohe**). Les bibliothèques et musées (notamment l'Art Institute), les activités musicales sont parmi les plus remarquables des États-Unis. Aisément accessible, Chicago dispose d'une situation exceptionnelle au contact de la ceinture industrielle et des grandes plaines agricoles. C'est l'un des plus grands marchés de céréales et de bétail du monde (Bourse). Indus. lourdes (métall., construc. navales), alimentaires (viandes), chimiques, imprimeries. Les aéroports (O'Hare et Midway) ont le plus fort trafic du monde. ▮ **Histoire** Poste de portage au XVIIIe s., la ville se développa après 1830, notamment après la construction de chemins de fer (1848 - 1854). En 1870, Chicago comptait déjà 300 000 hab., mais elle fut ravagée par un grand incendie l'année suivante. L'extension urbaine de Chicago résulte d'un célèbre plan d'urbanisme réalisé par Daniel H. Burnham. La ville a été le principal foyer d'immigration des Polonais. Elle a donné naissance à une célèbre école de sociologie, la première à se pencher, dès les années 1910 et 1920, sur les problèmes des minorités et des ghettos en milieu urbain et sur leur assimilation à la vie de la cité et de la nation. Siège de violents mouvements sociaux et berceau du syndicalisme américain, Chicago fut, à l'époque de la prohibition (1919 - 1933), notoire pour ses bandes criminelles fortement organisées (Al Capone*). De nos jours, Chicago est un haut lieu de la lutte pour la reconnaissance de la minorité noire au sein de la société américaine. ▪ La première pile à uranium fut construite à Chicago par E. Fermi.

**CHICHAKLI (Adib)** ♦ Homme politique syrien (Hamā 1901 - État de Goiás, Brésil 1964). Représentant des mouvements nationalistes qui luttèrent contre la France (1945 - 1946), puis membre des forces arabes de Palestine, il prit part au coup d'État de Za'im (mars 1949) mais ne tarda pas à s'opposer à ce dernier. Il prit lui-même le pouvoir par un coup d'État en nov. 1951 comme vice-Premier ministre puis comme président de la République syrienne. Renversé par un nouveau coup d'État (fév. 1954), il vécut en exil au Brésil où il fut assassiné par un druze.

**CHICHÉN ITZÁ** ➝ **ÉTYM.** maya «bouche *(chi)* du puits *(chén)* des Itzá *(n. de peuple)*» ♦ Loc. de l'E. du Mexique, située dans l'État du Yucatán. Site archéologique. ▮ **Histoire** L'une des princ. cités du «nouvel empire» maya, fondée en 987 par Kukulcán (autre nom de Topiltzin Quetzalcóatl) sur un site qui aurait été occupé du Ve à la fin du VIIe s., puis abandonné. La ville fut réoccupée à la suite de la migration toltèque. → **Mexique, Mayas, Toltèques.** Les vestiges (la pyramide de Kukulcán, dite *El Castillo*, la place des Mille Colonnes, le jeu de balle, le temple des Tigres) en font un des sites les plus remarquables du Mexique. On a découvert au fond du puits sacré de Chichén Itzá *(Cenote)* un ensemble unique d'objets jetés en offrande, qui ont apporté une documentation précieuse sur l'art et la religion des Mayas.

**CHICHESTER** (sir **Francis**) ♦ Navigateur solitaire britannique (Barnstaple, Devon 1901 - Plymouth 1972). Vainqueur de la 1re course transatlantique en voilier (1960), il s'est classé deuxième derrière É. Tabarly en 1964. En 1966 - 1967, il a réalisé le tour du monde en solitaire.

**CHICHESTER** ➝ **ÉTYM.** anc. en vieil angl. *Cisseceastre* probablt «ville romaine *(ceaster)* du chef Cissa» ♦ V. d'Angleterre, ch.-l. du West Sussex, à l'E. de Portsmouth. 106 445 hab. Cathédrale du XIIe s. dont le style est une transition entre le roman et le gothique primitif. Relais touristique entre le littoral et les South Downs, la ville participe à la prospérité générale du S. de l'Angleterre.

**CHICHICASTENANGO** ♦ Loc. du Guatemala, située à 2 030 m. d'alt. 107 193 hab. Ses habitants ont conservé une grande partie de leurs traditions (langue maya, vêtements, artisanat, religion). Ses monuments coloniaux et son marché indien en font un des centres touristiques du pays.

**CHICLAYO** ♦ V. du Pérou, cap. du dép. de Lambayeque, dans le N. du pays, à quelques kilomètres du Pacifique, sur la route Panaméricaine. 251 407 hab. (aggl. 524 442). Capitale régionale d'une riche oasis agricole (canne à sucre, riz, élevage), dont l'influence (marché agricole) s'étend sur d'autres oasis et sur l'arrière-pays andin. Indus. agroalimentaires.

**CHICOUTIMI** ➝ **ÉTYM.** mots indiens «limite de l'eau profonde» ♦ V. du Canada (Québec) au confluent de la riv. Chicoutimi et du Saguenay fusionnée dans Saguenay. Branche de l'univ. du Québec. Centre admin. et commercial. Hydroélectricité. Indus. du bois et papier ; textile.

**CHIDAMBARAM** ♦ V. de l'Inde (Tamil Nadu). 67 942 hab. Anc. capitale de la dynastie des Cholas et important centre de pèlerinage hindou. Son grand temple de Shiva, du Xe s., est consacré à la danse sacrée.

**CHIEMSEE** (lac) ♦ Lac d'Allemagne du S.-E. (Bavière), entre l'Inn et la Salzach et traversé par l'Alz. Situé à 519 m d'alt., il mesure 11 km sur 12. Il est parfois appelé *Bayerisches Meer* («la mer de Bavière»).

**CHIEN (GRAND)** – en lat. ***Canis major*** ♦ Constellation de l'hémisphère austral, au bord de la Voie* lactée. Elle contient l'étoile la plus brillante du ciel (Sirius*), plusieurs étoiles doubles et des amas stellaires visibles à l'œil nu.

**CHIEN (PETIT)** – en lat. ***Canis minor*** ♦ Constellation boréale. Sa principale étoile est Procyon*.

Un **chien andalou** ♦ Film français de Luis Buñuel* et Salvador Dalí* (1929). Ce court métrage de 17 mn, réalisé à compte d'auteur, transpose, à l'écran, l'esthétique de l'écriture automatique, chère au surréalisme* dont Buñuel et Dalí étaient alors membres actifs. Le scénario, délibérément incohérent, bouscule la logique et la temporalité ; les images et situations ne visent qu'à surprendre, ou choquer, le spectateur (couple taraudé par le désir sexuel, œil sectionné par un rasoir) ; le sadisme et la psychanalyse sont conviés en renfort. Ce canular subversif devint le film phare de l'avant-garde, particulièrement vivace en France à la fin du «muet».

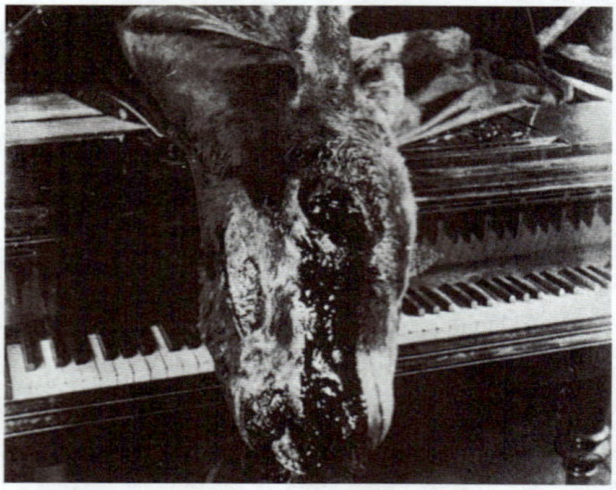

Un **chien andalou.** Film de Buñuel et Dalí. *Phot.* ©*Coll. Rui Nogueira*

**CHIERS** [ʃjɛʀ] n. f. ♦ Riv. du N. de la Lorraine (112 km), affl. de la Meuse. Née dans le Luxembourg, elle arrose Longwy et Montmédy.

**CHIETI** ♦ V. d'Italie, ch.-l. de prov., dans les Abruzzes, sur la Pescara. 52 486 hab. Musée archéologique. Vestiges romains. Centre tertiaire et universitaire. Indus. diversifiées.

**CHIGI** ♦ Famille de banquiers italiens qui établirent leur puissance au XVe s. avec AGOSTINO CHIGI (v. 1465 - Rome 1520). Il fit construire à Rome la villa Farnésine pour laquelle Raphaël* travailla, ainsi que pour les chapelles Chigi de Santa Maria del Popolo et Santa Maria della Pace. ▪ FABIO CHIGI devint le pape Alexandre* VII. ▪ Le palais Chigi, sur la piazza Colonna, construit pour ses neveux par Giacomo Della Porta et Maderna, a été le siège du ministère des Affaires étrangères.

**CHIHUAHUA** ➝ **ÉTYM.** p.-ê. mot indien «lieu sec ou sablonneux» ♦ V. du Mexique septentrional, cap. de l'État du même nom. 748 518 hab.

## chiisme

n. m. ✦ ÉTYM. en ar. *chí at* «action de prendre le parti [d'Ali]» ♦ Le principal schisme de l'islam, qui se heurta à la majorité sunnite* dès la fin du VIIᵉ s. C'était un mouvement, au départ politique et arabe, qui contestait la légalité de la succession du Prophète, Abū* Bakr, Omar* et Othman* ayant accédé au califat au détriment d'Ali*, cousin, fils adoptif et beau-fils (marié à Fatima*) de Mahomet, assassiné en 661 et dont le fils Hussein (→ **Hassan** et **Hussein**) fut tué par les troupes omeyades à Kerbela* en 680. Le chiisme a grandement évolué au cours de l'histoire et s'est divisé en plusieurs tendances. Dans ses divergences avec l'orthodoxie sunnite se mêlent des points de doctrine religieuse et des aspects politiques. Durant ses treize siècles d'existence et du fait de son opposition à l'islam officiel, il a souvent servi de drapeau aux divers mouvements de contestation sociale, politique ou nationale. Les deux principaux points de doctrine chez les chiites sont, d'une part, la croyance au Mahdī* en référence au douzième imam, Muḥammad Abū al-Qāẓim, disparu et qui ne reviendra qu'à la fin des temps amenant justice et perfection ; d'autre part, l'imamat, moyen à travers lequel la volonté divine se manifeste sur terre à tout moment. L'imam n'est pas seulement un dirigeant, il est l'héritier inné des fonctions du prophète. D'autres formes de chiisme dissident se sont manifestées à travers l'histoire et se retrouvent dans le zaydisme et l'ismaïlisme (→ **ismaïliens**), ainsi que chez les Druzes*, les Alaouites* et les Yézidis. Les chiites, toutes tendances confondues, sont minoritaires (100 millions) au sein du monde musulman. Ils sont majoritaires en Irak (où sont situés les sanctuaires de Kerbela, avec les tombeaux de Hussein, de Najaf* et de Kazimayn) et au Liban. En Iran, le chiisme est la doctrine officielle de l'État depuis l'avènement de Khomeiny en 1979.

Églises du XVIIIᵉ s. ▪ Centre commercial et indus. (textiles, métall. du plomb). ♦ ***État de Chihuahua*** 244 938 km² (le plus grand État mexicain). 3 241 444 hab. C'est une terre d'élevage et de mines (plomb, zinc, cuivre, argent), couverte de forêts en altitude, mais aride au S.-E. (Bolsón* de Mapimí), parcourue par le chemin de fer du Pacifique. La région occidentale (sierra Madre*) est le refuge des Indiens tarahumaras, le long de la Barranca del cobre. Le N., près de la frontière des États-Unis, concentre la moitié des industries *maquiladoras* (ateliers d'assemblage en sous-traitance) du Mexique.

**CHIKAMATSU Monzaemon (SUGIMORI Nobumori, dit)** ♦ Auteur dramatique japonais (Hagi 1653 - Ōsaka 1724). Fils de samouraï et lettré imbu de culture chinoise, il composa tout d'abord des jōruri pour le théâtre de marionnettes, puis des drames adaptés du nō pour le théâtre populaire. Il travailla ensuite au théâtre Takemoto-za d'Ōsaka avec Takemoto Gidayū, et composa une importante série de drames d'une totale perfection, tant au point de vue scénique qu'à celui de la langue, au vocabulaire très riche. *Suicide par amour à Sonezaki, Kagekiyō le Vainqueur, Les Batailles de Kokusenya* sont ses œuvres les plus célèbres, et lui ont parfois valu le titre de «Shakespeare du Japon».

**CHIKUDEN** ou **TANOMURA CHIKUDEN** ♦ Peintre japonais de l'école des lettrés (Bungo 1777 - *id.* 1835). Confucéen, il écrivit des traités de peinture qui firent autorité à son époque. Éclectique, il peignit aussi bien des paysages et des fleurs que des sujets à personnages. Il est considéré comme le plus grand représentant de l'école chinoise du XVIIIᵉ s. au Japon.

**CHILD (sir Josiah)** ♦ Négociant et économiste anglais (Londres 1630 - *id.* 1699). Amiral de la Compagnie des Indes orientales (1686), il mena contre le Bengale une politique d'expansion militaire (1687 - 1690). En tant qu'économiste, il préconisa la baisse du taux d'intérêt et le développement du commerce et de la navigation. Œuv. princ. : *A New Discourse of Trade* (1688) ; *Traité sur le commerce et les avantages de la réduction de l'intérêt de l'argent* (1668, trad. fr. 1754).

**CHILDE (Vere Gordon)** ♦ Archéologue australien (Sydney 1892 - Mount Victoria 1957). Il étudia la préhistoire européenne récente et les rapports entre la société et l'économie de la préhistoire. Il enseigna à Londres (1927 - 1946) et publia de nombreux ouvrages : *L'Aube de la civilisation européenne* (1925), *Le Danube dans la préhistoire* (1929), *L'Âge du bronze* (1931), *L'Orient préhistorique* (1934), *De la préhistoire à l'histoire* (1942).

**CHILDEBERT Iᵉʳ** ♦ (v. 495 - Paris 558). Roi de Paris (511 - 558). Fils de Clovis*, il conquit la Thuringe avec ses frères Clotaire* Iᵉʳ et Thierry* Iᵉʳ puis partagea le royaume des Burgondes* avec son frère Clotaire Iᵉʳ (534). Il fit la guerre à Amalaric*, roi des Wisigoths, et le vainquit près de Narbonne (531). ▪ Il fonda le monastère Sainte-Croix-Saint-Vincent, qui fut à l'origine de l'abbaye de Saint*-Germain-des-Prés. ✦ ÉTYM. Le nom germanique *Childeberht* est formé de *child* «combat» et *berht* «brillant, fameux».

**CHILDEBERT II** ♦ (v. 570 - 596). Roi d'Austrasie (575 - 596). Fils de Sigebert* Iᵉʳ, il régna d'abord sous la tutelle de sa mère Brunehaut*. Il hérita des royaumes de Bourgogne et d'Orléans à la mort de son oncle Gontran* (593). ▪ Père de Thierry* II et de Théodebert* II.

**CHILDEBERT III** ♦ (v. 683 - 711). Roi de Neustrie, de Bourgogne et d'Austrasie (695 - 711). Fils de Thierry* III, il régna sous la tutelle de Pépin* de Herstal. ▪ Père de Dagobert* III.

**Childe Harold (Le Pèlerinage de)** – en angl. ***Childe Harold's Pilgrimage*** ♦ Poème de Byron* en 4 chants (1812 - 1818). Composé en stances à la manière de Spenser*, il décrit l'errance du chevalier Harold, misanthrope blasé et révolté, à travers toute l'Europe. Le dernier chant, où Byron prend la parole en son nom propre, inspira à Berlioz* sa symphonie concertante *Harold en Italie* (1834).

**CHILDÉRIC Iᵉʳ** ♦ (v. 436 - Tournai 481). Roi des Francs Saliens (457 - 481). Fils de Mérovée* et père de Clovis*. ✦ ÉTYM. *Childéric* vient du germanique *Childerik*, de *child* «combat» et *rik* «puissant».

**CHILDÉRIC II** ♦ (v. 653 - Forêt de Lognes, près de Chelles 675). Roi d'Austrasie (663 - 675). Fils de Clovis* II, il régna en Neustrie et en Bourgogne (673 - 675) après la chute d'Ébroïn*, mais mourut assassiné. ▪ Père de Chilpéric* II.

**CHILDÉRIC III** ♦ (mort à Sithiu, Flandre 755). Dernier roi mérovingien (743 - 751). Fils de Chilpéric* II, il fut déposé par Pépin* le Bref.

**CHILDS (Lucinda)** ♦ Danseuse et chorégraphe américaine (New York 1940). Figure marquante de la danse postmoderne, elle donna d'abord des spectacles sans musique, dans un style minimaliste fondé sur la répétition et la géométrie (*Radial,* 1976). Collaborant avec B. Wilson (*Einstein on the Beach,* 1979), elle est revenue, à partir de 1990, à une approche plus musicale de la danse (*Rhythm,* 1991 ; *One and One,* 1993).

Lucinda **Childs.** À Bobigny, en 1992, dans *Einstein on the Beach,* mis en scène par Bob Wilson. *Phot. ©Bernand*

## CHILI

▪ n. m. – off. ***république du Chili***, en esp. ***República de Chile*** ✦ ÉTYM. du quechua *Chilemapu* «le pays froid» ♦ Pays d'Amérique du Sud. 756 945 km². 15 116 000 hab. *(Chiliens).* LANGUE : espagnol (off.), quechua. POPULATION : métis, Mapuches. RELIGION : chrétienne à majorité catholique. MONNAIE : peso. CAPITALE : Santiago. RÉGIME : démocratie présidentielle. Le Chili est divisé en 15 régions administratives, chaque région englobant plusieurs provinces.

▪ GÉOGRAPHIE Le relief du Chili comprend trois grands éléments parallèles et méridiens : une cordillère littorale longeant l'océan Pacifique avec des falaises abruptes, des collines et des plateaux ; une dépression centrale avec au nord des cuvettes salées, au centre, de vastes bassins et au sud des lacs ; la cordillère des Andes avec des sommets souvent volcaniques dépassant 6 000 m. L'altitude générale diminue fortement au S. de Santiago avec des vallées glaciaires, des inlandsis et des chenaux pour atteindre moins de 2 000 m à l'extrême sud. La sismicité est un risque quotidien. Le Chili s'étend sur une longueur exceptionnelle de 4 300 km pour une largeur moyenne de 200 km, ce qui explique la diversité des climats, la division du pays en 3 grandes régions et détermine en partie les activités économiques du pays. ▪ **Le Nord** Au nord, le Norte Grande («Grand Nord») d'Arica à la vallée du Copiapó est marqué par la chaleur et l'aridité qui imposent une agriculture limitée aux petites oasis, traversées par des rivières andines se jetant dans l'océan. Le désert d'Atacama* est le plus aride au monde. Les mines constituent l'activité principale (Chuquicamata). Au S. du Copiapó commence le Norte Chico («Petit Nord»), jusqu'à la vallée de l'Aconcagua, au climat semi-aride permettant des cultures céréalières extensives en dehors des oasis. ▪ **Le centre** Le centre, jusqu'à Puerto Montt, rassemble l'essentiel des terres cultivées (40 %). Le climat

**Chili.**

méditerranéen (360 mm de pluie surtout en hiver) rend l'irrigation nécessaire pour la culture de céréales, de fruits, de la vigne et des prairies artificielles. La plaine centrale *(valle)*, longue de 1 000 km, entre les Andes et la cordillère côtière, est de loin la zone la plus riche du pays avec des cultures traditionnelles : céréales, olives, raisin, légumes, fruits. Ces trois dernières productions sont orientées vers l'exportation, avec, par exemple, le kiwi, totalement inconnu jusque-là au Chili. L'élevage intensif et l'exploitation forestière occupent également une place de choix. Les industries agroalimentaires et celles du bois sont dispersées dans les nombreuses villes centrales. Santiago concentre l'essentiel des industries non liées à un site de matière première. Le centre bénéficie également de ressources minières importantes (El Teniente). **Le Sud** Dans le sud, les précipitations deviennent très abondantes au-delà du río Biobío (2 500 mm) allant jusqu'à 8 m à l'extrémité australe du pays. Le froid et la pluie n'autorisent dans cette Patagonie chilienne que la forêt (pins araucarias, nothofagus) utile pour les scieries et la cellulose (papeterie). À l'extrême sud, les glaciers descendent jusqu'à la mer. Depuis Valdivia, ce sont 1 800 km de littoral découpé en baies, golfes, fjords et archipels aux îles innombrables. Les céréales extensives de la partie nord laissent la place à l'élevage bovin, puis à la forêt et aux ovins dans l'extrême sud. La pêche bénéficie de cette côte découpée (coquillages, aquaculture, farine de poisson et jadis chasse à la baleine). Le domaine antarctique revendiqué par le Chili couvre 1 250 000 km²et comprend deux bases importantes : la base Bernardo O'Higgins sur le continent et la base Presidente Eduardo Frei Montalva dans les îles Shetland du Sud.

**ÉCONOMIE** Le secteur primaire au Chili joue un rôle déterminant par la variété de ses ressources : agriculture d'exportation, élevage, pêche et ressources minières. Il emploie 13 % de la population. Le Chili est le 1er producteur mondial de cuivre et de nitrates. Les mines de Chuquicamata, El Teniente, El Salvador, Copiapó et La Exótica, nationalisées comme les autres en 1971, assurent plus de la moitié des exportations. La Escondida, ouverte en 1991, est la plus grande mine de cuivre du monde. Le fer de l'Atacama s'exporte, tandis que le charbon du sud (Lota-Arauco 1 million de t) a permis la sidérurgie à Huachipato près de Concepción. À proximité s'est créé le complexe pétrochimique de Talcahuano qui, avec la raffinerie de Concón près de Valparaíso, est approvisionné par les gisements de la Terre de Feu. L'industrie chilienne a un bon niveau d'activité, en particulier dans la métallurgie, la pâte à papier et la transformation du poisson. Plus de la moitié de la production et 45 % de la population sont concentrées à Santiago. 87 % de la population chilienne est urbaine et pour les trois quarts rassemblée entre les ríos Aconcagua et Biobío (50 hab./km²). Les régions extrêmes du pays ont souvent moins de 5 hab./km². Le Chili a signé un accord d'association avec les pays du Mercosur* (1996) et un traité de libre-échange avec les États-Unis (2004) qui est son premier investisseur. Après avoir surmonté les crises asiatique (1997 - 1998) puis brésilienne et argentine, l'économie chilienne est devenue la plus stable d'Amérique latine mais, en raison de son extrême dépendance des cours des matières premières, le Chili est rapidement entré en récession lors de la tempête économique mondiale de 2008-2009.

Chili | Productions en 2008

| Produits | Quantités | Rang |
|---|---|---|
| **Agriculture** | | |
| Betteraves à sucre (2009) | 1 000 000 t | |
| Blé (2009) | 1 200 000 t | |
| Bois | 50 000 000 | |
| Kiwis (2006) | 150 000 t | |
| Pommes de terre | 1 000 000 t | |
| Raisin | 1 400 000 t | |
| Vin | 8 600 000 hl | 9e |
| Bovins (têtes) | 3 800 000 | |
| Ovins (têtes) | 3 900 000 | |
| Porcins (têtes) | 2 800 000 | |
| Pêche | 5 300 000 t | 7e |
| **Mines** | | |
| Argent | 2 000 t | 4e |
| Cuivre | 5 600 000 t | 1er |
| Fer | 8 600 000 t | |
| Or | 42 t | 12e |

**HISTOIRE** **La conquête espagnole** Commencée vers 1536 par Almagro*, la conquête du Chili par les Espagnols fut réalisée entre 1540 et 1560, et fut principalement l'œuvre de Pedro de Valdivia*, qui lutta contre les Araucans* et fonda Santiago*. D'abord inclus dans la vice-royauté du Pérou, le Chili fut en 1742 une capitainerie générale annexée (jusqu'en 1778) à la vice-royauté du Pérou, qui intéressa peu la métropole ; l'absence de métal précieux, l'éloignement et la difficulté des communications avec le reste du continent expliquent l'attitude de l'Espagne. **L'indépendance** L'indépendance du Chili fut obtenue par O'Higgins* aidé de San* Martín (bataille de Maipú, 1818). Le Chili connut alors une période de dictatures et de convulsions politiques où alternèrent libéraux et conservateurs. La guerre du Pacifique (1879 - 1883) contre le Pérou et la Bolivie donna l'avantage au Chili, qui acquit les riches mines d'Atacama*. **Le développement industriel et les problèmes sociaux** Dès le début du XXe s., le pays bénéficia d'un grand développement industriel, dû à l'exploitation des mines de cuivre en grande partie financée par des sociétés nord-américaines. Pendant ce temps, les problèmes sociaux s'accumulaient et des partis ouvriers naissaient. En 1925 l'armée rétablit un régime présidentiel à la place du régime parlementaire qui avait été instauré en 1891. La crise mondiale de 1929 toucha durement l'économie. En 1938, un gouvernement de front populaire s'installa ; il alterna avec celui des chrétiens sociaux. En dépit de la mise hors-la-loi du communisme (1948 - 1958), le Chili sut se faire la réputation d'un pays de tradition démocratique et progressiste. **Frei Montalva et Allende** L'expérience de démocratie chrétienne tentée par E. Frei* Montalva (1964 - 1970) fut observée avec intérêt par les pays d'Amérique latine ; moins cependant que celle de S. Allende* qui, en 1970, inaugura une politique socialiste (nationalisations, réforme agraire). Son gouvernement se heurta à une vive opposition de la droite. Allende périt lors du coup d'État militaire (sept. 1973) appuyé par la CIA et dirigé par le général Pinochet*, qui devint, en juin 1974, «chef suprême de la Nation». **Pinochet** Si ce dernier réduisit l'inflation, il ne put contenir le chômage. Le mécontentement et toute velléité d'opposition furent sévèrement réprimés. Pinochet resta au pouvoir malgré l'échec du plébiscite qu'il organisa en 1988. **Le retour des civils** Mais des élections démocratiques amenèrent à la présidence les démocrates-chrétiens P. Aylwin* Azócar (1990 - 1994) et E. Frei* Ruiz-Tagle (1994 - 2000). Sous leurs gouvernements de *Concertation* (coalition entre démocrates-chrétiens et socialistes), le pays connut une période de croissance économique, fondée sur le dynamisme des exportations. La pauvreté a notablement reculé même si la répartition des richesses reste très inégalitaire. Sous la présidence de R. Lagos (2000 - 2006), une réforme constitutionnelle permit de démocratiser sensiblement le texte hérité de la dictature militaire. Le mandat présidentiel fut réduit à quatre ans. En 2006, la socialiste Michelle Bachelet, ancienne ministre de la Défense et fille d'un militaire assassiné pendant le régime de Pinochet, fut élue présidente. Malgré ses difficultés à maintenir la stabilité d'une coalition dont la popularité était usée par vingt ans de pouvoir (socialistes, démocrates chrétiens, radicaux et sociaux-démocrates), elle-même bénéficia d'un capital de sympathie et d'un soutien de l'électorat grâce à sa politique d'aide aux plus pauvres grâce à une taxe sur les recettes d'exportation du cuivre. Elle ne put cependant en profiter, la Constitution lui interdisant de briguer un nouveau mandat. C'est ainsi que le chef de file d'Alliance pour le Chili qui réunit les deux grandes familles de la droite, Sebastian Piñera, remporta la présidentielle de 2010.

---

**CHILKA** n. f. ♦ Riv. de Russie (560 km), en Sibérie, dans la région de Tchita, l'une des deux branches supérieures de l'Amour, l'autre étant l'Argoun. Formée de la réunion des rivières Ingoda (708 km) et Onon, elle est navigable jusqu'à la ville de Sretensk, de mai à nov.

**CHILLÁN** ♦ V. du Chili, au N.-E. de Concepción, dans la Vallée centrale de la prov. de Ñuble. 148 000 hab. Centre commercial et industriel.

**CHILLIDA (Eduardo)** ♦ Sculpteur et graveur espagnol (Saint-Sébastien 1924 - *id.*2002). Il pratiqua la sculpture selon une abstraction rigoureuse et minimaliste mêlée d'un certain lyrisme, qui évoquera chez Bachelard* un «cosmos de fer». Il a réalisé plusieurs œuvres monumentales, dont les portes de la basilique d'Aranzazu (1954). Influencé par la pensée de Heidegger à partir des années 1960, il approfondit le travail des volumes abstraits liés à la vie de l'homme, aussi bien en sculpture qu'en gravure.

**Chillon** (château de) ♦ Château fort de Suisse, près de Montreux* (Vaud), au bord du lac Léman*. Résidence des comtes et ducs de Savoie depuis le XIIIe s., il servit de prison d'État. Conquis par les Bernois en 1536, il passa aux mains des patriotes vaudois en 1798 et devint la propriété du canton de Vaud en 1803. François de Bonivard* y fut emprisonné de 1530 à 1536. Byron* en fit le héros de son poème *Le Prisonnier de Chillon*.

**CHILLY-MAZARIN** [91380] ➝ ÉTYM. *Chilly* : anc. *Calliaco*, du lat. *Callius*, n. de pers., et suff. *-acum* ; *Mazarin*, en souvenir de la nièce du cardinal de *Mazarin*, Hortense Mancini* ♦ Ch.-l. de cant. de l'Essonne, arr. de Palaiseau. 17 737 hab. *(Chiroquois)*. Laboratoires pharmaceutiques et cosmétologiques.

**CHILOÉ** ♦ Île du Chili méridional. → **Chili** (carte). Les cultures, en dehors des pommes de terre, y sont limitées par le froid et l'humidité. Pêche et collecte de coquillages très importantes. Forêt de nothofagus (hêtre du Chili).

**CHILON** [ki-] ♦ Un des Sept Sages* de la Grèce (-VIe s.). Éphore de Sparte* v. -556, il fit confier aux éphores le droit de déposer les rois. Il mourut de joie, prétend-on, quand son fils fut couronné aux jeux Olympiques.

**CHILPÉRIC Ier** ♦ (539 - forêt de Chelles 584). Roi de Neustrie (561 - 584). Fils de Clotaire* Ier, il fit assassiner sa femme Galswinthe*, à l'instigation de sa maîtresse Frédégonde*. Brunehaut*, femme de son frère Sigebert* Ier et sœur de Galswinthe, poussa son mari à venger ce crime. Chilpéric mourut assassiné. ▪ Père de Clotaire* II. ➝ ÉTYM. Le germanique *Chilperik* est formé de *chilp* «aide» et *rik* «puissant».

**CHILPÉRIC II** ♦ (v. 670 - Noyon 721). Roi de Neustrie (715 - 721). Fils de Childéric* II, il fut vaincu par Charles* Martel et ne régna plus qu'en titre. ▪ Père de Childéric* III.

**CHILTERN HILLS** ♦ Collines crayeuses du S. de l'Angleterre. Espace récréatif au N. de Londres.

**CHIMAY** ➝ ÉTYM. du lat. *Cimus*, n. de pers. gallo-rom., et suff. *-acum* ♦ V. de Belgique (Région wallonne), prov. de Hainaut, arr. de Thuin, sur l'Eau Blanche. 9 852 hab. Sources de l'Oise, à proximité de la frontière française. Monuments du XVIIe s. (château des princes, 1607) et du XVIIIe s. (hôtel de ville, 1724). Église collégiale (XIIIe et XVe s.). Aux environs, abbaye trappiste de Scourmont (bière, fromage). ▪ Indus. agroalimentaires (brasserie renommée et prod. laitiers). Scierie. Bâtiment et travaux publics. **Histoire** Le fief de Chimay fut érigé en comté par Charles le Téméraire en 1473.

**CHIMBORAZO** ♦ Volcan de l'Équateur (6 268 m), le plus haut du pays, dans la cordillère occidentale des Andes. Le sommet est couvert d'une calotte glaciaire permanente que l'on peut gravir à partir des refuges.

**CHIMBOTE** ♦ V. du Pérou, au N. de Lima, sur la route Panaméricaine. 206 953 hab. (aggl. 334 568). Deuxième port du pays pour la pêche (farine de poisson). Centre sidérurgique national (créé en 1956). Reconstruite après le séisme de 1970, la ville connaît une croissance démesurée et un sous-équipement général.

**CHIMÈNE** ➝ ÉTYM. en esp. *Jimena*, du lat. *Simena*, n. d'une v. de Lycie, ou de *Simon, Siméon* ♦ Personnage du *Cid** de Corneille. Dans le *romancero** espagnol (XIVe - XVe s.) la fille de don Lozano exige de Rodrigue, qui a tué celui-ci, réparation par le mariage, selon la loi du temps. G. de Castro* y Bellvís, le premier, dans *Les Enfances du Cid* (1618), la montrera éprise et aimée de Rodrigue. C'est cette version moderne du personnage que reprit Corneille, faisant de Chimène, déchirée entre l'amour et l'honneur, l'archétype de l'héroïne cornélienne.

**CHIMÈRE** ➝ ÉTYM. du gr. *khimaira* «jeune chèvre» ♦ Monstre fabuleux engendré par Typhon* et Échidna*. Elle a trois têtes (de lion, de chèvre et de dragon, cette dernière au bout de la queue) et ravage la Lycie. Elle est tuée par Bellérophon*, aidé par son cheval ailé, Pégase*.

Les **Chimères** ♦ Sonnets de G. de Nerval*, publiés en appendice des *Filles* du feu* (1854). Ces douze poèmes «composés dans [un] état de rêverie supernaturaliste» expriment d'une façon allusive et symbolique la hantise mystique du poète : croyance dans le retour des anciens dieux («Ils reviendront, ces Dieux que tu pleures toujours !») et syncrétisme unissant les doctrines concernant la réincarnation, la purification des âmes et l'aspect cyclique du temps («La Treizième revient... C'est encor la première ; /Et c'est toujours la seule, — ou c'est le seul moment» «Artémis»). Écrits dans une langue ésotérique et chargés d'allusions à des souvenirs à moitié rêvés («Myrtho»), ces sonnets, parfois obscurs, sont remarquables par la musicalité de leurs vers et la splendeur des visions qu'ils suscitent («El Desdichado»).

**CHIMKENT** → **Chymkent**

**CHIMÚ** ♦ Nom d'un empire établi sur la côte septentrionale du Pérou, et dont la domination s'affirma de 1200 à 1440. Fondé sur une société guerrière hiérarchisée, l'empire chimú connut une prospérité attestée par les restes de son art (orfèvrerie) et de son urbanisme, notamment dans la capitale, Chanchán*, avant d'être soumis malgré une longue résistance par les Incas*.

**CHIN** n. m. ♦ État de Birmanie, occupant une région montagneuse du Nord, entre l'Assam et l'Arakan, culminant au mont Victoria (3 053 m). 36 019 km². 480 000 hab. *(Chins)*. CAP. : Haka. Les Chins, des montagnards de souche tibéto-birmane, qui ont donné leur nom à la région, sont morcelés en plus de cinquante groupes diversifiés ; animistes, fortement christianisés, ils pratiquent l'agriculture itinérante sur brûlis.

**CHINARD (Joseph)** ♦ Sculpteur français (Lyon 1756 - *id.* 1813). Influencé par Canova*, très apprécié par Napoléon, il exécuta de nombreux bustes et médaillons (Mme Récamier, Napoléon, Joséphine) et des œuvres mythologiques et allégoriques dont la grâce et la vivacité continuent la tradition du XVIIIe s.

**CHINASSI (Ibrahim)** ♦ Écrivain turc (Constantinople 1826 - *id.* 1871). Ayant été l'un des premiers étudiants turcs en France, il fut un des grands représentants de la «littérature du *Tanzimat*» (réformes libérales introduites en 1839 par le sultan). Il eut un rôle important en fondant le journalisme privé (à côté de l'unique gazette officielle) et en introduisant dans la littérature turque le théâtre occidental.

**CHINDWIN** n. m. ♦ Riv. de Birmanie (850 km), principal affl. de l'Irrawaddy. Né de torrents de haute Birmanie, il coule vers le S. et se jette dans l'Irrawaddy au N. de Pagan. Navigable sur une grande partie de son cours, il sert surtout au transport des bois de teck.

**CHINE**

■ n. f. – off. ***République populaire de Chine*** → ÉTYM. en chin. ***Zhonghua Renmin Gongheguo*** «pays du milieu» ; adapt. de l'indien *Tsinstan* «pays de Tsin», par référence à la dynastie Jin* du IIIe s. ♦ Pays d'Asie orientale. 9 560 000 km² (3e pays du monde). 1 242 612 226 hab. *(Chinois)*. LANGUES : chinois mandarin (off.), chinois cantonais, nombreuses langues minoritaires. RELIGIONS : bouddhisme, taoïsme, islam, christianisme, judaïsme. MONNAIE : yuan. CAPITALE : Pékin (Beijing). RÉGIME : république populaire.

## GÉOGRAPHIE

**■ RELIEF** Marquée par les plissements calédoniens (E.-O.) et hercyniens, la Chine n'a subi que fort peu les déformations du Mésozoïque. Suite de bassins et de plateaux enserrés entre de hautes montagnes, le continent est construit en gradins descendants d'O. en E., dont le plateau tibétain (5 000 m) forme le plus haut palier (**→ Tibet**), encerclé par les monts de l'Himalaya*, du Kunlun et du Karakoram. Des bassins (Djoungarie, Tarim, Qaidan) comportent des dépressions : Turfan (–154 m) intercalées entre les blocs montagneux (Altaï, Tian shan). À cet ensemble succèdent les hauts plateaux d'Asie centrale (plateau Mongol), ceux de la Chine du Sud (plateaux du Yunnan-Guizhou) et de la Chine orientale (Taihang shan, les deux Hinggan). Des plaines (200 - 600 m d'alt.) bordent le littoral du N. au S. : les plaines du Nord-Est (Nuomi he, Liao he, San jiang) sont fermées par les Hinggan, les monts de Mandchourie orientale prolongés par les collines de la péninsule du Liaodong (prov. de Liaoning) ; la Grande Plaine du Nord (comprenant notamment le delta du Huang he), constituée principalement des apports de ce fleuve, est encadrée par les collines du Shandong, les plateaux de lœss du Shanxi et du Shaanxi, et le prolongement des monts Qinling. Des alluvions calcaires et argileuses sont déposées par le fleuve Huang he dans les bassins du Hai he, du Huai et dans la plaine du bas Huang he. Le lœss, dont l'épaisseur atteint 200 m, facilement érodé, recouvre les plateaux du Shanxi, du Shaanxi et du Gansu. Les plaines du bas et du moyen Chang jiang font suite au bassin sédimentaire du Sichuan. Les larges vallées du N.-E. s'opposent à celles du S.-E., étroites et profondément encaissées. Le S. comporte des massifs montagneux, au relief appalachien, orientés N.-E.-S.-O. La chaîne des Nanling, celle du Wuyi shan, parallèles à la côte, encadrent les provinces du Guangdong et du Guangxi. La côte méridionale est bordée d'îles, dont la plus grande est celle de Hainan.

**■ HYDROGRAPHIE** Issus du plateau tibétain, les plus grands fleuves (Huang he, Chang jiang) n'irriguent pas la partie occidentale de la Chine. Là, seules quelques rivières se perdent dans des zones marécageuses ou dans les déserts. Le réseau fluvial (5 000 riv.) est soumis au régime des moussons. Au N.-E., les pluies de la mousson de juil. - sept. font suite aux crues de printemps. La plaine du Nord, arrosée par le Huang he (5 464 km) et ses affluents (Fen, Wei), le Hai he et le Huai he, reste sujette à de grandes inondations dues aux deux périodes de crues annuelles correspondant à la fonte des neiges (mars - avr.) et à la mousson de juin - sept. Depuis 1950, l'aménagement de ces fleuves a été entrepris : digues reconstruites en Mongolie-Intérieure et dans la Grande Plaine ; canal de la Victoire du Peuple, évacuant une part des eaux du Huang he ; barrages-réservoirs, et irrigation grâce aux eaux du Huai. Le cours du Huang he s'est déplacé au S. de la péninsule de Shandong (au XIVe s.) et est revenu à sa place originelle en 1851. Les affluents du Huai, le bas et le moyen Chang jiang, les fleuves côtiers du Guangdong sont soumis aux crues d'avr. et de sept. Le cours supérieur du Chang jiang a ses hautes eaux en juil. et août. Le Chang jiang, quoique endigué, a causé de nombreuses inondations (1931 - 1948). Recevant le Han shui, le Yuan jiang et le Xiang jiang, il traverse le bassin du Sichuan où il se charge d'alluvions rouges (grès). Alors qu'il mesure 2 km de large à Wuhan, sa largeur n'est plus que de 600 m à Nankin. La terre gagne sur la mer par les dépôts de boues et de sédiments accumulés dans son delta. La région du Chang jiang comprend un grand nombre de lacs (Tai hu). Le Xi jiang arrose le Guangxi et le Guangdong.

**■ CLIMAT ET VÉGÉTATION** Aux précipitations faibles et à l'amplitude thermique élevée des régions occidentales (Mongolie, Xinjiang) correspond une végétation de type désertique. Une steppe à graminées couvre les zones sèches : Ordos, Shaanxi, Ningxia, Qinghai. Le Nord-Est, de climat continental, présente des températures hivernales très basses (–30 °C) ; l'été chaud (23 °C) y apporte le maximum des pluies annuelles. La taïga et une forêt de conifères couvrent les monts Hinggan. La Grande Plaine de Chine connaît des températures plus douces, alors qu'une continentalité accentuée domine sur les hauts plateaux lœssiques. Une végétation tempérée, subtropicale et tropicale (figuier, cocotier, bananier) règne en Chine du Sud-Est. L'hiver, froid dans les plaines du Yangzi jiang, se tempère au Zhejiang et au Fujian. Les pluies abondantes (1 100 mm) tombent surtout en juin.

## POPULATION

**■ LA DISPARITÉ ETHNIQUE** La principale ethnie, les Han, qui représente 94 % des Chinois, se répartit surtout dans les grandes plaines de la Chine orientale (12 % de la superficie du pays abritent 60 % de la pop., soit 600 hab./km², contre 8 hab./km² dans le Xinjiang). Quant aux 55 ethnies minoritaires officiellement recensées, elles se divisent entre peuples altaïques (Turcs, Mongols, Toungouzes, Coréens) et peuples sino-tibétains (Hui, Tibétains, Sino-Thaïs, Miao-Yao, Tibéto-Birmans). Cette disparité ethnique a, de tout temps, représenté un problème pour le pouvoir chinois, communiste notamment, en quête d'un idéal d'unité. Aussi la politique des «minorités nationales» planifiée à Pékin depuis 1949 oscille-t-elle entre l'assimilation à long terme par le développement économique et culturel et l'intégration rapide et brutale. Par exemple, le radicalisme des années du Grand Bond en avant et de la Révolution culturelle fut associé à l'emploi de la force. À l'opposé, les violents accrochages frontaliers entre Soviétiques et Chinois (860 tués les 14 et 15 mars 1969) firent craindre à Pékin la russification des provinces du N. et favorisèrent une politique de conciliation et d'autonomie en Mongolie-Intérieure et au Xinjiang. Plus récemment, l'intervention soviétique en Afghanistan (nov. 1979) a réveillé un nationalisme musulman dans l'O. de la Chine. Les attentats du 11 sept. 2001 aux États-Unis ont fourni l'opportunité d'une politique musulmane à triple action : mise en question de l'allié pakistanais et rapprochement avec la Russie, afin de couper les minorités chinoises musulmanes de leur soutien, répression militaire et lancement d'un vaste programme de développement économique de l'ouest du pays. Cette politique ouvre des perspectives au Tibet. Ce pays, dont les structures économiques ont été ruinées lors du Grand Bond en avant, tandis que l'«éradication religieuse» de la Révolution culturelle exacerbait l'hostilité contre les Han (**→ Tibet**), incarne jusqu'à présent l'échec de la politique chinoise des minorités (90 % d'illettrisme contre env. 10 % chez les Han). Mais la Chine dispose désormais des moyens et de la volonté de développer sa périphérie au détriment de l'identité culturelle des minorités, réduite à un simple folklore sous le poids de l'immigration Han.

**■ LA FORTE PROPORTION DE LA POPULATION RURALE** L'autre problème majeur auquel est confronté Pékin reste la forte proportion de la population rurale (2/3 de la pop.) et son vieillissement (8 % de la pop. avaient plus de 60 ans en 2007, il y en aura 12 % en 2020). Cette transition démographique brutale peut être attribuée à la politique de l'enfant unique menée depuis 1979 (400 millions de naissances évitées jusqu'en 2007) et au grave déséquilibre dans la proportion hommes/femmes causé par la préférence d'un enfant de sexe masculin.

## UNITÉS RÉGIONALES

On peut diviser la Chine orientale en 4 zones principales : Nord-Est, Nord, Centre et Sud.

**■ LE NORD-EST** Il s'étend entre la mer Jaune au S. (péninsule de Liaodong) et le fl. Amour au N. (frontière de la Russie) ; c'est l'ancienne Mandchourie (prov. de Heilongjiang, Liaoning, Jilin) ; la région forme une vaste plaine ondulée, adossée aux montagnes de l'O. (Hinggan, monts de Mandchourie), et parcourue au N. par le Songhua jiang et au S. par le Liao he. Le climat est froid (–4 °C de moyenne annuelle à l'extrême N. ; +10 °C dans la péninsule de Liaodong, avec encore 150 jours de gel), mais les précipitations assez abondantes entretiennent les forêts de montagne, les prairies des collines et permettent de riches cultures en plaine (kaoliang, soja). Grâce à sa richesse en charbon et en fer et à la politique d'industrialisation menée par le Japon, le Liaoning est la plus grande zone sidérurgique de Chine, tandis que le Jilin possède d'importantes ressources hydroélectriques. Plus de 99 334 000 hab.

**■ LE NORD** Il est formé par les plaines de lœss des bassins du Huang he (fleuve Jaune), du Hai he et du Huai, et le plateau de lœss (prov. de Hebei, Shandong, Henan, Shaanxi, Shanxi, Gansu) ; le sol de lœss y est très fertile, mais devient pulvérulent en cas de sécheresse. Les précipitations sont concentrées pendant l'été, provoquant inondations et ravinement. Elles atteignent 750 mm au S.-E., mais sont insuffisantes au N.-O. (250 mm). Le climat est continental et la moyenne annuelle ne dépasse pas 8 °C dans le N.-O. Au S., la température est beaucoup plus clémente. À part le Gansu, peu accessible ou semi-désertique, la région est le cœur de la Chine traditionnelle et économique. Grâce aux immenses travaux d'aménagement des fleuves (barrages de Sanmen xia, Genzhouba) et à la mise en valeur des ressources en charbon et fer, grâce aussi à la facilité des communications dans les bassins et au large débouché maritime, les plaines et plateaux du N., qui abritent plus de 314 997 000 hab., forment un des centres de gravité du pays.

**■ LE CENTRE** C'est une zone de collines et de montagnes articulée par le cours moyen et inférieur du Chang jiang et où les plaines se limitent aux vallées du fleuve et de ses affluents. La région aboutit à l'océan par une côte plate et sableuse (prov. de Jiangsu, Jiangxi, Hubei, Hunan, Sichuan). La région est bien arrosée (de 700 à 2 500 mm/an), les hivers y sont tièdes (moy. janv. 6 °C) et les étés

Route principale
Voie ferrée
Muraille de Chine (section ouverte aux touristes)
Limite de province ou de région autonome
PÉKIN Capitale d'État
Hefei Capitale de province ou de région autonome
Plus de 5 000 000 hab.
De 1 000 000 à 5 000 000 hab.
De 500 000 à 1 000 000 hab.
Moins de 500 000 hab.
Altitudes en mètres
Dépr. 0 200 500 1 000 2 000 4 000 6 000
0 - 200 - 2 000
Sites naturels ou culturels
1 Mont Taishan
2 La Grande Muraille
3 Le Palais Impérial des dynasties Ming et Qing
4 Grottes de Mogao (Dunhuang)
5 Le Mausolée du Premier Empereur Qin
6 Zhougoudian
7 Karst de Guilin
8 Réserve naturelle de Wolong (pandas)
RUSSIE
MONGOLIE
KAZAKHSTAN
KIRGHIZSTAN
TADJIKISTAN
PAKISTAN
INDE
NÉPAL
BHOUTAN
BANGLADESH
BIRMANIE
LAOS
VIÊTNAM
THAÏLANDE
PHILIPPINES
CORÉE DU NORD
CORÉE DU SUD
JAPON
TAIWAN (FORMOSE)
PÉKIN (Beijing)
OULAN-BATOR
PYONGYANG
SÉOUL
T'AI-PEI
HANOI
VIENTIANE
KATMANDOU
THIMPHU
DACCA
BICHKEK
ASTANA
Désert de Gobi
Plateau du Tibet
Bassin du Tarim
Désert de Taklamakan
Bassin de Djoungarie
Bassin de Qaidam
Tian shan
Kunlun shan
Himalaya
Qilian shan
Hinggan ling
Mts Saïan
Mts Khangaï
Altaï
Mts Iablonovyï
Mts Sikhote-Aline
Karakoram
Everest 8 850 m
K2 8 611 m
Munkh-Khairkan 4 362 m
MER DU JAPON
MER JAUNE
MER DE CHINE ORIENTALE
MER DE CHINE MÉRIDIONALE
OCÉAN PACIFIQUE
Golfe du Bengale
Tropique du Cancer
Chang jiang
Huang he
Xi jiang
Heilong jiang
Lac Baïkal
Shanghai
Hong Kong
Macao
Canton
Tianjin
Chongqing
Wuhan
Chengdu
Xian
Lanzhou
Urumqi
Lhassa
Kunming
Harbin
Shenyang
0 500 1 000 km

Chine.

chauds (28 °C en juil.) et humides. Ces conditions compensent la moindre fertilité des sols. Outre l'agriculture (riz), cette zone possède de grandes réserves de charbon, de minerais, de bois et un très important potentiel hydraulique. Plus de 326 613 000 hab.

▮ **LE SUD** Il forme une large bande qui s'étend parallèlement à la côte, entre la baie de Hangzhou et la frontière du Viêtnam (et les plateaux du Yunnan et du Guizhou) ; la région est séparée du Centre par les monts du Guangdong, et du Fujian (prov. de Zhejiang, Fujian, Guangdong, Guizhou, Yunnan ; région autonome du Guangxi). C'est une région de collines et de montagnes, où la plus grande plaine est celle que forment le Xi jiang et ses affluents (delta de Canton). Les vallées sont le plus souvent perpendiculaires à la côte, qui, à l'E., est découpée et bordée de nombreuses îles. Le climat est tempéré chaud avec des influences subtropicales (moussons) ; précipitations abondantes (1 000 à 2 500 mm/an) mais souvent très violentes. L'agriculture est moins développée que dans le Nord et le Centre ; l'isolement des plateaux et des montagnes explique une économie traditionnelle et arriérée. Les réserves minières, forestières et hydroélectriques sont importantes. L'activité des zones côtières (pêche, navigation) est intense. Plus de 213 542 000 hab. ▪ Quant à la «Chine extérieure», elle comprend des régions entièrement différentes et extrêmement vastes (→ **Xinjiang, Tibet, Mongolie-Intérieure**).

**Chine** ▮ Les divisions administratives

| | Superficie (en km²) | Population | Capitale |
|---|---|---|---|
| ▮ Régions autonomes | | | |
| Guangxi | 236 000 | 43 854 538 | Nanning |
| Mongolie-Intérieure | 1 183 000 | 23 323 347 | Huhhot |
| Ningxia | 66 400 | 5 486 393 | Yinchuan |
| Tibet | 1 228 400 | 2 616 329 | Lhassa |
| Xinjiang | 1 653 000 | 18 459 511 | Urumqi |
| ▮ Provinces | | | |
| Anhui | 139 700 | 58 999 948 | Hefei |
| Fujian | 120 000 | 34 097 947 | Fuzhou |
| Gansu | 454 300 | 25 124 282 | Lanzhou |
| Guangdong | 178 000 | 85 225 007 | Canton |
| Guizhou | 174 000 | 35 247 695 | Guiyang |
| Hebei | 187 700 | 66 684 419 | Shijiazhuang |
| Henan | 167 000 | 91 236 854 | Zhengzhou |
| Hubei | 185 900 | 59 508 870 | Wuhan |
| Hunan | 210 000 | 63 274 173 | Changsha |
| Jiangsu | 102 600 | 73 043 577 | Nankin |
| Jiangxi | 167 000 | 40 397 598 | Nanchang |
| Sichuan | 570 000 | 82 348 296 | Chengdu |
| Shaanxi | 205 600 | 35 365 072 | Xian |
| Shandong | 153 300 | 89 971 789 | Jinan |
| Shanxi | 156 300 | 32 471 242 | Taiyuan |
| Yunnan | 394 000 | 42 360 089 | Kunming |
| Zhejiang | 101 800 | 45 930 651 | Hangzhou |
| Heilongjiang | 454 000 | 36 237 576 | Harbin |
| Jilin | 187 400 | 26 802 191 | Changchun |
| Liaoning | 145 700 | 41 824 412 | Shenyang |
| Qinghai | 721 000 | 4 822 963 | Xining |
| Hainan | 34 000 | 7 559 035 | Haikou |
| ▮ Municipalités autonomes | | | |
| Shanghai | 6 340 | 16 407 734 | |
| Pékin | 16 808 | 13 569 194 | |
| Tianjin | 11 305 | 9 848 731 | |
| Chongqing | 82 400 | 30 512 763 | |

## ÉVOLUTION DES STRUCTURES

▮ **AMÉNAGEMENT DU TERRITOIRE** Durant les années 1950, en particulier à l'époque du Grand Bond en avant, des plans d'aménagement territorial ambitieux ont été mis en œuvre. Le zèle et l'incompétence ont provoqué l'échec de nombreux projets. Mais certaines réalisations sont spectaculaires. Ainsi, dans le domaine du reboisement (lutte contre l'érosion), la Grande Muraille verte qui devrait doubler la Grande Muraille (2 000 km du Gansu au Shanxi), le Rideau du N.-E. (1 200 km du Jilin au Liaoning) ou l'aménagement du plateau de lœss dans le Shaanxi sont en bonne voie de réalisation depuis les années 1980 après l'échec initial dû aux excès de l'utilisation du pin. Par contre, l'extension des terres agricoles (prévue sur 2 millions d'ha) dans les régions sableuses de Mongolie-Intérieure, du Gansu et du Xinjiang, en partie grâce à la main-d'œuvre des déportés de la Révolution culturelle et des pionniers de l'armée, n'a pas donné les résultats escomptés. Elle a accéléré la gravité des risques environnementaux. Le plan de relance de 2009 pour combattre la crise économique tente de rééquilibrer le développement des territoires les plus défavorisés.

▮ **EXPLOITATION DES RESSOURCES NATURELLES** ▮ **Le charbon** Premier producteur mondial de charbon, la Chine le destine surtout à la consommation intérieure. 50 % des gisements se trouvent à l'O.

**Chine.** Paysage des environs de Kuei-Lin. © *PhotoDisc*

(Shaanxi, Henan). Le reste est disséminé au N. et au N.-E. (Heilongjiang, Hebei, Mongolie-Intérieure). La mauvaise qualité du minerai et le caractère polluant de l'exploitation rendent aléatoire la production à long terme. ▮ **Le pétrole et le gaz naturel** La production de pétrole est importante et les principaux champs sont situés au N.-E. à Daqing (bassin du Songliao, Heilongjiang), au N. à Shengli (bassin du Nord) et au N.-O. au Tarim (Xinjiang). La Chine recèle au total env. 10 % des réserves pétrolières mondiales. L'exploitation a commencé dans les années 1960 et le pays est devenu exportateur en 1974 (en moy. 25 % des revenus annuels des exportations). Mais les gisements sont de moins en moins rentables (15 % de baisse de prod. annuelle) en raison notamment de leur épuisement (surtout au N.-E.) et des coûts de production (difficultés de transport). Des concessions d'exploration des ressources offshore ont été attribuées à des sociétés étrangères en 1983, mais les coûts d'exploitation sont excessifs à Chengbei (golfe de Bohai) et dans la mer Jaune (au large de Shanghai). Les poches de gaz naturel sont au Sichuan, au S. de l'île de Hainan et au S. de la mer de Chine. ▮ **Les minerais** Le minerai de fer est assez pauvre et du minerai doit être importé pour améliorer la qualité de l'acier, dont la Chine réduit la production, trop polluante, depuis 2006. Le principal site sidérurgique est Anshan (Liaoning). La production des métaux non ferreux, or, cuivre, aluminium, augmente de 10 % par an depuis que le gouvernement a retiré aux provinces l'autonomie d'exploitation (1989). ▮ **L'électricité** La production d'électricité place la Chine au 5e rang mondial. Mais l'implantation massive d'industries étrangères fortes consommatrices en énergie (automobiles, construction, production d'acier et de ciment) génère une demande constamment croissante et supérieure à la production, en dépit de la multiplication des centrales. Les carburants fossiles comptent pour 80 % et l'hydroélectricité pour 18 % de la production. L'électricité nucléaire est encore marginale (centrales de Daya Bay, Guangdong et de Qinshan, Shanghai). Seuls 5 % du potentiel hydroélectrique sont exploités. La Chine est actuellement équipée d'env. 70 grands barrages, principalement sur le Chang jiang dont les crues sont dévastatrices. La construction du barrage des Trois*-Gorges a imposé, par exemple, le déplacement de 2 millions de personnes. Sur le Huang he, les projets sont d'une telle ampleur qu'ils impliquent la participation de la Banque mondiale.

▮ **POLITIQUE AGRAIRE** Après 25 ans de croissance spectaculaire, les équilibres anciens sont bousculés. En 1990, les 2/3 de la population étaient des ruraux et produisaient 1/3 du PNB. En 2004, 45 % de la population active est encore rurale mais ne produit plus que 14 % du PNB. L'écart de revenus et de développement avec la population urbaine s'accroît dangereusement pour l'équilibre social et il apparaît inévitable que 300 à 400 millions de paysans devront à leur tour quitter la terre avant 2015. Pourtant, issus d'une révolution populaire, les dirigeants communistes, inspirés par Mao, ont toujours été attentifs à faire de la politique agraire le symbole de leur réussite. En juin 1950, les grands propriétaires fonciers, qui détenaient 80 % du sol cultivable, furent dépossédés au profit des petits paysans et des ouvriers agricoles (108 millions d'ha redistribués à 300 millions de paysans). ▮ **La collectivisation** Aussitôt la réforme agraire achevée (déc. 1952), le gouvernement chinois franchissait une nouvelle étape, celle de la collectivisation. Celle-ci avait pour but d'empêcher la réapparition de grands propriétaires et d'accélérer le processus de transformation socialiste. La première étape, en 1953, fut celle des coopératives semi-socialistes de production dans lesquelles la terre et le matériel étaient mis en commun, mais où la propriété individuelle du sol n'était pas remise en question. En 1955 furent créées les coopératives socialistes dans lesquelles la terre était propriété collective. Au terme de cette restructuration rurale en 1957, env. 800 000 coopératives de 600 à 700 personnes (160 familles en moyenne) se partageaient collectivement la surface cultivable en Chine. Parallèlement au Grand Bond en avant dans l'industrie, le comité central du parti communiste annonça le 29 août 1958 la naissance des communes populaires (CP). Chacune des 26 000 communes (74 000 dans les années 1960 après une réduction de taille) regroupait env. 30 coopératives de 25 000 personnes au total. Les communes populaires géraient les services publics et sociaux, prélevaient les taxes, contrôlaient les ressources agricoles et industrielles et possédaient collectivement les terres, le cheptel et les moyens de production. Si la production augmenta spectaculairement les premières années, le délabrement des structures économiques, l'absence de motivation et l'augmentation de la population firent échouer cette expérience. Aussi la Chine dut-elle régulièrement importer des grains. Mais, jusqu'à la mort de Mao (1976), il fut impossible de mettre en question cet élément clé de sa politique. **Le «système de responsabilité»** En déc. 1978, sous l'impulsion de Deng Xiaoping, le Parti adopta le principe du «système de responsabilité». La terre demeurait collective mais chaque foyer recevait un lopin dont il était entièrement responsable, depuis la gestion des ressources jusqu'aux méthodes de production. Un quota négocié de la production était attribué à la CP au titre du paiement des semences, de la location du lopin et d'une subvention aux services publics. Le foyer disposait librement du surplus produit. Ce système débuta en 1979 et fut complété en 1984. Depuis lors, le contrat de culture est devenu héréditaire, les bâtiments sur le lopin sont la propriété de la famille concernée et un foyer a le droit de cultiver plusieurs lopins. Seules quelques CP demeurent à titre de «musées». **Une modernisation encore lente** Entre 1979 et 1987, la productivité agricole a doublé, les conditions de vie rurale se sont nettement améliorées et la Chine est devenue exportatrice de riz, de soja et de coton brut. Cette amélioration explique en partie l'inertie des ruraux pendant les événements de Tiananmen en 1989. Cependant, si la famine semble bien vaincue, la croissance de la production n'est pas assez rapide en regard de celle de la population. La cessation du programme alimentaire mondial des Nations unies en 2005 et l'urgence de la modernisation pour se conformer aux règlements de l'OMC soulignent la faiblesse d'un secteur qui contribue de moins en moins à la richesse nationale (la part de l'industrie dans le produit domestique brut dépasse celle de l'agriculture depuis 2002). Ce déséquilibre croissant est dangereux pour l'économie dans son ensemble. Le manque de capitaux nécessaires à la restructuration, les risques inhérents à la libération des prix du marché agricole, l'exode rural massif et le comportement inadéquat de potentats locaux, entretiennent l'archaïsme du secteur.

**POLITIQUE INDUSTRIELLE ET RÉSULTATS ÉCONOMIQUES** L'industrie a fait l'objet d'efforts soutenus depuis la révolution. Pour des raisons idéologiques, la Chine appliqua de 1949 à 1961 le modèle soviétique de développement. Passée la parenthèse des années 1970 (Révolution culturelle) et la démaoïsation, la simple nécessité exigea la poursuite de l'effort, particulièrement marqué depuis l'ère Deng Xiaoping. Le développement économique de la Chine depuis la révolution a ainsi connu cinq étapes : trois périodes de croissance (1949 - 1952, reconstruction après la guerre civile, et 1953 - 1957, succès du 1er plan quinquennal ; 1963 - 1965, récupération après l'échec du Grand Bond en avant ; 1977 - 1992, succès des Quatre Modernisations) et deux périodes de déclin (1958 - 1962, Grand Bond en avant ; 1966 - 1976, Révolution culturelle). L'industrie chinoise a bénéficié d'un taux de croissance honorable (4 à 4,5 % par an) puis spectaculaire après l'accession de Deng Xiaoping au pouvoir en 1978 (env. 10 % par an, env. 15 % depuis 1985). **Mao Zedong** En 1958, Mao Zedong fixait comme objectif industriel du Grand Bond en avant le dépassement de la capacité industrielle britannique pour 1972. La première année, la production crût de 33 %. Mais, dès 1959, les planificateurs déchantèrent (3 millions de t d'acier inutilisables sur 11 millions). Le Grand Bond fut responsable d'une crise sévère en 1961 - 1962 et entraîna la contestation des orientations économiques de Mao. La crise fut avivée par le départ des techniciens soviétiques en 1961 après la rupture avec l'URSS. Les contestataires parvinrent alors à engager un «Rajustement» au profit des industries semi-lourdes et légères, qui fut un succès jusqu'en 1966. Mais la reprise en main du parti par Mao (Révolution culturelle), accompagnée de l'exacerbation du dogmatisme et du dirigisme, fut néfaste. **Après Mao Zedong** Après la mort du Grand Timonier et la démaoïsation, le parti, inspiré par Deng* Xiaoping, ratifia la politique de la «Porte ouverte» à la technologie occidentale, dans le cadre des Quatre Modernisations (pour la période 1979 - 1985) prévoyant notamment des investissements considérables dans l'industrie lourde, et l'augmentation de la prod. annuelle de 10 %. Mais, en 1978, priorité fut accordée à l'agriculture et aux industries légères en raison du manque de capitaux (accentué par l'inflation et par le coût de l'invasion du Viêtnam en 1979) et de la faiblesse de deux secteurs clés, le transport et l'énergie. De 1979 à 1982, le «Système de responsabilité» testé en agriculture fut étendu à l'industrie (1/3 des industries d'État opéraient à perte) : primes à la productivité ; différenciation des rémunérations ; contrats prévoyant des quotas sur les profits reversés à l'État ; libre disposition du surplus affecté à l'innovation, aux primes, aux services sociaux. Parmi les réformes les plus spectaculaires figurent le début de la libération des prix et le droit à la création d'entreprises privées (100 000 sociétés privées en 1978 ; 17 millions en 1985). La recherche de capitaux a poussé le gouvernement à créer en 1980 quatre zones économiques spéciales (ZES) au fonctionnement de type capitaliste : Xiamen (Fujian), Shenzhen surtout, Shantou et Zhuhai (Guangdong). Leur succès, bien que limité auprès des investisseurs étrangers, encouragea ces provinces méridionales à revendiquer plus d'autonomie. En 1981, la Chine annula brutalement de nombreux contrats de grands travaux avec des entreprises étrangères. Le secteur privé et la libération des prix reçurent une nouvelle impulsion en 1984 avec l'ouverture de 14 ports (dont l'île de Hainan) aux capitaux étrangers. Au total, les succès des Quatre Modernisations sont estimables. Mais le massacre de 1989 et les sanctions occidentales qui s'ensuivirent les compromirent. La lutte consécutive entre pragmatistes et orthodoxes au sein du Parti laissa même craindre une victoire des derniers. Mais, une fois de plus, Deng Xiaoping trancha en faveur du pragmatisme, sans pour autant désarmer complètement les orthodoxes. Fort d'un accroissement du PNB de plus de 10 % en 1992, Deng lança pendant le XIVe congrès du PCC la formule de l'orientation de la Chine vers «une économie de marché socialiste pour les cent prochaines années». Grâce à son entrée dans l'OMC en 2001, la Chine a accru les bénéfices de sa politique d'attraction des investissements étrangers et de croissance engendrée notamment par les exportations. Puis, le décollage assuré, elle s'oriente vers une croissance plus mesurée. Les objectifs consistent désormais à modifier le moteur de la croissance : accroître la consommation intérieure et diminuer la part des exportations

**Chine.** Métro de Shanghai. *Phot. ©Xin hua-Chine nouvelle/Gamma*

**Chine | Productions en 2008**

| Produits | Quantités | Rang |
|---|---|---|
| **Agriculture** | | |
| Arachides | 13 000 000 t | 1er |
| Bananes | 8 000 000 t | 2e |
| Betteraves à sucre | 9 000 000 t | 8e |
| Blé | 110 000 000 t | 1er |
| Canne à sucre | 110 000 000 t | 3e |
| Caoutchouc | 500 000 t | 5e |
| Colza | 11 000 000 t | 1er |
| Coton fibre | 8 000 000 t | 1er |
| Maïs | 155 000 000 t | 2e |
| Oranges | 3 300 000 t | 6e |
| Pommes de terre | 70 000 000 t | 1er |
| Riz | 190 000 000 t | 1er |
| Soie | 70 000 t | 1er |
| Soja (graines) | 14 000 000 t | 4e |
| Sucre | 13 700 000 t | 3e |
| Tabac | 2 500 000 t | 1er |
| Thé | 1 200 000 t | 1er |
| Bovins (têtes) | 100 000 000 | 3e |
| Ovins (têtes) | 150 000 000 | 1er |
| Porcins (têtes) | 450 000 000 | 1er |
| Poulets (têtes) [2006] | 4 360 000 000 | 1er |
| Pêche | 62 000 000 t | 1er |
| **Mines et énergie** | | |
| Aluminium | 10 000 000 t | 1er |
| Antimoine | 140 000 t | 1er |
| Argent | 2 600 t | 3e |
| Bauxite | 27 000 000 t | 4e |
| Cobalt | 13 200 t | 1er |
| Cuivre | 1 000 000 t | 4e |
| Énergie nucléaire | 68 TWh | 9e |
| Étain | 118 000 t | 1er |
| Fer | 770 000 000 t | 1er |
| Gaz naturel | 75 000 000 000 m³ | 9e |
| Houille | 2 700 000 000 t | 1er |
| Hydroélectricité | 580 TWh | 1er |
| Magnésium | 530 000 t | 1er |
| Manganèse | 5 200 000 t | 1er |
| Or | 280 t | 1er |
| Pétrole (2009) | 187 000 000 t | 5e |
| Plomb | 1 400 000 t | 1er |
| Zinc | 2 900 000 t | 1er |

(1er exportateur mondial depuis 2009), source de conflits avec ses partenaires, spécialement les États-Unis (en 2009, 1er partenaire de la Chine). En 2009, la Chine est la 3e économie mondiale en produit domestique brut derrière les États-Unis et le Japon mais elle reste loin dans le classement du revenu par tête. L'industrie s'est développée dans les secteurs du textile (1er rang mondial), du jouet (70 % de la prod. mondiale), de l'automobile, de la chimie et de l'électronique. Ce succès spectaculaire ne doit pas pour autant masquer les fortes disparités de revenus entre population urbaine et rurale, entre la côte orientale et les provinces de l'ouest. Ces disparités ont augmenté avec la crise mondiale de 2008-2009 qui a accentué l'enlisement économique des régions peu développées et perturbé les flux migratoires avec le retour massif de migrants dans leur région d'origine.

## HISTOIRE

**▮ ORIGINES** Selon la tradition chinoise, les techniques et les institutions furent inventées par des souverains mythiques. Ainsi en est-il de la dynastie Xia* (env. -2100) dont le fondateur Dayu n'est pas confirmé par l'archéologie. Les traces les plus anciennes d'une occupation de la Chine remontent au Paléolithique inférieur (env. -1,5 million d'années) avec la découverte du *Sinanthropus lantianensis*, près de Xian (Shaanxi) et celle du célèbre *Sinanthropus pekinensis* à Zhoukoudian* (près de Pékin). La culture néolithique (-10000 à -5000) apparaît dans le S. de la Chine. Il s'agit de la grotte des Immortels à Xianrendong (Jiangxi) et de la grotte de Zengpiyan (Guangxi), qui ont livré des outils en pierre et en os, et de la céramique cordée. La première société agraire avérée du N. de la Chine est la culture de Peiligang (-6500 à -5000) près de Zhengzhou (Henan), caractérisée par des habitations semi-enterrées, des meules plates en grès et des figurines d'animaux en glaise, qui constituent les plus anciens témoignages de l'art plastique chinois. Postérieure, mais semblable par ses caractéristiques, la culture des Yangshao (Henan) connut un vaste rayonnement le long du Huang he et jusqu'au Chang jiang et en Mongolie. L'un de ses traits remarquables était la céramique peinte de motifs zoomorphes. Une ramification de la culture de Peiligang, qui se développa indépendamment de celle de Yangshao, fut la culture de Dawenkou (-5000 à -2200) sur la côte du Shandong et le cours inférieur du Huang he. Les tombes ont livré notamment des têtes de porcs, dont on attribue la présence à des pratiques primitives de sacrifice. La culture de Dawenkou donna naissance à la culture de Longshan (Shandong), dominante au -IIIe millénaire. Elle s'étendit à l'O. grâce à l'implantation des sites Yangshao et a légué les premiers sites urbains organisés. Au S., les cultures de Hemudu (Zhejiang) et surtout de Dapenkeng (T'ai-pei-Taiwan) du -Ve millénaire conservaient la trace des premières cultures des hommes des cavernes.

**▮ LES SHANG** La première dynastie historique est celle des Shang* (-1765 - -1066), ou Yin du nom de la dernière capitale (près d'Anyang). Rayonnant sur le bas Huang he, le Shandong, le Shaanxi, le Shanxi et au S. jusqu'au Chang jiang, elle fut remarquable par la hiérarchie sociale marquée (aristocratie guerrière) et des inscriptions qui témoignent des origines de l'écriture chinoise. On a recensé 3 000 signes mais seul 1/3 du vocabulaire a été déchiffré. Des pratiques de divination par les os et les écailles de tortue permettaient d'interroger les ancêtres sur les décisions de gouvernement. Sur les mêmes supports, les Shang consignaient les faits importants (guerres, chasses).

**▮ LES ZHOU** Les Shang furent renversés par leurs vassaux de la vallée du Wei he. La dynastie Zhou* (-XIe s. - -221), la plus longue de l'histoire chinoise, a vu se succéder les Zhou occidentaux qui avaient pour capitale Hao, près de Xian, Shaanxi jusqu'en -771 puis les Zhou orientaux. La capitale dut être implantée à l'E., à Luoyang, en raison de la pression des peuples de l'O. La fin de l'ère se subdivise en période Chunqiu*, dite des «Printemps et Automnes» (-722 - -481) et période Zhanguo*, dite des «Royaumes combattants» (-475 - -221). Ces divisions témoignent de l'affaiblissement des Zhou et de luttes féodales. C'est durant ce long temps de troubles qu'apparurent les grandes écoles qui formèrent la pensée chinoise, le confucianisme et le taoïsme **(→ Confucius, Lao-tseu, Mencius).**

**▮ LES QIN** Le roi Zheng de Qin (-221 - -207) finit par s'imposer et prit le titre de Shi* Huangdi («premier auguste souverain»). Sous son règne, la féodalité fit place à un État centralisé et fort, appuyé sur un appareil administratif cohérent (uniformisation des poids, mesures, monnaie ; appareil législatif) et des réseaux de communication et défensifs élaborés (routes et ports ; première Grande Muraille*). C'est également sous son règne que 700 000 ouvriers construisirent près de Xian* son célèbre mausolée contenant une armée d'env. 7 000 soldats en terre cuite, avec leurs chevaux et l'équipement, grandeur nature.

**▮ LES HAN** Le fils de Shi Huangdi ne parvint pas à conserver l'empire. Liu Bang fonda la dynastie Han* (-206 - 220), établissant sa capitale à Changan (actuel Xian, Shaanxi). La période des Han antérieurs ou occidentaux fut suivie d'une phase d'usurpation (Wang* Mang [-45 - 23], fondateur de la dynastie Xin), puis d'un retour au pouvoir des Han (Han postérieurs ou orientaux) de 23 à 220. Leur capitale était alors située à Luoyang* (Henan). Les premiers Han avaient redécouvert la culture classique. Le confucianisme s'implanta

**Chine des Ming.**

durablement dans l'appareil de l'État, cependant que le taoïsme connaissait une authentique renaissance. L'apogée de la culture, la prospérité et l'expansion militaire caractérisent la Chine de l'empereur Wudi* (-140 - -87). Les campagnes militaires s'effectuèrent aussi bien à l'O. (Gansu jusqu'à Dunhuang, Xinjiang) qu'au S. (Canton, Tonkin). Wudi engagea la lutte contre les nomades Xiongnu* et Xianbei* ; il les contint au N. de la Grande Muraille. **▮ Les révoltes et le démembrement de l'empire** Les révoltes paysannes entraînèrent la montée au pouvoir de Wang* Mang, qui essaya de remédier à la situation par des réformes (redistribution des terres, esclavage limité). L'insurrection des «Sourcils Rouges» (en 23) conduisit à la restauration des Han. Les conquêtes occidentales se poursuivirent au Ier s. (Turfan, Kachgar). Par le contrôle de la route de la Soie, les Chinois s'assurèrent le commerce avec les peuples barbares d'Occident ; ceux-ci introduisirent le bouddhisme. La détresse paysanne fit naître une nouvelle révolte en 184 («Turbans Jaunes») et conduisit les Han à leur perte. Trois des généraux qui menèrent la lutte contre les révoltés se partagèrent l'empire en 220 (Pays de Wei, Wu et Han ou Shu Han). Ce fut alors l'époque dite des «Trois* Royaumes» **(→ Xi Kang).** La Chine du Nord étant submergée par les tribus nomades et barbares, époque des «Seize Royaumes des Cinq Barbares» (IVe s.), les dynasties chinoises cherchèrent refuge au S., à Nankin. Alors que le Nord morcelé passait aux mains des Xiongnu (308) et de fervents adeptes du bouddhisme, les Tabghach (Wei, 386 - 556) qui tentaient de se siniser, le Sud vit se succéder les Jin, les Song*, les Qi, les Liang et les Chen. **▮ La réunification** Le général Yang Jian réunifia la Chine et créa alors la

**Chine.** La Chine sous les Qing.

dynastie des Sui (581 - 617) ; celle-ci entreprit la reconstruction du pays : percée du Grand* Canal, édification de la nouvelle capitale, Changan*, sur un plan en damier.

**LES TANG** À la suite d'échecs militaires subis en Corée, une révolte éclata en 616. Li Shimin (Taizong* des Tang) rétablit l'ordre et fonda la dynastie des Tang* (618 - 907). Durant une ère de prospérité exceptionnelle, Changan se transforma en une ville cosmopolite où les diverses religions se côtoyaient (musulmans, taoïstes, bouddhistes, nestoriens, manichéens). La Chine était en relation avec la Perse sassanide par l'Asie centrale. Des réformes agraires, administratives (code des Tang, impôts sur le revenu) transformèrent l'empire. Les empereurs Taizong (627 - 649) et Xuanzong (712 - 756) accueillaient, dans leur palais, les artistes et poètes chinois (Du* Fu, Li* Bai, Liu* Zongyuan, Hanshan*, Chen* Hong) ou ceux venus de contrées lointaines (musiciens et danseurs d'Asie centrale) comme en témoignent les statuettes découvertes dans des tombes, qui révèlent des échanges culturels avec l'Afrique et l'Europe orientale. Mais, profitant de la révolte de An* Lushan (755), général barbare, les pays récemment conquis revendiquèrent leur indépendance (Ouïgours, Tibétains). Le gouvernement dut abandonner toute idée d'expansion. Ne pouvant plus restaurer l'unité du pays après des soulèvements paysans (868 et 874), le dernier souverain Tang fut détrôné en 907.

**LES SONG** La Chine du Nord retombant dans l'anarchie, les «Cinq Dynasties» se succédèrent jusqu'en 960. À cette date, un général fonda la dynastie des Song* (960 - 1279), annexant les provinces du Sud, de l'Est et du Nord. D'un grand raffinement, les Song léguèrent surtout l'art de la porcelaine fine et de grandes œuvres littéraires **(→ Su Dongpo)**. Les peuples de la frontière septentrionale chinoise firent peser une menace constante sur la sécurité des Song. L'empereur dut traiter avec les Khitans* (dynastie Liao, à Pékin) en 1004. Les Xia occidentaux (Shaanxi, Shanxi, Gansu) réclamèrent à leur tour un tribut. Les armées du royaume plus puissant des Jürchets* (Mandchourie) déferlèrent sur la Chine, s'emparèrent de la capitale Kaifeng en 1126 ; elles firent prisonnier l'empereur et créèrent la dynastie des Jin*. Cependant, un prince impérial réussit à s'enfuir dans les provinces méridionales et à s'installer à Hangzhou (Zhejiang) l'ancienne ville provinciale qui fut ainsi promue capitale des Song du Sud (1127).

**LES MONGOLS** En 1206, en Mongolie, Temüjin devint l'«empereur suprême» (Gengis* Khān) et conquit les royaumes chinois du Nord. Cependant, à Hangzhou, dans le royaume des Song du Sud, le commerce prit un essor considérable : les marchands, installant leurs échoppes dans les rues, n'étaient plus soumis aux règlements des marchés fermés des Han et des Tang. Les maisons de thé, les quartiers de plaisir dispersés dans toute la ville révélaient l'éclatement des régimes autoritaires précédents. La classe des lettrés (wenren) prit une importance grandissante à la Cour où les partis politiques, conservateur (Sima Guang) et réformateur (Wang Anshi), s'affrontaient. **Les Yuan** À partir de 1276, Kūbilaï* Khān, petit-fils de Gengis Khān, dirigea son nouvel empire depuis Pékin (Cambaluc*), devenu pour la première fois capitale de la Chine. En 1279, il acheva la conquête de la Chine (fin des Song du Sud) et fonda la dynastie Yuan* (1280 - 1368). Les découvertes des Song (impression à caractères mobiles, emploi du papier monnaie, boussole, poudres pour les armes à feu) ainsi que la prospérité dont jouit la Chine sous Kūbilaï firent l'étonnement et l'enthousiasme du voyageur Marco Polo*. Mais les Mongols, adeptes du bouddhisme lamaïque, n'essayèrent en aucune façon de se siniser. Ils brimèrent les peuples han récemment soumis. Des soulèvements populaires dus aux famines et à l'inflation se produisirent à partir de 1351.

**LES MING** Un chef de bande, Zhu Yuanzhang (1328 - 1398), s'allia aux insurgés nationalistes du «Turban Rouge». Il refoula les envahisseurs hors des frontières chinoises. Zhu Yuanzhang se proclama alors premier empereur de la dynastie des Ming* (1368 - 1644) sous le nom de Hongwu (1368 - 1398). La capitale établie à Nankin fut transférée à Pékin sous l'empereur Yongle (1403 - 1424). Pour la première fois Pékin fut le siège d'un gouvernement «chinois». De là, Yongle pouvait plus aisément surveiller les nomades qui menaçaient la frontière septentrionale, pourtant protégée par la Grande Muraille consolidée et agrandie. Cet empereur mena une politique d'expansion et de prestige. Il reconquit la Mongolie et établit un système de tribut avec les pays dans lesquels il envoya des ambassades. Celles-ci, dirigées par l'eunuque Zheng* He (1371 - env. 1434), atteignirent l'Asie du Sud-Est et même l'Afrique. De grands travaux d'irrigation et de drainage permirent un meilleur rendement agricole, la réduction des famines et, par conséquent, l'accroissement de la population. Sous Wanli (1573 - 1619), les rivalités entre les eunuques et les fonctionnaires à la cour provoquèrent des troubles politiques. Les eunuques s'immiscèrent dans les affaires de l'État, contrôlant la police, les finances et le Conseil d'État. Des pirates japonais firent des incursions dans les villes et les villages des côtes du S. de la Chine. Les Portugais s'installèrent en Chine (comptoir commercial de Macao). Des missionnaires occidentaux apparurent aussi (Matteo Ricci*). Sur le plan culturel, l'apport des Ming fut la compilation de la première encyclopédie sous Yongle et la naissance du roman **(→ Au bord de l'eau, Jinpingmei, Rouputuan)**.

**LES QING** Dans le Nord, des tribus apparentées aux Jürchets, les Mandchous (Manzhou), firent de Moukden (Shenyang) leur capitale, en 1625. Ils profitèrent de la demande d'assistance d'un général chinois, Wu* Sangui (pour soumettre des révoltés), pour s'emparer du pouvoir vacillant des Ming (1644) et s'installer à Pékin. Réfugiés au S., les derniers Ming subirent une défaite en 1661 qui assura la puissance de la dynastie mandchoue des Qing* (1644 - 1911). **Les règnes de Kangxi et de Qianlong** Les trois siècles pendant lesquels ceux-ci dirigèrent la Chine furent surtout dominés par les règnes de deux grands monarques : Kangxi* (1662 - 1722) et son petit-fils Qianlong* (1736 - 1796). Kangxi établit un protectorat chinois sur la Mongolie, occupa le Yunnan (1681) et Taiwan (1683). La frontière délimitant la Chine et la Russie fut fixée (traité de Nertchinsk). Homme cultivé, Kangxi favorisa la venue des jésuites à la cour ; il apprit auprès d'eux l'astronomie, les mathématiques et s'initia à la civilisation occidentale. Qianlong étendit son empire jusqu'à la Sibérie, à l'Altaï, au Pamir. La Corée, le Népal, le Viêtnam et la Birmanie devinrent des vassaux de la Chine. **Les deux guerres de l'Opium** Le pays se ferma aux étrangers et le commerce avec les Portugais et les Britanniques ne s'effectua plus qu'à Canton. Les

**Chine.** La Cité interdite. *BIS/Phot. Alvaro de Reiva. © Coll. Archives Nathan*

Chinois ayant détruit un stock d'opium importé par les Britanniques (1839) en échange de thé et de soieries, la Grande-Bretagne envoya un corps expéditionnaire (première guerre de l'Opium*) qui occupa la Chine méridionale. Le traité de Nankin (1842) donna Hong-Kong à la Grande-Bretagne et ouvrit plusieurs ports au commerce international. La faiblesse militaire chinoise était ainsi prouvée ; elle était en partie due à l'animosité des Han contre le gouvernement mandchou. Usant de prétextes, dont l'assassinat d'un missionnaire français, les Français et les Britanniques se lancèrent en 1856 dans la seconde guerre de l'Opium. Le traité de T'ien-tsin (Tianjin*) en 1858 accentua l'ouverture commerciale de la Chine, mais aussi religieuse et politique. Cependant, un sursaut de résistance des Chinois provoqua une seconde expédition, sous les ordres de lord Elgin et du général Cousin-Montauban (→ **Palikao**), qui s'acheva par le sac du palais d'Été (Yuanmingyuan*) près de Pékin. Le traité de Pékin (1860) imposa de nouvelles ouvertures commerciales de ports et légalisa l'importation d'opium. **Les révoltes et la guerre des Boxers** En 1853, un mouvement religieux antiétranger, dirigé par Hong Xiuquan (1813 - 1864), fonda le «Royaume céleste de la Grande Paix» (Taiping* Tianguo, 1851 - 1864) à Nankin. Les puissances occidentales, avantagées par les traités, préférèrent soutenir les Qing (participation de Charles «Chinese» Gordon) et Nankin fut reprise par les Mandchous en 1864. L'impératrice douairière Cixi* (Tseu-hi) était confrontée à plusieurs autres révoltes (Nian, musulmanes) dont ses généraux vinrent également à bout. Mais elle essaya de rétablir la suzeraineté chinoise sur le Viêtnam, où elle gêna les visées françaises au Tonkin. Il s'ensuivit un conflit en 1884 (amiral Courbet*) à l'issue duquel la Chine perdit tout droit sur le Viêtnam. À son tour, le Japon imposa sa suzeraineté sur la Corée (1885). En 1894, le roi de Corée, confronté à une révolte, fit appel à l'aide de son ancien suzerain chinois, provoquant un conflit sino-japonais, auquel mit fin le traité de Shimonoseki (1895) qui dépouillait la Chine de Taiwan et du Liaodong. Cette défaite entraîna le «dépècement» de la Chine par les puissances occidentales et, par réaction, un soulèvement nationaliste et xénophobe, provoquant l'ultime intervention armée occidentale (guerre des Boxers*, 1900). **La culture sous les Qing** La dynastie Qing connut une période brillante sur le plan culturel, grâce aux empereurs «éclairés» qui se succédèrent jusqu'à la fin du XVIII^e s. Puis survint une longue décadence, interrompue par des sursauts à l'occasion des contacts avec la culture occidentale (→ **forêt des lettrés [Histoire de la], Cao Xueqin, Pu Songling, Tan Sitong, Lao Can**).

**DE 1908 (LA MORT DE CIXI) À 1949** Dépassés par l'opposition, les Mandchous abdiquèrent (Puyi*, 1912). Une République devait se constituer, mais Yuan* Shikai imposa sa dictature (1912 - 1916). Il dut céder au Japon une grande part de la souveraineté chinoise («21 demandes», 1915) et, à sa mort, plusieurs gouverneurs de province proclamèrent leur indépendance (période des Seigneurs de la guerre → **Dujun**). L'acceptation du *statu quo* japonais en Chine, au traité de Versailles, provoqua le 4 mai 1919 une immense protestation des intellectuels chinois. L'un des opposants les plus en vue, Sun* Yat-sen, le chef du parti nationaliste (Guomindang*) depuis 1914, vivait souvent en exil en raison de ses tentatives avortées d'expériences démocratiques (république de Canton, 1921). Après sa mort, son beau-frère, Jiang* Jieshi (Chiang Kai-shek), reconquit la Chine (expéditions du Nord-Beifa, 1926) et instaura un gouvernement nationaliste à Nankin. Les Japonais entreprirent d'annexer la Chine en 1931, mais Jiang Jieshi divisa ses forces afin de poursuivre les communistes (Longue* Marche, 1934 - 1936). Le gouvernement nationaliste ne put donc contenir les Japonais («viol de Nankin», 1938) et se réfugia à Chongqing (Sichuan). Après s'être réconciliés avec les communistes, les nationalistes, aidés par les États-Unis, résistèrent aux Japonais. Mais après la capitulation du Japon (août 1945), la guerre civile entre nationalistes et communistes s'acheva sur la défaite des premiers. Jiang Jieshi se réfugia à Taiwan le 8 déc. 1949.

**DEPUIS 1949 : LA RÉPUBLIQUE POPULAIRE DE CHINE** La République populaire de Chine, dont la Constitution en vigueur date de 1982, fut proclamée le 1^er oct. 1949. **Les Cent-Fleurs** En 1956 - 1957, Mao* Zedong lança le mouvement des Cent-Fleurs en faveur d'une relative liberté d'expression, afin de revivifier l'esprit chinois. Mais les intellectuels attaquèrent les fondements mêmes du Parti. Il fallut une campagne de presse et des arrestations pour les remettre au pas. → **Hu Feng.** **Le Grand Bond en avant** Par la suite, le changement social tardant à venir, Mao lança le Grand Bond en avant en 1958 - 1959. Les perturbations et la famine qui s'ensuivirent incitèrent une partie des dirigeants à contester l'orientation industrielle de la révolution, inspirée par l'URSS. Les relations avec cette puissance se dégradèrent jusqu'à la rupture en 1960. Elles ne reprirent qu'après la visite de M. Gorbatchev* à Pékin en 1989. Le ministre de la Défense, Peng* Dehuai, critiqua Mao et fut démis au profit de Lin* Biao (1959). **La Révolution culturelle** En 1965, une pièce de théâtre ayant fait allusion à cette démission pour critiquer Mao, celui-ci orchestra une Révolution* culturelle destinée à renouveler l'esprit révolutionnaire et à remettre le Parti au pas. S'appuyant sur l'Armée populaire de libération (APL), sur les «gardes rouges» organisés par Lin Biao (1966) et sur un groupe de fidèles (son secrétaire Chen Boda, le Premier ministre Zhou Enlai, son épouse Jiang Qing), Mao parvint à briser l'opposition (Liu* Shaoqi, vice-président du comité central ; Deng* Xiaoping, secrétaire général du Parti). Mais les dirigeants furent débordés par les gardes rouges et Lin Biao dut rétablir l'ordre (1968). En 1969, ce dernier fut désigné comme le successeur de Mao. La méfiance s'installa entre les deux hommes. Lin Biao disparut en 1971 après un complot manqué contre Mao, officiellement dans un accident d'avion pendant qu'il tentait de fuir en URSS. **L'entrée à l'ONU** En 1971, le président Nixon annonça qu'il se rendrait en visite officielle (fév. 1972) en Chine. Cela permit à cette dernière d'entrer à l'ONU (15 oct. 1971) et d'éviter une confrontation majeure avec l'URSS. Les États-Unis, de leur côté, y virent un moyen de contrer l'homogénéité du bloc de l'Est et de favoriser un rapprochement sino-japonais. Par la suite, la normalisation des relations entre la Chine et les États-Unis (sous Jimmy Carter en 1979) entraîna la fin du traité de Défense mutuelle et des relations officielles des États-Unis avec Taiwan. Entre-temps, Jiang* Qing, l'épouse de Mao, tentait de pousser un groupe de ses fidèles à la succession de la Vieille Garde. Zhou Enlai, quant à lui, réhabilita Deng Xiaoping afin qu'il lui succédât. Mais à la mort du très populaire Zhou (1976), Deng fut de nouveau écarté. Hua* Guofeng, homme de compromis entre les radicaux et les modérés, devint Premier ministre. **Den Xiaoping et ses successeurs** Après la mort de Mao (9 sept. 1976), sa veuve et trois alliés (→ **Bande des Quatre**) échouèrent dans une tentative de coup d'État. Deng Xiaoping fut réhabilité (1977). Lorsque Hua Guofeng démissionna de son poste (1980), Deng était parvenu à s'imposer, lançant le pays sur la voie de la «démocratie restreinte», de la modernisation économique («Système de responsabilité», 1979) et de la démaoïsation (procès de la Bande des Quatre, 1980). Ses affidés, Zhao* Ziyang, Premier ministre, et Hu* Yaobang, secrétaire général du Parti, appliquèrent avec zèle les principes de Deng, tels que les réformes rurales puis urbaines, la politique de la «porte ouverte». Mais l'ouverture perturba l'économie et les esprits. En déc. 1986, de gigantesques manifestations étudiantes en faveur de la démocratie et la guerre des factions sur l'orientation politique et économique contraignirent Deng à céder des gages aux conservateurs. Hu Yaobang fut démis en 1987 (remplacé par Zhao Ziyang) et le conservateur Li Peng devint Premier ministre. Une campagne contre le «libéralisme bourgeois» écarta les chefs de la contestation (parmi lesquels l'astrophysicien Fang Lizhi), mais la répression resta discrète et limitée. En 1989, l'agitation s'accrut dans un contexte favorable (40^e anniversaire de la République populaire de Chine, bicentenaire de la Révolution française et de ses principes). L'interdiction faite à Fang Lizhi de participer à un dîner offert par G. Bush (visite de fév.), la mort de Hu Yaobang, symbole de l'ouverture (avril) et l'impact médiatique de la visite de M. Gorbatchev (mai) provoquèrent des manifestations impressionnantes. À partir du 4 juin (massacre de Tianan men), la répression fit plusieurs milliers de

**Chine.** Le premier fast-food à Pékin. *Phot. ©Forrest-Anderson/Gamma*

victimes. Zhao* Ziyang, ayant pris le parti des étudiants, fut démis au profit de Jiang* Zemin. La purge fut rude, mais Deng empêcha la vague de répression conservatrice de submerger le pays. Après le décès de Deng Xiaoping, modérés et conservateurs continuent de s'affronter. Les conservateurs ont alimenté un regain de nationalisme (affaire des îles Spratly* en 1995, bombardement de l'ambassade de Chine à Belgrade par l'Otan en 1999, élection présidentielle à Taiwan en 2000) pour tenter d'entraver la libéralisation du régime. Mais le président Jiang Zemin, en dépit de réflexes conservateurs (répression de la secte religieuse Falungong depuis 1999), soutint son Premier ministre réformateur Zhu Rongji. ▮ **Un statut de grande puissance** Les performances continues de la Chine ont convaincu les États-Unis et l'UE d'accepter son entrée dans l'OMC. Les étapes manifestant l'accession de la Chine au statut de grande puissance se sont succédé : interlocuteur privilégié pendant la crise afghane (2001), lancement d'un astronaute (taïkonaute) dans l'espace (2003), rapprochement avec la Russie (2005), sommet des chefs d'État africains à Pékin (2006), médiateur incontournable dans les crises nucléaires de Corée du Nord (2006, 2009), sélection pour la tenue de l'exposition universelle à Shanghai en 2010. Cette ascension a permis une transition du pouvoir chinois pour une fois pacifique entre réformateurs et conservateurs. Jiang Zemin a intronisé lors du 16$^e$ congrès du PCC (2002) son successeur Hu* Jintao, qui a nommé Premier ministre le populaire Wen Jiabao (2003). Jiang s'est retiré du pouvoir sans heurt en sept. 2004. Hu Jintao renforce son pouvoir sur les provinces et sur le parti par un durcissement de la lutte anti-corruption (arrestation du secrétaire du parti de Shanghai, 2006) et par des expériences de démocratisation (élections de districts en 2003 et 2006) qui demeurent décevantes. Hu manifeste néanmoins son emprise croissante sur l'appareil d'État depuis le 17$^e$ Congrès du PCC (2007) en lançant la nouvelle génération de leaders communistes (la 5$^e$ depuis la Révolution). En 2008, le succès des jeux Olympiques atténue les effets ravageurs du tremblement de terre au Sichuan et de la répression brutale d'une insurrection au Tibet. Mais en 2009, le 60$^e$ anniversaire de la République populaire n'atténue en rien les effets de la crise économique mondiale. Des protestations dans tout le pays, une révolte économique du peuple ouïgour, violemment réprimée au Xinjiang*, des scandales d'empoisonnement industriel, ternissent le bilan d'une Chine qui cherche sa voie entre développement économique continu et développement durable au bénéfice de toute la population.

---

**CHINE** (mer de) ♦ Mer bordière de l'océan Pacifique s'étendant le long des côtes de la Chine et de l'Indochine, comprenant la *mer de Chine orientale* (Dong hai, 770 000 km$^2$, entre la Corée et Taiwan) et la *mer de Chine méridionale* (Nan hai, 350 000 km$^2$, entre les Philippines et l'Indochine).

**CHINGUETTI** ♦ Oasis des plateaux désertiques de l'Adrar, au nord de la Mauritanie. La cité de Chinguetti a été fondée à la fin du XIII$^e$ s. pour les caravanes traversant le Sahara et devint un centre marchand et un foyer de la culture islamique. Maisons à patio et mosquée à minaret carré. Elle est classée au patrimoine mondial de l'Unesco.

**CHINJU** ♦ V. de Corée du Sud (prov. de Kyŏngsangnam), sur la rivière Nam au S.-O. de la péninsule. 337 242 hab. Plusieurs vestiges de la dynastie Koryŏ* (XIV$^e$ s.), musée archéologique.

**CHINON** [37500] ➛ **ÉTYM.** anc. *Caino,* du lat. *Catinus* (ou germ. *Hagino*), n. de pers., et suff. *-onem* ♦ Ch.-l. d'arr. de l'Indre-et-Loire, sur la Vienne. 8 716 hab. *(Chinonais).* Le château (XI$^e$ - XIII$^e$ s.), en partie ruiné, est constitué de trois forteresses, séparées par de profonds fossés. C'est dans l'une d'elles que Jeanne d'Arc rencontra Charles VII. Églises Saint-Mexme (X$^e$ - XI$^e$ s.), Saint-Maurice des XII$^e$ et XVI$^e$ s. (voûtes d'ogives de style angevin), Saint-Étienne (portail gothique flamboyant). Hôtels et maisons anc. autour du Grand Carroi. Musée du Vieux Chinon et de la Batellerie. Musée du Vin. ▪ Viticulture (chinon). Centrale nucléaire dite de Chinon. → **Avoine.** ▪ Au N.-E. de Chinon, s'étend la forêt domaniale de Chinon (5 220 ha) entre la Vienne et l'Indre. Au S.-O. se trouve la Devinière, métairie où naquit Rabelais*.

**CHINY** ♦ V. de Belgique (Région wallonne), prov. de Luxembourg, arr. de Virton, sur la Semois. 5 021 hab. Barrage de la Vierre, dans la forêt de Chiny (village-clairière de Suxy, château des Croisettes). ▪ Station touristique.

**CHIOGGIA** ♦ V. d'Italie, en Vénétie (prov. de Venise), au S. de la lagune vénitienne. 51 779 hab. Port (pêche, chantiers navals) et station balnéaire. Centre agrocommercial et industriel (indus. agroalimentaires). ▮ **Histoire** Enjeu, de 1376 à 1381, de la rivalité qui opposa Gênes à Venise, elle fut annexée par Venise en 1380.

**CHIOS** [kjɔs] ou **CHIO** [kjo] ♦ L'une des grandes îles grecques proches de la côte turque. Elle forme avec l'île voisine de Psara le nome de Chios (env. 52 000 hab.). CH.-L. : Chios, sur la côte E. (env. 30 000 hab.). Vestiges d'un temple d'Apollon (Phana), ruines archaïques et romaines (Emporio), monastère de Néa Moni avec de belles mosaïques byzantines (XI$^e$ s.). Citadelle génoise. ▪ Le S. de l'île produit du mastic tiré de la résine du lentisque. Tourisme. ▮ **Histoire** Une des cités de la Confédération d'Ionie*, l'île fut le siège de la confrérie des Homérides (→ **Homère**) et d'une école de sculpture renommée au -VI$^e$ s. (→ **Archermos**). Elle fut aussi le principal marché d'esclaves de la haute Antiquité grecque. Soumise aux Perses en -494, puis entrée dans la Confédération athénienne (-477 - -412), elle passa successivement aux Romains, aux Byzantins, aux Génois et aux Turcs. Pendant la guerre de l'Indépendance grecque, les Turcs massacrèrent la population insurgée en 1822. Elle fut affranchie en 1912.

**CHIPPENDALE (Thomas)** ♦ Ébéniste britannique (Otley, Yorkshire v. 1718 - Londres 1779). Fils d'un sculpteur et ébéniste, il se fixa à Londres vers 1727 et dirigea un atelier à partir de 1749 avec comme collaborateurs James Rannie puis Thomas Haig (à partir de 1771). Peu de meubles peuvent être attribués avec certitude à son atelier excepté ceux de Nostell Priory (1766 - 1770) et de Harewood House (1771). Il publia en 1754 le recueil de modèles *The Gentleman's and Cabinet Maker's Director :* les influences françaises (style rocaille) et hollandaises y prévalaient en même temps que l'adoption de motifs empruntés à l'art chinois et au gothique flamboyant. Ce recueil inspira les ébénistes du style «Chippendale», style qui succédait à l'époque «Queen Ann» et s'infléchit vers le néoclassicisme sous l'influence de R. Adam*. ➛ **ÉTYM.** Ce nom de famille vient de *Chippingdale* (du vieil anglais *cīeping* «commerce, marché» et *dale* «vallée»), nom de lieu dans le Lancashire.

**CHIQUITO DE CAMBO (Joseph APESTEGUY, dit)** ♦ Joueur de pelote basque (Cambo 1881 - Saint-Jean-de-Luz 1950). Il fut le plus grand joueur de pelote basque de tous les temps.

**CHIQUITO(S)** n. m. (pl.) ♦ Indiens vivant dans le haut Paraguay et au pied des Andes boliviennes.

**CHIRAC (Jacques)** ♦ Homme d'État français (Paris 1932). Collaborateur de G. Pompidou, plusieurs fois député de 1967 à 1995, ministre de l'Agriculture (1972), puis de l'Intérieur (1974), il soutint V. Giscard* d'Estaing à l'élection présidentielle de 1974, face à J. Chaban*-Delmas, et devint Premier ministre (1974 - 1976). Après sa démission, il fonda le Rassemblement* pour la République (RPR) qui remplaça l'UDR (1976) et dont il s'attacha à faire évoluer l'héritage gaulliste, notamment en matière de construction européenne. Maire de Paris (1977 - 1995), Premier ministre (1986 - 1988) sous F. Mitterrand*, battu par ce dernier à l'élection présidentielle de 1988, il fut élu président de la République le 7 mai 1995 avec 52,64 % des voix contre 47,36 % à L. Jospin*. Face à une forte agitation sociale, il décida de dissoudre l'Assemblée afin de relancer sa majorité, mais les législatives anticipées de juin 1997 virent la victoire de la gauche et ouvrirent une période de cohabitation (→ **Jospin**). Profitant de la mobilisation de la gauche contre J.-M. Le* Pen présent au deuxième tour, il fut réélu en 2002 avec plus de 82 % des voix (→ **UMP**). Soutenu par une grande partie de l'opinion dans son refus à l'ONU (2003) d'une intervention militaire en Irak*, il fut en revanche affaibli par le non au référendum sur la constitution européenne en mai 2005. En vertu de la loi sur la réduction du mandat présidentiel à cinq ans au lieu de sept adoptée en 2000, il fut le premier président français à exercer un quinquennat. ➛ **ÉTYM.** Ce nom de famille vient de *Cariacum,* nom de domaine gallo-romain, du gaulois *Carius,* nom de personne, et suffixe *-acum.*

Jacques **Chirac** aux Nations unies, New York, en 2003.
*Phot. © Fabiano/Sipa*

**CHIRĀZ** ♦ V. d'Iran, ch.-l. de la province du Fārs*, non loin des ruines de Persépolis*, à 1 600 m d'alt. 1 227 331 hab. Ville d'art. Jardins célèbres : Bāghe Eram, Nārendjestān (orangeraie). Mausolées de Chāh Tcherāgh (XIII$^e$ s.), de Ḥāfiẓ*, de Sa'di* et de Khājū. Vieille mosquée (Masdjed Djame Atighe, IX$^e$ et XII$^e$ s.) avec son original Khāne Khodāy (maison de dieu) où sont gardés de très anciens manuscrits du Coran. Citadelle, palais, bazars, médersa, hammam et mosquée de l'époque zend (XVIII$^e$ s.). Musée du Pārs. Encastrée dans un haut bassin semi-aride du Zagros, mais bien irriguée par des sources et des *qānat* (canaux souterrains d'irrigation), jouissant d'un climat agréable, la ville est réputée pour ses vignobles et ses roseraies, célébrées par ses grands poètes. ▪ Artisanats (argent ciselé, marqueterie, tapis de laine). Indus. chimique et textile, raffinerie de pétrole. Base aérienne, centre universitaire et admin. ▮ **Histoire** Fondée en 684, peu après la conquête arabe, comme ville de garnison, Chirāz dut son essor à son choix comme capitale par les Saffarides* au IXe s. Les Buyides* l'enrichirent (palais, murailles) aux Xe et XIe s. Ayant échappé aux dévastations mongoles (XIIIe s.) et timurides (XIVe s.), la ville devint un centre de rayonnement culturel et la capitale littéraire de l'Iran, puis prospéra sous les Safavides. En 1623, 'Abbās* Ier y autorisa l'établissement d'une mission carmélite. Dévastée par une inondation en 1668, la ville fut saccagée par les Afghans en 1729 et assiégée en 1744 par Nādêr* Chāh. Capitale de l'Iran sous le règne de Karīm Khān Zend, elle déclina avec la création des ports de Bandar Chahpour (auj. Bandar* Khomeyni) et de Khorramchahr (dynastie des Pahlevi).

**CHIRICO (Giorgio DE)** → **De Chirico**

**CHIRIQUÍ** n. m. ♦ Volcan du Panamá, appelé aussi Barú, situé non loin de la frontière du Costa Rica, entre le golfe de Chiriquí, sur le Pacifique, et la lagune de Chiriquí, sur l'Atlantique. Point culminant (3 477 m) des reliefs volcaniques qui font suite à la Cordillère costaricaine. ▪ La *prov. de Chiriquí* a révélé de nombreuses richesses archéologiques : site de Barriles (300 - 500) : sculptures de personnages grandeur nature, sépultures contenant des objets de céramique peinte et des *metates* (mortiers) de pierre ; figurines et objets en céramique (ocarinas, sifflets), vases tripodes et orfèvrerie (pendentifs d'or à décor contenu dans un cadre) produits entre 800 et 1525.

**CHIRON** [ki-] – en gr. ***Kheirôn*** ➜ **ÉTYM.** probablt de *kheir* «main [d'où habileté, secours]» ♦ Un des Centaures*, fils de Cronos*, qui se distingue de ses semblables, brutaux et incultes, par sa bonté et sa sagesse. Apollon et Artémis lui enseignent l'art de la médecine et de la chasse, puis il est lui-même l'éducateur d'Asclépios*, d'Achille*, d'Héraclès*, de Jason*, de Palamède* et d'autres héros. Il sauve Pélée*, attaqué par les Centaures, puis, blessé lui-même accidentellement par Héraclès et souffrant atrocement, il accepte de mourir à la place de Prométhée, lui cédant son droit à l'immortalité. Il prend place parmi les constellations sous le nom de Sagittaire.

**CHIROUBLES** [69115] ➜ **ÉTYM.** p.-ê. à rapprocher de *Charolles** ♦ Comm. du Rhône, arr. de Villefranche-sur-Saône, dans le Beaujolais. 349 hab. *(Chiroublons)*. Viticulture (chiroubles, grand cru de beaujolais).

**CHIRRIPÓ GRANDE** n. m. ♦ Massif volcanique du Costa Rica en Amérique centrale. Point culminant de la sierra de Talamanca*. 3 820 m. Volcan toujours actif.

**CHISINAU** ➜ **ÉTYM.** de 1944 à 1991 ***Kichinev*** ♦ Cap. de la République de Moldavie, située sur un affl. du Dniestr. 598 000 hab. Univ. ▪ Centrale thermique. Indus. alimentaire (conserveries), métallurgique, mécanique, appareillage électrique. Confection. Bonneterie. ▪ Pouchkine* y fut exilé de 1820 à 1823.

**CHITA** → **Tchita**

**CHITOR** ou **CHITTORGARH** ♦ Loc. de l'Inde* (Rajasthan). ▮ **Histoire** Fondée au VIIIe s., elle est devenue la capitale de l'État de Mewār du VIIIe au XVIe s. Célèbre pour la farouche défense qu'elle soutint au XIVe s. contre les musulmans, la ville fut finalement prise par Akbar* en 1568. Nombreux monuments des Rājput*.

**CHITRAL** n. m. ♦ District montagneux du N. du Pakistan. CAP. : Chitral. Env. 120 000 hab. Situé à l'articulation entre l'Hindū Kush et l'Himalaya, il comporte plusieurs sommets de plus de 7 000 m, encadrant la vallée de la rivière Chitral.

**CHITTAGONG** n. m. ➜ **ÉTYM.** étym. obsc. (*gong* vient du sanskr. *grāmas* «village») ♦ V. du Bangladesh, cap. de distr., dans le fond du golfe du Bengale. 2 023 489 hab. Premier port et seconde ville du pays. Fréquenté dès le XVIe s. par les Portugais, le port doit son importance à la partition de l'Inde en 1947, qui priva le Bengale pakistanais (Pakistan oriental) puis le Bangladesh du port de Calcutta, resté possession indienne. Indus. diversifiées : complexe métall., filatures de coton et de jute, traitement du thé, fabrication d'allumettes. ▪ Le district de Chittagong, très montagneux (chaînes prébirmanes), est peuplé d'Arakanais.

**CHIUSI** ♦ V. d'Italie, en Toscane (prov. de Sienne). 8 612 hab. Nécropole étrusque : tombe dite «du singe». ▮ **Histoire** L'anc. *Clusium* (*Camars* à l'époque étrusque), cap. du roi Porsenna* (–VIe s.), fut une des plus importantes villes étrusques. Vers –390, elle fut le théâtre du premier affrontement entre Celtes et Romains.

**CHIVASSO** ♦ V. d'Italie, dans le Piémont (prov. de Turin). 23 648 hab. Important nœud de communications. Centrale thermique. Indus. mécaniques (automobile). Cuirs et peaux.

**CHIYO** ou **KAGA NO CHIYOJO** ➜ **ÉTYM.** jap. «Dame Chiyo de Kaga» ♦ Poète japonaise (Kaga 1703 - 1775). Son style aisé et populaire, la délicatesse des sentiments qu'elle exprime la rendirent célèbre dès son jeune âge. Elle se fit religieuse bouddhiste en 1729, à la mort de son mari et de son fils. Ses haïkus sont très souvent cités.

**CHIZIANE (Paulina)** ♦ Romancière mozambicaine d'expression portugaise (Manjacaze, sud du Mozambique 1955). Pendant ses études, elle milita pour l'indépendance (1975) qui plongea aussitôt le pays dans une horrible guerre civile. Elle a évoqué les problèmes spécifiques de l'Afrique, dont les ravages de la guerre (*Ventos do apocalipse*, 1995), et plus spécialement la condition de la femme (*Balada de amor ao vento*, 1990 ; *Le Parlement conjugal, une histoire de polygamie*, 2006).

**CHKLOVSKI (Viktor Borissovitch)** ♦ Critique et historien littéraire soviétique (Saint-Pétersbourg 1893 - Moscou 1984). Théoricien du formalisme russe, il appartint au groupe des Frères* Sérapion et laissa de nombreuses études sur la littérature russe (*La Résurrection du mot*, 1914 ; *La Théorie de la prose*, 1925) et sur des auteurs tels que L. Tolstoï, Dostoïevski. Il écrivit en outre *Voyage sentimental* (1923), où il raconte ses aventures depuis la révolution, Zoo (1923), roman par lettres, ainsi que des essais sur le cinéma et les cinéastes.

**CHLADNI (Ernst)** ♦ Physicien allemand (Wittenberg 1756 - Breslau 1827). Il affirma en 1794 l'origine cosmique des météorites. Auteur de travaux d'acoustique, il découvrit les vibrations longitudinales des cordes et étudia la vibration des plaques, localisant les nœuds et les ventres à l'aide de sable fin.

**CHLEFF** – anc. ***Orléansville*** puis ***El-Asnam*** ♦ V. d'Algérie, située dans la plaine du Chéliff. 118 996 hab. ▮ **Histoire** Fondée en 1843 par Bugeaud* sur le site de l'antique *Castellum Tingitanum*, la ville connut en sept. 1954 et en oct. 1980 deux tremblements de terre qui firent de nombreuses victimes.

**CHLEUH(S)** n. m. (pl.) ➜ **ÉTYM.** ar., dér. du berbère *ach leuh* «tente de poil» ♦ Population berbère* sédentaire du Maroc, habitant le Haut-Atlas et l'Anti-Atlas occidentaux ainsi que la plaine du Sous, et parlant un dialecte berbère, le *chleuh*. De nombreux Chleuhs émigrent dans les grandes villes marocaines comme ouvriers ou commerçants.

**CHLORIS** ♦ Déesse grecque des Fleurs, épouse de Zéphyr*, identifiée avec la Flore *(Flora)* de la mythologie romaine. ▪ Nom d'autres personnages féminins de la mythologie grecque, dont une des filles de Niobé*, la seule qui échappa au massacre des Niobides. Elle doit son nom à la pâleur de son teint, résultat de la terreur qu'elle avait éprouvée. Elle donna naissance à Nestor*.

**CHOA** n. m. ♦ Région historique d'Éthiopie. CAP. : Addis-Abeba. La région est peuplée d'Amharas. ▪ La contrée fut reprise aux musulmans au XVe s. L'Éthiopie moderne s'est développée à partir du Choa.

**CHO Bongam** ou **JO Bong-am** ♦ Homme politique coréen (Gan'ghwa 1898 - 1959). Emprisonné en 1919 pour sa participation au mouvement d'indépendance (→ **Ch'oe Namsŏn**), il étudia à Tōkyō après sa libération, puis joignit le Komintern à Shanghai et Moscou. Il créa le parti communiste de Corée en 1925 et fut emprisonné de 1927 à 1932. Il fut pendu pour son soutien à la Corée du Nord.

**CHOCÓ** ♦ Dép. de la Colombie, sur le Pacifique. 46 530 km². 388 476 hab. CAP. : Quibdó. Une des zones forestières parmi les plus pluvieuses du monde (7 m/an). Population noire dominante. Agriculture (bananes, cacao). Placers d'or.

**CHOCÓN-CERROS-COLORADOS** ♦ Lac de barrage d'Argentine, sur le río Limay. La centrale hydroélectrique du même nom (1,8 MW) approvisionne la région voisine de Neuquén, en Patagonie du Nord, et Buenos Aires à 1 000 km.

**CHŌ DENSU** → **Minchō**

**CHODERLOS DE LACLOS** → **Laclos (Pierre Choderlos de)**

**CH'OE Cheu** ou **CHOE Jeu** ♦ Philosophe et religieux coréen (1824 - 1864). Créateur en 1860 d'une religion syncrétique alliant christianisme, bouddhisme et traditions coréennes, appelée Tonghak («enseignement de l'Orient»), il fut décapité en 1864 pour avoir troublé l'ordre public en prêchant. Ses disciples provoquèrent une grande révolte en 1894. → **Chŏn Pongjun.**

**CH'OE Ch'ung** ou **CHOE Chung** ♦ Philosophe et éducateur coréen (984 - 1068) surnommé le «Confucius de Corée» parce qu'il fut le premier confucianiste du pays. Il a posé les fondements du Code pénal en 1047, participé à la rédaction d'œuvres historiques majeures *(L'Histoire véritable du roi Hyŏnjong)* et fondé la première école privée coréenne.

**CH'OE Namsŏn** ou **CHOE Nam-Seon** ♦ Écrivain et poète coréen (Chŏwŏn 1890 - 1957). Chrétien, il fit des études au Japon, mais fut renvoyé en raison de ses poèmes à la fibre patriotique et de textes politiques (*La Fausse Assemblée*, 1907). Il fut l'une des 33 personnalités du pays (sur 48) qui signèrent la «Déclaration d'indépendance» contre le Japon en 1919, dont il avait rédigé le texte.

Les **Choéphores** – en gr. ***Khoêphoroi*** ♦ Tragédie d'Eschyle* (–458), la seconde de la trilogie l'*Orestie*, après *Agamemnon* et précédant *Les Euménides*. Instruit par sa sœur Électre* du meurtre de son père Agamemnon, Oreste* exerce sa vengeance en tuant Clytemnestre*, sa mère, et l'amant de celle-ci, Égisthe. Le chœur de la tragédie est constitué par les Choéphores, porteuses d'offrandes.

**CHOISEUL (César,** duc **DE),** comte **DU PLESSIS-PRASLIN** ♦ Maréchal de France (Paris 1598 - *id.* 1675). Il resta loyal au roi pendant la Fronde* et vainquit Turenne* à la tête des Espagnols à Rethel*. Il fut un des négociateurs du traité de Douvres* (1670). ➝ ÉTYM. Ce nom de famille vient d'un nom de lieu en Haute-Marne, du latin *Causeolum* (de *Causius*, nom de personne) et gaulois *ialo* «clairière».

**CHOISEUL (Étienne François,** duc **DE)** ♦ Homme politique français (en Lorraine 1719 - Paris 1785). Après de brillants débuts militaires, il acquit par son esprit et son habileté l'appui de Mme de Pompadour*, entra dans la carrière diplomatique, et parvint au pouvoir qu'il exerça de 1758 à 1770 (il fut secrétaire d'État aux Affaires étrangères, recevant également les portefeuilles de la Guerre et de la Marine). Son premier but fut de préparer la revanche contre la Grande-Bretagne, au lendemain du traité de Paris. Resté fidèle à l'alliance autrichienne, à laquelle il avait contribué, il la renforça par le second traité de Versailles, et la compléta par l'alliance espagnole. ➝ **Famille (pacte de).** Avec l'aide de son cousin le duc de Praslin*, il accomplit une réforme profonde de l'armée et de la marine (meilleure formation des officiers, abolition de la vénalité des grades, développement de l'artillerie, construction navale), qui allait permettre les succès français lors de la guerre d'Indépendance américaine. L'acquisition de la Corse constitua un avantage important sur le plan stratégique. Mais cette politique étrangère n'était pas sans faiblesse : la négligence de Choiseul à l'égard du développement de la puissance russe aboutit au partage de la Pologne. De plus, son attitude ambiguë, flattant l'opinion et encourageant l'*Encyclopédie* ou les parlements (expulsion des jésuites), eut pour conséquence le renforcement de l'opposition parlementaire, qui devint très violente à la fin de son ministère. Les difficultés financières s'étaient encore aggravées du fait des dépenses militaires. Ce furent là sans doute, outre la mort de Mme de Pompadour et l'hostilité de Mme du Barry qu'il n'avait pas su se concilier, les causes de son renvoi et de l'avantage que Maupeou prit sur lui. Exilé sur ses terres à Chanteloup*, où il fit élever une pagode et dont il fit un foyer actif d'opposition, il fut autorisé par la suite à revenir à Paris, mais ne joua plus aucun rôle politique.

Étienne de **Choiseul.** Portrait par L. M. Van Loo (81 × 72 cm). Musée des Beaux-Arts, Tours.
*Phot. © Giraudon*

**CHOISEUL** ♦ Île de la chaîne orientale de l'archipel des Salomon*.

**CHOISEUL-PRASLIN (Charles,** duc **DE)** ♦ Homme politique français (Paris 1805 - *id.* 1847). Député en 1839, pair de France en 1845, il avait épousé en 1824 la fille du maréchal Sébastiani* de la Porta qui fut retrouvée poignardée dans leur hôtel (1847). Accusé d'assassinat, Choiseul-Praslin se suicida. Cette affaire constitua un des grands scandales de la fin de la monarchie de Juillet.

**CHOISY (François Timoléon,** abbé **DE)** ♦ Écrivain français (Paris 1644 - *id.* 1724). Pourvu de nombreux bénéfices ecclésiastiques, spirituel, efféminé, connu un moment sous le nom de comtesse de Barres, il fut longtemps l'objet d'une curiosité scandaleuse par ses liaisons. Parti à Rome en qualité de conclaviste (1676), il s'y convertit, puis s'embarqua avec l'ambassade envoyée par Louis XIV au Siam (1685) et revint prêtre. Ses *Mémoires pour servir à l'histoire de Louis XIV* (posth. 1727) offrent des portraits très vivants. [Acad. fr. 1687]

**CHOISY-AU-BAC** [60750] ♦ Comm. de l'Oise, arr. de Compiègne. 3 571 hab.

**CHOISY-LE-ROI** [94600] ➝ ÉTYM. *Choisy*, anc. *actum Chausiaci*, du lat. *Cautius* (de *cautus* «prudent»), n. de pers., et suff. *-acum* et *le Roi*, à la suite de l'achat par Louis XV du château de la princesse de Conti ♦ Ch.-l. de cant. du Val-de-Marne, arr. de Créteil, sur la Seine, dans la banl. S. de Paris. 34 336 hab. *(Choisyens).* Église Saint-Louis (XVIIIe s.), devenue cathédrale. Vestiges d'un anc. château construit au XVIIe s. par Jacques IV Gabriel, agrandi au XVIIIe s., qui fut l'une des résidences favorites de Louis XV. ▪ Usine de traitement des eaux. Fabrique de faïence fine fondée en 1804. Indus. diversifiées.

**CHOJNACKA (Élisabeth)** ♦ Claveciniste française d'origine polonaise (Varsovie 1939). Elle se consacre avant tout au répertoire contemporain, et a commandé et créé de nombreuses œuvres (Boucourechliev, C. Halffter, Ligeti, Xenakis).

**Chokusen Wakashū** n. m. ♦ Nom générique des 21 anthologies poétiques japonaises compilées de 898 à 1465 sur l'ordre des empereurs du Japon. Elles constituent le trésor de la poésie classique japonaise de waka (poèmes de 31 syllabes disposées en cinq vers de 5-7-5-7-7 syllabes).

**CHOLA** n. m. pl. ♦ Dynastie de l'Inde du Sud, fondée vers le IIIe s. de notre ère, qui commença à prendre de l'importance au IXe s. Vers 907, elle supplanta la dynastie des Pallava* sur la côte de Coromandel*, conquit la quasi-totalité de l'Inde du Sud sur les autres dynasties (➝ **Chera**), envahit Ceylan et, développant une grande flotte maritime, fit un commerce intensif avec le S.-E. asiatique. Leur capitale était Chidambaram*. Les Chola s'opposèrent en Malaisie à Śrīvijaya et le battirent sur mer. Vers la fin du Xe s. cependant, leur puissance déclina et ils ne purent se maintenir qu'en alliant leur famille à celle de la dynastie des Chālukya*, très puissante dans le reste du Dekkan* méridional. Ils disparurent vers la fin du XIIIe s., ayant laissé dans leurs capitales successives, et principalement à Thanjavur*, d'importants monuments religieux.

**CHOLEM ALEICHEM (Sholom Nokhoumovitch RABINOVITCH,** dit**)** ➝ ÉTYM. prononciation askhénaze de *shâlôm 'aleykhem* «la paix soit avec vous» ♦ Écrivain d'expression yiddish et russe (Pereïaslaev, Ukraine 1859 - New York 1916). Il a laissé des nouvelles *(Deux Pierres ; Le Canif)*, des contes *(Contes de Tévié le laitier)* et des romans *(Joséphin le rossignol ; Le Déluge)* dans lesquels il évoque la condition juive sur un ton lucide et amer, mais avec un humour qui exorcise tout désespoir. Il écrivit un roman *Les Étoiles errantes* (1909 - 1911), sur le destin des intellectuels en Russie et des Juifs émigrés en Amérique. À partir de 1914, il vécut à New York.

**CHOLET** [49300] ➝ ÉTYM. anc. *Colletum*, du lat. *caulis* «chou» [en lat. médiéval *cauletum* «jardin potager»] et suff. de lieu *-etum* ♦ Ch.-l. d'arr. du Maine-et-Loire. 54 204 hab. *(Choletais).* Musée des Guerres de Vendée et musée des Sciences. ▪ Antenne universitaire. Important marché de bétail. Centre d'indus. diversifiées : pneumatiques, agroalimentaire, cuir, textile (mouchoirs), construc. mécaniques et électriques. ▮ **Histoire** Cholet fut le théâtre de sanglants combats pendant la guerre de Vendée*. De mars 1793 à mars 1794, les armées royalistes et révolutionnaires se disputèrent la ville. Le combat le plus meurtrier se livra sous ses murs le 17 oct. 1793 : il opposait l'armée de Mayence, commandée par Kléber, Marceau et Haxo, à l'armée vendéenne conduite par Bonchamp, d'Elbée (qui y trouvèrent la mort), La Rochejaquelein et Lescure ; les républicains remportèrent la bataille. Incendiée, détruite, désertée par la quasi-totalité de ses habitants à la fin de la période révolutionnaire, la ville ne se releva qu'au cours du XIXe s., grâce au développement de son industrie textile.

**CHOLOKHOV (Mikhaïl Aleksandrovitch)** ♦ Conteur et romancier soviétique (Kroujiline 1905 - Vechenskaïa 1984). Inspiré par l'amour qu'il portait à sa terre natale et au peuple qui l'avait vu grandir, il commença à écrire très jeune. En 1926 parut son premier livre, *Récits du Don*, et en 1925 il travaillait déjà à son grand roman *Le Don* paisible* qu'il ne termina qu'en 1940. Entre-temps, il publia en 1932 le premier volume de *Terres défrichées* qui raconte le début de la collectivisation des terres en URSS, et dont le second volume ne sortit qu'en 1960. En 1943, il entreprit un roman racontant la lutte du peuple russe contre l'envahisseur, *Ils ont combattu pour la patrie*, et en 1956 - 1957 parut son roman *Le Destin d'un homme*. ▪ Dans la tradition de L. Tolstoï* et de Bounine*, il a décrit le peuple travailleur avec finesse et tendresse, adoptant et défendant sans concession les positions officielles du réalisme socialiste. [Prix Nobel de littér. 1965] ➝ ÉTYM. Ce nom vient du mot russe *šoroh* «bruissement», d'une racine onomatopéique.

**CHOLON** ➝ ÉTYM. vietnamien «le grand *(lon)* marché *(cho)*» ♦ V. du Viêtnam (Sud), fondée à la fin du XVIIIe s. par des immigrants chinois. Longtemps administrativement séparée de Saigon, la ville vietnamienne limitrophe, elle correspond approximativement aux 5e et 6e arr. urbains de la prov. de Hồ Chí Minh-Ville. Ville chinoise par ses habitants, env. 500 000 recensés avant 1975 (dont beaucoup avaient perdu leur nationalité d'origine en 1957), Cholon connut des vagues d'émigration dès 1978 à la suite des mesures de collectivisation. ▪ Grand centre indus. et commercial, la ville, qui est aussi un port fluvial, constitue un vaste entrepôt pour le commerce intérieur et extérieur. ▪ Le paysage urbain, avec ses canaux parsemés de compartiments-échoppes ou d'ateliers, a conservé un certain pittoresque.

**CHOLTITZ (Dietrich VON)** ♦ Général allemand (Schloss Wiese, Silésie 1894 - Baden Baden 1966). Il commanda à Stalingrad (1941), en Italie (1943), en Normandie (1944). Gouverneur militaire de Paris le 9 août 1944, il capitula le 25 suivant, sans exécuter l'ordre de faire sauter les ponts et les édifices qui étaient minés.

**CHOLULA** ♦ V. du Mexique central, auj. intégrée à l'aggl. de Puebla*. Env. 50 000 hab. Univ. de Las Americas. Célèbre pyramide précolombienne transformée en colline surmontée d'une église coloniale.

**CHOLUTECA** ♦ V. du Honduras méridional, ch.-l. de dép., située entre le golfe de Fonseca et la frontière du Nicaragua. 120 791 hab. Important centre commercial agroexportateur (élevage, melons, crevettes).

**CHOMOLUNGMA** → ÉTYM. «Grande Mère des montagnes» ♦ Nom tibétain du mont Everest*.

**CHOMSKY (Noam)** ♦ Linguiste américain (Philadelphie 1928). Il fut l'élève de Z. S. Harris* et subit aussi l'influence de R. Jakobson* et, au Massachusetts* Institute of Technology (MIT) où il entra en 1954, celle des logiciens et cybernéticiens. Ses deux grands travaux initiaux, *Transformational Analysis* (thèse, 1955) et *The Logical Structure of Linguistic Theory* (1956), sont restés impubliés ; mais le bref ouvrage qui en est issu, *Structures syntaxiques* (1957), révolutionna la linguistique, en proposant une description «générative», pour toute phrase, par une suite de «règles de réécriture» aboutissant à une «structure profonde» et une suite de «transformations» conduisant à une «structure superficielle» (celle que réalise phonologiquement la parole). *Aspects de la théorie syntaxique* (1965), *Principes de phonologie générative* (1966) précisent et modifient la théorie. Dirigée contre le behaviorisme et la linguistique inductive (par observation exclusive du discours et classification), la théorie chomskyenne repose sur l'hypothèse de l'origine innée du langage (et même des développements d'un «schéma fixe inné») et de l'universalité des structures profondes. Ses présupposés philosophiques sont exposés dans la *Linguistique cartésienne* (1966) et *Le Langage et la Pensée* (1968). Adoptée avec enthousiasme aux États-Unis, très influente en Europe, la grammaire générative-transformationnelle a donné naissance à plusieurs théories (théorie «standard», modifiée, sémantique générative) qui, malgré leurs divergences, doivent toutes l'essentiel de leurs hypothèses à la pensée de Chomsky. Dans le domaine de la politique, Chomsky s'est signalé par des prises de position critiques envers la politique internationale américaine. → ÉTYM. *Chomsky* vient de *Chomsk*, nom de ville en Pologne, avec le suffixe de localisation *-ski*.

Noam **Chomsky** en 1971.
*Phot. © Constantin Manos/ Magnum*

**CHOMUTOV** ♦ V. de la République tchèque, en Bohême septentrionale, dans le bassin lignitifère de Most*. 49 817 hab. Hôtel de ville Renaissance. ▪ Construc. mécaniques. Indus. chimique et textile.

**CHŎNG Ch'ŏl** ou **JEONG Cheol** ♦ Poète coréen (1536 - 1593), auteur de nombreux poèmes et chants écrits en langue coréenne et considérés comme les plus beaux qui furent jamais écrits en cette langue. Il était également musicien et lettré confucéen, proche du roi Myŏngjong. Un recueil de ses œuvres est intitulé de son nom de plume, *Song Gang*.

**CH'ŎNGJIN** ou **CHEONGJIN** ♦ V. de Corée du Nord, sur la mer du Japon. 265 000 hab. Centre indus. (sidérurgie et indus. chimiques) important. Port exportateur de bois et de conserves, c'est un des principaux débouchés maritimes du pays.

**CHONGMING** ou **TCH'ONG-MING** ♦ Île de Chine (Shanghai), à l'embouchure du Chang jiang. 1 064 km² (3ᵉ île de Chine après Taiwan et Hainan). 744 000 hab. Pêche. Pisciculture. Céréales. Coton.

**CHONGQING** ou **TCH'ONG-KING** → ÉTYM. chin. «nombreux *(chóng)* bonheurs *(qing)*» ♦ V. de Chine, au confluent du Chang jiang et du Jialing jiang. 5 087 197 hab. Municipalité autonome (82 400 km² ; 30 512 763 hab.). Important port fluvial (trafic passager et fret) et centre indus. : textile (soie), chimie, sidérurgie, mécanique, cimenterie. Centrale hydroélectrique. Riz, blé, maïs. Thé. ▮ **Histoire** Anc. cap. du royaume Ba (époque Chunqiu*). Capitale du gouvernement nationaliste durant la Deuxième Guerre mondiale.

**CHONOS** (archipel des) ♦ Archipel du Chili, constitué par plusieurs milliers d'îlots, séparés de la province d'Aisén par le canal de Moraleda. Il est presque inhabité. Le N. de l'archipel est inclus dans l'ancienne province de Chiloé.

**CHŎN Pongjun** ou **JEON Bong-Jun** ♦ Philosophe coréen (T'aein 1854 - 1895). Il dirigea une révolte de paysans adeptes de la religion Tonghak. Elle visait à donner le pouvoir au peuple, à protester contre le poids des taxes et à venger la mort du fondateur (→ **Ch'oe Cheu**). Le pouvoir royal fit appel à l'aide chinoise (→ **Min**) ; il fut capturé et exécuté, mais l'intervention chinoise déclencha la guerre sino-japonaise de 1894 - 1895 et l'instauration d'un protectorat japonais sur la Corée.

**CHO OYU** n. m. → ÉTYM. tibét. *cogyu* «déesse des pierres turquoises», de *co* «le plus haut, déesse» et *gyu* «turquoise» ♦ Sommet (8 201 m) de l'Himalaya oriental, sur la frontière entre la Chine et le Népal, proche de l'Everest.

**CHOOZ** [ʃo] [08600] → ÉTYM. anc. *Calcum*, du lat. *calx* «chaux» (désignerait un four à chaux) ♦ Comm. des Ardennes, arr. de Charleville-Mézières, sur la Meuse. 749 hab. *(Calcéens)*.

**CHOPIN (Frédéric)** ♦ Compositeur polonais (Żelazowa-Wola, près de Varsovie 1810 - Paris 1849). ▮ **Une jeunesse polonaise** Il était le fils d'un Français, Nicolas Chopin, originaire de Lorraine, précepteur chez la comtesse Skarbek, et de Justyna Krzyżanowska, parente et dame d'honneur de la comtesse. Sous la direction d'Adalberg Żywny, il commença très jeune l'étude du piano et affirma bientôt les qualités d'un enfant prodige. Il reçut au lycée de Varsovie une instruction solide puis décida de se consacrer à la musique. Il était encore élève du Conservatoire (1826 - 1829) lorsqu'il connut ses premiers succès de virtuose et composa ses premiers chefs-d'œuvre (*Valses en la bémol majeur* et *en si bémol majeur, Polonaise en ré mineur, Mazurka en la mineur, Nocturne en mi mineur, Variations sur un thème de «Don Juan», de Mozart*). C'est aussi l'époque d'une éphémère idylle avec Constance Gładkowska dont l'écho se retrouve dans les deux *Concertos pour piano* (*fa* mineur et *mi* mineur, 1830). Après un séjour à Berlin puis à Vienne (1829) où il donna deux concerts, Chopin quitta définitivement la Pologne (1830). D'abord victorieuse, l'insurrection nationale qui suivit de peu son départ allait être farouchement réprimée par le tsar quelques mois plus tard. Cette épreuve l'attacha davantage encore à sa terre natale dont il conserva toujours la nostalgie. ▮ **À Paris** Installé à Paris, il y connut des débuts difficiles, mais, soutenu par un groupe d'amis (Heine, Liszt, Berlioz) et bientôt adopté par la haute société parisienne, il commença à mener une existence mondaine. Devenu un professeur recherché, il eut pour élèves les femmes de la plus brillante aristocratie européenne. Il poursuivait aussi son activité de compositeur et, révisant bon nombre d'œuvres déjà composées à Varsovie, il publia, entre 1832 et 1835, le *Trio en sol mineur*, les *Nocturnes* (op. 9 et 15), douze *Études* (op. 10), le *Concerto en mi mineur* (op. 11), la *Grande fantaisie sur des airs polonais* (op. 13), la *Krakowiak, rondo pour piano et orchestre*, quatre *Mazurkas* (op. 17), la *Grande valse en si bémol majeur* (op. 18), le *Boléro en do majeur* (op. 19) et le *Premier scherzo* (op. 20). L'échec d'un projet de mariage avec la jeune Marie Wodzińska, rencontrée lors d'un bref passage à Dresde (1835), l'affecta profondément ; il lui inspira la *Valse* (op. 69, n° 1) dite *de l'Adieu* et le *Nocturne en mi bémol majeur* (op. 9, n° 2). C'est alors qu'il tomba malade, ressentant les premières atteintes de la phtisie laryngée qui devait l'emporter plus tard. ▮ **George Sand** La rencontre de George Sand* (1837) allait, pour une dizaine d'années, l'arracher à la tumultueuse société parisienne. Cependant, ni un séjour d'hiver aux Baléares (1838 ; évoqué par G. Sand dans *Un hiver à Majorque*) ni la quiétude des longs étés de Nohant ne suffirent à lui rendre la santé. Cette période correspondit pourtant chez lui à une intense activité créatrice (études, ballades, sonates, impromptus, scherzos, préludes). Las finalement d'une liaison dont ils ne connaissaient plus que les servitudes, les deux amants se séparèrent (1847). Au cours de ces années, la tendresse de la cantatrice Delphine Potocka et la franche amitié d'Eugène Delacroix apportèrent leur apaisement à l'âme tourmentée de Chopin. À l'issue d'un épuisant voyage à Londres et en Écosse (1848), il revint à Paris où il devait mourir (17 oct. 1849). ▮ **L'œuvre pour piano** Si les compositions pour orchestre et la musique de chambre ne représentent qu'une très faible part de sa production, c'est que Chopin a confié au piano l'essentiel de son message. Par la diversité des formes, la nouveauté d'un langage où l'ornement, si riche soit-il, ne cesse de faire corps avec la mélodie, l'utilisation expressive du folklore, l'inépuisable variété des thèmes développés, il apparaît, au XIXᵉ s., avec Schumann et Liszt, comme le véritable créateur du style de piano. Authentique expression d'une personnalité d'artiste qui, tour à tour, sait s'abandonner à la confidence la plus intime, exprimer la détermination la plus virile, susciter la féerie et l'émotion, l'œuvre de Chopin se présente sous des aspects très divers. Ce sont les quatorze *Valses*, brillantes ou mélancoliques, élégantes et aériennes, les quatre *Scherzos*, au rythme haletant, où l'énergie confine parfois à la frénésie et engendre le fantastique, les quatre *Impromptus*,

Frédéric **Chopin.** Portrait par Delacroix (46×38 cm). Musée du Louvre, Paris.
*Phot. ©Arch. Rencontre*

empreints d'une aristocratique subtilité, les seize *Polonaises,* poèmes héroïques inspirés par l'indignation autant que par la nostalgie de la patrie captive («des canons cachés sous des fleurs»), les cinquante-cinq *Mazurkas,* transpositions idéales des thèmes populaires polonais, les vingt *Nocturnes,* élégies vaporeuses, expression du plus intime de l'être, les quatre *Ballades* où la légende se colore de grâce et de mystère, les vingt-quatre *Préludes,* prodigieuse somme de poésie où le compositeur fonde l'impressionnisme musical, les vingt-sept *Études,* ouvrages de virtuosité où la musique affirme sa transcendance. **▮ Un musicien romantique** D'essence purement romantique, dans la mesure où elle est l'expression des plus profondes émotions humaines, cette musique est d'abord le chant d'une âme exaltée jusqu'à l'extase, «une mélancolie accompagnée» qui doit à l'art vocal le secret de ses plus troublantes inflexions. ✦ **ÉTYM.** Ce nom polonais est d'origine française et signifie «coup violent» (capable de faire chopper [de faire tomber]), surnom d'homme batailleur ou de *chopine,* surnom de buveur.

**CHOQUET (Gustave)** ♦ Mathématicien français (Solesmes, Nord 1915 - 2006). Spécialiste de la théorie du potentiel et de l'analyse fonctionnelle il est le fondateur de la théorie des capacités et l'auteur de théorèmes de représentation intégrale. [Acad. sc. 1976]

**CHORELL (Walentin)** ♦ Auteur dramatique et romancier finlandais d'expression suédoise (Turku 1912 - 1983). Il décrit souvent des individus déchus ou névrosés et des situations mettant à nu les motifs inavoués des personnages. Il est l'auteur de nombreux drames souvent écrits pour la radio, comme *Fabian ouvre les portes* (1949), *Madame* (1952), *Les Chattes* (1961), et de romans, *Journal intime* (1951), *Miriam* (1954).

**CHORZÓW** ✦ **ÉTYM.** anc. ***Królewska Huta,*** en all. ***Königshütte*** «fonderie du roi» ♦ V. de Pologne, voïvodie de Silésie. 113 978 hab. Centre d'indus. chimique, minière et métall.

**CHŌSHUN** ♦ Peintre japonais (Owari 1682 - Edo 1752). De style ukiyoe, il est l'auteur de figures de théâtre kabuki et de kakemonos représentant de jolies femmes. Grâce à de nombreux disciples, il eut une grande influence sur les artistes postérieurs.

**CHOSŎN** ou **JOSŎN** ✦ **ÉTYM.** prononciation coréenne du chin. *zăo chún* «matins purs» [«pays du matin calme» est une dérive poétique et journalistique] ♦ Nom dynastique coréen des Yi* et nom primitif de la Corée. → **Kija.**

**CHOSROÈS** → **Khosrō**

**CHOSTAKOVITCH (Dmitri Dmitrievitch)** ♦ Compositeur soviétique (Saint-Pétersbourg 1906 - Moscou 1975). Élève de Steinberg et de Glazounov à Petrograd, il subit d'abord l'influence de Bartók, Hindemith, Milhaud et des dodécaphonistes. À cette première période appartiennent des pièces pour piano (*Aphorismes,* 1927), des ballets (*L'Âge d'or,* 1930 ; *Le Boulon,* 1931 ; *Le Fleuve clair,* 1934), des poèmes symphoniques (*Dédicace à Octobre,* 1931), les trois premières symphonies (1926 - 1930), des opéras (*Le Nez,* 1928, d'après Gogol ; *Lady* Macbeth de Mzensk,* 1930 - 1932). Vivement critiqué pour son formalisme, le musicien, comme Prokofiev*, se vit contraint d'adopter par la suite des formes plus simples et plus conformes aux canons du réalisme socialiste. À l'exception de pièces pour le piano (24 préludes et fugues, 1950 - 1951) et de musique de chambre (15 remarquables quatuors à cordes), c'est aux grandes compositions orchestrales où se conjuguent le lyrisme et la puissance dramatique qu'il a voué le meilleur de son œuvre : 5^e^ *Symphonie* (1937), 7^e^ *Symphonie* (dite «de Leningrad», 1941), 8^e^ et 9^e^ *Symphonies* (1945 - 1946), *Le Chant des forêts* (1949). Outre ses 15 symphonies, dont la plus grande est sans doute la *n° 10* (1953), et dont la richesse mélodique et instrumentale et la vaste architecture évoquent les grandes compositions de Berlioz ou de Mahler, Chostakovitch a composé de nombreuses musiques de films (*La Chute de Berlin,* 1949). Ses *Mémoires* (1979), controversés mais fiables pour l'essentiel, le font apparaître comme un «opposant de l'intérieur» au régime communiste.

**CHOUANS** → **Cottereau (les frères)**

**Chouannerie** n. f. ♦ Guérilla que menèrent des paysans contre la Révolution française et qui se développa surtout à partir de 1793 au N. de la Loire, en Bretagne principalement, en Normandie, dans le Maine et l'Anjou. Le mouvement prit naissance parallèlement à la guerre de Vendée* et pour les mêmes raisons : difficultés économiques, politique révolutionnaire antireligieuse, décret sur la levée de 300 000 hommes adopté par la Convention (24 fév. 1793). «Réunis sous des chefs qui sont généralement du pays [parmi ceux-ci le comte de Bourmont*, les frères Cottereau*, Cormatin*, Louis de Frotté*, le marquis de La Rouërie*], les chouans se répandent imperceptiblement partout avec d'autant plus de facilité qu'ils ont partout des agents, des amis [...]. Leur principal objet est de détruire les autorités civiles, d'intercepter les convois, d'assassiner les patriotes des campagnes», écrivait à cette époque le général Hoche* qui contribua activement à pacifier les régions de l'Ouest en 1795. La chouannerie se poursuivit néanmoins jusqu'au début de l'Empire.

Les **Chouans** ♦ Roman de H. de Balzac* (1829), d'abord publié sous le titre *Le Dernier Chouan,* avant de prendre son titre définitif en 1841. En 1799, les troupes républicaines du commandant Hulot veulent mater la résistance chouanne dirigée par le marquis de Montauran. Marie de Verneuil, une espionne au service de Fouché, tombe amoureuse du marquis. Or le policier Corentin, amoureux de Marie, fait croire à celle-ci que le marquis la trompe. Elle ordonne à Hulot de réduire les rebelles, mais, dessillée, vient mourir auprès du chef chouan.

**CHOUBINE (Fedor Ivanovitch)** ♦ Sculpteur russe (Arkhangelsk 1740 - Saint-Pétersbourg 1805). Il fut élève de Gillet à Saint-Pétersbourg puis travailla à Paris dans l'atelier de Pigalle*. Il se consacra essentiellement au portrait en buste. Certaines de ses œuvres s'apparentent parfois à Houdon* par la finesse du modelé et la vivacité de l'expression *(Catherine II ; Le Prince Potemkine ; Lomonossov).*

**CHOU En-lai** → **Zhou Enlai**

**CHOUKCHINE (Vassili Makarovitch)** ♦ Acteur, metteur en scène et écrivain soviétique (Srotski, Altaï 1929 - Kletskaïa, près de Volgograd 1974). Fils de paysans, il exerça divers métiers, charpentier dans un kolkhoze, ajusteur, radio dans la marine, directeur d'école et entra à 25 ans à l'Institut de cinéma de Moscou. Parallèlement à son activité d'acteur et de cinéaste, il écrivit une centaine de brèves nouvelles dans lesquelles il s'est attaché à donner une description minutieuse, truculente et parfois sarcastique du monde paysan généreux et bienveillant qu'il oppose au monde urbain, sec et calculateur (*Les Villageois,* 1963 ; *L'Obier rouge,* 1973 ; *Conversations sous la lune claire,* 1974). Il est également auteur de romans historiques (*Les Lioubavine,* 1965 ; *Je vous apporte la liberté,* 1971) et de pièces satiriques (*Les Gens énergiques,* 1974).

**CHOUKEIRY (Ahmad)** ou **AḤMAD CHUQAYRĪ** ♦ Homme politique saoudien, d'origine palestinienne (Acre 1908 - Amman 1980). Avocat, représentant de l'Arabie saoudite à l'ONU, il avait entrepris dès 1948 d'organiser la lutte armée contre l'État d'Israël, particulièrement dans la bande de Gaza et en Cisjordanie, et devint président de l'Organisation de libération de la Palestine (OLP) lors de sa formation (1964). Vivement critiqué au sein de l'OLP après la guerre des Six Jours (juin 1967) pour ses déclarations anti-israéliennes désastreuses, Choukeiry dut donner sa démission en déc. 1967.

**CHOUVALOV** ♦ Famille russe. ♦ **Petr Ivanovitch Chouvalov** (mort à Saint-Pétersbourg en 1762). Homme politique et administrateur de talent, il contribua à l'essor commercial et industriel de la Russie sous Élisabeth* Petrovna et se signala par l'invention d'un nouvel obusier. ♦ **Ivan Ivanovitch Chouvalov** (Moscou 1737 - Saint-Pétersbourg 1797). Favori d'Élisabeth, promoteur des lettres, des arts et des sciences, il collabora avec Lomonossov* à la fondation de l'université de Moscou (1755) et de l'Académie des beaux-arts de Saint-Pétersbourg (1757). ♦ **Petr Andreïevitch Chouvalov** (Saint-Pétersbourg 1827 - *id.* 1889). Général et diplomate, ministre de la Police secrète (1866 - 1874) puis ambassadeur à Londres (1874), il participa aux côtés de Gortchakov* au congrès de Berlin (1878).

**CHRAÏBI (Driss)** ♦ Romancier marocain d'expression française (Mazagan, auj. El-Jadida 1926 - Crest 2007). Dans *Le Passé simple* (1955), *L'Âne* (1958) et surtout *Les Boucs* (1956), il s'est attaché à évoquer, dans une langue aux images puissantes, la difficile adaptation des travailleurs nord-africains ou des jeunes intellectuels marocains en France, durant les années 1950. Études sociologiques, ces récits apportent de précieuses indications sur la personnalité musulmane. Refus de l'oppression, *Succession ouverte* (1962) illustre la révolte contre le père, tandis que *La Civilisation, ma mère !* (1972) est un ouvrage optimiste où l'on voit un fils libérer sa mère «colonisée» par la tradition.

**CHRÉTIEN (Henri)** ♦ Physicien français (Paris 1879 - Washington 1956). Inventeur de l'objectif hypergonar (1925) qui, permettant l'anamorphose, fut utilisé dans le procédé CinémaScope (en 1953). Il mit au point avec Ritchey une combinaison de miroirs aplanétiques utilisés dans les grands télescopes (1927).

**CHRÉTIEN (Jean)** ♦ Homme politique canadien (Shawinigan 1934). D'origine québécoise, député libéral (1963-1986 et 1990-2003), il fut de nombreuses fois ministre de 1967 à 1984, faisant notamment partie de tous les cabinets de P. E. Trudeau*. Fervent partisan d'une fédération canadienne forte et unie, il s'opposa aux indépendantistes québécois et prit la tête du parti libéral en 1990. Premier ministre du Canada (1993 - 2003), il procéda à des coupes budgétaires, diminuant notamment les dépenses sociales. Il démissionna en déc. 2003 au profit de Paul Martin*.

**CHRÉTIEN (Jean-Loup)** ♦ Général et spationaute français (La Rochelle 1938). Il fut le premier Français à effectuer un vol dans l'espace (une semaine à bord de la station soviétique *Saliout 7* en 1982). En 1988, il passa un mois dans la station orbitale *Mir**. Il y retourna en septembre 1997, en tant que responsable de l'amarrage de la navette *Atlantis* lors de la mission de réparation de *Mir*.

**CHRÉTIEN DE TROYES** ♦ Poète français (v. 1135 - v. 1183). Ses romans de chevalerie, écrits en vers octosyllabiques, illustrent les thèses courtoises. Ses œuvres principales sont *Lancelot ou le Chevalier de la charrette* (→ **Lancelot du Lac**), *Yvain* ou le Chevalier au lion*, *Perceval* ou le Conte du Graal*. Dans ces poèmes, d'une grande perfection formelle, le cadre et les personnages appartiennent au *Cycle breton* ; mais les mœurs évoquées sont celles d'une société courtoise où les héros sont partagés entre l'amour et l'aventure, qu'elle soit chevaleresque ou mystique : «Dans [le] mélange du réel et surréel réside toute la magie de ce grand poète, de ce grand créateur du roman moderne» (Reto R. Bezzola).

**CHRIST** ➝ ÉTYM. en lat. ***Christus,*** calqué sur le grec *khristos* qui traduit l'hébr. *māšîaḥ* [d'où messie] «oint» ♦ Les catholiques disent «le Christ», les protestants souvent «Christ», sans article. ▪ Figure centrale de la religion chrétienne, pour laquelle le Christ, c'est-à-dire le Messie*, l'Oint du Seigneur, c'est Jésus (Jésus-Christ) → **Jésus.** Il s'identifie avec le Messie annoncé diversement par les prophètes de l'Ancien Testament (Daniel, VII, 13 ; Isaïe, XI, 1-9 et LII-LIII ; Zacharie, IX, 9), mais le royaume qu'il instaure «n'est pas de ce monde» (Jean, XVIII, 36). Il est le Fils de Dieu annoncé par Jean-Baptiste (Jean, I, 33). Dieu incarné, il possède les deux natures, homme et Dieu (ce point a soulevé plusieurs hérésies → **docétisme, monophysites**), ce qui fait de lui l'intercesseur, le lien entre les hommes et Dieu. Il a souffert sur la croix et il est mort pour le salut des hommes, compromis depuis la faute d'Adam. Il est donc le Rédempteur et le Nouvel Adam. Sa résurrection au troisième jour est le gage d'une vie éternelle (I Corinthiens, XV). La religion du Christ, le christianisme*, fut propagée par les apôtres*. Le Christ est le chef suprême de l'Église ; celle-ci est le «corps du Christ» (Éphésiens, I, 22-23), ou encore son Épouse mystique (Apocalypse, XXI, 9) ; les catholiques romains reconnaissent l'autorité d'un vicaire du Christ sur Terre, le pape*. Fête du Christ-Roi : le dimanche avant la Toussaint (instituée en 1925 par Pie XI). ▌**Symboles** Le monogramme ou chrisme (formé du *khi* et du *rhô*, initiales de *KHRistos* «Christ») ; le trigramme JHS (interprété *Jesus Hominum Salvator* «Jésus sauveur des hommes» ; en fait issu de l'abréviation IHΣ, initiales et finale du grec *Iêsous*) ; le poisson (en grec, les initiales de *Iêsous KHristos THéou Uios, Sôter* «Jésus Christ Fils de Dieu, Sauveur» forment le mot IKHTHUS «poisson»), l'agneau, la vigne, le berger. ▌**Iconographie** Des traditions donnent pour authentiques plusieurs «images» du Christ : le *mandylion* d'Édesse (auj. à San Silvestro in Capite, à Rome), la Véronique de Saint-Pierre de Rome (→ **Véronique [sainte]**), le saint suaire de Turin, ces trois images étant des étoffes que les traits du Christ auraient «impressionnées» ; le Saint-Voult de Lucques, qu'aurait sculpté Nicodème, l'icône du Sancta Sanctorum au Latran, attribuée à saint Luc. D'innombrables œuvres d'art représentent le Christ. Principaux thèmes : Adoration des bergers, Adoration des mages, Ascension*, Baiser de Judas, Baptême du Christ, Cène*, Chemin de croix, Christ aux outrages, Christ devant Pilate, Christ en majesté, Christ enseignant, Christ montrant ses plaies, Christ mort, Circoncision, Couronnement d'épines, Crucifixion*, Déposition* de croix, Descente de croix, Disciples d'Emmaüs, Ecce homo, Flagellation, Fuite en Égypte, Jugement* dernier, Mise au tombeau, Nativité*, Noces* de Cana, Pietà*, Portement de croix, Résurrection, Sainte Famille, Tentation du Christ, Transfiguration, Vierge* à l'Enfant.

**Christ (ordre du)** ♦ Ordre religieux et militaire institué en 1318 par Denis* Ier roi de Portugal pour lutter contre les Maures ; il prolongeait l'ordre des Chevaliers de la milice du Temple*.

**CHRISTCHURCH** ♦ Faubourg résidentiel de Bournemouth (Dorset), sur la côte S. de l'Angleterre. 27 000 hab. Prieuré du XIIIe s. Construc. aéronautiques.

**CHRISTCHURCH** ➝ ÉTYM. angl. «Église *(Church)* du Christ», ainsi nommée en hommage à la cathédrale de Canterbury [l'archevêché de Canterbury étant à l'origine de l'implantation de la colonie] ♦ V. de Nouvelle-Zélande (île du Sud), située sur la côte E., à l'entrée d'une riche plaine agricole (plaine de Canterbury), sur la voie ferrée du littoral E. de l'île. 360 768 hab. (troisième ville du pays). Univ. de Canterbury. ▪ Deuxième centre indus. du pays (énergie hydroélectrique). Indus. alimentaires (viande, produits laitiers). Indus. textiles (laine) et mécaniques (outils). Indus. du meuble. Équipement de transport. Produits en bois et en liège. Matières plastiques. ▪ Son port est Lyttelton, situé à proximité : exportation de laine, viande, produits de laiterie et blé. ▌**Histoire** La ville fut fondée en 1848 par des immigrants anglicans.

**CHRISTIAN Ier** ♦ (1426 - Copenhague 1481). Roi de Danemark (1448 - 1481), de Norvège (1450 - 1481) et de Suède (1457 - 1471), qu'il perdit à sa défaite de Brunkeberg devant Sten Sture (1471). Ses descendants (dynastie d'Oldenbourg) régnèrent sur le Danemark jusqu'en 1863. ➝ ÉTYM. *Christian* vient du latin *Christianus,* de *Christus* «Christ».

**CHRISTIAN II** ♦ (Nyborg 1481 - Kalundborg 1559). Roi de Danemark (1515 - 1523), fils de Jean* Ier et beau-frère de Charles* Quint, il s'empara de la Suède. Mais sa cruauté («bain de sang de Stockholm») et son absolutisme favorisèrent la révolte de Gustave* Ier Vasa. Chassé également du trône de Danemark, il tenta vainement de le reprendre et fut emprisonné par son successeur Frédéric* Ier (1531).

**CHRISTIAN III** ♦ (Gottorp 1503 - Kolding 1559). Roi de Danemark (1534 - 1559). Il succéda à son père Frédéric* Ier, mais dut combattre, pour établir son pouvoir, les partisans de Christian* II, au cours de la «querelle des princes». Il imposa la religion réformée comme religion officielle.

**CHRISTIAN IV** ♦ (Frederiksborg 1577 - Copenhague 1648). Roi de Danemark et de Norvège (1588 - 1648). Fils de Frédéric* II. Vaincu par Tilly* dans la guerre de Trente* Ans (Lutter, 1626 ; paix de Lübeck, 1629), vaincu par la Suède (traité de Brömsebro, 1645), il gagna cependant une grande popularité par sa bonne administration.

**CHRISTIAN V** ♦ (Flensburg 1626 - Copenhague 1699). Roi de Danemark et de Norvège (1670 - 1699). Fils de Frédéric* III. Il s'allia aux Provinces-Unies contre Louis* XIV, n'obtint pas de succès dans une guerre contre la Suède et établit un code législatif.

**CHRISTIAN VI** ♦ (Copenhague 1699 - Hørsholm 1746). Roi de Danemark (1730 - 1746). Il succéda à son père Frédéric* IV et eut un règne particulièrement calme, au cours duquel il encouragea le commerce et les arts. Il était un piétiste convaincu.

**CHRISTIAN VII** ♦ (Copenhague 1749 - Rendsburg 1808). Roi de Danemark (1766 - 1808). Il prit la succession de son père Frédéric* V. Déséquilibré, il laissa gouverner Struensee*, son ministre et son médecin, jusqu'à ce que celui-ci, convaincu d'avoir été l'amant de la reine, fût condamné à mort. Le roi étant désormais hors d'état de gouverner, son fils devint régent dès 1784.

**CHRISTIAN VIII** ♦ (Copenhague 1786 - *id.* 1848). Roi de Danemark (1839 - 1848). Il ne put empêcher que la Norvège soit donnée à la Suède en 1814 par son prédécesseur Frédéric* VI.

**CHRISTIAN IX** ♦ (Gottorp 1818 - Copenhague 1906). Roi de Danemark (1863 - 1906). Il perdit le Schleswig et le Holstein (1864) à la suite du conflit qui l'opposa à l'Autriche et à la Prusse (→ **Duchés [guerre des]**) et pratiqua une politique matrimoniale, qui lui valut le surnom de «beau-père de l'Europe».

**CHRISTIAN X** ♦ (Charlottenlund 1870 - Copenhague 1947). Roi de Danemark (1912 - 1947). En 1915, il accorda le droit de vote aux femmes. Sous son règne, l'Islande devint indépendante (1944). Il résista avec une grande fermeté à l'occupant allemand durant la Deuxième Guerre mondiale.

**CHRISTIAN (Charlie)** ♦ Guitariste de jazz américain (Dallas 1919 - Staten Island, New Jersey 1942). Il débuta comme professionnel vers l'âge de quinze ans et joua deux ans avec Benny Goodman* avant de participer à la naissance du be-bop. Il a su donner à la guitare électrique son propre langage et sa propre couleur grâce à son phrasé très sûr et à une riche imagination mélodique. Princ. enregistrements : *Lady Be Good* (avec Benny Goodman, 1939), *Swing to Bop* (1941).

**CHRISTIANIA** → **Oslo**

**CHRISTIAN-JAQUE (Christian MAUDET, dit)** ♦ Cinéaste français (Paris 1904 - Boulogne-Billancourt 1994). Une pratique très sûre du métier, le sens du mouvement, l'art de créer des atmosphères caractérisent son œuvre : *Les Disparus de Saint-Agil* (1938), *Boule-de-Suif* (1945), *Un revenant* (1946), *Fanfan* la Tulipe* (1952).

**Christian Science** → **Science chrétienne**

## christianisme

n. m. ♦ Religion issue de la prédication de Jésus* de Nazareth en Palestine au cours du règne de l'empereur Tibère*. Le christianisme est avec l'islam et le judaïsme l'un des trois monothéismes. On compte aujourd'hui probablement 1,5 milliard de chrétiens dans le monde. Religion du Livre, le christianisme se réfère aux récits de l'Ancien et du Nouveau Testament (→ **Bible**), où se manifeste la Révélation. Les quatre premiers conciles* (Nicée*, 325 ; Constantinople*, 381 ; Éphèse*, 431 ; Chalcédoine*, 451) ont défini les articles de foi demeurés communs à la plupart des Églises chrétiennes : croyance en un Dieu unique en trois personnes, le Père, le Fils et le Saint-Esprit (Sainte-Trinité) ; en la venue sur terre du Fils en la personne de Jésus-Christ (Incarnation) ; en sa mort et sa résurrection pour sauver l'homme et préparer l'avènement du royaume de Dieu (Rédemption → **Christ**) ; en l'unité de l'Église*, sainte, catholique et apostolique, dans la communion des saints. Les divisions intervenues au cours de l'histoire (→ **schisme, Église**) provoquèrent au XX^e^ s. un effort pour tendre de nouveau vers l'unité. → **œcuménisme.**

▮ **HISTOIRE** ▮ **La naissance du christianisme** Né dans le milieu messianique juif et dans le prolongement probable de l'enseignement de Jean*-Baptiste, le christianisme fut d'abord une secte tolérée au sein du judaïsme, avant la rupture intervenue vers 65. Entre cette date et la fin du Ier s. furent rédigés les quatre Évangiles*. D'autres textes plus tardifs ne furent pas intégrés au Nouveau Testament*, en particulier les Évangiles apocryphes (*Évangile de Pierre ; de Thomas ; de Nicodème ; Protévangile de Jacques.* → **apocryphes**). De Jérusalem, le christianisme se répandit dans la Diaspora* juive et le monde gréco-romain grâce à la prédication des apôtres et des premiers disciples. Antioche, l'Asie Mineure et la Grèce (→ **Paul [saint]**), Rome, peut-être Alexandrie, eurent des Églises dès le Ier s., Lyon vers 150 (→ **Pothin**), l'Afrique vers 200, l'Italie, la Gaule, la Germanie, l'Espagne dans le cours du IIIe s. Dès le IIe s., l'évêque de Rome jouissait d'une certaine prééminence («primat de Pierre», fondement de l'autorité pontificale), mais c'est la pentarchie (les cinq patriarcats d'Alexandrie, Antioche, Constantinople, Jérusalem et Rome) qui forma l'Église primitive. ▮ **Les persécutions** Les persécutions contre les chrétiens, dues à leur prosélytisme et à leur refus de sacrifier au culte impérial, furent rarement systématiques. Populaires à l'origine, généralement courtes et localisées, elles firent l'objet d'un édit impérial sous Septime Sévère (202), et furent généralisées à l'ensemble de l'Empire sous Dèce (250 - 251), Valérien* (257 - 258) et Dioclétien* (303 - 305), créant une tradition des martyrs et provoquant la querelle des *lapsi.* → **Cyprien, Novatien, Donat.** ▮ **Une religion officielle** L'édit de Milan (313) et la conversion de Constantin* assurèrent la liberté du culte et le christianisme devint religion officielle de l'Empire sous Théodose* (379 - 395). Retrait au désert et monachisme succédèrent alors au martyre comme voie de la perfection chrétienne. → **Pacôme, Basile, Jérôme, Benoît.** ▮ **La lutte contre les hérésies et contre l'islam** Dans la lutte contre les hérésies (→ **Pélage, pélagianisme**) s'élabora jusqu'au Ve s. la tradition des Pères* de l'Église (patrologie), grecs et latins, à laquelle le Moyen Âge ajouta celle des docteurs (→ **docteurs de l'Église**). La division de l'Empire romain en empire d'Occident (tombé en 476) et en empire d'Orient (Empire byzantin*) eut des conséquences capitales. Elle accentua les querelles théologiques (→ **arianisme, Nestorius, monophysites, monothélètes, iconoclastes**), favorisa l'essor d'une tradition occidentale originale de théologie spéculative, provoqua le passage de l'Église latine sous la protection des Francs (756 → **Église [États de l']**), et la rupture avec l'Église grecque (867 → **Photios, filioque ;** 1054 → **Cérulaire, orthodoxes [Églises], schisme**). Contre l'islam s'organisèrent les croisades* pour la libération des Lieux saints. ▮ **Le rôle du pape** En Occident, où les institutions chrétiennes, paroisses et diocèses, résistèrent à l'affaiblissement des autorités centrales, les évêques se virent dès le haut Moyen Âge revêtus d'une importance civile considérable, ce qui amena Charlemagne et ses successeurs à affirmer leur emprise sur l'Église. En réaction se développèrent la réforme grégorienne (→ **Grégoire VII**), soutenue par les ordres monastiques (→ **Cluny, bénédictins, cisterciens**) et la rivalité du pape et de l'empereur. → **Investitures (querelle des), Décrétales (Fausses).** Le triomphe de la papauté, au sommet de sa puissance avec Innocent* III (1198 - 1216), ne dissimulait pas que la réforme était toujours à reprendre : action de saint Dominique*, saint François* (→ **dominicains, franciscains**), et grandes hérésies qui, par plusieurs aspects, sont des révoltes contre le confort de l'Église «établie». → **cathares, patarins, Valdo, vaudois, Wyclif, Hus, Inquisition.** La redécouverte d'Aristote à travers les écrits d'Averroès* permit de renouer avec la tradition philosophique grecque et relança les débats théologiques. → **Thomas d'Aquin, thomisme, Siger de Brabant, Guillaume d'Occam, Duns Scot.** ▮ **La Réforme et la Contre-Réforme** La Réforme protestante (1517 → **Réforme, Luther, luthéranisme, Calvin, protestantisme, anglicanisme**) enleva la moitié de l'Europe à la catholicité. La Réforme catholique qui suivit (→ **Contre-Réforme**) ne fut pas qu'une réaction ; elle remodela l'Église catholique, lui conférant des traits qui subsistèrent jusqu'à l'*aggiornamento* du concile Vatican II. → **catholicisme, Vatican (conciles du).**

**CHRISTIANSEN (Sigurd)** ♦ Écrivain norvégien (Drammen 1891 - *id.* 1947) Influencé par Dostoïevski, il reprit souvent dans son œuvre le thème de la faute et de la responsabilité, analysant avec profondeur le sentiment de culpabilité. Ainsi, dans *Deux vivants et un mort* (1931), un directeur des postes refuse de risquer sa vie pour sauver la caisse ; dans *Un voyage dans la nuit* (1931), un homme tue sans remords celui qui a violé sa fiancée. Il laisse une trilogie à demi autobiographique : *Le Rêve et la Vie* (1935), *Le Cœur solitaire* (1938) et *Le Sort des hommes* (1945).

**CHRISTIE (Mary Clarissa MILLER, dite Agatha)** ♦ Romancière et auteur dramatique britannique (Torquay 1890 - Wallingford, près d'Oxford 1976). Elle illustra le roman policier dit classique en écrivant environ 70 romans où seule importe l'énigme et où le dénouement serre de près la fin du récit. L'exploitation systématique du peu vraisemblable tend à égarer le lecteur puis à le surprendre (*Le Meurtre de Roger Ackroyd,* où le meurtrier est le narrateur ; *La Maison biscornue,* 1949, une petite fille ; *Le Crime de l'Orient-Express,* 1934, où tous les personnages sont coupables, alors qu'ils sont victimes dans *Dix petits nègres,* 1939). Le roman policier d'Agatha Christie, pur mécanisme de situations et jeu abstrait avec le lecteur, garde de nombreux adeptes. Certains de ses personnages, comme le détective Hercule Poirot ou miss Marple, sont devenus des types.

**CHRISTIE (William)** ♦ Claveciniste et chef d'orchestre français d'origine américaine (New York 1944). Fondateur en 1979 de l'ensemble instrumental et vocal *Les Arts florissants,* il se consacre avant tout à la musique baroque française des XVIIe et XVIIIe s. (Lully, Charpentier, Campra, Rameau). Il a également monté des opéras (*Les Indes galantes* de Rameau, 1999). [Acad. des bx-arts 2008]

**CHRISTINE** ➝ ÉTYM. du lat. *christiana* «chrétienne» ♦ (Stockholm 1626 - Rome 1689). Reine de Suède (1632 - 1654). Dernière représentante de la maison de Vasa, elle n'avait que cinq ans à la mort de son père, Gustave* II Adolphe. Durant sa minorité, le gouvernement fut assuré par le chancelier Oxenstierna* auquel elle s'opposa dès qu'elle prit le pouvoir (1644). Elle avait reçu une éducation toute masculine et se fit couronner «roi» en 1650. Son règne fut marqué par la signature des traités de Brömsebro* et de Westphalie*, et troublé par des difficultés financières. Brillante, intelligente, séduisante, elle se place par la singularité de sa conduite au nombre des figures les plus déconcertantes. Sa grande curiosité intellectuelle et sa vaste culture la firent correspondre avec toute l'Europe savante et attirer Descartes* à sa cour. Particulièrement intéressée par la théologie, ce fut pour se convertir au catholicisme (à Bruxelles) qu'elle abdiqua en faveur de son cousin Charles* X (1654). Elle parcourut alors l'Europe (elle fit tuer son écuyer et amant Monaldeschi à Fontainebleau), et se fixa à Rome. Elle continua à multiplier les intrigues politiques, tout en protégeant les artistes, parmi lesquels Corelli et Scarlatti, en fondant l'académie des Arcades et en réunissant d'importantes collections.

**CHRISTINE DE FRANCE** ♦ Duchesse de Savoie (Paris 1606 - Turin 1663). Fille d'Henri* IV et de Marie* de Médicis, elle épousa Victor*-Amédée Ier (1619) à la mort duquel elle exerça la régence, et résista énergiquement aux ambitions de la France.

**CHRISTINE DE PISAN** ou **PIZAN** ➝ ÉTYM. *Pisan* «originaire de *Pizan* (en it. *Pizzano*)», aux environs de Bologne, ville d'origine de son père [l'orthogr. *Pisan* est une confusion avec *Pise* (en it. *Pisa*)] ♦ Écrivain français (Venise v. 1363 - Poissy v. 1430). Elle s'exerça dans les genres moraux, poétiques et historiques. Elle prit la défense des femmes en 1399 contre les satires de Jean* de Meung. Sa production abondante comprend notamment les «ballades du veuvage» : «*Seulette m'a mon douz ami laissiée*» (v. 1389), *La Mutacion de Fortune* (1403), *Le Livre des faicts et bonnes mœurs du roi Charles* (1405), *Le Livre de la Cité des Dames* (1405), *Le Dictié en l'honneur de la Pucelle* (1429).

**Christlich-Demokratische Union** [CDU] – en fr. ***Union chrétienne démocrate*** ♦ Parti politique d'Allemagne, au pouvoir de 1949 à 1969, de 1982 à 1998, et depuis 2005. De ses rangs sont issus : K. Adenauer*, L. Erhard*, H. Kohl*, A. Merkel* (sa présidente depuis avril 2000). Revenue au pouvoir en sept. 2005, la CDU constitue le premier parti outre-Rhin et représente la droite allemande. Actuellement à la tête de la plupart des Länder et unie au FDP (parti libéral), elle peut contrôler le Bundesrat. La Bavière a affiché son particularisme avec la constitution d'un parti frère, la CSU, Christlich-Soziale Union, «Union sociale chrétienne», dirigée depuis 2008 par Horst Seehofer. La CDU a moins une doctrine très définie qu'une double référence, religieuse d'une part (plus volontiers catholique), économique d'autre part (prônant le libéralisme). Toutefois, elle préconise des réformes économiques s'inspirant du modèle néolibéral anglo-saxon. ▪ En partie héritière du Centre catholique de la république de Weimar, la CDU a rallié après 1945 ceux qui s'appuyaient sur l'une ou l'autre des deux confessions chrétiennes, catholique ou protestante. Si le programme d'Ahlen (1947) affichait de fortes préoccupations sociales, les thèses de l'économiste L. Ehrard l'emportèrent ensuite, imposant l'économie sociale de marché. En RDA, un petit parti CDU fut d'abord toléré puis vassalisé au sein du Parti socialiste unifié (SED). En 1989, il put renaître avec force et contribuer à la réunification de l'Allemagne.

**CHRISTMAS** (île) → **Ligne (îles de la)**

**CHRISTMAS (île)** → ÉTYM. nommée par le capitaine Cook qui la redécouvrit au moment de Noël (en angl. *Christmas*), en 1777 ♦ Île de l'océan Indien, entre Java et les îles Coco, constituée d'un plateau d'environ 100 km² culminant à 361 m d'altitude. Phosphates. – Découverte en 1615 par le marin britannique Richard Rowe, relevant de Singapour en 1900, l'île est un territoire australien depuis 1958. Depuis la fin des années 2000, la population est majoritairement composée d'un millier de demandeurs d'asile abrités dans un centre de détention dont les limites d'accueil sont atteintes, ce qui constitue un problème épineux pour l'Australie.

**CHRISTO (Christo JAVACHEFF, dit)** ♦ Artiste américain d'origine bulgare (Gabrovo 1935) travaillant en collaboration avec sa femme, Jeanne-Claude Denat de Guillebon (1935 - 2009). À Paris, il réalisa des empaquetages d'objets ou de modèles vivants dans de la toile ou du plastique, puis, avec des bidons, le *Rideau de fer* (1962), rue Visconti. À New York, où il émigra en 1964, il créa ses *Stores Fronts* («devantures»). Il camoufla le paysage ou les bâtiments officiels à l'aide de milliers de mètres carrés de toile et de cordes. Ses œuvres gigantesques et éphémères se déploient dans les environnements les plus divers : *Empaquetage de 5 600 mètres cubes d'air* à la Documenta IV de Cassel (1968) ; empaquetage du musée d'Art contemporain de Chicago (1969) ; *Running Fence* (Californie, 1972 - 1976) ; *Surrounded Islands* (Biscayne Bay, Miami, 1980 - 1983) ; *Le Pont-Neuf empaqueté* (Paris, 1985) ; *The Umbrellas Japan-USA*, installation de 3 100 parasols au Japon et aux États-Unis (1984 - 1991) ; empaquetage du Reichstag à Berlin (1995). L'art de Christo se veut accessible à tous, poétique par la couleur des toiles, par le jeu entre le visible et le caché, entre l'animé et l'inanimé.

**CHRISTOFF (Boris)** ♦ Chanteur (basse) bulgare (Sofia 1918 - Rome 1993). Élève à Rome de Stracciari, il s'est spécialisé dans le répertoire russe (*Khovanchtchina* ; *Boris Godounov* ; *Prince Igor*). Il fut également un excellent interprète de mélodies.

**CHRISTOFFEL (Elwin Bruno)** ♦ Mathématicien allemand (Montjoie, auj. Monschau, Rhénanie 1829 - Strasbourg 1900). Auteur de travaux sur les fonctions algébriques et abéliennes, sur les équations différentielles, il contribua efficacement avec Lipschitz* à la théorie des formes différentielles quadratiques nécessaires à l'étude des géométries riemanniennes. → **Riemann.**

**CHRISTOFLE (Charles)** ♦ Industriel français (Paris 1805 - Brunoy 1863). Ayant introduit en France (1841) les procédés anglais de dorure et d'argenture par la pile voltaïque, il fonda l'orfèvrerie qui porte son nom. → **Elkington, Ruolz-Montchal.**

**CHRISTOPHE** (saint) ♦ Personnage légendaire de la tradition chrétienne. Géant passant pèlerins et voyageurs à gué sur ses épaules, décidé à servir le prince le plus puissant, il quitte son roi, puis Satan. Un jour, il passe un enfant qui soudain pèse un poids extraordinaire : c'est le Christ. Comme gage de sa divinité, celui-ci fait pousser un dattier miraculeux. Christophe se consacre alors à son service. Cette légende, dont l'origine remonte au XIe s., s'inspire du nom de Christophe (*Christo-phoros* «porte-Christ») ; elle fut popularisée par la *Légende dorée*. Saint Christophe passait pour protéger contre la mort subite. Patron des voyageurs et des automobilistes. ▪ Fête le 25 juil. → ÉTYM. Ce nom vient du grec *christophoros* «qui porte [qui honore] le Christ».

**CHRISTOPHE** ou **CHRISTOPHORE** ♦ (mort en 906). Antipape (903 - 904), après avoir emprisonné et étranglé Léon* V, il fut lui-même arrêté par Serge* III, puis mis à mort.

**CHRISTOPHE Ier** ♦ (1219 - Ribe 1259). Roi de Danemark (1252 - 1259). Il lutta contre les évêques de son royaume qui jetèrent l'interdit sur le Danemark. Éric* V lui succéda.

**CHRISTOPHE II** ♦ (1276 - Nykøbing 1332). Roi de Danemark (1320 - 1326). Élu en 1320, il fut remplacé en 1326 par Valdemar III. Ayant reconquis le pouvoir (1330), il fut déposé une seconde fois.

**CHRISTOPHE III** ♦ (1418 - Nykøbing 1448). Roi de Danemark, de Suède (1440) et de Norvège (1442 - 1448). Il fut nommé régent en 1439, après la déposition d'Éric VII, pour veiller à l'application de l'Union de Kalmar et choisit Copenhague comme capitale.

**CHRISTOPHE (Henry)** ♦ (île de la Grenade 1767 - Milot, Haïti 1820). Roi d'Haïti. Né esclave à la Grenade, Christophe combattit d'abord avec les Français puis fut un des généraux insurgés pendant la guerre de libération d'Haïti. Après la mort de Dessalines*, il fit sécession (1807), établit la dictature et se proclama roi (1811). Ce royaume qui contrôlait la partie N. du pays tenta d'abattre la République présidée par Pétion* au S. sans y parvenir. Henry Christophe se donna la mort dans le palais de Sans-Souci qu'il avait construit, non loin de Cap-Haïtien, lorsqu'il se sentit perdu. Son royaume ne lui survécut pas. Sa vie a inspiré *La Tragédie du roi Christophe* (1963) d'Aimé Césaire*.

**CHRISTOPHE (Georges COLOMB, dit)** → ÉTYM. jeu de mots avec son nom de famille : Christophe (Colomb) ♦ Écrivain et dessinateur français (Lure 1856 - Nyons 1945). Professeur de sciences naturelles à la Sorbonne, il était partisan d'une pédagogie fondée sur le dessin. Il composa, à partir de 1873, d'abord dans *Le Journal de la jeunesse*, des histoires humoristiques illustrées de dessins à l'intérieur du texte, puis établit le schéma désormais traditionnel de la bande d'images placées au-dessus du texte correspondant, dans *Une partie de campagne*. Il créa *La Famille Fenouillard* et ses premières expéditions pour *Le Petit Français illustré, journal des écoliers et des écolières* (1889), puis dessina *Le Sapeur Camember* (1890 - 1896), *Le Savant Cosinus* (1893 - 1899).

**CHRISTUS (Petrus)** ♦ Peintre flamand (Baerle, près de Gand v. 1420 - Bruges 1473 ou 1474). Disciple de Van* Eyck (*Portrait d'un chartreux*, 1446), il subit à la fin de sa vie l'influence de Van* der Weyden (*Déposition de croix*). Son art présente aussi des affinités avec D. Bouts*. Il rencontra sans doute Antonello* da Messina lors d'un séjour à Milan (1457). Il affectionnait les compositions statiques et ses personnages, souvent empreints d'une certaine raideur, semblent exprimer des sentiments retenus, en harmonie avec le caractère paisible du paysage où dominent les tons clairs et raffinés. Dans le *Saint Éloi orfèvre* (1449), le caractère religieux semble disparaître au profit de l'expression d'une poésie intimiste. L'accent est, en effet, mis sur les objets familiers et le rendu des différentes matières. L'originalité de son style s'affirme surtout dans ses portraits au chromatisme nuancé, au modelé lisse et délicat (*Portrait d'une jeune femme*, dite parfois «la Joconde du Nord»).

**CHRODEGANG** ou **ROTGANG** (saint) ♦ Évêque de Metz (Liège ? 712 - 766). Il exerça des fonctions gouvernementales à la cour de Charles Martel, devint chancelier (737) puis évêque de Metz (742). En 753, il fut l'envoyé de Pépin le Bref auprès du pape Étienne II qui réclamait l'assistance franque contre les Lombards. Il joua un grand rôle dans l'unification de la liturgie franque (concile d'Attigny, 765). Il avait fondé plusieurs monastères, dont l'abbaye de Gorze. ▪ Fête le 6 mars.

**Chronique des empereurs** – en all. ***Kaiserchronik*** ♦ Composé à Ratisbonne (v. 1147) par plusieurs clercs, sans doute influencés par le Chant d'Annon*, cet important poème de la période précourtoise conte l'histoire de l'Empire romain de Romulus à Conrad III. Cette œuvre touffue, où se mêlent sans cesse la légende et l'histoire, le merveilleux chrétien et la réalité, «est comme un carrefour où se rencontrent les courants les plus divers, les uns venus du passé, les autres annonçant l'avenir, et, de ce fait, elle présente un intérêt indéniable» (G. Zink).

**Chronique du règne de Charles IX** ♦ Roman historique de P. Mérimée* (1829), qui décrit les aventures d'un jeune protestant, Bernard de Mergy, durant la Saint-Barthélemy et le siège de La Rochelle. Délaissant les grandes fresques romantiques, Mérimée préfère «les petits faits révélateurs des mœurs et des caractères d'une époque» et entend donner, en dénonçant les horreurs des guerres de Religion, une leçon de tolérance.

**Chroniques (Premier et Deuxième Livres des)** → ÉTYM. en hébr. *Dibhrê hayyâmîm*, «paroles des jours» ; dans son prologue aux livres des Rois, saint Jérôme en fait une «Chronique de toute l'histoire divine» (*chronicon totius divinae historiae*). ♦ Livres de la Bible, considérés comme un seul livre dans le canon hébreu, le dernier des Écrits*, traditionnellement attribué à Esdras*et Néhémie*. La Septante* en fait deux livres de *Paralipomènes* (gr. «choses omises»), qu'elle place entre les livres des Rois* et celui d'Esdras. 29 chapitres retracent l'histoire des fils d'Israël, puis la royauté de Saül* et de David* ; 36 chapitres évoquent la royauté de Salomon*, puis la destinée des rois de Juda jusqu'à la chute de Jérusalem. Le livre (donc la Bible) se termine toutefois par la proclamation du retour d'exil par Cyrus*.

**Chroniques de Saint-Denis** ♦ Histoire des rois de France en latin commencée au XIIe s. par Suger* et prolongée à l'abbaye de Saint-Denis jusque v. 1286. Aux XIVe et XVe s. fut commencée une nouvelle chronique en français qui prit le nom de *Grandes Chroniques de France*.

**Chroniques italiennes** ♦ Recueil de nouvelles de Stendhal* (posth. 1855), qui proviennent de manuscrits italiens que l'écrivain a adaptés et augmentés. L'ouvrage regroupe quatre récits parus de 1837 à 1839 dans la *Revue des Deux Mondes* (*Vittoria Accoramboni* ; *Les Cenci* ; *La Duchesse de Palliano* et *L'Abbesse de Castro*) et publiés en recueil en 1839, deux textes inachevés (*Trop de faveur tue* et *Suora Scolastica*) et deux nouvelles antérieures (*Vanina Vanini*, 1829, et *San Francesco a Ripa* rédigée en 1831, posth. 1853). Stendhal y développe le sens de l'analyse qui marque toute son œuvre.

**CHRYSÉIS** ÉTYM. fém. de *Chrysès**, n. de son père ♦ Captive d'Agamemnon* (pendant la guerre de Troie*) qui refuse de la rendre, contre une rançon, à son père, Chrysès*, prêtre d'Apollon. Le dieu offensé envoie sur l'armée grecque une épidémie de peste. Contraint de céder, Agamemnon prend en compensation l'esclave d'Achille, Briséis, ce qui provoque la colère d'Achille, qui sera funeste pour les Grecs. → **Iliade (L')**.

**CHRYSÈS** ÉTYM. du gr. *khrusos* «or» ♦ Prêtre d'Apollon* à Chrysè, ville de la Troade. Père de Chryséis*.

**CHRYSIPPE** – en gr. ***Khrusippos*** ♦ Philosophe grec de l'école stoïcienne (Chypre ou Soli, Cilicie v. –281 - Athènes v. –205). Après avoir fréquenté la Nouvelle Académie*, il étudia la philosophie stoïcienne, prenant la succession de Cléanthe* à la tête du Portique*. S'il ne nous est resté que quelques fragments des 705 traités qu'on lui attribue, on s'accorde néanmoins à voir en lui celui qui donna à la pensée stoïcienne sa structure, sa rigueur et sa systématicité. En logique, il réhabilita la dialectique contre Aristote. En physique, il précisa les principales notions de la cosmologie stoïcienne (celle de sympathie universelle) et tenta de résoudre la contradiction entre le Destin (souvent identifié à la Providence, à la Raison) et la Liberté. ÉTYM. *Chrysippe* vient du grec *khrusos* «or» et *hippos* «cheval».

**CHRYSOLORAS (Démétrios)** – en gr. ***Khrusolôras*** ♦ Savant grec (Constantinople v. 1350-1355 - Constance 1415). Élève de Gémiste* Pléthon, il fut le premier qui enracina les études grecques en Occident. Ambassadeur de Jean* V et de Manuel* II Paléologue à Venise, il travailla au rapprochement avec l'Occident. Il enseigna les lettres grecques à Florence, à Venise et à Milan et traduisit en latin Homère et Platon.

**CHRYSOSTOME** ÉTYM. gr. «bouche *(stoma)* d'or *(khrusos)*» → **Jean Chrysostome, Dion Chrysostome**

**CHTCHEDRINE** → **Saltykov-Chtchedrine**

**CHU (Steven)** ♦ Physicien américain (Saint Louis, Missouri 1948). Il réalisa, en 1985, la première «mélasse» optique, sorte de piège permettant de freiner les atomes à l'aide de la pression de radiation de plusieurs faisceaux laser (refroidissement Doppler). La température des atomes de sodium refroidis correspondait exactement à la prévision théorique (240 millionièmes de degré). B. Obama l'a nommé secrétaire à l'Énergie en 2009. [Prix Nobel de phys. 1997, avec C. Cohen*-Tannoudji et W. Phillips*]

**CHUBUT** (río) n. m. ÉTYM. tehuelche «sinueux» ♦ Fl. d'Argentine (850 km). Issu des Andes, il traverse la province de Chubut pour se jeter dans l'océan Atlantique à Rawson.

**CHUBUT** ÉTYM. du n. du fl. ♦ Prov. d'Argentine. → **Argentine** (carte). 224 686 km². 413 000 hab. CAP. : Rawson. Cette région de Patagonie, en dehors de l'élevage extensif d'ovins (luzernières), tire surtout ses ressources du minerai de fer et des gisements de pétrole (près de Comodoro Rivadavia).

**Chuci** → **Chants de Chu**

**CHUKRA** n. m. ♦ Partie la plus élevée du plateau yéménite du Hadramaout. 2 200 m.

**CHULALONGKORN** ♦ (Bangkok 1853 - *id.* 1910). Roi du Siam sous le nom de Rāma V (1868 - 1910). Successeur de son père Mongkut*. Durant son règne, il s'efforça de moderniser son pays en s'inspirant de l'Europe, qu'il visita, tout en sauvegardant les traditions locales. Il résista aux ambitions territoriales étrangères, mais dut abandonner le Laos et une partie du Cambodge à la France (1893 - 1907) et les États malais à la Grande-Bretagne (1909), échappant ainsi à la colonisation.

**CHUNGLI** ou **ZHONGLI** ♦ V. de l'île de Taiwan 358 656 hab. Nœud routier et ferroviaire. Centre agricole. Indus. automobile.

**CHUNG Myung-whun** ♦ Chef d'orchestre et pianiste américain d'origine coréenne (Séoul 1953). Frère de la violoniste CHUNG KYUNG-WHA (Séoul 1948) et de la violoncelliste CHUNG MYUNG-WHA (Séoul 1944), il a succédé de 1989 à 1994 à Daniel Barenboïm au poste de directeur musical de l'Opéra de Paris Bastille. Il a été nommé directeur musical de l'orchestre philharmonique de Radio-France en 2000.

**Chunqiu** ou **Tch'ouen-ts'ieou** ÉTYM. «printemps et automnes» ♦ Période de l'histoire de Chine allant de –722 à –481, nommée d'après la chronique de l'État de Lu compilée par Confucius. Elle fut caractérisée par une prodigieuse efflorescence dans le domaine des idées : les deux plus grands philosophes de Chine, Lao-tseu et Confucius vécurent à cette époque, et fut suivie par la période troublée des Zhanguo*.

**CHUQUET (Nicolas)** ♦ Mathématicien et médecin français (Paris 1445 - 1500). Sa *Triparty en la science des nombres*, écrite en 1484 mais publiée seulement en 1880, concerne les nombres négatifs, le zéro, les racines et utilise une notation symbolique très moderne ; elle fait notamment appel à la notion d'exposants négatifs et, par la comparaison de progressions arithmétiques et géométriques, laisse prévoir le calcul logarithmique.

**CHUQUICAMATA** ♦ V. du Chili (Antofagasta), dans le désert du Norte Grande et dans la vallée du río Loa. 17 000 hab. Mine de cuivre à ciel ouvert, la plus grande du monde, assurant la moitié de la production du pays et exploitée dès le début du XXᵉ s. Fonderie et raffinerie reliées par voie ferrée à Antofagasta.

**CHUQUISACA** ♦ Dép. de la Bolivie, situé dans les Andes centrales, traversé par le río Pilcomayo. 51 524 km². 631 000 hab. CAP. : Sucre. Mines d'étain, d'argent, de zinc et d'antimoine.

**CHUR** → **Coire**

**CHURCH (Alonzo)** ♦ Logicien et philosophe américain (Washington 1903 - Hudson, Ohio 1995). Auteur de travaux de logique mathématique (ou logistique), il a étudié en particulier les limitations (syntaxiques) de formalisation d'un système prouvant que, pour le calcul logique des prédicats, il n'existe pas de procédé général de décision, c'est-à-dire de procédé effectif permettant de décider si toute proposition du système en est logiquement dérivable ou non (*théorème de Church*, 1936). Il a contribué également au développement de la sémantique «intensionnelle» (par opposition à la sémantique extensionnelle → **Tarski**) ; celle-ci s'intéresse essentiellement à la signification analytique (en angl. *intension*) et tend ainsi vers une sorte de néoréalisme (ou «platonisme») que critiqueront Goodman, Quine. Œuv. princ. : *An Unsolvable Problem of Elementary Number Theory* (1936), *On the Logic of Sense and Denotation* (1954), *Introduction to Mathematical Logic* (1956).

**CHURCHILL** (lord **Randolph Henri SPENCER**) ♦ Homme politique britannique (Woodstock, Oxfordshire 1849 - Londres 1895). Élu député conservateur en 1874, il était partisan de la *Tory democracy*, c'est-à-dire du torysme progressiste prôné par Disraeli*. Il devint, en 1886, leader des Communes et chancelier de l'Échiquier dans le ministère Salisbury. ÉTYM. Ce nom de famille anglais vient de *Churchill*, nom de lieu, «la colline *(hill)* de l'église *(church)*».

**CHURCHILL** (sir **Winston Leonard SPENCER**) ♦ Homme politique britannique (Blenheim Palace, Oxfordshire 1874 - Hyde Park Gate, Londres 1965). Fils de lord Randolph Churchill. **Un élu conservateur** Après des études médiocres à Harrow, il entra au collège de Sandhurst et fit une brève carrière militaire (1895 - 1899) surtout en tant que correspondant de guerre à Cuba, en Inde (1896) et en Égypte (1898). Son évasion des prisons boers d'Afrique du Sud où il devait effectuer un reportage lui acquit une certaine renommée et il fut élu député dans les rangs des conservateurs (1900). **Le ministre libéral** En 1904, en désaccord avec Joseph Chamberlain sur la question du libre-échange, il rejoignit le parti libéral. Sous-secrétaire d'État aux Colonies (1906) et ministre du Commerce et de l'Industrie dans le gouvernement Asquith (1908), il se fit remarquer par son libéralisme (mesures sociales importantes) et soutint le «budget du peuple» de Lloyd George (1909). Mais, malgré son attitude en faveur du *Home Rule* irlandais, il perdit l'appui des radicaux à cause de sa réaction répressive, comme ministre de l'Intérieur, face aux grèves (1910). En 1911, il fut nommé Premier lord de l'Amirauté et prépara la flotte britannique à la guerre, ce qui permit, en 1914, de sauver les ports de la Manche. Il dut démissionner en 1915, après l'échec de l'expédition des Dardanelles* qu'il avait fortement encouragée. À la suite de l'enquête sur cette expédition, qui le réhabilita, Lloyd* George le choisit comme ministre des Munitions (1917 - 1919) puis comme ministre de la Guerre et de l'Air (1919 - 1922). Violemment antibolchevik, Churchill apporta une aide militaire à l'armée blanche et aux Polonais lorsqu'ils envahirent l'Ukraine [1920] (→ **révolution d'octobre 1917**), ce qui lui valut les attaques des travaillistes et même de certains libéraux. **À nouveau élu conservateur** Après quelques années de retraite consacrées à l'écriture (*The World Crisis* «La Crise mondiale») et à la peinture, il fut réélu aux Communes en 1924 comme conservateur. Chancelier de l'Échiquier du cabinet Baldwin* (1924 - 1929), il rattacha la livre sterling à l'étalon-or, mesure de prestige qui, en limitant les exportations, favorisa le chômage et déclencha une grève générale (mai 1926). Toujours inquiet des progrès du communisme, il déclarait à ce moment-là que le régime de Mussolini «rendait service au monde entier». De l'échec conservateur (élections générales de 1929) jusqu'à la Deuxième Guerre mondiale, il ne joua plus de rôle politique officiel ; il retrouva alors ses activités littéraires (*My Early Life*, 1930 ; *Marlborough ; His Life and Times*, 1933 - 1938). Mais surtout, revenant sur ses premières impressions, il mit en garde les Européens contre le danger nazi ; il réclama à plusieurs reprises une entente avec la France et l'URSS contre l'Allemagne et conseilla le réarmement au gouvernement britannique. Ses avertissements ne rencontraient aucun écho et lorsqu'il affirma que la conférence de Munich était une «défaite totale» pour les démocraties, il se heurta à l'incrédulité générale. **La Deuxième Guerre mondiale** Pourtant, au cours des mois qui précédaient la guerre, il retrouva les faveurs de l'opinion publique et Neville Chamberlain*, dès le 3 sept. 1939, le nomma Premier lord de l'Amirauté. Malgré l'échec de la flotte britannique en Norvège (1940), qui rappelait celui des Dardanelles, il devint Premier ministre le 10 mai 1940 dans un gouvernement de coalition (conservateurs, libéraux et travaillistes). C'est à ce moment-là qu'il se révéla un étonnant chef de guerre et ces cinq années de «leadership» national (1940 - 1945)

Winston **Churchill** en 1951.
*Phot. © Philippe Halsman/ Magnum*

firent plus pour sa légende que toute sa carrière politique, pourtant une des plus longues de l'histoire de la Grande-Bretagne. Son fameux discours du 13 mai 1940 aux Communes donna le ton de la résistance : «Je n'ai à offrir que du sang, de la peine, des larmes et de la sueur.» Il mit alors toute son énergie au service d'un seul but : «la victoire, la victoire à tout prix», et gouverna avec autorité tout en respectant, dans la mesure du possible, le système parlementaire et les libertés individuelles. Après la défaite française (→ **Guerre mondiale [Deuxième]**), il admit la nécessité d'une alliance avec les États-Unis. Dès le bombardement de Pearl* Harbor, les deux armées combattirent sous les mêmes chefs d'état-major (par ex. lors du débarquement de Normandie). Après l'entrée des Allemands sur le territoire soviétique (juin 1941), il engagea des négociations avec Staline* sur l'ouverture éventuelle d'un nouveau front à l'Est, mais pendant trois ans de contacts incessants il ne se départit jamais de sa méfiance envers les communistes. Il facilita la réunion de conférences internationales (Téhéran, Québec, Yalta, Potsdam), tout en mettant en garde Roosevelt contre les ambitions de Staline, en particulier après la conférence de Yalta* en fév. 1945. À l'encontre des chefs d'état-major alliés, il souhaitait l'avance des troupes anglo-américaines vers l'Europe de l'Est. **Après 1945 : le chef de l'opposition** Très découragé par le choix travailliste de ses compatriotes aux élections de 1945, il n'en continua pas moins en tant que chef de l'opposition à défendre ses options de toujours : la grandeur impériale (contre l'«abandon» de l'Inde en 1947) et l'anticommunisme qui engagea la Grande-Bretagne aux côtés des Américains dans la «guerre froide», après son discours de Fulton (5 mars 1946) où il lança l'expression «rideau de fer». **Le retour au pouvoir** Rappelé au pouvoir par la victoire des conservateurs aux élections de 1951, il était trop attaché au passé pour s'intéresser à la politique intérieure de son pays en temps de paix. Malgré un gouvernement extrêmement effacé, son prestige le maintint au pouvoir jusqu'en 1955. **La fin de sa vie** Retiré de la scène politique, il consacra ses dernières années à ses passe-temps favoris, la peinture et l'écriture (*A History of the English Speaking Peoples* «Histoire des peuples de langue anglaise», 1956 - 1958). Ses *Mémoires de guerre* avaient été publiés de 1948 à 1954. [Prix Nobel de littér. 1953]

**CHURCHILL** n. m. – anc. ***Hamilton*** ♦ Fl. du N.-E. du Canada, dans le Labrador. Il se déverse dans le lac Melville, avant de se jeter dans l'Atlantique par un fjord de 250 km de long (Hamilton Inlet). Env. 1 000 km au total. Grande centrale hydroélectrique aux chutes Churchill (anc. Grand Falls) à la sortie du lac Smallwood.

**CHURCHILL** n. m. → ÉTYM. du n. de John *Churchill,* duc de Marlborough*, président de la Compagnie de la baie d'Hudson ♦ Fl. du Canada (1 609 km). Il prend naissance au lac La Loche et se jette dans la baie d'Hudson (au port de Churchill), après une succession d'expansions (lacs) et de resserrements (rapides, chutes).

**CHURCHILL** → ÉTYM. du n. du fl. *Churchill** ♦ V. du Canada (Manitoba), sur la baie d'Hudson. 923 hab. Le port expédie le blé canadien en Europe, pendant la période où la baie est navigable (juil.-oct.). Centre de ravitaillement pour les régions arctiques.

**CHURRIGUERA** ♦ Famille d'architectes, décorateurs et sculpteurs espagnols d'origine catalane, surtout actifs dans les régions de Madrid et de Salamanque. Leur style parut à ce point caractéristique du baroque espagnol entre 1650 et 1740 que le terme *churrigueresque* a été utilisé pour le définir, bien qu'ils n'en soient pas toujours les artistes les plus représentatifs. ♦ **José Benito Churriguera.** Architecte, décorateur, stucateur et peintre (Madrid 1665 - *id.* 1725). Il réalisa le *Retable du Sagrario* de la cathédrale de Ségovie (1686 - 1690), le Catafalque de la reine Marie-Louise d'Orléans (1689) et le monumental *Retable de San Estebán* (1693 - 1696) aux lourdes colonnes torses, décoré d'une profusion de statues et de motifs végétaux aux formes déchiquetées. Comme architecte, il donna les plans de l'église et du palais de Nuevo Baztán (1709 - 1713) où apparaissent des préoccupations urbanistiques de caractère scénographique. Il développa surtout dans un sens grandiose, mouvementé et foisonnant, les motifs hispano-mauresques du style platéresque. ♦ **Joaquín Churriguera.** Architecte (Madrid 1674 ? - 1724). Frère du précédent. Il travailla à Salamanque à partir de 1706. Il entreprit le collège de Calatrava (1717), édifia le collège de l'Amaya et travailla à la coupole du transept de la nouvelle cathédrale. Son art s'inscrit plus encore que celui de José Benito dans la tradition du style platéresque. ♦ **Alberto Churriguera.** Architecte (Madrid 1676 - 1750). Frère des précédents. Il termina le collège de Calatrava, puis donna en 1728 les plans de la Plaza Mayor de Salamanque (1729 - 1755), l'une des plus remarquables d'Espagne. Il conçut des projets pour la cathédrale de Valladolid, réalisa l'église San Sebastián de Salamanque (1731) et l'église d'Orgaz (1738), dans la région de Tolède. Il fit preuve d'une puissante imagination (décor luxuriant du *Retable de Cáceres,* 1726, dont les plans étaient dus à Joaquín) tout en conservant dans plusieurs de ses œuvres d'architecture un sens de l'ordonnance d'esprit classique.

**Chūshingura** → ÉTYM. jap. «Le Trésor des fidèles vassaux» ♦ Drame japonais écrit pour le théâtre d'Ōsaka en 1748 par Takeda Izumo (1688 - 1756), et contant la vengeance des 47 rōnin (samouraïs sans maître) d'après un fait divers qui se passa à Edo (auj. Tōkyō) en 1701. Ce drame, créé pour le théâtre de marionnettes, fut maintes fois adapté à la scène (kabuki) et à l'écran. C'est l'un des plus admirés au Japon. → **Asano Naganori.**

**CHU Sigyŏng** ou **JU Si-Gyeong** ♦ Linguiste coréen (Bongsan 1876 - 1914), auteur d'ouvrages sur la phonétique et la syntaxe. Il est considéré comme le créateur de la langue coréenne moderne.

La **Chute** ♦ Roman d'Albert Camus* (1956). Dans un bar d'Amsterdam, l'avocat Jean-Baptiste Clamence raconte à un interlocuteur indéterminé comment il a sombré dans la marginalité après n'avoir pas secouru une femme qui se noyait. Devenu selon ses propres termes «juge-pénitent», il dresse le procès de toute la société qu'il condamne avec ironie. Réflexion sur le mal dans un monde athée, *La Chute* est aussi une remise en cause des intellectuels et plus particulièrement de l'existentialisme sartrien.

La **Chute d'un ange** ♦ Poème de Lamartine* (1838), premier épisode d'une épopée mystique conçue pour illustrer «les phases que l'esprit humain parcourt pour accomplir ses destinées perfectibles... par ses épreuves sur la terre». Ces quinze *Visions,* parfois idylliques, parfois prétextes à des tableaux d'horreur, devaient, selon le plan de Lamartine, préluder aux neuf réincarnations (dont *Jocelyn** est la dernière) que connaîtrait l'âme humaine avant de remonter à Dieu.

**Chveik (Aventures du brave soldat)** ♦ Roman humoristique et satirique en quatre volumes de J. Hašek* (1920 - 1923) qui raconte les aventures d'un Tchèque apparemment naïf, mobilisé dans l'armée austro-hongroise. Symbole du bon sens populaire, Chveik révèle par son comportement et ses remarques l'absurdité du système social, administratif, militaire qui l'opprime et l'aliène. ▪ Universellement célèbre, le personnage a été porté plusieurs fois à l'écran (notamment dans un film d'animation de J. Trnka, 1954). Brecht en a fait le héros d'une pièce.

**CHWISTEK (Leon)** ♦ Mathématicien, logicien et philosophe polonais (Zakopane 1884 - Moscou 1944). Auteur de recherches sur la théorie des classes de B. Russell*, à laquelle il apporta quelques modifications, il affirma son espoir dans la réduction des mathématiques à la logique.

**CHYMKENT** ♦ V. du Kazakhstan, ch.l. de région, au pied de l'Ala-Taou. 360 100 hab. Nœud ferroviaire. Fonderies de plomb. Usine de phosphates et engrais. Cimenteries. Indus. mécanique, alimentaire et textile.

## CHYPRE

**I** – off. ***république de Chypre,*** en gr. ***Kypros,*** en turc ***Kibris ;*** du sumérien *kabar* ou *gabar* «cuivre, bronze» ♦ Pays insulaire de la Méditerranée orientale, à 100 km env. au S. de la Turquie et à l'O. de la Syrie. 9 251 km². 1 045 344 hab. (*Chypriotes* ou *Cypriotes*) dont 3/4 de Grecs orthodoxes, une minorité turque et de petits groupes d'installation ancienne (maronites) ou récente (Arméniens). Depuis 1974, l'occupation turque a amputé la République chypriote de 38 % de son territoire au N. d'une ligne allant de Karavostassi à Famagouste et coupant Nicosie où furent regroupés sous une administration séparée presque tous les turcophones. Depuis avr. 2003, les Chypriotes peuvent franchir cette ligne baptisée «ligne verte». LANGUES : grec, turc, anglais. MONNAIE : euro. CAPITALE : Nicosie. RÉGIME : démocratie présidentielle.

**ÉCONOMIE** ▪ **Le Nord** Moins bien doté par la nature, moins bien équipé, tenu à l'écart des échanges internationaux depuis 1974, le nord de l'île vit à la traîne de la Turquie (monnaie turque, inflation, subventions, entretien d'un corps expéditionnaire de 35 000 hommes, introduction de colons et d'électeurs). ▪ **Le Sud** Dans la partie sud de l'île, sinistrée en 1974 - 1976 par l'installation soudaine de 200 000 réfugiés arrivés du nord, l'économie a été relancée grâce à la qua-

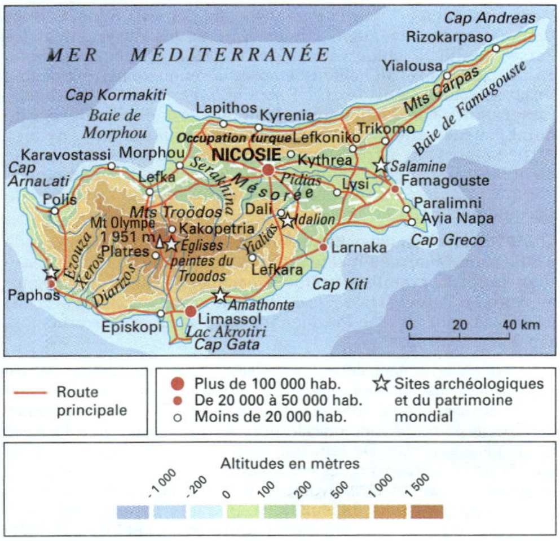

**Chypre.**

lité de la main-d'œuvre, au dynamisme des entrepreneurs, à la mobilisation des ressources en eau, à la croissance du tourisme (2,5 millions d'entrées en 2003) et à la multiplication des entreprises offshore.

**▮ HISTOIRE ▮ L'Antiquité** Occupée dès le Néolithique (vases en pierre, poteries), Chypre attira des colons de Syrie et d'Anatolie au début du – IIIe millénaire, et établit des liens commerciaux et culturels étroits avec la Crète minoenne, les Cyclades et l'Égypte. Après une phase d'occupation égyptienne aux –XVIe et –XVe s., Chypre fut colonisée par les Achéens qui l'hellénisèrent et y fondèrent de nombreuses villes : Salamine*, Amathonte*, Idalion* et Paphos* furent consacrées à Aphrodite, native de l'île pour les Grecs. Le commerce la fit prospérer jusqu'à la fin du –VIIIe s. À cette période brillante succédèrent les dominations assyrienne (–707 - –650), égyptienne (–570 - –546) et perse. Après l'échec d'Évagoras* pour unifier les Grecs et les libérer de la tutelle perse au début du –IVe s., les rois cypriotes y parvinrent en –333 en s'alliant à Alexandre. Au partage de l'Empire, l'île échut au général Ptolémée* et resta possession égyptienne jusqu'à la conquête romaine, en –58 (→ **Caton d'Utique**). Évangélisée à partir de 45 par saint Paul* et saint Barnabé*, elle devint le siège d'une église autocéphale puissante (431) sous la domination byzantine. **▮ Le Moyen Âge** Les invasions arabes (632 - 964) ravagèrent le pays. Conquise par Richard* Cœur de Lion lors de la troisième croisade (1191), l'île fut livrée aux templiers, puis au Franc Guy de Lusignan* dont la dynastie régna sur Chypre jusqu'en 1489, y installant l'Église latine et l'alliant au royaume de Jérusalem (→ **Amaury II de Lusignan**). **▮ De la domination franque à la domination britannique** Des Francs elle passa aux Vénitiens, et, en 1571, fut brutalement soumise par les Turcs qui rétablirent progressivement l'autorité religieuse de l'Église orthodoxe. En 1878, l'Empire ottoman céda Chypre à l'administration britannique en échange de son soutien diplomatique lors de la guerre russo-turque de 1877 (→ **Disraeli**). Annexée à l'Empire britannique en 1914, Chypre vit ses aspirations à l'indépendance et au rattachement à la Grèce durement réprimées par l'instauration de l'état d'exception (1931 - 1940) et surtout pendant la lutte armée menée entre 1955 et 1959 par le général Grivas sous l'autorité morale de l'Église autocéphale (Mgrs Makarios II et III). **▮ 1960 - 1974 : de l'indépendance à la partition** Les pourparlers sur la question chypriote, marquée par les intérêts rivaux de la Grande-Bretagne, de la Grèce et de la Turquie, aboutirent aux accords de Zurich (1959) qui prévoyaient l'indépendance de l'île (1960) et l'associaient au Commonwealth, la Grande-Bretagne conservant une base sur son territoire (Akrotiri et Dhékélia), sous la forme d'une république unique mais reconnaissant deux communautés distinctes avec un vice-président capable d'opposer un veto au gouvernement et au président. Le président Makarios, déjà confronté en 1963 à des incidents interethniques, qui nécessitèrent l'intervention armée de l'ONU, fut renversé en juil. 1974 par un coup d'État fomenté par les dictateurs au pouvoir à Athènes depuis 1967. **▮ Le Nord** La Turquie, jugeant menacés les intérêts de la communauté turque, et se référant aux accords de Zurich intervint militairement en août 1974 et envahit le quart nord de Nicosie et le tiers nord de l'île, de Karavostassi à Famagouste. La zone occupée a été administrée séparément puis instituée en «République turque du Nord de Chypre» que la Turquie seule reconnaît et protège en y maintenant des troupes et installant des émigrants de Turquie : une opposition croissante s'y fait entendre depuis la fin du XXe s. Soutenu par les partisans de la réunification, le Premier ministre chypriote turc, Ali Talat, y remporta l'élection présidentielle en 2005. Son parti, le CTP (parti républicain turc de centre gauche) fut cependant désavoué aux législatives anticipées en 2009 au profit du parti nationaliste UBP, la majorité des Turcs n'acceptant pas la solution fédérale proposée par les Grecs, trop centralisatrice à leurs yeux. **▮ Le Sud** Au S., après Makarios, mort en 1977, les électeurs ont successivement porté au pouvoir plusieurs anciens du mouvement nationaliste : S. Kyprianou* jusqu'en 1988, G. Cléridès en 1993 et 1998 (majorités de droite modérée), G. Vassiliou en 1988 et T. Papadopoulos en 2003. Le plan préparé à l'instigation des Nations unies pour restaurer l'unité institutionnelle de la République se heurta au refus des Chypriotes grecs lors du référendum d'avril 2004. En conséquence, seule la partie grecque adhéra à l'Union européenne dans les jours qui suivirent, malgré l'ouverture de la ligne verte en 2003. D. Christofias (parti néocommuniste AKEL), favorable à la réunification de l'île, a été élu à la présidence en 2008 et a relancé les négociations.

---

**CHYTILOVA (Vera)** ♦ Cinéaste tchèque (Ostrava 1929). *Quelque chose d'autre* (1963) manifeste des préoccupations féministes, rehaussées dans le film suivant, *Les Petites Marguerites* (1965), d'une verve iconoclaste qui lui valut, après 1968, un long purgatoire politique (*L'Après-Midi d'un vieux faune*, 1985).

**CIA** n. f. → **Central Intelligence Agency**

**CIALDINI (Enrico),** duc **DE GAÈTE** ♦ Général italien (Castelvetro di Modena 1811 - Livourne 1892). Il participa à la guerre d'indépendance du Piémont (1848 - 1849) et s'illustra à Gaète* en 1860 contre François* II, roi de Sicile.

**CIAMICIAN (Giacomo Luigi)** ♦ Chimiste italien (Trieste 1857 - Bologne 1922). Il est l'auteur de recherches sur le pyrrole (1888), l'action chimique de la lumière, la nature des affinités chimiques et la notion de chimie des produits végétaux (effets des alcaloïdes sur les plantes, etc.).

**CIANO (Galeazzo),** comte **DE CORTELLAZZO** ♦ Homme politique italien (Livourne 1903 - Vérone 1944). Entré tout jeune dans les rangs du fascisme (marche sur Rome, 1922), il passa quelques années dans la diplomatie et épousa la fille de Mussolini. Celui-ci le nomma sous-secrétaire d'État à la Presse et à la Propagande (1934), puis ministre des Affaires étrangères (1936). C'est à la suite de ses rencontres avec Hitler que fut signé le protocole d'entente germano-italien (→ **Axe**) qui se transforma en alliance formelle en 1939 (pacte d'Acier). Inquiet des ambitions de l'Allemagne, il ne voulait pas que l'Italie entrât en guerre à ses côtés, ce que Mussolini décida pourtant en juin 1940. Dès 1942, Ciano voulut signer la paix avec les Alliés et, en 1943, il réclama la démission de Mussolini, qui le fit juger et fusiller pour trahison.

**CIANS** n. m. ◆ **ÉTYM.** probablt du précelt. *cam-* «hauteur arrondie» ♦ Riv. des Alpes-Maritimes (25 km), affl. du Var. Gorges pittoresques.

**CIBBER (Colley)** ♦ Acteur et auteur dramatique anglais (Londres 1671 - *id.* 1757). Composées dans un souci d'édification morale, ses comédies plurent à la bourgeoisie : *Elle voulait et ne voulait pas* (1702), *Le Mari insouciant* (1704).

**CIBOURE** [64500] ◆ **ÉTYM.** anc. en basque *Zubiburu* «tête *(buru)* de pont *(çubi)*» ♦ Comm. des Pyrénées-Atlantiques, arr. de Bayonne, sur la Nivelle, face à Saint-Jean-de-Luz. 6 283 hab. *(Cibouriens).* Église Saint-Vincent du XVIe s. (clocher). Maisons anc. Maison natale de M. Ravel. ▪ Station balnéaire. Port de pêche.

**CICÉRON** ◆ **ÉTYM.** en lat. ***Marcus Tullius Cicero,*** de *cicer* «pois chiche», surnom donné à son père à cause d'une verrue de la forme d'un pois chiche ♦ Homme politique et orateur latin (Arpinum –106 - Formies –43). Avocat depuis –80, il fut élu questeur de Lilybée (Marsala) en Sicile (–75) où il défendit les Siciliens contre les exactions de leur ancien gouverneur, le propréteur Verrès*. Consul en –63, il déjoua la con-

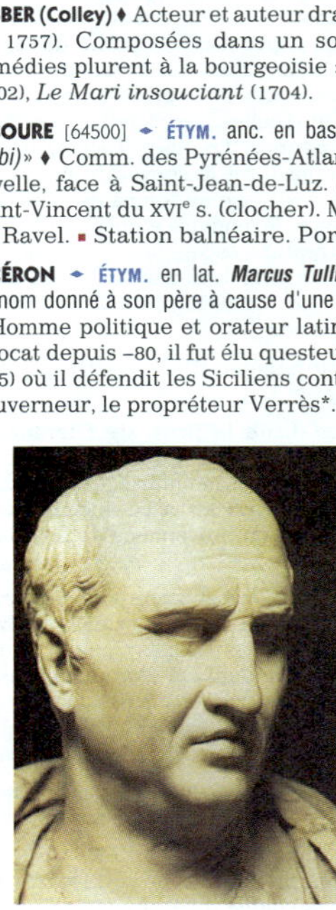
**Cicéron.** Marbre romain. Musée du Capitole, Rome.
*Phot. ©Nimatallah/Ricciarini*

juration de Catilina* et fit exécuter ses complices. À ce moment, il put penser avoir réalisé autour de lui l'union de tous les « honnêtes gens », les *optimates*. Mais accusé par le tribun Clodius* Pulcher d'avoir fait exécuter sans jugement des citoyens, il fut exilé en Grèce (–58) par la volonté des triumvirs César*, Pompée* et Crassus*, puis envoyé comme gouverneur en Cilicie. De retour à Rome (–57), il abandonna le parti du Sénat que dirigeait Pompée et obtint le pardon de César. Après l'assassinat du dictateur (–44), il attaqua vivement Antoine, qui favorisait sans clairvoyance le jeune Octave. Quand ces deux ambitieux se furent unis avec Lépide*, Cicéron fut proscrit, rejoint dans sa fuite et assassiné sur l'ordre d'Antoine. ▪ Son ambition principale fut, jusqu'à la fin de sa vie, de jouer un rôle politique de premier plan et d'être le plus grand personnage de l'État. Jusqu'à un certain point, son activité intellectuelle resta pour lui un moyen au service de cette fin ; il ne pouvait imaginer un monde où l'action dans la cité ne fût pas la valeur suprême. Théoricien de la politique, il ne parvint pas à imposer ses idées en une période de troubles où apparaissaient les prodromes de la guerre civile. Écrivain de premier ordre, il a porté l'art oratoire latin à son apogée dans ses plaidoyers *(Verrines, Pro Murena, Pro Archia, Pro Milone)* et dans ses harangues politiques *(Catilinaires*, Philippiques)*. Il a élaboré une théorie romaine de l'éloquence *(De oratore, Brutus, Orator)* ; la composition de ses discours, et son célèbre *docere* (« prouver »), *delectare* (« plaire »), *movere* (« émouvoir »), a servi de modèle à toute la rhétorique latine. ▪ Il chercha à concilier, par ses traités philosophiques, les différentes écoles (épicurienne, stoïcienne, académique) pour dégager une morale pratique en harmonie avec les exigences de la cité *(De republica, De legibus, Tusculanes, De senectute, De amicitia, De officiis)*. Il a créé une prose philosophique latine. Sa *Correspondance* (plus de 900 lettres tant à ses amis, en particulier à son fidèle Atticus, qu'à son frère Quintus) nous donne l'image d'un homme orgueilleux, pusillanime et souvent irritant mais qui force la sympathie par la noblesse de ses buts et la richesse de ses dons intellectuels.

**Le Cid** ♦ Tragicomédie de P. Corneille* (1636), inspirée du *Romancero* espagnol, poème médiéval, et d'une épopée dramatique de Guilhem de Castro*, *Las Mocedades del Cid* (1618). Rodrigue, fils de don Diègue, et Chimène, fille de don Gormas, amants heureux, vont s'unir dans le mariage. Mais un différend surgit, qui oppose leurs pères. Souffleté par don Gormas, don Diègue obtient de son fils qu'il le venge. Rodrigue provoque don Gormas et le tue. Chimène exige son châtiment, sans cesser toutefois de l'aimer. Cet aveu que l'honneur lui interdit d'exprimer, elle n'y consentira qu'à la fin de la pièce, sûre de la vertu de Rodrigue qui a sauvé le royaume en triomphant des Maures, puis désarmé don Sanche, son champion, en un combat singulier qu'elle a souhaité, sûre enfin de l'amour de Rodrigue qui a vainement imploré d'elle une mort qu'elle ne pouvait que lui refuser.

**CID CAMPEADOR (Rodrigo DÍAZ DE BIVÁR, dit LE)** ➝ ÉTYM. *Cid*, de l'ar. *sidi* « mon seigneur » et *Campeador* esp. « guerrier illustre » ♦ Héros espagnol (Bivár, près de Burgos 1043 - Valence 1099), une des grandes figures de la Reconquista*. Il servit d'abord le roi de Castille Sanche* II, puis le frère ennemi de celui-ci, Alphonse* VI, qui lui donna en mariage sa cousine, Jimena (Chimène) Díaz. Tombé en disgrâce, il parcourut l'Espagne, offrant ses services à des princes chrétiens et même musulmans et remportant d'éclatantes victoires ; de là lui vint son surnom de *Cid Campeador*. En 1094, il s'empara du royaume maure de Valence*, dont il fut le souverain jusqu'à sa mort. Symbole de la chevalerie castillane au temps de la Reconquista, le Cid devint un personnage légendaire et inspira dès 1140 un des chefs-d'œuvre de la littérature espagnole, le *Cantár del mio Cid* ; ce poème épique fut à l'origine de nombreux « romances » qui forment le *Romancero du Cid*. Cette légende a notamment inspiré Guilhem de Castro et Corneille.

**CIECHANOVER (Aaron)** ♦ Biochimiste israélien (Haïfa 1947) [Prix Nobel de chimie 2004, avec A. Hershko* et I. Rose*]

**CIENFUEGOS** ♦ V. de Cuba, ch.-l. de la prov. de Cienfuegos (400 976 hab.), sur la côte S. de l'île au fond d'une baie bien abritée. 165 231 hab. Port (exportation de sucre). Cimenterie. Construction d'une centrale nucléaire arrêtée en 1992. ▮ **Histoire** La ville fut fondée en 1819 par des immigrants français en provenance de Louisiane et d'Aquitaine.

**CIESZYN** – en all. *Teschen* ♦ V. du S. de la Pologne, voïvodie de Silésie, située à la frontière polono-tchèque, en haute Silésie. 35 567 hab. La partie tchèque, Český Těšín, compte 29 000 hab. Centre culturel et indus. (machines à écrire). ▮ **Histoire** Capitale d'un duché vassal de la Bohême de 1290 à 1653, la ville passa sous la domination des Habsbourg jusqu'en 1918. Disputée par la Pologne et la Tchécoslovaquie dès 1919, elle fut partagée entre les deux pays en 1920.

**CILAOS** [97413] ➝ ÉTYM. du malgache *Tsilaosa* « qu'on ne quitte pas » ou « qu'il ne faut pas quitter » ♦ Ch.-l. de cant. de la Réunion, arr. de Saint-Benoît, dans le cirque de Cilaos, à 1 200 m d'alt. 6 115 hab.

**CILICIE** n. f. ♦ Rég. de Turquie comprenant les prov. d'Içel, Adana et Osmaniye, limitée au N. par la chaîne du Taurus, au S. par la Méditerranée, à l'O. par la Pamphylie, à l'E. par la Syrie. ▮ **Histoire** Dominée successivement par les Hittites, les Assyriens et les Perses, la Cilicie, qui avait reçu des colons mycéniens vers la fin du – IIe millénaire, fut hellénisée après la conquête macédonienne (–333), sous les Séleucides. Les Romains, à partir du –Ier s., débarrassèrent les côtes ciliciennes de la piraterie et y fondèrent de nombreuses villes. Des Byzantins, elle passa aux Arabes (VIIIe s.), puis aux Arméniens (1080) qui y fondèrent le royaume de la Petite Arménie*, effondré sous les coups des mamelouks en 1375. Occupée par les Français en 1919, elle fut intégrée à la Turquie en 1921.

**ÇILLER (Tansu)** ♦ Femme politique turque (İstanbul 1946). Elle succéda à Süleyman Demirel à la tête du Parti de centre droit DYP (1993 - 2002) et fut la première femme à occuper le poste de Premier ministre en Turquie (1993 - 1995). Faisant ensuite alliance avec les islamistes, elle fut vice-Premier ministre dans le gouvernement Erbakan (1996 - 1997).

**CIMABUE (Cenni di Pepi, dit)** ➝ ÉTYM. « tête de bœuf » (surnom) ♦ Peintre et mosaïste toscan (Florence 1240 ? - Pise v. 1302). Une tradition fondée sur Dante et Vasari en fait le maître de Giotto* et le premier nom de la peinture italienne, le premier artiste qui ait humanisé la manière grecque. De fait, une inspiration plus latine, nourrie auprès des maîtres romains (➝ **Cavallini, Torriti**), vint habiter son byzantinisme après 1272, évolution lisible dans les œuvres qu'on lui attribue, non sans difficultés (➝ **Duccio**) : *Crucifix* d'Arezzo, traité dans le mode dramatique de Giunta* Pisano et Coppo di Marcovaldo, fresques puissantes et graves d'Assise* (v. 1280), *Maestà* (Offices, Louvre), *Crucifix* de Santa Croce (remarquablement restauré après avoir été presque détruit lors de l'inondation de 1966). ▪ Cimabue participa avec Arnolfo* di Cambio aux travaux de la cathédrale de Florence.

**CIMA DA CONEGLIANO (Giovanni Battista CIMA, dit)** ♦ Peintre italien (Conegliano v. 1459 - *id.* 1517 ou 1518). Il fit partie des peintres qui conservèrent à la fin du XVe s., à Venise, leur fonds archaïque, tout en participant à la diffusion de la nouvelle organisation spatiale (*Madone à la Pergola*, 1489, Vicence). Après avoir exécuté la grande *pala* du Duomo de Conegliano, il s'installa à Venise (1492) et y peignit plusieurs retables (*Baptême du Christ*, 1494, Venise ; *Pala de la Charité*, 1496 - 1499, Venise ; *Saint Pierre martyr*, 1509, Milan). Sa manière évolua peu : rustique, calme et solennelle. Associant la rigidité de Montagna* à la douceur de Giovanni Bellini*, il s'inspira, dans les scènes anecdotiques, de l'exotisme de Carpaccio* (*Miracle de saint Marc*, Berlin ; *Présentation au Temple*, Dresde) et obtint ses meilleurs effets par la fraîcheur bucolique du paysage où la lumière adoucit les lointains (*Madone à l'oranger*, Venise ; *Madone avec saint Jean-Baptiste et Marie-Madeleine*, Louvre).

**CIMAROSA (Domenico)** ♦ Compositeur italien (Aversa 1749 - Venise 1801). D'origine modeste, il étudia la musique au conservatoire de Naples. Il connut bientôt la célébrité à travers toute l'Europe avec ses opéras : *La Finta Parigina* (1773), *L'Italiana in Londra* (1779), *Gemina e Bernardone* (1781), *Alessandro nelle Indie* (1781). Invité par Catherine II, il fut nommé maître de chapelle et compositeur de la cour, à Saint-Pétersbourg (1787). C'est à Vienne, à son retour de Russie, qu'il composa son chef-d'œuvre, *Le Mariage secret* (1792). Revenu à Naples, il écrivit un hymne républicain pour lequel il fut poursuivi. Il trouva refuge à Venise. Outre ses 70 opéras, il est l'auteur d'oratorios, de messes, de cantates, de sonates pour clavecin et de concertos. ➝ ÉTYM. *Cimarosa* est un nom de lieu en Calabre.

**CIMBRES** n. m. pl. ➝ ÉTYM. du lat. *Cimbri* ♦ Peuple germanique établi primitivement dans la Chersonèse* cimbrique (auj. presqu'île du Jutland) qui émigra vers le S. en –120 entraînant avec lui les Teutons*. En –113, ils défirent les Romains en Norique* près de Noreia (auj. Neumarkt, Styrie), puis envahirent l'Espagne et la Gaule, mais furent vaincus par Marius* à Verceil (–101) alors qu'ils tentaient de pénétrer en Italie. ➝ **Leuces.**

Michael **Cimino**. Scène du film *Voyage au bout de l'enfer*.
*Phot. © Coll. Christophe L.*

**Le Cimetière marin** ♦ Pièce maîtresse du dernier recueil de vers, *Charmes* (1922), composé par P. Valéry* ; ce poème en décasyllabes, publié pour la première fois dans *La Nouvelle Revue française* en 1920, a pour cadre le cimetière de Sète (où le poète sera enterré). Taxé naguère d'hermétisme, le poème se présente comme une méditation lyrique sur la vie et la mort, la lumière et la conscience, l'absolu et l'être, et se clôt par une invite à épuiser la vie dans «l'ère successive».

**CIMINO (Michael)** ♦ Cinéaste américain (New York 1941). Son œuvre renouvelle avec audace les grands thèmes du cinéma américain. *Voyage au bout de l'enfer* (1978), l'un des films les plus lucides sur l'engagement des États-Unis au Viêtnam, fut couvert d'oscars, mais *La Porte du paradis* (1982), superbe western dénonçant les dérives du «rêve américain», fut un échec commercial qui compromit gravement sa carrière ; il se remit brillamment en selle avec *L'Année du dragon* (1985).

**CIMMÉRIENS** n. m. pl. – en gr. *Kimmeroi* ♦ Peuple indo-européen nomade, installé au N. de la mer Noire. Ils franchirent le Caucase à la fin du –VIII^e^ s., dévastèrent l'Urartu, l'Anatolie et s'étendirent jusqu'à la côte d'Asie Mineure où seule Éphèse leur résista. Ils furent longtemps en lutte contre la Lydie mais furent vaincus au VI^e^ s. par Alyatte. ▪ Peuple de la mythologie grecque, réputé vivre dans un monde nocturne et être voisin des Enfers. Il est souvent identifié avec les Scythes.

**CIMON** – en gr. *Kimôn* ♦ Général athénien (v. –510 - v. –449), fils de Miltiade*. Après l'ostracisme de Thémistocle* et la mort d'Aristide*, il consolida la confédération de Délos*, repoussa les Perses en Asie Mineure et remporta la victoire d'Eurymédon* (–468). Chef du parti aristocratique, il fut frappé d'ostracisme par Périclès (–461), puis, rappelé par celui-ci, il vainquit les Perses près de Chypre* et mourut pendant le siège de Cition*. Athènes* lui doit des travaux importants.

**CÎMPINA** → **Câmpina**

**CINCINNATI** ← ÉTYM. du n. de l'*Order of Cincinnati,* association créée en 1783 par des officiers qui voulaient retourner à leurs occupations, après la guerre d'Indépendance, prenant exemple sur *Cincinnatus** ♦ V. des États-Unis (Ohio) sur la rive d. de l'Ohio. 331 285 hab. dont 37 % de Noirs (zone urbaine 1 646 395). La ville est bâtie sur deux zones plates et plusieurs collines (zones plus résidentielles). Musées. ▪ Nombreuses indus. (machines-outils ; matériel de transport ; indus. chimiques [savon] ; cartes à jouer).

**CINCINNATUS** ← ÉTYM. en lat. ***Lucius Quinctius Cincinnatus*** «celui dont les cheveux sont bouclés» ♦ (–V^e^ s.). Héros national de la Rome antique, image de l'ancien Romain paysan, soldat et homme d'État. On vint l'enlever à sa charrue pour le nommer dictateur durant la guerre contre les Èques et les Volsques. Vainqueur, il retourna à sa charrue, refusant les honneurs.

**CINÉAS** – en gr. *Kineas* ♦ Orateur et homme politique grec (né en Thessalie - mort en –279). Ministre de Pyrrhus*, il essaya de le détourner de son expédition contre Rome, et leur conversation à ce sujet resta célèbre. Après la bataille d'Héraclée*, envoyé à Rome pour négocier la paix, il ne put convaincre le Sénat.

**CINECITTÀ** ♦ Studios de cinéma situés à Rome, inaugurés en 1937 par Mussolini qui y voyait un média pour la propagande. Fermés de 1945 à 1948, ils devinrent le temple du cinéma italien dont l'histoire est marquée par les tournages de Fellini.

**Cinémathèque française** ♦ Organisme fondé en 1936 par Henri Langlois et Georges Franju, avec le statut (qu'elle a toujours) d'association privée pour la sauvegarde et la défense des films et des documents se rapportant au cinéma. Grâce à son action et à son rayonnement, un grand nombre de films considérés comme perdus ont pu être sauvés. Les tâches de restauration incombent au Service (public) des archives du film de Bois-d'Arcy (Yvelines). ▪ Les premières cinémathèques sont nées en Suède, en Allemagne et aux États-Unis. Sous l'impulsion, respectivement, de Jacques Ledoux et de Freddy Buache furent créées la Cinémathèque royale de Belgique (Bruxelles, 1938) et la Cinémathèque suisse (Lausanne, 1950).

**CINEY** ♦ V. de Belgique (Région wallonne), prov. de Namur, arr. de Dinant. 15 078 hab. Église (crypte du XI^e^ s., tour des XII^e^ - XIII^e^ s.). Vestiges des remparts de 1321. Châteaux. ▪ Important marché aux bestiaux. Centre industriel. Brasserie.

**CINGRIA (Charles-Albert)** ♦ Écrivain suisse d'expression française (Genève 1883 - *id.* 1954). Ami de Ramuz et de Paulhan, passionné de musique sacrée et de culture médiévale, il a laissé une œuvre abondante et composite, réunie en 11 volumes (1967 - 1978). De grands ouvrages d'érudition (*La Civilisation de Saint-Gall,* 1929 ; *Pétrarque,* 1932 ; *La Reine Berthe,* 1947) y alternent avec des recueils de chroniques au «mouvement vagabond, alerte, infaillible» (J. Réda) : *Le Canal exutoire* (1931), *Le Comte des formes* (essai sur Rome, 1939), *Florides helvètes* (1944), *Bois sec, bois vert* (1948).

## cinétique (art)

♦ Mouvement artistique héritier du constructivisme* des années 1920 et des *Mobiles* de Calder*, qui s'est développé dans les années 1950. Cette nouvelle tendance introduisit la lumière et les mécanismes de moteurs électriques. Fondé aussi sur les théories de la couleur élaborées au Bauhaus* par Albers*, l'art cinétique produira entre autres l'op'art, le cinétisme, le lumino-cinétisme, influencés par les nouvelles techniques cinématographiques et photographiques. Ces mouvements mettent en question la passivité du spectateur, sollicitent sa participation. Tandis que Vasarely* cherchait à modifier l'optique des citadins, Agam* créait par ses plans striés des métamorphoses de plans colorés, tout en incitant le spectateur à se mouvoir lui-même pour apprécier l'œuvre sous différents angles. Soto* jouait sur la transparence de fines tiges aux couleurs subtiles, Tinguely*, par ses machines rouillées mais mouvantes, corrodait nos habitudes, tandis que Nicolas Schöffer*, avec ses sculptures spatiodynamiques, cybernétiques puis chronodynamiques, faisant appel aux rayons laser et à l'électronique, mettait en scène l'espace grâce à ses gigantesques signaux. Un Pol Bury*, un Jack Vanarsky se rattachent également à cette sculpture en mouvement.

**CINNA (Lucius Cornelius)** ♦ Homme politique romain (mort à Ancône –84). Chef du parti populaire, partisan de Marius*. Il régna tyranniquement sur l'Italie après la mort de ce dernier (–87 - –84) et mourut assassiné par ses soldats alors qu'il voulait conduire la flotte contre Sylla*.

**CINNA (Cneius Cornelius)** ← ÉTYM. du lat. *cinnus* «clignement d'œil» ♦ (–I^er^ s.). Arrière-petit-fils de Pompée*. Favori d'Auguste*, il conspira contre l'empereur qui lui accorda pourtant son pardon et lui donna le consulat. ▪ Héros de la tragédie de Corneille *Cinna* ou la Clémence d'Auguste.*

**Cinna ou la Clémence d'Auguste** ♦ Tragédie de P. Corneille* (1642) dont le sujet est emprunté à Sénèque* *(De clementia).* Fille d'un proscrit tué par ordre d'Octave, Émilie aspire à venger son père. Devenu l'empereur Auguste, Octave comble Émilie de ses bienfaits, ainsi que le jeune Cinna, fils d'une fille de Pompée. Mais Émilie impose à Cinna, qui l'aime, de former une conjuration contre Auguste. Dans ce complot entrera aussi Maxime, amoureux d'Émilie. Découverts par la trahison de Maxime qui est jaloux de Cinna, les conjurés recevront le pardon d'Auguste, héros magnanime et soucieux de sa gloire.

**CINO DA PISTOIA (Guittoncino DE' SIGHIBULDI, dit)** ♦ Poète et juriste italien (Pistoia v. 1270 - 1337). Exilé dans sa jeunesse, professeur dans plusieurs villes, outre des ouvrages juridiques *(Lectura super Codicem),* il a laissé un vaste *Canzoniere* (env. 165 pièces). Ami de Dante, qui le loua, il est l'un des représentants du Dolce stil nuovo et un précurseur de Pétrarque.

## Cinq (groupe des)

♦ Réunion de cinq musiciens russes du XIX^e^ s. (→ **Balakirev, Borodine, Cui, Moussorgski, Rimski-Korsakov**). Influencés par Glinka, Schumann, Berlioz, Liszt et Wagner, ils participèrent au renouveau de la musique russe.

**CINQ CANTONS** ou **CINQ NATIONS** ♦ Expression désignant la Confédération des Iroquois*, au XVII^e^ et au XVIII^e^ s.

**Cinq-Cents (Conseil des)** ♦ Assemblée législative qui, avec le Conseil des Anciens*, fut instituée par la Constitution de l'an III, adoptée par la Convention thermidorienne en août 1795 et mise en vigueur le 23 sept. 1795. → **Convention nationale.** Ce conseil était composé de cinq cents membres élus au suffrage censitaire et renouvelés par tiers chaque année. Il était chargé d'établir le projet des lois, de voter les résolutions soumises ensuite à l'approbation du Conseil des Anciens auquel il présentait également la liste des candidats pour l'élection des directeurs. Après le coup d'État du 18 Brumaire qui mit fin au Directoire*, le Conseil des Cinq-Cents fut dissous par Bonaparte.

**CINQ-MARS** [sɛ̃maʀ] **(Henri COIFFIER DE RUZÉ D'EFFIAT,** marquis **DE)** ♦ Gentilhomme français (1620 - Lyon 1642). Favori de Louis XIII, il conspira contre Richelieu, poussant Gaston d'Orléans* à s'allier aux Espagnols, et fut décapité avec son complice de Thou*. ← ÉTYM. *Cinq-Mars* signifie «saint Médard» ; *cinq* est une déformation de *saint* et *Mars* une forme locale de *Médard.*

**Cinq-Mars** ♦ Roman historique de A. de Vigny* (1826), inspiré de W. Scott*, qui célèbre la noblesse humiliée et abattue par Richelieu. Symbole d'une thèse (la monarchie survit dans la mesure où la noblesse est forte), le héros est également le premier de ces «parias» de la société moderne auxquels Vigny consacrera successivement ses ouvrages *Stello*, Servitude* et Grandeur militaires,* puis *Daphné.*

**Cinq pièces pour orchestre** ♦ Œuvre (op. 16) d'Arnold Schoenberg* (1909), créée à Londres le 3 sept. 1912 sous la direction de sir Henry Wood. Elle relève de la période «atonale libre», marquée par l'expressionnisme, de l'auteur. D'une durée totale d'une quinzaine de minutes, ces cinq pièces sont d'une grande nouveauté sonore (esthétique du «coup de poing») et formelle (refus du développement thématique). La violence domine, sauf dans la pièce centrale, entièrement faite (ou presque) d'un accord unique de cinq sons ne se modifiant que sur le plan de la couleur instrumentale en de subtils fondus enchaînés : d'où la notion de *Klangfarbenmelodie* («mélodie de timbres»).

**Cinq pièces pour orchestre** ♦ Œuvre (op. 10) d'Anton von Webern* (1911 - 1913), créée le 22 juin 1926 à Zurich sous la direction de l'auteur. D'une durée totale d'environ quatre minutes, cet opus est de ceux qui voient Webern explorer systématiquement l'atonalité, le pointillisme sonore et la petite forme.

**Cinq Rouleaux** – en hébr. *Ḥâmésh Megillôth* ♦ Nom donné depuis le Moyen Âge aux cinq livres bibliques (section des Écrits*) dont le texte est lu à la synagogue lors des fêtes de Pessah* (Cantique* des cantiques), Shavouoth* (Ruth*), Tichah be-Av (Lamentations*), Soukkot* (Qohélet*) et Pourim* (Esther*).

**CINTO** (monte) ➝ ÉTYM. rac. oronym. *kin-*, var. de *ken-* (plutôt que lat. *cinctus* «ceint [de montagnes et forêts]») ♦ Sommet culminant au N.-O. de la Corse* (2 706 m).

**CINTRA** → **Sintra**

**CIO** → **American Federation of Labor-Congress of Industrial Organizations**

**CIONE (DI)** ♦ Nom d'une famille d'artisans florentins du XIVe s., orfèvres, peintres, sculpteurs et architectes, dont Orcagna* est le plus célèbre représentant.

**CIORAN (Emil Michel)** ♦ Essayiste et moraliste français d'origine roumaine (Rasinari, près de Sibiu 1911 - Paris 1995). Après des études de philosophie à Bucarest, il fut envoyé à Paris (1937) et resta en France. Depuis son premier ouvrage, écrit en roumain, *Sur les cimes du désespoir* (1933), Cioran procède, en français, à un réquisitoire contre toutes les illusions auxquelles l'homme adhère pour justifier son existence ; il dénonce les «idéologies, les doctrines et les farces sanglantes», notamment dans *Précis de décomposition* (en français ; 1949) où, avec «une sorte de passion de l'indifférence» (O. de Magny), dans une langue où le pittoresque est proscrit, mais néanmoins riche, l'écrivain souligne la dérision de ce «ci-devant Rien» qu'est l'homme, pris dans l'histoire, face à l'immensité du temps. Cette œuvre nihiliste qui tend à faire des humains «des héros lunaires de l'Incuriosité» s'est poursuivie avec *Syllogismes de l'amertume* (1952), *La Tentation d'exister* (1956), *Histoire et Utopie* (1960), puis *La Chute dans le temps* (1964), *Le Mauvais Démiurge* (1969), *De l'inconvénient d'être né* (1973) et *Aveux et Anathèmes* (1987).

**CIOTAT (LA)** [13600] ➝ ÉTYM. de l'occit. *ciutat* «ville ancienne» ♦ Ch.-l. de cant. des Bouches-du-Rhône, arr. de Marseille, sur la côte méditerranéenne, au fond d'une baie. 31 630 hab. (aggl. 44 164) *(Ciotadens)*. Station balnéaire. Port de pêche.

## cipayes ou sipāhī

n. m. pl. ♦ Nom donné en Inde aux soldats indigènes recrutés par les Britanniques et encadrés par des officiers européens. Ils se révoltèrent en 1857 et prirent Delhi et Allāhābād. Ce mouvement est connu en Occident sous le nom de *révolte des Cipayes*. Ils ne furent vaincus qu'en mars 1858 par les troupes britanniques. Le nom est à l'origine du mot *spahi* (cf. *Le Robert*).

**CIPRIANI (Amilcare)** ♦ Homme politique italien (Anzio 1844 - Paris 1918). Il participa aux côtés de Garibaldi* à la lutte pour l'indépendance italienne ; puis, après avoir été l'un des fondateurs de l'Internationale* (1864), il prit part aux combats de la Commune* de Paris (1871). ➝ ÉTYM. *Cipriani* a la même étymologie que *Cyprien**.

**CIRCASSIE** n. f. ♦ Anc. nom du piémont nord du Caucase. → **Tcherkesses.** ▪ Le dérivé *circassien* correspondait soit à *caucasien*, soit plus précisément à *tcherkesse*.

**CIRCÉ** ➝ ÉTYM. en gr. *Kirkê* (désigne un oiseau de proie) ♦ Magicienne de la fiction homérique, fille d'Hélios* (le Soleil) et sœur de Pasiphaé*. Dans *L'Odyssée**, Ulysse*, échoué dans son île, voit ses compagnons métamorphosés par elle en pourceaux. Lui-même neutralise ses philtres et la contraint à restituer à ses compagnons leur forme humaine. De ses amours avec Ulysse naît un fils, Télégone.

**CIREBON** – anc. *Tjirebon* ou *Cheribon* ♦ V. d'Indonésie (Java), sur la côte N. de l'île. 262 300 hab. Port important. Exportations de soufre, de bois, de fer, de thé, de café. Terminal charbonnier. Anc. centre d'un sultanat et lieu de pèlerinage musulman.

**CIRES-LÈS-MELLO** [60660] ♦ Comm. de l'Oise, arr. de Senlis, sur le Thérain. 3 585 hab.

## circoncellions

n. m. pl. ➝ ÉTYM. en lat. *circumcellio* «qui rôde autour des granges» ♦ Ouvriers agricoles berbères qui au IVe s., en Numidie, formèrent des bandes révoltées. Après la répression de 346 - 348, ils se rapprochèrent des donatistes. → **Donat.** ▪ Secte de prédicants apparue en Souabe en 1248, rejetant l'autorité de l'Église.

**CIREY-SUR-BLAISE** [52110] ♦ Comm. de la Haute-Marne, arr. de Saint-Dizier. Env. 108 hab. Château des XVIIe et XVIIIe s. dans lequel résida Voltaire chez la marquise du Châtelet.

**CIRTA** ♦ V. ancienne de Numidie. → **Constantine.**

**CISALPINE (GAULE)** → **Gaule cisalpine**

**cisalpine (République)** ♦ République formée par Bonaparte en juin 1797 ; elle comprenait la République cispadane*, la Lombardie, les provinces vénitiennes et une partie des Grisons, et sa capitale était Milan. Reconnue par l'Autriche aux traités de Campoformio* et de Lunéville*, elle devint *République italienne* le 25 janvier 1802 ; Bonaparte en était le président. En mars 1805, elle fut rebaptisée *royaume d'Italie* avec Napoléon comme roi et Eugène de Beauharnais* comme vice-roi. Agrandie de Venise et du Tyrol, elle dura jusqu'en 1814.

**CISJORDANIE** n. f. ➝ ÉTYM. «en deçà (lat. *cis*) du Jourdain» ♦ Territoire situé à l'O. du Jourdain, couvrant les provinces de la Samarie et de la Judée, constitué par des vallées relativement fertiles au N., la vallée du Jourdain et le désert de Judée. 5 879 km². 2 350 583 hab. Conquise (1948), puis annexée par la Jordanie dont elle était la région la plus riche, la Cisjordanie fut occupée en 1967 par Israël qui y a établi des colonies de peuplement. Le roi Hussein* de Jordanie a annoncé en 1988 la «rupture des liens légaux et administratifs» entre son pays et la Cisjordanie. → **Jordanie ; israélo-arabe (conflit).** La Cisjordanie a été à partir de déc. 1987 le théâtre de l'intifada* palestinienne. À la suite de l'accord de paix signé entre Israël et l'OLP en sept. 1993, la région autour de Jéricho a constitué depuis mai 1994, avec une partie de la bande de Gaza, le premier territoire palestinien autonome. En vertu de l'accord intérimaire israélo-palestinien (sept. 1995), l'autonomie totale a été étendue aux sept villes de Cisjordanie (avec un statut particulier pour Hébron). Quant aux villages, ils bénéficient d'une autonomie partielle ; le reste du territoire (env. 70 %) demeure sous contrôle israélien. Coupés de l'extérieur, les territoires autonomes ne peuvent cependant pas trouver d'existence économique. Entre 2002 et 2004, le gouvernement israélien, pour mettre fin à la politique d'attentats-suicides perpétrés par les factions palestiniennes extrémistes, a ordonné l'édification d'un mur qui fragmente par secteurs le territoire palestinien. Cette mesure a suscité de nombreuses réactions internationales. En Israël, la Cour suprême a recommandé une rectification du tracé (30 juin 2004), tandis que la Cour internationale de justice de La Haye a déclaré cette barrière illégale (juil. 2004). Depuis janv. 2007, la ville de Ramallah est le siège de l'Autorité palestinienne, à la suite de la prise de contrôle de Gaza par le Hamas.

**CISKEI** n. m. ♦ Ancien homeland (bantoustan) d'Afrique du Sud englobé depuis 1994 dans la province du Cap-Oriental. ▮ **Histoire** L'Afrique du Sud a décrété l'indépendance du Ciskei en 1981 qui a renoncé à sa souveraineté à la suite du coup d'État de 1991.

**CISL** n. f. → **Confédération internationale des syndicats libres**

**CISNEROS** (cardinal **DE**) → **Jiménez de Cisneros (Francisco)**

**CISPADANE (GAULE)** → **Gaule cisalpine**

**cispadane (République)** ♦ République créée le 15 oct. 1796 par Bonaparte, au cours de la première campagne d'Italie. Formée de Modène, de Reggio d'Émilie, des légations de Ferrare et de Bologne, elle fut unie à la République cisalpine* en 1797.

**CISSÉ (Souleymane)** ♦ Cinéaste malien (Bamako 1940). Formé au VGIK (école de cinéma) de Moscou, il réalisa des documentaires de commande et quelques films au lyrisme très personnel, qui eurent souvent maille à partir avec les censures locales : *Le Fils* (1974), *Baara* («le travail», 1978), *Finye* («le vent», 1982), *Yeelen* (1987), *Waati* (1995) et *Min Yé* (2009), sur la polygamie.

**CITÉ** (île de la) ♦ Île de la Seine et noyau primitif de Paris (son nom lui fut donné en 508). Elle est reliée au reste de la ville par huit ponts dont le Pont*-Neuf à son extrémité occidentale. Profondément transformée durant le Second Empire (et dotée alors de bâtiments administratifs, notamment la préfecture de Police et le nouvel Hôtel*-Dieu), la Cité conserve des parties anciennes, telle la place Dauphine (1607). Dans sa partie orientale se dresse Notre*-Dame de Paris ; le monumental Palais de Justice enserre la Sainte*-Chapelle du Palais et la Conciergerie*. Marché aux fleurs et aux oiseaux.

**CÎTEAUX-L'ABBAYE** ➝ ÉTYM. du lat. médiév. *Cistercium*, de l'anc. fr. *cistel* «roseau» ♦ Hameau de la comm. de Saint-Nicolas-lès-Cîteaux (Côte-d'Or), à l'E. de Nuits-Saint-Georges. ▪ Abbaye fondée en 1098 par Robert de Molesme. → **cisterciens.**

## cisterciens

n. m. pl. ◆ ÉTYM. en lat. *cisterciensis*, de *Cistercium* «Cîteaux» ♦ Moines de l'ordre bénédictin réformé de Cîteaux. → **Cîteaux-L'Abbaye.** Fondé par Robert* de Molesme en 1098, l'ordre se développa à partir de l'abbatiat d'Étienne Harding (1109 - 1133) et sous l'impulsion de Bernard* de Clairvaux. Le retour à la règle bénédictine appliquée dans toute sa rigueur, l'idéal de retrait du monde et de pauvreté absolue assurèrent le succès de la spiritualité cistercienne. Après la fondation en 1113 - 1115 des abbayes de La Ferté, Pontigny, Clairvaux, Morimond (les «quatre filles de Cîteaux»), qui à leur tour essaimèrent, les cisterciens s'organisèrent en une fédération d'abbayes observant la *Charte de charité* (1114, confirmation pontificale en 1119) et regroupées en lignes sous la direction d'«abbayes mères». Ils connurent leur âge d'or aux XII^e - XIII^e s., lorsqu'ils furent appelés à intervenir dans maintes affaires de l'Église, cependant qu'ils constituaient de puissants domaines agricoles. L'ordre comptait 343 abbayes en 1153, 694 en 1300. Son architecture austère, reflet de la règle, se propagea dans toute l'Europe (nef aveugle et bas-côtés voûtés en berceau ; chœur carré peu profond se terminant par un chevet plat). Entré en décadence aux siècles suivants, il connut plusieurs tentatives de réforme. Celle de l'abbé de Rancé à la Trappe* (1664) donna naissance à «l'ordre cistercien de la stricte observance» (trappistes), qui compte environ 3 200 religieux aujourd'hui, contre 1 300 pour la «commune observance».

La **Cité de Dieu** – en lat. ***De civitate Dei*** ♦ Ouvrage de saint Augustin* (413 - 427) en 22 livres. Opposée à la cité terrestre, la cité de Dieu est l'ensemble des justes qui luttent ici-bas (Église militante) et seront unis à Dieu. L'ouvrage, issu de la méditation sur la chute de Rome devant Alaric (410), est une synthèse de la pensée chrétienne opposée à l'histoire et à la pensée païennes, au moment où s'écroule le monde antique.

**Cité des sciences et de l'industrie** ♦ Établissement de vulgarisation scientifique, installé à Paris (La Villette) dans un bâtiment construit par Adrien Fainsilber et ouvert au public depuis 1986. Il présente une exposition permanente sur la matière, l'espace, la vie et la communication, ainsi que des expositions temporaires, dans un souci constant d'interactivité. → **Villette (La).**

La **Cité du soleil** – en it. ***La Città del Sole***, en lat. ***Civitas Solis*** ♦ Œuvre de Tommaso Campanella* écrite en prison, et publiée à Francfort en 1623. Tout en faisant une critique de son temps, l'auteur affirme un communisme utopique intégral (suppression de la propriété privée, de l'argent, disparition de la famille).

**CITHÉRON** n. m. – en gr. ***Kithairôn*** ♦ Chaîne de montagnes qui sépare la Béotie de l'Attique et de la Mégaride (Grèce). 1 409 m. Sur son versant N. se trouvait Platées*. Associé à de nombreuses légendes, dont celle d'Actéon*, de Dircé*, d'Héraclès*, d'Œdipe* enfant, de Penthée et des Bacchantes, le Cithéron fut un des premiers lieux où s'instaura le culte de Dionysos.

**CITION** ou **CITIUM** – en gr. ***Kition***, auj. ***Larnaka*** ♦ Anc. ville sur la côte S.-E. de Chypre. ▪ Fondée par les Grecs, elle fut la première colonie des Phéniciens dans l'île vers le –X^e s. Cimon* y mourut en combattant les Perses.

**Citizen Kane** ◆ ÉTYM. angl. «citoyen Kane» ♦ Film américain d'Orson Welles* (1941), avec O. Welles, Joseph Cotten, Agnes Moorehead. Tout dans ce chef-d'œuvre dépasse la mesure : le personnage central, nabab mégalomane dont nous est relatée l'ascension fulgurante ; la réalisation, due à un seul homme exerçant un contrôle absolu sur sa création ; les décors, les prises de vues, les objectifs spéciaux employés à des fins dramatiques inédites. Le paradoxe est que tout cela repose sur un sésame dérisoire : un jouet d'enfant, niché comme un remords au coin de la mémoire. Satire féroce de la ploutocratie américaine, inspirée de la vie du magnat de la presse William Randolph Hearst*, *Citizen Kane* est en même temps un conte de fées du XX^e s. et une réflexion sur les limites de la volonté de puissance.

Souleymane **Cissé.** Aoua Sangare dans *Yeelen*, 1987. © *Coll. Christophe L.*

**CITLALTÉPETL** → **Orizaba (pic d')**

**CITROËN** [sitʀɔɛn] **(André)** ♦ Ingénieur et industriel français (Paris 1878 - *id.* 1935). Il édifia en 1915 son usine du quai de Javel qui produisait 55 000 obus par jour. Après la Première Guerre mondiale, il y entreprit la fabrication en série d'une voiture dont le premier exemplaire fut livré en 1919. Il créa de nouvelles usines à Saint-Ouen, Clichy et Levallois, et inaugura le travail à la chaîne. Il s'intéressa aux transports (taxis, autocars) et organisa les croisières Citroën (Croisière noire, 1924 - 1925 ; Croisière* jaune, 1931 - 1932). Il créa en 1934 sa célèbre voiture à traction avant. → **Kégresse.**
◆ ÉTYM. Le nom néerlandais *citroen* signifie «citron» [marchand de citrons].

**CITY OF LONDON** ◆ ÉTYM. angl. «Cité de Londres» ♦ La City est le plus ancien quartier de Londres et conserve depuis l'époque médiévale un mode d'administration particulier (lord-maire, police spéciale). Principal quartier d'affaires du Royaume-Uni et deuxième place financière du monde, elle regroupe la Bourse (Stock Exchange), les banques, les compagnies d'assurance, les grandes entreprises, et, dans Fleet Street, les journaux. Elle accueille plus de 600 000 personnes dans la journée pour une population résidente d'environ 5 000 hab.

**CIUDAD DE BOLÍVAR** – anc. ***Angostura*** ♦ V. du Venezuela, cap. de l'État de Bolívar, sur l'Orénoque. 287 000 hab. Port. Débouché des llanos et de ses grands domaines d'élevage.

**CIUDAD DEL ESTE** ♦ V. du Paraguay, frontalière avec le Brésil (pont sur le fleuve Paraná). 223 000 hab. C'est la 2^e ville du pays. Point de départ de la colonisation agricole grâce à la route vers Asunción, elle bénéficie des échanges avec le Brésil.

**CIUDAD DE GUATEMALA** ◆ ÉTYM. esp. *ciudad* «ville» et *Guatemala** ou **GUATEMALA DE LA ASUNCIÓN** ♦ Cap. du Guatemala, à 1 500 m d'alt., sur les hauts plateaux de la Cordillère centrale. 2 541 581 hab. *(Guatémaliens).* Centre admin., commercial et nœud de communications (route Panaméricaine, voie ferrée transocéanique, aéroport international). Centre économique le plus important du pays (indus. diverses, brasseries). ▪ Fondée en 1775 à la suite du tremblement de terre de 1773 qui détruisit l'ancienne capitale, la ville a subi plusieurs séismes violents (1917, 1976). Située à 45 km, la Antigua Guatemala est une ville touristique de 28 000 hab. (ruines coloniales).

**CIUDAD GUAYANA** ♦ V. et port du Venezuela, sur la rive d. du fl. Orénoque, à 100 km du delta. 629 000 hab. C'est une ville nouvelle, planifiée en 1961 pour devenir la métropole régionale de la région guyanaise vénézuélienne. L'agglomération actuelle (600 000 hab.) est divisée, par les chutes du Caroni, en deux parties : San Felix, ville pionnière restée populaire et Puerto Ordaz, ville organisée autour du port.

**CIUDAD JUÁREZ** ◆ ÉTYM. esp. *ciudad* «ville» et *Juárez** ♦ V. du Mexique septentrional (État de Chihuahua), à la frontière des États-Unis, sur la rive d. du río Grande del Norte. 1 301 452 hab. La ville constitue avec sa ville jumelle d'El Paso (Texas) une conurbation de 2 millions d'hab. ▪ L'indus. *maquiladora* (ateliers d'assemblage en sous-traitance pour les États-Unis) y emploie 200 000 ouvriers.

**CIUDAD MADERO** ♦ V. du Mexique (État de Tamaulipas). 193 045 hab. Fief du syndicat pétrolier, site de raffineries de pétrole et d'indus. chimique, elle forme avec Tampico une conurbation de plus de 700 000 hab.

**CIUDAD REAL** ◆ ÉTYM. esp. «ville *(ciudad)* royale *(real)*» ♦ V. d'Espagne (Castilla-La Mancha), ch.-l. de prov. 71 005 hab. Cathédrale gothique Puerta de Toledo, d'architecture mudéjare. ▪ Centre indus. au cœur d'une région agricole (oliveraies, vignobles). ▮ **Histoire** La ville fut fondée en 1252 par Alphonse le Sage. → **Alphonse X.** Le général Sebastiani y remporta une victoire sur les Espagnols (27 mars 1809). Dans la région, victoire d'al-Manṣūr sur Alphonse VIII de Castille (Alarcos, 1195). → **Alphonse.**

**CIUDAD RODRIGO** ◆ ÉTYM. esp. «ville de Rodrigue», du n. du comte *Rodrigo* González qui y construisit au XII^e s. un poste fortifié ♦ V. d'Espagne (Castilla-León), prov. de Salamanque. 13 922 hab. Murailles romaines restaurées au XII^e s. Cathédrale romane (XII^e - XIV^e s.), palais du XVI^e s.

**CIUDAD VICTORIA** ♦ V. du Mexique septentrional, cap. de l'État de Tamaulipas, au pied de la sierra Madre orientale. 278 455 hab. Centre commercial et minier (plomb, argent, or).

**CIVAUX** [86230] ◆ ÉTYM. du germ. *Ekkibaldus*, n. de pers. avec attraction du lat. *vallis* «vallée» ♦ Comm. de la Vienne, arr. de Montmorillon. 851 hab. *(Civausiens).* L'église (abside du IV^e s., nef du X^e s.) est érigée sur l'emplacement d'un temple romain dont subsiste un baptistère. Nécropole mérovingienne comptant plus de 15 000 tombes. ▪ Centrale thermonucléaire.

**CIVILIS** – en lat. ***Julius*** ou ***Claudius Civilis*** ♦ Chef batave (Ier s.). Profitant de la vacance du trône impérial entre Vitellius* et Vespasien*, il suscita contre Rome une révolte des tribus germaniques auxquelles se joignit une partie de la Gaule sous la direction de Sabinus*. Vaincu par Q. Petillius Cerialis, il traita avec les Romains, qui l'admirent dans leur alliance.

**CIVITAVECCHIA** ➝ ÉTYM. it. «la vieille *(vecchia)* ville (du lat. *civitas*)» ♦ V. d'Italie, dans le Latium (prov. de Rome), sur la Méditerranée, au N. de Rome. 50 032 hab. Centrale thermique. Port pétrolier, assurant en outre la plupart des liaisons avec la Sardaigne. ▮ **Histoire** La France y maintint, de 1849 à 1870, une garnison pour défendre les États pontificaux. Son retrait permit à Victor-Emmanuel II de prendre Rome et d'en faire la capitale du royaume d'Italie. Stendhal y fut consul de France (1831 - 1841).

**CIVRAY** [86400] ➝ ÉTYM. anc. *Sivriaco*, du lat. *Severus*, n. de pers., et suff. *-acum* ♦ Ch.-l. de cant. de la Vienne, arr. de Montmorillon. 2 638 hab. *(Civraisiens)*. Église romane du XIIe s. (façade historiée). Hôtel de la prévôté, style Renaissance.

**CIXI** ou **TS'EU-HI** ➝ ÉTYM. chin. «maternelle et heureuse», de *ci* «amour maternel», et *xi* «bonheur, heureux» ♦ (Pékin 1835 - *id.* 1908). Concubine mandchoue de l'empereur de Chine Xianfeng et régente de son fils Tongzhi. Son neveu, l'empereur Guangxu*, ayant eu des velléités de réformer l'empire, elle le fit interner avec la complicité de Yuan* Shikai, réprima les réformateurs et régna en autocrate. Mesquine et cruelle mais rusée, elle parvint à rester au pouvoir 45 ans en dépit de ses choix politiques, traditionalistes et anti-occidentaux, qui précipitèrent la chute des Qing.

**CIXOUS (Hélène)** ♦ Écrivain français (Oran 1937). Universitaire, spécialiste de Joyce et de la littérature anglo-saxonne, elle dirige à Paris VIII le Centre d'études féminines, qu'elle a fondé, et prolonge son enseignement dans le cadre du Collège international de philosophie. Son œuvre, abondante, comporte des romans et fictions : *Dedans* (1969), *Souffles* (1975), *Le Livre de Promethea* (1983), *L'Ange au secret* (1991) ; des essais : *Un K. incompréhensible : Pierre Goldman* (1975), *Entre l'écriture* (1986), *Ciguë : vieilles femmes en fleurs* (2008) ; du théâtre : *L'Indiade* (1987), *Tambours sur la digue* (1999) (spectacles créés par A. Mnouchkine*) ou *L'Histoire (qu'on ne connaîtra jamais)* [1994]. Figure du féminisme* en France, H. Cixous développe une réflexion complexe sur la différence sexuelle, affirmant qu'en chaque être humain s'expriment le masculin et le féminin, et situe son travail d'écrivain dans une relation critique avec la société. Tel est le sens de son action dans le Groupe information-prison, créé avec Michel Foucault* (1971) ou de sa pièce *La Ville parjure* (1994) où, dans la filiation des tragiques grecs, elle traite du sang contaminé par le virus du sida comme manquement du pouvoir à la justice et métaphore du mal social.

**CLADEL (Léon)** ♦ Écrivain français (Montauban 1835 - Sèvres 1892). Peintre du Quercy, qu'il évoqua notamment dans une série de romans groupés sous le titre *Mes paysans* (1869 - 1872), il s'attacha également, dans *Les Va-nu-pieds* (1874), à évoquer des individus souvent misérables au sein de la ville et toujours en butte aux lois d'une société bourgeoise. Ces esquisses réalistes d'un écrivain qui se voulait «amateur du beau et partisan du vrai» furent appréciées de Baudelaire, qui en goûtait l'«art [...] minutieux et brutal, turbulent et enfiévré».

**CLAESZ (Pieter)** ♦ Peintre hollandais (Steinfurt, Westphalie v. 1597 - Haarlem 1661). Il fut avec Heda le plus brillant représentant de la nature morte en Hollande au XVIIe s. Élève de A. Van* Dyck, il peignit d'abord des objets juxtaposés dans une gamme sourde, puis établit ses compositions avec plus de recherche : savants effets de perspective, multiplication des diagonales (*Nature morte*, 1627) et utilisa des éclairages francs, des coloris souvent clairs et discrets. À partir de 1630, ses œuvres acquièrent une grande cohésion tonale à dominante grise et ocre. Il diversifia ensuite sa palette et assouplit sa facture : modulant avec finesse les valeurs, il se plut à rendre les reflets du cristal et de l'argenterie, donnant une apparente simplicité à des compositions très élaborées *(Déjeuner au pot d'étain)*. Son art exprime la qualité poétique des objets et les charge discrètement d'une valeur symbolique. ➝ ÉTYM. *Claesz* est un diminutif, c'est l'aphérèse du néerlandais *Niklaais* «Nicolas».

**CLAIN** n. m. – anc. *Clennus* ♦ Riv. du Poitou (125 km), affl. de la Vienne. Le Clain naît en Charente et pénètre dans la Vienne, où il conflue en amont de Châtellerault. Il arrose Vivonne et Poitiers.

**CLAIR (René CHOMETTE, dit René)** ♦ Cinéaste français (Paris 1898 - *id.* 1981). Sa fantaisie poétique, très concertée et guettée par une certaine schématisation, s'est exprimée avec bonheur dans ses premiers films, au rythme inventif, à l'humour insolent : *Paris qui dort* (1924), *Entr'acte* (1924), *Un chapeau de paille d'Italie* (1928), *Les Deux Timides* (1929), ces deux derniers réussissant la gageure d'adapter au muet des pièces très parlées de Labiche. Après un assez bon début au parlant (*Sous* les toits de Paris*, 1930 ; *Le Million**, 1931 ; *Quatorze Juillet*, 1933), sa veine s'essouffla. Il connut un regain d'inspiration aux États-Unis (*Ma femme est une sorcière*, 1942) qui se tarira peu après son retour en France (*Le silence est d'or*, 1947 ; *Les Grandes Manœuvres*, 1955). Il est l'auteur d'un recueil de nouvelles et récits, *Jeux du hasard* (1976). [Acad. fr. 1960]

**CLAIRAMBAULT (Pierre DE)** ♦ Érudit français (Asnières-en-Montagne, Bourgogne 1651 - Paris 1740). Nommé généalogiste du roi (1698), il rassembla de nombreux manuscrits (auj. à la Bibliothèque nationale de France) concernant l'histoire du royaume de France et des grandes familles françaises *(Généalogie des principales familles de France ; Histoire généalogique de la maison de France)*. ➝ ÉTYM. Ce nom de famille vient du latin *clarus* «clair» et du germanique *bald* «audacieux».

**CLAIRAUT (Alexis Claude)** ♦ Astronome et mathématicien français (Paris 1713 - *id.* 1765). Ses *Recherches sur les courbes à double courbure*, qui lui valurent d'entrer à l'Académie des sciences dès l'âge de dix-huit ans, constituent le premier ouvrage d'ensemble relatif à l'extension de la géométrie analytique aux figures à trois dimensions. Ayant déterminé en 1737, avec Maupertuis*, la longueur d'un degré du méridien terrestre en Laponie, il développa une théorie de la forme de la Terre fondée sur les différences d'accélération de la pesanteur entre le pôle et l'équateur. Il appliqua la théorie de l'attraction universelle de Newton à la détermination, en particulier, du retour de la comète de Halley* à distance minimale du Soleil, en tenant compte des perturbations dues à l'action de Jupiter et de Saturne. [Acad. sc. 1731]

**CLAIRE** (sainte) ♦ (Assise v. 1193 - *id.* 1253). Fondatrice, sous la direction de saint François* d'Assise, de l'ordre des Pauvres Dames ou *clarisses* (1212) pour lesquelles elle rédigea une règle fort austère (v. 1247 - 1252). → **franciscains.** ▪ Fête le 11 août. ➝ ÉTYM. *Claire* vient du latin *clarus* «clair, brillant, illustre».

**CLAIREFONTAINE-EN-YVELINES** [78120] ♦ Comm. des Yvelines, arr. de Rambouillet. 900 hab. Centre technique national du football.

**CLAIRON (Claire Josèphe LÉRIS, dite Hippolyte, dite de Latude, dite Mlle)** ♦ Actrice française (Condé-sur-Escaut 1723 - Paris 1803). Sociétaire de la Comédie-Française de 1736 à 1755, elle tenta de réformer la déclamation classique et d'imposer le respect historique du costume. Rivale de la Dumesnil*, elle l'attaqua dans ses *Mémoires* (1798).

**CLAIRVAUX** ➝ ÉTYM. lat. *clara vallis* «claire vallée» ♦ Écart de la comm. de Ville-sous-la-Ferté, près de Bar-sur-Aube (Aube). En 1115, des moines cisterciens* y fondèrent une abbaye dont saint Bernard fut le premier abbé et qui devint la maison mère de nombreux couvents. Auj. prison centrale.

**CLAIRVAUX-LES-LACS** [39130] ➝ ÉTYM. anc. de *Clara Valle* «vallée claire», du lat. *clarus* «clair» et *vallis* «vallée» ♦ Ch.-l. de cant. du Jura, arr. de Lons-le-Saunier. 1 472 hab. *(Clairvaliens)*. L'église, en partie romane, renferme des stalles sculptées (XVe s.) provenant de l'abbaye de Baume-les-Messieurs et des tableaux du XVIIIe s. ▪ Au S., le grand lac et le petit lac de Clairvaux.

**CLAISE** n. f. ♦ Riv. de la Brenne (86 km). Née dans l'Indre, elle draine la Brenne et rejoint la Creuse en Indre-et-Loire.

**CLAIX** [38640] ➝ ÉTYM. p.-ê. de l'anc. fr. *clais* «palissade» ♦ Comm. de l'Isère, arr. de Grenoble. 7 388 hab.

**CLAMART** [92140] ➝ ÉTYM. anc. *Clamardum*, p.-ê. du gaul. *Clamus*, n. de pers. ♦ Ch.-l. de cant. des Hauts-de-Seine, arr. d'Antony, dans la banl. S. de Paris. 48 572 hab. *(Clamartois)*. Indus. diversifiées.

**CLAMECY** [58500] ➝ ÉTYM. du lat. *Callimachius*, n. de pers. (avec attraction de *clamer*), et suff. *-acum* ♦ Ch.-l. d'arr. de la Nièvre, en bordure du Morvan, au confluent de l'Yonne et du Beuvron, sur le canal du Nivernais. 4 806 hab. (aggl. 5 085) *(Clamecycois)*. Anc. cathédrale (XIIe et XIIIe s.) de l'anc. évêché de Bethléem (faubourg de Clamecy). Église Saint-Martin (gothique flamboyant). Musée d'art et d'histoire Romain-Rolland : peintures, faïences de Nevers et Rouen, souvenirs de R. Rolland (né à Clamecy). ▪ Centre indus. (chimie). ▮ **Histoire** La ville fut ravagée pendant la guerre de Cent Ans. Au XVIe s., le flottage du bois lui donna un nouvel essor qui fut interrompu par la création du canal du Nivernais (1834).

**CLANCIER (Georges Emmanuel)** ♦ Écrivain français (Limoges 1914). Romancier, il a retracé, dans la veine du populisme, le destin douloureux d'un enfant d'autrefois (cycle du *Pain noir*, 1956-1961). Essayiste (*La Poésie et ses environs*, 1973) et poète, il célèbre l'espérance éternelle de l'homme, réconcilié par l'amour avec lui-même et avec l'univers. Princ. recueils : *Le Paysan céleste* (1943), *Terre secrète* (1951), *Évidences* (1960), *Terres de mémoire* (1965), *Peut-être une demeure* (1972), *Le Poème hanté* (1982), *Passagers du temps* (1991) et *Vive fut l'aventure* (2009).

**CLAPARÈDE (Édouard)** ♦ Psychologue suisse (Genève 1873 - *id.* 1940). S'appuyant sur l'expérimentation, la vérification, les statistiques, il développa une théorie des conduites adaptatives. La psychologie de l'enfant et la pédagogie constituent l'essentiel de ses travaux, qui, par ce point au moins, évoquent ceux de A. Binet* en France (*Psychologie de l'enfant et Pédagogie expérimentale*, série d'éditions augmentées à partir de 1905 ; *Comment diagnostiquer les aptitudes des écoliers*, 1924). ➝ ÉTYM. Ce nom vient de l'occitan *clapareda* «terrain couvert de pierrailles».

**CLAPEYRON (Émile)** ♦ Physicien français (Paris 1799 - *id.* 1864). Il contribua à la création de la thermodynamique en publiant un mémoire sur *La Force motrice de la chaleur* (1834) dans lequel il commentait et développait l'œuvre de S. Carnot*. Il introduisit la notion de transformation réversible (1843), permettant d'écrire le principe de Carnot sous la forme d'une égalité, il en donna une représentation graphique *(diagramme de Clapeyron)* et établit les formules qui portent son nom, donnant la chaleur latente de changement d'état. Il énonça l'équation d'état des gaz parfaits. [Acad. sc. 1858]

**CLAPIERS** [34830] ➝ **ÉTYM.** du franco-prov. *klapè* «éboulis de pierres, terrain recouvert de pierres» ♦ Comm. de l'Hérault, arr. de Montpellier. 4 631 hab.

**CLAPPERTON (Hugh)** ♦ Voyageur écossais (Annan, Dumfriesshire 1788 - près de Sokoto, Nigeria 1827). Avec Denham* et Oudney*, il explora les régions d'Afrique, de Tripoli jusqu'à la capitale du Bornou (plateau de Mourzouk, lac Tchad, bassin du Chari) [1822 - 1823].

**CLARE (John)** ♦ Poète britannique (Helpston, près de Peterborough 1793 - Northampton 1864). Issu d'un milieu rural très pauvre, il réussit à faire des études grâce à ses dons exceptionnels. Le premier livre de ce «poète paysan», *Poems Descriptive of Rural Life and Scenery* (1820), le mit à la mode. Les suivants passèrent presque inaperçus, sauf *The Rural Muse* (1835) qui lui valut un regain de popularité. En 1837, il sombra dans la folie. S'étant échappé de l'asile en 1841, il erra sept mois durant à la recherche d'une épouse imaginaire. Repris et interné jusqu'à sa mort, il continua d'écrire. Les *Poèmes de la folie de John Clare* (posth. 1949) le firent reconnaître au XX^e^ s. comme un poète de premier plan.

**CLARE** ➝ **ÉTYM.** en gaél. ***Chláir***, du n. d'un village, de l'irl. *clàr* «planche» (allus. à un pont en planches qui enjambait la riv. du village) ♦ Comté de l'O. de la rép. d'Irlande. 3 188 km². 110 950 hab. Région agricole sauf sur le plateau calcaire du Burren. Parmi les sites touristiques, les falaises de Moher dominent l'Atlantique de 250 m. Le S. du comté, autour du chef-lieu Ennis, bénéficie des retombées économiques de la zone franche de Shannon. ▮ **Histoire** Indépendantiste, le comté de Clare a souvent envoyé à Westminster des représentants nationalistes (D. O'Connell*, C. S. Parnell*).

**Claremont House** ♦ Château du S.-O. de l'Angleterre (Surrey), à 28 km de Londres, construit en 1772, où mourut Louis-Philippe.

**CLARENCE (George, duc DE)** ♦ Seigneur anglais (Dublin 1449 - Londres 1478). Fils de Richard d'York* et frère d'Édouard IV, il prit parti pour l'ennemi de ce dernier, le comte de Warwick, lors de la guerre des Deux*-Roses (1469). Arrêté, il fut exécuté à la tour de Londres.

**CLARENDON (Edward HYDE, 1^er^ comte DE)** ♦ Homme politique anglais (Dinton 1609 - Rouen 1674). Il servit fidèlement la monarchie, d'abord Charles* I^er^ puis son fils, qu'il suivit en exil. Nommé par Charles* II, remonté sur le trône, Premier ministre et chancelier (1660), il s'attira l'hostilité du roi en soutenant la Haute Église et l'alliance avec la France. Disgracié (1667), il s'exila à Rouen. Le futur Jacques* II avait épousé sa fille.

**CLARENDON PARK** ♦ Loc. d'Angleterre (Wiltshire à l'E. de Salisbury) où Henri II fit approuver par le clergé anglais les *Constitutions de Clarendon* (1164) par lesquelles les prérogatives de l'Église d'Angleterre étaient neutralisées par le contrôle du souverain. La rétractation de Thomas Becket devant lesdites constitutions aboutit au meurtre de l'archevêque (1170).

**CLARENS** [klarɑ̃] ♦ Station touristique de Suisse dans l'agglomération de Montreux (Vaud) sur la rive d. du lac Léman. ▪ J.-J. Rousseau* y situa l'action de *La Nouvelle* Héloïse*.

**CLARÍN (Leopoldo GARCÍA DE LAS ALAS Y UREÑA, dit)** ♦ Critique et romancier espagnol (Zamora 1852 - Oviedo 1901). Professeur de droit à Oviedo, critique littéraire écouté (*Solos*, 5 vol., 1890 - 1898), ce fut un catholique fervent, animé par l'idée du bien et un désir de renouvellement moral. Son meilleur roman, *La Regenta* (1885), est une peinture ironique de la corruption cléricale. Il fut toujours à la recherche d'une identité culturelle espagnole, quête que devait reprendre la «génération de 98».

**Clarisse Harlowe** – en angl. ***Clarissa or the History of a Young Lady*** ♦ Roman par lettres en 7 vol. de Samuel Richardson* (1748). La vertu, symbolisée par Clarisse Harlowe, est persécutée et bafouée. Victime de sa famille, l'héroïne cherche refuge auprès d'un libertin, Lovelace*, qui abusera d'elle et la laissera mourir dans un hospice de Londres, avant d'être tué en duel. Rapidement célèbre, ce roman fut traduit par l'abbé Prévost et adapté au théâtre en France et en Italie.

**CLARK (William)** ♦ Officier et explorateur américain (comté de Caroline, Virginie 1770 - Saint Louis, Missouri 1838). Après la cession de la Louisiane à l'Amérique par la France (1803), il explora la région du Missouri et, par les montagnes Rocheuses, atteignit la Columbia qu'il descendit jusqu'à son embouchure (1804 - 1806).

**CLARK (John Bates)** ♦ Économiste américain (Providence 1847 - New York 1938). Principal représentant du marginalisme (➝ **Menger**) aux États-Unis, il a étudié le problème de la répartition des richesses (*The Distribution of Wealth*, 1899 ; *Essentials of Economic Theory*, 1907).

**CLARK (John Maurice)** ♦ Économiste américain (Northampton, Massachusetts 1884 - Westport, Connecticut 1963). Fils de John Bates Clark. Il fut l'un des représentants de la tendance «institutionnaliste». ➝ **Veblen.** Il est surtout connu pour son explication des crises économiques de surproduction. Celle-ci résulte, selon lui, du fait que la demande des biens de consommation entraîne une demande plus que proportionnelle des moyens de production. Princ. ouvrages : *Social Control of Business*, 1926 - 1939 ; *Strategic Factors in Business Cycles*, 1936 ; *Economic Institutions and Human Welfare*, 1957.

**CLARK (Mark Wayne)** ♦ Général américain (Madison Barracks, Jefferson County 1896 - Charleston, Caroline du Sud 1984). Adjoint d'Eisenhower, il prit des contacts secrets, en Algérie pour préparer le putsch et le débarquement du 8 nov. 1942. Le 22 nov. suivant, il signa la convention réglant les rapports américano-français (accord Clark-Darlan). Il commanda ensuite en Tunisie (1943) puis en Italie (débarquement de Salerne, sept. 1943 ; entrée à Rome, juin 1944) et reçut la capitulation des forces allemandes d'Italie et d'Autriche (Caserte, avr. 1945). Il commanda en chef les forces des Nations unies en Corée (1952 - 1953).

**CLARK (lord Kenneth)** ♦ Historien britannique de l'art (Londres 1903 - *id.* 1984). Élève de Berenson à Florence de 1926 à 1928, il fut nommé directeur de la National Gallery de Londres (1934 - 1946), puis professeur d'histoire de l'art à Oxford, président de l'Arts Council et conservateur des collections royales. C'est à ce titre qu'il publia en 1935 le catalogue des dessins de Léonard de Vinci conservés à Windsor. Mais il s'intéressa à des domaines aussi variés que l'art moderne, qu'il collectionna, l'architecture baroque ou la peinture chinoise. Il a publié *Landscape into Art* (1949), *Piero della Francesca* (1951), *Rembrandt et la Renaissance italienne* (1966), *Civilisation* (1969) et son autobiographie *The Other Half. A Self-Portrait* (1977).

**CLARK (Colin Grant)** ♦ Économiste britannique d'origine australienne (Westminster 1905 - 1989). Après avoir étudié le revenu national, il a analysé les conditions du progrès économique et social, lié, selon lui, au progrès technique ; il a ainsi classé les différents secteurs de l'activité (primaire : agriculture ; secondaire : industrie ; tertiaire : services) en utilisant un critère à la fois technologique et démographique, et mis en évidence, avant Fourastié*, l'évolution des sociétés industrielles «de la terre à l'usine et de l'usine au bureau». Œuvr. princ. : *The National Income* (1924 - 1931) ; *National Income and Outlay* (1937) ; *The Conditions of Economic Progress* (1940).

**CLARK (Charles Joseph, dit Joe)** ♦ Homme politique canadien (High River 1939). Premier ministre (conservateur) du Canada (mai 1979 - fév. 1980), puis ministre des Affaires étrangères (1984 - 1991).

**CLARKE (Samuel)** ♦ Philosophe et théologien anglais (Norwich 1675 - Londres 1729). Il étudia la philosophie cartésienne à Cambridge, puis entra dans le clergé anglican. Son *Traité de l'existence et des attributs de Dieu* (ensemble de ses conférences) est dirigé contre Hobbes et Spinoza. Dans sa *Correspondance* avec Leibniz* (1717) sur l'espace et le temps, il adopta la position réaliste de Newton, pour qui ceux-ci sont des attributs de Dieu *(sensus Dei)*, contre l'idéalisme de Leibniz.

**CLARKE (Charles Edward)** ♦ Navigateur britannique (1741 - baie d'Avatcha, Kamtchatka 1779). Après avoir participé à plusieurs voyages de circumnavigation avec Byron, puis J. Cook*, il tenta de chercher un passage entre l'océan Atlantique et le Pacifique par l'Arctique, mais mourut au cours de son expédition.

**CLARKE (Henri)** ♦ Général et homme politique français (Landrecies 1765 - Neuwiller 1818). D'origine irlandaise, il fut général de brigade (1793), suspendu puis réintégré en 1795. Chargé par le Directoire de surveiller Bonaparte en Italie, il se rallia au jeune général. Il participa aux négociations de Lunéville et fut ambassadeur de 1801 à 1804. Secrétaire de Napoléon, il suivit l'empereur dans plusieurs campagnes. Ministre de la Guerre de 1807 à 1814, il fut nommé duc de Feltre après avoir repoussé les Britanniques à Walcheren (1809). Rallié aux Bourbons en 1814, ministre de la Guerre sous Louis XVIII, il institua les cours prévôtales et devint pair et maréchal de France.

**CLARKE (Kenny)** ♦ Batteur et chef d'orchestre de jazz américain (Pittsburgh 1914 - Paris 1985). D'abord batteur conforme à la tradition middle jazz et swing, il joua notamment chez Roy Eldridge* (1935) et fit la connaissance de Dizzy Gillespie* chez Teddy Hill en 1939 - 1940. Ayant joué avec Charlie Christian* lors des séances du Minton's en 1941 qui préfigurèrent le be-bop, il est considéré comme le créateur du style moderne à la batterie. Il fut membre du Modern Jazz Quartet de 1952 à 1955. Princ. enregistrements : *Bohemia after Dark* (album, 1955), *A Night in Tunisia* (avec Art Blakey, 1958). ➝ **ÉTYM.** *Clarke* signifie «scribe, secrétaire», du vieil anglais *cler(c)* «prêtre».

## classicisme

n. m. ♦ Terme qui, dans un sens restreint, s'applique à la période de la littérature et de l'art français correspondant au règne de Louis XIV, mais qui, dans un sens plus large, définit un idéal esthétique de rigueur et de mesure partagé par de nombreux écrivains et artistes français et étrangers au-delà du XVIIe s.

**▮ LA LITTÉRATURE FRANÇAISE** En littérature, «classique» s'est dit d'abord des auteurs «de premier ordre» (T. Sébillet*, *Art* poétique français,* 1548), «dignes d'être enseignés dans les classes» (Richelet*, *Dictionnaire français,* 1680), avant de désigner plus limitativement les auteurs qui, après Malherbe*, Corneille* (*Le Cid,* 1636) et Descartes* (*Discours* de la méthode,* 1637), ont écrit leurs œuvres principales entre 1661 et 1683 : La* Rochefoucauld (*Maximes*,* 1664), La* Fontaine (*Fables**), Molière* (*Le Misanthrope*,* 1666), Pascal* (*Pensées**), Mme de Sévigné* (*Lettres*), Bossuet* (*Oraisons* funèbres*), Boileau* (*Art* poétique,* 1674), Racine* (*Phèdre*,* 1677), Mme de La* Fayette (*La Princesse* de Clèves,* 1678), La* Bruyère (*Caractères**), ainsi que leurs émules et leurs continuateurs. **▮ Les principes normatifs** On a parfois réduit le classicisme français à l'application d'un certain nombre de principes normatifs : imitation des Anciens, maîtrise et clarté de l'expression (sous l'égide de l'Académie* française, fondée en 1634 - 1635), rejet de la surcharge (chère au baroque*), respect au théâtre de la règle des trois unités nécessaire pour assurer la vraisemblance et formulée dans *La Silvanire* de Mairet* (1631), hiérarchie des genres, etc. Les questions théoriques, certes nombreuses tout au long du XVIIe s. (en témoignent la querelle du *Cid,* 1636 - 1637 et les trois discours sur l'art du théâtre dont Corneille accompagne l'édition revue de ses pièces en 1660), ne doivent cependant pas faire oublier que la théorie ne fut réellement énoncée qu'en 1674 dans l'*Art poétique* de Boileau. **▮ La conception de l'honnête homme** En fait, le classicisme peut être considéré, avant tout, comme la mise en pratique de la conception de l'honnête homme (N. Faret*, *L'Honnête Homme ou l'Art de plaire à la cour,* 1630). Modéré, l'honnête homme se conforme aux usages, aux bienséances, au bon goût : il accepte la monarchie absolue et adhère aux convictions religieuses ou philosophiques de son époque. L'essence du classicisme serait donc la conciliation, après la longue période de doute que constituent la fin du XVIe et le début du XVIIe s. **▮ La querelle des Anciens et des Modernes** Pourtant, il s'agit là d'une recherche et d'une conquête : l'idéal classique, qui tend à clarifier la langue et veut exprimer l'homme en son naturel, est au fond le plus opposé à la convention. La passion du vrai et la passion tout court ne cessent de l'animer (Racine, Mme de La Fayette, La Bruyère). L'ordre du discours n'est pas vain formalisme mais exigence de l'esprit aux prises avec la vérité («Ce qui se conçoit bien s'énonce clairement», Boileau). En ce sens, le classicisme est lié à la mise en place, au XVIIe s., de la pensée scientifique moderne, et ce n'est pas un hasard si la longue querelle des Anciens* et des Modernes aboutira finalement au triomphe des derniers, porteurs de l'esprit des Lumières.

**▮ LES ARTS PLASTIQUES** Les théoriciens ont pris l'habitude de distinguer, pour l'architecture, la sculpture et la peinture, deux classicismes français, tandis que la musique est généralement comprise dans le vaste courant de la musique baroque. → **Baroque.** **▮ Le premier classicisme français** Le premier classicisme français, d'influence italienne, trouve ses origines dans l'académie des Carrache*. Les œuvres témoignant de ce courant sont les tableaux de N. Poussin et de Claude Lorrain* qui passèrent de longues années à Rome, des Le* Nain, de Georges de La* Tour, de Philippe de Champaigne* ou de E. Le* Sueur, ainsi que les réalisations architecturales de F. Mansart* (château de Maisons, à Maisons*-Laffitte) et de L. Le* Vau (château de Vaux*-le-Vicomte). **▮ Le second classicisme français** Le second classicisme français est directement lié au règne de Louis XIV. On y retrouve le même modèle d'harmonie et de conciliation que dans la littérature, notamment par le biais de l'Académie royale de peinture et de sculpture (1648), de la Manufacture nationale des Gobelins* (1662) et de l'Académie royale d'architecture (1671). C. Le* Brun, premier peintre du royaume et directeur des Gobelins, et F. Blondel*, directeur de l'Académie d'architecture, sont les artisans principaux du rayonnement de la doctrine classique. Avec la colonnade du Louvre* dite de Claude Perrault*, c'est le château de Versailles* qui symbolise le second classicisme. Outre les grands travaux d'architecture, Le Vau bénéficia des apports de F. d'Orbay* et de J. Hardouin*-Mansart. Le jardin «à la française», mis en place dès le premier classicisme grâce à Le* Nôtre, trouva son épanouissement à Versailles, toujours sous la même direction. Quant au peintre Mignard*, il s'illustra surtout comme portraitiste des gloires de son temps. Aux réalisations de Le Brun, qui contrôla toute la décoration de Versailles, s'ajoutèrent les œuvres des sculpteurs Coysevox*, Girardon* et Tubi*. Manifestation d'une recherche de l'harmonie et de la cohérence au sein du vaste mouvement baroque, le classicisme allia l'inspiration antique, sensible en architecture ou dans l'iconographie de la sculpture et de la peinture, à un souci du réel toujours perceptible sous la stylisation. Le second classicisme français eut une influence certaine au XVIIIe s. sur les réalisations architecturales de G. Soufflot*, de J. A. Gabriel* et des «visionnaires» C. N. Ledoux* et E. L. Boullée* : il devait contribuer à la fin de ce siècle et au début du XIXe s. à l'élaboration du néoclassicisme*.

**▮ HORS DE FRANCE** On rattache parfois au courant littéraire classique des œuvres de J. Dryden* (*Essai sur la poésie dramatique,* 1668) et de A. Pope* (*Essai sur la critique,* 1711) en Angleterre, ou de C. M. Wieland* en Allemagne. Mais c'est dans le domaine des arts, et particulièrement dans celui de l'architecture, que rayonna l'idéal classique : ainsi Versailles devait inspirer nombre de réalisations en Prusse, en Russie ou en Autriche. En Angleterre, Inigo Jones* (salle des banquets de Whitehall, 1619 - 1622) joua un rôle de pionnier dans l'élaboration d'une architecture classique originale, le «palladianisme» (du nom d'Andrea Palladio*) dont le principal représentant allait être sir Christopher Wren* (cathédrale Saint*-Paul de Londres, 1675 - 1710).

**CLARKE (Arthur Charles)** ♦ Physicien et auteur britannique de science-fiction (Minehead, Somerset 1917 - Colombo 2008). Enfant prodige, il établit à douze ans une carte de la Lune en s'aidant d'un télescope. Il publia en 1945 dans la revue *Wireless World* un article présentant le principe qui sert aujourd'hui pour les satellites de télécommunication : l'orbite géostationnaire. Il doit sa célébrité à ses nombreux romans qui explorent les possibilités de la technologie future (*Les Enfants d'Icare,* 1950 ; *La Cité et les Astres,* 1956). Ses derniers livres sont des fables philosophiques (*Rendez-vous avec Rama,* 1973 ; *Les Fontaines du paradis,* 1979). Ses recueils de nouvelles les plus célèbres sont *l'Étoile* (1958) et *Avant l'Éden* (1967). Le film de Stanley Kubrick *2001, l'odyssée de l'espace* (1968) est inspiré d'une de ses nouvelles, *La Sentinelle.*

**CLAROS** – auj. ***Zilleh*** ♦ Anc. ville d'Asie Mineure (Ionie) près de Colophon*. Son oracle d'Apollon était très réputé.

**CLASTRES (Pierre)** ♦ Ethnologue français (Paris 1934 - Gabriac, Lozère 1977). Dans son ouvrage le plus connu (*La Société contre l'État,* 1974), il s'est attaqué à la conception de l'évolutionnisme* et du marxisme* selon laquelle les sociétés primitives souffriraient d'un manque d'État alors que celui-ci est le résultat d'un bouleversement social massif d'où naissent les classes sociales et la division. Ainsi le chef indien des groupes de l'Amazonie n'est pas un précurseur de l'État car il n'a pas de pouvoir : c'est non à lui mais à la tradition que le groupe obéit. Ces thèses, que l'on peut rapprocher des travaux de M. D. Sahlins*, ont été discutées, particulièrement par des ethnologues spécialistes de l'Afrique. ➝ ÉTYM. Ce nom de famille vient du latin *claustrum* «cloître, monastère».

**CLAUBERG (Johann)** ♦ Philosophe allemand (Solingen 1622 - Duisburg 1665). Il contribua à faire connaître le cartésianisme en Allemagne, tout en critiquant certaines thèses (union de l'âme et du corps) et en adoptant des positions assez nettement platoniciennes.

**CLAUDE** (saint) ♦ Abbé du monastère de Saint-Oyand, dans le Jura, durant la seconde moitié du VIIe s. Il donna son nom au monastère et à la ville de Saint-Claude. La tradition le considère, à tort, comme ayant été évêque de Besançon. ➝ ÉTYM. *Claude* vient du latin *claudus* «boiteux».

**CLAUDE Ier** – en lat. ***Tiberius Claudius Nero Drusus,*** surnommé ***Germanicus*** et ***Britannicus*** ♦ (Lyon –10 - Rome 54). Empereur romain (41 - 54). Fils de Drusus*, le frère de Tibère*, il fut proclamé empereur à la mort de son neveu Caligula*, alors qu'il se cachait de peur d'être massacré. Épileptique et bègue, mais érudit et grand expert en civilisation étrusque, il était d'un caractère extrêmement faible et à peu près irresponsable. Il se laissa gouverner par sa femme Messaline* et ses affranchis Pallas* et Narcisse*. Il consolida les frontières de l'empire, réduisit la Thrace* en province romaine (46) et conquit la Bretagne méridionale (43 - 47). Excédé par les débauches de Messaline, il la fit mettre à mort et épousa Agrippine* ; elle lui fit adopter Néron*, son fils d'un premier lit, qu'il choisit pour héritier, dépossédant son propre fils Britannicus*. Il mourut assassiné par Agrippine.

**CLAUDE II le Gothique** – en lat. ***Marcus Aurelius Claudius Gothicus*** ♦ (Dalmatie ou Illyrie v. 214 - Sirmium 270). Empereur romain (268-270). Successeur de Gallien*, il vainquit les Goths à Nissa en Serbie (269), ce qui lui valut son surnom de *Gothicus,* et mourut de la peste au cours de cette campagne sur le Danube.

**CLAUDE (Jean)** ♦ Pasteur calviniste français (La Sauvetat-du-Dropt, Agenais 1619 - La Haye 1687). Il fut l'une des principales figures du groupe de Charenton où il était pasteur depuis 1666. Il soutint des polémiques contre Bossuet, Nicole, Arnauld. Il fut le premier expulsé après la révocation de l'édit de Nantes (1685). Il est l'auteur des *Plaintes des protestants cruellement opprimés dans le royaume de France* (1686).

**CLAUDE (Henri)** ♦ Médecin français (Paris 1869 - *id.* 1945). Neurologue et psychiatre, partisan de la théorie organique des maladies mentales, il distingua la démence précoce du groupe des «schizoses» (aux syndromes de gravité croissante).

**CLAUDE (Georges)** ♦ Physicien et industriel français (Paris 1870 - Saint-Cloud 1960). On lui doit un liquéfacteur industriel d'air qui, contrairement à celui de von Linde*, permet, pour la poursuite du processus, une récupération de travail utile. Il mit au point le procédé de transport de l'acétylène dissous dans l'acétone, inventa le tube au néon et découvrit le pouvoir d'adsorption du charbon poreux aux basses températures. [Acad. sc. 1924 ; exclu en 1944 pour attitude germanophile]

**CLAUDE (Albert)** ♦ Biologiste belge (Longlier 1899 - Bruxelles 1983). Il mit au point de nouvelles techniques expérimentales (en particulier l'ultracentrifugation) qui lui permirent de séparer et ensuite d'analyser les différents composants de la cellule, et notamment d'isoler les microsomes (fractions de cellules où est concentrée la quasi-totalité de l'ARN). [Prix Nobel de physiol. ou méd. 1974, avec G. E. Palade* et C. de Duve*]

**CLAUDE DE FRANCE** ♦ (Romorantin 1499 - Blois 1524). Duchesse de Bretagne (1514 - 1524) et reine de France. Fille de Louis* XII et d'Anne* de Bretagne, elle fut mariée au futur François I^er (1514). Boiteuse et laide, elle fut délaissée par son mari, mais jouit d'une grande popularité. ▪ Mère de Henri II.

**CLAUDEL (Camille)** ♦ Sculptrice française (Fère-en-Tardenois 1864 - Montdevergues, près de Villeneuve-lès-Avignon 1943), sœur de Paul Claudel. Les œuvres de sa jeunesse (*L'Abandon,* 1888 ; *La Valse,* 1893 ; *L'Âge mûr,* 1899) sont très influencées par l'art de Rodin, dont elle fut la collaboratrice et l'amie. Sa production ultérieure est plus classique. Elle fut internée de 1913 à sa mort.

**CLAUDEL (Paul)** ♦ Poète et auteur dramatique français (Villeneuve-sur-Fère, Aisne 1868 - Paris 1955). Issu de la bourgeoisie provinciale, il reçut d'abord la triple influence scientiste, naturaliste et matérialiste qui caractérise les années de la fin du siècle. La lecture de Rimbaud, ce «mystique à l'état sauvage», marqua dans sa pensée une rupture sentie comme une introduction au surnaturel. C'est à Notre-Dame de Paris (25 déc. 1886) qu'il dit avoir reçu la révélation de la foi catholique. Commencée dès sa quatorzième année, stimulée par la fréquentation du cénacle de Mallarmé*, son activité littéraire s'engagea alors avec deux drames : *Tête* d'or* (1890) et *La Ville* (1^re version 1893 ; seconde version 1897 ; publ. 1904). Reçu premier au concours des Affaires étrangères, il entra dans la carrière diplomatique et partit pour les États-Unis (1893) où il composa *L'Échange* (1894). De 1895 à 1909, l'activité du diplomate, en poste en Extrême-Orient, contribua à enrichir celle du poète qui témoigna, durant ces quatorze années, d'une extraordinaire fécondité (*Connaissance de l'Est,* reportage poétique sur la Chine, 1907 ; *Art poétique,* 1907 ; *Partage* de midi,* 1906 ; *Cinq Grandes Odes,* 1910), tandis qu'il élaborait une rhétorique personnelle dont la forme typique est le verset «ce vers qui n'avait ni rime ni mètre», accordé au souffle humain. Revenu en Europe, il fut successivement consul de France à Prague, Francfort, Hambourg, puis il quitta l'Allemagne en 1914. Ministre plénipotentiaire à Rio de Janeiro, puis à Copenhague, il fut nommé ambassadeur de France à Tōkyō (1921), à Washington (1927) puis à Bruxelles, son dernier poste (1933 - 1936). Durant cette période, il acheva *L'Otage** (1909, publ. 1911, créé 1913), *L'Annonce* faite à Marie* (1912), *Le Pain dur* (1914, publ. 1918), *Le Père humilié* (1916, publ. 1920), *Le Soulier* de satin* (publ. 1929, créé 1943). Après avoir échoué à l'Académie française (en 1935), il y fut triomphalement élu en 1946. Retiré dans sa propriété de Brangues, en Dauphiné, il consacra les dernières années de sa vie à l'exploration fervente et au commentaire à la fois lyrique et familier des textes bibliques (*Présence et Prophétie,* 1942 ; *L'Apocalypse,* 1952). Issue du symbolisme, marquée d'abord par Wagner et par Nietzsche, puis par l'apologétique catholique et les mystiques espagnols, enfin par la Bible, la pensée de Claudel a reçu aussi l'imprégnation des philosophies d'Extrême-Orient et celle des tragiques grecs (traduction de *L'Orestie* d'Eschyle, 1916). Ces multiples influences l'ont confirmé dans une conception de la poésie qui en fait l'égale de l'action. Plongeant «au fond du défini pour y trouver l'inépuisable», le poète recrée le monde par une «co-naissance», en soulignant l'unité foncière du monde des choses et de celui de l'esprit. Alliant la spiritualité chrétienne à un sens cosmique païen, la parole du poète est désormais comme un sacrement. Cette vocation à l'universel s'exprime dans une œuvre aux amples dimensions où les douleurs de la créature humaine, magnifiées par un verbe somptueux et baroque, ne sont que des prétextes à la glorification de l'amour de Dieu (*Partage de midi*) et à la célébration de deux puissances fondamentales depuis le Moyen Âge et ennemies de toute révolte individuelle : l'Église et l'Empire. ➝ ÉTYM. Ce nom de famille vient de *Claude**.

Paul **Claudel.** Portrait par J.-É. Blanche. Musée des Beaux-Arts, Rouen. *Phot.* *©Lauros-Giraudon*

**CLAUDE LA COLOMBIÈRE** (saint) ♦ Jésuite français (Saint-Symphorien-d'Ozon 1641 - Paray-le-Monial 1682). Précepteur des enfants de Colbert, puis supérieur du collège jésuite de Paray-le-Monial, il rédigea le récit des visions de Marguerite*-Marie Alacoque dont il était le confesseur. Nommé en 1676 chapelain de la duchesse d'York, il fut emprisonné en 1678 à la suite du prétendu complot papiste dénoncé par Titus Oates, et revint mourir en France. Canonisé en 1991. ▪ Fête le15 février.

**CLAUDIEN** – en lat. ***Claudius Claudianus*** ♦ Poète latin (Alexandrie v. 370 - Rome v. 404). Il est l'auteur d'épîtres, d'épigrammes, d'épithalames, d'épopées mythologiques (*Enlèvement de Proserpine*). Poète officiel d'Honorius* et de Stilicon*, païen nourri du passé de Rome, il fut le dernier défenseur de la grandeur romaine.

**CLAUDIEN MAMERT** – en lat. ***Mamertus Claudianus*** ♦ Prêtre de Vienne en Dauphiné et poète philosophe chrétien (mort v. 474), auteur de *De statu animae*. Frère de saint Mamert*.

**CLAUDIUS** ➝ ÉTYM. en lat. ***Appius Claudius Caecus*** «l'Aveugle» ♦ Homme politique romain (–IV^e - –III^e s.), censeur en –312, consul en –307 et –296. Artisan de l'expansion romaine vers la Campanie et la Grande Grèce, il fit ouvrir dans cette direction la voie qui prit son nom (*voie Appienne*). Auteur de *Discours* et de *Sentences morales,* il est le premier écrivain latin.

**CLAUDIUS (Matthias)** ♦ Écrivain allemand (Rheinfeld, près de Lübeck 1740 - Hambourg 1815). Fils de pasteur, il rencontra dans sa jeunesse Klopstock, Herder et Lessing qui marquèrent son évolution. À partir de 1771, il publia *Le Messager de Wandsbeck (Wandsbecker Bote),* revue destinée à éduquer le peuple. Poète chrétien piétiste, il présente la nature comme étant le temple et le symbole de Dieu. Ses chants populaires ou religieux, simples et délicats, sont un hymne à la nature et il y évoque le mystère de la vie et de la mort d'un ton mélancolique. Son poème *La Jeune Fille et la Mort* inspira Schubert.

**CLAUDIUS PULCHER** ♦ Homme politique romain. Consul en –249 lors de la première guerre punique, il fut battu à Drepanum (**➝ Trapani**) par Adherbal*.

**CLAUS (Hugo)** ♦ Écrivain belge d'expression néerlandaise (Bruges 1929 - Anvers 2008). Poète, romancier, dramaturge, traducteur, peintre et cinéaste, Hugo Claus s'est imposé dès les années 1950 comme une des figures majeures de la littérature flamande de Belgique. Résolument internationaliste, l'écrivain, qui rejoignit le mouvement Cobra* en 1950, n'a jamais cherché à s'enraciner en terre de Flandre. Ses romans (*La Chasse aux canards,* 1951 ; *Jours de canicule,* 1952 ; *L'Étonnement,* 1962 ; *Le Chagrin des Belges,* 1983 ; *Le Dernier Lit,* 2002), ses poésies (*Les Poèmes d'Oostakker,* 1955) et ses pièces de théâtre (*Andréa ou la Fiancée du matin,* 1955 ; *Thyeste,* 1966 ; *Vendredi, jour de liberté,* 1969) se sont servis d'un lyrisme brutal et truculent pour malmener l'ordre de la morale bourgeoise et dénoncer les hypocrisies d'une certaine Flandre réactionnaire, dont les mythes sont constamment tournés en dérision.

**CLAUSEL** ou **CLAUZEL (Bertrand,** comte) ♦ Maréchal de France (Mirepoix, Ariège 1772 - Secourrieu, Haute-Garonne 1842). Engagé volontaire en 1791, il fut nommé général de brigade en 1799 et participa à l'expédition de Saint-Domingue (1801). Il se distingua en Hollande, à Naples, dans les Provinces illyriennes, puis au Portugal au cours des campagnes de l'Empire. Rallié à Louis XVIII en 1814, puis à Napoléon I^er pendant les Cent-Jours, il s'exila en Amérique après la défaite de Waterloo (juin 1815). De retour en France en 1820, il fut élu député et siégea dans l'opposition libérale (1827). Remplaçant Bourmont en Algérie (1830), il fut promu maréchal à son retour en France (1831). Envoyé de nouveau en Algérie comme gouverneur général et commandant de l'armée d'Afrique (1835), il dut donner sa démission après l'échec de l'expédition de Constantine* (1836).

**CLAUSEWITZ (Karl von)** ♦ Général et théoricien militaire prussien (Burg, Magdeburg 1780 - Breslau 1831). Il entra en 1792 dans l'armée prussienne, puis combattit les armées napoléoniennes dans les rangs de l'armée russe (1812) et se distingua à la bataille de Waterloo*. Directeur de l'École de guerre à partir de 1818, il influença par ses cours et par son ouvrage *De la guerre* toute la pensée militaire contemporaine. Frappé par les phénomènes révolutionnaires de la levée en masse et de la guerre idéologique menée par la Révolution française, il en conclut «que la guerre n'est que la continuation de la politique par d'autres moyens», et qu'une nation engagée dans une guerre vitale doit s'y consacrer tout entière. L'objectif immédiat de la guerre est la défaite de l'armée, voire le renversement de l'État adverse, nullement l'anéantissement des populations. Au contraire, «la fin dernière» de la victoire militaire «est la paix».

**CLAUSIUS (Rudolf Emanuel)** ♦ Physicien allemand (Köslin, Poméranie 1822 - Bonn 1888). Développant l'œuvre de S. Carnot* et de Clapeyron*, il mit en évidence la «dégradation de l'énergie» et donna un nouvel énoncé du deuxième principe de la thermodynamique ainsi que la définition de l'entropie. Il formula également des concepts fondamentaux en théorie cinétique des gaz, en particulier celui du libre parcours moyen d'une particule.

**CLAUSSEN (Sophus)** ♦ Poète danois (Helletofte, Langeland 1865 - Copenhague 1931). Marqué par le symbolisme français, il s'est exprimé à partir d'un naturisme typique (*Enfants de la nature*, 1887) puis, sous l'influence de Baudelaire, Verlaine et Mallarmé, dans des recueils d'une parfaite maîtrise formelle (*Diableries*, 1904) avant d'aborder la poésie visionnaire avec *Heroica* (1925).

**CLAVÉ (Antoni)** ♦ Peintre et sculpteur espagnol (Barcelone 1913 - Saint-Tropez 2005). Il réalisa des collages puis des lithographies, dont ses *Images de Paris*, exposées à Paris en 1940. Après avoir subi l'influence de Vuillard, de Bonnard et de Rouault, il trouva son style propre dans l'abstraction lyrique, avec des tableaux peints sur des collages de morceaux de tapisserie. Dans les années 1960, il exécuta des sculptures abstraites puis des décors de théâtre.

**CLAVEL (Bernard)** ♦ Romancier français (Lons-le-Saunier 1923). Ses premières œuvres, *L'Ouvrier de la nuit* (1956), *Vie de Paul Gauguin* (1958), *La Maison des autres* (1962) lui valent la reconnaissance de Gabriel Marcel, de Marcel Aymé ou de Gaston Bachelard. Infatigable voyageur, il trouve dans les pays ou les régions qu'il visite matière à développer un imaginaire empreint d'une grande écoute de la réalité contemporaine. Auteur de près d'une centaine d'ouvrages, il a été couronné par le prix Goncourt en 1968 pour *Les Fruits de l'hiver*. Œuv. princ. : *Celui qui voulait voir la mer* (1963), *Le Silence des armes* (1974), *Le Royaume du Nord* (1983), *L'Or de la terre* (1984), *Miséréré* (1985), *Amarok* (1987), *L'Angélus du soir* (1988), *Maudits sauvages* (1989), *Le Soleil des morts* (1998). Il écrit également pour la jeunesse. [Acad. Goncourt 1971 - 1977] ➝ ÉTYM. *Clavel* vient du latin *clavellus* «petit clou».

Le **Clavier bien tempéré** – en all. ***Das wohltemperierte Klavier*** ♦ Œuvre pour clavier de J.-S. Bach*, comprenant 2 livres datés respectivement de 1722 et de 1744 et comprenant chacun 24 préludes et fugues dans toutes les tonalités majeures et mineures, celles-ci se succédant dans un ordre chromatique ascendant : *ut* majeur et mineur, *ut* dièse majeur et mineur, *ré* majeur et mineur, etc. C'est une œuvre d'une grande portée à la fois historique (elle confirme que grâce au tempérament égal, on pouvait écrire pour le même instrument dans toutes les tonalités), didactique (on a là un véritable traité du «prélude et fugue») et artistique. Plus que toute autre, elle contribua à maintenir vivant le nom de Bach dans le demi-siècle qui suivit sa mort.

**CLAVIÈRE (Étienne)** ♦ Financier et homme politique d'origine helvétique (Genève 1735 - Paris 1793). Établi à Paris en 1782, il fut nommé ministre des Finances (mars 1792) dans le gouvernement girondin qui fut renvoyé par Louis XVI (juin 1792). Réintégré dans ses fonctions après le 10 août 1792, il fut décrété d'accusation avec les girondins (2 juin 1793) et se suicida.

**CLAVIJO Y FAJARDO** ou **FAXARDO (José)** ♦ Écrivain et naturaliste espagnol (Puerto Arrecife, Lanzarote 1730 - Madrid 1806). Fondateur du périodique *El Pensador*, auteur de poésies lyriques et dramatiques et d'une traduction en castillan de l'*Histoire naturelle* de Buffon, il renonça à épouser la sœur de Beaumarchais* qu'il avait demandée en mariage. Cette histoire inspira à l'écrivain français sa pièce *Eugénie* et à Goethe *Clavigo* (1774).

**CLAVIUS (Christoph KLAU**, latinisé en **Christophorus)** ♦ Jésuite et mathématicien allemand (Bamberg 1537 - Rome 1612). À Rome, il organisa l'enseignement scientifique des jésuites et travailla au calendrier grégorien. → **Grégoire XIII.**

**CLAY (Henry)** ♦ Homme politique américain (Richmond 1777 - Washington 1852). Membre du Sénat, puis de la Chambre des représentants, il fut l'un des négociateurs de la paix avec la Grande-Bretagne (Gand, 1814). Nommé secrétaire d'État, il fut un ardent défenseur du protectionnisme, mais son œuvre principale fut de maintenir par deux fois l'accord entre le Sud et le Nord (compromis du Missouri, 1820 ; compromis de 1850), ce qui lui valut le surnom de Grand Pacificateur.

**CLAY (Jacob)** ♦ Physicien néerlandais (Berkhout 1882 - Amsterdam 1955). Il découvrit que l'intensité du rayonnement cosmique décroît du pôle à l'équateur magnétique.

**CLAY (Cassius)** → **Ali (Cassius Clay, devenu Muhammad)**

**CLAYE-SOUILLY** [77410] ➝ ÉTYM. *Claye*, du région. *cloie, claie* «treillage de bois servant de clôture» et *Souilly*, p.-ê. du germ. *solium* «marécage» et suff. *-acum* ♦ Ch.-l. de cant. de la Seine-et-Marne, arr. de Torcy. 10 152 hab. *(Clayois)*.

**CLAYES-SOUS-BOIS (LES)** [78340] ➝ ÉTYM. anc. *Esclais*, p.-ê. de l'anc. fr. *esclait* «démembrement ; partie démembrée d'un héritage» ♦ Comm. des Yvelines, arr. de Versailles. 17 059 hab. *(Clétiens)*.

**CLAYETTE (LA)** [klɑklɛt] [71800] ➝ ÉTYM. dimin. de *Claye* (→ Claye-Souilly) ♦ Ch.-l. de cant. de la Saône-et-Loire, arr. de Charolles, au S. du Charolais. 2 069 hab. (aggl. 2 777) *(Clayettois)*. Château du XIVe s. ▪ Foires, concours hippiques et élevage. ▪ À proximité, oppidum romain au sommet de la montagne de Dun, ch.-l. du *Pagus Dunensis*.

**CLAZOMÈNES** – en gr. ***Klazomenai*** ♦ Anc. ville d'Asie Mineure (Ionie), bâtie dans une presqu'île sur le golfe de Smyrne, près de Téos*. Membre de la Confédération ionienne, elle fonda Abdère* en –656. Soumise aux Athéniens (–Ve s.), puis aux Perses (–387), elle était très riche et renommée pour sa poterie peinte de style orientalisant, dont témoignent les sarcophages en terre cuite du –VIe s. exhumés à l'actuel village d'*Urla*.

**CLÉANTHE** – en grec ***Kleanthês*** ♦ Philosophe grec de l'école stoïcienne (Assos, Troade –331 - Athènes –232). Il aurait été athlète avant de venir à Athènes où il fut le plus fidèle disciple de Zénon* de Citium. Il passait ses nuits à pomper de l'eau dans des jardins pour gagner sa vie et pouvoir s'adonner à ses études (c'est à lui que Zénon confia la direction du Portique en –262). Dans son *Hymne à Zeus*, le seul texte d'une certaine longueur qui nous soit parvenu de l'Ancien Stoïcisme, il révèle un esprit teinté de religiosité et souligne la dépendance totale de toute chose par rapport à la raison universelle divine. ➝ ÉTYM. *Cléanthe* vient du grec *kleos* «bruit, gloire» et *anthos* «fleur».

**CLÉARQUE** – en gr. ***Klearkhos*** ♦ Général spartiate (–Ve s.), mercenaire au service de Cyrus* le Jeune. Commandant la retraite des Dix* Mille, il fut arrêté et mis à mort par Tissapherne (–401). Xénophon* fit son portrait dans *L'Anabase*.

**CLEBSCH (Rudolf Friedrich Alfred)** ♦ Mathématicien allemand (Königsberg, auj. Kaliningrad 1833 - Göttingen 1872). Il systématisa l'application de la théorie des invariants à la géométrie projective et étudia les fonctions elliptiques et abéliennes qu'il rattacha à la géométrie des courbes algébriques.

**CLÉDER** [29233] ➝ ÉTYM. du n. d'un saint gallois ♦ Comm. du Finistère, arr. de Morlaix. 3 641 hab. *(Clédérois)*.

**Clélie** ♦ Roman de Madeleine de Scudéry*, sous-titré *Histoire romaine* et publié en 10 volumes (1654 à 1660). Ce livre à clés est une transposition précieuse et galante des mœurs antiques et renferme la célèbre *Carte de Tendre*, symbole de la casuistique amoureuse.

**CLEMENCEAU (Georges)** ♦ Homme politique français (Mouilleron-en-Pareds, Vendée 1841 - Paris 1929). Médecin, il entra dans la carrière politique au lendemain de la journée révolutionnaire du 4 sept. 1870 (chute du Second Empire), et devint maire de Montmartre. Député radical en 1871, il siégea ensuite à l'extrême gauche de

Georges **Clemenceau.** Portrait par Manet (95×74 cm). Musée d'Orsay, Paris.
*Phot. © Carlo Bevilacqua/Ricciarini*

l'Assemblée (1876), où, après s'être opposé à la politique de Mac-Mahon, il contribua à provoquer la chute de plusieurs ministères (Gambetta, 1882 ; J. Ferry, 1885), d'où son surnom de «tombeur de ministères» et, plus tard, de «Tigre». Après avoir soutenu la candidature de Boulanger au ministère de la Guerre, il dénonça ses prétentions à la dictature. Mais, compromis dans l'affaire du scandale de Panamá et accusé d'être un agent de la Grande-Bretagne, il fut battu aux élections de 1893. Ses prises de position en faveur de Dreyfus (il publia «J'accuse» de Zola dans le journal *L'Aurore*, 1898) le ramenèrent à la politique. Sénateur (1902), il fut nommé président du Conseil et ministre de l'Intérieur (1906) ; il poursuivit la politique de séparation des Églises et de l'État, mais se heurta bientôt à des mouvements sociaux, organisant la répression de la grève des mineurs du Pas-de-Calais, ce qui lui attira l'hostilité des socialistes. Revenu dans l'opposition, il fonda le journal *L'Homme libre* (1913) qui parut sous le titre *L'Homme enchaîné* au début de la Première Guerre mondiale pour dénoncer la censure. En 1917, il fut appelé par Poincaré* à la tête du gouvernement et restaura la confiance de la nation par sa lutte contre le défaitisme (arrestation de Caillaux et de Malvy) et en obtenant des Alliés que le commandement unique fût confié à Foch*. Après avoir présidé la conférence de Paris et négocié le traité de Versailles* (1919), «le Père la Victoire» fut battu par Deschanel à l'élection présidentielle (1920), s'étant attiré par son intransigeance l'hostilité de la droite et de la gauche au Parlement. Il consacra la fin de sa vie à voyager (en particulier aux États-Unis) et à écrire (*Démosthène*, 1926 ; *Au Soir de la pensée*, 1927 ; *Grandeurs et Misères d'une victoire*, 1930). [Acad. fr. 1918] ➝ ÉTYM. Ce nom est la forme vendéenne du latin *clemens* «bon, pacifique».

**CLEMENCIC (René)** ♦ Chef d'orchestre autrichien (Vienne 1935). Passionné par la musique ancienne, il travailla la flûte à bec et fit des recherches musicologiques, avant de fonder le Clemencic Consort, ensemble de musique ancienne, à qui l'on doit entre autres l'enregistrement des *Carmina* burana*.

**CLEMENS NON PAPA (Jacques CLÉMENT, dit)** ♦ Compositeur flamand (v. 1510 - Dixmude v. 1555). Son surnom devait le distinguer du poète Jacobus Papa. Prêtre et maître de chant à Bruges puis à Bois-le-Duc, il fut célèbre en son temps par ses chansons, éditées en France, aux Pays-Bas, en Allemagne et en Italie. On lui doit aussi de nombreuses œuvres de musique religieuse (messes, magnificats, motets).

**CLÉMENT Ier ou CLÉMENT DE ROME** (saint) ♦ 4e pape, évêque de Rome de 89 à 97 suivant la tradition, parfois identifié avec un disciple de saint Paul* (cité dans l'épître aux Philippiens*). On lui attribue une *Lettre aux Corinthiens*, sans doute authentique. Plus tardive, une Homélie pénitentielle anonyme a longtemps été considérée comme une seconde lettre à la même communauté chrétienne — les deux textes font partie des Pères apostoliques. Clément est le narrateur supposé et le héros du *Roman pseudo-clémentin*, qui aurait connu plusieurs rédactions entre le premier tiers du IIIe s. et la fin du IVe s., et qui nous est parvenu sous deux formes : les *Homélies clémentines* (en grec) et les *Reconnaissances* (version latine due à Rufin d'Aquilée). Le cadre narratif (la séparation, puis les retrouvailles, de Clément et de sa famille) sert de support à une quête philosophique qui met en valeur la personne de saint Pierre*, auquel s'oppose Simon* le Magicien qui permet de critiquer aussi bien la personne de saint Paul* que celle de Marcion*. ➝ ÉTYM. *Clément* vient du latin *clemens* «clément».

**CLÉMENT II [Suidger DE MORSLEBEN ET HORNBURG]** ♦ (mort à Pesaro en 1047). 147e pape, neuf mois en 1046 - 1047. Évêque de Bamberg, il fut élu sous la pression de l'empereur Henri III, après les dépositions de Benoît* IX, Sylvestre* III et Grégoire* VI.

**CLÉMENT III [Guibert DE RAVENNE]** ♦ (Parme 1023 - Civita Castellana 1100). Antipape de 1080 à sa mort. Archevêque de Ravenne, il fut en Italie l'homme de l'empereur Henri* IV contre Grégoire* VII. Henri le fit élire pape au conciliabule de Brixen (1080) et l'installa à Rome (1084) où il se maintint, par intervalles, jusqu'en 1094.

**CLÉMENT III [Paolo SCOLARI]** ♦ 172e pape (de 1187 à 1191). Romain. Élu à Pise, il pacifia Rome, fit reconnaître son autorité sur le Sénat, conclut la paix avec Frédéric* Ier Barberousse et appela à la 3e croisade.

**CLÉMENT IV [Gui FOULQUES, dit le Gros]** ♦ (Saint-Gilles, Languedoc v. 1200 - Viterbe 1268). 181e pape (1265 - 1268). Il confirma les titres de Charles* II d'Anjou comme roi de Sicile. ➝ **Urbain IV.**

**CLÉMENT V [Bertrand DE GOT]** ♦ (Villandraut, Gascogne ? - Roquemaure 1314). 193e pape (1305 - 1314). Archevêque de Bordeaux (1299). Il fut l'homme de Philippe le Bel et le premier pape d'Avignon* (1309). Il réunit le concile de Vienne* (1311 - 1312) où, sous la pression royale et malgré les pères conciliaires, il supprima l'ordre des Chevaliers de la milice du Temple*.

**CLÉMENT VI [Pierre Roger DE BEAUFORT]** ♦ (Maumont, Limousin 1291 - Avignon 1352). 196e pape (1342 - 1352), bénédictin, ancien archevêque de Sens (1329) puis de Rouen (1330). Pape en Avignon, il acheta la ville à Jeanne de Naples (1348).

**CLÉMENT VII [Robert DE GENÈVE]** ♦ (Genève 1342 - Avignon 1394). Antipape de 1378 à 1394. Élu par les cardinaux mécontents d'Urbain* VI, il organisa sa curie en Avignon et obtint la reconnaissance de la France, l'Écosse, la Savoie, l'Autriche puis de l'Aragon et de la Navarre. ➝ **schisme.**

**CLÉMENT VII [Jules DE MÉDICIS]** ♦ (Florence 1478 - Rome 1534). 217e pape (de 1523 à 1534), fils naturel de Julien de Médicis et neveu de Laurent le Magnifique. Après Pavie* (1525), il se rapprocha de François* Ier avec qui il constitua la sainte ligue de Cognac (1526) contre Charles* Quint. Mais il dut s'incliner (sac de Rome, 1527) et couronner celui-ci empereur (1530). ➝ **Italie (guerres d').** Il excommunia Henri* VIII d'Angleterre pour avoir répudié Catherine* d'Aragon, ce qui déclencha le schisme anglican (Acte de suprématie*, 1534). ➝ **anglicanisme.**

**CLÉMENT VIII [Gil SÁNCHEZ DE MUÑOZ]** ♦ (Teruel, Aragon v. 1380 - Majorque 1446). Antipape élu en 1423 pour succéder à Benoît* XIII installé à Peñiscola. Il se soumit en 1429. ➝ **schisme.**

**CLÉMENT VIII [Ippolito ALDOBRANDINI]** ♦ (Fano 1536 - Rome 1605). 229e pape (1592 - 1605). Poussé par saint Robert* Bellarmin, il publia une édition corrigée de la Vulgate* de Sixte* Quint (*Vulgate clémentine*, 1592). Il réconcilia Henri* IV (1595), s'entremit pour lui faire signer la paix de Vervins* avec Philippe* II (1598), mais désapprouva l'édit de Nantes*. ➝ **Léon XI.**

**CLÉMENT IX [Giulio ROSPIGLIOSI]** ♦ (Pistoia 1600 - Rome 1669). 236e pape (1667 - 1669). Principal responsable des affaires sous Alexandre* VII, il réalisa la «paix clémentine» (1669) avec les jansénistes. ➝ **jansénisme.**

**CLÉMENT X [Emilio ALTIERI]** ♦ (Rome 1590 - *id.* 1676). 237e pape (1670 - 1676).

**CLÉMENT XI [Gianfrancesco ALBANI]** ♦ (Urbino 1649 - Rome 1721). 241e pape (1700 - 1721). Dans la guerre de Succession* d'Espagne, il prit parti pour la France et Philippe* V mais, devant l'occupation de ses États par les Impériaux (Eugène* de Savoie-Carignan), il dut reconnaître Charles* III (1709). Contre le jansénisme*, il publia les bulles *Vineam Domini* (1705) et *Unigenitus* Dei Filius* (1713). ➝ **Quesnel.**

**CLÉMENT XII [Lorenzo CORSINI]** ♦ (Florence 1652 - Rome 1740). 244e pape (1730 - 1740). Aveugle et malade, il prit peu de part aux actes de son pontificat : condamnation des convulsionnaires français (1734) et de la franc-maçonnerie (1738).

**CLÉMENT XIII [Carlo REZZONICO]** ♦ (Venise 1693 - Rome 1769). 246e pape (1758 - 1769). Il défendit les jésuites, dont la Compagnie avait été interdite dans plusieurs pays (*Apostolicum pascendi munus*, 1765), et condamna l'esprit «philosophique» (1766).

**CLÉMENT XIV [Giovanni Vicenzo GANGANELLI]** ♦ (près de Rimini 1705 - Rome 1774). 247e pape (1769 - 1774), franciscain conventuel. Sous la pression des puissances européennes, il supprima la Compagnie de Jésus* (bulle *Dominus ac Redemptor noster*, 1773).

**CLÉMENT (Jacques)** ♦ Dominicain français (Sorbon, Ardennes 1567 - Saint-Cloud 1589). Ligueur fanatique, il assassina Henri* III et fut tué sur-le-champ. Il avait l'approbation de nombreux catholiques, dont le pape Sixte Quint.

**CLÉMENT (Nicolas), dit Clément-Desormes** ♦ Chimiste français (Dijon 1779 - Paris 1841). Il réalisa, par une méthode qu'il mit au point avec Desormes, une mesure très précise du rapport des chaleurs spécifiques des gaz (1819).

**CLÉMENT (Jean-Baptiste)** ♦ Poète français (Boulogne-sur-Seine 1837 - Paris 1903). Poète du peuple, il composa *Les Chansons du morceau de pain, Les Chansons de l'avenir* (où il lança un appel à un «quatre-vingt-neuf des travailleurs»), *Le Temps des cerises* (1866, musique de Renard). Il participa activement à la Commune de Paris, collabora à la revue *Le Cri du Peuple* de J. Vallès et prit part aux combats de la Semaine sanglante (*La Semaine sanglante*, dédiée aux fusillés de 1871). Réfugié à Londres, il milita, après l'amnistie (1880), au sein du Parti ouvrier socialiste révolutionnaire de P. Brousse, puis du Parti ouvrier français de J. Guesde.

**CLÉMENT (Adolphe)** ♦ Industriel et ingénieur français (Pierrefonds, Oise 1855 - Paris 1928). Grâce à la fortune réalisée dans la fabrication des bicyclettes, il commandita les établissements Panhard* et Levassor* et s'associa ensuite avec Talbot*, industriel britannique. Ses premières voitures (Clément-Bayard) sortirent en 1903. Il construisit également un dirigeable qui relia Compiègne à Londres en 6 h 15 mn (1909).

**CLÉMENT (René)** ♦ Cinéaste français (Bordeaux 1913 - Monaco 1996). Caractérisée par la rigueur de la technique, marquée par un réalisme vigoureux, son œuvre traduit le plus souvent l'échec et la solitude de l'homme en quête de sa liberté. Réal. princ. : *La Bataille* du rail* (1946), *Les Maudits* (1947), *Au-delà des grilles* (1948), *Jeux* interdits* (1952), *Monsieur Ripois* (1954), *Gervaise* (1956, d'après *L'Assommoir* de Zola), *Barrage contre le Pacifique* (1958), *Plein soleil* (1960), *Quelle joie de vivre* (1961), *Le Passager de la pluie* (1969). [Acad. des bx-arts 1986]

**CLÉMENT D'ALEXANDRIE** – en lat. *Titus Flavius Clemens* ♦ Écrivain grec chrétien (Athènes ? v. 150 - en Cappadoce v. 215). Païen converti, il s'établit à Alexandrie (v. 180 - 202) où il dirigea le didascalée chrétien ; il aurait été le maître d'Origène*. Il professa une «gnose parfaite» opposée à la gnose hérétique. Œuv. princ. : *Le Protreptique, Le Pédagogue, Les Stromates.*

**CLÉMENT D'OHRID** (saint) ♦ Évêque et écrivain bulgare (mort en 916). Il christianisa la Bulgarie en adaptant aux Slaves les écrits théologiques grecs. On lui a attribué en outre une *Vie de saint Cyrille et de saint Méthode.*

**CLEMENTI (Muzio)** ♦ Compositeur et pianiste italien (Rome 1752 - Evesham, Worcestershire 1832). Enfant prodige, il fut emmené en Angleterre (1766) où il acquit une culture musicale étendue. Devenu chef d'orchestre de l'Opéra italien de Londres (1776), il entreprit de 1780 à 1785 une grande tournée de concerts à travers l'Europe et fit à Vienne la rencontre de Haydn et de Mozart avec lequel il se mesura au piano-forte, en présence de l'empereur Joseph II. De retour à Londres (1785), il se consacra à l'édition musicale et à la facture du piano. Il parcourut une deuxième fois l'Europe de 1802 à 1810 et rencontra à Vienne Beethoven dont il publia plusieurs œuvres. Outre six symphonies (plusieurs autres sont perdues) et de la musique de chambre, Clementi composa, entre 1779 et 1820 environ, une soixantaine de sonates pour piano d'une invention et d'une beauté expressive que l'on ne rencontre guère à l'époque que chez Beethoven. Il y apparaît comme l'un des inventeurs du piano moderne et le créateur d'un style d'écriture pianistique qui remplaça celui du clavecin. De 1817 à 1827, on le revit dans plusieurs villes d'Europe. Professeur réputé, il a publié d'importants ouvrages didactiques : *Préludes et Exercices* (1790), *Méthodes pour le piano forte* (1801) et un *Gradus ad Parnassum* en 3 volumes (1817, 1819, 1826). Son principal élève fut John Field*. ◆ **ÉTYM.** Le nom italien *Clementi* vient du latin *clemens* «clément».

**CLEOBIS** et **BITON** ♦ Fils de Cydippe, prêtresse d'Héra à Argos*. Ils tirèrent eux-mêmes le char de leur mère pour la conduire au temple, remplaçant les bœufs d'attelage qui étaient en retard. Pour récompenser leur piété filiale, la déesse leur accorda le sommeil éternel.

**CLÉOBULE** – en gr. *Kleoboulos* ♦ Un des Sept Sages* de la Grèce (–VIe s.). Personnage à demi légendaire, il aurait été tyran de Lindos (Rhodes), initié à la sagesse égyptienne et auteur de nombreuses énigmes composées en vers.

**CLÉOMÈDE** – en gr. *Kleomêdês* ♦ Astronome et compilateur grec (–Ier s.). Auteur d'un traité *Sur le mouvement circulaire des corps célestes*, résumé des connaissances astronomiques des stoïciens.

**CLÉOMÈNE** – en gr. *Kleomenês* ♦ Nom de trois rois de Sparte. ♦ **CLÉOMÈNE Ier** (de –520 à –487). Il déposa Démarate* et mena plusieurs guerres victorieuses. ♦ **CLÉOMÈNE II** (de –370 à –309). Il eut un règne obscur. ♦ **CLÉOMÈNE III** (de –236 à –219). Il voulut rétablir les lois de Lycurgue, élimina le pouvoir des éphores et procéda à de vastes réformes. Vaincu par la ligue Achéenne et les Macédoniens (–221), il se réfugia en Égypte, où il se suicida.

**CLÉON** [76410] ♦ Comm. de la Seine-Maritime, arr. de Rouen. 6 042 hab. Indus. automobile.

**CLÉOPÂTRE** ♦ Nom de plusieurs reines de Macédoine, de Syrie et d'Égypte. ♦ **CLÉOPÂTRE** (morte en –336). Seconde femme de Philippe* II. À sa mort en –336, elle tenta de s'emparer du pouvoir mais fut assassinée par Olympias*. ♦ **CLÉOPÂTRE THÉA.** Reine séleucide de Syrie (morte en –121). Sœur de CLÉOPÂTRE III (morte en –101). Femme de l'usurpateur du trône de Syrie, Alexandre* Balas, puis de son vainqueur Démétrios* II Nicator et enfin d'Antiochos* VII Sidêtês, elle devint régente, fit tuer son fils, Séleucos* V afin de porter au pouvoir son autre fils Antiochos* VIII Philométor. Ce dernier la fit assassiner peu après. Corneille en fit l'héroïne de sa tragédie, *Rodogune**. ♦ **CLÉOPÂTRE V SÉLÉNÉ.** Reine d'Égypte puis de Syrie (morte en –69). Femme de Ptolémée IX, d'Antiochos VIII, d'Antiochos IX et d'Antiochos* X, elle fut l'une des dernières représentantes de la lignée authentique des Lagides. Peu après avoir conquis la Syrie, le roi d'Arménie, Tigrane* le Grand, la fit assassiner. ◆ **ÉTYM.** *Cléopâtre* signifie «née d'un père célèbre», du grec *kleos* «bruit, gloire» et *patêr* «père».

**CLÉOPÂTRE VII** ♦ (Alexandrie –69 - *id.* –30). Reine d'Égypte (–51 - –30), elle épousa son frère Ptolémée* XIII avec lequel elle régna à partir de –51. Chassée du trône peu après, elle fut rétablie en –46 par César* dont elle devint la maîtresse et dont elle eut un fils, Césarion (ou Ptolémée* XV). Avec l'aide des Romains, elle tenta de rétablir la suprématie de l'Égypte des Lagides* en Méditerranée. À la mort de César, elle rencontra à Tarsus*, en Cilicie (–41), Antoine* qui s'éprit d'elle. Elle réussit plus aisément à l'entraîner vers le rêve d'un grand empire oriental. Il l'épousa sans pour autant répudier Octavie. En –36, il accrut le domaine égyptien de Chypre, de la Crète et de la Phénicie. En –34, les enfants qu'il avait eus de son union avec Cléopâtre reçurent la Cyrénaïque, la Syrie et la Cilicie. Mais la politique d'Antoine et de Cléopâtre menaçait l'hégémonie romaine sur la Méditerranée. Octave* les vainquit tous deux à Actium* (–31). Après le suicide d'Antoine, la reine tenta encore d'obtenir la clémence d'Octave, mais devant son inflexibilité, elle se donna la mort en se faisant mordre par un aspic.

**CLÉRAMBAULT** [klerɑ̃bo] **(Louis Nicolas)** ♦ Compositeur et organiste français (Paris 1676 - *id.* 1749). Le plus illustre d'une lignée célèbre de musiciens. Titulaire de l'orgue à Saint-Sulpice et à la Maison royale de Saint-Cyr, il a tenté de réaliser, dans les formes de la cantate et de la sonate, une synthèse des esthétiques italienne et française. Il écrivit des pièces d'orgue et de clavecin, des motets, des sonates et des symphonies pour un ou deux violons, clavecin et basse, un oratorio *(Histoire de la femme adultère)*, des divertissements, des chœurs (*Chants et motets à l'usage [...] des dames de la royale maison de Saint-Cyr*, 1733). Son œuvre principale est constituée par cinq livres de *Cantates françaises à une et deux voix* (1710 - 1726). ◆ **ÉTYM.** Ce nom vient du nom de personne germanique *Clarbold*, du latin *clarus* «clair» et du germanique *bald* «audacieux».

**CLÉRAMBAULT (Gaëtan GATIAN DE)** ♦ Psychiatre français (Bourges 1872 - Malakoff 1934). Il constitua le cadre des psychoses passionnelles et surtout formula la thèse de l'automatisme mental (1922) dans lequel il vit la conséquence d'une irritation nerveuse toxique (études sur l'intoxication au chloral, à l'éther, au cannabis), ou infectieuse, provoquant une idéation autonome et automatique, sur laquelle se greffe le délire proprement dit. Il est l'auteur d'étranges photographies sur le vêtement traditionnel au Maroc.

**CLERC (Paul-Alain LECLERC, dit Julien)** ♦ Chanteur et compositeur français (Paris 1947). Débutant dès 1968 avec *La Cavalerie* dont il avait composé la musique, comme ensuite celle de toutes ses chansons, cet artiste à l'allure romantique prêta sa voix chaude à la comédie musicale hippie *Hair*. Sa carrière évolua peu à peu vers celle d'un mélodiste dont le style élégant va de la chanson d'amour *(Ma préférence ; Femmes, je vous aime)* au tango *(Le Cœur volcan)*, en passant par le rock *(Cœur de rocker)* ou des rythmes plus métissés *(Mélissa)*.

**CLÈRES** [76690] ◆ **ÉTYM.** de *Claire*, n. de riv. ♦ Ch.-l. de cant. de Seine-Maritime, arr. de Rouen. 1 266 hab. *(Clérois)*. Château du XIVe s. (remanié). ▪ Parc zoologique. Musée de l'Automobile civile et militaire.

**CLERFAYT** ou **CLAIRFAYT (François DE CROIX, comte DE)** ♦ Feld-maréchal autrichien (Bruille, Hainaut 1733 - Vienne 1798). Il combattit pendant la guerre de Sept Ans, puis contre les Turcs, avant de commander un corps d'armée contre la France révolutionnaire (Valmy, Jemappes, Neerwinden). Sa défaite à Wattignies (1793) le contraignit à repasser le Rhin, mais deux ans après il délivra Mayence, après avoir repoussé trois armées françaises.

**CLERGET (Pierre)** ♦ Ingénieur français (Dijon 1875 - Moissac 1943). Il fut l'un des premiers à réaliser des moteurs légers pour l'aviation, dont un moteur léger rotatif et le premier moteur français à huile lourde présenté officiellement.

**CLERGUE (Lucien)** ♦ Photographe français (Arles 1934). Il a réalisé des photos de comédiens, à Arles, des instantanés de Picasso et surtout des nus féminins mêlés à l'écume marine et aux rochers (*Corps mémorable*, 1957, sur un poème d'Éluard ; *Naissances d'Aphrodite*, 1968, sur des poèmes de García Lorca). [Acad. des bx-arts 2006] ◆ **ÉTYM.** *Clergue* est la forme méridionale de *clerc*.

**CLÉRISSEAU (Charles-Louis)** ♦ Architecte, dessinateur, décorateur et archéologue français (Paris 1721 - Auteuil 1820). Il séjourna pendant une vingtaine d'années en Italie, où il fréquenta H. Robert*, Fragonard*, Piranèse* et Winckelmann*. Passionné par l'architecture et le décor antique, il dessina avec R. Adam* *Les Ruines du palais de l'empereur Dioclétien à Spalato* (1766). En 1778, il séjourna en compagnie de Winckelmann dans le midi de la France et releva les monuments romains *(Les Antiquités de la France)*. En 1779, Catherine II de Russie lui acheta sa collection de dessins. Il contribua ainsi à propager la tendance du retour à l'Antique et exécuta en s'inspirant des motifs grecs et romains des décorations intérieures d'un style élégant et raffiné (café de la villa Albani, à Rome ; salon de l'hôtel de La Reynière, à Paris, 1767 [détruit]). Dans ses édifices d'un style sobre et rigoureux, il se montra attaché à la tradition architecturale française et n'adopta qu'avec beaucoup de mesure les éléments antiques du style néoclassique (château Borély, à Marseille).

**CLERMONT (Robert DE FRANCE, comte DE)** ♦ Prince français (1256 - 1318). Fils de Louis* IX, il devint le chef de la maison de Bourbon* par son mariage, en 1272, avec Béatrice de Bourbon.

**CLERMONT** – anc. *Clermont-en-Beauvaisis* [60600] ◆ **ÉTYM.** «mont clair [colline bien dégagée et visible de loin]» ♦ Ch.-l. d'arr. de l'Oise, près de la Brèche. 9 699 hab. (aggl. 19 631) *(Clermontois)*. Hôtel de ville du XIVe s., restauré fin XIXe s. (bibliothèque). ▮ **Histoire** Sur l'emplacement de Clermont, César défit (–51) la tribu des Bellovaques. Dès le début de la dynastie capétienne, la ville fut le siège d'un comté puissant qui, réuni à la Couronne par Philippe Auguste (1218), devint l'apanage de Robert, sixième fils de Saint Louis. Confisqué par François Ier (1524), le comté passa en diverses mains ; les derniers possesseurs furent les princes de Condé de 1719 à la Révolution.

**CLERMONT-EN-ARGONNE** [55120] ♦ Ch.-l. de cant. de la Meuse, arr. de Verdun. 1 767 hab. *(Clermontois)*. Chapelle Sainte-Anne du

XVIe s. (saint sépulcre du XVIe s.). **Histoire** D'abord comté appartenant au Saint Empire, il fut donné à l'évêché de Verdun, ensuite aux comtes de Bar. Cédé à la France en 1632, il fut attribué aux princes de Condé.

**CLERMONT-FERRAND** [63000] → ÉTYM. de *Clermont* «clair mont [colline bien dégagée et visible de loin]» et *Montferrand** ♦ Ch.-l. du dép. du Puy-de-Dôme et de la région Auvergne, dans la plaine de la Limagne. 137 140 hab. (aggl. 258 541, 23e rang) *(Clermontois)*. Cathédrale Notre-Dame-de-l'Assomption, bâtie en pierre de Volvic (XIIIe - XIVe s.), terminée au XIXe s. par Viollet-le-Duc. Basilique Notre-Dame-du-Port, chef-d'œuvre de l'art roman auvergnat (chapiteaux historiés) ; la Vierge noire de sa crypte fait l'objet de pèlerinages. Hôtels, églises et maisons anc. Maison natale de Blaise Pascal. ▪ Seule grande agglomération du Massif central, la ville souffre d'être située dans une région en recul démographique. Cité industrielle, elle est le siège du manufacturier Michelin (1er producteur mondial de pneumatiques) qui fournit près de 20 % de l'emploi industriel de l'aggl. Elle possède également un important secteur agroalimentaire spécialisé dans les produits laitiers (fromages) et dans les eaux minérales (Volvic). L'université est orientée vers les technologies de pointe. L'ouverture d'autoroutes vers Paris (A71), vers Lyon (A72), vers Béziers (A75) et vers Bordeaux (A89), améliore peu à peu l'accessibilité de la ville dont la position de carrefour au centre de la France est jusqu'ici peu valorisée. Aux environs : parc européen du volcanisme, *Vulcania*. **Histoire** D'abord appelée *Nemossos*, la ville prit le nom romain d'*Augustonemetum*. Plusieurs fois détruite, elle devint ensuite capitale de l'Auvergne sous le nom de *Clarus Mons*. Elle fut réunie à la Couronne de France par Philippe Auguste. En 1095, le pape Urbain II y prêcha la première croisade. En 1633, Clermont, réunie à *Montferrand*, devint *Clermont-Ferrand*.

**CLERMONT-L'HÉRAULT** [34800] ♦ Ch.-l. de cant. de l'Hérault, arr. de Lodève. 6 532 hab. *(Clermontais)*. Ruines d'un château médiéval. Église Saint-Paul, anc. cathédrale gothique fortifiée. ▪ Viticulture. Marché agricole (raisins de table). Tourisme. **Histoire** Siège d'une baronnie au IXe s. Centre du protestantisme languedocien. ▪ À 4 km, Villeneuvette, anc. cité-manufacture fondée par Colbert, a conservé ses bâtiments du XVIIe s. (artisanat).

**CLERMONT-TONNERRE (Stanislas Marie Adélaïde, comte DE)** ♦ Homme politique français (Pont-à-Mousson 1757 - Paris 1792). Député de la noblesse aux états généraux (1789), il adopta d'abord des positions libérales se prononçant pour l'abolition des privilèges. Devant les progrès du mouvement révolutionnaire populaire, il se rallia au groupe des monarchiens*. Il fut assassiné par des émeutiers lors de la journée révolutionnaire du 10 août 1792.

**CLERSELIER (Claude)** ♦ Philosophe français (1614 - Paris 1684). Grand admirateur de Descartes avec qui il était lié et dont il fut le correspondant en France après Mersenne, il en fit publier les œuvres posthumes dont le *Traité de l'homme* et le *Traité du monde* (1677).

**CLERVAUX** ♦ V. du Luxembourg, ch.-l. de cant., sur la Clerf. 1 791 hab. Château féodal. Abbaye bénédictine Saint-Maurice (construc. moderne en style roman bourguignon).

**CLÉRY-SAINT-ANDRÉ** [45370] → ÉTYM. du lat. *Clarius*, n. de pers. ♦ Ch.-l. de cant. du Loiret, arr. d'Orléans, sur l'Ardoux. 2 718 hab. *(Cléricois)*. La basilique Notre-Dame, de style gothique flamboyant, renferme le tombeau de Louis XI.

**CLÉSINGER (Jean-Baptiste, dit Auguste)** ♦ Sculpteur français (Besançon 1814 - Paris 1883). Fils de sculpteur, il travailla à Rome dans l'atelier de Thorvaldsen*. Sa *Femme au serpent* (Mme Sabatier, l'amie de Baudelaire) lui valut la notoriété (1847). Son style froid et conventionnel témoigne de l'emprise de l'académisme en pleine époque romantique.

**CLET** (saint) → ÉTYM. aphérèse de *Anaclet** → **Anaclet (saint)**

**CLEVELAND (Stephen Grover)** ♦ Homme d'État américain (Caldwell, New Jersey 1837 - Princeton 1908), 22e et 24e président des États-Unis. Avocat, démocrate, gouverneur de l'État de New York (1883), il devint président des États-Unis en 1885 ; il pratiqua une politique de libre-échange et d'apaisement envers les États du Sud. Non réélu en 1888, il revint au pouvoir en 1893. Les décisions qu'il prit en matière monétaire et la répression qu'il mena contre les grévistes des usines Pullman à Chicago lui firent perdre l'appui des démocrates tandis que sa politique extérieure mécontentait les républicains. Il refusa de se représenter en 1896 et devint professeur à Princeton.

**CLEVELAND** → ÉTYM. du n. du général Moses *Cleveland*, fondateur de la v. en 1796 ♦ V. des États-Unis (Ohio) sur le lac Érié. 478 403 hab. dont 35 % de Noirs. Cleveland fait partie de la vaste agglomération incluant Akron et Lorain (2 945 831 hab.). Univ. Son musée possède de nombreuses collections d'œuvres de diverses civilisations. Important port de commerce. ▪ Aciéries. Aluminium. Indus. mécaniques (machines-outils, moteurs). Automobiles. Électricité et électronique.

**CLEVELAND** → ÉTYM. vieil angl. «le pays *(land)* des escarpements *(clif)*» ♦ Anc. comté du N.-E. de l'Angleterre.

**CLÈVES (Sibylle DE)** ♦ Dame allemande (Düsseldorf 1512 - Weimar 1554). Fervente adepte des doctrines de Luther, elle contribua à les répandre. Elle était la femme de l'électeur Jean-Frédéric de Saxe.

**CLÈVES** – en all. ***Kleve*** ♦ V. d'Allemagne (Rhénanie-Westphalie), près du Rhin et de la frontière néerlandaise. 49 534 hab. Château ducal (le Schwanenburg, XIe - XVIe s.). **Histoire** La position stratégique de Clèves sur le Rhin aux confins de l'Allemagne et des Provinces-Unies en fit une pièce importante de l'échiquier européen. La maison de Clèves était assez connue pour que son nom fût emprunté par Mme de La Fayette pour son roman *La Princesse de Clèves* (1678).

**CLICHY(-LA-GARENNE)** [92110] → ÉTYM. anc. *Clippiaco*, du lat. *Cleppius*, n. de pers., et suff. *-acum* ♦ Ch.-l. de cant. des Hauts-de-Seine, arr. de Nanterre, dans la banl. N.-O. de Paris. 50 179 hab. *(Clichois)*. Secteur tertiaire et indus. (chimie, cosmétique, papier, imprimerie).

**Clichy (club de)** ou **Parti clichyien** ♦ Nom donné sous la Convention thermidorienne et le Directoire aux représentants de la droite, royalistes et monarchistes constitutionnels (Pichegru, Royer-Collard, C. Jordan, Barthélemy), qui se réunissaient rue de Clichy, à Paris.

**CLICHY-SOUS-BOIS** [93390] ♦ Comm. de la Seine-Saint-Denis, arr. du Raincy, à l'E. de Paris. 28 288 hab. *(Clichois)*. Grand ensemble résidentiel. Pèlerinage à la chapelle Notre-Dame-des-Anges.

**CLICQUOT** ♦ Famille française de facteurs d'orgues. ♦ **Robert Clicquot** (Reims 1645 - Paris v. 1719). Il fut un des plus grands facteurs d'orgues français. On lui doit les orgues de la chapelle de Versailles (1679 - 1711), des cathédrales de Rouen, Blois, Laon, etc. Ses descendants continuèrent son œuvre. ♦ **François Henri Clicquot** (Paris 1732 - *id.* 1790). Il écrivit en 1789 une *Théorie pratique de la facture d'orgue*. ♦ **Nicole Clicquot,** née **Ponsardin** (Reims 1777 - *id.* 1866). Femme de François Clicquot, apparenté à la famille des facteurs d'orgues, elle contribua au développement et au renom du vin de champagne. → ÉTYM. *Clicquot* est la variante régionale de *cliquet* «cliquetis, bruit d'une cloche», surnom d'un marchand ambulant faisant tinter une cloche.

**CLIFT (Montgomery)** ♦ Acteur américain (Omaha 1920 - New York 1966). Il eut une courte carrière, placée sous le signe de la malédiction, voire de l'autodestruction. «Monty» dégageait un magnétisme, fait d'angoisse rentrée, que l'on sent bien dans *Une place au soleil* (1951), *La Loi du silence* (1953), *Soudain, l'été dernier* (1959), *Le Fleuve sauvage* (1960) et *Les Désaxés** (*The Misfits*, 1961).

**CLIGNANCOURT** → ÉTYM. «domaine (bas lat. *curtis*) de Clennius (n. de pers.)» ♦ Quartier de Paris, dans le 18e arr. (comm. réunie à Paris en 1860). Accès au marché aux puces de Saint-Ouen.

**CLIMAX** ♦ Site minier des États-Unis (Colorado), situé à 3 000 m d'altitude. C'est la plus grande mine de molybdène du monde.

**CLINTON (William Jefferson BLYTHE, dit Bill)** → ÉTYM. il prit le n. de son beau-père Roger *Clinton* ♦ Homme d'État américain (Hope, Arkansas 1946). 42e président des États-Unis (1993 - 2001). Diplômé d'Oxford et de Yale, il s'engagea aux côtés des démocrates. Élu attorney général (1976) puis gouverneur (1978 - 1980 et 1982 - 1992) de l'Arkansas, il réussit la modernisation et l'industrialisation de l'État. Élu président des États-Unis en 1992 avec 43 % des voix contre George Bush (38 %), il s'est attaché à la lutte contre la criminalité, à la réduction du déficit budgétaire, à la libéralisation du commerce international (ratification de l'Alena*, accords du Gatt*) et a enregistré plusieurs succès en politique étrangère (règlement du contentieux nucléaire avec la Corée du Nord, intervention en Haïti, accord de paix jordano-israélien). Réélu en 1996 par 50 % des voix contre R. Dole (41 %), il a fait l'objet en 1999 d'un procès en destitution, par le Sénat, pour parjure et entrave à la justice lors d'une enquête sur sa vie privée et a été acquitté. → **États-Unis.** ♦ **Hillary**

Bill **Clinton.**
*Phot. © Markel Liaison/Gamma*

**Clinton,** née **Rodham** (Chicago 1947). Femme du précédent. Sénatrice démocrate de l'État de New York (2000 - 2009), elle fut nommée secrétaire d'État par B. Obama (2009).

**CLIO** ➝ ÉTYM. en gr. *Kleiô*, de *kleos* «bruit, gloire» ♦ Une des neuf Muses*, patronne de l'Histoire. Elle est représentée avec un rouleau de papyrus à la main.

**CLION-SUR-MER (LE)** ♦ Station balnéaire de la Loire-Atlantique (comm. de Pornic).

**CLIPPERTON** (îlot) ➝ ÉTYM. John *Clipperton* est le nom du navigateur anglais qui découvrit l'îlot en 1705 lors d'une expédition avec William Dampier* ♦ Atoll inhabité de l'océan Pacifique dépendant de la Polynésie française et situé à env. 1 300 km des côtes mexicaines. Gisements de phosphates exploités entre 1906 et 1917. Guano (épuisé). ▮ Histoire Annexé par la France en 1858, il fut l'objet d'une rivalité entre la France et le Mexique ; l'arbitrage du roi d'Italie (Cour internationale de La Haye) le désigna en 1931 comme possession française.

**CLIQUET-PLEYEL (Henri)** ♦ Compositeur français (Paris 1894 - *id.* 1963). Il appartint à l'école d'Arcueil*. On lui doit des œuvres de musique de chambre, des musiques de films, des mélodies et une œuvre pour chœur de femmes et orchestre, *Le Cantique des colonnes* (1945), sur un poème de Paul Valéry.

**CLISSON (Olivier DE)** ♦ Homme de guerre français (Clisson 1336 - château de Josselin, Morbihan 1407). Nommé connétable à la mort de Du Guesclin (1380), il organisa l'armée et contribua à la victoire de Rozebeke* sur les Flamands (1382). Il fut disgracié comme les autres marmousets* après la démence de Charles* VI.

**CLISSON** [44190] ➝ ÉTYM. anc. *Clicio*, du lat. *Cliccius*, n. de pers., et suff. *-onem* ♦ Ch.-l. de cant. de la Loire-Atlantique, arr. de Nantes, au confluent de la Sèvre Nantaise et de la Moine. 5 939 hab. (aggl. 14 440) *(Clissonnais)*. Imposantes ruines d'un puissant château fort (XIIIe - XVIIe s.), domaine des Clisson puis des ducs de Bretagne. Ponts du XIVe s. Halles du XVe s. ▪ Indus. diversifiées. ▮ Histoire Pendant la Révolution, la ville, qui eût pu servir de refuge aux troupes royalistes, fut dévastée par les armées républicaines : Kléber fit incendier le château en 1793, lors de sa retraite après la bataille de Torfou, et la ville entière en 1794. Quasiment détruite et désertée à la fin de la période révolutionnaire, la ville fut reconstruite de 1798 à 1805, dans le goût italien.

**CLISTHÈNE** – en gr. *Kleisthenês* ♦ Homme d'État athénien (2de moitié du -VIe s.) de la famille des Alcméonides*, aïeul de Périclès*. Il renversa le tyran Hippias* (-510) et voulut restaurer les lois de Solon. Vaincu d'abord par le parti aristocratique et les Spartiates, il fut porté au pouvoir par une révolution populaire et appliqua un programme de vastes réformes qui constituèrent la démocratie d'Athènes* : l'Attique fut découpée en une centaine de *dèmes* (communes) qui inscrivirent comme citoyens de nombreux métèques et affranchis ; le nombre des tribus fut porté de 4 à 10 et elles furent réorganisées selon une répartition territoriale ; le nombre des membres de la *boulê* fut augmenté de 400 à 500, l'assemblée des citoyens *(ecclesia)* détenant l'autorité suprême ; la magistrature fut réformée (10 stratèges élus par le peuple), etc. On lui attribue aussi l'institution de l'ostracisme. ➝ ÉTYM. Ce nom vient du grec *kleos* «bruit, gloire» et *sthenos* «force».

**CLIVE (Robert)** baron **CLIVE DE PLASSEY** ♦ Général britannique (Styche, Shropshire 1725 - Londres 1774). Entré en 1743 au service de la Compagnie des Indes orientales, il fut le fondateur de l'Empire britannique en Inde. Après s'être emparé de Calcutta (1755), il chassa les Français des ports du Gange, écrasa les Indiens à Plassey* (1757) et imposa la domination britannique au Bengale, au Bihar et à l'Orissa. Rentré en Grande-Bretagne, accusé à tort de concussion, il se suicida après avoir été réhabilité.

**Cloaca Maxima** ➝ ÉTYM. lat. «le grand égout» ♦ Le plus grand égout de la Rome antique, ruisseau canalisé à travers le Forum par Tarquin* l'Ancien. Ce qu'il en reste, et notamment l'arc de la bouche ouverte sur le Tibre, remonte à des restaurations impériales.

**Clochemerle** ♦ Roman de Gabriel Chevallier* (1934). En 20 chapitres et dans un ton typiquement gaulois, l'œuvre rend compte des événements mouvementés qui font suite à l'inauguration d'un urinoir devant l'église du village de Clochemerle-en-Beaujolais. *Clochemerle* a été adapté au cinéma par Pierre Chenal en 1948.

**CLODION le Chevelu** ♦ (mort v. 447). Ancêtre des Mérovingiens*. Chef des Francs Saliens (v. 428 - 447), il conquit l'Artois et s'avança jusqu'en Picardie. ▪ Il fut peut-être le père de son successeur Mérovée*. ➝ ÉTYM. Ce nom germanique vient de *chlod*, *klod* ou *hold* «gloire» et finale *-ion*.

**CLODION (Claude MICHEL, dit)** ♦ Sculpteur français (Nancy 1738 - Paris 1814). Formé par son oncle L. S. Adam* et par Pigalle*, il séjourna ensuite neuf ans à Rome et collectionna des statuettes en terre cuite, des bas-reliefs et céramiques antiques dont il s'inspira pour modeler ou tailler de multiples statuettes ou reliefs. Il traita surtout des sujets mythologiques *(Bacchanale, Nymphes et Satyres)* et traduisit la grâce et l'élégance attique ou hellénistique avec une vivacité et une sensualité qui satisfaisaient les goûts des amateurs européens. Il réalisa aussi des travaux décoratifs et fut moins à l'aise dans les sculptures de grandes dimensions *(Sainte Cécile*, 1777). À partir de la Révolution, il tomba en défaveur.

**CLODIUS,** de son nom complet *Publius Claudius Pulcher* ♦ Démagogue romain (-93 - -52). De la *gens* patricienne Claudia, il modifia son nom pour lui donner une allure plébéienne. Condamné en -62, pour avoir violé les mystères de Cybèle*, il fut acquitté malgré Cicéron*. Tribun de la plèbe en -58, il fit exiler Cicéron et terrorisa la ville avec ses bandes armées. À ses violences, le Sénat opposa un autre agitateur, T. Annius Milon*, qui le tua au cours d'une rixe.

**CLODOALD** → Cloud

**CLODOMIR** ➝ ÉTYM. du germ. *Chlodomir*, de *klod* «gloire» et *mari* «grand, fameux» ♦ (v. 495 - Vézeronce 524). Roi d'Orléans (511 - 524). Fils de Clovis*, il prit part avec ses frères à la guerre contre les Burgondes et mourut à la bataille de Vézeronce*. ▪ Père de saint Cloud*.

**CLOHARS-CARNOËT** [kloaʀ] [29360] ➝ ÉTYM. *Clohars*, du bret. *Clutuual*, n. de pers., de *clut*, *clot* «renommée, gloire» et *uual* «valeur» ; *Carnoët*, du vx bret. *carn* «tas de pierres, tumulus» et suff. *-etum* ♦ Comm. du Finistère, arr. de Quimper, en Cornouaille. 3 867 hab. *(Cloharsiens)*. → Pouldu (Le).

**CLONMACNOIS** ♦ Un des principaux centres monastiques irlandais du haut Moyen Âge, sur le Shannon. Des constructions passées, il ne reste que deux tours, plusieurs croix sculptées et les ruines de plusieurs églises.

**CLONMEL** – en gaél. *Cluain Meala* ♦ V. de la rép. d'Irlande, ch.-l. du comté de Tipperary, sur la Suir. 15 482 hab.

**CLOOTS** [klots] **(Jean-Baptiste DU VAL-DE-GRÂCE,** baron **DE CLOOTS,** dit **Anacharsis)** ♦ Révolutionnaire d'origine prussienne (Gnadenthal, près de Clèves 1755 - Paris 1794). Venu à Paris en 1776, où il collabora à l'*Encyclopédie*, il se rallia à la Révolution dès 1789. Se nommant lui-même «orateur du genre humain» et «citoyen de l'humanité», il fut membre du Club des jacobins où il se signala par ses positions révolutionnaires extrémistes. Député à la Convention (1792), il se rapprocha des hébertistes et prit une part active au mouvement de déchristianisation (fin 1793) et à l'institution du culte de la Raison. Peu après la dénonciation de la conspiration de l'étranger par Fabre d'Églantine (oct. 1793), Cloots fut arrêté et guillotiné avec les hébertistes* (24 mars 1794).

**Clorinde** ♦ Héroïne de *La Jérusalem* délivrée* du Tasse. Enfant blanche née d'une princesse noire, elle est élevée en vierge guerrière et se range aux côtés d'Aladin pour défendre Jérusalem. Lors d'un combat singulier, Tancrède*, chevalier chrétien follement épris d'elle, la blesse mortellement sans la reconnaître ; il n'a que le temps de lui donner le baptême avant qu'elle ne trépasse (épisode mis en musique par Monteverdi dans *Le Combat de Tancrède et Clorinde*).

**CLOSTERCAMP** – en all. *Klosterkamp* ♦ Village d'Allemagne (Rhénanie), au N.-O. de Duisburg. Les Français y remportèrent une victoire sur les Hanovriens (1760).

**CLOTAIRE Ier** ♦ (497 - Compiègne 561). Roi de Neustrie (511 - 561). Fils de Clovis*, il conquit la Thuringe et le royaume des Burgondes* (531 - 534) avec ses frères Thierry* Ier et Childebert* Ier, et devint seul roi des Francs à la mort de Théodebald*, petit-fils de Thierry Ier, et de Childebert Ier (558). ▪ Père de Caribert* Ier, Chilpéric Ier, Gontran* et Sigebert* Ier. ➝ ÉTYM. Le nom germanique *Chlodhar* vient de *klod* «gloire» et *hari* «armée».

**CLOTAIRE II** ♦ (584 - 628). Roi de Neustrie (584 - 628). Fils de Chilpéric* Ier, il régna d'abord sous la tutelle de sa mère Frédégonde*. Il conquit l'Austrasie, devenant ainsi roi des Francs, et fit assassiner Brunehaut* (613). ▪ Père de Dagobert* Ier et de Caribert* II.

**CLOTAIRE III** ♦ (652 - 673). Roi de Neustrie et de Bourgogne (657 - 673). Fils de Clovis* II, il régna sous la tutelle d'Ébroïn*.

**CLOTAIRE IV** ♦ (mort en 719). Roi d'Austrasie (717 - 719). Peut-être fils de Thierry* III, il fut opposé à Chilpéric* II par Charles* Martel.

**CLOTHO** → Moires

**CLOTILDE** (sainte) ♦ Reine des Francs (v. 475 - Tours 545), fille de Chilpéric, roi des Burgondes ; femme de Clovis Ier dont elle entraîna la conversion au christianisme. ▪ Fête le 4 juin. ➝ ÉTYM. Le nom germanique *Chlotechilde* vient de *klod* «gloire» et *child* (ou *hild*) «combat».

**CLOUANGE** [57120] ♦ Comm. de Moselle, arr. de Thionville-Ouest, sur l'Orne. 3 643 hab. *(Clouangeois)*.

**CLOUD** [klu] (saint) – en lat. *Clodoaldus* ➝ ÉTYM. du germ. *Chlodowald*, de *hlod* «gloire» et *waldan* «gouverner» ♦ (mort en 560). Fils de Clodomir, il échappa à ses oncles Clotaire* Ier et Childebert* Ier qui avaient massacré ses frères. Il se retira dans un ermitage près de Paris (Novigentum, depuis : Saint-Cloud), cf. Grégoire de Tours, *Historia Francorum*, III, 23. ▪ Fête le 7 sept.

**CLOUET (Jean,** dit **Janet)** ♦ Peintre et dessinateur français d'origine flamande (v. 1485 - 1541). Il se fixa à Tours en 1515 et devint peintre du roi. Il peignit des sujets religieux qui ont disparu, réalisa des cartons de tapisserie ; on lui attribue une série de huit miniatures dans les *Preux de Marignan* et plusieurs portraits peints : *François Ier en costume d'apparat* (v. 1520 - 1530), *Le Dauphin François, Guillaume Budé* et l'*Inconnu avec un livre de Pétrarque*. Son style, caractérisé par la minutie du détail et la préciosité de la facture, n'est pas sans rapport avec celui d'Holbein*, mais apparaît encore tributaire de l'art de la miniature. La série d'une centaine de crayons, portraits d'après nature exécutés à la pierre noire et à la sanguine et rehaussés de couleur, se distingue par la précision et l'extrême finesse du trait et témoigne du succès obtenu par ce style à la cour des Valois. Clouet fut abondamment imité et ce genre se perpétua au XVIIe s. grâce aux Quesnel, Dumonstier* et Lagneau. ➝ ÉTYM. C'est le diminutif de *Clou* [altération de *Cloud*], du germanique *Hlodwald*, de *hlod* «gloire» et *waldan* «gouverner».

**CLOUET (François,** dit aussi **Janet)** ♦ Peintre et dessinateur français (Tours v. 1515 - Paris 1572). Fils de Janet Clouet. Formé dans l'atelier de son père, il devint peintre du roi en 1541 et fit peut-être un voyage en Italie vers 1549 - 1550. Comme son père, dont il imita la manière il exécuta des crayons. Le modèle des visages y est traité avec une extrême délicatesse ; la froideur de l'observation n'y exclut pas une certaine animation expressive (*La Reine Marguerite enfant ; Catherine de Médicis*). Peu de peintures ont subsisté excepté quelques portraits (*Pierre Quthe*, 1562 ; *La Duchesse de Bouillon ; Jeanne d'Albret ; Portrait équestre de François Ier*). On lui attribue *Le Bain de Diane* : le thème, le canon des formes et le caractère élégant des poses reflètent les attaches de Clouet avec le maniérisme de l'école de Fontainebleau. Il peignit aussi une *Dame au bain*, qui semble être le prototype d'une série sans doute produite par son atelier jusqu'au début du XVIIe s.

François **Clouet.** *Pierre Quthe,* apothicaire (91 × 70 cm). Musée du Louvre, Paris.
*Phot. © Carlo Bevilacqua/Ricciarini*

**CLOUZOT (Henri-Georges)** ♦ Scénariste et cinéaste français (Niort 1907 - Paris 1977). Une atmosphère souvent trouble, un puissant réalisme, une remarquable tension dramatique ont fait le succès de ses films : *L'assassin habite au 21* (1942), *Le Corbeau** (1943), *Quai des Orfèvres* (1947), *Le Salaire de la peur* (1953), *Les Diaboliques* (1954), *La Vérité* (1960). ➝ ÉTYM. *Clouzot* signifie «habitant du clos».

**CLOVIS Ier** ♦ (v. 466 - Paris 511). Roi des Francs (481 - 511). Fils de Childéric* Ier, Clovis (*Chlodo-vechus* ou *Hlodovechus*, à l'origine du nom de Louis) hérita d'un petit royaume entre la mer du Nord, l'Escaut et le Cambrésis. En battant Syagrius*, le dernier représentant de l'autorité romaine, à Soissons (486), il porta la frontière de ses États jusqu'à la Loire, puis défit les Alamans* à Tolbiac*, victoire qui lui permit d'étendre son autorité jusqu'au Rhin. Sous l'influence de sa femme Clotilde* et de l'évêque de Reims, Remi*, Clovis se convertit au catholicisme et acquit ainsi l'appui de ses sujets gallo-romains (496 ?). Il dut faire face à la coalition des rois barbares ariens, fomentée par Théodoric* le Grand, battit le roi Wisigoth Alaric* II à Vouillé (507) et conquit l'Aquitaine. Il annexa les petits royaumes francs, notamment celui de Cologne. Protecteur du catholicisme, il fonda l'abbaye Sainte*-Geneviève, réunit un concile à Orléans, l'année de sa mort. ▪ Père de Childebert* Ier, Clodomir*, Clotaire* Ier et Thierry* Ier.

**CLOVIS II** ♦ (mort en 657). Roi de Neustrie et de Bourgogne (639 - 657), roi d'Austrasie (656 - 657). Fils de Dagobert* Ier et mari de Bathilde*. Père de Childéric* II, de Clotaire* III et de Thierry* III.

**CLOVIS III** ♦ (mort en 695). Fils de Thierry* III, roi d'Austrasie (691 - 695). Il eut pour successeur son frère Childebert* III.

**CLUJ-NAPOCA** – en all. ***Klausenburg***, en hongr. ***Kolozsvár*** ➝ ÉTYM. *Cluj*, du lat. *clusa* «endroit resserré» et *Napoca*, anc. n. de la ville ♦ V. de Roumanie, en Transylvanie, sur le Someşul Mic («petit Someş»). ch.-l. du distr. de Cluj. 310 943 hab. Univ. (fondée par Étienne Báthory). Église Saint-Michel, de style gothique allemand (fin XIVe - déb. XVe s.). Maison natale de Mathias Corvin (XVe s.) ; musée d'art dans le palais Banffy (XVIIIe s.) ; restes d'une enceinte du XVe s. (bastion des tailleurs). ▪ Centre admin. et économique : construc. mécaniques, produits chimiques, indus. alimentaire. ▪ À proximité, gisement de gaz naturel. ▮ **Histoire** Fondée par les Daces, la ville fut un municipe romain. Elle se développa au Moyen Âge, notamment à partir du XIIIe s. Elle devint ville libre en 1405. Elle appartint à la Hongrie avant 1919 et de 1940 à 1944.

**CLUNY** [71250] ➝ ÉTYM. anc. *Cluniacum*, du lat. *Clunius*, n. de pers., et suff. *-acum* ♦ Ch.-l. de cant. de la Saône-et-Loire, arr. de Mâcon, situé dans la dépression de la Grosne. 4 376 hab. *(Clunisois)*. Musée Ochier dans l'anc. palais abbatial (XVe s.) : œuvres de Prud'hon (né à Cluny) ; fragments lapidaires. ♦ ***Abbaye de Cluny*** Fondée en 910 par le duc Guillaume d'Aquitaine, elle suivait la règle de saint Benoît d'Aniane, mais jouissait de privilèges assurant son indépendance à l'égard des seigneurs comme des évêques. Cette originalité, ses liens directs avec la papauté, la volonté des premiers abbés (Odon, Odilon, Hugues le Grand), son extension à partir d'Odilon (env. 1 200 maisons dépendantes à la mort d'Hugues) en firent le principal instrument de la réforme du XIe s. Autres grands clunisiens : Hildebrand (➝ **Grégoire VII**), Pierre le Vénérable, abbé en 1122 - 1156, qui défendit son ordre contre les attaques de saint Bernard. ▪ La riche architecture clunisienne joua un rôle prépondérant dans l'évolution de l'art roman. Architecture aux dimensions exceptionnelles, caractérisée par une nef voûtée en berceau brisé continu, un faux triforium surmonté de fenêtres largement ouvertes ; à l'extérieur, vastes porches, trois clochers carrés imposants. Cluny eut la plus vaste église de la chrétienté jusqu'à la construction de Saint-Pierre de Rome : commencée en 1088, elle fut en grande partie détruite à la Révolution et au début du XIXe s.

**Cluny** (hôtel et musée de) ♦ Anc. résidence parisienne des abbés de Cluny, édifiée sur l'ordre de Jacques d'Amboise, évêque de Clermont et abbé de Jumièges, de 1485 à 1500, à proximité des ruines des thermes romains. Élégante demeure où les procédés du style gothique s'allient à ceux de la Renaissance, l'hôtel présente une façade à la riche décoration flamboyante, flanquée de deux ailes aux tourelles d'angle. Voûtée d'ogive autour d'un pilier-palmier, la chapelle est également de style flamboyant. Bien national en 1790, puis doté de précieuses collections par son nouveau propriétaire, Alexandre Du* Sommerard (1833), devenu musée de l'État (1844), l'hôtel de Cluny (auj. Musée national du Moyen Âge-Thermes de Cluny) est consacré à l'art et à l'artisanat du Moyen Âge ; il conserve notamment les six remarquables tapisseries de *La Dame* à la licorne*. Les salles et les jardins des thermes de Lutèce (fin du IIe s.) abritent un musée lapidaire (autel des nautes parisiens).

**CLUSAZ (LA)** [laklyza] [74220] ➝ ÉTYM. du franco-prov. *clusa* «passage étroit, défilé» ♦ Comm. de la Haute-Savoie, arr. d'Annecy. 2 023 hab. *(Cluses)*. Station d'été et de sports d'hiver, la plus importante du massif des Aravis (1 100 - 2 600 m).

**CLUSERET (Gustave Paul)** ♦ Officier et homme politique français (Paris 1823 - près d'Hyères 1900). Il participa à la campagne de Crimée (1855), à l'expédition de Garibaldi contre le royaume des Deux-Siciles, à la guerre de Sécession comme général des armées nordistes (1862). Affilié à la Ire Internationale, il fut nommé délégué à la Guerre (5 avr. 1871) et membre de la 2e commission de la Commune de Paris (16 avr.) qui l'arrêta (1er mai), le jugea pour incompétence puis le libéra (21 mai). Condamné à mort par contumace par les versaillais, il s'exila, revint en France après l'amnistie et fut député socialiste.

**CLUSES** [74300] ➝ ÉTYM. ➝ La Clusaz ♦ Ch.-l. de cant. de la Haute-Savoie, arr. de Bonneville, sur l'Arve. 17 711 hab. (aggl. 38 512) *(Clusiens)*. Centre indus. (décolletage, mécanique de précision). École nationale d'horlogerie.

**CLUSIUM** ➝ **Chiusi**

**CLUVER, CLUVIER** ou **CLUWER (Philipp)** latinisé en **Cluverius** ♦ Géographe et historien allemand (Dantzig 1580 - Leyde 1622). Il est l'auteur d'une *Introduction à la géographie générale, ancienne et moderne* (1629), qui compte parmi les premiers essais de géographie historique et politique, et de travaux de topographie archéologique sur l'Allemagne, l'Italie et la Sicile.

**CLWYD** ♦ Anc. comté du N.-E. du pays de Galles.

**CLYDE** n. f. ➝ ÉTYM. «la purifiante», d'une rac. celt. *°clauta* ♦ Fl. d'Écosse (170 km) qui arrose Glasgow et sa banlieue industrielle (Clydebank, Dumbarton, Greenock, Motherwell) et se jette dans l'Atlantique par le *Firth of Clyde*. Vaste vallée glaciaire de Dumbarton à Milport, il forme ensuite une large baie entre le rivage de l'Ayr et l'île d'Arran.

## coalition

n. f. ♦ Nom donné spécialement aux alliances des puissances européennes contre la France, pendant la Révolution et le Premier Empire. ♦ ***Première coalition (1792)*** Elle groupait la Russie, la Sardaigne, l'Espagne, les Deux-Siciles, la Prusse, l'Autriche et la Grande-Bretagne (à partir de 1793) ; elle fut disloquée par les traités de Paris*, de Bâle*, de La Haye*(1795) et de Campoformio* (1797). ♦ ***Deuxième coalition (1799)*** Formée entre la Grande-Bretagne, la Russie, l'Autriche, la Turquie, les Deux-Siciles, elle prit fin après la signature de la paix de Lunéville* (1801) et de celle d'Amiens (1802). ♦ ***Troisième coalition (1805)*** Formée entre la Grande-Bretagne, la Russie et l'Autriche, elle éclata après Austerlitz* et la signature de la paix de Presbourg* (déc. 1805). ♦ ***Quatrième coalition (1806)*** Formée entre la Russie, la Grande-Bretagne et la Prusse, elle fut dissoute au traité de Tilsit* (juil. 1807). ♦ ***Cinquième coalition (1809)*** Formée entre la Grande-Bretagne et l'Autriche, elle cessa d'exister après Wagram* et la paix de Vienne (oct. 1809). ♦ ***Sixième coalition (1813)*** Formée entre la Grande-Bretagne, la Russie, la Prusse, l'Autriche et la Suède, elle eut pour résultat la première abdication de Napoléon et le traité de Paris* (1814). ♦ ***Septième coalition*** Ces mêmes puissances, alliées pour vingt ans en vertu du traité de Chaumont*, formèrent une *septième coalition* à la suite du retour de Napoléon de l'île d'Elbe. Cette dernière coalition obtint la défaite française de Waterloo* et la seconde abdication de Napoléon (1815).

**CLYDEBANK** ♦ V. d'Écosse (West Dunbartonshire), dans la banl. de Glasgow, sur la Clyde. 50 000 hab. Les chantiers navals où furent construits les paquebots *Queen Mary* et *Queen Elizabeth* se sont reconvertis dans le matériel de forage pétrolier.

**CLYMÉNÉ** ← ÉTYM. du gr. *klumenê* «célèbre» ♦ L'une des Océanides*, épouse du titan Japet*, mère d'Atlas*, de Prométhée* et d'Épiméthée*. De son mariage avec Hélios* (le Soleil) naissent Phaéton* et les Héliades*.

**CLYTEMNESTRE** ← ÉTYM. en gr. ***Klutaimnêstra***, de *klutos* «glorieux, fameux» et *mnêster* «prétendant» [ou p.-ê. *mêdomai* «méditer»] ♦ Fille de Tyndare*, roi de Sparte, et de Léda*, sœur ou demi-sœur (par sa mère) d'Hélène*, de Castor* et de Pollux. Selon la légende, elle épousa Agamemnon*, roi de Mycènes*, mais après le sacrifice de sa fille Iphigénie* à Aulis elle prit comme amant Égisthe* et, avec son aide, assassina son mari de retour de Troie, ainsi que Cassandre*, captive et amante du roi. Sept ans plus tard Oreste* et Électre* tuèrent leur mère, vengeant ainsi leur père. ▪ Un des personnages les plus célèbres du drame des Atrides, Clytemnestre figure notamment dans les tragédies *Agamemnon* et *Les Choéphores** d'Eschyle, *Électre** de Sophocle et *Électre* d'Euripide.

**Cnam** n. m. → **Arts et Métiers (Conservatoire national des)**

**Cnes** n. m. → **Centre national d'études spatiales**

**CNIDE** – en gr. ***Knidos*** ♦ Anc. ville de l'Asie Mineure (Carie). Colonie des Doriens* (peut-être de Sparte) et membre de l'Amphictyonie dorienne, elle adhéra à la Confédération athénienne, puis se révolta (–412). Conon* vainquit la flotte lacédémonienne près de Cnide. ▪ La fameuse statue d'Aphrodite, œuvre de Praxitèle*, qui ornait l'un des temples de la ville, est connue par des copies.

**Cnit** n. m. → **Défense (rond-point de la)**

**CNN** → **Cable News Network**

**CNOSSOS** ♦ Anc. ville de Crète*, à 5 km de Candie*. Centre de la civilisation crétoise (–IIIe - –IIe millénaire) et de l'empire maritime de Crète, elle atteignit son apogée sous la dynastie légendaire des Minos* (–1700 - –1400), puis elle fut ravagée, probablement par les Achéens, et déclina après l'invasion dorienne (v. –1100). Rival de Gortyne* pendant trois siècles, elle périclita à l'époque romaine. → **Phaïstos.** Son palais, bâti au –XXe s. et détruit v. –1750, fut reconstruit et élargi v. –1700. Résidence de la dynastie minoenne, il est lié à la légende du Labyrinthe*. → **Pasiphaé, Minotaure, Dédale, Thésée.** ▪ Les fouilles britanniques sous la direction de A. Evans* ont, depuis 1900, exhumé les ruines des palais et de la ville, ainsi qu'une grande quantité d'objets (sculpture, céramique, orfèvrerie), des documents écrits, etc. (musée d'Héraklion) ; le palais et ses fresques ont été fortement restaurés.

**CNPF** n. m. → **Mouvement des entreprises de France**

**CNR** n. m. → **Conseil national de la Résistance**

**CNRS** n. m. → **Centre national de la recherche scientifique**

**CNSM** n. m. → **Conservatoire national supérieur de musique**

**CÔA** → **Foz Côa**

**COAHUILA** n. m. ♦ État du Mexique septentrional, séparé du Texas (États-Unis) par le río Grande et traversé à l'O. par la sierra Madre orientale. 149 982 km². 2 495 200 hab. CAP. : Saltillo. ▪ L'État est constitué au N. par une région de hautes terres arides, qui se prolonge dans le Bolsón de Mapimí, et au S. par des terres permettant la culture du coton et de céréales. Importantes ressources minières (charbon, argent, zinc, plomb). Pétrole et gaz naturel dans le S. (pipeline). Indus. textiles, métallurgiques (fonte, acier → **Monclova**) et chimiques.

**COASE (Ronald)** ♦ Économiste britannique (Willesden, banlieue de Londres 1910). Il fut l'un des premiers, dès 1937, à analyser les coûts de transaction, liés à l'utilisation du marché, dans son article *La Nature de la firme* et a démontré que jusqu'à un certain point les échanges sont moins coûteux à l'intérieur d'une même entreprise (intégration verticale) qu'entre plusieurs entreprises et s'est interrogé sur les effets d'une intervention occasionnelle de l'État sur la régulation du marché. Ses travaux ont été poursuivis par O. Williamson*. [Prix Nobel d'écon. 1991]

**COAST RANGE** n. f. ← ÉTYM. angl. «chaîne côtière» ♦ Chaîne de montagnes des États-Unis et du Canada, parallèle à la côte du Pacifique. → **Californie, Washington, Oregon, Colombie-Britannique.**

**COATZACOALCOS** ♦ V. du Mexique (État de Veracruz), au S.-E. de Veracruz, dans la baie de Campeche. 234 174 hab. Elle constitue avec Las Choapas, Cosoleaque et Minatitlán, une agglomération industrielle (pétrochimie) de plus de 600 000 hab. ▪ Port exportateur (pétrole, sulfure, fruits tropicaux).

**COB** n. f. → **Commission des opérations de Bourse**

**COBBETT (William)** ♦ Journaliste et homme politique britannique (Farnham, Surrey 1763 - Guildford 1835). Obligé de s'enfuir aux États-Unis pour avoir accusé des officiers de malversation, il y découvrit la vie politique. Revenu en Angleterre, il fonda en 1802 le *Weekly Political Register* qui, de tendance tory, évolua peu à peu vers le radicalisme. Dans ce journal très bon marché, Cobbett dénonçait de plus en plus violemment la misère et le chômage des années qui suivirent les guerres napoléoniennes et réclamait une réforme parlementaire. Il devint le porte-parole de la classe laborieuse et, élu au Parlement en 1832, il obtint partiellement satisfaction avec la réforme électorale.

**COBDEN (Richard)** ♦ Industriel, économiste et homme politique britannique (Dunford Farm, Heyshott, Sussex 1804 - Londres 1865). Apôtre du libre-échange qui influença l'économiste français Bastiat*, il contribua à l'abolition des lois protectionnistes en Grande-Bretagne (1848 - 1851) et fut, avec Michel Chevalier*, l'instigateur du traité de commerce libre-échangiste entre la France et la Grande-Bretagne (1860).

**COBENZL (Ludwig,** comte**)** ♦ Diplomate autrichien (Bruxelles 1753 - Vienne 1809). Ambassadeur en Russie, il négocia les deux partages de la Pologne. Après avoir conclu l'alliance de 1795 entre la Grande-Bretagne, l'Autriche et la Russie, il traita à Campoformio et à Lunéville. Vice-chancelier (1801 - 1805), en dépit de sa grande habileté, il dut entrer dans la troisième coalition, à la suite de la Russie, et démissionna lors de la défaite d'Austerlitz (1805).

**CÓBH** – anc. ***Queenstown*** ♦ V. de la rép. d'Irlande (comté de Cork), sur la ria de Cork. Anc. port transatlantique, principal point de départ de l'émigration irlandaise vers les États-Unis de 1850 à 1920. Avant-port de Cork. Zone industrialo-portuaire récente.

**COBLENCE** ← ÉTYM. en all. ***Koblenz***, du lat. *confluens* «confluent» → aussi Conflans-Sainte-Honorine, Confolens ♦ V. d'Allemagne (Rhénanie-Palatinat), au confluent de la Moselle et du Rhin (*Deutsches Eck* «coin allemand»), encadrée par les massifs d'Hunsrück, d'Eifel et du Taunus. 106 531 hab. ch.-l. de régence. Église Saint-Castor (IXe - XIIe s.), forteresse d'Ehrenbreitstein (XIe s.). ▪ Centre admin. et commercial (vins). ▮ **Histoire** Fondée en l'an –9 par Drusus sous le nom de *Castrum ad Confluentes* (ou *Confluentia*), prise par les Francs au Ve s., la ville fut rattachée par Henri le Pieux à l'archevêché de Trèves en 1018. En 1792, les émigrés français y formèrent l'armée de Condé. Coblence fut donnée à la Prusse en 1815.

**COBOURG** ← ÉTYM. en all. ***Coburg***, du germ. *burg* «forteresse» et 1er élément obsc. ♦ V. d'Allemagne (Bavière), anc. cap. des ducs de Saxe-Cobourg-Gotha en Haute-Franconie, sur la rive g. de l'Itz, affl. du Main. 44 082 hab. Église Saint-Maurice (seconde moitié du XVe s.) de style gothique flamboyant. Forteresse du XVIe s. ▪ Porcelaine, verreries, produits alimentaires.

## Cobra

♦ Mouvement artistique international dont le nom correspond aux premières lettres de Copenhague, Bruxelles et Amsterdam, villes d'origine des premiers artistes qui le constituèrent. Fondé à Paris en nov. 1948, Cobra réunissait surtout des peintres : danois (A. Jorn), néerlandais (K. Appel*, Constant*, Corneille*), belges (P. Alechinsky*) et français (J. Atlan*), mais aussi des poètes (le Belge C. Dotremont*). En rupture avec l'esthétique académique comme avec le surréalisme, trop intellectuel, le mouvement préconisait le retour à la spontanéité créatrice, à la recherche expérimentale, aux valeurs populaires et collectives. Le groupe s'exprima dans des expositions collectives qui firent scandale et dans la revue *Cobra* ; il fut dissous en 1951.

**COBURN (Alvin Langdon)** ♦ Photographe américain (Boston 1882 - Colwyn Bay 1966). Membre fondateur du groupe Photo-Secession en 1902, membre du prestigieux Linked Ring en 1903, il fut un fervent défenseur de l'art photographique. Ses portraits de célébrités du monde des lettres (*George Bernard Shaw*, 1904) firent sa notoriété. Influencé par le cubisme, il réalisa en 1917 ses premières photos abstraites à l'aide d'un miroir kaléidoscopique.

**COCHABAMBA** ➛ ÉTYM. du quechua *qhucha* «lac» et *pampa* «plaine» ♦ V. de Bolivie, ch.-l. de dép., située dans un bassin de la cordillère de Cochabamba à 2 600 m d'altitude. 603 000 hab. Marché agricole régional. Industries agroalimentaires et chimiques. Université réputée. La ville fut fondée par les Espagnols en 1571. ♦ ***Département de Cochabamba*** 55 631 km². 1 710 000 hab.

**COCHER** n. m. – en lat. ***Auriga*** ♦ Constellation boréale contenant de beaux amas stellaires et dont l'étoile ε est une supergéante exceptionnelle, 60 000 fois plus lumineuse que le Soleil. Capella*, visible à l'œil nu, est son étoile la plus brillante.

**COCHEREL** ♦ Hameau de l'Eure*, comm. d'Houlbec-Cocherel. ▮ **Histoire** Victoire remportée en 1364 par Du* Guesclin sur les Anglo-Navarrais du captal de Buch.

**COCHIN (Charles Nicolas)** dit **le Jeune** ♦ Dessinateur, graveur, ornemaniste et écrivain d'art (Paris 1715 - *id.* 1790). Élève de son père Charles Nicolas, dit le Vieux, et de Restou, il fut nommé par Louis XV dessinateur des Menus-Plaisirs (1739). Il représenta les cérémonies et fêtes de la cour (*Le Bal paré dans la petite écurie*, 1745) et exécuta de multiples illustrations, vignettes, portraits en médaillon, frontispices (*L'Encyclopédie*), d'un trait léger et spirituel. À la suite de son voyage en Italie en compagnie de Soufflot* et du futur marquis de Marigny (1749 - 1751), il prôna le retour à l'Antique (*Voyage en Italie*, 1758 ; *Lettre aux orfèvres*, 1754) et contribua à imposer le style néoclassique. ➛ ÉTYM. *Cochin* signifie «petit coq» (sobriquet).

**COCHIN (Jacques Denis)** ♦ Curé de Saint-Jacques-du-Haut-Pas, à Paris (Paris 1726 - *id.* 1783). Il fonda en 1780 l'hôpital qui porte son nom (rue du Faubourg-Saint-Jacques).

**COCHIN (Augustin)** ♦ Publiciste et administrateur français (Paris 1823 - Versailles 1872). Il est l'auteur d'études sur le paupérisme et la situation des ouvriers en Europe et particulièrement en France au XIXᵉ s. ♦ **Denys Cochin.** Homme politique et écrivain français (Paris 1851 - *id.* 1922). Fils du précédent. Député de droite de 1893 à 1919, il fut plusieurs fois ministre de la IIIᵉ République et publia divers ouvrages : *Le Monde extérieur* (1895), *L'Esprit nouveau* (1900). [Acad. fr. 1911] ♦ **Augustin Cochin.** Historien français (Paris 1876 - tué sur le front de la Somme à Hardecourt 1916). Fils du précédent. Il a laissé des études sur la Révolution française, où il a mis l'accent sur ses origines idéologiques et insisté sur le rôle des sociétés de pensée à cette époque (*Les Sociétés de pensée et la Révolution en Bretagne*, 1925).

**COCHIN** ➛ Kochi

**COCHINCHINE** n. f. ➛ ÉTYM. adaptation fr. de *Cochim*, déformation port. de l'annamite *Ku-Chen* (petit royaume découvert au XVIᵉ s. par les Portugais) et ajout de *China* pour distinguer cette région de la ville de *Cochin* (auj. *Kochi**) ♦ Nom donné par les Français à la partie méridionale du Viêtnam, ayant pour capitale Saigon*. ➛ **Viêtnam** (carte). Auparavant ce nom désignait le centre du pays, domaine des seigneurs Nguyễn. Env. 65 000 km². ▪ L'économie de cette région vitale est fondée sur la riziculture, par endroits extensive. Les cultures dites «secondaires» (maïs, patate, arbres fruitiers, cocotiers) constituent une source de revenus importante. Les plantations d'hévéas apparaissent dans la partie orientale. La pêche, très active, fournit les produits bruts de consommation et alimente l'industrie des saumures. ▮ **Histoire** Ce territoire appartint à l'empire des Khmers* avant le XVIIᵉ s., puis il fut progressivement occupé par les Vietnamiens dans leur poussée vers le sud (Nam Tiến). Les Français, après s'être emparés de Saigon en 1859, en firent une colonie qu'ils incorporèrent à l'Union indochinoise en 1887. Il revint au Viêtnam en 1949.

**COCHISE (Tsoka-ne-nde, dit)** ♦ Chef indien des Apaches Chiricahuas (v. 1812 - Fort du Dragon, Arizona 1874). Il fut, avec Geronimo, le plus grand chef de guerre apache contre les colons américains en Arizona et au Nouveau-Mexique, avant d'être contraint de signer la paix en 1872.

**COCKCROFT** (sir **John Douglas**) ♦ Physicien britannique (Todmorden, Yorkshire 1897 - Cambridge 1967). Il mit au point avec Walton, en 1930, un accélérateur de particules faisant intervenir un dispositif multiplicateur de tension. Grâce à cet appareil, ils réalisèrent les premières désintégrations nucléaires obtenues à l'aide de particules artificiellement accélérées : transmutation du lithium en deux noyaux d'hélium sous l'action de protons accélérés. Directeur en 1946 du centre atomique de Harwell, Cockcroft fut également à l'origine des premières piles atomiques britanniques. [Prix Nobel de phys. 1951, avec Walton] ➛ ÉTYM. *Cockcroft* vient du vieil anglais *cocc* «coq» et *croft* «enclos» [désigne un endroit où on élève de la volaille].

**COCO** (río) ♦ Fl. d'Amérique centrale qui prend sa source au Nicaragua et se jette dans la mer des Caraïbes. Servant de frontière entre le Nicaragua et le Honduras, le río Coco est un sujet de litige entre les deux pays.

**COCONNAT** ou **COCONAS (Annibal,** comte **DE)** ♦ Gentilhomme piémontais, favori du duc d'Alençon (Italie 1535 - Vincennes 1574). Il fut compromis avec La Mole dans un complot destiné à mettre le duc d'Anjou*, François d'Alençon, sur le trône de Charles* IX, et fut exécuté avec son complice. La conspiration inspira à A. Dumas* l'argument de son roman historique *La Reine Margot*.

**COCOS** ou **KEELING** (îles) ♦ Archipel de l'océan Indien formé de 2 atolls (Home Island et West Island) et de 27 îlots coralliens, entre Java et l'Australie. 14,2 km². 603 hab. Escale aérienne entre l'Australie et l'Afrique du Sud, les îles Cocos occupent une situation stratégique de premier plan pour la surveillance des routes de l'océan Indien oriental. La majeure partie de la population est d'origine malaise, mais les terres, qui ne produisent que du coprah, appartenaient à un seul propriétaire britannique jusqu'à leur rachat par l'Australie en 1978 et la mise en coopérative des plantations. ▮ **Histoire** Découvert en 1609 par l'Anglais W. Keeling, l'archipel fut placé en 1857 sous protection britannique puis, en fonction des nécessités politiques, sous l'administration de Ceylan en 1878, des Straits Settlements en 1886, de Singapour en 1903, à nouveau de Ceylan entre 1942 et 1946, et de l'Australie en 1955.

**COCTEAU (Jean)** ♦ Écrivain français (Maisons-Laffitte 1889 - Milly-la-Forêt 1963). Doté de dons multiples, cultivant l'amitié des personnalités les plus diverses, participant à toutes les expériences (avec les Ballets russes, en 1912, avec le groupe des Six*), Cocteau fut toujours lié aux modes de son temps, dans ce qu'elles avaient de plus éphémère comme dans leurs aspects les plus profonds. Romancier, homme de théâtre et de cinéma, peintre et dessinateur, il se définit essentiellement comme un poète. «Comprenne qui pourra : je suis un mensonge qui dit toujours la vérité» ; illustrant ce porte-à-faux, les premiers romans de Cocteau (*Le Potomak*, 1913 et 1919 ; *Thomas l'Imposteur*, 1923 ; *Le Grand Écart*, 1923) se présentent comme des fables tragiques et symboliques. Pris dans cette lutte du réel et du mystère, les personnages sont des rêveurs happés par des forces redoutables, «comme si le temps, la croissance et l'oubli ne pré valaient pas contre un ordre du destin» ; les agents de ce destin, le «mauvais élève» Dargelos (*Les Enfants* terribles*, 1929) ou l'ange Heurtebise, sont des mythes qui reviennent dans l'œuvre dramatique et cinématographique de Cocteau. Capable de parler le langage de la fantaisie (*Le Bœuf* sur le toit*, 1920 ; *Les Mariés* de la tour Eiffel*, 1921, avec une musique de scène par cinq membres du groupe des Six) ou celui de la passion (*La Voix humaine*, 1930), s'attachant à renouveler le théâtre de Boulevard (*Les Parents* terribles*, 1938) ou le drame romantique (*L'Aigle à deux têtes*, 1946), Cocteau a aimé reprendre les fables antiques, mais en universalisant le drame par le recours délibéré à l'insolite et à l'anachronisme : *Antigone* (1922 ; musique de A. Honegger* en 1927), *Orphée* (1926) ou *La Machine infernale* (1934). Utilisant la même mythologie intime au cinéma, Cocteau, qui avait exploité le style surréaliste (*Le Sang d'un poète*, 1930), aborde constamment, dans *L'Éternel Retour* (1943), *La Belle* et la Bête* (1946), *Orphée* (1951) et *Le Testament d'Orphée* (1959), le thème de l'amour impossible, sauf peut-être au-delà du temps et de l'espace. Tentative pour retrouver «en nous l'animal, la plante qui pensent», les recueils poétiques de Cocteau font le «procès-

Jean **Cocteau** devant une de ses fresques
dans la villa de Mme Weisweiller à Saint-Jean-Cap-Ferrat.
*Phot. ©Ph. P. Vals/coll. Archives Larbor*

verbal [du] coup de foudre» qu'est l'inspiration (*L'Ange Heurtebise*, 1925) ou évoquent cette «vitesse intérieure» qu'est la poésie (de *Plain-Chant*, 1923, à *Léone*, 1945). Écrivain précis («La Poésie, c'est l'exactitude») et audacieux jusqu'à l'acrobatie («Mes calembours furent ceux de l'oracle grec»), Cocteau est allé jusqu'au «divin charabia» de ses maîtres, Góngora, Rimbaud et Mallarmé, dans son testament poétique, *Le Requiem* (1962). Auteur de nombreux essais critiques et d'ouvrages d'inspiration autobiographique (*La Difficulté d'être*, 1947 ; *Journal d'un inconnu*, 1953 — mais aussi *Opium*, 1930, écrit durant une cure de désintoxication ; *Le Livre blanc*, 1928, qui éclaire l'homosexualité de l'écrivain), Cocteau a également pratiqué la peinture (chapelle Saint-Pierre, à Villefranche-sur-Mer, 1957) et le dessin (illustrations de nombreux ouvrages). [Acad. fr. 1955] ➝ ÉTYM. Ce nom est la contraction de *coqueteau*, diminutif de *coq* ou diminutif de l'anglais *cook* «cuisinier».

Le **Cocu magnifique** ♦ Comédie en 3 actes de Fernand Crommelynck* (créée en 1920). Bruno éprouve pour sa femme Stella une passion si vive qu'il vante ses charmes à tout venant. Pour en finir avec la jalousie obsessionnelle qui le dévore, il va lui imposer de s'offrir à tous les hommes du village. Mais Stella qui jusqu'alors l'aimait, devenue objet de scandale, se détache brusquement de lui et s'enfuit avec un bouvier.

**COCYTE** n. m. ➝ ÉTYM. en gr. ***Kôkutos*** «naissant des lamentations» ♦ Fleuve des Enfers, dont les eaux, dans la légende, s'accroissent des larmes des injustes.

**COD** (cap) ➝ ÉTYM. en angl. ***Cape Cod*** «cap des morues» ♦ Cap à l'extrémité d'une longue et étroite presqu'île formant un angle droit, sur la côte N.-E. des États-Unis (Massachusetts). ▪ Stations balnéaires et ports de pêche.

**Code civil** ♦ Recueil de 36 lois relatives au droit civil des Français, promulgué le 21 mars 1804 sous le nom de *Code civil des Français*, plus tard *Code Napoléon*. En 1800, Bonaparte, s'inspirant du travail décidé par la Constituante et commencé par la Convention, désigna une commission (Portalis*, Bigot* de Préameneu, Tronchet*, Maleville*) chargée de rédiger un projet de code unifiant le droit pour tout le pays et abrogeant toutes les règles juridiques antérieures dans les domaines qu'il recouvre. Aboutissement d'un lent travail de codification préparé par les ordonnances de l'Ancien Régime, il fut adopté par divers pays de droit écrit et influença les législations de nombreux États dans le monde. Reflet des conceptions napoléoniennes, il a été modifié sur de nombreux points depuis son origine.

**CODERCH (José Antonio)** ♦ Architecte espagnol (Barcelone 1913 - Espolla 1984). Opposé à l'académisme de l'après-guerre, il s'intéressa à la typologie des logements, pour une utilisation optimale de l'espace et de l'exposition. On lui doit la maison Ugalde à Caldetas (1951), un grand ensemble du quartier de la Barceloneta (1951) à Barcelone, ville où il a également construit les immeubles de rue Compositor Bach (1958), la maison-atelier de Tapiès (1963), les quatre tours de bureaux Trade aux murs-rideaux ondulés (1965), l'Institut français (1975) et l'extension de l'école d'architecture (1982).

**CODROS** ♦ Le dernier des rois légendaires d'Athènes (–XI^e s.). Il se serait volontairement sacrifié dans un combat contre les Doriens*, après avoir reçu un oracle promettant la victoire à celui des deux peuples dont le chef serait tué. Les eupatrides* abolirent la royauté sous le prétexte que personne n'était digne de succéder à un tel homme.

**COECKE VAN AALST (Pieter)** ♦ Peintre flamand, décorateur, dessinateur de cartons de tapisseries et de vitraux (Aalst 1502 - Bruxelles 1550). Formé dans l'atelier de Van* Orley, il fut reçu franc-maître à la guilde d'Anvers en 1527 et devint l'ami de Joos Van* Cleve. Il séjourna en Italie (1533), puis se rendit à Constantinople d'où il ramena des dessins utilisés pour une suite de gravures, *Mœurs et fachons* [façons] *de faire des Turcs*. Auteur de cartons de tapisseries (*Les Sept Péchés capitaux*, 1537 - 1538 ; *l'Histoire de saint Paul*), il fut aussi le traducteur du livre de Serlio* et, comme Van Orley, contribua à propager le romanisme dans les Pays-Bas méridionaux. Bruegel* l'Ancien fut son élève et épousa sa fille.

**COEHOORN (Menno,** baron **VON)** ♦ Ingénieur et général hollandais (Britsum, près de Leeuwarden 1641 - La Haye 1704). Auteur de travaux sur la fortification, il établit les plans de nombreuses places fortes (Nimègue, Breda).

**COELLO (Claudio)** ♦ Peintre et décorateur espagnol (Madrid 1642 - *id.* 1693). Fils d'un bronzier portugais, il fut l'élève de F. Rizzi, l'introducteur en Espagne des grandes compositions baroques ; sans doute fit-il un voyage en Italie entre 1656 et 1660. Il peignit de nombreuses scènes religieuses : retables ou grandes décorations à fresques (église de la Mantería, à Saragosse). Jouant avec habileté des effets de trompe-l'œil, il eut recours à une palette chatoyante et s'affirma aussi comme un brillant portraitiste. En 1684, il succéda à Carreño* de Miranda comme peintre du roi et fut alors chargé de décorations mythologiques (disparues). Dans son œuvre majeure, *La Sagrada Forma* (1685 - 1690), dans la sacristie de l'Escurial, il conjugue l'esprit baroque de la composition et de l'éclairage à un traitement aigu, souvent impitoyable, des visages. Par l'abondance et le brio de sa production, il peut être considéré comme le dernier représentant de l'école de Madrid au XVII^e s.

**COEN (Joel** et **Ethan)** ♦ Cinéastes américains. Joel (Saint Louis Park, Minnesota 1954) et Ethan (Saint Louis Park, Minnesota 1957) travaillent ensemble tant à l'écriture du scénario, qu'à la réalisation et au montage. Comédies ou films policiers, leurs films se distinguent par un humour noir, le sens de l'absurde, un suspense permanent et une peinture acide du mode de vie américain. Après *Blood Simple* (*Sang pour sang*, 1984), *Barton Fink* (1991) obtient trois prix à Cannes dont la Palme d'or. Suivent une dizaine de réalisations dont *Fargo* (1996), *The Big Lebowski* (1998), *O'Brother* (2000), *The Barber* (2001), *Intolerable Cruelty* (2003), *The Ladykillers* (2004) et *No Country for Old Men* (2007). Ils ont créé une famille de cinéma à laquelle appartiennent Frances McDormand (épouse de Joel Coen) et George Clooney que l'on retrouve dans une parodie de film d'espionnage, *Burn after reading* en 2008. Avec *A Serious Man* (2010), ils signent un film très personnel, inspiré de leur enfance, sur une communauté yiddish américaine.

**COËTLOGON** [kɔetlɔgɔ̃] **(Alain Emmanuel,** marquis **DE)** ♦ Vice-amiral et maréchal de France (Rennes 1646 - Paris 1730). Il remporta de nombreux succès et se distingua particulièrement à la défense de Saint-Malo (1693). Il servit également Philippe* V.

**COËTQUIDAN** [kɔetkidɑ̃] ♦ Camp militaire du Morbihan (comm. de Guer), où se trouvent l'École spéciale de Saint*-Cyr et l'École militaire interarmes.

**COETZEE (John Michael)** ♦ Romancier sud-africain d'expression anglaise (Le Cap 1940). Soucieux de marquer son opposition à l'apartheid sans se limiter à une description factuelle, il est le créateur d'un univers mêlant angoisse et culpabilité. *En attendant les Barbares* (1980) est une fable sur le pouvoir et la liberté. Il décrit la violence et le racisme tant au temps de l'apartheid, dans *Michael K., sa vie, son temps* (1983), histoire d'un homme frustre qui tente de s'extraire du chaos en se réfugiant à la campagne, qu'au temps de l'après-apartheid dans *Disgrâce* (1999), où un enseignant est démis pour harcèlement sexuel tandis que sa fille, violée, épouse son agresseur, roman qui pose le problème de la nouvelle donne entre les communautés, les sexes et les générations. C'est sous les traits d'un double féminin qu'il s'en prend aux certitudes forgées par l'idéologie religieuse, morale ou politique avec le personnage d'une romancière, *Elizabeth Costello, Huit leçons* (2004) que l'on retrouve dans *L'Homme ralenti* (2006). Sa trilogie semi-autobiographique, dans laquelle il évoque son enfance de fils de la classe moyenne afrikaner et son installation à Londres (*Scènes de la vie d'un jeune garçon*, 1997 ; *Vers l'âge d'homme*, 2002) se termine par l'écriture fictive de ses mémoires par un journaliste (*Summertime*, 2009). *Au cœur de ce pays* (1977) a été adapté au cinéma sous le titre *Dust*. [Prix Nobel de littér. 2003]

**CŒUR (Jacques)** ♦ Homme d'affaires français (Bourges v. 1395 - Chio 1456). Il noua des relations commerciales avec les pays du Levant, l'Espagne et l'Italie, et établit des comptoirs à Avignon, Lyon, Limoges, Rouen, Paris et Bruges. Ses activités étaient multiples (banque, change, mines, métaux précieux, épices, draps). Créancier et banquier de Charles* VII, il remplit des charges officielles (maître des monnaies en 1436, argentier du roi en 1440, conseiller du roi en 1442) et contribua à l'assainissement des monnaies. Il fut chargé de missions diplomatiques et subventionna la reconquête de la Normandie (1449). Très jalousé pour son immense fortune, il fut arrêté pour malversations, mais réussit à s'enfuir de prison au bout de trois ans. ▪ Il fit construire un somptueux palais à Bourges*.

**CŒUR D'AMOUR ÉPRIS (MAÎTRE DU)** ou **MAÎTRE DU ROI RENÉ** ♦ On désigne sous ce nom le miniaturiste qui illustra le roman allégorique du roi René* vers 1457. Les proportions massives des personnages dénotent une formation flamande, mais la stylisation des formes et le traitement du paysage se rapprochent du style de Fouquet*. Il est l'un des premiers à exploiter avec originalité les possibilités expressives des effets lumineux : contre-jour, éclairages nocturnes ou crépusculaires, atmosphère transparente. Il a été identifié comme Barthélemy d'Eyck, peintre travaillant à la cour du roi dans les années 1450 - 1470.

**COËVRONS** n. m. pl. ➝ ÉTYM. p.-ê. gaul. «le mont de la victoire», de *cob-* «victoire» et *briga* «hauteur ; forteresse» ♦ Petit massif de collines gréseuses au N.-O. du Mans, en bordure du Massif armoricain. Limité à l'O. par la vallée de la Mayenne, à l'E. par celle de la Sarthe, il culmine à 357 m au Gros-Rochard, au N. d'Évron.

**COGNAC** [16100] ➝ ÉTYM. anc. de *Comniaco*, du lat. *Cominius*, n. de pers. gallo-rom., et suff. *-acum* ♦ Ch.-l. d'arr. de la Charente, sur la rive g. de la Charente. 19 534 hab. (aggl. 27 042) (*Cognaçais*). Église Saint-Léger (XII^e s., remaniée). Château des Valois (XV^e - XVI^e s.) où naquit François I^er. Hôtels et maisons anc. Musée du Cognac : archéologie et ethnographie régionales ; beaux-arts. ▪ Distillation et vieillissement de l'eau-de-vie, dite cognac (l'appellation *fine champagne* est réservée aux eaux-de-vie distillées à partir de raisins de Grande Champagne et de Petite Champagne). Indus. annexes de conditionnement (tonnellerie, verrerie).

École de pilotage de l'armée de l'air. ▮ **Histoire** Cognac fut sous la Réforme l'une des quatre places de sûreté accordées aux protestants.

**COGNE** ♦ V. d'Italie, dans la Vallée d'Aoste, au pied du Grand Paradis. 1 467 hab. Station touristique au cœur du parc national du Grand Paradis. Gisement de fer.

**COGNIN** [73160] ♦ Ch.-l. de cant. de la Savoie, banl. O. de Chambéry. 5 900 hab.

**COGOLIN** [83310] ← ÉTYM. probablt de l'occit. *coucouri, gougouli* «cône de pin [désigne une hauteur]» ♦ Comm. du Var, arr. de Draguignan. 9 079 hab. *(Cogolinois).* Musée Raimu. ▪ Fabrique de tapis, tissus d'ameublement. Pipes de bruyère. Viticulture (côtes-de-provence). ▪ Station balnéaire et port de plaisance aux Marines de Cogolin.

**COHEN (Hermann)** ♦ Philosophe allemand (Coswig 1842 - Berlin 1918). Fondateur de l'école de Marburg (→ **kantisme**), il influença Natorp* et Cassirer*. Refusant l'opposition kantienne entre la sensibilité et l'entendement, il considéra la pensée comme une activité originaire capable de produire par elle-même *(a priori)* son propre objet (concept logique) et fit de la connaissance objective la science mathématique de la nature dont l'instrument est le calcul infinitésimal. L'intellectualisme de Cohen s'étend aussi à la morale et à l'esthétique. Princ. ouvrages : *Système de la philosophie, Logique de la connaissance pure* (1902), *Éthique du vouloir pur* (1904), *Esthétique du sentiment pur* (1912). ← ÉTYM. *Cohen* vient de l'hébreu *kôhén* «prêtre».

**COHEN (Marcel)** ♦ Linguiste et sociologue français (Paris 1884 - Viroflay 1974). Directeur, avec A. Meillet*, d'un ouvrage sur *Les Langues du monde* (1924), il est l'auteur de travaux sur *Le Langage, structure et évolution* (1950), sur *La Grande Invention de l'écriture et son évolution* (1958) et d'études plus spécialisées sur les langues sémitiques, sur l'amharique et sur le français *(Histoire d'une langue, le français,* 1950). Voyant dans la langue «le reflet du comportement et de la mentalité» (d'un peuple), il a tenté de formuler les bases d'une sociologie marxiste du langage *(Matériaux pour une sociologie du langage,* 1956).

**COHEN (Albert)** ♦ Écrivain suisse d'expression française (Corfou 1895 - Genève 1981). Diplomate, puis, durant la guerre, conseiller juridique du Comité intergouvernemental pour les réfugiés (il est l'auteur de l'accord international du 15 oct. 1946), il fut directeur dans l'une des institutions des Nations Unies. «La nécessité première de mes livres a été de dire mon amour pour le peuple juif, de dire sa grandeur» : *Solal* (1930), *Mangeclous* (1938) et *Les Valeureux* (1939) sont des épopées comiques qui évoquent le monde des Juifs de Céphalonie. On retrouve les mêmes personnages, la même obsession de la mort dans *Belle du Seigneur* (1968). Caricature cruelle, peinture lyrique de l'amour-passion, ce vaste roman oppose à la sottise de fonctionnaires uniquement occupés à faire carrière la démesure d'un amour (condamné car coupé du social). *Le Livre de ma mère* (1954) est le poignant portrait d'un être à la fois quotidien et «parfaitement bon», évoqué de nouveau dans ses *Carnets 1978* (1979).

**COHEN (Stanley)** ♦ Biochimiste américain (New York 1922). Collaborateur de R. Levi*-Montalcini, il purifia le NGF (facteur de croissance nerveuse), puis découvrit et purifia (1961) le facteur de croissance épidermique (EGF), petite protéine qui assure la transmission des messages entre les cellules, les tissus ou les organes (peau, cornée, intestins), permettant ainsi leur développement et leur renouvellement au cours de la vie. Il réussit ensuite à caractériser le récepteur de l'EGF. [Prix Nobel de physiol. ou méd. 1986, avec R. Levi-Montalcini]

**COHEN (Leonard)** ♦ Écrivain et chanteur canadien d'expression anglaise (Montréal 1934). Après avoir publié plusieurs recueils de poèmes *(Parasites of Heaven,* 1966) marqués par ses origines juives et des romans *(Beautiful Losers,* 1966), il se lança dans la chanson et fut considéré comme le porte-parole de la folk-song avec Bob Dylan*. Ses textes poétiques sont servis par sa voix grave et traînante et par des mélodies mélancoliques *(The Songs of Leonard Cohen,* 1967 ; *Songs of Love and Hate,* 1971).

**COHEN (Paul Joseph)** ♦ Mathématicien et logicien américain (Long Branch, New Jersey 1934 - Stanford, Californie 2007). À l'aide de la méthode, appelée *forcing,* dont il est l'auteur, il construisit un modèle de la théorie des ensembles où les deux grands problèmes non résolus du système d'axiomes de Fraenkel*, Zermelo* et Skolem*, l'axiome du choix et l'hypothèse du continu, ne sont pas vérifiés. Cela prouve qu'ils sont indépendants de la théorie axiomatique qui ne permet pas de les réfuter (ni, comme le montra Gödel*, de les démontrer). [Médaille Fields 1966]

**COHEN (Stanley Norman)** ♦ Biochimiste américain (Perth Amboy, New Jersey 1935). Collaborateur de H. Boyer* dans la mise au point de la technique du clonage des gènes de cellules bactériennes.

**COHEN-TANNOUDJI (Claude)** ♦ Physicien français (Constantine, Algérie 1933), professeur au Collège de France (1973). Spécialiste de l'optique quantique, il proposa un mécanisme de refroidissement des atomes par laser, «l'effet Sisyphe», où l'action mécanique de la lumière s'ajoute à la pression de radiation. Il parvint ainsi à obtenir une quasi-immobilité des atomes de césium dont la température (0,18 millionième de degré) devient proche du zéro absolu. [Acad. sc. 1981 ; prix Nobel de phys. 1997, avec S. Chu* et W. Phillips*]

**COHL (Émile COURTET, dit Émile)** ♦ Dessinateur et réalisateur français de cinéma (Paris 1857 - Villejuif 1938). Créateur du dessin animé *(Fantasmagorie,* 1908) et des films d'animation en France, il fut aussi charmant poète que remarquable technicien. Réal. princ. : *Le Baron de Crac* (1913), *Les Aventures des Pieds-Nickelés* (1918).

**COHN-BENDIT (Daniel)** ♦ Homme politique allemand (Montauban 1945). Né de parents juifs allemands réfugiés en France, étudiant à Nanterre en 1968, il participa à la création du «Mouvement du 22 mars», organisation gauchiste à l'origine des événements de mai* 68 dont il devint l'un des principaux acteurs. Expulsé vers l'Allemagne, il rompit avec l'anarchie et se joignit aux Verts allemands en 1984, fut élu conseiller municipal à Francfort en 1989 et député européen en 1994. Il fut réélu au Parlement européen en 1999 en tant que tête de liste du parti français des Verts*, en 2004 en tant que Vert allemand, et en 2009 à nouveau comme eurodéputé français pour le groupe des Verts/Alliance libre européenne (qu'il copréside depuis 2002). Il se définit comme un libéral libertaire, position qu'il considère plus réaliste que celle des traditionnels partis écologiques de gauche, et défend un renforcement des institutions européennes.

**COIGNIÈRES** [78310] ← ÉTYM. anc. *Cotoniaras* «verger de cognassiers», du lat. *cydonium* «coing» et suff. *-aria* ♦ Comm. des Yvelines, arr. de Rambouillet. 4 231 hab. *(Coignièriens).* Entrepôt pétrolier.

**COIGNY (Henri DE FRANQUETOT, duc DE)** ♦ Maréchal de France (Paris 1737 - *id.* 1821). Il se distingua sous les ordres du duc de Richelieu*, lors de la conquête du Hanovre, avant de faire partie de la société de Marie-Antoinette. Élu député en 1789, il émigra et combattit dans l'armée de Condé.

**COIGNY (Aimée DE FRANQUETOT DE COIGNY) duchesse DE FLEURY** ♦ (Paris 1769 - *id.* 1820). Nièce du duc de Coigny, elle inspira à Chénier* *La Jeune Captive.*

**COIMBATORE** ♦ V. de l'Inde (Tamil Nadu). 1 446 034 hab. Située au débouché du seul passage à travers les ghâts de l'O., elle doit sa croissance rapide à une importante industrie du coton et à des fabrications mécaniques. Le grand temple de Perur (XVIIIe s.), à proximité, est un lieu de pèlerinage très fréquenté.

**COIMBRA** ← ÉTYM. anc. en fr. *Coïmbre,* en lat. *Conimbriga* ; d'orig. celt., p.-ê. de *cun* «hauteur, situation élevée» et gaul. *briga* «hauteur, forteresse» ♦ V. du Portugal cap. de la région Centre et ch.-l. de district, sur le Mondego. 139 083 hab. Première cap. du Portugal, remplacée par Lisbonne en 1255. Université fondée en 1290 et qui fut jusqu'en 1911 la seule du pays (chapelle manuéline ; bibliothèque). Nombreux monuments romans (cathédrale fortifiée) et de la Renaissance (monastère de la Sainte-Croix : église et cloître de style manuélin). Musée (sculptures de l'*école de Coimbra* [XVI[e] s.]). ▪ Indus. alimentaires, textiles. Céramiques. ▮ **Histoire** La ville romaine *(Conimbriga)* était à quelques kilomètres au S. La forteresse arabe, prise par Ferdinand Ier de León en 1064, fut résidence royale jusqu'au XIIIe s.

**Coimbra.** L'université. *Phot. © Didier Lacroix/Sipa*

**COIPASA** (salar de) n. m. ♦ Vaste lagune salée de Bolivie (Oruro), à l'O. du lac Poopó.

**COIRE** ← ÉTYM. en all. ***Chur,*** en it. ***Coira,*** en romanche ***Cuera,*** du lat. *curia* «lieu de réunion» ♦ V. de Suisse, ch.-l. du cant. des Grisons, dans la vallée du Rhin, au débouché de la Plessur. 32 441 hab. (aggl. 66 235). Évêché catholique. Maisons anc. Cathédrale (Mariendom) des XIIe - XIIIe s. Hôtel de ville (XIVe s.). Musée rhétique. ▪ Important centre touristique. Station thermale de Passug. Indus. textiles (broderie, filatures) et alimentaires (chocolat). ▮ **Histoire** L'anc. *Curia Rhaetorum* romaine était déjà le siège d'un évêché au Ve s. Ses évêques, alliés aux Habsbourg, gouvernèrent du V^e^ au XV^e^ s. où Coire devint ville impériale. Son histoire, du XIV^e^ au XVIII^e^ s., se confond avec celle des Grisons.

**COIRON** n. m. ◆ ÉTYM. d'une rac. oronym. °*cor-* ♦ Massif volcanique de l'Ardèche recouvert d'une table de basalte : il culmine à 1 061 m au roc de Gourdon.

**COKE** (sir **Edward**) ♦ Juriste anglais (Mileham 1552 - Stoke Poges 1634). Attorney général (1594), il mena les procès contre le comte d'Essex, Walter Raleigh et les membres de la Conspiration* des poudres. Mais partisan de la supériorité de la *Common Law* sur les prérogatives royales, il fut démis de ses fonctions par Jacques I^er^ (1616). Réélu au Parlement (1620), il passe pour avoir été l'un des inspirateurs de la Pétition de droit (1628). Il est l'auteur des *Institutes* (1628 - 1644).

**COLA DI RIENZO (Nicola di Lorenzo,** dit**)** ♦ Homme politique italien (Rome v. 1313 - *id.* 1354). Après avoir étudié avec enthousiasme les écrivains latins de l'Antiquité romaine, il eut l'ambition de rétablir la république à Rome. Envoyé en ambassade en 1343 auprès du nouveau pape Clément* VI à Avignon, il y connut Pétrarque et fut nommé par le pape secrétaire de la *Camera capitolina*, en 1344. De retour à Rome, il prépara la révolution contre l'aristocratie représentée par les familles Orsini* et Colonna*. Le 21 mai 1347 il monta au Capitole et se fit proclamer tribun par le peuple ; il établit des lois et une nouvelle constitution. Jouissant de pouvoirs dictatoriaux, il chassa les nobles de Rome et obtint en août la soumission à la République de nombreuses villes d'Italie. Cependant, enivré par son pouvoir, il ne sut pas retenir la faveur du pape ni du peuple, qu'il accablait d'impôts pour pourvoir à ses fêtes et à l'entretien de ses troupes. Après avoir eu raison d'une première révolte des nobles, il fut contraint de s'enfuir (15 déc. 1347). Il se rendit à Prague en 1350 pour engager l'empereur Charles* IV à le soutenir, mais fut fait prisonnier par ce dernier et livré à Clément VI en 1352. Soutenu par Pétrarque, il fut libéré et Innocent* VI l'envoya à Rome avec le cardinal Albornoz* pour restaurer le pouvoir pontifical. Nommé à nouveau tribun, il fut élu sénateur et entra dans la ville (août 1354). Son despotisme occasionna un nouveau soulèvement des nobles conduits par les Colonna et les Savelli, et il fut tué. ▪ Son histoire a inspiré un opéra à Wagner.

**COLBERT (Jean-Baptiste)** ♦ Homme politique français (Reims 1619 - Paris 1683). Fils d'un marchand drapier, il commença sa carrière au service de Mazarin*, dont il gérait la fortune personnelle. Recommandé par lui à Louis XIV, il contribua à la chute de Fouquet* en dénonçant ses malversations. Lui-même, cependant, ne se fit pas faute de s'enrichir. Travailleur infatigable, homme d'ordre et de dossiers, il sut rester au second plan en tant que «commis» et flatter le désir qu'avait le roi de gouverner lui-même. Aussi étendit-il rapidement son activité à tous les domaines des affaires publiques et fut-il successivement nommé intendant des Finances (1661), contrôleur général (1665), surintendant des Bâtiments du roi, Arts et Manufactures (1664), secrétaire d'État à la Maison du roi et à la Marine. Il fit donner des places à sa famille, maria brillamment ses filles et fut l'âme d'un clan qui n'allait cesser de s'opposer à celui de Louvois*, le clan Le* Tellier. Ses tentatives pour assainir les finances de l'État furent infructueuses et, dès la guerre de Hollande*, il fut de nouveau obligé de recourir aux expédients, comme ses prédécesseurs. Pourtant, une réforme fiscale avait été entreprise. Tandis qu'on pourchassait les faux nobles pour améliorer le rendement de la taille, une ferme générale était fondée pour lever toutes les contributions. Colbert tenta en même temps de réorganiser l'administration et développa, pour l'uniformiser et la simplifier, le système des intendants. Mais son effort principal porta sur l'économie. On a donné le nom de *colbertisme* à son système, qui était en fait moins une théorie qu'une application des principes mercantilistes énoncés par Montchrestien* et Laffemas* : le commerce international y devenait une guerre d'argent dans laquelle il s'agissait d'assurer la plus-value des exportations sur les importations, afin d'acquérir des métaux précieux. Le colbertisme se traduisit dans les faits, à l'intérieur, par un essor donné à l'industrie : l'État, en faisant des investissements ou en accordant des privilèges, encouragea la création de manufactures d'État (Gobelins*, Beauvais*, la Savonnerie*) ou privées (Saint-Gobain, Van Robais), produisant des biens destinés à l'exportation (articles de luxe, draps, acier), dans le cadre d'un dirigisme direct, ou exercé par une étroite réglementation. À l'extérieur, un protectionnisme éducateur devait favoriser l'industrie naissante. L'importation de produits finis fut taxée de droits prohibitifs, contrairement à celle des matières premières. L'exportation fut encouragée par le développement de la marine, l'aménagement des ports et des voies de communication, la création de grandes compagnies à monopoles de type hollandais (Compagnie des Indes* orientales, des Indes occidentales, 1664) et l'expansion coloniale. On a pu reprocher à Colbert d'avoir sacrifié l'agriculture, dont il tenta de bloquer les prix, de manière à permettre les bas salaires favorisant l'exportation. Les règles rigides, après avoir été un facteur de réussite, devinrent un handicap pour l'évolution de l'industrie. La guerre économique, enfin, ne pouvait qu'encourager la guerre. Le ministre exerça son goût de l'organisation jusque dans le domaine des arts : il fonda la future Académie des inscriptions (1663), l'Académie des sciences (1666), l'Observatoire (1667) et il protégea avec Le* Brun un académisme artistique. Sa lutte contre les dépenses de l'État se fit de plus en plus vaine avec les années et son crédit baissa peu à peu au profit de Louvois. [Acad. fr., 1667] ◆ ÉTYM. *Colbert* vient du flamand *Koelbert* ou du germanique *Kolberht* (de *kol* «frais» et *berht* «brillant») ou est la forme contractée de *Colibert* (du lat. *collibertus* «affranchi», désignant un homme de condition humble).

**COLCHESTER** ◆ ÉTYM. anc. *Colneceastre* «camp romain *(ceastre)* sur la rivière *Colne*» ou «camp romain pour légionnaires en retraite», de *col-*, abrév. de *colonia*, et vieil angl. *ceaster* «camp fortifié» ♦ V. d'Angleterre (Essex), sur la Colne, au S.-O. d'Ipswich. 155 794 hab. Anc. ville romaine (*Camulodunum* [«fort de Camulos (dieu celtique de la guerre)»]) dont il subsiste une enceinte. Centre commercial. Université. ▪ Construc. mécaniques.

**COLCHIDE** – en gr. ***Kolkhis*** ♦ Anc. contrée de l'Asie, à l'E. du Pont-Euxin et au S. du Caucase, traversée par le Phase (Rioni*). L'existence de mines d'or donna probablement naissance à la légende de la Toison* d'or. → **Phrixos et Hellé, Argonautes, Jason, Médée.** Elle fut englobée dans le royaume du Pont* (–I^er^ s.).

**COLE (Nathaniel Adams Coles,** dit **Nat King)** ♦ Chanteur, pianiste et chef d'orchestre de jazz américain (Montgomery, Alabama 1917 - Santa Monica 1965). Jouant en trio depuis 1939, il popularisa jusqu'en 1946 des structures harmoniques inusitées et participa à l'éclosion des formes modernes du jazz. Par la suite, il négligea de plus en plus son rôle de pianiste pour devenir surtout un interprète de chansons sentimentales. Princ. enregistrements : *Route 66* (1945), *Sweet Lorraine* (1940).

**COLEMAN (Ornette)** ♦ Saxophoniste, trompettiste et violoniste de jazz américain (Fort Worth, Texas 1930). Il fut l'un des musiciens les plus remarqués du free jazz mais l'ensemble de son œuvre, une constante recherche, ne fut pas toujours bien perçu par le public. Princ. albums : *Ornette on Tenor* (1961), *Friends and Neighbors* (1970).

**COLERAINE** ♦ V. d'Irlande du Nord (comté de Londonderry), près de l'embouchure de la Bann. 56 315 hab. Textile, distillerie de whiskey (Bushmill). L'une des deux principales villes universitaires d'Irlande du Nord.

**COLERIDGE (Samuel Taylor)** ♦ Poète, critique et penseur britannique (Ottery Saint Mary, Devon 1772 - Highgate, Londres 1834). Dixième fils d'un pasteur érudit et pauvre, il fit des études classiques dans une pension de bienfaisance à Londres où il se lia pour la vie avec Charles Lamb*. Reçu à Cambridge en 1791, il s'enthousiasma pour Paine* et Godwin* et commença à abuser de l'alcool et du laudanum (qui lui inspira son poème *Kubla Khan* en 1797 [publ. 1816]) pour calmer des troubles psychiques qui l'accablèrent toute sa vie. Ayant fui Cambridge dans des conditions rocambolesques, il gagna Oxford où il se lia avec Robert Southey*, qu'il suivit à Bristol. C'est là qu'il publia ses premiers poèmes (1796), donna avec succès des conférences sur la religion, apprit seul l'allemand et lut Kant*, Goethe*, Schiller* et Klopstock*. Il rencontra Wordsworth* à Bristol en 1797. Ils publièrent en commun un recueil de *Ballades* lyriques* (1798) qui contient quelques-uns des plus beaux poèmes de Coleridge *(Le Dit du vieux marin ; Gel à minuit ; Craintes de la solitude)* et marque le début du romantisme anglais. Après un séjour en Allemagne où il découvrit la pensée des frères Schlegel* et de Schelling*, il se tourna vers une conception mystique de l'art comme intuition sensible de l'absolu, inspirée de Plotin. Critique littéraire, penseur fécond, éditeur du journal philosophique *The Friend* (1809 - 1810), il approfondit sa pensée sous forme autobiographique dans sa *Biographia Literaria*. Les *Carnets* qui sont la part secrète de son œuvre révèlent aussi ses cauchemars, ses errances d'opiomane et les visions de son esprit. ◆ ÉTYM. *Coleridge* est un nom de lieu dans le Devon, du vieil anglais *col* «charbon» et *hrycg* «crête ; chaîne».

**COLET (John)** ♦ Théologien anglais (Londres 1467 - *id.* 1519). Il fréquenta les grands humanistes de son temps (Budé*, Érasme*). Suspecté par les autorités religieuses, il faillit être condamné pour hérésie. Il est l'auteur des *Sermons* et des *Épîtres à Érasme*.

**COLET (Louise Revoil,** M^me^**)** ♦ Femme de lettres française (Aix-en-Provence 1810 - Paris 1876). Ayant débuté par un recueil de poèmes (*Fleurs du Midi*, 1836), elle composa de nombreux ouvrages en vers, dont *Le Poème de la femme* (*La Paysanne*, 1853 ; *La Servante*, 1854 ; *La Religieuse*, 1856), et des ouvrages en prose qui lui assurèrent une notoriété parfois scandaleuse : *Les Cœurs brisés* (1843), *Lui* (qui évoque la liaison de G. Sand et de A. de Musset ; 1860). Son salon fut fréquenté par des personnalités littéraires, de 1842 à 1859. Nombreuses et souvent orageuses furent ses liaisons (V. Cousin, Villemain, Musset, Vigny et Flaubert*, qui lui adressa une volumineuse correspondance).

**COLETTE** ou **NICOLE** (sainte) ♦ Religieuse clarisse (Corbie 1381 - Gand 1447). Elle vécut en recluse (1402) puis reçut de Benoît XIII, pape d'Avignon, la mission de réformer les trois ordres franciscains. Dans ses couvents de Pauvres Clarisses, elle rendit plus austère encore la règle de sainte Claire. ▪ Fête le 6 mars.

**COLETTE (Sidonie Gabrielle COLETTE, dite)** ♦ Romancière française (Saint-Sauveur-en-Puisaye, Yonne 1873 - Paris 1954). Au sortir d'une adolescence passée dans cette «Bourgogne pauvre» qu'elle évoqua si souvent (notamment dans *Claudine à l'école,* 1900), elle épousa (1893) l'écrivain Henri Gauthier-Villars (Willy) qui l'incita à décrire la «vie remuante d'oisifs affairés» des milieux parisiens ; peinture pleine d'une curiosité mêlée de mépris, d'une effronterie de commande, la série des *Claudine* (1900 - 1903), signée du nom de Willy, connut un succès «scandaleux» (*Mes apprentissages,* 1936). Après son divorce (1906), Colette fit l'expérience de la scène, en tant que mime (*L'Envers du music-hall,* 1913), années d'errance dont elle livra le récit transposé dans *Les Vrilles de la vigne* (1908), *La Retraite sentimentale* (1907) et *La Vagabonde* (1910). Remariée (1912) à Henri de Jouvenel, avec lequel elle collabora au *Matin* (*Les Heures longues,* 1917 ; *Dans la foule,* 1918 ; *Aventures quotidiennes,* 1924), puis en 1935 à Maurice Goudeket, Colette allait désormais, de livre en livre, retracer les étapes de sa vie, recherche d'un équilibre calqué sur celui de la nature, choses et bêtes. Tôt éveillées aux troubles de la sensualité (*Le Blé* en herbe,* 1923), ses héroïnes s'efforcent d'harmoniser leurs sentiments avec leurs sens (*L'Ingénue libertine,* 1909) ; souvent déçues, excepté dans *Mitsou* (1919) et *Gigi* (1943), et comprenant que «l'amour n'est pas un sentiment honorable», elles préfèrent s'enfuir (*La Vagabonde,* 1910) ou renoncer (*Chéri,* 1920) avant que ne viennent les désillusions. Dans la solitude et au sein d'une nature exaltée avec lyrisme (*La Naissance du jour,* 1928), elles retrouvent cette «effrayante pureté de la nature que l'homme abîme par le désordre de son ordre et par les verdicts absurdes de son tribunal» (J. Cocteau). Imitant la patience humble et fervente de sa mère Sido (célébrée dans *La Maison de Claudine,* 1922, et dans *Sido,* 1930), Colette à son tour refuse la vulgarité des humains (*Julie de Carneilhan,* 1941) en lui opposant la courtoisie hautaine des bêtes (*La Chatte,* 1933). Elle excelle à évoquer le pays natal, qui reste «une relique, un terrier, une citadelle, le musée de (sa) jeunesse», et sait appréhender le mystère de l'âme animale (*Dialogues de bêtes,* 1904 ; *Prisons et Paradis,* 1932 ; *Chats,* 1936). Lucide et impitoyable connaissance de soi et des autres, appréciation sensuelle et passionnée du monde, l'œuvre de Colette (jusqu'aux derniers ouvrages, *L'Étoile Vesper,* 1947, et *Le Fanal bleu,* 1949) est servie par une prose à la fois précise et savoureuse, presque gourmande, d'un art toujours très sûr.

**COLFONTAINE** ♦ Comm. de Belgique (Région wallonne), prov. de Hainaut, arr. de Mons, formée par la fusion de Pâturages, Warquignies et Wasmes. 19 998 hab. Monument à Van Gogh (qui fut missionnaire à Wasmes) par Zadkine. ▪ Centre de recherches de l'Institut national des industries extractives. Centre industriel. Électronique. ▌**Histoire** Fénelon, évêque de Cambrai, composa à Pâturages certains chapitres de *Télémaque*. À Wasmes, une procession évoque la légende de Gilles de Chin (XII^e s.), qui aurait délivré le pays d'un monstre dévoreur de fillettes.

**COLI (François)** ♦ Aviateur français (Marseille 1881 - dans l'Atlantique nord 1927). Il disparut avec Nungesser* en essayant de réaliser la liaison Paris-New York sans escale (8 mai 1927).

**COLIGNY (Gaspard DE CHÂTILLON, sire DE)** ♦ Amiral de France (Châtillon-sur-Loing 1519 - Paris 1572). Élevé dans la religion catholique, il fut d'abord en grande faveur à la cour : «amiral», gouverneur de Picardie, il contribua à la victoire de Renty et défendit Saint*-Quentin (1557). Passé à la Réforme, il fut avec Condé* le principal chef huguenot, mais ne cessa de rechercher la négociation. Après les défaites de Jarnac* et de Moncontour*, il dévasta la Guyenne et le Languedoc et obtint la paix de Saint-Germain (1570). → **Saint-Germain-en-Laye.** Les honneurs et l'influence dont il jouit auprès de Charles IX contribuèrent au mécontentement catholique, et le mariage de Marguerite* de Valois et d'Henri de Navarre (→ **Henri IV**) déclencha, après un attentat manqué contre lui, le massacre de la Saint*-Barthélemy, dont il fut victime. ♦ **Odet de Coligny,** dit **le cardinal de Coligny** (Châtillon-sur-Loing 1517 - Hampton Court 1571). Frère du précédent. Il se convertit au protestantisme et contribua à entraîner son frère, l'amiral, avec lui dans la religion réformée. Il mourut en exil en Angleterre, empoisonné. ♦ **François de Coligny d'Andelot** (Châtillon-sur-Loing 1521 - Saintes 1569). Frère des précédents. Converti comme ses frères au protestantisme, il se distingua à Dreux (1562) et à Jarnac (1569). ◆ **ÉTYM.** *Coligny* vient de *Coloniacum,* nom de lieu, du latin *Collonius,* nom de personne, et suffixe *-acum.*

**COLIMA** ♦ V. du Mexique, cap. d'État, en bordure de la sierra Madre occidentale. 123 597 hab. Musée. ▪ Centre de commerce. ♦ ***État de Colima*** Petit État central ouvrant sur le Pacifique par une côte marécageuse. 5 191 km². 567 996 hab. Cultures de canne à sucre, tabac. Indus. chimique (cellulose). Le port de Manzanillo* sert de débouché à Guadalajara et forme un important centre touristique. ▪ Dépourvue de monuments de pierre, la région recèle des milliers de tombes qui ont livré en abondance vases et statuettes en céramique datant des tout premiers siècles de notre ère. Le *style de Colima* se caractérise par la précision et la complexité des personnages (costumes, bijoux, armes) et des scènes (jeux, cérémonies). Cet art réaliste, non symbolique, se distingue de la culture «classique», dont il est contemporain, par la vivacité et la maîtrise de ses représentations.

**COLIN (Élie)** ♦ Jésuite et homme de sciences français (Lavaur 1852 - Tananarive 1923). Il fonda à Madagascar plusieurs stations d'observation des phénomènes astronomiques et météorologiques.

**COLIN (Paul)** ♦ Affichiste, décorateur et peintre français (Nancy 1892 - Nogent-sur-Marne 1985). Il est l'auteur de plus de 1 200 affiches et de nombreux décors et costumes de théâtre. Il acquit la célébrité avec les décors et l'affiche de la Revue nègre (1925), pratiqua un style dépouillé et schématique. Il créa en 1929 une école de dessin et d'affiche.

Paul **Colin.** Affiche. *Phot. ©Giraudon*

**COLIN DE BLAMONT (François)** ♦ Compositeur français (Versailles 1690 - *id.* 1760). Entré au service de la duchesse du Maine, à Sceaux, il fut nommé surintendant de la Musique du roi (1719) et succéda à Lalande* à la Chapelle royale (1726). Il est l'auteur de cantates, ballets (*Les Fêtes grecques et romaines,* 1723), opéras et divertissements. Il s'opposa à Rousseau dans un *Essai sur les goûts anciens et modernes de la musique française* (1754).

**COLIN MUSET** ♦ Trouvère champenois (première moitié du XIII^e s.), auteur de chansons rimées (publ. en 1912 par J. Bédier*) qui content, de façon narquoise, sa vie errante de ménestrel et ses «requêtes» aux seigneurs.

**COLINS (Jean Hippolyte, baron DE)** ♦ Économiste français d'origine belge (Bruxelles 1783 - Paris 1859). Il a défini, dans sa *Science sociale* (1840 - 1842, 19 vol. publ. à partir de 1857), un «socialisme rationnel», qui s'apparente en réalité à un libéralisme antidirigiste, affranchi de la toute-puissance financière, et privilégiant la liberté individuelle.

**Colisée** ou **amphithéâtre Flavien** – en it. ***Colosseo*** ♦ Amphithéâtre de Rome commencé sous Vespasien* et inauguré par Titus* en 80. Il doit son nom (*Colosseum*) à la grande statue de Néron qui se trouvait à proximité. Cet édifice de 524 m de périmètre comportait 80 rangs de gradins et pouvait contenir 87 000 spectateurs. C'est là que se livraient les combats de gladiateurs. Il fut endommagé au

Le **Colisée,** Rome. *Phot. © Rossi Guido Alberto/Altitude*

XI^e s. et ses matériaux utilisés au Moyen Âge (XV^e s.) pour la construction de palais. Au XVIII^e s., Benoît* XIV mit le monument sous la protection de l'Église, et il fut rénové par ses successeurs.

**collaboration**

n. f. ♦ Nom donné à la politique d'entente et de rapprochement avec l'Allemagne nazie pratiquée par le gouvernement de Vichy* (1940 - 1944). Scellée lors de l'entrevue de Pétain* avec Hitler à Montoire (24 oct. 1940), elle impliqua rapidement, et plus particulièrement après le retour de Laval* au gouvernement (avr. 1942), un engagement idéologique (sur les thèmes de l'antisémitisme, de l'antibolchevisme, de l'anglophobie), politique et militaire, visant à la formation d'une «Europe nouvelle» sous la domination de l'Allemagne nazie. Des journaux s'en firent les porte-parole (*Aujourd'hui, Les Nouveaux Temps, Le Cri du peuple, Je suis partout, L'Œuvre, La Gerbe, Gringoire, Paris-Soir, Le Matin*) ; plusieurs mouvements politiques regroupèrent ses partisans (Rassemblement national populaire de M. Déat*, Parti populaire français de Doriot*, Mouvement social-révolutionnaire de Deloncle, Francisme de Bucard). Certains partisans de la collaboration s'engagèrent dans des organisations militaires telles que la Légion des volontaires français (LVF, créée en 1941 pour lutter avec les nazis contre le bolchevisme), les unités françaises de la Waffen SS (créées en 1943 et qui se battirent sur le front de l'Est), la Milice* française ; cette politique de collaboration culmina avec l'institution en févr. 1943 du Service du travail obligatoire (STO). Après les débarquements des forces alliées (1944), certains collaborateurs, réfugiés en Allemagne, tentèrent de former une commission gouvernementale française à Sigmaringen. À la Libération, plusieurs d'entre eux furent traduits devant la Haute Cour de justice, condamnés à mort et exécutés. ▪ Dans les autres pays d'Europe, les relations avec l'occupant prirent des formes très variables. → **Guerre mondiale (Deuxième).**

**COLLADON (Daniel)** ♦ Physicien suisse (Genève 1802 - *id.* 1893). En collaboration avec Sturm*, il procéda, sur le lac Léman, à une mesure directe de la célérité des ondes sonores dans l'eau. Il étudia la compressibilité des liquides et utilisa l'air comprimé comme force motrice pour le percement du tunnel du Saint-Gothard.

**COLLÉ (Charles)** ♦ Chansonnier et auteur dramatique français (Paris 1709 - *id.* 1783). Organisateur des fêtes du duc d'Orléans, il créa 60 «parades divertissantes». Il fit représenter à la Comédie-Française *Dupuis et Des Ronais* (1763) et *La Partie de chasse d'Henri IV* (1774).

**Collège de France** ♦ Établissement d'enseignement situé à Paris, près de la Sorbonne. Fondé par François I^er en 1530 à la requête de Guillaume Budé, le Collège des trois langues (latin, grec et hébreu) devint Collège royal de France puis Collège de France sous la Restauration et fut rattaché en 1852 au ministère de l'Instruction publique (auj. Éducation nationale), tout en restant indépendant de l'Université. Doté d'une cinquantaine de chaires (dont une chaire européenne créée en 1989 et une chaire internationale créée en 1992), le Collège de France dispense un enseignement libre qui se veut universel et ne délivre aucun diplôme. Les professeurs, choisis par leurs pairs et nommés par le gouvernement, fixent eux-mêmes leur programme. Des laboratoires de recherche sont attachés aux unités d'enseignement. Les bâtiments qui abritent l'établissement furent élevés sous Louis XIII (1610), remaniés par Chalgrin (1774) et notablement agrandis depuis 1930.

**COLLEONI (Bartolomeo)** ♦ Condottiere italien (Solza, Bergame 1400 - Malpaga 1475). Engagé par Venise, il battit les Milanais à Brescia, à Vérone et au lac de Garde puis passa au service de Philippe-Marie Visconti. En 1448, il revint à Venise et fut nommé capitaine général à vie (1454). ▪ Verrocchio* éleva sa statue à Venise. ← ÉTYM. *Colleoni* vient de l'italien *coglioni* «testicules».

**COLLERYE (Roger DE)** ♦ Poète et acteur français (Paris ou Auxerre v. 1470 - Paris v. 1540). Membre de la Confrérie des Enfants-sans-Soucy, il composa pour elle des farces, notamment le monologue du *Résolu*, celui de la *Femme amoureuse*, les dialogues des *Abusés du temps passé* (1502), le dialogue de *Monsieur Delà et de Monsieur Deçà* (1533). Ses *Œuvres [...] contenant diverses matières pleines de grant récréation et passe temps* furent réunies en 1536. On voit en lui le créateur du type de «Roger Bontemps», caractère insouciant.

**COLLE-SUR-LOUP (LA)** [06480] ← ÉTYM. de l'occit. *cola* «colline» et du n. de la riv. (→ Loup) ♦ Comm. des Alpes-Maritimes, arr. de Grasse. 6 697 hab. *(Collois)*. Horticulture. Vergers.

**COLLET (Henri)** ♦ Compositeur et musicologue français (Paris 1885 - 1951). Il fut à l'origine du «groupe des Six». La plupart de ses œuvres sont d'inspiration ibérique (*Chants de Castille, Danses castillanes, Concertos Flamencos, Symphonie de l'Alhambra*). Comme musicologue, il est l'auteur de *Le Mysticisme musical espagnol au XVI^e siècle*.

**COLLET D'ALLEVARD (LE)** ♦ Station de sports d'hiver de l'Isère (comm. d'Allevard), dans le massif de Belledonne (1 450 - 2 000 m).

**COLLETET (Guillaume)** ♦ Poète français (Paris 1598 - *id.* 1659). Aux 4 recueils de ses œuvres poétiques (1651 - 1656) s'ajoutent ses précieuses *Biographies des poètes français*. [Acad. fr., 1640]

**COLLETT (Camilla)** née **WERGELAND** ♦ Romancière norvégienne (Kristiansand 1813 - Christiania, auj. Oslo 1895). Sœur de Wergeland*, elle s'éprit passionnément de l'adversaire de son frère, Welhaven*. Cet amour non partagé marqua profondément Camilla Collett et fut à la base de son roman *Les Filles du préfet* (1854 - 1855). Écrit avec force et sincérité, cet ouvrage marque une étape dans l'histoire morale de la Norvège en défendant le droit de la femme au bonheur et à la liberté. Dans la même perspective, elle écrivit ensuite des *Nouvelles* (1860), des mémoires (*Dans les longues nuits*, 1861 ; *Derniers feuillets*, 1868 - 1873) et enfin des polémiques sur les droits de la femme (*Au camp des muettes*, 1877 ; *Contre le courant*, 1879 - 1885).

**COLLIANDER (Tito FRITIOF, dit Tito)** ♦ Prosateur finlandais de langue suédoise (Saint-Pétersbourg 1904 - Helsinki 1989). Converti à la foi orthodoxe, il en exposa l'esprit dans *La Foi et la Conception de vie orthodoxes* (1951). Il oppose, parfois avec quelque artifice, dans ses romans et ses nouvelles comme *La Lumière* (1936), *La Procession* (1937), *Deux heures* (1944) et *Nous qui sommes encore là* (1959), au rationalisme et à l'égoïsme des gens pratiques, l'irrationalisme et la bonté des gens simples et des enfants, capables d'accéder à travers la souffrance à une communion avec Dieu. ▪ Peintre, il a publié des biographies d'artistes, dont celle d'Ilia Répine* (1942).

**Collier** (affaire du) ♦ Escroquerie qui eut un grand retentissement et contribua puissamment à déconsidérer la royauté à la veille de la Révolution française. Le cardinal de Rohan*, qui désirait gagner la faveur de Marie*-Antoinette, se laissa persuader par la comtesse de La* Motte et par Cagliostro* qu'il lui suffirait de servir d'intermédiaire dans l'achat d'un collier de 1 600 000 livres, des joailliers Bassenge et Boehmer. On lui avait même montré de fausses lettres de la reine et ménagé une entrevue nocturne avec elle, le rôle étant tenu par une fille de chambre. Le collier fut remis à l'amant de la comtesse de La Motte, présenté comme un officier de la reine, et vendu au détail, mais une échéance que le cardinal ne put couvrir dévoila toute l'affaire. Au lieu de l'étouffer, Louis XVI, sous l'influence de Breteuil*, porta l'affaire devant le parlement de Paris : au cours d'un procès éclatant, Rohan, plus naïf que coupable, fut acquitté et fit figure de victime, tandis que la reine, innocente dans cette affaire, était déconsidérée, sa vie privée mise en cause et ses dépenses dénoncées. La comtesse de La Motte fut condamnée à être flagellée, marquée et enfermée à la Salpêtrière.

**COLLIN D'HARLEVILLE (Jean-François)** ♦ Auteur dramatique français (Maintenon 1755 - Paris 1806). Deux de ses comédies moralisatrices connurent le succès au Théâtre-Français : *M. de Crac dans son petit castel* (1791) et *Le Vieux Célibataire* (1792).

La **Colline inspirée** ♦ Roman de Maurice Barrès* (1913). Au début du XIX^e s., sur la colline de Sion en Lorraine, trois prêtres, les frères Baillard, fondent l'institut des Frères de Notre-Dame. Ce renouveau spirituel se heurte à l'hostilité du clergé avant de sombrer dans l'illuminisme prêché par Vintras. Les prêtres sont soumis aux pires épreuves (scandale, prison, etc.) et Léopold, le frère aîné, figure centrale du roman, meurt misérablement, en ayant toutefois réintégré l'Église. L'œuvre est dominée par les angoisses mystiques de l'auteur.

**COLLINGWOOD (Cuthbert, 1^er baron)** ♦ Amiral britannique (Newcastle upon Tyne 1750 - Minorque 1810). Lieutenant de Nelson*, il participa aux batailles du cap Saint-Vincent (1797) et de Trafalgar* (1805). Il prit le commandement de la flotte britannique en Méditerranée après la mort de Nelson.

**COLLINS (Anthony)** ♦ Philosophe anglais (Heston, Middlesex 1676 - Londres 1729). Élève et ami de Locke*, il fut par sa critique de la religion un des représentants de la libre-pensée en Angleterre et influença les philosophes français du XVIII^e s. (*Lettre à Henri Dodwell*, 1707, contre l'immortalité de l'âme ; *Discours sur la liberté de pensée*, 1713, partisan de l'athéisme). ← ÉTYM. *Collins* est le diminutif anglais de *Nicolas**.

**COLLINS (William)** ♦ Poète britannique (Chichester 1721 - *id.* 1759). Issu d'une famille de la moyenne bourgeoisie commerçante, il fit ses études à Oxford et publia en 1744 des *Églogues persanes* (intitulées en 1757 *Orientales*), d'un exotisme préromantique. Renonçant à l'Église, il se voua à la poésie dont il rajeunit la forme. Ses *Odes sur divers sujets descriptifs et allégoriques* utilisent l'allégorie «pour peindre les vertus sociales sous le jour le plus attrayant». *L'Ode au soir*, son chef-d'œuvre, est la seule qu'il ait écrite en vers libres (*blank verse*). Ignoré de ses contemporains, il apparaît aujourd'hui, avec T. Gray* qui l'éclipsa de son vivant, comme un des très rares poètes lyriques du XVIII^e s.

**COLLINS (William,** dit **Wilkie)** ♦ Romancier britannique (Londres 1824 - *id.* 1889). Fils du peintre William Collins dont il écrivit la biographie en 1848, il étudia le droit et se lia avec Dickens* (*Lettres de Charles Dickens à Wilkie Collins,* 1892). *L'Abîme* (1867) fut écrit en collaboration par les deux amis. C'est dans la revue de Dickens, *All the Year Round,* que parut en feuilleton *La Dame en blanc* (1860), l'un des premiers romans policiers jamais écrits. Parmi ses autres romans, on peut citer *Randonnées au-delà du chemin de fer* (1851), *Le Secret* (1857), *Sans nom* (1862), *La Pierre de lune* (1868), *L'Amour aveugle* (posth. 1890).

**COLLINS (Michael)** ♦ Homme politique irlandais (Clonakilty, Cork 1890 - Beal na mBlath, Cork 1922). Membre du Sinn* Fein, il prit part à l'insurrection de Pâques 1916 puis à la proclamation en 1919 de l'indépendance de l'Irlande*. Partisan d'un compromis avec la Grande-Bretagne qui donnait «suffisamment de liberté pour parachever la liberté», il joua un rôle très important dans la signature du traité de Londres (1921) et dans son acceptation par la majorité des Irlandais. Président du gouvernement provisoire, il devint le chef de l'armée irlandaise lors de la guerre civile et fut assassiné par un groupe de républicains extrémistes.

**COLLIOURE** [66190] ➝ ÉTYM. anc. *Caucoliberi,* de *Cauca,* probablt anc. n. de la v., et de l'aquitain *illi-berris* «ville neuve» ♦ Comm. des Pyrénées-Orientales, arr. de Céret, au pied des Albères. 2 763 hab. (*Colliourenques* ou *Colliourencs*). Château royal (XIII^e^ s.) fortifié par Vauban. Église Notre-Dame-des-Anges du XVII^e^ s. (retables). ▪ Station balnéaire. Port de pêche. Conserveries (anchois). Viticulture (collioure, banyuls). ▪ Lieu de séjour de nombreux peintres (A. Derain, H. Matisse, G. Braque, P. Picasso) au début du XX^e^ siècle.

**COLLO** ➝ Koll

**COLLOBRIÈRES** [83610] ➝ ÉTYM. de l'occit. *colubra* «couleuvre» et suff. lat. *-aria* (lieu où abondent les couleuvres) ♦ Ch.-l. de cant. du Var, arr. de Toulon. 1 596 hab. *(Collobriérois)*. Ruines d'une église des XIII^e^ s. et XVI^e^ s., maisons anc. ▪ Indus. du liège.

**COLLODI (Carlo LORENZINI,** dit **Carlo)** ♦ Journaliste et écrivain italien (Florence 1826 - *id.* 1890). Directeur de journaux satiriques, il est surtout célèbre par le conte de *Pinocchio** (1883).

**COLLONGES-AU-MONT-D'OR** [69660] ➝ ÉTYM. anc. *Colonicas,* du bas lat. *colonica,* terme féodal désignant une terre confiée à des *colons* (paysans libres) ♦ Comm. du Rhône, banl. N. de Lyon. 3 420 hab.

**COLLONGES-LA-ROUGE** [19500] ♦ Comm. de la Corrèze, arr. de Brive-la-Gaillarde. 413 hab. *(Collongeois)*. Un des plus curieux villages du Limousin, bâti en grès rouge. Église romane fortifiée au XVI^e^ s. (tympans ; clocher). Maisons anc.

**COLLOT D'HERBOIS (Jean-Marie)** ♦ Homme politique français (Paris 1750 - Sinnamary, Guyane 1796). Acteur et auteur de comédies et de l'*Almanach du père Gérard* (1791) considéré comme le meilleur almanach patriotique par le Club des jacobins, il fut membre de la Commune insurrectionnelle de Paris après le 10 août 1792 et prit part aux massacres de Septembre (1792). Député montagnard à la Convention et entré au Comité* de salut public en sept. 1793, il s'occupa de politique intérieure. Partisan et organisateur de la Terreur, il dirigea avec Fouché la répression de l'insurrection fédéraliste et royaliste de Lyon (nov. 1793). Hostile à Robespierre*, il contribua, comme président de la Convention, à sa chute. Il fut néanmoins déporté en Guyane avec plusieurs députés montagnards en avr. 1795 (après les journées des 12 et 13 Germinal* an III).

**COLMAR** [68000] ➝ ÉTYM. anc. *Columbarium,* du lat. *columbarium* «pigeonnier» ou du germ. *Galamar,* n. de pers. ♦ Ch.-l. du dép. du Haut-Rhin, sur la Lauch et le Logelbach. 65 136 hab. (aggl. 86 832) *(Colmariens)*. Cour d'appel. Collégiale Saint-Martin des XII^e^ et XIV^e^ s. (*Vierge au buisson de roses* de M. Schongauer). Église des Dominicains des XIV^e^ - XV^e^ s. (vitraux). Église Saint-Mathieu, auj. temple protestant (vitraux, dont *La Crucifixion* attribuée à P. d'Andlau). Nombreuses maisons du Moyen Âge et de la Renaissance, dont la maison Pfister (XVI^e^ s.). Anc. douane (Koifhus) du XV^e^ s. Maison natale de A. Bartholdi (musée). Musée Unterlinden : primitifs rhénans [G. Isenmann, M. Schongauer, polyptyque de M. Grünewald, dit *Retable d'Issenheim*] ; art moderne (F. Léger, V. Vasarely). ▪ Centre touristique, admin. et commercial (vins d'Alsace). Centre indus. en expansion malgré le déclin du textile. Gare TGV. Aéroport. ▮ **Histoire** Anc. «villa» carolingienne, ville impériale en 1226, Colmar se donna une charte communale au XIV^e^ s. et fit ainsi partie de la Décapole alsacienne (1354). Cap. judiciaire de l'Alsace en 1698 sur l'initiative de Louis XIV. La ville fut libérée par l'armée de Lattre (1945).

**COLMARS** [04370] ➝ ÉTYM. en lat. «la colline» *(collis)* de Mars *(Martii)* ♦ Ch.-l. de cant. des Alpes-de-Haute-Provence, arr. de Castellane, au confluent de la Lance et du Verdon. 378 hab. *(Colmarsiens)*. Enceinte fortifiée du XVII^e^ s. ▪ Station estivale (1 250 m d'alt.).

**COLMIANE (LA)** ♦ Station de sports d'hiver des Alpes-Maritimes (comm. de Valdeblore), dominée par le *pic de la Colmiane* (1 790 m).

**COLOCOTRONIS (Théodore)** ♦ Général et homme politique grec (Ramavoúni, Messénie 1770 - Athènes 1843). Chef militaire du Péloponnèse pendant la guerre de l'Indépendance, il remporta plusieurs victoires sur les Turcs. Dans les luttes internes du nouvel État, partisan du «parti russe», il s'opposa à la régence. Condamné à mort pour haute trahison, il fut gracié par Othon* devenu roi.

**COLOGNE** ➝ ÉTYM. en all. ***Köln*** ; du lat. *colonia* «colonie» (V. ci-dessous Hist.) ♦ V. d'Allemagne (Rhénanie-du-Nord-Westphalie), dans une plaine fertile, sur la rive g. du Rhin. 1 024 346 hab. Université (la 3^e^ du pays). Cologne a conservé de son riche passé d'importants monuments. Cathédrale gothique ou *Dom,* érigée à partir de 1248 par Maître Gérard sur le modèle de celles d'Amiens et de Beauvais et qui ne fut achevée qu'en 1880 selon le projet initial ; classée au patrimoine mondial de l'Unesco. Basilique Sainte-Marie-du-Capitole (XI^e^ s.). Église Saint-Géréon, bâtie au IX^e^ s. sur un ancien cimetière romain. L'église des Saints-Apôtres (XI^e^ - XIII^e^ s.) et l'église Saint-Séverin (XI^e^ - XIII^e^ s.), élevée au-dessus d'une nécropole romaine et paléochrétienne, ont pu être partiellement sauvées de la destruction de 1945 et ont été remaniées après la guerre. Toutefois, la plus grande partie de Cologne a été reconstruite. De grands boulevards circulaires, les «Ringe», ceinturent la ville. ▪ Très bien située sur la grande voie rhénane (important port fluvial : 10 700 000 t), sur l'un des plus gros nœuds ferroviaires d'Allemagne, non loin du bassin houiller de la Ruhr et sur un bassin de lignite, Cologne est un important centre industriel (construc. mécaniques, électriques et automobiles [Ford] ; chimie ; fabrication de chocolat et d'*eau de Cologne*). Sa fonction commerciale (grandes compagnies bancaires, assurances, foires commerciales et expositions [Photokina]) est à la mesure de ses activités industrielles. Son rayonnement culturel est symbolisé par ses nombreux musées (musée Wallraf-Richartz, abritant des œuvres des maîtres de l'école de Cologne) et par son conservatoire de musique. Son carnaval est encore très vivace. ▮ **Histoire** Fondée en –38 par les Ubiens sous le nom d'*Ara Ubiorum* («autel des Ubiens»), puis rebaptisée *Colonia Agrippinensis* par Claude en l'honneur de sa femme Agrippine (49), elle fut agrandie et fortifiée sous Néron. Devenue capitale de la Germanie inférieure, c'était une importante tête de ligne de toutes les voies romaines passant par le Rhin. Conquise par les Francs en 462, elle devint le siège d'un évêché, puis d'un archevêché en 785. Promue ville impériale au XIII^e^ s., elle eut durant tout le Moyen Âge une grande prospérité commerciale (verreries, céramique, vins), adhéra à la Hanse et fut en relations avec toutes les grandes cités allemandes. Son éclat artistique et intellectuel était très grand. Thomas d'Aquin, Duns Scott et Albert le Grand enseignèrent à l'université. Elle eut sa propre école de peinture (XIV^e^ - XVI^e^ s.) dont le principal représentant était Lochner*. Mais, du XIII^e^ au XVII^e^ s., des luttes d'influence opposèrent la riche bourgeoisie commerciale à l'archevêque-électeur. Celles-ci furent marquées par le combat de Worringen (1288) et la guerre de Cologne (1582 - 1584). Prise par les Français en 1794, elle passa à la Prusse en 1815. La banque Oppenheim donna au XIX^e^ s. un grand élan aux chemins de fer (ligne Cologne-Minden via la Ruhr), à l'industrie et aux assurances. Cologne fut presque complètement détruite par les bombardements aériens de 1942 à 1945.

**Cologne.** Vue de la cathédrale. *Phot. ©Erich Lessing/Magnum*

**COLOMB (Cristoforo COLOMBO,** en esp. **Cristóbal COLÓN,** en fr. **Christophe)** ♦ Navigateur d'origine italienne (Gênes ou Savone v. 1451 - Valladolid 1506). Plusieurs versions ont été données sur sa vie, les débuts de sa carrière, ses premiers voyages et l'origine de son projet (celle de son fils Fernando et l'*Historia de Las Indias* de Bartolomé de Las* Casas, publiée en 1875, entre autres). Fils d'un tisserand génois, il vint au Portugal en 1476, s'y maria et étudia, semble-t-il par lui-même, la cartographie, découvrant la *Géographie* de Ptolémée et l'ouvrage de Pierre d'Ailly *Imago Mundi*. Ayant soumis en vain son projet de trouver par l'O. une route vers les Indes à Jean II du Portugal, puis aux rois d'Angleterre et de France, il gagna à sa cause le duc de Medina Celi et Juan Pérez, supérieur de La Rábida et confesseur de la reine Isabelle de Castille, obtenant de celle-ci le titre d'amiral et de gouverneur général des îles et continents à découvrir. Avec une flottille de trois caravelles (*Santa María, Pinta* et *Niña*), il partit de Palos le 3 août 1492 en compagnie des frères Pinzón*. Le 12 oct., il atteignit une île appelée Guanahani par les indigènes (sans doute l'île Watling de l'archipel des Lucayes), puis les Grandes Antilles, Cuba et Haïti* qu'il nomma Hispaniola et où il laissa une garnison. De retour en Espagne (15 mars 1493), il fut accueilli en grande pompe et confirmé dans ses fonctions de vice-roi. Il entreprit presque aussitôt un 2e voyage vers le Nouveau Monde (1493 - 1496) qui, par les hasards de l'histoire, fut appelé Amérique*. → **Vespucci (Amerigo), Waldseemüller.** Il découvrit alors la Dominique, la Guadeloupe, Porto Rico, la Jamaïque et la côte S.-O. de Cuba. Dès cette époque, les luttes entre les colons espagnols et les Indiens, dont beaucoup furent massacrés, affaiblirent le pouvoir de C. Colomb, qui avait de nombreux adversaires. Lors d'un 3e voyage (1498 - 1500), il parvint aux îles de la Trinité, de Tobago et de Grenade, puis dans le delta de l'Orénoque. Des erreurs commises dans ses fonctions d'administrateur, la violence avec laquelle il réprima les révoltes d'Indiens, la traite des esclaves qu'il fut accusé de favoriser le firent destituer et renvoyer en Espagne par Francisco de Bobadilla* que la reine Isabelle avait chargé d'enquêter sur la situation. Bien que n'ayant plus la fonction de vice-roi, C. Colomb entreprit une dernière expédition (1502) au cours de laquelle il longea la côte de l'Amérique centrale du Honduras au golfe de Darién. Mais il avait perdu tout crédit auprès du roi Ferdinand. Rapidement connue dans tous les pays d'Europe, sa découverte fut à l'origine du traité de Tordesillas (1494) signé entre l'Espagne et le Portugal qui se partagèrent les colonies du Nouveau Monde. ♦ **Barthélemy** ou **Bartolomé Colomb** ou **COLÓN.** Colonisateur espagnol (État de Gênes v. 1461 - Saint-Domingue 1514). Frère cadet de Christophe Colomb, dont il fut le lieutenant, il fonda la ville de Saint-Domingue (1496). ♦ **Diego Colomb** ou **COLÓN.** Colonisateur espagnol (Porto Santo v. 1478 - La Puebla de Montalbán 1526). Fils aîné de Christophe Colomb, il fut vice-roi du gouvernement des Indes (occidentales) en 1509, titre qui lui fut retiré en 1515 puis en 1523 en raison de conflits avec ses administrés. ♦ **Fernando Colomb** ou **COLÓN.** Historien espagnol (Cordoue 1488 - Séville 1539). Fils naturel de Christophe Colomb, il participa à la 4e expédition de celui-ci. Fondateur à Séville de la bibliothèque dite *Colombine*, il écrivit une biographie de son père dont A. Ulloa a donné une traduction italienne en 1571. ➝ **ÉTYM.** *Colomb* vient du latin médiéval *Columbus*, nom d'un saint irlandais, du latin classique «colombe, pigeon».

**COLOMB (Marie-Louise REYMOND,** dite **Catherine)** ♦ Romancière suisse d'expression française (Saint-Prex 1893 - Prilly 1965). Ses trois principaux romans, *Châteaux en enfance* (1945), *Les Esprits de la terre* (1953) et *Le Temps des anges* (1962), qui racontent les vicissitudes de riches familles de propriétaires terriens progressivement ruinés, brillent par leur forme originale qui n'est pas sans rappeler le nouveau roman.

**COLOMBA** ou **COLUMBA** (saint) ♦ (Galtan, Donegal 521 ? - Iona 597). Prêtre et abbé irlandais, fondateur des monastères de Derry et de Iona (563), île située en Calédonie. → **Écosse.** Il est très populaire en Irlande comme prophète et thaumaturge. ▪ Fête le 9 juin.

**Colomba** ♦ Bref roman de P. Mérimée* (1840) qui fait de l'héroïne le symbole de l'âme corse. Attachée passionnément à la vengeance de son père, assassiné par une famille rivale, elle attend le retour de son frère, officier sur le continent. Orso, lui, a une autre conception de l'honneur et réprouve la *vendetta*. Mais l'énergie morale de Colomba et son absence de scrupules vaincront la résistance du jeune homme. Un ton très froid, une grande maîtrise stylistique ajoutent à la puissance évocatrice d'une atmosphère tragique, entretenue par la figure indomptable de Colomba.

**COLOMBAN** (saint) ♦ Moine et prédicateur irlandais (dans le Leinster, Irlande v. 540 - Bobbio, Italie 615). Il quitta Bangor v. 590 et fonda des monastères en Bourgogne (Luxeuil) puis, après son expulsion par Brunehaut (610), sur le lac de Constance (Bregenz) et en Italie (Bobbio, 612). ▪ Fête le 23 nov. ➝ **ÉTYM.** Il s'agit du latin médiéval *Colombanus*, de *columbus* «pigeon».

**COLOMB-BÉCHAR** → **Béchar**

**COLOMBE (Michel)** ♦ Sculpteur français (Bourges ? v. 1430 - Tours v. 1512). Il fut l'un des plus célèbres sculpteurs français de la fin du XVe s. mais son œuvre a en partie disparu. Il travailla pour Louis XI (1462 ?), pour le duc de Bourbon (1484 - 1488) puis à Tours en 1501, il entra au service d'Anne de Bretagne et exécuta le tombeau du duc François II et de Marguerite de Foix (1502 - 1507) d'après un modèle de Jean Perréal ; il eut pour collaborateurs Guillaume Régnault et Jérôme Pacherot. Aux angles, les statues des quatre Vertus sont remarquables par l'ampleur et la souplesse du modelé, l'élégance de la ligne et la sérénité de l'expression. Son art, d'un réalisme contenu, fait la transition entre la phase de «détente» du gothique et la Renaissance française, caractérisée notamment par l'adoption des motifs décoratifs italiens (*Relief de saint Georges*, destiné au château de Gaillon).

**COLOMBELLES** [14460] ➝ **ÉTYM.** anc. *Columbellae*, dimin. du lat. *columba* «colombe, pigeon» (lieu d'élevage) ♦ Comm. du Calvados, arr. de Caen, sur l'Orne. 6 242 hab. *(Colombellois)*.

**COLOMBES** [92700] ➝ **ÉTYM.** «les colombes» (pigeonnier) ♦ Ch.-l. de cant. des Hauts-de-Seine, arr. de Nanterre, sur la Seine, au N.-O. de Paris. 76 757 hab. *(Colombiens)*. Stade Yves-du-Manoir, créé en 1924 pour les jeux Olympiques de Paris. ▪ Centre résidentiel. Indus. diversifiées.

**COLOMBEY-LES-DEUX-ÉGLISES** [52330] ➝ **ÉTYM.** du lat. *columbarium* «pigeonnier» ♦ Comm. de la Haute-Marne, arr. de Chaumont. 650 hab. *(Colombeyens)*. Anc. propriété (La Boisserie, auj. musée) et tombe du général de Gaulle. Mémorial (croix de Lorraine) inauguré le 18 juin 1972.

## COLOMBIE

▮ n. f. – off. ***république de Colombie*** en esp. ***República de Colombia*** ➝ **ÉTYM.** du n. de Christophe *Colomb** ♦ Pays d'Amérique du Sud. 1 141 748 km$^2$. 41 468 384 hab. *(Colombiens)*. LANGUE : espagnol. POPULATION : métis, Blancs, Amérindiens, Noirs. RELIGION : catholique. MONNAIE : peso. CAPITALE : Bogotá. RÉGIME : présidentiel. Le pays est divisé en 32 départements.

▮ **GÉOGRAPHIE** ▮ **Les Andes** La cordillère des Andes (450 km de large) se divise en trois chaînes qui divergent en éventail de la frontière équatorienne vers le N. et sont séparées par deux grands fossés méridiens (1 000 km et 500 km) occupés par les ríos Magdalena et Cauca de direction S.-N. Cette imposante structure montagneuse centrale isole les plaines littorales pacifiques des plaines orientales (Llanos et Amazonie). La Cordillère orientale s'élargit au centre pour former deux branches, l'une vers la péninsule de la Guajira, l'autre formant la Cordillère de Mérida. La Cordillère centrale possède les sommets les plus élevés, qui sont de grands volcans couverts d'une calotte glaciaire comme le Nevado del Huila (5 364 m). Elle s'abaisse dans le plateau de l'Antioquia. La Cordillère occidentale est formée de chaînons discontinus avec des altitudes inférieures à 3 000 m. Au N.-E., la sierra Nevada de Santa Marta est un massif montagneux isolé dont le sommet surplombe la mer des Caraïbes à 5 775 m. ▮ **Le climat et les cultures** Le climat est plus humide dans les Andes colombiennes (1 200 mm) que dans les autres pays andins. Les cultures varient selon l'altitude. Entre 800 et 1 200 m d'alt. le café (arabica) est produit dans le cadre de petites et moyennes exploitations (fincas) à côté de cultures vivrières (maïs, blé, pomme de terre) ; les fonds plats des vallées sont surtout voués à la canne à sucre, au coton, au cacao et aux bananes. Les pâturages sur les versants permettent un élevage bovin important. La grande région caféière est située au centre du pays sur les versants des Cordillères centrale et orientale où les provinces d'Antioquia, du Caldas, du Tolima et du Valle del Cauca fournissent les 2/3 de la production. Les plaines du littoral septentrional s'étendent sur plus de 900 km du N. au S. et sont formées d'une juxtaposition de plaines alluviales, souvent inondables, accidentées par de petits ensembles de collines. Seules les terrasses sont favorables aux plantations de bananes (exportation depuis Santa Marta et le golfe de Darién). À l'extrême N.-E., la péninsule de la Guajira subit un climat aride n'autorisant qu'une mise en valeur très limitée. Les plaines ouvertes sur l'océan Pacifique sont accidentées à la hauteur de la

**Colombie.** Site archéologique du Quebradillas à San Agustín.
*Phot. © Froissardey/Explorer*

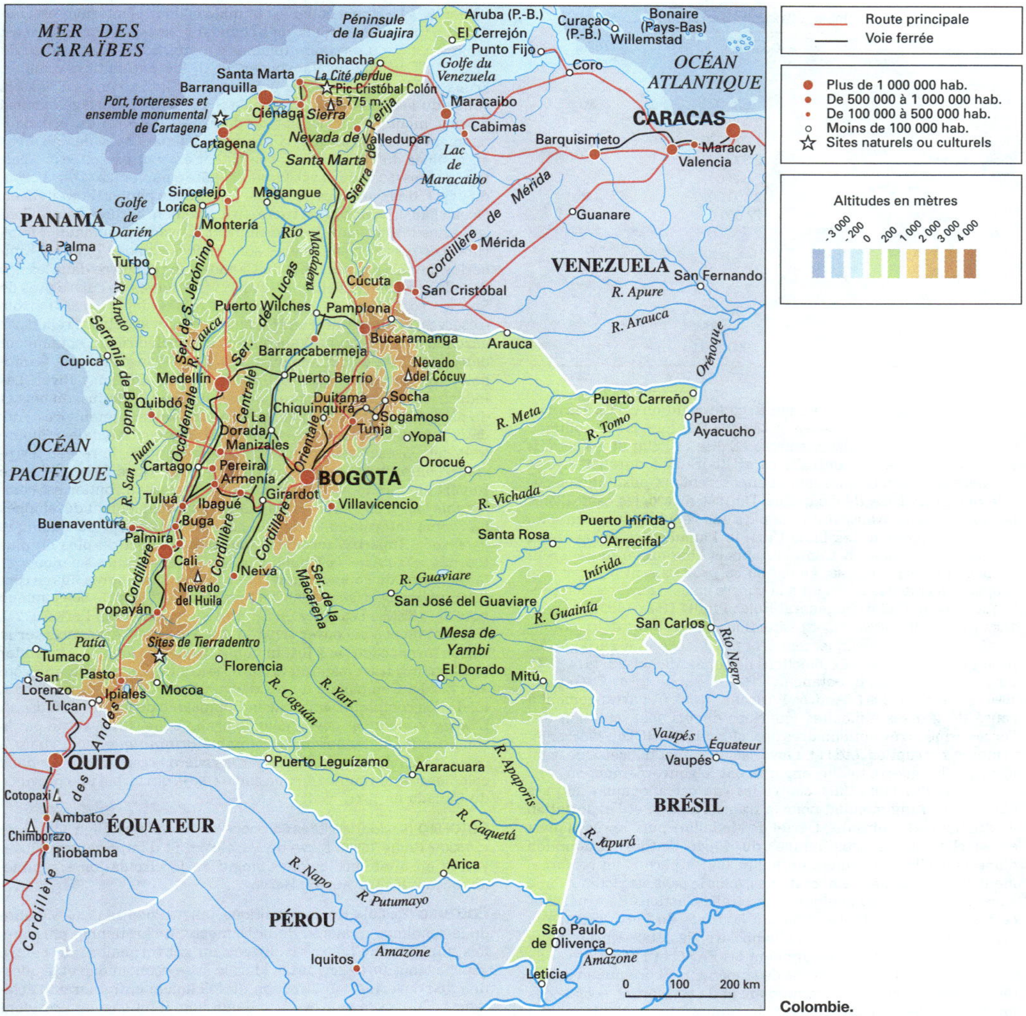


Colombie.

Serrania de Baudó qui atteint le rivage. Ailleurs, ce sont des plaines alluviales très marécageuses. Cette région, l'une des plus pluvieuses du monde, reçoit près de 7 m de pluie par an. Elle est couverte d'une forêt dense, dont la mise en valeur est difficile. Les plaines orientales occupent plus de 650 000 km². Le Nord est une zone de savanes arborées et de forêts-galeries le long des fleuves qui, issus des Andes, gagnent le bassin de l'Orénoque. Avec une longue saison sèche, c'est une région presque vide où domine l'élevage. Plus au S. s'étend la forêt amazonienne, avec des fleuves qui rejoignent le bassin amazonien. Entre les deux, une région intermédiaire (le Méta) fait l'objet depuis trente ans d'une mise en valeur à partir de Villavicencio.

**▌POPULATION** En grande partie d'origine indigène, la population colombienne occupe principalement les versants et bassins andins et en particulier l'étage compris entre 800 et 3 000 m d'alt. Un mouvement de descente amorcé au début du XXe siècle a permis une meilleure répartition de la population en direction des terres basses littorales (population noire) et orientales, en particulier sur le piémont de la Cordillère orientale. De grands espaces restent vides surtout dans les Llanos et l'Amazonie. Le taux de croissance démographique a beaucoup diminué, passant en 20 ans de 3 % à 1,7 %. La population est de plus en plus urbanisée, avec 77 % des Colombiens résidant en ville, dont 30 % dans les 4 grandes métropoles (Bogotá, Medellín, Cali et Barranquilla). La région de Bogotá concentre à elle seule un tiers de la production économique du pays.

**▌ÉCONOMIE** Le café représente 8 % du PIB, 600 000 emplois et 30 % des recettes en devises (contre 55 % en 1986, année record) mais la production vietnamienne dépasse maintenant celle de la Colombie. Une modernisation, déjà amorcée dans un grand nombre de plantations, est le seul recours contre la crise. Les autres produits d'exportation sont le pétrole, le charbon, le nickel, les fleurs et les bananes. La production de gaz s'intensifie. La Colombie possède de l'or et est avec le Brésil l'un des premiers producteurs d'émeraudes grâce à plus d'une centaine de gisements. La Colombie exporte du pétrole par le port de Buenaventura sur l'océan Pacifique et par ceux de Barranquilla, Cartagena et Santa Marta sur l'océan Atlantique. Le charbon du principal gisement situé à El Cerrejón dans l'extrême N. (23 millions de t) est exporté à 80 % par le nouveau port charbonnier de Puerto Bolívar. Depuis la fin des années 2000, le gouvernement mène un plan d'amélioration des transports, notamment du transport fluvial. Dans le secteur industriel, l'agroalimentaire occupe la 1re place, suivie par le textile et la chimie. Cependant, le chômage reste élevé (plus de 11 % en 2008). D'importants revenus sont générés par la production et le trafic de la cocaïne.

**▌HISTOIRE ▌La conquête espagnole** La conquête de la Colombie, au début du XVIe s., fut surtout l'œuvre de Jiménez de Quesada*, qui fonda Santa Fe de Bogotá en 1538 (→ **Bogotá**); elle détruisit la civilisation brillante des Indiens chibchas*. La Colombie, appelée alors *Nouvelle-Grenade*, comprenait aussi le Venezuela* et l'Équateur*; en 1719, elle devint une vice-royauté indépendante, n'intéressant les Espagnols que par ses richesses aurifères qui appartenaient à une aristocratie créole prospère. **▌L'indépendance** Dès 1810, des mouvements d'autonomie se manifestèrent et l'indépendance fut proclamée le 7 août 1819, jour où Bolívar remporta sur les Espagnols la victoire de Boyacá*. La même année, le congrès d'Angostura fonda la *Grande-Colombie*, qui englobait aussi le

Colombie ▮ Productions en 2008

| Produits | Quantités | Rang |
|---|---|---|
| ▮ Agriculture | | |
| Cacao | 60 000 t | 9e |
| Café | 670 000 t | 3e |
| Canne à sucre | 33 000 000 t | 8e |
| Maïs | 1 300 000 t | |
| Pommes de terre | 2 300 000 t | |
| Riz | 2 500 000 t | |
| Sucre | 2 400 000 t | 14e |
| Bovins (têtes) | 27 000 000 | 11e |
| ▮ Mines et énergie | | |
| Émeraudes | 3 400 000 carats | 1er |
| Houille | 74 000 000 t | 13e |
| Hydroélectricité | 44 TWh | |
| Nickel | 90 000 t | 6e |
| Or | 15 t | |
| Pétrole | 30 000 000 t | 28e |

Venezuela, l'Équateur et le Panamá ; cette coalition éclata à la mort de Bolívar (1830). ▮ **Les États-Unis de Colombie** Dès lors, la vie politique fut dominée par les relations entre l'Église et l'État et les conflits entre conservateurs centralistes et libéraux fédéralistes. Ces derniers l'emportèrent en 1863 et imposèrent la Constitution fédérale des *États-Unis de Colombie*. De 1886 à 1930, les centralistes occupèrent le pouvoir, faisant du pays une république unitaire. En 1903, à l'instigation des États-Unis, le Panamá se sépara de la Colombie. ▮ **La «violencia»** Conservateurs et libéraux se succédèrent au pouvoir jusqu'en 1948, année où se produisirent à Bogotá de sanglantes émeutes tournant à la guerre civile. La répression provoqua le coup d'État du général Rojas Pinilla (1953 - 1957). ▮ **L'alternance politique et la guérilla** Cette situation conduisit les deux grands partis à alterner pacifiquement à la présidence et à partager les postes gouvernementaux (élections de Lopez Michelsen, 1974 ; J. C. Turbay Ayala, 1978 ; B. Betancur, 1982 ; V. Barco, 1986 ; C. Gaviria, 1990 ; E. Samper, 1994 ; Andrés Pastrana, 1998). Cet arrangement a causé de grosses difficultés (guérillas depuis 1961, création des Forces armées révolutionnaires de Colombie [FARC] en 1964, enlèvements, corruption, etc.) et a favorisé un climat d'insécurité, renforcé par la «guerre totale» engagée par le gouvernement en 1989, avec l'aide des États-Unis, contre les «narcotrafiquants», le pays étant au 1er rang mondial pour la transformation et l'exportation de drogue (aux mains du «Cartel de Medellín» puis, après la mort de son chef Pablo Escobar en 1993, du «Cartel de Cali»). L'adoption d'une nouvelle constitution en juillet 1991 a permis un renforcement des institutions démocratiques, mais le pays est victime d'une violence politique endémique (narcotrafics, actions des guérillas, corruption). Álvaro Uribe* Vélez, à la droite du Parti libéral, élu président en 2002, réaffirma l'alliance avec les États-Unis et tenta de juguler les guérillas, notamment les FARC et l'ELN (armée de libération nationale), et le trafic de stupéfiants. Il promut en même temps une politique de désarmement et de réinsertion sociale des milices contre-révolutionnaires («les milices paramilitaires»). En 2008, sa cote de popularité fut à la hausse après le sauvetage d'otages des FARC (dont Ingrid Betancourt*). Á. Uribe a adopté un modèle économique libéral à l'américaine qui diverge totalement de la politique socialiste de son voisin, le président vénézuélien H. Chávez. Pour ajouter aux relations difficiles qui en découlent, la Colombie reproche également au Venezuela de fermer les yeux sur le trafic des FARC (armes, drogue pour leur financement) basées à la frontière entre les deux pays.

**COLOMBIE-BRITANNIQUE** n. f. – en angl. ***British Columbia*** ➝ **ÉTYM.** du n. du fl. *Columbia** ♦ Prov. du Canada. ➝ **Canada** (carte). La province comprend les îles de la Reine-Charlotte et l'île de Vancouver. 944 735 km². 4 113 487 hab. CAP. : Victoria. ▮ **Géographie** Province montagneuse, tout entière dans la zone des Rocheuses (au sens large), elle comprend 3 régions. À l'O., une chaîne (Coast Mountains ; prolongement de la chaîne des Cascades*) est séparée du prolongement de la Coast Range des États-Unis par une dépression dont la plus grande partie est submergée (du Puget* Sound à l'Alaska, avec de nombreux fjords) ; les Coast Mountains ont environ 2 000 m (un sommet dépasse 4 000 m), alors que la chaîne orientale, qui comprend les chaînes insulaires, culmine au N. (frontière de l'Alaska) à plus de 5 000 m. La partie centrale de la province comprend deux plateaux et plusieurs zones montagneuses. À l'E. s'élèvent les Rocheuses *(stricto sensu)* canadiennes, formées de chaînes parallèles dépassant 3 000 m, avec des cols entre 1 000 et 1 500 m, et séparées par de profondes vallées ; elles sont bordées à l'O. par une brusque dépression d'une remarquable continuité, la «tranchée des Rocheuses» (Rocky Mountains Trench). Le S. de l'île de Vancouver et les basses terres du fleuve Fraser concentrent les 2/3 de la population. Le triangle Calgary-Edmonton-Vancouver est le 2e ensemble urbain du Canada, après l'axe Windsor-Québec (Ontario). ▪ Le climat côtier est humide et doux ; l'intérieur est continental (hivers très froids, étés chauds). ▮ **Économie** L'agriculture est limitée à 4 % du territoire (plaines côtières du S., basse vallée du Fraser, S. de l'île de Vancouver, etc.). Élevage laitier, volailles. Fruits et légumes. Vergers irrigués (2 millions d'arbres) dans la vallée du lac Okanagan, au centre S. de la prov. Élevage extensif (bovins, moutons) sur le plateau du Fraser. La forêt est économiquement plus importante, la province détenant 54 % des réserves accessibles du Canada (6 % seulement en sont exploitées). Abattage de bois (50 % du pays). Papier et pâte à papier (30 % de la prod. du pays) ; deux grandes usines de pulpe et de papier (Powell River, Ocean Falls). La pêche est très active : saumon, hareng, flétan. Conserveries (Vancouver, Prince Rupert). Élevage d'animaux à fourrure. Les ressources minières sont variées : zinc et plomb à Kimberley (la plus grande mine du Canada) ; fer et cuivre dans les îles de la Reine-Charlotte (depuis 1967) ; les réserves de cuivre près de Stewart sont énormes ; molybdène, exploité depuis 1965. Pétrole (réserves) et gaz naturel au N. (région de la Peace River, reliée par gazoduc à la région de Vancouver). Hydroélectricité, notamment dans les centrales de Kemano (au S.-E. de Prince Rupert), Campbell River (île de Vancouver), Bridge River, Kootenay River. Les industries dépendent des ressources naturelles : indus. du bois et du papier, raffineries de plomb, zinc, etc., indus. alimentaires. Aux deux grandes lignes de chemin de fer intercontinentales s'ajoute le Pacific Great Eastern. Assez dense dans le S., le réseau ferroviaire comprend une ligne de Vancouver à Prince George, Prince Rupert et (vers le N.-E.) Fort St. John. Le réseau routier est comparable ; les transports aériens sont remarquablement développés (aéroport international de Vancouver). Les ports du Pacifique (➝ **Prince Rupert, Vancouver**) sont très actifs et de plus en plus tournés vers l'Asie. Le rétablissement des économies asiatiques et la remontée du cours mondial des matières premières lui ouvrent des perspectives favorables. Le tourisme joue un rôle économique notable. ▮ **Histoire** Les côtes en furent visitées par Juan Pérez (1774), Cook (1778) et Vancouver (1792 - 1794). Les droits espagnols sur la région furent cédés aux Britanniques (traité de Nootka). Alexander Mackenzie*, traversant du S. au N. le continent, parvint à la côte en 1793. La Compagnie du Nord*-Ouest, à laquelle il appartenait, fonda des comptoirs, ainsi que la Compagnie de la baie d'Hudson*. L'*île de Vancouver* devint colonie britannique (1849), suivie par la zone continentale, devenue *Colombie-Britannique*, nom choisi à cause de la découverte de l'or sur la rivière Fraser (1858). Les deux colonies furent réunies en une seule (1866), qui forma une province du Canada en 1871.

**COLOMBO (Realdo)** latinisé en **Columbus** ♦ Anatomiste italien (Crémone v. 1520 - Rome 1599). Élève de Vésale*, il fit d'importantes découvertes en anatomie et physiologie de la circulation sanguine, annonçant les travaux de Harvey*.

**COLOMBO (Emilio)** ♦ Homme politique italien (Potenza 1920). Membre de la tendance modérée de la Démocratie chrétienne, plusieurs fois ministre du Trésor, il dirigea un gouvernement de centre gauche (août 1970 - fév. 1972). Mais la crise économique et la question de l'ouverture en direction du PC italien entraînèrent l'éclatement du centre gauche et sa démission. Il fut ensuite président du Parlement européen (1977 - 1979) puis président de l'Internationale démocrate-chrétienne (1993 - 1996).

**COLOMBO** ➝ **ÉTYM.** p.-ê. du cinghalais *Korŭmbo* «port» ♦ Cap. commerciale du Sri Lanka. 647 100 hab. Étape importante sur la route maritime majeure du S. de l'Asie. Fondée par les Portugais en 1507, elle passa sous contrôle hollandais en 1656, puis britannique en 1796. Sa fonction portuaire (exportation de thé, de graphite et de pierres précieuses) et son rôle politique lui ont valu un certain développement industriel (mécanique, confection).

**Colombo** (plan de) ♦ Plan élaboré en 1950 et 1951 à Colombo* et signé à Londres par l'Australie, le Canada, Ceylan, l'Inde, la Nouvelle-Zélande, le Pakistan et la Grande-Bretagne pour le développement économique du S. et du S.-E. de l'Asie, et la constitution d'un conseil pour la coopération technique, avec l'appui de divers pays, dont les États-Unis.

**COLOMIERS** [31770] ♦ Comm. de la Haute-Garonne, banl. de Toulouse. 28 538 hab. *(Columérins)*. Centre résidentiel. Construc. aéronautiques.

**COLÓN** – anc. ***Aspinwall*** ♦ V. du Panamá, fondée en 1850 au débouché du chemin de fer transisthmique et située à l'embouchure du canal, sur la mer des Caraïbes. 42 133 hab. Ch.-l. de prov. (4 868 km². 204 208 hab.). ▪ Grand centre commercial dans une région administrée jusqu'en 1979 par les États-Unis. Le port contrôle, avec Cristóbal et Balboa (à l'autre extrémité du canal), la totalité du trafic maritime. La *zone franche de Colón* (une des plus importantes au monde) a été créée en 1948. Cette enclave de 50 ha offre ses services à plus de 1 600 entreprises.

**COLONE** – en gr. ***Kolônos*** ♦ Anc. bourg d'Attique, au N.-O. d'Athènes. Patrie de Sophocle* et cadre de son *Œdipe* à Colone*.

Le **Colonel Chabert** ♦ Roman de H. de Balzac* (1832), qui fait partie des *Scènes de la vie privée* de *La Comédie* humaine*. Laissé pour mort, dix ans auparavant, sur les champs de bataille de l'Empire, le héros, homme simple et loyal, cherche en vain, à son retour en France, à recouvrer son identité. Dégoûté par la comédie que lui joue sa femme remariée et que ce «revenant» dérange dans ses ambitions, il renonce à la lutte juridique et, s'excluant de la société, tombe dans la misère.

**COLONIA (DEL SACRAMENTO)** ♦ V. et port d'Uruguay, sur le río de La Plata, face à Buenos Aires. 21 714 hab. Ch.-l. du dép. de Colonia. ▮ **Histoire** Fondée par les Portugais en 1680, c'est la plus ancienne cité du pays. Il existe depuis les années 1970 un projet de pont international sur le río de La Plata qui rejoindrait la rive argentine. ♦ ***Département de Colonia*** 6 106 km². 119 000 hab.

**COLONNA (Vittoria)** marquise **DE PESCARA** ♦ Poète italienne (Marino 1490 - Rome 1547) dont la personnalité et l'œuvre sont très représentatives de la vie spirituelle de la société italienne au XVIe s. Veuve en 1525, elle fit retraite dans différents couvents, se détournant de la «mer agitée» qu'était désormais pour elle l'existence et se consacrant à la recherche d'une perfection idéale sur le plan mystique comme sur le plan de la pensée. Sa *Correspondance*, qui la montre en rapport avec les plus grands esprits de son temps (Annibale Caro* et Bembo* notamment), et ses *Poèmes* (*Rime della Vittoria Colonna*, 1536 à 1566) la firent surnommer la Divine. Bien qu'ardemment aimée par Michel*-Ange auquel l'unit une étroite amitié (depuis 1537), elle resta inconsolable de la mort de son mari qu'elle célébra dans ses poésies d'inspiration pétrarquisante où apparaît une conception platonicienne de l'amour. ▪ Célèbre portrait par Pontormo*.

**COLONNE (Judas COLONNA, dit Édouard)** ♦ Chef d'orchestre français (Bordeaux 1838 - Paris 1910). Fondateur, à Paris, du Concert national (1871) qui allait devenir l'Association des concerts Colonne, il fut, durant près de quarante années, un défenseur passionné de la musique française, de Berlioz et Bizet jusqu'à Debussy et Ravel.

**COLONNES D'HERCULE** ♦ Nom donné par les Anciens aux caps qui marquent l'entrée E. du détroit de Gibraltar : pointe d'Europe (Gibraltar) à l'extrémité S. du mont Calpé et cap de Ceuta (Afrique). En ce lieu, où la légende voit le terme des travaux d'Hercule (→ **Héraclès**), le héros aurait planté deux colonnes commémoratives.

**COLOPHON** ♦ Anc. ville d'Asie Mineure (Ionie) au N.-O. d'Éphèse*. Sur son territoire se trouvait Claros* avec son fameux oracle d'Apollon. Passée sous les Lydiens, puis sous les Perses, prise enfin par Lysimaque* (-229), elle fut vidée de ses habitants. Elle était fameuse pour son luxe.

**COLORADO** (río) n. m. ♦ Riv. d'Argentine (1 200 km), issue des Andes et se jetant dans l'océan Atlantique. Elle forme la limite entre la Pampa et la Patagonie.

**COLORADO** n. m. ◆ ÉTYM. esp. «coloré, rouge» (en raison de la couleur rougeâtre des eaux du fleuve) ♦ Fl. des États-Unis. 2 250 km. Il prend sa source dans les Rocheuses, coule vers l'O., pénètre dans l'Utah, où il se dirige au S.-O., et dans l'Arizona. Là, il s'enfonce en profonds canyons dans les *plateaux du Colorado*, creusant notamment le Grand Canyon. Le barrage Hoover (Hoover Dam) en fait un vaste lac, puis il coule vers le S., formant frontière entre l'Arizona et le Nevada, puis avec la Californie ; il traverse le S. de cet État et se jette dans le golfe de Californie. Le Colorado a permis l'irrigation de nombreuses terres agricoles ainsi que l'urbanisation du S.-O. Il est l'objet de litiges entre l'Arizona, la Californie et le Nevada ainsi qu'entre les citadins et les agriculteurs. Le Petit Colorado est un affl. du Colorado (Arizona). ♦ ***Plateaux du Colorado*** Région de hauts plateaux située entre les Rocheuses proprement dites (E.) et les monts Wasatch (O.) dans les États de l'Utah, de l'Arizona et du Nouveau-Mexique. Au N., les monts Uinta atteignent 4 123 m (Kings Peak) mais les plissements des Rocheuses n'ont pu pénétrer ailleurs dans cette zone, formée de couches quasi horizontales soulevées au Tertiaire. Région aride d'élevage extensif, irriguée grâce au Hoover Dam (cultures). Minerai d'uranium. Tourisme, grâce aux curiosités naturelles (canyons du Colorado, Painted Desert).

**COLORADO** n. m. ♦ Fl. du S. des États-Unis (Texas), qui prend sa source dans le Llano Estacado et se jette dans le golfe du Mexique. 1 560 km. Il arrose Austin.

**COLORADO** n. m. ◆ ÉTYM. du n. du fl. ♦ État du centre des États-Unis → **États-Unis** (carte). 270 000 km². 4 301 261 hab. CAP. : Denver. ▮ **Géographie** C'est un État de montagnes, dont l'altitude moyenne est supérieure à 2 000 m. Il se divise en trois zones : à l'E., l'extrémité occidentale de la grande plaine, qui s'élève lentement jusqu'aux Rocheuses et est traversée par la vallée de l'Arkansas avec ses affluents et par la South Platte ; au centre, un ensemble complexe de chaînes montagneuses ; à l'O., une série de *mesas* (plateaux) qui s'abaissent graduellement vers la frontière de l'Utah et qui sont entaillées par de nombreux canyons. Les Rocheuses du Colorado (zone centrale) constituent une chaîne orientale (Front Range) qui se prolonge au Nouveau-Mexique (chaîne Sangre de Cristo) et comprend des sommets élevés : Longs Peak (4 345 m), Mount Evans (4 348 m), Pikes Peak (4 301 m), Blanca Peak (4 364 m). Au N.-O., la Park Range ; plus à l'O., la Sawatch Range, la Collegiate Range. Les montagnes de l'Élan (Elk mountains) et au S.-O. les montagnes San Juan forment une zone montagneuse très escarpée et pittoresque, avec ses glaciers, ses hautes vallées et ses canyons. Des rivières importantes prennent naissance de part et d'autre de la ligne de partage *(continental divide)* : vers l'E. et le Mississippi, les deux Platte et l'Arkansas ; vers le S. et le rio Grande, le Colorado et la Green River. Le climat est continental semi-aride et ensoleillé et les températures y sont très variables selon l'altitude. ▮ **Économie** Le Colorado possède une agriculture variée : cultures irriguées (betterave sucrière, alfa, pomme de terre) ou culture extensive (blé, maïs) dans la plaine, élevage (bovins, moutons) dans la montagne, fruits à l'O. de l'État. Ses immenses réserves d'eau fournissent de l'énergie hydroélectrique (barrages, réservoirs) et de l'eau d'irrigation. Elles alimentent également en eau les États voisins. Le Colorado exploite toutes ses richesses minérales (or, argent, métaux rares, charbon, pétrole, gaz naturel, uranium). Indus. variées (alimentaires, métall., imprimerie, électronique). ▮ **Histoire** La région fut peuplée entre le Ve et le VIIIe s. par les Indiens anasazis et ne fut visitée par des Espagnols qu'au XVIe s. En 1706, Juan de Ulibarri en prit possession pour l'Espagne. Les États-Unis acquirent la partie N. en 1803, et le reste de l'État provient de territoires mexicains et texans (1848 - 1850). Territoire (1861), puis 38e État de l'Union (1876), le Colorado se développa à la fin du XIXe s. à la faveur de l'activité minière (or et argent) qui favorisa l'immigration et le développement des chemins de fer.

**COLORADO SPRINGS** ◆ ÉTYM. angl. «sources du Colorado» ♦ V. des États-Unis (Colorado), au S. de Denver, au pied du Pikes Peak. 360 890 hab. (zone industrielle 516 929). Centre touristique, à proximité d'une région très pittoresque (Pikes Peak ; eaux minérales de Manitou Springs ; extraordinaires concrétions de grès rouge du «Jardin des dieux»). ▪ Centre militaire aérien. Académie militaire à proximité.

**Colossiens (Épître aux)** ♦ Livre du Nouveau Testament* (→ **Bible**), attribué à saint Paul* (Épîtres*) : lettre adressée aux chrétiens de Colosses (près de l'actuelle Denizli*), 4 chapitres.

**COLOT** ♦ Famille de chirurgiens français qui s'illustrèrent surtout dans l'opération de la taille (ouverture chirurgicale de la vessie pour en extraire les calculs). Les plus célèbres d'entre eux furent LAURENT COLOT, chirurgien d'Henri II et FRANÇOIS COLOT qui publia un *Traité de l'opération de la taille* (1706).

**COLT (Samuel)** ♦ Ingénieur américain (Hartford, Connecticut 1814 - *id.* 1862). Il imagina un pistolet à barillet ou «revolver» (1835) et la carabine à répétition (1840).

**COLTRANE (John)** ♦ Saxophoniste ténor et soprano de jazz américain (Hamlet, Caroline du Nord 1926 - Huntington, New York 1967). Après avoir joué dans des groupes de rhythm and blues, il fit partie du quintette de Miles Davis* (1955) et fut le partenaire de Thelonious Monk* (1957). Tenant du hard-bop, il évolua vers le free jazz et, avec son propre quartette (créé en 1960), il développa un style tendant à l'incantation. Princ. enregistrements : *My Favorite Things* (1960), *A Love Supreme* (1964).

**COLUCHE (Michel COLUCCI, dit)** ◆ ÉTYM. francisation de son n. d'origine ital. ♦ Fantaisiste et comédien français (Paris 1944 - Opio 1986). Comique au langage populaire, il devint célèbre grâce à des sketches satiriques, s'attaquant à la bêtise, à l'esprit petit-bourgeois, au racisme, et joua dans de nombreux films dont *Tchao pantin* de C. Berri (1985). Il fonda les Restaurants du cœur en 1985.

**COLUMBIA** n. f. ◆ ÉTYM. de *Columbia*, n. du navire du capitaine Robert Gray, qui fut l'un des premiers à parcourir le fleuve ♦ Fl. d'Amérique du Nord (Canada et États-Unis). 1 953 km. La Columbia prend sa source dans les Rocheuses canadiennes, près du mont Columbia, coule vers le N.-O., puis vers le S., pénètre aux États-Unis (État de Washington*), où elle reçoit d'importants affl. qui lui amènent les eaux des Rocheuses (Salmon River, Snake* River) et qui ont drainé la région de l'Idaho ; elle s'enfonce dans de profondes tranchées (Grand Coulee), au S. de l'État de Washington, elle s'oriente vers l'O., franchit la chaîne des Cascades, puis la Chaîne côtière après avoir formé la frontière entre l'État de Washington et l'Oregon. Elle se jette dans le Pacifique après avoir arrosé Portland. De très importants barrages (Bonneville, Grand Coulee, McNary) y sont aménagés, permettant l'irrigation, la production d'électricité et le développement industriel (métallurgie) du Washington. ▪ Le *bassin de la Columbia* comprend en gros le Washington, l'Idaho (Snake River) et le N. de l'Oregon. ♦ ***Plateaux de la Columbia*** Région formant le socle des chaînes des Rocheuses qui les entourent (chaîne des Cascades) ; ils sont couverts d'épanchements de lave et ont été modelés par les glaciers.

**COLUMBIA** ♦ V. des États-Unis, cap. de la Caroline du Sud. 536 691 hab. (zone urbaine 716 030). Siège de l'université de Caroline du Sud. Centre admin. Indus.

**COLUMBIA** (district fédéral de) ← **ÉTYM.** du n. de Christophe *Colomb** ♦ District des États-Unis où se trouve la cap. fédérale du pays. 572 059 hab. → **Washington.**

**COLUMBIA** ♦ V. des États-Unis (Maryland). 88 254 hab. Ville nouvelle construite à la fin des années 1960, entre Washington et Baltimore, par le célèbre promoteur James W. Rouse.

**Columbia Broadcasting System** [CBS] ♦ Réseau *(network)* américain de stations de télévision créé en 1927. Devenu, sous l'impulsion de W. Paley, l'un des trois «grands», avec NBC* et ABC*, CBS Inc. doit faire face à la concurrence du câble, de la vidéo ainsi que de nouvelles chaînes hertziennes (→ **Fox**).

**COLUMBUS** ♦ V. des États-Unis (Géorgie) sur le Chattahoochee. 186 291 hab. (zone industrielle 274 624). La population a augmenté de 30 % en 10 ans. ▪ Centre indus. en pleine expansion : textile, briques, ciment, indus. du froid.

**COLUMBUS** ♦ V. des États-Unis, cap. de l'Ohio. 711 470 hab. dont 22 % de Noirs (zone urbaine 1 540 157). Institutions culturelles (Civic Center, musée). Campus de l'univ. d'État de l'Ohio. ▪ Important centre indus. : aéronautique et engins spatiaux, automobile, électricité, mécanique. Dépôt militaire (le plus vaste du monde).

**COLUMELLE** – en lat. ***Lucius Junius Moderatus Columella*** ♦ Écrivain latin (Ier siècle). Originaire de Cadix (Espagne), il est l'auteur d'un traité d'agronomie, le *De re rustica*, en 12 livres, d'une grande précision et d'une grande richesse.

**COLVILLE (David Alexander)** ♦ Peintre canadien (Toronto 1920). Peintre de guerre officiel en 1944, il figura avec réalisme les opérations alliées dans le N.-O. de l'Europe (musée de l'Armée, Ottawa). Devenu professeur d'art à Mount Allison, où il peignit une histoire de la ville pour l'université (*History of Mount Allison*, fresque, 1948), il élabora un style très personnel, souvent rapproché de l'hyperréalisme pour la mise en valeur aiguë des détails, mais qui évoque plutôt le réalisme magique ou, comme il l'a lui-même indiqué, un réalisme «de célébration». Le traitement rigoureux de l'espace, le jeu ambigu du cadrage installent, dans ses scènes apparemment banales, une certaine tension et les détails sont souvent traités de façon abstraite, surtout dans les scènes figées, les «moments gelés» de mouvements (*The Swimming Race*, 1958) ou de vols d'oiseaux.

**COLWYN BAY** ♦ V. du pays de Galles (Conwy), sur la mer d'Irlande. 26 000 hab. Station balnéaire et centre d'excursions.

**COMANCHES** n. m. pl. ← **ÉTYM.** de l'indien *caumonses* «têtes chauves, têtes rasées» ♦ Peuple indien des États-Unis, de langue uto-aztèque. Originaires du Wyoming, ils migrèrent vers le S. au cours du XVIIe s. Chasseurs et redoutables guerriers (les «seigneurs des plaines du Sud»), ils opposèrent une forte résistance aux Blancs. Quanah Parker, l'un de leurs principaux chefs, inventa en 1890 la Route du peyotl, pratique religieuse utilisant une plante hallucinogène locale. Actuellement, les Comanches vivent dans l'Oklahoma de l'agriculture et de la location de leurs terres à des compagnies minières.

**COMANECI (Nadia)** ♦ Gymnaste roumaine (Onești 1961). Révélée lors des jeux Olympiques de Montréal (1976) où elle remporta le concours général, elle fut la première gymnaste à obtenir la note maximale de 10 (aux barres asymétriques et à la poutre).

**COMAYAGUA** ♦ V. du Honduras, ch.-l. de dép. 87 474 hab. Fondée en 1537, cap. du pays jusqu'en 1880, Comayagua a conservé de nombreux monuments coloniaux (cathédrale du XVIIIe s.). ▪ Centre commercial. Indus. diverses. Importante base militaire nord-américaine.

**COMBARELLES (LES)** ♦ Grotte préhistorique de Dordogne (comm. des Eyzies*-de-Tayac-Sireuil) dans laquelle fut découvert en 1901 un important ensemble de gravures pariétales datant du Magdalénien* (bisons, chevaux et signes tectiformes, c'est-à-dire en forme de toit).

**COMBAS (Robert)** ♦ Peintre et sculpteur français (Lyon 1957). Inspiré par la culture populaire, la bande dessinée, le rock, il prône une peinture «amusante et décontractée», mélange d'images et de couleurs, et fut l'un des fondateurs, en 1980, du mouvement Figuration* libre. ← **ÉTYM.** Ce nom vient d'un nom topographique, du gaulois *cumba* «creux, vallée».

**Combat** ♦ Mouvement de la Résistance française (zone Sud), créé en 1941. Il comprit parmi ses membres : B. Albrecht, G. Bidault, C. Bourdet, H. Frenay, F. de Menthon, P. H. Teitgen. Rallié au général de Gaulle (1942), il forma avec les mouvements Franc-Tireur et Libération-Sud les Mouvements unis de la Résistance (printemps 1943). Il fonda et diffusa clandestinement le journal *Combat*.

**COMBE DE SAVOIE** n. f. ♦ Région des Alpes françaises correspondant à la vallée de l'Isère* entre Albertville* et le carrefour de la cluse de Chambéry*. ▪ Région agricole.

Robert **Combas.** *La Bébête à rougeole...* (1,64 × 2,07 m). Centre Georges-Pompidou, MNAM CCI, Paris. *Phot. © Centre de doc. photo. du MNAM/RMN. Adagp, Paris, 2003.*

**COMBES (Émile)** ♦ Homme politique français (Roquecourbe, Tarn 1835 - Pons, Charente-Maritime 1921). Docteur en théologie, il renonça à devenir prêtre, étudia la médecine et se lança dans la politique. Rallié au radicalisme, il fut successivement président du Sénat (1894 - 1895), ministre de l'Instruction publique (cabinet L. Bourgeois, 1895 - 1896) et président du Conseil après Waldeck-Rousseau (1902 - 1905). Sa politique anticléricale (loi de 1904 interdisant l'enseignement à tous les congréganistes), qui devait aboutir après lui, en déc. 1905, à la loi de séparation des Églises et de l'État, provoqua une rupture du gouvernement républicain avec le Saint-Siège (juil. 1904). Combes démissionna (janv. 1905) après l'affaire des fiches → **André (Louis).** ← **ÉTYM.** Ce nom de famille vient du gaulois *cumba* «vallée étroite et profonde».

**COMBIN (GRAND)** n. m. ♦ Sommet des Alpes suisses (Valais) au N.-E. du col du Grand-Saint-Bernard, dans le massif du Combin dominant la Vallée d'Aoste à 4 314 m d'altitude.

**COMBLANCHIEN** [21700] ← **ÉTYM.** anc. *Corblanchiaca [villa]* «domaine (bas lat. *curtis*) de Blanche (germ. *Blancane*)» ♦ Comm. de la Côte-d'Or, arr. de Beaune, aux confins de la côte de Nuits et de la côte de Beaune. 633 hab. Grand centre carrier (pierre calcaire dure extraite des falaises locales). Viticulture (côte-de-nuits-villages). ▮ **Histoire** La ville fut endommagée pendant la Deuxième Guerre mondiale.

**COMBLOUX** [74920] ← **ÉTYM.** du franco-prov. *comble* «sommet, tertre» et suff. *-oux* ♦ Comm. de Haute-Savoie, arr. de Bonneville. 1 976 hab. *(Comblorans)*. Station estivale et hivernale (1 000 - 1 870 m).

**COMBOURG** [35270] ← **ÉTYM.** p.-ê. de la langue d'oïl °*combour*, de *comburir* «brûler [brûlis, incendie]», avec attraction de *bourg* ♦ Ch.-l. de cant. de l'Ille-et-Vilaine, arr. de Saint-Malo. 4 850 hab. *(Combourgeois)*. Château féodal (XIe, XIVe et XVe s.) restauré au XIXe s. Il appartint à la famille Du Guesclin et fut acheté en 1761 par le père de R. de Chateaubriand qui a évoqué, dans les *Mémoires d'outre-tombe*, ses années de jeunesse à Combourg. La chambre de l'écrivain et l'ancienne salle des archives sont transformées en musée.

**Combourg.** Le château. *Phot. © E. Benard/Sunset*

**COMBRAILLES** ou **COMBRAILLE** n. f. ← **ÉTYM.** probablt «ensemble d'obstacles [pays d'accès difficile]», pl. du bas lat. *combros* «obstacles, barrages» et suff. *-alia* ♦ Région du Massif central (Auvergne) formée de plateaux cristallins. Élevage de bovins.

**COMBRAY** → **Illiers-Combray**

**COMBS-LA-VILLE** [kɔ̃b] [77380] ➝ ÉTYM. anc. *Cumbis*, du gaul. latinisé *cumba* «vallée encaissée» ♦ Comm. de la Seine-et-Marne, arr. de Melun, sur l'Yerres. 20 953 hab. *(Combs-la-Villais)*. Élément de la ville nouvelle de Sénart.

**CÔME** et **DAMIEN** (saints) ➝ ÉTYM. *Côme* du gr. *kosmos* «ordre, univers» [mais aussi «parure ; honneur»] ; *Damien*, du gr. *Damia*, surnom de la déesse Cybèle ou «soumettre» ♦ Médecins chrétiens d'origine arabe, martyrs en Syrie sous Dioclétien (287 ?). On montrait leur tombeau à Cyr. Leur culte se répandit dans tout l'Orient au Vᵉ s. ▪ Fête le 26 sept.

**CÔME** ➝ ÉTYM. en it. ***Como*** ; p.-ê. du celt. *cumba* «vallée» ♦ V. d'Italie, en Lombardie, ch.-l. de prov., à l'extrémité S.-O. du lac du même nom. 78 680 hab. Cathédrale du XIVᵉ s. ; églises romanes ; palais (XIIIᵉ s.). ▪ Indus. textile (soie) de renommée mondiale. Station touristique. ▮ **Histoire** Anc. castrum romain, la ville fut détruite par les Milanais en 1127. Relevée par Frédéric Barberousse, elle se développa sous l'Empire, passa aux Visconti et partagea le sort du duché de Milan.

**CÔME** (lac de) ♦ Lac italien des Alpes, en Lombardie, orienté N.-S. 146 km² (alt. 199 m). Traversé par l'Adda*, il se sépare en deux branches. ▪ Importante activité touristique.

**Comecon** n. m. – en russe ***SEV*** ♦ Acronyme de Council for Mutual Economic Assistance (Conseil d'assistance économique mutuelle, CAEM). Organisation créée en 1949, à Moscou, entre les pays socialistes d'Europe orientale. Constitué pour favoriser les échanges économiques multilatéraux et la coopération technique et scientifique, le Comecon comprenait l'URSS, la Bulgarie, la Hongrie, la Mongolie, la République démocratique allemande, la Pologne, la Roumanie, la Tchécoslovaquie, Cuba et le Viêtnam. L'Albanie en a fait partie jusqu'en 1961. Le Comecon a été dissous à Budapest en 1991.

**Comédie-Française** ♦ Coopérative de comédiens français, hiérarchisée entre «sociétaires» et «pensionnaires». Née en 1680 à Paris, par ordre de Louis XIV, de la jonction des troupes de l'Hôtel Guénegaud (ancienne troupe de Molière*) et de l'Hôtel de Bourgogne, elle fut dissoute en 1792 puis réorganisée en 1812, année de son installation au Théâtre-Français (actuelle salle Richelieu). Elle se définit comme la seule troupe permanente de France au service d'un répertoire, joué en alternance, et dont le monopole fut aboli en 1790. La réouverture du Théâtre du Vieux-Colombier en 1993, puis l'inauguration du Studio-Théâtre, en 1996, portent à trois le nombre de salles exploitées par la société.

La **Comédie humaine** ♦ Titre général donné (en 1841) par Balzac à son œuvre romanesque, par opposition à *La Divine Comédie* de Dante, pour souligner l'unité d'intention et d'intérêt entre les 95 romans ou nouvelles, parus de 1830 à sa mort, auxquels devaient s'ajouter 48 ouvrages ébauchés ou prévus. Ayant pour ambition de «donner la vie et le mouvement à tout un monde fictif,... à une société tout entière dans (sa) tête» et qui pourtant peint la réalité sociale et en dégage les «principes naturels», Balzac répartit ses œuvres suivant une classification rigide qui permet de donner corps à son ambition *(Avant-propos)*. Les *Études de mœurs* sont distribuées en *Scènes de la vie privée* (*Le Colonel* Chabert*, 1832 ; *Le Père* Goriot*, 1834 - 1835, etc.), *Scènes de la vie de campagne* (*Le Médecin* de campagne*, 1833 ; *Le Lys* dans la vallée*, 1835, etc.), *Scènes de la vie de province* (*Eugénie* Grandet*, 1833 ; *Illusions* perdues*, 1837 - 1843, etc.), *Scènes de la vie parisienne* (*César* Birotteau*, 1837 ; *La Cousine* Bette*, 1846 ; *Le Cousin* Pons*, 1847, etc.), *Scènes de la vie politique* et *Scènes de la vie militaire* ; quelques *Études analytiques* et surtout les *Études philosophiques* (*La Peau* de chagrin*, 1831 ; *La Recherche* de l'absolu*, 1834 ; *Séraphîta*, 1835, et *Louis Lambert*, 1832, romans mystiques, placés sous l'invocation de Swedenborg*) complètent cet immense édifice. Trois éléments permettent de caractériser *La Comédie humaine* : le sens de l'observation, l'imagination et la construction. Le sens de l'observation donne à l'ensemble de l'œuvre un aspect historique et met en place une analyse de la société dont Balzac se dit le «secrétaire». Il ne s'agit pas de dénoncer telle injustice, mais de montrer l'importance de certains rouages, et plus particulièrement la prédominance de l'argent dans toutes les décisions humaines (*Un homme d'affaires*, 1845) et celle de l'individu dans l'organisation sociale. L'imagination permet à Balzac de jouer sur plusieurs registres. Trop hâtivement qualifié de réaliste, l'écrivain, qui a reconnu sa dette envers E. T. A. Hoffmann*, n'oublie pas les effets de la littérature fantastique. La réalité étant mystérieuse, le fantastique en dégage souvent les valeurs les plus inattendues (*La Peau de chagrin*, 1831 ; *Le Chef*-d'œuvre inconnu*, 1831). La construction, enfin, est sans doute la pierre de touche de l'édifice balzacien. Le principe du retour des personnages d'une œuvre à l'autre, que Balzac conçut dès 1833, est un véritable coup de génie. L'individu n'est plus un reflet du monde mais son analogie pure et simple ; en réapparaissant régulièrement, il peut incarner tous les comportements susceptibles d'affiner le tableau de la société. Mais ces trois caractéristiques seraient restées lettre morte si elles n'avaient été mises en valeur par un sens aigu de la narration. Conteur avant tout, Balzac a sans doute créé la fable la plus importante du XIXᵉ s. et son influence, encore aujourd'hui, est perceptible dans toute réflexion sur le romanesque. ➝ **Balzac (Honoré de), César Birotteau, Chef-d'œuvre inconnu (Le), Chouans (Les), Colonel Chabert (Le), Cousine Bette (La), Cousin Pons (Le), Eugénie Grandet, Femme de trente ans (La), Illusions perdues, Lys dans la vallée (Le), Médecin de campagne (Le), Paysans (Les), Peau de chagrin (La), Père Goriot (Le), Physiologie du mariage (La), Recherche de l'absolu (La), Splendeurs et Misères des courtisanes.**

**Comédie-Italienne** ♦ Nom donné à plusieurs troupes italiennes de commedia* dell'arte accueillies en France dès le milieu du XVIᵉ s., et qui y connurent le succès jusqu'à la fin du XVIIIᵉ s. Leurs comédiens formèrent un foyer de rénovation du théâtre français, influençant ceux de l'Hôtel de Bourgogne où ils s'établirent après la fondation de la Comédie-Française en 1680. Expulsés en 1697, les Italiens formèrent une nouvelle troupe en 1716. Abandonnant peu à peu le principe d'improvisation de la commedia dell'arte, celle-ci rivalisa avec la Comédie-Française, interprétant en français des comédies, des œuvres satiriques, Marivaux* et Lesage. Devenue la concurrente de l'Opéra après sa fusion avec l'Opéra-Comique (1762), la Comédie-Italienne fut définitivement chassée de France en 1779. ➝ **commedia dell'arte.**

**Comédies et Proverbes** ♦ Titre sous lequel furent réunies, en 1840 et 1853, les principales pièces d'Alfred de Musset*. Écrites après l'échec de *La Nuit vénitienne* (1831), elles comprennent notamment *Les Caprices* de Marianne* (1833), *Fantasio*, On* ne badine pas avec l'amour*, *Lorenzaccio** (1834), *Il* ne faut jurer de rien* (1836), *Un caprice* (1837) et *Il faut qu'une porte soit ouverte ou fermée* (1845).

**COMENCINI (Luigi)** ♦ Cinéaste italien (Salo, prov. de Brescia 1916 - Rome 2007). D'abord critique cinématographique, il tourna un premier film en 1948, *De nouveaux hommes sont nés*, où se manifestait déjà son attachement à l'enfance, délinquante ou meurtrie. Ce fut le thème dominant de son œuvre : *Tu es mon fils* (1956), *L'Incompris* (1966), *Casanova, un adolescent à Venise* (1969), *Les Aventures de Pinocchio* (1972), *Eugenio* (1980), *Cuore* (1985). Ses comédies firent montre d'une légèreté grinçante : *L'Argent de la vieille* (1972), *Le Grand Embouteillage* (1979). *La Storia* (1986) est tirée du roman d'Elsa Morante.

**COMENIUS (Jan Amos KOMENSKÝ,** latinisé en) ♦ Écrivain et humaniste tchèque (Uherský Brod, Moravie 1592 - Amsterdam 1670). Fils d'un pasteur de l'Unité des frères tchèques, Église issue d'une scission avec les hussites* et attachée à une théologie de la vie intérieure, Comenius fit des études en Moravie et en Allemagne, devint professeur, puis prêtre et fut le dernier évêque de l'Unité ; en effet, après la bataille de la Montagne-Blanche (1620), qui vit la victoire du camp catholique, il fut contraint à l'exil, comme nombre de ses compatriotes. Il écrivit alors *Le Labyrinthe du monde et le Paradis du cœur* (1621), récit allégorique s'achevant en traité mystique. Exilé en Pologne, il rédigea un manuel *La Porte ouverte sur les langues* (1631), qui lui assura dans toute l'Europe une réputation de réformateur de la pédagogie, confirmée avec l'*Orbis pictus* (1654) et *La Grande Didactique* (1657). Occupé alternativement à la défense de ses coreligionnaires et à des projets œcuméniques, il déploya en marge de son œuvre une intense activité diplomatique qui le mena en Angleterre, en Suède, en Hongrie et surtout aux Provinces-Unies, où il s'établit. Héritier de l'humanisme encore universaliste de la Renaissance, mais déjà traversé par l'inquiétude du baroque, il offre une synthèse de curiosité scientifique, de ferveur religieuse et de génie littéraire. ➝ ÉTYM. Ce nom vient probablement du tchèque *komenty* «commentaire, explication».

**COMINES** [59560] ♦ Comm. du Nord, arr. de Lille, sur la Lys, à la frontière belge. 11 952 hab. (aggl. 20 397) *(Cominois)*.

**COMINES-WARNETON** – en néerl. ***Komen-Waasten*** ♦ V. de Belgique (Région wallonne), prov. de Hainaut, arr. de Mouscron, enclave sur la rive g. de la Lys entre la France et la Région flamande (comm. à minorité néerlandophone protégée). 17 544 hab. ▪ Indus. diversifiées. Musée de la Rubanerie. ▮ **Histoire** La ville est séparée de Comines* (France) depuis 1713. Comines et Warneton ont été reconstruites après la Première Guerre mondiale.

**Comité de salut public** ♦ Organisme créé sous la Convention le 6 avr. 1793 pour remplacer le Comité de défense générale. Constitué sous l'impulsion de Danton, il était composé de neuf membres (dont Danton*, Cambon*, Barère* de Viensac, Bréard, Lindet) et chargé de prendre dans les circonstances urgentes des mesures de défense générale intérieure et extérieure. Reconstitué en juil. 1793, après l'élimination des chefs de la Gironde, il eut, avec le Comité* de sûreté générale, avec lequel il entra en conflit (avr. - mai 1794), des pouvoirs de plus en plus importants et étendus et exerça un pouvoir dictatorial révolutionnaire jusqu'en juil. 1794. Robespierre*, Couthon* et Saint*-Just (le triumvirat) y étaient chargés de la politique générale ; Billaud*-Varenne et Collot* d'Herbois, de la politique intérieure ; Barère* de Vieusac, de la diplomatie ; L. N. M. Carnot* et Prieur* de la Côte-d'Or, de la guerre et des fabrications ; Lindet*, des subsistances ; Prieur* de la Marne et Jean* Bon Saint-André, de la marine. Le Conseil exécutif, constitué de six ministres, n'eut plus qu'un rôle très restreint et fut même supprimé en avr. 1794. Après la chute de Robespierre (9 - 10 Thermidor*, 27 - 28 juil. 1794), les pouvoirs du Comité de salut public furent réduits à la diplomatie et aux affaires militaires ; il fut supprimé en 1795.

**Comité de sûreté générale** ♦ Organisme révolutionnaire créé sous la Convention le 2 oct. 1792, il fut constitué essentiellement de députés montagnards (Amar, Basire, le peintre David, Le Bas, Legendre*, Tallien, Vadier*) chargés d'appliquer les mesures contre les suspects. Après l'élimination des girondins (juin 1793), ce Comité devint le véritable «ministère de la Terreur», s'occupant de «tout ce qui est relatif aux personnes et à la police générale et intérieure». Toutefois, dès le printemps 1794, un conflit opposa la plupart de ses membres à ceux du Comité* de salut public, dominé par Robespierre, Couthon, Saint-Just, conflit qui aboutit finalement au 9 Thermidor* (27 juil. 1794). Le Comité de sûreté générale fut supprimé sous le Directoire.

**Comité français de libération nationale** [CFLN] ♦ Fusion réalisée le 3 juin 1943 entre les gouvernements français d'Alger (général Giraud*) et de Londres (général de Gaulle*). Dès oct. 1943, le général Giraud fut éliminé de la présidence du comité en faveur du général de Gaulle avec qui il la partageait initialement. Créé afin de «diriger l'effort français dans la guerre sous toutes ses formes», ce comité, assisté à partir de sept. 1943 d'une Assemblée* consultative provisoire, réussit à imposer son autorité en France par l'intermédiaire du Conseil national de la Résistance et, le 2 juin 1944, devint le Gouvernement* provisoire de la République française (reconnu peu après par les gouvernements alliés anglo-saxons).

**Comités de surveillance** ou **Comités révolutionnaires** ♦ Organismes constitués par la Convention (mars 1793) pour seconder les représentants nationaux en mission. Leurs membres furent chargés de surveiller et d'arrêter les suspects, de délivrer aux citoyens les certificats de civisme. Ces comités furent un des principaux instruments de la Terreur* ; ils furent supprimés après le 9 Thermidor (27 juil. 1794).

**COMMAGÈNE** n. f. – en gr. ***Kommagênê*** ♦ Anc. province de l'empire séleucide, sur l'Anti-Taurus, au N. de la Syrie et de l'Euphrate, ayant pour capitale Samosate. En –162, son gouverneur Ptolémée en fit un royaume indépendant. À la suite de l'expédition de Pompée en Orient, elle devint un royaume «ami» de Rome, c'est-à-dire un protectorat (–64). Annexée en 17, elle redevint indépendante par la volonté de Caligula (38), mais fut partagée entre les provinces de Cilicie et de Syrie en 72.

**COMMANDEUR** (îles du) ♦ Archipel russe situé au S. de la mer de Béring, entre la presqu'île de Kamtchatka à l'O. et les îles Aléoutiennes à l'E. 1 848 km². → **Béring.**

**commedia dell'arte**

n. f. ♦ Genre théâtral originaire d'Italie (milieu du XVIe s. - fin du XVIIIe s.) et dont le nom signifie «comédie jouée par des gens de métier *(arte)*, par des professionnels». Fondée sur l'improvisation à partir d'un canevas, sur l'usage du masque et l'utilisation de techniques acrobatiques, la commedia dell'arte a créé une vaste galerie de personnages de convention. Chacun, reconnaissable à son costume et à sa silhouette, est l'incarnation d'un vice ou d'un ridicule humain : Arlecchino (→ **Arlequin**), Pedrolino (→ **Pierrot**), Scaramuccia (→ **Scaramouche**), il dottore (le Docteur), Pantalone (→ **Pantalon**), Brighella, Truffaldin, Beltrame, Mezzetin, le Capitan. Pour les trames sentimentales, les femmes apparaissent sans masque (Colombine, Isabelle, Silvia). → **Comédie-Italienne.**

**Comme il vous plaira** – en angl. ***As You Like It*** ♦ Comédie en 5 actes de Shakespeare* (1599). Inspirée d'un roman de Thomas Lodge, *Rosalynde* (1590), dont le sujet lui-même est emprunté à un récit attribué à Chaucer. Banni par un frère malfaisant, un vieux duc a trouvé refuge dans la forêt d'Ardenne en compagnie de sa fille Rosalinde. C'est en ce lieu de poésie et de vérité, propice à tous les enchantements, qu'ils auront la révélation de la sagesse et du bonheur.

**Commentaires** ♦ Mémoires historiques de Jules César* *Sur la guerre des Gaules* et *Sur la guerre civile*. Le premier de ces ouvrages retrace en 8 livres (le dernier est l'œuvre de Hirtius) la guerre des Gaules jusqu'à la reddition de Vercingétorix à Alésia. Le deuxième comporte 3 livres sur la guerre civile jusqu'à la mort de Pompée*.

**COMMENTRY** [03600] ➝ ÉTYM. anc. *Commentriacus*, p.-ê. du lat. *commentarius* «geôlier, chancelier», devenu n. de pers., et suff. *-acum* ♦ Ch.-l. de cant. de l'Allier, arr. de Montluçon. 7 204 hab. (aggl. 8 018) *(Commentryens)*. Anc. centre houiller. Sidérurgie. Indus. chimique (pharmacie, aliments du bétail). Pépinières.

**COMMERCY** [55200] ➝ ÉTYM. anc. *Commerciacum*, du gaul. *Comartius*, n. de pers., et suff. *-acum* ♦ Ch.-l. d'arr. de la Meuse, sur la Meuse. 6 324 hab. *(Commerciens)*. Château (XVIIIe s., édifié sur des soubassements médiévaux), ayant appartenu au cardinal de Retz puis à Stanislas Leszczyński qui y reçut Voltaire. ▪ Régiment d'artillerie. Sidérurgie. Spécialité de pâtisserie (madeleines).

**COMMERSON (Philibert)** ♦ Naturaliste et voyageur français (Châtillon-les-Dombes 1727 - île de France 1773). Il participa comme naturaliste à l'expédition autour du monde de Bougainville* et en rapporta de nombreuses collections et des dessins.

**COMMINGES** n. m. ➝ ÉTYM. anc. *pagus Convenicus* (occit. *Comenge*), de *Convenae*, n. de peuple, «immigrants, métèques, étrangers» ♦ Région des Pyrénées centrales recouvrant en partie les dép. de l'Ariège, de la Haute-Garonne, du Gers, des Hautes-Pyrénées. Pays montagnard et forestier. Tourisme local (Bagnères-de-Luchon). ▮ **Histoire** Anc. pays de France, dont la capitale, Saint-Bertrand-de-Comminges, devint le siège d'un évêché du VIe s. à 1789. Comté (Xe s.) appartenant au duché d'Aquitaine, il fut rattaché à la Couronne en 1454.

**Commissariat à l'énergie atomique** [CEA] ♦ Établissement public de recherche et de développement à vocation scientifique, technique et industrielle, fondé en 1945. Il est doté de la personnalité civile ainsi que de l'autonomie administrative et financière. Ses activités, dont l'objectif est le développement de la recherche destinée à promouvoir l'énergie atomique, sont régies par six directions opérationnelles (applications militaires, cycle du combustible, réacteurs nucléaires, sciences de la matière, sciences du vivant, technologies avancées). Il comprend également l'Institut de protection et de sûreté nucléaires, l'Institut national des sciences et techniques nucléaires et l'Agence nationale pour la gestion des déchets radioactifs (Andra).

**Commission des opérations de Bourse** [COB] ♦ Organisme public créé en 1967. Composé de cinq membres nommés pour 4 ans par le gouvernement, il est chargé de trois missions principales : surveillance du fonctionnement du marché boursier, contrôle de l'information publiée par les sociétés, notamment lors d'une OPA, et admission des titres à la cote.

**Commission du Luxembourg** ou **Commission des travailleurs** ♦ Organisme administratif créé après la révolution* de février 1848. Elle siégea au palais du Luxembourg sous la direction de Louis Blanc*, qui souhaitait en faire un véritable «parlement du travail», et la vice-présidence d'Albert. Elle fit adopter la journée de 10 heures à Paris, de 12 heures en province (2 mars). Elle fut dissoute à la suite de l'insurrection du 15 mai 1848.

**COMMODE** ➝ ÉTYM. en lat. ***Lucius Aelius Aurelius Commodus*** «bon, convenable, approprié», de *cum* «avec» et *modus* «mesure» ♦ (Lanuvium 161 - Rome 192). Empereur romain (180 - 192). Fils de Marc* Aurèle, il fut associé à l'Empire par son père après la mort de Lucius Verus* et proclamé empereur en 180. Personnage paresseux, grossier et cruel, d'une taille et d'une force extraordinaires, il se livra à une débauche effrénée et ses actes de barbarie firent évoquer le souvenir de Caligula*. Souverain autocrate, avide de régner avec une puissance absolue, il fit débaptiser Rome qui fut refondée comme *Colonia commodiana* et obtint du Sénat d'être reconnu comme dieu, Hercule vivant. Les désordres qu'engendrait la désorganisation de l'empire se multipliaient : peste, incendie de Rome, guerre des déserteurs. Un dernier complot mit fin à ce règne désastreux : l'empereur fut étranglé sur l'ordre de sa maîtresse Marcia.

**COMMODIEN DE GAZA** – en lat. ***Commodianus Gazeus*** ♦ Poète latin chrétien (IVe s. - Ve s.) auteur des *Instructiones* (80 poèmes acrostiches) et du *Carmen apologeticum* (1 060 vers).

**COMMONS (John Rogers)** ♦ Économiste américain (Hollandsburg, Darks County 1862 - Fort Lauderdale 1945). Représentant des économistes «institutionnalistes» (→ **Veblen**) et partisan d'un socialisme réformiste, il contribua à la réforme de la législation dans le Wisconsin. Auteur d'un ouvrage intitulé *Institutional Economics* (1934), il publia en collaboration une histoire de la société industrielle, *A Documentary History of American Industrial Society* (1910 - 1911), et une histoire du travail aux États-Unis, *History of Labour in the United States* (1918 - 1935).

**Commonwealth** n. m. ♦ Terme utilisé en Grande-Bretagne au XVIIe s. pour désigner l'organisation politique de l'État *(Res publica)*. ♦ ***Commonwealth of Australia*** Fédération des États australiens (1900) → **Australie.** ♦ ***Commonwealth of Nations*** Fédération d'États souverains issus de l'ancien Empire britannique (1931), placés encore officiellement mais librement sous l'allégeance de la monarchie du Royaume-Uni. Le Commonwealth est une alliance plus morale que juridique de pays qui ont subi, à travers la colonisation, l'influence de la civilisation britannique. États membres : Royaume-Uni de Grande-Bretagne et d'Irlande du Nord, Malte, Chypre, Canada, Jamaïque, Trinité-et-Tobago, Guyana, La Barbade, Bahamas, Grenade, Dominique, Sainte-Lucie, Antigua-et-Barbuda, Belize, Saint-Kitts-et-Nevis, Saint-Vincent-et-les-Grenadines, Nigeria, Tanzanie,

Kenya, Ouganda, Ghana, Malawi, Zambie, Sierra Leone, Lesotho, Maurice, Botswana, Seychelles, Swaziland, Gambie, Zimbabwe (suspension en 2002, retrait en 2003), Namibie, Inde, Bangladesh, Pakistan (réintégré en 1989), Sri Lanka, Maldives, Malaisie, Singapour, Brunei, Australie, Nouvelle-Zélande, Papouasie-Nouvelle-Guinée, Samoa, Tonga, Nauru, Kiribati, Tuvalu, îles Salomon, Vanuatu, Afrique du Sud (réintégrée en 1994), Mozambique, Cameroun, Fidji (suspendues depuis 2006), Rwanda (depuis 2009).

**Communauté** n. f. ♦ Association créée par la Constitution de la Ve République (1958) et groupant la République française, les départements et les territoires d'outre-mer et divers États d'Afrique, autrefois sous administration française (→ **Afrique**). La Communauté eut une existence brève jusqu'en 1960, date où presque tous les États en sortirent pour accéder à l'indépendance complète, restant néanmoins liés à la France par des accords de coopération.

**Communauté économique des États de l'Afrique de l'Ouest** → CEDEAO

**Communauté des États indépendants** [CEI] – en russe ***Sodroujestvo Nezavissimykh Gossoudarstv*** [SNG] ♦ Communauté constituée lors de la dissolution de l'URSS*. Aux 3 États initiateurs (Biélorussie, Russie, Ukraine, traité de Minsk du 8 déc. 1991) se joignirent (traité d'Alma-Ata, 21 déc. 1991) 7 autres ex-républiques fédérées (Arménie, Kazakhstan, Kirghizstan, Moldavie, Ouzbékistan, Tadjikistan et Turkménistan). L'Azerbaïdjan, signataire initial, s'en retira en 1992 et la réintégra en 1993. La Géorgie n'y adhéra qu'en 1993, quitta le conseil de la Défense en 2006 et se retira complètement en 2008 après l'intervention militaire de la Russie sur son territoire ; le Turkménistan n'est plus que membre associé depuis 2005 ; les pays baltes n'adhérèrent pas. Ne comportant pas d'institutions centralisées, la CEI n'est qu'un organe de concertation en matière de défense et d'échanges économiques.

**Communauté économique européenne** [CEE] ou **Marché commun** ♦ Institution créée par le traité de Rome (25 mars 1957) et comprenant initialement l'Allemagne (République fédérale), la Belgique, la France, l'Italie, le Luxembourg et les Pays-Bas (l'« Europe des Six ») auxquels se sont joints le Danemark, la Grande-Bretagne et l'Irlande en 1973, la Grèce en 1981, l'Espagne et le Portugal en 1986. Elle devait à la fois établir une union douanière en réalisant la libre circulation des marchandises et mettre en œuvre une politique commune dans les domaines économique et financier. Son action aboutit en 1993 à la réalisation du grand marché unique européen (Acte unique signé en 1986), à la mise en place d'un processus d'Union économique et monétaire (traité de Maastricht*, 7 fév. 1992), qui a transformé au 1er nov. 1993 la CEE en Union* européenne, ainsi qu'à la constitution avec les pays membres de l'Association européenne de libre-échange (AELE), d'un Espace économique européen. ♦ ***Communautés européennes*** → Europe.

**Communauté européenne de l'énergie atomique** → Euratom

**Communauté européenne du charbon et de l'acier** [CECA] ♦ Institution élaborée par Jean Monnet* et créée par le traité de Paris en 1951, en vue de l'établissement d'un marché commun du charbon et de l'acier en Europe. Elle comprenait l'Allemagne* fédérale, la Belgique*, la France*, l'Italie*, le Luxembourg* et les Pays*-Bas. La CECA a dû faire face à une crise causée par la production mondiale excédentaire de charbon et d'acier. Elle a fusionné avec la CEE en 1967.

**Commune de Paris** ♦ Gouvernement révolutionnaire de Paris (1789 - 1795). Installée à l'Hôtel de Ville après la prise de la Bastille* (14 juil. 1789), la Commune se donna pour maire Bailly*, remplacé par Pétion* de Villeneuve en nov. 1791, à la suite de l'affaire du Champ*-de-Mars. En 1790, les citoyens actifs des 48 sections de la ville élirent un organisme régulier : le Conseil général de la Commune. Dans la nuit du 9 au 10 août 1792, une *Commune insurrectionnelle*, formée par 82 commissaires désignés avec la participation des citoyens passifs, prit la place de la Commune légale. → **août 1792 (journée du 10)**. La plupart des girondins en furent éliminés. Pétion fut remplacé par Chambon de Montaux (24 févr. 1793) auquel succédèrent Pache* puis Fleuriot-Lescot. Constituée essentiellement d'extrémistes, qui dirigeaient le mouvement des sans-culottes (les hébertistes*, Chaumette*, Hébert*, Réal*), elle devint un des organes principaux du gouvernement, étendit son pouvoir dans les départements, où la crainte d'une dictature parisienne suscita le développement d'un mouvement fédéraliste. → **fédéraliste (Insurrection)**. Après avoir contribué à l'institution d'un Tribunal criminel extraordinaire (17 août), la Commune insurrectionnelle prit une part active aux massacres de septembre* 1792, puis aux journées insurrectionnelles des 31 mai et 2 juin 1793 qui aboutirent à la proscription des girondins, aux journées des 4 et 5 sep. 1793, à la suite desquelles la Convention fut obligée de mettre la Terreur à l'ordre du jour (loi sur les suspects du 17 sept.) et de voter le décret sur le maximum général (29 sept.). Elle participa enfin activement au mouvement de déchristianisation. Toutefois, dès la fin de 1793, elle était supplantée par le Comité* de salut public, dominé par Robespierre, Couthon et Saint-Just. Affaiblie par l'élimination des hébertistes (mars 1794), la Commune tenta en vain de s'insurger le 9 Thermidor* an II (27 juil. 1794) pour sauver Robespierre. Sous la Convention thermidorienne, elle fut remplacée par deux commissions, administrative et financière, et la Constitution de l'an III (1795) divisa Paris en 12 municipalités distinctes (coordonnées par un bureau central).

**Commune (la)** ♦ Gouvernement révolutionnaire formé à Paris et dans plusieurs villes de province après le 3 mars 1871. Les échecs successifs infligés par les Prussiens à l'armée française, le siège de Paris et l'incapacité du gouvernement de la Défense nationale à contrôler la situation militaire, économique et politique favorisèrent le développement des forces révolutionnaires hostiles à la capitulation et souhaitant l'instauration d'une Commune insurrectionnelle. Après la signature de l'armistice (28 - 29 janv. 1871) et le transfert de l'Assemblée à Versailles (10 mars), Thiers décida de

La **Commune.** Les communards devant la colonne de la place Vendôme, qu'ils viennent d'abattre, le 16 mai 1871. *Phot. © Bhvp/Roger-Viollet*

## communisme

n. m. ♦ Idéologie et mouvement politique préconisant la mise en commun des moyens de production. **Les origines** Si l'on a pu parler de communisme primitif au sujet des pratiques communautaires des Indiens d'Amérique, ou du communisme de Platon* en raison du système collectiviste préconisé dans *La République** ou bien encore de l'idéal communiste de différents mouvements populaires (anabaptistes* et guerre des Paysans* en Allemagne, niveleurs en Angleterre), c'est avec le siècle des Lumières et la Révolution française que le communisme tend à se constituer en une véritable doctrine, fondée sur la critique de la propriété, et qu'apparaît un nouveau type d'organisation révolutionnaire (→ **Égaux (conjuration des)**) dont l'influence sera grande sur les partis communistes du XX^e^ s. Durant la première moitié du XIX^e^ s., ce double héritage théorique et pratique se perpétua à travers les expériences communautaires d'Owen* et de Cabet* et les tentatives d'insurrections menées par Blanqui*. **Le marxisme** En théorisant les conditions de passage réelles vers le communisme et en les liant à l'évolution de la lutte des classes dans les pays occidentaux, Marx* et Engels* adaptèrent ainsi ce qui ne semblait être qu'une utopie aux besoins et à la pratique du mouvement ouvrier, permettant du même coup l'essor de la doctrine et de l'organisation politique (→ **marxisme**). Le marxisme insista également sur la nécessité d'une étape de transition, au lendemain de la conquête du pouvoir, qu'il est convenu d'appeler socialisme et où le principe est «à chacun selon son travail», à laquelle succédera le communisme où la règle sera «à chacun selon ses besoins». L'émergence d'un fort courant réformiste entre 1880 et 1914 parmi les différents partis socialistes, la faillite de la II^e^ Internationale et le ralliement de la plupart des socialistes aux politiques de défense nationale et d'union sacrée durant la guerre conduisirent les éléments les plus révolutionnaires à créer, à partir de 1919, de nouveaux partis sur le modèle du parti bolchevik* fondé par Lénine*, et qui venait de prendre le pouvoir en Russie (→ **révolution d'octobre 1917**). **La III^e^ Internationale** Dans la perspective d'une prochaine révolution en Europe, ces nouveaux partis hostiles au réformisme et nés des scissions au sein des partis socialistes choisirent de s'appeler communistes, se réclamèrent du marxisme et adhérèrent à la III^e^ Internationale, fondée à Moscou en 1919. Jouant un rôle essentiel dans la naissance et la structuration de ces partis en organisations centralisées, la III^e^ Internationale, qui se voulait le parti mondial des travailleurs, et derrière elle le PC d'URSS eurent une influence considérable durant l'entre-deux-guerres sur la ligne politique des différents PC. Après l'éloignement de la perspective révolutionnaire en Allemagne (→ **Spartakus**), en Hongrie (→ **Kun (Béla)**) ou bien encore en Italie, où le PC, dirigé par Amadeo Bordiga et Antonio Gramsci*, fut victime du fascisme, l'Internationale entendit développer le mouvement de libération des peuples opprimés dans les colonies. Des PC se constituèrent alors au Viêtnam avec Hồ* Chí Minh ou en Chine avec Mao* Zedong, mais l'échec du rapprochement avec les nationalistes retarda pour un temps l'essor du communisme dans ces pays. En Europe, la défense de l'URSS et l'organisation de partis très disciplinés («bolchévisation» des partis à partir de 1924 et nombreuses exclusions) furent les principaux soucis de la III^e^ Internationale dont la ligne politique évolua au rythme de la politique étrangère de l'Union soviétique. Au front unique prévoyant l'alliance sur le terrain avec les sociaux-démocrates succéda, à partir de 1928, la tactique du «classe contre classe», dirigée en partie contre les «sociaux-traîtres». La montée du danger fasciste et les leçons de l'expérience allemande, où le PC dirigé par E. Thälmann*, par hostilité envers les sociaux-démocrates (qui avaient écrasé le mouvement spartakiste), fut incapable de barrer la route au nazisme, incitèrent la III^e^ Internationale et les différents PC à prôner en 1934 la stratégie des fronts populaires, en particulier en France, à l'instigation de M. Thorez*, et en Espagne. **La Deuxième Guerre mondiale** Durant la Deuxième Guerre mondiale les communistes prirent une part importante aux mouvements de la Résistance*. Abandonnant leurs mots d'ordre révolutionnaires, ils mirent en avant, dans chaque pays, la lutte pour la libération nationale contre l'occupant et constituèrent, avec d'autres partis et mouvements, des fronts nationaux. À la Libération, grâce à leur action contre les nazis et au rôle joué par l'URSS dans la guerre, le mouvement communiste connut alors son plein essor. Des communistes participèrent au gouvernement en Belgique, en France, en Italie ; d'autres prirent le pouvoir en Europe de l'Est et formèrent des «démocraties populaires» (Bulgarie*, Tchécoslovaquie*, Roumanie*, Pologne*, Allemagne* de l'Est, Hongrie*), qui devinrent de véritables satellites de l'URSS, où régnait alors Staline* en maître absolu, tandis que dans le tiers-monde la victoire de Mao en Chine (1949) semblait traduire une montée irrésistible du communisme. **La guerre froide et la déstalinisation** Mais la réaction des États-Unis et des pays occidentaux, regroupés au sein de l'Otan, qui firent échouer les tentatives communistes en Grèce et en Iran et provoquèrent le retour des PC d'Europe de l'Ouest dans l'opposition, ainsi que les débuts de la guerre froide, donnèrent un coup d'arrêt, notamment en Corée*, à cet essor. Dès 1948, des divergences apparurent à l'intérieur même du mouvement communiste, entraînant l'exclusion puis l'isolement de la Yougoslavie* dirigée par Tito*, coupable d'une trop grande indépendance envers Moscou. À partir de 1956, la remise en cause, sous la direction de Khrouchtchev*, des théories et des pratiques staliniennes permit certes une réconciliation avec la Yougoslavie et un certain changement dans les programmes des PC occidentaux, mais ne put empêcher la rupture entre l'URSS d'une part et l'Albanie et la Chine de l'autre. Cette dernière développa alors une conception maoïste du communisme (fondée en particulier sur l'importance du rôle des campagnes dans le processus révolutionnaire), dont se réclamèrent les partis indien et cambodgien. **L'eurocommunisme** Dans les pays occidentaux, face aux limites de la déstalinisation apparues avec l'intervention soviétique en Hongrie (1956) et en Tchécoslovaquie (1968), les partis italien, sous l'impulsion de E. Berlinguer*, français et espagnol élaborèrent une voie originale de passage au socialisme, l'eurocommunisme, qui insistait sur la notion de démocratie et prenait ses distances avec l'URSS, ce qui entraîna sa condamnation par Brejnev* en 1977. **Les années 1980** Mais malgré toutes ces divergences, au début des années 1980, le communisme apparaissait solidement implanté dans de nombreux pays en Asie (Mongolie*, Chine*, Afghanistan*, Corée* du Nord, Cambodge*, Laos*, Viêtnam*), en Afrique (Angola*, Éthiopie*, Bénin*, Mozambique*) et en Amérique centrale (Cuba*) et restait perçu comme une menace par les pays se réclamant du libéralisme et de la démocratie parlementaire. **Les réformes en URSS** Pourtant, masquée jusqu'alors, mais aggravée par la course aux armements à laquelle se livraient les deux blocs, la faillite de l'économie socialiste, due en grande partie au poids énorme de la bureaucratie paralysant l'appareil de production et à la subordination de l'économique aux décisions politiques, entraîna une évolution rapide de la situation et contraignit Gorbatchev*, arrivé au pouvoir en URSS en 1985, à entreprendre des réformes. À cela s'ajoutait également une faillite politique du régime, se manifestant par l'absence de vie démocratique, l'interdiction de toute opposition et une dépolitisation en profondeur de la population. Gorbatchev introduisit alors des éléments de démocratie et admit que les pays socialistes pouvaient quitter le «camp socialiste». **Les partis communistes dans le monde depuis 1991** En 1991, tous les partis communistes en Europe centrale et orientale, après avoir renoncé au monopole du pouvoir, furent battus lors des premières élections libres. En Russie, après l'éclatement de l'URSS, Eltsine* succéda à Gorbatchev et le parti communiste fut mis hors la loi pendant un temps. Mais le PC est resté une force remportant ainsi les élections législatives en 1995. De même en Europe de l'Est, d'anciens partis et cadres communistes, devenus sociaux-démocrates, ont conservé un rôle politique important. En Asie et à Cuba, le communisme conserve une force certaine. Des mouvements se réclamant du communisme demeurent actifs dans différents pays ; certains sont violents comme le Sentier* lumineux d'inspiration maoïste au Pérou* ou le parti communiste kurde en Turquie*, tandis que dans les pays occidentaux les différents partis communistes, atteints par cette faillite idéologique, connaissent un déclin certain ou s'imposent d'importantes transformations. Ainsi certains préfèrent changer de nom (Italie) et remettent en question leurs principes doctrinaux (dictature du prolétariat) ou organisationnels (centralisme démocratique), notamment en France, sans qu'il soit possible de dire si ces changements permettront l'arrêt du déclin, ni même si les PC ainsi transformés demeurent encore de véritables partis communistes.

---

récupérer les canons regroupés à Montmartre et d'occuper militairement Paris (18 mars) : ce fut l'insurrection, au cours de laquelle les généraux Lecomte et Cl. Thomas furent fusillés. Le Comité central de la garde nationale, constitué le 3 mars et soutenu par l'Association internationale des travailleurs, décréta les élections du Conseil de la Commune qui fut proclamée officiellement le 28 mars alors que le mouvement s'étendait à la province (Lyon, Marseille, Narbonne, Toulouse, Saint-Étienne). Formée de dix commissions (dont une exécutive), la Commune de Paris vota plusieurs décrets (sur le maximum des salaires, sur la séparation de l'Église et de l'État, sur les otages, sur la reprise des associations ouvrières des ateliers, sur les échéances). Mais des divergences politiques se manifestèrent, en particulier lors du décret sur la formation d'un Comité de salut public doté de larges pouvoirs (1^er^ mai) qui fut adopté par les jacobins (ou néo-jacobins) et la plupart des blanquistes, mais contre lequel votèrent les proudhoniens, quelques blanquistes et certains socialistes proches du marxisme. Pouvoir fort et centralisé (dictature) ou anarchie ? Ces dissensions politiques et certaines erreurs sur le plan économique (comme le fait de ne pas avoir nationalisé les grandes entreprises et la Banque de France) affaiblirent la Commune dans sa lutte contre les troupes versaillaises. Après avoir occupé des positions stratégiques dans les banlieues parisiennes, celles-ci entrèrent dans Paris (21 mai) et mirent fin à la Commune par un véritable carnage (Semaine sanglante 22 - 28 mai). Aux exécutions sommaires de fédérés par les versaillais, répondirent le massacre d'otages (M$^{gr}$ Darboy*) et l'incendie de monuments publics (Tuileries, Hôtel de Ville). De sanglants combats se déroulèrent à la fin au cimetière du Père-Lachaise où furent fusillés, au mur des Fédérés, 147 communards. La répression fut terrible : condamnations à mort, aux travaux forcés, à la déportation. Premier pouvoir révolutionnaire prolétarien, la Commune de Paris, désavouée à l'époque par toute la bourgeoisie, même la plus libérale, a été revendiquée depuis par la gauche et l'extrême gauche.

**COMMUNISME** (pic du) – av. 1962 ***pic Staline,*** auj. ***pic Ismoili Somoni*** ♦ Un des sommets du massif du Pamir (Tadjikistan). 7 495 m.

**communiste français (Parti)** [PCF] ♦ ▮ **La SFIC** Parti politique fondé en 1920 sous le nom de Section française de l'Internationale communiste (SFIC), devenu officiellement Parti communiste -section française de l'Internationale communiste, en 1922. Le ralliement des socialistes à la politique d'Union sacrée de Poincaré (cabinet Viviani, août-sept. 1914), la faillite de la II$^{e}$ Internationale, nationaliste et opportuniste, les conséquences d'une guerre longue et éprouvante (en particulier en 1917, mutineries et grèves), enfin et surtout la victoire de la révolution russe et l'arrivée au pouvoir des bolcheviks entraînèrent une crise profonde au sein du mouvement socialiste. → **socialiste (Parti).** Après la fondation par Lénine de la III$^{e}$ Internationale* (Komintern, 1919), la SFIO décida d'abord de quitter la II$^{e}$ Internationale (congrès de Strasbourg, fév. 1920) ; puis la majorité de ses représentants au congrès de Tours* (déc. 1920) se prononça pour l'adhésion à l'Internationale communiste et forma la SFIC. Ralliés à la théorie marxiste-léniniste de la révolution prolétarienne et soutenant les bolcheviks, les communistes constituèrent un parti fortement structuré (cellules locales, sections et fédérations départementales, comité central, dont le bureau politique constitue l'organe exécutif, secrétariat général), dont l'organe officiel fut désormais *l'Humanité**. Des divisions idéologiques limitèrent à ses débuts l'action de la SFIC, dont furent éliminés les membres et dirigeants jugés opportunistes (1922) en même temps que se scindait la Confédération* générale du travail. Après un premier succès aux élections de 1924 (26 élus communistes), le parti communiste perdit de nombreuses voix aux élections de 1928 et de 1932 (11 élus). Sortant de son relatif isolement pour lutter contre l'essor des ligues d'extrême droite et la montée du fascisme, le PCF (et son secrétaire général, M. Thorez*) s'allia à la SFIO (pacte d'unité d'action socialo-communiste, juil. 1934), contribua à la formation du Front* populaire et, après les élections de 1936 (72 élus communistes), soutint, sans toutefois y participer, le gouvernement L. Blum* (1936 - 1937) et travailla à la réunification de la CGT. ▮ **De la Deuxième Guerre mondiale à 1968** À la veille de la Deuxième Guerre mondiale, le refus du parti de désavouer le pacte de non-agression germano-soviétique (août 1939) suscita un fort mouvement contre lui (dissolution des organisations communistes par le cabinet Daladier*). Pendant l'Occupation, les communistes prirent une part déterminante à la Résistance et organisèrent leur action (formation des Francs*-Tireurs et Partisans français [FTPF], Front national de lutte pour l'indépendance de la France, presse clandestine). Lors de l'unification des réseaux de résistance, les communistes furent représentés au Conseil* national de la Résistance et au gouvernement provisoire d'Alger. À la Libération, le PCF était devenu une des premières formations politiques françaises et remporta un de ses plus grands succès aux élections de 1945. Entrés au gouvernement à côté des représentants du MRP et des socialistes (tripartisme, 1945 - 1947), les ministres communistes, qui avaient lutté pour la nationalisation des grandes entreprises, la création de la Sécurité sociale, l'élaboration du statut général de la fonction publique, furent exclus du cabinet Ramadier* (mai 1947), en raison de la guerre froide entre l'Est et l'Ouest et de la politique extérieure pro-américaine de la France (qui devait adhérer au plan Marshall, au Pacte atlantique). Redevenu parti d'opposition, le PCF bénéficia d'un électorat relativement stable (un peu plus de 20 % des voix), en dépit de la défection d'une partie de la gauche française après les événements de Hongrie (1956) et de Tchécoslovaquie (1968). ▮ **Union de la gauche et gauche plurielle** Il tenta alors de sortir de son isolement et signa en 1972 avec le Parti socialiste un programme commun de gouvernement. Après la rupture de l'Union de la gauche (1977) et l'élection de F. Mitterrand (1981), le PCF, revendiquant env. 700 000 adhérents (secrétaires généraux : Waldeck*-Rochet, puis G. Marchais*), eut quatre ministres dans le gouvernement Mauroy (1981 - 1984). Depuis 1981, il a subi un recul électoral important. En proie à la contestation interne, le PCF a été de surcroît confronté depuis l'effondrement du communisme dans les pays de l'Est à une crise d'identité qui le conduisit en 1994 à abandonner le principe organisationnel du centralisme démocratique. Devenu membre de la Gauche plurielle, il eut trois ministres dans le gouvernement Jospin* (1997 - 2002). Il ne réunit que 4,3 % des voix aux législatives de 2002, entraînant le départ de sa présidence de R. Hue* en 2003 (secrétaire nationale : M.-G. Buffet*).

**COMMYNES** ou **COMINES (Philippe DE)** ♦ Historien français (en Flandre v. 1447 - Argenton 1511). Après avoir servi Charles le Téméraire, il eut un rôle politique et diplomatique auprès de Louis XI, de Charles VIII et de Louis XII. Ses *Mémoires* (1489 - 1498) sur les règnes de Louis XI et de Charles VIII sont l'œuvre d'un véritable historien sachant composer des portraits perspicaces, mesurer les causes des événements et en tirer les leçons.

**COMNÈNE** – en gr. ***Komnênos*** ♦ Dynastie byzantine qui régna de 1057 à 1059 (→ **Isaac I$^{er}$**) et de 1081 à 1185 (→ **Alexis I$^{er}$, Jean II, Manuel I$^{er}$, Alexis II, Andronic I$^{er}$**). Le règne des Comnènes, représentant le parti militaire et les grands seigneurs provinciaux, coïncide avec le début de la décadence byzantine : victoires des Turcs, privilèges aux Vénitiens, croisades. → **byzantin (Empire).** ▪ Des descendants de cette famille fondèrent l'empire de Trébizonde après la prise de Constantinople par les Latins (1204) et y régnèrent jusqu'à la conquête turque (1461). → **Trabzon.**

**COMODORO RIVADAVIA** ♦ V. d'Argentine (prov. de Chubut), située en Patagonie, au fond du golfe de San Jorge. 144 000 hab. ▪ La ville doit son développement à l'exploitation du pétrole dans la région (début XX$^{e}$ s.) et en offshore. Un oléoduc et un gazoduc de 1 600 km la relient à Buenos Aires.

**COMOÉ** n. f. ♦ Fleuve de l'E. de la Côte d'Ivoire (env. 1 000 km). Né dans la falaise de Banfora au Burkina Faso, il se jette dans le golfe de Guinée à la hauteur de Grand-Bassam et de la lagune Ébrié. Peu navigable, il assure l'irrigation des régions traversées. Dans le N. de la Côte d'Ivoire, il traverse le parc national de la Comoé (1 150 km$^2$), riche en faune de savane.

**COMORES** n. f. pl. ♦ Archipel de l'océan Indien situé au N. du canal de Mozambique. L'archipel comprend quatre îles volcaniques, du S.-E. au N.-O. : Mayotte (Maoré, 362 km$^2$), collectivité territoriale française depuis 1976 ; Anjouan (Nzwani, 424 km$^2$), Mohéli (Mwali, 290 km$^2$) et la Grande Comore (Ngazidja, 1 148 km$^2$) formant la République fédérale islamique des Comores.

## COMORES (LES)

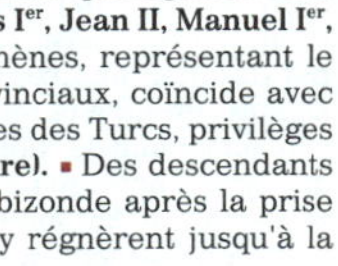

▮ n. f. pl. – off. ***Union des Comores*** → **ÉTYM.** de l'ar. *Jazayr al-Qamar* «les îles de la Lune» ♦ Pays de l'océan Indien au N. du canal de Mozambique faisant partie de l'archipel des Comores et composé des îles d'Anjouan, de Mohéli et de la Grande Comore. 1 862 km$^2$. 881 000 hab. *(Comoriens).* LANGUES : arabe, français et shikomor (off.), souahéli. RELIGIONS : musulmans, chrétiens. MONNAIE : franc comorien. CAPITALE : Moroni (Grande Comore). RÉGIME : présidentiel.

▮ **GÉOGRAPHIE** Les îles sont formées de plateaux basaltiques surplombant des plaines côtières étroites, découpées ou marécageuses. Le Kartala, volcan encore actif, culmine à 2 361 m à la Grande Comore et constitue la plus grande partie de l'île ; son cratère est l'un des plus larges du monde. Le climat tropical humide est soumis au régime des alizés et de la mousson du N.-E. La Grande Comore abrite des papillons très recherchés. Les industries sont pratique-

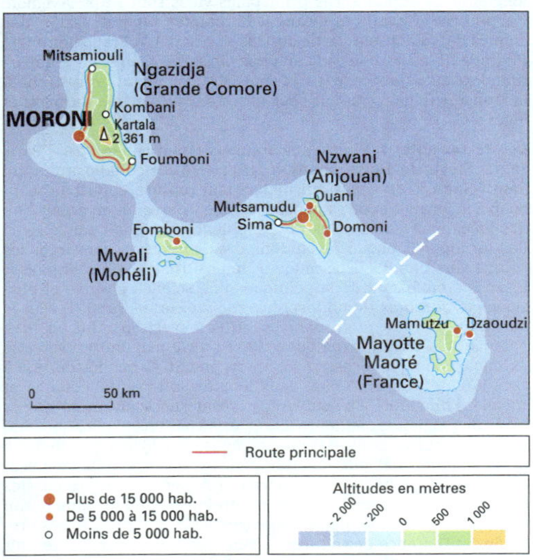


Comores et Mayotte.

ment inexistantes et l'agriculture vivrière est insuffisante (patate douce, maïs, banane). Les cocotiers qui bordent les rivages donnent du coprah et l'on cultive la canne à sucre. Spécialisées depuis le XIXe s. dans la culture des épices et des parfums, les Comores produisent de la vanille, des clous de girofle et de l'ylang-ylang exportés sous forme d'huiles parfumées (cultures de basse altitude). Les pentes de moyenne altitude abritent des caféiers et des citronniers. De nombreux Comoriens ont émigré à Madagascar, en France et surtout à Mayotte*.

**HISTOIRE** La tradition fait des Antalaotres, descendants d'Africains, les premiers habitants. Des émigrés de Chirâz (Perse), présents dans la région (Zanzibar, Kilwa sur la côte africaine) depuis le Xe s., s'installèrent aux Comores au début du XVIe s. et donnèrent aux îles les traits essentiels de leur culture. Mariés avec les filles des chefs locaux, ils créèrent les grands clans qui, par regroupements, formèrent des sultanats. L'archipel fut intégré au grand commerce swahili. Le particularisme des îles s'affirma et des querelles dynastiques opposèrent ces «sultans batailleurs» qui prirent parfois à leur service des pirates européens chassés de la mer des Caraïbes. Mais ils ne purent s'opposer aux raids destructeurs des pirates malgaches. Installés dès 1841 à Mayotte, les Français étendirent leur protectorat sur Mohéli (1886) puis sur le reste de l'archipel et introduisirent une agriculture de plantations (canne à sucre) au détriment de la culture des épices pratiquée par les petits planteurs locaux. En 1909, Saïd Ali, le sultan de la Grande Comore, fut contraint de remettre ses droits à la France et l'archipel fut rattaché à Madagascar (1914). Occupé par les Britanniques durant la Deuxième Guerre mondiale, il fut séparé de Madagascar en 1946 et doté du statut de territoire d'outre-mer, renouvelé au référendum de 1958 malgré la préférence de Mayotte pour celui de département d'outre-mer. L'autonomie interne lui fut accordée en 1961 et la capitale fut transférée de Dzaoudzi (Mayotte) à Moroni (Grande Comore). Au référendum d'autodétermination de 1974, l'archipel choisit l'indépendance, sauf Mayotte* qui demanda son rattachement à la France, refusant l'autorité des hommes politiques d'Anjouan, majoritaires au sein du nouvel État, en particulier d'Ahmed Abdallah qui proclama l'indépendance en 1975. Ce dernier fut déposé peu après par un comité révolutionnaire présidé par Ali Soïlih qui décréta un alignement sur le régime progressiste de Tanzanie. Abdallah fut réinstallé en 1978 par des mercenaires qui l'assassinèrent en 1989. Saïd Mohamed Djohar fut élu à la tête du pays en 1990. Il dut renoncer au pouvoir en faveur de Mohamed Taki Abdoulkarim (1996). La dégradation économique entraîna des manifestations et aboutit aux sécessions d'Anjouan et de Mohéli qui réclamèrent la constitution d'un État fédéral. Le colonel Azali Assoumani, de la Grande Comore, prit le pouvoir en 1999. Après l'accord de Moroni (2003), une nouvelle constitution instaura une présidence tournante entre les trois îles. Celle-ci est assurée depuis 2006 par Ahmed Abdallah Sambi, originaire d'Anjouan. En mars 2008, l'armée fédérale, appuyée par des troupes de l'Union africaine, est intervenue à Anjouan pour renverser le colonel Bacar arrivé en 2001 en tête d'élections locales déclarées illégales.

---

**COMORIN** (cap) → **Kanniya Kumari**

**COMOTINI** ou **KOMOTINÍ** ♦ V. de Grèce, ch.-l. de la région de Macédoine orientale et Thrace, et du nome de Rhodope. Env. 42 000 hab. Marché agricole (tabac, coton). ▪ Minorité turque (statut régi par le traité de Lausanne de 1923).

**COMPAGNI (Dino)** ♦ Chroniqueur italien (Florence v. 1255 - *id.* 1324). Il tint d'importantes charges municipales à Florence ; mais, déçu dans sa tentative de réconciliation entre les guelfes blancs (dont il était) et les guelfes noirs, il se retira des affaires publiques. Il évoque ces temps troublés (1280 à 1312) dans sa *Chronique (Cronica delle cose occorrenti ne' tempi suoi)*, composée de 1310 à 1312 (publ. en 1726).

**Compagnie de Jésus** → **Jésus (Compagnie de)**

**Compagnie des Indes orientales** → **Indes orientales (Compagnie des)**

**Compagnie française des Indes** → **Indes (Compagnie française des)**

**Compagnies (Grandes)** ♦ Bandes de mercenaires qui combattirent à la solde de Jean II et Charles* V pendant la guerre de Cent Ans. Licenciées à la paix de Brétigny (1360), elles mirent la France au pillage. Cette menace fut détournée sous le règne de Charles V qui chargea Du* Guesclin de les conduire en Castille pour soutenir Henri II le Magnifique en lutte contre Pierre* le Cruel.

**COMPANYS Y JOVER (Lluis)** ♦ Homme politique espagnol (près de Lérida 1883 - Barcelone 1940). Avocat, président de la généralité de Catalogne (1933), il se souleva, en 1934, contre le gouvernement de Madrid et instaura une éphémère République catalane, aussitôt supprimée par le gouvernement central. Condamné à 30 ans de prison, amnistié en 1936, il retrouva la présidence de la généralité et, pendant la guerre civile, apporta l'aide de la Catalogne au gouvernement républicain. Il se réfugia en France en 1939, mais fut arrêté par la police allemande en 1940 et transféré à Barcelone où il fut fusillé.

**COMPÈRE (Loyset)** ♦ Compositeur français (v. 1450 - Saint-Quentin 1518). Après un séjour en Italie, il revint en France où il fut nommé «chantre ordinaire» de Charles VIII et chanoine de la collégiale de Saint-Quentin (1486). Marquée par l'influence de Josquin* des Prés et de Guillaume Dufay*, son œuvre est l'expression d'une personnalité originale, toute d'élégance et de subtilité. Il a laissé des messes, des motets et surtout des chansons à trois et quatre voix.

**COMPIÈGNE** [60200] ➔ **ÉTYM.** du lat. *compendium* «raccourci» ♦ Ch.-l. d'arr. de l'Oise, à la lisière de la forêt (14 450 ha) du même nom. 41 254 hab. (aggl. 68 240) *(Compiégnois)*. Église Saint-Jacques des XIIIe - XVe s. Hôtel de ville de style flamboyant (XVe s., restauré au XIXe s.). Musée Vivenel : archéologie ; antiquités (vases et marbres grecs) ; faïences ; riche cabinet de dessins. Musée de la Figurine historique. Le château abrite, outre les appartements royaux et impériaux somptueusement décorés par Napoléon Ier, un musée du Second Empire ainsi qu'un musée de l'Automobile et du Tourisme. ▪ Centre résidentiel et indus. (chimie, mécanique). Université de technologie. **Histoire** Anc. station romaine *(Compendium)*, séjour royal dès les Mérovingiens. Charles II le Chauve y fit bâtir un palais (IXe s.). Charles V y tint des états généraux (1358). En 1430, Jeanne d'Arc y fut faite prisonnière par les Anglais. Le château, dont la reconstruction, entamée sous Louis XV (par les Gabriel père et fils), fut poursuivie sous Louis XVI (par Le Dreux de La Châtre), devint la résidence d'élection de Napoléon III. Pendant la Première Guerre mondiale, le grand quartier général français s'y installa et l'armistice du 11 novembre 1918 fut signé dans la forêt de Compiègne, ainsi que celui de 1940 (→ **Rethondes**). Au cours de la Deuxième Guerre mondiale, la ville fut très éprouvée par les bombardements ; Royallieu, faubourg de Compiègne, servit de centre de triage vers les camps de concentration nazis.

**COMPOSTELLE** → **Saint-Jacques-de-Compostelle**

**COMPTON (Arthur Holly)** ♦ Physicien américain (Wooster, Ohio 1892 - Berkeley 1962). Connu notamment par ses travaux sur les rayons X, il découvrit, en 1923, que l'interaction d'un rayonnement X avec un atome conduit simultanément à une déviation du rayonnement incident et à l'extraction d'un électron de l'atome *(effet Compton)*. Ces travaux apportaient une confirmation de l'existence des photons, particules de lumière. On doit aussi à Compton des travaux relatifs aux rayons cosmiques. [Prix Nobel de phys. 1927, avec C. Wilson*]

**COMPTON-BURNETT (Ivy)** ♦ Romancière britannique (Pinner, Middlesex 1892 - Londres 1969). Sous la surface polie du dialogue, elle décrit avec lucidité l'Angleterre victorienne décadente. Œuv. princ. : *Frères et Sœurs*, 1929 ; *Les Ponsonby*, 1937 ; *La Chute des puissants*, 1961.

**COMTAT VENAISSIN** n. m. ➔ **ÉTYM.** de *Venasque** ♦ Ancien pays du midi de la France (correspondant à une partie du dép. du Vaucluse*), limité par le Rhône, la Durance, le mont Ventoux. Venasque en fut longtemps la capitale. Les principales villes sont : Apt, Avignon, Carpentras, Cavaillon, Orange. Le comtat fut possession des comtes de Toulouse à partir de 1125 et passa à la France en 1271 ; Philippe III le Hardi le céda au pape Grégoire X en 1274 ; il appartint alors au Saint-Siège. Le 14 sept. 1791, le comtat fut rattaché à la France. ▪ Région agricole spécialisée dans les primeurs (fruits et légumes).

**COMTE (Auguste)** ♦ Philosophe français (Montpellier 1798 - Paris 1857). Élève de Polytechnique (1814 - 1816), collaborateur de Saint*-Simon (1817 - 1824) qui, malgré leur rupture, contribua beaucoup à la formation de sa pensée, Comte fut très tôt en possession des idées maîtresses de sa philosophie, commandée par le souci de «terminer l'époque révolutionnaire... en faisant converger les esprits vers une doctrine unique», le positivisme ; de réorganiser la société en faisant de la politique «une science positive et physique» *(Opuscules de philosophie sociale*, 1819 - 1829). Tel fut le but des *Cours de philosophie positive* ouverts par lui en 1826, presque aussitôt interrompus jusqu'en 1829 par une grave crise psychologique qui nécessita son internement, et publiés de 1830 à 1842. Comte y affirme que, dans leur évolution intellectuelle et sociale, l'humanité et l'individu passent successivement par le stade théologique et militaire (caractérisé par une explication imaginative et surnaturelle des phénomènes : fétichisme, polythéisme puis monothéisme), puis métaphysique et légiste (simple modification du premier, où les agents surnaturels sont remplacés par des forces abstraites, des entités), pour atteindre enfin le stade positif et industriel où les hommes, renonçant à chercher les causes profondes et l'essence des choses, se contentent de découvrir les lois effectives qui régissent les faits par l'observation et le raisonnement. Véritable programme d'éducation positive, la classification linéaire des sciences par ordre de généralité décroissante et de complexité croissante comprend : les mathématiques (base de toute la philosophie naturelle), l'astronomie, la physique, la chimie, la physiologie et la physique sociale (ou «sociologie», mot créé par Comte) que Comte divise en statique et dynamique sociale. Précurseur de la sociologie scientifique, Comte rejette la psychologie de son temps (c.-à-d. l'introspection). Mais, en partie sous l'influence de son amour platonique pour Clotilde de Vaux (rencontrée en 1844 et morte en 1846), sa philosophie évolua vers un véritable positivisme religieux (*Système de politique positive*, 1851 - 1854 ; *Cathéchisme positiviste*, 1852 ; *Synthèse subjective* ou *Système universel des conceptions propres à l'état normal de l'humanité*, 1856). La société et l'État positivistes auront en effet leur religion (culte du Grand Être de l'humanité) et leur morale dont la devise est : «L'Amour pour principe, l'Ordre pour base et le Progrès pour but.» Certains disciples de Comte (dont Littré*) refusèrent d'admettre l'unité et la continuité de sa doctrine et n'en retinrent que les cours de philosophie positive ; ce qui explique le développement de l'idéologie positiviste scientiste prolongée par le néopositivisme. Malgré la réintroduction du subjectivisme, le *Système de politique positive* contient de nombreux éléments théoriques — notamment, une sémiologie sociale — qui prolongent l'épistémologie du *Cours*. → **positivisme.**

Le **Comte de Monte-Cristo** ♦ Roman de A. Dumas* père (1844). Victime de l'ambition, de la jalousie et de la rivalité amoureuse de trois ennemis, Edmond Dantès est emprisonné au château d'If. Au bout de quatorze ans il s'évade enfin et revient, riche du fabuleux trésor de l'île de Monte-Cristo, se venger implacablement. Véritable surhomme par le corps, le cœur ou l'intelligence, qui triomphe d'obstacles accumulés comme à plaisir, le personnage de Dumas connut un vif succès populaire. L'œuvre a été adaptée pour le cinéma de nombreuses fois, notamment par Robert Vernay (1942) et Claude Autant-Lara (1961).

La **Comtesse aux pieds nus** – en angl. ***The Barefoot Contessa*** ♦ Film américain de Joseph L. Mankiewicz*, à la fois producteur, scénariste et réalisateur (1954), avec A. Gardner et H. Bogart. Sous forme de flashs-back entrecroisés, la vie tumultueuse d'une star, qui croit trouver le bonheur en faisant un riche mariage et déchante la nuit de ses noces. Sur cette intrigue mélodramatique, Mankiewicz greffe une satire féroce des milieux du spectacle.

**Comuneros** (révolte des) → ÉTYM. de l'esp. *comunero* «habitant d'une commune» ♦ Révolte des communes espagnoles (1520 - 1521), qui eut pour chef Juan de Padilla : elle était dirigée contre l'entourage flamand de Charles* Quint auquel était alors confié le gouvernement de l'Espagne. Les Comuneros tentèrent d'opposer à Charles Quint la reine Jeanne* la Folle, qui refusa. Après quelques succès, la révolte fut écrasée et son chef décapité.

**CONAKRY** ou **KONAKRY** → ÉTYM. du soussou «au-delà des eaux» ou «l'autre rive» ♦ Cap. de la république de Guinée, sur une île rattachée à la presqu'île de Kaloum par une digue, face aux îles de Los. 1 559 000 hab. Elle est reliée par voie ferrée à Kankan (662 km) et à Fria (143 km). ▪ Port exportateur de minerais de fer (presqu'île de Kaloum) et de bauxite (îles de Los), également port bananier. Usines frigorifiques.

**CONAN** ♦ Nom de plusieurs ducs de Bretagne. ♦ **CONAN Ier le Tort** (mort à Conquereux en 992). Comte de Bretagne (952), il prit le titre de duc de Bretagne (987 - 992). ♦ **CONAN II** (mort en 1066). Duc de Bretagne (1040 - 1066). Il lutta contre Guillaume Ier le Conquérant, duc de Normandie. ♦ **CONAN III le Gros** (mort en 1148). Duc de Bretagne (1112 - 1148). Il s'allia à Louis VI le Gros contre Henri Ier d'Angleterre. ♦ **CONAN IV le Petit** (mort en 1171). Duc de Bretagne (1156 - 1171). Il perdit ses États au profit d'Henri II d'Angleterre. → ÉTYM. *Konan* est l'hypocoristique de l'ancien breton *kon* «chien ; guerrier».

**CONAN** (**Félicité ANGERS,** dite **Laure**) ♦ Romancière canadienne d'expression française (La Malbaie 1845 - Sillery 1924). Connue par des ouvrages d'inspiration patriotique (*À l'œuvre et à l'épreuve*, 1891 ; *L'Oublié*, 1900 ; *La Sève immortelle*), elle est surtout l'auteur d'un roman psychologique, *Angéline de Montbrun* (1884), où se fait jour sa sensibilité mélancolique.

**CONCARNEAU** [29900] → ÉTYM. en bret. *Konk-Kerne* «la baie *(konk)* de Cornouaille *(Kerne)*» ♦ Ch.-l. de cant. du Finistère, arr. de Quimper, sur la côte de Cornouaille. 19 453 hab. (aggl. 25 807) *(Concarnois)*. La «ville close», cité fortifiée bâtie sur un îlot au milieu du port, est entourée de remparts de granit du XVe s., modifiés par Vauban (XVIIe s.) : elle est reliée à la terre par deux petits ponts. Musée de la Pêche. ▪ Premier port thonier de France et quatrième port de pêche. Laboratoire de biologie marine. Station balnéaire (→ **Cabellou**). ▮ **Histoire** En 1373, les Anglais occupaient Concarneau. Du Guesclin fit le siège de la ville et les chassa. Henri IV en reçut les clés en 1594.

**CONCEPCIÓN** → ÉTYM. ainsi nommée en l'honneur de l'Immaculée *Conception* ♦ V. du Chili, située au centre S. du pays. 212 000 hab. Cap. de la région admin. de Biobío. ▪ Sidérurgie à Huachipato. Raffinerie du pétrole. Chimie. Complexe hydroélectrique del Laja. Textile.

**Concepción** (Chili).
Les rives du Biobío.
*Phot. ©Nino Cirani/Ricciarini*

Agroalimentaire. C'est le 2e pôle industriel du pays et le centre commercial du S. À l'embouchure du río Biobío, elle forme, avec les villes de Talcahuano et San Vicente, une conurbation industrialo-portuaire d'env. 600 000 hab. au cœur d'une région agricole (céréales, vigne, fruits) et minière : production houillère d'Arauco, exportée par les ports de Coronel et Lota. ▮ **Histoire** Ville fondée par Pedro de Valdivia en 1550.

**CONCEPCIÓN** ♦ V. du Paraguay, sur le fl. Paraguay. 35 000 hab. Port. Extraction du tanin des arbustes du quebracho. Centre commercial local.

## conceptuel (art)

♦ Mouvement artistique des années 1960 - 1970 en Europe, aux États-Unis, en Australie et au Japon. Il revendique que l'idée prime l'objet et que la réalisation concrète de l'œuvre n'est plus nécessaire. Héritiers de Duchamp, hostiles à la marchandisation de l'art, les artistes, au lieu de créer des objets, utilisent différents objets de la sémiotique, de la culture populaire et de la philosophie pour méditer sur les fondements de l'art. Le spectateur se trouve placé devant de simples propositions, des documents sur les pensées de l'artiste. Les limites de l'art conceptuel sont floues tant ce mouvement a influencé d'autres mouvements comme l'art minimal, l'arte* povera, le body* art et le land* art. Ce mouvement est représenté aux États-Unis par Joseph Kosuth*, John Cage*, Douglas Huebler, Sol Lewitt*, Dennis Oppenheim*, Les Levine, en Grande-Bretagne par le groupe Art et Langage, en Allemagne par Joseph Beuys*, Hans Haacke, au Japon par On Kawara et en France par Bernar Venet et Daniel Buren*.

**Concerto pour la main gauche** ♦ Œuvre de Maurice Ravel* (1929 - 1930) composée pour le pianiste autrichien Paul Wittgenstein*, qui la créa à Vienne le 27 nov. 1931.

**Concerts brandebourgeois** ♦ Ensemble de 6 ouvrages de J.-S. Bach*, ainsi nommés parce que l'auteur les dédia en mars 1721 au margrave mélomane Christian de Brandebourg, oncle du roi de Prusse Frédéric-Guillaume Ier. La dédicace évoque une rencontre entre Bach et le margrave à Berlin en 1718 ou 1719. Les six concerts sont tous dans une tonalité majeure, mais alors que le *no 1 en fa*, le *no 3 en sol*, et le *no 6 en si bémol* mettent en jeu des «chœurs instrumentaux» d'égale importance, le *no 2 en fa*, le *no 4 en sol*, et le *no 5 en ré* font penser à une pyramide à trois étages, avec en fondation les cordes, au-dessus un groupe de solistes, et au sommet, pris parmi les précédents, un soliste encore plus virtuose (trompette dans le *no 2*, violon dans le *no 4*, clavecin dans le *no 5*).

**Concerts royaux** ♦ Recueil de musique de chambre de François Couperin* (1714 - 1715), publié en 1722, et se détournant de la manière italienne pour revenir à la suite de danses à la française.

**CONCHES-EN-OUCHE** [27190] → ÉTYM. du n. de *Conques** d'où furent rapportées des reliques de sainte Foy au XIe s. ♦ Ch.-l. de cant. de l'Eure, arr. d'Évreux, dans le pays d'Ouche. 4 280 hab. (aggl. 5 027) *(Conchois)*. Église Sainte-Foy des XVe et XVIe s. (important ensemble de vitraux Renaissance dus à Arnoult de Nimègue et R. Buron). ▪ La forêt de Conches s'étend au S.-O. de la ville sur 12 000 ha.

**CONCHOS** (río de los) n. m. ♦ Riv. du Mexique septentrional (Chihuahua*), affl. du río Grande* del Norte, qui prend sa source dans la sierra Madre* occidentale avant de confluer avec le fleuve (700 km). Énergie hydroélectrique.

**Conciergerie (la)** ♦ Restes du palais royal des Capétiens, actuellement incluse dans le Palais de justice, dans l'île de la Cité*, à Paris. Renfermant jadis l'habitation du concierge du Palais, chargé de la garde des prisonniers, la Conciergerie comporte trois salles gothiques du XIVe s. et quatre tours sur la façade N. : la tour Carrée ou de l'Horloge (qui reçut en 1370 la première horloge de Paris), la tour de César (élevée sur des fondations d'origines romaines), la tour d'Argent (qui renfermait le trésor des rois), enfin la tour Bombée ou Bon-Bec (où se trouvait la chambre de la question). La Conciergerie fut aménagée durant la Révolution pour rassembler un grand nombre de détenus, pour la plupart voués à la guillotine : la reine Marie-Antoinette et Madame Élisabeth, Madame Roland et les girondins, Danton, puis Robespierre, André Chénier.

## concile

n. m. ♦ Assemblée des évêques de l'Église catholique (cf. *Le Robert*). À défaut d'une liste officielle, la tradition catholique considère comme œcuméniques vingt et un conciles : Nicée* I (325), Constantinople* I (381), Éphèse* (431), Chalcédoine* (451), Constantinople* II (553), Constantinople* III (680 - 681), Nicée* II (787), Constantinople* IV (869 - 870). Latran* I (1123), Latran* II (1139), Latran* III (1179), Latran* IV (1215), Lyon* I (1245), Lyon* II (1274), Vienne* (1311 - 1312), Constance* (1414 - 1418), Bâle*-Ferrare-Florence (1431 - 1442), Latran* V (1512 - 1517), Trente* (1545 - 1563), Vatican* I (1869 - 1870), Vatican* II (1962 - 1965). L'Église orthodoxe ne reconnaît que les sept premiers, l'Église anglicane que les quatre premiers ; les Églises protestantes vénèrent les quatre premiers conciles, mais sans leur reconnaître une autorité propre. ▪ Autre concile : → **Pise.**

**CONCINI (Concino)** dit **le maréchal d'Ancre** ♦ Aventurier et homme politique italien (Florence 1569 - Paris 1617). La faveur dont jouissait sa femme Leonora Galigaï* auprès de Marie de Médicis lui permit de faire une carrière rapide après la mort d'Henri IV : marquis d'Ancre, maréchal de France, il exerça le pouvoir (1611) avec tyrannie et avidité. Le jeune roi Louis XIII, aidé par de Luynes*, ordonna son arrestation, et il fut tué par Vitry*.

**CONCÓN** ♦ Terminal pétrolier et raffinerie du Chili, au N. de Valparaíso-Viña del Mar.

**CONCORD** ♦ V. des États-Unis (Massachusetts) près de Cambridge. 16 993 hab. C'est là que se forma le Club des transcendantalistes. Emerson*, Thoreau*, Hawthorne* et Alcott*, surnommés les «Concord authors», y sont enterrés.

**CONCORD** ♦ V. des États-Unis, cap. du New Hampshire, sur le Merrimack. 40 687 hab. Imprimeries.

## concordat

n. m. ♦ Traité entre le Saint-Siège et un État (cf. *Le Robert*). ♦ ***Concordat de Worms*** (1122). Il mit fin à la querelle des Investitures*. → **Worms (concordat de).** ♦ ***Concordat de Bologne*** (1516). Conclu entre François Ier et Léon* X, il remplaça la pragmatique* sanction de Bourges, reconnut la suprématie du pape sur l'Église de France, mais laissa les nominations, dont l'autorité réelle, aux mains du roi. ♦ ***Concordat de 1801*** Conclu entre Bonaparte et Pie* VII (→ **Consalvi**), il forçait la démission des évêques émigrés et réorganisait le catholicisme en France. Mais des articles organiques, élaborés par Portalis*, y furent ajoutés unilatéralement : ces règlements d'application restauraient pratiquement l'emprise de l'État sur l'Église (→ **gallicanisme**) et ne furent jamais acceptés par le Saint-Siège. ♦ ***Concordat de Fontainebleau*** (1813). → **Pie VII.**

**CONCORDE** (place de la) ♦ L'une des plus vastes places de Paris (84 000 m²) située entre les jardins des Tuileries* et l'avenue des Champs*-Élysées, sur la voie triomphale qui va du Louvre* à l'arc* de triomphe de l'Étoile. Aménagée pour accueillir la statue équestre de Louis XV, commandée à Bouchardon* et dressée en 1763, elle fut dessinée par Gabriel* (1753) comme un octogone entouré de balustrades, flanqué aux angles de huit pavillons et délimité, au N., par deux palais jumeaux, à colonnades (1760 à 1775), entre lesquels s'ouvre la rue Royale (qui offre une nouvelle perspective vers l'église de la Madeleine*, tandis qu'au S., au-delà du pont de la Concorde, se dresse le palais Bourbon*). D'abord place Louis-XV, elle devint place de la Révolution en 1792 (l'échafaud y fonctionna de 1793 à 1795, notamment lors de l'exécution de Louis XVI), puis place de la Concorde en 1795 et, de nouveau, en 1830. Hittorff* en acheva la décoration (1833 à 1846), élevant sur les pavillons d'angle des statues (de Pradier*, Cortot*) représentant les grandes villes de France et flanquant de deux fontaines (1836 à 1846) l'obélisque de Louksor (érigé en 1836).

**CONCORDIA** ♦ V. d'Argentine (Entre Ríos), sur la rive d. du río Uruguay. 138 000 hab. Indus. agroalimentaires.

**CONDAMINE (LA)** → **ÉTYM.** de l'occit. *condamina* (var. *condomina*) «réserve seigneuriale» ♦ Une des quatre parties de la principauté de Monaco*, s'étageant en amphithéâtre au-dessus du port, où une digue semi-flottante de 350 m de long est aménagée, entre Monaco et Monte*-Carlo. Quartier commerçant.

**CÔN ĐAO** – anc. ***Poulo-Condor*** ♦ Archipel du Viêtnam (Sud), situé à env. 200 km à l'E. de la pointe de Cà Mau et comprenant 14 îles (env. 70 km²) dont trois assez importantes. Il servait de lieu de relégation à l'époque coloniale, centre de rééducation sous Ngô* Đình Diêm et de «cages à tigres» sous Nguyễn* Văn Thiệu. La population (env. 5 000 hab.) est composée essentiellement de pêcheurs. La découverte de pétrole en mer et le développement des infrastructures touristiques déterminent l'actuelle expansion économique de l'archipel.

**CONDAT-SUR-VIENNE** [87920] → **ÉTYM.** du gaul. *condate* «confluent» ♦ Comm. de la Haute-Vienne, arr. de Limoges. 4 249 hab.

**CONDÉ** (maison de) ♦ Branche de la maison de Bourbon, issue de LOUIS Ier, prince de Condé (Vendôme 1530 - Jarnac 1569), cinquième fils de Charles de Bourbon*, duc de Vendôme, et frère d'Antoine de Bourbon, roi de Navarre et père d'Henri* IV. Les Condé furent jusqu'en 1709 premiers princes du sang et appelés Monsieur le Prince. Louis Ier adhéra au calvinisme et rivalisa avec les Guise*. Chef du parti protestant, il fut condamné à mort après la conjuration d'Amboise* et sauvé par la mort de François* II. Il fut vaincu à Dreux (1562), puis à Jarnac* (1569) et assassiné à la fin de cette bataille, sans doute à l'instigation du duc d'Anjou*, futur Henri* III. ♦ **Henri Ier de Bourbon,** 2e prince **de Condé** (La Ferté-sous-Jouarre 1552 - Saint-Jean-d'Angély 1588). Fils du précédent. Il s'allia avec Henri de Navarre contre les catholiques et se distingua à Coutras. ♦ **Henri II de Bourbon,** 3e prince **de Condé** (Saint-Jean-d'Angély 1588 - Paris 1646). Élevé par Henri* IV dans le catholicisme, il fut marié à la belle Charlotte de Montmorency et hérita des biens de son beau-frère Henri II de Montmorency* quand celui-ci fut exécuté. Il lutta contre Marie* de Médicis mais servit Richelieu*. → **ÉTYM.** Ce nom de famille vient du nom de *Condé**-sur-l'Escaut.

**CONDÉ (Louis II DE BOURBON,** 4e prince **DE), dit le Grand Condé** ♦ (Paris 1621 - Fontainebleau 1686). Fils d'Henri II de Bourbon. Il épousa, en 1641, une nièce de Richelieu*. Après de brillants débuts, il fut chargé, à vingt-deux ans, du commandement des armées du Nord contre les Espagnols. Il se distingua rapidement par la victoire éclatante de Rocroi* (1643). Envoyé sur le Rhin avec Turenne*, il gagna avec lui la bataille de Nördlingen (1645) sur les Bavarois, puis fit campagne en Flandre (prise de Dunkerque, 1646). La victoire de Lens (1648) sur les Espagnols hâta la conclusion du traité de Westphalie*. Lors de la Fronde*, aussi peu attiré par Mazarin* que par les frondeurs, il oscilla entre les deux partis. Son soutien permit au gouvernement de signer en 1649 la paix de Rueil (→ **Rueil-Malmaison**) grâce au siège de Paris, mais il se rapprocha ensuite des frondeurs et fut enfermé à Vincennes. Il sortit de prison pour prendre la tête de la Fronde des princes et fut finalement battu par Turenne* à Bléneau* et au faubourg Saint-Antoine (1652). Passé dans l'armée espagnole, après des victoires sur les Français, il prit part à la bataille des Dunes* qu'il avait voulu empêcher (1658), et qui fut une victoire de Turenne. Le traité des Pyrénées* lui assura son pardon. Lorsqu'il retrouva un commandement, il fit la conquête de la Franche-Comté (1668), participa à la guerre de Hollande (prise de Wiesel, 1672 ; victoire de Seneffe*, 1674), puis succéda en Alsace à Turenne. Il acheva sa vie à Chantilly*, où il s'entoura d'écrivains et de poètes (parmi lesquels Boileau* et Racine*). Bossuet* prononça son oraison funèbre.

**CONDÉ (Louis Henri DE BOURBON,** prince **DE)** ♦ Septième prince de Condé, appelé par ses contemporains *Monsieur le Duc* (Versailles 1692 - Chantilly 1740). Chef du conseil de régence, il devint Premier ministre à la mort du duc d'Orléans, après avoir profité du système de Law*, et se laissa guider par sa maîtresse Mme de Prie*, qui elle-même suivait Pâris*-Duverney. Ce gouvernement échoua dans sa politique financière qui le rendit très impopulaire. Il avait conclu le mariage de Louis XV avec Marie* Leszczyńska. Louis XV renvoya le duc en 1726 et l'exila à Chantilly.

**CONDÉ (Louis Joseph DE BOURBON,** prince **DE)** ♦ Homme de guerre français (Paris 1736 - *id.* 1818). Dès l'âge de quinze ans, il reçut le titre de grand maître de la Maison du roi et le gouvernement de la Bourgogne qu'il administra, après avoir participé à la guerre de Sept Ans. Son opposition au ministère de Maupeou, ses prises de position en faveur des réformes lors de l'Assemblée des Notables de 1787 le faisaient passer pour un prince libéral. Toutefois, il vota contre le doublement du tiers état lors de l'Assemblée des Notables de 1788, et peu après la prise de la Bastille (14 juil. 1789) émigra aux Pays-Bas, à Turin puis à Worms. Considéré comme l'un des principaux chefs de l'émigration, il prit à partir de 1792 une part active à la lutte contre les armées républicaines en créant un «corps de garde», l'*armée de Condé*, qui opéra d'abord en Alsace, puis se replia en Russie après Campoformio (1797) et fut dissoute en 1801. Retiré en Angleterre, le prince de Condé revint en France sous la Restauration.

**Condé.** *Portrait de Louis II, prince de Bourbon, surnommé le Grand Condé,* par Juste d'Egmont (1,46 x 1,10 m), 1674. Musée Condé, Chantilly. *BIS/Phot. Hubert Josse © Archives Larbor*

**CONDÉ (Louis Antoine Henri DE)** → Enghien (duc d')

**CONDÉ-SUR-L'ESCAUT** [59163] ➝ ÉTYM. du gaul. *condate* «confluent» ♦ Ch.-l. de cant. du Nord, arr. de Valenciennes. 10 527 hab. *(Condéens).* Anc. place forte. Restes de remparts (XVII$^e$ s.). Château des princes de Condé (XV$^e$ s.). Hôtel de ville (XVIII$^e$ s.). **Histoire** La ville, prise par l'armée autrichienne du prince de Saxe-Cobourg (juil. 1793) aux forces républicaines commandées par Custine, fut réoccupée par les Français en 1794.

**CONDÉ-SUR-NOIREAU** [14110] ➝ ÉTYM. du gaul. *condate* «confluent» (du Noireau et de la Druance) ♦ Ch.-l. de cant. du Calvados, arr. de Vire. 5 820 hab. (aggl. 7 094) *(Condéens).* Indus. automobile. **Histoire** La ville a été détruite en 1944.

**CONDÉ-SUR-VIRE** [50890] ➝ ÉTYM. du gaul. *condate* «confluent» (de la Vire et du ruisseau de Précorbin) ♦ Comm. de la Manche, arr. de Saint-Lô. 2 984 hab *(Condéens).* Indus. laitière.

**CONDILLAC (Étienne BONNOT DE)** ♦ Philosophe français (Grenoble 1715 - Abbaye de Flux, Beaugency 1780). Ayant renoncé au sacerdoce, il vint séjourner à Paris (1740) ; il y fréquenta les philosophes (Fontenelle, Rousseau, Diderot) et écrivit à cette époque l'*Essai sur l'origine des connaissances humaines* (1746) et le *Traité des sensations* (1755). De 1758 à 1767, il fut précepteur du fils du duc de Parme (pour qui il rédigea un *Cours complet d'instruction*), puis se retira à l'abbaye de Flux (1772), d'où il publia *Le Commerce et le Gouvernement considérés relativement l'un à l'autre* (1776), traité d'économie politique, où il formule une théorie de l'intérêt et de la valeur. Sa *Logique* parut en 1780 et sa *Langue des calculs* en 1798. ▪ Comme Locke*, Condillac s'est proposé d'analyser nos connaissances afin de découvrir les éléments (ou idées) simples qui les composent et à partir desquels elles s'élaborent. Mais, contrairement à Locke, il n'admet plus que les sensations comme source d'où dérivent toutes les idées et opérations mentales complexes (jugements, raisonnements), considérant ainsi le «moi» non plus comme une substance pensante existant en soi, mais comme la succession et la transformation de nos sensations. C'est le langage qui sert de fondement et de support à la pensée abstraite et réflexive grâce à l'utilisation de signes (d'où la nécessité d'une «langue bien faite»). Certaines des conceptions de Condillac sur le langage (langue comme institution humaine ; caractère conventionnel des signes linguistiques), issues des influences conjuguées de Locke et de la *Grammaire* et la *Logique* de Port-Royal, annoncent les théories linguistiques, modernes. [Acad. fr. 1768] ➝ ÉTYM. *Condillac* est un nom de lieu dans la Drôme (latin médiéval *Condilhacum,* de *Condilius* nom de personne [gaulois *Condus*] et suffixe *-acum.*)

La **Condition humaine** ♦ Roman d'André Malraux* (1933) évoquant la révolution menée à Shanghai en 1927 par le Kouo-min-tang (Guomindang) et le prolétariat communiste. Une fois son succès assuré, Tchang Kaï-chek (Jiang Jieshi) [chef du Kouo-min-tang] intime à ses anciens alliés communistes l'ordre de déposer leurs armes. L'Internationale soutenant Tchang Kaï-chek, les communistes se trouvent paralysés. Ils sont finalement écrasés par les troupes du Kouo-min-tang et leurs chefs torturés et tués. Dans ce cadre historique se déroule la tragédie des héros, tout entiers tournés vers un but dont ils se font les instruments dociles (Kyo, qui ne trouve un sens à sa vie que par la révolution ; le fanatique Tchen ; le capitaliste Ferral, soutien actif de la répression). Cependant, au-delà du but qu'ils se donnent, c'est leur destin individuel, leur condition d'homme dans toute sa complexité, dans la lenteur de son élaboration, qui est la définition de leur vie. ▪ Le roman obtint le prix Goncourt en 1933.

**CONDOM** [32100] ➝ ÉTYM. gaul. «marché *(magos)* du confluent *(condate)*» ♦ Ch.-l. d'arr. du Gers, sur la Baïse. 7 251 hab. *(Condomois).* Anc. cathédrale gothique (rebâtie de 1507 à 1531) ; cloître (remanié au XIX$^e$ s.). Hôtels des XVII$^e$ et XVIII$^e$ s. ▪ Eaux-de-vie d'Armagnac (musée).

**CONDORCET (Marie Jean Antoine Nicolas DE CARITAT, marquis DE)** ♦ Philosophe, mathématicien et homme politique français (Ribemont 1743 - Bourg-la-Reine 1794). Auteur d'un *Essai sur le calcul intégral* (1765) et d'un mémoire sur le *Problème des trois corps* (1767), il entra à l'Académie des sciences (1769) et en devint le secrétaire perpétuel. Disciple des physiocrates (→ **Quesnay**), ami de Turgot, de Voltaire et de d'Alembert, il rédigea pour l'*Encyclopédie* des articles d'économie politique, combattit la peine de mort et l'esclavage et lutta en faveur de l'égalité des droits. Député à l'Assemblée législative et à la Convention, il proposa un projet de réforme de l'instruction publique (1792). Recherché en tant que girondin lors de la Terreur, c'est dans la clandestinité qu'il écrivit *Esquisse d'un tableau historique des progrès de l'esprit humain,* où, convaincu du développement indéfini des sciences, il affirme que le progrès intellectuel et moral de l'humanité peut être assuré grâce à une éducation bien orientée. Condamné à mort, il s'empoisonna pour échapper à l'échafaud. [Acad. fr. 1782]

**CONDREN (Charles DE)** ♦ Oratorien français (Vaubuin, près de Soissons 1588 - Paris 1641). Auprès de Bérulle*, il organisa des missions rurales et lui succéda comme général de l'Oratoire* français (1629). Il fit adopter les constitutions de la congrégation.

**CONDRIEU** [69420] ➝ ÉTYM. p.-ê. du germ. *Conricus,* n. de pers. ♦ Ch.-l. de cant. du Rhône, arr. de Lyon, sur le Rhône. 3 424 hab. *(Condriots).* Fruits et primeurs. Viticulture (condrieu). ▪ Ville jadis célèbre par ses mariniers.

**CONDROZ** n. m. ➝ ÉTYM. probablt de *Condruses* «les intelligents», n. d'une tribu celtique ♦ Plateau de Belgique, situé entre la Meuse, l'Ourthe et la Lesse, séparé de l'Ardenne par la dépression de Fagne-Famenne, formé d'une alternance de crêtes arrondies gréseuses et de dépressions évasées calcaires, orientées du S.-O. au N.-E. *(Condrusiens).* **Économie** Le Condroz est une région de grandes exploitations agricoles (33,9 ha en moyenne), où les fermes de plus de 50 ha ne sont pas rares. L'exploitation du sol est mixte : 50 % de grandes cultures (3/4 de céréales, 1/4 de betteraves sucrières), 50 % de prairies et fourrages (les produits laitiers fournissent 40 % des recettes). Des bois colonisent le haut du versant N.-O. des crêtes et les versants des vallées encaissées. Le calcaire carbonifère recèle d'importantes nappes aquifères et de gros captages, notamment à Modave, alimentent la région bruxelloise. Des carrières de grès, de calcaire et de dolomie sont ouvertes sur les versants des vallées.

**CONDYLIS (Georges)** ♦ Général et homme politique grec (Trikkala 1879 - Athènes 1936). Plusieurs fois ministre des gouvernements républicains, il dirigea le coup d'État contre la dictature de Pangalos en 1926. Il fit décider par un plébiscite la restauration de la monarchie (1935) et assuma la régence jusqu'au retour du roi Georges* II.

**Confédération athénienne** ♦ Confédérations constituées par plusieurs cités grecques sous l'autorité d'Athènes. ♦ ***Première Confédération athénienne*** ou ***ligue de Délos*** Elle fut organisée par Aristide* (v. –477 - –476) dans le but de s'affranchir de la domination perse en mer Égée. Elle prit fin avec la défaite d'Athènes en –404 dans la guerre du Péloponnèse. ♦ ***Seconde Confédération athénienne*** Elle fut organisée par Aristotélès (v. –378 - –377) contre Sparte. Athènes tenta d'exploiter la situation à son avantage dès –365. La ligue fut dissoute en –338, après la victoire de Philippe* II de Macédoine à Chéronée*.

**Confédération de l'Allemagne du Nord** ♦ (1866 - 1871). Groupement autour de la Prusse des États au N. du Main, après la dissolution de la Confédération germanique (défaite autrichienne de Sadowa le 3 juil. 1866).

**Confédération du Rhin** ♦ Confédération constituée (traité de Paris, 12 juil. 1806) par seize princes allemands (dont les rois de Bavière, de Wurtemberg, les grands-ducs de Berg et de Clèves, l'archevêque de Mayence et dix princes d'Allemagne centrale et du Sud) et placée sous le protectorat de Napoléon, qui était à la tête de l'armée des confédérés. Le 6 août 1806, François* II renonçait à son titre d'empereur d'Allemagne pour celui de François I$^{er}$, empereur d'Autriche : c'était la fin du Saint Empire romain germanique. En 1811, la Confédération comprenait trente-six États ; elle se disloqua en 1813.

**Confédération française de l'encadrement-Confédération générale des cadres** [CFE-CGC] ♦ Organisation syndicale française créée en 1944, sous le nom de Confédération générale des cadres, puis à partir de 1981 sous celui de Confédération française de l'encadrement. Opposée au nivellement des salaires, elle revendique pour les cadres une responsabilité plus grande au sein de l'entreprise ainsi qu'un allégement de leur fiscalité. André Malterre (1956 - 1979), Jean Menu (1979 - 1984), Paul Marchelli (1984 - 1993), Marc Vilbenoit (1993 - 1999), Jean-Luc Cazettes (1999 - 2005), Bernard Van Craeynest (depuis 2005) se sont succédé comme présidents.

**Confédération française des travailleurs chrétiens** [CFTC] ♦ Organisation syndicale d'inspiration chrétienne fondée en 1919 et membre de la Confédération internationale des syndicats chrétiens (CISC, fondée en 1920). En 1964, la majorité des adhérents de la CFTC, renonçant à l'étiquette religieuse de leur syndicat, constituèrent la Confédération* française démocratique du travail (CFDT), tandis que la minorité (entre 80 000 et 100 000 adhérents) se prononçait pour le maintien du caractère confessionnel du syndicat. Gaston Tessier* (1919 - 1948), Maurice Boudaloux (1948 - 1953), Georges Levart (1953 - 1961), Eugène Descamps* (1961 - 1964), Jacques Tessier (1964 - 1970), Jean Bornard (1970 - 1981), Guy Drilleaud (1981 - 1990), Alain Deleu (1990 - 1993, puis président), Jacques Voisin (depuis 1993) se sont succédé comme secrétaires généraux.

**Confédération française démocratique du travail** [CFDT] ♦ Organisation syndicale fondée en 1964 par la majorité des adhérents de la Confédération* française des travailleurs chrétiens (CFTC) qui se prononcèrent pour l'abandon du caractère confessionnel de leur mouvement syndical. Longtemps favorable à l'autogestion, la CFDT, qui compte près de 500 000 cotisants et a adhéré à la Confédération mondiale du travail, délaisse depuis 1980 le syndicalisme de contestation pour un syndicalisme de proposition ; elle évolue vers une action plus pragmatique et préconise la politique contractuelle. ▪ Eugène Descamps* (1964 - 1971), Edmond Maire* (1971 - 1988), J. Kaspar (1988 - 1992), Nicole Notat (1992 - 2002), François Chérèque (depuis 2002) se sont succédé comme secrétaires généraux.

**Confédération générale du travail** [CGT] ♦ Confédération de syndicats français constituée à Limoges (1895), et qui réalisa l'unité du syndicalisme à Montpellier (1902, entrée de la Fédération des Bourses du travail), se présentant comme le «groupement des salariés pour la défense de leurs intérêts moraux et matériels, économiques et professionnels». Malgré la charte d'Amiens (1906) affirmant l'indépendance du mouvement syndical à l'égard des partis politiques, la CGT fut partagée entre différentes tendances et dominée jusqu'à la Première Guerre mondiale par les révolutionnaires et les anarcho-syndicalistes. Elle participa à la création du Conseil économique du travail. En 1920, l'échec de la grève générale réduisit considérablement ses effectifs (alors de 2 millions). Les anarcho-syndicalistes et socialistes majoritaires (qui avaient rejoint les communistes lors du congrès de Tours*, 1920) se séparèrent de la CGT, après leur échec au congrès de Lille (1921), et constituèrent la CGTU (Confédération générale du travail unitaire, 1922) qui adhéra à l'Internationale syndicale rouge (1923). Réunifiées au congrès de Toulouse (1936), CGT et CGTU adhérèrent au programme de Front* populaire et signèrent avec la Confédération générale du patronat français les accords de Matignon* (juin 1936). Dissoute par le gouvernement de Vichy (1940), la CGT est contrôlée, depuis la fin de la Deuxième Guerre mondiale, par les représentants de la tendance communiste. Elle adhéra à la Fédération* syndicale mondiale, ce qui provoqua de nouvelles scissions au sein du mouvement syndical avec la formation de la Confédération nationale du travail (CNT, 1946), anarcho-syndicaliste, et de la CGT-FO (Force ouvrière, 1948), réformiste. La CGT, qui constitue la centrale syndicale la plus importante, compte actuellement env. 710 000 adhérents. ▪ Léon Jouhaux* (1909 - 1947), Benoît Frachon* (1944 - 1967), Georges Séguy* (1967 - 1982), Henri Krasucki (1982 - 1992), Louis Viannet (1992 - 1999), Bernard Thibault (depuis 1999) se sont succédé comme secrétaires généraux.

**Confédération générale du travail-Force ouvrière** [CGT-FO] ♦ Organisation syndicale constituée en 1948 par la scission de la Confédération* générale du travail (CGT) que quittèrent, avec L. Jouhaux*, les syndicalistes opposés à l'influence communiste prédominante. De tendance réformiste, favorable à la politique contractuelle, la CGT-FO, dirigée successivement par Léon Jouhaux (1948 - 1954), Robert Bothereau (1954 - 1963), André Bergeron* (1963 - 1989), tendit sous l'impulsion de Marc Blondel (1989 - 2004) puis de Jean-Claude Mailly (2004) à évoluer vers un syndicalisme plus contestataire. Elle est affiliée à la Confédération* internationale des syndicats libres.

**Confédération germanique** – en all. ***Deutscher Bund*** ♦ (1815 - 1866). Confédération groupant trente-neuf membres, issue du congrès de Vienne*. Elle était inspirée de la Confédération* du Rhin et différait sensiblement du Saint Empire. L'empereur d'Autriche n'en était que président. Œuvre de Metternich*, elle déçut les espoirs des libéraux comme ceux des partisans de l'unité, car l'esprit particulariste triompha à la diète de Francfort, vouant l'Allemagne à la dispersion et à l'inertie. Par la suite, partisans de la «Grande Allemagne» et de la «Petite Allemagne» s'affrontèrent sans que la victoire des derniers amenât un résultat positif (1848 - 1850). La Confédération germanique fut dissoute quand la Prusse l'emporta définitivement sur l'Autriche en 1866.

**Confédération internationale des syndicats libres** [CISL] ♦ Formée en 1949, elle a son siège à Bruxelles. Elle est née d'une scission au sein de la Fédération* syndicale mondiale (tendance communiste) que quittèrent successivement les syndicats européens, de tendance plus réformiste. La CGT-FO (française) y donna également son adhésion.

**confucianisme**

n. m. ♦ Doctrine philosophique et religieuse chinoise qui se recommande de Confucius* encore que son contenu soit loin de toujours remonter au maître. Le corpus des Classiques *(jing)* confucéens comprend deux groupes d'œuvres. En font partie cinq œuvres attribuées au maître pour tout ou partie, le «Classique (ou Canon) des vers» (→ **Shijing**), le «Classique des événements», le «Classique des mutations» (→ **Yijing**), les «Cérémonies et rites de Zhou» et les «Annales de Lu» (ou «Printemps et Automnes») ; il y avait aussi un «Classique de la musique», auj. disparu. Par la suite, d'autres Classiques furent ajoutés à la liste (treize au total à la fin de l'empire). Parmi les œuvres tardives, le philosophe Zhu*, à l'origine de l'école néoconfucéenne, compta le *Lunyu* («Entretiens»), aphorismes recueillis des lèvres de Confucius. Initialement, la doctrine confucéenne proposait un modèle d'homme, le *junzi*, comparable selon Étiemble* à celui du *kalos kagathos*, l'homme bel et bon des Grecs, ou encore au gentilhomme au sens anglais. Ce modèle de sagesse individuelle, fondé sur la bienveillance et la correction morale, se propagea grâce à de grands auteurs (→ **Mencius**) dans tout l'Extrême-Orient (Corée, Japon) et même jusqu'en Occident, où Voltaire* l'utilisa dans son combat contre l'absolutisme. Mais la doctrine individuelle n'était en rien rigide. Adaptable, elle évolua vers une idéologie officielle, en particulier sous les Han* (–206 - 220). L'accent fut alors mis sur les aspects sociaux et le modèle devint celui de l'idéal de la classe dirigeante : le propriétaire terrien, cultivé et engagé dans l'organisation sociale et économique de son terroir. Sous les Song* (960 - 1279), autour de l'an 1000, le bouddhisme, qui était hégémonique depuis le V^e s., fut balayé par une renaissance politique, économique et intellectuelle (retour aux traditions classiques). Le confucianisme, auquel s'ajoutèrent des influences bouddhiques et taoïques, devint un modèle à prétention universelle, qui affirmait l'identité entre l'ordre humain et l'ordre naturel, cosmique. Le rôle de l'empereur devenait fondamental dans la préservation de l'équilibre du monde. Le confucianisme connut par la suite quelques évolutions, mais surtout une longue décadence en une doctrine paralysante et obscurantiste. La chute de l'empire acheva de le discréditer, bien que Sun* Yat-sen ait eu l'intention de l'intégrer à la constitution de la nouvelle Chine. Les communistes le considérèrent, très négativement, comme une idéologie réactionnaire propre à la Chine féodale, même si nombre de dirigeants le révéraient en privé, ou en incarnèrent peu ou prou le modèle sans l'avouer (Mao Zedong) ou ouvertement (Lin Biao). Sous Deng Xiaoping, à partir de 1980, les études confucéennes ont repris et des anniversaires ont même été organisés par le pouvoir. À Taiwan, le confucianisme est partie vivante de l'idéologie nationaliste de l'État.

**Confédération paysanne** ♦ Syndicat d'agriculteurs créé en 1987 pour s'opposer aux politiques agricoles de l'OMC et de l'Union européenne, notamment le productivisme. Il défend l'agriculture biologique (luttre contre les OGM), la biodiversité et des échanges internationaux équitables. L'un de ses fondateurs, José Bové, en a été le porte-parole de 1999 à 2004.

**Conférence sur la sécurité et la coopération en Europe** [CSCE]
→ **Organisation pour la sécurité et la coopération en Europe**

La **Confession d'un enfant du siècle** ♦ Roman semi-autobiographique de A. de Musset* (1836), qui transpose largement les amours de l'auteur avec George Sand*. Analyse profonde «d'une maladie morale abominable», l'incapacité de s'arracher au scepticisme, ce livre fut écrit par Musset «pour ceux-là... qui souffrent du même mal».

Les **Confessions** ♦ Ouvrage de saint Augustin* (397 - 401), en 13 livres. Les 9 premiers racontent sa jeunesse, ses erreurs et sa conversion au christianisme, jusqu'à la mort de Monique*, sa mère. Les suivants sont une méditation sur Dieu, le temps, la mémoire et un commentaire des premiers versets de la Genèse. Cette œuvre a exercé une immense influence sur les esprits durant toute la période classique.

Les **Confessions** ♦ Récit autobiographique en 12 livres de J.-J. Rousseau* (posth. 1782 et 1789). Désir de justification de la part de Rousseau (il veut rendre son cœur «transparent comme le cristal»), illustration de ses théories sur la nécessité de l'état de nature, cette œuvre se veut également utile à l'étude des hommes. D'abord «histoire» par son aspect chronologique, c'est une succession de moments privilégiés, sous forme de tableaux charmants *(La Cueillette des cerises)* ou de portraits romanesques (M^me de Warens), livrés par la mémoire affective de Rousseau. Suivant une construction musicale se font écho les thèmes du bonheur *(Nuit au bord de la Saône)* et de la rêverie *(Les Voyages à pied)* au sein de paysages champêtres, «les seuls dont l'œil et le cœur ne se lassent jamais». Sur le récit se greffent nombre d'analyses pénétrantes du flux d'émotions que le souvenir ramène, et la vivacité du conteur laisse alors la place à la pénétration du psychologue *(Le Ruban volé)*. La tonalité du style est également très variée : vif ou romanesque pour évoquer l'enfance et la jeunesse (livres I à VI), il devient pathétique pour retracer les terreurs de Rousseau, de 1740 à 1765 (livres VII à XII) ou lyrique quand il s'agit d'immortaliser un moment exceptionnel *(Soirée avec Mme d'Houdetot)*.

**CONFIANT (Raphaël)** ♦ Écrivain français (Le Lorrain 1951). Après quelques œuvres en créole comme la nouvelle *Jik Dèyè do Bondyé* (1979), le poème *Jou Baré* (1981) ou les romans *Bitako-a* (1985), *Marirosé* (1987), il choisit le français et, dans une écriture iconoclaste et passionnée, écrivit une vingtaine d'ouvrages dont *Le Nègre et l'Amiral* (1988), *Eau de café* (1991), *Bassin des ouragans* (1994), *Nuée ardente* (2002), *La Panse du chacal* (2004) ainsi qu'un livre-hommage à Aimé Césaire : *Aimé Césaire, une traversée paradoxale du siècle* (1993). Il est le grand défenseur de la créolité avec Jean Bernabé et Patrick Chamoiseau*.

**CONFLANS** → Albertville

**CONFLANS** ou **CONFLANS-L'ARCHEVÊQUE** ♦ Écart de la comm. de Charenton-le-Pont (Val-de-Marne). ▮ **Histoire** Les archevêques de Paris y possédaient un château. Par le traité de Conflans (5 oct. 1465), Louis XI mit fin à la guerre de la ligue du Bien public (→ **Louis XI, Charles le Téméraire**).

**CONFLANS-SAINTE-HONORINE** [78700] ◆ ÉTYM. du lat. *confluens* «confluent» et du n. de *sainte Honorine* dont les reliques sont conservées dans l'église Saint-Maclou (→ aussi Coblence, Conflent, Confolens) ♦ Ch.-l. de cant. des Yvelines, arr. de Saint-Germain-en-Laye, sur la Seine, près de son confluent avec l'Oise. 33 327 hab. *(Conflanais)*. Ruines d'un château féodal. ▪ Important centre de la batellerie (musée). Port fluvial. Indus. diversifiées.

**CONFLENT** n. m. ◆ ÉTYM. du lat. *confluens* «confluent» (→ aussi Conflans-Sainte-Honorine) ♦ Région du Roussillon (Pyrénées-Orientales), de part et d'autre de la vallée de la Têt. Cultures maraîchères et fruitières.

**CONFOLENS** [kɔ̃fɔlɑ̃] [16500] ◆ ÉTYM. du lat. *confluens* «confluent» [de la Vienne et du Goire] (→ aussi Coblence, Conflans-Sainte-Honorine) ♦ Ch.-l. d'arr. de la Charente, sur la Vienne. 2 855 hab. *(Confolentais)*. Église romane Saint-Barthélemy (XIe - XIIe s.). Église Saint-Maxime (XVe s.). Vestiges d'une forteresse du XIIe s. ▪ Festival international du folklore.

**Confrérie de la Passion** ♦ Association théâtrale fondée en 1402 par Charles VI. Composée de bourgeois, d'artisans ou d'étudiants, elle était à l'origine vouée à la représentation du théâtre religieux (mystères). Ce premier théâtre permanent en France perdit son droit de représentation sacrée en 1548. Dès lors, la Confrérie accueillit des troupes à l'Hôtel de Bourgogne* jusqu'en 1676, date de sa dissolution par Louis XIV.

**CONFUCIUS** ◆ ÉTYM. forme latinisée, répandue depuis le XVIIe s., chin. ***Kongfuzi, K'ong-fou-tseu, Kongzi*** ou ***K'ong-tseu*** «maître Kong» ♦ Philosophe chinois (État de Lu, auj. Shandong, v. –555 - *id.* v. –479) dont les enseignements et les idées, recueillis par ses disciples, ont influencé toute la civilisation de la Chine jusqu'à nos jours. On ne connaît de sa vie que ce qui transparaît dans le *Lunyu* («Entretiens» recueillis par ses disciples) et ce qu'en dit l'historien Sima* Qian dans ses *Mémoires* historiques* qui d'ailleurs dérivent ici du *Lunyu*. La doctrine de Confucius a profondément pénétré la civilisation chinoise jusqu'à aujourd'hui (→ **confucianisme**). Il a été connu en Occident, ainsi que son disciple Mencius*, par l'intermédiaire des jésuites. Sa morale fait l'éloge de la vertu modérée, reposant sur une pensée conceptuelle claire : de la pensée correcte découlera la conduite droite. Confucius prône le respect des usages et la conformité sociale. Son idéal est le *junzi*, l'«homme bien né» ; mais la vertu est pour lui aussi importante que la naissance. On retrouve chez Confucius des débats classiques dans la pensée occidentale.

**CONGAR (Yves)** ♦ Théologien dominicain français (Sedan 1904 - Paris 1995). De l'œcuménisme*, dont il fut l'ardent promoteur, à la réflexion sur le rôle des laïcs ou la réforme dans l'Église, son œuvre théologique inscrit dans la perspective de la Révélation les engagements apostoliques auxquels il fut lié. Expert au concile Vatican II, il y joua un rôle important. Il fut élevé à la dignité de cardinal en 1994. Œuv. princ. : *Chrétiens désunis* (1937), *Vraie et Fausse Réforme dans l'Église* (1950), *Jalons pour une théologie du laïcat* (1953), *La Tradition et les Traditions* (1960 - 1963), *Je crois en l'Esprit saint* (1979 - 1980), *Diversités et Communion* (1982), *Martin Luther. Sa foi. Sa réforme* (1983).

**CONGO** ou **ZAÏRE** n. m. ♦ Fl. d'Afrique équatoriale, le deuxième du continent par sa longueur (4 350 km), et le deuxième du monde par son débit (75 000 m³/s). Son bassin forme un cuvette de 3 450 000 km². La majeure partie de son cours est navigable (régime régulier), mais il est coupé de rapides qui le fractionnent en aires économiques et culturelles. Il prend sa source dans le Katanga puis forme la puissante Lualaba en recevant la Luapula et la Lukuga, l'émissaire du lac Tanganyika. Après les rapides de Stanley, il atteint Kisangani ; il amorce un arc de cercle vers l'O. et traverse l'équateur à Mbandaka, reçoit l'Oubangui sur sa rive d. (frontière entre le Congo-Brazzaville et le Congo-Kinshasa). Il se grossit ensuite de la Sangha et de la Kasaï puis s'élargit dans le Malebo* Pool (Brazzaville et Kinshasa). Il gagne la mer en descendant de 277 m en 150 km (rapides de Livingstone avec les chutes d'Inga, usine hydroélectrique, port de Matadi). Il se jette dans l'océan Atlantique par un estuaire de 150 km de long encombré de mangroves. Appelé Congo par les Portugais qui prirent contact avec le royaume de Kongo (D. Cão en 1482), et par les Congolais de Brazzaville. Il fut baptisé Zaïre en 1971 par le président Mobutu, originaire de la région moyenne du fleuve où il reçoit le nom local de *Nzadi* («fleuve»). Il a repris son ancien nom en 1997.

## CONGO

▮ n. m. – off. ***république du Congo,*** jusqu'en 1965 ***Congo-Brazzaville*** ◆ ÉTYM. du nom du fl. ♦ Pays d'Afrique équatoriale traversé par l'équateur. 341 821 km². 3 928 000 hab. *(Congolais)*. LANGUES : français (off.), kikongo, lingala, munukutuba, sangho, toba. POPULATION : Bakas (Pygmées), Kongos, Kwélés, Tékés, Vilis. RELIGIONS : catholiques, protestants, animistes, musulmans. MONNAIE : franc CFA. CAPITALE : Brazzaville. RÉGIME : présidentiel. 10 régions.

▮ **GÉOGRAPHIE** Le pays est constitué, au N., d'une région forestière drainée par les affluents du Congo (Oubangui*, Sangha, Alima), fleuve qui, avec l'Oubangui, forme la frontière avec la République démocratique du Congo. Les plateaux tékés, au centre, donnent naissance à de petites rivières qui alimentent le Congo et le principal affluent du Kouilou, le Niari. Cette vallée fertile est bordée, sur sa rive gauche, par les monts peu élevés du Mayombé. Le Kouilou prend sa source dans les monts Du Chaillu (mont Biroungou, 903 m) au N.-O. près de la frontière gabonaise. La plaine littorale est étroite. La principale culture vivrière est le manioc qui a remplacé le maïs introduit par les Tékés à l'époque des comptoirs. Jusqu'en 1970, le Congo tirait l'essentiel de ses ressources de la forêt tropicale (acajou, ébène, limba, okoumé) et des cultures de plantations (canne à sucre dans la vallée du Niari ; palmier à huile dans celle de la Sangha). Le café et le cacao sont cultivés sur les hauteurs. Aujourd'hui, le pétrole (13 millions de t en 2008) compte pour 90 % des exportations et assure 58 % de son PIB. L'or et le diamant sont exploités dans le Mayombé (le Congo a réintégré le processus de certification de Kimberley en nov. 2007). Il existe des gisements de phosphates près de Pointe-Noire et des réserves de cuivre, de zinc et de plomb. Pointe-Noire est la capitale économique et possède une raffinerie de pétrole. Dans le reste du pays, à partir de Brazzaville, les rivières sont les seules voies de communication importantes.

**Congo.**

**▮ HISTOIRE** Les Pygmées semblent être les premiers habitants de la région. Des populations de langue bantoue pratiquant la métallurgie du fer et l'agriculture apparurent dans le pays au Ier millénaire avant notre ère. À l'arrivée des Européens, à la fin du XVe s., des royaumes structurés, sur la côte (Moanda → **Gabon**) et dans l'intérieur (→ **Tékés**), participaient aux échanges. Au XVIe s., les Portugais baptisèrent Punta Negra le site actuel de Pointe-Noire. **▮ La colonisation française** La pénétration européenne débuta vers 1875 avec P. Savorgnan de Brazza* qui fit accepter, en 1880, un traité de souveraineté au *makoko* (roi) des Tékés, Ipo Ier, tandis que Cordier en 1883 négociait un traité de reconnaissance sur le royaume de Loango*. La colonie du Congo français fut fondée en 1891 et des compagnies concessionnaires se partagèrent le territoire. Lors de la création de l'Afrique-Équatoriale française (avec Brazzaville pour capitale) en 1910, les régions explorées par Brazza furent divisées en deux territoires, le Gabon à l'O. et le Congo à l'E. En 1911, les compagnies, qui s'étaient rendues coupables d'exactions envers les populations, furent dessaisies de la majeure partie de leurs territoires. La réaction anticoloniale se manifesta entre les deux guerres par l'apparition en milieu bakongo de mouvements prophétiques nés du christianisme (kibangisme, matswanisme, kakisme). **▮ L'indépendance ▮ *Fulbert Youlou*** L'abbé Fulbert Youlou tira parti de ce contexte en 1955 pour évincer les chefs politiques locaux et accéder au poste de Premier ministre (1958). République au sein de la Communauté en 1958, le Congo accéda à l'indépendance complète en 1960, sous la présidence de Fulbert Youlou. **▮ *L'instabilité et les guerres civiles*** Ce dernier fut renversé en 1963 par une révolution populaire (les « Trois Glorieuses ») qui imposa Massemba-Débat. La destitution de ce dernier par l'armée en 1968 ouvrit une période d'instabilité marquée par l'accession au pouvoir du capitaine N'Gouabi, qui donna au pays son titre de République populaire. Assassiné en 1977, N'Gouabi fut remplacé par le général Yhombi-Opango qui fut lui-même destitué en 1979 par le colonel Sassou-Nguesso, son second. Tout d'abord pro-soviétique et marxiste-léniniste, le régime évolua vers un libéralisme pragmatique durant les années 1980. En 1990, sous la pression des syndicats et des Églises, le pouvoir autorisa le multipartisme et le président Nguesso s'effaça progressivement. En nov. 1992, un civil, Pascal Lissouba, accéda à la présidence mais la victoire de la coalition au pouvoir aux élections législatives de 1993 fut vivement contestée par l'opposition, dont les milices s'opposèrent aux milices progouvernementales et à l'armée au cours de violents affrontements à Brazzaville en 1993 et 1994. Une guerre civile, ponctuée de massacres, opposa le président Sassou Nguesso (oct. 1998) à l'ancien président Lissouba sur fond d'intérêts pétroliers. Vainqueur, Nguesso revint au pouvoir et fit adopter en 2002 une nouvelle constitution qui étendit ses pouvoirs. L'acquittement, en 2005, des membres de l'armée et de la police aux ordres de S. Nguesso, dans l'affaire du Beach de Brazzaville (disparition, en 1999, de réfugiés congolais rapatriés) et la réélection de Nguesso en 2009 avec 78,61 % des voix et une abstention record sont dénoncés par l'opposition.

## CONGO

**▮** n. m. – off. ***république démocratique du Congo***, dite ***Congo-Kinshasa*** anc. ***république du Zaïre*** autref. ***Congo belge*** ◆ **ÉTYM.** du nom du fl. ♦ Pays d'Afrique centrale. 2 345 000 km². 66 832 000 hab. *(Congolais)*. LANGUES : français (off.), souahéli, tchilouba (Sud), kikongo (bas Congo), lingala (moyen Congo) comme langues nationales ; nombreuses langues régionales. POPULATION : une demi-douzaine de groupes ethniques (250 sous-groupes) en grande partie d'origine bantoue comme les Kongos, les Kubas*, les Lubas*, les Lundas*, les Tékés* ; des Nilotiques et des Pygmées (Bambutis, Akas, Twas). RELIGIONS : chrétiens, musulmans, animistes. MONNAIE : franc congolais. CAPITALE : Kinshasa. RÉGIME : présidentiel. 10 régions.

**▮ GÉOGRAPHIE** Le Congo s'étend sur la majeure partie du bassin du fleuve Congo* et constitue le deuxième État d'Afrique noire après le Soudan. Son relief est caractérisé par la grande cuvette congolaise au centre, dont les bords sont relevés à l'E. (plateaux annonçant la crête Congo-Nil), au S. (plateaux du Katanga) et à l'O. (collines du Mayombe et plateau téké). Le pays, traversé par l'équateur, est doté d'un climat équatorial avec toutes les variations correspondant à l'altitude à l'E. et au S. Le centre est le domaine de la forêt dense. Les plateaux du S. sont caractérisés par une végétation tropicale de savane arborée avec des forêts-galeries dans les vallées.

**▮ ÉCONOMIE** Les hauts plateaux et la région occidentale des lacs à l'E. sont favorables à l'élevage et aux cultures d'altitude (→ **Albert [lac], Édouard [lac], Kivu, Tanganyika**) ; la forêt primaire couvre les reliefs volcaniques (→ **Ruwenzori**). L'agriculture vivrière produit du maïs, du manioc, du riz, des patates douces, des ignames, des bananes. Le Congo est formé de trois régions économiques distinctes et complémentaires. Le N. et l'E. sont essentiellement agricoles ainsi que le bas Congo ; le cheptel est en légère diminution ainsi que les grandes cultures industrielles qui portent sur

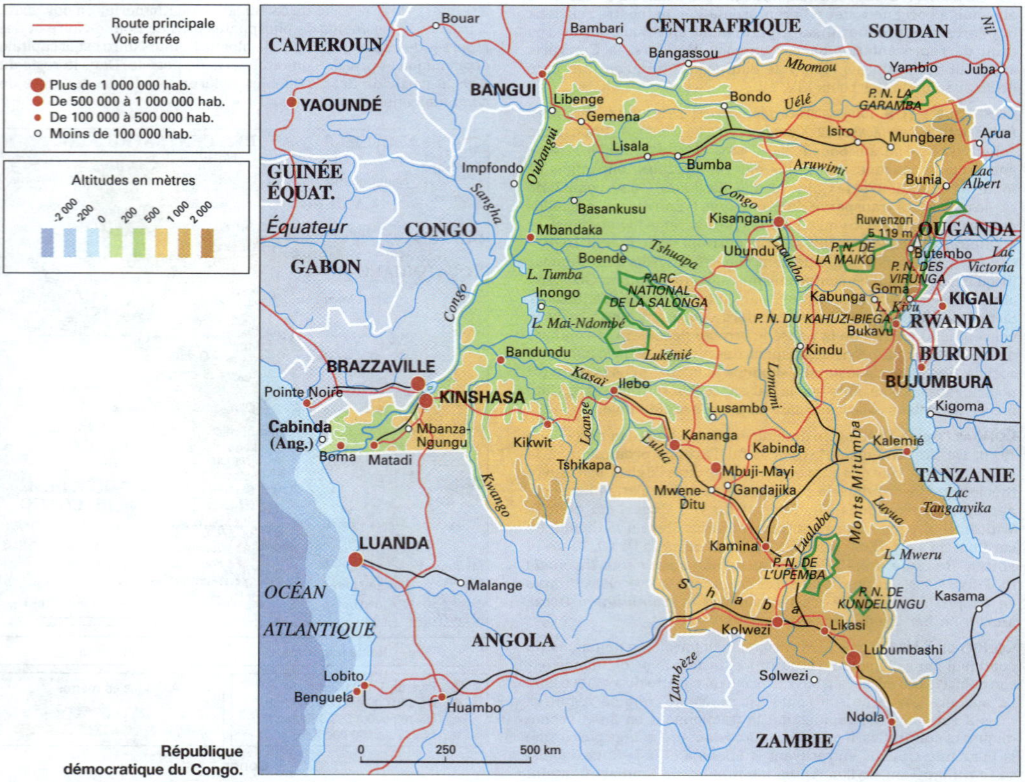

République démocratique du Congo.

République démocratique du Congo | Productions en 2008

| Produits | Quantités | Rang |
|---|---|---|
| **Agriculture** | | |
| Arachides | 370 000 t | |
| Cacao | 6 000 t | 20e |
| Café | 33 000 t | |
| Canne à sucre | 1 500 000 t | |
| Caoutchouc naturel (2009) | 18 000 t | |
| Coton fibre | 20 000 t | |
| Maïs | 1 100 000 t | |
| Manioc | 15 000 000 t | 5e |
| Bovins (têtes) | 760 000 | |
| Caprins (têtes) | 4 000 000 | |
| **Mines et énergie** | | |
| Cuivre | 150 000 t | |
| Diamants | 28 000 000 carats | 2e |
| Étain | 5 000 t | |
| Pétrole | 1 300 000 t | |

l'hévéa, le palmier à huile, la canne à sucre, le coton et l'arachide dans la forêt dense, le thé et le café en altitude dans la région du lac Kivu. Les grandes richesses minières du Congo se trouvent dans le S., au Katanga ; on exploite le minerai de cuivre dans la partie congolaise de la Copper Belt (10 % des réserves mondiales) qui se prolonge jusqu'en Zambie, ainsi que le cobalt et l'uranium ; le Kasaï plus au N., produit du diamant industriel, production en forte progression ; le Kivu est riche en or, en étain et surtout en coltan (qui entre dans la fabrication des téléphones portables). Le pétrole est exploité en mer près de Moanda. La région de Kinshasa concentre une grande partie de la population, la petite industrie alimentaire et la plupart des services. Le barrage d'Inga, en amont de Matadi, a une capacité de 4 milliards de kWh dont une grande partie est inutilisée. Les troupes venues du Rwanda et de l'Ouganda pendant la guerre pour assurer la sécurité ont exploité illégalement les ressources naturelles dans l'est du pays, laissant la région dévastée. Les entreprises minières ne versent à l'État que des redevances dérisoires.

**HISTOIRE** **La préhistoire et l'Antiquité** On a découvert des outils de pierre de 2 millions d'années au N. du lac Édouard. Les ancêtres des Pygmées furent probablement les premiers habitants de la forêt primaire qui recouvrait la cuvette congolaise. Des agriculteurs de langues bantoues arrivèrent sur les bords du fleuve au seuil de notre ère. Ils évitèrent la forêt dense et, au Ier millénaire, peuplèrent la côte et les plateaux de l'E. et du S. Ils pratiquaient la métallurgie du fer et du cuivre et créèrent des chefferies et des royaumes (Kongo dans le bas Congo). **Des Lubas aux Nyams-Nyams et la traite des Noirs** Les Portugais découvrirent l'embouchure du fleuve à la fin du XVe s. Au XVIe s., dans le S., les Lubas dominèrent un vaste espace entre le Tanganyika et la rivière Kasaï. Au siècle suivant, une fraction de guerriers lubas fut à l'origine de l'Empire lunda qui domina les savanes du S. grâce au développement du commerce entre l'Atlantique et l'océan Indien, fondé sur la circulation de croisettes de cuivre utilisées comme monnaie. Mwata Yamvo (1660 - 1675) fut le constructeur de l'empire. Le XVIIe s. consacra la dislocation de cet empire et la formation de royaumes comme le Kazembe, autour du lac Bangweulu, celui des Lelés, des Yakas, des Kubas et, à la frontière angolaise, des Tchokwés. Au N., depuis le XVIIe s., les Tékés assuraient les échanges sur le fleuve en aval du Malebo* Pool. Au N. des grands lacs, la traite négrière qui dévastait l'Afrique orientale eut une influence profonde sur la région. La domination des populations originelles par des envahisseurs esclavagistes venus du N. profita au début du XIXe s. à une tribu, les Azandés, surnommés les Nyams-Nyams par les explorateurs. **Le Congo belge** Les Européens ne pénétrèrent que fort tard à l'intérieur du pays. L'exploration du fleuve fut assurée de 1874 à 1884 par Stanley* pour le compte de l'Association internationale africaine créée à l'initiative du roi des Belges Léopold II. Il se fit un allié de l'esclavagiste Tippo Tib, un commerçant souahéli qui s'était taillé un fief dans l'E. En 1885, à la conférence de Berlin, Léopold II se fit attribuer le territoire qui prit le nom d'État libre du Congo, qui avait seul le droit de négocier le caoutchouc et l'ivoire. Les circuits commerciaux traditionnels ne fonctionnèrent plus et l'oppression qui s'était abattue sur les populations souleva en Europe une campagne d'opinion qui poussa la Chambre des députés belges à accélérer le transfert du territoire à la Belgique (1908). Entre-temps, l'Union minière du Haut-Katanga (Shaba), créée en 1906, avait commencé à produire du cuivre, et le diamant avait été découvert dans le Kasaï en 1907. Après la Première Guerre mondiale, à laquelle les Congolais participèrent en occupant, en 1916, le Rwanda, le Burundi (Urundi) et une partie du Tanganyika, le caoutchouc laissa la place à la culture du palmier à huile et du coton. Le Congo belge participa directement au deuxième conflit mondial en livrant son cuivre et surtout son uranium qui servit de matière fissile aux deux premières bombes atomiques. La colonisation belge ne suscita pas l'émergence d'élites politiques locales, et la coexistence entre les deux communautés ressemblait souvent à un apartheid tempéré par la présence massive des missions chrétiennes. Des sectes syncrétistes, comme le kibanguisme, inspirées de sectes chrétiennes américaines, fondées entre les deux guerres, eurent une attitude très critique envers l'administration. À la fin des années 1950, le Congo belge se trouva dépourvu du personnel politique et technique prêt à prendre la relève alors que les autres pays faisaient leurs derniers pas vers l'indépendance. **L'indépendance** En 1959, des troubles graves éclatèrent à Léopoldville. Les autorités y répondirent par une table ronde réunissant les principaux dirigeants congolais à Bruxelles. L'indépendance fut fixée par le Parlement belge au 30 juin 1960. Une campagne électorale pour l'élection d'un gouvernement congolais fit apparaître un clivage entre les tenants d'une solution confédérale et les partisans d'un État fort centralisé représentés par Patrice Lumumba*, chef du Mouvement national congolais (MNC). Celui-ci fut nommé Premier ministre et Joseph Kasavubu devint chef de l'État. **La guerre civile** Plusieurs provinces demandèrent leur indépendance, dont le Katanga*, la région la plus riche du pays gouvernée par Moïse Tschombé. L'horrible guerre civile qui s'ensuivit fut marquée par l'intervention de mercenaires étrangers, de casques bleus de l'ONU et par l'assassinat de Lumumba en janv. 1961. La province rebelle retourna au gouvernement central en 1963. Un gouvernement autonome dirigé par Gisenga, héritier de Lumumba, s'établit à Stanleyville (Kisangani) en 1964. **Le Zaïre de Mobutu** À la fin de 1964, le commandant en chef, le général Mobutu*, s'empara du pouvoir. En 1971, il lança une campagne pour un « retour à l'authenticité » (adoption de noms africains pour les individus, les villes et le pays qui s'appela alors Zaïre). Une crise économique aiguë toucha le pays en 1973 avec la baisse des cours du cuivre et la hausse de ceux du pétrole. L'absence de gestion et la corruption engendrèrent une inflation vertigineuse. En 1977, d'anciens « gendarmes katangais », venus d'Angola, envahirent le Shaba, entraînant une intervention marocaine, puis française et belge l'année suivante après une attaque sur la cité minière de Kolwesi. Chef du Mouvement populaire de la révolution (MRP), parti unique depuis 1967, le président Mobutu convoqua une conférence nationale en 1990 en promettant l'instauration du multipartisme. Mais l'expérience tourna court en 1993 après le refus du Premier ministre, Étienne Tshisekedi, de se soumettre au chef de l'État. Des troubles communautaires éclatèrent au Shaba et au Kivu, tandis que les événements dramatiques du Rwanda en 1994 poussaient dans la province congolaise du Kivu près d'un million de réfugiés hutus. **Les Kabila** En 1996 - 1997, la rébellion de Laurent-Désiré Kabila, originaire du Katanga, aidé par l'Ouganda et le Rwanda, entra dans Kinshasa, chassant le président Mobutu (1997). Le nouveau chef de l'État redonna au pays son ancienne appellation de République démocratique du Congo et s'opposa à l'enquête de l'ONU sur la disparition de 200 000 réfugiés hutus pourchassés par l'armée rwandaise. En 1998, les corps expéditionnaires ougandais et rwandais s'opposèrent à leur renvoi par le président Kabila qui demanda l'aide de l'Angola, de la Namibie et du Zimbabwe. Son fils Joseph Kabila, qui lui succéda après son assassinat en janv. 2001, entreprit des pourparlers de paix avec les rebelles soutenus militairement par le Rwanda et l'Ouganda (signature d'un accord de paix avec ces deux pays en juil. 2002). En dépit de « pourparlers de paix » entre les chefs d'État congolais et rwandais, et de la présence d'une force de l'ONU, les incursions rwandaises et les rébellions armées continuent dans le Kivu*, celle de nov. 2008, menée par Laurent Nkunda du Congrès national pour la défense du peuple (CNDP) conduisant au massacre de la population civile. Un rapprochement inattendu entre la RDC et le Rwanda a donné lieu à une opération militaire conjointe dans le Kivu contre les guérillas hutu et tutsi en janv. 2009, ajoutant elles-mêmes aux exactions contre les populations (plus de 4 millions de morts dans la décennie).

**CONGONHAS** ♦ V. du Brésil (État du Minas Gerais). 30 000 hab. Église Bom Jesus de Matosinhos abritant les sculptures de l'Aleijadinho*, avec notamment, sur le parvis, les douze prophètes.

**Congrégation (la)** ♦ Association religieuse fondée à Paris (1801) sous le nom de Congrégation de la Sainte-Vierge par un ancien jésuite, l'abbé Delpuits ; supprimée sous l'Empire (1809), reconstituée en 1814, elle avait plusieurs filiales en province et regroupait des représentants de l'aristocratie, des magistrats. Certains de ses représentants appartenaient à l'association des chevaliers de la Foi, au service du trône et de la religion (→ **ultras**). Critiquée par les milieux gallicans et libéraux, qui la firent passer pour un système de gouvernement occulte, la Congrégation fut dissoute en 1830.

**Congress of Industrial Organizations** [CIO] → **American Federation of Labor-Congress of Industrial Organizations**

**CONGREVE (William)** ♦ Auteur dramatique anglais (Bardsey 1670 - Londres 1729). Réagissant contre le puritanisme de la période précédente, il a composé des drames et des comédies où l'habileté de l'intrigue se conjugue avec une grande liberté de langage : *Le Vieux Garçon* (1693), *Le Fourbe* (1694), *Amour pour amour* (1695) et surtout *Le Train du monde* (1700) qui dénonce l'hypocrisie des conventions sociales et, à travers l'histoire du jeune gentleman Mirabell et de la coquette Millamant, appelle à transformer les rapports entre homme et femme, faussés par la « bienséance ».

**CONGREVE (sir William)** ♦ Officier britannique (Woolwich 1772 - Toulouse 1828). Il conçut la fusée qui porte son nom (1804).

**CONGREVE (Richard)** ♦ Philosophe britannique (Leamington, Warwickshire 1818 - Hampstead, près de Londres 1899). Auteur d'un ouvrage sur la politique d'Aristote et d'une *Histoire de l'Empire romain*, il fut un des principaux disciples en Angleterre d'Auguste Comte et publia un *Catéchisme de religion positive* (1858).

**CONI** → Cuneo

**CONJEEVARAM** → Kanchipuram

**CONNACHT** ou **CONNAUGHT** n. m. ◆ ÉTYM. en gaél. *Connachta*, du n. de *Conn* (V. ci-dessous) ou de l'irl. *connadh* «bois de chauffage» ♦ Prov. de la rép. d'Irlande qui comprend les comtés de Galway, Leitrim, Mayo, Roscommon et Sligo. 17 122 km². 504 121 hab. CAP. : Galway. Dans cette région au climat océanique très pluvieux, les sols médiocres ne permettent qu'un élevage extensif. La lande et les tourbières règnent dès que l'altitude s'élève. Profondément marqués par des formes d'origine glaciaire, les paysages désolés, aux arbres rares, constituent les «dernières solitudes de l'Europe». Galway en est le principal centre et le Connemara*, la principale région touristique. La population vieillie est marquée par un fort taux de célibat masculin, et l'émigration reste importante. Le Connacht demeure la région la plus gaélique d'Irlande avec de nombreux *Gaeltachts* (régions où le maintien de la langue irlandaise est encouragé par le gouvernement). ▮ **Histoire** Le royaume de Connacht aurait été fondé au IIe s. par Conn, un héros semi-légendaire. Gouverné par les Du Bourg du XIIIe au XVe s., puis rattaché à la Couronne, le Connacht fut un lieu de refuge pour les Irlandais persécutés («En Connacht ou en enfer», Cromwell), puis au XIXe s., l'une des régions les plus touchées par la grande famine.

**CONNECTICUT** n. m. ◆ ÉTYM. de l'algonquin *Quonektacut (Quonehtacut, Quinnitukut)* «la grande rivière», littéralement «la rivière sans fin» (→ aussi Amour, Guadalquivir, Mékong, Mississippi, Rio Grande, Volga, Yukon, Zambèze) ♦ Fl. du N.-E. des États-Unis (553 km). Il prend sa source à la frontière canadienne, sépare le Vermont du New Hampshire, traverse le Massachusetts et le Connecticut et se jette dans l'Atlantique (détroit de Long Island).

**CONNECTICUT** n. m. ◆ ÉTYM. du n. du fl. ♦ État du N.-E. des États-Unis → **États-Unis** (carte). 12 850 km². 3 405 565 hab. CAP. : Hartford. ▮ **Géographie** Pénéplaine doucement ondulée s'élevant vers le N. (un sommet de 708 m au N.-O.), l'État est divisé en son centre par les basses terres de la vallée du Connecticut. Bien que très urbanisé et résidentiel, il possède de nombreuses forêts (60 % de sa superf.). ▮ **Économie** L'agriculture, en déclin, est encore importante (élevage laitier, volailles, tabac, cultures maraîchères). Pêche (crustacés, huîtres). Les indus. traditionnelles (horlogerie, armurerie, argenterie) se sont développées ; s'y ajoutent la mécanique de précision, la construction d'avions et d'hélicoptères, les industries électroniques et de pointe. L'État a accueilli au cours des années 1970 - 1980 des entreprises tertiaires venues de Manhattan et abrite les sièges sociaux de grandes compagnies d'assurances. Le revenu annuel moyen par tête y est le plus élevé des États-Unis. ▪ La vie intellectuelle de l'État est très active. Siège de l'univ. Yale*. ▮ **Histoire** La région était peuplée par les Indiens mohicans ; les premiers colons furent des puritains anglais. La colonie de New Haven avait obtenu sa charte en 1662 et prit une part importante à la révolution ; réorganisé en État en 1776, le Connecticut fut le 5e à ratifier la Constitution (1788).

**CONNEMARA** n. m. ♦ Région désolée de la rép. d'Irlande, à l'O. du Connacht. Les paysages obsédants de la tourbière et de la moyenne montagne atlantique en ont fait un des archétypes paysagers de l'Ouest irlandais repris par la littérature (*Le Baladin du monde occidental* de J. M. Synge*) et le cinéma (*L'Homme tranquille* de J. Ford). Cette notoriété en fait une des régions touristiques les plus visitées de l'Irlande.

**CONNERY (sir Thomas, dit Sean)** ♦ Acteur britannique (Édimbourg 1930). Il fut choisi, sur concours, pour incarner l'agent secret James* Bond dans le premier volet d'une longue série, *James Bond 007 contre Dr No* (1962). Six autres films suivirent jusqu'en 1983. Il prouva qu'il avait d'autres talents, grâce à Alfred Hitchcock (*Pas de printemps pour Marnie*, 1964) et à John Huston (*L'Homme qui voulut être roi*, 1975). Sa maturité aristocratique lui permit aussi bien d'incarner le moine héros du *Nom de la rose* (1986) qu'un intellectuel doublé d'un aventurier, dans la série des *Indiana Jones* de Spielberg.

**CONNES (Alain)** ♦ Mathématicien français (Draguignan 1947), professeur au Collège de France (1984). Après des travaux en théorie des algèbres d'opérateurs dans la lignée de J. von Neumann*, il développa un vaste programme tendant à définir une géométrie non commutative qui apparaît comme le cadre adapté à l'étude des espaces feuilletés et de certains modèles de physique théorique. [Acad. sc. 1982 ; Médaille Fields 1982]

**CONNOLLY (James)** ♦ Révolutionnaire irlandais (Édimbourg 1868 - Dublin 1916). Fondateur du parti socialiste républicain irlandais et, avec J. Larkin*, du syndicat *Irish Transport and General Worker's Union* en 1908, il organisa la grève générale de 1913 à Dublin. Conjuguant nationalisme irlandais et socialisme, il prit part à l'insurrection de Pâques 1916 et fut exécuté par les Anglais peu après.

**CONNOLLY (Cyril)** ♦ Homme de lettres britannique (Coventry 1903 - Londres 1974). Après s'être fait connaître par un unique roman, *Marée basse* (1936), et par un recueil d'essais, *Ce qu'il ne faut plus faire pour être écrivain* (*Enemies of Promise*, 1938), Cyril Connolly fonda la revue littéraire *Horizon* (1939 - 1950). Il collabora aux pages littéraires de différents journaux dont le *Times Literary Supplement* et publia, à côté de plusieurs recueils d'articles, un bel essai autobiographique, *Le Tombeau de Palinure* (1944), et un bref récit, *Les Diplomates disparus* (1963). ◆ ÉTYM. Il s'agit de la forme anglicisée du gaélique *Ó Conghalaigh* «descendant de *Conghalach'* ("vaillant")».

**CONNORS (Jimmy)** ♦ Joueur de tennis américain (Belleville, Illinois 1952). Doté d'une combativité exceptionnelle et d'un certain goût pour le spectacle, il a marqué le tennis par un jeu de fond de court agressif appuyé sur un revers à deux mains qui lui permit de remporter 8 titres du Grand Chelem entre 1974 et 1983 et la Masters Cup en 1977. Joueur à la carrière particulièrement longue, il détient le record du nombre de victoires sur le circuit ATP (109 titres).

**CONOLLY (John)** ♦ Médecin aliéniste britannique (Market Rasen, Lincolnshire 1794 - Hanwell 1866). Il fut le promoteur en Angleterre d'un système thérapeutique des maladies mentales abolissant la contrainte et l'enfermement.

**CONON** ♦ Général athénien (v. -444 - v. -390). Vaincu par Lysandre* à l'Aigos* Potamos (-405), il se réfugia auprès d'Évagoras* Ier, roi de Chypre*, puis, passé au service des Perses, il remporta sur les Spartiates la victoire navale de Cnide* (-394). Rentré ensuite à Athènes, il fut envoyé comme ambassadeur en Perse et y mourut, selon certains, en prison, d'autres affirmant qu'il réussit à s'évader et à se réfugier à Chypre.

**CONON** ♦ 83e pape (de 686 à 687). Thrace.

**CONON DE BÉTHUNE** ♦ Trouvère artésien (mil. du XIIe s. - v.1220). Auteur de chansons qui célèbrent l'amour courtois ou la croisade, il fut à la fois un valeureux guerrier (4e croisade, v. 1200) et un remarquable poète.

**CONON DE SAMOS** – en gr. *Konôn* ♦ Astronome et mathématicien grec (-IIIe s.). Auteur de sept livres sur l'astronomie, il donna des leçons à Alexandrie sous le règne de Ptolémée Philadelphe et s'y lia avec Archimède*.

**CONQUES** [12320] ◆ ÉTYM. anc. *Conchis*, du lat. *concha* «coquille», qui désigne une vallée en forme de cuvette ♦ Ch.-l. de cant. de l'Aveyron, arr. de Rodez. 302 hab. *(Conquois)*. Anc. abbaye bénédictine devenue un célèbre lieu de pèlerinage à l'époque carolingienne lorsqu'elle entra en possession des reliques de sainte Foy. L'abbatiale (milieu du XIe - début du XIIe s.), œuvre romane très pure (grand portail orné du tympan du *Jugement dernier*), renferme un riche trésor contenant, en particulier, la statue-reliquaire dite «Majesté de sainte Foy», en bois, or et pierres précieuses, constituée d'éléments de diverses époques. ▪ Vitraux de Soulages*.

**Conques.** Église abbatiale Sainte-Foy. *Phot. ©R. Lanaud/Explorer*

**CONQUES-SUR-ORBIEL** [11600] ♦ Ch.-l. de cant. de l'Aude, arr. de Carcassonne. 2 061 hab. *(Conquois)*. Enceinte, donjon (XIIe - XVe s.). Église gothique (retable du XVIe s. dans le chœur). Au S. de la ville, château des Saptes (XVIe s.). ▪ Vignobles.

**CONQUET (LE)** [29217] ♦ Comm. du Finistère, arr. de Brest, à l'une des pointes extrêmes de la Bretagne. 2 408 hab. *(Conquétois)*. Station balnéaire, port de pêche.

**CONRAD Ier** ♦ (mort en 918). Roi de Germanie (911 - 918). Duc de Franconie, il fut élu roi de Germanie à la mort de Louis* IV l'Enfant avec lequel s'éteignait la dynastie carolingienne en Allemagne. Il lutta contre le duc de Bavière et principalement contre Henri* Ier l'Oiseleur, duc de Saxe, qui lui succéda.

**CONRAD II le Salique** ♦ (v. 990 - Utrecht 1039). Roi de Germanie (1024 - 1039), empereur germanique (1027 - 1039). Duc de Franconie, il succéda à Henri* II, fondant ainsi la dynastie salienne ou franconienne.

Il lutta contre la grande féodalité et, pour faire échec au régionalisme des duchés nationaux, il favorisa la petite féodalité, instituant le principe de l'hérédité des fiefs (1027) ; ces mesures furent à l'origine de l'anarchie féodale en Allemagne. Il céda le Schleswig à Canut* le Grand, roi de Danemark (1027), vainquit le roi de Pologne Mieszko II (1031) et réunit le royaume de Bourgogne et d'Arles à ses États (1032). ▪ Père d'Henri* III.

**CONRAD III DE HOHENSTAUFEN** ♦ (1093 ou 1094 - Bamberg 1152). Empereur germanique (1138 - 1152). Neveu d'Henri V, il disputa la couronne à Lothaire* III et fut élu à la mort de ce dernier. Il lutta contre Henri* X le Superbe, duc de Bavière et de Saxe qu'il spolia (1138), mais la guerre continua entre les guelfes (partisans d'Henri le Superbe) et les gibelins (partisans de l'empereur) → **guelfes et gibelins.** Il participa à la deuxième croisade* (1147 - 1148). ▪ Il eut pour successeur Frédéric* Ier Barberousse.

**CONRAD IV DE HOHENSTAUFEN** ♦ (Andria, Apulie 1228 - Lavello 1254). Empereur germanique (1250 - 1254), roi de Jérusalem et de Sicile. Fils de Frédéric* II, il fut élu roi des Romains en 1237 et assura la régence de l'Allemagne sous la tutelle de l'archevêque de Mayence, Siegfried d'Eppstein. Il tenta de conquérir son royaume de Sicile où il prit Naples, Capoue et Aquino. ▪ Père de Conradin*.

**CONRAD V** → **Conradin**

**CONRAD,** marquis **DE MONTFERRAT** ♦ (mort en 1192). Il prit Tyr et en devint le souverain. Il épousa Isabelle d'Anjou, reine de Jérusalem. Il fut tué par un membre de la secte des assassins avant de s'être fait reconnaître roi.

**CONRAD (Michael Georg)** ♦ Écrivain allemand (Gnodstadt, Bavière 1846 - Munich 1927). Il fonda avec K. Bleibtreu *Die Gesellschaft* («La Société», 1885), l'«hebdomadaire réaliste pour la littérature, l'art et la vie publique». Il fut un des représentants du naturalisme en Allemagne, écrivit ses premiers romans (*Ce que murmure l'Isar*, 1887) sous l'influence des *Rougon-Macquart* de Zola et s'éleva contre les dangers du machinisme (*Dans l'obscurité pourpre*, 1895).

**CONRAD (Józef Teodor Konrad Nałęcz KORZENIOWSKI,** dit **Joseph)** → ÉTYM. anglicisation de deux de ses prénoms (*Józef* et *Konrad*) ♦ Romancier britannique d'origine polonaise (Berditchev, Ukraine 1857 - Bishopsbourne, Kent 1924). Sa famille fut déportée en raison d'activités patriotiques et le jeune homme, devenu orphelin, fut confié à un oncle qui le laissa débuter dans la marine à dix-sept ans : il se rendit à Marseille, aux Antilles, puis entra dans la marine marchande britannique. Après plusieurs voyages jusqu'en Indonésie, il devint capitaine en 1886, date à laquelle il obtint la nationalité britannique. Il navigua jusqu'en 1894, ayant entre-temps commencé à écrire. Grâce à une volonté admirable et à un sens inné du rythme et des mots, Conrad se forgea un style dans une langue autre que sa langue maternelle : *La Folie Almayer* (1895), *Un paria des îles* (1896) Dans *Le Nègre du «Narcisse»* (1897) règne un climat d'ensorcellement. *Lord Jim* (1900) est un marin qui paie de sa vie une lâcheté de jeunesse. C'est aussi sous le signe de l'aventure que furent écrits : *Nostromo* (1904), *L'Agent secret* (1907), *Sous les yeux d'Occident* (1911), *Fortune* (1913), *Une victoire* (1915), *La Ligne d'ombre* (1917), *La Flèche d'or* (1919), *La Rescousse* (1920), *Le «Frère-de-la-côte»* (1923). Comme certains romans, ses nouvelles (*Histoires inquiètes*, 1898 ; *Au cœur des ténèbres*, 1899 ; *Entre terre et mer*, 1912 ; *En marge des marées*, 1915) furent appréciées en Europe. Gide traduisit *Typhon* (1903). Par son acuité psychologique, l'intensité de ses évocations et la complexité de son écriture, Conrad est l'un de ceux qui ont façonné la littérature moderne.

**CONRADI (Hermann)** ♦ Écrivain allemand (Jessnitz 1862 - Würzburg 1890). Mort jeune de tuberculose, il n'a laissé que quelques œuvres, notamment un recueil de vers *Chants d'un pécheur* (1887), un roman *Adam Mensch* (1889). Elles expriment de façon violente, voire crue, le refus d'une vie triviale, tout en y affirmant un nationalisme chauvin.

**CONRADIN** ♦ (Wolftein, près de Landshut 1252 - Naples 1268). Fils de l'empereur germanique Conrad* IV, il ne réussit pas à faire valoir ses droits sur le royaume de Sicile contre Charles* Ier d'Anjou qui le vainquit et le fit exécuter (1268). ▪ Dernier descendant des Hohenstaufen.

**CONRAD VON HÖTZENDORF (Franz,** baron, puis comte**)** ♦ Feld-maréchal autrichien (Penzing 1852 - Mergentheim 1925). Chef de l'état-major général austro-hongrois, il fut, avec Hindenburg*, le principal vainqueur des Russes en Pologne (1915). En désaccord avec son homologue allemand Falkenhayn*, il tenta de mener sa propre stratégie, mais son attaque sur le front italien (mai 1916) l'ayant amené à dégarnir le front russe, il fut hors d'état de résister à l'offensive Broussilov* (juin 1916) et dut accepter le commandement allemand. → **Hindenburg.** Rétrogradé au commandement du front tyrolien, il vainquit les Italiens à Caporetto* (oct. 1917), mais fut destitué en juil. 1918 après ses échecs sur Asiago.

**CONRART (Valentin)** ♦ Écrivain et érudit français (Paris 1603 - *id.* 1675). Les lettrés qu'il réunissait chez lui formèrent l'Académie* française dont il devint le premier secrétaire. Il est l'auteur de *Mémoires* et de *Lettres*.

**CONSALVI (Ercole)** ♦ Prélat romain (Rome 1757 - Anzio 1824). Secrétaire du conclave de Venise où il fit élire Pie* VII (1800), cardinal et secrétaire d'État du Saint-Siège, il signa à Paris le concordat de 1801, démissionna (1806) et fit partie des «cardinaux noirs» hostiles à Napoléon. Il représenta le Saint-Siège au congrès de Vienne et obtint la reconstitution presque intégrale des États de l'Église.

**CONSCIENCE (Hendrik)** ♦ Écrivain belge d'expression flamande (Anvers 1812 - Bruxelles 1883). Mêlé très vite au mouvement des revendications flamandes, il débuta par des chansons, mais connut le véritable succès avec un roman historique, *Le Lion de Flandre ou la Bataille des Éperons d'or* (1838), qui célébrait la victoire, le 11 juillet 1302, des communes flamandes sur les troupes du roi de France, et qui fut considéré comme un des manifestes de la renaissance flamande. Hendrik Conscience composa également de nombreux romans de mœurs, très populaires, où le réalisme de la peinture s'allie au contenu moral : notamment *Le Conscrit* (1850), *Le Gentilhomme pauvre* (1851) et *Le Fléau du village* (1855).

**Conseil constitutionnel** ♦ Organe créé par la Constitution de 1958 et chargé de veiller à son respect. Il est composé de membres de droit (anciens présidents de la République) et de 9 membres nommés pour neuf ans. Il est obligatoirement saisi de la constitutionnalité de toute loi organique ou de toute modification du règlement intérieur des assemblées parlementaires, ainsi que des lois ordinaires à la demande du président de la République, du Premier ministre, du président de l'Assemblée nationale, de celui du Sénat ou, depuis 1974, de 60 députés ou sénateurs. Il veille à la régularité des élections présidentielles, législatives et sénatoriales et des opérations de référendum. L'article 16 de la Constitution (pouvoirs exceptionnels) ne peut être appliqué sans qu'il soit consulté.

**Conseil de la République** ♦ Assemblée instituée par la Constitution d'oct. 1946 (IVe République) en remplacement du Sénat* de la IIIe République. Par rapport à l'Assemblée* nationale, le Conseil de la République, dont les membres étaient élus au suffrage universel indirect et renouvelés par tiers tous les trois ans, n'eut qu'un rôle secondaire, essentiellement consultatif (bien qu'une réforme constitutionnelle de déc. 1954 ait accru ses pouvoirs). La Constitution de 1958 (Ve République) rétablit le Sénat.

**Conseil de l'Europe** → **Europe**

**Conseil des Anciens** → **Anciens (Conseil des)**

**Conseil des Cinq-Cents** → **Cinq-Cents (Conseil des)**

**Conseil de sécurité** ♦ Organe exécutif de l'ONU ayant «la responsabilité principale du maintien de la paix et de la sécurité internationales». Seule structure politique des Nations unies, composé de 5 membres permanents (Grande-Bretagne, États-Unis, France, Chine et URSS, remplacée en 1992 par la Russie), et de 10 autres, élus pour deux ans, le Conseil de sécurité a le pouvoir de prendre des résolutions que les États membres sont contraints d'appliquer en vertu de la Charte de San Francisco. Il dispose de moyens étendus, depuis la recommandation jusqu'aux sanctions économiques et diplomatiques, et peut recourir le cas échéant à l'intervention militaire. → **Organisation des Nations unies, San Francisco (conférences de).**

**Conseil des troubles** ♦ Juridiction spéciale établie en 1567 par le duc d'Albe*. Les comtes d'Egmont et de Hoorne comptèrent parmi ses victimes.

**Conseil d'État** ♦ Premier corps de l'État, organe juridictionnel suprême de la France. Le Conseil d'État est le lointain héritier de la *Curia regis* et du Conseil du roi de l'Ancien Régime. Repris par la Constitution de l'an VIII (→ **Napoléon Ier**), il s'est maintenu depuis sous les différents régimes français. Il siège depuis 1874 au Palais-Royal à Paris, et joue le rôle de conseiller suprême du pouvoir exécutif (rédaction des projets de lois gouvernementaux) et de tribunal administratif suprême, garant des droits et des libertés fondamentales.

**Conseil du roi** ♦ Organisme principal de gouvernement sous l'Ancien Régime. Issu de la *Curia regis* féodale, dont se détachèrent le Parlement et la Chambre des Comptes au XIIIe s. puis le Grand Conseil, chargé de certaines affaires judiciaires au XVe s., le Conseil du roi connut un rôle grandissant à la fin des guerres de Religion et se divisa jusqu'au XVIIe s. en Conseil étroit (ou des affaires, ou secret), composé de quelques membres nommés par le souverain et s'occupant des questions les plus importantes, et Conseil privé, traitant les affaires administratives et judiciaires courantes. Sous Louis XIV le nombre des principaux conseils fut fixé à quatre : le Conseil d'en-haut, présidé par le roi et constitué des ministres, qui décidait des grandes orientations de politique intérieure et étrangère ; le Conseil des dépêches, formé du chancelier, des secrétaires d'État et de divers conseillers, dont la tâche consistait à administrer le royaume ; le Conseil des finances, comprenant le contrôleur général et les intendants de finances ; le Conseil d'État privé, finances et direction, dont la section principale était le Conseil des parties, organe judiciaire suprême sous la monarchie.

**Conseil économique et social** ♦ Organisme consultatif institué par la Constitution de 1958 auprès des pouvoirs publics. Constitué de 230 membres élus pour cinq ans, il est saisi par le Premier ministre de demandes ou d'avis sur les projets de lois à caractère économique ou social et peut être consulté sur les questions de sa compétence intéressant la République.

**Conseil national de la Résistance** [CNR] ♦ Organisme formé au printemps 1943 pour unifier les mouvements de la Résistance*, jusqu'alors politiquement divisés. Présidé par Jean Moulin*, puis par G. Bidault*, le CNR regroupa huit réseaux de la Résistance française, des représentants des syndicats (CGT et CFTC) et des partis politiques. En relation avec le Comité français de libération nationale de De Gaulle (à Alger), le CNR organisa en France des Comités départementaux de libération (1944) et élabora une charte qui formula les principales options et directions politiques de la IVe République : indépendance politique et économique de la France ; châtiment des collaborateurs (→ **collaboration**) ; rétablissement du suffrage universel et des libertés publiques ; réformes économiques (nationalisation des grands moyens de production, des banques, planification), sociales (conditions de travail, sécurité sociale, congés payés), éducatives et coloniales (affirmation des droits politiques, économiques et sociaux des populations des colonies françaises).

**Conseil national du patronat français** [CNPF] ♦ Organisme rebaptisé Mouvement* des entreprises de France (MEDEF) en 1998.

**Conseil œcuménique des Églises** ♦ Organisme fondé en 1937 à Édimbourg (officialisé en 1948) pour rapprocher les Églises chrétiennes. Chaque Église affiliée garde son individualité, mais doit admettre que les autres Églises membres sont des parcelles de l'Église universelle. En 1992, le Conseil groupait 320 Églises rassemblant plus de 400 millions de chrétiens. L'Église catholique n'y a pas adhéré, mais, depuis 1965, elle entretient un groupe de travail mixte avec le Conseil.

**Conseil supérieur de l'audiovisuel** [CSA] ♦ Organisme créé en janv. 1989 et devant garantir la liberté de la communication audiovisuelle. Il attribue les fréquences d'émission et les canaux (notamment sur les satellites), veille au respect par les chaînes de radio et de télévision de leur cahier des charges et désigne les différents directeurs de la télévision publique. Le CSA est composé de 9 membres nommés par le chef de l'État et les présidents du Sénat et de l'Assemblée nationale.

**conservateur (Parti)** – en angl. ***British Conservative Party*** n. m. ♦ Nom d'un parti politique britannique créé en 1824. Cette désignation remplaça le terme de *tory* (→ **whig** et **tory**) à partir de la réforme électorale de 1832. Depuis lors, les conservateurs ont alterné au gouvernement soit avec les libéraux (→ **libéral [Parti]**) jusqu'en 1923, soit, depuis 1923, avec les travaillistes (→ **travailliste [Parti]**). Le «fondateur», Robert Peel*, exposa les objectifs essentiels du parti : entreprendre des réformes économiques et sociales tout en protégeant l'ordre établi ; ce que Disraeli* appela la «démocratie conservatrice» *(Tory Democracy)*. Dirigés par Stanley Baldwin*, Neville Chamberlain* et Winston Churchill*, les conservateurs se firent, durant la première moitié du XXe siècle, les défenseurs de la grandeur de l'Empire britannique et s'opposèrent à l'autonomie irlandaise, ce qui leur permit de rallier les voies unionistes. Par la suite, sous l'impulsion de Margaret Thatcher*, au pouvoir de 1979 à 1990, les conservateurs engagèrent une vaste réforme de l'État-providence, mis en place par les travaillistes. Mais les dissensions entre partisans et adversaires d'une plus grande intégration de la Grande-Bretagne au sein de l'Union européenne affaiblirent le parti qui essuya une large défaite aux élections législatives de 1997 (→ **Major [John]**) et de 2001. Le parti est dirigé par David Cameron depuis 2005.

**Conservatoire national des Arts et Métiers** → **Arts et Métiers (Conservatoire national des)**

**Conservatoire national supérieur d'Art dramatique** ♦ École de théâtre dont le siège est à Paris, séparée en 1946 du Conservatoire national supérieur de musique. La durée des études y est de trois ans, les enseignants étant des professionnels (acteurs et metteurs en scène) en activité.

**Conservatoire national supérieur de Musique** [CNSM] ♦ Il existe deux CNSM en France : celui de Paris, fondé en 1795 par la Convention, appelé désormais Conservatoire national supérieur de musique et de danse et installé depuis 1990 dans la Cité de la musique du parc de la Villette, et celui de Lyon, fondé en 1979 et situé 3, quai Chauveau.

**CONSIDÉRANT (Victor)** ♦ Philosophe et économiste français (Salins, Jura 1808 - Paris 1893). Polytechnicien, il abandonna la carrière militaire (1846) pour se consacrer à l'enseignement de la pensée de Ch. Fourier*, dirigeant l'hebdomadaire *La Phalange* (1836 - 1843), publiant *La Destinée sociale* (1834 - 1844), «exposition élémentaire de la théorie sociétaire», fondant le journal *Démocratie pacifique* (1843). Il est l'auteur des *Principes du socialisme* (1847), critique du système capitaliste et de la *Théorie du droit de propriété et du droit au travail* (1848). Député en 1848, il fut exilé sous la IIe République et il créa une colonie agricole socialiste à La Réunion (Texas, 1854). ➝ ÉTYM. Ce nom vient du participe présent du verbe *considérer* (surnom d'une personne réfléchie).

**Considérations sur les causes de la grandeur des Romains et de leur décadence** ♦ Ouvrage historique et philosophique de Montesquieu* (1734), qui institue le déterminisme historique puisque l'auteur s'efforce, à partir des événements de son histoire, de trouver les lois politiques et morales qui régirent la grandeur (livres I à VIII), puis la décadence (livres X à XXIII) de Rome, brossant une suite de tableaux et de portraits saisissants, écrits en un style dense qui manifeste un «génie mâle et rapide» (Voltaire) et annonce *L'Esprit* des lois*.

**consolation de la philosophie (De la)** ♦ Ouvrage philosophique de Boèce* écrit en prison. Il y développe des thèmes stoïciens ; personnifiant la philosophie, il commence par indiquer à l'homme les remèdes contre les revers de la Fortune, puis il tente d'identifier celle-ci à l'universelle Providence (Dieu ou vrai Bien) qui seule apporte à l'âme l'indépendance et le bonheur.

**CONSOLO (Vincenzo)** ♦ Écrivain italien (Sant'Agata di Militello, près de Messine 1933). Ses romans se caractérisent par une écriture poétique et onirique et la création d'une langue à la fois raffinée mais qui reste proche de son origine populaire et régionale. *Le Sourire du marin inconnu* (1976), allusion à un célèbre portrait peint au XVe s. par Antonello da Messina, est une réflexion sur les révoltes paysannes siciliennes des années 1860 ; *Les Pierres de Pantalica* (1988) est un recueil constitué de récits et de réflexions centrées sur la Sicile ; *D'une maison l'autre, la nuit durant* (1992) rapporte l'étrange séjour de l'ésotériste et sataniste anglais Aleister Crowley à Cefalù dans les années 1920 ; *Le Palmier de Palerme* (1998), sur l'histoire de l'Italie et de la Sicile de l'après-guerre à nos jours, se situe à mi-chemin entre le poème en prose et l'essai.

**Conspiration des poudres** ♦ Complot formé en 1604 - 1605 à Londres par des catholiques afin de faire sauter le Parlement et de tuer le roi Jacques Ier. Le complot échoua à la suite de l'arrestation de l'un des complices, Guy Fawkes.

**CONSTABLE (John)** ♦ Peintre, aquarelliste et dessinateur britannique (East Bergholt, Suffolk 1776 - Londres 1837). Il suivit des cours à partir de 1799 à l'Académie royale et reçut des conseils de Benjamin West. Admirateur des paysagistes hollandais du XVIIe s., de Lorrain, dont il exécuta maintes copies, et de Rubens, il subit l'influence de Gainsborough et de Girtin*. Il fit quelques portraits, mais prit comme motif de prédilection la campagne anglaise (notamment son pays natal le Suffolk, puis le Sussex). La spontanéité de sa vision, dont témoignent les innombrables dessins et ébauches à l'huile peintes sur le motif, était en rupture avec les conceptions académiques du paysage. *La Charrette de foin* (1821), présentée à Paris en 1824, fut une révélation. Constable fut dès lors plus apprécié en France qu'en Angleterre. Observateur aigu de la nature, il s'intéressa aux variations de la lumière, aux effets d'atmosphère (nombreuses études de nuages). La liberté et la nervosité de sa touche furent considérées par ses adversaires comme un défaut : ses grandes œuvres reprises à l'atelier contrastent souvent avec ses études à l'huile qui nous paraissent plus sensibles. À partir de 1828, sa vision devint plus lyrique et dramatique et il utilisa fréquemment une matière épaisse, étalée au couteau (*Le Cénotaphe*, 1836). Delacroix le considérait comme «le père du paysage français» ; il influença en effet les romantiques, les peintres de Barbizon et indirectement les impressionnistes. ➝ ÉTYM. *Constable* vient du moyen anglais *conestable* «représentant de la loi».

John **Constable.** *La Cathédrale de Salisbury.*
Victoria and Albert Museum, Londres. *Phot. © Nimatallah/Ricciarini*

**CONSTANCE Ier Chlore** ➝ ÉTYM. en lat. ***Flavius Valerius Constantius*** [de *constans* «ferme»] ***Chlorus*** «le pâle» ♦ (mort à Eboracum, auj. York 306). Empereur romain (305 - 306). Adopté par Maximien* qui le promut césar, il gouverna les Gaules, l'Espagne et la Bretagne. Devenu auguste en 305 avec Galère*, il fit cesser dans ses États la persécution contre les chrétiens. De sa concubine Hélène, il eut pour fils Constantin Ier le Grand. → **Hélène (sainte).**

**CONSTANCE II** – en lat. ***Flavius Julius Constantius*** ♦ (Illyricum 317 - Mopsucrène, Cilicie 361). Empereur romain (337 - 361). Fils de Constantin* Ier le Grand, il reçut à la mort de son père le gouvernement de l'empire d'Orient. Il resta seul maître de l'Empire après la mort de ses frères Constantin* II et Constant* Ier et battit l'usurpateur Magnence* (353). Pensant servir l'Église et l'État, il favorisa l'arianisme et persécuta saint Athanase*. Il lutta sans succès contre Chahpour* II et mourut subitement alors qu'il était en campagne contre son cousin Julien* que l'armée des Gaules avait proclamé empereur.

**CONSTANCE III** – en lat. ***Flavius Constantius*** ♦ Empereur romain (421). Général d'Honorius*, il battit l'usurpateur Constantin à Arles (411) et conduisit les Wisigoths d'Italie en Gaule (→ **Athaulf**). Il épousa Galla* Placidia (417) et partagea l'empire avec Honorius (421). Père de Valentinien* III.

**CONSTANCE DE CASTILLE** ♦ Reine de France (morte en 1160). Fille d'Alphonse VII, roi de Castille, elle fut la deuxième femme de Louis* VII (1154).

**CONSTANCE DE PROVENCE** ♦ Reine de France (morte à Melun en 1032). Fille de Guillaume II, comte de Provence, elle fut la troisième femme de Robert* II le Pieux (v. 1003). Elle essaya de faire couronner son second fils Robert roi de France et lui fit donner la Bourgogne par son autre fils Henri Ier de France.

**CONSTANCE** ➝ **ÉTYM.** en all. ***Konstanz***; du n. de *Constance** Ier Chlore ♦ V. d'Allemagne (Bade-Wurtemberg), constituant une enclave allemande sur la rive suisse du lac de Constance, là où un rétrécissement sépare le Bodensee de l'Untersee (lac inférieur). 74 500 hab. Université. Cathédrale romane (1052 - 1089), achevée du XIIe au XVe s. en gothique. Kaufhaus du XIVe s. (où se tint le conclave de 1417 à la fin du concile de Constance). Anc. couvent dominicain où fut incarcéré Jan Hus. Hôtel de ville de style Renaissance (1592). Station climatique et lieu de villégiature fréquenté. ▮ **Histoire** Le site fut occupé dès la préhistoire par une cité lacustre, puis à partir du Ier s. par les Romains qui en firent une place forte *(Constantiacum)*. Envahie par les Alamans au VIe s., la ville devint le siège d'un évêché. Située sur la route reliant l'Orient par les Alpes et la Méditerranée, Constance connut une grande prospérité commerciale (laine, soie). Frédéric* Ier Barberousse y reconnut l'indépendance des cités lombardes (paix de Constance, 1183). Au début du XVe s., la ville fut choisie comme siège d'un concile.

**Constance** (concile de) ♦ XVIe concile œcuménique, convoqué par Jean XXIII (considéré depuis comme antipape) à la demande de Sigismond de Luxembourg. Siégeant de 1414 à 1418, il mit fin au grand schisme* d'Occident par l'élection du pape Martin V (1417). En 1415, il condamna Jan Hus*. P. d'Ailly*, G. Fillastre* et J. de Gerson* y participèrent.

**CONSTANCE** (lac de) – en all. ***Bodensee*** ♦ Lac d'Europe (540 km²) partagé entre l'Allemagne, la Suisse et l'Autriche. Il a été formé par le glacier du Rhin. On distingue le lac Supérieur (Obersee) au S.-E. entre Bregenz et Constance, et deux prolongements, le lac Inférieur (Untersee) à l'O. et le lac d'Überlingen au N. Les côtes, très pittoresques, sont bordées de stations climatiques : Überlingen*, Friedrichshafen*, Lindau*, Constance* (Allemagne), Bregenz* (Autriche), Rorschach* et Romanshorn* (Suisse).

**CONSTANS (Jean)** ♦ Homme politique français (Béziers 1833 - Paris 1913). Ministre de l'Intérieur dans le cabinet J. Ferry (1880 - 1881), puis dans les gouvernements Tirard et Freycinet (après avoir été gouverneur général de l'Indochine de 1886 à 1889), il réprima l'agitation boulangiste (→ **Boulanger**) et les mouvements socialistes.

**CONSTANT Ier** – en lat. ***Flavius Julius Constans*** ♦ (v. 323 - 350). Empereur romain (337 - 350). Fils de Constantin* Ier le Grand, il reçut à la mort de son père l'Italie, l'Afrique, l'Illyrie, la Macédoine et partagea d'abord l'Occident avec son frère Constantin* II ; après l'avoir vaincu (340), il régna sur tout l'Occident ; il fut tué par Magnence*.

**CONSTANT II HÉRACLIUS** ♦ (629 - Syracuse 668). Empereur d'Orient de 641 à 668, fils de Constantin III. Pour apaiser les troubles religieux, il décréta le monothélisme, interdit toute discussion christologique et fit arrêter le pape Martin Ier qu'il emprisonna à Constantinople, où celui-ci mourut en 665. Il mena des campagnes victorieuses contre les Arabes, les Slaves et les Lombards en Italie. Il quitta Constantinople (660) et séjourna successivement à Thessalonique, Athènes, Rome et Syracuse, où il fut assassiné dans son bain par un de ses lieutenants. → **byzantin (Empire).**

**CONSTANT (Benjamin CONSTANT DE REBECQUE, dit Benjamin)** ♦ Homme politique et écrivain français, d'origine suisse (Lausanne 1767 - Paris 1830). Après une éducation en Allemagne et en Écosse, il mena « une vie errante et décousue » avant d'entretenir avec Mme de Staël* une liaison orageuse (de 1794 à 1808) parallèlement à deux mariages successifs, situation qui lui fournit la matière de ses deux romans, *Cécile* et *Adolphe** (Londres, 1816). Il manifesta son hostilité à Napoléon (pour lequel, cependant, il rédigea l'Acte additionnel lors des Cent-Jours) et devint le chef du parti libéral, sous la Restauration, acquérant par ses talents de pamphlétaire une immense popularité. Plus que par son étude *De la religion considérée dans sa source, ses formes et ses développements* (incomplète, de 1824 à 1830), c'est par ses romans et par sa *Correspondance*, par les *Journaux intimes* et *Le Cahier rouge* (récit autobiographique), que B. Constant a obtenu la célébrité littéraire : mettant « sa volupté à surveiller ironiquement son âme si fine et si misérable » (M. Barrès), il manifesta une extrême subtilité dans l'analyse psychologique et une grande maîtrise stylistique pour dépeindre « ce mélange d'égoïsme et de sensibilité qui se combinait en lui pour son malheur et celui des autres ». ➝ **ÉTYM.** Ce nom vient du latin *constans* « ferme », de *cum* « avec » et *stare* « se tenir ».

**CONSTANT (Alphonse Louis)** → **Lévi (Éliphas)**

**CONSTANT (Constant NIEUWENHUYS, dit)** ♦ Peintre, sculpteur et architecte néerlandais (Amsterdam 1920 - *id.* 2005). Après des études à l'Académie des beaux-arts d'Amsterdam, il participa en 1948 à la formation du Groupe expérimental qui donnera naissance l'année suivante au groupe Cobra*. Dans ses quelques peintures, le style est violent et spontané (*La Guerre*, 1950). Il se consacra ensuite aux problèmes de l'espace à travers la sculpture, puis l'architecture. À partir de 1956, il travailla à l'élaboration d'une « nouvelle Babylone » *(New Babylon)*, cité globale où les hommes pourraient exprimer leur créativité.

**CONSTANT (Marius)** ♦ Compositeur français d'origine roumaine (Bucarest 1925 - Saint-Mandé 2004). Élève de Messiaen, il fonda l'ensemble Ars Nova (1953) qui s'est consacré à l'interprétation de la musique contemporaine. On lui doit des ballets, notamment *Le Joueur de flûte* (1952), *Haut Voltage* (1956), *Éloge de la folie* (1966), de la musique de chambre, plusieurs œuvres symphoniques (*Turner*, 1962), le mimodrame *Candide* (1970), *Nana-Symphonie* (1976), l'oratorio *Des droits de l'homme* (1989), un *Quatuor à cordes* (1990). [Acad. des bx-arts 1992]

**CONSTANȚA** → **Constantza**

**CONSTANTIN Ier** ♦ 88e pape (de 708 à 715). Syrien. ➝ **ÉTYM.** Ce nom vient du latin *constans* « qui a de la constance ».

**CONSTANTIN II** ♦ Antipape (de 767 à 769). Élu par l'aristocratie à la mort de Paul* Ier, il fut renversé par les Lombards qui lui crevèrent les yeux. Les actes de son pontificat furent annulés par le concile de Rome réuni par Étienne* III (769) et lui-même fut interné dans un monastère.

**CONSTANTIN Ier le Grand** – en lat. ***Flavius Valerius Aurelius Claudius Constantinus*** ♦ (Naissus, auj. Niš, entre 270 et 288 - Ancyrona, près de Nicomédie 337). Empereur romain (306 - 337). Fils de Constance* Ier Chlore et de sainte Hélène*, il servit sous Dioclétien* et fut proclamé auguste par ses légions à la mort de son père (306). Il se concilia d'abord la faveur de Maximien* dont il épousa la fille Fausta*, puis il le poussa au suicide (310). À la mort de Galère* (311), il s'allia avec Licinius qui épousa sa sœur Constantia, et vainquit Maxence* au pont Milvius* (312). Cette victoire, décisive pour le destin du christianisme et du monde, aurait été précédée d'une vision : un signe (chrisme ou croix) serait apparu à Constantin avec cette devise en grec, *En toutô nika* (« Triomphe par ceci », en lat. *In hoc signo vinces*), qu'il plaça sur les boucliers de ses soldats. À partir de 312, il se rangea résolument du côté de l'Église et par les édits de Milan (313) garantit aux chrétiens une tolérance qui équivalait à la reconnaissance du christianisme comme religion d'État. Son entente avec Licinius prit fin en 324. Devenu alors seul maître de l'Empire, Constantin s'institua le champion de la foi orthodoxe et condamna les partisans d'Arius* au concile de Nicée (325) ; mais, en face des hérésies, il hésita souvent ; quelques années plus tard, il rappela les ariens et exila Athanase*, le défenseur de la foi de

**Constantin Ier le Grand.** Arc de triomphe élevé après sa victoire sur Maxence au pont Milvius, Rome. *Phot. © Sz Akos /Shutterstock*

Nicée ; en 321, il avait accordé la liberté de culte aux donatistes. Parallèlement à cette unification religieuse de l'Empire, Constantin poursuivit une œuvre de restauration intérieure : souverain de droit divin, il pouvait prendre toutes les décisions législatives et imposa à ses sujets une pesante administration et une forte police. Tout rôle fut enlevé au Sénat et à l'armée. En 330, Constantinople* devint la nouvelle capitale de l'Empire. Pour régler le problème de la succession impériale, Constantin éleva à la dignité des césars ses propres fils, Constantin* II, Constant* Ier et Constance* II. Enfin son règne fut illustré par la construction des premiers monuments chrétiens officiels, l'église du Saint-Sépulcre à Jérusalem, à Rome les basiliques du Latran et du Vatican, les églises des Saints-Apôtres et de Sainte-Sophie à Constantinople.

**CONSTANTIN II le Jeune** ♦ (Arles 317 - Aquilée 340). Empereur romain (337 - 340). Fils de Constantin* Ier le Grand et de Fausta*, il reçut à la mort de son père, les Gaules, l'Espagne et la Grande-Bretagne, et partagea l'Occident avec son frère Constant* Ier ; mais entré en rivalité avec son frère, il mourut au cours d'une bataille contre ce dernier.

**CONSTANTIN III HÉRACLIUS** ♦ (612 - Chalcédoine 641). Empereur byzantin (641). Fils d'Héraclius Ier. Il partagea son trône avec son demi-frère Héraclius* II, fils de Martine. Il s'opposa au monothélisme et inaugura une politique de rapprochement avec Rome, mais il mourut en quelques mois, peut-être empoisonné à l'instigation de sa belle-mère Martine.

**CONSTANTIN IV** ♦ (654 - 685). Empereur byzantin (668 - 685). Fils de Constant II, il soumit les provinces révoltées et repoussa les Arabes qui assiégeaient Constantinople (672 - 678). Le feu grégeois fut alors pour la première fois utilisé. Vaincu par les Bulgares (679), il réussit à convertir les Croates et les Serbes et rétablit l'unité religieuse avec Rome en faisant, au sixième concile œcuménique (Constantinople III), condamner le monothélisme*.

**CONSTANTIN V Copronyme** → ÉTYM. « l'Ordurier » ♦ (718 - 775). Empereur byzantin (741 - 775). Fils de Léon* III. Il repoussa les Bulgares parvenus jusqu'à Constantinople (755) et remporta contre eux la victoire décisive d'Anchialos (762), combattit les Slaves, mais ne put empêcher la prise de Ravenne par les Lombards (751) ; la perte de l'exarchat eut de lourdes conséquences dont la fin de l'influence byzantine sur les papes. Iconoclaste plus violent que son père, après le concile d'Hiéra (754) qui condamna les images saintes, il dispersa les moines et confisqua les biens monastiques, ce qui lui valut des surnoms insultants donnés par des historiens fanatiques.

**CONSTANTIN VI** ♦ (771 - après 800). Empereur byzantin (780 - 797), fils de Léon* IV et d'Irène*. Couronné à l'âge de neuf ans, il régna sous la tutelle de sa mère jusqu'en 790, date à laquelle, porté par un soulèvement militaire, il se débarrassa de la régence. Mais, bientôt, le malaise dans l'armée dû à la progression des Arabes et des Bulgares et l'opposition du parti monastique profitèrent à Irène, qui le renversa en 797 et lui fit crever les yeux.

**CONSTANTIN VII Porphyrogénète** ♦ (905 - 959). Empereur byzantin (913 - 959), fils de Léon* VI. Lettré n'ayant pas le goût de la politique, il laissa le gouvernement d'abord à sa mère, puis à son beau-père Romain* Ier Lécapène (920 - 945). Amené ensuite à gouverner seul, il abandonna les affaires d'État à sa femme. Son règne fut marqué par des victoires contre les Arabes, par l'expansion de l'influence byzantine au Nord et à l'Est et par de vastes réformes de l'enseignement, de l'administration et de la législation. → **Basiliques (Les).** Il favorisa la petite propriété rurale et, surtout, protégea les arts et les lettres. Écrivain lui-même, il laissa de nombreux ouvrages historiques : le *Livre des cérémonies*, la *Vie de Basile Ier* (959), le *Traité de l'administration*. Il dirigea aussi un considérable travail d'encyclopédistes.

**CONSTANTIN VIII** ♦ (v. 960 - 1028). Empereur byzantin. Sous la tutelle de sa mère Théophano et de Nicéphore* II Phocas, puis de Jean Tzimiskès, il fut proclamé empereur (976) avec son frère Basile* II qu'il laissa gouverner seul. À la mort de celui-ci (1025), il abandonna le pouvoir à des eunuques palatins et à de hauts fonctionnaires qui écrasèrent la petite propriété agricole par de lourds impôts. Sa seconde fille Zoé* acheva l'effondrement de la puissance byzantine sous la dynastie macédonienne.

**CONSTANTIN IX Monomaque** → ÉTYM. « le Gladiateur » ♦ (v. 980 - 1055). Empereur byzantin parvenu au trône en 1042 par son mariage avec l'impératrice Zoé*, deux fois veuve et âgée alors de 62 ans. Son règne fut marqué par la perte définitive de l'Italie, la progression des Seldjoukides à l'Est, des troubles intérieurs et le schisme religieux entre Constantinople et Rome (1054). Ce fut néanmoins la période la plus florissante pour les lettres, dominée par la personnalité de Michel Psellos, son protégé.

**CONSTANTIN X DOUKAS** ♦ (1007 - 1067). Empereur byzantin (1059 - 1067). Son avènement marqua le triomphe de la bureaucratie centrale opposée à l'aristocratie provinciale et militaire. Sa politique affaiblit la défense des frontières et permit aux Seldjoukides, Hongrois, Petchenègues et Normands d'arracher plusieurs provinces de l'empire et de ravager de vastes régions.

**CONSTANTIN XI PALÉOLOGUE DRAGASÈS** ♦ (1404 - 1453). Dernier empereur byzantin. Despote de Morée (1443), il fut proclamé empereur après la mort de son frère Jean* VIII et couronné à Mistra (1449). À la tête d'un empire agonisant, il essaya en vain d'obtenir l'aide de l'Occident. Commandant la défense de Constantinople assiégée par Mehmet* II, il tomba au cours de l'assaut final le 20 mai 1453.

**CONSTANTIN Ier** ♦ (Athènes 1868 - Palerme 1923). Roi de Grèce (1913 - 1922). Fils de Georges* Ier. Opposé à son Premier ministre Venizélos* et hostile à la Triple-Entente*, il tenta de maintenir la neutralité de la Grèce pendant la Première Guerre mondiale malgré les pressions franco-britanniques. Après le débarquement de l'armée française à Salonique, il dut faire face au gouvernement insurrectionnel formé par Venizélos avec l'appui des Alliés (oct. 1916). La division du pays prit fin en juin 1917, avec l'ultimatum qui le contraignit à abdiquer en faveur de son fils Alexandre. À la mort de celui-ci et après la défaite de Venizélos aux élections (1920), il fut rappelé d'exil par plébiscite, mais fut à nouveau obligé d'abdiquer (1922) en faveur de son fils aîné Georges II*, à la suite de la Catastrophe (défaite grecque) d'Asie Mineure et de la révolte de l'armée menée par Plastiras*.

**CONSTANTIN II** ♦ (Athènes 1940). Dernier roi de Grèce (1964 - 1973). Fils de Paul* Ier. Hostile à la majorité parlementaire de Georgios Papandréou*, il provoqua la démission de celui-ci et la crise politique qui s'acheva par le coup d'État d'avril 1967, mais dut s'exiler après avoir tenté de renverser la dictature des Colonels. Il fut déchu, en juin 1973, et la République fut proclamée. Après la chute du régime des Colonels, un nouveau référendum repoussa le retour à la monarchie (déc. 1974).

**CONSTANTIN Pavlovitch** ♦ (Saint-Pétersbourg 1779 - Vitebsk 1831). Grand-duc de Russie. Deuxième fils de Paul* Ier Petrovitch, il devait succéder à son frère Alexandre* Ier, mais céda à son frère Nicolas* Ier ses droits au trône. Vice-roi de Pologne (1816), il fut chassé de Varsovie par l'insurrection de 1830.

**CONSTANTINE** – en ar. ***Qasanṭīna*** → ÉTYM. du n. de *Constantin** Ier ♦ V. d'Algérie, ch.-l. de wilaya, située sur les hauts plateaux constantinois ou *monts de Constantine*, au point où l'oued Rummel coule entre des gorges profondes qui encerclent presque totalement la ville. 450 738 hab. *(Constantinois)*. Univ. Musée archéologique. ▪ Centre agricole. Minoteries. Construc. mécanique. Artisanat. ▮ **Histoire** Anc. *Cirta*, devenue capitale de la Numidie, elle connut son apogée sous Micipsa ; en –113, Jugurtha s'en empara, y massacra les commerçants latins, ce qui entraîna l'intervention de Rome et la prise de Cirta par Marius ; colonie romaine, elle prit le nom de Constantine en l'honneur de l'empereur Constantin Ier qui la rebâtit après l'insurrection de 311. Elle passa ensuite aux mains des Arabes puis des Turcs. La ville, gouvernée par un bey, résista à l'occupation française et Clauzel échoua devant ses murs en 1836. Elle ne fut prise que l'année suivante par le maréchal Valée, siège au cours duquel périt le général Damremont et où se distingua Lamoricière.

**CONSTANTINOPLE** – en gr. ***Kônstantinoupolis*** → ÉTYM. « ville *[polis]* de *Constantin** Ier le Grand », auj. ***Istanbul*** ♦ Anc. capitale de l'Empire byzantin* (395 - 1453) et de l'Empire ottoman* (1453 - 1923), sur la rive européenne du Bosphore et de la mer de Marmara. Fondée par Constantin* Ier le Grand (324 - 330), elle fut ornée d'édifices grandioses (palais, hippodrome, forum) auxquels s'ajoutèrent les constructions de Justinien* (Sainte*-Sophie). Capitale religieuse de l'Orient chrétien (patriarcat), centre intellectuel (université, 330), industriel et commercial, elle fut la ville la plus grande, la plus belle et la plus riche du Moyen Âge. Théâtre de querelles sociales et religieuses (monophysisme, iconoclasme), elle resta jusqu'au IXe s. séparée en deux dèmes, qui étaient en même temps des quartiers et des partis politiques : les bleus*, propriétaires fonciers et riches, et les verts, artisans et ouvriers d'orthodoxie douteuse. Déchirés à l'occasion des jeux hippiques ou des querelles dogmatiques, les deux partis firent quelquefois cause commune contre les empereurs (sédition de Nika*, etc.). La ville fut assiégée par les Avars, les Perses, les Arabes et les Slaves (VIe - Xe s.), puis, prise par les croisés, elle devint la capitale de l'Empire* latin de Constantinople (1204 - 1261). Occupée par les Turcs depuis 1453, elle reçut le nom d'İstanbul (celui de Constantinople sera maintenu par l'usage international jusqu'en 1923) et fut le siège de la Sublime Porte jusqu'en 1923, date à laquelle la capitale turque fut transférée à Ankara*. → **İstanbul, byzantin (Empire), croisades, Turquie, Porte.**

**Constantinople** (conciles de) ♦ Quatre conciles œcuméniques se sont déroulés à Constantinople. ♦ ***Constantinople I*** IIe concile œcuménique, réuni en 381 par Théodose. Les doctrines d'Arius* qui s'étaient répandues malgré leur condamnation à Nicée (325) furent à nouveau condamnées. On proclama l'égale divinité des trois personnes de la Sainte-Trinité (→ **arianisme**). ♦ ***Constantinople II*** Ve concile œcuménique, réuni en 553 par Justinien. Contre le nestorianisme, on réaffirma l'union hypostatique des deux natures, divine et humaine, dans le Christ et on condamna les « Trois Chapitres » tirés de Théodore* de Mopsueste, Théodoret* de Cyr et Ibas d'Édesse. → **Vigile.** ♦ ***Constantinople III*** VI^e^ concile œcuménique, réuni en 680 - 681 par Constantin IV. Il déclara que le Christ possède deux volontés correspondant à ses deux natures (condamnation du monothélisme et du pape Honorius*). ♦ ***Constantinople IV*** VIII^e^ concile œcuménique, réuni par Basile I^er^ en 869 - 870. Photios* y fut condamné, ce qui rétablit, provisoirement, l'entente entre Rome et Constantinople.

**CONSTANTINOPLE** (détroit de) → **Bosphore**

**CONSTANTZA** – en roum. ***Constanța*** ♦ V. de Roumanie sud-orientale, dans la Dobroudja, ch.-l. de distr. et princ. débouché maritime de la Roumanie, sur la mer Noire. 304 279 hab. Port commercial (exportation de blé, de pétrole, 23 millions de t de trafic annuel). Terminus de la voie fluviale Danube-Rhin. Pêche. Centre indus. (chantiers navals, construc. mécaniques, conserveries). Stations balnéaires. Site archéologique (édifice à mosaïque, thermes romains). Musées. ▮ **Histoire** L'antique *Tomis,* métropole du Pont-Euxin, fut fondée au -VI^e^ s. par des colons grecs. Ovide y mourut en exil en 17 ou 18.

**Constituante** → **Assemblée nationale constituante**

**Constitution civile du clergé** ♦ Décret voté par l'Assemblée* nationale constituante le 12 juil. 1790 et sanctionné par le roi le 24 août. D'inspiration libérale et gallicane, cette constitution visait à donner à l'Église catholique une organisation calquée sur celle de l'administration civile locale (répartition du clergé séculier en 83 évêchés, un par département, élection des évêques et des curés). Lasse d'attendre la consécration canonique de cette constitution, l'Assemblée constituante exigea de tous les prêtres un serment de fidélité à la Constitution du royaume (27 nov. 1790). Dès lors, les prêtres se divisèrent en assermentés (ou constitutionnels) et insermentés (ou réfractaires). La condamnation formelle de la Constitution civile du clergé par le pape Pie VI consacrait le schisme au sein de l'Église française (avr. 1791). Cette crise religieuse se doublait d'une crise politique, la plupart des prêtres réfractaires prenant le parti de la contre-révolution ; certains émigrèrent, beaucoup furent massacrés lors de la Terreur.

Le **Constitutionnel** ♦ Quotidien parisien fondé pendant les Cent-Jours (qui parut d'abord sous le titre *L'Indépendant*). Organe de l'opposition libérale sous la Restauration, il prit la Charte* pour programme. Il parut également lors de la monarchie de Juillet et sous la III^e^ République (jusqu'en 1914).

**Consulat** n. m. ♦ Gouvernement de la France issu du coup d'État du 18 Brumaire* et qui remplaça le Directoire*. Il se maintint du 10 nov. 1799 au 18 mai 1804. La Constitution de l'an VIII définit l'organisation du gouvernement et nomma les trois consuls : Bonaparte (→ **Napoléon**), Cambacérès*, Lebrun*. Le Premier consul, Bonaparte, réunissait en fait tous les pouvoirs. Pendant cette période, Bonaparte, décidé à exploiter le coup d'État au profit de son ambition et servi par une politique extérieure très brillante, réorganisa le pays. Le Code* civil était promulgué en 1804 et la Légion* d'honneur créée en 1802. L'esclavage était rétabli dans les colonies le 20 mai 1802, la grève interdite (1803) et le livret rendu obligatoire pour l'ouvrier. Le 4 août 1802, le Premier consul était nommé à vie ; la Constitution révisée de l'an X renforçait ses pouvoirs aux dépens du législatif. La paix retrouvée favorisait le développement du commerce et de l'industrie ; la suppression de l'opposition (épuration du Tribunat, dès janv. 1802) fut assortie de quelques mesures d'apaisement (notamment la clôture de la liste des émigrés). Ces conditions générales ouvraient la voie à l'Empire. → **Empire (Premier).**

**CONTAMINES-MONTJOIE (LES)** [74170] ◆ **ÉTYM.** *Contamines,* du franco-prov. *condamina* (var. de *condominium*), désignant une terre réservée au seigneur et libre de droits, et *Montjoie,* du lat. *mons gaudii,* évoquant une hauteur le long d'une route (indication d'un chemin ou souvenir d'un événement) ♦ Comm. de la Haute-Savoie, arr. de Bonneville. 1 129 hab. *(Contaminards).* Station hivernale et estivale (1 164 - 2 487 m). Fromages.

**CONTANT D'IVRY (Pierre COUTANT, CONTENT ou CONSTANT, dit)** ♦ Architecte français (Ivry-sur-Seine 1698 - Paris 1777). Il abandonna le style rocaille et, sensible à la vogue pour l'Antiquité, adopta les conceptions néoclassiques. Il édifia l'abbaye de Panthémont, rue de Grenelle (1747 - 1756), transforma pour le duc d'Orléans le Palais-Royal (vers 1763 - 1767), conçut les plans du monastère et de l'abbaye de Saint-Waast à Arras et aussi ceux de la Madeleine à Paris, qui furent profondément modifiés par Couture et surtout par Vignon.

**CONTARINI** ♦ Famille noble de Venise qui compta sept doges parmi ses membres, depuis DOMENICO CONTARINI (1043 - 1071) jusqu'à LODOVICO CONTARINI (1676 - 1684), quatre patriarches de Venise, des hommes d'État, des diplomates, des savants, des artistes.

**CONTÉ (Nicolas Jacques)** ♦ Chimiste et inventeur français (près de Sées, Orne 1755 - Paris 1805). Il fut l'initiateur de la création du Conservatoire national des Arts* et Métiers, participa à la naissance de l'aérostation militaire décidée en 1794, assura la direction de l'intendance durant l'expédition de Bonaparte en Égypte. Il reste cependant principalement connu pour l'utilisation, dans la fabrication des mines de crayon, d'un mélange d'argile et de graphite à la place de la plombagine rendue rare par le Blocus continental.

**constructivisme**

n. m. ♦ Mouvement artistique d'origine russe, qui reçut sa dénomination en 1920 et connut des prolongements en Europe puis aux États-Unis. Alors que l'art industriel triomphait après la révolution de 1917, les artistes cherchèrent à se mettre au service du progrès social. Pendant quelques années, Malevitch* mena des recherches concrètes sur l'espace. Mais le principal représentant du mouvement fut Aleksandr Rodchenko*, qui publia en 1920 le *Programme du groupe constructiviste* : l'art doit être soumis à des fins utilitaires au nom de l'«objectivisme». De même qu'un autre membre du groupe, Vladimir Tatline*, il ne se consacra plus dès lors qu'aux arts appliqués et à la photographie. Tous deux souhaitaient transformer le travail en art et l'art en travail ; mais seul Tatline réalisa son idéal en devenant ingénieur dans une usine métallurgique. Les avant-gardes disparurent en URSS avec la NEP en 1921 et l'apparition d'une nouvelle bourgeoisie qui prisait surtout les impressionnistes. Très vite, le constructivisme se divisa en deux tendances principales, l'art de laboratoire et l'art industriel. El Lissitzky*, ingénieur et professeur d'architecture à Vitebsk, créateur de la *Tribune de Lénine* et des *pro.ou.n,* compositions abstraites fondées sur l'axonométrie, fut l'un des rares constructivistes à rester en URSS jusqu'à sa mort. Le constructivisme se développa en Europe sous d'autres noms, grâce à Antoine Pevsner* et à son frère Naum Gabo*, qui avaient quitté l'Union soviétique en 1922. Ils se joignirent en Europe au mouvement Abstraction-Création, condamnant les «ténèbres de l'abstraction», tout en en conservant certains principes. Les productivistes critiquèrent ce programme, affirmant que «l'art n'est qu'un mensonge qui ne sert qu'à camoufler l'impuissance de l'humanité». À Düsseldorf, en 1922, se tint le premier congrès de la «faction internationale des constructivistes», avec Van* Doesburg, Lissitzky et Hans Richter*. En 1930 le manifeste *Art concret* de Van Doesburg reprit la plupart des théories constructivistes, en opposition au mouvement Cercle et Carré lancé la même année par Michel Seuphor*. Gabo, Pevsner, Mondrian*, Moholy*-Nagy, l'architecte Gropius* se rendirent à Londres, avant d'aller aux États-Unis, et établirent des contacts avec les sculpteurs Ben Nicholson, Henry Moore* et Barbara Hepworth* ; le constructivisme se développa ultérieurement en Grande-Bretagne, dans les années 1950, surtout par une abstraction tendant à s'allier au naturalisme. Aux États-Unis, le constructivisme ne trouva d'écho que bien plus tard, grâce surtout à l'afflux de réfugiés, anciens professeurs au Bauhaus* tels que Joseph Albers. L'expressionnisme abstrait dominait la scène artistique, et seule l'architecture, avec Gropius et Mies* van der Rohe, en assura le développement. Il fut cependant à l'origine de nombreux mouvements en sculpture comme le lumino-cinétisme, le cinétisme (→ **cinétique (art)**), l'op art, et marqua des individualités telles que Tony Smith*, Robert Morris*, Donald Judd, Anthony Caro*. En France, Nicolas Schöffer* en appliqua les principes dans ses immenses sculptures cinétiques et spatio-dynamiques.

Le **Conte d'hiver** – en angl. ***The Winter's Tale*** ♦ Comédie en 5 actes de W. Shakespeare*, représentée en 1611. Elle raconte les conséquences désastreuses de la jalousie de Léontès, roi de Sicile, persuadé que sa vertueuse épouse Hermione le trompe avec son ami le roi de Bohême. L'oracle de Delphes, consulté, a beau garantir la fidélité de la reine, rien ne le convainc. Il ordonne la mort de la fille dont Hermione vient d'accoucher ; Perdita, «l'enfant perdue», est heureusement recueillie par des bergers. Il faut la mort de son fils, puis de la reine, pour ouvrir les yeux de Léontès, que torture désormais le remords. Il retrouvera Perdita ; enfin, au dénouement, on découvrira que la mort d'Hermione était feinte, due au stratagème d'une dame de compagnie. Shakespeare mélange les genres, brouille les références culturelles et assujettit l'action à la seule poésie, non sans donner aux situations une haute valeur symbolique. *Le Conte d'hiver* annonce ainsi *La Tempête**.

Les **Contemplations** ♦ Recueil de poésies (1856) que V. Hugo* «donne à la tombe», celle de sa fille Léopoldine dont la mort sépare les deux volumes : *Autrefois, Aujourd'hui.* Les trois premiers livres (1830 - 1843) sont les «mémoires d'une âme» : dans *Aurore,* le poète évoque sa jeunesse ; *L'Âme en fleur* célèbre l'amour inspiré par Juliette Drouet*, tandis que *Les Luttes et les Rêves* livre les réflexions du penseur devant le mal ou le mystère du monde. Dès le deuxième volume (1843 - 1855), la confession lyrique, douloureuse (dans *Pauca meae ; À Villequier*), se double, avec le livre *En marche,* de réflexions métaphysiques, avant que le poète n'affirme le caractère surnaturel de sa fonction et de son verbe *(Suite)* dans le dernier livre, *Au bord de l'Infini.* Celui-ci contient les visions apocalyptiques de *Ibo* et de *Ce que dit la Bouche d'ombre,* par lesquelles V. Hugo se fait le «premier des voyants» (Rimbaud) apte à trouver «l'idéal à travers le réel transparent». Cet itinéraire moral et spirituel est traduit avec une remarquable richesse de tons et de mètres, faisant véritablement de cette évocation de «l'existence humaine sortant de l'énigme du berceau et aboutissant à l'énigme du tombeau», et ceci de l'aveu de V. Hugo, son «œuvre de poésie la plus complète».

**CONTES** [06390] ➝ ÉTYM. p.-ê. du pré-indo-eur. *°kun-* «colline» ou du gaul. *cuno-* «chien [loup]» ♦ Ch.-l. de cant. des Alpes-Maritimes, arr. de Nice. 6 551 hab. *(Contois)*. L'église renferme un retable (1525) de l'école niçoise.

**Contes** ♦ Nom donné au recueil de récits de Charles Perrault* publié en 1697 sous le titre de *Histoires ou Contes du temps passé* avec en frontispice cet autre titre, *Contes de ma mère l'Oye*, et sous le nom de Perrault d'Armancour (fils de l'auteur, âgé de dix ans). Des éditions partielles avaient vu le jour dès 1691, contribuant à mettre ce genre à la mode. Écrits en vers *(Grisélidis ; Les Souhaits ridicules ; Peau* d'Âne)* ou en prose *(La Belle* au bois dormant ; Le Petit* Chaperon rouge ; La Barbe* bleue ; Le Chat* botté ; Cendrillon* ; Le Petit* Poucet ; Les Fées ; Riquet* à la houppe)*, ces contes procèdent de la tradition mythique populaire, imprégnée de symboles, et sont présentés par Perrault dans un style très classique, naturel et précis.

**Contes d'Andersen** → **Andersen**

**Contes cruels** ♦ Recueil de contes (1883) de Villiers* de L'Isle-Adam, suivi des *Histoires insolites* (1888) et des *Nouveaux Contes cruels* (1888). Dans ces récits, où se fait sentir l'influence d'Edgar Poe, Villiers de L'Isle-Adam crée une atmosphère étrange et souvent morbide ; tantôt le climat est macabre et angoissant, comme dans *Le Convive des dernières fêtes, La Torture par l'espérance* ou *Les Amants de Tolède* ; tantôt il s'agit d'un monde d'une sérénité irréelle où, loin de «l'affreux jour terrestre», l'amour survit à la mort *(Véra ; L'Amour sublime ; La Maison du bonheur)*. Très souvent, apparaît la préoccupation des instants qui précèdent la mort (comme dans *L'Intersigne*), étape terrible et souhaitée qui donne l'accès à un autre monde (→ **Axël**).

**Contes de Cantorbéry** – en angl. ***Canterbury Tales*** ♦ Recueil de contes de Chaucer* composé entre 1386 et 1400. Vingt et un contes seulement, la plupart en vers (distiques héroïques), nous sont parvenus de ce recueil que, par ailleurs, Chaucer laissa sans doute inachevé. Il y utilise la formule du sujet-cadre illustrée par le *Décaméron*. Le poète imagine se trouver en compagnie d'une trentaine de pèlerins, personnages très variés qu'il campe dans un «Prologue» magistral : pour tromper la longueur du voyage à Canterbury, sanctuaire du martyr Thomas Becket, chacun devra dire deux contes dont le meilleur sera récompensé par un dîner plantureux. L'art de Chaucer consiste à lier le discours de ses personnages à leur «caractère» (en fait, à son propre discours à leur propos). «La Bourgeoise de Bath», une maîtresse femme, fait la satire du mariage, la prieure reprend la légende d'un petit martyr chrétien. La grivoiserie du meunier se complaît dans le fabliau, et le moine met le diable en scène. Rompant avec le conte allégorique du Moyen Âge, Chaucer a écrit la «comédie humaine» de la fin du XIV^e^ s. C'est le premier chef-d'œuvre de la littérature anglaise. L'ouvrage inspira notamment Blake.

Les **Contes de la lune vague après la pluie** ♦ Film japonais de Kenji Mizoguchi (1953), d'après deux *Contes de pluie et de lune* d'Akinari Uéda. *La Maison dans les roseaux* et *L'Impudicité du serpent*. Dans le Japon du XVI^e^ s., déchiré par les guerres intestines, la double et cuisante désillusion de deux paysans venus à la ville, l'un succombant aux maléfices d'un fantôme femelle, l'autre au piège de la richesse. Sur ce mince fil conducteur, Kenji Mizoguchi a brodé un somptueux poème d'images, tour à tour épopée, élégie et récit initiatique. Une inspiration généreuse, une lenteur de rythme envoûtante, un sens plastique hérité des grands maîtres de l'estampe, ont abouti à un chef-d'œuvre sous-estimé au Japon, mais plébiscité en Occident (Prix international à la Biennale de Venise 1953).

**Les Contes de la lune vague après la pluie.**
Masayuki Mori et Kinuyo Tanaka.
*Phot. ©Christophe L.*

**Contes de Noël** – en angl. ***Christmas Books*** ♦ Ensemble de contes publiés par Charles Dickens* entre 1843 et 1845 où s'exprime l'optimisme victorien d'un appel à la charité, supposée remédier à tous les problèmes sociaux. Dans *Le Grillon du foyer*, l'intervention du génie du lieu empêche le mariage indu d'un vieillard et d'une jeune femme ; le pathétique cher à Dickens s'y exprime particulièrement dans les personnages secondaires : le vieux fabricant de jouets Caleb Plummer cache sa pauvreté à sa fille aveugle et lui fait croire qu'elle vit dans l'aisance. Dans *Un chant de Noël*, un vieux commerçant avare change de vie au matin de Noël après une série de visions qui lui montrent sa vie passée, les malheurs d'autrui qu'il méprise et le châtiment qu'il encourt pour son égoïsme. Ces contes sont parmi les œuvres les plus populaires de Dickens.

Les **Contes d'Hoffmann** ♦ Opéra fantastique en un prologue, 3 actes et un épilogue de J. Offenbach*, sur un livret de Pierre Barbier tiré d'une pièce du même titre de Jules Barbier et Michel Carré d'après des contes de E. T. A. Hoffmann*. L'œuvre, dont l'orchestration fut terminée et les récitatifs composés par Ernest Guiraud*, fut créée après la mort d'Offenbach (Paris, 10 fév. 1881) sans l'acte de Giulietta, qu'on ne vit qu'en 1911. Offenbach envisagea comme ordre : acte de Spalanzani, acte de Crespel (d'Antonia), acte de Giulietta. Traditionnellement, on inverse les deux derniers. Il est très difficile, pour cette œuvre, de parler d'une version «authentique».

**Contes drolatiques** ♦ Recueil de 30 contes de H. de Balzac* divisé en 3 «dixains» (1832, 1833, 1837). Proches de la langue rabelaisienne, ces contes s'inscrivent dans la tradition des fabliaux. Balzac projetait un ensemble plus vaste qu'il aurait placé sous un titre révélateur : *Les cent contes drolatiques, colligez es abbaïes de Tourayne, et mis en lumiere par le sieur de Balzac pour l'esbatement des pantagruelistes et non aultres.*

Les **Contes du chat perché** ♦ Recueil de contes de Marcel Aymé* (1934, 1950 et 1958). L'écrivain y fait revivre le monde de l'enfance par l'intermédiaire de Delphine et Marinette, de la tante Mélanie qui a de la barbe, du chat Alphonse, du grand bœuf blanc et de tout ce qui fait l'univers d'une ferme traditionnelle. Ces divertissements qui ne sombrent jamais dans le non-sens (comme chez Lewis Carroll) s'inscrivent dans la tradition moraliste des fables.

**Contes du lundi** ♦ Recueil de contes de A. Daudet* (1873). La plupart des récits sont consacrés à la guerre de 1870 et à l'écroulement du Second Empire. On y trouve notamment *La Dernière Classe* d'un vieux maître d'école en Alsace. Ce recueil d'inspiration patriotique se complète d'une partie, *Caprices et Souvenirs*, qui regroupe des récits plus proches de la veine des *Lettres* de mon moulin* (par exemple, *Arthur* et *Le Pape est mort*).

**Contes et Nouvelles** ♦ Recueil de récits galants et satiriques en vers de La* Fontaine, publié en 5 livres (1665 - 1682). Imitant l'Arioste*, l'Arétin* et Boccace*, et suivant une inspiration très libre qui renoue avec l'esprit des fabliaux ou des récits rabelaisiens, l'auteur y raille avec «gaîté» l'inconstance des femmes, l'inutilité de la jalousie, et conte les ruses triomphantes de l'amour.

**Contes étranges du studio du bavard** – en chin. ***Liaozhaizhiyi*** ♦ Recueil de contes, d'histoires de fantômes, de chevaliers et d'amours difficiles, rédigés en langue chinoise classique par Pu* Songling, dont on dit qu'il offrait à boire aux paysans qui lui racontaient une histoire nouvelle pour lui.

**CONTESSA (Karl Wilhelm SALICE)** ♦ Écrivain allemand (Hirschberg, Silésie 1777 - Berlin 1825). Il publia des contes d'enfants avec Fouqué et fut l'ami d'Hoffmann.

**CONTI (Niccolò DE')** ♦ Voyageur vénitien du XV^e^ s. (Chioggia ? - Venise 1469). Il atteignit les Indes en passant par la Syrie et Ormuz, visita le Dekkan, Coromandel, Ceylan, la Birmanie, Java, Bornéo et revint par Aden et Djeddah (1444). Sa relation de voyage fut traduite en latin par Pogge*.

**CONTI** ou **CONTY** (maison de) ➝ ÉTYM. de *Conti*, auj. *Conty*, village de la Somme (du lat. *Comitiacum*, de *comes* «compagnon») ♦ Branche cadette de la maison des Bourbon-Condé. ♦ **Armand de Bourbon,** prince **de Conti** (Paris 1629 - Pézenas 1666). Frère du Grand Condé*. Entraîné par sa sœur la duchesse de Longueville*, il participa à la Fronde* et fut emprisonné. Il épousa une nièce de Mazarin*. ♦ **François Louis de Bourbon,** prince **de Conti** (Paris 1664 - *id.* 1709). Fils du précédent. Il se distingua dans la campagne de Hollande (1690) et fut élu roi de Pologne, mais ne put entrer en possession de son royaume. Massillon* prononça son oraison funèbre. ♦ **Louis François de Bourbon,** prince **de Conti** (Paris 1717 - l'Isle-Adam 1776),

## Contre-Réforme

n. f. ♦ Expression désignant, à l'origine chez les historiens allemands, le mouvement religieux appelé aussi Réforme catholique (XVIe s.). En effet, dès la fin du XVe s., la réforme de l'Église était à l'ordre du jour, mais le concile de Latran* (1512) et la papauté de la Renaissance se montrèrent incapables de la réaliser ; ce n'est que face aux succès des protestantismes (→ **Réforme**) que la nécessité s'en imposa. Le centre moteur fut la papauté, à partir de Paul III, et le concile de Trente* (1545 - 1563 avec des interruptions). La plupart des points du dogme furent examinés et redéfinis (notamment la Présence réelle dans l'Eucharistie) ; les pratiques du culte réaffirmées (les 7 sacrements, culte de la Vierge et des saints, des images) ; de nombreux décrets disciplinaires furent pris (célibat des prêtres, résidence des évêques dans leur diocèse, interdiction du cumul des évêchés) ; on fixa le canon des Écritures (→ **Bible, deutérocanoniques**) et on décida la préparation d'une version officielle (→ **Vulgate**) ; on rédigea un *Catéchisme* (1566), un *Bréviaire* (1568), un *Missel romain* (1570), un *Corpus juris canonici* (→ **Grégoire XIII**) ; Pie* IV et surtout Sixte* Quint réorganisèrent la curie ; on fonda séminaires et collèges. Si bien qu'à la fin du XVIe s. l'Église romaine avait le visage qu'elle devait garder jusqu'au XXe s. Politiquement, elle avait empêché la propagation de la Réforme en Italie et en Espagne, l'avait enrayée en France et avait regagné certaines positions aux Pays-Bas, en Autriche, dans l'Empire allemand, en Suisse. ▪ Principales personnalités liées à la Contre-Réforme : les papes Paul* III, Jules* III, Paul* IV, Pie* IV, Pie* V, Grégoire* XIII, Sixte* V ; les saints Ignace* de Loyola, Charles* Borromée, Philippe* Neri, Robert* Bellarmin, Pierre* Canisius. Comme institutions, on peut mentionner : l'Inquisition* (réorganisée en 1542), l'Index* (1559, 1564), les ordres des théatins (→ **Gaétan de Thiene**), somasques, barnabites, ursulines (→ **Angèle Merici**), carmélites (→ **Thérèse de Jésus, Jean de la Croix, Carmel**), capucins* et surtout jésuites (→ **Jésus [Compagnie de]**) et oratoriens (→ **Oratoire**).

petit-fils d'Armand. Il montra de grandes qualités militaires pendant la guerre de Succession* d'Autriche (prise de Mons et de Charleroi, 1746), mais n'obtint jamais de commandement à cause de l'hostilité de Mme de Pompadour*. Il fut l'un des chefs de l'opposition à Maupeou*, puis à Turgot*, et protégea les écrivains (Rousseau, Beaumarchais) et les artistes.

**contrat social (Du) ou Principes du droit politique** ♦ Écrit philosophique, en 4 parties, de Jean-Jacques Rousseau*, publié en avril 1762. Le pacte par lequel chaque associé renonce à sa liberté naturelle au profit de la communauté dont il reçoit en retour la liberté civile est le fondement du corps politique (appelé État en tant qu'il est passif, Souverain en tant qu'il est actif). La souveraineté du peuple est une, inaliénable et indivisible. Mais c'est au législateur (qui n'est ni souverain ni magistrat) qu'il appartient d'éclairer et de traduire la Volonté générale en proposant des lois (conformes à l'intérêt de tous), et au gouvernement d'en assurer l'exécution. Rousseau analyse les différentes formes de souveraineté, donnant sa préférence à la démocratie (surtout dans les petits États). La religion civile (dont les dogmes sont simples et raisonnables) assure le caractère «sacré» de l'ordre social. Paru en même temps que l'*Émile**, l'ouvrage met en évidence le lien fondamental entre éducation, morale et politique chez Rousseau (qui cherche les bases d'une société capable de faire l'homme, au lieu de le corrompre). Il influença des penseurs comme Kant*, Fichte, Hegel, et donna lieu à deux interprétations opposées : apologie de la démocratie directe ou anticipation des régimes totalitaires.

**CONTREXÉVILLE** [88140] ➝ ÉTYM. anc. *Gundreci villa* «domaine (lat. *villa*) de Gunderic (n. de pers. germ.)» ♦ Comm. des Vosges, arr. de Neufchâteau, sur le Vair. 3 708 hab. *(Contrexévillois)*. Station hydrominérale, dont les eaux sont commercialisées.

**Contribution à la critique de l'économie politique** - en all. ***Zur Kritik der politischen Ökonomie*** ♦ Œuvre de Marx* (1859), préparée par les *Fondements* de la critique de l'économie politique* (1857 - 1858) et qui sert d'introduction au *Capital*.

**Convention nationale** ♦ Assemblée constituante formée en 1792 de 749 députés élus selon un suffrage quasi universel et se répartissant en une droite, les girondins* (d'abord majoritaires), un centre, la Plaine* (ou le Marais), et une gauche, les montagnards*. Elle succéda officiellement à l'Assemblée* législative le 21 sept. 1792 (→ **Révolution française**). On distingue habituellement trois périodes : *girondine* (jusqu'au 2 juin 1793), *montagnarde* (jusqu'au 9 Thermidor an II [27 juil. 1794]) et *thermidorienne* (jusqu'au 26 oct. 1795). ♦ ***Convention girondine*** Elle fut marquée par : 1° la proclamation de la République (21 sept. 1792) ; 2° le procès de Louis XVI (déc. 1792 - janv. 1793) ; 3° la transformation de la guerre de défense en guerre de propagande et d'annexion dès la fin de 1792 et son extension à toute l'Europe de l'Ancien Régime avec la formation de la première coalition* (Grande-Bretagne, Hollande, Espagne, souverains italiens ; fév.-mars 1793) ; 4° le début de la guerre de Vendée* et de la Chouannerie* (mars 1793). Les difficultés économiques (crise des subsistances, etc.), sociales, militaires (défaite de Dumouriez*, victoires des Vendéens) conduisirent dès le mois de mars aux premières mesures de salut public (→ **Tribunal révolutionnaire de Paris, Comités de surveillance, Comité de salut public**) accentuant le conflit entre les députés de la Montagne, s'appuyant sur la Commune insurrectionnelle et les sans-culottes, et ceux de la Gironde qui furent proscrits après les insurrections des 31 mai et 2 juin 1793, menées par les hébertistes* et les sans-culottes (→ **Hanriot**). ♦ ***Convention montagnarde*** Elle fut d'abord caractérisée par la tentative d'une politique de conciliation avec la bourgeoisie libérale (Déclaration des droits* de l'homme et du citoyen de 1793). Les députés montagnards furent conduits, sous la pression des circonstances, que dramatise le discours révolutionnaire (développement de la contre-révolution, échecs militaires, accentuation de la crise économique qui favorisèrent le mouvement révolutionnaire populaire) à adopter des mesures radicales : reconstitution du Comité de salut public qui, avec le Comité* de sûreté générale, devint l'organe essentiel d'une véritable dictature révolutionnaire ; décret sur la levée en masse et la guerre totale (23 août 1793) ; organisation de la Terreur* ; décrets d'une économie dirigée (maximum national des grains et farines, puis maximum général, le 29 sept.). Ces mesures assurèrent des victoires décisives aux forces républicaines, mais les dissensions ne tardèrent pas à opposer les révolutionnaires (→ **hébertistes**) et les indulgents*. Après avoir mené une politique d'équilibre entre les factions, le Comité de salut public, dominé par Robespierre*, Saint*-Just et Couthon*, élimina successivement les hébertistes (mars 1794) puis les indulgents (avr. 1794), renforçant ainsi la dictature jacobine par des mesures extrêmes (épuration de la Commune, dissolution des sociétés de sections, renforcement de la Terreur) et discutées (culte de l'Être* suprême), sans pour autant faire l'unité du mouvement révolutionnaire en dépit (ou à cause) des mesures extrêmes adoptées. La lassitude des militants révolutionnaires, la désorganisation du mouvement des sans-culottes, le conflit opposant les Comités de salut public et de sûreté générale expliquent la chute de Robespierre et de ses partisans. → **Thermidor an II (journée du 9)**. ♦ ***Convention thermidorienne*** Période de réaction dirigée contre jacobins et sans-culottes, réaction renforcée par les insurrections de Germinal* et Prairial* an III, mais limitée toutefois par la crainte du développement du mouvement royaliste (→ **Terreur* blanche, Quiberon, Vendémiaire an IV**), mit fin au gouvernement révolutionnaire et marqua le retour à une république bourgeoise libérale et modérée. Dans cette période de relative stabilisation, malgré une grave crise économique, financière et sociale, les députés purent préparer les bases du nouveau régime (→ **Directoire**) : retour au libéralisme économique, adoption de la Constitution de l'an III rétablissant le suffrage censitaire, séparant radicalement le pouvoir législatif (→ **Anciens [Conseil des] ; Cinq-Cents [Conseil des]**) et le pouvoir exécutif, confié à cinq Directeurs, mesures religieuses (liberté de cultes, séparation de l'Église et de l'État), éducatives (réformes de l'instruction, organisation des écoles [→ **Lakanal**]), culturelles (création de l'Institut, du Conservatoire de musique).

**COOK (James)** ♦ Navigateur britannique (Marton, Yorkshire 1728 - îles Hawaii 1779). Fils de paysan, il s'engagea comme mousse. Entré dans la marine royale, il participa à la prise de Québec (1759) et réalisa le levé hydrographique du Saint-Laurent, puis des côtes de l'île de Terre-Neuve (1762 - 1767). Il fit ensuite trois expéditions dans l'océan Pacifique (1768 - 1771 : découverte de l'archipel des îles de la Société, de la Nouvelle-Zélande, des côtes orientales de l'Australie ; 1772 - 1773 : expédition au cours de laquelle il atteignit la latitude 71°10′ S. sans parvenir à l'Antarctique et visita les Marquises, les îles de la Société, les Nouvelles-Hébrides et la Nouvelle-Calédonie ; enfin 1776 - 1779 : expédition au retour de laquelle il parvint à l'océan Arctique par le détroit de Béring, mais fut tué par les indigènes aux îles Sandwich [Hawaii]). Les nombreux levés hydrographiques réalisés par Cook contribuèrent à la connaissance de l'océan Pacifique. ➝ ÉTYM. Ce nom de famille anglais signifie «cuisinier».

**COOK (Thomas)** ♦ Homme d'affaires britannique (Melbourne, Derbyshire 1808 - Leicester 1892). Pasteur baptiste, il débuta par l'organisation d'excursions pour ses fidèles avant de fonder, en 1841, ce qui allait devenir la première grande agence de voyages internationale, présente dans le monde entier.

**COOK** (détroit de) ♦ Bras de mer séparant l'île du Sud de l'île du Nord de la Nouvelle*-Zélande. Il fut découvert par J. Cook* en 1770. Il est traversé par une ligne de force sous-marine qui permet la production de courant électrique, transporté vers le N. du pays.

## COOK (ÎLES)

▪ → ÉTYM. du n. de James *Cook** ♦ Archipel de Polynésie, éparpillé sur 2 200 000 $km^2$ au centre de l'océan Pacifique. 293 $km^2$. 19 569 hab. Les îles forment deux groupes contrastés : les îles méridionales (en angl. Southern Cook Islands), d'origine volcanique pour la plupart, dont les principales sont Rarotonga*, où se situe le centre administratif de l'archipel, Avarua*, Mangaïa et Aitutaki, et les îles septentrionales (en angl. Northern Cook Islands) qui sont pour la plupart des atolls coralliens (sept îles). L'économie des îles, situées dans la zone tropicale, est essentiellement agricole. Les exportations principales sont : les agrumes, les tomates, les conserves de fruits, le coprah, les coquillages nacrés. Le commerce se fait surtout avec la Nouvelle-Zélande.

▪ **HISTOIRE** Ces îles, qui servirent d'escale aux Polynésiens dans leurs migrations vers la Nouvelle-Zélande (v. XIVe s.), furent découvertes par J. Cook* en 1773, proclamées protectorat britannique en 1888, et furent annexées par la Nouvelle*-Zélande en 1901. En 1965, elles devinrent un territoire de « libre association » avec la Nouvelle-Zélande.

**COOK** (mont) ou **AORAKI** ♦ Point culminant de la Nouvelle-Zélande, 3 754 m, situé dans les Alpes* néo-zélandaises (île du Sud) ; neiges éternelles au-dessus de 2 200 mètres. Parc national. Station de ski.

**COOKE** (sir **William Fothergill**) ♦ Inventeur britannique (Ealing 1806 - Farnham, Surrey 1879). Avec la collaboration de Wheatstone*, il établit en 1837, sur la distance de 2 km entre Euston et Camden, la première ligne de télégraphie électrique.

**COOLEY (Charles Horton)** ♦ Sociologue américain (Ann Arbor 1864 - *id.* 1929). Il fut l'un des représentants de la sociologie psychologique qui met essentiellement l'accent sur les relations interindividuelles au sein des groupes sociaux (*Human Nature and the Social Order,* 1902 ; *Social Organization,* 1909).

**COOLIDGE (John Calvin)** ♦ Homme d'État américain (Plymouth, Vermont 1872 - Northampton 1933), 30e président des États-Unis d'Amérique. Maire de Northampton, il acquit une réputation d'honnêteté et d'habileté diplomatique, au sein du parti républicain. Son action énergique comme gouverneur du Massachusetts (1918 - 1920), face aux grèves de la police de sept. 1919, lui valut d'être proposé comme vice-président de Harding*. À la mort de celui-ci (1923), il devint président et fut réélu en 1924. Pratiquant une politique sans prestige, il put réduire les dépenses de l'État et réorganisa l'administration. Mais la prospérité américaine masquait les dangers de son libéralisme économique et de ses encouragements à la spéculation. Il s'efforça d'entretenir de bons rapports avec le Mexique et encouragea le règlement des affaires européennes (plan Dawes).

**COOLIDGE (William David)** ♦ Physicien américain (Hudson, Massachusetts 1873 - Schenectady 1975). Il parvint, en 1906, à obtenir le tungstène sous forme de filaments utilisables dans les ampoules électriques. En 1913, améliorant le tube de Crookes* (dont il remplaça notamment la cathode froide par une cathode incandescente en tungstène), il créa le tube à rayons X qui porte son nom.

**COOMARASWAMY (Ânanda Kentish)** ♦ Philosophe, historien d'art et critique ceylanais (Colombo 1877 - Needham, Massachusetts 1947). Après avoir occupé différents postes officiels et inauguré en Inde une campagne nationale en faveur de l'éducation, il se consacra à une carrière d'historien. Il publia en langue anglaise de nombreux ouvrages sur les arts de l'Inde et la philosophie orientale.

**COOPER (James Fenimore)** ♦ Romancier américain (Burlington, New Jersey 1789 - Cooperstown, New York 1851). Ses récits sur les Indiens du Nord ont pour cadre les régions que son père, William Cooper, colonisa dans l'État de New York. Natty Bumpoo, surnommé « Bas-de-Cuir » ou « Œil-de-Faucon », recueilli enfant par les Indiens, est devenu le type même de l'« homme de la frontière ». C'est le personnage central des cinq récits formant le *Roman de Bas-de-Cuir* (1823 - 1841) qui évoquent les luttes franco-anglaises de la fin du XVIIIe s. Parmi ces récits, *Le Dernier des Mohicans, La Prairie* et *Le Tueur de daims* sont les plus célèbres. Cependant, moins soucieux de littérature que de polémique et d'idéologie, Cooper s'attira des procès en publiant une œuvre critique, *Le Démocrate américain* (1838). Malgré un style assez simple et naïf critiqué par Twain et Poe, il reste l'auteur qui sut le mieux évoquer l'Amérique des temps héroïques. D. H. Lawrence, Melville et Hugo l'apprécièrent. John Eston Cooke l'imita et Balzac s'inspira du *Roman de Bas-de-Cuir* pour écrire *Les Chouans.* → ÉTYM. Le nom anglais *Cooper* signifie « tonnelier », de *coop* « tonneau ».

**COOPER (Frank James Cooper, dit Gary)** ♦ Acteur américain (Helena, Montana 1901 - Los Angeles 1961). Sa haute taille, son allure nonchalante, la vigueur de ses poings et sa feinte naïveté lui valurent, dans des rôles de jeune premier, de cow-boy ou d'aventurier, une réputation internationale : *L'Extravagant M' Deeds* (1936), *Sergent York* (1941), *Le train sifflera trois fois* (1952), *Vera Cruz* (1954), *L'Homme de l'Ouest* (1958).

**COOPER (Léon N.)** ♦ Physicien américain (New York 1930). Il émit l'hypothèse, qui est à l'origine de la théorie BCS (→ **Bardeen**), de la formation de paires d'électrons au sein d'un supraconducteur (*paires de Cooper*). [Prix Nobel de phys. 1972, avec J. Bardeen et J. R. Schrieffer]

**COOPER (David)** ♦ Psychiatre britannique (Le Cap 1931 - Paris 1986). Par ses recherches et ses travaux, menés à Londres, il a développé avec Ronald Laing* le courant antipsychiatrique. Il se réclamait de Sartre*, à qui il a consacré un livre (*Raison et Violence,* en collab. avec Laing, 1964 ; *Mort de la famille,* 1971).

**COPACABANA** ♦ Plage de Rio de Janeiro. L'urbanisation date des années 1930 et se poursuit vers le S. par les plages d'Ipanema et de Barra.

**COPAÏS** ♦ Anc. lac de Grèce (Béotie), célèbre dans l'Antiquité pour ses poissons (entre 130 et 230 $km^2$). Son principal tributaire était le Céphise*. Auj. asséché, il a été transformé en exploitation agricole.

**COPÁN** ♦ Site de ruines mayas, situé au N.-O. du Honduras, à la frontière du Guatemala. Ces ruines furent découvertes en 1839.

**COPE (Edward Drinker)** ♦ Paléontologue américain (Philadelphie 1840 - *id.* 1897). Ses recherches portèrent sur les vertébrés permiens, les dinosauriens et les mammifères du Tertiaire. Il fut un des principaux représentants du néolamarckisme aux États-Unis et il étudia les lois de l'évolution, soutenant le rôle de la volonté dans les changements de structure. Il mit en évidence l'augmentation de la taille moyenne des mammifères au cours de l'évolution.

**COPEAU (Jacques)** ♦ Écrivain et homme de théâtre français (Paris 1879 - Beaune 1949). Fondateur avec André Gide et Jean Schlumberger de la *Nouvelle Revue française* (1909), il dénonça très tôt le mercantilisme et la vulgarité au théâtre. Avec une troupe de jeunes acteurs (Ch. Dullin, L. Jouvet, Valentine Tessier), il constitua la Compagnie du Vieux-Colombier (1913). Bannissant le réalisme d'Antoine, s'inspirant des idées de Gordon Craig* et de Stanislavski*, il tenta de retrouver les lois du théâtre en le dépouillant de ses traditions figées. Le Vieux-Colombier apporta, outre une vision nouvelle des classiques, d'intéressantes créations d'auteurs contemporains (Gide, Martin du Gard, Ghéon, Vildrac, Romains) et exerça une influence considérable sur le théâtre européen. Copeau quitta la compagnie en 1924. Dans les années qui suivirent, il aborda le public populaire avec une troupe itinérante. Créateur d'école, comédien, il fut aussi auteur et adaptateur. L'un de ses derniers écrits constitue son testament spirituel : *Le Théâtre populaire* (1942). → ÉTYM. C'est un surnom de menuisier, ou un nom de lieu, de l'ancien français *copel* « colline, monticule ».

**COPENHAGUE** → ÉTYM. en danois ***København*** « port des marchands » ♦ Cap. du Danemark, sur la côte orientale de l'île de Sjælland et le N. de l'île d'Amager, sur l'Øresund. 503 699 hab. (aggl. 1 084 895 hab.). *(Copenhaguois).* Importante univ. fondée en 1478. La ville conserve peu de monuments antérieurs au XVIIe s., et de larges boulevards et des parcs ont presque partout remplacé les remparts. Le quartier de Christianshavn, sur l'île d'Amager, est percé de canaux et encore entouré de fortifications. Hôtel de ville (fin XIXe s.) ; Bourse (XVIIe s., restaurée) ; château de Christianborg ; Langelinie (promenade en bordure de mer, ornée par la célèbre statue de la Petite Sirène inspirée par Andersen) ; Tivoli (parc d'attractions). La ville possède de nombreux monuments : opéra (de Jørn Utzon*), Concert Hall (de Jean Nouvel*), musées (glyptothèque, Musée national), bibliothèques (la Bibliothèque royale est l'une des plus riches d'Europe). ▪ Grand centre commercial et de services. Décentralisation très importante des activités industrielles de 1960 à 1985. Indus. : construc. navales et mécaniques (moteurs Diesel), appareillage électr., grandes brasseries (Carlsberg, Tuborg), imprimerie, indus. pharmaceutique. Indus. de luxe : porcelaine, argenterie. ▪ 1er port du Danemark, situé sur l'Øresund, Copenhague est une plaque tournante

**Copenhague.** *Phot. © Alain Rey*

entre la Scandinavie et l'Europe centrale et occidentale. Nœud du trafic aérien du Norden (aéroport de Kastrup). La ville a cependant perdu beaucoup de son importance aujourd'hui et les services publics, très nombreux, pèsent sur son économie. **Histoire** Sur l'emplacement de Copenhague n'existait au XIe s. qu'un village de pêcheurs. L'évêque Absalon y fit construire un château fort, en 1167, pour défendre le port. Au XVe s., la cité devint résidence royale. Elle fut fortifiée aux XVIe et XVIIe s., et résista au siège de Charles X de Suède (1658 - 1659) et, en 1700, aux flottes de l'Angleterre, de la Hollande et de la Suède. Mais elle fut ravagée par la peste de 1711 - 1712, par les incendies de 1728 et 1795 et enfin par le bombardement britannique de 1807. La ville se développa au XIXe s., devenant un centre industriel, commercial et portuaire essentiel de l'Europe du Nord. En 1856, les fortifications furent supprimées. La ville fut occupée par la Wehrmacht le 9 avr. 1940. ♦ ***Accord de Copenhague*** Négociation sur le changement climatique qui s'est tenue en déc. 2009 et qui a réuni 26 pays. L'accord de Copenhague a entériné la nécessité de limiter le réchauffement planétaire à 2 °C à l'échéance de 2050, toutefois le texte ne comporte ni contrainte juridique ni engagement chiffré de réduction des émissions de gaz à effet de serre et n'a pas pu aboutir à un nouveau traité destiné à relayer le protocole de Kyōto*.

**COPERNIC (Mikołaj KOPERNIK,** dit en fr. **Nicolas)** ♦ Astronome polonais (Toruń 1473 - Frauenburg, auj. Frombork 1543). Il étudia à Cracovie et à Bologne, séjourna à Rome, puis, quoique nommé chanoine de Frauenburg, revint étudier en Italie (Padoue, Ferrare). Enfin, il retourna définitivement dans son diocèse où il fit toutes ses observations astronomiques. Les insuffisances du système de Ptolémée* le menèrent à élaborer une nouvelle théorie des mouvements planétaires en passant du géocentrisme à l'héliocentrisme (double mouvement des planètes sur elles-mêmes et autour du Soleil) ; bien que l'idée fondamentale en ait été conçue, semble-t-il, longtemps auparavant, il ne publia son œuvre que quelques jours avant sa mort, craignant une réaction hostile des théologiens. Sa théorie, dans laquelle la Terre n'occupe plus le centre de l'Univers, exposée dans *De revolutionibus orbium caelestium libri sex*, fut à l'origine de la révolution scientifique du XVIIe s. Les preuves qui faisaient défaut au *système de Copernic* furent apportées par Kepler* et Galilée*. Le pape Paul V condamna en 1616 les idées coperniciennes comme contraires aux Écritures. ➜ ÉTYM. Ce nom vient de *Kopernik*i, nom de lieu en Silésie (peut-être «l'endroit où l'on travaille le cuivre» ou du polonais *koper* «fenouil [endroit où pousse le fenouil]»).

**COPI (Raúl Taborda DAMONTE,** dit**)** ♦ Dessinateur et écrivain argentin d'expression française (Buenos Aires 1939 - Paris 1987). Arrivé en France en 1962, il se fit connaître comme dessinateur (notamment au *Nouvel Observateur*). Son théâtre développe une thématique de l'identité sexuelle (*Eva Perón*, 1969 ; *L'Homosexuel ou la Difficulté de s'exprimer*, 1971) et du délire morbide (*La Journée d'une rêveuse*, 1968). Copi a en outre travaillé sur la théâtralité, en interprétant les six personnages de sa pièce *Le Frigo* (1983). Les mêmes interrogations traversent ses romans.

**COPIAPÓ** ♦ V. du Chili, située au centre nord du pays. Cap. de la région admin. d'Atacama. 126 000 hab. Oasis irriguée. Petites mines d'argent et de cuivre. Fonderie.

**COPLAND (Aaron)** ♦ Compositeur américain (Brooklyn 1900 - North Tarrytown, New York 1990). Il étudia durant trois ans à Paris (1921 - 1924) et fut le premier directeur du Festival américain de musique contemporaine. Sa musique, d'abord influencée par le jazz, s'orienta en 1934 vers le folklore américain puis fut quelque peu marquée par le sérialisme. On lui doit trois symphonies, des ballets (*Billy the Kid*, 1938 ; *Appalachian Spring*, 1944), des œuvres pour orchestre (*El Salón México*, 1936 ; *Jubilee Variation*, 1944) ainsi que de la musique de chambre.

**COPPÉE (François)** ♦ Poète français (Paris 1842 - *id.* 1908). «Pâle enfant du vieux Paris», il poursuivit dans ses recueils le «rêve d'un faubourg plein d'enfance et de jeux». Tenté par l'esthétique parnassienne, il préféra dans *Les Intimités* (1868), *Les Humbles* (1872) ou *Promenades et Intérieurs* (1872) peindre avec un prosaïsme concerté «les choses les plus communes [qui] ont une grâce de nouveauté pour qui sait les voir». [Acad. fr. 1884] ➜ ÉTYM. *Coppée* vient probablement de l'ancien français *copée* «mesure pour les grains» ou «mesure de terre» (surnom de mesureur) ou vient de *copée* «coupe (de bois)» (surnom de bûcheron).

**Coppélia ou la Fille aux yeux d'émail** ♦ Ballet en 3 actes, chorégraphie d'Arthur Saint-Léon, livret de Charles Nuitter et A. Saint-Léon, musique de Léo Delibes, créé à l'Opéra de Paris le 25 mai 1870. L'argument est tiré du *Marchand de sable* de E. T. A. Hoffmann : Coppélius fabrique des automates auxquels il rêve de donner une âme ; Franz s'éprend de la poupée Coppélia (qu'il croit vivante) ; jalouse, sa fiancée Swanilda prendra la place de la poupée pour le reconquérir. Le rôle de Franz fut tenu jusqu'en 1950 par une danseuse travestie. Ce ballet divertissant a été joué dans le monde entier. La version qu'en donna M. Petipa au Marinski en 1884 fut reprise dix ans plus tard par Cecchetti et Ivanov, puis en 1933 par Sergueïev au Sadler's Wells Ballet et par N. De* Valois en 1954. P. Lacotte a repris la version originale à l'Opéra de Paris en 1973.

**COPPENS (Yves)** ♦ Paléontologue français (Vannes 1934). Professeur au Collège de France depuis 1983. Il découvrit, étudia et interpréta de nombreux restes de préhumains et d'hommes fossiles africains (→ **Lucy**). Ces études lui permirent de renouveler la réflexion sur l'origine et l'évolution de l'homme en proposant plusieurs hypothèses dont l'East Side Story (la Rift* Valley aurait été la cause de la séparation des ancêtres de l'homme et de ceux du chimpanzé) ou l'événement de l'Omo (l'homme serait né de la nécessité d'une adaptation à un changement climatique). Il est l'auteur de nombreux ouvrages (*Le Singe, l'Afrique et l'Homme*, 1983 ; *Le Genou de Lucy*, 1999 ; *Histoire de l'homme et des changements climatiques*, 2006), et a participé à la réalisation de la série documentaire *L'Odyssée de l'espèce* (2002 - 2007). [Acad. sc. 1985] ➜ ÉTYM. Ce nom flamand est l'aphérèse de *Jacopin*, diminutif de *Jacob* avec suffixe roman *-in* [le *s* provient du génitif de filiation].

**COPPET** ♦ Ville de Suisse (Vaud), sur la rive d. du lac Léman*, à 14 km à l'E. de Genève. Le château, reconstruit au XVIIIe s., appartint à Necker* et à sa fille, Mme de Staël*, qui en fit au XIXe s. l'un des centres du préromantisme en y réunissant B. Constant*, Chateaubriand*, Byron*, A. Schlegel*. Tombeaux de Necker et de Mme de Staël.

**COPPI (Fausto)** ♦ Coureur cycliste italien (Castellania 1919 - Tortona 1960). Deux fois vainqueur du Tour de France, cinq fois du Tour d'Italie, quatre fois champion d'Italie, il fut également champion du monde de poursuite, champion du monde sur route et recordman de l'heure.

**COPPOLA (Francis Ford)** ➜ ÉTYM. *Coppola* : it. «calotte» (couvre-chef traditionnel du sud de l'Italie) et *Ford* : n. que lui donna son père en hommage à Henri *Ford** ♦ Cinéaste et producteur américain (Detroit 1939). Il contribua, avec ses amis Steven Spielberg, George Lucas et Martin Scorsese, à redorer le blason de Hollywood. Réal. princ. : *Les Gens de la pluie* (1969), *Le Parrain I, II* et *III* (1972, 1974 et 1990), *Conversation secrète* (1973), *Apocalypse Now* (1979), *Cotton Club* (1984). Après une retraite d'une dizaine d'années, il présenta en 2007 *L'Homme sans âge*, film teinté de spiritualité qui revisite le mythe de l'éternel retour, et en 2009 *Tetro*, aux accents autobiographiques, sur la thématique de la famille et de la rivalité artistique. Il a participé à la restauration du *Napoléon** d'Abel Gance. ♦ **Sofia Coppola** (New York 1971). Fille du précédent. Cinéaste américaine. Elle fit des débuts remarqués avec *Virgin Suicides* (1996) ou l'adolescence confrontée au puritanisme, puis *Lost in Translation* (2002) et *Marie-Antoinette* (2006).

## coptes

n. m. pl. ➜ ÉTYM. du gr. *aiguptos* «égyptien» ♦ Chrétiens d'Égypte et d'Éthiopie. Monophysites*, les coptes forment une Église autonome depuis le concile de Chalcédoine* (451) et suivent le rite d'Alexandrie (liturgie bilingue arabe-copte, patriarche résidant au Caire). On compte aujourd'hui environ 7 millions de coptes égyptiens (2,5 millions d'après l'administration égyptienne). Officiellement autonome (1959) par rapport à l'Église égyptienne, dont la conquête musulmane l'avait isolée des siècles durant, l'Église copte éthiopienne regroupe environ 14 millions de fidèles. ▪ On trouve également en Égypte 150 000 coptes catholiques, issus d'un mouvement de ralliement individuel à Rome entamé au XVIIIe s. et couronné en 1895 par la création d'une hiérarchie. ▪ L'art copte, d'inspiration gréco-romaine et byzantine, se caractérise par des proportions originales et par la simplification des détails (églises et monastères ornés de bas-reliefs et de peintures murales, bronzes, textiles). → **Fayoum.**

Le **Coq d'or** ♦ Opéra en 3 actes de Rimski*-Korsakov sur un livret de Bielski d'après Pouchkine (1906 - 1907), créé en 1909, après la mort du compositeur, en raison de difficultés avec la censure. En apparence conte féerique, cet ultime opéra de Rimski-Korsakov est une satire politique contre le tsarisme.

**COQUELIN** ♦ Nom de deux comédiens français. ♦ **Constant Coquelin,** dit **Coquelin Aîné** (Boulogne-sur-Mer 1841 - Couilly-Pont-aux-Dames 1909). Sociétaire de la Comédie-Française, il fut le créateur de *Cyrano de Bergerac* (1897), écrit par Rostand* à sa demande, et effectua des tournées en Europe et en Amérique. Il fonda la maison de retraite des comédiens à Pont-aux-Dames. ♦ **Ernest Coquelin,** dit **Coquelin Cadet** (Boulogne-sur-Mer 1848 - Suresnes 1909). Frère du précédent, sociétaire de la Comédie-Française, il s'illustra dans le genre comique et dans les monologues de Charles Cros*. Auteur de *L'Art de dire les monologues* et *Essai sur le rire*. ➜ ÉTYM. Il s'agit du flamand *koklijn*, de *kok* «cuisinier» avec suffixe diminutif *-lijn*.

**COQUILHATVILLE** → **Mbandaka**

**COQUILLE (Guy)** ♦ Jurisconsulte et publiciste français (Decize 1523 - Nevers 1603). Il fut député du tiers aux états généraux d'Orléans (1560), puis à ceux de Blois (1576 et 1588), où il fut l'un des rédacteurs du cahier du tiers état. Il composa également des écrits polémiques contre les ligueurs et les ultramontains, tel son *Dialogue sur les causes de la misère de la France* (1590). Soucieux, comme

Ch. Dumoulin*, d'unifier le droit coutumier en France, il écrivit notamment *Les Coutumes du pays et duché de Nivernais* (1590). En droit public, ses deux *Traités des libertés de l'Église de France* (1594) inspirèrent les travaux de Pierre Pithou*. ➝ ÉTYM. *Coquille* est le surnom donné à une personne ayant fait le pèlerinage de Saint-Jacques-de-Compostelle ou du Mont-Saint-Michel [la coquille est l'emblème du pèlerinage].

**COQUIMBO** ♦ V. du Chili, sur la baie de Coquimbo. 154 000 hab. Port exportateur du cuivre, du fer et du manganèse de la région. Pêche (farine de poisson). ♦ ***Région administrative de Coquimbo*** 41 000 km², 603 000 hab. CAP. La Serena. Observatoire astronomique européen à La Silla (2 400 m d'altitude).

**CORAIL** (mer de) ➝ ÉTYM. en angl. ***Coral Sea*** [allus. aux récifs coralliens] ♦ Partie de l'océan Pacifique du S.-O. qui s'étend de l'E. de l'Australie (➝ **Barrière [Grande]**) jusqu'au Vanuatu et à la Nouvelle-Calédonie. Elle relie l'océan Pacifique à l'océan Indien par le détroit de Torres* (au N.). ▮ **Histoire** Les Anglo-Américains remportèrent une bataille aéronavale décisive contre les Japonais, la *bataille de la mer de Corail* (4 - 8 mai 1942), qui entrava l'avance des forces nippones vers l'Australie.

**CORAÏS** ou **KORAÏS (Adamantios)** ♦ Écrivain grec (Smyrne 1743 - Paris 1833). Il étudia à Montpellier la médecine, qu'il abandonna pour se consacrer à la renaissance de sa patrie. Vivant à Paris, il contribua par sa *Correspondance* au développement du philhellénisme. Éditeur et commentateur des classiques, il voulut montrer la voie de l'affranchissement national et intellectuel des Grecs. Il combattit l'obscurantisme et l'archaïsme linguistique et proposa un compromis entre le purisme et la langue populaire.

**CORALLI (Jean CORALLI PERACINI, dit Jean)** ♦ Danseur et chorégraphe français (Paris 1779 - *id.* 1854). Il débuta à l'Opéra (1802), puis composa des ballets pour les opéras de Vienne, Milan et Lisbonne. Maître de ballet à la Porte-Saint-Martin (1825), puis à l'Opéra de Paris (1831), il y présenta *La Tempête* (1834), qui marqua les débuts de Fanny Elssler*, *Le Diable boiteux* (1836), *Giselle*, avec J. Perrot (1841), *La Péri*, avec Carlotta Grisi* (1843).

**Coran** ➝ ÉTYM. en ar. ***al-Qur'ān*** «récitation à voix haute» ♦ Livre sacré des musulmans, c'est «le Livre» par excellence *(Al-Kitāb)*, où il est dit que les textes qui le composent sont paroles de Dieu, incréées, transmises par l'archange Gabriel (Jibrā'īl) à Mahomet. Du vivant du Prophète, le Coran était partiellement écrit sur des omoplates de chameaux et des peaux, dans un alphabet archaïque permettant une pluralité de lectures. Après la mort de Mahomet, Abū* Bakr, le premier calife (successeur du Prophète), essaya de rassembler les collections personnelles écrites, dont la plus importante était le recueil d'un des compagnons du prophète *(Sāhib)* Zayd ibn Thabit. C'est sous Othman* (644 - 656), le troisième calife, qu'une nouvelle recension systématique fut réalisée, le problème de l'unité textuelle n'étant pas résolu pour autant. Les querelles ne s'apaisèrent qu'au Xᵉ s., malgré l'homogénéisation de l'orthographe effectuée à l'initiative du gouverneur de l'Irak, al-Ḥajjāj, sous le règne du calife omeyade* 'Abd* al-Mālik (685 - 705). Le texte actuel correspond dans son ensemble à ce canon othmanien. Le Coran eut une importance historique déterminante sur la littérature arabe : d'une part, il imposa le dialecte arabe dans lequel il est écrit comme langue associée au triomphe de la doctrine ; il servit de modèle, d'autre part, au développement de la prose arabe classique, fondée sur les effets du discours oratoire *(Qur'ān* «récitation à voix haute»). Le Coran est composé de cent quatorze sourates *(sūra)* ou chapitres qui, mis à part la courte «liminaire» *(al-Fātiḥa)*, sont classées par ordre de longueurs décroissantes, forme de classement souvent utilisée dans le monde sémitique. Chaque sourate est composée de versets *(āyāt* «signe de Dieu»). Pour des raisons pratiques de lecture collective, l'ensemble est divisé en trente parties *(ajzā')*. L'analyse historique et philologique de Nöldeke (1919 - 1938) confirme souvent le classement chronologique de la tradition islamique qui distingue les chapitres de la période mékkoise (612 - 622 ; *sūra makkiya)* des sourates «révélées» à Médine après l'exil ou hégire *(Hijra)* (622 - 632 ; *sūra madīniya)*. Les premiers textes s'adressent aux grandes familles de La Mecque qui s'opposèrent à l'apostolat de Mahomet. Utilisant une prose rimée, au rythme rapide rappelant le style des vaticinations des «voyants» *(kāhin)* de l'Arabie de l'époque, il annonce la venue du jour dernier dans une atmosphère d'apocalypse où les grands de ce monde seront implacablement châtiés. Les textes médinois prennent un ton universaliste et révèlent, en des phrases plus longues, la doctrine de l'islam qui doit régir la vie sociale de la communauté des croyants *(Umma)* tant des points de vue juridique et militaire que religieux. S'y insèrent des références bibliques confirmant les messages de plusieurs prophètes dont Abraham *(Ibrāhīm)*, Moïse *(Mūsā)* et Jésus *('Īsā)*. Le Coran appelle les juifs et les chrétiens à embrasser la doctrine de Mahomet, le dernier des envoyés de Dieu. Il est parsemé de passages fort obscurs et énigmatiques ; d'où une tradition littéraire très riche : le commentaire interprétatif du Coran. Le premier grand commentateur est al-Ṭabarī* (838 - 923). Le plus célèbre est Baydhāwī* (XIIIᵉ s.). À l'époque moderne, deux grands théologiens ont tenté une interprétation modernisante du Coran : Muḥammad 'Abduh* (Égypte, 1849 - 1905) et Abul Kalam Azad (Indes, 1888 - 1959). Les principales traductions françaises du Coran sont dues à R. Blachère (1947 - 1951), à M. Hamidullah (1959) et à D. Masson (1967).

**Coran.** Page d'un manuscrit du XIVᵉ s.
Bibliothèque Topkapı, Istanbul.
*Phot. © Carlo Bevilacqua/Ricciarini*

**CORAZZINI (Sergio)** ♦ Poète italien (Rome 1887 - *id.* 1907). Un des premiers représentants, avec Guido Gozzano, de la tendance «crépusculaire», il composa une œuvre poétique dont l'intimisme mélancolique s'inspire du symbolisme français : *Le Dolcezze* (1904), *L'Amaro calice* (1905) et *Livre pour le dimanche soir* (1906).

**CORBAS** [69960] ♦ Comm. du Rhône, arr. de Lyon. 9 259 hab.

Le **Corbeau** ♦ Film français d'Henri-Georges Clouzot* (1943), avec Pierre Fresnay, Ginette Leclerc, Pierre Larquey. Une petite ville française est submergée de lettres anonymes : les notables sont invectivés par un mystérieux correspondant qui signe «Le corbeau». Par-delà le «suspense», habilement entretenu, se dessine un tableau au vitriol d'une collectivité dominée par l'hypocrisie et la dénonciation, où certains crurent voir un reflet à peine voilé de la France de Vichy. À la Libération, le film (produit par la firme allemande Continental) fut accusé d'avoir véhiculé une propagande antifrançaise, et son auteur sanctionné.

**CORBEIL-ESSONNES** [91100] ➝ ÉTYM. anc. *Corobilum*, du gaul. *Corobus*, n. de pers., et *ialo* «clairière, champ» ♦ Ch.-l. de cant. de l'Essonne, arr. d'Évry, au confluent de l'Essonne et de la Seine. 39 378 hab. *(Corbeil-Essonnois)*. Évêché. Cathédrale Saint-Spire (du XIIᵉ au XVᵉ s.). ▪ Port et centre indus. : importante minoterie (Grands Moulins de Corbeil) ; imprimerie ; indus. électronique ; construc. aéronautique ; chimie.

**CORBIE** [80800] ➝ ÉTYM. anc. *Corbeia*, du gaul. *Corbus*, n. de pers. ou anc. n. de l'Ancre* ♦ Ch.-l. de cant. de la Somme, arr. d'Amiens, à la jonction de l'Ancre et de la Somme. 6 317 hab. (aggl. 8 051) *(Corbéens)*. ▮ **Histoire** L'abbaye bénédictine, fondée en 657 par sainte Bathilde, joua un rôle politique important sous Charlemagne. La ville se développa autour de l'abbaye et compta jusqu'à 30 000 habitants. Elle fut occupée par les Espagnols en 1636, et très endommagée lors de la Première Guerre mondiale.

**CORBIER (LE)** ♦ Station de sports d'hiver de la Savoie (comm. de Villarembert), dans le massif des Arves (1 550 - 2 260 m).

**CORBIÈRE (Édouard Joachim, dit Tristan)** ♦ Poète français (Ploujean, près de Morlaix 1845 - Morlaix 1875). De santé fragile, il dut demeurer en Bretagne, faisant quelques séjours à Paris et un voyage en Italie. Le recueil de ses vers, *Les Amours jaunes* (1873), passa inaperçu, et c'est Verlaine* qui le révéla en citant son auteur dans les *Poètes maudits* (1883), aux côtés de Rimbaud et de Mallarmé. Léon Bloy, Huysmans, puis J. Laforgue célébrèrent la liberté des images et les recherches baroques de ce poète, «mélange adultère de tout» : qu'il évoque la Bretagne et les marins *(Armor ; Gens de mer)*, le soleil de Naples ou sa passion douloureuse pour «Marcelle», Corbière, en effet, recherche le trait, l'image volontairement crue et le rythme heurté.

**CORBIÈRES** n. f. pl. ➝ ÉTYM. probablt rac. oronym. *cor-*, var. de *car-*, et suff. lat. *-arium* ♦ Ensemble de reliefs inscrits entre la vallée de l'Agly et la vallée de l'Aude, prolongeant au N.-E. les Pyrénées-Orientales. Le massif du Mouthoumet en constitue l'ossature ; il se redresse au S. où il se soude aux Pyrénées (puy de Bugarach, 1 230 m). Les Corbières orientales offrent l'aspect d'un causse criblé de dolines et d'avens. Paysages de garrigues, de roches dénudées, victimes du déboisement, auj. reboisés en résineux, ces plateaux sont depuis longtemps voués à l'élevage (moutons des Corbières) ; les vallées se consacrent à la culture de la vigne (vins des Corbières, fitou) mais l'exode rural est massif. Tourisme.

**CORBIN (Alain)** ♦ Historien français (Courtomer, Orne 1936). Délaissant l'histoire socioculturelle quantitative, dans la tradition de Labrousse, il s'est orienté vers une forme particulière de l'histoire des mentalités. Ses ouvrages en effet s'intéressent aux sens et montrent que ces derniers, et plus largement la sensibilité, et leur perception par la société, ont une histoire (*Le Miasme et la Jonquille. L'Odorat et l'Imaginaire social aux XVIII^e - XIX^e siècles*, 1982 ; *Les cloches de la terre. Paysage sonore et culture sensible dans les campagnes du XIX^e siècle*, 1994). Il a également reconstitué la biographie d'un anonyme et de son environnement (*Le Monde retrouvé de Louis-François Pinagot*, 1998) et a dirigé une *Histoire du corps* (2005).

**CORBULON** – en lat. ***Cneius Domitius Corbulo*** ♦ Général romain (mort à Corinthe 67). Légat en Germanie, sous Claude*, il remporta de brillantes victoires sur Tiridate* Ier, roi d'Arménie, et Vologèse*, roi des Parthes (58 et 63). Néron*, jaloux, donna l'ordre de le mettre à mort ; il se perça lui-même de son épée.

**CORBY** ♦ V. nouvelle d'Angleterre (Northamptonshire), au N. de Kettering. 50 000 hab. Chaudronnerie.

**CORCYRE** → **Corfou**

**CORDAY (Charlotte DE CORDAY D'ARMONT, dite Charlotte)** ♦ Jeune fille française (Saint-Saturnin-des-Ligneries, Orne 1768 - Paris 1793). Fervente lectrice de Plutarque, Tacite, Rousseau et adepte des idées nouvelles, elle se rallia à la Révolution. C'est après la proscription des girondins (2 juin 1793) qu'entrée en contact avec certains des chefs de l'insurrection fédéraliste de Normandie elle décida de tuer Marat*, principal responsable à ses yeux de l'élimination des girondins et de l'instauration du régime de la Terreur. Arrivée à Paris au début de juillet, elle obtint le 13 une entrevue avec le conventionnel, qui la reçut dans son bain, où la jeune fille le poignarda. Jugée par le Tribunal révolutionnaire dès le 17 juil., condamnée à mort et exécutée, elle fit un peu figure d'héroïne malgré l'horreur que suscita son crime en raison de la popularité dont jouissait Marat. ✦ ÉTYM. *Corday* vient du latin *Cordius*, nom de personne (nom de lieu dans l'Orne *[Cordey]* ou le Calvados).

**cordeliers (Club des)** ou **Société des amis des droits de l'homme et du citoyen** ♦ Club révolutionnaire fondé à Paris en avr. 1790 par Danton*. Il compta parmi ses membres C. Desmoulins, Fabre d'Églantine, Legendre, Santerre, Marat*, et tint ses premières réunions au couvent des Cordeliers (rue de l'École-de-Médecine, auj. musée Dupuytren). C'est en grande partie sous son influence que fut portée au Champ*-de-Mars (17 juil. 1791) la pétition exigeant la déchéance du roi. Lors de la Convention, le Club fut animé par les révolutionnaires extrémistes, Hébert* et les hébertistes, et devint le porte-parole des sans*-culottes, de la population laborieuse des «faubourgs» (Saint-Antoine et Saint-Marceau). Après l'élimination des hébertistes (avr. 1794), le Club fut supprimé, et ses derniers membres passèrent aux jacobins*.

**CORDEMAIS** [44360] ✦ ÉTYM. p.-ê. langue d'oïl *corps* «partie principale» et *més mais* «ferme» ♦ Comm. de la Loire-Atlantique, arr. de Nantes. 2 515 hab. Centrale thermique sur l'estuaire de la Loire.

**CORDEMOY (Géraud DE)** ♦ Philosophe et historien français (Paris v. 1628 - 1684). Ses *Dix discours sur la distinction et l'union de l'âme et du corps* sont d'inspiration cartésienne tout en annonçant la théorie occasionnaliste de Malebranche. Il est l'auteur d'une *Histoire de France depuis le temps des Gaulois*.

**CORDES-SUR-CIEL** [81170] ✦ ÉTYM. du n. de *Cordoue**, en Espagne, ou du prélatin *cor-d* «hauteur» ♦ Ch.-l. de cant. du Tarn, arr. d'Albi, au-dessus de la vallée du Céron. 996 hab. *(Cordais)*. Enceintes. Église Saint-Michel (chœur et transept du XIII^e s.). Halle et demeures anc. (XIV^e s.). Musée Charles-Portal (histoire locale). ▮ **Histoire** Anc. bastide fondée en 1222 par Raymond VII, comte de Toulouse.

**CORDIER (Louis)** ♦ Géologue et minéralogiste français (Abbeville 1777 - Paris 1861). Il appliqua les méthodes chimiques, mécaniques et microscopiques à l'étude des roches microlithiques et donna une classification des roches endogènes. [Acad. sc. 1822]

**CORDILLÈRE AUSTRALIENNE** → **Australienne (cordillère)**

**CORDILLÈRE BÉTIQUE** → **Bétique (cordillère)**

**CORDILLÈRE DES ANDES** → **Andes**

**CÓRDOBA** ✦ ÉTYM. du n. de *Cordoue* (*Córdoba* en esp.), n. donné par le fondateur de la ville, Jerónimo Luis de Cabrera, gouverneur de la région de Tucumán, en hommage à la ville natale de son épouse ♦ V. d'Argentine, cap. de prov., au pied de la sierra de Córdoba. 1 446 000 hab. Université. 2^e ville du pays, elle fait fonction de métropole régionale en raison de son éloignement de Buenos Aires. Cette cité d'origine coloniale, carrefour commercial (voie ferrée, route, aéroport) pour un grand nombre de provinces, est devenue un puissant foyer industriel (métall., automobile). Université. La ville a été fondée en 1573. C'était à l'époque coloniale une étape sur l'ancienne route «royale» qui menait aux mines du Haut Pérou. Elle a conservé des monuments construits par les jésuites au XVII^e s. (Manzana Jesuitica). ♦ ***Province de Córdoba*** → **Argentine** (carte). 165 320 km². 3 067 000 hab. Elle comprend des zones de la Pampa humide et des zones plus sèches. Élevage de bovins. Cultures de céréales et de soja. Dans les périmètres irrigués, vergers et cultures maraîchères.

**CÓRDOBA** ♦ V. du centre du Mexique (État de Veracruz), dans la sierra Madre orientale. 136 237 hab. Cultures de café et de canne à sucre. Raffineries, distilleries (rhum). Indus. textiles.

**CORDOUAN** ♦ Îlot rocheux au large de l'estuaire de la Gironde, portant le plus ancien phare de France, construit de 1584 à 1610 (avec appartement du roi et chapelle) par Louis de Foix.

**CORDOUE** ✦ ÉTYM. en esp. ***Córdoba*** ; p.-ê. du phénicien *Karta-tuba* «la grande *(tuba)* cité *(karta)*» ♦ V. d'Espagne (Andalousie), ch.-l. de prov., sur le Guadalquivir. 323 600 hab. *(Cordouans)*. Pont romain. Le monument le plus célèbre de la ville est la mosquée fondée par 'Abd* al-Raḥmān Ier, agrandie par 'Abd* al-Raḥmān II, Hakam* II et al-Manṣūr, vizir du calife Hichām II, qui firent d'elle la plus grande mosquée du monde après la Kaaba* de La Mecque. Elle fut adaptée au culte catholique sous Ferdinand III et consacrée en 1236 en l'honneur de l'Assomption de la Vierge. En 1523, le chapitre érigea un maître-autel, un sanctuaire et une *capilla mayor* au sein du monument arabe (architectes : Hernán Ruiz, ses fils et petit-fils). Églises mudéjares et gothiques. Le centre historique est classé au patrimoine mondial de l'Unesco. Autrefois fameuse pour ses cuirs, la ville est aujourd'hui un centre commercial, industriel et touristique. ▪ À 10 km au N.-O. de Cordoue, des fouilles ont fait découvrir les ruines les plus belles de l'architecture palatine arabe sur l'emplacement de la résidence que fit construire en 978 al-Manṣūr pour le calife (Madīnat al-Zahrā, au lieu-dit *Córdoba la Vieja*). ▮ **Histoire** D'origine carthaginoise, elle devint une des principales villes de l'Espagne romaine. Tombée en décadence sous les Wisigoths, elle connut, grâce aux Arabes qui s'en emparèrent en 711, un éclat incomparable. L'émirat de Cordoue, fondé en 756 par 'Abd* al-Raḥmān Ier, étendit son autorité sur toute l'Espagne musulmane. → **Omeyades**. Au X^e s., l'émirat devint un brillant califat ; savants et lettrés de tout le monde islamique y affluèrent. Plus de vingt écoles et une importante bibliothèque furent fondées. À partir du XI^e s., le califat se divisa en petits royaumes, et Cordoue fut reconquise par Ferdinand* III en 1236. Ce fut le début d'un long déclin.

**Cordoue.** Intérieur de la Grande Mosquée.
*Phot. © Dagli Orti*

**CORÉ** ou **KORÉ** → **Perséphone**

**COREA (Armando Anthony, dit Chick)** ♦ Pianiste et compositeur de jazz américain (Chelsea, Massachusetts 1941). Musicien à l'esprit particulièrement curieux, au style à la fois rythmique et mélodique, il se forma auprès de Dizzy Gillespie*, Art Tatum*, Bud Powell* et Thelonious Monk*, mais fut aussi influencé par Mozart, Fauré et Stravinsky. Après avoir travaillé avec Stan Getz* et Miles Davis*, il créa en 1971 le groupe Return To Forever (saxophone Joe Farrell, basse Stanley Clarke, chant Flora Purim) dans lequel il mélangea dans un premier temps jazz, musique classique et musique brésilienne avant de s'orienter dans les années 1980 vers le jazz fusion et d'utiliser de plus en plus d'appareils électriques différents (synthétiseurs). Il travailla notamment avec Herbie Hancock*, le vibraphoniste Gary Burton, Keith Jarrett*, le guitariste John McLaughlin et Jean-Luc Ponty* et monta plusieurs groupes dont The Electric Band. Princ. enregistrements : *Piano Improvisations* (1971), *No Mystery* (1975), *Romantic Warrior* (1976), *My Spanish*

*Heart* (1976), *March Three Quartets* (1981), *Remembering Bud Powell* (1997), *Corea Concerto* (1999), *Like Minds* (2000), *The Ultimate Adventure* (2006).

**CORÉE** n. f. ➝ ÉTYM. du n. de la dynastie *kori* «haute sérénité» (➝ Koryo) ♦ Péninsule d'Asie orientale (220 000 km²), divisée en 14 provinces traditionnelles, baignée, à l'E. par la mer du Japon, à l'O., par la mer Jaune et limitée au N. par la Mandchourie. **Le relief** Les côtes (8 600 km) sont bordées de nombreuses îles (Cheju*-do au S.-O.). La côte orientale, rocheuse au N., abrite des plages de sable au S. La côte méridionale a un aspect très découpé (ports d'Ulsan, de Pusan). Deux larges baies s'enfoncent dans le littoral occidental et ont servi de voie de pénétration vers l'intérieur du pays. La dépression du Chugaryŏng, entre Séoul et Wŏnsan, divise le pays en deux zones géographiques : dans la partie septentrionale, le plateau de Kaema s'élève à plus de 1 000 m, les chaînes du Xanjin, de la Myŏl'ak et de Masikryŏng culminent à 1 200 m. Le S. est traversé dans sa longueur par la chaîne du Taebaek. **Les fleuves** Les deux grands fleuves de Corée du Nord, le Yalu (Amnok, 795 km) et le Tumen (520 km), prennent leur source au mont Paektu ; ils délimitent la frontière avec la Chine. De nombreux bancs de sable les rendent peu navigables ; ils sont pris par les glaces en hiver. Les fleuves de la Corée du Sud sont également peu utilisables, à l'exception du Naktong. **Le climat** Si, en été, les températures sont sensiblement les mêmes au N. et au S. du pays, les différences s'accentuent en hiver et l'on voit apparaître la banquise au N.-E. La mousson d'été apporte de fortes précipitations (juil.-août). **L'économie** La division de la Corée a entraîné de grandes difficultés économiques, les deux régions se complétant à l'origine (Nord industriel, Sud agricole). L'élevage (ovidés et bovins essentiellement), la pêche (maquereaux, sardines, morues, saumons), l'agriculture (riz, blé, orge, soja, tabac, coton) sont en pleine expansion. Le pays est riche en ressources énergétiques et minières (anthracite, lignite, fer, graphite, tungstène, etc.).

**HISTOIRE** **La fondation** Selon la légende coréenne, Dangun* aurait fondé le premier État de Chosŏn (Josŏn) qui aurait duré jusqu'en –108. **Les commanderies chinoises** Peu de temps après, l'empereur chinois des Han, Wudi (–140 - –86), annexa le territoire coréen et y créa quatre commanderies : Lolang, Xuantu, Lindun, Zhenfan. Mais les Chinois perdirent rapidement ces colonies (–75) et ne conservèrent que Lolang. **Les trois royaumes** En –37, l'État de Koguryŏ* s'étendit sur tout le N. de la péninsule. Le S. était occupé par les trois «Han» ; après des guerres opposant ces tribus méridionales, la région fut divisée en deux grands royaumes, ceux de Păk-dje* et de Silla*. La lutte pour l'hégémonie se poursuivit au Vᵉ s. entre le Silla, le Păk-dje et le Koguryŏ. Le Silla s'allia, au VIIᵉ s., à la dynastie chinoise des Tang (618 - 907) pour vaincre ses deux rivaux. Profitant de l'occasion qui lui était offerte, la Chine établit en 668 deux nouveaux protectorats en Corée, mais le Silla réussit à reprendre ces territoires aux Chinois dès 676 (période du Silla unifié). Pendant ce temps, le royaume coréen de Balhae (Bohai*) était fondé en Mandchourie. **Le Koryŏ** Le royaume dissident du Koryŏ* obligea le roi du Silla à abdiquer (918). Le Koryŏ, ne pouvant repousser les attaques incessantes des Liao chinois, céda une partie de son territoire (1019). Les Mongols soumirent le pays en 1231, et la cour se réfugia dans l'île de Kanghwa. **La dynastie Chosŏn** Profitant de la chute des Mongols Yuan en Chine, le général Yi Sŏnggye s'empara du pouvoir et fonda la dynastie Chosŏn* qui devait régner de 1392 (cap. Hanyang, auj. Séoul*) à 1910. Cette époque est marquée par les incursions japonaises (fin du XVIᵉ s.) et mandchoues (XVIIIᵉ s.). La Corée devint l'enjeu des puissances chinoise, japonaise et russe au XIXᵉ s., et la reine Min* fut assassinée par les Japonais en 1895. **La domination japonaise** En 1910, la Corée devint colonie japonaise, et dut subir un régime autoritaire. Des guérillas furent organisées contre le Japon par les communistes (Kim* Ilsŏng) et les nationalistes. **L'indépendance et la partition** L'indépendance de la Corée fut reconnue en 1943 (conférence du Caire) ; l'URSS au N. et les États-Unis au S. reçurent mission de désarmer les Japonais (1945). En 1948, deux républiques séparées furent proclamées, qui ne cessèrent cependant de s'opposer idéologiquement ; une longue guerre civile (1950 - 1953) s'ensuivit (➝ **Corée (guerre de)**) qui ne changea rien à cette division, mais ruina le pays. À partir de 1971 des négociations sur la réunification des deux Corée furent engagées sans succès. ➝ **Corée du Nord, Corée du Sud.**

**Corée** (guerre de) ♦ Conflit qui opposa la Corée du Nord à la Corée du Sud du 25 juin 1950 au 27 juil. 1953. À la suite de la conférence de Yalta (fév. 1945), la Corée devait accéder à l'indépendance après cinq ans de tutelle sous mandat des États-Unis, de l'URSS (chacun occupant une moitié du pays de part et d'autre du 38ᵉ parallèle) et de la Grande-Bretagne. Au Nord, Kim* Ilsŏng forma un Comité populaire provisoire en 1946 et refusa des élections générales proposées par les États-Unis. L'ONU consacra la division du pays en acceptant en 1948 de limiter l'élection au seul Sud (Syngman* Rhee fut élu). Au Nord, la République populaire de Corée fut proclamée. Profitant d'une crise économique et politique du Sud, les Nord-Coréens l'envahirent le 25 juin 1950. L'ONU fit appel aux nations membres pour porter assistance à la Corée du Sud. MacArthur* fut mis à la tête des contingents des seize pays (dont la France) qui

**Corée.**

répondirent à cette demande et parmi lesquels les forces américaines étaient les plus importantes. Ses succès poussèrent la Chine populaire à intervenir aux côtés du Nord. La victoire du Sud semblait se dessiner quand les parties acceptèrent un armistice (27 juil. 1953). La guerre se solda par l'absence de gains territoriaux, env. 1 million de victimes, la fuite de 2 millions de Nord-Coréens au Sud et la dévastation du pays. Une zone démilitarisée constitue depuis un véritable mur entre les deux parties du pays.

**CORÉE** (détroit de) ♦ Bras de mer de 175 km environ entre la Corée du Sud et l'île japonaise de Tsushima. Il relie la mer de Chine orientale à la mer du Japon.

## CORÉE DU NORD

n. f. – off. ***République populaire démocratique de Corée***, en coréen ***Chosŏn*** ♦ Pays d'Asie orientale. 120 538 km². 21 770 000 hab. (estim. 2007 : 23 300 000 hab.) *(Nord-Coréens)*. LANGUE : coréen. RELIGIONS : bouddhisme, confucianisme. MONNAIE : won. CAPITALE : Pyongyang. RÉGIME : république socialiste. La Corée du Nord est divisée en 13 unités administratives (9 provinces et 4 villes).

**ÉCONOMIE** Dès 1949, le régime mit l'accent sur une voie socialiste indépendante, fondée sur l'autosuffisance (grâce au développement de l'industrie lourde) et l'autodéfense. Les moyens en furent la collectivisation complète de toutes les activités (achevée en 1958) et la planification centralisée. Le PNB par habitant fut supérieur à celui du Sud, jusqu'au décollage de ce dernier après 1968. Le Nord disposait du patrimoine industriel hérité des Japonais, mais les bombardements américains le détruisirent en totalité. Grâce à l'aide de l'URSS et de la Chine (aide en partie perdue dans les dépenses d'armement), le tissu industriel a été reconstitué dans les années 1960 : chimie, électricité, machines-outils, matériel de transport, etc. L'agriculture occupe encore 36 % de la population active et était quasiment autosuffisante (riz, maïs) avant que les grandes crues de 1995 et la désorganisation du système de production agricole n'entraînent une famine de longue durée (taux de croissance de –3,7 % et plus de 2 millions de morts). Le pays ne survit plus que grâce à l'aide internationale (Chine et Corée du Sud) et à des échanges internationaux réduits : exportation d'armement (plus fort revenu), de minerais, de produits métallurgiques et agricoles, de produits de la pêche ; importation de pétrole, grains, charbon et machines. La Corée du Nord exerçait un chantage (missiles survolant le Japon en 1998, la Corée du Sud en 2003, la mer du Japon en 2006, incident naval en 2009) sans révéler ses vraies capacités. Ses tests nucléaires en 2006 et 2009 ont levé tout doute et entretiennent une forte tension régionale.

**▮ HISTOIRE** → **Corée.** Depuis 1949, le modèle de développement socialiste promu par Kim* Ilsŏng est fondé sur le culte de la personnalité et sur l'autoritarisme. L'échec économique est devenu flagrant à la fin des années 1980. À la mort de Kim Ilsŏng (1994), son fils Kim Chŏngil (Jong-Il) a hérité d'une situation économique désastreuse ne cessant de s'aggraver jusqu'à engendrer la famine. Avec l'effondrement du régime soviétique et le rapprochement entre la Chine et la Corée du Sud, le pays s'est retrouvé isolé. Pour sortir de cette impasse, le régime joue ses derniers atouts : il arrache des aides financières et alimentaires internationales en alternant gages de bonne volonté (rencontre des chefs d'État des deux Corées en 2000) et menaces de dénoncer l'accord de 1994 instaurant le gel du programme d'armes nucléaires. La Corée du Nord joue des divisions entre les États-Unis qui l'ont classée État terroriste depuis les attentats du 11 septembre 2001, le Japon, révulsé par les essais nucléaires, la Chine rétive à la présence militaire américaine dans un État frontalier et la Russie, méfiante. La Corée du Sud modifie les conditions de la réunification en proposant à partir de 2009 au Nord d'accepter des contrôles nucléaires en échange d'un fort soutien économique.

## CORÉE DU SUD

▮ n. f. – off. ***république de Corée,*** en coréen ***Taehan min'guk*** ou ***Hanguk*** ♦ Pays d'Asie orientale. 99 274 km². 47 278 951 hab. *(Sud-Coréens).* LANGUE : coréen. RELIGIONS : bouddhisme, confucianisme, chamanisme, cultes chrétiens. MONNAIE : won. CAPITALE : Séoul. RÉGIME : présidentiel. La Corée du Sud est divisée en 9 provinces et 6 métropoles.

**▮ ÉCONOMIE** Traditionnellement agricole, la Corée du Sud a été contrainte de s'industrialiser après la Deuxième Guerre mondiale. À la misère a succédé à partir des années 1960 une période de croissance accélérée sous la direction du général Pak* Chŏnghŭi. Le pays a alors gagné le qualificatif de nouveau pays industrialisé ou de « dragon ». L'agriculture et la pêche ne comptent que pour 5 % du PIB. L'industrie constitue désormais un peu plus de 40 % du PIB : pétrole et dérivés, textile, fer et acier, automobiles, électronique (un tiers des exportations en valeur). Le tertiaire représente plus de 55 % du PIB : transports, électricité (9 centrales nucléaires), construction. Manquant de matières premières et d'un marché intérieur suffisant, l'économie sud-coréenne (10ᵉ puissance mondiale) dépend des échanges avec l'étranger. Les exportations de la Corée du Sud reposent sur les semi-conducteurs (25 % des exportations), les machines-outils, les constructions navales et automobiles en direction de la Chine, des États-Unis, du Japon et de Singapour. La balance commerciale excédentaire ainsi que la compétition avec le Japon et Taiwan stimulaient les entreprises exportatrices. Mais la crise financière asiatique de 1997 - 1999 a durement atteint le pays, victime d'une productivité insuffisante, et d'une lourdeur bureaucratique qui a dissuadé les investissements nécessaires. Le président Kim* Dae-jung, épaulé par le Fonds monétaire international, a tenté d'instaurer les règles du marché libre. Il restructura les conglomérats *(chaebols)* malgré leur résistance (Daewoo), promut les petites et moyennes entreprises, favorisa le libre jeu de l'emploi. Malgré d'excellents résultats après la crise de 1997-1999, la Corée du Sud (13ᵉ puissance mondiale), orientée vers les exportations, est durement frappée par la crise financière mondiale de 2008-2009. Le pays est l'un des premiers à se redresser mais il reste vulnérable malgré les avantages d'un traité de libre-échange avec les États-Unis (2008). L'inquiétude des sacrifices à consentir en cas de réunification avec la Corée du Nord persiste.

**▮ HISTOIRE** → **Corée.** Le régime sud-coréen est passé du despotisme de Syngman* Rhee, (1948 - 1960, exilé volontaire), à l'autoritarisme du général Pak* Chŏnghŭi (1962 - 1979, assassiné) et du général Chŏn Duhwan (1980 - 1988, retiré après avoir confessé des actes de corruption) au début de démocratisation du général Roh* Tae-woo (1983 - 1993). En 1993, Kim Yongsam est devenu le premier président

**Corée du Sud.** Chantiers navals de Hyundai, à Ulsan.
*Phot. © Pierre Bessard/REA*

civil, depuis Rhee, élu au suffrage universel et a lancé un vaste programme d'assainissement des mœurs politiques et économiques. Le président Kim* Dae-jung (1997 - 2002) accentua ce mouvement et chercha la paix avec la Corée du Nord (rencontre des deux chefs d'État en 2000). Mais le président Bush réagit avec agressivité aux provocations du Nord (2002), ce qui contribua à faire échouer la politique de Kim. Les Sud-Coréens élirent alors à nouveau un président défenseur du rapprochement, Roh* Moo-hyun, en 2002. Mais son style provocateur, l'échec relatif des réformes économiques, son renoncement à retirer les troupes coréennes d'Irak (3ᵉ plus fort contingent depuis 2004), affaiblissent son autorité. Son parti enregistre une défaite sévère aux élections locales de 2006. Lui succède le conservateur Lee Myung-bak (2008). Il redéfinit une politique pragmatique de réunification avec la Corée du Nord (lancement de la «grande négociation» à l'occasion du G20 en 2009) et obtient le soutien du président américain Obama*. La position des deux grandes puissances, États-Unis et Chine, demeure la clé de la résolution du conflit.

**CORELLI (Arcangelo)** ♦ Compositeur italien (Fusignano 1653 - Rome 1713). Il commença très jeune l'étude du violon et reçut à Bologne l'enseignement de G. Benvenuti et de L. Brugnoli. D'abord violoniste puis maître de chapelle à Saint-Louis-des-Français, à Rome (1686), il devint bientôt l'un des favoris de la haute société romaine. Protégé par Christine de Suède, il entra au service du cardinal Ottoboni, fastueux mécène et neveu du pape Alexandre VIII. Dès lors, sa renommée allait s'étendre à toute l'Europe. Fondateur de l'école classique du violon, il a porté à leur plus haut degré de perfection les formes instrumentales en usage à son époque. Son œuvre, très homogène, est remarquable par l'expressivité de la mélodie et la fermeté du style. Elle se compose de 6 recueils, 4 de sonates en trio, pour l'église (1681 - 1689) et pour la chambre *[da camera]* (1685 - 1694), 1 de sonates pour violon et basse (1700) et 1 de 12 *concerti grossi,* parus après sa mort (1714). Oublié après la période baroque, Corelli a été redécouvert au XXᵉ s.

**CORENC** [38700] ← ÉTYM. anc. *Corennum,* du pré-indo-eur. *°cor-,* var. de *°car-* « pierre » et suff. celt. *-ennum* ♦ Comm. de l'Isère, banl. N. de Grenoble. 3 856 hab.

**COREY (Elias James)** ♦ Chimiste américain (Methuen, Massachusetts 1928). Spécialiste de la synthèse de composés organiques, il inventa plusieurs dizaines de réactions et réactifs nouveaux et mit au point des méthodes de synthèse qui trouvèrent des applications industrielles, notamment en pharmacologie. On lui doit également les bases de la rétrosynthèse, théorie qui permet de déduire, à partir de la molécule à synthétiser, ses précurseurs possibles et les intermédiaires ; elle est à l'origine de la synthèse assistée par ordinateur. [Prix Nobel de chim. 1990]

**CORFOU** ← ÉTYM. de l'it. *Corfù,* en gr. byzantin « l'île *(stous)* aux sommets *(Korphous)* » [en gr. *koruphê*], en gr. ***Kerkura,*** anc. ***Corcyre*** ♦ La plus peuplée des îles Ioniennes (Grèce), à l'entrée de l'Adriatique. Elle forme avec l'île voisine de Paxi le nome de Corfou. 641 km². 105 043 hab. *(Corfiotes).* CH.-L. : Corfou. Forteresses vénitiennes. ▪ La douceur de ses hivers en fait un centre touristique international, sorte de Riviera grecque. Vins, agrumes, oliviers. **▮ Histoire** Identifiée à l'île des Phéaciens* de l'*Odyssée*,* colonie de Corinthe* (–734), elle devint une puissance maritime rivalisant avec la métropole. L'intervention d'Athènes* dans un de ces démêlés fut le prélude de la guerre du Péloponnèse*. Passée sous plusieurs maîtres, elle devint romaine en –229. ▪ Les Normands l'enlevèrent aux Byzantins (XIᵉ s.). → **Ioniennes (îles).** ▪ En 1923, elle fut bombardée et occupée par l'Italie qui dut l'évacuer conformément à la décision de la SDN.

**CORI (Carl Ferdinand)** ♦ Biochimiste américain d'origine tchèque (Prague 1896 - Philadelphie 1984). En collaboration avec sa femme GERTY THERESA CORI née RADNITZ (Prague 1896 - Saint Louis 1957), il effectua des recherches portant essentiellement sur le métabolisme des glucides, en particulier sur le rôle de certaines enzymes dans le cycle glucidique et dans sa régulation. [Prix Nobel de physiol. ou méd. 1947]

**CORINNE** – en gr. *Korinna* ♦ Poète grecque (Tanagra ou Thèbes, Béotie –VI<sup>e</sup> - –V<sup>e</sup> s.). Maîtresse de Pindare*, puis sa rivale souvent victorieuse dans les concours poétiques, elle fut surnommée la «Muse lyrique». Elle composa des odes chorales inspirées des légendes béotiennes, dont il reste quelques fragments.

**Corinne ou l'Italie** ♦ Roman de M<sup>me</sup> de Staël* (1807) qui présente, parallèlement à l'idylle tragique entre la poète inspirée, Corinne, et lord Oswald Nevil, une description de l'Italie, sur le plan des mœurs, de la littérature et de l'art. L'auteur reprendra le même type de description dans *De l'Allemagne**.

**CORINTH (Lovis)** ♦ Peintre, graveur et dessinateur allemand (Tapiau, Prusse-Orientale 1858 - Zandvoort 1925). Il étudia à Königsberg, à Munich, puis à Paris dans l'atelier de Bouguereau* (1884 à 1887). Installé à Berlin vers 1900, il devint l'un des membres les plus actifs du mouvement sécessionniste qui s'opposait à l'académisme. Il aborda des thèmes naturalistes et sous l'influence de l'impressionnisme adopta une touche apparente et nerveuse et une palette progressivement plus lumineuse. À partir de 1911, la violence expressive de ses toiles s'accrut, sa facture devenant plus lâche et heurtée ; il peignit des portraits, de grandes compositions religieuses d'un lyrisme dramatique (*Déposition de croix*, 1907 ; *Le Golgotha*, 1911) et de vastes paysages dans une gamme chromatique à dominante froide. Par la véhémence de l'expression et l'utilisation de la couleur, il peut être considéré comme l'un des initiateurs de l'expressionnisme germanique. Il a laissé des écrits sur l'art et une *Autobiographie*.

**CORINTHE** ◆ ÉTYM. en gr. *Kórinthos* ; p.-ê. du pélasgique *kar* «sommet, crête» ♦ V. de Grèce, au fond du golfe de Corinthe, sur l'isthme du même nom ; ch.-l. du nome de Corinthie (env. 145 000 hab.). Env. 30 000 hab. Port. Centre administratif et de services d'une zone agricole active. ▪ À 5 km de la ville actuelle, ruines de l'anc. Corinthe : temple d'Apollon (–VI<sup>e</sup> s.), agora, théâtre (–V<sup>e</sup> s.), odéon, basilique julienne. → **Acrocorinthe.** ▮ Histoire Le site de Corinthe fut occupé dès l'époque néolithique. La ville primitive, appelée Éphyra, appartenait au royaume de Mycènes et était associée à un grand nombre de légendes. → **Créon, Jason, Médée, Œdipe.** Parmi ses souverains éoliens figurent Sisyphe*, fondateur de la ville, Glaucos* et Bellérophon*. La cité fondée par les Doriens* au –XI<sup>e</sup> s. devint un centre de la renaissance qui suivit la dernière grande migration en Grèce. Sous les dynasties doriennes (–VIII<sup>e</sup> s.) et sous les tyrans (–VII<sup>e</sup> s.), elle fonda de nombreuses colonies dont Syracuse* en Sicile*, Corcyre (→ **Corfou**), Potidée*, Ambracie* et Apollonia* furent les plus importantes. À la suite de la réforme agraire de Périandre*, elle atteignit l'apogée de sa puissance économique et devint le plus grand centre commercial de la Grèce. Elle fut également fameuse pour son luxe éclatant, pour le culte d'Aphrodite* et pour ses courtisanes (→ **Laïs**). Sa suprématie maritime et industrielle (poterie, armes, construc. navales) déclina au profit d'Athènes* au –V<sup>e</sup> s. Pendant la guerre du Péloponnèse*, elle se tint aux côtés de Sparte*. Dressée ensuite contre l'hégémonie spartiate, elle s'allia à Athènes, Béotie* et Argos*, et fut le centre de la guerre dite de Corinthe (–395 - –386). Après sa soumission aux Macédoniens (–335), Philippe* II puis Alexandre* le Grand y furent élus chefs de la confédération hellénique. Elle prit la tête de la Ligue achéenne*. Lors de l'invasion romaine, elle fut prise et détruite par Mummius* après la bataille de Leucopetra* en –146. César* la releva et y rétablit les jeux Isthmiques*. Saint Paul* y fonda une église v. 50. ▪ Ravagée à plusieurs reprises au Moyen Âge, occupée par les Français en 1205, elle fut ensuite longuement disputée entre Vénitiens et Turcs. ▪ Le tremblement de terre de 1858 démolit la vieille ville. ♦ ***Canal de Corinthe*** Il fut percé, à travers l'isthme homonyme entre la mer Ionienne et la mer Égée, de 1883 à 1893 (long. 6 300 m ; largeur 22 m ; prof. 8 m). Un pont reliant Rion* (Péloponnèse) à Antirion (Grèce continentale) en enjambant le golfe de Corinthe a été inauguré en 2004.

**Corinthiens (Épîtres aux)** ♦ Livres du Nouveau Testament* (→ **Bible**), attribués à saint Paul* (Épîtres*) : lettres adressées aux chrétiens de Corinthe, considérées comme authentiques, 16 et 13 chapitres. La Première Épître s'attache à apaiser les dissensions internes, puis traite des questions de discipline et de comportement. La Seconde Épître présente une apologie de son ministère par l'apôtre en réponse aux attaques d'adversaires difficiles à identifier.

**CORIOLAN** ◆ ÉTYM. en lat. *Cneius Marcius Coriolanus*, du n. de la v. de *Corioles* (près de Rome) ♦ Général romain (v. –488). Vainqueur des Volsques* auxquels il prit Corioles (au S.-E. de Rome), d'où son nom de Coriolan. Devenu impopulaire, il fut condamné à l'exil. Il se mit alors à la tête des Volsques et assiégea Rome. Seules les larmes de sa mère et de sa femme réussirent à le fléchir ; mais les Volsques s'estimant trahis le tuèrent.

**Coriolan** – en angl. *Coriolanus* ♦ Drame de W. Shakespeare* (v. 1607) tiré des *Vies* de Plutarque*. Brillant général et cœur vindicatif, Coriolan s'est vu bannir par les tribuns de la plèbe. Il décide de s'allier aux pires ennemis de Rome, les Volsques. C'est à quelques milles de la ville que sa mère Volumnie, courageuse et désintéressée, parvient à le fléchir en s'agenouillant devant lui. Par ce geste sublime, elle brise son orgueil et le rend à sa patrie. Le même sujet inspira de nombreux auteurs aujourd'hui oubliés, notamment le dramaturge viennois Heinrich Joseph von Collin (1771 - 1811) dont la tragédie *Coriolanus* offrit à Beethoven l'occasion de composer une célèbre ouverture (op. 62) en 1807.

**CORIOLIS (Gustave Gaspard)** ♦ Mathématicien français (Paris 1792 - *id.* 1843). Il est notamment connu pour un théorème de mécanique (*théorème de Coriolis*) concernant l'accélération dans les mouvements composés et qui intervient, en particulier, dans l'étude des courants aériens. [Acad. sc. 1836]

**CORK** ◆ ÉTYM. en gaél. *Corcaigh* ; de l'irl. *corcach* «marais, marécage» ♦ V. de la rép. d'Irlande, ch.-l. de comté, au fond de la ria que forme l'estuaire de la Lee. 119 418 hab. (aggl. 190 384 ; comté 481 295). Principal centre économique et universitaire du S. de l'île, la ville s'est développée sur les rives de la Lee. Elle s'étend sur les collines environnantes et en direction de la mer le long de Cork Harbour jusqu'à Cóbh*. Malgré l'éloignement de Dublin, la croissance de la ville, fondée sur l'agroalimentaire et sur une diversification industrielle récente, reste limitée. ▮ Histoire Fondée par les Vikings, un des points d'appui de la colonisation anglaise, elle devint à la fin du XIX<sup>e</sup> s. et au début du XX<sup>e</sup> s. l'un des principaux centres de résistance nationaliste, comme l'atteste la grève de la faim du lord-maire T. Mac Swiney (1920).

**CORLISS (George Henry)** ♦ Ingénieur américain (Easton, New York 1817 - Providence 1888). Il conçut une machine à vapeur (1849) et un type de distribution qui portent son nom.

**CORMACK (Allan)** ♦ Physicien américain d'origine sud-africaine (Johannesburg 1924 - Winchester, Massachusetts 1998). Ses recherches théoriques concernant les collisions de nucléons contribuèrent à la mise au point de la tomographie par ordinateur (scanner) utilisable en milieu hospitalier. [Prix Nobel de physiol. ou méd. 1979, avec G. Hounsfield*]

**CORMAN (Roger)** ♦ Cinéaste et producteur américain (Detroit 1926). Spécialisé dans les westerns, les films de science-fiction, les films de gangsters et les films d'horreur (*La Petite Boutique des horreurs*, 1960), il est notamment l'auteur de mises en images de contes d'Edgar Poe : *Le Puits et le Pendule* (1961), *La Chute de la maison Usher* (1961), *Le Corbeau* (1962), *Le Masque de la mort rouge* (1963).

**CORMATIN (Pierre DEZOTEUX, dit baron de)** ♦ Un des chefs de la Chouannerie* (Paris v. 1750 - Lyon 1812). Aide de camp au cours de la guerre d'Indépendance américaine, membre de la garde constitutionnelle de Louis XVI (1791), il émigra en 1792 et prit part à plusieurs expéditions des émigrés dans l'Ouest. Nommé major général de l'armée catholique et royale, il signa le traité de pacification de Mabilais (1795) avec la Convention thermidorienne. Accusé d'avoir enfreint celui-ci, il fut traduit devant le tribunal militaire et emprisonné.

**CORMATIN** [71460] ◆ ÉTYM. p.-ê. «domaine (bas lat. *curtis*) de Martin (n. de pers.)» ♦ Comm. de Saône-et-Loire, arr. de Mâcon dans la vallée de la Grosne. 452 hab. (*Cormatinois*). L'église renferme une Vierge de piété du XV<sup>e</sup> s. Le château, édifié à partir de 1600, contient un portrait par Vélasquez et des tapisseries des Gobelins.

**CORMEILLES-EN-PARISIS** [95240] ◆ ÉTYM. anc. *Cormiliis*, du gaul. *corma* «fruit du cormier» et dimin. *-ella* ♦ Ch.-l. de cant. du Val-d'Oise, arr. d'Argenteuil. 19 643 hab. (*Cormeillais*). Carrières de gypse ; cimenterie.

**CORMELLES-LE-ROYAL** [14123] ◆ ÉTYM. anc. *Cormellae*, dimin. de *corbe* «sorbe» et *Royal* en raison du privilège accordé à la v. par Philippe* VI de Valois de ne pas payer d'impôts ♦ Comm. du Calvados, banl. de Caen. 4 599 hab.

**CORMONTREUIL** [51350] ◆ ÉTYM. anc. *Curtis monasterii* «le domaine (bas lat. *curtis*) du monastère (lat. *monasterium*) [l'abbaye de Saint-Remi de Reims]» ♦ Comm. de la Marne, banl. S. de Reims. 6 390 hab.

**CORNARO** ♦ Famille de Venise qui donna trois doges à la république, MARCO CORNARO (1365 - 1367), GIOVANNI I<sup>er</sup> CORNARO (1624 - 1629) et GIOVANNI II CORNARO (1709 - 1722). Ce dernier signa le traité de Passarowitz* qui délimitait Venise et les États turcs.

**CORNARO (Caterina)** ♦ (Venise 1454 - *id.* 1510). Reine de Chypre par son mariage avec Jacques de Lusignan (1472), elle assura la régence de 1475 à 1489, date à laquelle elle remit ses États à Venise.

**CORNARO (Helena)** ♦ (Venise 1646 - Padoue 1684). Elle fut la première femme à recevoir le titre de docteur en philosophie à l'université de Padoue (1678).

**CORNE D'OR** n. f. – en gr. *Khrusokeras*, en turc *Haliç* ♦ Baie turque sur l'extrémité S. du Bosphore* (rive européenne). Vallée fluviale ennoyée par la mer, étroite (largeur max. 550 m) et profonde, elle forme un excellent port naturel. Sur ses rivages furent bâties Byzance (–VII<sup>e</sup> s.), puis Constantinople (IV<sup>e</sup> s.). Elle se trouve auj. au cœur de l'aggl. d'İstanbul.

**CORNEAU (Alain)** ♦ Cinéaste français (Orléans 1943). Il a été, en France, l'un des rénovateurs du film policier, dans la lignée de Jean-Pierre Melville : *Police Python 357* (1976), *Série noire* (1979), *Le Choix des armes* (1981). Mais il y a aussi chez ce technicien des accents de lyrisme intimiste, comme en témoignent *Nocturne indien* (1989) et *Tous les matins du monde* (1991).

**CORNEBARRIEU** [31700] → ÉTYM. gasc. «le coin (*cournau* "quartier, coin de terre") du ruisseau (*arriu*)» ♦ Comm. de la Haute-Garonne, arr. de Toulouse. 4 694 hab.

**CORNEILLE** (saint) – en lat. ***Cornelius*** ♦ Dans les Actes des Apôtres, X, centurion romain dont la conversion par saint Pierre légitime la prédication du christianisme aux non-juifs. ▪ Fête le 2 fév.

**CORNEILLE** (saint) ♦ 21e pape (251 - 253). Romain, martyr (exilé à Centumcellae, près de Civitavecchia). Élu après 18 mois de vacance du siège épiscopal de Rome, il régla l'affaire des *lapsi* avec saint Cyprien* et combattit Novatien*. ▪ Fête le 16 sept.

**CORNEILLE (Pierre)** ♦ Poète dramatique français (Rouen 1606 - Paris 1684). **▮ Les premières œuvres** Fils d'avocat, avocat lui-même, il se sentit très tôt attiré par la carrière poétique. Sa première œuvre dramatique fut une comédie, *Mélite* (1629), bientôt suivie d'une tragicomédie, *Clitandre* (1630), puis de quatre autres comédies : *La Veuve, La Galerie du palais, La Suivante* et *La Place* royale* (1631 à 1634). **▮ 1635 - 1644 : de «Médée» à «Rodogune.»** Distingué par Richelieu, il reçut une pension et entra dans le groupe des cinq auteurs qui travaillaient sous la protection du cardinal. Il publia alors sa première tragédie, *Médée** (1635), puis fit représenter *L'Illusion* comique*, la plus féerique de ses œuvres (1636), qui développe une merveilleuse apologie du théâtre. Ce fut enfin le triomphe du *Cid** (déc. 1636) bientôt suivi d'une querelle où intervint, sur l'ordre de Richelieu, l'Académie française, récemment constituée (*Sentiments de l'Académie sur le Cid* où sont relevées avec exactitude les discordances entre la doctrine classique des trois unités et la pièce de Corneille, 1638). Dans les années suivantes, il fit représenter *Horace** (1640), *Cinna** (1642), *Polyeucte** (1643), trois chefs-d'œuvre inspirés d'un plus grand souci des règles, une comédie, *Le Menteur** (1643), puis *Nicomède** (1651). En 1644 parut un autre chef-d'œuvre, *Rodogune**. **▮ L'échec de «Pertharite»** Membre de l'Académie (1647), il résilia sa charge d'avocat, mais l'échec de *Pertharite* (1652) allait l'éloigner du théâtre pour sept ans. Il se livra alors à des réflexions théoriques sur son art et à une véritable analyse de la tragédie classique dans les *Examens* de chacune de ses pièces et les trois *Discours (De l'utilité et des parties du poème dramatique, De la tragédie et des moyens de la traiter selon le vraisemblable et le nécessaire, Des trois unités)*, qui accompagnent la première édition collective de son théâtre en 1660. → **classicisme.** Commentant Aristote*, il se montre expérimentateur de formes dramatiques souvent éloignées des principes aristotéliciens. **▮ Les dernières œuvres et la rivalité avec Racine** Ce fut vainement qu'il tenta ensuite de reconquérir la faveur du public. Ses dernières œuvres (*Agésilas*, 1666 ; *Attila*, 1667) connurent un faible succès, sinon l'échec. De la compétition qui l'opposait désormais à son jeune rival Racine, il sortit vaincu (*Tite et Bérénice*, 1670) et, malgré l'exquise qualité poétique de la *Psyché** qu'il écrivit en collaboration avec Molière (1671), il renonça définitivement au théâtre après *Suréna** (1674). **▮ La tragédie cornélienne** Corneille a le génie de l'intrigue aux rebondissements nombreux et imprévus, et son goût de la liberté qui peut, sans péril, se satisfaire dans le genre comique se trouve fortement contraint par les exigences de la tragédie. Soucieux de vérité humaine, capable de créer des personnages d'une médiocre qualité morale (Cinna, Félix, Prusias), il appartient à une génération qui possède le génie de la grandeur, et c'est dans la peinture de la générosité du cœur et d'une rayonnante noblesse d'âme qu'il excelle. Toujours admirables par l'exemple qu'ils offrent du pouvoir de l'homme sur la force des choses et sur lui-même, rarement terrifiants, plus rarement encore pitoyables, ses héros ne sont pas ceux de la véritable tragédie. Les plus grands se rejoignent tous (Rodrigue et Chimène, Horace et Curiace, Polyeucte et Pauline, Auguste, Nicomède) quand, leurs grandes actions achevées, ayant assuré leur salut ou leur gloire, est venu pour eux le temps de l'amour, de la clémence, de la sérénité. **▮ Le poète** Enfin, la puissance et la rigueur de son style, au rythme parfois insistant ou au lyrisme retenu, et la magnificence de sa métrique en font un des tout premiers poètes de son temps. → ÉTYM. Il s'agit du nom de saint *Corneille** ou du nom de l'oiseau (sobriquet donné à un bavard).

**CORNEILLE (Thomas)** ♦ Écrivain et poète dramatique français (Rouen 1625 - Les Andelys 1709), frère cadet de Pierre Corneille. Son œuvre abondante présente des aspects très divers : tragédies (*Timocrate*, 1656, qui fut le plus grand succès du XVIIe s.), tragicomédies (*Circé*, 1675), comédies (*La Devineresse*, 1679), opéras (*Bellérophon*, 1679). Collaborateur au *Mercure galant* (1677), il a composé un *Dictionnaire des termes d'arts et de sciences* (1694) et un *Dictionnaire géographique et historique* (1708).

**CORNEILLE (Cornelis VAN BEVERLOO, dit Guillaume)** ♦ Peintre néerlandais (Liège 1922). Fondateur avec Appel* et C. Constant du Groupe expérimental et de la revue *Reflex*, il participa ensuite au mouvement Cobra* et se fixa à Paris en 1951. Revendiquant avant tout une totale liberté créatrice, il a créé des œuvres violemment colorées et au graphisme tumultueux dont certaines peuvent s'inscrire dans le courant de l'abstraction lyrique, alors que dans d'autres apparaissent des formes schématisées et des signes ou symboles empruntés aux arts populaires. De tendance fortement expressionniste, ses œuvres procèdent souvent de la libre transposition de sensations éprouvées en face de la nature (*La Grande Terre âpre*, 1957).

**CORNEILLE DE LYON** ♦ Portraitiste français d'origine hollandaise (La Haye v. 1500-1510 - Lyon v. 1574). Établi en France dès avant 1534, il se fixa à Lyon, probablement vers 1540, fut naturalisé français en 1547 et reçut la charge de peintre d'Henri II en 1551. Il resta attaché à un type de portrait de petites dimensions, peint sur bois, présentant le modèle en buste, de face, sur un fond vert ou bleu. Ses œuvres, caractérisées par la finesse et la concision du trait, la subtilité du modelé, la préciosité des tons et le rendu méticuleux des détails, s'inscrivent dans la tradition franco-flamande du portrait et trahissent l'influence de la miniature. Une grande partie de ses portraits fut gravée en médaillons et reproduite dans le *Promptuarium iconum* (1553). Il eut sans doute de nombreux aides et fut largement imité.

**CORNÉLIE** – en lat. ***Cornelia*** ♦ Dame romaine (v. –189 - v. –110). Fille de Scipion* l'Africain et mère des Gracques. → **Gracchus.** Veuve de bonne heure, elle se consacra à l'éducation de ses fils. Elle fut le type de la Romaine de grande naissance, admirable pour ses vertus et sa large culture.

**CORNELIUS (Peter VON)** ♦ Peintre, graveur et dessinateur allemand (Düsseldorf 1783 - Berlin 1867). Il reçut une éducation classique et s'intéressa à Winckelmann* et à Schelling*, mais illustra aussi Faust et s'inspira des Nibelungen*. Il fut influencé par les graveurs allemands des XVe et XVIe s., particulièrement par Dürer*. À Rome, à partir de 1811, il se lia avec Overbeck*, s'intégra au groupe des Nazaréens sur lesquels il eut un fort ascendant et participa notamment à la décoration de la Casa Bartholdy. L'archaïsme de ses décorations colossales et tragiques semble souvent un peu forcé (Glyptothèque de Munich, 1819 - 1830 ; cartons pour la décoration du Campo Santo de Berlin).

**CORNELIUS (Peter)** ♦ Compositeur allemand (Mayence 1824 - *id.* 1874). Élève de Liszt à Weimar, il fut à la fois poète et musicien, composant les livrets de ses opéras et le texte de ses lieder. Ces derniers trouvent leur originalité dans une recherche harmonique subtile. L'insuccès de son opéra-comique, *Le Barbier de Bagdad* (Weimar, 1858), le détermina à rejoindre Wagner à Munich où il se lia avec le roi de Bavière Louis II et devint professeur au Conservatoire. On lui doit encore un opéra, *Le Cid* (1865).

**CORNELIUS NEPOS** ♦ Historien latin (v. –99 - v. –24). Il introduisit à Rome le genre alexandrin de la biographie repris plus tard par Plutarque* et Suétone*. Œuv. princ. : *De excellentibus ducibus* («Vie des grands capitaines des nations étrangères»).

**CORNELIUS SISENNA (Lucius)** ♦ Écrivain et orateur romain (v. –120 - –67). Auteur d'*Histoires*, aujourd'hui perdues, sur la guerre entre Marius* et Sylla* et de *Fables milésiennes*, recueil de contes frivoles d'inspiration hellénistique, facétieux, réalistes et érotiques.

**CORNELL (Joseph)** ♦ Peintre et sculpteur américain (Nyark 1903 - New York 1972). Il resta à l'écart du surréalisme, auquel dès le début on associa son œuvre. Constituée essentiellement de collages, d'assemblages et de boîtes vitrées, les *Shadow Boxes*, qu'il ne datait ni ne titrait mais qu'il signait scrupuleusement, son œuvre exprime une nostalgie pour l'ailleurs. Poète lui-même, il chargeait ses œuvres de réminiscences de ses lectures des romantiques et des symbolistes français, par un jeu savant de correspondances.

**CORNELL (Eric A.)** ♦ Physicien américain (Palo Alto 1961). [Prix Nobel de physique 2001, avec C. Wieman* et W. Ketterle*]

**CORNER BROOK** ♦ V. du Canada (Terre-Neuve), sur la côte O. de l'île. 20 083 hab. (aggl. 26 623). La ville possède l'une des plus grandes usines de pulpe et de pâte à papier du monde. Matériaux de construction. Conditionnement du poisson.

**CORNFORTH (sir John Warcup)** ♦ Chimiste australien (Sydney 1917). Ses plus grandes découvertes concernent la stéréochimie des réactions enzymatiques, en particulier celle des stéroïdes. On lui doit notamment la synthèse du cholestérol et la mise en évidence du rôle de la chiralité dans les réactions enzymatiques (avec R. Robinson*). [Prix Nobel de chim. 1975, avec V. Prelog*]

**CORNIMONT** [88310] → ÉTYM. du lat. *cornu* «corne [pointe]» ou de *Corny*, anc. n. de village, et *mont* ♦ Comm. des Vosges, arr. d'Épinal. 3 861 hab. (*Cornimontais*). Tissage.

**Corn Laws** → ÉTYM. angl. «lois sur le blé» ♦ Lois qui fixaient des tarifs douaniers élevés sur le blé pour protéger le marché intérieur britannique de la concurrence étrangère. La suppression des Corn Laws (fixées à un taux prohibitif en 1815), ou leur rétablissement, fut l'un des enjeux de la vie politique britannique au XIXe s. En 1836, J. Bright* créa l'Anti Corn Laws Association destinée à agir sur l'opinion publique pour obtenir l'abrogation de ces lois, ce qui fut fait en 1846 et 1849. Mais le cours du blé s'effondra vers 1875 et les paysans réclamèrent le retour au protectionnisme, rétabli seulement en 1931.

**CORNOUAILLE** n. f. ♦ Région du S.-O. de la Bretagne comprise entre la pointe du Raz et Le Pouldu. Sa ville principale est Quimper. ▪ Pêche. Conserveries. Tourisme.

**CORNOUAILLES** – en angl. ***Cornwall*** ♦ Comté d'Angleterre, à l'extrémité S.-O. de la Grande-Bretagne. 3 546 km². 500 000 hab., avec les îles Scilly. CH.-L. : Bodmin. La côte alterne les hautes falaises, les caps (Penzance et Land's End) et les vastes baies (Mount's Bay). L'intérieur est essentiellement agricole. Climat océanique doux et humide. Le tourisme tend à devenir une des ressources principales du comté qui est l'un des trois finistères européens.

**CORNU (Alfred)** ♦ Physicien français (Orléans 1841 - La Chansonnerie, près de Romorantin 1902). Ses recherches concernent plusieurs domaines de la physique, et en particulier l'optique, notamment la mesure de la vitesse de la lumière pour laquelle il améliora la méthode de Fizeau* (1879) et l'étude photographique des radiations ultraviolettes. La courbe de Cornu est une représentation graphique des intégrales de Fresnel*. [Acad. sc. 1878]

**CORNWALL** ♦ V. du Canada (Ontario), sur le Saint-Laurent. 45 965 hab. (aggl. 58 485). Port d'entrée à la frontière des États-Unis. La ville est située sur le « corridor bilingue canadien » et compte plus de 50 % de francophones. ▪ Indus. du bois et du papier, indus. chimiques, textiles. ▮ **Histoire** La ville fut fondée par les loyalistes en 1783, à la fin de la guerre d'Indépendance américaine.

**CORNWALL AND ISLES OF SCILLY** → Cornouailles

**CORNWALLIS (Charles MANN, lord BROME, marquis DE)** ♦ Général britannique (Londres 1738 - près de Bénarès 1805). Il se distingua pendant la guerre de Sept* Ans, puis en Amérique où il dut cependant capituler à Yorktown (1781). Ensuite il fut gouverneur au Bengale (1786, victoire sur Tippu Sultān), en Irlande, où il réprima avec modération la révolte de 1798 - 1802, et en Inde. Il avait été l'un des négociateurs du traité d'Amiens*.

**COROGNE (LA)** ➝ ÉTYM. en esp. ***La Coruña***, du lat. *Caronium* ♦ V. d'Espagne (Galice), ch.-l. de prov., sur une petite presqu'île séparant l'anse d'Ozran de la ria de la Corogne. 244 388 hab. Port de pêche. ▪ Phare romain. ▪ L'industrie s'y est développée, d'abord liée à la pêche (conserveries, salaisons, construc. navales), puis à la fonction portuaire (raffinerie de pétrole). Ces deux secteurs sont actuellement en crise. Station balnéaire.

**COROMANDEL** (côte de) ➝ ÉTYM. corruption de *Chola Mandalam* « pays des Cholas » ♦ Nom donné à la côte S.-E. de l'Inde. Plusieurs deltas (Krishna-Godavari, Kaveri, Vagai) ont de fortes densités de population (Madras, Machilipatnam, Pondichéry). La côte a donné son nom aux laques chinois (paravents pour l'essentiel) : c'est dans ses ports que s'opérait, sous le contrôle de la Compagnie anglaise des Indes orientales, le transfert des laques vers l'Europe.

**CORONÉE** – en gr. ***Korôneia*** ♦ Anc. ville de la Grèce (Béotie). Les Béotiens y vainquirent les Athéniens (-447), et les Spartiates, menés par Agésilas*, battirent les Athéniens et leurs alliés (-394). Xénophon*, banni d'Athènes, y combattit dans les rangs spartiates.

**CORONEL** ♦ V. du Chili, sur la côte Pacifique, au S. de Concepción. 70 000 hab. Port. Essor des charbonnages de Lota et de Coronel. ♦ ***Bataille navale de Coronel*** Elle marque, le 1er nov. 1914, la victoire de l'escadre allemande de l'amiral von Spee sur l'escadre britannique de l'amiral Cradock. Mais l'escadre allemande fut détruite aux Falkland le 8 déc. suivant.

**CORONEL OVIEDO** ♦ V. du Paraguay, à l'E. d'Asunción. 27 000 hab.

**CORONIS** ♦ Fille d'un roi des Lapithes, aimée d'Apollon*. Elle trompe le dieu avant même la naissance d'Asclépios*, fruit de leurs amours, et est tuée par Artémis. Apollon arrache l'enfant de son sein avant l'incinération.

**COROT (Camille)** ♦ Peintre et dessinateur français (Paris 1796 - *id.* 1875). Fils de commerçants aisés, il finit par convaincre ses parents de sa vocation artistique et reçut aux Beaux-Arts, dans l'atelier de Michalon puis de Bertin, une solide formation académique, tout en faisant ses premières expériences de peinture en plein air (*Bord de Seine ; Environs de Ville-d'Avray*). Au cours d'un séjour en Italie (1825 - 1828), il réalisa des paysages « composés » qui se rattachent à la tradition néoclassique par l'équilibre de l'ordonnance, la franchise de l'éclairage, la netteté des contours et la sécheresse des volumes (*Château Saint-Ange*), tout en peignant sur le vif des études d'une facture plus libre et spontanée (*Le Pont de Narni*). À partir de 1827, il exposa régulièrement au Salon des compositions plus conventionnelles : religieuses ou mythologiques, situées souvent dans un paysage italien ou français et animées de figures (bergers, faunes, nymphes) dont le caractère gracieux et élégiaque finit par obtenir un vif succès. Au début de sa carrière, il réalisa quelques portraits précis et sobres de ses proches puis il ramena de ses pérégrinations à travers la province française et de deux autres séjours en Italie (1834 et 1843) de nombreuses peintures : notations directes souvent retravaillées en atelier, d'un réalisme franc et d'une facture précise (*La Cathédrale de Chartres*, 1830 ;

Camille **Corot.** *Mantes. La collégiale et la ville vues derrière les arbres* (51 × 33 cm). Musée des Beaux-Arts, Reims. *Phot. © Lauros-Giraudon*

*Le Beffroi de Douai*, 1871), le plus souvent des paysages de forêt avec étang, dans lesquels il se montra attentif à évoquer l'atmosphère humide, brumeuse, la lumière diffuse, argentée ou rosée, de l'aurore ou du crépuscule au moyen d'une petite touche claire et vibrante, des valeurs modulées avec une grande subtilité. Ces paysages sensibles révèlent la rare acuité de son œil tout en témoignant de la liberté de sa démarche qu'il a résumée dans cette formule : « Ne jamais perdre la première impression qui nous a émus. » On l'a parfois considéré comme un peintre de l'école de Barbizon, mais s'il alla quelquefois peindre dans la forêt de Fontainebleau, fréquentant l'auberge Gane, et fut surtout lié avec Daubigny*, il fut avant tout un indépendant qui, contrairement aux autres paysagistes, utilisait une gamme chromatique à dominante claire. Par sa conception du paysage plus que par sa technique (par gradations de tons et subtils frottis), il annonce directement l'impressionnisme. Il évolua vers une liberté de facture de plus en plus grande et obtint une consécration tardive (à partir de 1855). Son succès et l'apparition de multiples pastiches qu'il acceptait parfois par générosité de signer entraînèrent une certaine monotonie dans sa production. Considéré comme le plus grand paysagiste français du XIXe s., il est cependant aussi l'auteur de nombreux portraits et nus féminins qu'il n'exposa pratiquement jamais, qui témoignent à la fois d'une culture classique profondément enracinée, d'une grande maîtrise technique et de capacités novatrices : audace du dessin d'apparence inachevée (*Odalisque romaine*, 1843), simplification des volumes construits par les valeurs avec une touche expressive mais toujours discrète (*La Femme à la perle*, 1868 - 1870 ; *La Gitane à la mandoline*, 1874). ➝ ÉTYM. Il s'agit d'un nom de lieu, de l'ancien français *cor* « coin, angle ».

**Corps législatif** ♦ L'une des quatre assemblées législatives instituées en France par la Constitution de l'an VIII (→ **Napoléon Ier**). Composé de 300 membres choisis par les sénateurs, le Corps législatif n'avait que le droit de voter ou de rejeter les projets de loi sans les discuter. Louis Napoléon Bonaparte (→ **Napoléon III**) le rétablit dans la Constitution du 14 janv. 1852. Élus au suffrage universel, les députés du Corps législatif votaient les projets de loi sans les discuter, comme dans la constitution de l'an VIII, mais ils avaient le droit de voter le budget. Napoléon III, avec la libéralisation du régime (→ **Empire [Second]**), leur accorda le droit d'adresse (1860), d'interpellation (1867), puis l'initiative des lois (1869). Le Corps législatif disparut lors de la chute de l'Empire (1870).

**CORPUS CHRISTI** ➝ ÉTYM. lat. « Corps du Christ », n. choisi par le navigateur esp. Alvarez de Pineda [pour célébrer la fête du Saint-Sacrement (ou Fête-Dieu)] ♦ V. des États-Unis (Texas) sur le golfe du Mexique. 277 454 hab. dont 50 % d'Hispaniques. Centre agricole (légumes).

Pêche (poisson, crustacés, huîtres). L'industrie est essentiellement celle des dérivés du pétrole, de la métallurgie de l'aluminium et du zinc. ▪ Tourisme.

**CORRAL** ♦ Port de pêche du Chili central au S. de Valdivia. 5 300 hab. Situé au fond d'un estuaire, Corral constitue un relais entre l'océan et Valdivia.

**CORRÈGE (Antonio ALLEGRI, dit il Correggio,** en fr. **LE)** ➝ ÉTYM. du n. de son lieu de naissance ♦ Peintre italien (Correggio, près de Parme, v. 1489 - *id.* 1534). Il fut un des grands maîtres italiens de la haute Renaissance. Sa vie n'est connue que par des témoignages indirects. Une étude de Panofsky détruit le mythe, forgé par Vasari*, d'un peintre solitaire, génie isolé et modeste, enfermé dans sa province, et situe le Corrège dans le milieu des humanistes d'Émilie, recrutés parmi les poètes et les érudits. Élève, dans sa ville natale, de son oncle Allegri, il connut tôt les œuvres de Mantegna* à Mantoue. Dans ses premiers tableaux, il utilisa le *sfumato* de Léonard* de Vinci, transmis de Lombardie par des peintres mineurs, et intégra ses figures vigoureusement dessinées dans une composition architectonique solide héritée des Florentins (*Madone de Saint-François*, 1515, Dresde). Dans ses premières œuvres (dont une série de *Vierges*) s'affirme déjà la volonté de synthétiser les recherches éparses du « nouveau style tendre » du début du XVIe s. (Fra Bartolomeo* et Andrea* del Sarto à Florence, Beccafumi* à Sienne, Dosso* à Ferrare). Cependant, son originalité se révèle dans les grandes fresques qu'il réalisa à Parme. Ces œuvres monumentales ne s'expliquent guère sans un séjour à Rome (que l'on situe entre 1517 et 1519) qui aurait permis au Corrège d'étudier les grandes compositions de Raphaël* et de Michel*-Ange. Ses fresques de la *Camera* de l'abbesse (1519 - 1520, couvent de Saint-Paul, Parme), outre un lointain souvenir de Mantegna (voûte en ombelle et treillis de feuillages et de fruits), sont remarquables par leurs nuances monochromes et l'équilibre tout classique instauré à partir des nudités au canon court. Appréciée, cette œuvre lui permit de réaliser les grandes commandes parmesanes (fresques de l'église Saint-Jean-l'Évangéliste, 1520 - 1524 ; *L'Assomption de la Vierge*, coupole octogonale du Duomo, 1524 - 1530) où sont associées les solides formes michelangélesques et l'immatérialité d'un mouvement léger exprimé par un tourbillon coloré. Ainsi donnait-il par avance une réponse aux recherches baroques de Pozzo* sur les décorations « aspirantes » (fin du XVIIe s.). Simultanément, il peignit des toiles religieuses en agençant des compositions obliques et des perspectives diagonales, avec des personnages languissants et voluptueux (*Déposition de croix ; Madone à l'écuelle*, Parme, Pinacothèque). S'inspirant de la mode des nocturnes, le Corrège excella dans le clair-obscur, préparant ainsi les recherches des luministes de la fin du siècle (*Adoration des bergers* ou *La Nuit*, Dresde). Il produisit enfin une série de peintures mythologiques dégageant une sensualité faussement ingénue (*Léda*, Berlin ; *Jupiter et Io*, v. 1530, Vienne ; *Danaé*, 1530 - 1532, Rome ; *Antiope*, Louvre). S'opposant à l'intellectualisme florentin, le Corrège proposa, dans l'ensemble de son œuvre, une nouvelle sensibilité qui inspirera à des degrés divers le Parmesan*, Baroccio*, L. Carrache* et marquera plusieurs tendances picturales des XVIIe et XVIIIe s., tendances poussées jusqu'à l'imitation par Prud'hon* (déb. XIXe s.).

**CORREGIDOR** ♦ Île des Philippines, dans la baie de Manille, divisant l'entrée de Manille en deux détroits et commandant ceux-ci. ▮ **Histoire** Cet îlot rocheux percé de nombreuses galeries et casemates, fortifié d'abord par les Espagnols au XVIIIe s., puis par les Américains à partir de 1898, est devenu célèbre par la résistance opiniâtre des Américains assiégés par les Japonais en mai 1942. Évacué, l'îlot fut repris le 23 fév. 1945 au prix de sanglants combats.

**Correspondance littéraire, philosophique et critique** ♦ Ensemble de lettres périodiques adressées de Paris à des correspondants étrangers, à partir de 1753 jusqu'en 1793, par Melchior Grimm* aidé de Mme d'Épinay* et de Diderot* (qui rendait compte des expositions de peinture), puis de son secrétaire Meister. L'ensemble fut publié partiellement entre 1812 et 1813 puis intégralement de 1877 à 1892. C'est un document précieux sur la vie intellectuelle et artistique de la seconde moitié du XVIIIe s.

**CORRETTE (Michel)** ♦ Compositeur français (Rouen 1709 - Paris 1795). Fils de Gaspard Corrette, organiste à Rouen (fin du XVIIe s.), il fut aussi organiste, notamment au service du prince de Condé et du duc d'Angoulême. Avec une grande facilité, il s'est exercé dans les genres les plus divers, musique instrumentale, religieuse et surtout d'inspiration populaire (ariettes, vaudevilles, opéras-comiques pour les théâtres de la Foire).

**CORRÈZE** n. f. ➝ ÉTYM. anc. *Curetia, Curretia,* d'une rac. hydronym. prélatine (*r* redoublé d'après le lat. *currere* « courir ») ♦ Riv. du Limousin (85 km), affl. de la Vézère. Elle prend sa source au plateau de Millevaches, traverse Tulle et Brive et conflue en aval de cette ville. ▪ Centrale hydroélectrique de Bar.

**CORRÈZE** n. f. [19] ➝ ÉTYM. du n. de la riv. ♦ Dép. du centre de la France, région Limousin. 5 857 km². 232 576 hab. CH.-L. : Tulle. CH.-L. D'ARR. : Brive-la-Gaillarde, Ussel. Cour d'appel : Limoges. Académie : Limoges. ➝ **Limousin.**

**CORRIB** (lough) ♦ Lac d'Irlande occidentale (prov. de Connacht, comtés de Galway et de Mayo), situé au contact du Connemara et de la plaine centrale.

**CORRIENTES** ♦ V. d'Argentine, cap. de prov., située au confluent du Paraguay et du Paraná, face à Resistencia. 267 000 hab. Étape sur la route de la province de Misiones. ♦ ***Province de Corrientes.*** 88 200 km². 931 000 hab. Élevage extensif. Cultures subtropicales.

il **Corriere della Sera** ♦ Quotidien italien fondé à Milan en 1876. Devenu dès le début du XXe s., sous l'impulsion de Luigi Albertini, une véritable institution de la vie politique et culturelle italienne, proche de la démocratie chrétienne, le *Corriere* est aujourd'hui encore l'un des rares journaux à jouir d'une réelle audience nationale, tirant à 670 000 exemplaires environ.

**CORRIGAN (sir Dominic)** ♦ Médecin britannique (Dublin, Irlande 1802 - *id.* 1880). Il donna la description de l'insuffisance aortique (*maladie de Corrigan*).

**CORRIGAN (Mairead)** ♦ Pacifiste d'Irlande du Nord (Belfast 1944). Elle prit la tête du Mouvement des femmes pour la paix en Irlande, né en août 1976. [Prix Nobel de la paix 1976, avec B. Williams*]

**CORROZET (Gilles)** ♦ Écrivain et libraire français (Paris 1510 - *id.* 1568). Poète, auteur du *Conte du Rossignol* (1547), il traduisit des *Fables* d'Ésope (1542). Il est surtout connu pour ses guides historiques de Paris : la *Fleur des Antiquités de Paris* (1532) et les *Antiquités, histoires et singularités de Paris* (1550).

**CORSE** n. f. ➝ ÉTYM. du lat. *Corsi* « habitants de la Corse », du pré-indo-eur. *°car* « rocher » ou du gr. *korsos* « fait de couper [raccourci] » ou de *kurtos* « courbe, arrondi » (allus. au tracé d'une voie maritime) ♦ Île française de la Méditerranée, formant une région. 8 680 km² (longueur 185 km ; largeur max. 85 km). ▮ **Préhistoire et Antiquité** Des vestiges néolithiques établissent l'existence d'une culture en Corse dès le –VIe millénaire (➝ **Filitosa**). De par sa situation géographique permettant le contrôle des voies maritimes le long des côtes du N.-O. de la Méditerranée, l'île présenta longtemps un intérêt stratégique et commercial qui lui valut d'être successivement occupée par les Phéniciens, les Phocéens, les Étrusques et les Carthaginois (–IIIe s.). Mais leur implantation se limita au littoral, à la différence des Romains qui, après une conquête longue et difficile (–238 - –162), marquèrent l'île d'une influence profonde et durable. ▮ **Les occupations étrangères** Elle connut ensuite un certain déclin lors de l'occupation byzantine, puis subit les incursions et les pillages des Sarrasins. Après l'invasion lombarde (725), elle fut attribuée au Saint-Siège (➝ **Étienne II**) jusqu'à sa concession à Pise en 1077. En 1284, les Génois s'en emparèrent (➝ **Gênes**), victorieux de la résistance corse affaiblie par le morcellement géographique de l'île par ses divisions sociales. À l'En deçà, situé au N.-E., appelé Terre du Commun (les terres étant propriété commune) et gouverné par un Conseil des Six-Corses payant tribut à Gênes, s'opposa l'Au-delà, au S.-O., regroupant les seigneurs féodaux hostiles à la domination génoise. Les révoltes locales favorisèrent l'occupation française (➝ **Ornano**) de l'île qu'Henri II dut restituer aux Génois (Le Cateau*-Cambrésis, 1559). ▮ **La Corse française** Une guerre de 40 ans (1729 - 1769) opposa Gênes, soutenue par l'empereur d'Autriche, à la France et aux Corses ; la révolte s'organisa avec Paoli* (1755), contraignant Gênes, dont la présence se réduisait aux plaines côtières, à vendre la Corse à la France en 1768, un an avant la naissance de Napoléon* Bonaparte. Pendant la Révolution française, la Constituante vota le rattachement de l'île à la France, mettant ainsi fin à une certaine autonomie, et nomma Paoli gouverneur (1790). Mais ce dernier, hostile à la Convention, fit appel à l'Angleterre (➝ **Pozzo di Borgo**) qui administra l'île de 1794 à 1796. Opérée dès l'Empire, l'assimilation de la Corse à la France ne s'accompagna cependant pas d'un réel développement économique de l'île au cours du XIXe s., si bien qu'on assista à une forte émigration vers le continent et que perduraient des phénomènes de banditisme et de clientélisme. En sept.-oct. 1943, la Corse, occupée par les Italiens puis par les Allemands, fut reprise par les troupes françaises d'Afrique du Nord aidées par les maquis. ▮ **Le mouvement nationaliste** Depuis lors, le marasme touchant une économie dépendant pour l'essentiel du continent a entraîné l'essor, à partir de 1976, de mouvements de revendication autonomistes, mais aussi indépendantistes (soutenus par le Front de libération nationale de la Corse, dissous par le gouvernement en 1983) qui ont abouti à des affrontements parfois violents comme à Aléria (1976) ou à des séries d'attentats (« nuits bleues »). Après la loi de 1982 qui dota la Corse d'un statut particulier de collectivité territoriale, la loi Joxe, entrée en vigueur en 1992, a permis le renforcement du pouvoir du Conseil exécutif qui est ainsi devenu un véritable organe de gouvernement. Cependant cette évolution ne marqua pas la fin des attentats, tandis que le mouvement nationaliste connut des dissensions de plus en plus nombreuses, aboutissant même à des luttes violentes entre les différentes tendances. À la suite de l'assassinat du préfet Érignac en 1998 et l'échec de

**Corse.**

son successeur, B. Bonnet, le gouvernement a engagé des négociations avec les représentants de la Corse, y compris nationalistes, afin d'aboutir à une modification du statut de la collectivité territoriale par un transfert de compétence et un pouvoir «d'adaptation» réglementaire et législatif. Soumise à référendum, la question sur ce nouveau statut a remporté 50,98 % de non dans l'île (2003).

**CORSE** n. f. ♦ Région admin. de la France, comportant 2 dép. : Haute-Corse et Corse-du-Sud. 8 680 km² (1,6 % de la métropole, 21e r.). 260 196 hab. en 1999 (0,4 %, 22e r.). *(Corses)*. 0,4 % du PIB (22e r.). CH.-L. : Ajaccio. La Corse, dotée depuis 1982 d'un statut particulier de collectivité territoriale, est administrée depuis 1992 par un Conseil exécutif de 9 personnes et dispose d'une assemblée régionale de 51 membres élus au suffrage universel.

**▌GÉOGRAPHIE** «Montagne dans la mer», émergeant des profondeurs (–1 000 m près de Porto) à 170 km de Nice, elle est un témoin de l'ancienne Tyrrhénide. Un puissant massif cristallin en occupe la plus grande partie : du S. au N., il porte sa ligne de crête de 2 134 m (monte Incudine) à 2 622 m (monte Rotondo), 2 706 m (monte Cinto) et détache vers l'O. et le S.-O. une série de chaînons parallèles, séparés par des gorges profondes ; les côtes sont découpées en golfes (Ajaccio, Porto, Sagone, Valinco), en caps et en îles. Au-delà d'une sorte de sillon central (bassins de Nebbio, Ponte-Leccia, Corte), les schistes plissés dessinent, depuis le cap Corse, de longues arêtes de moindre altitude, plus ouvertes au-dessus d'une étroite plaine côtière (de Bastia à Porto-Vecchio). ▪ Le climat est méditerranéen, à étés secs, mais il est presque partout altéré par l'altitude. Forêt méditerranéenne souvent dégradée en maquis.

**▌POPULATION** Longtemps regroupée dans les montagnes, en dehors de quelques concentrations côtières très localisées (25 % de la pop. en 1935), elle a subi une forte émigration vers le «continent» entre 1884 (276 000 hab.) et 1955 (155 000 hab.) qui lui a fait perdre au moins les 2/5 de sa pop. La croissance a repris depuis lors, de façon irrégulière, mais surtout du fait de l'arrivée de personnes âgées. La densité est faible (30 hab./km²).

**▌ÉCONOMIE ▌Agriculture** Protégée depuis 1970 par un parc régional de 150 000 ha, la forêt a longtemps reculé devant le «maquis» et reste la proie des incendies. Les sols ingrats ont favorisé les pacages, lieux de la vie pastorale traditionnelle (140 000 ovins, dont la production laitière est essentiellement destinée aux caves de Roquefort). La viticulture (320 000 hl/an), dont une partie est constituée d'appellations d'origine contrôlées, et la culture des agrumes (clémentines) dans les plaines orientales complètent une agriculture qui assure encore près de 4 % de l'emploi régional (France : 2 %) mais dont le RBE (revenu brut par exploitation) est inférieur d'un tiers à la moyenne nationale. **▌Industrie** Avec 16,7 % de l'emploi régional (France : 20,7 %), ce secteur est largement sous-représenté. Constitué d'entreprises artisanales dont les débouchés sont essentiellement locaux, il souffre de l'insularité, qui ajoute au coût de production un coût de transport incompressible vers le continent. **▌Activités tertiaires** Le commerce et surtout les services constituent les activités dominantes (80 % des emplois dont la moitié liée à l'État). Le tourisme reste la principale ressource mais il est handicapé par la situation politique de l'île. Les infrastructures sont peu développées : seulement 1,4 % des nuitées enregistrées en métropole ; la nécessaire amélioration des transports (ports, aéroports, réseau des routes nationales) et la forte demande immobilière expliquent le fait que le secteur du bâtiment et des travaux publics (BTP) assure 10 % de l'emploi régional (France : 6 %). Parallèlement, l'activité touristique réclame un gros effort de formation (BTP, hôtellerie) auquel le campus universitaire de Corte (3 000 étudiants) ne répond pas réellement. La faible dimension du marché de l'emploi local reste un problème pour les jeunes Corses qui souhaitent trouver dans l'île une formation et un emploi (taux de chômage régional : 8 %). **▌Communications et urbanisation** Le problème de la «continuité territoriale» entre l'île et le continent est vital pour l'économie de la région. Les nœuds de communication correspondent aux grandes villes. Bastia, 1er pôle économique corse, est le 3e port français pour les passagers (2 300 000 par an). L'aéroport bastiais accueille chaque année 900 000 passagers. La capitale administrative, Ajaccio, assure le transport de plus d'un million de personnes par voie aérienne et autant par voie maritime. Les deux villes concentrent 40 % de la pop. régionale et une large part de l'activité économique.

**CORSE** (cap) ♦ Presqu'île étroite et allongée du N. de la Corse s'ordonnant de part et d'autre d'une arête centrale de plus de 1 000 m d'alt. (1 322 m à la Cima di e Follicie). ▪ Tourisme balnéaire. Navigation de plaisance. Vergers. Viticulture.

**CORSE (HAUTE-)** → Haute-Corse

**CORSE-DU-SUD** n. f. 2A ♦ Dép. du S. de la France, région Corse. 4 014 km². 118 593 hab. CH.-L. : Ajaccio. CH.-L. D'ARR. : Sartène. Cour d'appel : Bastia. Académie : Ajaccio. Le département a été formé en 1974. → Corse.

**CORSO (Gregory)** ♦ Poète américain (New York 1930 - Robbinsdale, Minnesota 2001). Confié à un orphelinat à sa naissance, recueilli à onze ans par son père, il passa son adolescence dans des maisons de redressement et fut condamné à trois ans de prison à l'âge de dix-sept ans ; un détenu lui fit découvrir la littérature. Dès lors, il se consacra à la poésie et devint l'un des mentors de la beat* generation. Ses poèmes incantatoires, en style parlé, l'ont rendu célèbre (*The Vestal Lady on Brattle*, 1955 ; *Gasoline*, 1958 ; *The Happy Birthday of Death*, 1960). On lui doit aussi un roman (*The American Express*, publié à Paris en 1961), des pièces de théâtre et des écrits sur l'art contemporain.

**CORTÁZAR (Julio)** ♦ Écrivain argentin naturalisé français en 1981 (Bruxelles 1914 - Paris 1984). Romancier, conteur et traducteur dans le sillage de J. L. Borges* qui le découvrit et publia sa première nouvelle, *Maison occupée*, dans les années 1940, il s'est imposé comme l'un des maîtres contemporains de la littérature fantastique, dans un registre qui repousse les limites du réel par un glissement insidieux du quotidien. Il est l'auteur d'un grand roman, *Marelle* (1963), représentatif du «réalisme magique». On lui doit de très nombreuses nouvelles réunies dans *Bestiaire* (1951), *Fin d'un jeu* (1956), *Les Armes secrètes* (1959), *Cronopes et Fameux* (1962), *Tous les feux, le feu* (1966), *Octaèdre* (1974), *Façons de perdre* (1977), *Un certain Lucas* (1979), *Nous l'aimons tant, Glenda* (1980), *Heures indues* (1982). Après un voyage à Cuba, il a défendu avec énergie le régime castriste ainsi que l'expérience sandiniste (*Livre de Manuel*, 1973). ➜ ÉTYM. Ce nom de famille vient du basque *Kortazar*, désignant une personne qui vit près d'une vieille cour de ferme, de *korta* «écurie ; cour de ferme» et *za(h)ar*, *zar* «vieux».

**CORTE** [kɔrte] [20250] ➜ ÉTYM. du bas lat. *curtis* «domaine [lieu fortifié]» ♦ Ch.-l. d'arr. de la Haute-Corse, au confluent de la Restonica et du Tavignano, au centre de l'île. 6 329 hab. *(Cortenais).* Université. La ville est adossée au rocher portant la citadelle. Anc. Palais national, siège du gouvernement de P. Paoli*, ainsi que de la première université corse (1765 - 1769).

**CORTEMAGGIORE** ➝ ÉTYM. it. *corte* «cour [domaine rural]» et *maggiore* «le plus grand» (→ aussi Courmayeur) ♦ V. d'Italie centrale, en Émilie-Romagne (prov. de Plaisance). 4 172 hab. Gisements de méthane et de pétrole. Ce dernier est raffiné sur place.

**CORTE REAL** ♦ Famille de navigateurs portugais du XVIe s. dont les plus connus sont Gaspar qui, vers 1500, atteignit la Terre-Verte, c.-à-d. la côte S. du Labrador* ou la partie septentrionale de Terre-Neuve, et son frère aîné Miguel qui, en 1502, aborda à Terre-Neuve et gagna le golfe du Saint-Laurent. Ils ne revinrent ni l'un ni l'autre de leur expédition.

**CORTÉS (Hernán)** parfois en fr. **Fernand CORTEZ** ♦ Conquistador espagnol (Medellín, Estrémadure 1485 - Castilleja-de-la-Cuesta, près de Séville 1547). Il participa à la conquête de Cuba (1511 - 1514) avec Diego Velázquez* qui, en 1519, lui confia la direction d'une expédition au Mexique*. Cortés partit avec P. de Alvarado* et C. de Oli*. Il aborda au Yucatán et, en 1519, fonda Veracruz*. Ayant assisté à l'échec du système colonial espagnol, Cortés souhaitait conquérir le Mexique par le métissage des hommes et des cultures. Après une victoire sur le royaume de Tlaxcala, dont il se fit un allié contre les Aztèques, il gagna Tenochtitlán (capitale aztèque, sur le site de Mexico) ; là, bien que l'empereur Moctezuma* eût reconnu la suzeraineté de Charles Quint, Cortés s'empara de lui pour prévenir tout risque de rebellion. Entre-temps, D. Velázquez avait envoyé une troupe commandée par P. de Narváez* contre Cortés qui la vainquit sans grande difficulté. En l'absence de Cortés, P. de Alvarado fit massacrer des dignitaires aztèques, provoquant une insurrection des Aztèques malgré les appels au calme de Moctezuma, qui fut tué. Les Espagnols durent quitter la ville dans la nuit du 30 juin au 1er juil. 1520 («Noche triste»). Après avoir reconstitué ses troupes, Cortés assiégea et vainquit Tenochtitlán (13 août 1521), dont le dernier empereur, Cuauhtémoc*, mourut en 1524. Nommé gouverneur général de la Nouvelle-Espagne par Charles Quint (1522), Cortés administra le pays d'une manière autoritaire. Accusé de rébellion et rappelé en Espagne devant le Conseil des Indes (1527), il parvint à se justifier et repartit au Mexique jusqu'en 1540. Rentré dans son pays, il participa encore au siège d'Alger par Charles Quint (1541) ; mais il avait déjà perdu tout crédit et mourut isolé. ➝ ÉTYM. Ce nom espagnol signifie «courtois, poli», de *corte* «cour».

**CORTINA D'AMPEZZO** ➝ ÉTYM. *Cortina*, it. «petit domaine rural» et *Ampezzo*, n. d'un bourg situé plus bas dans la vallée ♦ V. d'Italie orientale, en Vénétie (prov. de Belluno), dans les Dolomites, à 1 210 m. 6 085 hab. Station de sports d'hiver et de tourisme très fréquentée. – Les jeux Olympiques d'hiver s'y sont déroulés en 1956.

**CORTO MALTESE** ♦ Personnage de bandes dessinées créé par Hugo Pratt* dans *La Ballade de la mer salée* (1967). Il devint le héros de l'hebdomadaire *Pif Gadget* de 1970 à 1973 puis, à partir de 1978, poursuivit ses aventures dans *À Suivre*. Ce marin flegmatique, éternel jeune homme, traverse les mers aux confins du réel et de l'imaginaire.

**CORTON** → Aloxe-Corton

**CORTONA** ♦ V. d'Italie, en Toscane (prov. d'Arezzo). 22 048 hab. Vestiges d'une enceinte médiévale. Musée étrusque. Musée diocésain (peintures). ▪ Aux environs, église Santa-Maria del Calcinaio (XVe - XVIe s.).

**CORTOT (Alfred)** ♦ Pianiste et pédagogue français (Nyon, Suisse 1877 - Lausanne 1962). Artiste d'une vaste culture, pianiste à la sensibilité frémissante dont les interprétations de Chopin firent date, il fit de nombreuses tournées à travers le monde. Chef d'orchestre, il fut le premier en France à diriger le *Crépuscule des dieux* et *Tristan et Isolde*, de Wagner. Avec ses amis J. Thibaud* et P. Casals*, il constitua un trio (1905) dont la réputation devint internationale. Professeur au Conservatoire, fondateur de l'École normale de musique, il a donné de remarquables cours d'interprétation et publié plusieurs ouvrages didactiques (*Principes rationnels de la technique pianistique*, 1928 ; *La Musique française de piano*, 3 vol., 1930) ainsi que des éditions annotées des œuvres pianistiques de Chopin, Schumann et Liszt.

**ÇORUM** ♦ V. de Turquie, ch.-l. de prov., au N.-E. d'Ankara. 202 322 hab. Centre commercial situé au cœur d'une riche région agricole. Indus. textiles. Travail du cuir. Briqueteries.

**CORVETTO (Louis Emmanuel**, comte**)** ♦ Homme politique français d'origine italienne (Gênes 1756 - *id.* 1821). Avocat à Gênes, il se rallia aux idées révolutionnaires et, en 1797, devint président du directoire de la République ligurienne. Ayant contribué à favoriser le rattachement de Gênes à la France (1805), il fut nommé conseiller d'État (1806) et fait comte d'Empire par Napoléon Ier (1809). Devenu inspecteur général des prisons (1811), il fut l'un des fondateurs de la société pour l'amélioration des prisons. Ministre des Finances sous Louis XVIII (1815 - 1818), il prit une part importante au redressement financier de la France et, grâce à une politique de grands emprunts, facilita la libération du territoire français en liquidant la dette de guerre. ➝ ÉTYM. Ce nom vient de l'italien *corvo* «corbeau».

**CORVIN (Mathias)** → Mathias Ier

**CORVISART (Jean**, baron**)** ♦ Médecin français (Dricourt, Ardennes 1755 - Paris 1821). Médecin de Napoléon Ier. Il chercha à donner des bases scientifiques à la médecine clinique en la fondant sur l'anatomie pathologique. Il utilisa la méthode de percussion pour le diagnostic des maladies cardiaques (*Essai sur les maladies et les lésions organiques du cœur*, 1806 - 1811) et créa l'enseignement clinique au lit du malade. [Acad. sc. 1811] ➝ ÉTYM. *Corvisart* vient de *Corvisier* «cordonnier», de l'ancien français *corvois* «cuir de Cordoue ; cordonnier».

**CORVO** (baron) → Rolfe (Frederick William)

**COS** → Kos

**COSA (Juan DE LA)** ♦ Navigateur et géographe espagnol (Santoña, Biscaye v. 1460 - Tabasco, Darién 1510). Il accompagna C. Colomb en 1492 et en 1493, A. de Hojeda* et A. Vespucci en 1499, puis entreprit deux expéditions (1504, 1508) dans le Darién. Il a établi des cartes de l'Afrique et de l'Amérique.

**COSAQUES** n. m. pl. ➝ ÉTYM. en russe ***kazak***, en polon. ***kozak***, du turc *qazaq* «nomade ; homme libre» ♦ Nom donné aux populations nomades ou semi-nomades formées à l'origine de paysans réfugiés d'Asie centrale (sous domination turque) et de Moscovie qui, fuyant toute sujétion militaire et fiscale, occupèrent les steppes de la Russie méridionale (XVe s.). Groupés et organisés en communautés de type militaire quasi autonomes, les Cosaques, sous la conduite d'un chef qu'ils élisaient *(hetman)*, formèrent plusieurs groupes, dont les principaux sont les Cosaques du Don et les Cosaques du Dniepr. Les Cosaques du Don, de langue grand-russienne, établis sur le cours inférieur du Don*, reconnurent la suzeraineté de Moscou sous Ivan IV le Terrible et participèrent à la conquête du khanat de Sibérie (1582) sous la conduite de l'hetman Iermak*. Pour avoir pris la tête de deux insurrections paysannes avec Stenka Razine* (1669 - 1671) et Pougatchev* (1773 - 1774), qui souleva les paysans de la Volga et de l'Oural, leurs dernières franchises furent supprimées sous Catherine* II. La réforme agraire qui suivit l'abolition du servage (1861) et favorisa les Cosaques fut abolie en 1918. Les Cosaques du Dniepr, rattachés au groupe linguistique petit-russien et composés de petits-russiens de religion orthodoxe, fuyant le joug polono-lituanien, s'établirent en Ukraine* sur les rives du Dniepr inférieur (XVIe s.) et prirent le nom de Cosaques zaporogues «Cosaques d'au-delà des rapides». En échange de leur autonomie, ils se mirent d'abord au service de la Pologne qu'ils défendaient contre les Tatars, mais, dès 1648, se soulevèrent contre la politique religieuse des rois de Pologne, avec l'aide des Tatars de Crimée, sous la conduite de Khmelnitski. Abandonnés par les Tatars, ils durent se soumettre à la Russie (1654). Afin de secouer ce nouveau joug et de libérer l'Ukraine, l'hetman Mazeppa* s'allia aux Suédois contre Pierre* Ier le Grand, mais la défaite de Poltava mit fin aux aspirations des Cosaques. Le dernier hetman fut destitué en 1764 par Catherine* II et les unités cosaques furent intégrées à l'armée russe avant d'être transférées au Kouban (1794). ▪ La vie et les luttes des Cosaques ont inspiré de nombreux écrivains dont Gogol* *(Tarass Boulba)*, Tolstoï *(Les Cosaques)* et Cholokhov* *(Le Don paisible)*.

**COSENZA** ♦ V. d'Italie, ch.-l. de prov., en Calabre. 72 998 hab. Cathédrale (XIIe - XIIIe s.) : mausolée du cœur d'Isabelle d'Aragon (inhumée à Saint-Denis), morte à Cosenza en ramenant de Tunis le corps de Saint Louis, son beau-père. ▪ Indus. alimentaires. Papeteries. ▮ **Histoire** Le chef wisigoth Alaric y mourut en 410.

**COSETTE** ♦ Personnage du roman de V. Hugo *Les Misérables**. Enfant martyr, symbole de la faiblesse et de l'innocence, elle est sauvée par Jean Valjean*.

**COSGRAVE (William Thomas)** ♦ Homme politique irlandais (Dublin 1880 - *id.* 1965). Après avoir participé à l'insurrection de Pâques 1916 ainsi qu'à la première Assemblée *(Dail Eireann)*, créée par les députés du Sinn* Féin en 1919, il se rallia à la majorité favorable au traité de Londres signé avec l'Angleterre en 1921. Président du Conseil exécutif de l'État libre d'Irlande de 1922 à 1932 et fondateur d'un nouveau parti modéré, le Cumann na nGaedheal rebaptisé Fine Gael en 1933, il s'efforça de normaliser les rapports de son pays avec l'Angleterre et de restaurer l'économie, mais dut faire face à la guerre civile (1922 - 1923). La crise économique de 1929 et l'échec de sa politique concernant l'Irlande du Nord entraînèrent sa défaite aux élections de 1932. ♦ **Liam Cosgrave** (Templeogue, comté de Dublin 1920). Fils du précédent, dirigeant du Fine Gael de 1965 à 1977, il fut Premier ministre de 1973 à 1977 et contribua à l'adoption de plusieurs réformes sociales ainsi qu'à l'intégration de la république d'Irlande au sein de la CEE.

**ĆOSIĆ (Dobrica)** ♦ Écrivain et homme d'État serbe (Velika Drenova 1921). Résistant de la première heure, membre du Parti communiste serbe dès l'âge de vingt ans, membre du comité central et proche de Tito, il fut exclu puis limogé en 1968 pour «nationalisme serbe» et devint le chantre de «la Grande Serbie» promue ensuite par Milošević*. Dès son premier roman, *Loin du soleil* (1951), il avait rompu avec le dogme du réalisme socialiste en dépeignant les souffrances dues à la guerre, puis écrivit de vastes fresques épiques, dans lesquelles nation et paysannerie se confondent :

*Racines* (1954), *Partages* (1961), *Le Temps du mal et le Temps de la mort* (1972 - 1978), *Réel et Possible* (1983) Il fut président de la République fédérale de Yougoslavie de juin 1992 à juin 1993.

**Così fan tutte** ➝ ÉTYM. it. «Ainsi font-elles toutes» ♦ *Opera buffa* en 2 actes de W. A. Mozart* (Vienne, 26 janv. 1790) sur un livret de Lorenzo Da Ponte inspiré de nombreuses sources. Deux jeunes officiers font le pari qu'en leur absence, leurs fiancées leur resteront fidèles. Ils reviennent déguisés, chacun fait la cour à la fiancée de l'autre, et les demoiselles succombent («Ainsi font-elles toutes»). Sur cette trame, dont la simplicité de surface fit beaucoup pour la longue méconnaissance de l'œuvre, Mozart écrivit une musique d'une profondeur psychologique et d'une sensualité rares. Les six personnages (aux deux couples viennent s'ajouter un vieux cynique, organisateur de toute l'affaire, et une servante délurée), fort différents les uns des autres (d'où une série de déséquilibres), ne sont en rien des marionnettes, bien au contraire.

**COSIMO (PIERO DI)** → Piero di Cosimo

**COSMA (Vladimir)** ♦ Compositeur français (Bucarest 1940). Élève de Nadia Boulanger, il s'orienta vers le cinéma dès 1968 (*Alexandre le bienheureux*, d'Y. Robert). Habile mélodiste et ingénieux orchestrateur, il enchaîna les musiques de films où passent son sens de l'humour et son art de la dérision (*Diva*, J.-J. Beineix ; *Le Bal*, E. Scola ; *Les Aventures de Rabbi Jacob*, G. Oury). Il a aussi composé un opéra *Marius et Fanny* d'après Pagnol (2007).

**COSMATI** ♦ Nom collectif désignant des familles de marbriers actifs à Rome et dans le Latium aux XII^e^ et XIII^e^ s. Leur travail se caractérise par des assemblages de marbres polychromes, de pierres dures et, plus tard, de pâte de verre et d'or, formant des motifs géométriques. Ils ornèrent ainsi des pavements d'église (Saint-Clément, Sainte-Marie-du-Transtévère, Sainte-Marie-Majeure), des façades (cathédrale de Civita Castellana) ou d'autres éléments architectoniques, et du mobilier d'église.

**COSNE-COURS-SUR-LOIRE** – anc. *Cosne-sur-Loire* [58200] ➝ ÉTYM. *Cosne* : anc. *Condate*, mot précelt. du gaul. *condate* «confluent» ; *Cours* : du bas lat. *curtis* «domaine» ♦ Ch.-l. d'arr. de la Nièvre, sur la rive d. de la Loire, au confluent du Nohain. 11 399 hab. (aggl. 12 422) *(Cosnois)*. Musée consacré à la Loire : peintures modernes (M. de Vlaminck, M. Chagall, M. Utrillo, R. Dufy, A. Derain, etc.). ▪ Petit centre indus. (textile, construc. mécaniques).

**COSQUER** (grotte) ♦ Grotte préhistorique ornée (cap Morgiou, Marseille) découverte en 1991 par le plongeur Henri Cosquer. Elle n'est accessible que par un long boyau aujourd'hui sous-marin. Les gravures et peintures sont datées par des prélèvements de charbons et de pigments qui permettent de distinguer deux périodes : la plus ancienne autour de –25 000, la plus récente autour de –16 000.

**COSSA (Francesco DEL)** ♦ Peintre italien (Ferrare v. 1435 - Bologne v. 1478). Il fut, avec Tura* et Ercole de' Roberti, un des grands maîtres de l'école ferraraise du Quattrocento. Il acquit sa formation dans le milieu ferrarais où, vers les années 1450, s'élaborait une synthèse entre le style des enlumineurs locaux et ceux de Mantegna* et de Piero* della Francesca, synthèse élargie par une ouverture sur la peinture flamande. Si l'on décèle l'influence de Piero dans l'*Allégorie de l'automne* (Berlin), une veine florentine dans *La Vierge et l'Enfant* (Washington) ou des références à la manière de Rogier Van* der Weyden (qui fut à Ferrare en 1450) dans la *Pietà* (musée Jacquemart-André, Paris), Cossa fut particulièrement original dans les fresques qu'il exécuta au palais Schifanoia (Ferrare) pour le compte du duc Borso d'Este (1470). Lui sont attribués trois des douze panneaux du cycle des mois (Mars, Avril, Mai). Dans cet ensemble réparti en trois registres superposés (scènes glorifiant le duc ; signes du Zodiaque ; Triomphe de Minerve, de Vénus et d'Apollon) se déploie avec cohérence et vitalité le programme humaniste et profane le plus impressionnant du siècle. On y retrouve la puissance plastique, la précision des formes et des contours de l'œuvre de Tura, avec cependant un adoucissement dans l'expression. Cossa s'installa ensuite à Bologne où il exerça une grande influence sur l'évolution de l'école locale. Le grand *polyptyque Griffoni* (1473, démembré) constitue dans sa complexité, sa logique et son luxe de détails, avec le *polyptyque Rovellera* de Tura, le sommet de l'école ferraraise.

**COSSÉ-BRISSAC** → Brissac

**COSSERY (Albert)** ♦ Écrivain égyptien de langue française (Le Caire 1913 - Paris 2008). Il est l'auteur de huit romans dont *Les Hommes oubliés de Dieu* (1941), *La Maison de la mort certaine* (1944), *Mendiants et Orgueilleux* (1955), *La Violence et la Dérision* (1964), *Les Couleurs de l'infamie* (1999), qui ont pour cadre son pays natal et sont des fables dont les héros, mendiants philosophes, dénoncent l'injustice et tournent les puissants en dérision.

**COSSIGA (Francesco)** ♦ Homme d'État italien (Sassari 1928). Député démocrate-chrétien, ministre de l'Intérieur (1978), il se montra hostile à toute concession aux Brigades rouges lors de l'enlèvement d'Aldo Moro et démissionna après la découverte du corps de ce dernier. Président du Conseil (1979 - 1980), il fut également président de la République (1985 - 1992).

**COSTA (Lorenzo)** dit **le Vieux** ➝ ÉTYM. *Costa* : «Côte» n. de lieu fréquent en Italie ♦ Peintre italien (Ferrare v. 1460 - Mantoue 1535). Formé à Ferrare, il travailla à Bologne, où il décora l'église de San Giacomo Maggiore et peignit de grands retables, de 1483 à 1506. Ces œuvres proposent une formule adoucie de la manière d'Ercole de' Roberti. Il réalisa pour le cabinet d'Isabelle d'Este *Le Règne des Muses* (1505 ; Louvre, Paris) qui révèle des qualités de paysagiste et des élégances graphiques annonçant le maniérisme. Costa succéda à Mantegna* en 1506 comme peintre officiel de François de Gonzague à Mantoue.

**COSTA (Lúcio)** ♦ Architecte, urbaniste et théoricien brésilien (Toulon 1902 - Rio de Janeiro 1998). Il débuta comme associé de Warchavchik, architecte russe qui introduisit les formules modernes au Brésil. Après l'arrivée au pouvoir de Vargas (1930), il contribua (tout en respectant les traditions nationales) à l'essor de l'architecture d'avant-garde au Brésil, jouant un rôle de théoricien, de professeur et de constructeur. Il dirigea une équipe d'architectes lors de la construction du ministère de l'Éducation (architecte-conseil, Le* Corbusier) et éleva les immeubles du Parque Guinle à Rio de Janeiro (1948 - 1954). Auteur de nombreux plans d'urbanisme, il a établi l'audacieux plan directeur de Brasília* (1956), dont l'architecte en chef fut Niemeyer*.

**COSTA BRAVA** n. f. ➝ ÉTYM. esp. «côte *(costa)* sauvage *(brava)*» ♦ Littoral de la Catalogne* s'étendant de la frontière française à l'embouchure du río Tordera. C'est l'une des grandes régions touristiques de l'Espagne. Les stations balnéaires y sont nombreuses (Cadaqués, Palamós, San Feliú de Guixols, Tossa de Mar, Blanes, etc.) et très fréquentées.

**COSTA DEL SOL** n. f. ➝ ÉTYM. esp. «côte *(costa)* du *(del)* Soleil *(Sol)*» ♦ Région du S. de l'Espagne, le long de la côte méditerranéenne, de part et d'autre de Málaga*. Le tourisme (estival surtout) y a connu un fort développement (→ **Marbella, Torremolinos**).

**COSTA-GAVRAS (Konstantinos GAVRAS, dit)** ♦ Cinéaste français d'origine grecque (Athènes 1933). Après des débuts remarqués dans le thriller policier (*Compartiment tueurs*, 1965), il s'orienta vers le film politique, dénonçant les totalitarismes de droite (Z*, 1969) comme de gauche (*L'Aveu*, 1970). Plus faible dans le film psychologique (*Clair de femme*, 1979), il réalisa son meilleur film aux États-Unis : *Missing* (1982), sur la dictature militaire en Amérique du Sud. *Amen* (2002) dénonce l'attitude du Vatican face à la Shoah.

## COSTA RICA

▮ n. m. – off. ***république du Costa Rica*** ➝ ÉTYM. esp. «côte riche» ♦ Pays d'Amérique centrale. 51 100 km². 3 810 179 hab. (*Costariciens* ou *Costaricains*). LANGUE : espagnol. RELIGION : catholique. MONNAIE : colón. CAPITALE : San José. RÉGIME : présidentiel. Ce petit État occupe une position géopolitique importante, de par sa double façade maritime, entre le Pacifique à l'O. et l'Atlantique (mer des Caraïbes) à l'E. Il est divisé administrativement en 7 provinces.

▮ **GÉOGRAPHIE** Le Costa Rica offre cette variété de paysages typique de l'Amérique centrale, avec un climat tropical (forêt vierge et plantations) sur les côtes, tempéré par l'altitude au centre. Le relief accidenté est issu de cordillères volcaniques actives qui culminent à près de 4 000 m d'altitude avec le Chirripo Grande et le Pico Blanco. La population, à dominante blanche et métisse, se concentre pour les trois quarts dans le Valle Central, au-dessus de 1 000 m d'alt., où sont installées la capitale San José et les principales villes (Alajuela, Cartago) et où se développe, sur 5 % du territoire, l'essentiel de l'agriculture (café) et de l'industrie.

▮ **ÉCONOMIE** Malgré le poids excessif de sa dette extérieure, le pays justifie son nom par une relative prospérité fondée sur le café et la banane, dans un cadre, original en Amérique latine, de petites et moyennes propriétés, historiquement lié à une forte immigration de paysans espagnols à l'époque coloniale. Cette qualité rurale traduit une originalité profonde du Costa Rica dans le contexte latino-américain. Celle-ci s'exprime sur le plan économique et social avec une espérance de vie de 78 ans, un bon niveau de vie moyen (PNB par habitant : 6 400 dollars en 2008) et le deuxième taux de dépenses sociales (30 % du budget) de l'Amérique latine, derrière Cuba. L'effort le plus spectaculaire concerne l'éducation, avec seulement 5 % d'analphabètes, grâce à une scolarité gratuite et obligatoire depuis 1869. L'abolition de l'armée a facilité ces investissements sociaux. Elle a aussi contribué à l'affirmation de la seconde originalité, politique, du pays, exprimée dans une longue tradition d'État de droit. Îlot exemplaire et longtemps isolé de démocratie (l'élection présidentielle au suffrage universel direct remonte ici à 1913), le Costa Rica est souvent dénommé la «Suisse de l'Amérique centrale». Le pays produit les trois quarts de ses besoins en énergie grâce à son réseau de centrales hydroélectriques. Les industries manufacturières prédominent mais la haute technologie et l'électronique se développent et alimentent les exportations. L'écotourisme est en pleine croissance.

▮ **HISTOIRE** Découvert par Colomb en 1502, le pays n'avait qu'une population indienne clairsemée et fut rapidement conquis (v. 1520). Il fit partie de la Capitainerie générale du Guatemala*, puis de la confédération d'Amérique centrale (XIX^e^ s.). Officiellement indé-

Costa Rica.

pendant en 1838, il devait jouir d'une stabilité exceptionnelle. Au XIXe s., le café devint la principale culture et la compagnie américaine *United Fruit* installa d'importantes plantations de bananes. À la suite d'une guerre civile (1948) et grâce à l'action décisive de J. Figueres* Ferrer qui fut président à trois reprises, le Costa Rica supprima son armée et établit une démocratie stable. Le pays réussit à maintenir sa neutralité et resta à l'écart des guerres en Amérique centrale dans les années 1980 (→ **Arias Sánchez**). Laura Chinchilla, candidate du Parti de libération nationale (PLN), a remporté l'élection présidentielle de 2010.

**COSTE (Victor)** ♦ Biologiste français (Castries, Hérault 1807 - Gacé, Orne 1873). Ses travaux d'embryologie précisèrent les recherches de von Baer* ; il formula nettement l'idée que l'œuf est la première cellule de l'organisme. [Acad. sc. 1851]

**COSTELEY (Guillaume)** ♦ Compositeur français (Pont-Audemer ? v. 1531 - Évreux 1606). Organiste et valet de chambre de Charles IX et d'Henri III, ami de J. A. de Baïf et de R. Belleau, il écrivit une centaine de chansons qu'il publia dans un recueil : *Musique de G. Costeley* (1570). Précurseur de l'air de cour, il se situe, par l'élégance et le raffinement de son écriture entre Clément Janequin et les musiciens italianisants de la fin du XVIe s.

**COSTELLO (John Aloysius)** ♦ Homme politique irlandais (Dublin 1891 - *id.* 1976). Attorney général (1926 - 1932), il succéda à William Cosgrave* à la tête du parti libéral, le Fine Gael en 1944. Premier ministre de gouvernements de coalition de 1948 à 1951 et de 1954 à 1957, il fit abroger la loi sur les relations extérieures, rompant les derniers liens avec le Commonwealth*.

**COSTER** ou **KOSTER (Laurens Janszoon, dit)** ♦ Imprimeur hollandais (Haarlem v. 1370 - v. 1440). Il serait l'inventeur de l'imprimerie à caractères mobiles.

**COSTERMANSVILLE** → **Bukavu**

**COSTES (Dieudonné)** ♦ Aviateur français (Septfonds, Tarn-et-Garonne 1892 - Paris 1973). Il fit avec J. Le* Brix un tour du monde (oct. 1927 - avr. 1928), détint avec Maurice Bellonte* le record du monde de distance en ligne droite (7 905 km, 27 - 29 sept. 1929) et réussit la première liaison sans escale Paris-New York (1er - 2 sept. 1930).

**COSYN** ou **COSYNS (Jan)** ♦ Architecte flamand (mort v. 1708). Il travailla surtout à Bruxelles, où il fut reçu maître architecte en 1678. En 1697, il prit part à la restauration de plusieurs maisons de la Grand-Place (maison de la Brouette, maison du roi d'Espagne), où il affirma son goût pour l'architecture baroque.

**COT (Pierre)** ♦ Homme politique français (Grenoble 1895 - Coise, Savoie 1977). Député radical-socialiste (1928 - 1940), il contribua au ralliement du parti radical au Front populaire : ministre de l'Air de 1933 à 1934, il reprit ce portefeuille dans les cabinets Blum (1936 - 1937) et Chautemps (1937 - 1938). Il représenta les radicaux à l'Assemblée consultative d'Alger (1943 - 1944) puis, élu à l'Assemblée nationale (1946), il se rapprocha des communistes (groupe progressiste). ◆ **ÉTYM.** *Cot* est l'aphérèse de *Jacot*, ou de *Nicot*, hypocoristique de *Jacques* ou de *Nicolas*.

**COTEAU (LE)** [42120] ◆ **ÉTYM.** «petite colline» ♦ Comm. de la Loire, arr. de Roanne, sur la Loire. 7 375 hab. *(Costellois)*.

**CÔTE D'ARGENT** n. f. ♦ Côte française de l'Atlantique située entre l'embouchure de la Gironde et celle de la Bidassoa. → **Arcachon, Hossegor, Biarritz, Saint-Jean-de-Luz, Hendaye.**

**CÔTE D'AZUR** n. f. ♦ Région côtière française au bord de la Méditerranée, comprise entre Cassis et Menton. Jalonnée de stations balnéaires, c'est une région fortement urbanisée où prédomine le secteur tertiaire. Technopôle de Valbonne-Sophia-Antipolis. Cultures florales.

**CÔTE-DE-L'OR** n. f. – en angl. ***Gold Coast*** ♦ Anc. nom du Ghana* avant son indépendance. Son nom évoque l'existence, aux Xe - XIe s., d'un empire dont la prospérité était fondée sur le commerce de l'or.

**CÔTE D'ÉMERAUDE** n. f. ♦ Littoral français de la Manche s'étendant de la pointe du Grouin au Val*-André ; la côte, rocheuse, est très découpée (cap Fréhel, estuaire de la Rance) et possède de nombreuses plages. → **Dinard, Saint-Malo, Saint-Lunaire.**

## CÔTE D'IVOIRE

n. f. – off. ***république de Côte d'Ivoire*** ♦ Pays d'Afrique occidentale baigné par le golfe de Guinée. 322 463 km². 19 624 000 hab. *(Ivoiriens)*. LANGUES : français (off.), akan (anyi, baoulé), bété, krou, dioula, haoussa, malinké. POPULATION : 80 ethnies dont Anyis, Baoulés, Bétés, Krous, Malinkés, Sénoufos. RELIGIONS : musulmans, chrétiens, animistes. MONNAIE : franc CFA. CAPITALE : Yamoussoukro. RÉGIME : présidentiel.

**GÉOGRAPHIE** Une côte basse et sablonneuse borde un littoral parsemé de vastes lagunes dans lesquelles se jettent plusieurs fleuves (Bandama, Comoé) issus de la savane ; une zone forestière 3 millions d'ha, cinq fois moins étendue qu'au début du XXe siècle en raison de l'exploitation légale et illégale, soumise à un climat subtropical humide précède un plateau peu élevé de savanes arborées au centre, arbustives vers le N. (forêts-galeries le long des rivières) ; le relief est plus marqué à l'O. (monts Nimba, 1 752 m ; mont Tonkoui, 1 189 m).

**ÉCONOMIE** Elle prit son essor en 1950 avec la construction du port d'Abidjan* et l'ouverture sur la mer de la lagune Ébrié, qui permet l'exportation des richesses de la région forestière. L'aide extérieure (capitaux, cadres) a favorisé un décollage économique spectaculaire du pays dans les années 1970 (le «miracle ivoirien»). Les exportations concernent principalement le café et le cacao (dont la chute des cours a précipité l'instabilité politique), les bananes, l'huile de palme, le coprah, les ananas et les mangues. La savane abrite des cultures dites «de rente» (coton, arachide) et, ne connaissant pas la mouche tsé-tsé, fournit le S. en bétail. La production vivrière varie selon les zones climatiques (manioc, igname, riz en zone forestière ; maïs, mil et sorgho dans la savane). À l'O., l'amé-

Côte d'Ivoire.

**Côte d'Ivoire** | Productions en 2008

| Produits | Quantités | Rang |
|---|---|---|
| **Agriculture** | | |
| Bananes | 250 000 t | |
| Cacao (2009) | 1 200 000 t | 1er |
| Café | 200 000 t | 11e |
| Caoutchouc | 190 000 t | 7e |
| Coton fibre | 100 000 t | |
| Huile de palme | 290 000 t | |
| Maïs | 600 000 t | |
| Manioc | 2 200 000 t | |
| Noix de cajou (2009) | 350 000 | 2e |
| Riz (2009) | 700 000 t | |
| Bovins (têtes) | 1 400 000 | |
| Ovins (têtes) | 1 200 000 | |
| Pêche | 35 000 t | |
| **Mines et énergie** | | |
| Diamants | 300 000 carats | |
| Pétrole | 1 800 000 t | |

nagement du port de San-Pedro (1970) est destiné à désenclaver l'arrière-pays (exportation de grumes). La région forestière subit des déboisements massifs qui ont déjà causé des sécheresses locales. Les barrages de Kossou sur le Bandama et de Buyo sur le Sassandra assurent un fort apport en énergie (l'«électricité dans chaque village» selon le vœu de F. Houphouët-Boigny). L'exploitation du sous-sol n'en est qu'à ses débuts (cobalt, uranium, diamant industriel). Grâce à la découverte de plusieurs gisements off-shore, la production de pétrole croît rapidement et pourrait modifier l'avenir économique du pays. Toutefois, l'instabilité politique et la corruption découragent les investisseurs.

**HISTOIRE** L'occupation de la forêt et des zones lagunaires est attestée dès le seuil de notre ère. Les Sénoufos étaient présents dans le N. au XIe s., les Akans (Baoulés, Anyis) dans l'E. au XVe s. À la même époque, les Portugais prirent contact avec les peuples lagunaires et baptisèrent la région Côte des males gens, puis Côte éburnéenne et Côte-d'Ivoire, selon l'accueil des habitants ou le commerce pratiqué. Au N., les routes commerciales entre la savane et la forêt s'articulèrent autour du grand centre d'échanges de Kong (XVIIIe s.) qui allait être détruit par le conquérant Samory* Touré en 1897. **La colonisation française** Installés sur la côte, où ils avaient conclu des accords avec les chefs locaux (1842), les Français entreprirent de faire la jonction avec la savane pour répondre à la poussée britannique au N. de la Côte-de-l'Or. L'exploration fut menée à bien par le capitaine Binger* : devenue colonie en 1893, la Côte d'Ivoire fut intégrée par la suite à l'A-OF (1904). **L'indépendance et Félix Houphouët-Boigny** La lutte nationaliste prit corps parmi les petits planteurs africains au lendemain de la Deuxième Guerre mondiale sous la conduite de F. Houphouët*-Boigny qui mena le pays à l'indépendance (1960). Très actif dans la diplomatie (création du Conseil de l'Entente en 1959, bons offices avec l'Afrique du Sud), il s'opposa à son voisin guinéen, Sékou Touré*, dans les domaines économique et politique, et fit de son pays un modèle de coopération avec l'Occident. Le Parti démocratique de Côte d'Ivoire demeura le seul parti légal jusqu'en 1990, date de la réélection de F. Houphouët-Boigny (qui mourut en 1993) pour la 7e fois consécutive. **Laurent Gbagbo** L'opposition entre le nouveau chef de l'État, Henri Konan Bédié, et le Premier ministre Alassane Ouattara aboutit à l'éviction de ce dernier et au début des dérives xénophobes sur son «ivoirité». La prise du pouvoir par le général Gueï, en déc. 1999, entraîna un soulèvement populaire en oct. 2000 qui favorisa l'arrivée à la tête de l'État de l'opposant historique Laurent Gbagbo et du Front populaire ivoirien (FPI). Malgré la tenue d'un forum pour la réconciliation nationale et l'affirmation

**Côte d'Ivoire.** Abidjan, quartier du Plateau, la cathédrale.
*Phot. © Marc Deville/Gamma*

de l'ivoirité de Ouattara en oct. 2001, les tensions communautaires dégénérèrent en troubles graves. En sept. 2002, le pays fut coupé en deux, le Nord étant aux mains des opposants du Mouvement patriotique de Côte d'Ivoire (MPCI), et l'Ouest investi par des bandes incontrôlées du Liberia. Succédant à l'intervention militaire française, un accord signé à Marcoussis (France) en janv. 2003, entériné par une résolution de l'ONU, instaura un partage du pouvoir avec Seydou Diarra comme Premier ministre. À Bouaké, le bombardement de la force française d'interposition en 2004 entraîna une réplique de la France. Les émeutes qui en résultèrent poussèrent au départ près des deux tiers des résidents français. Après la prolongation du mandat de Gbagbo (2005), le Conseil de Sécurité de l'ONU conféra au Premier ministre de cohabitation, Konan Banny, un pouvoir exécutif accru avec l'aval de l'UA (oct. 2006). Guillaume Soro, secrétaire général des Forces nouvelles (rébellion), fut désigné comme Premier ministre en mars 2007 et a été la cible d'un attentat à Bouaké, siège de la rébellion. La tenue d'élections générales est sans cesse reportée depuis 2005.

**CÔTE D'OR** n. f. → ÉTYM. allus. à la couleur de la vigne ♦ Rebord oriental des plateaux bourguignons, dominant la plaine de la Saône, dans le département de la Côte-d'Or. Ce talus rectiligne, allant de l'Ouche* à la Dheune*, entaillé à de courts intervalles par des combes qui forment une arrière-côte, est favorable à la culture de la vigne à mi-pente, tant par la qualité de ses sols que par l'exposition des versants (climats locaux). C'est la région des crus bourguignons les plus prestigieux. Au N., les côtes-de-nuits (Nuits-Saint-Georges), plus au S. les côtes-de-beaune*. → **Bourgogne.**

**CÔTE-D'OR** n. f. [21] → ÉTYM. de *Côte* d'Or* ♦ Dép. du Centre-Est de la France, région Bourgogne. 8 763 km². 506 755 hab. CH.-L. : Dijon. CH.-L. D'ARR. : Beaune, Montbard. Cour d'appel : Dijon. Académie : Dijon. → **Bourgogne.**

**COTENTIN** n. m. → ÉTYM. du lat. *pagus Constantinus* «pays de Coutances*» ♦ Presqu'île du N.-O. de la France, en Normandie, formant l'essentiel du dép. de la Manche. C'est un morceau du Massif armoricain qui a été isolé par la mer et par des dislocations. Grande région d'élevage. → **Coutances, Manche, Basse-Normandie.**

**CÔTE-RÔTIE** ♦ Vignoble le plus ancien et le plus septentrional des Côtes-du-Rhône, sur la rive droite du Rhône, centré sur la commune d'Ampuis à proximité de Vienne (vins rouges).

**COTES (Roger)** ♦ Astronome et mathématicien anglais (Leicester 1682 - Cambridge 1716). Disciple de Newton*, il publia la seconde édition des *Principia*. Il étudia les fractions rationnelles, la trigonométrie, la chute des corps et établit un théorème sur les racines imaginaires de l'unité, ainsi qu'une méthode de calcul approché des intégrales définies. Il fut le premier à aborder la théorie des erreurs d'observation.

**CÔTE-SAINT-ANDRÉ (LA)** [38260] ♦ Ch.-l. de cant. de l'Isère, arr. de Vienne. 4 240 hab. (aggl. 5 065) *(Côtois)*. Vastes halles du XVIe s. ; château du XVIIe s. ▪ Maison natale de H. Berlioz (musée et festival).

**CÔTES-D'ARMOR** n. f. pl. [22] → ÉTYM. de *côte* et *Armor** ♦ Dép. de l'O. de la France, région Bretagne. 6 878 km². 542 373 hab. CH.-L. : Saint-Brieuc. CH.-L. D'ARR. : Dinan, Guingamp, Lannion. Cour d'appel : Rennes. Académie : Rennes. → **Bretagne.**

**CÔTE VERMEILLE** n. f. ♦ Littoral français du Roussillon allant d'Argelès*-sur-Mer à Cerbère* et se prolongeant par la Costa* Brava en Espagne.

**CÔTIÈRE** n. f. ♦ Nom donné à la bordure de la Dombes*.

**COTIGNAC** [83570] → ÉTYM. du lat. *Cottinius*, n. de pers. gallo-rom., et suff. *-acum* ♦ Ch.-l. de cant. du Var, arr. de Brignoles. 2 026 hab. *(Cotignacéens)*. Maisons anc. ▪ Aux environs, chapelle Notre-Dame-de-Grâce (fondée en 1519), qui fut un lieu de pèlerinage.

**COTIN (Charles)** ♦ Ecclésiastique et poète français (Paris 1604 - *id.* 1682), bien accueilli à l'hôtel de Rambouillet*. Ses *Œuvres mêlées* (1659) contiennent des poèmes qui furent très appréciés, mais dont la préciosité, parfois exagérée, excita la verve de Boileau* et de Molière (personnage de Trissotin*). [Acad. fr. 1655] → ÉTYM. *Cotin* est l'aphérèse et l'hypocoristique de *Jacques* ou de *Nicolas*.

**COTMAN (John Sell)** ♦ Aquarelliste et graveur britannique (Norwich 1782 - Londres 1842). À Londres, il se lia avec Girtin* qui l'influença profondément. Ses premières aquarelles, inspirées par ses voyages à travers l'Angleterre, peintes avec raffinement dans des teintes plates, sont d'une composition dépouillée et géométrique ; elles révèlent une conception synthétique, presque abstraite, du paysage. À partir de 1806, il exposa régulièrement à la Norwich Society, puis exécuta des recueils de gravures (*Les Antiquités architecturales de Normandie*, 1822). Sous l'influence du goût romantique, son style se modifia, il exécuta alors des aquarelles aux coloris plus vifs, chargées de détails pittoresques.

**COTON (Pierre)** ♦ Jésuite français (Néronde, Forez 1564 - Paris 1626). Confesseur de Henri IV (1608), il tenta de favoriser une entente avec l'Espagne. Après l'assassinat du roi, il publia la *Lettre déclaratoire de la doctrine des Pères jésuites*, pour innocenter la Compagnie de Jésus (1610), lettre à laquelle répondit un célèbre pamphlet, *L'Anti-Coton* (1610). Il fut ensuite le directeur de conscience de

Louis XIII, jusqu'au meurtre de Concini qui amena sa disgrâce (1617). ▪ C'est lui qui introduisit le juron *Jarnicoton !* pour dissuader Henri IV d'employer le blasphématoire *Jarnidieu !* («Je renie Dieu») ➝ ÉTYM. *Coton* est l'aphérèse et l'hypocoristique de *Jacques* ou de *Nicolas*.

**COTONOU** ➝ ÉTYM. étym. populaire «la lagune de la mort», de *ku* «mort» et *tonu* «lagune» [le reflet rouge des arbres dans la lagune évoque une trace laissée par les morts] ou de *Okotonou* «rive de la lagune du dénommé Okou» ♦ V. du Bénin. 665 000 hab. *(Cotonois)*. Métropole économique et centre admin., seul port en eau profonde du pays (1964). Elle est reliée par voie ferrée à Lomé, à Porto Novo et à Parakou au N. (projet de prolongement vers le Niger). Centrale thermique. Indus. alimentaires et textiles. Cimenterie. Pêche.

**COTOPAXI** n. m. ➝ ÉTYM. du quechua «la bouche *(p'asi)* qui fume *(q'utu)*» ♦ Volcan d'Équateur, dans la cordillère orientale des Andes (5 897 m). La calotte glaciaire qui recouvre son sommet fond à chaque grande éruption (par exemple en 1877), générant des coulées boueuses catastrophiques.

**COTSWOLD HILLS** n. m. pl. ♦ Collines d'Angleterre, à l'E. d'une ligne allant de Gloucester à Bristol.

**COTTAFAVI (Vittorio)** ♦ Cinéaste italien (Modène 1914 - Anzio, près de Rome 1998). Ce metteur en scène raffiné, à la vaste culture dont témoignent ses adaptations télévisées de Sophocle ou de Dostoïevski, a été découvert par la critique française, qui a su compenser l'incompréhension dont il faisait l'objet dans son pays. Il est vrai qu'il s'est surtout illustré dans des genres réputés mineurs (mélodrame, péplum) et n'a jamais sacrifié à la vogue néoréaliste : son talent n'en éclate pas moins dans *Fille d'amour* (1953), version moderne de *La Dame aux camélias ; Milady et les mousquetaires* (1953), d'après Dumas père ; *Hercule à la conquête de l'Atlantide* (1961) et *Les Cent Cavaliers* (1965), fresques héroï-comiques, et dans le poignant drame paysan de *Maria Zef* (1981).

**COTTBUS** ♦ V. d'Allemagne (Brandebourg), sur la Spree, non loin de la frontière polonaise. 101 817 hab. Centre lainier. Indus. chimiques (savon), machines agricoles et travail du cuir.

**COTTE (Robert DE)** ♦ Architecte, décorateur et ornemaniste français (Paris 1656 - *id.* 1735). Issu d'une famille d'architectes, il fut l'élève de son père et de J. Hardouin*-Mansart dont il devint le beau-frère. Il fut son collaborateur aux châteaux de Versailles, Saint-Germain et Marly, puis termina la chapelle des Invalides et celle de Versailles. Membre de l'Académie en 1687, il dirigea en 1699 la manufacture des Gobelins et devint en 1708 le premier architecte du roi. Il éleva de sobres et élégants hôtels particuliers dans le faubourg Saint-Germain et évolua progressivement vers une plus grande liberté (hôtel de Lude et hôtel d'Estrée, 1713) et s'inspira de l'ordonnance versaillaise dans le palais épiscopal de Rohan à Strasbourg, l'abbaye de Saint-Denis, 1732 - 1742 (auj. maison d'éducation de la Légion d'honneur). Il donna les plans de l'église Saint-Roch à Paris, exécutés par son fils aîné, et joua surtout un rôle important dans la diffusion de l'architecture française à l'étranger, en fournissant de nombreux projets aux cours européennes (châteaux de Bruhl, 1715 ; Schleissheim, 1719 ; Winzburg ; Bonn Poppelsdorf, etc., en Allemagne ; Buen Retiro, en Espagne ; la Vénerie, près de Turin). Par ses projets d'ornements et ses aménagements d'intérieurs qui perdirent peu à peu leur caractère théâtral et solennel pour s'infléchir vers des formes plus souples et chantournées, il peut être considéré comme l'un des premiers initiateurs avec Boffrand* du style rocaille.

**COTTEREAU** (les frères) ♦ Chefs de l'insurrection qui se développa dans le bas Maine en 1793, ils furent surnommés Chouans parce qu'ils avaient l'habitude de rallier leurs hommes la nuit au cri du chat-huant, surnom qui servit à désigner les partisans de l'insurrection. → **Chouannerie.** PIERRE COTTEREAU (Brains 1756 - Laval 1794) fut arrêté et guillotiné. JEAN COTTEREAU (Saint-Berthevin 1757 - près de Laval 1794) mourut en combattant ainsi que son frère FRANÇOIS. Seul le dernier, RENÉ COTTEREAU (1764 - 1846), survécut à l'insurrection.

**COTTIN (Marie Sophie RISTEAU, Mme)** ♦ Romancière française (Paris 1770 - Champlan 1807). Veuve à vingt-trois ans, elle vécut de sa plume et connut un certain succès avec son premier roman *Claire d'Albe* (1799). Elle composa ensuite *Malvina* (1801), *Amélie Mansfield* (1803) et *Mathilde* (1805), évocation romanesque du temps des croisades. Son dernier ouvrage, *Élisabeth ou les Exilés de Sibérie* (1806), manifeste une sensibilité préromantique intéressante.

**COTTON (Aimé)** ♦ Physicien français (Bourg-en-Bresse 1869 - Sèvres 1951). Il découvrit plusieurs phénomènes optiques : la dispersion rotatoire anormale de la lumière, le dichroïsme circulaire et, avec H. Mouton, la biréfringence des liquides dans les champs magnétiques. Il étudia l'effet Zeeman*, mit au point l'ultramicroscope et un appareil permettant de mesurer les champs magnétiques intenses *(balance de Cotton)*. [Acad. sc. 1923]

**COTY (René)** ♦ Homme d'État français (Le Havre 1882 - *id.* 1962). Avocat, député (républicain de gauche, 1923 - 1935), sous-secrétaire d'État à l'Intérieur (1930), puis sénateur (1935 - 1940), il présida le groupe des Indépendants à l'Assemblée nationale (1946), fut nommé ministre de la Reconstruction et de l'Urbanisme (1947 - 1948) et élu membre du Conseil de la République (1948 - 1954). Président de la IVe République (après Vincent Auriol, 1954), il se prononça pour le retour du général de Gaulle* après la crise du 13 mai 1958 à Alger (message du 29 mai 1958) et lui abandonna ses fonctions présidentielles lorsque furent mises en place les institutions de la Ve République. ➝ ÉTYM. *Coty* est une variante de l'ancien normand *costi*, de *costil* «coteau».

**COUBERTIN (Pierre DE)** ♦ Pédagogue français, initiateur des jeux Olympiques* modernes (Paris 1863 - Genève 1937). Il se destinait à la carrière militaire, mais, convaincu de la nécessité d'accorder une grande place à l'éducation physique dans la formation de l'individu, il s'orienta vers la propagation du sport parmi la jeunesse, par des articles de revue et par la fondation de nombreuses sociétés sportives. En 1894, lors d'une conférence réunissant les représentants de quatorze nations, il proposa de ressusciter les jeux Olympiques. Deux ans plus tard, il créait le Comité olympique international dont il devait assumer la présidence jusqu'en 1925. Ce comité organisait en 1896 les premières olympiades qui se déroulèrent symboliquement à Athènes. ➝ ÉTYM. Ce nom de famille vient d'un nom de lieu «domaine (bas latin *curtis*) de Berhtin (nom de personne germanique)».

**COUBLEVIE** [38500] ➝ ÉTYM. anc. *Scoblaviu*, du lat. *Scopilius*, n. de pers., et *vicus* «village» ♦ Comm. de l'Isère, banl. S.-E. de Voiron. 3 743 hab.

**COUBRE** (pointe de la) ♦ Cap du littoral saintongeais (Charente-Maritime), à l'extrémité N. de l'estuaire de la Gironde. La *forêt de la Coubre* (8 000 ha), peuplée de pins maritimes, fixe les dunes de la côte d'Arvert.

**COUBRON** [93470] ➝ ÉTYM. anc. *Curtis Breonis* «domaine (bas lat. *curtis*) de Brido (n. de pers. germ.)» ♦ Comm. de la Seine-Saint-Denis, arr. du Raincy. 4 612 hab.

**COUCHES** [71490] ♦ Ch.-l. de cant. de Saône-et-Loire, arr. d'Autun, au N. de la dépression du Creusot. 1 409 hab. *(Couchois)*. Église Saint-Martin (XVe s). Maison dite des Templiers (1610). Château de Marguerite de Bourgogne (XVe s.). ▪ Vignobles.

**COUCY (Gui DE)** ♦ Trouvère français (fin XIIe s.) auteur de chansons, et héros d'une légende qui inspira *Le Châtelain de Coucy*, roman en vers (v. 1285) du trouvère Jakemes Bretieux. Son cœur aurait été rapporté à sa Dame, contrainte par un mari jaloux à le dévorer.

**COUCY** ou **COUCI** ♦ Famille noble de Picardie qui tire son nom de Coucy-le-Château (Aisne). Sa devise était : «Roy ne suis, ne prince, ne duc, ne comte aussy : je suis le sire de Coucy.» ♦ **Enguerrand III de Coucy,** dit **le Grand.** Il participa à la révolte féodale lors de la minorité de Louis IX. Il fit construire le château (1225 - 1230). ♦ **Enguerrand VII de Coucy** (v. 1340 - 1397). Gendre d'Édouard III d'Angleterre, il participa à la bataille de Nicopolis contre les Turcs (1396). Sa fille Marie vendit *Coucy* au duc d'Orléans (1400).

**COUCY-LE-CHÂTEAU-AUFFRIQUE** [02380] ➝ ÉTYM. *Coucy*, de *Cotisius*, n. de pers. gallo-rom., et suff. *-acum* et *Auffrique*, p.-ê. du germ. *Alfricus*, n. de pers. ♦ Ch.-l. de cant. de l'Aisne, arr. de Laon. 995 hab. *(Coucysiens)*. ▮ **Histoire** Ville entourée d'une enceinte de murailles flanquée de tours et rattachée aux ruines d'un célèbre château féodal (IXe - XIIIe s.) dont le magnifique donjon cylindrique (haut. 65 m ; diam. 31 m) fut détruit par les Allemands en 1917.

**COUDEKERQUE-BRANCHE** [59210] ➝ ÉTYM. anc. en flam. *Couderka* «l'église *(kerk)* froide *(koud)*» ♦ Ch.-l. de cant. du Nord, banl. S. de Dunkerque. 24 152 hab. *(Coudekerquois)*.

**COUÉ (Émile)** ♦ Pharmacien et psychothérapeute français (Troyes 1857 - Nancy 1926). Il étudia les phénomènes de l'hypnotisme et de la suggestion et ouvrit à Nancy une clinique libre où il tenta d'appliquer une technique de psychothérapie consistant à atteindre à un équilibre organique et psychique par l'autosuggestion. La *méthode Coué* devint bientôt célèbre, le plus souvent sur le mode ironique. ➝ ÉTYM. Ce nom vient de l'ancien français *coé* «qui a une queue» (sobriquet).

**COUËRON** [44220] ♦ Comm. de la Loire-Atlantique, arr. de Nantes, sur l'estuaire de la Loire. 17 808 hab. *(Couëronnais)*.

**COUESNON** [kwɛnɔ̃] n. m. – anc. *Coysnon, Coisnon* ♦ Fl. côtier de Normandie et de Bretagne (90 km). Né dans la Mayenne, il se jette dans la baie du Mont-Saint-Michel. Barrage à l'embouchure réalisé pour permettre d'évacuer les sédiments accumulés autour du Mont et de préserver son insularité.

**COUÏAVIE** → **Cujavie**

**COUIZA** [11190] ➝ ÉTYM. du lat. *Cupitius* (ou *Cupitus*), n. de pers., et suff. *-anum* ♦ Ch.-l. de cant. de l'Aude, arr. de Limoux, sur la rive d. de l'Aude. 1 194 hab. Château des ducs de Joyeuse (XVIe s., remanié à la Renaissance). Pont du XVIe s. ▪ Musée du chapeau. Chaussures.

**COULAINES** [72190] ➝ ÉTYM. anc. *Coloniae*, du lat. médiév. *colonica* désignant une terre féodale où le *colon* est libre et qu'il transmet à ses enfants ♦ Comm. de la Sarthe, banl. N. du Mans. 7 544 hab.

**COULAIS (Bruno)** ♦ Compositeur français (Paris 1954). Attiré très tôt par le cinéma et la télévision, il s'est consacré à la musique de film, offrant à l'image la suggestion narrative et sensible qui a contribué au succès de *Microcosmos, le peuple de l'herbe* (Claude Nuridsany, 1995), *Himalaya, l'enfance d'un chef* (Éric Valli, 1999), *Les Rivières pourpres* (Matthieu Kassowitz, 2000), des deux longs métrages de Jacques Perrin et Jacques Cluzaud, *Le Peuple migra-*

*teur* (2001) et *Océans* (2010), ou encore *Les Choristes* (Christophe Barratier, 2003) dont la partition pour une chorale d'enfants lui a valu une consécration populaire.

**COULANGES (Philippe Emmanuel,** marquis **DE)** ◆ ÉTYM. n. de lieu (→ Coulaines) ♦ Gentilhomme français (Paris 1633 - *id.* 1716). Cousin de Mme de Sévigné* dont il reçut de nombreuses lettres. Il a laissé des chansons qui eurent un grand succès, et des *Mémoires*.

**COULANGES-LÈS-NEVERS** [58640] ◆ ÉTYM. → Coulaines ♦ Comm. de la Nièvre, banl. N.-E. de Nevers, sur la Nièvre. 3 502 hab.

**COULOGNE** [62100] ◆ ÉTYM. → Coulaines ♦ Comm. du Pas-de-Calais, arr. de Calais. 5 789 hab. *(Coulonnois)*.

**COULOMB (Charles Augustin DE)** ♦ Physicien français (Angoulême 1736 - Paris 1806). Après avoir établi les bases de la théorie de la résistance des matériaux (1773), énoncé les principes des machines simples et les lois du frottement (1779), découvert les lois de la torsion dont il proposa une théorie (1784) et construit ainsi une balance de torsion électrique de grande sensibilité (1785), il définit les bases expérimentales et théoriques du magnétisme et de l'électrostatique : en 1785, il vérifia rigoureusement la loi qui porte son nom, formellement identique à la loi de la gravitation universelle et donnant l'intensité des forces d'attraction et de répulsion électriques en fonction de la distance. Il étudia la déperdition de l'électricité (1785), puis la distribution de l'électricité sur les conducteurs, montrant notamment que les charges électriques se répartissent uniquement à la surface (1786 - 1788) ; pour ces derniers travaux, il inventa son plan d'épreuve dont il fit la théorie. En magnétisme, il définit, sans le nommer, le concept d'aimantation (1789 - 1801). Son nom fut donné à l'unité de charge électrique. [Acad. sc. 1781] ◆ ÉTYM. Ce nom de famille vient de l'ancien français *colomb* «pigeon» (surnom d'un éleveur de pigeons).

**COULOMMIERS** [77120] ◆ ÉTYM. anc. *Colombarium,* lat. «pigeonnier» ♦ Ch.-l. de cant. de la Seine-et-Marne, arr. de Meaux, sur le Grand Morin. 13 852 hab. (aggl. 23 922) *(Coulumériens)*. Vestiges du château du XVIIe s. Chapelle des Capucins du XVIIe s. (musée municipal). Musée du Papier. ▪ Ville commerçante, autref. marché des fromages de Brie (dont le *coulommiers*). **Histoire** La ville (*Colombariae* romaine) se forma autour d'un château fort. Elle appartint aux comtes de Champagne puis, aux XVIe et XVIIe s., à la famille de Longueville.

**COULOUNIEIX-CHAMIERS** [kulunjɛʃamje] [24660] ♦ Comm. de la Dordogne, banl. S.-O. de Périgueux. 8 102 hab. *(Chamiérois)*.

**COUNAXA** ou **CUNAXA** ♦ V. de la Mésopotamie où se livra la bataille entre les armées d'Artaxerxès* II et de son frère Cyrus* le Jeune (-401). Celui-ci tué, ses mercenaires grecs (13 600) entreprirent la fameuse retraite des Dix* Mille dirigée au début par Cléarque*, puis par Xénophon*, qui en a écrit le récit.

**COUP DE DÉS JAMAIS N'ABOLIRA LE HASARD (Un)** ♦ Poème de Mallarmé* (1897). La longue et unique phrase qui compose ce poème est décomposée en 4 groupes typographiques différents répartis sur 21 pages, de manière à inclure le blanc dans la composition même du texte. Aucune fiction ne peut être retenue et l'œuvre, qui tient à la fois du vers libre et du poème en prose, semble tirer sa signification aussi bien de la forme que de la substance de l'expression. Mallarmé écrivit une préface à ce poème où il disait : «Tout se passe, par raccourci, en hypothèse ; on évite le récit.» *Le Coup de dés* est, avec *Igitur ou la Folie d'Elbehnon* (posth., 1925), une des principales créations de la poésie moderne.

**COUPERIN (François)** dit **Couperin le Grand** ♦ Compositeur français (Paris 1668 - *id.* 1733). Neveu de LOUIS (1626 - 1661), de FRANÇOIS (1630 - 1701) et fils de CHARLES COUPERIN (1638 - 1679) qui furent tous trois compositeurs, clavecinistes et organistes de Saint-Gervais à Paris, il succéda à son père à la tribune de cette église (1685) puis devint organiste de la Chapelle royale (1693). Nommé maître de clavecin du duc de Bourgogne, du comte de Toulouse et de la princesse de Conti (1694), il obtint la charge de claveciniste du roi (1717). Sa célébrité s'étendit alors à toute l'Europe, mais sa santé fragile et des chagrins domestiques l'obligèrent à céder ses charges les unes après les autres. Il mourut dans l'indifférence publique et son œuvre tomba dans l'oubli pendant plus d'un siècle. ▪ Ami de Delalande*, admirateur de Lully*, Couperin s'affirma d'abord dans la tradition française, mais il fut bientôt influencé par l'Italie (Corelli). Dans sa période de maturité, il revint à une fusion des styles italien et français (*Les Goûts réunis,* 1724 ; *L'Apothéose de Corelli,* 1724, et *L'Apothéose de Lully,* 1725). Si l'unité du style fait défaut à son œuvre, une phrase, extraite d'une de ses préfaces, en exprime la pensée profonde : «J'avouerai de bonne foi que j'aime beaucoup mieux ce qui me touche que ce qui me surprend.» Par là, il affirme la parenté de son art, tout de mesure et de lyrisme contenu, avec celui de Racine et de La Fontaine. Cette réserve, qui n'exclut jamais la plus intense émotion ni un goût permanent pour les jeux du dépaysement et du mystère, s'est exprimée avec bonheur dans trois domaines, celui de la musique de chambre *(Sonates en trio, en quatuor, Suites pour violes)*, de la musique religieuse (*Trois leçons de ténèbres,* v. 1714, proches des psalmodies liturgiques) et surtout de la musique de clavecin. Dans ce dernier genre, un ensemble monumental de 240 pièces (publiées en quatre livres, 1713, 1717, 1722 et 1730) forme l'œuvre

François **Couperin,** portrait présumé.
École française du XVIIe s.
Musée national du château, Versailles.
*Phot. © Arnaudet-H. Lewandowski/RMN*

maîtresse de Couperin. → **Concerts royaux.** ▪ Désignées par leur auteur sous le nom d'*ordres,* ces suites de pièces, dont les thèmes présentent une extraordinaire diversité d'inspiration, évocations pastorales et animalières, portraits musicaux satiriques, galants et burlesques, s'offrent comme un microcosme aux couleurs chatoyantes et précieuses où une délicate ironie se conjugue avec l'effusion poétique. Elles forment un sommet de la musique tonale pour clavier, par l'originalité rythmique et harmonique comme par le sens mélodique et l'usage souple des ornements.

**COUPERUS (Louis)** ♦ Écrivain néerlandais (La Haye 1863 - De Steeg, prov. de Gueldre 1923). Issu d'une famille de hauts fonctionnaires coloniaux, il vécut une partie de sa jeunesse dans les Indes néerlandaises. Outre des nouvelles d'inspiration symboliste (*Le Cheval ailé,* 1898), des romans historiques (*La Montagne de lumière,* 1906 ; *Iskander,* 1920) et des récits de voyage, son œuvre narrative se compose de romans influencés par le naturalisme, qui mettent en scène la haute bourgeoisie de La Haye et d'Indonésie (*Les Livres des petites âmes,* 1901 - 1903 ; *De vieilles gens, les choses qui passent,* 1906).

**COURANTYNE** ou **CORENTYNE** n. m. ♦ Fl. d'Amérique du Sud (500 km). Il prend sa source dans le massif des Guyanes (serra Tumucumaque), forme la frontière entre Suriname et Guyana et se jette dans l'Atlantique par une baie.

**COURBET (Gustave)** ♦ Peintre, lithographe et dessinateur français (Ornans 1819 - La Tour-de-Peilz, Suisse 1877). Fils de cultivateurs aisés, il suivit à Paris les cours de dessin de Ch. A. Flajoulot, disciple de David, et commença en 1840 des études de droit tout en étudiant la peinture à l'Académie suisse. **Un anticonformiste** Profondément anticonformiste, il préférait copier seul les maîtres du Louvre et peindre des paysages dans la forêt de Fontainebleau. Il admira surtout Géricault* et Delacroix*, et ses premières œuvres s'inscrivent dans la thématique romantique : *Odalisque,* 1840 ; *La Nuit de Walpurgis* ; il donna aussi à ses autoportraits un caractère passionné et rêveur en accord avec le type du héros byronien : *Courbet au chien noir* (1842) ; *Les Amants dans la campagne* (1844) ; *L'Homme blessé* (1844). Cependant, quelques portraits et surtout ses paysages révèlent déjà une approche plus simple, plus directe de la nature. **Le «chef de file de l'école du laid»** Il voyagea en Hollande et en Angleterre et, sous l'influence des théories socialistes, s'orienta vers une conception de l'art plus démocratique et populaire. Après la révolution de 1848, il fréquenta Proudhon, Champfleury et Baudelaire et se fit l'ardent défenseur du «réalisme», cherchant à s'inspirer des événements contemporains et à rendre compte de la réalité sociale. Il peignit alors *L'Après-dîner à Ornans* (1849) ; *Les Casseurs de pierres* (1849) ; puis *Un enterrement* à Ornans* (1850). Ces œuvres déchaînèrent de violentes polémiques : elles évoquaient la réalité quotidienne sans pittoresque et sans pathos et faisaient ainsi éclater la notion de peinture de genre ; on traita Courbet de «chef de file de l'école du laid». Refusé à l'Exposition universelle de 1855 où il proposait notamment *L'Atelier* du peintre* («allégorie réelle»), il présenta ses œuvres à l'écart, dans un pavillon personnel, et affirma dans la préface du catalogue (texte qui fit figure de manifeste du réalisme*) sa volonté de «faire de l'art vivant». Aussi mal reçu avec *Les Demoiselles du village* (1851), *Les Cribleuses de blé* (1854), *La Rencontre* «*(Bonjour, M. Courbet)*» ou *Les Baigneuses* (1853) jugées indécentes parce qu'il tentait de libérer le nu des conventions idéalistes, il

Gustave **Courbet.** *Les Demoiselles des bords de la Seine* (1,74×2,06 m). Musée du Petit Palais, Paris. *Phot. ©Nimatallah/Ricciarini*

devint cependant célèbre dans toute l'Europe et obtint un vif succès au Salon de 1866 avec la *Remise des chevreuils.* **La Commune et l'exil en Suisse** En 1869 - 1870, il alla travailler en Normandie en compagnie de Whistler* (*La Vague,* 1869 ; *Falaise d'Étretat,* 1870), puis participa activement à la Commune. Il fut nommé président de la commission des Beaux-Arts. Accusé d'avoir ordonné le renversement de la colonne Vendôme, il fut condamné à payer pour sa restauration (1874). Ruiné, il s'exila en Suisse, peignit des natures mortes, des fleurs, une série d'autoportraits et surtout de nombreux paysages où sa maîtrise technique semble parfois l'abandonner. **L'art de Courbet** Il aimait les compositions frontales, leur donnait un caractère monumental, employait une pâte épaisse, des tonalités souvent sombres où dominent les verts et les bruns et, malgré certaines œuvres aux partis pris plastiques audacieux (*Portrait de Baudelaire,* 1848), restait attaché à des conceptions techniques encore dépendantes de la tradition des maîtres hollandais et espagnols du XVII^e^ s. Il subit aussi l'influence de la photographie dans son souci de la description précise, mais sut conférer à ses œuvres une grande force expressive et orienter la peinture dans de nouvelles directions en l'opposant violemment aux conventions académiques. ➜ **ÉTYM.** Il s'agit probablement du surnom d'un homme courbé.

**COURBET (Amédée Anatole)** ♦ Amiral français (Abbeville 1827 - Les Pescadores 1885). Sorti de Polytechnique, il fut nommé gouverneur de la Nouvelle-Calédonie (1880 - 1882), puis commandant de la division navale au Tonkin (1883). Il contribua à l'établissement du protectorat français sur l'Annam (traité de Huê, 1883) et à la conquête du Tonkin*. Il mourut deux jours après la signature de la paix du 9 juin 1885 à bord du *Bayard.*

**COURBEVOIE** [92400] ➜ **ÉTYM.** «voie courbe» (la voie de l'époque gallo-romaine qui reliait Paris à Rouen y faisait un coude) ♦ Ch.-l. de cant. des Hauts-de-Seine, arr. de Nanterre, sur la Seine, en face de Neuilly. 69 694 hab. *(Courbevoisiens).* Musée Roybert-Fould (œuvres de J.-B. Carpeaux ; histoire locale ; coll. de poupées du XVII^e^ s. à nos jours). ▪ Centre d'affaires (bureaux, sièges d'entreprises) et centre résidentiel dans le quartier de la Défense*.

**COURCELLES** ♦ Comm. de Belgique (Région wallonne), prov. de Hainaut, arr. de Charleroi, sur le canal Charleroi-Bruxelles. 29 724 hab. Indus. diversifiées.

**COURCELLES-LÈS-LENS** [62970] ➜ **ÉTYM.** anc. *Corceles,* du bas lat. *corticella,* dimin. de *curtis* «domaine» ♦ Comm. du Pas-de-Calais, arr. de Lens. 6 119 hab.

**COURCHELETTES** [59552] ♦ Comm. du Nord, banl. S. de Douai. 2 851 hab.

**COURCHEVEL** ♦ Centre de sports d'hiver de la Savoie (comm. de Saint-Bon-Tarentaise), dans la région des Trois-Vallées. Ses différentes stations (Le Praz, Courchevel 1550, Moriond ou Courchevel 1650, Courchevel 1850) s'étagent entre 1 300 et 1 850 m d'alt.

**COUR-CHEVERNY** [41700] ➜ **ÉTYM.** du bas lat. *curtis* «domaine» ♦ Comm. du Loir-et-Cher, arr. de Blois, au N. du château de Cheverny*. 2 555 hab. Viticulture (cheverny).

**COURÇON (Robert DE)** ♦ Homme d'Église d'origine anglaise (Kedleston, Derby v. 1160 - Damiette 1219). Professeur à Paris, il fut chanoine, cardinal (1212), chancelier de l'université de Paris (1215). Chargé par Innocent III d'organiser la lutte contre les albigeois*, il encouragea l'action de Simon* de Montfort.

**COURCOURONNES** [91080] ♦ Comm. de l'Essonne, arr. d'Évry. 13 954 hab. Élément de la ville nouvelle d'Évry*.

**Cour de cassation** ♦ Juridiction suprême française, siégeant à Paris, dont le rôle essentiel est de statuer sur les pourvois formés par des parties contre les décisions en dernier ressort émanant des juridictions de l'ordre judiciaire. Lorsque la Cour casse un jugement, l'affaire est renvoyée devant un tribunal de même ordre et de même rang qui l'étudie et la juge de nouveau.

**Cour de justice de la République** – anc. ***Haute Cour de justice*** ♦ Organe de justice politique institué sous les III^e^, IV^e^ et V^e^ Républiques pour juger les crimes, les délits ainsi que les cas de haute trahison des hauts dignitaires de l'État. Une Haute Cour de justice fut créée en 1944 pour juger les dirigeants du régime de Vichy*. Réformée en 1993, la Haute Cour de justice, devenue la Cour de justice de la République, est composée de 15 juges (6 députés, 6 sénateurs, 3 magistrats dont le président de la Cour* de cassation) et est présidée par l'un des magistrats. Appelée à juger le président de la République et les ministres, elle peut être saisie par n'importe quel citoyen (et non plus à la suite d'un vote de mise en accusation du Parlement, comme c'était le cas avant 1993).

**Cour des comptes** ♦ Juridiction financière française créée en sept. 1807 ; elle succédait aux treize chambres des comptes de l'Ancien Régime. Son rôle initial, le contrôle des comptes des comptables publics, a été sensiblement élargi.

**COUR DES MIRACLES** ♦ Nom donné autrefois au quartier de Paris délimité actuellement dans le 2^e^ arr. par les rues Saint-Sauveur, des Petits-Carreaux, du Caire et Saint-Denis, où vivaient les voleurs et les mendiants jusqu'en 1656. Ce nom était une allusion à la disparition «miraculeuse» des infirmités de certains mendiants. ▪ Victor Hugo y place une scène célèbre de *Notre-Dame de Paris.*

**COURIER (Paul-Louis)** ♦ Pamphlétaire et épistolier français (Paris 1772 - Véretz 1825). Imprégné de culture humaniste et traducteur des auteurs grecs (Hérodote, Longus, Lucius de Patras et Xénophon) dont il voulut imiter l'élégante clarté, il démissionna de sa charge d'officier et se retira dans son domaine de Véretz (Touraine) d'où il lança ses *Pamphlets* contre l'ordre, politique et religieux, établi par la Restauration. On peut retenir notamment *Pétition aux deux Chambres* (1816), *Lettres au rédacteur du «Censeur»* (1820) et *Simple discours de Paul-Louis [...]* (1821). Partant d'épisodes concrets, il manifesta son ironie spirituelle dans de «merveilleuses petites pièces de guerre» (Sainte-Beuve) qui défendaient une bourgeoisie libérale et anticléricale. Il fit l'apologie du genre qu'il a illustré, dans *Le Pamphlet des pamphlets* (1824). Le procès qui suivit son assassinat laissa les accusés impunis et le crime sans solution.

**Cour internationale de justice** ♦ Tribunal créé en 1945, siégeant à La Haye et composé de 15 membres élus pour neuf ans. Cette Cour juge des différends entre États et donne des avis consultatifs en matière juridique.

**COURLANDE** n. f. ➜ **ÉTYM.** trad. all. du letton *Kurzem* «pays *(zeme)* des *Kurs* (peuple finno-ougrien)» ♦ Région de Lettonie (anc. de Livonie), entre la mer Baltique et la Daugava (Dvina Occidentale.). **Histoire** Conquise par l'ordre des Porte-Glaive (qui fonda son anc. cap. Mitau au XIII^e^ s.), puis par les Danois (1347), elle devint un duché vassal de Pologne (1562). En 1795 elle fut annexée par la Russie, et la ville de Mitau (en russe Mitava, auj. en letton Jelgava*) devint alors la capitale de la Courlande russe. Occupée par les Allemands pendant la Première Guerre mondiale, elle fut annexée à la Lettonie indépendante.

**COURMAYEUR** [kurmajœr] ➜ **ÉTYM.** forme savoyarde de l'it. *Cortemaggiore** ♦ V. d'Italie, dans la Vallée d'Aoste, sur la Doire Baltée. Alt. 1 228 - 3 369 m, au pied du mont Blanc. 2 790 hab. Grand centre de tourisme sportif ; sports d'hiver, alpinisme (point de départ de nombreuses ascensions du mont Blanc). À La Palud, un téléphérique relie le versant italien à l'aiguille du Midi (versant français, 3 842 m d'alt.).

**COURNAND (André Frédéric)** ♦ Médecin américain d'origine française (Paris 1895 - Great Barrington, Massachusetts 1988). Avec D. W. Richards, il mit au point le cathétérisme cardiaque et étudia ses applications. Ses travaux concernent également les modifications pathologiques dans le système circulatoire. [Acad. sc. 1957 ; Prix Nobel de physiol. ou méd. 1956, avec W. T. Forssmann* et D. W. Richards]

**COURNEUVE (LA)** [93120] ➜ **ÉTYM.** formation moderne, de *cour* et *neuve* ♦ Ch.-l. de cant. de la Seine-Saint-Denis, arr. de Saint-Denis, dans la banlieue N. de Paris. 35 310 hab. *(Courneuviens).* Parc de sports et parc départemental. ▪ Indus. diversifiées.

**COURNON-D'AUVERGNE** [63800] ♦ Ch.-l. de cant. du Puy-de-Dôme, arr. de Clermont-Ferrand. 18 866 hab.

**COURNONTERRAL** [34660] ➜ **ÉTYM.** anc. *de Cornone Terrallio,* p.-ê. du précelt. *cor-n-* «escarpement» et suff. *-onem* ou de *Cornon,* n. de château, et *terral* «vent soufflant de la terre» ♦ Comm. de l'Hérault, arr. de Montpellier. 5 069 hab. (aggl. 7 033 hab.).

**COURNOT (Antoine Augustin)** ♦ Mathématicien, économiste et philosophe français (Gray 1801 - Paris 1877). Peu connu de son vivant, il a écrit des ouvrages d'économie (*Recherches sur les principes mathématiques de la théorie des richesses,* 1838) qui font de lui un précurseur de l'école mathématique. → **Walras (L.).** Spécialiste du calcul des probabilités (*Exposition de la théorie des chances et des probabilités,* 1843), il a formulé une conception probabiliste

Le **Couronnement de la Vierge.** Retable d'Enguerrand Quarton (1,83×2,20 m). Musée municipal, Villeneuve-lès-Avignon. *Phot. © Dagli Orti*

et relativiste de la connaissance ; sans nier la notion d'ordre dans la nature et l'histoire, celle-ci fait une place importante au hasard, défini comme l'intersection de séries causales indépendantes, et propose une classification des sciences qui insiste sur leur irréductibilité (*Traité de l'enchaînement des idées fondamentales dans les sciences et dans l'histoire*, 1861 ; *Matérialisme, Vitalisme, Rationalisme*, 1875).

**COURONNE** n. f. ♦ Nom de deux constellations : Couronne australe (en lat. *Corona Australis*) et Couronne boréale (en lat. *Corona Borealis*).

**COURONNE (LA)** [16400] ♦ Ch.-l. de cant. de la Charente, banlieue S.-O. d'Angoulême. 6 861 hab. Ruines d'une abbaye d'augustins : abbatiale romano-gothique (1174 - 1201). Château de l'Oisellerie (XVI^e^ s.).

**Couronne (Discours sur la)** ♦ Plaidoyer politique que Démosthène* prononça au tribunal des Héliastes comme *synégore* (avocat qui «plaide pour») de son ami Ctésiphon. En –337 celui-ci avait proposé à l'Assemblée de décerner une couronne d'or à Démosthène pour avoir contribué aux frais de réparation des murs de la ville. Au procès, sept ans plus tard, Démosthène défendit sa politique contre son adversaire Eschine et, dans ce discours qui reste son chef-d'œuvre, fit l'éloge du sentiment de l'honneur et des nobles principes de la démocratie athénienne.

Le **Couronnement de la Vierge** ♦ Retable d'Enguerrand Quarton* (1453 - 1454). Œuvre-clé de l'esprit du XV^e^ s., il présente une vision globale de l'univers et une synthèse de toute la philosophie de la fin du Moyen Âge. La composition complexe mais très ordonnée évoque le paradis céleste, le purgatoire, l'enfer, la terre et les deux cités saintes, Rome et Jérusalem. La Vierge est couronnée par la Trinité sous la forme de la colombe et des deux personnes du Père et du Fils absolument identiques. On reconnaît dans le modelé abrupt des formes, dans la lumière et le paysage, l'inspiration provençale du peintre.

Le **Couronnement de Poppée** – en it. *L'incoronazione di Poppea* ♦ Opéra en un prologue et 3 actes de Claudio Monteverdi* (Venise, 1642) sur un livret de Giovanni Francesco Busenello d'après Tacite. L'œuvre, connue à travers deux manuscrits anonymes ne comprenant que les parties chantées et la basse, demande une «réalisation instrumentale» et son authenticité absolue pose problème. Avec la diversité de ses personnages et de ses situations, elle n'en est pas moins une des plus accomplies de tout le répertoire lyrique.

**Cour pénale internationale (CPI)** ♦ Cour indépendante et permanente, basée à La Haye, aux Pays-Bas, appelée à juger les personnes accusées des crimes les plus graves qui touchent la communauté internationale : les crimes de génocide, les crimes contre l'humanité et les crimes de guerre. Elle a été créée par le statut de Rome adopté le 17 juillet 1998 par la Conférence diplomatique de plénipotentiaires des Nations unies pour les États qui acceptent officiellement d'être tenus par ses dispositions ; elle est entrée en vigueur le 1^er^ juillet 2002. La CPI, complémentaire des juridictions pénales nationales, n'agit que lorsque les pays concernés en sont incapables ou ne veulent ni enquêter ni entamer des poursuites judiciaires. Les poursuites peuvent être lancées à la demande d'un État partie, du procureur de la Cour ou du Conseil de sécurité des Nations unies. La compétence de la CPI se limite aux faits survenus depuis le 1^er^ juillet 2002 sur le territoire des États qui l'acceptent.

**COURPIÈRE** [63120] ➝ ÉTYM. «les fermes bâties en pierre», francisation de l'occit. *corts* «fermes» et *pèira* «pierre» ♦ Ch.-l. de cant. du Puy-de-Dôme, arr. de Thiers, sur la Dore. 4 612 hab. *(Courpiérois)*. Église de style roman auvergnat (*Vierge en majesté*, romane). Maisons anc.

**COURRIÈRES** [62710] ➝ ÉTYM. de l'anc. picard *coure* «coudrier» et suff. *-arium* ♦ Ch.-l. de cant. du Pas-de-Calais, arr. de Lens, sur la Deûle. 10 588 hab. *(Courriérois)*. Tombeau de Jean de Montmorency. ▪ Anc. houillère. ▌**Histoire** En 1906, une explosion de grisou provoqua la mort de 1 200 mineurs.

**COURSAN** [11110] ♦ Ch.-l. de cant. de l'Aude, arr. de Narbonne, sur la rive d. de l'Aude. 5 241 hab. *(Coursannais)*. Viticulture (corbières).

**COURSEULLES-SUR-MER** [14470] ➝ ÉTYM. → Courcelles-lès-Lens ♦ Comm. du Calvados, arr. de Caen, sur la Manche. 3 886 hab. *(Courseullais)*. Station balnéaire. Port de plaisance. Ostréiculture. ▌**Histoire** Premier port français libéré par les Alliés le 6 juin 1944.

**COURS-LA-REINE (LE)** ♦ Promenade de Paris, longeant la Seine de la place de la Concorde à la place du Canada, sur le côté S. du Grand et du Petit Palais. Créée en 1616 par Marie de Médicis, cette allée bordée d'arbres fut au XVII^e^ et au XVIII^e^ s. la promenade favorite de la cour et de la noblesse. Réduite par l'agrandissement des voies automobiles, elle a perdu de son prestige.

**COURS-LA-VILLE** [69470] ♦ Comm. du Rhône, arr. de Villefranche-sur-Saône. 4 241 hab. *(Coursiauds)*.

**COURTELINE (Georges MOINAUX, dit Georges)** ➝ ÉTYM. p.-ê. «courtes lignes», par volonté d'écrire au plus serré [l'auteur ne s'est jamais exprimé sur les raisons de son choix] ♦ Écrivain et auteur dramatique français (Tours 1858 - Paris 1929). Après avoir fondé une revue éphémère (*Paris-moderne*, 1881), il acquit la notoriété avec de courts récits où le dialogue tenait une grande place et qu'il adapta rapidement à la scène. Stigmatisant avec drôlerie la bêtise, sous toutes ses formes, il évoqua la vie militaire dans *Les Gaietés de l'escadron* (1886), *Le Train de 8 heures 47* (1888) et *Lidoire, tableau militaire* (1891), où sont immortalisés les personnages du capitaine Hurluret et de l'adjudant Flick. Soulignant l'«imbécillité des choses et (la) mauvaise grâce des hommes», il peignit avec une verve comique, et parfois amère, le médiocre despotisme des petits fonctionnaires, serviteurs et esclaves d'un règlement absurde, notamment dans *Messieurs les ronds-de-cuir* (roman, 1893), nourri de quatorze ans de souvenirs personnels. Créateur de types d'une bouffonnerie irrésistible, Courteline fit souvent s'affronter le citoyen-victime à la tyrannie des lois et des magistrats qui les servent : *Un client sérieux* (1896), *Le commissaire est bon enfant* et *Le gendarme est sans pitié* (1899), *L'Article 330* (1900), *Les Balances* (1901) montrent combien «il est difficile d'innocenter un homme qui n'a rien fait» ! Enfin, reprenant la satire traditionnelle de la femme volage qui bafoue impudemment un mari pleutre et bon, l'écrivain témoigna de sa verve dans *Boubouroche* (1892 ; nouvelle adaptée au théâtre en 1903 et montée par Antoine*), *La Paix chez soi* (1903) et *La Peur des coups* (1894) qui connurent un grand succès.

**COURTENAY** (maison de) ♦ Famille qui tire son nom du château de Courtenay (Loiret). ♦ **Pierre de Courtenay** (v. 1167 - 1219). Il fut nominalement empereur latin d'Orient (1216). Ses deux fils Robert* et Baudouin* II furent également empereurs latins d'Orient.

**COURTENAY** [45320] → ÉTYM. anc. *Cortennacum*, du lat. *Curtenus* (de *Curtus* «le petit» [sobriquet]) et suff. *-acum* ♦ Ch.-l. de cant. du Loiret, arr. de Montargis. 3 437 hab. *(Curtiniens).*

**COURTHÉZON** [84350] ♦ Comm. du Vaucluse, arr. d'Avignon. 5 364 hab.

**COURTINE (LA)** – anc. ***La Courtine-le-Trucq*** [23100] ♦ Ch.-l. de cant. de la Creuse, arr. d'Aubusson. 1 057 hab. *(Courtinois).* Camp d'instruction militaire.

**COURTOIS (Jacques)** dit **le Bourguignon** ♦ Peintre et dessinateur français (Saint-Hippolyte, Doubs 1621 - Rome 1676). Sa carrière se déroula en Italie, où il devint l'ami de Guido Reni* (le Guide) et de l'Albane*. Il exécuta surtout des peintures de batailles en s'inspirant du style de Salvatore Rosa* avec lequel il voulut rivaliser *(Combat de cavalerie sur un pont).* → ÉTYM. *Courtois* est le surnom d'une personne courtoise.

**COURTOIS (Bernard)** ♦ Chimiste et pharmacien français (Dijon 1777 - Paris 1838). Il est surtout connu pour avoir, le premier, isolé l'iode à partir de cendres de plantes marines (1811). On lui doit également la découverte, avec A. Seguin*, de la morphine dans l'opium.

**COURTRAI** → ÉTYM. en néerl. ***Kortrijk***, anc. *Curtracum*, probablt du n. d'une pers. gal o-rom. ♦ V. de Belgique (Région flamande), prov. de Flandre-Occidentale, ch.-l. d'arr., sur la Lys, près du confluent avec la Heule. 73 777 hab. Beffroi du XIV^e^ s. (jaquemarts). Cheminées sculptées (1527) à l'hôtel de ville. Église Notre-Dame (tours du XIII^e^ s., chapelle du XIV^e^ s. ; tableaux d'A. Beauneveu, Van Dyck). Église Saint-Martin (orfèvreries du XVIII^e^ s.). Béguinage Sainte-Élisabeth. Église du XVI^e^ s. à Heule. ▪ Important marché linier (les eaux de la Lys favorisaient le rouissage). Toiles de Courtrai. Cotonnades. Fabriques de meubles. Tourisme. ▮ **Histoire** D'origine romaine, Courtrai acquit sa liberté en 1190 et fut une des villes du Moyen Âge les plus florissantes. De grandes manifestations religieuses commémorent encore la bataille des Éperons d'or (1302), où la chevalerie française fut battue par les gens de métier flamands. Les jaquemarts du beffroi furent pris par Philippe le Hardi à la fin du XIV^e^ s. Dijon les restitua symboliquement à Courtrai en 1961.

**COURTRY** [77181] ♦ Comm. de la Seine-et-Marne, arr. de Torcy. 6 036 hab. *(Courtrysiens).*

**COURVILLE-SUR-EURE** [28190] → ÉTYM. anc. *Curvavilla*, lat. «village *(villa)* en courbe *(curva)*» ♦ Ch.-l. de cant. de l'Eure-et-Loir, arr. de Chartres. 2 739 hab. *(Courvillois).* Église du XVI^e^ s. (voûte lambrissée). ▪ Aux environs, château de Villebon (XV^e^ s.) ayant appartenu à Sully qui y mourut en 1641.

**COUSERANS** [kuzʀɑ̃] n. m. → ÉTYM. de *Consoranni*, n. d'un peuple gaulois ♦ Région des Pyrénées centrales (Ariège). Pays de bocage. Élevage bovin laitier.

**COUSH** ou **KOUSH** (pays de) ♦ Nom égyptien ancien de la Nubie* (appelée Éthiopie par les Grecs), adopté par les Sémites et notamment par la Bible.

**COUSIN (Jean,** dit **Le Père)** ♦ Peintre, dessinateur, sculpteur et graveur français (Soucy, près de Sens v. 1490 - Sens v. 1561). Il exécuta probablement des cartons de vitraux pour la cathédrale de Sens *(Les Sibylles)* ainsi que des cartons de tapisserie *(Histoire de saint Mammès).* Il écrivit un *Traité de perspective* (1560) et réalisa des illustrations de livres (*Orus Apollo*, 1543). Il fut un représentant du maniérisme développé par l'école de Fontainebleau, mais peu de ses œuvres peintes ont subsisté, excepté *La Charité* et *Eva prima pandora*, l'un des premiers grands nus peints par un Français.

**COUSIN (Victor)** ♦ Philosophe français (Paris 1792 - Cannes 1867). Professeur à l'École normale et à la Sorbonne, il fut ministre de l'Instruction publique dans le cabinet Thiers en 1840. Influencé par Royer*-Collard et Maine de Biran, il peut être considéré comme le fondateur de l'éclectisme spiritualiste et de l'histoire de la philosophie. Il fut le premier à introduire en France la philosophie de Hegel (*Fragments philosophiques*, 1826 ; *Cours d'histoire de la philosophie*, 1828, etc.). [Acad. fr. 1830] → ÉTYM. Il s'agit là d'un surnom qui représentait plus un sobriquet qu'un lien de parenté.

La **Cousine Bette** ♦ Roman de H. de Balzac* (1846), intégré aux *Scènes de la vie parisienne* de *La Comédie* humaine* avec *Le Cousin* Pons* sous le titre commun *Les Parents pauvres*. Lisbeth Fischer, dite la cousine Bette, se venge des disgrâces de la nature et de ses humiliations en prenant pour victimes successivement sa cousine, femme du baron Hulot, puis la fille de cette dernière, Hortense, qui a épousé un jeune artiste polonais aimé de Bette ; dès lors, «la jalousie [formant] la base de ce caractère plein d'excentricité», Bette mettra toute son énergie refoulée à salir l'honneur et à troubler la paix des deux couples, sans jamais se trahir auprès d'eux.

**COUSIN-MONTAUBAN (Charles Guillaume)** ♦ Général et homme politique français (Paris 1796 - Versailles 1878). Après avoir servi dans l'armée d'Afrique, il fut placé à la tête des troupes françaises en Chine, battit les Chinois à Palikao* et entra dans Pékin (1860). Appelé en remplacement de É. Ollivier* après les premières défaites françaises devant les Prussiens (août 1870), il dirigea le gouvernement jusqu'à la chute de l'Empire (sept. 1870). Retiré en Belgique, Cousin-Montauban revint en France après l'armistice.

Le **Cousin Pons** ♦ Roman de H. de Balzac* (1847), intégré aux *Scènes de la vie parisienne* de *La Comédie* humaine* avec *La Cousine* Bette* sous le titre *Les Parents pauvres*. Image de la candeur vaincue par le mal, Pons, qui collectionne les objets d'art, est considéré comme un «pique-assiette» par les siens jusqu'à ce qu'apparaisse la valeur de ce qu'il détient. Dès lors, autour du vieil homme malade, se trament les manœuvres de comparses sinistres, qui dépouilleront également le compagnon et l'héritier de Pons, Schmucke, musicien à l'âme délicate et ingénue.

**COUSSER (Johann Sigismond)** → Kusser

**COUSTEAU (Jacques-Yves)** ♦ Officier de marine, océanographe et cinéaste français (Saint-André-de-Cubzac 1910 - Paris 1997). Inventeur, avec Émile Gagnan, du scaphandre autonome automatique, d'une caméra sous-marine et d'une «île flottante» destinée aux observations océanographiques, il effectua des croisières de recherches à bord d'un navire océanographique (la *Calypso*) aménagé sous sa direction. On lui doit des films sous-marins (*Le Monde du silence*, 1956 ; *Le Monde sans soleil*, 1965), des séries de documentaires pour la télévision et de nombreux ouvrages sur ses plongées et ses recherches. Le commandant Cousteau dirigea le Musée océanographique de Monaco (1957 - 1988) et milita activement pour la protection de l'environnement, des mers en particulier. [Acad. fr. 1988] → ÉTYM. *Cousteau* vient de l'occitan *costa* «côte, rivage» (→ aussi Coustou ; Brejnev).

Jacques-Yves **Cousteau.**
*Phot. ©Bruno Barbey/ Magnum*

**COUSTOU (Nicolas)** ♦ Sculpteur français (Lyon 1658 - Paris 1733). Élève de son père François et de son oncle Coysevox*, il réalisa de nombreux travaux à Trianon, Versailles *(Tritons)* et Marly. Dans sa *Descente de croix* à Notre-Dame de Paris, mouvementée et pathétique, il révéla une tendance au baroquisme. → ÉTYM. Ce nom est de même étymologie que *Cousteau**.

**COUSTOU (Guillaume I^er^)** ♦ Sculpteur français (Lyon 1677 - Paris 1746). Il fut l'élève de son oncle Coysevox* et le collaborateur de son frère Nicolas Coustou dans les travaux de décoration qu'il réalisa à Versailles et à Marly. Il exécuta la statue de *Marie Leszczyńska en Junon* (1731) dont la grâce et la liberté expressive sont caractéristiques de l'esprit rococo. Il est surtout l'auteur des *Chevaux de Marly* (1740 - 1745), aujourd'hui sur la place de la Concorde (à Paris), qui allient monumentalité et dynamisme des formes.

**COUSTOU (Guillaume II)** ou **COUSTOU le Jeune** ♦ Sculpteur français (Paris 1716 - *id.* 1777), fils du précédent. Son activité a été parfois confondue avec celle de son père. Il exécuta des portraits expressifs et gracieux, des groupes mythologiques et surtout le mausolée du dauphin dans la cathédrale de Sens, où l'influence du néoclassicisme est sensible.

**COUTANCES** [50200] → ÉTYM. anc. en gaul. *Cosedia*, puis *Constantia*, du n. de l'empereur *Constance** Chlore ♦ Ch.-l. d'arr. de la Manche, sur la Soulle. 9 522 hab. *(Coutançais).* Évêché. Grande cathédrale de style gothique normand du XIII^e^ s. (tour-lanterne octogonale). Église Saint-Pierre des XV^e^ - XVI^e^ s. Indus. agroalimentaire. ▮ **Histoire** À l'époque gauloise, *Cosedia* fut fortifiée par Constance Chlore et devint la capitale du *pagus Constantinus*, d'où vient le nom de Cotentin. La ville fut très endommagée lors de la Deuxième Guerre mondiale.

**COUTÉ (Gaston)** ♦ Poète et chansonnier français (Beaugency 1880 - Paris 1911). D'origine paysanne beauceronne, il vint à Paris en 1898 et dit ses textes d'abord en patois avec le costume de sa région. Il écrivit et interpréta, dans les cabarets parisiens, des chansons libertaires, comme *La Chanson d'un gâs qu'a mal tourné* et *Ça va faire plaisir au colon*.

**COUTHON (Georges)** ♦ Homme politique français (Orcet, Auvergne 1755 - Paris 1794). Avocat à Clermont-Ferrand, nommé président du tribunal de cette ville en 1789, il s'était acquis une réputation de probité et de désintéressement. Élu à l'Assemblée législative, où il siégea avec la gauche démocrate, réélu, comme montagnard, à la Convention, il entra au Comité de salut public (10 juil. 1793), où, avec Robespierre* et Saint*-Just (le triumvirat), il s'occupa de politique générale. Il fit preuve d'une certaine modération dans la répression de l'insurrection fédéraliste et royaliste de Lyon (fin août - début sept. 1793) et ne put se résoudre à détruire la ville conformément au décret de la Convention. Cependant, revenu à Paris et élu président de l'Assemblée (12 déc. 1793), il lutta avec une extrême rigueur contre les hébertistes (ultrarévolutionnaires) et les dantonistes (ou indulgents), et contribua largement à faire adopter par la Convention la loi du 22 Prairial (10 juin 1794), qui réorganisait le Tribunal révolutionnaire en supprimant les défenseurs, les témoins et l'instruction préalable dans le procès des suspects. → **Terreur.** Le 9 Thermidor* (27 juil. 1794), Couthon fut décrété d'arrestation avec Robespierre et guillotiné le lendemain. Il était paralysé des jambes.

**COUTRAS** [kutʀa] [33230] ← ÉTYM. anc. *Corterate*, probablt du bas lat. *curtis* «ferme» et du gaul. *rate* «muraille, rempart» ♦ Ch.-l. de cant. de la Gironde, arr. de Libourne, sur la Dronne. 7 003 hab. (aggl. 10 083) (*Coutrillons*). Viticulture (bordeaux). ▮ **Histoire** Victoire d'Henri de Navarre, futur Henri IV, le 20 oct. 1587 sur les Ligueurs commandés par le duc de Joyeuse.

**COUTURAT (Louis)** ♦ Mathématicien, logicien et philosophe français (Paris 1868 - Ris-Orangis 1914). Il tenta d'élaborer un langage symbolique universel fondé sur l'intuition rationnelle.

**COUTURE (Thomas)** ♦ Peintre français (Senlis 1815 - Villiers-le-Bel 1879). Il fut l'élève de Gros* et de Delaroche*. Devenu un peintre académique très en vue, il influença les nombreux élèves qui fréquentèrent son atelier, et sa position officielle lui permit d'exclure les peintres non conformistes du Salon. Il peignit notamment de grandes compositions historiques froides et artificiellement composées (*Les Romains de la décadence*, 1847), ainsi que des portraits d'une facture plus directe et plus vigoureuse. Il fut le maître de Manet* et de Puvis* de Chavannes. ▪ *Illustration :* → **Lamartine.**

**COUTURIER (Robert)** ♦ Sculpteur français (Angoulême 1905 - Paris 2008). Élève et ami de Maillol* (à partir de 1928), il subit fortement son ascendant (porte en bronze du palais des Nations à Genève, 1937 ; *Méditerranée*, 1942 ; *Léda*, 1944). Puis, délaissant la pierre pour le plâtre, il schématisa les volumes, les formes devinrent raides et anguleuses ou furent réduites à des lignes en arabesque. Cependant cette épuration formelle ne tend pas à l'abstraction, mais vise à exploiter les possibilités expressives de la figure humaine (*Monument à Étienne Dolet*, 1947 ; *Femme dans un fauteuil ; Jeune fille lamelliforme*, 1950).

**COUVE DE MURVILLE (Maurice)** ♦ Diplomate et homme politique français (Reims 1907 - Paris 1999). Inspecteur des Finances, il rallia Alger après le débarquement allié en Afrique du Nord et fut commissaire aux Finances du Comité français de libération nationale à Alger (1943 - 1944) puis représenta le gouvernement provisoire à Rome (1945). Directeur général des affaires politiques au ministère des Affaires étrangères (1945 - 1950), ambassadeur au Caire (1950 - 1954), à Washington (1955 - 1956) et à Bonn (1956 - 1958), ministre des Affaires étrangères de 1958 à 1968, puis de l'Économie et des Finances (mai-juil. 1968), ce fidèle gaulliste devint Premier ministre en juil. 1968. Il démissionna en juin 1969, après le départ du général de Gaulle.

**COUZEIX** [87270] ← ÉTYM. du lat. *cos, cotis* «pierre» et suff. *-arium* (lieu pierreux) ou du lat. *Cotius*, n. de pers., et suff. *-ensem* ♦ Comm. de la Haute-Vienne, arr. de Limoges. 6 635 hab.

**COVARRUBIAS (Alonso DE)** ♦ Architecte et décorateur espagnol (Torrijos 1488 - Tolède 1570). Dans ses premières œuvres, où se manifeste un sens décoratif subtil, il resta fidèle au style plateresque, mais son évolution dénote l'emprise grandissante des principes constructifs de la Renaissance italienne (palais archiépiscopal à Alcalá de Henares). En 1537, il fut nommé architecte de Charles Quint et réalisa de nombreux travaux à Tolède (porte du monastère San Clemente, 1534 ; façade principale de l'Alcázar ; chapelle des Transtamare à la cathédrale). Il fut ainsi l'un des premiers architectes à introduire l'italianisme en Espagne.

**COVENT GARDEN** ← ÉTYM. angl. «jardin (*garden*) du couvent (*convent*)» [c'était à l'orig. un jardin conventuel qui approvisionnait les moines de l'abbaye de Westminster] ♦ Célèbre place à arcades du centre de Londres (cité de Westminster), au N. du Strand, conçue par Inigo Jones* en 1631, et au centre de laquelle se tient un pittoresque marché. Le Royal Opera House a été érigé en 1858 sur les ruines d'un théâtre plus ancien (1732).

**COVENTRY** ← ÉTYM. anc. *Coventre* «l'arbre (vieil angl. *trēow*) de °*Cofa* (n. de pers.)» ♦ V. d'Angleterre (West Midlands), à l'E. de Birmingham, les deux agglomérations étant séparées par une ceinture verte.

Antoine **Coypel.** *Jeune Noir tenant une corbeille de fruits et jeune fille caressant un chien* (28 × 21,5 cm). Musée du Louvre, Paris.
*Phot. © Arch. Smeets*

300 844 hab. Une cathédrale moderne dans son architecture et sa décoration a été construite sur l'emplacement de l'ancienne. Anc. centre textile, jadis premier centre de l'indus. automobile britannique : le déclin de cette dernière branche frappe durement Coventry, où seules les chaînes de Peugeot continuent à fonctionner. Construc. aéronautiques et textiles artificiels. ▮ **Histoire** Fondée au XIe s. sur l'emplacement d'un monastère bénédictin, Coventry devint au Moyen Âge une importante cité drapière et lainière. À partir du XVIIIe s., elle développa une gamme variée d'industries mécaniques. Pendant la bataille d'Angleterre de 1940 - 1941, la ville fut rasée par les bombardements allemands, inaugurant la technique dite de «coventrysation» d'une ville, qui consistait à la rayer de la carte.

**COVILHÃ** ♦ V. du Portugal (région Centre), district de Castelo Branco, à l'E. de la serra da Estrela. 52 946 hab. Indus. lainières.

**COVILHAM, COVILHÃ** ou **COVILHÃO (Pedro DA)** ♦ Voyageur portugais du XVIe s. (Covilhã, Beira ? - en Abyssinie v. 1545). Envoyé par Jean II du Portugal en mission dans les pays d'Orient (1487), il visita l'Inde, la Perse, puis le pays du «Prêtre-Jean», l'Abyssinie, où il demeura.

**COWES** ← ÉTYM. de l'angl. *cow* (la v. a été construite sur un banc de sable dont la forme évoquait une vache) ♦ V. d'Angleterre (Hampshire), au N. de l'île de Wight, reliée à Southampton et Portsmouth. 25 000 hab. Port de plaisance. Il s'y déroule chaque année, au mois d'août, la *semaine de Cowes* qui marque le sommet de la saison de yachting de la côte S. de l'Angleterre.

**COWLEY (Abraham)** ♦ Poète, dramaturge et essayiste anglais (Londres 1618 - Chertsey, Surrey 1667). Enfant précoce, il écrivit certaines de ses *Fleurs poétiques* (1633) à l'âge de onze ans. Il publia en 1635 une épopée biblique, *La Davidéide*. C'est à Paris qu'il composa ses *Odes pindariques*, antiquisantes et raffinées, qui font de lui le rival aujourd'hui à demi oublié de Milton*. On lui doit aussi des pièces de théâtre et une autobiographie (*My Self*, 1656). ← ÉTYM. *Cowley* vient du vieil anglais °*Cofa*, nom de personne, et de *leah* «clairière».

**COWPER (William)** ♦ Poète britannique (Great Berkhamsted, Hertfordshire 1731 - East Dereham, Norfolk 1800). Son amour de la campagne s'explique par la nécessité pour cet homme, menacé en permanence par la folie et hanté par l'idée de damnation, de trouver un équilibre et de s'assurer des signes visibles de la bonté de Dieu. Marqué par la mort précoce de sa mère, martyrisé par ses camarades d'école, il fit plusieurs séjours en asile psychiatrique (dont témoignent ses *Notes écrites pendant une période de folie*) et succomba pendant plusieurs années à l'influence d'un religieux trop strict, le révérend Newton. Ses *Hymnes d'Olney* (1776) font de lui l'un des maîtres du lyrisme mystique, cependant que *La Tâche* (1785), poème en six livres et en vers blancs qu'illustrera Wordsworth*, ouvre la voie à la grande poésie introspective, où fusionnent intériorité et extériorité. Mais l'œuvre contrastée de Cowper comprend aussi une ballade comique comme *La Divertissante Histoire de John Gilpin* (1782), des poèmes d'amour et une remarquable correspondance publiée après sa mort (*Œuvres complètes*, 1837).

**COXYDE** – en néerl. ***Koksijde*** ♦ Comm. de Belgique (Région flamande), prov. de Flandre-Occidentale, arr. de Veurne, sur la mer du Nord. 21 419 hab. Vestiges de l'abbaye des Dunes (XIe - XIIe s.). Musée archéologique. Musée Paul-Delvaux. ▪ La plus importante station balnéaire de la côte occidentale, abritant la plus haute dune du littoral belge, le Hoge Blekker (33 m). ▪ Aux environs, musée national de la Pêche à Oostduinkerke, où se pratique encore la pêche à la crevette à cheval.

**COYE-LA-FORÊT** [60580] ♦ Comm. de l'Oise, arr. de Senlis, à la lisière de la forêt de Chantilly et de la forêt de Coye. 3 516 hab.

**COYOACÁN** ♦ V. du Mexique, dans la banl. S. de Mexico. Site anc. Monuments coloniaux du XVIe s. Musée Frida-Kahlo (peintre et femme de D. Rivera*). ▪ Trotski y vécut et y fut assassiné.

**COYPEL** [kwapɛl] **(Antoine)** ♦ Peintre, graveur et dessinateur français (Paris 1661 - *id.* 1722). Il étudia auprès de son père, Noël Coypel, et l'accompagna à Rome de 1673 à 1675, où il reçut des conseils du Bernin*. Favori du Régent, il fut nommé premier peintre du roi en 1716. Il fut un brillant représentant de la grande peinture ornementale, travailla au château de Meudon, à la galerie d'Énée au Palais-Royal à Paris (détruite en 1781) et exécuta les fresques de la voûte de la chapelle de Versailles (1709 - 1710). Ces œuvres, par l'emphase expressive et la composition brillante, ont des accents baroques ; on y décèle l'influence des mises en scène italiennes et le goût des couleurs éclatantes hérité de Rubens et Van Dyck. Ses peintures mythologiques aux formes contournées et gracieuses annoncent l'esprit rococo et galant *(Persée et Andromède).* Son aisance technique et sa verve se manifestèrent dans ses tableaux de chevalet (*Démocrite,* 1692 ; *Jeune Noir tenant une corbeille de fruits et jeune fille caressant un chien,* v. 1682). ▪ *Autre illustration :* → **France.** ← ÉTYM. *Coypel* est une variante régionale de *copeau* (nom du fabricant ou du marchand de copeaux).

**COYSEVOX** [kwazəvo] **(Antoine)** ♦ Sculpteur et décorateur français (Lyon 1640 - Paris 1720). Fils d'un sculpteur sur bois, il devint membre de l'Académie en 1676 et fut l'un des sculpteurs préférés de Louis XIV dont il sculpta les traits à plusieurs reprises. L'abondance et la variété de ses travaux en font l'une des figures majeures de l'art versaillais élaboré sous la direction de Le* Brun. En effet, il participa largement à la décoration de la cour de Marbre, de la Grande Galerie, du salon de la Guerre (relief de *Louis XIV terrassant ses ennemis,* 1688), du grand escalier (détruit) et réalisa pour les jardins des groupes et statues à sujets allégoriques et mythologiques (*La Garonne ; La Dordogne ; Le Vase de la guerre).* Il fit preuve d'une grande virtuosité technique, se montra un classique dans ses transpositions originales de la sculpture antique (*Vénus accroupie,* 1686) et conféra une grande vigueur expressive à ses œuvres amples et majestueuses (*La Renommée* et *Mercure,* 1700 - 1702, auj. à l'entrée des Tuileries). Ses tendances baroques transparaissent le plus nettement dans ses monuments funéraires pathétiques et théâtraux : monuments de Colbert (1685 - 1712), de Mazarin (1689 - 1693), de Le Brun. La remarquable et féconde série de bustes qu'il réalisa révèle un souci grandissant de suggérer l'expression fugitive du modèle, préoccupation largement partagée par la plupart des sculpteurs du XVIIIe s. dont beaucoup subirent son influence. Dans *Marie-Adélaïde de Savoie en Diane,* le choix du thème, la souplesse du modelé, le souci d'exprimer la grâce annoncent l'esprit rococo. ▪ *Illustration :* → **Condé (le Grand).** ← ÉTYM. Ce nom de famille vient de *Coisevaux,* en Haute-Saône (lieu d'origine de sa famille), anciennement *Cosiae vallis* «vallée de la Coise [ruisseau qui traverse le village]».

Antoine **Coysevox.** *La Dordogne,* sculpture dans le parc du château de Versailles. *Phot.* ©*Arnaudet/RMN*

**COZZARELLI (Giacomo)** ♦ Architecte et sculpteur italien (Sienne 1453 - *id.* 1515). Élève de Francesco di Giorgio Martini*, il assista son maître pour la construction de l'église du couvent de l'Observance (1476) à Sienne et du palais ducal à Urbino. Le palazzo del Magnifico (Sienne, 1508) aurait été construit sur ses plans. Toutefois, il fut surtout connu comme sculpteur : on lui doit des sculptures en bois (*Saint Nicolas de Tolentino,* Sienne, Sant'Agostino ; *Saint Jean l'Évangéliste,* Sienne, opera del Duomo) et des terres cuites (*Pietà,* sacristie du couvent de l'Observance) alors que rien ne nous est parvenu de ses bronzes.

**CRABBE (George)** ♦ Poète britannique (Aldeburgh, Suffolk 1754 - Trowbridge 1832). D'humble origine, Crabbe fut pasteur et chapelain du duc de Rutland. En réaction contre Goldsmith, qui peignait la campagne de façon idyllique, il fit paraître *Le Village* (1783), poème en trois livres d'un sombre réalisme. La même tristesse émane des vingt-quatre lettres formées de distiques rimés en pentamètres iambiques («heroic couplets») composant *Le Bourg* (1810) dont s'inspira B. Britten pour son opéra *Peter Grimes. Le Journal* (1785) est de la même veine.

**CRACOVIE** ← ÉTYM. en polon. ***Kraków*** ; p.-ê. «la ville aux corbeaux» de *krak* «corbeau» ou de *Krak,* n. du fondateur légendaire de la ville ♦ V. du S. de la Pologne, ch.-l. de la voïvodie de Petite-Pologne, sur la rive g. de la Vistule. 756 267 hab. Centre universitaire, culturel et artistique. Cathédrale (XIVe s. ; chapelle funéraire des rois) et château royal de Wawel transformé à la Renaissance par Sigismond Ier. Forteresse du XVe s. (La Barbacane). Remparts (porte de Saint-Florian). Vaste place quadrangulaire (Rynek Główny) entourée d'édifices historiques (église Notre-Dame, XIIIe - XIVe s., célèbre pour son retable de Wit Stwosz ; beffroi de l'ancien hôtel de ville [XVIe s.], halle aux draps [Renaissance]). La pollution (proximité de zones d'industrie lourde → **Nowa Huta**) et le manque de moyens mettent en péril une partie du patrimoine architectural. ▪ Important centre administratif et commercial, dont l'industrie a été regroupée dans le complexe sidérurgique de Nowa* Huta. ▮ **Histoire** Premier foyer de la religion chrétienne en Pologne, siège d'un évêché dès le XIe s. (→ **Stanislas [saint]**), Cracovie, ravagée à plusieurs reprises par les Mongols à partir de 1241, puis restaurée par les colons allemands, devint, après le couronnement de Ladislas Ier Łokietek au Wawel (1320), la résidence royale et la capitale de la Pologne jusqu'en 1595. Siège d'une célèbre université fondée en 1364 par Casimir III le Grand, et rénovée en 1400 par Ladislas II Jagellon, elle prit un grand essor artistique et économique sous Sigismond Ier Jagellon qui fit appel à des architectes italiens, mais le transfert de la capitale à Varsovie, sous Sigismond III Vasa, et les invasions suédoises (1656 et 1702 - 1709) entraînèrent son déclin et la perte de presque toute sa population. Elle resta néanmoins le lieu de couronnement (jusqu'en 1734) et de sépulture des rois de Pologne. Centre de l'insurrection polonaise dirigée par Kościuszko* en 1794, elle fut attribuée à l'Autriche lors du troisième partage de la Pologne (1795), comprise dans le grand-duché de Varsovie de 1809 à 1815, érigée en république semi-autonome de 1815 à 1846, puis à nouveau rattachée à l'Autriche, avec la Galicie, de 1846 à 1919. Occupée par l'armée hitlérienne en 1939, elle devint le siège du gouvernement général sous tutelle allemande avant d'être libérée par l'armée soviétique de Koniev en 1945.

**CRAFTS (James Mason)** ♦ Chimiste américain (Boston 1839 - Ridgefield, Connecticut 1917). Il mit au point avec C. Friedel*, en 1877, une méthode de synthèse organique *(réaction de Friedel et Crafts),* très utilisée dans l'industrie, en particulier pétrolière.

**CRAIG** (sir **James Henry)** ♦ Officier et administrateur britannique (Gibraltar 1748 - Londres 1812). Gouverneur général du Canada (1807 - 1811), il se montra autoritaire vis-à-vis du Parlement et fit saisir le journal français *Le Canadien.* ← ÉTYM. Ce nom vient du gaélique *creag,* désignant un homme qui vit près d'un rocher à pic.

**CRAIG (Edward Gordon)** ♦ Homme de théâtre britannique (Stevenage 1872 - Vence 1966). Fils de l'actrice Ellen Terry, il fut acteur, décorateur, metteur en scène, travaillant à Londres, à Florence (où il ouvrit une école d'art dramatique), à Berlin, à Moscou (où il monta *Hamlet* à la demande de Stanislavski*, 1912). Avec son ouvrage *De l'art du théâtre* (1905), il fut l'un des premiers à formuler la conception moderne de la mise en scène : la représentation théâtrale doit être entièrement soumise au «régisseur» qui assume toute la responsabilité artistique et technique et entre les mains de qui l'acteur est comme une «surmarionnette», tandis que l'auteur, dans l'avenir, devra disparaître.

**CRAIOVA** ♦ V. de Roumanie méridionale en Valachie, sur la rive g. du Jiu. ch.-l. du distr. de Dolj. 299 429 hab. Métropole orthodoxe. Centre universitaire, admin. et industriel : locomotives, construc. automobile, aéronautique, confection, chimie.

**CRAM (Donald J.)** ♦ Chimiste américain (Chester, Vermont 1919 - Palm Desert, Californie 2001). Il réussit à fabriquer, à partir des éthers-couronnes de Pedersen*, des molécules dont la cavité centrale peut loger des molécules organiques entières. Il fabriqua ensuite les «sphérands», molécules rigides avec des cavités non déformables et de dimensions définies. Toutes ces molécules nouvelles trouvent de nombreuses applications, entre autres dans le transport à travers une membrane ou dans la catalyse. [Prix Nobel de chim. 1987, avec J.-M. Lehn* et C. Pedersen]

**CRAMER (Gabriel)** ♦ Mathématicien suisse (Genève 1704 - Bagnols 1752). Son *Introduction à l'analyse des lignes courbes algébriques* tient une place importante dans le développement de la géométrie analytique plane. Son nom est attaché également aux formules de résolution à l'aide de déterminants des systèmes d'équations linéaires. Il publia les œuvres de J. Bernoulli* et la correspondance de celui-ci avec Leibniz*.

**CRAMER (Johann Baptist)** ♦ Pianiste et compositeur allemand (Mannheim 1771 - Londres 1858). Fils du violoniste et chef d'orchestre WILHELM CRAMER (Mannheim 1745 - Londres 1799). Élève de Clementi et d'Abel, il fut aussi l'ami de Haydn et de Beethoven. Sa technique magistrale exerça une large influence sur les pianistes de son temps. Il a laissé de nombreuses pièces pour piano (concertos, sonates), mais ce sont ses compositions pédagogiques (150 *Études*) qui ont assuré sa réputation.

**CRAMPTON (Thomas Russell)** ♦ Ingénieur britannique (Broadstairs 1816 - Londres 1888). Il conçut un type de locomotive à grande vitesse, participa à l'établissement du premier câble sous-marin Calais-Douvres et réalisa le réseau hydraulique de Berlin (1855).

**CRANACH (Lucas)** dit **l'Ancien** ou **l'Aîné** ➝ ÉTYM. du n. de sa v. natale ♦ Peintre et graveur allemand (Kronach 1472 - Weimar 1553). Sa formation est mal connue, mais on suppose qu'il séjourna à Vienne vers 1500. Il produisit alors des portraits et des scènes religieuses dont la véhémence expressive, les tonalités intenses s'apparentent aux compositions de Huber et surtout d'Altdorfer* (*Crucifixion*, 1502). En 1504, il fut appelé à Wittenberg par l'électeur de Saxe Frédéric le Sage. Il travailla ensuite pour ses deux successeurs, dirigeant un atelier très actif, jouant aussi un rôle politique (mission aux Pays-Bas en 1509). Il connut les gravures de Dürer* et, ami de Luther, devint par ses illustrations (bois gravés) l'un des créateurs de l'iconographie protestante. Dans certains de ses retables apparaissent des tendances archaïsantes et éclectiques (*Retable de sainte Catherine*, 1506) ; cette tendance apparaît aussi dans la série des *Chasses princières* qui, par la fantaisie et la naïveté dans le détail, semblent renouer avec le gothique international, tandis que les esquisses sur parchemin de sa série de portraits témoignent d'un sens de la mise en page et d'une finesse de trait d'une grande virtuosité technique. Influencé par le répertoire thématique de la Renaissance italienne, il réalisa des scènes mythologiques, des figures isolées révélatrices de sa prédilection pour le nu féminin dont le type aux formes allongées, aux attitudes maniérées et à l'expression quelque peu perverse connut un succès considérable (*Vénus et l'Amour* ; *Lucrèce* ; *Diane*). Ces œuvres présentent des traits stylistiques typiquement germaniques : prédominance du caractère graphique, nature de la gamme chromatique, rôle des accessoires et dédain pour le rendu illusionniste de l'espace. ♦ **Lucas Cranach le Jeune** (Wittenberg 1515 - Weimar 1586). Fils du précédent. Ses œuvres sont souvent difficiles à distinguer de celles de son père. Il continua en effet son atelier en traitant les mêmes sujets dans un style qui devint progressivement plus sec et monotone. Il n'en exécuta pas moins des portraits fortement expressifs. ▪ *Autre illustration :* ➝ **Luther (Martin).**

Lucas **Cranach.** *Adam et Ève.* Musée d'Art, Anvers. *Phot. © Giraudon*

**CRANE (Stephen)** ♦ Journaliste, poète et romancier américain (Newark 1871 - Badenweiler, Bade 1900). Quatorzième enfant d'un éminent pasteur protestant, il rejeta très tôt son milieu et, pour vivre, écrivit dans les journaux. Son grand succès fut *La Conquête du courage* (*The Red Badge of Courage*, 1895), où il imagine ce qu'éprouve Henry Fleming, un jeune soldat au combat. Dans *Maggie, fille des rues*, qui fit scandale en 1893, il évoque, dans un style dépouillé et impressionniste dont le naturalisme concret se nourrit de sensations violentes, la triste et brève destinée d'une pauvresse du Bowery, quartier misérable de New York, où il vécut lui-même quelque temps. *Le Bateau ouvert* (1898) est sa nouvelle la plus célèbre, inspirée d'une expérience vécue. Ses poèmes épigrammatiques (*Les Cavaliers noirs*, 1895 ; *La guerre est bonne*, 1899) sont influencés par E. Dickinson*.

**CRANE (Harold,** dit **Hart)** ♦ Poète américain (Garretsville, Ohio 1899 - mer des Caraïbes 1932). Issu d'une famille désunie, il était obsédé par l'idée de rupture et sa poésie tente de recréer «le lien». *Le Pont* (1930), long poème visionnaire, présente l'Amérique moderne comme un «pont» capable de relier le passé à l'avenir. On retrouve dans son dernier poème, *The Broken Tower* («La Tour brisée»), l'émotion religieuse de certains vers du *Pont*. Hart Crane fut marqué par son séjour en Europe (Londres, Paris, la Provence) et par sa rencontre avec les surréalistes français en 1928 - 1929. Héritier de Whitman*, il partageait avec celui-ci l'ambition de doter son pays d'un mythe poétique. La vie de Crane fut marquée par de nombreuses aventures homosexuelles ; sa mort, mystérieuse, au retour d'un voyage au Mexique, s'inscrit peut-être dans ce contexte, à moins qu'il ne s'agisse d'un suicide. Le long poème *Key West*, publié après sa mort, est son œuvre la plus célèbre.

**CRAN-GEVRIER** [74960] ♦ Comm. de la Haute-Savoie, banl. O. d'Annecy. 16 464 hab. *(Cran-Gevriens)*.

**CRANMER (Thomas)** ♦ Prélat anglais (Aslacton, Nottinghamshire 1489 - Oxford 1556). Gagné à certaines idées de la Réforme, marié secrètement, il devint archevêque de Canterbury (1533), poste dans lequel il seconda docilement Henri* VIII dans ses affaires religieuses et matrimoniales (divorce d'avec Catherine* d'Aragon puis d'avec Anne* Boleyn, dont il avait pourtant béni le mariage en 1533). Promoteur des réformes religieuses (➝ **anglicanisme**) et favorable à Jeanne* Grey, il fut exécuté lors de la réaction catholique de Marie* Tudor.

**CRANNON** ♦ Anc. ville de Grèce (Thessalie), célèbre pour la bataille qui s'y déroula en –322 et qui mit fin à la guerre lamiaque. Antipatros*, ayant vaincu les Athéniens et leurs alliés, imposa une garnison macédonienne à Athènes*.

**CRANSAC** [12110] ➝ ÉTYM. anc. *Cariancaco*, du lat. *Carentius*, n. de pers. gallo-rom., et suff. *-acum* ♦ Comm. de l'Aveyron, arr. de Villefranche-de-Rouergue. 1 821 hab. *(Cransacois)*. Anc. houillère. Station thermale.

**CRANS-SUR-SIERRE** [kʀɑ̃] ♦ Loc. de Suisse (Valais) au-dessus de Sierre, dans un site remarquable en face des Alpes valaisannes. ▪ Station d'été et de sports d'hiver très fréquentée (1 500 m). La station déborde de Crans et de sa commune pour former avec Montana* la station de Crans-Montana (championnats du monde de ski alpin 1987).

**CRANVES-SALES** [74380] ➝ ÉTYM. p.-ê. du gaul. *crenn* «arbre» ♦ Comm. de la Haute-Savoie, arr. de Saint-Julien-en-Genevois. 4 358 hab.

**CRAON** [kʀɑ̃] ♦ Ancienne famille française. Le dernier des Craon gouverna la Bourgogne pour le compte de Louis XI, après la mort de Charles le Téméraire.

**CRAON** [kʀɑ̃][53400] ➝ ÉTYM. p.-ê. à rapprocher du lat. *creta* «craie» ♦ Ch.-l. de cant. de la Mayenne, arr. de Château-Gontier, en Anjou. 4 659 hab. *(Craonnais)*. Château du XVIIIe s. ▪ Marché agricole ; porcs renommés (race craonnaise). Hippodrome.

**CRAONNAIS** [kʀanɛ] n. m. ♦ Petite région de l'O. de la France, aux confins du Maine et de l'Anjou, pays de Craon. On l'appelle aussi Segréen. ➝ **Anjou.**

**CRAONNE** [kʀan] [02160] ➝ ÉTYM. p.-ê. du précelt. *crav-* (du pré-indo-eur. °*car-* «pierre») et suff. gaul. *-enna* ♦ Ch.-l. de cant. de l'Aisne, arr. de Laon. 67 hab. ▮ **Histoire** Sur le *plateau de Craonne :* victoire de Napoléon Ier sur Blücher (6 - 7 mars 1814) ; violents combats lors des différentes batailles du Chemin des Dames (16 avr. 1917, 4 mai 1917, 27 mai 1918).

**CRAPONNE (Adam DE)** ♦ Ingénieur français (Salon-de-Provence v. 1527 - Nantes 1576). Constructeur du canal qui porte son nom et qui irrigue une partie de la Crau.

**CRAPONNE** [69290] ➝ ÉTYM. du prégaul. *crapp-* «rocher» et suff. *-onem* ♦ Comm. du Rhône, arr. de Lyon. 8 002 hab.

**CRAPONNE-SUR-ARZON** [43500] ♦ Ch.-l. de cant. de la Haute-Loire, arr. du Puy. 2 653 hab. *(Craponnais)*. Dentelles.

**CRASHAW (Richard)** ♦ Poète anglais (Londres 1612 - Lorette, Italie 1649). Après une enfance puritaine, il fit ses études à Cambridge où il écrivit en grec et en latin des *Épigrammes sacrées* (1634). Influencé par G. Herbert* et par le concettisme précieux de l'Italien Marino*, il concilia leurs influences respectives dans ses *Marches du Temple* (1646). Converti au catholicisme, il fut obligé d'émigrer en Hollande et composa ces chefs-d'œuvre du baroque religieux que sont *La Pleureuse* (sur Marie-Madeleine) et *Le Cœur ardent* (hymne mystique à sainte Thérèse). Devenu secrétaire du cardinal Palotta, il obtint un bénéfice en Italie, où il mourut.

**CRASSUS** ➝ ÉTYM. en lat. ***Marcus Licinius Crassus*** «gros, gras» ♦ Homme politique et général romain (–114 - près de Carrhes, Asie Mineure –53). Partisan de Sylla*, il acquit ses richesses aux dépens des proscrits. En –71, il triompha de Spartacus*. Consul en –70 avec

Pompée*, il restitua tous ses pouvoirs au parti populaire. Lié avec Pompée et César*, il forma avec eux le premier triumvirat (-60). Nommé gouverneur de Syrie (-55), avide de gloire et de butin, il voulut annexer les provinces occidentales de l'Empire parthe, mais fut vaincu à Carrhes et assassiné (-53).

**CRATÈS** – en gr. ***Kratês*** ♦ Poète comique et acteur athénien contemporain de Cratinos (mil. du -Vᵉ s.). Il est considéré comme le premier auteur comique attique à abandonner les attaques politiques et personnelles et à introduire des sujets généraux, des allégories mythologiques, philosophiques, etc. Quelques fragments de ses comédies sont conservés. ➝ ÉTYM. Ce nom vient du grec *kratos* «force, puissance».

**CRATI** n. m. ♦ Fl. d'Italie méridionale arrosant la Calabre* (89 km). Né dans le massif de la Sila, il se jette dans le golfe de Tarente.

**CRATINOS** ♦ Poète comique athénien (-Vᵉ s.), le plus célèbre des prédécesseurs d'Aristophane*. Sa verve satirique fustigea, dans ses vingt et une pièces, les ridicules de son temps ainsi que ses propres faiblesses. Sa dernière comédie, *La Bouteille* (-423), dont il nous reste des fragments, l'emporta sur *Les Nuées* d'Aristophane.

**Cratyle ou Sur la justesse des noms** – en gr. ***Kratulos*** ♦ Dialogue de Platon* (-386). Critiquant successivement la théorie du caractère conventionnel du langage soutenue par Hermogène puis la thèse de la dénomination naturelle de Cratyle, Socrate oppose à une simple réflexion sur les noms le problème de la connaissance du réel (c.-à-d. des essences).

**CRAU** n. f. ➝ ÉTYM. prov. «lieu pierreux», «lande recouverte de cailloux» ♦ Plaine caillouteuse des Bouches-du-Rhône, à l'E. du Grand Rhône ; elle est située à l'emplacement de l'ancien delta de la Durance. Le N. de la plaine, la *Petite Crau*, est devenu un lieu de riches cultures et de prairies grâce à l'irrigation ; le S. ou *Grande Crau*, parcouru par les moutons, s'est urbanisé et industrialisé (golfe de Fos).

**CRAU (LA)** [83260] ➝ ÉTYM. → Crau ♦ Ch.-l. de cant. du Var, arr. de Toulon, sur le Gapeau. 14 509 hab. *(Craurois)*. Cultures maraîchères. Viticulture (côtes-de-provence).

**CRAVANT** [89460] ➝ ÉTYM. du lat. *Creventius*, n. de pers. ou de *car-* «pierre» [désigne un lieu caillouteux] ♦ Comm. de l'Yonne, arr. d'Auxerre, dans l'Auxerrois, au confluent de la Cure et de l'Yonne. 824 hab. *(Cravantais)*. Ruines de remparts. Maisons anc. ▌**Histoire** En 1423, la bataille de Cravant opposa les troupes françaises aux Anglo-Bourguignons.

**CRAWFORD (Lucille Fay LE SUEUR, dite Joan)** ➝ ÉTYM. pseud. trouvé à l'issue d'un concours organisé par le magazine *Movie Weekly* en 1925 ♦ Actrice américaine (San Antonio 1904 - New York 1977). Star dès l'époque du muet, elle se maintint au sommet de la notoriété durant les années 1930 et reçut l'Oscar en 1945 pour *Le Roman de Mildred Pierce*. Plus tard, elle fut encore étonnante dans *Johnny* Guitare* (1954) et *Qu'est-il arrivé à Baby Jane ?* (1962).

**CRAWLEY** ➝ ÉTYM. probablt emprunté au vieil angl. «clairière *(leah)* fréquentée par les corbeaux *(°crāwe)*» ♦ V. nouvelle d'Angleterre (West Sussex). 99 754 hab. Elle fut créée en 1947 pour décongestionner Londres. Le développement indus. et tertiaire de la ville est dû à l'autoroute M23 et à la proximité de l'aéroport de Gatwick.

**CRAXI (Bettino)** ♦ Homme politique italien (Milan 1934 - Hammamet 2000). Secrétaire général du Parti socialiste italien en 1976, il devint en 1983 le premier président du Conseil socialiste depuis 1945. À la tête d'un gouvernement de coalition, il parvint notamment à résoudre le problème de l'échelle mobile des salaires, mais démissionna en 1987 à la suite de divergences au sein de la coalition. Soupçonné d'être mêlé à un scandale politico-financier touchant la mairie de Milan, il dut quitter la direction du PSI en 1993 et a été l'objet de plusieurs condamnations pour corruption depuis 1994.

**CRAY (Seymour R.)** ♦ Informaticien américain (Chippewa Falls, Wisconsin 1925 - près de Colorado Springs 1996). Spécialisé dans l'augmentation de la vitesse de traitement des ordinateurs, il créa en 1972 sa propre société, Cray Research Inc., qui conçoit et commercialise les ordinateurs les plus rapides et les plus puissants dans le monde (superordinateurs). Le Cray-1 (240 millions d'opérations par seconde, 1976) puis le Cray-2 (1 200 millions d'opérations par seconde, 1985) sont utilisés pour les études globales des phénomènes physiques complexes, en particulier la simulation.

**CREANGĂ (Ion)** ♦ Écrivain roumain (Humuleşti, Moldavie 1837 - Iaşi 1889). Fils de paysans, prêtre puis instituteur, il fréquenta le groupe Junimea* («la Jeunesse») et fut l'un des créateurs de la prose roumaine moderne. Il est l'auteur de *Contes populaires* (1877) et de *Souvenirs d'enfance* (1882) où se mêlent truculence et réalisme.

**Création (Poème de la)** ♦ Poème babylonien, datant du premier empire de Babylone dont il transpose le triomphe sur le plan mythico-religieux (-XIXᵉ -XVIIᵉ). Il narre les origines du monde et la lutte de Marduk*, nommé roi des dieux et assumant le rôle de Démiurge, contre Tiamat, la Mère-Abîme et les forces du chaos. Il s'achève sur la création de l'homme par le dieu Éa. → **Babylone.**

**Création (Livre de la)** → **Sefer Yetsirah**

La **Création** – en all. ***Die Schöpfung*** ♦ Oratorio en 3 parties de J. Haydn* (Vienne, 30 avr. 1798) sur un livret allemand de Gottfried Van Swieten d'après un original anglais perdu, qui s'appuie sur la Genèse, les Psaumes et *Le Paradis perdu* de Milton. Après le «Chaos» introductif, la première partie traite de la création des éléments, la deuxième de celle des animaux et de l'homme, et la troisième du paradis terrestre. L'œuvre donna à l'oratorio moderne ses lettres de noblesse, et, tout en glorifiant le Dieu créateur, apparaît, en faisant de l'Homme son égal, en lui attribuant une position centrale, comme un produit typique du siècle des Lumières. En quelques mois, elle fit le tour de l'Europe.

**CRÉBILLON (Prosper JOLYOT, sieur DE CRAIS-BILLON, dit)** ♦ Auteur dramatique français (Dijon 1674 - Paris 1762). Des intrigues ingénieuses, le sens des coups de théâtre, une versification médiocre caractérisent les neuf tragédies qu'il a laissées. Œuv. princ. : *Zénobie* (1711). [Acad. fr. 1731]

**CRÉBILLON Fils (Claude Prosper JOLYOT DE CRÉBILLON, dit)** ♦ Écrivain français (Paris 1707 - *id.* 1777). Auteur de romans licencieux (*Le Sopha, conte moral*, 1745 ; *La Nuit et le Moment*, 1754), qui lui valurent quelques années d'emprisonnement, il manifesta son esprit et son goût des analyses psychologiques dans les *Égarements du cœur et de l'esprit ou Mémoires de M. de Meilcour* (1736), où il retrace l'éducation sentimentale et les attachements successifs d'un jeune gentilhomme. Écrit avec élégance et assorti de fines maximes, cet ouvrage est également intéressant par la peinture exacte qu'il nous offre de la société du XVIIIᵉ s. Bien que souvent censuré, il fut nommé censeur royal en 1759.

**CRÈCHE (LA)** [79260] ♦ Comm. des Deux-Sèvres, arr. de Niort. 4 684 hab.

**CRECQUILLON (Thomas)** ♦ Compositeur flamand (mort à Béthune en 1557). Maître de chapelle à la cour de Charles Quint, à Bruxelles, il a laissé une œuvre abondante (messes, motets, psaumes, chansons). Il fut l'un des maîtres de l'école franco-belge au XVIᵉ s.

**CRÉCY-EN-BRIE** → **Crécy-la-Chapelle**

**CRÉCY-EN-PONTHIEU** [80150] ➝ ÉTYM. anc. *Crisciacum*, du gaul. *Crixsius*, n. de pers. latinisé (équivalent du lat. *crispus* «crépu, frisé»), et suff. *-acum* ♦ Ch.-l. de cant. de la Somme, arr. d'Abbeville, près de la *forêt de Crécy*. 1 577 hab. *(Crécéens)*. ▌**Histoire** C'est à Crécy au début de la guerre de Cent Ans (1346) que Philippe VI de France fut battu par Édouard III d'Angleterre.

**CRÉCY-LA-CHAPELLE** [77580] ♦ Ch.-l. de cant. de la Seine-et-Marne, arr. de Meaux, sur le Grand Morin, au N. de la *forêt de Crécy*. Fusion de Crécy-en-Brie et de La Chapelle-sur-Crécy. 3 851 hab. (aggl. 7 175) *(Créçois)*. Vestiges d'enceintes médiévales. Collégiale des XIIIᵉ et XVᵉ s. Église Saint-Georges du XVIIIᵉ s.

**CRÉHANGE** [57690] ➝ ÉTYM. anc. *Krichinga*, du germ. *Hricho*, n. de pers., et suff. *-ing* ♦ Comm. de la Moselle, arr. de Boulay-Moselle. 3 891 hab.

**CREIL** [60100] ➝ ÉTYM. anc. *Crioilum*, du gaul. *Critos*, n. de pers., et *ialo* «clairière, champ» ♦ Comm. de l'Oise, arr. de Senlis, sur l'Oise. 30 675 hab. (aggl. 97 455) *(Creillois)*. Musée Gallé-Juillet (mobilier, faïences). ▪ Creil forme avec sa banlieue, Montataire*, un important centre indus. (métall., chimie). Centre ferroviaire et gare fluviale. Centrale thermique.

**CRELLE (August Leopold)** ♦ Ingénieur allemand (Eichwerder, près de Wriezen, Prusse 1780 - Berlin 1855). Il participa à la construction de la plupart des voies de communication de la Prusse et fonda un journal de mathématiques qui contribua grandement à la diffusion de la discipline.

**CRÉMAZIE (Octave)** ♦ Écrivain canadien d'expression française (Québec 1827 - Le Havre 1879). Libraire à Québec, il fut contraint à l'exil, à la suite d'une accusation de faux, et mourut en France, solitaire. Considéré comme le chef de file du romantisme canadien et l'un des fondateurs de l'Institut canadien, il chanta dans des poèmes d'inspiration patriotique son attachement à la France et sa nostalgie d'un passé glorieux. Outre ses poésies, ses *Œuvres complètes* (posth. 1882) contiennent un intéressant *Journal du siège de Paris* et sa *Correspondance*.

**CRÉMIEU** [38460] ➝ ÉTYM. anc. *Cremiacum*, du gaul. *Cremius*, n. de pers., et suff. *-acum* ♦ Ch.-l. de cant. de l'Isère, arr. de La Tour-du-Pin. 3 169 hab. (aggl. 4 561) *(Crémolans)*. Anc. place forte commandant l'une des portes du Dauphiné. Château Delphinal (XIIᵉ s.). Portes fortifiées, vestige de l'enceinte (XIVᵉ s.). Église des XIVᵉ - XVIᵉ s. renfermant un beau mobilier. Halles (XVIᵉ s.). ♦ ***Île Crémieu*** Plateau calcaire séparé du Jura au N. par le Rhône, des plaines de Lyon à l'O. par une falaise creusée de grottes. Pâturages, étangs.

**CRÉMIEUX (Isaac Moïse, dit Adolphe)** ♦ Homme politique français (Nîmes 1796 - Paris 1880). Avocat, député d'opposition (1842), il fut ministre de la Justice dans le gouvernement provisoire après la révolution* de février 1848. Élu à l'Assemblée constituante (avr. 1848), il siégea avec la gauche tout en soutenant la candidature de Louis Napoléon Bonaparte à la présidence. Réélu à l'Assemblée législative (mai 1849), il prit position contre la politique du Prince-Président et fut emprisonné après le coup d'État du 2 déc. 1851. Député d'extrême gauche en 1869, il fut nommé ministre de la Justice dans le gouvernement de Défense nationale après la chute de l'Empire et, de confession israélite, fit adopter le décret (dit *décret*

*Crémieux*) attribuant la citoyenneté française aux Juifs d'Algérie (1870). Il fut également l'un des fondateurs de l'Alliance israélite universelle.

**CRÉMIEUX (Gaston)** ♦ Avocat et homme politique français (Nîmes 1836 - Marseille 1871). Avocat à Aix-en-Provence, il milita sous l'Empire dans l'opposition républicaine et fut condamné à plusieurs reprises. En mars 1871, il tenta de jouer un rôle conciliateur comme président de la Commission départementale de la commune de Marseille ; après l'écrasement de celle-ci (4 avr. 1871), il fut condamné à mort et fusillé.

**CREMONA (Luigi)** ♦ Mathématicien et homme politique italien (Pavie 1830 - Rome 1903). Il participa à la guerre de l'Indépendance italienne (1848) et fut ministre de l'Instruction publique (1898). Fondateur de l'école géométrique italienne, il étudia particulièrement les transformations géométriques et le calcul graphique.

**CRÉMONE** – en it. ***Cremona*** ♦ V. d'Italie, ch.-l. de prov., en Lombardie, sur le Pô. 70 887 hab. Cathédrale romane et gothique (XII^e^ - XIV^e^ s.) abritant des fresques (XVI^e^ s.) et des tapisseries (XVII^e^ s.). Campanile du XIII^e^ s., dit «Torrazzo». Baptistère octogonal. Nombreux palais Renaissance. Palais communal. Loggia dei Militi (XIII^e^ s.). ▪ Centre agrocommercial et industriel : indus. alimentaires, mécaniques (automobiles). Gisements de méthane et raffineries. Centrale nucléaire. À partir du XVI^e^ s., Crémone se signala par la fabrication d'instruments de musique (violons). Patrie de plusieurs dynasties de luthiers célèbres (les Amati, Guarneri, Malpighi, Stradivarius). École de lutherie. ▮ **Histoire** Occupée par les Français en 1702 (guerre de Succession d'Espagne), puis de 1796 à 1800, elle passa à l'Autriche de 1814 à 1859.

**CREMONINI (Leonardo)** ♦ Peintre italien (Bologne 1925). Il s'installa en 1951 à Paris où sa peinture connut un vif succès. Michel Butor* lui consacra un poème *(Les Parenthèses de l'été)*, Althusser* et Jean Grenier de longs textes élogieux. Malgré son adhésion au Parti communiste italien en 1976, Cremonini ne se réfère pas à une idéologie : Klimt*, Dix*, les surréalistes sont les seuls à l'avoir influencé. Il rend la parole à l'irrationnel, et ne peut donc s'identifier à l'abstraction. Lors de la guerre d'Algérie, en 1961, ses considérations sur l'inarticulé et sur la souffrance de la chair se précisèrent dans des tableaux aux dominantes rouges *(La Torture)*. Il s'attacha ensuite à rendre la quotidienneté à travers de savants jeux de miroirs et une géométrisation des lignes d'inspiration classique.

**CRÉON** ➝ ÉTYM. en gr. *Kreôn*, de *kreiôn* «le plus fort [chef-noble]» ♦ Roi légendaire de Thèbes*, frère de Jocaste*. Régnant après l'exil d'Œdipe*, il prend parti pour Étéocle* et contre Polynice* dans la lutte pour la succession. Les deux frères s'étant entretués lors de la guerre dite des Sept Chefs, il interdit l'ensevelissement de Polynice et fait enterrer vive Antigone* qui ose transgresser ses ordres. ▪ Roi légendaire de Corinthe* qui accueille Jason* et Médée* chassés d'Iolcos. Il périt en essayant de sauver sa fille Créüse*.

**CRÉON** [33670] ➝ ÉTYM. p.-ê. du précelt. °*crav-* (du pré-indo-eur. °*car-* «pierre») et suff. *-onem* ♦ Ch.-l. de cant. de la Gironde, arr. de Bordeaux. 2 856 hab. *(Créonnais)*. Anc. bastide, cap. de l'Entre-deux-Mers (vignobles), marché agricole important.

**CREPAX (Guido)** ♦ Dessinateur italien (Milan 1933 - *id.* 2003). Auteur de bandes dessinées et d'illustrations d'une extrême élégance graphique, dont le récit mêle souvent érotisme, freudisme et politique (d'inspiration marxiste) et dont la mise en page a contribué puissamment à l'évolution moderne de la narration dessinée (*Neutron*, 1965 ; *Valentina*).

**CRÉPIN** et **CRÉPINIEN** (saints) ♦ Selon la légende (X^e^ s. ?), deux frères cordonniers, martyrs à Soissons en 287. Leur culte comme patrons des cordonniers se répandit au Moyen Âge, avec les corporations et confréries. Cependant, le culte des saints *Crispus* et *Crispinianus* (dont on ne sait rien) est attesté à Soissons dès le VI^e^ s. par Grégoire de Tours. ▪ Fête le 25 oct.

**crépusculaires** (poètes) → **Gozzano**

Le **Crépuscule des dieux** → **Tétralogie**

**CRÉPY** – anc. ***Crépy-en-Laonnois*** [02870] ➝ ÉTYM. anc. *Crespeium*, du lat. *Crispius*, n. de pers., et suff. *-acum* ♦ Comm. de l'Aisne, arr. de Laon. 1 710 hab. *(Crépinois)*. ▮ **Histoire** Le 18 sept. 1544, François I^er^ et Charles Quint y conclurent un traité de paix. Charles Quint y renonçait au duché de Bourgogne, contre une renonciation de la France à la Flandre et à l'Artois, au Milanais, à Naples et à l'Aragon.

**CRÉPY-EN-VALOIS** [60800] ♦ Ch.-l. de cant. de l'Oise, arr. de Senlis. 14 436 hab. *(Crépynois)*. Anc. cap. du Valois. Église Saint-Denis des XII^e^ et XV^e^ s. (transept du XVII^e^ s.). Ruines de l'abbaye Saint-Arnould (XI^e^ - XIV^e^ s.). Musée de l'Archerie et du Valois abritant notamment une coll. d'art sacré. ▪ Ville industrielle.

**CRÉQUI** ♦ Famille originaire de l'Artois. ♦ **Charles de Créqui** (1578 - 1638), maréchal de France. Il fit campagne sous Louis XIII contre les Espagnols en Italie et fut tué en Piémont. ♦ **Charles de Créqui** (1623 - 1687). Fils du précédent. Ambassadeur à Rome, il subit une insulte dont Louis XIV exigea une réparation éclatante. ♦ **François de Créqui** (1624 - 1687). Frère du précédent. Duc de Lesdiguières, il fut maréchal de France.

**CRES** ♦ Île de Croatie (archipel dalmate) dans le golfe du Kvarner. 399 km². 3 184 hab.

**CRÈS (LE)** [34920] ➝ ÉTYM. anc. *de Crecio*, du prov. *gres* «terrain pierreux», du pré-indo-eur. *car-* «pierre» ♦ Comm. de l'Hérault, arr. de Montpellier. 6 800 hab.

**CRESCAS (Hasdai)** ♦ Philosophe juif espagnol (Barcelone 1340 - Saragosse v. 1412). Il occupa des fonctions à la cour d'Aragon, géra les affaires juives et contribua au rétablissement des siens après les émeutes antisémites (1391). Auteur de *La Lumière de Dieu (Or Adonaï)*, où il réfute les positions aristotéliciennes de Maïmonide*.

**Crescent** (barrage du) ♦ Barrage sur la Cure, dans le Morvan. Sa retenue (14 millions de m³) alimente la centrale hydroélectrique de Bois-de-Cure et concourt à régulariser le débit de la Seine.

**CRESCENTII** – en it. ***Crescenzi*** ♦ Famille de patriciens romains qui joua un rôle dans les luttes concernant la papauté (X^e^ - XI^e^ s.). ♦ **CRESCENTIUS** (mort v. 984). Fils de Théodora la Jeune, de la famille des Théophylacte. Il fit étrangler le pape Benoît VI en 974 et le remplaça par l'antipape Boniface VII. ♦ **Johannes Crescentius Nomentanus** (mort en 998). Fils du précédent. En opposition au pape Grégoire V, il fit élire à sa place l'antipape Jean XVI (997), mais fut assiégé au château Saint-Ange par l'empereur germanique Othon III et exécuté. ♦ **Johannes Crescentius** (mort en 1012). Fils du précédent. Il joua un rôle important à Rome, notamment à la mort du pape Serge IV (1012).

**CRESPI (Giuseppe Maria)** dit **lo Spagnolo** ♦ Peintre, dessinateur et aquafortiste italien (Bologne 1665 - *id.* 1747). Il fut surtout marqué par la tradition picturale bolognaise et poursuivit sa formation à Venise, Modène, Parme, Urbino et Rome. Il peignit de nombreuses compositions religieuses *(Les Sept Sacrements)*, de grandes décorations mythologiques et allégoriques (*Les Dieux et les Saisons*, 1691). Amateur de clair-obscur, il en exploita les effets dramatiques et utilisa une gamme chromatique où dominent les coloris bruns et chauds. Il exécuta surtout de nombreuses scènes de genre et bambochades dont il aimait souligner le pittoresque un peu sordide (*La Chercheuse de puces*, v. 1707). Son sentiment de la réalité annonce parfois le réalisme du XIX^e^ s. ➝ ÉTYM. Le nom *Crespi* vient d'un nom de lieu ou de *Crespo*, surnom d'un homme aux cheveux crépus.

**CRESPIN (Régine)** ➝ ÉTYM. du prénom *Crépin* ♦ Soprano française (Marseille 1927 - Paris 2007). Elle se rendit d'abord célèbre dans les rôles de la Tosca, Desdémone, Fidelio, avant de commencer à interpréter Mozart. En 1957, elle créa le *Dialogue des Carmélites* de Poulenc. Elle devait, par la suite, se révéler une grande interprète de Wagner et de R. Strauss.

**CRESPIN** [59154] ♦ Comm. du Nord, arr. de Valenciennes, à proximité de la frontière belge. 4 410 hab. Matériel ferroviaire.

**CRESSENT (Charles)** ♦ Ébéniste, sculpteur, collectionneur français (Amiens 1685 - Paris 1768). Fils et petit-fils de sculpteurs et ébénistes, il se fixa à Paris probablement vers 1710 et devint en 1714 membre de l'Académie de Saint-Luc. En 1715, il reçut la charge d'ébéniste du duc d'Orléans et travailla ensuite pour les cours étrangères. Il conçut et réalisa des meubles très divers (bureaux, commodes, chaises, armoires). Il contribua à infléchir le style Louis XIV vers plus de grâce et d'élégance en adoptant les motifs rocaille, notamment sous l'influence d'Oppenord et Watteau (médaillier de la Bibliothèque nationale). Il accorda une grande importance à la marqueterie et au placage, mais surtout aux ornements chantournés en bronze doré pour lesquels il fit preuve d'une imagination pleine de fantaisie. Vers 1730, il subit l'influence de la mode antiquisante et revint à plus de simplicité.

**CRESSON (Édith)** ♦ Femme politique française (Boulogne-sur-Seine 1934). Députée socialiste (1981 - 1993), elle a été ministre de l'Agriculture (1981 - 1983), du Commerce extérieur et du Tourisme (1983 - 1984), du Redéploiement industriel et du Commerce extérieur (1984 - 1986) et des Affaires européennes (1988 - 1990). Première femme chef d'un gouvernement en France (mai 1991 - avr. 1992), elle dut démissionner après la défaite du parti socialiste aux élections régionales. De 1994 à 1999, elle fut commissaire européenne. ➝ ÉTYM. Ce nom signifie «marchand de cresson».

**CREST** [kRɛ] [26400] ➝ ÉTYM. de l'occit. *cresta* «sommet, crête» ♦ Ch.-l. de cant. de la Drôme, arr. de Die, sur la Drôme. 7 739 hab. (aggl. 9 728) *(Crestois)*. Donjon du XII^e^ s., haut de 45 m. Vieille ville pittoresque. ▪ Marché agricole. Indus. alimentaire.

**CREST-VOLAND** [73590] ♦ Comm. de la Savoie, arr. d'Albertville, au-dessus de l'Arly. 418 hab. *(Crest-Volantains)*. Station de sports d'hiver et station estivale (1 230 - 1 950 m).

**CRÉSUS** ♦ Roi de Lydie* (de v. –561 à –546). Il devait ses richesses fabuleuses aux sables aurifères du Pactole*. Sardes*, sa capitale, attirait les intellectuels et les curieux. Ésope* et Solon* l'auraient visitée. Ce dernier, dit-on, voyant l'opulence de son hôte, lui fit remarquer : «Ne dis personne heureux avant sa fin.» Or, après de nombreuses victoires, Crésus, vaincu par Cyrus* le Grand et condamné à mourir sur le bûcher, s'en souvint et prononça le nom du sage. Cyrus, informé de la cause de cette évocation, apprécia l'avertissement, épargna Crésus et en fit son ami.

**CRÈTE** n. f. ➝ ÉTYM. en gr. mod. *Kríti*, étym. incert., probablt préhellénique ♦ Île formant une région de Grèce constituée de 4 nomes (La Canée, Rethymnon, Héraklion, Lassithi), 4$^{e}$ de la Méditerranée par sa taille, délimitant la mer Égée et la Méditerranée. 8 331 km$^2$. Env. 570 000 hab. *(Crétois)*. CAP. : Héraklion* (depuis 1971). Partie de l'arc insulaire qui relie le Péloponnèse à l'Asie Mineure, l'île est très montagneuse (Ida, 2 456 m ; Lefka Ori, 2 452 m ; Dikti, 2 148 m) ; on y pratique la culture des oliviers et l'élevage ovin. Dans les étroites plaines littorales, les cultures irriguées (agrumes, légumes sous serre) ainsi que le tourisme se développent rapidement, notamment sur la côte N. qui concentre la vie urbaine, avec Héraklion, La Canée, Rethymnon, faisant de la Crète l'une des régions les plus dynamiques de la Grèce. ▪ **Histoire** Habitée dès le Néolithique, l'île fut envahie vers –2700 par un peuple anatolien qui apporta la technique du bronze et une architecture évoluée. L'âge du bronze ou minoen (de –2100 à –1400) est caractérisé par la construction de palais, dont les premières fouilles par A.J. Evans*, v. 1900, confirmèrent le fond historique des légendes (➝ **Héraclès, Minotaure, Dédale, Icare, Labyrinthe, Ariane**). Les premiers palais (Cnossos*, Phaistos*, Mallia, Tylissos, Haghia Triada et Kato Zakros) furent détruits vers –1700 par une invasion venue du continent, puis reconstruits ; Cnossos devint alors prépondérant, sous la dynastie des Minos, grâce à l'efficacité de son organisation économique (soutenue par son écriture dite «linéaire B») qui lui permit d'étendre une véritable thalassocratie sur les Cyclades*, la Grèce achéenne et Chypre. Au –XV$^{e}$ s., l'île fut néanmoins conquise par les Achéens qui mirent fin à l'empire de Cnossos ; elle entra dans la mouvance mycénienne (➝ **Idoménée**) ; sa décadence fut précipitée par un important séisme qui détruisit les seconds palais vers –1400. La conquête dorienne (–1100) mit fin à la civilisation mycéno-crétoise, et la Crète ne joua plus qu'un rôle marginal dans le monde grec (➝ **Néarque**) malgré une brève renaissance au –VII$^{e}$ s. Elle fut soumise à Rome en –63. Les Arabes l'enlevèrent en 823 à Byzance, y fondèrent Khandak (Candie). Nicéphore* II Phocas la leur reprit en 961. Lot de Boniface de Montserrat lors du partage de l'Empire byzantin par les croisés (1204), elle fut vendue par lui à Venise, dont elle constitua jusqu'en 1669 la base commerciale et militaire avancée, malgré les assauts des Génois et des Turcs. À la fin de la domination vénitienne, la Crète connut une renaissance culturelle visible dans l'architecture, la peinture (Domenikos Theotokopoulos, dit «le Greco*») et les lettres (➝ **Érotocritos**). Conquise par les Turcs après la longue résistance de F. Morosini à Candie (1644 - 1669), l'île se révolta en 1821, 1866 et 1897, pour devenir autonome en 1898. Après l'insurrection de 1905, l'union à la Grèce, proclamée par le coup d'État de Venizélos* (1908), devint effective en 1913. Conquise en mai 1941 par les Allemands, la Crète mena une résistance acharnée jusqu'à sa libération en 1945.

**Crète.** Détail d'une fresque du palais de Cnossos.
Musée d'Héraklion, Crète. *Phot.* ©*Archives Larbor*

**CRÉTEIL** [94000] ➝ ÉTYM. anc. *Cristoilum*, du gaul. *crista* «crête» et *ialo* «clairière» [terrain déboisé pour pouvoir y habiter] ou du lat. *Chrestus*, n. de pers. ♦ Ch.-l. du dép. du Val-de-Marne, sur la Marne, au S.-E. de Paris. 82 154 hab. *(Cristoliens)*. Évêché. Académie. Université. Église Saint-Christophe (clocher-porche du XII$^{e}$ s.) dans l'anc. quartier. ▪ Le nouveau Créteil, relié à la capitale par le métropolitain, est un centre administratif (palais de justice, hôpital Henri-Mondor, sièges de sociétés) et commercial doté d'un technopôle (haute technologie) et d'un centre résidentiel et culturel (maison de la Culture et des Arts) à proximité d'une base de plein air et de loisirs (lac artificiel). Indus. diversifiées. ▪ Créteil fut le siège du groupe littéraire de l'Abbaye*.

**CREUS** (cap de) ♦ Cap de l'extrémité N.-E. de l'Espagne, sur la côte catalane, près de la frontière française.

**CREUSE** n. f. ➝ ÉTYM. anc. *Crosa*, gaul. «creux, encaissé» ♦ Riv. du Berry et du Limousin (255 km), affl. de la Vienne. Elle prend sa source au plateau de Millevaches et traverse Aubusson, Argenton-sur-Creuse et Le Blanc ; elle conflue en aval de Châtellerault. ▪ Aménagements hydroélectriques.

**CREUSE** [23] n. f. ➝ ÉTYM. du n. de la riv. ♦ Dép. du centre de la France, région Limousin. 5 565 km$^2$. 124 470 hab. CH.-L. : Guéret. CH.-L. D'ARR. : Aubusson. Cour d'appel : Limoges. Académie : Limoges. ➝ **Limousin.**

**CRÉÜSE** ➝ ÉTYM. en gr. *Kreousa*, fém. de *Créon** ♦ Princesse légendaire d'Athènes, fille d'Érechthée*. De son union avec Apollon*, elle enfante Ion*, puis elle épouse Xouthos* dont elle a un fils, Achaios*.

**CRÉÜSE** – en gr. *Kreousa* ♦ Personnage de *Médée** d'Euripide. Fille de Créon*, roi de Corinthe, elle épouse Jason*. Médée, abandonnée, se venge en lui envoyant comme cadeau de noces une tunique empoisonnée qui s'enflamme sur son corps et la consume.

**CRÉÜSE** ♦ Personnage de *L'Énéide** de Virgile, fille de Priam* et d'Hécube* et épouse d'Énée* dont elle a un fils, Ascagne*. La nuit de la chute de Troie*, égarée dans la confusion, elle est enlevée par Aphrodite, puis elle apparaît à son mari et lui annonce que la déesse ne voulait pas la laisser quitter la Phrygie.

**CREUSOT (LE)** [71200] ➝ ÉTYM. du gaul. *croso* «creux [endroit encaissé]» et suff. de l'est *-ottum* ♦ Ch.-l. de cant. de la Saône-et-Loire, arr. d'Autun, dans la dépression de «Dheune-Bourbince». 26 283 hab. (aggl. 37 576) *(Creusotins)*. L'industrie, née de la houille au XVIII$^{e}$ s., prit son essor en 1836 avec les frères Schneider qui l'orientèrent, dès 1867, vers la métallurgie fine, la production d'aciers spéciaux, activité qui était celle de la société Creusot-Loire. Moteurs d'avions. Matériel ferroviaire. Électronique. Télécommunications. Pôle nucléaire bourguignon. ▪ Écomusée, centre de recherche sur la civilisation industrielle installé dans le château de la Verrerie, anc. résidence des Schneider.

**CREUTZ (Gustaf Philip)** ♦ Poète, diplomate et haut fonctionnaire suédois (Anjala, Finlande 1731 - Stockholm 1785). Les critiques, notamment Tegnér*, ont toujours souligné l'influence de la Finlande, son pays natal, dans son œuvre. Il fut ambassadeur à Madrid et à Paris (1765 - 1783), président de la Chancellerie royale et de l'Académie des sciences. Il représente le goût classique français dans ses poèmes amoureux, comme *Une question* (1754) ou *Daphné* (1762), et proclame dans *Atis et Camilla* (1762) que l'amour est supérieur aux décrets divins. Ses descriptions réalistes de la nature nordique, dans ce dernier poème et dans *Un chant d'été* (1756), annoncent le romantisme.

**CREUTZWALD** [57150] ♦ Comm. de la Moselle, arr. de Boulay-Moselle. 14 360 hab. (aggl. 17 982) *(Creutzwaldois)*. Indus. automobile. Anc. houillère.

**CREUZÉ DE LESSER (Augustin François,** baron**)** ♦ Écrivain français (Paris 1771 - *id.* 1838). Auteur de comédies (*Le Secret du ménage*, 1809) et de livrets d'opéra, il joua un rôle notable dans l'avènement du romantisme en contribuant à répandre en France la connaissance des littératures étrangères et le goût des légendes médiévales ; il composa des poèmes épiques (*La Table ronde*, 1812 ; *Amadis de Gaule*, 1813 ; *Roland*, 1814), traduisit *Les Voleurs* de Schiller et, surtout, révéla le *romancero**, avec ses *Romances du Cid, romances espagnoles imitées en romances françaises* (1814).

**CREUZER (Friedrich)** ♦ Érudit et philologue allemand (Marburg 1771 - Heidelberg 1858). Professeur à Heidelberg et membre du «cénacle romantique», on lui doit des travaux sur la littérature et la mythologie antiques (*Symbolique et Mythologie des peuples de l'Antiquité et surtout des Grecs*, 1810 - 1812 ; *Dionysos*, 1808 ; *Lettres sur Homère et Hésiode*, 1818) et une édition des œuvres de Plotin. ➝ **Günderode.**

**CREVAUX (Jules)** ♦ Explorateur français (Lorquin, Moselle 1847 - dans le Chaco 1882). Médecin de la marine détaché en Guyane, il explora les affluents de la rive gauche de l'Amazone, puis, en Colombie (1879), le río Magdalena et le Cassiquiare jusqu'à l'Orénoque. Il fut tué par les Indiens lors de l'exploration du río Pilcomayo (*Voyages dans l'Amérique du Sud*, 1883).

**CRÈVECŒUR (Philippe DE)** ♦ Homme de guerre français (v. 1418 - L'Arbresle 1494). D'abord au service de Charles le Téméraire, il passa au service de Louis* XI (1477) et signa sous Charles VIII le traité d'Étaples* avec l'Angleterre.

**CRÈVECŒUR (Michel Jean DE)** ♦ Mémorialiste franco-américain (Caen 1735 - Sarcelles 1813). Il partit rejoindre Montcalm au Canada, puis s'établit définitivement comme fermier dans la colonie de New York dont il devint citoyen (1765) et où il prit le nom de Hector Saint-Jean de Crèvecœur, donné par la suite à une ville du Vermont (Saint Johnsbury) en son honneur. Il publia à Londres d'abord, puis à Paris, en traduction, les *Lettres d'un fermier américain* (1784), très appréciées des écrivains français de l'époque, où il décrit la vie dans le Nouveau Monde. Il fut nommé consul de France à New York, et entretint des relations avec Franklin, Jefferson et Washington.

**CREVEL (René)** ♦ Écrivain français (Paris 1900 - *id.* 1935). Il appartint au groupe surréaliste et prit part à ses diverses manifestations, bien qu'il fût très critique à l'égard du mouvement. Les ouvrages qu'il a publiés sont le reflet d'un esprit hanté par l'impuissance d'une révolte qui ne trouve d'apaisement que dans le sadisme et la violence et pour qui la folie, vraie ou feinte, est la forme suprême de la protestation. Obsédé par le goût de la mort, désespéré par la rupture entre le surréalisme et le matérialisme marxiste, atteint de tuberculose rénale, il se suicida. Œuv. princ. : *Détours* (1924), *Mon corps et moi* (1925), *La Mort difficile* (1926), *Êtes-vous fous ?* (1929), *Les Pieds dans le plat* (1933). ➝ ÉTYM. *Crevel* est une variante régionale de *crible* (fabricant ou marchand de cribles [tamis]).

**CREWE** ♦ V. d'Angleterre (Cheshire). 111 006 hab. Après la construction en 1837 d'une ligne ferroviaire Manchester-Liverpool-Birmingham et l'établissement d'une usine de locomotives, la ville devint un centre important du réseau ferroviaire britannique. Construction automobile (Bentley et, jusqu'à 2002, Rolls Royce). Aciérie.

**CREYS-MALVILLE** ♦ Centrale nucléaire du dép. de l'Isère, sur le Rhône, équipée du réacteur surgénérateur prototype de 1 200 mégawatts, *Super Phénix*, ouverte en 1985, arrêtée à plu sieurs reprises à cause de diverses défaillances techniques et définitivement fermée en déc. 1998.

Le **Cri** ♦ Peinture d'Edvard Munch* (huile sur toile, 1893). La distorsion des formes en arabesques, proches de l'Art* nouveau, les couleurs chaudes, irréelles, l'eau semblant tourbillonner vers le ciel, la diagonale du pont, l'impression de gouffre et de vertige confèrent son intensité dramatique à ce tableau expressionniste, tout autant que la figure isolée qui crie dans le vide. De 1899 à 1935, Munch peignit, dans une composition assez voisine, une série plus sereine de *Jeunes filles sur le pont*.

**Le Cri.** Tableau de Munch (69 × 43,5 cm). Galerie nationale, Oslo.
*Phot. ©J. Lathion, Nasjonalgalleriet/NG 1992*

**CRICK (Francis Harry Compton)** ♦ Biochimiste britannique (Northampton 1916 - La Jolla, Californie 2004). Avec J. D. Watson*, il découvrit, en 1953, la structure en double hélice de la molécule d'acide désoxyribonucléique (ADN) des chromosomes et le mécanisme de sa duplication, qui permit de comprendre la transmission de l'information génétique. Ces découvertes constituent les fondements de la biologie moléculaire. [Prix Nobel de physiol. ou méd. 1962, avec J. D. Watson et M. Wilkins*]

**CRIEL-SUR-MER** [76910] ➝ ÉTYM. p.-ê. du gaul. *Critos*, n. de pers., ou du lat. *creta* «craie», et suff. *-ellum* ♦ Comm. de la Seine-Maritime, arr. de Dieppe. 2 670 hab. *(Criellois)*. Aux environs, station balnéaire de Criel-Plage.

**CRILLON (Louis de Balbes de Berton de)** ♦ Homme de guerre français (Murs, Vaucluse 1541 - Avignon 1615). Un des plus brillants capitaines de son temps, il servit Henri II, François II, Charles IX, Henri III et enfin Henri IV qui l'estimait beaucoup. Il combattit à Lépante*, sous les ordres de don Juan* d'Autriche, et prit part aux guerres de Religion, mais refusa d'assassiner le duc de Guise*.

Le **Crime de M. Lange** ♦ Film français de Jean Renoir* (1936), avec Jules Berry, René Lefèvre, Florelle. La vie quotidienne dans un immeuble populaire parisien : les ouvriers d'une petite maison d'édition y croisent les employées d'une blanchisserie. Un patron véreux s'y fera assassiner. Ce scénario original de Renoir, dialogué par Jacques Prévert, cache une description étonnamment juste de la lutte des classes à la veille du Front populaire. Acteurs et techniciens, venus pour la plupart du groupe Octobre (compagnie théâtrale d'extrême gauche), accentuent la portée militante du message, tout en maintenant un climat de joyeuse sauterie. Dépassant le réalisme social, le film débouche sur la féerie.

Le **Crime de Sylvestre Bonnard** ♦ Roman de A. France* (1881) qui apporta la célébrité à son auteur. Sous la forme d'un journal en deux parties, l'intrigue, plutôt comique, montre tout d'abord Sylvestre Bonnard, un vieil érudit, membre de l'Institut, en quête d'un manuscrit de *La Légende dorée* de Jacques de Voragine. Puis l'on suit les aventures à rebondissements que connaît le vieil homme pour adopter une orpheline, Jeanne Alexandre.

**CRIMÉE** n. f. – en russe ***Krym*** ♦ Presqu'île d'Ukraine reliée au continent par l'isthme de Perekop et baignée à l'O. et au S. par la mer Noire. Elle se prolonge à l'E. par la presqu'île de Kertch, qui sépare en partie la mer d'Azov de la mer Noire. Elle forme une rép. autonome de l'Ukraine. 27 000 km². 2 005 127 hab. CH.-L. : Simferopol. V. PRINC. : Sébastopol. **▮ Géographie** Constituée dans sa majeure partie (4/5) par une plaine steppique, la région est dominée dans sa partie méridionale par les *monts de Crimée* (point culminant 1 545 m) qui longent le littoral et abritent un grand nombre de stations thermales et balnéaires (Yalta, Feodossia). Le littoral, de type méditerranéen, est favorable aux cultures subtropicales (vignobles, vergers, agrumes, tabac), tandis que le N., partiellement irrigué grâce au canal de Kakhovka, est réservé à la culture du blé et à l'élevage ovin. Le développement de l'industrie est lié à l'extraction du minerai de fer de la presqu'île de Kertch (métall. à Kertch, Sébastopol, Simferopol) et à l'implantation d'entreprises vinicoles et de conserveries (légumes, fruits, poissons). Le tourisme est très actif. **▮ Histoire** Connue dans l'Antiquité sous le nom de *Chersonèse* taurique*, et habitée par les Cimmériens, puis par les Scythes, la Crimée fut colonisée par les Grecs (–VI^e^ s.) qui y établirent des comptoirs commerciaux et fondèrent v. –480 le royaume du Bosphore* cimmérien, qui passa sous protectorat romain en –47. Elle fut successivement occupée par les Goths, les Huns, les Khazars, les Russes (➝ **Vladimir I^er^**), les Coumans, puis par les Tatars qui y organisèrent un khanat indépendant et reconnurent la suzeraineté ottomane (1475). Les Génois y avaient fondé, à partir de 1275, de nombreux comptoirs sur la côte, qu'ils durent abandonner en 1475. Après la première guerre russo-turque (1768 - 1774), la Crimée, rendue indépendante par le traité de Kutchuk-Kaïnardji, fut annexée par la Russie en 1783, et Potemkine* y aménagea la puissante forteresse et base navale de Sébastopol (➝ **Crimée [guerre de]**). Lors de la guerre civile qui suivit la révolution de 1917, elle fut le dernier refuge des armées blanches de Denikine* et P. Wrangel* (1920). Érigée en république autonome en 1921, elle fut occupée par les Allemands en oct.-nov. 1941, à l'exception de Sébastopol prise par von Manstein en juil. 1942. La Crimée fut reconquise par les Soviétiques (notamment Tolboukhine) en avr.-mai 1944, et les Tatars furent déportés en Sibérie. En 1954, la région, alors russe, fut cédée par Khrouchtchev à l'Ukraine, cession aujourd'hui contestée par les nationalistes russes qui élirent Iouri Mechkov à la présidence de la République autonome (janv. 1994).

**Crimée** (guerre de) ♦ Conflit qui opposa, en 1854 et 1855, la Russie à une coalition formée par la Turquie, la Grande-Bretagne, la France et la Sardaigne, et qui se termina par la défaite des Russes et par le traité de Paris* (1856). Les ambitions rivales anglo-russes en Orient et le prétexte de la querelle entre Napoléon* III et le tsar Nicolas* I^er^ à propos de la possession des Lieux saints, mêlés à la question d'Orient*, furent à l'origine du conflit. Devant le refus du sultan Abdülmacid* de reconnaître le protectorat du tsar sur les orthodoxes de l'Empire ottoman, les Russes occupèrent les principautés moldo-valaques et détruisirent une flotte turque à Sinope* (1853), provoquant ainsi l'alliance franco-britannique avec la Turquie et l'intervention en Crimée. Les alliés, sous les ordres de Saint*-Arnaud et de lord Raglan*, débarqués à Eupatoria* (14 sept. 1854), battirent les Russes commandés par Menchikov* à l'Alma* (20 sept.) et assiégèrent Sébastopol*, défendu par Totleben*, durant un an. Parallèlement, la flotte franco-britannique détruisit la forteresse de Bomarsund dans la Baltique (1854) tandis qu'Odessa fut bombardé. La campagne, marquée par les batailles de Balaklava*, Inkerman*, Tchernaïa, s'acheva après l'assaut victorieux de la tour Malakoff* (sept. 1855) qui entraîna la chute de Sébastopol. La guerre de Crimée, où s'illustrèrent de nombreux soldats français (➝ **Bosquet, Bruat, Canrobert, Hamelin, Mac-Mahon, Pélissier**), contribua à consolider le régime du Second Empire et entraîna en Russie une série de réformes sociales, dues à Alexandre* II, empereur depuis 1855.

**Crime et Châtiment** – en russe ***Prestouplenie i Nakazanie*** ♦ Roman de F. Dostoïevski* (1866). Le héros, Raskolnikov, prouve par orgueil son indépendance et son droit à disposer de lui-même en tuant une vieille usurière. Puis une puissance intérieure le pousse à se dénoncer afin d'être l'objet d'un châtiment librement consenti. Finalement l'éveil de son amour pour Sonia, une jeune prostituée qui l'accompagnera au bagne, lui fera découvrir une autre vie plus proche de l'enseignement de l'Évangile.

**CRIPPS (sir Richard Stafford)** ♦ Homme politique britannique (Londres 1889 - Zurich 1952). Membre du Parti travailliste, élu député aux Communes en 1931, il représentait l'aile gauche du parti. Attlee* le nomma ministre du Commerce (1945 - 1947), puis chancelier de l'Échiquier (1947 - 1950). Voulant restaurer l'économie britannique, il se fit le champion de la politique d'austérité et s'efforça d'équilibrer le budget par une politique fiscale plus efficace.

**CRIȘ** n. m. – en hongr. ***Körös*** ♦ Nom de trois rivières d'Europe centrale parcourant la Roumanie et la Hongrie. Nés dans le massif du Bihor, le *Criș Rapide (Crișul Repede)*, le *Criș Noir (Crișul Negru)* et le *Criș Blanc (Crișul Alb)* rejoignent la Tisa (Hongrie) sous le nom de *Körös*. Le bassin du Criș correspond à une région. → **Crișana.**

**CRIȘANA** n. f. ♦ Prov. historique de Roumanie nord-occidentale correspondant au bassin des trois Criș*.

**crise économique de 1929** ♦ Crise économique déclenchée le 24 oct. 1929 (*Black Thursday* «jeudi noir») à la suite du krach boursier de Wall Street. Née de la surproduction industrielle et du développement illimité du crédit et de la spéculation aux États-Unis (politique de H. Hoover*), elle se répercuta rapidement en Amérique latine et en Europe (Allemagne, Grande-Bretagne, France). Par ses manifestations (baisse de la production, baisse des prix, effondrement des valeurs boursières, faillites et chômage), par ses conséquences économiques (dirigisme, concentration industrielle) et par ses prolongements sociaux et politiques (apparition du nazisme, par ex.), cette crise, qui ébranla profondément les structures du capitalisme libéral, constitue l'un des événements majeurs de l'histoire de la première moitié du XX^e s.

**Cris et Chuchotements** – en suéd. ***Viskningar och Rop*** ♦ Film suédois d'Ingmar Bergman* (1972), avec Harriet Andersson, Ingrid Thulin, Liv Ullmann. Au début du XX^e siècle, trois femmes vivent en recluses dans le manoir familial, avec une servante devenue leur amie et garde-malade. L'aînée est atteinte d'un mal incurable... Rarement description de la souffrance, de l'agonie, de la frustration sexuelle, de l'amitié féminine aussi, aura atteint cette intensité ; un oratorio funèbre d'une sévère beauté.

**Cris et Chuchotements.** Ingrid Thulin et Liv Ullmann.
*Phot. © Coll. Christophe L.*

**CRISPI (Francesco)** ♦ Homme politique italien (Ribera, Agrigente 1819 - Naples 1901). Ayant participé à la révolution de 1848 contre les Bourbons de Sicile, il fut obligé de s'exiler et, pendant une dizaine d'années, séjourna dans plusieurs villes d'Europe. À Londres et à Paris en particulier, il mena une propagande active pour la cause de l'unité italienne. En 1860, de retour en Sicile, il organisa avec Garibaldi l'expédition des Mille* (5 mai 1860) et devint ministre dans le gouvernement sicilien qu'ils instaurèrent. Il s'opposa violemment à l'annexion de la Sicile par la monarchie piémontaise puis, entré au Parlement en 1861 dans l'extrême gauche, il se rallia officiellement à Victor*-Emmanuel II, ce qui représenta une étape importante dans la consolidation du nouvel État italien. Président de la Chambre en 1876 et ministre de l'Intérieur en 1877, puis éloigné de la vie politique à la suite d'un scandale familial, il fut rappelé en 1887 comme ministre de l'Intérieur par Depretis. À la mort de celui-ci, il devint Premier ministre (1887-1891 ; 1893-1896). Sa politique intérieure, de plus en plus autoritaire (il négligeait, par exemple, de réunir le Parlement ou le dissolvait à son gré), déchaîna le mécontentement et donna un grand essor aux mouvements socialistes et anarchistes qu'il réprimait durement. À l'extérieur, son admiration pour Bismarck lui fit resserrer les liens de la Triple-Alliance et adopter une politique agressive envers la France, en particulier dans le domaine des tarifs douaniers. Son souci majeur fut de doter l'Italie d'un empire colonial : il voulut imposer le protectorat italien à l'Éthiopie (défaite d'Adoua*, 1896). Il était poursuivi depuis quelque temps pour détournement de fonds, et le désastre d'Adoua mit définitivement fin à sa carrière.

**CRISPIN** – en it. ***Crispino*** ♦ Personnage de la commedia* dell'arte, valet fripon et bravache. Dans *Crispin, rival de son maître*, comédie en un acte et en vers de Lesage* (1707), le héros tente une audacieuse escroquerie. ▪ Regnard*, dans *Le Légataire* universel* (1708), dote Crispin d'un amour immodéré de l'argent.

**CRISTAL** (monts de) ♦ Massif cristallin du Gabon (900 m) qui débute au Mbini et isole le bassin du moyen Ogooué.

**CRISTÓBAL** ♦ Port du Panamá, à l'embouchure du canal, côté Atlantique. 37 426 hab. Construit lors du creusement du canal pour doubler le port de Colón, il a été aménagé en port de conteneurs en 1986.

**CRISTOFORI (Bartolomeo)** ◆ ÉTYM. → Christophe ♦ Facteur de clavecins italien (Padoue 1655 - Florence 1731). Il fut l'inventeur du piano-forte que Silbermann perfectionna.

**CRITIAS** ♦ Homme politique athénien (-450 - 404). Élève de Socrate, écrivain brillant, il fut le chef du parti oligarchique et l'un des Trente* tyrans imposés par les Spartiates. Chassé d'Athènes par Thrasybule*, il fut tué en essayant de reprendre la ville. Il figure dans les dialogues de Platon*, son petit-neveu.

**Critias ou l'Atlantide** ♦ Dialogue de Platon* inachevé qui fait suite au *Timée** et complète le récit de la lutte qui opposa Athènes aux rois de l'Atlantide.

**Critique de la faculté de juger** – en all. ***Kritik der Urteilskraft*** ♦ Ouvrage philosophique de Kant* (1790) qui traite des conditions *a priori* du jugement esthétique et téléologique.

**Critique de la raison dialectique** ♦ Œuvre philosophique de J.-P. Sartre* (1960) qui apparaît comme une tentative pour concilier le marxisme, matérialisme historique, et l'existentialisme.

**Critique de la raison pratique** – en all. ***Kritik der praktischen Vernunft*** ♦ Traité de philosophie morale de Kant* (1788) comprenant deux parties : l'Analytique, étude des principes de la raison pure pratique, et la Dialectique, critique des théories morales qui identifient bonheur et vertu dans le concept de Souverain Bien, et formulation des postulats de la raison pratique (immortalité de l'âme, existence de Dieu).

**Critique de la raison pure** – en all. ***Kritik der reinen Vernunft*** ♦ Traité philosophique de Kant* qui étudie «l'étendue et les limites du pouvoir de la raison indépendamment de l'expérience» (première édition, 1781 ; seconde, 1787, augmentée d'une préface importante qui expose les thèses principales du criticisme). L'œuvre comprend trois parties : Esthétique, Analytique et Dialectique transcendantales.

La **Critique de l'École des femmes** ♦ Comédie en un acte, en prose de Molière* (1663). La nouveauté, la hardiesse de *L'École* des femmes* et son succès suscitèrent une cabale contre Molière. Inspirée par Corneille, animée par Boursault* et Donneau* de Visé, elle groupait aussi jansénistes et dévots, ainsi que les comédiens de l'Hôtel de Bourgogne. Molière répondit à ces attaques dans *La Critique de l'École des femmes* où les personnages gagnés à sa cause accablent ses adversaires sous le ridicule.

**Critique du programme de Gotha** ♦ Ouvrage de Marx* écrit en 1875 et publié par Engels en 1891. Analysant le programme de coalition élaboré par le parti ouvrier social-démocrate (→ **Bebel, Liebknecht**) et l'Association générale des travailleurs allemands (fondée par Lassalle), Marx en dénonce les tendances qu'il décrit comme réformistes et nationalistes et affirme la nécessité de la dictature révolutionnaire du prolétariat comme phase transitoire entre la société capitaliste et la société communiste. À ce texte (qui s'intitule également *Gloses marginales au programme du parti ouvrier*, 1875), il faut ajouter les *Lettres* de ce dernier adressées à Bebel, Liebknecht. Au congrès d'Erfurt (1891), c'est la tendance marxiste (projet formulé par Kautsky*) qui l'emporta sur le programme du comité directeur du parti, critiqué par Engels *(Critique du programme d'Erfurt)*.

**Criton** – en gr. ***Kritôn*** ♦ Dialogue de Platon*, de la première période, sur le devoir du citoyen. Socrate*, en prison et déjà condamné, tente de prouver la nécessité d'obéir aux lois de la cité, même injustes, à Criton venu lui proposer de s'enfuir.

**CRIVELLI (Carlo)** ♦ Peintre italien (Venise entre 1430 et 1435 - 1493 ou 1495). Chassé de Venise (1457), il s'exila en Dalmatie et retourna en Italie (1467) où il s'installa dans les Marches (Ascoli). Il semble qu'il fut formé par les Vivarini* de Murano aux coloris cristallins et minéraux qui lui transmirent le style dur de l'école de Padoue. Grand représentant de la tendance décorative du dernier tiers du XV^e s., il utilisa un répertoire précis, associant les souvenirs gothiques et byzantins aux formules contemporaines. Dans sa *Pietà* (v. 1485, Vatican), intense et tragique, la référence à l'émotion giottesque côtoie l'expressivité d'Andrea* del Castagno. Son *Annonciation* (1486, National Gallery, Londres) révèle une sensibilité gothique alors que l'architecture et l'organisation spatiale sont renaissantes. Dans sa série de *Saintes*, il altère le

Carlo **Crivelli.** *La Pietà*. Pinacothèque de Brera, Milan. *Phot. ©Carlo Bevilacqua/Ricciarini*

canon gothique au profit d'un sens plastique plus moderne. Malgré la subtilité de ses archaïsmes et l'intensité de son atmosphère, l'œuvre de Crivelli reste relativement isolée.

**CRNA GORA** n. f. – ÉTYM. monténégrin « montagne noire » ♦ Nom monténégrin du Monténégro*. Crna Gora désigne également plusieurs autres montagnes des Balkans, dont l'une au N. de Skopje, en Macédoine.

**CRNA REKA** n. f. – ÉTYM. macédonien « rivière noire » ♦ Riv. de Macédoine, affl. du Vardar, née au N.-O. de Bitola (185 km). Théâtre de combats serbo-bulgares durant la Première Guerre mondiale.

**CRNJANSKI (Miloš)** ♦ Poète et romancier serbe (Csongrád, Hongrie 1893 - Belgrade 1977). Il est l'un des meilleurs représentants de la poésie moderne serbe (*Ithaque*, 1919) et surtout l'auteur d'une vaste fresque historique et métaphysique sur le destin des Serbes dans l'empire austro-hongrois du XVIII^e^ s. : *Migrations* (1929 - 1962). *Le Roman de Londres* (1971) est une autobiographie transposée de son exil en Angleterre (1940 - 1965).

**CROAGH PATRICK** ♦ Montagne conique de la rép. d'Irlande (comté de Mayo) dominant la baie de Clew. Un des principaux centres de pèlerinage irlandais.

## CROATIE

▮ n. f. – off. ***république de Croatie***, en croate ***Hrvatska*** – ÉTYM. p.-ê. du vx slave *hrebet* « colline, montagne » ♦ Pays comprenant la Croatie proprement dite, la Slavonie, la Dalmatie et la plus grande partie de l'Istrie. 56 538 km². 4 437 460 hab. *(Croates)*. LANGUE : croate. POPULATION : Croates, 90 % ; Serbes, 5 % (2001). RELIGIONS : catholiques (88 %), orthodoxes (4 %), musulmans (1 %). MONNAIE : kuna. CAPITALE : Zagreb.

▮ **GÉOGRAPHIE** On distingue trois parties naturelles : au N. et au centre, les plaines fertiles de la Podravina et de la Posavina, séparées par des collines et de petits massifs montagneux n'excédant pas 1 000 m (Medvednica, Papuk, Psunj) ; au S., le littoral adriatique d'Istrie et de Dalmatie et les quelque 600 îles de l'archipel dalmate, de climat méditerranéen (→ **Istrie, Dalmatie**) ; entre les deux, la barrière des chaînes dinariques, Kapela, Velebit, Dinara, qui atteignent 1 800 m et encadrent des dépressions fermées, les poliés (→ **Karst**).

▮ **LA POPULATION** Les Serbes sont des descendants de réfugiés venus de l'Empire ottoman aux XVII^e^ - XVIII^e^ s. et que l'Autriche installa comme paysans-soldats dans les Confins militaires, ce qui explique leur concentration le long de la frontière bosniaque, notamment en Krajina. La Croatie a connu, surtout dans les années 1960, une forte émigration économique vers l'Europe occidentale, l'Australie et les Amériques.

▮ **ÉCONOMIE** L'agriculture est variée dans les plaines (blé, maïs, betterave à sucre, houblon, élevage bovin), tandis que le Karst se consacre à l'élevage ovin. Le littoral dalmate produit des vins réputés. Les ressources minières (pétrole, charbon, bauxite) sont modestes. La sidérurgie anime Sisak, le textile Karlovac et Varaždin, Šibenik produit de l'aluminium, les ports de Rijeka et Split abritent d'importants chantiers navals, Zagreb est un centre industriel diversifié. Le littoral est équipé pour le tourisme de masse qui fut, avant la guerre et le redevint dès la fin des années 1990, une grande source de devises tout en faisant flamber le prix de l'immobilier sur la côte au détriment des autochtones.

▮ **HISTOIRE** La Croatie fit partie dès le I^er^ s. de la province romaine de Pannonie. Au VII^e^ s., les Croates, peuple slave venu des Carpates, s'y établirent ; ils fondèrent au X^e^ s. un royaume indépendant qui fut en lutte contre Venise. ▮ ***La domination hongroise*** Unie à la royauté de Dalmatie (1059), la Croatie fut ensuite soumise au royaume de Hongrie (1102), auquel elle devait rester « associée » jusqu'en 1918, si l'on excepte les périodes d'occupation turque (1526 - 1599) et française (1809 - 1813). Au début du XX^e^ s., le mouvement nationaliste croate s'unit à celui des Serbes qui aspirait à la réunion des Slaves du S. (→ **Serbie**). ▮ **La Yougoslavie** Englobée dans le Royaume des Serbes, Croates et Slovènes (plus tard nommé Yougoslavie) à partir de 1918, la Croatie fut agitée de violents mouvements nationalistes dont celui des oustachis, responsable de l'assassinat du roi Alexandre en 1934. ▮ ***Un satellite du Reich*** En 1941, après l'invasion et le démembrement de la Yougoslavie par Hitler et ses alliés, la Croatie forma un État indépendant, en fait satellite du Reich, sous la direction du chef oustachi Ante Pavelić. Les Serbes et les Juifs y furent l'objet de sévices et de massacres. ▮ ***La république socialiste fédérative et la montée des nationalismes*** Après la victoire des partisans (à laquelle contribuèrent de nombreux Croates) et la libération, Tito fit de la Croatie l'une des six républiques de la Fédération yougoslave. En 1990, après l'instauration du pluripartisme en Yougoslavie, les élections furent gagnées en Croatie par les nationalistes de l'Union démocratique croate (HDZ), dont le chef F. Tudjman* devint président de la République. ▮ **L'indépendance** Faute d'entente avec la Serbie sur l'avenir de la fédération yougoslave, la Croatie proclama en juin 1991 son indépendance, reconnue internationalement en 1992. Refusant cette sécession, les Serbes locaux, appuyés par l'armée fédérale, déclenchèrent une guerre qui les laissa maîtres d'une République serbe de Krajina (le quart de la Croatie). En 1992, une force d'interposition de l'ONU y fut déployée mais aucune solution négociée n'intervint. En août 1995, l'armée croate, renforcée, reconquit la Krajina, provoquant un exode des Serbes, dont la part est sans doute tombée à 3 % de la population de la Croatie. En 1998, celle-ci reprit pacifiquement le contrôle de la Slavonie orientale, achevant la libération de son territoire. ▮ ***L'ouverture vers l'Europe*** Après la mort de Tudjman (déc. 1999), las de l'autoritarisme et des difficultés économiques, les Croates élirent en février 2000 un président centriste, Stipe Mesić (ex-communiste et dernier président de l'ex-Yougoslavie), favorable à un rapprochement avec l'Union européenne (négociations ouvertes en 2005) et l'Otan (entrée en 2009). La Croatie a également entamé une coopération exemplaire avec le Tribunal* pénal international. Le social-démocrate Ivo Josipović a été élu président en 2009 et a ainsi entamé, jusqu'aux législatives de 2011, une période de cohabitation avec la majorité conservatrice qui a déclaré le soutenir pour lutter contre la corruption et mener les réformes nécessaires en vue de l'adhésion de la Croatie à l'U. E.

**CROCE (Benedetto)** ♦ Critique littéraire, historien, philosophe et homme politique italien (Pescasseroli, Abruzzes 1866 - Naples 1952). Élève de Spaventa, il fut attiré quelque temps par le marxisme (qu'il critiqua ensuite avec vivacité) et influencé par les théories histo-

Croatie.

riques et esthétiques de G. Vico*. Mais c'est à l'idéalisme hégélien (→ **hégélianisme**) que se rattache en définitive sa philosophie de l'esprit. Il exposa successivement une conception originale de la création et du langage artistiques, mettant l'accent sur l'unité intuitive du contenu et de la forme de l'œuvre d'art (*L'Esthétique comme science de l'expression,* 1902), une théorie de la connaissance (*La Logique comme science du concept pur,* 1909) et de la pratique, économique et éthique (*Philosophie de la pratique,* 1909). Refusant toute transcendance, il définit sa philosophie comme un «historicisme» absolu, pour lequel le sens de l'histoire n'est que l'affirmation progressive de la liberté et de l'activité créatrice de l'esprit (*Théorie et histoire de l'historiographie,* 1912). Ainsi sa pensée chercha à être totale («La pensée pense tout ou rien») sans jamais perdre de vue la réalité concrète. Fondateur de la revue *Critica* (1903), B. Croce se consacra à d'importants travaux d'histoire et de critique littéraire (*La Littérature de l'Italie nouvelle,* 1914 - 1940) et d'historiographie (*Histoire du royaume de Naples,* 1925 ; *Histoire de l'Europe au* XIX*e s.,* 1932). Il prit par ailleurs une part active à la vie politique italienne, ne cessant, contrairement à Gentile*, d'affirmer des positions libérales ; sénateur (1910), ministre de l'Instruction publique (1920 - 1921), il manifesta son opposition au fascisme. Après le renversement du régime, il présida le parti libéral. ← ÉTYM. L'italien *croce* signifie «croix».

**CROCKETT (David,** dit **Davy)** ♦ Pionnier américain (Rogersville, Tennessee 1786 - Fort Alamo, Texas 1836). Trappeur, membre du Congrès (1827 - 1831 ; 1833 - 1835), il avait déjà acquis une certaine célébrité grâce à la publication de son *Autobiographie* (1834) lorsqu'il mourut, héroïquement, aux côtés des défenseurs texans de Fort Alamo, massacrés par les Mexicains le 6 mars 1836.

**CROCQ** [23260] ♦ Ch.-l. de cant. de la Creuse, arr. d'Aubusson. 546 hab. *(Croquants).* Vestiges d'un château fort du XIIe s., chapelle du XVIe s., église du XIXe s. ■ **Histoire** C'est de Crocq, anc. dépendance de l'Auvergne, que serait partie au XVIIe s. la révolte paysanne des croquants.

**croisades** n. f. pl. ← ÉTYM. de *croix* p.-ê. avec l'influence du prov. *crozata* ou de l'anc. esp. *cruzada* [les croisés portaient une croix d'étoffe cousue sur leur habit] ♦ Expéditions militaires organisées par l'Église pour la délivrance de la Terre sainte, notamment du tombeau du Christ à Jérusalem (XIe - XIIIe s.). Elles eurent lieu lorsque l'accès de la Palestine fut rendu plus difficile par la conquête turque seldjoukide*. ♦ ***Première croisade*** Le premier pèlerinage militaire avec indulgence plénière pour les participants fut décidé par le pape Urbain* II, qui prêcha lui-même en 1095 à Clermont la *première croisade* (1096 - 1099), ainsi que d'autres prédicateurs, notamment Adémar* de Monteil et Pierre* l'Ermite. Ce dernier et Gautier* Sans Avoir conduisirent une croisade populaire qui fut écrasée par les Turcs en Anatolie (1096). La croisade des chevaliers commandée par Godefroi* de Bouillon, Raymond* IV de Saint-Gilles, comte de Toulouse, Hugues* de Vermandois, Bohémond* Ier, prince de Tarente, et son neveu Tancrède*, Étienne de Blois et Robert de Normandie, s'empara d'Édesse* (1097), de Nicée, de Tarse, d'Antioche*, puis de Jérusalem* (15 juil. 1099). Un royaume de Jérusalem fut alors créé avec comme chef Godefroi de Bouillon qui prit le titre d'«avoué du Saint-Sépulcre» ainsi que des principautés : principauté d'Antioche, comté d'Édesse et comté de Tripoli. Pour la défense de ces conquêtes furent alors créés des ordres de moines-soldats (Hospitaliers*, 1113 ; Templiers*, 1118). ♦ ***Deuxième croisade*** La *deuxième croisade* (1147 - 1149) fut provoquée par la chute d'Édesse prise par l'Atabek de Mossoul, Zankī*, en 1144. Elle fut prêchée sur l'ordre du pape Eugène III par Bernard* de Clairvaux à Vézelay (1146). Le roi de France Louis* VII et l'empereur Conrad III échouèrent devant Damas. ♦ ***Troisième croisade*** La *troisième croisade* (1189 - 1192) fut décidée après la prise de Jérusalem par Saladin* (1187) et prêchée par Guillaume* de Tyr. À l'appel du pape Grégoire VIII, l'empereur Frédéric Barberousse, le roi de France Philippe* Auguste et le roi d'Angleterre Richard* Cœur de Lion rassemblèrent des armées importantes. Frédéric Barberousse se noya dans un fleuve de Cilicie et son armée se disloqua. Richard Cœur de Lion conquit Chypre*. Après la prise de Saint-Jean-d'Acre et le départ de Philippe Auguste, Richard renonça à s'emparer de Jérusalem. Il conclut avec Saladin une trêve de trois ans et obtint l'autorisation pour les chrétiens de se rendre en pèlerinage à Jérusalem. Le royaume de Petite-Arménie* fut constitué à cette époque. ♦ ***Quatrième croisade*** La *quatrième croisade* (1202 - 1204), décidée dès 1198 par le pape Innocent* III, fut prêchée par le légat Pierre Capuano et Foulques* de Neuilly. Conduite par Boniface de Montferrat*, Baudouin* IX de Flandre, le doge de Venise Dandolo* et Geoffroi de Villehardouin*, elle fut détournée de son but initial (l'Égypte) par Venise, qui n'accepta d'équiper la flotte que contre la prise de la ville dalmate de Zara (auj. Zadar). Les croisés prirent ensuite Constantinople (1204) et remplacèrent l'Empire byzantin par un Empire latin, dont le premier empereur fut Baudouin. Les Byzantins se replièrent alors en Asie où ils fondèrent l'empire de Nicée* (1204 - 1261). ♦ ***Cinquième croisade*** Une *cinquième croisade* (1217 - 1221) fut organisée en 1215 par Innocent III. Elle fut précédée par la *Croisade des enfants,* où des milliers de jeunes pèlerins allemands et français moururent d'épuisement sur la route de la Terre sainte. L'expédition commandée par Jean de Brienne*, roi de Jérusalem, le roi de Chypre et le roi de Hongrie André* II, prit Damiette en Égypte (1219), mais dut la restituer pour pouvoir se rembarquer (1221). ♦ ***Sixième croisade*** La *sixième croisade* fut inspirée par l'empereur Frédéric* II qui négocia avec le sultan d'Égypte la cession de Jérusalem, de Bethléem et de Nazareth ainsi

**croisades.** Les trois premières croisades (à gauche) et les États latins d'Orient (à droite).

que des routes d'accès (1229). ♦ ***Septième croisade*** À la suite de la chute de Jérusalem en 1244 et de la destruction de l'armée franque par le sultan d'Égypte fut entreprise la *septième croisade* (1248 - 1254). Louis* IX commanda l'expédition qui s'empara de Damiette en 1249 et commença la conquête de l'Égypte. Cependant, après la défaite de Mansoura, il battit en retraite et fut capturé (1250). Libéré contre rançon et cession de Damiette, il séjourna quatre ans en Terre sainte pour mettre la Palestine en état de défense. ♦ ***Huitième et neuvième croisades*** Louis IX mena encore la *huitième croisade*, mais mourut devant Tunis. On peut compter aussi une *neuvième croisade* qui ne réussit pas à sauver Acre en 1291. ▪ On assimila aux croisades d'autres expéditions, telles la Reconquista* espagnole, la «croisade» contre les albigeois*, les expéditions contre les Slaves, les hussites, etc. La foi cessa très vite d'en être l'inspiratrice, d'autres motifs prirent le relais (goût de l'aventure, préoccupations territoriales ou mercantiles). ▪ Les conséquences des croisades ont été importantes par la création des États latins d'Orient, par un accroissement des échanges avec le Levant et par le développement des républiques marchandes, Venise et Gênes. Les mouvements d'argent qu'elles rendirent nécessaires furent à l'origine du perfectionnement des techniques bancaires par les Templiers et les marchands italiens. De même en Occident, les croisades

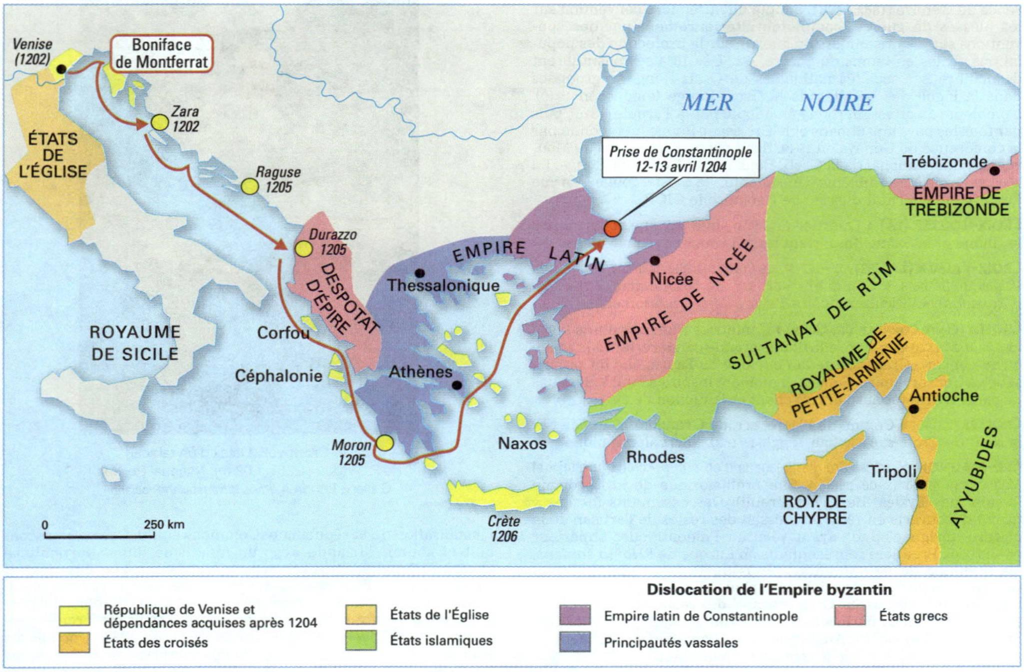


**croisades.** La quatrième croisade.

furent à l'origine de la naissance d'une nouvelle économie et d'un nouvel équilibre politique, les croisés vendant des terres ou des chartes de franchise aux villes pour pouvoir subvenir aux frais de l'expédition. L'acquis culturel des croisades se manifesta en Occident par des techniques architecturales inspirées de Byzance et par une nouvelle inspiration de la littérature chevaleresque. ▪ L'historiographie des croisades et des États latins d'Orient nous vient de Foucher* de Chartres, Robert* de Clari, Guillaume* de Tyr, Guibert* de Nogent, Villehardouin*.

**CROISETTE** (cap) ♦ Cap de la côte de Provence (Bouches-du-Rhône), au S. de Marseille.

**CROISETTE (LA)** ♦ Célèbre boulevard de Cannes, lieu de promenade en front de mer sur le golfe de La Napoule.

**CROISIC (LE)** [44490] ➡ ÉTYM. en bret. *Ar Groazig* « la petite croix », de *kroaz* « croix » et *-ig*, suff. dimin. ♦ Ch.-l. de cant. de la Loire-Atlantique, arr. de Saint-Nazaire, dans la pointe du Croisic. 4 278 hab. *(Croisicais)*. Église Notre-Dame-de-Pitié (XVe - XVIe s.) de style gothique flamboyant. Maisons anc. Hôtel de ville (XVIIe s.) abritant le Musée naval. ▪ Port de pêche et de plaisance. Station balnéaire. Ostréiculture. Mytiliculture. Marais salants.

**CROISIC** (pointe du) ♦ Cap de la côte atlantique, au N. de La Baule (Loire-Atlantique).

La **Croisière du Navigator** – en angl. ***The Navigator*** ♦ Film américain de Buster Keaton* et Donald Crisp (1924). Un milliardaire distrait et sa fiancée sont embarqués sur un paquebot vide de toute présence humaine : ils feront front, avec les moyens du bord. Cette odyssée héroï-comique reproduit le schéma de presque tous les films de Keaton : l'individu affronté aux vicissitudes du sort, et qui en triomphe grâce à une énergie indomptable.

**Croisière Jaune** ♦ Nom donné à la traversée en automobile de l'Asie centrale organisée par André Citroën*. Suivant l'ancienne route de la Soie, un groupe dirigé par Georges-Marie Haardt et L. Audouin-Dubreuil partit de Beyrouth le 4 avr. 1931. Un autre groupe, avec notamment le père Teilhard* de Chardin, partit de Chine. Les deux expéditions se rejoignirent en octobre dans le Xinjiang et arrivèrent à Pékin le 12 fév. 1932.

**CROISSANT FERTILE** n. m. ♦ Région du Proche-Orient, en forme d'arc de cercle, couvrant une bande étroite à l'E. de la Méditerranée (Israël, Liban), s'élargissant vers le N. (Syrie), puis s'orientant vers le S.-E. (plaines du Tigre et de l'Euphrate, en Irak) pour rejoindre le golfe Arabo-Persique. Cette appellation, surtout historique, fait référence aux puissants empires de Babylonie, d'Assyrie et de Phénicie.

**Croissant-Rouge** → Croix-Rouge

**CROISSET (Frantz WIENER, dit Francis DE)** ♦ Auteur dramatique français d'origine belge (Bruxelles 1877 - Neuilly-sur-Seine 1937). Auteur de comédies habilement audacieuses (*Chérubin*, 1901 ; *Le Bonheur, Mesdames*, 1906), il collabora également avec R. de Flers* (notamment pour *Les Vignes du Seigneur*, 1923). Après avoir livré ses souvenirs de voyage dans *La Féerie cinghalaise* (1926) et *Nous avons fait un beau voyage* (1930), il composa un roman, *La Dame de Malacca* (1935). ➡ ÉTYM. *Croisset* est le nom d'un village de Normandie.

**CROISSY (Charles COLBERT, marquis DE)** ♦ Homme politique français (Paris 1625 - Versailles 1696). Frère du grand Colbert*, il fit une carrière de magistrat dans les provinces de l'Est, devint un spécialiste des questions rhénanes et, secrétaire d'État aux Affaires étrangères (1679), il fut l'artisan de la politique d'annexion qui devait aboutir à la guerre de la ligue d'Augsbourg*.

**CROISSY-SUR-SEINE** [78290] ➡ ÉTYM. anc. *Crociaco*, du gaul. *Crossius*, n. de pers., et suff. *-acum* ♦ Comm. des Yvelines, arr. de Saint-Germain-en-Laye, sur la Seine. 9 835 hab. *(Croissillons)*.

**CROIX** [59170] ♦ Comm. du Nord, arr. de Lille. 20 638 hab. *(Croisiens)*. Centre de vente par correspondance.

La **Croix** ♦ Journal français fondé comme mensuel en 1880 par les pères assomptionnistes Picard et Vincent de Paul Bailly et devenu quotidien en 1883. Défenseur de la tradition catholique contre les valeurs laïques et républicaines du nouveau régime, le journal fut antidreyfusard et antisémite. Mais, après la condamnation papale, en 1926, de l'Action française dont il était proche, il adopta une ligne plus ouverte et soutint notamment la naissance de la JOC. Appartenant au groupe Bayard-Presse, il reste, sous le titre *La Croix-L'Événement*, le principal journal catholique français.

**CROIX-DE-FER** (col de la) ♦ Col des Alpes (Isère) reliant la vallée de l'Arvan à celle de l'Eau-d'Olle, à 2 064 m d'altitude.

**Croix-de-Feu** n. f. pl. ♦ Association d'anciens combattants de droite fondée en 1927. Réservée à l'origine aux blessés de guerre cités pour action d'éclat, elle se développa politiquement sous l'impulsion du colonel de La* Rocque qui en devint président en 1931. Elle joua un rôle dans la manifestation du 6 février* 1934 en se tenant toutefois à l'écart des affrontements sanglants. Tombée en 1936 sous le coup de la dissolution des ligues, elle se transforma en parti politique organisé, le Parti social français (PSF).

**CROIX DU SUD** n. f. – en lat. ***Crux*** ♦ Constellation australe dont la grande branche (étoiles $\gamma$ et $\alpha$) est orientée vers le pôle Sud.

**CROIX-HAUTE** (col de la) ♦ Col des Alpes (Drôme), entre Grenoble et Sisteron, à 1 176 m d'altitude.

**Croix-Rouge et Croissant-Rouge** ♦ Organisation internationale à caractère humanitaire et apolitique, fondée en 1863 par H. Dunant* pour le secours aux blessés de guerre. Avec le concours de plusieurs de ses compatriotes, il fonda un premier comité qui devait devenir le Comité international de la Croix-Rouge (CICR). Réunissant les représentants de quatorze pays, la première conférence de Genève (1863 - 1864) adopta une première convention sur les blessés de guerre, complétée ultérieurement par des conventions sur les prisonniers de guerre, sur la protection des populations civiles en temps de guerre, etc. Dès 1864 se constituèrent de nombreuses sociétés nationales de Croix-Rouge, regroupées dans la Ligue des sociétés de la Croix-Rouge (fondée en 1919). L'emblème du croissant rouge fut adopté par la Turquie (1876), puis par tous les pays musulmans et le Croissant-Rouge fut reconnu par la conférence de Genève en 1949. Il fait partie depuis 1986 du Mouvement international de la Croix-Rouge et du Croissant-Rouge. En 2005, un troisième emblème a été adopté, «le Cristal rouge», en vue de permettre à l'État d'Israël de rejoindre le CICR.

**CROIX-ROUSSE (LA)** ♦ Quartier de Lyon situé sur une colline entre le Rhône et la Saône. Important tunnel routier sous la colline.

**CROIX-VALMER (LA)** [83420] ➔ ÉTYM. de *Croix*, marque de limite, et du germ. *Valmer*, n. de pers. ♦ Comm. du Var, arr. de Draguignan. 2 734 hab. *(Croisiens)*. ▪ Viticulture (côtes-de-provence). Station climatique.

**CROIZA (Claire CONNOLY, dite Claire)** ♦ Cantatrice française (Paris 1882 - *id.* 1946). Mezzo-soprano, elle fit une grande carrière, tant à la scène qu'au concert. Créatrice de la *Pénélope* de Fauré, elle fut professeur au Conservatoire. Son enseignement inspira à Paul Valéry des pages pénétrantes sur l'art du chant et la diction des vers.

**CROLLES** [38190] ♦ Comm. de l'Isère, arr. de Grenoble, dominée par la *dent de Crolles*. 8 260 hab. (aggl. 11 162). Microélectronique.

**CRO-MAGNON** ➔ ÉTYM. *Cro*, de la langue d'oc *cro(s)* «creux [grotte]» et *Magnon*, probablt n. de pers. ♦ Site préhistorique de la Dordogne (comm. des Eyzies*-de-Tayac-Sireuil). Des ossements fossiles y furent découverts en 1868. Il s'agissait des restes de l'artisan de la culture aurignacienne* ayant vécu au Paléolithique* supérieur (v. –30 000). Premiers représentants en Europe de l'*Homo sapiens*, les *hommes de Cro-Magnon*, venus du Proche-Orient, étaient caractérisés par un crâne dolichocéphale allié à une face courte et large aux orbites basses. On a retrouvé des restes de ces hommes avec des variantes parfois assez importantes aux grottes de Grimaldi*, en Moravie, en Angleterre, en Allemagne, en Israël et en Afrique du Nord (type de Mechta). ➙ **Chancelade.**

**CROME (John) dit Old Crome** ➔ ÉTYM. angl. «Crome le Vieux» ♦ Peintre britannique (Norwich 1768 - *id.* 1821). Il fit son apprentissage chez un peintre d'enseignes et devint professeur de dessin. Fondateur de l'école de Norwich* (1803), il peignit surtout des paysages et des scènes familières de son pays natal, inspirées de l'école hollandaise (particulièrement d'Hobbema). Il fit un voyage à Paris (*Le Boulevard des Italiens*, 1814). Il sut rendre avec fermeté les prairies et les arbres touffus (*Le Chêne de Porngland*, 1817 - 1821) et certaines de ses œuvres révèlent une sensibilité personnelle et délicate, empreinte de mélancolie.

**CROMER (Evelyn BARING, 1er comte)** ♦ Diplomate et homme politique britannique (Cromer Hall, Norfolk 1841 - Londres 1917). Ministre plénipotentiaire en Égypte*, de 1883 à 1907, il modernisa l'administration et l'économie du pays (irrigation) et favorisa la reconquête du Soudan*.

**CROMMELYNCK (Fernand)** ♦ Auteur dramatique belge (Paris 1885 - Saint-Germain-en-Laye 1970). Le triomphe universel de son chef-d'œuvre, *Le Cocu* magnifique* (1920), a parfois éclipsé les qualités de ses autres pièces (*Tripes d'or*, 1925 ; *Carine ou la Jeune Fille folle de son âme*, 1929 ; *Une femme qu'a le cœur trop petit*, 1934 ; *Chaud et froid ou l'Idée de monsieur Dom*, 1934) où se retrouve cependant, avec la même truculence, un mélange permanent de burlesque et d'émotion, de sarcasme et de poésie. ➔ ÉTYM. Il s'agit d'un sobriquet flamand, dérivé de *crom* «bossu».

**CROMPTON (Samuel)** ♦ Tisserand britannique (Firwood, près de Bolton-le-Moors, Lancashire 1753 - Bolton 1827). Utilisant certains éléments de la *water-frame* de Thomas Highs et de la *jenny* de Hargreaves*, il mit au point la *mule-jenny*, machine à filer le coton (1779).

**CROMWELL (Thomas) comte D'ESSEX** ♦ Homme politique anglais (Putney v. 1485 - Londres 1540). Il dut sa fortune à Wolsey*. Chargé de la confiscation des monastères, il sut y trouver son profit et fut nommé lord du Sceau privé (1536). Champion de l'absolutisme royal, il inspira la politique religieuse d'Henri* VIII (Acte de suprématie, 1534, suppression des monastères) et fut l'artisan de l'alliance avec les princes protestants allemands. L'échec du mariage du roi avec Anne* de Clèves provoqua sa condamnation à mort.

**CROMWELL (Oliver)** ♦ Homme politique anglais (Huntingdon 1599 - Londres 1658). Image même du *squire*, «gentilhomme» puritain, lié à la classe moyenne des villes et des campagnes, il fut député au Court et au Long Parlement* et manifesta son opposition au roi. Mais ce fut la guerre qui révéla sa valeur et établit son influence. Avec ses «Côtes de fer» *(Ironside)*, troupe très disciplinée, animée par son fanatisme religieux, il décida de la victoire de Marston Moor (1644). Chargé de réorganiser toute l'armée sur ce modèle, il écrasa les cavaliers* à Naseby* (1645). Dès lors, il pouvait imposer sa volonté, et, après la défaite finale des forces royales à Preston*, il fit «purger» le Long Parlement, resté méfiant devant ces «sectaires», le réduisant à n'être qu'un «Parlement croupion». Ce dernier fit juger Charles Ier par une Haute Cour de justice dont Cromwell faisait partie, et obtint la condamnation du roi. Après

Oliver **Cromwell.** Détail d'un tableau de R. Walker (1,25 × 1,02 m). National Portrait Gallery, Londres. *Phot. © Nimatallah/Ricciarini*

l'instauration de la république (Commonwealth), Cromwell reconquit et soumit l'Irlande avec un fanatisme d'une particulière cruauté (Drogheda*), puis écrasa les Écossais et Charles* II (Dunbar*, 1650 ; Worcester, 1651), mais il se heurta au Parlement, qu'il renvoya (1653). Ses diverses tentatives pour rétablir un parlement selon ses vœux furent des échecs et il se fit conférer le pouvoir dictatorial avec le titre de protecteur (déc. 1653). Une fois les Provinces-Unies contraintes par la guerre (1652 - 1654) d'accepter l'Acte de navigation* (promulgué en 1651), Cromwell reprit les grands traits de la politique extérieure élisabéthaine ; il lutta contre l'Espagne sur mer, en encourageant le commerce anglais (conquête de la Jamaïque), et sur terre, en se rangeant aux côtés des protestants et de Mazarin* (ce qui devait valoir aux Anglais la possession de Dunkerque*). Il mourut le 3 sept. 1658, redouté et impopulaire. Malgré son talent politique, il n'avait pas su donner à l'Angleterre une constitution ni assurer sa propre succession. Son fils Richard (1626 - 1712), qui lui succéda, dut abandonner presque immédiatement le pouvoir en 1659. ➔ ÉTYM. *Cromwell* vient d'un nom de lieu, du vieil anglais *Crumbwell* «courant sinueux».

**Cromwell** ♦ Drame en 5 actes en vers de Victor Hugo* (1827), qui évoque le thème shakespearien de l'ambition. La *Préface de Cromwell* constitue un manifeste dont le retentissement devait être durable ; selon Hugo, le drame romantique se propose comme un miroir de la vie universelle transfigurée par la poésie, en révolte contre toutes les règles, au nom de la liberté de l'art. Mêlant, comme la nature, le sublime au grotesque, la lumière à l'ombre, «le corps à l'âme, la bête à l'esprit», le drame, né avec le christianisme, doit être l'expression moderne de la poésie, après le lyrisme des temps primitifs et l'épopée des premières civilisations. Quant au vers, «il sera positif et poétique [...] allant des idées les plus élevées aux plus vulgaires [...] tel que le ferait l'homme qu'une fée aurait doué de l'âme de Corneille et de la tête de Molière».

**CRONACA (Simone DEL POLLAIOLO, dit IL)** ♦ Architecte italien (Florence 1457 - *id.* 1508). Sa carrière se déroula essentiellement à Florence. Suivant la tradition instaurée par les grands maîtres du début et du milieu du siècle (Brunelleschi*, Michelozzo*), il travailla en compagnie de Giuliano da Sangallo* à la sacristie octogonale de Santo Spirito et succéda à Benedetto* da Maiano au chantier du palazzo Strozzi où il dirigea la réalisation de la corniche saillante et de la cour rectangulaire (1507). Sa principale œuvre est l'église San Salvatore al Monte, sur la colline de San Miniato, qui fut admirée par Michel*-Ange, à cause de la sobriété de ses lignes et de la pureté de ses proportions.

**CRONBACH (Lee J.)** ♦ Psychologue américain (Fresno 1916 - Palo Alto 2001). Il a spécialement travaillé sur la méthode des tests (*Pour une réforme des programmes d'évaluation*, 1980).

**CRONENBERG (David)** ♦ Réalisateur canadien (Toronto 1943). Passionné dès l'enfance d'entomologie et de littérature fantastique, il a construit une œuvre qui se sert des conventions du film d'horreur et du fantastique pour mettre en scène ses obsessions : la transformation du corps et de la chair humaine (*Chromosome 3*, 1979 ; *Videodrome*, 1982, salué par Andy Warhol comme «l'Orange mécanique des années 80»), les monstres et l'apparition de nouvelles formes de vie (*La Mouche*, 1986). Il s'est également intéressé aux manipulations de la personne (*Scanners*, 1980 ; *Le Festin nu*, 1991), aux mondes virtuels (*EXistenZ*, 1999), à la voyance (*Dead Zone*, 1983), à la violence (*Crash*, 1996 ; *History of violence*, 2005 ; *Les Promesses de l'ombre*, 2007), aux problèmes de personnalité (*Faux-semblants*, 1988 ; *Spider*, 2002).

**CRONIN (Archibald Joseph)** ♦ Romancier britannique (Cardross, près de Dumbarton 1896 - Montreux 1981). Il fut médecin dans la marine lors de la Première Guerre mondiale. C'est pendant une convalescence qu'il composa *Le Chapelier et son château* (1931), son premier succès romanesque. Il s'adonna alors au roman moralisateur, d'inspiration autobiographique. *La Citadelle* (1937) a pour héros un jeune médecin écossais dans un village minier du pays de Galles ; *Les Clefs du royaume* (1941) évoquent la vie d'un missionnaire. L'œuvre généreuse et littérairement fort traditionnelle de Cronin a une valeur d'enquête sociale (*Le Destin de Robert Shannon,* 1948 ; *Le Jardinier espagnol,* 1950 ; *L'Arbre de Judas,* 1961 ; au théâtre : *Les hommes proposent,* 1940). Elle fut traduite dans de nombreuses langues et fréquemment adaptée au cinéma.

**CRONIN (James Watson)** ♦ Physicien américain (Chicago 1931). Spécialiste de la physique des particules, il découvrit, avec V. Fitch*, la violation de la parité (changement de signe des coordonnées) et de la conjugaison de charge (transformation d'une particule en son antiparticule) lors de la désintégration des mésons K neutres, phénomène fondamental dans la théorie des interactions. [Prix Nobel de phys. 1980, avec V. Fitch]

**CRONOS** - en gr. ***Kronos*** ♦ Un des Titans*, vénéré plutôt dans le monde préhellénique que dans le monde grec. Comme les divinités similaires des mythologies orientales, il sépare sa mère Gaïa* (la Terre) de son père Ouranos* (le Ciel) en mutilant ce dernier. → **Théogonie.** Métamorphosé en cheval, il s'unit avec une Océanide et engendre le centaure Chiron*. Il s'unit surtout avec sa sœur Rhéa* et a d'elle de nombreux enfants qu'il dévore dès leur naissance (comme Moloch et Baal) sauf le dernier, Zeus*, qui est sauvé par sa mère. Zeus, devenu adulte, se révolte contre son père, le contraint à restituer ses frères et sœurs (→ **Hestia, Déméter, Héra, Hadès, Poséidon**) et le précipite dans le Tartare. Identifié à Saturne* par les Romains, il était, dans des légendes postérieures, un roi bienfaiteur de l'âge d'or.

**CRONSTADT** → **Kronstadt**

**CRONSTEDT (Axel Fredrik,** baron) ♦ Chimiste, minéralogiste et géologue danois (Turinge 1722 - Säter 1765). On lui doit la découverte du nickel (1751) et une nouvelle classification des minéraux (1758).

**CROOKES** (sir **William**) ♦ Chimiste et physicien britannique (Londres 1832 - *id.* 1919). En utilisant l'analyse spectrale, il découvrit le thallium indépendamment de C. A. Lamy*. Inventeur des tubes à cathode froide qui portent son nom, il les employa dans ses travaux sur les décharges électriques dans les gaz raréfiés, travaux qui le conduisirent notamment à supposer la nature corpusculaire des rayons cathodiques.

**CROS (Charles)** ♦ Poète et inventeur français (Fabrezan, Aude 1842 - Paris 1888). Après des études d'autodidacte qui le menèrent à s'intéresser aux langues orientales (sanskrit et hébreu), puis aux sciences mécaniques et physiques, il mena parallèlement ses travaux scientifiques et son œuvre littéraire. Il décrivit, indépendamment de Ducos* du Hauron, un procédé trichrome de photographie des couleurs (1869) ainsi qu'un appareil, qu'il appelait paléophone, qui précédait la réalisation du phonographe par Edison*. (L'Académie Charles Cros célèbre sa mémoire en décernant, chaque année, des prix aux meilleurs disques.) Il fréquenta également la bohème littéraire (Verlaine, Villiers de L'Isle-Adam, F. Coppée) et composa une œuvre lyrique longtemps méconnue. Derrière le masque du fantaisiste, expert en monologues cocasses (*Le Hareng saur ; Le Bilboquet ; L'Obsession),* Charles Cros fut aussi un poète de l'absurde et de la solitude dans *Le Coffret de santal* (1873), poésies qualifiées par Verlaine de «bijoux tour à tour délicats, barbares, bizarres, riches et simples», et dans le long poème *Le Fleuve* (1874), dont les alexandrins furent illustrés par Édouard Manet*, et que Cros inclut dans la seconde édition du *Coffret de santal* (1879). Un autre recueil fut publié par les soins de son fils : *Le Collier de griffes* (1908).

**CROSBY (Harry Lillis, dit Bing)** ♦ Acteur et chanteur américain (Tacoma 1901 - Madrid 1977). *Crooner* («chanteur de charme») par excellence, il fut l'interprète d'un grand nombre de comédies musicales, que releva son inaltérable gentillesse. D'une carrière sans faute, et sans éclat, deux films se détachent : *La Route semée d'étoiles* (1944) et sa suite *Les Cloches de Sainte-Marie* (1945), sous la direction éclairée de Leo McCarey. ➝ ÉTYM. Ce nom de famille vient du vieil anglais «hameau *(byr)* près de la croix *(cross)*».

**CROSNE** [91560] ➝ ÉTYM. anc. fr. «trou d'eau» ♦ Comm. de l'Essonne, arr. d'Évry, sur l'Yerres. 8 154 hab. *(Crosnois).* La comm. a donné son nom à un tubercule importé du Japon.

**CROSS (Henri Edmond DELACROIX,** dit à partir de 1876 **Henri-Edmond)** ♦ Peintre français (Douai 1856 - Saint-Clair, Var 1910). Il pratiqua d'abord une peinture sombre de tendance naturaliste, puis devint un adepte du divisionnisme et fut avec Seurat* et Signac* l'un des fondateurs de la société du Salon des Indépendants. Après 1900, il alla peindre en Provence avec Signac et Matisse. Il resta fidèle au divisionnisme dans ses paysages, ses marines *(Les Îles d'or)* ou ses portraits, mais utilisa la technique pointilliste d'une façon plus intuitive que scientifique. Sa touche large, aérée, l'éclat et la fraîcheur de sa palette annoncent le fauvisme.

Henri-Edmond **Cross.** *Paysage.* Coll. part.
*Phot. © Arch. Smeets*

**CROTONE** ➝ ÉTYM. p.-ê. du grec *krotôn* «ricin», abondant dans la région ♦ V. d'Italie, en Calabre, ch.-l. de prov., dans le golfe de Tarente. 60 010 hab. ▪ Métall. du zinc et du cadmium. Port. Indus. alimentaires (produits de la pêche). Station balnéaire. ▮ **Histoire** Fondée par les Achéens v. −710, Crotone fut l'une des plus florissantes colonies de la Grande-Grèce. Elle fut romanisée en −194.

**CROTOY (LE)** [ləkʀɔtwa] [80550] ➝ ÉTYM. du lat. *crypta* «grotte, souterrain» ♦ Comm. de la Somme, arr. d'Abbeville. 2 439 hab. *(Crotellois).* Station balnéaire, port de pêche et de plaisance, dans la baie de Somme. ▮ **Histoire** Anc. petite place fortifiée, restaurée par Édouard III, Le Crotoy servit de port aux Anglais pendant la guerre de Cent Ans. J. Verne y écrivit *Vingt mille lieues sous les mers.*

**CROTUS RUBIANUS (Johann JÄGER,** dit) ♦ Humaniste allemand (Dornheim, Thuringe v. 1480 - Halle v. 1539). Auteur satirique, il prit la défense de Reuchlin et fut le principal inspirateur des *Epistolae obscurorum virorum* (1515 - 1517) dirigées contre les théologiens et philosophes scolastiques et contre la cour de Rome.

**CROYDON** ♦ Faubourg *(borough)* du S. de Londres. 317 000 hab. Anc. aéroport international de la capitale avant le développement d'Heathrow.

**CROZAT (Antoine)** marquis **DE CHÂTEL** ♦ Financier français (Toulouse 1655 - Paris 1738). Il obtint, en 1712, le privilège du commerce en Louisiane française. Il fit construire le canal de Saint-Quentin à ses frais. ♦ **Pierre Crozat** (Toulouse 1661 - Paris 1740). Frère du précédent. Trésorier de France, il protégea Watteau* et, en amateur éclairé, réunit une riche collection dont la moitié, acquise par Catherine* II, se trouve à l'Ermitage.

**CROZET (Julien Marie)** ♦ Navigateur français (Port-Louis, Morbihan 1728 - apr. 1780). Il accompagna le capitaine Marion-Dufresne dans son expédition dans la mer des Indes et l'océan Pacifique. On a donné son nom à un archipel du sud de l'océan Indien.

**CROZET** (archipel des) ➝ ÉTYM. du n. de Julien Marie *Crozet** ♦ Archipel faisant partie du secteur indien des terres Australes au S. de Madagascar. 505 km². Il s'étire de l'E. à l'O. sur 150 km et comprend un groupe occidental ou îles Froides : îles des Apôtres (12 lambeaux de coulées basaltiques), île des Cochons (volcanique), île des Pingouins, et un groupe oriental : île de la Possession (30 km de long sur 15 km de large, culminant à 934 m au pic du Mascarin) et île de l'Est (volcanique, 14 km de long sur 7 km de large). Le climat, la flore et la faune (phoques et nombreux oiseaux : manchots, cormorans, albatros, pétrels, etc.) y sont assez semblables à ceux des îles Kerguelen. Découvertes en 1772 par Marion-Dufresne et Crozet, ces îles font partie des terres Australes* et Antarctiques françaises et sont devenues parc national (1938). Station météorologique sur la base Alfred-Faure dans l'île de la Possession.

**CROZIER (Michel)** ♦ Sociologue français (Sainte-Menehould 1922). À partir de l'analyse de l'entreprise, il a montré la logique de la bureaucratie qui bloque les organisations (*Le Phénomène bureaucratique,* 1964 ; *La Société bloquée,* 1970) et interdit la modernisation. Il a cherché par la suite à analyser les faits sociaux en termes de relations entre le «système» et les «acteurs» (*L'Acteur et le système,* en collab. avec Erhard Friedberg, 1977 ; *La Crise de l'intelligence,* essai sur l'impuissance des élites à se réformer, en collab. avec Bruno Tilliette, 1995). [Acad. sc. morales et polit. 1999]

**CROZON** [29160] ♦ Ch.-l. de cant. du Finistère, arr. de Châteaulin, dans la presqu'île de Crozon. 7 535 hab. *(Crozonnais).* Église moderne avec retable du XVIIᵉ s. Maisons anc.

**CROZON** (presqu'île de) ♦ Péninsule de Bretagne (Finistère), entre la rade de Brest et la baie de Douarnenez. ▪ Au N., à L'Île-Longue, base de sous-marins nucléaires lanceurs d'engins.

**CRUAS** [07350] ➝ ÉTYM. du gaul. °*crodi* «dur» et suff. gaul. *-atis* ou du pré-indo-eur. °*car-* «pierre» et suff. gaul. *-ate* ♦ Comm. de l'Ardèche, arr. de Privas, près du Rhône. 2 400 hab. *(Cruassiens)*. Anc. abbaye bénédictine (fin XIe s.). Église romane édifiée sur deux cryptes (XIe - XIIe s.). Dans le vieux Cruas, enceinte du XIVe s., chapelle fortifiée (XIIe et XIVe s.), maisons anc. ▪ Fabrique de chaux et de ciment. Centrale thermonucléaire de Cruas-Meysse.

**Crucifixion** ♦ Épisode évangélique, racontant le supplice du Christ sur la croix (Matthieu, XXVII, 32-56 ; Marc, XV, 21-41 ; Luc, XXIII, 29-46 ; Jean, XIX, 17-30). Le sacrifice du Dieu fait homme pour le rachat de l'humanité est un des fondements de la foi chrétienne (➝ **christianisme**). Dans l'iconographie, la Crucifixion apparaît d'abord par des symboles. À l'époque de Constantin, la croix est décorée de médaillons représentant le Christ. Les premières figurations du Christ entier sur la croix, qui remontent au VIe s., montrent le sauveur, le Dieu triomphant, vainqueur de la mort, portant la couronne royale. L'image du Christ souffrant ou mort, portant la couronne d'épines, apparaît au Xe s. et s'impose à l'époque gothique. La Crucifixion met souvent en scène Marie et Jean qui se tiennent de chaque côté de la croix et Marie Madeleine agenouillée au pied de celle-ci. Les artistes de la fin du Moyen Âge, de la Renaissance et de l'époque baroque ont multiplié les personnages ; on parle alors de Calvaire : les deux larrons, le porte-éponge (Stéphanoton), le porte-lance (Longin), les soldats qui jouent aux dés la tunique du Christ, les saintes femmes, etc. Au pied de la croix, qui peut présenter plusieurs formes (croix latine, tau, arbre), le crâne d'Adam rappelle à la fois le nom du site (Golgotha* : le «lieu du crâne») et le fait que la mort du Christ a racheté le péché originel. La place traditionnelle de la Crucifixion est dans l'axe du chœur des églises, au milieu du jubé ou au vitrail axial du chevet. Exemples : fresque de Santa Maria Antica à Rome ; Berlinghiero Berlinghieri* (Pinacothèque, Lucques) ; chaire de Nicola* Pisano (baptistère de Pise) ; Cimabue* (cathédrale d'Assise) ; Giotto* (Arena, Padoue) ; chaire de Giovanni* Pisano (cathédrale de Pise) ; Fra Angelico* (couvent San Marco, Florence) ; Van* der Weyden (Anvers et Vienne) ; Lucas Cranach* (Vienne) ; Grünewald* (retable d'Issenheim, Colmar) ; le Greco* (Louvre, Paris) ; Rembrandt* (*Les Trois Croix*, gravure) ; Rouault* (Musée national d'Art moderne, Paris). ▪ *Illustration :* ➝ **Antonello da Messina.**

**CRUIKSHANK (George)** ♦ Caricaturiste et peintre britannique (Londres 1792 - *id.* 1878). Célèbre très jeune grâce à des satires illustrées sur la vie du régent (publiées en 1819 - 1821), il donna des dessins humoristiques à de nombreux magazines (*Punch, The Satirist, The Scourge*, etc.). L'âpreté de son trait est perceptible dans ses dessins politiques (*Facetiae and Miscellanies*, 1827) aussi bien que dans ses scènes de mœurs caricaturales (*Life in London*), où se révèlent des préoccupations morales et patriotiques (*The Bottle*, 1847). Il publia des albums, notamment *Comic Almanach*, et fit preuve dans ses gravures d'une grande virtuosité technique (*Vie de John Falstaff*, 1857 - 1858) ; il illustra aussi de nombreux ouvrages de Dickens et d'Ainsworth.

**CRUMB (George)** ♦ Compositeur américain (Charleston, Virginie-Occidentale 1929). Sa musique concise et assez austère fait parfois appel à des instruments populaires ou traditionnels (*Madrigals I* à *IV*, 1965 - 1969 ; *Songs, Drones and Refrains of Death*, 1968 ; *Ancient Voices of Children*, 1970 ; *Makrokosmos I* à *IV* (1972 - 1977) ; *A Haunted Landscape*, 1984).

**CRUMB (Robert)** ♦ Auteur de bandes dessinées américain (Philadelphie 1943). Il commença par travailler (1967 - 1968) pour des publications «underground», élaborant un univers de fantasmes sexuels et de critique sociale et politique des États-Unis, d'une rare force comique, servi par un dessin d'une simplicité caricaturale qui n'exclut pas l'inventivité mais témoigne de l'influence de Segar* et Herriman*. Plusieurs de ses personnages (Fritz le chat, Whiteman, Mr. Natural, des militantes féministes) renouvellent le genre. En outre Crumb se met volontiers lui-même en images, avec une ironie destructrice.

**CRUSEILLES** [74350] ➝ ÉTYM. «petite croix», du franco-prov. *crui* «croix» et suff. dimin. *-eille* ♦ Ch.-l. de cant. de la Haute-Savoie, arr. de Saint-Julien-en-Genevois, sur les pentes du mont Salève. 3 186 hab. *(Cruseilliens)*. À 1,5 km à l'E., ensemble touristique et sportif du parc des Dronières.

**CRUSIUS (Christian August)** ♦ Philosophe et théologien allemand (Leuna 1715 - Leipzig 1775). Dans son *Esquisse des vérités nécessaires de la raison, en tant qu'elles sont opposées aux vérités accidentelles* (1745), il met en question le développement trop important de la méthode rationaliste de C. Wolff*.

**CRUTZEN (Paul)** ♦ Chimiste néerlandais (Amsterdam 1933). Il montra, vers 1970, le rôle des oxydes d'azote (émis notamment par les avions supersoniques) dans la baisse de la concentration de l'ozone stratosphérique. [Prix Nobel de chimie 1995, avec M. Molina* et F. S. Rowland]

**CRUVEILHIER** [kʀyvɛjɛ] **(Jean)** ♦ Médecin et anatomiste français (Limoges 1791 - Sussac, près de Limoges 1874). Élève de Dupuytren*, il enseigna l'anatomie pathologique. On a donné le nom de *maladie de Cruveilhier* à l'ulcère simple de l'estomac.

**CRUYFF (Johannes Hendrikus,** dit **Johan)** ♦ Footballeur néerlandais (Amsterdam 1947). Joueur élégant, rapide et à la technique rigoureuse, il a contribué à la naissance d'un football «total». Tant aux Pays-Bas (à l'Ajax d'Amsterdam et au Feyenoord Rotterdam) qu'en Espagne (au FC Barcelone), il a affirmé ses qualités de meneur de jeu.

**CRUZ (Juana Inès DE LA)** ➝ ÉTYM. esp. «croix» ♦ Religieuse et poète mexicaine (San Miguel de Nepantla 1651 - Mexico 1695). Son œuvre, inspirée de Góngora*, révèle un intense lyrisme intérieur et un grand goût pour les sciences. Elle a écrit aussi des pièces de théâtre, et son autobiographie.

**CRUZ (Ramón DE LA)** ♦ Auteur dramatique espagnol (Madrid 1731 - *id.* 1794). Ses tragédies et ses comédies offrent moins d'originalité que les saynètes où il fait dialoguer le menu peuple des faubourgs de Madrid. Ces petites pièces réalistes, écrites en réaction contre l'influence du théâtre classique français, marquent le retour à un art proprement national.

**CSA** n. m. ➝ **Conseil supérieur de l'audiovisuel**

**CSÁKY (Jozsef)** ♦ Sculpteur hongrois (Szeged 1888 - Paris 1971). Il s'installa à la Ruche à Paris en 1908. Sa formation de tailleur de pierre lui permit de se définir comme «tailleur d'images» et d'utiliser les pierres dures pour ses recherches formelles, avant qu'il n'aborde le bronze, à partir de 1945. Adepte du premier cubisme* dès 1911, il créa des portraits rigoureux, dont les lignes brisées s'équilibrent de façon savante. Après la Première Guerre mondiale, il fut influencé par l'art africain et par l'art décoratif ; ses sculptures devinrent abstraites, décoratives, puis, à partir de 1926, proches de la figuration lyrique.

**CSCE** n. f. ➝ **Organisation pour la sécurité et la coopération en Europe**

**CSEPEL** ♦ Île du Danube*, en Hongrie, dont l'extrémité N. fait partie de la ville de Budapest. 60 km de long. Construc. mécaniques et automobiles.

**CSÉRI (Jean APACZAI)** ➝ **Apáczai Csere (János)**

**CSIKY (Gergely)** ♦ Auteur dramatique hongrois (Pankota 1842 - Budapest 1891). Il se dirigea d'abord vers la carrière ecclésiastique. En 1881, il quitta les ordres et se maria. Influencé par les auteurs français de l'époque, notamment par Dumas fils, Augier et Sardou, Csiky fut très fécond. Œuv. princ. : *Les Prolétaires* (1880) ; *Mukanyi* (1880) ; *Misère dorée* (1881).

**CSOKONAI VITÉZ (Mihály)** ♦ Poète hongrois (Debrecen 1773 - *id.* 1805). Kazinczy* l'encouragea à écrire ; sa comédie *Tempefői le Mélancolique* (1793), vive critique sociale, lui coûta sa place au collège de Debrecen en 1795. Il mena dès lors une vie errante et misérable. En 1796, il rédigea le périodique de la Diète, *Les Muses magyares*, exprima, en poète du rococo, la joie de vivre puis sa douleur dans ses *Chants de Lilla* (publ. 1805), dédiés à Julianna Vajda, riche bourgeoise. Son épopée comique, *Dorothée ou le Triomphe des dames* (1799), transformait de vieilles filles amères en belles créatures. Ses poèmes philosophiques (*Le Soir, Constantinople*) montrent l'influence de Rousseau.

**CSOÓRI (Sándor)** ♦ Poète hongrois (Zámoly 1930). Ses recueils *Fuite de la solitude* (1962), *Dialogue dans le noir* (1973) montrent une veine politique et l'âme d'un nomade. Les scénarios de film (*Jugement, Faute de temps*, 1972) en firent un philosophe des questions sociales. Son autorité réconcilia les mouvements s'opposant au communisme et en fit la référence spirituelle incontestable du Forum démocratique hongrois.

**CTÉSIAS** ♦ Historien et médecin grec (Cnide, Carie –Ve s.). Médecin de Cyrus, puis d'Artaxerxès II Mnémon, il est l'auteur des *Persika* et des *Indika*, vastes compilations connues surtout par le réemploi qu'en font Aristote et Pline.

**CTÉSIBIOS** ♦ Savant grec (Alexandrie –IIIe s.). On lui attribue l'invention de divers dispositifs hydrauliques.

**CTÉSIPHON** – en gr. ***Ktêsiphôn*** ♦ Ancienne ville de Mésopotamie, sur la rive E. du Tigre (auj. en Irak). Ancien camp parthe face à Séleucie du Tigre, elle devint la capitale des Arsacides sous Orode* II (–55) et resta celle des Sassanides. Elle fut prise par Trajan (116), Septime Sévère (197), Héraclius (628) et fut ruinée par Khalid ibn Walid (637). ♦ ***Arc de Ctésiphon*** Énorme voûte en brique de la salle du trône dite «de Chosroès le Grand» mais remontant sans doute à Chahpour Ier.

**CTÉSIPHON** ♦ Orateur athénien (–IVe s.). Il proposa à Démosthène* une couronne d'or en remerciement des services rendus à l'État. Accusé par Eschine* d'avoir enfreint la loi, il fut défendu par Démosthène. ➝ **Couronne (discours sur la).**

**CUAUHTÉMOC** ♦ Dernier empereur aztèque (1497 ? - 1524). Il défendit en vain son empire contre les troupes de Cortés*. Fait prisonnier, il mourut dans des conditions non élucidées.

## CUBA

▮ – off. *république de Cuba* ◆ ÉTYM. du n. d'une ville d'orig. indienne « le pays, le territoire » ◆ Pays des Grandes Antilles entre les États-Unis et l'Amérique centrale. L'archipel de Cuba est constitué d'une île principale, l'île de Cuba, frangée de très nombreuses îles et de nombreux îlots au N. (océan Atlantique) comme au S. (mer des Caraïbes). 110 860 km². 11 239 043 hab. *(Cubains).* LANGUE : espagnol. RELIGION : chrétienne. MONNAIE : peso. CAPITALE : La Havane. RÉGIME : république, régime socialiste à parti unique.

▮ **GÉOGRAPHIE** ▮ **Le relief** L'île est plate dans l'ensemble, malgré quelques alignements de collines ou de basses montagnes, comme les collines de Guaniguanico (699 m d'altitude) à l'O. de La Havane, et le massif de l'Escambray, moyenne montagne qui culmine à 1 156 m au centre du pays. La seule vraie montagne est la sierra Maestra à l'E. de l'île qui comprend plusieurs chaînons (pic Turquino, point culminant, 1 974 m). Les littoraux sont surtout constitués de côtes basses et marécageuses, paradis des formations de mangroves où prospère une faune d'oiseaux et de reptiles (crocodiles) Au S. deux plateformes marines, délimitées par l'île des Pins (rebaptisée île de la Jeunesse) et l'archipel des Canarreos d'une part, et l'archipel des Jardins de la Reine d'autre part, sont semées de récifs coralliens. De forme très allongée (1 100 km de long), l'île ne compte que quelques cours d'eau d'importance, le plus long étant le río Cauto (240 km). Les forêts primaires ne couvrent plus qu'une superficie réduite et les plaines sont occupées par les cultures ou par des savanes où l'on pratique un élevage extensif. ▮ **Le climat** Le climat est tropical à deux saisons, sensiblement moins chaud que dans le reste des Antilles (22 °C en hiver, 28 °C en été). Les précipitations abondantes (de 1 à 2 m) sont favorables aux cultures. L'île est parfois touchée par des cyclones dévastateurs. ▮ **La population** La population, essentiellement urbaine (76 % vivent dans les villes), en croissance naturelle faible à cause d'une faible natalité (10 ‰), doit diminuer à partir de 2010. Elle est caractérisée par un mélange d'éléments blancs et noirs, mais, à la différence d'autres îles antillaises, les Blancs sont les plus nombreux (60 %).

▮ **ÉCONOMIE** La structure économique, entièrement étatisée au début des années 1960, est encore peu diversifiée. Elle repose sur le nickel, le sucre de canne dont Cuba fut un temps le premier exportateur mondial mais dont la production a diminué, et le tabac transformé en cigares de réputation internationale. Une importante mine de nickel est exploitée à Moa (province de Holguín) par une entreprise d'État. Cuba exporte également des agrumes et des produits de la mer (langoustes). La production alimentaire est limitée et ne satisfait pas à la demande (carences et rationnement). Les industries légères ont une production irrégulière et insuffisante (bière, chaussures). Cuba tente de développer quelques produits nouveaux de biotechnologie (vaccins et médicaments). La circulation intérieure est entravée par des équipements obsolètes. De gros efforts sont accomplis pour maintenir le tourisme international, pour lequel l'île dispose d'atouts nombreux (paysages, climat, plages, monuments historiques, traditions festives). La station de Varadero sur la côte N. est ainsi en voie d'extension. Le commerce extérieur pâtit de l'embargo imposé par les États-Unis à partir de 1962 et qui a été depuis tantôt modéré tantôt durci selon les différentes administrations américaines. En 2009, un assouplissement a été décidé par le président Obama. De même, les sanctions européennes, suspendues depuis 2005, ont été abandonnées en 2008 et cette même année les relations avec la Russie, tendues depuis la chute de l'Empire soviétique, ont été renouées. Le développement des échanges avec le Venezuela du président Chávez est très bénéfique notamment pour l'approvisionnement en pétrole. La Chine est le deuxième partenaire commercial. L'île s'est ouverte aux investissements étrangers, le plus souvent en partenariat avec des firmes d'État.

▮ **HISTOIRE** ▮ **La colonisation espagnole** À l'arrivée de Christophe Colomb* en 1492, Cuba était occupée par des peuples amérindiens, Arawaks et Ciboneys, qui furent vite exterminés lors de la conquête espagnole. Ne demeure de ces civilisations qu'une toponymie abondante d'origine indienne, dont le nom de Cuba lui-même. La colonie espagnole fut établie en 1511 par Diego Velázquez* qui fonda les principales villes. L'île servit de base de départ pour la conquête du Mexique et du Panamá puis fut presque abandonnée. Après la prise de La Havane par les Britanniques (1762) et sa restitution l'année suivante, les Espagnols accordèrent plus d'importance à leur colonie et développèrent une économie de plantation (sucre et tabac) fondée sur le travail d'esclaves africains qui furent importés en grand nombre jusque vers 1850. De 1868 à 1878 une première guerre d'indépendance secoua le pays mais les patriotes furent défaits. L'abolition de l'esclavage fut alors déclarée, tardivement (1886). En 1895 une deuxième guerre d'indépendance menée d'abord par José Martí* et Antonio Maceo, puis, après leur mort, par le général Dominicain Máximo Gómez, éclata. Mais la libération de l'île, en cours, fut interrompue par la guerre hispano-américaine de 1898. ▮ **L'indépendance** Après la défaite des Espagnols à Santiago de Cuba et le traité de Paris, les Nord-Américains occupèrent l'île militairement jusqu'en 1902. L'amendement Platt (1901) donnait aux États-Unis un droit d'intervention dans les affaires de Cuba. Jusqu'à la révolution la République cubaine s'apparenta à un protectorat des États-Unis. Des sociétés nord-américaines profitèrent de la situation pour accaparer des terres. Les gouvernements de Gerardo Machado (1925 - 1933) et de Fulgencio Batista* (1940 - 1944 et 1952 - 1958) tournèrent à la dictature tandis que les aspirations démocratiques et révolutionnaires des jeunes et des étudiants étaient déçues. ▮ **La révolution castriste** La révolution (1959 - 1962) qui porta au pouvoir le groupe de guérilleros issus du maquis de la sierra Maestra jouissait à ses débuts, autour des figures de Fidel Castro* et de « Che » Guevara*, d'une grande ferveur populaire et nationaliste. Ses étapes principales furent la victoire de Playa Girón (baie des Cochons) sur une expédition contre-révolutionnaire appuyée par les États-Unis (1961), et la crise des fusées (1962), affrontement diplomatique très grave entre les États-Unis et l'Union soviétique qui accepta finalement de retirer ses missiles. Le régime cubain adopta le modèle communiste et s'aligna sur l'URSS. De nombreux Cubains quittèrent l'île et s'exilèrent aux États-Unis, en Amérique centrale et au Mexique. Cuba intervint dans les conflits africains, de 1975 à 1989 en Angola et de 1978 à 1990 en Éthiopie. ▮ **Depuis la fin des années 1980** L'isolement du régime depuis l'effondrement du communisme en Europe orientale et en Union soviétique (1989 - 1991) ainsi que la dégradation rapide de la situation économique ont entraîné un grave malaise interne. Mais le Parti communiste reste seul autorisé et les tentatives de contestation sont réprimées. En 1994, environ 35 000 Cubains tentèrent d'émigrer clandestinement. Le gouvernement a introduit un certain nombre de réformes économiques visant à attirer les investisseurs étrangers et les devises et a autorisé la circulation du dollar américain. La visite du pape Jean-Paul II en janvier 1998, qui obtint un grand succès populaire, puis celle du Premier ministre du Canada, Jean Chrétien, permirent la libération d'environ 300 prisonniers politiques. Le président Bush a mani-

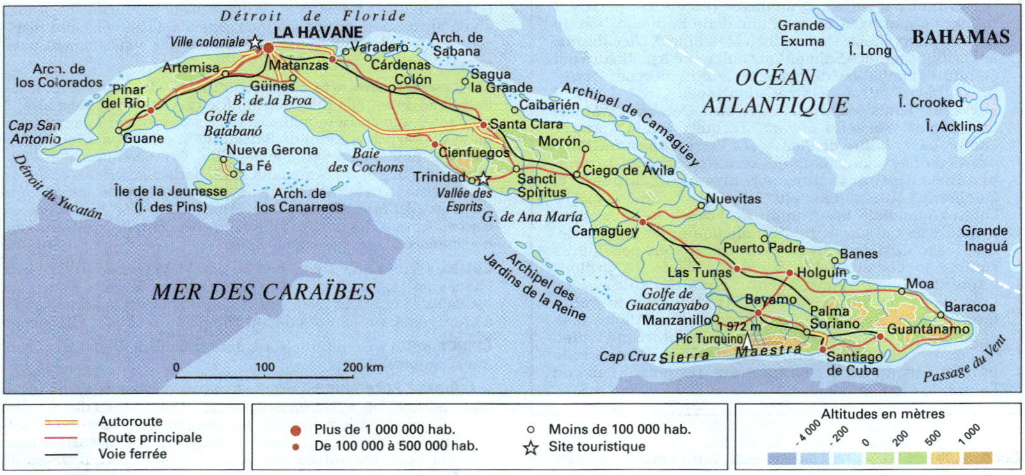

**Cuba.**

**Cuba.** Fabrique de cigares à La Havane. *Phot. ©S. Arme Hodalic/Gamma*

festé, ainsi que ses prédécesseurs, la volonté américaine de renverser le régime cubain au nom de la politique des droits de l'homme, profitant des difficultés de santé de Fidel Castro qui le contraignirent, en août 2006, à mettre en place un gouvernement provisoire dirigé par son frère, Raúl Castro*, qui lui a officiellement succédé à la tête de l'État en févr. 2008.

**CUBANGO** → Okavango

## cubisme

n. m. ♦ Mouvement artistique qui s'est développé en France selon trois phases principales : cézannienne de 1907 à 1909, analytique de 1910 à 1912, puis synthétique de 1913 à 1914. En réaction à la sensualité exacerbée des expressionnistes (Van Gogh) et des nabis*, et, d'autre part, à la vision des impressionnistes, trop rétinienne et superficielle à leur gré, plusieurs peintres, Picasso* et Braque* notamment, recherchèrent un nouveau mode d'expression picturale. *Les Demoiselles* d'Avignon* (1906 - 1907) de Picasso et le *Nu debout* (1907 - 1908) de Braque sont considérés comme les premiers tableaux cubistes, avant même que le critique Louis Vauxcelles n'invente le terme en novembre 1908 après avoir vu à la galerie Kahnweiler le tableau de Braque *Les Maisons de l'Estaque* (1908), «fait de petits cubes». Le répertoire formel du cubisme consiste essentiellement en une décomposition des formes en de multiples polyèdres et en une réduction des couleurs à un camaïeu sobre de gris, de bleu, de beige et de marron, tandis que les thèmes, eux, se restreignent aux portraits et aux natures mortes. Prenant en compte les découvertes de l'époque, la photographie, l'atome, les théories d'Einstein, et aussi les arts primitifs océaniens et africains, les cubistes cherchaient à saisir la structure profonde du monde qui nous entoure, par une décomposition des formes vues simultanément sous leurs différents aspects. Le clair-obscur et l'illusion anthropomorphique de la profondeur étaient supprimés au profit de ce qu'Apollinaire* a appelé la «réalité de conception», opposée à la réalité de vision. Tendance qui ne cessera de se développer au cours du XX^e s., l'œuvre d'art devient de plus en plus autonome par rapport à la nature et évolue en un art «déterminé par les lois formelles de l'objet». Les premiers collages apparurent en 1912, année de la publication du livre d'Albert Gleizes* et de Jean Metzinger*, *Du cubisme*. Les critiques André Salmon* et Guillaume Apollinaire ont étendu l'appellation de cubisme aux recherches entreprises par d'autres peintres, dont Juan Gris*, Léopold Survage*, Louis Marcoussis*, Robert Delaunay*, Marie Laurencin*, Fernand Léger*, Jacques Villon*, André Lhote*. La sculpture de Picasso, *Le Verre d'absinthe* (1910), ouvrit un nouveau champ qui sera exploré par de nombreux sculpteurs, dont Archipenko*, Lipchitz*, Duchamp*-Villon, Laurens*, Zadkine*. La Première Guerre mondiale interrompit en France le développement de ce qui aurait pu devenir une école structurée. *Les Trois Musiciens* (1921) de Picasso sont considérés comme le dernier tableau cubiste. Mais les prolongements du cubisme seront considérables avec l'orphisme, le vorticisme (en Angleterre), le cubo-futurisme (en Russie), le Cavalier* bleu (en Allemagne), et même, dans une certaine mesure, le futurisme italien ou l'abstraction géométrique. → **abstrait (art)**. Une grande part de l'art du XX^e s. s'en inspirera, reprenant l'une ou l'autre de ses tendances.

**CUCQ** [62780] ← ÉTYM. rac. pré-indo-eur. *°cūcc-* «hauteur arrondie» ♦ Comm. du Pas-de-Calais, arr. de Montreuil. 4 912 hab. Station balnéaire à Stella-Plage.

**CÚCUTA** ♦ V. de Colombie, cap. du dép. Norte de Santander à proximité de la frontière vénézuélienne. 585 543 hab. Centre commercial du café.

**CUDWORTH (Ralph)** ♦ Théologien et philosophe anglais (Aller, Somerset 1617 - Cambridge 1688). Il est l'auteur d'ouvrages théologiques et philosophiques dont l'inspiration paraît assez nettement platonicienne.

**CUENCA** ← ÉTYM. de *Cuenca** (Espagne) ♦ V. d'Équateur, cap. de la prov. d'Azuay, au S. dans la cordillère des Andes. 278 995 hab. Logée au cœur de bassins et de vallées agricoles, la ville constitue une petite métropole régionale et un centre touristique (églises et musées).

**CUENCA** ← ÉTYM. du bas lat. *conc(h)a* «coquille» [désignant le bassin de recueillement des eaux des rivières alentour] ♦ V. d'Espagne (Castilla-La Mancha), ch.-l. de prov. au confluent du Júcar et du Huécar. 52 980 hab. Cathédrale du XIII^e s. Fortifications médiévales classées au patrimoine mondial de l'Unesco. Musée d'art abstrait.

**CUENOD (Hugues)** ♦ Ténor suisse (Vevey 1902). Il débuta à Paris en 1928 et, dans un répertoire très vaste, se produisit pendant plus de soixante ans tant au concert qu'à la scène. Il enregistra en 1937 avec Nadia Boulanger de mémorables disques, participa en 1951 à la création du *Rake's Progress* de Stravinski et fit sensation en 1981 en paraissant à Genève dans le rôle du majordome du *Chevalier à la rose* de Richard Strauss.

**CUÉNOT (Lucien)** ♦ Biologiste français (Paris 1866 - Nancy 1951). Il se distingua par ses travaux de génétique (vérifiant les lois de l'hérédité de Mendel chez les animaux, et étudiant les caractères létaux), et par ses recherches sur l'évolution des espèces et leur adaptation au milieu. Œuv. princ. : *Genèse des espèces animales,* 1911 - 1932 ; *L'Adaptation,* 1925 ; *L'Invention et la Finalité en biologie,* 1941 - 1947 ; *L'Évolution biologique,* 1951, avec Andrée Tétry. [Acad. sc. 1931] ← ÉTYM. Ce nom vient du nom de personne germanique, du vieux haut allemand *kuoni* (en allemand moderne *kühn* «brave»).

**CUERNAVACA** ♦ V. du Mexique central, cap. de l'État de Morelos. 332 197 hab. Cathédrale du XVI^e s. ; palais de Cortés ; jardins. Son climat printanier en fait le lieu de villégiature des hab. de Mexico. ▪ À proximité, bourg de Tepoztlán (couvent dominicain du XVI^e s. ; carnaval, fêtes de la semaine sainte). ▪ Indus. décentralisées de la capitale. ▪ Cultures de café et de canne à sucre dans la région.

**CUERS** [83390] ← ÉTYM. du lat. *Corius*, n. de pers. ou de *kor-*, var. du pré-indo-eur. *°kar-* «pierre» ♦ Ch.-l. de cant. du Var, arr. de Toulon. 8 174 hab. *(Cuersois)*. Viticulture (côtes-de-provence).

**CUEVAS (George DE PIEDRABLANCA DE GUANA,** marquis **DE)** ♦ Directeur de ballet (Santiago, Chili 1885 - Cannes 1961). Mécène de la danse, il fut successivement l'animateur de l'International Ballet (New York, 1944), puis des Nouveaux Ballets de Monte-Carlo (1947) qui allaient devenir le Grand Ballet du marquis de Cuevas, notamment dirigé par B. Nijinska (1950). Au cours de tournées internationales, cette compagnie, qui fut la première à employer des danseurs américains (R. Hightower, G. Skibine), compta Nina Vyroubova, Jacqueline Moreau et Serge Golovine parmi ses membres. La troupe fut dissoute en 1962.

**CUGNAUX** [31270] ← ÉTYM. probablt «en forme de coin», de l'occit. *cunh* «coin» et suff. *-al* [désigne un village en forme de triangle] ♦ Comm. de la Haute-Garonne, arr. de Toulouse. 12 997 hab. *(Cugnalais)*.

**CUGNOT (Joseph)** ♦ Ingénieur militaire français (Void, Lorraine 1725 - Paris 1804). Constructeur de la première voiture automobile à vapeur (1770) et d'un second modèle plus important, le fardier (1771), il réussit à transformer le mouvement rectiligne des pistons en un mouvement rotatif continu ; cependant, ces véhicules restèrent inutilisables, les chaudières n'étant pas suffisamment puissantes.

**CUI (Cesar Antonovitch)** ♦ Compositeur russe (Vilna, auj. Vilnius 1835 - Petrograd 1918). Fils d'un officier français et d'une Polonaise, il renonça à une carrière militaire pour se consacrer à la musique. Élève de Dargomyjski* et de Balakirev*, il contribua, avec ce dernier, à la fondation du groupe des Cinq. Critique musical, il s'institua le défenseur de Schumann et de Berlioz contre les excès du nationalisme russe. Abondante, son œuvre compte une dizaine d'opéras (*William Ratcliff,* 1869 ; *Angelo,* 1876 ; *Le Prisonnier du Caucase,* 1883), des œuvres symphoniques, chorales, de la musique de chambre, de piano, des mélodies.

**CUIABÁ** ♦ V. du Brésil, cap. de l'État du Mato Grosso, 477 000 hab. Fondée en 1719 pour surveiller les frontières de cette région qui recelait de l'or et des diamants. Aujourd'hui c'est la porte d'accès à l'Amazonie, sur la route reliant São Paulo et l'État du Rondônia.

**CUINCY** [59553] ♦ Comm. du Nord, dans la banl. de Douai. 6 847 hab. Indus. automobile.

Le **Cuirassé Potemkine** – en russe ***Bronenossets Potemkine*** ♦ Film soviétique de Sergueï M. Eisenstein* (1925). Cette «tragédie en cinq actes», conçue sur le mode des «pantomimes de masse» du *Proletkult* (théâtre du peuple), avait été commandée à Eisenstein pour célébrer le 20^e anniversaire de la révolution de 1905. Il choisit de s'en tenir à un seul épisode, la mutinerie des marins du navire de guerre *Potemkine,* qui avait donné lieu à de sanglantes répré-

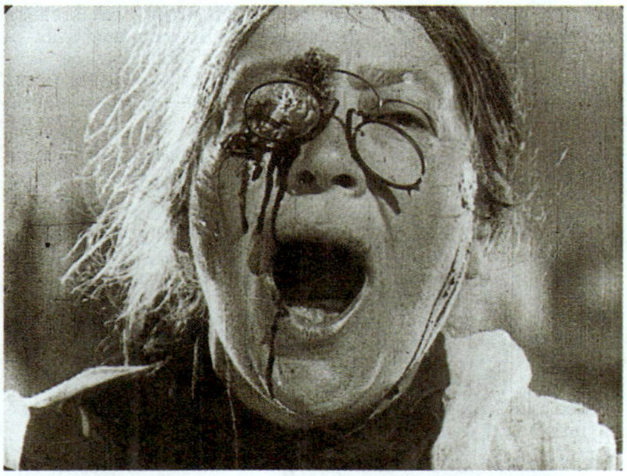

Le **Cuirassé Potemkine**, film d'Eisenstein. *BIS/Phot. ©Coll. Archives Larbor*

sailles. Il imagina une hécatombe de la population d'Odessa, massée sur le grand escalier du port. Le retentissement émotionnel fut énorme, et fit oublier l'artifice du procédé, plus proche de l'écriture idéographique que de la mise en scène de cinéma proprement dite.

**CUISEAUX** [kɥisɔ] [71480] ♦ Ch.-l. de cant. de la Saône-et-Loire, arr. de Louhans, en Bresse. 1 749 hab. *(Cuiseliens)*. Vestiges de l'enceinte (XIIe s.). Dans l'église, stalles du XVe s. et statues du XVIe s. ▪ Conserveries, salaisons.

**CUISERY** [71290] ♦ Ch.-l. de cant. de la Saône-et-Loire, arr. de Louhans, en Bresse. 1 612 hab. *(Cuiserotains)*. Enceintes et donjon. Église Notre-Dame renfermant un triptyque de G. Guérard (*La Mort de la Vierge*, 1520).

**CUJAS** [kyʒɑs] **(Jacques)** ♦ Jurisconsulte français (Toulouse 1520 - Bourges 1590). Il apprit seul le latin et le grec, puis se consacra au droit et enseigna surtout à Toulouse (1547), Bourges (1555) et Valence (1567), suscitant l'enthousiasme de ses élèves (dont Scaliger* et Pithou*). Doté de la faveur de Charles IX et de Henri III, il garda la neutralité durant les guerres de Religion, se consacrant à ses ouvrages qui le firent surnommer le «prince des romanistes» : *Tractatus ad Africanum, Recitationes sollemnes, Observationum et emendationum libri XXVIII* (de 1566 à sa mort ; les huit derniers livres furent publiés par Pierre Pithou*). Considéré comme le plus illustre représentant de l'école historique fondée par A. Alciat*, il se livra à l'exégèse des textes du droit latin afin de les remettre dans leur milieu véritable (restitution du Code de Justinien).

**CUJAVIE** ou **COUÏAVIE** n. f. – en polon. ***Kujawy*** ♦ Région historique de la Pologne centrale, s'étendant sur la rive g. de la Vistule, entre Bydgoszcz et Włocławek. Baignée par la Noteć, elle est parfois rattachée à la Grande Pologne. – *Voïvodie de Couïavie-Poméranie*. 17 972 km². 2 066 400 hab. CH.-L. : Bydgoszcz. Mines de sel. ▮ **Histoire** Principauté indépendante, berceau légendaire de la famille des Piast* (→ **Kruszwica**), elle fut d'abord réunie à la Mazovie, puis rattachée à la Couronne en 1526.

**CUKOR (George)** ♦ Cinéaste américain (New York 1899 - Los Angeles 1983). L'élégance d'un style spirituel, une solide direction d'acteurs ont fait le succès d'un grand nombre de ses films, comédies dramatiques ou musicales souvent adaptées du théâtre ou du roman : *Les Invités de 8 heures* (1933), *Les Quatre Filles du docteur March* (1933), *David Copperfield* (1935), *Le Roman de Marguerite Gautier* (1936), *Hantise* (1944), *Une étoile est née* (1954), *La Croisée des destins* (1956), *Les Girls* (1957), *My Fair Lady* (1964), *Riches et célèbres* (1981).

**CULAN** [18270] ◂ **ÉTYM.** du germ. *Cuslindis*, n. de pers. ♦ Comm. du Cher, arr. de Saint-Amand-Montrond. 822 hab. Château du XVe s. (décors intérieurs d'époques diverses ; tapisseries d'Aubusson). Anc. chapelle castrale du XVe s. (portail et crypte romans). Pont médiéval.

**CULEMBORG** ♦ V. des Pays-Bas (Gueldre), sur le Lek. 27 178 hab. Hôtel de ville de style gothique flamboyant. ▪ Métall. et construc. mécaniques. Manufacture de tabac.

**CULIACÁN** ♦ V. du Mexique septentrional, cap. de l'État de Sinaloa, dans une région minière, au pied de la sierra Madre occidentale. 605 304 hab. Centre commercial. Indus. textiles.

**CULLBERG (Birgit)** ♦ Danseuse et chorégraphe suédoise (Nyköping 1908 - Stockholm 1999). Elle fonda en 1946 le Théâtre suédois de la danse avec son mari Ivo Cramer. Sa création en 1950 de *Miss Julie*, d'après Strindberg, eut un tel succès que le ballet est resté depuis au répertoire de l'Opéra royal de Stockholm, dont elle fut chorégraphe résidente de 1952 à 1957. Elle travailla pour de nombreuses scènes en Europe du Nord, puis fonda sa compagnie, le Ballet Cullberg, en 1967, composant entre autres *Medea* (musique de Bartók, 1950) ; *Bellmann* (musique de Beethoven, 1971) ; *Rêves de vie et de mort* (1980). Son style combinait l'expressionnisme de Jooss* avec un certain néoclassicisme scandinave. La compagnie Cullberg fut ensuite dirigée jusqu'en 1997 par son fils, Mats Ek.

**CULLEN (William)** ♦ Médecin britannique (Hamilton, Lanarkshire, Écosse 1710 - Édimbourg 1790). Il croyait au rôle prépondérant du système nerveux, dont l'irritation serait à l'origine de toutes les maladies.

**CULLEN (Countee)** ♦ Poète et romancier américain (New York 1903 - *id.* 1946). Noir, fils adoptif du pasteur d'une des plus grandes paroisses de Harlem, il fit de brillantes études couronnées par un séjour à Paris où il traduisit Baudelaire. De retour en Amérique, il enseigna le français et fit paraître *Chants du crépuscule* (*Copper Sun*, 1927), *Le Chemin du paradis* (*One Way to Heaven*, 1932). Les vers de *Sur ceux-ci je veux être jugé* (*On these I Stand*, 1947) traduisent l'amertume de l'homme cultivé que sa race isole. Malgré son désir d'être d'abord un poète, Countee Cullen est une des figures représentatives de la littérature noire florissante des années 1920 *(Renaissance de Harlem)*.

**CULLMANN (Oscar)** ♦ Théologien protestant français (Strasbourg 1902 - Chamonix 1999). Il a enseigné à Strasbourg, à Bâle et à Paris. Il est l'auteur de travaux d'exégèse du Nouveau Testament et d'études sur l'Église primitive. Ses travaux interprètent le christianisme comme l'histoire du salut qui, d'Israël, s'achemine vers le Christ qui en est le centre et le sens («nouvelle alliance»), et de l'Église chrétienne vers la réalisation du Royaume de Dieu, qui en est l'accomplissement (*Le Culte dans l'Église primitive*, 1944 ; *Christ et le Temps*, 1947 ; *Catholiques et Protestants. Un projet de solidarité chrétienne*, 1958 ; *Christologie du Nouveau Testament*, 1959 ; *Le Nouveau Testament*, 1966 ; *Jésus et les révolutionnaires de son temps*, 1970).

**CULLODEN** ♦ Localité d'Écosse au N.-E. d'Inverness. ▮ **Histoire** Victoire du duc de Cumberland* sur le prétendant Charles* Édouard Stuart (1746). Elle mettait fin aux ambitions jacobites.

**CULMANN (Carl)** ♦ Ingénieur allemand (Bergzabern 1821 - Zurich 1887). Il fit paraître en 1875 un traité de statique graphique, méthode d'étude des conditions d'équilibre des forces par des procédés graphiques dont il apparaît comme le créateur.

**CULOZ** [kyloz] [01350] ◂ **ÉTYM.** var. du franco-prov. *la culaz* «terre au sol éboulé» ♦ Comm. de l'Ain, arr. de Belley, dans le Bugey, sur le Rhône. 2 622 hab. (aggl. 2 986) *(Culoziens)*. ▪ Nœud ferroviaire.

## culturalisme

n. m. ♦ Théorie anthropologique qui affirme le primat de la culture dans la détermination des comportements ou des systèmes sociaux. Le culturalisme s'est essentiellement développé aux États-Unis avec Boas*. Avec des nuances, Ruth Benedict* ou Margaret Mead* cherchèrent dans le système de valeurs, de représentations, de modèles de comportements plus ou moins solidement coordonnés et ouverts l'explication des conduites. Le culturalisme est souvent associé à un relativisme : une culture ne peut logiquement être posée comme supérieure à une autre. Sous l'influence de Talcott Parsons*, des auteurs comme Clifford Geertz* ont poussé l'anthropologie culturelle dans le sens d'une analyse des systèmes de symboles, ce qui, par un effet en retour, tend à faire de l'anthropologue lui-même moins un savant qu'un auteur (*The Interpretation of Cultures*, 1973 ; *Works and Lives. The Anthropologist as Author*, 1988).

**CUMANÁ** ♦ V. du Venezuela, cap. de l'État de Sucre, au pied du massif de Cumaná. 263 000 hab. Centre commercial et port de pêche.

**CUMBERLAND (William Augustus, duc DE)** ♦ Troisième fils de George II d'Angleterre (Londres 1721 - *id.* 1765). Vaincu par les Français à Fontenoy* (1745), il battit, à Culloden* (1746), le prétendant Charles* Édouard, mais de nouvelles défaites (Lawfeld*) provoquèrent sa disgrâce.

**CUMBERLAND** (baie de) – en angl. ***Cumberland Sound*** ◂ **ÉTYM.** du n. de George Clifford, 3e duc de *Cumberland* ♦ Profonde baie de l'île de Baffin*, entre la péninsule du même nom, au N., et la péninsule de Halle, au S.

**CUMBERLAND** (plateau du) ◂ **ÉTYM.** du n. de William Augustus, duc de *Cumberland** ♦ Partie méridionale du plateau des Appalaches*, aux États-Unis. → **Kentucky.** ▪ Le défilé dit *Cumberland Gap* fut le théâtre de combats pendant la guerre de Sécession. ▪ La riv. *Cumberland* (1 105 km), née dans le plateau, est un affl. de l'Ohio.

**CUMBERLAND** ◂ **ÉTYM.** angl. «le pays *(land)* des Gallois *(Cumbra)*» [*Cumbra* est une anglicisation de *Cymry*, n. par lequel les Gallois se désignaient] ♦ Anc. comté d'Angleterre faisant maintenant partie de la Cumbria*.

**CUMBERNAULD** ♦ V. de nouvelle d'Écosse, ch.-l. du district du North-Lanarkshire, à l'E. de Glasgow, créée en 1955. 50 000 hab. Construction mécanique et électronique.

**CUMBRIA** ◂ **ÉTYM.** «territoire des Gallois», latinisation de la forme galloise originelle *Cymry* ♦ Comté du N.-O. de l'Angleterre, près de la frontière écossaise. 6 809 km². 492 000 hab. CH.-L. : Carlisle. Les glaciers quaternaires ont creusé un massif ancien dégageant des lacs allongés tels ceux du Lake District. La beauté des sites chantée par les poètes (W. Wordsworth) en fait une des principales régions touristiques du N. de l'Angleterre. Si l'extraction houillère n'est plus qu'un souvenir, les construc. navales et l'indus. chimique continuent à Barrow-in-Furness. Élevage bovin dans les vallées.

**CUMES** – en gr. *Kumê* ♦ Anc. ville d'Italie (Campanie), sur la mer Tyrrhénienne. Première cité de la Grande*-Grèce, fondée par des Ioniens de Chalcis* et d'Érétrie* v. –750, elle contribua à la colonisation de Neapolis (Naples*) et de Messine* en Sicile*. En lutte contre les Étrusques et entourée des Ausones*, elle chercha l'alliance de Rome et reconnut sa prépondérance en –338. Elle fut détruite par les Napolitains en 1205. ▪ Ruines de temples et de l'antre de la Sibylle au village *Cuma*.

**CUMMINGS (Edward Estlin, dit E. E.)** ♦ Poète américain (Cambridge, Massachusetts 1894 - North Conway, New Hampshire 1962). Il s'est fait connaître par *L'Énorme Chambrée* (1922), roman cocasse qui relate son emprisonnement en France en 1917, et par les singularités typographiques de ses poèmes, dont il publia dix recueils de 1923 à 1950. *Eimi* (1933) est une violente satire contre le communisme stalinien. À l'exaltation lyrique des transports amoureux succédera plus tard une sagesse marquée par la tradition transcendantaliste. Au cours d'un long séjour en France (1918 - 1924), E. E. Cummings s'était lié d'amitié avec Aragon, Picasso, Pound.

**CUNARD (sir Samuel)** ♦ Armateur britannique (Halifax, Nouvelle-Écosse 1787 - Londres 1865). Il fonda en 1840 la première compagnie de transport transatlantique reliant, par un service régulier de navires à vapeur, Boston à Liverpool. Après avoir été la plus importante compagnie de navigation au monde, la Cunard Line fut contrainte de fusionner avec la White Star Line en 1934. ◆ ÉTYM. Ce nom vient du vieil anglais *Cyneheard*, nom de personne, de *cyne* «royal» et *heard* «brave, courageux».

**CUNAULT** → Chênehutte-Trèves-Cunault

**CUNAXA** → Counaxa

**CUNÉGONDE** (sainte) ◆ ÉTYM. du germ. *kuni* «race, tribu» et *gundi* «guerre» ♦ Impératrice germanique (v. 978 - abbaye de Kaufungen, Hesse 1033 ou 1039). Elle épousa en 998 le duc Henri de Bavière qui devint l'empereur Henri II et fut plus tard canonisé (→ **Henri II le Saint**). Comme les époux laissèrent une réputation de piété et qu'ils n'eurent pas d'enfant, une tradition tardive veut qu'ils aient fait vœu de continence. ▪ Fête le 3 mars.

**CUNEO** – en fr. *Coni* ♦ V. d'Italie, dans le Piémont, ch.-l. de prov., sur la Stura, affl. du Pô. 52 334 hab. Indus. mécaniques ; pneumatiques (Michelin). Centre commercial du Montferrat. Tourisme d'affaires.

**CUNHA (Tristão DA)** ♦ Capitaine et navigateur portugais (Lisbonne v. 1460 - en mer 1540). Après avoir découvert dans l'Atlantique austral le groupe d'îles qui porte son nom (1506), puis reconnu Madagascar, il explora les côtes de Somalie, de Socotora et d'Ormuz et prit part à la conquête des Indes par les Portugais. ♦ **Nuno da Cunha** (1487 - en mer 1539). Fils du précédent. Vice-roi des Indes en 1528, il conquit Diu*, consolidant ainsi l'Empire portugais. Rappelé au Portugal à la suite d'une accusation de concussion (1538), il mourut pendant son retour.

**CUNHA (Euclides DA)** ♦ Écrivain brésilien (Rio de Janeiro 1866 - *id.* 1909). Il a immortalisé le Sertão, région déshéritée mais riche en légendes du Brésil continental : *Os Sertões* (*Terre de Canudos*, 1902) est la chronique de la répression militaire d'une révolte mystique en 1896-1897. Il mourut assassiné.

**CUNHAL (Álvaro)** ♦ Homme politique portugais (Coimbra 1913 - Lisbonne 2005). Il joua un rôle décisif dans l'organisation du Parti communiste portugais et dans la lutte contre le régime de Salazar. Il passa plus de 12 ans en prison et 14 en exil en Union soviétique, d'où il revint en 1974. Membre du comité central du parti à partir de 1936, il en fut secrétaire général de 1961 à 1992.

**CUNNINGHAM (Merce)** ♦ Danseur et chorégraphe américain (Centralia, Washington 1919 - New York 2009). Il fit partie de la troupe de Martha Graham*, puis travailla avec le compositeur John Cage* qui devint son compagnon. Il fonda sa propre compagnie (1953), puis une école (1959). Menant une réflexion sur l'essence du geste, il introduisit dans la danse la notion de hasard, ouvrant par là son art à l'abstrait. Ses principales œuvres sont *Suite for Five in Space and Time* (musique de J. Cage, 1956), *Summerspace* (musique de Feldman, 1958), *Antic Meet* (musique de J. Cage, 1958), *Signals* (musique de J. Cage, 1970), *Un jour ou deux* (musique de J. Cage, 1973), *Events* (1976).

**CUNNINGHAM (Michael)** ♦ Romancier américain (Cincinnati 1952). Ses récits psychologiques, d'une grande finesse (*La Maison du bout du monde*, 1990 ; *De chair et de sang*, 1995), explorent les relations amoureuses (notamment homosexuelles) et l'influence de la famille sur la liberté individuelle. *The Hours* (1998 ; prix Pulitzer, porté à l'écran par S. Daldry) est un montage parallèle de la vie de trois femmes vivant à des époques différentes, dont Virginia Woolf*, et qui voient leurs destins liés par son roman *Mrs Dalloway*.

**CUNY (Alain)** ♦ Comédien français (Saint-Malo 1908 - Paris 1994). *Le Bout de la route* de Giono (1941) révéla au public les qualités de ce comédien qui fut l'élève de Dullin. Sa présence et son jeu d'une intensité mystique firent de lui un interprète claudélien par excellence (*La Ville*, *Tête d'or*, *L'Annonce faite à Marie*, dont il réalisa une adaptation cinématographique en 1992). Au cinéma, il interpréta *Les Visiteurs du soir* de Carné (1942) et continua sa carrière en Italie avec Malaparte, Antonioni, Fellini (*La Dolce Vita*, 1959 ; *Satyricon*, 1968), Rosi. ◆ ÉTYM. *Cuny* vient de l'allemand *kühn* «hardi» ou de *König* «roi».

**CUPIDON** ◆ ÉTYM. de la rac. indo-eur. *°kuep* «bouillonner, désirer» ♦ Dieu de l'amour dans la mythologie romaine, identifié avec l'Éros grec. → **Éros.**

**CURAÇAO** ◆ ÉTYM. p.-ê. du guarani *curawasu* «grande plantation» ♦ Île princ. des Antilles néerlandaises, située dans la mer des Caraïbes, au large du Venezuela, entre Aruba et Bonaire. 444 km². 145 000 hab. LANGUES : néerlandais et papiamentu. RELIGION : christianisme. MONNAIE : gulden des Antilles néerlandaises. CAPITALE : Wilemstad. L'île est assez plate (Sint Christoffelberg, 372 m), peu propice à l'agriculture à cause du climat chaud et sec accompagné de vents forts. Raffinage de pétrole en provenance du Venezuela. Aéroport international de Hato. Port franc. Casinos. L'île a donné son nom à la liqueur d'oranges exportée dans le monde entier.

**CURE** n. f. ◆ ÉTYM. anc. *Cura*, rac. hydronym. prélatine ♦ Riv. de Bourgogne (112 km), affl. de l'Yonne. Née près de Château-Chinon, elle arrose Arcy-sur-Cure et conflue à Cravant après avoir reçu le Cousin. Sa vallée, boisée, est barrée en de nombreux endroits (Settons, Crescent).

**CUREL (François DE)** ♦ Auteur dramatique français (Metz 1854 - Paris 1928). Nourri d'une haute ambition, son théâtre d'idées a occupé sur la scène française une place de premier plan puis sombra dans l'oubli. Œuv. princ. : *La Nouvelle Idole* (1899), *L'Ivresse du sage* (1922), *Terre inhumaine* (1922). [Acad. fr. 1918]

**CURIACES** → Horaces

**CURICÓ** ◆ ÉTYM. n. d'une riv., mot indigène «eau *(co)* noire *(curi)*» ♦ V. du Chili, dans la région de Maule. 226 000 hab.

**CURIE (Pierre)** ♦ Physicien français (Paris 1859 - *id.* 1906). Il découvrit, avec son frère PAUL JACQUES CURIE (1855 - 1941), la piézoélectricité, et l'appliqua dans un appareil permettant la mesure de très faibles quantités d'électricité (et qui sera d'une grande utilité dans l'étude de la radioactivité). Auteur d'importants travaux concernant les cristaux, il énonça le principe de symétrie, affirmant que les éléments de symétrie des causes doivent se retrouver dans les effets. On lui doit plusieurs découvertes dans le domaine du magnétisme, et en particulier la découverte du *point de Curie* (température à partir de laquelle un corps ferromagnétique devient paramagnétique), de l'indépendance du diamagnétisme de la température et de l'influence de la température sur les propriétés paramagnétiques. Après la découverte de la radioactivité par H. Becquerel*, il découvrit et isola, avec sa femme Marie Curie*, le polonium puis le radium. Ses cendres ont été transférées au Panthéon en 1995. [Acad. sc. 1905 ; Prix Nobel de phys. 1903, avec M. Curie et H. Becquerel ◆ ÉTYM. Ce nom vient de l'ancien français *curie* qui a plusieurs sens : «maladie», «toiture», «terre dont le possesseur devait la corvée» ou est plus probablement l'aphérèse d'*écurie*.

**Curie.** Pierre et Marie Curie dans leur premier laboratoire, rue Lhomond, à Paris. *Phot. ©Harlingue/Roger-Viollet*

**CURIE (Marie), née SKŁODOWSKA** ♦ Physicienne française d'origine polonaise (Varsovie 1867 - Sancellemoz, près de Sallanches 1934). Intéressée par le phénomène de radioactivité (auquel elle donna ce nom) dès la découverte de H. Becquerel*, elle entreprit des études quantitatives, sur les conseils de son mari Pierre Curie*. Elle en conclut qu'il s'agissait d'une propriété des atomes et supposa l'existence d'éléments encore inconnus, très fortement radioactifs. Elle découvrit la radioactivité du thorium et, en 1898, avec P. Curie, le polonium et le radium. En 1910, en collab. avec A. Debierne, elle obtint du radium métallique pur. Au cours de la Première Guerre mondiale, elle organisa sur le front le premier service radiologique mobile. Elle fut la première femme nommée professeur à la Sorbonne et on lui doit la création de l'Institut du radium. Ses cendres ont été transférées au Panthéon en 1995. [Prix Nobel de phys. 1903, avec P. Curie* et H. Becquerel ; prix Nobel de chim. 1911]

**CURIE (Irène)** → Joliot-Curie

**Curiosités esthétiques** ♦ Ouvrage critique de Baudelaire* (posth. 1868), constitué d'études sur l'art. Il contient notamment les *Salons*. Les éditions contemporaines ont pris l'habitude de démembrer ce livre ainsi que *L'Art* romantique* pour regrouper thématiquement toute la critique baudelairienne. Celle-ci, que l'écrivain veut «passionnée et partiale», lui permet de définir sa propre conception du beau, dont le romantisme est pour lui l'expression la plus moderne.

**CURITIBA** ♦ V. du Brésil, cap. de l'État du Paraná. 1 587 000 hab. Univ., centres de recherche. Indus. variées. La ville est considérée comme un modèle de gestion urbaine. Musée Oscar Niemeyer.

**CURL (Robert F.)** ♦ Chimiste américain (Alice, Texas 1933). → **Kroto** [Prix Nobel de chim. 1996, avec H. Kroto* et R. Smalley].

**CURNONSKY (Maurice Edmond SAILLAND, dit)** ♦ Gastronome français (Angers 1872 - Paris 1956). Ami de plusieurs hommes de lettres (Allais, Toulet, Willy), il rédigea de nombreux ouvrages gastronomiques. Élu «prince des gastronomes» en 1927, il fonda la revue *Cuisine et Vins de France* (1946).

**CURRY (Haskell Brooks)** ♦ Logicien et mathématicien américain (1900 - State College, Pennsylvanie 1982). Il a construit une logique combinatoire, qui ne fait pas appel à la notion de variable ; cette logique, dont il a montré le caractère incomplet, constitue, selon J. Piaget, un «effort pour atteindre l'opératoire dans le détail même de ses démarches effectives». Princ. ouvrages : *A Theory of Formal Deductibility*, 1950 ; *Combinatory Logic*, avec R. Feys, 1956.

**CURTIS (Edward Sheriff)** ♦ Photographe et anthropologue américain (Whitewater, Wisconsin 1868 - Los Angeles 1952). En 1892, il conçut le projet d'établir une documentation sur les Indiens d'Amérique du Nord ; pendant près de trente-cinq ans, il enregistra au moyen de la photographie les coutumes sociales et religieuses des populations autochtones du Mississippi, du Nouveau-Mexique et de l'Alaska.

**CURTIS (Louis LAFFITTE, dit Jean-Louis)** ♦ Romancier et critique français (Orthez 1917 - Paris 1995). Il obtint le prix Goncourt pour une chronique de la France occupée vue d'une petite ville de province, *Les Forêts de la nuit* (1947). Auteur de nombreux romans qui témoignent d'un style sobre, élégant et d'une construction traditionnelle, Curtis veut être un «romancier-témoin» (G. Bauer). *Un Saint au néon* (1956), *La Quarantaine* (1966), *Le Roseau pensant* (1971) ; le cycle qui commence avec l'*Horizon dérobé* (1979) évoque les suites de mai 68. Il est aussi l'auteur d'ouvrages de réflexion critique, de pastiches et de traductions de l'anglais. [Acad. fr. 1986]

**CURTIUS (Ernst)** ♦ Historien et érudit allemand (Lübeck 1814 - Rome 1896). Après un long séjour en Grèce et en Asie Mineure (1836 - 1840), il fut nommé directeur des Antiquités de Berlin. Auteur d'une importante *Histoire de la Grèce* (1857 - 1861) et de nombreuses études sur la civilisation hellénique, il a contribué à préparer les fouilles d'Olympie (1875 - 1881).

**CURTIUS (Georg)** ♦ Helléniste allemand (Lübeck 1820 - Hermsdorf, Pologne 1885). Frère de E. Curtius*. Il est l'auteur d'une grammaire grecque classique et des *Grundzüge der Grieschischen Etymologie* (1858), fondés sur une théorie personnelle de l'évolution phonétique. En linguistique indo-européenne, il critiqua les positions fondatrices de Jacob Grimm*, puis s'opposa aux néogrammairiens, notamment Brugmann*, qui lui succédèrent à Leipzig.

**CURTIUS (Ernst Robert)** ♦ Critique littéraire allemand (Thann, Alsace 1886 - Rome 1956). Grand médiateur entre les lettres françaises et allemandes, il fut l'ami de nombreux écrivains français. Œuv. princ. : *Balzac* (1923) ; *Essais sur la France* (1930) ; *La Littérature européenne et le Moyen Âge latin* (1948) ; *Essais sur la littérature européenne* (1950).

**CURTIZ (Mihály KERTÉSZ, dit Michael)** ← ÉTYM. anglicisation de son n. hongr. ♦ Cinéaste américain (Budapest 1888 - Hollywood 1962). Abondante et variée, son œuvre se caractérise par quelques films de qualité, aux vertus populaires : *Furie noire* (1935), *La Charge de la brigade légère* (1936), *Les Anges aux figures sales* (1938), *Robin des Bois* (1938), *Casablanca* (1942), *Le Roman de Mildred Pierce* (1945).

**Curzon** (ligne) ♦ Ligne proposée par lord Curzon comme frontière orientale de la Pologne, qui aurait limité cette dernière aux territoires purement polonais. Or les Polonais revendiquaient une partie de l'Ukraine qu'ils possédaient avant le premier partage de leur pays en 1772. Le traité de Riga (12 mars 1921), à la suite des victoires polonaises sur les armées soviétiques, fixa la frontière à 150 km à l'est de la ligne Curzon ; mais les Soviétiques, en 1945, la rétablirent sur cette ligne.

**CURZON OF KEDLESTON (George Nathaniel, 1er marquis)** ♦ Homme politique britannique (Kedleston Hall, Derbyshire 1859 - Londres 1925). Entré au Parlement dans les rangs des conservateurs*, il fut vice-roi des Indes (1898 - 1905), où il entreprit des réformes administratives et financières importantes. Il fit partie des ministères de coalition de la guerre (Asquith*, Baldwin*), puis participa en tant que ministre des Affaires étrangères (1922 - 1923) à la conférence de Lausanne et à l'élaboration du plan Dawes*.

**CUSHING (Harvey Williams)** ♦ Neurochirurgien américain (Cleveland, Ohio 1869 - New Haven, Connecticut 1939). Un des fondateurs de la neurochirurgie, il étudia notamment la névralgie du trijumeau, les traumatismes crâniens et leur technique chirurgicale et les indications opératoires dans l'épilepsie. Il a donné la description de la maladie due à un adénome basophile du lobe antérieur de l'hypophyse *(maladie de Cushing)*.

**CUSSET** [03300] ♦ Ch.-l. de cant. de l'Allier, arr. de Vichy. 13 385 hab. *(Cussetois)*. Maisons anc. à pignons. Tour du XVe s., vestige de l'enceinte (musée municipal). ▪ Station thermale. ▮ **Histoire** En 1440, Charles VII s'y réconcilia avec son fils, le futur Louis XI.

**CUSTER (George Armstrong)** ♦ Général de cavalerie américain (New Rumley, Ohio 1839 - Little Big Horn, Montana 1876). S'étant distingué durant la guerre de Sécession (1861 - 1865), il commanda une expédition contre les Indiens dans le Dakota (1874). Il fut vaincu par Sitting* Bull, lors de la bataille de Little Big Horn, où il fut tué.

**CUSTINE (Adam Philippe, comte DE)** ♦ Général français (Metz 1740 - Paris 1793). Nommé maréchal de camp après sa participation à la guerre d'Indépendance américaine, il fut élu député de la noblesse aux états généraux (1789) et se rallia à la Révolution, tout en votant avec la droite sur certaines questions, notamment sur le droit de paix et de guerre accordé au roi. Commandant de l'armée du Rhin, il s'empara successivement de Spire (25 sept. 1792), de Worms (5 oct.), de Mayence (21 oct.) et de Francfort (23 oct.). Après la défaite et la trahison de Dumouriez* (mars 1793), l'armée de Custine fut repoussée au sud par celle du duc de Brunswick* qui reprit Worms et Spire et assiégea Mayence. De retour à Paris, Custine fut nommé général en chef de l'armée du Nord (13 mai 1793). Mais, après la reddition de Condé et la perte de Mayence, il fut accusé de trahison, condamné à mort par le Tribunal révolutionnaire et guillotiné.

**CUSTINE (Astolphe, marquis DE)** ♦ Écrivain français (Niderviller, Meurthe 1790 - Saint-Gratien 1857). Petit-fils de A. P. de Custine. Il connut Chateaubriand, Hugo, Balzac, Stendhal, et Baudelaire écrivit à son sujet qu'il «avait contre lui toute la mauvaise fortune que méritait son talent». Homosexuel, il fut de fait exclu de la société bourgeoise du XIXe s. Ses romans *Aloys, ou le religieux du Mont Saint-Bernard* (1829), *Le Monde comme il est* (1835), *Ethel* (1839) font de lui l'un des plus illustres représentants du dandysme littéraire. Il écrivit également un drame, *Béatrix Cenci* (1830), ainsi que des récits de voyage (*La Russie en 1839*, 1843) et l'on publia après sa mort les *Lettres à Rahel* (1870) ainsi que les *Lettres au marquis de La Grange* (1925).

**CUSTOZZA** ou **CUSTOZA** ♦ Petite localité italienne au S.-O. de Vérone, rendue célèbre par deux batailles. Le 25 juil. 1848, défaite de Charles*-Albert de Piémont-Sardaigne devant l'armée autrichienne commandée par Radetzky. Le 24 juin 1866, défaite de l'armée italienne sous les ordres de Victor-Emmanuel II contre les Autrichiens. → **Italie.**

**CUTTACK** → Katak

**CUVIER (Georges, baron)** ♦ Zoologiste et paléontologue français (Montbéliard 1769 - Paris 1832). Fondateur de l'anatomie comparée, il formula deux principes anatomiques : celui de la subordination des organes (prépondérance de certains organes sur l'ensemble du fonctionnement) et celui de la corrélation des formes (résultant de l'équilibre de la nature). Il tenta d'établir une classification zoologique (vertébrés, articulés, mollusques et radiés). À partir des fossiles, il prouva l'existence d'espèces disparues et fonda la paléontologie. Ses travaux servirent de base aux théories transformistes, bien que lui-même ait été partisan de la théorie de la préformation et du fixisme ainsi que du catastrophisme et qu'il ait combattu les idées de Lamarck* et de Geoffroy* Saint-Hilaire. Œuv. princ. : *Leçons d'anatomie comparée* (1800 - 1805) ; *Recherches sur les ossements fossiles de quadrupèdes* (1812) ; *Le Règne animal distribué selon son organisation* (1816 - 1817) ; *Description géologique des environs de Paris* (1822), avec A. Brongniart* ; *Discours sur les révolutions de la surface du globe* (1825) ; *Histoire naturelle des poissons* (1828 - 1849). [Acad. sc. 1795 ; Acad. fr. 1818] ← ÉTYM. *Cuvier* est un nom de lieu dans le Jura (anciennement *Cuperium*, du latin *Cuperius*, nom de personne, et suffixe *-acum*)

**CUVILLIÉS (François DE)** ♦ Architecte et ornemaniste allemand (Soignies, Hainaut 1695 - Munich 1768). Il travailla un moment auprès de François Blondel (v. 1720), fut nommé architecte de la cour de Bavière en 1725 et devint, dans le domaine de l'architecture civile, le plus important représentant du rococo à Munich. Influencé par les ornemanistes Oppenord*, Lajoux et Watteau*, il publia des recueils de motifs (1738) et exécuta la décoration du palais des Wittelsbach (1730 - 1737), des appartements et de l'opéra (1750 - 1753) de la Résidence à Munich et surtout le pavillon d'Amalienburg à Nymphenburg (1734 - 1739) ; en s'inspirant de la décoration de Boffrand* à l'hôtel Soubise, il créa un style original, plein de fantaisie décorative, qui constitue un important jalon dans l'élaboration du style décoratif allemand.

**CUXAC-D'AUDE** [11590] ◆ ÉTYM. anc. *Cucuciacus*, du lat. *Cucucius*, n. de pers. gallo-rom., et suff. *-acum* ♦ Comm. de l'Aude, arr. de Narbonne. 4 272 hab. *(Cuxanais).*

**CUXHAVEN** – parfois *Kuxhaven* ♦ V. d'Allemagne (Basse-Saxe), sur la mer du Nord, près de l'estuaire de l'Elbe et conçue un temps comme port de vitesse de Hambourg. 52 095 hab. Important port de pêche ; construc. navales ; conserveries. Station balnéaire et centre de thalassothérapie.

**CUYO** ♦ Région d'Argentine, située dans les Andes centrales et englobant les prov. de San Juan, Mendoza et San Luís. 1 950 000 hab. ▪ Les rivières permettent d'irriguer le piémont aride et autorisent la vigne (climat frais l'hiver, chaud l'été), les vergers (fruits de climat tempéré) et les légumes. Le vignoble, l'une des plus grandes surfaces du monde, produit 25 à 35 millions d'hl. Mendoza, la ville la plus importante, a quelques usines agroalimentaires et des caves vinicoles. La région profite aussi des ressources du pétrole, du gaz et de l'hydroélectricité.

**CUYP** ♦ Famille de peintres hollandais du XVII^e s. ♦ **Jacob Gerritszoon Cuyp** (Dordrecht v. 1594 - *id.* 1652). Fils du peintre sur verre GERRIT GERRITSZOON CUYP (mort en 1664) et probablement élève de Bloemaert* à Utrecht, il peignit quelques scènes bibliques, scènes de genre et paysages avec bétail, mais surtout de nombreux portraits individuels ou collectifs d'un sobre réalisme, dans une gamme discrète tendant souvent à la monochromie. ♦ **Benjamin Gerritszoon Cuyp** (Dordrecht 1612 - *id.* 1652). Demi-frère du précédent. Auteur de paysages, de scènes de bataille et surtout de sujets religieux inspirés en grande partie de Rembrandt*, dans le traitement du clair-obscur. ♦ **Albert Cuyp** (Dordrecht 1620 - *id.* 1691). Fils du précédent. Il se forma auprès de son père et fut probablement l'élève de Van* Goyen (avec lequel ses premières œuvres présentent de grandes affinités). Il peignit quelques portraits mais surtout des paysages : marines, paysages de campagne avec bétail et personnages, berges de rivières plus escarpées (de la Meuse ou du Rhin) qui, tout en présentant des formules spécifiquement hollandaises, révèlent une certaine influence du paysage idéalisée et poétique d'inspiration italienne. Sensible aux valeurs de l'atmosphère, il figura des éclairages crépusculaires et rendit avec finesse les lumières dorées ou brumeuses. *(Le Château d'Ubbergen ; Départ d'un jeune cavalier pour la promenade).*

**CUZA (Alexandre Jean)** ♦ Premier prince de Roumanie (Huşi, Moldavie 1820 - Heidelberg 1873). Descendant d'une vieille famille moldave, il siégea au Divan de Bucarest et fut élu en 1859 prince de Moldavie*, puis de Valachie* (qui devinrent la Roumanie). Il mena une audacieuse politique de réformes qui l'opposa aux possédants. Il abdiqua en 1866.

**CUZCO** ou **CUSCO** ◆ ÉTYM. quechua «nombril de la terre» ♦ V. du Pérou, cap. de dép., au centre de la cordillère des Andes, à 3 600 m d'alt., reliée par une voie ferrée à Puno et Arequipa. 101 197 hab. (aggl. 348 935). Vestiges de monuments incas. De la ville coloniale subsistent de nombreux monuments des XVI^e et XVII^e s. : cathédrale, église de la Compañia, couvents. Plus importante ville des Andes péruviennes. Agro-industrie (brasserie), tourisme international. Patrimoine culturel de l'humanité (Unesco). ▌**Histoire** Cuzco fut la capitale de l'Empire inca : la forteresse de Sacsahuamán se trouve à 3 km au N. de Cuzco, qui est reliée par une petite voie ferrée à la ville-forteresse de Machu* Picchu.

**Cuzco.** Procession religieuse devant l'église des Jésuites.
*Phot. © F. Gohier/Hoa Qui*

**CVIJIĆ (Jovan)** ♦ Géographe serbe (Loznica 1865 - Belgrade 1927). En 1893, il soutint à Vienne sa thèse consacrée à la géomorphologie karstique. Professeur à la Grande École, puis à l'université de Belgrade (créée en 1905), dont il devint le recteur, il fonda la Société géographique serbe, qui porte aujourd'hui son nom. Ses travaux géologiques et anthropologiques sur les Balkans alors peu étudiés en Europe, ont été pionniers. *La Péninsule balkanique : géographie humaine* (1918), écrit en français, reprend le cours qu'il donna à la Sorbonne. Influencé par l'école française de géographie (incarnée par Paul Vidal de la Blache), il est le père, en Serbie, de l'«anthropogéographie» qui eut de nombreux disciples chez les universitaires serbes au XX^e siècle.

**CVIRKA (Petras)** ♦ Poète et nouvelliste lituanien (Klangiaï 1909 - Vilnius 1947). Après une première œuvre lyrique, *La Première Messe* (1928), il devint un auteur prolétarien, avec *Frank Kruk* (1934), et satirique, avec *La Terre nourricière* (1935), *L'Artisan et ses enfants* (1936).

**CWMBRAN** ♦ V. nouvelle du pays de Galles (Torfaen), au N. de Newport. 45 000 hab. Indus. alimentaires et textiles.

**CYAXARE** – en gr. *Kuaxarês*, en persan *Uvakchatra* ♦ Roi le plus connu de la dynastie mède (-653 - -584), fils de Phraorte*. Il réorganisa l'armée mède, se révolta contre les Scythes* en -625 et soumit Manna, Pārsumash, assurant ainsi pour la première fois l'unité de l'O. du plateau iranien avec Ecbatane (Hamadān*) comme capitale. Allié aux Néo-Babyloniens (→ **Babylone, Nabopolassar**), il s'empara d'Assur (-614), de Ninive (-612), puis du royaume d'Urartu* et fixa ses frontières avec la Lydie sur l'Halys (-585). Son fils Astyage* lui succéda (→ **Mèdes**).

**CYBÈLE** – en gr. *Kubelê* ♦ Divinité anatolienne, importée de Phrygie* dans le monde gréco-romain. Personnifiant la force reproductrice de la nature et vénérée souvent sous les noms de *Grande Mère, Grande Déesse, Mère des dieux*, elle fut, chez les Grecs, assimilée à Rhéa*, mère des Olympiens. Son culte, officiellement introduit à Rome en -204, y fut lié à celui d'Attis*, l'amant divinisé de la déesse, et maintint le caractère oriental, accompagné de rites orgiaques.

**CYCLADES** n. f. pl. ◆ ÉTYM. en gr. *Kuklades* «en cercle» ♦ Archipel d'env. 40 îles de la mer Égée (Grèce), dont 25 habitées. Les plus importantes sont : Syra*, Naxos*, Andros*, Paros*, Tinos*, Santorin* (Thira), Mykonos*, Milo*, Délos*, Ios*, Sérifos, Sifnos, Kythnos, Amorgos. ▪ Nome des Cyclades. 2 572 km². Env. 100 000 hab. CH.-L. : Hermoupolis* (Syra). ▪ Pêche. Céréales. Vins. Minerais. Marbre. L'ensoleillement, le pittoresque des paysages ont favorisé la fréquentation touristique massive de certaines îles. ▌**Histoire** Épanouie dès le -III^e millénaire (époque du bronze ancien), la civilisation cycladique devança de quelques siècles celle de Crète* et de Mycènes* dans le vaste ensemble de la civilisation égéenne : architecture des tombes et des acropoles, œuvres taillées dans la pierre (vases et sculptures). Les figurines, les statues et les idoles *cycladiques*, caractérisées par la construction géométrique, sont la seule manifestation d'art statuaire dans le monde égéen. Les ressources des Cyclades et de l'Eubée* en métaux et en pierre furent à l'origine de leur suprématie maritime, qui s'éclipsa devant l'hégémonie crétoise. D'abord attachées à la Confédération maritime d'Athènes* (-479), elles firent partie de l'Empire romain, puis de l'Empire byzantin. Duché vénitien en 1204, elles furent occupées par les Turcs en 1566.

**Cyclades.** Idole en marbre. Musée archéologique national, Athènes. *Phot. © Dagli Orti*

**CYCLOPES** n. m. pl. ◆ ÉTYM. en gr. *Kuklôpes*, de *kuklos* «cercle» et *ôps* «œil» ♦ Dans les mythes théogoniques, les trois fils d'Ouranos* et de Gaïa*, ayant un œil au milieu du front. Délivrés du Tartare* par Zeus* et rangés aux côtés des Olympiens contre les Titans*, ils arment Zeus* de la foudre, Poséidon* du trident et Hadès* du casque qui le rendait invisible. Représentés dans une variante comme mortels, ils sont tués par Apollon* pour avoir fabriqué la foudre qui tua son fils Asclépios. ▪ Dans *L'Odyssée**, ainsi que dans le drame satyrique d'Euripide*, *Le Cyclope*, ce sont des pasteurs anthropophages, impies et antisociaux. → **Polyphème.** ▪ Dans la poésie alexandrine, ce sont les aides-forgerons d'Héphaïstos* sous l'Etna, où ils se confondent avec les Géants* emprisonnés sous les montagnes volcaniques. Enfin les *Cyclopes bâtisseurs* sont un peuple fabuleux à qui on attribuait la construction des murs *cyclopéens*.

**CYCNOS** → ÉTYM. en gr. ***Kuknos*** «le Cygne» ♦ Nom de plusieurs personnages de la mythologie grecque, dont un roi de Ligurie. À la mort de son ami Phaéton* foudroyé par Zeus, il est tellement affligé qu'Apollon, ému, le change en cygne.

**CYDNUS** n. m. – en gr. ***Kudnos*** auj. ***Tarsus Çayı*** ♦ Fl. côtier de la Cilicie* (Asie Mineure). Prenant ses sources dans le Taurus, il arrosait Tarsus*. Alexandre* le Grand, se baignant dans ses eaux glacées, faillit y périr en –333. Marc Antoine offrit à Cléopâtre des fêtes somptueuses sur ses rives (–42). Frédéric* Barberousse s'y noya en 1190, lors de la troisième croisade.

**CYGNE** n. m. – en lat. ***Cygnus*** ♦ Constellation boréale dont les étoiles principales décrivent une grande croix en pleine Voie* lactée. Deneb* est son étoile la plus brillante.

Le **Cygne de Tuonela** ♦ Poème symphonique de J. Sibelius* (1893 - 1900), deuxième volet d'un ensemble de quatre (*Suite de Lemminkäinen* opus 22). Dans le *Kalevala*, Lemminkäinen est une sorte de Don Juan et Tuonela est l'Enfer, royaume de la Mort entouré d'un fleuve rapide sur lequel, tel Charon, un cygne noir (représenté chez Sibelius par un cor anglais) se meut pour l'éternité. Le cygne de Sibelius peut apparaître comme un frère nordique du faune de Debussy.

**Cymbalum mundi** ♦ Dialogues (1537 ou 1538). Généralement attribuée à Bonaventure Des* Périers, cette œuvre anonyme dont le titre complet est *Cymbalum mundi en françoys, contenant quatre dialogues poétiques, fort antiques, joyeux et facétieux*, est une énigme de la littérature française. Détruite par ordre du roi, elle demeura inconnue jusqu'en 1711 (un exemplaire de l'édition princeps et deux exemplaires de la seconde édition, datée de 1538, nous sont parvenus) et passa pour un monument d'impiété ; depuis sa redécouverte, la critique se divise sur le sens de ces dialogues lucianiques, dont l'auteur n'est connu que par les dénonciations des réformés (Henri Estienne).

**CYNEWULF** ♦ Poète religieux anglo-saxon (v. 750 - v. 800). Il fut peut-être évêque de Lindisfarne. Sa signature, en acrostiche, se trouve en caractères runiques dans quatre poèmes en dialecte ouest-saxon : *Le Sort des Apôtres*, dont le début rappelle celui de *Beowulf** ; *Le Christ* (*The Ascension* ou *Criste*), paraphrase d'une homélie de saint Grégoire (conservé à Exeter) ; deux légendes ou vies de saintes : *Vie de sainte Julienne*, dont le sujet est emprunté à un texte hagiographique latin, et *Hélène (Elene)*, considérée comme son chef-d'œuvre. Les 1 321 vers qui le composent sont divisés en quatorze chants ou «fitts» qui racontent la légende de la vraie croix. L'œuvre compte parmi les premières manifestations du courant anti-iconoclaste du déb. du IXᵉ s. (les iconoclastes ne toléraient que la représentation du symbole de la croix). *Andréas*, *Guthlas* et *Le Phénix* sont attribués à un groupe de poètes de la même époque, connus sous le nom d'«école de Cynewulf».

## cyniques

n. m. pl. ♦ Philosophes grecs de l'école fondée par Antisthène* (–Vᵉ - –IVᵉ s.) disciple de Socrate ou par son disciple Diogène* le Cynique et dont les représentants les plus connus sont Ménippe*, Stilpon, Timon. Les cyniques méprisaient les conventions, refusaient les richesses matérielles et préconisaient une indépendance totale à l'égard de l'ordre établi, moral ou politique. Leur nom (les «canins») vient du Cynosarge, gymnase près duquel enseignait Antisthène, mais illustrait aussi leur attitude «mordante» à l'égard des conventions.

**CYNOCÉPHALES** ou **CYNOSCÉPHALES** → ÉTYM. en gr. mod. ***Kunos Kephales*** «têtes de chien» ♦ Nom de deux sommets de Thessalie*, à l'E. de Pharsale*, lieu de la victoire de Pélopidas* sur Alexandre de Phères (–364) et de Flamininus* sur Philippe* V de Macédoine (–197).

**CYPRIEN** (saint) – en lat. ***Thascius Caecilius Cyprianus*** ♦ Écrivain latin chrétien et Père de l'Église (Carthage déb. IIIᵉ s. - *id.* 258). Évêque de Carthage en 248, il se cacha lors de la persécution de Dèce (250 - 251), prêcha l'indulgence en faveur des chrétiens qui avaient abjuré (les *lapsi* «faillis») et mourut martyr en 258. Œuv. princ. : *Des faillis*, *De l'unité de l'Église*, et des *Lettres*. ▪ Fête le 16 sept. → ÉTYM. Ce nom vient probablement du grec *kupriakos*, synonyme de *kuprios* «de Chypre».

**CYRANKIEWICZ (Józef)** ♦ Homme politique polonais (Tarnów 1911 - Varsovie 1989). Secrétaire général du Parti socialiste polonais de 1945 à 1948, il devint secrétaire du Comité central du parti des travailleurs unifié. Président du Conseil de 1947 à 1952, il fut à la tête de l'État polonais, comme président du Conseil d'État, de 1970 à 1972.

**CYRANO DE BERGERAC (Savinien DE)** → ÉTYM. *Cyrano* : p.-ê. de l'it. *Sirano* ; *Bergerac*, n. d'une terre familiale en vallée de Chevreuse ♦ Écrivain français (Paris 1619 - Sannois 1655). Il dut abandonner la carrière militaire après avoir été blessé au siège d'Arras (1640). Devenu l'ami de Chapelle, de Tristan L'Hermite et peut-être de Molière, il fut initié à l'érudition libertine de Gassendi* dont il suivit sans doute l'enseignement (1641). Son attitude pendant la Fronde est mal connue : si l'on a cru qu'il avait publié en 1649 une série de pamphlets contre Mazarin pour faire ensuite volte-face avec une *Lettre contre les Frondeurs* (1652), il semble aujourd'hui que la paternité de ces mazarinades ne soit que putative. Il écrivit pendant cette période (v. 1645) une comédie, *Le Pédant joué* (publ. 1654, sans doute jamais représentée avant 1899 à l'université Harvard). Molière s'en inspira lorsqu'il écrivit *Les Fourberies de Scapin*. La tragédie, *La Mort d'Agrippine* (1653, publ. 1654), jugée trop libertine, fut rapidement retirée de l'affiche. Ses *Lettres* furent également cartonnées à cause de l'impiété qu'elles manifestaient. Cyrano de Bergerac est surtout connu pour deux romans : *L'Autre Monde ou les États et Empires de la lune* (posth. 1657) et *Des États et Empires du soleil* (posth. 1662). Dans un style à la fois réaliste et burlesque, ces deux utopies, qui laissent paraître l'influence de Gassendi puis celle, moins marquée, de Descartes, optent sans retenue pour le système copernicien qui était alors considéré comme une hérésie. En 1662 parut également un *Fragment de physique* comprenant sept chapitres dont un inachevé. Rapproché du *Traité de physique* de Rohault, le *Fragment* a suscité de longues polémiques universitaires. Son attribution à Cyrano de Bergerac paraît aujourd'hui acquise.

**Cyrano de Bergerac** ♦ Comédie héroïque d'Edmond Rostand*, en 5 actes et en vers (1897). L'ampleur d'un nez qui le défigure est compensée chez Cyrano (personnage vaguement inspiré de l'écrivain Cyrano* de Bergerac) par la générosité du cœur et le brillant de l'esprit. Poète et guerrier, il sacrifiera à l'amitié qu'il porte au jeune Christian de Neuvillette l'ardent amour qu'il éprouve pour la belle Roxane, sa cousine. L'intrigue généreuse et sentimentale autant que l'habileté d'une versification qui parut au public le comble du poétique assurent à la pièce un succès durable. Elle a été adaptée de nombreuses fois au cinéma, notamment par Jean-Paul Rappeneau (1990), avec Gérard Depardieu.

**CYRÉNAÏQUE** n. f. → ÉTYM. en gr. *Kurênaikê* «de Cyrène* (la nymphe thessalienne)» ♦ Région orientale de la Libye, qui s'étend de la Méditerranée (golfe de la Grande Syrte) à l'O., jusqu'au pied des plateaux du Tibesti au S.-O. et de l'Ennedi au S.-E., couvrant une partie du désert libyque. → **Libye** (carte). Sites archéologiques de Cyrène* et Ptolemaïs. Oliviers. Céréales. Élevage. Exploitation du pétrole à Zelten. ▪ **Histoire** *La Pentapole libyque* formée des villes d'Apollonia (Marsa-Sousa), Ptolemaïs (Tolmeïta), Teucheira-Arsinoé (Tokra), Euhespérides-Bérénice (Benghazi) et de sa capitale Cyrène fut colonisée au –VIIᵉ s. par les Grecs, et la Cyrénaïque fut jointe à l'Égypte sous Alexandre et resta soumise aux Lagides. État indépendant à partir de –258, Ptolémée IX Apion la céda aux Romains (–96) et elle devint la province romaine de Cyrénaïque en –74. Elle déclina sous les dominations vandale (Vᵉ - VIᵉ s.) et byzantine (VIᵉ - VIIᵉ s.). Conquise par les Arabes en 641, elle conserva une certaine importance comme zone de passage entre Alexandrie et Kairouan. En 1551 elle passa sous la suzeraineté turque, et fut totalement annexée à l'Empire ottoman en même temps que la Tripolitaine (1835). En 1843 la première «zaouïa» senoussi y fut fondée, dans le djebel Akhdar, par le fondateur de la confrérie. Elle fut cédée aux Italiens en 1912 à l'issue de la guerre italo-turque, mais ces derniers ne purent soumettre le pays qu'après de durs combats contre les Senoussis et après avoir fait face à la révolte des Bédouins, et elle ne fut rattachée à la Libye italienne qu'en 1934. Au cours de la Deuxième Guerre mondiale, elle fut le théâtre de batailles acharnées entre les Britanniques et les troupes allemandes de l'Afrikakorps dirigées par Rommel. Le conflit terminé, elle passa sous administration britannique puis devint autonome (1949) sous la présidence de l'émir Muḥammad Idrīs al-Mahdī al-Sanūsī qui devint roi de Libye sous le nom d'Idris Iᵉʳ, en 1950. Elle devint en 1951 une province (auj. divisée en trois prov.) du royaume de Libye.

## cyrénaïques

n. m. pl. ♦ Philosophes grecs de l'école de Cyrène fondée par Aristippe* (–IVᵉ s.) et qui compte parmi ses représentants Aristippe* le Jeune, Anniceris et Hégésias*. Leur philosophie essentiellement morale, que nous ne connaissons que par de très rares fragments et des citations éparses, est hédoniste ; elle affirme l'identité du bonheur, du plaisir et de la vertu et considère que le bonheur n'est qu'une somme de plaisirs particuliers, et non une véritable fin en soi.

**CYRÈNE** – en gr. ***Kurênê*** ♦ Nymphe thessalienne. Aimée d'Apollon*, elle est enlevée par lui et transportée en Libye, où naît leur fils Aristée*. Elle donna son nom à la ville de Cyrène et à la Cyrénaïque.

**CYRÈNE** – en gr. ***Kurênê*** ♦ Ville antique, anc. cap. de la *Pentapole libyque* en Cyrénaïque, près de la côte. Elle fut fondée probablement par des colons doriens (-631), elle passa en -96 sous domination romaine. Elle fut le centre de l'école philosophique des cyrénaïques*. ▪ Ruines importantes. ▪ La *Vénus de Cyrène*, statue de marbre (-IIIe s.), se trouve auj. au musée des Thermes à Rome.

**CYRILLE** (saint) ➝ ÉTYM. en gr. *Kurillos*, de *kurios* «seigneur» ♦ Évêque de Jérusalem (Jérusalem 313 ou 315 - *id.* 386). Auteur de *Catéchèses baptismales* écrites pour l'instruction des candidats au baptême, il devint évêque de Jérusalem en 350, fut chassé à plusieurs reprises par les ariens et ne reprit possession de son siège qu'en 378. Contre l'arianisme*, il défendit la foi de Nicée* au concile* de Constantinople (381). ▪ Fête le 18 mars.

**CYRILLE** (saint) ♦ Patriarche d'Alexandrie (Alexandrie 376 ou 380 - *id.* 444), docteur de l'Église. En 412 il succéda à son oncle Théophile sur le siège patriarcal d'Alexandrie et se manifesta dans tout l'Orient comme un défenseur intransigeant de l'orthodoxie. Il fit condamner Nestorius* par le concile d'Éphèse* (431). Sa doctrine de l'Incarnation, affirmant l'union hypostatique des deux natures du Christ, divine et humaine, reste un des fondements du dogme chrétien. ▪ Fête le 27 juin.

**CYRILLE** (saint) dit **le Philosophe** ou **saint Cyrille de Salonique** ♦ Évangélisateur des Slaves (Salonique 827-828 - Rome 869). Prénommé Constantin, il adopta le nom de Cyrille lorsqu'il fut sacré évêque. Avec son frère Méthode*, il introduisit le christianisme en Dalmatie, en Hongrie, en Pologne, en Crimée. Il traduisit la Bible en slavon ; la tradition lui attribue l'invention de l'alphabet appelé *cyrillique* (cf. *Le Robert*), mais il s'agirait plutôt de l'alphabet glagolitique. Son œuvre fut poursuivie par son frère, puis par leurs disciples réfugiés en Bulgarie* ; elle est à l'origine de l'histoire culturelle des Slaves. ▪ Fête le 14 février.

**CYRILLE Ier LUKARIS** ♦ (en Crète 1572 - Constantinople 1638). Patriarche d'Alexandrie (1602) puis patriarche œcuménique de Constantinople (1620), il tenta une alliance entre l'Église orthodoxe et les protestants, publia une profession de foi de tendance calviniste (Genève ?, 1629), mais il fut destitué plusieurs fois puis exécuté à la suite d'intrigues entre les Latins, le sultan et son successeur Cyrille II Kontaris.

**CYRUS** – en gr. ***Kuros***, en vieux perse ***Kurach*** ♦ Nom de plusieurs membres de la dynastie achéménide. ♦ **CYRUS Ier.** Roi d'Anshan, ancienne ville et contrée d'Élam, devenue indépendante (v. -640 - -600). ♦ **CYRUS II le Grand.** Fondateur de l'Empire perse achéménide (-550 - -530). Fils de Cambyse* Ier et de Mandane, petit-fils du précédent. Roi d'Anshan, il se révolta contre son suzerain Astyage*, roi des Mèdes (-556), le déposa (-550) et substitua à l'Empire mède un Empire perse, mieux organisé et plus puissant. Il annexa d'abord la Lydie (➝ **Crésus**) et les cités grecques de la côte d'Asie Mineure, puis l'Iran oriental, la Syro-Palestine, l'Arabie du Nord. En -539 il prit Babylone, tua Balthasar*, fit prisonnier Nabonide*, et entra dans la ville en libérateur. Il s'y fit reconnaître comme roi, sans pourtant annexer le pays. Il se concilia les populations soumises par Babylone en leur restituant leurs divinités. Il mit fin à la captivité des Juifs, autorisant 40 000 d'entre eux à retourner en Palestine, ce pourquoi la Bible le qualifie de *Messie**. Son fils Cambyse* II lui succéda. ♦ **CYRUS** dit **le Jeune** (-424 - -401). Fils de Darios* II et de Parysatis, reçut le pouvoir sur la satrapie de Lydie, la Grande Phrygie et la Cappadoce avec la responsabilité de la politique grecque de la Perse ; il favorisa Sparte aux dépens d'Athènes. Prétendant au trône à la mort de son père (-404), il manqua un attentat contre son frère Artaxerxès* II ; il fut gracié sur l'intervention de sa mère. En -401, il réunit une armée pour renouveler sa tentative, mais il fut tué à la bataille de Counaxa*. Parmi ses troupes figuraient des mercenaires grecs : ceux-ci, après le massacre de leurs chefs (➝ **Tissapherne**), parvinrent à remonter de la Babylonie jusqu'à Pergame, à travers l'Arménie et l'Anatolie. ➝ **Dix Mille, Anabase, Xénophon, Cléarque.**

**CYSOING** [sizwɛ̃] [59830] ➝ ÉTYM. anc. *Cisonium*, du lat. *Cisius*, n. de pers. ♦ Ch.-l. de cant. du Nord. 4 218 hab. *(Cysoniens)*. Anc. abbaye d'augustins où logea Louis XV en mai 1744, un an avant la bataille de Fontenoy (obélisque dit pyramide de Fontenoy).

**CYTHÈRE** ou **CÉRIGO** – en gr. ***Kuthira*** ♦ Île grecque (262 km²) au S. du cap Malée (Péloponnèse), rattachée, ainsi que l'îlot d'Anticythère, au nome d'Attique. Env. 3 000 hab. CH.-L. : Cythère. Sources thermales. ▪ Île d'Aphrodite*, elle passa dans la littérature et dans l'art comme le pays idyllique de l'amour et du plaisir : cf. le thème de l'*Embarquement pour Cythère*, illustré par Watteau*.

**CYZIQUE** – en gr. ***Kuzikos*** ♦ Anc. ville d'Asie Mineure sur la Propontide. Fondée par des colons de Milet* en -756, elle devint un grand centre commercial. Alcibiade* y battit la flotte spartiate en -410. Prise par les Arabes (675), elle fut détruite par un tremblement de terre en 943. ▪ Ruines d'un théâtre et de temples.

**CZARTORYSKI** ♦ Famille princière de Pologne, issue des Jagellons. ♦ **Adam Kazimierz Czartoryski** (Gdańsk 1734 - Sienawa 1823). Président de la Diète chargée de la succession d'Auguste* III (1763), partisan de la Russie, il favorisa l'élection de son cousin germain Stanislas* II Poniatowski (1764). ♦ **Adam Jerzy Czartoryski** (Varsovie 1770 - Montfermeil 1861). Emmené en Russie comme otage, après le troisième partage de la Pologne (1795), il devint ministre des Affaires étrangères d'Alexandre Ier (1802 - 1806) et tenta de reconstituer la Pologne. À la suite de la révolution de 1830, il accepta la présidence du gouvernement provisoire de Varsovie* (1831), fut condamné à mort par le tsar Nicolas Ier, et se réfugia en France, où il continua à lutter pour l'indépendance de son pays.

**CZERNY (Karl)** ♦ Compositeur et pianiste autrichien (Vienne 1791 - *id.* 1857). Élève de Beethoven, ami du prince Lichnowsky, de Hummel et de Clementi, il fut lui-même un remarquable professeur et compta parmi ses disciples Thalberg et Liszt. Outre ses ouvrages pédagogiques, irremplaçables dans le domaine de la technique pianistique *(L'Art de la vélocité, 40 Études quotidiennes, L'École du virtuose)*, il est l'auteur d'une œuvre musicale abondante (musique d'église, symphonique, de chambre, ouvertures, concertos et chœurs).

**CZĘSTOCHOWA** ♦ V. de Pologne méridionale, voïvodie de Silésie, sur la Warta. 258 000 hab. Centre de pèlerinage depuis le XIVe s. (vaste ensemble architectural ; Vierge noire de Jasna Góra). ▪ Indus. chimique, textile et métallurgique. Complexe sidérurgique.

**CZIFFRA (György** devenu **Georges)** ♦ Pianiste français d'origine hongroise (Budapest 1921 - Longpont-sur-Orge 1994). Élève de Dohnányi à Budapest, il fit ses débuts en 1953. Il se distingua dans le répertoire romantique, et en particulier comme interprète de Liszt. ➝ ÉTYM. Ce nom vient du hongrois *cifra* (anciennement *zifra*) «pompeux, trop élégant, recherché».

**CZOLGOSZ (Leon)** ♦ Anarchiste américain d'origine polonaise (Detroit 1873 - Buffalo 1901). Auteur de l'attentat contre le président des États-Unis, W. McKinley (1901), il fut condamné à mort.

# D

**DABIT (Eugène)** ♦ Romancier français (Paris 1898 - Sébastopol 1936). D'abord peintre, mais encouragé par ses amis écrivains (Gide, R. Martin du Gard, etc.), il fit paraître en 1929 un roman populiste, *L'Hôtel du Nord*, succession de tableaux « dans les tonalités grises », empreints de « la même mélancolie » que ses premières œuvres picturales proches de Vlaminck. Les autres romans de Dabit, *Petit-Louis* (autobiographique, 1931), *Faubourgs de Paris* (1933), comme les nouvelles de *Trains de vie* (1936), évoquent avec une égale sensibilité des « images de Paris, cafés, lieux de passage ou de rencontres, lieux où toujours on se sent en exil ». ▪ Une mort prématurée (lors d'un voyage en URSS, en compagnie de Gide et Louis Guilloux) interrompit cette œuvre réaliste et poétique où apparaît l'influence de Ch.-L. Philippe*. Après la mort de Dabit furent publiés : un roman, *Le Mal de vivre* (1937), un essai sur *Les Maîtres de la peinture espagnole* (1937), ainsi que son *Journal intime*, tenu de 1928 à 1936.

**DĄBROWA GÓRNICZA** ♦ V. de Pologne méridionale, voïvodie de Silésie. 129 559 hab. Centre minier et métallurgique.

**DĄBROWSKA (Maria)** ♦ Femme de lettres polonaise (Rusów, près de Kalisz 1889 - Varsovie 1965). Auteur de romans d'analyse sociale, elle devint célèbre avec *Gens de là-bas* (1925), inspiré de la vie du prolétariat des campagnes. Entre 1932 et 1934, elle publia un cycle épique : *Les Nuits et les Jours* (5 vol.), à la fois roman de mœurs, chronique (de l'insurrection de 1863 à 1914) et roman psychologique. Ses derniers ouvrages, *Le Troisième Automne*, *Les Aventures d'un homme qui réfléchit* (1961, inachevé), traitent de la Pologne contemporaine. On lui doit également des essais littéraires, des impressions de voyages et des traductions d'auteurs anglais et russes.

**DĄBROWSKI** ou **DOMBROWSKI (Jan Henryk)** ♦ Général polonais (Pierzchowice, près de Cracovie 1755 - Winnogóra, Posnanie 1818). Après avoir combattu pour l'indépendance de la Pologne aux côtés de J. Poniatowski et Kościuszko* (1794), il émigra en France (1796), où il constitua les « légions polonaises » (→ **Pologne**) qui participèrent à la campagne d'Italie (1797 - 1801) et défendirent le grand-duché de Varsovie contre les Autrichiens (1809). Il couvrit avec ses troupes le passage de la Bérézina durant la retraite de Russie (1812), puis se distingua à la bataille de Leipzig (1813). Après la chute de Napoléon, il devint sénateur du nouveau royaume de Pologne (1815). ♦ ***Marche de Dąbrowski*** Composée par Wybicki en 1797 et adoptée par les légions polonaises, elle devint plus tard l'hymne national polonais. ← **ÉTYM.** Ce nom vient du polonais *dąbrowa* « chênaie » et *-ski*, suffixe des noms de lieu.

**DĄBROWSKI** ou **DOMBROWSKI (Jarosław)** ♦ Officier et révolutionnaire polonais (Jitomir, Ukraine 1838 - Paris 1871). En 1863 il participa à l'insurrection contre le tsarisme ; exilé en Sibérie, il s'en évada et se réfugia en France (1865). Membre du comité central de la garde nationale, il fut l'un des généraux de la Commune et fut tué sur les barricades par les versaillais lors de la Semaine sanglante (23 mai 1871).

**DAC (André ISAAC, dit Pierre)** ← **ÉTYM.** *dac* pour « [chansonnier] *d'ac*tualité », pseudonyme trouvé en 1922 par Roger Toziny, propriétaire du cabaret *La*

Pierre **Dac** (à droite) et Francis Blanche dans le sketch *Le sar Rabindranath Duval*, 1957. *Phot. © Pierre Fournier/Sygma/Corbis*

*Vache enragée* ♦ Chansonnier et humoriste français (Châlons-sur-Marne 1893 - Paris 1975). Il se fit connaître en 1937 en animant des émissions radiophoniques : *La SDL (Société des Loufoques)* et *La Course au trésor*, et créa l'hebdomadaire *L'Os à moelle* (1938 - 1940). En 1943, il gagna la Grande-Bretagne et participa aux émissions *Les Français parlent aux Français* de Radio-Londres. Après la guerre, il réalisa avec Francis Blanche le feuilleton radiophonique *Signé Furax* (1956). Son humour était principalement issu de l'utilisation simultanée du paradoxe, de l'absurde et du non-sens. Principaux écrits : *Du côté d'ailleurs* (1953) ; *Le Jour le plus c...* (1954). Les *Dialogues en forme de tringle* et *Les Pensées de Pierre Dac* (anthologie extraite de *L'Os à moelle*) sont des éditions posthumes.

**DACCA** ou **DHAKA** ➝ ÉTYM. p.-ê. de l'hindi *dhāk* «butea frondosa», arbre à laque d'Asie tropicale ♦ Cap. du Bangladesh, située dans le delta commun du Gange et du Brahmapoutre. 5 333 571 hab. La ville doit sa croissance rapide à son rôle de capitale, depuis la division du Bengale lors de l'indépendance des Indes britanniques en 1947. Des industries modernes sont venues compléter l'artisanat traditionnel (mousselines et dentelles). La ville conserve de nombreux monuments de l'époque moghole (tombe de Bibi Peri, 1684), plus de 700 mosquées, des pagodes d'origine birmane. ▌**Histoire** Fondée au IXe s., Dacca fut la capitale (1608 - 1704) du Bengale oriental moghol et le site de comptoirs commerciaux français, anglais et hollandais. Elle est drainée par des canaux souvent antérieurs au XVIIe s.

**DACH (Simon)** ♦ Poète allemand de l'époque baroque (Memel, Prusse-Orientale 1605 - Königsberg 1659). Après des études de théologie et de philosophie, il enseigna à l'école capitulaire, puis à l'université de Königsberg. Auteur de poèmes bucoliques où transparaît l'influence de M. Opitz, il a composé également des poèmes d'inspiration religieuse.

**DACHAU** ➝ ÉTYM. haut all. *Dahauua (Dachowa)* «l'endroit humide *(-au)* au sol argileux *(dāha)*» ♦ V. d'Allemagne (Bavière), sur l'Amper, dans les marais du *Dachauer Moos*. 40 496 hab. Château du XVIe s. (reconstruit au XIXe s.) ; église du XVIIe s. ▪ Un camp de concentration nazi y fut ouvert en 1933, où furent internés, jusqu'en 1945, 206 000 déportés dont 32 000 furent exterminés. Musée du souvenir dans le camp.

**DACIE** n. f. ➝ ÉTYM. en lat. *Dacia* ; de *Daces*, n. de peuple scythe (p.-ê. du mot phrygien *daos* «loup» [les Daces seraient des loups errants] ou du thrace *daua* «ville, campagne») ♦ Anc. région d'Europe du S.-E., située sur la r. g. du Danube, correspondant à la Roumanie actuelle et habitée par des peuples indo-européens, les Gètes et les Daces, qui finirent par se confondre. Soumise par Trajan* après deux campagnes dites *guerres daciques* (101 - 102 et 105 - 107), elle devint province romaine, mais dut être abandonnée aux Goths* par Aurélien* en 274.

**DACIER (Anne LEFEBVRE, Mme)** ♦ Érudite française (Preuilly-sur-Claise 1647 - Paris 1720). Épouse d'André Dacier, elle traduisit les auteurs grecs et latins et fut à l'origine de la seconde querelle des Anciens* et des Modernes. Traductrice de *L'Iliade* (1699) et de *L'Odyssée* (1708) d'Homère*, elle s'opposa aux libres adaptations de Houdar* de La Motte et prit vivement position pour les Anciens dans son traité des *Causes de la corruption du goût* (1714). ♦ **André Dacier.** Érudit français (Castres 1651 - Paris 1722). Mari de la précédente. Converti au catholicisme en 1685, il traduisit de nombreux ouvrages latins et grecs, notamment d'Horace et d'Aristote. Il devint bibliothécaire du roi en 1708. [Acad. fr. 1695]

**Dada** ➝ ÉTYM. mot choisi aléatoirement (un coupe-papier glissé par Tzara dans les pages d'un dictionnaire) ♦ Mouvement artistique et littéraire créé le 8 fév. 1916 au cabaret Voltaire à Zurich par Tristan Tzara* ainsi que Hugo Ball, Marcel Janco, Richard Huelsenbeck, Hans Arp*, Emmy Hennings et Hans Richter. Nihiliste et fondamentalement subversif, le mouvement Dada, en récupérant les débris de la civilisation occidentale, «tessons misérables d'une culture périmée» (Hugo Ball), visait à détruire toutes les normes esthétiques et même le langage, réduit parfois à d'agressives onomatopées. Dada manifeste en outre la désillusion des artistes provoquée par la Première Guerre mondiale et, en Allemagne, par la répression de la révolution spartakiste. En dehors de la Suisse, le mouvement s'est développé à New York avec la revue de Stieglitz, *291*, et avec le Salon des artistes indépendants (Armory Show, 1917), à Berlin où l'écrivain allemand Huelsenbeck fonda le Dada Club et organisa le premier «meeting» dada (1918), à Cologne, à Hanovre et à Paris. ▌**Littérature** Le mouvement s'est principalement épanoui à Paris où Tzara arriva en 1920. Sa venue avait été préparée par trois importantes revues de l'époque : *Sic* de P. Albert*-Birot, *Nord-Sud* de Reverdy* et *391* de Picabia*. Jusqu'en 1923, le mouvement se développa et compta dans ses rangs Éluard*, Péret*, Ribemont*-Dessaignes mais aussi les animateurs de la revue *Littérature* (Breton, Aragon et Soupault). Les œuvres se multiplièrent, parmi lesquelles *Vingt-Cinq Poèmes* de Tzara (1916), *Poésie ron-ron* de Picabia (1919), *S'il vous plaît* et *Vous m'oublierez* de Breton et Soupault (1920) ainsi que *Les Aventures de Télémaque* d'Aragon (1922). Cependant, Breton reprocha à ce mouvement son nihilisme et s'en sépara pour créer le surréalisme. La soirée du «Cœur à barbe» (1923) où une pièce de Tzara, *Le Cœur à gaz*, était représentée marqua l'enterrement de Dada à Paris malgré la

**Dada.** Affiche du Salon Dada, exposition organisée par Tristan Tzara, Paris, 1921. *BIS/Phot. © Archives Larbor*

publication l'année suivante des *Sept Manifestes dada* de Tzara. Celui-ci ne se réconcilia avec Breton qu'au moment du *Second Manifeste du surréalisme* (1930) [➝ **surréalisme**]. ▌**Art** À l'anticonformisme de Picabia, il faut ajouter l'art de la provocation de Marcel Duchamp*, qui mit au point la technique du «ready-made» en envoyant à l'Armory Show un urinoir intitulé *Fontaine* (1917). Ernst et Arp, à Cologne, développèrent la technique du collage. À Hanovre, Kurt Schwitters, refusé dans le Dada Club de Berlin, tenta de réunir dans sa revue *Merz* le constructivisme* et le dadaïsme. Man Ray*, venu à Paris en 1921, réalisa ses premiers «rayogrammes» en 1922. Condamné à disparaître du fait de son nihilisme ravageur, Dada a néanmoins fourni des modèles à maints aspects de l'art contemporain (esprit de provocation, anti-art, assemblages, etc.).

**DĀDĀ BHĀĪ (Naorojī)** ♦ Homme politique indien (Bombay 1825 - *id.* 1917). D'origine parsi, il devint président du Congrès en 1886 et fut élu membre du Parlement en 1895. Il joua un très grand rôle dans la formation politique de l'Inde moderne.

**DADDI (Bernardo)** ♦ Peintre italien (Florence v. 1290 ? - *id.* v. 1348). Disciple de Giotto*, il décora la chapelle Pulci-Berardi à Santa Croce (Florence, v. 1328), mais réussit mieux dans les peintures sur bois de moindres dimensions, notamment des *Madones*, qui constituèrent la majeure partie de sa production (Offices, Louvre). Il y montre un art gracieux apparenté au gothique et aux œuvres siennoises des Lorenzetti* vers lesquelles son goût de la couleur dut l'attirer toujours davantage.

**DADIÉ (Bernard Binlin)** ♦ Écrivain ivoirien (Assinie, près d'Abidjan 1916). Il participa, à Paris, à la création de la revue *Présence africaine*, et se lança dans le journalisme et la littérature. Son œuvre évoque sa rencontre de la culture française tandis que ses voyages lui donnaient l'occasion de porter un regard aigu sur le monde occidental. En 1970, il a été ministre des Affaires culturelles de Côte d'Ivoire. B. Dadié a publié des poésies (*Afrique debout !*, 1950 ; *Hommes de tous les continents*, 1967) ; des contes (*Légendes africaines*, 1953 ; *Contes de Koutou as Samala*, 1982 ; *Le Pagne noir*, 1955) ; des romans (*Climbié*, 1956 ; *Un Nègre à Paris*, 1959 ; *Patron de New York*, 1964 ; *La Ville où nul ne meurt*, Rome, 1964) ; des nouvelles (*Les Jambes du fils de Dieu*, 1980) ; des pièces de théâtre (*Béatrice du Congo*, 1970 ; *Papassidi, maître-escroc*, 1975).

**DADO (Miodrag DJURIC, dit)** ♦ Peintre français d'origine yougoslave (Cetinje, Monténégro 1933). Parti de Yougoslavie en 1956, il s'est d'abord établi en France, puis a beaucoup voyagé. Dans un certain isolement, il crée une imagerie fantastique, morbide, rendue cauchemardesque par la précision obsessionnelle du dessin. Les couleurs fondues, semblables à des lavis, évoquent le monde des limbes, de l'inconscient ou des gnomes (*Diptyque de Hérouval*, 1975 - 1976). Entre 1999 et 2004, il s'est consacré à recréer cet univers sur les murs intérieurs d'une chapelle restaurée, près de Gisors.

**DADRA-ET-NAGAR-HAVELI** ♦ Territoire de l'Union indienne, sur la côte est, près de Bombay. 500 km². 220 490 hab. CAP. : Silvassa. Ancien territoire portugais.

**DĀDŪ DAYĀL** ♦ Poète indien (Gujarat 1544 - 1604), d'expression goujaratie, auteur de *dits* célèbres dans lesquels il s'insurge contre le culte des idoles. Il créa une secte religieuse syncrétique vishnouite indo-musulmane, dite des *Dādū-panthī*, inspirée de la philosophie de Kabīr*.

**DAEGU** → Taegu

**DAEJON** → Taech'ŏn

**DAENINCKX (Didier)** ♦ Écrivain français (Saint-Denis 1949). Héritier du néo polar initié par Manchette*, il ancre ses intrigues, policières ou non, dans la réalité pour y défendre des causes sociales et politiques et revenir sur des événements de l'histoire contemporaine peu honorables comme la colonisation ou le régime de Vichy. *Meurtres pour mémoire* (1984, grand prix de la littérature policière), *Nazis dans le métro* (1996), *Cannibale* (1998), *Itinéraire d'un salaud ordinaire* (2006) figurent parmi la trentaine d'ouvrages qu'il a publiés et dont certains s'adressent à la jeunesse : *Le Papillon de toutes les couleurs* (1998).

**DAGAN** ♦ Ancien dieu sémitique occidental dont les Amorites répandirent le culte en Mésopotamie. C'était sans doute un dieu de la fertilité, un dieu «froment». Ses principaux temples étaient à Mari* et à Ougarit*. Il apparaît dans la Bible, sous la forme *Dagon*, comme dieu des Philistins* : ceux-ci l'auraient donc adopté lors de leur installation en Palestine.

**DAGENHAM** ♦ Cité indus. de la banlieue E. de Londres. 110 000 hab. Usines d'automobiles du groupe Ford. Quartiers d'habitation.

**DAGERMAN (Stig)** ♦ Écrivain suédois (Älvkarleby, comté d'Uppsala 1923 - Danderyd, près de Stockholm 1954). Issu d'un milieu modeste, syndicaliste militant, il représente parfaitement le mouvement dit des années 40 *(40-tal)* en Suède (assez proche de l'existentialisme français). Il prôna d'abord la lucidité dans le roman *Le Serpent* (1945) et la responsabilité dans *L'Île des condamnés* (1946). Mais, de plus en plus obsédé par le problème de la mort, qu'il ne voyait pas comment transcender (ainsi dans *Le Condamné à mort*, 1947, ou surtout dans *L'Enfant brûlé*, 1948), il finit par se suicider. Son œuvre, écrite avec sincérité et passion, constitue le témoignage précieux d'une recherche dominée par l'angoisse.

**DAGINCOURT (François)** → Agincourt (d')

**DAGNEUX** [01120] ◆ ÉTYM. du lat. *Danius*, n. de pers. gallo-rom., et suff. *-acum* ♦ Comm. de l'Ain, arr. de Bourg-en-Bresse. 3 757 hab.

**DAGÖ** → Hiiumaa

**DAGOBERT Ier** ♦ (né au début du VIIe s.) Roi des Francs (629 - 639). Son père Clotaire* II le fit roi d'Austrasie (623) sous la tutelle de Pépin* l'Ancien. Devenu roi des Francs en 629, il reconstitua l'unité du royaume franc, à la mort de son frère Caribert (632), avec Paris pour capitale. Pendant dix ans, il y maintint l'ordre, aidé des futurs saint Éloi* et saint Ouen*. Mais en 634, il fut contraint de reconnaître l'indépendance de l'Austrasie avec, pour roi, son fils Sigebert* III, tandis que son second fils, Clovis, devait devenir, à sa mort, roi de Neustrie, sous le nom de Clovis II. ▪ Dagobert fut enseveli à Saint-Denis. ◆ ÉTYM. Le nom germanique *Dagoberht* vient de *dag* «jour» et *berht* «brillant».

**DAGOBERT II** ♦ Petit-fils de Dagobert Ier et fils de Sigebert III. Roi d'Austrasie (676 - 679). Il fut assassiné par ordre de Grimoald, fils de Pépin le Jeune. Sa fille fut canonisée sous le nom d'Adèle.

**DAGOBERT III** ♦ Fils de Childebert* III et roi de Neustrie et de Bourgogne (711 - 715) sous la tutelle du maire du palais Pépin de Herstal. ▪ Père de Thierry* IV.

**DAGON** → Dagan

**DAGRON (René)** ♦ Chimiste français (Beauvoir, Sarthe 1819 - Paris 1900). Inventeur de la microphotographie, il fut chargé d'un service de renseignements pendant la guerre de 1870 - 1871.

**DAGUERRE (Jacques)** ♦ Inventeur français (Cormeilles-en-Parisis 1787 - Bry-sur-Marne 1851). Peintre de décors ayant inventé le diorama en 1822, il s'associa en 1829 à Niépce*, inventeur de la photographie ; après la mort de ce dernier, Daguerre découvrit les procédés permettant de développer (1835) et de fixer (1837) ses images, et dès 1838 obtint les *daguerréotypes*. Images uniques sur métal, très précises, les daguerréotypes laissaient entrevoir des applications importantes dans les domaines de l'art et de la science. ◆ ÉTYM. *Daguerre* est un nom de lieu landais, probablement dérivé de *aiga* «eau».

**DAGUESTAN** ou **DAGHESTAN** n. m. ◆ ÉTYM. «le pays montagneux» ; du turc *dağ* «montagne» et iran. *ostān* «pays» – off. ***république du Daguestan***, en russe ***Daguestanskaïa Respoublika*** ♦ République de la fédération de Russie. → **Russie** (carte et tableau des divisions admin.). 50 300 km². 2 584 200 hab. LANGUES : une vingtaine de langues caucasiques. POPULATION : Russes, 9 % ; Avars, 27 % ; Darguiens, 15 % ; Lesguiens, 11 % ; Koumyks, 13 % ; Laks, 5 % ; Tabassarans, 4 % ; Azéris, 4 %. RELIGION : majorité de musulmans. CAPITALE : Makhatchkala. Le Daguestan est divisé en 39 districts. ▪ Le Daguestan est fragmenté par des vallées et des bassins intérieurs. L'activité agricole est représentée par la culture du blé, du maïs, des légumes et de la vigne. Indus. pétrolière, mécanique, chimique et alimentaire. Traitement du bois. Pêcheries. ▮ **Histoire** Conquis par les Perses (IVe s.), par les Arabes (VIIIe s.), puis par les Turcs osmanlis (XVIe s.), le Daguestan fit partie de l'Empire russe dès la fin du XVIIIe s. Après la révolution d'Octobre, le régime soviétique y fut instauré. Envahi en 1918 par les Russes blancs, les Allemands et les Turcs, disputé entre eux et les bolcheviks, il devint une république socialiste soviétique autonome en 1921 et une république en 1991.

**DAHL (Johan Christian)** ♦ Peintre norvégien (Bergen 1788 - Dresde 1857). Paysagiste de tempérament romantique, il se plut à rendre le caractère grandiose de la nature et fut en même temps un observateur attentif. Ses études de nuages témoignent de sa sensibilité aux effets d'atmosphère. Il influença profondément la peinture norvégienne.

**DAHL (Roald)** ♦ Écrivain britannique (Llandaff, pays de Galles 1916 - Great Missenden 1990). Il est devenu mondialement célèbre pour ses nombreuses nouvelles à l'humour noir (*Kiss Kiss*, 1959 ; *Bizarre ! Bizarre !*, 1962), dont beaucoup furent adaptées pour la télévision par A. Hitchcock* (*Coup de gigot*, 1953). Il fut également très prolixe dans sa production pour enfants : *Gremlins* (1943, repris par les studios Disney) ; *James et la grosse pêche* (1961) ; *Charlie et la chocolaterie* (1964, tourné par Tim Burton) ; *L'Énorme Crocodile* (1974). «Nous vivons dans un monde cruel. Les enfants doivent lutter pour parvenir à leurs fins. Les tantes écrabouillées sont une fantastique compensation.»

**DAHOMEY** ◆ ÉTYM. du n. du royaume du *Dan-Homé* «[bâti] sur le ventre de Dan» ♦ → **Bénin**

**DAHRA** n. m. ♦ Massif montagneux de l'Algérie septentrionale, partie de l'Atlas tellien, compris entre la vallée longitudinale du Chéliff et la Méditerranée. Il est prolongé à l'E. par le massif de Miliana.

**Daibutsu** n. m. ◆ ÉTYM. jap. «grand Bouddha» ♦ Nom donné au Japon aux grandes statues du Bouddha. Les deux plus célèbres sont celles du Tōdaiji de Nara*, en bronze (749), et de Kamakura*, en bronze également, élevée en 1252.

**DAI Jin** ou **TAI Tsin** ♦ Peintre chinois (Qiantang, Zhejiang, v. 1388 - v. 1462). Artiste de l'Académie impériale de peinture, victime de jalousies et calomnié, il fut exilé et mourut dans un dénuement total. Il s'est spécialisé dans la peinture de paysages, portraits, personnages et animaux.

**DAIKOKU TEN** ◆ ÉTYM. *Daikoku* : du jap. *dai* «grand» et *koku* «noir» ♦ Au Japon, une des sept divinités du bonheur, très vénérée par le peuple, transformation shintoïste d'une ancienne divinité de l'Inde. On la représente généralement assise sur des balles de riz.

The **Daily Express** ♦ Quotidien britannique fondé en 1900 par A. Pearson. Journal d'information populaire très bon marché, favorable à l'Empire, il connut une grande audience durant l'entre-deux-guerres, sous la direction de lord Beaverbrook, dépassant même le *Daily Mail*. Très conservateur et hostile à l'Union européenne, il doit faire face aujourd'hui à la concurrence de journaux comme le *Sun*, plus tournés vers le sensationnalisme.

The **Daily Mail** ♦ Quotidien britannique fondé en 1896 par les frères Harmsworth. Lancé au prix d'un demi-penny, il fut dans les années 1920 le journal ayant le plus fort tirage dans le monde, mais connaît depuis 1945 un certain déclin. Proche du parti conservateur, il soutint notamment la politique de Margaret Thatcher*.

The **Daily Mirror** ♦ Quotidien britannique fondé en 1903 par Alfred Harmsworth, le fondateur du *Daily Mail*. Destiné à l'origine à un public féminin, il devint très vite le premier quotidien illustré de Grande-Bretagne. À partir des années 1930, il se rapprocha des travaillistes et contribua à leur victoire électorale en 1945. Propriété du groupe Maxwell de 1970 à 1992, il occupe désormais le deuxième rang par son tirage, après le *Sun*.

The **Daily Telegraph** ♦ Quotidien britannique fondé en 1855 par A. Sleigh. Conservateur modéré, destiné aux classes moyennes, il fut le premier journal bon marché, vendu au prix d'un penny. En 1970, il racheta le *Morning Post* et tire aujourd'hui en moyenne à près d'un million d'exemplaires.

**DAIMLER (Gottlieb)** ♦ Ingénieur allemand (Schorndorf, Wurtemberg 1834 - Cannstatt, près de Stuttgart 1900). Ayant perfectionné et, notamment, allégé le moteur de N. Otto*, il est le créateur du moteur des automobiles fonctionnant au pétrole. Son association avec Panhard* et Levassor permit à l'industrie automobile française d'occuper l'un des premiers rangs dans le monde.

**DAINICHI NYORAI** ♦ Nom japonais du «Grand Bouddha solaire de Lumière et de Vérité» Mahāvairocana, personnage central des doctrines ésotériques du bouddhisme japonais.

**DAINVILLE** [62000] ◆ ÉTYM. anc. *Daginvilla* «domaine, village (lat. *villa*) de Daginus (n. de pers. germ.)» ♦ Comm. du Pas-de-Calais, arr. d'Arras. 5 392 hab.

**DAIREN** → Dalian

**DAISNE (Herman THIERY, dit Johan)** ♦ Écrivain belge d'expression néerlandaise (Gand 1912 - *id.* 1978). Poète, romancier et dramaturge, il a construit une œuvre à double fond, où la réalité ordinaire dissimule partout des vérités secondes. Qualifiée de «réalisme magique», sa technique inspire des récits (*L'Escalier de pierre et de nuages*, 1942 ; *L'Homme au crâne rasé*, 1948) qui exploitent sans cesse le double plan du rêve et de la réalité.

**ĐẠI VIỆT** n. m. ♦ Anc. appellation du Viêtnam, entre 1010 (sous la dynastie des Lý*) et 1802 (fin des Tây* Sơn), alors que les Chinois parlaient d'Annam (→ **Viêtnam**). Le mot désigne également les différents mouvements d'opposition aux Français se réclamant du prince Cường Đễ, vers 1941.

**DAKAR** ← ÉTYM. du ouolof *n'dakar* «tamarinier», compris par les premiers explorateurs comme étant le n. de la ville ♦ Cap. du Sénégal, dans la presqu'île du cap Vert*, à l'extrémité occidentale de l'Afrique. 2 243 000 hab. *(Dakarois)*. Cathédrale, Grande Mosquée (1964), université, Institut fondamental d'Afrique noire. Dakar a conservé son cachet de ville coloniale avec son vieux quartier portuaire, ses maisons basses et ses rues ombragées. Des immeubles modernes ont été construits depuis l'indépendance, mais la ville s'est entourée de nombreux bidonvilles. Dakar a hérité de l'infrastructure mise en place durant la colonisation française pour l'administration et le développement de l'A-OF : port en eau profonde (1867) de 216 ha, nœud aérien notamment vers l'Amérique du S. (→ **Yof**), terminus des chemins de fer Dakar-Saint-Louis et Dakar-Niger (Bamako). Raffinerie de pétrole, indus. alimentaires (huileries, traitement du thon, biscuiteries), infrastructure touristique. ▮ **Histoire** La construction de Dakar débuta en 1862, au fond d'une vaste rade, sur le site d'un village de pêcheurs lébous, et fut l'œuvre de Faidherbe*. En 1903, la ville devint le siège du gouvernement général de l'Afrique-Occidentale française, établi jusqu'alors à Saint*-Louis. La première liaison aérienne France-Dakar fut réalisée par Mermoz* en 1927 et Dakar devint le point de départ des vols de l'Aéropostale vers l'Amérique du Sud. Les 23 - 25 sept. 1940, de Gaulle, aidé par une escadre britannique, tenta vainement de s'emparer de la base (Dakar et Gorée) aux mains des forces du gouvernement de Vichy. En 1960, Dakar devint la capitale du Sénégal indépendant. Elle abrita le premier festival mondial des Arts nègres en 1966.

**DAKHLA** – anc. ***Villa Cisneros*** ♦ Localité du Sahara occidental, située sur un promontoire de la côte atlantique. 58 104 hab. Anc. ch.-l. du Río de Oro (Sahara espagnol).

**DAKHLEH** ou **DAKHLA** (oasis de) ← ÉTYM. en ar. ***al-Wāḥa al-Dākhila*** «oasis intérieure» ♦ Oasis d'Égypte, dans le désert Libyque, à l'O. de Khargeh. C'est la plus vaste (24 km de long sur 45 km de large) et la plus peuplée des oasis d'Égypte. 35 000 hab. Culture de dattes, mangues. Gisements de phosphates à proximité.

**DAKOTA DU NORD** n. m. – en angl. ***North Dakota*** ← ÉTYM. du n. d'une tribu indienne, les *Dakotas* «alliés, confédérés» ♦ État du N. des États-Unis → **États-Unis** (carte). 183 022 km². 642 200 hab. dont 92 % de Blancs. CAP. : Bismarck. ▮ **Géographie** L'État est constitué par des plaines et des prairies vallonnées s'élevant progressivement vers l'O. À l'E. se trouve la vallée de la Red River, à l'O. le plateau du Missouri, traversé d'O. en E. par les affl. de ce fleuve. Le climat est continental, avec d'importantes variations de température. ▮ **Économie** L'État est essentiellement agricole : blé de printemps (50 % de la valeur totale des récoltes), orge, avoine, pommes de terre, betteraves et vaste élevage de bovins et d'ovins. Le sous-sol recèle d'importantes réserves de pétrole, de lignite, de sel et de gaz naturel. Le développement industriel est récent : raffineries, production de sel, de sucre (de betterave). Le tourisme, suscité par les sites pittoresques de l'O. (Theodore Roosevelt Memorial Park, sur le Petit Missouri), constitue un apport économique notable. ▮ **Histoire** Peuplée initialement d'Indiens sioux (Dakotas) et cheyennes, la région correspondant aux deux Dakotas fut explorée par les Français (Pierre de La Vérendrye, 1738) ; elle passa aux États-Unis en même temps que la Louisiane (1803) et par le traité de 1818 avec le Canada. Le *territoire du Dakota* fut créé en 1861 ; il correspondait aux deux Dakotas, au Montana et au Wyoming. Les Indiens dakotas, dépossédés de leurs terres (Minnesota et Dakota), furent repoussés à l'O. du Missouri. En 1889, le Dakota du Nord devint le 39^e^ État de l'Union.

**DAKOTA DU SUD** n. m. – en angl. ***South Dakota*** ♦ État du N. des États-Unis → **États-Unis** (carte). 199 552 km². 754 844 hab. CAP. : Pierre. ▮ **Géographie** Comme le Dakota du Nord, l'État est formé d'une partie de la Grande Plaine qui s'élève d'O. en E. La plaine de l'E. prolonge celle du Dakota du Nord. Le Missouri, qui coule dans une vallée profonde et formée de nombreux lacs de barrage, la sépare de la Prairie traversée par ses affluents. L'O. de l'État est formé de terres arides (Bad Lands) d'où s'élève le massif des Black Hills («collines noires»), montagnes sacrées des Sioux. Le climat est continental. ▮ **Économie** C'est un État agricole, producteur de maïs, de blé et de lait. Il possède également de vastes élevages d'ovins et de bovins. Les richesses minérales sont variées : or (1^er^ prod. des États-Unis ; mines de Lead), béryl, lithium, tantale, lignite et uranium dans les Black Hills. ▪ L'État possède plusieurs parcs et zones touristiques : le mont Rushmore est le plus célèbre. ▮ **Histoire** → **Dakota du Nord**. La région fut à la fin du XVIII^e^ et au début du XIX^e^ s. un des centres du trafic de fourrures (le Français Pierre Chouteau, un des premiers trappeurs, donna son nom à la capitale, Pierre). Les premiers établissements permanents datent de 1856 - 1859. Le Dakota du Sud devint en 1889 le 40^e^ État de l'Union.

**DALADIER (Édouard)** ♦ Homme politique français (Carpentras 1884 - Paris 1970). Agrégé d'histoire, député radical-socialiste (1919 - 1940), il fut plusieurs fois ministre à partir de 1924. Président du Conseil (janv. - oct. 1933), il tenta de faire face à la crise financière. Rappelé au pouvoir en janv. 1934 pour lutter contre le développement des ligues d'extrême droite, après l'affaire Stavisky*, il exigea la démission du préfet de police, Chiappe* (3 fév. 1934), mais dut se retirer après la manifestation du 6 février* 1934. L'un des instigateurs du Front* populaire, il fut nommé ministre de la Défense nationale (1936 - 1937) et appelé, après la chute du second cabinet Blum, à former le gouvernement (avr. 1938 - mars 1940). Il signa les accords de Munich* (sept. 1938), essaya d'enrayer la crise financière et d'organiser la défense nationale et prit des mesures rigoureuses contre les communistes après la signature du pacte germano-soviétique (1939). Lorsque l'Allemagne envahit la Pologne, son gouvernement déclara la guerre à l'Allemagne le 3 sept. 1939. Ministre de la Guerre, puis des Affaires étrangères dans le cabinet P. Reynaud*, il fut arrêté par le gouvernement de Vichy (après juin 1940) et comparut au procès de Riom (1942). Déporté en Allemagne (1943 - 1945), il fut réélu député radical après la Libération (1946 - 1958). Il prit position contre la continuation de la guerre en Indochine, la constitution de la Communauté européenne de défense et la Constitution de 1958. ← ÉTYM. *Daladier* est une déformation de *alaterne* (arbrisseau).

**dalaï-lama**

n. m. ← ÉTYM. mongol «Océan de sagesse» ♦ Titre du chef spirituel des moines, dans le bouddhisme tibétain. Le premier titre fut accordé en 1578 par Altan Khan à Sonam Gyatso, supérieur de la secte des Gelugpas fondée par Tsong*-kha-pa. L'actuel dalaï-lama, Tenzin* Gyatso, vit en exil à Dharamsala, en Inde.

**DALAT** ← ÉTYM. en vietnamien ***Đà Lạt*** «la rivière de la tribu Lat» ♦ V. du Viêtnam située sur le plateau de Lâm Viên (Langbian), un des hauts plateaux du Centre, à 1 500 m d'alt. 115 959 hab. Université. ▪ La ville est célèbre pour son climat agréable toute l'année (19 °C en moyenne), ainsi que pour son admirable cadre naturel (forêt de pins, lacs, chutes et rapides) et urbain (villas coloniales implantées dans des sites aérés). Cultures maraîchères et florales d'espèces tempérées. Tourisme. Grand marché régional. ▮ **Histoire** Cette ville, fondée en 1893 sur un site repéré par Alexandre Yersin, médecin militaire français, à l'emplacement d'un petit hameau, fut le siège de divers pourparlers entre la France et le Viêtnam : conférence d'avril-mai 1946 entre Thierry d'Argenlieu et Võ* Nguyễn Giáp, alors que Hồ* Chí Minh discutait à Fontainebleau des modalités concrètes de la décolonisation ; deuxième conférence de Dalat, à l'instigation de Thierry d'Argenlieu en août 1946, réunissant les représentants du Cambodge, du Laos, de la Cochinchine, du Sud-Annam (PMSI : Pays montagnards du Sud indochinois), sans la participation de Hanoi ; troisième conférence en février 1953 entre Letourneau et Bảo Đại, qui décida de la participation de la jeune armée vietnamienne, et sous commandement vietnamien, aux côtés de la France dans la lutte anticommuniste.

**DALAYRAC** ou **D'ALAYRAC (Nicolas)** ♦ Compositeur français (Muret 1753 - Paris 1809). Auteur de quatuors à cordes, de duos pour le violon et de romances, c'est surtout au théâtre qu'il s'illustra, avec une soixantaine d'opéras-comiques (*Nina ou la Folle par amour*, 1786 ; *Adolphe et Clara*, 1799 ; *Gulistan*, 1805). D'une inspiration spirituelle que gâte parfois une sentimentalité mièvre, ces ouvrages connurent le succès sous le Directoire et l'Empire. ← ÉTYM. *Dalayrac* vient de *Alariacum*, nom de domaine gallo-romain, du gaulois *Alarius*, nom de personne, et suffixe *-acum*.

**DALBAVIE (Marc-André)** ♦ Compositeur français (Neuilly-sur-Seine 1961). Élève de M. Constant et de P. Boulez pour la direction d'orchestre, il se forme à l'IRCAM aux techniques de composition assistée par ordinateur. Au centre de ses préoccupations, espace et acoustique font l'objet d'un travail approfondi qui le conduit à adopter les principes de la musique spectrale, et, selon la méthode de la «diffraction sonore», à créer une conception originale de l'orchestre : phénomènes de résonance sur lesquels se fondent le *Concerto pour flûte* (2006) et *Source d'un regard* (2007). Les *Sonnets de Louise Labé* (2008) pour voix de contre-ténor et orchestre marquent l'aboutissement de ces différents processus.

**DALBERG (Karl Theodor)** ♦ Homme politique et prélat allemand (Herrnsheim, près de Worms 1744 - Ratisbonne 1817). Évêque de Constance, puis archevêque de Mayence, il tenta de s'opposer à Napoléon, puis se rallia à lui et devint archichancelier de la Confédération* du Rhin et grand-duc de Francfort. Resté fidèle à l'Empereur, il perdit ses biens en 1815.

**DALE** (sir **Henry Hallett**) ♦ Médecin britannique (Londres 1875 - Cambridge 1968). Il découvrit, avec O. Loewi*, le rôle des échanges chimiques dans la transmission de l'influx nerveux. [Prix Nobel de physiol. ou méd. 1936, avec O. Loewi]

**DALÉCARLIE** n. f. ← ÉTYM. en suéd. ***Dalarna*** ; de ***Dalkarlar*** «les hommes *(karlar)* des vallées *(dal)*» ♦ Région montagneuse de la Suède centrale et ancienne province. Pays de tradition et de culture, la Dalécarlie est une région touristique. V. PRINC. : Falun*.

**DALÉN (Gustaf)** ♦ Ingénieur suédois (Stenstorp 1869 - Stockholm 1937). Il est l'inventeur d'un procédé d'allumage automatique des phares à acétylène permettant d'établir des feux périodiques sur le littoral. [Prix Nobel de phys. 1912]

**DALGARNO (George)** ♦ Philologue et sémiologue britannique (Aberdeen v. 1327 - Oxford 1687). Auteur d'un ouvrage sur la classification des signes et des idées (*Ars Signorum [...]*, 1661), il élabora une méthode d'éducation pour les sourds-muets (*Didascalosophus*, 1680).

**DALHOUSIE (George RAMSAY, comte DE)** → ÉTYM. n. de lieu, près d'Édimbourg, p.-ê. gaél. «champ (*dail*) de la calomnie (*thuaileas*)» ♦ Homme politique britannique (Dalhousie, Écosse 1770 - *id.* 1838). Gouverneur en chef de l'Amérique du Nord britannique de 1820 à 1828, il s'opposa au Canadien français L. J. Papineau*. ♦ **James Ramsay,** marquis **de Dalhousie.** Homme politique britannique (Dalhousie, Écosse 1812 - *id.* 1860). Fils du précédent. Gouverneur général des Indes (1847 - 1856), il fut un remarquable administrateur et annexa le Panjab* après la défaite des sikhs (1849).

**DALI** ou **TA-LI** ♦ V. de Chine (Yunnan). 255 263 hab. Une importante communauté bai y réside (65 % de la population). Thé (le célèbre thé tuocha). ▪ À proximité, carrière de marbre.

**DALÍ (Salvador)** ♦ Peintre et écrivain espagnol (Figueras 1904 - *id.* 1989). De 1921 à 1925, il étudia à l'Académie des beaux-arts de Madrid et se lia notamment avec García Lorca. Arrivé à Paris en 1927, il entra en contact avec les surréalistes et ne tarda pas à s'imposer comme l'une des personnalités les plus en vue du mouvement, grâce à ses productions spectaculaires (tableaux, déclarations, collaboration aux films de Buñuel : *Un chien* andalou*, 1929 ; *L'Âge d'or*, 1930), contribuant à diffuser une certaine iconographie surréaliste dans le quotidien (mode, décoration, ameublement, publicité). Cette influence persista après son exclusion du mouvement, provoquée par ses déclarations en faveur de Hitler et de Franco. Il donna à ses visions une apparence illusionniste, avec un goût marqué pour le détail en trompe-l'œil. Il a souvent fait d'un rivage ou d'une terre désertique le lieu de surgissement d'objets hétéroclites, personnages ou membres disloqués, formes viscérales, protubérances qui semblent en proie à un processus d'élongation, d'amollissement ou de pourrissement (*L'Accommodation des désirs*, 1929 ; *Le Grand Masturbateur*, 1931). Créateur d'une iconographie originale à dominante sexuelle et morbide qui se veut la transcription de ses fantasmes, Dalí a donné un contenu personnel et déroutant à des thèmes comme Guillaume Tell, *L'Angelus* de Millet, Lénine, *La Gradiva*, recourant dans ses titres de tableaux comme dans ses textes à une terminologie freudienne souvent interprétée avec fantaisie. Il a éclairé ses mécanismes créatifs par l'activité «paranoïaque-critique», définie «comme une méthode spontanée de connaissance irrationnelle basée sur l'association interprétative critique des phénomènes délirants» et a aussi proposé, en se fondant sur le principe de l'assemblage, des «objets à fonctionnement symbolique» (1931). À partir de 1937, il accorda une part grandissante à l'académisme, puis fit l'apologie de l'œuvre de Meissonier, de Dürer, etc. Il aborda des thèmes religieux (*Le Christ de saint Jean de la Croix*, 1951) et a produit une importante œuvre graphique. L'excentricité de son comportement, son génie publicitaire, son goût de la provocation, où la part de l'humour, de l'imposture et celle des pulsions les plus profondes sont indéterminables, témoignent d'une personnalité puissamment originale et fréquemment scandaleuse. Il a su devenir le peintre le plus populaire du XX^e s. après Picasso. → ÉTYM. *Dalí* est un nom catalan. Il vient du nom de personne germanique *Adalin* (de *adal* «noble»).

Salvador **Dalí.** *Vestiges ataviques après la pluie.* Coll. part.
*Phot. © Arch. Smeets*

**DALIAN** ou **TA-LIEN** – en russe ***Dalni***, anc. ***Dairen*** ♦ V. de Chine (Liaoning). 2 872 048 hab. Elle forme avec Lüshun* (anc. Port-Arthur) la conurbation indus. de Lüda*. Deuxième port de Chine. Centre indus. : métall., chimie, textile, construc. navales. Tourisme. Pisciculture et aquaculture. Prod. de pommes. ▮ **Histoire** → **Lüshun.**

**DALILA** → ÉTYM. en hébr. *Delîlâh* (probablt pas de *dâlal* «être pauvre») ♦ Personnage biblique (Juges, XVI). Philistine, elle séduit Samson*, apprend de lui que sa force réside dans sa chevelure, le rase pendant son sommeil et le livre aux siens.

**DALIN (Olof VON)** ♦ Écrivain suédois (Vinberg 1708 - Drottningholm 1763). Parfaitement représentatif de l'âge des Lumières en son pays, cet aristocrate fonda le premier journal suédois, *Then swänska Arghus* («L'Argus suédois», 1732 - 1734). Il fut aussi célèbre pour ses parodies, ses chansons et aussi pour une monumentale *Histoire du royaume de Suède* (1747 - 1762).

**DALLAPICCOLA (Luigi)** ♦ Compositeur italien (Pisino d'Istria 1904 - Florence 1975). Pianiste virtuose, professeur au conservatoire de Florence, il accomplit la synthèse de la polyphonie de la Renaissance et de la technique sérielle dont il fut, en Italie, l'un des premiers à faire usage. Caractérisée par un lyrisme très personnel, son œuvre comprend des opéras (*Vol* de nuit*, 1937 ; *Le Prisonnier*, 1944 ; *Ulisse*, 1968), un oratorio (*Job*, 1950), un ballet (*Marsia*, 1942), des œuvres chorales (*Requiescant*, 1958), de la musique de chambre, des pièces pour piano et des mélodies.

**DALLAS** → ÉTYM. du n. de George Mifflin *Dallas*, vice-président des États-Unis de 1845 à 1849 [en hommage à son soutien lors de l'admission du Texas dans l'Union] ♦ V. des États-Unis (Texas). 1 188 580 hab. (zone urbaine 5 221 801 hab. avec Fort Worth). Universités. Centre commercial (assurances) et financier (marché du coton), siège de nombreuses compagnies pétrolières, la ville a été largement remodelée après 1945. Indus. légères et de précision (missiles, accessoires automobiles, machines électriques, électronique avec l'une des plus grandes usines de transistors du monde). Indus. du vêtement (3^e centre de la confection aux États-Unis après New York et Los Angeles). ▮ **Histoire** C'est à Dallas que le président John Kennedy fut assassiné en nov. 1963.

**DALLOZ (Victor Alexis Désiré)** ♦ Jurisconsulte et homme politique français (Septmoncel, Jura 1795 - Paris 1869). Avocat au barreau de Paris, puis à la Cour de cassation, député conservateur (1837 - 1848), rédacteur du *Journal des audiences*, il fonda, avec son frère ARMAND DALLOZ dit le Jeune (1797 - 1867), la maison d'édition Dalloz (Paris, 1824). Outre le *Répertoire de législation, de doctrine et de jurisprudence* des frères Dalloz, celle-ci publie de nombreux codes, ouvrages de droit, d'économie politique. → ÉTYM. Ce nom de famille est savoyard, c'est l'équivalent de *Dalle*, du vieux norrois *daela* «fossé».

**DALMATIE** n. f. – probablt du n. des *Delmata*, tribu illyrienne qui envahit le N.-E. des Balkans à partir de l'an 1000 ♦ Région de l'O. des Balkans, qui s'étend le long de l'Adriatique, en Croatie, de l'île de Pag à l'entrée des bouches de Kotor (Monténégro). → **Croatie** (carte). 12 103 km². 897 000 hab. L'intérieur, parcouru par les chaînes dinariques, présente des paysages karstiques (Karst*). Les 600 îles de l'archipel dalmate, dont une soixantaine habitées, sont disposées parallèlement à la côte. L'agriculture et la pêche ont régressé au profit de l'industrie (constructions navales, usines d'aluminium) et du tourisme sur le littoral. Une partie de l'arrière-pays dalmate était peuplée de Serbes qui, refusant la sécession de la Croatie de l'ex-Yougoslavie (1991), prirent les armes et proclamèrent leur propre république. La reconquête croate d'août 1995 a provoqué leur exode massif vers la Serbie, suivi d'un retour partiel après la conclusion de la paix (1998). Le tourisme de masse, grosse source de devises, se développe à nouveau depuis la fin des affrontements. → **Krajina.**

**DALMAU (Luis)** ♦ Peintre catalan (Barcelone ? - 1466 ?). Il travailla pour Alphonse V d'Aragon et Jean II de Castille et fut envoyé en 1431 à Bruges. Son œuvre témoigne de l'influence du style flamand sur les artistes étrangers ; dans *La Vierge des conseillers* (1443 - 1445), destinée à la cathédrale de Barcelone, tout en conservant la technique de la détrempe, il imite d'assez près *L'Agneau mystique* de Van Eyck. Les portraits des conseillers se rattachent plus directement à la tradition espagnole.

**DALOU (Jules)** ♦ Sculpteur français (Paris 1838 - *id.* 1902). Il participa à la Commune* et dut se réfugier en Angleterre jusqu'en 1879. Ses nombreuses statuettes représentant des travailleurs et des scènes familières (*La Brodeuse*, 1870) en font le représentant le plus caractéristique du naturalisme en sculpture. Il exécuta l'énorme monument du *Triomphe de la République*, place de la Nation à Paris (1879 - 1899), lourde allégorie classicisante, et laissa aussi les projets d'un ambitieux Monument au travail.

**DALRYMPLE (James),** 1er vicomte **STAIR** ♦ Homme politique et magistrat écossais (Drummurchie, Ayrshire 1619 - Édimbourg 1695). Président de la Cour de session, partisan des *covenanters* et adversaire des catholiques, il se trouva en opposition avec le duc d'York, futur Jacques* II, et dut se réfugier en Hollande. Il prit une part active à la révolution de 1688. Il est l'auteur d'ouvrages juridiques (*Institutes of the Law of Scotland*, 1681). ♦ **John Dalrymple,** 1er comte **de Stair** (1648 - Londres 1707). Fils du précédent. Il fut l'un des principaux conseillers de Guillaume* III, combattit contre les partisans de l'indépendance écossaise (massacre de Glencoe, 1692) et fut l'un des artisans de l'acte d'Union* de 1707. ♦ **John Dalrymple,** 2e comte **de Stair** (Édimbourg 1673 - *id.* 1747). Fils du précédent. Général, il combattit sous Marlborough* et se distingua à Malplaquet*. Ambassadeur à Paris (1715 - 1720), il déjoua les intrigues jacobites. Il s'opposa à Walpole*, à la chute duquel il contribua. → ÉTYM. *Dalrymple* est un nom de lieu dans la région de Strathclyde, peut-être du gaélique *dail chruim puill* « champ de la rivière sinueuse ».

**DALRYMPLE (Alexander)** ♦ Hydrographe et navigateur britannique (New Hailes, Écosse 1737 - Londres 1808). Entré à la Compagnie des Indes orientales à Madras, il explora les mers du Sud et établit la carte des archipels avant d'être nommé hydrographe de l'Amirauté [1789] (*An Historical Collection of Several Voyages and Discoveries in the South Pacific Ocean*, 1770).

**DALTON (John)** ♦ Physicien et chimiste britannique (Eaglesfield, Cumberland 1766 - Manchester 1844). Il énonça (1801) la loi d'addition des pressions partielles dans les mélanges gazeux qui porte son nom et découvrit, en même temps que Gay*-Lussac, la loi de dilatation des gaz. Par une intuition géniale, il supposa que chaque élément chimique est formé d'atomes dont la masse caractérise l'élément donné. Il fonda ainsi la théorie atomique moderne, vraisemblablement en 1804, mais il n'exposa complètement son hypothèse que plus tard, dans son grand ouvrage, le *New System of Chemical Philosophy* (1808 - 1827) ; on y trouve les lois pondérales des combinaisons chimiques, notamment celle des proportions multiples à laquelle son nom est resté attaché, et la première représentation symbolique liée aux systèmes des atomes et à son tableau de masses atomiques. Il étudia également (1798), sur lui-même, les troubles de la perception des couleurs (dyschromatopsie appelée *daltonisme*). [Acad. sc. 1830] → ÉTYM. Ce nom vient du vieil anglais *dale* « vallée » et *tūn* « ville ».

**DALUIS** [dalyis] [06470] ♦ Comm. des Alpes-Maritimes, arr. de Nice, sur le Var. 132 hab. *(Daluisiens)*. En aval, gorges pittoresques creusées par le Var.

**DAM (Henrik Carl Peter)** ♦ Biochimiste danois (Copenhague 1895 - *id.* 1976). Il découvrit la vitamine K (1929). [Prix Nobel de physiol. ou méd. 1943, avec E. Doisy*]

**DAMAN-ET-DIU** ♦ Villes et ports de l'Inde. Respectivement 35 743 et 21 576 hab. chacune. Ces deux anciens comptoirs portugais (1558 - 1961), situés de part et d'autre du golfe de Khambhat (Cambay) sur les côtes du Dekkan (Daman) et du Kathiawar (Diu), ont été dotés du statut de territoire de l'Union lors du rattachement à l'Inde des possessions portugaises, et constituent une seule unité administrative.

**DAMANHOUR** ou **DAMANHŪR** ♦ V. de Basse-Égypte, près d'Alexandrie. ch.-l. du gouvernorat de Béhéra. 241 895 hab. Évêché copte. Indus. textile (coton). Un gazoduc la relie aux gisements de gaz sous-marins d'Aboukir. C'est l'ancienne *Hermopolis*, cité d'Horus.

**DAMAS (Léon-Gontran)** ♦ Poète français guyanais (Cayenne 1912 - Washington 1978), l'un des fondateurs, avec Césaire* et Senghor*, du mouvement de la « négritude ». Sa poésie met le sens rythmique et lyrique du jazz au service d'une ironie anticolonialiste mordante : *Pigments* (1937), *Blade-Label* (1956), *Névralgies* (1966). Il a publié également *Retour de Guyane* (1938), relation en forme de pamphlet d'une mission anthropologique, un recueil de contes populaires guyanais (*Veillées noires*, 1943), une anthologie francophone et la *Nouvelle Somme de poésie du monde noir* (1966).

**DAMAS** – en ar. ***Dimashq al-Shām*** ♦ Cap. de la Syrie, située dans le S. du pays, à la limite du désert syrien et à proximité de la frontière libanaise, dans une oasis irriguée par le Barada. 1 545 598 hab. *(Damascènes)*. La ville se dresse entre les derniers contreforts de l'Anti-Liban, le massif volcanique du djebel Druze au S.-E. et les chaînes isolées qui, partant du N.-E. de Damas, franchissent la frontière syrienne au N. du pays (djebels Charki, Bichri, Abdulaziz, Sinjar). ▪ La ville ancienne possède l'une des plus importantes mosquées du monde islamique, la mosquée des Omeyades construite par le calife al-Walīd (706 - 715). L'édifice s'élève sur les bases d'un temple consacré à Adad (Jupiter Damascénien) que remplaça au IVe s. la basilique Saint-Jean-Baptiste de Théodose II. En grande partie reconstruit à la fin du XIXe s. après un incendie, il a conservé le téménos de l'ancien temple et subi l'influence architecturale de la basilique chrétienne (colonnade, mosaïques byzantines). Mausolée de Saladin (restauré). Palais Azem (XVIIIe s., art populaire). Musée national syrien. Souks. ▪ La *ghutah*, ou *ghoutah*, (oasis) est riche en cultures maraîchères (melons), céréales, fruits (abricots), oliviers, vigne, qui font de Damas un grand centre commercial et industriel. Centrale thermique, cimenterie, indus. alimentaire (sucrerie, huilerie, confiture de roses), textiles et mécaniques, manufacture de tabac. Artisanat (broderies, travail du cuir, du bois et du métal). L'importance géographique de Damas, l'une des villes saintes de l'islam, est soulignée par le réseau de communications dense qui relie notamment la ville à Beyrouth et à Alep par route et voie ferrée ainsi qu'à Bagdad et Amman.

**▌HISTOIRE** Le nom de Damas figure dans la Genèse et l'on sait qu'elle fit partie de l'Empire égyptien pendant la XVIIIe dynastie (–XVIe s.). Mais son histoire ne commence véritablement qu'au –Xe s. quand elle devint la capitale du puissant royaume araméen dont les rois (→ **Bar Hadad**) furent les ennemis acharnés d'Israël. En –732, elle fut détruite par Teglath-Phalasar III et réunie à l'Assyrie. Elle fit ensuite partie de l'Empire perse, puis de l'empire d'Alexandre (–332), et échut aux Séleucides. Prise en –65 par les lieutenants de Pompée, elle entra dans la province impériale de Syrie et devint une puissante cité romaine. Elle est célèbre, au début du christianisme, par la conversion et les prédications de saint Paul. Après avoir appartenu à l'Empire byzantin, la ville fut prise en 636 par les Arabes et resta la capitale des califes omeyades jusqu'en 724. C'est à cette époque que Damas acquit une remarquable supériorité technique et artistique dans la métallurgie d'abord (fabrication des armes « damasquinées ») et dans l'industrie textile (les soieries et les brocarts de Damas sont exportés dans tout l'Occident). À la chute des Omeyades (750), elle passa sous la domination des Abbassides, puis de l'Égypte avec les Tulunides, les Ikhchidites et les Fatimides. En 1148, les croisés tentèrent d'annexer la ville, mais ce fut finalement l'atabeg Nūr al-Dīn qui s'empara de l'émirat de Damas. Il fut suivi par Saladin (1174) qui unifia l'Orient musulman contre les croisés, et, malgré les luttes dont elle fut l'enjeu, Damas connut une grande prospérité sous les Ayyubides. Après avoir été dévastée par les Mongols de Hūlāgū Khān, elle fut soumise en 1260 par les mamelouks qui arrêtèrent l'invasion et firent de la ville le ch.-l. de la province de Syrie. En 1401, elle fut mise à sac par Tamerlan et fut aussitôt réoccupée par les mamelouks. En 1516, elle fut annexée à l'Empire ottoman par Sélim Ier et resta jusqu'en 1918 le ch.-l. d'un vilayet. En 1860, à la suite des événements du Liban, un grand nombre de chrétiens s'y firent massacrer par les druzes. Prise en 1918 par les Britanniques, elle fit un moment partie du royaume de Fayçal Ier, puis fut placée, en 1920, sous le mandat de la France qui dut faire face à une insurrection en oct. 1925. En 1946, Damas devint la cap. de la Syrie indépendante.

**Damas.** Cour de la mosquée des Omeyades. *Phot. © Dagli Orti*

**DAMASCIUS** ♦ Philosophe grec néoplatonicien (Damas, v. 460 - Syrie, après 538). Dernier diadoque (successeur de Platon) de l'école néoplatonicienne d'Athènes, c'est avec lui que s'achève l'histoire du néoplatonisme. Il est l'auteur d'une œuvre imposante tant littéraire que philosophique : on retiendra surtout ses commentaires sur certaines œuvres de Platon* (*Phédon, Parménide, Philèbe*) et d'Aristote* (*Météorologiques, Du ciel*) mais aussi ses traités, notamment le *Traité des premiers principes*, où il cherche à analyser la notion néoplatonicienne cruciale de principe absolu et son rapport au discours et à l'ineffable et où il critique souvent les positions de Proclus*. Même si la pensée de Damascius n'a vraiment été découverte qu'au XIXe siècle, son influence sur des commentateurs ultérieurs, tel Simplicius*, est indiscutable.

**DAMASE Ier** (saint) ♦ (Espagne 305 ? - Rome 384). Pape en 366, il chargea saint Jérôme* de la révision de l'Écriture qui aboutit à la Vulgate*. Auteur d'hymnes et d'épitaphes de martyrs en vers. ▪ Fête le 11 déc. → ÉTYM. Ce nom vient du grec *damazô* « combattre ».

**DAMASE II [Poppon]** ♦ (mort à Palestrina 1048). 149e pape, en juillet - août 1048. Bavarois, ancien évêque de Brixen. Désigné par l'empereur Henri III, il dut chasser Benoît* IX par la force.

**DAMASKINOS (Dimitrios Papandréou)** ♦ Prélat et homme politique grec (Dorvitsa, près de Lépante 1891 - Athènes 1949). Archevêque d'Athènes et primat de Grèce (1938), il fut régent de décembre 1944 (lors du conflit armé qui opposa les résistants de gauche aux Britanniques) jusqu'au retour du roi Georges* II en 1946.

**DAMĀVEND** → Demāvend

**DÂMBOVIŢA** n. f. ♦ Riv. de Roumanie (286 km), affl. de l'Argeş. Elle arrose Bucarest.

La **Dame à la licorne** ♦ Ensemble de six tapisseries réalisées entre 1484 et 1500 pour Jean Le Viste, président de la Cour des Aides, par un atelier du Nord d'après les dessins d'un artiste parisien anonyme. Dans chaque panneau, sur un fond orné de «millefleurs» et d'animaux, la même jeune femme est représentée, entourée d'emblèmes héraldiques, notamment un lion et une licorne. L'ensemble forme une allégorie des cinq sens, le sixième panneau étant marqué *À mon seul désir* (c.-à-d. «Selon mon libre arbitre, sans assujettissement aux sens»).

**La Dame à la licorne.** *À mon seul désir* ou *Le choix des bijoux.* Tapisserie (3,77 × 4,73 m). *Phot. © RMN*

La **Dame aux camélias** ♦ Drame en 5 actes d'Alexandre Dumas* fils (1852), tiré par l'auteur de son roman (1848). Femme du demi-monde, Marguerite Gautier aime un jeune homme, Armand Duval, d'un amour partagé. Bourgeois rigoriste, le père d'Armand Duval obtient de Marguerite qu'elle lui rende son fils en lui laissant croire qu'elle le quitte parce qu'elle a cessé de l'aimer. De santé fragile, Marguerite mourra d'une maladie de poitrine.

La **Dame de pique** – en russe ***Pikovaïa Dama*** ♦ Œuvre de Pouchkine* (1834). Récit influencé par les contes d'Hoffmann, cette nouvelle où se mêlent le fantastique (rêve et folie du héros) et la réalité (analyse psychologique d'une obsession) est, dans sa brièveté, un chef-d'œuvre d'écriture, l'un des plus célèbres de son auteur. ▪ Tchaïkovski* en tira un de ses meilleurs opéras (1890).

**Dames** (paix des) → Cambrai

Les **Dames du bois de Boulogne** ♦ Film français de Robert Bresson* (1945), d'après un chapitre de *Jacques le Fataliste*, de Diderot, avec Maria Casarès, Élina Labourdette, Paul Bernard, dialogues de Jean Cocteau. Pour se venger, une femme cherche à faire épouser une grue à son amant, mais l'amour du couple sera le plus fort. Le réalisateur, refusant toute emphase spectaculaire, toute dérive mélodramatique, trace une sorte de graphique des gestes et des regards, où l'émotion affleure avec parcimonie.

**DAMIA (Louise Marie DAMIEN, dite)** ♦ Chanteuse française (Paris 1889 - La Celle-Saint-Cloud 1978). Son répertoire réaliste, son style qui faisait de chaque récital une suite de petits mimodrames et sa voix aux accents incantatoires lui valurent d'être surnommée la «tragédienne de la chanson». Elle joua également au théâtre et dans plusieurs films dont *Napoléon* de A. Gance (1927).

**DAMIEN** (saint) → Côme et Damien (saints)

**DAMIEN (saint PIERRE)** → Pierre Damien (saint)

**DAMIENS** [damjɛ̃] **(Robert François)** ♦ (La Thieuloye 1715 - Paris 1757). Soldat puis domestique, il frappa Louis XV d'un inoffensif coup de canif pour l'avertir de mieux songer à ses devoirs (1757). Il fut écartelé en place de Grève, et son horrible supplice fut un scandale durable.

**DAMIETTE** – en ar. ***Dumyāt*** ♦ V. de Basse-Égypte, ch.-l. de gouvernorat sur la rive d. du Nil, au N.-E. du Caire, sur une bande de terre séparant le Nil du lac Menzaleh. 203 187 hab. Le port fait l'objet d'aménagements destinés à décongestionner le trafic de Port-Saïd. Centre commercial et industriel (textiles, décorticage du riz). À proximité, station balnéaire de Ras el-Bahr. ▮ **Histoire** Prise en 1249 par Saint Louis qui dut l'abandonner l'année suivante pour payer sa rançon, la ville fut démolie en 1251, puis reconstruite un peu plus loin. Ce fut l'une des cités les plus importantes du delta du Nil.

**DAMMAN** ♦ V. d'Arabie saoudite sur le golfe Arabo-Persique. 744 321 hab. Usine d'engrais. Terminus de la voie ferrée qui part de Riyad et relie la région pétrolifère de l'E. au port. Un oléoduc sous-marin achemine le pétrole brut de Damman aux raffineries de Bahreïn.

**DAMMARIE-LES-LYS** [77190] ➝ **ÉTYM.** anc. *Danemarie* «Sainte (bas lat. *domna*) Marie» ♦ Comm. de la Seine-et-Marne, banl. sud-ouest de Melun. 20 659 hab. *(Dammariens)*. Ruines de l'anc. abbaye du Lys fondée en 1244 par Blanche de Castille.

**DAMMARTIN-EN-GOËLE** [77230] ➝ **ÉTYM.** anc. *de Domno Martino* «Saint (bas lat. *domnus*) Martin» ♦ Ch.-l. de cant. de la Seine-et-Marne, arr. de Meaux. 7 805 hab. (aggl. 13 321) *(Dammartinois)*. L'église Saint-Jean-Baptiste (reconstruite) conserve un portail historié du XVe s. Anc. collégiale Notre-Dame des XIIIe et XVe s. (tombeau d'Antoine de Chabannes, XVe s.).

**DAMME** ➝ **ÉTYM.** du moy. néerl. *dam* «digue» ♦ V. de Belgique (Région flamande), prov. de Flandre-Occidentale, arr. de Bruges, à l'embouchure de la Raie. 10 853 hab. Hôtel de ville (1464). Église Notre-Dame et hôpital Saint-Jean (XIIIe s.). Maisons des XVe et XVIe s. ▪ Important centre touristique (excursions sur le *canal de Damme*). ▪ Charles De* Coster y fit naître Till* Eulenspiegel, héros de la Résistance flamande.

**Damme** (canal de) ♦ Canal de Belgique et des Pays-Bas (14 km), reliant Bruges en Belgique à Sluis (L'Écluse) aux Pays-Bas et accessible aux bateaux de 300 t.

La **Damnation de Faust** ♦ Légende dramatique d'Hector Berlioz (1846), née du remaniement des *Huit Scènes de Faust* composées en 1828 - 1829. Mal accueillie du vivant de son auteur, elle connut un grand succès dix ans après sa mort. L'œuvre est remarquable par sa diversité, sa puissance dramatique et ses aspects fantastiques. Certaines mélodies (sérénade de Méphistophélès, ballade du roi de Thulé) et chansons sont célèbres.

**DAMOCLÈS** ➝ **ÉTYM.** en gr. *Damoklês*, forme dorienne de *Dêmoklês*, de *dêmos* «peuple» et *kleos* «bruit, gloire» ♦ Courtisan de Denys* l'Ancien (–IVe s.) qu'il félicitait outrageusement pour son bonheur. Celui-ci, selon Cicéron, l'invita à un festin, le reçut comme un prince, mais fit suspendre au-dessus de sa tête une lourde épée retenue par un crin de cheval, pour lui montrer la fragilité du bonheur que les dangers menacent sans cesse (d'où l'expression : *l'épée de Damoclès*).

**DAMODAR** n. f. ♦ Riv. de l'Inde, née dans les montagnes moyennes du N.-E. de la péninsule et se jetant dans l'Hooghly, bras du delta du Gange. Les gisements de charbon de sa partie moyenne ont donné naissance à des villes minières (Dhanbad) et sidérurgiques (Asansol). La vallée a fait l'objet d'un plan d'aménagement concerté par la Damodar Valley Authority.

**DAMPIER (William)** ♦ Navigateur et aventurier anglais (East-Coker, Somerset v. 1652 - Londres 1715). Capitaine de boucaniers, il mena plusieurs expéditions de pillage contre les comptoirs espagnols des Antilles et du golfe du Mexique, explora les mers du Sud puis de la Chine. Revenu en Angleterre, il publia son *Voyage autour du monde* (1691) avant de partir pour une nouvelle expédition en Océanie (1699) au cours de laquelle il parvint en Nouvelle-Guinée et découvrit la pointe sud-est de la Nouvelle-Irlande. Il est l'auteur d'un *Traité des vents et des courants*. ➝ **ÉTYM.** *Dampier* vient de *Dampierre*, nom de plusieurs communes françaises.

**DAMPIERRE (GUI DE)** → Gui de Dampierre

**DAMPIERRE (Augustin Marie PICOT, marquis DE)** ♦ Général français (Paris 1756 - Valenciennes 1793). Ardent partisan de la Révolution, il se distingua à Valmy, à Jemmappes et à Neerwinden, et prit la succession de Dumouriez au commandement en chef de l'armée du Nord et des Ardennes. Il fut tué près de Valenciennes.

**DAMPIERRE-EN-BURLY** [45570] ➝ **ÉTYM.** anc. *villa Domini Petri*, lat. «domaine (*villa*) de saint (*domnus*) Pierre (*Petrus*)» ♦ Comm. du Loiret, arr. d'Orléans. 1 103 hab. Centrale nucléaire sur la Loire.

**DAMPIERRE-EN-YVELINES** [78720] ➝ **ÉTYM.** → Dampierre*-en-Burly ♦ Comm. des Yvelines, arr. de Rambouillet. 1 051 hab. Formée par la réunion de Dampierre et de Maincourt-sur-Yvette. Château du XVIe s. reconstruit par J. Hardouin*-Mansart (1675 - 1683) pour la famille de Luynes, restauré et décoré par Duban au XIXe s. : grande fresque (inachevée) de l'*Âge d'or* par Ingres. Parc de A. Le Nôtre.

**DAMREMONT** [dɑ̃ʀemɔ̃] ou **DANRÉMONT (Denis, comte DE)** ➝ **ÉTYM.** n. de lieu en Haute-Marne, de *dom* «seigneur» et *Raymond* ♦ Général français (Chaumont, Champagne 1783 - Constantine, Algérie 1837). Après avoir pris part aux campagnes de l'Empire, puis à l'expédition d'Espagne (1823) sous la Restauration, il fut envoyé en Algérie. Lieutenant général et pair de France (1835), il remplaça Clauzel à la tête de l'armée d'Afrique (1837) et fut tué peu après au siège de Constantine*.

**DAMRONG RAJANUBHAB** ♦ Prince siamois (Bangkok 1862 - *id.* 1943), fils du roi Mongkut*. Il soutint la politique de modernisation de son demi-frère Chulalongkorn*. Ministre de l'Instruction publique, puis de l'Intérieur, il multiplia les réformes, surtout dans l'administration provinciale. Retiré de la vie publique en 1915, il rédigea de nombreux travaux de valeur sur l'histoire, la littérature et les coutumes de son pays.

**DAMROSCH (Walter Johannes)** ♦ Chef d'orchestre et compositeur américain d'origine allemande (Breslau 1862 - New York 1950). Fils de Leopold Damrosch (1832 - 1885) qui fut aux États-Unis un pionnier de l'art musical, il y poursuivit l'œuvre de son père. Fondateur de la Damrosch Opera Company (1894), chef d'orchestre de la Société symphonique de New York (1903), il concourut à la diffusion de l'œuvre de Wagner. Il a composé des opéras, des œuvres chorales et de la musique de chambre. Il commanda et créa *Tapiola** de Sibelius (1926).

**DAMVILLE** → **Montmorency**

**DAN** ◆ ÉTYM. en hébr. *Dân*, de *dîn* «juger» (étym. populaire) ♦ Personnage biblique, fils de Jacob* et de Bilha, servante de Rachel (Genèse, XXX, 6). Ancêtre éponyme d'une des douze tribus d'Israël*, dont le nom a été donné à une ville à l'est de Tyr*.

**DANA (James Dwight)** ♦ Naturaliste et géologue américain (Utica 1813 - New Haven, Connecticut 1895). Auteur de travaux sur les coraux et les atolls, il introduisit en géologie la notion de géosynclinal (1873). Il fut l'éditeur de l'*American Journal of Science*.

**DANAÉ** ♦ Princesse légendaire d'Argos*. Elle est enfermée dans une tour d'airain par son père Acrisios* menacé, selon un oracle, d'être tué par son petit-fils. Zeus*, qui l'aimait, y pénètre métamorphosé en pluie d'or, et la rend mère de Persée*.

**DANAÏDES** n. f. pl. ◆ ÉTYM. du n. de leur père *Danaos** ♦ Les cinquante filles de Danaos*. Fuyant l'hyménée avec les cinquante fils d'Égyptos*, leurs cousins, elles demandent asile à Argos*. → **Suppliantes (Les)**. Leurs prétendants étant venus plus tard à Argos, les Danaïdes consentent au mariage, mais, sur le conseil de Danaos, elles égorgent leurs époux la nuit même des noces. Seule Hypermnestre épargne son mari Lyncée*. Les meurtrières, précipitées dans le Tartare, sont condamnées à verser éternellement de l'eau dans un tonneau sans fond.

**DANAKILS** → **Afars**

**DANANG** ◆ ÉTYM. en vietnamien ***Đà Nẵng*** («grand fleuve»), anc. ***Tourane*** (de l'anc. n. chin. *Cua Han* «embouchure de la Han») ♦ V. et port du Viêtnam (Centre), ch.-l. de prov., au sud de la baie homonyme. 369 734 hab. Port abrité, facile d'accès, dont la position centrale explique le choix, par les Américains, pour l'installation d'une grande base militaire dès 1965 ; le gonflement spectaculaire de la pop. urbaine ne fut pas suivi des équipements nécessaires. Musée d'Art cham. ▪ Indus. textile et agroalimentaire. Matériaux de construction. Aéroport desservant Huế, située à env. 70 km au N. ▮ **Histoire** La ville fut le siège de rudes combats entre Américains et Vietnamiens du Nord. Sa chute, en mars 1975, marqua le début de la désorganisation rapide du régime du Viêtnam du Sud.

**DANAOS** ♦ Roi légendaire de Libye, puis d'Argos* où il s'enfuit avec ses cinquante filles, les Danaïdes*, pour leur éviter le mariage avec les cinquante fils de son frère Égyptos*. Ayant inspiré le meurtre des jeunes époux, il est tué par Lyncée*, le seul rescapé du massacre.

**DANBY (Thomas OSBORNE, comte DE)** ♦ Premier duc de Leeds. Homme politique anglais (Kiveton, Yorkshire 1632 - Easton Neston 1712). Entré aux Communes en 1665, il devint Premier ministre (1674 - 1679). Hostile à la France, il ne refusait pas l'argent de celle-ci, ce qui le conduisit à la tour de Londres (1679 - 1684). Il fut un des instigateurs de la révolution de 1688 et un partisan actif de Guillaume* d'Orange. De nouveau Premier ministre, il fut accusé de corruption et démis de ses fonctions en 1699. ◆ ÉTYM. Ce nom vient du vieux scandinave «village *(bý)* des Danois *(Danir)*».

**DANCOURT (Florent CARTON, sieur D'ANCOURT, dit)** ♦ Auteur et acteur français (Fontainebleau 1661 - Courcelles-le-Roi 1725). Sociétaire de la Comédie-Française (1685 - 1718), il a écrit une soixantaine de pièces, dont de nombreuses comédies de mœurs (*Le Chevalier à la mode*, 1687).

**DANDOLO** ♦ Famille patricienne de Venise. ♦ **Enrico Dandolo** (Venise 1110 - Constantinople 1205). Doge de Venise (1192), il fut l'un des chefs de la quatrième croisade. En échange de l'équipement de la flotte, il demanda aux croisés de prendre la ville dalmate de Zara pour le compte de Venise, puis les poussa à conquérir Constantinople. Il obtint pour Venise des bases navales, les îles grecques et le monopole du commerce avec l'Orient. ♦ **Andrea Dandolo** (Venise 1307 - *id.* 1354). Doge de Venise (1342 - 1354). Il protégea Pétrarque et écrivit l'histoire de Venise jusqu'à la fin du XIII$^{e}$ s.

**DANDONG** ou **TAN-TONG,** – jusqu'en 1965 ***Andong*** ou ***Ngan-tong*** ♦ V. de Chine (Liaoning), à l'embouchure du Yalu. 684 190 hab. Indus. textile, forestière (papeterie). Carrières de marbre. Première réserve de bore du pays.

**DANDRIEU (Jean-François)** → **Andrieu (Jean-François d')**

**DANDY (Walter Edward)** ♦ Neurochirurgien américain (Sedalia, Missouri 1886 - Baltimore 1946). Il fut l'un des premiers à utiliser l'encéphalographie gazeuse pour l'exploration des structures nerveuses centrales (1919) et fit des recherches sur l'hydrocéphalie et sa thérapeutique.

## DANEMARK

▮ n. m. – off. ***royaume du Danemark*** ◆ ÉTYM. en danois ***Danmark***, «la frontière (marche) des Danois», du lat. *Dani* «les Danois ("peuple de la forêt")» et du germ. *mörk* «marche, frontière» [allus. aux provinces frontières (les marches) créées par Charlemagne pour protéger son empire] ♦ Pays de l'Europe du Nord, formé essentiellement de la péninsule du Jutland et d'un groupe d'îles, réparties entre la mer du Nord et la Baltique. Il comprend, en outre, le territoire du Groenland* et les îles Féroé*. 43 069 km$^2$. 5 447 084 hab. *(Danois)* (dont 160 641 étrangers). LANGUE : danois. RELIGION : luthérienne. MONNAIE : couronne danoise. CAPITALE : Copenhague. RÉGIME : monarchie parlementaire. Le royaume est divisé en 5 régions (Jutland-du-Nord, Jutland central, Danemark-du-Sud, Hovedstaden et Sjælland [→ **Jutland, Sjælland**]) et 98 municipalités, les Féroé (autonomes) et le Groenland ayant des statuts particuliers.

▮ **LA PLACE DU DANEMARK DANS L'EUROPE ET DANS LA SCANDINAVIE** En de nombreux points le Danemark constitue une zone de transition entre l'Europe occidentale et le Norden*. Du point de vue de la langue et de la culture, il fait partie de la Scandinavie, mais si l'on considère le relief, la densité de population, l'occupation du sol, la politique étrangère, les échanges commerciaux, il ressemble davantage au reste de l'Europe occidentale. Le climat, tempéré et soumis aux influences maritimes, y entraîne moins de contraintes pour l'agriculture que dans les autres pays nordiques. En revanche, le morcellement du pays entre un grand nombre d'îles, la présence constante de la mer imposent des obligations au niveau des communications tant intérieures qu'internationales. La création d'un réseau dense de ponts et de ferry-boats a été nécessaire pour bien intégrer l'ensemble du territoire. Un tiers de la population est concentré dans la région urbaine de Copenhague alors que de grandes parties du Jutland sont très peu densément peuplées.

### ÉCONOMIE

▮ **AGRICULTURE ET PÊCHE** ▮ **Les cultures et l'élevage** Contrairement aux autres pays nordiques, l'agriculture a été à la base du développement économique du Danemark qui, au début du XX$^{e}$ siècle, était déjà l'un des premiers exportateurs mondiaux de beurre, de fromage et de viande. Spécialisée et restructurée, elle occupe auj. moins de 3 % des actifs, alors qu'elle exploite 62 % de la superficie du pays, dont les deux tiers sont consacrés à la culture céréalière (notamment l'orge). Relativement au nombre d'habitants, le Danemark possède l'un des cheptels les plus importants d'Europe et plus de 60 % de sa production de viande, bacon, fromage et beurre est exportée. C'est également le 1$^{er}$ producteur mondial de peaux de vison. Le pays a une place importante sur le marché mondial en matière de produits agricoles transformés, et le système coopératif y joue un grand rôle à tous les stades de la chaîne agroalimentaire. ▮ **La pêche** La pêche concerne principalement la morue, le carrelet, le hareng de la mer du Nord et le hareng de la Baltique. Les ports principaux se trouvent dans le N. et l'O. du Jutland (Esbjerg, Hirtshals, Hanstholm, Skagen).

▮ **ÉNERGIE ET INDUSTRIE** Sa pauvreté en matières premières et en ressources énergétiques a toujours rendu le Danemark très dépendant de l'étranger sur le plan économique. Au cours de la crise des années 1970, sa dette extérieure a, de ce fait, considérablement augmenté. Le pays bénéficie aujourd'hui de pétrole et de gaz provenant de ses parts d'extraction dans la mer du Nord ; depuis 1998 il couvre la totalité de ses besoins énergétiques. La part de l'énergie produite par le parc éolien en mer le plus vaste au monde est en progression constante. L'indus. danoise est très liée à l'agriculture : de manière directe dans le cas de la congélation, de la conserverie ou de la brasserie, et de manière induite à travers l'industrie mécanique : machines agricoles, matériel électronique, ces activités arrivant en tête de la production industrielle. Sont également importantes les autres indus. mécaniques (télécommunications, construc. navale, matériel électroménager), l'indus. chimique (pétrochimie, engrais, matières plastiques, produits pharmaceutiques) ainsi que la production de meubles, de verrerie, de porcelaine, de jouets (Lego). Longtemps très concentrée dans la région de Copenhague, l'industrie est auj. plus dispersée sur le territoire,

**Danemark.**

le Jutland ayant particulièrement bénéficié de cette décentralisation. Les entreprises sont, en moyenne, de taille relativement petite. Le secteur tertiaire prédomine (73 % des actifs).

**ÉCHANGES** Comme celles de tous les petits pays, l'économie danoise est très dépendante du marché international ; ses principaux partenaires commerciaux sont l'Allemagne, la Suède, la Grande-Bretagne et les États-Unis, c'est pourquoi le Danemark a été le premier pays européen à entrer en récession lors de la crise internationale de 2008 qui a par ailleurs entraîné la restructuration d'un secteur bancaire largement atomisé. Les activités portuaires sont de plus en plus concentrées et 12 grands ports se partagent 80 % du trafic, en particulier Copenhague, Århus, Ålborg et Esbjerg. L'aéroport international de Kastrup (Copenhague) constitue le nœud principal des échanges internationaux des pays du

**Danemark | Productions en 2008**

| Produits | Quantités | Rang |
|---|---|---|
| **Agriculture** | | |
| Blé | 5 000 000 t | |
| Orge | 3 300 000 t | 12e |
| Pommes de terre | 1 420 000 t | |
| Seigle | 150 000 t | 13e |
| Bovins (têtes) | 1 570 000 | |
| Porcins (têtes) | 12 200 000 | 13e |
| Pêche | 650 000 t | |

Norden, et son trafic est, de ce fait, considérable relativement à la taille du pays. Le pont d'Øresund, inauguré en 2000, permet le trafic routier et ferroviaire entre le Danemark et la Suède. De même que les autres pays nordiques, le Danemark bénéficie d'un des niveaux de vie les plus élevés du monde ainsi que d'un système social très avancé. Toutefois, les services publics, largement développés, pèsent aujourd'hui d'un poids très lourd sur l'économie.

## HISTOIRE

**La préhistoire et l'Antiquité** Dès le Vᵉ millénaire avant notre ère, une civilisation de la pêche, connue par des amas de «débris de cuisine» *(køkkenmødding)*, s'était développée sur les côtes danoises. Avec l'âge du bronze, une culture très élaborée, aux produits d'une grande beauté artistique, se répandit au S. de la Scandinavie. Vers l'âge du fer, le climat devint plus rude, les Celtes influencèrent les mœurs. La connaissance des époques protohistoriques est fondée sur l'iconographie, les mobiliers funéraires et la conservation, par le tanin des tourbières, des corps (notamment des victimes humaines) qui y furent immergés. Après l'an 5 et la navigation de la flotte d'Auguste, commandée par Tibère, l'influence romaine se fit fortement sentir sur le pays des Cimbres*, qui avaient dès le –IIᵉ s., partant du Jutland, envahi la Gaule. Au IIIᵉ s., les Angles* quittèrent le S. de la péninsule pour se joindre aux Saxons et envahir l'île de Grande-Bretagne ; les rapports entre Anglo-Saxons et Scandinaves devaient rester étroits. Du Vᵉ au VIIIᵉ s., les pays scandinaves furent pourtant plus isolés qu'aux époques antérieures où les échanges avec l'Europe du centre étaient encore fréquents. La première dynastie, mal connue, du Danemark, régna sans doute au VIᵉ s., dans l'île de Sjælland*, et il semble que l'unité danoise se fit d'E. en O., sous l'influence de la Scanie (partie S. de l'actuelle Suède). **Les Vikings** À partir de la fin du VIIIᵉ s., les expéditions des Vikings, rendues possibles par l'évolution des techniques maritimes, mais dont les causes socioéconomiques sont très mal connues, partaient aussi bien du Jutland (Danemark) que de Suède ou des côtes norvégiennes (→ **Vikings, Varègues**), et le nom de Danois, dans l'histoire médiévale de l'Atlantique N., désigne le plus souvent des conquérants venus de Norvège. À la fin du VIIIᵉ s. et au IXᵉ s., les marins danois, avec les Norvégiens, pillèrent les côtes atlantiques de France et d'Espagne, jusqu'en Méditerranée ; surtout, ils pénétrèrent en Angleterre et leurs chefs de guerre parvinrent souvent à imposer leur autorité outre-mer (Hasting, Halfdon à York, 876 ; Rollon* en Basse-Seine, 911. → **Normandie**). Du IXᵉ au XIᵉ s., la civilisation scandinave bénéficia ainsi d'un apport de richesses (tributs, commerce) et les villes se développèrent. Un début d'organisation politique apparaît au Xᵉ s. avec le fils de Gorm, le roi Harald* à la Dent Bleue (pierre runique de Jelling, v. 980) ; tardive et difficile, une christianisation assez superficielle aida à la constitution d'une véritable force politique, tandis que l'organisation militaire devenait impressionnante (camps de Trelleborg, Aggesborg, Fyrket, révélés par des fouilles). De 994 à 1014, le roi Sven* Iᵉʳ à la Barbe Fourchue combattit le roi anglais Ethelred. Son fils Canut put, en 1017, recevoir la couronne d'Angleterre et unifier en un empire la grande île britannique, le Danemark et la Norvège ; mais après la mort de Canut le Grand (1036), les trois États se reconstituèrent (→ **Grande-Bretagne, Canut**). **L'évangélisation** Au XIᵉ s., Sven II Estridsson (1047 - 1076) fit entrer le Danemark dans le monde occidental, organisant son royaume, s'appuyant sur l'Église et abandonnant les idéaux conquérants des Vikings. Au début du XIIᵉ s., le Danemark, agité par les luttes dynastiques, appauvri par les guerres avec les Slaves et par les jacqueries, risquait de tomber sous la tutelle de l'Empire germanique. Grâce à un descendant de Sven Estridsson, Valdemar* le Grand (1157 - 1182), il retrouva son prestige. Aidé par l'évêque de Roskilde, Absalon,

**Danemark.** Cimetière viking de Lindholm Hoje. *Phot. © Dagli Orti*

le roi fit fortifier les côtes, évangélisa par la force les païens du pays, et développa les fondations cisterciennes, qui apportèrent l'influence française. Les traditions nationales furent exaltées, notamment grâce à l'auteur des *Gesta Danorum*, Saxo* Grammaticus. Canut VI, fils de Valdemar, continua son œuvre, malgré des échecs militaires ; mais son frère Valdemar* II fut écrasé par les Allemands (1223 ; 1227) et le pays connut une grave crise politique. Les intrigues et les meurtres, un conflit avec l'Église réduisirent la royauté danoise à l'impuissance, tandis que la noblesse du Holstein s'emparait des terres féodales de l'aristocratie danoise. Dans tous les domaines, organisation sociale, commerce, art, le Danemark du XIVᵉ et du XVᵉ s. subit l'influence allemande, notamment celle de la Hanse ; les paysans perdirent leur liberté et devinrent les tenanciers misérables des seigneurs ; une nouvelle aristocratie germanique limita étroitement le pouvoir royal. **L'Union de Kalmar** D'abord à l'écart des tentatives d'unification scandinave, avec Valdemar* IV Atterdag (1340 - 1375), le Danemark, dont l'héritière Marguerite* Valdemarsdotter avait épousé le roi de Norvège Haakon* VI Magnusson, allait dominer l'Union personnelle entre les trois États (→ **Kalmar**, 1397). Mais l'héritier de Marguerite, le prince allemand Éric* de Poméranie, échoua à entretenir l'Union personnelle et se fit déposer par la noblesse. Cependant, bien qu'un régent gouvernât la Suède sous le règne de Christophe III de Danemark, l'Union survécut sous forme d'une alliance (1438 - 1440 ; 1448 - 1457). En 1448, Christian* Iᵉʳ d'Oldenbourg fut élu roi de Danemark avant de devenir roi de Norvège, de Suède et duc de Schleswig et de Holstein. Limitant le pouvoir des nobles en s'appuyant sur la bourgeoisie et celle des prélats en s'entendant directement avec le pape, il parvint à limiter l'influence culturelle allemande (fondation de l'univ. de Copenhague). Mais il fut battu en Suède (1471) et chassé du pays. Son fils Jean, roi de Suède, n'y gouverna réellement que de 1497 à 1502 et dut aussi abandonner la Norvège. Christian* II, souverain centralisateur et absolutiste, attaqua la Suède (1517 - 1520) et l'écrasa, faisant assassiner plus de 80 notables. Le fils de l'une des victimes, Gustave* Vasa, souleva la Suède (1521) avant d'être couronné roi de ce pays, et Christian II fut chassé du trône danois au profit de son oncle Frédéric* Iᵉʳ (1523). **La prédominance de la Suède** L'union de Kalmar était définitivement rompue ; le Danemark, dont l'empire s'étendait sur le Jutland, les îles de Fionie, de Sjælland et de Lolland, la Norvège, les provinces du Sud et des territoires allemands (Schleswig), s'engagea dans une lutte contre son voisin pour plusieurs siècles. Malgré les efforts des souverains (Frédéric* II, 1559 - 1588, et Christian* IV, 1588 - 1648), la Suède, au cours des XVIᵉ et XVIIᵉ s., prit la première place dans les pays de la mer Baltique, même si le Danemark resta très actif sur les plans scientifique (→ **Brahé, Sténon**), littéraire (Anders Arrebo, Thomas Kingo) et artistique (construction des châteaux de Frederiksborg et de Rosenborg). Les défaites que subit Frédéric* III (1648 - 1670) face au roi Charles X ne firent qu'accentuer cet état de fait, en entraînant la cession à la Suède des provinces de Scanie et de Halland : à la fin du XVIIᵉ s., le Danemark avait cessé d'être une grande puissance. Pourtant, la monarchie n'en était pas affaiblie : elle s'enrichit tout au long de ces siècles du péage perçu sur le trafic maritime dans le détroit du Sund emprunté par les navires hanséatiques et hollandais ; elle pouvait compter sur l'appui de la bourgeoisie qui profitait du commerce et de la construction des ports, et du clergé luthérien (le luthéranisme était devenu religion d'État depuis 1536, sous l'influence de Frédéric Iᵉʳ et de son fils Christian III). Ce sont les deux ordres roturiers qui firent voter la loi royale de 1665, en vigueur jusqu'en 1849, proclamant l'hérédité et l'absolutisme de la monarchie, tandis que la noblesse perdait ses privilèges fiscaux et que tous les sujets (sauf les paysans) devenaient égaux devant la loi. **Le règne des despotes éclairés** Le règne des despotes éclairés, au milieu du XVIIIᵉ s. (Christian VI, 1730 - 1746, et Frédéric V, 1746 - 1766), fut une période de grandeur économique et intellectuelle pour le Danemark : le péage des détroits alimentait régulièrement le Trésor royal, car Copenhague était devenu le centre des courants commerciaux de l'Europe du N. ; les villes s'embellissaient grâce à l'enrichissement de la bourgeoisie industrielle et surtout commerçante (création de la Banque de Copenhague, 1736), dont l'influence grandissait à la cour ; l'agriculture progressait dans le Jutland grâce aux techniques nouvelles et aux tentatives d'abolition du servage ; plusieurs décennies de paix facilitèrent, sous l'influence de ministres aristocrates allemands, A. G. von Moltke et Struensee*, puis sous la régence du prince Frédéric (futur Frédéric VI), la libéralisation du régime et de l'économie (abolition du servage, 1787 ; liberté du commerce des grains et du bétail, 1788). **Les réformes** Ainsi protégé, le Danemark pouvait échapper à la contagion de la Révolution française ; il s'engagea pourtant face à la Grande-Bretagne dans l'épopée napoléonienne, ce qui ne lui valut que des déboires (banqueroute de 1813 ; cession de la Norvège à la Suède en 1814). Le pays traversa alors une difficile période de reconstruction qui fut achevée vers 1830, tandis que le roi Frédéric* VI (1808 - 1839) accordait aux provinces des diètes consultatives. L'opposition libérale qui espérait des réformes plus profondes se manifesta pendant le règne de Christian VIII (1839 - 1848) au moment où éclataient des troubles dus aux progrès du nationalisme allemand dans les duchés du Schleswig et du Holstein. ▮ **La vie artistique et culturelle dans la première moitié du XIXe siècle** Contrastant avec la situation politique troublée, les arts furent particulièrement florissants durant la première moitié du XIXe s. Pour la peinture ce fut un âge d'or. Influencé par le néoclassicisme de son compatriote Abildgaard* et de l'élève de celui-ci, le sculpteur Thorvaldsen*, C. W. Eckersberg développa un style original. Fondée sur l'observation de la nature et la construction bien ordonnée de l'espace, sa peinture évoque un sentiment d'intimité intense et de paix à la fois spirituelle et physique. Son élève le plus doué fut Christian Købke. Sur le plan littéraire, A. Oehlenschläger*, chef de file de l'école romantique, exalta l'héroïsme de l'Antiquité scandinave, tandis qu'un peu plus tard Andersen*, dans ses *Contes*, remit à l'honneur un genre plus folklorique. Loin de se contenter de cette inspiration un peu provinciale, les intellectuels danois surent aussi exprimer des préoccupations beaucoup plus universelles avec une radicalité surprenante, comme en témoignent l'œuvre du philosophe Kierkegaard* et, dans une moindre mesure, celle de l'écrivain G. Brandes* qui exerça une forte influence sur Ibsen et Strindberg. ▮ **La monarchie constitutionnelle** À la suite de la guerre contre la Prusse et l'Autriche (→ **Duchés (guerre des)**), en 1864, le Danemark dut abandonner le Schleswig et le Holstein par la convention de Gastein (1865). Sous l'influence des révolutions de 1848, Frédéric VII accorda en 1849 une Constitution libérale qui amoindrissait l'autorité royale ; mais cette Constitution fut révisée en 1866 dans un sens plus conservateur : la création d'une Chambre haute (Landsting) élue au suffrage restreint maintint un gouvernement conservateur au pouvoir (avec notamment le ministre Estrup) jusqu'en 1901, année où les élections portèrent la gauche réformatrice *(venstre-reformpartiet)* au gouvernement. En 1915, une importante réforme constitutionnelle accordait le droit de vote aux femmes et supprimait le suffrage censitaire pour les élections au Landsting : le Danemark était devenu l'une des démocraties parlementaires les plus évoluées du monde. Cette évolution politique s'accompagna de profondes transformations économiques et sociales, aussi bien dans le domaine de l'agriculture (réforme agraire et coopérative) que dans celui de l'industrie : l'essor industriel des années 1870 favorisa le développement des mouvements ouvriers (parti social-démocrate) et du syndicalisme. Le Danemark se dota alors d'une législation sociale avancée. ▮ **L'après-guerre** Resté neutre pendant la Première Guerre mondiale, il récupéra, par le traité de Versailles et à la suite d'un plébiscite, une grande partie du Schleswig perdu depuis 1866, et l'économie du pays profita de sa neutralité. C'est donc en pleine prospérité qu'il fut atteint par la grande crise économique : dès 1929, les sociaux-démocrates triomphèrent aux élections, et au sortir de la crise, en 1933, les Danois possédaient une des législations sociales les plus complètes du monde. Bien que le roi Christian X (1912 - 1947) ait voulu garder la même neutralité envers l'Allemagne qu'au cours de la Première Guerre mondiale, le Danemark fut envahi le 9 avr. 1940 ; Hitler voulut y instaurer un régime modèle de protectorat, mais les Danois organisèrent la résistance à l'occupant à partir de 1943 et le pays fut libéré le 5 mai 1945. Après son adhésion à l'ONU en 1945, le Danemark entra dans l'Organisation du traité de l'Atlantique Nord en 1949. Sur le plan artistique, les années de l'après-guerre furent surtout marquées par l'activité du groupe Cobra*, dont les principaux représentants danois furent A. Jorn*, C. H. Pedersen, E. Bille, E. Jacobsen et E. Alfelt. La référence à l'art populaire scandinave y est déterminante en tant qu'expression d'une force créatrice originelle. ▮ **Le Danemark dans l'Europe** Sous l'influence des sociaux-démocrates, le roi Frédéric IX (1947 - 1972) supprima le Landsting par la charte constitutionnelle de 1953. Membre de l'AELE depuis 1959, le Danemark rejoignit le Marché commun en 1973 après la mort de Frédéric IX et l'accession de Marguerite II au trône. La vie politique danoise a été marquée à la fois par une certaine instabilité, les nombreux gouvernements successifs étant le plus souvent minoritaires, et une grande continuité dans la politique menée. De 1982 à 1992 le parti social-démocrate, qui avait joué un rôle déterminant dans la plupart des gouvernements de l'après-guerre, ne participa plus au pouvoir, et Poul Schlüter, premier conservateur depuis 1901 à être Premier ministre, forma plusieurs gouvernements de coalition de partis bourgeois. En juin 1992, les Danois refusèrent par référendum de ratifier le traité de Maastricht*. Les Douze ayant tenu compte de leurs réticences à l'égard de plusieurs conditions du traité (déc. 1992), un nouveau référendum (mai 1993) permit, cette fois, la ratification. Entre-temps les sociaux-démocrates étaient revenus au pouvoir (janv. 1993) avec Poul Rasmussen comme Premier ministre et un gouvernement de coalition. La réponse au référendum (2000) sur l'adoption de l'euro fut négative malgré la position du gouvernement en sa faveur. De même, la campagne contre l'immigration menée par la coalition de centre droit aux législatives remporta une majorité d'électeurs et amena ainsi au pouvoir Anders Fogh Rasmussen, chef de file du Parti libéral. Depuis 2005 et l'affaire des caricatures de Mahomet parues dans un journal danois, la communauté musulmane internationale a des relations tendues avec le Danemark. Lars Løkke Rasmussen, du même parti que son prédécesseur, dirige depuis 2009 le gouvernement formé d'une coalition libérale-conservatrice.

---

**DANGEAU (Philippe DE COURCILLON, marquis DE)** ♦ Mémorialiste français (Chartres 1638 - Paris 1720). Son habileté au jeu lui permit de se faire une place à la cour. Il accompagna Louis XIV dans toutes ses campagnes comme aide de camp, fut gouverneur de Touraine et accomplit plusieurs missions diplomatiques. Il protégea les écrivains, notamment Boileau, et entra à l'Académie française et à l'Académie des sciences. Son *Journal de la cour de Louis XIV* fut une source précieuse pour Saint-Simon.

**DANGÉ-SAINT-ROMAIN** [86220] ♦ Ch.-l. de cant. de la Vienne, arr. de Châtellerault. 3 135 hab. *(Dangéens)*.

**DANGLEBERT (Jean Henri)** → **Anglebert (Jean Henri d')**

**DANGREK** n. m. pl. ♦ Escarpement taillé dans le grès par l'érosion et séparant le N. du Cambodge de la Thaïlande. Son alt. varie de 300 à 731 m et la circulation y est très difficile.

**DANIEL** → ÉTYM. en hébr. *Dâniyyé'l* «Dieu a rendu justice» ♦ Personnage biblique, prophète de Juda déporté à Babylone. Il s'inspire sans doute de celui de Danel, sage universel (comme Noé* et Job*, ce n'est pas un fils d'Israël) cité dans le livre d'Ézéchiel*, dont le modèle est le héros de la légende d'Aqhat retrouvée à Ugarit*. ♦ ***Livre de Daniel*** Livre de la Bible, l'un des Écrits* (un des grands Prophètes* pour la Septante*, la Vulgate* et les Bibles chrétiennes). 12 chapitres en hébreu et en araméen. Les six premiers racontent l'histoire de Daniel, jeune Juif pieux à la cour de Babylone, qui reçoit le don d'interpréter les visions : il élucide pour Nabuchodonosor* le songe de la statue aux pieds d'argile et celui d'un arbre gigantesque abattu par un ange ; puis interprète l'inscription mystérieuse qui apparaît à Balthasar* lors d'un festin. Dans la même période, trois de ses camarades ressortent intacts d'une fournaise et lui-même d'une fosse aux lions où leur fidélité religieuse leur avait valu d'être précipités. La seconde partie du livre est composée des visions de Daniel adulte, suivies de leur explication par l'ange Gabriel : premier texte apocalyptique, où apparaît le thème des quatre bêtes et du Fils de l'homme et celui de la résurrection individuelle. La version grecque de la Bible (Septante*) intègre des additions : la prière d'Azarias, l'un des trois enfants dans la fournaise ; l'histoire de Suzanne* ; la destruction par Daniel de la statue de Bel* et du serpent (le Dragon) qui passaient pour des dieux, et l'aide que lui porte Habacuc* dans la fosse aux lions où on l'avait jeté. Ces textes sont deutérocanoniques*.

**DANIEL (Jean Daniel BENSAÏD, dit Jean)** ♦ Journaliste français (Blida, auj. El-Boulaida 1920). Rédacteur en chef à *L'Express** (1955 - 1963), il quitta ce journal pour lancer en 1964 *Le Nouvel* Observateur*. Il a contribué à faire de cet hebdomadaire le magazine de la gauche intellectuelle. Il est l'auteur de romans (*L'Erreur*, 1954), d'essais politiques (*L'Ère des ruptures*, 1979), de témoignages et d'*Œuvres autobiographiques* (2002).

**DANIELL (John Frederic)** ♦ Physicien britannique (Londres 1790 - *id.* 1845). Inventeur de l'hygromètre à condensation (1820) utilisant la méthode du «point de rosée» et d'une pile électrique impolarisable à deux liquides (1836) qui porte son nom.

**DANIEL-LESUR (Daniel LESUR, dit)** ♦ Compositeur, pianiste et organiste français (Paris 1908 - Puteaux 2002). Cofondateur, avec Y. Baudrier, A. Jolivet et O. Messiaen du groupe Jeune France (1935). Caractérisée par la clarté du style et une volonté de dépouillement qui confine à l'ascétisme, son œuvre comprend de la musique d'orgue et de chambre, des pièces pour orchestre *(Suite française, Suite médiévale, Symphonie de danses)*, une *Ballade* pour piano et orchestre, des mélodies, un ballet, *Le Bal du destin* (1956), les opéras *Andrea del Sarto* (1968) et *Ondine* (1982). [Acad. des beaux-arts 1982]

**DANIEL NEVSKI** ♦ (1261 - 1303). Prince moscovite (v. 1276). Fils cadet d'Alexandre* Nevski, il reçut en apanage la région de Moscou, fonda la dynastie des Danilovitch (qui tint le trône jusqu'en 1598), et réussit à doubler l'étendue de sa principauté.

**DANIÉLOU (Jean)** ♦ Prélat français (Neuilly-sur-Seine 1905 - Paris 1974). Jésuite depuis 1929, il enseigna (1944) à la faculté de théologie de l'Institut catholique de Paris et fut créé cardinal en 1969. Cofondateur de la collection «Sources chrétiennes» (1941 → **Patrologie**), il est l'auteur de nombreux ouvrages sur le christianisme ancien : *Origène* (1948), *Histoire des doctrines chrétiennes avant Nicée* (2 vol., 1958 - 1961), *Des origines à la fin du IIIe siècle* (dans la *Nouvelle Histoire de l'Église*, 1963) et d'essais, parfois polémiques, sur les problèmes religieux contemporains : *Tests* (1968), *Avenir de la religion* (1968). [Acad. fr. 1972] → ÉTYM. *Daniélou* est la forme bretonne de *Daniel*.

**DANIEL-ROPS (Henri PETIOT, dit)** → ÉTYM. pseud. pris en hommage au graveur Félicien *Rops** ♦ Écrivain français (Épinal 1901 - Chambéry 1965).

Catholique, il a exprimé dans ses essais et romans (*Mort, où est ta victoire ?*, 1934 ; *L'Épée de feu*, 1938) l'opposition entre la civilisation technique et les valeurs traditionnelles de l'humanisme chrétien. Ses ouvrages sur l'histoire de Jésus et de l'Église connurent le succès auprès du grand public (*Histoire sainte*, 1943 ; *Jésus en son temps*, 1945 ; *Histoire de l'Église du Christ*, 1948 - 1965). [Acad. fr. 1955]

**DANINOS** [daninɔs] **(Pierre)** ♦ Écrivain humoriste français (Paris 1913 - *id.* 2005). Après avoir donné *Méridiens* (1945), et *Les Carnets du Bon Dieu* (1947), Daninos fit apparaître dans *L'Éternel Second* (1949) le personnage de Sonia que l'on retrouve dans *Sonia, les autres et moi* (1952). Avec *Les Carnets du major Thompson* (1954) ce moraliste bienveillant se fit le peintre ironique du Français moyen. Il exploita la même veine humoristique, avec un sens aigu de l'observation sociale, dans *Un certain M. Blot* (1960) et *Snobissimo* (1964). ◆ ÉTYM. Ce nom de famille vient probablement de *Doniños* (province de La Corogne) ou de *Doñinos* (province de Salamanque).

**DANJON (André)** ♦ Astronome français (Caen 1890 - Suresnes 1967). Il étudia l'influence du Soleil sur les aspects de la Lune durant ses éclipses ; on lui doit également des instruments de haute précision dont un astrolabe impersonnel qui supprime l'«équation personnelle» de l'observateur (1951) et un interféromètre à lame demi-onde. [Acad. sc. 1948]

**DANJOUTIN** [90400] ◆ ÉTYM. du bas lat. *domnus* «saint» et *Justin* ♦ Ch.-l. de cant. du Territoire de Belfort, dans la banl. sud de Belfort. 3 383 hab. *(Danjoutinois)*.

**DAN NO URA** ♦ Petite baie et village de pêcheurs du Japon, à peu de distance de Shimonoseki. ▮ **Histoire** En 1185, s'y déroula une grande bataille qui vit la défaite du clan des Taira* par celui des Minamoto*, permettant ainsi à ce dernier d'établir à Kamakura* un gouvernement militaire qui allait transformer le devenir politique du Japon. → **Antoku Tennō.**

**D'ANNUNZIO (Gabriele)** ♦ Écrivain italien (Pescara 1863 - Gardone Riviera, Brescia 1938). Il débuta par des vers de forme classique, colorés d'un fort sensualisme. À Rome, il se fit rapidement connaître et se lança dans une vie mondaine et érotique agitée, dont *L'Enfant de volupté* (*Il Piacere*, 1889) reflète, sous un habillage symboliste, la complaisance narcissique. Organisant son œuvre romanesque en cycles («de la rose», «du lis», «de la grenade», les deux derniers inachevés), dont sont exclues les *Novelle della Pescara* (1902), il donna *L'Intrus* (*L'Innocente*, 1892), *Le Triomphe de la mort* (1894), *Les Vierges aux rochers* (1896), *Le Feu* (1900), et plus tard *Forse che si, forse che no* (1910). Propagateur de la culture européenne contemporaine dans une Italie encore provinciale à cette époque, D'Annunzio a superficiellement assimilé à son esthétisme le mythe nietzschéen du «surhomme», qu'il illustrera lui-même à la guerre en faisant montre d'une réelle bravoure. En attendant, lié à la Duse* (avec qui il rompt en 1904), il produisit des pièces de théâtre, entre autres *La Fille de Jorio* (1904) ; c'est en français qu'il écrira *Le Martyre de saint Sébastien* pour Debussy (1911). En 1903, il avait donné son plus beau livre de vers (*Alcyon*, dans *Louanges du ciel, de la mer, de la terre et des héros*). Blessé à un œil pendant la guerre, il écrivit le *Nocturne* (1921), prose impressionniste et divagante qui, avec *La Léda sans cygne* (1916), est peut-être son chef-d'œuvre. De 1919 à 1921, à la tête de ses corps francs, il occupa Fiume. Peu à peu éliminé par le fascisme, qu'il avait préparé par son emphase nationaliste, il se retira dans sa villa du Vittoriale, où, épuisé par une vie qui n'avait été qu'une perpétuelle «chasse au spasme», il mourut à la veille de la Deuxième Guerre mondiale. ◆ ÉTYM. Ce nom de famille est l'altération de *Da Nunzio*, du latin *nuntius* «messager, ange».

La **Danse** ♦ Groupe sculpté de Jean-Baptiste Carpeaux* réalisé pour la façade de l'Opéra* de Paris (1869, aujourd'hui au musée d'Orsay, remplacé par une copie de P. Belmondo). L'œuvre, qui représente six jeunes femmes formant une ronde, fut vivement critiquée à cause de son naturalisme, de sa sensualité et de l'impression de mouvement et d'exubérance qui s'en dégage.

La **Danse de mort** – en suéd. ***Dödsdansen*** ♦ Pièce d'August Strindberg* (1900). Alice, une ancienne comédienne, et Edgar, le capitaine, unis depuis longtemps par le mariage, cultivent, dans l'île où ils sont retirés, une haine réciproque qui est à la mesure de leurs ambitions déçues et de leur échec commun. Impitoyables et désabusés, ils poursuivent leur dialogue de morts vivants.

**DANTE (Durante Alighieri, dit)** ◆ ÉTYM. *Dante* : prénom, abrév. de *Durante* ; *Alighieri*, du germ. *aligari*, de *ali* «autre» et *gari* «prêt pour le combat» ♦ Poète italien (Florence 1265 - Ravenne 1321). Né dans une famille de petite noblesse guelfe peu fortunée, il fit des études sous le magistère de Brunetto Latini* et se lia avec les poètes Guido Cavalcanti*, Lapo Gianni et, plus tard, Cino* da Pistoia, qui représentèrent avec lui l'école du Dolce stil nuovo. En 1274, il rencontra Béatrice*, qui épousa Simone dei Bardi et mourut en 1290. Entre 1292 et 1294, Dante rédigea *La Vita* nuova*, où, en 42 chapitres alternant prose et vers, il idéalise sa rencontre avec la jeune fille. Le «petit livre» couronne, en s'en détachant, une expérience poétique directement dépendante du Dolce stil nuovo. Il faut lui ajouter vingt-cinq autres

**Dante.** *La Rencontre de Dante et Béatrice au paradis*, enluminure d'un manuscrit de *La Divine Comédie* (XIVe s.). Bibliothèque Marciana, Venise. *Phot. © Dagli Orti*

poésies éparses (dont trois sonnets qui sacrifient au burlesque), les «canzones» doctrinales du *Convivio* et les fameuses *Rime petrose*, âpres et virtuoses tout ensemble, que Dante lui-même situait dans la filiation du troubadour Arnaut Daniel. Marié en 1285 (il aura trois ou quatre enfants de cette union), il prit part aux guerres de l'époque (bataille de Campaldino, prise de Caprona) et, à partir de 1295, participa activement à la vie politique florentine en se rangeant du côté des guelfes blancs*. Après avoir été prieur de la ville (1300), il fut envoyé comme ambassadeur auprès du pape Boniface VIII. Mais, s'étant emparée du pouvoir entre-temps, la faction noire, soutenue par le pontife, le bannit ; il dédaigna de se disculper et s'exila. Renonçant rapidement à se joindre aux autres blancs et gibelins en fuite, il chercha à s'établir dans quelque cour du nord de l'Italie. On le trouve alors à Forlì, à Vérone, à Arezzo ; selon Boccace, il se serait rendu à Paris en 1309 - 1310, mais le fait n'est pas assuré. Durant ces années, exploitant sa formation «philosophique» et scolastique (qu'il avait enrichie après la mort de Béatrice), il travailla à la première partie du *Banquet* (*Il Convivio*, entre 1304 et 1307), traité inachevé en langue vulgaire destiné à édifier une culture laïque moderne fondée sur la spéculation philosophique, au *De vulgari eloquentia* (1303 - 1305), essai linguistique, également inachevé, dans lequel l'éloge qu'il avait fait de la langue vulgaire se fait étude «scientifique», et à *La Divine* Comédie* (commencée en 1306 - 1307, achevée entre 1316 et 1321), où, sous la pression de son engagement historique et religieux, lyrique et passionnel, il sublime toute la science de son temps dans une élaboration linguistique sans précédent. En 1310, l'empereur germanique Henri VII descendit en Italie, rallumant les espoirs du poète ; mais le souverain mourut en 1313, après l'échec du siège de Florence, et Dante, s'excluant de l'amnistie florentine, fut condamné à mort par contumace. C'est à cette époque qu'on situe la composition de deux *Églogues* latines et la rédaction de la *Monarchia*, où Dante préconise la stricte autonomie des pouvoirs de l'empereur et du pape. Le poète fut alors l'hôte de Cangrande della Scala à Vérone jusque vers 1318 - 1320 puis mourut à Ravenne. Sa renommée (qui se confond avec celle de *La Divine Comédie*) fut immédiate ; elle s'affaiblit après la Renaissance jusqu'au désintérêt méprisant marqué par les XVIIe et XVIIIe s., pour connaître enfin un fulgurant renouveau à partir de Vico et de la critique romantique. → **Divine Comédie (La).**

**DANTO (Arthur Coleman)** ♦ Philosophe américain et critique d'art (Ann Arbor, 1924). Ses recherches ont couvert de nombreux champs : la philosophie de l'histoire (*Analytical Philosophy of History*, 1965), la philosophie analytique de la connaissance (*La Philosophie analytique de la connaissance*, 1968) et de l'action (*Analytical Philosophy of Action*, 1973), la philosophie morale (*Mysticisme et moralité : la pensée orientale et la philosophie morale*, 1972). Mais c'est surtout à sa philosophie analytique de l'art (dont il est le plus célèbre représentant avec Nelson Goodman*) qu'il doit sa renommée : il est l'auteur de nombreuses critiques d'art (dont certaines sont réunies dans *La Madone du futur*, 2003), du *Monde de l'art* (1964), de *La Transfiguration du banal* (1981) et de *L'Assujettissement philosophique de l'art* (1993), ouvrages dans lesquels, loin de chercher à fonder une théorie essentialiste de l'art, il s'emploie à décrire la «fin de l'histoire de l'art» où c'est le discours que porte l'œuvre qui ouvre son être et sa signification.

**DANTON (Georges Jacques)** ♦ Homme politique français (Arcis-sur-Aube 1759 - Paris 1794). Avocat au Conseil du roi (1787 - 1791), il affirma dès 1789 ses sympathies pour la Révolution, fonda le Club des cordeliers* (1790), où ses qualités d'orateur lui valurent rapidement une grande popularité, et fut nommé administrateur du département de la Seine (31 oct. 1791) et second substitut du pro-

Georges **Danton.**
École française XVIIIe s.
Musée Carnavalet, Paris.
*Phot. © Carlo Bevilacqua/Ricciarini*

cureur de la Commune de Paris (7 déc.). Élu, après la chute de la monarchie, ministre de la Justice le 11 août 1792, il porte une grande responsabilité dans les massacres de Septembre*, qu'il ne tenta pas d'empêcher. Élu à la Convention, il se démit de ses fonctions de ministre et siégea à l'Assemblée avec les députés de la Montagne. Dès oct. 1792, il fut vivement attaqué, en même temps que Marat et Robespierre, par les girondins qui l'accusèrent de concussion. Il eut néanmoins un rôle considérable jusqu'en juil. 1793, tenta d'organiser la défense nationale en contribuant à la création du Tribunal* révolutionnaire de Paris (mars 1793) et du premier Comité* de salut public (avr. 1793) qu'il présida. Mais son attitude politique fut parfois blâmée. Ainsi, envoyé en mission en Belgique (fin 1792 et fév. 1793), pays dont il avait réclamé l'annexion, il ne devait dénoncer à la Convention les manœuvres de Dumouriez* qu'au moment même où celui-ci trahissait (27 mars 1793). Danton devint peu à peu suspect à certains députés montagnards, en particulier à Robespierre. Au mois de juillet 1793, il fut éliminé (avec la plupart de ses alliés) du Comité de salut public, qui n'avait pas su jusqu'alors prendre de mesures vraiment efficaces contre l'invasion et les menées contre-révolutionnaires. Dès la fin de 1793, Danton, qui avait été un des instigateurs de la Terreur, prit position contre les ultrarévolutionnaires, enragés et surtout hébertistes qui avaient pris la tête du Club des cordeliers, critiquant en particulier leur politique de déchristianisation. Avec C. Desmoulins*, il réclama la fin de la Terreur (d'où le nom d'indulgents* donné aux dantonistes). Homme politique discuté, parfois considéré comme un patriote sincère et pur, parfois comme un opportuniste plus ou moins vénal, Danton, compromis avec son ami Fabre* d'Églantine dans le scandale de la liquidation de la Compagnie des Indes, fut décrété d'accusation par ses adversaires robespierristes, condamné à mort par le Tribunal révolutionnaire et exécuté avec la plupart de ses partisans (début avr. 1794). ✦ ÉTYM. Ce nom signifie probablement «originaire d'Anthon», commune de l'Isère (du gaulois *Antonus*, nom de personne).

**DANTZIG** ou **DANZIG** → **Gdańsk**

**DANUBE** n. m. ✦ ÉTYM. du lat. *Danuvius* (ou *Danubius*) ♦ Fl. de l'Europe centrale et orientale, le deuxième du continent européen (après la Volga) par sa longueur (2 850 km), l'étendue de son bassin (805 000 $km^2$) et le volume de son débit. Issu du massif de la Forêt-Noire, le Danube est formé à Donaueschingen par la fusion de la Breg et de la Brigach, et draine le dixième de la superficie du continent en traversant neuf États avant de se jeter dans la mer Noire, à l'O. d'Odessa. Il baigne le S. de l'Allemagne et l'Autriche (où il est appelé *Donau*), la Slovaquie (slovaque *Dunaj*), la Hongrie (hongr. *Duna*), la Croatie, la Serbie (serbe *Dunav*), la Roumanie (roum. *Dunărea*) qu'il sépare en partie de la Bulgarie (bulg. *Dunav*) et l'Ukraine (russe *Dunaï*). ▮ **De la source à Bratislava** Dans la partie supérieure de son cours, le Danube, qui coule d'O. en E., arrose en Allemagne Tuttlingen, Sigmaringen, Ulm, Donauwörth, Ingolstadt, Ratisbonne, Passau ; en Autriche Linz, Mauthausen, Vienne ; en Slovaquie Bratislava ; il reçoit sur sa rive d. le Lech, l'Isar, l'Inn, l'Enns (tous issus des Alpes), sur sa rive g. l'Altmühl et la Morava ; il forme de nombreuses îles, dont l'île de Lobau (près de Vienne). ▮ **Le cours moyen** À partir de Bratislava, le fleuve se divise en trois chenaux, formant deux îles, l'une en Slovaquie, l'autre en Hongrie (il reçoit la Rába à Győr), puis dévie brusquement vers le S., peu après Esztergom, entre les monts Bakony au S.-O. et les monts Mátra au N.-E., à travers la plaine de Hongrie où il forme de vastes marécages, après avoir baigné Budapest. Il reçoit sur sa rive d. le Sió (émissaire du lac Balaton), arrose Baja et Mohács et sert de frontière entre la Croatie et la Serbie, recevant sur sa rive d. la Drave. Il oblique ensuite vers l'E. en Serbie, reçoit sur sa rive g. la Tisa (venue des Carpates) et sur sa rive d. la Save (venue des Alpes), puis il arrose Novi Sad et Belgrade avant de s'engager dans la dépression roumaine par le défilé des Portes de Fer. ▮ **Le cours inférieur** Le Danube, de nouveau orienté d'O. en E., forme la frontière entre la Roumanie et la Bulgarie, reçoit des Carpates sur la rive g. le Jiu, l'Olt, le Siret, le Prout, sur la rive d. l'Isker, issue des Balkans, arrose Giurgiu (Roumanie), Ruse et Silistra (Bulgarie) et dévie vers le N. en longeant la Dobroudja. Il arrose Brăila et Galați (Roumanie), s'infléchit vers l'E., séparant la Roumanie de l'Ukraine. ▮ **Le delta** Enfin, il se jette dans la mer Noire par un vaste delta (3 750 $km^2$) à trois branches (au N. Chilia, qui arrose Izmaïl, au centre Sulina, au S. Saint-Georges). ▮ **Rôle économique** Pêche active sur le cours inférieur et le delta. Navigable d'E. en O. de la branche Sulina à Ratisbonne, le Danube joue un rôle économique international important, malgré les obstacles (alluvions du delta, récifs des Portes de Fer) qui entravent le développement de la navigation. Outre les centrales déjà existantes, de nombreux aménagements hydroélectriques sont prévus sur son cours par les pays riverains. Néanmoins, la Hongrie s'oppose depuis 1992 à la construction, à Gabčíkovo, d'une centrale hydroélectrique commune avec la Slovaquie, prévue depuis 1977, en raison des bouleversements écologiques que le barrage risquerait de provoquer (détournement du cours du fleuve sur plus de 30 km). Le Danube est relié au Rhin par le canal Rhin-Main-Danube. ▮ **Histoire** Le Danube (*Danubius* des Romains, appelé *Ister* sur son cours inf.) fut pendant plusieurs siècles la limite de l'Empire romain, puis la grande voie naturelle vers l'Orient, pour l'Allemagne et l'Autriche. La liberté de navigation sur le fleuve fut proclamée par le traité de Paris (1856) et placée sous contrôle d'une commission internationale (1921), qui fut supprimée en 1940 par la conférence de Vienne. Une nouvelle commission des États riverains fut créée par la convention de Belgrade (1948), dans laquelle figuraient seulement les États riverains à l'exclusion de l'Allemagne et de l'Autriche (cette dernière fut admise en 1960). Les États-Unis, la Grande-Bretagne et la France refusèrent de ratifier ces décisions.

**DAO** (**NGUYEN Thien Dao,** dit) ♦ Compositeur français d'origine vietnamienne (Hanoi 1940). Élève de Messiaen, héritier de deux civilisations, il a écrit notamment *Koskom* pour grand orchestre (1971), les opéras *My Chan Trong Thuy* (Paris, 1978) et *Écouter-Mourir* (Avignon, 1980), ainsi que *Symphonie pour pouvoir*, commande de Radio-France pour le bicentenaire de la Révolution (1989).

**Daodejing** ou **Tao-tö-king** ✦ ÉTYM. chin. «classique de la voie et sa vertu» ♦ Ouvrage philosophique chinois, dû au philosophe Lao*-tseu (–VIe s.), et traitant du «Principe» (*Dao* ou *Tao*) et de son action. C'est l'ouvrage fondamental du taoïsme*.

**DĀOUD** (**Mohammad**) ♦ Homme politique afghan (Kaboul 1909 - *id.* 1978). Cousin de Zāhêr* Chāh, il occupa plusieurs postes gouvernementaux avant de devenir Premier ministre (1953 - 1963). Sa politique ultranationaliste engendra une crise majeure avec le Pakistan sur la question du Pakhtunistan (→ **Pashtouns**). Porté de nouveau au pouvoir à la suite du putsch de 1973, il devint le premier président de la République afghane (1977). Son alignement pro-occidental et son autoritarisme furent à l'origine de la révolution de 1978 au cours de laquelle il fut exécuté avec la plupart des membres de sa famille.

**DAOULAS** [daulɑs] [29224] ✦ ÉTYM. vx bret. «deux *(daou)* rivières *(glas)* [le confluent]» ♦ Ch.-l. de cant. du Finistère, arr. de Brest, sur l'estuaire de la Daoulas, qui forme une échancrure de la rade de Brest. 1 794 hab. *(Daoulasiens)*. Église romane ; chapelle Sainte-Anne, Renaissance ; très beau cloître roman (1167 - 1173) de l'anc. abbaye.

**DAPHNÉ** ✦ ÉTYM. du gr. *daphnê* «laurier» ♦ Nymphe aimée d'Apollon*. Fuyant les ardeurs du dieu, elle est changée en laurier.

**DAPHNIS** [dɑfnis] ✦ ÉTYM. du gr. *daphnê* «laurier» ♦ Berger légendaire de Sicile, fils d'Hermès*, élevé et aimé passionnément par les nymphes. Initié par Apollon à l'art de jouer de la flûte, il passait pour l'inventeur de la poésie bucolique.

**Daphnis et Chloé (Pastorales de)** ♦ Roman grec de Longus* racontant l'amour de deux adolescents ingénus, élevés dans l'île de Lesbos par des bergers. Ayant en général la facture du roman grec traditionnel, il renonce pourtant à la multitude des péripéties spectaculaires. Les bouleversements sont plutôt intérieurs et dus à l'innocence des deux amoureux. Ce récit plein de grâce et de fraîcheur fut longtemps considéré comme une œuvre toute de spontanéité, mais on y a reconnu l'art savant de la seconde sophistique. ▪ Roman d'une grande et durable popularité, il a inspiré la littérature et les arts. S. Gessner* lui emprunta le sujet d'une de ses *Idylles*. Traductions françaises de J. Amyot* et de P.-L. Courier*. ♦ ***Daphnis et Chloé*** Ballet en un acte et trois tableaux, avec chœurs, de Maurice Ravel*, chorégraphie et livret de Michel Fokine*, d'après Longus, décors et costumes de Léon Bakst*, créé par les Ballets* russes de Diaghilev à Paris, au théâtre du Châtelet (1912). Les interprètes principaux en furent V. Nijinski, T. Karsavina, A. Bolm et E. Cecchetti. L'œuvre musicale, d'une écriture très classique, est enrichie d'une éblouissante instrumentation. Elle fut reprise en 1959 par G. Skibine avec des décors de Chagall.

**DA PONTE** (**Emanuele CONEGLIANO,** dit **Lorenzo**) ♦ Poète et librettiste italien (Ceneda, auj. Vittorio Veneto 1749 - New York 1838). Né dans une famille d'artisans juifs convertis en 1763, il fut prêtre et enseignant. Banni de Venise pour son comportement libertin, il se rendit à Dresde, puis à Vienne, où, grâce à Salieri, il devint rapidement «poète des théâtres impériaux». C'est ainsi que, entre autres livrets (pour Salieri, Martin i Soler), il écrivit pour Mozart *Les Noces* de Figaro* (1786), *Don* Giovanni* (Prague, 1787) et *Così* fan tutte* (1790). Disgracié, il devint librettiste du King's Theatre à Londres.

Il s'embarqua en 1805 pour l'Amérique, où il sera l'introducteur des études italiennes (Columbia College) et le fondateur de l'opéra de New York. Aventurier et téméraire, lié à Casanova, nourri de bonnes lettres, il a laissé de passionnants *Mémoires*.

**DAPSANG** ou **K2** → ÉTYM. *Dapsang* : probablt du tibétain *da* «signe» et *tsang* «pur» ; *K2* : *K*, initiale de *Karakoram*, et *2* parce qu'il a été le deuxième sommet identifié en 1856, n. m. ; – en angl. ***Godwin Austen*** → ÉTYM. (n. d'un topographe anglais qui explora la région au début du XIXe s.) ♦ Sommet du Karakoram, le deuxième du monde après l'Everest, à la frontière entre la Chine et la partie pakistanaise du Cachemire. 8 611 m. Il fut conquis en 1954 par une expédition italienne.

**Dapsang.** *Phot. © Galen Rowell/Corbis*

**DAQING** ou **TA-K'ING** ♦ V. de Chine (Heilongjiang). 1 094 892 hab. À proximité fut découvert le plus important champ pétrolifère du pays (2 300 km² ; prod. annuelle : 50 millions de t).

**DAQIQI** ♦ Un des plus grands poètes persans du Xe s. Il fut panégyriste de l'émir samanide Manṣūr I (961 - 976) et de son fils Nūh II (976 - 997). Mais il est surtout célèbre comme prédécesseur de Firdoussi* : en effet, il commença la rédaction d'un poème épique à partir des compilations récentes (961) de la tradition nationale. Le millier de distiques qu'il écrivit fut recueilli par Firdoussi lui-même dans le «Livre des rois» *(Chāhnāme*)*.

**DAQUIN (Claude)** → **Aquin (Louis Claude d')**

**DĀRĀ SHIKOH** ♦ Prince moghol (Ajmer 1616 - Delhi 1659), fils aîné de Chāh Jahān, et poète d'expression persane. Vice-roi du Panjab, il tenta, mais sans succès, de reprendre la ville de Kandahar* (1653). Attaqué par son frère Aurangzeb* et battu, il s'enfuit dans le Gujarat et fut exécuté. Il traduisit les *Upanishad** en persan et écrivit des ouvrages philosophiques et religieux syncrétiques, ainsi que de nombreux poèmes.

**DARBHANGA** ♦ V. de l'Inde (Bihar), au N.-E. de Patna. 266 834 hab. Centre commercial et collège médical.

**DARBOUX (Gaston)** ♦ Mathématicien français (Nîmes 1842 - Paris 1917). Spécialiste de géométrie analytique, il publia une remarquable synthèse de l'apport du XIXe s. en géométrie infinitésimale (*Leçons sur la théorie générale des surfaces*, 1887 - 1896) ; il étudia notamment les systèmes triples orthogonaux et la méthode du trièdre mobile, qu'il utilisa dans l'étude des courbes et des surfaces (cyclides). On lui doit également une méthode nouvelle d'intégration. [Acad. sc. 1884]

**DARBOY (Georges)** ♦ Prélat français (Fayl-Billot, Haute-Marne 1813 - Paris 1871). Archevêque de Paris en 1863, il fut l'un des premiers otages fusillés par la Commune (24 mai 1871).

**DARBY (Abraham)** ♦ Métallurgiste britannique (Coalbrookdale, Shropshire 1711 - *id.* 1763). Il étudia la transformation de la houille en coke qu'il fut le premier à utiliser en haut fourneau en 1735.

**DARCET** ou **D'ARCET (Jean)** ♦ Chimiste français (Doazit, Gascogne 1724 - Paris 1801). Il mit au point un alliage à bas point de fusion (95 °C) qui porte son nom (50 % bismuth, 25 % plomb, 25 % étain).

**DARD (Frédéric)** → **San-Antonio**

**DARDANELLES** n. f. pl. (détroit des) → ÉTYM. du n. de deux forts turcs gardant le passage appelés par les Italiens *Dardanelli*, du n. de la ville de *Dardania* (→ Dardanos) ; en turc ***Çanakkale Boğazı*** ♦ Détroit reliant la mer Égée et la mer de Marmara (Propontide). Formé par la péninsule de Gallipoli et la rive N.-O. de la Troade, il sépare, avec le Bosphore, les péninsules des Balkans et d'Asie Mineure. Longueur, env. 70 km ; largeur, 1 300 - 7 400 m. Ancienne vallée fluviale envahie récemment par la mer, le détroit n'offre que deux abris à la navigation, les ports de Gallipoli, sur la côte européenne, et Çanakkale, sur la côte asiatique. ■ **Histoire** L'ancien *Hellespont**, voie privilégiée de la colonisation grecque (→ **Abydos, Sestos, Lampsaque**), prit le nom de Dardanelles au –Ier s., après le traité de paix signé à *Dardania* (Troie) entre les Romains et le roi du Pont Mithridate VI. ■ Position clé pour l'accès à İstanbul et pour le contrôle de la mer Noire, les Dardanelles ont acquis une importance politique internationale au XIXe s. → **Détroits.** ■ En fév. 1915, une expédition navale franco-britannique organisée par Churchill*, alors premier lord de l'Amirauté, tenta d'ouvrir les Détroits pour contraindre la Turquie à la paix et établir une liaison avec la Russie. Après des succès contre les premiers forts (25 fév.), l'expédition perdit un tiers de sa flotte devant Çanakkale (18 mars). Plusieurs débarquements (25 avr., 7 août) ne permirent pas davantage de réduire les positions turques, défendues par le général allemand Liman von Sanders et par Mustafa* Kemal. Une partie des troupes, évacuées de nov. 1915 à fév. 1916, grossit l'expédition de Salonique. → **Guerre mondiale (Première).**

**DARDANIE** n. f. → ÉTYM. du n. de *Dardanos** ♦ Anc. nom de la Troade, région du N.-O. de l'Asie Mineure, ayant pour capitale Troie.

**DARDANIE** n. f. ♦ Anc. région d'Europe, dans les Balkans, limitée par la Mésie au N. et la Macédoine au S., ayant pour v. princ. Naissus.

**DARDANOS** ♦ Ancêtre mythique des Troyens. Venu de Samothrace ou, selon la tradition latine, de Cortona, il succéda à Teucer* et fonda *Dardania*, une des cités primitives qui constituèrent Troie. Il donna ainsi son nom à la Dardanie*.

**DARDENNE (Jean-Pierre** et **Luc)** ♦ Cinéastes belges. JEAN-PIERRE (Engis, près de Sereing, 1951), et LUC (Awirs, dans Flémalle, 1954), auteurs d'un cinéma réaliste sans concession lié à leur engagement social, obtinrent la Palme d'or à Cannes en 1999 avec *Rosetta* et à nouveau en 2005 avec *L'Enfant* qui revenait sur le thème de la paternité précoce déjà abordé dans *La Promesse* (1996). *Le Silence de Lorna* (2008) montre comme les précédents films un processus de transformation des personnages au fil de leur vie. → ÉTYM. Ce nom signifie «qui est originaire des Ardennes».

**DARDILLY** [69570] ♦ Comm. du Rhône, arr. de Lyon. 7 589 hab.

**DAR EL-BEÏDA** → ÉTYM. de l'ar. *dār al bayḍa'* «maison blanche», anc. en fr. ***Maison-Blanche*** ♦ V. d'Algérie (wilaya d'Alger), située dans la Mitidja. 17 766 hab. Aéroport international d'Alger-Dar el-Beïda. Zone industrielle.

**DAR EL-BEÏDA** → **Casablanca**

**DAREMBERG (Charles Victor)** ♦ Médecin et érudit français (Dijon 1817 - Le Mesnil-le-Roi, Seine-et-Oise 1872). Historien de la médecine, on lui doit la traduction d'écrits médicaux des Anciens et un ouvrage sur l'*État de la médecine entre Homère et Hippocrate* (1866). Il est l'auteur, avec Saglio, du *Dictionnaire des antiquités grecques et romaines* (1877 - 1906).

**DAR ES-SALAAM** ou **DAR ES-SALAM** → ÉTYM. ar. «la maison *(dār)* de la paix *(salām)*» [endroit où les commerçants vendaient librement] ♦ Anc. cap. de la Tanzanie (jusqu'en 1996), port sur l'océan Indien au débouché de la voie ferrée reliée au lac Tanganyika avec un embranchement vers Mwanza, elle reste le poumon économique du pays. Env. 2 057 000 hab. Collège universitaire. Exportation de coton, sisal, café, maïs, oléagineux et plomb. Nombreuses industries : indus. alimentaires, textiles ; raffinerie, cimenterie, manufacture de tabac. Point de départ d'un oléoduc vers Ndola (Zambie). Équipement touristique.

**DARFOUR** n. m. → ÉTYM. ar. «pays *(dār)* des *Fours* [n. de peuple]» ♦ Région montagneuse à l'ouest du Soudan constituée de plateaux aux sommets volcaniques, qui culmine au djebel Marra (3 071 m). 7 000 000 hab. Élevage. Culture de millet. Prospection pétrolière. ■ **Histoire** Un royaume s'y constitua au XVe s. et s'islamisa au XVIIe s. Il s'étendit au XVIIIe s. sur le Kordofan jusqu'en 1825. Passé sous la domination formelle de l'Égypte en 1874, il fut rattaché au Soudan* en 1916, puis annexé à celui-ci à l'indépendance. En 2003, le pouvoir central de Khartoum s'est appuyé sur les rivalités entre nomades et sédentaires causées par une forte pression démographique sur un déficit de terres pour déclencher une répression meurtrière (plus de 200 000 morts) par des janjawids (milices) contre les populations de Zagawas, Fours et Massalits acquises aux mouvements de guérilla qui revendiquent une meilleure répartition des richesses. Malgré la signature d'un cessez-le-feu (avril 2004) et l'envoi d'une mission de l'Union africaine, les combats se poursuivirent. Après l'échec de plusieurs tentatives de conciliation, Khartoum a accepté en mai 2007 la venue d'une force mixte UA-ONU officiellement mise en place en janv. 2008. → **Soudan.**

**DARGILAN** (grotte de) ♦ Grotte de la Lozère, s'ouvrant dans la falaise du causse Noir qui domine la vallée de la Jonte. Elle fut explorée par É. Martel en 1888. Aménagée, elle s'ouvre sur des salles riches en stalagmites aux reflets multiples et en concrétions en cours d'édification. Elle s'achève par la magnifique «salle du Clocher».

**DARGOMYJSKI (Aleksandr Sergueïevitch)** → ÉTYM. du n. de son lieu de naissance ♦ Compositeur russe (Dargomyz 1813 - Saint-Pétersbourg 1869). La rencontre de Glinka* (1833) l'engagea sur la voie d'une carrière musicale. Il composa des opéras (*Esmeralda*, 1839 ; *Le Triomphe de Bacchus*, 1845) et, après un séjour à l'étranger, *Roussalka*, son chef-d'œuvre (1855). Après l'insuccès de cet ouvrage, pourtant riche d'accents dramatiques et de couleur folklorique, il composa un dernier opéra, *Le Convive de pierre*, d'après le *Don Juan* de Pouchkine, qu'il laissa inachevé et que complétèrent après sa mort C. Cui et Rimski-Korsakov (1872). Président de la Société de musique russe, Dargomyjski a exercé, avec Glinka, une profonde influence sur le renouveau de la musique de son pays, avant que se constitue le groupe des Cinq*.

**DARIEN (Georges ADRIEN, dit Georges)** ➝ ÉTYM. anagramme de son nom ♦ Journaliste et écrivain français (Paris 1862 - *id.* 1921). De son expérience des compagnies disciplinaires en Tunisie, il tira un roman (*Biribi*, 1888) que suivirent d'autres œuvres de protestation, contre la lâcheté politique (*Bas les cœurs, 1870-1871*, 1889) ou l'esprit militaire (*L'Épaulette*, 1905). Mais c'est dans *Le Voleur* (1898) que s'affirment le plus radicalement son indépendance et sa haine de tous les conformismes (y compris socialisme et anarchisme). Il publia un hebdomadaire, *L'Escarmouche* (1893 - 1894), et fit jouer quelques pièces de théâtre (*Biribi, Les Chapons*).

**DARIÉN** (golfe de) ➝ ÉTYM. corruption de *Tarena*, n. de v. ♦ Golfe de la mer des Caraïbes entre la côte de Panamá et la côte colombienne, bordé par la serranía del Darién (1 875 m au Cerro Tacarcuna). La région du golfe, qui forme la province de Darién dans la rép. de Panamá, est couverte de forêts denses, peu peuplée et peu pénétrée par les routes. ▪ Parc national de Darién classé au patrimoine mondial de l'Unesco.

**DARIMON (Louis)** ♦ Publiciste et homme politique français (Lille 1819 - Paris 1902). Secrétaire de Proudhon, collaborateur au journal *Le Peuple* et rédacteur en chef de *La Presse*, il fut élu au Corps législatif (1857) où il fit partie de l'opposition républicaine à l'Empire et s'occupa de questions économiques et financières. Réélu en 1863, il se rapprocha du gouvernement impérial. Il a laissé des ouvrages sur l'histoire du Second Empire.

**DARÍO (Félix Rubén GARCÍA SARMIENTO, dit Rubén)** ♦ Poète nicaraguayen (Metapa 1867 - León 1916). Sa vie de bohème élégante le mena par tous les pays du monde où il puisa diverses influences littéraires, notamment celle de Verlaine* et du symbolisme. Il est considéré comme le rénovateur de la poésie espagnole qu'il a libérée de toute tradition rythmique (*Azur*, 1888 ; *Les Chants de vie et d'espérance*, 1905 ; *Le Chantre errant*, 1907). Dans ses œuvres en prose, le style raffiné est toujours empreint d'une musicalité propre (*Proses profanes*, 1896 ; «La princesse est triste...», *Terres solaires*, *L'Espagne contemporaine*, 1901). Éternel voyageur, ce créole cosmopolite affirme sa confiance dans la race hispano-américaine : «Attention, l'Amérique espagnole est vivante» (*Ode à Roosevelt*).

**DARIOS** ou **DARIUS** – en gr. *Dareios*, en vieux perse *Dārayavauš* ♦ Nom de plusieurs membres de la dynastie achéménide. ♦ **DARIOS Ier**. Roi de Perse (de –522 à –486). Fils d'Hystape*. Il prit part à la conjuration contre Bardiya et monta sur le trône. Il imposa son autorité à l'ensemble de l'Empire achéménide, l'étendant jusqu'à l'Iaxarte et l'Indus à l'E., soumettant les Thraces et les Macédoniens à l'O. Grand organisateur de l'empire, il réforma l'administration, fit creuser le canal du Nil à la mer Rouge et frapper les premières monnaies perses, les *dariques*. Après avoir réprimé la révolte des cités grecques d'Asie (–499 - –493), il lança une expédition contre la Grèce qui s'acheva par la défaite de Marathon (–490) (➝ **médiques [guerres]**). Son fils Xerxès* Ier lui succéda. ♦ **DARIOS II OCHOS, dit Nothos**, «le Bâtard». Roi de Perse (de –423 à –404), fils d'Artaxerxès* Ier. Il monta sur le trône après avoir assassiné son demi-frère Sogdianos, lui-même meurtrier de Xerxès* II. Il intervint dans la guerre du Péloponnèse* par l'intermédiaire des satrapes Pharnabaze et Tissapherne, qui soutinrent Athènes puis Sparte. Il épousa Parysatis*. Sa mort mit en concurrence ses fils Artaxerxès* II et Cyrus* le Jeune, prétendant au trône. ♦ **DARIOS III CODOMAN.** Roi de Perse (de –336 à –330). D'origine incertaine (royale ou obscure), il fut porté au trône par l'eunuque Bagoas* qu'il empoisonna peu après. Il entreprit de redresser la situation de l'empire, très détériorée sous Arsès*. Il chassa d'Asie Mineure les troupes de Philippe* II de Macédoine et, après la mort de celui-ci, soutint les cités grecques contre Alexandre* le Grand. Mais en –334, Alexandre envahit l'Empire perse. Définitivement défait à Gaugamèles* (–331), Darios III s'enfuit vers l'E. ; il fut assassiné par le satrape de Bactriane, à Hécatompylos, au S. de la Caspienne. ➝ ÉTYM. *Darios* signifie «qui détient le bien».

**Darios Ier.** *Darios Ier sur son trône,* bas-relief de l'époque achéménide. Persépolis. *Phot. © Dagli Orti*

**DARJILING** – en angl. *Darjeeling* ♦ V. de l'Inde (Bengale-Occidental). 109 163 hab. Fondée par les Britanniques en 1816 pour servir de capitale d'été au Bengale, c'est une station d'altitude, située à 2 185 m, sur les contreforts himalayens. Elle est entourée de plantations de thé.

**DARLAN (François)** ♦ Amiral et homme politique français (Nérac 1881 - Alger 1942). Chef d'état-major général de la marine (1936), qu'il contribua à moderniser, il demanda et obtint en 1939 le rétablissement à son profit de la dignité d'amiral de la Flotte, pour être à grade égal au Premier lord de la mer britannique. Ministre des marines marchande et militaire dans le gouvernement de Vichy (16 juin 1940), il devint vice-président du Conseil avec le portefeuille de l'Intérieur et des Affaires étrangères et successeur désigné de Pétain après le renvoi de Laval (déc. 1940). Il s'engagea alors dans une politique de collaboration (entrevues avec Hitler, concession aux Allemands de droits sur les ports français d'Afrique et de Syrie, accord Darlan-Warlimont, qui fut repoussé par le gouvernement de Vichy à l'instigation de Weygand). Les Allemands ayant exigé le rappel de Laval, Darlan démissionna de ses fonctions gouvernementales (avr. 1942), tout en restant commandant en chef des armées. Se trouvant à Alger lors du débarquement allié (8 nov. 1942), il prit la direction d'un Conseil impérial pour le regroupement des forces françaises et la reprise de la guerre contre les forces de l'Axe ; son autorité fut alors reconnue tant par les chefs militaires français, en Afrique du Nord, à Alexandrie, aux Antilles et à Dakar, que par les Américains ; mais il n'obtint ni le ralliement de la majorité des bâtiments de l'escadre métropolitaine, qui se saborda, ni celui de l'amiral commandant en chef et résident général à Bizerte. Il fut assassiné le 24 déc. par Bonnier de La Chapelle et remplacé par le général Giraud*. ➝ ÉTYM. Ce nom signifie «[fils] d'Arland».

**DARLING** n. m. ➝ ÉTYM. du n. de sir Ralph *Darling* (1775 - 1859), administrateur anglais de la Nouvelle-Galles du Sud ♦ Riv. d'Australie (2 450 km), affl. rive d. du Murray. Son bassin constitue une riche région agricole et minière (charbon ; gaz naturel).

**DARLINGTON** ♦ V. d'Angleterre (Durham), à l'O. de Middlesbrough. 97 822 hab. Les mines de houille sont fermées. Matériel ferroviaire. ▮ **Histoire** C'est entre Darlington et Stockton que fut mise en service la première ligne de chemin de fer pour voyageurs, en 1825.

**DARMESTETER (Arsène)** ♦ Linguiste français (Château-Salins 1846 - Paris 1888). Spécialiste de la morphologie du français, il a étudié la formation des mots composés, les néologismes (*De la création actuelle de mots nouveaux dans la langue française* [...], 1877). Son ouvrage le plus connu, la *Vie des mots étudiés dans leurs significations* (1887), reflète la tendance de la linguistique d'alors à considérer la langue et ses éléments comme des organismes, tendance qui sera critiquée en France par Bréal*. Darmesteter avait collaboré avec A. Hatzfeld pour le *Dictionnaire général de la langue française*, qui parut après sa mort.

**DARMESTETER (James)** ♦ Linguiste et orientaliste français (Château-Salins 1849 - Maisons-Laffitte 1894), frère d'Arsène Darmesteter. Il étudia l'ancien persan, la langue de l'Avesta, qu'il traduisit en français, la mythologie iranienne et la religion juive : *Ormazd et Ahriman*, 1877 ; *Les Prophètes d'Israël*, 1892. ➝ ÉTYM. *Darmesteter* signifie «originaire de *Darmstatt*» (Darmstadt, Allemagne).

**DARMSTADT** ➝ ÉTYM. all. «la ville *(Stadt)* de Taramund ou Daramund (n. de pers.)» ou «la ville sur la Darm (n. de riv.)» ♦ V. d'Allemagne (Hesse), ch.-l. de régence et anc. cap. du grand-duché de Hesse-Darmstadt, à la lisière de l'Odenwald. 140 562 hab. Château ducal (XVIe - XIXe s.), palais et parc du prince Georges (XVIIIe s.), Mathildenhöhe, où vécut une colonie d'artistes invités en 1889 par le grand-duc Ernest-Louis. Institut international de musique contemporaine, où ont enseigné les principaux compositeurs d'aujourd'hui. ▪ Grand centre indus. (produits chimiques, mécanique, électronique). Institut polytechnique, centre européen d'études spatiales.

**DARNAND (Joseph)** ♦ Homme politique français (Coligny, Ain 1897 - fort de Châtillon, Seine 1945). Camelot du roi, puis membre de la Cagoule, il fonda, après l'armistice de 1940, le Service d'ordre légionnaire (SOL), puis la Milice* française (janv. 1943), pour lutter contre les maquis et la Résistance. Officier de la Waffen SS, secrétaire général au Maintien de l'ordre dans le gouvernement de Vichy, il fit partie du gouvernement de Sigmaringen (1944). Arrêté en Italie, il fut condamné à mort par la Haute Cour et fusillé. ➝ ÉTYM. *Darnand* signifie «originaire d'Arnans (Ain)».

**DARNÉTAL** [76160] ➝ ÉTYM. probablt du germ. *darn* «caché» et *stall* «établissement» ♦ Ch.-l. de cant. de la Seine-Maritime, banl. est de Rouen. 9 225 hab. (*Darnétalais*).

**DARNLEY (Henry Stuart,** lord**)** ♦ Gentilhomme écossais (Temple Newsam 1545 - Édimbourg 1567). Petit-neveu d'Henri* VIII, il épousa Marie* Stuart (1565) qu'il ne tarda pas à délaisser. Très jaloux, cependant, il fit mettre à mort Rizzio, favori de la reine, dans les appartements de celle-ci. Un an plus tard, il fut assassiné à son tour par Bothwell*, le nouvel amant de la reine.

**DARRACQ (Alexandre)** ♦ Industriel français (Bordeaux 1855 - Monaco 1931). Créateur de la manufacture de cycles Gladiator (1893), constructeur de la moto Millet munie d'un moteur à quatre cylindres rotatifs (1894) et d'une automobile dont le moteur à quatre cylindres développait 70 ch, il inaugura la construction en série.

**DARRIEUX (Danielle)** ♦ Actrice française (Bordeaux 1917). Jeune première par excellence (elle débuta à 14 ans, dans *Le Bal*), elle s'imposa en Marie Vetsera, dans *Mayerling* (1936), puis dans des comédies brillantes, dirigées par son mari Henri Decoin (*Premier Rendez-Vous*, 1941). Après la guerre, elle évolua vers un registre plus grave : *La Vérité sur Bébé Donge* (1951), *Le Plaisir* (1952) et *Madame de* (Max Ophuls, 1953). Parmi la centaine de films qu'elle tourna, citons la comédie musicale *Les Demoiselles de Rochefort* (1963). ⟶ ÉTYM. Ce nom vient du gascon. Il signifie « de la rivière », de l'occitan *riu* « rivière ».

**DARSONVAL (Alice PERRON, dite Lycette)** ♦ Danseuse française (Coutances 1912 - Saint-Lô 1996). Promue première danseuse à l'Opéra de Paris pour son interprétation de Giselle, elle participa à la création de plusieurs ballets de Serge Lifar : *David triomphant* (1937), *Oriane et le Prince d'amour* (1938), *Sylvia* (reprise, 1941). Elle atteignit les sommets de son art avec *La Tragédie de Salomé* (de F. Schmitt, chorégraphie de A. Aveline, 1955). Elle dirigea l'École de danse de l'Opéra de Paris de 1957 à 1959.

**DARTMOOR** ⟶ ÉTYM. anc. *Dertemora* « lande (vieil angl. *mōr*) dans la vallée de la Dart (riv.) » ♦ Hautes collines d'Angleterre (Devon) couvertes de landes aux amas de blocs granitiques (Tor), et culminant à 621 m. Paysages sévères où Conan Doyle* a situé l'action de l'un de ses romans, *Le Chien des Baskerville* (1902). Célèbre pénitencier.

**DARTMOUTH** ♦ V. du Canada (Nouvelle-Écosse) fusionnée dans Halifax, à laquelle elle est reliée par un pont suspendu. Centre indus. : raffineries de pétrole, construc. navales et aéronautiques, électricité. ▪ Institut océanographique. Base d'hydravions de la marine canadienne.

**DARU (Pierre BRUNO, comte)** ♦ Homme politique français (Montpellier 1767 - Meulan 1829). Remarquable organisateur militaire au service de Napoléon, il fut successivement secrétaire général du ministère de la Guerre (1800), membre du Tribunat (1802), conseiller d'État, intendant général de la Grande Armée en Autriche et en Prusse, secrétaire d'État (1811). Il organisa l'approvisionnement pour la campagne de Russie à laquelle il participa et devint ministre de la Guerre en 1813. Le gouvernement de la Restauration, malgré sa défiance, le fit pair de France en 1819. Il est l'auteur de traductions du latin, d'une *Histoire de la république de Venise*, de poésies didactiques. Il avait protégé Henri Beyle (→ **Stendhal**) au début de l'Empire et eut Littré* comme secrétaire. [Acad. fr. 1806]

**DARWIN (Erasmus)** ♦ Médecin et poète britannique (Elton, Nottinghamshire 1731 - Derby 1802), grand-père de Charles Darwin*. Son œuvre poétique principale parut sous le titre *Le Jardin botanique* (1792). Sa *Zoonomia ou Lois de la vie organique* (1794 - 1801) en fait un précurseur du transformisme.

**DARWIN (Charles)** ♦ Naturaliste britannique (Shrewsbury 1809 - Down, Kent 1882). Petit-fils d'Erasmus Darwin*. De 1831 à 1836, il participa en qualité de naturaliste à une expédition sur le *Beagle* avec le commandant Fitzroy en Amérique du Sud, en Australie et surtout aux Galápagos ; il en rapporta d'importantes collections de plantes et d'animaux ainsi que le récit de ses observations (*Voyage d'un naturaliste autour du monde*, 1839). Après son retour en Angleterre, des raisons de santé l'obligèrent à s'installer à la campagne (Down), mais il resta en relation avec de nombreux savants. Il exposa l'essentiel de sa doctrine dans *De l'origine* des espèces au moyen de la sélection naturelle* (1859) ; *De la variation des animaux et des plantes domestiques* (1868) ; *De la descendance de l'homme* (1871) ; *L'Expression des émotions chez l'homme et les animaux* (1872) ; *Effets de la fécondation directe et de la fécondation croisée dans le règne végétal* (1876). Géologue, biologiste, psychologue, Darwin fut le fondateur de la théorie de l'évolution biologique. Ayant constaté la variabilité des espèces, il l'expliqua par l'action directe ou indirecte du milieu, l'usage ou le défaut d'exercice des organes (idées déjà exprimées par Lamarck* qui exerça sur Darwin une grande influence) et par l'action des petites variations brusques et spontanées sur lesquelles joue le mécanisme de la sélection naturelle. Cette idée lui fut suggérée par la pratique de la sélection artificielle et surtout par la théorie de Malthus*. Il définit la sélection naturelle comme « la persistance du plus apte, la conservation des différences et variations individuelles favorables et l'élimination des variations nuisibles ». Ainsi, dans la « lutte pour la vie », la sélection naturelle, par la mort différenciatrice, maintient l'équilibre entre l'espèce et son milieu. La théorie de Darwin (darwinisme) eut l'appui de nombreux savants, mais fut violemment combattue dans les milieux conservateurs et religieux, indépendamment de tout motif scientifique. ⟶ ÉTYM. *Darwin* vient de *Dēorwine*, nom de personne (vieil anglais *dēor* « cher » et *wine* « ami ») ou de *Darwen*, nom de lieu dans le Lancashire (du nom de la rivière *Derwent*)

**DARWIN** ♦ V. d'Australie (Territoire du Nord), situé sur la côte O. de la terre d'Arnhem, sur la mer de Timor. 71 933 hab. Débouché de l'arrière-pays, le port exporte des minerais et de la viande. Centre administratif important. La ville a été ravagée par un typhon en 1974.

**Dasāvatāra** n. m. pl. ♦ Les « Dix Avatāra » (avatars) de Vishnou*, incarnations de cette divinité hindoue pour sauver, dans les temps mythiques, l'humanité en péril. Vishnou assuma successivement les formes d'un poisson, d'une tortue, d'un sanglier, d'un homme-lion, d'un nain, d'un homme armé d'une hache, de Rama*, de Krishna* et du frère de celui-ci, Balarāma. La dixième est encore à venir, sous la forme d'un cheval.

**DA SILVA (Luiz Inácio)** → **Lula.**

**DASSAULT (Marcel BLOCH, devenu Marcel)** ⟶ ÉTYM. n. pris (d'abord sous la forme *Chardasso*) dans la clandestinité par le général Darius-Paul Bloch (frère de Marcel) pendant la Deuxième Guerre mondiale ♦ Industriel français (Paris 1892 - Neuilly-sur-Seine 1986). Inventeur d'un type nouveau d'hélice pendant la Première Guerre mondiale, il fonda la société aéronautique Marcel Bloch (1930), qui fut nationalisée en 1936 comme toute l'industrie de l'armement. Déporté (1944), il créa à la Libération la firme Dassault spécialisée dans l'aviation militaire (Mystère, Mirage, Rafale). Producteur de films, rédacteur en chef de l'hebdomadaire *Jours de France*, il fut également député gaulliste (1951 - 1955, 1958 - 1986). En 1981, il dut céder à l'État 51 % des actions de son entreprise, tout en demeurant le véritable patron et le principal actionnaire privé.

**DASSIN (Jules)** ♦ Cinéaste américain (Middletown, Connecticut 1911 - Athènes 2008). À mi-chemin du documentaire et du poème lyrique, son œuvre évoque, souvent avec force, les milieux interlopes des grandes villes. Princ. réal. : *La Cité sans voiles* (1948), *Les Bas-Fonds de Frisco* (1949), *Les Forbans de la nuit* (1950). Exilé d'Amérique par le maccarthysme, Jules Dassin poursuivit sa carrière en Europe : *Du rififi chez les hommes* (1955), *Jamais le dimanche* (1960), *Topkapi* (1964), *La Promesse de l'aube* (1970).

**DASTÉ (Jean)** ♦ Comédien et metteur en scène de théâtre français (Paris 1904 - Saint-Priest-en-Jarez 1994). Disciple et gendre de J. Copeau*, il s'imposa comme chef de troupe et fut le pionnier de la décentralisation dramatique, s'installant à Grenoble (1945) puis fondant, en 1947, la Comédie de Saint-Étienne qu'il quitta en 1970. Soucieux du texte et du jeu collectif, il pratiqua l'itinérance pour amener le théâtre au public (Claudel, Anouilh, Tchekhov, Brecht, Gatti, etc.).

**DATE Masamune** ♦ Seigneur japonais du N. de Honshū (1567 - 1636) et célèbre guerrier, surtout connu pour avoir envoyé à Rome et en Espagne, à travers l'océan Pacifique, des bateaux emportant une ambassade chrétienne, en 1613.

**DATONG** ou **TA-T'ONG** ♦ V. de Chine (Shanxi). 1 053 616 hab. Nœud ferroviaire. Indus. chimique et mécanique. Gisement de charbon (réserves estimées à 54 millions de t). ▪ Aux environs, grottes de Yungang.

**DAUBENTON (Louis Jean-Marie D'AUBENTON, dit)** ♦ Naturaliste français (Montbard 1716 - Paris 1800). Collaborateur à la rédaction de l'*Histoire* naturelle* de Buffon* pour la description anatomique des mammifères, il s'intéressa aussi à l'acclimatation d'espèces animales (mérinos). [Acad. sc. 1760] ⟶ ÉTYM. Ce nom vient de *Aubenton*, nom de lieu dans l'Aisne, du latin *albus* « blanc » et *Ton*, nom de rivière.

**DAUBERVAL (Jean BERCHER, dit)** ♦ Danseur et chorégraphe français (Montpellier 1742 - Tours 1806). Élève de Noverre*, il fit carrière à l'Opéra de Paris, puis à Bordeaux où, entre 1785 et 1791, il créa de nombreux ballets, parmi lesquels *L'Épreuve villageoise*, *Le Page inconstant*, *Télémaque*, *La Fille mal gardée* (1789). En application des théories de Noverre, Dauberval fonda une école de danse qui fut réputée.

**DAUBIGNY (Charles François)** ♦ Peintre, aquafortiste et auteur français de clichés sur verre (Paris 1817 - *id.* 1878). Fils d'un paysagiste, il séjourna un an à Rome (1835), puis travailla dans l'atelier de Delaroche*. Il exécuta pour vivre des gravures d'illustration (*Les Mystères de Paris*, d'Eugène Sue) et, après quelques peintures d'histoire, il se consacra au paysage. Observateur scrupuleux, il peignit attentivement les détails à la manière des peintres de l'école de Barbizon, mais avec une plus grande simplicité de facture. Sous l'influence de son ami Corot*, il s'attacha à rendre les effets d'atmosphère. Il travailla sur le motif à Auvers-sur-Oise, dans sa péniche transformée en atelier. Progressivement, sa composition devint moins structurée, sa manière plus ample et aérée, avec une touche plus libre, sensible aux variations des valeurs lumineuses. Il marque la transition entre l'école de Barbizon et l'impressionnisme.

**DÄUBLER (Theodor)** ♦ Poète allemand (Trieste 1876 - Saint-Blaise, Suisse 1934). Auteur d'un grand poème cosmique (*L'Aurore boréale*, 1910) dont les idées métaphysiques sont assez confuses (panthéisme hérité de Giordano Bruno*, thèmes mythiques et oniriques, etc.), il célébra aussi les pays méditerranéens (*Sparte*, *Le Mont sacré Athos*, 1923).

**DAUBRÉE (Auguste)** ♦ Géologue français (Metz 1814 - Paris 1896). Ses travaux, qui inaugurent la géologie expérimentale, portent entre autres sur la constitution des amas de minerais d'étain et de fer et sur la présence d'arsenic dans les roches volcaniques. Il étudia le rôle des infiltrations dans la genèse de roches cristallines ; on lui doit d'importants résultats concernant les météorites, les cassures de l'écorce terrestre et le métamorphisme. [Acad. sc. 1861]

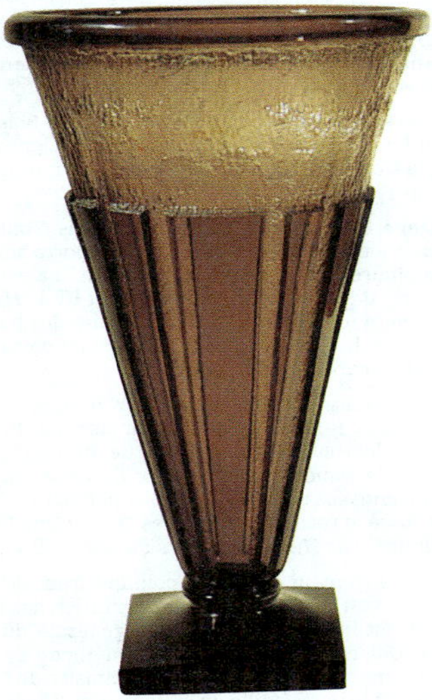

Antonin **Daum**. Grand vase de verre, v. 1930.
Musée des Arts décoratifs, Paris. *Phot. © Dagli Orti*

**DAUDET (Alphonse)** ♦ Écrivain français (Nîmes 1840 - Paris 1897). Après une enfance heureuse en Provence, il fut contraint par la ruine de ses parents de se faire maître d'études à Alès (épisode évoqué dans *Le Petit* Chose*, 1868), puis tenta sa chance à Paris. Dès son premier ouvrage, le recueil de vers *Les Amoureuses* (1858), il obtint la notoriété et collabora à divers journaux. Célèbre avec ses contes *Les Lettres* de mon moulin* (1866), il chanta encore la Provence dans la trilogie héroïcomique de *Tartarin* (*Aventures prodigieuses de Tartarin* de Tarascon*, 1872 ; *Tartarin sur les Alpes*, 1885, et *Port-Tarascon*, 1890). Tenté par le théâtre, Daudet tira d'un conte des *Lettres de mon moulin* un drame, *L'Arlésienne** (1872), immortalisé par la musique de Bizet*. S'engageant aussi dans la voie du roman réaliste, Daudet peignit les mœurs contemporaines (*Fromont jeune et Risler aîné*, 1874 ; *Jack*, 1876 ; *Le Nabab*, 1878 ; *Numa Roumestan*, 1881 ; *Sapho*, 1884), ou bien évoqua la chute de l'Empire dans les *Contes* du lundi* (1873) qui mêlent les scènes poignantes aux tableaux cocasses. Qu'il s'agisse de récits fantaisistes ou de romans de mœurs, on trouve toujours chez Daudet un goût de la vérité, tempéré par une sensibilité délicate et une constante compassion pour le faible. Il a défini lui-même son talent comme «un singulier mélange de fantaisie et de réalité». ➝ ÉTYM. *Daudet* vient du latin *Deus dedit* «Dieu a donné» (en provençal *Deu-det*) (➝ aussi Adéodat, Dieudonné).

**DAUDET (Léon)** ♦ Journaliste et écrivain français, fils d'Alphonse Daudet (Paris 1868 - Saint-Rémy-de-Provence 1942). Après avoir entrepris des études de médecine qu'il n'acheva pas, il se lança dans le journalisme, collabora à *La Libre Parole* de Drumont et surtout à *L'Action* française*, avec Ch. Maurras (1907). Il fut député de 1919 à 1924. Affecté par la mort mystérieuse de son fils, il en rendit responsable le gouvernement, fut condamné pour diffamation ; incarcéré (1927), il s'évada et gagna la Belgique. Gracié, il rentra en France en 1929 et reprit la publication de ses éditoriaux virulents dans *L'Action française*. Il a laissé plusieurs ouvrages dont *Les Morticoles* (1894, contre les médecins et la Faculté), des études de psychopathologie (*Le Monde des images*, 1919, contre Freud), et surtout des ouvrages décrivant la vie intellectuelle et politique sous la IIIe République (*Fantômes et Vivants*, 1914 ; *L'Entre-deux-guerres*, 1915 ; *Charles Maurras et son temps*, 1928) [Acad. Goncourt 1897]

**DAUGAVA** ➝ Dvina Occidentale

**DAUGAVPILS** ♦ V. et port de Lettonie, sur la Daugava (Dvina Occidentale). 114 800 hab. Usines de fibres chimiques, de meubles, d'appareils électriques et de construc. mécaniques. Centrale thermique.

**DAULATABAD** ♦ V. de l'Inde (Maharashtra), située au pied d'un puissant rocher-forteresse. ▮ **Histoire** Fondée vers 1187, sous le nom de *Deogiri*, elle fut faite capitale de l'Inde musulmane en 1339 par Muhammad* ibn Tughluq.

**DAULIS** – auj. *Dalia* ♦ Anc. ville de Grèce (Phocide), capitale d'une fédération de petites cités rurales de la Phocide homérique.

**DAUM (Antonin)** ♦ Verrier et décorateur français (Bitche 1864 - Nancy 1930). Ingénieur de formation, il acheta en 1878 avec son frère AUGUSTE DAUM (1853 - 1900), juriste, la verrerie Sainte-Catherine à Nancy, puis le fonds de verres en 1891. Il bénéficia à partir de 1893 de la collaboration du peintre Jacques Grüber et devint célèbre en créant à partir de 1906 des objets décoratifs en pâte de verre, dans un style proche de celui d'Emile Gallé*, colorés grâce à des procédés chimiques inédits ou décorés d'incrustations. ➝ ÉTYM. Ce nom germanique signifie «pouce» (surnom d'une personne de très petite taille ou ayant un pouce déformé ou manquant).

**DAUMAL (René)** ♦ Écrivain français (Boulzicourt, Ardennes 1908 - Paris 1944). Avec Roger Gilbert*-Lecomte, Roger Vailland* puis A. Rolland de Renéville, il forma un groupe aux préoccupations proches de celles des surréalistes (exploration de l'inconscient, «sommeils») qui publia la revue *Le Grand Jeu* (3 numéros, 1928 - 1929). Son activité personnelle, orientée de plus en plus vers la métaphysique, les religions orientales, l'ésotérisme (rencontre avec G. Gurdjieff, 1938), fut marquée par les recueils *Contre-ciel* (1936) et *La Grande Beuverie* (1938) que complètent des publications posthumes : *Poésie noire, poésie blanche* (1952), *Le Mont analogue* (roman symbolique inachevé, 1952), *Chaque fois que l'aube paraît* (essais, 1953).

**DAUMESNIL (Pierre)** ♦ Général français (Périgueux 1777 - Vincennes 1832). Il participa aux campagnes d'Italie, d'Égypte et fut surnommé la «Jambe de bois» après la bataille de Wagram au cours de laquelle il perdit une jambe (1809). Général de brigade et gouverneur du château de Vincennes (1812), il défendit vaillamment celui-ci contre les troupes alliées en 1814 (refusant de se rendre, il déclara : «Je rendrai Vincennes quand on me rendra ma jambe.»). Mis à la retraite par Louis XVIII, il reprit ses fonctions au château de Vincennes (1830) et refusa alors de livrer aux émeutiers les ministres de Charles X qui y étaient emprisonnés. ➝ ÉTYM. Ce nom est la forme régionale de *Dumesnil**.

**DAUMIER (Honoré)** ♦ Dessinateur, lithographe, peintre et sculpteur français (Marseille 1808 - Valmondois 1879). Fils d'un artisan verrier et poète amateur installé à Paris, il fréquenta assidûment le Louvre, reçut quelques conseils d'Alexandre Lenoir qui l'intéressa à la sculpture, puis s'initia à la lithographie auprès de Ramelet. Il travailla un moment chez un huissier, puis chez un libraire et donna ses premiers dessins au journal satirique *La Silhouette* (1829). Engagé ensuite par C. Philipon, directeur de *La Caricature* puis du *Charivari*, et signant d'abord Rogelin, il aborda la caricature politique. Il était alors influencé par Charlet, et sa facture était fouillée et précise. Une caricature irrévérencieuse de Louis-Philippe, *Gargantua* (1831), lui valut six mois de prison ; il continua cependant à défendre ses idéaux libéraux et, avec une verve féroce, caricatura les notabilités politiques, dont il modelait auparavant des bustes et de petites statuettes d'une facture très libre et mouvementée (conservées au musée d'Orsay), et enregistra les événements avec un sens critique aigu (*Le Ventre législatif*, 1834), allié parfois à un lyrisme dramatique (*La Rue Transnonain*, 1834). La suppression des libertés de la presse l'amena à la critique de mœurs ; il prit pour cible les travers et les ridicules bourgeois, les gens de finance, de justice, de théâtre, etc., et devint populaire avec

Honoré **Daumier.** *Crispin et Scapin* (60,5 × 82 cm). Musée du Louvre, Paris. *Phot. © Nimatallah/Ricciarini*

la série de *Robert Macaire*. Revenu momentanément à la satire politique après 1848, il popularisa le type de *Ratapoil* (1850) : l'agent du Prince-Président. À partir de 1848, il s'adonna de préférence à la peinture (*La République*, 1848), abordant des thèmes littéraires (*Don Quichotte*, 1850 - 1860), mythologiques et bibliques. Il représenta surtout des scènes de la vie quotidienne d'une portée souvent politique et sociale (*Les Juges, Le Wagon de troisième classe, Les Immigrants, Le Fardeau*). Devenu presque aveugle, il se retira dans une maison offerte par Corot. Considéré comme le plus grand caricaturiste de son époque, admiré très tôt par Balzac (et Baudelaire qui remarqua sa « mémoire merveilleuse et quasi divine qui lui tient lieu de modèle » et l'apparence improvisée de son dessin), il fut longtemps méconnu comme peintre, peut-être en raison de l'audace de sa facture, caractérisée par l'élimination des détails, un contour abrégé et dynamique, un espace peu approfondi, des couleurs étalées en larges nappes fluides et par des coups de brosse hâtifs. S'il s'inscrit dans le courant réaliste par le choix de ses sujets et son engagement dans la réalité sociale, il s'en éloigne par son mépris de la description, mais il peut être considéré comme un précurseur de l'expressionnisme par la liberté de son métier, sa recherche du caractère et son goût de la « déformation » expressive. ▪ *Autre illustration :* → **avril 1834.** ◂ ÉTYM. *Daumier* est la forme occitane de *dîmier* « collecteur de la dîme ».

**DAUN (Léopold Joseph,** comte **DE)** ♦ Feld-maréchal autrichien (Vienne 1705 - *id.* 1766). Il fut à la tête des armées impériales pendant la guerre de Sept Ans et, après plusieurs victoires et la prise de Dresde (1759), il fut vaincu à Torgau (1760).

**DAUNOU (Pierre Claude François)** ♦ Homme politique et historien français (Boulogne-sur-Mer 1761 - Paris 1840). Oratorien, rallié à la Révolution, il fut élu à la Convention (1792). De tendance modérée, il s'opposa à l'exécution de Louis XVI et à la proscription des girondins, et fut emprisonné jusqu'au 9 Thermidor an II (juil. 1794). Membre du Conseil des Cinq-Cents, puis du Tribunat, éloigné de la politique en raison de ses positions indépendantes, il fut nommé conservateur des Archives de France (1807 - 1815, et après 1830), et professeur d'histoire au Collège de France (1819). Il poursuivit la publication du *Journal des savants*, de la collection *Historiens de France*, de l'*Histoire littéraire de la France* ; son *Cours d'études historiques* parut après sa mort (1842 - 1849). [Acad. des sc. morales et polit. 1832]

**DAUPHIN** n. m. – en lat. *Delphinus* ♦ Petite constellation boréale.

**dauphin**

n. m. ♦ Surnom d'origine incertaine, attesté dès 1110, il devint le titre des comtes d'Albon et de Viennois, dont les possessions furent appelées *Dauphiné* à partir du XIII^e^ s. Après le rattachement du Dauphiné à la France (1349), il fut donné, dès le règne de Jean II, à l'héritier de la couronne. Le terme de *Grand Dauphin* désigne le fils de Louis XIV, mort avant d'avoir pu régner. ▪ Le titre de *Dauphin* fut également porté par des seigneurs d'Auvergne (XII^e^ - XV^e^ s.).

**DAUPHINÉ** n. m. ◂ ÉTYM. de *dauphin** ♦ Anc. province de France correspondant aux dép. actuels de l'Isère, des Hautes-Alpes et de la Drôme. On distingue le *Bas-Dauphiné* entre l'Isère et le Rhône, comprenant le Vercors et le Diois, et le *Haut-Dauphiné*, plus montagneux, situé entre la Grande-Chartreuse et la Durance, comprenant la chaîne de Belledonne et le Pelvoux. Son centre principal est Grenoble, son noyau historique Vienne. ▮ **Économie** → **Rhône-Alpes.**

▮ **HISTOIRE** Terre disparate et sans frontières naturelles, cette région subit notamment la domination des Allobroges*, des Romains (Narbonnaise* et Viennoise), des Burgondes* (V^e^ s.) et des Francs* (VI^e^ s.), et fut l'objet de multiples partages sous les règnes mérovingiens* et carolingiens*. Intégrée au royaume de Provence*, puis au second royaume de Bourgogne*, elle devint vassale du Saint Empire. Au XI^e^ s., Guigues I^er^, comte d'Albon, reçut ce qui allait être le noyau du Dauphiné : une partie du Viennois. À la maison d'Albon succédèrent la seconde maison, dite de Bourgogne (1162), et celle de La Tour du Pin (1281), dont les chefs prirent le titre de *dauphins* de Viennois*, donnant son nom à la région. Ils constituèrent peu à peu un vaste domaine qui atteignit son apogée au XIV^e^ s., malgré la rivalité de la Savoie (XII^e^ - XIV^e^ s.). L'activité des ordres de la Chartreuse et de Cîteaux ne fut pas étrangère au développement économique de la région, qui fut un actif foyer intellectuel et artistique. En 1349, Humbert II, sans descendance, vendit ses biens au roi de France (traité de Romans) et le Dauphiné devint bientôt l'apanage traditionnel de l'héritier de la couronne. Il conserva cependant son autonomie jusqu'au règne de Louis XI, qui avait été le premier dauphin à y résider. Intégré au royaume, il souffrit particulièrement des guerres d'Italie et de celles de Louis XIII, en raison de sa situation géographique, ainsi que des guerres de Religion, menées férocement du côté des protestants par le baron des Adrets* et par Lesdiguières*. Ce dernier, devenu gouverneur, contribua pourtant au relèvement du Dauphiné, qui devait connaître une grande prospérité économique au XVIII^e^ et au XIX^e^ s., et sa puissante bourgeoisie accueillit favorablement les révolutions de 1789 et de 1830.

**DAURAT (Didier)** ♦ Aviateur français (Montreuil-sous-Bois 1891 - Toulouse 1969). Il fut directeur de l'exploitation aux Lignes aériennes Latécoère, à la Compagnie aérienne aéropostale puis à Air France (Orly) jusqu'en 1953.

**DAUSSET (Jean)** ♦ Médecin et généticien français (Toulouse 1916 - Palma de Majorque 2009). Ses recherches ont porté sur les mécanismes immunitaires et sur le génome humain. Il a été à l'origine de la découverte d'un système d'antigènes dit HLA (*Human Leucocyte Antigene*) qui gouverne la compatibilité des tissus lors de la transplantation. [Acad. sc. 1977 ; prix Nobel de physiol. ou méd. 1980, avec B. Benacerraf* et G. Snell*]

**DAUTHENDEY (Maximilian)** ♦ Poète allemand (Würzburg, Bavière 1867 - Malang, île de Java 1918). Si le monde fantastique du recueil de poèmes *Ultraviolet* (1893) s'inspire en partie du principe des « correspondances » de Baudelaire, le *Choix de chansons* (1914) en revanche emprunte ses formes à la poésie populaire. Dauthendey a également laissé le récit de ses voyages en Extrême-Orient, écrit en prose rythmée (*Les Huit Spectacles du lac de Biwa*, 1911).

**DAUTRY (Raoul)** ♦ Ingénieur et homme politique français (Montluçon 1880 - Lourmarin 1951). Entré dans l'administration des chemins de fer du Nord, il fut nommé à la direction générale du réseau de l'Ouest-État (1928), où il se signala par sa méthode de gestion, et contribua à la formation de la SNCF (1938). Ministre de l'Armement (1939 - 1940), il prit le portefeuille de la Reconstruction et de l'Urbanisme au lendemain de la Deuxième Guerre mondiale (1944 - 1945), puis fut nommé administrateur général du Commissariat à l'énergie atomique (1946). ◂ ÉTYM. *Dautry* signifie « originaire d'Autry », nom de plusieurs lieux (probablement du germanique *Althari*, nom de personne).

**DAUVERGNE (Antoine)** → **Auvergne (Antoine d')**

**DAVAINE (Casimir Joseph)** ♦ Médecin français (Saint-Amand-les-Eaux 1812 - Garches 1882). Il fut un précurseur de Pasteur par sa découverte de la bactéridie du charbon.

**DAVANGERE** ♦ V. du S. de l'Inde (Karnataka), sur le plateau du Dekkan. 363 780 hab. Textiles et huileries.

**DAVANZATI (Chiaro)** ♦ Poète italien (Florence v. 1230 - *id.* v. 1280). Suivant la tradition des poètes provençaux, il composa des recueils allégoriques (*Rime*) où l'amour est spiritualisé, annonçant ainsi le Dolce stil nuovo. Prenant part également aux luttes de sa cité, il aborda des sujets politiques.

**DAVAO CITY** ♦ V. des Philippines, ch.-l. de Southern Mindanao and Sulu. 1 147 116 hab. Le Japonais Ota y développa la culture du chanvre à partir de 1904. Textiles et huileries.

**DAVENANT** (sir **William)** ♦ Poète et dramaturge anglais (Oxford 1606 - Londres 1668). Ce protégé de Charles I^er^ a mené une triple carrière d'acteur, de directeur de théâtre et d'auteur avec un drame (*Alboïn, roi des Lombards*, 1629), des comédies, dont *L'Amour et l'Honneur* (1649), et un opéra à grand spectacle, *Le Siège de Rhodes* (1656).

**DAVENTRY** ♦ V. du centre de l'Angleterre (Northamptonshire). 21 000 hab. (aggl. 71 838 hab.) Station de radiodiffusion (BBC).

**DAVIČO (Oskar)** ♦ Poète et romancier serbe (Šabac 1909 - Belgrade 1989). Surréaliste dans ses premières *Poésies* (1938), il rompit ensuite avec les normes du réalisme socialiste dans une œuvre en prose lyrique intitulée *Poème* (1952). C'est encore dans une langue poétique originale qu'il s'exprima dans les recueils : *Zrenjamin* (1949) et *Flora* (1955). Il révéla ses conceptions humanistes dans son roman *Le Béton* (1956).

**DAVID** ◂ ÉTYM. en hébr. *Dâwid*, p.-ê. de *dôd* « amour » ♦ Selon la Bible, roi de Juda, puis d'Israël (situé vers –1010 - –970). Fils de Jessé*, de Bethléem, il est secrètement oint par Samuel* et entre au service de Saül*. Vainqueur du géant philistin Goliath*, qu'il abat d'un coup de fronde avant de le décapiter, il se lie d'amitié avec Jonathan* et devient un chef de guerre réputé. Jaloux de ses succès, Saül, qui lui donne sa fille Mikal comme épouse, cherche dès lors à le tuer. Obligé de fuir, David se réfugie avec ses hommes auprès des Philistins*, mais refuse d'attenter à la vie du roi. À la mort de Saül, il est élu roi de Juda*, règne à Hébron pendant 7 ans et demi, guerroie contre le dernier fils de Saül et, lorsque ce dernier est assassiné, est également élu roi d'Israël. Il conquiert Jérusalem*, en fait sa capitale, y transfère l'Arche d'alliance et vainc les Philistins. Cependant, avec sa passion pour Bethsabée*, dont il fait tuer le mari Urie*, David commence à pécher et ses malheurs commencent : viol de sa fille Thamar* par son fils Amnon, révolte de son fils Absalom*, usurpation de son fils Adonias. À sa mort, son fils Salomon* lui succède. Son règne n'en est pas moins considéré, avec celui de Salomon, comme celui de la plus grande puissance d'Israël. Sa capacité à reconnaître ses faiblesses en fait un être plus humain que son fils, un roi modèle dont le Messie sera le « fils » : selon la Bible, les rois de Juda furent tous de lignée davidique, ce qui semble confirmé par la découverte à Tel Dan (Israël), en 1966, d'une stèle araméenne où un roi de Damas (Hazaël ?) se vante d'avoir tué le roi de la «maison de David». Musicien et poète, David se verra attribuer les Psaumes*. Les Évangiles font naître Jésus, fils de David par sa mère, à Bethléem. Le Coran fait de Dâwûd un prophète, à qui Dieu pardonne ses fautes et qu'il établit comme son «lieutenant (calife) sur la terre». ♦ ***Étoile de David*** (en hébreu *mâgén Dâwîd* «bouclier de David»). Étoile à six branches formée par la superposition de deux triangles équilatéraux. Répandu dans l'Antiquité et au Moyen Âge comme d'autres symboles sans être spécifiquement juif, l'emblème fut qualifié de «sceau de Salomon» dans la tradition arabe et apparaît comme «bouclier de David» dans un ouvrage kabbalistique du début du XIVe s. Les kabbalistes en firent l'«étoile de la Rédemption» (titre d'un ouvrage de Frank Rosenzweig*), le bouclier du fils de David (le Messie), qui devint au XVIIe s. un symbole juif face au symbole chrétien de la croix. Revendiquée par les sionistes, reprise dans l'étoile jaune imposée par les nazis aux populations juives, l'étoile fut choisie pour figurer sur le drapeau de l'Israël moderne. Fondé en 1930, le *Mâgén Dâwîd Âdôm* («Bouclier-de-David rouge») fait partie de la Fédération internationale des sociétés de la Croix-Rouge et du Croissant-Rouge.

**David** ♦ Statue monumentale, en marbre, sculptée par Michel*-Ange en 1501 - 1504 pour l'Opera del Duomo de Florence (les autorités de la cathédrale). Placée devant le palais de la Seigneurie, elle fut transférée à l'Académie en 1873 et remplacée par une copie. Avec son équilibre fait de tension et de sérénité, le *David* exprime à la fois la force physique et le courage moral, et symbolise la détermination de la jeune république florentine face aux tyrans (Pierre de Médicis, César Borgia).

**DAVID** ♦ Nom de plusieurs rois d'Écosse. ♦ **DAVID Ier** (v. 1084 - Carlisle 1153). Roi d'Écosse (1124 - 1153). Fils de Malcolm* III, il soutint Mathilde contre Étienne de Blois. ♦ **DAVID II BRUCE** (Dunfermline 1324 - Édimbourg 1371). Roi d'Écosse (1329 - 1371). Fils de Robert Ier Bruce*, il fut contraint à l'exil (1334 - 1341) par Edward Balliol. Il envahit l'Angleterre (1346), mais fut battu et capturé. Il fut libéré en 1357.

**DAVID (Gérard)** ♦ Peintre flamand d'origine néerlandaise (Oudewater v. 1460 - Bruges 1523). Il se forma probablement à Haarlem et, inscrit à la guilde de Bruges en 1484, il devint à la suite de Memling* le peintre officiel de la ville. Il est considéré comme le dernier grand représentant de la peinture brugeoise. Il fit peut-être un voyage à Gênes (1511) et séjourna à Anvers (1515). Esprit conservateur, même s'il introduisit dans *La Vierge entre les vierges* (1509) des motifs italiens, il laisse voir dans son œuvre souvent éclectique un retour à Van Eyck. Dans ses œuvres dominent les formes calmes, les expressions douces, presque suaves. Il chercha notamment à souligner la familiarité et l'intimisme des scènes religieuses (*La Vierge au bol de lait*). Cependant, dans *L'Écorchement du juge prévaricateur* (1498) qu'on lui attribue généralement, la précision de la description ne manque pas de cruauté. Il fit preuve d'un sens personnel de la nature dans ses paysages décrits avec minutie, mais amplement agencés, et porta particulièrement son attention sur le rendu de la perspective aérienne (*Le Baptême du Christ*).

**DAVID (Jacques Louis)** ♦ Peintre et dessinateur français (Paris 1748 - Bruxelles 1825). Issu d'une famille d'artisans et de boutiquiers, recommandé par Boucher, son lointain cousin, il se forma auprès de Vien. Après plusieurs échecs, il obtint le prix de Rome (1774) et se rendit alors en Italie avec son maître. Ses premières œuvres dénotent à la fois l'emprise de la mode pompéienne et quelques réminiscences stylistiques du rococo. Sensible aux théories néoclassiques de Quatremère de Quincy, Winckelmann, Lessing et

**David.** Sculpture de Michel-Ange (4,10 m). Galleria dell' Accademia, Florence.
*Phot. © Arch. Smeets*

Mengs, il visita Pompéi et Herculanum (1779) et copia avec passion les monuments, statues, bas-reliefs et scènes figurées sur les vases antiques auxquels il allait ensuite emprunter des principes de composition, un répertoire de poses, d'accessoires et de décors. Il s'intéressa aussi au réalisme caravagesque et à l'art des Bolonais, mais fut surtout influencé par Poussin. De retour à Paris en 1780, il exécuta plusieurs portraits d'une sobre mise en page et fortement expressifs, ainsi que des œuvres aux sujets antiques et aux inflexions sentimentales (*Bélisaire*, 1780 ; *La Douleur d'Andromaque*). Avec *Le Serment* des Horaces* (1784), œuvre représentative de ce «grand style» où la noblesse du sujet, le pathétique héroïque de l'expression s'allient à une composition très rigoureuse que soulignent l'utilisation sobre du coloris et l'importance accordée à la perfection du dessin, David s'imposa comme le chef de la nouvelle école. Il réalisa dans cette veine *La Mort de Socrate* (1787) et les *Licteurs rapportant à Brutus le corps de ses fils* (1789), œuvre qui prit une forte résonance politique. Admirateur de Robespierre, il prit une part active aux événements révolutionnaires, devint député de la Convention, vota la mort du roi, organisa les fêtes républicaines, fit supprimer l'Académie et modifia l'enseignement de l'art. Il aborda alors des thèmes d'histoire contemporaine, y projetant son culte de l'héroïsme et de la vertu civique (*Le Serment du Jeu de paume*, inachevé). Il exalta les martyrs révolutionnaires, *Le Jeune Bara, Marat assassiné*, trouvant les moyens plastiques (sobriété de la mise en page, de l'éclai-

Gérard **David.** *La Vierge entre les vierges* (1,18 × 2,12 m). Musée des Beaux-Arts, Rouen.
*Phot. © Nino Cirani/Ricciarini*

rage, tension du geste, réduction des accessoires, froideur des tons) propres à l'expression du drame. Incarcéré après le 9 Thermidor, il fut bientôt libéré. Revenant à l'allégorie antique, il peignit *Les Sabines* (1799) qu'il considérait comme son chef-d'œuvre et où s'affirme une volonté grandissante de reconstitution archéologique. Devenu partisan de Bonaparte, il obtint en 1804 la charge de premier peintre et, revenant à l'actualité, glorifia le règne : en 1801, il peignit *Bonaparte au mont Saint-Bernard*, avec des accents déjà romantiques, puis réalisa des œuvres d'apparat, tels *Le Sacre de Napoléon Ier* (1805 - 1807, Louvre), l'un des chefs-d'œuvre du tableau d'histoire, *La Distribution des aigles* (1810). Exilé à Bruxelles pendant la Restauration, il réalisa des sujets mythologiques et élégiaques. Maître de Gros*, Girodet*-Trioson, Gérard*, Ingres*, il incarna le néoclassicisme et exerça une influence considérable en Europe. Si ses préceptes contribuèrent au développement du courant académique, plusieurs de ses œuvres, notamment ses portraits (*Pie VII*, 1805 ; *Mme Récamier*, 1800 ; *Mme de Verninac*, 1799), de facture plus riche et diversifiée, révèlent un souci de scruter la réalité, comme certains de ses tableaux d'histoire, prouvent la modernité de sa sensibilité, tendances qui trouvèrent un écho chez ses successeurs. ▪ *Illustrations :* → **Lavoisier, Marat.**

**DAVID (Félicien)** ♦ Compositeur français (Cadenet 1810 - Saint-Germain-en-Laye 1876). Saint-simonien, il eut à accomplir des missions au Proche-Orient ; il en revint pour se consacrer à la composition d'ouvrages teintés d'exotisme : une ode-symphonie, *Le Désert* (1854), et deux opéras, *La Perle du Brésil* (1861) et *Lalla-Roukh* (1862). Il est aussi l'auteur de quatre symphonies, d'oratorios, de romances et de pièces de musique de chambre.

**DAVID** ♦ V. du Panamá, ch.-l. de la prov. de Chiriquí, proche du golfe de Chiriquí (côte pacifique). 124 280 hab. ▪ Implantée dans la zone volcanique fertilisée par les laves du Chiriquí*, la ville est le plus grand centre agricole du pays (canne à sucre, noix de coco, maïs, bananes). Élevage de bovins.

**David Copperfield** - ÉTYM. angl. *copper* «cuivre, monnaie de cuivre» et *field* «champ» ♦ Roman autobiographique de Charles Dickens* (1849 - 1850). Écrit à la première personne, ce livre évoque la jeunesse difficile de Dickens et ses amours malheureuses pour Maria Beadnell. Orphelin, David Copperfield, entre les mains d'un tuteur cruel, doit subir la tyrannie d'un maître d'école et l'humiliation de besognes serviles. Fuyant Londres, il se rend à Douvres, travaille chez un avocat dont il épousera la fille, après avoir été marié à Dora, «ravissante idiote» décrite avec humour et poésie. Un ami d'enfance de David est le héros d'un roman à l'intérieur du roman. Uriah Heep, pittoresque canaille, sera démasqué. Ce roman, l'un des moins moralisants de Dickens, est le meilleur exemple de son «réalisme poétique» et traduit l'optimisme romantique de son auteur.

**DAVID D'ANGERS (Pierre-Jean DAVID, dit)** ♦ Sculpteur français (Angers 1788 - Paris 1856). Fils de sculpteur, il fut l'élève de J. L. David* et du sculpteur Roland. À Rome (de 1811 à 1816), il rencontra Canova* et devint célèbre en 1816 avec la statue de Condé. Il réalisa un grand nombre de statues de personnages célèbres et de monuments commémoratifs dans plusieurs villes françaises, des bas-reliefs, des statuettes et surtout des bustes et médaillons (environ cinq cents) de toutes les gloires de son époque. Pour le fronton du Panthéon (1837), il exécuta une allégorie historique dans la tradition classique. Victor Hugo fut l'un de ses plus fervents admirateurs. Cependant, malgré certains effets «romantiques», animation des surfaces, effets de draperies mouvementées, expressions dramatiques des visages déformés sous l'influence des théories phrénologiques de Gall, son œuvre apparaît comme profondément ancrée dans la tradition académique. ▪ *Illustration :* → **Jussieu.**

**DAVID-NÉEL (Alexandra)** ♦ Exploratrice et écrivain français (Saint-Mandé 1868 - Digne 1969). Tour à tour chanteuse lyrique, directrice du casino de Tunis au début du XXe siècle, ermite dans l'Himalaya (1914 - 1916), elle fut la première Européenne à entrer à Lhassa, déguisée en Tibétaine, en 1924. Elle fit connaître le bouddhisme en France, et consacra plusieurs ouvrages (la plupart en anglais) à ses voyages en Asie qui commencèrent dès 1891 pour s'achever en 1945. On lui doit notamment *Le Modernisme bouddhiste* (1911), *Le Bouddhisme du Bouddha* (1911) et *Voyage d'une Parisienne à Lhassa* (1927).

**DAVIES (Robertson William)** ♦ Écrivain canadien d'expression anglaise (Thamesville, Ontario 1913 - Orangeville, Ontario 1995). Avant de publier son premier roman à l'âge de 38 ans (*Tempest-Tost*), il se consacra au théâtre, comme auteur et comédien en Angleterre, puis comme journaliste au Canada. Ses premiers romans furent des comédies de mœurs, mais à partir de la trilogie de Deptford, dont le meilleur volet est *L'Objet du scandale* (1970), la comédie et le sérieux se mêlent dans une écriture plus intimiste où se manifeste l'influence de C. Jung. Dans ses derniers romans, comme *Un homme remarquable* (1985), l'esprit semble pouvoir tirer les ficelles du monde matériel. Le contenu intellectuel y est élevé et pour le moins ésotérique, allant du carnaval à l'hagiographie, de l'astrologie à la vie des Tziganes.

Alexandra **David-Néel** en 1939, avec son fils adoptif et compagnon de voyage, le lama Aphur Yongden. *Phot. © AKG/Ullstein Bild*

**DAVIES (sir Peter Maxwell)** ♦ Compositeur britannique (Manchester 1934). Ses œuvres réalisent une synthèse des techniques médiévales et sérielles (*Missa super l'Homme armé*, 1966 ; *Eight Songs for a Mad King*, 1969 ; opéra *Taverner*, 1970 ; musique pour le film *Les Diables* de Ken Russell, 1971 ; 6 symphonies, 1976, 1980, 1984, 1989, 1994, 1996) ; opéra *The Doctor of Myddfall*, 1996.

**DAVILER ou D'AVILER (Charles Augustin)** ♦ Architecte français (Paris 1653 - Montpellier 1700). Élève de Jules Hardouin*-Mansart, il s'affirma comme l'un des théoriciens du classicisme français avec la publication en 1691 d'un *Cours d'architecture*. Fixé à Montpellier, il édifia d'après les projets de François d'Orbay l'arc de triomphe du Peyrou et fut nommé en 1696 architecte de la province du Languedoc. Il a notamment construit le palais archiépiscopal de Toulouse (auj. préfecture), caractéristique du style Louis XIV.

**DAVIOUD** [davju] **(Gabriel)** ♦ Architecte français (Paris 1823 - *id.* 1881). Représentant de l'éclectisme architectural en vogue sous Napoléon III, il fut l'un des collaborateurs d'Haussmann* et érigea dans Paris de nombreux bâtiments (les deux théâtres de la place du Châtelet, 1861 ; la fontaine Saint-Michel) ; il aménagea aussi des jardins et construisit avec Bourdais le palais du Trocadéro (1878).

**DAVIS (John)** ♦ Navigateur anglais (Sandridge, Devonshire 1550 - détroit de Malacca 1605). Au cours de trois expéditions à la recherche d'un passage maritime au nord de l'Amérique, il atteignit le Groenland et découvrit le détroit qui porte son nom, reliant l'Atlantique à la mer de Baffin (1587). Après avoir accompagné T. Cavendish* dans les mers du Sud (1591 - 1592), il fut tué au cours d'un voyage dans les Indes orientales. Auteur d'un ouvrage sur la description hydrographique du monde (1595), il inventa un instrument pour mesurer la hauteur du Soleil en mer. Sa relation de voyage dans les mers du Nord fut publiée en 1600.

**DAVIS (Jefferson)** ♦ Homme politique américain (Todd County, Kentucky 1808 - La Nouvelle-Orléans 1889). Brillant officier, membre de la Chambre des représentants (1845), puis du Sénat (1847), il fut l'un des responsables de la sécession sudiste. Il prit la tête de la Confédération (1861) dont il fut l'âme. Arrêté par les nordistes (1865), il fut emprisonné pendant deux ans à Fort Monroe, mais ne fut jamais jugé. → **Sécession (guerre de).**

**DAVIS (William Morris)** ♦ Géologue et géographe américain (Philadelphie 1850 - Pasadena 1934). Il fit des recherches en minéralogie, en géologie et surtout en géographie physique. On lui doit, en particulier, les notions de cycle d'érosion et de pénéplaine.

**DAVIS (Stuart)** ♦ Peintre et dessinateur américain (Philadelphie 1894 - New York 1964). Rompant avec l'art éclectique et académique pratiqué aux États-Unis, il subit l'influence de l'Ashcan School («école de la poubelle») et pratiqua une peinture de tendance réaliste, empreinte de préoccupations sociales, sous l'influence de Steinlen et de Toulouse-Lautrec. La grande exposition de l'Armory Show (1913) lui révéla l'art moderne européen et, à partir des apports cubistes, des collages et des thèmes machinistes de Léger, influencé aussi par l'esprit prédadaïste de Duchamp, Picabia et Man Ray, il manifesta des tendances à l'abstraction, prenant comme thèmes des objets usuels d'origine industrielle (série des *Batteurs à œufs ; Lucky Strike*, 1921). Il chercha aussi à évoquer la vie urbaine en créant de grandes compositions à partir de larges plans de couleurs primaires, de formes schématisées et de mots fonctionnant à la fois comme références à une réalité urbaine (enseignes, messages publicitaires) et comme objets esthétiques. Ses œuvres, d'une complexité grandissante, acquièrent un puissant caractère dynamique avec des moyens plastiques spécifiquement américains.

**DAVIS (Ruth Elizabeth,** dite **Bette)** ♦ Actrice américaine (Lowell 1908 - Neuilly-sur-Seine 1989). Comédienne peu conforme aux canons de la beauté hollywoodienne, elle tint la dragée haute aux producteurs, et ne vola pas sa réputation d'« insoumise », du titre d'un de ses meilleurs films (W. Wyler, 1938). Elle fut très remarquée dans *L'Intruse* (1935), *La Vie privée d'Elizabeth d'Angleterre* (1939), *La Vipère* (1941), *La Garce* (1949), *Ève* (Mankiewicz, 1950), *Qu'est-il arrivé à Baby Jane ?* (1962) et, en fin de carrière, dans *L'Argent de la vieille* (L. Comencini, 1972).

**DAVIS (Raymond)** ♦ Physicien américain (Washington 1914 - New York 2006). Initiateur de l'astronomie des neutrinos, il construisit en 1967 un immense détecteur de neutrinos solaires qui permit de confirmer la théorie de Bethe* d'après laquelle l'énergie du Soleil provient de la fusion nucléaire (→ **Reines**). [Prix Nobel de phys. 2002 avec M. Koshiba* et R. Giacconi*]

**DAVIS (Miles)** ♦ Trompettiste de jazz américain (Alton, Illinois 1926 - New York 1991). Dès l'âge de 19 ans, il remplaça Dizzy Gillespie dans le quintette de Charlie Parker*, prenant part à l'épanouissement du be-bop (1945 - 1948). En 1949 - 1950, il contribua à l'éclosion du jazz cool, enregistrant 12 pièces mémorables avec un orchestre de 9 musiciens. À partir de 1955, il dirigea un quintette avec John Coltrane* ou Sonny Rollins* au saxophone. Tenté un moment par les orchestrations de Gil Evans (*Porgy and Bess*, 1958), il évolua vers un free-jazz abrupt lorsque, à partir de 1963, il s'entoura de jeunes virtuoses comme le saxophoniste George Coleman ou le pianiste Herbie Hancock*. Après 1970, il se fit le promoteur d'un jazz-rock d'une grande violence. Créateur en perpétuelle évolution, trompettiste doué d'une sonorité et d'un sens mélodique exceptionnels, il toucha un public bien plus large que celui des amateurs de jazz. Princ. enregistrements : les pièces groupées sous le titre *Birth of the Cool* (1949 - 1950), *Bag's Groove* (avec Milt Jackson et Th. Monk, 1954), *Freedom Jazz Dance* (1966), *Miles at Fillmore* (album, 1970).

**DAVIS** (sir **Colin**) ♦ Chef d'orchestre britannique (Weybridge, Surrey 1927). Comme avant lui Beecham, il a beaucoup fait pour la redécouverte de Berlioz. Il a été premier chef (1967) puis directeur artistique (1971 - 1986) à Covent Garden, principal chef invité à Boston (1972 - 1983) et directeur musical à la Radio de Munich (1983 - 1991).

**DAVIS** (détroit de) ← ÉTYM. du n. de John *Davis** ♦ Détroit large d'env. 350 km, qui sépare le Groenland et l'île de Baffin ; il prolonge au S. la mer de Baffin.

**Davis (coupe)** ♦ Épreuve de tennis créée par Dwight F. Davis en 1900 et opposant des équipes nationales (cinq matchs, dont un en double, disputés par quatre représentants au maximum de chaque nation).

**DAVISSON (Clinton Joseph)** ♦ Physicien américain (Bloomington, Illinois 1881 - Charlottesville, Virginie 1958). En 1927, il découvrit, avec L. H. Germer, la diffraction des électrons par les cristaux, vérifiant ainsi expérimentalement l'exactitude des conceptions de la mécanique ondulatoire de L. de Broglie* ; il étudia également les lentilles électroniques. [Prix Nobel de phys. 1937, avec G. P. Thomson*]

**DAVITT (Michael)** ♦ Homme politique irlandais (Straide, comté de Mayo 1846 - Dublin 1906). Fils de paysans ruinés par la « Grande Famine » de 1845 - 1847, il devint membre des Fenians, favorables à la lutte armée et fut emprisonné de 1870 à 1873. Convaincu de la nécessité de placer la « question d'Irlande » sur le terrain de la lutte agraire, il fonda en 1879 la Ligue agraire dont Parnell* devint le président. Après l'interdiction de la Ligue et un nouvel emprisonnement (1881 - 1882), il rompit avec Parnell et préconisa un programme de nationalisation des terres qui le rapprocha du parti travailliste naissant (1906).

**DAVOS** [davɔs] ← ÉTYM. du romanche *davo, davous* « derrière » (la v. est située derrière une montagne qui la protège des vents) ♦ V. de Suisse (Grisons), dans la vallée de la Landwasser. 10 744 hab. L'aggl. se divise en Davos-Dorf et Davos-Platz. ▪ C'est une des plus importantes stations d'été et de sports d'hiver de Suisse (1 560 - 2 844 m). Un important Forum de l'économie mondiale s'y tient annuellement.

**DAVOUT (Louis Nicolas)** duc **D'AUERSTEDT,** prince **D'ECKMÜHL** ♦ Maréchal de France (Annoux, Yonne 1770 - Paris 1823). Élu à la tête du bataillon des volontaires de l'Yonne (1792), il participa aux campagnes du Nord (1793), de Belgique et du Rhin (1794 - 1795). Il accompagna Bonaparte en Égypte, puis en Italie, et fut fait maréchal en 1804. Il épousa la sœur du général Leclerc*, beau-frère de Napoléon. Il se distingua notamment à la bataille d'Auerstedt* et à celle d'Eckmühl*. Il participa à la campagne de Russie, fut gouverneur du grand-duché de Varsovie (1807) et gouverneur de Hambourg (mai 1813) qu'il défendit contre les Russes jusqu'au 31 mai 1814. Ministre de la Guerre durant les Cent-Jours, il dut signer la capitulation de juil. 1815. En 1819, il entra à la Chambre des pairs. ← ÉTYM. *Davout* est une variante de *Daoust, Daout,* de *d'août* « enfant trouvé en août » [ou désignant l'ouvrier qui se loue pour le temps de la moisson] (→ aussi Février, Janvier, Juin).

**DAVY** (sir **Humphry**) ♦ Chimiste et physicien britannique (Penzance, Cornouailles 1778 - Genève 1829). Il isola les métaux alcalins et alcalino-terreux par électrolyse (à partir de 1807) et pressentit les idées actuelles sur la mobilité des ions $H^+$ et $OH^-$. Par certaines expériences (1808) menées avec le « gaz muriatique » (acide chlorhydrique), il amena une révision de la théorie de Lavoisier* sur les acides et identifia le chlore, nouvel élément chimique. Il découvrit également l'arc électrique (1811), les propriétés catalytiques du platine divisé (1817) et mit au point la lampe de sûreté des mineurs. [Acad. sc. 1819]

**DAWES (Charles Gates)** ♦ Financier et homme politique américain (Marietta 1865 - Evanston 1951). Intendant général du corps expéditionnaire américain en France en 1917, il représenta en 1923 les États-Unis au comité chargé d'apporter une solution à la question des réparations. Il préconisa le plan qui porte son nom. [Prix Nobel de la paix 1925] ♦ ***Plan Dawes*** Plan établi par une commission d'experts financiers sous la présidence de Ch. Dawes (réunie à partir du 30 nov. 1923) pour préciser les modalités du paiement par l'Allemagne des réparations exigées par le traité de Versailles* (1919) et prévoyant que celles-ci seraient versées par annuités s'élevant progressivement en fonction de « l'indice de prospérité » de l'économie allemande. Remplacé en mai 1930 par le plan Young*, le plan Dawes avait été accepté (sans enthousiasme) par l'Allemagne, et, après son entrée en vigueur (à la suite de la conférence de Londres, 16 juil. - 16 août 1924), la France (→ **Poincaré**) y adhéra et fit évacuer la Ruhr* (1924).

**DAWSON** ← ÉTYM. du nom de George Mercer Dawson, explorateur et scientifique, directeur de la Commission géologique et d'histoire naturelle du Canada de 1895 à 1901 – anc. ***Dawson City*** ♦ Aggl. du Canada (Yukon), près du confluent des riv. Klondike et Yukon. 1 327 hab. Tourisme. ▮ **Histoire** Capitale du territoire du Yukon (1898 - 1951), elle fut le centre de la ruée vers l'or du Klondike* et compta jusqu'à 10 000 hab. en 1899.

**DAX** [40100] ← ÉTYM. anc. *Aquae Tarbellicae*, du lat. *aqua* « eau » et *Tarbelli*, n. de peuple ♦ Ch.-l. d'arr. des Landes, sur l'Adour. 19 515 hab. (aggl. 37 289) *(Dacquois)*. ▪ Cathédrale Notre-Dame rebâtie au XVII$^e$ s., mais conservant un portail gothique (XIII$^e$ s.). Musée de Borda : préhistoire, archéologie ; coll. de monnaies, folklore régional. ▪ Station thermale (rhumatismes). Centre commercial et marché agricole. Gare TGV.

**DAYAK(S)** n. m. (pl.) ♦ Terme générique désignant les populations malayo-polynésiennes, non malaises et en général non islamisées, de Bornéo, au nombre d'environ 3 millions. Les Dayaks se subdivisent en une multitude de petites unités locales que l'on regroupe en général en une quinzaine d'ensembles, dont beaucoup se retrouvent aussi bien en Malaisie orientale que dans les provinces indonésiennes de l'île. Ils sont pour la plupart à la fois agriculteurs (culture du riz et d'autres plantations sur essarts), chasseurs (leur arme principale était la sarbacane) et collecteurs de produits forestiers ; ils vivent le long des cours d'eau, qui servent de voies de communication et de transport entre les côtes et l'intérieur. Ils ont pratiqué longtemps le rite de la chasse aux têtes.

**Dayaks.** Famille dayak, dans la région du fleuve Mahakam. *Phot. © Prato/Ricciarini*

**DAYAN (Moshe)** ♦ Général et homme politique israélien (Deganya 1915 - Ramat Gan 1981). Membre de la Haganah, adjoint du capitaine britannique Wingate lors de la Deuxième Guerre mondiale, il lutta contre les forces françaises du gouvernement de Vichy en Syrie (1941). Il participa comme colonel au premier conflit israélo-arabe de 1948. Général et chef d'état-major (1953), il réorganisa les forces militaires israéliennes et dirigea la campagne du Sinaï contre l'Égypte (1956). Membre du Mapaï, il fut ministre de l'Agriculture dans les cabinets Ben Gourion (1959), puis Lévi Eshkol (1963), mais quitta le gouvernement en 1965 et adhéra au parti Rafi (fondé par Ben Gourion). Nommé ministre de la Défense nationale dans le cabinet formé par Eshkol à la veille de la guerre des Six Jours (juin 1967), il fut, avec le général Rabin, l'artisan de la victoire israélienne. Ministre des Affaires étrangères dans le cabinet Begin (1977 - 1979), il prépara les négociations préliminaires au traité de paix entre l'Égypte et Israël. ➔ ÉTYM. Ce nom vient de l'hébreu *dayyân* «juge».

**DAYĀNANDA SARASVATĪ** ♦ Homme politique et religieux indien (Tankara, Gujarat 1824 - Ajmer 1883), éducateur et fondateur d'œuvres sociales. Il fonda en 1875 le mouvement politico-religieux Ārya-samāj, qui prônait le retour aux traditions de l'Inde védique.

**DAY LEWIS (Cecil)** ♦ Poète et critique britannique (Ballintogher, comté de Sligo 1904 - Hadley Wood, Hertfordshire 1972). Fils d'un pasteur anglican, il fit ses études à Oxford et fut très lié à l'Auden Group (S. Spender*, C. Isherwood*). Son essai *A Hope for Poetry* (1934) le plaça au premier rang des poètes des années 1930. D'abord fortement marquée par l'engagement communiste, son œuvre se convertit à un lyrisme plus traditionnel et plus individuel après la Deuxième Guerre mondiale. Il traduisit tout Virgile en anglais, de 1940 à 1963, et enseigna la poétique à Harvard et à Oxford. Sous le pseudonyme de Nicholas Blake, il écrivit des histoires policières qui eurent un grand succès. Il fut nommé poète lauréat en 1968.

**DAYTON** ♦ V. des États-Unis (Ohio). 166 179 hab. dont 40 % de Noirs (zone urbaine 950 538). Centre commercial et industriel (indus. de précision ; papeterie, etc.). Centre de recherche pour l'indus. aéronautique. ▪ Les frères Wright* y effectuèrent leurs premiers vols. ♦ ***Accords de Dayton*** Accords signés en nov. 1995, qui ramenèrent la paix en Bosnie. ➔ **Bosnie, Serbie, Yougoslavie.**

**DAYUN HE** ➔ **Grand Canal**

**DAZAI Osamu (TSUSHIMA Shūji, dit)** ♦ Écrivain japonais (Kanagi 1909 - Tōkyō 1948), auteur de récits autobiographiques montrant le désarroi de la jeunesse japonaise d'après la guerre. Son suicide fut ressenti par toute la jeunesse japonaise comme une énorme perte. Son dernier roman est *La Déchéance d'un homme* (1948).

**DEÁK (Ferenc)** ♦ Homme politique hongrois (Söjtör 1803 - Budapest 1876). Chef des libéraux modérés, il fut l'un des principaux artisans du Compromis austro-hongrois de 1867.

**DEAL** ♦ V. d'Angleterre (Kent), sur la mer du Nord. 28 000 hab. Station balnéaire.

**DE AMICIS (Edmondo)** ♦ Écrivain italien (Oneglia 1846 - Bordighera 1908). D'abord officier, puis journaliste et écrivain, il connut le succès à travers *La Vie militaire* (1868) et des relations de voyage (*Espagne, Souvenirs de Paris*). Les qualités littéraires et, plus encore, le contenu moral et sentimental de *Grands Cœurs* (*Cuore*, 1886), journal imaginaire d'un enfant, lui valurent une renommée mondiale. Bourgeois du Nord converti au socialisme, il fut également sensible à la question linguistique, prêchant pour une langue «moderne et parfaitement italienne». Parmi ses nombreux autres ouvrages, on rappellera *Les Amis* (1883), *Sur l'océan* (1899), qui traite de l'émigration italienne, *La Carrozza di tutti* (1899), et surtout le malicieux récit intitulé *Amour et Gymnastique* (1892), centré autour de la figure dominatrice d'une jeune et athlétique beauté.

**DEAN (James BYRON, dit James)** ♦ Acteur de cinéma américain (Marion, Indiana 1931 - Cholame, Californie 1955). La brièveté de sa carrière cinématographique (*À* l'est d'Éden*, 1954 ; *La Fureur de vivre*, 1955 ; *Géant*, 1956) brutalement interrompue par un accident d'automobile mortel, le type de personnage qu'il incarna à l'écran, image d'une jeunesse inquiète et rebelle, ont fortement contribué, autour de sa personne, à la formation d'un mythe populaire comme le cinéma n'en avait plus connu depuis la mort de Rudolph Valentino.

**DEAN** (forêt de) ♦ Forêt du S.-O. de l'Angleterre, entre la Severn et la Wye. Parc national depuis 1938.

**DEARBORN** ♦ V. des États-Unis (Michigan) dans la zone urbaine de Detroit. 97 775 hab. Siège d'une usine de la Ford Company.

**DÉAT (Marcel)** ♦ Homme politique français (Guérigny 1894 - San Vito, près de Turin 1955). Député socialiste (1932), il se sépara peu après de la SFIO, fondant le Parti socialiste de France à tendance réformiste (1933). Ministre de l'Air dans le cabinet Sarraut (janv. 1936), réélu député en 1939, il se prononça alors pour une politique de compromis avec l'Allemagne («Mourir pour Dantzig ?», article qui parut dans *L'Œuvre*, journal dont Déat prit la direction après 1940). Fondateur, en févr. 1941, du Rassemblement national populaire, parti collaborateur et fascisant, Déat entra dans le gouvernement de Vichy comme secrétaire d'État en 1944 et se réfugia en Italie après la Libération. ➔ ÉTYM. *Déat* vient du latin *Deodatus* «donné à Dieu [ou par Dieu]».

**DEAUVILLE** [14800] ➔ ÉTYM. anc. *Auevilla*, probablt «domaine (lat. *villa*) de la prairie humide (germ. *auwja, auwa*)» ou «domaine d'Auwo (n. de pers. germ.)» ♦ Comm. du Calvados, arr. de Lisieux, à l'embouchure de la Touques, sur la Manche. 4 364 hab. (*Deauvillais*). Élégante station balnéaire créée en 1860 par le duc de Morny. Port de plaisance. Hippodromes. Marché international de yearlings. Festival du film américain.

La **Débâcle** ♦ Roman d'Émile Zola* (1892), qui constitue l'avant-dernier volume du cycle des *Rougon*-Macquart*. Il se déroule pendant la guerre de 1870 et la Commune. Jean Macquart, un paysan apparu dans *La Terre**, et Maurice Levasseur, un étudiant fils de bourgeois, se sont liés d'amitié sur le champ de bataille. Ils prennent des options différentes à Paris. Jean lutte pour la légalité et l'ordre, et blesse à mort son ami Maurice sur les barricades. Texte d'une grande puissance dans l'évocation historique de la guerre et de la révolte, *La Débâcle* est, en outre, l'une des plus importantes manifestations du socialisme idéaliste de Zola.

**DEBELJANOV (Dimčo)** ♦ Poète bulgare (Koprivštica 1887 - sur le front de Macédoine 1916). Influencé par le symbolisme* français et admirateur de A. Blok*, il fut l'un des poètes symbolistes les plus remarquables de langue bulgare : *Poésies* (1920), *Cendre d'or* (1924).

**DEBENEY (Marie Eugène)** ♦ Général français (Bourg-en-Bresse 1864 - *id.* 1943). En 1918, à la tête de la I$^{re}$ armée, il arrêta les Allemands à Montdidier et participa aux offensives alliées de l'été qui amenèrent la victoire. Commandant de l'École de guerre (1919 - 1924), il fut ensuite chef d'état-major de l'armée (1924 - 1930).

**DEBIERNE (André)** ♦ Chimiste français (Paris 1874 - *id.* 1949). Collaborateur de M. Curie*, avec laquelle il réussit à préparer le radium métallique, il découvrit l'actinium (1899) et détermina les masses atomiques des «émanations» (gaz obtenus par la désintégration de certains éléments radioactifs).

**DÉBORAH** ➔ ÉTYM. en hébr. *Debhôrâh* «abeille» ♦ Prophétesse et juge d'Israël (–XII$^{e}$ s. ?). La Bible (Juges, IV-V) la montre inspiratrice de la victoire remportée par Baraq sur le Cananéen Sisera et met dans sa bouche un cantique qui est un des plus anciens monuments de la littérature hébraïque (➔ **Bible**).

**DEBORD (Guy)** ♦ Essayiste et cinéaste français (Paris 1931 - Bellevue-la-Montagne, Haute-Loire 1994). D'abord lié au mouvement lettriste d'Isidore Isou*, il participa en 1957 à la fondation de l'Internationale situationniste (dissoute en 1972). Ses analyses, réunies dans *La Société du spectacle* (1967) et *Commentaires sur la société du spectacle* (1988), dénoncent, dans un style délibérément classique, les ressorts de la société contemporaine, où la représentation prime la réalité, conduisant ainsi à l'aliénation généralisée par la consommation. Cinéaste, il a illustré ses thèses, notamment dans *La Société du spectacle* (1973) ➔ **situationnisme.**

**DEBRAY (Henri)** ♦ Chimiste français (Amiens 1827 - Paris 1888). Collaborateur de Sainte*-Claire Deville, dont il poursuivit les travaux sur les dissociations. [Acad. sc. 1877]

**DEBRAY (Régis)** ♦ Écrivain politique français (Paris 1940). Auteur d'un ouvrage sur la lutte révolutionnaire (*La Révolution dans la révolution*, 1967), compagnon de Che Guevara*, il prit part à la guérilla en Amérique latine et fut arrêté en Bolivie. Condamné à trente ans de détention, il fut libéré en décembre 1970. Chargé de mission auprès du président de la République (1981 - 1985, 1987 - 1988), il est l'auteur de nombreux essais : *Le Pouvoir intellectuel en France* (1979), *Que vive la République* (1989), *À demain de Gaulle* (1990), *L'État séducteur* (1993), *Loués soient nos seigneurs* (1996), *Dieu,*

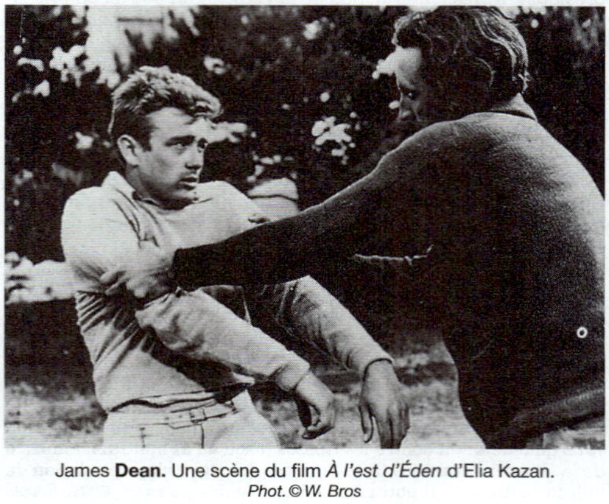

James **Dean.** Une scène du film *À l'est d'Éden* d'Elia Kazan.
*Phot. © W. Bros*

*un itinéraire* (2001), ainsi que d'un *Cours de médiologie générale* [science des médias] (1991). ◆ **ÉTYM.** *Debray* signifie «originaire du pays de *Bray**» (ou de *Bray*, nom de plusieurs localités françaises).

**DEBRÉ (Robert)** ♦ Médecin français (Sedan 1882 - Paris 1978). Ses travaux concernent notamment les maladies infectieuses de l'enfant et les troubles métaboliques, nutritionnels et endocriniens. Il fut à l'origine de la création de l'Unicef ainsi que de la réforme hospitalo-universitaire de 1960. [Acad. sc. 1961] ◆ **ÉTYM.** *Debré* signifie peut-être «[fils] de Bré» (variante orthographique de *Bref* petit).

**DEBRÉ (Michel)** ♦ Homme politique français (Paris 1912 - Montlouis-sur-Loire 1996), fils de Robert Debré*. Il participa activement à la Résistance. Cofondateur de l'ENA, membre du Conseil de la République (1948 - 1958), il se signala par ses prises de position contre les gouvernements successifs de la IVᵉ République et se montra un ardent défenseur de l'Algérie française. Lors des événements de mai* 1958, il contribua au rappel du général de Gaulle. Nommé garde des Sceaux (juin 1958), il prit une part importante dans l'élaboration de la Vᵉ République. Premier ministre (janv. 1959), il fit adopter la loi sur le système des contrats d'association liant les établissements privés et l'Éducation nationale (loi Debré, 1959). Remplacé par G. Pompidou* (avr. 1962), député de la Réunion (1963 - 1966, 1967 - 1968, 1973 - 1988), il fut ministre de l'Économie et des Finances (1966 - 1968), des Affaires étrangères (1968 - 1969), puis de la Défense nationale (1969 - 1973). Sa fidélité intransigeante au gaullisme le conduisit à s'opposer à la politique menée par V. Giscard* d'Estaing, notamment en matière européenne, ainsi qu'à prendre ses distances avec le RPR, se présentant même à l'élection présidentielle de 1981 (1,66 % des suffrages), alors que J. Chirac était également candidat. Il a publié notamment : *Refaire la France* (1944), *La Mort de l'État républicain* (1947), *Ces princes qui nous gouvernent* (1957), *Lettre ouverte aux Français sur la reconquête de la France* (1980), et, sous le titre *Trois Républiques pour une France*, 3 vol. de mémoires (1984 - 1988). [Acad. fr. 1988]

**DEBRÉ (Olivier)** ♦ Peintre français (Paris 1920 - *id.* 1999). Fils de Robert Debré*, influencé par Nicolas de Staël*, il pratiqua dès 1942 l'abstraction pure, qu'il appelait «extraction» de la réalité, la seule forme de réalisme possible d'après lui. Souhaitant étendre à la nature entière sa facture poétique et abstraite, il créa dans les années 1960 les *Signes-paysages*. Cherchant à exprimer de manière directe son émotion devant la nature, il utilisa à partir de 1965 des toiles de format gigantesque, couvertes de champs à peine modulés, scintillants comme les eaux de la Loire, sa source d'inspiration favorite, et ponctués de rares empâtements (*Ocre de Loire, coulé aux taches rouges*, 1987). Proche de l'action* painting, il s'en détache cependant par l'illusion lyrique des larges coulées de peinture vive, transparente, et par son geste contrôlé. Debré réalisa de nombreuses œuvres monumentales, dont le rideau de scène de la Comédie-Française, 1987, et le rideau de scène du Grand Théâtre de Hong Kong, 1989.

**DEBRECEN** ♦ V. de Hongrie, ch.-l. du comitat de Hajdú-Bihar. 211 034 hab. Université. Indus. de précision (mécanique, instruments de chirurgie). Indus. pharmaceutique. ▮ **Histoire** Fondée au XIVᵉ s., la ville fut jusqu'en 1945 un grand marché agricole. Centre du mouvement protestant en Hongrie, elle fut surnommée la Rome calviniste ou la Genève hongroise ; elle connut tôt une vie intellectuelle active, avec la fondation en 1561 de la première imprimerie hongroise et l'existence d'un collège protestant, auquel s'ajoutèrent la faculté de droit et de théologie, noyau de la future université. Ce fut le siège de l'Assemblée nationale hongroise de 1848 à 1849, et Kossuth y proclama l'indépendance de la Hongrie le 14 avr. 1849. Le premier gouvernement de libération (1944) y siégea.

**DEBREU (Gérard)** ♦ Économiste américain d'origine française (Calais 1921 - Paris 2004). Mathématicien, il s'établit en 1950 aux États-Unis où il poursuivit des recherches en économie mathématique et en économétrie (en particulier avec Arrow), introduisant le langage des ensembles dans le modèle de l'équilibre général. Sa *Théorie de la valeur* (1959) est un classique. [Prix Nobel de sc. écon. 1983]

**DE BROUCKÈRE (Charles)** ♦ Homme politique belge (Bruges 1796 - Bruxelles 1860). Frère de Henri De* Brouckère. Membre des États généraux sous le régime hollandais, il prit part à la révolution de 1830. Élu au Congrès national (1830), député libéral (1831 - 1832 ; 1848 - 1856 ; 1857 - 1860) et plusieurs fois ministre (1831 - 1832), il se montra partisan du libre-échange et fonda la Banque de Belgique (1850). Il fut bourgmestre de Bruxelles de 1848 à 1860. ◆ **ÉTYM.** Ce nom flamand est un dérivé du moyen néerlandais *broec* «marais». Il s'agit donc de «l'habitant du marais».

**DE BROUCKÈRE (Henri)** ♦ Homme politique belge (Bruges 1801 - Bruxelles 1891). Frère de Charles De* Brouckère. Commissaire du Gouvernement provisoire lors de la révolution de 1830, membre du Congrès national puis député (1833 - 1849 ; 1856 - 1870), il fut l'un des chefs du parti libéral modéré favorable à l'union avec les catholiques. Gouverneur de la province d'Anvers (1840 - 1844), ministre d'État (1849), il dirigea le gouvernement de 1852 à 1855, tout en étant chargé du portefeuille des Affaires étrangères.

**DE BROUCKÈRE (Louis)** ♦ Homme politique belge (Roeselare 1870 - Bruxelles 1951). Militant socialiste, pacifiste et internationaliste, directeur du journal *Le Peuple* (1907 - 1910), il fut délégué à la SDN, puis à la conférence sur le désarmement (1932). Président de l'Internationale ouvrière socialiste (1936 - 1939), il soutint la politique de non-intervention lors de la guerre d'Espagne. Il fut nommé ministre d'État en 1945.

**DEBS (Eugene)** ♦ Socialiste américain (Terre Haute, Indiana 1855 - Elmhurst, Illinois 1926). Militant syndicaliste, membre de l'aile gauche du Parti socialiste américain qu'il contribua à former, il fut condamné à dix ans de prison pour son antimilitarisme (1918).

**DEBUCOURT (Philibert Louis)** ♦ Peintre, dessinateur et graveur français (Paris 1755 - Belleville 1832). Élève de Vien*, il peignit des scènes de genre inspirées en partie par Greuze*, puis, vers 1785, il se consacra à la gravure. Ses œuvres, à sujets bucoliques et intimistes et surtout scènes de la vie parisienne, constituent une chronique animée, spirituelle de l'époque (notamment du Directoire) ; elles révèlent un talent narratif et anecdotique ainsi qu'une grande habileté technique (*La Promenade de la galerie du Palais-Royal*). Il réalisa aussi des portraits (*Louis XVI*), des gravures de reproduction et des vignettes de mode.

**DEBURAU** ♦ Nom de deux mimes français. ♦ **Jean-Gaspard, dit Jean-Baptiste Deburau** (Kolín, Bohême 1796 - Paris 1846). D'une famille de saltimbanques, il créa au théâtre des Funambules le personnage de Pierrot*, héros de nombreuses pantomimes populaires. Il inspira une pièce à Sacha Guitry et son rôle fut interprété par J.-L. Barrault dans le film *Les Enfants* du paradis* de M. Carné (1945). ♦ **Jean-Charles Deburau** (Paris 1829 - Bordeaux 1873). Fils du précédent, il lui succéda dans le même emploi.

**DEBUSSY (Achille-Claude, dit Claude)** ♦ Compositeur français (Saint-Germain-en-Laye 1862 - Paris 1918). ▮ **Les premières œuvres** Issu d'un milieu modeste, il reçut ses premières leçons de piano de la belle-mère de Paul Verlaine, qui avait été l'élève de Chopin. Entré au Conservatoire en 1872, il en sortit avec un premier prix de Rome (1884). Devenu le secrétaire accompagnateur de Mᵐᵉ von Meck, correspondante et admiratrice de Tchaïkovski, il voyagea en sa compagnie à travers l'Europe (1879 - 1880), séjournant tour à tour à Vienne où il fit la rencontre de Brahms, à Venise où Wagner le reçut, et à Moscou. Son séjour à Rome (1885 - 1887) fut décevant et l'envoi qu'il fit à l'Institut de trois partitions (*Zuleïma, Le Printemps, La Damoiselle élue*) fit scandale, déchaînant contre lui l'hostilité de Saint-Saëns. De retour à Paris, il lia connaissance avec Mallarmé et fut reçu dans son cénacle de jeunes poètes et écrivains, tous fervents de Wagner. Il partagea quelque temps leur admiration et entreprit deux voyages à Bayreuth (1888 - 1889). Mais d'autres influences allaient s'exercer sur lui, celle de Pierre Louÿs*, celles aussi qui résultèrent de deux révélations musicales : le théâtre d'Extrême-Orient (à l'Exposition internationale de 1889), avec sa gamme pentatonique et ses audaces rythmiques, et la partition du *Boris* Godounov* de Moussorgski, qu'il déchiffra avec passion. ▮ **Un novateur** Affranchi des influences de Wagner, de Schumann et de Massenet, il put dès lors affirmer sa personnalité. Avec les *Ariettes oubliées* (1888) et surtout les *Cinq Poèmes de Baudelaire* (1890), Debussy apparut, par la sensibilité, la fermeté du dessin mélodique, la richesse et le raffinement de l'harmonie, comme le créateur d'un nouveau langage musical. Sensible aux modèles des poètes symbolistes et des peintres impressionnistes, il se dressa contre la rhétorique et chercha à agir sur la sensibilité. Son non-conformisme inné est celui d'un poète qui, au-delà des recettes d'école, n'entend plus recueillir que la seule leçon de la nature : «Écoutons les leçons du vent qui passe et qui raconte l'histoire du monde.» Il exprima cette philosophie de la création dans les *Proses lyriques* (1893) dont il composa paroles et musique, dans le *Quatuor* (1893) d'une écriture harmonique et rythmique révolutionnaire et dans le *Prélude* à l'après-midi d'un faune* (1894), fastueuse illustration sonore du poème de Mallarmé. De la même veine naquirent encore les trois *Nocturnes* pour orchestre (*Nuages, Fêtes, Sirènes*, 1898). ▮ **«Pelléas et Mélisande» et «La Mer»** Cependant, un drame symboliste de M. Maeterlinck, *Pelléas* et Mélisande*, lui offrit l'atmosphère ésotérique, le lyrisme intemporel qui convenaient à sa conception musicale. Accueillie par l'incompréhension bornée ou la malice d'une grande partie de la critique, soutenue par l'enthousiasme de la jeunesse, l'œuvre s'imposa finalement, à l'issue de représentations tumultueuses (1902). Les recherches de sonorité et d'harmonie, la souplesse de la ligne mélodique y créaient un univers mouvant et diapré que le musicien retrouva avec *La Mer**, trois esquisses symphoniques à la monumentale architecture (1905). ▮ **Les années 1903 - 1913** Des années suivantes date une série de pages pour le piano (*Estampes*, 1903 ; *D'un cahier d'esquisses*, 1904 ; *L'Île joyeuse*, 1905 ; *Images*, 1905 - 1907 ; *Children's Corner*, 1908 ; les vingt-quatre *Préludes*, composés en hommage à Chopin, 1910 - 1913) qui imposèrent une nouvelle écriture pour cet instrument. Debussy écrivit aussi pour l'orchestre (*Images* : Gigues, Ibéria, Rondes de printemps, 1905 - 1912), composa des mélodies (trois *Chansons de Charles d'Orléans*, 1908 ; *Le Promenoir des deux amants*, 1909 ; trois *Ballades de François Villon*, 1910) et une partition de musique de scène destinée à accompagner un drame religieux de D'Annunzio, *Le Martyre de saint Sébastien* (1911). Pour Serge de Diaghilev, qui avait confié à Nijinski la chorégraphie du *Prélude* à l'après-midi d'un faune* (1912), le musicien devait encore composer un ballet, *Jeux** (1913).

**▮ La fin de sa vie** Bouleversé par la guerre, atteint par le mal qui devait l'emporter bientôt, Debussy composa alors ses dernières œuvres, marquées par un souci de rénovation de son esthétique avec les *Trois Poèmes de Mallarmé* (1913), les *Douze Études pour piano* (1915) et les *Trois Sonates*, pour violoncelle et piano (1915), pour flûte, alto et harpe (1915), pour piano et violon (1917), qui constituent le dernier sommet de son œuvre. **▮ Une musique impressionniste ?** Critique musical incisif, Debussy publia de nombreux articles dont un choix a été réuni en un volume (*M. Croche antidilettante*, 1921). Dès 1900, avec les *Nocturnes*, l'art de Debussy fut qualifié d'impressionniste. Mais la révolution debussyste fut plus profonde ; il faut la chercher dans la structure de l'œuvre, dans une conception originale de l'harmonie et de la rythmique. En substituant à la notion d'accord celle de «note complexe», en s'appliquant à créer une impression d'improvisation par la fluidité des enchaînements, l'instabilité dans la continuité même, l'enchevêtrement des thèmes et des motifs, Debussy suscita une nouvelle sensualité auditive. ➜ ÉTYM. *Debussy* signifie «originaire de Bussy», du latin *buxetum* «lieu planté de buis».

**DEBYE (Petrus Josephus Wilhelmus)** ♦ Physicien néerlandais (Maastricht 1884 - Ithaca, New York 1966). Ses recherches couvrent un champ très vaste de la chimie physique. On lui doit une théorie de la chaleur spécifique des solides, une théorie des interactions des ions en solution (avec E. Hückel) et divers travaux qui constituent la base de la détermination des structures moléculaires : la théorie des moments dipolaires, les études de la diffusion des rayons X par les petites molécules cristallisées, dites poudres (avec P. Scherrer*), ainsi que de la diffusion de la lumière par les macromolécules en solution. [Prix Nobel de chim. 1936]

## décabristes

n. m. pl. ➜ ÉTYM. du russe *dekabr* «décembre» ♦ Groupe de nobles et d'officiers russes qui tentèrent une révolte militaire contre le tsarisme. Membres de différentes sociétés secrètes, ils espéraient introduire le régime constitutionnel, en hissant sur le trône Constantin*, frère de Nicolas* Pavlovitch. Pendant l'interrègne, après la mort subite d'Alexandre Ier, les conjurés réussirent à soulever une partie des troupes de Saint-Pétersbourg (26 déc. 1825). Ils envahirent la place du Sénat et refusèrent de prêter serment à Nicolas Ier, connu pour ses idées absolutistes. La révolte fut réprimée par l'artillerie. Cinq de ses chefs furent pendus et cent vingt emprisonnés dans la forteresse de Schlüsselburg*, ou déportés en Sibérie.

Le **Décaméron** ♦ Recueil de Boccace* (entre 1349 et 1353) «dans lequel sont rassemblées cent nouvelles racontées, en dix jours, par sept femmes et trois jeunes hommes» réunis à la campagne pour fuir la peste de 1348 qui sévit à Florence. Réagissant aux horreurs de l'épidémie (décrite avec un réalisme scrupuleux dans le tableau liminaire), les personnages manifestent leur appétit de joies terrestres et raffinées dans leurs récits spirituels ou licencieux, reposant pour la plupart sur un ressort amoureux. ▪ D'une extrême variété de thèmes, ces contes exaltent le triomphe de l'instinct, la passion de réussir et l'intelligence pratique, reflétant ainsi une société communale et marchande florissante, mais déjà menacée. À la satire plaisante des travers humains succèdent parfois des scènes délicates ou des évocations d'une tragique grandeur ; et c'est en fait, sous les apparences de la légèreté, une vaste satire de la société florentine du XIVe s., voire de la société occidentale en général (cf. la revendication de l'égalité de la femme dans les rapports amoureux). Peinture réaliste et colorée, servie par une langue à multiples registres, animée de personnages d'une infinie variété et toujours hauts en couleur, *Le Décaméron*, par sa précision descriptive, demeure «le premier modèle en prose pour l'exactitude et pour la pureté du style, ainsi que pour le naturel de la narration» (Voltaire). L'œuvre inspira notamment Chaucer, Shakespeare, Marguerite de Navarre, La Fontaine.

**DECAMPS (Alexandre Gabriel)** ♦ Peintre, aquarelliste, dessinateur et graveur français (Paris 1803 - Fontainebleau 1860). Il travailla dans l'atelier d'Abel Pujol et débuta comme dessinateur satirique. Il exécuta des tableaux de genre dans la tradition du XVIIIe s. et devint après un voyage en Turquie (1828) un spécialiste fort prisé de scènes turques, pittoresques (*La Sortie de l'école turque*, 1842) ou dramatiques (*Le Supplice des crochets*, 1842). Brillant représentant de l'orientalisme romantique, il fut un habile paysagiste aimant les tons chauds et vifs, la matière épaisse.

**DÉCAPOLE** n. f. ➜ ÉTYM. du gr. *dekapolis* «dix (*deka*) villes (*polis*)» ♦ Ensemble de dix cités hellénistiques de Syrie-Palestine (Damas*, Philadelphie, Raphana, Scythopolis, Gadara, Hippos, Dion, Pella, Gerasa, Canatha). Ces villes furent annexées par Alexandre* Jannée, puis libérées par Pompée* en –63.

**DÉCAPOLE** n. f. ♦ Ligue de dix villes alsaciennes, reconnue en 1354 par Charles IV, et qui comprenait Colmar, Munster, Turckheim, Kaysersberg, Sélestat, Obernai, Haguenau, Wissembourg (remplacée en 1511 par Landau), Rosheim, Mulhouse. Affaiblie par l'apparition de la Réforme au XVIe s. (3 villes devinrent protestantes et 2 autres mixtes), la Décapole demanda la protection du roi de France lors de la guerre de Trente Ans (traité de Rueil, 1635), tout en conservant son statut d'immédiateté d'Empire. Elle ne prêta serment à Louis XIV qu'en 1679 et ne disparut sur le plan juridique qu'en 1789.

**DE CARLO (Andrea)** ♦ Écrivain italien (Milan, 1952). Après une carrière de photographe, spécialement à l'étranger, il entra en littérature de manière fracassante avec deux romans *Chantilly Express* (1981), récit de l'expérience d'un jeune Italien parti vivre à Los Angeles, et *Oiseaux de cage et de volière* (1982), où est évoquée la réalité de la civilisation postindustrielle, qui introduisaient les techniques et les rythmes de la modernité (photo, cinéma, musique rock) dans l'écriture. Il a ensuite publié un roman de politique-fiction qui se situe dans une dictature imaginaire d'Amérique centrale *Macno* (1984). Avec notamment *Yucatan* (1986 ), *L'Apprenti séducteur* (1989) et *Durante* (2008), A. De Carlo s'affirme comme l'un des analystes les plus fins des vicissitudes humaines induites par la modernité.

**DECAUVILLE (Paul)** ♦ Industriel français (Petit-Bourg, Seine-et-Oise 1846 - Neuilly-sur-Seine 1922). Fondateur d'une usine (Petit-Bourg) de construction de matériel de petits chemins de fer transportables, notamment exploité dans les entreprises de travaux publics.

**DECAUX (Alain)** ♦ Historien français (Lille 1925). Auteur de nombreux ouvrages d'histoire, il a pris part (d'abord avec André Castelot) à la création d'émissions radiophoniques et télévisées de vulgarisation historique qui lui valurent une large notoriété auprès du grand public. Il a été ministre délégué chargé de la Francophonie (1988 - 1991). [Acad. fr. 1980] ➜ ÉTYM. Ce nom de famille signifie «originaire du pays de *Caux**».

**DECAZES ET DE GLÜCKSBERG (Élie, duc)** ♦ Homme politique français (Saint-Martin-de-Laye 1780 - Decazeville 1860). Avocat à Libourne, juge au tribunal de la Seine (1806), puis conseiller au cabinet du roi de Hollande, Louis Bonaparte (1807), il se rallia aux Bourbons (1814), fut nommé préfet, et ministre de la Police en remplacement de Fouché. De tendance constitutionnelle, il devint rapidement le conseiller de Louis* XVIII, et, après la chute du cabinet Richelieu, fut le véritable chef du gouvernement (1818 - 1820). Cherchant à s'appuyer sur les modérés, partisans du juste milieu, il renversa la majorité de la Chambre haute en faisant nommer soixante nouveaux pairs (1819), en destituant des préfets ultras et en essayant de gagner l'opinion par des mesures libérales (en particulier dans le domaine de la presse, en mars 1819). Après le renouvellement partiel de la Chambre des députés qui fut favorable aux indépendants, Decazes, en opportuniste, tenta de faire machine arrière, mais ne parvint pas à se rallier les ultras. Son ministère dut démissionner après l'assassinat du duc de Berry* (fév. 1820) et fut remplacé par celui du duc de Richelieu. Fait duc et pair de France, Decazes se rallia à Louis-Philippe (1830). Il s'occupa essentiellement d'agriculture et d'industrie, créant les forges de Decazeville* dans l'Aveyron (➜ **Restauration**). ♦ **Louis Decazes** (1819 - 1886). Fils du précédent. Ministre des Affaires étrangères (1873 - 1877).

**DECAZEVILLE** [12300] ➜ ÉTYM. du n. du duc *Decazes** ♦ Ch.-l. de cant. de l'Aveyron, arr. de Villefranche-de-Rouergue. 6 805 hab. (aggl. 17 044) (*Decazevillois*). Musée régional de géologie. Le duc Decazes y développa, à partir de 1825, les mines de charbon auj. abandonnées. L'exploitation ne se fait plus qu'en découverte depuis 1965. Métallurgie. Indus. du bois.

**DECCAN** ➜ **Dekkan**

**DÈCE** – en lat. ***Caius Messius Quintus Traianus Decius*** ♦ (Bubalia, Pannonie v. 200 - Thrace 251). Empereur romain (249 - 251), élu par l'armée de Mésie, il vainquit et tua Philippe* l'Arabe auquel il succéda. Voulant restaurer l'unité morale de l'Empire autour de la religion traditionnelle, il déclencha la première persécution systématique contre les chrétiens (janv. 250). Il favorisa les apostasies en délivrant un certificat (*libellus*) qui assurait toute protection aux chrétiens qui participaient aux célébrations païennes. Les apostats (*lapsi*) furent nombreux, les martyrs aussi : saint Babylas, Origène*, le pape Fabien*, sainte Agathe*. Dèce devint pour les chrétiens le type même de l'empereur persécuteur. La persécution fut terrible mais brève, car l'empereur fut vaincu et tué par les Goths.

**DÉCÉBALE** ♦ Roi des Daces (mort en 106). Il combattit avec succès les Romains sous Domitien* (89) mais fut vaincu par Trajan* et se tua.

**décembre 1851 (coup d'État du 2)** ♦ Coup d'État par lequel Louis Napoléon Bonaparte (➜ **Napoléon III**), président de la IIe République* depuis le 10 déc. 1848, parvint à éliminer l'Assemblée* législative et à renforcer, à son profit, le pouvoir exécutif. Ayant laissé la majorité conservatrice (parti de l'Ordre) de l'Assemblée législative adopter des mesures réactionnaires, dont la suppression du suffrage universel (mai 1850), Louis Napoléon, soutenu par le «parti de l'Élysée», tira habilement avantage de cette politique en se faisant lui-même passer pour le défenseur du suffrage universel, accomplissant un voyage triomphal dans plusieurs départements (août-nov. 1850). La destitution du général légitimiste Changarnier* (janv. 1851), la démission des ministres provoquée par l'Assemblée et l'échec de la tentative de révision de la Constitution demandée par le président afin de pouvoir être réélu en 1852, rendirent inévitable un conflit entre l'Assemblée et Louis Napoléon. Encouragé par Morny*, Persigny*, Rouher*, il se décida dès l'été 1851 à fomenter un coup d'État. S'étant entouré en oct. d'hommes capables de le seconder activement (Saint*-Arnaud, Magnan*, Maupas*, etc.), il proposa en nov. l'abrogation de la loi de mai 1850, c'est-à-dire le rétablissement du suffrage universel. Le coup d'État fut réalisé dans la nuit du 1er au 2 déc. 1851 ; alors qu'un bal était donné à l'Élysée, la troupe, sous le commandement d'Espinasse*, envahit le palais Bourbon. Deux décrets furent affichés à Paris ; ils proclamaient l'état de siège, la dissolution de l'Assemblée législative, le rétablissement du suffrage universel et la convocation des Français pour un plébiscite, qui eut lieu le 20 déc. Une opposition au coup d'État tenta de s'organiser à Paris et en province ; elle fut rapidement réprimée. La Constitution de janv. 1852, renforçant l'exécutif au détriment du législatif, préparait le rétablissement de l'Empire. → **Empire (Second).**

**DÉCHELETTE (Joseph)** ♦ Archéologue français (Roanne 1862 - à la guerre, Aisne 1914). Il est surtout connu par son *Manuel d'archéologie préhistorique, celtique et gallo-romaine* (1908).

**DE CHIRICO (Giorgio)** ♦ Peintre et écrivain italien (Volo 1888 - Rome 1978). Formé à Athènes puis à Munich (1906 à 1908), admirateur de Nietzsche, impressionné par les œuvres de Böcklin*, Klinger*, Kubin*, il séjourna à Milan et à Turin dont il retint certains aspects «fantomatiques», puis à Paris en 1911, où il rencontra Picasso et Apollinaire. Il produisit de 1912 à 1919 des séries d'œuvres (période dite des «arcades», des «mannequins» et des «intérieurs métaphysiques») qui tranchaient avec les thèmes de la peinture traditionnelle aussi bien qu'avec les recherches plastiques novatrices de l'époque. Il resta en effet fidèle à l'espace scénographique de la Renaissance, mais en y insérant des perspectives forcées, des ombres illogiques (*Mélancolie d'une rue*, 1912). Dans un décor de palais italiens, de places à arcades désertées, de cheminées d'usines, de tours ou de locomotives, il contredit l'ordre habituel de la réalité quotidienne en groupant d'une façon irrationnelle objets et fragments de figures déshumanisées (statues mutilées, mannequins, gants, balles, échiquiers, biscuits, instruments de mesure, etc.) représentés d'une manière nette et linéaire, avec des surfaces de couleurs unifiées et un faible modelé. Breton souligna que dans ses tableaux «l'objet n'est plus retenu qu'en fonction de sa vie symbolique», et De Chirico y entrevit lui-même «les signes hermétiques d'une nouvelle mélancolie». Le caractère mystérieux et onirique de ses figurations tient en partie au choix de son répertoire thématique, qui semble dicté par l'inconscient et laisse transparaître un «érotisme voilé». Lors de sa mobilisation à Ferrare, en 1915, il influença C. Carrà* et contribua par ses œuvres à la naissance du courant intitulé «Peinture métaphysique». En 1919, il adhéra à *Valori Plastici* et, opérant un subit revirement, contredit seulement par la publication du roman onirique *Hebdomeros* (1929), il renia sa production, adoptant des sujets académiques et prétendant cultiver les valeurs du passé. Il se complut à des recherches sur les techniques anciennes. L'œuvre initiale de De Chirico fut reçue comme une révélation par les surréalistes, qui en soulignèrent le caractère éminemment dépaysant. ▪ Frère d'Alberto Savinio*. ◆ ÉTYM. Ce nom vient du latin *Cyriacus* (ou *Quirinus*), adaptation du grec *Kuriakos* «du Seigneur ; dédié à Dieu».

Giorgio **De Chirico.** *La Mort d'un esprit.* Collection de l'artiste.
*Phot. © Arch. Smeets*

**DECHY** [59187] ◆ ÉTYM. anc. *Diptiacus*, du lat. *Decius* (ou *Adeptus*), n. de pers., et suff. *-acum* ♦ Comm. du Nord, banl. S.-E. de Douai. 5 283 hab. *(Dechynois)*.

**DĚČÍN** – anc. en all. ***Tetschen*** ♦ V. de la République tchèque, en Bohême septentrionale. 52 165 hab. Port fluvial sur l'Elbe, à l'entrée des gorges gréseuses de la «Suisse saxonne». Centre industriel : construc. mécaniques ; indus. métallurgique.

**DÉCINES-CHARPIEU** [69150] ◆ ÉTYM. du lat. *Dissinius*, n. de pers. ♦ Ch.-l. de cant. du Rhône, dans la banl. E. de Lyon. 24 193 hab. *(Décinois)*.

**DECIUS** → **Dèce**

**DECIZE** [58300] ◆ ÉTYM. du gaul. *Decetos*, n. de pers. latinisé en *Decetius* ou de *Decetia*, déesse gauloise ♦ Ch.-l. de cant. de la Nièvre, arr. de Nevers, aux confins du Nivernais et de la Sologne bourbonnaise, à la jonction du canal du Nivernais et du canal latéral à la Loire. 6 456 hab. (aggl. 8 515) *(Decizois)*. Église Saint-Aré (chœur du XIe s.) élevée sur une crypte double (VIIe s.). Vestiges du château des comtes de Nevers. ▪ Indus. des pneumatiques et du caoutchouc.

**Déclaration des droits de l'homme et du citoyen** → **droits de l'homme**

**déclaration d'Indépendance** → **Indépendance (déclaration d')**

**Déclaration du clergé de France** – en lat. ***Clerici gallicani de ecclesiastica potestate declaratio***, dite **Déclaration des quatre articles** ♦ Déclaration gallicane rédigée par Bossuet* et approuvée par l'Assemblée générale extraordinaire du clergé (19 mars 1682). → **Régale (affaire de la).** Les quatre articles affirment : les rois, dans les affaires temporelles, ne sont pas soumis au pape, qui ne peut donc les déposer ni dispenser leurs sujets de l'obéissance ; le pouvoir du Saint Siège sur les choses spirituelles est limité par celui du concile œcuménique ; le pouvoir pontifical doit s'exercer selon les règles de l'Église et, en France, selon les usages de l'Église gallicane ; le jugement du pape sur les questions de foi n'est irréformable qu'après consentement de l'Église universelle. Louis XIV érigea immédiatement cette déclaration en loi, tandis qu'Innocent* XI, espérant la faire modifier, retardait la publication du bref qui la condamnait (→ **Alexandre VIII**). Mais la situation politique amena Louis XIV à renoncer à son application (1693). En 1810, Napoléon en fit une loi d'Empire.

**DECOIN (Henri)** ♦ Cinéaste français (Paris 1890 - Neuilly-sur-Seine 1969). Il eut une carrière abondante et inégale, qui débuta par le journalisme sportif et des scénarios sans prétention, avant de s'étoffer, dans les années 1930, au fil de comédies divertissantes, interprétées avec esprit par son épouse Danielle Darrieux* *(Battement de cœur, Premier rendez-vous)*. Le trait se durcira avec *Les Inconnus dans la maison* (1942), *Les Amants du pont Saint-Jean* (1947) et *La Vérité sur Bébé Donge* (1952).

**DE COSTER (Charles)** ♦ Écrivain belge d'expression française (Munich 1827 - Ixelles 1879). D'abord journaliste, il devint en 1870 professeur à l'École de guerre à Bruxelles. Ses *Légendes flamandes* (1858), inspirées de fabliaux du Moyen Âge et écrites en français archaïsant, connurent le succès, mais le reste de son œuvre fut peu apprécié de son vivant : ni les *Contes brabançons* (1861), ni *Le Voyage de noces* (roman, 1872) ne furent bien accueillis. *Les Aventures d'Ulenspiegel et de Lamme Goedzak au pays de Flandre et ailleurs* (1867), travail de dix ans, sont un récit picaresque d'un relief indéniable ; reprenant aux légendes allemandes le personnage de Till Eulenspiegel, paysan «espiègle» dont les aventures furent racontées en Flandre dès le XVIe s., l'écrivain en fait un héros populaire, symbole de la résistance flamande à l'oppression de Philippe II et du duc d'Albe ; sorte de Panurge flamand, Till* Eulenspiegel (Thyl Ulenspiegel) accumule les facéties, mais sait manifester une générosité parfois héroïque pour défendre la liberté. Le récit truculent, rédigé dans une langue savamment archaïsante, ne connut le succès qu'après la mort de son auteur.

**DECOUFLÉ (Philippe)** ♦ Chorégraphe, mime, artiste de cirque et danseur français (Neuilly-sur-Seine 1961). Grâce à ces facettes multiples, il réalise une fusion de la danse contemporaine avec la forme théâtrale et le spectacle de cirque, ludique, coloré et acrobatique. C'est ainsi qu'il crée *Codex* en 1986 puis *Decodex* en 1995 et *Shazam* en 1998. *Sombrero* (2002) explore tous les jeux d'ombre de façon ludique et poétique. En 1992, il met en scène les cérémonies d'ouverture et de clôture des jeux Olympiques d'Albertville.

**DECOUR (Daniel DECOURDEMANCHE, dit Jacques)** ♦ Homme de lettres français (Paris 1910 - Mont Valérien 1942). Professeur d'allemand, il enseigna aussi le français en Allemagne en 1932 et prit conscience de la montée du nazisme, ce dont il témoigna dans son livre *Philisterburg*. À son retour en France, il publia deux romans à la NRF (*Le Sage et le Caporal*, 1930 ; *Les Pères*, 1936) et entra au PCF. Engagé dans la Résistance, il fonda la revue *La Pensée libre* en 1941 avec Georges Politzer et Jacques Solomon. Il s'apprêtait à lancer *Les Lettres françaises* lorsqu'il fut arrêté par la police française. Livré aux Allemands, il fut fusillé le 30 mai 1942.

**DECOURTRAY (Albert)** ♦ Prélat français (Wattignies 1923 - Lyon 1994). Évêque de Dijon en 1974, puis archevêque de Lyon et primat des Gaules en 1981, il fut créé cardinal en 1985 et dirigea de 1987 à 1990 la Conférence épiscopale de France. Partisan d'une Église tolérante et ouverte, il fut membre des Conseils pontificaux pour le dialogue interreligieux et avec les non-croyants. [Acad. fr., 1993] → ÉTYM. *Decourtray* signifie «originaire de Courtrai».

**DECOUST (Michel)** ♦ Compositeur français (Paris 1936). Élève de Milhaud et Messiaen, opposé au sérialisme, il a écrit notamment *Distorsions* pour flûtes (1966), *T'aï* pour instruments et voix (1972) et un *Concerto pour violon* (1990).

**Découverte (palais de la)** ♦ Établissement de vulgarisation scientifique créé par Jean Perrin* et installé à Paris dans une partie du Grand Palais depuis 1937. Il présente les méthodes de recherche ainsi que des expériences dont certaines peuvent être réalisées par le public. Il dispose aussi d'un planétarium.

**DECOUX (Jean)** ♦ Amiral français (Bordeaux 1884 - Paris 1963). Commandant en chef des forces navales en Extrême-Orient (1939), gouverneur général de l'Indochine (1940), puis haut-commissaire dans le Pacifique (1941), il réussit à maintenir la présence administrative française jusqu'au coup de force des Japonais (9 mars 1945), par lesquels il fut emprisonné. Traduit devant la Haute Cour de justice après la Libération, il bénéficia d'un non-lieu (1949).

**DE CRAEYER** ou **DE CRAYER (Gaspar)** ♦ Peintre flamand (Anvers 1584 - Gand 1669). Il fut l'élève de Raphaël Coxie à Bruxelles et devint membre de la guilde en 1607. Le cardinal de Bonen, archevêque de Malines, lui confia de nombreuses commandes de tableaux religieux. Il travailla aussi à partir de 1635 pour la cour de Ferdinand IV et obtint ensuite le titre de peintre du roi. Il s'établit à Gand après 1635 et eut de nombreux élèves. Auteur de sujets allégoriques et d'histoire, ainsi que de quelques portraits où s'affirme sa maîtrise technique, il produisit surtout des tableaux d'autels aux coloris brillants et fluides dans un style qui doit beaucoup à Rubens ; il usa parfois de formules stéréotypées et ne sut pas toujours éviter l'emphase et la sentimentalité (*La Pêche miraculeuse*, 1643).

**Décrétales (Fausses)** ou **Décrétales pseudo-isidoriennes** ♦ Recueil de règlements ecclésiastiques attribué à Isidore de Séville, en fait rédigé v. 850, peut-être à Reims ou Aix-la-Chapelle, par un groupe de clercs. Il contient notamment une centaine de faux décrets pontificaux censés dater des premiers temps de l'Église, et la fausse Donation* de Constantin. Son but était de dégager les clercs et les évêques du pouvoir temporel. À partir du XIe s., les papes y trouvèrent un instrument pour affirmer leurs droits sur les souverains.

**DECROLY (Ovide)** ♦ Médecin et psychologue belge (Renaix 1871 - Uccle 1932). Spécialisé en neuropsychiatrie, il fonda un institut pour enfants anormaux (1901), puis une école expérimentale pour enfants normaux (1907). Ses conceptions psychopédagogiques ont contribué aux réformes de l'enseignement adoptées en Belgique (1936, 1958) et à l'institution d'écoles expérimentales en France (depuis 1945). Affirmant que l'appréhension de l'univers par l'enfant est «syncrétique» et constitue chez lui une véritable attitude mentale, Decroly a été amené à préconiser une méthode «globale» (non analytique) d'apprentissage de la lecture et de l'écriture. Par ailleurs, il estimait que l'école doit être conçue «pour la vie, à travers la vie», autrement dit, que toute pédagogie doit s'appuyer sur les centres d'intérêt de l'enfant, les objets et les situations de son milieu naturel et social. Il a publié notamment : *Initiation à l'activité intellectuelle et motrice par les jeux éducatifs* (1914), *Fonction de globalisation* (1923), *Évolution de l'affectivité* (1927), *Développement du langage* (1930).

**DECROUX (Étienne)** ♦ Mime français (Paris 1898 - *id.* 1991). Sa technique du «mime corporel» et de la «pantomime de style» a renouvelé cet art, l'ouvrant à l'abstrait. Il a été le maître de J.-L. Barrault* et de M. Marceau*. Il a publié *Paroles sur le mime* (1963).

**DÉCUMATES** (champs) – en lat. ***agri Decumates*** ♦ Région située entre le Main, le Rhin et le Danube et correspondant approximativement au Brisgau actuel. Elle fut annexée par Rome sous les Flaviens. Elle était protégée par un *limes* que les Alamans* devaient percer dès le IIIe s. Son nom lui venait de la dîme *(decuma)* que devaient payer les colons qui y étaient installés.

**DÉDALE** → ÉTYM. en gr. ***Daidalos*** «travaillé avec art» ♦ Architecte, sculpteur et inventeur légendaire d'Athènes*. Banni pour l'assassinat de son neveu Talos*, il se rend en Crète*, où il est accueilli par Minos*, roi de Cnossos*, et construit pour lui le Labyrinthe* enfermant le Minotaure*. On lui attribue parfois la fabrication du robot Talos*. Soupçonné d'avoir aidé Thésée à s'enfuir, il est à son tour enfermé dans le Labyrinthe, mais réussit à s'évader avec son fils Icare*, en se faisant des ailes de cire et de plumes. Il parvient seul en Italie, après la chute mortelle d'Icare.

**DEDEKIND (Richard)** ♦ Mathématicien allemand (Brunswick 1831 - *id.* 1916). Auteur de travaux en analyse mathématique et en théorie des nombres, il transforma la théorie des nombres idéaux de Kummer* en celle des idéaux (1871), indispensables pour le calcul de la divisibilité dans les anneaux ; il participa à l'arithmétisation des mathématiques en élaborant une théorie dans laquelle les nombres irrationnels sont définis par les coupures dans l'ensemble des rationnels et, avec H. Weber, posa les fondements de la géométrie algébrique en mettant au point l'étude des courbes par l'algèbre. Son raisonnement, entièrement nouveau pour l'époque, repose sur la théorie des ensembles. On lui doit également des travaux concernant les fondements des mathématiques. [Acad. sc. 1910]

**Dédé Korkout (Le Livre de)** ♦ Œuvre de la littérature populaire turque, fixée en Anatolie (v. 1400) à partir d'une tradition orale et attribuée à un auteur mythique (Dédé Korkout) ; elle fut redécouverte au XIXe s. par les écrivains turcs novateurs qui cherchaient à dégager l'expression littéraire de l'influence arabo-persane prédominante dans la période classique. Cette œuvre, écrite dans une versification syllabique irrégulière et archaïque, évoque les incessants combats des Turcs nomades contre les chrétiens du Caucase ou contre des êtres fantastiques.

**DEE** – en gallois ***Afon Dyfrdwy*** n. f. ♦ Fl. de Grande-Bretagne (113 km), qui prend sa source au pays de Galles, arrose Chester et se jette dans la mer d'Irlande par un profond estuaire.

**DEERLIJK** ♦ Comm. de Belgique (Région flamande), prov. de Flandre-Occidentale, arr. de Courtrai, entre l'Escaut et la Lys. 11 372 hab. Église du XVIIIe s. (retable de sainte Colombe du XVIe s.). ▪ Indus. textile.

**Défenestration de Prague** ♦ (23 mai 1618). Un temple ayant été fermé à Prague et le culte protestant interdit dans la ville, le palais royal du Hradčany fut envahi et deux lieutenants gouverneurs, représentants de l'empereur Mathias* II, ainsi qu'un secrétaire, furent jetés par les fenêtres (aucun des trois hommes ne fut tué). Cet attentat ouvrit la guerre de Trente* Ans.

**DÉFENSE** (quartier de la) ♦ Anc. carrefour de la banlieue O. de Paris, situé entre les comm. de Puteaux, Courbevoie et Nanterre, dans l'axe de l'avenue des Champs-Élysées, sur lequel s'élevait un monument commémoratif de la Défense de Paris en 1871. Objet d'une vaste opération d'urbanisme, le quartier associe un ensemble résidentiel, des espaces verts et un important centre d'affaires. Ce dernier comprend des tours à usage de bureaux et deux édifices de prestige : le Cnit (Centre des nouvelles industries et technologies), vaste hall d'exposition dû aux architectes Camelot, Esquillan, J. de Mailly et Zehrfuss (1958, remodelé 30 ans plus tard) et la Grande Arche (1983 - 1989) conçue par l'architecte danois Otto von Spreckelsen, siège de la Fondation internationale des Droits de l'homme. La conception architecturale de l'ensemble est axée sur la séparation des piétons et des véhicules grâce à une dalle de béton couvrant routes, gares ou parcs à voitures et ceinte d'un boulevard périphérique.

**La Défense.** La Grande Arche d'Otto von Spreckelsen. *Phot. © Dagli Orti*

**Défense et Illustration de la langue française** ♦ Manifeste littéraire, publié en 1549 sous le nom de Joachim du Bellay*, et qui riposte à Sébillet* en exposant le programme des poètes qui constitueront la Pléiade*. C'est une défense de la langue française que les «latinisants» taxent de barbare : pauvre, le français peut et doit s'enrichir, s'«illustrer», par le recours aux néologismes ou le rajeunissement des mots anciens. C'est, ensuite, par le difficile apprentissage du métier poétique et de l'«imitation originale» des auteurs et des genres antiques que les poètes obtiendront l'immortalité dans la langue française.

**Défense nationale** (gouvernement de la) ♦ Nom donné au gouvernement qui dirigea la France du 4 septembre* 1870 au 12 février 1871. La nouvelle de la capitulation de Sedan (2 sept.) provoqua la proclamation de la déchéance de Napoléon III et la formation d'un gouvernement de la Défense nationale sous la présidence du général Trochu à l'Hôtel de Ville. Ce gouvernement, constitué de

12 membres (dont J. Favre aux Affaires étrangères, J. Simon à l'Instruction publique, L. Gambetta à l'Intérieur, A. Crémieux à la Justice, É. Picard aux Finances, Le Flô à la Guerre, Fourichon à la Marine, Magnin au Commerce et à l'Agriculture, Dorian aux Travaux publics, Rochefort, Arago), fut formé à l'exclusion de tout représentant des forces révolutionnaires. Après avoir aboli le Sénat et dissous le Corps législatif, il affirma son refus de toute cession territoriale (6 sept.) et forma à Tours une délégation du gouvernement (A. Crémieux, Glais-Bizoin, Gambetta) pour organiser en province la résistance à l'ennemi et la guerre à outrance. Après l'échec des négociations de Ferrières entre Bismarck et J. Favre (sept. 1870) et celui des pourparlers de Versailles (Bismarck-Thiers ; 2 - 3 nov. 1870), il organisa la préparation du siège de Paris tout en luttant contre le développement du mouvement révolutionnaire (journée d'oct. 1870, à la suite de la capitulation de Metz). Après la capitulation de Paris et la signature de l'armistice (28 janv. 1871), le gouvernement de la Défense nationale céda la place à l'Assemblée nationale qui siégea pour la première fois à Bordeaux et au nouveau chef de l'Exécutif, Thiers.

**DEFFAND** [defɑ̃] **(Marie,** marquise **DU)** ♦ Dame française (château de Chamrond, Bourgogne 1697 - Paris 1780). Elle reçut dans son célèbre salon Fontenelle, Montesquieu, Marivaux et les Encyclopédistes qu'elle présentait à des gens du monde et à des politiciens (→ **Lespinasse**). Dans sa vaste correspondance (à Voltaire, d'Alembert*, Walpole*), écrite en une langue sobre mais pittoresque, elle analyse avec lucidité son ennui, qui provient de «la privation du sentiment avec la douleur de ne s'en pouvoir passer».

**DEFFERRE (Gaston)** ♦ Homme politique français (Marsillargues 1910 - Marseille 1986). Militant socialiste (SFIO) dès 1933, résistant lors de la Deuxième Guerre mondiale, il fut maire de Marseille (1944 - 1945 et de 1953 à sa mort), député (1946 - 1958, 1962 - 1986), sénateur (1959 - 1962). Nommé ministre de la France d'outre-mer dans le cabinet G. Mollet (1956 - 1957), il contribua à faire voter la loi-cadre modifiant le statut des territoires de l'Union française (23 juil. 1956). Ministre de l'Intérieur et de la Décentralisation (cabinets P. Mauroy, 1981 - 1984), puis du Plan et de l'Aménagement du territoire (cabinet L. Fabius, 1984 - 1986), il fut l'instigateur de la loi sur la décentralisation (1982). ➝ **ÉTYM.** Ce nom vient peut-être de *Defer, Defert* (surnom d'artisan travaillant le fer) ou signifie «homme de fer» c'est-à-dire «robuste» ou désigne celui qui habite un lieu-dit *Les Ferres,* toponyme qui paraît lié au fer.

**DE FILIPPO (Eduardo)** ♦ Acteur, metteur en scène et dramaturge italien (Naples 1900 - Rome 1984). Comédien dès l'adolescence, remarqué par Pirandello dont il monta deux pièces, il ne tarda pas à écrire ses propres pièces (*Sik-Sik,* 1929 ; *Filumena Marturano,* 1946 ; *La Grande Magie,* 1948, montée par Strehler en 1985, entrée au répertoire de la Comédie française en 2009). Sa verve napolitaine servit également le cinéma, dont plusieurs films de De Sica.

**DE FOE** ou **DEFOE (Daniel FOE,** dit**)** ♦ Romancier, poète et journaliste anglais (Londres 1660 - Moorfields 1731). D'origine modeste, il fit ses études au séminaire dissident de Stoke Newington. Doué pour le commerce, il voyagea en Espagne, en France, en Italie, en Allemagne et écrivit pour gagner sa vie. Polémiste habile, il favorisa l'accession de Guillaume d'Orange au trône, intrigua pour éviter la faillite, se fit suspecter par les deux partis (whig et tory) qu'il soutenait en même temps, connut la prison et le pilori. L'écrivain est à l'image de l'homme, complexe et varié. Il fut poète satirique (*L'Hymne au pilori,* 1703), raillant l'orgueil de race et de famille dans *L'Anglais bien né,* et pamphlétaire (*Faire l'aumône n'est pas la charité,* 1704 ; *Le Moyen le plus rapide d'en finir avec les dissidents,* 1702, contre la haute Église anglicane). Journaliste, il fonda la *Review* (1704) qui devint le *Mercator* (1713). Très en avance sur son époque, il prônait le féminisme (*Essai sur divers projets,* 1697) en déclarant que les jeunes filles devaient étudier. S'il vint tard au roman, c'est pourtant à son œuvre romanesque que De Foe doit sa véritable gloire. Par goût de la mystification mais plus profondément par besoin de vérité littéraire, De Foe présentait tous ses romans comme des autobiographies qu'il ne signait pas. Il faut citer : *Heurs et Malheurs de la fameuse Moll Flanders* (1722), inspiré par un personnage historique (1584 - 1659), Moll la coupeuse de bourses ; *Journal de l'année de la peste* (1722), étonnante réinvention qui passa longtemps pour un document authentique sur la peste de Londres en 1665 ; *Le Colonel Jacque* (1722) ; *Lady Roxane ou l'Heureuse Catin* (1724), histoire d'une aventurière de grand style ; *La Vie, les Aventures et les Pirateries du capitaine Singleton* et surtout *Robinson* Crusoé* (1719), son chef-d'œuvre avec *Moll Flanders.* ➝ **ÉTYM.** Ce nom de famille anglais vient de *foe* «ennemi, adversaire».

**DE FOREST (Lee)** ♦ Ingénieur américain (Council Bluffs, Iowa 1873 - Hollywood 1961). En ajoutant une grille entre l'anode et la cathode dans la diode de J. A. Fleming*, il inventa la lampe triode (1907) qui permit le développement de la radiophonie.

**DEGANYA** ♦ Localité d'Israël, sur la rive S. du lac de Tibériade. La première *kvoutza* (groupe), ancêtre du kibboutz, y a été créée en 1909. Cultures maraîchères et fruitières.

**DEGAS (Hilaire Germain Edgar DE GAS,** dit **Edgar)** ♦ Peintre, pastelliste, dessinateur et graveur français (Paris 1834 - *id.* 1917). Issu d'une famille de banquiers, il commença des études de droit avant de se consacrer à la peinture. En 1855, il suivit les cours de L. Lamothe, élève d'Ingres ; en 1856 - 1857, puis en 1859, il voyagea en Italie où il copia les quattrocentistes. Il débuta par des compositions historiques (*Sémiramis construisant une ville,* 1861) et des portraits encore marqués par Ingres, mais composés d'une façon personnelle (*La Famille Bellelli,* 1858 - 1867). Abandonnant les conventions académiques, il subit l'influence du naturalisme, s'intéressa à la photographie, découvrit les estampes japonaises qui l'incitèrent aux recherches de mises en page. Il fréquenta vers 1868 le cercle du café Guerbois où il retrouvait Manet* (*Portrait de Manet,* 1864), Renoir* et Monet*. Il exposa avec ces derniers en 1874 à la première exposition impressionniste, sans qu'il partage leur enthousiasme pour la peinture de plein air et pour le paysage ; leur exemple stimula l'intérêt qu'il portait au rendu de la lumière. Comme Manet, qui l'influença, il avait un sens aigu du modernisme, représentant des scènes familières, des scènes de rue, s'intéressant au monde hippique (*Avant le départ,* 1862), au spectacle (*M<sup>lle</sup> Fiocre dans «La Source»,* 1868). À la suite d'un voyage aux États-Unis (1872 - 1873), il peignit *Le Bureau de coton à La Nouvelle-Orléans* (1873), révélateur de ses tendances naturalistes. Il se passionna pour le monde de la danse (*Danseuse saluant,* 1878 ; *Danseuse à la barre,* 1880) en mettant l'accent sur les effets de lumière artificielle et fut un observateur impitoyable, souvent dédaigneux, ennemi de toute idéalisation. Il fixait avec une exceptionnelle habileté le geste rapide et caractéristique. Des thèmes comme *Les Repasseuses** et *Les Modistes* (1882 - 1883) lui permirent de se rapprocher stylistiquement de certains tableaux de Daumier* ; celui des *Femmes à leur toilette* (1885 - 1898) évoque parfois Toulouse-Lautrec. Souffrant de la vue, Degas employait de préférence le pastel, y mêlant le crayon, la gouache, la peinture à l'essence. Il évolua vers une facture de plus en plus libre, posant des stries de couleurs aux harmonies audacieuses qui contrastent avec des parties estompées. Son trait elliptique est plus suggestif que descriptif (il travaillait de mémoire) et présente volontairement un caractère d'ébauche. Influencé par l'art japonais, il recherchait les modes de présentation inhabituels : décentrés, en oblique, vues en plongée ou en contre-plongée, et contribua ainsi à détruire le système perspectif traditionnel. Son art de capter les gestes brusques, involontaires, sous un éclairage insolite aboutit à des solutions formelles originales (*Le Tub,* 1886 ; *Après le bain,* 1898). ▪ Valéry a consacré un essai au peintre (*Degas, danse, dessin,* 1936). ▪ *Autre illustration :* → **Halévy.** ➝ **ÉTYM.** *Degas* vient de *Gas,* nom de lieu en Eure-et-Loir, ou *du gast* («terre inculte») indiquant la situation de la maison.

Edgar **Degas.** *Après le bain, femme s'essuyant la nuque* (62 × 65 cm). Musée d'Orsay, Paris. *Phot. © Arch. Smeets*

**DE GASPERI (Alcide)** ♦ Homme politique italien (Pieve Tesino, Trentin 1881 - Valsugana 1954). Élu député au Parlement autrichien (1911), il défendit les droits de la minorité italienne du Trentin. La victoire le fit citoyen italien et, en 1921, il fut nommé président du Parti populaire italien (PPI). Mis en prison durant quatre ans pour ses activités antifascistes, il devint après la guerre l'un des chefs de la Démocratie chrétienne (qui avait succédé au PPI). Président du Conseil et ministre des Affaires étrangères (1945 - 1953), il favorisa l'instauration de la République (1946) et du régime parlementaire en Italie. Il fut, avec Jean Monnet, Robert Schuman et Konrad Adenauer, l'un des artisans de la construction européenne. En 1954, il fut élu président de la Communauté* européenne du charbon et de l'acier.

**DE GAULLE (Charles)** → Gaulle (Charles de).

**DEGLANE (Henri)** ♦ Architecte français (Paris 1855 - *id.* 1931). Prix de Rome en 1881, il édifia le Grand* Palais avec Louvet et Thomas (1900). Il en réalisa l'ossature métallique et la verrière.

**DEGOS (Robert)** ♦ Médecin français (Mugron, Landes 1904 - Paris 1987). Spécialiste de dermatologie et vénéréologie (syphilis), il donna son nom à la papulose atrophiante maligne (syndrome cutanéo-intestinal). Il a publié un *Traité de dermatologie* (1953).

**DEGOTTEX (Jean)** ♦ Peintre français (Sathonay 1918 - Paris 1988). Après des voyages en Tunisie et en Algérie, il peignit des tableaux naturalistes aux couleurs proches de celles des Fauves, obtint le prix Kandinsky en 1951, puis élabora un style personnel, une abstraction réduite aux signes traversant la toile vide, inspirée par la calligraphie orientale et la philosophie zen. Il devint l'un des membres de la seconde phase de l'abstraction lyrique. Il réalisa des séries, les *Métasignes* dans les années 1960, *Suite bleue-noir, Suite rose-noir* et *Aware*, entreprit ensuite des recherches sur le support de l'œuvre, qu'il plie, déchire ou arrache (*Débris*, 1980), tout en restant fidèle au minimalisme des signes.

**DEGOUTTE (Jean Marie Joseph)** ♦ Général d'infanterie français (Charnay, Rhône 1866 - *id.* 1938). Il commanda à la Malmaison (oct. 1917) et en Champagne (offensive de juil. 1918) puis, nommé major général auprès du roi des Belges, il enleva la crête de Passchendaele et reconquit le S. de la Belgique avec des divisions britanniques, belges et françaises. Il fut commandant en chef des forces d'occupation alliées en Rhénanie jusqu'en 1925.

**DE GRAAF (Reinier ou Régnier)** ♦ Médecin et physiologiste néerlandais (Schoonhoven, près d'Utrecht 1641 - Delft 1673). Il est connu par ses études sur le suc pancréatique et sa description des follicules ovariens (1672), dits *follicules de De Graaf*, chez la femme et chez divers mammifères.

**DE GREEF (Guillaume)** ♦ Sociologue belge (Bruxelles 1842 - *id.* 1924). Influencé par les vues de H. Spencer, il a développé une conception organiciste de la société, considérée comme un «hyperorganisme» soumis aux lois d'évolution de la matière organisée et susceptible de progrès et de «regrès». Œuv. princ. : *Introduction à la sociologie*, 1886 - 1889 ; *Les Lois sociologiques*, 1893 ; *Le Transformisme social, essai sur le progrès et le regrès des sociétés*, 1895 ; *Sociologie économique*, 1904. ➝ ÉTYM. Ce nom est une variante du flamand *De Graaf* «Le Comte».

**DEGRELLE (Léon)** ♦ Homme politique belge (Bouillon 1906 - Málaga 1994). Militant de l'Action catholique belge, influencé par le nationalisme de Maurras*, il fonda en 1932 la revue *Rex*, organe d'un mouvement politique, le rexisme. De plus en plus favorable au fascisme, il prit la tête de la collaboration wallonne avec l'Allemagne dès la défaite belge et créa la division SS «Wallonie» qui combattit sur le front russe. Après la guerre, condamné à mort, il s'enfuit en Espagne.

**DE GROUX (Charles DEGROUX, dit)** ♦ Peintre, dessinateur et graveur belge (Comines 1825 - Bruxelles 1870). Élève de Navez, il fut surtout impressionné par l'art de Courbet* et de Millet* et devint l'un des plus importants représentants du mouvement réaliste belge. Il exprima dans ses œuvres les préoccupations humanitaires et sociales qui le hantaient et sensibilisa son ami C. Meunier* aux problèmes sociaux. Il décrivit avec précision dans une gamme de tons volontairement éteints des scènes de la vie ouvrière et paysanne (*Le Bénédicité*) d'une certaine vigueur expressive, sans éviter parfois le pittoresque ou le didactisme.

**DEGUCHI Onisaburō** ♦ Philosophe et religieux japonais (Kameoka Kyōto 1871 - *id.* 1948), fondateur de la secte Ōmoto («la Grande Origine»). Persécuté, il se réfugia en Mongolie où il organisa une armée personnelle, se proclamant le sauveur du monde, et, en 1925, fonda la «société de l'Amour universel». Arrêté, il aurait composé plus de 600 000 poèmes en prison. Libéré en 1942, il se consacra à la rédaction de textes religieux.

**DEGUY (Michel)** ♦ Poète français (Paris 1930). Ancien professeur à l'université de Paris VIII et président du Collège international de philosophie (1989 - 1995), il construit une œuvre atypique mêlant en un dialogue incessant poésie et philosophie. On lui doit *Poèmes de la Presqu'île* (1962), *Biefs* (1964), *Ouï dire, Poèmes I 1960-1970, Poèmes II 1970-1980, Gisants, Poèmes III 1980-1995, Donnant donnant* (1981), *Aux heures d'affluence* (1993), *L'Énergie du désespoir* (1998).

**DE HAAN (Jacob Israël)** ♦ Poète néerlandais (Smilde, prov. de la Drenthe 1881 - Jérusalem 1924). Juif orthodoxe, il fut un moment tenté par les idées du socialisme, puis rejoignit définitivement le mouvement sioniste. Fixé en Palestine en 1919, il exprima dans des recueils, *La Chanson juive* (1921) et *Quatrains* (1924), l'exaltation de son adhésion. Il fut assassiné pour des raisons politiques.

**DE HAAS (Wander Johannes)** ♦ Physicien néerlandais (Lisse 1878 - Bilthoven 1960). Auteur de recherches sur les très basses températures, la supraconductivité et le magnétisme. [Acad. sc. 1947]

**DEHAENE (Jean-Luc)** ♦ Homme politique belge (Montpellier 1940). Membre du CVP (parti populaire chrétien) devenu CD&V (parti démocrate chrétien flamand) en 2001, il succéda à W. Martens* au poste de Premier ministre en 1992 et fit adopter en 1993 la réforme de la Constitution transformant la Belgique en État fédéral. Les élections législatives et européennes, qui virent la défaite de la coalition qu'il dirigeait depuis 1995, le contraignirent à démissionner (juin 1999). ➝ **Belgique.** Vice-président de la Convention sur l'avenir de l'Europe (2001-2003), il est député européen depuis 2004 et conseiller auprès d'Yves Leterme, depuis le retour de celui-ci au poste de Premier ministre en 2009, pour les réformes institutionnelles.

**DE HAVILLAND (sir Geoffrey)** ♦ Ingénieur et industriel britannique (Haslemere, Surrey 1882 - *id.* 1965). Pilote, pionnier de l'aviation, il créa la De Havilland Aircraft Company Ltd (1920) et réalisa de nombreux prototypes d'avions dont le premier avion commercial à réaction (*Comet* mis en service en 1952).

**DEHMEL (Richard)** ♦ Poète lyrique allemand (Wendisch Hermsdorf, Brandebourg 1863 - près de Hambourg 1920). Hostile au naturalisme et à la théorie de l'art pour l'art des symbolistes, il célébra en poète visionnaire une existence intense, les forces vitales et la sexualité. Ses poèmes érotiques (*Rédemptions*, 1891 ; *Métamorphoses de Vénus*, 1897 - 1907 ; *Deux êtres*, roman en romances à caractère autobiographique, 1903) et sociaux (*L'Ouvrier, Quatrième Classe*) sont écrits dans un style violent aux symboles parfois étranges, aussi Dehmel fut-il considéré, assez superficiellement, comme un précurseur des expressionnistes.

**DEHMELT (Hans G.)** ♦ Physicien américain d'origine allemande (Berlin 1922). Il mit au point la technique permettant d'enfermer les particules électriquement chargées dans des «pièges» électromagnétiques, grâce à laquelle il put effectuer un ensemble de mesures de très haute précision concernant, entre autres, l'électron et le positon. Ces résultats constituent une vérification de la théorie de l'électrodynamique quantique et sont à la base de nouveaux étalons de fréquence. On lui doit également les premières études expérimentales du passage d'un électron d'un niveau d'énergie atomique à un autre (saut quantique). [Prix Nobel de phys. 1989, avec W. Paul* et N. Ramsey*]

**DE HOOCH ou DE HOOGH (Pieter)** ♦ Peintre hollandais (Rotterdam 1629 - Amsterdam 1683). Élève de Berchem à Haarlem, il subit d'abord l'influence de Fabritius*. Inscrit à la guilde de Delft à partir de 1654, il travailla aussi à La Haye et à Leyde et résida à Amsterdam à partir de 1667 environ. À Delft, il représenta quelques scènes d'extérieur et des scènes de la vie domestique dans des intérieurs bourgeois ; ces œuvres présentent de grandes affinités avec celles de Vermeer* : les effets de lumière associés à des jeux rigoureux de perspective (portes ou fenêtres ouvertes, carrelages) sont traités avec une grande délicatesse de ton. Des gestes calmes et des objets soigneusement décrits se dégage une atmosphère d'intimité et presque de recueillement. Mais il révèle une sensibilité plus superficielle dans ses scènes élégantes de la vie de société à Amsterdam.

**DEHRADUN ou DEHRADOON** ♦ V. de l'Inde, cap. de l'Uttarakhand. 527 859 hab. Station climatique sur les avant-monts de l'Himalaya, à 200 km de Delhi.

**DÉIDAMIE** – en gr. *Dêidameia* ♦ Fille de Lycomède*. Achille*, qui vivait à la cour de Lycomède, caché par sa mère Thétis sous un déguisement féminin, la séduisit. Elle enfanta Pyrrhos*.

**DEINZE** ♦ V. de Belgique (Région flamande), prov. de Flandre-Orientale, arr. de Gand, sur la Lys et le canal de dérivation de la Lys. 28 593 hab. Église Notre-Dame (gothique primitif). Église de Bachte-Maria-Leerne (roman tardif). Gare moderne. Aux environs, château Ooidonk (reconstruit au XVIe s.). Monument aux 85 victimes civiles de la Deuxième Guerre mondiale à Vinkt. ▪ Indus. textile ; fabrique de jouets.

**DEIR EL-BAHARI** ➝ ÉTYM. ar. «le couvent du Nord» ♦ Site archéologique d'Égypte, sur la rive g. du Nil, en face de Karnak*, dans un vaste cirque formé par la chaîne libyque. La reine Hatchepsout* y fit construire son temple funéraire, œuvre de l'architecte Senmout

**Deir el-Bahari.** Temple funéraire de la reine Hatchepsout.
*Phot. © Arch. Nathan/Sonneville*

(v. –1500). Taillé en partie dans la montagne, il s'étage en trois terrasses reliées par une rampe centrale et bordées contre le rocher par des portiques que décorent des bas-reliefs polychromes d'une grande pureté de style. La deuxième terrasse donne accès aux chapelles d'Anubis* et d'Hathor*. À proximité se trouvent les temples de Mentouhotep* Ier et Touthmôsis* III.

**DEIR EL-MEDINEH** ◆ ÉTYM. ar. «le couvent de la ville» ♦ Site archéologique d'Égypte, sur la rive g. du Nil, en face de Louksor*. Situé au S. de Deir* el-Bahari, cet emplacement abrite les ruines du village et des tombes d'ouvriers de la Vallée* des Rois (–1314 - –1100) ainsi qu'un petit temple de l'époque ptolémaïque.

**DEIR EZ-ZOR** ♦ V. de Syrie, située dans le N.-E. du pays sur l'Euphrate, ch.-l. de gouvernorat. 223 212 hab. Centre commercial. Gisements d'asphalte et de pétrole dans la région. La ville fut autrefois une halte pour les caravaniers du désert.

**DEISENHOFER (Johann)** ♦ Chimiste allemand (Zusamaltheim, Bavière 1943). → **Michel (Hartmut).** [Prix Nobel de chim. 1988, avec R. Huber et H. Michel]

**DÉJANIRE** ◆ ÉTYM. en gr. ***Dêïaneira,*** probablt «qui brûle *(dêios)* son mari *(anêr)*» ♦ Princesse légendaire de Calydon*, sœur de Méléagre*. Elle épouse Héraclès* et lui donne cinq enfants : → **Héraclides, Hyllos.** Jalouse de la belle Iole*, elle envoie à Héraclès une tunique empoisonnée, imprégnée du sang du centaure Nessos* provoquant de telles douleurs qu'il se jettera dans les flammes.

**DÉJAZET (Virginie)** ♦ Actrice française (Paris 1798 - *id.* 1875). Elle s'est distinguée dans des rôles de travesti masculin (Richelieu, Bonaparte, Voltaire), de soubrettes et de séductrices (*La Dame aux camélias,* de A. Dumas fils).

**DÉJERINE (Jules)** ♦ Neurologiste français (Genève 1849 - Paris 1917). Il occupa une chaire à la Salpêtrière et travailla en collaboration avec sa femme, AUGUSTA DÉJERINE, née KLUMPKE (San Francisco 1859 - Paris 1937). Il étudia plusieurs syndromes de maladies nerveuses, auxquels on donna son nom. → **Landouzy.**

Le **Déjeuner sur l'herbe** ♦ Peinture de Manet* (huile sur toile, 1863). Manet a repris ce thème classique, déjà traité par Raphaël, Titien (*Le Concert champêtre,* v. 1509) et qui le sera par Monet en 1865 («dans l'esprit de celui de Manet, mais peint dans la nature»), par Cézanne, puis par Picasso en 1960. Exposé au Salon des Refusés en 1863, le tableau fit scandale pour «offense à la pudeur», selon l'expression de Napoléon III. Comme *Olympia*, Le Déjeuner sur l'herbe* a choqué le public du XIXe s. non pas tant par la simplification des plans et la suppression des codes picturaux classiques, que par l'impudeur de la femme nue assise de façon nonchalante auprès d'hommes vêtus. Son regard, comme celui d'*Olympia,* fixe le spectateur, dédoublant ses émotions, provoquant un malaise et donc, une réflexion et non plus seulement une jouissance. Cette rupture du pacte traditionnel entre l'œuvre et le spectateur peut être considérée comme le point de départ de la peinture moderne.

**DE KEERSMAEKER (Ann Teresa)** ♦ Danseuse et chorégraphe belge (Malines 1960). Après une formation à l'école MUDRA de Maurice Béjart* et un séjour aux États-Unis, elle se passionna pour les liens qu'entretiennent la musique et la danse et créa des chorégraphies dans un style vif et vigoureux. Enrichis de paroles, de chants et de cinéma, ses ballets ont évolué vers le théâtre. À la tête de sa propre compagnie *(Rosas)* dès 1983, elle travailla avec le Kaaitheater de Bruxelles et devint en 1992 chorégraphe résidente à La Monnaie avant de fonder en 1995 son école de danse. On lui doit notamment *Ash* (1981), *Fase* (1982), *Rosas danst Rosas* (1983), *Elenas' Aria* (1984), *Ottone, Ottone* (1988), *Achterland* (1990), *Just before* (1997), *Le Château de Barbebleue* (opéra de Bartók, 1998), la vidéo musicale *Rosa* (avec Peter Greenaway,1998), *Rain* (2001), *Bitches Brew* (2003), *D'un soir un jour* (2006). ◆ ÉTYM. Ce nom flamand est celui d'un fabricant ou marchand de cierges, de chandelles.

**DE KEYSER (Hendrick)** ♦ Architecte, sculpteur et médailleur hollandais (Utrecht 1565 - Amsterdam 1621). Architecte d'Amsterdam, il contribua à la physionomie de la ville en concevant ces maisons de brique, étroites et hautes, qui bordent les canaux, ainsi que des églises de culte protestant (Zuiderkerk, 1611, Westerkerk, 1630). Sa principale œuvre de sculpteur est le mausolée de Guillaume le Taciturne dans le chœur de la Nieuwe Kerk de Delft (1614 - 1621). ♦ **Thomas De Keyser.** Peintre et architecte (Amsterdam v. 1596 - *id.* 1667). Fils du précédent. Dans la veine de Frans Hals*, il se spécialisa dans le portrait d'apparat, réaliste et austère, d'une grande finesse picturale par les harmonies de blanc et de noir,

Le **Déjeuner sur l'herbe.** Tableau de Manet (2,08 x 2,65 m), 1863.
Musée d'Orsay, Paris. *BIS/Phot. Hubert Josse © Archives Larbor*

de clair et de sombre (*Loef Vrederiex*, 1626, Mauritshuis, La Haye ; *Portrait équestre de Pieter Schout*, 1660, Rijksmuseum, Amsterdam).

**DEKKAN** ou **DECCAN** n. m. ➝ **ÉTYM.** du port. *Decan*, emprunté au sanskr. *daksinas* « situé à droite (au sud, car on s'orientait alors en se tournant vers l'orient) » ♦ Région de l'Inde. Le terme désigne essentiellement le N.-O. de la partie péninsulaire de l'Inde, mais il a été étendu à l'ensemble de la péninsule. Formé de terrains anciens granito-gneissiques, le Dekkan a été recouvert à l'époque Crétacé-Tertiaire par d'immenses épandages de basaltes dus au point chaud de La Réunion (l'Inde a dérivé depuis jusqu'à sa position actuelle). Les plateaux basaltiques superposés ont des bordures simulant de gigantesques marches d'escalier (traps, ou *ghâts* en indien). Les Ghâts de l'Ouest constituent une barrière continue le long de la mer d'Oman, et atteignent plus de 2 500 m au S. Des massifs plus discontinus suivent les côtes du golfe du Bengale, et c'est assez improprement qu'on leur applique parfois le nom de Ghâts de l'Est. Des fossés et des reliefs E.-O. caractérisent la région des traps. Les fleuves majeurs prennent leur source près de la mer d'Oman, mais vont se jeter dans le golfe du Bengale et forment de grands deltas. Le centre du Dekkan a un climat relativement sec, et l'agriculture est fondée sur la production de millet et d'arachide, sauf sur les terres noires des traps propices à la culture du coton. L'irrigation, développée grâce à la construction de puissants barrages sur les grands fleuves, favorise la production de riz et de canne à sucre. Les anciennes capitales politiques du S. sont devenues de grandes villes industrielles (Hyderabad, Bangalore). ▪ La limite entre les langues indo-européennes et dravidiennes traverse le Dekkan. ▪ L'identité artistique du Dekkan, qui s'est affirmée à la fin de l'Empire gupta, se distingue notamment par de splendides témoignages de l'art musulman indien (mausolées du Bihar, mosquées de Bijapur). Une école de miniatures s'y est aussi développée (XVIe - XVIIIe s.). ▮ **Histoire** La région a connu de fortes constructions politiques échappant souvent au contrôle de l'Inde du Nord : États hindous, comme ceux des Cholas ou comme la Fédération mahratte (XVIIe - XVIIIe s.), et royaumes musulmans comme ceux de Hyderabad et de Mysore (Karnataka). Français et Britanniques s'y sont affrontés au XVIIIe s.

**DEKKER (Thomas)** ♦ Écrivain et dramaturge anglais (Londres, v. 1572 - *id.* 1632). Sa turbulente existence ne s'est jamais déroulée bien loin de ces bas-fonds de Londres qu'il a décrits avec saveur dans *Le Veilleur de nuit de Londres* (1608) et *L'Abécédaire du parfait galant* (1609). Au théâtre, il est l'auteur d'une dizaine de pièces à succès, dont *La Fête du cordonnier* (1599), *Le Vieux Fortunatus* (1600) et d'une trentaine de comédies qu'il a écrites en collaboration avec Massinger*, John Ford* et John Webster*.

**DE KLERK (Frederik Willem)** ♦ Homme d'État sud-africain (Johannesburg 1936). Successeur de P. Botha* à la présidence de la République (1989), partisan d'une évolution en douceur vers « la fin de la domination blanche », il signa en août 1990 un accord avec N. Mandela*, stipulant l'abandon de la lutte armée par l'ANC et ouvrant la voie à l'abolition de l'apartheid. N. Mandela lui succéda à la suite des législatives d'avril 1994 et forma un gouvernement d'unité nationale, dont F. De Klerk, le vice-président, démissionna en 1996. Très contesté en raison de son revirement en faveur des blancs conservateurs, il se retira de la vie politique en 1997. ➞ **Afrique du Sud.** [Prix Nobel de la paix 1993, avec N. Mandela] ➝ **ÉTYM.** Ce nom vient du flamand *klerk* « clerc ».

**DE KOONING (Willem)** ♦ Peintre américain d'origine néerlandaise (Rotterdam 1904 - Long Island, New York, 1997). Influencé dès sa jeunesse par l'art du Stijl, puis par l'expressionnisme flamand, il pratiqua aux États-Unis, où il s'établit en 1926, une peinture de tendance symboliste et surréalisante. La simplification des formes le conduisit à réaliser des décorations murales abstraites (1935 - 1936), préludes à des recherches dynamiques qui l'apparentèrent à l'action painting (Kline*, Pollock*). Mais la violence du geste et la véhémence de la couleur ne sont jamais chez De Kooning sans référence à une réalité humaine sensible, et cette réalité, appréhendée avec cruauté, réapparaît avec intensité dans les célèbres séries de *Femmes* (1947 - 1952, puis après 1963), où les fantasmes d'une société infantile trouvent une traduction picturale raffinée. De même, les abstractions-paysages de 1955 - 1963 donnent au lyrisme tragique une forme sensible, violente, mais toujours d'une virtuosité délicate, ce qui n'a pas manqué de provoquer les critiques des tenants du pop art qui le taxèrent d'académisme.

**DE LA BOË (François)** ➞ **Sylvius**

**DELACROIX (Eugène)** ♦ Peintre, aquarelliste, dessinateur et lithographe français (Saint-Maurice, près de Paris 1798 - Paris 1863). Conseillé par son oncle l'ébéniste Riesener*, il entra en 1816 dans l'atelier de Guérin*. Dans son premier envoi au Salon, *Dante et Virgile aux Enfers*, 1822, l'expression dramatique et les tonalités sombres apparaissent empruntées à son ami et condisciple Géricault* ; l'œuvre fut vivement critiquée, mais lui valut l'admiration d'amateurs (tels que Thiers). Il se lia avec T. Fielding et Bonington et s'intéressa à l'aquarelle. ▮ **Le chef de file du romantisme** Au Salon de 1824, *Les Massacres de Scio* furent considérés comme un manifeste de l'école romantique en raison du souffle tragique qui animait l'œuvre et de la vibration de la couleur. Delacroix s'y montrait fidèle au Gros* des *Pestiférés de Jaffa*. En 1825, il se rendit en Angleterre, retrouva Fielding et Bonington, découvrit le théâtre de Shakespeare, se passionna pour Scott, Byron, Goethe (illustration de *Faust*), mais aussi pour l'Arioste. *La Mort* de Sardanapale* (1827), avec son coloris éclatant, sa composition tourmentée et l'imagination violente et sensuelle qui s'y déploie, fut très mal reçue par la critique et les défenseurs du classicisme (dont Ingres*). À cette époque, Delacroix exécuta aussi des allégories inspirées par les événements contemporains, *La Grèce expirant sur les ruines de Missolonghi* (1827), *La Liberté* guidant le peuple* (1830) et des peintures d'histoire : *L'Assassinat de l'évêque de Liège* (1831), *La Décapitation du doge Mario Falerio* (1827). ▮ **Le voyage au Maroc** En 1832, accompagnant le comte de Mornay dans sa mission auprès du sultan du Maroc, il séjourna six mois en Afrique du Nord, passa en Espagne et prit une multitude de croquis, d'aquarelles et de notes qui allaient nourrir son inspiration pendant de longues années (séries de scènes de chasse, combats de fauves, *Le Sultan du Maroc*, 1845 ; *Noce juive*, 1839 ; *Femmes d'Alger dans leur appartement*, 1834). Il contribua ainsi à propager la mode de l'exotisme oriental chez les peintres romantiques. ▮ **Les commandes officielles** À son retour, il reçut la commande officielle de grandes décorations pour le salon du Roi au palais Bourbon (1832 - 1838), puis des bibliothèques de la Chambre et du Sénat (1838 - 1847), de la galerie d'Apollon au Louvre (1849 - 1851) et de la chapelle des Saints-Anges à Saint-Sulpice (1849 - 1861), dont les fresques ont une puissance et une liberté d'exécution exceptionnelles. Abordant le problème des vastes surfaces, il put satisfaire son aspiration à la grandeur, son goût du monumental et ressusciter l'esprit des grandes décorations baroques en témoignant de sa dette envers les grands Vénitiens et envers Rubens. ▮ **Un génie complet** Consacré chef de l'école romantique, il souligna dans ses écrits (*Journal*, *Correspondance* et *Notes* pour un dictionnaire des beaux-arts) son profond attachement à l'esprit classique. Affirmant son besoin de contrôler ses sentiments passionnés, il avait cependant le culte quasi exclusif de l'imagination et cherchait à faire de la peinture un moyen propre à exalter la sensibilité, notamment par le recours à l'histoire et à la littérature (*Prise de Constantinople par les croisés*, 1841 ; *Médée furieuse*, 1838 ; *La Bataille de Taillebourg*, 1839). Ce romantisme d'intention s'échappait volontairement du réel : « Ce qu'il y a de plus réel pour moi ce sont les illusions que je crée avec ma peinture. » Delacroix voulait trouver un langage plastique propre ; il s'opposait aux compositions statiques et au culte du dessin prônés par les néoclassiques, lui substituant le dynamisme des lignes de force et l'exaltation de la touche colorée. Cependant, malgré sa préférence pour les couleurs franches, il n'abandonna pas l'emploi du bitume qui assombrit plusieurs de ses toiles. L'alliance de l'inspiration romantique et de la recherche expressive par la maîtrise technique fait de Delacroix le génie complet, « passionnément amoureux de la passion, et froidement déterminé à chercher les moyens d'exprimer la passion de la manière la plus visible », que saluait Baudelaire. ▪ *Autre illustration :* ➞ **Chopin.** ➝ **ÉTYM.** *Delacroix* est le nom d'une famille occupant une maison située près d'une croix.

Eugène **Delacroix.** *Portrait de l'artiste* (65 × 55 cm). Musée du Louvre, Paris.
*Phot. © Arch. Nathan*

**DELAFORGE (Louis)** ♦ Médecin et philosophe français du XVIIIe s. « Admirable interprète de la pensée de Descartes » (Hamilton), il avait publié un *Traité de l'âme humaine, de ses facultés, de ses fonctions et de son union avec le corps d'après les principes de Descartes* (1666), ouvrage qui, à certains égards, n'est pas sans annoncer la philosophie de Malebranche.

**DELAFOSSE (Gabriel)** ♦ Minéralogiste français (Saint-Quentin 1796 - Paris 1878). Il étudia les rapports entre la structure des cristaux et leurs propriétés physiques et chimiques. [Acad. sc. 1857]

**DELAGE (Yves)** ♦ Biologiste français (Avignon 1854 - Sceaux 1920). Fondateur (avec Ranvier*) de *L'Année biologique*, il fit des recherches expérimentales sur la parthénogenèse chez les échinodermes. [Acad. sc. 1901]

**DELAGE (Louis)** ♦ Ingénieur et industriel français (Cognac 1874 - Le Pecq 1947). Fondateur, en 1905, à Levallois-Perret, de la première Compagnie Delage, il inventa plusieurs types de moteurs. Ayant transféré ses usines à Courbevoie (1911), il se spécialisa dans les voitures de grand luxe. Après la Première Guerre mondiale, il construisit des voitures de course et détint le titre de champion d'Europe en 1925.

**DELAGE (Maurice)** ♦ Compositeur français (Paris 1879 - *id.* 1961). Ami et disciple de Maurice Ravel*, il est l'auteur d'une œuvre peu abondante que caractérisent un sens de la nuance et un raffinement formel inspirés de l'art de l'Extrême-Orient, où il séjourna. Son œuvre comprend les *Quatre Poèmes hindous*, pour chant et petit orchestre (1914), des mélodies (7 Haï-Kaï), un quatuor à cordes (1948) et des partitions pour orchestre (*Le Bateau ivre*, 1954).

**DELAGOA** (baie) ➝ ÉTYM. du port. *de Lagoa* «de la lagune» ♦ Baie du Mozambique, découverte en 1502 par le Portugais Antonio de Campo. En 1544, Lourenço Marqués y établit un comptoir qui, baptisé de son nom, devint la cap. de la colonie portugaise du Mozambique et qui a repris depuis son nom local de Maputo. Possession de l'État de Zanzibar de 1832 à 1856, la baie passa sous la souveraineté portugaise en 1875.

**DELALANDE (Michel Richard)** ♦ Compositeur et organiste français (Paris 1657 - Versailles 1726). Il fit ses études de clavecin et d'orgue à Saint-Germain-l'Auxerrois où il rencontra Marin Marais, puis s'engagea à tenir l'orgue de Saint-Gervais jusqu'à ce que F. Couperin* puisse en prendre la charge (1679). C'est en 1683 qu'il devint sous-maître de la chapelle de Versailles. Dès lors sa renommée ne fit que croître ; il devait accéder aux plus hautes charges, étant devenu le musicien préféré de Louis XIV après la mort de Lully. Son œuvre, fortement marquée par l'influence de son prédécesseur, comprend des divertissements et des ballets (*Les Fontaines de Versailles*, 1683 ; *Symphonies pour les soupers du Roy ; Les Éléments*, 1721). Son œuvre religieuse (*De profundis, Te Deum, Magnificat*) se caractérise par la justesse de la prosodie, l'architecture des chœurs, la richesse de l'harmonie, sans échapper toutefois à une certaine froideur décorative. Comparables à ceux de Campra*, ses motets annoncent les cantates de Bach et de Haendel.

**DE LA MADRID (Miguel)** ♦ Homme d'État mexicain (Colima 1934). Membre du Parti révolutionnaire institutionnel (PRI), il fut président de la République de 1982 à 1988. Héritant d'une très grave crise, il dut imposer une délicate politique d'austérité et préparer la réforme politique, tout en renégociant la dette extérieure.

**DE LA MARE (Walter John)** ♦ Poète et romancier britannique (Charlton, Kent 1873 - Twickenham, Middlesex 1956). Il publia, sous le pseudonyme de Walter Ramal, *Chansons d'enfance* (1901), évocations suggestives et fugitives des impressions enfantines. Sa poésie fait apparaître un monde aux frontières du rêve et de la réalité où se rencontrent grotesque et pathétique (*The Burning Glass*, 1945, *The Winnowing Dream*, 1954). Ses nouvelles et ses contes appartiennent à la même veine. *Le Retour* (1910) est un roman évoquant les phénomènes parapsychiques. Autres œuvres : *Mulla-Mulgars* (1910), histoire d'un singe ; *Henry Brocken* (1904) et (en vers) *Les Auditeurs* (1912), *Pâté de paon* (*Peacock Pie*, 1913), *Le Voile* (1921), *Poèmes* (1918). De La Mare est considéré comme l'un des poètes georgiens*, mais son symbolisme le fit comparer à Maeterlinck.

**DELAMARE-DEBOUTTEVILLE (Édouard)** ♦ Industriel français (Rouen 1856 - Montgrimont, Seine-Maritime 1901). Il fut un pionnier du moteur à explosion à quatre temps et de ses applications automobiles et surtout industrielles.

**DELAMBRE (Jean-Baptiste Joseph,** chevalier**)** ♦ Astronome français (Amiens 1749 - Paris 1822). Collaborateur de Méchain* pour la mesure de l'arc de méridien compris entre Dunkerque et Barcelone, il est également l'auteur d'une histoire de l'astronomie. [Acad. sc. 1795]

**DELANNOY (Marcel)** ♦ Compositeur français (La Ferté-Alais 1898 - Nantes 1962). Dans des genres très divers, il a affirmé une personnalité robuste, empruntant à des thèmes d'une vivante sève populaire le meilleur de sa création. On lui doit des opéras-comiques (*Le Poirier de misère*, 1927 ; *Le Fou de la dame*, 1930 ; *Ginevra*, 1942 ; *Puck*, 1949), un opéra bouffe (*Philippine*, 1937), des ballets (*La Pantoufle de vair*, 1935 ; *Les Noces fantastiques*, 1954), deux symphonies, des œuvres vocales et de nombreuses pièces de musique de scène et de film. ➝ ÉTYM. Ce nom de famille signifie «originaire de Lannoy».

**DELANNOY (Jean)** ♦ Cinéaste français (Noisy-le-Sec 1908 - Guainville 2008). Il montra ses qualités de technicien dans *Macao, l'enfer du jeu* (1939), *Pontcarral* (1942), *L'Éternel Retour* (avec Cocteau, 1943), *La Symphonie pastorale* (1946). Cependant, son académisme, sensible surtout dans ses films des années 1950, par exemple *Chiens perdus sans collier* (1955), en fit la cible favorite de la Nouvelle* Vague.

**DELANOË (Bertrand)** ♦ Homme politique français (Tunis 1950). Député socialiste de Paris (1981 - 1986), il est maire de Paris depuis mars 2001. ➝ ÉTYM. Ce nom signifie «originaire de la Noë [du celtique *nauda* lieu marécageux]».

**DELANY (Samuel Roy)** ♦ Romancier américain (New York 1942). Dès son cycle de *La Chute des Tours* (*Prisonniers de la flamme, Les Tours de Toron, La Cité des mille soleils*), écrit à 19 ans, il s'est affirmé comme l'un des talents les plus marquants de la nouvelle science-fiction américaine. *La Fosse aux étoiles, Babel 17, Triton* et surtout *Nova*, qui décrit la lutte de deux potentats pour la possession de l'illyrion (le combustible qui assure la propulsion des astronefs interplanétaires), ont confirmé sa réputation.

**DELAROCHE (Hippolyte DE LA ROCHE,** dit **Paul)** ♦ Peintre français (Paris 1797 - *id.* 1856). Élève de Gros*, il reçut aussi des conseils de Géricault*. Il se spécialisa dans la peinture d'histoire. En empruntant ses thèmes à l'histoire du Moyen Âge qu'exaltait alors le romantisme, il s'inscrit dans le courant du «style troubadour» (*L'Assassinat du duc de Guise*, 1835).

**DE LA ROCHE (Mazo)** ♦ Romancière canadienne d'expression anglaise (Newmarket, Ontario 1879 - Toronto 1961). Elle a écrit 23 romans et plus de 50 contes, mais sa renommée vient de ses 16 chroniques de la famille Whiteoak (la série *Jalna*) dont le premier livre, en 1927, a été vendu à plus de 11 millions d'exemplaires, faisant d'elle l'écrivain le plus populaire de l'histoire du Canada. Dans une écriture qui mêle le réalisme et la romance, ses livres représentent une sorte de songe du Haut-Canada : une vie rurale, britannique, face à laquelle le modernisme est perçu comme une menace américaine.

**DE LA RUE (Warren)** ♦ Astronome britannique (Saint-Pierre-Port, Guernesey 1815 - Londres 1889). Il réalisa des photographies de la Lune puis, de l'observatoire de Kew, il prit chaque jour une photographie solaire (1861).

**DELATTRE** (père **Alfred Louis)** ♦ Archéologue français (Deville-lès-Rouen 1850 - Carthage 1932). Ses travaux sur Carthage contribuèrent au développement de l'archéologie punique et chrétienne en Afrique du Nord.

**DELAUNAY (Louis)** ♦ Ingénieur et industriel français (Corbeil 1843 - Cannes 1912). Il entreprit avec Belleville la construction des automobiles à moteur à essence. La société Delaunay-Belleville, spécialisée dans les modèles de luxe, disparut après la Deuxième Guerre mondiale, faute d'avoir su s'adapter à la production de série.

**DELAUNAY (Robert)** ♦ Peintre français (Paris 1885 - Montpellier 1941). Après un apprentissage dans un atelier de décors de théâtre, il se consacra à la peinture et fut influencé par Gauguin* et l'école de Pont-Aven (1904), puis s'intéressa au néo-impressionnisme de Seurat*, notamment aux théories des contrastes simultanés de couleurs élaborées par Chevreul*. À partir de 1908, il subit l'ascendant de l'œuvre cézannienne et participa aux recherches cubistes, exposant avec Gleizes, Metzinger, Le Fauconnier et Léger. Il pra-

Robert **Delaunay.** *Formes circulaires, Soleil n° 2.*
MNAMGP, Paris. *Phot. © Arch. Smeets*

tiqua la dissociation des formes dans les séries : *Saint-Séverin* (1909), *La Tour Eiffel* (1910), *Les Tours de Laon* (1910 - 1912), *La Ville de Paris* (1910 - 1912). Contrairement aux cubistes, il accorda à la lumière qui, pour lui, «brise les formes», un rôle essentiel, cherchant à exprimer le dynamisme par la couleur. Il se définit lui-même comme un «hérésiarque du cubisme» et Apollinaire* donna le nom d'«orphisme» à la tendance picturale qu'il élaborait. La démarche de Delaunay, plus lyrique qu'intellectuelle, comme le choix de ses thèmes révélant un souci de modernité, annonçait certaines préoccupations des futuristes italiens. Ses œuvres suscitèrent immédiatement l'intérêt de Kandinsky et de Klee, influencèrent Marc et Macke. Delaunay participa en effet aux expositions du Cavalier* bleu à Munich (1911 et 1912) et à celle du Sturm* à Berlin (1913). La série d'œuvres exécutées en 1912 et intitulées *Fenêtres* et *Disques circulaires* fut définie par Apollinaire comme «la première manifestation de l'art inobjectif en France». Elle dénote en effet l'abandon des thèmes descriptifs et des références à l'espace perspectif, bien que subsistent parfois des éléments identifiables. Initiateur de l'art abstrait en France, Delaunay fit de la couleur la composante fondamentale de son art, notamment par les disques dans lesquels les couleurs, étalées par bandes circulaires ou par secteurs, engendrent des effets dynamiques d'interférences, de vibration et de réfraction. Jusqu'en 1930, réintroduisant parfois la figuration et l'anecdote, il traita des thèmes de la vie contemporaine en élaborant l'espace à partir de plans colorés prismatiques établis librement (*Portraits, Coureurs,* 1924 - 1926). Dans ses œuvres non figuratives, il chercha à développer des effets de rythme d'une complexité croissante (*Hélices,* 1923 ; *Joie de vivre,* 1930 ; *Rythmes sans fin,* 1933 - 1934). Il contribua au renouvellement de la décoration murale en créant des reliefs polychromes monumentaux et en utilisant la peinture à la caséine, des mélanges de ciment, de liège et de sables colorés (décoration des pavillons des chemins de fer et de l'air, pour l'Exposition de 1937). → ÉTYM. *Delaunay* est une contraction de *de l'aulnaie ;* surnom donné à une famille résidant dans une maison ornée d'un aulne ou près d'un lieu planté d'aulnes.

**DELAUNAY (Sonia)** née **TERK** ♦ Peintre française d'origine ukrainienne (près d'Odessa 1885 - Paris 1979). Après des études à Saint-Pétersbourg, puis en Allemagne, elle se fixa à Paris en 1906 et exposa d'abord des toiles lyriques aux couleurs violentes qui dénotent l'influence de Gauguin* et de Van* Gogh. En 1910, elle épousa Robert Delaunay* et collabora à ses recherches picturales. Ayant assimilé les influences cézanniennes et cubistes (*Bal Bullier,* 1913), elle s'intéressa surtout aux possibilités expressives de la couleur pure. Pionnier de l'abstraction géométrique, elle illustra le «premier livre simultané» : *La Prose du Transsibérien et de la petite Jehanne de France* de B. Cendrars*. À la suite d'un voyage au Portugal et en Espagne, elle réalisa de grandes compositions, prétextes à l'établissement de formes géométrisées aux couleurs éclatantes *(Marché à Minho),* ainsi que des séries d'œuvres non figuratives qui visent à l'exaltation du pouvoir dynamique de la couleur par une organisation rythmique rigoureuse. Dès 1911, elle pratiqua les arts décoratifs, réalisant de nombreux objets, des reliures, et créant des tissus aux motifs géométriques simples (carrés, losanges, bandes circulaires, etc.) vivement contrastés, qui exercèrent une influence décisive sur l'évolution de la mode. À partir de 1933, elle a de nouveau accordé une place importante à la peinture en développant ses recherches sur les rythmes colorés.

Sonia **Delaunay.** *La Danseuse.* Coll. M. Seuphor, Paris. *Phot. © Giraudon*

**DE LAVAL (Gustaf)** ♦ Ingénieur suédois (Orsa, Dalécarlie 1845 - Stockholm 1913). Inventeur de dispositifs utilisés en sidérurgie et dans la métallurgie du plomb et du zinc, d'un séparateur centrifuge, d'une tuyère convergente-divergente destinée à l'expansion des gaz et de la vapeur lors de pressions supérieures à la pression critique, on lui doit surtout la turbine à vapeur à action (*turbine De Laval,* 1883), à une seule roue en acier et de grandes résistance et élasticité.

**DELAVIGNE (Casimir)** ♦ Poète et auteur dramatique français (Le Havre 1793 - Lyon 1843). Libéral en politique, il témoigne de la même modération dans son théâtre où le goût de la couleur historique (*Les Vêpres siciliennes,* 1819 ; *Marino Faliero,* 1829) se conjugue avec celui d'une psychologie toute classique (*L'École des vieillards,* 1823). [Acad. fr., 1825]

**DELAWARE** n. f. ♦ Fl. de l'E. des États-Unis, formé par plusieurs riv. nées dans les monts Catskill et formant frontière entre les États de Pennsylvanie et de New York, puis de Pennsylvanie et de New Jersey. La Delaware arrose Trenton, Camden, Philadelphie et Wilmington. Son cours inférieur forme un bras de mer qui aboutit à la *baie de la Delaware,* large estuaire triangulaire entre l'État de Delaware et le New Jersey, au bord duquel se sont localisées d'importantes industries.

**DELAWARE** n. m. → ÉTYM. du n. de Thomas West, lord *De La Warr,* capitaine-général et gouverneur de la Virginie ♦ État du N.-E. des États-Unis. → **États-Unis** (carte). 6 138 km². 783 600 hab. CAP. : Dover. ▮ **Géographie** Le N. de l'État, qui fait partie de la zone côtière atlantique, est formé de collines ; le S. s'aplanit progressivement. Le climat est tempéré et humide. ▮ **Économie** L'agriculture (légumes) et l'élevage (notamment les volailles) forment une grande part des revenus de l'État. Des industries importantes sont localisées au N. (indus. chimiques, automobile, raffineries de pétrole, conserveries). ▮ **Histoire** Après l'établissement des Hollandais et des Suédois au XVIIe s., la région fut prise par les Anglais (1664). Les territoires, réunis à la Pennsylvanie (1693), eurent un pouvoir législatif au XVIIIe s. Formé en État dès 1776, le Delaware fut le premier à ratifier la Constitution fédérale en 1787. Il refusa de faire sécession, malgré ses sympathies sudistes et la présence d'esclaves noirs.

**DELAY (Jean)** ♦ Psychiatre et écrivain français (Bayonne 1907 - Paris 1987). Auteur de nombreux travaux portant sur l'électroencéphalographie, sur les maladies de la mémoire et sur les méthodes biologiques en clinique psychiatrique, il écrivit également une étude remarquée sur *La Jeunesse d'André Gide* (1957). [Acad. fr. 1959]

**DELBRÜCK (Berthold)** ♦ Linguiste allemand (Putbus 1842 - Iéna 1922). Professeur de sanskrit et de linguistique comparée à l'université d'Iéna, il est, avec F. K. Brugmann*, l'auteur d'une grammaire comparée des langues «indogermaniques» (indoeuropéennes).

**DELBRÜCK (Max)** ♦ Physicien et biologiste américain d'origine allemande (Berlin 1906 - Pasadena 1981). Auteur de travaux fondamentaux en génétique moléculaire, concernant en particulier les mutations chez les bactéries et la recombinaison chez les bactériophages, il fut le créateur et l'animateur d'un groupe de réflexion et de recherche (le groupe du Phage) auquel on doit les contributions fondamentales à la connaissance du virus. [Prix Nobel de physiol. ou méd. 1969, avec A. Hershey et S. Luria*]

**DELCASSÉ (Théophile)** ♦ Homme politique français (Pamiers 1852 - Nice 1923). Député radical (1889), ministre des Colonies (1894 - 1895), il fut chargé ensuite du portefeuille des Affaires étrangères, qu'il conserva de 1898 à 1905. À ce poste, il contribua, avec l'aide des ambassadeurs français Barrère, Jules et Paul Cambon, à favoriser le rapprochement de la France et de l'Italie (1898) ainsi qu'à resserrer l'alliance avec la Russie (1900). Après l'incident de Fachoda, il fut, avec Paul Cambon*, l'instigateur de l'Entente cordiale avec l'Angleterre. Celle-ci, inquiète des ambitions de l'Allemagne, s'y prêta en reconnaissant les droits de la France au Maroc* (convention anglo-française de 1904) contre la renonciation des droits de la France en Égypte. Cette convention, qui se fit au détriment de l'Allemagne, suscita une vive réaction de cette dernière (discours de Guillaume II à Tanger*, 1905). Afin d'éviter le conflit, Rouvier, président du Conseil, pria Delcassé de se retirer, sans révéler publiquement la cause de sa démission, et accepta la réunion de la conférence d'Algésiras. Ministre de la Marine (1911 - 1913), ambassadeur en Russie (1913 - 1914), Delcassé fut rappelé aux Affaires étrangères au début de la Première Guerre mondiale, dans le cabinet Viviani. Il favorisa l'entrée en guerre de l'Italie. Mais comme il lui fut ensuite reproché de ne pas avoir obtenu la neutralité de la Bulgarie, qui se joignit aux Empires centraux, il se retira du cabinet. → ÉTYM. *Delcassé* est une variante de *Delcassan,* c'est-à-dire *du cassan* «endroit planté de chênes», du gaulois *cassanos* «chêne».

**DELEDDA (Grazia)** ♦ Romancière italienne (Nuoro 1871 - Rome 1936). Née dans une famille sarde proche de la petite paysannerie, autodidacte, elle écrivit de nombreux romans très personnels (*Elias Portolu,* 1903 ; *Cendres,* 1904 ; *Des roseaux sous le vent,* 1913 ; *Marianna Sirca,* 1915) à la confluence du vérisme* de Verga et du décadentisme dannunzien, où dominent les thèmes primitifs de la faute, de l'amour et de la mort. [Prix Nobel de littér. 1926]

**DELÉMONT** – en all. ***Delsberg*** ♦ V. de Suisse, ch.-l. du cant. du Jura. 11 318 hab. Église Saint-Marcel (XVIIIe s.). ▪ Horlogerie. Cimenterie.

**DELERUE (Georges)** ♦ Compositeur français (Roubaix 1925 - Los Angeles 1992). Son étonnante fécondité lui permit de signer plus de 130 musiques de film, dont 8 pour François Truffaut (de *Tirez sur le pianiste* à *Vivement dimanche*), mais aussi pour Alain Resnais, Philippe de Broca, Jean-Pierre Melville, Henri Verneuil, Ken Russell, Fred Zinnemann, etc. La dernière fut celle de *Diên Biên Phu,* de Pierre Schoendoerffer (1992).

**DELESCLUZE** [dəleklyz] **(Louis Charles)** ♦ Journaliste et homme politique français (Dreux 1809 - Paris 1871). Il participa aux révolutions de 1830 et de 1848, fut déporté sous le Second Empire jusqu'en 1860, et collabora ensuite au journal républicain *Le Réveil.* Membre de la Commune de Paris, de tendance jacobine, il appartint au 3e

Comité de salut public et fut nommé délégué à la Guerre (10 mai 1871). Il fut tué sur les barricades lors de la Semaine sanglante (25 mai).

**DELESSERT (Étienne)** ♦ Financier français (Lyon 1735 - Paris 1816). Fondateur de la première compagnie d'assurance contre l'incendie et de la première banque d'escompte (1776), il fut de ceux qui contribuèrent à la fermeture de la Bourse après le renvoi de Necker (11 - 12 juil. 1789) et appuyèrent la création d'une milice bourgeoise. → **Bastille (prise de la).** Emprisonné sous la Terreur, il se lança ensuite dans l'agriculture, introduisit en France les moutons mérinos, et un certain nombre de machines pour faciliter la culture.

**DELESSERT (Benjamin)** ♦ Industriel, financier et philanthrope français, fils d'É. Delessert (Lyon 1773 - Paris 1847). Il abandonna la carrière militaire pour prendre la direction de la banque de son père (1795) et fonda une filature de coton à Passy (1801), puis en 1812 une fabrique de sucre de betterave, innovation qui lui valut le titre de baron d'Empire. Nommé colonel lors de la Première Restauration, il se rallia à Napoléon Ier pendant les Cent-Jours. Destitué en 1815, il fut élu député (1817, 1827). Régent de la Banque de France, il fonda la Société d'encouragement pour l'industrie et la première caisse d'épargne (1818). [Acad. sc. 1816]

**DELESTRAINT (Charles Antoine)** ♦ Général français (Biache-Saint-Vaast 1879 - Dachau 1945). Il fut l'un des principaux spécialistes des blindés entre les deux guerres. Après la signature de l'armistice, il organisa la Résistance dans la région de Lyon et devint le chef de l'Armée secrète (1942). Arrêté par les Allemands en 1943, il mourut en déportation.

**DELEUZE (Gilles)** ♦ Philosophe français (Paris 1925 - *id.* 1995). Après avoir critiqué la rationalité du discours de savoir, à propos du texte philosophique (Nietzsche, qui l'inspire, Kant, Spinoza...) et littéraire (*Proust et les signes*, 1964), il s'attaqua, dans *Différence et Répétition* (1969) et dans les essais de *Logique du sens* (1969) à la tradition philosophique occidentale. *L'Anti*-Œdipe* (1972), *Rhizome* (1976), *Mille Plateaux* (1980), écrits avec Félix Guattari*, mettent en cause toute institution et toute systématisation, même révolutionnaires ou psychanalytiques, au nom du désir (l'homme en tant que «machine désirante») et de la folie (la série porte le titre : *Capitalisme et Schizophrénie*). À partir de considérations de Bergson sur la perception, il proposa une esthétique du cinéma (*Cinéma*, 1983 - 1985). Auteur d'études sur *Nietzsche et la philosophie* (1962), *Spinoza* (1970), *Foucault* (1986), Leibniz (*Le Pli : Leibniz et le baroque*, 1988), Deleuze signa avec F. Guattari *Qu'est-ce que la philosophie ?* (1992) et s'intéressa aussi bien à la peinture (*Francis Bacon, logique de la sensation*, 1981) qu'à la littérature (*Critique et Clinique*, 1993). ← **ÉTYM.** Ce nom signifie «originaire de Leuze» (du latin *lutosa* «domaine boueux») ou «au sud de l'euze» (de l'occitan *euse, elze* «yeuse, chêne vert»)

**DELFT** ← **ÉTYM.** moy. néerl. «fossé» ♦ V. des Pays-Bas (Hollande-Méridionale). 95 379 hab. Hôtel de ville (XVIIe s.). Oudekerk (XIIIe s.). Nieuwekerk (XVe s.). Porte Sainte-Catherine (XVe s.). Vieux-Canal (Oude Delft). Koornmarkt, l'un des plus beaux quais de Delft, abrite le musée Paul Tetar Van Elven. Univ. technique. Centre de recherches nucléaires. Faïenceries (bleu de Delft) de renommée mondiale. ▪ Indus. alimentaires et chimiques. Matières plastiques. Construc. mécaniques et électriques. Marché agricole. Centre touristique. ▮ **Histoire** Delft fut fondée en 1074 par Godefroy le Bossu. Florissante aux XIIIe et XIVe s. grâce au travail de la laine et aux brasseries, la ville posséda un port, Delftshaven, qu'absorba Rotterdam. Vermeer* y vécut au XVIIe s. C'est au XVIIIe s. que l'art de la poterie y atteignit son apogée (faïence polychrome et camaïeu bleu).

**Delft.** Le vieux pont de l'église. *Phot. © Pierre Tétrel*

**DELFZIJL** ♦ V. et port des Pays-Bas (Groningue), à l'embouchure de l'Ems, dans le golfe du Dollart. 27 653 hab. ▪ Fonderie d'aluminium alimentée en bauxite provenant du Suriname (ex-Guyane hollandaise).

**DELGADO** (cap) ← **ÉTYM.** du port. *Cabo Delgado* «cap gracieux» ♦ Promontoire du N. du Mozambique, sur l'océan Indien.

**DELHI** ♦ V. de l'Inde, englobant New* Delhi, sur le seuil indo-gangétique entre les bassins de l'Indus et du Gange, sur les bords de la Yamuna. 12 791 458 hab. Le district fédéral (1 484 km²) est totalement urbanisé. Les quartiers denses de la Vieille Delhi sont bordés au S. par New Delhi, construite à partir de 1912 sur les plans d'Edwin Landseer Lutyens et de Herbert Baker et dotée d'édifices néoclassiques (musée national et sièges des différentes institutions de l'Union indienne). L'ensemble est maintenant bordé de cités résidentielles et de quartiers industriels (industries mécaniques et électriques surtout). Aéroport international Indira Gandhi. Delhi connaît les problèmes propres aux métropoles des pays en voie de développement (réseau de transports saturé, extension démesurée). La vieille ville conserve de nombreux monuments datant des périodes du sultanat et de l'Empire moghol (Grande Mosquée ou Jama Masjid, Fort Rouge, tombes monumentales de souverains). ▮ **Histoire** Le seuil indo-gangétique fut choisi par plusieurs États pour construire leurs capitales. Fondée en 1193 par les musulmans sur le site d'anciens établissements hindous, Delhi a ainsi été détruite et reconstruite plusieurs fois. De 1206 à 1526, elle fut la capitale d'un puissant sultanat puis de l'Empire moghol au XVIe s. et le resta jusqu'à sa disparition en 1858. Elle succéda à Calcutta comme capitale de l'Inde britannique en 1912.

**DELIBES (Léo)** ♦ Compositeur français (Saint-Germain-du-Val 1836 - Paris 1891). Auteur d'une œuvre abondante, d'une écriture rigoureuse et d'une aimable invention mélodique, il connut le succès avec de nombreux opéras bouffes, des opéras-comiques (*Lakmé*, 1883) et des ballets d'inspiration romantique (*Coppélia**, 1870 ; *Sylvia*, 1876) par lesquels il a préparé la renaissance de l'art chorégraphique en France, au début du XXe s.

**DELIBES (Miguel)** ♦ Romancier espagnol (Valladolid 1920 - *id.* 2010). Il ne quitta guère sa ville natale de Castille ; après des études de droit, il enseigna l'histoire du commerce et dirigea *El Norte de Castilla*, le grand journal de sa région. À partir de *La Sombra del ciprés es alargada* («L'ombre du cyprès est allongée», 1984) il ne cessa de publier des romans d'une qualité exceptionnelle : *Le Chemin* (1950), *Mi idolatro hijo Sisí* («Mon fils chéri Sisi», 1953), *Les Rats* (1962), *La Caza de la Perdiz roja* («La Chasse de la perdrix rouge», 1963), *Cinq heures avec Mario* (1967), *La Primavera de Praga* («Le Printemps de Prague», 1968), *L'Hérétique* (1998). Son œuvre a été traduite dans de nombreuses langues ; à partir de thèmes ruraux et des aspects de la vie en Castille, il décrit, en un style d'une grande pureté, une humanité attachante et universelle.

**DÉLICIEUX (Bernard)** ♦ Religieux français (Montpellier v. 1260 - Avignon apr. 1318). Franciscain, il se déclara l'adversaire de l'Inquisition (employée contre les albigeois dans le midi de la France). Traduit devant l'Inquisition (1318), il fut condamné à la prison perpétuelle.

**Délie, objet de plus haute vertu** ♦ Recueil poétique de Maurice Scève* (1544), qui contient 449 dizains décasyllabiques, précédés d'un huitain dédié par le poète «à sa Délie». Les dizains sont encadrés par la devise énigmatique «Souffrir non souffrir» et 50 emblèmes sont répartis tout au long du livre. Considérée comme le premier *canzoniere* français, l'œuvre est peut-être dédiée à Pernette du Guillet, bien que le titre puisse également se lire comme l'anagramme de «l'Idée» (néoplatonicienne). Elle manifeste une langue qui semble créer sa propre référence, évoquant ainsi les interrogations de la poésie moderne.

**DELIGNE (Pierre)** ♦ Mathématicien belge (Bruxelles 1944). Poursuivant l'œuvre de A. Grothendieck*, il contribua à approfondir l'interpénétration de la géométrie algébrique et de l'arithmétique (il est surtout connu pour avoir démontré la conjecture dite de Weil*). [Acad. sc. 1978 ; médaille Fields 1978]

**DELIGNY (Fernand)** ♦ Pédagogue français (Bergues 1913 - Monoblet, Gard 1996). Ancien instituteur, il se consacra à la réinsertion de jeunes atteints de troubles mentaux ou délinquants. Influencé par C. Freinet*, partisan d'une pédagogie visant à mettre l'enfant en situation directe et rejetant l'institutionnalisation des pratiques et des éducateurs, il développa un certain nombre d'expériences originales (communauté d'autistes dans les Cévennes, choix d'ouvriers du quartier pour servir d'éducateurs aux délinquants) et créa en 1948 la «Grande Cordée» qui se proposait, à partir d'un réseau d'hébergement éclaté et varié, de permettre aux jeunes en difficulté d'opérer une réinsertion progressive («transitionnelle»). Il est l'auteur de plusieurs ouvrages : *Le Croire et le Craindre*, 1978 ; *Les Détours de l'agir*, 1979. ← **ÉTYM.** Ce nom signifie «originaire de Ligny», de *Liniacum*, nom de domaine gallo-romain ou désigne une terre où l'on cultive le lin.

**DELILLE (Jacques, dit l'abbé)** ♦ Poète français (Aigueperse 1738 - Paris 1813). D'abord professeur, il fut incité, par ses traductions en vers de Virgile, à développer une poésie didactique et pittoresque de la nature dans *Les Jardins* (1780). Ces poèmes habilement versifiés, qui renferment quelques visions charmantes et colorées («L'Automne»), connurent un immense succès. [Acad. fr. 1774]

**DELILLO (Don)** ♦ Écrivain américain (New York 1936). Observateur critique de la société américaine contemporaine, il a décrit dans ses romans les différentes facettes des États-Unis (le sport : *End Zone*, 1972 ; la musique rock : *Great Jones Street*, 1973) et s'est attaqué au mythe de l'assassinat de Kennedy avec *Libra* (1988). Dans *Outremonde* (1997), il évoque le nucléaire et la guerre froide et dans *Cosmopolis* (2003) le rapport du temps et de l'argent.

**DELISLE (Guillaume)** dit **Delisle l'Aîné** ➝ ÉTYM. de l'anc. fr. *isle* «île» (surnom d'une pers. originaire d'une île) ♦ Géographe et cartographe français (Paris 1675 - *id.* 1726). Ses cartes d'Europe, d'Asie, d'Afrique, etc., firent de lui l'un des principaux cartographes de son temps et lui valurent le titre de premier géographe du roi (1718). [Acad. sc. 1702]

**DELIUS (Frederick)** ♦ Compositeur britannique d'origine allemande (Bradford, Yorkshire 1862 - Grez-sur-Loing 1934). Ami de Grieg, il reçut aussi l'influence de R. Strauss, de Mahler et de Debussy. Il s'établit en France (1890) où il composa dans tous les genres : opéra (*Roméo et Juliette au village,* 1900 - 1901), musique symphonique (*Dans un jardin d'été,* 1908) et chorale (*Messe de la vie,* 1904 - 1905). On lui doit aussi de la musique de chambre et des mélodies. Médiocre en France, sa notoriété est grande en Angleterre.

**DÉLIVRANDE (LA)** ♦ Hameau du Calvados (comm. de Douvres-la-Délivrande), lieu d'un très ancien pèlerinage à la Vierge (basilique du XIX^e s.).

**DELL'ABATE (NICCOLÒ)** → Niccolò dell'Abate

**DELLA CASA (Giovanni)** ♦ Écrivain italien (dans le Mugello 1503 - Rome 1556). Archevêque de Bénévent, nonce à Venise, secrétaire d'État sous Paul IV (1555), il fut l'ami de Bembo, Berni et Firenzuola. Auteur de *Capitoli* licencieux et d'écrits en latin, il est resté célèbre pour son beau et mélancolique recueil de *Rime,* d'ascendance pétrarquesque, et pour son *Galateo* (1558), manuel des bonnes manières destiné à devenir pour des générations un modèle de langue.

**DELLA PORTA (Giambattista)** ♦ Physicien, naturaliste et écrivain italien (Naples v. 1535 - *id.* 1615). Auteur de travaux de botanique médicale (*Phytognomonica,* 1588), il publia le premier traité systématique sur les lentilles (*Magia naturalis,* 1589), et proposa la description de la chambre noire et de la lanterne magique ; il étudia également les propriétés de l'aimant et envisagea l'utilisation de la force d'expansion de la vapeur d'eau. Son exposé sur les lentilles aurait inspiré la fabrication de la première lunette en 1590.

**DELLA PORTA (Giacomo)** ♦ Architecte italien (Rome v. 1540 - *id.* 1602). Artiste officiel de la papauté, il succéda à Michel*-Ange et termina les édifices laissés inachevés par ce dernier (palais des Conservateurs, loggia du palais Farnèse, coupole de la basilique de Saint-Pierre). Il réalisa en outre la massive façade à deux étages de l'église des Jésuites (le Gesù*, 1575) qui devint le modèle de la façade-écran de l'architecture religieuse de la Contre-Réforme. Sa grande œuvre profane fut la villa Aldobrandini (1598 - 1604) à Frascati, célèbre par son «théâtre d'eau». Son style, adaptant les rigueurs de l'architecture classique à l'austérité et à la monumentalité exigées par la Contre-Réforme, fut abandonné devant la réaction baroque.

**DELLA ROBBIA** ♦ Famille de sculpteurs florentins dont le nom est associé à la technique de la terre cuite vernissée. ♦ **Luca Della Robbia** (Florence v. 1400 - *id.* 1482). Fondateur de l'atelier familial, il fut d'abord l'un des principaux sculpteurs sur marbre de la première Renaissance, et Alberti* le cite (*Della pittura*) parmi les grands novateurs du siècle, avec Brunelleschi*, Masaccio*, Donatello* et Ghiberti*. Dans la fameuse *cantoria* («tribune des chantres», 1431 - 1438) qu'il réalisa pour le dôme de Florence, il s'inspira des sarcophages romains. D'une finition parfaite, cette œuvre représentant un cortège d'anges musiciens allie la justesse des attitudes à l'expression de la spiritualité. Luca inventa vers l'âge de quarante ans la terre cuite vernissée, et son atelier en produisit une quantité quasi industrielle pour satisfaire à une demande très ample (personnages blancs sur fond bleu : *Ascension, Résurrection,* dôme de Florence ; médaillons polychromes décorant la chapelle des Pazzi, de Brunelleschi).

Luca **Della Robbia.** *La cantoria,* détail.
Musée de l'Opera del Duomo, Florence.
*Phot. © Pedone/Ricciarini*

♦ **Andrea Della Robbia** (Florence 1435 - *id.* 1525). Il succéda à son oncle et maître, Luca, à la direction de l'atelier familial et réalisa un grand nombre de terres cuites vernissées. Sa décoration de la façade de l'hôpital des Innocents construit à Florence par Brunelleschi (médaillons à fond bleu représentant en blanc des bébés emmaillotés) est son œuvre la plus célèbre. Il exécuta plusieurs reliefs polychromes destinés à décorer des églises dans diverses villes italiennes et ses œuvres acquirent rapidement la notoriété dans toute l'Italie (Santa Maria degli Angeli, Assise ; couvent de La Verna ; San Bernardino, L'Aquila ; Santa Chiara, Borgo San Sepolcro). ♦ **Giovanni Della Robbia** (Florence 1469 - *id.* 1529). Fils et élève d'Andrea, il donna à ses terres cuites un caractère plus pictural que sculptural (lavabo de la sacristie de Santa Maria Novella, Florence). ♦ **Girolamo Della Robbia** (Florence 1488 - en France 1566). Frère de Giovanni, il collabora avec son père et son frère, et s'installa ensuite en France où il décora le château de Madrid, près de Paris (v. 1527 - 1547). Lors d'un second séjour (1559 - 1566), il exécuta des terres cuites pour le château de Fontainebleau et contribua ainsi à élargir la diffusion de la formule de l'atelier familial. ➝ ÉTYM. Ce nom de famille toscan vient de *robbia* «garance».

**DELLA ROVERE** ♦ Famille italienne originaire de Savone. Parmi ses membres, elle comprit deux papes (→ **Sixte IV, Jules II**), plusieurs cardinaux et les ducs d'Urbino* qui régnèrent sur la ville de 1508 à 1631. ♦ **Giovanni Della Rovere** (1457 - 1501). Il avait épousé la fille du duc d'Urbino. ♦ **Francesco Maria I^er Della Rovere** (1490 - 1538). Fils du précédent. Il hérita du duché, servit malheureusement Jules* II contre Venise, mais prit la Romagne et Ferrare (1512). Disgracié par Léon* X, puis rentré en grâce, il ne put arrêter les Impériaux, à la tête des Vénitiens (1526 - 1527). ♦ **Guidobaldo II Della Rovere** (1514 - 1574). Il fut contraint par son faste à augmenter les impôts, et réprima cruellement la révolte qu'ils avaient provoquée à Rome, dont il était préfet (1573). Après le règne de son fils FRANCESCO MARIA II (1549 - 1631), Urbino devint une possession pontificale. ➝ ÉTYM. Ce nom de famille signfie «du rouvre».

**DELLA VALLE (Pietro)** ♦ Voyageur italien (1586 - 1652). Il parcourut l'Égypte, la Syrie, la Mésopotamie et la Perse, découvrit les ruines de Babylone et de Persépolis. Ses travaux sur la langue copte influencèrent ceux du père A. Kircher*.

**DELLE** [90100] ➝ ÉTYM. du germ. *Dadila,* n. de pers., et vx haut all. *riet* «roseau» [endroit riche en roseaux] ♦ Ch.-l. de cant. du Territoire de Belfort, à la frontière suisse. 6 624 hab. (aggl. 10 901). *(Dellois).* La ville fut réunie à la France en 1652.

**DELLER (Alfred)** ♦ Chanteur britannique (Margate 1912 - Bologne 1979). Il commença en 1944 une brillante carrière de soliste, et fonda en 1948 le Deller Consort, qui se consacre à l'interprétation de la musique anglaise des XVI^e et XVII^e s. (Purcell, compositeurs élisabéthains et jacobins). Ses remarquables qualités d'interprète ont largement contribué au renouveau de ces musiques et ont remis à l'honneur la voix de haute-contre.

**DELLUC (Louis)** ♦ Écrivain et cinéaste français (Cadouin 1890 - Paris 1924). Premier théoricien de la dramaturgie cinématographique, il peut être aussi considéré comme le fondateur de la critique indépendante et des ciné-clubs. Animateur de la première avant-garde du cinéma français, il exerça une influence profonde sur Abel Gance, Marcel L'Herbier, Germaine Dulac et Jean Epstein. Scénariste et réalisateur (*Fièvre,* 1922 ; *La Femme de nulle part,* 1924), il a aussi publié des romans et de nombreux articles inspirés par le cinéma. ♦ ***Prix Louis-Delluc*** Décerné chaque année, depuis 1937, par un aréopage de critiques, il est destiné à couronner un film d'auteur français. Il a été attribué à des films tels que *Le Quai* des brumes, La Belle* et la Bête, Rendez-vous de juillet* (J. Becker), *Les Vacances* de M. Hulot, Baisers volés* (F. Truffaut), *Cousin cousine* (J.-C. Tacchella), *Le Roi et l'Oiseau* (P. Grimault), *Tous les matins du monde* (A. Corneau).

**DELLY** ♦ Pseudonyme de MARIE (Avignon 1875 - Versailles 1947) et FRÉDÉRIC (Vannes 1876 - Versailles 1949) PETITJEAN DE LA ROSIÈRE. Frère et sœur, ils composèrent en collaboration de très nombreux romans sentimentaux qui connurent un succès populaire considérable ; les plus appréciés de ces ouvrages furent *Entre deux âmes* (1913), *Le Maître du silence* (1918), *Mitsi* (1921) et *Cœurs ennemis* (1928).

**DELLYS** [delis] ♦ V. et port d'Algérie (wilaya de Boumerdès), sur la côte de la Grande Kabylie. 24 908 hab. Station touristique.

**DELMENHORST** ♦ V. d'Allemagne (Basse-Saxe), à l'O. de Brême, sur la Delme, affl. de la Weser. Env. 80 000 hab. Textiles (jute), indus. mécaniques, chimie, linoléums, produits alimentaires.

**DELMET (Paul)** ♦ Compositeur français (Paris 1862 - *id.* 1904). Élève de Massenet, il fut, au cabaret du Chat noir, à Montmartre, puis au Quartier latin, l'interprète de ses propres œuvres. Sur des paroles de M. Vaucaire, M. Boukay, J. Madeleine et G. d'Esparbès, elles se caractérisent par une charmante simplicité d'inspiration et une mélancolie discrète. De ses plus grands succès on retiendra *La Petite Église, L'Étoile d'amour, Envoi de fleurs, Stances à Manon.*

**DEL MONACO (Mario)** ♦ Ténor italien (Florence 1915 - Trévise 1982). Il débuta en 1939 et incarna, pour toute une génération, le mythe du ténor moderne (Verdi, Mascagni, Puccini).

**DELON (Alain)** ♦ Acteur français naturalisé suisse (Sceaux 1935). Il a dû ses plus grands rôles à R. Clément (*Plein Soleil*, 1960), L. Visconti (*Rocco et ses frères*, 1960 ; *Le Guépard*, 1962), M. Antonioni (*L'Éclipse*, 1962), J.-P. Melville (*Le Samouraï*, 1967) et J. Losey (*Monsieur Klein*, 1976) et s'est essayé à la réalisation. ➝ ÉTYM. Ce nom de famille est l'hypocoristique et l'aphérèse de *Adelon*.

**DELONCLE (Eugène)** ➝ ÉTYM. «[fils] de l'oncle» ♦ Homme politique français (Brest 1890 - Paris 1944). Polytechnicien, il adhéra d'abord à l'Action française, puis fonda en 1935 le Comité secret d'action révolutionnaire (CSAR, surnommé la «Cagoule*»), anticommuniste et antirépublicain, et, en 1940, le Mouvement social révolutionnaire, de tendance fasciste. Il fut assassiné (avec son fils) par la Gestapo, sans doute en raison de ses relations avec certains éléments antinazis de l'Abwehr.

**DELONEY (Thomas)** ♦ Écrivain anglais (Norwich v. 1543 - *id.* v. 1600). Tisseur de soie, il consacra à la vie des artisans des ballades comme *Jack de Newbury* (1597) ou *Thomas de Reading* (1599), et un recueil de récits en prose, *Le Noble Métier* (2 vol., 1597 - 1598). Thomas Dekker* lui emprunta des sujets de comédies. Il est l'ancêtre du réalisme populaire et, longtemps méprisé après avoir été célèbre de son vivant, il fut redécouvert au XX^e^ s.

**DELORME** ou **DE L'ORME (Philibert)** ♦ Architecte, dessinateur et théoricien français (Lyon v. 1510 ou 1515 - Paris v. 1570). Fils d'un maître maçon, il poursuivit sa formation en Italie où il rencontra probablement Peruzzi*, Sangallo* et Serlio*, se passionnant pour les monuments antiques dont il fit de nombreux relevés. En 1536, il édifia à Lyon pour le trésorier Bullioud une galerie soutenue par des trompes où se déploie déjà son savoir-faire stéréotomique. Il construisit ensuite le château de Saint-Maur-des-Fossés (1541 - 1544, détruit). Il obtint la faveur de Henri II et fut chargé de l'inspection des bâtiments royaux et de travaux de fortifications (1547). Il conçut le tombeau de François I^er^ à Saint-Denis en s'inspirant des modèles de la Renaissance italienne et réalisa de nombreux travaux aux châteaux de Fontainebleau, Chenonceau, Villers-Cotterêts. Surtout, il éleva pour Diane de Poitiers le château d'Anet* (1548 - 1555, en partie conservé) où il assimila les formules italiennes (superposition des trois ordres dans le portique), faisant souvent preuve de tendances maniéristes (choix du décor et jeu subtil des rapports de masses au portail principal) et affirmant une volonté de synthèse entre les traditions françaises et les thèmes italiens (façade de la chapelle). Tombé en disgrâce à la mort de Henri II, il rédigea les *Nouvelles inventions pour bien bâtir à petits frais* (1561) et le premier volume d'une *Architecture*. Chargé par Catherine de Médicis de la construction du palais des Tuileries* (1564 à 1567), il fournit un plan grandiose dont seul le corps central fut élevé. Marqué par l'idéal de la Renaissance italienne et désireux de l'adapter à l'esprit français, il joua un rôle important comme théoricien et contribua à modifier la fonction et le statut social de l'architecte. ➝ ÉTYM. C'est le surnom donné à une famille résidant près d'un orme ou d'une ormaie.

**DELORME (Marion)** → **Lorme (Marion de)**

**DELORS (Jacques)** ♦ Homme politique français (Paris 1925). Après une carrière à la Banque de France (1945 - 1962) et au Plan, il entra au cabinet du Premier ministre J. Chaban-Delmas (1969 - 1972) pour les affaires sociales et culturelles. Membre du Parti socialiste (1974), député européen (1979 - 1981), ministre de l'Économie et des Finances de 1981 à 1984, il proposa en 1982 une pause dans les réformes sociales et un plan de rigueur instaurant un blocage des prix et des salaires. Président de la Commission européenne de Bruxelles (1985 - 1994), il se fit le partisan d'une union politique, économique et monétaire de l'Europe et contribua à l'élaboration du traité de Maastricht*. ➝ ÉTYM. *De l'ort* signifie «du jardin (latin *hortus*)» [a désigné l'habitant d'une maison avec jardin].

Jacques **Delors.**
*Phot. © Jean-Michel Turpin/Gamma*

**DÉLOS** ➝ ÉTYM. en gr. mod. ***Dilos***, de *dêlos* «visible, évident» ♦ Îlot désert de Grèce, au S.-O. de Mykonos, dans les Cyclades. Centre religieux dès le -XIV^e^ s. et surtout après sa colonisation par les Ioniens de l'Attique (-X^e^ s.) qui introduisirent le culte d'Apollon*, d'Artémis* et de leur mère Léto*, elle prit une place importante dans l'histoire grecque. L'amphictyonie* délienne des Ioniens insulaires (-VII^e^ s.) attira l'intérêt d'Athènes* qui lui imposa son hégémonie (-VI^e^ s.). L'île rassemblait déjà le monde ionien pendant les fêtes d'Apollon (Délia) et devenait un grand centre commercial. Après les guerres médiques (-477), Athènes y installa le siège de sa première confédération maritime (→ **Aristide, Cimon**), mais en -454 ôta de Délos le trésor de la ligue et étendit son protectorat sur ses alliés. Les accouchements et les enterrements furent interdits dans l'île qui fut ainsi «purifiée» (-426). Dans l'orbite athénienne jusqu'en -315, indépendante ensuite et centre d'une confédération insulaire, cédée enfin à Athènes par les Romains en -166, l'île connut une prospérité accrue en devenant entrepôt international et centre cosmopolite. Conquise et pillée en -88 par Mithridate, puis par les pirates, Délos déclina de plus en plus. Les ravages causés par les Byzantins, les Slaves et les Arabes (VII^e^ - VIII^e^ s.) achevèrent son effondrement. ▪ Les fouilles de l'École française d'Athènes, commencées en 1873, puis dirigées par T. Homolle*, ont mis au jour un des ensembles archéologiques les plus importants de la Grèce : le hiéron d'Apollon entouré de portiques, les agoras (marchés), les monuments entourant le lac sacré (allée des Lions), les sanctuaires du mont Cynthe (Zeus, Athéna, dieux égyptiens et syriens), le port marchand, le théâtre et son quartier hellénistique, la nécropole dans l'île voisine Rhénée (grande Délos). Le musée renferme un sphinx archaïque, des statues (kouros et korês, Artémis, muses, têtes de Gaulois), des bas-reliefs, des vases.

**DELOUVRIER (Paul)** ♦ Haut fonctionnaire français (Remiremont 1914 - Provins 1995). Il fut chargé en 1961 par de Gaulle d'aménager la région parisienne (schéma directeur, villes nouvelles, RER, rocades et autoroutes, découpage en départements, maîtrise de la spéculation immobilière). Son action a été comparée à celle du baron Haussmann au XIX^e^ siècle.

**DELPHES** – en gr. mod. ***Delfi*** ♦ V. de l'anc. Grèce, en Phocide, sur la pente S.-O. du Parnasse, qui abritait le grand temple d'Apollon* et le plus célèbre de ses oracles. Le sanctuaire, fondé au -VII^e^ s. à l'endroit mythique où le dieu avait tué le serpent Python*, attirait des pèlerins de toute la Grèce, recevait de riches présents et gardait en dépôt, sous la protection du dieu, les trésors de plusieurs villes. On demandait des conseils à l'oracle avant d'entreprendre des guerres, des expéditions de colonisation, pour des affaires politiques, etc. Les prêtres interprétaient les cris de la Pythie* et rédigeaient les réponses du dieu, souvent d'une ambiguïté proverbiale. Les jeux Pythiques y avaient lieu tous les quatre ans. Selon la légende, Ésope* y aurait été mis à mort pour avoir raillé les prêtres. Plutarque* fit partie du collège sacerdotal. La ville joua un rôle très important dans les affaires grecques. Centre de la plus puissante amphictyonie* qui déclencha les guerres sacrées*, elle sollicita la protection de Philippe* II de Macédoine (-346) et aida ainsi la domination macédonienne. La ville fut livrée au pillage pendant la guerre sacrée de -356 - -346 ; elle repoussa les envahisseurs celtes en -279 et les Gaulois en -109, mais les Romains (Sylla, Néron, Constantin le Grand) dépouillèrent le sanctuaire. ▪ Fouillé par l'École française d'Athènes, à partir de 1892, sous la direction de T. Homolle*, le site archéologique de Delphes est l'un des plus impressionnants de la Grèce : temples d'Apollon et d'Athéna, théâtre, stade, trésors de plusieurs cités, dont Athènes et Marseille, tholos, portiques, fontaine de Castalie*, etc. Le musée contient un grand nombre d'œuvres de sculpture (dont le fameux *Aurige**) et de céramique, des fragments architecturaux et une collection épigraphique.

**Delphine** ♦ Roman épistolaire de M^me^ de Staël* (1802). L'amour douloureux qui lie Delphine et Léonce sans qu'ils puissent jamais s'unir permet à l'auteur de défendre les thèses de l'amour naturel tout en faisant l'apologie du divorce. Delphine finit par se suicider (ou, dans une version ultérieure, par mourir de consomption), ce qui fit voir dans cette œuvre l'une des premières fictions romantiques de la littérature française.

**Delta (plan)** ♦ Plan d'aménagement entrepris aux Pays-Bas après la catastrophe de 1953 où 140 000 ha de terres furent envahis par la mer en Zélande et en Hollande-Méridionale. Le ministère de l'Eau (Waterstaat) lança un plan dont l'objectif était la fermeture de quatre bras de mer (→ **Zélande**). L'opération s'est achevée en 1986 : fermeture de l'Escaut oriental par un barrage mobile qui permet le maintien de la salinité et donc de l'ostréiculture ; grâce aux digues et aux ponts, le désenclavement routier de la Zélande a été assuré, favorisant l'industrialisation.

**DELTEIL (Joseph)** ♦ Écrivain français (Villar-en-Val, Aude 1894 - Montpellier 1978). Compagnon des surréalistes, devenu après la publication de quelques-uns de ses ouvrages l'une des figures les plus originales des milieux littéraires de la capitale, il quitta Paris (1930) pour une retraite champêtre, au cœur des vignes du Languedoc. Un attachant et singulier mélange d'érotisme raffiné et de spiritualité franciscaine caractérise son œuvre, qui est celle d'un poète amoureux de toutes les formes de la vie, épris de liberté, et que désespère l'inhumanité de l'âge moderne. Maître d'un style savoureux, d'une riche diversité de ton, tour à tour réaliste, lyrique et épique, Delteil a publié en 1961 ses *Œuvres complètes (Sur le fleuve*

*Amour, Choléra, Jeanne d'Arc, Saint Don Juan, Jésus II, François d'Assise), Le Sacré Corps* (1976) et une truculente autobiographie, *La Delteillerie* (1968). ➝ ÉTYM. Ce nom signifie « du tilleul » (nom de lieu).

**DELUMEAU (Jean)** ♦ Historien français (Nantes 1923). Spécialiste de la Renaissance (*La Civilisation de la Renaissance*, 1967), s'appuyant sur les méthodes de l'histoire des mentalités, il a publié de nombreux ouvrages sur l'évolution de la conscience religieuse, étudiant les pulsions (*La Peur en Occident, XIVe - XVIIIe s.*, 1978 ; *Le Péché et la Peur, la culpabilisation en Occident*, 1983), les institutions (*L'Aveu et le Pardon, XIIIe - XVIIIe s.*, 1990) et les représentations (*Une histoire du Paradis I*, 1992 ; *II*, 1995) qui la structurèrent au cours de l'histoire. [Acad. inscr. 1988] ➝ ÉTYM. *Delumeau* signifie « originaire de Lumeau (Eure-et-Loir) », de l'ancien français *ulmeau* « orme ».

**DELVAUX (Paul)** ♦ Peintre, dessinateur et graveur belge (Antheit, près de Huy 1897, Veurne 1994). Après des études d'architecture et de peinture à Bruxelles, il débuta dans un style néo-impressionniste, puis manifesta des tendances expressionnistes. Vers 1935, il eut la révélation des œuvres de De* Chirico et de Magritte* et représenta alors avec une facture très traditionnelle, minutieusement réaliste, des scènes de caractère onirique et érotique où réapparaît de façon obsessionnelle le même type de femme nue placée le plus souvent dans un décor d'architecture néoclassique (palais, temple, colonnade, jardin) ou plus prosaïque (salle de gare, intérieur bourgeois). Sans adhérer au surréalisme, il a fortement contribué à l'élaboration de son iconographie par ses figurations aux rapprochements improbables, si ce n'est dans le déroulement du rêve (*La Ville endormie*, 1938 ; *Train de nuit*, 1947). Il a aussi traité quelques thèmes religieux aux accents fantastiques (série de squelettes, 1939 - 1944) et est l'auteur de vastes décorations murales ainsi que d'aquarelles, dessins et lithographies moins académiques, de facture plus libre d'où émane une impression de mystère et de dépaysement.

**DELVAUX (André)** ♦ Cinéaste belge (Heverlee 1926 - Valence, Espagne 2002). Il a donné à la cinématographie belge ses plus belles réussites, dans la voie d'un onirisme envoûtant : *L'Homme au crâne rasé* (1966), *Un soir, un train* (1968), *Rendez-vous à Bray* (1971), *Benvenuta* (1983).

**DELVIG (Anton Antonovitch)** ♦ Poète russe (Moscou 1798 - Saint-Pétersbourg 1831). Ami de Pouchkine*, il fut membre de l'Arsamas*. Auteur de poèmes et d'épigrammes (*Les Femmes au bain*), il édita le recueil annuel des poètes, *Fleurs nordiques* (1825 - 1831), puis une gazette littéraire.

**DELVINCOURT (Claude)** ♦ Compositeur français (Paris 1888 - Orbetello, Italie 1954). Premier grand prix de Rome (1913), il fut directeur du Conservatoire de Paris (1941) où il fonda, durant l'Occupation, l'orchestre des Cadets du conservatoire pour sauver ses élèves du travail obligatoire en Allemagne. Il y entreprit aussi une modernisation de l'enseignement. Élégante et spirituelle, son œuvre, parente de celles de Chabrier et de Ravel, comprend des pièces pour piano, de la musique chorale et de chambre, des mélodies (*Quatre Chansons de Clément Marot*), le ballet *Le Bal vénitien* (1937), l'opéra bouffe *La Femme à barbe* (1938), le mystère *Lucifer* (1940, créé en 1948). ➝ ÉTYM. Ce nom est une contraction de *d'Elvincourt* (nom de lieu).

**DEMACHY (Robert)** ♦ Photographe français (Saint-Germain-en-Laye 1859 - Hennecqueville 1937). Figure de proue du pictorialisme français, il privilégia l'intervention de la main sur le négatif et l'épreuve. Il utilisa dès 1894 le procédé de la gomme bichromatée qui conférait à la photographie une matérialité analogue à celle produite par les empâtements en peinture.

**DÉMADE** – en gr. *Dêmadês* ♦ Orateur et homme politique athénien (–384 - v. –320). Devenu chef du parti macédonien grâce à son éloquence et à la faveur de Philippe, il demanda la mort de Démosthène* et de ses amis (–322). Deux ans plus tard, il trahit Antipatros et fut mis à mort par Cassandre*. Fameux pour sa fougue et sa brutalité oratoire, il ne laissa pas d'écrits.

**DEMANGEON (Albert)** ♦ Géographe français (Cormeilles, Eure 1872 - Paris 1940). Il collabora à la *Géographie* universelle* de Vidal de La Blache et se spécialisa surtout en géographie humaine (*Problèmes de la géographie humaine*, 1942). ➝ ÉTYM. *Demangeon* vient du latin *Dominicus* « Dominique », probablement avec le sens « qui appartient au seigneur » (➝ Dominique).

**DÉMARATE** – en lat. *Demaratus* ♦ Aristocrate exilé de Corinthe (–VIIe s.) qui s'installa à Tarquinia (Étrurie). Personnage à demi légendaire, il serait le père de Tarquin* l'Ancien.

**DÉMARATE** – en gr. *Dêmaratos* ♦ Roi de Sparte (–520 - –491). Détrôné par Cléomène* Ier, il se retira à Pergame. Il avertit les Grecs de l'expédition de Xerxès et fut mis à mort.

**DEMĀVEND** ou **DAMĀVEND** n. m. ➝ ÉTYM. du sanskr. *himavant-* « neigeux » (➝ aussi Himalaya) ♦ Volcan formant le point culminant de l'Elbourz*, en Iran. 5 671 m.

**DÉMER** n. m. – en néerl. *Demer* ♦ Riv. de Belgique (95 km), affl. de la Dyle. Le Démer arrose Hasselt, Diest et Aarschot.

**DÉMÉTER** ➝ ÉTYM. gr. *Dêmêtêr*, de *da*, exclamation et *mêtêr* « mère » ♦ Déesse grecque de la terre cultivée, identifiée avec Cérès* par les Romains. Fille de Cronos* et de Rhéa*, elle occupe une grande place dans la religion grecque : elle apporte le blé, symbole de la civilisation, et assure l'abondance des récoltes ; par le mythe expliquant le retour des saisons, son culte est attaché à l'espérance de la vie éternelle. Affligée de l'enlèvement de Coré ou Perséphone*, fille qu'elle eut de Zeus*, la déesse parcourt la Terre puis, prenant la forme d'une vieille femme, elle entre au service du roi d'Éleusis*, comme nourrice, tandis que la terre devient stérile. Elle n'accepte de reprendre sa fonction divine qu'après le compromis imposé par Zeus à Hadès*, le ravisseur : Perséphone restera désormais trois mois avec lui et le reste de l'année avec sa mère. En reconnaissance, les deux déesses confient l'épi de blé à Triptolème*, prince éleusinien, qui part dans le monde, diffusant partout sa culture. Les *Éleusinies* et les *Thesmophories* sont les fêtes les plus connues du culte de la déesse. L'initiation aux mystères d'Éleusis tendait à identifier le fidèle à l'enfant divin qui échappe à la mort. D'autres légendes lui donnent comme fils Ploutos* (« la richesse ») et le coursier Areion, né de son union involontaire avec Poséidon*.

**DÉMÉTRIOS Ier Poliorcète** ➝ ÉTYM. « Preneur de villes » ♦ (v. –336 - –283). Roi de Macédoine (–294 - –288), fils d'Antigonos* Monophthalmos. Il chassa d'Athènes Démétrios* de Phalère (–307), vainquit Cassandre* près des Thermopyles, et après quelques victoires à Chypre* il fut vaincu à Ipsos* (–301). Après la mort de Cassandre (–297), il s'empara du trône, reconquit une partie de la Grèce, mais il fut battu en Asie Mineure par Séleucos* Ier (–285) et mourut prisonnier. Sa fille Stratonice* épousa Séleucos Ier.

**DÉMÉTRIOS** ♦ Nom de plusieurs rois séleucides* de Syrie. ♦ **DÉMÉTRIOS Ier Sôter** « Sauveur » (de –162 à –149). Il combattit les Maccabées (➝ **Maccabée**) en Judée. Battu par une coalition, il fut tué par Alexandre* Ier Balas. ♦ **DÉMÉTRIOS II Nicator** « Vainqueur » (–144 - –125). Fils du précédent, il renversa l'usurpateur Alexandre* Balas mais fut détrôné par Alexandre* II Zabinas. ➝ **Rodogune.** ♦ **DÉMÉTRIOS III.** Roi de Syrie de –95 à –88.

**DÉMÉTRIOS DE PHALÈRE** ♦ Homme d'État et orateur athénien (Phalère v. –350 - Égypte v. –283). Élève de Théophraste*, il adhéra au parti macédonien et gouverna Athènes au nom de Cassandre*. Son gouvernement fut sage et constructif. Réfugié en Égypte après la libération d'Athènes par Démétrios* Ier Poliorcète, il fut l'instigateur de la fondation de la bibliothèque d'Alexandrie* par Ptolémée* Sôter. ▪ Ses œuvres sont perdues. Il est considéré comme le dernier épigone de la grande éloquence attique, qui déclina avec la disparition de la démocratie athénienne. Il recueillit les *Fables* d'Ésope*.

**DEMIDOV** ♦ Famille russe, issue de NIKITA DEMIDOV (Toula 1656 - *id.* 1725). Simple forgeron, puis armurier à Toula, Nikita établit à Neviansk (Sibérie) d'importantes fonderies pour la fabrication des canons (1699) et fut anobli par Pierre le Grand en 1720. Son fils AKINFI (Toula 1688 - près de Iatskoïe Oustie, Oural 1745) créa des établissements métallurgiques dans la région de l'Oural, obtint le titre de conseiller et laissa une fortune colossale. ➝ ÉTYM. Ce nom vient du prénom *Demid*, du grec *Diomêdês* « Diomède* ».

**DEMILLE (Cecil Blount, dit Cecil B.)** ♦ Cinéaste américain (Ashfield, Massachusetts 1881 - Hollywood, Californie 1959). Il se consacra d'abord au théâtre avant de fonder avec Jesse Lasky et Samuel Goldwyn la Jesse Lasky Feature Play (1913), future société Paramount. Spécialiste des mises en scène à grand spectacle, habile manieur de foules, ce pionnier du cinéma américain a réalisé plus de 150 films. Son œuvre livre pêle-mêle à un très large public le grandiose et l'intimiste. Interprète souvent inspiré de l'histoire biblique (*Les Dix Commandements*, 1923 et 1956 ; *Le Roi des rois*, 1927 ; *Le Signe de la croix*, 1932 ; *Samson et Dalila*, 1949), il mit en scène des comédies de mœurs (*Forfaiture**, 1915) et des westerns (*Pacific Express* 1939).

**DEMILLE (Agnes)** ♦ Danseuse et chorégraphe américaine (New York 1905 - *id.* 1993). Nièce de Cecil B. DeMille, elle créa des rôles très originaux dans des œuvres de Tudor (*Dark Elegies*, 1937). Invitée au Ballet Theatre, elle se fit remarquer notamment dans *Black Ritual* (1940, sur la musique de *La Création du monde* de D. Milhaud) et *Fall River Legend* (musique de M. Gould, 1948). Elle produisit pour les Ballets* russes de Monte-Carlo son célèbre *Rodeo* (musique de Copland, 1942).

**DEMIREL (Süleyman)** ♦ Homme d'État turc (Islamköy, prov. d'Isparta 1924). Ingénieur, il fut de 1965 à 1980 président du parti de la Justice (AP), député d'Isparta, et Premier ministre de 1965 à 1971, en 1977 - 1978 et en 1979 - 1980. Président du Parti de la juste voie (DYP) de 1983 à 1993, Premier ministre (1991 - 1993), il a été président de la République de 1993 à 2000.

**DE MITA (Ciriaco)** ♦ Homme politique italien (Nusco, Campanie 1928). Membre de l'aile gauche de la Démocratie chrétienne, dont il fut le secrétaire général (1982 - 1989), plusieurs fois ministre, il devint président du Conseil en 1988. Partisan de la lutte contre le clientélisme et la Mafia*, il tenta de réformer le système électoral mais démissionna en 1989 à la suite d'une crise gouvernementale. Il fut député européen de 1999 à 2004.

**DEML (Jakub)** ♦ Poète tchèque (Tasov, Moravie 1878 - Třebíč, Moravie 1961). Prêtre turbulent (suspendu dès 1909), lié au groupe morave catholique de Josef Florián influencé par Léon Bloy*, il développa une œuvre proche de l'expressionnisme (*Le Château de la mort*, 1912) ; en 1917, il commença les *Traces de pas*, périodique qu'il

## démocratie chrétienne

n. f. ♦ Mouvement politique caractérisé par sa volonté de fonder un régime démocratique s'inspirant des principes tirés de l'Évangile, en particulier dans le domaine social. Cette doctrine apparut durant la 1re moitié du XIXe s. en France. Tirant les enseignements de l'évolution politique et sociale de la France depuis la Révolution, certains catholiques tels Buchez*, Lamennais*, ou bien encore les membres du journal *L'Ère nouvelle* auquel collabora Ozanam*, entendirent à la fois réconcilier la démocratie avec l'Église en dissociant l'alliance traditionnelle entre cette dernière et la monarchie, et apporter une solution réellement religieuse (dans un esprit de fraternité) à la misère des «classes laborieuses» nées avec le capitalisme. S'apparentant alors au catholicisme* social, la démocratie chrétienne se développa à la suite de l'encyclique de Léon* XIII, *Rerum novarum*, sur la question ouvrière (1891). Mais face aux «abbés démocrates» en France (Lemire, Naudet), qui prônaient le ralliement à la République, et à la tendance démocrate chrétienne au sein du Parti catholique belge et de l'Œuvre des congrès en Italie, les conservateurs obtinrent du pape une nouvelle encyclique *Graves de communi* (1901) qui cantonnait la démocratie chrétienne dans l'action populaire chrétienne, refusant tout engagement politique. La papauté s'opposa à certaines aspirations socialistes apparues parmi les mouvements démocrates chrétiens (condamnation du Sillon* français, 1910) et à la valorisation du modèle démocratique qu'elle craignait de voir s'étendre à l'intérieur même de l'Église (dissolution de l'Œuvre des congrès de don Romolo Murri, 1904). Au lendemain de la Première Guerre mondiale, l'effondrement définitif des systèmes politiques héritiers de l'Ancien Régime, l'apparition du communisme et la nécessité pour l'Église de défendre sa place au sein de ces nouvelles démocraties incitèrent le Vatican à encourager le développement de partis politiques se réclamant des principes catholiques. Le Parti populaire italien (Partito popolare italiano, PPI) créé en 1919 par don Sturzo, le Zentrum allemand et le Parti catholique belge, dominé par les démocrates-chrétiens, jouèrent alors un grand rôle dans la vie politique de leur pays, ainsi que les chrétiens-sociaux en Autriche, les catholiques-populistes en Tchécoslovaquie, ou le parti catholique aux Pays-Bas, entraînant la fondation d'un «Secrétariat international» à Paris en 1928. Mais malgré leur importance, ils ne parvinrent jamais lors de l'entre-deux-guerres à assurer le triomphe de leurs idées, notamment concernant la réconciliation européenne, ni à conquérir la majorité de l'électorat catholique (en France, le Parti démocrate populaire fondé en 1924 n'eut qu'une faible audience). Leur rôle dans la résistance aux régimes nazi et fasciste qui les interdirent, la disparition des formations de droite traditionnelle et leur hostilité au communisme valurent, à la Libération, aux partis démocrates chrétiens de connaître d'importants succès : en Italie (Democrazia cristiana, qui a repris en 1994 son ancienne dénomination de Partito popolare italiano), en Allemagne (Christlich*-Demokratische Union, CDU), en Belgique (Parti social-chrétien, PSC), ils ont été ou sont encore au pouvoir et demeurent (sauf en Italie) une force politique importante dans leur pays. En France, le Mouvement* républicain populaire (MRP) dirigea ou participa à de nombreux gouvernements sous la IVe République*. Les partis démocrates chrétiens ont joué un rôle de premier plan dans la mise en place de l'union économique et politique de l'Europe et ont contribué à la réalisation d'un certain nombre d'avancées sociales.

rédigea seul jusqu'en 1941. Dans un style échevelé, au génie poétique très sûr, il écrivit notamment *Lumière oubliée* (1934), qui comporte des textes en allemand, et *Lumière d'automne* (1959), méditation sur les rigueurs du régime communiste. Nezval*, qui put l'arracher en 1948 à un procès politique, voyait en lui le précurseur du surréalisme tchèque.

**démocrate (Parti)** – en angl. ***Democratic Party*** ♦ L'un des deux grands partis politiques des États-Unis d'Amérique. Né v. 1830 sous l'influence d'Andrew Jackson*, le Parti démocrate reprit la tradition des républicains de T. Jefferson*, essentiellement libre-échangiste et défiante envers le pouvoir fédéral. Recruté au départ parmi la population pauvre de l'Ouest et les nouveaux émigrés, il rassembla progressivement les suffrages sudistes, ce qui l'empêcha d'acquérir une homogénéité. Après la guerre de Sécession, il fut éclipsé par le dynamisme du jeune Parti républicain* et ce n'est que sous l'influence de T. W. Wilson* qu'il devint le véritable mouvement réformateur des États-Unis. F. D. Roosevelt* et J. F. Kennedy*, en consolidant le pouvoir central et par leur interventionnisme lors de la Deuxième Guerre* mondiale pour le premier et sur la scène internationale pour le second, lui assurèrent un prestige qui tenait beaucoup à leur ascendant personnel. L. B. Johnson* ne put le soutenir et H. Humphrey* fut battu aux élections par le républicain Nixon* en 1968. Revenus au pouvoir avec J. Carter* (1977 - 1981), les démocrates cédèrent la place aux républicains R. Reagan* et G. Bush*. Porté par un programme réformiste, Bill Clinton* permit aux démocrates de revenir à la Maison Blanche en 1993. Malgré la popularité de sa présidence, ceux-ci ne purent empêcher l'élection du républicain G. W. Bush* en 2000. Le retour des démocrates se fit avec B. Obama* en 2009.

De la **démocratie en Amérique** ♦ Ouvrage de philosophie politique de Tocqueville*, publié en deux parties en 1835 et en 1840. À la suite d'un séjour aux États-Unis (1831 - 1832), Tocqueville, persuadé de la victoire à terme de l'idée démocratique, tente à partir du modèle américain, jugé le plus avancé sur le chemin de la démocratie, d'analyser les mécanismes et l'évolution d'un tel système. La première partie est consacrée aux institutions et à la vie politique des Américains, et la suivante à l'influence de la démocratie sur le mouvement intellectuel, les sentiments et les mœurs aux États-Unis, ainsi qu'à l'influence qu'exercent les idées et les sentiments démocratiques sur la société politique. Jugeant de la force de la démocratie, Tocqueville en souligne également les dangers, et notamment le risque d'une tyrannie des assemblées.

**Démocratie libérale** [DL] ♦ Parti politique français qui succéda au PR (→ **républicain [Parti]**) en juin 1997. La transformation du PR en Démocratie libérale visait à renforcer le courant libéral au sein de la droite. Opposée aux centristes de Force* démocrate, DL, présidée par A. Madelin (1997), quitta l'UDF en 1998 puis se fondit dans l'Union* pour un mouvement populaire créée en avril 2002.

**DÉMOCRITE** → ÉTYM. en gr. ***Dêmokritos***, de *dêmos* «peuple» et *krinô* «séparer, juger» ♦ Philosophe grec (Abdère, Thrace, v. –460 - v. –370). On manque de renseignements sur sa vie (il aurait été un grand voyageur), et sur son œuvre abondante presque totalement détruite. Les nombreux titres conservés suffisent néanmoins à mesurer l'ampleur de l'encyclopédisme démocritéen. Il précisa et développa la théorie atomiste de Leucippe*, première physique franchement matérialiste qui exclut l'intervention des dieux dans son explication de l'univers. Elle affirme que les qualités sensibles (couleur, odeur, etc.) sont subjectives et que les vrais principes des choses sont le vide et les atomes, particules insécables, éternelles, dont les propriétés sont la grandeur, la forme et le mouvement. La physique démocritéenne est un déterminisme : toutes choses sont déterminées par la nécessité, le hasard n'étant que le nom que nous donnons à une cause inconnue. Cette physique s'accompagne chez Démocrite d'une morale qui prescrit à l'homme la modération dans ses désirs. Platon aurait été violemment hostile à sa philosophie.

**DEMOISELLES** (grotte des) ♦ Grotte de l'Hérault dominant la vallée de l'Hérault. Anc. aven bouché, orné de stalactites et de stalagmites. Au XVIIe s., elle servit de refuge aux protestants révoltés. → **camisards.**

Les **Demoiselles d'Avignon** ♦ Tableau de Picasso* peint en 1907 après de nombreuses études préparatoires, et jamais achevé. Le titre, donné par A. Salmon, évoque une maison close de la *calle de Aviñon* à Barcelone. L'œuvre est révolutionnaire par la rupture définitive qu'elle opère entre la nature et l'art. Témoignage de l'intérêt que portait Picasso aux masques africains auxquels elle emprunte la schématisation des formes et les proportions peu aca-

Les **Demoiselles d'Avignon**. Tableau de Picasso (2,44 x 2,34 m), 1907. Museum of Modern Art, New York.
*BIS/Phot. © Archives Nathan © Succession Picasso, Paris, 2008*

démiques, elle peut passer pour le premier tableau cubiste, antérieur à la définition du cubisme proprement dit. Parodie contestataire du *Bain* turc* d'Ingres (1859 - 1863) et de *La Joie de vivre* de Matisse (1905 - 1906), elle témoigne des recherches menées par Picasso sur l'épurement des formes et l'élimination des détails descriptifs et sentimentaux, approfondissant la leçon de Cézanne* par un travail de superposition des plans selon le principe «traiter la nature par la sphère, le cylindre, le cône». Picasso met en évidence les structures au détriment des caractères individuels des personnages.

**DEMOLDER (Eugène)** ♦ Écrivain belge d'expression française (Molenbeek 1862 - Essonnes 1919), qui s'établit en France en 1895. Parallèlement à sa carrière d'avocat et de juge, il s'intéressa à la critique d'art, rédigeant notamment une étude sur Félicien Rops* (1894), son beau-père. Son intérêt pour la peinture orienta également son œuvre romanesque : après avoir opéré des «transpositions d'art» dans *La Légende d'Yperdamme* (1896), véritables tableaux flamands ou hollandais, il s'inspira des toiles de James Ensor* pour composer *Sous la robe* (1897) et des peintres du XVIIIe s. pour écrire *Le Jardinier de la Pompadour* (1909). Il évoqua également la lumière de la Hollande dans un roman historique, *La Route d'émeraude* (1899), qui présente la vie d'un jeune peintre à l'époque de Rembrandt.

Les **Démons** ou **Les Possédés** – en russe ***Bessy*** ♦ Roman de F. Dostoïevski* (1871 - 1872). Dans cette œuvre sombre et complexe, Dostoïevski pose des problèmes politiques et religieux. Après avoir défendu la thèse des occidentalistes*, l'auteur voit en elle la perte de la Russie orthodoxe. Ses héros, fils de libéraux idéalistes, sont des nihilistes dans les domaines intellectuel ou politique.

**DE MORGAN (Augustus)** ♦ Mathématicien et logicien britannique (Madura, Inde 1806 - Londres 1871). Il fut l'un des premiers à manifester le double souci de présenter la logique sous une forme mathématique tout en analysant sous l'angle logique l'ensemble des symboles, des opérations et des lois mathématiques.

**DÉMOSTHÈNE** ➝ ÉTYM. en gr. ***Dêmosthenês*** «force *(sthenos)* du peuple *(dêmos)*» ♦ Orateur et homme politique athénien (Athènes –384 - Calaurie –322). Élève d'Isée*, il dut soutenir une série de procès contre ses tuteurs, dilapidateurs de sa fortune. D'après la légende, desservi par une difficulté d'élocution, il aurait surmonté celle-ci à force d'un dur entraînement (en se forçant à parler, dit la tradition, avec des cailloux dans la bouche). Logographe de métier, il eut, dès –355, à plaider pour une plus stricte gestion des finances de l'État *(Sur la loi de Leptine)*. Sa vocation politique l'amena vite à la tribune de l'assemblée : *Sur les symmories, Pour les Mégalopolitains*. Dénonçant le danger barbare, ainsi que les ambitions de Sparte, il se fit l'apologiste de la démocratie. Mais c'est son opposition passionnée à l'expansion macédonienne qui détermina sa carrière de grand orateur et de chef du parti patriotique. Les trois *Philippiques** (–351 - –341), les trois *Olynthiennes**, les discours *Sur la paix* et *Sur les affaires de Chersonèse* illustrent sa politique intransigeante. Même la défaite de Chéronée (–338), effet de cette politique, ne put le déconsidérer auprès de ses concitoyens, si grands étaient son prestige et sa force de persuasion. Ayant participé aux négociations de la paix de –346 avec Philippe* II, il accusa Eschine* de trahison, dans son discours *De la fausse ambassade*. Ctésiphon ayant proposé de le récompenser des services rendus à l'État par une couronne d'or, Eschine fit un procès à l'auteur de cette proposition. Démosthène gagna et la cause de Ctésiphon et la sienne par son discours *Sur la couronne**. Impliqué dans le scandale financier d'Harpale* (–324) et condamné à payer une amende qu'il ne put acquitter, il dut s'exiler, puis, un an plus tard, regagna Athènes. Mais après l'échec de la révolte contre les Macédoniens, condamné à mort et chassé par les mercenaires d'Antipatros*, il se réfugia dans l'île de Calaurie et s'empoisonna dans le temple de Poséidon. ▪ Le discours de Démosthène marque l'apogée de l'éloquence attique, qui, sortie des écoles de la rhétorique, s'épanouit avec la démocratie athénienne et périt avec elle. La confrontation de deux partis de grands orateurs, celui de Démosthène avec Hypéride* et Lycurgue*, celui d'Eschine* avec Dinarque* et Démade*, est l'illustration la plus grandiose du déchirement grec. Le nom de Démosthène devint synonyme de l'éloquence et la philippique celui du discours belliqueux. Nourri de Thucydide*, il est inégalé dans l'art d'associer les grandes idées à l'actualité. La véhémence et l'imagination, le raisonnement minutieux et le pathétique, la vigueur et la sensibilité sont savamment entrelacés dans ses harangues. Placé au sommet de l'éloquence grecque par Cicéron*, et même de la prose par Denys* d'Halicarnasse, Démosthène détient le sceptre de la grande rhétorique.

**DEMPSEY (William HARRISON, dit Jack)** ♦ Boxeur américain (Manassa, Colorado 1895 - New York 1983). Champion du monde des poids lourds de 1919 à 1926, il devait son efficacité à une puissance naturelle lui permettant de conclure souvent ses combats par knock-out, comme lors de son match victorieux contre Georges Carpentier* (juil. 1921).

**DEMUTH (Charles)** ♦ Peintre et dessinateur américain (Lancaster, Pennsylvanie 1883 - *id.* 1936). Après plusieurs voyages en Europe entre 1907 et 1913, il fréquenta les artistes réunis autour du photographe Stieglitz et du collectionneur Arensberg. Il illustra des livres (de James, Zola, E. Poe), exécuta aussi des séries d'aquarelles (natures mortes, fleurs, fruits, scènes de cirque) caractérisées par la liberté de facture, la finesse du trait et une gamme fluide aux harmonies originales. Sous l'influence du cubisme de Léger*, stimulé aussi par les œuvres de Picabia*, Man Ray* et Duchamp*, il aborda des thèmes industriels, des mécanismes, cherchant à dégager leurs qualités plastiques spécifiques, en leur donnant un aspect d'épures qui met en valeur leur structure géométrique, ces motifs devenant le prétexte à un jeu de lignes et de plans colorés, souvent prismatiques, qui s'apparentent parfois aux œuvres de Feininger* et Sheeler *(Machinerie*, 1920).

**DEMY (Jacques)** ♦ Cinéaste français (Pontchâteau 1931 - Paris 1990). Son premier long métrage, *Lola* (1961), dégageait un parfum d'irréalisme subtil, qui se retrouva, aux couleurs de la comédie musicale (genre dont il est en France l'unique représentant), dans *Les Parapluies* de Cherbourg* (1964), *Les Demoiselles de Rochefort* (1967), *Peau-d'Âne* (1970), *Une chambre en ville* (1982) et *Trois Places pour le 26* (1988). Sa femme, Agnès Varda*, lui a rendu un émouvant hommage dans son film *Jacquot de Nantes* (1991). ➝ ÉTYM. Ce nom de famille vient probablement du nom du hameau *de My*, à Sainte-Anne-sur-Brivet (Loire-Atlantique).

Jacques **Demy.** Catherine Deneuve dans *Les Parapluies de Cherbourg.*
*Phot. © Coll. Christophe L.*

**DENAIN** [59220] ➝ ÉTYM. anc. *Dononium, Deneng,* du gaul. *Dumnonius*, n. de pers., et suff. germ. *-ingen* ♦ Ch.-l. de cant. du Nord, arr. de Valenciennes, sur l'Escaut. 20 360 hab. *(Denaisiens)*. Anc. centre houiller.

**DENDÉRAH** – en égypt. ***Iounit Tentôre***, en gr. ***Tentyris*** ♦ Site archéologique de Haute-Égypte, à 60 km au N. de Louksor*, sur la rive g. du Nil, en face de Keneh. Ville très ancienne, capitale du 6e nome de Haute-Égypte, elle était consacrée à la déesse Hathor*, dont le temple est l'un des mieux conservés d'Égypte avec ceux d'Edfou* et de Philae*. Mis en chantier sous les derniers Ptolémées* et achevé à l'époque romaine, il repose sur des fondations beaucoup plus anciennes. Dans la chapelle où se déroulait chaque année le cérémonial de l'«union au disque» lors des fêtes du Commencement de l'an, on a retrouvé la carte du ciel, des constellations et des décans que l'on connaît sous le nom de zodiaque.

**DENDERLEEUW** ♦ Comm. de Belgique (Région flamande), prov. de Flandre-Orientale, arr. d'Aalst. 17 493 hab. Indus. diversifiées. Réserve naturelle de Wellemeerse.

**DENDERMONDE** ➝ ÉTYM. «bouches de la Dendre», en fr. ***Termonde*** ♦ V. de Belgique (Région flamande), prov. de Flandre-Orientale, ch.-l. d'arr., au confluent de l'Escaut et de la Dendre. 43 521 hab. Église Saint-Gilles (1780). Église Notre-Dame (XVIe s. ; tableaux de Van Dyck, Crayer). Hôtel de ville (1330). Beffroi (1376). Musée dans les anc. halles aux viandes (1460). ▪ Indus. alimentaire, textile. Construc. mécaniques. ▪ Réserve naturelle du Vlassenbroekse Polder, près du village d'artistes de Vlassenbroek. ▌**Histoire** Fort romain au VIIIe s., à cause de sa situation stratégique, la ville fut souvent assiégée, notamment par Louis XIV en 1667. Elle fut occupée par les Allemands en 1914, après la chute d'Anvers.

**DENDRE** n. f. – en néerl. ***Dender*** ♦ Riv. de Belgique (65 km), affl. rive d. de l'Escaut, formée de la réunion, à Ath, de la Dendre orientale et de la Dendre occidentale.

**DENEB** ♦ Nom donné à l'étoile α Cygne*. Magnitude 1,3 ; type spectral A2 ; distance 1 600 années-lumière.

**DENEUVE (Catherine DORLÉAC, dite Catherine)** ➝ ÉTYM. n. de jeune fille de sa mère ♦ Actrice française (Paris 1943). Elle se fit connaître par *Les Parapluies* de Cherbourg* (1964) de J. Demy, qu'elle retrouva en 1967 pour *Les Demoiselles de Rochefort* où elle était la partenaire de sa sœur Françoise Dorléac. Sa beauté un peu distante a été mise en valeur par Luis Buñuel *(Belle de jour*, 1967 ; *Tristana*, 1970), François Truffaut *(La Sirène du Mississippi*, 1969 ; *Le Dernier Métro*, 1980), André Téchiné *(Hôtel des Amériques*, 1981 ; *Le Lieu du crime*, 1986 ; *Ma saison préférée*, 1993), Jean-Pierre Mocky *(Agent double*, 1987), Nicole Garcia *(Place Vendôme*, 1998), Régis Warnier *(Indochine*, 1992, film pour lequel elle fut proposée pour les oscars) ou encore Lars von Trier *(Dancer in the dark*, 2000).

**DENFERT-ROCHEREAU (Pierre Philippe)** ♦ Officier français (Saint-Maixent 1823 - Versailles 1878). Sorti de Polytechnique, il se distingua lors de l'expédition de Rome (1849), puis participa à la guerre de Crimée (1855) et servit en Algérie (1860 - 1864). Gouverneur de la place de Belfort* (1870), il opposa aux troupes prussiennes une résistance de plus de trois mois (nov. 1870 - fév. 1871) qui lui valut les honneurs de la guerre et permit à la France de conserver la ville. Député à l'Assemblée nationale, il siégea à gauche et soutint la politique de Gambetta.

**DENG Xiaoping** ou **TENG Siao-p'ing** ← ÉTYM. de *dèng*, nom d'un ancien État féodal, *xiăo* «petit» et *píng* «tranquille, calme» ♦ Homme politique chinois (Guangaan 1904 - Pékin 1997). Il séjourna en France en 1920, où il adhéra au communisme en même temps que Zhou* Enlai, puis à Moscou. Il rejoignit tôt la guérilla de Mao* Zedong et participa à la Longue* Marche, à la guerre contre le Japon et à la guerre civile. Vice-Premier ministre en 1952, il fut un fidèle de Mao jusqu'au «Grand Bond en avant» dont l'échec l'incita à devenir l'un des architectes du réformisme économique. Évincé pendant la Révolution* culturelle, réhabilité par Zhou, à nouveau écarté par la Bande* des Quatre en 1976 après la mort de son protecteur, il accéda de nouveau au pouvoir en 1978. En 1987, il ne conserva plus que la direction de la Commission des affaires militaires, la clé du pouvoir. Ses succès économiques (→ **Chine**) furent compromis en 1989 par le massacre des étudiants dans lequel il joua un rôle prépondérant, mais il sut modifier l'image de la Chine à l'étranger.

**DENGYO DAISHI** ♦ Nom posthume du religieux bouddhiste japonais Saichō (Kyōto 767 - 822) qui rapporta de Chine en 805 les éléments de la secte bouddhique du tendaishu*, qui eut une grande influence sur la civilisation japonaise. → **Hiei Zan.**

**DENGZHOU** ou **TENG-TCHEOU** ♦ V. de Chine (Henan). 250 338 hab. Blé, tabac, coton, sésame.

**DEN HAAG** → **Haye (La)**

**DENHAM (Dixon)** ♦ Voyageur britannique (Londres 1786 - Freetown, Sierra Leone 1828). Avec Clapperton* et le naturaliste Oudney*, il partit de Tripoli pour une expédition en Afrique centrale, découvrit le lac Tchad*, explora les cours du Chari et du Logone et atteignit la capitale du Bornou (Kouka) [1822 - 1823]. Il fut ensuite gouverneur en Sierra Leone.

**DENIKER (Joseph)** ♦ Naturaliste et anthropologue français (Astrakhan 1852 - Paris 1918). Il est connu par ses travaux d'anthropologie et d'ethnologie sur les peuples d'Asie.

**DENIKINE (Anton Ivanovitch)** ♦ Général russe (près de Varsovie 1872 - Ann Arbor 1947). Fils d'un serf affranchi, il prit part à la guerre russo-japonaise, puis devint commandant d'un corps d'armée et se distingua sur le front austro-hongrois. Arrêté après la révolution d'Octobre, il fut libéré en nov. 1917 avec Kornilov* par Doukhonine, dernier généralissime de l'armée russe. Il eut Milioukov* pour conseiller politique. Ayant gagné le territoire des Cosaques du Don, il organisa l'«Armée volontaire» anticommuniste avec Kornilov, qui en assuma le commandement. Après la mort de Kornilov, Denikine prit la conduite des opérations. Son armée, bien équipée par les Alliés, occupa le Caucase du Nord, et, en été 1919, s'empara de Kharkov et de Kiev, tandis qu'un de ses corps de cavalerie atteignait Orel (à 300 km de Moscou). Les révoltes des paysans et la résistance acharnée de l'Armée rouge obligèrent Denikine à se retirer vers le sud. En mars 1920, les débris de l'Armée volontaire furent évacués de Novorossisk en Crimée. Découragé, Denikine passa ses pouvoirs à Wrangel* et émigra en Europe occidentale (avr. 1920), puis (1945) aux États-Unis.

**DE NIRO (Robert)** ♦ Acteur américain (New York 1943). Marqué par son enfance dans le quartier de la «Petite Italie», il sait doter ses rôles d'une forte sensibilité, en particulier dans les films de son ami Martin Scorsese : *Mean Streets* (1973), *Taxi Driver* (1976), *New York, New York* (1977), *Raging Bull* (1980), *Les Affranchis* (1989) et *Casino* (1995). Il fut tout aussi remarquable dans *Le Parrain II* (1974), *1900* (1976), *Le Dernier Nabab* (1976), *Voyage au bout de l'enfer* (1978), *Sanglantes Confessions* (1981), *Il était une fois en Amérique* (1984), *Mission* (1986), *Heat* (1995) ou *The Score* (2001). Il a également joué dans ses propres films : *Il était une fois le Bronx* (1993), *Raisons d'État* (2007).

**DENIS** ou **DENYS** (saint) ← ÉTYM. du n. de *Dionysos** ♦ Selon Grégoire de Tours, évangélisateur des Gaules et premier évêque de Paris (v. 250), martyr à Montmartre ou à Saint-Denis. Il était représenté avec l'attribut de son martyre, c'est-à-dire décapité, mais tenant sa tête dans ses mains, d'où la légende selon laquelle il l'aurait ramassée après sa décollation. On l'a souvent confondu avec Denys* l'Aréopagite. ▪ Fête le 9 oct.

**DENIS Ier** ♦ (Lisbonne 1261 - Odivelas 1325). Roi de Portugal (1279 - 1325). Fils d'Alphonse* III, il développa l'agriculture (plantations de pins servant à construire la flotte portugaise), le commerce et l'industrie. Homme cultivé, il favorisa les lettres et les sciences et fonda l'université de Lisbonne (1288) qu'il transféra à Coimbra* (1307). En 1310, il prit la défense des Templiers* qu'il reconstitua sous le nom d'*ordre du Christ* (1318).

**DENIS (Maurice)** ♦ Peintre et graveur français (Granville 1870 - Saint-Germain-en-Laye 1943). En 1888, il rencontra Sérusier* et se joignant alors au mouvement symboliste, devint le théoricien du groupe des nabis. Ses œuvres (surtout des scènes familières de caractère intimiste) reflètent l'esthétique de l'Art nouveau et du japonisme à la mode. Après deux voyages en Italie, en 1895 et 1897, où il subit l'influence de la peinture des nazaréens et des fresquistes des XIVe et XVe s., il s'orienta plus nettement vers la peinture religieuse qu'il tenta de renouveler en prônant l'emploi des techniques modernes et le retour aux «primitifs». En 1919, il fonda avec Desvallières les Ateliers d'art sacré. Il exécuta de grandes décorations murales (plafond du théâtre des Champs-Élysées, 1912 - 1913), mais ne sut pas trouver les moyens plastiques correspondant à ses théories modernistes (*Théories*, 1912 ; *Nouvelles Théories sur l'art moderne et sur l'art sacré*, 1922).

**DENİZLİ** - anc. *Laodicée* ♦ V. de Turquie, en Asie Mineure, située au pied du Baba Dağ, ch.-l. de prov. 323 151 hab. Centre commercial (coton, céréales, tabac) et industriel (textile, métallurgie, agroalimentaire). ▪ À proximité, site de Hiérapolis* (Pamukkale).

**DENJOY (Arnaud)** ♦ Mathématicien français (Auch 1884 - Paris 1974). Il étudia les ensembles analytiques, les nombres transfinis et la théorie des fonctions de variables réelles ; il découvrit en 1912 le concept de totalisation, intégration plus puissante que celle de Lebesgue*. [Acad. sc. 1942]

**DENNERY (Adolphe PHILIPPE, dit)** ♦ Auteur dramatique français (Paris 1811 - *id.* 1899). Son habileté à bâtir des intrigues ingénieuses, autant que sa fécondité, en a fait l'un des maîtres du mélodrame (*Gaspard Hauser*, 1838 ; *Marie-Jeanne*, 1845 ; *Les Deux Orphelines*, 1874). Adaptateur de Jules Verne au théâtre (*Le Tour du monde en 80 jours*, 1875), il a écrit aussi des livrets d'opéra (*Le Cid*, musique de Massenet, 1885).

**DENON (Dominique Vivant, baron)** ♦ Écrivain, graveur et administrateur français (Givry 1747 - Paris 1825). Il se consacra d'abord à la littérature, fut chargé de la conservation du cabinet des Médailles par Louis XV. Il obtint sous Louis XVI diverses missions diplomatiques (en Russie, en Suisse et à Naples). Sous la Révolution, il fut protégé par David, puis il obtint la faveur de Bonaparte. Au cours de l'expédition d'Égypte, il fit le relevé de nombreux monuments (*Voyage dans la haute et basse Égypte*, 1802). Devenu directeur général des musées, il organisa le musée du Louvre et, au cours des campagnes napoléoniennes, sélectionnait les œuvres d'art pillées. Il pratiqua l'eau-forte et la lithographie, réalisant des copies de grands maîtres italiens et des portraits (*Voltaire à Ferney*). Il donna des dessins pour le *Voyage historique et pittoresque* de l'abbé de Saint-Non et grava le *Serment du Jeu de paume*. Il projetait d'écrire une histoire de l'art. Il est l'auteur d'une nouvelle, *Point de lendemain* (1777), conte libertin que Voltaire qualifia de «délicieuse peinture des mœurs du siècle».

**DENPASAR** ♦ V. d'Indonésie, cap. de la prov. de Bali. 523 000 hab. Centre touristique important. Univ.

La **Dentellière** ♦ Tableau de Vermeer* de Delft (vers 1665). Comme de nombreuses œuvres de Vermeer, la toile est éclairée par une source lumineuse latérale. Derrière une nature morte d'un grand réalisme, une femme est penchée sur ses fuseaux. L'action, le temps semblent suspendus : c'est une recherche d'infini, dans une atmosphère lumineuse, enveloppante, silencieuse et douce. Vermeer parvient à cette fluidité palpable en appliquant sur sa toile une série de petites touches qui s'interpénètrent. Cette technique sera développée au XIXe s. par les impressionnistes et notamment par Renoir.

La **Dentellière.** Tableau de Vermeer de Delft (24 × 21 cm). Musée du Louvre, Paris.
*Phot. © Lauros-Giraudon*

**DENTZ (Henri-Fernand)** ♦ Général français (Roanne 1881 - prison de Fresnes 1945). Gouverneur militaire de Paris en 1940, c'est à lui que revint la charge de remettre la ville aux autorités allemandes d'occupation après la signature de l'armistice (22 juin 1940). Nommé ensuite haut-commissaire et commandant supérieur des troupes du Levant (déc. 1940), il s'opposa (selon les ordres du gouvernement de Vichy) à l'entrée des troupes britanniques et françaises du général de Gaulle. Condamné à mort (1945), il vit sa peine commuée en travaux forcés à vie, et mourut en prison peu après.

**DENVER** ⇾ ÉTYM. du n. du général James William *Denver*, gouverneur du Kansas, à qui le territoire appartenait ♦ V. des États-Unis, cap. du Colorado, au pied des Rocheuses, à plus de 1 500 m d'alt. 554 636 hab., dont 23 % d'Hispaniques (zone urbaine 2 581 506 hab.). Denver est le centre urbain, commercial et financier le plus important de la région des Rocheuses. Située au cœur d'une riche région agricole (grâce à l'irrigation), la ville possède aussi des industries légères (caoutchouc, bagages, indus. alimentaires, imprimerie, électronique). Sept lignes de ch. de fer. Aéroport international de Stapleton. Tourisme. ▮ Histoire Fondée en 1858, la ville, capitale de l'État dès sa fondation, se développa après la découverte des mines d'or et d'argent dans la région. → **Colorado.**

**DENYS l'Ancien** ⇾ ÉTYM. en gr. ***Dionusios*** «consacré à Dionysos» ♦ (Syracuse −430 - *id.* −367). Tyran de Syracuse* (−405 - −367). Issu d'une famille pauvre, il conquit le pouvoir grâce à l'appui du peuple, à qui il distribua les terres des riches et, devenu l'unique stratège, restaura la tyrannie. Sa longue lutte contre les Carthaginois eut pour résultat de les repousser à l'extrémité O. de la Sicile* et d'unir les villes grecques de l'île autour de Syracuse, qui devint une grande force maritime. Au début de la guerre du Péloponnèse, il fut l'allié de Sparte. Homme politique doué et cultivé, il fut aussi fameux pour son manque de scrupules et pour sa suspicion. Il vivait enfermé dans sa citadelle de l'île d'Ortygie, portait toujours une cuirasse et se méfiait des barbiers. L'épée qu'il aurait fait suspendre au-dessus de la tête de Damoclès* reste le symbole d'un danger permanent. ▪ Père de Denys le Jeune.

**DENYS le Jeune** ♦ (v. −397 - −344). Tyran de Syracuse* (−367 - −344). Fils et successeur de Denys l'Ancien. Libéral et idéaliste, il appela en vain Platon auprès de lui pour organiser la république idéale. Il disputa longtemps le pouvoir à son oncle Dion* qui occupa Syracuse de −356 à −354. Il se vit obligé de céder la ville à Timoléon* (−344) et se retira avec ses trésors à Corinthe*, où il mourut. Ce fut un grand mécène.

**DENYS D'HALICARNASSE** – en gr. ***Dionusios*** ♦ Historien et critique grec (−Ier s.). Il se fixa à Rome où il enseigna la rhétorique et fut l'animateur d'un cercle littéraire. Son *Archéologie romaine* en 20 livres, dont nous possédons les 11 premiers, contient des éléments précieux pour l'étude des premiers temps de Rome. Par contre, les analyses politiques et les prétentions ethnologiques de l'auteur n'ont guère de valeur. Son *Traité de l'arrangement des mots* et ses essais sur l'éloquence grecque *(Étude sur les anciens orateurs)* révèlent une rigoureuse méthode dans l'étude des styles, mais aussi une étroitesse dans les jugements, fondés sur des critères purement techniques. Ainsi la rhétorique est la forme idéale de la prose, et Démosthène*, supérieur à un Thucydide ou à un Platon. Dans la lignée cicéronienne, Denys défendit le goût classique contre l'asianisme et contribua au nouvel essor du classicisme.

**DENYS l'Aréopagite** (saint) ♦ Selon les Actes des Apôtres, XVII, 34, Athénien converti au christianisme par saint Paul. La tradition en fait le premier évêque d'Athènes. On lui attribua longtemps les ouvrages du Pseudo*-Denys et on le confondit souvent avec saint Denis* de Paris. ▪ Fête le 9 oct.

**DENYS** (saint) ♦ Évêque de Corinthe (v. 171), auteur de lettres à plusieurs Églises d'Asie, citées par Eusèbe. ▪ Fête le 8 avr.

**DENYS le Grand** (saint) ♦ (mort en 264). Évêque d'Alexandrie (248) après avoir succédé à Origène et à Héraklas à la tête du didascalée (v. 231). Auteur de *Lettres* dogmatiques et pastorales, conservées par Eusèbe. ▪ Fête le 17 nov.

**DENYS** (saint) ♦ 25e pape (259 - 268). Grec, martyr (?). Il réunit un synode à Rome (262), qui condamna le subordinationnisme, et il reçut à ce sujet les justifications de Denys* le Grand. ▪ Fête le 26 déc.

**DENYS le Petit** ♦ Canoniste et écrivain ecclésiastique scythe, en activité à Rome v. 500 - 545. Une erreur dans sa computation de la naissance de Jésus a abouti à fixer le début de l'ère chrétienne quatre ou cinq ans après la date supposée réelle.

**DÉOLS** [deɔl] [36130] ⇾ ÉTYM. anc. *Dolensis vicus*, puis *Dolus*, du germ. *Dodilus*, n. de pers. ou rac. celt. *dol-*, évoquant les méandres d'une rivière ou du prélatin *tüll-* «hauteur» ♦ Comm. de l'Indre, arr. de Châteauroux. 8 089 hab. *(Déolois)*. Vestiges de l'église abbatiale romane (clocher). L'église Saint-Étienne, à l'emplacement d'un des plus anciens sanctuaires chrétiens du Berry, abrite les sarcophages (XIVe s.) de saint Léocade et de saint Ludre.

**DÉON (Michel)** ♦ Écrivain français (Paris 1919). Secrétaire de la revue *L'Action française* de 1942 à 1944, Déon fit partie du groupe des «Hussards» qu'animait Roger Nimier* après la Deuxième Guerre mondiale. Son œuvre est marquée par une nostalgie du passé à laquelle se mêlent un goût pour les pays où il a résidé, notamment la Grèce et l'Irlande (*Le Balcon de Spetsaï*, 1961 ; *Le Rendez-vous de Patmos*, 1965 ; *Je vous écris d'Italie*, 1984 ; *Cavalier, passe ton chemin*, 2005) et une idéologie aristocratique (*Les Poneys sauvages*, 1970 ; *Un taxi mauve*, 1973 ; *Le Jeune Homme vert*, 1975). Il a relaté ses souvenirs dans *Mes arches de Noé*, 1978. [Acad. fr. 1978]

**ĐÈO Văn Trí** ♦ Chef thaï de la haute région occidentale du nord du Viêtnam (v. 1849 - Lai Châu 1908). Seigneur feudataire de l'empire vietnamien, sur la rivière Noire (Sông Đà), il combattit la France, avant de se soumettre en 1890. Il devint son allié et garda pour elle la frontière sino-vietnamienne.

**DE PALMA (Brian)** ♦ Réalisateur américain (Newark 1940). Celui qu'on a appelé le «rebelle manipulateur» traite de thèmes récurrents : le dédoublement de la personnalité (*Sisters*, 1973 ; *Pulsions*, 1981), le voyeurisme (*Blow out*, 1981), le péché et son châtiment, les pulsions sexuelles destructrices (*Furie*, 1978), l'enfermement, le «complot de famille» fomenté par des parents manipulateurs (*Obsession*, 1976). Il se caractérise par une représentation de l'image profondément originale, une mise en scène perfectionniste, à la fois majestueuse et grandiloquente, des emprunts constants à Hitchcock, Hawks, Antonioni ou Eisenstein ainsi qu'à la littérature [*Cendrillon* (*Carrie au bal du Diable*, 1976), Goethe, Gaston Leroux ou Oscar Wilde (*Phantom of the Paradise*, 1974)]. On lui doit également des films sur le gangstérisme : *Scarface* (1983), *Les Incorruptibles* (1987) ainsi que *Body Double* (1984), *Le Bûcher des vanités* (1990) et *Le Dahlia noir* (2006) d'après James Ellroy*.

**DE PANNE** – en fr. ***La Panne*** ♦ Comm. de Belgique (Région flamande), prov. de Flandre-Occidentale, arr. de Veurne, sur la mer du Nord, à la frontière française. 10 153 hab. Station balnéaire, dont le noyau est situé dans une dépression entre les dunes *(panne)*, possédant la plus large plage du littoral belge (450 m à marée basse). Réserve naturelle du Westhoek ; parc d'attractions (Plopsaland). Cimetière militaire (plus de 3 000 tombes). ▮ Histoire Léopold Ier y débarqua, pour rencontrer des représentants de la nation, le 17 juil. 1831 (monument).

**DEPARDIEU (Gérard)** ♦ Acteur français (Châteauroux 1948). Incarnant avec fougue un certain type de héros moderne, viril et spontané, il s'est hissé au rang de star. Ses succès sont nombreux, des *Valseuses* (1974) au *Colonel Chabert* (1995), en passant par *Mon oncle d'Amérique* (1978), *Le Dernier Métro* (1980), *Danton* (1983), *Sous* le soleil de Satan* (1987) et *Cyrano de Bergerac* (1990). ⇾ ÉTYM. Ce nom signifie «de par Dieu !», sobriquet ironique sur le modèle «De par le roi».

**DEPARDON (Raymond)** ♦ Photographe et cinéaste français (Villefranche-sur-Saône 1942). Reporter, il photographia surtout des personnalités politiques et réalisa en 1974 son premier long-métrage, un documentaire sur la campagne présidentielle de V. Giscard d'Estaing (dont la diffusion ne fut autorisée qu'en 2002). Il réalisa ensuite des reportages sur la presse *(Numéro Zéro, Reporters)* et, révélant la détresse quotidienne des plus faibles, la justice *(Délits flagrants, 10e chambre)*, la police *(Faits divers)*, l'univers psychiatrique *(Urgences)*. Il a réalisé un témoignage sur la campagne française avec des interviews s'échelonnant sur une quinzaine d'années et réunies dans les trois volets de *Profils paysans* (2008). Sa passion pour l'Afrique lui a inspiré de nombreux films (dont une fiction, *La Captive du désert*) et livres de photos d'où sont exclus voyeurisme ou côté pittoresque. ⇾ ÉTYM. Ce nom signifie «[fils] de Pardon», surnom de celui qui sonnait le pardon ou de celui qui était allé en croisade.

**DEPESTRE (René)** ♦ Écrivain haïtien (Jacmel 1926). Il fut contraint de quitter Haïti au moment de l'arrivée de Duvalier au pouvoir. Sa poésie a subi la double influence des surréalistes et de la littérature de son île natale (*Végétations de clarté*, 1951 ; *Traduit du grand large*, 1952 ; *Minerai noir*, 1957 ; *Poète à Cuba*, 1976 ; *En état de poésie*, 1980). Après avoir publié un recueil de nouvelles marquées par un érotisme païen (*Alléluia pour une femme jardin*, 1973, éd. définitive 1981) et une farce romanesque (*Le Mât de cocagne*, 1979), il a obtenu le prix Renaudot pour *Hadriana dans tous mes rêves* (1988).

**DEPORT (Albert)** ♦ Officier français (Saint-Loup-sur-Semouse, Haute-Saône 1846 - Houlgate 1926). Inventeur, avec Charles Sainte-Claire Deville et Rimailho*, du canon de 75, équipé du frein hydropneumatique (1897).

**Déposition de croix** ♦ Scène de la Passion qui se situe entre la Descente de croix et la Déploration (Matthieu, XXVII, 60 ; Marc, XV, 46 ; Luc, XXIII, 53 ; Jean, XIX, 42). Contrairement à la Descente de croix, avec laquelle elle est souvent confondue et où le corps du Christ est suspendu verticalement, la Déposition montre le Christ étendu horizontalement au pied de la croix, sur la pierre de l'onction. Ce thème apparaît au XIVe s. en Italie. Exemples : Giottino (Offices, Florence), Fra Angelico* (couvent San Marco, Florence), Van* der Weyden (Prado, Madrid), Sansovino* (Saint-Marc, Venise), Girardon* (église Sainte-Marguerite, Paris). ♦ ***La Déposition de croix*** Panneau central du retable de Santa Trinità de Fra Angelico* (1437 - 1440, couvent San Marco, Florence), exécuté pour la chapelle Strozzi. Fra Angelico a transposé la scène de la déposition à son époque comme en témoignent les architectures à l'arrière-plan. Recherche d'équilibre entre les masses architecturales, la représentation de la nature et celle des figures, cette œuvre témoigne de la connaissance précise que possédait Fra Angelico des nouveaux intérêts de la peinture florentine : la perspective et le naturalisme. Elle conserve toutefois des traces de l'esprit médiéval dans la mise en évidence du sentiment religieux.

**DEPRETIS (Agostino)** ♦ Homme politique italien (Mezzana Corti, près de Pavie 1813 - Stradella, près de Pavie 1887). Avocat, issu d'une famille aisée, d'abord partisan de Mazzini*, il se rapprocha de Cavour* et de la maison de Savoie. «Prodictateur» en Sicile sous Garibaldi*. Chef de l'extrême gauche (1873), il dirigea le gouvernement de 1876 à 1878, en 1878 - 1879 et de 1881 à 1887. Sa tactique parlementaire, le «transformisme», fit des ministères une combinaison de coteries, où régnaient l'intrigue et la corruption. Il accomplit d'utiles réformes concernant l'administration, l'enseignement, les impôts, les conditions de travail, et le système électoral. À l'extérieur, il fit adhérer son pays à la Triplice (Triple-Alliance*, 1882) et inaugura la politique coloniale de l'Italie.

**DEPREZ** [dəpʀe] **(Marcel)** ♦ Physicien français (Aillant-sur-Milleron, Loiret 1843 - Vincennes 1918). Inventeur, avec d'Arsonval*, du galvanomètre à cadre mobile (1882), il effectua la même année la première démonstration de transport d'énergie électrique en courant continu. [Acad. sc. 1886]

**De profundis** ➝ ÉTYM. lat. «Des profondeurs [je t'invoque, ô Seigneur...]» ♦ Début, en latin, du Psaume CXXX (Vulgate, CXXIX), adopté par la liturgie chrétienne comme psaume de pénitence.

**DE QUINCEY (Thomas)** ♦ Écrivain britannique (Greenheys, Manchester 1785 - Édimbourg 1859). Fils d'un négociant, Thomas De Quincey se réclama par sa mère d'une descendance noble. Orphelin de père, il s'enfuit à Londres où il mena une vie de bohème, se lia avec une jeune prostituée (Ann), adopta l'opium en 1804 pour soigner de fréquentes névralgies. Deux articles publiés dans le *London Magazine* en 1821 parurent en librairie sous le titre *Les Confessions d'un opiomane anglais* (1822, 2^e^ éd. augmentée 1856) et inspirèrent à Baudelaire ses *Paradis artificiels*. Ces confessions, qui évoquent la genèse des sensations de l'opiomane, furent comparées à celles de Rousseau, malgré leur ton plus réservé. Les *Suspiria de profundis* (1845) naquirent également de la «prostration devant la noire idole». De même, *La Malle-Poste anglaise* (1849) évoque le monde onirique. Il fit la connaissance de Wordsworth, de Coleridge, qu'il vénérait, et se lia aux autres poètes lakistes* (Southey, Lamb), s'établissant pendant un certain temps dans la région des Lacs (Westmorland), et laissa des *Souvenirs des poètes lakistes anglais* (1834), qui constituent une critique impartiale, non dénuée de sévérité, et qui fut appréciée par les générations postromantiques. Sa réputation est également fondée sur deux chefs-d'œuvre d'ironie, *De l'assassinat considéré comme un des beaux-arts* (1827) et *Les Derniers Jours d'Emmanuel Kant* (1828). Il passa les trente dernières années de sa vie à Édimbourg, où, helléniste et érudit, il écrivit pour assurer sa subsistance et celle de sa famille un grand nombre de petits traités, de monographies variées, d'études sur la philosophie et les légendes germaniques, d'articles d'économie politique ou de critique littéraire, et de recherches historiques : *Lettres à un jeune homme dont l'éducation a été négligée* (1823), *La Toilette de la dame hébraïque* (1828), *Les Césars* (1832), *La Révolte des Tartares* (1837), *Jeanne d'Arc* (1847), dont il justifie la condamnation, *Judas Iscariote* (1853), *La Nonne militaire d'Espagne* (1854). ➝ ÉTYM. *De Quincey* vient de *Quintus*, nom de personne gallo-romaine, du latin *quintus* «cinquième (né)».

**DER** (pays du) ➝ ÉTYM. du gaul. *deruos* «chêne» ♦ Région de l'E. de la Champagne comprenant le lac artificiel du Der-Chantecoq mis en eau en 1974, le plus vaste de France (4 800 ha), destiné à régulariser le cours de la Marne et à alimenter la région parisienne, ainsi que la vaste forêt du Der (env. 12 000 ha) dont une partie a disparu sous les eaux du lac.

**DE RADA (Girolamo)** ♦ Poète albanais d'Italie (Macchia, Cosenza 1814 - *id.* 1903). Poussé vers la littérature populaire, il recueillit des épopées qu'il adapta dans le goût de l'époque : *Chants de Milosao, despote de Scutari* (1836), *Serafina Thopia* (1839), *Skanderberg le Malchanceux* (1873) ; il composa aussi une tragédie, *Sofonisba* (1891). Représentant de la culture arberèche (albanaise d'Italie), il fonda le premier journal de langue albanaise.

**DERAIN (André)** ♦ Peintre, dessinateur et sculpteur français (Chatou 1880 - Chambourcy 1954). Jeune, il rencontra Matisse et travailla avec son ami Vlaminck* dans le même atelier à Chatou. Les influences de Seurat et surtout de Van Gogh l'incitèrent à accorder une fonction privilégiée à la couleur, qu'il étala par larges touches fragmentées (*Le Bal des soldats*, 1903). En exaltant le pouvoir émotionnel de la couleur, il s'affirma comme l'un des fauves* les plus audacieux. Il travailla notamment à Collioure avec Matisse* (1905), puis se rendit plusieurs fois à Londres (*London Bridge*). Il s'intéressa ensuite à l'imagerie populaire, aux mosaïques byzantines, à l'art roman, évoluant sous l'influence de Cézanne et du cubisme vers un coloris plus sourd et une composition plus élaborée (*Baigneuse*, 1908). Progressivement, sa volonté novatrice sembla disparaître au profit d'un retour à la tradition, avec une exploitation éclectique de solutions plastiques d'origines très diverses (période dite gothique, puis influence de la peinture pompéienne, du quattrocento italien, des portraits du Fayoum, du classicisme français). Il réalisa des portraits, des natures mortes ou des compositions fantastiques, des décors de théâtre, de nombreuses illustrations de livres et des sculptures (surtout après 1939) qui constituent un ensemble d'œuvres stylistiquement très disparates. ➝ ÉTYM. Ce nom de famille vient de *dererain* «dernier [probablement le dernier-né de la famille]».

André **Derain.** *Le Modèle blond.*
Musée de l'Orangerie, Paris. *Phot. © Arch. Smeets*

**DERAY (Jacques)** ♦ Cinéaste français (Lyon 1929 - Boulogne-Billancourt 2003). Assistant de Dassin et de Buñuel, il réalisa son premier film, *Le Gigolo*, en 1960. Il se fit connaître avec *La Piscine* (avec A. Delon et R. Schneider, 1968) et devint alors un maître du policier, faisant tourner surtout A. Delon (*Flic Story*, 1975 ; *Trois hommes à abattre*, 1980) et J.-P. Belmondo (*Le Marginal*, 1983), qu'il réunit dans *Borsalino* (1970).

**DERBENT** ➝ ÉTYM. persan «la porte étroite» ♦ V. du Daguestan. 100 800 hab. Créée au V^e^ s. sous les Sassanides, elle contrôle la rive caspienne du Caucase. Port. Conserveries. Tourisme.

**DERBY** ♦ Famille d'hommes politiques britanniques. ♦ **James Stanley,** 7^e^ comte **de Derby** (Knowsley, Lancashire 1607 - Bolton 1651). Fervent royaliste, il combattit dans l'armée du prince Rupert*, puis dans celle de Charles* II (1651). Il fut pris après avoir accompagné le roi qui fuyait, et exécuté. ♦ **Edward Stanley,** 14^e^ comte **de Derby** (Knowsley, Lancashire 1799 - *id.* 1869). Député whig, il devint secrétaire pour l'Irlande (1830 - 1833) et fit preuve d'une totale incompréhension du pays. Nommé ensuite secrétaire aux Colonies, il obtint l'abolition de l'esclavage (1833). Le problème du libre-échange l'amena à se rapprocher des conservateurs et à reprendre le poste de secrétaire aux Colonies dans le ministère Peel* (1841 - 1845), puis à devenir le chef de l'opposition protectionniste contre Peel, avec Disraeli et Bentinck. Premier ministre en 1852, puis en 1858 - 1859, il fit transférer à la Couronne les droits de la Compagnie des Indes. Son troisième ministère (1866 - 1868) fut le plus marquant et contribua à donner une orientation libérale au parti conservateur. Il laissa en effet Disraeli*, qui allait lui succéder, imposer une réforme électorale (1867). ♦ **Edward Stanley,** 15^e^ comte **de Derby** (Knowsley, Lancashire 1826 - *id.* 1893). Fils du précédent. Secrétaire aux Affaires étrangères dans le gouvernement de son père, puis dans celui de Disraeli, il se sépara de celui-ci à propos de sa politique orientale et se rallia à Gladstone* qui lui confia le secrétariat aux Colonies (1882 - 1885). Il s'opposa à lui à propos de la question d'Irlande et prit la tête des libéraux unionistes à la Chambre des lords. ♦ **Edward Stanley,** 17^e^ comte **de Derby** (Londres 1865 - Knowsley, Lancashire 1948). Neveu du précédent. Il s'efforça d'augmenter le volontariat dans l'armée pendant la Première Guerre mondiale. Il fut ministre de la Guerre (1916 - 1918, 1922 - 1924). ➝ ÉTYM. Ce nom de famille vient de la ville de *Derby**.

**DERBY** ➝ ÉTYM. du vieil angl. *Deoraby, Deorby* «la ville *(by)* aux bêtes sauvages *(deor)*», du vx scand. *djúr* «bête sauvage» et *by* «ville» ♦ V. d'Angleterre (Derbyshire), à l'O. de Nottingham. 221 716 hab. Construc. mécaniques et aéronautiques. L'indus. automobile est en déclin. Les fibres artificielles remplacent les cotonnades et les soieries qui ont été à l'origine de la croissance de la ville depuis 1750. Importante usine de moteurs d'avion du groupe Rolls Royce. ▮ **Histoire** Anc. castrum romain, Derby a été une des bases de la conquête danoise.

**DERBYSHIRE** ➝ ÉTYM. de *Derby** et angl. *shire* «comté» ♦ Comté du centre de l'Angleterre. 2 631 km². 734 581 hab. CH.-L. : Matlock. Le N. du comté s'étend sur les Pennines (parc national de Peak District), et a un rôle récréatif pour les habitants des conurbations de Sheffield et Manchester. Sauf vers Derby, la région est agricole.

**DERG** (lough) ♦ Vaste lac de la plaine centrale de la rép. d'Irlande (prov. de Leinster), s'étendant sur les comtés de Tipperary et de

Galway sur 100 km². Il est traversé par le Shannon*. Ses eaux sont utilisées pour la production d'énergie électrique. ▪ Riv. et petit lac d'Ulster (comté de Donegal).

**DERJAVINE (Gavriil Romanovitch)** ♦ Poète russe (près de Kazan 1743 - Zvanka, près de Novgorod 1816). À l'inverse des poètes savants de son époque, il se laissa emporter par son inspiration. Admirateur de Catherine* II, il lui dédia une ode célèbre, *Felitsa* (1782).

**DERMOT MACMURROUGH** ♦ Roi irlandais (mort en 1171). Ayant été détrôné par ses ennemis, il fit appel à l'Angleterre, débarqua en Irlande avec les Anglais en 1168 (→ **Pembroke [Richard de Clare, 2e comte de]**) et conquit le S.-E. de l'île.

Le **Dernier des Mohicans** – en angl. ***The Last of the Mohicans*** ♦ Roman de James Fenimore Cooper* (1826). Deuxième tome de la série des *Contes du Bas-de-Cuir* qui comprend également *Les Pionniers* (1823) et *La Prairie* (1827), ce livre raconte l'aventure des deux filles du commandant d'un fort anglais sur les rives du lac Sacré, au temps de la dernière guerre entre la France et la Grande-Bretagne en territoire américain. Uncas, le dernier des Mohicans, mourra lâchement assassiné en compagnie de l'une des deux jeunes filles dont il était tombé amoureux, au terme d'une lutte entre les Delawares, alliés des Britanniques, et les Hurons, à la solde des Français. Il s'agit de l'œuvre la plus célèbre de Cooper, devenue un classique du roman d'aventures ; de nombreux livres imités du style «Bas-de-Cuir» (surnom d'un personnage) parurent en Europe au milieu du XIXe s.

Le **Dernier Jour d'un condamné** ♦ Récit de V. Hugo* (1829) qui rend compte, sous la forme d'une autobiographie, des dernières heures de la vie d'un condamné à mort. Vibrant plaidoyer contre la peine de mort, le livre est aussi un réquisitoire contre le jeu politique et marque le début de la pensée sociale de l'auteur, qui inspirera plus tard *Les Misérables**.

**DE ROSSI (Giovanni Battista)** ♦ Archéologue italien (Rome 1822 - Castel Gandolfo 1894). Spécialiste des catacombes de Rome, il est auteur de *Roma sotterranea cristiana* (3 vol., 1854 - 1887) et d'un recueil des *Inscriptions chrétiennes de Rome antérieures au VIIe siècle*. Ses travaux fondent l'archéologie et l'épigraphie chrétiennes modernes.

**DÉROULÈDE (Paul)** ♦ Écrivain et homme politique français (Paris 1846 - près de Nice 1914). Volontaire lors de la guerre franco-allemande de 1870 - 1871, il publia, après la défaite, ses *Chants du soldat* (1872 - 1875), un drame en vers, *L'Hetmann*, une pièce qui fut interdite, *La Moabite*. Fondateur et président de la Ligue des patriotes (1882) et partisan de Boulanger*, il fut élu député (1889). Démissionnaire en 1892, réélu en 1898, il tenta, au lendemain des obsèques du président F. Faure*, de soulever l'armée contre la République parlementaire (fév. 1899). Condamné à dix ans de bannissement, il s'installa en Espagne, mais fut amnistié dès 1905. Ses œuvres (*Marches et Sonneries*, 1881 ; *Chants patriotiques ; Livre de la Ligue des patriotes*) expriment un patriotisme à caractère nationaliste et revanchard. ➝ ÉTYM. Ce nom signifie «originaire de *Roulède* (Dordogne)»

**DERRIDA (Jacques)** ♦ Philosophe français (El Biar 1930 - Paris 2004). Concevant la philosophie comme une lecture critique des textes, il s'adressa à Hegel, à la phénoménologie, aux Grecs, mais aussi à des discours antimétaphysiques, qu'ils soient ou non philosophiques (Levinas*, G. Bataille*, Artaud*). S'attaquant à la primauté de la parole, le «logocentrisme», comme fondement commun de la religion et de la métaphysique, il centre son travail sur la critique du «signe». C'est à cette fin qu'il utilise deux concepts clés, *L'Écriture et la Différence* (1967), pour proposer une philosophie de la «trace» (*De la grammatologie*, 1967 ; *La Voix et le Phénomène*, 1967). L'œuvre de Derrida concerne aussi les sciences humaines (notamment les fondements de la linguistique et la textologie). Après *La Dissémination* (1972), *Marges de la philosophie* (1972), *Glas* (1974), qui illustre les thèses de l'auteur en juxtaposant graphiquement deux textes à la fois critiques et littéraires à propos de Hegel et de Jean Genet, Derrida multiplie les ouvrages et rompt avec les modes classiques d'exposition de la philosophie (*La Carte postale : De Socrate à Freud et au-delà*, 1980 ; *Droit de regard*, ouvrage de photographies avec Marie-Françoise Plissart, 1985) ; il commente les poètes (*Schibboleth*, 1986, sur Paul Celan* ; *Antonin Artaud*, avec Paule Thévenin, 1986 ; *Signéponge*, 1988). Le mode de pensée qu'il développe, la déconstruction, veut échapper au logocentrisme de la pensée occidentale. Ses détracteurs accusent Derrida de vouloir, ainsi, détruire la raison. Son interprétation critique, toutefois, tente une impossible synthèse entre la psychanalyse (*Résistances*, 1996), le marxisme (*Spectres de Marx*, 1993), la pensée heideggérienne (*Heidegger et la question*, 1990 ; *Apories*, 1996). L'œuvre de Derrida, en outre, doit être lue dans la proximité de celle de Blanchot*, qu'il a plusieurs fois commentée, notamment dans *Parages* (1986).

**Dersou Ouzala** (ou **L'Aigle de la Taïga**) ♦ Film russo-japonais d'Akira Kurosawa* (1975) avec Maksim Mounzouk. Dersou Ouzala, vieux chasseur d'origine mongole, sert de guide à une expédition géographique dans la taïga sibérienne. Il connaît tous les secrets de la forêt. Le retour à la vie citadine le perdra. Tiré des *Mémoires* de l'explorateur russe Vladimir Arseniev, ce film est un profond poème où les émotions humaines s'accordent aux forces de la nature.

**Dersou Ouzala.** Maksim Mounzouk.
*Phot. © Coll. Christophe L.*

**DÉRY (Tibor)** ♦ Écrivain hongrois (Budapest 1894 - *id.* 1977). Attaché au communisme, il vécut longtemps en émigration. Il publia son roman *La Phrase inachevée* (1934 - 1938) en 1947. Emprisonné après 1956, il fut réduit au silence, et son roman absurde *M. G. A. à X.* ne fut publié qu'en 1964. Dans ses drames (*Le Bébé géant*, 1967 ; *Reportage imaginaire d'un festival pop*, 1971), il frôla le postmodernisme ; le roman *Cher beau-père !* (1973) dépeint avec finesse le dernier amour d'un vieillard.

**DESAGUADERO** n. m. (río) ♦ Riv. d'Argentine (300 km), prenant le nom de río Salado de la Pampa dans son cours inférieur et formant frontière entre les prov. de San Luis et de Mendoza.

**DESAGUADERO** n. m. (río) ♦ Riv. de Bolivie (300 km), déversant partiellement les eaux du lac Titicaca dans le lac Poopó. Poste frontière avec le Pérou.

**DESAGULIERS (Jean Théophile)** ♦ Physicien français (La Rochelle 1683 - Londres 1744). Auteur de nombreux travaux de physique et de mécanique (notamment sur les lois du frottement), il introduisit le mot «conducteur». Il fut contraint par la révocation de l'édit de Nantes de se réfugier en Angleterre où il poursuivit ses travaux et fut l'un des fondateurs de la franc*-maçonnerie.

**DESAI (Anita)** ♦ Romancière indienne d'expression anglaise (Mussoorie 1937). Née d'un père bengali et d'une mère allemande, elle s'est fait surtout connaître par des romans comme *Le Feu sur la montagne* (1977), *Clear Light of Day* (1980) et *Un village près de la mer* (1982). Son œuvre traite des difficultés psychiques induites par des agglomérations comme Calcutta ou Bombay dont l'immensité même est une menace de mort, et décrit la difficile libération de la femme indienne dans la société moderne (*Cry the Peacock*, 1963 ; *Le Jeûne et le Festin*, 2001).

**DESAIX DE VEYGOUX** [dəsɛ] **(Louis Charles Antoine DES AIX, dit)** ♦ Général français (Saint-Hilaire-d'Ayat, près de Riom 1768 - Marengo 1800). Rallié à la Révolution, il se distingua dans l'armée du Rhin. Il accompagna Bonaparte en Égypte et fut chargé de l'organisation du Fayoum ; son gouvernement lui valut le surnom de «Sultan juste». Rentré en France (1800), il retourna la situation à Marengo* et y trouva la mort.

**DE SANCTIS (Francesco)** ♦ Critique italien (près d'Avellino 1817 - Naples 1883). Il donna un cours de littérature à l'académie militaire de la Nunziatella, puis, pour avoir participé au mouvement antibourbonien de 1848, fut emprisonné pendant près de trois ans (1850 - 1853). Exilé, il se réfugia au Piémont où il donna une série de cours sur Dante (1854 - 1855) avant d'aller enseigner à Zurich. De retour à Naples en 1860, il fut ministre de l'Instruction publique de 1861 à 1862, puis de 1879 à 1881, opérant alors une vaste réforme de l'université. Il occupa une chaire de littérature comparée à Naples, avant de se mêler à nouveau de journalisme et de politique, montrant son attachement indéfectible au mouvement du Risorgimento*. Dans ses *Essais critiques* (1866), ses *Nouveaux Essais critiques* (1872) et surtout dans sa monumentale *Histoire de la littérature italienne* (1869 à 1871), De Sanctis s'oppose à la méthode historique de Carducci et renouvelle les idées esthétiques de Hegel et de Vico. Si «l'art [...] est un fait social, un résultat de la culture et de la vie nationale», intimement lié à la personnalité, son autonomie est pourtant absolue. Puis, en une synthèse originale, De Sanctis montre l'«unité organique de l'art» («Tel fond, telle forme») ; si l'artiste «du monde interne remonte à la forme», le critique doit «partir de la forme et remonter au monde interne». Son œuvre eut une influence directe sur celle de Croce. Il fut également l'auteur d'un intéressant *Voyage électoral* et d'une abondante *Correspondance*.

**DE SANCTIS (Gaetano)** ♦ Historien italien (Rome 1870 - *id.* 1957). Professeur d'histoire grecque à l'université de Rome, il est l'auteur de deux importants ouvrages sur l'histoire grecque et l'histoire romaine, ouvrages où il a tenté d'étudier les différents aspects économiques, sociaux, politiques et culturels de ces deux civilisations afin de donner une vision globale de l'histoire (*Storia dei Greci*, 1939 ; *Storia dei Romani*, 1907 - 1953).

**DESANTI (Jean-Toussaint)** ♦ Philosophe français (Ajaccio 1914 - Paris 2002). Historien de la philosophie, il a étudié particulièrement l'épistémologie des mathématiques selon une orientation marquée par la phénoménologie de Husserl (*Les Idéalités mathématiques*, 1968).

**DE SANTIS (Giuseppe)** ♦ Cinéaste italien (Fondi 1917 - Rome 1997). Il participa aux recherches des jeunes cinéastes et s'inscrivit dans la tradition vériste italienne. Il travailla comme scénariste et assistant, notamment pour Visconti. Dès *Chasse tragique* (1947), son premier film, il se distingua par la violence de sa critique sociale. Parmi ses nombreux films : *Riz amer* (1949), *Pâques sanglantes* (1950), *Onze heures sonnaient* (1951).

**DESARGUES (Gérard ou Gaspard)** ♦ Ingénieur et mathématicien français (Lyon 1593 - *id.* 1662). S'étant consacré aux recherches de géométrie pure, il fut le premier à comprendre le rôle fondamental de la perspective et donna, après Apollonios*, les bases de la géométrie projective des coniques (*Brouillon project d'une atteinte aux événements des rencontres du cône avec un plan,* 1639). Parmi ses résultats les plus importants, il faut retenir l'idée que toute conique peut être considérée comme projection d'un cercle, le concept du point à l'infini sur une droite, l'identification subséquente d'un faisceau de droites parallèles et d'un faisceau de droites concourantes ainsi que celle d'un cône et d'un cylindre, la théorie de l'involution sur une droite et le *théorème de Desargues* qui en résulte pour un faisceau ponctuel de coniques, enfin le théorème sur les triangles homologiques.

Les **Désastres de la guerre** ♦ Suite de 83 eaux-fortes de Goya (1810 - 1814), publiées après la mort de l'artiste, en 1863. Inspirées par le soulèvement de l'Espagne contre l'invasion française, elles dénoncent, avec une violence sans précédent, le comportement des troupes napoléoniennes, l'atrocité des combats, la misère, les pillages, les fusillades et les tortures.

Les **Désastres de la guerre.** *Avec ou sans raison,* eau-forte de Goya. Bibliothèque nationale de France, Paris. *Phot.* ©*BNF*

**DÉSAUGIERS (Marc Antoine)** ♦ Compositeur français (Fréjus 1742 - Paris 1793). Il fut l'ami de Gluck, de Sacchini et composa un *Requiem* à la mémoire de ce dernier (1786). Il est l'auteur de plusieurs opéras-comiques, ariettes, romances et chansons, d'une symphonie, d'un hiérodrame évoquant la prise de la Bastille, suivi d'un *Te Deum* (1790). ♦ **Marc Antoine Désaugiers** (Fréjus 1772 - Paris 1827). Fils du précédent. Vaudevilliste et chansonnier à la verve spirituelle (*Monsieur et Madame Denis ; Paris à cinq heures du matin*). ➝ ÉTYM. Ce nom signifie «[fils, membre de la famille] *des Augiers*».

**DESAULT** [dəso] **(Pierre Joseph)** ♦ Chirurgien français (Vouhenans, Haute-Saône 1738 - Paris 1795). Fondateur de la première clinique chirurgicale, il eut, parmi ses nombreux étudiants, Corvisart* et Bichat* qui réunit ses *Œuvres chirurgicales* (1798 - 1803).

**DES AUTELS (Guillaume)** ♦ Poète français (manoir de Vernoble, Bourgogne 1529 - 1581). Proche de Maurice Scève*, il se rapprocha ensuite de la Pléiade et Ronsard l'inscrivit sur l'une des nombreuses listes qu'il fit de ce groupe en 1555. → **Pléiade.** Il composa des sonnets à la manière de Pétrarque (*Amoureux repos,* 1553). Partisan des Guise dès 1559, il défendit ardemment le catholicisme comme le montrent *Remontrance au peuple français* et *Éloge de la paix.* Il serait également l'auteur de la *Mitistoire barragouyne de Fanfreluche et Gaudichon* (1574), récit imité de Rabelais.

Les **Désaxés** – en angl. ***The Misfits*** ♦ Film américain de John Huston* (1961), avec Marilyn Monroe, Clark Gable, Montgomery Clift. Ce film, écrit par Arthur Miller*, a toutes les apparences d'un chant du cygne. Par son sujet d'abord, la capture de chevaux sauvages aux fins d'équarrissage à vil prix ; par ses personnages usés et minés par l'alcool et incarnés par trois comédiens voués à une mort prochaine (Clark Gable deux jours après la fin d'un tournage épuisant, Marilyn Monroe un an plus tard, Montgomery Clift, cinq ans après).

**DESBORDES-VALMORE (Marceline)** ♦ Écrivain français (Douai 1786 - Paris 1859). D'abord actrice, elle se consacra à la littérature, écrivit des contes pour enfants et de nombreux poèmes élégiaques, réunis dans le recueil *Poésies* (1842), suivi en 1860 de *Poésies inédites.* Avec une grâce mélancolique, elle y exprime ses tristesses et ses douleurs (elle perdit quatre enfants) comme ses élans mystiques («La Couronne effeuillée») avec un «naturel» que Baudelaire a loué et sur des rythmes subtils, souvent impairs, que Verlaine reprendra.

**DESCAMPS (Eugène)** ♦ Syndicaliste français (Lomme 1922 - Buis-les-Baronnies 1990). Secrétaire général de la fédération CFTC de la métallurgie (1954), membre du Conseil économique et social (1959), il fut secrétaire général de la CFTC (1961 - 1964) puis de la CFDT (1964 - 1971). → **Confédération française des travailleurs chrétiens, Confédération française démocratique du travail.** ➝ ÉTYM. Ce nom est une variante normande et picarde de *Deschamps* (désigne la maison entourée de terres cultivées).

**DESCARTES (René)** ♦ Philosophe et savant français (La Haye, auj. Descartes 1596 - Stockholm 1650). **▌La formation** Des études au collège des jésuites de La Flèche (1606 - 1614), où il se lia avec Mersenne*, un diplôme de bachelier et une licence en droit (1616), une instruction militaire en Hollande (sous la direction de Maurice de Nassau, prince d'Orange), après laquelle Descartes s'engagea dans les troupes du duc de Bavière, et des voyages en Europe, telle fut la formation de ce gentilhomme de petite noblesse qui consacra le reste de sa vie aux sciences et à la philosophie. **▌Les écrits** Après un séjour à Paris (1625 - 1628), où il mena une vie mondaine tout en rédigeant les *Règles pour la direction de l'esprit* (1628), il s'installa en Hollande. La condamnation de Galilée (1633) le fit renoncer par prudence à publier son *Traité du monde ;* mais le *Discours* de la méthode* et les trois essais qui en sont l'application (*Dioptrique, Météores* et *Géométrie*) parurent en 1637, suivis des *Méditations* métaphysiques* (1641), des *Principes de philosophie* (1644), dédiés à Élisabeth de Bohême avec qui il correspondait, et des *Passions de l'âme* (1649). Il revint trois fois en France (en 1647 il y rencontra Pascal) avant de se rendre en Suède à la demande de la reine Christine (fin 1649). Il y mourut peu après son arrivée ; son corps fut ramené en France (1667).

**▌LE CARTÉSIANISME** Refuser l'usage dogmatique de l'autorité et n'admettre en sciences que la raison, telle est l'exigence de Descartes rompant avec la scolastique. Persuadé que les «longues chaînes de raisons» des géomètres pourraient servir à la connaissance de toutes choses, il formula une méthode d'inspiration mathématique : conduire par ordre ses pensées pour atteindre la vérité, grâce à l'intuition du vrai et au raisonnement déductif. **▌Dans les sciences** Appliquée aux sciences, la méthode se révéla féconde. En mathématiques, Descartes inventa la géométrie analytique (application de l'algèbre à la géométrie des Anciens), introduisit la notion de coordonnées (dites *cartésiennes*) et les notations symboliques (*x, y, z*) ; en physique, il établit la loi de la réfraction optique ; en biologie, il décrivit, non sans commettre quelques erreurs, la circulation du sang (déjà exposée par Harvey*), et jeta les bases d'une psychophysiologie assimilant les êtres vivants à des automates (théorie des animaux-machines). **▌Le cogito** Mais, si Descartes a puissamment contribué au progrès des sciences, c'est en réduisant le monde à un espace homogène et géométrique, régi par les seules lois du mouvement (mécanisme). Le développement des sciences exigeait une métaphysique nouvelle qui leur servît de fondement. S'appliquant à rejeter comme faux tout ce qui n'est «que vraisemblable», Descartes en vint à douter des enseignements des sens, des vérités scientifiques et de la réalité du monde. Au doute hyperbolique, seule résiste la certitude de ma propre existence : le *cogito* («Je pense, donc je suis») s'impose comme le «premier principe de la philosophie». Descartes en déduisit le primat de l'âme sur le corps ainsi que l'existence de Dieu, lequel garantit la vérité des «idées claires et distinctes». En matière de morale, Descartes nous invite à faire «de nécessité vertu» et à maîtriser nos passions par le bon usage de notre volonté — le seul bien qui soit entièrement en notre pouvoir.

**▌L'HÉRITAGE** L'influence que Descartes a exercée sur son siècle et sur les suivants est aussi riche que variée. Sans pouvoir être qualifiés de «cartésiens» (terme réservé aux disciples mêmes de Descartes : Rohault, La Forge et Cordemoy* en France, Clauberg* en Allemagne), les grands philosophes rationalistes du XVII^e s. (Malebranche*, Leibniz*, Spinoza*) se réfèrent tous à Descartes. (**→ cartésianisme**). Les penseurs des Lumières* poursuivront son combat pour le triomphe d'une raison également présente en tout homme. Plus près de nous, Husserl*, avec ses *Méditations cartésiennes,* place la réduction phénoménologique dans la lignée du cartésianisme. En affirmant le primat du sujet connaissant sur l'objet à connaître, Descartes annonce également les travaux de Kant* ainsi que l'idéalisme allemand du XIX^e s. D'autres courants se constitueront en s'opposant à la théorie cartésienne des idées innées, comme l'empirisme (représenté par Locke* et Hume*) ou le sensualisme (Condillac*). Enfin, il faut rattacher à l'héritage cartésien le culte moderne de la science et de la technique, lesquelles nous ont rendus, ainsi que le souhaitait Descartes, «comme maîtres et possesseurs de la nature». ➝ ÉTYM. *Descartes* signifie «originaire d'un hameau nommé *Les Cartes*» [la carte était autrefois une unité de mesure agraire].

**DESCARTES** [37160] ➝ ÉTYM. anc. *La Haye,* nommée Descartes en l'honneur du philosophe qui y est né ♦ Ch.-l. de cant. de l'Indre-et-Loire, arr. de Loches, sur la Creuse. Comm. formée par la fusion de La Haye-Descartes et de Balesmes. 4 019 hab. (aggl. 4 919) *(Descartois).* Maison natale de R. Descartes* (musée).

**DESCELIERS (Pierre)** ♦ Curé d'Arques et savant français (Dieppe v. 1500 - v. 1558). Il fut l'un des principaux hydrographes et cartographes de l'école dieppoise dont les cartes signalent déjà le continent austral.

**DESCHAMPS (Eustache)** dit aussi **Eustache MOREL** ♦ Poète français (Vertus v. 1344 - v. 1406), grand personnage de la cour de Charles V et de Charles VI. Ce disciple de Guillaume* de Machaut fut un théoricien de l'art poétique avec son *Art de dictier et de fere chançons* (1392) et l'auteur de poésies historiques, de ballades, de rondeaux et de virelais. Son œuvre aborde avec réalisme tous les sujets, amoureux, satiriques, anecdotiques, et «sa poésie est toute réelle et personnelle, toute de circonstance» (G. Lanson).

**DESCHAMPS (Émile DESCHAMPS DE SAINT-AMAND, dit Émile)** ♦ Poète français (Bourges 1791 - Versailles 1871). Il participa à la formation de *La Muse française* (1823), périodique qui défendait les thèses du romantisme naissant. Ses *Études françaises et étrangères* (1828), dont la «Préface» est un manifeste romantique, contribuèrent à faire connaître en France les littératures germanique et espagnole.

**DESCHAMPS (Antoine DESCHAMPS DE SAINT-AMAND, dit Antony)** ♦ Poète français (Paris 1800 - *id.* 1869), frère d'Émile Deschamps. Il fut lié, comme son frère, au Cénacle* de V. Hugo*. Son lyrisme s'exprime dans *Dernières paroles* (1835) et *Résignation* (1839). Il traduisit en vers (1829) *La Divine* Comédie*, de Dante.

**DESCHAMPS (Paul)** ♦ Archéologue français (Paris 1888 - *id.* 1974). Il étudia la sculpture française romane (1931), l'architecture militaire des croisés (Syrie, Liban, Palestine). Il a publié *Les Châteaux des croisés en Terre sainte* (1934 - 1939) et, avec M. Thibout, *La Peinture murale en France, haut Moyen Âge et époque romane* (1951).

**DESCHAMPS (Jérôme)** ♦ Metteur en scène et comédien français (Neuilly-sur-Seine 1947). Sa première pièce, *La Famille Deschiens* (1978), donne son nom à la compagnie qu'il fonde avec Macha Makeieff (Marseille 1953) : les Deschiens. Son univers est celui du burlesque où l'on retrouve au fil des spectacles portes qui claquent, bruitages, chutes, costumes désuets, et où évoluent des personnages naïfs, au bon sens populaire (*La Veillée*, 1985 ; *Lapin chasseur*, 1990). Il dirige l'Opéra-Comique depuis 2007.

**DESCHANEL (Paul)** ♦ Homme politique français (Schaerbeek-lès-Bruxelles 1855 - Paris 1922). Élu à la Chambre des députés (1885) qu'il présida (1898 - 1902, 1912 - 1920), il fut choisi par le Bloc national comme président de la III$^{e}$ République, contre Clemenceau* (18 fév. 1920), mais dut donner sa démission dès sept. 1920 pour raisons de santé et fut remplacé par Millerand. [Acad. fr. 1899] ➝ ÉTYM. *Deschanel* est une variante de *eschanal* «gouttière, rigole», caractéristique d'un domaine.

**DES CLOIZEAUX (Alfred LEGRAND)** ♦ Minéralogiste français (Beauvais 1817 - Paris 1897). Auteur de recherches sur les propriétés optiques des cristaux, il participa à l'essor de la pétrographie moderne. [Acad. sc. 1869]

**Desdémone** ➝ ÉTYM. d'un mot gr. «malheureux» ♦ Héroïne de la tragédie de W. Shakespeare, *Othello**. Objet trop aimé, elle est la victime innocente de la jalousie de son mari, attisée par les calomnies de Iago. Le personnage inspira de nombreux peintres, notamment Delacroix.

Le **Désert des Tartares** – en it. ***Il deserto dei tartari*** ♦ Roman de Dino Buzzati* (1940). Le sous-lieutenant Giovanni Drogo est affecté dans une lointaine forteresse, aux confins d'un désert où l'on redoute une invasion tartare. Une discipline rigide règle des journées sans autre sens que la surveillance du désert. Une permission en ville permet bientôt à Drogo de se rendre compte qu'il a perdu tout contact avec la société et que sa vie n'a plus d'autre but que cette improbable attente. Consumé par l'angoisse, il meurt oublié de tous le jour où les Tartares s'avancent.

**DÉSERTINES** [03630] ➝ ÉTYM. pl. de la langue d'oïl *désertine* «solitude» ♦ Comm. de l'Allier, banl. N.-E. de Montluçon. 4 646 hab.

**DE SETA (Vittorio)** ♦ Cinéaste italien (Palerme 1923). D'abord en collaboration avec V. Pandolfi, il écrivit et réalisa de nombreux documentaires pour lesquels il fut aussi photographe et monteur. Tous ses films témoignent de l'intérêt constant qu'il porte aux structures sociales de l'Italie du Sud (*Pâques en Sicile*, 1954 ; *Île de feu*, 1955 ; *Bandits à Orgosolo*, 1961 ; *L'Invitée*, 1970).

**DESÈZE** ou **DE SÈZE (Romain,** comte**)** ♦ Avocat français (Bordeaux 1748 - Paris 1828). Avocat de Louis* XVI, lors du procès de ce dernier, devant la Convention (26 déc. 1792). Emprisonné peu après jusqu'au 9 Thermidor (27 juil. 1794), il fut premier président de la Cour de cassation sous la Restauration, qui le fit pair de France et comte. [Acad. fr. 1816]

**DESGENETTES** ou **DES GENETTES (Nicolas René DUFRICHE,** baron**)** ♦ Médecin militaire français (Alençon 1762 - Paris 1837). Médecin-chef de l'armée d'Égypte, il participa également à la campagne de Russie et à la bataille de Waterloo, puis il devint médecin-chef des Invalides. [Acad. sc. 1832]

**DESGRANGE (Henri)** ♦ Coureur cycliste et journaliste français (Paris 1865 - Beauvallon 1940). Après avoir établi le premier record officiel de l'heure (35,325 km en 1893), il fonda *L'Auto* (1900), l'un des premiers quotidiens sportifs, qu'il dirigea jusqu'à sa mort. En 1903, il créa le Tour de France cycliste, parrainé par son journal.

**DES GROSEILLIERS (Médard CHOUART)** ♦ Négociant en fourrures et explorateur français (Charly-sur-Marne 1618 - v. 1710). Il parcourut la région des Grands Lacs au Canada, pour acheter des fourrures aux Indiens Crees, et contribua avec Radisson à la création de la Compagnie de la baie d'Hudson.

**DESHAIES** [97126] ➝ ÉTYM. du n. de l'Anse *des Yayes* (jadis halte des corsaires) ♦ V. de Guadeloupe, arr. de Basse-Terre. 4 039 hab. Pêche et tourisme.

**DESHIMA** ou **DE JIMA** ♦ Petite île artificielle du port de Nagasaki (Japon). ❚ **Histoire** Elle fut créée en 1634, afin d'y accueillir les Portugais. Ceux-ci et la plupart des autres étrangers furent expulsés du Japon par des décrets anticatholiques et remplacés en 1641 par les Hollandais, astreints à y résider pendant les deux siècles de fermeture du Japon à l'Occident, jusqu'en 1859.

**DESHOULIÈRES** [dezuljɛʀ] **(Antoinette DU LIGIER DE LA GARDE,** M$^{me}$**)** ♦ Poète française (Paris 1637 - *id.* 1694). Mariée très tôt à un gentilhomme qui avait embrassé le parti du Grand Condé, elle fut une admiratrice de P. Corneille et participa à la cabale contre la *Phèdre* de Racine (1677) par une épigramme célèbre. Ayant suivi les leçons de Gassendi*, elle tint ensuite un salon qui présentait l'originalité «d'avoir à la fois du précieux et du hardi, de mêler dans son bel esprit un grain d'esprit fort» (Sainte-Beuve) ; elle y recevait les frères Corneille*, Quinault, Benserade, Conrart, ainsi que Fléchier ou Mascaron. Ayant débuté dans la littérature en 1672, elle s'essaya dans divers genres (tragédie, comédie, opéra), mais fut surtout célèbre par ses *Poésies* (2 vol., réunis en 1688 et 1695) où elle manifeste, dans l'idylle ou dans l'églogue, une grâce déjà romantique. ➝ ÉTYM. Ce nom de famille vient de l'ancien normand *houle* «terrier à lapins» ou du moyen néerlandais *hole* «talus entre deux champs» ou du germanique *hol* «cavité».

**DE SICA (Vittorio)** ♦ Cinéaste et acteur français d'origine italienne (Sora 1902 - Neuilly-sur-Seine 1974). D'abord comédien de théâtre puis de cinéma, il s'est ensuite surtout consacré à la mise en scène, enrichissant l'école néoréaliste de quelques-uns de ses chefs-d'œuvre, conçus entre 1944 et 1952 en étroite collaboration avec le scénariste Cesare Zavattini. Observateur précis de la réalité sociale italienne au lendemain de la dernière guerre, maître d'un style dépouillé qui n'exclut ni la tendresse ni la fantaisie, et malgré les reproches de facilité et de sentimentalisme qu'on a pu lui adresser, il s'est imposé avec *Sciuscià* (1946), *Le Voleur* de bicyclette* (1948), *Miracle à Milan* (1950), *Umberto D* (1952). Autres réal. : *Le Toit* (1956), *Il boom* (1963), *Le Jardin des Finzi Contini* (1970). Sa carrière d'acteur se poursuivit avec éclat : *Madame de...* (1953), *Le Général Della Rovere* (1959).

**DÉSIRADE (LA)** [97127] ➝ ÉTYM. de l'esp. *desirada* «désirée» (nommée ainsi par Christophe Colomb) ♦ Petite île de l'archipel de la Guadeloupe, dans l'arr. de Pointe-à-Pitre. 20 km$^{2}$. 1 620 hab. Située à l'E. de la Grande Terre, sa ville principale est Grande-Anse. L'eau potable y est acheminée par une conduite sous-marine à partir de la Grande Terre.

**DESJARDINS (Martin VAN DEN BOGAERT,** dit**)** ♦ Sculpteur d'origine hollandaise (Breda 1640 - Paris 1694). Il se forma à Anvers, puis s'établit à Paris où il devint en 1671 membre de l'Académie et recteur en 1681. Il participa à la décoration du collège des Quatre-Nations, à celle de la porte Saint-Martin et exécuta pour le parc de Versailles des statues mythologiques inspirées librement de l'antique (*Thétis ; Diane chasseresse*). Il réalisa les statues équestres de Louis XIV de la place des Victoires, 1686 (dont il subsiste le bas-relief du passage du Rhin) et de la place Bellecour à Lyon, détruites sous la Révolution. Il est aussi l'auteur du mausolée de Louvois à Tonnerre (1693) et de nombreux bustes où il manifesta un grand souci d'objectivité *(Mignard ; Colbert)*.

**DESLANDRES (Henri)** ♦ Astronome français (Paris 1853 - *id.* 1948). Spécialiste de spectroscopie, il donna dès 1885 une formule empirique représentant la répartition des raies dans les bandes ; il inventa, indépendamment de Hale*, le spectrohéliographe qui permet de mettre en évidence la partie optique de l'éruption solaire. Il fut également un précurseur de la radioastronomie, étudiant dès le début de ce siècle la possibilité d'émission d'ondes hertziennes par le Soleil. [Acad. sc. 1902]

**DESMAREST (Henry)** ♦ Compositeur français (Paris 1662 - Lunéville 1741). Élève de Lully*, maître de musique de la maison professe des jésuites de Paris, il s'enfuit à l'étranger à la suite d'une grave affaire judiciaire. Devenu surintendant de la musique à la cour de Philippe V d'Espagne, il remplit ensuite les mêmes fonctions à la cour de Lorraine. Sous l'influence de Lully et Delalande, il a composé des opéras-ballets (*Didon*, 1693 ; *Vénus et Adonis*, 1697 ; *Iphigénie en Tauride*, 1704 ; *Armide*, 1710), ainsi que des œuvres de musique sacrée (motets, *Te Deum*). ➝ ÉTYM. Il s'agit d'un nom de lieu qui signifie «maison proche des marais».

**DESMARETS** ou **DESMARETZ (Nicolas),** seigneur **DE MAILLEBOIS** ♦ Homme politique français (Paris 1648 - *id.* 1721). Neveu de Colbert*, il prit la succession de Chamillart* comme contrôleur général des Finances (1708 - 1715) et fut renvoyé à la mort de Louis XIV, malgré sa parfaite intégrité. Il avait créé le dixième, impôt sur le revenu égal au dixième de ce dernier, inspiré des théories de Vauban*, et eut l'idée d'une banque royale qui aurait préfiguré l'entreprise de Law*.

**DESMARETS DE SAINT-SORLIN (Jean)** ♦ Écrivain français (Paris 1595 - *id.* 1676). Protégé par Richelieu et devenu chancelier de l'Académie française, il est l'auteur d'un roman, *Ariane*, et d'œuvres dramatiques dont la comédie en vers *Les Visionnaires* (1637), où il raille les précieuses. Adversaire des jansénistes, il écrivit un poème héroïque d'inspiration religieuse, *La France chrétienne ou Clovis* (1657). Enfin, son *Traité pour juger des poèmes grecs, latins et français* (1670) déclencha la querelle des Anciens* et des Modernes. [Acad. fr. 1634]

**DE SMET (Gustave)** ♦ Peintre belge (Gand 1877 - Deurle-sur-Lys 1943). Il s'installa en 1901 à Laethem-Saint-Martin et fit partie avec son frère Léon, Frits Van* den Berghe et Constant Permeke* du second groupe de Laethem. Il peignit d'abord des paysages impressionnistes puis, après avoir rencontré à Amsterdam pendant la Première Guerre mondiale des cubistes, Le Fauconnier et les expressionnistes allemands, il évolua vers l'expressionnisme tout en restant relativement classique et attaché à la nature, à la rusticité (*La Loge*, 1928). Après la rétrospective de son œuvre organisée en 1936 à Bruxelles, son style devint plus violent, plus passionné. ➝ ÉTYM. Ce nom flamand vient du moyen néerlandais *smet* «forgeron».

**DESMICHELS (Louis Alexis, baron)** ♦ Général français (Digne 1779 - Paris 1845). Engagé en 1794, il se distingua au cours des campagnes d'Italie, d'Égypte, de Prusse, d'Espagne. Mis en demi-solde (1815) après s'être rallié à Napoléon Ier aux Cent-Jours, il participa à la conquête de l'Algérie sous la monarchie de Juillet, fut nommé commandant de la région d'Oran après avoir pris Arzew, et signa le traité d'Oran (1834) avec l'émir Abd el-Kader.

**DES MOINES** ➝ ÉTYM. du n. de la riv. *Des Moines*, ainsi nommée par les colons français par déformation du n. d'une tribu iroquoise, les *Moingwena* ♦ V. des États-Unis, cap. de l'Iowa sur la riv. Des Moines. 198 682 hab. (zone urbaine 456 022). La partie résidentielle de la ville est particulièrement bien conçue. Nombreuses activités culturelles. Centre de communication et de commerce. Indus. variées.

**DESMOND** (comtes DE) ➝ **Fitzgerald**

**DESMOULINS (Camille)** ♦ Publiciste et homme politique français (Guise 1760 - Paris 1794). Condisciple de Robespierre au lycée Louis-le-Grand à Paris, reçu au barreau de Paris en 1785, il se rallia dès 1789 à la Révolution, participa aux journées insurrectionnelles parisiennes du 12 au 14 juil. 1789, publia des pamphlets très violents contre l'Ancien Régime (*La France libre* ; *Le Discours de «la Lanterne» aux Parisiens*) et fonda le journal *Les Révolutions* de France et de Brabant* (1789 - 1791). Membre du Club des cordeliers*, où il se lia avec Danton*, député montagnard à la Convention, il exprima son hostilité à l'égard des girondins dans un pamphlet, *Brissot démasqué*, puis dans son *Histoire des brissotins, Fragment de l'histoire secrète de la Révolution* (1793). Après l'élimination des chefs de la Gironde, Desmoulins tenta de lutter contre le développement de la Terreur et réclama l'indulgence dans son journal *Le Vieux Cordelier* (1793 - 1794). Il fut arrêté, condamné à mort par le Tribunal révolutionnaire et guillotiné avec Danton et les *indulgents** (avr. 1794). ➝ ÉTYM. Ce nom est un surnom de meunier ou d'une famille habitant près d'un moulin.

**DESMOULINS (Anne-Louise DUPLESSIS-LARIDON, dite Lucile)** ♦ Épouse de Camille Desmoulins (Paris 1771 - *id.* 1794). Ayant envoyé à Robespierre une lettre pour protester contre l'arrestation de son mari, elle fut condamnée à mort et exécutée.

**DESNA** n. f. ♦ Riv. d'Europe orientale (1 130 km). Née à l'E. de Smolensk, elle arrose Briansk et pénètre en Ukraine où elle passe à Tchernihiv et rejoint le Dniepr en amont de Kiev.

**DESNOS** [dɛsnɔs] **(Robert)** ♦ Poète français (Paris 1900 - Terezín, Tchécoslovaquie 1945). Doué d'un véritable génie de l'automatisme verbal, il participa au mouvement surréaliste, prenant une part active aux expériences de sommeil hypnotique animées par André Breton*. Il devait toutefois, sans rien renier de l'apport émancipateur du surréalisme, mais en donnant un cours plus libre à son humour, à sa fantaisie et à son lyrisme, en recourant aussi à des techniques rythmiques plus traditionnelles, s'affirmer, dans la lignée du romantisme nervalien, comme l'un des maîtres de la poésie onirique. Attiré par le cinéma et par la radio, il y poursuivit sa recherche d'une conciliation du monde réel et du rêve. L'aventure de la Résistance, qu'il devait connaître jusqu'au sacrifice de sa vie, dans un camp de concentration, lui a inspiré de poignants poèmes, transfigurés par la noblesse de leur inspiration, par l'espoir et l'amour de la vie. Princ. recueils : *La Liberté ou l'Amour* (1927), *Corps et Biens* (1930), *Fortunes* (1942), *Domaine public* (posth. 1952), *Destinée arbitraire* (1975).

**DESORMES (Charles Bernard)** ♦ Chimiste français (Dijon 1777 - Verberie, Oise 1862). ➝ **Clément (Nicolas).**

**DESORMIÈRE (Roger)** ♦ Chef d'orchestre et compositeur français (Vichy 1898 - Paris 1963). Il appartint à l'école d'Arcueil et abandonna très tôt une carrière de compositeur pour se consacrer à la direction d'orchestre. Il fut un excellent interprète de la musique contemporaine.

**DESPENSER (Hugh Le)** ➝ ÉTYM. angl. «l'Administrateur» ♦ Magistrat anglais (v. 1223 - Evesham 1265). Il participa à la révolte des barons contre Henri III. HUGH LE DESPENSER, dit l'Ancien (1261 - 1326) et son fils, HUGH LE DESPENSER, dit le Jeune (mort en 1326), favoris du roi Édouard* II, exercèrent un pouvoir absolu mais furent exécutés par la reine Isabelle et Mortimer.

**DES PÉRIERS (Bonaventure)** ♦ Poète et conteur français (Arnay-le-Duc v. 1510 - Lyon v. 1543). Attaché à Marguerite* de Navarre, il fut l'élève et l'ami de Marot*. Sa vie est mal connue. Il participa à la traduction de la Bible d'Olivétan* (1535), aida Dolet* à corriger les *Commentarii linguae latinae* (1536 - 1538), traduisit et commenta Platon, Horace et Térence. Ses *Œuvres poétiques* furent publiées après sa mort (1544). L'énigmatique *Cymbalum* mundi* (1538), s'il est bien de lui, et les *Nouvelles récréations et joyeux devis* (1558, posthume, dont l'attribution ne lui est plus contestée) manifestent une liberté de pensée et une maîtrise de l'art de conter qui placent leur auteur aux côtés de Rabelais.

**DESPIAU** [dɛspjo] **(Charles)** ♦ Sculpteur et dessinateur français (Mont-de-Marsan 1874 - Paris 1946). Après des études aux Beaux-Arts, il devint l'aide de Rodin* (1907). Ses statues et bas-reliefs représentant des thèmes mythologiques (*Bacchante*, 1909 ; *Faune*, 1912 ; *Léda*, 1917 ; *Apollon*, 1936 - 1946), des nus (*Assia*, 1938) ou des sujets moins traditionnels (*Petite fille des Landes*, 1909) révèlent, malgré l'influence du naturalisme, une tendance classicisante se traduisant par une volonté de dépouillement, la recherche d'une expression calme, d'une composition équilibrée, de formes harmonieuses et souples. Il réalisa quelques monuments commémoratifs (monument aux morts de Mont-de-Marsan, 1920 - 1922), mais il s'imposa surtout comme portraitiste : dans ses nombreux bustes, le souci de précision dans le rendu des traits, de vérité psychologique, va de pair avec la finesse du modelé et semble se concilier avec une tendance à l'idéalisation qui se traduit par l'harmonie formelle et le caractère grave ou serein de l'expression (*Mme Faure*, 1927 ; *Mme Agnès Meyer*, 1929). L'œuvre de Despiau, d'une grande maîtrise technique, apparaît comme un prolongement de la tradition classique. ➝ ÉTYM. *Despiau* signifie «originaire d'Espiau (Gers)».

Charles **Despiau.** *Assia*
(185 × 55 × 43 cm).
Museum of Modern Art, New York.
*Phot. © Arch. Smeets*

**DESPORTES (Philippe)** ♦ Poète français (Chartres 1546 - Bonport, Normandie 1606). Abbé courtisan et poète officiel d'Henri III, il est l'auteur d'*Élégies* et de poésies profanes («Les Amours de Diane» ; «Les Amours d'Hippolyte», 1573) où apparaît une certaine préciosité. Sa traduction des Psaumes (publiée en 1603) s'oppose, par l'esprit, à celle de Marot*. Critiquée par Malherbe, son œuvre cependant présente une clarté de style qui annonce le classicisme.

**DESPORTES (François)** ♦ Peintre, dessinateur et pastelliste français (Champigneulles, Ardennes 1661 - Paris 1743). Il fut élève du peintre flamand Nicasius (Nicaise Bernard), travailla avec C. Audran* au château d'Anet et à la ménagerie de Versailles. Il alla travailler comme portraitiste à la cour du roi de Pologne, Jean Sobieski, en 1695. À Paris, il devint un célèbre peintre animalier et fut nommé peintre de la vénerie du roi Louis XIV en 1696. Il travailla à des décorations aux châteaux de la Muette et de Chantilly, aux tapisseries des *Nouvelles Indes* au luxuriant décor (1735 à 1741). Ses natures mortes sont peintes avec brio (canard, bécasses et fruits) et ses paysages des environs de Paris révèlent une vision de la nature dépouillée d'artifice.

**DESPRÉAUX** → **Boileau (Nicolas)**

**DESPRETZ** [depʀɛ] **(César)** ♦ Physicien français (Lessines, Belgique 1791 - Paris 1863). Auteur de travaux sur la compressibilité des gaz et des liquides, il montra en 1827 que la loi de Boyle-Mariotte n'était exacte que pour les gaz idéaux (parfaits) et seulement approximative pour les gaz réels ; il mesura la pression et la densité des vapeurs saturantes, étudia le phénomène de surfusion et mit en évidence la conductibilité de l'eau (1839). [Acad. sc. 1841.] → **Boyle, Mariotte.**

**DESROCHERS (Alfred)** ♦ Poète canadien d'expression française (Saint-Élie d'Orford 1901 - Montréal 1978). Issu d'un milieu familial très traditionaliste, il a gardé au sein de la ville la nostalgie de l'immense nature nord-américaine. Dans le recueil lyrique de *L'Offrande aux vierges folles* (1928), il dit avec force son sentiment d'être «un fils déchu de race surhumaine», élevant son drame personnel à l'échelle du drame collectif et national. Cette poésie du terroir est portée par un souffle épique (*L'Hymne au vent du nord*) tandis qu'un autre recueil, *À l'ombre de l'Orford* (1929), obéit à une inspiration parnassienne : la vie des paysans ou celle des ouvriers y est dépeinte de façon réaliste et impersonnelle. A. Desrochers a également composé des essais critiques, réunis dans *Paragraphes* (1931).

**DESROSIERS (Léo-Paul)** ♦ Romancier canadien d'expression française (Berthierville 1896 - Montréal 1967). Il est l'auteur d'études sur le passé du Canada (*Lord Durham au Canada*, 1937 ; *Iroquoisie*, 1947) et surtout de romans historiques qui attestent un vif intérêt pour la vie quotidienne dans le Canada d'antan. *Nord-Sud*, 1931 ; *Les Engagés du Grand Portage*, évoquant la vie des trappeurs de l'Ouest au début du XIXe s., 1938 ; *Les Opiniâtres*, 1941 ; *Sources*, 1942.

**DESSALINES (Jean-Jacques)** ♦ Homme d'État haïtien (Grande-Rivière-du-Nord v. 1758 - Port-au-Prince 1806). Esclave, il entra tôt dans la révolte contre le parti colonial. Successivement chef de bataillon, colonel et général de brigade (1797), il contribua, sous les ordres de Toussaint*-Louverture, à l'expulsion des Britanniques de l'Artibonite. Après le départ de Toussaint en captivité, il devint le chef des insurgés contre l'armée française, gagna la bataille de Vertières contre Rochambeau* (18 nov. 1803) et proclama l'indépendance de la république d'Haïti (1er janv. 1804). Il se fit nommer empereur sous le nom de Jacques Ier, mais sa politique autoritaire lui aliéna l'appui des autres chefs et il fut abattu dans un guet-apens tendu au Pont-Rouge près de Port-au-Prince (oct. 1806).

**DESSAU (Paul)** ♦ Compositeur et chef d'orchestre allemand (Hambourg 1894 - Berlin 1979). Inspiré par l'esthétique du «réalisme socialiste», il renonça au dodécaphonisme et composa des musiques de scène et des opéras, remarquables par leur vigueur mélodique et leur veine à la fois populaire et savante, admirablement accordés à l'esprit des textes de B. Brecht* (*Mère Courage*, 1946 ; *Le Festin de Lucullus*, 1949 ; *Le Cercle de craie caucasien*, 1954 ; *Maître Puntila et son valet Matti*, 1961).

**DESSAU** ♦ V. d'Allemagne (Saxe-Anhalt), sur la Mulde, près de son confluent avec l'Elbe. 90 603 hab. Port fluvial. Indus. métallurgiques, mécaniques (machines, cycles) et chimiques ; sucreries. ▮ **Histoire** La ville fut la résidence des ducs d'Anhalt* de 1340 à 1918. ▪ Siège du Bauhaus* de 1925 à 1933.

**DESSAY (Natalie)** ♦ Soprano colorature française (Lyon 1965). Actrice de formation, elle fut remarquée en 1992 à l'Opéra Bastille pour son jeu et sa voix cristalline dans le rôle d'Olympia (*les Contes d'Hoffmann*, Offenbach). Ses aigus remarquables lui ont permis d'interpréter Mozart (la Reine de la nuit dans *La Flûte enchantée* et Blonde dans *L'Enlèvement au Sérail*), R. Strauss ou L. Delibes (*Lakmé*).

**DESSOLLES (Jean Joseph Paul Augustin,** marquis) ♦ Général et homme politique français (Auch 1767 - Montluchet, Seine-et-Oise 1828). Engagé comme volontaire en 1792, nommé général de division en 1799, il se distingua en Italie puis en Allemagne, mais tomba en disgrâce en raison de ses relations avec Moreau*. Ayant repris ses fonctions (1806), il servit en Espagne, puis participa à la campagne de Russie. Rallié aux Bourbons, il fut ministre des Affaires étrangères et président du Conseil (1818), mais dut démissionner face à l'opposition des ultras (1819).

**DESTELBERGEN** ♦ Comm. de Belgique (Région flamande), prov. de Flandre-Orientale, arr. de Gand. 17 329 hab. Indus. textile.

**De Stijl** ← ÉTYM. néerl. «Le Style» ♦ Revue et tendance créées aux Pays-Bas en oct. 1917 par Piet Mondrian* avec Theo Van* Doesburg. Mondrian a publié dans la revue de longs essais théoriques, dont *Réalité naturelle et réalité abstraite*. Les peintres B. Van der Leck, G. Vantongerloo*, Huszar, les architectes Oud, Wils, Van't* Hoff et Rietveld adhérèrent à cette tendance, sans jamais for-mer un véritable groupe, leur base de ralliement n'étant précisément que le style ; ainsi, Mondrian et Rietveld ne se sont jamais rencontrés. Les principes du Stijl reposent en peinture et en architecture sur le strict géométrisme abstrait des compositions et l'usage des couleurs fondamentales en aplat ; à Utrecht, la maison Schröder, de Rietveld (1924), en est l'illustration, ainsi que la critique de l'Art nouveau et de son opposé, le fonctionnalisme. Pour l'architecte, le but universel de l'art et de l'architecture doit être de tempérer la nature en la ramenant aux normes humaines, et de réconcilier les préoccupations sociales et individuelles par l'ouverture des espaces. Du Stijl est issu le néoplasticisme*. En 1924, Mondrian cessa de collaborer à la revue *De Stijl*, dont la parution s'arrêta en 1928 ; cependant, un ultime numéro parut en 1932, en hommage posthume à Van Doesburg.

Les **Destinées** ♦ Recueil de 11 «poèmes philosophiques» d'A. de Vigny* (posth. 1864). Ces poèmes, composés de 1838 à 1863, montrent, à l'aide d'une succession de symboles, comment la conscience humaine, d'abord esclave, peut s'affranchir et proclamer sa liberté. Persuadé que «le mot de la langue le plus difficile à prononcer et à placer convenablement, c'est *moi*,» Vigny adopte la forme impersonnelle et narrative pour évoquer le tragique de la condition humaine et enseigner l'attitude stoïque que l'homme doit adopter (*La Mort du loup*, 1838) devant «la souffrance et la mort de l'innocence». À une image de la femme, «enfant impur», dans *La Colère de Samson* (1839), succède dans *La Maison du berger* (1844) la figure d'Éva, symbole de la pitié et de l'amour, qui partagera la solitude féconde du poète au sein d'une nature, belle et indifférente comme Dieu est silencieux (*Le Mont des Oliviers*, 1839). Opposant «le dédain à l'absence», le poète consacre sa pensée et son œuvre à l'humanité (*La Bouteille à la mer*, 1844), exprimant sa foi ardente dans le triomphe futur de l'esprit (*L'Esprit pur*, 1863).

**DESTOUCHES (André CARDINAL)** ♦ Compositeur français (Paris 1672 - *id.* 1749). Élève de Campra*, surintendant de la musique royale (1718), il fut directeur de l'Opéra (1728). Il écrivit de nombreux opéras sur des livrets d'Houdar de La Motte. Son œuvre, proche de celle de Lully* et de Campra, utilise des combinaisons harmoniques audacieuses qui leur confèrent une grande originalité. Il est l'auteur de cantates, motets, airs d'opéras (*Omphale*, 1701 ; *Callirhoé*, 1712 ; *Télémaque*, 1714 ; *Le Carnaval et la Folie*, 1704) et du ballet *Les Éléments*, 1721 (avec Delalande*).

**DESTOUCHES (Philippe NÉRICAULT,** dit) ♦ Auteur dramatique français (Tours 1680 - Fortoiseau 1754). D'abord comédien, il devint par la suite auteur et composa une trentaine de pièces où la verve comique est souvent bridée par l'intention moralisatrice (*Le Philosophe marié*, 1727 ; *Le Glorieux*, 1732). [Acad. fr. 1723]

**DESTOUCHES (Louis-Ferdinand)** → **Céline**

**Destour** n. m. ← ÉTYM. en ar. *Dustūr* «Constitution» ♦ Parti politique tunisien, issu du mouvement «jeune-tunisien» fondé par le cheikh Thaalibi qui réclamait une Constitution, l'émancipation du peuple tunisien et la fin du protectorat. Après les incidents de 1920 et 1921, Thaalibi fut exilé (1922) et le parti faiblit. Cependant des conflits internes aboutirent à la scission de 1934 ; les jeunes intellectuels occidentalisés favorables à un État laïque fondèrent le Néo-Destour tandis que les partisans du retour à la tradition islamique et arabe se groupèrent dans le cadre du Vieux Destour. Comptant sur les masses, le Néo-Destour mena avec plus de vigueur la lutte contre le colonialisme ; bien structuré, il s'implanta dans tout le pays et s'engagea dans l'action clandestine quand il fut interdit. En 1937 et 1938, diverses grèves et émeutes amenèrent l'incarcération de ses chefs. Autorisé en 1954, le parti contribua à l'instauration de la République tunisienne (1957) sous la direction de son chef Habib Bourguiba*, après l'élimination des partisans de Ben Youssef. Il s'imposa comme le parti unique du nouvel État. En 1964, le Néo-Destour devint le Parti socialiste destourien (PSD), sans pour autant abandonner sa tradition pragmatique ni renoncer à ses engagements antérieurs. Après l'éviction de Bourguiba, le 7 nov. 1987, le nouveau président, Zine el-Abidine Ben Ali, introduisit un multipartisme limité. C'est dans ce cadre, que le PSD devint le Rassemblement constitutionnel démocratique (RCD).

**DESTRÉE (Jules)** ♦ Écrivain et homme politique belge (Marcinelle 1863 - Bruxelles 1936). Député socialiste à la Chambre des représentants (1894), ministre des Sciences et des Arts (1920), il fonda l'Académie de langue et de littérature françaises. Ardent défenseur du mouvement intellectuel wallon, il exposa ses griefs contre l'influence flamande dans *Lettre au roi* (1911) puis dans *Wallons et Flamands* (1923).

**DESTUTT DE TRACY (Antoine Louis Claude,** comte) ♦ Philosophe français (Paris 1754 - *id.* 1836). Chef des idéologues*, il fut sous le Directoire membre du Comité de l'instruction publique. Auteur des *Éléments d'idéologie* (*Idéologie*, 1801 ; *Grammaire générale*, 1803 ; *Logique*, 1805 ; *Traité sur la volonté*, 1815), il y affirme son matérialisme psychologique. La sensibilité (dont les modes fondamentaux sont : sentir, se souvenir, juger et vouloir) nous renseigne sur notre propre existence ainsi que sur celle du monde extérieur par la sensation d'effort pour vaincre les résistances matérielles (idée que développera Maine* de Biran en l'intériorisant) ; elle est la source de nos idées générales et de nos jugements dont l'analyse amena Destutt de Tracy à des remarques intéressantes sur le langage (notant en particulier que le mot lui-même a déjà valeur de discours). Son influence sur Stendhal* fut très forte. [Acad. fr. 1808]

**DESVRES** [dɛvʀ] [62240] ← ÉTYM. p.-ê. du gaul. *dubron* «eau, rivière» ♦ Ch.-l. de cant. du Pas-de-Calais, arr. de Boulogne-sur-Mer. 5 205 hab. (aggl. 6 431) (*Desvrois*). Maison de la Faïence. ▪ Centre céramique actif depuis le XVIII^e^ s., auj. spécialisé dans la copie des décors anciens (Delft, Moustiers, Strasbourg, Nevers, Rouen). ▪ Au N., la forêt de Desvres s'étend sur 1 136 ha.

**DETAILLE (Édouard)** ♦ Peintre et dessinateur français (Paris 1848 - *id.* 1912). Élève de Meissonier*, il devint comme son maître un spécialiste de la peinture militaire et peignit avec une facture minutieusement détaillée des scènes aux accents héroïques et sentimentaux qui lui valurent la célébrité (*Soir de Rezonville,* 1884 ; *Le Rêve,* 1888). Il séjourna en Algérie, reçut des commandes des cours d'Angleterre et de Russie et fut aussi un habile illustrateur (*L'Armée française,* par A. de Neuville, 1883).

**DETMOLD** ➝ ÉTYM. de *Theotmalli* «tribunal du peuple», du vx haut all. *mahal* «assemblée de justice», et *Teut* «peuple» ♦ V. d'Allemagne (Rhénanie-du-Nord-Westphalie), au pied du Teutoburger Wald. Env. 78 000 hab. ch.-l. de régence. Château Renaissance (XVI^e^ s.). ▪ Centre indus. (meubles) et touristique. ▮ **Histoire** Charlemagne y vainquit les Saxons en 783. Elle fut la capitale de l'ancienne principauté de Lippe.

**DETROIT** ♦ V. des États-Unis (Michigan), sur la *rivière de Detroit*. 951 270 hab. dont 81 % de Noirs (zone urbaine 5 456 428 avec Ann Arbor). Universités. Detroit fut la capitale de l'industrie automobile avant de devoir affronter la concurrence japonaise et européenne. Sidérurgie, industries chimiques. La ville, qui s'est paupérisée, a essayé de retrouver sa splendeur en construisant un vaste complexe de bureaux et de logements (Renaissance Center) financé par le président de la Ford. ▮ **Histoire** Fondée par A. de La Mothe Cadillac (1701), la ville, prise par les Anglais (1760), fut intégrée aux États-Unis après 1796. Son expansion commerciale et économique, due à sa situation, s'est affirmée après 1830 et accélérée à partir de l'invention de l'automobile.

**DÉTROITS** n. m. pl. ♦ Détroits turcs du Bosphore* et des Dardanelles*, seul passage maritime entre la mer Noire et la Méditerranée, qui ont posé des problèmes internationaux dans le cadre de la question d'Orient*. Avec le traité de Kutchuk-Kaïnardji (1774), la Turquie ouvrit les Détroits à la navigation commerciale de la Russie, puis, par le traité d'Andrinople (1829), des autres puissances. Par une clause secrète du traité russo-turc d'Unkiar*-Skelessi (1833), la Russie obtint le privilège du libre passage pour ses navires de guerre, mais la convention de Londres (1841) abolit ce privilège. L'internationalisation des Détroits, prévue par le traité de Sèvres* (1920) et contestée par la Turquie et la Russie soviétique, resta lettre morte. Par la convention de Lausanne (1923), ils furent restitués à la Turquie et démilitarisés sous le contrôle d'une commission internationale. Mais la convention de Montreux (1936) autorisa la Turquie à les fortifier et à imposer des restrictions à la liberté de passage pour les navires de guerre. L'URSS revendiqua la révision de cette clause. L'importance stratégique des Détroits a diminué avec la fin de la guerre froide puis l'éclatement de l'URSS (1991).

**DE TROY (François)** ♦ Peintre et dessinateur français (Toulouse 1645 - Paris 1730). Élève de son père Antoine, puis de C. Lefebvre, il devint à Paris portraitiste de l'aristocratie et des artistes et fut apprécié par sa clientèle féminine car il avait l'art de peindre des portraits élégants et flatteurs (*La Duchesse d'Orléans ; La Duchesse du Maine*). Il inventa le genre du portrait travesti ou allégorique, genre dont Nattier* allait devenir le maître, et le chargea d'intentions galantes (*M^lle^ de Blois et le comte de Toulouse en Vénus et Adonis,* 1691).

**DE TROY (Jean-François)** ♦ Peintre et dessinateur français (Paris 1679 - Rome 1752). Il fut l'élève de son père François, séjourna en Italie de 1698 à 1707 où il assimila la leçon de Rubens et des grands Vénitiens. À Paris, il obtint un grand succès comme peintre de la vie familière, élégante et libertine (*La Lecture dans un salon ; La Jarretière détachée*). Il fut un décorateur apprécié, aimant les couleurs vives et les détails pittoresques (*Le Déjeuner d'huîtres,* pour les petits appartements de Louis XV, 1735). Il donna aux Gobelins les cartons de tapisseries de *L'Histoire d'Esther* (1736 - 1742) et de *L'Histoire de Jason* (1742 - 1746). Il dirigea l'Académie de France à Rome de 1738 à sa mort.

**DETTINGEN** ♦ Loc. du S.-O. de l'Allemagne (Bavière), sur la rive d. du Main. 1 600 hab. env. ▮ **Histoire** Les Français y furent battus par les Autrichiens et les Hanovriens en 1743.

**DEUCALION** ➝ ÉTYM. en gr. *Deukaliôn,* p.-ê. de *deukês* «doux» et *halios* «marin» (étym. populaire) ♦ Fils de Prométhée*. Selon la légende, il régnait en Thessalie. Avec sa femme Pyrrha*, seuls justes, ils furent sauvés du déluge qui détruisit la race humaine de l'âge de bronze. Arrivés au sommet du Parnasse* à bord d'une arche, ils repeuplèrent la terre en jetant derrière eux des pierres, les «os de leur mère», selon l'oracle des dieux. Les pierres lancées par Deucalion devinrent des hommes, celles jetées par Pyrrha des femmes ; ce sont les ancêtres des races qui envahirent la Grèce. ➞ **Hellen.**

**DEUIL-LA-BARRE** [95170] ➝ ÉTYM. anc. *Dyoilum* «lieu divin», du gaul. *devo-* «divin» et *ialo* «clairière ; champ» ♦ Comm. du Val-d'Oise, arr. de Sarcelles. 20 160 hab. *(Deuillois).* Église Notre-Dame (XII^e^ s.), gravement endommagée par un V2 en oct. 1944 et restaurée (chapiteaux historiés). Musée municipal de la Chevrette.

**DEÛLE** n. f. ➝ ÉTYM. p.-ê. prélatin *dol-* «méandre» ♦ Riv. du N. de la France (85 km), affl. de la Lys. Elle traverse Lens, Lille, et est en partie canalisée.

Jean-François **De Troy.** *Le Déjeuner d'huîtres* (1,80 × 1,26 m). Musée Condé, Chantilly. *Phot. © Hubert Josse*

**DEUSDEDIT** ♦ ➞ **Adéodat.**

**deutérocanoniques**

n. m. pl. ➝ ÉTYM. gr. *deuteros* «deuxième» et *kanonikos* «canonique» ♦ Textes qui ne font pas partie de la Bible hébraïque, mais de la Bible grecque des Septante*, et qui ont été conservés dans la Vulgate*. On y distingue des livres proprement dits (1 et 2 Maccabées*, Tobie*, Judith*, Baruch*, Siracide* [Ecclésiastique], Sagesse*) et des «additions» à certains livres canoniques (six additions dans le livre d'Esther* ; la Prière d'Azarias, le Cantique des trois jeunes gens, l'histoire de Suzanne*, Bel* et le Dragon pour le livre de Daniel*). La Lettre de Jérémie* est un livre indépendant dans la Bible grecque, mais la Vulgate en fait le 6^e^ chapitre du livre de Baruch. Demeurés «livres extérieurs» (*aḥarônîm*) pour les rabbins, ces textes (dont certains ont été rédigés en hébreu ou en araméen) font partie de la Bible latine et sont demeurés dans les Bibles françaises jusqu'au XIX^e^ s. En 1826, la Société biblique de Londres décida de les exclure ; sous sa pression, les Bibles protestantes parurent ensuite sans ces livres qualifiés d'«apocryphes» dans le monde protestant. Leur canonicité ayant été confirmée au concile de Trente* (1546), où aucune distinction n'est opérée entre les livres de la Bible, ces textes ont été appelés «deutérocanoniques» par les exégètes chrétiens pour marquer leur absence du canon hébreu et leur différence par rapport aux nombreux autres apocryphes. Ces livres sont également bibliques pour les chrétiens orientaux. La plupart ont été trouvés dans la bibliothèque de Qumrân*. D'autres livres apparaissent dans les manuscrits de la Bible grecque sans avoir été repris dans la Vulgate (3 et 4 Maccabées*, les Psaumes de Salomon*, un recueil de chants et prières), ni dans les Bibles modernes : ils sont considérés comme apocryphes*, mais ont été confirmés comme canoniques par des églises orthodoxes au XVII^e^ s. ; les Troisième (Premier dans la Septante) et Quatrième Livres d'Esdras*, apocryphes et signalés comme «en dehors du canon», sont imprimés à la fin des Bibles latines jusqu'au milieu du XX^e^ s.

**Deutéronome (Livre du)** n. m. ➝ ÉTYM. en gr. *Deuteronomion* «Deuxième Loi» ; le titre hébreu est *[élléh had]Debhârîm* «[voici les] paroles», également qualifié de *Mishnê tôrâh* «seconde loi». ♦ Livre de la Bible, le cinquième et dernier du Pentateuque*, traditionnellement attribué à Moïse*. Sous la forme d'un long discours d'adieu de Moïse, suivi du récit de sa mort, 34 chapitres reprennent les lois établies depuis la sortie d'Égypte (prescriptions énoncées dans les trois livres précédents).

Répétition de l'histoire du peuple et réaffirmation de l'alliance passée avec Yahvé*, le livre en rappelle la charte (le Décalogue) et la tradition y trouvera son résumé (Shema*).

**DEUTSCH (Simon)** ♦ Révolutionnaire autrichien (Vienne 1824 - Londres 1877). Condamné à mort après avoir pris part à l'insurrection révolutionnaire de Vienne (1848), il passa en Suisse, puis gagna Paris, où il entra en relation avec Michelet, Proudhon, Tolain. Membre de la Ire Internationale, dont il dirigea le comité après Marx en 1874, il prit position pour la France en 1870, et fit partie de la Commune de Paris (1871). À la fin de sa vie, il contribua à fonder le parti de la Jeune-Turquie.

**DEUTSCH DE LA MEURTHE (Henry)** ♦ Industriel et philanthrope français (Paris 1846 - Ecquevilly, Yvelines 1919). Il fut l'un des fondateurs de l'Aéro-Club de France et créa, en 1909, l'Institut aéronautique à Saint-Cyr.

**Deutschland über alles** → ÉTYM. all. « L'Allemagne par-dessus tout » ♦ Hymne national allemand, de 1922 à 1945, dont les paroles furent composées par Hoffmann von Fallersleben (1841), sur la musique de l'hymne impérial *Gott erhalte Franz den Kaiser* (1797), composée par Haydn. Depuis 1952, la 3e strophe *(Deutschlandlied)* constitue l'hymne national de la République fédérale d'Allemagne.

**DEUX-ALPES (LES)** ♦ Station de sports d'hiver de l'Isère (comm. de Vénosc), formée par les stations de l'Alpe-de-Mont-de-Lans et de l'Alpe-de-Vénosc (1 660 - 3 423 m).

**2001 : l'Odyssée de l'espace** – en angl. ***2001, A Space Odyssey*** ♦ Film américain de Stanley Kubrick* (1968). Quatre millions d'années après la naissance de l'humanité, un vaisseau spatial est en route vers Jupiter. Au terme d'un voyage où son savoir a été mis à rude épreuve, l'un des astronautes, entraîné dans la spirale de l'espace-temps, régresse à l'état de fœtus, flottant dans les galaxies... Écrit en collaboration avec l'auteur de science-fiction Arthur C. Clarke, tourné à grand renfort de maquettes et d'effets spéciaux, ce « documentaire magique », comme le qualifia son réalisateur, reste la plus grande réussite du *space opera*. Les Américains ont mis le pied sur la Lune un an après la sortie du film.

**DEUX-PONTS** – en all. ***Zweibrücken*** ♦ V. d'Allemagne (Rhénanie-Palatinat), près de Sarrebruck, sur le Schwarzbach et le Hornbach. 37 898 hab. Bel ensemble de monuments baroques (restaurés après 1945). ▪ Indus. mécaniques, textiles. Travail du cuir. ▮ **Histoire** Capitale d'un anc. comté (XIIIe s.) érigé au XIVe s. en duché au profit de la famille de Deux-Ponts-Neubourg (dont 3 représentants furent rois de Suède de 1654 à 1718), puis de la branche de Birkenfeld. En 1797, Deux-Ponts fut annexé par la France (ch.-l. du dép. du Mont-Tonnerre), puis cédé à la Bavière en 1815.

**Deux-Roses** (guerre des) ♦ Guerre civile en Angleterre, qui eut pour cause la lutte pour le pouvoir entre la maison d'York (dont l'emblème était la rose blanche) et la maison de Lancastre (avec pour emblème la rose rouge) de 1455 à 1485. Les défaites de la guerre de Cent Ans et l'incapacité du roi Henri VI (de Lancastre) la déclenchèrent. Richard d'York, aidé par Warwick, se révolta. Battu à Saint Albans (1455), puis à Northampton (1460) et à Towton (1461), Henri VI fut détrôné et remplacé par Édouard IV, fils de Richard d'York. Cependant, Warwick se brouilla avec Édouard et restaura Henri VI (1470). Après la victoire de Tewkesbury, Édouard IV remonta sur le trône en 1471, son fils Édouard V lui succéda (1483) mais fut tué par son oncle Richard III (1483). Henri Tudor, descendant des Lancastre, prit le pouvoir (1485) sous le nom d'Henri VII et mit fin à la lutte en épousant Élisabeth d'York, fille d'Édouard IV. Cette guerre ruina la féodalité anglaise.

**DEUX-SÈVRES [79]** n. f. pl. → ÉTYM. du n. de la *Sèvre** nantaise et de la *Sèvre** niortaise qui traversent le département ♦ Dép. de l'O. de la France, région Poitou-Charentes. 5 999 km². 345 965 hab. CH.-L. : Niort. CH.-L. D'ARR. : Bressuire, Parthenay. Cour d'appel : Poitiers. Académie : Poitiers. → **Poitou-Charentes.**

**Deux-Siciles** (royaume des) → **Naples**

**DEVA** ♦ V. de Roumanie occidentale en Transylvanie, ch.-l. du distr. de Hunedoara, sur le Mureş. 67 508 hab. Centre historique : citadelle dace de Sarmize Gethusa, dont certains éléments remontent au XIIIe s. Église du XVe s., château de Magna Curia (déb. XVIIe s.).

**DE VALERA (Eamon)** ♦ Homme d'État irlandais (New York 1882 - Dublin 1975). Chef de la révolte des Volontaires irlandais de 1916, il devint le leader du parti Sinn* Féin en 1918 et négocia avec Lloyd* George le « traité » du 6 déc. 1921, qu'il refusa finalement de signer, car il excluait l'Ulster majoritairement protestant de l'État libre d'Irlande. Il fonda alors le Parti républicain hostile au traité et, profitant de l'abdication d'Édouard VIII, il proclama une nouvelle Constitution pour l'Irlande, qui consacra le rôle primordial de l'Église catholique dans l'État. → **Irlande.** Il fut alors Premier ministre (1932 - 1948 et 1951 - 1959) et décida de la neutralité de son pays lors du déclenchement de la Deuxième Guerre mondiale. Il fut président de la République de 1959 à 1973.

**DE VALOIS (Edris STANNUS, dite Ninette)** ♦ Danseuse et chorégraphe britannique (Dublin 1898 - Londres 2001). Première danseuse à Covent Garden (1919), elle appartint à la troupe de Diaghilev* (1923 - 1925). Chorégraphe, elle a composé des ballets pour l'Abbey* Theatre de Dublin et pour le Festival de Cambridge et fonda la compagnie du théâtre Sadler's Wells (1931) qui devint le Royal Ballet. Parmi ses compositions, on retiendra *Job* (Vaughan Williams), *La Création du monde* (D. Milhaud), *The Rake's Progress* (Stravinski), *Bar des Folies-Bergère* (E. Chabrier).

**DEVENTER** ♦ V. des Pays-Bas (Overijssel), sur l'IJssel. 96 617 hab. Ville historique ; musées ; centre touristique et commercial. ▪ Métall. et indus. chimiques. Indus. alimentaires (pain d'épice).

**DEVEREUX (Georges)** ♦ Psychanalyste et ethnologue américain d'origine hongroise (Lugoj 1908 - Paris 1985). Représentant de l'anthropologie culturelle, fondateur de l'ethnopsychiatrie, il a étudié les facteurs socioculturels des névroses. Après avoir travaillé en Asie (Viêtnam) et en Mélanésie il séjourna aux États-Unis, puis enseigna en France. Princ. ouvrages : *Mohave Ethnopsychiatry and Suicide* (1961) ; *Essais d'ethnopsychiatrie générale* (1970) ; *Tragédie et poésie grecques* (1975).

**DEVÉRIA (Achille)** ♦ Dessinateur, peintre et lithographe français (Paris 1800 - *id.* 1857). Les nombreux portraits qu'il a laissés, notamment de tous les grands artistes de son temps *(Victor Hugo ; La Malibran ; Liszt)*, les scènes de la vie mondaine et les dessins de costumes sont dessinés avec finesse et élégance ; ils constituent un témoignage riche et précis sur l'époque romantique. ▪ *Illustrations :* → **La Rochefoucauld-Liancourt, Rachel.**

**DEVÉRIA (Eugène)** ♦ Peintre français (Paris 1805 - Pau 1865), frère du précédent. Il obtint un succès retentissant au Salon de 1827 avec *La Naissance d'Henri IV* et apparut comme le chef de file de l'école romantique. Mais ses œuvres suivantes l'ont fait considérer comme un petit maître qui, par son goût du Moyen Âge pittoresque, se rattache au « style troubadour » et par sa recherche de l'exotisme se situe dans le courant de l'orientalisme. Il réalisa aussi de grandes décorations (*Pierre Puget présentant à Louis XIV la statue de Milon de Crotone ;* plafond au Louvre).

**DEVÈS** n. m. ♦ Massif volcanique du Velay (Haute-Loire). 1 463 m. Hauts plateaux fertiles, où domine l'élevage.

**DEVILLE (Gabriel)** ♦ Socialiste français (Tarbes 1854 - Viroflay 1940). Il fut l'un des fondateurs du Parti ouvrier français et contribua à faire connaître le marxisme en France.

**DEVILLE (Michel)** ♦ Cinéaste français (Boulogne-sur-Seine 1931). Ce metteur en scène précieux, raffiné, cachant sous sa désinvolture un fond de gravité, tourna plusieurs comédies (*Adorable Menteuse*, 1962 ; *Benjamin*, 1968 ; *La Femme en bleu*, 1973) puis diversifia son univers avec *Le Dossier 51* (1979), *Péril en la demeure* (1986) et *La Lectrice* (1988).

**DÉVILLE-LÈS-ROUEN** [76250] ♦ Comm. de la Seine-Maritime, banl. N.-O. de Rouen. 10 441 hab. *(Dévillois)*.

Le **Devin du village** ♦ Intermède en un acte, musique et livret de Jean-Jacques Rousseau* (Fontainebleau 18 oct. 1752). Représentée en pleine querelle des Bouffons*, l'œuvre, par sa « simplicité » et son « naturel », apparut comme un manifeste en faveur de la musique italienne.

**De viris illustribus urbis Romae** → ÉTYM. lat. « Des hommes célèbres de la ville de Rome » ♦ Texte latin de l'abbé Charles François Lhomond (v. 1775). C'est un abrégé d'histoire romaine, composé dans un latin simple destiné à la pédagogie.

**DE VISSCHER (Charles)** ♦ Juriste belge (Gand 1884 - Bruxelles 1973). Directeur de la *Revue de droit international et de législation comparée* (1921 - 1940), élu juge à la Cour permanente de justice internationale, il fut un spécialiste du droit international public. Auteur de *Théories et Réalités en droit international public* (1953, 1955, 1960).

**Dévolution** (guerre de) ♦ Première guerre de conquête de Louis* XIV, entreprise à la mort de Philippe* IV, pour faire valoir les droits de Marie*-Thérèse sur les Pays-Bas ; le prétexte était un « droit de dévolution » reconnu dans certaines provinces belges et favorisant les enfants du premier lit. La Triple-Alliance* arrêta la guerre qui se termina au traité d'Aix*-la-Chapelle (1668) : l'Espagne cédait douze places sur la frontière du Nord, dont Lille.

**DÉVOLUY** n. m. ♦ Massif des Préalpes du Sud (Hautes-Alpes et Isère), au S.-O. de la vallée du Drac, culminant à la Grande Tête de l'Obiou (2 789 m).

**DEVON** ou **DEVONSHIRE** → ÉTYM. de *Defnas*, du celt. *Dumnonii*, n. de tribu ♦ Comté d'Angleterre entre la Manche et le canal de Bristol. 6 715 km². 704 499 hab. CH.-L. : Exeter. Dominés par les landes de Dartmoor, les terrains granitiques sont, de part et d'autre des hauteurs, le domaine d'un élevage bovin et de cultures maraîchères qui profitent de la douceur du climat littoral. L'alternance de côtes à rias, à falaises et de grandes baies favorisent le tourisme (stations de Torbay, Ilfracombe). Plymouth est le seul centre industriel, alors qu'Exeter marque la limite occidentale de l'influence londonienne.

**DEVON** (île) ♦ Île de l'Arctique canadien (îles de la Reine-Élisabeth), au N. de l'île de Baffin, dont elle est séparée par le détroit de Lancaster, et au S. de l'île d'Ellesmere (détroit de Jones). 54 030 km².

**DEVONPORT** ♦ Port militaire et arsenal britannique, près de Plymouth. Le redéploiement de la Royal Navy fragilise son avenir.

**DE VOS (Cornelis** ou **Corneille)** ♦ Peintre et dessinateur flamand (Hulst v. 1585 - Anvers 1651). Formé à Anvers de 1599 à 1604 et inscrit à la guilde en 1608, il fut l'un des collaborateurs de Rubens (*Entrée solennelle de Ferdinand d'Autriche* et tableaux mythologiques destinés au roi d'Espagne), mais s'affirma plus comme portraitiste que comme décorateur. Peu marqué par l'esprit baroque de son maître, il semble surtout se rattacher à la tradition sobre et rigoureuse du portrait flamand. Peintre de la riche bourgeoisie anversoise, il sut rendre avec sensibilité les physionomies enfantines (*L'Artiste et sa famille,* 1621), composa habilement les portraits de groupe et adopta progressivement une touche plus vibrante, influencée sans doute par les portraits de Van Dyck ; il fit preuve parfois d'une certaine fantaisie *(Portrait d'Abraham Grapheus).* ♦ **Paul De Vos** (Hulst 1596 - Anvers 1678), frère du précédent. Il étudia auprès de Snyders qui devint ensuite son beau-frère. Imitant le style de ce dernier, il peignit des natures mortes et des scènes de chasse qui dénotent aussi l'influence de Rubens, dont il fut le collaborateur (décorations pour le roi d'Espagne au Buen Retiro et à la Torre de la Parada). Il est aussi l'auteur de tableaux d'armes, d'armures, d'instruments d'astronomie et de musique. ◆ ÉTYM. Ce nom de famille flamand signifie «renard» (sobriquet d'un homme roux ou rusé).

**DEVOS (Raymond)** ♦ Comédien et auteur français (Mouscron 1922 - Saint-Rémy-lès-Chevreuse 2006). Il créa, au music-hall et au théâtre, des monologues où, prenant au pied de la lettre les expressions de la langue courante, il projette dans l'imaginaire, comiquement et sur le ton de l'angoisse, des situations d'une absurdité clownesque. ◆ ÉTYM. Ce nom a la même étymologie que *De Vos.*

**Devotio moderna** ♦ Mouvement de renouveau spirituel apparu à la fin du XIV^e^ s. aux Pays-Bas sous l'inspiration du mystique flamand Jan Van Ruysbroeck* et des Frères de la Vie commune. Centré sur la recherche de la vie sainte par la réflexion sur la Passion du Christ, il marqua profondément la chrétienté des temps modernes, grâce à l'exceptionnelle diffusion de *L'Imitation* de Jésus-Christ.* → **Thomas a Kempis.**

La **Dévotion à la Croix** – en esp. *La devoción de la Cruz* ♦ Drame en 3 journées de Calderón* (1634). Devenu homicide, puis brigand après la mort de Lisardo, frère de sa fiancée Julia, qu'il a provoqué en duel, Eusebio est poursuivi par le père de Julia, Curzio. Au cours du combat qui les oppose, Curzio reconnaît sur la poitrine d'Eusebio le signe de la croix qui s'y est trouvé tracé au jour de sa naissance, signe qui lui prouve qu'Eusebio est son propre fils. Le jeune homme meurt, mais un moine, qui lui devait la vie et qui a entendu son appel, l'exhume, le ressuscite, l'absout, puis le remet en terre. Ainsi, le pécheur sera sauvé.

**DE VRIES (Hugo)** ♦ Botaniste néerlandais (Haarlem 1848 - Lunteren 1935). À la suite de nombreuses observations méthodiques sur une plante de la famille des onagracées *(Enothera lamarckiana),* il découvrit l'existence de variations brusques, discontinues et héréditaires, qu'il nomma «mutations». Il en conclut que celles-ci, conjointement avec la sélection naturelle de Darwin*, sont le moteur essentiel dans l'évolution (mutationnisme). Si les études génétiques confirmèrent l'existence de mutations et en précisèrent le mécanisme, leur valeur pour l'évolution des espèces est bien plus complexe. Il vérifia les lois de l'hérédité de G. Mendel*.

**DEWAR** (sir **James**) ♦ Physicien et chimiste britannique (Kincardine-on-Forth, Écosse 1842 - Londres 1923). Après avoir étudié les très basses températures, il fut le premier à obtenir de l'hydrogène liquide en quantité notable (1898). Inventeur du vase isolant à double paroi de verre argenté sous vide, il mit également au point un type de poudre propulsive (cordite).

**DEWASNE (Jean)** ♦ Peintre français (Hellemmes-Lille 1921 - Paris 1999). Formé à l'architecture, il s'orienta vers l'abstraction constructive à partir de 1943, fit partie du premier comité des Réalités nouvelles en 1946, et fonda en 1950 l'Atelier d'art abstrait. Il conféra à l'art une fonction sociale et considérait la figuration comme réactionnaire, l'abstraction seule pouvant amener une compréhension entre les hommes. À l'aide de couleurs vives, il réalisa des tableaux de préférence sur supports rigides (*La Grande Ourse,* 1958), des «anti-sculptures» constituées de pièces en trois dimensions et peintes comme des tableaux (*Tombeau d'Anton Webern,* 1952), ou des œuvres monumentales (stade de glace de Grenoble, 1967 ; *La Longue Marche,* de 100 m, 1969), un environnement de 1 200 m² au musée de Grenoble (1970) et les deux murs intérieurs de la Grande Arche ayant chacun 100 m de haut et 70 m de large (1989). La rigueur et la richesse de ses compositions s'allient avec la théorie des catastrophes de René Thom, la théorie des graphes de Claude Berge et les fractales.

**DEWEY (Melvil)** ♦ Bibliographe américain (Adams Center, New York 1851 - Lake Placid 1931). Bibliothécaire de l'université Columbia (1883), il y fonda une école de formation des bibliothécaires, et une autre à Albany. Il a inventé le système décimal de classification des livres, dit «de Dewey». Proposé pour la première fois en 1876, ce système est toujours largement utilisé.

**DEWEY (John)** ♦ Pédagogue et philosophe américain (Burlington, Vermont 1859 - New York 1952). Connu pour avoir introduit en pédagogie les méthodes occupationnelles (ou actives), il a élaboré une philosophie proche du pragmatisme de W. James*, à laquelle il a donné le nom d'instrumentalisme ou de fonctionnalisme (*École et Société,* 1900 ; *Essais sur l'éducation,* 1910 ; *Essais de logique expérimentale,* 1916).

**DEWSBURY** ♦ V. d'Angleterre (West Yorkshire), sur la Calder, au S. de Leeds. 50 000 hab. Indus. mécaniques et textiles.

**DÉZAMY (Théodore)** ♦ Socialiste français (Luçon 1808 - *id.* 1850). Éditeur du journal *L'Égalitaire* (1840), il critiqua le socialisme chrétien de Lamennais ainsi que le communisme utopique de Cabet dont il avait d'abord été le collaborateur (*Code de la communauté,* 1842). Membre du groupe néobabouviste (→ **Lahautière, Laponneraye**), il peut être considéré comme un des premiers représentants du socialisme matérialiste en France.

**DEZFOUL** ♦ V. d'Iran (Khouzistan), proche du grand barrage du Dez sur le versant S. du Zagros. 235 819 hab. Centre de communications routières et ferroviaires. Pétrole, gaz naturel. Centre agricole. Base aérienne. Enjeu stratégique de première importance pour le contrôle du Khouzistan, la ville fut partiellement détruite pendant la guerre irano-irakienne.

**DEZONG** ou **TÖ-TSONG** ♦ Titre posthume de plusieurs empereurs chinois. L'un des plus célèbres est Dezong de la dynastie Qing*, de son nom de règne Guangxu*.

**DHAKA** → **Dacca**

**DHAMASKINOS** → **Damaskinos**

**DHANĀ** n. m. ♦ Désert de sable d'Arabie saoudite qui sépare le Nedjd du Hassa et s'étend sur 1 200 km entre le désert du Grand Néfoud et le Rub'al-Khali.

**DHANBAD** ♦ V. de l'Inde (Jharkhand). 1 064 357 hab. Centre minier et indus. important dans la région houillère de la haute Damodar.

**DHARAN** – en ar. *al-Ẓahrān* ♦ V. d'Arabie saoudite, dans le Hassa. 97 446 hab. Créée par l'Aramco, au centre de la zone pétrolifère de la côte occidentale du golfe Arabo-Persique, Dharan est reliée par route à Qatar et par voie ferrée à Riyad. Base américaine. Point de départ de la *Tapline* (oléoduc).

**DHAULAGIRI** n. m. ◆ ÉTYM. sanskr. «montagne *(giris)* blanche *(dhavalas)*» ♦ Un des plus hauts sommets de l'Himalaya, au centre du Népal (8 167 m). Il fut conquis en 1960 par une expédition suisse.

**DHEUNE** n. f. ◆ ÉTYM. p.-ê. même rac. que *Doubs** ♦ Riv. de Bourgogne (65 km), affl. de la Saône. Le canal du Centre emprunte sa vallée ainsi que celles de la Bourbince et de la Thalie (dépression Dheune-Bourbince).

Jean **Dewasne.** Une des quatre peintures murales commandées pour la Grande Arche de la Défense. *Phot.* © *Dewasne*

**DHOFAR** n. m. ♦ Région du S.-O. du sultanat d'Oman. 234 709 hab. De climat très chaud et humide subissant de juil. à sept. les effets de la mousson, elle comprend une plaine littorale, habitée par des agriculteurs, des pêcheurs et des commerçants, que borde une chaîne montagneuse de près de 2 000 m d'alt., domaine des pasteurs bouviers. Au-delà s'étend une zone désertique peuplée de tribus nomades. Salaalah, ancienne résidence du sultan, est la capitale de la région. La province du Dhofar fut annexée par le sultanat dans les années 1877 - 1879. À partir de 1963, le Front de libération populaire du golfe Arabe occupé, mouvement indépendantiste soutenu par le Yémen du Sud, mena des actions de guérilla qui lui permirent de contrôler la quasi-totalité du Dhofar. L'intervention des forces britanniques, alliée au soutien militaire jordanien et iranien, aboutit à l'écrasement de la rébellion en 1975. Le sultan Qabūs mit alors en œuvre un plan de développement de la région, avec notamment la construction d'une autoroute Salaalah-Mascate qui désenclava le Dhofar.

**DHORME (Édouard)** ♦ Orientaliste français (Armentières 1881 - Roquebrune-Cap-Martin 1966). Directeur de l'École biblique et archéologique française de Jérusalem, professeur au Collège de France (1945 - 1951), il est l'auteur de travaux sur les religions orientales (*Religions de Babylonie et d'Assyrie*, 1945) et d'une traduction de l'Ancien Testament (1956 - 1959).

**DHÔTEL (André)** ♦ Écrivain français (Attigny 1900 - Paris 1991). Ce n'est que longtemps après *Campements* (1930), son premier récit, que Dhôtel est entré véritablement dans la voie romanesque avec *Le Village pathétique* (1943), auquel succéda une trentaine de romans dont les plus célèbres sont : *Les Rues dans l'aurore* (1945), *Les Chemins du long voyage* (1949), *L'Homme de la scierie* (1950), *Le Pays où l'on n'arrive jamais* (prix Femina, 1955), *Pays natal* (1960), *L'Azur* (1969), *Le Soleil du désert* (1973), *Des trottoirs et des fleurs* (1981) et *Rhétorique fabuleuse* (1983). Héritière du *Grand Meaulnes*, l'œuvre de Dhôtel s'inscrit dans la tradition du mystère et du fantastique et s'articule autour d'un axe essentiel, la nécessité du rêve. ➝ ÉTYM. Ce nom a désigné le propriétaire d'un *hôtel* «maison bourgeoise».

**DHUIS** ou **DHUYS** [dyis] n. f. ♦ Riv. du S. du dép. de l'Aisne (15 km), affl. de la Marne. Réserve d'eau, acheminée vers Paris par l'*aqueduc de la Dhuis*, long de 131 km.

**DHULE** ou **DHULIA** ♦ V. de l'Inde (Maharashtra), dans la région des terres noires du Dekkan. 341 473 hab. Elle abrite un important marché du coton.

**DIABELLI (Anton)** ♦ Compositeur autrichien (Mattsee, près de Salzbourg 1781 - Vienne 1858). Élève de Michael Haydn, il fut un pianiste et un professeur très réputé. Il a composé dans tous les genres, notamment pour le piano, et ses sonates demeurent appréciées pour leur valeur pédagogique. Devenu éditeur, il diffusa les œuvres de ses contemporains (Haydn, Mozart, Cherubini et Schubert). C'est une de ses valses qui inspira à son ami Beethoven les *Trente-Trois Variations* op. 120.

Le **Diable amoureux** ♦ Roman allégorique de Jacques Cazotte* (1772). En un style rapide, Cazotte transcrit un rêve étrange et vaporeux ; attiré par la magie, le jeune Alvare saura déjouer les pièges tendus par Biondetta, séduisante incarnation du diable. Cette œuvre au charme bizarre préfigure le «roman noir» anglais (cf. *Le Moine* de M. G. Lewis*) et les œuvres fantastiques du XIXe s. français.

Le **Diable au corps** ♦ Roman de Raymond Radiguet*, qui fit scandale lors de sa parution (1923). On y suit les amours de François, un lycéen de seize ans, et de Marthe, l'épouse d'un soldat parti au front. Marthe enceinte, François est incapable de faire face à ses responsabilités. Affirmant que l'enfant est du mari, il refuse, par lâcheté, de se rendre au chevet de Marthe agonisante. Claude Autant-Lara a tiré de ce roman un film interprété par Gérard Philipe et Micheline Presle (1946).

Le **Diable boiteux** ♦ Roman satirique de Lesage* (1707), inspiré de l'œuvre homonyme de Vélez* de Guevara, et qui connut un grand succès. Grâce à une fiction symbolique, l'auteur mène une enquête morale d'une extrême variété : guidé par le démon Asmodée* dont la magie soulève les toits de Madrid, le jeune «écolier» Cléophas découvre les pensées des humains et leurs songes, révélateurs de leurs désirs secrets. Ainsi se justifie une série de tableaux, séparés par des contes, où apparaissent le réalisme satirique et le style coloré de Lesage.

**DIABLERETS (LES)** ♦ Massif des Alpes suisses, aux confins des cantons de Vaud, de Fribourg et du Valais. 3 210 m. ▪ Importante station d'été et de sports d'hiver au pied N. du massif (1 170 m).

Les **Diaboliques** ♦ Recueil de 6 nouvelles de J. Barbey* d'Aurevilly (1874), «histoires réelles de ce temps civilisé» où l'auteur souligne l'origine diabolique des perversions morales qu'incarnent les héroïnes ; car le titre s'applique aussi bien aux histoires racontées qu'à leurs protagonistes, habitées de passions violentes. Dans «Le Rideau cramoisi», Alberte allie la plus grande impassibilité à la frénésie passionnelle, et sa mort dans les bras de son amant plonge ce dernier dans l'épouvante. «Le Bonheur dans le crime» exalte la hardiesse sans remords de Hauteclaire, escrimeuse redoutable. Quant à «La Vengeance d'une femme», elle est terrible chez la duchesse de Sierra-Leone, qui se fait fille publique pour mieux souiller l'honneur de son époux. «Le Plus Bel Amour de Don Juan», «Le Dessous des cartes d'une partie de whist» et «À un dîner d'athées» complètent ce recueil. Cruelles et insolites, ces nouvelles, écrites en un style flamboyant, se veulent morales, «toute peinture [l']étant toujours assez [...] quand elle est tragique et qu'elle donne l'horreur des choses qu'elle retrace».

**DIACRE (Paul)** ➝ **Paul Diacre**

Le **Diadumène** – en gr. *Diadoumenos* ♦ Statue de Polyclète* (–Ve s.) représentant un athlète portant un bandeau au front. Cette œuvre, célèbre pour l'application du «canon de Polyclète» aux proportions du corps humain, a suscité de nombreuses copies.

Le **Diadumène.** *Le Diadumène de Délos*, marbre romain d'après un bronze de Polyclète. Musée archéologique national, Athènes. *Phot. © BIS/Phot. © Archives Larbor*

**DIAGHILEV (Serge DE)** ♦ Critique d'art et imprésario russe (Selistchev, prov. de Novgorod 1872 - Venise 1929). Il fonda, avec notamment Léon Bakst, la revue *Mir Iskousstva* («Le Monde de l'art»), il organisa en Russie la première exposition d'impressionnistes français (1899 - 1900), et révéla au public russe la musique française contemporaine (Debussy, Ravel, Dukas). Le succès de son exposition «Deux siècles d'art russe» (1906) le détermina à revenir à Paris. Devenu imprésario, il y présenta *Boris* Godounov*, avec la célèbre basse Chaliapine (1908), puis, ayant constitué une prestigieuse troupe de danseurs au Théâtre-Impérial de Saint-Pétersbourg (A. Pavlova*, T. Karsavina, I. Rubinstein*, V. Nijinski* et sa sœur Brotislava, A. Bolm*, M. Fokine*), il revint à Paris où le premier spectacle des Ballets russes, avec lesquels sa vie se confond désormais, obtint un véritable triomphe (1909). L'action de Diaghilev permit de révéler de très nombreux peintres, musiciens et danseurs. ➝ **Ballets russes.**

Les **Dialogues** ♦ Nom donné à l'ensemble de l'œuvre de Platon*, à l'exclusion de quelques *Lettres*, formée de recherches philosophiques présentées sous forme de discussions entre Socrate et différents interlocuteurs. Les 28 *Dialogues* platoniciens authentiques ont pu être classés chronologiquement au XIXe s. grâce à des études stylistiques (entreprises par Lewis Campbell, Dittenberger, Lutoslawski). Ils ont été généralement répartis en 3 groupes : dialogues de la jeunesse (➝ **Gorgias, Cratyle, Criton, Apologie de Socrate**), de la maturité (➝ **Ménon, Banquet, Phédon, République, Phèdre**) et de la vieillesse (➝ **Théétète, Sophiste, Parménide, Politique, Timée, Critias, Philèbe, Lois**).

**Dialogues des carmélites** ♦ Œuvre de Georges Bernanos* (posth. 1949). Inspirée d'une nouvelle de Gertrude von Le Fort (*La Dernière à l'échafaud*), ce drame trouve ses sources dans l'exécution des carmélites de Compiègne en juil. 1794. L'intrigue souligne la personnalité de la prieure, dont l'agonie donne lieu à des crises d'angoisse, et celle de Blanche de La Force qui, à la fin de l'œuvre, monte sur l'échafaud libérée de toute crainte. Écrite à l'origine (1948) pour servir de dialogues à un film que le R. P. Bruckberger ne tourna qu'en 1960, l'œuvre fut adaptée à la scène, d'abord en allemand (1951), puis en français l'année suivante. Elle fut également transposée en opéra par Francis Poulenc* (1957) qui conserva le titre original de Bernanos.

**Dialogues des morts** – en gr. ***Nekrikoi dialogoi*** ♦ Satire de Lucien* de Samosate composée de 30 dialogues. Des héros mythologiques, des grands souverains, des conquérants et des philosophes se retrouvent aux Enfers. Les cyniques Diogène et Ménippe y jouent le rôle principal en ridiculisant l'opulence, la vanité et la suffisance de ces personnages dans la vie.

**DIAMANT (LE)** [97223] ♦ V. de Martinique, arr. du Marin*. 3 958 hab. Tourisme balnéaire. **Histoire** Au large se trouve le rocher du Diamant, îlot volcanique disputé entre les Français et les Anglais pendant les guerres de la Révolution et de l'Empire.

**DIANA (Diana Frances Spencer,** lady**) dite Lady Di** ♦ Princesse de Galles (Park House, près de Sandringham, Norfolk 1961 - Paris 1997). Elle épousa en 1981 l'héritier de la couronne d'Angleterre, le prince Charles, dont elle eut deux fils. Son divorce en 1996 et son engagement auprès d'organisations humanitaires ont fait d'elle une princesse en rupture avec l'image traditionnelle de la monarchie anglaise. Sa mort dans un accident de voiture causa une vive émotion.

**DIANE** ➝ ÉTYM. en lat. ***Diana***, d'une forme anc. *Diviana* « la divine » ♦ Déesse italique et romaine identifiée dès le -VI^e^ s. à l'Artémis grecque. → **Artémis.** La Diane primitive, dont les légendes sont très pauvres, était une des plus anciennes divinités adorées par les Latins. Ses sanctuaires les plus importants étaient ceux de Capoue (*Diana Tifatina*) et d'Aricie, sur les bords du lac de Nemi (*Diana Nemorensis*).

**DIANE DE POITIERS,** duchesse **DE VALENTINOIS** ♦ (1499 - Anet 1566). Fille de Jean de Poitiers, seigneur de Saint-Vallier, elle épousa Louis de Brézé dont elle fut veuve à trente-deux ans. Elle devint bientôt la maîtresse du futur Henri II qui avait dix-neuf ans de moins qu'elle et partagea d'abord son influence avec la duchesse d'Étampes, maîtresse de François I^er^, jusqu'à la mort de celui-ci. Désormais toute-puissante, elle favorisa la répression du protestantisme. Elle encouragea les arts et Henri II fit construire pour elle le château d'Anet.

**DIANE DE VALOIS** ou **DIANE DE FRANCE** ♦ (1538 - Paris 1619). Fille naturelle d'Henri II et d'une Piémontaise, ou, selon Brantôme, de Diane de Poitiers, légitimée, elle épousa Orazio Farnèse (1553), puis François de Montmorency* (1557) qu'elle sauva de la Saint-Barthélemy. Intelligente et cultivée, elle exerça une importante influence et réconcilia Henri III avec le futur Henri IV.

**DIAS (Bartolomeu)** ou **Barthélemy Diaz** ♦ Navigateur portugais (en Algarve v. 1450 - au large du cap de Bonne-Espérance 1500). Élève du cosmographe et navigateur M. Behaïm, il fut envoyé en Afrique par Jean II du Portugal pour y poursuivre l'expédition de Diogo Cam*. Il fut le premier à contourner le continent africain et à découvrir le cap de Bonne*-Espérance (1487 - 1488).

**DIAS (Antonio Gonçalves)** ♦ Poète, philologue et historien brésilien (1823 - 1864). De sang mêlé, portugais, noir et indien, il est comme le symbole de la patrie nouvelle : le sentiment de la nature américaine domine sa poésie. Il est aussi le poète de l'amour (*Premiers Chants*, 1846). Son *Dictionnaire* de langue tupi a marqué une renaissance des études indiennes.

**Diaspora** n. f. ➝ ÉTYM. gr. « dispersion » ♦ Ensemble des communautés juives hors de Palestine. Commencée au -IX^e^ s., la « diaspora » s'accentua après la chute de Samarie (-721) et surtout après l'exil à Babylone (-587) et la chute de Jérusalem (70). Principaux centres dans l'Antiquité : Babylone, Alexandrie, Antioche, Carthage, Rome.

**DIAZ (Armando)** ♦ Maréchal italien (Naples 1861 - Rome 1928). Chef du bureau des opérations de Cadorna* en 1915, il lui succéda comme généralissime des forces italiennes après le désastre de Caporetto* (1917). Il dirigea l'offensive qui consomma la défaite autrichienne (bataille du Piave et prise de Vittorio Veneto, oct. 1918). → **Guerre mondiale (Première).** Il fut ministre de la Guerre sous Mussolini (1922 - 1924).

**DÍAZ (Miguel)** ♦ Voyageur espagnol (en Aragon 2^de^ moitié du XV^e^ s. - v. 1512). Il prit part à la deuxième expédition de Colomb*, découvrit les mines aurifères de San Cristóbal (sud de Saint-Domingue, 1495) et contribua à la fondation de Nueva Isabela (Santo Domingo).

**DÍAZ (Porfirio)** ♦ Homme politique mexicain (Oaxaca 1830 - Paris 1915). D'origine métisse, il entra très jeune dans l'armée et fut l'un des généraux de Juárez* dans la lutte contre Maximilien* et les Français. Par la suite, il se souleva contre Juárez (1871) et, vaincu, dut se retirer aux États-Unis. Mais en 1876, mettant fin à une longue période d'anarchie, il s'empara de la présidence de la République

Porfirio **Díaz.** *Révolution contre la dictature de Porfirio Díaz,* tableau de Siqueiros. Museo de historia natural de la ciudad de Mexico, Mexico. *Phot. © Arch. Smeets*

qu'il conserva jusqu'en 1911 (sauf de 1880 à 1884). Il établit un pouvoir personnel fort (« porfiriat ») et développa considérablement l'économie mexicaine, favorisant en particulier les investissements en capitaux étrangers. Renversé en 1911 par Madero, il se retira à Paris. ➝ ÉTYM. Ce nom espagnol signifie « fils de Diego ».

**DIAZ DE LA PEÑA (Narcisse Virgile)** ♦ Peintre et lithographe français d'origine espagnole (Bordeaux 1807 - Menton 1876). Il débuta au Salon de 1831. Admirateur de Delacroix, il peignit des sujets exotiques puis des paysages avec des figures mythologiques et allégoriques qui trahissent l'influence de Prud'hon* (*Nymphe endormie*). Il alla ensuite, en compagnie de T. Rousseau*, travailler sur le motif dans la forêt de Fontainebleau, près de Barbizon*, et exécuta des paysages d'un chromatisme violent où la touche est apparente (*Sous-Bois*).

**DÍAZ DEL CASTILLO (Bernal)** ♦ Conquistador et chroniqueur espagnol (Medina del Campo 1492 - Guatemala 1581). Il participa à la découverte du Yucatán avec Fernández de Córdoba, puis à la conquête du Mexique avec Cortés*, et a relaté l'*Histoire véridique de la conquête de la Nouvelle-Espagne* (trad. fr. par José Maria de Heredia, 1878 - 1887).

**DÍAZ DE SOLÍS (Juan)** ♦ Navigateur espagnol (Lebrija, prov. de Séville 2^de^ moitié du XV^e^ s. - 1516). Il explora avec V. Pinzón* les côtes septentrionales et orientales de l'Amérique du Sud (1508 - 1509) et fut tué par les Indiens.

**DÍAZ ORDAZ (Gustavo)** ♦ Homme d'État mexicain (Ciudad Serdán 1911 - Mexico 1979). Dirigeant du Parti révolutionnaire institutionnel (PRI), il fut président de la République de 1964 à 1970. Son mandat fut marqué par la tenue des jeux Olympiques à Mexico en 1968 et, surtout, par la répression de la révolte estudiantine sur la place des Trois-Cultures de Tlatelolco le 2 oct. 1968 (plusieurs centaines de morts).

**DIB (Mohammed)** ♦ Poète et romancier algérien d'expression française qui vécut en France à partir de 1959 (Tlemcen 1920 - La Celle-Saint-Cloud 2003). Ses premiers romans, qui ont pour cadre l'Algérie et célèbrent l'âme arabe, témoignent du drame de la colonisation : *La Grande Maison* (1952), salué par Malraux, *L'Incendie* (1954), *Le Métier à tisser* (1957), *La Danse du roi* (1968), *Dieu en Barbarie* (1971) et *Le Maître de Chasse* (1973). À la fin des années 1980, il connaît une période scandinave (*Le Sommeil d'Ève*, 1987), suivie d'une période américaine : *L'Arbre à dires* (1998), *L'Enfant-Jazz*, recueil (1998), *L. A. Trip* (2002), roman en vers. Passant d'une langue à l'autre (arabe, français, anglais), du roman à la poésie, de l'essai au théâtre, il a tenté de briser les frontières entre les langues et les genres. ➝ ÉTYM. L'arabe *dīb* est une contraction de *dhi'b* « loup ».

**DICK (Philip Kindred)** ♦ Romancier américain (Chicago 1928 - Santa Anna, Californie 1982). Il introduisit dans la science-fiction son expérience de la drogue et de l'instabilité mentale. Passages d'un monde à l'autre, changements de personnalité et fractures chronologiques sont des constantes de son œuvre (*Le Temps désarticulé*, 1957 ; *Le Maître du Haut-Château*, 1962 ; *Glissement de temps sur Mars*, 1963 ; *En attendant l'année dernière*, 1966). *Ubik* (1969), son livre le plus complexe, entame un processus de déconstruction du récit qui le mena vers l'écriture poétique éclatée de *Substance-Mort* (1977) ou de *Siva* (1980). Il est l'auteur de plus d'une centaine de nouvelles.

**DICKENS (Charles)** ♦ Romancier britannique (Landport, Portsmouth 1812 - Gadshill, Rochester 1870). La « lâcheté subtile et pittoresque en face des problèmes de la vie » (Mayoux), la prétention inefficace, caractéristiques du père de Dickens, firent sans doute souffrir le jeune Charles ; plus tard, elles inspirèrent au romancier des personnages comme Micawber, Dorrit. Il avait douze ans quand sa famille dut vivre en prison pour dettes pendant que lui-même travaillait à l'usine. Dickens fut traumatisé par ses humiliations enfantines au point de ne pouvoir remettre à ses éditeurs l'autobiographie qu'il leur avait promise. En 1827 il devint clerc de notaire, puis entra au *Morning Herald* et publia les *Esquisses de Boz* (1835) dont le succès provoqua la commande des *Aventures de M. Pickwick**. Dans ses romans, il dénonça les abus et les laideurs sociales de son temps, avec une émotion qui n'évite pas toujours la sensiblerie (*Oliver* Twist*, 1837 - 1838). Les marchands de soupe des écoles du Yorkshire sont magistralement campés dans *Nicolas Nickleby* (1839), le malheur de la petite Nell dans *Le Magasin d'antiquités* (1840). Déçu par l'Amérique qu'il découvrit esclavagiste au cours d'un voyage en 1840, il publia des *Notes américaines* (1842). Admirateur de Carlyle, il fut influencé par lui dans *Barnaby Rudge* (1841), roman historique. La tartuferie britannique et la rapacité américaine sont évoquées dans *Martin Chuzzlewit* (1843). De 1843 à 1845 parurent les *Contes* de Noël*, qui marquèrent profondément la sensibilité anglo-saxonne. Dickens se trouvait en Europe au moment des événements de 1848 ; il publia alors *Dombey et Fils* (1848) qui évoque le châtiment de l'orgueil. Le thème de l'enfance réapparaît dans *David* Copperfield* (1849 - 1850) et celui des fausses valeurs dans *La Maison déserte* (1852 - 1853). Le capitalisme exploiteur est encore dénoncé dans *Les Temps difficiles* (1854), mais le paternalisme de Dickens préfère la figure édifiante et ambiguë de Stephen Blackpool à celle des « agitateurs ». Après s'être séparé de sa femme (1858), Dickens, désillusionné, écrivit *Les Grandes* Espérances* (1861) et *Notre ami commun* (1864 - 1865), sa dernière œuvre achevée où, comme dans *La Petite Dorrit* (1857), l'auteur s'attaque aux fondements de la civilisation du profit. Créateur d'« un monde ambigu dont la réalité donne sans cesse sur le rêve » (Mayoux), Dickens reste l'un des romanciers anglais les plus populaires dans le monde entier. ➝ ÉTYM. *Dickens* est l'abréviation de *Dickenson* « fils de Dicken » (*Dicken* est une autre forme de *Dick*, lui-même altération de *Rick*, diminutif de *Richard*).

**DICKINSON (Emily)** ♦ Poète américaine (Amherst, Massachusetts 1830 - *id.* 1886). Recluse volontaire, ayant décidé de se consacrer à la poésie vers trente ans, elle écrivit de courts poèmes lyriques (dont 7 publiés de son vivant) ; ils se démarquent du romantisme et, adhérant à la voie introspective ouverte par Emerson, dénoncent violemment le puritanisme. Leurs sujets sont l'amour, le moi, la nature familière, la mort, l'éternité. Le style bref et descriptif annonce l'école imagiste d'Amy Lowell et d'Ezra Pound ; il a influencé Stephen Crane*. Poète du paradoxe, E. Dickinson oscille entre le quotidien et la fulguration mystique exprimée avec une concision qui apparente le poème à une gnose. La métrique, dérivée des hymnes protestants, est libre, irrégulière, imprévue. T. H. Johnson a publié, en 1955 et 1958 respectivement, le texte original intégral des poèmes et de la correspondance.

**Dictionnaire philosophique portatif** ♦ Ouvrage de Voltaire*. Au cours des différentes éditions (1764, 1769, 1770), l'auteur hésita sur le titre, proposant également *La Raison par l'alphabet* (1769) et *Dictionnaire philosophique* (1770), et augmenta considérablement le nombre d'articles. Il s'agit d'une œuvre de combat où Voltaire attaque le clergé et le dogme pour exposer un théisme qui lui permet de prolonger sa réflexion sur la tolérance ainsi que son apologie du système constitutionnel. Brûlé à Genève dès sa publication, l'ouvrage fut rapidement célèbre dans toute l'Europe.

**DIDELOT (Charles)** ♦ Danseur et chorégraphe français (Stockholm 1767 - Kiev 1837). Élève de Vestris*, il dansa à Bordeaux, à Paris et à Londres où il créa son chef-d'œuvre, *Flore et Zéphire* (1796). Au cours de longs séjours à Saint-Pétersbourg, il signa *Athis et Galathée* (1815), *Le Calife de Bagdad* (1818), *Alceste* (1821), œuvres par lesquelles il a institué les traditions de la grande école russe de danse.

**DIDEROT (Denis)** ♦ Écrivain et philosophe français (Langres 1713 - Paris 1784). Issu de la bourgeoisie aisée, il étudia la philosophie, la théologie, puis le droit à Paris, mena ensuite une existence de bohème (il fut, entre autres métiers, précepteur), et épousa secrètement une marchande de lingerie. Curieux de toutes les formes de la connaissance, il consacra son activité à la constitution de l'*Encyclopédie**, entreprise énorme qu'il dirigea de 1747 à 1766. Seul un voyage en Russie (1773), auprès de Catherine II, interrompit cette vie d'un labeur ardent, consacré dans tous les domaines à « éveiller l'esprit » (Goethe). Les œuvres multiples et diverses de Diderot témoignent de l'évolution de sa pensée philosophique. Ainsi, déiste dans les *Pensées philosophiques* (1746) et dans *Les Bijoux* indiscrets* (1748) qui, sous une affabulation licencieuse, expose ses idées sur la morale et l'art, il adopte un matérialisme athée dès l'importante *Lettre* sur les aveugles à l'usage de ceux qui voient* (1749), œuvre qui entraîna son emprisonnement à Vincennes, pour quelques mois. S'intéressant aux sciences expérimentales (*De l'interprétation de la nature*, 1753), Diderot s'opposa au matérialisme mécaniste (*Réfutation de l'homme d'Helvétius*, 1773) et nuança sa position philosophique dans différents ouvrages dont *Le Rêve* de d'Alembert* (1769) et le *Supplément au voyage de Bougainville* (publ. 1796) qui énonce les principes d'une morale de la nature. Persuadé que l'homme éprouve du plaisir à être bon (bonheur et vertu sont liés) et prônant, contrairement à Rousseau*, une morale sociale où le bonheur individuel et le bien général coïncident, il illustra ses thèses dans *Le Fils* naturel* (1757), *Le Père de famille* (1758) et *Est*-il bon ? Est-il méchant ?* (1781), « comédies sérieuses ou drames bourgeois » qui manifestent son ambition

Denis **Diderot.** Portrait par L. M. Van Loo (81 × 65 cm). Musée du Louvre, Paris.
*Phot. © Arch. Smeets*

d'être le théoricien d'un théâtre inséré dans la réalité de son temps et utilisant les ressorts du pathétique et de la sensibilité, en une prose « naturelle ». Cette émotion vertueuse, l'art aussi doit l'éveiller dans les cœurs ; passionné par les questions d'esthétique, Diderot, dans l'*Encyclopédie* et dans les *Salons* (1759 à 1781, comptes rendus critiques qui parurent dans la *Correspondance* littéraire* de Grimm*), défendit les artistes (J. Vernet*, Greuze*, Hubert Robert*, Chardin*) qui savent être « vrais » selon leur personnalité, mais inaugura aussi la critique enthousiaste en exaltant le « sublime et le génie » de Shakespeare ou d'Homère. L'œuvre narrative de Diderot est également remarquable. *La Religieuse* (v. 1760, publ. 1796), roman par lettres où apparaît l'influence de Richardson*, se veut un pamphlet contre la vie conventuelle. *Le Neveu* de Rameau* (1760 - 1777 ; publié grâce à Goethe, 1805) et *Jacques* le Fataliste et son maître* (v. 1773, publ. 1796) sont des dialogues philosophiques étincelants de vivacité, éclairant, le premier la question de la morale naturelle, le second, celle de la liberté humaine, et posant, par leur facture même, les problèmes de la création littéraire. Dans son ensemble, et malgré l'analyse lucide du *Paradoxe* sur le comédien* (1773 - 1778), l'œuvre de Diderot, comme sa *Correspondance* avec Sophie Volland*, exalte la nature conçue comme une force « divine » et bonne, même et surtout dans ses manifestations frénétiques. ➝ ÉTYM. *Diderot* est le diminutif de *Didier**.

**DIDIER** ou **DIZIER** (saint) ♦ (mort en 407 ?). Évêque de Langres, il tenta de résister aux Vandales, mais fut décapité après la prise de la ville. Il est représenté portant sa tête et a donné son nom à la ville de Saint-Dizier. ▪ Fête le 23 mai. ➝ ÉTYM. *Didier* vient du latin *Desiderius* « le désiré » ou « qui aspire à Dieu », de *desiderium* « désir ». ➝ aussi Diderot, Didot.

**DIDIER** (saint) ♦ (mort en 606 ou 607). Évêque de Vienne en 596, il protesta contre les mœurs de Thierry II et de Brunehaut*. Celle-ci le fit déposer une première fois, puis arrêter : ses sbires le lapidèrent et l'assommèrent au lieu dit depuis Saint-Didier-sur-Chalaronne (Ain). Il figure au martyrologe le 23 mai comme le précédent, sans qu'on s'explique l'origine de cette double mention.

**DIDIER** ♦ (mort à Corbie apr. 774). Dernier roi des Lombards (756 - 774). Il attaqua le pape Étienne II mais fut vaincu par Pépin le Bref. En 772, il attaqua de nouveau la papauté mais fut assiégé et pris dans Pavie par Charlemagne (774).

**DIDIER DE MONT-CASSIN** ➝ **Victor III**

**DIDIUS** – en lat. ***Salvius Julianus Severus Didius Marcus*** ♦ (Milan 133 - Rome 193). Empereur romain (193). Après la mort de Pertinax* (193), il acheta l'empire mis à l'encan par les prétoriens, mais refusa de payer le *donativum* promis et fut tué après 66 jours de règne.

**DIDON** ou **ELISSA** ➝ ÉTYM. en lat. *Dido*, d'un n. phénicien, p.-ê. apparenté à la rac. sémitique *dwd* « amour » ♦ Selon la légende grecque, princesse de Tyr (–IXe s.). Elle s'enfuit de Phénicie après que son frère Pygmalion eut assassiné son époux Sicharbas (Sichée), et vint fonder Carthage sur la côte africaine. Pour échapper à Iarbas, roi des Gétules, qui voulait l'épouser, elle s'immola sur un bûcher. Virgile, sans se soucier de la chronologie, l'a fait vivre au temps de la guerre de Troie (*Énéide**, I-IV-VI) : Énée débarquant à Carthage fut reçu par Didon qui s'éprit de lui ; mais le héros l'abandonna pour faire voile vers l'Italie et la reine désespérée se poignarda sur un bûcher. Après sa mort, Didon fut honorée comme une déesse en tant que fondatrice de la cité. Le syncrétisme païen l'a souvent confondue avec Aphrodite. Sa légende apparaît comme une version du mythe d'Ashtart* (Astarté).

**Didon et Énée** – en angl. ***Dido and Aeneas*** ♦ Opéra en 3 actes et un prologue de Purcell*, livret de Nahum Tate, d'après *L'Énéide** de Virgile, composé en 1689, représenté à Londres en 1700. Marqué par l'influence de l'opéra vénitien, cet ouvrage, d'une rare intensité dramatique et d'un lyrisme puissant, est tenu pour le premier opéra anglais et l'un des plus grands chefs-d'œuvre de son auteur.

**DIDOT** ♦ Famille de libraires et imprimeurs français. ♦ **François Didot** (Paris 1689 - *id.* 1757). Il édita l'*Histoire générale des voyages* de l'abbé Prévost. ♦ **François-Ambroise Didot** (Paris 1730 - *id.* 1804). Fils aîné du précédent. Il est le créateur du caractère *didot*, instaurateur de la mesure typographique en *points didot* ♦ **Pierre-François Didot** (Paris 1731 - *id.* 1793). Fils cadet de François. Il fonda la papeterie d'Essonnes. ♦ **Pierre Didot** (Paris 1761 - *id.* 1853). Fils aîné de François-Ambroise. Il réalisa les éditions dites «du Louvre». ♦ **Firmin Didot** (Paris 1764 - Le Mesnil-sur-l'Estrée, Eure 1836), fils cadet de François-Ambroise. Il renouvela la gravure et la fonderie des caractères ; il fut l'imprimeur de l'Institut (1811). ♦ **Ambroise Firmin-Didot** (Paris 1790 - *id.* 1876). Fils aîné de Firmin. Voyageur, savant helléniste, philhellène. [Acad. inscr. 1872] ➝ ÉTYM. *Didot* vient de *Didier**.

**DIDYME** ➝ ÉTYM. du gr. *didumos* «double, jumeau» ♦ Dans l'Évangile de Jean, surnom de saint Thomas*.

**DIE** [26150] ➝ ÉTYM. anc. *Dea Augusta Vocontiorum* «Déesse Auguste des Voconces», aurait désigné un sanctuaire ♦ Ch.-l. d'arr. de la Drôme, sur la Drôme, dans le Diois. 4 451 hab. *(Dois)*. Nombreux vestiges gallo-romains exposés dans le musée ; porte Saint-Marcel ; enceinte du IIIe s. La chapelle Saint-Nicolas de l'anc. palais épiscopal (auj. hôtel de ville) est pavée d'une remarquable mosaïque du XIIe s. Anc. cathédrale romane, restaurée au XVIIe s. ▪ Vins blancs mousseux (clairette de Die). ▮ **Histoire** Capitale des Voconces, la v. reçut une colonie romaine sous Auguste. Elle fut évêché du IIe au XVIIIe s.

**DIEFENBAKER (John George)** ♦ Homme politique canadien (Newstadt, Ontario 1895 - Ottawa 1979). Chef du Parti conservateur canadien (1956), il fut Premier ministre de 1957 à 1963. Il tenta une politique d'indépendance vis-à-vis des États-Unis au moyen d'échanges avec la Grande-Bretagne.

**DIEGO (Gerardo)** ♦ Poète espagnol (Santander 1896 - Madrid 1987). Après des études littéraires, il fut professeur de lycée. Son *Romancero de la fiancée* (1918) est très influencé par G. Bécquer. Avec *Images et Manuel d'écumes* (1922), il s'affirma comme le représentant espagnol du créationnisme. En 1925, il obtint avec Rafael Alberti le prix national de littérature. Son œuvre fait la synthèse entre la tradition et la rénovation poétique. Princ. recueils : *Les Poèmes* (1926 - 1941), *Via crucis* et *Vers divins*, d'inspiration classique et religieuse, *La Surprise* (1944), *Anthologie* (1973).

**DIEGO GARCIA** ♦ Atoll corallien de l'océan Indien. 44 km². L'île la plus importante de l'archipel des Chagos*.

**DIÉGO-SUAREZ** ➞ **Antseranana**

**DIEHL (Charles)** ♦ Érudit français (Strasbourg 1859 - Paris 1944). Il s'est surtout consacré à l'étude de la civilisation byzantine, en montrant, en particulier, des préoccupations d'historien de l'art : *L'Afrique byzantine*, 1896 ; *Justinien et la civilisation byzantine au VIe siècle*, 1901 ; *Ravenne*, 1903 ; *Manuel d'art byzantin*, 1910 ; *Histoire de l'Empire byzantin*, 1921. [Acad. inscr. 1910]

**DIEKIRCH** ♦ V. du Luxembourg, ch.-l. de cant. 6 068 hab. Centre commerçant et indus. (brasserie). Tourisme.

**DIELS (Otto Paul Hermann)** ♦ Chimiste allemand (Hambourg 1876 - Kiel 1954). Il fut l'auteur, avec son élève Alder, de la synthèse diénique (1928), procédé de condensation de certains composés organiques possédant des doubles liaisons et présentant un grand intérêt industriel (fabrication des caoutchoucs artificiels, par ex.). [Prix Nobel de chim. 1950, avec K. Alder]

**DIỆM** ➞ **Ngô Đình Diệm**

**DIEMEN (Anthony VAN)** ➞ **Van Diemen**

**ĐIỆN BIÊN PHỦ** ➝ ÉTYM. vietnamien «demeure *(điện)* frontalière *(biên phủ)*» ♦ Site du Viêtnam (Nord) dans une plaine encaissée, non loin de la frontière du Laos. ▮ **Histoire** Durant la guerre d'Indochine (➞ **Viêtnam**), l'armée française installa à Điện Biên Phủ un important camp retranché (nov. 1953). Du 13 mars au 7 mai 1954, une bataille décisive y opposa les forces françaises commandées par le colonel de Castries et celles du Front de libération du Viêtnam (Viêt*-minh) du général Võ* Nguyên Giáp. Encerclées et pilonnées par l'artillerie, les troupes françaises durent cesser le combat après 57 jours de résistance. Les accords de Genève qui s'ensuivirent consacrèrent la fin des hostilités et de l'hégémonie française en Indochine.

**DIENTZENHOFER** ♦ Famille d'architectes allemands des XVIIe et XVIIIe s., surtout actifs en Basse-Bavière et en Bohême. ♦ **Georg Dientzenhofer** (Aibling 1643 - Waldsassen 1689). Il édifia l'église Saint-Martin à Bamberg (1685 - 1693). ♦ **Christoph Dientzenhofer** (Rosenheim 1655 - Prague 1722), fils du précédent. Il s'installa en Bohême et travailla en partie avec son fils Kilian-Ignaz à Prague. ♦ **Johann Dientzenhofer** (1665 - Bamberg 1726), frère du précédent. Il réalisa la cathédrale de Fulda (1704 - 1712). ♦ **Kilian Ignaz Dientzenhofer** (Prague 1689 - *id.* 1751), fils de Christoph. Il travailla surtout à Prague, où il édifia les églises Saint-Nicolas-de-la-Vieille-Ville, Saint-Jean-sur-le-Rocher et Saint-Thomas.

**DIEPENBEEK** ♦ Comm. de Belgique (Région flamande), prov. de Limbourg, arr. de Hasselt, sur le Démer. 17 874 hab. Église (tour de 1500). Château des XVIIe et XVIIIe s. ▪ Construc. métalliques.

**DIEPPE** [76200] ➝ ÉTYM. anc. *Dieppa*, norrois «[eau] profonde» ♦ Ch.-l. d'arr. de la Seine-Maritime, sur la Manche, à l'embouchure de l'Arques. 34 653 hab. (aggl. 42 202). *(Dieppois)*. Église Saint-Jacques (XIIIe - XVIe s.), profondément remaniée (décor flamboyant). Le château (XVe s.) abrite le musée : documents de marine ; peintures du XIXe s. ; ivoires dieppois (du XVIIe au XIXe s.). ▪ Port de voyageurs (vers l'Angleterre), port de pêche et de commerce (3e port fruitier, bananes en particulier). Indus. agroalimentaire, automobile, métall. ; matières plastiques. Station balnéaire. ▮ **Histoire** La ville se développa et connut la prospérité commerciale au XIIe s. Au XVIe s., l'armateur J. Ango et ses capitaines (J. Cousin, J. Parmentier, G. da Verrazano) firent de Dieppe la principale base de la guerre de course contre les Portugais. Mais les guerres de Religion, la peste, le bombardement anglo-hollandais de 1694 et surtout la croissance du Havre firent perdre à Dieppe son rang de port international. Le 19 août 1942, un raid anglo-canadien y fut repoussé par les Allemands. Gravement endommagée pendant la Deuxième Guerre mondiale, la ville fut libérée le 7 sept. 1944 par la Ire armée canadienne.

**DIEPPEDALLE-CROISSET** ♦ Section de la comm. de Canteleu (Seine-Maritime), sur la Seine. Port fluvial, centrale thermique.

**DIERX** [djɛʀks] **(Léon)** ♦ Poète français (La Réunion 1838 - Paris 1912). Tôt fixé à Paris, il se rangea dans les rangs du Parnasse. Mais son œuvre manifeste une nette discordance entre ses principes (recherche d'un langage impassible) et sa sensibilité élégiaque ; influencé par le symbolisme, lié avec Baudelaire, Verlaine et Mallarmé, il sut dans ses poèmes (*Les Lèvres closes*, 1867), exprimer sous forme de modulations délicates et savantes sa mélancolie profonde. Très admiré de son vivant, il fut, à la mort de Mallarmé, sacré «prince des poètes» (1898).

**DIESEL (Rudolf)** ♦ Ingénieur allemand (Paris 1858 - en mer 1913). Il imagina, en 1893, un moteur avec suppression du carburateur et de l'allumage, capable d'utiliser les sous-produits lourds du pétrole. Ses idées, controversées, furent cependant admises par de grandes sociétés comme Krupp*, et le premier *moteur Diesel* fonctionna en 1897. ➝ ÉTYM. *Diesel* est formé sur l'aphérèse de l'allemand *Mathies* «Matthieu».

**Dies irae** ➝ ÉTYM. lat. «Jour de colère...» ♦ Début d'une prose liturgique latine évoquant le Jugement dernier, élaborée au Moyen Âge et mise en forme, selon la tradition, par le franciscain Thomas de Celano (déb. XIIIe s.). La source première en est la Bible (Sophonie*, I, 15-18).

**Dies irae** ou **Jour de colère** – en danois ***Vredens Dag*** ♦ Film danois de Carl Theodor Dreyer* (1943), d'après la pièce de Johanssen Wiers-Jensen *Anne Pedersdotter*. La femme d'un pasteur, amoureuse de son beau-fils, est accusée de sorcellerie dans le Danemark du XVIIe s. Elle sera condamnée au bûcher. C'est une œuvre austère, hiératique, aux images très composées. Le dépouillement de la forme culmine dans la séquence finale, réduite à une simple croix noire sur fond blanc.

**DIEST** ♦ V. de Belgique (Région flamande), prov. du Brabant flamand, arr. de Louvain, sur le Démer. 22 845 hab. La vieille ville *(Oude Stad)* possède des maisons anciennes à encorbellement (XVe s.). Refuges des abbayes de Tongerlo (XVIe s.) et d'Averbode (XVe s.). Église du béguinage, de style gothique brabançon (XIVe s.). Béguinage (XVIe, XVIIe et XVIIIe s.). Halle aux draps (XIVe s.). Hôtel de ville (XVIIIe s.). ▪ Construc. métalliques. Brasserie.

**Diète germanique** ➝ ÉTYM. en all. ***Reichstag***, de *Reich* «royaume» et *Tag* «jour [désigné]» d'après le lat. *dies indicta* ♦ Assemblée du Saint* Empire romain germanique, réunie sur l'invitation de l'empereur dans différentes villes. Après 1250, des députés des villes se joignirent aux princes, aux nobles et aux grands dignitaires ecclésiastiques. En 1489, la diète se divisa en trois collèges qui délibéraient à part : celui des électeurs, celui des princes et celui des villes. Ce n'est qu'en 1663 que la diète devint permanente et son siège fixé à Ratisbonne. La diète disparut avec la fin du Saint Empire romain germanique en 1806 et fut remplacée en 1815 par le Bundesrat, puis, avec la naissance du nouvel empire en 1871, par le Reichstag. Le Parlement allemand actuel comprend une chambre basse *(Bundestag)* et une chambre haute *(Bundesrat)*. Princ. diètes germaniques. ➞ **Augsbourg, Nuremberg, Ratisbonne, Worms.**

**DIETERLE (Wilhelm, dit William)** ♦ Cinéaste et acteur américain d'origine allemande (Ludwigshafen 1893 - Ottobrunn, Bavière 1972). Assez méconnue, son œuvre de réalisateur commença en Allemagne (*Chaînes*, 1928), se développa non sans heurts aux États-Unis (*Le Songe d'une nuit d'été*, 1935 ; *Blocus*, 1938 ; *Quasimodo*, 1939 ; *Portrait de Jennie*, 1949) et déclina en Europe après la guerre. Acteur à ses débuts, chez Max Reinhardt*, il consacra ses dernières années au théâtre dans son pays d'origine. ➝ ÉTYM. *Dieterle* vient de l'allemand *Dietrich* «Thierry*».

**DIETERLEN (Germaine)** ♦ Ethnologue française (Valleraugue 1903 - Paris 1999). Collaboratrice de M. Griaule* avec qui elle écrivit *Renard pâle, ethnologie des Dogons* (1969), elle étudia les systèmes religieux des Bambaras* et des Dogons*.

**DIETIKON** ♦ V. de Suisse (cant. de Zurich) sur la Limmat, dans la banl. O. de Zurich. 22 387 hab. Indus. textile.

**DIETRICH (Philippe Frédéric,** baron **DE)** ♦ Minéralogiste et homme politique français (Strasbourg 1748 - Paris 1793). Maire de Strasbourg (1790), c'est chez lui que Rouget* de Lisle chanta pour la première fois le chant patriotique qu'il avait composé pour les fédérés du Rhin et qui devint *La Marseillaise**. Partisan d'une monarchie constitutionnelle et d'un compromis avec l'aristocratie, il tenta de soulever Strasbourg après le 10 août 1792, puis émigra. Il fut condamné à mort et guillotiné à son retour.

**DIETRICH (Maria Magdalena,** dite **Marlène)** ♦ Actrice américaine d'origine allemande (Berlin 1901 - Paris 1992). Révélée au cinéma par un film de Josef von Sternberg*, *L'Ange* bleu* (1930), elle allait devenir, dès son arrivée aux États-Unis, l'incarnation de la «vamp», créature fatale et irréelle. C'est encore Sternberg qui la dirigea dans ses meilleurs films : *Shanghaï Express* (1932), *L'Impératrice rouge* (1934), *La Femme et le Pantin* (1935). Ses rôles ultérieurs eurent moins d'éclat, en dépit de quelques interprétations pittoresques (*Femme ou démon*, 1939 ; *La Maison des sept péchés*, 1940) ou mythiques (*L'Ange des maudits*, 1952 ; *La Soif du mal*, 1958). Elle fut également une chanteuse à la voix pénétrante (*Falling in love again*). ➛ **ÉTYM.** *Dietrich* est la forme allemande de *Thierry**.

Marlène **Dietrich.**
Une scène du film
*Jugement à Nuremberg*
de Stanley Kramer.
*Phot. © Coll. Rui Nogueira*

**DIETZGEN (Joseph)** ♦ Philosophe allemand (Blankenberg, près de Cologne 1828 - Chicago 1888). Ouvrier tanneur, social-démocrate, il émigra aux États-Unis après 1848, dirigea une tannerie à Saint-Pétersbourg (1864 - 1869), puis retourna à New York et Chicago où il vécut comme journaliste. Autodidacte, il élabora, indépendamment de Marx et Engels et même de Hegel, une théorie de la connaissance proche du matérialisme dialectique (*Essence du travail intellectuel*, 1865 ; *Excursions d'un socialiste dans le domaine de la théorie de la connaissance*, 1870).

**DIEUDONNÉ** → **Adéodat**

**DIEUDONNÉ (Jean)** ♦ Mathématicien français (Lille 1906 - Paris 1992). Membre fondateur du groupe Bourbaki*, il est l'auteur de travaux portant sur diverses branches des mathématiques : topologie générale, espaces vectoriels topologiques, théorie des groupes, géométrie algébrique. [Acad. sc. 1968] ➛ **ÉTYM.** Ce nom de famille signifie «donné à Dieu».

**DIEULAFOY (Georges)** ➛ **ÉTYM.** surnom d'un homme croyant ♦ Médecin français (Toulouse 1839 - Paris 1911). Il fit des recherches sur la néphrite chronique (ou mal de Bright) et la tuberculose, et mit au point un instrument pour la ponction des épanchements pleuraux.

**DIEULAFOY (Marcel)** ♦ Archéologue français (Toulouse 1844 - Paris 1920). Frère de Georges Dieulafoy. Il entreprit, à partir de 1881, plusieurs missions archéologiques en Perse, où il explora les palais de Darios et d'Artaxerxès, en Espagne et au Maroc. Il est l'auteur de nombreux ouvrages, notamment sur *L'Acropole de Suse* (1890 - 1894), *La Bataille de Muret* (1899) ou *La Bataille d'Issus* (1912). [Acad. inscr. 1893] ♦ **Jeanne Dieulafoy,** née **Magre** (Toulouse 1851 - Pompertuzat, Haute-Garonne 1916). Femme du précédent, elle dirigea la reconstitution au Louvre de la «frise des Archers» rapportée de Suse. Elle découvrit également les ruines de la mosquée du sultan Ya'qūb al-Manṣūr au Maroc et écrivit plusieurs romans (*Parysatis*, 1890).

**DIEULOUARD** [54380] ➛ **ÉTYM.** de la langue d'oïl *Dieu l'award* «que Dieu le préserve [le lieu fortifié]» ♦ Ch.-l. de cant. de la Meurthe-et-Moselle, arr. de Nancy, sur la Moselle. 4 767 hab. (*Scarponais* ou *Déicustodiens*).

**DIEUZAIDE (Jean)** ♦ Photographe français (Grenade-sur-Garonne 1921 - Toulouse 2003). D'abord reporter et illustrateur, il se tourna vers la photo industrielle puis publicitaire. Que ce soit en photographiant des avions, du brai ou l'architecture romane, il se distingua par son sens artistique, sa spiritualité et sa vision de la réalité. Il participa à la fondation des Rencontres internationales de la photographie d'Arles en 1970 et à celle de la galerie du Château d'Eau à Toulouse, première galerie photographique en province, en 1974.

**DIEUZE** [57260] ➛ **ÉTYM.** probablt du gaul. *Dous (Dus)*, n. de pers. ♦ Ch.-l. de cant. de la Moselle, arr. de Château-Salins, sur la Seille lorraine. 3 612 hab. (*Dieuzois*). Anc. gisement de sel gemme. Indus. chimique.

**DIEZ (Friedrich)** ♦ Linguiste allemand spécialiste des langues romanes (Giessen 1794 - Bonn 1876). Après des travaux sur la littérature de langue d'oc et les troubadours, il écrivit deux importants ouvrages où il appliquait les méthodes nouvelles de la linguistique historique à l'ensemble des langues romanes : la *Grammaire des langues romanes* (1836 - 1844) et le *Dictionnaire étymologique des langues romanes* (1853), qui fut l'une des principales sources de Littré*.

**DIFFERDANGE** ♦ V. du Luxembourg (cant. d'Esch-sur-Alzette), sur la Chiers. 18 172 hab. Sidérurgie.

**Digénis Acritas** ♦ Épopée byzantine du Xe s. (versions en langue grecque savante et populaire et en langues slaves). C'est un roman versifié, adaptation d'un cycle de chansons populaires qui célèbrent les exploits de Basile Digénis Acritas, héros légendaire de la lutte de Byzance contre les Arabes aux frontières de l'Euphrate. Intéressant pour la peinture des mœurs féodales byzantines, ce poème original est le plus important monument littéraire du Moyen Âge grec.

**DIGNĀGA** ♦ Philosophe indien bouddhiste (Ve s.). Auteur de nombreux ouvrages de logique en sanskrit et en telugu. Il enseigna à l'université bouddhique de Nālandā* (Inde).

**DIGNE-LES-BAINS** [04000] ➛ **ÉTYM.** p.-ê. du lat. (ou gaul.) *Dinius*, n. de pers. ♦ Ch.-l. du dép. des Alpes-de-Haute-Provence, sur la Bléone au pied des Préalpes de Digne. 16 064 hab. (*Dignois*). Évêché. Anc. cathédrale romane Notre-Dame-du-Bourg (XIIIe - XIVe s.). Musée (archéologie et histoire locales ; peintures). Fondation A. David-Neel (centre culturel tibétain). ▪ Ville admin. et commerçante (fruits, lavande). Tourisme. ▪ Aux environs, station thermale. Centre de géologie installé dans le domaine Saint-Benoît.

**DIGOIN** [71160] ➛ **ÉTYM.** anc. *Degontium*, du gaul. *Divicos* et suff. *-ont* ♦ Ch.-l. de cant. de la Saône-et-Loire, arr. de Charolles, sur la Loire, au débouché du canal du Centre. 8 947 hab. (aggl. 11 029) (*Digoinais*). Centre de documentation sur la céramique. Indus. de la céramique.

**DIHUA** ou **TI-HUA** → **Urumqi**

**DIJON** [21000] ➛ **ÉTYM.** anc. *Divio*, du lat. *Divius*, n. de pers., ou du celt. *diva* «[eau] divine, sacrée» ♦ Ch.-l. de la région Bourgogne et du dép. de la Côte-d'Or, située au contact de la plaine alluviale de la Saône et de la bordure viticole de la Côte* d'Or, à la percée de la vallée de l'Ouche, qu'emprunte le canal de Bourgogne. 149 867 hab. (aggl. 236 838) (*Dijonnais*). Ancienne capitale des ducs de Bourgogne, elle conserve de prestigieux témoignages de son passé. Dans la vieille ville, subsistent de nombreuses maisons Renaissance, des hôtels de style Louis XVI, des hôtels des XVIIe et XVIIIe s. comme l'hôtel de Vogüé. La cathédrale Saint-Bénigne, reconstruite au XIVe s., s'élève sur une crypte du XIe s. L'église Saint-Philibert a des nefs romanes et un portail des XVIe - XVIIIe s. L'église Saint-Michel (XVIe s.) possède une harmonieuse façade Renaissance, l'église Notre-Dame, de style gothique (XIIIe s.), une façade à deux étages d'arcatures. L'ancien palais des ducs de Bourgogne fut rebâti v. 1682 sur les plans d'Hardouin*-Mansart ; de l'édifice original, il ne reste que deux tours, les salles des gardes et les cuisines. Riche musée des Beaux-Arts où se trouvent notamment les tombeaux de Philippe le Hardi (par Claus Sluter), Jean sans Peur et Marguerite de Bavière ; des collections de peintures et sculptures (œuvres de Rude, primitifs flamands, telle la *Nativité* du Maître de Flémalle*, 1430) et les remarquables retables en bois doré provenant de la chartreuse de Champmol. À proximité de la ville, la chartreuse de Champmol. → **Champmol (chartreuse de), Sluter.** ▪ Cap. régionale décentrée à l'E., la ville subit la concurrence parisienne au N.-O. de la Bourgogne mais multiplie les échanges avec la Franche-Comté et en particulier Besançon. Elle est fortement spécialisée dans l'agroalimentaire avec les vins de Bourgogne, les petits fruits rouges (cassis), le chocolat, le pain d'épice, les moutardes et vinaigres (même si le site historique d'Amora-Maille a fermé fin 2009). L'École nationale supérieure de biologie appliquée à la nutrition et à l'alimentation (ENSBANA) et deux écoles d'ingénieurs spécialisées dans les sciences agronomiques forment les personnels nécessaires à ce secteur. L'université assure une grande diversité de formations. La ville tire beaucoup moins parti que par le passé des infrastructures de communication qu'elle concentre (liaison TGV avec Paris ; autoroutes A38-A6 vers Paris, A31-A6 vers Lyon d'une part, vers Nancy-Metz-Luxembourg d'autre part), son carrefour ayant perdu son exclusivité sur l'itinéraire Paris-Lyon au profit de tracés plus méridionaux (autoroute à Beaune et TGV Sud-Est à Mâcon). ▮ **Histoire** Dijon, ville de fondation romaine (*Divio*), ne prit de l'importance qu'au XIe s., quand elle fut réunie au duché de Bourgogne. Résidence ducale, elle connut un grand essor pendant les règnes de Philippe le Hardi, Jean sans Peur, Philippe le Bon et Charles le Téméraire. À la mort de celui-ci en 1477, Louis XI fit saisir le duché, le réunissant à la Couronne, mais fixa à Dijon le siège du parlement de Bourgogne. En 1513, la ville dut soutenir un siège contre les Suisses ; elle fut sauvée grâce à une forte rançon. Le XVIII^e s. fut une période florissante (fondation de l'univ. en 1722, création d'un évêché en 1731) ; les états de Bourgogne tenaient leurs assises à Dijon. En 1944, la ville subit de nombreux dommages.

**DIJONNAIS** n. m. ♦ Région au S. du plateau de Langres, en Bourgogne. Plateforme jurassique (Bajocien) disloquée, où s'isolent des buttes calcaires boisées. Ces saillies, qui font figure de petites montagnes, sont appelées mottes (Motte-Giron) ou monts (Mont-Afrique). Alors que plateaux et buttes sont couronnés de forêts (souvent formées de résineux), les vallées se couvrent de grasses prairies (vallées de l'Ouche*) et les pentes marneuses de cultures de houblon et de cassis. La vigne se localise dans les sites favorables par leur microclimat.

**DIKSMUIDE** → Dixmude

**DIKTONIUS (Elmer Rafael)** ♦ Poète et prosateur finlandais d'expressions suédoise et finnoise (Helsinki 1896 - *id.* 1961). Avec Södergran*, Björling* et Enckell*, il fut l'un des pionniers du modernisme après 1920. Il décrivit dans des poèmes d'inspiration expressionniste, inclus dans *Ma poésie* (1920), *Flammes épineuses* (1924) et *Fort mais sombre* (1930), des cataclysmes et des animaux féroces destructeurs de l'ordre ancien. Il se pencha sur les opprimés dans ses nouvelles (*Citoyens de la République finlandaise*, I, 1935 ; II, 1940). Il marqua un retour à la terre dans *Tendresse terrestre* (1938) et *Sauna d'automne* (1943).

**DILBEEK** ♦ Comm. de Belgique (Région flamande), prov. du Brabant flamand, arr. de Halle-Vilvoorde, dans la banl. O. de Bruxelles. 39 585 hab. Château bâti en 1862 à l'emplacement d'un manoir du XV^e s., dont il reste une tour. Église des XIII^e, XIV^e et XV^e s. ▪ Cultures maraîchères. Zone industrielle.

**DILLINGER (John, dit Joe)** ♦ Gangster américain (près d'Indianapolis 1903 - Chicago 1934). Surnommé «l'ennemi public n° 1», il commit en 1933 de multiples attaques de banques, avant d'être tué par des agents du FBI en 1934, à la sortie d'un cinéma.

**DILLON (Théobald, chevalier DE)** ♦ Général français d'origine irlandaise (Dublin 1745 - Lille 1792). Rallié à la Révolution, il fut nommé maréchal de camp en 1791. Ayant ordonné la retraite devant les Autrichiens (29 avr. 1792) à ses soldats, il fut tué par ceux-ci qui le soupçonnaient de trahison. ♦ **Arthur, comte de Dillon.** Général français d'origine irlandaise (Braywick, Berkshire 1750 - Paris 1794). Frère du précédent. Gouverneur de Tobago (1786), député de la Martinique aux États généraux (1789), il se rallia, comme son frère, à la Révolution et fut nommé lieutenant général en 1792. Après avoir commandé les armées du Nord et du Centre, il fut accusé de trahison et guillotiné.

**DILLON (John)** ♦ Homme politique irlandais (Dublin 1851 - Londres 1927). Fervent nationaliste, élu député en 1880, il fut emprisonné plusieurs fois pour ses activités politiques en faveur de l'indépendance irlandaise ; plus extrémiste que les parnellistes (→ **Parnell**), il se sépara d'eux et devint le chef de la Fédération nationale irlandaise en 1896. Plus modéré par la suite, il se satisfit du Home* Rule et se rapprocha des libéraux anglais. Mais il était alors dépassé par l'activité du mouvement Sinn* Féin, qui remporta une victoire électorale en 1918.

**DILTHEY (Wilhelm)** ♦ Philosophe allemand (Biebrich, Rhénanie 1833 - Seis, Tyrol 1911). Il s'est proposé de détacher les sciences humaines de la métaphysique et de les fonder sur l'histoire, sans pour autant accepter le positivisme scientiste. À la méthode explicative des sciences de la nature, basée sur le déterminisme, il a opposé la méthode compréhensive des sciences de l'homme, capable de saisir la signification de l'expérience vécue dans sa particularité. Cherchant à intégrer au devenir historique les différentes conceptions philosophiques du monde, il créa «l'historisme», qui exerça une grande influence sur Troeltsch, E. Cassirer, O. Spengler. Œuv. princ. : *Introduction à l'étude des sciences humaines* (1883), *Théorie des conceptions du monde* (1910 - 1927), *Le Monde de l'esprit* (1926).

Un **dimanche à la Grande Jatte – 1884** ♦ Peinture de Seurat* (huile sur toile, 1884 - 1886). Néo-impressionniste par le choix du décor, ce tableau (qui nécessita 38 peintures et 23 dessins préparatoires) est aussi classicisant et énigmatique par le maintien hiératique des personnages. La composition géométrique reposant sur le nombre d'or, centrée sur la femme tenant un enfant, influencera les cubistes. Exposé au deuxième Salon des indépendants de Paris en 1886, sous un titre mentionnant la date de 1884, cette œuvre sera dénigrée par le public, mais suscitera l'admiration en Belgique de Van Rysselberghe et Henry Van* de Velde, à l'exposition du groupe des XX en 1887.

**Dimanche rouge** ♦ Journée du dimanche 22 janv. 1905, selon le calendrier julien, au cours de laquelle, à Saint-Pétersbourg, le tsar Nicolas II fit tirer sur une foule venue lui porter une pétition demandant à la fois la fin de la guerre de Mandchourie et des mesures politiques et sociales. Les Cosaques tuèrent un millier de personnes. Ce massacre fut à l'origine de la révolution* russe de 1905.

**DÎMBOVIȚA** → Dâmbovița

**DIMITRI** ou **DMITRI** ♦ Nom de plusieurs grands princes de Russie. ♦ **DIMITRI IV Ivanovitch Donskoï** (Moscou 1350 - *id.* 1389). Fils d'Ivan* II, prince de Moscou (1362 - 1389), il régna avec l'appui du métropolite Alexis*, contribua à l'embellissement de Moscou et tenta de secouer le joug des Mongols, qu'il battit à Koulikovo (1380). Son fils Vassili* I^er lui succéda. ♦ **DIMITRI V Ivanovitch** (Moscou 1583 -

Un **dimanche à la Grande Jatte – 1884** (2,10 × 3,10 m). Tableau de Seurat. Art Institute, Chicago. *Phot. © Carlo Bevilacqua/Ricciarini*

Ouglitch 1591). Fils puîné d'Ivan* IV le Terrible, il devait succéder à son frère Fedor* Ier, mais fut évincé par Boris* Godounov, qui l'aurait fait assassiner. Sa mort énigmatique permit à plusieurs imposteurs de se faire passer pour lui. ▪ DIMITRI, dit *le Faux Dimitri* (1580 - 1606), était probablement le moine défroqué Grichka Otrepiev. Soutenu par la Pologne et le Saint-Siège, il envahit la Russie, où il entraîna de nombreux partisans et s'empara du trône (1605) après l'assassinat de Fedor* II, fils de Boris Godounov. Il fut massacré au cours d'un coup d'État (1606) conduit par Vassili* Chouïski, qui lui succéda et eut bientôt à lutter contre le SECOND FAUX DIMITRI (? - 1610). Celui-ci, dit *l'Imposteur* (Vor) ou *le Brigand de Touchino*, fut également soutenu par les Polonais. Il tenta de s'imposer sur le trône, après avoir envahi la Russie (1607). Il atteignit les environs de Moscou (Touchino, 1608), mais, abandonné par la Pologne, dut s'enfuir à Kalouga où il fut tué en 1610. ➝ ÉTYM. *Dimitri* vient du grec *Dêmetrios* «de Déméter».

**DIMITROV (Gueorgui)** ♦ Homme politique bulgare (Kovatchevski 1882 - Moscou 1949). Membre du Parti ouvrier social-démocrate (1902), il organisa plusieurs grèves, s'opposa dès 1914 à l'entrée en guerre de la Bulgarie aux côtés des Allemands et fut emprisonné de 1915 à 1917. L'un des principaux dirigeants du communisme international, il poursuivit ensuite son activité dans son pays (soulèvement de sept. 1923 contre le régime autoritaire de A. Cankov), en Allemagne (arrêté, en 1933, après l'incendie du Reichstag, il fut acquitté après une brillante plaidoirie), enfin en Union soviétique (il fut secrétaire général du comité exécutif du Komintern de 1935 à 1943). En 1945, il rentra en Bulgarie avec l'armée soviétique, forma le gouvernement du Front de la patrie qui installa le régime de démocratie populaire et fut président du Conseil de 1946 à sa mort. ➝ ÉTYM. Ce nom de famille bulgare vient de *Dimităr* «Dimitri».

**DIMITROVA (Blaga)** ♦ Poète et femme politique bulgare (près de Pleven 1922 - Sofia 2003). Elle chanta dans ses vers les réalisations du régime socialiste : *À demain* (1959), *Vers les jours à venir* (1964). Co-fondatrice avec Ž. Želev* du principal mouvement d'opposition à T. Živkov, elle fut vice-présidente de Bulgarie de 1991 à 1993.

**DIMITROVGRAD** – anc. ***Rakovski*** ♦ V. de Bulgarie méridionale, sur la Marica, région de Haskovo. 64 857 hab. Ville nouvelle édifiée au centre d'un important bassin de lignite : indus. chimique, fabrique de ciment.

**DIMITROVO** ♦ Nom donné de 1948 à 1962 à la ville bulgare de Pernik*, en l'honneur de Dimitrov*.

**DIMOV (Dimitar)** ♦ Romancier et auteur dramatique bulgare (Loveč, près de Pleven 1909 - Bucarest 1966). Il a peint avec talent les transformations politiques et sociales de son pays.

**DINAN** [22100] ➝ ÉTYM. du vx bret. *din* «forteresse» avec suff. dimin. *-an* ♦ Ch.-l. d'arr. des Côtes-d'Armor, dominant la Rance. 10 907 hab. (aggl. 22 366) *(Dinannais)*. Remparts (XIIIe et XIVe s.). Château des XIIIe - XVe s., dont le donjon (XIVe s.) abrite un musée (histoire locale). Église Saint-Malo (XVe s., nef du XIXe s.) de style gothique flamboyant. Basilique Saint-Sauveur (porche roman), abritant le cœur de B. Du Guesclin. Maisons anc. ▪ Port de plaisance.

**DINANT** ➝ ÉTYM. p.-ê. du gaul. *divo-* «divin» et *nant-* «vallée» ♦ V. de Belgique (Région wallonne), prov. de Namur, ch.-l. d'arr., au pied d'un escarpement calcaire dominant la plaine alluviale de la Meuse. 13 143 hab. Collégiale Notre-Dame (XIIe - XIVe s. ; clocher bulbeux de 1566). Hôtel de ville du XVIIe s. Mont Fat (caverne préhistorique). Citadelle fondée au XIe s., reconstruite au XVIe s. (1530) et au XVIIe s. Châteaux de Walzin et de Bouvignes. Abbaye de Leffe et musée de la bière. Réserve naturelle de Furfooz. ▪ Anc. indus. du cuivre et du laiton coulé *(dinanderie)*. Carrières. Pâtisserie (spécialité de couques). ▮ **Histoire** Célèbre pour sa dinanderie, la ville connut un apogée au Moyen Âge (XIIe et XIIIe s.). Dinant, qui appartenait à la principauté de Liège, fut souvent en guerre avec Bouvignes, sa rivale (1317, 1322). Lors des luttes entre Louis XI et Philippe le Bon, les bourgeois de Dinant (1466) pendirent en effigie Charles le Téméraire ; une terrible répression s'ensuivit et 800 Dinantais furent jetés, deux par deux (liés dos à dos), dans le fleuve. Durant la guerre entre Henri II et Charles Quint, Dinant fut pillée par les Français. ▪ En 1914, la ville fut presque entièrement détruite. C'est à Dinant que les divisions blindées allemandes franchirent la Meuse en 1940. La Gestapo s'y étant établie, de nombreuses atrocités furent commises sur la population civile.

**DINARA** n. f. ♦ Massif montagneux situé à la frontière de la Croatie et de la Bosnie-Herzégovine, qui a donné son nom aux Alpes* dinariques. Il culmine au mont Troglav (1 913 m).

**DINARD** [35800] ➝ ÉTYM. en bret. *Dinarzh*, de *din* «forteresse» et *ard* «élevé» ♦ Ch.-l. de cant. d'Ille-et-Vilaine, arr. de Saint-Malo, sur l'estuaire de la Rance. 10 430 hab. (aggl. 25 006) *(Dinardais)*. Musée du pays de Dinard. Musée de la Mer. ▪ Élégante station balnéaire.

**DINARQUE** ➝ ÉTYM. en gr. ***Deinarkhos*** ; de *deinos* «qui inspire la crainte» et *arkhô* «commander» ♦ Orateur grec (Corinthe –365/–360 - Athènes après –292), élève de Théophraste*. Métèque à Athènes, il devint un logographe apprécié et soutint le parti macédonien alors au pouvoir. Ses trois discours conservés se rapportent au procès d'Harpale*, dont l'accusation *Contre Démosthène*. Son éloquence, caractérisée par la perfection technique et l'atticisme, manque pourtant d'originalité et de souffle.

**DINDIGUL** ♦ V. de l'Inde (Tamil Nadu), au N. de Madurai. 196 619 hab. Traitement des productions agricoles de la région (tabac, coton, cuir).

**DINE (Jim)** ♦ Peintre et sculpteur américain (Cincinnati 1935). Proche des happenings* qu'il contribua à créer, il est rattaché au pop* art américain. Peintre de l'assemblage, il fixe, non sans humour, un ou plusieurs objets «ready made» sur la toile (un vêtement, un lavabo ou des outils) et il crée pour eux un environnement en appliquant librement la peinture à la brosse. Ses thèmes favoris sont l'autoportrait, le corps et la mémoire. On lui doit notamment *Nancy and I at Ithaca* (un énorme cœur de paille), *Double Red Self- Portrait* (thème récurrent de la robe de chambre).

**DINGELSTEDT (Franz VON)** ♦ Poète et romancier allemand (Halsdorf, Hesse 1814 - Vienne 1881). Peu après avoir publié ses poèmes politiques *Chants d'un veilleur de nuit cosmopolite* (*Lieder eines kosmopolitischen Nachtwächters*, 1841 - 1842), qui le rattachent au mouvement libéral de la «Jeune Allemagne», il délaissa la poésie militante pour une carrière brillante et conformiste, et finit intendant du théâtre de la Hofburg à Vienne et baron, s'attirant les critiques ironiques de Heine pour cette trahison.

**DINGLE** ♦ V. de la rép. d'Irlande (comté de Kerry). 1 775 hab. Port de pêche. La presqu'île de Dingle, prolongée par les îles abandonnées des Blaskets, aux montagnes plongeant dans l'océan par des falaises abruptes, devient une des régions touristiques de l'Ouest irlandais. ▪ Oratoire de Gallarus (VIIe s.).

**DING Ling** ou **TING Ling** (**JIANG Bingzhi** ou **KIANG Ping-tche,** dite) ♦ Romancière chinoise (Changde, Hunan 1907 - Pékin 1986). Elle fut impliquée dans les mouvements anti-Guomindang* et procommuniste. Son esprit frondeur lui valut des désagréments. Elle écrivit des pièces de théâtre et des romans sombres sur la misère sociale.

**DINGZHOU** ou **TING-TCHEOU** ♦ V. de Chine (Hebei). 273 301 hab. Indus. mécanique, chimique (engrais, acide citrique). Coton, arachide.

**ĐINH** n. m. pl. ♦ Dynastie fondée au Viêtnam par Đinh* Bộ Lĩnh.

**ĐINH BỘ Lĩnh** de son vrai nom **ĐINH Hòan** ♦ (925 - 979). Chef local du Nord du Viêtnam, de fortune modeste, qui, en 968, réussit à réduire les «douze chefs féodaux» et à se faire empereur, unifiant ainsi son pays qu'il appela *Đại Cồ Việt*. Obligé de reconnaître la suzeraineté de la Chine des Song, en 972, il garda néanmoins son indépendance. En 979, il fut assassiné avec son fils par Đỗ Thích. La dynastie des Đinh, qu'il avait fondée, s'éteignit un an après sa mort.

**DĪN-I ILĀHĪ** n. m. ♦ «Religion divine», instaurée en 1582 en Inde du Nord par Akbar* et réunissant syncrétiquement le bouddhisme, l'islam, l'hindouisme et le christianisme. Elle n'eut que peu de fidèles en dehors de la cour d'Akbar et s'éteignit avec ce grand souverain.

**DINSLAKEN** ♦ V. d'Allemagne (Rhénanie-du-Nord-Westphalie), dans l'O. du bassin de la Ruhr*. Env. 73 000 hab. Houille, cokeries, laminages.

**DIOCLÉTIEN** ➝ ÉTYM. en lat. ***Caius Aurelius Valerianus Diocletianus*** ; du gr. *Dioklês* «gloire de Zeus», de *Dios* «de Zeus» et *kleos* «gloire» ♦ (Près de Salone, auj. Split, Dalmatie 245 - Salone v. 313). Empereur romain (284 - 305). De naissance modeste, il se distingua sous Probus* et Aurélien*, et fut proclamé empereur par ses soldats à la mort de Numérien*. Après s'être débarrassé du frère de ce dernier, Carin*, il partagea la pourpre avec Maximien* qu'il promut à la dignité de César, puis d'Auguste (285). En 293, cette dyarchie devint une tétrarchie ; chacun des deux Augustes s'adjoignit un César : Maximien, Constance* Chlore, et Dioclétien, Galère*. Le Sénat perdit toute son autorité. Rome ne fut plus la capitale de l'Empire ; Dioclétien, maître de l'Orient, résida à Nicomédie, Maximien, maître de l'Occident, à Trèves. Malgré ce partage, l'unité monarchique subsistait ; premier Auguste de l'Empire, Dioclétien restait le souverain suprême avec l'épithète de *Jovius*, supérieure à celle d'*Herculius* que portait Maximien, les Césars étant subordonnés aux Augustes. Comme Aurélien, les deux souverains étaient les mandataires des dieux, et, dieux eux-mêmes, adorés par leurs sujets. Cette répartition de l'autorité entre deux hommes énergiques permit de remporter des succès sur toutes les frontières. À l'intérieur, Dioclétien entreprit des réformes administratives, fiscales et économiques, publia un édit contre la hausse des prix (301), étendit l'impôt à tous les habitants, Italiens compris, et regroupa les provinces en 12 diocèses. En 303, il déclencha contre les chrétiens, peut-être sur les instances de Galère*, la persécution la plus dure que l'Église eut à supporter et qui devait durer dix ans. ➞ **Agnès (sainte), Marcellin (saint), Marcel (saint), Eusèbe (saint).** L'attitude à l'égard des *traditores* («traîtres» : chrétiens ayant livré les saintes Écritures) posa, la paix revenue, des problèmes aux évêques et provoqua le schisme donatiste en Afrique (➞ **Donat**). En 305, Dioclétien et Maximien abdiquèrent, laissant la place à Galère et à Constance Chlore qui choisirent respectivement pour Césars Maximin* Daia et Sévère*.

**Dioclétien.** Musée archéologique, Istanbul.
*Phot. © Carlo Bevilacqua/Ricciarini*

**DIODORE CRONOS** – en gr. ***Diodôros Kronos*** ♦ Philosophe grec de l'école mégarique (Iasos, Carie ? - v. –296). Il en fut un des plus grands dialecticiens et défendit une conception radicalement «discontinuiste» du mouvement et du temps, tentant de prouver l'impossibilité du mouvement. Diodore a grandement contribué à l'histoire de la logique, d'une part, en définissant l'implication et, de l'autre, par son «argument dominateur» ou «maître-argument». La reconstruction logique exacte de cet argument n'est rien moins qu'aisée et a fait couler beaucoup d'encre : il est probable qu'il visait à nier le possible au profit du nécessaire.

**DIODORE DE SICILE** – en gr. ***Diodôros Sikeliôtes*** ♦ Historien grec (Agyrion, Sicile v. –90 - v. –20). Il séjourna à Rome, voyagea en Égypte et dans d'autres pays. Sa *Bibliothèque historique*, en 40 livres, est une histoire universelle depuis les origines jusqu'à la conquête de la Gaule par César. Il nous en reste les livres 1 à 5, consacrés à l'histoire de la période antérieure à la guerre de Troie (Égypte, Chaldée, etc.), les livres 11 à 20, sur l'histoire de l'an –480 à l'an –302, et des fragments. Compilation sans originalité, cette œuvre nous a pourtant laissé des renseignements précieux sur la Rome antique.

**DIODORE DE TYR** – en gr. ***Diodôros*** ♦ Philosophe grec (–IIe s.). Chef de l'école péripatéticienne. S'intéressant surtout à la philosophie morale, il aurait tenté de concilier l'éthique des stoïciens et celle des épicuriens.

**DIOGÈNE le Cynique** ➝ ÉTYM. en gr. ***Diogenês*** «né *(genos)* de Zeus *(Dios)*» ♦ Philosophe grec de l'école cynique (Sinope v. –412/–403 - v. –324/–321). Le cynisme de Diogène, figure la plus marquante du cynisme ancien, est à la fois un mode de vie et un ensemble de principes théoriques qui ne nous sont connus que par de rares passages. L'ascèse cynique que prône Diogène vise à retrouver l'état de nature par delà les conventions sociales et culturelles et à atteindre ainsi, par un entraînement d'une rigueur physique extrême, un bonheur serein et une liberté parfaite. Selon Diogène* Laërce, le cynisme de Diogène préconisait la communauté des biens, des femmes et des enfants entre sages, le cosmopolitisme, l'union libre mais aussi l'irrespect envers la religion et l'anthropophagie. La tradition raconte au sujet de Diogène plusieurs histoires qui montrent son esprit caustique, son mépris des honneurs, des richesses et de toutes les convenances sociales, et sa recherche d'une vie sobre et naturelle. Pieds nus et enveloppé de son unique manteau, il aurait eu pour demeure un tonneau. Ayant vu un jour un enfant boire dans le creux de sa main, il aurait brisé son écuelle en disant : «Cet enfant m'apprend que je conserve encore du superflu.» À Alexandre* le Grand qui, à Corinthe, lui aurait demandé ce qu'il désirait, il aurait répondu : «Que tu t'ôtes de mon soleil.» On raconte enfin qu'on le trouva un jour à midi se promenant dans les rues d'Athènes avec une lanterne à la main et disant à ceux qui l'interrogeaient : «Je cherche un homme.» Épictète* vit en lui le modèle du sage qui cherche à s'affranchir du désir et oppose la nature aux conventions sociales.

**DIOGÈNE D'OINOANDA** ou **D'ŒNOANDA** ♦ Philosophe grec épicurien (Oinoanda, en Lycie, Asie mineure, IIe siècle ?). Il est l'auteur de plusieurs traités épicuriens qu'il fit graver sur le mur d'un portique de sa cité : son œuvre constitue ainsi le seul texte philosophique épigraphique que nous connaissions. Son nom était totalement inconnu avant 1884, date à laquelle les premiers blocs de pierre furent découverts. Actuellement 212 fragments ont été édités : ils témoignent de l'indiscutable profondeur philosophique de leur auteur. Par ailleurs, certains d'entre eux constituent des témoignages cruciaux sur des aspects méconnus de la doctrine épicurienne (l'origine du langage, la déclinaison des atomes).

**DIOGÈNE LAËRCE** – en gr. ***Diogenês Laertios*** ♦ Écrivain grec (Laërte, Cilicie déb. du IIIe s.). Il est l'auteur de la première histoire de la philosophie grecque : *Vies, doctrines et sentences des philosophes illustres* (10 livres). Vulgarisateur sans grande personnalité, Diogène nous a pourtant laissé dans son exposé inégal et parfois douteux des anecdotes savoureuses, des précisions biographiques et bibliographiques, des citations et des textes précieux, notamment les fameuses lettres d'Épicure.

**DIOIS** [diwa] n. m. ➝ ÉTYM. de *Die** ♦ Massif des Préalpes du Sud drainé par la Drôme, au S. du Vercors. Il culmine à 2 051 m au Jocou. ■ Pays de Die. Céréaliculture. Vergers. Viticulture. Élevage ovin. ■ **Histoire** Au Xe s., le pays de Die fut un comté dépendant des comtes de Toulouse, qui en firent un fief d'Aymar II de Poitiers. Réuni au comté de Valentinois, le comté fut vendu à Charles VI.

**DIOLA(S)** n. m. (pl.) ➝ ÉTYM. mandingue «tous les êtres visibles» ♦ Peuple de basse Casamance de langue mandé apparenté à d'autres groupes forestiers comme les Balantes, les Floup et les Mandjakes (➝ **Mandingues**). Spécialisés dans la culture du riz, les Diolas pratiquent également la pêche. Animistes, influencés par l'islam, ils sont dirigés par des rois prêtres et construisent d'étonnantes maisons à colonnades à un étage avec un système de type impluvium pour récupérer l'eau de pluie. Dans les années 1990, l'arrivée d'immigrants cultivateurs de l'arachide a suscité chez les Diolas l'émergence d'un Mouvement des forces démocratiques de Casamance (MFDC), indépendantiste. (Ne pas confondre avec Dioula*.)

**DIOMÈDE** – en gr. ***Diomêdês*** ♦ Roi de Thrace, qui nourrissait ses chevaux de chair humaine. Héraclès* le tua et le fit dévorer par ses propres chevaux. ➝ ÉTYM. *Diomède* vient de *Dios* «de Zeus» et *mêdos* «pensée» ou *mêdomai* «méditer, penser».

**DIOMÈDE** – en gr. ***Diomêdês*** ♦ Roi d'Argos* et l'un des plus vaillants guerriers de la légende grecque. Fils de Tydée*, roi de Calydon et petit-fils d'Adraste*, il participe à l'expédition des Épigones contre Thèbes* et à la guerre de Troie*. Dans l'*Iliade** et les autres récits du cycle troyen, il figure comme le compagnon d'Ulysse* dans ses missions les plus importantes et comme un combattant invincible. Protégé par Athéna*, il attaque même Arès* et blesse Aphrodite*.

**DION (Albert,** marquis **DE)** ♦ Industriel français (Nantes 1856 - Paris 1946). Pionnier de l'automobile, il s'associa avec Bouton et Trépardoux, constructeurs de moteurs à vapeur, prit un brevet pour un moteur à explosion (1889) et fonda l'Automobile-Club de France (1895).

**DION (Céline)** ♦ Chanteuse canadienne (Charlemagne, Québec 1968). Chantant tant en français qu'en anglais, elle connaît un succès international.

**DION CASSIUS** – en lat. ***Cassius Dio Correianus*** ♦ Historien grec (Nicée, Bithynie v. 155 - *id.* v. 235). Il fit carrière dans l'administration romaine. Son *Histoire romaine*, depuis les origines jusqu'à 229, était divisée en 80 livres. Il nous reste les livres 36 à 60 (période de l'an –68 à l'an 46), une grande partie des 2 derniers livres et des abrégés des livres 1 à 35 et 61 à 78. La série des 25 livres conservés constitue une source d'autant plus précieuse pour l'étude de la crise républicaine et de l'avènement de la monarchie que les autres ouvrages sur cette période ont presque totalement disparu. Dion apporte aussi des renseignements intéressants sur l'administration impériale. Drapé dans le loyalisme du provincial devenu grand dignitaire de la métropole, l'historien manque de personnalité. La précision événementielle est son principal mérite.

**DION Chrysostome** ➝ ÉTYM. en gr. ***Diônho Khrusostomos*** «Dion à la bouche d'or» ♦ Rhéteur et philosophe grec (Prusa, auj. Brousse v. 30 ou 40 - Rome v. 117). Après avoir été magistrat à Prusa, il s'installa à Rome ; il y fut rhéteur avant d'être proscrit par Domitien en 82. Il revint en faveur sous Nerva puis Trajan devant qui il prononça un discours sur *Les Devoirs d'un souverain*. Il nous reste 80 de ses discours dans lesquels la forme de la diatribe est prédominante et où figurent des thèmes cyniques classiques (la liberté du sage, la vertu comme condition nécessaire et suffisante du bonheur). Après son retour à Rome, Dion semble avoir été davantage influencé par le stoïcisme.

**DION DE SYRACUSE** ♦ Homme politique grec (Syracuse –409 - *id.* –354). Il fit venir Platon* à Syracuse. Banni par son neveu Denys* le Jeune en –366, il fut appelé au pouvoir en –355, mais périt assassiné par les démocrates.

**DIONÉ** ♦ Divinité grecque dont l'origine et la postérité varient selon les mythes. Le plus souvent, c'est l'une des Océanides*, mère d'Aphrodite* qu'elle eut de Zeus*. On lui attribuait aussi la maternité de Niobé et de Pélops.

**DIONIS (Pierre)** ♦ Chirurgien français (Paris 1643 - *id.* 1718). Professeur d'anatomie et de chirurgie du Jardin des Plantes, chirurgien de Marie-Thérèse, puis des enfants de France, il fut un défenseur des théories de Harvey* (*Anatomie de l'homme suivant la circulation du sang et les nouvelles découvertes*, 1690).

**DIONYSOS** ➝ ÉTYM. p.-ê. «dieu de Nysa (contrée où il fut élevé par les nymphes)» ou «jeune garçon de Zeus» ou du thrace *Dio-*, désignant le ciel ♦ Dieu grec de la vigne, du vin et du délire extatique, appelé aussi *Bacchos* (–Ve s.) ou en latin *Bacchus*, et identifié avec la divinité latine *Liber Pater*. Son culte, importé en Grèce de Thrace ou de

Phrygie et assimilé à un culte crétois et égyptien, introduisit le sens du mystère dans la religion grecque. Sa légende semble refléter les réactions du système religieux et social établi au désordre qu'entraînaient les pratiques orgiaques. Sémélé*, sa mère, aimée de Zeus*, meurt au sixième mois de sa grossesse, foudroyée à la vue de son amant divin dans toute sa gloire. Le dieu arrache l'embryon du sein de Sémélé et le porte, cousu dans sa cuisse, jusqu'à terme (d'où l'expression «né de la cuisse de Jupiter»). D'après le mythe orphique, *Dionysos-Zagreus* est le fils de Zeus et de Perséphone*. Héra*, jalouse, livre l'enfant aux Titans qui le déchirent et mangent son corps bouilli. Athéna ramasse pourtant le cœur et l'apporte à Zeus qui en féconde Sémélé. Des cendres des Titans, foudroyés par Zeus, naissent alors les hommes qui portent ainsi l'élément bestial, titanique, mais aussi une parcelle de divinité dans leurs âmes. Dans les deux versions, ce fils de Zeus est «deux fois né» (une de ses épithètes). Héra persécute l'enfant et ses nourrices (→ **Ino**), puis frappe de folie Dionysos qui, errant dans le monde, arrive en Phrygie où il est purifié par Cybèle et initié à son culte. Il passe ensuite de Thrace en Béotie, diffusant son culte et punissant les rois qui s'y opposent. Il apparaît toujours escorté d'une compagnie délirante de démons : les Bacchantes*, appelées parfois Thyades ou Ménades (femmes possédées), son vieux précepteur Silène*, les Satyres*, Pan*, et les fils qu'il avait d'Aphrodite* : Priape* et Hyménée*. Des variantes racontent une expédition triomphale du dieu en Inde, le don fatal qu'il fait à Midas*, sa capture par des pirates qu'il métamorphose en dauphins, son voyage à Naxos et son mariage avec Ariane*, sa descente aux Enfers d'où il enlève sa mère, etc. ▪ Les cortèges tumultueux et l'utilisation du masque pendant ses fêtes *(Dionysies)* donnèrent naissance à la tragédie, à la comédie et au drame satyrique. Les *Bacchanales* (mystères de Bacchus) prirent de telles dimensions en Italie au cours du –IIe s. que le Sénat interdit les réunions bacchiques et intenta un grand procès pour des orgies criminelles. ▪ Dans la pensée de Nietzsche*, Dionysos est opposé au rationalisme et à la métaphysique socratique comme le dieu affirmatif, personnifiant la sincérité de l'instinct, le rire, en équilibre avec l'harmonie apollinienne.

**DIOP (Birago)** ♦ Conteur et poète sénégalais d'expression française (Dakar 1906 - *id.* 1989). Militant de la négritude, il recueillit, au Sénégal et au Mali, des récits significatifs de la littérature orale africaine ; merveilleux conteur, il a su adapter en français et recréer de façon personnelle le ton et les croyances des hommes de la brousse dans ses recueils *Les Contes d'Amadou Koumba* (1947), *Les Nouveaux Contes d'Amadou Koumba* (1958), *Les Contes et Lavanes* «fables ouolofs» (1963). Son œuvre poétique (notamment *Leurres et Lueurs,* 1960) manifeste la même fidélité à la sensibilité africaine. Il a publié des mémoires : *La Plume raboutée* (1978), *À rebrousse-temps* (1982).

**DIOP (Cheikh Anta)** ♦ Historien, écrivain d'expression française et homme politique sénégalais (Djourbel 1923 - Dakar 1986). Élève de Frédéric Joliot-Curie à Paris et collaborateur de la revue *Présence africaine*, il s'attacha à montrer, non sans un parti pris militant, la part primordiale de la culture noire dans la civilisation égyptienne. En 1966, il reçut le prix du Premier festival mondial des Arts nègres et ouvrit dans les locaux de l'Institut fondamental d'Afrique noire un petit laboratoire de radiocarbone pour effectuer des datations. Œuv. princ. : *L'Unité culturelle de l'Afrique noire* (1959), *Antériorité des civilisations nègres, mythes ou réalité* (1967), *Nations nègres et culture* (1968). Il milita pour le fédéralisme et s'opposa à Senghor, fondant entre autres le Rassemblement national démocratique (1976). Ses théories sur les civilisations noires connaissent un grand succès auprès des universitaires Noirs américains.

**DIOPHANTE** – en grec ***Diophantos*** ♦ Mathématicien grec de l'école d'Alexandrie (IIIe ou IVe s.). Une partie de son œuvre seulement nous est parvenue : un fragment de son traité *Sur les nombres polygones* et surtout une *Arithmétique*, premier exposé méthodique d'algèbre qui exerça une grande influence chez les Arabes et, plus tard, chez les mathématiciens de la Renaissance ; il y introduisit des abréviations, débuts de la symbolique de l'algèbre moderne, des indications pour la transformation et la réduction des équations et exposa le problème appelé plus tard de Fermat*, que ce dernier reprit d'ailleurs en s'inspirant directement de l'œuvre de Diophante. ◆ ÉTYM. Ce nom grec vient de *Dios* «de Zeus» et *phainô* «se manifester, apparaître».

**DIOR (Christian)** ♦ Couturier français (Granville 1905 - Montecatini, Italie 1957). Venu tardivement à la mode, il créa sa maison en 1946 et obtint un succès immédiat avec sa collection «new-look» (vestes cintrées, jupes amples et longues). Fort de cette réussite, il constitua un empire fondé sur un réseau international de licences qui resta florissant après sa mort. Yves Saint* Laurent, Marc Bohan, Gianfranco Ferré puis John Galliano lui ont succédé. ◆ ÉTYM. *Dior* vient probablement de *Diors*, nom d'une commune de l'Indre.

**DIORI (Hamani)** ♦ Homme d'État nigérien (Soudouré 1916 - Rabat 1989). Président du Conseil du gouvernement en 1958, il fut avec Houphouët-Boigny un des fondateurs du Conseil de l'Entente. Président de la république du Niger (1960), il fut renversé par un coup d'État militaire (avr. 1974) et exilé.

**DIOSCORIDE Pedanios** – en gr. ***Dioskoridês*** ♦ Médecin grec (Anazarbe en Cilicie ? Ier s.). Il s'occupa essentiellement de botanique. Son traité *Sur la matière médicale* contient la description et la classification de plusieurs centaines de plantes médicinales, avec leurs effets et leur préparation.

**DIOSCURES** n. m. pl. ◆ ÉTYM. en gr. *Dioskouroi* «jeunes garçons *(kouroi)* de Zeus» → **Castor et Pollux**

**DIOUF (Abdou)** ♦ Homme d'État sénégalais (Louga 1935). Collaborateur de Senghor* depuis l'indépendance, ministre du Plan et de l'Industrie, il fut nommé Premier ministre et secrétaire général adjoint de l'Union progressiste sénégalaise en 1970. Brillant second, il accéda à la présidence de la République après la démission de Senghor en 1981 et réalisa, l'année suivante, le vieux projet de confédération de Sénégambie*. Après sa deuxième réélection en 1988, il s'ouvrit au multipartisme et fit entrer plusieurs opposants au gouvernement. En 1993, il fut de nouveau réélu malgré une aggravation du mécontentement, des troubles indépendantistes en Casamance* et des accusations de fraude électorale. Il fut battu à la présidentielle de 2000 par A. Wade* et devint secrétaire général de l'Organisation internationale de la francophonie en 2002.

**DIOULA(S)** ou **DYULA** n. m. (pl.) ◆ ÉTYM. du mandingue *Dyula* «commerçant» ♦ Commerçants musulmans de langue mandé qui ont créé de grands circuits commerciaux de la savane à l'époque de l'empire du Mali* pour échanger les produits de la forêt (noix de cola) et ceux de la savane (mil, poisson séché) contre le sel du désert. Ils sont à l'origine de la ville de Bobo*-Dioulasso. ▪ Les populations forestières du sud de la Côte d'Ivoire appellent Dioulas les habitants islamisés du nord de leur pays et les immigrés des pays de la savane qui ont le dyula pour langue véhiculaire. (Ne pas confondre avec Diola*.)

**DIPHILE** – en gr. ***Diphilos*** ♦ Poète comique grec (Sinope –360 ? - Smyrne, auj. İzmir –275 ?). Contemporain et rival de Ménandre, il a écrit une centaine de comédies dont il ne reste que quelques fragments. Il fut imité par Plaute *(Le Rudens)* et par Térence *(Les Adelphes)*.

**DIPONEGORO** ♦ Héros indonésien, prince de Yogyakarta* (1785 - Makassar 1855). Il lutta pour l'indépendance de Java* contre la colonisation hollandaise. Vaincu en 1830, il fut exilé à Makassar où il mourut.

**DIPPEL (Johann Konrad)** ♦ Médecin et chimiste allemand (Frankenstein, près de Darmstadt 1673 - Wittgenstein, Berleburg 1734). Il découvrit le bleu de Prusse et l'huile animale dite *de Dippel*, produit de distillation de l'huile d'os ou de corne de cerf.

**DIRAC (Paul Adrien Maurice)** ♦ Physicien britannique (Bristol 1902 - Tallahassee 1984). Il parvint à montrer l'équivalence de deux formulations de la théorie quantique, matricielle de W. Heisenberg* et ondulatoire de E. Schrödinger*. Il est l'auteur de l'équation qui porte son nom et qui constitue la description la plus générale de l'électron, tenant compte pour la première fois simultanément de la mécanique quantique, de la relativité et du spin. Il déduisit de cette équation l'existence de l'antiélectron (positon) et donc de l'antimatière (1927), hypothèse confirmée expérimentalement cinq ans plus tard par C. Anderson*. On lui doit également la mise au point de la théorie du comportement statistique de particules de matière *(statistique de Fermi-Dirac)*. [Prix Nobel de phys. 1933, avec E. Schrödinger ; Acad. sc. 1963]

**DIRCÉ** – en gr. ***Dirkê*** ♦ Reine légendaire de Thèbes*, qui maltraita Antiope*. Pour venger leur mère, Amphion* et Zéthos attachent Dircé aux cornes d'un taureau qui la déchire sur les rochers du Cithéron*.

**Directoire** ♦ Pouvoir exécutif institué par la Constitution de l'an III (août 1795). Il donna son nom au régime qui succéda à la Convention* thermidorienne le 5 Brumaire an IV (28 oct. 1795). Formé de 5 membres (les directeurs) choisis par les Conseils des Cinq*-Cents et des Anciens* et renouvelable par 1/5 tous les ans, il nommait les ministres et les généraux en chef. ▪ Période de transition entre le gouvernement révolutionnaire et l'époque napoléonienne (→ **Consulat, Empire**), le Directoire fut marqué par l'aggravation de la crise économique, financière et sociale qui accentua le contraste entre la misère des masses et la richesse de quelques spéculateurs, aux mœurs libertines, menant une vie mondaine fastueuse. ▮ **Le premier Directoire** Formé de Barras*, La* Révellière-Lépeaux, Letourneur*, Rewbell* et Sieyès qui se démit en faveur de L. Carnot*, il fut caractérisé sur le plan intérieur par la persistance de l'agitation royaliste (→ **Terreur blanche**), l'inflation qui favorisa le développement d'un mouvement révolutionnaire (→ **Babeuf, Buonarroti**) et, sur le plan extérieur, par l'extension de la guerre de conquête où le patriotisme révolutionnaire céda peu à peu la place au nationalisme. → **Italie (campagne d'), Campoformio.** La répression antijacobine qui suivit la conjuration des Égaux (mai 1796) favorisa la réaction royaliste, victorieuse aux élections de Germinal an V, mais vaincue à son tour par le coup d'État du 18 Fructidor* an V, qui renforça dans un sens dictatorial le pouvoir exécutif au détriment du législatif. ▮ **Le second Directoire** Formé de Barras, La Révellière-Lépeaux, Rewbell, François* de Neufchâteau et Merlin* de Douai, il débuta par une période de relative stabilisation qui permit des tentatives de réorganisation économique, financière (suppression du papier-monnaie, «banqueroute des deux tiers» ou liquidation

Ramel), fiscale (équilibre du budget) et militaire (loi Jourdan, qui fit du service militaire obligatoire une institution permanente). Toutefois la situation restait précaire. À l'intérieur, le Directoire et les Conseils restaient partagés entre la gauche jacobine, contre laquelle fut adoptée la loi du 22 Floréal* an VI, et la droite, modérée et royaliste. À l'extérieur, la lutte à caractère essentiellement économique avec la Grande-Bretagne fut poursuivie, ainsi que la politique d'expansion concernant les «Républiques sœurs» (batave, helvétique, parthénopéenne, etc.), «États satellites soumis politiquement, économiquement exploités» (A. Soboul) ; la campagne d'Égypte* fut entreprise contre la Grande-Bretagne. La politique extérieure du Directoire eut pour conséquence la formation de la deuxième coalition* (1799 - 1801). Après un recul des troupes françaises sur les principaux fronts (Jourdan en Allemagne, Schérer et Moreau en Italie, Masséna en Suisse), la dernière crise révolutionnaire (→ **Prairial an VII**), suivie d'un redressement militaire au cours de l'été (victoire de Masséna à Zurich, 25 - 27 sept. 1799), aboutit au coup d'État du 18 Brumaire* an VIII qui marqua la fin du Directoire et le début du Consulat*. → **Napoléon.**

**DIRICHLET (Peter Gustav LEJEUNE-)** ♦ Mathématicien allemand (Düren, Prusse-Rhénane 1805 - Göttingen 1859). Élève de Gauss*, auquel il succéda à l'université de Göttingen (1855), auteur de travaux en analyse et en théorie des nombres. Il introduisit le «principe des tiroirs» grâce auquel il fit progresser la théorie des entiers algébriques et l'usage des séries qui portent son nom, par lequel il inaugura l'étude analytique des nombres. Ses recherches sur les séries de Fourier*, dont il étudia la convergence, l'amenèrent à formuler les conditions générales pour qu'une fonction soit exprimable par des séries trigonométriques. Il définit également les intégrales trigonométriques relatives aux conditions d'équilibre d'un système matériel et à la théorie du potentiel, et ouvrit la voie à l'étude de l'analyse harmonique. [Acad. sc. 1854]

**DI ROSA (Hervé)** ♦ Peintre et dessinateur français (Sète 1959). Inspiré selon lui autant par Arrabal et Topor que par Picasso, Matisse et Dubuffet, il incarne le mouvement de la Figuration* libre des années 1980 : refus de la notion de style et désir d'une expression spontanée pour décrire une manière de vivre joyeuse, populaire, voire triviale. Ses thèmes viennent de la bande dessinée et ses compositions, réalisées parfois avec son frère Richard, sont peuplées de monstres colorés, de bandits et de méchants. Il veut «inventer un usage nomade de la peinture», allant de la peinture au dessin animé en passant par la tapisserie et la sculpture. Depuis 1993, il parcourt le monde afin d'intégrer dans la réalisation de son travail des pratiques artisanales ancestrales (Robots de Noun, bois et bronze). Il a créé à Sète le MIAM, Musée international des arts modestes.

Hervé **Di Rosa.** *Rêve de séisme*, huile sur toile (2 × 2,40 m).
*Phot. Pierre Schwartz © ADAGP, Banque d'images*

Le **Discobole** ♦ Célèbre statue en bronze de Myron* (–Ve s.) dont on a plusieurs copies.

Les **Discours** ♦ Poèmes polémiques de Ronsard* (1562 - 1563), par lesquels il prend parti dans les guerres de Religion en exprimant sa foi catholique et en dénonçant violemment les partisans de la Réforme.

**Discours à la nation allemande** – en all. ***Reden an die deutsche Nation*** ♦ Ensemble de 14 leçons prononcées par J. G. Fichte* à l'université de Berlin (1807 - 1808) après la défaite de la Prusse à Iéna. Appel au réveil moral, culturel et politique de la nation allemande, cette œuvre, qui rallia l'Allemagne littéraire et exprima sa résistance, fut par la suite exploitée abusivement par les pangermanistes. Fidèle à l'humanisme et à l'esprit de la Révolution française, Fichte y «oppose à la conception romantique du nationalisme allemand la conception d'une Allemagne démocratique qui ne pourra se libérer de l'oppression étrangère qu'en se libérant d'abord de ses princes» (D. Julia).

**Discours de la méthode pour bien conduire sa raison et chercher la vérité dans les sciences** ♦ Traité philosophique de Descartes*, divisé en six parties (1637). Abandonnant le latin, langue des érudits, au profit du français, l'auteur y rompt autant avec la science officielle qu'avec l'enseignement scolastique, qui imposait le respect des Anciens. Désormais, tout homme peut accéder à la vérité grâce à son propre bon sens, à condition toutefois qu'il respecte les quatre préceptes de la méthode : évidence, analyse, synthèse et énumération. Afin de réformer ses propres pensées, Descartes décide de rejeter comme faux tout ce qui lui paraît incertain. C'est le moment du doute radical, pendant lequel il adopte, parce qu'il faut bien agir, une morale provisoire largement inspirée de la sagesse stoïcienne. Mais pour pouvoir penser que tout est faux, ne faut-il pas nécessairement qu'il pense et que lui, qui pense, soit quelque chose ? Descartes atteint la vérité indubitable du *cogito*, premier principe de sa philosophie : «Je pense, donc je suis.» De ce principe découle une conception dualiste de l'âme (substance pensante) et du corps (substance étendue). Descartes prouve ensuite l'existence de Dieu, en montrant notamment que l'existence est nécessairement comprise dans l'idée d'un être parfait (preuve ontologique). Appliquant enfin sa méthode aux sciences, Descartes décrit le monde comme un espace géométrique et mathématisable, régi par les seules lois du mouvement (mécanisme). Ce *Discours*, qui tient lieu de préface à une série de trois essais scientifiques, rassemble les principes qui ont rendu possible l'essor des sciences au XVIIe s. L'œuvre est unanimement considérée comme la charte du rationalisme moderne.

**Discours sur les sciences et les arts** ♦ Œuvre de J.-J. Rousseau (1750). En réponse à la question proposée par l'académie de Dijon de savoir «si le rétablissement des sciences et des arts a contribué à épurer les mœurs», Rousseau (sous le coup d'une inspiration, ou sur une suggestion de Diderot*) tenta de montrer que la civilisation a corrompu la nature humaine (supériorité du Barbare sur le Civilisé, de la Constitution de Sparte sur celle d'Athènes, etc.). Ce *Discours*, dont les positions allaient à l'encontre de la croyance aux progrès intellectuels et moraux, chère aux Encyclopédistes, remporta le prix et valut la célébrité à son auteur.

**Discours sur l'histoire universelle** ♦ Ouvrage conçu par Bossuet* (publ. 1681) pour l'éducation du dauphin et l'un des premiers traités historiques où apparaisse une philosophie de l'histoire. Évoquant d'abord, chronologiquement, les événements accomplis depuis la Création jusqu'à Charlemagne, Bossuet exalte le triomphe de la religion chrétienne avant d'expliquer par l'action de la Providence les révolutions des empires de l'Antiquité.

**Discours sur l'origine et les fondements de l'inégalité parmi les hommes** ♦ Œuvre de J.-J. Rousseau* (1755). La question de l'académie de Dijon, «Quelle est l'origine de l'inégalité parmi les hommes et si elle est autorisée par la loi naturelle», permit à Rousseau de développer ses thèmes essentiels : à l'état de nature, les hommes vivent solitaires et dans un équilibre parfait avec la nature qui leur permet de satisfaire tous leurs besoins, sans pensée, ni angoisse, ni aucune institution (langage, famille). À la suite d'une catastrophe, qui n'est pas inscrite dans l'essence de l'homme, la société apparaît et engendre les conflits (la jalousie), les inégalités (dont la première est la propriété) qui renforcent les inégalités

Le **Discobole.** D'après Myron. Museum Antiker Kleinkunst, Munich.
*Phot. © Arch. Rencontre*

naturelles. L'«être» et le «paraître» de l'homme ne coïncident plus. Cette dégradation irréversible aboutit au despotisme et à la guerre des hommes entre eux (ce qui était la condition naturelle des hommes selon Hobbes*). Rousseau, qui présente sa méthode comme hypothético-déductive, donne ainsi un nouveau fondement à la théorie du droit naturel. Point de départ de la philosophie politique de Rousseau (→ **Contrat social**), ce *Discours*, plus critique que le *Discours* sur les sciences et les arts*, n'obtint pas le prix.

**DISDÉRI (André Adolphe-Eugène)** ♦ Photographe français (Paris 1819 - Nice 1889). Portraitiste, il s'installa à Paris en 1854, ouvrit l'un des plus importants studios de photographie et déposa un brevet pour la «carte de visite» (photographie de petit format réalisée à l'aide d'un appareil à 4 ou 6 objectifs). Il publia en 1862 *L'Art de la photographie*, manuel riche d'enseignements sur les conventions du portrait sous le Second Empire.

**DISNEY (Walter Elias, dit Walt)** ♦ Réalisateur et producteur américain de dessins animés (Chicago 1901 - Burbank, Californie 1966). Utilisant d'abord les procédés des précurseurs, il mit au point la caméra multiplane, qui donne au plan la profondeur de champ, et appliqua à ses *cartoons* la musique, le son et la couleur. Des personnages comme Mickey la Souris, sa compagne Minnie, Donald le Canard, Pluto le Chien, animèrent plus de 350 films de court métrage (1929 - 1937), créations collectives d'une fantaisie poétique. Après les *Silly Symphonies*, courts métrages colorés, conçus pour plaire à tous les publics, le succès de *Blanche*-Neige et les sept nains* (1937), son premier long métrage, l'engagea sur la voie d'une prodigieuse réussite commerciale, confirmée avec *Pinocchio* (1940). Les studios géants de Burbank se lancèrent alors dans la réalisation d'une série de films et de dessins animés, de plus en plus ambitieux commercialement, mais gagnés par une certaine standardisation, toujours produits sous le nom de Walt Disney. En 1955, il créa le premier parc d'attractions à thème, Disneyland (Anaheim, Californie), dont le succès incita ses successeurs à en construire trois autres, sur un modèle dès lors répandu par l'industrie des loisirs, Disneyworld (Orlando, Floride) en 1971, Tokyo Disneyland (Japon) en 1983 et Disneyland Paris (Marne-la-Vallée, France) en 1992 [alors nommé Euro-Disney]. ➝ ÉTYM. *Disney* est une contraction de *d'Isigny**, nom d'une commune du Calvados.

Walt **Disney.** Cendrillon et la fée, sa marraine.
*Phot. © Walt Disney Productions*

**DISON** ♦ Comm. de Belgique (Région wallonne), prov. de Liège, arr. de Verviers. 14 407 hab. Indus. diversifiées.

**DISRAELI (Benjamin),** 1er comte **BEACONSFIELD** ♦ Homme politique et écrivain britannique (Londres 1804 - *id.* 1881). Fils d'un critique littéraire israélite, dont le père était venu d'Italie, il devait toujours se montrer fier de ses origines «orientales». Il entreprit une carrière littéraire, faisant paraître notamment un roman à clé, *Vivian Grey* (1826), qui eut un succès de scandale, avant de faire un voyage en Orient. À son retour, tandis qu'il occupait à Londres une position mondaine et faisait figure de brillant dandy, il se lança dans la vie politique. Fasciné par les traditions anglaises (l'Église et l'aristocratie), il évolua rapidement du radicalisme au conservatisme. Il prit la tête, au sein du parti conservateur, du mouvement de la «Jeune Angleterre», qui préconisait l'alliance d'un pouvoir royal fort et des classes laborieuses, contre les intérêts de la bourgeoisie commerciale et industrielle (il exposa ses conceptions dans ses romans *Coningsby* [1844], *Sybil* [1845] et *Tancred* [1847]). Élu en 1837 aux Communes, en raison de ses pamphlets percutants contre les whigs et de l'appui qu'il apportait à Peel*, il rompit brutalement avec celui-ci en 1845 et provoqua sa chute, à propos de sa politique de libre-échange : en dépit de ses origines, de ses attitudes théâtrales et de son éloquence très colorée et mordante, qui choquaient les milieux politiques conservateurs, il avait conquis une place de premier plan aux Communes. Chancelier de l'Échiquier sous Derby*, il lui succéda comme Premier ministre (1867 - 1868) et comme chef des conservateurs. Il fit passer une réforme électorale que les libéraux n'avaient pas osé présenter et qui doublait le nombre des électeurs. Renversé par Gladstone*, à qui son tempérament plus encore que ses idées l'opposait, il l'attaqua sur la politique étrangère. C'est en effet à celle-ci qu'il donna la priorité quand il fut retourné au pouvoir à la chute de son rival (1874 - 1880). L'impérialisme britannique triompha avec l'acquisition des îles Fidji, des actions égyptiennes du canal de Suez, de Chypre, et avec la lutte contre l'expansion russe (congrès de Berlin). Disraeli fit alors proclamer la reine Victoria*, dont il devait rester le ministre préféré, impératrice des Indes. Cependant, des difficultés en Afrique du Sud et en Inde, jointes à une crise économique, provoquèrent sa chute, à laquelle il ne survécut qu'un an. Il avait été créé lord Beaconsfield en 1876.

**DISTLER (Hugo)** ♦ Compositeur et organiste allemand (Nuremberg 1908 - Berlin 1942). Chef de chœur et professeur au conservatoire de Berlin, demeuré fidèle à la leçon de Bach et de Schütz, il se consacra au renouveau de la musique religieuse luthérienne, dans l'esprit de ces maîtres. Son œuvre comprend une *Passion*, une *Messe*, de nombreux motets, des cantates, des pièces pour orgue et de la musique de chambre. Il se suicida.

**Dit de la bataille d'Igor** – en russe ***Slovo o polkou iegoreve*** ♦ Poème épique russe de la période kievienne (fin du XIIe s.) qui relate la campagne malheureuse du prince Igor contre les Polovtses, sa captivité, les lamentations de sa femme, et enfin son évasion. Ce texte reflète la tradition orale et la culture littéraire de l'époque. D'auteur anonyme, il est rédigé en une magnifique prose rythmée. L'utilisation de procédés modernes fait parfois douter de son authenticité. En effet, il n'en existe qu'une copie faite en 1800, l'original ayant brûlé dans l'incendie de Moscou en 1812.

**DITTERSDORFF (Karl DITTERS VON)** ♦ Compositeur autrichien (Vienne 1739 - château de Rothlhotta, Bohême 1799). Ami de Haydn et de Gluck avec qui il fit un voyage en Italie, violoniste réputé, il fut attaché à plusieurs cours épiscopales. Son œuvre abondante (symphonies, concertos, opéras, oratorios, messes) connut la faveur du public. De ses nombreux opéras, seul *Doktor und Apotheker* (1786) est encore représenté de nos jours.

**DIU** → Daman-et-Diu

Le **Divan occidental-oriental** – en all. ***West-östlicher Divan*** ♦ Recueil poétique (1819) de Goethe*. Tout en cherchant à rivaliser avec le poète persan Ḥāfiẓ, dont le *Divan* venait d'être traduit en allemand (1813 - 1814), l'auteur y a exprimé ce qu'il appela sa «seconde puberté», le rajeunissement physique et spirituel qu'il ressentit lors d'un retour dans sa Rhénanie natale (1814, 1815) et la passion partagée, mais à laquelle il renonça, pour Marianne von Willemer. Poème d'amour où se mêlent sensualité et mysticisme, cette œuvre, d'abord conçue comme le journal de voyage poétique d'un Occidental en Orient, tente d'atteindre, au-delà de l'opposition entre les deux cultures, une vérité humaine universelle, tant en poésie qu'en morale et en religion.

**DIVES** n. f. ➝ ÉTYM. du gaul. et lat. *diva* «divine» ♦ Fl. de Normandie (100 km). Né dans les coteaux du Perche, il finit en aval de Dives-sur-Mer.

**DIVES-SUR-MER** [14160] ➝ ÉTYM. du gaul. et lat. *diva* «divine» ♦ Comm. du Calvados, arr. de Lisieux, à l'embouchure de la Dives. 5 812 hab. (aggl. 11 979) *(Divais)*. Halles en charpente (XVe - XVIe s.). Petit port de pêche et de plaisance.

La **Divine Comédie** – en it. ***La Commedia***, puis ***La Divina Commedia*** ♦ Poème de Dante* (v. 1306 - 1321) où l'aventure intellectuelle et spirituelle du poète, représentant l'humanité, est exprimée par l'allégorie d'un voyage à travers les trois règnes de l'au-delà. Le voyageur, égaré dans la «forêt obscure» du péché, sera guidé par la raison (que personnifie Virgile) et devra mesurer le mal dans toute son horreur (les neuf cercles de *l'Enfer*) avant d'accéder au *Purgatoire* (montagne aux sept corniches dominée par le Paradis terrestre) pour y connaître la pénitence et l'espérance. Alors, la sagesse humaine s'effaçant devant la foi, Béatrice* puis saint Bernard entraîneront le poète à travers les neuf ciels du système de Ptolémée jusqu'à l'Empyrée où siège Dieu, vision éblouissante et ineffable *(le Paradis)*. ▪ *Comédie*, selon Dante, par l'adoption d'un style «moyen» et parce que le tragique n'y est pas l'élément essentiel ni final, cette œuvre ne dut qu'à l'admiration de ses premiers commentateurs l'épithète de *Divine*. Selon une structure très savante qui utilise la valeur mystique du nombre 3, cette épopée compte 100 chants : au prologue (inclus dans *l'Enfer*) succèdent 3 parties de 33 chants chacune, en vers disposés en *terza rima*. Métaphore d'une ampleur et d'une rigueur prodigieuses, dotée d'une grande richesse de sens différents, elle double par exemple sa signification doctrinale d'un contenu social (état politique très troublé de l'Italie) et mêle aux figures mythiques des personnages historiquement connus ou célèbres. Portée par une vigoureuse unité d'inspiration, cette fresque morale qui veut «décrire l'Univers de fond en comble» offre tous les styles (lyrique ou allégorique, dramatique ou mystique) et, par la «nourriture de vie» dont elle est chargée, reste le chef-d'œuvre de l'humanisme chrétien du XIVe s.

**DIVION** [62460] ➝ ÉTYM. → Dijon ♦ Comm. du Pas-de-Calais, arr. de Béthune. 7 150 hab. *(Divionnais)*.

**DIVISIA (François)** ♦ Économiste français (Tizi Ouzou 1889 - Paris 1964). Il est l'un des fondateurs de l'économétrie. Ses travaux, qui portent notamment sur les problèmes de la monnaie, sont exposés dans *L'Épargne et la richesse collective* (1928) et *Traitement économétrique de la monnaie, l'intérêt, l'emploi* (1962).

**DIVONNE-LES-BAINS** [01220] ➝ ÉTYM. du gaul. *divona* «source sacrée» ♦ Comm. de l'Ain, arr. de Gex, près de la frontière suisse. 6 171 hab. *(Divonnais)*. Station thermale et climatique.

**DĪWĀNIYA** ♦ V. du centre de l'Irak, située à proximité de l'Euphrate ; ch.-l. de la prov. de Qādisiya, en basse Mésopotamie. 300 000 hab. Marché agricole (dattes).

**DIX (Otto)** ♦ Peintre, dessinateur et graveur allemand (Untermhaus bei Gera, Thuringe 1891 - Singen, Bade-Wurtemberg 1969). Formé chez un peintre décorateur, puis aux écoles des beaux arts de Dresde et de Düsseldorf, il fut marqué par le romantisme tardif, puis par les différents courants novateurs du début du XXe siècle, révélant surtout des tendances expressionnistes. Esprit révolté, profondément bouleversé par la guerre à laquelle il prit part comme simple soldat, il traita ce thème avec un violent sens de la dérision (série de gravures). Il participa en 1920 et en 1922 aux expositions dada et utilisa l'expression plastique comme moyen de critique sociale et politique, fustigeant la société bourgeoise. Vers 1920 - 1929, il adopta une technique d'un minutieux réalisme (portraits), tout en procédant à certaines déformations expressives à des fins caricaturales ou dramatiques (*Portrait de mes parents*, 1921). Installé à Düsseldorf de 1921 à 1925, il fut l'un des représentants de la *Neue Sachlichkeit* («nouvelle objectivité») et il fut aussi marqué par le «réalisme magique». Il créa notamment des allégories contre le pouvoir. Classé comme artiste «dégénéré» par les nazis, il fut pourchassé et incarcéré à Dresde, puis se réfugia en Suisse où il peignit surtout des paysages et des compositions religieuses (*Crucifixion*, 1946).

Otto **Dix**. *Portrait de mes parents*. Landesgalerie, Hanovre.
*Phot. © Arch. Smeets*

**Dix (Conseil des)** ♦ Tribunal secret de 10 membres choisis dans le Grand Conseil de Venise* (1310). C'était un organisme de sûreté de l'État aux pouvoirs illimités.

**DIXENCE** ou **BORGNE D'HÉRÉMENCE** n. f. ♦ Riv. torrentielle de Suisse (17 km), affl. rive g. de la Borgne. Construit à 2 400 m, le *barrage de la Grande Dixence* (1965) alimente les centrales hydroélectriques de Fionnay, Chandolin et Nendaz, qui produisent une énergie de 1 680 GWh.

**Dixieland** ♦ Terme populaire désignant l'ensemble des États du S. des États-Unis. En référence à l'Original Dixieland Jazz Band, on a donné ce nom (parfois abusivement) à un style de jazz très proche de celui apparu à La Nouvelle*-Orléans au début du XXe s.

**Dix Mille** (retraite des) ♦ Retraite célèbre des 10 000 mercenaires grecs à la suite de leur défaite à Counaxa* (-401) et de la mort de Cyrus* le Jeune. Après la mort de Cléarque*, leur commandant, Xénophon* conduisit la retraite jusqu'à la mer (3 000 km), ce qui dura sept mois, et en fit le récit dans l'*Anabase*.

**DIXMUDE** – en néerl. ***Diksmuide*** ♦ V. de Belgique (Région flamande), prov. de Flandre-Occidentale, ch.-l. d'arr., sur l'Yser. 15 764 hab. Rasée pendant la Première Guerre mondiale, Dixmude fut reconstruite dans un style flamand homogène. Musée dans l'hôtel de ville (vestiges d'un jubé gothique flamboyant de Jean Bertet, 1536 - 1543). ▪ Protégée de la mer par Nieuwpoort, la ville est au centre d'une région de polders (agriculture). Indus. textile. ▮ **Histoire** Dixmude fut héroïquement défendue par les Belges et les fusiliers marins français en 1914. Premiers essais de gaz de guerre par les Allemands. → **Yser.**

**DIXON (George)** ♦ Navigateur britannique (1755 - v. 1800). Après avoir participé à la deuxième expédition de Cook, il entreprit (avec Portlock) l'exploration de la côte N.-O. de l'Amérique et des îles de la Reine-Charlotte où il fit des travaux hydrographiques (1786). Il a écrit *Voyage autour du monde, mais plus particulièrement à la côte nord-ouest de l'Amérique* (1799).

**DIYĀLĀ** n. f. ♦ Riv. d'Irak (386 km), née dans le Zagros, affl. rive g. du Tigre avec lequel elle conflue en amont de Bagdad. Son cours, qu'un barrage régularise, alimente des canaux chargés d'irriguer la province. Vallée riche en palmeraies, vergers et champs de coton.

**DİYARBAKIR** ➝ ÉTYM. ar. «les demeures de *Bakr* (n. de tribu)» – anc. ***Amida*** ♦ V. de Turquie, en Anatolie orientale, sur le Tigre, ch.-l. de prov. 592 557 hab. Remparts restaurés. Citadelle (IVe s.). L'Ulu Cami (Grande Mosquée) a été reconstruite au XIe s. ▪ Centre indus. (textile, agroalimentaire) et pôle régional de l'Anatolie du S.-E. de peuplement kurde. Siège de l'univ. du Tigre. ▮ **Histoire** La ville antique d'*Amida* fut disputée entre les Romains et les Parthes puis les Sassanides. L'empereur Constance l'entoura en 349 de murailles remises en état sous Justinien. Prise dès 638 par les Arabes, elle fut érigée en principauté autonome par les Marwanides (XIe s.) puis les Ortokides (XIIe s.), tomba aux mains des Mongols de Tamerlan, des dynasties turkmènes des Kara-koyunlu et des Akkoyunlu, et fut rattachée à l'Empire ottoman en 1515.

**DIZIER** (saint) → **Didier (saint)**

**DJAGHATAÏ** ou **ČAGATAI** ♦ (mort en 1242). Un des fils de Gengis* Khān, légiste et khan mongol (1227 - 1242). Ayant hérité de son père l'empire des Khara-Khitaï et la Transoxiane, il fut le fondateur du groupe turco-mongol des Djaghataïdes de Transoxiane, qui s'érigea en khanat indépendant à la mort du grand khan Möngke*. Son petit-fils Qara Hülāgü lui succéda.

**DJAKARTA** → **Jakarta**

**DJALĀLĀBĀD** → **Jalālābād**

**DJALĀLADDIN RŪMĪ** → **Jalāl al-Dīn Rūmī**

**DJAMĀLADDIN AL-AFGHĀNI** → **Jamāl al-Dīn al-Afghāni**

**DJAMAL PACHA** ou **CEMAL PAŞA (Ahmed)** ♦ Général et homme politique turc (Mytilène 1873 - Tiflis 1922). Il fut, avec Enver* Pacha et Tal'at* Pacha, à la tête du comité Union et Progrès qui entraîna l'Empire ottoman dans la guerre mondiale aux côtés des Empires centraux. Commandant de la IVe armée en Syrie (1915 - 1917), il dirigea l'action manquée contre le canal de Suez. Après la défaite, il se rendit en Afghanistan et s'attacha à moderniser l'organisation militaire de ce pays. Il fut assassiné à Tiflis par des Arméniens ou par des bolcheviks.

**DJARĪR** → **Jarīr**

**DJEBAR (Fatma-Zohra IMALHAYÈNE, dite Assia)** ♦ Romancière algérienne d'expression française (Cherchell 1936). Ayant grandi entre trois langues, le berbère, l'arabe dialectal et le français, elle pose l'arabe officiel comme la langue des hommes : «J'ai le désir d'ensoleiller cette langue de l'ombre qu'est l'arabe des femmes.» Elle publia en France en 1957 son premier roman, *La Soif* puis *Les Impatients* (1958). Elle attend plus de trente ans pour poursuivre une quête littéraire et historique (*Le Blanc de l'Algérie*, 1996), son œuvre étant dès lors surtout dédiée aux femmes : *Femmes d'Alger dans leur appartement* (1980), *Oran, langue morte* (nouvelles, 1997), sur la souffrance des femmes à l'heure de l'intégrisme, *La Femme sans sépulture* (2002), hommage à une héroïne de la guerre d'Algérie. *La Disparition de la langue française* (2003) pose la question de la double identité culturelle d'un Algérien qui a passé vingt ans en France. Plus intime, *Nulle part dans la maison de mon père* (2007) dévoile des souvenirs de jeunesse. [Acad. fr. 2005].

**DJEBILET** (gara) ♦ Escarpement du Sahara algérien (wilaya de la Saoura), situé au S.-E. de Tindouf, près de la frontière mauritanienne. Riche gisement de minerai de fer, non exploité, à cause des difficultés d'exportation qui devrait se faire par des territoires étrangers.

**DJEBILET** n. m. ♦ Chaîne de collines du Maroc au N. de l'oued Tensift et du Haouz, partie méridionale de la Meseta.

**DJEDDAH** ➝ ÉTYM. ar. «rivage» ♦ V. d'Arabie saoudite, sur la mer Rouge, au pied du Hedjaz, à proximité de La Mecque et au S.-O. de Médine. 2 801 481 hab. Son port, le plus important du pays, et son aéroport accueillent les pèlerins qui se rendent à La Mecque. Centre diplomatique et commercial. Raffinerie de pétrole. Aciérie. Une route de 1 200 km qui relie la mer Rouge au golfe Arabo-Persique traverse la ville.

**DJELAL-ABAD** ou **DJALAL-ABAD** ♦ V. du Kirghizstan. 74 000 hab. Égrenage du coton, indus. textile et alimentaire.

**DJELFA** ♦ V. d'Algérie, ch.-l. de wilaya, sur le versant N. des monts des Ouled Naïl. 88 929 hab.

**DJEM** ou **DJIM** – appelé aussi *Zizim* ou *Zizimi* en Europe, *Cem* en Turquie ♦ Prince ottoman (Andrinople 1459 - Naples 1495). Fils du sultan Mehmet II. À la mort de ce dernier, Djem, vaincu dans la lutte pour l'accession au trône par son frère Bayazid II, se réfugia à Rhodes (1482). Transféré en France, il fut ensuite retenu à Rome (1489 - 1494) par le pape Innocent VIII et remis à Charles VIII de France, qui espérait son aide pour la conquête de Constantinople. Mais Djem périt mystérieusement peu après.

**DJEM (EL-)** ♦ V. de Tunisie (gouvernorat de Mahdia), située entre Sousse et Sfax. 18 302 hab. Centre artisanal (tissages). Olivettes. Vestiges de la ville romaine de *Thysdrus* (très vaste amphithéâtre).

**DJEMDET NASR** ♦ Site de Mésopotamie, près de Kish, fouillé à partir de 1925. ▪ La *civilisation de Djemdet Nasr* (env. –3100 - –2900) représente la 3e des périodes protohistoriques sumériennes. Elle est caractérisée par sa céramique et par son écriture, plus évoluée que celle d'Uruk*. Elle vit de notables progrès artistiques et une vaste expansion commerciale. → **Sumer.**

**DJEMILA** ♦ V. d'Algérie (wilaya de Sétif), sur les Hauts Plateaux. 22 065 hab. Ruines de l'anc. colonie romaine de *Cuicul*.

**DJENNÉ** ← ÉTYM. de *Diané* «le petit Dia» transformé en ar. en *Djenna* «paradis» ou de *Adyini*, n. de pers. ♦ V. du Mali, sur le Bani, au S. de Mopti. Plus de 7 000 hab. V. commerciale et religieuse de l'empire du Mali et de l'Empire songhaï. Grande mosquée, architecture soudanaise.

**DJERADA** ou **JERADA** ♦ V. du Maroc oriental (prov. d'Oujda) située à l'amorce des monts de Tlemcen (monts de Djerada). 43 916 hab. Gisement d'anthracite de Djerada-Hassiblal découvert en 1928 mais dont la production est auj. en déclin.

**DJERBA** ou **JERBA** – en ar. *Jirba* ♦ Île de Tunisie (gouvernorat de Médenine), au S. du golfe de Gabès, rattachée par une route au continent. 514 km². 100 000 hab. *(Djerbiens)*. V. PRINC. : Houmt-Souk. La population, d'origine berbère (musulmans kharidjites), de tradition commerçante, émigre temporairement. Arbres fruitiers, palmiers-dattiers, oliviers. Artisanat. Pêche (éponges). Centre touristique important. Aéroport international.

**DJERID** ou **JERID** (chott el-) – en ar. *Shut al-Jarīd* ♦ Dépression fermée du S. de la Tunisie, au pied des hautes steppes, immense «lac» salé long de près de 200 km, dont l'extension orientale porte le nom de chott el-Fedjedj. 5 000 km². Oasis princ. : Tozeur.

**DJÉSIREH** ou **DJÉZIREH** n. f. ← ÉTYM. en ar. *al-Jazīra* «l'île» ♦ Plateau agropastoral du Proche-Orient, situé à cheval sur la Syrie et l'Irak, et couvrant le nord et le centre de l'anc. Mésopotamie. En Irak, la Djésireh s'étend au S. du djebel Sindjar entre le Tigre et l'Euphrate, à l'O. de Bagdad. En Syrie, la *haute Djésireh* prolonge au N. le désert de Chamiya entre le djebel Abdülaziz et les contreforts du Taurus (Turquie) et correspond à la haute Mésopotamie. Elle est traversée par le Khabour. ▪ Production de céréales (exportées par Lattaquié), de riz, de coton. Élevage de moutons.

**DJEZKAZGAN** → **Jezqazghan**

## DJIBOUTI

▮ – off. ***république de Djibouti*** ♦ Pays d'Afrique orientale situé à l'entrée de la mer Rouge. 23 200 km². 862 000 hab. *(Djiboutiens)*. → **Somalie** (carte). LANGUES : français et arabe (off.), afar et somali (langues nationales). POPULATION : Afars (Danakils) au N. et à l'O., Somalis (Issas, Gadaboursis) à Djibouti et au S., minorité arabe (Yéménites). RELIGIONS : musulmans, catholiques. MONNAIE : franc djiboutien. CAPITALE : Djibouti. RÉGIME : présidentiel.

▮ **GÉOGRAPHIE** Territoire d'une aridité extrême séparé de la péninsule Arabique par le détroit de Bab el-Mandeb (30 km), il est traversé par la grande faille africaine (volcan de l'Ardoukoba, lacs Assal et Abbé en-dessous du niveau de la mer) prolongeant le sillon du golfe de Tadjoura terminé par le Goubbet al-Kharab. Le relief, d'origine volcanique, culmine dans le N. au Moussa Ali (2 200 m). Désertique à basse altitude, la végétation devient méditerranéenne en montagne (forêt du Day). Le port de Djibouti est la seule zone économique (débouché du commerce éthiopien à raison de 75 % de l'activité portuaire, aire de stockage de conteneurs, ateliers navals). L'agriculture est inexistante.

▮ **HISTOIRE** Les côtes furent fréquentées dès le –IIe millénaire par les marchands d'aromates et le détroit de Bab el-Mandeb devint une voie d'échanges entre l'Arabie et l'Afrique (esclaves et marchandises africaines au comptoir de Tadjoura depuis le Moyen Âge). Anticipant l'ouverture du canal de Suez, des commerçants français signèrent des traités avec les sultans d'Obock (1862). Le Français Lagarde s'installa à Djibouti, mieux approvisionnée en eau, en 1888, entreprit la construction d'un port moderne et encouragea les Somalis du clan des Issas à s'y fixer. En 1917, le port devint le terminus d'un chemin de fer destiné à désenclaver l'Éthiopie. Colonie sous l'appellation de Côte française des Somalis (1896), puis territoire d'outre-mer en 1946,Djibouti vota pour le maintien des liens avec la France aux référendums de 1958 et 1967, et prit le nom de Territoire français des Afars et des Issas. En 1975, Djibouti et les régions du territoire peuplées de Somalis furent revendiquées par la Somalie. Après un référendum, le pays accéda à l'indépendance en 1977 et devint la république de Djibouti, mais il conserve une importante base militaire française. Les tensions traditionnelles entre Afars et Issas s'accrurent en 1992, et la guérilla afar fut durement réprimée. Hassan Gouled Aptidon (mort en 2006), président depuis l'indépendance, se retira au profit de son dauphin, Ismael Omar Guelleh (élu en 1999). En 2003, les premières élections législatives du «multipartisme intégral» virent le triomphe de l'Union pour la majorité présidentielle (UMP) au pouvoir. Depuis 2002, Djibouti est devenue un point d'appui américain pour les opérations militaires dans la région. L'assassinat du juge Borrel en 1995 a refroidi durablement les relations avec la France. En 2008, un bref conflit a opposé Djibouti à l'Érythrée le long de la frontière non délimitée entre les deux pays, face au détroit de Bab el-Mandeb.

**DJIBOUTI** ← ÉTYM. du n. ar. du site (*Ras* «cap» *Gabūtī*), cap formé de plateformes évoquant des plateaux en vannerie appelés *Gabod* par les Afars ou ar. «est-ce que le boutre *(būt)* est arrivé *(jā')* ?» ♦ Cap. de la république de Djibouti, sur le golfe de Tadjoura. 542 000 hab. *(Djiboutiens)*. Créé en 1884, Djibouti succéda à Obock comme capitale de la Côte française des Somalis, en raison de sa rade et de ses réserves d'eau potable. Son port devint à l'ouverture du canal de Suez une escale à mi-chemin des possessions françaises d'Extrême-Orient. Tête du chemin de fer Djibouti-Addis-Abeba (784 km), Djibouti est le débouché commercial de l'Éthiopie (exportation de café, de céréales et d'oléagineux). Depuis l'indépendance du pays (1977), le port comporte une aire de stockage de conteneurs pour les gros navires qui ne peuvent franchir le canal de Suez. Pour éviter un déséquilibre démographique préjudiciable sur le plan politique, l'établissement en ville des réfugiés des pays voisins est sérieusement réglementé.

**Djihad** ou **Jihad islamique** n. m. ← ÉTYM. ar. «effort suprême» ♦ Organisation d'extrémistes musulmans chiites pro-iraniens, apparue au Liban en 1983 puis en Syrie, Jordanie et Palestine, hostile au processus de paix israélo-arabe. Le Djihad est l'auteur de nombreux attentats et prises d'otages.

**DJOSER** ou **ZOSER** ♦ Roi d'Égypte (–2800). Fondateur de la IIIe dynastie memphite, il fit construire par son architecte Imhotep* la célèbre pyramide à degrés de Saqqara*.

**Djoser.** La pyramide à degrés de Saqqara. *Phot. © Ph. Body/Hoa Qui*

**DJOUBA** n. m. – en angl. *Juba*, en it. *Giuba* ♦ Fl. d'Éthiopie et de Somalie (880 km), qui se jette dans l'océan Indien. ▪ Cultures inondables ou par irrigation dans la vallée.

**DJOUGDJOUR** n. m. ♦ Pays montagneux de Russie, dans le territoire de Khabarovsk, au N.-E. des monts Stanovoï. Longueur 700 km. Alt. max. 1 906 m.

**DJOUNGARIE** ou **DZOUNGARIE** n. f. ← ÉTYM. mongol «ceux de la main *(gar)* gauche *(dzoun)*» ♦ Région de Chine, dans l'extrême N. du Xinjiang*, formant une dépression entre les monts du Tian* shan et le massif de l'Altaï. Zone semi-désertique, lieu traditionnel de passage, par la vallée de l'Ili, entre l'Asie centrale et la Chine. Pétrole, charbon. ▮ **Histoire** Elle forma le centre d'un royaume mongol du XIe au XIVe s., puis celui d'une confédération de Kalmouks jusqu'en 1759, date de sa «pacification» par l'empereur Qianlong*.

**DJURDJURA** ou **JURJURA** ← ÉTYM. p.-ê. arabisation du berbère *adrar adghagh*, de *gherger*, *jerjer* «mont» ♦ Chaîne montagneuse d'Algérie, formant la bordure méridionale de la Grande Kabylie, dominant la vallée de la Soummam. Elle culmine au pic Lalla-Khadidja (2 309 m). Au pied de son versant S. se situe la ville de Bouira.

**DMITRIEV (Ivan Ivanovitch)** ♦ Poète russe (Bogorodskoïe, près d'Oulianovsk 1760 - Moscou 1837). Il écrivit des fables *(Le Bon Sens d'autrui)*, des chansons et des contes dans le style étudié de la prose de Karamzine*.

**DMOWSKI (Roman)** ♦ Homme politique polonais (Varsovie 1864 - Drozdowo 1939). Il est l'un des fondateurs de l'organisation patriotique polonaise «Ligue nationale» et créa, en 1897, le Parti national-démocrate puis, en 1917, avec Paderewski*, le Comité national polonais à Paris. Il dirigea la délégation polonaise à la Conférence de la paix à Paris (1919). Ministre des Affaires étrangères (1923), il fut l'adversaire politique de Piłsudski*.

**DMYTRYK (Edward)** ♦ Cinéaste américain (Grand Forks, Canada 1908 - 1999). Fils d'immigrants ukrainiens, militant communiste, il se rendit tristement célèbre en trahissant ses amis devant la Commission des activités antiaméricaines (→ **McCarthy**). Ses meilleurs films relèvent du genre «noir» à tendance sociale (*Feux croisés*, 1947 ; *Donnez-nous aujourd'hui*, 1949 ; *L'Homme à l'affût*, 1952). Il fut moins à l'aise avec les gros budgets (*Ouragan sur le «Caine»*, 1954 ; *Le Bal des maudits*, 1958).

**DNIEPR** ou **DNEPR** n. m. – anc. en gr. ***Borusthenês*** ◆ ÉTYM. anc. en lat. *Danapris*, p.-ê. de l'iran. *dan-* «fleuve» et *apar(a)* «situé derrière, occidental» [allus. à la situation du fleuve à l'ouest du domaine scythe ou alain] ♦ Fl. d'Europe orientale (2 200 km, le 3e fl. d'Europe par sa longueur, après la Volga et le Danube) ; issu du S. du plateau des Valdaï, il draine une partie de la Russie où il arrose Smolensk, la partie orientale de la Biélorussie où il baigne Maguilev et reçoit la Bérézina (rive d.), puis l'Ukraine où il reçoit le Pripiat (rive d.), le Soj et la Desna (rive g.). Il arrose Kiev, Tcherkassy, Krementchouk, Dnipropetrovsk, Dniprodzerjynsk, Zaporijjia, Nikopol et Kherson, avant de se jeter dans la mer Noire à l'E. d'Odessa par un estuaire barré en partie par un cordon littoral (liman). Navigable sur plus de 2 000 km, le Dniepr est également une puissante source d'énergie électrique (4/5 de la prod. hydroélectrique d'Ukraine. → **Dnieprogues**) et alimente dans son cours inférieur un important réseau d'irrigation, complété par le réservoir de Kakhovka. Le *bassin du Dniepr* (503 400 km²) possède de riches réserves de lignite, et des gisements de minerai de fer sont exploités près de Krementchouk.

**Dnieprogues** ou **Dnieprostroï** ◆ ÉTYM. *Dnieprogues* «centrale hydroélectrique du Dniepr» ; *Dnieprostroï* «chantier du Dniepr» ♦ Important barrage d'Ukraine, édifié sur le Dniepr, près de Zaporijjia. Mis en service en 1932, détruit par les Allemands en 1941 et reconstruit après la Deuxième Guerre mondiale, il assure aujourd'hui l'électrification de la région et de son industrie (1 478 000 kW). Les canaux d'irrigation dérivés du barrage ont permis la mise en valeur d'importantes surfaces agricoles en Ukraine du Sud et en Crimée du Nord.

**DNIESTR** ou **DNESTR** n. m. ◆ ÉTYM. p.-ê. de l'iran. *dan-* «fleuve» ♦ Fl. d'Europe orientale (1 352 km). Né dans les Carpates, près de la frontière polonaise, il traverse l'Ukraine, encaissé entre les plateaux de Podolie et de Volhynie, arrose Khotine et pénètre en Moldavie où il arrose Bendery et Tiraspol avant de se jeter dans la mer Noire par un vaste liman à l'O. d'Odessa. Navigable sur env. 800 km, le Dniestr alimente un chapelet de petites centrales hydroélectriques (Doubessar) et un système d'irrigation sur son cours inférieur.

**DNIPRODZERJYNSK** – anc. ***Kamenskoïe*** ♦ V. d'Ukraine, sur le Dniepr, en amont de Dnipropetrovsk. 249 530 hab. Centrale hydroélectrique. Construc. mécaniques. Indus. chimique.

**DNIPROPETROVSK** – anc. ***Iekaterinoslav*** ♦ V. d'Ukraine, ch.-l. de région et port fluvial sur le Dniepr. 1 056 497 hab. Univ. Carrefour ferroviaire. Grand centre indus. Centrale thermique. Sidérurgie. Construc. mécaniques. Cimenterie. Pneumatiques.

**DÖBLIN (Alfred)** ♦ Romancier français, d'origine et de langue allemandes (Stettin 1878 - Emmendingen 1957). Collaborateur de la revue expressionniste *Der Sturm**, où parurent ses premières nouvelles (*Assassinat d'une renoncule*, 1913), il publia plusieurs romans dont le plus connu, *Berlin Alexanderplatz* (1929), s'inspire de la technique du film et, introduisant le procédé du monologue intérieur, se présente comme une suite discontinue d'images et de tableaux. Döblin, socialiste en 1918, renonça par la suite au marxisme, et, dans son roman *Novembre 1918* (1939), où il évoque les personnalités de Rosa Luxemburg et Karl Liebknecht, il affirma ses convictions catholiques, qui sont également exprimées dans ses derniers ouvrages (*L'Homme immortel*, 1946 ; *L'Homme, notre souci*, 1948 ; *Hamlet*, 1956). D'origine juive, il se réfugia à Paris de 1933 à 1940 (il prit la nationalité française en 1936), puis aux États-Unis pendant la Deuxième Guerre mondiale.

**DOBRIČ** ◆ ÉTYM. de 1949 à 1989 ***Tolbuhin*** ♦ V. de Bulgarie du N.-E. 100 000 hab. Ch.-l. de région. Centre commercial et indus. directement lié aux activités agricoles de la plaine de la Dobroudja (minoteries, fabrique d'huile, traitement du coton, construc. mécaniques).

**DOBROLIOUBOV (Nikolaï Aleksandrovitch)** ♦ Critique russe (Nijni-Novgorod 1836 - Saint-Pétersbourg 1861). Partisan des occidentalistes*, il fut le critique le plus influent de l'époque, après Bielinski*. Ses critiques parurent dans le journal de Nekrassov*, *Le Contemporain*. Elles concernent le fond, les intentions et les effets des œuvres plutôt que leur forme littéraire. Ainsi, de ses études sur Gontcharov*, on peut retenir «Qu'est-ce que l'oblomovisme ?» ; sur les premières pièces d'Ostrovski*, «Le Royaume des ténèbres» et sur *L'Orage*, «Un rayon de lumière dans le royaume des ténèbres» ; sur *À la veille* de Tourgueniev*, «Quand donc viendra le vrai jour ?».

**DOBROLIOUBOV (Aleksandr Mikhaïlovitch)** ♦ Poète russe (Varsovie 1876 - 1944 ?). Son premier recueil de vers, *Natura naturans et Natura naturata* (1895), est une préfiguration du symbolisme*. Il tenta ensuite de concilier la poésie métaphysique, l'inspiration populaire et l'intimité avec la nature. *Du livre invisible* (1905) est un hymne mystique à la nature, où se mêlent prose et poésie.

**DOBROPOL** ou **DOBROPOLIÉ** – en serbe ***Dobro Polje*** ♦ Village de Serbie, au N.-E. de Niš. Le 19 sept. 1918, lors de l'offensive de Franchet d'Esperey, le front bulgare, qui tenait la position «du Dobropol», fut emporté par les troupes serbes et françaises. La poursuite de l'offensive amena la capitulation bulgare (29 sept. 1918). → **Guerre mondiale (Première)**.

**DOBROUDJA** n. f. – en roum. ***Dobrogea***, en bulg. ***Dobrudža*** ♦ Région d'Europe du S.-E. partagée entre la Roumanie au N., qui en possède la majeure partie (14 485 km² ; 968 971 hab.), et la Bulgarie au S. La Dobroudja roumaine est, au N., constituée de vieilles montagnes peu élevées (monts de Măcin, 467 m) que jouxtent des plateaux de grès et de calcaires. La Dobroudja méridionale est un plateau calcaire, sec et largement ondulé. Bordé de falaises au S. de Constantza, le littoral est, au N., très bas, sableux et occupé par les lagunes et les marais du delta du Danube. Formé de trois bras principaux : au N. le bras de Chilia, au S. les bras de Sulina et de Sfîntu Gheorghe (Saint-Georges), le delta, renommé pour l'extrême variété de sa faune (la plus importante colonie de pélicans d'Europe), est une région touristique. Pêche maritime, fluviale, lacustre (à l'esturgeon pour le caviar). Autrefois sèche, aujourd'hui irriguée, la Dobroudja est grande productrice de céréales, de vin, de fruits et de cultures maraîchères. Le sous-sol recèle du fer, du cuivre et du granit ornemental. Indus. métall. (aluminium, alliages spéciaux), construc. et réparations navales, cimenteries, conserveries. La pêche est largement pratiquée sur la côte (70 % de la prod. nationale). Tourisme le long du littoral de la mer Noire (Mamaia*, Agigea, Eforie). La Dobroudja est traversée par le canal Danube-mer Noire. ▮ **Histoire** Anc. *Scythia Minor* de Dioclétien*, la région fut l'enjeu des Bulgares et des Turcs qui s'en emparèrent en 1396. Les traités de San Stefano (1878), de Bucarest (1913) et de Neuilly (1919) cédèrent la plus grande partie de la Dobroudja à la Roumanie. Le traité de Craiova (1940) rendit le S. de cette province à la Bulgarie.

**DOBROVSKÝ (Josef)** ♦ Philosophe et historien littéraire tchèque (Darmoty, Slovaquie 1753 - Brno 1829). Ecclésiastique érudit, Dobrovský ranima, notamment avec son *Histoire de la langue et de la littérature bohèmes*, publiée en allemand (1792 - 1815), et ses études de la prosodie tchèque, l'intérêt scientifique pour cette culture dont il n'envisageait pourtant pas la renaissance. Ses travaux annoncèrent néanmoins le Renouveau national. ◆ ÉTYM. Le nom de famille *Dobrovský* vient de *Dobrovice*, nom de lieu (du tchèque *°dobr* «Dieu»).

**DOCE** n. m. (rio) ♦ Fl. du Brésil (980 km). Il prend sa source dans la serra do Espinhaço (Minas Gerais) et se jette dans l'Atlantique au N. de Vitória (Espírito Santo) traversant une région riche en gisements de fer. Il a donné son nom à la principale entreprise minière du Brésil, la Compagnie de la vallée du rio Doce.

## docétisme

n. m. ◆ ÉTYM. du gr. *dokein* «sembler» ♦ Doctrine hérétique chrétienne (IIe - IIIe s.). Les docètes soutenaient que le Christ, étant Dieu, n'avait pu vivre et souffrir sur terre qu'en apparence (Asie Mineure, déb. IIe s.). Cette doctrine fut reprise par divers gnostiques (Satornil, Marcion*, Valentin*) et, plus tard, par certains monophysites (VIe s.).

## docteurs de l'Église

n. m. pl. ♦ Titre décerné par l'Église à des théologiens ou auteurs spirituels dont l'enseignement est reconnu éminent. → **Albert le Grand, Alphonse-Marie de Liguori, Ambroise, Anselme, Antoine de Padoue, Athanase, Augustin, Basile le Grand, Bède le Vénérable, Bernard de Clairvaux, Bonaventure, Catherine de Sienne, Cyrille, Éphrem, François de Sales, Grégoire Ier, Grégoire de Nazianze, Hilaire de Poitiers, Isidore de Séville, Jean Chrysostome, Jean Damascène, Jean de la Croix, Jérôme, Léon Ier, Pierre Canisius, Pierre Chrysologue, Pierre Damien, Robert Bellarmin, Thérèse de Jésus, Thérèse de l'Enfant Jésus et de la sainte Face, Thomas d'Aquin.**

**Docteur Faustus** – en all. ***Doktor Faustus*** ♦ Roman qui fut considéré comme le «testament littéraire» de T. Mann* (1947). Le musicien Adrian Leverkühn, inspiré par le personnage de Nietzsche, a ou croit avoir fait un pacte avec le diable (thème du *Faust**), pacte par lequel il a obtenu le génie en échange de sa santé (il est atteint de syphilis). Cette œuvre complexe, dont T. Mann a donné d'amples commentaires dans *La Genèse du docteur Faustus* (1949), reprend et développe les thèmes habituels de l'auteur : affinité du pathologique, de la mort et de l'art, un art devenu inhumain. Racontée par Zeitblom, ami de Leverkühn, la vie du héros est doublement symbolique : image de l'Allemagne hitlérienne jusqu'à la débâcle de 1945 et, plus généralement, de la décadence de la civilisation occidentale. Avec *Le Jeu** *des perles de verre* de H. Hesse et *Héliopolis* de E. Jünger*, cette œuvre eut une influence considérable après la Deuxième Guerre mondiale.

**Docteur Jekyll et Mister Hyde** – en angl. ***The Strange Case of Dr Jekyll and Mr Hyde*** ♦ Nouvelle de R. L. Stevenson* (1885). Prenant conscience de ce qu'en tout individu coexistent deux êtres, l'un bon, l'autre mauvais, le docteur Jekyll découvre une substance chimique qui lui permet d'être tantôt lui-même, médecin à la réputation flatteuse, tantôt un criminel qui, la nuit, ravage les bas-fonds de Londres, Mister Hyde (de *to hide* «se cacher»). Découvert et torturé par le remords, Jekyll-Hyde se suicide dans son laboratoire. Cette longue nouvelle, d'un style admirable et d'un grand pouvoir évocatoire, est un classique de la littérature d'épouvante.

Le **Docteur Jivago** ♦ Œuvre de Boris Pasternak* (1955). Biographie imaginaire d'un médecin russe né au XIXe s., de son adolescence à sa mort, sur la toile de fond des événements historiques de 1905, 1914, 1917 et des années qui suivirent, ce témoignage sobre et émouvant s'intègre dans une fresque où chaque personnage intervient dans le destin du héros. Cette chronique de la vie et de ses passions s'opposait au modèle du réalisme socialiste. La lecture du *Docteur Jivago* provoqua une violente polémique entre les partisans et les adversaires du régime communiste russe. Il ne put être publié en russe qu'après une traduction italienne, et valut à son auteur le prix Nobel (1958) que Pasternak refusa.

### doctrinaires

n. m. pl. ♦ Nom donné sous la Restauration aux membres d'un parti politique fondé par Royer-Collard et Guizot. Hostiles aux royalistes extrémistes (ultras) et aux libéraux (ou indépendants), ils refusèrent l'idée d'une royauté de droit divin mais affirmèrent que le roi gouverne et ne se contente pas de régner («Le trône n'est pas un fauteuil vide»).

**DODDS (Alfred Amédée)** ♦ Général français (Saint-Louis, Sénégal 1842 - Paris 1922). Il se distingua pendant la guerre de 1870 - 1871 et au cours de plusieurs opérations au Sénégal, et fut chargé de l'expédition menée au Bénin contre Behanzin* (1892 - 1894).

**DODDS (Johnny)** ♦ Clarinettiste de jazz américain (La Nouvelle-Orléans 1892 - Chicago 1940). Il fut membre du Creole Jazz Band de King Oliver* (1920 - 1924) et enregistra avec Louis Armstrong* (Hot Five et Hot Seven), Jelly Roll Morton* et de nombreux groupes de Chicago. Il est considéré comme l'un des musiciens les plus représentatifs du style Nouvelle*-Orléans par son jeu âpre au vibrato caractéristique. Princ. enregistrements : *Gatemouth* (1926), *Come on and Stomp Stomp Stomp* (1927), *Hyena Stomp* (avec Jelly Roll Morton, 1927). ♦ **Warren,** dit **Baby Dodds** (La Nouvelle-Orléans 1898 - Chicago 1959), frère cadet du précédent. Il fut l'un des batteurs les plus représentatifs du style Nouvelle-Orléans grâce à un jeu privilégiant les caisses par rapport aux cymbales conformément à une tradition remontant aux fanfares de rues. Princ. enregistrements : *Drum Improvisation* (1946), *Willie the Weeper* (avec Louis Armstrong, 1927).

**DODÉCANÈSE** n. m. – en gr. mod. ***Dôdekanisos*** → ÉTYM. «les douze *(dôdeka)* îles *(nêsoi)*» ♦ Archipel grec de la mer Égée, au S.-O. de l'Asie Mineure, dont les principales îles sont : Rhodes*, Kos*, Kalymnos, Leros, Karpathos, Patmos*, Symi, Tilos. **Histoire** Soumises aux Turcs en 1522, les îles furent occupées par l'Italie en 1912 pour être enfin attribuées à la Grèce en 1947 par le traité de Paris. Certains îlots et récifs sont revendiqués par la Turquie.

### dodécaphonisme

n. m. → ÉTYM. du gr. *dôdeka* «douze» ♦ Au sens large, on peut appeler dodécaphonisme toute musique utilisant les 12 sons de l'échelle chromatique tempérée, à la base de la musique d'Occident depuis le milieu du XVIIIe s. Au sens étroit, introduit par Arnold Schoenberg* et ses disciples, on qualifie de dodécaphonique une musique utilisant ces 12 sons selon le principe de la série. → **atonalité, Boulez, sérialisme.**

**DODERER (Heimito VON)** ♦ Écrivain autrichien (Weidlingen, Basse-Autriche 1896 - Vienne 1967). Auteur de poésies (*Ruelles et Paysages*, 1923 ; *Un chemin dans les ténèbres*, 1957), de nouvelles (*Trompettes de Jéricho*, 1958 ; *Sous les étoiles noires*, 1963), il est surtout connu pour ses romans *L'Escalier du Strudelhof* (1951), *Les Démons* (1956), qui s'inspirent de Dostoïevski tout en le parodiant, *Les Cascades de Slunj* (1963). Nouveau naturalisme et rigueur formelle dans la construction caractérisent les œuvres de Doderer qui, tout en analysant, comme le faisaient déjà Musil et Broch, la conscience moderne (effondrement des valeurs, décomposition de la réalité), entreprend également de reconquérir le monde et affirme, au moins implicitement, la seconde naissance d'une humanité consciente.

**DODGSON (Charles)** → **Carroll (Lewis)**

**DODOMA** ♦ Cap. de la Tanzanie, au centre du pays. Env. 250 000 hab. (*Dodomais*).

**DODONE** – en gr. ***Dôdônê*** ♦ Anc. ville de Grèce (Épire) qui joua un rôle important dans les affaires politiques grecques grâce à son oracle de Zeus et de Dioné, l'un des plus anciens de la Grèce. Les prêtres et les prêtresses rendaient la réponse des dieux en interprétant le bruissement du feuillage des chênes sacrés, le son des bassins de bronze entrechoqués par le vent, ou le vol des colombes.

**DOESBURG** ♦ V. des Pays-Bas (Gueldre), sur l'IJssel. 11 593 hab. Ancienne place forte, elle garde une vaste église gothique et un hôtel de ville du XVe s. ▪ Métall. et construc. mécaniques. Centre touristique.

**DOETINCHEM** ♦ V. des Pays-Bas (Gueldre). 56 238 hab. Quincaillerie, métall. et construc. mécaniques. Indus. alimentaires.

**DŌGEN** ♦ Religieux japonais (1200 - 1253). Moine dès l'âge de 13 ans sur le mont Hiei où il étudia les doctrines du tendaishu*, il fit en 1223 un voyage en Chine. À son retour il fonda la secte Sōtō, contribuant ainsi à la propagation du bouddhisme zen. Son œuvre majeure est *Shōbōgenzō* («La vraie Loi, Trésor de l'Œil»).

**Doges** (palais des) – en it. ***Palazzo Ducale*** ♦ Anc. résidence des doges à Venise* et siège du gouvernement de la République vénitienne. Édifice gothique construit au XIIe s. et remanié, il comprend une façade du XVe s. de style flamboyant et une façade Renaissance reliée aux prisons par le célèbre pont des Soupirs. De nombreux peintres ont décoré le palais : Titien, Véronèse, le Tintoret ; sculptures du Sansovino et de Rizzo, qui dirigea la reconstruction après les incendies de 1479 et 1483.

**DOGGER BANK** ♦ Haut-fond sableux de la mer du Nord au large des côtes britanniques, néerlandaises et danoises, d'une longueur d'une centaine de kilomètres. Il fut jadis très poissonneux, mais sa richesse décroît avec la surexploitation et la pollution de la mer du Nord. **Histoire** Le Dogger Bank fut le siège de plusieurs batailles navales qui opposèrent Allemands et Britanniques (1781), puis Russes et Britanniques. → **Kingston-upon-Hull.**

**DOGONS** n. m. pl. → ÉTYM. mot local «celui qui appartient à la famille de ceux qui ont le sens de l'honneur» ♦ Peuple du Mali* occupant les falaises de Bandiagara* au S.-O. de la boucle du Niger. Se donnant une origine mandé, mais parlant une langue voltaïque, les Dogons vivent sur un sol ingrat, cultivent le mil et élèvent du petit bétail. Ils sont célèbres par leur production artistique. Les masques et les statuettes de bois aux formes sobres et élancées figurant les personnages de la riche cosmogonie ainsi que les ancêtres tutélaires et les génies expriment leur vision dualiste de l'univers (homme / femme, vie / mort). Un cycle d'initiations intègre l'individu à la société à tous les stades de sa vie. M. Griaule* recueillit leur tradition orale, et sa fille, Geneviève Calame-Griaule, étudia leur conception du langage.

**Dogons.** Danseurs sur échasses lors d'une cérémonie funéraire.
*Phot. © Charles Lénars*

**DOHA** ou **DUHĀ** → ÉTYM. ar. «baie» ♦ Cap. du Qatar située en bordure du golfe Arabo-Persique, sur la côte orientale de la péninsule. 339 847 hab. Port de commerce et de pêche. Musée d'art islamique conçu par Pei.

**DOHERTY (Peter Charles)** ♦ Immunologiste australien (Brisbane 1940). Avec R. Zinkernagel, il découvrit, en 1975, le mécanisme permettant au système immunitaire de reconnaître, grâce aux antigènes du système HLA (→ **Dausset**), les cellules infectées par un virus. Les applications thérapeutiques concernent aussi bien les maladies virales et infectieuses que le cancer. [Prix Nobel de physiol. ou méd. 1996, avec R. Zinkernagel] → ÉTYM. *Doherty* est la forme anglicisée du gaélique *Ó Dochartaigh* «descendant de *Dochartach'* (surnom d'une personne malchanceuse ou nuisible)».

**DOHNÁNYI (Ernö** ou **Ernst VON)** ♦ Pianiste, chef d'orchestre et compositeur hongrois (Poszony 1877 - New York 1960). Virtuose de réputation internationale, il fut directeur du conservatoire de Budapest avant d'émigrer aux États-Unis (1949). Sa musique, influencée par Liszt et par Brahms, se rattache au mouvement postromantique. Auteur d'opéras, de symphonies, de concertos et de nombreuses pièces de musique de chambre, il a participé avec Bartók* et Kodály*, au renouveau de la musique hongroise. Ses *Ruralia hungarica*, d'une inspiration proche de la musique tzigane, sont d'une grande richesse orchestrale. Le chef d'orchestre CHRISTOPH VON DOHNÁNYI (Berlin 1929) est son petit-fils.

**DOILLON (Jacques)** ♦ Cinéaste français (Paris 1944). Le plus fécond des auteurs-réalisateurs de la période qui succéda à la nouvelle vague, il affectionne les conflits passionnels en vase clos : *La Femme qui pleure* (1979), *La Pirate* (1984), *La Fille prodigue* (1984), *La Fille de quinze ans* (1989), *Le Petit Criminel* (1990), *Amoureuse* (1992), *Petits Frères* (1998). ➝ ÉTYM. Ce nom de famille vient de l'ancien français *doille* «tonneau» ou de l'adjectif *doille* «doux, tendre».

**DOIRE** n. f. ➝ ÉTYM. en it. ***Doria***, rac. hydronym. précelt. *°dor-* «cours d'eau» (→ aussi Dore, Dordogne, Douro) ♦ Nom de deux riv. italiennes, nées dans les Alpes, affl. du Pô et arrosant le Piémont. La *Doire Baltée* (160 km), issue du versant S. du mont Blanc, emprunte la Vallée d'Aoste, arrose la plaine d'Ivrée et rejoint le Pô en aval de Chivasso. La *Doire Ripaire* (125 km) prend sa source près de Sestrières, draine le val de Suse et rejoint le Pô en aval de Turin. De puissantes centrales hydroélectriques ont été établies sur leurs cours, spécialement dans la Vallée d'Aoste.

**DOISNEAU (Robert)** ♦ Photographe français (Gentilly 1912 - Paris 1994). Il a publié plusieurs ouvrages de photographies portant sur Paris et ses habitants dont *La Banlieue de Paris* (1949, texte de Blaise Cendrars). Chef de file de la photographie humaniste française, il privilégia les thèmes exprimant, au quotidien, les sentiments de tout un chacun : amour, bonheur, tristesse.

Robert **Doisneau.** *Les Écoliers. Phot. © Robert Doisneau/Rapho*

**DOISY (Edward)** ♦ Biochimiste américain (Hume, Illinois 1893 - Saint Louis 1986). Auteur de travaux sur les hormones sexuelles, il étudia le conditionnement vaginal ; il établit que la kératinisation du vagin est un bon test d'activité œstrogène (1923), puis que le liquide folliculaire est œstrogénique (1924). Il s'intéressa aux vitamines, notamment à la vitamine K, découverte par H. Dam*, qu'il put extraire de la farine de poissons putréfiés (1939) et dont il réalisa la synthèse ; il fit également des recherches sur l'insuline, d'autres hormones et les antibiotiques. [Prix Nobel de physiol. ou méd. 1943, avec H. Dam]

**DŌKYŌ** ♦ Religieux bouddhiste japonais (mort en 772). Il exerça une grande influence sur l'impératrice Kōken et réussit à devenir Premier ministre. Il tenta de s'approprier le trône et fut exilé. Les impératrices ont été depuis lors écartées du trône du Japon.

La **Dolce Vita** ♦ Film italien de Federico Fellini* (1959), avec Marcello Mastroianni, Anita Ekberg, Anouk Aimée, Alain Cuny. Un chroniqueur mondain est le guide désinvolte de «Rome by night». Conçu à l'origine comme une réplique romaine aux *Vitelloni* (1953), film dans lequel Fellini décrivait les tristes soirées provinciales des oisifs de Rimini, sa ville natale, *La Dolce Vita* provoqua, à sa sortie, l'ire des milieux bien-pensants : il fut même question d'excommunier l'auteur, qui stigmatisait (non sans quelque complaisance) la dépravation d'une classe à laquelle, d'ailleurs, il appartenait, celle de l'aristocratie et des milieux de cinéma italiens. Le film illustre

La **Dolce Vita.** Marcello Mastroianni et Anita Ekberg. *Phot. © Coll. Christophe L.*

une sorte d'unanimisme baroque et la force visuelle et symbolique de séquences restées célèbres (le bain dans la fontaine de Trevi) lui confèrent la fascination des meilleures œuvres felliniennes.

**DOL-DE-BRETAGNE** [35120] ➝ ÉTYM. du bret. *dol* «méandre ; polder» ♦ Ch.-l. de cant. de l'Ille-et-Vilaine, arr. de Saint-Malo, au bord du marais de Dol. 4 563 hab. *(Dolois)*. Cathédrale Saint-Samson de style gothique normand (XII$^{e}$ - XIII$^{e}$ s.), plusieurs fois remaniée : verrière à médaillons (XIII$^{e}$ s.) ; stalles (XIV$^{e}$ s.) ; trône épiscopal (XVI$^{e}$ s.). Maisons anc. Musée (histoire locale ; statues en bois du XIII$^{e}$ au XIX$^{e}$ s. ; faïences des XVII$^{e}$ s. et XVIII$^{e}$ s.). → **Mont-Dol.**

**DOLE** [39100] ➝ ÉTYM. p.-ê. rac. celt. *°dol*, qui évoque les méandres d'une rivière ♦ Ch.-l. d'arr. du Jura, au-dessus de la rive d. du Doubs et du canal du Rhône au Rhin. 24 949 hab. (aggl. 30 363) *(Dolois)*. Collégiale Notre-Dame du XVI$^{e}$ s. de style gothique normand (statues du début du XVI$^{e}$ s.). Hôpital Pasteur (anc. Hôtel-Dieu du XVII$^{e}$ s.). Musée des Beaux-Arts : archéologie régionale ; coll. de peintures françaises et étrangères du XV$^{e}$ au XIX$^{e}$ s. Hôtels des XVI$^{e}$, XVII$^{e}$ et XVIII$^{e}$ s. Maison natale de L. Pasteur (musée). ▪ Ville à fonction tertiaire diversifiée, Dole est un nœud ferroviaire et routier possédant quelques industries (agroalimentaire, chimie). ▮ **Histoire** Construite sur un site préhistorique et gallo-romain, elle fut vainement assiégée par le prince de Condé en 1636, prise par Louis XIV en 1674, qui, après l'annexion de la Franche-Comté (1678), transféra le siège du gouvernement, le parlement et l'université à Besançon.

**DOLET (Étienne)** ♦ Humaniste et imprimeur français (Orléans 1509 - Paris 1546). Sa liberté d'esprit et son activité entraînèrent sa condamnation au bûcher pour hérésie et athéisme. On lui doit des commentaires sur les auteurs antiques et la langue latine (*Commentarii linguae latinae*, 1536 - 1538), comme des éditions de Marot* et de Rabelais*. Il fut aussi ardent à défendre la tolérance religieuse que la langue française. ➝ ÉTYM. Ce nom de famille vient de l'ancien français *doler* «amincir avec un objet tranchant».

**DOLGOROUKOV** ➝ ÉTYM. russe «longue main» (surnom donné à l'ancêtre de la famille, Ivan Andreïevitch Obolenski, au V$^{e}$ s.) ♦ Famille princière russe qui eut une grande influence sous les règnes de Pierre* le Grand et Pierre* II. ♦ **Iakov Fedorovitch Dolgoroukov** (Moscou 1639 - Saint-Pétersbourg 1720). Il prit part à la bataille de Narva* (1700) et, après avoir passé dix ans comme prisonnier en Suède, devint sénateur. ♦ **Vassili Vladimirovitch Dolgoroukov** (1667 - Saint-Pétersbourg 1746). Il écrasa l'insurrection des cosaques de Boulavine (1708). Après une disgrâce, il fut promu feld-maréchal (1730). ♦ **Ivan Aleksandrovitch Dolgoroukov** (1708 - Saint-Pétersbourg 1739). Compagnon d'enfance de Pierre II, il devint le favori du tsar et obtint le renvoi de Menchikov*. Les Dolgoroukov jouèrent alors un rôle très important, tentant de développer le pouvoir des familles princières au détriment de celui du tsar. L'arrivée sur le trône d'Anna Petrovna entraîna la disgrâce d'Ivan Aleksandrovitch et son exécution en 1739, ainsi que celles de plusieurs Dolgoroukov. ♦ **Vassili Mikhaïlovitch Dolgoroukov** (1722 - 1782). Général, il reçut le titre de *Krymski* après sa conquête de la Crimée *(Krym)* en 15 jours (1771). ♦ **Petr Vladimirovitch Dolgoroukov** (Moscou 1816 - Berne 1868). Historien et écrivain. Sa *Vérité sur la Russie* (1860) provoqua son bannissement de Russie et son exil en Suisse.

**DOLIN (Patrick HEALEY-KAY, dit Anton)** ♦ Danseur et chorégraphe britannique (Slinford, Sussex 1904 - Paris 1983). Il débuta comme danseur pour Diaghilev, créant des chorégraphies de Nijinski* et de Balanchine* (1921) et le rôle de Satan dans *Job* de Ninette De Valois (1931). Danseur aux qualités athlétiques, il poursuivit sa carrière comme chorégraphe à New York (*Scènes de ballet*, musique de Stravinski, 1945) et souvent à Londres. Il reconstitua en 1941 le fameux *Pas de quatre*, divertissement chorégraphique de J. Perrot.

**DOLLARD DES ORMEAUX (Adam)** ♦ Officier français (Les Ormeaux 1635 - Long-Sault, Canada 1660). Attaqué à Long-Sault par les Iroquois, il fut massacré avec sa troupe après une résistance héroïque de plusieurs jours, sauvant ainsi la colonie.

**DOLLARD DES ORMEAUX** ♦ V. du Canada (Québec), sur l'île de Montréal. 48 930 hab.

**DOLLER** ou **DOLLERN** n. f. ♦ Riv. d'Alsace, affl. de l'Ill (42 km). Née au pied du ballon d'Alsace, elle passe à Masevaux et conflue en amont de Mulhouse.

**DOLLFUS** ♦ Famille d'industriels alsaciens, originaire de Mulhouse. JOHANN HEINRICH DOLLFUS fonda en 1746 avec S. Koechlin et J. Schmalzer la première manufacture d'impression sur cotonnades (indiennes) qui donna naissance au puissant groupe Dollfus-Mieg et Cie (DMC), producteur d'articles textiles. ♦ **Jean Dollfus** (Mulhouse 1800 - *id.* 1887). Il modernisa la fabrication des indiennes, permettant ainsi l'essor de l'industrie textile en Alsace. Favorable au libre-échange, il fut maire de Mulhouse et député au Reichstag. ♦ **Charles Émile Dollfus** (Mulhouse 1805 - Bade 1858), frère du précédent. Fondateur de la société industrielle de Mulhouse, maire de la ville en 1843, élu député libéral en 1846, il démissionna en 1851, par opposition au Second Empire.

**DOLLFUSS (Engelbert)** ♦ Homme d'État autrichien (Kirnberg, Basse-Autriche 1892 - Vienne 1934). Issu d'un milieu paysan, militant du Parti social-chrétien, ministre de l'Agriculture (1931 - 1932), il devint chancelier en 1932, avec la majorité d'une seule voix. Continuateur de la politique de Mgr Seipel, il voulut faire de l'Autriche un État chrétien et autoritaire. En 1933, il suspendit le régime parlementaire et tenta d'éliminer les partis en les remplaçant par un front patriotique. Il lutta à la fois contre les socialistes (en 1934, il fit écraser les milices ouvrières de Vienne) et contre les nazis (interdiction des partis hitlériens en 1933) en s'appuyant sur les sympathisants fascistes des Heimwehren. Avec le soutien de Mussolini, il lutta pour une Autriche indépendante (entrevue de Riccione, 1933). Le 1er mai 1934, il promulgua une nouvelle constitution, qui établit en Autriche un État autoritaire, corporatif et chrétien. Le 25 juil. 1934, des groupes nazis pénétrèrent dans la chancellerie et assassinèrent Dollfuss ; Schuschnigg* lui succéda. ➝ ÉTYM. Ce nom de famille vient de *Adolfus,* latinisation de *Adolf* «Adolphe».

**DÖLLINGER (Johann VON)** ♦ Prêtre allemand (Bamberg 1799 - Munich 1890). Professeur d'histoire ecclésiastique à Munich, il fut l'un des plus vigoureux adversaires de l'ultramontanisme, attaqua Pie IX et le *Syllabus* dans *Le Pape et le Concile* (sous le pseudonyme de Janus) et, refusant le dogme de l'infaillibilité pontificale (1870), fonda l'Église schismatique des «vieux-catholiques», qu'il unit à l'Église janséniste d'Utrecht. Il avait été excommunié en avr. 1871.

**DOLNI VESTONICE** ♦ Site préhistorique de Moravie célèbre par la découverte, entre 1924 et 1980, de nombreuses statuettes et de plusieurs sépultures. Il s'agit d'un habitat de chasseurs de mammouths du Gravettien*.

**DOLOMIEU (Dieudonné** ou **Déodat DE GRATET DE)** ➝ ÉTYM. de *Doloimeiacum,* n. de lieu ♦ Géologue et minéralogiste français (Dolomieu, Dauphiné 1750 - Châteauneuf, Saône-et-Loire 1801). Il étudia les phénomènes volcaniques, proposa une première classification moderne des laves, décrivit les basaltes et les calcaires qui furent appelés *dolomies,* et donnèrent leur nom au massif des Dolomites*. [Acad. sc. 1795]

**DOLOMITES** n. f. pl. ou **ALPES DOLOMITIQUES** ➝ ÉTYM. du n. de *Dolomieu** ♦ Massif italien des Alpes orientales, compris entre l'Adige et le Piave. D'une hauteur moyenne de 3 000 m, elles culminent à 3 343 m

**Dolomites.** Le lac de Carezza. *Phot.* © *Hétier*

(La Marmolada). Elles sont constituées d'une roche calcaire, la dolomie (carbonate de calcium et de magnésium), reconnue par Dolomieu* qui a donné son nom au massif. La double action de l'érosion et des cours d'eau, jointe à la nature même de la roche, lui donne un aspect très particulier. La région a été aménagée pour le tourisme d'hiver, le ski (Bolzano*, Cortina* d'Ampezzo) et l'alpinisme.

**DOLPHY (Eric)** ♦ Saxophoniste, flûtiste et clarinettiste américain de jazz (Los Angeles 1928 - Berlin 1964). Il fut membre du Workshop de Charlie Mingus* (1959) et devint ensuite avec Ornette Coleman* l'un des initiateurs du free jazz. Princ. enregistrements : *Tenderly* (1960), *Music Matador* (1963).

**DOLTO (Françoise)** ♦ Psychanalyste française (Paris 1908 - *id.* 1988). Pédiatre de formation, elle a été une pionnière de la psychanalyse des enfants en France (*Psychanalyse et Pédiatrie,* 1939). Elle privilégia le rôle du désir, du langage et de l'intersubjectivité dont elle souligna la précocité. Elle participa à la création de l'École freudienne de Paris avec Jacques Lacan* (1964), mais elle ne mit pas autant que lui l'accent sur l'inconscient comme structure. Elle a travaillé dans le domaine de la psychose (*Le Cas Dominique,* 1971), enrichi les notions d'image du corps et de schéma corporel, et contribué à la théorie de la sexualité féminine. Acceptant de communiquer son expérience aux éducateurs et aux parents (*La Cause des enfants,* 1985), elle acquit une grande notoriété. Chrétienne, elle a écrit *L'Évangile au risque de la psychanalyse* (1978).

**DOMAGK (Gerhard)** ♦ Médecin allemand (Lagow, Brandebourg 1895 - Burgberg 1964). Auteur de recherches sur le cancer, il ouvrit la voie à la chimiothérapie par les sulfamides. [Prix Nobel de physiol. ou méd. 1939]

**Domaine musical** ♦ Concerts fondés en 1954 par Pierre Boulez* dans le but de faire entendre la musique la plus «avancée» de l'époque (Schoenberg, Webern, Varese, mais aussi lui-même, Stockhausen, Nono, Berio, Maderna et bien d'autres). Ces concerts constituèrent pendant près de vingt ans un événement culturel de première importance. P. Boulez conserva la direction du Domaine musical jusqu'en 1967. Il eut comme successeur Gilbert Amy*, qui mit un terme à l'entreprise en 1973.

**DOMANOVIĆ (Radoje)** ♦ Écrivain serbe (Ovsište, près de Kragujevac 1873 - Belgrade 1908). Ses nouvelles, satire féroce de la vie politique et sociale serbe (*La Cicatrice,* 1899 ; *Le Chef,* 1899 ; *Prince Marko revenu parmi les Serbes,* 1901 ; *Stradija,* 1902), connurent un certain retentissement.

**DOMAT (Jean)** ♦ Jurisconsulte français (Clermont 1625 - Paris 1696). Avocat au présidial de Clermont-Ferrand, ami de Pascal* (qui lui confia ses papiers en mourant) et fervent janséniste, il fut le premier jurisconsulte à avoir opéré une clarification générale du droit romain et présenté les lois françaises suivant un ordre logique. Ses ouvrages essentiels, *Les Lois civiles dans leur ordre naturel* (1689 - 1694) et *Le Droit public* (posth., 1697), firent célébrer en Domat «le restaurateur de la raison dans la jurisprudence» (Boileau).

**DOMBASLE** [dɔ̃bal] **(Christophe Joseph Alexandre Mathieu DE)** ♦ Agronome français (Nancy 1777 - *id.* 1843). Il apporta de nombreux perfectionnements à l'agriculture, inventant une charrue, préconisant le chaulage dans les terres argileuses, et créa à Roville, près de Nancy, une école d'agriculture (1822) qui contribua au développement de l'enseignement agricole en France sous la Restauration (*Essai sur les eaux naturelles,* 1810 ; *Théorie sur la charrue,* 1821, etc.).

**DOMBASLE-SUR-MEURTHE** [54110] ➝ ÉTYM. anc. *Domna Basula* «Saint Basile», du bas lat. *domnus* «saint» et *Basulus* «Basile» ♦ Comm. de Meurthe-et-Moselle, arr. de Nancy. 8 950 hab. *(Dombaslois).* Gisement de sel. Indus. chimiques (soude).

**DOMBES** n. f. sing. – le *s* final suggère à tort un pluriel et on dit parfois ***les Dombes*** ♦ Région du dép. de l'Ain, comprise entre la Saône, le Rhône et l'Ain ; c'est un plateau de faible altitude (300 m), dont le sol argileux, caillouteux est recouvert de dépôts morainiques et parsemé d'étangs poissonneux. En partie drainée, la région porte des cultures et on y pratique l'élevage des vaches laitières. **▮ Histoire** La Dombes fit partie de la Bourgogne, puis devint une principauté qui appartint aux maisons de Beaujeu, de Bourbon et d'Orléans, avant d'être réunie à la couronne de France (1762). Un parlement siégeait dans la capitale, Trévoux*.

**DOMBROVSKI (Iouri Ossipovitch)** ♦ Écrivain soviétique (Moscou 1909 - *id.* 1978). En 1939, il publia *Derjavine,* roman sur la condition de l'artiste, thème repris dans *Une lady au teint bistré. Trois nouvelles sur Shakespeare* (1969), puis fut condamné à 15 ans de camp dans le Kazakhstan. L'occupation nazie de l'Europe occidentale est le thème du roman *Le singe vient chercher son crâne* (1959), tandis que les abus du régime stalinien lui inspirent deux romans sur le totalitarisme : *Le Conservateur des antiquités* (1964) et *La Faculté de l'inutile* (publ. à l'étranger en 1978, en URSS en 1988).

**DOMBROWA GÓRNICZA, DOMBROWSKA, DOMBROWSKI** → Dąbrowa Górnicza, Dąbrowska, Dąbrowski

**DÔME** (monts) → Puys (chaîne des)

**DOMELA (Caesar DOMELA NIEUWENHUIS, dit César)** ♦ Peintre français d'origine néerlandaise (Amsterdam 1900 - Paris 1992). Autodidacte, toujours à la recherche d'un idéal, il rencontra Mondrian* et Van* Doesburg à Paris en 1924, et adhéra au mouvement De* Stijl. Il s'en sépara rapidement, refusant de renoncer à la 3e dimension en peinture, introduisant l'oblique et plus tard la courbe dans la géométrie de ses compositions. À Berlin, de 1927 à 1933, il collabora avec les artistes du Bauhaus*. En 1933, devenu membre du groupe Abstraction-Création, il créa ses premières compositions en relief, utilisant le laiton, le Plexiglas ou la peau de requin. Individuelle, sa démarche resta néanmoins fidèle aux fondements du néoplasticisme, à l'économie des moyens plastiques et à une idée transcendantale de l'art, même dans ses reliefs muraux des années 1950.

**DOMÈNE** [38420] ➝ **ÉTYM.** anc. *Domeno,* du n. d'un bois, du lat. *dumus* « buisson » avec suff. gaul. *-ennum* ou « domaine » ♦ Ch.-l. de cant. de l'Isère arr. de Grenoble, dans le Grésivaudan. 6 399 hab. *(Doménois).*

**DOMENICO DA FERRARA** ou **DA PIACENZA,** – en fr. ***Dominique de Ferrare*** ou ***de Plaisance*** ♦ Théoricien de la danse italien (fin du XIVe s. - v. 1462). Dans son *De arte saltandi et choreas ducendi,* premier traité technique d'art chorégraphique, il offre une description des pas et des figures de danse ainsi que des règles pour observer les mesures.

**DOMENICO VENEZIANO** ♦ Peintre italien (Venise, v. 1400 - Florence 1461). Une *Adoration des Mages* (v. 1435, Berlin), une *Madone* (v. 1445, Offices ; prédelle dispersée) et des fragments des *Vies de saint François et saint Jean Baptiste* (v. 1460, Florence, Santa Croce) sont les œuvres les plus certaines de ce peintre qui prétendit égaler Fra Angelico* et Filippo Lippi* et fut le maître de Piero* della Francesca. Il chercha, par la légèreté lumineuse de ses couleurs, à aérer l'espace construit selon les règles de la perspective linéaire.

**DOMÉRAT** [03410] ➝ **ÉTYM.** anc. *Domairac,* du germ. *Dotmarius,* n. de pers., et suff. *-iacum* ♦ Ch.-l. de cant. de l'Allier, arr. de Montluçon. 8 812 hab. Église (chevet et chœur romans) élevée sur une crypte du XIe s.

**DOMERGUE (François Urbain)** ♦ Grammairien français (Aubagne 1745 - Paris 1810). Frère de la Doctrine chrétienne, fondateur du *Journal de la langue française* (1784 - 1787), il a publié une *Grammaire française simplifiée* (1778) et des travaux sur la prononciation et l'orthographe du français. ➝ **ÉTYM.** *Domergue* est la forme populaire méridionale de *Dominique.*

**Domesday Book** ➝ **ÉTYM.** angl. « Livre du jugement dernier » ♦ Recensement des domaines de l'Angleterre établi à des fins administratives (probablement fiscales) sur l'ordre de Guillaume* Ier le Conquérant (1086).

**DOMFRONT** [61700] ➝ **ÉTYM.** anc. *Domnus Frons* « Saint Front », du bas lat. *domnus* « saint » et *Frons* « Front » ♦ Ch.-l. de cant. de l'Orne, arr. d'Alençon, au-dessus de la Varenne. 4 262 hab. *(Domfrontais).* Vestiges d'une enceinte du XIe s. Église romane Notre-Dame-sur-l'Eau (restaurée). Église Saint-Julien (1924) de style néobyzantin.

**DOMINGO (Plácido)** ♦ Ténor espagnol (Madrid 1941). Depuis ses débuts au Metropolitan Opera de New York (1968), il s'est imposé dans la plupart des rôles de Verdi (*Othello* notamment), ainsi que dans Donizetti, Puccini et bien d'autres. Il a abordé la mise en scène en 1985 *(Don Giovanni).* Il est également chef d'orchestre et dirige les Opéras de Los Angeles et de Washington.

**DOMINGUÍN (Luis Miguel González Lucas)** ♦ Torero espagnol (Madrid 1926 - San Roque, Cadix 1996), fils d'un matador. Il usa d'une grande maîtrise de son art et fut un torero flamboyant, adulé dans les années 1940-1950 par les Espagnols qui se passionnèrent également pour ses aventures avec de célèbres actrices.

## DOMINICAINE (RÉPUBLIQUE)

▮ – en esp. ***República Dominicana*** ➝ **ÉTYM.** nommée en l'honneur de saint *Dominique** (Domingo de Guzmán) ♦ Pays des Grandes Antilles qui occupe la partie orientale de l'île d'Haïti. 48 730 km². 8 562 541 hab. *(Dominicains).* LANGUE : espagnol. POPULATION : métis. RELIGION : catholicisme. MONNAIE : peso. CAPITALE : Saint-Domingue (de Guzmán). RÉGIME : présidentiel.

▮ **GÉOGRAPHIE** ▮ **Le relief** L'île est très montagneuse. Cependant, dans la partie dominicaine, se développent de belles plaines fertiles. Une cordillère septentrionale, parallèle à la côte, culmine au pic Diego de Ocampo (1 249 m). Le bassin du Cibao est divisé en deux secteurs, le secteur E. occupé par la riche plaine de La Vega Real et arrosé par le río Yuna, et le secteur O. irrigué par le río Yaque del Norte. Le massif de la cordillère Centrale, le plus important de toutes les Caraïbes insulaires, culmine au Pico Duarte (3 098 m) et forme une barrière qui compartimente l'île. Au centre, le bassin intra-montagnard de San Juan de la Maguana présente une altitude de 300 à 500 m, et se prolonge en territoire haïtien par le Plateau central. Au S., des alignements de chaînes encadrent une

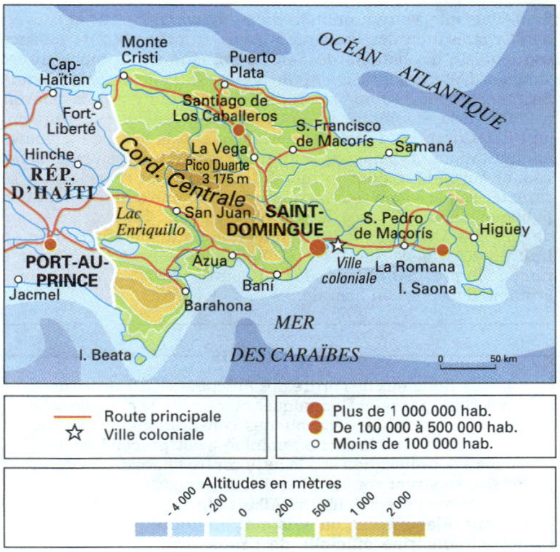


**République Dominicaine.**

dépression située au-dessous du niveau de la mer (-40 m). À l'E. plaines et collines se succèdent. La presqu'île de Samaná, au N.-E., est en réalité une île montagneuse, rattachée à l'île principale à l'époque historique par les sédimentations du río Yuna. Le littoral offre de magnifiques plages à l'E. ▮ **Le climat et l'agriculture** Climat tropical à deux saisons. Les secteurs au vent reçoivent des précipitations abondantes (provinces de Puerto Plata et de Samaná) tandis que vers l'O. et le S. plusieurs secteurs sont très secs (provinces de Monte Cristi et de Pedernales). La végétation originelle a été détruite, sauf dans les massifs élevés (pinèdes). L'État dominicain a établi quelques secteurs protégés (parcs naturels). L'agriculture et l'élevage n'occupent plus que 40 % de la population active. À La Romana*, on trouve la plus grande usine sucrière du monde. Café, cacao et tabac, cultures très anciennes dans l'île, sont produits dans le bassin du Cibao et sur ses bordures. L'élevage des bovins dans les savanes de l'E. permet des exportations vers Porto Rico. ▮ **L'industrie et le tourisme** Les ressources minières sont concentrées dans deux mines, une mine d'or (province de Cotuí) et une de nickel (province de Monseñor Nouel). Une vingtaine de zones franches industrielles ont permis le développement de la sous-traitance internationale (vêtements, lingerie, électronique) mais la concurrence chinoise s'accentue. L'activité essentielle est le tourisme (premier pays récepteur de la Caraïbe), qui bénéficie des ressources naturelles et historiques du pays.

▮ **HISTOIRE** ▮ **Hispaniola : la période coloniale** Avant l'arrivée des Espagnols, l'île était densément peuplée par les Taïnos comme l'attestent un grand nombre de sites archéologiques. La Conquête et la destruction des caciquats indigènes provoquèrent une chute brutale de la population et l'on amena des Lucayes puis des Africains réduits en esclavage. Les premiers établissements européens s'installèrent : La Isabela (1493) sur la côte N. qui fut un échec, puis Saint-Domingue de Guzmán (1496) sur la côte S. Ce dernier devint le siège de l'Audiencia de Indias (fondée en 1511), administrant les territoires américains avant d'être supplantée par les audiencias de Mexico et de Panamá. L'*île Espagnole* (Española ou Hispaniola) comme l'avait rebaptisée Colomb perdit son intérêt aux yeux de l'Espagne qui la délaissa. Les boucaniers français mirent pied sur l'île à partir de l'île voisine de la Tortue et établirent ce qui devint, avec l'appui du roi de France, la colonie de Saint-Domingue (postérieurement rép. d'Haïti). Par le traité de Bâle* (1795) l'Espagne céda la partie orientale de l'île à la France. Mais Toussaint-Louverture* puis Christophe* et Dessalines* la revendiquèrent pour le nouvel État haïtien. Les Dominico-Espagnols rejetaient cependant la tutelle des Français comme des Haïtiens. Le général français Ferrand, défait en 1808 à Palo Hincado, près d'El Seibo dans l'E., se suicida et la partie orientale fut annexée par les Haïtiens de 1822 à 1844. ▮ **La République et la dictature de Trujillo** Le 27 fév. 1844 une insurrection chassa la garnison haïtienne de Saint-Domingue et proclama la République. L'indépendance dominicaine restant fragile, l'Espagne annexa à nouveau le pays de 1861 à 1865. L'instabilité politique et la dépendance financière conduisirent à l'occupation par les États-Unis (de 1916 à 1924). Ceux-ci éliminèrent une guérilla rurale dans l'E. et imposèrent une modernisation des infrastructures (routes, téléphone). Ils créèrent une Garde nationale conçue comme un organisme de répression interne. De cette Garde surgit le dictateur Rafael Leónidas Trujillo* qui régna sans partage jusqu'à son assassinat en 1961. ▮ **L'alternance politique** L'élection présidentielle de 1962 donna la victoire à Juan Bosch*, chef du Parti révolutionnaire dominicain (PRD, gauche), mais il fut renversé par un coup d'État en sept. 1963. Les

États-Unis intervinrent militairement en avr. 1965 sous le couvert de l'Organisation des États américains en prétextant la menace communiste. La bataille de Saint-Domingue fit au moins 10 000 victimes. L'élection présidentielle de 1966 vit la victoire de Joaquín Balaguer*, chef du Parti réformiste (droite) qui garda le pouvoir jusqu'en 1996, sauf entre 1978 et 1986, où le gouvernement revint au PRD. Contraint d'écourter son mandat à la suite de violentes manifestations, J. Balaguer soutint le candidat de centre-gauche, Leonel Fernández dont le mandat présidentiel (1996 - 2000) se caractérisa par une vive croissance économique et une corruption publique notable. En 2000, le pouvoir revint au PRD avec l'élection de Hipólito Mejía qui soutint l'intervention anglo-américaine en Irak en 2003, mais une crise économique de grande ampleur a ramené le président Fernández au pouvoir dès 2004 avec un programme d'inspiration libérale.

## dominicains

n. m. pl. ♦ Religieux de l'ordre des Prêcheurs (OP), ordre mendiant fondé par saint Dominique* et soumis à la règle de saint Augustin* avant de recevoir des constitutions propres en 1216 et 1220. Une branche féminine avait précédé en 1207. Voués à la prédication et à la lutte contre l'hérésie, les dominicains se virent confier l'Inquisition* en 1233. C'est en luttant contre l'averroïsme qu'Albert* le Grand et Thomas* d'Aquin élaborèrent un aristotélisme chrétien destiné à devenir doctrine officielle de l'Église catholique (→ **thomisme**). Plus généralement, la formation intellectuelle rigoureuse des dominicains, mariée à une spiritualité contemplative, donna naissance à une tradition théologique de rencontre avec les courants de pensée nés en marge du christianisme ou même en dehors de lui. L'ordre fut supprimé en France par la Révolution (1792) et rétabli par Lacordaire* (1843). On compte aujourd'hui environ 6 700 dominicains dans le monde. → **Innocent V, Eckhart (Maître), Suso, Tauler, Vincent Ferrier, Savonarole, Angelico (Fra), Cajetan, Tetzel, Pie V, Torquemada, Campanella, Lagrange, Garrigou-Lagrange, Chenu, Congar.**

**DOMINIQUE** (saint) **[Domingo de Guzmán]** ♦ Prédicateur castillan (Caleruega, prov. de Burgos v. 1170 - Bologne 1221), fondateur de l'ordre des Prêcheurs ou dominicains*. Chanoine régulier d'Osma, il accompagna son évêque au Danemark puis à Rome, d'où Innocent* III les envoya prêcher les albigeois* (1205). Son austérité, sa pauvreté lui valurent respect et notoriété. Il fonda le monastère féminin de Prouille, près de Fanjeaux* (1206). En 1214 il disposa d'une maison où il réunit des compagnons de mission, intéressa à cette fondation (1215) l'évêque Foulques de Toulouse qui l'emmena à Rome. Après les réticences d'Innocent III, le nouvel ordre fut approuvé officiellement par Honorius III (1216). Fête le 8 août. ➝ ÉTYM. *Dominique* vient du latin *dominicus* « [béni] du Seigneur ». → aussi Demangeon, Domergue, Doumer, Doumergue, Maginot, Mangin

## DOMINIQUE

▮ n. f. – off. ***Commonwealth of Dominica*** ➝ ÉTYM. en esp. *Dominica*, du lat. *dominica dies* « dimanche » [l'île a été découverte le dimanche 3 novembre 1493] ♦ État insulaire des Petites Antilles situé entre la Guadeloupe et la Martinique. → **Antilles** (carte). 751 km². 71 474 hab. LANGUE : anglais. POPULATION : Noirs. *(Dominiquais)*. RELIGION : catholicisme. MONNAIE : dollar des Caraïbes de l'E. CAPITALE : Roseau. RÉGIME : parlementaire. L'île, volcanique, est très montagneuse (point culminant : Morne Diablotin, 1 447 m). Le climat est tropical, très arrosé, et des ouragans peuvent survenir. Cultures : fruits et légumes tropicaux (bananes, citrons, oranges, noix de coco), café, cacao. Exportations vers le Royaume-Uni. Tourisme orienté vers la découverte de la nature.

▮ HISTOIRE L'île était peuplée d'Indiens caribes dont il ne reste qu'une tribu sur la côte orientale. D'abord colonisée par les Français, elle fut ensuite cédée à l'Angleterre (traité de Paris, 1763), et acquit son indépendance en 1978.

**Dominique** ♦ Œuvre d'Eugène Fromentin* (1863), dédiée à G. Sand. « Roman du souvenir », à demi autobiographique, c'est « l'histoire d'une affection, née d'une amitié d'enfant devenue subitement de l'amour », celle qui lie Dominique à Madeleine, plus âgée et bientôt mariée. Généreuse, cette dernière veut « guérir » le jeune homme par l'habitude ; gagnée elle-même à la passion par cette intimité progressive, déchirée mais volontaire, elle impose à Dominique le renoncement à leur amour. Plus tard, devenu heureux en famille, Dominique évoque avec un lyrisme contenu ces « mille émotions bien légères et dont la trace est cependant restée ». De ce récit en demi-teintes, où abondent les descriptions de la Saintonge, se dégage une mélancolique sagesse, qui est de savoir renoncer et d'accepter que « le repos [soit] un des rares bonheurs possibles ».

**DOMINIQUIN (Domenico Zampieri, dit il Domenichino, en fr. le)** ♦ Peintre et dessinateur italien (Bologne 1581 - Naples 1641). Élève du maniériste Calvaert* puis de Ludovic Carrache*, devenu ensuite l'un des aides d'Annibale Carrache au palais Farnèse à Rome *(La Femme à la licorne)*, il élabora un style tributaire de l'art d'Annibal Carrache, en accord avec les théories idéalistes ou classiques alors en gestation, et fortement imprégné de Raphaël, mais où apparaît parfois un pathétisme contenu. Il réalisa d'importantes décorations à fresque *(Martyre de saint André*, 1608 ; *Dernière communion de saint Jérôme*, 1614) ; fresques de la Villa Aldobrandini à Frascati (1616 - 1618), *Chasse de Diane*, 1620 ; *Les Évangélistes* à San Andrea della Valle (1624 - 1628). Dans ses paysages, les éléments « réalistes » précis et pittoresques sont subordonnés à une conception idéale et « héroïque » et à une composition harmonieuse où s'équilibrent plans et horizons *(Hercule et Cacus ; Paysage avec la fuite en Égypte)*. Ces caractères influencèrent Poussin.

**DOMINO (Antoine, dit Fats)** ➝ ÉTYM. *Fats*, de l'angl. *fat* « gros », surnom qui lui fut donné à l'âge de 10 ans ♦ Pianiste et chanteur de rhythm and blues américain (La Nouvelle-Orléans 1928). Musicien au jeu conforme à la tradition Nouvelle*-Orléans, il est l'un de ceux qui réalisèrent avec succès, durant les années 1950, la transition entre le rhythm and blues et le rock and roll. Princ. enregistrements : *The Fat Man* (1949), *Blueberry Hill* (1956).

**DOMITIEN** ➝ ÉTYM. en lat. ***Titus Flavius Domitianus***, n. d'une famille romaine ; de *domus* « maison » ♦ Empereur romain (81 - 96). (Rome 51 - *id.* 96). Second fils de Vespasien*, il succéda à son frère Titus*. Il reconstruisit Rome dévastée par les incendies de 64 et 80 et embellit la ville de plusieurs édifices (Odéon, stade). Reprenant les traditions du césarisme dynastique et s'étant rendu maître du Sénat par l'exercice d'une censure perpétuelle, il revendiqua pour lui le pouvoir absolu. Son implacable dureté s'exerça d'abord contre l'aristocratie qui s'opposait à l'édification d'une monarchie impériale centralisatrice ; aux complots qu'elle fomenta Domitien répondit par de terribles mesures de répression. Les intellectuels et les historiens furent proscrits (Épictète*, Dion* Chrysostome), les chrétiens persécutés. Une nouvelle conspiration fut formée contre l'empereur, à laquelle participait sa femme, l'impératrice Domitia, et celui que ses cruautés devaient faire surnommer « Néron chauve » fut assassiné par un de ses affranchis.

**DOMME** [24250] ➝ ÉTYM. → Dôme (monts) ♦ Ch.-l. de cant. de la Dordogne, arr. de Sarlat-la-Canéda. 987 hab. *(Dommois)*. Site magnifique sur un promontoire escarpé ; anc. bastide du XIIIe s. qui a conservé la majeure partie de ses remparts (porte des Tours, porte Delbos). Hôtel de ville du XIVe s.

**DOMMEL** n. f. ♦ Riv. de Belgique et des Pays-Bas (100 km). Elle se jette dans la Meuse après avoir reçu l'Aa.

**DOMODOSSOLA** ➝ ÉTYM. anc. *Domo d'Ossola*, du toscan *duomo* « église ; paroisse » et *Ossola*, n. de la vallée ♦ V. d'Italie, dans le Piémont (prov. de Novare). 18 466 hab. Importante voie de passage vers l'Europe du Nord-Ouest, au débouché du tunnel du Simplon. Grand nœud ferroviaire sur la ligne Lausanne-Milan. Électrométallurgie et électrochimie.

**DOMONT** [95330] ➝ ÉTYM. anc. *Doomons*, du germ. *Dodo*, n. de pers. ♦ Ch.-l. de cant. du Val-d'Oise, arr. de Sarcelles, près de la forêt de Montmorency. 14 883 hab. *(Domontois)*.

**Domostroï** ♦ Texte russe du XVIe s. attribué au prêtre Sylvestre, conseiller d'Ivan le Terrible. Écrit en slavon, ce traité définit la morale familiale de l'époque en insistant sur l'autorité du père.

**DOMPIERRE-SUR-BESBRE** [03290] ♦ Ch.-l. de cant. de l'Allier, arr. de Moulins. 3 477 hab. *(Dompierrois)*.

**DOMPIERRE-SUR-MER** [17139] ➝ ÉTYM. « Saint Pierre », du bas lat. *domnus* « saint » et *Pierre** ♦ Comm. de la Charente-Maritime, arr. de La Rochelle. 4 305 hab.

**DOMRÉMY-LA-PUCELLE** [88630] ➝ ÉTYM. anc. *apud Domnum Remigium* « Saint Remi », du bas lat. *domnus* et *Remi** et *Pucelle*, surnom de Jeanne d'Arc ♦ Comm. des Vosges, arr. de Neufchâteau, sur la Meuse. 167 hab. Maison natale de Jeanne d'Arc et musée. ▪ Aux environs, basilique Sainte-Jeanne-d'Arc (XIXe s.).

**DON** n. m. ♦ Riv. d'Angleterre (110 km) qui arrose Sheffield, Rotherham et Doncaster, et se jette dans l'Ouse avant l'estuaire de la Humber.

**DON** n. m. ➝ ÉTYM. mot scythe « fleuve » – anc. ***Tanaïs*** ♦ Fl. de Russie (1 870 km). Né dans les hauteurs au S.-E. de Toula, il se déverse dans le golfe de Taganrog (mer d'Azov) en formant un grand delta. Appelé parfois « le Don paisible » à cause de son cours régulier et lent, il reçoit les eaux des riv. Krassivaïa Metcha, Bystraïa Sosna (302 km), Tchir (360 km) et Donets, Voronej (342 km), Bitioug (379 km), Khoper (979 km), Medveditsa (745 km), et arrose les villes de Rostov-sur-le-Don, Lebedian, Zadonsk, Pavlovsk et Kalatch-sur-le-Don. Navigable de mars à nov. jusqu'à Khlebnoïe (70 km env. au N. de Voronej), il est relié par un canal à la Volga. ▪ Barrage, réservoir d'eau (env. 260 km de longueur) et centrale hydroélectrique à Tsimliansk. Pêche. ▮ Histoire Importante voie fluviale dès la période de la Russie de Kiev, le Don facilita le commerce des Russes avec les Khazars. Pendant les campagnes contre la forteresse turque d'Azov, à l'embouchure du fleuve, Pierre le Grand fit construire des navires en bois près de Voronej et expédia ses troupes par le Don (1695 et 1696). Installés le long du fleuve, les Cosaques* du Don maintinrent leur identité jusqu'à la révolution d'Octobre.

**DONALD** ♦ Nom de rois d'Écosse dont les premiers sont légendaires. ♦ **DONALD V.** Roi d'Écosse (de 858 à 862). ♦ **DONALD VI.** Roi d'Écosse (de 894 à 904). Il aida Alfred le Grand contre les Danois. ♦ **DONALD VII.** Autre nom de Duncan* Ier. ♦ **DONALD VIII** (mort en 1098). Roi d'Écosse (1093 - 1094). Fils de Duncan* Ier, il fut détrôné par Edgar, fils de Malcolm III, qui l'emprisonna. ➝ ÉTYM. Ce nom gaélique vient de *Dòmhnall* « prince du monde », de *dubno* « monde » et *walos* « puissant ».

**DONALDSON (Simon Kirvan)** ♦ Mathématicien britannique (Cambridge 1957). Il développa les aspects mathématiques des théories de jauge (très importantes en physique des particules), révolutionnant ainsi la topologie des espaces à quatre dimensions. On lui doit notamment la démonstration de l'existence d'une infinité de calculs différentiels non équivalents dans l'espace ordinaire à quatre dimensions. [Médaille Fields 1986]

**DONAT** – en lat. ***Donatus*** ♦ Évêque de Casae Nigrae en Numidie (mort en Gaule ou en Espagne v. 355). Contre l'évêque de Carthage, qu'il accusait d'avoir livré les livres saints lors des persécutions, il dirigea une Église schismatique, s'appuyant sur la population rurale berbère. ➝ **circoncellions.** Le *donatisme* fut condamné au concile d'Arles (314) et définitivement à Carthage (411). Il fut combattu par saint Augustin*. ➝ ÉTYM. Ce nom signifie « donné [par ou à Dieu] ».

**DONAT** – en lat. ***Aelius Donatus*** ♦ Grammairien latin (IVe s.), précepteur de saint Jérôme*, auteur d'un *Commentaire de Térence* et d'un *Commentaire de Virgile*.

**DONATELLO (Donato di Niccolò di Betto BARDI, dit)** ➝ ÉTYM. dimin. de son prénom *Donato* « Donat » ♦ Sculpteur italien (Florence v. 1386 - *id.* 1466). Il fut le plus grand sculpteur italien du Quattrocento et son œuvre acquit une importance telle qu'elle fut non seulement le moteur de l'évolution de la sculpture, mais aussi une source d'inspiration tant pour les peintres florentins que pour les maîtres de l'Italie du Nord, tel Mantegna*. Après avoir travaillé dans l'atelier de Ghiberti* (1403), il reçut de nombreuses commandes pour la décoration du Dôme de Florence (1406). Sa plus anc. œuvre authentifiée (*David*, 1408, marbre, Bargello, Florence) emprunte la grâce de ses lignes au gothique international tandis que le *Saint Marc* (1411 - 1412, Orsanmichele, Florence) annonce la manière violente et héroïque qui s'affirma avec la série des prophètes. Parmi ces derniers, le *Zuccone* (« le chauve ») est le plus célèbre par son réalisme presque caricatural, fortement inspiré des bustes romains de l'époque tardive. Mais une de ses plus grandes innovations fut la manière picturale avec laquelle il traita le bas-relief qui anime le socle de son *Saint Georges* (1416 - 1420, marbre, Bargello) : par un modelé très peu prononcé, il réalisa une des premières œuvres obéissant aux lois de la perspective récemment découvertes, précédant ainsi de dix ans les grandes applications de la perspective dans la peinture. De plus, il exerça une influence décisive sur la sculpture funéraire du XVe s. en réalisant le tombeau de l'antipape Jean XXIII en collaboration avec Michelozzo* (baptistère, Florence). Après son voyage à Rome (1431 - 1433), il exécuta la Cantoria du Dôme de Florence (1433 - 1439) où l'influence du classicisme antique est évidente dans le traitement des draperies comme dans l'organisation de l'ensemble. Cette même influence se retrouve dans le *David* (entre 1433 et 1443, bronze, Bargello) légèrement déhanché qui, par le subtil gonflement de ses lignes graciles et féminines, capte la lumière et la décompose dans un miroitement insaisissable. Pendant son séjour à Padoue (1443 - 1453), il réalisa deux œuvres capitales : la statue équestre représentant le condottiere *Gattamelata* (bronze, terminée en 1453), tout en s'inspirant de l'antique statue de Marc Aurèle, inaugure la thématique du monument équestre et les recherches sur les problèmes d'équilibre, ouvrant ainsi la voie à Verrocchio*, à Léonard* de Vinci, au Bernin*. Par ailleurs, les panneaux du maître-autel qu'il édifia dans la basilique Sant'Antonio, à Padoue, influencèrent presque tous les peintres des écoles du N. de l'Italie par l'exploitation des règles de la perspective pour agencer une mise en scène dramatique aux effets violents et intenses. Ses dernières œuvres florentines dégagent autant de puissance expressive : parmi les ambons de la chaire de San Lorenzo, le *Martyre de saint Laurent* offre un bel exemple de l'esthétique du *non finito*, renforcée par la précision des détails et l'effacement des silhouettes. Et si l'on retrouve une certaine grâce dans sa Judith (*Judith et Holopherne*, Florence), sa *Marie-Madeleine* (v. 1455, bois, Florence) rend avec violence l'expression du ravage et de la laideur. ▪ Par la qualité de sa technique (marbre, bronze, bois), par la variété de son style (gracile, violent, expressionniste ou dramatique), par l'intelligence de son utilisation du modèle antique, par le dépassement de l'opposition entre les valeurs de la peinture et de la sculpture, Donatello fut une des grandes figures novatrices du Quattrocento. Michel-Ange partit de son œuvre pour élaborer la sienne.

**Donation de Constantin** ♦ Faux inséré dans les Fausses Décrétales*, selon lequel Constantin aurait donné Rome et son territoire au pape Sylvestre Ier et à ses successeurs.

**Donatello.** *David,* bronze (1,91 m). Musée du Bargello, Florence.
*Phot. © Dagli Orti*

**Donation de Pépin** ♦ Acte par lequel Pépin le Bref, vainqueur des Lombards, donna les territoires conquis (l'exarchat de Ravenne, la Pentapole) au pape Étienne* II et constitua les États de l'Église (756). ♦ ***Donation de Charlemagne*** Confirmation et extension de la précédente (774). ➝ **Adrien Ier, Église (États de l').**

**DONATONI (Franco)** ♦ Compositeur italien (Vérone 1927 - Milan 2000). Parti d'un langage postbartokien, il mêla ensuite à des principes d'inspiration sérielle le recours au hasard et à l'aléatoire (*Kammersymphonie opus 18*, 1967 ; *Voci* pour orchestre, 1973 ; *Tema* pour 12 instruments, 1981 ; opéra *Atem*, Milan 1985 ; *Midi* pour flûte, 1989).

**DONAU** ➝ **Danube**

**DONAUESCHINGEN** ➝ ÉTYM. de *Donau* « Danube » et *Esginga*, n. de la v. au IXe s. ♦ V. d'Allemagne (Bade-Wurtemberg) à la confluence de la Breg et de la Brigach dont la réunion donne naissance au Danube. 21 401 hab. Château des Fürstenberg (musée) et fontaine monumentale marquant le début du Danube. Festival de musique contemporaine depuis 1921 (interprétations de Schoenberg, Stockhausen, Boulez, Xenakis).

**DONBASS** n. m. ➝ ÉTYM. du russe ***Donetski Ugolnyi Basseïn*** « bassin houiller du Donets » ♦ Bassin houiller situé entre la mer d'Azov et la boucle du Don, de part et d'autre du Donets. Partagé entre l'Ukraine (qui en possède la majeure partie) et la Russie, il constitue l'un des plus grands districts miniers et métallurgiques d'Europe (60 000 km$^2$) et a fourni, en 1991, 125 millions de t de charbon en Ukraine, 25 millions en Russie, et près de la moitié de la prod. ukrainienne de sidérurgie, alimentée par le minerai de fer de Krivoï*-Rog (Ukraine) et de Koursk* (Russie). Outre la production de charbon, de fonte, d'acier, et la métallurgie de transformation représentées en Ukraine (➝ **Donetsk, Gorlovka, Marioupol, Kommounarsk, Konstantinovka, Kramatorsk, Makiivka, Stakhanov, Thorez, Louhansk**) et en Russie (➝ **Rostov-sur-le-Don, Taganrog, Chakhty, Novotcherkassk**), le Donbass possède des indus. chimiques liées à la présence de sel (➝ **Slaviansk**), de nombreuses centrales thermiques, des cimenteries, et exploite le minerai de mercure extrait aux environs de Nikitovka (au centre). ▌**Histoire** Découvert en 1721, le gisement de charbon du Donbass, desservi par un réseau de voies ferrées en 1870, fut exploité dès la fin du XIXe s. avec l'aide de capitaux étrangers. L'industrie métallurgique fut implantée après la création de la ligne ferroviaire reliant le Donbass au gisement de minerai de fer de Krivoï-Rog (1886). Le développement du Donbass (qui fournissait 87 % du charbon et les 3/4 de la métallurgie russe en 1913), interrompu durant la Première Guerre mondiale, connut une reprise rapide, mais fut occupé par les Allemands (1942 - 1943) qui dévastèrent toutes les installations avant d'être chassés par l'armée soviétique.

**Don Carlos** ♦ Drame en 5 actes et en vers de Schiller* (1787), inspiré de Saint-Réal et de Brantôme. Apôtre de la liberté et de la justice, ami dévoué de Charles d'Autriche, le marquis de Posa, qui sert les amours de son maître et d'Élisabeth devenue femme de Philippe II, mourra, comme lui, victime de l'intransigeance et de la cruauté du roi d'Espagne, soutenu par l'Inquisition. ♦ ***Don Carlos*** Opéra en cinq actes de G. Verdi*, créé en français à Paris en 1867. Le livret de Méry et Du Locle suit à peu près le modèle schillérien. L'opéra fut traduit en italien et abrégé (*Don Carlo,* 1882-1884), puis de nouveau remanié en un prologue et quatre actes (1886). Verdi joue des oppositions entre l'amour et la raison d'État, la religion et l'État, le protestantisme et le catholicisme et parvient à une efficacité tant musicale que dramatique.

**DONCASTER** ♦ V. d'Angleterre (South Yorkshire), sur la rivière Don, au S.-E. de Leeds. 286 665 hab. Gisement houiller en déclin. Indus. ferroviaire et de textiles synthétiques. Importantes courses de chevaux.

**DONEGAL** ➝ ÉTYM. en gaél. ***Dún Na nGall*** «la forteresse *(dun)* des étrangers (*gall* [probablt des Danois])» ♦ Comté de la rép. d'Irlande, en Ulster. 4 830 km². 147 264 hab. Peu peuplé, au relief montagneux (mont Errigal), creusé par les glaciers et tapissé de tourbières, le Donegal est isolé, par les six comtés de l'Irlande du Nord, de la rép. d'Irlande, à laquelle il n'est relié que par un isthme terrestre d'une dizaine de kilomètres. Nombreuses presqu'îles au climat rude. Agriculture résiduelle et exode rural important.

**DONELAÏTIS** ou **DUONELAÏTIS (Kristijonas)** ♦ Poète lituanien (Gumbinnen, auj. Goussev 1714 - Tolmingkehmen 1780). Il est célèbre pour son grand poème *Les Saisons* (1765 - 1775, publié en 1818), première œuvre littéraire lituanienne. L'influence du classicisme grec perce à travers cette épopée nationale.

**DONEN (Stanley)** ♦ Cinéaste américain (Columbia, Caroline du Sud 1924). Formé par la chorégraphie, il réalisa de brillantes comédies musicales d'une inspiration tour à tour onirique et réaliste : *Chantons* sous la pluie* (*Singin' in the Rain,* 1952, avec Gene Kelly), *Beau fixe sur New York* (1955), *Drôle de frimousse* (*Funny Face,* 1957). Une gravité nouvelle apparut dans ses dernières œuvres, inspirées par le désenchantement du temps qui passe : *Voyage à deux* (1966), *Fantasmes* (1967), *L'Escalier* (1969), *Folie Folie* (*Movie Movie,* 1978).

**DONETS** ➝ ÉTYM. (dimin. de *Don**) ou **SEVERSKI DONETS** n. m. ♦ Riv. du S. de la Russie (1 053 km), qui prend sa source dans la région de Koursk, pénètre en Ukraine au N.-E. de Kharkov et se jette dans le Don dans la région de Rostov-sur-le-Don. Dans son cours inférieur, le Donets borde le Donbass* (ou bassin du Donets), district minier et métallurgique.

**DONETSK** – anc. ***Iouzovka***, puis ***Stalino*** ♦ V. d'Ukraine, ch.-l. de région, située à la lisière S. du bassin du Donbass. 999 975 hab. Centre charbonnier. Indus. lourdes (aciéries, construc. mécaniques), textiles et alimentaires.

**DONGALA (Emmanuel BOUNDZÉKI)** ♦ Écrivain congolais d'expression française (Brazzaville 1941). Il enseigne la chimie et la littérature aux États-Unis depuis qu'il s'est exilé pour fuir la guerre civile qui éclata dans son pays en 1997. L'absurdité de la guerre, le continent africain et l'enfance sont ses principaux thèmes d'inspiration : *Jazz et vin de palme* (1982), *Un fusil dans la main, un poème dans la poche* (1973), *Les petits garçons naissent aussi des étoiles* (1988), *Johnny Mad Dog* (sur les enfants-soldats, 2002 ; porté à l'écran en 2008).

**DONGES** [44480] ♦ Comm. de la Loire-Atlantique, arr. de Saint-Nazaire, sur l'estuaire de la Loire. 6 157 hab. *(Dongeois).* Port pétrolier. Raffinage. Pétrochimie.

**Don Giovanni** – en it. ***Il Dissoluto punito ossia il Don Giovanni*** ♦ Opéra en 2 actes de W. A. Mozart*, livret de L. Da Ponte, d'après G. Bertati (Prague, 1787). ➝ **Don Juan.** L'action de ce *dramma giocoso* (drame comique) est sans filiation avec l'œuvre de Molière*, mais la rencontre, dans la partition de Mozart, du charme le plus pur, d'une bouffonnerie débridée et d'une incomparable grandeur tragique, fait de cet ouvrage l'un des chefs-d'œuvre de la musique universelle. ▪ Porté à l'écran en 1979 par J. Losey.

**ĐỒNG NAI** n. m. ♦ Riv. du Viêtnam (Sud et Centre). Longue de 500 km, elle se mêle à l'embouchure au réseau de la riv. de Saigon, formant une zone basse parcourue de nombreux défluents.

**ĐÔNG SƠN** ♦ Village du Viêtnam (Nord), au N.-E. de Thanh Hóa. Site éponyme représentant l'apogée d'une culture du bronze particulière au Sud-Est asiatique. Les plus récentes découvertes archéologiques autorisent à en situer le début au Viêtnam vers le -XIe s., le Dongsonien s'affirmant du -Ve s. env. au début de l'occupation chinoise (-111). Cette culture est connue surtout par ses tambours dont le plus célèbre (Ngoc Lũ) se trouve au musée d'Histoire de Hanoi.

**DONGTING HU** ou **TONG-T'ING HOU** ➝ ÉTYM. du chin. *dòng* «grotte», *tíng* «cours» et *hú* «lac» ♦ Lac de Chine, dans le N. de la prov. du Hunan, au S. du Chang jiang qu'il contribue à régulariser (3 900 km², en période de crue). D'importants travaux d'aménagement hydraulique ont permis d'irriguer la région. Base d'aquaculture et de pisciculture.

**ĐÔNG TRIỀU** ♦ Petite ville du Viêtnam (Nord), près de la côte, au N. de Haiphong. Moins de 20 000 hab. Ce nom désigne également l'arc montagneux où se trouve la ville ainsi que le riche bassin charbonnier de Đông Triều à Cẩm Phả.

**DONG Yuan** ou **TONG Yuan** ♦ Peintre chinois (Zhongling, auj. Nankin, première moitié du Xe s. - 962), fonctionnaire au Jardin impérial. S'étant spécialisé dans les paysages, il fut réputé pour son emploi exceptionnel de l'encre monochrome. Il est considéré comme l'un des plus grands maîtres de la peinture chinoise, et incarne l'orthodoxie de l'École du Sud.

**DONG Zhongsu** ou **TONG Tchong-sou** ♦ Philosophe chinois (v. -179 - v. -104). Fonctionnaire impérial et conseiller de l'empereur Wudi*, il prôna une stricte hiérarchie sociale et le mythe d'une correspondance entre le Ciel et l'Homme, dont l'empereur représentait le mandataire de la volonté céleste. Il parvint à consolider le confucianisme dans sa position privilégiée et l'asseoir comme l'orthodoxie de la pensée lettrée. Sa doctrine philosophique a été recueillie dans le *Chungiu fanlu.*

**DONIAMBO** (pointe) ♦ Centre indus. de Nouvelle-Calédonie, près de Nouméa. Nickel.

**DÖNITZ (Karl)** ♦ Amiral allemand (Grünau 1891 - Aumühle 1980). Vice-amiral en 1940, il organisa la guerre sous-marine contre la Grande-Bretagne, devint le chef suprême de la Kriegsmarine (1943) et, successeur désigné par Hitler, il représenta l'autorité allemande après la mort de celui-ci et négocia la capitulation (7 - 9 mai 1945). Condamné à 10 ans de prison au procès de Nuremberg (1946), il fut libéré en 1956.

**DONIZETTI (Gaetano)** ♦ Compositeur italien (Bergame 1797 - *id.* 1848). Il fut, avec Bellini*, son rival, et Rossini*, son aîné et son maître, l'auteur le plus fêté de l'Europe musicale du XIXe s. Venu à Paris (1839), il prit la direction de la salle Ventadour, faisant représenter trois de ses meilleurs ouvrages, *La Fille du régiment* (1840), *La Favorite* (1840), *Don Pasquale* (1843). Prodigieusement doué mais disposé à la facilité, il a enrichi le répertoire lyrique de très nombreux opéras, parmi lesquels *Anna Bolena* (1830), *L'Elisir d'amore* (1832), *Lucia di Lammermoor* (1835). Il est encore l'auteur de symphonies, oratorios, cantates, mélodies et d'un grand nombre d'œuvres de musique religieuse. Il mourut fou.
➝ ÉTYM. Ce nom de famille italien vient de *Dionisio* (➝ Dionysos).

Gaetano **Donizetti.** Portrait par Induno.
Conservatoire Rossini, Bologne.
*Phot. © Lauros-Giraudon*

**DON JUAN** ou **DOM JUAN** ➝ ÉTYM. *Juan* : esp. «Jean» ♦ Personnage mythique du séducteur libertin, d'abord mis en scène par une légende, née sans doute d'un fait réel et rapportée par la *Chronique de Séville.* Une nuit, Don Juan Tenorio tua le commandeur Ulloa dont il avait séduit la fille. C'est dans le couvent de franciscains où le vieillard avait été enseveli que les religieux, attirant Don Juan, le massacrèrent. Ils déclarèrent ensuite que, venu insulter Ulloa sur son tombeau, le séducteur avait été entraîné en enfer par la statue, soudain douée de vie, de sa victime. ▪ Cette légende allait inspirer de nombreux poètes parmi lesquels Tirso de Molina* (*Le Trompeur de Séville et le Convive de pierre,* v. 1625), les Français Villiers et Dorimond (*Le Festin de pierre,* 1659 et 1661) et surtout Molière*. ♦ ***Dom Juan ou le Festin de pierre*** Comédie en 5 actes et en prose de Molière* (1665). Fidèle à la trame initiale, riche en épisodes dramatiques, Molière y approfondit le caractère de son héros, dont il fait un monstre d'orgueil et de cynisme cruel. Pour son Dom Juan, tout est jeu et prétexte à provocation : les larmes d'Elvire qu'il a abandonnée, la crédulité de Charlotte et de Mathurine, humbles paysannes à qui il promet le mariage, la piété du mendiant qu'il incite à blasphémer, la sottise de M. Dimanche, son créancier, l'âpre et trop naïve vertu de son père, Don Luis, et surtout l'ignorance et la lâcheté de son valet Sganarelle. En même temps, Molière dégage aussi l'étonnante ambiguïté du personnage, faisant de ce grand seigneur libertin et non dénué de courage un pessimiste hautain et un rationaliste conséquent. ♦ ***Don Juan*** Opéra de Mozart. ➝ **Don Giovanni.** ♦ ***Dom Juan*** Poème symphonique opus

20 de Richard Strauss* (1888), d'après un poème de Lenau* (Weimar, 1889). L'œuvre donne une vision pessimiste du héros qui, ne pouvant trouver l'idéal féminin, s'abandonne au dégoût et par là à sa perte. ♦ ***Don Juan et Faust*** → **Grabbe.**

**DONNAY (Maurice)** ♦ Écrivain et auteur dramatique français (Paris 1859 - id. 1945). La verve légère qui anima ses débuts au Chat noir se retrouve souvent dans son théâtre (*Lysistrata*, 1892 ; *Éducation de prince*, 1900) mais elle prend parfois les couleurs plus sombres du drame (*Amants*, 1895 ; *L'Autre Danger*, 1902 ; *Le Retour de Jérusalem*, 1904 ; *Paraître*, 1906). [Acad. fr. 1907]

**DONNE (John)** ♦ Poète et prédicateur anglais (Londres 1573 - *id.* 1631). D'origine galloise et catholique, il fut initié par sa mère à la littérature mais, bien qu'il eût fréquenté l'université d'Oxford, sa religion l'empêcha d'obtenir un titre académique. Il fit des études de droit à Londres (1592) où il mena une vie mondaine et écrivit des satires et des élégies qui ne furent pas publiées de son vivant : il y célèbre l'amour charnel sur un ton souvent déconcertant et original (*Le Rêve, Bonjour, Canonisation*). Les *Élégies* évoquent des aventures nocturnes assez réalistes (*Le Parfum, L'Apparition*), Donne tenant l'amour platonique pour un leurre (*L'Extase*). Son sens de l'interdépendance du monde matériel et du monde spirituel lui valut le qualificatif de «métaphysique». Sans respect pour les conventions de la métrique et de la scansion, il refusait l'image facile et la mythologie. Devenu doyen de Saint-Paul, prédicateur anglican le plus en vue de la capitale, Donne composa des poèmes religieux dans le même esprit que ses pièces profanes. *L'Anatomie du monde* (1610) et le *Progrès de l'âme* (1601), appelés aussi le *Premier* et le *Second Anniversaire*, sont une méditation sur la mort d'une jeune fille. *Biathanatos* (1644) est aussi inspiré par la mort, de même que les *Sonnets sacrés*, cri de l'âme causé par la mort de son épouse, et *Le Duel de la mort*, sa dernière prédication, où il exprime le triomphe universel et final du ver sur l'homme. W. B. Yeats et T. S. Eliot, en révolte contre la tradition romantique, se sont réclamés de Donne.

**DONNEAU DE VISÉ (Jean)** ♦ Écrivain et auteur dramatique français (Paris 1638 - *id.* 1710). Critique, il a publié une *Deffence de la Sophonisbe* et une *Deffence du Sertorius* de Corneille (1663). La même année, sa comédie *Zélinde ou le Portrait du peintre* développa une réponse venimeuse à *La Critique* de l'École des femmes* de Molière*. Il composa de nombreuses pièces de théâtre dont une seule, *La Devineresse* (1679), connut un grand succès. Auteur des *Nouvelles nouvelles* (1663), de *Mémoires sur Louis XIV* (1697 - 1705), il fonda le fameux journal *Le Mercure galant* (1672), qui lui conféra une grande autorité et qu'il mit au service des Modernes dans la querelle des Anciens* et des Modernes.

**DONNERSBERG** n. m. – en fr. ***Mont-Tonnerre*** ♦ Sommet volcanique et point culminant (687 m) du massif de la Hardt (Allemagne occidentale, Rhénanie-Palatinat). C'est l'ancien *Mons Jovis* des Romains. La région avoisinante constitua sous l'Empire le département français du Mont-Tonnerre, qui avait pour chef-lieu Mayence et pour villes princ. Deux-Ponts, Kaiserslautern et Spire.

**DONON** n. m. ➝ ÉTYM. p.-ê. rac. oronym. ♦ Plateau des Vosges (Bas-Rhin), à 1 000 m d'altitude. Des sculptures gallo-romaines y ont été trouvées en 1917. La ligne de faîte des Vosges est franchie au col du Donon (732 m) par la route de Schirmeck à Raon-l'Étape. ▪ Sports d'hiver.

**DONOSO (José)** ♦ Écrivain chilien (Santiago du Chili 1924 - id. 1996). Il fut, avec García Márquez et Vargas Llosa, l'un des romanciers du renouveau de la littérature sud-américaine à partir des années 1960. De même qu'il s'éloigna de son milieu, la grande bourgeoisie, pour mieux la dépeindre (*Trois nouvelles bourgeoises*, 1973), il ressentit le besoin de s'exiler du Chili (entre 1964 et 1980) pour mener à bien son travail de création. Il a laissé une vingtaine de romans notamment sur la dictature chilienne et sur son exil : *Le Couronnement* (1957) ; *Ce lieu sans limites* (1965) ; *Ce dimanche-là* (1966) ; *L'Oiseau obscène de la nuit* (1970) ; *Casa de Campo* (1978).

Le **Don paisible** ♦ Œuvre de Mikhaïl Cholokhov*, publiée en 4 livres entre 1928 et 1940. Ce long roman, épopée où se mêlent la fiction des personnages (les héros sont un couple de cosaques) et la réalité des événements (la guerre entre les communistes et les contre-révolutionnaires après 1917), est empreint de l'expérience vécue par l'auteur, qui commente le récit. Il fut recommandé par les autorités soviétiques comme le modèle du réalisme socialiste, mais la force de son lyrisme, puisé à la tradition tolstoïenne, dépasse largement les classifications.

**Don Quichotte** – en esp. ***El ingenioso hidalgo don Quijote de la Mancha*** ➝ ÉTYM. dans le roman, le héros se nomme *Quijada* («mâchoire») ou *Quesada* («pâté de fromage») ou *Quejana* (de *queja* «plainte») [semble inspiré d'un pers. réel, Don Alonso *Quijano* qui, à l'âge mûr, partit à la recherche d'un amour de jeunesse] ♦ Roman espagnol, chef-d'œuvre de Cervantès* (1605 - 1615). Entreprise pour ridiculiser les illusions romanesques des récits de chevalerie, qui étaient à la mode en Espagne et reflétaient un refus du réel, l'œuvre évoque, avec une tristesse ironique, derrière son héros don Quichotte, l'ambition déçue d'une Espagne décadente. «Le chevalier à la Triste Figure», idéaliste au grand cœur, et son écuyer Sancho Pança, bourgeois réaliste, cheminent sur les déserts de Castille. Au cours des épisodes du récit, on voit s'opposer deux aspects de l'âme humaine. Alors que S. Pança reflète le bon sens commun et ses limites, don Quichotte, redresseur de torts, veut imposer son idéal d'amour, d'honneur et de justice au mépris des trivialités de la vie courante. Répudiant la réalité, il s'évade dans cet imaginaire généreux et inefficace, qu'on a appelé «donquichottisme» et dont il ne sortira que pour mourir. Unamuno* en a tiré sa théorie du «sentiment tragique de la vie». On a pu voir dans l'acte donquichottesque non pas tant l'accomplissement d'une aspiration personnelle que l'imitation d'un idéal fixé par une tradition, voire une convention littéraire : «Don Quichotte porte la littérature en lui comme une incurable blessure» (Marthe Robert) ; le récit de Cervantès utilise les mythes littéraires et le discours du passé pour susciter un nouvel univers mythique. À toutes les époques, on a tenté de nouvelles interprétations de ce mythe et exploré les trésors de pensée et d'humanisme qu'il renferme. *Don Quichotte* eut de nombreuses adaptations musicales (notamment celle de Massenet) et cinématographiques (celle de Pabst avec Chaliapine).

**DONSKOÏ (Marc** ou **Mark)** ♦ Cinéaste soviétique (Odessa 1901 - Moscou 1981). Il a adapté avec talent à l'écran la trilogie littéraire autobiographique de Maxime Gorki : *L'Enfance de Gorki* (1938), *En gagnant mon pain* (1939), *Mes Universités* (1940) et, par la suite, deux autres œuvres du grand écrivain soviétique : *La Mère*, remake du film muet de V. Poudovkine et *Thomas Gordeiev*. On lui doit aussi un bon film de guerre, *L'Arc-en-ciel* (1944) et une fraîche élégie, *Le cheval qui pleure* (1958).

**DONUS** ♦ 78e pape (de 676 à 678). Romain.

**DONVILLE-LES-BAINS** [50350] ➝ ÉTYM. lat. «domaine *(villa)* de Dono [n. de pers. germ.]» ou «domaine *(villa)* du seigneur *(dominus)*» ♦ Comm. de la Manche, arr. d'Avranches. 3 351 hab. *(Donvillais)*. Station balnéaire.

**DONY** (abbé **Jean-Jacques Daniel)** ♦ Chimiste belge (Liège 1759 - *id.* 1819). Fondateur de l'indus. métallurgique du zinc qu'il fut le premier à obtenir à l'état pur.

**DONZÈRE** [26290] ➝ ÉTYM. p.-ê. du lat. *Duserius*, n. de pers. ♦ Comm. de la Drôme, arr. de Nyons, à la sortie du défilé taillé par le Rhône, dit robinet de Donzère. 4 379 hab. *(Donzérois)*. Église (XIIe s.) de style roman provençal. Vestiges d'une enceinte médiévale. ▪ Canal de dérivation du Rhône de Donzère-Mondragon avec un barrage de retenue qui alimente la centrale hydroélectrique André-Blondel, dont la production annuelle est de plus de 2 milliards de kWh. Centrale éolienne.

**DONZY** [58220] ➝ ÉTYM. anc. *Domiciacus*, du lat. *Domitius*, n. de pers., et suff. *-acum* ou du gaul. *diwontio* «lieu aux eaux sacrées» ♦ Ch.-l. de cant. de la Nièvre, arr. de Cosne-sur-Loire, sur les plateaux calcaires du *Donziois*. 1 659 hab. *(Donziais)*. À proximité, l'église Saint-Martin-du-Pré possède un tympan roman du XIIe s. (restauré) ; ruines du prieuré clunisien.

**DOOLITTLE (Hilda)** dite **H. D.** ♦ Poète et femme de lettres américaine (Bethlehem, Pennsylvanie 1886 - Zurich 1961). Elle rencontra Ezra Pound à l'université de Philadelphie et ne tarda pas à faire partie du groupe des imagistes* fondé par lui en 1912 ; elle se fiança avec Pound mais épousa le poète anglais Richard Aldington dont elle divorça en 1938. Elle fut également marquée par sa rencontre avec W. C. Williams* et par l'amitié de D. H. Lawrence*. À Paris, elle fréquenta Djuna Barnes*, Sylvia Beach, Adrienne Monnier, Gertrude Stein*, suivit à Londres une analyse avec Freud et rencontra en la personne de la romancière Bryher (Annie Winnifred Ellerman) sa liaison sentimentale la plus stable. Elle conserva toute sa vie les initiales H. D. sous lesquelles elle avait publié son premier recueil, *Le Jardin près de la mer* (1916). Son œuvre riche et dense, nourrie de mythes, culmine avec *Hélène en Égypte*, qui mêle poèmes en vers et commentaires en prose, paru l'année de sa mort. ➝ ÉTYM. Ce nom anglais vient du verbe *to do* «faire» et de *little* «peu» (surnom d'une personne paresseuse).

**Doon de Mayence** ♦ Chanson de geste (XIIe s.), qui donna son nom à un cycle de poèmes unis par un thème épique commun, celui de la rébellion et du repentir. Les héros, descendants du personnage principal, Doon de Mayence, meurent parfois au comble de la révolte (→ **Raoul de Cambrai**). Parfois ils se repentent et atteignent presque la sainteté (→ **Renaud de Montauban, Girart de Vienne, Ogier le Danois**).

**DOORN** ♦ V. des Pays-Bas (prov. d'Utrecht). 10 282 hab. Château Huize Doorn qui fut la résidence de l'empereur d'Allemagne Guillaume II (1920 - 1941).

**DOORNIK** → **Tournai**

**DOPPLER (Christian)** ♦ Physicien autrichien (Salzbourg 1803 - Venise 1853). Il découvrit l'effet qui consiste dans la variation apparente de la fréquence d'une onde lorsque la source de la vibration est en mouvement par rapport à l'observateur (1842). Ce phénomène *(effet Doppler-Fizeau)* a de nombreuses applications, notamment pour la mesure des vitesses en astrophysique. → **Fizeau.** ➝ ÉTYM. En allemand, il s'agit d'un surnom de joueur, du haut allemand *dopel(stein)* «dé (à jouer)».

**DORAT (Jean DINEMANDI, dit)** ♦ Humaniste français (Limoges 1508 - Paris 1588). Auteur de poésies latines et helléniste renommé, il occupa une chaire de grec au Collège royal (1566). Ayant communiqué son enthousiasme pour la culture gréco-latine notamment à Ronsard, du Bellay et Baïf, il constitua la Brigade (qui allait devenir la Pléiade*).

**DORAT (LE)** [87210] ♦ Ch.-l. de cant. de la Haute-Vienne, arr. de Bellac. 1 963 hab. (*Dorachons* ou *Doratiens*). Collégiale Saint-Pierre du XII^e s. : clocher octogonal, crypte du XI^e s. Vestiges des fortifications du XV^e s. : porte Bergère avec mâchicoulis. Maisons du XVI^e s. ▪ Marché agricole.

**DORÁTI (Antal)** ♦ Chef d'orchestre hongrois (Budapest 1906 - Gerzensee, Suisse 1988). Élève de Bartók* et de Kodály*, il dirigea pendant cinq ans les Ballets* russes, puis de nombreux orchestres aux États-Unis et à Londres. On lui doit entre autres les premiers enregistrements commerciaux de sept opéras de Haydn et de l'intégrale des symphonies de ce compositeur.

**DORCHESTER (Guy CARLETON, lord)** → **Carleton**

**DORCHESTER** ▸ ÉTYM. anc. *Durnovaria*, puis *Dorecestre*, abrév. d'un n. celt., p.-ê. «l'endroit aux gros galets» et vieil angl. *ceaster* «camp fortifié» ♦ V. d'Angleterre, ch.-l. du Dorset, au N. de Weymouth. 15 000 hab. ▮ Histoire Anc. ville romaine de *Durnovaria*. On a retrouvé, aux alentours, nombre de vestiges de l'époque préromaine.

**DORDOGNE** n. f. ▸ ÉTYM. anc. *Doronoma*, de la rac. hydronym. précelt. °*dor-* «cours d'eau» et double suff. *-one* et *-ia* (→ aussi Doire, Dore, Doron, Douro, Drôme) ♦ Riv. du Massif central et du Bassin aquitain (490 km). Née au puy de Sancy de la réunion de la Dore et de la Donne, elle arrose les bassins du Mont-Dore et de La Bourboule, passe à Souillac, Bergerac, reçoit notamment la Cère et la Vézère et se jette dans la Garonne au bec d'Ambès. Son cours supérieur est barré d'aménagements hydroélectriques : Marèges, L'Aigle, Chastang, Bort-les-Orgues.

**DORDOGNE [24]** n. f. ▸ ÉTYM. du n. de la riv. ♦ Dép. du S.-O. de la France, région Aquitaine. 9 060 km². 388 293 hab. CH.-L. : Périgueux. CH.-L. D'ARR. : Bergerac, Nontron, Sarlat-la-Canéda. Cour d'appel : Bordeaux. Académie : Bordeaux. → **Aquitaine.**

**DORDRECHT** ▸ ÉTYM. p.-ê. néerl. «cours d'eau *(drecht)* desséché *(dor)*» ♦ V. des Pays-Bas (Hollande-Méridionale), à l'un des carrefours des deltas de la Meuse et du Rhin. 118 541 hab. (aggl. 279 302). «Grande Église» (gothique). Maisons anc. (XVII^e s.). Musée. ▪ Indus. chimiques, explosifs. Distilleries. Engrais. Verrerie. Métall. Port. Chantiers navals. ▮ Histoire Détruite par les Normands en 937, Dordrecht, fortifiée en 1271, devint un point stratégique dans la défense des Pays-Bas. Prospère au XIV^e s., la ville déclina au XV^e s. Les fondements des futures Provinces-Unies y furent posés en 1572 par la première assemblée libre des États de Hollande. Le synode qui s'y réunit en 1618 - 1619 condamna l'arminianisme. → **Arminius.**

**DORE** n. f. ♦ Riv. d'Auvergne (140 km), affl. de l'Allier. Née dans les monts du Livradois, elle arrose Ambert et conflue en amont de Vichy. Aménagements hydroélectriques.

**DORE** n. f. ♦ Nom donné à la Dordogne près de sa source, au pied du puy de Sancy. Centrales hydroélectriques.

**DORE (monts)** → **Mont-Dore (massif du)**

**DORÉ (Gustave)** ♦ Dessinateur, graveur, peintre et sculpteur français (Strasbourg 1832 - Paris 1883). Dès l'âge de quinze ans, il collabora au *Journal pour rire*, à la *Caricature* et au *Charivari*. Il exécuta près de 10 000 illustrations pour les journaux et fut surtout célèbre comme illustrateur de livres. Il déploya dans ce domaine une imagination inépuisable : son graphisme fouillé, nerveux, révèle une fantaisie parfois truculente (*Pantagruel*, 1854 ; les *Contes drolatiques*, 1856) aussi bien qu'un lyrisme romantique et visionnaire (*L'Enfer de Dante*, 1861 ; *La Bible*, 1866). Il pratiquait avec une grande maîtrise technique la lithographie, l'eau-forte et la gravure de teinte, se faisant souvent seconder par des assistants. ▸ ÉTYM. *Doré* est probablement un surnom d'orfèvre ou de doreur ou le diminutif de *Théodore*.

Gustave **Doré.** Illustration pour les *Contes drolatiques* de Balzac. Bibliothèque nationale de France, Paris. *Phot. © Giraudon*

**DORET (Marcel)** ♦ Aviateur français (Paris 1896 - Venerque, Haute-Garonne 1955). Il détint, avec Le* Brix et Mesmin, le record de distance en circuit fermé (10 372 km, 1931) et participa à de nombreux meetings aériens (acrobaties, présentation d'avions).

**DÖRFEL (Georg Samuel)** ♦ Astronome allemand (Plauen, Saxe 1643 - Weida 1688). Il imagina le mouvement parabolique des comètes avec le Soleil pour foyer commun.

**DORGELÈS (Roland LÉCAVELÉ, dit Roland)** ▸ ÉTYM. de *Argelès** (-Gazost), v. où sa mère suivait des cures thermales ♦ Romancier français (Amiens 1885 - Paris 1973). Après son passage à l'École des beaux-arts, il fréquenta la bohème de Montmartre, qu'il a évoquée dans de nombreux récits pittoresques : *Les Veillées du Lapin agile* (1920), *Montmartre, mon pays* (1925), *Le Château des brouillards* (1932), *Vive la liberté !* (1937). Engagé volontaire durant la Première Guerre mondiale, il donna un témoignage simple et ému de la vie des tranchées, avec *Les Croix de bois* (1919), roman qui connut un succès considérable. Il écrivit ensuite des récits exotiques, *Sur la route mandarine* (1925), *Partir* (1926), *La Caravane sans chameaux* (1928), et retrouva la veine héroïque du *Cabaret de la Belle Femme* (1919) dans des ouvrages où il livrait son expérience de correspondant de guerre, de 1939 à 1945 : *Retour au front* (1940), *Carte d'identité* (1945) et *Bleu horizon* (1949). Cette œuvre, successivement humoristique et grave, s'est complétée d'ouvrages polémiques, comme *À bas l'argent* (1965) et *Lettre ouverte à un milliardaire* (1967). [Acad. Goncourt 1929 ; président 1955]

**DORIA (Andrea)** ♦ Homme de guerre italien (Oneglia 1466 - Gênes 1560). Issu d'une vieille famille patricienne de Gênes, il compte parmi les plus grands généraux et amiraux. Il servit en condottiere le pape Innocent VIII, le roi de Naples et divers princes. Après avoir remporté de nombreuses victoires sur les pirates barbaresques à la tête de galères armées à ses frais, il prit le commandement de la flotte française et battit Charles Quint sur les côtes de Provence (1524). Mécontent de François I^er, il abandonna le siège de Naples pour passer définitivement au service de Charles Quint (1528) qui lui accorda la liberté de Gênes. Il imposa à sa ville une constitution aristocratique, réprimant cruellement la conjuration de Fiesque* (1547), et continua à combattre pour l'empereur (prise de Tunis, 1535). ▸ ÉTYM. *Doria* vient de *D'Oria* ou *D'Auria* «fils des Oria ou des Auria» (du latin *aureus* «d'or») ou est un nom de lieu.

Andrea **Doria.** Portrait par Bronzino (115 × 53 cm). Pinacothèque de Brera, Milan. *Phot. © Carlo Bevilacqua/Ricciarini*

**DORIDE** n. f. – en gr. mod. *Dôrída* ♦ Petite contrée montagneuse de la Grèce centrale, située à l'O. du Parnasse et au N. du golfe de Corinthe. ▪ Elle tient son nom des Doriens* qui s'y installèrent avant de gagner la Grèce du Sud.

**DORIENS** n. m. pl. – en gr. ***Dôrieis*** ⇀ ÉTYM. du n. de *Doros** ♦ Peuple indo-européen, le dernier qui émigra en Grèce. Établis d'abord dans les régions montagneuses de la Grèce du N., puis en Doride, ils se répandirent à partir du -XIIe s. dans la Thessalie, peuplée par les Éoliens*, et dans la Grèce centrale (→ **Athènes, Codros**), pour s'installer principalement dans le Péloponnèse*. Ils détruisirent Mycènes* et Tirynthe, et repoussèrent les Achéens* en Arcadie ou les obligèrent à émigrer. Ensuite ils s'infiltrèrent outre-mer, dans les Cyclades méridionales, en Crète, à Rhodes*, à Kos*, à Carie* (Halicarnasse*, Cnide*). Leurs principaux centres étaient Corinthe*, Sparte* et Mégare*. L'expansion coloniale de ces trois métropoles les amena aux confins du monde hellénique. ▪ L'apport des Doriens à la civilisation grecque, bien déterminé quant à la langue, aux formes artistiques *(style dorique)*, à certaines techniques et aux mœurs, reste confus quant aux institutions et à la vie civique.

**DORIOT (Jacques)** ♦ Homme politique français (Bresles, Oise 1898 - en Allemagne 1945). Ouvrier métallurgiste, secrétaire général des Jeunesses communistes, député (1924) et maire de Saint-Denis, il fut exclu du parti communiste (1934) et évolua vers le fascisme, fondant le Parti populaire français (PPF, 1936) et le journal *La Liberté*, et prenant position contre la politique du Front populaire. Partisan de la collaboration avec l'Allemagne (1940), il contribua à la création de la Légion des volontaires français contre le bolchevisme (LVF) et combattit aux côtés des Allemands sur le front russe. ⇀ ÉTYM. Ce nom de famille signifie «[fils] d'Oriot», variante de l'ancien provençal *oriol* «loriot» (avec agglutination de la préposition *de*).

**DORIS** ♦ Une des Océanides*. Selon la légende, elle épousa Nérée* dont elle eut cinquante filles, les Néréides*.

**DORMANS** [51700] ⇀ ÉTYM. anc. *Durromannensis,* du gaul. *durum* «forteresse» et p.-ê. de *mannus* «petit cheval de trait» ♦ Ch.-l. de cant. de la Marne, arr. d'Épernay, sur la Marne. 3 126 hab. *(Dormanistes)*. ▮ Histoire C'est à Dormans qu'Henri de Guise reçut en 1575 le coup d'arquebuse auquel il dut son surnom («le balafré»). ▪ Destructions lors des deux batailles de la Marne*.

**DORMOY (Marx)** ♦ Homme politique français (Montluçon 1888 - Montélimar 1941). Maire de Montluçon (1926), député (1931), puis sénateur socialiste, il fut sous-secrétaire d'État à la présidence du Conseil dans le premier cabinet L. Blum* (1936 - 1937). Nommé ministre de l'Intérieur dans les cabinets Chautemps (1937 - 1938) et L. Blum (1938), il lutta contre les terroristes du Comité secret d'action révolutionnaire (la Cagoule) et fut assassiné par certains de ses membres à Montélimar, où le gouvernement de Vichy l'avait mis en liberté surveillée. ⇀ ÉTYM. *Dormoy* désigne un bois d'ormes proche de la maison ou de *Ormoy,* nom de localité.

**DORNIER (Claude, dit Claudius)** ⇀ ÉTYM. p.-ê. du dialecte franc-comtois *dourne* «buisson épineux» ou de *dorna* «cruche» [surnom d'un marchand de cruches] ♦ Industriel allemand (Kempten, Bavière 1884 - Zoug, Suisse 1969). Collaborateur de von Zeppelin*, il construisit par la suite des prototypes d'avions et d'hydravions (1920 - 1935) et, après la Deuxième Guerre mondiale, se consacra à l'étude des techniques concernant le décollage rapide.

**DORON DE BOZEL** n. m. ⇀ ÉTYM. *Doron :* même étym. que *Dordogne** ♦ Torrent des Alpes, affl. de l'Isère (36 km). Formé par les Dorons de la Vanoise réunis, il alimente de nombreuses centrales hydroélectriques et conflue à Moûtiers.

**DOROS** ♦ Fils d'Hellen*, ancêtre éponyme des Doriens.

**DORPAT** → **Tartu**

**DORSALE GUINÉENNE** n. f. ♦ Plateaux d'Afrique occidentale, prolongeant le Fouta-Djalon au S.-E., qui comprennent les monts Loma (1 948 m) où le Niger, le Sénégal et de nombreux petits fl. de Guinée, de Sierra Leone et du Liberia prennent leurs sources, et les monts Nimba aux frontières guinéenne, ivoirienne et libérienne. Gisements de fer, de bauxite et de diamants.

**DORSALE TUNISIENNE** n. f. ♦ Chaîne de montagnes de la Tunisie, qui prolonge les monts de Tébessa au S.-O. et aboutit au golfe de Tunis au N.-E → **Atlas.** Elle est limitée au N. par la vallée de la Medjerda qui la sépare des monts de la Medjerda et de ceux de Kroumirie, et domine au S.-E. les hautes steppes tunisiennes. Elle culmine au djebel Chambi (1 554 m). Mines de fer (djebel Harissa), de plomb (djebel Hallouf).

**DORSET** n. m. ⇀ ÉTYM. corruption de *Dornsaete* «les colons (vieil angl. *sœton*) près de Dorn [Dorchester*]» ♦ Comté du S.-O. de l'Angleterre. 2 654 km$^2$. 660 000 hab. CH.-L. : Dorchester. Région agricole. La proximité du littoral et un effet sud profitent au comté et à sa principale agglomération, Weymouth.

**DORSEY (Tommy)** ♦ Trombone et chef d'orchestre de jazz américain (Shenandoah, Pennsylvanie 1905 - Greenwich, Connecticut 1956). Il débuta à la trompette en s'inspirant de Bix Beiderbecke* et fut surtout connu comme un trombone au jeu fort proche de la tradition Nouvelle*-Orléans. Son orchestre (1934 - 1950) fut avec ceux de Benny Goodman* et de Glenn Miller* l'un des plus représentatifs de la période swing. Princ. enregistrements : *Maple Leaf Rag* (1936), *Davenport Blues* (1938).

**DORTMUND** ♦ V. d'Allemagne (Rhénanie-du-Nord-Westphalie), à l'extrémité E. du bassin de la Ruhr*, entre la Ruhr et la Lippe, et important port fluvial sur le canal Dortmund-Ems. 584 420 hab. Univ. (créée en 1968). Églises médiévales (Marienkirche, XIIe - XIVe s.). Métropole de la Westphalie, Dortmund est l'un des principaux centres indus. de la Ruhr, reconverti dans les indus. d'informatique et de services depuis la fermeture des mines de houille. Brasseries. ▮ Histoire D'abord connue sous le nom de *Throtmannia* (fin IXe s.), Dortmund devint ville libre impériale et adhéra à la Hanse* au XIIIe s. Elle fut l'un des principaux centres commerciaux du bassin rhénan, en relation avec les pays scandinaves. La ville connut au XIXe s. un nouvel essor avec le développement du bassin houiller de la Ruhr. Elle fut détruite à 70 % lors de la Deuxième Guerre mondiale.

**Dortmund-Ems** (canal) ♦ Canal du N.-O. de l'Allemagne (269 km), creusé en 1899 pour relier le bassin de la Ruhr à la mer du N. (port d'Emden*), en empruntant l'Ems.

**DORVAL (Marie DELAUNAY, dite Marie)** ♦ Actrice française (Lorient 1798 - Paris 1849). Interprète du drame romantique (*Marion* de Lorme* de Victor Hugo, *Chatterton** de Vigny). Sa liaison houleuse avec Alfred de Vigny* inspira à celui-ci *Le Journal d'un poète* et *La Colère de Samson.*

**DORVAL** ♦ V. du Canada (Québec), dans l'île de Montréal. 18 088 hab. Aéroport. Construc. aéronautique. Laboratoires pharmaceutiques.

**DORYLÉE** – en gr. ***Dorulaion*** ♦ Anc. ville d'Asie Mineure (Phrygie), près de l'actuelle Eskişehir*. Antigonos y assiégea Lysimaque en -302. Les croisés, commandés par Godefroi* de Bouillon, y vainquirent les Turcs en 1097.

Le **Doryphore** ♦ Sculpture de Polyclète (vers -440). L'original en bronze est perdu mais il en existe plusieurs copies antiques dont un marbre romain au Musée national de Naples. Elle illustre le modèle idéal (le *canon*) conçu par l'artiste ainsi que la volonté des sculpteurs du premier classicisme grec de représenter le corps humain dans sa forme la plus parfaite. Selon ce canon, la hauteur de la tête devait être comprise 7 fois dans la hauteur totale du corps, 2 fois entre les genoux et les pieds, 2 fois dans la largeur des épaules et 2 fois dans la hauteur du torse.

**DŌSHI** → **Tori Busshi**

**DOS PASSOS (John Roderigo)** ♦ Romancier et auteur dramatique américain (Chicago 1896 - Baltimore 1970). D'origine portugaise, il fit ses études à Harvard (1912 - 1916), subit l'influence des imagistes et de Gertrude Stein et devint correspondant de guerre en Espagne, au Mexique et dans le Proche-Orient (*Sur toute la Terre,* 1934). *Initiation d'un homme* (1920) et *Trois soldats* (1921) sont une transposition désenchantée de son expérience militaire. Féru de recherches esthétiques, il s'inspira des formules cinématographiques pour construire *Manhattan Transfer* (1925), dont New York est le personnage principal. C'est l'Amérique du Nord tout entière qui est protagoniste de sa trilogie *USA : Le 42e Parallèle* (1930), *1919* (1932) et *La Grosse Galette* (1936). C'est encore au cinéma que Dos Passos emprunte les procédés de ce roman aux multiples récits entrecroisés interrompus par des «actualités» (petites nouvelles et bouts de chansons) et surtout par «l'œil de la caméra» (rêveries en forme de discours intérieurs). Son autre trilogie, *Le District de Columbia* (*Les Aventures d'un jeune homme,* 1939 ; *Numéro Un,* 1943 ; *Le Grand Plan,* 1949), où l'auteur fait part de ses désillusions politiques, présente à la fois les défauts et les séductions d'un roman à clé. Ses œuvres ultérieures ne semblent pas avoir l'importance de *Manhattan Transfer* et de *USA*. Dos Passos fit école tant en Amérique qu'en Europe où il fut salué par Sartre, qui subit son influence dans *Les Chemins de la liberté,* comme «le romancier de notre temps». Refusant l'analyse psychologique et l'introspection, il se définit comme le romancier du comportement humain dans la société, observant les réactions et les gestes, leur donnant un sens par la complexité des angles de vision et la structure même de l'œuvre. Romancier «dangereusement honnête», il a toujours milité, par des chemins divers, pour ce qu'il croyait être la liberté individuelle, ce qui l'a mené, après avoir écrit dans la revue d'extrême gauche *New Masses,* à collaborer à la

John **Dos Passos.**
*Phot. © Arch. Rencontre*

réactionnaire *National Review* et, déçu par le communisme, à soutenir Barry Goldwater en 1964. ➝ ÉTYM. Ce nom portugais signifie « des pas », probablement un nom de domaine situé sur un passage ou un col.

**DOS SANTOS (José Eduardo)** ♦ Homme d'État angolais (Luanda 1942). Militant du Mouvement pour la libération de l'Angola (MPLA), il devint membre du comité central du bureau politique à l'indépendance (1975) et ministre du Plan (1978). À la mort d'Agostino Neto* en 1979, il lui succéda comme président de l'Angola. Pour mettre fin à la guerre civile qui ravageait le pays, il suivit une politique habile d'ouverture vers l'Occident. Il engagea des pourparlers avec l'Afrique du Sud, écarta la tendance dure au sein du MPLA et renvoya le contingent cubain. En 2002, la mort de Savimbi*, chef des rebelles de l'Unita, consacra son triomphe et son importance grandissante dans la région. ➝ **Angola.**

**DOSSI (Carlo Alberto PISANI DOSSI, dit Carlo)** ♦ Écrivain italien (Zenevedro, Pavie 1849 - Cardina, Côme 1910). Très jeune, il fut en contact avec la Scapigliatura milanaise, puis s'installa à Rome, où, sous la protection de F. Crispi, il entama une brillante carrière diplomatique (Bogotá, Athènes). Il cessa pratiquement d'écrire en 1887, ayant déjà donné *Avant-Hier* (1868), *Vie d'Alberto Pisani* (1870), *La Colonia felice* (1878), *Goccie d'inchiostro* (1880) et la *Désinence en A* (1878, éd. définitive 1884), toutes œuvres marquées par la brièveté des dimensions, l'extravagance narrative, l'invention linguistique, la violence de la satire. Influencé par Sterne et Jean-Paul Richter, mais typiquement italien dans sa façon d'empoigner le problème de la langue, il laissa également un journal tenu pendant quarante ans, *Note azzure* (1re éd. intégr., 1964), d'une très grande richesse de matériaux poétiques et linguistiques. ➝ ÉTYM. Ce nom de famille vient de *Dòsso*, nom de lieu.

**DOSSO DOSSI (Giovanni di Luteri, dit)** ♦ Peintre italien (Ferrare v. 1490 - *id.* 1542). Formé dans sa ville natale et à Mantoue, il connut très tôt l'art vénitien et adapta à la tradition fantaisiste de Ferrare le paysage romantique de Giorgione* et la libre énergie de Titien*. Aussi ses premières œuvres sont-elles riches en contrastes et dégagent-elles une grande intensité lyrique, soutenue par le vif scintillement de la lumière sur des paysages souvent fantastiques (*Adoration des Mages, Fuite en Égypte, Massacre des Innocents,* à Ferrare). Ami de l'Arioste*, il produisit une série d'œuvres évoquant les thèmes romanesques du grand poète ferrarais (*Diane et la Nymphe Calypso, Circé,* Rome ; *Le Départ des Argonautes,* Washington ; *Jupiter,* Vienne). À la fin de sa vie, il durcit son style et peignit des figures mélancoliques, probablement inspirées de la dernière manière de Raphaël (*Saint Jean* et *Saint Bartolomé,* Rome).

**DŌST MOHAMMAD** ♦ Émir d'Afghanistan (Kandahār 1792 - Herāt 1863). Fondateur de la dynastie Mohammadzaï*, il régna à Kaboul de 1826 à sa mort, avec une interruption de 1839 à 1843 correspondant à l'occupation britannique. Dans la première partie de son règne, il échoua à contenir l'avancée des sikhs* à l'E. de ses possessions ; dans la seconde partie il réussit à réunifier son pays qui avait éclaté en principautés rivales.

**DOSTOÏEVSKI (Fedor Mikhaïlovitch)** ♦ Romancier russe (Moscou 1821 - Saint-Pétersbourg 1881). Son père était médecin, sa mère à laquelle il était très attaché mourut alors qu'il était encore très jeune. À Saint-Pétersbourg, où il était élève à l'École du génie, il apprit la mort tragique de son père qui, trop autoritaire, avait été assassiné sur ses terres par ses propres paysans (1839). C'est à la suite de ce drame qu'il aurait eu sa première crise d'épilepsie. En 1843, il fut nommé officier, puis démissionna l'année suivante. En 1844, il écrivit son premier roman, *Les Pauvres Gens* (1846), où l'on sent l'influence de Gogol. Bien accueilli par Bielinski, ce roman, édité en 1846, connut un grand succès. Déjà y apparaît la pitié qu'éprouve Dostoïevski pour l'opprimé. En 1846, il écrivit un deuxième roman, *Le Sosie* (ou *Le Double*), œuvre décevante ainsi que *La Logeuse* (1847) et quelques autres récits. De 1847 à 1849, Dostoïevski fréquenta le groupe libéral de Petrachevski. En 1849, tous les membres du groupe furent arrêtés et condamnés à mort. À la dernière minute, au moment où la salve allait être tirée, arriva la grâce du tsar. Dostoïevski rappela cette journée dans *L'Idiot* et dans le *Journal d'un écrivain.* Déporté en Sibérie, il y resta de 1849 à 1853. Ayant eu pour seul livre la Bible, il traversa une crise religieuse, et d'agnostique devint croyant. De ce bagne d'Omsk et de cette crise religieuse témoigne l'œuvre de Dostoïevski la plus célèbre de son vivant : *Souvenirs de la maison des morts* (1861 - 1862). Libéré, il avait pu regagner Saint-Pétersbourg dès 1859, mais il fut victime à cette époque de fréquentes crises d'épilepsie. Cette année-là avait paru son roman *Le Village de Stepantchikovo et ses habitants,* et, en 1861 - 1863, il avait édité la revue *Le Temps,* et en 1864 - 1865 *L'Époque,* essayant de trouver un juste milieu entre les occidentalistes* et les slavophiles*. En 1864 parurent les *Mémoires écrits dans un souterrain,* œuvre philosophique et mystique qui éclaire la personnalité de l'auteur et sa vision double de l'homme, dont l'extérieur conscient raisonnable cache un subconscient avide de liberté. En 1866, après le roman *Humiliés et Offensés* (écrit dès 1861) où Dostoïevski exprime toute sa compassion, parurent son grand roman, *Crime* et Châtiment,* puis *Le Joueur.* En 1867, malade et accablé de dettes, Dostoïevski partit pour l'Allemagne et l'Italie. Il y fut victime de sa passion du jeu. En 1868 parut *L'Idiot*,* en 1870 *L'Éternel Mari,* et en 1871 - 1872 *Les Démons*.* De retour

Fedor **Dostoïevski.**
*Phot. © Arch. Nathan*

à Saint-Pétersbourg, il commença à publier le *Journal d'un écrivain* (1873 - 1881) qui fut très populaire et dans lequel il écrivit des contes et des articles comme son *Discours sur Pouchkine* (1880). C'est cette même année que parut son dernier roman, qu'il considérait comme son chef-d'œuvre : *Les Frères* Karamazov.* Il mourut le 28 janv. 1881. ▪ Tout au long de son œuvre, Dostoïevski a posé le problème de l'homme déchiré entre la présence du mal et la recherche de Dieu, entre l'inconscient et le conscient. Le style de Dostoïevski, que la critique traditionnelle a pu juger lourd et embrouillé, épouse sa générosité angoissée et son masochisme. ➝ ÉTYM. Le nom russe *Dostoevo* est un nom de village près de Pinsk, en Biélorussie et la finale est d'origine polonaise.

**DOTREMONT (Christian)** ♦ Écrivain et artiste belge de langue française (Tervuren 1922 - Buizingen, près de Bruxelles 1979). Fondateur du groupe Surréalisme révolutionnaire (1947), il inspira la création du mouvement Cobra* en 1948 et fut l'un de ses principaux animateurs. Des voyages en Laponie norvégienne et finlandaise furent à l'origine de son invention des « logogrammes » (*Logogrammes I,* 1964 ; *Logogrammes II,* 1965 ; *Logbook,* 1974), inscriptions non figuratives à l'encre de chine, accompagnées en bas de page d'une phrase au crayon. Transcriptions graphiques du vers qui les paraphrase, les logogrammes sont à la fois texte et peinture, geste et pensée.

**DOU (Gérard)** ♦ Peintre et graveur hollandais (Leyde 1613 - *id.* 1675). Il s'initia à la peinture sur cuivre et sur verre, puis devint l'élève de Rembrandt* de 1628 à 1631 (*Rembrandt dans son atelier*) ; il imita d'abord son style, lui empruntant certains de ses sujets (scènes bibliques, portraits et études de tête), puis représenta dans une veine familière et sentimentale de nombreuses scènes de genre dans des intérieurs. Il créait d'habiles effets de clair-obscur en figurant un éclairage provenant d'une bougie ou d'une fenêtre latérale, décrivait avec méticulosité les objets, employant une facture lisse d'aspect émaillé (*Le Médecin,* 1653).

**DOUAI** [59500] ➝ ÉTYM. du gaul. *Dous,* n. de pers. ♦ Ch.-l. d'arr. du Nord, sur la Scarpe. 42 796 hab. (aggl. 194 495). (*Douaisiens*). Cour d'appel. Église Notre-Dame (XIIe - XIVe s., endommagée lors des bombardements en 1944). Église Saint-Pierre des XVIe et XVIIIe s. (tableaux). Beffroi (1390 - 1410), popularisé par V. Hugo et C. Corot. Musée dans l'anc. chartreuse (XVIe - XVIIIe s.) : coll. de peintures dont le polyptyque d'Anchin de J. Bellegambe. Processions de géants (marionnettes). ▪ Centre admin. et place militaire. Anc. centre houiller. Indus. automobile (Renault), ferroviaire, agroalimentaire. École des techniques industrielles et des mines. ▮ **Histoire** *Duacum* à l'époque gallo-romaine, la ville obtint une charte communale au XIIe s. alors qu'elle appartenait aux comtes de Flandre. En 1667, Louis XIV prit Douai qui fut fortifiée par Vauban ; par le traité d'Utrecht (1713), la ville revint définitivement à la France. Fondée par Philippe II, son université joua un rôle important contre le protestantisme. Elle fut transférée à Lille en 1887. La ville fut ch.-l. du dép. du Nord (1790 à 1804).

**DOUALA** ➝ ÉTYM. du n. de la tribu bantoue qui occupait la région ; de *Diwálá* « l'endroit d'Ewalé (n. de l'ancêtre) » ♦ V. du Cameroun, sur l'estuaire commun de plusieurs fleuves côtiers (golfe de Guinée), cap. de la région du Littoral. 1 500 000 hab. ▪ Pêche (installation de surgélation). Centre indus. (indus. alimentaires, chimiques et textiles) dont l'énergie est fournie par les centrales d'Édéa. Le trafic du port atteint env. 4 millions de t par an.

**DOUARNENEZ** [29100] ➝ ÉTYM. bret. « la terre (*douar*) de (*an*) l'île (*enez*) [l'île Tristan sur laquelle se trouve le prieuré de saint Tutuarn] » ♦ Ch.-l. de cant. du Finistère, arr. de Quimper, sur la baie de Douarnenez. 15 827 hab. (*Douarnenistes*). Douarnenez a annexé en 1945 les comm. de Ploaré, Tréboul et Pouldavid. ▪ Musée du Bateau. Station balnéaire. Thalassothérapie (➝ **Tréboul**). Important port de pêche. Conserveries.

**DOUAUMONT** [55100] ➝ ÉTYM. anc. *Dewamont,* du gaul. *Deva* (ou *Doua*), n. d'un ruisseau, ou du germ. *Deudanus,* n. de pers., et lat. *mons* « montagne » ♦ Comm. de la Meuse, arr. de Verdun, sur les Hauts-de-Meuse. Le fort de Douaumont fut pris, repris et bombardé lors de l'offensive allemande en 1916, pendant la bataille de Verdun*. Un ossuaire a été élevé à cet endroit. ▪ La commune est pratiquement désertée : 6 hab. *(Douaumontois)*.

**DOUBLE** n. f. ♦ Région du Périgord (Dordogne et Gironde), située au N. de l'Isle, à l'O. de Périgueux, et limitée au N. par son affluent la Dronne. Zone de sols argileux, anc. couverte de forêts et de prairies marécageuses, la Double conserve des bois et des étangs.

La **Double Inconstance** ♦ Comédie en 3 actes de Marivaux* (1723). Aimée d'Arlequin, Silvia a été enlevée par le Prince, Lélio, qui veut s'en faire aimer. Il faudra donc détourner chacun des amoureux de son choix en leur faisant aimer un autre objet. Flaminia épousera Arlequin, le Prince, Silvia, au prix d'une double inconstance. Pièce amère, voire cynique, dans laquelle Marivaux met à nu la versatilité du sentiment amoureux qui ne cherche finalement que ce qui le flatte.

**DOUBNA** ♦ V. de Russie, au N.-E. de Moscou, sur la Volga. 67 100 hab. La ville fut fondée en 1956 pour abriter un centre de recherches en physique nucléaire.

**DOUBS** [du] n. m. ➝ ÉTYM. anc. *Dubis*, gaul. «noir [eau noire]» ♦ Riv. de l'E. de la France (430 km, alors que la distance à vol d'oiseau de sa source à son confluent n'est que d'env. 90 km). Né dans le Jura français, près de Mouthe (937 m d'altitude), le Doubs alimente le lac de Saint-Point, franchit le lac de Chaillexon ou des Brenets, d'où il sort par une chute de 27 m (le *saut du Doubs*). Après une brève incursion en Suisse, il rentre en France, arrose Besançon et Dole et entre dans la plaine de la Saône où il reçoit la Loue. Le bas Doubs coule dans la dépression située entre le Jura et la Côte-d'Or : il rejoint la Saône (rive g.) à Verdun-sur-le-Doubs.

**Doubs.** Le saut du Doubs. *Phot. © J.-P. Hervy/Explorer*

**DOUBS [25]** n. m. ➝ ÉTYM. du n. de la riv. ♦ Dép. de l'E. de la France, région Franche-Comté. 5 234 km². 499 062 hab. CH.-L. : Besançon. CH.-L. D'ARR. : Montbéliard, Pontarlier. Cour d'appel : Besançon. Académie : Besançon. ➞ **Franche-Comté.**

**DOUCET (Jacques)** ♦ Couturier, collectionneur, mécène français (Paris 1853 - Neuilly-sur-Seine 1929). Il constitua des collections d'œuvres des XVIII^e et XX^e s. (il a possédé, jusqu'à sa mort, *Les Demoiselles* d'Avignon*) et subventionna de nombreuses publications, dont les *Répertoires d'art et d'archéologie*. En 1918, il fit don à l'université de Paris de sa bibliothèque, qui constitue le Fonds Doucet, conservé à l'Institut d'art et d'archéologie puis à la Bibliothèque nationale, seul le fonds littéraire étant conservé à la bibliothèque Sainte*-Geneviève. Jacques Doucet offrit au Louvre, entre autres, cinq maquettes de Carpeaux, *La Charmeuse de serpents* du Douanier Rousseau, une étude pour *Le Cirque* de Seurat, et une *Tête de lionne* sassanide.

**DOUCHAN** ➞ **Étienne IX Douchan**

**DOUCHANBE** ➝ ÉTYM. persan *dōsambé* «lundi» ; ville fondée sur l'emplacement d'un village où le marché avait lieu le lundi – de 1929 à 1961 ***Stalinabad*** ♦ Cap. du Tadjikistan. 562 000 hab. *(Douchanbéens)*. Centre culturel. Université (fondée en 1948). ▪ Combinat cotonnier, soierie, machines agricoles, métiers à tisser, câblerie, cimenterie, traitement du cuir, indus. alimentaire. Nœud ferroviaire.

**DOUCHY-LES-MINES** [59282] ➝ ÉTYM. anc. *Dulciacus*, du lat. *Dulcius*, n. de pers., et suff. *-acum* ♦ Comm. du Nord, arr. de Valenciennes. 10 413 hab. *(Douchynois)*. Anc. houillère.

**DOUDART DE LAGRÉE (Ernest)** ♦ Officier de marine français (Saint-Vincent-de-Mercuze, Isère 1823 - Dongchuan, Yunnan 1868). Après avoir participé à l'expédition de Crimée (1854), il commanda les troupes françaises du Cambodge (1862) et mourut lors d'une mission scientifique d'exploration du cours du Mékong jusqu'au Yunnan.

**DOUDINKA** ♦ V. de Russie, ch.-l. de l'arr. national de Taïmyr, en Sibérie. Port fluvial sur l'Ienisseï, accessible aux navires de l'océan Arctique. 24 700 hab.

**DOUÉ-LA-FONTAINE** [49700] ➝ ÉTYM. probablt du lat. *Deodatus* avec attraction du germ. *Theudoad*, n. de pers. ♦ Ch.-l. de cant. du Maine-et-Loire, arr. de Saumur. 7 450 hab. *(Douessins)*. Anc. carrières à ciel ouvert, exploitées au Moyen Âge, et transformées en arènes aux XV^e - XVII^e s. Maison carolingienne, transformée en donjon. Parc zoologique. ▮ **Histoire** De violents combats y opposèrent royalistes et républicains pendant l'insurrection vendéenne de 1793.

**DOUGGA** ♦ Village de Tunisie, proche de Téboursouk, sur l'emplacement des ruines de l'antique *Thugga*. V. romaine très bien conservée. Nombreux vestiges de l'époque préromaine : dolmens, sanctuaire de Baal, mausolée d'un prince numide.

**DOUGLAS** ♦ Famille d'Écosse, qui joua un rôle important dès le XIII^e s. ♦ **William Douglas le Hardi** (mort en 1298). Il participa à la révolte de William Wallace. ♦ **James Douglas** (1286 - 1330). Fils du précédent. Partisan de Robert Bruce, il combattit les Anglais. ♦ **Archibald Douglas** (mort en 1333). Frère du précédent. Il assura la régence pendant la minorité de David Bruce. ♦ **Archibald Douglas** 4^e comte **de Douglas** (1369 - Verneuil 1424). Il lutta contre les rois Henri IV et Henri V d'Angleterre et combattit pour le compte de Charles VII de France contre les Anglais. ♦ **James Douglas** (1371 - 1443). Frère du précédent. Il participa à la révolte seigneuriale contre Jacques II d'Écosse. ♦ **James Douglas** 9^e comte **de Douglas** (1426 - abbaye de Lindores, Fiffes 1491). Il se révolta contre Jacques II d'Écosse (1455) qui le captura et l'emprisonna (1483). ➝ ÉTYM. Le nom de famille gaélique *Dùbhghlas* signifie «bleu foncé», de *dùbh* «noir» et *glas* «bleu, vert, gris».

**DOUGLAS (Donald Wills)** ♦ Ingénieur et industriel américain (New York 1892 - Palm Springs, Californie 1981). Son entreprise de construction aéronautique, créée en 1920, devint McDonnell-Douglas Corporation en 1967. Elle produisit notamment les avions de marque DC.

**DOUGLAS (Jesse)** ♦ Mathématicien américain (New York 1897 - *id.* 1965). On lui doit la solution générale du problème concernant l'existence d'une surface minimale s'appuyant sur une courbe. [Médaille Fields 1936]

**DOUGLAS (Issur Danielovitch DEMSKY, dit Kirk)** ➝ ÉTYM. Il a choisi son pseudonyme en hommage à *Douglas* Fairbanks ♦ Acteur américain (Amsterdam, État de New York, 1916). Né de parents juifs russes émigrés, il connut une enfance très difficile, apprit la lutte et parvint à rejoindre l'American Academy of Dramatic Arts de New York. Goût du spectacle, défense de toutes les tolérances, révolte contre l'injustice, appétit de liberté, il a incarné le héros mythique du cinéma américain. Il a tourné avec les plus grands metteurs en scène, acquérant rapidement une grande liberté grâce à son activité de producteur : Joseph Mankiewicz* (*Chaînes conjugales*, 1949 ; *Le Reptile*, 1970), Stanley Kramer*/Mark Robson (*Le Champion*, 1949), Raoul Walsh* (*Le Désert de la peur*, 1951), Vincente Minnelli* (*Les Ensorcelés*, 1952 ; *La Vie passionnée de Vincent Van Gogh*, 1956), Billy Wilder* (*Le Gouffre aux Chimères*, 1951), Howard Hawks* (*La Captive aux yeux clairs*, 1952), Richard Fleischer (*20 000 Lieues sous les mers*, 1954 ; *Les Vikings*, 1958), John Sturges (*Règlement de comptes à O.K.Corral*, 1957), King Vidor* (*L'Homme qui n'a pas d'étoile*, 1955), Stanley Kubrick* (*Les Sentiers de la gloire*, 1957 ; *Spartacus*, 1960), John Frankenheimer* (*Sept jours en mai*, 1964), Elia Kazan* (*L'Arrangement* 1969).

**DOUGLAS** ♦ V. de Grande-Bretagne, ch.-l. de l'île de Man. 21 000 hab. Port de pêche. Le dynamisme contemporain est lié au tourisme et à la législation fiscale qui attire les sièges sociaux d'entreprises.

**DOUGLAS-HOME (sir Alexander Frederick)** ♦ Homme politique britannique (Londres 1903 - 1995). Membre de la Chambre des lords, il dut se démettre de ses titres nobiliaires pour se faire élire aux Communes, où il siégea comme député conservateur (1931 - 1945, puis 1950 - 1951). Ministre des Affaires étrangères (1960 - 1963), il signa le traité de Moscou limitant les essais nucléaires (1963) et devint Premier ministre. Mais il ne put faire face aux difficultés économiques de la Grande-Bretagne et démissionna en 1964. Edward Heath* le rappela aux Affaires étrangères en 1970.

**DOUGLASS (Frederick Augustus Washington BAILEY, dit)** ♦ Journaliste et réformateur américain (Turkahoe, Maryland 1817 - Washington 1895). Fils d'une esclave noire et d'un Blanc, esclave lui-même, il s'enfuit et devint l'un des plus grands orateurs noirs et l'un des plus actifs partisans de l'abolition de l'esclavage dans le respect des règles constitutionnelles et des partis américains. En 1847, il fonda son propre journal, *The North Star*, à Rochester. Il fut après la guerre civile fonctionnaire fédéral. Son action militante s'est étendue au féminisme.

**DOUILLET (David)** ♦ Judoka français (Rouen 1969). Premier non-japonais à devenir à la fois champion du monde en catégorie lourds et en toutes catégories (1995), il fut également champion du monde (1993, 1997) et champion olympique (1996, 2000) chez les lourds, devenant ainsi le judoka le plus titré de l'histoire de ce sport. ➝ ÉTYM. *Douillet* est le surnom d'un homme originaire de *Douillet* (Sarthe), du gaulois *Dolicus*, nom de personne, ou de l'ancien français *douillet* «tendre», surnom d'un homme paisible.

**DOUKAS** ♦ Famille byzantine très influente à partir du IXe s. Elle fournit trois empereurs : Constantin* X, Michel* VII, et Alexis* V. À la même famille appartient Doukas, l'un des meilleurs chroniqueurs byzantins du XVe s.

**Douleur de l'exil** – en chin. *Lisao* ♦ Poème élégiaque chinois en 25 chapitres composé par Qu* Yuan après son exil de la cour. Riche de symbolisme et d'allégories, de références aux légendes et aux traditions littéraires. C'est l'une des plus importantes œuvres littéraires de Chine.

**DOULLENS** [dulɑ̃] [80600] ← ÉTYM. anc. *Donnincum*, p.-ê. du gaul. *Donnos* et suff. *-incum* ♦ Ch.-l. de cant. de la Somme, arr. d'Amiens, sur l'Authie. 6 279 hab. *(Doullennais)*. Église Notre-Dame du XIIIe s., reconstruite aux XVe - XVIe s. (*Mise au tombeau*, 1583). Citadelle (XVIe - XVIIe s.). Maisons picardes. Musée Lombart : antiquité, archéologie ; folklore ; peinture. ▮ **Histoire** Après la rupture du front allié par les Allemands, une conférence franco-britannique y fut réunie à l'instigation de Clemenceau (26 mars 1918) ; au terme de celle-ci, Foch fut nommé général en chef des armées alliées afin de coordonner les actions du Britannique Douglas Haig et du Français Pétain.

**DOUMER (Paul)** ♦ Homme d'État français (Aurillac 1857 - Paris 1932). Député radical (1888, 1895), ministre des Finances (1895 - 1896, 1921 - 1922), gouverneur général de l'Indochine (1897 - 1902), président du Sénat (1927 - 1931), il fut élu président de la IIIe République (1931) et assassiné l'année suivante par le Russe Gorgulov. Auteur d'un ouvrage sur *L'Indochine française* (1903). ← ÉTYM. *Doumer* est la forme occitane de *Dominique*.

**DOUMERGUE (Gaston)** ♦ Homme d'État français (Aigues-Vives, Gard 1863 - *id.* 1937). Avocat, puis juge en Indochine et en Algérie, il fut élu député radical (1893), nommé plusieurs fois ministre de 1902 à 1917 (en particulier des Colonies et des Affaires étrangères), et fut président du Conseil (1913 - 1914). Élu président de la République après la victoire du Cartel des gauches et la démission de Millerand (1924), il se retira de la politique à la fin de son septennat (1931), mais fut rappelé après les manifestations de fév. 1934 et forma un gouvernement d'union nationale, qui s'attira l'opposition de la gauche par sa volonté de réforme constitutionnelle (renforçant l'exécutif). Il dut se retirer dès nov. 1934. ← ÉTYM. Ce nom de famille est la forme languedocienne de *Dominique*.

**DOUR** ♦ Comm. de Belgique (Région wallonne), prov. de Hainaut, arr. de Mons. 16 882 hab. Indus. diversifiées.

**DOURA-EUROPOS** ♦ Colonie grecque sur les bords de l'Euphrate (Syrie), fondée par Séleucos* Ier (–IIIe s.). Centre stratégique et commercial, elle passa sous la domination parthe, puis sous celle des Romains et fut détruite par les Perses v. 260. Des fouilles archéologiques ont mis au jour des éléments précieux pour l'étude des cultes juif et chrétien primitifs ainsi que pour la fusion des caractères hellénistiques et orientaux dans l'art.

**DOURBIE** n. f. ♦ Riv. du Massif central (80 km), qui prend sa source au S. de l'Espérou (massif de l'Aigoual), traverse des gorges sauvages séparant le causse Noir au N. du causse du Larzac et se jette dans le Tarn à Millau après avoir franchi un profond canyon.

**DOURDAN** [91410] ← ÉTYM. probablt du lat. *Durdenus*, n. de pers. ♦ Ch.-l. de cant. de l'Essonne, arr. d'Étampes, sur l'Orge. 9 555 hab. *(Dourdannais)*. Château du XIIIe s., restauré au XIXe s. (donjon ; musée). Halles (XIIIe s., restaurées en 1836).

**DOURGES** [62119] ♦ Comm. du Pas-de-Calais, arr. de Lens, dans la banl. N.-E. d'Hénin-Beaumont. 5 676 hab. *(Dourgeois)*. Port fluvial.

**DOURGNE** [81110] ← ÉTYM. du lat. *Durnius*, n. de pers. gallo-rom., du gaul. *durno* « poing » et suff. *-acum* ♦ Ch.-l. de cant. du Tarn, arr. de Castres. 1 186 hab. *(Dourgnols)*. Exploitation d'ardoisières et de carrières de pierre. ▪ Aux environs, à En-Calcat, sont installées deux abbayes bénédictines : Saint-Benoît (fondée en 1896) et Sainte-Scholastique (fondée en 1890).

**DOURO** n. m. – en esp. *Duero* ← ÉTYM. probablt de la rac. hydronym. précelt. *°dor-* « cours d'eau » (→ aussi Dordogne, Dore, Doron) ♦ Fl. de la péninsule Ibérique (850 km). Né dans la sierra d'Urbión, à 2 250 m d'alt., il arrose la Castille, coule dans la Meseta au fond de profondes gorges, forme la frontière avec le Portugal qu'il traverse de part en part, avant de se jeter dans l'Atlantique, à Porto. De puissantes centrales hydroélectriques ont été établies sur son cours : Bemposta, Castro Miranda, Picoste, Saucelle, Villacampo et surtout Aldeadávilla, l'une des plus importantes d'Europe.

**DOUVAINE** [74140] ♦ Ch.-l. de cant. de la Haute-Savoie, arr. de Thonon-les-Bains. 3 859 hab. (aggl. 5 001).

**DOUVRES** – en angl. *Dover* ← ÉTYM. du celte *dubro* « eau » ♦ V. d'Angleterre (Kent), sur le pas de Calais, dominée par de hautes falaises de craie blanche. 104 490 hab. Un des principaux ports de conteneurs et surtout de passagers pour le continent avec des liaisons cadencées pour Calais et Boulogne. La mise en route du lien fixe Transmanche nuira au trafic mais le débouché du tunnel à proximité immédiate de la ville est un facteur de croissance. ▮ **Histoire** *Dubrae* (ou *Dubris*) fut à l'époque romaine un grand croisement routier (Douvres-Canterbury-Londres). La ville acquit sous la conquête normande une importance stratégique considérable. Ce fut avec Hastings, Romney, Hythe et Sandwich l'un des « cinq ports » commandant l'entrée en Angleterre. ♦ ***Traité de Douvres*** Signé secrètement le 22 mai 1670 entre Louis XIV et Charles II d'Angleterre, il engageait le roi d'Angleterre à se convertir au catholicisme, à suivre Louis XIV dans la guerre contre les Provinces-Unies et à soutenir les droits éventuels de ce dernier au trône d'Espagne moyennant l'aide financière et militaire du roi de France.

**DOUVRES-LA-DÉLIVRANDE** [14440] ← ÉTYM. probablt du gaul. *dubron* « eau, rivière » ♦ Ch.-l. de cant. du Calvados, arr. de Caen. 4 809 hab. *(Douvrais)*. Pèlerinage à La Délivrande*.

**DOUVRIN** [62138] ♦ Comm. du Pas-de-Calais, arr. de Béthune. 5 431 hab. *(Douvrinois)*. Mécanique automobile.

**DOUZE** n. f. ← ÉTYM. probablt forme altérée du n. de la riv. *Doux* ou du lat. *lutosa (aqua)* « (eau) limoneuse » avec attraction de l'occit. *la dotz* « la source » ♦ Riv. des dép. du Gers et des Landes (110 km), sous-affl. de l'Adour. À Mont-de-Marsan, elle s'unit au Midou pour former la Midouze.

Les **Douze** – en russe ***Dvenadtsat*** ♦ Poème de A. Blok* sur la révolution de 1917 en Russie (1918). Douze soldats, précédés d'un Christ invisible, s'en vont à travers Saint-Pétersbourg molester les bourgeois. Outre le symbole poétique, ce poème est une réussite musicale, alliant dissonances et harmonies verbales, et atteignant une extrême perfection technique.

**Douze Tables** (loi des) ♦ Premier recueil de lois écrites, rédigé à Rome, selon la tradition, par les décemvirs (–451 - –449) sur douze tables de bronze et affichées au Forum près des Rostres. La rédaction de ce code aurait été entreprise à la demande de la plèbe qui voulait éviter que le droit, jusque-là uniquement oral, dépendît de l'arbitraire des magistrats. La plupart des lois concernent la religion et les faits de la vie rustique, et manifestent un effort de modernisation et de laïcisation quand on les compare aux lois de l'époque royale.

**DOVE (Arthur G.)** ♦ Peintre et dessinateur américain (Canandaigua, New York 1880 - Huntington, New York 1946). D'abord illustrateur de journaux, il se rendit à Paris (1907) et dans le midi de la France où il réalisa des paysages et natures mortes procédant de l'impressionnisme, mais dénotant aussi l'influence de Cézanne. Revenu aux États-Unis, il exposa dans la galerie de Stieglitz, se révélant comme l'un des pionniers de l'art non figuratif et réalisant une série d'aquarelles et de peintures abstraites aux formes irrégulières et souples, d'un chromatisme sourd et d'une pâte souvent épaisse. La structure de certaines de ses œuvres semble parfois s'inspirer de la nature (collines, arbres, etc.). Il a aussi réalisé des collages non dénués d'humour. Il a parfois été considéré comme un précurseur de l'expressionnisme abstrait en raison du caractère véhément de son œuvre (*Abstraction II*, 1910).

**DOVER** ♦ V. des États-Unis, cap. du Delaware. 32 135 hab. Centre commercial de la région. Petites industries.

**DOVER** → Douvres

**DOVJENKO (Aleksandr Petrovitch)** ♦ Cinéaste soviétique (Sosnitza, Ukraine 1894 - Kiev 1956). Il fut d'abord instituteur, puis peintre avant de devenir un des grands poètes épiques de l'histoire du cinéma. Il a chanté, en une suite d'œuvres visionnaires, la splendeur de sa terre natale. Lyrique et sensuel, il a réalisé l'accord du matérialisme dialectique avec une sorte de paganisme mystique. Interrompue à plusieurs reprises par les impératifs de la censure stalinienne, sa carrière est riche de réalisations qui se présentent comme autant de fresques d'une belle ampleur : *Zvenigora* (1928), *Arsenal* (1929), *La Terre** (1930), *Ivan* (1932), *Aerograd* (1935), *Chtchors* (1939). Son dernier film, *Le Poème de la mer* (1956), sera achevé par sa femme Youla Solntseva, qui tournera encore après sa mort plusieurs de ses scénarios : *Les Années de feu* (1961), *La Desna enchantée* (1964).

Aleksandr **Dovjenko.**
*Phot. © Rui Nogueira*

**DOVLATOV (Sergueï)** ♦ Écrivain russe (Oufa 1941 - New York 1990). Issu d'un milieu artistique, il travailla notamment comme journaliste et émigra aux États-Unis en 1978. Plusieurs de ses romans, qui fourmillent d'anecdotes, relatent sa vie passée : son expérience de guide au musée Pouchkine de Leningrad (*Le Domaine Pouchkine*,

1983), de gardien de prison d'un goulag (*La Zone*, 1982), son départ de Russie (*La Valise*, 1986). Il pose un regard triste et pourtant plein d'humour et de bon sens sur la fatalité de l'existence.

**DOWDING** (sir **Hugh**) ♦ Maréchal de l'Air britannique (Moffat, Dumfriesshire, auj. dans la région de Dumfries and Galloway 1882 - Tunbridge Wells, Kent 1970). Il commanda des escadrons en France pendant la Première Guerre mondiale et fut décoré de l'ordre du Bain, des ordres de Saint-Michel et de Saint-Georges. Entre les deux guerres, il fut officier de l'Air en Transjordanie et en Palestine. Membre du Conseil de l'Air, il commanda la chasse britannique pendant la bataille d'Angleterre (1940). Grand stratège, il fut fait baron en 1943.

**DOW JONES** ♦ Indice de la Bourse de New York, créé en 1896, établi à partir de trente grandes valeurs industrielles.

**DOWLAND (John)** ♦ Compositeur anglais (Londres 1563 - *id.* 1626). Sa réputation de luthiste lui valut d'être accueilli par plusieurs cours princières d'Europe. Auteur de psaumes, de chansons (4 livres d'*Airs*, publiés entre 1597 et 1612), il a aussi composé une suite de pavanes pour 5 violes et pour le luth (*Lachrimae*, 1604). Ses œuvres, d'un lyrisme retenu, en font un des meilleurs représentants de la musique élisabéthaine.

**DOWN** ♦ Comté d'Irlande du Nord. 2 465 km². 285 000 hab. Le N. du comté est dans l'orbite de Belfast, le S. restant agricole. Le tourisme balnéaire s'y développe.

**DOWNING STREET** ▸ ÉTYM. angl. «la rue qui descend» ♦ Rue de Londres, entre Saint James Park et Westminster, où se trouvent le ministère britannique des Affaires étrangères (Foreign Office) et la résidence du Premier ministre. Par métonymie, l'expression «le 10 Downing Street» désigne la diplomatie et le gouvernement du Royaume-Uni.

**DOWNPATRICK** ♦ V. d'Irlande du Nord, ch.-l. du comté de Down, au S.-E. de Belfast. 8 500 hab. La cathédrale abrite le tombeau de saint Patrick*, mort au Vᵉ s.

**DOWNS** n. f. pl. ♦ Alignements calcaires entourant la boutonnière du Weald au S.-E. de Londres, d'alt. moyenne (300 m). Les North et South Downs sont de plus en plus des espaces récréatifs de week-end pour la population londonienne.

**DOYLE** (sir **Arthur Conan**) ♦ Romancier et auteur dramatique britannique (Édimbourg 1859 - Crowborough, Sussex 1930). D'origine normande, sa famille était catholique et le fit élever chez les jésuites de Stonyhurst. Devenu médecin, il prit part aux campagnes d'Afrique et à la Première Guerre mondiale. Sous l'influence de Gaboriau*, il écrivit des romans policiers dont le héros, Sherlock* Holmes, est devenu un véritable type. *Une étude en rouge* (1887), son premier récit policier, décida de sa carrière. *Le Chien des Baskerville* (1902), où l'angoisse propre au roman fantastique est résolue par des explications rationnelles, est l'un des récits les plus célèbres des *Aventures de Sherlock Holmes* (1887 - 1927). Sans créer le genre, ni le type du policier amateur à l'intelligence scientifique (Holmes doit quelque chose au Dupin d'Edgar Poe), Conan Doyle l'a porté à son apogée, et lui a donné des dimensions que l'on découvre peu à peu. Conan Doyle se consacra aussi au roman historique dans la tradition de Walter Scott (*Micah Clarke*, 1889 ; *La Compagnie blanche*, 1890 ; *Les Exploits du brigadier Gérard*, 1896). Patriote, il fut anobli grâce à des écrits comme *La Guerre des Boers* (1900), *La Guerre en Afrique du Sud* (1902). Il consacra la fin de sa vie aux sciences occultes et publia une *Histoire du spiritisme* (1926). ▸ ÉTYM. *Doyle* vient du gaélique *Dùbhgall*, de *dùbh* «noir» et *ghall* «étranger».

**DOYLE (Roddy)** ♦ Écrivain irlandais (Dublin 1958). Sa *Trilogie de Barrytown* (*The Commitments*, 1987 ; *The Snapper*, 1990 ; *The Van*, 1996) lui a valu un succès mondial, notamment à travers des adaptations cinématographiques ; elle évoque avec un humour corrosif et cru la vie dans les quartiers populaires de Dublin. Il reçut le Booker Prize en 1993 pour *Paddy Clarke Ha Ha Ha*, évocation au style caustique de la vie d'une bande d'enfants dans l'Irlande des années 1960.

**DRAA** ou **DRA** (oued) ♦ Fl. saharien du Maroc (env. 1 000 km) jalonné d'oasis, qui se forme au pied S. du Haut-Atlas par la réunion de la prolongation de l'oued Ouarzazate et du Dadès, franchit l'Anti-Atlas, puis s'oriente vers l'O., traçant en partie la frontière algéro-marocaine, et se jette dans l'Atlantique au S. du cap Draa (mais ses eaux atteignent rarement l'Océan).

**DRAA EL-MIZAN** ♦ V. d'Algérie (wilaya de Tizi Ouzou), située en Grande Kabylie*. 30 032 hab. Centre commercial.

**DRAC** n. m. ▸ ÉTYM. anc. *Drachum*, p.-ê. de l'anc. prov. *drac* «dragon» [rivière divinisée] ou du prélatin *Dravius*, contraction de *Dor-avus*, rac. hydronym. ♦ Torrent alpestre, affl. de l'Isère (150 km). Il prend sa source dans le Champsaur et conflue en aval de Grenoble. Il alimente plusieurs centrales hydroélectriques.

**DRACHMANN (Holger)** ♦ Écrivain danois (Copenhague 1846 - Hornbaek, Sjælland 1908). D'abord attiré par la peinture, il se tourna vers la littérature avec un récit de voyage en Sicile, publié dans le recueil *Au charbon et à la craie* (1872). S'inspirant des théories esthétiques de G. Brandes*, il fit paraître la même année un volume de *Poèmes*, marqué par ses sympathies pour le socialisme. Cet

La vallée du **Draa**. *Phot.© Daniel Boiteau /Fotolia*

esprit social laissa progressivement la place à des aspirations romantiques fougueuses, qui s'expriment dans des pièces de théâtre (*Les Marins de Strandley*, 1883), des romans (notamment *Pacte avec le diable*, 1890) et surtout des recueils lyriques. Parfois emphatiques ou négligés, ces derniers contiennent cependant des passages grandioses et manifestent une virtuosité remarquable qui fait du poète le précurseur du néoromantisme danois : *Chants au bord de la mer* (1877) ; *Pampres et Roses* (1879) ; *Cordes graves* (1884) ; *Livre des chants* (1889).

**DRACON** ▸ ÉTYM. du gr. *drakôn* «dragon, serpent» ♦ Législateur athénien (fin du -VIIᵉ s.). Il donna les premières lois écrites à Athènes, substituant le pouvoir judiciaire de l'État à la justice coutumière des familles aristocratiques. Il supprima surtout la vengeance privée. Parlant de la sévérité de ce code pénal, un orateur dit qu'il avait été écrit avec du sang. Solon* atténua la rigueur des lois *draconiennes* et étendit la législation dans les domaines social et politique.

**DRACULA** ▸ ÉTYM. roumain *dracul* «dragon» ♦ Personnage littéraire et cinématographique dont la première apparition remonte au roman de Bram Stoker *Dracula* (1897). Le comte Dracula, vampire se nourrissant du sang de ses victimes, est vaincu par un groupe d'amis que dirige le docteur Van Helsing. Le roman de Stoker procède d'une tradition romantique jalonnée par la nouvelle de John William Polidori *The Vampyre* (1817), le roman anonyme *Varney the Vampyre or the Feast of Blood*, le roman *Carmilla* (1872) de l'Irlandais Sheridan Le Fanu. Il a entraîné de multiples adaptations cinématographiques : *Nosferatu* le vampire* de F. W. Murnau (1922), *Dracula* de Tod Browning (1931), *Dracula, prince des ténèbres* de Terence Fisher (1965), *Le Bal des vampires* de R. Polanski (1967), *Nosferatu, fantôme de la nuit* de Werner Herzog (1979) et *Dracula* de F. F. Coppola (1992).

**DRAGON** n. m. – en lat. *Draco* ♦ Constellation boréale.

**dragonnades**

n. f. pl. ♦ Nom donné à des persécutions exercées contre les protestants avant et après la révocation de l'édit de Nantes*. Inaugurées par Marillac en Poitou, elles consistaient à faire loger des dragons chez les protestants en leur permettant toutes sortes de sévices. Les «missionnaires bottés» obtinrent 38 000 «conversions» en quelques mois, et Louvois* fit étendre la mesure à toute la France. Les dragonnades du Languedoc et du Béarn furent particulièrement cruelles.

**DRAGUIGNAN** [83300] ▸ ÉTYM. probablt du lat. *Draconius*, n. de pers. (de *draco* «dragon»), et suff. *-anum* ♦ Ch.-l. d'arr. du Var. 32 829 hab. (aggl. 41 533) *(Dracénois)*. Tour de l'horloge (XVIIᵉ s.). L'anc. palais d'été des évêques de Fréjus (XVIIIᵉ s.) abrite le musée. Musée des Arts et Traditions de moyenne Provence. ▪ Activités tertiaires. École d'application de l'artillerie. ▪ ch.-l. du dép. du Var jusqu'en 1974.

**DRAGUT** ♦ Corsaire turc d'origine grecque (Chara Bala, Anatolie v. 1520 - Malte 1565). Il servit sous Barberousse*, puis chassa les chevaliers hospitaliers de Saint-Jean-de-Jérusalem de Tripoli, dont il devint le bey en 1551. Nommé amiral de la flotte turque en 1560, il fut tué durant le siège de Malte.

**DRAIS (Karl Friedrich)**, baron **VON SAUERBRONN** ♦ Ingénieur et sylviculteur allemand (Karlsruhe 1785 - *id.* 1851). Il inventa un véhicule à deux roues, mû par le mouvement des pieds sur le sol, appelé *draisienne* (1816).

**DRAKE** (sir **Francis**) ♦ Navigateur anglais (près de Tavistock, Devonshire v. 1540 - au large de Portobelo, Panamá 1596). Après trois expéditions contre les colonies espagnoles (1570 - 1572), il entreprit un voyage dans les mers du Sud (1577 - 1580), explora les côtes du Chili, du Pérou et les îles de la Sonde. Lors de la reprise des hostilités entre Anglais et Espagnols, il prit une part importante à la dispersion de l'Invincible Armada (1588).

**DRAKE (Edwin Laurentine, dit le Colonel)** ♦ Industriel américain (Greenville, New York 1819 - Bethlehem, Pennsylvanie 1880). Il réalisa la première exploitation industrielle de pétrole en 1859, à Titusville (Pennsylvanie).

**DRAKE** (détroit de) ➝ ÉTYM. du n. de Francis *Drake** ♦ Détroit séparant la Terre de Feu (Amérique du Sud) de la terre de Graham (continent Antarctique).

**DRAKENSBERG** n. m. ➝ ÉTYM. du moy. néerl. *drake* «dragon» et *berg* «montagne» ♦ Grand escarpement du S.-E. de l'Afrique du Sud, formé par un empilement de laves basaltiques, culminant à 3 650 mètres au Thabana-Ntlenyana (Lesotho).

**DRAMA** ♦ V. de Grèce (Macédoine), ch.-l. du nome de Drama. 39 914 hab. Centre de services dans un bassin où l'agriculture occupe beaucoup d'actifs.

**Dramaturgie de Hambourg** – en all. ***Hamburgische Dramaturgie*** ♦ Recueil d'articles polémiques sur le théâtre publiés entre 1767 et 1769 par G. E. Lessing* alors qu'il dirigeait le National Theater de Hambourg. Théoricien, il y prôna la lecture de Shakespeare plutôt que celle des classiques français, défendit Diderot et posa les bases du drame classique allemand. Moraliste, il développa l'idée du théâtre comme formateur de l'individu.

**DRAMMEN** ♦ V. de Norvège, au S.-O. d'Oslo, sur la rivière Dramselva. ch.-l. du comté de Buskerud. 57 314 hab. ▪ Centre industriel et commercial. Port d'import-export. Indus. mécanique, électronique ; indus. du bois.

**DRANCE** ou **DRANSE** n. f. ♦ Riv. de Suisse, affl. rive g. du Rhône, prenant sa source dans les Alpes valaisannes et se jetant dans le Rhône près de Martigny. Elle est divisée en trois branches : la Drance de Ferret à l'O., la Drance d'Entremont au centre, et la Drance de Bagnes à l'E. sur laquelle a été construit le barrage de Mauvoisin (834 millions de kWh).

**DRANCY** [93700] ➝ ÉTYM. du lat. *Darentius* (de *Darius*), n. de pers. gallo-rom., et suff. *-acum* ♦ Comm. de la Seine-Saint-Denis, arr. de Bobigny, dans la banl. N.-E. de Paris. 62 263 hab. *(Drancéens)*. ▮ **Histoire** Un camp d'internement (classé monument historique en 2001) y fut établi en 1941 pour les Juifs français et étrangers, en transit vers les camps de déportation nazis ; Max Jacob y mourut.

**DRANEM (Armand MÉNARD, dit)** ➝ ÉTYM. *Dranem*, c'est *Ménard* lu de droite à gauche ♦ Chanteur de café-concert français (Paris 1869 - *id.* 1935). Sa silhouette cocasse, son accent des faubourgs parisiens, la stupidité consciente de son répertoire lui valurent longtemps la faveur d'un vaste public. Interprète de la chanson scie *(Les P'tits Pois, Pétronille)*, il excella aussi dans l'opérette légère *(Là-haut, Un soir de réveillon)*. Il fonda la maison de retraite de Ris-Orangis pour les vieux artistes du music-hall.

**DRANGIANE** n. f. ➝ ÉTYM. du gr. *Draggianê*, corruption du vieux perse *Zranka* «pays de la mer» ➝ **Sīstān**

**DRAP** [06340] ♦ Comm. des Alpes-Maritimes, arr. de Nice. 4 332 hab.

**DRAPER (Henry)** ♦ Astronome américain (Prince Edward County, Virginie 1837 - New York 1882). Il étudia le spectre des étoiles. Le catalogue fondamental des spectres stellaires porte son nom *(Henry Draper Catalogue*, 1918 - 1924, 240 000 étoiles ; *Henry Draper Extension*, 1925 - 1936, 46 850 étoiles).

**DRAVE** n. f. ➝ ÉTYM. en croate ***Drava***, en all. ***Drau***, à rapprocher du sanskr. *dravas* «course, mouvement rapide» ♦ Riv. d'Europe centrale (707 km), affl. rive d. du Danube. Issue des Alpes carniques en Italie, elle traverse la Carinthie (Autriche), la Slovénie où elle arrose Maribor, la Croatie où elle reçoit la Mur et arrose Osijek. Elle marque la frontière entre la Croatie et la Hongrie. Navigable sur 105 km.

**DRAVEIL** [91210] ➝ ÉTYM. anc. *Dravernum*, p.-ê. du gaul. *dravoca* «ivraie» et suff. *-enum* ♦ Ch.-l. de cant. de l'Essonne, arr. d'Évry, sur la Seine, près de la forêt de Sénart. 28 093 hab. *(Draveillois)*.

**DRAVIDIENS** n. m. pl. – en sanskr. ***Drāviḍa*** ♦ Groupe de peuples du S. de l'Inde et du Dekkan, d'origine non indo-européenne, comprenant plus de 100 millions d'individus de type mélano-indien. Leurs langues, apparentées, dont les plus connues sont le tamoul, le telougou et le kannara, sont de type agglutinant. Des peuples dravidiens ont essaimé dans le Sud-Est asiatique, au Sri Lanka (Tamouls) et dans les îles de l'océan Indien.

**DRAYTON (Michael)** ♦ Poète anglais (Hartshill, Warwickshire 1563 - Londres 1631). Fils d'un tanneur, Drayton fut élevé par la famille Goodere où il était page. C'est la fille de son protecteur, Anne Goodere, qu'il chanta sous le nom d'Idea «Idée», dans *Le Miroir d'Idée* (1594) ; *Idée* (1619), *Idée, La Guirlande du berger* (1593), poèmes influencés par Pétrarque et Spenser. Son œuvre la plus célèbre au XVII^e s. fut les *Épîtres héroïques d'Angleterre* (1597) où, comme dans la *Ballade d'Azincourt* (1606), il exalte le patriotisme anglais. *Polyolbion*, document folklorique et topographique, composé entre 1613 et 1622, fut aussi écrit à la gloire d'Albion «aux nombreuses bénédictions». Drayton se fit le champion des traditions anglaises, qu'il tenta de redécouvrir. ➝ ÉTYM. *Drayton* vient du vieil anglais *dræg* «portage» et *tūn* «village».

**DREES (Willem)** ♦ Homme politique néerlandais (Amsterdam 1886 - La Haye 1988). Dirigeant socialiste, résistant pendant l'Occupation, il fut Premier ministre de 1948 à 1958.

**DREISER (Theodore)** ♦ Romancier américain (Terre Haute, Indiana 1871 - Hollywood, Californie 1945). Il resta toujours marqué par son enfance miséreuse. Son premier roman, *Sister Carrie* (1900), lui fut inspiré par sa sœur qui, richement entretenue, menait grande vie à New York. Le scandale provoqué par la parution de cette «tranche de vie» l'affecta tellement qu'il attendit 1911 pour publier *Jennie Gerhardt* qui traitait de thèmes alors prohibés (l'amour et la maternité hors mariage). *Le Financier* (1912), *Le Titan* (1914) et *Le Stoïque* (1947) constituent la «trilogie Cowperwood», destinée à prouver que le destin de l'individu n'est pas lié essentiellement à ses défauts ni à ses faiblesses, mais est déterminé par sa constitution organique. ➝ **Zola.** Le héros en est un magnat de la finance en qui se mêlent le révolutionnaire et le jouisseur. *Le «Génie»* (1915), dont les guillemets sont significatifs, est le symbole de l'anti-héros. Quant à *Une tragédie américaine* (1925), son protagoniste, Clyde, vient d'un milieu déshérité et, esclave de ses désirs et de sa vanité, espère se joindre aux nantis, même au prix d'un meurtre. *Le Rempart* et *Le Stoïque* (1947), parus après sa mort, soulèvent des problèmes religieux. Dreiser écrivit aussi des récits de voyage (*Un voyageur de quarante ans*, 1913), des nouvelles (*A Gallery of Women*, 2 vol., 1929) et des biographies (*Douze Hommes*, 1919). *A Book About Myself* (1922) est autobiographique.

**DRENTHE** n. f. ♦ Prov. des Pays-Bas. ➝ **Pays-Bas.** 2 654 km². 486 197 hab. CH.-L. : Assen. V. PRINC. : Emmen. La Drenthe est un bas plateau sableux, argileux et tourbeux qui s'élève à l'E. (Hondsrug). ▪ Élevage porcin et bovin (lait). Seigle, avoine et pomme de terre. Landes réservées à l'entraînement militaire. Indus. chimiques et pharmaceutiques. Indus. agroalimentaire. Textile. ▮ **Histoire** Cette province était peuplée dès le Mésolithique (Anlo, Diever, Oosterwolde). En 1536, elle fit partie du domaine des Habsbourg. La Drenthe fut sous la domination française de 1795 à 1813 et fut occupée par les Allemands de 1940 à 1945. Depuis la Deuxième Guerre mondiale, la Drenthe a connu un fort développement de l'industrie (Emmen) et du tourisme rural.

**DREPANUM** ➝ **Trapani**

**DRESDE** ➝ ÉTYM. en all. ***Dresden*;** probablt «ceux qui habitent la forêt», du vx slave *drezda* «forêt, bois» ♦ V. d'Allemagne, cap. de la Saxe, sur l'Elbe, entre les collines de Lusace et les monts Métallifères (Erzgebirge). 483 632 hab. Les monuments baroques, dont la ville était très riche, ont été complètement détruits lors des bombardements anglo-américains de févr. 1945 qui firent environ 35 000 morts. Seuls le palais du Zwinger, la Hofkirche et la pinacothèque ont pu être restaurés ; la Frauenkirche a été reconstruite à l'identique. Dresde doit son développement à sa situation naturelle particulièrement favorable, à la proximité d'un riche gisement de lignite (au N.) et à la navigabilité de l'Elbe. Bien desservie par un dense réseau de communications (canaux de Hambourg jusqu'à la République tchèque, autoroute jusqu'à Berlin, aéroport), elle a un rôle économique de premier plan où dominent les industries de transformation : mécanique et électricité ; matériel de précision et instruments d'optique ; chimie (produits pharmaceutiques, caoutchouc) ; micro-électronique ; informatique ; porcelaine. Par ailleurs, Dresde est une ville d'art, célèbre par son musée de peinture (Gemäldegalerie), l'un des plus riches d'Europe, qui lui a valu son nom de «Florence de l'Elbe». ▮ **Histoire** Développée à partir du XIII^e s. autour d'un groupe de villages slaves, la ville échut en 1485 aux ducs de Saxe (ligue Albertine) qui y établirent leur résidence. Aux XVII^e et XVIII^e s., elle connut, sous Auguste II et Auguste III de Saxe (et rois de Pologne) un grand éclat artistique. ♦ ***Paix (ou traité) de Dresde*** Conclue en 1745 entre la Prusse, la Saxe et l'Autriche, elle garantit à Frédéric II la possession de la Silésie.

**DREUX (Robert I^er le Grand, comte DE)** ♦ (mort en 1188). Fils de Louis VI le Gros, il reçut le comté en 1137. ♦ **Philippe de Dreux** (v. 1156 - 1217). Fils du précédent. Évêque de Beauvais (1176), il combattit en Terre sainte (1178 et 1190). Il participa à la croisade contre les albigeois.

**DREUX** [28100] ➝ ÉTYM. anc. *Durocassis*, de *Durocasses*, n. d'une tribu gauloise (d'un premier élément obsc. et du gaul. *cassi-, -casses* «chevelure») ♦ Ch.-l. d'arr. de l'Eure-et-Loir, au confluent de la Blaise et de l'Eure. 31 849 hab. (aggl. 44 653) *(Drouais)*. La Chapelle royale Saint-Louis (XIX^e s.) renferme les tombeaux des princes de la maison d'Orléans (verrières ; gisants par A. Mercié, J. Pradier, H.-M. Chapu, etc.). Beffroi (XVI^e s.). Musée d'Art et d'Histoire Marcel-Dessal. ▪ Indus. diversifiées (électronique, produits pharmaceutiques).

**DREUX-BRÉZÉ (Henri Évrard, marquis DE)** ♦ (Paris 1766 - 1829). Grand maître des cérémonies du roi de France à partir de 1781, il fut chargé de transmettre aux députés du tiers état l'ordre de Louis XVI de se retirer de la salle des séances, où il fut accueilli par la fameuse apostrophe de Mirabeau* : «Allez dire à votre maître que nous sommes ici par la volonté du peuple et que nous n'en sortirons que par la force des baïonnettes.» Émigré après le 10 août 1792, il reprit ses fonctions sous Louis XVIII.

**DREWERMANN (Eugen)** ♦ Prêtre, théologien et psychothérapeute allemand (Bergkamen, Westphalie 1940). À partir d'une thèse consacrée au récit iahviste de la création (*Strukturen des Bösen* «Structures du mal», 1977 - 1978), il a engagé une relecture ambitieuse de l'Écriture fondée sur la psychanalyse (Freud et surtout Jung) et l'interprétation symbolique des mythologies, de l'art et de la littérature. Cette œuvre d'exégète déboucha sur une critique radicale de l'institution ecclésiale, *Fonctionnaires de Dieu* (*Kleriker*, 1989), pour laquelle il fut privé de son enseignement à l'université de Paderborn en 1991, puis relevé de son ministère de prêtre en 1992.

**DREYER (Carl Theodor)** ♦ Cinéaste danois (Copenhague 1889 - *id.* 1968). Les visages, observés jusqu'à ce qu'ils trahissent le secret de l'être caché, le mystère soudain révélé et surgissant en pleine lumière, dans un silence qui est celui des fermentations et des genèses, ainsi pourrait se caractériser l'œuvre de Dreyer. Dépouillé jusqu'à l'abstraction, rigoureux dans sa recherche de la seule réalité qui importe, celle de l'âme, son style rejoint celui des plus grands analystes de la condition humaine. Réal. princ. : *Pages arrachées au livre de Satan* (1920), *Le Maître du logis* (1925), *La Passion* de Jeanne d'Arc* (1928), *Vampyr* (1932), *Dies* irae* (1943), *Ordet** (1955), *Gertrud* (1964). ➝ ÉTYM. *Dreyer* vient du haut allemand *drī(e)* [moderne *drei*] «trois».

**DREYFUS (Alfred)** ♦ Officier français (Mulhouse 1859 - Paris 1935). D'une famille juive alsacienne, il entra dans la carrière militaire et fut attaché au 2<sup>e</sup> bureau de l'état-major général de l'armée au ministère de la Guerre. Il fut accusé, sur simple ressemblance d'écriture, d'avoir livré à l'attaché militaire allemand à Paris, le major Schwartzkoppen, des renseignements militaires. Arrêté (oct. 1894), jugé de façon sommaire par le conseil de guerre, il fut condamné à la dégradation militaire et à la déportation à vie à l'île du Diable, en Guyane (déc. 1894). Après une première flambée d'antisémitisme dans la presse et l'armée, l'affaire fut oubliée jusqu'en 1896, date à laquelle le commandant Picquart, nouveau chef du service des renseignements, persuadé de la culpabilité de l'officier français Esterházy, le dénonça et exigea la révision du procès de Dreyfus. Traduit en conseil de guerre, Esterházy fut acquitté (janv. 1898). Le gouvernement (Méline) s'obstinait à affirmer : «Il n'y a pas d'affaire Dreyfus», alors même que celle-ci était en train de diviser profondément les Français en *dreyfusards*, intellectuels, socialistes, radicaux, républicains modérés antimilitaristes (réunis dans la Ligue des droits de l'homme), et *antidreyfusards* (la droite nationaliste, antisémite et cléricale, regroupée dans la Ligue de la patrie française). Après l'acquittement d'Esterházy, suivi du déplacement de Picquart* en Tunisie, É. Zola* publia dans le journal de Clemenceau, *L'Aurore*, une lettre ouverte («J'accuse»), prenant la défense de Dreyfus ; il fut condamné à un an de prison et à 3 000 F d'amende. Peu après, la découverte de faux ajoutés au dossier de Dreyfus, et dont l'auteur, le colonel Henry, devait se suicider, imposa la révision du procès, qui eut lieu en 1899, alors que la mort du président F. Faure et la crise politique avaient amené au pouvoir une coalition de gauche. Mais un conseil de guerre réuni à Rennes (août 1899) condamna à nouveau Dreyfus, avec circonstances atténuantes, à dix ans de réclusion : quelques jours plus tard, il était gracié par Loubet. Loin d'avoir été seulement une erreur judiciaire, l'affaire Dreyfus fut l'une des crises politiques les plus graves de la III<sup>e</sup> République et suscita un regroupement des forces politiques de droite et de gauche. Ce n'est qu'en 1906 que le jugement de Rennes fut cassé et que Dreyfus fut réintégré dans l'armée avec ses grade et fonction. La publication des carnets de Schwartzkoppen (1930) devait prouver définitivement son innocence et la culpabilité (au moins partielle) d'Esterházy. ➝ ÉTYM. Ce nom de famille vient du nom de la ville de *Trèves** [altéré par association avec le germanique *Dreifuss* «trépied»].

Alfred **Dreyfus.** La réhabilitation de Dreyfus (le 2<sup>e</sup> à partir de la droite). *Phot.* ©*BN*

**DRIESCH (Hans)** ♦ Biologiste et philosophe allemand (Bad Kreuznach 1867 - Leipzig 1941). Ses expériences sur les œufs d'oursin lui permirent de mettre en évidence le phénomène de régulation lors du développement embryonnaire. Sa philosophie est un néovitalisme qui tente de ressusciter la notion aristotélicienne d'entéléchie (*Histoire du vitalisme*, 1905).

**DRIEU LA ROCHELLE (Pierre)** ♦ Écrivain français (Paris 1893 - *id.* 1945). Intellectuel épris d'action et fasciné par l'ordre (il subit l'influence de Kipling, de Barrès et de Maurras), Drieu la Rochelle ne rapporta que déception de la guerre de 1914, où il fut blessé. Les poèmes d'*Interrogation* (1917) et de *Fond de cantine* (1920), les nouvelles de *La Comédie de Charleroi* (1934), *L'Homme couvert de femmes* (1925), *Le Feu follet* (1931) et *Drôle de voyage* (1933) expriment le drame d'un esprit hostile à son cynisme sentimental et souffrant de ses contradictions. ▪ Pénétré du sentiment de la décadence française (*Mesure de la France*, 1924, ou le roman *Rêveuse bourgeoisie*, 1937), Drieu la Rochelle se voulut d'abord *Le Jeune Européen* (1927), puis se rallia au fascisme (*Socialisme fasciste*, 1934 ; *Notes pour comprendre le siècle*, 1941 et *Le Français d'Europe*, 1944). Il dirigea *La Nouvelle Revue française* sous l'occupation puis, ayant collaboré avec les nazis, en manifestant avec violence son antisémitisme, il se suicida en 1945. Parce qu'il a exprimé l'inutilité de tout engagement (*Gilles*, 1939), Drieu la Rochelle demeure une des personnalités ambiguës de cette époque. Son *Journal* (posth. 1992), dont la publication a suscité une polémique, éclaire les contradictions d'une personnalité à la fois lucide et aveuglée.

**DRIM** n. m. – en albanais ***Drin*** ou ***Drini*** ♦ Fl. de Serbie, de Macédoine et d'Albanie (151 km). Formé de deux branches, le Drim Blanc et le Drim Noir (ce dernier émissaire du lac d'Ohrid*), il se jette dans l'Adriatique.

**DRINA** n. f. ♦ Affl. rive d. de la Save, qui marque la frontière entre la Bosnie-Herzégovine et la Serbie (364 km).

**DRINFELD (Vladimir)** ♦ Mathématicien ukrainien (Kiev 1954). Il découvrit de nouvelles fonctions arithmétiques dans le cadre d'un vaste programme visant à repenser toute l'étude des nombres entiers. On lui doit également les développements de la théorie des groupes quantiques, structures algébriques adaptées à la discussion de nombreuses questions liées à la mécanique quantique. [Médaille Fields 1990]

**DRINKWATER (John)** ♦ Écrivain britannique (Leytonstone, Essex 1882 - Kilburn, près de Londres 1937). Ancien agent d'assurances, il contribua à fonder le Birmingham Repertory Theatre, en 1913, et rénova le genre historique par une série de drames : *Abraham Lincoln*, 1918 ; *Mary Stuart*, 1921 ; *Oliver Cromwell*, 1921 ; *Robert E. Lee*, 1923 ; *Robert Burns*, 1925. Ses premiers *Poèmes* (1903) avaient été suivis par *La Mort de Léandre* (1906). *Les Mares d'Olten* (1916), *Moisson d'été* (1933) et *Recueil de poésies* (1935). Les autobiographies *Héritage* (1931) et *Découverte* (1932) éclairent la personnalité de cet écrivain. Critique, il publia des études sur Morris et Swinburne.

**DROBETA-TURNU SEVERIN** ♦ V. de Roumanie méridionale en Olténie, sur la rive g. du Danube, près des Portes de Fer, ch.-l. du district de Mehedinţi. 107 882 hab. Vestiges romains (camp, thermes, pont de Trajan). ▪ Port de commerce. Construc. navales. Tourisme.

**DROBISCH (Moritz Wilhelm)** ♦ Philosophe et mathématicien allemand (Leipzig 1802 - *id.* 1896). Représentant de l'école d'Herbart*, il a écrit de nombreux traités de logique et de psychologie à laquelle il tenta d'appliquer les mathématiques (*Premières théories fondamentales de la psychologie mathématique*, 1850) ainsi qu'un traité de mathématique (*Principes de la théorie des équations numériques supérieures*, 1834).

**DROCOURT** [62230] ♦ Comm. du Pas-de-Calais, arr. d'Arras. 3 104 hab.

**DROGHEDA** – en gaél. ***Droichead Átha*** ♦ V. de la rép. d'Irlande (comté de Louth), sur l'estuaire de la Boyne, au N. de Dublin, dont la proximité favorise le développement. 28 973 hab. Ville portuaire. ▮ **Histoire** Cromwell s'empara de ce foyer nationaliste et massacra garnison et population en 1649.

**DROGOBYTCH** ♦ V. d'Ukraine, au pied des Carpates. 78 595 hab. Sel gemme, gisements de pétrole et de gaz naturel dans la région.

**droits (Déclaration des)** – en angl. ***Bill of Rights*** ♦ Un des textes constitutionnels les plus importants de l'histoire de l'Angleterre. Élaborée en 1689 par le Parlement pour assurer la continuité de la monarchie après l'abdication de Jacques* II, cette déclaration limitait la prérogative royale en rappelant les libertés et les droits fondamentaux du royaume.

**droits de l'homme et du citoyen (Déclaration des)** ♦ Préparée par Mirabeau, Mounier, Sieyès, etc., elle fut votée par l'Assemblée* nationale constituante, le 26 août 1789, après l'abolition de la féodalité (nuit du 4 août* 1789) et servit de base à la Constitution de 1791. S'inspirant des doctrines des philosophes du

XVIII^e s., elle comporte un préambule et 17 articles énonçant les «droits naturels et imprescriptibles» de l'homme (liberté, propriété, égalité devant la loi) et ceux de la nation (souveraineté nationale, séparation des pouvoirs législatif, exécutif et judiciaire). Dépassant les déclarations anglaise et américaine (Déclaration des droits et Déclaration d'indépendance) par son exigence de rationalité et d'universalité, elle porte certes la marque de la bourgeoisie libérale de l'époque, mais reste, encore aujourd'hui, un texte de référence fondamental.

**droits de l'homme et du citoyen (Déclaration des)** ♦ Composée de 35 articles, elle servit de préface à la Constitution adoptée par la Convention* (montagnarde) en juin 1793 (Constitution de 1793). Faisant du bonheur commun le but de la société, cette déclaration dépassait à maints égards celle de 1789 ; elle considérait en effet l'égalité comme étant le droit naturel fondamental, affirmait les droits au travail, à l'assistance et à l'instruction, ainsi que celui de s'insurger contre les oppresseurs. Elle maintenait cependant le droit de propriété et la liberté économique.

**droits de l'homme et du citoyen (Déclaration des)** ♦ Précédant la Constitution de l'an III, adoptée par la Convention* thermidorienne (août 1795), elle se distingue des Déclarations de 1789 et de 1793 par : la suppression de l'article affirmant que «les hommes naissent et demeurent libres et égaux en droit», suppression liée au retour au suffrage censitaire ; la déclaration des devoirs de l'homme qui l'accompagna ; ces devoirs, inspirés des préceptes de l'Évangile selon saint Matthieu, se résumaient dans le respect des lois, des autorités, de la famille, de la propriété.

**droits de l'homme (Déclaration universelle des)** ♦ Votée le 10 déc. 1948 par l'assemblée générale des Nations unies, malgré l'abstention de l'URSS et de 5 démocraties populaires, de l'Arabie saoudite et de la République sud-africaine, elle n'a pas le caractère obligatoire de la charte des Nations unies. Elle affirme la liberté et l'égalité de tous les hommes.

**DRÔME** n. f. ➝ ÉTYM. anc. *Druma,* d'une rac. précelt. °*dr-* (de °*dor-*) et suff. gaul. *-onna,* désignant un cours d'eau (➝ aussi Dordogne) ♦ Affl. rive g. (110 km) du Rhône. La Drôme traverse Die, Saillans, Crest et conflue en aval de Livron.

**DRÔME** n. f. [26] ➝ ÉTYM. du n. de la riv. ♦ Dép. du S.-E. de la France, région Rhône-Alpes. 6 530 km². 437 778 hab. CH.-L. : Valence. CH.-L. D'ARR. : Die, Nyons. Cour d'appel : Grenoble. Académie : Grenoble. ➝ **Rhône-Alpes.**

**DRONNE** n. f. ➝ ÉTYM. rac. précelt. °*dor-* et suff. gaul. *-onna* (➝ Drôme) ♦ Riv. du Périgord (189 km), affl. de l'Isle. Elle naît dans le Limousin, traverse Brantôme et conflue à Coutras.

**DRONTEN** ♦ V. nouvelle des Pays-Bas (Flevoland). 38 182 hab.

**DROPT** [dʀo] n. m. ♦ Riv. du Bassin aquitain (125 km), affl. de la Garonne. Née dans le sud du Périgord, elle traverse Eymet et conflue en aval de La Réole.

**DROSTE-HÜLSHOFF (Annette Elizabeth von)** ♦ Poète allemande (château de Hülshoff, près de Münster, Westphalie 1797 - Meersburg, lac de Constance 1848). Issue d'une famille aristocratique et catholique, elle montra très tôt des dons pour le dessin, la musique et surtout la poésie. Partagée entre son exaltation passionnée, sa soif de vivre et la morale pleine d'interdits dans laquelle elle avait été élevée, elle a exprimé ses contradictions et sa quête de Dieu dans une œuvre originale, singulière, d'un lyrisme tout à tour angoissé et serein, et parsemée de descriptions réalistes, minutieuses de la nature : *Poésies* (1838), *L'Année liturgique* (*Das geistliche Jahr,* 1844), *Le Hêtre aux juifs* (*Die Judenbuche,* nouvelle, 1860).

**DROUAIS (François-Hubert)** ♦ Peintre et dessinateur français (Paris 1727 - *id.* 1775). Il étudia auprès de son père HUBERT DROUAIS (1699 - 1767), miniaturiste et pastelliste, puis fut l'élève de C. Van* Loo, Nonotte, Natoire*, Boucher*. Il se fit une spécialité du portrait féminin et surtout d'enfant, représentant ses modèles en costume de paysans de pastorales (*Le Comte et le Chevalier de Choiseul en Savoyards*). Il obtint la faveur de la cour et fut le peintre préféré de M^me du Barry. Son métier brillant n'est pas dénué d'une certaine affectation.

**DROUET (Jean-Baptiste)** ♦ Homme politique français (Sainte-Menehould 1763 - Mâcon 1824). Maître de poste de Sainte-Menehould, il reconnut le roi qui tentait de fuir (21 juin 1791) et, l'ayant précédé à Varennes*, où il donna l'alerte, permit son arrestation. Député de la Marne sous la Convention, il prit part à la guerre et fut arrêté à Maubeuge par les Autrichiens (1793) qui l'échangèrent contre la fille de Louis XVI (déc. 1795). Membre du Conseil des Cinq-Cents sous le Directoire, il participa à la conjuration de Babeuf (1796). Emprisonné à l'Abbaye, il réussit à s'évader, émigra jusqu'à l'Empire et fut alors nommé préfet de Sainte-Menehould. Proscrit comme régicide sous la Restauration, il se cacha sous le nom de Merger. ➝ ÉTYM. Ce nom vient du nom de personne germanique *Drogo* (à rapprocher du gotique *driugan* «entrer en campagne»).

**DROUET (Julienne GAUVAIN, dite Juliette)** ♦ Actrice française (Fougères 1806 - Paris 1883). Elle lia sa vie à celle de V. Hugo* de 1833 à sa mort. Le poète l'évoque dans *Tristesse d'Olympio* et le second livre des *Contemplations.*

**DROUET D'ERLON (Jean-Baptiste, comte)** ♦ Maréchal de France (Reims 1765 - Paris 1844). Volontaire en 1792, il participa aux campagnes de la Révolution et de l'Empire. Incarcéré lors de la I^re Restauration, il se rallia à Napoléon I^er pendant les Cent-Jours, fut fait pair de France et prit part à la bataille de Waterloo. Exilé en Prusse lors de la II^e Restauration et condamné à mort par contumace, il revint en France après la révolution de 1830, fut nommé gouverneur de l'Algérie (1834 - 1835), où il contribua à la création des bureaux arabes et à l'introduction du régime municipal.

**DROUOT (Antoine, comte)** ♦ Général français (Nancy 1774 - *id.* 1847). Nommé colonel major de l'artillerie à pied de la garde impériale (1808), il se distingua à Wagram (1809) et à la bataille de la Moskova (1812). Promu général et surnommé le «Sage de la Grande Armée», il accompagna Napoléon I^er à l'île d'Elbe, en qualité de gouverneur de l'île. Après les Cent-Jours et Waterloo, il fut jugé, mais acquitté sous la Restauration, et vécut ensuite dans la retraite.

**DROUYN DE LHUYS (Édouard)** ♦ Homme politique français (Paris 1805 - *id.* 1881). Élu député (1842) sous la monarchie de Juillet, il fit partie de l'opposition et, après la révolution de février 1848, siégea à l'Assemblée constituante. Nommé ministre des Affaires étrangères sous le Second Empire (1852), il se montra favorable à l'alliance autrichienne, mais dut démissionner après avoir participé aux conférences de Vienne (1855). Rappelé dans ses fonctions en 1862, il fut désavoué par Napoléon III (1866) pour avoir voulu obtenir de la Prusse des compensations territoriales sur la rive gauche du Rhin en échange de la médiation française lors des conflits austro-prussiens. ➝ **Sadowa.**

**DROYSEN (Johann Gustav)** ♦ Philologue, historien et homme politique allemand (Treptow an der Rega, Poméranie 1808 - Berlin 1884). Professeur à Kiel, il participa aux mouvements politiques du Schleswig-Holstein, siégea comme député au parlement de Francfort (1848) et écrivit une *Histoire de la politique prussienne* (1855), où il tente de justifier le rôle historique de la Prusse dans l'organisation de l'Allemagne. Il est également l'auteur d'importants travaux sur l'Antiquité, plus particulièrement sur Alexandre le Grand (1883) et sur l'hellénisme (1878). ♦ **Gustav Droysen.** Historien allemand (Berlin 1838 - Halle 1908). Fils du précédent. Auteur d'études sur l'histoire de l'Allemagne des XVI^e et XVII^e s.

**DRU** (aiguille du) ♦ Montagne du massif du Mont-Blanc, dans le groupe de l'aiguille Verte, formée de deux sommets voisins, le Grand Dru (3 754 m) et le Petit Dru (3 730 m).

**DRUDE (Paul)** ♦ Physicien allemand (Brunswick 1863 - Berlin 1906). Il développa la théorie électronique des métaux (1900), expliquant ainsi la conductibilité électrique, la conduction de la chaleur ; il montra que les caractéristiques de l'éclat métallique sont dues aux électrons de conduction. Il étudia également la propagation des ondes dans les tuyaux.

**DRUG-YUL** n. m. ➝ ÉTYM. «pays du Dragon» ♦ Nom bhoutanais du royaume himalayen du Bhoutan.

**DRUILLET (Philippe)** ♦ Dessinateur et illustrateur français (Toulouse 1944). Auteur de récits fantastiques et d'anticipation où le graphisme élégant et fouillé de grandes planches est mis au service d'un sens spectaculaire du terrible (*Les Aventures de Lone Sloane, Yragaël ou la Fin des temps*).

**DRUMEV (Vasil)** ♦ Prélat et écrivain bulgare (Kolarovgrad, auj. Šumen 1841 - Tărnovo 1901). Auteur de nouvelles et d'un drame patriotique, *Ivanko* (1872), il fonda l'Académie bulgare. Membre du parti russophile, il favorisa l'abdication du prince Alexandre* I^er de Battenberg.

**DRUMMONDVILLE** ♦ V. du Canada (Québec), au N.-E. de Montréal. 67 392 habitants. Centre industriel et commercial.

**DRUMONT (Édouard)** ♦ Publiciste et homme politique français (Paris 1844 - *id.* 1917). Journaliste catholique, collaborateur à *L'Univers* de Veuillot, il attaqua les puissances financières, et particulièrement la finance israélite dans *La France juive, essai d'histoire contemporaine* (1886), qui est généralement le manifeste antisémite le plus systématique, et fonda un journal d'inspiration nationaliste et antisémite, *La Libre Parole* (1892), où il dénonça le scandale de Panamá, qui est également le thème de son ouvrage *De l'or, de la boue et du sang* (1896). Antidreyfusard notoire, il fut élu député (1898 - 1902). ➝ ÉTYM. Ce nom de famille vient du germanique *drud* «fidèle» et *mund* «protection».

**DRUON (Maurice)** ♦ Romancier français (Paris 1918 - *id.* 2009). Il rejoignit les Forces françaises libres à Londres en 1942 (*La Dernière Brigade,* 1946), puis fut correspondant de guerre (comme son oncle, Joseph Kessel, avec lequel il écrivit les paroles du *Chant des partisans,* 1943). Il composa un cycle romanesque d'inspiration naturaliste, *La Fin des hommes,* chronique cynique et sévère de la grande bourgeoisie d'affaires durant l'avant-guerre. En trois volumes (*Les Grandes Familles,* 1948 ; *La Chute des corps,* 1950 ; *Rendez-vous aux enfers,* 1951), ce tableau social révèle un romancier dans la tradition du XIX^e s., renouvelée par une certaine hantise du sexe et de la mort. Dans la série historique des *Rois maudits* (7 vol., 1955 - 1977), l'écrivain brosse des tableaux colorés évoquant Philippe IV le Bel et sa descendance, plus soucieux de pittoresque que d'exactitude historique. *Les Mémoires de*

*Zeus* (2 vol., 1963 - 1968) sont un recueil de réflexions morales ; *Notes et Maximes sur le pouvoir* (1965) marque un intérêt pour les problèmes politiques. M. Druon a été ministre des Affaires culturelles (1973 - 1974). [Acad. fr. 1966 ; secrétaire perpétuel, 1986 - 1999] ➝ ÉTYM. *Druon* vient du prénom germanique *Drudo* «fidèle, cher», de *trud* «fidélité».

**DRUSENHEIM** [67410] ➝ ÉTYM. du germ. *Druzo*, n. de pers., et *heim* «village» ♦ Comm. du Bas-Rhin, arr. d'Haguenau, sur la Moder. 4 723 hab.

**DRUSUS** – en lat. ***Marcus Livius Drusus*** ♦ Tribun de la plèbe à Rome en –122, collègue et adversaire de Caius Gracchus*.

**DRUSUS** – en lat. ***Marcus Livius Drusus*** ♦ (mort en –91). Fils du précédent. Tribun de la plèbe en –91, il s'efforça de rétablir la puissance sénatoriale par des lois populaires et s'engagea envers les Italiens à leur obtenir la citoyenneté romaine, ce qui lui valut de mourir assassiné (oct. –91).

**DRUSUS** – en lat. ***Claudius Nero Drusus*** ♦ (–38 - –9). Fils de Livie*, beau-fils d'Auguste* et frère de Tibère*. De –12 à –9, il mena des campagnes victorieuses en Germanie, créa les provinces de Rhétie et de Vindélicie, annexa le royaume du Norique et reçut le premier le nom de Germanicus. Il fut le père du célèbre Germanicus* et de l'empereur Claude*.

**DRUT (Guy)** ♦ Athlète français (Oignies 1950). Il fut champion de France du 110 m haies de 1970 à 1976 et en 1981, champion d'Europe (1974) à Rome et deux fois champion olympique (1972, 1976) avant d'entamer une carrière politique.

**DRUZE** (djebel) n. m. ♦ Massif volcanique qui occupe le S.-O. de la Syrie, aux frontières de la Jordanie, faisant suite au désert syrien. Composé de plateaux basaltiques, il culmine à moins de 2 000 m. Élevage de moutons et de chèvres ; cultures de céréales (orge, blé) et, sur les pentes ensoleillées, culture d'oliviers et de vigne. ▪ Le massif est habité depuis le XIX<sup></sup>e s. par les Druzes et les chrétiens. Il a été rebaptisé Jabal al-Arab après l'indépendance de la Syrie.

**druzes** ou **druses**

n. m. pl. ➝ ÉTYM. du n. de Muhammad al-*Darazī* (ar. «tailleur») (V. ci-dessous) ♦ Minorité religieuse du Proche-Orient comptant près de 300 000 personnes vivant en Syrie, au Liban et en Israël. À l'origine, les druzes formaient une secte religieuse, émanant du mouvement ismaïlien et fondée par deux missionnaires, Muḥammad al-Darazī et Ḥamza ibn 'Alī ibn Aḥmad. Plusieurs principes de leur doctrine sont empruntés au messianisme, au gnosticisme et au néoplatonisme. Les druzes croient à l'incarnation et à la métempsycose. Selon leur système, le calife fatimide al-Ḥākim* bi-Amr Allāh (qui voulut imposer ses croyances ismaïliennes à ses sujets sunnites) fut la dernière et principale incarnation divine *(maqām)*. Persécutés par les musulmans orthodoxes en Égypte, ils se réfugièrent en Syrie (1017 - déb. de l'ère druze). Les druzes s'installèrent principalement au S. et dans les montagnes de l'Hawran, appelées plus tard djebel Druze. Ils parvinrent à survivre malgré les diverses répressions, mettant en pratique le principe de la *Taqiya* («dissimulation»), ce qui leur permettait de ne pas afficher leur croyance en milieu hostile. De plus, au sein même des druzes, seule une élite d'initiés reconnus comme «Sages» *(Uqqāl)* a accès aux assemblées et aux textes religieux. Au cours de l'histoire, les druzes durent défendre leur indépendance contre les croisés et contre les Turcs ottomans (qui ne purent les soumettre partiellement qu'au XVII<sup></sup>e s.). Au XIX<sup></sup>e s., ils entrèrent en conflit avec les maronites (massacres de 1860). Plus tard, ils luttèrent contre la présence française dans la région (1925 - 1926). Ils sont divisés en deux grands clans : les Yazbaki dirigés par la famille Arslan et les Joumblatt qui ont aujourd'hui la suprématie. Kamal Joumblatt* fut, de 1943 à 1977, date de son assassinat, le chef charismatique de la communauté druze. Son fils, Walid, lui a succédé à la tête de la communauté au Liban.

**DRYDEN (John)** ♦ Auteur dramatique et essayiste anglais (Aldwinkle, Northamptonshire 1631 - Londres 1700). Puritain d'origine, il n'en devint pas moins, après 1660, le poète officiel de la Restauration, historiographe royal et poète lauréat (1668). Soucieux de concilier les traditions de la scène anglaise avec le goût classique français (*Essai sur la poésie dramatique*, 1668), il s'attacha d'abord à la défense du style par l'intérêt qu'il porta à la facture du vers et à l'éloquence. Élaguant Shakespeare de ses «outrances», tout en lui faisant de nombreux emprunts, il est l'auteur de tragicomédies : *L'Amour vainqueur* (1694), de tragédies héroïques : *La Conquête de Grenade* (1670), *Tout pour l'amour* (1677). Il fut surtout connu de son vivant pour ses poèmes satiriques, remplis d'allusions à l'actualité (*Absalon et Achitophel*, 1681). Défenseur de l'anglicanisme (*Religio laici*, 1682) puis, après sa conversion, du catholicisme, dans *La Biche et la Panthère* (1687), il traduisit Juvénal et Virgile et occupe dans la littérature anglaise une place analogue à celle de Boileau en France.

**DRYGALSKI (Erich VON)** ♦ Géophysicien et explorateur allemand (Königsberg 1865 - Munich 1949). Après avoir étudié les glaciers du Groenland (en particulier dans la baie de Disko, 1891 - 1893), il entreprit à bord du Gauss une expédition dans l'Antarctique, au cours de laquelle il découvrit la terre de l'Empereur-Guillaume II.

**DRŽIĆ (Marin)** ♦ Poète ragusain de langue croate (Raguse 1508 - Venise 1567). Inspiré par la Renaissance italienne, il écrivit dans une très belle langue des poèmes d'amour, des pastorales *(Tirena)* et surtout des comédies (*L'Oncle Maroje*, 1550 ; *L'Avare*) empreintes de satire sociale.

**DUARTE (José Napoleón)** ♦ Homme d'État salvadorien (San Salvador 1925 - *id.* 1990). Leader de la Démocratie chrétienne, il s'opposa au pouvoir des militaires. Exilé en 1972, il fut élu président de la République en 1984 et tenta de trouver un compromis avec la guérilla. ➝ **Salvador.** Affaibli par la maladie, il laissa la place à Alfredo Cristiani, représentant de l'extrême droite (1989). ➝ ÉTYM. Ce nom de famille espagnol est l'équivalent de *Édouard**.

**DUBAÏ** ou **DUBAY** ♦ Émirat de la fédération des Émirats* arabes unis, au N.-E. d'Abou Dhabi. ➝ **Arabie** (carte). 3 840 km². 1 321 453 hab. CAP. : Dubaï. C'est le deuxième émirat de la fédération. Sa production pétrolière, qui a culminé à 410 000 barils par jour n'a cessé de diminuer. L'essentiel des gisements est situé en mer. La ville de Dubaï (350 000 hab.) figure parmi les premiers ports à conteneurs du monde. L'émirat a dû se reconvertir et s'est transformé à la fois en place financière régionale et en destination de tourisme de luxe. Le front de mer a été totalement redessiné avec la construction d'îles artificielles en forme de palmier ou composant un globe terrestre (avec 300 îlots) et de bâtiments sous-marins. Une station de ski couverte (Ski Dubaï) a été aménagée dans le désert. En ville, plusieurs tours comptent parmi les plus hautes du monde, dont Burj Dubaï (828 m, inaugurée en 2010) composée de plusieurs tours assemblées autour d'un tronc central. Fort de son succès pendant les années 2000, Dubaï a poursuivi ces réalisations prestigieuses dont le financement a cependant fini par l'endetter lourdement au moment même où le système bancaire international traversait la grave crise de 2008-2009. À la fin de l'année 2009, il n'a évité la faillite que grâce au soutien de son riche voisin de la fédération des émirats arabes, Abou Dhabi.

**Dubaï.** Vue de la mer. *Phot. © Dominique Lefebvre/Fotolia*

**DUBAIL (Augustin Edmond)** ♦ Général français (Belfort 1851 - Paris 1934). Commandant la I<sup></sup>re armée en 1914, il résista à l'avance allemande sur Sarrebourg et enraya la pénétration ennemie dans les Vosges (Charmes). Gouverneur militaire de Paris (1916), il devint grand chancelier de la Légion d'honneur (1918). Il créa le musée de la Légion d'honneur en 1925.

**DUBAN (Félix Louis Jacques)** ♦ Architecte et aquarelliste français (Paris 1797 - Bordeaux 1870). Il restaura plusieurs monuments (Sainte-Chapelle, Blois, Dampierre) et fut chargé de travaux d'aménagement au Louvre (galerie d'Apollon, 1848). S'inspirant avec sobriété de la Renaissance, il reconstruisit et aménagea les bâtiments du couvent des Augustins pour l'École des beaux-arts (1833).

**DU BARRY** ➝ **Barry (du)**

**DU BARTAS** ➝ **Bartas (du)**

**DUBČEK (Alexander)** ♦ Homme politique tchécoslovaque (Uhrovec, Slovaquie 1921 - Prague 1992). Nommé premier secrétaire du parti communiste le 5 janv. 1968, il voulut donner une orientation plus libérale au régime politique de son pays. Malgré le soutien qu'il apporta à ses concitoyens lors du Printemps de Prague, il dut capituler devant l'intervention militaire soviétique (août 1968). Remplacé par Husák à la tête du parti, il se vit confier le titre honorifique de président de l'Assemblée fédérale (avr.-août 1969) puis fut exclu du parti communiste (juin 1970) et réduit à des fonctions subalternes. Il réapparut en public lors des manifestations de nov. 1989 et fut élu président au Parlement (déc. 1989 - juin 1992). ➝ **Tchécoslovaquie.** ➝ ÉTYM. Ce nom de famille est le diminutif du tchèque *dub* «chêne».

**DUBÉ (Marcel)** ♦ Écrivain canadien d'expression française (Montréal 1930). L'œuvre théâtrale de Dubé, à partir de *Zone* (1953), dresse un portrait du père insuffisant et d'une société bourgeoise décadente.

**DU BELLAY** → Bellay (du)

**DÜBENDORF** ♦ V. de Suisse (cant. de Zurich) à l'E. de Zurich. 22 915 hab. Aéroport militaire. Indus. chimique. Manufacture de tabac.

**DUBILLARD (Roland)** ♦ Auteur dramatique et acteur français (Paris 1923). Il fit ses débuts à la radio et dans les cabarets de la rive gauche où ses sketches (notamment la série *Grégoire et Amédée* avec *Les Diablogues* en 1975) révélèrent son talent comique et ses capacités d'invention verbale. Ses pièces de théâtre, *Naïves Hirondelles* (1961), *La Maison d'os* (1962), *Le Jardin aux betteraves* (1969), *Où boivent les vaches* (1973), *Les Nouveaux Diablogues* (1998), composent un univers absurde et insolite, dont la drôlerie tempère la gratuité tragique. On lui doit également un recueil de poèmes qui évoquent Charles Cros, *Je dirai que je suis tombé* (1966), et un recueil de nouvelles, *Olga ma vache* (1974).

**DUBLIN** ➝ ÉTYM. irl. «l'étang *(linn)* noir *(dubh)*» (à cause de la couleur sombre des eaux de l'estuaire de la rivière Liffey), en gaél. ***Dubh Linn*** «la mare noire» ou ***Baile Àtha Cliath*** «la ville du gué aux claies» ♦ Cap. de la rép. d'Irlande, de part et d'autre de l'estuaire de la Liffey. 506 211 hab. (aggl. 1 045 769 hab.). *(Dublinois).* Située au débouché de la plaine centrale, face à l'Angleterre, Dublin a profité de son rôle de tête de pont de la colonisation britannique pour affermir sa domination économique, politique et culturelle sur l'ensemble du territoire de la république. L'extension de la ville se fait par une croissance urbaine rapide englobant Dún Laoghaire et Howth, rejoignant les limites du Pale, l'ancienne zone de colonisation anglaise au XVe s. ; les migrations alternantes atteignant Bray, Naas et Maynooth. Les principaux monuments et les quartiers d'affaires sont sur la rive S. de la Liffey alors que la rive N. est plus populaire, de part et d'autre de la grande artère O'Connell Street. Les cathédrales (Saint-Patrick et Christ Church), le château, siège du gouvernement, sont de styles disparates mais Dublin a gardé des vestiges de l'architecture géorgienne. L'ancien parlement, actuellement banque d'Irlande, Trinity College, les grandes places aux immeubles de briques rouges du XVIIIe s. (Merrion Square, Fitzwilliam Square), les Four Courts, Custom House en sont les principaux témoins. Cette ville de culture possède deux universités et plusieurs musées. Siège des pouvoirs politique, économique et industriel, Dublin introduit, par sa masse même, un des déséquilibres majeurs de la république d'Irlande. L'industrie fondée sur l'agroalimentaire (Guinness, whisky), se diversifie vers la mécanique et l'informatique. ♦ ***Comté de Dublin*** 922 km². 1 187 176 hab. Le plus peuplé d'Irlande, il correspond aux limites du Pale, l'ancien domaine anglo-normand. Il est presque totalement urbanisé sauf au S. où les premières pentes des monts Wicklow servent d'espace de loisir aux Dublinois. ▮ **Histoire** Fondée au IXe s. par des pirates norvégiens, *Dubh Linn* fut occupée par les Danois (Xe s.), puis par les Anglo-Normands (1170) qui en firent la principale base anglaise d'Irlande et la capitale du Pale (enclave anglaise) d'Irlande. Au XVIIIe s., sous l'influence anglaise, Dublin connut un grand essor économique et devint la deuxième ville du Royaume-Uni. Mais, au XIXe s. et dans le premier quart du XXe s., elle devint le foyer actif du nationalisme irlandais à la suite de la suppression du Parlement : mouvement de Robert Emmet (1803), mouvement *fenian* (1867) et, surtout, insurrection de Pâques (1916). En 1922, Dublin devint la capitale de la république d'Irlande.

**DUBOIS (Pierre)** ♦ Légiste français (près de Coutances v. 1250 - v. 1320). Il fut représentant aux états généraux de 1302 et 1308. Partisan de l'absolutisme royal, il prit parti pour Philippe le Bel dans sa lutte contre le pape Boniface VIII. Il se fit le théoricien de l'impérialisme français, rêvant de mettre la France à la tête de l'Europe. ➝ ÉTYM. Il s'agit du surnom donné à une famille habitant près d'un bois.

**DUBOIS (Jacques)** latinisé en **Sylvius** ♦ Médecin français (Amiens 1478 - Paris 1555). Anatomiste, il pratiqua de nombreuses dissections de cadavres humains, mais il resta attaché aux théories d'Hippocrate* et de Galien*.

**DUBOIS (Ambrosius BOSSCHAERT, dit Ambroise)** ♦ Peintre, dessinateur et décorateur français d'origine flamande (Anvers v. 1542-1543 - Fontainebleau 1614). Il reçut probablement une formation flamande et succéda à Dubreuil* comme peintre de Henri IV. Brillant décorateur, il travailla au château de Fontainebleau (*Histoire de Tancrède et Clorinde ; Histoire de Théagène et Chariclée*, galerie de Diane, en partie disparue), au Louvre *(La Jérusalem délivrée)*. Son art raffiné et érudit, dont le luminisme, la gamme de coloris acides et le répertoire formel dénotent les influences du Primatice, de Spranger et de Goltzius, en fait l'un des plus importants représentants du maniérisme de la 2e école de Fontainebleau.

**DUBOIS (Guillaume)** ♦ Cardinal et homme politique français (Brive-la-Gaillarde 1656 - Versailles 1723). Fils d'un apothicaire, il devint précepteur de Philippe d'Orléans* qui, devenu régent, l'appela au pouvoir. Vénal, libertin, hypocrite, intrigant, mais intelligent, il fut un habile diplomate. Rapprochant les intérêts du Régent de ceux des Hanovre, qui avaient à se faire accepter en Angleterre comme Philippe d'Orléans en France, il conclut avec la Grande-Bretagne et la Hollande la Triple- puis la Quadruple-Alliance* contre l'Espagne (1718). Après avoir tenu en échec la conspiration de Cellamare* (1718), il dut faire une courte guerre à l'Espagne (1719 - 1720) pour obtenir le renvoi d'Alberoni* et arrêter la reconstitution de la puissance militaire espagnole. Insatiable, il ne se contenta pas du ministère des Affaires étrangères et obtint, après l'archevêché de Cambrai et le chapeau de cardinal, le titre de Premier ministre (1722). Il devait encore entrer à l'Académie française et se faire nommer président de l'assemblée du clergé.

**DUBOIS (Eugène)** ♦ Médecin et paléontologue néerlandais (Eisden 1858 - Haelen 1940). Il participa à des recherches paléontologiques à Sumatra et Java (1889 - 1895) et découvrit un primate fossile présentant des caractères simiens et hominiens, auquel il donna le nom de pithécanthrope, forgé par Haeckel*, et qui fut ensuite rattaché au groupe des *Homo erectus*.

**DU BOIS (William Edward Burghart)** ♦ Écrivain ghanéen d'origine américaine (Great Barrington, Massachusetts 1868 - Accra 1963). Métis, il milita, comme journaliste, éditeur et fondateur de la National Association for the Advancement of Colored People, pour la cause des Noirs américains. Après la Première Guerre mondiale, il s'intéressa plus particulièrement à l'éducation politique des Noirs d'Afrique. Il adhéra en 1961 au parti communiste et prit la nationalité ghanéenne quelques mois avant sa mort. Ses ouvrages les plus marquants sont *Souls of Black Folk* (1903), *The World and Africa* (1947), *In Battle for Peace* (1952).

**DUBOIS-CRANCÉ** ou **DUBOIS DE CRANCÉ (Edmond Louis Alexis)** ♦ Général et homme politique français (Charleville 1747 - Rethel 1814). Député du tiers état de Vitry aux états généraux (1789), il participa sous l'Assemblée nationale constituante aux réformes militaires. Député des Ardennes sous la Convention, il prit position pour la Montagne et vota pour la mort du roi. Sur un rapport qu'il présenta à la Convention le 7 fév. 1793 furent adoptées la loi de l'amalgame (21 fév.) qui contribua à l'unification de l'armée républicaine en un seul système national et, en 1794, la loi sur l'embrigadement. Accusé de modérantisme et exclu des jacobins par Robespierre (1794), il devait se joindre à ceux qui l'éliminèrent le 9 Thermidor. Membre du Conseil des Cinq-Cents et ministre de la Guerre sous le Directoire, il s'opposa au coup d'État du 18 Brumaire et abandonna la vie politique.

**DU BOIS-REYMOND (Emil)** ♦ Physiologiste allemand (Berlin 1818 - *id.* 1896). Il fut un des principaux fondateurs de la physiologie expérimentale. Ses recherches portent sur l'électricité animale et sur l'emploi de l'électricité dans la technique physiologique. ♦ **Paul Du Bois-Reymond.** Mathématicien allemand (Berlin 1831 - Fribourg-en-Brisgau 1889), frère du précédent. Il étudia les équations différentielles aux dérivées partielles et les séries de Fourier.

**DU BOS** ou **DUBOS** [dybɔs] **(Jean-Baptiste,** abbé**)** ♦ Historien, critique et diplomate français (Beauvais 1670 - Paris 1742). Ses *Réflexions critiques sur la poésie et la peinture* (1718) fondent l'idée du relativisme esthétique et, dernier écho de la querelle des Anciens* et des Modernes, assurent la primauté du sentiment dans l'appréciation des œuvres d'art. [Acad. fr. 1720 ; secrét. perpét. 1722]

**DU BOS (Charles)** ♦ Essayiste français (Paris 1882 - La Celle-Saint-Cloud 1939). Après des études à Oxford, il voyagea en Europe, donna des cours libres, très suivis, en France, puis aux États-Unis (1937). Participant activement à la vie littéraire, lié avec Proust, Claudel, Valéry, Mauriac (sur lequel il écrivit un essai, *François Mauriac et le problème du romancier catholique*, 1933) et Gide (*Correspondance*, commencée en 1911, publiée en 1950). Charles Du Bos s'attacha à l'étude critique d'écrivains tels que Goethe (posth. 1949), Mérimée, Constant, Byron (*Byron et le besoin de la fatalité*, 1929), cherchant avant tout à «s'unir avec un créateur pour le recréer.» De même, les commentaires pénétrants des *Approximations* (7 vol., 1922 - 1937) posent sans cesse la question : *Qu'est-ce que la littérature ?* (1938). Passionné pour l'analyse morale («Au fond, je suis un artiste dont l'art propre a pour matière l'art des autres»), Du Bos était habité de préoccupations spirituelles qui l'amenèrent au catholicisme (1927) ; son *Journal*, tenu dès 1908 (posth. 1946 - 1957), exprime la subtilité et la profondeur d'une pensée inquiète, tournée vers le mysticisme.

**DUBOS (René)** ♦ Médecin et biologiste américain d'origine française (Saint-Brice-sous-Forêt 1901 - New York 1982). Il étudia les mécanismes de résistance à l'infection. Ses travaux sur les bactéries contribuèrent au développement des antibiotiques. Il s'intéressa, en outre, à l'influence du milieu environnant sur la vie prénatale et immédiatement postnatale.

**DUBOST (Charles)** ♦ Médecin français (Saint-Gaultier, Indre 1914 - Paris 1991). Il réalisa la première correction chirurgicale du canal artériel (maladie bleue) en France et la première intervention cardiaque avec circulation extracorporelle en Europe, grâce à laquelle les opérations à cœur ouvert devinrent possibles (1955).

**DU BOUCHET (André)** → Bouchet (André du)

**DU BOURG** ou **DUBOURG (Anne)** ♦ Magistrat français (Riom v. 1520 - Paris 1559). Ayant protesté officiellement contre les persécutions infligées aux protestants, il fut pendu et brûlé.

**DUBOUT (Albert)** ♦ Dessinateur français (Marseille 1905 - Saint-Aunès, Hérault 1976). L'effet comique de ses dessins se fonde sur l'aspect grotesque de ses personnages — avec une image de femme énorme et dominante —, sur des effets de foule et sur une altération burlesque du décor et des objets quotidiens. Il a illustré Rabelais et Villon, et, parmi les contemporains, Frédéric Dard et Marcel Pagnol. Un musée lui est consacré à Palavas-les-Flots.

**DUBREUIL (Toussaint)** ♦ Peintre, décorateur et dessinateur français (Paris ? v. 1561 - Paris 1602). Il fut élève de Fréminet le Vieux et travailla au château de Fontainebleau, auprès de Ruggiero de Ruggieri. Il devint le premier peintre d'Henri IV et exécuta plusieurs décorations (aujourd'hui disparues) à Fontainebleau (galerie des Cerfs), au Louvre (Petite Galerie), au château de Saint-Germain-en-Laye (appartements royaux, dont il reste quelques éléments). À travers ses dessins et cartons de tapisserie s'affirme un style brillant, d'une élégance raffinée, caractéristique de la deuxième école de Fontainebleau. Son maniérisme laisse cependant transparaître une certaine sobriété, une recherche d'équilibre entre les personnages et le décor qui annoncent le classicisme.

**DUBROVNIK** ➝ ÉTYM. du croate *dubrava* «chênaie», de *dub* «chêne», anc. ***Raguse*** ♦ V. de Croatie, sur la côte dalmate. 43 770 hab. C'est l'une des villes les plus pittoresques de la Dalmatie et, grâce à son patrimoine monumental vénitien et à son site, c'est un haut lieu du tourisme européen. Édifices préromans (chapelles), gothiques des XIVe - XVe s. (palais des Recteurs), de la Renaissance (palais Sponza) et baroques (cathédrale, église et collège des Jésuites). La guerre serbo-croate de 1991 a causé quelques destructions dans le centre historique, davantage dans la ville moderne et le port de commerce, Gruž. ▮ Histoire → **Raguse.**

**DUBUFFET (Jean)** ♦ Peintre, sculpteur et écrivain français (Le Havre 1901 - Paris 1985). Il poursuivit une activité de négociant en vins tout en s'intéressant à l'expression plastique (*Masques et Marionnettes*, 1933). À partir de 1942, il se consacra entièrement à la peinture, produisant une œuvre très abondante qui s'organise généralement en séries et qu'il s'est efforcé de situer en marge de la culture traditionnelle, comme il l'affirma dans *Notes pour les fins lettrés* (1946), *Positions anti-culturelles* (1951), *Asphyxiante Culture* (1968). Il a, au contraire, exalté les productions d'individus «indemnes de culture artistique», étrangers «au professionnalisme de l'art», celles de certains asociaux, «irréguliers», malades mentaux ; entreprenant à partir de 1945 de réunir ces ouvrages d'art brut et d'en organiser des expositions (1947) : il s'en est expliqué dans *L'Art brut préféré aux arts culturels* (1949). Admirant les qualités d'ingénuité, de spontanéité et d'invention, il y a vu «la projection très immédiate et directe de ce qui se passe dans les profondeurs d'un être». Opposé en effet à tout art trop «élaboré», il a, dans son œuvre plastique, souvent recouru à des procédés automatiques («empreintes»), s'employant «à tirer parti de tout le fortuit à mesure qu'il se présente». Dans plusieurs séries (*Marionnettes de la ville et de la campagne*, 1943 - 1945 ; *Mirobolus, Macadam et Cie*, 1945 ; *Portraits, Plus beaux qu'ils croient*, 1947 ; *Corps de dames*, 1951) puis avec *Paris-Circus* (1962), il a manifesté une prédilection pour une figuration sommaire et schématisée où l'expressionnisme prend des accents caricaturaux, burlesques et où sont fréquentes les trouvailles saugrenues et cocasses. Utilisant des outils rudimentaires, des matériaux frustes et humbles, souvent de rebut, il a cherché à en exploiter systématiquement «les velléités et aspirations propres». Dans ses suites de : *Sols et Terrains* (1952) ; *Pâtes battues ; Phénomènes* ou *Empreintes* lithographiées et *Assemblages* (1953 - 1957), *Topographies, Texturologies, Matériologies*, il s'est voulu un «explorateur du monde physique» suggérant, par le mélange des matériaux, le recours au grattage, à l'incision, aux graffiti, au frottage, la variété des «éléments, substances, matières» qui rappellent «les registres auxquels ont affaire la géographie, la géologie, la physique descriptive, la biochimie» et offrent l'aspect d'écorce, de peaux, minéraux, sols, tissus, murs, etc. ; ces images volontairement indécises tirent leur pouvoir d'évocation de leur ambiguïté même, des références qu'elles mettent en jeu ; elles visent à brouiller les catégories de la perception et «font surtout apparaître des êtres, on pourrait aussi bien dire des objets ou des figures, là où la culture n'en voit pas, là où elle ne voit que des objets indifférenciés.» En 1962, Dubuffet aborda le cycle de *L'Hourloupe*, formes proliférantes à l'apparence de puzzle coloré de bleu et de rouge vif, qu'il développa dans l'espace tridimensionnel avec les «peintures monumentées», puis voulut étendre à la dimension «d'habitacle effectif» en soulignant le vertige qui résulte de cette confrontation entre le réel et l'imaginaire (la *Closerie Falbala* à Périgny-sur-Yerres, 1970 - 1973). Ainsi, Dubuffet ne s'est pas seulement voulu un créateur de formes, mais un révélateur : «Mon art est une entreprise de réhabilitation des valeurs décriées ; c'est en posture de célébration que se tiennent mes travaux.»

Jean **Dubuffet.** *Nœud au chapeau.* Moderna Museet, Stockholm.
*Phot. © Dagli Orti*

**DUBUISSON (Paul)** ♦ Écrivain et révolutionnaire français (Laval 1746 - Paris 1794). Auteur d'un *Abrégé de la révolution des États d'Amérique* écrit après un séjour aux États-Unis, ainsi que de tragédies et comédies, il se rallia à la Révolution. Commissaire du Conseil exécutif en Belgique, il y rencontra Dumouriez (début mars 1793) peu avant sa trahison et fut lui-même suspecté. Il fut condamné à mort par le Tribunal révolutionnaire en même temps que les hébertistes, dont il partageait, semble-t-il, les positions extrémistes (mars 1794), et fut guillotiné.

**DUBY (Georges)** ♦ Historien français (Paris 1919 - Aix-en-Provence 1996). Partant de l'analyse des structures économiques et sociales de la civilisation médiévale (*Guerriers et Paysans : VIIe - XIIe siècle*, 1973), il s'intéressa ensuite aux représentations idéologiques (*Les Trois Ordres ou l'Imaginaire du féodalisme*, 1978) ou artistiques (*Le Temps des cathédrales [l'art et la société, 980-1420]*, 1976). Il appliqua les méthodes de l'école des Annales* à l'histoire événementielle (*Le Dimanche de Bouvines [27 juillet 1214]*, 1973) et à la biographie (*Guillaume le Maréchal ou le Meilleur chevalier du monde*, 1984). [Acad. inscr. 1974 ; Acad. fr. 1987] ➝ ÉTYM. *Duby* signifie «du bief».

**DU CAMP (Maxime)** ♦ Écrivain et voyageur français (Paris 1822 - Baden-Baden 1894). Ami de jeunesse de Flaubert*, il fit avec lui un voyage en Bretagne (1847), qui lui inspira *Par les champs et par les grèves*, écrit en collaboration avec son ami (1847 ; publ. 1885), et un en Orient (1849 - 1851). D'esprit aventureux, il suivit en 1860 l'expédition de Garibaldi. Journaliste (il fit paraître *Madame* Bovary* dans la *Revue de Paris* qu'il avait fondée), il publia de 1869 à 1875 six volumes sur *Paris, ses organes, ses fonctions dans la seconde moitié du XIXe siècle*, que vinrent compléter des chroniques sur la Commune, *Les Convulsions de Paris* (1878). Outre de nombreuses relations de voyages, il a laissé d'intéressants *Souvenirs littéraires* (1882 - 1883) où il évoque de façon familière les artistes et les écrivains qu'il côtoya. [Acad. fr. 1880]

**DU CANGE (Charles du Fresne,** seigneur) → **Cange (du)**

**DUCASSE (Isidore)** → **Lautréamont**

**DUCASSE (Roger)** ou **ROGER-DUCASSE** ♦ Compositeur français (Bordeaux 1874 - Paris 1954). Disciple de Fauré, il se consacra à l'enseignement musical populaire. Il est l'auteur de nombreuses pièces de piano, de musique de chambre et d'orchestre (*Sarabande, Suite française*) d'une grande élégance de style, de poèmes symphoniques (*Au jardin de Marguerite, Ulysse et les Sirènes*), d'un mimodrame lyrique (*Orphée*, 1926) et d'un opéra-comique (*Cantegril*, 1932).

**DU CAURROY (Eustache)** ♦ Compositeur français (Beaurevoir, près de Beauvais 1549 - Paris 1609). Compositeur de la Chambre du roi (1595), il accumula les honneurs et exerça une grande influence sur les musiciens de son temps par son œuvre instrumentale (fantaisies, messes) plus que par ses motets (*Preces ecclesiasticae*, 1609) et ses chansons et psaumes à 4 et 6 voix (*Meslanges*, 1610).

**DUCCIO DI BUONINSEGNA** ♦ Peintre italien (Sienne v. 1225 - *id.* v. 1319). On ignore quelle fut sa formation, mais il était assez connu en 1285 pour recevoir des Florentins la commande d'une madone qu'on identifie généralement aujourd'hui à la *Madone Rucellai*, autrefois attribuée à Cimabue* (Offices). Sa seule œuvre signée, et aussi son chef-d'œuvre, est la *Maestà* de Sienne, avec ses scènes de la vie du Christ (Opera del Duomo). Si Duccio a suivi dans la composition les modèles byzantins, il en a rejeté la sévérité, traduisant pour la première fois par la souplesse gothique de la ligne, la douceur des modelés et de somptueuses couleurs d'enluminures la sensibilité qui devait rester pendant tout le XIV$^{e}$ s. celle de l'école siennoise. ▪ Œuvres attribuées : vitrail du chœur de la cathédrale de Sienne, *Vierge des Franciscains* (Sienne).

**DU CERCEAU** → **Androuet du Cerceau**

**DUCEY** [50220] → ÉTYM. du lat. *Ducius*, et suff. *-acum* ♦ Ch.-l. de cant. de la Manche, arr. d'Avranches, sur la Sélune. 2 174 hab. *(Ducéens)*. À proximité, barrages de la Roche-qui-Boit et de Vézins.

**DU CHAILLU (Paul)** ♦ Explorateur américain d'origine française (Paris ou La Nouvelle-Orléans 1835 - Saint-Pétersbourg 1903). De 1855 à 1859, il explora le delta de l'Ogooué et l'estuaire du Gabon et étudia les populations de la région (Fans). Après une seconde expédition en Afrique (1863 - 1865), il voyagea dans les pays du nord de l'Europe (*Exploration and Adventures in Equatorial Africa*, 1861).

**DUCHAMP (Marcel)** ♦ Peintre et dessinateur américain d'orig. française (Blainville-Crevon 1887 - Neuilly-sur-Seine 1968). Fils d'un notaire, frère du peintre Jacques Villon* et du sculpteur Raymond Duchamp*-Villon, il fréquenta à Paris l'académie Julian, donna des dessins au *Courrier français* et fut momentanément bibliothécaire à Sainte-Geneviève. Ses premières toiles, des paysages, procédaient en partie de l'impressionnisme. Ses œuvres suivantes : *À propos de jeune sœur* (1911), *Yvonne et Magdeleine déchiquetées* (1911), *Jeune homme triste dans un train* (1911), *Le Roi et la Reine entourés de nus vites* (1912), dénotent l'influence cézannienne, l'abandon d'une peinture strictement descriptive au profit de recherches apparentées au cubisme. La décomposition prismatique des formes, leur miroitement, la juxtaposition d'éléments représentant les différentes phases du mouvement, qui apparaissent notamment dans le célèbre *Nu descendant un escalier* (1912), offrent des affinités avec les recherches futuristes et semblent s'inspirer des chronogrammes de Marey. Cette œuvre suscita un scandale retentissant à Paris en 1912 et à New York en 1913 lors de sa présentation à l'Armory Show. Mais, s'éloignant des mouvements d'avant-garde de l'époque, il manifesta son non-conformisme en introduisant dans des études telles que *Moulin à café* (1911), *Broyeuse de chocolat* (1913) le thème de l'objet manufacturé aux formes mécaniques, répertoire qui correspondait à l'assimilation du comportement humain au fonctionnement d'une machine et qu'il allait développer dans son œuvre majeure, *La Mariée* mise à nu par ses célibataires, même*, exécutée en feuille et fil de plomb sur une plaque de verre à New York de 1915 à 1923 et suivie en 1934 par la publication d'une série de documents et de commentaires hermétiques *(La Boîte verte)*. «Nous nous trouvons ici en présence d'une interprétation mécaniste cynique du phénomène amoureux», écrit André Breton, qui ajoute : «Aucune œuvre ne me paraît jusqu'à ce jour avoir fait si équitablement la part du rationnel et de l'irrationnel.» Il déploya à partir de 1916 une activité ironique et destructrice, en compagnie de Picabia*, de Man Ray* et de plusieurs amis new-yorkais afin de désacraliser l'art ; cette activité annonçait l'esprit dada. Duchamp réalisa à partir de 1913 un nombre limité de «ready-made» : objets manufacturés promus à la dignité d'objets d'art par le choix de l'artiste, proposant notamment une roue de bicyclette ajustée à un tabouret de cuisine (1913), un porte-bouteilles (1914), un urinoir posé à l'envers, baptisé *Fontaine* et signé R. Mutt (1917), une reproduction de la Joconde avec adjonction de moustache et barbiche intitulée *L.H.O.O.Q.* (1919). Voulant éviter la répétition et refusant les valeurs traditionnellement impliquées par la notion d'art, il abandonna la peinture à partir de 1923, s'occupa de quelques recherches d'ordre verbal (publiées dans *Marchand du sel*), d'ordre cinétique (*Anémic cinéma*, film muet, en collab. avec Man Ray, 1925 - 1926 ; *Rotorelief*, 1935), mais se consacra surtout au jeu d'échecs. Il accomplit quelques «gestes» à l'occasion de manifestations surréalistes. L'attitude radicale de Duchamp lui a valu un immense prestige et nombre de ses trouvailles ont été exploitées par les représentants du pop art et du Nouveau Réalisme. Développant les conséquences extrêmes qu'impliquait la remise en question des fins et des moyens de l'art, il a mis en évidence sa fonction ludique et les possibilités offertes par la banalité et le hasard. Après sa mort, on découvrit qu'il avait, pendant vingt ans, travaillé au plus étonnant de ses «travaux d'assemblage» : *Étant donnés : 1° la chute d'eau, 2° le gaz d'éclairage*.

Marcel **Duchamp.** *Nu descendant un escalier n° 2.*
Museum of Art, Philadelphie. *Phot. © Arch. Smeets*

**DUCHAMP-VILLON (Pierre Maurice Raymond DUCHAMP, dit Raymond)** ♦ Sculpteur français (Damville, Eure 1876 - Cannes 1918). Frère de Jacques Villon* et de Marcel Duchamp*, il subit d'abord l'influence de Rodin puis, s'intéressant aux recherches des cubistes, il chercha à simplifier les formes, à mettre en évidence les structures et à suggérer le mouvement en procédant à l'imbrication des volumes aux formes géométriques. Il représenta aussi des personnages (*Tête de Baudelaire*, 1911) et des animaux, abordant notamment le thème du cheval *(Petit-Cheval, Cheval-Majeur)*. Il abandonna progressivement toute préoccupation descriptive pour aboutir à l'articulation de volumes angulaires, sphériques ou cylindriques dont les formes et l'agencement évoquent un dispositif mécanique en action. Malgré la brièveté de sa carrière, il apporta une contribution notable au renouvellement plastique qui s'élabora à partir du cubisme.

Raymond **Duchamp-Villon.**
*L'Athlète* (61 × 35 × 39 cm). MNAMGP, Paris.
*Phot. © Arch. Smeets*

**DUCHARME (Réjean)** ♦ Écrivain canadien d'expression française (Saint-Félix-de-Valois, Québec 1941). Ses récits se présentent comme de longs monologues intérieurs, très libres dans leurs associations, courts tableaux entrecoupés de cris de révolte ou de réflexions morales, voire de calembours. Dans *L'Avalée des avalés* (1966), Bérénice, enfant gourmande d'une réalité qui semble parfois vouloir «l'absorber», s'oppose passionnément au milieu familial, au Dieu, puis à la société qu'on lui impose. De même, Mille Milles, le héros du *Nez qui voque* (1967), puis les personnages de *L'Océantume* (1968), *L'Hiver de force* (1973), les *Enfantômes* (1976), *Va savoir* (1994), expriment de façon tragicomique leurs tentatives pour se libérer de l'adolescence, en un discours étincelant de virtuosité où apparaissent en filigrane les problèmes linguistiques et culturels qui se posent au Canada français. Ses pièces de théâtre (*Inès Pérée et Inat Tendu*, 1976 ; *Ha ! Ha*, 1982) sont régulièrement reprises au Québec.

**DUCHÂTEL** ou **DUCHASTEL (Tanneguy)** ♦ Officier breton (Trémazan v. 1368 - Beaucaire v. 1458). Prévôt de Paris (1413), il passe pour être l'organisateur de l'assassinat du duc de Bourgogne Jean* sans Peur (1419).

**DUCHENNE DE BOULOGNE (Guillaume Benjamin)** ♦ Médecin français (Boulogne-sur-Mer 1806 - Paris 1875). Un des pionniers de la neurologie, il décrivit l'atrophie musculaire progressive ou *myopathie de Duchenne* (1849) et étudia les effets de l'électrisation localisée pour le diagnostic et la thérapeutique, en particulier dans le cas des muscles du visage. Son atlas photographique (1862) réunit des photographies prises afin d'étudier les muscles responsables des expressions des passions.

**Duchés** (guerre des) ♦ Ce conflit qui éclata en 1864 avait des causes à la fois nationales et dynastiques et opposa, pour la possession des duchés du Schleswig, du Holstein et du Lauenburg, l'Autriche et la Prusse au Danemark. Celui-ci fut rapidement vaincu et dut renoncer à ses prétentions (traité de Vienne, 1864). Cependant, au lieu de laisser aux duchés leur indépendance sous l'autorité de Frédéric d'Augustenburg, but initial de la lutte, les deux puissances se partagèrent les territoires, l'Autriche administrant le Holstein, et la Prusse le Schleswig, le Lauenburg et Kiel (convention de Gastein, 1865). Cette guerre, qui avait servi de terrain d'essai à l'armée prussienne, avait en outre contribué à déconsidérer l'Autriche auprès de l'opinion allemande et préparé une source de litiges, dont allait sortir la guerre austro-prussienne.

**DUCHESNE** ou **DUCHÊNE** (le père) ♦ Personnage populaire de farces et de pièces de théâtre, qui, dès les débuts de la Révolution, fut en quelque sorte le porte-parole des masses. ▪ Titre de maints pamphlets et feuilles révolutionnaires dont la plus célèbre fut fondée par Hébert* (1790 - 1794), qui y exprima dans un langage populaire et cru les positions des sans-culottes et des révolutionnaires extrémistes. D'autres journaux parurent sous ce titre en 1848 et en 1871.

**DUČIĆ (Jovan)** ♦ Poète serbe (Trebinje, Herzégovine 1874 - Gary, Indiana 1943). D'abord influencée par les parnassiens, sa poésie prit vite une forme originale et personnelle. Diplomate, il chanta dans son premier recueil la beauté des pays qu'il avait connus : *Villes et Chimères* (1901). Fidèle à l'esprit national, il écrivit ensuite ses *Sonnets impériaux*. Puis, dans les *Poèmes du Soleil* (1929), il situa l'homme face aux problèmes de l'amour et de la mort. Enfin, il évoqua dans de nombreux poèmes la beauté intime de la nature.

**DUCIS (Jean-François)** ♦ Poète tragique français (Versailles 1733 - *id.* 1816). Adaptateur de Shakespeare*, dont il a tenté de soumettre le théâtre aux règles de la tragédie classique (*Hamlet*, 1769 ; *Roméo et Juliette*, 1772 ; *Le Roi Lear*, 1783 ; *Macbeth*, 1784 ; *Othello*, 1792). Dans ces adaptations académiques, il est le premier à avoir révélé l'œuvre du grand dramaturge anglais (qui avait été beaucoup mieux traduit par Letourneur) au public français. [Acad. fr. 1778]

**DUCLAIR** [76480] ♦ Ch.-l. de cant. de la Seine-Maritime, arr. de Rouen, sur la Seine. 4 163 hab. *(Duclairois)*. Église romane et gothique avec un portail Renaissance. ▪ Port fluvial. Élevage de canards (race renommée).

**DUCLAUX (Émile)** ♦ Biochimiste français (Aurillac 1840 - Paris 1904). Successeur de Pasteur* à la direction de son Institut (1895), il étudia notamment les fermentations et les maladies microbiennes. On lui doit également une théorie des phénomènes capillaires. Il fut l'un des fondateurs de la Ligue des droits de l'homme. [Acad. sc. 1888]

**DUCLOS (Charles PINOT)** ♦ Romancier et moraliste français (Dinan 1704 - Paris 1772), auteur des *Confessions du comte de**** (1741), d'inspiration libertine. Ami des philosophes et des libertins, il écrivit les *Considérations sur les mœurs de ce siècle* (dédiées à Louis XV, 1751), succession de tableaux des usages et des caractères de l'époque, dont l'intérêt historique et psychologique est indéniable Son *Commentaire sur la grammaire générale et raisonnée de Port-Royal* (1754) fut à l'origine de l'*Essai sur l'origine des langues* de Jean-Jacques Rousseau* [Acad. fr. 1747 ; secrét. perpét. 1755]

**DUCLOS (Jacques)** ♦ Homme politique français (Louey, Hautes-Pyrénées 1896 - Paris 1975). Il fonda, avec H. Barbusse, l'Association républicaine des anciens combattants (ARAC) au lendemain de la Première Guerre mondiale au cours de laquelle il avait été blessé. Membre de la SFIC (Parti communiste* français, 1921), il entra au comité central (1926), puis au bureau politique (1931) et fit partie de la commission exécutive de la IIIe Internationale (1935). Député de 1926 à 1932 et de 1936 à 1939, il fut membre avec B. Frachon* du secrétariat clandestin qui dirigea l'action du PCF sous l'Occupation (1941 - 1944). Réélu député après la Libération (1945 - 1958), président du groupe parlementaire communiste (1946 - 1948), vice-président de l'Assemblée nationale (1946 - 1948), sénateur (1959), il fut candidat à la présidence de la Ve République (1969).

**DUCOMMUN (Élie)** ♦ Journaliste, écrivain et homme politique suisse (Genève 1833 - Berne 1906). D'une famille d'origine neuchâteloise, naturalisé genevois (1848), directeur de la *Revue de Genève* (1855), vice-chancelier (1857) et chancelier d'État de Genève (1862 - 1865), il créa à Berne le journal radical *Le Progrès* et rédigea en 1868 *Les États-Unis d'Europe*, d'où est issu le Bureau international de la paix. Il édita *L'Helvétie* en 1871 - 1872 avant de devenir secrétaire général de la compagnie de chemin de fer Jura-Berne-Lucerne, puis du Jura-Simplon. Après le rachat des chemins de fer, il se consacra au Bureau international de la paix. [Prix Nobel de la paix 1902]

**DUCOS (Roger)** ♦ Homme politique français (Dax 1747 - près d'Ulm 1816). Député montagnard à la Convention, membre du Conseil des Anciens dont il fut exclu après le 22 Floréal* an VI (→ **Directoire**), directeur après le 30 Prairial an VII (18 juin 1799), il soutint le coup d'État du 18 Brumaire, fut nommé 3e consul et remplacé peu après par Lebrun. Vice-président du Sénat et fait comte d'Empire, il vota pour la déchéance de Napoléon Ier (1814). Il fut néanmoins pair pendant les Cent-Jours. Proscrit comme régicide lors de la Seconde Restauration, il mourut en exil. ➝ **ÉTYM.** *Ducos* vient d'un nom de lieu, de l'ancien gascon *cos(t)* « hauteur, colline ».

**DUCOS (Théodore)** ♦ Homme politique français (Bordeaux 1801 - Paris 1855). Neveu du girondin J.-F. Ducos, il fut nommé ministre de la Marine par Louis Napoléon Bonaparte (1851) et fut chargé d'organiser la déportation à Cayenne des opposants au coup d'État du 2 décembre* 1851. Il contribua ensuite à favoriser la pénétration de la France en Sénégambie, en Nouvelle-Calédonie, et à préparer la guerre de Crimée.

**DUCOS** [97224] ➝ **ÉTYM.** du n. de Théodore *Ducos** (ministre de la marine) ♦ V. de Martinique, arr. du Marin. 15 240 hab. Église coloniale (XIXe s.).

**DUCOS DU HAURON (Louis)** ♦ Physicien français (Langon 1837 - Agen 1920). Il participa, de même que Charles Cros*, mais indépendamment de lui, à l'invention de la photographie des couleurs, établissant les principes de la synthèse soustractive et décrivant les méthodes d'obtention de la photographie trichrome (1869). Il imagina également la stéréoscopie par anaglyphes (superposition des clichés de couleurs complémentaires, 1891).

**DUCRAY-DUMINIL (François Guillaume)** ♦ Romancier français (Paris 1761 - Ville-d'Avray 1819), auteur de romans populaires, dont *Cælina ou l'Enfant du mystère* (1798), qui inspirèrent de nombreux mélodrames (→ **Pixerécourt**).

**DUCRETET (Eugène)** ♦ Industriel français (Paris 1844 - *id.* 1915). Réalisateur du premier appareil de TSF français (1897). On lui doit aussi la radiotéléphonie (1900) et la téléphonie sans fil par le sol (1902).

**DUCROT (Auguste Alexandre)** ♦ Général français (Nevers 1817 - Versailles 1882). Il servit en Algérie, puis au cours de la campagne d'Italie (1859). Lors de la guerre de 1870, il prit part à la bataille de Woerth (ou Reichshoffen, 6 août 1870). Prisonnier après la défaite de Sedan, il réussit à s'évader et commanda avec Trochu la IIe armée de Paris pendant le siège de la capitale. Député monarchiste à l'Assemblée nationale (1871 - 1872), puis commandant du 8e corps à Bourges (1872 - 1878), il fut mis à la retraite après la victoire républicaine, après avoir tenté de réaliser un coup d'État monarchiste.

**DU DEFFAND** → **Deffand (Marie, marquise du)**

**DUDELANGE** ♦ V. du Luxembourg (cant. d'Esch-sur-Alzette). 17 320 hab. Sidérurgie. Émetteur de télévision (Télé-Luxembourg).

**DUDLEY (John)** ♦ Homme politique anglais (1502 - Londres 1553). L'un des chefs du parti protestant, il bénéficia de la faveur d'Henri VIII, puis de celle d'Édouard* VI, sous lequel il exerça un moment le pouvoir. Il le persuada de désigner comme héritière Jeanne* Grey, sa belle-fille et l'arrière-petite-fille d'Henri VII. Cependant, Marie Tudor étant rapidement parvenue à faire reconnaître ses droits, Dudley, son fils et Jeanne Grey furent condamnés à mort et exécutés. ♦ **Robert Dudley,** 1er comte **de Leicester** (1532 - Cornbury, Oxfordshire 1588). Fils du précédent, il fut un des favoris d'Élisabeth Ire qui faillit l'épouser. Chargé de soutenir les provinces des Pays-Bas révoltées contre Philippe II, il fit preuve de son incapacité.

**DUDLEY** ➝ **ÉTYM.** du vieil angl. *Dudda*, n. de pers., et *lēah* « bois, clairière » ♦ V. d'Angleterre (West Midlands), dans la partie O. de la conurbation de Birmingham. 305 164 hab. La crise du bassin houiller et celle de la métallurgie ont multiplié les friches industrielles.

**DUDOK (Willem Marinus)** ♦ Architecte et ingénieur néerlandais (Amsterdam 1884 - Hilversum 1974). Marqué par Berlage* et le mouvement De* Stijl, il devint architecte de la ville d'Hilversum (1915) où il construisit la mairie (1924 - 1930) et l'école Valérius. À Paris, il édifia un pavillon de la Cité universitaire. Il adopta des partis modernistes, fit un large usage de la brique et, dans l'agencement des volumes, mit l'accent sur les effets de masse et dans la disposition des baies ; il insista sur l'horizontalité.

**DUERO** → **Douro**

**DU FAIL (Noël)** → **Fail (Noël du)**

**DUFAURE (Jules Armand Stanislas)** ♦ Avocat et homme politique français (Saujon, Charente-Maritime 1798 - Rueil 1881). Député libéral (1834), puis ministre des Travaux publics dans le cabinet Soult (1839 - 1840), il fut membre de l'Assemblée constituante au lendemain de la révolution de février 1848 et nommé ministre de l'Intérieur par Cavaignac (oct. - déc. 1848). Réélu à l'Assemblée législative (mai 1849), il abandonna la vie politique après le coup d'État du 2 décembre 1851. Après la chute de l'Empire, il siégea à l'Assemblée nationale comme député modéré et fut à plusieurs reprises chargé du ministère de la Justice ou de la présidence du Conseil (mai 1873, 1876) sous la III$^{e}$ République. [Acad. fr. 1863]

**DUFAY (Guillaume)** ♦ Compositeur franco-flamand (Hainaut v. 1400 - Cambrai 1474). Chantre de la chapelle pontificale à Rome, Florence et Bologne, maître de chapelle à la cour de Savoie, il devint chanoine de Cambrai (1436) où il s'établit de façon presque définitive (1445) jusqu'à sa mort. Son œuvre, considérable dans l'évolution du style polyphonique, établit la synthèse du contrepoint français, de la mélodie italienne et de l'harmonie anglaise. Elle comprend des messes, des motets, des magnificats, des chansons (*Rondeaux français* à trois voix).

**DU FAY (Charles François DE CISTERNAY)** ♦ Chimiste et physicien français (Paris 1698 - *id.* 1739). Après avoir construit deux magnétomètres (l'un à balance, l'autre à ressort spiral) en 1731, développant les expériences de Gray*, il étudia l'électrisation par frottement et découvrit l'existence de deux types d'électricité (qu'il appela vitrée et résineuse) et dont il donna les premières lois ; il perfectionna le versorium de W. Gilbert*, réalisant ainsi l'ancêtre des électromètres à boules de sureau, à feuilles d'or et à fils ; il étudia l'étincelle électrique et fut le premier à en tirer une du corps humain. Il établit également, en optique cristalline, une relation fondamentale entre anisotropie et biréfringence. [Acad. sc. 1723]

**DUFFEL** ♦ Comm. de Belgique (Région flamande), prov. d'Anvers, arr. de Malines, sur la Nèthe canalisée. 16 140 hab. ▪ Métallurgie non ferreuse. Indus. alimentaire. Une ancienne indus. textile justifie le nom *duffelcoat* en anglais.

**DUFILHO (Jacques)** ♦ Comédien français (Bègles 1914 - Ponsampère, Gers 2005). Il débuta à L'Atelier* (1941) sous la direction de Dullin* et surtout se distingua dans des textes contemporains : *Le mal court* (1947), *L'Effet Glapion* (1959) d'Audiberti* ; *Le Gardien*, de Pinter* (1969) ; *Je ne suis pas Rappaport*, de Gardner* (1989). Au cinéma, son physique à transformations et ses prouesses vocales lui permirent d'interpréter les personnages les plus pittoresques, par exemple dans *Zazie dans le métro*, d'après R. Queneau (1960), *Le Crabe-tambour* de P. Schoendorffer (1977) ou *Nosferatu, fantôme de la nuit*, de W. Herzog (1979). ➝ ÉTYM. *Dufilho* est une variante régionale de *Dufilhon* « [fils] du filhon (dernier-né d'une famille) ».

**DUFOUR (Guillaume Henri)** ♦ Général suisse (Constance 1787 - Genève 1875). Après avoir participé aux campagnes napoléoniennes, il prit la tête de l'armée de la Confédération, fonda l'école militaire de Thoune (1819), dirigea l'établissement de la carte topographique de Suisse, dite « carte Dufour » (1833 - 1864), et commanda les opérations de la guerre du Sonderbund* (1847). Il présida la conférence de Genève au cours de laquelle fut fondée la Croix*-Rouge (1864). Il laissa plusieurs ouvrages, dont *De la fortification permanente* (1854), *Cours de tactique* (1840). ▪ On a donné le nom de *Dufourspitze* au point culminant de la Suisse (4 634 m).

**DUFOURT (Hugues)** ♦ Compositeur français (Lyon 1943). Agrégé de philosophie, attiré à la fois par les problèmes de la grande forme dynamique et par ceux de la lutherie électronique, il a composé notamment *Mura della città di Dite* (1969), *Down to a sunless sea* (1970), *Erewhon* pour 150 percussions (1972 - 1976), *Antiphysis* pour flûte principale et orchestre de chambre (1978), *Saturne* pour ensemble d'instruments électroniques, 6 percussionnistes et ensemble d'instruments à vent (1979), *Surgir* pour orchestre (1981 - 1983), *La Mort de Procris* pour 12 voix mixtes (1986), *Le Philosophe selon Rembrandt* pour orchestre (1992) ou encore le cycle des *Hivers* (1992 - 2001). Certains de ses écrits ont été réunis dans *Musique, Pouvoir, Écriture* (1991).

**DUFRÉNOY (Pierre Armand PETIT)** ♦ Géologue français (Sevran 1792 - Paris 1857). Il réalisa avec L. Élie* de Beaumont la carte géologique générale de la France (1841) ; leurs travaux sur les monts d'Auvergne les amenèrent à des théories erronées concernant la lave et l'activité volcanique. [Acad. sc. 1840]

**DUFRESNY (Charles)** ♦ Écrivain et auteur dramatique français (Paris 1648 - *id.* 1724). Représentées au Théâtre-Italien puis au Théâtre-Français, ses comédies ont connu en leur temps la faveur du public. Au théâtre, il collabora avec Regnard* (*La Foire Saint-Germain*, 1696) avant de se brouiller avec lui. Son roman *Amusements sérieux et comiques d'un Siamois* (1699) inspira les *Lettres* persanes* de Montesquieu.

**DU FU** ou **TOU FOU** ➝ ÉTYM. du chin. *dù* « obstruer, empêcher » et *Fŭ*, prénom qu'on recevait à l'âge de 20 ans ♦ Poète et fonctionnaire impérial chinois (Duling, Shaanxi 712 - Leiyang, Hunan 770). Considéré comme le plus grand poète de la Chine avec Li* Bai dont il était l'ami, il s'en distingua par son adhésion à la tradition lettrée confucéenne. Ses œuvres, imprégnées d'humanisme, d'un style parfaitement maîtrisé, sont les témoins sensibles de son époque troublée par les ravages de la guerre, par la misère et la famine.

**DUFY (Raoul)** ♦ Peintre et graveur français (Le Havre 1877 - Forcalquier 1953). Au Havre, il fit la connaissance de Friesz*, puis il vint étudier à Paris dans l'atelier de Bonnat*. Ses premières scènes

Raoul **Dufy**. *La Jetée de Sainte-Adresse*. Musée des Beaux-Arts, Reims. *Phot. © Arch. Smeets*

dénotent l'influence de Toulouse*-Lautrec, tandis que ses paysages et ses marines procèdent de Boudin* et de Monet*. Il subit ensuite l'ascendant de Matisse*, qui venait de peindre *Luxe, calme et volupté*, et adopta alors des formes plus schématisées et des couleurs violentes. Il traita avec prédilection des scènes nautiques, représenta des foules animées, des rues pavoisées (*14 Juillet*, 1906) peintes par larges aplats. En 1906, il alla travailler avec Marquet* à Trouville, puis il s'éloigna progressivement du fauvisme et, au cours d'un séjour avec Braque* à l'Estaque (1908), il opta pour une palette plus sobre et amortie, cherchant à donner à ses compositions une structure plus ferme (*Maison dans les arbres*). En raison de difficultés matérielles, il s'orienta vers la gravure (bois gravés du *Bestiaire* d'Apollinaire*) et, à partir de 1909, il conçut pour Paul Poiret de nombreux dessins de tissus, travaillant aussi pour une maison de soieries. À partir de 1919, il élabora un style personnel, fit de fréquents séjours dans le Midi, ainsi que des voyages en Italie (1922 - 1923), au Maroc (1925). Il traita différents thèmes : canotiers sur la Marne, nus (1928 - 1930), scènes de courses, de cirque, régates, divertissements mondains, portraits, paysages, orchestres (1944), avec un trait d'une prestesse et d'une liberté accrues et une palette lumineuse. S'il sembla parfois se répéter et céder à la facilité, il manifesta cependant une constante inventivité plastique, jouant avec hardiesse des composantes figuratives traditionnelles (espace perspectif, couleurs et contour descriptifs), il dissocie son trait, nerveux et allusif, de la couleur étalée avec hardiesse par taches vives ou par plans uniformes, transcrivant avec une grande économie de moyens, d'une façon apparemment désinvolte et naïve, la sensation immédiate. Dufy exprime une vision allègre et mouvementée de l'univers. Ses nombreuses illustrations (bois, lithographie) révèlent l'élégance de son graphisme d'aspect souvent sténographique. Il réalisa pour le pavillon de l'Électricité (1937) l'immense panneau (60 m × 10 m) de *La Fée Électricité* et multiplia les travaux décoratifs, s'intéressant à la céramique, à la tapisserie, créant aussi des décors de ballets et de théâtre. ➝ ÉTYM. *Dufy* est une altération de *Dufils* (ellipse de « fils du fils »).

**DUGAS (Marcel)** ♦ Écrivain canadien d'expression française (Saint-Jacques de l'Achigan, Québec 1883 - Ottawa 1947). Esthète aux longues phrases harmonieuses, Dugas écrivit d'une part des essais critiques qui font penser à Charles Du Bos et d'autre part des essais poétiques qui encouragent l'expérience de l'émotion et la pratique d'une langue bien écrite. Il s'associa en 1943 au groupe des Sept.

**DUGAZON (Louise Rosalie)** ♦ Comédienne et chanteuse d'opéra-comique (Berlin 1755 - Paris 1821). Elle a donné son nom à deux emplois : les « dugazons » (jeunes amoureuses) et les « mères dugazons » (jeunes mères). Son plus grand succès fut *La Folle par amour*, de Dalayrac, 1786.

**DUGHET (Gaspard)**, dit **le Guaspre** ou **Gaspard Poussin** ♦ Peintre et dessinateur français (Rome 1615 - Florence 1675). Il devint le beau-frère de Poussin* et adopta sa conception classique du paysage composé. Mais, dans ses paysages de la campagne romaine, il affectionne, contrairement à Poussin, les vues plongeantes, les éclairages contrastés et les effets dramatiques (*Fuite en Égypte*). Il produisit abondamment, n'évitant pas la répétition, et obtint un vif succès auprès des amateurs. Il participa aussi à plusieurs grandes décorations (palais Pitti à Florence, Doria-Pamphili, Colonna et villa Borghèse à Rome).

**DUGNY** [93440] ♦ Comm. de la Seine-Saint-Denis, arr. de Bobigny, au N. du Bourget. 8 641 hab. (*Dugnysiens*).

**DUGOMMIER (Jacques François COQUILLE, dit)** ♦ Général français (La Basse-Terre, Guadeloupe 1738 - près de Figueras, Catalogne 1794). Rallié avec enthousiasme à la Révolution, il fut nommé commandant des gardes nationales de la Martinique (1790). Député à la Convention (1792), général de brigade, il servit en Italie (1793) et prit une part active au siège de Toulon (1793 - 1794). À la tête de l'armée des Pyrénées-Orientales, il fut tué en combattant les Espagnols.

**DUGUAY-TROUIN (René)** ♦ Corsaire français (Saint-Malo 1673 - Paris 1736). Il s'illustra pendant les guerres de Louis XIV contre les Hollandais et les Anglais, mais son principal exploit fut la prise de Rio* de Janeiro (1711). Sous Louis XV, il lutta contre les barbaresques.

**DU GUESCLIN (Bertrand)** ♦ Homme de guerre breton (La Motte-Broons, près de Dinan v. 1320 - Châteauneuf-de-Randon, Auvergne 1380). Il passa au service du roi de France vers 1350 et vainquit Charles* II le Mauvais à Cocherel près d'Évreux (1364). Participant aux côtés de Charles de Blois à la bataille d'Auray* (1364), il y fut fait prisonnier. Le roi Charles* V le Sage paya sa rançon et le chargea d'emmener les Grandes Compagnies* hors de France (1366). Il les conduisit en Castille où il soutint Henri de Trastamare, futur Henri* II, en lutte contre son frère Pierre* le Cruel. Il fut battu par Édouard*, prince de Galles, à la Najera en 1367. De retour en France, il reçut la connétablie et mena contre les Anglais (opposés à la France dans la guerre de Cent* Ans) une guerre de harcèlement, les chassant du Poitou, de la Normandie, de la Guyenne, de la Saintonge. Il cristallisa la haine contre les Anglais et incarna l'une des premières manifestations patriotiques du royaume de France.

**DUGUIT (Léon)** ♦ Juriste français (Libourne 1859 - Bordeaux 1928). Spécialiste de droit constitutionnel, il a laissé une œuvre importante qui a exercé une influence certaine sur la pensée juridique du XX^e^ s. (*Traité de droit constitutionnel*, 5 vol., 1911 - 1925). Il faisait de la solidarité sociale le fondement du droit.

**DUHĀ** → Doha

**DUHAMEL (Georges)** ♦ Écrivain français (Paris 1884 - Valmondois 1966). Membre du groupe de l'Abbaye*, il publia avec Vildrac* les *Notes sur la technique poétique* (1910). La Première Guerre mondiale, à laquelle il participa en tant que médecin, lui donna «une idée, non pas littéraire, mais véridique et mystérieuse [...] de la souffrance». Évocation de choses vues, ses *Récits des temps de guerre* (1949) dénoncent la misère des hommes, avec sensibilité (*Vie des martyrs*, 1917 ; *Quatre Ballades*, 1920) ou avec âpreté (*Civilisation*, prix Goncourt, 1918). Cette protestation contre la guerre devint le procès sans nuances de la civilisation moderne, vouée à la mécanisation (*L'Humanisme et l'Automate*, 1933) et entraînée vers le totalitarisme (*Le Voyage de Moscou*, 1927) ou l'inhumanité (*Scènes de la vie future*, 1930, satire peu convaincante du mode de vie américain). Dans *Vie et Aventures de Salavin* (6 vol., 1920 - 1932), ce «réaliste de l'âme» trace le portrait pénétrant d'un être velléitaire mais lucide. Histoire d'une famille de bourgeois intellectuels sous la III^e^ République, la *Chronique des Pasquier* (10 vol., 1933 - 1945) traduit l'ambition généreuse de l'écrivain qui souhaite instaurer le «règne du cœur» en morale, en politique et en philosophie (*La Possession du monde*, 1919). Cinq ouvrages de souvenirs, réunis sous le titre de *Lumières sur ma vie* (1944 - 1953), éclairent la pensée de cet humaniste traditionaliste à la recherche d'une sagesse fraternelle et mesurée. [Acad. fr. 1935] ◆ ÉTYM. *Duhamel* est l'homme «du hameau» (par opposition à l'homme «du bourg»).

**DUHEM** [dyɛm] **(Pierre)** ♦ Physicien et philosophe français (Paris 1861 - Cabrespine, Aude 1916). Ses travaux en physique eurent pour objet la thermodynamique. Mais son œuvre primordiale concerne l'histoire et la philosophie des sciences, qu'il estime indispensables à la compréhension des concepts. Ses idées, positivistes et pragmatistes, eurent une grande influence sur les scientifiques du début du XX^e^ s. D'après Duhem, une théorie physique, considérée comme simple classification des faits d'expérience qu'interprète le savant, reste ouverte à de nouvelles recherches et découvertes. Développée dans *La Théorie physique, son objet et sa structure* (1906), cette idée sert de fil conducteur à l'important ouvrage sur les systèmes cosmologiques, *Le Système du monde, histoire des doctrines cosmologiques de Platon à Copernic* (commencé en 1913 ; publication achevée en 1959). [Acad. sc. 1913]

**DÜHRING (Karl Eugen)** ♦ Philosophe et économiste allemand (Berlin 1833 - Nowawes, auj. Babelsberg, près de Potsdam 1921). Hostile au judaïsme et au christianisme qui aliènent l'homme, et marqué par les idées de Feuerbach et d'A. Comte, il a exposé une philosophie qui tient tout à la fois du matérialisme, du positivisme et de l'idéalisme, et un socialisme petit-bourgeois (réformiste) qui firent de nombreux adeptes parmi les sociaux-démocrates allemands (en particulier Bernstein). Ses thèses, opposées aux théories économiques et sociales de Marx et d'Engels*, furent vivement critiquées par ce dernier dans *L'Anti*-Dühring*. Œuv. princ. : *Capital et Travail* (1865), *Dialectique naturelle* (1872), *Économie politique et socialisme* (1874).

**DUILIUS** – en lat. ***Caius Nepos Duilius*** ♦ Homme politique et général romain Consul en –260, il remporta à Myles (Milazzo*) la première victoire navale des Romains. → **puniques (guerres)**.

**DUINGT** [dyɛ̃] [74410] ◆ ÉTYM. p.-ê. du germ. *Dugo*, n. de pers., et suff. *-ing* ♦ Comm. de la Haute-Savoie, arr. d'Annecy, sur le lac d'Annecy. 797 hab. *(Dunois)*. Château du XI^e^ s., restauré aux XVII^e^ et XIX^e^ s. Château d'Héré (XV^e^ s.). ▪ Station estivale.

**DUISBOURG** ◆ ÉTYM. en all. ***Duisburg*** ; du germ. *Duis*, de sens incertain, et *burg* «place forte» ♦ V. d'Allemagne (Rhénanie-du-Nord-Westphalie), au confluent du Rhin et de la Ruhr*. 498 466 hab. La Salvatorkirche, belle église gothique du XIII^e^ s., abrite le tombeau de Mercator. Avec ses 50 km de quais, ses 1 000 ha d'installations portuaires et un trafic de 54 millions de t, Duisbourg-Ruhrort est le plus grand port fluvial du monde. Il exporte des hydrocarbures et importe des minerais (fer, nickel, chrome, cobalt, wolfram). Reliée au bassin de la Ruhr par 500 km de voies ferrées et par le canal Rhin-Herne, la ville, qui a englobé les cités minières de Ruhrort*, Hamborn et Meiderich, est un important centre sidérurgique (aciéries et laminoirs Thyssen, Mannesmann) et chimique.

**DUJARDIN (Karel)** ♦ Peintre et graveur hollandais (Amsterdam 1622 - Venise 1678). En Italie, il fut l'élève et l'ami de C. Berchem* (1642) ; il travailla ensuite à Amsterdam et à La Haye, de 1652 à 1674, puis revint en Italie. Il exécuta des portraits (*Cinq régents de l'hospice d'Anvers*, 1665), quelques sujets religieux et mythologiques, mais surtout des pastorales et scènes populaires, le plus souvent situées dans des paysages composés selon la mode italienne et peuplés d'animaux (*Le Berger italien, Le Gué*). Par sa recherche d'un pittoresque de convention (*Charlatans italiens*), le choix de ses thèmes et sa prédilection pour les sites inspirés par la campagne romaine, il s'inscrit dans la lignée des peintres de genre et des paysagistes hollandais de tendance italianisante, sans pour autant abandonner tout caractère national. La vigueur de son trait apparaît particulièrement dans ses eaux-fortes représentant des paysages et des animaux.

**DUJARDIN (Félix)** ♦ Naturaliste français (Tours 1801 - Rennes 1860). Il fit des recherches sur les protozoaires et décrivit le protoplasme cellulaire (qu'il nomma sarcode, 1835), précisant et rectifiant les travaux d'Ehrenberg*.

**DUJARDIN (Albert)** ♦ Ingénieur français (Lille 1847 - Oxelaëre, Nord 1903). Il permit l'emploi de hautes pressions et de températures de surchauffe élevées dans les machines à vapeur en introduisant en France l'usage de pistons-valves équilibrés pour la distribution (1902).

**DUJARDIN (Édouard)** ♦ Écrivain français (Saint-Gervais-la-Forêt, Loir-et-Cher 1861 - Paris 1949). Ami de Mallarmé, grand admirateur de Wagner (il fonda la *Revue wagnérienne* en 1885), chargé de cours d'histoire des religions à la Sorbonne de 1913 à 1922, Dujardin est surtout connu pour le roman *Les lauriers sont coupés* (1887) dans lequel, sur des thèmes mineurs et datés, il mit en place la technique du monologue intérieur. Mais Dujardin a aussi dirigé la *Revue indépendante* (1886), écrit des contes fantastiques (*Hantises*, 1886 ; *Mari magno*, 1921) et publié des études (*De Stéphane Mallarmé au poète Ezéchiel*, 1920, et *La Première Génération chrétienne*, 1935).

**Dujun** ou **Tou-kiun** ou **Tou-tsiun** n. m. pl. ♦ Gouverneurs militaires des provinces chinoises issus des milices et des armées modernisées de la fin de l'empire. Après sa chute (1911) et l'échec de la république, ils suivirent le modèle du premier d'entre eux, Yuan* Shikai, et constituèrent des féodalités locales rivales connues sous le nom d'ère des Seigneurs de la guerre. Leur pouvoir, fondé sur des armées privées, les jeux d'alliances, la corruption et les exactions, entraîna l'anarchie jusqu'à l'unification imposée par Jiang Jieshi (Chiang Kai-shek) dans les années 1930.

**DUKAS (Paul)** ♦ Compositeur français (Paris 1865 - *id.* 1935). Peu abondante, marquée par la noblesse de l'inspiration et la perfection de l'écriture, son œuvre est née de l'exigence et de la rigueur. Si l'ampleur de son architecture sonore s'inspire de l'exemple de Beethoven, si elle doit la générosité de son lyrisme à Wagner, ses subtilités harmoniques à Debussy, sa couleur orchestrale à Berlioz et à l'école russe, elle demeure cependant l'expression d'une des personnalités musicales les plus fortes de son temps. Elle comprend une *Symphonie* en ut majeur (1896), un scherzo symphonique devenu extrêmement populaire, *L'Apprenti* sorcier* (1897), une *Sonate* pour piano (1902), des *Variations sur un thème de Rameau*, pour piano (1903), un opéra, *Ariane et Barbe-Bleue* (1907), un poème chorégraphique, *La Péri** (1912). Professeur au Conservatoire (1910 - 1927), à l'École normale de musique (1926), Dukas a formé de nombreux élèves. Il fut aussi un critique musical éminent. Ses écrits ont été rassemblés en un volume (1948).

**DUKHAN** ♦ Localité de l'émirat de Qatar, proche de la côte occidentale. 6 117 hab. Importants gisements de pétrole (2 000 km$^2$) et de gaz reliés par oléoducs et gazoducs au port d'embarquement d'Umm* Saïd, sur le golfe Arabo-Persique.

**DULAC (Germaine)** ♦ Cinéaste française (Amiens 1882 - Paris 1942). Elle considéra très tôt le cinéma comme un art, et fait figure de pionnier de l'avant-garde avec quelques œuvres d'une facture très personnelle : *La Fête espagnole* (scénario de Louis Delluc, 1920), *La Souriante Madame Beudet* (1923), *La Coquille et le Clergyman* (scénario d'Antonin Artaud, 1927), qu'elle appelait «symphonies visuelles». Fondatrice de la Fédération française des ciné-clubs (1924).

**DULBECCO (Renato)** ♦ Biologiste américain d'origine italienne (Catanzaro 1914). Il a étudié la physiologie et la génétique des virus animaux et s'est intéressé aux mécanismes viraux de la cancérisation. [Prix Nobel de physiol. ou méd. 1975, avec D. Baltimore* et H. Temin*]

**DULCINÉE** ➝ ÉTYM. de l'esp. *dulce* «doux» ♦ Personnage de *Don* Quichotte* de Cervantès. C'est une paysanne du Toboso dont le héros fait la dame de ses pensées en l'idéalisant.

**DULLES (John Foster)** ♦ Homme politique américain (Washington 1888 - *id.* 1959). Spécialiste de droit international, il fut conseiller de la délégation américaine à la Conférence de la paix et à la Commission des réparations (1919). Entre les deux guerres, il fut chargé par les républicains* de mettre sur pied la politique du parti. Il collabora en 1944 à la rédaction de la charte des Nations unies, et en 1951 négocia le traité de paix avec le Japon. Nommé secrétaire d'État par le président Eisenhower* (1952), il mena la politique dite du «containment» pour tenter de «contenir» partout dans le monde la progression du communisme, acceptant ouvertement d'aller pour cela jusqu'au risque de guerre. Avec le même objectif, il chercha à renforcer la solidarité entre les États-Unis et leurs alliés, notamment en Europe occidentale. Il démissionna en avr. 1959.

**DULLIN (Charles)** ♦ Acteur, metteur en scène et directeur de théâtre français (Yenne, Savoie 1885 - Paris 1949). Il se joignit à la troupe constituée par Jacques Copeau* pour fonder le Vieux*-Colombier (1913), puis créa son école (1921) et son théâtre, L'Atelier*, en 1922. Ses mises en scène d'Aristophane *(Les Oiseaux)*, Pirandello *(Chacun sa vérité)*, Ben Jonson *(Volpone)*, Salacrou *(La terre est ronde)*, Molière *(L'Avare)*, Achard *(Voulez-vous jouer avec môa ?)*, Shakespeare *(Richard III)*, Balzac *(Le Faiseur)* furent parmi les plus remarquables de cette époque. Il fut cofondateur du Cartel* des quatre (1927). De 1940 à 1947, il a dirigé le théâtre Sarah-Bernhardt, appelé sous l'Occupation théâtre de la Cité. Il interpréta de nombreux rôles au cinéma dont celui de Thénardier dans l'adaptation des *Misérables* de R. Bernard (1934). Après la guerre, il fut remarqué dans *Les jeux sont faits*, de J. Delannoy (1947) et *Quai des Orfèvres*, de H. G. Clouzot (1947). Pédagogue incomparable, il emprunta aussi bien aux traditions japonaises qu'à la commedia* dell'arte et surtout au théâtre élisabéthain pour créer des œuvres dans un souci constant du texte. Il a exercé une influence durable sur plusieurs générations de comédiens et de metteurs en scène (J.-L. Barrault*, J. Vilar*).

**DULONG (Pierre Louis)** ♦ Physicien et chimiste français (Rouen 1785 - Paris 1838). Il réalisa, avec A. Petit*, un type de thermomètre à liquide, le thermomètre à poids, qui leur permit de perfectionner les techniques calorimétriques. Ils mesurèrent les coefficients de dilatation cubique de divers métaux, montrant que ces quantités variaient en fonction linéaire de la température (1818). Ils déterminèrent de nombreuses chaleurs spécifiques de corps simples solides (1820) et établirent la formule qui les relie aux poids atomiques (loi de Dulong et Petit) ; enfin, ils mesurèrent le coefficient de dilatation absolue du mercure. Dulong effectua avec Arago* des expériences de compressibilité (1825), puis il mesura la vitesse du son dans différents gaz (1829). [Acad. sc. 1823]

**DULUTH** ➝ ÉTYM. du n. de Daniel Greysolen, sieur *du Luth* ♦ V. des États-Unis (Minnesota) à l'extrémité O. du lac Supérieur, à l'embouchure de la riv. Saint Louis. 86 918 hab. (zone urbaine 243 815). Grand port indus. : minerai de fer, céréales, pétrole. Indus. (sidérurgie, ciment, etc.).

**DULWICH** ♦ Quartier résidentiel de Londres, au S. de la Tamise, à proximité de Circular Road (autoroute M25). Anc. collèges des XVI<sup>e</sup> et XVII<sup>e</sup> s.

**DUMAS (Mathieu Guillaume, comte)** ♦ Général, homme politique et historien français (Montpellier 1753 - Paris 1837). Il participa à la guerre d'Indépendance américaine comme aide de camp de Rochambeau* puis de La* Fayette. Député à l'Assemblée législative, où il siégea à droite, il émigra après le 10 août 1792. Membre du Conseil des Anciens, il fut proscrit lors du coup d'État du 18 Fructidor (4 sept. 1797). Revenu en France sous le Consulat, il fut successivement conseiller d'État, ambassadeur à Naples (1801), général de division (1805), ministre de la Guerre à Naples (1806) et à Madrid (1808). Député de Paris en 1828, il participa à la révolution de 1830 et devint pair de France. Il a laissé un *Essai historique sur les campagnes de 1799 à 1814* (1816 - 1826).

**DUMAS (René François)** ♦ Homme politique français (Jussey, Franche-Comté 1753 - Paris 1794). Avocat, venu à Paris peu après le début de la Révolution, à laquelle il s'était rallié, il s'inscrivit au Club des jacobins. Vice-président puis président du Tribunal révolutionnaire, il fut guillotiné avec Robespierre et les robespierristes le 10 Thermidor (28 juil. 1794).

**DUMAS (Jean-Baptiste)** ♦ Chimiste et homme politique français (Alès 1800 - Cannes 1884). Il énonça les principes de base de la chimie générale ; après avoir établi la première méthode de mesure des densités de vapeur (1827) et déterminé avec précision la composition de l'air, de l'eau et du gaz carbonique, il étudia les alcools, leur éthérification (avec Boulay) et leurs dérivés, puis prépara (avec Peligot*) l'alcool méthylique (1835). Il étudia également les acides et leurs dérivés, notamment l'acide benzoïque ; il prépara l'acétamide (avec Malaguti* et F. Leblanc, 1830), découvrit l'anthracène (avec A. Laurent*, 1832). Enfin, ayant entrepris des recherches systématiques sur l'action du chlore sur l'essence de térébenthine et l'acide acétique, il généralisa le phénomène de substitution et aboutit à l'élaboration d'une théorie des types (afin d'établir une classification des composés chimiques). [Acad. sc. 1832]

**DUMAS (Alexandre DUMAS DAVY DE LA PAILLETERIE, dit Alexandre)** ➝ ÉTYM. du n. de sa grand-mère paternelle, Marie *du Mas*, esclave «attachée à la maison du maître» ♦ Écrivain français (Villers-Cotterêts 1802 - Puys, près de Dieppe 1870), fils du général Alexandre Davy Dumas (1762 - 1806). Clerc de notaire à quatorze ans, il vint chercher fortune à Paris (1822) et conquit la notoriété littéraire avec *Henri III et sa cour* (1829), drame qui annonçait la révolution théâtrale romantique. Enthousiasmé par Shakespeare, Schiller et Walter Scott, il écrivit d'abord pour le théâtre (*Antony*, 1831 ; *La Tour de Nesle*, 1832 ; *Kean ou Désordre et Génie*, 1836) puis pour le roman, domaine dans lequel il fit preuve d'une grande fécondité (de nombreux collaborateurs, dont Auguste Maquet*, l'aidèrent). Dès 1844, avec *Le Comte* de Monte-Cristo*, il connut un grand succès populaire qui n'allait plus se démentir. Publiés souvent sous la forme de romans-feuilletons, et disposés en «trilogies», parurent *Les Trois* Mousquetaires* (1844), suivis de *Vingt ans après* (1845) et du *Vicomte de Bragelonne ou Dix ans plus tard* (1848 - 1850), récits évoquant l'époque de Louis XIII, tandis que *La Reine Margot* (1845), *La Dame de Monsoreau* (1846) et *Les Quarante-Cinq* (1847 - 1848) se déroulent lors des guerres de Religion. Dans *Les Mémoires d'un médecin*, qui comportent quatre romans (*Joseph Balsamo*, 1846 - 1848 ; *Le Collier de la reine*, 1849 - 1850 ; *Ange Pitou*, 1851 ; *La Comtesse de Charny*, 1852 - 1855), la trame historique va du règne de Louis XV à la Révolution. A. Dumas n'est ni un érudit ni un compilateur («Qu'est-ce que l'Histoire ? Un clou auquel j'accroche mes romans») ; c'est plutôt un scénariste, habile à camper des personnages inoubliables (aventuriers, bretteurs), entraînés dans des intrigues mouvementées par leur goût de l'action, à l'image de leur créateur, qui suivit Garibaldi dans l'expédition sicilienne des Mille. Sa fécondité et son style alerte se retrouvent d'ailleurs dans ses *Mémoires* (1852 - 1854) ou ses *Impressions de voyage* (1835 - 1859). Ses cendres ont été transférées au Panthéon en 2002.

**DUMAS Fils (Alexandre DUMAS, dit)** ♦ Écrivain et dramaturge français (Paris 1824 - Marly-le-Roi 1895), fils naturel d'Alexandre Dumas*. Il fit au théâtre l'exposé des thèses sociales du romantisme, non sans déchaîner le scandale par la vigueur de ses plaidoyers et le réalisme de ses peintures. Avec des œuvres comme *La Dame* aux camélias* (1852), *Le Demi-Monde* (1855), *La Question d'argent* (1857), *Le Fils naturel* (1858), *Monsieur Alphonse* (1874), *Denise* (1885), *Francillon* (1887), apparaît au théâtre la «tranche de vie» qui, par le prosaïsme du langage et la banalité des mobiles psychologiques, donne au spectateur l'illusion de la vie quotidienne. Défenseur des droits de la femme et de l'enfant, attentif aux problèmes sociaux («séduction», divorce, adultère), Dumas fils prête à ceux de ses personnages qui ont charge de défendre ses thèses une éloquence généreuse dont il usera pour son propre compte dans ses nombreuses préfaces, dans des romans (*Diane de Lys*, 1853 ; *L'Affaire Clemenceau*, 1866) et des brochures d'actualité (*La Recherche de la paternité*, 1883).

**Dumas fils.** Terre cuite de Carpeaux. Château de Compiègne.
*Phot. © Lauros-Giraudon*

**DUMAS (Georges)** ♦ Philosophe, médecin et psychologue français (Lédignan, Gard 1866 - *id.* 1946). Il contribua par ses travaux au développement de la psychologie expérimentale et fonda avec P. Janet* le *Journal de psychologie normale et pathologique* (1904). Sous sa direction fut publié un important *Traité de psychologie* (1923 - 1924, réédité 1930 - 1948).

**DU MAURIER (Louis Palmella BUSSON, dit George)** ♦ Caricaturiste et romancier britannique (Paris 1834 - Londres 1896). Ses gravures dans le magazine *Punch* constituent un document exceptionnel sur les mœurs de l'Angleterre victorienne. Ses trois romans sont inspirés par son enfance heureuse à Passy (*Peter Ibbetson*, 1891, récit de rencontres en rêve qui inspira un film célèbre de

H. Hathaway*), sa jeunesse d'étudiant au Quartier latin (*Trilby*, 1894) et la tragédie qui lui fit perdre partiellement la vue (*The Martian*, posth. 1897). ♦ **Hubert Edward Busson,** dit **Gerald Du Maurier** (Londres 1873 - *id.* 1934). Fils du précédent et père de Daphné Du Maurier. Il fut un acteur célèbre, créateur d'un style de jeu réaliste, et dirigea plusieurs théâtres londoniens.

**DU MAURIER (Daphné)** lady **BROWNING** ♦ Romancière britannique (Londres 1907 - Par, Cornouailles 1989). Petite-fille de George Du Maurier et fille de Gerald Du Maurier, elle fit ses débuts littéraires en publiant une vie de son père, *Gerald, A Portrait* (1934), puis elle fit paraître en 1937 *Les Du Maurier,* qui relate l'histoire de sa famille pendant trois générations. Son goût pour l'atmosphère «gothique» du roman victorien s'exprime dans *Ma cousine Rachel* (1951) et dans *Rebecca* (1938) qui fut qualifiée de «Jane Eyre du XXe siècle». Elle écrivit *Le Monde infernal de Branwell Brontë* (1960) et publia aussi des romans historiques et des romans d'aventures (*L'Auberge de la Jamaïque*, 1936 ; *Le Général du roi*, 1946) qui eurent, comme *Rebecca*, la faveur du grand public.

**DUMBARTON** ♦ V. d'Écosse, ch.-l. du West Dunbartonshire, sur l'estuaire de la Clyde, à l'O. de Glasgow. 26 000 hab. Port. Centre indus. ayant en partie résisté à la crise grâce à l'industrie aéronautique et à la fabrication de matériel de forage pour les plateformes pétrolières de la mer du Nord.

**Dumbarton Oaks** (plan de) ♦ Plan prévoyant la création d'une Organisation* des Nations unies en vue du maintien de la paix et de la sécurité internationales au lendemain de la Deuxième Guerre mondiale. Élaborées lors de conférences tenues à Dumbarton Oaks (États-Unis) de sept. à oct. 1944, entre les États-Unis, la Grande-Bretagne, l'URSS et la Chine, les propositions de ce plan (notamment l'instauration d'un Conseil de sécurité, d'un Conseil économique et social et d'une Cour internationale de justice), reprises pour la plupart à la conférence de Yalta*, servirent de base à la charte de San* Francisco qui fonda l'ONU.

**DUM DUM** ♦ V. de l'Inde, intégrée à l'agglomération de Calcutta. Constituée de trois divisions administratives, elle totalise 101 319 hab. La ville a donné son nom à l'aéroport international de Calcutta et aux balles explosives «dum dum», qui y ont été fabriquées pour la première fois.

**DUMÉRY (Henri)** ♦ Philosophe français (Auzances, près d'Aubusson 1920). Auteur d'études sur la philosophie de l'action (en particulier sur M. Blondel), il est surtout connu par ses travaux de philosophie de la religion (censurés par le Saint-Office en 1958). À l'aide d'une méthode historique et phénoménologique, il a voulu élucider la signification, les catégories et les structures du christianisme à partir du judaïsme et comprendre le lien unissant le plan historique et le plan doctrinal de la religion chrétienne. Œuv. princ. : *Critique et Religion* (1957), *Philosophie de la religion, essai sur la signification du christianisme* (1958), *Phénoménologie et Religion, Structures de l'institution chrétienne* (1962).

**DUMESNIL (Marie-Françoise MARCHAND,** dite **Mlle)** ♦ Tragédienne française (Paris 1711 - *id.* 1803). Titulaire des premiers rôles tragiques à la Comédie-Française (1737 - 1776), elle bouscula le jeu classique par une tendance au «naturel». Elle publia des *Mémoires* en 1800, en réponse aux attaques de sa rivale, la Clairon*.

**DUMÉZIL (Georges)** ♦ Historien français des religions (Paris 1898 - *id.* 1986). Spécialiste des mythologies indo-européennes, il a montré, en se fondant sur des comparaisons linguistiques et sur l'étude des rites religieux, que toutes les religions indo-européennes présentent une structure commune de trois fonctions hiérarchisées : souveraineté spirituelle, force et fécondité. Cette «idéologie» tripartite se reflète dans un ou plusieurs domaines, selon les cultures (système des castes en Inde, triade divine à Rome, etc.). Précurseur de l'analyse structurale des mythes (→ **Lévi-Strauss**), il a contribué à donner à l'étude des religions un statut scientifique. Œuv. princ. : *Mythes et dieux des Germains* (1939), *Mitra-Varuna* (1940), *Les Dieux des Indo-Européens* (1952), *L'Idéologie tripartite des Indo-Européens* (1958), *La Religion romaine archaïque* (1966), *Mythe et épopée* (1968 - 1973), *Romans de Scythie et d'alentour* (1978). [Acad. fr. 1978] ◆ **ÉTYM.** *Dumézil* vient de l'ancien français *mesnil* «méteil», surnom d'un marchand de grains.

**DUMFRIES** ◆ **ÉTYM.** gaél. «forteresse *(dun)* de la région boisée (*preas* taillis, fourré)» ♦ V. d'Écosse, ch.-l. du district de Dumfries and Galloway sur le Nith. 31 000 hab. Indus. chimiques et centre commercial d'une région agricole. Robert Burns y séjourna à la fin de sa vie.

**DUMFRIES AND GALLOWAY** ♦ District du S.-O. de l'Écosse. 6 426 km². 147 765 hab. CH.-L. : Dumfries. Région de collines agricoles. Parc national (Galloway Forest Park).

**DUMITRIU (Petru)** ♦ Écrivain roumain (Baziaş 1924 - 2002). Après *Les Boyards* (1958 - 1960), suite sur une famille décadente, il quitta la Roumanie pour l'Occident. Il écrivit alors, en roumain et en français, des romans critiques et mystiques : *Rendez-vous au jugement dernier* (1961), *Incognito* (1962), ou historiques, comme la trilogie comportant *L'Homme aux yeux gris* (1968), *Retour à Milo* (1969) et *Le Beau Voyage* (1969), qui reprend le thème de l'éternel errant. Ses textes plus récents, comme *Au Dieu inconnu* (1979), affirment la primauté d'une quête religieuse personnelle marquée par l'ascèse.

**DUMNORIX** ♦ Chef gaulois de la tribu des Éduens* (mort en -54). Il se révolta contre César qui le fit mettre à mort.

**DUMONSTIER** ♦ Famille de peintres et dessinateurs français des XVIe et XVIIe s. ♦ **Geoffroy Dumonstier** (mort à Paris en 1573). Enlumineur, graveur et dessinateur de cartons de vitraux, il fut influencé par l'art florentin et travailla au service de François Ier et de Henri II, notamment à Fontainebleau sous la direction de Rosso*. Ses trois fils, ÉTIENNE, dit ÉTIENNE II (Fontainebleau ? v. 1520 - Paris 1603), PIERRE, dit PIERRE Ier (1524 - 1600) et COSME, dit COSME II ( ? - 1605), furent peintres de Catherine de Médicis ; les portraits qu'ils exécutèrent aux trois crayons, d'un trait fin et minutieux, témoignent de la vogue de ce genre dont les Clouet* avaient été les initiateurs. ♦ **Daniel Dumonstier** (Paris 1574 - *id.* 1646), fils de Cosme II. Il fut peintre de Louis XIII et perpétua le genre du portrait dessiné aux mines de couleurs et rehaussé de pastel et de gouache, dans un style minutieux, d'une certaine sécheresse et d'une moins grande virtuosité que celui de ses prédécesseurs. Cultivé et plein d'esprit, il fut l'ami de Malherbe et possédait un cabinet de curiosités et une bibliothèque fréquentée par les gens de lettres.

**DU MONT (Henry DE THIER,** dit**)** ♦ Compositeur wallon (Villers-l'Évêque, près de Liège 1610 - Paris 1684). Organiste et claveciniste réputé, il fut compositeur de la Chapelle royale (1672) et maître de musique de la reine Marie-Thérèse. Son œuvre, d'inspiration essentiellement religieuse (cinq messes en plain-chant, 1669 ; motets, 1681 - 1686), se caractérise par l'usage régulier de la basse continue.

**DUMONT (Arsène Jean François)** ♦ Sociologue et démographe français (La Cambe, Calvados 1849 - Paris 1902). Dans son ouvrage *Dépopulation et Civilisation, étude de démographie* (1902), il tenta de montrer que le besoin d'ascension sociale des individus constitue un frein au développement de la population.

**DUMONT (René)** ♦ Agronome français (Cambrai 1904 - Fontenay-sous-Bois 2001). Professeur à l'Institut national agronomique, expert à l'ONU et à la FAO, il fut l'un des spécialistes des problèmes économiques des pays en voie de développement et s'attacha dans ses ouvrages (*L'Afrique noire est mal partie*, 1962 ; *L'Utopie ou la Mort*, 1973 ; *Agronomie de la faim*, 1974 ; *Seule une écologie socialiste*, 1977 ; *Pour l'Afrique j'accuse*, 1986) à dénoncer l'attitude égoïste des pays riches face au tiers-monde, en particulier l'Afrique, et les atteintes à l'équilibre écologique. Il fut l'un des candidats à la présidence de la République en 1974.

**DUMONT (Fernand DEMOUSTIER,** dit **Fernand)** ♦ Écrivain belge d'expression française (Mons 1906 - Bergen-Belsen 1945). Des contes (*La Région du cœur*, 1939), des poèmes (*À ciel ouvert*, 1937) et des essais (*Dialectique du hasard au service du désir*, 1942) traduisent l'engagement de celui qui fut, avec Achille Chavée*, l'un des fondateurs du Groupe surréaliste en Hainaut (1939) et qui, arrêté par la Gestapo en 1942, mourut en déportation.

**DUMONT (Louis)** ♦ Anthropologue français (Salonique 1911 - Paris 1998). Spécialiste de l'Inde, il a montré la spécificité du régime des castes : celui-ci constitue une hiérarchie selon une valeur (la pureté) et non un système de pouvoir (*Homo hierarchicus. Le système des castes et ses implications*, 1966). La différence est nette avec les sociétés de l'Occident contemporain, qui sont dominées selon Tocqueville par la «passion pour l'égalité». Interrogeant l'émergence de l'individu comme catégorie et comme valeur (*Essais sur l'individualisme. Une perspective anthropologique sur l'idéologie moderne*, 1983), son œuvre est une référence pour l'analyse comparative des systèmes de pensée (*Homo aequalis. Genèse et épanouissement de l'idéologie économique*, 1977 et *L'Idéologie allemande*, 1992).

**DUMONT D'URVILLE (Jules Sébastien César)** ♦ Navigateur français (Condé-sur-Noireau 1790 - Meudon 1842). Après avoir participé à des campagnes hydrographiques en mer Égée et en mer Noire (1819 - 1820) et à l'expédition de circumnavigation de Duperrey* (1822 - 1825), il entreprit à bord de l'*Astrolabe* un périple en Océanie (1826 - 1829) au cours duquel il étudia l'hydrographie de nombreuses îles (Nouvelle-Zélande, Viti, Loyalty, Nouvelle-Bretagne, Nouvelle-Guinée) et fut envoyé à l'île de Vanikoro* où se trouvait l'épave du navire de Lapérouse*. De 1837 à 1840, il explora, avec Jacquinot*, les régions antarctiques découvrant la terre Louis-Philippe, l'île Joinville (1839) et la terre Adélie* (1840). Il a laissé des récits de voyage : *Voyages et découvertes autour du monde et à la recherche de La Pérouse*, 1822 - 1834 ; *Voyage au pôle Sud et en Océanie*, 1842 - 1846.

**DUMOULIN (Charles)** ♦ Jurisconsulte français (Paris 1500 - *id.* 1566). Avocat au parlement de Paris (1522), il passa du calvinisme au luthéranisme, dut quitter la France et enseigna le droit en Allemagne. Rentré en France en 1557, il critiqua l'autorité du pape dans son *Conseil sur le fait du concile de Trente*, ce qui lui valut d'être emprisonné jusqu'en 1564. Il serait revenu à la religion catholique avant de mourir. Surnommé le «prince des jurisconsultes» en raison de ses importants travaux sur l'histoire et les sources du droit français, il montra son hostilité à la féodalité et son désir d'unifier le droit civil dans ses commentaires, notamment la *Révision de la coutume de Paris* (1539).

**DUMOURIEZ** [-muʀje] **(Charles François du Périer,** dit) ♦ Général français (Cambrai 1739 - Turville Park, Angleterre 1823). Officier en 1758, il participa à la guerre de Sept Ans, puis entra dans la diplomatie secrète (1763) et fut chargé par Choiseul de plusieurs missions. Chef de la garde nationale, acquis aux idées révolutionnaires, lié à Mirabeau, à La Fayette et au duc d'Orléans, et membre du Club des jacobins (1790), il fut nommé ministre des Affaires étrangères dans le gouvernement girondin (10 mars 1792) et contribua à décider Louis XVI à déclarer la guerre. Après le renvoi des ministres girondins (13 juin), il démissionna (15 juin). Commandant en chef des armées du Nord, il gagna, avec Kellermann*, la bataille de Valmy* contre les Prussiens, puis celle de Jemmappes* contre les Autrichiens, et occupa la Belgique. Après la formation de la première coalition (déb. 1793), Dumouriez proposa un plan d'offensive qui fut adopté, entra en Hollande (16 fév.), s'empara de Breda (25 fév.), mais fut vaincu à Neerwinden* (18 mars) puis à Louvain (21 mars) par le duc de Saxe*-Cobourg avec qui il entra en relation. Accusé de trahison, Dumouriez livra aux Autrichiens les commissaires envoyés par la Convention pour enquêter sur sa conduite, avant de passer lui-même à l'ennemi. Ses défaites et leurs conséquences (perte de la Belgique et de la Hollande, puis de la rive gauche du Rhin) contribuèrent à la chute des girondins. ➛ **ÉTYM.** *Dumouriez* signifie «du mûrier».

**DU MU** ou **TOU MOU** ♦ Poète et fonctionnaire impérial chinois (Wannian, auj. Xian, Shaanxi 803 - 852 ?). Il est l'un des maîtres de la littérature à la fin des Tang*, célèbre pour ses quatrains heptamétriques et ses poèmes archaïsants. Il est l'auteur de la *Ballade des palais Afang*.

**DUNA** → **Danube**

**DUNAJEC** n. f. ♦ Riv. de Pologne (247 km), née dans les Hautes Tatras près de la frontière slovaque, affl. de la Vistule.

**DUNANT (Henri)** ♦ Philanthrope suisse (Genève 1828 - Heiden, canton d'Appenzell 1910). Venu en Italie pour y rencontrer Napoléon III, il fut profondément affecté par le spectacle des blessés de la bataille de Solferino (juin 1859 ; *Un souvenir de Solferino*, 1862) et décida de créer un organisme pour le secours aux blessés de guerre. Les nombreuses démarches qu'il fit aboutirent à la réunion de la conférence de Genève (1863), qui adopta une première convention sur les blessés de guerre (1864), et à la création de la Croix*-Rouge. Tombé peu après dans l'oubli et dans la misère, Dunant devait néanmoins recevoir en 1901 le prix Nobel de la paix. ➛ **ÉTYM.** Ce nom de famille signifie «près du nant», du gaulois *nanto* «vallée».

**DUNAÚJVÁROS** ➛ **ÉTYM.** de 1950 à 1956 ***Sztálinváros*** «ville de Staline» ♦ V. de Hongrie, située au centre du pays, sur la rive d. du Danube. 55 309 hab. Centre indus. : sidérurgie ; textile ; confection.

**DUNBAR (William)** ♦ Poète écossais (East Lothian v. 1460 - Flodden ? 1513 ?). Diplômé de l'université de Saint Andrew en 1479, il entra chez les franciscains et mena en France la vie d'un moine errant. De retour en Écosse en 1500, il fut pensionné par Jacques IV en l'honneur de qui il écrivit un épithalame, *Le Chardon et la Rose* (publ. 1770), dont le début est une sorte de parodie des premiers vers des *Contes de Cantorbéry* de Chaucer. *Les Deux Femmes mariées et la Veuve* (publ. 1770) aux remarques scabreuses sur le devoir conjugal est une satire burlesque et cynique. L'œuvre de Dunbar, caractérisée par un lexique archaïque et écossais, étonne par l'habileté de son rythme et la richesse de son vocabulaire. Sa curiosité annonce la Renaissance et certains critiques l'ont placé au premier rang des poètes écossais, avant Burns.

**DUNBAR** ♦ V. d'Écosse (East Lothian) sur la mer du Nord. 6 500 hab. Port. ▮ **Histoire** Édouard II et Marie Stuart trouvèrent refuge en son château. Cromwell y vainquit les royalistes écossais en 1650.

**DUNBARTON** → **Dumbarton**

**DUNCAN** ➛ **ÉTYM.** angl. du gaél. *Donnchadh*, de *donn* «brun» et *cath* «guerre» ♦ Nom de plusieurs rois d'Écosse. ♦ **DUNCAN I$^{er}$** (mort en 1040 ?). Roi d'Écosse (1034 - 1040 ?). Il fut assassiné par son général Macbeth*. ▪ Père de Malcolm* III et de Donald* VIII. ♦ **DUNCAN II** (mort en 1094). Roi d'Écosse (1093 - 1094). Fils de Malcolm III.

**DUNCAN (Isadora)** ♦ Danseuse américaine d'origine irlandaise (San Francisco 1877 - Nice 1927). Elle débuta à Chicago en 1899. En réaction contre les traditions de l'académisme, elle prôna une danse «naturelle», portée par une quête spirituelle. Nourrie de l'Antiquité, elle apparaissait drapée dans une tunique grecque, les pieds nus, et obtint un succès considérable dans les grandes capitales européennes. En 1904, elle ouvrit une première école avec sa sœur Elisabeth à Berlin et, sur l'invitation de Cosima Wagner, dansa dans *Tannhäuser* à Bayreuth. Elle dirigea une école à Moscou de 1921 à 1924, puis une autre à Meudon. Elle devait trouver la mort, étranglée par son écharpe qui s'enroula dans une roue de sa voiture de sport. ➛ **ÉTYM.** *Duncan* est une variante de l'irlandais *Donegan*, forme anglicisée du gaélique *Ó Donnagáin* «descendant de Donnagán'», nom de personne (de *donn* «brun»).

**DUNDALK** – en gaél. ***Dún Dealgan*** ♦ V. de la rép. d'Irlande (comté de Louth), au N. de Dublin, à proximité de la frontière. 29 037 hab. La séparation de l'île en deux entités a coupé Dundalk de son arrière-pays situé en Irlande du Nord. Port. Indus. alimentaires. ▮ **Histoire** Robert Bruce y fut vaincu par Édouard II d'Angleterre en 1318 et y trouva la mort.

**DUNDEE** ➛ **ÉTYM.** probablt du gaél. *dun* «hauteur, place forte» et *dee* p.-ê. altér. de *Tay** ♦ V. d'Écosse, ch.-l. de district, sur la mer du Nord et l'estuaire de la Tay. 145 460 hab. Univ. Important port de pêche. Les indus. traditionnelles (jute, marmelade) sont en crise. La diversification industrielle marque le pas, mais un renouveau s'amorce, Dundee étant une des bases portuaires de l'exploitation pétrolière en mer du Nord.

**DUNEDIN** ♦ V. de Nouvelle-Zélande (île du Sud), sur la côte S.-E. de l'île, au fond d'une baie étroite. 110 997 hab. Univ. d'Otago. Port. Grand centre indus. Filature de laines ; confection. Chaussures. Indus. alimentaire, chimique (engrais, savonnerie). Cimenterie et matériaux de construc. Papeterie ; menuiserie (meubles). Construc. navales et mécaniques. Exportation de laine, viande frigorifiée et produits de laiterie. ▮ **Histoire** La ville fut fondée en 1848 par des Écossais presbytériens.

**DUNES** (bataille des) ♦ Victoire décisive que les Français, commandés par Turenne*, remportèrent sur les Espagnols menés par Condé* et don Juan* d'Autriche, entre Dunkerque et Nieuport (1658).

**DUNFERMLINE** ♦ V. d'Écosse (Fife), au N. du Firth of Forth. 40 500 hab. Indus. textile. Ancienne résidence des rois d'Écosse du XI$^e$ au XIV$^e$ s. Vestiges d'une abbaye, nécropole de plusieurs rois.

**DUNGENESS** (cap) ➛ **ÉTYM.** anc. *Dengenesse* «cap (vieil angl. *næss*) près de Denge Marsh», de *Dengermersc*, p.-ê. vieil angl. «marécage *(mersc)* de la région *(°gē)* de la vallée *(denu)*» ou «marécage à la terre fumée», du vieil angl. *dyncge* ♦ Pointe de la côte S.-E. de l'Angleterre (Kent). Centrale nucléaire. Tourisme sur la face E.

**DUNHUANG** ou **TOUEN-HUANG** ♦ V. de Chine (Gansu). 135 722 hab. Anc. étape importante sur la route de la Soie ; poste frontière et marché dès le III$^e$ s. ▪ À Mogao, à 25 km au S.-E. de la ville, se trouvent les grottes des Mille Bouddhas. Creusées entre 366 et la fin de la dynastie Yuan*, au flanc de la colline de Mingsha, 492 grottes recèlent quelque 45 000 m$^2$ de fresques et de peintures et environ 2 500 statues. En 1900, la découverte fortuite d'une bibliothèque murée a livré, outre des peintures et des bannières votives d'une grande valeur artistique, un ensemble unique de 30 000 manuscrits écrits en chinois, tibétain, sanskrit, ouïgour, sogdien, koutchéen, remontant à la seconde moitié du IV$^e$ s. pour les plus anciens, à la fin du X$^e$ s. pour les plus récents. Au début du XX$^e$ siècle, les archéologues A. Stein et P. Pelliot* acquirent nombre de richesses de ce site, aujourd'hui géré en commun par la Chine et par l'Unesco, et les rapportèrent en Europe.

**DUNI (Egidio Romualdo)** ♦ Compositeur italien (Matera 1709 - Paris 1775). Frère d'ANTONIO DUNI (v. 1700 - v. 1766) qui fut compositeur de musique sacrée et violoniste, il vint à Paris et composa, notamment sur des livrets de Favart* et Vadé, une vingtaine d'opéras-comiques pour le Théâtre de la Foire, dont le célèbre *Peintre amoureux de son modèle* (1757). Il fut directeur de la Comédie-Italienne.

**DUNIÈRES** [43200] ➛ **ÉTYM.** anc. *Duneria*, dimin. du gaul. *dunum* «colline, forteresse» ♦ Comm. de la Haute-Loire, arr. d'Yssingeaux. 2 949 hab.

**DUNKERQUE** [59640] ➛ **ÉTYM.** flam. «l'église *(kerke)* de la dune *(duin)*» ♦ Ch.-l. d'arr. du Nord, sur la mer du Nord. 70 850 hab. (aggl. 191 173). *(Dunkerquois).* → **Rosendaël.** Très endommagée pendant la dernière guerre, la ville a été reconstruite. Musée des Beaux-Arts (reconstruit en 1973) : coll. de peintures flamandes, françaises et hollandaises du XVI$^e$ s. au XIX$^e$ s. ; histoire locale. Musée d'Art contemporain. ▪ Dunkerque est le 3$^e$ port de commerce français (50 millions de t en 2003), le 1$^{er}$ port importateur de minerai de fer et de charbon, relié à Valenciennes par le canal de Dunkerque-Valenciennes (170 km) et le 1$^{er}$ port d'exportation d'acier et de sucre. Sidérurgie. Raffinage de pétrole. Pétrochimie. Pharmacie. Cimenterie. Huilerie. Centrale nucléaire de Gravelines. ▮ **Histoire** Turenne reprit la ville à Condé en 1658 ; elle fut réunie définitivement à la France au traité des Pyrénées (1659). Vauban la fortifia. Les Anglais essayèrent à maintes reprises de la reprendre (notamment en août 1793). ▪ Du 27 mai au 4 juin 1940, l'*opération Dynamo* consista à rembarquer vers l'Angleterre, par le port et les plages de Dunkerque, le corps expéditionnaire britannique et une partie des troupes françaises menacés d'encerclement par l'avance allemande. → **Gort.** 230 000 Britanniques, 130 000 Français et quelques Belges furent ainsi transportés sur des bateaux de toute sorte ; deux divisions françaises qui assuraient la protection de l'opération furent capturées.

**DUN LAOGHAIRE** – anc. ***Kingstown*** ♦ V. de la rép. d'Irlande. 23 818 hab. Jadis avant-port de Dublin, la ville est aujourd'hui intégrée à la capitale dont elle est la banlieue résidentielle. C'est à proximité que J. Joyce situe le début d'*Ulysse*.

**DUNLOP (John Boyd)** ♦ Vétérinaire et inventeur britannique (Dreghorn, Ayrshire 1840 - Dublin 1921). Inventeur du bandage pneumatique en caoutchouc pour roue de véhicule (1888), il fonda, en 1889, la firme de production de pneumatiques qui porte son nom. ➛ **ÉTYM.** Ce nom vient du gaélique «colline *(dún)* boueuse *(lápach)*».

**DUNOIS (Jean)** comte **DE LONGUEVILLE,** dit **le Bâtard d'Orléans** ♦ Homme de guerre français (Paris 1402 - Château de l'Hay 1468). Fils naturel de Louis, duc d'Orléans*. Compagnon d'armes de Jeanne d'Arc, il participa à la défense d'Orléans et à la victoire de Patay (1429), contribua à la reconquête de la Normandie et de la Guyenne (1448 - 1453) et participa à la ligue du Bien public contre Louis XI (1465).

**DUNOIS** n. m. ♦ Région de la petite Beauce, pays de Châteaudun.

**DUNOYER (Barthélemy Charles Pierre Joseph)** ♦ Économiste français (Carennac, Lot 1786 - Paris 1862). Fondateur avec F. C. L. Comte d'un journal libéral, *le Censeur* (1814), il fut, après J.-B. Say, l'un des principaux représentants du libéralisme optimiste en économie (*De la liberté du travail ou simple exposé des conditions dans lesquelles les forces humaines s'exercent avec le plus de puissance,* 1845).

**DUNOYER DE SEGONZAC (André)** ♦ Peintre et graveur français (Boussy-Saint-Antoine 1884 - Paris 1974). Il étudia aux Beaux-Arts et à l'académie Julian et se lia avec La Fresnaye, Boussingault, Luc Albert Moreau, A. Mare, formant avec eux la «Bande noire» (ainsi appelée en raison de leur hostilité aux violences chromatiques des Fauves). Il peignit paysages, natures mortes, nus et scènes de la vie quotidienne dans une matière épaisse, au chromatisme sourd. Ces œuvres s'inscrivent dans la tradition naturaliste et présentent parfois des accents expressionnistes. Dunoyer n'en fut pas moins sensible à l'influence de Cézanne et du cubisme (*Les Buveurs,* 1919 ; *Les Canotiers,* 1924) et évolua ensuite vers un chromatisme plus vif. Il a consacré une part importante de son activité à l'illustration de livres (Carco, Dorgelès, Flaubert, Colette), à la gravure (nombreux portraits) et à l'aquarelle, peignant de nombreux paysages du Midi (*Tartanes de Saint-Tropez*) et de l'Île-de-France, aux coloris fluides et lumineux et qui se distinguent par un trait nerveux et souvent discontinu. Sans chercher à renouveler les moyens figuratifs traditionnels, il a exprimé avec sensibilité l'émotion ressentie en face de la nature.

André **Dunoyer de Segonzac.** *Les Canotiers.* Coll. part.
*Phot. © Arch. Smeets*

**DUNS SCOT (John)** ♦ Théologien et philosophe écossais (Duns, Écosse v. 1266 - Cologne 1308). Il entra dans l'ordre des franciscains à Dumfries (1281), étudia à Oxford avant d'y enseigner ainsi qu'à Paris et Cologne. Il fut surnommé Docteur Subtil en raison de son habileté à manier la dialectique ; celle-ci lui servit, dans son *Opus oxoniense,* à critiquer l'aristotélisme et le thomisme. Sa philosophie, qui s'inscrit dans la lignée augustinienne, affirme la priorité de la foi et de la volonté sur la raison.

**DUNSTABLE (John)** ♦ Compositeur anglais (v. 1400 - Londres 1453). Musicien du duc de Bedford, il séjourna sans doute en France. Il a laissé des motets et des fragments de messes. Ces œuvres polyphoniques (à 3 ou 4 voix) empruntent leur forme à la chanson profane française.

**DUNSTABLE** ♦ V. d'Angleterre (Bedfordshire), sur les pentes des Chiltern Hills. 35 000 hab. Centre commercial, cimenterie et accessoires automobiles.

**DUNSTAN** (saint) ♦ Bénédictin et réformateur de la vie monastique en Angleterre (près de Glastonbury 924 - Canterbury 988). Il fut évêque de Worcester (957) puis de Canterbury (960). ▪ Fête le 19 mai.

**DUN-SUR-AURON** [18130] → ÉTYM. du gaul. *dunum* «colline, forteresse» ♦ Ch.-l. de cant. du Cher, arr. de Saint-Amand-Montrond, sur l'Auron et le canal du Berry. 4 013 hab. (*Dunois*). Anc. collégiale Saint-Étienne (XII^e^ - XIII^e^ s.), remaniée au XV^e^ s. Restes de remparts. Beffroi (XVI^e^ s.). Maisons anc.

**DUPANLOUP (Félix)** ♦ Prélat français (Saint-Félix, Savoie 1802 - château de Lacombe, Savoie 1878). Évêque d'Orléans en 1849, il fut l'un des chefs du catholicisme libéral, combattit le journal *L'Univers* (→ **Veuillot**) et s'opposa, pour des raisons d'opportunité, à la définition de l'infaillibilité pontificale (mais, après la proclamation du dogme en 1870, il se soumit). Il fit partie de la commission qui élabora la loi de 1850 sur l'enseignement et, comme député (1871), fit voter la loi de 1875 sur l'enseignement supérieur. Violemment opposé à Renan, Taine et Littré*, il tenta d'empêcher l'élection de ce dernier à l'Académie française dont il démissionna quand Littré fut élu. Il devint sénateur en 1876. Il est l'auteur d'ouvrages pédagogiques et catéchétiques, et d'une brochure fameuse où il approuva l'encyclique *Quanta* cura* et *Le Syllabus**. [Acad. fr. 1854 - 1871] → ÉTYM. Ce nom de famille savoyard vient d'un nom de lieu et signifie «pend loup».

**DU PARC (Marie-Thérèse DE GORLE,** dite **LA)** ♦ Comédienne française (Paris 1633 - *id.* 1668). Acrobate de formation, épouse du comédien Gros*-René, elle appartint à la troupe de Molière* jusqu'en 1667 et créa notamment le rôle d'Elvire dans *Dom Juan* ainsi que celui d'Andromaque que Racine avait écrit pour elle.

**DUPARC (Henri FOUQUES-DUPARC,** dit **Henri)** ♦ Compositeur français (Paris 1848 - Mont-de-Marsan 1933). Élève de César Franck*, il fut l'un des fondateurs de la Société nationale de musique (1871). Une maladie mentale, qui lui laissa toutefois sa lucidité, mit fin à sa carrière (1885). Auteur de pièces pour le piano (*Laendler,* 1874), pour orchestre (*Lénore,* 1875), il détruisit la majeure partie de ses partitions, ne conservant qu'un recueil de 13 mélodies (1868 - 1883) qui dépassent le cadre du lied traditionnel et s'inscrivent parmi les chefs-d'œuvre de l'art vocal (*Soupir,* la célèbre *Invitation au voyage, Extase, Phydilé, La Vie antérieure*).

**DUPERRÉ (Victor Guy,** baron) ♦ Amiral et pair de France (La Rochelle 1775 - Paris 1846). S'étant distingué dans la lutte contre les navires anglais, surtout aux Antilles (1806 - 1808), il fut fait baron d'Empire. Préfet maritime de Toulon pendant les Cent-Jours, il fut nommé commandant de la station navale des Antilles (1818), prit part ensuite au siège de Cadix (1823), puis à l'expédition d'Alger, au cours de laquelle il organisa le débarquement de Sidi Ferruch (juil. 1830). Il fut fait pair de France par Charles X. Nommé amiral par Louis-Philippe, il fut quelque temps ministre de la Marine sous la monarchie de Juillet (1834, 1843).

**DUPERRÉ** → Aïn Defla

**DUPERREY (Louis Isidore)** ♦ Marin et hydrographe français (Paris 1786 - *id.* 1865). Il entreprit deux expéditions de circumnavigation, la première à bord de l'*Uranie* avec C. de Freycinet* (1817 - 1820), la seconde avec Dumont* d'Urville sur la *Coquille* (1822 - 1825) au cours de laquelle il étudia particulièrement l'hydrographie des îles de l'Océanie. [Acad. sc. 1842]

**DU PERRON (Jacques DAVY)** ♦ Homme d'Église et écrivain français (Val-de-Joux, Suisse 1556 - Paris 1618). Calviniste converti, évêque d'Évreux, il obtint à Rome la réconciliation d'Henri IV (1595 → **Clément VIII**). Il soutint les thèses catholiques à la conférence de Fontainebleau (1600 → **Duplessis-Mornay**), devint cardinal (1604), archevêque de Sens (1606), membre du Conseil de régence (1610). Ses œuvres comportent des ouvrages de polémique religieuse, des sermons et des poésies.

**Dupes** (journée des) ♦ Journée du 11 nov. 1630 où les «dupes» furent les adversaires de Richelieu qui se crurent vainqueurs, alors qu'il n'en était rien. Louis XIII, malade, avait promis à Marie* de Médicis, à Gaston d'Orléans* et à Anne* d'Autriche, ligués, de renvoyer le cardinal, mais se ravisa après une entrevue avec lui à Versailles, et lui livra ses ennemis.

**DUPETIT-THOUARS (Louis Marie Aubert)** ♦ Botaniste français (Saumur 1758 - 1831). Il a laissé des travaux sur la flore de l'île de France (île Maurice), de la Réunion et de Madagascar. ♦ **Aristide Aubert Dupetit-Thouars.** Officier de marine français (Saumur 1760 - Aboukir 1798). Frère du précédent. Après avoir organisé une expédition à la recherche de Lapérouse* (1792), il voyagea en Amérique, puis commanda le navire le *Tonnant* lors de l'expédition d'Égypte où il trouva la mort. ♦ **Abel Dupetit-Thouars.** Amiral français (Saumur 1793 - Paris 1864). Neveu des précédents. Il explora les côtes de l'Algérie, contribua à organiser l'expédition d'Alger (juil. 1830) et entreprit un voyage de circumnavigation sur la frégate *Vénus* (1837). En 1842, il fit passer sous protectorat français les îles Marquises et Tahiti, dont il chassa le missionnaire anglais Pritchard. Membre du Conseil d'amirauté, il fut élu député à l'Assemblée législative (1849). [Acad. sc. 1855]

**DUPIN (André Marie Jean Jacques)** dit **Dupin Aîné** ♦ Magistrat et homme politique français (Varzy, Nivernais 1783 - Paris 1865). Avocat réputé, il défendit notamment le maréchal Ney et le chansonnier Béranger. Élu député en 1827, il siégea dans l'opposition libérale et prit une part active aux journées révolutionnaires de juillet 1830. Président de la Chambre des députés (1832 - 1837), il parut se rallier à la République (1848) et fut nommé président de l'Assemblée législative, mais se rapprocha peu à peu de Louis Napoléon et devint sénateur sous le Second Empire (1857). [Acad. fr. 1832]

**DUPIN (Charles, baron)** ♦ Mathématicien et homme politique français (Varzy, Nivernais 1784 - Paris 1873). Frère de Dupin Aîné. Successivement conseiller d'État (1831), ministre de la Marine (1833), il appartint à la Constituante puis à la Législative et fut sénateur en 1852. En mathématiques, il détermina la surface dont toutes les lignes de courbure sont circulaires (*cyclide de Dupin*, 1801), étudia les systèmes triples orthogonaux (théorème célèbre sur les intersections de surfaces formant un système triple orthogonal), introduisit les notions de directions conjuguées, d'indicatrice et de lignes asymptotiques. Il appliqua les résultats de ses travaux à la construction des routes, à l'étude de la stabilité des vaisseaux et à l'optique. [Acad. sc. 1818]

**DUPIN (Jacques)** ♦ Poète français (Privas 1927). Ses premiers recueils, *Les Brisants* (1958), *L'Épervier* (1960), *Saccades* (1962), *Gravir* (1963), *L'Embrasure* (1969) et *Dehors* (1976), cherchent à instaurer, hors du chaos, un ordre poétique évoquant la foudre qui consume mais «fait germer la pierre» et laisse survivre ce «surcroît des orages», le poème. Par la suite, Dupin lia son expérience du monde à la réalité de la langue avec *De nul lieu et du Japon* (1981) et *Une apparence de soupirail* (1982). C'est de la confrontation avec la mort qu'il tire la force de sa parole fragmentaire, *Contumace* (1986), *Rien encore, tout déjà* (1991), *Échaudé* (1991), *Le Grésil* (1996). Pour lui «l'écriture toujours précède la trappe, l'empreinte, l'écart, la salive des morts...»

**DUPLEIX** [dyplɛks] **(Joseph François)** ♦ Administrateur colonial français (Landrecies 1697 - Paris 1763). Directeur de la Compagnie des Indes (1720), puis directeur général des comptoirs français en Inde (1742), il mena une politique non seulement commerciale, mais également conquérante et territoriale, fondée sur les principautés indigènes et favorisée par l'état de décomposition politique où était l'Inde à cette époque. La Grande-Bretagne ne pouvait que s'opposer à une telle expansion. Dans une première phase, les Français parurent vainqueurs : Madras fut prise aux Britanniques, Pondichéry leur résista et le traité d'Aix*-la-Chapelle était favorable à la France. Mais le conflit s'éternisa, malgré la valeur de certains des officiers comme Bussy. Dupleix, qui tenait la moitié du Dekkan, mais était à court de ressources, fut rappelé (1754), sa politique désavouée (→ **Godeheu**), et la guerre de Sept* Ans anéantit son œuvre, tandis qu'il se débattait en France avec ses difficultés financières, faute d'avoir été remboursé des sommes qu'il avait lui-même avancées. ➡ **ÉTYM.** Ce nom de famille du Limousin désigne une maison caractérisée par un *plais* [haie de branches entrelacées].

**DUPLESSIS (Maurice Le Noblet)** ➡ **ÉTYM.** → Dupleix ♦ Homme politique canadien (Trois-Rivières 1890 - Schefferville 1959). Élu député à l'Assemblée législative de Québec en 1927, il créa l'Union nationale, organisme de défense des intérêts québécois face à la crise* économique de 1929, qui obtint la majorité aux élections de 1936. Premier ministre de la province de Québec (1936 - 1939, puis 1944 - 1959), il s'efforça de mettre celle-ci en valeur.

**DUPLESSIS-MORNAY (Philippe de Mornay, seigneur du Plessis-Marly, dit)** ♦ Chef protestant français (Buhy, auj. arr. de Mantes 1549 - La Forêt-sur-Sèvre, près de Bressuire, Poitou 1623). Il rejoignit Henri de Navarre dont il devint (1576) le principal conseiller et l'ambassadeur. Après l'abjuration (1593), il se retira à Saumur où il fonda la première académie protestante (1599). Auteur d'un *Traité de l'eucharistie* qui lui valut un débat avec Du* Perron (Fontainebleau, 1600) et de *Mémoires* (4 vol., posthumes).

**DUPLOYÉ (abbé Émile)** ♦ Ecclésiastique français (Notre-Dame-de-Liesse, Aisne 1833 - Saint-Maur-des-Fossés 1912). Il inventa un système d'écriture sténographique.

**DUPOND (Patrick)** ♦ Danseur français (Paris 1959). Il devint à vingt ans le plus jeune danseur étoile de l'Opéra de Paris et commença une carrière internationale (*Vaslav* de Neumeier, Hambourg, 1979, repris à Paris en 1980 ; *Le Fantôme de l'Opéra* de R. Petit, Opéra de Paris, 1980 ; *Le Songe d'une nuit d'été* de Neumeier 1982). Il se tourna également vers la télévision, la comédie musicale et même la chanson. En 1984, il interpréta le rôle de Jim Morrisson dans *Au bord du précipice* de A. Ailey ; en 1985, il dansa *Le Chat botté* (R. Petit, Marseille) ; en 1986 *Giselle* et *Salomé* sur une chorégraphie de Béjart. Nommé directeur du Ballet Théâtre français de Nancy en 1987, il succéda à Noureïev comme directeur de la danse à l'Opéra de Paris (1990 - 1995). Malgré un grave accident, il remonta sur scène en 2000 dans une revue musicale, *L'Air de Paris*.

Patrick **Dupond.** *Les Chants d'un compagnon errant*, de Maurice Béjart. *Phot. © Bernand*

**DUPONT (Pierre)** ♦ Poète et chansonnier français (Lyon 1821 - *id.* 1870). Remarqué par l'Académie pour son premier poème *Les Deux Anges* (1842), il acquit une popularité considérable avec des *Chansons politiques*, d'inspiration républicaine et socialiste, qu'il chantait lui-même dans les clubs. Inquiété après le coup d'État de 1851, il vécut dès lors dans une semi-retraite, composant sa *Légende du Juif errant* (poème illustré par Gustave Doré, 1862) et se consacrant à la chanson rustique, genre qui exalte les vertus des paysans (*La Mère Jeanne ; Les Bœufs ; La Vigne*). Ses *Chants et Chansons* furent réunis (1852 - 1854) dans une édition illustrée par T. Johannot* et Célestin Nanteuil* et précédée d'une étude de Baudelaire qui admirait fort le poète.

**DUPONT (Gabriel)** ♦ Compositeur français (Caen 1878 - Le Vésinet 1914). Élève de Massenet et de Widor, il composa pour le théâtre (*La Glu*, 1908 ; *La Farce du cuvier*, 1912 ; *Antar*, opéra posthume, 1924). Deux cycles de 12 pièces pour piano (*La Maison dans les dunes, Les Heures dolentes*) forment son testament musical.

**DUPONT DE L'ÉTANG (Pierre Antoine)** ♦ Général français (Chabanais, Charente 1765 - Paris 1838). Il se distingua à Valmy, Marengo, Ulm, Friedland. Destitué et emprisonné après la capitulation de Bailén*, il devint ministre de la Guerre sous la première Restauration.

**DUPONT DE L'EURE (Jacques Charles Dupont, dit)** ♦ Homme politique français (Le Neubourg, Eure 1767 - Rouge-Perriers, Eure 1855). Avocat au parlement de Normandie, membre du Conseil des Cinq-Cents sous le Directoire (1797), membre du Corps législatif en 1813 et de la Chambre des représentants pendant les Cent-Jours, il siégea comme député de l'opposition lors de la Restauration. Après avoir participé à la révolution de juillet 1830, il fut quelque temps ministre de la Justice avant de rejoindre de nouveau les rangs de l'opposition sous la monarchie de Juillet, et d'être nommé président du gouvernement provisoire en 1848.

**DUPONT DE NEMOURS (Pierre Samuel)** ♦ Économiste et homme politique français (Paris 1739 - Eleutherian Mills, près de Wilmington, Delaware 1817). Disciple de Quesnay* et auteur de plusieurs ouvrages d'économie politique (*Physiocratie*, 1767 ; *Origines et progrès d'une science nouvelle*, 1768 ; *Table raisonnée des principes de l'économie politique*, 1773), il fut collaborateur de Turgot*. Député du tiers état (1789), royaliste, il se réfugia aux États-Unis après le 18 Fructidor. ♦ **Éleuthère Irénée Dupont de Nemours.** Chimiste français (Paris 1771 - Philadelphie 1834). Fils du précédent. Collaborateur de Lavoisier*, émigré aux États-Unis, il fonda une poudrerie (1802), origine de la firme DuPont de Nemours. ♦ **Pierre Samuel DuPont de Nemours.** Industriel américain (Wilmington, Delaware 1870 - 1954). Petit-fils du précédent. Organisateur du complexe industriel DuPont de Nemours, première société de produits chimiques du monde.

**DUPONT DES LOGES (Paul)** ♦ Prélat français (Rennes 1804 - Metz 1886). Évêque de Metz en 1843, il soutint la France après l'annexion de l'Alsace et de la Lorraine, surtout pendant son mandat de député au Reichstag (1874 - 1877).

**DUPONT-SOMMER (André)** ♦ Orientaliste français (Marnes-la-Coquette 1900 - Paris 1983). Spécialiste en philologie hébraïque et araméenne et en histoire ancienne de l'Orient, il a notamment publié *Les Araméens* (1949 - 1950), le *Livre des hymnes découverts près de la mer Morte* (1957), *Écrits esséniens découverts près de la mer Morte* (1959).

**DUPONT-WHITE (Charles Brook)** ♦ Économiste français (Rouen 1807 - Paris 1878). Catholique libéral, il s'émut des conditions de travail et de vie des ouvriers et préconisa, après Sismondi*, l'intervention de l'État dans certains domaines de l'économie et en matière d'assistance publique (*Essai sur les relations du travail avec le capital*, 1845 ; *L'Individu et l'État*, 1857).

**DUPORT** ou **DU PORT (Adrien Jean François)** ♦ Homme politique français (Paris 1759 - Appenzell, Suisse 1798). Député de la noblesse de Paris aux états généraux (1789), il fut l'un des premiers à se rallier au tiers état. Au sein de l'Assemblée nationale constituante, il forma avec Barnave* et A. de Lameth* le triumvirat qui tenta de concilier les principes révolutionnaires et la monarchie, et se fit remarquer par son rapport sur l'organisation de la justice (1790), qui contribua à faire adopter l'institution des jurys. Après le 10 août 1792, il réussit à s'enfuir en Angleterre. Il rentra en France après le 9 Thermidor (juil. 1794), puis dut émigrer en Suisse en 1797.

**DUPOUY (Gaston)** ♦ Physicien français (Marmande 1900 - Toulouse 1985). Auteur de travaux de magnéto-optique et d'optoélectronique, il construisit, en 1944, le premier microscope électronique à lentilles magnétiques français et, en 1960, un microscope à rayons X. [Acad. sc. 1950]

**DÜPPEL** ♦ Nom allemand de Dybbøl, localité du S. du Jutland (Danemark). 2 417 hab. ▪ **Histoire** La localité, défendue par des lignes fortifiées, protégeait l'entrée du Jutland. Elle fut l'enjeu de combats entre les Danois et les Allemands en 1848, 1849 et 1864. → **Duchés (guerre des).**

**DUPRAT (Antoine)** ♦ Prélat et homme politique français (Issoire 1463 - Nantouillet, près de Meaux 1535). Avocat, premier président du parlement de Paris (1507), il devint précepteur du futur François Ier qui le fit chancelier (1515). Entré dans les ordres en 1516, il fut le négociateur du concordat* de Bologne. Il devint archevêque de Sens puis cardinal (1527). Il fut l'inspirateur de la répression du protestantisme.

**DUPRÉ (Louis)** ♦ Danseur français (Rouen 1697 - Paris 1774). Illustre à travers l'Europe, il fut à l'Opéra de Paris le créateur des ballets de Rameau et eut pour élèves Jean Georges Noverre* et Gaétan Vestris*.

**DUPRÉ (Jules)** ♦ Peintre français (Nantes 1811 - L'Isle-Adam 1889). Il travailla d'abord comme peintre sur porcelaine dans l'atelier de son père. En 1831, il exposa des études de paysages du Limousin, et, en 1834, au cours d'un séjour en Angleterre, il fut marqué par Constable et les paysagistes anglais. Lié avec T. Rousseau, il alla travailler à Barbizon à partir de 1846 et, comme ses compagnons, il ébauchait en plein air mais peignait en atelier. Il observait scrupuleusement la nature, mais se plaisait à en relever surtout les aspects tragiques, exécutant des paysages aux empâtements vigoureux, aux tonalités à dominante brune et ocre, parfois assourdie, et cherchait les effets de relief *(Le Grand Chêne)*. Retiré après 1850 à L'Isle-Adam, il élargit sa manière en subordonnant les détails à l'effet d'ensemble.

**DUPRÉ (Ernest)** ♦ Médecin français (Marseille 1862 - Deauville 1921). Spécialisé en neurologie et en psychiatrie, il étudia les troubles de la sensibilité interne et la mythomanie ou délire d'imagination (1910). [Acad. méd. 1918]

**DUPRÉ (Marcel)** ♦ Compositeur et organiste français (Rouen 1886 - Meudon 1971). Virtuose et grand improvisateur, il succéda à C. M. Widor au grand orgue de Saint-Sulpice (1936). En 1954, il devint directeur du Conservatoire de Paris où il enseignait depuis 1926. Il entreprit de nombreuses tournées à travers le monde. Pédagogue très estimé, il a publié d'importants ouvrages théoriques. Il est aussi l'auteur de pièces pour orgue, de musique de chambre et de mélodies.

**DUPUY DE LÔME (Henri)** ♦ Ingénieur du génie maritime français (Ploemeur, Morbihan 1816 - Paris 1885). Constructeur du premier bâtiment de ligne à hélice (le *Napoléon*, 1850) et du premier cuirassé français (la *Gloire*), il parvint à faire sortir 60 aérostats de Paris durant le siège de 1870.

**DUPUYTREN** [dypyitʀɛ̃] (baron **Guillaume**) ♦ Chirurgien français (Pierre-Buffière, Limousin 1777 - Paris 1835). Chirurgien de Louis XVIII et de Charles X, il décrivit plusieurs maladies et inventa de nombreuses techniques chirurgicales, notamment l'opération destinée à soulager la rétraction permanente des doigts *(maladie de Dupuytren)*. [Acad. sc. 1825]

**DUQUE DE CAXIAS** ♦ V. du Brésil (État de Rio de Janeiro) sur la baie de Guanabara. 665 000 hab. Raffinerie de pétrole.

**DUQUESNE** [dykɛn] **(Abraham,** marquis**)** ♦ Marin français (Dieppe 1610 - Paris 1688). Après avoir servi en Suède (1644), il revint en France et se distingua particulièrement contre les Hollandais en Méditerranée remportant plusieurs victoires sur Ruyter* (Stromboli, 1675 ; Augusta, 1676), et contre les Barbaresques (Tripoli, 1681 ; Alger, 1682). Il fut l'un des rares protestants épargnés par la révocation de l'édit de Nantes*.

**DUQUESNOY** [dykɛnwa] **(François)** dit **Francesco Fiammingo** ou **François Flamand** ♦ Sculpteur flamand (Bruxelles 1597 - Livourne 1643). Fils et élève de HENRICH DUQUESNOY, dit le Vieux, auteur du célèbre *Manneken*-Pis* à Bruxelles (1619), il s'établit à Rome en 1618 et réalisa nombre de petites sculptures et exécuta des dessins pour les albums d'Antiquités romaines de Cassiano del Pozzo, le protecteur de Poussin*. En 1627 - 1628, il travailla pour le Bernin* au baldaquin de Saint-Pierre de Rome (putti), puis sculpta la statue de saint André, dont le pathos présente des affinités avec le maître baroque. Il traita avec un esprit plus serein et réservé une sainte Suzanne, attestant l'emprise de la statuaire antique, et se fit une spécialité des figures d'angelots *(Putti jouant de la musique*, 1642). ♦ **Jérôme Duquesnoy** (Bruxelles 1602 - Gand 1654). Frère du précédent. Architecte, sculpteur et graveur, il travailla en Espagne au service de Philippe IV, séjourna en Italie de 1640 à 1643, puis revint à Bruxelles où il réalisa de nombreuses statues religieuses. Son chef-d'œuvre, le monument funéraire de l'évêque Triest à Saint-Bavon de Gand, se caractérise par la finesse du modelé et une grande force expressive.

**DURAN (Charles DURAND,** dit **CAROLUS-)** → Carolus-Duran

**DURANCE** n. f. → ÉTYM. anc. *Drouentia, Druentia*, métathèse de *Dorentia* ou contraction de *Doruentia* (avec attraction du lat. *durus* «dur») ♦ Riv. des Alpes françaises du S. (305 km), prenant sa source au mont Genèvre (1 854 m) et arrosant Briançon, Embrun, Sisteron, avant de se jeter dans le Rhône. Son bassin couvre 15 000 km². Son débit est important (6 milliards de m³) et son régime irrégulier. À partir de Mallemort, ses eaux ont été déviées vers l'étang de Berre et la Méditerranée (canal de la basse Durance). L'aménagement hydroélectrique de la Durance permet de produire plus de 6 milliards de kWh annuels.

**DURAND (Jean Nicolas Louis)** ♦ Architecte, archéologue et théoricien français (Paris 1760 - Thiais 1834), élève de Boullée. Développant les doctrines rationalistes du père Laugier, il préconisa l'adaptation des éléments à leur fonction et fut partisan d'une architecture pratique et solide aux formes simples et symétriques, au décor sobre. Ses *Précis des leçons d'architecture données à l'École polytechnique* (1801) influencèrent les architectes rationalistes du XIXe s. Il restaura la Maison* carrée de Nîmes.

**DURAND-RUEL (Paul)** ♦ Marchand de tableaux et collectionneur français (Paris 1831 - *id.* 1922). Propriétaire d'une galerie de tableaux à Paris, il se fit aussi mécène en défendant l'art impressionniste qui, grâce à sa galerie de New York (1899 - 1950), triompha aux États-Unis. Il acheta les œuvres de l'atelier Manet, établit un contrat avec Millet, et fut le marchand de Pissarro, Degas, Monet, Renoir, Sisley. Ses fils Joseph et Georges firent connaître Gauguin et Bonnard.

**DURANGO** ♦ V. du Mexique septentrional, cap. de l'État du même nom, au pied du versant E. de la sierra Madre occidentale. 463 830 hab. ▪ Indus. textile. Métall. du fer (gisements du Cerro de Mercado au N. de la V.). Fonderies de cuivre, de plomb. ♦ ***État de Durango*** 123 181 km². 1 509 117 hab. Élevage sur les hauts plateaux steppiques (bovins, ovins, porcins). Richesses minières (argent, or, plomb, cuivre, fer, charbon). Gaz naturel dans le N.

**DURANTE (Francesco)** ♦ Compositeur italien (Frattamaggiore 1684 - Naples 1755). Après avoir fréquenté le conservatoire de Naples, et peut-être celui de Rome, il fut lui-même professeur au conservatoire de San Onofrio (1745). Il eut pour élèves Niccolò Jomelli, Giovanni Paisiello, G.-B. Pergolèse, Niccolò Piccinni, Leonardo Vinci. On lui doit de nombreux motets, plusieurs messes *(Messe pastorale à quatre voix)*, des hymnes *(Lamentations du prophète Jérémie)*, 3 oratorios et de la musique instrumentale (pour clavecin et pour ensemble de cordes). → ÉTYM. Ce nom vient de *durans*, participe présent du verbe latin *durare* «durer, persévérer».

**DURANTI (Jean-Étienne DURANT,** dit**)** ♦ Magistrat français (Toulouse 1534 - *id.* 1589). Il montra une grande fermeté dans sa résistance aux ligueurs, qui le firent assassiner.

**DURANTY (Louis Edmond)** ♦ Écrivain français (Paris 1833 - id. 1880). Principal représentant, avec Champfleury*, du mouvement réaliste, il écrivit des romans où apparaît son souci de l'objectivité et de la vérité dans la description, comme son talent dans l'analyse psychologique : *Le Malheur d'Henriette Gérard* (1860) et *La Cause du beau Guillaume* (1862), notamment, sont significatifs d'une tentative à laquelle Zola rendit hommage. Ami de Courbet, Manet et Degas, il fut un des premiers à défendre les impressionnistes *(La Nouvelle Peinture*, 1876). → **réalisme.**

**DURAS (Jacques Henri DE DURFORT,** duc **DE)** ♦ Maréchal de France (Duras 1626 - Paris 1704). Neveu de Turenne*, il prit part à la conquête de la Franche-Comté. ▪ Son frère, LOUIS (1638 - 1709), se fit naturaliser anglais, servit Charles* II d'Angleterre et initia Marlborough* à l'art militaire.

**DURAS (Marguerite DONNADIEU,** dite **Marguerite)** → ÉTYM. du n. de *Duras**, ch.-l. de cant. du Lot-et-Garonne, berceau de sa famille paternelle qui y possédait une maison *(Le Platier)* et où elle a situé le cadre de son premier roman *Les Impudents* ♦ Écrivain et cinéaste française (Gia Dinh 1914 - Paris 1996). Elle a évoqué sa jeunesse en Indochine dans un récit autobiographique imprégné de réalisme : *Un barrage contre le Pacifique* (1950). Elle s'orienta, à partir des *Petits Chevaux de Tarquinia* (1953), vers des œuvres en apparence statiques, où les personnages tentent d'échapper à la solitude pour donner un sens à leur vie par l'amour absolu *(Dix heures et demie du soir en été*, 1960 ; *Le Ravissement de Lol V. Stein*, 1964 ; *Le Vice-Consul*, 1966 ; *L'Amour*, 1971), par le crime ou la folie *(Moderato cantabile*, 1958 ; *L'Amante anglaise*, 1967). Ses héroïnes vivent «sans savoir pourquoi», mais attendent «que quelque chose sorte du monde et vienne à (elles)». Pourtant, incapables de vraiment communiquer, elles sont contraintes de «rentrer dans le silence» *(Le Square*, 1955). Des dialogues d'une apparente inanité traduisent cette attente pathétique *(L'Après-midi de Monsieur Andesmas*, 1962). ▪ Au théâtre, M. Duras a donné *Les Viaducs de Seine-et-Oise* (1960), *Le Square* (1965), *Les Eaux et Forêts*, *La Musica* (1965), *Savannah Bay* (1982). ▪ Son art de l'ellipse et des sous-entendus se retrouve dans ses scénarios de films : *Hiroshima mon amour* (Alain Resnais, 1959), *Une aussi longue absence* (Henri Colpi, 1961), et dans ses propres films, *Nathalie Granger* (1973), *India Song* (1974), *Le Camion* (1977). ▪ Avec *L'Amant* (prix Goncourt, 1984) et *L'Amant de la Chine du*

Marguerite **Duras** en 1984.
*Phot. © A. Denize/Gamma*

*Nord* (1991), elle est revenue à l'Indochine des années 1930, pour dire aussi bien le paroxysme de la jouissance, la douleur de la mort, que le désir de l'écriture.

**DURAS** [dyʀas] [47120] ➝ **ÉTYM.** du gaul. *duros* «forteresse» ou *Duratius*, n. de pers. ♦ Ch.-l. de cant. du Lot-et-Garonne, arr. de Marmande. 1 214 hab. *(Duraquois)*. Restes d'un château du XIVᵉ s., transformé aux XVIIᵉ et XVIIIᵉ s., église du XIIᵉ s. ▪ Vignobles.

**DURAZZO** → Durrës

**DURBAN** ➝ **ÉTYM.** du n. de sir Benjamin *d'Urban*, gouverneur de la colonie du Cap en 1835 ; off. ***Durban-Pinetown***, anc. ***Port Natal*** ♦ V. d'Afrique du Sud (Kwazulu-Natal). 1 116 000 hab. La ville est séparée de la mer par des collines. Univ. Port. Raffinerie de pétrole. Chantiers navals. Indus. alimentaires et textiles. Pâte à papier. Centre balnéaire et touristique. Nombreux parcs et jardins. ♦ ***La conférence de Durban*** contre le racisme, la discrimination raciale, la xénophobie et l'intolérance s'est tenue en sept. 2001.

**Durendal** ou **Durandal** ♦ Nom de l'épée de Roland*, dans la chanson de geste. Arme légendaire dont l'acier «ne se brise ni ne s'ébrèche», c'est une épée «belle et très sainte» dont le pommeau renferme des reliques.

**DÜRER (Albrecht)** ➝ **ÉTYM.** de l'all. *Tür* «porte» [la famille de Dürer était hongroise, de la ville de *Ajtós* (hongr. «porte»). Le père a germanisé son nom en *Türer*, puis *Dürer*] ♦ Peintre et graveur allemand (Nuremberg 1471 - *id.* 1528). Il fut le plus grand peintre allemand de la Renaissance et le seul qui puisse être comparé aux maîtres italiens de l'époque. Tout en conservant une base germanique, il assimila les recherches flamandes, s'appropria les découvertes italiennes et contribua à leur enrichissement tant par ses traités théoriques que par son œuvre peint et gravé. ▮ **Les premiers voyages d'études** Fils d'un orfèvre hongrois établi à Nuremberg, il commença par s'initier à l'orfèvrerie dans l'atelier de son père avant de suivre un apprentissage chez le peintre-graveur Wolgemut (1486 - 1489), artiste traditionaliste. En 1490, il entreprit un voyage d'études en Flandre et séjourna ensuite à Colmar (1492) où il rencontra les frères de Schongauer*, maître graveur qu'il admirait et qui venait de mourir, mais dont l'œuvre lui apprit la concision du dessin et la rigueur de la composition. Avant de retourner à Nuremberg (1494), il résida à Strasbourg et à Bâle, où il aurait réalisé des bois d'illustration (→ **Nef des fous**). Les œuvres de cette période attestent déjà et l'assimilation de la manière flamande (le *Portrait d'un vieillard*, en fait son père, 1490, Florence, Offices, étant son tableau le plus proche de Van Eyck) et la compréhension de l'art italien l'amenant à s'initier au naturalisme de Mantegna* en copiant certaines estampes. Cet intérêt éloigna Dürer du style archaïsant de son maître Wolgemut et du «gothique maniéré» de Schongauer. À cette époque, il peignit son *Autoportrait en fiancé* (1493, Louvre) que le critique d'art H. Jantzen signale comme le premier autoportrait autonome de l'histoire de la peinture occidentale. ▮ **La découverte de l'Italie** En 1495, il voyagea en Italie où il séjourna principalement à Venise, se familiarisant avec la richesse et la variété des grands maîtres italiens (surtout les frères Bellini, Antonio del Pollaiolo, Mantegna, Lorenzo di Credi). Dès ce moment, il atteignit une plus grande précision dans le traitement des corps et l'agencement de la perspective. Dans la *Grande Crucifixion* (1495), sur bois, dont la composition dérive de Léonard de Vinci, il établit une intéressante synthèse entre le système de représentation italien et le goût de l'expression hérité de Schongauer. ▮ **L'atelier de Nuremberg** Dürer, conscient de sa valeur, installa alors un atelier indépendant à Nuremberg et entreprit d'imposer en Allemagne un statut social élevé pour les peintres, à l'instar des artistes italiens. Il apposa dès lors son monogramme sur ses peintures et gravures et devint son propre maître d'œuvre. ▮ **La gravure** Entre 1495 et 1500, il manifesta une maîtrise complète dans ses premiers cuivres. Il illustra une partie de l'*Apocalypse* (dessins sur bois, 1498), montrant son originalité dans l'organisation rationnelle des formes et leur intégration dans un espace construit à la manière renaissante qui s'harmonise avec la persistance d'un certain esprit médiéval. Il commença simultanément à graver sur bois la *Grande Passion*, achevée beaucoup plus tard. Il grava aussi des cuivres où l'on sent le souci d'imitation du nu à l'italienne. ▮ **La peinture** Quant aux peintures de cette époque, elles présentent une variété de styles à la mesure de sa volonté d'expérimentation. En effet, si le *Saint Jérôme* (coll. part., Norwich, comté de Norfolk) annonce les recherches de l'école du Danube par le traitement du paysage baigné par une lumière crépusculaire, la partie centrale du retable de Dresde pousse la rigueur jusqu'aux limites de la froideur. *Hercule et les oiseaux du lac Stymphale* (1500, Nuremberg, Musée germanique), unique peinture mythologique qui nous soit parvenue, est traité dans un style nettement italianisant inspiré de A. del Pollaiolo, tandis que le *Christ de douleur* (Karlsruhe, Kunsthalle) fait intervenir un esprit spécifiquement germanique dans un motif d'inspiration bellinienne. Il peignit aussi une série de portraits de diverses factures (*Autoportrait*, Madrid, Prado, 1496 ; *Autoportrait*, pinacothèque de Munich, 1500 ; *Portrait d'Oswalt Krel*, pinacothèque de Munich, 1499). ▮ **Anatomie et perspective** Après 1500, il s'attacha surtout à résoudre les problèmes de l'anatomie et ceux de la perspective. Le cuivre d'*Adam et Ève* (1504) est le résultat des recherches sur le canon de beauté alors que les panneaux latéraux du retable Paumgartner (1502) représentant les saints Georges et Eustache proposent deux études sur les proportions du corps. Les burins de cette période *(Saint Eustache, Némésis)* montrent un traitement linéaire minutieux où, par la combinaison successive des hachures, se dégagent des effets perspectifs et des dégradés de lumière. Cette méthode sera le fondement de la technique moderne du burin. Ces gravures assurèrent à Dürer une grande renommée européenne, au point que, lorsqu'il séjourna de nouveau à Venise (1505 - 1507), on y contrefaisait déjà sa manière. Après ce second voyage en Italie, Dürer s'engagea dans de nouvelles recherches. *Adam et Ève* (1507, Prado) révèle des lignes maniéristes où certaines tendances gothiques sont modifiées par le coloris blond. Dans l'*Adoration de la Sainte-Trinité* (1511, Vienne, Kunsthistorisches Museum) figurent des personnages tout irréels fondus dans un coloris éclatant. ▮ **Les dernières œuvres** À partir de 1512, la production picturale de Dürer diminua. Il travailla pour le compte de l'empereur Maximilien, pour qui il dessina des projets de décoration pour un arc de triomphe et des illustrations pour son livre de prières. Il se consacra aussi à la recherche théorique et à la rédaction de traités (*Introduction sur la manière de mesurer*, 1525 ; *Traité des fortifications*, 1527 ; *Traité des proportions du corps humain*, publication posthume, en 1528, qui fut très utilisée par les peintres du XVIᵉ et du XVIIᵉ s.). De plus, si l'on admet avec Panofsky que le cuivre de la *Melencolia* I* (1514) est un «portrait spirituel», on peut croire à la thèse de la lassitude de Dürer à cette époque de sa vie. Après son second voyage aux Pays-Bas (1520 - 1521), où il fut reçu en triomphe par les grands maîtres

**Dürer.** *Portrait de l'artiste tenant un chardon* (56,5 x 44,5 cm), 1493. Musée du Louvre, Paris. *BIS/Phot. Hubert Josse © Archives Larbor*

flamands (Quentin Metsys, Van Orley, Patenier), il peignit encore moins et se limita à graver des portraits. Cependant, sa dernière œuvre picturale, *Les Quatre* Apôtres* (1526, Munich, Alte Pinakothek), est jugée comme un chef-d'œuvre. Diversement interprétée, elle est considérée comme son testament : les uns affirment que ce tableau est prétexte à une profession de foi luthérienne ; d'autres pensent qu'il s'agit d'une exhortation appelant les sectateurs à plus de modération ; d'autres enfin n'y voient qu'une simple étude de physionomie. **L'influence de Dürer** Par son œuvre gravé, Dürer eut une influence européenne durable et, à l'exception de Grünewald, tous les grands peintres de la Renaissance germanique (Cranach, Baldung, Altdorfer) s'inspirèrent de son œuvre peint tout en s'engageant dans des directions différentes. Vers 1600, la renaissance de son prestige en Allemagne amena divers peintres à le copier. Deux siècles plus tard, le romantisme allemand découvrit en lui un ancêtre et ne manqua pas de le glorifier.

**DUREY (Louis)** ♦ Compositeur français (Paris 1888 - *id.* 1979). Il appartint au groupe des Six* et participa à la fondation de l'Association des musiciens progressistes (1945). Son œuvre comprend des pièces pour piano, de la musique de chambre (trois quatuors à cordes), de la musique de scène, des mélodies (*Images à Crusoé, Madrigaux de Mallarmé, Bestiaire d'Apollinaire, Poèmes de Paul Éluard* et *d'Hô Chi Minh*), et des cantates (*La Longue Marche,* paroles de Mao Zedong ; *Paix aux hommes par millions,* paroles de Maïakovski).

**DURGĀ** ➝ ÉTYM. sanskr. «inaccessible» ♦ Divinité féminine hindoue, énergie de Shiva* et de Vishnou* conjugués, souvent représentée dans la sculpture de l'Inde combattant un démon empruntant la forme du buffle, symbole de la mort.

**DURG BHILAINAGAR** ♦ V. de l'Inde (Chhattisgarh). 923 559 hab. Contiguë à la ville de Durg, la ville nouvelle de Bhilai est l'un des principaux centres sidérurgiques de l'Inde.

**DURHAM (John George LAMBTON,** 1er comte **DE)** ♦ Homme politique britannique (Londres 1792 - Cowes 1840). Gouverneur en chef des colonies de l'Amérique du Nord britannique (1838), il fut l'auteur d'un rapport demandant la réunion du Haut et du Bas-Canada et l'établissement d'un gouvernement responsable, ce qui aboutit à la formation de la Confédération canadienne.

**DURHAM** ♦ V. du N. de l'Angleterre, ch.-l. du comté de Durham, dans une boucle de la Wear, au S. de Newcastle. 38 000 hab. (aggl. 87 725 hab.). La cathédrale de style anglo-normand (XIe - XIIe s.) est l'un des premiers exemples en Europe de voûtes d'ogives surmontant la nef. Abbaye (cloître des XIVe - XVIe s.). Château des XIIe - XVIIe s. Université.

**DURHAM** ♦ Comté du N. de l'Angleterre. 2 436 km². 493 470 hab. CH.-L. : Durham. Dans cette région jadis houillère, les mines ferment les unes après les autres et la sidérurgie a disparu. Seules les villes nouvelles de Peterlee et Aycliffe conservent une industrie moderne. L'élevage bovin domine dans les campagnes.

**DURKHEIM (Émile)** ♦ Sociologue français (Épinal 1858 - Paris 1917). Professeur de pédagogie et de sciences sociales à Bordeaux (1887), puis à la Sorbonne (1902, poste qui devint la chaire de sociologie en 1913) et fondateur de la revue *L'Année sociologique* (1896), il anima l'École française de sociologie (➝ **Bouglé, Halbwachs, Lévy-Bruhl, Mauss**), cherchant dans l'étude des sociétés et des lois qui les régissent les fondements d'une science des mœurs. Dans la ligne du positivisme d'A. Comte, Durkheim voulut faire de la sociologie une science ayant son objet et sa méthode propres. Aussi affirma-t-il la spécificité des faits sociaux par rapport aux phénomènes organiques ou psychologiques (individuels) et les définit-il comme «manières d'agir, de penser et de sentir, extérieures à l'individu, et qui sont douées d'un pouvoir de coercition en vertu duquel ils s'imposent à lui». Cette définition parut donner à la sociologie un caractère naturaliste et mécaniste, mais Durkheim, nuançant ce point de vue, attribua dans son œuvre une place toujours plus importante au système des «représentations collectives». Œuv. princ. : *De la division du travail social* (1893), *Règles de la méthode sociologique* (1895), *Le Suicide* (1897), *Les Formes élémentaires de la vie religieuse : le système totémique en Australie* (1912). ➝ ÉTYM. Ce nom de famille vient d'un nom de lieu, *Thurkheim* en Alsace ou *Dürkheim* dans le Palatinat.

**DURME** n. f. ♦ Riv. de Belgique (26 km), affl. de l'Escaut (rive g.). Elle arrose Lokeren et Hamme (pays de Waas). Elle est reliée par le Moervaart au canal de Terneuzen*.

**DURMITOR** n. m. ♦ Massif montagneux des Alpes* dinariques (Monténégro), qui culmine à 2 522 m.

**DUROC (Géraud Christophe Michel),** duc **DE FRIOUL** ➝ ÉTYM. n. de lieu, désignant la maison située près d'un *roc* ♦ Général français (Pont-à-Mousson, Lorraine 1772 - près de Görlitz, Silésie 1813). Il se lia à Bonaparte lors du siège de Toulon (1793) et prit part au coup d'État du 18 Brumaire. Nommé grand maréchal du palais de Napoléon Ier (1805), il fut chargé par l'Empereur de missions diplomatiques. Il se distingua à Austerlitz, Aspern, Wagram et fut mortellement blessé à Bautzen.

**DUROY (Jean)** ♦ Homme politique français (Bernay 1753 - Paris 1795). Député à l'Assemblée législative, il fut réélu à la Convention, où, siégeant avec la Montagne, il s'opposa vivement aux girondins et contribua à la répression de l'insurrection fédéraliste en Normandie. Au cours de la réaction thermidorienne, il prit position pour les insurgés lors de la journée du 1er Prairial* an III (20 mai 1795). Condamné à mort, il tenta de se suicider et fut guillotiné.

**DURRELL (Lawrence George)** ♦ Poète et romancier britannique (Jullundur, Inde 1912 - Sommières 1990). Grand voyageur, Durrell fut attaché à l'ambassade de Grande-Bretagne au Caire en 1939, et le Proche-Orient le marqua profondément. La «bienheureuse Alexandrie» sert de cadre à ses quatre principaux romans : *Justine* (1957), *Balthazar* (1958), *Mountolive* (1958) et *Cléa* (1960). Ces quatre livres forment une seule œuvre, *Le Quatuor* d'Alexandrie,* où des événements identiques sont évoqués de différents points de vue, avec une technique littéraire extrêmement élaborée et une force évocatoire constante. Les personnages, intelligents et subtils, y sont broyés dans le «pressoir de l'amour». L'utilisation de la psychanalyse, des sources érudites, l'érotisme ambigu et la recherche du sensationnel firent aussi le succès public du *Quintette d'Avignon : Monsieur ou le Prince des Ténèbres* (1975), *Livia ou Enterrée vive* (1978), *Constance ou les Pratiques solitaires* (1982), *Sebastian ou les Passions souveraines* (1983) ; *Quinte ou la Version Landru* (1985). Ces deux grands cycles sont séparés par un diptyque : *Tunc* (1968) et *Nunquam* (1970) : l'écriture romanesque y conservait une puissance visionnaire qui semble perdre de sa cohérence dans le *Quintette.* De *L'Île de Prospero* (1945) au *Sourire du Tao* (1982), Lawrence Durrell est également l'auteur de nombreux récits de voyage à coloration romanesque. L'atmosphère, les personnages et les incidents de ses romans se retrouvent également dans ses vers : *Pays privé, Villes, Plaines et Peuples* (1946), *L'Arbre de la paresse* (1955), *Vega* (1974) et son amour de la Grèce dans une pièce de théâtre, *Sappho.* Pour mieux conjurer l'obsession de la mort, Durrell s'efforce d'évoquer le moment présent et célèbre l'hédonisme.

**DÜRRENMATT (Friedrich)** ♦ Écrivain et auteur dramatique suisse d'expression allemande (Konolfingen, canton de Berne 1921 - Neuchâtel 1991). Expressionnistes par leurs situations et leurs personnages, ses comédies développent une satire de l'actualité et empruntent souvent l'aspect de la fable symbolique, de la parabole ou de la moralité. Œuv. princ. : *Romulus le Grand* (1949), *Le Mariage de Monsieur Mississippi* (1952), *La Visite de la vieille dame* (1955). Il a écrit également des récits : *La Ville* (1952), *Le Juge et son bourreau* (1952), *La Panne* (1956). ➝ ÉTYM. Il s'agit d'un nom de lieu alémanique qui signifie «prairie *(matte)* stérile *(dürre)*».

Friedrich **Dürrenmatt.**
*Phot. © Rue des Archives/SVB*

**DURRËS** ou **DURRËSI** – en it. *Durazzo* ♦ V. et port d'Albanie, ch.-l. de district sur la côte adriatique. 113 465 hab. Centre industriel. **Histoire** *Epidammos* fut fondée en –625 par des Grecs de Corinthe et de Corcyre, puis rebaptisée *Dyrrachium* en –229 par les Romains ; c'est par elle que passait la *via Egnatia,* vers Byzance. ▪ En 1915, l'armée serbe, vaincue, s'y embarqua pour Corfou.

**DURRUTI (Buenaventura Domingo)** ♦ Syndicaliste et anarchiste espagnol (León 1896 - Madrid 1936). Affilié à l'Union générale des travailleurs, puis à la Confédération nationale du travail (1917), il découvrit les théories anarchistes et contribua à la fondation du groupe anarchiste «Los Solidarios» de Barcelone (1922). Exilé en 1923, il revint en Espagne lors de l'instauration de la république (1931) et participa à tous les grands conflits sociaux. Lors de la révolution de 1936 et de la guerre civile, il dirigea le front libertaire de la région de l'Aragon *(colonne Durruti).* Appelé à Madrid par le comité central des milices pour lutter contre l'offensive franquiste (oct.-nov. 1936), il y fut tué (20 nov.).

**DUR-SHARRUNKĪN** ➝ **Khorsabad**

**DURTAL** [49430] ➝ ÉTYM. anc. *castrum Duristalli,* du germ. *stall* «écurie ; auberge» (premier élément obsc.) ♦ Ch.-l. de cant. du Maine-et-Loire, arr. d'Angers, sur le Loir. 3 224 hab. *(Durtalois).* Porte Verron (XVe s.), reste de l'anc. enceinte du château (XVe - XVIe s.). Pont (XVIe s.).

**DURUFLÉ (Maurice)** ♦ Compositeur et organiste français (Louviers 1902 - Louveciennes 1986). Élève de Dukas, assistant de Tournemire et de Vierne, il fut titulaire de l'orgue de Saint-Étienne-du-Mont de 1930 à 1975, professeur au Conservatoire de Paris de 1945 à 1975. Il a composé de nombreuses pièces pour orgue (*Prélude, adagio et choral varié sur le Veni creator,* 1929 ; *Suite,* 1930 ; *Prélude et Fugue sur le nom d'Alain,* 1943) ainsi qu'un *Requiem* pour solistes, chœur, orchestre et orgue (1947).

**DURUY (Victor)** ♦ Historien et homme politique français (Paris 1811 - *id.* 1894). Inspecteur général de l'enseignement secondaire (1861 - 1862), il fut nommé ministre de l'Instruction publique par Napoléon III (1863 - 1869) et contribua à faire adopter d'importantes réformes libéralisant l'enseignement : rétablissement de l'agrégation de philosophie, introduction de l'histoire contemporaine dans les programmes, développement de l'instruction primaire et secondaire (création de cours pour les jeunes filles). Auteur de nombreux ouvrages historiques dont une importante *Histoire des Romains* (1876 - 1885). [Acad. fr. 1884] ➝ **ÉTYM.** *Duruy* signifie «du ruisseau» (a désigné la maison située près d'un ruisseau).

**DURVAL (Jean Gilbert)** ♦ Poète dramatique français du XVII$^{e}$ s. Adversaire de la tragédie «régulière», il a protesté contre la victoire de ses partisans dans la préface de *Penthée* (1639).

**DURYCH (Jaroslav)** ♦ Romancier tchèque (Hradec Králové 1886 - Prague 1962). Il occupa une place centrale dans la vie intellectuelle de tendance catholique d'avant-guerre ; après quelques drames à thèmes religieux, il aborda le roman : *Sur les monts* (1919) et surtout *Errances* (1929), fresque complexe inspirée du personnage de Wallenstein*. On retrouve le thème de la souffrance humaine rachetée par la compassion dans le roman *L'Arc de Dieu,* méditation sur le drame des Allemands de Bohême chassés du pays après la Deuxième Guerre mondiale. Pour ce roman et la tonalité spiritualiste de toute son œuvre, il fut difficilement toléré par les instances de la Tchécoslovaquie communiste.

**DU RYER (Pierre)** ♦ Auteur dramatique français (Paris 1605 - *id.* 1658). Engagés dans des actions aux multiples rebondissements, les héros de ses tragédies témoignent d'une générosité dont Corneille, parfois, saura se souvenir. Avec *Lucrèce* (1636) et *Scévola* (1646), tragédies «irrégulières», Du Ryer a occupé quelque temps une place privilégiée dans le théâtre français, en tant qu'adversaire de la stricte application des règles classiques. [Acad. fr. 1646]

**DUSAPIN (Pascal)** ♦ Compositeur français (Nancy 1955). Élève de Xenakis* et de Donatoni*, il a écrit de nombreuses œuvres telles que *Souvenir du silence* pour 13 cordes solistes (1976), *Le Bal* pour 15 instruments (1979) ou *La Rivière* pour orchestre (1980), *Times Zones* pour quatuor à cordes (1989), l'«operatorio» *La Melancholia* (1990) et les opéras *Roméo et Juliette* (Avignon, 1989), *Medeamaterial* (1991), *Perelà, l'homme de fumée* (2003), *Faustus, The Last Night* (2006), *Passion* (2008).

**DUSE (Eleonora)** ♦ Actrice italienne (Vigevano 1858 - Pittsburgh, Pennsylvanie 1924). Enfant de la balle, interprète de Dumas fils, d'Ibsen, de D'Annunzio, dont elle fut l'égérie et la protectrice, elle triompha en France et en Italie.

**DU SOMMERARD (Alexandre)** ♦ Archéologue français (Bar-sur-Aube 1779 - Saint-Cloud 1842). Sa collection d'objets du Moyen Âge, acquise par l'État en 1843, constitua le premier fonds du musée installé dans l'hôtel de Cluny à Paris. Il a publié des *Notices sur l'hôtel de Cluny et le palais des Thermes* (1834) ainsi qu'un ouvrage sur *Les Arts au Moyen Âge* (1836 - 1846). Ce dernier fut achevé par son fils EDMOND DU SOMMERARD (Paris 1817 - *id.* 1885), premier conservateur du musée de Cluny.

**DUSSEK (Jan Ladislav Dusík, dit)** ♦ Compositeur tchèque (Čáslav, Bohême 1760 - Saint-Germain-en-Laye 1812). Pianiste virtuose, il fit de nombreuses tournées à travers l'Europe et fut au service du prince Louis Ferdinand de Prusse, puis de Talleyrand (1807). Pédagogue de grande valeur, il a publié une méthode de piano (1796) et composé pour cet instrument des concertos, sonates, fantaisies et variations. Il écrivit aussi de la musique de chambre, d'église et des mélodies.

**DÜSSELDORF** ➝ **ÉTYM.** «le village (haut all. *dorf*) sur la Düssel (de l'indo-eur. *°dur, °dor* "cours d'eau")» ♦ V. d'Allemagne, cap. de la Rhénanie-du-Nord-Westphalie sur la rive d. du Rhin, à l'embouchure de la Düssel. 581 858 hab. ch.-l. de régence. Univ. La vieille ville possède des rues pittoresques. Musées riches en œuvres d'art moderne et contemporain. ▪ Centre administratif et financier, c'est le siège des syndicats ouvriers et patronaux du bassin de la Ruhr. Les grandes firmes sidérurgiques (Thyssen, Mannesmann) y ont leur siège social. Düsseldorf est un important carrefour de communications (voies ferrées, aéroport) et un grand centre industriel : métallurgie lourde (locomotives, automobiles) ; produits chimiques (lessive Persil de Henkel) ; confection (1$^{er}$ centre allemand de confection féminine). ▮ **Histoire** Capitale du duché de Berg* à partir de 1288, elle fut occupée par les Français de 1806 à 1815, puis cédée à la Prusse.

**DUTERT (Ferdinand Charles Louis)** ♦ Architecte français (Douai 1845 - Paris 1906). Il fut nommé inspecteur des travaux de reconstitution de l'Hôtel de Ville de Paris en 1875 et devint ensuite l'un des plus audacieux adeptes de l'architecture métallique : il éleva avec l'ingénieur Contamin (1840 - 1893) la Galerie des machines (48 300 m$^{2}$, 45 m de haut) qui lui valut d'être considéré comme l'un des pionniers de l'architecture moderne. Il érigea aussi les nouvelles galeries du Muséum d'histoire naturelle.

**DUTILLEUX (Henri)** ♦ Compositeur français (Angers 1916). Auteur d'une œuvre riche de résonance intérieure et de poésie, ce musicien répudie les cadres traditionnels et s'attache à réaliser la fusion d'une écriture claire et du fascinant mystère qu'elle entend traduire. On lui doit une sonate pour piano (1947), un ballet, *Le Loup* (1953), deux symphonies (n° 1, 1951, et n° 2 *Le Double,* 1964), cinq pièces pour orchestre, *Métaboles* (1964), des mélodies (trois sonnets de Jean Cassou, pour chant et orchestre), le concerto pour violoncelle *Tout un monde lointain* (1970), le quatuor à cordes *Ainsi la nuit* (1976), le concerto pour violon *L'Arbre des songes* (1985), *Mystère de l'instant* pour 24 cordes, cymbalum et percussion (1989), *The Shadows of Time* (1997). *Sur le même accord* (2001) met deux lettres en musique, l'une de Soljenitsyne l'autre de Van Gogh. *Correspondances* (2003) pour voix et orchestre, est dédié à Anne Frank. *Le Temps l'Horloge* (2007), pour soprano, met en musique deux poèmes de Tardieu et un de Desnos. ➝ **ÉTYM.** *Dutilleux* signifie «du tilleul» (a désigné l'arbre proche de la maison).

**DUTOURD (Jean)** ♦ Romancier français (Paris 1920). Après la Deuxième Guerre mondiale, au cours de laquelle, prisonnier évadé, il s'engagea dans la Résistance (*Le Demi-Solde,* 1965), il collabora aux services français de la BBC (1947 à 1950), puis devint conseiller littéraire, se livrant parallèlement à une activité croissante de chroniqueur et de critique de spectacles. Depuis son premier ouvrage, *Le Complexe de César* (1946), essai sur l'ambition et la confiance en soi, Dutourd semble avoir exercé sa verve contre la prétention et la médiocrité suffisante ; qu'il s'agisse de romans (*Au bon beurre,* satire de la France de l'Occupation, 1952 ; *Les Horreurs de l'amour,* 1963 ; *Jeannot, mémoires d'un enfant,* souvenirs d'enfance pendant la guerre, 2000) ou, le plus souvent, de contes philosophiques (*Une tête de chien,* 1950 ; *Doucin,* 1954), il s'attache à démythifier, parfois avec une certaine âcreté, le conformisme qu'il découvre dans des attitudes qui s'affirment progressistes. [Acad. fr. 1978]

**DUTRA (Enrico Gaspar)** ♦ Maréchal et homme politique brésilien (Mato Grosso 1885 - Rio de Janeiro 1974). Président de la république (1945 - 1951), en remplacement de G. Vargas*, dont il avait été le ministre de la Guerre. C'est durant ce ministère qu'il envoya un corps expéditionnaire aux côtés des Alliés au cours de la Deuxième Guerre mondiale.

**DUTREUIL DE RHINS (Jules Léon)** ♦ Géographe et explorateur français (Saint-Étienne 1846 - aux confins de la Chine et du Tibet 1894). Après un voyage en Annam (1876 - 1877), il réalisa le levé du cours de l'Ogooué (1883) puis explora l'Asie centrale, en particulier le Tibet et les régions limitrophes, et mourut, assassiné par des brigands, en traversant l'Empire chinois (1889 - 1894). On lui doit plusieurs ouvrages, dont *Le Royaume de l'Annam et les Annamites* (1879), *L'Asie centrale : Tibet et régions limitrophes* (1889) et une des premières cartes de l'Indochine.

**DUTROCHET (René Joachim Henri)** ♦ Physiologiste français (château de Néons, Poitou 1776 - Paris 1847). Ses recherches portèrent sur la structure cellulaire et la physiologie des végétaux. On lui doit en particulier la découverte de l'osmose et de son rôle dans la vie des plantes. [Acad. sc. 1831]

**DUTRONC (Jacques)** ♦ Chanteur et comédien français (Paris 1943). À la fois cynique, désinvolte et pudique, il a enchaîné les tubes aux textes humoristiques surtout dans la deuxième moitié des années 1960 : *Et Moi, et Moi, et Moi, Paris s'éveille, J'aime les filles, Les Cactus.* Il a ensuite excellé au cinéma dans des rôles dramatiques avec *Sauve qui peut (la vie)* de Godard (1979), *L'important c'est d'aimer* de Zulawski (1975), *Van Gogh* de Pialat (1992).

**DUTUIT (Eugène)** ♦ Écrivain d'art et collectionneur français (Marseille 1807 - Rouen 1886). Auteur du *Manuel de l'amateur d'estampes* (1881 - 1884) et de l'*Œuvre complet de Rembrandt* (1884). ♦ **Auguste Dutuit** (Paris 1812 - Rome 1902). Frère du précédent. Peintre et collectionneur. Eugène et Auguste Dutuit formèrent une importante collection, conservée au Petit Palais à Paris et constituée de médailles et monnaies antiques, de manuscrits du Moyen Âge, de livres précieux, objets d'art, gravures et tableaux.

**DUUN (Olav)** ♦ Écrivain norvégien (Fosnes, Nord-Trøndelag 1876 - Tønsberg 1939). Issu d'un milieu paysan, instituteur de 1908 à 1927, il produisit une œuvre romanesque abondante et écrite tout entière en *nynorsk* («nouveau norvégien»), centrée sur un thème : *Les Hommes et les forces de la nature* (titre de son dernier ouvrage, 1938). *Paa Tvaert* (1909), *Nøkksjølia* (1910), *La Bonne Conscience* (1916) et *A Lyngsøya* sont des études psychologiques menées au sein de la vie sociale. La fresque épique que constituent *Les Gens de Juvik* (6 vol. 1918 - 1923) évoque la vie des paysans norvégiens de la région de Namsos, de la fin du XVIII$^{e}$ s. jusque v. 1920. Adoptant le ton de simplicité grandiose des sagas islandaises, Duun s'est attaché à «montrer une famille qui sort de la nuit et se dégage des puissances de l'Ombre». Il aborda ensuite des sujets plus mystiques, notamment avec la trilogie qu'offrent *Nos semblables* (1929), *Ragnhild* (1931), *Dernières années de vie* (1933) et *Dieu sourit* (1935).

**DUVAL (Alexandre PINEUX-DUVAL, dit Alexandre)** ♦ Auteur dramatique français (Rennes 1767 - Paris 1842). Acteur, puis directeur de théâtre (Odéon, 1807), il est l'auteur de drames historiques (*La Jeunesse de Henri V*, 1806) et de pamphlets hostiles au jeune théâtre romantique (*De la littérature dramatique*, 1833). [Acad. fr. 1812]

**DUVAL (Émile-Victor, dit le général)** ♦ Chef militaire de la Commune de Paris (Paris 1841 - Petit-Clamart 1871). Ouvrier fondeur, révolutionnaire blanquiste et membre de la Ire Internationale, il participa aux mouvements insurrectionnels d'octobre 1870 et fit partie du comité central de la Garde nationale qui le nomma général (21 mars 1871). Élu à la Commune de Paris, il devint membre de la commission exécutive et de la commission militaire. À la tête d'une colonne de communards, il tenta d'attaquer l'armée versaillaise (au plateau de Châtillon), mais fut fait prisonnier (4 avril) et fusillé sur l'ordre de Vinoy.

**DUVALIER (François)** ♦ Homme politique haïtien (Port-au-Prince 1909 - *id.* 1971). Médecin formé pendant l'occupation nord-américaine de son pays (d'où son surnom ultérieur de «Papa Doc»), ministre de la Santé de 1946 à 1950, il fut élu à la présidence de la République en 1957 lors d'élections considérées comme douteuses. Il créa une milice, les volontaires de la Sécurité nationale (ou «tontons-macoutes»), se fit proclamer président à vie en 1964, et régna en dictateur, et par la terreur, jusqu'à sa mort en 1971. ♦ **Jean-Claude Duvalier** (Port-au-Prince 1951). Fils du précédent, il lui succéda à la présidence à vie (1971 - 1986). Son régime se caractérisa par une certaine ouverture économique mais les libertés essentielles ne furent pas rétablies. Il fut contraint d'abandonner le pouvoir sous la pression des États-Unis et partit en exil en France. → **Haïti.**

**DUVE (Christian DE)** ♦ Biologiste belge (Thames Ditton, Angleterre 1917). Ses recherches biochimiques le conduisirent à supposer l'existence, dans la cellule, d'un nouvel organite, le lysosome, contenant les enzymes permettant la destruction de nombreuses substances ; il l'observa ensuite au microscope électronique. [Prix Nobel de physiol. ou méd. 1974, avec A. Claude* et G. Palade*]

**DUVERGER (Maurice)** ♦ Juriste et politologue français (Angoulême 1917). Auteur de nombreux ouvrages qui vont du manuel scolaire (*Droit constitutionnel et institutions politiques*, 1951 ; *Le Système politique français*, 20e édition en 1990) à l'essai (*Les Orangers du lac Balaton*, 1980 ; *La Nostalgie de l'impuissance*, 1988 ; *Le Lièvre libéral et la Tortue européenne*, 1990) il fut longtemps un des principaux chroniqueurs du journal *Le Monde*. Son étude sur *Les Partis politiques* (1951) est devenue un classique de la sociologie politique. Il y propose une typologie des partis, distinguant les partis de cadres (ou partis de notables) des partis de masse (ou partis de militants). Il a montré qu'un mode de scrutin proportionnel (type italien ou IVe République) tendait à la multiplication des partis et qu'un mode de scrutin majoritaire (de type britannique) tendait au bipartisme. Il a été député européen de 1989 à 1994, élu sur une liste présentée par le Parti communiste italien.

**DUVERGIER DE HAURANNE (Jean) abbé DE SAINT-CYRAN** ♦ Théologien français (Bayonne 1581 - Paris 1643). Après des études à Paris et à Louvain, il fit la connaissance de Jansénius à Paris (1609) et se retira avec lui dans sa propriété de Camp-de-Prats, près de Bayonne (1611 - 1616), où tous deux accumulèrent une vaste érudition patristique et formèrent des projets de réforme de l'Église. → **Jansénius.** Abbé de Saint-Cyran en 1620, il se lia avec Bérulle* et Arnauld* d'Andilly, dirigea la formation d'Antoine Arnauld* et devint le confesseur et le directeur des religieuses de Port*-Royal (1636). Ses doctrines intransigeantes sur l'attribution, le salut, la grâce, son inimitié pour les jésuites, ses liens politiques avec les parlementaires et sa position comme chef du parti dévot depuis la mort de Bérulle, lui attirèrent l'hostilité de Richelieu qui le fit enfermer à Vincennes (1638). Il continua son œuvre de directeur de conscience, mais sa santé se ruina et il ne quitta la prison, à la mort de Richelieu, que pour mourir. Il fit figure de martyr du jansénisme*.

**DUVERGIER DE HAURANNE (Prosper)** ♦ Homme politique français (Rouen 1798 - château de Herry, Cher 1881). Élu député en 1831, il fut d'abord doctrinaire, avant de devenir l'un des principaux représentants de la tendance réformiste, publiant en 1846 un opuscule sur *La Réforme parlementaire et la Réforme électorale* et prenant une part active à la campagne des Banquets* (1847 - 1848). Membre de l'Assemblée constituante (1848) et de l'Assemblée législative (1849), il fut détenu puis exilé en raison de son opposition au coup d'État du 2 décembre 1851. Auteur d'une *Histoire du gouvernement parlementaire en France de 1814 à 1848* (1857 - 1872). [Acad. fr. 1870]

**DUVET (Jean)** ♦ Graveur, orfèvre et médailleur français (Langres v. 1485 - *id.* v. 1570). Il réalisa le reliquaire de saint Mammès, fut orfèvre de François Ier et d'Henri II, s'exila un temps en Suisse en raison de son protestantisme. Il exécuta alors les coins des monnaies de la république de Genève. Comme graveur, il réalisa les planches de l'*Histoire de la licorne* (d'où son pseudonyme de «Maître à la licorne») et les vingt-cinq grands burins de l'*Apocalypse figurée* (entre 1546 et 1555). Tempérament visionnaire et tourmenté, il donna à ses compositions touffues une grande vigueur expressive et, tout en conservant maints traits archaïques, fit de nombreux emprunts à Dürer.

**DUVEYRIER (Henri)** ♦ Explorateur français (Paris 1840 - Sèvres 1892). En 1859, il entreprit l'exploration du Sahara algérien jusqu'au Fezzan (Ghadamès, Rhat et Mourzouk) et publia *Touaregs du Nord* (1864).

**DUVIGNAUD (Jean)** ♦ Sociologue et anthropologue français (La Rochelle 1921 - *id.* 2007). Ses travaux ont porté sur divers domaines (*Sociologie du théâtre*, 1965 ; *Sociologie de l'art*, 1967 ; *Sociologie de la connaissance*, 1979 ; *Le prix des choses sans prix*, 2001), mais son œuvre centrale est *Fêtes et Civilisations* (1971), à laquelle on peut rattacher *Les Ombres collectives : sociologie du théâtre* (1974). Il a publié des *Chroniques berbères* (1981) et *Chebika* (1968) puis *Retour à Chebika* (1991) qui porte sur le même village de Tunisie plusieurs années après.

**DU VIGNEAUD (Vincent)** ♦ Biochimiste américain (Chicago 1901 - New York 1978). Auteur de travaux sur les hormones, et en particulier les hormones sulfureuses de l'hypophyse, il réalisa la première synthèse d'une hormone polypeptidique, l'ocytocine, qui, agissant sur les contractions de l'utérus, est utilisée en obstétrique. Il parvint ensuite à fabriquer la vasopressine, qui influe sur la pression sanguine. Ses résultats et les méthodes qu'il mit au point sont à l'origine de nouvelles synthèses d'hormones par des procédés désormais standardisés. [Prix Nobel de chim., 1955]

**DUVIVIER (Julien)** ♦ Cinéaste français (Lille 1896 - Paris 1967). D'une œuvre abondante, qui illustre des genres très divers, se dégage la personnalité d'un créateur dont l'exigence et le talent ont enrichi le cinéma français. Princ. réal. : *David Golder* (1930), *Poil de Carotte* (1932), *La Bandera** (1935), *La Belle Équipe* (1936), *Pépé le Moko* (1937), *Un carnet de bal* (1937), *La Fin du jour* (1939), *Panique* (1946), *La Fête à Henriette* (1952), *Pot-Bouille* (1957).

**DVARKA** ou **DWARAKA** ♦ V. de l'Inde (Gujarat), à l'extrémité O. de la péninsule du Kathiawar. 33 614 hab. Elle est l'une des sept villes sacrées de l'hindouisme, important centre de pèlerinage. Nombreux temples dédiés à Krishna. Port.

**DVINA OCCIDENTALE** n. f. – en russe ***Zapadnaïa Dvina***, en letton ***Daugava***, en all. ***Düna*** ♦ Fl. d'Europe orientale (1 020 km). Issu des hauteurs des Valdaï (Russie), il traverse le N. de la Biélorussie où il arrose Vitebsk, et pénètre en Lettonie où il prend le nom de Daugava ; il baigne Daugavpils et Riga avant de se jeter dans la Baltique, près de Riga. Difficilement navigable, la Dvina est une puissante source d'énergie hydraulique.

**DVINA SEPTENTRIONALE** n. f. – en russe ***Severnaïa Dvina*** ♦ Riv. de Russie (744 km). Formée par la confluence des riv. Soukhona (558 km) et Ioug (574 km), elle porte le nom de *Petite Dvina septentrionale* ; unie avec la Vytchegda, elle forme la *Grande Dvina septentrionale* et se jette dans la mer Blanche après avoir reçu les eaux des riv. Pinega (rive d.) et Vaga (rive g.). Elle est navigable sur toute sa longueur. Flottage du bois. Elle arrose les villes de Kotlas et d'Arkhangelsk.

**DVIVEDĪ (Mahāvīr Prasād)** ♦ Écrivain indien (Daulatpur, Uttar Pradesh 1864 - *id.* 1938). Ses œuvres, écrites en pur hindi, permirent à cette langue nationale indienne de devenir un instrument littéraire moderne.

**DVOŘÁK (Antonín)** ♦ Compositeur tchèque (Nelahozeves, Bohême 1841 - Prague 1904). Fils d'un cafetier, il fit ses études musicales à Prague où il fut successivement musicien d'orchestre à l'opéra et organiste. L'amitié de Brahms et de H. von Bülow, de nombreuses tournées à travers le monde consacrèrent sa réputation. Il exerça les fonctions de directeur des conservatoires de New York (1892 - 1895) et de Prague (1901). Son œuvre, très abondante, s'inspire du folklore tchèque, et traduit, dans son romantisme, la double influence de Liszt et de Brahms. Il est l'auteur de neuf symphonies (dont la célèbre *9e Symphonie* «Du Nouveau Monde»*, 1893), de plusieurs opéras (dont *Rusalka*, 1901), de concertos pour piano, violon, violoncelle, de musique religieuse (*Stabat mater*, 1877 ; *Requiem*, 1890 ; *Te Deum*, 1893), d'oratorios, de nombreuses œuvres de musique de chambre, d'ouvertures (*Carnaval*), de mélodies et d'œuvres pour orchestre (*Danses slaves*). ◆ ÉTYM. Ce nom de famille désigne celui qui vit dans un manoir, du tchèque *dvůr* «manoir».

Antonín **Dvořák.**
Détail d'un tableau de Souček.
Musée Dvořák, Prague.
*Phot. © Marc Garanger*

**DWAN (Joseph Aloysius,** dit **Alan)** ♦ Cinéaste américain (Toronto 1885 - Los Angeles 1981). Son œuvre immense (on lui attribue quelque 1 500 films) débuta en 1911, alors que le cinéma américain en était à ses balbutiements. Son film muet le plus important est *Robin des bois* (1922), avec Douglas Fairbanks. Au parlant, il réalisa notamment *Suez* (1938), *Iwo-Jima* (1949) et une série d'excellents westerns à petit budget dans les années 1950 : *Quatre étranges cavaliers* (1954) ; *La Reine de la prairie* (1954), et *Le mariage est pour demain* (1955), ces deux derniers interprétés par Ronald Reagan*.

**DYBBØL** → Düppel

**DYBOWSKI (Jean)** ♦ Agronome et explorateur français d'origine polonaise (Paris 1856 - Mandres-les-Roses, 1928). Après des études à l'École nationale d'agriculture de Grignon, il explora le Sud algérien (1889), puis les régions du Tchad et du Congo (1891 - 1892) avant d'être nommé inspecteur général de l'Agriculture coloniale. Il a écrit notamment : *La Route du Tchad, du Loango au Chari* (1893), *Les Jardins d'essai coloniaux* (1897).

**DYCK (Antoine VAN)** → Van Dyck

**DYK (Viktor)** ♦ Écrivain tchèque ( Psovka, près de Melňik, Bohême 1877 - Lopud, près de Dubrovnik 1931). Élève d'Alois Jirásek* au lycée de Prague, d'abord influencé par le courant «moderne», il se rapprocha de la littérature pamphlétaire (*Satires et Sarcasmes*, 1905) et sociale (*Contes de notre village*, 1910). Il poursuivit son œuvre en marge d'une carrière politique dans la jeune Tchécoslovaquie (*Les Doigts d'Habacuc*, 1925). C'est pourtant grâce au conte du joueur de flûte de Hameln, dont il donna une version à tendance philosophique (1915), qu'il reste populaire aujourd'hui.

**DYLAN (Robert ZIMMERMAN,** dit **Bob)** - **ÉTYM.** le chanteur a démenti avoir pris son pseud. en hommage au poète *Dylan* Thomas ♦ Chanteur et compositeur américain (Duluth 1941). D'abord chanteur de folk, influencé par Woody Guthrie et Pete Seeger, il devint rapidement, avec *Blowin' in the wind* (1962) et *Freewheelin'* (1963), le porte-parole de la jeune contestation américaine, refusant la guerre et la violence, se révoltant contre une société qui anéantit toute spécificité individuelle, et proclamant les bienfaits du retour à la nature. Il se tourna ensuite vers le rock n' roll, avec des textes poétiques, souvent teintés de mysticisme. Princ. albums : *Blonde on Blonde* (1966) ; *Blood on the Tracks* (1973) ; *Infidels* (1983) ; *Love and Theft* (2001).

**Bob Dylan** en 1965.
*Phot. © Stringer Deal/ AP/Sipa Press*

**DYLE** n. f. - en néerl. *Dijle* ♦ Riv. de Belgique (86 km). Elle prend sa source à Genappe, arrose Ottignies, Wavre, Louvain, reçoit le Démer, passe à Malines et reçoit la Senne avant de se jeter dans le Rupel. ▪ Indus. diversifiées sur ses rives.

**DZERJINSK** - jusqu'à 1929 ***Rastiapino*** ♦ V. de Russie, dans la région de Nijni-Novgorod sur l'Oka. 261 400 hab. Indus. chimiques et alimentaires. Pétrochimie.

**DZOUNGARIE** → Djoungarie

# E

**ÉACIDES** n. m. pl. – en gr. ***Aiakidai*** ♦ Les descendants d'Éaque*.

**EALING** ♦ Faubourg *(borough)* résidentiel de l'O. de Londres. 300 000 hab. Il s'industrialise rapidement grâce à de bonnes communications avec le centre de la capitale et l'aéroport d'Heathrow.

**EAMES (Charles Ormand)** ♦ Architecte, cinéaste et designer américain (Saint Louis 1907 - *id.* 1978). Élève et assistant d'Eero Saarinen pour le «design» d'ameublement, il s'associa avec sa seconde épouse, Ray Kaiser, pour créer une décoration intérieure analytique. Dans sa maison personnelle de Pacific Palisades à Santa Monica (1945 - 1949) de même que dans la résidence John Entenza (1945 - 1950) en Californie, Eames a mêlé les principes de l'architecture japonaise traditionnelle au modernisme occidental. À partir de 1960, il s'est de nouveau consacré exclusivement à l'esthétique appliquée.

**EANES (Antonio Dos Santos Ramalho)** ♦ Général et homme d'État portugais (Alcains, district de Castelo Branco 1935). Il participa à la révolution des Œillets (avr. 1974) qui renversa le régime hérité de Salazar et fut président de la République du Portugal de 1976 à 1986.

**ÉAQUE** ⟶ **ÉTYM.** en gr. ***Aiakos*** ; de *aiazô* «gémir» ou *ai* «hélas» (étym. populaire) ♦ Héros grec, fils de Zeus*, né dans l'île Oenoné qui fut appelée Égine* du nom de sa mère. À sa prière, Zeus transforme en hommes les fourmis qui abondaient dans l'île **(→ Myrmidons).** Père de Pélée* et peut-être de Télamon* (Éacides), fameux pour sa piété et sa justice, il est placé par Platon parmi les juges des Enfers, avec Minos* et Rhadamante*.

**EAST ANGLIA** n. f. ♦ Région historique et naturelle de l'Angleterre orientale, au N.-E. de Londres. Les marais *(fens)* ont été drainés, les collines et plaines sont devenues les principales terres à céréales d'Angleterre. La proximité de Londres favorise le développement d'une industrie moderne.

**EASTBOURNE** ⟶ **ÉTYM.** en vieil angl. «[l'endroit près de la] rivière *(burna)*» avec ajout postérieur de *east* («est») pour le distinguer de *Westbourne.* ♦ V. d'Angleterre (East Sussex) sur le littoral de la Manche. 89 667 hab. Station balnéaire. L'effet «sud» et la proximité de Londres sont des facteurs de diversification des activités.

**EAST END** ♦ Nom donné aux quartiers de l'E. de Londres, au-delà de Tower Bridge, de part et d'autre des docks de la Tamise. La rénovation, l'abandon des docks et des entrepôts tendent à faire de ce quartier, jadis populaire et industriel, un habitat pour classes moyennes, parsemé d'immeubles de bureaux. Au XIX$^{e}$ s., la condition ouvrière et la société de l'East End ont été décrites par nombre d'auteurs dont Ch. Dickens et K. Marx.

**EAST KILBRIDE** ♦ V. nouvelle d'Écosse (South Lanarkshire), fondée en 1951 pour décongestionner Glasgow. 63 000 hab. Centre industriel et de recherche.

Charles **Eames.** Salle à manger. *Phot. © Tim Street-Porter/Beateworks /Corbis*

**EAST LONDON** ➝ ÉTYM. ainsi nommée en l'honneur de *Londres* et parce que la v. est elle aussi au sud-est du pays ♦ V. et port d'Afrique du Sud (prov. du Cap-Oriental). 200 000 hab. East London est le port d'exportation des produits agricoles de l'arrière-pays. Construc. navales. Indus. diverses. Important gisement de titane à l'E. de la ville.

**EASTMAN (George)** ♦ Industriel américain (Waterville, New York 1854 - Rochester, New York 1932). Réalisateur des premières plaques photographiques au gélatino-bromure d'argent (1878), fondateur de la maison Kodak, il contribua à l'invention du cinématographe, en créant le film de nitrocellulose (1889).

**EAST RIVER** n. f. ➝ ÉTYM. angl. «rivière de l'Est» ♦ Large chenal qui réunit le détroit de Long Island à la baie de New York, bordant à l'E. l'île de Manhattan. La riv. Harlem le relie à l'Hudson.

**EASTWOOD (Clint)** ♦ Acteur et cinéaste américain (San Francisco 1930). C'est d'Europe que lui vint le succès, avec les fameux «westerns spaghettis» de Sergio Leone. Son impassibilité presque minérale fut utilisée ensuite dans des films policiers comme *L'Inspecteur Harry* (1971), avant qu'il ne décide de parachever lui-même son mythe, en réalisant d'ambitieuses paraboles qui détournent les clichés traditionnels du film d'aventures : *Josey Wales hors-la-loi* (1976), *Honkytonk Man* (1983), *Pale Rider* (1985), *Impitoyable* (1992). Il réalisa également des films chargés d'émotion tels *Bird* (1988), sur la vie de Charlie Parker, *Sur la route de Madison* (1995), *Million Dollar Baby* (2005) ou *Invictus* (2009) sur l'intelligence de Mandela à fédérer Noirs et Blancs autour de l'un des symboles même de l'apartheid, le rugby. Le dramatique *Mystic River* (2003) est le seul de ses films policiers dépourvu de scènes d'action et *Gran Torino* (2009) lui permet encore d'incarner le justicier solitaire de ses débuts mais qui dépasse cette fois ses propres préjugés. ➝ ÉTYM. Ce nom vient du vieil anglais *Eastwood* qui signifie «bois *(wudu)* de l'Est *(ēast)*» ou vient du vieux scandinave *°veit* «prairie».

**EAUBONNE** [95600] ➝ ÉTYM. anc. *Aquaputa*, puis *Aquabona*, du lat. *aqua* «eau» et *bona* «bonne» [*bona* a remplacé *puta* «brillante, pure» qui évoquait le mot *puant*] ♦ Ch.-l. de cant. du Val-d'Oise, arr. de Pontoise, au S. de la forêt de Montmorency. 22 882 hab. *(Eaubonnais)*. Maisons du XVIII$^{e}$ s. (de C.-N. Ledoux).

**EAUX-BONNES** [64440] ♦ Comm. des Pyrénées-Atlantiques, arr. d'Oloron-Sainte-Marie, sur un affluent du gave d'Ossau. 435 hab. *(Eaux-Bonnais)*. Station thermale. ▪ Station de sports d'hiver (Gourette).

**EAUX-CHAUDES (LES)** ♦ Station thermale et climatique des Pyrénées-Atlantiques (comm. de Laruns), sur le gave d'Ossau.

**EAUZE** [eoz] [32800] ➝ ÉTYM. anc. *Elusa civitas*, probablt d'orig. aquit. ♦ Ch.-l. de cant. du Gers, arr. de Condom, sur la Gélise. 3 881 hab. *(Élusates)*. Cathédrale Saint-Luperc (fin XV$^{e}$ - déb. XVI$^{e}$ s.) : appareil de briques et moellons romains provenant de l'anc. *Elusa*, métropole civile et religieuse de la Novempopulanie. Maisons anc. ▪ Eaux-de-vie d'Armagnac. Foie gras.

**EBADI (Shirin)** ♦ Avocate iranienne (Hamadān 1947), elle défend la cause des droits des femmes et des enfants de son pays. Elle définit les droits de l'homme comme un contre-pouvoir face aux dérives des ultraconservateurs. Militant pour que la *charia* soit adaptée aux temps modernes, elle rejette l'obscurantisme de la culture patriarcale qu'elle prend soin de ne pas confondre avec l'islam et prône une transition démocratique non-violente du régime iranien choisie et soutenue par le peuple. [Prix Nobel de la paix 2003]

**EBAN (Abba)** ♦ Homme politique israélien (Le Cap 1915 - Petah Tikva 2002). Venu en Palestine où il dirigea en 1944 le Centre arabe du Proche-Orient, membre de l'Agence juive, il représenta l'État d'Israël à l'ONU (1948), puis fut ambassadeur de son pays aux États-Unis (1950 - 1959). Député du Mapaï à la Knesset (à partir de 1959), plusieurs fois ministre, vice-Premier ministre dans le cabinet Lévi Eshkol (1963), il remplaça Golda Meir aux Affaires étrangères (1966 - 1974). Il a écrit notamment *Mouvement littéraire moderne en Égypte* (1944), *Le Sionisme et le Monde arabe* (1947).

**EBBINGHAUS (Hermann)** ♦ Psychologue allemand (Barmen 1850 - Halle 1909). Il fit des recherches de psychologie expérimentale sur la mémoire en utilisant comme matériel des syllabes dépourvues de sens (*Sur la mémoire*, 1885 ; *Fondements de la psychologie*, 1908).

**EBBON** ♦ (775 - Hildesheim 851). Archevêque de Reims à l'avènement de Louis le Pieux, son frère nourricier (813), il prit contre lui le parti de Lothaire (833), fut déposé (835), rétabli par Lothaire (840), chassé par Charles le Chauve (841) ; il tenta de se faire réhabiliter contre Hincmar*. Sa mission comme légat au Danemark avait été un échec (822 - 823).

**EBBW VALE** ♦ V. du pays de Galles (Blaenau), sur l'Ebbw. 21 000 hab. La dernière acierie de l'intérieur a fermé en 1978. Seule la ferblanterie subsiste.

**EBERHARDT (Isabelle)** ♦ Femme de lettres française (Meyrin, Suisse 1877 - Aïn Sefra 1904). D'origine russe, elle mena une vie aventureuse, notamment en Algérie et au Sahara, épousa le maréchal des logis Slimène Ehni et se convertit à l'islam. Elle devint journaliste à *La Dépêche algérienne* et à l'*Akhbar*. Ses récits, qui témoignent de sa lutte en faveur des pauvres, parurent tous après sa mort tragique dans l'inondation d'Aïn Sefra (*Dans l'ombre chaude de l'Islam*, 1906 ; *Notes de route*, 1908 ; *Contes et Paysages*, 1925). ➝ ÉTYM. Ce nom germanique vient de *eber* «sanglier» et *hard* «fort».

Isabelle **Eberhardt** en habit oriental, vers 1900.
*© Rue des Archives/PVDE*

**EBERT (Friedrich)** ♦ Homme politique allemand (Heidelberg 1871 - Berlin 1925). Membre du parti social-démocrate d'Allemagne dont il prit la direction en 1913, député au Reichstag (1912), il affirma des positions nationalistes en 1914. Après avoir contribué à la répression de l'insurrection spartakiste (1919 ➝ **Liebknecht, Luxemburg**), il devint le premier président de la République allemande (1919 - 1925). ♦ **Friedrich Ebert.** Socialiste allemand (Brême 1894 - Berlin 1979). Fils du précédent. Membre du Parti social-démocrate d'Allemagne, il fut interné de 1933 à 1939. Il forma le Parti socialiste unifié (1946) et devint bourgmestre de Berlin-Est (1948 - 1967). ➝ ÉTYM. *Ébert* est l'abréviation moderne de *Eberhard*.

**EBERTH (Karl Joseph)** ♦ Médecin et bactériologiste allemand (Würzburg 1835 - Berlin 1926). On lui doit surtout la découverte et l'étude du bacille de la typhoïde (*bacille d'Eberth*, 1881).

**EBISU** ➝ ÉTYM. du jap. *e* «grâce, charité», *bi* «comparer» et *su* «âge, longévité» ♦ Divinité populaire du Japon, troisième fils d'Izanagi* et d'Izanami, une des «sept divinités du Bonheur», représentée par un pêcheur et symbolisant peut-être les populations les plus anciennes de l'archipel nippon.

**EBLA** ♦ V. et royaume antiques de Mésopotamie. La ville est connue par les fouilles de Tell Mardik, près d'Alep en Syrie (1975), qui ont notamment livré des milliers de tablettes couvertes d'inscriptions cunéiformes, constituant les archives royales (rédigées dans une langue sémitique archaïque). Le royaume, qui entretenait des relations avec les pharaons au III$^{e}$ millénaire, aurait été conquis par les Akkadiens et la ville détruite (par Naram*-Sin ?). Reconstruite vers −2000 ou −1900 (un imposant palais de cette époque a été fouillé), la ville fut de nouveau et définitivement détruite v. −1650.

**ÉBLÉ (Jean-Baptiste, comte)** ♦ Général français (Saint-Jean-Rohrbach, Moselle 1757 - Königsberg 1812). Après avoir servi lors des campagnes de la Révolution et de l'Empire, il fut nommé gouverneur de Magdebourg (1807 - 1808), puis ministre de la Guerre du roi Jérôme de Westphalie (1808 - 1810). Lors de la retraite de Russie, il contribua grandement à sauver les restes de la Grande Armée en construisant les ponts de la Bérézina*.

**EBNER-ESCHENBACH (Marie, baronne VON)** née comtesse **DUBSKY** ♦ Femme de lettres autrichienne (Zdislavice, près de Kroměříž, Moravie 1830 - Vienne 1916). Après s'être essayée au théâtre, elle composa surtout des romans et des nouvelles ; évocation de la vieille Autriche, de ses classes sociales, cette œuvre au charme provincial et désuet exprime particulièrement les sentiments humanitaires de l'auteur pour les gens simples et humbles (*Nouvelles du village et du château*, 1883 ; *L'Enfant de la communauté*, 1887, un des derniers «romans de formation»).

**ÉBOUÉ (Félix)** ♦ Administrateur colonial français (Cayenne 1884 - Le Caire 1944). Premier gouverneur noir de la Guadeloupe, puis du Tchad (1938), il rallia la France libre (1940). Gouverneur de l'A-EF, il fut l'un des principaux artisans de la conférence de Brazzaville*. Ses cendres ont été transférées au Panthéon en 1949. ➝ ÉTYM. Ce nom de famille vient de l'ancien français *esboer* «couvrir de boue».

**ÈBRE** n. m. ➝ ÉTYM. en esp. *Ebro* ; du lat. *Iberus* ♦ Fl. d'Espagne (950 km) qui a donné son nom à la péninsule Ibérique. Né dans les monts Cantabriques, il coule vers le S.-E. en une large vallée alluviale, irrigue la Navarre (Logroño, Tudela), l'Aragon (Saragosse) et la partie S. de la Catalogne (Tortosa). Il se jette dans la Méditerranée en formant un large delta (les Alfaques). ▌**Histoire** De violents combats entre franquistes et républicains se déroulèrent sur ses rives (été 1938).

**ÉBREUIL** [03450] ➝ ÉTYM. anc. *monasterii Ebroilensis*, probablt du gaul. *eburos* «if» et *ialo* «clairière, champ» ♦ Ch.-l. de cant. de l'Allier, arr. de Montluçon, sur la Sioule. 1 230 hab. *(Fiolants)*. Anc. abbatiale des X$^{e}$ et XIII$^{e}$ s. (nef, transept romans ; clocher-porte du XII$^{e}$ s. ; fresques des XII$^{e}$ et XV$^{e}$ s. ; châsse de saint Léger du XVI$^{e}$ s.).

**ÉBROÏN** [ebʀɔɛ̃] ♦ (mort v. 681). Maire du palais de Neustrie et de Bourgogne (657) sous Clotaire* III et Thierry* III, il lutta contre l'aristocratie et le clergé dont il fit assassiner le chef, saint Léger*. Il vainquit Pépin* de Herstal, maire du palais d'Austrasie, à Leucofao* (680) mais mourut assassiné. ➝ ÉTYM. Le nom *Ébroïn* vient du germanique *eber* «sanglier» et *win* «ami».

**ÉBURONS** n. m. pl. ➝ ÉTYM. en lat. *Eburones*, du gaul. «ceux qui vainquent par l'if [dont on fait les arcs, les lances]», de *eburos* «if» ♦ Peuple de la Gaule belgique établi entre le Rhin et l'Escaut et dont la cap. était *Aduatuca* (Tongres*). Ils se révoltèrent contre César en –53 sous la conduite d'Ambiorix* mais furent anéantis par les Romains.

**EÇA DE QUEIRÓS** → **Queirós**

**ÉCAUSSINNES** ♦ Comm. de Belgique (Région wallonne), prov. de Hainaut, arr. de Soignies, sur la Sennette (affl. de la Senne). 10 042 hab. Église du XV^e s. Château fort d'Écaussinnes-Lalaing (XII^e - XVII^e s.). Château de la Folie (chapelle de 1521). ▪ Carrière ; marbrerie. Matériaux de construction ; bâtiment et travaux publics. Construc. métalliques.

**ECBATANE** – en gr. ***Ekbatana***, auj. ***Hamadān*** ♦ Anc. capitale de la Médie. À la chute de l'Empire mède, elle fut l'une des capitales de l'empire perse, fut pillée par Alexandre* le Grand (–331), Séleucos (–313), Antiochos III (–209), et fut plus tard résidence royale des Arsacides et des Sassanides. En l'absence de fouilles, la ville ancienne n'est connue que par les textes.

**ECCLES** (**sir John Carew**) ♦ Neurobiologiste australien (Melbourne 1903 - Locarno 1997). → **Hodgkin.** [Prix Nobel de physiol. ou méd. 1963, avec A. L. Hodgkin et A. F. Huxley]

L'**Ecclésiaste** → **Qohélet**

L'**Ecclésiastique** → **Siracide**

**ECEVİT** (**Bülent**) ♦ Homme d'État turc (İstanbul 1925 - Ankara 2006). Député du Parti républicain du peuple (CHP), nommé Premier ministre en 1974, il fit intervenir l'armée turque à Chypre* après le coup d'État de juil. 1974. De nouveau Premier ministre en 1977, en 1978 - 1979, et de 1999 à 2002, il dirigea le Parti démocratique de gauche (DSP) et se retira en 2004.

**ECHEGARAY Y EYZAGUIRRE** (**José**) ♦ Poète et auteur dramatique espagnol (Madrid 1832 - *id.* 1916). Ingénieur des ponts et chaussées, financier, ministre du Commerce et des Finances, créateur de la Banque d'Espagne, il eut des activités aussi variées que son œuvre. Il traita des thèmes réalistes avec une technique romantique dans son genre favori, le mélodrame. *Le Grand Galérien, Vie joyeuse et Mort triste* lui valurent le succès dans son pays d'autant plus qu'il écrivait pour les acteurs les plus célèbres de son temps. [Prix Nobel de littérature 1904 (avec F. Mistral)]

**ÉCHELLES** (**LES**) [73360] ♦ Ch.-l. de cant. de la Savoie, arr. de Chambéry, sur le Guiers-Vif, en face d'Entre-Deux-Guiers, Isère (le Guiers-Vif était autrefois la frontière entre la Savoie et la France). 1 248 hab. (*Échellois*). ▪ Aux environs se trouvent les deux *grottes des Échelles* dont l'une aurait été un repaire du contrebandier Mandrin. Un tunnel a remplacé l'anc. voie formée de paliers successifs qui donna son nom aux Échelles.

**ECHENOZ** (**Jean**) ♦ Écrivain français (Valenciennes 1946). Révélé au grand public avec *Cherokee* (1983 ; prix Médicis), il est l'auteur de romans (*L'Équipée malaise*, 1986 ; *Lac*, 1989 ; *Les Grandes Blondes*, 1995 ; *Ravel*, 2006 ; *Courir*, 2008) au style dépouillé où se mêlent humour, goût du polar et du jazz et procédés cinématographiques, dans des fictions simples en apparence. Son roman, *Je m'en vais*, a obtenu le prix Goncourt en 1999. ➝ ÉTYM. *Echenoz* est le diminutif de *eschene* «dans les chênes».

**ECHEVERRÍA** (**Esteban**) ♦ Poète argentin (Buenos Aires 1805 - Montevideo 1851). Il fut l'introducteur du romantisme en Amérique latine ; il est l'auteur notamment d'un conte en vers d'ambiance indienne aux réminiscences hugoliennes : *La Captive* (1837). Il s'attacha à rendre la littérature sud-américaine indépendante de la littérature espagnole. ➝ ÉTYM. *Echeverría* est un nom espagnol emprunté au basque «la *(a)* maison *(etxa)* nouvelle *(berri)*».

**ECHEVERRÍA ÁLVAREZ** (**Luis**) ♦ Homme d'État mexicain (Mexico 1922). Dirigeant du Parti révolutionnaire institutionnel (PRI), ministre de l'Intérieur lors des événements de Tlatelolco en 1968 (→ **Mexique**), président de la République de 1970 à 1976. Populiste et tiers-mondiste, il suscita la défiance des milieux d'affaires, ce qui provoqua une crise grave marquée par la première grande dévaluation du peso.

**ÉCHIDNA** [eki-] ➝ ÉTYM. en gr. ***Ekhidna*** «la Vipère» ♦ Monstre fabuleux, moitié femme, moitié serpent, descendant de Tartare* et de Gaia. Unie à Typhon*, elle engendre Cerbère*, la Chimère*, l'Hydre* de Lerne, le lion de Némée* et d'autres monstres que les héros durent abattre pour purger la terre.

**ÉCHIROLLES** [38130] ➝ ÉTYM. probablt du franco-prov. *etchiròl* «écureuil [lieu où l'on trouve des écureuils]» ♦ Ch.-l. de cant. de l'Isère, banlieue S. de Grenoble. 32 806 hab. (*Échirollois*).

**ÉCHO** [eko] ➝ ÉTYM. en gr. ***Êkhô*** «bruit, son, écho» ♦ Nymphe qui personnifie l'écho. Retenant l'attention d'Héra* par ses bavardages destinés à couvrir les aventures amoureuses de Zeus, elle est condamnée par la déesse à ne jamais parler la première. Éprise d'amour pour le beau Narcisse* qui restait insensible, elle meurt de chagrin. Selon une autre légende, elle repousse l'amour de Pan* qui la fait déchirer par des bergers. Dans les deux cas, il ne reste d'elle que sa voix répétant les dernières syllabes que l'on prononce.

Les **Échos** ♦ Quotidien économique français fondé en 1908 par les frères Schreiber, d'abord avec le titre *Les Échos de l'exportation*. Tirant à 110 000 exemplaires, racheté en 1988 par un groupe britannique puis en 2007 par LVMH (Louis Vuitton Moet Hennessy), ce journal s'adresse principalement aux milieux d'affaires.

**ECHTERNACH** [ɛʃtɛʀnak] ♦ V. du Luxembourg, ch.-l. de cant., sur la Sûre, à la frontière allemande. 4 610 hab. Hôtel de ville du XV^e s. ; anc. abbaye bénédictine (XVIII^e s.). Parc. Centre touristique. Célèbre procession dansante du mardi de Pentecôte. Festival de musique.

**ÉCIJA** ♦ V. d'Espagne méridionale (Andalousie), prov. de Séville, sur le Genil. 39 510 hab. V. d'aspect très pittoresque : ancien palais mauresque du XIV^e s., églises, palais et couvents.

**ECK** (**Johann MAIER**, dit **Johann**) ♦ Théologien allemand (Eck, Souabe 1486 - Ingoldstadt 1543). Vice-chancelier de l'université d'Ingoldstadt, il fut un des grands adversaires de la Réforme, critiqua les thèses de Luther* sur les indulgences dans ses *Obelisci* (auxquels Luther répondit par ses *Asterici*) et s'en prit également à Œcolampade* et Melanchthon*.

**ECKBOLSHEIM** [67200] ➝ ÉTYM. anc. *Eggiboldesheim*, du germ. *Agibold*, n. de pers., et *heim* «village» ♦ Comm. du Bas-Rhin, banlieue O. de Strasbourg. 5 937 hab.

**ECKERMANN** (**Johann Peter**) ♦ Écrivain allemand (Winsen, Hanovre 1792 - Weimar 1854). Secrétaire de Goethe* (1822) puis directeur de l'édition complète de ses œuvres à Weimar, il a rapporté les entretiens qu'il eut avec lui dans les *Conversations de Goethe avec Eckermann* (1836 - 1848), l'un des documents les plus précieux sur Goethe pendant ses dix dernières années.

**ECKERSBERG** (**Christoffer Wilhelm**) ♦ Peintre danois (Blaakrog 1783 - Copenhague 1853). Il travailla à Paris (1810 - 1813) dans l'atelier de David*, puis à Rome (1813 - 1816), où il se lia avec son compatriote Berthel Thorvaldsen. De retour à Copenhague en 1817, il devint le chef de file de la nouvelle peinture danoise. En dehors des commandes officielles, il peignit surtout des scènes de la vie quotidienne, des ruines et des marines d'un rendu minutieux et objectif mais baignées de la lumière découverte en Italie (*Carnaval romain*, 1814 ; *La Famille Nathanson*, 1818).

**ECKERT** (**John Presper**) ♦ Électronicien américain (Philadelphie 1919 - Bryn Mawr, Pennsylvanie 1995). Il fut l'auteur, en étroite collaboration avec Mauchly, des premiers ordinateurs électroniques, dont l'ENIAC, pour lequel il inventa de nombreuses pièces, en particulier des lampes. → **Mauchly.**

**ECKHART** ou **ECKART** (**Johannes**, dit **Maître**) ♦ Dominicain et théologien mystique allemand (Hochheim, près de Gotha v. 1260 - Cologne 1327 ?). Provincial de son ordre pour la Saxe (1304), puis vicaire général pour la Bohême (1307), il professa la théologie à Strasbourg (1313 - 1317) et fut le maître du mouvement mystique rhénan (→ **Suso, Tauler**). En 1326, l'archevêque de Cologne intenta un procès en inquisition contre lui. Quelques points de sa doctrine, imprégnée du néoplatonisme du Pseudo*-Denys, furent condamnés par Jean* XXII (posthumément, 1329). Il n'écrivit pas, mais des disciples conservèrent ses propos de table (*Propos du discernement*), ses sermons (*Livre de la consolation divine*), dont le thème principal est la quête de l'essence divine, et la recherche du secret de la génération des êtres. ➝ ÉTYM. Ce nom vient du germanique *agi(n)* «rivage ; lisière» et *hard* «hardi, brave».

**ECKMÜHL** ➝ ÉTYM. all. «moulin *(Mühle)* du coin *(Ecke)*» ♦ Village de Bavière, au S. de Ratisbonne. ▮ **Histoire** Napoléon y battit les Autrichiens commandés par Charles* de Habsbourg le 22 avr. 1809. Davout*, qui s'y distingua, fut fait prince d'Eckmühl.

**Eckmühl** (phare d') ♦ Phare situé à la pointe de Penmarch (Finistère). Il est visible à 52 km et s'élève à 60 m au-dessus des plus hautes marées. Il fut construit en 1892 sur l'ordre de la fille de Davout, prince d'Eckmühl.

**ÉCLUSE** (**Charles DE L'**) → **Lécluse (Charles de)**

**ÉCLUSE** (**L'**) – en néerl. ***Sluis*** ♦ V. des Pays-Bas (Zélande), anc. port sur la mer du Nord. 24 325 hab. ▮ **Histoire** Lors de la guerre de Cent Ans, les Anglais y détruisirent la flotte française (1340).

**ECNOME** (cap) – auj. ***Monte Serrato*** ♦ Cap montagneux de la Sicile méridionale, théâtre de la victoire navale de Régulus* sur Hamilcar* (première guerre punique*).

**ECO** (**Umberto**) ➝ ÉTYM. n. donné à son grand-père (qui était un enfant trouvé), sigle du lat. *ex coelis oblatus* «donné par le ciel» ♦ Sémioticien et écrivain italien (Alessandria 1932). Ses recherches dépassent le cadre de la sémiotique (*Traité général de sémiotique*, 1975), pour aborder l'esthétique (*L'Œuvre ouverte*, 1962 ; *La Structure absente*, 1968), et la sociologie (*Il Superuomo di massa*, 1976). À côté de ses brillantes interventions journalistiques sur la culture de la société de consommation (*La Guerre du faux*, 1985), Umberto Eco est devenu un auteur mondialement connu avec *Le Nom de la rose*

**L'École d'Athènes.** Fresque de Raphaël (base 7,70 m). Chambre de la Signature, Vatican. *Phot. © Alinari/Giraudon*

(1980), roman policier médiéval jouant ironiquement sur une masse inépuisable de références littéraires et érudites, qu'ont suivi *Le Pendule de Foucault* (1988) et *L'Île du jour d'avant* (1994).

**ÉCOCHARD (Michel)** ♦ Architecte, urbaniste et archéologue français (Paris 1905 - *id.* 1985). Actif surtout au Proche-Orient et en Afrique, il restaura de nombreux monuments (temple de Bêl à Palmyre) et fut nommé directeur de l'Urbanisme et de l'Habitat au Maroc, de 1946 à 1953. Il est l'auteur de nombreux plans d'aménagement (Casablanca, Fès, Rabat, Meknès, Sabendé [1958], Conakry, Saïda, Biblos, Beyrouth, Dakar) et a construit de nombreux édifices à usage collectif, sobres et fonctionnels (musée de Damas [1936] avec H. Seyrig, lycée des Antonins à Beyrouth ; musée de Koweït City et université d'Abidjan). ➝ ÉTYM. *Écochard* vient de l'ancien français *eskokier* «écraser, broyer (le lin, le chanvre)».

L'**École d'Athènes** ♦ Fresque de Raphaël* dans la chambre de la Signature, au Vatican (1510). Allégorie de la recherche rationnelle du vrai, l'œuvre représente une assemblée imaginaire des grands philosophes de la Grèce et de l'Orient. Au centre, Platon et Aristote symbolisent la rencontre de deux philosophies : le premier tient *Le Timée* et désigne le Ciel, le second tient *L'Éthique* et montre la Terre. → **Chambres de Raphaël.**

L'**École de la médisance** – en angl. ***The School for Scandal*** ♦ Comédie en prose de R. B. Sheridan* (1777). Brillants personnages de la haute société anglaise, sir Peter Teazle et sa femme reçoivent dans leur salon tout un petit monde frivole, cancanier et mesquin. Pupilles du maître de maison, les deux frères Surface s'en distinguent par le relief de leur caractère : Charles est futile et brouillon, et Joseph, sous l'apparence d'une moralité austère, dissimule habilement d'inavouables vices. Avec les pièces de Shakespeare, cette comédie demeure l'une des plus lues et des plus souvent représentées en Grande-Bretagne.

L'**École des femmes** ♦ Comédie en 5 actes, en vers, de Molière* (1662). Fort de l'expérience universelle qui excite sa belle humeur et sûr de la méthode d'éducation qu'il a choisie pour maintenir Agnès, sa pupille, dans la voie de la vertu, Arnolphe, quadragénaire, se dispose à épouser la jeune fille. Élevée par lui dans l'ignorance et loin de tout regard masculin, elle sera cette épouse fidèle qui lui épargnera la disgrâce dont il a l'obsession. Cependant, remarquée par Horace, Agnès s'est éprise aussitôt de lui. Ce sera le drame d'Arnolphe de devenir, malgré lui, le confident du jeune homme et d'assister au triomphe de cet amour. La peinture des caractères et la gravité des problèmes moraux posés par la pièce font de cette œuvre l'une des plus hardies de Molière et, par la critique des contraintes sociales, l'une de celles qui furent le plus contestées par ses adversaires. → **Critique de l'École des femmes (La), École des maris (L').**

L'**École des maris** ♦ Comédie en 3 actes, en vers, de Molière* (1661). Est-ce par la contrainte que le barbon Sganarelle parviendra à se faire aimer d'Isabelle, sa pupille ? Est-ce par la douceur que son frère Ariste réussira dans la même entreprise auprès de l'aimable Léonor ? Or Isabelle, éprise de Valère, va s'enfuir avec lui et, sans le savoir, c'est le naïf Sganarelle qui aura servi leurs desseins. Sur le thème classique du tuteur dupé, la pièce apparaît comme une ébauche de *L'École* des femmes* (1662).

**École française d'Athènes** → **Athènes (École française d')**

**École militaire** ♦ Monument de Paris situé dans la perspective du Champ*-de-Mars. Institution créée à l'instigation de M$^{me}$ de Pompadour*, pour la formation militaire de 500 gentilshommes, l'École militaire fut construite par J. A. Gabriel*, de 1751 à 1769. L'édifice présente une façade principale où règne l'ordre colossal, couronnée d'un dôme quadrangulaire et flanquée de deux ailes basses. Dans la cour intérieure, conçue comme le cadre d'une statue pédestre, en marbre, de Louis XV (œuvre de J.-B. Lemoyne*, 1773 ; détruite en 1792), se déploient, de part et d'autre du pavillon central, une double colonnade terminée par un pavillon, puis un élégant portique. La chapelle (terminée en 1773) et le salon des maréchaux offrent une décoration de style Louis XVI. Devenue École supérieure des cadets en 1777 (Bonaparte y fut admis en 1784), l'école a gardé auj. une destination militaire (Écoles supérieures de guerre terrestre, navale, aérienne, Centre des hautes études militaires, Centre de formation interarmées du renseignement, etc.).

**École nationale d'administration** [ENA] ♦ Établissement dépendant du Premier ministre et qui, depuis la réforme de 1945 (→ **Debré (Michel)**), forme les hauts fonctionnaires de l'administration française (Conseil d'État, Cour des comptes, Inspection des finances, Corps préfectoral, Corps diplomatique ou consulaire, Expansion économique à l'étranger, etc.). En 1991, elle a été en partie transférée de Paris à Strasbourg.

**ÉCOMMOY** [ekɔmwa] [72220] – anc. *Iscomodiaco* ♦ Ch.-l. de cant. de la Sarthe, arr. du Mans. 4 316 hab. *(Écomméens)*. Manoir de Fontenailles.

The **Economist** ♦ Hebdomadaire économique et politique britannique, fondé en 1843 par J. Wilson. De tendance conservatrice et libérale, reconnu dans le monde grâce à la qualité de ses informations (il vend la moitié de ses 250 000 exemplaires à l'étranger), il exprime l'opinion des milieux d'affaires londoniens.

**ECONOMO (Konstantin,** baron **VON)** ♦ Neurologue autrichien (Brăila 1876 - Vienne 1931). Auteur de travaux sur l'anatomie du cerveau (détermination des aires cérébrales), il a décrit et étudié (1917) les signes cliniques et anatomiques de l'encéphalite épidémique ou léthargique *(maladie de von Economo)*.

**écorcheurs**

n. m. pl. ♦ Bandes armées souvent commandées par des nobles (→ **Chabannes [Antoine de]**) qui ravagèrent la France sous le règne de Charles VII, puis furent intégrées à l'armée française. Ils disparurent après la fin de la guerre de Cent Ans.

**ÉCOSSE** n. f. • **ÉTYM.** du lat. *Scottia,* en angl. ***Scotland*** «pays *(land)* des Scots*» ♦ Partie du Royaume-Uni composée de la région septentrionale de la Grande-Bretagne et des archipels des Hébrides, des Orcades et des Shetland. → **Grande-Bretagne** (carte). 78 772 km². 5 062 011 hab. *(Écossais)*. LANGUE : anglais. CAP. : Édimbourg. Correspondant à un royaume rattaché à la Couronne britannique en 1707, l'Écosse, dotée depuis 1999 d'un Parlement régional aux compétences étendues, est divisée en 32 districts *(council areas)*.

**GÉOGRAPHIE** ▮ **Les Lowlands** Le pays est désert sur la majeure partie de son territoire, l'essentiel de la population et des activités économiques étant regroupé dans la dépression des Lowlands entre l'estuaire de la Clyde et le Firth of Forth. Là sont les principales villes (Édimbourg, la capitale intellectuelle et administrative, et Glasgow, le principal pôle économique). Près de 80 % des habitants se concentrent dans cette région qui doit sa fortune à l'exploitation, dès la fin du XVIII^e s., de la houille. La prospérité de Glasgow et de ses environs a longtemps reposé sur la sidérurgie et les constructions navales. Les diversifications dans les industries chimique, mécanique, automobile et aéronautique n'ont pas été suffisantes pour épargner à la région le déclin qui a frappé tous les «pays noirs» et les régions septentrionales du Royaume-Uni, entraînant un chômage endémique. La position septentrionale de l'Écosse, loin des centres de décision européens, a accentué la crise, inégalement compensée par les revenus de l'exploitation des hydrocarbures de la mer du Nord depuis 1975. L'Écosse du début du XXI^e s. se caractérise par un déséquilibre entre l'O. insulaire, battu par les tempêtes, qui connaît la crise, et la côte E. qui, d'Inverness à Berwick, a bénéficié de la rente créée par les terminaux, les industries, les constructions de matériels d'exploitation pétrolière. Même les Orcades et les Shetland avec les terminaux et les ports d'éclatement de Scapa Flow et de Sullom Voe ont vu leurs caractères socioéconomiques transformés. C'est seulement dans les années 1990 que la région de Glasgow a commencé à renaître, même si la rénovation urbaine et les villes nouvelles avaient déjà contribué à modifier un environnement digne de Dickens en éliminant les taudis les plus insalubres. Au S., les Southern Uplands assurent la transition avec l'Angleterre septentrionale dont ils sont proches quant aux paysages et à l'économie. Le mur d'Hadrien est immédiatement au S. d'une frontière que les monts Cheviot ont longtemps rendu difficilement franchissable. ▮ **Les Highlands** Au N. des Lowlands, les Highlands correspondent à l'image traditionnelle des paysages écossais. Ensemble de hautes terres d'époque calédonienne fracturées au Tertiaire et auxquelles l'érosion glaciaire a donné des allures de montagnes alpines, les déserts de landes et de tourbières comptent parmi les densités de population les plus faibles d'Europe malgré des altitudes peu élevées (1 343 m au Ben Nevis). Le cloisonnement et l'éloignement sont des facteurs de désertification et d'exode rural, jadis vers Glasgow ou les États-Unis, maintenant vers Londres et les Midlands. Seuls les vallées et le littoral regroupent quelques habitants. Mais le charme des lacs, dont les plus célèbres sont le loch Ness et le loch Lomond, l'âpreté des paysages des Grampians, la réputation de Balmoral* et de Braemar*, les vallées de la Spey et de Glenlivet font du sud des Highlands, malgré le climat, l'une des principales régions touristiques de Grande-Bretagne. ▮ ***Le nord*** Au N. de la dépression de Glen More, l'éloignement des espaces dynamiques, le cloisonnement des vallées, les fjords font que l'on se trouve à la limite des terres habitables. Au fur et à mesure que l'on remonte vers le N., le climat océanique se durcit et l'hiver est froid et neigeux, sauf dans les Hébrides grâce à la proximité de l'océan. La lande et les tourbières occupent une place importante, ne laissant à l'agriculture que quelques clairières littorales exploitées par les *crofters*. Le reboisement en conifères altère les paysages traditionnels et occasionne des conflits entre les forestiers et les éleveurs de moutons. ▮ ***Les îles et la façade est*** Dans les îles, l'isolement est encore accentué et seul le tourisme estival dans les Hébrides, le pétrole dans les Shetland et les Orcades, le whisky pur malt et l'image romantique qu'elles évoquent (Oban, Staffa) permettent de diversifier une économie assistée. Les villes de la côte, Dundee, Inverness et surtout Aberdeen, comptent parmi les pôles de développement de la façade orientale de la Grande-Bretagne.

**HISTOIRE** ▮ **La préhistoire et l'Antiquité** Peuplée au Mésolithique, puis au Néolithique, par des hommes venus d'Irlande, de la mer du Nord et du Sud, l'Écosse avait connu avant les Celtes plusieurs civilisations déjà évoluées. Les envahisseurs de langue celte s'établirent du –VI^e au –III^e s., apportant une structure sociale aristocratique. La conquête et l'occupation romaines (du –I^er s. à 410) restèrent superficielles. La région fut visitée par César, par Agricola* (dont les contacts avec les tribus autochtones sont évoqués par Tacite), puis par Hadrien* qui fit construire un mur de défense (121). Antonin* fit bâtir un second mur plus au N. Ces fortifications furent abandonnées avant la fin du II^e s. Mal connue, entourée de légendes (notamment celle du roi Artus*), la période suivante est marquée par les raids barbares. ▮ **Des royaumes rivaux à l'unité** Au départ définitif des Romains (410), quatre peuples dominaient la région, dite Calédonie : les Scots* dans l'O., venant d'Irlande, les Pictes*, au N. et au N.-E. (Pictes du S.), les Britons au S.-O., de langue gaélique, plus latinisés, divisés en royaumes rivaux, les Angles au S.-E., de langue germanique. Alors que les Pictes dominaient numériquement, le royaume scot de Dalriada exerça une forte influence culturelle et religieuse, notamment grâce à saint Colomba* (ou Columba), installé en 563 dans l'île d'Iona (il y avait été précédé par saint Oban). Cette Église chrétienne celte, décentralisée et aristocratique, forgea en grande partie la personnalité écossaise. En même temps, les deux royaumes anglo-saxons s'unirent pour former la Northumbrie*, et les Britons de Strathclyde (au S.-O.) perdirent rapidement leur influence politique. Aux VI^e - VII^e s., la Northumbrie, sous Edwin*, Oswald*, Oswy*, Egfrid, rançonna les peuples du Nord et domina la région. Mais, unissant Pictes et Britons, Brude MacBili, roi des Pictes, vainquit et tua le roi de Northumbrie Egfrid en 685, empêchant la Northumbrie de réunir l'Écosse à l'Angleterre. Au IX^e s., Kenneth MacAlpin réalisa l'unité au profit des Scots : le royaume d'Alba consacra l'assimilation rapide des Pictes, déjà affaiblis par les invasions norvégiennes (raids sur les îles, 794 ; prise des Hébrides, 850 ; puis conquête de plusieurs régions). Mais les Scandinaves s'assimilèrent peu à peu, devenant de loyaux sujets du roi des Scots. L'organisation du royaume de Dalriada modifia profondément les coutumes dans le reste de l'Écosse : la succession royale par les cousins ou neveux (pour éviter les régences) remplaça la succession par les femmes en usage chez les Pictes. La désignation de Duncan, son petit-fils (en ligne directe), par Malcolm II constituait une innovation. ▮ **Les conflits avec les Anglais** ▮ ***De Macbeth à Alexandre III*** Macbeth*, héritier par les femmes, voyant en Duncan un usurpateur, le tua et prit le pouvoir. Mais le fils de Duncan, qui avait fui, revint en Écosse, vainquit et tua Macbeth. Couronné en 1058, Malcolm* III Canmore («Grosse Tête») fut un grand soldat et un habile politique ; il entretint des relations ambiguës avec Guillaume le Conquérant, évitant longtemps la guerre ; il périt cependant en 1093 dans une expédition contre l'Angleterre. Sa seconde femme, la princesse saxonne Margaret, exerça une très forte influence religieuse et culturelle, réorganisant l'Église (fondation de Dunfermline, reconstruction d'Iona) et favorisant l'influence normande. Une tentative de réaction celte fut écrasée par les fils de Malcolm. Le plus jeune de ceux-ci, David I^er, agrandit et organisa administrativement le royaume, créant notamment un véritable ministère de grands officiers, dont le *Stewart* (qui donna son nom aux Stuarts). Ses successeurs, William, Alexandre II et Alexandre III, enrichirent le pays malgré la mésaventure de William I^er (Guillaume* le Lion) capturé par les Anglais, fait prisonnier à Falaise (1173) et contraint de signer un traité de vassalité au profit d'Henri II (mais Richard Cœur de Lion revendit bientôt son indépendance à William ; 1189). ▮ ***Robert Bruce et William Wallace*** Alexandre III étant mort, laissant comme héritière sa petite-fille âgée de quelques mois, fille du roi de Norvège, le trône fut revendiqué par Robert Bruce*, tandis que le roi d'Angleterre Édouard I^er organisait le mariage de son fils avec l'héritière, qui mourut peu après. Édouard I^er, à la tête d'une forte armée, choisit un prétendant qui lui agréait, John Balliol (1292). Celui-ci, couronné, sans cesse humilié par Édouard, se révolta et envahit le nord de l'Angleterre. Le roi d'Angleterre répliqua par le terrible massacre de Berwick et le comte de Surrey battit les Écossais à Dunbar ; Balliol déchu et emprisonné, l'Écosse fut placée sous le joug anglais. Mais la révolte populaire éclata partout et un petit gentilhomme, William Wallace*, réunissant des patriotes, parvint à battre le comte de Surrey à Stirling. Abandonné par les nobles, Wallace ne put résister à l'armée d'Édouard, qui l'écrasa en 1298 (Falkirk). Pris, décapité à Londres, coupé en quartiers qui furent envoyés dans les villes d'Écosse pour l'exemple, Wallace devint un martyr national. Robert I^er Bruce, petit-fils de l'ancien prétendant à la couronne, parvint à se faire couronner, presque en cachette. D'abord battu et exilé, il revint en Écosse après la mort d'Édouard I^er (1307), défit les Anglais et n'échoua que devant le château de Stirling. En 1314, il battit les Anglais envoyés en renfort devant le château et Édouard II dut s'enfuir. ▮ **L'indépendance et le déclin** Libre, mais exsangue, l'Écosse fut unifiée et réorganisée sous le régime de Robert I^er Bruce, qui mourut en 1329. Mais son fils David* II inaugurait une période de déclin. Après des guerres ruineuses menées par ses successeurs

**Écosse**. Eileen Donan Castle. © *PhotoDisc*

(Robert* II, Robert* III Stuart) le pays sombra dans l'anarchie et la violence ; l'autorité royale disparut ; les Highlanders pillaient les basses terres, des clans puissants se formèrent. ▮ **Les Stuarts** Au XV^e s., les forces d'équilibre sont les communes *(burghs)*, l'Église, d'ailleurs corrompue, et surtout les rois Stuart, quand ils peuvent effectivement régner (→ **Jacques I^er, Jacques II, Jacques III, Jacques IV, Jacques V, Marie Stuart**). Jacques I^er réorganisa l'armée et donna plus d'importance au Parlement. Jacques II améliora le sort des fermiers. Jacques IV réforma la justice, constitua une flotte, développa l'université. Jacques V affermit la monnaie. La richesse et la désorganisation de l'Église officielle, scandale pour le pays, rendirent inévitable le triomphe de la Réforme, au milieu du XVI^e s. (→ **Knox [John]**), et Marie Stuart arriva dans son royaume au milieu des luttes religieuses (1561). Malgré sa bonne volonté et son habileté politique, Marie, mal acceptée par l'Écosse protestante, puis placée au centre de rivalités politiques et sentimentales (→ **Darnley, Bothwell**), fut arrêtée et dut abdiquer. Jacques VI, protestant, prépara son accession au trône d'Angleterre ; Élisabeth étant morte (1603), il devint Jacques I^er de *Grande-Bretagne* (terme qu'il introduisit). Déjà sensible sous Jacques VI, l'opposition entre le roi et l'Église presbytérienne d'Écosse éclata sous Charles I^er, qui voulait imposer l'anglicanisme. Le Covenant de 1638 fut suivi par une révolte armée ; Charles I^er, ayant cédé en Écosse, connut de nouvelles difficultés en Angleterre. ▮ **Cromwell** La croisade presbytérienne, après le Covenant de 1643, aboutit à la défaite des armées du roi (Marston Moor), lui-même battu par Cromwell (Naseby, 1645). Malgré la campagne des Highlanders de Montrose*, Charles I^er était battu et isolé ; il fut livré par les Écossais, et exécuté peu après (→ **Cromwell [Oliver]**). Charles II, proclamé roi de Grande-Bretagne, dut s'enfuir ; écrasée par Monck, l'Écosse, sous Cromwell, fut administrée non sans efficacité. Entre 1660 (retour de Charles II) et 1688 (révolution anglaise, fin du règne de Jacques II et début du règne de Guillaume d'Orange), l'Écosse connut encore de graves troubles religieux. En 1690, enfin, l'Église presbytérienne d'Écosse fut établie. ▮ **L'Écosse dans le Royaume-Uni** Mais l'opposition entre l'Écosse et l'Angleterre, la seconde empêchant le développement économique de la première, et réprimant parfois sauvagement les marques d'insoumission (massacre des MacDonald à Glencoe, par Campbell, 1692), finit par se résoudre au bénéfice des Anglais, malgré les dernières tentatives des Stuarts (le fils de Jacques II débarqua en 1705) et malgré la proposition de *Home Rule* écossais (Saltoun) : l'Acte d'union de 1707, créant le Royaume-Uni de Grande-Bretagne, intégrait les parlementaires écossais au parlement de Londres ; des avantages économiques encore incertains ne compensaient pas, aux yeux des Écossais, la perte de leur liberté. Le XVIII^e s. vit l'échec des soulèvements jacobites (→ **Charles Édouard Stuart**), la « pacification » des Highlands et le développement économique du pays, qui se traduisit par des bouleversements sociaux (enrichissement des capitalistes terriens, éviction impitoyable des habitants). L'industrialisation du XIX^e s. se soldait par une effroyable injustice sociale. Les débuts du syndicalisme, les grèves (réprimées militairement, 1820, Glasgow) conduisirent à des réformes électorales, politiques et sociales (lois sur les pauvres : 1854, 1889, 1894). L'intégration à la Grande-Bretagne s'accélérait sauf en matière religieuse, l'Écosse devenant peu à peu une annexe provinciale de l'Angleterre, en butte à des difficultés économiques spécifiques. ▮ ***Le nationalisme écossais*** Mais le nationalisme écossais, appuyé sur des raisons affectives et économiques, reste vivant. Malgré l'intégration politique, l'originalité de l'Écosse s'affirme par le système légal, par des plans de développement économique et par une culture qui survit à la quasi-disparition de la langue gaélique. Le retour au pouvoir des travaillistes en Grande-Bretagne en 1997 a favorisé la création d'un Parlement régional (approuvée par référendum) élu en 1999 et disposant de compétences étendues et d'une certaine autonomie fiscale. Un ministre en chef (first minister) dirige l'exécutif. Aux élections régionales de 2007, les indépendantistes ont pour la première fois depuis la décentralisation de 1999, recueilli davantage de voix que les travaillistes au Parlement écossais.

**ÉCOSSE (NOUVELLE-)** → Nouvelle-Écosse

**ÉCOUEN** [ekwɑ̃] [95440] ← **ÉTYM.** anc. *Scotomagus*, du gaul. *Scotus*, n. de pers. ou de *Scoti* « les Écossais » et *magos* « marché » ♦ Ch.-l. de cant. du Val-d'Oise, arr. de Sarcelles, à l'E. de la forêt de Montmorency. 7 084 hab. *(Écouennais)*. Église Saint-Acceul des XVI^e et XVII^e s. (chœur par J. Bullant ; vitraux Renaissance). Château bâti (1538-1555) pour le connétable Anne de Montmorency par J. Bullant et en partie décoré par J. Goujon (cheminées peintes). Napoléon I^er y installa (1806) la maison d'éducation de la Légion d'honneur. Le Musée national de la Renaissance (constitué à partir des coll. autref. conservées au musée de Cluny) y est auj. installé : mobilier, boiseries, céramiques, émaux, tapisseries dont la tenture de *David et Bethsabée*, ensemble bruxellois datant de 1510-1520.

**ÉCOUFLANT** [49000] ← **ÉTYM.** langue d'oïl *es* « en les » et bas lat. *confluentes (aquas)* « aux cours d'eaux s'unissant » ♦ Comm. du Maine-et-Loire, arr. d'Angers. 3 703 hab.

**Écoute, Israël** – en hébr. ***Shema' Yisrâêl*** ♦ Début de la prière liturgique récitée matin et soir chez les juifs (le « shema »). Elle figure dans la Bible (Deutéronome, VI, 4-9, et XI, 13-21 ; Nombres, XV, 37-41) et contient la profession de foi du judaïsme : « L'Éternel est notre Dieu, l'Éternel est Un. »

**ÉCOUVES** (forêt d') ♦ Forêt domaniale de Normandie s'étendant sur 15 000 ha au N. d'Alençon (Orne). Elle possédait l'un des points culminants du Massif armoricain, le signal d'Écouves (jadis 417 m, dorénavant 413 m), dont elle forme l'extrémité N.-E. Élément du parc naturel régional Normandie-Maine.

**ECQUEVILLY** [78920] ♦ Comm. des Yvelines, arr. de Mantes-la-Jolie. 4 208 hab.

**ÉCRINS** (barre des) ← **ÉTYM.** occit. « aux sommets », de *es* « dans les » et pl. de *crin* « sommet, faîte » ♦ Point culminant des Alpes du Dauphiné dans le massif du Pelvoux [ou des Écrins] (4 102 m). ▪ Le parc national des Écrins, créé en 1973 pour protéger la flore, la faune et les sites de la région, s'étend sur 92 000 ha (Isère, Hautes-Alpes) et englobe notamment le massif du Pelvoux, le Champsaur et le Valgaudemar. C'est le plus vaste parc national français. La zone périphérique (178 000 ha) inclut les hautes vallées du Drac, de la Romanche, de la Malsanne, de la Guisane et de la Durance. Randonnées en haute et moyenne montagne. Sports d'hiver.

Les **Écrits** ou **HAGIOGRAPHES** – en hébr. ***Kethûbhîm*** ♦ Troisième et dernière section de la Bible* hébraïque (13 textes, 11 livres en regroupant Esdras-Néhémie et 1-2 Chroniques). Elle comprend des textes de nature diverse, dont certains relèvent (du point de vue profane) de la « littérature juive » : Psaumes*, Job*, Proverbes*, Ruth*, Cantique* des cantiques, Qohélet* [Ecclésiaste], Lamentations*, Esther*, Daniel*, Esdras*, Néhémie*, 1 et 2 Chroniques*. → **Cinq Rouleaux.**

**ÉCROUVES** [54200] ← **ÉTYM.** du lat. *scripulum*, désignant une unité de surface agraire ♦ Comm. de Meurthe-et-Moselle, arr. de Toul. 3 670 hab. *(Scrofuliens)*. Église (clocher du XII^e s. ; haute nef du XIII^e s.).

**ÉCULLY** [69130] ← **ÉTYM.** du lat. *Scopilius*, n. de pers. gallo-rom. ♦ Comm. du Rhône, banlieue O. de Lyon. 18 011 hab. *(Écullois)*.

**EDAM** ♦ V. des Pays-Bas (Hollande-Septentrionale), au bord de l'IJsselmeer. 28 494 hab. Église du XV^e s. ▪ Centre fromager (Zoetmelks Kaas). Jute. Papier. Plastique. ▮ **Histoire** Edam fut au Moyen Âge un port important qui périclita sous Philippe II d'Espagne.

**Edda** ♦ Nom de deux ouvrages datant l'un et l'autre du XIII^e s. et provenant d'Islande. Le premier, découvert en Islande en 1643, dit *Edda poétique* ou *Ancienne Edda* (à tort : *Edda de Saemund* en vertu d'une erreur tenace), renferme 35 poèmes gnomiques, mythologiques, magiques et héroïques qui constituent tout ce que nous possédons sur les lointaines antiquités germaniques et scandinaves. Émergent la dantesque *Völuspá** (« Prédiction de la voyante »), les truculents *Dits du Très-Haut (Hávamál)*, les initiatiques *Dits de Grímnir* (qui est Odin, *Grímnismál*) et tout le cycle consacré à Sigurdr / Siegfried meurtrier du Dragon et à ses amantes Brynhildr et Gudrún. ▪ Le second ouvrage est dit *Edda en prose* ou *Edda de Snorri*, du nom de son auteur, l'Islandais Snorri* Sturluson : c'est un manuel d'initiation à la poésie scaldique, présenté en trois temps : la *Gylfaginning* (« Fascination de Gylfi ») expose par un artifice commode l'essentiel de la mythologie nordique ancienne ; les *Skáldskaparmál* (proprement : « Poétique ») justifient les figures de style obligatoires dans cette poésie ; le *Háttatal* (« Dénombrement des mètres ») énumère la centaine de mètres différents, exemples à l'appui, dont peuvent se servir les scaldes. L'ensemble *Edda poétique-Edda de Snorri* constitue notre source obligée et d'autant plus précieuse pour connaître tant la religion du Nord ancien que les secrets de fabrication de la prestigieuse poésie scaldique.

**EDDINGTON (sir Arthur Stanley)** ♦ Astrophysicien britannique (Kendal 1882 - Cambridge 1944). Son premier ouvrage, sur *Les Mouvements stellaires et la Structure de l'univers*, jetait les bases d'une discipline nouvelle : la dynamique stellaire. En particulier, il mit en évidence la relation entre la masse et la luminosité des étoiles. En 1919, il vérifia expérimentalement, lors d'une éclipse de Soleil, la courbure des rayons lumineux au voisinage des corps de grande masse, prévue par la théorie de la relativité. Il contribua pour une large part à la diffusion de cette théorie, à laquelle il s'intéressa toute sa vie, par deux de ses ouvrages : *L'Espace, le Temps et la Gravitation* (1920) et *la Théorie mathématique de la relativité* (1923). On lui doit également deux ouvrages d'inspiration philosophique : *La Nature du monde physique* et *La Philosophie de la physique*. L'influence d'Eddington sur l'astronomie fut considérable, autant par les travaux qu'il avait personnellement menés à bien que par la fécondité des réflexions dont il fut l'initiateur.

**EDDY (Mary)** née **BAKER** ♦ Réformatrice américaine (Bow, New Hampshire 1821 - Chesnut Hill, Massachusetts 1910). Fondatrice de la Science chrétienne (Christian Science), et de l'Église du Christ scientiste à Boston en 1879, elle fit paraître plusieurs journaux (*The Christian Science Journal*, 1883 ; *The Christian Science Monitor*, 1908) et publia divers ouvrages (*Science and Health with Key to Scriptures*, 1875 ; *Retrospection and Introspection*, 1891 ; *Rudimental Divine Science*, 1887).

**EDE** ♦ V du Nigeria, dans la région Ouest. 116 222 hab. Cacao.

**EDE** [edə] ♦ V. des Pays-Bas (Gueldre). 107 500 hab. Musée (Van Gogh). Moulin Doesburger (1507). ▪ Indus. alimentaires et textiles (soie artificielle). Métall. et construc. mécaniques. Appareillage électrique. Tourisme.

**ÉDÉA** ♦ V. du Cameroun, sur la Sanaga. Plus de 35 000 hab. L'équipement des chutes de la Sanaga a permis la création de centrales hydroélectriques ; l'énergie fournie est utilisée en majeure partie pour la fabrication d'aluminium (alumine importée de Guinée). Centre forestier.

**EDEGEM** ♦ Comm. de Belgique (Région flamande), prov. et arr. d'Anvers (banl. S.). 21 616 hab. Indus. chimique. Mécanique de précision. Taille du diamant.

**EDELINCK (Gérard)** ♦ Graveur français d'origine flamande (Anvers 1640 - Paris 1707). Installé à Paris en 1666, où il bénéficia des conseils de Philippe de Champaigne, de Charles Le Brun et de Robert Nanteuil, il fut nommé professeur aux Gobelins, académicien et premier dessinateur du cabinet de Louis XIV. Habile technicien, il utilisa des tailles en losange plutôt que des tailles carrées. Il a laissé plus de trois cents œuvres qui se distinguent notamment par le rendu des matières : *La Famille de Darius aux pieds d'Alexandre* (1671), *La Sainte Famille*, d'après Raphaël (vers 1675).

**EDELMAN (Gerald Maurice)** ♦ Biochimiste américain (New York 1929). Ses travaux ont porté sur la structure de certaines molécules d'immunoglobuline. → **Porter (Rodney Robert)**. Il est également l'auteur d'une théorie sur le fonctionnement du cerveau, la sélection de réseaux neuronaux. [Prix Nobel de physiol. ou méd. 1972, avec R. Porter]

**EDEN (William)**, 1^er^ baron **D'AUCKLAND** ♦ Homme politique britannique (Londres 1745 - *id.* 1814). Il fut le négociateur d'un traité de commerce avec la France en 1786, puis d'un accord colonial avec les Provinces-Unies et fit partie des gouvernements Pitt* et Granville*.

**EDEN (Robert Anthony)**, 1^er^ comte **D'AVON** ♦ Homme politique britannique (Windlestone Hall, Durham 1897 - Aldeviston, Wiltshire 1977). Député conservateur en 1923, ministre à la SDN en janvier 1935, il fut choisi comme ministre des Affaires étrangères à cause de sa fermeté face aux ambitions de Mussolini en Éthiopie (déc. 1935). Mesurant peu à peu le danger des agressions de Hitler en Europe, il préféra démissionner (fév. 1938) devant la « politique d'apaisement » de N. Chamberlain*. Comme W. Churchill* et F. D. Roosevelt*, il s'inquiéta de la passivité de la Grande-Bretagne et de la France lors de la conférence de Munich* (sept. 1938). Pendant la guerre, Churchill le nomma ministre des Affaires étrangères (1940 - 1945), ce qu'il renouvela en 1951. En 1955, Eden lui succéda comme Premier ministre. Habile diplomate, soucieux d'apaiser la tension mondiale, il participa à toutes les grandes décisions internationales comme ministre ou comme chef du gouvernement (conférence de Londres de 1954 sur l'admission de l'Allemagne à l'Otan ; conférence de Genève en 1954 sur le règlement des problèmes coréen et indochinois, et en 1955, sur la « guerre froide »). Refusant la nationalisation du canal de Suez par Nasser, il engagea son pays aux côtés des Français dans une expédition militaire, mais dut retirer ses troupes devant l'opposition travailliste aux Communes et l'opposition américaine et soviétique à l'ONU. Il démissionna en janvier 1957 et se retira de la vie politique. ➛ **ÉTYM.** *Eden* vient du moyen anglais *Edun*, nom de personne, de *ēad* « prospérité » et *hūn* « ourson » ou de *Eden*, nom de lieu (du nom de la rivière).

**EDEN** n. m. ♦ Riv. du N.-O. de l'Angleterre (113 km). Née entre les pentes occidentales des Pennines et les monts du Cumberland (Lake District), elle coule vers le N., arrose Carlisle et se jette dans le Solway Firth.

**ÉDEN** [edɛn] ♦ Dans la Bible (Genèse, II, 8), lieu situé « à l'orient » où Dieu dispose un jardin, le paradis terrestre, pour qu'y vivent Adam* et Ève*.

**EDER** n. f. ♦ Riv. d'Allemagne occidentale (135 km). Née dans le Rothaargebirge (massif schisteux rhénan) oriental, l'Eder rejoint la Schwalm, elle-même affluent de la Fulda, et appartient au bassin de la Weser. Le lac de barrage (Ederstausee) construit en 1914 dans la région de Waldeck est avec 202 millions de $m^3$ le troisième d'Allemagne par sa capacité.

**ÉDESSE** – auj. ***Urfa*** ♦ Ancienne ville de haute Mésopotamie. Une dynastie d'origine arabe, dont les princes les plus connus portent le nom d'Abgar*, y régna de –132 à 216, date où le royaume tomba aux mains de Caracalla. La ville devint alors colonie romaine. Au IV^e^ s., la ville prit une importance culturelle considérable avec le développement du syriaque : elle fut dès lors le cœur d'une culture chrétienne, dont les premiers monuments littéraires furent l'œuvre du philosophe et poète Bardesane, puis la version de la Bible (→ **Peshitta**) et le siège d'une école chrétienne (IV^e^ - V^e^ s.) dont la principale figure fut saint Éphrem*. Prise par les Arabes en 638, elle devint sous les croisés la capitale d'une principauté latine, le *comté d'Édesse* (1098 - 1144), et passa aux Ottomans en 1637.

**EDFOU** – en ar. ***Idfū***, en égypt. ***Behdet*** puis ***Edfou***, en gr. ***Apollinopolis Magna*** ♦ V. de Haute-Égypte (gouvernorat d'Assouan), sur la rive g. du Nil. 69 000 hab. ▮ **Histoire** Capitale du deuxième nome de Haute-Égypte, la ville était consacrée à Horus dit le *Behdétite*, divinité qui sera identifiée par les Grecs à Apollon. Elle doit sa célébrité au grand temple d'Horus commencé sous Ptolémée III Evergète (–237) et achevé sous Ptolémée XIII Aulète (–57). En excellent état de conservation, ce temple compte parmi les monuments religieux les plus importants d'Égypte. Il est construit selon un plan d'une parfaite clarté et d'une grande harmonie et représente, malgré sa date tardive, le modèle classique du temple égyptien.

**EDGAR le Pacifique** ♦ (v. 943 - 975). Roi de Mercie et de Northumbrie (957 - 959), roi des Anglo-Saxons (959 - 975). Fils d'Edmond* I^er^, il protégea l'Église et nomma saint Dunstan* archevêque de Canterbury. Il fit régner l'ordre entre les Saxons et les Danois. ▪ Père d'Édouard* le Martyr, d'Ethelred* II et de sainte Édith*.

**EDGAR ATHELING** ♦ Prince anglais (Hongrie v. 1050 - v. 1125). Petit-neveu d'Édouard* le Confesseur, à la mort duquel ses droits à la couronne anglaise ne furent pas reconnus (1066). Il se révolta contre Guillaume* le Conquérant mais dut se réfugier en Écosse.

**EDGEWORTH (Francis Ysidro)** ♦ Économiste britannique (Edgeworthstown, Irlande 1845 - Oxford 1926). Fondateur de l'*Economic Journal* (1890), il fut un des continuateurs de W. S. Jevons* (*Mathematical psychics*, 1881). ➛ **ÉTYM.** Ce nom de famille vient du vieil anglais *ecg* « coteau » et *worð* « enceinte ».

**EDGEWORTH DE FIRMONT (Henri Essex)** ♦ Prêtre irlandais (Edgeworthstown, Irlande 1745 - Mitau, Courlande, auj. Ielgava 1807). Fils d'un pasteur converti au catholicisme et réfugié en France, il entra dans les ordres et ne prêta pas le serment constitutionnel. Il devint le chapelain de M^me^ Élisabeth, sœur de Louis XVI, et le confesseur du roi qu'il assista jusque sur l'échafaud. Il émigra ensuite en Angleterre.

**ÉDIMBOURG (Philippe D')** → **Philippe de Grèce, duc d'Édimbourg**

**ÉDIMBOURG** ➛ **ÉTYM.** en angl. ***Edinburgh***, anc. *Edwinsburgh*, du gaél. *Dun-Eideann* « colline fortifiée d'Edwin* (de Northumbrie) » ♦ Cap. de l'Écosse, ch.-l. de district, près du Firth of Forth, à l'extrémité O. des Lowlands. 449 020 hab. Capitale administrative, intellectuelle et artistique que tout oppose à la cité industrielle de Glasgow, même si leurs destins actuels sont liés par le renouveau économique écossais dû au pétrole de la mer du Nord. Le château, perché sur un pointement volcanique, témoigne de l'ancienne fonction stratégique. Le château royal de Holyrood marque la limite de la ville médiévale. La cité du XVIII^e^ s., au-delà de l'artère commerçante de Prince Street, est un bel exemple d'urbanisme géorgien (Moray Place), au plan géométrique, et s'étend au N. de la butte initiale. Le port de Leith sur le Forth a été rattaché à la ville en 1920. Il est devenu le faubourg industriel de l'agglomération (électronique, agroalimentaire, bois). Les quartiers modernes entourent le centre historique. V. universitaire, Édimbourg est célèbre par son festival annuel de théâtre, musique et danse fondé en 1947, et par la richesse de ses musées (National Gallery, Scottish Museum). Centre financier. Siège du Parlement écossais. ▮ **Histoire** Probablement fondée au VII^e^ s. par Edwin* de Northumbrie à qui elle doit son nom, la ville n'est mentionnée qu'au XI^e^ s., sous le règne de Malcolm* III. Aux XII^e^ et XIII^e^ s., Édimbourg se développa autour de l'abbaye de Holyrood, fondée en 1128 par David* I^er^. Au XV^e^ s., sous le règne de Jacques II Stuart, la ville supplanta sa rivale, Perth*, et devint la capitale du royaume d'Écosse. Au XVII^e^ s., Édimbourg fut le siège de violents troubles politiques et religieux (signature du *National Covenant*, occupation par Cromwell* en 1650). Au

XVIIIe s., après la signature de l'Acte d'union entre l'Angleterre et l'Écosse (1707), la population de la ville se souleva (émeute de Porteous, 1736). Dès cette époque, Édimbourg, qui avait perdu son importance politique, accrut son rayonnement culturel.

**EDİRNE** ← ÉTYM. anc. ***Andrinople***, en gr. ***Hadrianopolis*** «ville *(polis)* d'Hadrien (l'empereur)» [déformé par les Turcs en *Edirne*] ♦ V. de Turquie d'Europe, ch.-l. de prov., en Thrace orientale, près des frontières de la Grèce et de la Bulgarie, sur la Tunca, affl. du fleuve frontalier Meriç (Evros en grec, Marica* en bulgare). 136 070 hab. Ruines de l'enceinte romaine et mosquées de Sélim II (1569 - 1575), de Beyazit II (1484 - 1488) et Vieille Mosquée (Eski Cami, 1404 - 1414). ▪ Siège de l'univ. de la Thrace. ▪ Centre commercial et industriel (manufactures de soie et de coton). ▮ **Histoire** La ville fut fondée en 125 par l'empereur Hadrien* sur l'emplacement de la ville thrace d'*Uskudama*. La mort de l'empereur Valens*, vaincu par les Goths en 378, marqua la première victoire des Barbares contre les Romains (bataille d'Andrinople). Saccagée à plusieurs reprises par les Bulgares (IXe et Xe s.) puis par les croisés (au XIIe s.), la ville fut prise en 1361 par le sultan Murat Ier et devint la cap. de l'Empire ottoman jusqu'en 1458. Le traité d'Andrinople reconnaissant l'autonomie de la Grèce y fut signé en 1829. Disputée entre la Bulgarie et l'Empire ottoman au cours de la guerre des Balkans (1912 - 1913), Edirne fut attribuée à la Grèce en 1920 puis restituée à la Turquie par le traité de Lausanne (1923).

**Edirne.** La mosquée de Sélim II.
*Phot. © Nino Cirani/Ricciarini*

**EDISON (Thomas Alva)** ♦ Inventeur américain (Milan, Ohio 1847 - West Orange 1931). Autodidacte, devenu ingénieur de plusieurs sociétés télégraphiques, il fonda en 1876 une usine dans laquelle il conçut de nombreuses inventions, déposant plus de mille brevets. On lui doit notamment le phonographe, le microphone, le télégraphe duplex permettant la transmission simultanée de deux dépêches en sens inverse, le kinétoscope, la lampe électrique à incandescence, ainsi que la découverte de l'effet thermoélectronique, qui est à l'origine de la lampe diode. ← ÉTYM. Le nom de famille *Edison* signifie «fils *(son)* d'Eddis» ; *Eddis* étant le diminutif de plusieurs prénoms commençant par *Ed- (Edgar, Edmond, Edward...)*.

**ÉDITH** (sainte) ♦ Moniale à Wilton, Angleterre (v. 961 - 984), fille du roi anglo-saxon Edgar le Pacifique. ▪ Fête le 16 sept.

**EDJELÉ** ou **EDJELEH** ♦ Gisement pétrolifère du Sahara algérien (wilaya d'Illizi), à proximité de la frontière libyenne, au S. de Zarzaïtine. Oléoduc à travers la Tunisie jusqu'au port de La Skhira.

**EDME** (saint) → **Edmond Rich (saint)**

**EDMOND Ier** ♦ (v. 922 - Pucklechurch, Gloucestershire 946). Fils d'Édouard* l'Ancien. Roi d'Angleterre (940 - 946). Il réprima la révolte du Northumberland puis soumit la Mercie. ▪ Père d'Edgar* le Pacifique. ← ÉTYM. *Edmond* vient du vieil anglais *Eadmund*, de *ead* «riche, heureux» et *mund* «protection».

**EDMOND II Ironside** ou **Côte-de-Fer** ♦ (v. 981 - 1017). Roi d'Angleterre (1016). Fils d'Ethelred* II. Surnommé Côte-de-Fer à cause de sa force et de son courage, il lutta contre son compétiteur Canut* le Grand et dut lui céder la Mercie et la Northumbrie.

**EDMOND RICH** (saint), en Bourgogne saint **EDME** ♦ Archevêque de Canterbury (Abingdon, près d'Oxford, v. 1170 - Soisy, près de Provins 1240). Opposé à Henri III et avec son clergé sur la question des bénéfices ecclésiastiques, il se réfugia en France, aux abbayes de Pontigny puis de Soisy. ▪ Fête le 16 nov.

**EDMONTON** ← ÉTYM. n. emprunté à Fort *Edmonton* (n. d'une ville d'Angleterre), construit en 1795 sur la North Saskatchewan ♦ V. du Canada, cap. de la prov. de l'Alberta, à l'E. des Rocheuses dans la vallée de la North Saskatchewan. 730 372 hab. (zone urbaine 1 034 945 hab.). La population a triplé en 25 ans. Univ. de l'Alberta. Centre indus. et commercial d'une riche région agricole et minière (pétrole). On y trouve les plus grandes usines de traitement de la viande et les plus grandes raffineries de pétrole de l'O. du Canada. Indus. chimique. Métall. du zinc à proximité. ▪ Deux lignes ferroviaires intercontinentales passent par Edmonton.

**EDO** → **Tōkyō**

**ÉDOM** ← ÉTYM. hébr. «le Roux» ♦ Surnom d'Ésaü* (Genèse, XXV, 25-30). Le peuple dont il est l'ancêtre éponyme. → **Édomites, Iduméens.** ♦ ***Pays d'Édom*** Région habitée par ce peuple, au sud de la mer Morte (vallée d'Araba).

**ÉDOMITES** n. m. pl. ← ÉTYM. «descendants d'Édom» ♦ Peuple sémitique de l'Antiquité, établi au S. de la mer Morte vers le –XIIIe s., soumis à Israël par David. Après la conquête babylonienne (-587), leurs descendants s'installèrent plus à l'O., dans la région qui devint l'Idumée*.

**ÉDONIDE** n. f. – en gr. ***Êdônis*** ♦ Région de l'ancienne Thrace sur les bords du Strymon *(Édoniens)*. Les Athéniens y fondèrent Amphipolis* et les Macédoniens Philippes*.

## ÉDOUARD

← ÉTYM. en lat. médiév. *Edwardus*, du vieil angl. *Eadward*, de *ead* «richesse, bonheur» et *ward* «gardien» [it. *Edoardo*, port. *Eduardo*, esp. *Duarte*, occit. *Audoard*, all. *Eduard*, angl. *Edward*] ♦ Nom de rois et de princes du Wessex, d'Angleterre, de Grande-Bretagne et d'Irlande du Nord et du Portugal.

**ÉDOUARD l'Ancien** ♦ (mort à Farndon, Chester, en 924). Roi du Wessex (899 - 924). Fils d'Alfred* le Grand, il lutta contre les Danois avec l'aide de sa sœur Ethelfleda*, régente de Mercie. Il agrandit son royaume vers le N.-E. ▪ Père d'Edmond* Ier.

**ÉDOUARD le Martyr** (saint) ♦ (962 - Corfe, Dorset 978). Roi d'Angleterre (975 - 978). Fils d'Edgar* le Pacifique, il fut assassiné à l'instigation de sa belle-mère Elfrida.

**ÉDOUARD le Confesseur** (saint) ♦ (Islip, Oxfordshire v. 1002 - Westminster 1066). Roi d'Angleterre (1042 - 1066). Fils d'Éthelred II. Il se préoccupa plus de son salut personnel que de son royaume, où il ne put établir un pouvoir fort. Il désigna comme successeur Guillaume* le Conquérant puis Harold* II. ▪ Fête le 5 janvier.

**ÉDOUARD Ier** ♦ (Westminster 1239 - Burgh, près de Carlisle 1307). Roi d'Angleterre (1272 - 1307). Fils d'Henri* III, il mit fin à la guerre des Barons* par sa victoire sur Simon de Montfort* et assura dès lors le gouvernement réel (1265). Il soumit le pays de Galles (1277 - 1283), mais ne réussit pas à soumettre l'Écosse malgré son annexion (1297) et la répression de la révolte de Wallace*. Il sut accroître l'autorité monarchique mais reconnut toutefois les prérogatives financières du Parlement (1295). ▪ Père d'Édouard II.

**ÉDOUARD II** ♦ (Carnarvon, pays de Galles 1284 - Berkeley 1327). Roi d'Angleterre (1307 - 1327). Fils d'Édouard Ier. Homosexuel, il laissa gouverner ses favoris (→ **Despenser [Hugh Le]**) qui durent faire face à des révoltes de barons. Pas plus que son père, il ne réussit à soumettre l'Écosse, où il fut vaincu en 1314 et en 1321 par Robert* Bruce qu'il reconnut roi d'Écosse. Sa femme, Isabelle* de France, chargée d'une ambassade en France, revint en Angleterre avec son amant, Roger de Mortimer* (1326) ; ayant levé des troupes, ils le forcèrent à abdiquer, puis le firent assassiner. ▪ Père d'Édouard III.

**Édouard II** – en angl. ***The Troublesome Raigne and Lamentable Death of Edward the Second, King of England*** ♦ Drame historique de Christopher Marlowe* (1592). Faible, incapable de gouverner, Édouard II, roi d'Angleterre, n'a de passion que pour son favori Galveston. La reine Isabelle de France et le puissant lord Mortimer, mettant à profit cette tendance morbide, le contraignent à abdiquer en faveur de son fils. Le roi déchu sera assassiné dans sa prison.

**ÉDOUARD III** ♦ (Windsor 1312 - Richmond 1377). Roi d'Angleterre (1327 - 1377). Fils d'Édouard II, il régna d'abord sous la tutelle de sa mère, Isabelle* de France, et de Roger de Mortimer*, dont il se débarrassa par un coup d'État (1330). En Écosse, il soutint Edward Balliol contre David* II, qu'il vainquit en 1333, mais ne réussit pas à imposer la domination anglaise. Petit-fils de Philippe IV le Bel par sa mère, il revendiqua la couronne de France (1337), déclenchant ainsi la guerre de Cent* Ans. Son règne fut marqué par la peste noire (1349), la crise économique et des troubles sociaux ainsi que par la naissance de l'hérésie de Wyclif*. À la fin de sa vie, il abandonna le pouvoir à son fils Jean* de Gand. Il créa l'ordre de la Jarretière*. ▪ Son petit-fils Richard* II lui succéda.

**Édouard III.** *Le Couronnement d'Édouard III.* Corpus Christi College, Cambridge. *Phot. © Arch. Rencontre*

**ÉDOUARD,** prince **DE GALLES,** dit **le Prince Noir** ♦ Prince anglais (Woodstock 1330 - Westminster 1376). Fils d'Édouard* III, il fut l'un des meilleurs généraux de la guerre de Cent Ans. Il vainquit et captura le roi de France Jean* II à Poitiers* (1356). Son père lui confia le gouvernement de l'Aquitaine (1363). En Castille, il soutint Pierre* le Cruel contre Henri* II le Magnifique et Du* Guesclin, qu'il battit à Najera (1367). ▪ Père de Richard* II.

**ÉDOUARD IV** ♦ (Rouen 1442 - Westminster 1483). Roi d'Angleterre (1461 - 1470 et 1471 - 1483). Fils de Richard d'York, chef du parti d'York. Lors de la guerre des Deux*-Roses, il disputa le pouvoir, avec l'appui de Warwick*, à Henri* VI de Lancastre. Il tenta d'aider Charles le Téméraire, duc de Bourgogne, contre Louis* XI et débarqua à Calais. Ce dernier acheta son départ (paix de Picquigny, 1475). ▪ Père d'Édouard V.

**ÉDOUARD V** ♦ (Westminster 1470 - tour de Londres 1483). Roi d'Angleterre (1483). Fils d'Édouard IV, il fut séquestré et assassiné ainsi que son frère Richard d'York par son oncle Richard* III.

**ÉDOUARD VI** ♦ (Hampton Court 1537 - Greenwich 1553). Roi d'Angleterre (1547 - 1553). Fils d'Henri* VIII et de Jeanne* Seymour. Le pouvoir fut exercé par son oncle Edward Seymour*, puis par John Dudley* qui le persuada de laisser la couronne à Jeanne* Grey. Son règne fut marqué par le renforcement de la Réforme, sous l'égide de Thomas Cranmer*.

**ÉDOUARD VII** ♦ (Londres 1841 - *id.* 1910). Roi de Grande-Bretagne et d'Irlande (1901 - 1910). Écarté du pouvoir par sa mère, Victoria*, il devint l'une des personnalités les plus en vogue du Paris de la Belle Époque. Après son avènement, sa francophilie eut une action déterminante sur la politique étrangère de la Grande-Bretagne et la conclusion de l'Entente* cordiale (1904).

**ÉDOUARD VIII** ♦ (Richmond Park 1894 - Neuilly-sur-Seine 1972). Roi de Grande-Bretagne et d'Irlande du N. de janvier à décembre 1936. Il participa à la Première Guerre mondiale. Très populaire lorsqu'il succéda à son père George V en janvier 1936, il se heurta au Premier ministre conservateur Stanley Baldwin* lorsqu'il annonça son intention d'épouser Mrs. Simpson, femme divorcée et de nationalité américaine, ce qui provoqua une crise de gouvernement. Le roi abdiqua en faveur de son frère George VI (déc. 1936), devint duc de Windsor et épousa Mrs. Simpson en France en 1937. Il fut nommé gouverneur des Bahamas par Churchill* (1940 - 1945). Il a laissé des mémoires : *Histoire d'un roi* (1951).

**ÉDOUARD** ♦ (Lisbonne 1391 - Tomar 1438). Roi de Portugal (1433 - 1438). Fils de Jean* Ier et frère d'Henri* le Navigateur dont il encouragea les expéditions, il combattit sans succès les Maures et fut surtout un prince législateur, ami des lettres. ▪ Père d'Alphonse* V.

---

**ÉDOUARD** (lac) – anc. ***lac Amin Dada*** ♦ Lac d'Afrique centrale, situé au S. du lac Albert dont il est tributaire et formant la frontière entre la Rép. démocratique du Congo et l'Ouganda. 2 150 km². ▪ Il fut découvert en 1888 par Stanley qui lui donna le nom du prince de Galles, futur Édouard VII. Il est aussi appelé lac Rutanzige.

**EDOUGH** (djebel) ♦ Massif côtier de la Kabylie orientale (Algérie), dominant l'E. de la plaine d'Annaba, culminant à 1 008 m. Chênes-lièges.

**EDRISI (EL-)** → Idrīsī (al-)

**EDSCHMID (Eduard SCHMID,** dit **Kasimir)** ♦ Romancier et essayiste allemand (Darmstadt 1890 - Vulpera, Suisse 1966). Aux premières œuvres expressionnistes (il fut un des premiers à utiliser le terme), qui célèbrent *La Vie frénétique* (1915) et le dépaysement, firent suite des ouvrages de forme plus traditionnelle, récits de voyage, chroniques, biographies (en particulier sur *Albert Schweitzer*, 1949).

L'**Éducation sentimentale** ♦ Roman de Gustave Flaubert* (1869). L'œuvre n'a pour ainsi dire aucun rapport avec le roman de jeunesse (1845) pour lequel Flaubert avait choisi le même titre, si ce n'est qu'elle évoque la figure d'Élisa Schlésinger. C'est le récit des «illusions perdues» de Frédéric Moreau, caractère impressionnable et velléitaire, que l'on voit, étudiant à Paris en 1840, nourrir des ambitions artistiques et mondaines. N'osant réaliser sa passion «grave, religieuse» pour Marie Arnoux, il hésite entre les sens et le monde, entre la courtisane Rosanette et la riche Mme Dambreuse qui flatte sa vanité. Mais, toujours indécis dans sa quête d'amour, il connaîtra l'échec. Ce récit d'une vie ratée se double de l'histoire morale de toute une génération qui connaît le règne de Louis-Philippe, la Deuxième République et la fièvre politique et sociale précédant l'avènement du Second Empire. Se soumettant à une scrupuleuse méthode d'information sur les événements évoqués et adoptant un cadre chronologique précis, Flaubert reconstitue les journées révolutionnaires (1848) comme des faits mineurs dont les personnages peuvent être témoins. Le style lui-même est admirablement adapté à l'écoulement du temps : sec et dépouillé, souvent ironique, pour évoquer la grisaille de la vie quotidienne, il s'anime pour peindre les journées d'émeute et atteint un lyrisme retenu dans les portraits, sans cesse repris, de Marie Arnoux.

**ÉDUENS** n. m. pl. ▸ **ÉTYM.** en lat. ***Aedui*** «les ardents», probablt d'une rac. gaul. °*aidu-* «feu, ardeur» ♦ Peuple de la Gaule, le plus puissant avec les Arvernes*, établi entre la Loire et la Saône dans une partie du Nivernais et de la Bourgogne. Les principaux centres étaient Bibracte* et les ports fluviaux de *Cabillonum* (Chalons-sur-Saône), *Matisco* (Mâcon) et *Noviodunum* (Nevers). Alliés des Romains, ils soutinrent cependant Vercingétorix* en –52. Soumis par César*, leur pays forma la Lyonnaise* Ire avec *Augustodunum* (Autun) pour capitale. En 48, Claude* leur accorda le droit de cité romain.

**EDWARDS (Jonathan)** ♦ Prédicateur et théologien américain (East Windsor, Connecticut 1703 - Princeton 1758). Il eut la révélation de sa vocation religieuse à dix-sept ans, mais dut renoncer à sa chaire de Northampton (Massachusetts) après vingt-sept ans de ministère, car ses paroissiens supportaient mal sa rigueur. Il prêcha les Indiens dans le petit village frontalier de Stockton, où la variole l'emporta. Les œuvres d'Edwards, malgré la lourdeur de leur style, sont des documents précieux sur la mentalité des colons. Son sermon inexorable *Le Pécheur entre les mains d'un Dieu courroucé* est resté célèbre. Sa doctrine d'inspiration calviniste est résumée dans *Le Libre Arbitre* (*Inquiry into the Modern Prevailing Notions of Freedom of the Will*, 1754) et dans la *Défense de la grande doctrine chrétienne du péché originel* (1757).

**EDWARDS (William Blake MCEDWARDS,** dit **Blake)** ♦ Cinéaste américain (Tulsa 1922). Il est le digne héritier de la comédie américaine, à dominante burlesque. Son grand succès, qu'il exploita jusqu'à saturation, fut *La Panthère rose* (1964). Cela ne doit pas faire oublier des œuvres de pure jubilation, comme *Diamants sur canapé* (1961), *La Party* (1969) et *Victor Victoria* (1982), ou d'émotion, comme *Le Jour du vin et des roses* (1963).

**EDWARDS (Robert Geoffrey)** ♦ Physiologiste britannique (1925). Il mit au point, avec P. Steptoe*, la technique de fécondation *in vitro* chez l'être humain.

**EDWARDS (Jorge)** ♦ Romancier, journaliste et diplomate chilien (Santiago 1931). Il se fit connaître par un ouvrage polémique de témoignage intitulé *Persona non grata* (1973), dans lequel il dénonçait le régime castriste (qu'il avait connu lors d'une mission visant au rétablissement des relations diplomatiques entre Cuba et le régime du président Allende). À la suite du coup d'État de sept. 1973, il s'établit à Barcelone où il se consacra à la littérature et publia *Les Invités de pierre* (1978). On lui doit également *Le Musée de cire* (1981), *La Femme imaginaire* (1985) et *L'Origine du monde* (2001).

**EDWARDS (Gareth Owen)** ♦ Rugbyman britannique (Pontardawe 1947). Demi de mêlée hors pair, il disposa d'un jeu puissant, rapide, assurant ses partenaires (notamment Barry John et Phill Bennet) de passes très longues. Dans l'équipe du pays de Galles, il participa à 53 matchs consécutifs, dont 13 comme capitaine, remporta sept fois le tournoi des cinq nations et trois fois le Grand Chelem (1971, 1976 et 1978). Il est célèbre pour avoir marqué «l'essai du siècle» contre les All Blacks (Cardiff, 1973) au sein des Barbarians.

**EDWIN** ou **EADWIN** (saint) ♦ (585 - Heathfield, Yorkshire 632). Roi de Northumbrie (617 - 632). Frère d'Ethelfrith*, il unit le Kent à la Northumbrie en se mariant avec Éthelburge, fille du roi de Kent (625). Cette union avec une princesse catholique favorisa l'évangélisation. Il vainquit le Wessex mais fut battu et tué par Penda*, roi de Mercie (632). ➝ ÉTYM. *Eadwine* vient du vieil anglais *ēad* «richesse, bonheur» et *wine* «ami».

**EEKHOUD** [ekawt] ou [ekɔwt] **(Georges)** ♦ Écrivain belge d'expression française (Anvers 1854 - Schaerbeek 1927). Auteur de recueils poétiques (*Myrtes et Cyprès,* 1877), il s'est surtout illustré en tant que romancier, avec des ouvrages hauts en couleur où il prend souvent pour cadre sa Campine natale. Ses aspirations sociales se manifestent par le choix de ses personnages, paysans de la campagne du Polder, ouvriers, parfois hors-la-loi (*Cycle patibulaire,* 1892). Animés de passions violentes, dotés d'une psychologie élémentaire, ils offrent à G. Eekhoud l'occasion de brosser des tableaux de mœurs puissants, d'un réalisme que vient tempérer la sympathie pour tous les déshérités : *Kees Doorik* (1883), *Kermesses* (1884) et *Les Nouvelles Kermesses* (1887), *La Nouvelle Carthage* (1888). Après avoir fait partie du groupe La Jeune Belgique, G. Eekhoud le quitta pour fonder, avec E. Demolder*, M. Maeterlinck* et É. Verhaeren*, la revue littéraire *Le Coq rouge* (1895 - 1897).

**EEKLO** ♦ V. de Belgique (Région flamande), prov. de Flandre-Orientale, ch.-l. d'arr. 19 645 hab. Église Saint-Vincent (gothique). Hôtel de ville de 1630 (restauré). ▪ Élevage ; cultures maraîchères. Indus. diversifiées.

**ÉETION** ♦ Roi légendaire de Thèbes, en Mysie, père d'Andromaque*. Lors du sac de Troie*, il aurait été tué, ainsi que ses fils, par Achille*. Ce dernier, estimant sa vaillance, l'enterra avec ses armes.

**EFFEL (François LEJEUNE, dit Jean)** ➝ ÉTYM. des initiales de son nom (FL) ♦ Dessinateur humoriste français (Paris 1908 - *id.* 1982). Même lorsqu'il se fait polémique, l'humour de ses dessins est beaucoup plus poétique que satirique ; il est souvent fondé sur l'illustration tendre et moqueuse de certains thèmes de la tradition républicaine. Jean Effel a publié des caricatures dans les quotidiens, dont certaines ont été réunies en recueils. On lui doit un dessin animé, *La Création du monde,* réalisation d'une équipe tchèque qui a traité les dessins de J. Effel sur ce thème.

**EFFENDI (Rustam)** ♦ Écrivain indonésien (Padang 1903 - Jakarta 1979). Il résida durant vingt ans aux Pays-Bas, où il fut député et représentant du Parti communiste néerlandais. Sa pièce de théâtre, l'une des premières de la littérature indonésienne : *Bebasari* (du nom d'une princesse, 1926), fut interdite, car l'allégorie de la lutte contre le joug colonial était transparente. Ses poèmes, *Éclats de méditations* (1926) sont, pour l'époque, d'une grande audace formelle.

**EFFIAT (Antoine COËFFIER DE RUZÉ, marquis D')** ♦ Maréchal de France (Effiat 1581 - Lutzelstein, Lorraine 1632). Il se distingua au siège de La Rochelle, négocia le mariage d'Henriette-Marie de France et de Charles Ier d'Angleterre et fit campagne dans le Piémont. Il eut pour fils Cinq*-Mars.

**EFROS (Anatoli Vassilievitch)** ♦ Metteur en scène et cinéaste soviétique (Kharkov 1925 - Moscou 1987). Créateur et pédagogue, il s'imposa avec des classiques (*La Mouette* de Tchekhov, 1966 ; *Dom Juan* de Molière, 1973 ; *Le Mariage* de Gogol, 1975) parfois non sans scandale, et avec des œuvres contemporaines (Arbouzov). Il s'inspira du réalisme psychologique issu de Stanislavski. Il travaillait par improvisations pour trouver la vérité des motivations et du jeu.

**EGAS (Enrique DE)** ♦ Architecte espagnol (v. 1455 - Tolède v. 1534). Neveu de l'architecte et sculpteur Anequin de Egas, originaire de Bruxelles et maître d'œuvre de la cathédrale de Tolède. Il édifia pour les Rois Catholiques Ferdinand et Isabelle l'hôpital royal de Saint-Jacques-de-Compostelle (1499) et la chapelle funéraire de Grenade (1506). Il construisit aussi l'hôpital de la Sainte-Croix à Tolède, l'hôpital de Grenade (1511) et on lui attribue la porte principale de l'université de Salamanque. Représentant du style plateresque, il adapta à une structure relevant du gothique flamboyant des motifs de la Renaissance italienne, avec une exubérance et une fantaisie décorative qui donnent à la pierre un aspect d'orfèvrerie.

**EGAS-MONIZ (António Caetano DE ABREU FREIRE)** ♦ Médecin portugais (Avanca, Estarreja 1874 - Lisbonne 1955). Initiateur de l'artériographie cérébrale (1927), il fut également un des premiers à préconiser et à pratiquer des interventions chirurgicales portant sur le cerveau (lobotomie), pour remédier à certaines maladies mentales (1935 - 1936). [Prix Nobel de physiol. ou méd. 1949, avec W. R. Hess*]

**ÉGATES, ÉGADES, AÉGATES** ou **ÉGUSES** (îles) – en it. ***Egadi,*** en lat. ***Aegates*** ou ***Aegusae Insulae*** ♦ Nom anc. du groupe d'îles proche de la côte occidentale de la Sicile (Favignana, Levanzo, Marettimo). ▮ **Histoire** En –241, Lutatius* Catulus y remporta sur Hannon* le Grand la victoire navale qui mit fin à la première guerre punique*.

**Égaux** (conjuration des) ♦ Conspiration révolutionnaire formée en 1796 et regroupant notamment Babeuf*, Buonarroti*, Darthé, Le Peletier* et Maréchal*, afin de renverser le Directoire et de le remplacer par une dictature révolutionnaire le temps nécessaire à l'instauration d'une société communiste. Dénoncés, les conjurés furent arrêtés (mai 1796), puis Babeuf et Darthé furent condamnés à mort et exécutés (mai 1797). «Première tentative pour faire entrer le communisme dans l'histoire» (G. Lefebvre), la conjuration des Égaux fut une étape essentielle dans le développement de la pensée révolutionnaire.

**EGBERT le Grand** ♦ (mort en 839). Roi du Wessex (802 - 839). Il soumit la Mercie, l'Est-Anglia, l'Essex, le Sussex, le Kent et la Northumbrie (825 - 829), devenant ainsi roi de toute l'Angleterre. Il dut lutter contre les Danois, qu'il battit en 837. ▪ Père d'Ethelwulf*.

**EGEDE (Hans)** ♦ Missionnaire norvégien (Senjen, Norvège 1686 - Stubbekøbing, Falster 1758). Pasteur aux îles Lofoten, il fonda la mission protestante de Godthaab, au Groenland (1721). Son travail d'évangélisation des Esquimaux fut poursuivi par son fils PAUL (Vaagen 1708 - Copenhague 1789).

**ÉGÉE** ➝ ÉTYM. en gr. ***Aigaio,*** p.-ê. de *aigialos* «bord de mer» ♦ Roi légendaire d'Athènes*, fils de Pandion*. Il chasse Médée*, sa troisième femme, qui essayait de lui faire tuer son fils Thésée*. Coupable du meurtre d'Androgée*, fils de Minos, il est vaincu par celui-ci et doit accepter le tribut cruel qui donna lieu à l'expédition de Thésée contre le Minotaure. Croyant son fils dévoré par le monstre, il se précipite dans la mer qui porte son nom.

**ÉGÉE** (mer) ➝ ÉTYM. en gr. mod. ***Aiyaío,*** anc. ***Archipel*** ; du n. du roi *Égée** ♦ Partie de la Méditerranée située entre la péninsule des Balkans, la Crète et l'Asie Mineure. Prof. max. 2 529 m au S.-E. ▪ Parmi les quatre cents îles, presque toutes grecques, peuplées d'environ 1 000 000 hab. (avec la Crète), beaucoup sont volcaniques (Santorin) et toutes sont sensibles aux séismes. Le climat est sec et venté ; à part les plus vastes et les mieux arrosées, les îles ont une économie agricole en déclin : vigne, élevage ovin. Le regain démographique est dû à l'amélioration des liaisons maritimes et aériennes, au développement du tourisme et à l'extension de la banlieue d'Athènes. Les plus prospères sont Rhodes* et la Crète*. ▮ **Histoire** On donne le nom de *civilisation égéenne* aux civilisations préhelléniques, contemporaines des Minoens, installées dans certaines îles au –IIe millénaire. Athènes étendit sa domination sur la mer Égée aux –IVe et –Ve s. Au Moyen Âge, Vénitiens et Génois prirent la place des Byzantins et résistèrent aux Turcs jusqu'au XVIe s.

**EGER** → **Ohře**

**EGER** ♦ V. de Hongrie, ch.-l. du comitat de Heves, située au N.-E. du pays, sur la rivière Eger, au pied des monts de Bükk. 58 331 hab. La ville possède de nombreux témoins de son passé : restes de donjons, de casemates du Moyen Âge ; maisons turques ; maisons, palais, églises de style baroque. ▪ Centre de fabrication de vins renommés (Egri Bikavér ou «sang de taureau» d'Eger). Station thermale. ▮ **Histoire** Saint Étienne fit de la ville, qui existait au IXe s., un évêché. Au XIIIe s., Eger fut totalement rasée par les Mongols. Après leur départ, un château fort y fut construit, qui joua un rôle important lors du siège par les Turcs en 1552 : sous la conduite d'István Dobó, la garnison hongroise de 2 000 soldats y résista à une armée de 150 000 hommes. À la fin du siècle, cependant, les Turcs réussirent à prendre Eger qui subit leur domination pendant cent ans. Libérée en 1687, Eger devint une des résidences de François II Rákóczi.

**ÉGÉRIE** – en lat. ***Egeria*** ♦ Nymphe de l'Italie anc., dont le culte était lié à celui de Diane*. D'abord déesse des sources, elle passait pour avoir été la conseillère du roi sabin Numa* Pompilius (d'où le nom commun *égérie*). Devenue déesse des femmes et des esclaves, elle eut une grande popularité parmi la plèbe.

**EGGE (Peter)** ♦ Romancier et auteur dramatique norvégien (Trondheim 1869 - Oslo 1959). Né d'une famille paysanne pauvre venue à la ville, il peignit avec autant de bonheur la vie des petites gens de la campagne et celle des citadins du centre de la Norvège dans des récits (*Tableaux de la vie populaire,* 1909) et des romans (*Au fond des fjords,* 1920 ; *Hansine Solstad,* 1925). Il écrivit aussi des comédies populaires et réjouissantes telles que *Jacob et Kristoffer* (1900). Mais son livre le plus remarquable est sans doute *Jaegtvig et son dieu* (1923), où il évoque les rapports à établir entre vie religieuse et sociale. Son œuvre, écrite dans une belle et ferme langue norvégienne, le révèle aussi bon peintre que psychologue.

**EGGLESTON (William)** ♦ Photographe américain (Memphis 1939). Il ouvrit la voie à une nouvelle esthétique, celle de la photographie en couleurs, jusque-là décriée en raison du caractère populaire qu'on lui prêtait. Fixer l'ordinaire fut également novateur dans la mesure où il choisit des sujets banals, sans exclusion (personnes, animaux, objets, paysages), mais d'autant plus représentatifs de l'Amérique de la deuxième moitié du XXe siècle. Beaucoup de ses clichés, faussement décadrés, présentent une qualité graphique particulière qui les fait ressembler à des instantanés.

**EGIDIUS** ou **le comte Gilles** ♦ Général gallo-romain (mort en 464). Lieutenant d'Aetius*, il se constitua un petit royaume indépendant dans le N. de la Gaule. ▪ Père de Syagrius*.

**EGILL SKALLAGRÍMSSON** ♦ Poète islandais (v. 910 - dans l'ouest de l'Islande 970). Il est considéré comme le plus grand des scaldes (poètes) islandais. Une saga, peut-être due à Snorri* Sturluson, lui est consacrée (*La Saga d'Egill, fils de Grímr le Chauve*). En dehors d'une vie de «viking» et d'une personnalité hors du commun, Egill est l'auteur de nombreuses strophes scaldiques et de trois grands poèmes dont le *Sonatorrek* («Irréparable perte des fils») où, après avoir maudit Odin, dieu de la mort et de la poésie, qui lui a ravi ses fils, il finit par le louer pour lui avoir donné la capacité de chanter la mémoire des disparus en vers impérissables.

**ÉGINE** – en gr. mod. ***Aíyina*** ♦ Île de Grèce dans le golfe Saronique, rattachée au nome d'Attique. 11 127 hab. *(Éginètes)*. CH.-L. : Égine (5 440 hab.). Temple d'Aphaia (–480). ▮ **Histoire** Lieu de naissance du héros Éaque*, l'île acquit une puissance maritime dès le –VI<sup>e</sup> s., imposa son système monétaire sur une grande partie de la Grèce et rivalisa avec Athènes*. Après les victoires grecques sur les Perses, auxquelles Égine participa, elle fut soumise par les Athéniens (–455 - –404) et déclina rapidement. ▪ Les célèbres *marbres d'Égine* (glyptothèque de Munich, musées d'Athènes et d'Égine) témoignent du grand développement de l'art statuaire dans l'île, aux –VI<sup>e</sup> et –V<sup>e</sup> s.

**Égine.** Le temple d'Aphaia. *Phot. © Dagli Orti*

**ÉGINHARD** [eʒinaʀ] ou **EINHARD** ♦ Chroniqueur franc (en Franconie v. 770 - abbaye de Seligenstadt 840). Ami de Charlemagne*, il fut chargé d'organiser la construction de la cathédrale et du palais d'Aix*-la-Chapelle, du palais Ingelheim, etc. Après avoir été conseiller de Lothaire, il fonda l'abbaye de Seligenstadt (entre 831 et 834) où il se retira. Il est surtout célèbre pour sa vie de Charlemagne *(Vita Caroli Magni)*, inspirée du modèle antique (Suétone), qui est une des principales sources des historiens mais qui exige une lecture critique. ➝ **ÉTYM.** Le nom germanique *Aginhard* vient de *agin*, de sens inconnu, et de *hard* «dur, fort».

**ÉGISTHE** – en gr. ***Aigisthos*** ♦ Roi de Mycènes, fils de Thyeste*. Son destin tragique est en tout point digne de la famille des Atrides à laquelle il appartient. Assassin d'Atrée* et d'Agamemnon*, dont il a séduit la femme Clytemnestre* durant l'absence de celui-ci, il tombera à son tour sous les coups d'Oreste*, vengeur du meurtre de son père. Il apparaît dans plusieurs œuvres du théâtre grec (Eschyle, Sophocle, Euripide).

**EGK (Werner)** ♦ Compositeur allemand (Auchsesheim, Bavière 1901 - Inning-am-Ammersee, Bavière 1983). Il fut chef d'orchestre de l'Opéra (1935), puis directeur du conservatoire de Berlin (1950). L'abondance de son œuvre ne nuit pas à sa qualité. Influencée par R. Strauss, Stravinski et la musique française, riche de couleur et de lyrisme, dans le cadre d'une tonalité élargie, elle comprend des opéras (*Peer Gynt*, 1938 ; *Circé*, 1948 ; *Le Réviseur*, 1958), un oratorio (*Christophe Colomb*, 1934), des ballets (*Joan de Zarissa*, 1940 ; *Abraxas*, 1947 ; *Jour d'été*, 1950) ainsi que des pièces d'inspiration française (suites, chœurs et mélodies).

**ÉGLETONS** [19300] ➝ **ÉTYM.** p.-ê. du germ. *Gliuto*, n. de pers. ♦ Ch.-l. de cant. de la Corrèze, arr. de Tulle. 4 087 hab. *(Égletonnais)*. Indus. du bois. ▪ À 6 km, ruines du château médiéval de Ventadour.

**ÉGLISE (ÉTATS DE L')** ou **ÉTATS PONTIFICAUX** ♦ Territoires dans l'Italie centrale qui appartinrent, ou furent soumis comme vassaux, à la papauté, de 756 à 1870. ▮ **Histoire** Dès Grégoire* le Grand (590 - 604), la papauté était le plus vaste propriétaire terrien d'Italie et manifestait une certaine indépendance vis-à-vis de l'Empire, faiblement représenté par les exarques de Ravenne. Sous la pression des Lombards, l'exarchat tomba (v. 751) ; le pape Étienne II fit appel à Pépin le Bref ; celui-ci vainquit les Lombards (754 puis 756) et «restitua» au pape les territoires conquis, soit l'ancien «patrimoine de Pierre» (région de Rome, Pérouse), puis l'exarchat de Ravenne et la Pentapole (Rimini, Pesaro, Fani, Sinigaglia, Ancône). Charlemagne, définitivement vainqueur des Lombards (774), confirma et étendit cette donation. Par la suite, les États s'accrurent, notamment du duché de Spolète et de Ferrare. Au Moyen Âge, l'autorité des papes fut contrebattue par les féodaux, par les potentats et le Sénat romains, ainsi que par des dictateurs éphémères (➝ **Arnaud de Brescia, Cola di Rienzo**), tandis que de l'extérieur ils essuyaient les assauts des empereurs germaniques (surtout Frédéric* II) ou des rois de France (➝ **Philippe IV le Bel, Italie [guerres d']**). C'est l'influence de ces derniers, combinée à l'anarchie romaine, qui amena les papes à s'exiler en Avignon* (1309 - 1377). Très affaiblie par le Grand Schisme* (1378 - 1417), la papauté se redressa politiquement à la Renaissance, grâce à Alexandre* VI et César Borgia*, et, sous Jules* II, devint la principale puissance de l'Italie. La Révolution française amena la chute des États de l'Église : non seulement le Comtat venaissin, possession pontificale depuis 1274, fut réuni à la France (1791), mais les territoires d'Italie furent dépecés par le traité de Tolentino (1797), la création de la République romaine (1798 - 1799) puis l'incorporation au royaume d'Italie et à l'Empire. ➝ **Pie VI, Pie VII.** La reconstitution presque intégrale des États de l'Église en 1814 (➝ **Consalvi**) ne laissait pas d'être artificielle, face à l'éveil du nationalisme : Grégoire* XVI puis Pie* IX durent faire appel à l'Autriche et à la France pour maîtriser le soulèvement des Légations et de la Marche (1831), et celui de Rome

## Église

♦ Assemblée des fidèles de la religion chrétienne (cf. *Le Robert*). Une, sainte, catholique et apostolique, l'Église universelle, «corps mystique» du Christ, comprend les fidèles actuels *(Église militante)*, les élus *(Église triomphante)* et, pour les catholiques, les âmes du purgatoire *(Église souffrante)* réunis dans la communion des saints. Historiquement, l'Église primitive est née de la réunion des Églises (communautés de chrétiens) locales sous l'autorité des patriarcats (➝ **christianisme**), chaque Église particulière demeurant dépositaire de la tradition de l'Église universelle. Celle-ci s'étant divisée (➝ **schisme**), chaque communion chrétienne forma à son tour une Église. La conscience de l'unité originelle donna cependant naissance à des efforts de rapprochement. ➝ **œcuménisme.** Institutions de salut ouvertes au monde, les Églises s'opposent aux sectes, groupes fermés réservés à une minorité d'élus. Mais des formes intermédiaires existent, surtout dans le protestantisme. ♦ ***Églises préchalcédoniennes ou orientales anciennes*** Nées des premières querelles théologiques sur la nature du Christ (➝ **Nestorius, monophysites**), elles sont issues du nestorianisme : Église apostolique syrienne d'Orient (80 000 fidèles au Proche-Orient), Église syrienne Mar Thoma (quelques milliers en Inde) et du monophysisme : Églises jacobites (➝ **Jacques Baradée**) de rite syrien (env. 140 000 adeptes au Proche-Orient dans le Patriarcat orthodoxe syrien d'Antioche et 800 000 dans l'Église orthodoxe syrienne d'Inde) ; Églises de rite copte en Égypte et en Éthiopie (➝ **coptes**) ; Église arménienne (6 millions d'adeptes en Arménie et au Liban, rite arménien). ♦ ***Églises orthodoxes*** Issues du Schisme* d'Orient (➝ **Cérulaire, filioque, Photios**), elles suivent le rite byzantin et comptent 100 à 150 millions de fidèles, dont plus de la moitié dans les territoires de l'ex-URSS. Elles sont organisées en patriarcats, Églises autocéphales et Églises autonomes (➝ **orthodoxes [Églises]**). ♦ ***Église catholique*** Elle se considère comme seule légitime, issue des fondations apostoliques (➝ **Pierre [saint], Paul [saint]**) et maintenue par la tradition et la succession des évêques et des papes. Contre les Réformés, saint Pierre* Canisius introduisit le pontife romain dans la définition catholique de l'Église. La majorité des catholiques (900 millions dans le monde) suivent le rite romain. ➝ **catholicisme.** ♦ ***Églises catholiques de rite oriental*** Issues du retour dans l'obédience romaine d'une partie des fidèles des Églises préchalcédoniennes et orthodoxes (12 à 14 millions de fidèles), elles récusent le terme d'*Églises uniates*, à connotation péjorative, qui leur est parfois associé. Les principales forment au Proche-Orient et en Inde le patriarcat d'Alexandrie des coptes (rite copte, union au XVIII<sup>e</sup> s.), le patriarcat d'Antioche des Syriens (rite syrien, union en 1662), le patriarcat d'Antioche des maronites* (Liban, union au XII<sup>e</sup> s.), le patriarcat de Babylone des Chaldéens (Irak, union en 1552), le patriarcat de Cilicie des Arméniens (Beyrouth, union en 1742), et le patriarcat d'Antioche des melkites*, de rite byzantin ; en Europe l'Église ukrainienne (union en 1943) et l'Église roumaine (union en 1948). ♦ ***Églises réformées*** (environ 400 millions de fidèles) ➝ **protestantisme, anglicanisme.** Issues de la Réforme* (➝ **Luther, Calvin, Zwingli**), elles considèrent l'Écriture sainte comme seule source de la Révélation. L'institution ecclésiale y revêt trois formes : système *épiscopalien* reposant sur une hiérarchie nationale d'évêques sous l'autorité du souverain (principalement l'Église anglicane) ; système *presbytérien*, en vigueur dans l'Église d'Écosse et de nombreuses confessions calvinistes, où le gouvernement appartient à des assemblées élues de pasteurs et de clercs (➝ **presbytériens**) ; système *congrégationaliste*, où chaque communauté forme une Église autonome (➝ **baptistes, moraves [Frères], mennonites, quakers**). ♦ ***Église vieille catholique*** Elle regroupa dans l'Union d'Utrecht (1889) les catholiques hostiles au dogme de l'infaillibilité pontificale (1870, ➝ **Vatican [conciles de]**). Elle se rapprocha de l'anglicanisme, et compte 110 000 fidèles en Europe, 250 000 aux États-Unis. ♦ ***Petite Église ou anticoncordataire*** Quelques évêques refusèrent la démission que leur demandait le pape aux termes du concordat* de 1801 : leur Petite Église a subsisté dans le Poitou. ♦ ***Église de Jésus-Christ des saints des derniers jours*** ➝ **mormons.** ♦ ***Église évangélique vaudoise*** ➝ **vaudois.**

## Églises afro-chrétiennes

♦ Églises syncrétistes d'Afrique noire, apparues à la fin du XIXe s. en réaction aux missions catholiques et protestantes. En plein essor, elles sont plusieurs milliers aujourd'hui. Nées en Afrique australe avant d'essaimer jusqu'au Nigeria, les Églises «éthiopiennes» prirent la forme d'Églises séparatistes, les Églises «sionistes» celle de sectes chrétiennes prophétiques recourant aux rites traditionnels africains. Les Églises «messianiques» d'Afrique centrale dotèrent leur message de libération d'une dimension politique : la plus célèbre fut au Congo celle de Simon Kimbangu (1889-1951, Église kimbanguiste) qui compta plus de 3 millions de membres dans les années 1970. D'autres mettent l'accent sur la prière ou intègrent le rôle guérisseur de l'Esprit saint aux pratiques divinatoires et de sorcellerie : Églises aladura («priantes») et Églises «guérisseuses» du Nigeria et de l'Afrique de l'Ouest.

érigée en république (1849). En 1860, la Romagne, puis la Marche et l'Ombrie se donnèrent au Piémont. Seule la présence de troupes françaises permit à Rome de se maintenir contre les nationalistes (→ **Garibaldi**) ; dès la chute du Second Empire, Rome fut annexée au royaume d'Italie (1870). Malgré la loi des Garanties (1871), Pie IX se considéra comme prisonnier et il fallut attendre les accords du Latran* et la constitution de l'État de la cité du Vatican* (1929) pour que fût réglée la «question romaine».

**ÉGLY** [91520] ♦ Comm. de l'Essonne, arr. de Palaiseau. 5 321 hab.

**EGMONT** ou **EGMOND** (**Lamoral,** comte **d'**) ♦ Homme de guerre des Pays-Bas (La Hamaide, Hainaut 1522-Bruxelles 1568). Il fut un grand capitaine et eut un rôle particulièrement brillant à Saint-Quentin* (1557) et à Gravelines (1558). Il mena, avec le comte de Hoorne* et le prince d'Orange, l'opposition à Granvelle*. Bien qu'il fût resté catholique, il fit preuve d'une grande tolérance et soutint Guillaume* le Taciturne. Aussi fut-il exécuté en même temps que son parent Hoorne, malgré l'intervention de l'empereur Maximilien*. Sa mort fut suivie d'une insurrection générale des Pays-Bas. ▪ Sa vie inspira à Goethe une tragédie pour laquelle Beethoven* écrivit une musique de scène. ➝ ÉTYM. Ce nom de famille vient du germanique *eg* «épée» et *mund* «courage».

**Egmont (Le Comte d')** ♦ Tragédie en 5 actes et en prose de Goethe* (1787). Au moment où, envoyé par Philippe II, le duc d'Albe s'apprête à noyer dans le sang la révolte des Pays-Bas, Egmont est jeté en prison et condamné à mort, tandis que les habitants de Bruxelles l'abandonnent. Seule, Clara, une fille du peuple, lui demeure fidèle. Au moment où elle lui apparaît dans sa prison, elle prend soudain pour lui le visage de la liberté. Dans un admirable élan lyrique, il lui déclare son amour, un amour pour lequel il va donner sa vie. ▪ Beethoven* a composé pour cette épopée dramatique une musique de scène dont l'ouverture est célèbre (1810). D'une structure assez complexe, c'est l'ouvrage où s'exprime le plus complètement l'idéalisme héroïque de Beethoven.

**ÉGUILLES** [13510] ➝ ÉTYM. du lat. *Aculius*, n. de pers., avec attraction du prov. *agulha* «aiguille» ♦ Comm. des Bouches-du-Rhône, arr. d'Aix-en-Provence. 7 127 hab.

**EGUISHEIM** [68420] ➝ ÉTYM. anc. *Aginesheim*, du germ. *Agino*, n. de pers., et *heim* «village» ♦ Comm. du Haut-Rhin, arr. de Colmar. 1 548 hab. Château des comtes d'Eguisheim (imposante enceinte octogonale). L'église, moderne, conserve un tympan du XIIe s. ▪ Aux environs, ruines des donjons d'Eguisheim (Weckmund, Wahlenbourg, Dagsbourg).

**ÉGUZON-CHANTÔME** [36270] ➝ ÉTYM. *Éguzon*, anc. de *Aguzonio*, du lat. *Acutius*, n. de pers., et suff. *-onem* et *Chantôme* «marché circulaire», du gaul. *cantos* «bord d'un cercle» et *magos* «marché» ♦ Ch.-l. de cant. de l'Indre, arr. de La Châtre, sur la Creuse. 1 373 hab. *(Éguzonnais)*. Ruines de l'anc. château. ▪ Barrage sur la Creuse et centrale hydroélectrique.

## ÉGYPTE

▪ n. f. ➝ ÉTYM. de l'égypt. *Hikuptah* «château du *ka* (âme) de *Ptah*,» un des noms de la ville de Memphis, dont les Grecs firent ***Aiguptos*** et qu'ils appliquèrent à tout le pays ; off. ***République arabe d'Égypte*** en ar. ***Jumhūriyat Miṣr al-ʿArabīya*** ♦ Pays s'étendant sur l'extrême N.-E. du continent africain et sur la péninsule du Sinaï. 1 001 449 km². 72 579 030 hab. *(Égyptiens)*. LANGUE : arabe. RELIGIONS : musulmans sunnites 90 %, chrétiens coptes 9 à 10 %, env. 20 000 juifs. MONNAIE : livre égyptienne. CAPITALE : Le Caire. RÉGIME : présidentiel. L'Égypte est divisée en 29 gouvernorats.

### GÉOGRAPHIE

Le pays est formé de deux déserts séparés par un ruban de terres fertiles qui s'allonge du N. au S. et que constitue la vallée du Nil.

**▪ LE DÉSERT LIBYQUE** À l'O. s'étend le désert Libyque* ou désert occidental (prolongement du Sahara), qui couvre les 2/3 du pays (710 000 km²) et est formé de dunes de 300 à 400 m de haut. Très aride, il est cependant ponctué d'oasis (Ouadi Natroum, Fayoum, oasis de Baharieh, Farafreh, Sioua, Dakhleh, Khargeh plus au S.). La cuvette saline de Kattara au N., la plus grande dépression du pays (18 000 km²), est située à 134 m au-dessous du niveau de la mer. Le désert s'achève sur la Méditerranée par une côte inhospitalière. À l'E. du fleuve, le désert Arabique, ou désert oriental, s'étend jusqu'à Suez et la mer Rouge et se prolonge sur la péninsule du Sinaï (22 000 km²). Il possède une chaîne de montagnes culminant à plus de 2 000 m (Jabal el-Shayib, 2 184 m ; mont Moïse [ou mont Sinaï], 2 285 m ; Jabal Katharina, 2 637 m).

**▪ LE NIL** La vallée du Nil, longue de 1 280 km et d'une largeur de 1 à 20 km, draine le pays du S. au N., de la deuxième cataracte jusqu'au Caire (Haute-Égypte). Au N. du Caire le Nil se ramifie en deux branches principales (Damiette, Rosette) et forme un vaste delta marécageux (24 000 km²) bordé de lacs (Mariout, Menzaleh), appelé Basse-Égypte. Il se jette dans la mer sur un front de 250 km.

**▪ LE CLIMAT** Méditerranéen sur la côte et dans le delta, le climat est chaud et aride dans les déserts. La construction du haut barrage d'Assouan a modifié le climat et il pleut plus souvent aujourd'hui dans le delta, au Caire et même en Haute-Égypte.

### ÉCONOMIE

L'économie de l'Égypte se trouve confrontée aux problèmes structurels propres aux pays en voie de développement, aggravés par une politique mal contrôlée d'ouverture aux capitaux occidentaux *(Infitah)*. Très endettée (env. 30 milliards de dollars en 2006), l'économie égyptienne est largement tributaire de l'aide internationale, américaine notamment. L'Égypte est un «don du Nil» et toute l'activité économique se concentre dans la vallée et le delta du fleuve.

**▪ L'AGRICULTURE** L'agriculture occupe 28 % de la population active. Une réforme agraire, mise en œuvre de 1952 à 1961, a tenté une meilleure répartition des terres, jusque-là détenues en partie par l'ancienne dynastie royale et les grandes familles, mais a échoué en raison notamment du faible rendement des petites propriétés. La culture principale est depuis le XIXe s. le coton. De bonne qualité, il est largement exporté : l'Égypte est le 8e exportateur mondial. La canne à sucre alimente les sucreries locales et est en partie exportée. Le blé et le maïs sont cultivés dans la vallée du Nil, le riz sur les terres salées du delta. Le *bersim* (trèfle), l'orge et le sorgho ont acquis une certaine importance. La production de légumes (oignons, tomates, poivrons) et de fruits frais et secs (dattes, figues) localisée dans le Fayoum est en expansion. L'Égypte ne peut subvenir qu'à la moitié de ses besoins alimentaires. Les importations de céréales contribuent à aggraver le déficit budgétaire du pays. De gros efforts ont été entrepris pour accroître les zones irriguées et les zones cultivables : barrage d'Assiout, Nag Hamadi, Ziftah, Esnah, et surtout les deux barrages d'Assouan* et de Sadd* el-Ali (haut barrage). Néanmoins, les efforts de bonification des terres sont toujours en deçà des résultats escomptés comme le montre l'aménagement de la Nouvelle Vallée, dans le désert occidental, le long de la frontière avec le Soudan.

**▪ LE PÉTROLE, LE GAZ ET LES MINERAIS** Le pétrole est la principale ressource minière du pays. Les réserves sont estimées à plus de 500 millions de tonnes ; les principaux champs pétrolifères sont situés dans le golfe de Suez, dans le Sinaï et en Méditerranée. Le sous-sol égyptien recèle également du gaz naturel localisé dans le

**Égypte ▪ Productions en 2008**

| Produits | Quantités | Rang |
|---|---|---|
| **▪ Agriculture** | | |
| Blé | 7 000 000 t | 16e |
| Canne à sucre | 17 000 000 t | 15e |
| Coton fibre | 200 000 t | |
| Dattes | 1 140 000 t | 1er |
| Maïs | 6 400 000 t | 15e |
| Olives | 330 000 t | 8e |
| Oranges | 2 000 000 t | 9e |
| Pommes de terre | 2 700 000 t | |
| Raisin | 150 000 t | |
| Riz | 6 900 000 t | 14e |
| Sorgho | 900 000 t | 12e |
| Tomates | 7 600 000 t | 6e |
| Bovins (têtes) | 4 500 000 | |
| Ovins (têtes) | 5 500 000 | |
| **▪ Mines et énergie** | | |
| Fer | 1 600 000 t | |
| Gaz naturel | 48 000 000 000 m³ | |
| Hydroélectricité | 14 TWh | |
| Pétrole | 35 000 000 t | 25e |

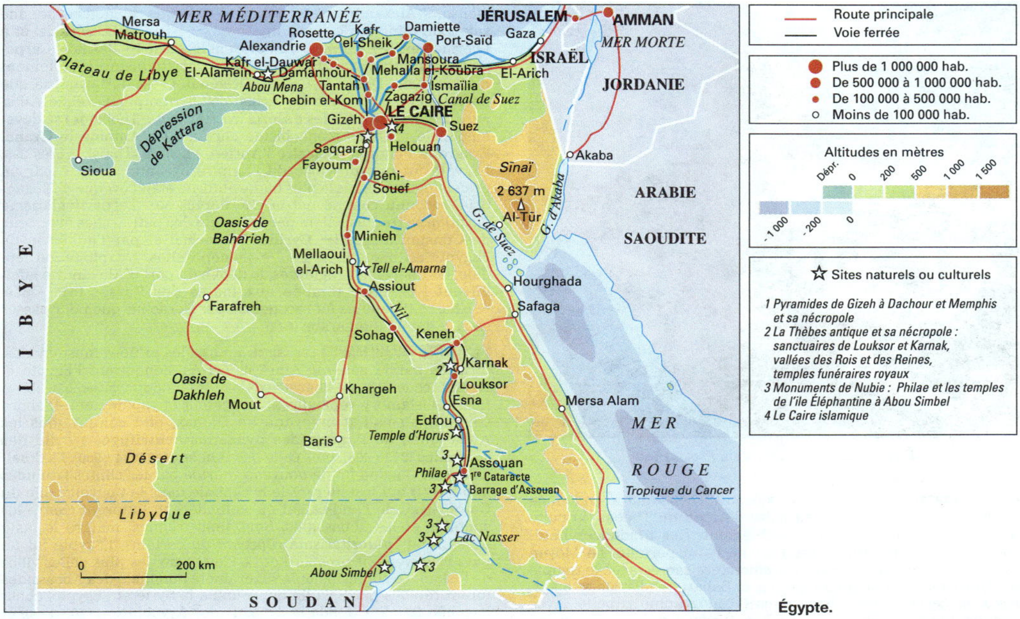


Égypte.

delta et dans le désert occidental. Les autres minerais, dont les réserves demeurent limitées, sont les phosphates (Haute-Égypte, côtes de la mer Rouge), le manganèse, le fer, le zinc et le sel marin.

**L'INDUSTRIE** Le secteur industriel a connu un fort développement depuis l'indépendance grâce à l'énergie hydraulique fournie par le haut barrage d'Assouan. Concentré principalement dans les grandes villes du Caire et d'Alexandrie, ce secteur emploie 13 % de la population active et réalise 35 % du PIB. Le gouvernement encourage les investissements privés et le développement d'une industrie tournée vers l'exportation. Toutefois, malgré la politique de libéralisation, le secteur public réalise encore environ la moitié du PNB. L'industrie textile est la plus importante, cotonnades (Mehalla el-Koubra) dont une partie est destinée à l'exportation, laine, rayonne. L'industrie chimique (savonneries, superphosphates) et le ciment sont en plein essor. Le secteur alimentaire (sucreries, conserveries, huileries, manufactures de tabac) reste secondaire. La sidérurgie traite le minerai de fer d'Assouan dans les complexes d'Helouan et de Nag Hamadi. L'Égypte a développé, grâce aux contributions financières de l'Arabie Saoudite, du Qatar et des Émirats arabes unis, une importante industrie de l'armement, en partie destinée à l'exportation. Le secteur du bâtiment souffre de la pénurie de matériel. Une ville nouvelle, 10 Ramadan, entre Le Caire et Ismaïlia, doit devenir un nouveau pôle industriel. L'essor industriel demeure tributaire d'un accroissement des ressources énergétiques du pays. Aussi le gouvernement envisage-t-il la construction de centrales nucléaires et de nouveaux barrages sur le Nil. Les transferts de revenus des travailleurs égyptiens à l'étranger, les droits de passage dans le canal de Suez et les exportations pétrolières constituent les principales ressources en devises du pays avec le tourisme qui s'est maintenu malgré les attentats terroristes de Charm* el-Cheikh en 2005.

## HISTOIRE

**L'ÉGYPTE PHARAONIQUE** Le peuplement de l'Égypte dut se faire lentement par la fusion d'ethnies venues d'Afrique et peut-être d'Asie occidentale. Vers –10000 commença l'âge de la pierre polie et deux zones de civilisation apparurent au N. et au S. qui se maintinrent à l'époque néolithique (–5000). À la fin du –IVe millénaire, le pays était partagé en deux grands royaumes : celui de Bouto au N. et celui de Nékhen au S. Vers –3300, Ménès soumit le N., unifia l'Égypte et fonda la Ire dynastie thinite. Les noms des pharaons des deux premières dynasties thinites et de la IIIe dynastie memphite (dont Djoser) nous sont connus par les édifices d'Abydos et de Saqqara. **L'Ancien Empire** L'Ancien Empire (–2720 - –2300 ; IVe à VIe dynastie) atteignit son apogée avec les pharaons Khéops, Khéphren et Mykérinos qui firent construire les grandes pyramides de Gizeh*. La capitale fut alors transférée de This à Memphis. On entreprit l'exploitation des mines de Nubie (→ **Pépi**). Le «style memphite» est caractérisé par un classicisme altier qui se manifeste dans l'harmonie des lignes droites et de larges masses symétriques. La peinture est peu pratiquée, on lui préfère le bas-relief (mastaba de Ti à Saqqara). C'est à cette époque que commence le développement de la statuaire colossale (Sphinx de Gizeh). Avec la première période intermédiaire (–2300 - –2065 ; VIIe à Xe dynastie) commença la lutte entre les rois d'Héracléopolis (Khéti Ier, II et III), maîtres de la vallée du Nil et du delta, et les rois de Thèbes, maîtres de la Haute-Égypte. **Le Moyen Empire** Elle s'acheva par la victoire des Thébains avec Mentouhotep Ier et la fondation du Moyen Empire (–2065 - –1785 ; XIe et XIIe dynasties). Sous la XIIe dynastie les Amménémès et les Sésostris s'employèrent à la colonisation de la Nubie et à la mise en valeur du Fayoum et étendirent l'influence

Égypte ancienne.

**Égypte.** Le sphinx de Gizeh. *Phot.©Hétier*

de l'Égypte en Phénicie et en Palestine. Thèbes fut abandonnée pour Licht. Parallèlement au culte d'Amon de Thèbes, le culte d'Osiris se développa considérablement. Des tendances hétérogènes se manifestent dans l'art de cette période. Le Moyen Empire voit renaître la grande architecture sacrée avec le temple funéraire de Mentouhotep Ier à Deir el-Bahari, tandis que se manifeste un certain humanisme dans l'iconographie rituelle. Avec l'apport thébain, la statuaire se dégage peu à peu du hiératisme pour donner des portraits plus réalistes (Sésostris III, Le Caire, New York ; Amménémès III, Berlin). Mais l'académisme de l'école memphite demeure (Sésostris Ier trônant, Licht, Le Caire). La grande nouveauté est l'apparition de la peinture pure (nécropole de Beni-Hasan). Au Moyen Empire succéda une des périodes les plus obscures de l'histoire égyptienne, la deuxième période intermédiaire (–1785 - –1580 ; XIIIe à XVIIe dynastie) pendant laquelle le pays fut occupé par les Hyksos. ▮ **Le Nouvel Empire** L'expulsion des Hyksos fut l'œuvre d'Amôsis* qui fonda le Nouvel Empire (–1580 - –1085 ; XVIIIe à XXe dynastie). Avec Aménophis Ier et Thoutmôsis Ier, la XVIIIe dynastie thébaine, désireuse de garantir l'Égypte contre de nouvelles invasions, se lança dans une grande politique de conquêtes : domination sur la Nubie, la Syrie et jusqu'à l'Euphrate supérieur. Interrompue par le règne d'Hatchepsout, cette politique d'expansion sera reprise par Thoutmôsis III et ses successeurs. Désorganisé par la révolution amarnienne (→ **Akhnaton ; Tell el-Amarna**), l'empire faillit succomber à la menace hittite. Mais avec Horemheb* la XIXe dynastie vit renaître l'impérialisme égyptien. Ramsès II, après avoir essayé de reprendre la Syrie aux Hittites, préféra signer avec eux le traité de –1278 qui assurait à l'Égypte encore quelques années de paix. Le Nouvel Empire est l'époque du plus grand épanouissement artistique de l'Égypte. → **Ramsès II.** Sous les Ramsès de la XXe dynastie l'anarchie politique croissante aboutit au partage de l'empire entre Smendès, établi à Tanis, et Héribor, à Thèbes. ▮ **La décadence et la chute de l'Empire** Durant toute la XXIe dynastie (–1085 - –950), deux lignées parallèles de pharaons (au N.) et de grands prêtres (à Thèbes) se succédèrent sur les trônes d'Égypte. Sous les dynasties libyennes et couchites (–950 - –663 ; XXIIe à XXVe dynastie) commença la décadence de l'empire (→ **Chéchonq, Osorkon**) qui tomba bientôt sous la domination assyrienne (prise de Thèbes par Assurbanipal*, –664). Une courte période de renaissance avec la XXVIe dynastie saïte (–663 - –525) fondée par Psammétique* Ier (→ **Néchao II, Apriès, Amasis**) n'empêcha pas l'Égypte de s'effondrer à la bataille de Péluse (–525) devant les Perses de Cambyse* II. Resté plus d'un siècle sous la domination perse (–525 - –404 ; XXVIIe dynastie), le pays retrouva passagèrement son indépendance sous les dernières dynasties (XXVIIIe à XXXe ; Néphéritès, Psammouthis, Nectanébo) avant de tomber sous la deuxième domination perse dont il fut libéré en –332 par Alexandre le Grand.

▮ **L'ÉGYPTE PTOLÉMAÏQUE, ROMAINE ET BYZANTINE** Après avoir fondé Alexandrie (–331), Alexandre se rendit au sanctuaire d'Amon dans l'oasis de Sioua où il se fit reconnaître comme fils du dieu et donc souverain d'Égypte. À sa mort (–323), le pays alla à Ptolémée* Ier, fondateur de la dynastie des Lagides, dynastie qui régna sur l'Égypte jusqu'à la mort de Cléopâtre. → **Ptolémée.** Après la bataille d'Actium (–31) et l'entrée d'Auguste à Alexandrie, l'Égypte passa sous la domination de Rome. Province relevant personnellement de l'empereur et administrée par un préfet de rang simplement équestre, pour prévenir les usurpations, l'Égypte romaine resta proche de l'Égypte lagide : hellénisme, pas ou peu d'organisation en cités (Alexandrie n'eut une *boulê* que sous Septime Sévère), population autochtone maintenue dans un rang subalterne même après l'édit de Caracalla (212). Alexandrie continua d'être le plus grand port de la Méditerranée et une capitale intellectuelle et religieuse. → **Alexandrie.** ▮ **Les religions** À l'ancienne religion égyptienne survivant dans des cultes à mystères (→ **Isis, Osiris, Sérapis**) et à l'hermétisme (→ **Hermès**) s'ajoutèrent la gnose (→ **Basilide, Carpocrate, Valentin, Nag Hamadi**) et le christianisme (→ **Clément d'Alexandrie, Denys le Grand, Origène**). C'est d'Alexandrie que partit l'hérésie arienne (→ **Arius**) combattue par l'évêque Athanase, tandis que dans les déserts (Nitrie, Scété, Thébaïde) se développait le premier monachisme chrétien (→ **Antoine le Grand, Évagre le Pontique, Macaire l'Ancien, Pacôme, Thaïs**). Après 395, l'Égypte fut une province de l'Empire byzantin, dirigée par un préfet augustal. Mais la plus haute autorité était l'évêque d'Alexandrie, reconnu comme patriarche depuis 381. Le particularisme égyptien se traduisit alors par la rivalité des patriarches avec ceux de Constantinople (→ **Cyrille, Nestorius**) et par l'adhésion de l'Égypte au monophysisme. → **monophysites.** L'exploitation féodale, les querelles religieuses, le déclin du port d'Alexandrie affaiblirent l'Égypte : tombée aux mains des Perses (617 - 629, → **Khosrō II**), elle ne fut reconquise par Héraclius que pour passer sous la domination arabe (642).

▮ **L'ÉGYPTE MUSULMANE** ▮ **Les califats** En 639, les armées musulmanes, dirigées par le général 'Amr* ibn al-Āṣ, conquirent l'Égypte et furent accueillies en libératrices par les monophysites. L'arabisation et l'islam s'y répandirent largement et rapidement. D'abord soumise au califat omeyade de Damas, elle connut sous les Abbassides de Bagdad des dynasties centrifuges : celle des Tulunides (879 - 905), puis celle des Ikhchidites (934 - 960). La domination de Bagdad fut de nouveau écartée par les chiites fatimides (969 - 1171) qui installèrent leur capitale dans la nouvelle ville du Caire, siège de l'anti-califat qu'ils fondèrent, luttèrent contre les sunnites et les abbassides. Sous leurs règnes, malgré le faste excessif ou l'autoritarisme répressif de certains, l'Égypte fut un pays relativement prospère et Le Caire une des plus belles villes de l'Islam. Le sunnisme et la suzeraineté nominale des Abbassides furent rétablis par Saladin qui réunifia la Syrie et l'Égypte, abolit le califat fatimide, fonda la dynastie des Ayyubides (1170 - 1250) et porta un coup décisif à la présence des croisés en terre d'Islam. ▮ **Les mamelouks** Les successeurs de Saladin furent renversés par les mamelouks, issus de leur garde privée. Les chefs mamelouks de la dynastie des Bahrites (1250 - 1382), puis de celle des Burdjites (1382 - 1517), préservèrent l'Égypte du péril mongol, battirent les croisés et renforcèrent le potentiel économique et le poids politique du pays. Ils firent construire au Caire des monuments magnifiques et originaux. Ce fut la plus grande période de l'Égypte depuis l'époque hellénistique. La décadence que connut le pays à la fin du XVe s. est due à un événement extérieur : la découverte du cap de Bonne-Espérance (1498) ravit à l'Égypte le rôle de médiateur entre l'Asie et l'Europe. ▮ **Les Ottomans** Les mamelouks ne purent repousser l'invasion ottomane (1517) qui fit du pays une province turque de seconde zone (XVIe - XVIIIe s.). Ce fut une période de misère et d'anarchie pour le pays, bientôt livré aux convoitises des puissances européennes. L'expédition de Bonaparte en 1798 (→ **Égypte [campagne d']**) s'inscrivit dans le contexte de la rivalité entre la France et la Grande-Bretagne. Après le départ des Français en 1801, l'Égypte traversa une période de désordre à laquelle mit fin l'énergique Méhémet Ali dit le Grand (Méhémet Ali Pacha) envoyé en Égypte par la Sublime Porte. Malgré sa brièveté, cette campagne donna le coup d'envoi au mouvement de renaissance culturel (*Nahdha*) non seulement en Égypte mais dans tout l'Orient arabe.

▮ **DE MÉHÉMET ALI À NASSER** ▮ **Le règne de Méhémet Ali** Quand Méhémet Ali fut nommé vice-roi (1805 - 1849), l'Égypte retrouva une indépendance de fait par rapport à Constantinople. Il épura le pays des derniers mamelouks, se dota d'une puissante armée et d'une flotte qui lui permirent d'écraser, au nom du Sultan ottoman, le mouvement fondamentaliste wahhabite en Arabie centrale, de conquérir le Soudan et de mater l'insurrection nationaliste grecque. Inquiètes de son pouvoir, les puissances occidentales intervinrent auprès de la Sublime Porte pour qu'il limite ses visées à la seule vallée du Nil. Animé d'un grand projet moderniste et réformiste pour tout l'Empire ottoman, Méhémet Ali envoya ses armées à l'assaut de Constantinople. Devant les défaites successives infligées à l'armée ottomane, les puissances occidentales intervinrent militairement privant le vice-roi (→ **Ibrahim Pacha**) du fruit de ses victoires et l'obligeant à se replier sur l'Égypte. En contrepartie de ce repli, et de l'abandon définitif de toute prétention sur la Syrie, il lui fut accordé à titre héréditaire le titre de vice-roi d'Égypte et du Soudan (1840). En 45 ans de règne, Méhémet Ali modernisa le pays (barrage du Delta, écoles, hôpitaux) et contribua à développer une véritable conscience nationale. ▮ **L'occupation britannique** Ses successeurs (Abbas Ier, Saïd, Ismaïl) ne firent que poursuivre son œuvre mais en s'appuyant de plus en plus sur l'Europe, notamment pour le creusement du canal de Suez, projet combattu par Méhémet Ali qui estimait le coût financier mais surtout politique de ce projet excessif. Très vite, la dette extérieure de l'Égypte s'accumula. Le khédive dut vendre ses actions de Suez au gouvernement britannique (1875). L'année suivante, il fut contraint d'accepter l'établissement d'un condominium franco-britannique pour le contrôle des finances égyptiennes. Le mouvement nationaliste prit de l'ampleur dans le pays. Pour mater une insurrection menée par Ourabi Pacha, les Britanniques, après avoir bombardé Alexandrie, occupèrent militairement le pays (1882). Le véritable maître du pays

**Égypte.** La mosquée d'Abū Al-'Abbās, à Alexandrie. © *PhotoDisc*

devint le consul britannique, rôle qu'exerça lord Cromer de 1883 à 1907, et les velléités d'indépendance d'Abbas II par rapport à Londres (1892 - 1914) furent contenues. **▮ Le nationalisme égyptien** Le mouvement nationaliste reprit force et vigueur, trouvant en Muhammad Abduh le théoricien qui lui manquait. Ce dernier fonda le Parti national égyptien (1899) et prôna des réformes profondes de la société arabo-islamique pour répondre aux défis lancés par l'Occident. Dès cette date, l'Égypte connut un nouvel essor culturel avec la fondation d'écoles, de bibliothèques, d'imprimeries, de journaux. Au début du XX$^{e}$ s. l'opposition nationaliste se regroupa derrière Mustapha Kemal qui réorganisa le Parti national (1907). Des grèves éclatèrent en 1901, 1907 et 1908. En 1904, Londres et Paris s'accordèrent sur un partage : l'Égypte sous tutelle britannique, le Maroc sous celle de la France. À la veille de la Première Guerre mondiale, l'Égypte connut une grave crise économique accentuant un peu plus la lutte nationaliste dans le pays. **▮ Le protectionnisme britannique** Dès le déclenchement des hostilités avec la Turquie, la Grande-Bretagne déposa Abbas II, jugé peu sûr, et proclama officiellement son protectorat sur l'Égypte (1914) tandis que le nationalisme égyptien entrait dans une nouvelle phase avec Sa'd Zaghlūl*, qui réclama l'indépendance dès 1918 à travers son parti Wafd («délégation» en arabe). Zaghlūl fut arrêté puis relâché avant d'être déporté aux îles Seychelles (1921). **▮ L'indépendance et la monarchie** Pour mettre fin à trois années de troubles sanglants, le gouvernement britannique finit par reconnaître l'indépendance de l'Égypte (1922) tout en se réservant la défense, l'entretien des troupes et les affaires étrangères et en gardant une importante mainmise sur l'économie. Fouad I$^{er}$ (1917 - 1936) abandonna son titre de sultan contre celui de roi d'Égypte. Après l'adoption d'une Constitution (1923), les élections législatives virent le triomphe de Sa'd Zaghlūl et de son parti, le Wafd. Dès lors, la Grande-Bretagne tira parti des antagonismes entre le Wafd et le Palais, menant, selon la conjoncture, une politique de soutien tantôt en faveur du roi, tantôt en faveur du Wafd. C'est ainsi qu'elle imposa comme Premier ministre à Farouk (1936 - 1952) Naḥḥās Pacha, successeur de Zaghlūl à la tête du Wafd, afin d'empêcher le roi de mener une politique d'alliance avec les forces de l'Axe qui parvinrent à quelques kilomètres d'Alexandrie (1942). Au lendemain de la guerre, de nombreux partis virent le jour, dont le mouvement des Frères musulmans. Le Caire devint le siège de la Ligue arabe (1945) et l'année suivante l'Égypte fut admise à l'ONU. Cependant, les contradictions internes commencèrent à secouer le Wafd et à l'affaiblir, tandis que la défaite de l'armée égyptienne, mal armée et peu motivée, dans le premier conflit contre Israël fragilisa la monarchie. **▮ Les «officiers libres»** Onze officiers, ayant participé à la guerre contre Israël, dont Gamal Abdel Nasser et Anouar al-Sadate, formèrent le Mouvement des officiers libres. En 1950, le roi fit de nouveau appel à Naḥḥās Pacha pour remédier à une situation grave alors que les troupes britanniques étaient toujours présentes dans le pays. À la faveur des troubles, Nasser et ses compagnons déposèrent le roi (23 juil. 1952) et proclamèrent la république, sans effusion de sang. À la tête de l'État, Nasser plaça un général sans pouvoir réel, Mohamed Neguib, avant de le remplacer en 1954.

**▮ L'ÉGYPTE NASSÉRIENNE ▮ La crise de Suez** Promoteur d'un nationalisme arabe (panarabisme) et socialisant, Nasser engagea le pays dans un vaste processus de modernisation. N'ayant pu obtenir, pour des raisons idéologiques, l'aide des États-Unis pour la construction du barrage d'Assouan, il nationalisa le canal de Suez (1956), déclenchant une riposte militaire de la France, de la Grande-Bretagne et d'Israël. À la faveur notamment de l'intervention de Washington, qui cherchait à supplanter les anciennes puissances colonisatrices, et de Moscou qui voulait briser son isolement, la crise de Suez fut l'une des grandes victoires politiques de Nasser ; il proclama l'unification de la Syrie et de l'Égypte (République arabe unie, 1958 - 1961), affirma son hostilité aux régimes modérés conduits par la monarchie wahhabite, envoyant l'armée égyptienne soutenir la jeune République yéménite. Il s'éleva également contre l'Irak monarchique, l'Iran du chah et apporta son soutien aux mouvements de libération du Maghreb, et en particulier au FLN algérien. **▮ La fermeture du canal de Suez** Après la guerre éclair que déclencha Israël en juin 1967, à la suite du blocus du golfe d'Akaba, et la défaite de l'armée égyptienne, la présence soviétique s'affirma. Pour la première fois, le conflit avec Israël devint, après la perte du Sinaï et la fermeture du canal de Suez, prioritaire → **israélo-arabe (conflit).** Quelques mois après la défaite, commença une guerre d'usure, ponctuée de raids isolés dans la région du canal. Une trêve fut proclamée dans les relations inter-arabes (retrait du Yémen). Nasser accepta la présence de bases soviétiques sur son territoire pour faire face au défi israélien. **▮ Le plan Rogers et la mort de Nasser** Inquiets de cette évolution, les États-Unis proposèrent à l'Égypte un plan de paix global (plan Rogers) que Nasser accepta. Un cessez-le-feu fut proclamé pour 3 mois. La mort de Nasser en sept. 1970 donna cependant le coup de grâce à ce plan.

**▮ L'ÉGYPTE DE SADATE ET DE MOUBARAK ▮ Sadate** Anouar al-Sadate, qui succéda à Nasser, écarta les nassériens de gauche et se rapprocha des pays arabes pétroliers et modérés. Le pays prit alors le nom de République arabe d'Égypte (1971). En 1972, il expulsa les conseillers militaires soviétiques et amorça un rapprochement avec l'Occident. Devant l'intransigeance israélienne, l'Égypte déclencha, conjointement avec la Syrie, une guerre surprise contre Israël en oct. 1973. Un cessez-le-feu fut conclu et des accords de désengagement furent signés sous l'égide des États-Unis. Sadate, après avoir officiellement rompu avec l'Union soviétique (1976), entreprit d'ouvrir son pays à l'Ouest (*Infitah*), processus qui aggrava la crise économique et déclencha une insurrection populaire (1977) écrasée dans le sang. **▮ La paix avec Israël** Sadate amorça alors un rapprochement avec Israël (visite à Jérusalem en 1977) qui aboutit à la signature d'une paix séparée (accords de Camp* David, 1979). Cet accord suscita la colère des pays arabes qui décidèrent le boycottage de l'Égypte. Le 6 oct. 1981, Sadate fut assassiné par un commando militaire islamiste. **▮ Moubarak** L'état d'urgence fut institué et Hosni Moubarak*, ancien vice-président, fut élu à la présidence. Ce dernier s'efforça de poursuivre la politique de son prédécesseur tout en tentant de regagner la confiance des pays arabes. Le soutien actif apporté à l'Irak dans sa guerre contre l'Iran favorisa le retour de l'Égypte au sein du monde arabe, officialisé par sa réadmission au sein de la Ligue arabe (1989). Depuis 1990, Le Caire abrite de nouveau le siège de la Ligue arabe. L'Égypte participa à la coalition internationale contre l'Irak formée après l'invasion du Koweït. Un attentat visant le président Moubarak a été perpétré par des intégristes en 1995 ; Le Caire a mis en cause le Soudan. Sur le plan intérieur, une opposition virulente des mouvements islamistes extrémistes dénonce un alignement sur la politique américaine. La crise économique qui sévit dans le pays est largement exploitée par ces mouvements qui ont entrepris, dès 1992, de déstabiliser l'État et l'économie en s'attaquant notamment au tourisme et le pouvoir reste inquiet devant le rôle d'encadrement important que ceux-ci auraient dans l'organisation d'al-Qaida. L'impasse du processus de paix au Proche-Orient depuis 2000, l'intervention américaine en Irak et la percée électorale des Frères musulmans (parti interdit mais qui a présenté des candidats indépendants) aux législatives de 2005, pèsent lourdement sur la stabilité du pays. Le président Moubarak, réélu pour un cinquième mandat en 2005, a durci le ton et fait adopter en 2007 une réforme constitutionnelle permettant notamment de renforcer la répression policière et d'affaiblir l'opposition qui s'inquiète du respect des règles de la démocratie à l'élection présidentielle de 2011 car le fils du président, Gamal Moubarak, est déjà le numéro deux du parti au pouvoir (PND : Parti national démocratique).

**Égypte** (campagne d') ♦ Expédition française destinée à combattre la Grande-Bretagne en Méditerranée et sur la route des Indes. Partie de Toulon en mai 1798, la flotte française s'empara de Malte le 10 juin ; Alexandrie était aux mains des Français le 2 juil. et Bonaparte entrait au Caire le 23. Mais, le 1$^{er}$ août 1798, la flotte britannique de Nelson détruisit la flotte française de Brueys* d'Aigaïlliers en rade d'Aboukir et la Grande-Bretagne devenait maîtresse de la Méditerranée. Les Turcs ayant déclaré la guerre en févr. 1799, Bonaparte les battit au mont Thabor le 16 avr. 1799 ; de retour en Égypte, il empêcha une tentative de débarquement turc à Aboukir. Pressentant un coup d'État, il regagna la France secrètement, laissant le commandement à Kléber qui signa avec les Turcs, le 24 janvier 1800, une convention d'évacuation. Mais cette convention ne fut pas ratifiée par les Britanniques. Kléber battit les Turcs à Héliopolis le 20 mars, reprit Le Caire, administra le pays. Après son assassinat, son successeur, Menou*, subit des revers et conclut un accord avec les Anglais, qui rapatrièrent en France les restes de l'armée. La conséquence la plus importante de cette campagne fut la décision de la Russie et de la Turquie de se joindre à la Grande-Bretagne dans la deuxième coalition.

**ÉGYPTOS** – en gr. ***Aiguptos*** ♦ Héros éponyme de l'Égypte, appelée avant son règne *pays des Mélampodes* («Pieds noirs»). Ses cinquante fils épousent les cinquante filles de son frère Danaos* (→ **Danaïdes**) et sont massacrés par elles, sauf Lyncée* qui peut s'échapper.

**EHRENBERG (Christian Gottfried)** ♦ Naturaliste allemand (Delitzsch 1795 - Berlin 1876). Il participa à plusieurs expéditions scientifiques, en Égypte, en Europe centrale et en Asie (avec A. von Humboldt*), dont il rapporta de nombreux échantillons de plantes et d'animaux. Ses travaux portèrent surtout sur les invertébrés inférieurs et sur les protozoaires auxquels il attribua une organisation qui fut précisée et rectifiée par F. Dujardin*.

**EHRENBOURG (Ilya Grigorievitch)** ♦ Écrivain soviétique (Kiev 1891 - Moscou 1967). Il vécut à Paris de 1908 à 1917, et l'on sent l'influence de l'étranger dans sa première grande œuvre, *Les Aventures extraordinaires de Julie Jurenito* (1922). Puis il se lança dans une littérature de combat à la gloire du socialisme, évoquant des hommes «forgés par la révolution» : *Le Deuxième Jour* (1934), *Sans reprendre haleine* (1935). À partir de 1935, il fut envoyé comme journaliste en Espagne puis en France. Il écrivit alors *La Chute de Paris* (1941 - 1942). Après la guerre, profondément marqué par les horreurs qu'il y avait vues, il écrivit *La Tempête* (1947) et milita en faveur de la paix. En 1954 - 1956 parut *Le Dégel*, critique de la vie soviétique à l'époque stalinienne. Enfin, de 1961 à 1965, il publia ses mémoires : *Les Années et les Hommes* (6 vol.). Ses nombreuses œuvres, puissantes et variées, lui valurent une popularité aussi grande à l'étranger qu'en URSS. ◆ **ÉTYM.** Ce nom allemand signifie «la forteresse de l'honneur».

**EHRENFELS (Christian,** baron **VON)** ♦ Philosophe et psychologue autrichien (Rodaun 1859 - Lichtenau 1932). Ses travaux sur la perception des objets font de lui un précurseur de la psychologie de la forme (ou gestaltisme). → **Koffka, Köhler, Wertheimer.** Il distingua en effet les qualités sensibles et les qualités formelles (spatiales ou temporelles) des objets, ces dernières étant indépendantes, selon lui, des sensations élémentaires. Il s'occupa par ailleurs de philosophie morale, en particulier du problème de la théorie des valeurs.

**EHRLICH (Paul)** ♦ Médecin allemand (Strehlen, Silésie 1854 - Bad Homburg 1915). Ses travaux portèrent sur l'histologie, l'hématologie et surtout l'immunologie et la chimiothérapie, dont il est l'un des fondateurs. On lui doit la découverte du mécanisme de la réaction antigènes-anticorps et du premier traitement de la syphilis. [Prix Nobel de physiol. ou méd. 1908, avec É. Metchnikov*]

**EICH (Günter)** ♦ Poète lyrique allemand (Lebus, Brandebourg 1907 - Salzbourg 1972). Venu à la littérature après des études de sinologie puis de sciences économiques, il fit partie du «Groupe* 47.» Ses recueils de poèmes (*Rêves*, 1953 ; *Voix*, 1958) font de lui un des principaux représentants de l'Allemagne d'après-guerre, dont il a exprimé les inquiétudes, le désespoir et la solitude. En 1953, Eich épousa la romancière I. Aichinger*.

**EICHENDORFF (Joseph,** baron **VON)** ♦ Poète allemand (Lubowitz, Haute-Silésie 1788 - Neisse, auj. Nysa 1857). Considéré comme «le dernier chevalier de l'école romantique», il fut le poète lyrique qui préféra le charme des demi-teintes aux tourments exprimés par ses prédécesseurs. Dans ses romans (*Pressentiment et temps présent*, 1809 ; *Poètes et consorts*, 1815), ses nouvelles (*La Statue de marbre*, 1815 ; *La Vie d'un propre à rien*, 1826 ; *Le Château de la Durande*, 1837) et un recueil de poèmes en trois parties (*Chansons de route, Vie des chanteurs, Printemps et Amour*, 1837), il sut chanter à la fois son sentiment de la nature et sa foi catholique. ◆ **ÉTYM.** Le nom allemand *Eichendorff* vient de *Eichen* «chênes» et *Dorf* «village».

**EICHHORN (Johann Gottfried)** ♦ Orientaliste et historien allemand (Dörrenzimmern 1752 - Göttingen 1827). Si ses travaux d'histoire politique et littéraire modernes ne présentent plus guère d'intérêt, il reste connu pour ses études critiques et historiques sur l'Ancien et le Nouveau Testament (*Bibliographie générale de littérature biblique*, 1787 - 1803). ♦ **Karl Friedrich Eichhorn** (Iéna 1781 - Cologne 1854). Fils du précédent. Il fut un spécialiste de l'histoire du droit en Allemagne (*Histoire des États et du droit en Allemagne*, 1808 - 1823). ◆ **ÉTYM.** Ce nom de famille vient de l'allemand *Eichhörnchen* «écureuil».

**EICHMANN (Karl Adolf)** ♦ Policier allemand (Solingen 1906 - Ramla, Israël 1962). Représentant de commerce entré au parti nazi NSDAP, chef du Service de la question juive dans le Comité de sécurité du Reich dès 1939, il proposa à Hitler la «solution finale» de la question juive et organisa la déportation de millions de Juifs vers les camps de la mort. Réfugié en Argentine en 1945, il y fut enlevé par les services secrets israéliens en 1960. Jugé à Jérusalem, il fut condamné à mort pour crimes contre l'humanité et exécuté.

**EIFEL** n. m. ◆ **ÉTYM.** anc. *in pago Eflinse*, n. d'orig. pré-germ. incert. ♦ Partie N.-O. du Massif schisteux rhénan d'Allemagne (Rhénanie), situé à l'O. du Rhin, entre la Moselle et l'Ahr, et prolongeant les Ardennes. D'une altitude moyenne de 600 m, il est profondément entaillé par les vallées des affl. de la Moselle. Au centre s'étend le Haut-Eifel (*Hohe Eifel*), fortement marqué par des éruptions volcaniques (coulées de basalte, lacs de cratère ou *Maare*, sources thermales). L'Eifel neigeux (*Schnee Eifel*) occupe la partie orientale, de part et d'autre de la vallée de la Prüm, région sauvage et déshéritée, et confine à l'E. aux Hautes-Fagnes. Le Bas-Eifel (*Vor Eifel*) au S., moins élevé, longe la vallée de l'Ahr, grande région viticole.

**EIFFEL** [ɛfɛl] **(Gustave)** ♦ Ingénieur français (Dijon 1832 - Paris 1923). Spécialiste des constructions métalliques, il réalisa de nombreux ponts et viaducs (viaduc de Garabit, 1882) et la tour Eiffel (1887 - 1889) pour l'Exposition universelle de Paris. Ayant établi à Auteuil le premier laboratoire d'aérodynamique (1912), il contribua à l'essor de l'aviation. ◆ **ÉTYM.** Ce nom de famille vient du nom de lieu *Eifel**.

**Eiffel (tour)** ♦ Construction métallique située à l'extrémité septentrionale du Champ-de-Mars et dominant Paris de ses 320 m. Élevée de 1887 à 1889 par G. Eiffel* à l'occasion de l'Exposition universelle de 1889, elle se présente comme une pyramide quadrangulaire dont les quatre pieds métalliques sont reliés par d'immenses arceaux et se réunissent à la hauteur de la deuxième plateforme (la tour en comporte trois). Support d'antennes de radio et, depuis 1957, de télévision (ce qui fit passer sa hauteur de 300 à 320 m), la tour, longtemps contestée, apparaît comme la réalisation hardie d'une technique dont «la poutre en treillis» est l'élément essentiel : en fer puddlé, la charpente pèse 7 000 t ; mais sa charge au sol n'est que de 4 kg/cm$^2$.

**Eiga monogatari** ◆ **ÉTYM.** jap. «Récits des Splendeurs» ♦ Premier ouvrage d'histoire japonais écrit en alphabet hiragana, probablement vers 1092, par un auteur inconnu. L'œuvre décrit en 4 livres, dans un style vivant et pittoresque, les événements concernant les empereurs entre 850 et 1092, mais surtout ceux de la vie du régent Fujiwara* no Michinaga (966 - 1027) et de ses fils.

**EIGEN (Manfred)** ♦ Chimiste allemand (Bochum 1927). Auteur de travaux sur la mesure de la vitesse des réactions chimiques ultrarapides, il utilisa, indépendamment de R. Norrish* et de G. Porter, la méthode originale consistant à placer deux réactifs dans un état d'équilibre, à déclencher la réaction par un agent extérieur et à étudier le retour à l'équilibre. [Prix Nobel de chim. 1967, avec R. Norrish et G. Porter]

**EIGENBRAKEL** → **Braine-l'Alleud**

**EIGER** n. m. ♦ Sommet des Alpes bernoises (Suisse), au S.-E. d'Interlaken, dominant Grindelwald (3 970 m). Sa face N.-O., l'Eigerwand (mur de l'Eiger), presque toujours verglacée, a été l'objet de nombreuses tentatives d'escalade souvent meurtrières et n'a été conquise qu'en 1938 par une cordée austro-allemande.

**EIGTVED (Niels EIGTWEDT,** dit **Nicolai)** ♦ Architecte danois (Egtved, Jutland 1701 - Copenhague 1754). Formé dans l'atelier de K. F. Pöppelmann à Varsovie, il fut nommé, de retour au Danemark, premier architecte du château royal de Christianborg, pour lequel il s'inspira du rococo et des traditions françaises. Nommé ensuite architecte de la cour en 1742, il édifia le palais des Princes (1743 - 1744), la Monnaie royale (1744 - 1750) et surtout, de 1750 jusqu'à sa mort, la place octogonale d'Amalienborg, l'une des plus belles réalisations classiques du XVIII$^e$ s. européen.

**EIJKMAN (Christiaan)** ♦ Médecin et physiologiste néerlandais (Nijkerk 1858 - Utrecht 1930). Ses recherches sur les causes du béribéri montrèrent que cette maladie est due à la carence d'un facteur essentiel dans l'alimentation à base de riz décortiqué, et furent à l'origine de la découverte des vitamines. → **Funk.** [Prix Nobel de physiol. ou méd. 1929]

**EIKE VON REPGAU** ♦ Chevalier et chroniqueur allemand, originaire de l'Anhalt (fin XII$^e$ s. ou début XIII$^e$ s.). Il écrivit en bas allemand un recueil des lois, mœurs et coutumes de Saxe (*Miroir des Saxons*, v. 1225) qui servit de modèle à d'autres ouvrages du genre. Il est également l'auteur d'une *Chronique universelle*.

**EILAT** ou **ELAT** ◆ **ÉTYM.** en hébr. *'Eylat*, de *'élâh* «térébinthe» ♦ Ville d'Israël, au fond du golfe d'Akaba*. 46 300 hab. Situé à la pointe du Néguev dans la plus petite largeur d'Israël, le port commercial fait face, à la frontière israélo-jordanienne, au port jordanien d'Akaba. Point de départ de l'oléoduc qui aboutit à Haïfa via Tel-Aviv. Cuivre. Région minière au N. (chrome, phosphates). Station balnéaire.

**EIMERT (Herbert)** ♦ Compositeur et théoricien allemand (Bad Kreuznach 1897 - Düsseldorf 1972). Il fonda en 1951 le Studio de musique électronique de la radio de Cologne, où il appela le jeune Stockhausen (1953), et qu'il dirigea jusqu'en 1962.

**EINAUDI (Luigi)** ♦ Homme d'État et économiste italien (Carru, Piémont 1874 - Rome 1961). Professeur d'économie politique à Turin et à Milan, champion du libéralisme, il s'opposa au fascisme et dut émigrer en Suisse (1936 - 1945). De retour dans son pays, il devint gouverneur de la Banque d'Italie (1945), député (1946), puis ministre des Finances (1947) : il acquit à ce poste une certaine popularité par une politique de justice fiscale. Il fut élu président de la République (1948 - 1955). Auteur de nombreux ouvrages économiques et politiques.

**EINDHOVEN** ♦ V. des Pays-Bas (Brabant-Septentrional), sur la Dommel. 209 699 hab. L'agglomération (405 239 hab.) est la plus peuplée des Pays-Bas en dehors de la Randstad. Musée d'Art moderne (Zadkine, Picasso, Braque, Mondrian, Miró). ▪ Important centre industriel : la société Philips (indus. électriques et électroniques) y est née en 1891. Construc. automobile. Université technique. Développement considérable des fonctions commerciales et culturelles : Eindhoven est devenue la métropole régionale du S.-E. des Pays-Bas.

**EINEM (Gottfried VON)** ♦ Compositeur autrichien (Berne 1918 - Vienne 1996). Après des études avec B. Blacher, il travailla surtout dans les milieux théâtraux. C'est dans l'opéra qu'il a donné le meilleur de lui-même, utilisant un style atonal assez peu novateur, mais évoluant après 1960 vers une très grande clarté mélodique (*Dantons Tod*, d'après Büchner, 1947 ; *Der Zerrisenne*, d'après Nestroy, 1964 ; *La Visite de la vieille dame*, d'après Dürrenmatt, 1971 ; *Kabale und Liebe*, d'après Schiller, 1976 ; *Die Hochzeit Jesu*, 1980).

**EINHARD** → Éginhard

**EINSIEDELN** ♦ V. de Suisse (cant. de Schwyz), sur la rive d. du Sihlsee. 13 549 hab. Abbaye bénédictine (reconstruite au XVIII$^e$ s.), église abbatiale baroque (XVIII$^e$ s.) ; celle-ci est un vaste édifice représentatif du baroque d'Allemagne méridionale, d'extérieur simple et assez sévère, à la façade élégante (hautes tours, façade légèrement convexe) et à la riche décoration, due en partie aux Asam*. Pèlerinage annuel (14 sept.) à la Vierge noire. ▮ **Histoire** L'abbaye fut fondée après 934 près de la cellule où vécut l'ermite Meinrad, martyrisé en 851. Zwingli* y fut chapelain. En 1602 y fut fondée la communauté bénédictine suisse de l'Immaculée Conception, qui subsiste toujours.

**EINSTEIN (Albert)** ♦ Physicien allemand, naturalisé suisse, puis américain (Ulm 1879 - Princeton 1955). Admis en 1896 à l'École polytechnique fédérale de Zurich où il fut l'élève de H. Minkowski*, il entra comme ingénieur au Bureau des inventions techniques de Berne en 1902. Il consacra ses loisirs à l'étude des problèmes fondamentaux de la physique et publia en 1905 cinq mémoires, tous d'une importance décisive. Le premier concerne la détermination des dimensions moléculaires. Le deuxième a pour sujet l'effet photoélectrique : il applique la notion des quanta d'énergie de M. Planck* à la lumière et est à l'origine du concept du photon et de la mécanique ondulatoire de L. de Broglie* (c'est pour ce travail, et non pour la théorie de la relativité, qu'Einstein reçut le prix Nobel). Le troisième mémoire est une étude du mouvement brownien, dont il établit la théorie statistique. Les deux derniers, très brefs, énoncent avec un minimum de moyens et une simplicité étonnante ce qui constitue l'une des bases de la physique : la théorie de la relativité restreinte. C'est ici qu'il établit l'équivalence de la masse et de l'énergie et montre que les caractéristiques du temps et de l'espace ne sont pas absolues mais dépendent de l'observateur, bouleversant ainsi non seulement la science, mais en général la manière d'envisager l'univers. La relativité générale fut élaborée au cours des dix années suivantes : elle étend les principes précédents aux systèmes accélérés et donne une théorie générale de la gravitation.

Albert **Einstein.**
*Phot. © Harlingue/ Roger-Viollet*

Si ses travaux contribuèrent à l'élaboration de la mécanique quantique, Einstein n'admit jamais son interprétation officielle, dite « de Copenhague » ; ses débats avec N. Bohr* permirent cependant d'en préciser les fondements. Toujours d'une extraordinaire profondeur, Einstein cherchait en toute situation les lois les plus générales dont tous les phénomènes ne seraient que des manifestations particulières ; ainsi les trente dernières années de sa vie furent-elles consacrées à la recherche d'une théorie unitaire englobant aussi bien l'électromagnétisme que la gravitation ; s'il n'y parvint pas, ses recherches constituent un cadre de réflexion pour les travaux ultérieurs de nombreux physiciens. Avec la montée du nazisme, étant juif, il dut quitter l'Allemagne et finit par s'établir à l'université de Princeton, aux États-Unis (1933), où il enseigna et dirigea de nombreuses recherches. Einstein avertit le président Roosevelt du danger auquel le monde serait exposé si l'Allemagne en guerre parvenait à maîtriser l'énergie nucléaire et lui adressa une lettre fameuse, qui est à l'origine du projet Manhattan et de la construction de la première bombe atomique. Mais, effrayé des terribles effets qui en résultèrent, Einstein consacra ses dernières années à condamner l'utilisation militaire de l'énergie nucléaire et à œuvrer pour un contrôle international. Il s'occupa aussi activement des problèmes raciaux et des développements de l'État d'Israël. ▪ L'influence d'Einstein sur la physique fut immense : la mutation qu'il provoqua dans l'histoire des sciences fut comparée à celle dont Newton avait été l'initiateur deux siècles plus tôt. L'ébranlement causé par la théorie de la relativité quant à la pensée philosophique ne fut pas moins important : d'une part en remettant en question la conception kantienne des cadres *a priori* de l'espace et du temps ; d'autre part en montrant clairement que le progrès scientifique ne consiste pas en une accumulation de connaissances considérées comme immuables une fois acquises, mais en une restructuration perpétuelle des principes directeurs de notre connaissance, liant le problème du sujet de connaissance à celui de l'objet de son savoir. Outre les publications destinées aux spécialistes et de nombreux volumes de correspondance, on lui doit notamment : *Fondements de la théorie de la relativité restreinte et généralisée* (1916) ; *Quatre conférences sur la théorie de la relativité* (1921) ; *L'Évolution des idées en physique* (avec L. Infeld, 1938) ; deux essais : *Comment je vois le monde* (1934) et, en collaboration avec Sigmund Freud, *Pourquoi la guerre* (1933). [Prix Nobel de phys. 1921 ; Acad. sc. 1933] ➝ **ÉTYM.** *Einstein* vient de l'allemand dialectal *einsteinen* « enclore de pierres ».

**EINTHOVEN (Willem)** ♦ Physiologiste néerlandais (Semarang, Java 1860 - Leyde 1927). Il découvrit le principe de l'électrocardiographie. [Prix Nobel de physiol. ou méd. 1924]

**EIRE** ➝ **ÉTYM.** gaél. « Irlande », p.-ê. de *Iar-(fhonn)* « Ouest (du pays) » ou de *I-iarunn* l'« île *(i)* du fer *(iarunn)* » ♦ Nom qui fut officiellement appliqué à l'État libre d'Irlande de 1937 à 1949.

**EISAI** ♦ Religieux japonais (1142 - 1215). Il étudia au Hieizan les enseignements de la secte Tendaishu*, puis fit un voyage en Chine au retour duquel il fonda la secte Rinzai, important ainsi au Japon le bouddhisme zen*. C'est également lui qui introduisit dans le pays la culture du thé.

**EISENACH** ♦ V. d'Allemagne (Thuringe), au N. du Thüringer Wald, sur la Horsel, affl. de la Nesse. Env. 44 000 hab. Églises romanes. Château de la Wartburg, anc. résidence des landgraves de Thuringe, où résida Luther. Maison de J.-S. Bach. ▪ Indus. automobiles ; métall. ; chimie. ▮ **Histoire** Fondée au XII$^e$ s. par les landgraves de Thuringe, elle passa à la Saxe (en 1264 à la branche de Wettin, en 1596 à la branche ernestine puis à celle de Saxe-Weimar en 1741).

**EISENERZ** ♦ V. d'Autriche (Styrie), dans les Alpes d'Eisenerz. 6 435 hab. Église Saint-Oswald, gothique, fortifiée au XVI$^e$ s. ▪ Mines de fer de l'Erzberg*.

**EISENHOWER (Dwight David)** ♦ Général et homme d'État américain (Denison, Texas 1890 - Washington 1969) 34$^e$ président des États-Unis. D'origine modeste, il entra à l'académie militaire de West Point en 1919, puis mena une brillante carrière militaire. En 1941, nommé brigadier général, il prépara, avec l'état-major britannique, des projets de débarquement allié en Europe ; il commanda en chef le débarquement en Afrique du Nord en 1942, puis les campagnes de Tunisie et de Sicile. Nommé en 1943 commandant en chef des forces alliées en Europe, il réussit la difficile coordination des diverses armées, en particulier lors du débarquement de Normandie. → **Guerre mondiale (Deuxième).** Le 9 mai 1945, il reçut la capitulation allemande à Berlin. Placé par H. Truman à la tête de l'Otan en 1950, il y confirma son habileté diplomatique. Ayant reçu en 1952 l'investiture du parti républicain* pour les élections à la présidence des États-Unis, il fut élu et son prestige lui permit de renouveler son mandat (1956 - 1960). Il sut se décharger d'une partie de ses responsabilités sur ses conseillers. George M. Humphrey, secrétaire au Trésor, lutta contre l'inflation et contre la récession économique en relançant les grandes entreprises et libéralisa l'économie sans toutefois revenir sur les nationalisations précédentes ; Sherman Adams, chef de cabinet de la Maison-Blanche, coordonna l'action des différents ministères. John Foster Dulles* dirigea la politique étrangère, mais Eisenhower s'efforça de tempérer l'action anticommuniste *(containment)* de son ministre par une politique de contacts directs avec les chefs d'États et de gouvernements étrangers (conférence de Genève en 1955, visite de Khrouchtchev en Amérique en 1959). Le survol du territoire soviétique par des avions de reconnaissance américains (mai 1960) puis la crise cubaine (1960 - 1961) remirent en cause son optimisme. → **États-Unis.** Beaucoup plus populaire que son parti (la Maison-Blanche n'était pas pour lui l'« agence d'un parti »), il gouverna après l'échec du maccarthysme (1954) d'une manière assez dynamique, malgré la majorité démocrate au Congrès : sa lutte contre la ségrégation raciale dans les écoles et dans l'armée, pour laquelle il n'eut pas l'appui de son parti, lui assura une certaine renommée. Il se retira de la vie politique en 1961. ➝ **ÉTYM.** *Eisenhower* est l'orthographe anglicisée de l'allemand *Eisenhaueur* « mineur qui extrait le fer ».

**EISENHÜTTENSTADT** – anc. ***Stalinstadt*** ♦ V. d'Allemagne (Brandebourg), à l'E. de Calbe-sur-Saale, sur le canal Oder-Sprée. 35 106 hab. La ville fut créée pendant la guerre froide autour du plus grand combinat sidérurgique (Eisenhüttenkombinat Ost) de l'Est, créé en 1951.

**EISENSTADT** ♦ V. d'Autriche, cap. du Burgenland, au S. de Vienne près de la frontière hongroise. 11 332 hab. Château des princes Esterházy (XVII^e - XVIII^e s.). Maison de Haydn (musée). Domkirche (XVII^e s.). ▪ Centre d'une région viticole (semaine du vin). ▮ **Histoire** Le site fut occupé dès l'époque préhistorique, puis à l'époque romaine. Ville prospère et fortifiée dès le XIV^e s., la cité fut autrichienne de 1491 à 1648, puis passa sous domination hongroise, pour redevenir autrichienne en 1920. Les princes Esterházy y installèrent une cour brillante aux XVIII^e et XIX^e s. ; c'est à leur cour que Joseph Haydn* passa une grande partie de son existence, en qualité de *Kapellmeister* (chef d'orchestre).

**EISENSTEIN (Ferdinand)** ♦ Mathématicien allemand (Berlin 1823 - *id.* 1852). Auteur de travaux d'algèbre, il étudia particulièrement la théorie des nombres ; on lui doit d'importants résultats sur la représentation d'un nombre par une somme de carrés et le calcul de formes cubiques.

**EISENSTEIN (Sergueï Mikhaïlovitch AÏZENCHTAÏN, en fr. Serge)** - ÉTYM. trad. de son n. en all. (*Eisen* «fer» et *Stein* «pierre») ♦ Cinéaste soviétique (Riga 1898 - Moscou 1948). Assistant de Meyerhold, dessinateur, décorateur, il débuta au théâtre par des mises en scène marquées d'une forte originalité (*Proletkult*, 1920 - 1923) et, au cinéma, s'intéressa aux méthodes de Koulechov et de Dziga Vertov. Dès ses premières réalisations cinématographiques, *La Grève* (1924) et surtout *Le Cuirassé* Potemkine* (1925), il affirma la puissance d'une personnalité de créateur hors pair, mettant au service de l'idéologie marxiste le génie d'un poète devenu d'emblée le maître d'une technique remarquable par la rigueur, l'intelligence et l'efficacité (montage, rythme, rôle dévolu aux gros plans). Dans la même inspiration, il devait réaliser *Octobre* (1927) et *La Ligne générale ou l'Ancien et le Nouveau* (1929). S'il lui fut impossible d'achever le montage de *Que Viva Mexico !*, tourné au Mexique (1931 - 1932), et du *Pré de Béjine* (1935), il put encore édifier les deux fresques puissantes que sont *Alexandre* Nevski* (1939) et *Ivan* le Terrible* (première partie, 1945 ; deuxième partie, 1945 - 1946, diffusée en 1958). Avec Koulechov, Dovjenko et quelques autres, il a marqué de sa forte empreinte le cinéma soviétique, tant au plan de la pratique que de la théorie (ses écrits sur *Le Film : sa forme, son sens* et *La Non-Indifférente Nature* ont eu une influence décisive sur l'esthétique structuraliste).

Serge **Eisenstein** (à droite) avec Josef von Sternberg. *Phot. © Coll. Cahiers du cinéma*

**EISLEBEN** ♦ V. d'Allemagne (Saxe-Anhalt), au pied du Harz. 24 243 hab. Importants gisements de cuivre. Indus. métallurgiques, confection. La ville, qui vit naître Luther, se nomme officiellement «Eisleben Lutherstadt».

**EISLER (Hanns)** ♦ Compositeur allemand (Leipzig 1898 - Berlin-Est 1962). Élève de Schoenberg et de Webern, il émigra aux États-Unis (1937) et revint en Europe après la Deuxième Guerre mondiale (1948). Auteur de l'hymne national de l'ancienne RDA, il a évolué de la musique sérielle aux conceptions esthétiques du réalisme socialiste et voué son œuvre à la cause prolétarienne. Il est l'auteur de chœurs, cantates, musique de films.

**EISNER (Kurt)** ♦ Homme politique allemand (Berlin 1867 - Munich 1919). Écrivain d'origine juive, il devint éditeur de journaux et de revues socialistes à Berlin, à Nuremberg, puis à Munich à partir de 1910. Après l'effondrement de la monarchie bavaroise (7 - 8 nov. 1918), il proclama la république dont il devint le Premier ministre et le ministre des Affaires étrangères. Il fut assassiné par un officier monarchiste.

**EISNER (William ERWIN, dit Will)** ♦ Dessinateur et scénariste américain de bandes dessinées (New York 1917 - Miami 2005). Créateur d'un récit policier où l'évocation des bas-fonds américains débouche sur un fantastique plein d'humour (*The Spirit*, 1940 - 1950).

**EKEBERG (Carl Gustav)** ♦ Navigateur et savant suédois (Djursholm 1716 - *id.* 1784). Médecin, il fit le récit de son *Voyage aux Indes orientales exécuté dans les années 1770 et 1771* (1773).

**EKELÖF (Gunnar)** ♦ Poète suédois (Stockholm 1907 - Sigtuna 1968). Sans doute le plus grand poète suédois du XX^e s. D'abord surréaliste de stricte obédience (il a traduit la plupart des grands auteurs français de cette tendance), il se situa ensuite dans le sillage de T. S. Eliot, puis des poètes orientaux (*Tard sur la terre*, 1932 ; *Opus incertum*, 1959). Hanté par l'absurde et le néant, il tenta d'en faire valoir la valeur ironique. Sa trilogie *Diwan sur le prince d'Emgion, Guide pour les Enfers, La Légende de Fatumeh* (1965 - 1967) cherche à exorciser par la magie souveraine d'un verbe prestigieux les antinomies superficielles dont souffre l'homme.

**EKELUND (Vilhelm)** ♦ Poète suédois (Stehag 1880 - Saltsjöbaden 1949). Influencé par les symbolistes français, il écrivit les recueils *Mélodies au crépuscule* (1902), *Élégies* (1903), *Sur le rivage de la mer* (1922).

**EKK (Nicolaï)** ♦ Cinéaste soviétique (Riga 1902 - Moscou 1976). Il fut d'abord acteur et documentariste, puis il entra au Kino Technicum où il se forma en tant que réalisateur. Il est connu surtout pour *Le Chemin de la vie* (1931).

**EKKEI SHŪBUN** → **Shūbun Tenshō**

**Ekofisk** n. m. ♦ Gisement d'hydrocarbures dans la partie S. des eaux norvégiennes de la mer du Nord, à 3 000 m de profondeur, mesurant 13 km de long et 7 km de large. Il est exploité depuis le début des années 1970.

**EKWENSI (Cyprian)** ♦ Écrivain nigérian d'expression anglaise (Minna 1921 - Enugu 2007). *People of the City* (1954) est l'un des premiers grands romans écrits par un Nigérian, ce qui permit à son auteur d'occuper une place de premier plan dans le pays nouvellement indépendant. Ekwensi a évoqué le conflit entre tradition et modernité ainsi que la corruption et la prostitution (*Jagua Nana*, 1961 ; *La Brousse ardente*, 1961). Il dirigea les services du ministère de l'Information puis la radio du Biafra à la fin des années 1960.

**EL** - ÉTYM. «dieu» dans les langues sémitiques ♦ Dieu du ciel et créateur, dans les religions des anciens Sémites occidentaux. Il apparaît notamment dans les poèmes d'Ougarit, où il est le père des dieux (Anat*, Baal*, etc.). ▪ Dans la Bible, El est un des noms du Dieu d'Israël ; il entre fréquemment dans la composition des noms propres hébraïques (Béthel, Samuel, etc.).

**ELA** - ÉTYM. de l'hébr. *'êlâh* «térébinthe» ♦ 4^e roi d'Israël (mort en -885). Fils du roi Baasa, il fut assassiné avec sa famille par le général Zimri qui lui succéda.

**ÉLAGABAL** ou **HÉLIOGABALE (Sextus Varius Avitius Bassianus, dit)** ♦ (204 - Rome 222). Empereur romain (218 - 222). Prêtre du Soleil (Baal) à Émèse (Syrie), il prit le nom de son dieu *El Gebal* (en lat. *Elagabalus*, en gr. *Hêliogabalos*). Cousin de Caracalla*, il fut proclamé empereur à 14 ans par l'armée de Syrie, vainquit Macrin* et, après de sanglantes exécutions, se consacra à l'organisation et à la pratique de la religion solaire. Son règne ne fut qu'une suite de désordres où le pouvoir réel fut exercé par sa mère et sa grand-mère Julia Maesa. Il adopta son cousin Sévère Alexandre puis chercha à s'en débarrasser ; les prétoriens le massacrèrent alors avec sa mère, et leurs corps furent jetés au Tibre.

**ÉLAM** n. m. ♦ Région située à l'E. du Tigre inférieur, la *Susiane* des Grecs. V. PRINC. : Anshan (non localisée) et Suse*. ▮ **Histoire** L'Élam fut d'abord sous l'influence de Sumer et d'Akkad ; il fut soumis à Sargon* l'Ancien, plus tard à Ur-Nammu (→ **Ur**). Après des périodes de lutte et d'expansion (une dynastie élamite installée à Larsa* domina Sumer au -XVIII^e s.), l'Élam vécut dans la dépendance de Babylone, fut même soumis à sa dynastie kassite v. -1350. Aux -XIII^e--XII^e s., l'Élam connut un rayonnement exceptionnel avec ses rois Untash-Hupan (v. -1265), Shutruk*-Nahhunté I^er (vainqueur de Babylone en -1163), Shilhak-Inshushinak (vainqueur de l'Assyrie v. -1155) ; il dominait alors la Babylonie, la vallée du Tigre, le Zagros. La révolte de Nabuchodonosor I^er v. -1135 et les invasions iraniennes mirent fin à cette époque. Le royaume élamite, restauré en -742 par Hupan-Nugash, soutint Babylone contre l'Assyrie (→ **Sargon II**, **Sennachérib**), mais fut finalement dominé (sac de Suse par Assurbanipal, -640). Sous l'Empire achéménide (→ **Cyrus II le Grand**), l'Élam fut une satrapie et, après Alexandre, une province de l'Empire séleucide. La civilisation, l'art, la langue élamites furent imprégnés par ceux de Babylone (akkadisme) ; à l'apogée politique correspond un rayonnement artistique (statue de la reine Napir-Azu, bronze) et un renouveau de la langue. Le panthéon groupe notamment Gal («le grand»), Inshushinak (dieu de Suse), Nahhunté (dieu Soleil) ; sanctuaire → **Tchogha-Zanbil**.

**ÉLANCOURT** [78990] - ÉTYM. «domaine (bas lat. *curtis*) d'Agilenus (n. de pers. germ.)» ♦ Comm. des Yvelines, arr. de Rambouillet. 26 655 hab. Élément de la ville nouvelle de Saint-Quentin-en-Yvelines*.

**ÉLATÉE** - en gr. *Elateia* ♦ Anc. ville de Grèce (Phocide*), sur le Céphise*. Située sur une route stratégique, elle fut prise par les Perses en -480, puis par Philippe* II en -338. ▪ Ruines d'un temple d'Athéna.

**ELAZIĞ** ⇀ ÉTYM. anc. *Mamuret ül-Aziz* («la ville d'Aziz»), n. simplifié en *Elazız,* modifié en *Elazığ* sous la rép. en 1937 ♦ V. de Turquie, ch.-l. de prov., en Anatolie orientale. 319 381 hab. Centre admin., commercial et indus. (sucrerie, cimenterie). Siège de l'univ. de l'Euphrate. ▮ **Histoire** Elazığ est une création récente, fondée par le sultan Abdülaziz (1831 - 1876) en contrebas de la forteresse byzantine de Harput.

**ELBASAN** ou **ELBASANI** ♦ V. d'Albanie, ch.-l. de district sur le Shkumbin. 95 554 hab. Combinat sidérurgique.

**ELBE** n. f – en tchèque ***Labe*** ♦ Fl. d'Europe centrale, né en République tchèque et tributaire de la mer du Nord. 1 165 km. Issue du mont des Géants (Bohême), l'Elbe coule d'abord du N. au S. dans la plaine de Bohême, jusqu'à Pardubice, vire à l'O., passant à 20 km de Prague puis, une fois rejointe par la Vltava à Mělnik, se dirige vers le N. Elle pénètre en Allemagne, traverse la Suisse saxonne et arrose toute la grande plaine du N., passant par les villes de Pirna, Dresde, Meissen, Riesa, Torgau, Magdebourg et Wittenberg. Elle reçoit l'Elster Noire, la Havel (rive d.), la Mulde et la Saale (rive g.) pour se terminer par un long estuaire (env. 100 km) souvent encombré de bancs de sable, près de Cuxhaven, après s'être scindée en deux bras (*Norder Elbe* et *Süder Elbe*) à la hauteur de Hambourg. Les hautes eaux se situent de févr. à avr. (fonte des neiges), et les basses eaux, plus accentuées vers l'aval, en été, période où les pluies d'orage provoquent parfois de fortes crues. L'Elbe, navigable sur 846 km, est l'une des grandes voies fluviales d'Europe centrale. Un système de canaux la relie à l'Oder (par la Havel, ce qui lui permet de rejoindre Berlin) et au Mittellandkanal (par l'Elbe-Seiten-Kanal, ce qui lui permet de rejoindre la Weser et le Rhin). L'estuaire est en relation avec la mer Baltique par le canal de Kiel qui débouche sur sa rive N. à Brunsbüttel. Le trafic, encore important, avait beaucoup diminué du fait de la scission des deux États allemands. Il n'a repris que faiblement depuis la réunification. ▮ **Histoire** Dès le VIIIe s., la ligne Elbe-Saale marqua la limite orientale des possessions germaniques de Charlemagne. Le fleuve eut plus tard un grand rôle économique, comme l'une des principales voies fluviales d'Europe continentale. Le traité de Versailles (1919) le déclara voie navigable internationale, ce qu'il fut jusqu'en 1936. Durant la Deuxième Guerre mondiale, les troupes soviétiques opérèrent leur jonction avec les troupes américaines à Torgau. Lors de l'existence de deux États allemands, l'Elbe leur servit de frontière entre Wittenberg et Lauenbourg.

**ELBE** (île d') – en it. ***Elba*** ♦ Île italienne de la mer Tyrrhénienne (prov. de Livourne), située à l'E. de la Corse et séparée de la côte toscane par le canal de Piombino. C'est la plus grande des îles de l'archipel toscan (224 km²). 32 000 hab. V. PRINC. : Portoferraio*. ▪ Depuis quelques décennies, l'île, qui vivait de l'exploitation de ses mines de fer, fait reposer son économie sur le tourisme. Son intérieur montagneux (mont Capanne, 1 018 m ; téléphérique) et surtout ses 140 km de côtes, alternativement rocheuses et sableuses, retiennent les vacanciers. Le souvenir napoléonien attire également des visiteurs (villa Napoléon de San Marino, résidence d'été de l'Empereur). Le climat, propice à la villégiature, l'est aussi aux cultures méditerranéennes : vigne, olivier, agrumes. ▮ **Histoire** L'île (en gr. *Aithalia,* en lat. *Ilva*) fut étrusque, carthaginoise, phocéenne, pisane (Xe s.), génoise (1290). Donnée aux Médicis par Charles Quint en 1541, elle fut réunie à la seigneurie de Piombino en 1548. Très convoitée, elle passa sous la domination française par le traité d'Amiens en 1802 et fut assignée à Felice Ier Baciocchi, mari d'Élisa Bonaparte. Après son abdication, Napoléon Ier y séjourna en exil du 4 mai 1814 au 26 fév. 1815. Après Waterloo, l'île revint au gouvernement toscan (traité de Vienne, 1815). Les troupes françaises y débarquèrent en juin 1944.

**ELBÉE** (**Maurice GIGOST D'**) ♦ Général vendéen (Dresde 1752 - Noirmoutier 1794). D'abord partisan de la Révolution, il émigra en 1791. Rentré en France dès 1792, il fut un des premiers chefs de l'insurrection vendéenne (→ **Vendée [guerre de]**), remporta avec Cathelineau* et Stofflet* plusieurs victoires (Thouars, Saumur, etc.), mais échoua devant Nantes. Nommé généralissime de l'armée «catholique et royale», après la mort de Cathelineau, il fut blessé à la bataille de Cholet (17 oct. 1793) ; il réussit à s'enfuir à Noirmoutier où il fut arrêté et fusillé.

**ELBEUF** [76500] ⇀ ÉTYM. p.-ê. «maison [village] près d'une fontaine [d'un cours d'eau]», du saxon *wella* «fontaine, cours d'eau» et norrois *both* «maison village» ♦ Ch.-l. de cant. de la Seine-Maritime, arr. de Rouen, sur la Seine. 16 666 hab. (aggl. 54 062) (*Elbeuviens*). Église Saint-Jean du XVIIe s. (vitraux de 1500). Église Saint-Étienne des XVIe et XVIIe s. de style flamboyant (vitraux du XVIe s.). ▪ Anc. ville drapière. En déclin, le textile est relayé par les construc. mécaniques et électriques, la chimie, la métall. et l'indus. automobile (Cléon)

**ELBLĄG** – en all. ***Elbing*** ♦ V. et port de Pologne, voïvodie de Warmie-Mazurie, sur la riv. du même nom, qui relie le port à la mer Baltique. 126 985 hab. Centre indus. en expansion. Métall., appareillage électrique.

**ELBOURZ, ELBURZ** ou **ALBORZ** n. m. ♦ Chaîne de montagnes de l'Iran septentrional, culminant au Demāvend* (5 671 m). Elle s'étend sur 980 km, dominant la mer Caspienne de ses hauteurs abruptes couvertes de forêts. Du côté continental, son relief est moins marqué et beaucoup plus aride.

**ELBROUZ** ou **ELBROUS** ♦ Volcan de Russie, point culminant de la chaîne du Caucase au cœur d'une région touristique (5 642 m). La première ascension en fut effectuée en 1868 par une expédition britannique.

**EL CANO** (**Juan Sebastián**) ♦ Navigateur espagnol (Gueteria v. 1476 - lors d'un voyage aux Indes 1526). Membre de l'expédition de circumnavigation entreprise en 1520 par Magellan*, il commanda le navire *La Victoire* qui fut le seul à revenir en Espagne (1522) après avoir contourné l'Afrique. Charles Quint lui remit des armoiries représentant un globe avec la devise *Circum dedisti me.* En 1525, il entreprit un périple vers les Moluques et mourut en mer, après avoir franchi le détroit de Magellan.

**ELCHE** – anc. ***Illici*** ♦ V. d'Espagne (Communauté autonome de Valence), prov. d'Alicante, sur le Vinalopo, au milieu d'une palmeraie unique en Europe. 222 422 hab. Église Santa María (XVIIIe s.) où fut découverte en 1897 la *Dame d'Elche* (auj. au Musée archéologique de Madrid), buste féminin en grès du –Ve s. (?) d'origine incertaine, probablement œuvre d'un artiste grec ou indigène influencé par l'art grec. ▪ Barrage (XVIIe s.) sur le Vinalopo.

**ELCHINGEN** ♦ Loc. d'Allemagne (Bavière), située près du Danube. ▮ **Histoire** Le 14 oct. 1805, le maréchal Ney* y remporta une victoire sur les Autrichiens commandés par Mack ; il fut fait duc d'Elchingen.

**ELDER** (**Wolf William EISENBERG,** dit **Bill**) ♦ Auteur américain de bandes dessinées (New York 1922 - Rockleigh, New-Jersey 2008). Il fut l'un des principaux dessinateurs de la revue *Mad* et son style satirique (dessins grouillants de personnages agités, détails cocasses et imprévisibles) se marie à l'invention verbale pour constituer une critique violente des conformismes, notamment dans les médias.

**ELDJÁRN** (**Kristján**) ♦ Homme d'État islandais (Tjörn 1916 - Cleveland 1982). Il consacra sa carrière au service de l'État islandais, d'abord à des fonctions culturelles, avant d'être, de 1968 à 1980, président de la République. ⇀ ÉTYM. Ce nom de famille vient de l'islandais *eldur* «feu» et *járn* «fer» (surnom de forgeron).

**Eldorado** n. m. ⇀ ÉTYM. mot esp. «le [pays] doré» ♦ Contrée fabuleuse d'Amérique du Sud que les conquérants espagnols, conduits par Orellana*, situaient entre l'Amazone et l'Orénoque, et qui, selon eux, regorgeait d'or.

**ELDRIDGE** (**Roy**) dit **Little Jazz** ♦ Trompettiste de jazz américain (Pittsburgh, Pennsylvanie 1911 - New York 1989). Il débuta à New York chez Cecil Scott en 1929 pour figurer ensuite chez les MacKinney's Cotton Pickers (1934), Teddy Hill (1935), Fletcher Henderson* (1936). Il dirigea ensuite son propre orchestre avant de jouer chez Artie Shaw* (1945) et Benny Goodman* (1950). Trompettiste virtuose au style percutant, il fut l'un des précurseurs du be-bop. Princ. enregistrements : ***After You've Gone*** (1937), ***Indiana*** (avec Illinois Jacquet, 1962).

**éléates**

n. m. pl. ♦ Philosophes de l'école d'Élée (–VIe - –Ve s.). → **Xénophane, Parménide, Zénon d'Élée, Melissos.** Leur doctrine, contrairement à celle des ioniens*, affirme l'identité et l'éternité de l'être.

**ÉLÉAZAR** ⇀ ÉTYM. en hébr. *'Él 'āzār* «Dieu a aidé» (→ aussi Lazare) ♦ Personnage biblique, fils et successeur du grand-prêtre Aaron* (Nombres, XX, 25-28).

**ÉLÉAZAR** ♦ Personnage biblique (II Samuel, XXIII, 9 ; I Chroniques, XI, 12). Un des trois preux de David*.

**ÉLÉAZAR** dit **Avaran** ♦ Fils de Mattathias, frère de Judas Maccabée*, qu'il aida dans sa lutte contre les Séleucides. Tué en –162, à Beth-Zacharia (I Maccabées, VI, 43 *sqq.*).

**ÉLECTRE** ⇀ ÉTYM. en gr. ***Êlektra*** ; probablt de *êlektôr* «brillant» ♦ Fille d'Agamemnon* et de Clytemnestre*, sœur d'Oreste* et d'Iphigénie*. Après le meurtre d'Agamemnon, elle parvient à sauver son jeune frère Oreste en l'envoyant en Phocide. Devenue l'esclave d'Égisthe l'usurpateur, elle prépare en secret sa vengeance et l'exécute dès le retour d'Oreste qu'elle assiste dans le double meurtre d'Égisthe et de leur mère Clytemnestre. Condamnée à mort par le tribunal de l'Aréopage qu'Athéna a réuni, elle sera sauvée par Apollon. ▪ Cette figure légendaire, pure incarnation de la piété filiale et de la haine justicière, apparaît dans le théâtre des trois grands tragiques grecs : Eschyle (*Les Choéphores**), Sophocle* et Euripide* (*Êlektra*). Dans les temps modernes, elle a inspiré les Français Crébillon (1708) et Jean Giraudoux (1937), l'Espagnol Pérez Galdós (1901), l'Autrichien Hugo von Hofmannsthal (1905) et l'Américain O'Neill (*Le deuil sied à Electre,* 1931).

**ÉLÉE** – en gr. ***Elaia*** ♦ Anc. ville d'Italie (Lucanie), dans la Grande* Grèce, fondée par des colons de Phocée* v. –535. Elle fut célèbre pour ses philosophes. → **éléates, Melissos, Parménide, Xénophane, Zénon.**

**Élégies de Duino** – en all. ***Duineser Elegien*** ♦ Une des œuvres maîtresses de R. M. Rilke*. Ce recueil poétique, commencé à Duino (Élégies I et II, 1912), fut poursuivi en 1913 et 1915 (Élégies III et IV) et achevé, en même temps que les *Sonnets à Orphée*, au château de Muzot dans le Valais (Élégies VI à X ; 1922). L'œuvre développe, à l'aide d'images et de symboles d'une profonde portée, les thèmes essentiels de l'œuvre de Rilke : fragilité de l'existence humaine hantée par la mort, promesse d'un salut qui n'est autre que la possibilité d'être homme sur terre, acceptation d'une mort devenue achèvement et accomplissement de la vie.

**ÉLÉONORE DE GUYENNE → Aliénor d'Aquitaine**

**ÉLÉONORE DE HABSBOURG** ♦ Archiduchesse d'Autriche (Louvain 1498 - Talavera 1558). Reine de Portugal (1519 - 1521) puis reine de France (1530 - 1547). Fille de Philippe* le Beau et de Jeanne* la Folle, sœur de Charles* Quint, elle épousa Manuel* Ier le Grand, roi de Portugal (1519), puis François* Ier, conformément au traité de Cambrai (1530). Elle vécut à l'écart de la cour et se retira après la mort du roi (1547) dans les Pays-Bas, puis en Espagne. ➛ ÉTYM. *Éléonore* vient du bas latin *Alienordis*, d'origine inconnue, ou vient du breton *eliennen* «étincelle».

**ELEPHANTA** ♦ Nom donné par les Portugais à une petite île de la baie de Bombay* (Inde) où se trouvent des grottes creusées au VIIIe s. et décorées de très belles sculptures, parfois de taille gigantesque.

**ÉLÉPHANTINE** (île) ➛ ÉTYM. nom gr. de l'égypt. *Yeb* «la ville des éléphants», auj. ***Jazīrat Aswān*** ♦ Île du Nil, en Haute-Égypte, en face d'Assouan*. Porte du Sud et marché de la Nubie dans l'anc. Égypte (d'où son nom d'*Éléphantine*, sans doute à cause de l'ivoire nubien), l'île était toute proche du gouffre où, selon les croyances, le Nil prenait sa source. Elle était donc consacrée à Khnoum*, dieu de la cataracte. Dans le quai au S.-E. de l'île, on peut voir le célèbre nilomètre décrit par Strabon*. On a retrouvé au début du XXe s. de nombreux papyrus en araméen provenant de la colonie juive qui s'était installée dans l'île au –Ve s. pendant la domination perse.

Île **Éléphantine.** *Phot. ©Gerbster/Rapho*

**ÉLEU-DIT-LEAUWETTE** [62300] ➛ ÉTYM. de *eleu* «alleu» ou langue d'oïl *hasal* «noisetier» et *eauwette*, dimin. de *eau* ♦ Comm. du Pas-de-Calais, banl. S. de Lens. 3 107 hab.

**ÉLEUSIS** [eløzis] – en gr. mod. ***Elefsis*** ♦ V. de Grèce (Attique), sur la baie du même nom. env. 30 000 hab. Ruines du sanctuaire de Déméter* et de Perséphone*, notamment du Telestêrion (salle d'initiation, –VIe s.). ▪ Port. Cimenterie. Raffinerie. Construct. mécaniques et navales. ▌**Histoire** Annexée à Athènes* (–VIIe s.), Éleusis devint une ville sacerdotale où les Athéniens s'initiaient aux *mystères d'Éleusis* au cours de rites secrets. Ces mystères annuels (*Éleusinies*) provenaient d'un culte agraire primitif du –XIVe - –XIIe s. (**→ Eumolpe, Triptolème**) par l'intermédiaire de l'orphisme (**→ Orphée**) et tenaient une place importante dans la religion grecque.

**ÉLEUTHÈRE** (saint) ➛ ÉTYM. du gr. *eleutheros* «libre» ♦ 13e pape (de 174 à 189 ?). Traditionnellement : de Nicopolis, en Épire, et martyr. ▪ Fête le 26 mai.

**ELGAR** (sir **Edward**) ♦ Compositeur britannique (Broadheath 1857 - Worcester 1934). Musicien officiel de la cour d'Angleterre, il a laissé une œuvre marquée par le respect de la tradition romantique : *Enigma*, variations pour orchestre (1899), *Le Songe de Gerontius*, oratorio (1900), un *Concerto* et une *Sonate* pour violon (1910), ainsi que deux *Symphonies* et des pièces chorales.

**ELGIN (Thomas BRUCE,** 11e comte **DE KINCARDINE,** 7e comte **D')** ♦ Diplomate britannique (Londres 1766 - Paris 1841). Lors de son ambassade en Turquie (1799 - 1802), il fit transporter au British Museum une partie de la frise du Parthénon, ce qui le fit sévèrement juger, bien que l'œuvre, abandonnée, fut alors sérieusement menacée dans son site athénien.

**ELGIN (James BRUCE,** 12e comte **DE KINCARDINE,** 8e comte **D')** ♦ Homme politique britannique (Londres 1811 - Dharmsala, Inde 1863). Il fut gouverneur de la Jamaïque en 1842, puis gouverneur en chef du Canada-Uni (1846 - 1854) pour lequel il reconnut l'existence officielle du système parlementaire. Il fut le négociateur du traité de Tianjin*, 1858, puis le premier vice-roi des Indes (1862).

**ELGIN** ♦ V. d'Écosse, à proximité de la mer du Nord, ch.-l. du district du Moray. 16 500 hab. Cathédrale en partie en ruine des XIIIe et XIVe s. ▪ Aux environs, restes d'une abbaye cistercienne et d'une abbaye bénédictine du XIIIe s.

**ELIADE (Mircea)** ♦ Historien des religions et romancier roumain (Bucarest 1907 - Chicago 1986). Après des études en Inde, des séjours diplomatiques à Londres et à Lisbonne, il quitta la Roumanie et devint professeur à Paris (1946) puis à Chicago (1956). Œuv. princ. : *Maitreyi* (1933 ; trad. fr. *La Nuit bengali*, 1950), roman ; *Traité d'histoire des religions* (1949, en fr.) où il étudie les «hiérophanies», types fondamentaux de manifestation du sacré ; *Le Mythe de l'éternel retour* (1949, en fr.) ; *Le Chamanisme et les techniques archaïques de l'extase* (1951, en fr.) ; *Le Yoga, immortalité et liberté* (1964, en fr.) ; *Histoire des croyances et des idées religieuses* (3 vol., 1976 - 1978) ; *Mémoire* (2 vol., 1980 - 1988) ; *Aspects du mythe* (1988) ; *Mythes, rêves et mystères* (1989) ; et un autre roman *Uniformes de général* (1981).

**ELIADE-RĂDULESCU (Ion) → Heliade-Rădulescu (Ion)**

**ELIAQUIM → Joachim**

**ELIAS (Norbert)** ♦ Sociologue allemand (Breslau, auj. Wrocław 1897 - Amsterdam 1990). S'appuyant sur une analyse historique des mœurs et des faits de société, il s'est efforcé d'expliquer, dans ses ouvrages (*La Dynamique de l'Occident ; La Civilisation des mœurs*, 1939 ; *La Société de cour*, 1969 ; *La Solitude des mourants*, 1985), la rationalisation progressive des comportements individuels et sociaux à partir du XVIe s., par le développement de l'État.

**ÉLIDE** n. f. – en gr. mod. ***Ilias*** ♦ Région de Grèce, au N.-O. du Péloponnèse. Auj. nome d'Élide. 179 429 hab. CH.-L. : Pyrgos. 30 000 hab. L'abondance de l'eau et la fertilité de la plaine littorale ont favorisé les cultures irriguées (agrumes, fruits). ▌**Histoire** Constituée en cité démocratique, elle quitta l'alliance de Sparte (–420) et lutta longtemps contre elle. Elle se rangea du côté des Macédoniens mais, plus tard, participa à la ligue Étolienne (**→ Étolie**). La présence sur son territoire du grand sanctuaire d'Olympie* lui épargna de graves dommages.

**ÉLIE** ➛ ÉTYM. en hébr. *'Éliyyâh* «Yâh(wé) [est] Dieu» ♦ Prophète biblique (I Rois, XVII-II Rois, II). Il prophétise au temps d'Achab* (v. –873 - –853) contre le culte des Baals, fait cesser la pluie trois ans, la rétablit au mont Carmel* où il massacre 450 prophètes des Baals, menace Achab de mort à cause du meurtre de Naboth. L'inimitié de Jézabel* le contraint de s'enfuir et il laisse sa succession à Élisée*, avant de s'élever au ciel sur un char de feu. Le *retour d'Élie* fut annoncé par les prophètes pour les temps messianiques, si bien que dans le Nouveau Testament (Marc, VI, 15, *sqq.*) certains prennent Jésus pour Élie.

**ÉLIE DE BEAUMONT (Léonce)** ♦ Géologue français (Canon, Calvados 1798 - *id.* 1874). Il établit avec Dufrénoy* la carte géologique générale de la France au 1/500 000, et effectua également avec lui des travaux sur les monts volcaniques d'Auvergne. Il fut amené à distinguer différents âges dans la formation des chaînes montagneuses (*Recherches sur quelques-unes des révolutions à la surface du globe*, 1829 - 1830 ; *Notice sur les systèmes de montagnes*, 1849 - 1852), mais certaines de ses théories se révélèrent inexactes. Il fut par ailleurs un des principaux adversaires de l'hypothèse de Boucher* de Perthes sur l'ancienneté de l'homme. [Acad. sc. 1835]

**ÉLIE DE CORTONE** ou **D'ASSISE** dit **frère Élie** ♦ Frère mineur et peut-être architecte italien (1171 ou 1182 - Cortone 1253). Il fut l'un des premiers disciples de François* d'Assise qui le nomma vicaire général. Il entreprit en 1228 l'édification de la basilique où le saint devait être enseveli (1230), jetant ainsi les bases du «chantier» d'Assise*. En 1232, il succéda à Pierre de Catane comme général de l'ordre des franciscains, qu'on lui reprocha d'orienter vers trop de puissance et de luxe. Ses opinions gibelines le firent déposer (1239), exclure de l'ordre et deux fois excommunier (1240, 1245).

**ÉLIEN** – en gr. ***Elianos*** ♦ Écrivain italien de langue grecque (Préneste IIe - IIIe s.). Ses œuvres volumineuses, *De la nature des animaux* et *Histoire variée*, ont une valeur philologique.

**ÉLIÉZER DE DAMAS** ➛ ÉTYM. en hébr. *'Ĕlî 'ezer* «mon Dieu est secours» ♦ Personnage biblique (Genèse, XV, 2). Abraham le considère comme son héritier avant la naissance d'Isaac. On l'identifie traditionnellement avec le serviteur anonyme de la Genèse (XXIV), qui va en Mésopotamie chercher une épouse pour Isaac (Rébecca).

**ELION (Gertrude B.)** ♦ Biochimiste américaine (New York 1918 - 1999). Collaboratrice, pendant 30 ans, de G. Hitchings*, elle étudia les produits bloquant la synthèse des acides nucléiques des virus et découvrit, entre autres, l'aciclovir, le plus puissant médicament antiviral, utilisé notamment contre l'herpès, la varicelle et le zona. [Prix Nobel de physiol. ou méd. 1988, avec J. Black* et G. Hitchings]

**ELIOT (John)** ♦ Prédicateur anglais (Widford, 1604 - Roxbury, Massachusetts 1690). Reçu «Bachelor of Arts» à Cambridge en 1622, il enseigna dans un collège, puis quitta l'Église d'Angleterre pour se rallier aux puritains et gagner l'Amérique. Pasteur et professeur à Roxbury, il se consacra à l'évangélisation des Indiens à partir de

1647. Sa traduction de la Bible en algonquin (1661 - 1663) fut la première Bible imprimée en Amérique. Il fonda une petite ville, Natick, qui se gouverna elle-même suivant le système qu'il avait préconisé dans *The Christian Commonwealth* (1656) : les Saintes Écritures étant les seules à enseigner la loi de Dieu, il serait inutile de créer d'autres lois ou d'avoir un chef d'État. La tendance républicaine de l'œuvre la fit interdire en 1661. ➛ **ÉTYM.** *Eliot* est le diminutif du nom *Élie**.

**ELIOT (Mary Ann EVANS,** dite **George)** ➛ **ÉTYM.** *George,* du prénom de son compagnon *George* Henry Lewes* ; *Eliot,* parce que facilement prononçable ♦ Romancière, journaliste et poète britannique (Arbury Farm, Warwickshire 1819 - Chelsea, Londres 1880). Ses dons de conteur se révèlent dans les *Scènes de la vie du clergé* (1858), étude de crises de conscience (de famille très croyante, elle avait évolué vers un athéisme rationaliste) ; *Adam Bede* (1859) est une peinture de l'Angleterre du XIXe s. Ses souvenirs d'enfance lui inspirèrent *Le Moulin sur la Floss* (1860), roman tragique et émouvant, teinté d'humour. *Silas Marner* (1861) illustre une idée-force chez George Eliot, selon qui le véritable salut se trouve dans la capacité d'amour et de dévouement. *Félix Holt* (1866) et *Middlemarch, étude de la vie de province* (1871 - 1872) décrivent l'Angleterre moderne et sont, au meilleur sens du terme, des «romans d'idées», tout comme *Daniel Deronda* (1876), son dernier livre, qui dénonce l'antisémitisme.

George **Eliot.**
*Phot. © BN*

**ELIOT (Thomas Stearns,** dit **T. S.)** ♦ Poète, critique et auteur dramatique britannique d'origine américaine (Saint Louis, Missouri 1888 - Londres 1965). Il fit ses études à Harvard, à la Sorbonne et à Oxford, s'enthousiasma pour le symbolisme et surtout pour Jules Laforgue, qui exerça une influence prépondérante sur ses débuts littéraires : *Prufrock and Other Observations* (1917). Eliot s'était établi en Angleterre en 1914 ; il épousa une Anglaise, travailla dans une banque et fut naturalisé en 1927. Il se proclama «classique, royaliste et anglican». Sa rencontre avec Ezra Pound fut décisive dans la genèse de son premier grand poème, *La Terre vaine* (1922), «fresque à cinq dimensions parsemée de papiers collés qui éprouvent la solidité de l'édifice [où] l'auteur est aussi présent que Courbet dans *L'Atelier du peintre*» (P. Leyris, qui le traduisit). Cependant, Eliot se refuse à considérer la poésie comme une effusion individuelle. Le problème des rapports entre les apparences matérielles et la réalité spirituelle inspire, après *Les Hommes creux* (1925), un autre de ses grands poèmes : *Mercredi des Cendres* (1930) dont les thèmes sont la pénitence et la rédemption. *Les Quatre Quatuors* (1936 - 1942) sont une évocation de l'expérience dans le temps et au-delà du temps («La musique entendue si profondément / Qu'on ne l'entend plus du tout, mais que l'on est la musique / Tant que la musique dure...»). Le thème de la rédemption dans le temps reste présent dans *La Réunion de famille* (1939). Dans *Le Roc* (1934), composé pour une représentation sacrée, sont insérés d'amples versets bibliques. *Meurtre dans la cathédrale* (1935) est le récit mystique de la mort de Thomas* Becket, soutenu par les voix d'un chœur dans la tradition grecque. Le thème de la recherche et de l'acceptation du destin se retrouve dans *Cocktail-Party* (1950) et dans *Le Secrétaire particulier* (1954). Les œuvres dramatiques d'Eliot ont la même unité de thème que ses œuvres poétiques. Eliot publia plusieurs volumes de critique littéraire, de critique sociale (*Notes Towards The Definition of Culture,* 1948), traduisit *Anabase* de Saint-John Perse et exerça une influence

T. S. **Eliot.**
*Phot. © Coll. Roger-Viollet*

idéologique et critique considérable sur les lettres anglaises en tant que directeur littéraire des éditions Faber à partir de 1925. [Prix Nobel de littér. 1948]

**ÉLIPAND** ♦ Archevêque de Tolède et hérétique espagnol (v. 717 - v. 808). Contre le néosabellianisme d'un certain Migetius, il professa une doctrine que les moines Beatus et Etherius dénoncèrent, inexactement, comme adoptianiste et nestorienne. Celle-ci fut réfutée par Alcuin et condamnée (Francfort, 794 ; Rome, 798). ➛ **Félix d'Urgel.**

**ÉLISABETH** (sainte) ♦ Dans l'Évangile de Luc, I, épouse stérile du prêtre Zacharie*, miraculeusement mère de Jean*-Baptiste. ▪ Fête le 5 nov. ➛ **ÉTYM.** Le nom hébreu *'Èlîshèba'* signifie «mon Dieu est plénitude» ou «mon Dieu est serment».

**ÉLISABETH Ire** – en angl. ***Elizabeth*** ♦ (Greenwich 1533 - Richmond 1603). Reine d'Angleterre (1558 - 1603). Fille d'Henri* VIII et d'Anne* Boleyn, elle eut une jeunesse triste et studieuse. Déclarée illégitime après la mort de sa mère, elle fut rétablie dans ses droits en 1544. Malgré le catholicisme qu'elle afficha sous le règne de Marie* Tudor, elle fut compromise dans l'insurrection protestante de Wyatt* (1554) et enfermée à la tour de Londres. Son avènement au trône fut marqué par le rétablissement de l'Église anglicane (Acte d'uniformité, 1559) ; en 1563 furent publiés les Trente-Neuf Articles, confession de foi de l'anglicanisme. Ses mobiles étaient au demeurant plus politiques que religieux : elle se défiait à la fois des calvinistes qui contestaient l'autorité épiscopale et des catholiques pour qui elle devait toujours rester la «bâtarde». Après son excommunication (1570), les persécutions contre les catholiques commencèrent, particulièrement cruelles en Irlande. En Angleterre, le parti catholique se regroupait autour de Marie Stuart que ses droits à la succession rendaient encore plus dangereuse. Élisabeth encouragea la révolte protestante écossaise avant d'emprisonner Marie et de la faire finalement exécuter (1587). ➛ **Marie Stuart.** Sa politique à l'égard des autres nations obéit au même principe de soutien des protestants : l'aide apportée aux Pays-Bas provoqua une guerre de dix ans avec Philippe* II, au cours de laquelle, l'Invincible Armada* détruite (1588), l'Espagne perdit sa suprématie. Cette victoire s'accompagna d'une remarquable expansion maritime : Drake, Hawkins, Chancellor, Raleigh, Davis parcoururent les mers ou développèrent le commerce. Raleigh nomma la Virginie (*Virginia*) en l'honneur de la «Reine vierge» (*Virgin Queen*). Frobisher ouvrit la Bourse de Londres, la Compagnie des Indes

**Élisabeth Ire.** Portrait par F. Zucchero.
Pinacothèque nationale, Sienne.
*Phot. © Arch. Rencontre*

orientales fut fondée, l'industrie se développa (textiles, mines, constructions navales), l'agriculture elle-même se transforma, donnant une part plus importante à l'élevage. Cet essor explique la transformation de la société, la noblesse devant s'adapter et la bourgeoisie voyant son rôle grandir. Un effort fut fait pour tenter de protéger la paysannerie libre et pour améliorer la condition des classes les plus défavorisées, par les lois sur les pauvres. Le rôle du Parlement s'amenuisa au fur et à mesure du règne et la reine s'orienta vers un exercice de plus en plus personnel du pouvoir, aidée de quelques conseillers choisis avec discernement (Cecil*, Walsingham*) et préparant ainsi les conflits qui allaient éclater sous les Stuarts. Ce fut en effet au fils de Marie Stuart qu'Élisabeth dut laisser son trône : si elle avait eu des favoris dont les plus célèbres furent Robert Dudley* et Essex*, elle ne s'était jamais mariée, en dépit des injonctions du Parlement, et n'avait pas eu d'enfant (d'où son surnom de «reine vierge»). L'ère élisabéthaine devait rester une des époques les plus brillantes de l'histoire d'Angleterre, l'essor général du pays ayant correspondu à l'épanouissement de la civilisation et notamment de la littérature (➛ **Shakespeare**).

**ÉLISABETH II** ♦ (Londres 1926). Reine du Royaume-Uni de Grande-Bretagne et d'Irlande, chef du Commonwealth (1952). Fille du roi George* VI, elle épousa en 1947 Philippe* de Grèce, duc d'Édimbourg et succéda à son père à la mort de celui-ci en fév. 1952. Bien que symbole de l'unité monarchique, elle joue un rôle politique assez effacé.

**ÉLISABETH** ♦ Reine de Roumanie (Neuwied 1843 - Bucarest 1916). Elle épousa Carol* de Hohenzollern, qui devint roi de Roumanie en 1881. Elle a publié des œuvres littéraires sous le pseudonyme de Carmen Sylva.

**ÉLISABETH D'AUTRICHE** ♦ Reine de France (Vienne 1554 - *id.* 1592). Fille de Maximilien* II, mariée à Charles* IX (1570), elle joua un rôle très effacé à la cour de France et retourna en Autriche à la mort du roi.

**ÉLISABETH DE BAVIÈRE** ♦ Reine des Belges (Possenhofen 1876 - Bruxelles 1965). Fille de Charles-Théodore, duc en Bavière, elle épousa en 1900 le futur Albert Ier, roi des Belges. Son courage, pendant la Première Guerre mondiale, la rendit très populaire, et, par la suite, elle exerça une grande influence sur la vie artistique de son pays.

**ÉLISABETH DE FRANCE** ♦ (Fontainebleau 1545 - Madrid 1568). Reine d'Espagne. Fille d'Henri* II et de Catherine* de Médicis, elle épousa Philippe* II qui l'avait demandée en mariage pour son fils don Carlos (traité du Cateau*-Cambrésis, 1559). Elle mourut en couches.

**ÉLISABETH DE FRANCE (Philippine Marie Hélène,** Madame**)** ♦ Princesse française (Versailles 1764 - Paris 1794). Sœur de Louis* XVI, dévote et tout entière dévouée à son frère, elle fut enfermée au Temple avec la famille royale (1792), puis transférée à la Conciergerie, avant d'être condamnée à mort et guillotinée.

**ÉLISABETH DE HONGRIE** (sainte) ♦ (1207 - Marburg 1231). Fille du roi André II de Hongrie, veuve à 20 ans de Louis IV de Thuringe, elle entra dans le tiers ordre de Saint-François et se consacra à son hôpital de Marburg. ▪ Fête le 17 nov.

**ÉLISABETH DE WITTELSBACH** ♦ Impératrice d'Autriche (Possenhofen 1837 - Genève 1898). Petite-fille du roi de Bavière Maximilien Ier, elle épousa en 1854 l'empereur François*-Joseph. Elle était l'une des femmes les plus belles et les plus brillantes de la cour autrichienne ; mais des épreuves successives (la mort de son fils Rodolphe* de Habsbourg et de son beau-frère Maximilien*) accentuèrent l'instabilité de son équilibre mental. Elle vécut dès lors dans la solitude à l'écart de la cour de Vienne et c'est au cours d'un de ses nombreux voyages à l'étranger qu'elle fut assassinée par un anarchiste italien.

**ÉLISABETH FARNÈSE** ♦ (Parme 1692 - Madrid 1766). Reine d'Espagne (1714 - 1766). Fille du duc de Parme, elle devint la seconde femme de Philippe* V et se révéla immédiatement énergique et dominatrice. Après avoir fait chasser la princesse des Ursins* à laquelle elle devait son trône, elle donna un grand pouvoir à Alberoni*. Son influence fut à l'origine de la politique agressive de l'Espagne en Italie, qui permit à ses fils (don Carlos et don Philippe) d'hériter des duchés de Parme et de Plaisance.

**ÉLISABETH PETROVNA** ♦ (Kolomenskoïe, près de Moscou 1709 - Saint-Pétersbourg 1762). Impératrice de Russie (1741 - 1762). Fille de Pierre* le Grand et de Catherine* Ire, elle fut portée au pouvoir par un coup d'État nationaliste qui détrôna le jeune Ivan* VI. Son règne fut marqué par le développement du commerce, de l'industrie et de l'instruction (université de Moscou, 1755 ; Académie des beaux-arts, 1758 → **Chouvalov**) et l'influence littéraire et artistique de la France. En politique extérieure, le traité d'Abo (Turku*) assura à la Russie le S.-E. de la Finlande (1743). L'alliance avec l'Autriche contre Frédéric* II, durant la guerre de Sept* Ans, mit la Prusse en péril après Kunersdorf* (1759) et l'occupation de Berlin par les Russes (1760). Frédéric II de Prusse fut sauvé par la mort d'Élisabeth et l'avènement de Pierre* III.

**ÉLISABETHVILLE** → **Lubumbashi**

**ÉLISÉE** ← **ÉTYM.** de l'hébr. *'ělîshâ'* «Dieu a aidé» ♦ Prophète biblique (I Rois, XIX, 16-21 ; II Rois, II-XIII). Disciple d'Élie* qui, avec son manteau, lui transmet son esprit et ses pouvoirs.

**ELISTA** ← **ÉTYM.** de 1944 à 1957 ***Stepnoï*** ♦ V. de Russie, cap. de la Kalmoukie*. 104 300 hab. Indus. alimentaire.

**ELIZABETH** ♦ V. des États-Unis (New Jersey), sur le détroit de Staten Island et la baie de Newark. 120 568 hab., dont 39 % d'Hispaniques. Nombreuses industries.

**ELKINGTON (George Richards)** ♦ Inventeur britannique (Birmingham 1801 - Pool Park, Denbighshire 1865). Il mit au point des procédés d'argenture et de dorure par électrolyse et l'affinage électrolytique du cuivre.

**ELLESMERE** (île d') ♦ Île de l'Arctique canadien, la plus septentrionale des îles de l'archipel arctique canadien. Elle s'étend jusqu'à 83° N. 196 236 km². Montagneuse, elle est en partie couverte par des glaciers. Prospection de pétrole. Stations scientifiques.

**ELLESMERE PORT** ♦ V. d'Angleterre (Cheshire), sur l'estuaire de la Mersey, en amont de Liverpool. 81 671 hab. avec Neston. Princ. centre britannique de l'indus. des corps gras. Construc. automobile.

**ELLICE** (archipel) → **Gilbert et Ellice**

**ELLINGTON (Edward KENNEDY,** dit **Duke)** ♦ Pianiste, compositeur et chef d'orchestre de jazz américain (Washington 1899 - New York 1974). Venu à New York en 1923, il constitua à partir de 1925 un orchestre qui, fréquemment remanié, devint l'une des plus fameuses formations de jazz. Barney Bigard*, Cootie Williams*, le saxophoniste alto Johnny Hodges figurèrent parmi ses solistes. Tirant de l'orchestre toute une palette de rythmes et de sonorités, tenté parfois par d'ambitieuses expériences musicales, doué d'un sens mélodique qui assura à maintes de ses compositions un succès mondial, Ellington reste une figure essentielle de l'histoire du jazz. Princ. enregistrements : *Black and Tan Fantasy* (1927), *The Mooche* (1928), *Mood Indigo* (1930), *It Don't Mean a Thing* (1932), *Solitude* (1934), *Caravan* (1937), *Ko-ko, Concerto for Cootie* (1940), *Black, Brown and Beige* (suite orchestrale, 1944), *Diminuendo and Crescendo in Blue* (1937, 1956) ; comme pianiste : *Pitter Panther Patter* (avec Jimmy Blanton, 1940), *Money Jungle* (avec Charlie Mingus et Max Roach, 1962).

**ELLIOT LAKE** ♦ V. du Canada (Ontario), au N. du lac Huron, dans la forêt. 11 549 hab. Gisement d'uranium exploité depuis 1956. Centre de pêche et de chasse.

**ELLIS (Henry Havelock)** ♦ Écrivain britannique (Croydon 1859 - Hintlesham, Suffolk 1939). Il est l'auteur d'une œuvre monumentale (*Studies in the Psychology of Sex*, 1897 - 1928) qui en fait un pionnier dans le domaine de la sexologie.

**ELLISON (Ralph Waldo)** ♦ Écrivain noir américain (Oklahoma City 1914 - New York 1994). Après des études en Alabama, à Tuskegee Institute, il travailla pour l'administration de Roosevelt et servit pendant la guerre dans la marine marchande. Alors qu'il était boursier, il écrivit un best-seller, *Invisible Man* (1952), qui dénonce dramatiquement la cécité des Blancs devant leurs frères de couleur. Ellison a enseigné dans diverses universités américaines. Il a publié *Shadow and Act* (1964), collection d'essais autobiographiques. Son œuvre se réclame de la tradition individualiste de Ralph Waldo Emerson*, dont il portait les prénoms.

**ELLORA** ♦ V. de l'Inde (Maharashtra), à peu de distance au N. d'Aurangabad*. 212 918 hab. Elle abrite un site célèbre pour ses trois groupes de temples et de sanctuaires (bouddhiques, brahmaniques et jaina) creusés ou taillés dans le roc et ornés d'admirables hauts-reliefs. Ils furent créés du IVe au XIIIe s. Deux grands temples excavés (dont le Kailāsa, célébré par Malraux) sont particulièrement célèbres.

**ELLROY (Lee Earle,** dit **James)** ♦ Écrivain américain (Los Angeles 1948). Après l'assassinat de sa mère, toujours non élucidé, en 1954, il se marginalisa jusqu'à la petite délinquance. Crimes, obsessions, perversions hantent l'univers de ses romans *Le Dahlia noir* (1987 ; adapté pour le cinéma en 2006 par Brian de Palma), *White Jazz* (1992), *L.A. Confidential* (1990, porté au cinéma en 1997), *Un tueur sur la route* (1986) comme autant de violences personnellement vécues. *Underworld USA* constitue une trilogie entamée en 1995 avec *American Tabloid*, écrite dans un style trépidant qui entraîne le lecteur dans les coulisses peu intègres de la politique américaine de l'ère Kennedy.

**ELLSWORTH (Lincoln)** ♦ Explorateur américain (Chicago 1880 - New York 1951). Après avoir participé avec Amundsen* à deux expéditions au pôle Nord (1925, 1926, à bord du dirigeable *Norge* qui survola le pôle), il décida d'entreprendre un raid aérien au-dessus de l'Antarctique et, après avoir échoué en 1933 et 1934, parvint en 1935 à survoler l'intérieur des terres de l'Antarctique occidentale *(plateau d'Ellsworth)*.

**ELME** (saint) → **Érasme (saint)**

**ELNE** [66200] ← **ÉTYM.** anc. *Illiberi* [aquit. «ville *(ili)* neuve *(beri)*»], puis *Castrum Helenae* «forteresse d'Hélène», du n. de sainte Hélène* ♦ Ch.-l. de cant. des Pyrénées-Orientales, arr. de Perpignan, sur le Tech, dans le Roussillon. 6 410 hab. *(Illibériens)*. L'anc. cathédrale Sainte-Eulalie, du XIe s., possède une façade crénelée, sa nef et ses bas-côtés sont dans le style roman provençal. Le cloître roman (XIIe - XIVe s.) est d'une remarquable architecture ; il renferme des sculptures funéraires d'un style spécifiquement roussillonnais. ▪ Cultures maraîchères. Vins de pays. ▮ **Histoire** La ville, fondée par les Celtibères, devint le siège d'un évêché en 571, elle fut concurrencée par Perpignan.

**Éloge de la Folie** – en lat. ***Encomium Moriae*** ♦ Ouvrage satirique d'Érasme*. Paru en 1511 et dédié à son ami Thomas More* (d'où le jeu de mots sur le lat. *Moria* et *Morus*), il est écrit en un latin savant et témoigne d'une très grande érudition. Par la voix de la Folie, Érasme se moque avec esprit et parfois amertume de certaines catégories sociales, philosophes et théologiens en tête. Le but de cette œuvre n'est pas différent de celui de ses autres écrits : enseigner la vérité évangélique. «Nous avons voulu avertir et non mordre ; être utile et non offenser ; réformer les mœurs et non scandaliser.»

**ÉLOHIM** ➝ ÉTYM. hébr. *'Èlôhîm*, plur. de *'Èlôah*, Éloah, forme poétique ♦ Mot le plus employé pour désigner Dieu dans la Bible. Précédé ou non d'un article, il est le plus souvent accompagné d'un verbe ou d'un adjectif au singulier. Ce pluriel d'abstraction est parfois appliqué à d'autres dieux ou déesses, voire à des entités (les anges) ou des personnages (Moïse) qui participent de la nature divine. Mais la même forme, généralement suivie d'un verbe au pluriel, peut aussi recouvrir un pluriel habituel («les dieux»). → **El.**

**ÉLOI** (saint) ➝ ÉTYM. en lat. *Eligius*, probablt de *eligere* «choisir» ♦ (Chaptelat ?, Limousin, v. 588 - Noyon 660). Évêque de Noyon-Tournai de 641 à 660. Orfèvre, auteur du mausolée de saint Denis et de la châsse de saint Martin, il fut maître de la Monnaie de Clotaire II, puis trésorier de Dagobert Ier. Il fonda le monastère de Solignac (632) qu'il confia à saint Remacle. Il étendit le christianisme dans le N. de la France. ▪ Fête le 1er déc. (saint Éloi est le patron des orfèvres et forgerons).

**ELORN** n. m. ➝ ÉTYM. rac. hydronym. précelt. *al-* (→ Allier) ♦ Fl. côtier du Finistère (51 km). Né dans les monts d'Arrée, il traverse Landivisiau, Landerneau et se jette dans la rade de Brest.

**ÉLOY (Jean-Claude)** ♦ Compositeur français (Mont-Saint-Aignan 1938). Il fut l'élève de D. Milhaud au Conservatoire de Paris puis suivit les cours de P. Boulez à Bâle. Il appartint d'abord à l'école sérielle inspirée de Webern et pratiqua une écriture fondée sur des oppositions d'instruments, des structures sérielles, etc. (*Équivalences*, pour 18 instruments, 1963). À Berkeley, où il enseigna deux ans, il eut la révélation des musiques d'Extrême-Orient, manifeste dans sa production ultérieure : *Kâmakalâ* (1971), *Shanti* (1972 - 1973), *Gaku-no-michi* (1977 - 1978), *Yo-In* (1979), *Anâhata* (1986), *Rosa-mira... Chants de libérations* (1989).

**ÉLOYES** [88510] ➝ ÉTYM. langue d'oïl *ès* «dans les» et pl. de *loie* «galerie en bois de maison rustique» ♦ Comm. des Vosges, arr. d'Épinal, sur la Moselle. 3 256 hab. *(Loyas)*. Indus. textile et agroalimentaire.

**EL PASO** ➝ ÉTYM. esp. «le passage» (des Mexicains vers les États-Unis) ♦ V. des États-Unis (Texas) sur le Rio Grande. 563 662 hab. dont 78 % d'Hispaniques (zone urbaine, avec la ville mexicaine de Ciudad Juárez, 379 622). Centre commercial et financier d'une région d'élevage extensif, et de culture du coton. Indus. : métall. du cuivre, raffineries de pétrole, vêtements de coton, conditionnement de la viande. Installations militaires et aériennes. Centre touristique.

**ELPHINSTONE (George Keith),** 1er vicomte **KEITH** ♦ Amiral britannique (Elphinstone Tower, près de Stirling 1746 - Tulliallan, Louth, Irlande 1823). Il participa à la guerre d'Amérique, à la guerre contre la France sous la Révolution et l'Empire, à la prise des colonies hollandaises du Cap et des Indes (1795 - 1797), ainsi qu'à la victoire anglaise en Égypte. ♦ **Montstuart Elphinstone.** Administrateur colonial britannique (Cumbernauld, Dumbartonshire 1779 - Limpsfield, Surrey 1859). Fils du précédent. Entré dans la Compagnie des Indes orientales (1796), il fut nommé président britannique à Poona (1810) et parvint à vaincre l'insurrection du prince mahratte (1817). Gouverneur de Bombay (1819 - 1827), il contribua à la réforme du système judiciaire et de l'enseignement. Il rédigea une *Histoire de l'Inde*, 1841.

**ELSENEUR** – en danois ***Helsingør*** ♦ V. et port du Danemark, sur la côte E. du Sjælland, à moins de 5 km de la côte suédoise. 35 075 hab. Ville ancienne, célèbre pour son château de Kronborg construit de 1577 à 1585 à l'emplacement d'un château fort plus ancien, où Shakespeare situe l'action d'*Hamlet*. Monastère de carmélites, église Sainte-Marie, pharmacie du Cygne (1577), hôtel de ville (1854), château de Marienlyst. ▪ Trafic dense de ferries pour la Suède (passagers, marchandises, autos, trains).

**Elseneur.** Le château de Kronborg.
*Phot. © George Michael Warnock /Shutterstock*

**ELSGAU** → Ajoie

**ELSHEIMER (Adam)** ♦ Peintre et graveur allemand (Francfort-sur-le-Main 1578 - Rome 1610). Formé à Francfort, il se rendit ensuite à Munich, puis à Venise, et se fixa à Rome en 1600. Il s'y lia avec Rubens* et Lastman, le maître de Rembrandt*. Il exécuta surtout des tableaux sur cuivre de petites dimensions, représentant des sujets bibliques et mythologiques, où le paysage tient souvent une place importante. Son œuvre protéiforme laisse transparaître les influences les plus diverses, notamment des Vénitiens et des caravagesques ; cependant, la forte originalité de son tempérament s'affirme particulièrement dans ses paysages crépusculaires ou nocturnes. Il donna souvent à ses scènes un caractère fantastique (*L'Incendie de Troie*). Si dans ses études on peut déceler un sentiment presque romantique de la nature, plusieurs de ses tableaux présentent une ordonnance équilibrée et des détails pittoresques qui influencèrent de nombreux paysagistes italiens et français.

**ELSKAMP (Max)** ♦ Poète belge d'expression française (Anvers 1862 - *id.* 1931). Très religieux, il fit de son œuvre poétique l'«hymne d'un cœur spirituel», célébrant, avec un symbolisme d'une naïveté voulue qui rappelle Verlaine et Laforgue, «Dimanche, Flandre et la mer entre les arbres». Cette inspiration à la fois populaire et mystique est manifeste dans les poèmes *Salutations, dont d'angéliques* (1893) et *Six chansons de pauvre homme pour célébrer la semaine de Flandre* (1895), publiés dans le recueil *La Louange de la vie* (1898), ainsi que dans les poèmes des *Enluminures* (1898). À partir de 1921, c'est une tonalité beaucoup plus sombre qui se dégage des recueils *Chansons désabusées* (1922), *Les Délectations moroses* (1923) et *Aegri Somnia* (1924). ▪ Bon graveur sur bois, Max Elskamp illustra lui-même certains de ses ouvrages ; sensible à «ce qui touche à l'âme traditionnelle du peuple», il fut un des fondateurs du musée de folklore d'Anvers.

**ELSSLER (Franziska,** dite **Fanny)** ♦ Danseuse autrichienne (Gumpendorf, Autriche 1810 - Vienne 1884). Son succès retentissant dans *La Tempête* de Coralli (1834) attisa la rivalité avec sa contemporaine Maria Taglioni*. Danseuse de caractère, elle se rendit célèbre dans le monde entier. Son rôle le plus connu est celui de Cachucha dans *Le Diable boiteux* de Coralli (créé en 1836). De 1848 à 1851, elle eut une carrière spectaculaire en Russie avant de faire ses adieux à Vienne.

**ELSTER (Kristian)** ♦ Écrivain norvégien (Øysvoll 1841 - Trondheim 1881). Critique littéraire en vue, il contribua à répandre les idées de la «percée moderne» ouverte par G. Brandes*. Il traduisit et fit connaître Tourgueniev* dans le Nord et dont l'influence se fait sentir dans le roman *Tora Trondal* (1879). Il a traité avec discernement le thème kierkegaardien de l'engagement et de la vocation dans le roman *Gens dangereux* (1881). C'est aussi un auteur de nouvelles de grand talent.

**ELSTER (Julius)** ♦ Physicien allemand (Blankenburg 1854 - Wolfenbüttel 1920). Auteur de travaux avec Geitel*, concernant notamment l'ionisation de l'atmosphère et la radioactivité (ils énoncèrent la loi de la décroissance radioactive). Ils mirent au point, en même temps que Crookes*, un procédé de comptage de particules par les scintillations qu'elles produisent sur un écran.

**ELSTER (Jon)** ♦ Philosophe et sociologue d'origine norvégienne (Oslo 1940), professeur au Collège de France. Il obtint son doctorat sous la direction de Raymond Aron. Ses travaux se sont orientés dans trois directions distinctes. Depuis *Ulysses and the Sirens* (1979), il s'intéresse aux fondements philosophiques de la théorie du choix rationnel et à son application dans les sciences sociales. Avec *Leibniz et la formation de l'esprit capitaliste* (1975) et *Making sense of Marx* (1985), il s'est consacré à l'histoire de la philosophie. Enfin, ses recherches ont porté sur l'importance contemporaine des demandes de justice et d'équité comme motivation des acteurs sociaux, que ce soit dans les négociations salariales (*The Cement of Society*, 1989) ou dans l'écriture des constitutions, à laquelle il a consacré de nombreux articles.

**ELSTER** n. f. ♦ Nom de deux riv. d'Allemagne. ♦ ***Elster Blanche*** (195 km). Elle naît dans les monts de l'Elster, à la jonction de l'Erzgebirge et du Fichtelgebirge, traverse les régions morainiques de la Saxe, arrose Plauen, Gera, Leipzig et rejoint la Saale en amont de Halle. ♦ ***Elster Noire*** (188 km). Elle naît dans les monts de Lusace, arrose Hoyerswerda, le Brandebourg méridionnal et conflue avec l'Elbe en amont de Wittenberg. ▪ L'Elster a donné son nom à la glaciation la plus ancienne de l'Europe du Nord, avant celles de la Saale et de la Vistule.

**ELTSINE (Boris Nikolaïevitch)** ♦ Homme politique russe (Sverdlovsk, auj. Iekaterinbourg 1931 - Moscou 2007). D'origine ouvrière, il devint membre du parti communiste de l'URSS en 1960. Il fut secrétaire du parti pour la région de Sverdlovsk de 1975 à 1985, membre du comité central du PCUS dès 1981, et du Politburo de 1986 à 1988. Responsable de la ville de Moscou en 1985, il fut limogé en 1987 en raison de ses attaques contre la nomenklatura (les dirigeants). Il fut vice-ministre du bâtiment (1987 - 1989), et il quitta le PCUS en 1990 en émettant de vives critiques contre la politique de M. Gorbatchev*. Député depuis 1978, il devint, en 1989, l'un des responsables du mouvement démocratique russe et se fit élire président du Soviet suprême de Russie (1990). Premier président de Russie élu au suffrage universel (juin 1991), il joua un rôle décisif dans l'échec du putsch d'août 1991 à Moscou. Il imposa alors le transfert des pouvoirs de l'URSS à la Russie, contraignant Gorbatchev à démissionner et consacrant l'éclatement de l'URSS. → **CEI, Russie, URSS.** Dès lors, il mit en œuvre des réformes de type libéral, mais se heurta à de graves difficultés économiques et à l'opposition des tenants de l'ancien régime communiste, notamment au Soviet suprême. Il finit par briser cette opposition par la force (assaut du Parlement, 4 oct. 1993) et obtint par référendum l'adoption d'une nouvelle Constitution renforçant les pouvoirs présidentiels (1993). Affaibli par la crise économique et les scandales et malade, il démissionna en déc. 1999 en faveur de son Premier ministre, V. Poutine*. → **Russie.**

**ÉLUARD (Eugène GRINDEL, dit Paul)** ‐ ÉTYM. n. de sa grand-mère maternelle ♦ Poète français (Saint-Denis 1895 ‐ Charenton-le-Pont 1952). Il fut initié dès l'enfance à la dure réalité de la douleur, contraint d'interrompre ses études pour entrer en sanatorium (1912), puis devint le témoin fraternel, après sa mobilisation (1914), de la souffrance des combattants. Son adhésion aux idées pacifistes (*Le Devoir et l'Inquiétude*, 1917 ; *Poèmes pour la paix*, 1918) marqua très tôt chez lui la volonté d'un engagement au service de la justice, cause qui ne cessera plus de hanter sa poésie. La guerre terminée, il rencontra Aragon, Breton, Tzara et leurs amis (1920) et participa aux activités du mouvement Dada (*Les Animaux et leurs hommes, les hommes et leurs animaux*, 1920 ; *Les Nécessités de la vie et les Conséquences des rêves*, 1921). Plus durablement, il adhéra au surréalisme qui lui proposait un moyen de connaissance ouvert sur l'inconscient et un mode de rénovation des techniques du langage (*Mourir de ne pas mourir*, 1924). Mais, plus que le goût des hardiesses formelles, c'est l'amour de la vie, la tendresse pour les êtres et les choses qui inspirent sa poésie, dès cette époque. À son retour d'un voyage autour du monde, la rencontre de Maria Benz (Nusch) constitua l'un des événements majeurs de sa vie (1929). Elle lui inspira, au-delà même de la mort de Nusch (1946), quelques-uns de ses plus beaux poèmes. De cette période se détachent trois recueils : *Capitale* de la douleur* (1926), *L'Amour, la poésie* (1929), *La Vie immédiate* (1932), mémorables célébrations de l'amour fou,

**Paul Eluard** avec Nusch, vers 1935.
*Phot. © Coll. Roger-Viollet*

et deux textes composés en collaboration : *Ralentir travaux* (avec René Char* et André Breton*) et *L'Immaculée Conception* (avec André Breton, 1930). En 1926, Éluard avait adhéré au parti communiste, mais, en désaccord avec Aragon, il en fut exclu en 1933. Il chercha alors à élaborer un langage poétique accessible à tous, bien que riche d'un foisonnement d'images harmonieuses (*Les Yeux fertiles*, 1936 ; *Cours naturel*, 1938 ; *Donner à voir*, 1939). Il affirma sa solidarité avec l'Espagne républicaine (*La Victoire de Guernica*, 1938), et son engagement dans la Résistance, où il assuma la direction du Comité national des écrivains pour la zone Nord, fut marqué par la publication de brochures et de poèmes : *Poésie et Vérité 42* (qui contient *Liberté*), *Les Sept Poèmes d'amour en guerre* (1943), *Les Armes de la douleur* (1944), *Au rendez-vous allemand* (1944). Il rallia le parti communiste clandestin (1943), et, dans les années qui suivirent la Libération, il poursuivit le combat de la confiance en l'homme en entreprenant de nombreux voyages à travers le monde et en célébrant dans de nouveaux recueils les valeurs qui furent toujours ses raisons de vivre : *Poésie ininterrompue* (1946), *Le Dur Désir de durer* (1946), *Le temps déborde* (1947), *Corps mémorable* (1947), *Tout dire* (1951). *Le Phénix*, publié après son remariage (1949), est un ardent épithalame. Il fit encore paraître une *Anthologie de la poésie du passé*, et un dernier recueil, *Poésie ininterrompue II* (1951). Éluard a restitué à tout ce qu'il a nommé, êtres et choses, désirs et rêves, sa limpidité individuelle, par le pouvoir d'un verbe à la fois fluide et dense. Solidaire de toute pensée généreuse, de tout élan d'amour, il voulut être le prophète d'une humanité délivrée de l'angoisse et de la haine.

**ELVAS** ♦ V. du Portugal (région de l'Alentejo), distr. de Portalegre. 22 477 hab. Place forte faisant face à celle de Badajoz en Espagne. Remparts (XVIIe s.). Cathédrale de style manuélin et aqueduc (XVIe s.). Château romano-mauresque. ▪ Tourisme.

**ELVEN** [56250] ‐ ÉTYM. probablt du n. de saint *Elouan* (ou *Elwin*) ♦ Ch.-l. de cant. du Morbihan, arr. de Vannes, près des landes de Lanvaux. 3 559 hab. *(Elvinois)*. ▪ Aux environs, ruines du château de Kerlo (Renaissance) où R. Descartes résida. Château de Kerfily (XVIIe s.). Tours d'Elven : ruines de l'anc. forteresse féodale de Largoët.

**ELVEND** ou **ERVEND** n. m. ♦ Massif montagneux d'Iran occidental, dans la chaîne du Zagros, dominant Hamadān. 3 571 m.

**ELY** ♦ V. d'Angleterre (Cambridgeshire), sur l'Ouse, au N.-E. de Cambridge. 11 000 hab. Très belle cathédrale alliant le roman et le gothique, anc. abbaye bénédictine.

**Élysée** (palais de l') ♦ Palais situé à Paris, au N. des Champs-Élysées, résidence du président de la République française. Il fut d'abord hôtel d'Évreux (1718) avant d'être restauré par P. Lassurance pour Mme de Pompadour (1753) ; propriété nationale en 1793, il devint un lieu de divertissements publics (l'Élysée), puis fut remanié par Percier et Fontaine pour Caroline Murat (de 1805 à 1808). Habité temporairement par Napoléon Ier, puis par Louis Napoléon Bonaparte, il est devenu en 1848, puis en 1873, la demeure du président de la République.

**Élysées (champs)** n. m. pl. – en gr. *Élusia Pedia* ♦ Séjour des âmes des héros et des hommes vertueux aux Enfers, dans la mythologie grecque et latine. → **Champs-Élysées.**

**ELYTIS (Odysseus ALEPOUDHELIS, dit Odysseus)** ♦ Poète grec (Candie, auj. Héraklion 1911 ‐ Athènes 1996). Dans sa poésie, tenant du surréalisme, les idées revêtent des images d'un miracle sensible, rehaussées de couleurs et de lumière grecques : *Orientations* (1940), *Soleil premier* (1943). Son engagement dans l'histoire présente se révèle dans le *Chant héroïque élégiaque pour l'enseigne tombé en Albanie* (1945), dans son œuvre la plus importante *To Axion Esti* («Il est digne», 1959), ainsi que dans ses recueils *L'Arbre de lumière* (1971), *Marie des brumes* (1978), *Trois poèmes sous pavillon de complaisance* (1982). On lui doit aussi des traductions et des essais. [Prix Nobel de littér. 1979]

**ELZÉVIR, ELZEVIER** ou **ELSEVIER** [ɛlzeviʀ] ♦ Famille de libraires et imprimeurs hollandais installés à Leyde, puis à La Haye, Copenhague, Utrecht, Amsterdam, aux XVIe et XVIIe s. ♦ **Louis Elzévir** (Louvain v. 1540 ‐ Leyde 1617). D'abord relieur, établi à Leyde en 1580. ♦ **Mathias Elzévir** (Anvers 1565 ‐ Leyde 1640). Fils du précédent. ♦ **Bonaventure Elzévir** (Leyde 1583 ‐ *id.* 1652). Frère du précédent. ♦ **Abraham Elzévir** (Leyde 1592 ‐ 1652). Fils de Mathias. ▪ Leur marque : *De officina elzeviriana*. Leurs ouvrages sont célèbres par leur petit format (in-12) et leur qualité typographique (des *elzévirs*, n. m. pl.). ‐ ÉTYM. *Elzévir* vient du vieux frison *else* «noble» et de la racine germanique *wara* «protection».

**Émaux et Camées** ♦ Recueil de poèmes de Théophile Gautier* (1852), où l'auteur définit sa poétique («L'Art») : c'est au prix d'une discipline nécessaire que l'artiste «scelle dans le bloc résistant» son «rêve flottant». Sensible au pittoresque exotique et archéologique («L'Obélisque de Louksor») et ouvrant en cela la voie à la poésie plastique des parnassiens, Gautier se livre également à des variations sur le thème symboliste des correspondances («Symphonie en blanc majeur»). L'ouvrage fut augmenté par l'auteur à chacune des cinq rééditions qu'il connut.

**EMBA** n. m. ♦ Fl. du Kazakhstan (712 km), prenant naissance dans les monts Oural et se jetant dans la mer Caspienne*. La région que traverse le fleuve est riche en gisements de pétrole.

**EMBABEH** ou **IMBĀBA** ♦ Faubourg du Caire, sur la rive g. du Nil, relié au centre de la capitale par un pont. Célèbre marché aux dromadaires. Fief islamiste. ▮ **Histoire** Bonaparte y remporta la bataille des Pyramides en 1798.

L'**Embarquement pour Cythère** ou **Pèlerinage à l'île de Cythère** ♦ Peinture d'Antoine Watteau* (1717, musée du Louvre, Paris), dont il fit une seconde version pour le roi de Prusse (1718, château de Charlottenburg, Berlin). Dans un décor de parc aux couleurs de l'automne, de jeunes couples insouciants attendent l'embarquement pour l'île légendaire de l'amour. Avec cette toile, Watteau invente un genre nouveau : la peinture des fêtes galantes. L'artiste peint avec élégance la civilisation du plaisir qui succède au règne de Louis XIV. Tout ici obéit à Vénus, dont la statue est présente à l'extrême droite du tableau. L'embarcation, conduite par de petits amours, est couverte de feuilles roses et de coquilles, autres allusions à Vénus. L'atmosphère mélancolique et la délicieuse légèreté de l'exécution confèrent à l'œuvre une charme unique.

**EMBIEZ** (île des) ♦ Île des côtes de Provence, au large de Sanary-sur-Mer (Var). Tourisme. Centre de recherches sur l'aquaculture et la pollution.

**EMBRUN** [05200] ‐ ÉTYM. anc. en gaul. *Eburodunum* «la forteresse *(duno)* de l'if [ou des ifs] *(eburos)*» ♦ Ch.-l. de cant. des Hautes-Alpes, arr. de Gap, sur la Durance. 6 152 hab. (aggl. 6 613) *(Embrunais)*. Anc. place forte. Église Notre-Dame romane de structure provençale (portail de type lombard ; trésor). Tour Brune (XIIe s.). Chapelles des Cordeliers (peintures murales des XVe et XVIe s.). Station climatique (871 m). ▪ Indus. du bois. ▮ **Histoire** Fondée à l'époque gauloise, *Ebro-*

**L'Embarquement pour Cythère.** Tableau de Watteau (1,29 × 1,94 m). Musée du Louvre, Paris.
*Phot. © Archives Larbor*

*dunum* fut une importante station romaine et, sous l'Empire, la métropole des Alpes-Maritimes. Plusieurs conciles s'y tinrent. Embrun fut réuni à la France en 1589.

**EMBRUNAIS** n. m. ♦ Région des Alpes* françaises du Sud, autour d'Embrun*.

**EMDEN** ♦ V. d'Allemagne (Basse-Saxe), à l'embouchure de l'Ems et du canal Dortmund*-Ems. 51 742 hab. Le port vit au rythme de la sidérurgie de la Ruhr en important le fer de Suède ou d'outre-mer. Une certaine diversification a été assurée par l'usine de montage Volkswagen et l'exportation des voitures.

**EMEISHAN** ou **NGO-MEI-CHAN** ♦ District de Chine (Sichuan). 425 000 hab. V. d'accès au site d'Emei shan, l'une des quatre montagnes sacrées de Chine.

**ÉMERAINVILLE** [77184] → ÉTYM. «domaine (lat. *villa*) de Haimhari (n. de pers. germ.)» ♦ Comm. de la Seine-et-Marne, arr. de Torcy. 7 027 hab. *(Émerainvillois)*. Élément de la ville nouvelle de Marne*-la-Vallée.

**EMERSON (Ralph Waldo)** ♦ Essayiste, poète et philosophe américain (Boston 1803 - Concord, Massachusetts 1882). Hostile à toute tradition figée et à tout système dogmatique, il fonda le «transcendantalisme», mouvement de philosophie religieuse, tentant de joindre un individualisme qui s'exprime chez lui sous la forme d'une théorie romantique du génie et un panthéisme mystique (*Nature*, 1836 ; *Essays 1st Series*, 1841 ; *Essays 2nd Series*, 1844 ; *Représentants de l'Humanité*, 1850 ; *Les Traits du caractère anglais*, 1856). Le transcendantalisme permit aux Américains de prendre conscience du caractère exceptionnel de l'environnement naturel dans lequel ils vivaient et qui, alors, avait été peu modifié par l'homme. Le discours qu'il prononça à l'université Harvard, en 1837, est considéré comme la «Déclaration d'indépendance intellectuelle américaine». Ami et protecteur de Thoreau, correspondant de Carlyle, il a voulu réformer la société américaine dans le sens de l'originalité et du mépris des traditions européennes, par l'effort moral de chacun, et non par une action concertée. C'est un écrivain lucide, aphoristique, éloquent (il fut célèbre comme conférencier). Son optimisme est tonifiant, même s'il a donné lieu à des critiques sévères et à des imitations édulcorées et suspectes. L'homme, cependant, est d'une intégrité intellectuelle et morale irréprochable ; il a milité contre l'esclavagisme et manifesté sa sympathie pour John Brown*.

**EMERSON (Peter Henry)** ♦ Photographe britannique (Cuba 1856 - Falmouth, Cornouailles 1936). Il aborda en 1881 la photographie pour compléter ses études ornithologiques. Porte-parole de la photographie naturaliste, il voulut faire correspondre l'image photographique à la vision humaine en accentuant les contrastes et en jouant sur la profondeur de champ. Il réalisa des clichés de pêcheurs, de braconniers et de ramasseurs de roseaux dans l'esprit de l'école de Barbizon.

**ÉMERY (Michel PARTICELLI, seigneur D')** ♦ Financier français (Lyon v. 1595 - Paris 1650). Il servit Richelieu* et Mazarin*, et remplit à plusieurs reprises la charge de surintendant des Finances. Ses créations d'impôts et son recours aux expédients le rendirent très impopulaire.

**ÉMERY (Jacques André)** ♦ Prélat français (Gex 1732 - Issy-les-Moulineaux 1811). Entré dans la Société des prêtres de Saint-Sulpice (1750), il fut nommé supérieur général de son ordre en 1782. Tout en refusant de prêter serment à la Constitution civile du clergé, il tenta d'adopter une attitude modérée à l'égard de la Révolution, mais fut néanmoins incarcéré sous la Terreur. Sous le Directoire, le Consulat et l'Empire, il chercha, par son esprit de conciliation, à éviter la déchristianisation de la France en faisant reconnaître le régime par l'Église, obtint de Napoléon Ier la réouverture du séminaire de Saint-Sulpice (1806), fut nommé conseiller de l'Université (1808) et membre du Conseil ecclésiastique (1809). Il a laissé des ouvrages philosophiques. → ÉTYM. Ce nom vient du nom de personne germanique *Haimric*, de *haim* «maison» et *rik* «puissant».

**ÉMÈSE** – en lat. ***Emesa*** auj. ***Homs*** ♦ V. anc. de Cœlésyrie, sur l'Oronte, célèbre par son temple du Soleil dont Élagabal avait été le grand-prêtre. → **Élagabal.** En 636, elle fut prise par les Arabes et baptisée *Hims*. → **Homs.**

**ÉMILE** (saint) → ÉTYM. en lat. *Aemilius*, de *aemulus* «qui cherche à imiter» ♦ Martyr (mort en Afrique v. 251). ▪ Fête le 22 mai.

**Émile ou De l'éducation** ♦ Roman pédagogique de J.-J. Rousseau* (1762). Il expose (en 5 livres) les étapes d'une éducation (de la naissance au mariage) qui, tout en préservant chez l'individu ses qualités naturelles et le développement spontané de sa personnalité, le prépare à sa vie de citoyen, en formant son corps, son intelligence et son cœur par la découverte du monde naturel, puis de la culture et de la société humaine. La *Profession de foi du vicaire savoyard* (livre IV), où Rousseau formule une morale naturelle («Conscience, conscience, instinct divin...») et un déisme reposant sur le sentiment de la beauté et de l'harmonie de la nature, contribua beaucoup à la condamnation de l'œuvre, qui n'en eut pas moins une influence considérable par les idées nouvelles qu'elle apportait sur le problème de l'éducation. → **Profession de foi du vicaire savoyard (La).**

**ÉMILIEN** – en lat. ***Marcus Aemilius Aemilianus*** ♦ (v. 206 - Spolète 253). Empereur romain (253). Vainqueur des Parthes, il fut proclamé empereur à la place de Gallus*, puis attaqué par Valérien* et tué par ses propres soldats.

**ÉMILIE-ROMAGNE** n. f. → ÉTYM. en it. ***Emilia-Romagna*** ; *Émilie*, du n. de la via *Aemilia* (du n. de Marcus Aemilius Lépide*) qui la traversait et *Romagne** ♦ Région d'Italie. → **Italie** (carte). 22 123 km². 3 983 346 hab. CH.-L. : Bologne. Elle comprend les provinces de Bologne, Ferrare, Forli, Modène, Parme, Plaisance, Ravenne et Reggio nell'Emilia. ▮ **Géographie** L'Apennin ligure, au N.-O., se poursuit au S.-E. par l'Apennin toscan (point culminant : Monte Cimone, 2 165 m). Les collines émiliennes s'étendent entre la montagne et la plaine du Pô, et la plaine de Plaisance à l'Adriatique. L'Émilie-Romagne s'organise suivant deux axes, le littoral et la via Emilia. Malgré les risques de pollution, les stations balnéaires sont envahies le jour, puis délaissées en soirée au profit des villes construites sur la via Emilia, un axe commercial ferroviaire et autoroutier intérieur. De grandes coopératives agricoles livrent des productions très variées (blé, pomme de terre, tomates, oignons, fruits, mûrier, betterave à sucre, riz et chanvre), et assurent un approvisionnement continu aux industries alimentaires. Autour des villes, le long des voies de transport, des entreprises familiales petites, mais spécialisées, constituent un tissu très dense, celui des districts industriels de la troisième Italie. ▮ **Histoire** Province de la Gaule* cisalpine située à l'E. de la Ligurie*, l'Émilie constitua la VIIIe Région sous Auguste, puis ne forma qu'une province avec la Ligurie* jusqu'au IVe s. Elle connut ensuite la domination byzantine (550 - 751), sa partie occidentale étant incorporée à la Lombardie. Donnée à l'Église par

Pépin le Bref en 754, la Romagne fut ensuite incorporée aux États pontificaux, tandis que le reste de la région se fragmentait en États indépendants (→ **Ferrare**, **Modène**, **Parme**, **Plaisance**, **Reggio nell'Emilia**). L'Émilie et la Romagne ne furent réunies qu'en 1859, et rattachées au royaume d'Italie en 1860.

**EMINESCU (Mihaïl EMINOVICI, dit Mihai)** ♦ Poète roumain (Ipoteşti, près de Botoşani 1850 - Bucarest 1889). Après des études à Vienne (1869 - 1871) et à Berlin (1872 - 1874), il fut bibliothécaire à l'université puis rédacteur dans différents journaux, à Iaşi puis à Bucarest, avant d'être interné pour maladie mentale et tué par un aliéné. Il est considéré comme «le Poète» par excellence de la littérature roumaine et comparé à Leopardi ou à Hölderlin. Son œuvre exprime une personnalité tourmentée, imprégnée du romantisme allemand et du folklore national, férue de philosophie mais qui, proche du pessimisme de Schopenhauer, trahit un penchant pour la mort et confond réel et imaginaire. Il est l'auteur de : *Poésies* (regroupées, incomplètement, en 1883 → **Maiorescu**), *Le Pauvre Denis* (nouvelle poétique, 1872), *Génie stérile* (roman inachevé). Des inédits furent publiés après sa mort.

**EMIN PACHA (Eduard SCHNITZER, dit Mohammed)** ♦ Explorateur et administrateur allemand (Oppeln, Silésie 1840 - Kanena, Congo 1892). Médecin en Turquie, il entra au service du pacha Ismaël Hakki (1871). En 1875, il se rendit au Soudan, passa au service de l'Égypte (1876) et devint gouverneur (1878) de la province méridionale d'Equatoria, frontalière de l'Ouganda. Il s'opposa à la traite des Noirs. Assiégé par les mahdistes avec le stock d'ivoire de la province, il fut sauvé par Stanley (1888). Il fut assassiné par des trafiquants d'esclaves en explorant la région des grands lacs pour le compte de l'Allemagne.

## ÉMIRATS ARABES UNIS

▮ ♦ État du golfe Arabo-Persique composé de 7 émirats indépendants (Abou Dhabi, Dubaï, Sharjah, Ajman, Umm al-Qaïwain, Ras al-Khaima et Fujaïrah). → **Arabie** (carte). 83 657 km². 4 106 427 hab. (*Émiriens*). RELIGION : musulmans (sunnites avec une importante minorité chiite). MONNAIE : dirham. CAPITALE : Abou Dhabi. RÉGIME : les 7 cheiks sont monarques absolus au sein de leur émirat.

▮ **GÉOGRAPHIE** Le territoire est un vaste désert aride ou semi-aride au climat chaud et sec. L'économie longtemps fondée sur la production du pétrole se diversifie grâce au secteur financier et au tourisme. Les réserves de pétrole sont estimées à 13 000 millions de t. La production a presque atteint 140 millions de t en 2008. L'essentiel du pétrole provient de l'émirat d'Abou Dhabi. Les exportations de brut des EAU destinées essentiellement au Japon représentent 20 % du total des exportations pétrolières mondiales. Le secteur tertiaire est en pleine expansion avec la multiplication des zones franches, des centres commerciaux et du tourisme. L'industrie de l'aluminium se développe. Malgré l'aridité du climat, le gouvernement a investi dans le domaine agricole (utilisant de l'eau dessalée) et dans la plantation d'arbres. Aujourd'hui, le pays se suffit à lui-même pour certains produits agroalimentaires. Des lois visant le blanchiment d'argent ont été adoptées en 2002 sous la pression des États-Unis, dans le cadre de la lutte contre les réseaux terroristes.

▮ **HISTOIRE** Voie commerciale de première importance, la région a été au contact des civilisations mésopotamienne, grecque et perse. Au VIIe s., l'islam se propagea rapidement dans toute la péninsule et le Golfe devint la plaque tournante des communications. Profitant de l'effondrement du califat de Bagdad, les Portugais prirent le contrôle de tous les ports de la côte pour 150 ans (XVIe - XVIIe s.). L'hégémonie portugaise marqua le début du déclin économique de toute la région. Au début du XVIIIe s., deux pouvoirs politiques locaux apparurent sur la côte d'Oman (actuellement les EAU), les Qawasim, sur la côte, et la fédération des Banū Yas, bédouins de l'intérieur. Les Qawasim multiplièrent leurs actes de piraterie contre les navires de la Compagnie anglaise des Indes dans les eaux du Golfe, ce qui valut à la côte d'Oman d'être rebaptisée «la côte des Pirates» par les Britanniques. Après avoir écrasé les Qawasim (1919), la Grande-Bretagne signa un traité général de paix (1920) avec les cheikhs de la côte des Pirates qui devint la «côte de la Trêve» (*Trucial States* ou *Trucial Coast*). Un accord conclu en 1922 garantit aux compagnies britanniques l'exclusivité des concessions pétrolières. En 1968, la Grande-Bretagne se retira et six des neuf émirats de la côte constituèrent la fédération des Émirats arabes unis. Un septième émirat, Ras al-Khaima, ne rejoignit la fédération qu'en 1972 après avoir reçu l'assurance du gouvernement britannique et des pays arabes que les deux îles Toumb, occupées par l'Iran, resteraient sous son contrôle. Les émirats sont membres du Conseil de coopération du Golfe. Lors de la guerre du Golfe (1991), ils ont activement appuyé la coalition contre l'Irak mais ont depuis normalisé leurs relations avec ce pays. Cheikh Zayed, émir d'Abou Dhabi, présida la fédération de 1971 à sa mort en 2004 ; son fils, Cheikh Khalifa ben Zayed al Nahyan, lui a succédé. Des litiges territoriaux subsistent aussi bien à l'intérieur de la fédération qu'avec les pays frontaliers, notamment avec l'Iran, qui occupe plusieurs îles revendiquées par les Émirats mais qui demeure cependant un partenaire économique important. Fin 2009, Dubaï*, qui avait engagé d'énormes dépenses dans la construction, s'est trouvé au bord de la faillite et n'a pu conserver sa solvabilité que grâce à l'intervention de la banque centrale des Émirats, située à Abou Dhabi, le plus riche de la fédération grâce à ses revenus pétroliers.

---

**EMMANUEL** ♦ Nom messianique du Christ, selon Matthieu, I, 21-23, interprétant Isaïe, VII, 14. → **ÉTYM.** Le nom hébreu *Immanu'el* signifie «Dieu avec nous».

**EMMANUEL (Maurice)** ♦ Compositeur et musicologue français (Bar-sur-Aube 1862 - Paris 1938). Docteur ès lettres avec une thèse sur l'*Orchestique grecque* (1895), il fut professeur d'histoire de la musique au Conservatoire de Paris (1904 - 1936) et publia, entre autres ouvrages didactiques, une *Histoire de la langue musicale* (deux vol., 1911 - 1928). Maître de chapelle à Sainte-Clotilde (1904), il fut un ardent défenseur de la musique modale. Il a laissé une œuvre de qualité dont on retiendra un *Quatuor* dans le mode de *ré*, des *Odelettes anacréontiques*, le *Poème du Rhône*, suite symphonique (1938) et un opéra, *Salamine* (1929).

**EMMANUEL (Noël MATHIEU, devenu Pierre)** ♦ Poète français (Gan, Pyrénées-Atlantiques 1916 - Paris 1984). Marquée par la grande poésie romantique et par celle de quelques-uns des maîtres qui ont annoncé ou incarné la poésie moderne, son œuvre a illustré l'esprit de la Résistance (*Combats avec tes défenseurs*, 1942 ; *La liberté guide nos pas*, 1945). Elle n'a cessé d'exprimer une angoisse métaphysique fortement nourrie de la Bible (*Sodome*, 1944 ; *Babel*, 1952) et une inquiétude suscitée par la condition de l'homme dans l'âge moderne, inquiétude que l'affirmation chrétienne convertit insensiblement en sérénité (*Évangéliaire*, 1961 ; *La Nouvelle Naissance*, 1963). Pierre Emmanuel manifesta son ambition de réaliser un «monument universel, l'épopée spirituelle d'une époque», avec le vaste triptyque de *Jacob* (1970), puis avec *Sophia* (1973), ample poème (construit à la manière d'une cathédrale), tout voué à la femme («L'ordre des cieux n'est point mâle»). À *Una ou la mort la vie* (1978) succéda *Duel* (1980), au rêve d'une fusion possible s'oppose l'affrontement entre le corps et l'esprit. [Acad. fr. 1968 ; démission en 1975]

**EMMANUEL-PHILIBERT, Tête de Fer** ♦ (Chambéry 1528 - Turin 1580). Duc de Savoie (1553 - 1580). Il servit brillamment Charles* Quint, combattit la ligue de Schmalkalden* (1545) et défit les Français à Saint*-Quentin. Il recouvra ses états par la paix du Cateau*-Cambrésis et épousa Marguerite, fille de François* Ier.

**EMMAÜS** → **ÉTYM.** en ar. *'Amwās* ; latinisation du gr. *Emmaous*, p.-ê. transcription de l'hébr. *hammâh* «être chaud» [p.-ê. présence d'une source] ♦ Bourg de Palestine, au N. de Jérusalem, où, selon Luc, XXIV, 13-32, Jésus apparut à deux disciples après sa Résurrection.

**EMME** n. f. ♦ Nom de deux riv. de Suisse. ♦ ***Grande Emme*** (80 km). Elle prend sa source dans le massif dominant le lac de Brienz*, draine la vallée de l'Emmental, arrose Burgdorf et se jette dans l'Aar en aval de Soleure. ♦ ***Petite Emme*** (60 km). Elle se jette dans la Reuss en aval de Lucerne, après avoir drainé la vallée de l'Entlebuch.

**EMMELOORD** ♦ V. nouvelle des Pays-Bas (Flevoland). 24 691 hab.

**EMMEN** ♦ V. des Pays-Bas (Drenthe). 108 832 hab. Écoles d'agriculture. ▪ Indus. de l'amidon ; textile (Nylon et bonneterie). Électrotechnique. Produits pharmaceutiques.

**EMMEN** ♦ V. de Suisse (cant. de Lucerne), dans la banl. N. de Lucerne. 27 019 hab. Indus. textile.

**EMMENTAL** ou **EMMENTHAL** n. m. → **ÉTYM.** alémanique «la vallée *(tal)* de l'Emme» ♦ Vallée de Suisse (cant. de Berne), située dans les Préalpes bernoises et drainée par la Grande Emme. Elle s'étend sur 40 km du Hohgant à Burgdorf. L'économie de la vallée est tournée vers l'agriculture, l'élevage, le commerce du bois et la production du fromage d'Emmenthal.

**EMMERICH (Anna Katharina EMMERICK, dite en fr. Anne Catherine)** ♦ Mystique allemande (Flamske, Westphalie 1774 - Dülmen 1824). Entrée chez les augustines de Dülmen en 1802, elle y passa une vie de malade (stigmates) et dicta ses visions au poète Clemens Brentano* : *La Douloureuse Passion de N.-S. Jésus-Christ, Vie de la Sainte Vierge, Vie de N.-S. Jésus-Christ.* ▪ Elle a été béatifiée en 2004.

**EMPAIN (Édouard, baron)** ♦ Homme d'affaires et industriel belge (Belœil 1852 - Bruxelles 1929). Fondateur de plusieurs entreprises de chemins de fer et de tramways, il prit part à la réalisation du métropolitain de Paris, à la construction de tramways en Chine, au Congo belge et en Égypte où il se lança dans la création de la nouvelle ville d'Héliopolis. Ses héritiers constituèrent à partir de 1963, avec la firme française Schneider, un vaste groupe, Empain-Schneider, de 150 sociétés, spécialisé dans la métallurgie, la construction de centrales nucléaires, l'électricité, les travaux publics et l'ingénierie. → **ÉTYM.** *Empain* vient de *waigne pain* «celui qui gagne peu».

**EMPÉDOCLE** → **ÉTYM.** en gr. ***Empedoklês,*** de *empedos* «ferme, solide» et *kleos* «bruit, renommée» ♦ Philosophe grec (Agrigente v. –483 - v. –424). La tradition en fit un personnage aux allures excentriques et orgueilleuses, et la légende veut qu'il se soit donné la mort en se jetant dans l'Etna. Il a probablement joué un rôle politique important dans sa cité où, comme chef démocrate, il lutta contre les tentatives de tyrannie avant d'être exilé. De ses deux œuvres principales, *De la nature,* poème cosmogonique et zoogonique, et les *Purifications,* œuvre consacrée à la démonologie et à la destinée de l'âme, nous sont parvenus env. 400 vers. Sa philosophie y apparaît comme une tentative de synthèse éclectique. Aux ioniens* il emprunte la théorie matérialiste des quatre éléments, aux éléates* l'idée que ces éléments sont confondus dans l'unité du tout, à Héraclite* le devenir. Mais Empédocle développe une théorie originale du devenir cyclique de l'Univers, dont la reconstruction fait encore aujourd'hui l'objet de nombreux débats. Selon la reconstruction la plus couramment admise, l'Univers connaît une alternance des cycles tantôt sous l'effet de l'Amour qui unit, tantôt sous celui de la Haine qui divise, chaque cycle étant le théâtre d'une zoogonie spécifique. Son œuvre, cependant, constitue une véritable création par la puissance poétique. Elle nous est connue par une abondante doxographie, mais un papyrus, qui constitue le seul témoin direct de l'œuvre d'Empédocle, a récemment été découvert à la Bibliothèque nationale et universitaire de Strasbourg et édité en 1999. Il livre environ 74 lignes, toutes mutilées mais apportant dans bien des cas des leçons textuelles originales.

**Empire (Premier)** ♦ Gouvernement de la France du 18 mai 1804 au 4 avr. 1814 et du 20 mars au 22 juin 1815, qui succéda au Consulat*. Un sénatus-consulte du 18 mai 1804 donna le titre d'empereur au Premier consul, Napoléon* Bonaparte, qui fut sacré, sous le nom de Napoléon Ier, empereur des Français, en présence du pape Pie VII (2 déc. 1804). L'œuvre de l'Empire continuait celle du Consulat, mettant en application les institutions. → **Code civil, concordat, Napoléon.** Pour maintenir l'homogénéité du Blocus continental, Napoléon pratiqua une politique d'annexion. Territorialement, l'Empire connut son apogée en 1810 - 1812 ; il comprenait alors : la France, la Belgique, la Hollande, les villes de la Hanse, Brême, Hambourg, la rive gauche du Rhin, l'Italie du Nord, Rome et les Provinces Illyriennes. Le roi d'Espagne et le roi de Naples étaient les vassaux de l'Empereur, Bernadotte régnait en Suède sous le nom de Charles* XIV et le Danemark était une puissance alliée. Napoléon Ier était médiateur de la Confédération helvétique (→ **Suisse**), protecteur de la Confédération* du Rhin. Le Code civil, des institutions et des principes juridiques nouveaux furent introduits dans ces pays, préparant ainsi la transformation de l'Europe. Les guerres napoléoniennes avaient coûté la vie à un million de soldats de la Grande Armée. Mais le bilan économique était plutôt positif pour la France, le blocus ayant favorisé certaines cultures et le développement des industries.

**Empire (Second)** ♦ Gouvernement de la France du 2 déc. 1852 au 4 sept. 1870. Comme le Premier Empire, ce régime fut préparé par une révolution (→ **révolution de février 1848**) qui instaura la IIe République*, puis par un coup d'État (2 décembre* 1851). Celui-ci fut suivi par la répression de l'opposition et par la Constitution de janv. 1852, renforçant l'exécutif au détriment du législatif. → **Conseil d'État, Corps législatif, Sénat.** Un sénatus-consulte, approuvé par plébiscite (21 - 22 nov. 1852), permit le rétablissement de l'Empire au profit de Napoléon* III. Cette période fut pour la France une ère de grand essor économique : progrès de l'agriculture, de l'industrie (de Wendel*, Schneider*, Decazes*, Dollfus), de la banque (Mallet, Pereire*, Rothschild*), du commerce (Boucicaut*, Cognac-Jay) et des communications ; importantes transformations urbaines (Haussmann* à Paris, Vaïsse à Lyon, etc.). La formation du capitalisme industriel et l'affirmation du libéralisme économique (traité de libre-échange, en particulier avec la Grande-Bretagne, 1860) s'accompagnèrent de changements sociaux (organisation progressive de la classe ouvrière) et idéologiques (réalisme, positivisme, socialisme). Du point de vue politique, le régime impérial évolua d'une phase autoritaire (renforcement du pouvoir personnel, limitation des libertés publiques et privées, serment exigé des fonctionnaires, contrôle de l'enseignement, répression de l'opposition renforcée après l'attentat d'Orsini*) de 1852 à 1860 vers un certain libéralisme (accord du droit d'adresse [1860], puis d'interpellation [1867] au Corps législatif, du droit de grève aux ouvriers, etc.), et enfin vers le parlementarisme (1869 - 1870, ministère Ollivier*, transformation du Sénat en seconde Chambre). Mais cette évolution, loin de consolider les bases de l'Empire, favorisa le développement de l'opposition républicaine et socialiste. Du point de vue de la politique extérieure, le Second Empire remporta un certain nombre de victoires (guerre de Crimée*, 1854 - 1856 ; campagne d'Italie*, 1859) et poursuivit une politique d'expansion coloniale (Afrique du Nord, Afrique noire, Syrie et Proche-Orient, Extrême-Orient). Mais des difficultés (problème de la question romaine), des échecs militaires (guerre du Mexique*, 1860 - 1867) et diplomatiques, notamment dans les relations avec la Prusse, contribuèrent, en même temps que l'opposition intérieure, à ébranler le régime qui s'effondra le 4 septembre* 1870 après les premières défaites françaises et la capitulation de Sedan* (2 sept.), au début de la guerre franco*-allemande. → **Défense nationale, République (IIIe).**

**EMPIRE LATIN DE CONSTANTINOPLE** ♦ Nom donné à l'empire fondé en 1204 par les croisés lors de la quatrième croisade. Il eut pour souverains Baudouin* de Flandre (1204 - 1206), Henri* de Flandre (1206 - 1216), Pierre de Courtenay* (1216 - 1217), Robert* de Courtenay (1221 - 1228), Jean de Brienne* (1229 [couronné en 1231]-1237), Baudouin* II (1237 - 1261). Il ne recouvrit jamais l'empire de Byzance qui conserva le despotat d'Épire, l'empire de Trébizonde et l'empire de Nicée.

**EMS** n. m. ♦ Fl. d'Allemagne occidentale (320 km). Issu du Teutoburger Wald, il draine le bassin de Münster et s'oriente vers le N. en suivant la frontière hollandaise, traverse les marais de Boutrange (Basse-Saxe) et se jette dans la mer du Nord (golfe du Dollart). Son rôle de «relais» est particulièrement important : il fait communiquer Dortmund* (Ruhr) et la mer du Nord (Emden*), est relié au Rhin, à la Weser et à la Saale (par le Mittellandkanal).

**EMS** ou **BAD EMS** ♦ V. d'Allemagne (Rhénanie-Palatinat), sur la Lahn, à l'E. de Coblence. 12 000 hab. Station thermale réputée pour le traitement des affections rhino-pharyngées. ♦ ***Ponctuation d'Ems*** (25 août 1786). Plan de réformes ecclésiastiques proposé par les évêques de Trèves, Cologne, Mayence et Salzbourg, rejeté par Pie VI. ♦ ***Dépêche d'Ems*** Réponse à la démarche auprès de Guillaume Ier du représentant français à Berlin, Benedetti, qui exigeait au nom du gouvernement français des garanties contre la candidature d'un prince de Hohenzollern au trône d'Espagne (*entrevue d'Ems,* 8 juil. 1870). Cette réponse négative du roi de Prusse, transmise par son conseiller Abeken à Bismarck*, fut volontairement déformée par ce dernier dans un sens injurieux pour la France (13 juil.). Celle-ci, en ayant pris connaissance, déclara quelques jours plus tard (19 juil.) la guerre à l'Allemagne.

**EMSLAND** n. m. ♦ Région d'Allemagne nord-occidentale (Basse-Saxe), s'étendant au N. de Lingen, entre la frontière néerlandaise et la vallée de l'Ems (marais de Boutrange). Extraction de pétrole.

**ENA** n. f. → **École nationale d'administration**

**En attendant Godot** ♦ Pièce en 2 parties de Samuel Beckett* (1953). Vladimir et Estragon, couple de clochards, poursuivent un dialogue dont l'inanité est celle de toute parole humaine. L'apparition de Pozzo, le bourreau, et de Lucky, sa victime, couple sadomasochiste, vient compléter pour le spectateur cette évocation saisissante de la déréliction et du néant humains. L'attente jamais comblée est-elle celle de Dieu *(God)* ? La pièce fut créée par Roger Blin.

**En attendant Godot.** P. Latour, L. Raimbourg, J. Martin et R. Blin, lors de la création, mise en scène de R. Blin. *Phot. © Bernand*

**ENCARNACIÓN** ♦ V. du Paraguay, sur le Paraná (rive d.), face à Posadas (Argentine). 70 800 hab. Port.

**ENCAUSSE-LES-THERMES** [31160] → **ÉTYM.** p.-ê. de l'occit. *en* «dans, à» et *causso,* var. de *canso* «rangée de ceps de vigne» ♦ Comm. de la Haute-Garonne, arr. de Saint-Gaudens, sur le Job. 591 hab. *(Encaussais).* Station thermale déjà connue des Gallo-Romains.

**ENCELADE** – en gr. ***Egkelados*** ♦ Un des Géants* qui, dans la légende, attaquent les Olympiens. Fuyant devant Athéna*, il est enseveli sous la Sicile que lance sur lui la déesse. Ses contorsions, disait-on, provoquaient les tremblements de terre en Sicile.

**ENCINA (Juan DEL)** ♦ Poète dramatique et musicien espagnol (La Encina, près de Salamanque 1469 - León v. 1529). Protégé du duc d'Albe puis des papes Alexandre Borgia, Jules II et Léon X, il se fit prêtre en 1510. Inspirées de Virgile, mais fortement influencées par la culture humaniste italienne, ses *Eglogas,* courts poèmes dramatiques, sont considérées comme les œuvres les plus anciennes du théâtre profane espagnol. Elles mettent en scène des bergers engagés dans des aventures comiques *(Auto del Repelón)* ou tragiques (*Plácida y Victoriano*, 1513). Encina est aussi le compositeur des chants polyphoniques par lesquels s'achevait la représentation.

**ENCKE (Johann Franz)** ♦ Astronome allemand (Hambourg 1791 - Spandau 1865). Auteur de nombreux travaux sur les comètes, il identifia la comète périodique qui porte son nom, détermina son orbite et prédit ses passages. Il s'agit de la comète ayant la plus courte période connue (3,3 ans).

**ENCKELL (Rabbe Arnfinn)** ♦ Peintre et poète finlandais d'expression suédoise (Tammela 1903 - Helsinki 1974). Rénovateur des formes et de la sensibilité poétiques après 1920 avec Södergran*, Diktonius* et Björling*, ce fut un poète délicat et raffiné, cherchant à éliminer toute expression du moi de ses ouvrages qui, à son dire, sont pourtant un autoportrait (*Bonheur d'un joueur de flûte*, 1925 ; *Le Paysage à l'ombre double*, 1933). Il ne reste pas indifférent aux souffrances du monde qui se reflètent dans *La Voûte* (1937), *Penché sur le puits* (1942) et les tragédies en vers d'inspiration antique *Hécube* (1952) et *Alcman* (1959).

**encyclopédie des sciences philosophiques (Précis de l')** – en all. ***Enzyklopädie der philosophischen Wissenschaften im Grundrisse*** ♦ Ouvrage de Hegel* (1817). Dans cet exposé du système hégélien, la pensée se développe dialectiquement : la logique (→ **logique [La Science de la]**), la philosophie de la nature (science de l'Idée dans son altérité) et la philosophie de l'esprit. Cette dernière se développe en trois moments : la science de l'esprit subjectif (objet de l'anthropologie, de la phénoménologie et de la psychologie), celle de l'esprit objectif ou pratique (→ **philosophie du droit [Principes de la]**) et celle de l'esprit absolu se réalisant dans l'art, la religion révélée et la philosophie.

**Encyclopédie ou Dictionnaire raisonné des sciences, des arts et des métiers** ♦ Ouvrage de vulgarisation scientifique et philosophique (inspiré de l'encyclopédie de Chambers*) dont Diderot* et d'Alembert* furent les animateurs et les principaux rédacteurs (1751 à 1772), aidés de savants, de philosophes et de spécialistes dans tous les domaines (Voltaire*, Montesquieu*, Rousseau*, Jaucourt*, de Prades*,...). Lancés par souscription, ses 17 volumes d'articles très riches, illustrés par des planches (11 tomes), présentent un double intérêt, documentaire et philosophique, comme le souligne le *Discours préliminaire*. «Tableau général des efforts de l'esprit humain dans tous les genres», l'œuvre accorde notamment une grande place aux arts mécaniques et aux descriptions des métiers, pour souligner la dignité de l'artisan et son utilité sociale. Car, présenté dans un esprit réaliste et pratique, l'ouvrage veut montrer l'homme capable de transformer l'univers s'il se libère des préjugés en contrôlant par sa raison la religion, la politique et la morale. Pour affirmer la prééminence de la raison sur le dogme, sans effaroucher la censure, on feint l'orthodoxie dans les grands articles ; mais le système des renvois permet d'avancer des opinions plus hardies, qui font de l'*Encyclopédie* une œuvre très représentative des pensées philosophiques du XVIIIe s.

**ENDERS (John Franklin)** ♦ Bactériologiste américain (West Hartford 1897 - Waterford 1985). Ses travaux sur les cultures de virus de la poliomyélite dans différents types de tissus permirent l'élaboration d'un vaccin. Ses recherches ultérieures aboutirent à la mise au point du vaccin contre la rougeole. [Prix Nobel de physiol. ou méd. 1954, avec F. C. Robbins et T. H. Weller]

**ENDOR** → ÉTYM. en hébr. *'Eyn-Dhôr* «la source de Dor», auj. *Ein-Dour* ♦ Loc. d'Israël, au S. du mont Thabor. ♦ ***La pythonisse d'Endor*** Dans la Bible (I Samuel, XXVIII), elle fait apparaître à Saül* l'ombre de Samuel*, qui lui annonce sa défaite et sa mort à la bataille de Gelboë.

**ENDŌ Shūsaku** ♦ Écrivain japonais (Tōkyō 1923 - *id.* 1996). Après des études de littérature à Lyon et à Paris, et de longs séjours en hôpital à la suite d'une tuberculose contractée en France, Endō a produit une œuvre atypique dans la littérature contemporaine. Surnommé «le Graham Greene* des lettres japonaises», cet écrivain catholique et dépourvu de tout exotisme reste largement ignoré en Occident. Au Japon, le choix de ses sujets et sa conviction affichée en l'impossibilité de communiquer entre l'Occident et l'Orient n'ont cessé de provoquer des polémiques, mais son talent l'a imposé comme l'un des plus populaires auteurs de son temps. Œuvr. princ. : *La Mer et le Poison* (1957, sur les expériences médicales réalisées sur des prisonniers de guerre américains), *Volcano* (1958), *Silence* (1966, sur l'apostasie de missionnaires au Japon, au XVIe s.), *En sifflotant* (1974), *Scandale* (1986).

**ENDYMION** → ÉTYM. en gr. *Endumiôn*, de *duô* «faire entrer dans [le sommeil qui lui fut imposé]» (étym. populaire) ♦ Roi légendaire des Éoliens ou berger aimé par Séléné* (la Lune) à qui il donne cinquante filles. Séléné obtient de Zeus le sommeil éternel pour son amant qu'elle rejoint chaque nuit dans une caverne sans le réveiller. Dans une fable latine, il est l'amant de Diane. ▪ Parmi les nombreux ouvrages inspirés de ce personnage depuis la Renaissance, citons l'*Endymion* de J. Keats* (1818).

**Énéas** ♦ Roman anonyme, écrit en octosyllabes v. 1160, qui introduisit dans la littérature française l'*Énéide** de Virgile*. ▪ Faisant d'Énée un chevalier courtois, l'auteur manifeste un goût de la psychologie amoureuse dû peut-être à l'influence d'Ovide*.

Les **Enfants du paradis.** Pierre Brasseur, Arletty et Jean-Louis Barrault.
*Phot. © R. Forster/Coll. Rui Nogueira*

**ÉNÉE** → ÉTYM. en gr. *Aineias*, en lat. *Aeneas* ; étym. obsc., p.-ê. du gr. *aineô* «parler, louer» ♦ Prince troyen autour duquel s'organisa la légende des origines troyennes de Rome, que devait reprendre Virgile* notamment, dans son poème épique de l'*Énéide**. Fils d'Anchise* et d'Aphrodite* (ce qui permit aux Romains de se placer également sous la protection de Vénus), il épousa Créüse, fille de Priam*, roi de Troie, et joua un rôle important durant la guerre de Troie. Lors de l'incendie de la ville par les Grecs, il sauva les Pénates et s'enfuit, portant sur ses épaules son père, le vieil Anchise, et emmenant son fils Ascagne. Dès lors, jouet docile des dieux, il connut différentes pérégrinations, en Sicile, à Carthage (→ **Didon**), jusqu'à ce que, sur les injonctions de Jupiter, il abordât aux rivages de l'Italie ; guidé par la sibylle de Cumes, il descendit aux Enfers où lui fut prophétisé le destin exceptionnel de la race qu'il devait fonder. Dès lors confirmé dans sa tâche, le «pieux Énée» gagna le Latium, triompha de Turnus, chef des Rutules, et épousa Lavinia, fille du roi Latinus. La fusion des populations opérée, il fonda la ville de Lavinium ; son fils Ascagne (ou Iule), qui éleva Albe* la Longue, devait être l'ancêtre de Romulus*, dont la naissance miraculeuse assurait aux Romains la faveur toute particulière de Mars. Symbole exemplaire de la piété par sa soumission aux volontés divines, le personnage d'Énée (qui traduisait de façon légendaire la croyance des Anciens en l'origine orientale des Étrusques) connut de nombreuses illustrations littéraires ou artistiques, et cela dès l'Antiquité.

**Énéide** ♦ Poème épique de Virgile* en 12 chants (-29 - -19). Récit des pérégrinations d'Énée*, contraint à s'exiler après la chute de Troie, et de son établissement en Italie où il fonde la nation romaine. Le poète a voulu donner à Rome une épopée qui tînt la même place que les poèmes homériques en Grèce ; s'écartant de la narration purement historique et mythologique, il a traité un sujet légendaire mais national parce que lié aux origines de Rome. Cette œuvre est un des éléments essentiels de la culture européenne et son influence fut immense.

**ENESCO Georges** ou **ENESCU (George)** ♦ Compositeur et violoniste roumain (Liveni 1881 - Paris 1955). Il fit ses études musicales à Vienne, puis à Paris où il se fixa. Admirable violoniste et pédagogue, il fut le maître de nombreux virtuoses, parmi lesquels Y. Menuhin. Inspirée du folklore roumain qu'il sut transcender en exploitant ses possibilités modales et harmoniques, son œuvre comprend notamment trois symphonies, trois sonates pour piano et violon, deux quatuors à cordes, un dixtuor, deux rhapsodies roumaines pour orchestre et un opéra, *Œdipe* (1936).

L'**Enfance du Christ** ♦ Oratorio en 3 parties (*Le Songe d'Hérode, La Fuite en Égypte, L'Arrivée à Saïs*), paroles et musique d'Hector Berlioz* (Paris, 10 déc. 1854). L'œuvre, dont un des points culminants est «Le Repos de la Sainte Famille», fut élaborée par Berlioz à partir d'un *Chœur des bergers* composé par lui-même, mais qu'il fit entendre (1850) comme étant d'un certain Pierre Doucé, «maître de chapelle» au XVIIe s., voulant prouver par là qu'il pouvait aussi évoquer la douceur.

L'**Enfant et les Sortilèges** ♦ Fantaisie lyrique en 2 parties de Maurice Ravel* sur un texte de Colette (Monte-Carlo, 21 mars 1925). Un enfant puni par sa mère s'attaque aux livres, aux meubles, aux animaux, mais lorsqu'il panse un écureuil blessé, les bêtes lui font cortège et le ramènent à sa maman. La partition mêle avec bonheur féerie et ironie.

**ENFANTIN (Prosper Barthélemy)** dit **le Père Enfantin** ♦ Ingénieur et socialiste français (Paris 1796 - *id.* 1864). Avec Bazard* (qui se sépara de lui en 1831), il fut le principal propagateur du saint-simonisme (→ **Saint-Simon**), qui devint une véritable religion. Il fonda deux journaux, *Le Producteur* et *Le Globe*, et créa à Ménilmontant une communauté modèle (1831), qui eut de nombreux adeptes. Après un séjour en Égypte (où il tenta de constituer une société pour le percement du canal de Suez), il fonda et administra une société de chemin de fer (Compagnie de la ligne de Lyon, 1845). Sa pensée exerça une influence certaine sur Blanqui et Chevalier.

L'**Enfant prodigue** ♦ Une des paraboles de l'Évangile de saint Luc (XV, 11-32) sur la mansuétude divine : un jeune homme abandonne la maison de son père, mais, lorsqu'il revient chez lui dans la misère, son père lui accorde son pardon et tue le veau gras. ▪ Cette parabole a inspiré de nombreux auteurs, dont Lope de Vega *(El Hijo prodigo)* et A. Gide (*Le Retour de l'enfant prodigue,* 1909).

Les **Enfants du paradis** ♦ Film français de Marcel Carné* (1945), scénario et dialogues de Jacques Prévert, avec Pierre Brasseur, Arletty, Marcel Herrand, Jean-Louis Barrault, Maria Casarès, Louis Salou. Tourné d'août 1943 à mars 1944, avec des interruptions, le film ne fut projeté qu'en mars 1945. L'ambition du scénario, ample description de la vie théâtrale en France sous Louis-Philippe ; le mordant d'un dialogue qui colle aux personnages (Frédérick Lemaître, Lacenaire ou Deburau, ce dernier, le plus avare de paroles, n'étant pas le moins expressif) ; l'entrelacement des intrigues, étalées sur dix ans et deux «époques», et de grands acteurs, au plus juste de leur emploi, sont les principales qualités de ce film qui passe pour un chef-d'œuvre du cinéma français.

Les **Enfants terribles** ♦ Roman de Jean Cocteau* (1929). Un frère et une sœur, Paul et Élisabeth, se prêtent à tous les jeux de leurs inconscients morbides dans l'espace clos de la chambre qu'ils partagent. Après la mort du jeune homme qu'Élisabeth vient d'épouser, celle-ci, pour conserver Paul, arrange le mariage de leur amis Gérard et Agathe, mais Paul, amoureux de cette dernière, se suicide avec une boule de poison que lui a envoyée son ami et idole d'autrefois, Dargelos, agent cruel du destin. La complicité entre le frère et la sœur se renoue avec l'agonie de Paul : Élisabeth se tue au moment où il expire. La perfection formelle et la rapidité du récit, sa charge symbolique en font un des sommets de l'œuvre en prose de Cocteau. Pendant tragique de la pièce en 3 actes *Les Parents terribles* (1938), *Les Enfants terribles* ont été adaptés au cinéma, avec le concours de Cocteau, par Jean-Pierre Melville* en 1950.

L'**Enfer** ♦ Œuvre de Dante → **Divine Comédie (La)**

**ENFIELD** ♦ Faubourg *(borough)* du N. de Londres. 265 000 hab. Quartier indus. et résidentiel proche de la ceinture verte de la capitale.

**ENGADI** ou **ENGADDI** ◆ ÉTYM. en hébr. ***Ein Gedi*** «source du chevreau» ♦ Site d'Israël, au-dessus de la côte O. de la mer Morte, célèbre dans la tradition biblique (I Samuel, XXIV, 1 ; Cantique des cantiques, I, 14).

**ENGADINE** [ɑ̃gadin] n. f. ◆ ÉTYM. en all. ***Engadin,*** en it. ***Engadina,*** en romanche ***Engiadina*** de *°En ca d'In* «au début de l'Inn» ♦ Partie suisse de la haute vallée de l'Inn* (Grisons), s'étendant du S.-O. au N.-E., des sources de l'Inn au Finstermünz (90 km). 21 748 hab., en majorité de langue romanche et allemande et de religion protestante. La vallée se divise en *haute Engadine,* de la Maloja aux gorges de Zernez (V. PRINC. : Samedan, Saint-Moritz), et *basse Engadine,* de Zernez à la frontière du Tyrol (V. PRINC. : Scuol, Tarasp). Son altitude varie de 1 000 à 1 900 m. La haute Engadine, en raison de son altitude élevée, a pour seules ressources l'élevage transhumant et la sylviculture. Dans la basse Engadine, plus fertile, l'économie est surtout agricole (céréales, arbres fruitiers, cultures maraîchères). Mais la principale ressource de la région reste le tourisme : stations de sports d'hiver et stations thermales de Celerina, Pontresina, Saint-Moritz, Sils-Maria, Silvaplana, Scuol, Tarasp et Vulpera. C'est dans la basse Engadine que se trouve le Parc national suisse, vaste domaine de sauvegarde de la flore et de la faune (143 km²). Également caractéristique de l'Engadine est la physionomie des maisons aux fenêtres à encorbellement et aux façades peintes de devises et de motifs héraldiques. ▮ **Histoire** L'Engadine, longtemps dépendante du Tyrol, fut rattachée au canton de Rhétie en 1801. → **Grisons.**

**ENGEBRECHTSZ** ou **ENGELBRECHTSZ (Cornelis)** ♦ Peintre flamand (Leyde 1468 - *id.* 1533). Il dirigea un important atelier et pratiqua un art où se mêlent les traditions graphiques et l'inspiration religieuse pathétique du gothique finissant et les recherches plastiques italianisantes. Il affectionnait les compositions touffues, les formes allongées et nerveuses, les draperies tourmentées, les effets décoratifs pleins de fantaisie. Coloriste original, il employait des tons vifs et recherchait des accords rares (triptyque des *Douleurs de la Vierge* ; portrait de *Dirk Ottens*). Il contribua à faire de Leyde un foyer du maniérisme gothique tardif et fut le maître de Lucas* de Leyde.

**ENGELBERG** ♦ V. de Suisse (Obwald), au pied du Titlis. 3 696 hab. Abbaye bénédictine (XIIe s.). ▪ Station d'été et de sports d'hiver très fréquentée (1 050 - 1 800 m).

**ENGELBREKT ENGELBREKTSSON** ♦ Patriote suédois (v. 1390 - lac Hjälmar 1436). Il se révolta en 1434 contre Éric* XIII. Il convoqua en 1435 une assemblée où étaient représentées toutes les catégories sociales, fut nommé régent mais fut assassiné.

**ENGELMANN (Godefroi)** ♦ Lithographe français (Mulhouse 1788 - *id.* 1839). On lui doit l'introduction en France du procédé de Senefelder*.

**ENGELS (Friedrich)** ♦ Théoricien socialiste et homme politique allemand (Barmen, Rhénanie 1820 - Londres 1895). Fils d'un industriel du textile, il fréquenta les «jeunes hégéliens». → **hégélianisme, Feuerbach.** Employé de la maison Ermen-Engels à Manchester (1842 - 1844), il étudia la condition ouvrière, formula une des premières critiques scientifiques de l'économie capitaliste, et, acquis au socialisme, affirma la nécessité de l'émancipation du prolétariat (*Esquisse d'une critique de l'économie politique,* 1844 ; *La Situation de la classe laborieuse en Angleterre,* 1845). En 1844, il se lia avec Marx* qu'il rejoignit à Bruxelles (1845). Ensemble ils écrivirent *La Sainte* Famille, L'Idéologie* allemande* (→ **Marx**) et le *Manifeste* du parti communiste* (1848) pour la Ligue des justes (des communistes) au sein de laquelle Engels lutta contre le socialisme petit-bourgeois → **Proudhon.** De retour en Allemagne, il participa à Cologne, Barmen et dans le Palatinat à l'insurrection armée des républicains (1848), et y fit preuve de ses qualités de tacticien. Après l'échec de ce mouvement, il écrivit *La Guerre des paysans* (Londres, 1850), analyse historique de la lutte des paysans lors de la Réforme (déb. XVIe s. → **Münzer**), *La Campagne pour la constitution du Reich* (1850) et surtout *Révolution et contre-révolution en Allemagne* (1851 - 1852). De 1850 à 1869, il travailla dans l'affaire de son père et put ainsi apporter une aide financière à Marx. Il continua à étudier les langues, pour mieux comprendre l'histoire des sociétés, et les sciences naturelles, et rédigea de nombreux articles, en particulier sur des questions militaires (*La Guerre civile aux États-Unis ; La Question militaire en Prusse et le parti ouvrier allemand,* 1865). Installé définitivement à Londres (1870), il reprit son activité au sein de l'Internationale, tout en suivant le développement de la social-démocratie allemande (→ **Bebel, Liebknecht, Kautsky**), qu'il mit en garde contre le réformisme (*Critique du programme de Gotha,* avec Marx, 1875 - 1891 ; *Critique du programme d'Erfurt,* 1891). Ses derniers ouvrages traitent de questions théoriques : critique du matérialisme positiviste et du réformisme de Dühring* (*L'Anti*-Dühring,* 1877 - 1878), application de la dialectique aux sciences de la nature (*La Dialectique de la nature,* inachevée, publiée en URSS en 1925), étude sociologique et historique (*L'Origine de la famille, de la propriété privée et de l'État,* 1884, → **Morgan [Lewis Henry]**), étude philosophique (*Ludwig Feuerbach* et la fin de la philosophie classique allemande,* 1888). Il acheva enfin les deuxième et troisième tomes du *Capital**. Inséparable de celle de Marx, l'œuvre d'Engels contribua à l'élaboration et à la diffusion du matérialisme dialectique et historique. ◆ ÉTYM. ***Engels*** vient du nom des ***Angles**** ou de l'all. ***Engel*** «ange».

**ENGELS** – anc. ***Pokrovsk*** ♦ V. de Russie dans la région de Saratov, sur la Volga. 193 800 hab. Indus. mécanique, chimique et alimentaire. Traitement du bois. Matériaux de construction. ▮ **Histoire** Engels fut la capitale de la république des Allemands de la Volga (1924 - 1941).

**ENGERER (Brigitte)** ♦ Pianiste française (Tunis 1952). Après le Conservatoire à Paris, elle étudia cinq ans au Conservatoire de Moscou où elle travailla l'expressivité, la sonorité et la compréhension des œuvres. Lauréate de nombreux prix, elle débuta avec Karajan, ce qui lui ouvrit les scènes les plus prestigieuses : Berlin, Paris, New York. Son répertoire de prédilection est celui des romantiques : Tchaïkovski, Beethoven, Schumann, Chopin, Rachmaninov. Ses interprétations raffinées et sensibles sont servies par une technique infaillible qui combine puissance et volubilité.

**ENGHIEN** [ɑ̃gɛ̃] **(Louis Antoine Henri DE BOURBON,** prince de **CONDÉ,** duc **D')** ◆ ÉTYM. du n. de la v. belge ***Enghien**** ♦ Prince français (Chantilly 1772 - Vincennes 1804). Fils unique de Louis Henri Joseph de Condé, il rejoignit l'armée des émigrés en 1789, s'installa ensuite à Ettenheim dans le grand-duché de Bade. Bonaparte, le soupçonnant, très probablement à tort, d'être de connivence avec Cadoudal* et Pichegru* dans le complot fomenté contre lui, le fit enlever dans la nuit du 15 au 16 mars 1804 et traduire en conseil de guerre. Il fut fusillé le 21 mars à Vincennes. Cette exécution sommaire indigna l'Europe.

**ENGHIEN** ◆ ÉTYM. en néerl. ***Edingen,*** de *Adighem* «demeure *(hem)* des gens d'Ado» ♦ V. de Belgique (Région wallonne), prov. de Hainaut, arr. de Soignies (comm. à facilités). 12 294 hab. Parc et château Empain. Église paroissiale (XIVe - XVe s.). Église des Capucins (XVIIe s.). Tapisserie de haute lice renommée au XVIe s. (musée). ▪ Bâtiment et travaux publics. Construc. métalliques.

**ENGHIEN-LES-BAINS** [ɑ̃gɛ̃] [95880] ◆ ÉTYM. anc. *Montmorency,* nommée *Enghien* quand le duché de Montmorency passa de la famille de Montmorency à la famille de Condé au XVIIe s. ♦ Ch.-l. de cant. du Val-d'Oise, sur le *lac d'Enghien,* arr. de Sarcelles. 10 368 hab. *(Enghiennois).* Station thermale créée en 1821. Commune résidentielle. Casino. Hippodrome.

**ENGILBERT** → **Angilbert**

**ENGLE (Robert F.)** ♦ Économiste américain (Syracuse 1942). Il a travaillé sur la «volatilité saisonnière» qui concerne les fluctuations des cours sur les marchés financiers pouvant varier fortement dans le temps. Ses modèles ARCH — «autorégressif à hétéroscédasticité conditionnelle» — permettent des mesures plus précises pour les chercheurs, mais aussi pour les analystes du marché financier dans l'estimation du risque de gestion de portefeuille. [Prix Nobel d'écon. 2003 avec Clive W. J. Granger*]

**ENGLER (Adolf)** ♦ Botaniste allemand (Sagan 1844 - Berlin 1930). Il est l'auteur d'importantes recherches concernant la distribution des végétaux sur le globe, ainsi que d'un système de classification des plantes.

**ENGOMI** ou **ENKOMI** – anc. *Alasia* ♦ Site archéologique de Chypre. Centre d'exportation du cuivre et du bronze au –IIe millénaire.

**ENGUINEGATTE** [62145] ➝ ÉTYM. anc. *Guinegatte*, du germ. *Inkino*, n. de pers., et moy. néerl. *gata* «trou, passage» ♦ Comm. du Pas-de-Calais, arr. de Saint-Omer. 365 hab. ▮ **Histoire** Les Français sous les ordres de Louis XI y furent vaincus en 1479 par les troupes de Maximilien d'Autriche, et, en 1513, par celles d'Henri VIII et de Maximilien. Cette dernière bataille, au cours de laquelle le maréchal de La Palice fut fait prisonnier, fut appelée la journée des Éperons, car les Français s'enfuirent sans presque combattre.

**ENIWETOK** ♦ Atoll des îles Marshall, où eurent lieu des expériences atomiques. ➝ **Bikini.**

**ENKI** ♦ Troisième dieu de la principale triade du panthéon sumérien (➝ **An, Enlil**), il est le «seigneur du sol», c.-à-d. du gouffre marin sur lequel repose la Terre. Dieu de l'intelligence, il inspire la construction d'une arche lors du Déluge. Culte à Eridu*. Chez les Assyro-Babyloniens, il est nommé Ea.

**ENKŌ DAISHI** ♦ Titre posthume de Genkū*.

**ENKŪ** ♦ Sculpteur japonais (mort en 1695), originaire de la province de Mino et fils d'un charpentier. Il sculpta dans le bois, à la hache, un très grand nombre de statues bouddhiques d'un style très différent de la sculpture religieuse japonaise traditionnelle.

L'**Enlèvement au sérail** – en all. ***Die Entführung aus dem Serail*** ♦ Comédie lyrique *(Komisches Singspiel)* en 3 actes de W. A. Mozart, livret de C. F. Bretzner, arrangé par G. Stéphanie (Vienne, 1782). Prisonnières de Sélim dans son sérail, Constance et Blondine seraient délivrées par leurs fiancés Belmonte et Pédrille si le gardien Osmin ne découvrait le projet d'enlèvement avant qu'il ait pu s'accomplir. Généreux, Sélim pardonne aux amants. Débordante de tendresse et de gaieté, la partition marque, entre les opéras italiens et les tragédies lyriques à la française, les véritables débuts de l'opéra-comique allemand.

**ENLIL** ♦ Deuxième dieu de la principale triade du panthéon sumérien (➝ **An, Enki**) «Seigneur de l'air», il régit les relations entre les puissances supérieures et les hommes, veille à l'exécution des décrets et punit : c'est lui qui déclenche le Déluge. Culte à Nippur.

**ENNA** ♦ V. d'Italie, en Sicile, ch.-l. de prov. (alt. 942 m). 28 983 hab. Cathédrale XIVe s. (absides), XVIe s. (façade). Château médiéval (tours). ▪ Mines de soufre.

Les **Ennéades** ♦ Titre sous lequel les œuvres de Plotin* furent publiées par Porphyre* qui les a classées en six livres de neuf traités dans un ordre parfois artificiel. Document capital pour la connaissance du néoplatonisme*, elles contribuèrent à la formation de la pensée arabo-islamique et de la philosophie médiévale en Occident.

**ENNEDI** n. m. ♦ Plateaux du S.-E. du Sahara*, «petit Tibesti sans volcanisme» (1 450 m), qui limitent au N.-E. la cuvette du Tchad*.

**ENNEZAT** [63720] ➝ ÉTYM. anc. *Enisiacus*, du lat. *Enicius*, n. de pers. gallo-rom., et suff. *-acum* ♦ Ch.-l. de cant. du Puy-de-Dôme, arr. de Riom, sur l'Ambène. 2 044 hab. (*Nazadaires* ou *Ennezatois*). Église Saint-Victor et Sainte-Couronne, anc. collégiale fondée au XIe s. Le narthex, la nef, les bas-côtés et le transept sont le prototype du style roman auvergnat. Le chœur, le déambulatoire et les chapelles sont de style gothique. Peintures murales (XVe s.).

**ENNIN** ♦ Religieux bouddhiste japonais (794 - 864) du Tendaishu* qui séjourna en Chine de 838 à 845, visitant les lieux saints pour en rapporter des manuscrits au Japon, et qui écrivit le journal de son voyage, ouvrage précieux pour la connaissance de la Chine du IXe s.

**ENNIS** – en gaél. ***Inis*** ♦ V. de la rép. d'Irlande, ch.-l. du comté de Clare, sur la riv. Fergus. 20 142 hab. Une des rares petites villes de l'Ouest irlandais dont l'économie ne stagne pas grâce aux retombées de la zone franche de l'aéroport de Shannon.

**ENNISKILLEN** ♦ V. d'Irlande du Nord, ch.-l. du comté de Fermanagh, sur un isthme entre les deux lacs Erne, au centre d'une région agricole pauvre. 11 000 hab. Fief protestant depuis le XVIIe s.

**ENNIUS** – en lat. ***Quintus Ennius*** ♦ Poète latin (Rudiae, Calabre –239 - Rome –169). Conduit à Rome par Caton l'Ancien, il devint le protégé de Scipion l'Africain qu'il devait initier, ainsi que les membres des plus grandes familles romaines, à la culture grecque. Il reçut en –184 le droit de citoyenneté romaine. Sous son influence, l'héritage hellénique allait s'adapter à l'esprit latin. Outre les *Annales*, poème épique en 18 livres qui racontait toute l'histoire de Rome, il est l'auteur d'une vingtaine de tragédies inspirées d'Euripide : *Médée en exil, Le Phénicien*, ou d'Eschyle : *Les Euménides, La Rançon d'Hector*, de nombreuses comédies dont il ne subsiste aucun fragment, et de *saturae*, poésies d'inspiration philosophique ou morale.

**ENNS** n. m. ♦ Riv. d'Autriche (260 km), affl. du Danube (rive d.). Il prend sa source dans la province de Salzbourg et arrose Steyr et Enns. Aménagements hydroélectriques sur son cours inférieur.

**ENNS** ♦ V. d'Autriche (Haute-Autriche), située sur la rive g. de l'Enns*, près de sa confluence avec le Danube. 10 610 hab. Restes de fortifications du XVe s. ; Stadtturm (XVIe s.), église paroissiale, gothique ; hôtel de ville (XVIe s.), château d'Ennsegg (XVIe - XVIIe s.). Un port fluvial y a été aménagé (1990) pour répondre au développement du trafic fluvial que devrait entraîner l'achèvement de la liaison Rhin-Main-Danube. ▮ **Histoire** Fondé par les Romains, l'ancien *Lauriacum* fut la capitale de la province de Norique.

**ÉNOCH** ➝ **Hénoch**

**Enoch Arden** ♦ Poème de A. Tennyson* (1864). L'œuvre évoque le sacrifice d'un marin qui décide, en rentrant chez lui après dix ans d'absence, de repartir pour ne pas troubler le bonheur de sa femme qui s'est remariée.

**enragés**

n. m. pl. ♦ Nom donné en 1792 - 1793 aux révolutionnaires extrémistes (J. Roux*, Varlet) qui réclamaient l'égalité non seulement civile et politique mais économique et sociale, et exigeaient la taxation et la réquisition des denrées, une redistribution des fortunes en faveur des indigents, et l'expropriation au profit de l'État. Éliminés dès la fin de 1793, les enragés avaient formulé un programme d'inspiration socialiste qui fut ensuite repris par les hébertistes*, et plus tard par Babeuf*.

**ENRIQUES (Federigo)** ♦ Mathématicien italien (Livourne 1871 - Rome 1946). Auteur de travaux sur la théorie des fonctions algébriques de plusieurs variables, il jeta les bases de l'étude géométrique des surfaces algébriques. Ses recherches concernent également l'épistémologie et l'évolution de la logique.

**ENRÍQUEZ GÓMEZ (Antonio)** dit aussi **Enrique Enríquez de Paz** ♦ Poète espagnol (Cuenca 1600 - Séville 1663). Descendant d'une famille juive convertie, poursuivi par l'Inquisition, il fuit vers la France et devint secrétaire de Louis XIII. Il finit sa vie à Séville, probablement sous le nom de Fernando Zarate. On lui doit de nombreuses poésies et une allégorie, *El Siglo pitagórico y la vida de Don Gregorio Guadaña* (1644, Rouen), très marquée par le roman picaresque et par Quevedo.

**ENSCHEDE** ♦ V. des Pays-Bas (Overijssel). 154 476 hab. (aggl. 310 327). Musée (Bruegel, Holbein). ▪ Centre cotonnier. Métall. Produits alimentaires. Université technique. Centre régional de l'E. des Pays-Bas, aussi très fréquenté par une clientèle allemande.

L'**Enseigne de Gersaint** ♦ Peinture de Watteau* exécutée très rapidement (en huit jours) pour servir d'enseigne au marchand de tableaux Gersaint (1720). Pendant qu'on emballe des tableaux, des clients s'attardent devant une peinture de nus, tandis que d'autres se laissent proposer un coffret en laque de Chine par la jeune Mme Gersaint. Derrière cette scène se manifeste un hommage aux grands peintres du passé, Rubens, Van Dyck et Ruysdael, dont les toiles s'inscrivent à l'arrière-plan. La disparition du portrait de Louis XIV dans une caisse illustre la fin de son règne et l'avènement d'une nouvelle civilisation, liée au développement économique et industriel : la boutique de Gersaint sert d'intermédiaire entre les artistes et la riche bourgeoisie, qui a désormais les moyens de s'offrir des œuvres d'art.

**ENSENADA (Zenón de Somodevilla,** marquis **de la)** ♦ Homme politique espagnol (Alesanco, prov. de Logroño 1702 - Medina del Campo 1781). Il soutint et continua l'œuvre de rénovation de la marine espagnole entreprise par Patiño* et devint Premier ministre (1743 - 1754), après avoir servi le duc de Parme, don Felipe. Il favorisa l'essor de l'économie coloniale et redressa les finances, mais fut renversé par une cabale sous Ferdinand* VI.

**ENSENADA** ♦ V. du Mexique (Basse-Californie du Nord). 260 075 hab. Grande station balnéaire sur le Pacifique, non loin de Tijuana et de la frontière des États-Unis. Centre de recherches océanographiques.

**ENSÉRUNE** (montagne d') ♦ Plateaux calcaires du bas Languedoc entre l'Orb et l'Aude. ♦ ***Oppidum d'Ensérune*** Site ibéro-grec (comm. de Nissan-lez-Ensérune) découvert en 1915, où se sont succédé plusieurs habitats du –VIe au –Ier s. à l'abri d'enceintes successives. Nécropole des –IVe et –IIIe s. Musée.

**ENSISHEIM** [68190] ➝ ÉTYM. anc. *Ensiegesheim*, du germ. *Ansigis*, n. de pers., et *heim* «village» ♦ Ch.-l. de cant. du Haut-Rhin, arr. de Guebwiller, sur l'Ill et le canal de Vauban. 6 640 hab. (aggl. 8 273) *(Ensisheimois)*. Palais de la Régence (XVIe s.) sur plan gothique, ornementation

**L'Enseigne de Gersaint.** Tableau de Watteau (1,66 × 3,06 m). Château de Charlottenburg, Berlin. *Phot. ©Hubert Josse*

Renaissance. Maisons anc. Musée historique et archéologique. ▮ **Histoire** Anc. capitale des possessions de la maison d'Autriche en Alsace

**ENSOR (James)** ♦ Peintre et graveur belge (Ostende 1860 - *id.* 1949). Il étudia à l'Académie de Bruxelles et débuta par des portraits, des natures mortes et des représentations d'intérieur où les vibrations de la lumière sont rendues avec délicatesse dans une gamme chromatique assourdie. Il évolua ensuite vers des coloris plus francs et contrastés, mais toujours savamment modulés. Dès ses premières œuvres, il introduisit dans des thèmes encore naturalistes des détails insolites révélant une imagination profondément originale tournée vers un fantastique et un grotesque à tendance mystique et symbolique (*Portrait de l'artiste au chapeau fleuri,* 1883). Progressivement, ses vues et scènes d'intérieur prirent un caractère d'apparition et sa palette un aspect chatoyant. Il traita souvent le thème de l'autoportrait, du carnaval, du masque, du squelette et du Christ (*Squelettes se chauffant autour d'un poêle,* 1889 ; *L'Entrée du Christ à Bruxelles,* 1888) ; se montrant un observateur impitoyable à l'ironie amère, il manifesta un sens original du burlesque. Il employa un dessin schématique et heurté, des couleurs pures librement étalées avec des effets de pâte originaux. Vers 1900, il parut peu à peu perdre de sa maîtrise et de son originalité, il s'orienta vers le paysage traditionnel, mais il trouva encore des harmonies de couleurs audacieuses. Son emploi subjectif de la couleur, son sens de l'expression poussé jusqu'à la caricature l'ont fait considérer comme un initiateur de l'expressionnisme. La liberté avec laquelle il transcrivit ses visions en fait un précurseur du surréalisme. ➜ **ÉTYM.** Ce nom de famille vient de *Edensor,* ville du Derbyshire (du vieil anglais *Ēadhūn,* nom de personne, et *ofer* « crête, corniche »).

**ENSUÈS-LA-REDONNE** [13820] ♦ Comm. des Bouches-du-Rhône, arr. d'Istres. 4 547 hab. Viticulture. Oliviers.

**ENTEBBE** ➜ **ÉTYM.** du bantou *Ntbe* « siège [symb. du pouvoir polit.] » ♦ V. de l'Ouganda, sur la rive N. du lac Victoria*. Plus de 30 000 hab. Cap. du pays jusqu'à l'indépendance. Sur l'aéroport d'Entebbe eut lieu un raid israélien pour libérer les otages d'un commando palestinien (juil. 1976).

**Entente (Triple-)** ♦ Alliance non formelle entre la France, la Grande-Bretagne et la Russie, résultant d'un rapprochement anglo-russe (1907), combiné avec l'alliance franco-russe (1893) et l'Entente* cordiale (France-Grande-Bretagne). La Triple-Entente fut rompue par le traité germano-russe de Brest*-Litovsk.

**Entente (Petite-)** ♦ Alliance de défense mutuelle signée entre la Yougoslavie, la Roumanie et la Tchécoslovaquie entre 1920 et 1922, avec l'appui de la France, pour prévenir toute tentative de restauration monarchique en Hongrie. Elle révéla son impuissance dès 1936, devant le rapprochement de la Yougoslavie avec l'Allemagne et l'Italie, et surtout en 1938, face au démembrement de la Tchécoslovaquie ➜ **Munich (conférence de).**

**Entente cordiale** ♦ Nom donné par Guizot au rapprochement franco-britannique qui, ébauché à l'époque de la monarchie* de Juillet, permit à la France de sortir de l'isolement diplomatique qui fit suite à la révolution de 1830. Cette politique, que Napoléon III tenta de poursuivre (alliance franco-britannique lors de la guerre de Crimée, 1854 - 1856), fut longtemps entravée par les nombreuses rivalités qui opposaient les deux pays, en particulier sur les questions coloniales (1898). ➜ **Fachoda.** Pourtant, face à l'essor de l'Allemagne, la France, qui s'était déjà alliée à l'Italie et à la Russie, se rapprocha à nouveau de la Grande-Bretagne, rapprochement facilité par l'ambassadeur Paul Cambon*. Les accords signés en avr. 1904 réglaient les divers différends entre les deux pays ; en compensation de la cession de ses droits sur l'Égypte, la France obtenait des droits sur le Maroc ; ces accords furent renforcés lors de la conférence d'Algésiras* (1906), puis avec l'incident d'Agadir* (1911).

**enterrement à Ornans (Un)** ♦ Peinture de Gustave Courbet* (1850). Si *L'Atelier* du peintre* est le manifeste idéologique de Courbet, *Un enterrement à Ornans* est le manifeste de ses idéaux

Un **enterrement à Ornans.** Tableau de Courbet (3,15 × 6,68 m). Musée d'Orsay, Paris. *Phot. © Dagli Orti*

picturaux. Cette œuvre provoqua un véritable scandale au Salon de 1850. Courbet n'était pas le premier à peindre le petit peuple, mais, tant par le format que par le traitement, il lui a conféré ici une grandeur et une dignité jusqu'alors réservées aux sujets historiques, religieux et mythologiques.

L'**Enterrement du comte d'Orgaz** ♦ Tableau du Greco* (1586). Souvent considéré comme le chef-d'œuvre du peintre, le tableau, dont le sujet est expliqué par une longue inscription, évoque un miracle du XIVe s. : lors des funérailles de Don Gonzalez Ruiz, comte d'Orgaz, les saints Étienne et Augustin descendirent du ciel, soulevèrent le corps du défunt et le mirent au tombeau. Un jeune garçon, en bas à gauche, nous présente la scène.

**L'Enterrement du comte d'Orgaz.** Tableau du Greco (4,88 × 3,60 m). Église Santo Tomé, Tolède. *Phot. © Giraudon*

**ENTRAGUES** ou **ENTRAYGUES** [ɑ̃tʀɛg] **(Catherine Henriette DE BALZAC D')** ♦ Dame française (Orléans 1583 - Paris 1633). Fille de François d'Entragues et de Marie Touchet*, elle devint la favorite d'Henri* IV dont elle eut deux enfants. Elle avait l'ambition de se faire épouser du roi, et le mariage de celui-ci avec Marie* de Médicis la jeta dans une conspiration qui échoua.

**ENTRAIGUES-SUR-LA-SORGUE** [84320] ➝ ÉTYM. en prov. *entra aigas* «entre les eaux [entre les cours d'eau]» ♦ Comm. du Vaucluse, arr. de Carpentras. 6 612 hab.

**ENTRAINS-SUR-NOHAIN** [58410] ➝ ÉTYM. p.-ê. du lat. *interamnus (mansus)* «(domaine) entre les cours d'eau» ♦ Comm. de la Nièvre, arr. de Clamecy, aux confins du Nivernais et de la Puisaye. 975 hab. *(Entrainois).* ▮ **Histoire** Des fouilles ont mis au jour de nombreuses antiquités gallo-romaines rappelant l'origine gauloise de la ville *(Intaranum).*

**ENTRECASTEAUX (Antoine Raymond Joseph DE BRUNI,** chevalier **D')** ♦ Navigateur français (château d'Entrecasteaux, Provence 1737 - en mer, près de Java 1793). Entré dans la marine en 1754, il y fit une brillante carrière, fut nommé commandant de la station des mers de l'Inde (1786 - 1789), puis gouverneur des îles Mascareignes (1791). Il périt dans une expédition à la recherche de Lapérouse* (1791 - 1793) au cours de laquelle il explora les côtes de nombreuses îles d'Océanie. Le *Voyage d'Entrecasteaux à la recherche de La Pérouse* fut publié en 1808.

**ENTRECASTEAUX** (îles d') – en angl. ***D'Entrecasteaux Islands*** ♦ Archipel volcanique de Papouasie-Nouvelle-Guinée, au S.-E. de la Nouvelle-Guinée.

**ENTRE-DEUX** [97414] ➝ ÉTYM. «*entre* le Bras de Cilaos et la rivière Saint-Étienne» ♦ Ch.-l. de cant. de la Réunion, arr. de Saint-Pierre, au S.-O. de l'île. 5 170 hab.

**ENTRE-DEUX-MERS** n. m. ♦ Région du Bordelais entre la Garonne et la Dordogne, collines recouvertes de vignobles (23 000 ha) : Créon, La Réole, Sauveterre-de-Guyenne, Targon. ▪ Appellation de vins blancs secs produits dans la région de l'Entre-Deux-Mers, à l'exclusion des appellations spécifiques (par exemple, premières-côtes-de-bordeaux, loupiac, sainte-croix-du-mont).

**ENTREMONT** ♦ Plateau au N. d'Aix-en-Provence où l'on découvrit en 1946 un oppidum qui fut la cap. des Salyens à partir du –IVe s. Ce peuple avait élaboré une civilisation originale au contact des Grecs et des Ligures.

**ENTREMONT** (val d') ♦ Vallée de Suisse (Valais), drainée par la Drance au pied du Grand-Saint-Bernard. Elle constitue la voie internationale la plus directe entre l'O. de la Suisse et Turin. La station de Verbier* s'y trouve.

**ENTRE RÍOS** ➝ ÉTYM. esp. «entre les fleuves» ♦ Prov. d'Argentine en Mésopotamie argentine, située entre les cours inférieurs du Paraná et de l'Uruguay. → **Argentine** (carte). 78 781 km². 1 158 000 hab. CAP. : Paraná. ▪ Riche région agricole : céréales, soja.

**Entresol** (club de l') ♦ Premier club politique français, fondé en 1724 par l'abbé Alary et qui réunissait, dans l'entresol (d'où son nom) de l'hôtel de Créqui à Paris, une vingtaine de membres, dont Montesquieu, Walpole, Bolingbroke, d'Argenson et l'abbé Saint-Pierre. Le club débattait de philosophie du droit, de réformes politiques ou juridiques. La liberté des discussions et leur ton parfois critique entraînèrent sa fermeture en 1731 par Fleury*.

Les **Entretiens** ♦ Enseignement d'Épictète* rédigé et publié par Arrien*. Outre des commentaires de textes des anciens stoïciens (Chrysippe) sur la logique et la physique, on y trouve le développement des thèmes moraux stoïciens.

**Entretiens sur la pluralité des mondes** ♦ Ouvrage où Fontenelle* (1686) se propose de donner une explication rationnelle et simple des phénomènes célestes sous une forme séduisante pour ses lecteurs, les mondains. En six soirées, au cours de conversations dans un parc avec une marquise, son hôtesse, il expose la marche de l'univers, selon Copernic*, et en dégage une leçon de relativité philosophique *(Parabole des roses et du jardinier).* Toujours attaché à la vérité positive en dépit de son apparent badinage, «ce livre fut le premier exemple de l'art délicat de répandre des grâces jusque sur la philosophie» (Voltaire).

**ENTREVAUX** [04320] ➝ ÉTYM. «entre les vallées» ♦ Ch.-l. de cant. des Alpes-de-Haute-Provence, arr. de Castellane, sur le Var. 742 hab. *(Entrevalais).* Église du XVIe s. La ville est une petite place forte des XVIIe et XVIIIe s. demeurée intacte.

**ENTZHEIM** [67960] ➝ ÉTYM. du germ. *Anzo*, n. de pers., et *heim* «village» ♦ Comm. du Bas-Rhin, arr. de Strasbourg-Campagne. 1 855 hab. Aéroport international de Strasbourg.

**ENUGU** ♦ Métropole économique de l'E. du Nigeria, cap. de l'État d'Enugu, reliée à Port-Harcourt. 465 072 hab. Charbon ; fer. Cimenteries ; huileries.

**ENVALIRA** (col ou port d') ♦ Col des Pyrénées orientales, dans la principauté d'Andorre (2 407 m).

**ENVER PACHA** ♦ Général et homme politique turc (Constantinople 1881 - près de Baljuvan, Tadjikistan 1922). Il était d'origine balkanique. Entré dans l'armée ottomane, il alla recevoir une formation moderne dans la garde prussienne. Il s'affilia au comité «Union et Progrès» des Jeunes-Turcs, et fomenta avec Talaat Pacha et Djamal Pacha les deux coups d'État dont le premier, en 1908, força Abdülhamid* II à remettre en vigueur la Constitution de 1876, et dont le second, en 1909, contraignit ce sultan à l'abdication. Son séjour à Berlin la même année fortifia sa germanophilie. Lors du conflit italo-turc, qui devint la première guerre balkanique (1911 à 1913), il dirigea les guérillas en Tripolitaine. Durant la seconde guerre balkanique, en l'été de 1913, il prit Andrinople. Nommé ministre de la Guerre en 1914, il contribua à la réorganisation de l'armée turque en collaborant avec la mission militaire allemande dirigée par Liman von Sanders et imposa l'engagement de la Turquie auprès de l'Allemagne pendant la guerre. Il dirigea les forces turques dans le Caucase et fut repoussé par les Russes. En octobre 1918, après l'armistice de Moudros, il entra en contact avec les bolcheviks et intrigua pour ramener le comité «Union et Progrès» à la tête de la Turquie. Envoyé par les bolcheviks au Turkestan pour arrêter la révolte des militants panislamiques, il prit le parti des rebelles et fut tué dans une bataille contre les troupes soviétiques.

**ENZENSBERGER (Hans Magnus)** ♦ Journaliste, poète lyrique et essayiste allemand (Kaufbeuren 1929). D'un cynisme mordant, d'une agressivité provocante, ses recueils de poèmes (*Défense des loups*, 1957, etc.) dénoncent le conformisme culturel et moral de l'Allemagne du «miracle économique» ou le déclin de la société capitaliste (*Le Naufrage du Titanic*, 1978). Reconnu comme un intellectuel contemporain majeur, membre du Groupe* 47, il a écrit également des essais : *L'Allemagne, entre autres* (1967) ; *Europe, Europe !* (1986), *le Perdant radical* (2006), et des romans : *Le Bref Été de l'anarchie, la vie et la mort de B. Durruti* (1972), *La Grande Migration* (1992), *Requiem pour une femme romantique* (1995).

**ENZIO** ou **ENZO** ♦ (1224 - Bologne 1272). Roi de Sardaigne (1242 - 1249). Fils naturel de l'empereur germanique Frédéric* II, il battit le pape et les Génois sur mer à la Meloria (1241). Il conquit la majeure partie du Milanais, mais fut vaincu et capturé à Fossalto (1249). ➝ ÉTYM. *Enzio* vient de l'allemand *Heinz*, diminutif de *Heinrich*.

**ÉOLE** ✦ ÉTYM. en gr. *Aiolos* « mobile, agité, vif » ♦ Fils d'Hellen*, ancêtre éponyme des Éoliens. Sisyphe* était l'un de ses fils. ▪ Fils de Poséidon, maître des Vents, père d'Alcyoné*. Il remet à Ulysse* une outre renfermant tous les vents sauf un qui devait pousser son bateau à Ithaque. Mais les compagnons d'Ulysse, pendant son sommeil, ouvrent l'outre et les vents s'en échappent entraînant une violente tempête.

**ÉOLIDE** ou **ÉOLIE** n. f. – en gr. *Aiolis* ♦ Anc. région du N.-O. de l'Asie Mineure. Peuplée par les Éoliens* v. le -XI$^e$ s., elle s'étendait de l'Hellespont, autour de la Troade*, jusqu'à l'Ionie*, près de Smyrne (auj. İzmir*), cité éolienne annexée par les Ioniens. L'Éolide insulaire englobait Lesbos* et Ténédos*.

**ÉOLIENNES** ou **LIPARI** (îles) – en it. *Isole Eolie* ♦ Archipel italien de la mer Tyrrhénienne, au N. de la Sicile, rattaché à la prov. de Messine. 10 725 hab. Il comprend les 7 îles volcaniques de Lipari, Vulcano, Salina, Alicudi, Filicudi, Panarea et Stromboli*. Stromboli, Vulcano et Lipari ont été le siège d'éruptions historiques. Ressources : vin (malvoisie), câpres, olives, pêche, carrières de pierre ponce. Le tourisme est en plein essor. ▮ **Histoire** Les îles, carthaginoises, furent conquises par Rome en -241. Mussolini fit des îles Lipari une résidence surveillée pour les antifascistes.

**ÉOLIENS** n. m. pl. – en gr. *Aioleis* ♦ Nom sous lequel les Grecs désignaient une des plus anciennes familles des peuples habitant la Grèce* avant l'arrivée des Doriens*. Probablement mélange d'Hellènes et de Pélasges*, ils apparaissent d'abord en Thessalie*, puis dans une grande partie de la Grèce centrale, notamment en Béotie et dans le Péloponnèse de l'Ouest. Ils se répandirent ensuite dans Lesbos*, Ténédos* et d'autres îles ainsi que sur le littoral de l'Asie Mineure. → **Éolide.**

**ÉON (Charles de Beaumont,** chevalier **d')** ♦ Agent secret français (Tonnerre 1728 - Londres 1810). Il dut sa célébrité au doute qu'il entretint sur son sexe. Éon accomplit en Russie une mission secrète pour Louis XV, en tant que lectrice de l'impératrice Élisabeth, puis combattit pendant la guerre de Sept* Ans, avant d'être secrétaire d'ambassade à Londres. À son retour en France (1777), le chevalier d'Éon reçut l'ordre de ne plus quitter les habits féminins bien qu'il fût très probablement un homme.

**ÉOS** ✦ ÉTYM. du gr. *heôs* « aurore » ♦ Divinité appartenant à la génération des Titans et personnifiant l'aurore. Sœur d'Hélios* (le Soleil) et de Séléné (la Lune), elle ouvrait les portes du ciel au char d'Hélios. De son union avec Astraeos naissent les vents (Zéphyr, Borée, Notos), l'étoile du matin (Eosphoros) et les astres. Parmi ses nombreux amants les plus célèbres sont Orion*, Céphale* et le Troyen Tithonos à qui elle donna Memnon*.

**EÖTVÖS (József,** baron**)** ♦ Écrivain et homme politique hongrois (Buda 1813 - Pest 1871). Né dans une famille de grande noblesse terrienne, il fit des études de droit et voyagea en 1836 - 1837 en Europe occidentale. Il avait écrit très jeune des comédies et des poésies, mais l'œuvre qui le rendit célèbre fut *Le Chartreux* (1839 - 1841), décrivant la France après la révolution de 1830, roman à multiples personnages au style tumultueux et romantique. Ses romans suivants, *Le Notaire du village* (1845), description de la vie provinciale en Hongrie, *La Hongrie en 1514* (1847) racontant la révolte paysanne de Dozsa, sont considérés comme les premières manifestations du réalisme critique. D'abord partisan de Kossuth puis de Széchenyi, Eötvös fut ministre de l'Instruction publique. Après la révolution de 1848, il s'exila à Munich et publia ses réflexions sur la politique dans *L'Influence des idées maîtresses du XIX$^e$ siècle sur le gouvernement* (1851 - 1854). À partir de 1860, il fut de nouveau ministre de l'Instruction publique dans le gouvernement Deák. ✦ ÉTYM. *Eötvös* vient du hongrois *ötvös* « plus fort, meilleur » avec le préfixe *e-* indiquant qu'il s'agit d'un patronyme.

**EÖTVÖS (Loránd,** baron**)** ♦ Physicien hongrois (Budapest 1848 - *id.* 1919), fils de József Eötvös. Il mit au point une méthode de mesure du champ de pesanteur à l'aide d'une balance de torsion gravimétrique (1888).

**EÖTVÖS (Péter)** ♦ Compositeur et chef d'orchestre hongrois (Székelyudvarhely 1944). Assistant de Stockhausen à Cologne, il fut invité par P. Boulez en 1978 à diriger le concert inaugural de l'IRCAM avec l'Ensemble InterContemporain dont il fut le directeur de 1979 à 1991. Marquée par sa prédilection pour la théâtralisation du son et de la parole dans un environnement acoustique hybride alliant musique et bruit, son œuvre s'inspire de l'actualité : *Seven, memorial for the Columbia Astronauts*, pour violon et orchestre (2006), *Paris-Dakar* pour trombone, cuivres et percussions (2000). Ses opéras, *Trois sœurs* d'après Tchekhov (1998), *Le Balcon*, d'après Genet (2002), *Angels in America* (2004) et *Lady Sarashina* (2008) ont remporté un réel succès.

**ÉOUÉS** → Éwés

**ÉPAMINONDAS** ✦ ÉTYM. gr. « le plus brave », de *epi* « sur » et *ameinôn* « meilleur, plus brave » ♦ Général et homme d'État béotien (Thèbes v. -418 - Mantinée -362). Appartenant au parti démocratique, il aida Pélopidas* à chasser les Spartiates de la Béotie et les battit à Leuctres* (-371). Il imposa ensuite l'hégémonie thébaine sur la Grèce centrale et enleva la Messénie* aux Lacédémoniens. Après plusieurs campagnes en Thessalie et dans le Péloponnèse, il vainquit les forces alliées de Sparte, d'Athènes et d'autres cités à Mantinée*, où il fut mortellement blessé. Ses victoires, fondées sur une nouvelle stratégie d'offensive, abattirent le prestige militaire de Sparte et donnèrent à Thèbes une suprématie provisoire.

**ÉPARGES (LES)** [55160] ✦ ÉTYM. la *parge*, du bas lat. *parricus*, désigne une construction en plein champ où l'on enferme les bêtes ♦ Comm. de la Meuse, arr. de Verdun. 58 hab. Elle fut le théâtre de violents combats en 1914 et 1915. M. Genevoix*, qui y fut grièvement blessé, a rapporté ses souvenirs dans *Ceux de 14*, en particulier dans le 5$^e$ vol. *Les Éparges* (1923).

**ÉPARSES (ÎLES)** ♦ Ensemble de cinq petites îles françaises administrées par les TAAF, totalisant 118,4 km$^2$ (38,6 km$^2$ émergés à marée haute), situées pour quatre d'entre elles dans le canal de Mozambique entre la côte africaine et Madagascar (Bassas da India, Europa, îles Glorieuses, Juan da Nova) et la cinquième (Tromelin) à l'est de Madagascar. Inhabitées sauf par une quinzaine de militaires français, elles sont situées sur la route des grands pétroliers et leurs stations météo automatiques surveillent la formation des cyclones. Elles dégagent des zones économiques exclusives permettant l'exploitation des ressources sur 640 000 km$^2$. Ces îles sont revendiquées par Madagascar pour les quatre premières et par Maurice pour Tromelin.

**ÉPÉE (Charles,** abbé **de l')** ♦ Pédagogue français (Versailles 1712 - Paris 1789). Il mit au point un système de communication pour les sourds-muets et fonda une école pour les recevoir.

**ÉPERNAY** [51200] ✦ ÉTYM. « buissons épineux » du gaul. *sparno* « épine » et suff. *-acos* ♦ Ch.-l. d'arr. de la Marne, sur la Marne. 25 844 hab. (aggl. 33 236) *(Sparnaciens)*. L'anc. château Perrier (1814) abrite le musée municipal : histoire de la vigne et du vin de Champagne ; préhistoire et archéologie ; faïences. Caves de Champagne. ▪ Principal centre, avec Reims et Châlons-sur-Marne, de commerce des vins de Champagne. Indus. annexes. ▮ **Histoire** Épernay (*Sparnacum* à l'époque mérovingienne) entra dans le royaume en 1284 par le mariage de la comtesse Jeanne de Champagne avec Philippe IV le Bel. La ville fut assiégée par Henri IV en 1592.

**ÉPERNON (Jean Louis de Nogaret de La Valette,** duc **d')** ♦ Homme politique français (Caumont 1554 - Loches 1642). Il fut l'un des mignons d'Henri* III qu'il servit avec une grande fidélité et par lequel il fut comblé d'honneurs. Il se tint à l'écart sous Henri* IV et contribua à établir la régence de Marie* de Médicis. Il fut définitivement écarté du pouvoir par Richelieu*.

**ÉPERNON** [28230] ✦ ÉTYM. p.-ê. du gaul. *sparno* « épine [éperon] » et *dunon* « citadelle » ♦ Comm. d'Eure-et-Loir, arr. de Chartres. 5 498 hab. (aggl. 8 091) *(Sparnoniens)*. Église des XIII$^e$ et XVI$^e$ s. Maisons à colombages (XV$^e$ s.). Celliers du XIII$^e$ s., dits pressoirs d'Épernon. Indus. diversifiées.

**ÉPHÈSE** – en gr. *Ephesos* ♦ Anc. V. de la côte O. de l'Asie Mineure (auj. en Turquie). Colonie ionienne, elle devint au -VIII$^e$ s. une grande puissance commerciale et ses banquiers finançaient les souverains lydiens. Son fameux temple d'Artémis, une des Sept Merveilles du monde, incendié en -356 par Érostrate*, fut reconstruit, puis pillé par les Scythes et les Byzantins. Elle fut l'un des premiers centres du christianisme (prédication de saint Paul et tradition johannique).

**Éphèse.** La Bibliothèque de Celsius. *Phot. © William Mckelvie/Fotolia*

**Éphèse** (concile d') ♦ Troisième concile œcuménique, réuni en 431 par Théodose II. Il vit l'affrontement de Nestorius* et de Cyrille* d'Alexandrie au sujet de l'union, dans le Christ, des deux natures, divine et humaine, et du titre de mère de Dieu (Theotokos) attribué à la Vierge Marie. Nestorius fut finalement condamné et banni.

**Éphésiens (Épître aux)** ♦ Livre du Nouveau Testament* (→ **Bible**), attribué à saint Paul* (Épîtres*). La destination à la communauté chrétienne et l'authenticité ont été contestées. 6 chapitres.

**ÉPHIALTE** – en gr. *Ephialtês* ♦ Homme politique athénien (mort v. –461). Chef du parti démocratique, adversaire de Cimon, il s'opposa à l'aide athénienne à Sparte contre les hilotes révoltés (–462). Profitant de l'expédition de Cimon dans le Péloponnèse, il introduisit de vastes réformes limitant le pouvoir politique de l'aristocratie. → **Aréopage, Héliée.** Après son assassinat, son adjoint Périclès* acheva son œuvre.

**ÉPHRAÏM** ◆ ÉTYM. en hébr. *Ephrayim* d'étym. inconnue (l'étym. rattachant ce n. à *pârâh* «porter des fruits» est populaire) ♦ Personnage biblique (Genèse, XLVIII). Fils de Joseph* et frère cadet de Manassé*, sur qui son aïeul Israël* (Jacob) lui donne pourtant le pas. Ancêtre éponyme de la demi-tribu qui, avec celle de Manassé, représente la tribu de Joseph.

**ÉPHREM** (saint) ♦ Docteur de l'Église, surnommé le docteur du Saint Esprit (Nisibe, auj. Nusaybin, Turquie 306 - Édesse, auj. Urfa 373). Après la prise de Nisibe par les Perses (363), il donna son essor à l'école d'Édesse. La tradition orientale lui suppose une vie d'ermite. Auteur de *Commentaires sur l'Écriture* et de poèmes. ▪ Fête le 9 juin.

**EPHRUSSI (Boris)** ♦ Biologiste français d'origine russe (Moscou 1901 - Gif-sur-Yvette 1979). Premier professeur de génétique en France, il fut l'un des pionniers de la biologie moléculaire. Il étudia, avec G. Beadle*, la relation entre les gènes et la couleur des yeux de la drosophile (mouche du vinaigre) ; ses recherches sur la génétique de la levure sont à l'origine des découvertes concernant l'ADN.

**ÉPI** ♦ Nom donné à l'étoile α Vierge*. Magnitude 0,9 ; type spectral B1 ; distance 220 années-lumière.

**ÉPI** (île) → **Vanuatu**

**ÉPICHARME** – en gr. *Epikharmos* ♦ Poète comique grec (v. –525 - Syracuse v. –450). Par l'observation satirique des mœurs, par la solidité et la nouveauté de l'intrigue, il est considéré comme l'un des créateurs de la comédie grecque. Empruntant ses sujets à la vie quotidienne à Syracuse (*Le Paysan, Les Rapines, Les Marmites*) ou parodiant les mythes (*La Folie d'Héraklès, Ulysse transfuge*), il fait figure, dans les fragments de son œuvre qui nous sont parvenus, d'écrivain subtil et de pertinent moraliste.

**ÉPICTÈTE** ◆ ÉTYM. en gr. *Epiktêtos* «acquis ensuite ; étranger» ♦ Philosophe stoïcien (Hiérapolis, Phrygie 50 - Nicopolis, Épire 125 ou 130). On connaît très peu de choses de sa vie. Il fut emmené à Rome où il fut l'esclave d'un certain Épaphrodite, lui-même affranchi. On raconte qu'à son maître qui lui tordait la jambe dans un appareil de torture Épictète aurait dit : «Tu vas la casser», ajoutant simplement, une fois sa prédiction réalisée : «Ne te l'avais-je pas dit ?». Il est probable qu'il fut lui-même affranchi. Il étudia la philosophie stoïcienne avec Musonius Rufus, vécut et enseigna à Rome avant d'être banni par Domitien*. Il se retira à Nicopolis. À l'exemple de Socrate, Épictète n'a rien écrit. C'est à Arrien* qu'on doit la rédaction des leçons d'Épictète, les *Entretiens**, dont seulement la moitié nous est parvenue, et le *Manuel**, résumé des précédents. Dans ces deux textes, les préoccupations morales prennent le pas sur la logique et la physique. Épictète a notamment développé et systématisé la distinction stoïcienne capitale entre ce qui dépend de nous (*ta éph'hémin*) et ce qui ne dépend pas de nous (*ta ouk éph'hémin*).

**ÉPICURE** ◆ ÉTYM. en gr. *Epikouros* «qui vient au secours ; qui protège» ♦ Philosophe grec fondateur de l'épicurisme* (Samos ou Athènes –341 - Athènes –270). Il passa sa jeunesse à Samos avant de suivre les leçons de Xénocrate* à Athènes (–323), puis celles de Nausiphanès*, philosophe démocritéen, près de Colophon. Il ouvrit une première école philosophique à Mytilène (Lesbos) en –311, puis à Lampsaque en –310 avant de fonder à Athènes en –306 l'école du Jardin. Épicure écrivit beaucoup d'ouvrages, sans doute plus de 300 volumes, dont un traité *Sur la nature* en 37 volumes dont la papyrologie moderne reconstruit peu à peu certains fragments (→ **épicurisme**), mais la plupart ont disparu. Nous ne possédons de ses œuvres que trois lettres, transmises par Diogène* Laërce : la *Lettre à Hérodote sur la physique* (outre les principes de sa physique atomiste [→ **atomisme**], il cherche à montrer l'intérêt psychologique et éthique de l'étude des faits naturels : procurer la paix de l'âme en la débarrassant des superstitions religieuses), la *Lettre à Pythoclès sur les météores* (dont le but est de débarrasser l'homme de la crainte des dieux par une explication physique des phénomènes tels que les tremblements de terre ou les éclipses) et la *Lettre à Ménécée sur la morale* (à la critique des idées fausses que se font les hommes sur les dieux et la mort, succède l'exposé des principes de la morale épicurienne : identité du souverain bien et du plaisir ; l'hédonisme y apparaît comme une recherche de la paix de l'âme, ou ataraxie : «se suffire à soi-même et se contenter de peu»).

**épicurisme**

n. m. ♦ Doctrine philosophique créée par Épicure*, qui comporte une théorie de la connaissance sensualiste (canonique), une cosmologie atomiste, matérialiste et mécaniste (physique) et une morale hédoniste et rigoriste prônant la limitation des désirs aux seuls désirs naturels et nécessaires (boire de l'eau, manger simplement, se vêtir et cultiver l'amitié) [→ **Épicure**]. L'épicurisme eut son centre à Athènes, mais se répandit dans le bassin méditerranéen (particulièrement en Italie), jusqu'au début de l'ère chrétienne. → **Métrodore, Philodème, Lucrèce.**

**ÉPIDAURE** – en gr. *Epidauros* ♦ Anc. V. de Grèce (Argolide*) sur le golfe Saronique. Son sanctuaire d'Asclépios*, à 8 km au S.-O. de la ville, fréquenté par des malades suppliants dès le –VI$^e$ s., acquit une renommée universelle au –IV$^e$ s. ▪ Vestiges des temples d'Asclépios et d'Artémis, tholos de Polyclète le Jeune, portiques, stade et théâtre du –IV$^e$ s. (le mieux conservé des théâtres grecs). ▪ Festival annuel de tragédie et de comédie (juin-juillet).

**ÉPIGONES** n. m. pl. – en gr. *Epigonoi* ♦ Les fils des Sept* Chefs. Ils s'emparèrent de Thèbes* dix ans après la guerre de leurs pères contre la ville. ▪ Les fils des diadoques d'Alexandre le Grand.

**ÉPIMÉTHÉE** ◆ ÉTYM. en gr. *Epimêtheus* «qui réfléchit après coup» ♦ Titan, fils de Japet* et de Clyméné*, frère d'Atlas* et de Prométhée*. Malgré le conseil de ce dernier, il accepte la belle Pandore* que lui offrait intentionnellement Zeus, et cette première femme répand tous les maux sur la terre. De leur union naît Pyrrha*.

**ÉPINAL** [88000] ◆ ÉTYM. du lat. *(vicus) spinalis* «(village) en forme d'épine dorsale» ♦ Ch.-l. du dép. des Vosges, sur la Moselle. 35 794 hab. (aggl. 61 816) *(Spinaliens)*. Enceinte médiévale. Basilique Saint-Maurice des XI$^e$ - XIII$^e$ et XIV$^e$ s., de style mosan et champenois. Maisons à arcades sur la place des Vosges. Musée départemental des Vosges : archéologie gallo-romaine ; sculptures ; dessins du XVIII$^e$ s. ; peintures de différentes écoles françaises et étrangères (Rembrandt, G. de La Tour, le Primatice, S. Vouet). Musée international de l'Imagerie populaire, dont Épinal fut, à partir de la fin du XVIII$^e$ s., un centre renommé avec la fabrique de J.-C. Pellerin. ▪ Indus. textile (coton) en déclin. Foire internationale forestière. ▮ **Histoire** Fondée au X$^e$ s. *(Spinalium)*, Épinal connut un grand essor économique en 1871, après l'installation en France de l'indus. textile alsacienne. Elle a été gravement endommagée au cours de la Deuxième Guerre mondiale.

**ÉPINAY (Louise TARDIEU D'ESCLAVELLES,** marquise **D')** ♦ Femme de lettres française, souvent appelée Madame d'Épinay (Valenciennes 1726 - Paris 1783). Elle reçut Duclos, Voltaire, d'Alembert, Diderot, fut la protectrice de J.-J. Rousseau*, dans son domaine de Montmorency et eut une longue liaison avec Grimm. Elle est l'auteur d'une *Histoire de M$^{me}$ de Montbrillant*, récit inachevé de nature autobiographique écrit avec la collaboration de Diderot (posth. 1818), d'ouvrages pédagogiques (*Conversations d'Émilie*, 1774) et d'une abondante correspondance.

**ÉPINAY-SOUS-SÉNART** [91860] ◆ ÉTYM. de la langue d'oïl *espinoi* «lieu où il y a des arbustes épineux» et du gaul. *ialo* «clairière, champ» ♦ Ch.-l. de cant. de l'Essonne, arr. Évry, sur l'Yerres. 12 797 hab.

**ÉPINAY-SUR-ORGE** [91360] ◆ ÉTYM. → Épinay*-sous-Sénart ♦ Comm. de l'Essonne, arr. de Palaiseau. 9 399 hab. *(Spinoliens)*. Église en partie du XIV$^e$ s. (verrières du XVI$^e$ s.).

**ÉPINAY-SUR-SEINE** [93800] ◆ ÉTYM. → Épinay*-sous-Sénart ♦ Ch.-l. de cant. de la Seine-Saint-Denis, arr. de Saint-Denis, au N. de Paris. 46 409 hab. *(Spinassiens)*. Église Notre-Dame-des-Missions de 1931 (imposantes fresques). ▪ Port pétrolier de Gennevilliers. Studios de cinéma. Indus. chimiques.

**ÉPINE (L')** [51460] ◆ ÉTYM. «aubépine ; prunellier» ♦ Comm. de la Marne, arr. de Châlons-sur-Marne, sur la Vesle. 648 hab. *(Épinots)*. La basilique Notre-Dame-de-l'Épine, édifiée entre 1410 et 1524, est, depuis le Moyen Âge, le lieu de grands pèlerinages : façade de style gothique flamboyant, couronnée de flèches ajourées ; jubé ; gargouilles (fin du XV$^e$ s.).

**ÉPINICIES** – en gr. *Epinikeia* → **Pindare**

**ÉPIPHANE** (saint) ◆ ÉTYM. du gr. *epiphanês* «illustre» ♦ (Éleuthéropolis, Palestine v. 315 - en mer 403). Évêque de Salamine de Chypre (367), violent adversaire des ariens et des origénistes, auteur du *Panarion* (ou *Boîte à drogues*). ▪ Fête le 12 mai.

**ÉPIPHANE** (saint) ♦ (Pavie 438 - *id.* 496). Évêque de Pavie (464), il influa sur la politique de son temps, réconciliant l'empereur Anthémius et Ricimer (470), puis l'empereur Julius Nepos et Euric, roi des Wisigoths (475). ▪ Fête le 21 janv.

**Épiphanie** n. f. ♦ Fête chrétienne de la «manifestation» de Dieu en l'homme Jésus, fixée au 6 janvier pour les orthodoxes (qui la nomment *théophanie*), au dimanche le plus proche pour les catholiques. Célébration de l'Incarnation, l'Épiphanie s'est associée au Baptême de Jésus et à l'adoration des Mages au cours du IV$^e$ s., alors que s'instituait la fête de Noël.

Les **Époux Arnolfini.** Portrait de Jan Van Eyck (82,2 x 60 cm), 1434. National Gallery, Londres. *BIS/Phot. E. Tweedy © Archives Larbor*

**ÉPIRE** n. f. ➝ ÉTYM. en gr. mod. ***Ípiros*** «terre ferme» (par oppos. à la Grèce insulaire) ♦ Région des Balkans comprenant le N.-O. de la Grèce, au N. du golfe d'Arta, et une partie du S. de l'Albanie, où se trouve une minorité hellénophone. ➞ **Gjirokastër.** Région administrative de la Grèce comprenant les nomes d'Arta, de Ioannina, de Thesprotie et de Preveza. 9 302 km². 360 000 hab. ▪ Montagneuse et isolée, l'Épire grecque a été très affectée par l'émigration vers 1960 - 1970, mais elle bénéficie auj. d'un développement dû aux débuts du tourisme et à la mise en place d'une agriculture commerciale. ▮ **Histoire** Royaume des Molosses* au -IVe s., l'Épire atteignit son apogée sous le règne de Pyrrhus* au début du -IIIe s. Dévastée par Paul Émile, elle devint possession romaine en -148. Michel Ier Ange Comnène y fonda le *despotat d'Épire*, État byzantin (1205 - 1318). Conquise par les Turcs en 1430, elle se révolta souvent. ➞ **Ali Pacha de Tepelenë.** La Grèce annexa une partie de l'Épire en 1881 lors de la guerre balkanique, tandis que la partie septentrionale fut donnée à l'Albanie, indépendante depuis 1912. La question de la minorité hellénophone en Épire albanaise a provoqué des tensions entre les gouvernements grec et albanais entre 1993 et 1998.

**ÉPÎTRES** ♦ Groupe de textes du Nouveau Testament* (➞ **Bible**), traditionnellement divisé en épîtres pauliniennes (attribuées à saint Paul*) et en épîtres catholiques («universelles»). Les épîtres de Paul sont adressées à une communauté particulière ou à un destinataire les représentant : lettres aux Romains* (14 épîtres), aux Corinthiens* (2 épîtres), aux Galates*, aux Éphésiens*, aux Philippiens*, aux Colossiens*, aux Thessaloniciens* (2 épîtres), à Timothée* (2 épîtres), à Tite*, à Philémon*, aux Hébreux*. Adressées à des collaborateurs de Paul, «pasteurs» comme lui, les épîtres à Timothée et à Tite sont appelées «pastorales» depuis le XVIIIe s. Les 7 épîtres catholiques, qui ne s'adressent pas à une Église particulière, sont attribuées à saint Jacques*, saint Pierre* (2 épîtres), saint Jean* (3 épîtres) et saint Jude*. — Le genre de l'épître est également représenté dans les apocryphes*.

**Épîtres** ♦ Œuvre d'Horace* composée de 23 pièces (y compris l'*Épître aux Pisons* ou *L'Art* poétique*) réparties en 2 livres (de -30 à -20 et de -20 à -8). Elles ne diffèrent des *Satires** que par le ton épistolaire. Horace y prêche une morale toute pratique faite de mesure et d'harmonie.

**Épîtres** ♦ Recueil des 12 lettres en vers publiées par Boileau*, de 1669 à 1695, et qui abordent l'actualité historique (IVe, *Au roi*, sur le passage du Rhin) comme des thèmes moraux (Ve, nécessité de la *Connaissance de soi*) ou la critique littéraire (VIIe, *À Racine après l'échec de Phèdre*). Versifiées avec souplesse et très diverses de ton, elles offrent parfois de précieuses confidences personnelles (Xe, *À mes vers*) ou des réflexions esthétiques (IXe, *Au marquis de Seignelay* : «Rien n'est beau que le vrai, le vrai seul est aimable»).

**ÉPOISSES** [21460] ➝ ÉTYM. anc. *Spissia*, de l'anc. fr. *espesse* «bois touffu» ♦ Comm. de la Côte-d'Or, arr. de Montbard, en Auxois. 721 hab. *(Espicéens)*. Château (XVIe - XVIIe s.), édifié à l'emplacement d'un château féodal (portraits Renaissance, mobilier Louis XIV). ▪ Le bourg a donné son nom à un fromage à pâte molle réputé.

**ÉPÔNE** [78680] – anc. *Spedona* ♦ Comm. des Yvelines, arr. de Mantes-la-Jolie. 6 418 hab. (aggl. 9 759) *(Éponois)*. Musée de la Charronnerie.

**ÉPONINE** ♦ Héroïne gauloise (morte à Rome en 79). Femme de Julius Sabinus*.

Les **Époux Arnolfini** ou **Arnolfini et sa femme** ♦ Peinture de Jan Van* Eyck (1434). Derrière les époux, un miroir convexe reflète le couple de dos et une troisième silhouette, de face, celle sans doute du peintre lui-même, situé théoriquement à la place du spectateur. Au-dessus du miroir, on peut lire : «Johannes de Eyck fuit hic» («Jan van Eyck fut ici»).

**ÉPRÉMESNIL (Jean-Jacques DUVAL D')** ♦ Magistrat et homme politique français (Pondichéry 1746 - Paris 1794). Conseiller au parlement de Paris, il prit violemment position contre tous les projets de réforme du pouvoir royal et de l'impôt (entre autres ceux proposés par Loménie de Brienne) et se prononça pour la réunion des États généraux, où, député de la noblesse, il siégea avec l'extrême droite à l'Assemblée. Il fut condamné à mort par le Tribunal révolutionnaire et exécuté.

**EPSOM** ➝ ÉTYM. vieil angl. «village *(hām)* d'Ebbe (ou Ebbi) [n. de pers.]» ♦ V. d'Angleterre (Surrey), au S.-O. de Londres. 75 000 hab. La ville est réputée pour ses courses de chevaux dont le célèbre Derby d'Epsom qui se déroule fin mai, début juin.

**EPSTEIN** (sir **Jacob**) ♦ Sculpteur britannique (New York 1880 - Londres 1959). Il étudia à New York puis à Paris à l'École des beaux-arts (à partir de 1902) et s'établit ensuite à Londres. Son œuvre contribua à dégager la sculpture britannique du conformisme académique. Il conféra à ses sculptures un aspect schématique, rigide, parfois brutal (série de 18 statues pour l'immeuble de la British Medical Association ; tombeau d'Oscar Wilde, au Père-Lachaise, à Paris). Sensible aux recherches novatrices de l'époque, il découvrit la sculpture primitive et, à Londres, entra en contact avec les «vorticistes» (entre 1913 et 1917), puis participa à la fondation du London Group. Ses œuvres monumentales, le plus souvent religieuses, firent scandale. Le caractère tendu des visages, l'élongation, la raideur et l'aspect massif des formes révèlent ses tendances expressionnistes, tout en dénotant une forte imprégnation de la sculpture romane (*Vierge à l'Enfant*, 1952). Ses portraits (Einstein, B. Shaw, Nehru), au modelé nerveux et sensible, furent au contraire bien reçus.

**EPSTEIN (Jean)** ♦ Cinéaste français (Varsovie 1897 - Paris 1953). Théoricien d'une rare acuité d'intelligence, il a exercé par ses écrits une influence profonde sur l'évolution du cinéma français (*Bonjour Cinéma*, 1921 ; *L'Intelligence d'une machine*, 1946 ; *Le Cinéma du diable*, 1947 ; *Esprit du cinéma*, posth. 1955). Son œuvre de réalisateur, riche de poésie et d'invention féconde, porte témoignage de son exigence d'artiste : *L'Auberge rouge* (1923), *Cœur fidèle* (1923), *La Belle Nivernaise* (1924), *La Chute de la maison Usher* (1928) d'après un conte de Poe, *Finis Terrae* (1929), *L'Or des mers* (1933), *Le Tempestaire* (1947).

**EPTE** n. f. ➝ ÉTYM. rac. précelt. obsc. (à rapprocher de *Iton**) ♦ Riv. de Normandie, affl. de la Seine (101 km) rive d. Elle arrose Forges-les-Eaux, Gisors, Saint-Clair-sur-Epte et conflue avec la Seine près de Giverny.

## ÉQUATEUR

▮ n. m. – off. ***República d'Équateur***, en esp. ***República del Ecuador*** ♦ Pays d'Amérique du Sud. La ligne équatoriale traverse le N. du pays. 283 561 km² (avec les îles Galápagos). 12 156 608 hab. *(Équatoriens)*. LANGUES : espagnol, quechua. POPULATION : Indiens et métis. RELIGION : catholique. MONNAIE : dollar (a remplacé le sucre en 2001). CAPITALE : Quito. RÉGIME : présidentiel. L'Équateur est divisé en 22 provinces.

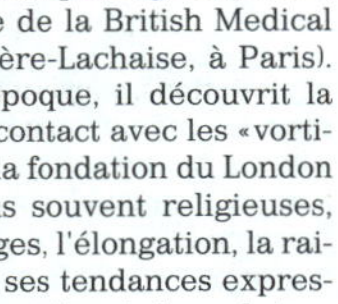

▮ **GÉOGRAPHIE** ▮ **La sierra** La région andine (sierra), formée par deux grandes cordillères parallèles de direction N.-S., regroupe 46 % de la population nationale, composée en majorité d'Indiens parlant quechua. La vie agricole s'organise dans les bassins (2 400 à 2 600 m d'altitude) offrant un climat moins rude et permettant des cultures tempérées : céréales (blé, orge, maïs), pommes de terre, fruits, légumes et élevage bovin laitier, tandis que sur les pentes, des

**Équateur.**

exploitations, souvent trop petites, ont des rendements plus faibles pour les mêmes productions. L'élevage ovin y est prépondérant. Chaque bassin est animé par une capitale de province servant de marché principal pour les petites villes voisines. Quito domine l'ensemble régional andin. ▮ **La Costa** La région côtière (Costa) regroupe 50 % de la population et est très métissée. Mise en valeur depuis à peine un siècle et dotée de climats tropicaux (du semi-aride au très humide), la côte est la région des produits tropicaux destinés à l'exportation (banane [1er exportateur], cacao, café, fruits, bois) ou au marché national (canne à sucre, riz, coton et oléagineux). Crevettes (aquaculture dans des lagunes artificielles) . Guayaquil domine la vie économique côtière. ▮ **L'Amazonie** L'Amazonie, à l'est, est restée à l'écart du développement du pays avec 4 % seulement de la population. Seul le piémont est partiellement défriché par des colons venus des Andes depuis les années 1950. Partout ailleurs, c'est la grande forêt où seules les rives des grands fleuves (Napo, Pastaza), affluents de l'Amazone (Marañón péruvien), sont habitées par des populations indigènes (Sequoias, Shuars, Achuars, Aucas). L'exploitation pétrolière a accéléré la mise en valeur du nord. Un oléoduc, construit sur 500 km à travers la forêt, la cordillère des Andes et les collines côtières, permet de gagner le Pacifique pour exporter le brut. ▮ **Les Galápagos** Les îles Galápagos*, d'origine volcanique, offrent les ressources de la pêche et surtout du tourisme (Patrimoine mondial de l'humanité, Unesco), relativement contrôlé.

▮ **L'ÉCONOMIE** Le golfe de Guayaquil possède des réserves de gaz naturel. L'exportation de pétrole (52 % du commerce extérieur) est favorisée par la mise en service de l'oléoduc transandin (Oleoducto de Crudos Pesados). L'essor de la crevette (2e rang des exportations) et de la rose confirme la diversité des ressources et la mise en valeur de nouvelles régions. Les États-Unis sont les principaux acheteurs (23 %) avec l'Union européenne. L'Équateur bénéficie d'une industrialisation orientée vers l'agroalimentaire, les textiles, l'automobile, l'électroménager et le bois mais la situation économique s'est détériorée et l'inflation extrême plonge la population dans la pauvreté. L'étroitesse du marché ne peut être compensée que par l'intégration avec les pays voisins (Pacte andin).

▮ **HISTOIRE** ▮ **Des origines à la conquête espagnole** Avant d'être incorporées au XVe s. à l'Empire inca, les terres de l'Équateur actuel étaient occupées par des peuples peu nombreux entretenant entre eux des relations aussi bien sur la côte qu'en sierra et même en Amazonie, comme en témoignent les poteries, l'orfèvrerie et les sculptures appartenant aux grandes cultures de Valdivia, Machalilla, Chorrera, Carchi. Ces peuples furent conquis par Pizarro au début du XVIe s. et soumis à la tutelle espagnole (Audiencia de Quito). ▮ **L'indépendance** L'Équateur devint une république indépendante en 1830 après la victoire du général Sucre au Pichincha en 1822. La consolidation de l'État, longue et difficile pendant tout le XIXe s., fut marquée par une alternance au pouvoir des libéraux et des conservateurs. García Moreno, président de 1861 à 1865 et de 1869 à 1875, catholique autoritaire, populiste et progressiste, s'attacha à moderniser le pays. À partir de 1933, J. M. Velasco Ibarra occupa la présidence pendant cinq périodes différentes, jusqu'en 1972, date à laquelle les militaires prirent le pouvoir. En 1942, à la suite d'un conflit avec le Pérou, l'Équateur avait dû céder à ce pays ses terres d'Amazonie (le tiers de son territoire). Le pays bénéficia de la crise pétrolière de 1973 : la hausse des prix entraîna celle des revenus de l'État et lui permit d'investir dans des équipements variés. ▮ **L'alternance politique** Depuis la fin du régime militaire (1978), on assiste à une alternance de présidents de partis différents. Sous la présidence du libéral Sixte Duran (1992 - 1996), le pays dut faire face à une reprise du conflit frontalier avec le Pérou (1995) et connut une certaine expansion économique, mais l'aggravation de la pauvreté favorisa l'élection en 1996 du populiste Abdala Bucaram, destitué en 1997 pour «incapacité physique et mentale». Le démocrate-chrétien Jamil Mahuad élu en 1998 signa un accord de paix avec le Pérou*. En janvier 2000, tandis qu'un crash bancaire venait d'appauvrir brutalement la classe moyenne, un coup d'État populaire, auquel prit part le colonel Lucio Gutiérrez, déposa Mahuad. Le vice-président, G. Noboa, le remplaça et dollarisa l'économie. Gutiérrez, élu à la présidence de la République en 2002, déçut ses partisans en poursuivant la politique de son prédécesseur et fut destitué en 2005. Le socialiste Rafael Correa Delgado, proche du président vénézuélien H. Chávez et anc. ministre de l'Économie, dirige le pays depuis 2007. La Constitution a été modifiée en 2008 pour une concentration plus forte du pouvoir économique entre les mains de l'État et pour le renforcement des droits des communautés rurales. R. Correa a obtenu en 2009, année de sa réélection, une réduction de la dette extérieure du pays auprès du Comité d'annulation de la dette des pays du tiers monde.

**ÈQUES** n. m. pl. ➝ **ÉTYM.** en lat. ***Aequi*** «pareils [aux autres au combat]», de *aequus* «égal» ♦ Peuple de l'Italie anc. établi dans le Latium*, au N. des Herniques* et des Volsques* et dont le centre principal était Préneste* (auj. Palestrina). Ils étaient alliés aux Étrusques*, aux Sabins* et aux Volsques* contre les Romains qui finirent par les soumettre v. –305.

**ÉQUEURDREVILLE-HAINNEVILLE** [50120] ➝ **ÉTYM.** anc. *Sceldrevilla* «le domaine (lat. *villa*) de Skelder (n. de pers. scand.)» et *Haineville* «le domaine d'Hagino (n. de pers. germ.)» ♦ Ch.-l. de cant. de la Manche, banl. de Cherbourg. 18 173 hab. *(Équeurdrevillais-Hainnevillais)*.

**ÉQUIHEN-PLAGE** [62224] ♦ Comm. du Pas-de-Calais, arr. de Boulogne-sur-Mer. 2 934 hab. *(Équihennois)*. Station balnéaire.

L'**Équipe** ♦ Quotidien sportif français fondé en 1946 par J. Goddet*. Organisateur du Tour de France cycliste, le journal doit sa renommée à la qualité de ses photographies et à un style qui mêle souffle épique et vocabulaire spécialisé. Appartenant au même groupe que *Le Parisien*, *L'Équipe*, passée à la couleur en 1988, édite aussi un supplément hebdomadaire et tire en moyenne à 400 000 exemplaires.

## Equipo Crónica

♦ Nom collectif adopté de 1965 à 1981 par les peintres du pop art espagnols Rafael Solbés, Juan Antonio Toledo (qui se retira en 1966) et Manolo Valdés* pour leur travail commun de «chronique» des événements politiques. Liant arts majeurs et arts mineurs, ils critiquèrent les images de la société de consommation et la dictature franquiste, selon les principes didactiques du réalisme social. Après leur rencontre à Paris en 1965 de Recalcati et Aillaud*, leurs tableaux, réalisés par séries (*Récupération*, 1967 - 1968 ; *Guernica*), sont inspirés du style de la figuration narrative, teinté d'humour. Puis ils opérèrent un retour au classicisme dans les années 1978 - 1979, avec des paysages urbains. Après la mort de Rafael Solbés en 1981, Manolo Valdés continua seul sa carrière.

**ÉRAGNY** [95610] ➝ **ÉTYM.** anc. *de Heriniaco*, du lat. *Herrenius* (de *herus* «maître de la maison»), n. de pers., et suff. *-acum* ♦ Comm. du Val-d'Oise, arr. de Pontoise. 15 568 hab. Élément de la ville nouvelle de Cergy*-Pontoise. Aéronautique. Biométrie.

**ERĀQĪ** ♦ Poète mystique persan (Hamadān 1213 - ? 1289). Il étudia en Asie Mineure sous la direction de Sadr al-Dīn de Konya qui fut disciple du célèbre mystique arabe Ibn* ʿArabī. Il est surtout célèbre par son poème intitulé *Ushāq-nāmé* («Livre des êtres épris de la divinité») où il décrit les extases et les degrés de l'amour mystique.

**ÉRARD (Sébastien)** ♦ Facteur de pianos français (Strasbourg 1749 - Paris 1826). Fondateur, avec son frère JEAN-BAPTISTE ÉRARD (Strasbourg 1749 - Passy 1826), de l'établissement qui porte leur nom, il peut être considéré, par les perfectionnements qu'il apporta à la harpe (à double mouvement, 1814) et au piano (à double échappement, 1821), comme le créateur, sous leur forme moderne, de ces deux instruments. Son neveu PIERRE ÉRARD (Paris 1796 - *id.* 1855) a poursuivi son œuvre. ◆ ÉTYM. Le nom de famille germanique *Erhard* vient de *Ehre* «honneur» et *hart* «dur, fort».

**ÉRASISTRATE** – en gr. ***Erasistratos*** ♦ Médecin et anatomiste grec (mort à Julis, île de Céos, Asie Mineure v. –IIIe s.). Il pratiqua la dissection, distingua les nerfs moteurs et sensitifs et donna une description détaillée du système nerveux. Il fit des observations très poussées concernant la circulation sanguine.

**ÉRASME** ou **ELME** (saint) ♦ Martyr à Formie (Campanie) sous Dioclétien (?). La légende veut qu'on lui ait arraché les intestins en les enroulant sur un treuil. Il était invoqué pour guérir les maux d'entrailles et aider aux accouchements. Il était également invoqué par les marins dans la tempête (d'où l'expression *feux Saint-Elme*). Patron de Gaète. ▪ Fête le 2 juin. ◆ ÉTYM. Le nom grec *erasmios* signifie «affable, charmant».

**ÉRASME (Didier)** – en lat. ***Desiderius Erasmus*** ♦ Humaniste hollandais (Rotterdam v. 1469 - Bâle 1536). Fils naturel, il entra au couvent des augustins de Steyn (près de Gouda) où il prononça ses vœux (dont il sera dispensé par Jules II) et fut ordonné prêtre. Il poursuivit ses études au collège Montaigu à Paris. Devenu précepteur, il se rendit en Angleterre où il rencontra John Colet* dont il suivit les cours de théologie et se lia d'amitié avec Thomas More*. L'histoire de sa vie n'est ensuite que celle de ses voyages et de ses œuvres. Entre 1500 et 1506, il écrivit les *Adages* et le *Manuel du chevalier chrétien*. Lors de son séjour en Italie (1506 - 1509), il fréquenta Manuce* et apprit le grec, qu'il enseigna ensuite à Cambridge. C'est à cette époque qu'il composa l'*Éloge* de la folie* (dédié à Thomas More). Aux Pays-Bas, où il fut un temps conseiller du futur Charles* Quint, il écrivit pour lui l'*Institution du prince chrétien* et publia également son *Novum Testamentum* et la première édition des *Colloques*. En 1521, il s'établit à Bâle où, dans la période de conflits religieux entre catholiques et protestants, il écrivit son *Essai sur le libre arbitre*, où il prit position contre la doctrine de la prédestination (et auquel Luther* répondra par son traité *De servo arbitrio*), et son *De sarcienda Ecclesiae concordia*. Cet humaniste dont la pensée est faite de mesure, de prudence et de tolérance chercha à concilier l'étude des Anciens et les enseignements de l'Évangile.

**ÉRATO** ◆ ÉTYM. du gr. *eratos* «aimable, charmant» ♦ Une des neuf Muses*. Elle préside à la poésie érotique et aux noces.

**ÉRATOSTHÈNE** – en gr. ***Eratosthenês*** ♦ Astronome, mathématicien et géographe grec (Cyrène v. –276 - Alexandrie v. –194). Auteur de travaux en littérature, en philosophie, en grammaire et en chronologie, directeur de la bibliothèque d'Alexandrie, il est surtout connu par son «crible», méthode pour trouver les nombres premiers, et par l'invention d'un instrument de calcul, le «mésolabe», permettant de résoudre le problème de la moyenne proportionnelle. Il réalisa la première mesure (relativement) exacte de la circonférence de la Terre en déterminant sur le terrain l'amplitude de l'arc de méridien compris entre Syène et Alexandrie ; pour cela, il mesura l'angle entre les rayons du Soleil et la verticale le jour du solstice d'été à Alexandrie et à Syène (méthode dont le principe est toujours utilisé).

**ERBAKAN (Necmettin)** ♦ Homme politique turc (Sinop 1926). Leader du Parti du salut national (MSP, islamiste), il fut vice-Premier ministre de gouvernements de coalition en 1974 et 1997. Interdit d'activité politique en 1981, il prit la tête en 1987 du Parti de la prospérité (RP, islamiste, dissous en 1997 pour activités antilaïques) et devint Premier ministre en 1996. Il dut démissionner en 1997. En 2002, il participa à la création d'un nouveau parti religieux, le Saadet (parti du Bonheur — ou de la Félicité).

**ERBEN (Karel Jaromír)** ♦ Poète et ethnographe tchèque (Miletín 1811 - Prague 1870). Il établit sa renommée d'ethnographe en recueillant de nombreux contes et chants du folklore slave : *Chansons populaires tchèques* (1842 - 1864), *Contes et Légendes populaires slaves* (1865). Son unique recueil poétique, *Le Bouquet de légendes nationales* (publié en 1853), par sa sûreté prosodique et son sentimentalisme exempt de mièvrerie, constitue l'un des legs importants du romantisme tchèque.

**ERBIL** – en ar. ***Arbil***, anc. ***Arbèles*** ♦ V. d'Irak située à l'O. du Grand Zab, dans le Kurdistan méridional ; ch.-l. de prov. 1 100 000 hab. Centre agricole d'une région riche en céréales (blé, orge, millet), coton et tabac. Élevage de moutons. Manufacture de tabac. Une ligne de chemin de fer relie la ville à Bagdad.

**ERCILLA Y ZÚÑIGA (Alonso DE)** ♦ Poète espagnol (Madrid 1533 - *id.* 1594). Il fut élevé à la cour de Charles V où il servit comme page du futur Philippe II auquel il s'adresse dans son poème épique *La Araucana**, publié entre 1569 et 1589.

**ERCKMANN-CHATRIAN** ◆ ÉTYM. *Erckmann* : du germ. *Ercanman*, de *ercan* «franc, sincère» et *man* «homme» ; *Chatrian*, n. lorrain «personne qui châtre les animaux» ♦ Nom de plume adopté par ÉMILE ERCKMANN (Phalsbourg 1822 - Lunéville 1899) et ALEXANDRE CHATRIAN (Grand-Soldat, près d'Abreschviller 1826 - Villemomble 1890), écrivains français. Associés depuis 1847, ils poursuivirent leur collaboration jusqu'en 1889, connaissant leur premier succès avec *L'Illustre Docteur Mathéus* (1859) auquel succédèrent d'autres ouvrages groupés sous le titre *Contes et Romans populaires : Contes des bords du Rhin* (1862), *L'Ami Fritz* (1864, adapté à la scène, 1877), *Histoire d'un homme du peuple* (1865) allient la peinture réaliste des mœurs alsaciennes au charme des vieilles légendes. Les deux écrivains rassemblèrent sous l'appellation de *Romans nationaux* des œuvres animées par un vif sentiment patriotique (ce qui explique leur popularité, après l'annexion de l'Alsace par l'Allemagne, en 1871), mais antimilitaristes et hostiles à la légende impériale : *Le Fou Yégof* (1862), *Madame Thérèse* (1863), *Histoire d'un conscrit de 1813* (1864) suivi de *Waterloo* (1865) et *Histoire d'un paysan* (1868 - 1870). Ces récits, qui évoquent la période des campagnes de la République et de l'Empire, manifestent chez Erckmann-Chatrian un solide talent de conteur. Leurs œuvres théâtrales furent également bien accueillies, notamment *Le Juif polonais* (drame, 1869) et *Les Rantzau* (comédie, 1882).

**ERDOGAN (Recep Tayyip)** ♦ Homme d'État turc (İstanbul 1954). Affilié au parti religieux de la Prospérité, il devint maire d'İstanbul (1994 - 1998) mais fut emprisonné en 1998 pour ses positions trop radicales. Jusque-là proche de N. Erbakan*, il prêcha désormais pour un islamisme plus modéré et fonda en 2001 le Parti Justice et Développement (AKP). Les législatives de 2002 lui ont donné une majorité absolue et l'ont porté au poste de Premier ministre (2003). Malgré son conservatisme, il a mis en place une politique d'ouverture (négociations avec l'UE pour l'adhésion de la Turquie). Sa politique d'islamisation de la société turque est très critiquée par la frange laïque de la population.

**ERDRE** n. f. ◆ ÉTYM. p.-ê. rac. hydronym. *er-*, var. de *ar-* «cours d'eau» ♦ Riv. d'Anjou et de Bretagne (105 km), qui arrose Candé et conflue avec la Loire à Nantes (rive d.).

**ÉRÈBE** ◆ ÉTYM. en gr. ***Erebos***, de l'hébr. *'èrèbh* «soir» ♦ Personnification des ténèbres infernales, fils de Chaos et frère de la Nuit.

**EREBUS** (mont) ◆ ÉTYM. V. ci-dessous ♦ Volcan de l'Antarctique (3 794 m), dans l'île de Ross. Il fut découvert en même temps que le mont Terror en 1841 par l'explorateur J. C. Ross*, qui lui donna le nom de l'un de ses navires. Escaladé en 1908 lors de l'expédition Shackleton, le volcan est depuis cette date en activité continue (lac de lave phonolitique à grands cristaux de feldspath anorthose).

**ÉRECHTHÉE** ◆ ÉTYM. en gr. ***Erekhtheus***, p.-ê. de *eri* augmentatif et *chthônios* «très souterrain» ♦ Une légende tardivement détachée de celle d'Érichthonios* fait d'Érechthée un roi d'Athènes, fils de Pandion*. Combattant les Éleusiniens, il tue leur allié Eumolpe, fils de Poséidon ; sur la prière de celui-ci, il est foudroyé par Zeus. Par sa fille Créüse*, il est l'ancêtre des Achéens et des Ioniens.

**Érechthéion** n. m. ♦ Temple sur l'Acropole* d'Athènes, consacré aux cultes traditionnels d'Athéna* Polias, de Poséidon* associé à Érechthée, d'Héphaïstos, de Cécrops et d'autres héros athéniens. L'assemblage de lieux de cultes antérieurs (sanctuaires, traces du trident de Poséidon et de la «mer érechthéide», crypte, tombeau, etc.) explique les différents niveaux et la diversité de l'édifice. Le porche de la façade N., considéré comme le plus bel exemple d'ordre ionique sur l'Acropole, et le fameux porche des Corés (caryatides) sur la façade S. font de ce temple un chef-d'œuvre du style ionique. Construit entre –421 et –405, réparé en –395 après un incendie, il fut transformé en église au VIIe s., puis en harem du commandant turc de l'Acropole (1463). Amputé par lord Elgin* et endommagé lors du siège turc de l'Acropole (1827), le temple fut restauré de 1902 à 1909.

**Érechthéion.** Les caryatides. *Phot. © Arch. Nathan*

**EREĞLİ** – anc. ***Héraclée du Pont*** ♦ V. de Turquie, prov. de Zonguldak*. 94 542 hab. V. industr. (aciérie) et port d'exportation de charbon. ▮ **Histoire** → **Héraclée du Pont.**

**ÉRÉTRIE** – en gr. ***Eretria*** ♦ Anc. ville de Grèce (île d'Eubée*). Voisine et adversaire de Chalcis*, elle était fameuse par sa poterie. Elle participa à la colonisation de la Grande* Grèce. Détruite par les Perses en –490, elle fut relevée avec l'aide des Athéniens. ▪ Ruines (théâtre, temple d'Apollon, rempart pélasgique) au village Nea Psara.

**EREVAN** ou **ERIVAN** ➝ **ÉTYM.** p.-ê. de *Rewan*, n. du fondateur de la ville ♦ Cap. de la république d'Arménie, sur le Razdan, à une alt. d'env. 1 000 m, au pied du massif volcanique de l'Alaguez. 1 103 800 hab. (30 000 en 1910). Cathédrale d'Avan (VIe - VIIe s.), édifice à coupole cruciforme. Musée historique renfermant des témoignages de la civilisation ourartéenne. Musée des Beaux-Arts. Matenadaran, riche bibliothèque abritant, outre le fonds de la bibliothèque d'Etchmiadzine, plus de 11 000 manuscrits ; siège de l'Institut des manuscrits anciens Mesrop Machtots. ▪ Centre admin., indus. et commercial d'une riche région agricole (viticulture, vergers). L'industrie (électrométallurgie, construc. mécaniques, indus. chimique, textile et alimentaire), développée grâce à l'aménagement hydroélectrique du Razdan, connaît, depuis 1991, un certain ralentissement (fermeture de la centrale nucléaire). ▮ **Histoire** Mentionnée à partir du VIe s., la ville devint au XVe s. le centre admin. de l'Arménie orientale puis, au XVIe s., la résidence des rois de Perse. Prise par les Turcs en 1582, reconquise par les Perses en 1604, elle fut cédée à la Russie en 1828 avec l'Arménie orientale. Capitale de la République arménienne indépendante en 1918, elle devint capitale de l'Arménie soviétique de 1920 à 1991.

**ERFURT** ➝ **ÉTYM.** haut all. *Erpesfurt*, de *erpf* «rouge brun» et *furt* «gué» ♦ V. d'Allemagne, capitale du Land de Thuringe, sur la Gera. 199 114 hab. Cathédrale gothique (XIVe - XVIe s.), anc. couvent des augustins (où vécut Luther). ▪ Important carrefour ferroviaire, centre admin., indus. et commercial. Indus. métallurgiques. Constructions mécaniques. Microélectronique. ♦ ***Entrevue d'Erfurt*** Du 27 sept. au 14 oct. 1808, Napoléon Ier rencontra le tsar Alexandre Ier et les souverains d'Allemagne vassaux de l'Empereur, afin de renforcer l'alliance de Tilsit*. Napoléon obtint de la Russie qu'elle soutiendrait la France si l'Autriche lui déclarait la guerre. La Russie obtenait l'annexion de la Finlande, des provinces roumaines de Moldavie et de Valachie. Au cours de cette rencontre, Talleyrand*, tout en secondant Napoléon, conseilla le tsar.

**ERGUÉ-GABÉRIC** [29500] ♦ Comm. du Finistère, banl. E. de Quimper. 6 925 hab. Église du déb. du XVIe s. (vitrail de la Passion, 1571).

**ERGUN HE** → **Argoun**

**ERHARD (Ludwig)** ♦ Homme politique allemand (Fürth 1897 - Bonn 1977). Professeur d'économie politique, député chrétien-démocrate, il fut choisi comme ministre de l'Économie par Adenauer* en 1951. Champion du libéralisme économique (libre concurrence et libre-échange), il est considéré comme le principal artisan du «miracle allemand». Il succéda à Adenauer à la chancellerie en oct. 1963 et poursuivit la politique d'intégration européenne. Les rivalités au sein de son parti et les difficultés budgétaires déclenchèrent une crise ministérielle : il dut démissionner le 30 nov. 1966 et fut remplacé par K. Kiesinger*. ➝ **ÉTYM.** Ce nom germanique vient de *ēra* «honneur» et *hard* «brave».

**ÉRIC** ou **ERIK** ♦ Nom de plusieurs rois de Danemark. ♦ **ÉRIC Ier Ejegod** «le toujours Bon» (v. 1056 - île de Chypre 1103). Roi de Danemark (1095 - 1103). Il mena des campagnes contre les Wendes et mourut au cours d'un pèlerinage à Jérusalem. ♦ **ÉRIC II EMUNE le Mémorable** (mort à Ribe 1137). Roi de Danemark (1131 - 1137). Fils du précédent, il lutta contre les pirates de l'île de Rügen et prit Arkona. Il mourut assassiné. ♦ **ÉRIC III Lam** «l'Agneau» (mort à Odensee 1147). Neveu du précédent. Roi de Danemark (1137 - 1147). Il devint moine, sans avoir exercé de pouvoir réel. ♦ **ÉRIC IV Plovpenning** (1216 - 1250). Fils et successeur de Valdemar II. Il soutint une guerre contre son frère Abel et une autre en Estonie. Il mourut assassiné sur l'ordre de son frère. ♦ **ÉRIC V Glipping** «le Louche» (v. 1249 - 1286). Roi de Danemark (1259 - 1286). Il succéda à son père Christophe* Ier. La charte qu'il dut accorder sous la pression de la noblesse resta longtemps dans la Constitution du Danemark. Il mourut assassiné. ♦ **ÉRIC VI Menved** (1274 - 1319). Roi de Danemark (1286 - 1319). Fils et successeur du précédent, il lutta contre les Grands et le clergé. Il s'empara de Lübeck, de Rostock et de Wismar, mais ne put conserver ses conquêtes. ♦ **ÉRIC VII** → Éric XIII, roi de Suède. ➝ **ÉTYM.** *Éric* vient peut-être du grec qui signifie «lutte, bataille» ou du germanique *ehre* «honneur» et *rik* «puissant».

**ÉRIC** ou **ERIK** ♦ Nom de plusieurs rois de Suède*. ♦ **ÉRIC IX Jedvardsson, le Saint** (mort à Uppsala 1160). Roi de Suède (1150 - 1160). Il christianisa le N. de la Suède et tenta d'imposer le christianisme aux Finnois. ♦ **ÉRIC X Knutsson** (mort à Visingsö 1216). Roi de Suède (1210 - 1216). Petit-fils du précédent, il fut le premier souverain couronné de Suède reconnu par le pape (Innocent III). ♦ **ÉRIC XI Eriksson, le Bègue** (v. 1216 - 1250). Roi de Suède (1222 - 1250). Fils du précédent, il lutta contre les Folkungar, famille à qui passa la couronne de Suède après sa mort. ♦ **ÉRIC XII Magnusson** (1339 - 1359). Roi de Suède (1356 - 1359). Il lutta contre son père Magnus* VII Eriksson et son frère Haakon* VI. ♦ **ÉRIC XIII DE POMÉRANIE** (v. 1382 - Rügenwalde 1459). Roi de Norvège (1389 - 1442), de Danemark et de Suède (1396 - 1439). Il fut couronné roi des trois pays à la diète de Kalmar* (1397). Il mena en vain la guerre contre les villes hanséatiques et contre le Holstein et fut déposé par ses sujets, après un règne où il multiplia les erreurs et les cruautés. En 1434 - 1435, il avait dû faire face à la révolte d'Engelbrekt*. ♦ **ÉRIC XIV** (Stockholm 1533 - Örbyhus 1577). Roi de Suède (1560 - 1568). Fils de Gustave* Ier Vasa, il dut lutter contre une coalition du Danemark, de la Pologne et de Lübeck (1563 - 1570). Rendu très impopulaire par son mariage avec une paysanne, son favori et ses assassinats, il fut déposé en faveur de son frère Jean* III (1568) et fut tué en prison. Sa personnalité, sa grande culture et son destin tragique inspirèrent un drame à Strindberg* (1899).

**ERICE** ♦ V. d'Italie, en Sicile (prov. de Trapani). 29 338 hab. Remparts. Château (XIIe - XIIIe s.). Église (XIVe - XVe s.). ▪ Viticulture. Port. Indus. agroalimentaires (pêche). Tourisme. ▮ **Histoire** L'antique *Eryx*, dont l'origine se perd dans la mythologie, dominait tout l'O. de l'île. Longtemps liée à Carthage, elle passa sous l'influence grecque (Xe s.). Après la première guerre punique (de –247 à –241), elle devint possession romaine.

**ÉRICHTHONIOS** ♦ Un des premiers rois légendaires d'Athènes*, fils d'Héphaïstos* et de la Terre. Selon le mythe, le sperme du dieu se répand sur la cuisse d'Athéna qu'il essayait de violer. Celle-ci s'essuie avec de la laine (en gr. *erion*) qu'elle jette par terre *(kthôn)*, puis elle recueille l'enfant de la Terre ainsi fécondée et l'élève dans son temple sur l'Acropole. Érichthonios succède à Cécrops et a un fils, Pandion*. Il serait l'instaurateur des Panathénées.

**ERICSSON (John)** ♦ Ingénieur américain d'origine suédoise (Långbanshyttan 1803 - New York 1889). Inventeur d'un propulseur hélicoïdal pour navires et d'une éprouvette hydrostatique permettant la mesure du volume des fluides sous pression, il construisit le cuirassé à tourelles *Monitor* pour les nordistes au cours de la guerre de Sécession et réalisa les premiers moteurs solaires. ➝ **ÉTYM.** Ce nom de famille suédois signifie «fils *(son)* d'Éric».

**ÉRIDAN** – en lat. ***Eridanus*** ♦ Constellation australe très étendue, dont Achernar* est l'étoile principale.

**ERIDU** ♦ Anc. cité de basse Mésopotamie, près d'Ur (auj. Abū Shahrain, Irak). Fouilles en 1946 - 1949. La ville fut surtout importante aux périodes pré- et protohistorique (période d'El-Obeid*) : 18 sanctuaires superposés ont été reconnus, remontant jusqu'au début du –IVe millénaire. Cette métropole fut abandonnée au début du –IIe millénaire. → **Sumer.**

**ERIE** ♦ V. des États-Unis (Pennsylvanie) sur le lac Érié. 109 000 hab. Centre commercial et indus. en déclin (métall., indus. alimentaires, papier). Port sur le lac Érié, communiquant avec le Saint-Laurent (importation de bois, minerai de fer).

**ÉRIÉ** (lac) ➝ **ÉTYM.** en angl. ***Lake Erie*** ; n. de tribu iroquoise «Nation du Lynx» (que les Français appelaient *Nation du Chat*) ♦ Grand lac des États-Unis (25 800 km²). Situé à la frontière entre Canada (Ontario) et États-Unis (Michigan, Ohio, Pennsylvanie, New York), il communique avec le lac Huron par la rivière et le lac Saint-Clair et la rivière de Detroit, et au N.-E. avec le lac Ontario par les chutes du Niagara. Il constitue une importante voie de communication, entourée de centres industriels à proximité de Detroit. C'est l'une des étendues d'eau les plus polluées d'Amérique et de sérieuses mesures d'assainissement ont été prises. ♦ ***Canal Érié*** Canal reliant Buffalo à Albany et Troy sur l'Hudson, et, par ce dernier, au port de New York (590 km).

**ÉRIGÈNE (Jean SCOT)** → **Scot Érigène**

**ERIK LE ROUGE** ♦ Explorateur norvégien (Jeeren v. 940 - v. 1010). Banni à la suite d'un meurtre, il gagna la côte N.-O. de l'Islande, puis le Groenland («pays vert») en 982 et il tenta d'y attirer les colons. ▪ Père de Leif* Eriksson.

**ERIKSON (Erik)** ♦ Psychanalyste américain d'origine allemande (Francfort-sur-le-Main 1902 - Harwich, Massachusetts 1994). Un des représentants de la tendance culturaliste en psychanalyse (*Enfance et société*, 1950 ; *Adolescence et crise : la quête de l'identité*, 1968).

**ÉRIN** ♦ Nom poétique de l'Irlande : «*la verte Érin*».

**ÉRINYES** n. f. pl. – en gr. ***Erinues*** ♦ Divinités infernales grecques, assimilées aux Furies par les Romains. Filles de Gaïa* fécondée par le sang d'Ouranos* que Cronos venait de mutiler, Alecto, Tisiphone et Mégère châtient les crimes, plus particulièrement la démesure, l'homicide et les crimes contre la famille ou contre l'ordre social.

→ Oreste, Euménides (tragédie d'Eschyle). Avec leur corps ailé, leur chevelure de serpents, munies de torches et de fouets, elles tourmentent leurs victimes et les frappent de folie. Dans la tradition tardive, elles jouent le même rôle aux Enfers, où elles torturent les âmes des injustes.

**ERLANGEN** ♦ V. du S.-O. de l'Allemagne (Bavière) en Franconie, sur la Regnitz, au N. de Nuremberg. 104 214 hab. Univ. protestante. Nombreux monuments baroques (hôtel de ville, château des margraves). Indus. diverses, mais principalement la construc. électrique (usines Siemens) en étroite liaison avec l'université. ▮ **Histoire** Mentionnée pour la première fois à la fin du VII<sup>e</sup> s., Erlangen appartint d'abord aux évêques de Würzburg, puis à ceux de Bamberg avant de passer à la Bohême (1361). Ville libre en 1398, elle devint ensuite terre des Hohenzollern. Elle connut au XVII<sup>e</sup> s. une grande prospérité commerciale grâce à l'effort de protestants français émigrés après la révocation de l'édit de Nantes. Dans le sillage de la principauté d'Ansbach, la ville devint prussienne mais fut rattachée à la Bavière en 1810.

**ERLANGER (Joseph)** ♦ Physiologiste américain (San Francisco 1874 - Saint Louis 1965). Auteur de recherches sur la différenciation fonctionnelle des fibres nerveuses. [Prix Nobel de physiol. ou méd. 1944, avec H Gasser] → ÉTYM. Ce nom de famille signifie «originaire de la ville d'Erlangen».

**ERMENONVILLE** [60950] → ÉTYM. anc. *Herminoltvillare* «domaine (bas lat. *villare*) d'Erminold (n. de pers. germ.)» ♦ Comm. de l'Oise, arr. de Senlis. 830 hab. *(Ermenonvillois)*. Château du XVIII<sup>e</sup> s. Parc orné de «fabriques». La ville doit sa célébrité à J.-J. Rousseau qui y passa les dernières semaines de sa vie (1778). Son hôte et fervent disciple, René de Girardin, le fit inhumer dans la petite île des Peupliers au milieu du parc. Les admirateurs du philosophe en firent un lieu de pèlerinage, même après le transfert de son corps au Panthéon (1794). → **Chaalis.** ▪ Au N. de la localité, le *désert d'Ermenonville* (dunes sableuses, plantées de pins et recouvertes de bruyères) accueille un parc d'attractions et jouxte la forêt domaniale d'Ermenonville (env. 3 300 ha) contiguë à celles d'Halatte et de Chantilly.

**Ermitage (l')** n. m. ♦ Palais construit par ordre de Catherine II à Saint-Pétersbourg. Auj. musée qui renferme l'une des plus vastes et riches galeries de peintures du monde (1 050 salles), notamment en ce qui concerne l'École française (Poussin, Greuze, Chardin).

**ERMONT** [95120] → ÉTYM. anc. *Ermedonis viculus*, du germ. *Ermido*, n. de pers. ♦ Ch.-l. de cant. du Val-d'Oise, arr. de Pontoise. 27 494 hab. *(Ermontois)*.

**ERNAUX (Annie)** ♦ Écrivaine française (Lillebonne 1940). Refusant la fiction romanesque, elle a écrit sur sa propre existence, se servant de ses éléments autobiographiques pour décrire la violence sociale (elle vient d'un milieu de petits commerçants de Normandie) ou la violence faite aux femmes (*La Femme gelée*, 1981), dans un style aussi dépouillé qu'acéré. Elle a écrit sur son père (*La Place*, 1983, prix Renaudot), sur sa mère (*Une Femme*, 1987 ; *Je ne suis pas sortie de ma nuit*, 1997), la passion amoureuse (*Passion simple*, 1991), l'avortement (*L'événement*, 2000). *Les Années* (2008) retracent «toutes les années vécues depuis la Seconde Guerre mondiale» en tentant la «fusion entre le personnel, l'intime et le mouvement de la société».

**ERNE** ♦ Riv. d'Irlande (115 km), au drainage irrégulier, formée pour l'essentiel de lacs créés par des accumulations morainiques. Elle gagne l'Atlantique dans la baie de Donegal.

**ERNÉE** [53500] ♦ Ch.-l. de cant. de la Mayenne, arr. de Mayenne. 5 703 hab. *(Ernéens)*. Chapelle de Charné, seul vestige de l'anc. bourg de Charné. Maroquinerie.

**ERNEST-AUGUSTE I<sup>er</sup>** ♦ Roi de Hanovre (Londres 1771 - Herrenhausen 1851). Fils du roi d'Angleterre George III et duc de Cumberland, il combattit les troupes françaises révolutionnaires et impériales. Devenu roi de Hanovre à la mort de Guillaume IV (1837), il pratiqua une politique hostile aux libéraux (viol de la Constitution de 1840, renvoi de Struve en 1850).

**ERNEST-AUGUSTE DE BRUNSWICK-LUNEBOURG** ♦ (Herzberg 1629 - Herrenhausen 1698). Premier électeur de Hanovre* en 1692.

**ERNESTINE** (ligne) ♦ Branche aînée de la maison de Saxe, fondée en 1485 lors du partage des États de l'électeur Frédéric II de Saxe par son fils aîné Ernest, parallèlement à la ligne Albertine* fondée par son fils cadet Albert. Elle perdit la dignité électorale en 1547, car elle avait pris la direction de l'opposition protestante à l'empereur.

**ERNOUT (Alfred)** ♦ Latiniste français (Lille 1879 - Paris 1973). Professeur à la Sorbonne puis au Collège de France, il a laissé des traductions d'auteurs latins (Lucrèce, Plaute, Salluste, l'*Histoire naturelle* de Pline) et de nombreux ouvrages sur la langue latine : *Morphologie historique du latin* (1913), *Dictionnaire étymologique de la langue latine*, avec A. Meillet (1932), *Syntaxe latine*, avec F. Thomas (1951).

**ERNST (Paul)** ♦ Écrivain allemand (Elbingerode, Harz 1866 - Sankt-Georgen, Styrie 1933). D'abord partisan du naturalisme et du socialisme (il correspondit avec Engels), il s'orienta progressivement vers un art plus conformiste, néoclassique, conformisme qui se chargea chez lui d'intentions patriotiques. Il a laissé de nombreuses pièces de théâtre, des épopées, des romans. → ÉTYM. Ce nom vient du vieux haut allemand *ernust* «sérieux, zélé».

**ERNST (Max)** ♦ Peintre, dessinateur, sculpteur et écrivain français d'origine allemande (Brühl, Rhénanie 1891 - Paris 1976). Il fit des études de philosophie, de psychologie et d'histoire de l'art, s'intéressant particulièrement à la littérature occulte, aux romantiques allemands, à Nietzsche, ainsi qu'aux premiers écrits de Freud. Dès 1910, il s'adonna à la peinture et se lia avec A. Macke*. Après de premières peintures expressionnistes, il eut la révélation des œuvres de G. De* Chirico, et, en 1919, devint avec Baargeld le fondateur du mouvement Dada à Cologne, bientôt rejoint par Arp. Avec un esprit irrévérencieux et provocant, il créa alors ses collages (*Fiat Modes*, 1919 ; *C'est le chapeau qui fait l'homme*, 1920), suivis par les romans-collages de 1929 (*La Femme 100 têtes*) et de 1934 (*Une semaine de bonté*). Ces œuvres visaient à saper les principes de la figuration rationnelle et s'attaquaient aux mythes de la création *ex nihilo* et de la prééminence du métier ; elles étaient réalisées à partir d'illustrations, gravures, vieux catalogues, fragments d'images banales et descriptives juxtaposées irrationnellement. Ernst opérait ainsi un déplacement qui les chargeait d'une pluralité de sens, par le jeu des références et des analogies, et grâce aussi à un intitulé souvent humoristique. Il créa, selon un principe analogue, des assemblages d'objets et peignit à partir de 1922 quelques tableaux énigmatiques, sortes de collages en trompe-l'œil (*L'Éléphant Célèbes* ; *Œdipus Rex*). Plus qu'aucun autre dadaïste, il chercha à faire intervenir les «puissances du rêve». Installé ensuite à Paris, il participa aux activités surréalistes et multiplia les recherches sur les procédés ou techniques susceptibles de favoriser l'émergence d'images inconscientes («images enfouies»), misant sur le hasard et interrogeant la matière pour provoquer «l'intensification subite» des «facultés visionnaires». Ainsi, en 1925, il découvrit le frottage (papier posé sur les rainures d'un parquet, puis sur des textures diverses), les images mises au jour étant concrétisées par quelques adjonctions personnelles (*Histoire naturelle*, 1926). Il utilisa aussi d'autres procédés semi-automatiques : empreintes, grattage, décalcomanie, «dripping» (écoulement par oscillation). Émigré à New York en 1941, il travailla ensuite en Arizona, puis revint en France en 1954. Il a réalisé une œuvre à la fois visionnaire et pleine d'humour, d'une rare diversité stylistique et technique, qui va d'un réalisme appliqué et volontai-

Max **Ernst.** *La Femme chancelante* (1923). Kunstsammlung Nordrhein-Westfalen, Düsseldorf. *BIS/Phot. Archives Larbor © Adagp, Paris 2009*

rement neutre à des recherches plastiques raffinées de mise en page, de lignes stylisées et de couleurs, particulièrement dans ses paysages «cosmiques», où apparaît l'obsession du cercle, et qui confinent parfois à l'abstraction. Hanté par le thème des oiseaux (*Loplop, supérieur des oiseaux*), des *Hordes*, des *Forêts* sombres et luxuriantes, il semble par son inspiration s'enraciner profondément dans la tradition germanique. Mêlant le végétal, le minéral et l'organique, il a créé des êtres chimériques (*L'Ange du foyer*) et fait subir aux objets et aux éléments d'étranges métamorphoses (*Le Jardin gobe-avions*, 1935 ; *Les Villes*). Il est aussi l'auteur d'une importante œuvre sculptée (*Le Capricorne*, 1948) et de lithographies. Par une œuvre qu'il a lui-même située «au-delà de la peinture», il a réussi à élargir le champ jusqu'alors assigné à l'expression plastique. Il s'est affirmé par son sens combinatoire et sa richesse imaginative comme l'un des artistes majeurs du XX^e^ s.

**ERNST (Richard R.)** ♦ Chimiste suisse (Winterthur 1933). Ses recherches portent sur la résonance magnétique nucléaire (RMN). Il est à l'origine du développement des nouvelles techniques, dites impulsionnelles, et de travaux théoriques qui permirent l'application de la méthode à l'étude tridimensionnelle de la structure des molécules. [Prix Nobel de chim. 1991]

**ERODE** ♦ V. de l'Inde (Tamil Nadu), sur la Kaveri (Cauvery). 391 169 hab. Industrie textile.

**ÉROS** → ÉTYM. gr. «désir des sens, amour» ♦ Élément fondamental du cosmos dans les mythes cosmogoniques grecs. Engendré du chaos primitif, il représente la force attractive qui assure la cohésion de l'univers et la reproduction des espèces. ▪ Il passa plus tard pour la divinité de l'Amour, fils d'Aphrodite* et d'Arès, et frère d'Antéros (l'amour réciproque), et fut généralement représenté comme un enfant ailé qui blesse les cœurs de ses flèches. La littérature et l'art ont repris souvent ses intrigues et son idylle avec Psyché*.

**Éros.** *L'Éros de Thespies*, copie romaine d'une statue de Praxitèle, -350. Musée du Louvre, Paris. *Phot. © Arch. Smeets*

**ÉROSTRATE** – en gr. ***Hêrostratos*** ♦ Éphésien qui, pour immortaliser son nom, incendia le fameux temple d'Artémis, à Éphèse* (-356). Il fut condamné au feu et toute mention de son nom fut interdite sous peine de mort.

**Érotocritos** ♦ Poème grec de Vincenzos Cornaros, Crétois ou Vénitien (mort en Crète 1677). Ce poème épique et lyrique en langue vulgaire raconte l'amour du chevalier Érotocritos pour la fille de son souverain qu'il n'épouse qu'après de multiples épreuves et exploits guerriers. On a cherché la source du poème dans le roman chevaleresque occidental, notamment dans le roman français de *Paris et Vienne*, fondu dans la forme traditionnelle du roman byzantin. Quoi qu'il en soit, l'*Érotocritos*, monument de la langue vulgaire, vit encore dans la mémoire du peuple grec.

**ERPE-MERE** ♦ Comm. de Belgique (Région flamande), prov. de Flandre-Orientale, arr. d'Aalst. 19 056 hab. Église gothique Saint-Bavon (Vierge en chêne du XIII^e^ s.). Aux environs, église Saint-Pierre-aux-Liens (XV^e^ s.) à Erondegem. ▪ Indus. textile. Matériel informatique.

**ERQUINGHEM-LYS** [59193] → ÉTYM. «la maison des gens de Erkan», du germ. *Erkan*, n. de pers., particule patronymique *inga* et *heim* «habitation, village» ♦ Comm. du Nord, banl. d'Armentières, sur la Lys. 4 495 hab.

**ERQUY** [22430] → ÉTYM. anc. *Erque*, p.-ê. du bret. *ar c'herregi* «les rochers» ♦ Comm. des Côtes-d'Armor, arr. de Saint-Brieuc, sur la rive E. de la baie de Saint-Brieuc, au S. du cap d'Erquy. 3 760 hab. *(Rhoeginéens)*. Petit port de pêche, station balnéaire.

**ER-RACHIDIA** – anc. ***Ksar es-Souk*** ♦ V. du Maroc présaharien, ch.-l. de prov., située au pied et à l'E. du Haut Atlas. 76 759 hab. Palmeraies. Tourisme.

**ERRÓ (Gudmundur Gudmundsson FERRÓ, dit)** ♦ Peintre islandais (Olafsvík 1932). Ayant choisi dès le début le style de la figuration narrative pour ses grandes toiles débordant d'images («comme le poisson lorsque la pêche a été bonne»), il s'inspire de l'actualité politique et de la science-fiction d'Orwell* et de Wells* pour créer des accumulations d'éléments mécaniques et de corps humains (*Méca*, 1959). Entre les images d'Épinal et la bande dessinée, ses œuvres narratives placent tous les éléments, au même niveau de consommation visuelle sur des toiles souvent monumentales (série de *Scapes*) : représentations ironiques de la publicité, figures de l'histoire de l'art ou de la politique : *The Background of Pollock* (1966 - 1967) ; *Napoléon* (1969) ; *Giudecca* (1976), *Pour Pol Pot* (1993).

**ERROMANGA** ou **ERROMANGO** (île) → **Vanuatu**

**ERSHAD (Husain Muhammad)** ♦ Officier et homme d'État du Bangladesh (Rangpur 1930). Bien qu'il n'ait pas participé aux combats pour l'indépendance (il était alors cantonné au Pakistan occidental), le colonel Ershad devint chef d'état-major (1978) de l'armée du Bangladesh. Après l'assassinat en mai 1981 du chef de l'État (Zia ur Rahman), il écarta du pouvoir le président par intérim Sattar et devint président du pays en 1983. Il fonda alors le parti Jatiya qui gagna les élections législatives à deux reprises. Mais les difficultés économiques, la décision de faire de l'islam une religion d'État, et l'autoritarisme de son régime provoquèrent en déc. 1990 des émeutes estudiantines à Dacca qui conduisirent Ershad à démissionner. Traduit en justice, il fut emprisonné de 1991 à 1997. En 2008, il reprit la tête de son parti et siège au Parlement.

**ERSTEIN** [ɛʀʃtajn] [67150] → ÉTYM. anc. *Erenstein*, du germ. *Aro*, n. de pers., et *stein* «pierre ; château fort» ♦ Ch.-l. de cant. du Bas-Rhin, arr. de Sélestat, sur l'Ill. 9 664 hab. *(Ersteinois)*.

**ERSTFELD** ♦ V. de Suisse (Uri), sur la Reuss. 3 719 hab. ▪ Centre d'excursions. Gare de triage importante sur la ligne du Saint-Gothard.

**ERTÉ (Romain DE TIRTOFF, dit)** → ÉTYM. des initiales de son nom ♦ Peintre, décorateur et dessinateur russe (Saint-Pétersbourg 1892 - Paris 1990). Après ses études à l'académie Julian à Paris, il devint le dessinateur du couturier Poiret, collabora avec les Folies-Bergère puis avec la Metro Goldwyn Mayer à Hollywood. Son style se distingue par son extrême préciosité, le raffinement des formes et des couleurs, notamment dans sa série de lettres de l'alphabet.

**Erté.** *La Traviata*, gouache.
BNF/Bibl. de l'Opéra. Paris *Phot. © Arch. Nathan/ADAGP*

**ERTL (Gerhard)** ♦ Chimiste allemand (Bad Cannstadt 1936). Il développa des méthodes qui lui permirent d'étudier les mécanismes moléculaires des réactions se produisant à l'interface entre un solide et un gaz, notamment dans le processus de la catalyse. Les applications de la chimie des surfaces vont des fertilisants aux pots catalytiques et à la fabrication des couches de semi-conducteurs. [Prix Nobel de chimie 2007]

**ERVEND** → Elvend

**ERVY-LE-CHÂTEL** [10130] → ÉTYM. anc. *Erviacus*, du lat. *Arvius (Arveus)*, n. de pers., et suff. *-acum* ♦ Ch.-l. de cant. de l'Aube, près de l'Armance. 1 214 hab. Porte Saint-Nicolas, fortifiée et flanquée de deux tours rondes (XVIe s.). Église des XVe et XVIe s. (vitraux Renaissance ; statues de l'école champenoise).

**ERWIN** dit **von Steinbach** ♦ Architecte allemand (mort à Strasbourg en 1318). À la suite d'un article élogieux que lui consacra Goethe en 1773 et d'après une épitaphe gravée sur un contrefort de chevet, il a été considéré comme l'architecte principal de la cathédrale de Strasbourg*. Aujourd'hui, on tend à ne lui attribuer que la façade occidentale (jusqu'à la rose), qui se distingue par la finesse et le verticalisme insistant de la structure. Ses deux fils poursuivirent son œuvre.

**ÉRYMANTHE** ou **OLONOS** – en gr. ***Erumanthos*** ♦ Montagne de Grèce (Péloponnèse), formant la limite de l'Achaïe et de l'Arcadie, prolongement du Pinde*. 2 224 m. ▪ Héraclès* accomplissant l'un de ses travaux y saisit le sanglier d'Érymanthe et le ramena vivant à Eurysthée.

**ÉRYTHRÉE** (mer) → ÉTYM. en gr. ***Eruthraia Thalassa*** ou plus anciennement ***Eruthra Thalassa*** « mer Rouge » ♦ Nom par lequel les Anciens désignaient non seulement l'actuelle mer Rouge mais le golfe d'Aden et la mer d'Oman. Il serait dû soit à l'abondance, en mer Rouge, du murex utilisé pour la fabrication de la pourpre, soit à la coloration rouge de l'eau due à une poussière apportée par le vent, soit à la population riveraine des Himyar dont le nom (sud-arabique) signifie « les Rouges ».

## ÉRYTHRÉE

▪ n. f. – en angl. et en it. ***Eritrea***, off. ***république d'Érythrée*** → ÉTYM. du n. de la mer *Érythrée** ♦ Pays du N.-E. de l'Afrique. 117 600 km². 5 162 000 hab. *(Érythréens)*. LANGUES : tigrigna, arabe, anglais. POPULATION : Érythréens, Afars. RELIGIONS : musulmans, chrétiens. MONNAIE : nakfa. CAPITALE : Asmara. RÉGIME : présidentiel.

▪ **GÉOGRAPHIE** Elle s'étend sur le rebord septentrional du massif éthiopien, bordé sur la mer Rouge par une étroite plaine côtière qui s'élargit dans le S. et forme le désert Danakil (ou des Afars). Les côtes sont échancrées, en particulier au centre avec les baies de Zula et d'Assab, frangées de récifs de corail et parsemées d'îles et d'îlots (archipel Dahlak). De type méditerranéen en altitude, le climat est aride et très chaud sur la plaine côtière. Les dépressions salées du désert afar alimentent en sel les hauts plateaux d'Éthiopie. Les colons italiens ont introduit une agriculture de type méditerranéen sur les hauts plateaux (oliviers, vigne, blé) et mis en place une infrastructure industrielle à Massaoua et Asmara.

Érythrée.

▪ **HISTOIRE** Dès l'origine, l'Érythrée a subi l'influence du monde arabe. Elle fit partie de l'ancien pays de Pount (–IIe – –Ier millénaires) et fut une escale importante sur la route des aromates, des épices et de l'ivoire. Les Ptolémées* développèrent le port d'Adulis dans la baie de Zula, qui les approvisionnait en produits et animaux africains. Au cours du Ier millénaire, des populations arabes franchirent la mer Rouge et s'installèrent sur les hauts plateaux jusqu'au Tigré où elles participèrent à la création du royaume d'Aksoum* qui étendit son influence sur les deux rives de la mer Rouge. À l'avènement de l'islam, au VIIe s., les Éthiopiens se replièrent sur les hauts plateaux, mais le versant septentrional et la côte tombèrent sous la domination politique, religieuse et économique musulmane. L'ouverture du canal de Suez fit de la mer Rouge une région stratégique (débarquement de l'expédition britannique Napier en 1867, dans la baie de Zula pour aller châtier le négus Théodoros). L'Italie, qui avait acheté la baie d'Assab en 1869, occupa le territoire en 1885 et installa une colonie de peuplement sur les hauts plateaux. Elle fit de l'Érythrée une base pour la conquête de l'Éthiopie (1935). Début 1941, les Britanniques et les Forces françaises libres (FFL), venues du Soudan, s'emparèrent de Keren, tandis que les FFL du général Monclar, qui avaient contourné le cap de Bonne-Espérance, débarquaient à Massaoua et en obtenaient la reddition. Après la guerre, le négus recouvra le trône d'Éthiopie, mais l'Érythrée resta placée sous administration britannique. En 1952, sous l'égide de l'ONU, elle devint un État fédéral incorporé à l'Éthiopie et, en 1962, elle fut annexée à l'empire éthiopien. La lutte armée, menée par le Front de libération de l'Érythrée (FLE), mouvement proarabe soutenu par les pays pétroliers, ne tarda pas à se déclencher. Le FLE fut peu à peu évincé par le Front populaire pour la libération de l'Érythrée (FPLE), mouvement marxiste-léniniste chrétien et musulman qui mit en place une administration dans les régions libérées. Le nouveau régime éthiopien d'Hailé Mariam Mengistu* ne parvint pas à réduire la résistance érythréenne qui fit alliance avec les révolutionnaires éthiopiens du Tigré. L'Érythrée accéda à l'indépendance en 1993 et Issayas Afeworki devint chef de l'État. En 1994, le FPLE devint le Front populaire pour la démocratie et la justice (FPDJ), parti unique. L'accord signé à Alger en décembre 2000 mettant fin au conflit avec l'Éthiopie qui avait éclaté en 1998 à propos du tracé frontalier reste précaire, même si un arbitrage international a condamné l'Érythrée en 2009 à indemniser l'Éthiopie pour ce conflit. De même, le règlement des tensions avec Djibouti face au détroit de Bab el-Mandeb (juin 2008) reste incertain. Dans le conflit somalien, l'Érythrée a pris le parti des milices opposées au gouvernement fédéral.

**ÉRYX** – en gr. ***Erux*** ♦ Anc. ville de Sicile, au pied du mont Éryx (auj. San Giuliano). Fondée par les Phéniciens, elle fut longtemps disputée par les Syracusains et les Carthaginois qui la détruisirent v. –260. ▪ Fondements du temple d'Aphrodite* à Erice.

**ERZBERG** n. m. → ÉTYM. all. « montagne de fer » ♦ Montagne d'Autriche, située en Styrie dans les Alpes d'Eisenerz. L'Erzberg, de forme pyramidale et de couleur brun-rouge, est constitué par du minerai de fer qui y fut exploité dès le Moyen Âge par de petites galeries. Depuis le XIXe s., l'exploitation, plus rationnelle, se fait soit à ciel ouvert (d'immenses gradins ayant été découpés au flanc de la montagne), soit par des galeries en hiver. La production (2 millions de t par an) est surtout traitée à Donawitz et à Linz*. 90 % du minerai de fer autrichien proviennent de l'Erzberg.

**ERZBERGER (Matthias)** ♦ Homme politique allemand (Buttenhausen, Wurtemberg 1875 – près de Griesbach, Bade 1921). Élu député au Reichstag en 1903, chef du Centre catholique, il se montra, dès 1916, partisan d'une paix honorable et sans annexion. Il accepta, en tant que chef de la délégation allemande, l'armistice du 11 novembre 1918, à Rethondes. Il fut ministre des Affaires étrangères du premier gouvernement de la république de Weimar, mais, favorable au traité de Versailles*, il fut assassiné par des ultranationalistes.

**ERZGEBIRGE** n. m. → ÉTYM. all. « la montagne *(Gebirge)* du minerai *(Erz)* » – en tchèque ***Krušné Hory***, en fr. ***monts Métallifères*** ♦ Massif montagneux, formant la majeure partie (160 km) de la frontière entre la Saxe (Allemagne) et la Bohême (République tchèque). Point culminant : 1 244 m au Klínovec. Incliné en pente douce vers la Saxe, il tombe abruptement du côté de la Bohême. Ses filons métallifères (plomb, zinc, argent, cuivre) ont déterminé au XIIIe s. l'établissement de colons germaniques. Les bassins houillers (environs de Zwickau*, de Dresde*) et les gisements de lignite (succession presque ininterrompue, du bassin de Sokolov au bassin de Most* en Bohême) ont favorisé le développement de centres industriels. Gisements d'uranium. ▪ Au S., le massif volcanique de Doupovské Hory produit des sources d'eau chaude. Stations thermales : Karlovy* Vary, Mariánské* Lázně.

**ERZİNCAN** ♦ V. de Turquie, ch.-l. de prov., dans l'anc. Arménie, au S. de Trabzon. 86 779 hab. Centre commercial et indus. (textile, fabrication d'ustensiles de cuivre). ▪ **Histoire** La ville vit son importance grandir au IVe s. Détruite en 1939 par un séisme qui fit près de 40 000 victimes, Erzincan a été endommagée par un nouveau séisme en 1992.

**ERZURUM, ERZERUM** ou **ERZEROUM** ♦ V. de Turquie orientale, ch.-l. de prov., dans l'anc. Arménie. 338 073 hab. Malgré plusieurs tremblements de terre, la ville conserve le mausolée de l'émir Sultan (XIIe s.) et la médersa aux deux minarets (1253). Siège de l'univ. Atatürk. ▪ Centre commercial de premier plan, relié par voie ferrée à Ankara. ▮ **Histoire** Importante place forte byzantine connue sous le nom de Théodosiopolis, la ville fut l'objet de luttes entre Arabes et Byzantins. En 978, elle devint possession des Arméniens bagratides, puis passa successivement aux mains des Seldjoukides*, des Mongols (mil. XIIIe s.), des Ottomans et des Safavides. Elle fut rattachée à l'Empire ottoman en 1536. Capitale de l'Arménie turque, occupée par les Russes en 1829 et en 1878, Erzurum a souffert de la répression et de l'exode de la population arménienne, avant de retrouver progressivement son rôle de centre régional de l'Anatolie du Nord-Est.

**ÉSAÏE** → Isaïe

**ESAKI (Leo)** ♦ Physicien américain d'origine japonaise (Ōsaka 1925). Son étude expérimentale de l'effet tunnel, qui permet aux particules de franchir une barrière de potentiel, le conduisit à concevoir une diode amplificatrice en très haute fréquence. [Prix Nobel de phys. 1973, avec I. Giaever* et B. Josephson*]

**ÉSAÜ** ← **ÉTYM.** de l'hébr. *ʿésaw* « hirsute » ♦ Personnage biblique (Genèse, XXV-XXXIII). Fils d'Isaac* et de Rébecca*, frère jumeau aîné de Jacob* à qui il vend son droit d'aînesse pour un plat de lentilles. Il est supplanté par Jacob qui usurpe la bénédiction paternelle. Surnommé Édom*, il est l'ancêtre éponyme des Édomites*.

**ESBJERG** ♦ V. du Danemark, municipalité du Danemark-du-Sud, sur la côte O. du Jutland, en face de l'île de Fanø. 71 886 hab. Collèges techniques et commerciaux. ▪ Ville récente (1899), Esbjerg est le plus important port de pêche du Danemark (plus de 500 bateaux). Exportation de viandes et de produits laitiers, principalement vers la Grande-Bretagne. Centrale thermique.

**ESBLY** [77450] ← **ÉTYM.** anc. *Esbeliaci*, p.-ê. de *Isabel*, n. de pers., et suff. *-acum* ♦ Comm. de la Seine-et-Marne, arr. de Meaux, sur la Marne. 5 131 hab. (aggl. 22 154). ▪ Comm. résidentielle.

**ESBOO** → Espoo

**ESCAICH (Thierry)** ♦ Compositeur et organiste français (Nogent-sur-Marne 1965). Improvisateur de talent, il a succédé en 1997 à Maurice Duruflé* à la tribune de l'église Saint-Étienne-du-Mont à Paris. Attaché à la survivance d'un langage modal élargi, il fait entendre son originalité créatrice entre tradition et modernité dans des œuvres fortes aux accents vocaux et instrumentaux variés, sous le double signe du sacré (*Le Dernier Évangile*, pour double chœur, orchestre et orgue, 1999) et du profane (deux concertos pour orgue, 1995 et 2006 ; *Miroirs d'ombres* pour violon, violoncelle et orchestre, 2006).

**ESCALQUENS** [31750] ← **ÉTYM.** anc. *Scalkingos*, du germ. *Scalcho*, n. de pers., et suff. *-ing* ♦ Comm. de la Haute-Garonne, arr. de Toulouse. 5 477 hab.

**ESCANDORGUE** n. m. ← **ÉTYM.** p.-ê. « (hauteur) ressemblant à un toit fait de bardeaux », du lat. *scandula* « bardeau » et suff. *-ica* avec attraction de l'occit. *orgo* « odeur » ♦ Plateau basaltique au S. du causse du Larzac, situé dans l'alignement volcanique allant de l'Aubrac à Agde. 865 mètres.

**ESCARPIÈRE** ou **ÉCARPIÈRE (L')** ♦ Écart de la comm. de Gétigné (Loire-Atlantique). Usine de concentration chimique de l'uranium.

**ESCARTIN (José Torres)** ♦ Anarchiste espagnol (Huesca 1900 - Barcelone 1939). Accusé d'un attentat contre l'évêque de Saragosse, il fut emprisonné et torturé. Libéré lors de la révolution de 1931, il fut fusillé par les franquistes.

**ESCAUDAIN** [59124] ← **ÉTYM.** anc. *in Scaldinio*, du lat. *Scaldis* « Escaut » et suff. *-inum* ♦ Comm. du Nord, arr. de Valenciennes. 9 328 hab. *(Escaudinois)*.

**ESCAUDŒUVRES** [59161] ← **ÉTYM.** anc. *Scaldobriga* « forteresse (gaul. *briga*) de l'Escaut (lat. *Scaldis*) » ♦ Comm. du Nord, banlieue N.-E. de Cambrai. 3 698 hab.

**ESCAUT** n. m. ← **ÉTYM.** en néerl. ***Schelde*** ; du lat. *Scaldem*, p.-ê. à rapprocher du vieil angl. *sceald* « peu profond » ♦ Fleuve de Flandre (N. de la France), de Belgique et des Pays-Bas (430 km). L'Escaut prend sa source en France (Aisne), à 90 m d'altitude, et arrose la plaine flamande en France (180 km), en Belgique et aux Pays-Bas, avant de se jeter dans la mer du Nord en formant un estuaire (bouches de l'Escaut) qui baigne les îles de la Zélande* et dont le bras principal (le seul ouvert aujourd'hui) est l'Escaut occidental. Ses affluents sont la Sensée, la Scarpe et la Lys, venues des collines d'Artois, ainsi que la Dendre, la Gette, la Haine, cours d'eau coupés par un collecteur rectiligne (Démer, Rupel, Escaut inférieur). La marée s'y fait sentir jusqu'à plus de 170 km de son embouchure. Relié au Brabant par ses affluents de rive droite, l'Escaut assure la liaison des plaines flamandes au bassin de la Seine et l'ouverture vers la Belgique maritime. Canalisé sur la plus grande partie de son cours, il assure un important trafic fluvial. L'Escaut arrose Cambrai, Bouchain, Valenciennes, Condé-sur-Escaut, Tournai, Gand, Termonde, Rupelmonde, Anvers. ▮ **Histoire** Au IXe s., l'Escaut marquait la limite entre la Flandre française et le Brabant belge. Voie commerciale, il ouvrait des débouchés sur la mer à l'industrie drapante de Gand et d'Anvers. Mais le monde des affaires émigra à Amsterdam* et Rotterdam* lors du traité de Münster (1648), qui fermait l'accès du port d'Anvers. Le traité d'Utrecht (1713) donnait à l'Autriche les Pays-Bas espagnols, puis il fallut attendre le traité de La Haye (1795) pour que la liberté de navigation fût de nouveau assurée. Un département français des Bouches-de-l'Escaut fut constitué en 1810. Il était formé de la Zélande et avait pour ch.-l. Middelbourg. ▪ La bataille de l'Escaut fut livrée lors de l'offensive alliée de 1918.

**ESCAUTPONT** [59278] ← **ÉTYM.** « pont de l'Escaut » ♦ Comm. du Nord, arr. de Valenciennes. 4 202 hab.

**ESCHAU** [67114] ← **ÉTYM.** anc. *Hasegaugia*, germ. « prairie *(aue)* des frênes *(ask)* » ♦ Comm. du Bas-Rhin, arr. de Strasbourg-Campagne. 4 410 hab. (aggl. 11 211). Pont routier sur le Rhin la reliant à l'Allemagne.

**ESCHENBACH (Wolfram VON)** → Wolfram von Eschenbach

**ESCHENBACH (Christoph)** ♦ Chef d'orchestre allemand (Breslau 1940). Pianiste, il mena une brillante carrière de soliste puis, en 1975, débuta dans la direction d'orchestre au pupitre de l'Orchestre symphonique de San Francisco. Il assura entre autres la direction de l'Orchestre symphonique de Houston (1988 - 1999), de l'Orchestre de Paris (depuis 2000), avec lequel il a enregistré la *Symphonie fantastique* de Berlioz, et du Philadelphia Orchestra (2003-2008). Il a notamment dirigé des opéras de Mozart (*les Noces de Figaro, Don Giovanni, Così fan tutte*), et de Wagner (*La Tétralogie*, mise en scène par Robert Wilson). ← **ÉTYM.** Le nom allemand *Eschenbach* signifie « cours d'eau *(Bach)* près duquel pousse le frêne *(Esche)* ».

**ESCHER (Maurits Cornelis)** ♦ Graveur néerlandais (Leeuwarden 1898 - Laren 1972). D'abord inspiré par les paysages italiens qu'il découvrit à travers ses voyages et qu'il traita avec un vigoureux sens de la forme, Escher se spécialisa ensuite dans l'illusion optique, notamment la perspective et les fausses profondeurs, le jeu formel, le passage subtil d'un motif à l'autre, donnant par exemple aux espaces vides entre les figures des formes elles-mêmes identifiables (problème du remplissage périodique du plan) : *Côte d'Amalfi* (1931), *Autre monde* (1947), *Relativité* (1968).

**ESCHINE** – en gr. ***Aiskhinês*** ♦ Orateur grec (Athènes v. –390 - Rhodes –314). Il fut, dans sa jeunesse, scribe de l'administration et acteur, puis participa à une mission athénienne dans le Péloponnèse pour organiser la lutte contre les Macédoniens. Déjà modéré, après l'échec de cette mission il embrassa la cause macédonienne en négociant avec Philippe* la paix de Philocrate (–346) et préconisa une politique de concessions. Accusé alors par Démosthène* de duplicité et de corruption, il se défendit avec succès par ses discours *Contre Timarque* et *Sur l'ambassade infidèle*. Dans le discours *Contre Ctésiphon*, il attaqua celui-ci et Démosthène (**→ Couronne [Discours sur la]**), mais il fut condamné comme calomniateur. Il dut se retirer à Éphèse, puis à Rhodes, où il aurait fondé l'école de rhétorique. ▪ Orateur disert et improvisateur brillant, il n'a cependant pas la foi ardente et les hautes vues de son grand rival.

**ESCHSCHOLTZ (Johann Friedrich)** ♦ Naturaliste et voyageur russe (Dorpat, auj. Tartu 1793 - *id.* 1831). Il accompagna O. von Kotzebue* dans son voyage autour du monde (1815 - 1818), puis dans son expédition aux îles du Pacifique (1823 - 1826). Il est l'auteur d'un *Atlas zoologique*, 1829.

**ESCH-SUR-ALZETTE** ♦ V. du Luxembourg, ch.-l. de cant., sur l'Alzette, à la frontière française. 27 146 hab. ▪ Indus. alimentaires, chimiques (engrais) et sidérurgiques. Cimenteries. Centre commercial et culturel.

**ESCHWEILER** ♦ V. d'Allemagne (Rhénanie-du-Nord-Westphalie), dans le bassin d'Aix-la-Chapelle. 54 500 hab. Centre métallurgique ; tanneries ; brasseries. Au XIXe s., une société de charbonnages portant le nom de la ville constituait un groupe industriel puissant.

**ESCHYLE** ← **ÉTYM.** en gr. ***Aiskhulos***, p.-ê. de *aiskhos* « honte » ♦ Poète tragique grec (Éleusis v. –525 - Gela, Sicile –456). Né de famille noble, il participa aux batailles de Salamine* et de Marathon*. Il commença très jeune à écrire pour le théâtre, y fut plusieurs fois lauréat. Sa réputation devait s'étendre à travers le monde méditerranéen. Il fut reçu à la cour d'Hiéron de Syracuse, lors du second séjour qu'il fit en Sicile. Des 90 pièces qu'il a écrites, 7 seulement nous sont parvenues : *Les Suppliantes** (*Iketides*, v. –490), fable lyrique qui décrit les incertitudes d'Argos accordant sa protection aux Danaïdes ; *Les Perses** (*Persai*, –472) qui célèbrent la victoire de Salamine ; *Sept* contre Thèbes* (*Hepta epi Thêbas*, –467) qui forment un dénouement à l'histoire d'Œdipe ; *Prométhée* enchaîné* (*Promêtheus desmôtês*), poème cosmique à la gloire de la liberté de l'homme ; enfin la trilogie de *L'Orestie* (*Oresteia*, –458) pour laquelle le poète obtint treize fois la couronne, et qui décrit le retour d'Agamemnon et son meurtre par Clytemnestre et

Égisthe *(Agamemnon*)*, le châtiment des meurtriers *(Les Choéphores*)* et le procès d'Oreste* *(Les Euménides*)*. Justement considéré comme le fondateur de la tragédie grecque, Eschyle a donné au drame théâtral ses lois rigoureuses, en le dégageant du lyrisme choral dont il est issu, en y introduisant le dialogue et l'action. Ses innovations concernent encore le masque, le costume et la mise en scène qui, grâce à lui, évoluent dans le sens de la simplification et d'une puissance expressive accrue. ▪ Interprète des légendes primitives de la Grèce, Eschyle rejette les notions formelles et sommaires de culpabilité collective et d'arbitraire. Philosophe et moraliste, il affirme la prééminence du droit sur l'aveugle désir de vengeance, de la justice sur la loi, de l'esprit sur la force. Poète lyrique par la puissance du verbe, il a conféré sa plus grande dimension au genre tragique.

**ESCLANGON (Ernest)** ♦ Astronome français (Mison, Basses-Alpes 1876 - Eyrenville, Dordogne 1954). Auteur de travaux de mathématiques (fonctions quasi périodiques), de physique (champ de pesanteur, ondes infrasonores), d'astronomie (réfraction, comètes), il réalisa l'horloge parlante de l'observatoire de Paris (1932). [Acad. sc. 1929] ➝ ÉTYM. Ce nom est le diminutif d'*Esclancher*, de l'ancien français *esclenc* «gauche».

**ESCLAVES (GRAND LAC DES)** – en angl. ***Great Slave Lake*** ♦ L'un des plus grands lacs du Canada. 28 570 km². Pêcheries. Sur ses rives se trouve le centre administratif des territoires du N.-O. ➝ **Yellowknife.** La riv. des Esclaves (424 km) issue du lac Athabasca (N. de l'Alberta) rejoint le Grand Lac des Esclaves. ▪ Mines d'uranium et d'or dans la région ; plomb et zinc au S. (Pine Point).

**ESCLAVES** (côte des) ➝ **Guinée (golfe de)**

Les **Esclaves** ♦ Rondes-bosses de marbre, sculptées par Michel-Ange pour le tombeau de Jules II. *L'Esclave mourant* (ou plutôt «endormi») et *L'Esclave rebelle* furent exécutés en 1513 pour le deuxième projet et sont aujourd'hui au Louvre. Quatre autres *Esclaves*, sculptés v. 1530 - 1534 (cinquième projet), sont à l'Académie de Florence et un cinquième, ébauché, à la Casa Buonarroti.

**ESCOBAR Y MENDOZA (Antonio)** ♦ Jésuite espagnol (Valladolid 1598 - *id.* 1669), auteur de traités de théologie morale et de spiritualité : *Lignum vitale* (12 vol.), etc. Casuiste, il fut, parfois injustement, une des cibles de Pascal dans *Les Provinciales**.

**ESCOFFIER (Auguste)** ♦ Cuisinier français (Villeneuve-Loubet 1846 - Monte-Carlo 1935). Chef du Savoy et du Carlton à Londres, il défendit la cuisine française de tradition dont il simplifia de nombreux plats. Rédacteur d'un *Guide culinaire* encore utilisé par les cuisiniers professionnels et par le grand public, il fut également le créateur de mets restés célèbres, telle la «pêche Melba*». ➝ **Ritz.** ➝ ÉTYM. *Escoffier* vient de l'ancien français *escohier* «ouvrier du cuir».

**ESCOMBRERAS** ♦ Localité du S.-E. de l'Espagne (Levant, prov. de Murcie), près de Carthagène. Importante raffinerie de pétrole.

**ESCONDIDA (LA)** ♦ Mine de cuivre du Chili, la 3ᵉ du monde, ouverte en mars 1991 à 3 000 m d'altitude. Sa production peut atteindre 320 000 t de cuivre, soit 20 % de la production nationale.

**ESCOUBLAC** ➝ **Baule-Escoublac (La)**

**ESCOUCHY (Mathieu D')** ♦ Chroniqueur français (Le Quesnoy, près d'Avesnes 1420 - v. 1483). Il écrivit une *Chronique* des années 1444 à 1461 (fin du règne de Charles VII).

**ESCRIVÁ DE BALAGUER** (saint **Josemaría**) ♦ Prélat espagnol (Barbastro 1902 - Rome 1975). Fondateur de l'Opus* Dei en 1928. Son œuvre principale, *Camino* (1934 - 1939), a été traduite en 39 langues et diffusée à plus de 3 millions d'exemplaires. Sa béatification en 1992 et sa canonisation en 2002 ont suscité des controverses.

**ESCUDERO (Vicente)** ♦ Danseur et chorégraphe espagnol (Valladolid 1889 - Barcelone 1984). Au cours de sa longue carrière, il fut le défenseur des traditions les plus pures de l'art flamenco, parfois sans le soutien d'un accompagnement musical. Partenaire de la Argentina (*L'Amour sorcier*, 1928), il créa de nombreuses chorégraphies *(Rythmes flamencos primitifs, Romance du moulin, Danse de la Signiriya gitana)*. ➝ ÉTYM. En espagnol, *Escudero* signifie «écuyer».

**ESCUINTLA** ♦ V. du Guatemala, ch.-l. de dép., sur le versant pacifique du pays. 119 897 hab. Ville commerçante et industrielle (raffinerie de pétrole).

**ESCULAPE** ♦ Dieu de la médecine dans la religion romaine, assimilé à l'Asclépios grec. ➝ **Asclépios.**

**Escurial** n. m. ➝ ÉTYM. en esp. ***el Escorial*** ; n. d'un anc. terril (de *escoria* «scorie») ♦ Palais et monastère d'Espagne, situé au N.-O. de Madrid, dans un site sauvage au pied de la sierra de Guadarrama, près du village de San Lorenzo del Escorial. Cet immense édifice de granit fut édifié par Philippe II, en exécution d'un vœu en l'honneur de saint Laurent (le plan de l'ouvrage s'inspire du gril sur lequel le saint fut supplicié). Confié à l'architecte Juan Bautista de Toledo* (en 1563) et achevé par Juan de Herrera* (en 1584), l'Escurial est un vaste quadrilatère de bâtiments à l'aspect sévère, séparés par des cours intérieures et flanqués de quatre tours d'angle. Au fond de la cour des Rois (Patio de los Reyes) se dresse l'église surmontée d'une coupole et d'un lanternon : décorée de fresques par Luca Giordano*, elle possède un *Christ* de marbre blanc par Benvenuto Cellini*, des tableaux de Zurbarán, Titien, le Greco, Vélasquez. La Capilla Mayor est très richement décorée. ▪ Dans le Panteón de los Reyes, aux murs revêtus de marbres précieux, reposent les rois et les reines d'Espagne ayant eu succession. ▪ Dans le palais lui-même, riche bibliothèque et remarquable série de tapisseries (d'après Goya*, notamment).

**L'Escurial.** *Phot. © Eltra-Vandeville/Eyedea/Gamma*

**ESDRAS** ou **EZRA** ➝ ÉTYM. hébr. *'èzrâ'* «Dieu est aide» ♦ Personnage biblique, prêtre choisi par Artaxerxès pour parachever la restauration du culte judéen après l'Exil (–458, suivant la tradition ; –398, soit sous Artaxerxès II, pour les historiens). À Jérusalem, accompagné de prêtres et de lévites, il fit accepter la Loi (Torah*) par le peuple et fit divorcer les hommes qui avaient épousé des étrangères. Crédité de la restauration du culte et de l'institution de la Grande Assemblée, et aussi de l'adoption de l'écriture assyrienne (hébreu carré), Esdras est le personnage le plus respecté, avec Moïse*, de la tradition rabbinique. ♦ ***Le livre canonique d'Esdras*** Livre de la Bible (Écrits*) qui combine son histoire avec celle de Néhémie* : les deux livres n'en faisaient qu'un dans la Bible hébraïque et grecque. — Le Troisième Livre d'Esdras (apocryphe, –IIᵉ s., en grec) est une compilation des livres d'Esdras-Néhémie et du second livre des Rois* pour l'essentiel. Le Quatrième Livre d'Esdras, apocryphe, est une œuvre composite : son cœur est une Apocalypse (hébreu, Iᵉʳ s.) relatant les visions du prêtre-scribe et le récit de sa réécriture complète, en quarante jours sous la dictée de l'Esprit, des livres publics (24, les livres canoniques) et cachés (70, réservés aux sages) de la Bible ; il est entouré de textes courts (deux chapitres), rédigés en grec aux IIᵉ et IVᵉ s., où la critique distingue un Cinquième et un Sixième Livre d'Esdras. Ces apocryphes témoignent d'une réputation dont on trouve des échos dans la tradition musulmane : le Coran affirme que, pour les juifs, 'Uzaïr (Esdras) est le fils de Dieu.

**ESHER** ♦ V. d'Angleterre (Surrey), au S.-O. de Londres. 70 000 hab. Ville résidentielle. ▮ **Histoire** Louis Philippe Iᵉʳ mourut en exil au château voisin de Clarendon.

**ESHIN SŌZU** ➝ **Genshin**

**ESHKOL (Levi)** ➝ ÉTYM. de l'hébr. *'èshkôl* «grappe», adaptation de son nom russe d'origine *Shkolnik* («écolier») ♦ Homme politique israélien (Oratov, Ukraine 1895 - Jérusalem 1969). Émigré en Palestine (1913), où il vécut quelque temps en kibboutz, membre du parti Mapaï, dont il fut secrétaire (1944 - 1948), et du comité exécutif de la Histadrouth et de la Haganah, il fut nommé directeur général au ministère de la Défense nationale et membre du Conseil provisoire de l'État après la fondation d'Israël. Député à la Knesset (1949), ministre (1951 - 1953), il remplaça Ben Gourion comme Premier ministre avec le portefeuille de la Défense nationale (1963). À la veille du conflit israélo-arabe de juin 1967, il constitua un cabinet d'Union nationale (avec Moshé Dayan* à la Défense).

**ESHMOUN** ♦ Principale divinité de Sidon (rel. phénicienne) ; dieu guérisseur que les Grecs assimilèrent à Asclépios.

**ESKIL** ♦ Prélat danois (1100 - Clairvaux 1181). Archevêque de Lund (1137 - 1177), introducteur de la réforme grégorienne et des cisterciens au Danemark. Ami de saint Bernard, il se retira à Clairvaux.

**ESKILSTUNA** ♦ V. de Suède, près du lac Mälar, à l'O. de Stockholm. 92 250 hab. Église du XIIᵉ s. (restaurée au XVIIᵉ s.). Musées. Chutes d'eau. ▪ Centre de la coutellerie suédoise. Indus. métallurgiques.

**ESKIMOS** ou **ESQUIMAUX** n. m. pl. ➝ ÉTYM. «les mangeurs de viande crue» ♦ Terme péjoratif employé par les Algonquins du Labrador* pour désigner leurs voisins les Inuits et repris par les premiers marchands européens. Depuis la fin des années 1980, le terme Inuit est adopté pour désigner les populations subarctiques autrefois appelées Eskimos. ➝ **Inuits.**

**ESKİŞEHİR** ♦ V. de Turquie, ch.-l. de prov., à l'O. d'Ankara, sur le Porsuk. 570 825 hab. Siège de l'univ. de l'Anatolie. ▪ L'un des plus grands centres indus. de Turquie : raffineries de sucre, briqueteries, matériel ferroviaire, ateliers de réparation pour les avions et les machines agricoles. ▪ À proximité, emplacement de l'anc. Dorylée*.

**ESMEIN** [ɛsmɛ̃] **(Jean Hippolyte Emmanuel,** dit **Adhémar)** ♦ Juriste français (Touvérac, Charente 1848 - Paris 1913). Directeur de la section des sciences religieuses à l'École pratique des hautes études et de la *Nouvelle Revue historique du droit français et étranger,* il a laissé une *Histoire de la procédure criminelle en France* (1891), un *Cours élémentaire de droit français* (1892), des *Éléments de droit constitutionnel et comparé* (1896).

**ESMÉRALDA** ➝ ÉTYM. de l'esp. *esmeralda* «émeraude» ♦ Personnage de gitane dans *Notre*-Dame de Paris,* de V. Hugo.

**ESMERALDAS** ♦ V. d'Équateur, située au N. du pays. 96 567 hab. Port. Raffinerie de pétrole, terminal de l'oléoduc en provenance de l'Amazonie. Indus. du bois.

**ESNA** ou **ESNEH** – en égypt. ***(Ta-)Sny,*** en gr. ***Latopolis,*** en ar. ***Isnā*** ♦ V. du S. de la Haute-Égypte, ch.-l. de gouvernorat, sur la rive g. du Nil. 67 217 hab. Jadis étape importante des caravanes du Sennâr (Soudan), c'est aujourd'hui un centre textile (cotonnades). Barrage sur le Nil. ▪ Vestiges d'un temple de Khnoum de l'époque ptolémaïque et romaine, élevé à l'emplacement d'un anc. temple de la XVIII^e^ dynastie.

**ESNAULT-PELTERIE (Robert)** ♦ Ingénieur français (Paris 1881 - Nice 1957). Inventeur du premier moteur d'avion en étoile à nombre impair de cylindres, du dispositif de commande d'avion appelé manche à balai, il s'est également intéressé à l'astronautique, prévoyant dès le début du XX^e^ siècle l'utilisation de l'énergie nucléaire. [Acad. sc. 1936]

**ESNEUX** ♦ Comm. de Belgique (Région wallonne), prov. et arr. de Liège (banl. S.), sur l'Ourthe. 13 073 hab. Châteaux de la Tour (XVIII^e^ s.) et «Le Fy» (1904). Aux environs, musée de l'Abeille à Tilff. ▪ Indus. du bois. Carrière de grès. Minoterie. Centre tertiaire et touristique.

**ÉSON** – en gr. ***Aisôn*** ♦ Roi mythique d'Iolcos (Thessalie), père de Jason*. Il est détrôné par son demi-frère Pélias*.

**ÉSOPE** – en gr. ***Aisôpos*** ♦ Fabuliste grec (prob. -VI^e^ s.) dont la personnalité reste légendaire. Il aurait été phrygien ou thrace, difforme et bègue. Esclave affranchi, il aurait voyagé au Proche-Orient, puis, envoyé de Crésus*, aurait visité Athènes, Corinthe et Delphes*, où il aurait été mis à mort par les prêtres delphiens. ▪ Les *Fables* qu'on lui attribue, populaires dès le -V^e^ s., ont été reprises dans toutes les littératures européennes et dans la littérature arabe. ➝ **Luqmān.** Recueillies par Démétrios* de Phalère (-IV^e^ s.), puis mises en vers par Babrias* (-I^er^ s.), elles servirent de modèle à Phèdre* et aux fabulistes postérieurs. La rédaction en prose grecque qui nous en est parvenue est une compilation due à Planude* (XIV^e^ s.), auteur d'une romanesque *Vie d'Ésope*. Dans cette version, les apologues ésopiques sont des récits très brefs sans recherche artistique, suivis d'une morale. Les personnages y sont généralement des animaux porteurs des principaux caractères de l'homme. Leur célébrité renouvelée par les *Fables** de La* Fontaine fut à l'origine d'une tradition littéraire. ➝ **Florian, Krylov, Lessing.**

**ESPAGNAT (Bernard D')** ♦ Physicien français (Fourmagnac, Lot 1921). Ses travaux concernent la physique des particules et les fondements de la mécanique quantique (*À la recherche du réel,* 1979). [Acad. des sc. morales et polit. 1996].

## ESPAGNE

▪ n. f. – en esp. ***España*** off. ***royaume d'Espagne*** ➝ ÉTYM. phénicien transmis par les Carthaginois *īšephanīm* «la côte ou l'île des lapins» ou du basque *ezpain* ou *ezpan* «lèvre, bord» dans le sens «côte, rivage» ou du gr. *Hesperia* «région du couchant» ♦ Pays du S.-O. de l'Europe comprenant la majeure partie de la péninsule Ibérique, les îles Baléares* et les Canaries*. 504 748 km². 45 200 737 hab. [estim. 2007] ***(Espagnols).*** LANGUES : castillan (off.), aranais, basque, catalan, galicien, valencien (co-officielles). RELIGION : catholique. MONNAIE : euro. CAPITALE : Madrid. RÉGIME : monarchie parlementaire. Le pays est divisé en 17 communautés autonomes regroupant 50 provinces.

### GÉOGRAPHIE

Le relief est de type à la fois hercynien et alpin. Le haut plateau hercynien de la Meseta* (660 m) occupe tout le centre de la péninsule (Castille, Estrémadure). Il est limité par de hauts rebords montagneux : monts Cantabriques au N., monts Ibériques au N.-E. et à l'E., serrania de Cuenca à l'E. et sierra Morena au S. La Meseta est coupée en son centre par les sierras de Gredos et de Guadarrama séparant la Vieille-Castille, au N. (1 000 m), de la Nouvelle-Castille, au S. (700 m). Entre la Meseta et les rebords montagneux s'étendent deux grands bassins tertiaires : au N.-E., la dépression de l'Èbre (Aragon) ; au S.-O., celle du Guadalquivir (Andalousie). De part et d'autre de ces bassins s'étendent deux grandes chaînes alpines. Au N.-O., les Pyrénées*, de l'Atlantique à la Méditerranée, plus larges que les Pyrénées françaises, sont assez élevées (mont Perdu, 3 348 m ; pic d'Aneto, 3 404 m). Au S. et au S.-E., la chaîne Bétique* (Andalousie) s'étend de Gibraltar* au cap de la Nao* ; le point culminant de l'Espagne s'y trouve (Mulhacén*, 3 482 m, dans la sierra Nevada). Le littoral cantabrique est élevé et échancré (rias de Galice). Du S. du Portugal à Tarifa s'étend une zone marécageuse (marismas du Guadalquivir, golfe de Cadix). La côte méditerranéenne est assez régulière de Gibraltar au delta de l'Èbre et escarpée jusqu'aux Pyrénées (Costa Brava). Le littoral atlantique a un climat océanique, celui de l'intérieur est continental, méditerranéen dans le S.

### POPULATION

Autrefois terre de familles nombreuses, l'Espagne (comme le Portugal, l'Italie, la Grèce) a connu une baisse rapide de fécondité. La population s'est largement stabilisée, de nouveaux équilibres

**Espagne** ▌Les divisions administratives

| Communautés autonomes | Superficie (en km²) | Population | Capitale | Provinces |
|---|---|---|---|---|
| Andalousie | 87 268 | 8 059 461 | Séville | Almería, Cadix, Cordoue, Grenade, Huelva, Jaén, Málaga, Séville |
| Aragon | 47 669 | 1 296 655 | Saragosse | Huesca, Saragosse, Teruel |
| Asturies | 10 565 | 1 074 862 | Oviedo | Asturies |
| Baléares | 5 014 | 1 030 650 | Palma de Majorque | Baléares |
| Pays basque | 7 261 | 2 141 860 | Vitoria | Álava, Biscaye, Guipúzcoa |
| Canaries | 7 273 | 2 025 951 | Las Palmas<br>Santa Cruz de Tenerife | Las Palmas, Santa Cruz de Tenerife |
| Cantabrie | 5 289 | 572 824 | Santander | Cantabrie |
| Castilla-La Mancha | 79 226 | 1 977 304 | Tolède | Albacete, Ciudad Real, Cuenca, Guadalajara, Tolède |
| Castilla y León | 94 147 | 2 528 417 | Valladolid | Ávila, Burgos, León, Palencia, Salamanque, Ségovie, Soria, Valladolid, Zamora |
| Catalogne | 31 930 | 7 210 508 | Barcelone | Barcelone, Gérone, Lérida, Tarragone |
| Estrémadure | 41 602 | 1 089 990 | Mérida | Badajoz, Cáceres |
| Galice | 29 434 | 2 772 533 | St-Jacques-de-Compostelle | La Corogne, Lugo, Orense, Pontevedra |
| Madrid | 7 995 | 6 081 689 | Madrid | Madrid |
| Murcie | 11 317 | 1 392 117 | Murcie | Murcie |
| Navarre | 10 421 | 605 876 | Pampelune | Navarre |
| La Rioja | 5 034 | 308 968 | Logroño | La Rioja |
| Valence | 23 305 | 4 885 029 | Valence | Alicante, Castellón de la Plana, Valence |
| Ceuta | 18 | 76 603 | Ceuta | |
| Melilla | 14 | 69 440 | Melilla | |

**Espagne.**

régionaux sont apparus et les mouvements migratoires internes se sont réduits d'autant. 3,5 millions d'étrangers vivent en Espagne et l'on compte 450 000 nouveaux arrivants chaque année. Cette immigration massive provient d'Amérique latine et du Maghreb. En 2006, le gouvernement espagnol a choisi d'entamer une régularisation massive des travailleurs clandestins.

### ÉCONOMIE

L'agriculture occupe 5,2 % de la population active, l'industrie 30 % et les services 64,8 %. Après la crise économique des années 1990, la croissance est redevenue positive pendant une dizaine d'années, mais dès avril 2008 le secteur immobilier a subi le retentissement de la crise économique mondiale. Une décélération, accompagnée d'un fort taux de chômage (18 % en 2009), d'un déficit public élevé et d'une chute de la consommation, a été enregistrée. L'industrie automobile et le tourisme sont durement touchés. La France est le 1er fournisseur et le 1er client de l'Espagne.

**AGRICULTURE** Sa part est en voie de réduction. On distingue les zones de culture sèche *(secano)* de l'intérieur, vouées aux céréales (Vieille-Castille, León, Estrémadure), à la vigne (Manche, vallées du Douro et de l'Èbre, Andalousie) et des zones de culture irriguée *(regadío)*, vouées à la culture des légumes, des fruits, du riz (Andalousie, Levant). Le N. du pays, humide, pratique une polyculture basée sur le maïs associée à l'élevage bovin. L'Espagne produit de l'huile d'olive, du vin (→ **Jerez de la Frontera, Málaga**) et elle est le principal exportateur d'Europe d'agrumes et de légumes. Notons enfin la culture du riz (Andalousie, bassin de l'Èbre) et les cultures industrielles (lin, tabac, canne à sucre). L'élevage est en déclin : le troupeau ovin (mérinos) alimente une industrie lainière traditionnelle. ▪ La pêche (sardine, thon) fournit un appoint important et alimente les conserveries.

**RESSOURCES MINIÈRES ET ÉNERGÉTIQUES** Le fer, de bonne teneur, est extrait dans le León, l'Aragon, la Biscaye. L'exploitation du cuivre, du zinc, de l'uranium est en diminution. Le bassin minier des Asturies continue de fournir de la houille. L'énergie électrique est en majorité d'origine hydraulique (lacs-réservoirs des bassins de l'Èbre, du Douro, du Guadalquivir). L'énergie thermique est localisée près de Madrid et dans les ports. Les centrales nucléaires de Zorita de Los Canes, Santa María de Garona et Vandellos assurent le relais. Le parc éolien se développe.

**INDUSTRIE** L'activité industrielle se déplace de plus en plus vers la côte méditerranéenne (Catalogne). La production de fonte et d'acier est insuffisante pour les besoins. La construction automobile, sous licence étrangère (Renault, Seat / Volkswagen, Citroën), commence à se délocaliser mais l'Espagne reste le 7e constructeur mondial. L'industrie chimique (acide sulfurique, superphosphates, ciment) est dynamique. L'industrie textile, très ancienne, est surtout concentrée en Catalogne. D'autres postes importants sont les industries du papier (Pays basque), de la chaussure, de la céramique, de la conserve (fruits, poisson).

**COMMUNICATIONS** L'Espagne dispose de 3 aéroports internationaux importants (Madrid, Barcelone et Palma). La flotte marchande (plus de 4 millions de tonnage) assure 95 % des échanges extérieurs.

**TOURISME** L'Espagne est l'un des pays les plus visités au monde et 13 % de la population active travaille dans l'hôtellerie qui s'est considérablement développée depuis les années 1960, contribuant à l'urbanisation des côtes, notamment au S. du pays. Le tourisme couvre désormais 22,6 % des recettes totales de la balance des paiements. ▪ Sur le plan économique coexistent donc une Espagne de moins en moins traditionnelle, une Espagne rénovée et une Espagne nouvelle à l'image des grandes villes, Madrid, Barcelone, Saragosse, Valence et Séville.

**Espagne** | Productions en 2008

| Produits | Quantités | Rang |
|---|---|---|
| **Agriculture** | | |
| Betteraves à sucre (2009) | 3 900 000 t | 11ᵉ |
| Blé (2009) | 5 000 000 t | |
| Coton | 340 000 t | |
| Huile d'olive | 1 200 000 t | 1er |
| Maïs | 3 600 000 t | |
| Olives | 6 000 000 t | 2e |
| Oranges | 3 300 000 t | 5e |
| Orge | 11 500 000 t | 7e |
| Pommes de terre (2009) | 1 640 000 t | |
| Raisin | 6 000 000 t | 4e |
| Riz | 740 000 t | |
| Tomates (2009) | 4 000 000 t | 7e |
| Vin (2009) | 37 000 000 hl | 3e |
| Bovins (têtes) | 6 000 000 | |
| Caprins (têtes) | 2 800 000 | |
| Ovins (têtes) | 19 000 000 | 12e |
| Porcins (têtes) | 26 400 000 | 5e |
| Pêche (2007) | 1 000 000 t | |
| **Mines et énergie** | | |
| Argent | 4 t | |
| Charbon | 18 000 000 t | |
| Énergie nucléaire | 59 TWh | 11e |
| Hydroélectricité | 32 TWh | 19e |

## HISTOIRE

**LES PREMIERS HABITANTS** La péninsule Ibérique fut habitée dès le Néolithique. Au –IIe millénaire, les côtes méditerranéennes étaient occupées par les Phéniciens et les Grecs ; à l'intérieur coexistaient Celtes et Ibères*, formant le fond celtibère de la population espagnole. Les Carthaginois s'y établirent dès le –Ve s. (fondant Carthagène), puis furent remplacés par les Romains. La conquête fut longue, mais la « paix romaine » (Ier - Ve s.) assura à l'Espagne une grande prospérité, tandis que le christianisme s'y répandait peu à peu. Les grandes invasions commencèrent au Ve s. avec les Vandales* (en Andalousie) et les Wisigoths*, qui installèrent un royaume puissant dont le souverain se convertit en 589 au catholicisme (→ **Recarède Ier**).

**L'ESPAGNE MUSULMANE ET LA RECONQUÊTE** ▪ ***La conquête musulmane*** En 711, les Maures conduits par Ṭāriq passèrent le détroit de Gibraltar, conquirent presque toute la péninsule (→ **Guadalete**) et ne furent arrêtés qu'à Poitiers par Charles* Martel (732). Les chrétiens d'Espagne se réfugièrent dans des royaumes indépendants, au N. et à l'O. de la péninsule ; cependant la religion et la civilisation musulmanes s'implantaient dans le reste du pays. Au Xe s., le califat de Cordoue*, très étendu, devint un centre culturel et artistique très brillant. L'art hispano-mauresque y atteignit son apogée avec la Grande Mosquée et le palais de la Medina Azahara de style califal, avant que l'art almohade ne gagne Séville (Giralda, Alcázar) et l'art nasride Grenade (Alhambra). Cordoue fut aussi le haut lieu de la philosophie à la fois arabe et juive. → **Averroès, Maïmonide.** Quant aux chrétiens, ils développèrent leur style propre, l'art mozarabe, dont témoigne surtout l'enluminure. ▪ ***La reconquête*** Au XIe s., l'Espagne musulmane s'était divisée en royaumes indépendants *(reyes de taifas)* : ce morcellement facilita la Reconquête (ou Reconquista*), qui devint la croisade permanente de l'Espagne chrétienne. Elle fut marquée par la figure du Cid* Campeador, qui s'illustra à Valence (1094), et par celle d'Alphonse* VI (1065 - 1109), qui s'empara de Tolède. Elle se poursuivit par la reconquête de l'Andalousie et la victoire de Las Navas* de Tolosa (1212) contre les Almohades*. La Reconquête avait consolidé l'unité spirituelle mais compromis l'unité politique : les particularismes étaient plus forts que jamais, aussi bien dans la noblesse, guerrière et fière, que dans les communautés urbaines ou paysannes, très attachées à leurs privilèges locaux *(fueros)*. Ces particularismes se retrouvèrent aussi dans l'art. Alors qu'à Valence, en Catalogne et aux Baléares, l'art gothique se distinguait par sa sobriété, dans le royaume de Castille il s'apparentait au style flamboyant. Quant à la peinture, elle demeura longtemps l'apanage des Catalans (Borrassá, J. Huguet*, Dalmau*, Bermejo*).

**LES ROIS CATHOLIQUES ET L'UNITÉ NATIONALE** Par leur mariage (1469), Ferdinand* d'Aragon et Isabelle* de Castille (les « Rois Catholiques »), tout en achevant la Reconquête (prise de Grenade, 1492), préparaient l'unité nationale. Leur règne fut aussi celui de l'intransigeance religieuse (puissance de l'Inquisition ; expulsion des juifs), des grandes découvertes (→ **Colomb**), et du renforcement d'une culture nationale, tant sur le plan de l'architecture (style isabélin à Valladolid) et de la peinture (P. Berruguete*) que de la littérature (Santillana*, Manrique*, F. de Rojas*) et de la musique (J. del Encina*). ▪ ***Les Habsbourg*** ♦ ***Charles Quint*** En 1516, Charles de Habsbourg, petit-fils de Ferdinand, devint roi d'Espagne sous le nom de Charles Ier : possesseur de Naples, de la Sicile et des Pays-Bas, il fut élu en 1519 empereur d'Allemagne. → **Charles Quint.** Il se heurta à la noblesse, à la révolte des Comuneros* et à François* Ier et il dut abdiquer en 1556. Alors s'ouvrit pour l'Espagne une période de prestige intellectuel et de puissance dont le XVIe s. (le « Siècle d'or ») marqua le sommet. Peu sensible à la Renaissance italienne, l'Espagne développa une culture riche et contrastée, oscillant entre le goût de l'ornementation et l'austérité visionnaire. L'architecture fut dominée par le style plateresque, caractérisé par son foisonnement (université et couvent de San Esteban à Salamanque). La sculpture adopta des formes tourmentées (A. Berruguete*, J. de Juni*), tout comme la peinture (L. de Morales*, le Greco*) avant qu'elle ne parvienne à son apogée au XVIIe s. → **Ribalta, Ribera (José de), Zurbarán, Murillo, Vélasquez.** En musique, T. L. de Victoria* explora la polyphonie. Quant à la littérature, elle s'épanouit dans tous les genres : le picaresque (Alemán*, Quevedo*), le lyrique (Luis de Góngora*), la comédie (L. de Rueda*), le drame (Lope* de Vega, Calderón* de la Barca, Tirso* de Molina). Avec Cervantès*, elle atteignit une dimension universelle à laquelle aspiraient aussi, sur le plan de la spiritualité, Thérèse* d'Ávila et Jean* de la Croix. À la même époque, Ignace* de Loyola, en fondant la Compagnie de Jésus, forgea l'instrument le plus puissant de la Contre-Réforme. ♦ ***Philippe II et ses successeurs*** Charles Quint avait laissé à son fils Philippe* II (1556 - 1598) son immense empire (à l'exception des possessions allemandes) auquel vinrent s'ajouter les conquêtes américaines de Cortés* et de Pizarro*, puis le Portugal (1580). Les métaux précieux affluaient en Espagne, ne servant guère à stimuler l'économie, mais plutôt à financer la guerre. Philippe II signa avec la France la paix du Cateau*-Cambrésis (1559), mais se heurta à l'Angleterre (défaite de l'Invincible Armada*, 1588). À l'intérieur, le monarque, « champion de la vraie foi », accrut la répression contre les Maures et les Juifs, alors que l'économie s'appauvrissait. La décadence se précipita sous les successeurs de Philippe II. Les règnes de Philippe* III et Philippe* IV furent dominés par des favoris, Lerma* et Olivares*. Le Portugal reprit son indépendance en 1640 de même que les Pays-Bas (traités de Westphalie*, 1648). Par le traité des Pyrénées* (1659), l'Espagne céda l'Artois et le Roussillon à la France et passa sous l'influence française avec le mariage de Louis XIV et de l'infante Marie*-Thérèse.

**LES BOURBONS** En 1700, Philippe d'Anjou monta sur le trône d'Espagne sous le nom de Philippe* V et inaugura le règne des Bourbons. Le règne fut marqué par la perte des possessions espagnoles (autres que les colonies d'Amérique) et par une politique de centralisation. Charles* III (1759 - 1788) fut le type du despote éclairé ; il tenta de stimuler l'économie, expulsa les jésuites en 1767, et favorisa les arts. C'est sous son règne que l'architecture néoclas-

**Espagne.** La Plaza de toros de las Ventas, à Madrid.
*Phot. © P. Escudero/Hoa Qui*

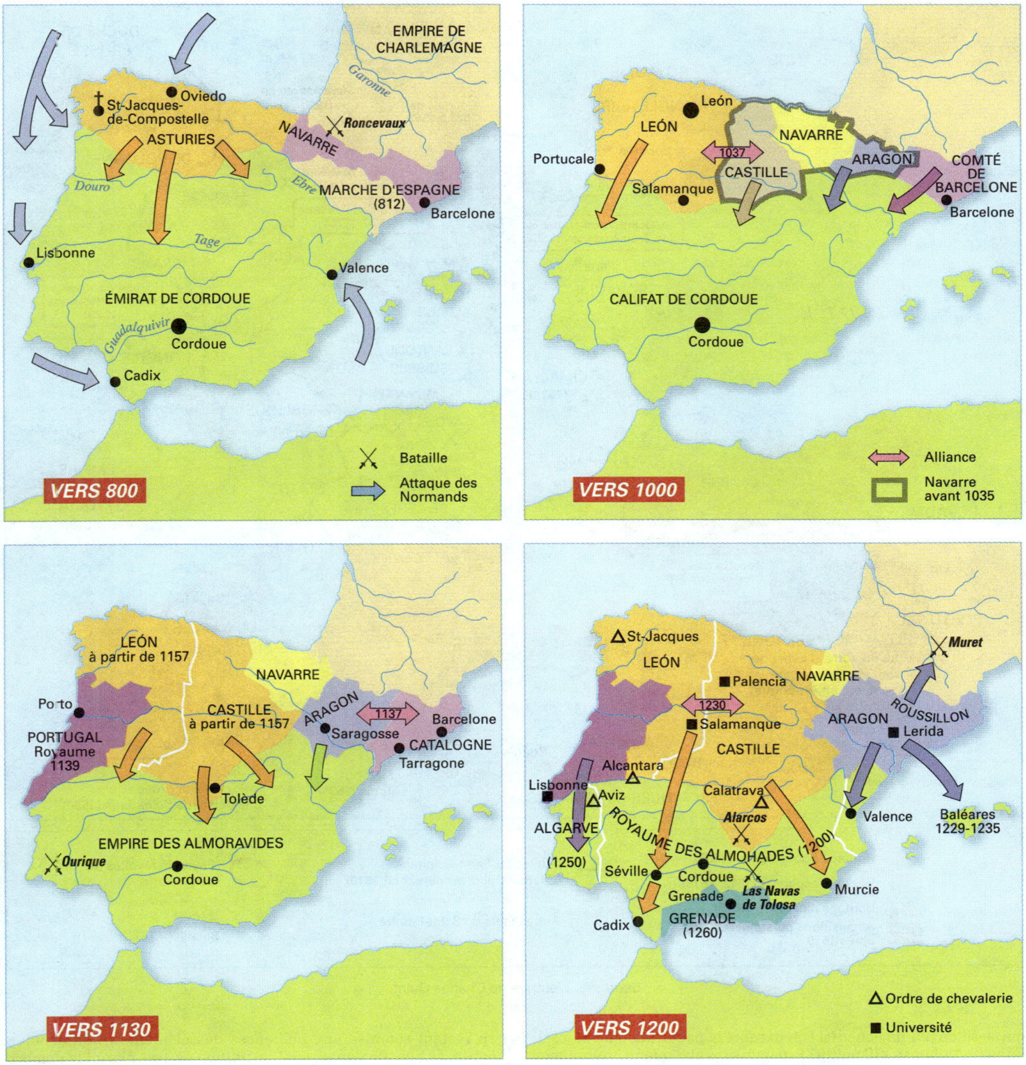


**Espagne.** La Reconquista.

sique (J. de Villanueva*) supplanta le style churrigueresque en vogue au début du siècle, que fut créée la fabrique de céramique du Buen Retiro et que Goya* fut nommé peintre du roi.

**NAPOLÉON ET LA GUERRE D'INDÉPENDANCE** Charles* IV (1788 - 1808) se laissa dominer par Godoy* et s'allia au Directoire. Il fut déposé par Napoléon* Ier, qui installa sur le trône son frère Joseph Bonaparte et envahit l'Espagne. Le peuple de Madrid se souleva et encourut une terrible répression (2 et 3 mai 1808). L'insurrection gagna l'Andalousie, dégénérant en atrocités réciproques. Une junte insurrectionnelle s'était réfugiée à Cadix*, d'où elle continua à animer la résistance jusqu'à la libération finale de l'Espagne à la suite de l'alliance anglo-espagnole et des victoires de Wellington* (1814). Dès 1813, les Bourbons étaient restaurés. Dans l'intervalle, presque toutes les colonies d'Amérique s'étaient rendues indépendantes.

**LES TROUBLES DU XIXe S. ET LA CHUTE DE LA MONARCHIE** Ferdinand* VII (1814 - 1833) inaugura l'« ignominieuse décennie » (1823 - 1833) qui décapita le libéralisme espagnol. Le XIXe s. fut marqué par les luttes entre les absolutistes, partisans de don Carlos* (→ **carlistes**), et les libéraux, partisans de la reine Isabelle* II ; celle-ci, montée sur le trône en 1833, mais n'exerçant un pouvoir personnel qu'à partir de 1854, laissa le pouvoir à O'Donnell* et Narváez* et fut renversée par le coup d'État du général Prim*. La république fut proclamée en 1873 ; l'année suivante, les Bourbons étaient restaurés en la personne d'Alphonse* XII (1874 - 1885). La régence de Marie*-Christine vit la perte des dernières colonies (Cuba, Porto Rico, les Philippines) ; aucune réforme ne put être entreprise dans une Espagne en pleine crise économique, où les premiers mouvements ouvriers (Asturies) et anarchistes (Catalogne) naissaient. **Les arts** À l'image du pays, dépossédé de ses colonies et encore marqué par l'occupation française, l'art du XIXe s. se replia sur les thèmes nationalistes et les sujets folkloriques, que ce soit en peinture (I. Zuloaga* y Zabaleta), en musique (Pedrell*) ou en littérature (Bécquer*, Larra*, Ganivet*, Alarcón* y Ariza, Pérez* Galdós). Ce ne fut qu'à l'extrême fin du XIXe s. que les artistes et intellectuels s'ouvrirent aux influences étrangères, notamment parisiennes, et à l'esthétique moderne. L'Espagne connut ainsi jusqu'à la guerre civile une période particulièrement riche sur le plan culturel. Après que le modernisme eut bouleversé l'architecture (Gaudí*) et que Picasso eut révolutionné la peinture, le cubisme (Gargallo*, Gris*) et surtout le surréalisme envahirent les arts. → **Miró, Dalí, González, Buñuel.** En musique (Albéniz*, Granados*, Turina*, Falla*) et en littérature (Unamuno*, Baroja*, Valle* Inclán, Jiménez*, Machado*, García* Lorca, Ortega* y Gasset), l'attachement au pays se conjuguait avec des préoccupations d'ordre universel.

**LA DEUXIÈME RÉPUBLIQUE** Avec Alphonse* XIII, monté sur le trône en 1902, la situation politique s'aggrava. Le coup d'État de Primo* de Rivera instaura une dictature (1923 - 1930) acceptée par le roi et

**Espagne.** L'empire de Charles Quint.

qui se solda par un échec (si l'on excepte la pacification du Maroc). En 1931, Alphonse XIII quitta l'Espagne sans abdiquer. L'avènement de la république (avr. 1931) éveilla les espoirs du peuple et s'accompagna d'émeutes anticléricales. Les grandes réformes votées (réforme agraire, suffrage universel, statuts d'autonomie aux provinces, réformes juridiques : divorce, etc.) restèrent en grande partie lettre morte.

**LA GUERRE CIVILE** Après un retour de la droite (1933), les élections de 1936 virent le succès de la gauche unie dans le *Frente Popular*. C'est alors que la Phalange* regroupa les opposants au régime et favorisa le *pronunciamiento* du général Franco* au Maroc et le soulèvement des garnisons. La guerre civile dura jusqu'en 1939. Peu à peu, les armées franquistes s'emparèrent de toute l'Espagne républicaine : Bilbao (juin 1937), Barcelone (janv. 1939), Madrid (mars 1939). À l'intérieur, cette guerre fut une lutte sanglante où «l'on se battit pour Dieu et pour le Diable» (Hemingway), les deux parties représentant deux conceptions du monde inconciliables. À l'extérieur, la guerre d'Espagne servit de banc d'essai aux armées fascistes et nazies, l'Italie et l'Allemagne étant les seuls États à prendre part aux combats, du côté des nationalistes. Les républicains ne bénéficièrent que de l'aide officieuse des Brigades* internationales et de l'appui de l'URSS, Londres et Paris adoptant une politique de «non-intervention».

**L'ÉPOQUE DE FRANCO** Les nationalistes, vainqueurs, durent entreprendre un énorme travail de reconstruction. Franco instaura une dictature militaire soutenue par la Phalange, parti unique. En 1947, il publia une loi de succession qui définit l'Espagne «État catholique, social et représentatif», s'instituant régent à vie de la monarchie. Sur le plan extérieur, il réussit à rompre l'isolement de son pays avec l'aide des États-Unis ; l'Espagne entra à l'ONU en 1955. Après 1960, l'Espagne bénéficia d'un renouveau économique tout en restant soumise aux influences des éléments traditionnels : Église, armée, Phalange. La Constitution de 1966 élargit le nombre des électeurs et établit le principe de la succession de Franco. Cependant, l'évolution du régime était très lente : les mouvements d'opposition (ouvriers, étudiants, intellectuels), très forts à Madrid, au Pays basque et en Catalogne, entraînèrent la proclamation de l'«état d'exception» de janv. à mars 1969. **La culture** Malgré la dictature, la culture n'avait pas perdu de sa vitalité comme en témoignent l'architecture (Bofill*), la sculpture, la peinture (Tàpies*), le cinéma (C. Saura) et la littérature (Cela*, Goytisolo*, Sender*, Benet*, Vázquez* Montalbán).

**LA DÉMOCRATIE** À la mort de Franco (nov. 1975), Juan* Carlos devint roi. Un régime parlementaire fut instauré en 1976 et une Constitution démocratique adoptée en 1978, marquant une rupture définitive avec le franquisme (abolition de la peine de mort, liberté syndicale et d'information, législation du divorce, etc.). Cette Constitution établit également un système semi-fédéral reposant sur les communautés autonomes, dotées chacune d'un parlement et d'un gouvernement régional. Le Parlement fédéral *(Cortes)* est bicaméral. Les Provinces basques, la Catalogne et la Galice bénéficient d'un statut de «grande autonomie». Les partisans du franquisme restaient nombreux et actifs, menaçant la démocratie (coup d'État avorté du 23 fév. 1981). **Felipe González** Les élections législatives d'oct. 1982 virent le succès du PSOE (Parti socialiste ouvrier espagnol) dont le secrétaire, Felipe González*, devint Premier ministre. Membre de l'Otan depuis 1982, l'Espagne entra dans la CEE en 1986. Felipe González fut réélu aux élections générales de juin 1986 et d'oct. 1989. Son gouvernement fut confronté à la violence au sein des Provinces basques, au chômage, aux divergences avec le syndicat socialiste et à divers scandales politico-financiers entraînant sa défaite aux législatives de 1996 et la victoire de la droite. ▌**José Maria Aznar** José Maria Aznar*, du Parti populaire, dirigea alors le gouvernement, menant une politique libérale assortie de privatisations, et il remporta un triomphe lors des élections législatives de 2000 (majorité absolue des sièges pour le Parti populaire). Malgré le redressement économique et l'entrée de l'Espagne dans la zone euro, le gouvernement resta confronté à une situation difficile au Pays basque. Les socialistes gagnèrent les législatives de mars 2004, au lendemain d'attentats meurtriers à Madrid, revendiqués par al-Qaida, la population sanctionnant le soutien de J. M. Aznar à l'intervention américaine en Irak en mars 2003. ▌**José Luis Zapatero** José Luis Zapatero* fut nommé Premier ministre et fit rentrer d'Irak les troupes espagnoles. Il fit adopter un nouveau statut d'autonomie élargie pour la Catalogne (2006) et l'Andalousie (2007), mais fut vivement critiqué par l'opposition de droite pour avoir entamé des négociations avec l'ETA — qui commit néanmoins de nouveaux attentats en déc. 2006 et en 2007 et rompit unilatéralement les relations à cette date — et pour sa gestion des répercussions de la crise mondiale laissant l'Espagne avec un déficit budgétaire record et un taux de chômage proche des 20 % début 2010.

---

**ESPALION** [12500] ➝ ÉTYM. p.-ê. du bas lat. *spelaeum* «caverne» ♦ Ch.-l. de cant. de l'Aveyron, arr. de Rodez, sur le Lot. 4 360 hab. *(Espalionnais)*. Pont du XIIIe s. Vieux-Palais (château Renaissance) ; maisons anc. sur le Lot. Musée Joseph-Vaylet : arts et traditions populaires. Musée du Rouergue. À 1 km, église de Perse (XIe s.) en grès rose de pur style roman (tympan ; clocher à peigne).

**ESPALY-SAINT-MARCEL** [43000] ➝ ÉTYM. anc. *Espalede*, de la rac. précelt. *spal-* «falaise» et suff. gaul. *-ate* ♦ Comm. de la Haute-Loire, arr. du Puy-en-Velay. 3 552 hab. Ruines d'un château, anc. résidence des évêques du Puy.

**ESPARTERO (Baldomero)**, duc DE LA VICTOIRE ♦ Général et homme d'État espagnol (Granátula, Ciudad Real 1793 - Logroño 1879). Il s'engagea comme volontaire contre les Français (1808). En 1833, il se rallia à Isabelle* II, vainquit les carlistes* (1838) et fut fait duc de la Victoire. Nommé régent à la place de Marie*-Christine, il gouverna de 1841 à 1843. Renversé au retour de Narváez*, il dut se retirer, mais revint au pouvoir de 1854 à 1856.

**ESPÉRANDIEU (Jacques Henri)** ♦ Architecte français (Nîmes 1829 - Marseille 1874). Élève de Vaudoyer*, il pratiqua un style éclectique de tendance romano-byzantine. Architecte de la ville de Marseille, il poursuivit l'édification de la cathédrale et construisit la basilique Notre-Dame-de-la-Garde, à partir de 1864.

**ESPÉROU** ou **LESPÉROU** n. m. ➝ ÉTYM. occit. «éperon rocheux» ♦ Crête des Cévennes (1 417 m), à proximité du mont Aigoual. Station estivale et centre de sports d'hiver au hameau de l'Espérou (comm. de Valleraugue). Exploitation forestière.

**ESPINAS (Alfred Victor)** ♦ Philosophe français (Saint-Florentin, Yonne 1844 - id. 1922). Ses études sur les sociétés animales font de lui un des principaux représentants de l'organicisme (en sociologie). Il contribua également au développement de la psychologie expérimentale.

**ESPINASSE (Charles Esprit)** ♦ Général français (Saissac, Aude 1815 - Magenta 1859). Après avoir servi dans l'armée d'Afrique, il participa à l'expédition de Rome (1849). Il assista Louis Napoléon Bonaparte lors du coup d'État du 2 décembre* 1851 et fut promu général. Nommé ministre de l'Intérieur en 1858, après l'attentat d'Orsini, il contribua à faire adopter la loi de sûreté (1859). Il fut tué lors de la bataille de Magenta. ➝ ÉTYM. *Espinasse* signifie «endroit planté d'arbutes épineux» (formé sur *spina* et le suffixe augmentatif *-acia*)».

**ESPINEL (Vicente)** ♦ Poète, romancier et musicien espagnol (Ronda 1550 - Madrid 1624). Auteur de poésies (*Rimas*, 1591) et de compositions musicales, il est connu pour son roman picaresque *Vie de l'écuyer Marcos de Obregón* (1618) dont s'inspira Lesage* dans son *Gil Blas*. À son époque, il était surtout célèbre pour ses poésies et pour la cinquième corde qu'il ajouta à la guitare.

**ESPINHAÇO** (serra do) n. f. ♦ Ensemble montagneux du Brésil qui s'élève sur le plateau Atlantique, traversant du N. au S. les États de Bahia et de Minas Gerais sur une largeur de 50 à 100 km. Ligne de partage des eaux entre les affluents du fl. São Francisco à l'O. et les riv. qui coulent vers l'Atlantique à l'E. Nombreux gisements de minerais.

**ESPINOUSE** n. m. ➝ ÉTYM. de l'occit. *(tèrra) espinosa* «(terre) épineuse [couverte de buissons]» ♦ Massif granitique situé dans le prolongement des Cévennes, entre le causse du Larzac et la montagne Noire, culminant à 1 124 m. Il sépare les vallées de l'Agout au N. et de l'Orb au S. Ses deux versants, océanique et méditerranéen, offrent des contrastes saisissants.

**ESPÍRITO SANTO** ➝ ÉTYM. port. «Saint-Esprit» ♦ État du Brésil (région Sudeste). ➝ **Brésil** (carte). 45 733 km². 3 097 000 hab. CAP. : Vitória. L'État partage avec le Minas Gerais le point culminant du Sud brésilien, le Pico da Bandeira (2890 m). L'agriculture d'exportation et les plantations d'eucalyptus pour la fabrication de pâte à papier ont remplacé les plantations de canne à sucre et les cultures vivrières. Exportation de minerai de fer et de produits sidérurgiques.

**ESPIRITU SANTO** ou **SAINT-ESPRIT** – anc. ***Marina***, appelé ordinairement **SANTO** ♦ La plus grande des îles de la république du Vanuatu*, appartenant au groupe N. 5 000 km² env. 40 000 hab. Sur la côte S.-E. se situe le port de Luganville. Coprah, café, cacao. ▪ Première île de l'archipel découverte par un Européen. ➝ **Queirós [Pedro Fernandes de]**.

**ESPLÁ (Óscar)** ♦ Compositeur espagnol (Alicante 1886 - Madrid 1976). Docteur en philosophie, il se consacra à la composition. Empruntant au Moyen-Orient l'échelle modale sur laquelle il fonda son système harmonique, il s'est éloigné de l'Espagne traditionnelle pour se rapprocher de l'atmosphère gitane, riche de couleur et de sensualité. Son œuvre comprend un opéra *(La Belle Dormeuse)*, des pièces pour orchestre *(Veillée d'armes de Don Quichotte)*, des œuvres de musique de chambre, une cantate, un ballet et de la musique vocale *(Canciones playeras)*.

L'**Espoir** ♦ Roman d'André Malraux* (1937). Dans le cadre de la guerre civile espagnole, les républicains sont soumis à l'épreuve de l'action révolutionnaire contre le franquisme. Divisé en trois parties («L'Illusion lyrique», «L'Expérience de l'Apocalypse» et «Être et faire»), le roman analyse le passage de l'idéal révolutionnaire à l'organisation de la guerre contre les troupes de Franco, sous l'impulsion du parti communiste. Au-delà de l'opposition idéologique entre anarchisme et communisme, Malraux propose une réflexion sur le destin : l'espoir est ce qui apporte un sens à la vie. ▪ Sur le même thème, Malraux réalisa en 1939 un film, *Espoir*, également diffusé sous le titre *Sierra de Teruel*, qui ne sortit qu'en 1945 (prix Louis-Delluc 1945).

**ESPOO** ♦ V. de Finlande méridionale, dans la banlieue O. d'Helsinki. 238 047 hab.

**esprit (De l')** ♦ Ouvrage d'Helvétius* (anonyme, 1758). Ce traité de «morale expérimentale» obtint un succès de scandale et fut condamné par l'Église.

**Esprit** ♦ Revue fondée en oct. 1932 par Emmanuel Mounier*, qui la dirigea jusqu'en 1950, assisté de Georges Izard et Denis de Rougemont*. Représentant le personnalisme* chrétien, *Esprit* s'efforça de renouveler la pensée catholique et eut, sur le plan intellectuel et spirituel, une importance considérable. Après une interruption (1941 - 1944), la revue fut dirigée par Albert Béguin et Jean-Marie Domenach, qui en devint le directeur en 1957. Paul Thibaud (de 1977 à 1988) puis Olivier Mongin prirent ensuite en main la destinée de la revue. Dans les années 1980, *Esprit* s'est ouvert à de nouvelles approches, souvent liées à la sociologie et à la politique.

**esprit des lois (De l')** ♦ Œuvre maîtresse de Montesquieu* (XXXI livres, 1748), et travail de vingt années de réflexions et de lectures confrontées aux faits pour démontrer que les lois juridiques (synthèse de la nature et de la raison) sont «les rapports nécessaires qui dérivent de la nature des choses», comme l'indique le titre complet de l'ouvrage *(... ou Du rapport que les lois doivent avoir avec la constitution de chaque gouvernement, les mœurs, le climat, la religion et le commerce)*. Ayant ainsi prouvé que les lois ne sont ni invariables ni arbitraires, Montesquieu distingue trois types de gouvernement dont chacun repose sur un principe : le despotisme, sur la crainte ; la république, sur la vertu ; et la monarchie, sur l'honneur. Épris d'un idéal de modération et d'équilibre, Montesquieu opte pour une monarchie constitutionnelle où la «liberté politique» serait garantie par la séparation des trois pouvoirs (législatif, exécutif, judiciaire) et par des corps «intermédiaires, subordonnés et dépendants». Conscient des bienfaits que ses réflexions politiques, s'appuyant sur une méthode déductive et expérimentale, peuvent apporter au genre humain, Montesquieu recherche un style tantôt simple, tantôt ample, mais toujours au service de l'idée, car «il ne s'agit pas de faire lire, mais de faire penser».

**ESPRONCEDA (José DE)** ♦ Poète romantique espagnol (Almendralejo, près de Badajoz 1808 - Madrid 1842). Chantre de la patrie et de la liberté, Espronceda représente par sa vie sentimentale et son œuvre lyrique l'idéal du romantisme. Son œuvre principale (inachevée), *El Diablo Mundo* (1841), contient son plus beau poème, «Chant à Thérèse».

**ESQUILIN** n. m. (mont) – en lat. ***Esquilinus Mons*** ♦ Une des sept collines de Rome, située sur la partie E. de la ville. Longtemps désert, l'Esquilin commença à se peupler au -I[er] s. et devint l'un des quartiers aristocratiques de Rome, où s'étendaient de magnifiques jardins parmi lesquels celui de Mécène*. Principaux vestiges : thermes de Trajan, auditorium de Mécène, porte Majeure, Maison* dorée.

**ESQUIMAUX** n. m. pl. ➝ **Eskimos**

**ESQUIROL (Jean-Étienne Dominique)** ♦ Médecin aliéniste français (Toulouse 1772 - Paris 1840). Il poursuivit les travaux de Pinel* et est considéré comme l'un des fondateurs de la psychiatrie moderne. Il est à l'origine de la mise en place des institutions psychiatriques françaises actuelles. On lui doit une classification des délires et des démences (*Des maladies mentales considérées sous le rapport médical, hygiénique et médico-légal*, 1838). ➝ ÉTYM. *Esquirol* est la forme méridionale de *écureuil*.

**Essai sur les mœurs et l'esprit des nations** ♦ Œuvre historique de Voltaire* (1756), conçue comme un abrégé de l'histoire universelle. S'intéressant d'abord à l'histoire de l'Orient, l'auteur laisse, pour des raisons d'information, une place privilégiée à celle de l'Europe, depuis Charlemagne* jusqu'au règne de Louis* XIII. Selon une composition dramatique, chaque époque est présentée comme un mouvement essentiel de la lente progression de l'humanité, échappant aux superstitions et au dogmatisme, dans la conquête des progrès matériels et de la raison. C'est donc la civilisation qui est exaltée, plus que les guerres et les héros, car Voltaire veut voir, au milieu des plus grands désordres, «un amour de l'ordre qui anime en secret le genre humain et qui a prévenu sa ruine totale».

**Essai sur l'homme** – en angl. ***An Essay on Man*** ♦ Poème philosophique de Pope*, publié en 1733 - 1734 et composé de 4 épîtres. La dernière, intitulée *Du bonheur (Of the Nature and State of Man with Respect to Happiness)*, contient ce précepte que «tout notre savoir est de nous connaître nous-mêmes». Les trois premières épîtres évoquent l'homme et la nature, l'homme en face de lui-même et dans la société. Le thème de la bonté et de la dignité naturelle de l'homme fut partout repris dans la littérature européenne du XVIII$^e$ s.

Les **Essais** ♦ Œuvre essentielle de Montaigne* (1580, 1582, 1587, 1588 et, posth., 1595), écrite à partir de 1572 et poursuivie jusqu'à sa mort. Elle comprend 107 chapitres répartis en 3 livres. Le mot *essai* s'impose à Montaigne dans le courant de la rédaction. Il a plusieurs sens et renvoie tout d'abord à un exercice intellectuel par lequel l'auteur met son jugement à l'essai, sans craindre les contradictions qui peuvent apparaître entre les différentes idées ou références personnelles. Dans cette optique, l'esprit de Montaigne est marqué par une autonomie qui le conduit à rejeter l'ostentation, à condamner la colonisation (*Des cannibales*, I, 31 ; *Des coches*, II, 6) et surtout à faire l'apologie de la tolérance alors que son siècle est déchiré par les guerres de Religion (*De la liberté de conscience*, II, 19 ; *Apologie de Raimond Sebond*, II, 12). Mais le mot *essai* rend également compte de l'expérience personnelle de l'écrivain, comme il l'indique dans la courte notice *Au lecteur* : «Je veux qu'on m'y voie en ma façon simple, naturelle et ordinaire, sans contention et artifice.» De l'anecdote à la réflexion angoissée devant la maladie et la mort, Montaigne se donne comme le sujet de son livre et fonde ainsi une philosophie de l'existentiel qui englobe aussi bien des pages émouvantes sur l'amitié (*De l'amitié*, I, 28) [➝ **La Boétie (Étienne de)**] ou des récits marqués par la liberté de ton que des passages polémiques et indignés (*De la cruauté*, II, 12). Parallèlement, Montaigne porte une grande attention au corps (*De la ressemblance des enfants aux pères*, II, 37 ; *De la physionomie*, III, 12) et à la poésie (*Sur des vers de Virgile*, III, 5). Le dernier chapitre des *Essais* — *De l'expérience* (III, 13) — donne l'une des clés de la pensée de l'auteur. Malgré les nombreuses manifestations de son inquiétude, son œuvre est résolument tournée vers l'amour de la vie, de l'intelligence et de la jouissance : «C'est une absolue perfection et comme divine, de savoir jouir loyalement de son être.»

**ESSAOUIRA** ➝ ÉTYM. en ar. ***al-Suwayra*** «petite muraille» – anc. ***Mogador*** ♦ V. du Maroc, ch.-l. de prov., sur l'Atlantique. 69 493 hab. Port de pêche. Station balnéaire. Indus. du poisson. Anc. place forte et ville de corsaires.

**ESSARTS (LES)** [85140] ➝ ÉTYM. «terres défrichées» ♦ Ch.-l. de cant. de la Vendée, arr. de La Roche-sur-Yon. 4 186 hab. *(Essartais)*. Vestiges de l'anc. château (XI$^e$ s.).

**ESSARTS-LE-ROI (LES)** [78690] ➝ ÉTYM. *Essarts* «terres défrichées» et *le Roi* en hommage à Hugues Capet qui avait autorisé les fondateurs du village à défricher la forêt à cet endroit ♦ Comm. des Yvelines, arr. de Rambouillet. 6 126 hab. (aggl. 7 822).

**ESSEN** ♦ V. d'Allemagne (Rhénanie-du-Nord-Westphalie), sur la Berne, affl. de la Ruhr, au cœur du bassin houiller. ➝ **Ruhr.** 589 499 hab. Cathédrale fondée en 852, remaniée aux XI$^e$ et XII$^e$ s. sur le modèle de celle d'Aix-la-Chapelle et abritant un trésor d'une grande richesse (orfèvrerie des X$^e$ - XI$^e$ s.). Musée Folkwang (romantiques allemands, impressionnistes français, expressionnistes de Die Brücke et du Cavalier bleu). Villa Hügel (résidence d'Alfred Krupp*, 1872). Centre de Design. Parc floral (Grugapark). ▪ Grande cité minière et métallurgique, c'est le siège des usines Krupp*. Les aciéries, la métallurgie lourde et différenciée, les indus. chimiques et les verreries sont les aspects traditionnels de l'activité d'Essen. Depuis les années 1960, l'activité indus. s'oriente en outre vers de nouvelles branches (indus. électriques et électroniques). Sa situation au centre du bassin houiller où sont rassemblés 5 millions d'hab., sa gare et le réseau ferré régional *(S. Bahn)* lui valent d'être le principal centre de grands magasins, de commerces et de bureaux de la Ruhr (siège du syndicat houiller et du centre d'urbanisme de la Ruhr). ▮ **Histoire** Occupée de 1923 à 1925 par les troupes françaises, Essen fut détruite à 75 % par l'aviation alliée en 1943.

**ESSEN** ♦ Comm. de Belgique (Région flamande), prov. et arr. d'Anvers, à la frontière des Pays-Bas. 17 143 hab. Indus. agroalimentaire. Tourisme (musée en plein air).

**esséniens**

n. m. pl. ♦ Secte juive (–II$^e$ s. - fin I$^{er}$ s.), dont les membres vivaient en communautés monastiques et dont les principaux caractères étaient : ascétisme, pureté (lustrations rituelles), célibat, communauté des biens, sanctification du repas en commun, vêtement blanc. Philon* d'Alexandrie situe des communautés esséniennes en Palestine, Flavius Josèphe* en Judée et Pline* l'Ancien près de la mer Morte*. Aux XVIII$^e$ et XIX$^e$ s., des exégètes ont tenté de préciser les relations possibles entre Jésus ou Jean-Baptiste et les esséniens. Dans les années 1950, la découverte des manuscrits de Qumrân* relança la question : bien que Josèphe les fasse vivre dans les villes et que nulle mention des esséniens n'apparaisse dans les manuscrits, on a longtemps assimilé la communauté de la mer Morte à un couvent essénien.

**ESSENINE** ou **IESSENINE (Sergueï Aleksandrovitch)** ♦ Poète soviétique (Konstantinovo, gouv. de Riazan 1895 - Leningrad 1925). Ses origines paysannes lui inspirèrent de nombreux poèmes lyriques : *Tout l'azur du ciel*, *La Russie* (1915), *Transfiguration* (1918), *Sorokooust* (1920). Puis c'est avec enthousiasme qu'il accepta tout d'abord la nouvelle vie que devait amener la révolution et il la chanta avec une émotion religieuse : *Inonia* (1918). Après son mariage avec Isadora Duncan et son voyage en Occident, il devint peu à peu hostile aux idées nouvelles et à l'industrialisation qui détruisait l'esprit et la beauté de la nature : *Confession d'un voyou* (1921). Il publia de 1923 à 1925 : *La Russie soviétique*, *Chant de la Grande Marche*, *La Ballade des 26*, *Motifs persans*. De plus en plus déprimé, il écrivit sa dernière œuvre, *L'Homme noir* (publié en 1926), et finit par se suicider. ▪ Son œuvre, empreinte de sincérité et d'humanité, eut une influence sur la jeunesse, mais fut mal acceptée par le parti communiste qui la jugeait trop étrangère au prolétariat.

**ESSEQUIBO** n. m. ♦ Fl. du Guyana (750 km), dans le massif des Guyanes, se jetant dans l'océan Atlantique par un profond estuaire, à l'O. de Georgetown.

**ESSEX (Robert DEVEREUX,** 2$^e$ comte **D')** ♦ Homme politique anglais (Netherwood 1567 - Londres 1601). Favori d'Élisabeth I$^{re}$, il succéda auprès d'elle à son beau-père Robert Dudley*. Son incapacité face à la révolte de l'Irlande (1598) et son mariage secret le firent bannir de la Cour. Il conspira alors avec Jacques VI d'Écosse, fut arrêté et condamné à mort après bien des hésitations de la reine. ♦ **Robert Devereux,** 3$^e$ comte **d'Essex** (1591 - 1646). Fils du précédent. Il fit partie de l'opposition à Charles* I$^{er}$ et prit la tête de l'armée parlementaire.

**ESSEX** ➝ ÉTYM. du vieil angl. *East-seaxe* «Saxons de l'Est» [n. de peuple étendu au territoire] (➝ aussi Middlesex, Sussex et Wessex) ♦ Comté du S.-E. de l'Angleterre, au N.-E. de Londres. 3 674 km². 1 550 000 hab. CH.-L. : Chelmsford. Riche région agricole rattrapée à l'O. par la croissance de l'aggl. londonienne qui entraîne le développement de l'industrie à Chelmsford et Colchester. Le sud du comté, sur l'estuaire de la Tamise, correspond aux avant-ports de Londres (Tilbury). Stations balnéaires sur la côte de la mer du Nord (Southend-on-Sea, Clacton-on-Sea). ▮ **Histoire** Royaume saxon de l'Angleterre, fondé au VI$^e$ s. au N. et au N.-E. de l'estuaire de la Tamise, avec Londres pour capitale. Il fut annexé par le Wessex* en 825, puis par les Danois (878 - 917).

**ESSEY-LÈS-NANCY** [54270] ➝ ÉTYM. anc. *Aciacum*, du lat. *Accius*, n. de pers., et suff. *-acum* ♦ Comm. de la Meurthe-et-Moselle, banlieue E. de Nancy. 7 310 hab. Au S., aéroport de Nancy.

**ESSLING** ♦ Village autrichien, près de Vienne*. Le 22 mai 1809, un combat sanglant et indécis opposa les Autrichiens de l'archiduc Charles* de Habsbourg et les Français. Lannes* y fut mortellement blessé.

**ESSLINGEN-AM-NECKAR** ♦ V. d'Allemagne (Bade-Wurtemberg), sur la rive d. du Neckar, en amont de Stuttgart. 91 500 hab. Église gothique (Frauenkirche) des XIV$^e$ - XV$^e$ s., vestiges d'une enceinte fortifiée (XIII$^e$ s.), hôtel de ville Renaissance (XV$^e$ - XVI$^e$ s.). ▪ Ville libre d'Empire vivant du commerce des vins du Neckar, transformée en faubourg industriel de Stuttgart (indus. ferroviaires, mécaniques, électriques).

**ESSONNE** n. f. ➝ ÉTYM. même orig. que *Aisne** ♦ Affl. de la Seine (90 km) qui conflue à Corbeil-Essonnes.

**ESSONNE** n. f. [91] ➝ ÉTYM. du n. de la riv. ♦ Dép. du centre-Nord de la France, région Île-de-France. 1 804 km². 1 134 238 hab. CH.-L. : Évry. CH.-L. D'ARR. : Palaiseau, Étampes. Cour d'appel : Paris. Académie : Versailles. Le dép. a été créé en 1964. ➝ **Île-de-France.**

**Est** (canal de l') ♦ Canal de 439 km, qui relie la Meuse et la Moselle à la Saône. Il commence à Givet, se confond sur 20 km avec le canal de la Marne au Rhin et rejoint la Saône à Port-sur-Saône.

**ESTAING** [ɛstɛ̃] **(Jean-Baptiste,** comte **D')** ♦ Amiral français (château de Ravel, Auvergne 1729 - Paris 1794). Après avoir servi aux Indes sous Lally*-Tollendal, puis avoir été nommé vice-amiral des mers d'Asie et d'Afrique (1777), il prit part à la guerre de l'Indépendance* américaine, échoua devant Newport, puis s'empara de la Grenade (1779). Commandant de la garde nationale (1789), promu amiral de France (1792), il fut arrêté sous la Terreur et guillotiné, malgré ses convictions républicaines. ➝ **ÉTYM.** Ce nom est la forme régionale de *étang.*

**ESTAIRES** [59940] ➝ **ÉTYM.** anc. *Stegras,* du germ. *steger* «lieu d'amarrage pour les bateaux» [la chaussée romaine qui relie Cassel à Arras y franchit la Lys] ♦ Comm. du Nord, arr. de Dunkerque, sur la Lys. 5 691 hab.

**ESTAQUE** n. f. ➝ **ÉTYM.** de l'anc. prov. catalan *estaca* «pieu, pilier» ♦ Chaînon calcaire des Alpes de Provence, fermant au S. l'étang de Berre, prolongeant à l'O. la chaîne de l'Étoile et dominant au N.-O. de Marseille la rade de l'Estaque. ▪ L'Estaque, localité de la banl. de Marseille, fut un des hauts lieux de la peinture contemporaine : P. Cézanne, G. Braque, R. Dufy, A. Derain y travaillèrent.

**ESTAUNIÉ (Édouard)** ♦ Écrivain français (Dijon 1862 - Paris 1942). Ingénieur de valeur, il mena concurremment une carrière de scientifique et d'écrivain ; admirateur de Balzac, il se plut, dès *L'Empreinte* (1896), à souligner les rapports du personnage et de son milieu, puis se fit le peintre des émotions cachées qui animent des vies mornes en apparence, dans *La Vie secrète* (1908), *L'Ascension de M. Baslèvre* (1921), *L'Infirme aux mains de lumière* (1924). [Acad. fr. 1923] ➝ **ÉTYM.** *Estaunié* est probablement la contraction de *estalonier,* de *estalon* «étalon (de poids et mesures)» [surnom de fabricant].

**ESTE (**famille **D')** ♦ Famille italienne qui régna sur Ferrare* de 1240 à 1597 et sur Modène* de 1288 à 1796. ♦ **Hercule Ier d'Este** (1433 - 1505), premier duc de Ferrare. Il protégea l'Arioste et Boiardo. ♦ **Isabelle d'Este** (1474 - 1539). Fille d'Hercule Ier. Elle épousa François de Gonzague, marquis de Mantoue. ♦ **Béatrice d'Este** (1475 - 1497). Sœur de la précédente. Elle épousa Ludovic* Sforza le More. ♦ **Alphonse Ier d'Este** (1476 - 1534). Fils d'Hercule Ier. Duc de Ferrare et de Modène (1505 - 1534), il épousa Lucrèce Borgia en 1501 et protégea l'Arioste. ♦ **Hippolyte Ier,** cardinal **d'Este** (1479 - 1520). Frère d'Alphonse Ier. L'Arioste lui dédia son *Roland* furieux.* ♦ **Hippolyte II,** cardinal **d'Este** (1509 - 1572). Fils d'Alphonse Ier. Il fut archevêque de Milan, de Lyon et de Narbonne, et gouverna le duché de Parme pour le compte de la France (1552 - 1554). Il construisit la villa d'Este à Tivoli. ♦ **Hercule II d'Este** (1508 - 1550). Il épousa Renée de France et accueillit les calvinistes persécutés, dont Marot. ♦ **Alphonse II d'Este.** Il mourut sans enfants en 1597, à la suite de quoi le pape Clément VIII prit Ferrare (1598). ♦ **César Ier d'Este.** Fils naturel d'un fils d'Alphonse Ier, il fonda à Modène* la branche cadette. ♦ **Renaud d'Este** (1655 - 1727). Il réunit par mariage les deux branches de la maison. ♦ **Hercule III d'Este** dernier duc **de Modène.** Il fut déposé par le traité de Campoformio (1797). Sa fille MARIE-BÉATRICE apporta en dot les biens de la maison d'Este aux Habsbourg* par son mariage (1771) avec Ferdinand d'Autriche.

**ESTE** – anc. *Ateste* ♦ V. d'Italie, en Vénétie (prov. de Padoue), au pied des monts Euganéens. 16 704 hab. Centre agricole. Indus. mécaniques. Mécanique de précision. Cimenteries. Céramiques réputées depuis le XVIIIe s. Berceau de la famille d'Este. ▮ **Histoire** *Ateste* fut un important centre vénète où subsistent d'intéressants vestiges préhistoriques.

**Este** (villa d') ➝ **Tivoli**

**ESTELLA** ♦ V. d'Espagne (Navarre), prov. de Pampelune, sur l'Ega. 13 931 hab. Anc. cap. des rois de Navarre, elle possède des églises romanes et gothiques, ainsi que des palais seigneuriaux des XVIe et XVIIe s.

**ESTEREL** ou **ESTÉREL** n. m. ➝ **ÉTYM.** p.-ê. à rattacher au gr. *stêlê* «pilier» ou au rad. pré-indo-eur. *°est* «rocher» avec suff. ligure *-elu* ou lat. *-ellu* ♦ Massif cristallin de la Provence maritime, dominant la Méditerranée entre Saint-Raphaël et Cannes. De faible altitude (614 m au mont Vinaigre), profondément raviné, il est constitué de roches éruptives (porphyres) qui lui ont donné sa coloration rougeâtre. Jalonné de stations balnéaires sur son littoral, le massif est couvert de forêts de pins et de chênes-lièges, plusieurs fois ravagées par les incendies.

**ESTERHAZY** ou **ESZTERHÁZY** ♦ Noble famille de Hongrie, originaire de la Slovaquie actuelle, établie à Eisenstadt (dans l'Autriche actuelle) en 1622, et dont l'importance est capitale dans l'histoire militaire, politique et culturelle de ce pays. Parmi les princes du XVIIIe s., on retient les noms de PAUL ANTON (1711 - 1762) qui attacha Haydn à son service, de son frère NICOLAS (1714 - 1790) pour qui Haydn* écrivit une grande partie de ses œuvres et de NICOLAS II (1765 - 1833), petit-fils du précédent, pour qui Haydn écrivit ses six dernières messes (1796 - 1802) et Beethoven sa *Messe en ut* op. 86 (1807). ➝ **ÉTYM.** Ce nom de famille hongrois signifie «la maison *(ház)* du couvreur *(szerhás)*».

**ESTERHAZY (Marie Charles Ferdinand Walsin)** ♦ Officier français d'origine hongroise (en Autriche 1847 - Harpenden, Hertfordshire 1923). Attaché à l'état-major de l'armée française, il fut accusé par Picquart* d'être l'auteur du bordereau qui fit condamner Dreyfus pour espionnage (1896) ; il fut acquitté triomphalement par le conseil de guerre (janv. 1898), mais sa culpabilité fut établie postérieurement. ➝ **Dreyfus (Alfred).**

**ESTERHAZY (Péter)** ♦ Écrivain hongrois (Budapest 1950). Issu de l'ancienne famille aristocrate (➝ ci-dessus), mathématicien et informaticien de formation, à la fois fidèle et critique du postmodernisme, il a écrit une quinzaine de romans fondés sur une connaissance profonde du fonctionnement de la langue et sur la coexistence des textes (*Trois anges me surveillent,* 1979 ; *Indirect,* 1981 ; *Auxiliaires du cœur,* 1985). Le destin de sa propre famille, persécutée par le régime communiste, constitue le canevas d'*Harmonia cælestis* (2001). Deux ans plus tard, il y adjoint une annexe : *Édition corrigée.* Entre-temps, il a découvert le passé d'informateur de la police politique de son père et exprimé sa douleur.

**ESTÈVE (Maurice)** ♦ Peintre français (Culan, Cher 1904 - *id.*2001). Il étudia la peinture à l'atelier libre de l'académie Colarossi et fréquenta le Louvre. En 1923, à Barcelone, il dirigea un atelier de dessin dans une fabrique de tissus. Après avoir subi diverses influences, notamment celles de Cézanne, du cubisme et de Léger, et aussi celle de Van* Gogh, il travailla avec Delaunay* à la décoration des pavillons de l'aviation et des chemins de fer (Exposition de 1937) et évolua progressivement vers un art non figuratif, dans un style qui présente des affinités avec Bazaine*, Manessier*, Singier. Son œuvre crée un espace original à partir de formes simples, calmes, irrégulières, d'un aspect géométrique très lâche (bandes horizontales et verticales, masses ou lignes quadrangulaires ou ovoïdes) formant une structure souple aux rythmes pondérés et savamment élaborés. Ces rythmes sont mis en valeur par des rapports de tons éclatants ou assourdis, étalés par aplats ou d'une touche vibrante et engendrant des effets de transparence ou d'opacité (*Lalongue,* 1959). Il a aussi réalisé des collages, des lithographies, des cartons de tapisserie et des vitraux (chapelle de Berlincourt, 1957). ➝ **ÉTYM.** *Estève* a la même étymologie que *Étienne*.*

**ESTHER** ➝ **ÉTYM.** du gr. *astêr* ou persan *stâra* «étoile» ♦ Personnage biblique dont le nom hébreu est Hadassa (de *hadassâh* «myrte»). ♦ ***Le «Livre d'Esther»*** Livre de la Bible, un des Cinq* Rouleaux (Écrits*). 10 chapitres racontent l'histoire de cette belle Juive choisie comme épouse par le roi Assuérus* sans qu'il connaisse ses origines. À la suite d'un conflit entre son cousin et père adoptif, Mardochée*, et le premier ministre Aman*, ce dernier parvient à obtenir du roi l'ordre d'exterminer les Juifs de son royaume ; la jeune reine parvient à démontrer la vilenie d'Aman, et ce sont au contraire les Juifs qui exterminent leurs adversaires tandis qu'Aman est pendu, retournement de situation depuis commémoré par les réjouissances de la fête des Sorts (Pourim*). Cette histoire édifiante et purement profane (Dieu n'y apparaît pas), où certains veulent voir le début de l'antisémitisme, a reçu dans la Bible grecque des ajouts (rêve de Mardochée, prière de Mardochée et d'Esther, décret et contre-décret concernant les Juifs, interprétation du rêve de Mardochée) qui témoignent d'une relecture théologique : ces suppléments sont deutérocanoniques*

**Esther** ♦ Tragédie de Racine*, en 3 actes et avec chœurs (1689), écrite à la demande de Mme de Maintenon pour les demoiselles de Saint-Cyr. Cette œuvre marqua le retour de Racine au théâtre après le silence qui suivit l'échec de *Phèdre* (1677). Elle s'inspire dans sa forme de la tragédie grecque par le rôle assigné au chœur. Un épisode rapporté par la Bible en constitue l'intrigue, non sans allusions à Louis XIV et à ses favorites. Bannissant la reine Vasthi, Assuérus, roi de Perse, a épousé Esther sans savoir qu'elle est juive. Par son oncle Mardochée, la jeune femme apprend qu'Aman, favori du roi, a obtenu de lui un décret d'extermination du peuple juif.

**L'Esterel.**
*Phot. © Ch. Vaisse/Hoa Qui*

Au péril de sa vie, Esther obtient d'Assuérus qu'il renonce à son dessein tandis qu'Aman périt sous les coups des juifs victorieux. ▪ Musique de Jean-Baptiste Moreau.

**ESTIENNE** ♦ Famille d'humanistes imprimeurs et éditeurs français. ♦ **Robert Ier Estienne** (Paris 1498 - Genève 1559), auteur d'un *Trésor de la langue latine* (1531) et traducteur. ♦ **Henri II Estienne** (Paris 1531 - Lyon 1598). Fils du précédent. Il donna la première édition des *Odes* d'Anacréon*, aborda ensuite le domaine de la lutte d'idées avec l'*Apologie pour Hérodote* (1566) et couronna un vaste labeur philologique et grammairien de son *Trésor de la langue grecque* (1572). Passionné pour la langue française, il écrivit notamment son *Project du livre de la précellence du langage français* (1579), qui toucha un vaste public. ➝ **ÉTYM.** *Estienne* est la forme ancienne de *Étienne**.

**ESTIENNE (Jean-Baptiste)** ♦ Général français (Condé-en-Barrois 1860 - Paris 1936). Spécialiste des techniques d'artillerie, il fut, au cours de la Première Guerre mondiale, le principal créateur et théoricien du char de combat.

**ESTIENNE D'ORVES (Honoré D')** ➝ **ÉTYM.** *Estienne*, var. de *Étienne* ; *Orves*, probablt de la Grande Bastide d'*Orves*, à Évenos, dans le Var ♦ Officier de marine français (Verrières-le-Buisson, Essonne 1901 - Mont-Valérien 1941). Polytechnicien, puis officier de marine, il se rallia au général de Gaulle en 1940 et organisa un réseau de renseignements en France occupée. Trahi par l'un de ses collaborateurs, il fut arrêté par la Gestapo et fusillé. Il a laissé son *Journal de famille* et son *Journal de bord* (1950).

**Est-il bon ? Est-il méchant ?** ♦ Comédie en 4 actes de Diderot* (1781). Par une disposition innée à la bienveillance, M. Hardouin, poète un peu bohème, généreux et maladroit, intervient à tout instant dans les affaires des autres pour hâter la réalisation de leurs désirs. Mais c'est toujours au prix d'un mensonge qu'il réussit à atteindre le but désiré. Mis en jugement par ses victimes, il sera acquitté comme ayant agi pour leur bien. Mi-farce, mi-comédie de caractère, la pièce a pour intérêt principal de proposer un portrait de son auteur.

## ESTONIE

▪ n. f. – off. ***république d'Estonie*** ➝ **ÉTYM.** en estonien ***Eesti Vabariik*** « le pays des Estes » ♦ Le plus septentrional des pays baltes. 45 100 km². 1 268 300 hab. *(Estoniens)*. LANGUES : estonien, russe. POPULATION : Estoniens, 65,1 % ; Russes, 28,1 % ; Ukrainiens, 2,5 %. RELIGION : protestante. MONNAIE : couronne estonienne (kroon). CAPITALE : Tallinn. RÉGIME : démocratie parlementaire. L'Estonie est divisée en 15 districts. Elle englobe de nombreuses îles de la mer Baltique, dont les plus importantes sont Saaremaa et Hiiumaa.

▪ **GÉOGRAPHIE** Pays de plaines et de collines (culminant à 318 m) aux sols pauvres souvent boisés, l'Estonie possède quelques ressources naturelles : au N., des schistes bitumineux qui ont permis le développement de la chimie et de l'énergie thermique ; au centre, des phosphorites, encore inexploitées. L'agriculture, de type scandinave, a surtout développé l'élevage bovin et porcin. La côte est le plus souvent rocheuse, offrant de nombreux sites portuaires pour la pêche. Après 1945, l'Estonie soviétique a rénové les ports (création d'un avant-port à Tallinn) et les industries (chimie, mécanique de précision, électronique et informatique notamment dans le domaine d'Internet). Redevenue indépendante, l'Estonie s'est reconvertie à une économie de marché et a connu une décennie

**Estonie.**

de croissance soutenue. Elle a redéployé son commerce vers l'Occident, notamment vers la Finlande, proche géographiquement et linguistiquement, et la Suède. Les activités commerciales dépendent étroitement des relations que le pays entretient avec la Russie et du règlement du contentieux qui subsiste (contestations frontalières et statut de la minorité russe). L'activité économique a connu en 2008 un fort ralentissement qui tient principalement à la contraction du crédit et donc à la diminution de la demande intérieure avec des répercussions sur le nombre de chômeurs (15 %).

▪ **HISTOIRE** ▪ **Les Estes** Aux Xe - XIIe s., la partie S.-E. de l'Estonie fut intégrée à l'ancien État russe. Au début du XIIIe s., les *Estes* (ancêtres des Estoniens, de langue finno-ougrienne et païens) furent soumis et convertis au christianisme par les Allemands, puis par les Danois, qui fondèrent Tallinn (1219). ▪ **Les chevaliers Teutoniques** Après la grande révolte des paysans (1343 - 1345), l'Estonie fut achetée aux Danois par les chevaliers Teutoniques (1346) qui réduisirent les paysans au servage tandis que la Hanse se réservait le contrôle des ports. Sous Ivan IV le Terrible, les Russes, qui aspiraient à un débouché sur la Baltique, occupèrent Narva et Dorpat [auj. Tartu] (1558 - 1581). ▪ **De la domination suédoise à la domination russe** Après la dissolution de l'ordre Teutonique (1561), l'Estonie se trouva occupée par la Suède, le Danemark et la Pologne. Au XVIIe s., elle fut entièrement soumise aux Suédois, qui y apportèrent le luthéranisme et fondèrent l'université de Dorpat (1632). Pendant la guerre du Nord (1700 - 1721), l'Estonie fut conquise par Pierre le Grand (1710) et cédée par la Suède aux Russes, au traité de Nystad (1721), en même temps que la Livonie. Au début du XIXe s., le servage fut aboli. À la fin du XIXe s., la politique de russification d'Alexandre III fut combattue par les écrivains estoniens F. Kreutzwald et J. Liiv. ▪ **L'indépendance** Après la révolution de fév. 1917 en Russie, le gouv. provisoire russe accorda l'indépendance à l'Estonie (décret du 12 avr. 1917), mais, à la suite de la révolution d'Octobre, le pouvoir soviétique fut instauré le 28 nov. 1917. En fév. 1918, les Allemands attaquèrent l'Estonie, les bolcheviks abandonnèrent Tallinn, et le 24 fév. le gouv. provisoire estonien proclama l'indépendance. Par le traité de Brest*-Litovsk (3 mars 1918), Lénine céda les pays baltes* aux Allemands, et l'indépendance fut proclamée de nouveau le jour de la capitulation de l'Allemagne (11 nov. 1918) ; les bolcheviks ne la reconnurent qu'en fév. 1920, par le traité de Dorpat. En mars 1934, le président de l'Assemblée nationale K. Päts instaura la dictature. ▪ **Une république soviétique** La vie indépendante du pays prit fin quand l'Estonie, occupée par l'Armée rouge, devint une République socialiste soviétique au sein de l'URSS (1er août 1940). Conquise par les Allemands (août 1941), elle fut reprise par les Russes en 1944 et redevint une république soviétique. En 1988, par réaction contre les amendements à la Constitution décidés par Moscou, le Parlement estonien proclama la primauté de ses lois sur celles de l'Union soviétique. ▪ **Une république indépendante** Le 20 août 1991, l'Estonie devint une république indépendante. Engagée avec succès dans la voie des réformes libérales par Lennart Meri, président de 1992 à 2001, l'Estonie est entrée dans l'Union européenne et dans l'Otan en 2004. Depuis 2002, la droite libérale est à la tête du gouvernement.

**ESTORIL** ♦ Station balnéaire du Portugal, rattachée à Cascais*. Circuit automobile de Formule 1 (Grand Prix du Portugal).

**ESTOURNELLES (Paul BALLUET, baron DE CONSTANT DE REBECQUE D')** ♦ Homme politique français (La Flèche 1852 - Paris 1924). Député (1895), sénateur (1904), partisan de la conciliation internationale, il fut à l'origine du traité d'arbitrage franco-britannique (1903). Il représenta la France à la conférence de La Haye (1907). [Prix Nobel de la paix 1909]

**ESTOUTEVILLE (Guillaume D')** ♦ Cardinal français (v. 1403 - Rome 1483). Il fut chargé de la révision du procès de Jeanne* d'Arc (1450).

**ESTRADA CABRERA (Manuel)** ♦ Homme d'État guatémaltèque (Quetzaltenango 1857 - Guatemala 1923). Il instaura une dictature (1898 - 1920) qui abandonna aux compagnies bananières nord-américaines une partie du pays. Il a inspiré à l'écrivain Miguel Ángel Asturias* son roman *Monsieur le Président* (1946).

**ESTRADA PALMA (Tomás)** ♦ Homme d'État cubain (Bayamo 1835 - Santiago de Cuba 1908). Président du gouvernement révolutionnaire pendant la guerre des Dix Ans, fait prisonnier par les Espagnols en 1877, il vécut ensuite en exil. En 1902, il fut élu premier président de la République de Cuba. Son mandat fut caractérisé par un rapide retour à la prospérité économique de l'île. Mais il se heurta à l'opposition du parti libéral. Il se fit réélire en 1906 par la fraude mais, confronté à l'insurrection des libéraux, il n'eut d'autre ressource que d'appeler les États-Unis à l'aide (amendement Platt) et de démissionner.

**ESTRADES (Godefroi, comte D')** ♦ Maréchal et diplomate français (Agen 1607 - Paris 1686). Il fut ambassadeur en Angleterre, où il obtint de Charles II la restitution de Dunkerque, et en Hollande. Il fut l'un des artisans de la paix de Nimègue (1678) et s'illustra à la prise de Liège (1675), ce qui lui valut son bâton de maréchal.

**ESTRÉES** [etʀe] (maison **D'**) ♦ Famille d'Artois. ♦ **Gabrielle d'Estrées** (1573 - Paris 1599). Fille d'Antoine d'Estrées, grand maître de l'artillerie et gouverneur de l'île de France. Elle devint la maîtresse d'Henri* IV qui la fit duchesse de Beaufort. Il songeait à l'épouser quand elle mourut brutalement. Elle laissait trois enfants légitimés dont César de Vendôme. ♦ **François Annibal d'Estrées** (1573 - Paris 1670). Frère de Gabrielle d'Estrées. D'abord évêque de Noyon, il quitta l'Église pour devenir maréchal de France puis ambassadeur à Rome (1636 - 1648) où il décida de l'élection de Grégoire XV. ♦ **Jean d'Estrées** (Soleures 1624 - Paris 1707). Un des fils de François Annibal. Vice-amiral et maréchal de France, il reprit Cayenne aux Hollandais (1677). ♦ **Victor-Marie,** comte **de Cœuvres** et duc **d'Estrées** (Paris 1660 - *id.* 1737). Il commanda la marine lors de la guerre de Succession* d'Espagne et fit partie du conseil de régence en 1715.

**ESTRÉES-SAINT-DENIS** [60190] ← **ÉTYM.** *Estrées* : du lat. *strata* «voie couverte de pierres plates» [désigne des villages situés sur des voies romaines] et *Saint-Denis* en référence aux religieux de Saint-Denis qui construisirent une ferme à l'abbaye de Moyvilliers au XII$^{e}$ s. ♦ Ch.-l. de cant. de l'Oise, arr. de Compiègne. 3 542 hab. (aggl. 4 040) *(Dionysiens)*. Patrie des ducs d'Estrées dont le premier, François, était le frère de Gabrielle d'Estrées. ▪ Aux environs, stockage souterrain de gaz naturel de Gournay-sur-Aronde.

**ESTRELA** (serra da) ♦ Alignement montagneux de la région centrale du Portugal dont le point culminant, le mont Torre, atteint 1 993 m. Sports d'hiver.

**ESTRÉMADURE** n. f. ← **ÉTYM.** en esp. ***Extremadura,*** du lat. *Extrema Durii* «extrémité (ou Sud) du Douro» ou de *estremo* «extrême» et *(orla)dura* «bordure», pour nommer la dernière région reconquise contre les Maures au XIII$^{e}$ s. ♦ Communauté autonome d'Espagne. → **Espagne** (carte). 41 602 km$^{2}$. 1 089 990 hab. CAP. : Mérida. Elle comprend deux provinces : Badajoz et Cáceres. ▮ **Géographie** Au N. s'étend l'Estrémadure de Cáceres, vaste pénéplaine granitique, et au S. l'Estrémadure de Badajoz, ou Tierra de Barros, comprise entre les sierras et le bassin du Guadiana. Les terres du N., arides, sont utilisées comme pacages à moutons, ou plantées de chênes verts et de chênes-lièges : c'est la *montanera,* formant de vastes domaines de 200 à 10 000 ha, les *dehesas.* On cultive des céréales dans les plaines. La Tierra de Barros, plus fertile, est vouée à la vigne et à l'olivier. Le barrage de Cijara, sur le Tage, a permis l'irrigation et la mise en culture de 130 000 ha autour de Badajoz. Les villes sont de gros marchés agricoles. ▮ **Histoire** Intégrée à la province romaine de Lusitanie, l'Estrémadure fit partie au VI$^{e}$ s. du royaume wisigothique. Envahie par les Maures en 711, elle fut soumise au califat de Cordoue, puis devint un royaume arabe indépendant. Libérée par Alphonse IX en 1229, elle fut la patrie de nombreux conquistadores (Cortès, Pizarro, etc.).

**Estrémadure.** Los Barruecos, Province de Cáceres.
*Phot. © HPP/Juan Carlos Muñoz/Age Fotostock/Hoa Qui*

**ESTRÉMADURE PORTUGAISE** n. f. – en port. ***Estremadura*** ♦ Région du Portugal aux limites imprécises, autour de l'axe Lisbonne-Porto (région de Lisbonne et Vallée du Tage). ▮ **Géographie** Dépourvue d'identité territoriale forte, c'est une zone de transition entre les paysages de polyculture du N. et les campagnes du S. Dans son acception géographique actuelle, la région s'étend sur 200 km vers le N. depuis la péninsule de Setúbal et est comprise entre la côte et le bassin du Tage sur 50 km. Les plateaux dominent, effet d'une abrasion marine, mais la partie S. est plus accidentée (serra de Sintra), la partie orientale est formée par un massif calcaire karstifié (polje de Minde). L'agriculture moderne (vergers, vignoble) se développe au N. de Lisbonne. De nombreuses petites villes ont profité de l'essor des transports : Entroncamento pour le chemin de fer, Caldas da Rainha et, surtout, Leiria. Sur le littoral, à la pêche (Peniche, Nazaré) s'ajoute désormais le tourisme balnéaire (Ericeira). Le pèlerinage de Fatima* et de nombreux sites historiques attirent également les visiteurs. ▮ **Histoire** Le destin du Portugal s'est joué ici à diverses reprises, notamment en 1385 à Aljubarrota. → **Jean I**$^{er}$. L'œuvre des cisterciens à Alcobaça* ou celle des Templiers à Tomar* rappelle l'importance des ordres religieux dans la conquête et la colonisation du Portugal.

**ESTREMOZ** ♦ V. du Portugal (région de l'Alentejo), district d'Evora. 14 811 hab. Ville basse entourée de remparts (XVII$^{e}$ s.) ; dans la ville haute, donjon (XIII$^{e}$ s.), nombreuses maisons anc. ; église Sainte-Marie (tableaux). ▪ Marché agricole. Carrières de marbre rose. Poteries traditionnelles.

**ESTRIE** n. f. ou **CANTONS DE L'EST** n. m. pl. – en angl. ***Eastern Townships*** ♦ Nom donné aux comtés du Canada (Québec) situés à l'E. du Richelieu. Ils doivent leur appellation à une colonisation de loyalistes américains (1796) remplacés au siècle suivant par des Canadiens français. ▪ Riche région agricole. Indus. du bois. Textiles. Gisement d'amiante.

**ESVRES** [37320] – anc. *Evena* ♦ Comm. de l'Indre-et-Loire, arr. de Tours, sur l'Indre. 4 278 hab.

**ESZTERGOM** ♦ V. de Hongrie, située au N. du pays, sur la rive d. du Danube*, à la frontière slovaque. 29 452 hab. Important centre du catholicisme ; siège traditionnel du prince primat. Basilique (la plus grande de Hongrie), 1822 - 1831 ; chapelle Bakócz du déb. du XVI$^{e}$ s. Musée chrétien. ▮ **Histoire** À Esztergom se dressait la forteresse orientale la plus avancée de Charlemagne, dénommée Österringen. Esztergom fut la résidence de la première dynastie hongroise, les Árpád*. Béla* III y fit élever un palais, influencé par l'art français.

**ETA** [Euzkadi Ta Azkatasuna] ← **ÉTYM.** «le Pays basque et sa liberté» ♦ Mouvement basque fondé en 1959, partisan de l'indépendance du Pays basque. → **basque (Pays basque espagnol).**

**ÉTABLES-SUR-MER** [22680] ← **ÉTYM.** «écurie, étable ; auberge» ♦ Ch.-l. de cant. des Côtes-d'Armor, arr. de Saint-Brieuc, sur la baie de Saint-Brieuc, près de Binic. 2 514 hab. *(Établais)*. Église en partie des XIV$^{e}$ - XV$^{e}$ s. ▪ Station balnéaire.

**Établissement (acte d')** – en angl. ***Act of Settlement*** ♦ (1701). Loi qui interdisait la couronne d'Angleterre à un prince non protestant, ce qui écartait de la succession le catholique Jacques* Francis Édouard Stuart en faveur de la maison de Hanovre*.

**Établissements de Saint Louis** ♦ Coutumier terminé avant 1273, qui comprend deux ordonnances de Louis IX. Il s'agit d'une œuvre de compilation et non d'un code officiel. Ce coutumier, abusivement placé sous l'autorité de Saint Louis, eut une grande influence en Île-de-France, en Anjou, en Touraine et en Poitou.

**ÉTAIN** [55400] ← **ÉTYM.** de la langue d'oïl *estanc* «étang» ♦ Ch.-l. de cant. de la Meuse, arr. de Verdun, sur l'Orne. 3 709 hab. (aggl. 4 046). *(Stainois)*. Détruite au cours de la Première Guerre mondiale, la ville a été entièrement reconstruite. Église des XIV$^{e}$ et XV$^{e}$ s., restaurée (chœur flamboyant ; vitraux modernes de J.-J. Grüber ; *Pietà* attribuée à L. Richier).

**ÉTAIX (Pierre)** ♦ Acteur et cinéaste français (Roanne 1928). Clown, créateur du personnage de Yoyo (1954), il fonda l'École nationale du cirque avec Annie Fratellini* (1972). Ses films, dont il est l'auteur complet, sont de fines réussites dans une veine burlesque et poétique : *Le Soupirant* (1963), *Yoyo* (1965). ← **ÉTYM.** Ce nom de famille désigne probablement celui qui est originaire d'*Étais,* nom de plusieurs communes en Côte-d'Or et dans l'Yonne, du bas latin *attegia* «cabane».

**ÉTAMPES (Anne DE PISSELEU,** duchesse **D')** ♦ Dame française (Fontaine-Lavagnanne 1508 - Heilly 1580). Maîtresse de François I$^{er}$, elle fut mariée par lui à Jean de Brosses qui devint duc d'Étampes et gouverneur de Bretagne. C'était une femme de grande culture. Elle eut une certaine influence politique et sa rivalité avec Diane de Poitiers* divisa la cour, qu'elle dut quitter à la mort du roi. Elle se convertit au protestantisme à la fin de sa vie. Le duché d'Étampes passa ensuite à Diane de Poitiers, à Gabrielle d'Estrées, puis à César de Vendôme*, fils de cette dernière.

**ÉTAMPES** [91150] ← **ÉTYM.** anc. *Stampae,* du germ. *°stampon* «écraser, piétiner, renverser» [p.-ê. un lieu aménagé pour fouler (un moulin) ou allus. à des fermes détruites] ♦ Ch.-l. d'arr. de l'Essonne, dans la Beauce, au confluent de la Chalouette et de la Juine. 21 839 hab. (aggl. 26 604) *(Étampois)*. Église Saint-Basile des XI$^{e}$, XV$^{e}$ et XVI$^{e}$ s. (portail roman). Collégiale Notre-Dame, fortifiée au XIII$^{e}$ s. (clocher roman à flèche octogonale cantonnée de clochetons ajourés ; portail sud comparable, par son style et ses thèmes, au portail royal de Chartres). Église Saint-Martin des XII$^{e}$ - XVI$^{e}$ s. (tour penchée carrée du XVI$^{e}$ s.). Tour de Guinette, anc. donjon royal (XII$^{e}$ s.) de plan quadrilobé. Musée. ▪ Carrefour ferroviaire et routier. ▮ **Histoire** Plusieurs conciles se tinrent à Étampes aux XI$^{e}$ et XII$^{e}$ s. Résidence royale jusqu'à Philippe Auguste, la ville fut érigée en comté en 1327 pour le neveu de Philippe le Bel, puis en duché par François I$^{er}$, pour Jean de Brosses qui avait épousé Anne de Pisseleu. → **Étampes (duchesse d').** Après être passé en diverses mains, le duché revint à la couronne de France en 1712. ▪ La ville fut très endommagée en 1940 et 1944.

**ÉTANG-LA-VILLE (L')** [78620] ♦ Comm. des Yvelines, arr. de Saint-Germain-en-Laye. 4 496 hab.

## états généraux

n. m. pl. ♦ Dans la France de l'Ancien Régime, assemblée politique réunie irrégulièrement par la monarchie et composée de membres des trois ordres ou états (noblesse, clergé, tiers état). Ils étaient utilisés par le roi pour le soutenir dans des moments difficiles, et l'on peut les situer dans la lignée de la *Curia regis*, où le roi appelait ses vassaux selon leur devoir de conseil et d'aide. La première convocation des états généraux fut le fait de Philippe* IV le Bel en 1302, au cours de sa lutte contre le pape Boniface VIII. Ils furent ensuite réunis en 1308 pour l'abolition de l'ordre des Templiers, en 1314 pour l'obtention de subsides dans la guerre de Flandre, en 1317 et en 1328 pour l'exclusion des femmes de la succession dynastique. Ils jouèrent un rôle politique important pendant la guerre de Cent Ans : en 1347, au lendemain du désastre de Crécy-en-Ponthieu, ils votèrent de sévères remontrances ; en 1356, pendant la captivité de Jean II le Bon, leurs revendications aboutirent avec la Grande Ordonnance du dauphin Charles (1357), mais elles furent abolies à la suite de l'émeute d'Étienne Marcel*. L'institution devenait un moyen de pression sur le gouvernement, et les états généraux ne furent réunis que six fois de 1468 à 1558. Ils s'organisèrent alors : les cahiers de doléances rédigés par les assemblées de bailliage où chaque ordre élisait son député sont fondus en un seul. Les votes se font par ordre, chaque ordre disposant d'une voix. Les guerres de Religion rehaussèrent leur rôle. Ils furent réunis en 1560 à Orléans, en 1561 à Pontoise, en 1576 et en 1588 à Blois*. Marie* de Médicis les convoqua en 1614, mais les rivalités entre les trois ordres les déconsidérèrent et ils ne furent plus réunis jusqu'au règne de Louis XVI. Ils furent convoquéspar Loménie de Brienne (arrêt du 8 août 1788) pour tenter de mettre un terme à la révolte nobiliaire (1787 - 1788), qui, liée à la crise financière, était dirigée contre le pouvoir absolu et contre la bourgeoisie. La date de leur réunion fut fixée au 1er mai 1789. Les aristocrates souhaitaient un système électoral analogue à celui de 1614 (délibération et vote par ordre), mais les «patriotes» exigeaient la suppression des ordres à l'Assemblée, le doublement des députés du tiers état et le vote par tête. Sur un projet de Necker*, le roi accepta le doublement du tiers. Préparés par l'élection des députés et la rédaction des «cahiers de doléances» par bailliage, les états généraux s'ouvrirent le 5 mai 1789, dans la salle des Menus-Plaisirs, en pleine crise économique et sociale. Dès le lendemain, les ordres se réunirent dans des salles différentes pour procéder à la vérification des pouvoirs, sans que les questions décisives aient été abordées (voterait-on par tête ou par ordre ?). Devant les atermoiements des privilégiés, le tiers état réussit à s'imposer, et, le 17 juin, se déclara Assemblée nationale ; il fut suivi par une majorité du clergé (19 juin) et la minorité libérale de la noblesse. Le serment du Jeu* de paume (20 juin) confirma la volonté réformatrice du tiers état, alors que le programme gouvernemental maintenait l'ordre social traditionnel et que, le 23 juin, le roi tentait, en vain, de casser les décisions du tiers état. Le 27 juin, il était obligé de s'incliner devant les positions du tiers état et ordonnait à la minorité du clergé et à la majorité de la noblesse de se joindre à l'Assemblée nationale. Celle-ci, le 9 juil., devint l'Assemblée* nationale constituante. Ainsi s'était accomplie une révolution bourgeoise et pacifique qui, à l'absolutisme royal, substituait une monarchie constitutionnelle. → **Révolution française.**

**ÉTANG-SALÉ (L')** [97427] ◆ **ÉTYM.** autrefois, un petit étang d'eau salée, séparé de la mer par une dune se trouvait sur le territoire de la commune ♦ Ch.-l. de cant. de la Réunion, arr. de Saint-Paul, au S.-O. de l'île. 11 755 hab.

**ÉTAPLES** [62630] ◆ **ÉTYM.** de la langue d'oïl *estaple* «entrepôt» ♦ Ch.-l. de cant. du Pas-de-Calais, arr. de Montreuil, sur l'estuaire de la Canche. 11 177 hab. (aggl. 23 994) *(Étaplois)*. Musée Quentovic (archéologie). ▪ Port de pêche. Indus. électrique. ▮ **Histoire** *Stapulae* fut un port romain vers la Grande-Bretagne ; la ville devint un port militaire important sous Philippe Auguste. En 1492, une paix y fut signée entre Charles VIII, roi de France, et Henri VII d'Angleterre.

**L'État et la Révolution** ♦ Œuvre de Lénine*, écrite en Finlande en 1917, publiée à Moscou en 1918. Reprenant les thèses fondamentales de Marx et d'Engels pour les développer à la lumière de la situation objective de la Russie, cet ouvrage, inachevé, est une étude sociologique de l'État de classes. Contre les positions anarchistes (abolition radicale de l'État) et opportunistes (Plekhanov et Kautsky), Lénine y affirme la nécessité de la dictature du prolétariat comme phase transitoire entre la société capitaliste et la société communiste, précédant l'extinction de l'État.

**État français** ♦ Régime politique de la France après la défaite de juin 1940. Par la loi du 10 juil. 1940, le Sénat et la Chambre des députés, réunis en Assemblée nationale à Vichy*, investissaient le maréchal Pétain des pleins pouvoirs. Les «actes constitutionnels», adoptés le lendemain (11 juil.), instituaient l'État français à la place de la république. Ils furent abrogés par l'ordonnance du 9 août 1944 qui rétablit la république.

**ÉTAT LIBRE (d'Orange)** ♦ Prov. d'Afrique du Sud. → **Afrique du Sud** (carte). ▪ Mines d'or et de diamants. ▮ **Histoire** Occupé par des colons boers, dont le plus gros contingent arriva avec le grand Trek de 1836 (→ **Afrique du Sud**), le territoire fut le cadre de l'opposition entre Boers et missionnaires britanniques, désireux de protéger les indigènes Gricquas. Après le soulèvement dirigé par A. Pretorius*, les Britanniques reconnurent l'indépendance de l'Orange (convention de Bloemfontein, 1854), fixant la frontière au fleuve (→ **Orange**). À l'E., les Basutos, conseillés par un groupe de pasteurs protestants français, firent appel aux Britanniques. Après plusieurs batailles entre Boers et Basutos (1868), les Britanniques annexèrent le Basutoland, mais, après une révolte des Boers (1879 - 1881), durent revenir à la formule du protectorat. Quant à la frontière O. de l'Orange, elle fut réduite par l'achat (forcé) de la zone diamantifère de Kimberley par Le Cap (1876). Ensuite, l'histoire de l'État libre d'Orange est liée à celle de son allié boer, le Transvaal.

**ÉTATS DE L'ÉGLISE** → **Église (États de l') ; Vatican**

## ÉTATS-UNIS D'AMÉRIQUE

▮ n. m. pl. – en angl. ***United States of America*** ♦ Pays d'Amérique du Nord, incluant l'Alaska et les îles Hawaii. 9 363 353 km². 281 421 906 hab. *(Américains)*. LANGUES : anglais (off.), espagnol (notamment Arizona, Texas, Nouveau-Mexique, Californie, Floride), français (Maine, Louisiane), langues indiennes (navajo, hopi, etc.), langues des principales communautés d'immigrés. POPULATION : Blancs, 75,1 %, dont 15 % d'Hispaniques ; Noirs, 14 % ; Asiatiques, 5 % ; Indiens et Hawaiiens, 2 % ; Métis, 2,4 %. RELIGIONS : protestants, 57 % ; catholiques, 28 % ; juifs, 2 % ; autres, 4 %. MONNAIE : dollar. CAPITALE : Washington. RÉGIME : démocratie parlementaire. L'Union est formée de 50 États et d'un district fédéral (Washington DC).

### GÉOGRAPHIE

▮ **RELIEF** La partie principale des États-Unis est constituée de plusieurs zones d'orientation générale N.-S., l'Alaska* et les îles Hawaii* représentant des entités géographiques distinctes. ▮ **Les plaines côtières de l'Est** Réduites à quelques îles au N. (→ **Nantucket**), elles s'élargissent progressivement vers le S., où elles constituent la plus grande partie de la Floride* et rejoignent la plaine du golfe du Mexique. Elles se terminent à l'E. par une côte basse, découpée de vastes estuaires (→ **Chesapeake, Delaware**) et prolongée par des flèches littorales. → **Cod (cap), Hatteras (cap.)**. À l'O., elles viennent buter contre le rebord du plateau appalachien. Les Appalaches*, ensemble montagneux en arc de cercle orienté du N.-E. au S.-O., constituent la plus grande partie de la Nouvelle*-Angleterre. Ils ont pour origine des plissements primaires aplanis par l'érosion (relief appalachien) et sont couverts de forêts. Faisant suite aux monts Adirondaks*, ils comprennent les monts Alleghanys*, le plateau du Cumberland* et la Blue Ridge* ; ils se prolongent au S. d'Atlanta par le Piedmont, ensemble de collines recouvertes d'argile rouge. Le massif des Appalaches, au relief arrondi et de faible altitude, culmine au N. au mont Washington (1 917 m) et au S. au mont Mitchell (2 037 m). La région donne naissance à de nombreux fleuves, dont les vallées fertiles servent de voies de communication : Hudson*, Delaware*, Potomac* (tributaires de l'Atlantique) ; Chattahootchee, Alabama (tributaires du golfe du Mexique) ; Ohio*, Tennessee* (tributaires du Mississippi). ▮ **La plaine centrale** Comprise entre les Appalaches à l'E. et les Rocheuses à l'O., elle est drainée par le Mississippi et ses affluents. La région des Grands Lacs*, au N., occupe une zone de contact entre le Bouclier canadien et les terrains primaires et secondaires plissés qui le recouvrent au S. Elle constitue une véri table mer intérieure de 245 000 km² (→ **Érié, Hudson, Michigan, Ontario, Supérieur**), creusée par l'érosion fluviale et glaciaire, et communiquant avec l'Atlantique par le Saint*-Laurent. Les plaines proprement dites comprennent au N. une région très fertile au relief doux et aux larges vallées d'origine glaciaire (S. des Grands Lacs, haut Mississippi, E. du bassin du Missouri) et, au S. du confluent du Missouri et du Mississippi, un relief plus vigoureux (pays de l'Ohio, etc.). La région montagneuse des Ozark* et des monts Ouachita*, formée de roches plissées et faillées, s'étend à l'O. du cours inférieur du Mississippi. Les plaines côtières du golfe du Mexique, comprenant la basse vallée du delta du Mississippi, s'étalent de la Floride au rio Grande. Ce sont des plaines sédimentaires où

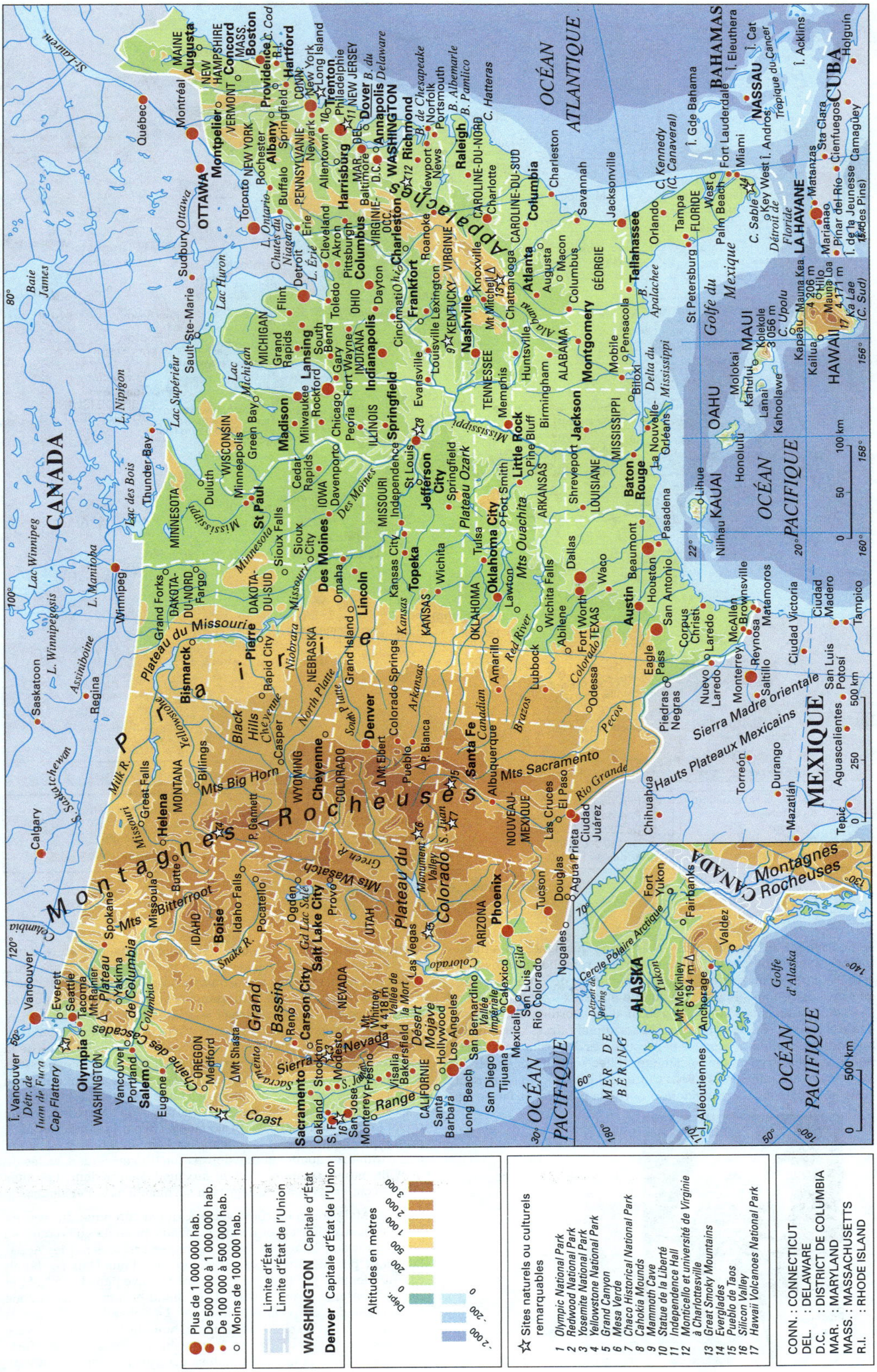
Plus de 1 000 000 hab.
De 500 000 à 1 000 000 hab.
De 100 000 à 500 000 hab.
Moins de 100 000 hab.
Limite d'État
Limite d'État de l'Union
WASHINGTON Capitale d'État
Denver Capitale d'État de l'Union
Altitudes en mètres
Dépr. 0 200 500 1 000 2 000 3 000
0 - 200 - 2 000
Sites naturels ou culturels remarquables
1 Olympic National Park
2 Redwood National Park
3 Yosemite National Park
4 Yellowstone National Park
5 Grand Canyon
6 Mesa Verde
7 Chaco Historical National Park
8 Cahokia Mounds
9 Mammoth Cave
10 Statue de la Liberté
11 Independence Hall
12 Monticello et université de Virginie à Charlottesville
13 Great Smoky Mountains
14 Everglades
15 Pueblo de Taos
16 Silicon Valley
17 Hawaii Volcanoes National Park
CONN. : CONNECTICUT
DEL. : DELAWARE
D.C. : DISTRICT DE COLUMBIA
MAR. : MARYLAND
MASS. : MASSACHUSETTS
R.I. : RHODE ISLAND
CANADA
OCÉAN ATLANTIQUE
OCÉAN PACIFIQUE
MEXIQUE
BAHAMAS
CUBA
ALASKA
HAWAII
Montagnes Rocheuses
Grand Bassin
Plateau du Colorado
Plateau du Missouri
Appalaches
Golfe du Mexique
Golfe d'Alaska
MER DE BÉRING

États-Unis.

**États-Unis.** Le nord-est du pays.

l'affleurement de couches plus dures forme des lignes en amphithéâtre délimitant des dépressions fertiles remplies de lœss. La côte est basse et bordée de cordons littoraux et de zones marécageuses. Les Grandes Plaines, région de plateaux s'élevant d'E. en O. et du N. au S. (pour atteindre 2 000 m d'alt.), forment le piémont des Rocheuses. Ce sont des couches sédimentaires, souvent du Secondaire, ondulées, érodées et recouvertes de formations détritiques (sables, argiles) ou volcaniques. Elles sont drainées par le Missouri et ses affluents. ▮ **L'Ouest** Cette région est occupée par un vaste ensemble montagneux dont la partie la plus élevée forme les

**États-Unis.**
Portrait d'un vieil Indien.
*Phot. © ChipPix /Shutterstock*

montagnes Rocheuses* (Rocky Mountains), couvertes au N. d'une forêt épaisse, faisant place vers le S. à une végétation de garrigue. À l'O. des principales chaînes, on rencontre une série de plateaux désertiques dont les plus importants sont ceux de la Columbia au N., le Grand Bassin* au centre et les plateaux du Colorado au S. et à l'O. Ces plateaux, dont l'altitude varie de 1 500 à 3 000 m, sont creusés de dépressions fermées (lac Salé dans l'Utah, vallée de la Mort en Californie) et sont parcourus par des vallées encaissées (canyon du Colorado). Plus à l'O., les Rocheuses forment une série de cordillères couvertes de forêts de conifères. Au N., la chaîne des Cascades*, d'une alt. supérieure à 4 000 m, est de nature volcanique (mont Saint Helens). Elle est prolongée au S. par la sierra Nevada*, granitique, dont le point culminant est le mont Whitney (4 418 m). Ces cordillères dominent une dépression (Puget* Sound, vallée de la Willamette*, Grande* Vallée) auxquelles succèdent d'étroites chaînes côtières (Coast* Range) qui surplombent le Pacifique.

▮ **CLIMAT** Malgré son extrême variété, due à l'étendue du pays en latitude et aux différences d'altitude et aux influences des courants océaniques de l'Atlantique et du Pacifique, arrêtées par les Appalaches et par les Rocheuses, le climat des États-Unis se définit essentiellement par la circulation sans entrave dans l'axe N.-S. et par l'affrontement des masses d'air chaud et humide de la zone tropicale et de l'air polaire froid et sec. La Nouvelle-Angleterre et le Centre-Est ont un climat continental humide, froid en hiver, avec d'importantes chutes de neige, frais en été. La région de New York, la plaine côtière et le N. des plaines centrales ont un climat tempéré humide, avec des hivers froids et des étés humides et chauds.

**États-Unis** | Les divisions administratives

| État | Capitale | Superficie (en km²) | Population | Taux de croissance 1990-2000 | Date d'entrée dans l'Union |
|---|---|---|---|---|---|
| Alabama | Montgomery | 105 145 | 4 447 100 | + 10,1 % | 1819 |
| Alaska | Juneau | 1 518 700 | 626 932 | + 14 % | 1959 |
| Arizona | Phoenix | 295 014 | 5 130 362 | + 40 % | 1912 |
| Arkansas | Little Rock | 137 539 | 2 673 400 | + 13,7 % | 1836 |
| Californie | Sacramento | 411 012 | 33 871 648 | + 13,6 % | 1850 |
| Caroline-du-Nord | Raleigh | 135 000 | 8 049 313 | + 21,4 % | 1789 |
| Caroline-du-Sud | Columbia | 79 176 | 4 012 012 | + 15,1 % | 1788 |
| Colorado | Denver | 270 000 | 4 301 261 | + 30,6 % | 1876 |
| Columbia (district fédéral) | Washington | 179 | 572 059 | – 5,7 % | 1791 |
| Connecticut | Hartford | 12 850 | 3 405 565 | + 3,6 % | 1788 |
| Dakota-du-Nord | Bismarck | 183 022 | 642 200 | + 0,5 % | 1889 |
| Dakota-du-Sud | Pierre | 199 552 | 754 844 | + 8,5 % | 1889 |
| Delaware | Dover | 6 138 | 788 600 | + 17,6 % | 1787 |
| Floride | Tallahassee | 151 940 | 15 982 378 | + 23,5 % | 1845 |
| Géorgie | Atlanta | 152 589 | 8 186 453 | + 26,4 % | 1788 |
| Hawaii | Honolulu | 16 731 | 1 211 537 | + 9,3 % | 1959 |
| Idaho | Boise | 216 413 | 1 293 953 | + 28,5 % | 1890 |
| Illinois | Springfield | 146 756 | 12 419 293 | + 8,5 % | 1818 |
| Indiana | Indianapolis | 94 153 | 6 080 485 | + 9,7 % | 1816 |
| Iowa | Des Moines | 145 791 | 2 926 324 | + 5,4 % | 1846 |
| Kansas | Topeka | 213 095 | 2 688 418 | + 8,5 % | 1861 |
| Kentucky | Frankfort | 104 623 | 4 041 769 | + 9,6 % | 1792 |
| Louisiane | Baton rouge | 125 625 | 4 468 976 | + 5,9 % | 1812 |
| Maine | Augusta | 86 027 | 1 274 923 | + 3,8 % | 1820 |
| Maryland | Annapolis | 31 296 | 5 296 486 | + 10,8 % | 1788 |
| Massachusetts | Boston | 21 408 | 6 349 097 | + 5,5 % | 1788 |
| Michigan | Lansing | 250 504 | 9 938 444 | + 6,5 % | 1837 |
| Minnesota | Saint Paul | 217 736 | 4 919 479 | + 12,4 % | 1858 |
| Mississippi | Jackson | 123 584 | 2 844 658 | + 10,5 % | 1817 |
| Missouri | Jefferson City | 180 456 | 5 595 211 | + 9,3 % | 1821 |
| Montana | Helena | 381 087 | 902 195 | + 12,9 % | 1889 |
| Nebraska | Lincoln | 200 018 | 1 711 263 | + 8,4 % | 1867 |
| Nevada | Carson City | 286 299 | 1 988 257 | + 66,3 % | 1864 |
| New Hampshire | Concord | 24 192 | 1 235 766 | + 11,4 % | 1788 |
| New Jersey | Trenton | 21 300 | 8 414 350 | + 8,6 % | 1787 |
| New York | Albany | 127 433 | 18 976 457 | + 5,5 % | 1788 |
| Nouveau-Mexique | Sante Fe | 315 115 | 1 816 046 | + 20,1 % | 1912 |
| Ohio | Columbus | 106 289 | 11 353 140 | + 4,7 % | 1803 |
| Oklahoma | Oklahoma City | 181 090 | 3 450 664 | + 9,7 % | 1907 |
| Oregon | Salem | 249 281 | 3 421 399 | + 20,4 % | 1859 |
| Pennsylvanie | Harrisburg | 117 413 | 12 281 054 | + 3,4 % | 1787 |
| Rhode Island | Providence | 3 233 | 1 048 319 | + 4,5 % | 1790 |
| Tennessee | Nashville | 109 412 | 5 689 283 | + 16,7 % | 1796 |
| Texas | Austin | 692 408 | 20 851 820 | + 22,8 % | 1845 |
| Utah | Salt Lake City | 219 932 | 2 233 169 | + 29,6 % | 1896 |
| Vermont | Montpelier | 24 887 | 608 827 | + 8,2 % | 1791 |
| Virginie | Richmond | 107 711 | 7 078 515 | + 14,4 % | 1788 |
| Virginie-Occidentale | Charleston | 62 600 | 1 808 344 | + 0,8 % | 1863 |
| Washington | Olympia | 176 617 | 5 894 121 | + 21,1 % | 1889 |
| Wisconsin | Madison | 145 439 | 5 363 675 | + 9,6 % | 1848 |
| Wyoming | Cheyenne | 253 597 | 493 782 | + 8,9 % | 1890 |

Le Sud possède un climat subtropical humide et chaud, avec cependant de brusques refroidissements momentanés. Le climat des Grandes Plaines est continental et sec. Celui des Rocheuses, indépendamment de l'altitude, va du climat humide, très froid en hiver et chaud en été, du N. (Montana), à un climat sec et chaud, parfois aride, au S. (Arizona, Nouveau-Mexique). La côte pacifique présente au N. un climat océanique très humide et au S. un régime comparable au régime méditerranéen, relativement frais, avec un arrière-pays désertique (désert Mojave*).

## POPULATION

**PEUPLEMENT** L'immigration est une donnée importante de l'évolution du pays, les Indiens autochtones ne constituant qu'une infime minorité de la population. Jusqu'en 1940, la quasi-totalité des immigrés venaient d'Europe (majorité d'Irlandais entre 1820 et 1840, d'Allemands entre 1850 et 1880, d'Italiens entre 1890 et 1910, de Canadiens de 1920 à 1930, d'Allemands de 1930 à 1950). La première grande vague d'immigration, antérieure à 1890, constitue la majorité WASP (White Anglo-Saxon Protestant). Les Noirs sont les descendants des esclaves africains amenés de force par la traite dans le Sud. Les Hispaniques viennent essentiellement d'Amérique centrale et de Bolivie. Les Chinois, les Philippins et les Japonais, implantés depuis longtemps ont été rejoints par les Indiens, les Coréens et les Vietnamiens. Le nombre d'immigrés illégaux a toujours été élevé et il a encore augmenté depuis 1990, en raison de la crise économique et politique que traverse l'Amérique latine. On estime que 55 % d'entre eux viennent du Mexique et 22 % du reste de l'Amérique latine. Les populations amérindiennes sont pour la majorité regroupées en tribus (Arizona, Nouveau-Mexique, Oklahoma, etc.). Certaines vivent de l'exploitation des ressources minières de leurs réserves et de la gestion de casinos.

**DÉMOGRAPHIE** La population des États-Unis s'est accrue de 32,7 millions de personnes entre 1990 et 2000, soit une croissance de 13,2 %. Cette croissance s'est faite à l'avantage des minorités : les Asiatiques +72 % (11,9 millions), les Hispaniques +60 % (35,3 millions), les Afro-Américains (Noirs) +16 % (34,7 millions). La croissance concerne principalement les États de l'O. (+19,7 %) et du S. (+17,3 %) alors qu'elle est inférieure à la moyenne dans le Midwest (+7,9 %) et le N.-E. (+5,5 %). Aussi entre 1950 et 2000, la population du S. est passée de 31 % à 36 % de la population totale, et celle de l'O. de 13 % à 22 %. Le Nevada a enregistré la plus forte augmentation (66 %). La mégalopole allant de Boston à Washington D. C. conserve néanmoins toute son importance. Cette répartition de la population conditionne directement la composition de la Chambre des représentants, la Californie, le Texas et la Floride détenant à eux seuls le quart des sièges. Les États-Unis comptent 280 métropoles, dont 50 de plus d'un million d'habitants (contre 39 en 1990). Elles regroupent 225,9 millions de personnes, et leur population, qui représente 80,3 % de la population totale, a augmenté de 14 % (contre 10 % pour la population résidant hors métropoles). Un tiers des Américains vivent dans des métropoles de plus de 5 millions d'habitants. New York est la plus peuplée avec 21,1 millions d'habitants suivie de Los Angeles (16,3 millions) et de Chicago (9,1 millions d'habitants). Au cours de la dernière décennie, la métropole de Las Vegas (Nevada-Arizona) a connu la croissance la plus forte (83 %). La population des métropoles se partage entre les villes (38 %) et les banlieues (62 %). Depuis le recensement de 1990, les États-Unis s'identifient à une nation suburbaine alors qu'elle s'était proclamée nation urbaine en 1920. Huit des dix premières villes ont enregistré une croissance pendant que deux (Philadelphie et Detroit) continuent de décroître. New York est la première ville du pays avec 8 millions d'habitants (+9,4 %) suivie de Los Angeles (3,6 millions) et de Chicago (2,8 millions). La ville de Phoenix se distingue par son taux de croissance de 34,3 %.

**URBANISME ET SOCIÉTÉ** La ville américaine, à l'exemple de Philadelphie, est organisée sur le principe du plan en damier *(grid)*, une structure que l'on retrouve également dans les bourgades de campagne. Les Américains ont toujours eu une attitude très négative à l'égard de la ville. Pour les pères fondateurs, la nation qui se créait devait être démocratique et rurale. Aussi l'industrialisation du XIXe s. et l'urbanisation qui en découlait firent-elles l'objet d'un débat sur la définition de la ville américaine. Différents courants intellectuels (dont le transcendantalisme) et religieux convergèrent pour faire de la maison entourée d'un jardin et proche de la nature le cadre de vie idéal. **Le développement des banlieues** La seconde moitié du XIXe s. vit donc se développer des banlieues le long des premières voies de chemin de fer. À partir des années 1930, la politique de logement du gouvernement fédéral aida la classe moyenne à quitter la ville, contribuant ainsi au développement des banlieues résidentielles, alors que le centre urbain continuait de remplir les fonctions économiques et d'accueillir les immigrés. Le schéma de la ville américaine du milieu du XXe s. (un centre-ville constitué de gratte-ciel et entouré de banlieues résidentielles où la nature occupe une place importante) se modifie depuis la fin des années 1960. Les emplois quittent en effet la ville pour la banlieue, qui ne se limite plus aux fonctions résidentielles et accueille des entreprises, des commerces et des services culturels. Les Américains qualifient cette dynamique métropolitaine d'*urban sprawl*, lui attribuant ainsi un sens péjoratif en raison des coûts sociaux, environnementaux et énergétiques. L'aménagement urbain depuis les années 40 a pris explicitement en compte la voiture comme mode de déplacement privilégié et l'on parle à juste titre de la culture *drive-in*. **Les métropoles** Au sein de la métropole, on distingue trois types de territoires : la ville dont les quartiers centraux se divisent en deux zones distinctes, ceux où sont localisés les emplois liés à la finance, les assurances, les services aux entreprises et le marché immobilier (tertiaire supérieur), et ceux où vivent les anciennes minorités et les nouveaux immigrés aux ressources limitées et où les élus tentent de redynamiser les friches industrielles *(brownfields)* ; les *edge cities* qui concentrent des emplois tertiaires et secondaires liés à la haute technologie ainsi que les banlieues résidentielles où vit l'essentiel de la classe moyenne. Certains quartiers centraux des villes *(inner-cities)* connaissent des problèmes de gangs liés à la violence et au trafic de drogue. Cette fragmentation de la métropole, divisée entre territoires ancrés dans les réseaux économiques et territoires exclus où sévit une économie informelle, pose un véritable défi. En ce début de XXIe siècle, de nouveaux modèles d'aménagement urbain, tels le centre commercial *(mall)* et les quartiers fermés *(gated communities)* se développent, et tendent à devenir, après la forme architecturale qu'a représentée le gratte-ciel, les symboles de l'urbanisation dans le reste de la planète.

## INSTITUTIONS

La Constitution des États-Unis est la plus ancienne Constitution écrite du monde, encore en vigueur, et a servi de modèle à de nombreux pays. Reposant sur le fédéralisme et la séparation des pouvoirs, elle établit le partage des responsabilités entre les États fédérés et l'État fédéral. Elle est marquée par la volonté de protéger les citoyens contre tout abus de pouvoir. **Le pouvoir exécutif** Le pouvoir exécutif est détenu par le président, élu pour 4 ans au suffrage universel indirect (désignation des candidats par la convention de chaque parti, élection des « grands électeurs », élection du président), en même temps qu'un vice-président, également président du Sénat. Le président détient seul le pou voir exécutif. Il est assisté par un cabinet constitué par les secrétaires en charge des différents ministères *(Departments)*. **Le pouvoir législatif** Le pouvoir législatif est détenu par le Congrès, formé de deux chambres : le Sénat (102 membres), qui représente les États, et la Chambre des représentants, qui représente la population. Les sénateurs sont élus pour six ans au suffrage universel direct et renouvelables par tiers tous les deux ans. À la Chambre, le nombre des représentants, élus pour deux ans, varie selon la démographie de chaque État. **La justice** La Cour suprême est composée de 9 membres, nommés à vie par le président et irrévocables. Elle juge les procès impliquant l'État ou un État fédéré, sert de cour d'appel et contrôle tout le système judiciaire fédéral. Elle juge également de la constitutionnalité des lois. **Le pouvoir des États** Chaque État a sa Constitution, avec comme constante le concept de séparation des pouvoirs entre le gouverneur, le Congrès et la Justice. L'État est compétent dans les domaines de l'éducation, de la police, de la justice, de la protection de l'environnement. Le rôle de l'État fédéral, limité par la Constitution, s'est considérablement accru, notamment dans le domaine monétaire (système de réserve fédérale).

**États-Unis.** La Maison Blanche à Washington. *Phot. © Charles Lénars*

## ÉCONOMIE

La population active se répartit pour 1,7 % dans l'agriculture, plus de 20 % dans l'industrie et 78 % dans les services. Les États-Unis ont été fortement touchés par les attentats du 11 septembre 2001 qui coïncident avec la fin du cycle de croissance économique de la décennie 1990. Entre 2003 et 2007, la croissance fut stimulée par une politique monétaire et budgétaire favorisant la demande. Cependant, l'évolution vers un régime de plus en plus libéral et un marché dopé par le crédit accordé notamment aux ménages à faible revenu avec des prêts immobiliers à risque dits « subprimes » (crédit à taux élevé assorti d'une hypothèque) aboutit à une économie d'endettement. En 2006, la récession du marché immobilier eut un effet immédiat sur le système bancaire et financier (valeur hypothécaire en baisse, augmentation des taux d'intérêt). Par le biais de la « titrisation » (vente, par une banque, de ses créances à un autre établissement bancaire), l'imbrication pyramidale entre les banques américaines et les banques occidentales fit rejaillir la

**États-Unis** | Les présidents

| | | | | | | | | |
|---|---|---|---|---|---|---|---|---|
| 1er | George Washington | 1789-1797 | 16e | Abraham Lincoln | 1861-1865 | 31e | Herbert Hoover | 1929-1933 |
| 2e | John Adams | 1797-1801 | 17e | Andrew Johnson | 1865-1869 | 32e | Franklin D. Roosevelt | 1933-1945 |
| 3e | Thomas Jefferson | 1801-1809 | 18e | Ulysses Grant | 1869-1877 | 33e | Harry Truman | 1945-1953 |
| 4e | James Madison | 1809-1817 | 19e | Rutherford Hayes | 1877-1881 | 34e | Dwight Eisenhower | 1953-1961 |
| 5e | James Monroe | 1817-1825 | 20e | James Garfield | 1881 | 35e | John Kennedy | 1961-1963 |
| 6e | John Quincy Adams | 1825-1829 | 21e | Chester Arthur | 1881-1885 | 36e | Lyndon Johnson | 1963-1969 |
| 7e | Andrew Jackson | 1829-1837 | 22e | Stephen Cleveland | 1885-1889 | 37e | Richard Nixon | 1969-1974 |
| 8e | Martin Van Buren | 1837-1841 | 23e | Benjamin Harrison | 1889-1893 | 38e | Gerald Ford | 1974-1977 |
| 9e | William Harrison | 1841 | 24e | Stephen Cleveland | 1893-1897 | 39e | Jimmy Carter | 1977-1981 |
| 10e | John Tyler | 1841-1845 | 25e | William McKinley | 1897-1901 | 40e | Ronald Reagan | 1981-1989 |
| 11e | James Polk | 1845-1849 | 26e | Theodore Roosevelt | 1901-1909 | 41e | George Bush | 1989-1993 |
| 12e | Zachary Taylor | 1849-1850 | 27e | William H. Taft | 1909-1913 | 42e | Bill Clinton | 1993-2001 |
| 13e | Millard Fillmore | 1850-1853 | 28e | Woodrow Wilson | 1913-1921 | 43e | George W. Bush | 2001-2009 |
| 14e | Franklin Pierce | 1853-1857 | 29e | Warren Harding | 1921-1923 | 44e | Barack Obama | 2009- |
| 15e | James Buchanan | 1857-1861 | 30e | John Calvin Coolidge | 1923-1929 | | | |

**États-Unis** | Productions en 2008

| Produits | Quantités | Rang |
|---|---|---|
| **Agriculture** | | |
| Arachides | 2 000 000 t | 4e |
| Betteraves à sucre | 32 000 000 t | 2e |
| Blé | 65 000 000 t | 3e |
| Canne à sucre | 27 000 000 t | 10e |
| Coton fibre | 4 200 000 t | 3e |
| Maïs (2009) | 332 000 000 t | 1er |
| Oranges | 8 200 000 t | 2e |
| Orge | 4 600 000 t | 9e |
| Pommes de terre | 18 000 000 t | 4e |
| Riz | 9 000 000 t | 11e |
| Soja (graines) (2009) | 90 000 000 t | 1er |
| Sucre | 7 700 000 t | 4e |
| Tabac | 355 000 t | 4e |
| Vin | 20 000 000 hl | 4e |
| Bovins (têtes) | 95 500 000 | 4e |
| Porcins (têtes) | 66 000 000 | 2e |
| Volailles (têtes) | 300 000 000 | 2e |
| Pêche | 4 800 300 t | 7e |
| **Mines** | | |
| Argent | 1 200 t | 7e |
| Cuivre | 1 300 000 t | 2e |
| Fer | 53 000 000 t | 7e |
| Magnésium | 43 000 t | 4e |
| Or | 250 t | 3e |
| Plomb | 430 000 t | 3e |
| Uranium | 1 700 t | 9e |
| Zinc | 730 000 t | 4e |
| **Énergie** | | |
| Énergie nucléaire | 849 TWh | 1er |
| Gaz naturel | 560 000 000 000 m³ | 2e |
| Houille | 1 070 000 000 t | 2e |
| Hydroélectricité | 250 TWh | 4e |
| Pétrole | 305 000 000 t | 3e |

crise sur le système financier et bancaire mondial, sur les places boursières, et finalement sur l'économie réelle. En 2008 et 2009, les États-Unis furent confrontés à une crise sans précédent depuis celle de 1929 : face à la faillite de plusieurs banques, l'État dut recourir à plusieurs plans de sauvetage et, pour la première fois, entra dans le capital de plusieurs banques. Le taux de chômage a atteint près de 8 % début 2009 et 10 % début 2010.

**AGRICULTURE** L'agriculture des États-Unis est la première du monde, avec celle de la Chine. Elle est fortement subventionnée afin de résister à la concurrence internationale. Elle fournit env. 50 % de la production mondiale de soja, 40 à 50 % du maïs, plus du tiers des agrumes, le quart de la viande, env. 12 % du blé. Elle occupe une place prépondérante dans le commerce mondial des produits alimentaires : 80 % des exportations de soja, 55 % de celles de maïs, 30 % de celles du blé. La Bourse de Chicago continue de fixer le cours des transactions mondiales. L'agriculture américaine bénéficie d'une vaste filière agroalimentaire, allant de la production de biens et de services destinés aux agriculteurs jusqu'aux structures de transformation et de distribution des produits alimentaires. L'agriculture industrielle se limite en fait à 700 000 exploitations qui assurent plus de 80 % des ventes. Les exploitations géantes, surtout présentes dans l'Ouest et en Floride, peuvent couvrir jusqu'à 2 000 ha et sont engagées dans des productions à forte valeur ajoutée (plantations de canne à sucre, pépinières, vignobles de qualité, engraissement des bovins). Ces entreprises capitalistes ouvertes sur le marché mondial supportent les éventuelles baisses de prix dues à une conjoncture défavorable. Aux ressources agricoles, il convient d'ajouter les forêts (3 000 000 km², notamment en Nouvelle-Angleterre, dans les Appalaches, dans les Rocheuses et dans la région des Grands Lacs) et la pêche : les fleuves côtiers fournissent du poisson, les crustacés sont surtout pêchés en Nouvelle-Angleterre et l'ostréiculture est pratiquée sur la côte Est. **Le Nord-Est** La Nouvelle-Angleterre, New York et la Pennsylvanie bénéficient d'un climat frais et humide, favorables à l'élevage et à la culture des céréales destinées à l'alimentation du bétail. Avec la région des Grands Lacs (*Dairy Belt* « zone des produits laitiers »), la région fournit presque toute la production laitière de l'Union. **Le Centre-Ouest** Le Middle West est le domaine traditionnel du maïs (*Corn Belt*), qui permet un élevage extensif (bovins et porcs). Cette zone produit la moitié du maïs du monde et son organisation en grandes exploitations est typique de l'agriculture américaine. Des cultures plus variées sont pratiquées à la périphérie (tabac dans le Kentucky, pommes de terre, etc.). **Le Centre-Nord** L'avant-pays des Rocheuses et le N. de la Grande Plaine produisent du blé de printemps (Dakotas, Montana) et, plus au S., du blé d'hiver (Kansas, Nebraska). **Le Sud** Le Vieux Sud, de l'Atlantique au Mississippi, et une partie du Texas constituent la zone traditionnelle du coton (*Cotton Belt*). L'abandon des structures anciennes (disparition du métayage), l'exode de la main-d'œuvre noire, la concurrence du coton californien et asiatique ont modifié l'agriculture de cette région. Des cultures variées (tabac, légumes, céréales, soja, arachide) se développent à côté du maïs, des élevages traditionnels et du coton, qui diminue quantitativement, mais s'améliore en qualité. Les zones subtropicales de la côte du golfe du Mexique et de la Floride produisent du riz, des agrumes, de la canne à sucre et des légumes. **Les Rocheuses** La région est essentiellement vouée à l'élevage extensif dans d'immenses pâturages, avec des oasis de cultures irriguées (légumes, coton). **La côte Pacifique** Les régions humides et boisées de l'O. de l'État de Washington et du N. de l'Oregon pratiquent l'élevage laitier et la polyculture. La Grande Vallée californienne est spécialisée dans les cultures maraîchères et fruitières (agrumes).

**RESSOURCES MINIÈRES ET ÉNERGÉTIQUES** Les États-Unis possèdent tous les minéraux, sauf l'étain, et les énergies fossiles (pétrole, gaz naturel, charbon et uranium) sont les premières productions en valeur. **Charbon** Les États-Unis sont au 3e rang mondial pour la production de charbon et de lignite. Le charbon est extrait dans les bassins des Appalaches et du lac Michigan. Les plateaux de l'O. et les Rocheuses possèdent d'importantes réserves. **Hydrocarbures** Les États-Unis sont au 5e rang pour les réserves de gaz naturel et au 11e pour celles de pétrole. Les principales régions productrices sont le golfe du Mexique (le Texas et la Louisiane fournissant 60 % du pétrole et 70 % du gaz), la Californie (env. 10 % du pétrole et du gaz) et l'Alaska. Le gaz naturel est également présent dans les Appalaches et dans le Kansas. La distribution des produits pétroliers est assurée par 1 300 000 km de gazoducs. **Minerais** L'uranium est extrait dans les bassins intérieurs du S. des Rocheuses (Nouveau-Mexique, Utah). On trouve du fer dans la région du lac Supérieur, du cuivre dans les Rocheuses, de l'aluminium dans le S. des Appalaches et dans l'Arkansas, du plomb et du zinc dans les plateaux des Rocheuses et dans le S. (Missouri, Tennessee). Les phosphates, l'or, le soufre, la potasse et les sels de soude sont aussi très abondants. **Électricité** Premier producteur d'électricité (70 % d'origine thermique, 19 % d'origine nucléaire), les États-Unis fournissent moins de 5 % de l'énergie mondiale, mais en consomment 25 %, déficit qui s'aggrave depuis les années 1970. Les réserves hydroélectriques les plus facilement utilisables de par leur situation sont celles du N.-E. (Niagara, Nouvelle-Angleterre) et de la *Fall Line* des Appalaches. Celles de la vallée du Tennessee, et surtout des rivières des montagnes de l'O. (Columbia*, Colorado*), équipées de grands barrages, nécessitent un transport de l'énergie à grande distance. Il en serait de même des ressources de la chaîne des Cascades*. L'énergie hydraulique représente 7 % du courant produit.

**INDUSTRIE** La puissance des grandes firmes américaines, à caractère multinational, se maintient. La production manufacturière subit la concurrence du Japon (télévision, appareils hi-fi, photographie, motocycles), de l'Europe (missiles, avions civils), de la Corée du Sud, de Taiwan et de Hong-Kong (jouets, plastique, textile). La concurrence internationale a entraîné la création de *maquiladores*, dans des territoires mexicains situés à proximité de la frontière américaine et considérés comme zones de libre-échange. Dues à l'initiative d'industriels américains, cherchant à réduire les coûts d'assemblage de leurs produits manufacturés, et de grands fermiers mexicains désirant rentabiliser leur domaine, ces usines de montage employant une main-d'œuvre mexicaine à bon marché sont aussi le fait des grandes entreprises multinationales, japo-

**États-Unis.** Monument Valley, à la frontière de l'Utah et de l'Arizona. © *PhotoDisc*

**États-Unis.**
L'arche d'Eero Saarinen à Saint-Louis, Missouri. © *PhotoDisc*

naises en particulier. Seuls la sidérurgie et le textile sont affectés par la désindustrialisation et, progressivement, l'industrie américaine évolue vers des activités de haute technologie et de services. Les États-Unis se placent au premier rang pour les industries de loisirs, le cinéma, les cassettes, les CD-Rom, les jeux vidéo on line, etc. **▮ Industries agroalimentaires** Elles sont variées dans les régions de forte production agricole : produits laitiers dans la région des Grands Lacs et en Nouvelle-Angleterre ; traitement des céréales (minoteries), des fruits et des légumes (jus, conserves) dans le Middle West, dans la plaine atlantique et en Californie ; industrie de la viande dans les régions d'élevage du Middle West. La brasserie est surtout localisée dans la région des Grands Lacs et le Kentucky produit un whisky célèbre (bourbon). **▮ Industrie textile** Traditionnelle en Nouvelle-Angleterre, en Pennsylvanie et dans les grands centres de l'E., elle a régressé de même que l'industrie de masse du coton localisée dans le Sud, près des zones productrices (Carolines, Géorgie). L'industrie du vêtement et de la mode est l'affaire des grands centres de l'E. (New York, Philadelphie, Baltimore), de Chicago, de Dallas et de la Californie. La chaussure et la ganterie restent importantes en Nouvelle-Angleterre, où elles se sont initialement implantées. L'industrie du bois et du papier est l'une des premières du monde. **▮ Industries lourdes** La sidérurgie reste un secteur essentiel, malgré son recul (3e rang mondial pour l'acier). D'abord localisée au pied des Appalaches et sur les rives des Grands Lacs, elle avait commencé à se rapprocher du littoral au cours des années 1950 et 1960 en s'implantant près de Philadelphie et de Baltimore. Aux minerais de fer du Minnesota et du Michigan traités dans cette région, s'ajoutent les minerais canadiens (Labrador) et vénézuéliens. D'autres noyaux sidérurgiques sont situés au S. des Appalaches (Birmingham), au Texas (Houston), en Californie, dans les Rocheuses (Pueblo, Geneva) et dans l'Utah. **▮ Pétrochimie** Les zones de raffinage du pétrole dépendent de la localisation des ressources et des transports. Elles associent la pétrochimie à la métallurgie et aux constructions navales. Les raffineries traitent le pétrole extrait à proximité (Californie du Sud, Oklahoma, région des Grands Lacs) ou importés (ports de l'Atlantique). La côte du golfe du Mexique (Texas, Louisiane) traite à la fois le pétrole local et celui du Venezuela. **▮ Constructions mécaniques** La puissante industrie automobile, concurrencée par les productions asiatiques, a connu un grave revers lors de la crise de 2008-2009 en raison de l'effondrement du crédit, General Motors en tête. Elle a été la première du monde jusqu'en 2008 et a reculé au deuxième rang. Encore concentrée dans les environs de Detroit (Flint, Cleveland, Toledo, Buffalo, Chicago, Milwaukee) et plus au S. (Indianapolis, Cincinnati, Saint Louis), elle s'accompagne de productions annexes (machines-outils, machines agricoles, électroménager). Des usines de montage existent dans les grands centres de l'E. et du S. (Dallas, Atlanta, Memphis, Californie). L'industrie aéronautique, qui a reçu des aides importantes de l'État fédéral, est surtout localisée sur la côte Pacifique (Californie, Seattle), dans la région des Grands Lacs et du N.-E., mais aussi à Saint Louis, Dallas, Fort Worth et dans l'Arizona et connaît un certain essor grâce à la fusion de Boeing et McDonnell Douglas. **▮ Haute technologie** L'émergence du *High-tech Corridor* est liée à la création d'entreprises de haute technologie à proximité des campus universitaires (Boston, Philadelphie, Portland, Princeton, Silicon* Valley près de San Francisco, Washington). La révolution Internet a modifié l'économie et la société américaines. En ce début de XXIe siècle, compte tenu des sérieux coûts (logements et transports notamment), on envisage la délocalisation des fonctions vers de nouveaux territoires, y compris pour la recherche. On parle alors d'archipel de sites d'innovation et de recherche. Des centres de recherche de la Silicon Valley travaillent en relation avec d'autres centres localisés à Starkeville (Mississippi), à Nashura (New Hampshire), à Lexington (Kentucky), à Bangalore (Inde) et en Irlande. L'industrie aérospatiale est plus dispersée ; associés à l'électronique, ses grands centres sont situés dans le S. (Alabama, Texas, Virginie, Louisiane) et à l'O. (Californie, Nevada). Les industries électroniques et électromécaniques se sont développées dans les régions qui pratiquaient traditionnellement la mécanique de précision (Nouvelle-Angleterre, New York, New Jersey, Pennsylvanie, Ohio). On les trouve également à Chicago, Milwaukee, Saint Louis et dans les nouveaux centres aérospatiaux. Depuis 1940, le complexe militaire représente une des composantes de base de l'économie du pays. Il emploie entre 8 et 10 millions d'individus (centres spatiaux, missiles, bases navales). L'électronique a créé des emplois grâce aux subventions du gouvernement fédéral.

**▮ ÉCHANGES ▮ Transports** Le système routier est le premier du monde, tant par sa longueur (68 000 km) que par son aménagement. Mais il nécessite de lourds investissements pour un secteur public déjà déficitaire. Les chemins de fer, dont le développement a marqué le XIXe s., ont gardé leur importance pour le transport des marchandises, mais le trafic des voyageurs est limité, sauf dans la région de New York. Les transports automobiles (lignes d'autocars) et surtout aériens les ont relayés. L'essentiel des relations interurbaines est assuré par un réseau complexe de lignes aériennes qui, sous l'effet de la déréglementation, a pratiqué des tarifs concurrentiels, conduisant à la disparition de certaines compagnies. Cet essor des transports aériens a entraîné la création de gigantesques aéroports assurant l'interconnexion entre les différentes lignes (60 % du trafic de l'aéroport d'Atlanta sont constitués de voyageurs en transit) et la localisation de certaines activités industrielles et de services à proximité. Les transports par eau, notamment par les Grands Lacs et la voie maritime du Saint-Laurent, par l'ensemble Mississippi-Ohio et par les grands canaux du N.-E., jouent un rôle de premier plan. Il en est de même de l'immense réseau d'oléoducs et de gazoducs qui relient notamment les zones productrices du S. aux régions industrielles et urbaines du N.-E. **▮ Communications** L'American Telephone and Telegraph (ATT), qui jouissait d'une concession de service public, bénéficiant d'un quasi-monopole sur les télécommunications, fut démantelé le 1er janv. 1984. La naissance de 7 compagnies régionales, dotées chacune d'un territoire et d'un domaine d'activité très précis, marqua le début de la guerre des réseaux électroniques, qui constituent l'élément moteur des échanges mondiaux d'information. **▮ Commerce** Le commerce intérieur de détail est caractérisé par la concentration et la standar-

**États-Unis.** Les États-Unis à la période coloniale.

disation sous forme de supermarchés. L'année 2003 marque la dernière phase d'application de l'Accord de libre-échange nord-américain (Alena*) qui unit les États-Unis, le Mexique et le Canada depuis 1994 : tous les produits agricoles en provenance du Canada et des États-Unis (en dehors des haricots, du maïs et du lait) doivent désormais entrer au Mexique sans aucune taxe. En revanche, les États-Unis ont adopté des taxes douanières sur les produits de l'acier.

### HISTOIRE

**▮ LA COLONISATION** Les premiers navigateurs et explorateurs européens (Cavelier de La Salle, sir Walter Raleigh) qui pénétrèrent aux XVI^e^ et XVII^e^ s. sur le territoire des États-Unis actuels rencontrèrent une population qu'ils appelèrent «indienne» (d'après la première dénomination de l'Amérique, Indes occidentales), population peu nombreuse (500 000 à 1 500 000 personnes selon les estimations) venue probablement d'Asie par le détroit de Béring 40 000 ans plus tôt. → **Indiens.** Ne tenant pratiquement pas compte de ces autochtones, les Européens se partagèrent aux XVII^e^ et XVIII^e^ s. les zones qu'ils avaient découvertes et jetèrent ainsi les bases des colonies de peuplement : espagnole sur la Floride, le Texas et la côte pacifique, française vers les Grands Lacs, puis en Louisiane, mais surtout britannique sur la côte atlantique. **▮ Les 13 colonies** Celle-ci se peupla rapidement d'émigrants chassés de leur pays pour des motifs religieux (ex. les «Pères Pèlerins» sur le *Mayflower*) ou politiques et se constitua en 13 colonies anglaises (Virginie, Massachusetts, 1620 ; New York, Delaware, New Jersey, New Hampshire, Maryland, les deux Carolines, 1663 ; Pennsylvanie, 1681 ; Géorgie, Connecticut, 1662 ; Rhode Island, 1663). Tandis que s'affirmait dès le XVII^e^ s. l'autorité

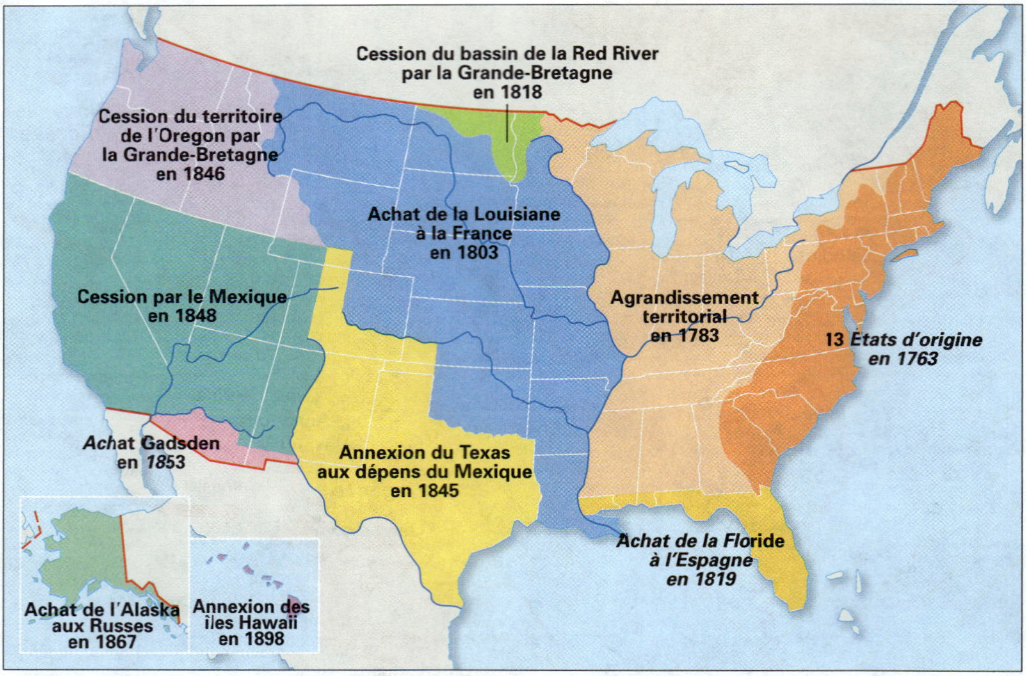


**États-Unis.** Les États-Unis de 1763 à 1898.

royale anglaise sur ces colonies par l'intermédiaire du gouverneur, celles-ci se dotèrent d'assemblées politiques élues par les propriétaires, assemblées qui, en votant le budget, s'habituèrent à une certaine indépendance et refusèrent peu à peu les charges fiscales imposées par Londres. En chassant les Hollandais et les Français des 13 colonies (traité d'Utrecht en 1713 et traité de Paris en 1763), les Britanniques avaient éliminé de plus tout danger immédiat pour les colons, qui n'avaient plus besoin de l'aide militaire de la métropole. La rupture entre la Grande-Bretagne et ses colonies fut définitive lorsque les Britanniques réagirent avec énergie au boycottage de leurs marchandises par les colons avec la fermeture du port de Boston (1774).

**▮ L'INDÉPENDANCE ▮ La guerre de l'Indépendance** La répression britannique fit l'unité des 13 colonies américaines : la bataille de Bunker Hill (17 juin 1775) ouvrit la guerre d'Indépendance entre les Britanniques et les «Insurgents» qui, avec l'aide française (La Fayette, Rochambeau), remportèrent la victoire : la Grande-Bretagne capitula à Yorktown le 19 oct. 1781 et signa le traité de Versailles en avr. 1783. → **Indépendance américaine (guerre de l').** Au début de la guerre, Thomas Jefferson avait rédigé la déclaration d'Indépendance, adoptée par le Congrès continental, le 4 juil. 1776 (Independence Day), qui rejetait l'autorité du roi d'Angleterre. **▮ L'organisation politique** La Constitution adoptée le 17 sept. 1787 conciliait avec souplesse, grâce à l'habileté de George Washington et de B. Franklin, le souci d'indépendance de chacun des États (tendance du parti républicain) et la nécessité du renforcement du pouvoir central (tendance du parti fédéraliste), en créant au-dessus des États un gouvernement fédéral souverain pour la politique extérieure, la défense et le commerce extérieur. **▮ La conquête de l'Ouest** Les deux partis politiques, fédéraliste avec G. Washington et J. Adams, et républicain avec T. Jefferson (qui devint le parti démocrate sous l'influence de A. Jackson à partir de 1830), pratiquèrent, lorsqu'ils furent au pouvoir pendant la première moitié du XIX^e^ s., la même politique d'expansion territoriale et de développement économique ; par la colonisation progressive des terres, par l'achat (Louisiane, Floride) ou par la force (Californie), la «frontière» reculait vers l'O., tandis que les nouveaux territoires accédaient au rang d'État d'où les Indiens, s'ils n'étaient pas exterminés, étaient refoulés ou cantonnés dans des «réserves». **▮ La modernisation** Sur ces nouvelles terres, la mise en valeur fut parfois rapide, grâce à l'accroissement de la main-d'œuvre (accroissement naturel ou par immigration : 4 000 000 hab. en 1790 ; 31 000 000 hab. en 1860), grâce au développement des moyens de communication (routes, canaux et chemins de fer) et grâce aussi aux facilités du crédit. Les industries, à l'abri du protectionnisme, se développaient en Nouvelle-Angleterre (filature, tissage), multipliant les villes. **▮ La guerre de Sécession** Dans le même temps, le Sud se spécialisait dans la production de tabac et de coton, ce qui encourageait l'esclavage, dont le Nord réclamait la suppression au nom de la démocratie américaine. Cette question de l'esclavage fut l'enjeu avoué de la guerre de Sécession. → **Sécession (guerre de).** **▮ La littérature au XIX^e^ s.** Le XIX^e^ s. vit le développement d'une littérature spécifiquement américaine, avec les écrivains transcendantalistes R. W. Emerson* et J. R. Lowell*, les romanciers F. Cooper*, W. Irving*, H. Beecher*-Stowe, M. Twain* et H. James*, ou les poètes H. W. Longfellow*, E. A. Poe*, W. Whitman* et E. Dickinson*.

**▮ LA RECONSTRUCTION ET L'ESSOR DES ÉTATS-UNIS JUSQU'À LA PREMIÈRE GUERRE MONDIALE ▮ La victoire du Nord** Après cinq années de guerre et l'abolition de l'esclavage (1865), il aurait fallu la modération d'Abraham Lincoln pour reconstruire l'Union avec équité : la victoire militaire des nordistes les laissait maîtres du Sud. Le 14^e^ amendement à la Constitution, voté en 1866, éliminait les «Confédérés» de toute activité politique et administrative. Les sudistes répondirent par la violence envers les *Carpetbaggers** ou envers les Noirs (Ku* Klux Klan). **▮ L'essor** Pourtant, v. 1875, les tensions finirent par s'apaiser et les Américains, comme leurs présidents (U. S. Grant, W. McKinley, Theodore Roosevelt, républicains), se préoccupèrent avant tout de la mise en valeur du pays. Tandis que l'immigration permettait à la population de tripler entre 1865 et

**États-Unis.** *La Déclaration de l'indépendance des États-Unis*, par John Trumble. *Phot. © Yale University Art Gallery, Yale.*

1914 (95 000 000 hab.), elle fournissait la main-d'œuvre nécessaire à l'agriculture (les États-Unis sont devenus dès 1900 le 1^er^ producteur agricole du monde), mais surtout au remarquable essor industriel ; grâce à ses méthodes (mécanisation, concentration, audace d'hommes d'affaires comme Carnegie* ou Rockefeller*), à l'abondance de matières premières et au réseau de voies de communication, la production industrielle américaine dépassa au début du XX^e^ s. celle des pays européens. **Les crises économiques** Cette expansion n'alla pourtant pas sans crises économiques violentes (1873, 1884, 1907), qui provoquèrent du chômage chez les ouvriers et rendirent nécessaire l'élaboration d'un programme social réclamé par les syndicats, tandis que T. Roosevelt engageait la lutte antitrust v. 1890. **Une politique impérialiste** C'est à ce moment-là que se dessina dans l'opinion américaine un courant impérialiste qui correspondit à l'achèvement de la conquête intérieure (disparition de la «frontière»). Sous l'impulsion de T. Roosevelt (politique du «gros bâton» *[Big stick]*) et de T. W. Wilson* («politique du dollar»), les États-Unis organisèrent en Amérique centrale, dans les Antilles et dans le Pacifique des zones d'influence qui devinrent parfois de véritables protectorats (Cuba et Haïti). Intéressée par tout ce qui touchait à son continent, l'opinion américaine restait neutre, malgré quelques interventions dans les affaires européennes (→ **Algésiras**). **La Première Guerre mondiale** L'entrée en guerre contre l'Allemagne décidée par Wilson le 4 avr. 1917 (→ **Guerre mondiale [Première]**) ne voulut pas être un engagement moral, comme le prouva le refus du Sénat de voter le traité de Versailles (nov. 1919) et l'élection à la présidence d'un républicain traditionaliste, W. G. Harding, en 1920. **La vie culturelle** Néanmoins, la vie culturelle montrait de multiples interférences entre les États-Unis et l'Europe. La littérature était marquée par U. Sinclair*, S. Anderson*, la Génération* perdue (Dos* Passos, W. Faulkner*, E. Pound*, E. Hemingway*, S. Fitzgerald*) puis T. Wolfe*, J. Steinbeck* et T. Capote*. New York devint un haut lieu de l'art moderne (M. Weber*, J. Marin*, S. Davis*, M. Duchamp*, Man Ray*), et le cinéma prit son essor (C. Chaplin*, B. Keaton*, C. B. DeMille*, D. W. Griffith*).

**LA PROSPÉRITÉ ET LA CRISE** **La prospérité** Une fois vaincues les difficultés de l'après-guerre, les États-Unis connurent une remarquable prospérité qui justifia pendant quelques années la confiance que le gouvernement et les milieux d'affaires mettaient dans le libéralisme : la production industrielle s'accrut alors trop rapidement tandis que le crédit se développait d'une manière anarchique pour ne pas ralentir les ventes. **La crise de 1929** La spéculation fut telle à partir de 1926 qu'il suffit d'une panique boursière (krach de Wall* Street le 24 oct. 1929 ou «Jeudi noir») pour que s'effondrât pour plusieurs années l'économie américaine. → **crise économique de 1929.** **Le New Deal** Après l'échec du président Hoover, F. D. Roosevelt, débordant largement le cadre des prérogatives présidentielles, redressa l'économie par des mesures dirigistes. → **New Deal, Roosevelt (Franklin Delano).** **La Deuxième Guerre mondiale** Absorbé par les problèmes intérieurs et soucieux de l'isolationnisme traditionnel des Américains, Roosevelt ne put mobiliser que tardivement ses concitoyens face au conflit mondial : le bombardement de Pearl* Harbor décida les États-Unis à entrer en guerre contre l'Axe. → **Guerre mondiale (Deuxième).**

**LES ÉTATS-UNIS APRÈS LA DEUXIÈME GUERRE MONDIALE** **La guerre froide** Sortis de la guerre comme «la nation la plus puissante de l'histoire» (H. Truman), les États-Unis acceptèrent d'assumer les responsabilités mondiales auxquelles ils s'étaient engagés au cours des conférences internationales de Téhéran* (déc. 1943), de Yalta* (fév. 1945) et de Potsdam* (juil. 1945) et adhérèrent à la Charte des Nations unies. Mais, en mettant en place le plan Marshall* et l'Organisation* du traité de l'Atlantique Nord (Otan), ils se firent les défenseurs de la démocratie de type libéral face au monde communiste et, en resserrant les liens entre l'Europe occidentale et eux-mêmes, contribuèrent à la coupure de l'Europe en deux zones, entretenant le climat de «guerre froide» (problème de Berlin). **Les conflits internationaux** Que ce soit la politique de résistance *(containment)* au communisme du républicain Eisenhower et de J. F. Dulles ou celle du démocrate J. F. Kennedy de «coexistence pacifique», les États-Unis ont été engagés depuis la guerre de Corée*, directement ou indirectement, dans de multiples conflits internationaux (Cuba, Viêtnam, conflit israélo-arabe, Amérique latine). **Le «mouvement des droits civiques»** Les guerres de 1939 - 1945 et du Viêtnam ont rendu les Noirs encore plus conscients de la ségrégation raciale qui sévissait, plus économique dans le N., plus institutionnelle et politique dans le S., et dont des écrivains comme J. Baldwin*, E. LeRoi* Jones, R. Wright* ou T. Morrison* se sont faits l'écho. Malgré les mesures prises par les présidents Kennedy et Johnson, les Noirs américains réclamèrent une intégration plus réelle, soit par la non-violence (→ **King [Martin Luther]**), soit par la violence (*black power* → **Panthères noires**) ce qui constitue, avec les difficultés économiques, l'un des problèmes posés au pays (émeutes de Miami, mai 1980). Les guerres ont également provoqué un rejet de la société traditionnelle et une lucidité qui ont inspiré une littérature originale (N. Mailer*, A. Miller*, la Beat* Generation) et un foisonnement de mouvements artistiques (action* painting, pop* art, land* art, minimal* art, body* art), auxquels participèrent J. Pollock*, A. Warhol*, R. Lichtenstein*, R. Motherwell*, C. Still*, F. Stella*, etc. **La fin de la guerre du Viêtnam et le Watergate** R. Nixon dévalua le dollar en 1972 et mena à bien le désengagement au Viêtnam, où la guerre prit fin en janv. 1973. Mais, après l'affaire du Watergate*, le président fut menacé de la procédure de destitution *(impeachment)* et acculé à la démission (8 août 1974). **Présidents républicains et présidents démocrates** Le vice-président G. Ford prit sa succession, maintenant à son poste H. Kissinger*. Les républicains sortirent très ébranlés de la crise et les démocrates triomphèrent lors de l'élection de J. Carter (nov. 1976). Les États-Unis poursuivirent le rapprochement avec la Chine amorcé par Nixon (établissement des premières relations diplomatiques, janv. 1979) et favorisèrent, après l'avoir inspiré, le traité de paix entre l'Égypte et Israël. Cependant, le président subit une série d'échecs sur le plan intérieur (blocage par le Congrès de son plan pour l'économie d'énergie) et sur le plan extérieur (prise en otages du personnel américain de l'ambassade des États-Unis à Téhéran, 1979 ; échec d'une expédition militaire en avr. 1980) qui entamèrent le prestige des États-Unis à un moment de grave tension internationale (→ **Afghanistan**) et qui favorisèrent l'élection à la présidence des républicains R. Reagan (1980 et 1984) et G. Bush (1988). La volonté de dialogue, au sujet de la limitation des armements, entre les États-Unis et l'URSS, se manifesta par la signature des accords START de réduction des armements stratégiques. **La première guerre du Golfe** Les États-Unis prirent la tête de la coalition internationale contre l'Irak lors de la guerre du Golfe. → **Irak.** Ils poursuivirent leur politique de négociations dans le conflit israélo-arabe et développèrent leurs relations avec les pays d'Europe de l'Est après l'effondrement du bloc communiste. Parallèlement, le pays subit une grave récession de 1989 à 1992 qui influa sur le résultat de l'élection présidentielle de 1992, remportée par le démocrate B. Clinton. **La présidence de Bill Clinton** Bénéficiant du retour à la croissance de l'économie qui se traduisit par une réduction du chômage et de l'inflation, ce dernier concentra ses efforts sur la politique intérieure (réduction du déficit budgétaire), tout en défendant la libéralisation des échanges commerciaux (Alena*, Gatt*). Réélu en 1996, mais confronté à partir de 1994 à une majorité républicaine au Congrès, il tenta de renforcer le rôle international des États-Unis tant sur le plan diplomatique et militaire (crises avec l'Irak, intervention en ex-Yougoslavie, élargissement de l'Otan, relance du processus de paix entre Israël et les Palestiniens) que commercial. Il dut cependant faire face à un procès en destitution, à l'issue duquel il fut acquitté (1999) (→ **Clinton**). Au terme d'un scrutin extrêmement serré, le républicain G. W. Bush* lui succéda en 2001. **L'après-11 septembre 2001** Les attentats terroristes du 11 septembre 2001 contre New* York et Washington* furent un choc pour les Américains et suscitèrent un fort élan patriotique. Accusant Ben* Laden, réfugié en Afghanistan, et que les talibans refusèrent de livrer, G. W. Bush lança une opération militaire qui aboutit à la chute des talibans (→ **Afghanistan**). Cette situation de guerre contribua à aggraver la récession économique américaine et à compliquer les relations entre États-Unis et monde islamique. Poursuivant une «croisade» contre le terrorisme doublée de la défense d'intérêts économiques (pétrole), les États-Unis s'engagèrent dans une guerre contre l'Irak* en mars 2003 malgré le désaccord de plusieurs membres du Conseil de sécurité de l'ONU (dont la France) préconisant l'octroi de délais supplémentaires au désarmement de l'Irak. Ils reconnurent en 2004 que ces armes ainsi que les relations entre S. Hussein et al-Qaida étaient inexistantes. Le mécontentement à l'égard de G. W. Bush et du vice-président Dick Cheney alla grandissant en raison de l'ampleur du budget militaire (maintien des troupes en Afghanistan et en Irak), du nombre croissant des pertes en soldats (4 000 morts) et de l'image négative du pays qui en résulta dans le monde entier, encore accentuée par des pratiques illégales (Abou Ghraïb, Guantánamo) et le refus de participer au protocole environnemental de Kyōto*. L'absence de politique sociale et de toute intervention de l'État pour réguler une économie de plus en plus libérale, conjuguée à la dette publique, ouvrit la voie à une grave crise dont hérita le successeur de Bush (voir ci-dessus économie). **La rupture Obama** L'accession à la présidence du démocrate africain-américain Barack Obama* en 2009 résulta de la convergence d'un désir de rupture et d'une évolution des mœurs raciales et revêtit de ce fait un caractère particulier empreint d'espoir et d'émotion partagé dans le monde entier. B. Obama nomma dans son administration, baptisée «Dream Team», Hillary Clinton* au poste de secrétaire d'État aux Affaires étrangères. Sur le plan extérieur il améliora considérablement l'image des États-Unis dans le monde. À l'intérieur, grâce à un plan de recapitalisation des banques, il empêcha la faillite du système financier et accorda à de grandes entreprises, en particulier dans l'automobile, des aides conditionnées à une restructuration. Toutefois, l'ampleur des attentes du règlement immédiat des grands dossiers (guerre en Irak, en Afghanistan, question du Moyen-Orient, terrorisme), doublée des retombées économiques de la crise financière, lui fit perdre une partie de son soutien dès le début de 2010 et le Sénat passa sous majorité républicaine à l'issue d'une élection partielle. Son programme, fragilisé, dut revoir à la baisse certaines réformes mais celle de la couverture maladie a pu être menée à bien.

**ETCHMIADZINE** jusqu'en 1945 et depuis 2003 ***Vagharchapat*** ♦ V. d'Arménie, dans les faubourgs d'Erevan. 56 700 hab. Centre de l'Église autocéphale arménienne et résidence de son chef (catholicos). La cathédrale, édifiée en 303 par saint Grégoire dit l'Illuminateur sur le site de l'anc. Vagharchapat connue depuis le IIe millénaire, fut plusieurs fois reconstruite (480, 618). Elle a conservé son plan cruciforme originel et 4 absides. Église Sainte-Hripsimé (618), chef-d'œuvre de l'architecture arménienne. Église Sainte-Gaïané (VIIe s.), restaurée en 1683. ▪ Indus. mécanique et alimentaire.

**ÉTEL** [56410] ♦ Comm. du Morbihan, arr. de Lorient, à l'entrée de la *rivière d'Étel* (ria profonde). 2 165 hab. (aggl. 4 688) *(Étellois)*. Port de pêche. Station balnéaire. Conserves de poissons. Conchyliculture.

**ÉTÉOCLE** ➝ ÉTYM. en gr. ***Eteoklês,*** de *eteos* «vrai, réel» et *kleos* «bruit, renommée» ♦ L'un des enfants de l'inceste d'Œdipe* et de Jocaste. Régnant sur Thèbes* alternativement avec son frère Polynice*, il refuse de lui rendre le trône à l'expiration de son mandat. Les deux frères s'entre-tuent lors de la guerre des Sept* Chefs. → **Adraste, Sept contre Thèbes** (tragédie d'Eschyle). Le drame se consomme avec l'intervention de Créon* qui interdit l'ensevelissement de Polynice. → **Antigone, Ismène.**

**ETEX (Antoine)** ♦ Peintre, graveur et sculpteur français (Paris 1808 - Chaville 1888). Auteur d'allégories ambitieuses et colossales dans la tradition néoclassique, tant en peinture (*La Gloire des États-Unis,* 1853, pour le City Hall de New York) qu'en sculpture (hauts-reliefs de l'Arc de Triomphe).

**ETHELBALD** ♦ (mort en 757). Roi de Mercie* (716 - 757). Il conquit l'Angleterre au S. de l'Humber, envahit le Wessex et prit Londres (v. 733). Il protégea saint Boniface. ▪ Oncle d'Offa*.

**ETHELBALD** ♦ (mort en 860). Roi du Wessex (858 - 860). Fils d'Ethelwulf*, il lui ravit le trône pendant son pèlerinage à Rome. ▪ Son frère Ethelbert* lui succéda.

**ETHELBERT** ♦ (mort en 616). Roi du Kent (560 - 616). Il épousa Berthe, fille de Caribert, roi de Paris, et protégea Augustin* de Canterbury. Il se convertit au christianisme en 597. Il fit rédiger le premier code anglo-saxon.

**ETHELBERT** ♦ (mort en 865). Roi du Wessex (860 - 865). Fils d'Ethelwulf*, il succéda à son frère Ethelbald*. ▪ Il eut pour successeur son frère Ethelred* Ier.

**ETHELFLEDA** ♦ Princesse anglo-saxonne (morte en 918). Fille d'Alfred le Grand, elle gouverna la Mercie* (911 - 918) et aida son frère Édouard* l'Ancien contre les Danois.

**ETHELFRITH** ♦ (mort en 616). Roi de Northumbrie (593 - 616). Il lutta victorieusement contre les Bretons et fut supplanté par son frère Edwin*. ▪ Père d'Oswald* et d'Oswy*.

**ETHELRED Ier** ♦ (mort en 871). Roi du Wessex (865 - 871). Fils d'Ethelwulf*, il fut vaincu plusieurs fois par les Danois. ▪ Son frère Alfred* le Grand lui succéda.

**ETHELRED II** ♦ (v. 965 - Londres 1016). Roi d'Angleterre (978 - 1016). Fils d'Edgar* le Pacifique, il s'opposa aux progrès des Danois en Angleterre. Chassé de son trône en 1013, il s'y rétablit en 1014. ▪ Père d'Edmond* II et d'Édouard* le Confesseur.

**ETHELWOLD** ou **AETHELWEALD** (saint) ♦ Évêque de Winchester (Winchester v. 908 - Beddington, Surrey 984). Conseiller du roi Edgar et ami de saint Dunstan, il est l'auteur de la *Regularis Concordia* (965 - 975), la plus ancienne description du drame liturgique en Occident.

**ETHELWULF** ♦ (mort en 858). Roi du Wessex (839 - 858). Fils d'Egbert*, il lutta contre les Danois et les battit en 851. Il épousa Judith, fille de Charles II le Chauve (856). ▪ Père d'Ethelbald*, Ethelbert*, Ethelred* Ier et Alfred* le Grand.

**ETHEREGE** (sir **George**) ♦ Auteur dramatique anglais (Maidenhead, Berkshire v. 1634 - Paris ? 1692). Protégé par les Stuarts, il accompagna Jacques II durant son exil en France. Il a composé des comédies où la fantaisie, la gaieté et, parfois, l'immoralité s'épanchent sans retenue (*La Vengeance comique,* 1664 ; *Elle le ferait si elle pouvait,* 1667) et, dans l'inspiration de Molière, a créé la comédie de mœurs anglaise, *L'Homme à la mode* (1676).

**ÉTHÉRIE** – appelée aussi ***Égérie*** ♦ Dame originaire de Galice ou de Gaule méridionale qui fit, entre 381 et 384, un pèlerinage en Orient. Le récit de son voyage *(Itinerarium Egeriae)* abonde en détails sur les lieux saints et la liturgie de Jérusalem.

## ÉTHIOPIE

▮ n. f. – off. ***république d'Éthiopie,*** anc. ***Abyssinie*** ➝ ÉTYM. en amharique ***Ityopya*** du gr. *Aithiopes* «les visages brûlés» ♦ Pays d'Afrique orientale. 1 104 294 km². 73 918 505 hab. *(Éthiopiens)*. LANGUES : amharique (off.), italien, tigréen, somali, etc. POPULATION : Tigréens, Amharas, Somalis, Gallas ou Oromos, Sidamos. RELIGIONS : chrétiens, orthodoxes (coptes) sur le plateau central, musulmans à la périphérie, animistes à l'O. Les juifs (Falachas) ont émigré en Israël. MONNAIE : nouveau birr. CAPITALE : Addis-Abeba. RÉGIME : démocratie parlementaire.

▮ **GÉOGRAPHIE** ▮ **Le relief** Les montagnes du N. forment un ensemble de hauts plateaux élevé à l'E. dans le Tigré (Simen [Ras Dachan, 4 533 m], Lasta), moins élevé à l'O. Des vallées profondes et des à-pics vertigineux isolent de petites communautés sur des plateformes inaccessibles *(ambas)*. La dépression de l'Aouach (vallée du Rift) sépare les montagnes du N. (le bastion éthiopien) des plateaux du S.-O. qui s'abaissent doucement dans l'Ogaden. Nés sur les hauts plateaux du N., l'Abbay, exutoire du lac Tana* (1 829 m), l'Atbarah et le Soba fournissent l'essentiel de la crue et du limon fertilisant l'Égypte ; les plateaux moins élevés de l'O. donnent naissance à l'Omo et à l'Aouach qui se jettent dans les lacs saumâtres des dépressions. Au S., le Djouba et le Chebeli prennent leurs sources dans les reliefs du Harar. ▮ **Les ressources** Mis à part un début d'exploitation d'hydrocarbures dans l'Ogaden, l'Éthiopie est un pays essentiellement agricole : céréales (teff, la céréale locale ; maïs, sorgho, avoine, orge, doura), fruits et légumes ; café entre 1 500 m et 2 500 m et coton au-dessous ; élevage dans le S. (bétail, chameaux). Le sous-sol (or) est peu exploité. Il existe un commerce traditionnel du sel entre les dépressions et les hauts plateaux. La plupart des industries (textiles, cuir, indus. alimentaires) sont localisées à Addis-Abeba. Un petit complexe hydroélectrique est installé sur l'Aouach. Les exportations reposent sur le café et des produits agricoles. La principale source de précipitation est la mousson africaine ; sa variabilité (soit absente, soit d'une violence provoquant des inondations) ainsi que la sécheresse qui sévit le reste de l'année et persiste depuis plus de trente ans provoquent

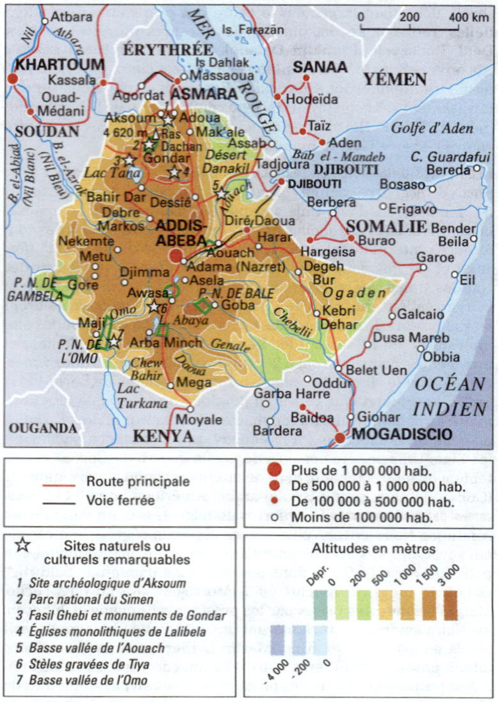


**Éthiopie.**

famines et maladies. L'infrastructure routière est très endommagée et présente un obstacle à la distribution des aides alimentaires. L'enclavement est le problème essentiel de l'Éthiopie qui ne peut exporter ses produits que par des ports étrangers (Djibouti ; Massaoua et Assab en Érythrée).

**HISTOIRE** **La préhistoire** *Aithiopia* désignait en grec plusieurs régions africaines (Nubie, Soudan, Abyssinie, désert de Libye). Pour les Égyptiens, l'Éthiopie faisait partie du pays de *Pount*. Dans la Bible, la région est appelée *Couch*. Les restes de très anciens hominidés ont été découverts dans la dépression de l'Afar (Lucy*, 3 millions d'années) dans le Rift et dans la vallée basse de l'Omo. **Le royaume d'Aksoum** Peu avant l'ère chrétienne, des immigrants arabes venus du Yémen (royaume de Saba), s'installèrent sur les hauts plateaux du Tigré. Ils se mêlèrent aux populations locales et fondèrent le royaume d'Aksoum*. D'après la tradition chrétienne locale, le fondateur de la dynastie est Ménélik, le fils que le roi Salomon aurait eu de la reine de Saba, son dernier représentant étant Hailé Sélassié, renversé en 1974. Voleur de l'arche d'alliance du temple de Jérusalem avec la complicité de ses compagnons (les futurs Falachas), Ménélik l'aurait cachée à Aksoum qui devint la ville sainte de l'Éthiopie. Les rois d'Aksoum furent impliqués dans les rivalités entre Rome et la Perse. **L'Éthiopie chrétienne** Au IVe s., ils se convertirent au christianisme monophysite par l'intermédiaire des communautés de marchands gréco-romains établies dans le port d'Adoulis, au S. de l'actuel Massaoua. Au VIIe s., l'expansion de l'islam en Arabie et en mer Rouge isola pour de longs siècles l'Éthiopie chrétienne qui perdit le contrôle de la région côtière (l'Érythrée) convertie à l'islam. Une nouvelle dynastie, les Zagoués, s'appuyant sur les populations d'origines africaine et juive, transféra la capitale à Roha, dans une région inaccessible plus au S. où le roi Lalibela* (début XIIIe s.) fit creuser de nombreuses églises monolithes. En 1270, le pouvoir repassa aux mains de la dynastie des Salomonides. La lutte entre l'Éthiopie chrétienne et les tribus islamisées du S., les Gallas, dura jusqu'en 1445, année où le sultan d'Ifat fut battu par le roi Zara Yacoub, un réformateur, qui limita les pouvoirs du clergé. Les souverains, qui entretenaient des relations régulières avec le patriarcat d'Alexandrie, demandèrent de l'aide à Rome (apparition de la légende du *Prêtre Jean*), assimilant le négus à un roi chrétien qui devait aider les Européens dans la conquête des épices, également convoitées par les musulmans. **Les interventions européennes** Au XVIe s., les musulmans d'Ahmad ibn Ibrahim dit «Gragne» («le Gaucher») ravagèrent le pays qui fut sauvé par l'intervention d'une armée portugaise conduite par le fils de Vasco de Gama (1541). Gragne fut tué ainsi que le négus Claude après une attaque du sultan de Harar (1559), tandis que les Gallas envahissaient le S. du pays. L'attitude rigoriste des missionnaires espagnols et l'obligation de se soumettre à Rome firent rejeter le catholicisme. Le pouvoir se replia sur Gondar qui connut une période brillante (XVIIe - XVIIIe s.). Après une période de décadence, le négus Kassa (Théodoros* II) réduisit les féodaux ; mais sa politique de répression devint de plus en plus violente et les menées britanniques l'amenèrent à retenir contre leur gré des envoyés britanniques. Il se suicida en 1868 après l'intervention d'une expédition militaire britannique. Johannès IV lui succéda (1872 - 1889) ; pendant son règne, les puissances coloniales (Italie, France, Grande-Bretagne) entourèrent le pays d'un réseau d'intérêts. À sa mort, il s'apprêtait à lutter contre le futur Ménélik* II. Celui-ci se fit couronner (1889), restaurant la dynastie des Salomonides. **Les ambitions italiennes** Le traité d'Ucciali, conclu la même année avec l'Italie, donna lieu à des interprétations divergentes. Les Italiens prétendirent faire de l'Éthiopie un protectorat et y envoyèrent une expédition militaire. Le général italien Baratieri fut battu à Adoua (1896), puis Ménélik réduisit les Gallas du S. et profita des intérêts européens pour conquérir divers territoires, et notamment le Harar (1887) et l'Ogaden. Le successeur de Ménélik, Lidj Yasou, fut détrôné en 1916 à cause de ses amitiés turques. La fille de Ménélik, Zaoditou, fut couronnée impératrice et désigna pour héritier son neveu le ras Tafari, qui fut couronné en 1930 sous le nom de Hailé* Sélassié Ier. Invoquant les incidents ayant opposé les Éthiopiens aux Italiens de Somalie, le gouvernement fasciste attaqua l'Éthiopie en 1935. L'armée de Badoglio* envahit le pays et le négus dut s'exiler, plaidant vainement sa cause auprès de la SDN. L'Éthiopie fut alors réunie à l'Érythrée et à la Somalie pour former l'Afrique-Orientale italienne, et Victor*-Emmanuel III prit le titre d'empereur d'Éthiopie (1936). **La rébellion de l'Érythrée** Lors du conflit mondial, un corps d'armée britannique chassa les Italiens et restaura l'autorité du négus. L'Érythrée, d'abord fédérée à l'Éthiopie selon le vœu des Nations unies, fut intégrée à l'empire (1962), ce qui déclencha une rébellion nationaliste armée soutenue par les pays arabes. Cette résistance pesa lourdement sur la politique intérieure éthiopienne, causant, avec la sécheresse de 1973, la chute de Hailé Sélassié en 1974. **Depuis la chute d'Hailé Sélassié** Il fut remplacé par un militaire originaire du S., Hailé Mariam Mengistu*, qui dut combattre un soulèvement au Tigré et, en 1977, arrêter l'invasion de l'Ogaden par la Somalie. Les Soviétiques et les Cubains apportèrent une aide massive au nouveau pouvoir qui se convertit au marxisme-léninisme et regagna le terrain perdu. Mais le régime s'épuisa dans les opérations militaires en Érythrée, au Tigré et dans le pays oromo au S.-E., tandis que les famines ravageaient le pays. Le désengagement du bloc de l'Est et la coordination des mouvements armés aboutirent à la chute de Mengistu en mai 1991, à la venue au pouvoir du Front démocratique révolutionnaire du peuple éthiopien (FDRPE) dirigé par le Tigréen Meles Zenawi, et à la déclaration d'indépendance de l'Érythrée* (1993). Mécontents de la concentration des pouvoirs par les Tigréens, les Oromos quittèrent le FDRPE et la guérilla reprit en Ogaden. En 1995 M. Zenawi accéda au poste de Premier ministre ; sa politique libérale a suscité un fort mécontentement suivi de la répression sanglante de manifestations. Un accord signé à Alger en déc. 2000 a mis fin au conflit avec l'Érythrée*. La contestation des résultats des législatives de 2005 a donné lieu à de sanglantes manifestations et une trentaine d'opposants ont été condamnés en 2007 à la prison à vie. Entre déc. 2007 et janvier 2009, l'Éthiopie a appuyé militairement le gouvernement fédéral de transition (TFG) somalien contre les forces des Tribunaux islamiques de Somalie. Victime de graves sécheresses depuis une décennie et d'une pénurie alimentaire, l'Éthiopie a été le porte-parole de l'Afrique au sommet de Copenhague* sur le climat (2009).

**Éthiopie.** Jeunes filles éthiopiennes.
*Phot. © EcoPrint /Shutterstock*

L'**Éthique** – en lat. ***Ethica ordine geometrico demonstrata*** ♦ Œuvre maîtresse de Spinoza*, écrite en latin et publiée après sa mort (1677). «Démontrée selon la méthode géométrique» et divisée en cinq parties («De Dieu» ; «De la nature et de l'origine de l'esprit» ; «De l'origine et de la nature des sentiments» ; «De la servitude humaine ou des forces des sentiments» ; «De la puissance de l'entendement ou de la liberté humaine»). *L'Éthique* prend pour point de départ Dieu dont elle démontre l'existence en reprenant l'argument ontologique et dont elle montre l'identité avec la substance (monisme), et conclut que la seule liberté concevable consiste à tourner les passions en actions.

**Éthique à Nicomaque** ♦ Traité d'Aristote* sur la morale, adressé à son fils. Eudémoniste, l'éthique aristotélicienne affirme que les vertus sont des dispositions acquises de la volonté, consistant en un «juste milieu», un équilibre entre les extrêmes (courage, tempérance, justice).

**ÉTIEMBLE (René)** ♦ Écrivain français (Mayenne 1909 - Vigny, Eure-et-Loir 2002). Romancier, il donna *L'Enfant de chœur* (1937) qu'on peut rapprocher, pour la puissance du ton, du récit *Blason d'un corps* (1961). Critique, il analysa notamment *Le Mythe de Rimbaud* (1952 - 1967) et développa une réflexion sur la littérature comparée (*Comparaison n'est pas raison*, 1963 ; *Essais de littérature (vraiment) générale*, 1974 ; *Quelques essais de littérature universelle*, 1982 ; *Nouveaux essais de littérature universelle*, 1992). Il se fit également connaître par sa passion pour l'Extrême-Orient (*Le Nouveau Singe pèlerin*, 1958) ainsi que par une virulente défense de la langue française menacée par le «babélien» d'origine nord-américaine (*Parlez-vous franglais ?*, 1964). Son volume de mémoires, *Lignes d'une vie* (1987), permet de découvrir un homme qui a tout fait pour préserver sa vie de l'indiscrétion des médias. ➝ ÉTYM. *Étiemble* est une forme régionale de *Étienne**.

## ÉTIENNE

➝ ÉTYM. de *Stephanus*, latinisation du gr. *stephanos* «couronne» – esp. *Estebán*, angl. *Steven*, all. *Steffen* → aussi **Estève, Estienne, Étiemble, Tenon, Thénard** ♦ Nom de plusieurs personnages, classés selon les rubriques suivantes : saint, papes, Angleterre, Hongrie, Moldavie, Pologne, Serbie.

**SAINT**

**ÉTIENNE** (saint) ♦ Diacre de la première communauté chrétienne de Jérusalem, lapidé par les juifs (Actes des Apôtres, I-VII). Considéré comme le premier martyr chrétien. ▪ Fête le 26 déc.

**PAPES**

**ÉTIENNE Ier** (saint) ♦ 23e pape (de 254 à 257). Romain, martyr (?). Contre saint Cyprien* il affirma la validité du baptême des hérétiques, les réconciliant par simple imposition des mains.

**ÉTIENNE II** ♦ 92e pape (de 752 à 757). Romain. Devant la menace lombarde (→ **Aistolf**), il se rendit auprès de Pépin le Bref dont il renouvela le sacre (754). Celui-ci vainquit les Lombards (754 et 756) et donna au pape les terres conquises (exarchat de Ravenne, Pentapole [origine des États de l'Église*] ; Corse).

**ÉTIENNE III** ♦ 94e pape (de 768 à 772). Sicilien. Élu contre les antipapes Constantin* II, candidat de la noblesse, et Philippe, candidat des Lombards, il réunit un concile (Rome, 769) qui réglementa l'élection pontificale en s'opposant à l'ingérence des laïcs et des non-Romains, annula les actes de Constantin II et condamna les iconoclastes*.

**ÉTIENNE IV** ♦ 97e pape (de 816 à 817). Romain. Il sacra Louis le Pieux à Reims.

**ÉTIENNE V** ♦ 110e pape (de 885 à 891). Romain.

**ÉTIENNE VI** ♦ 113e pape (de 896 à 897). Romain. Instrument du parti de Spolète, il fut étranglé.

**ÉTIENNE VII** ♦ 124e pape (de 928 à 931). Romain.

**ÉTIENNE VIII** ♦ 127e pape (de 939 à 942). Romain.

**ÉTIENNE IX [Frédéric,** des ducs **DE LORRAINE]** ♦ (Lorraine début du XIe s. - Florence 1058). 152e pape (1057 - 1058), frère de Godefroi, duc de Basse-Lorraine ; ancien abbé du Mont-Cassin.

**ANGLETERRE**

**ÉTIENNE DE BLOIS** ♦ (v. 1097 - 1154). Roi d'Angleterre (1135 - 1154). Fils d'Étienne, comte de Blois et petit-fils par sa mère de Guillaume* le Conquérant. Il succéda à Henri* Ier en usurpant le trône de Mathilde* qui tenta de reconquérir l'Angleterre, plongeant ainsi le royaume dans l'anarchie. À la mort de son fils (1153), il désigna pour lui succéder le fils de Mathilde (→ **Henri II**).

**HONGRIE**

**ÉTIENNE Ier** (saint) ♦ (Esztergom v. 969 - Buda 1038). Roi de Hongrie (997 - 1038). Fils du prince Géza*, il fut le premier roi de Hongrie. Il imposa le christianisme à son royaume en accueillant les missionnaires et en combattant l'aristocratie restée attachée au paganisme. Étienne Ier organisa l'Église hongroise en deux archevêchés et dix évêchés. Il abolit le système tribal et divisa le pays en comtés ayant à leur tête un *ispan*. À l'extérieur, Étienne Ier défendit l'indépendance de la Hongrie contre les Bulgares et l'empereur Conrad* II. Il fut canonisé en 1081. ▪ Fête le 16 août.

**ÉTIENNE II** ♦ (v. 1101 - Nagyvarad, auj. Oradea, Roumanie 1131). Roi de Hongrie (1116 - 1131). Fils de Koloman*, il mena de nombreuses campagnes qui furent des échecs et fut vaincu par Jean II Comnène. Il abdiqua alors en faveur de son cousin Béla* II et se retira dans un monastère.

**ÉTIENNE III** ♦ (1147 - Esztergom 1172). Roi de Hongrie (1162 - 1172). Fils de Géza* II, il dut lutter contre son oncle, qui porta quelque temps le titre d'Étienne IV grâce à une intervention byzantine.

**ÉTIENNE V** ou **IV** ♦ (1239 - Csepel, auj. dans Budapest 1272). Roi de Hongrie (1270 - 1272). Fils de Béla* IV, il remporta avant la mort de son père de nombreuses victoires sur la Bohême et gouverna la partie orientale de la Hongrie de manière indépendante. ▪ Père de Ladislas IV.

**MOLDAVIE**

**ÉTIENNE III le Grand** ♦ (1433 - 1504). Prince de Moldavie (1457 - 1504). Il combattit les Turcs qu'il vainquit à Rahova en 1475 ; il avait vaincu aussi les Hongrois conduits par Mathias Ier Corvin. En 1497, il lutta contre les Polonais. Il construisit des églises et des monastères.

**POLOGNE**

**ÉTIENNE Ier BÁTHORY** ♦ (Szylágysomlyó, auj. Şimlev Silvaniei, Roumanie 1533 - Grodno 1586). Roi de Pologne* (1576 - 1586). Prince de Transylvanie* (1571 - 1576), il épousa Anne* Jagellon, fut élu roi de Pologne avec l'appui de Jan Zamoyski* et eut à combattre la ville de Gdańsk* réfractaire à son élection (1576 - 1577). Vainqueur d'Ivan* IV le Terrible, il assura la prépondérance de la Pologne sur la Baltique, par la possession de la Livonie*, et contribua au triomphe de la Contre-Réforme.

**SERBIE**

**ÉTIENNE NEMANJA** ♦ (mort au mont Athos v. 1200). Prince de Serbie (v. 1170 - 1196). Il fit l'unité des pays serbes (excepté la Bosnie) contre Byzance. Il fut la tige de la dynastie des Nemanjić qui régnèrent deux siècles. Il renonça au pouvoir et se retira au mont Athos.

**ÉTIENNE Ier NEMANJIĆ** ♦ (mort en 1228). Fils aîné d'Étienne* Nemanja. Il obtint de Rome en 1217 le droit de devenir le premier roi de Serbie, puis proclama l'Église serbe autocéphale (1219), liant, en fondant leur indépendance, Église et État serbes. Son nouveau couronnement selon les rites orthodoxes, par son frère saint Sava*, en 1220, lui valut le surnom de *Prvovenčani* (« premier couronné »).

**ÉTIENNE IX DOUCHAN** ou **DUŠAN** ♦ (v. 1308 - Diavoli 1355). Roi, puis empereur des Serbes (1331 - 1355). Il fit des Bulgares ses vassaux (1331), puis s'empara de l'Épire, de la Thessalie et de la Macédoine sauf Salonique (1342 - 1349). Désireux de pallier le péril turc par une force politique substituée à l'Empire byzantin, il put enfin se faire proclamer empereur des Serbes (Slaves) et des « Romains » (Grecs). Il publia un code de lois *(Zakonik Tsara Douchana)* et créa le patriarcat de Serbie.

---

**ÉTIENNE (Jean-Louis)** ♦ Médecin et explorateur français (Vielmur, Tarn 1946). En 1986, il entreprit une première exploration du pôle Nord en solitaire puis en 1989 il parcourut 6 300 km en traîneau dans l'Antarctique. Depuis, il a réalisé de nombreuses expéditions dans les régions polaires lors desquelles il a effectué un certain nombre de mesures sur l'environnement, la biodiversité, les courants océaniques et le climat.

**ÉTIENNE HARDING** (saint) ♦ (avant 1066 - Cîteaux 1134). Bénédictin anglais, 3e abbé de Cîteaux* (1109), dont il avait été un des fondateurs avec Robert* de Molesme. Il développa l'ordre, rédigea ou fit rédiger la *Carta caritatis* (1119), forma saint Bernard*. ▪ Fête le 17 avr.

**ÉTIENNE-MARTIN (Étienne MARTIN,** dit**)** ♦ Sculpteur français (Loriol 1913 - Paris 1995). Sensible au surréalisme, bien que resté à l'écart de tout mouvement, il a lui-même souligné le caractère poétique de sa démarche et s'est créé sa propre mythologie fondée sur la philosophie hermétique. Plusieurs rencontres ont joué un rôle essentiel dans sa vie, celles de Marcel Duchamp* en 1934, du critique Michel Tapié en 1946, et, en 1947, du philosophe Gurdjieff dont il a fréquenté la communauté pendant dix ans. Refusant les matériaux classiques, il a réalisé à partir de 1949 des œuvres constituées de câbles, de morceaux d'étoffe, de cuir, de fragments divers, dont la série des *Passementeries*. Il a travaillé à partir de 1954 le thème des *Demeures*, évocations de sa nostalgie de la maison d'enfance, de la mère, selon la même technique d'enchevêtrement (*Demeure V, Le Manteau*, 1962). Il a aussi cherché à investir l'espace par des compositions dans lesquelles on peut circuler, et dont la structure labyrinthique, alvéolaire ou en strates irrégulières, suggère un processus de croissance naturelle (*Demeure III*, 1960). Il choisit volontiers le plâtre et le bois, brut ou polychrome, ainsi que le métal, pour des sculptures monumentales, parfois totémiques (*L'Athanos*, 1984 ; *La Lucarne*, 1988 ; *L'Échelle*, 1991). [Acad. des beaux-arts 1970]

**ÉTIOLLES** [91450] ◆ **ÉTYM.** du bas lat. *attegia* « cabane » et suff. dimin. *-ola* ♦ Comm. de l'Essonne, arr. d'Évry. 2 548 hab. *(Étiollais)*. Site préhistorique de plein air dont les habitants, au Magdalénien*, étaient spécialisés dans la taille de très grandes lames de silex.

**ETNA** n. m. ◆ **ÉTYM.** en gr. *Aitnê* ou *Aitna*, p.-ê. de *aithein* « brûler » ♦ Volcan d'Italie, au N.-E. de la Sicile, surplombant la plaine de Catane. D'environ 43 km de diamètre et 135 km de périmètre, c'est le plus haut volcan actif d'Europe (3 329 m en 2008). Il est formé par la superposition de plusieurs grands cônes qui se sont succédé depuis 500 000 ans. Son flanc oriental est entamé par la vaste dépression de la Valle del Bove, résultat d'effondrements répétés sur un soubassement argileux incliné vers la mer Ionienne. Au sommet, le cratère central, ainsi que les cratères NE et SE, sont en activité permanente : émissions de gaz, explosions, coulées de lave. En outre, l'Etna compte sur toute sa surface plus de 250 cônes de scories nés des éruptions latérales caractérisées par l'ouverture de nouvelles fissures. Ces éruptions peuvent aussi produire d'importantes coulées de lave. Les terrains des basses pentes sont très fertiles : vigne, oliviers, noisetiers, amandiers, orangers et autres fruits et légumes. ▪ Tourisme. Sports d'hiver. ▮ **Histoire** La mythologie y plaçait la demeure des géants Typhon et Encelade et les forges de Vulcain. Certaines de ses éruptions sont mentionnées dans l'Antiquité (–479, –396, –122...) mais elles ne sont bien répertoriées que depuis 400 ans. Celle de 1669, la plus désastreuse, ensevelit une douzaine de villages et envahit une partie de Catane. Cependant, les dates de 1169 et 1693 concernent des tremblements de terre sans lien direct avec le volcan. Dans les quatre derniers siècles, une cinquantaine d'éruptions latérales ont eu lieu, dont presque la moitié au XXe s. Depuis les années 1950, l'activité croît sans cesse : les éruptions de 2001 et 2002 ont changé l'aspect du massif et produit des cendres qui ont perturbé l'économie de la région. Nouvelles éruptions en 2004, 2006, 2008-2009.

**ÉTOILE** (chaîne de l') ➝ **ÉTYM.** prov. *estèu* «récit, écueil», du gr. *stele* «pilier» ♦ Chaîne calcaire des Alpes de Provence (Bouches-du-Rhône) s'étendant au N. et à l'E. de Marseille. Elle sépare le bassin de l'Arc au N. et celui de l'Huveaune à l'E. et prolonge, au-delà du seuil de Saint-Antoine, la chaîne de l'Estaque (778 m à la Tête du Grand Puech). Relais de télévision au sommet de la Grande Étoile (590 m).

**ÉTOILE** (place de l') – auj. ***place Charles-de-Gaulle*** ♦ Place de Paris, à l'extrémité de la perspective ouverte par les Champs-Élysées, au centre des 12 avenues qui rayonnent autour de l'Arc de triomphe. Bordée de pavillons construits par J. Hittorff (1854) suivant les dessins d'Haussmann, la place est au centre de quartiers résidentiels et d'affaires. En 1970, elle a été baptisée place Charles-de-Gaulle.

**Étoile (ordre de l')** ♦ Ordre de chevalerie français créé par Jean* II le Bon (1351).

**ÉTOILE-SUR-RHÔNE** [26800] ➝ **ÉTYM.** «carrefour» ♦ Comm. de la Drôme, arr. de Valence. 4 054 hab.

**ÉTOLIE** n. f. – en gr. ***Aitôlia*** ♦ Région de la Grèce centrale, au N. du golfe de Corinthe, à l'E. de l'Acarnanie dont elle est séparée par le fl. Achéloos (ou Aspropotamos), à l'O. de la Phocide et de la Locride. Le nome d'Étolie-Acarnanie a pour ch.-l. Missolonghi. Tabac. **Histoire** Dans la haute Antiquité, l'Étolie, pays arriéré habité par les Illyriens, est connue seulement par Calydon* et son héros légendaire Méléagre*. Alliée à Sparte* contre Athènes* (–426), elle fut surtout l'adversaire des Macédoniens depuis –322 (➝ **Crannon**). ▪ La *Ligue étolienne*, englobant l'Acarnanie, l'Élide* et d'autres régions, disputa l'hégémonie de la Grèce avec la Ligue achéenne* mais perdit la guerre de –220 - –217, puis participa aux guerres de Macédoine au côté des Romains. Retournée ensuite contre ces derniers, elle fut vaincue en –189 et démantelée en –167.

**ETON** ➝ **ÉTYM.** vieil angl. «ferme (village) *[tūn]* près de la rivière *[ēa]*» ♦ V. d'Angleterre (district de Windsor and Maidenhead), sur la Tamise, en face de Windsor. 4 000 hab. La plus célèbre des Public Schools britanniques y fut fondée en 1440 par Henri VI. Les bâtiments historiques ont été construits entre 1450 et le XVIIIe s.

L'**Étranger** ♦ Récit d'Albert Camus* (1942). Publié la même année que *Le Mythe* de Sisyphe* (essai philosophique), ce bref roman illustre le «malentendu» qui est au cœur même de la condition humaine. Étranger au sein d'un monde dont il constate la «tendre indifférence» et où sa mort n'a pas plus de sens que sa naissance, étranger dans une société qui s'obstine à accuser et à poser des questions (criminel par hasard, à la suite d'un concours de circonstances, il continuera à se sentir «innocent»), indifférent même à son propre destin, le héros, Meursault, s'interdit de privilégier l'avenir au détriment du présent et les sentiments au détriment des sensations. ▪ Par son écriture neutre, *L'Étranger* constitue une étape capitale dans la genèse de la sensibilité littéraire moderne.

**ÉTRÉCHY** [91580] ➝ **ÉTYM.** «lieu couvert de souches», du lat. *stirps* «souche» et suff. *-iacum* ♦ Ch.-l. de cant. de l'Essonne, arr. d'Étampes. 6 104 hab. (aggl. 8 179). *(Strepiniacois).* École du cirque.

**Etna.**
Éruption du 28 octobre 2002, image satellite.
*Phot. © Nasa/Sipa Press*

L'**Être et le Néant** ♦ Essai d'ontologie phénoménologique de J.-P. Sartre* (1943). Exposé systématique, souvent difficile d'accès, de l'existentialisme sartrien, cet ouvrage est une description réflexive de la réalité humaine, le pour-soi (la conscience) comme néantisation de l'en-soi (l'être plein, massif), c'est-à-dire comme liberté. L'auteur analyse ses structures : facticité, temporalité, transcendance («toute conscience est conscience de quelque chose», donc conscience en situation). Sartre analyse ensuite les modalités des relations de l'être-pour-autrui : désir, amour, haine, sadisme, masochisme, en montrant que sur le plan psychologique celles-ci sont généralement vécues sur le mode du conflit. Puis il traite de la liberté et du projet fondamental de l'être humain, dont la psychanalyse existentielle cherche à déceler la tentative pour «produire la synthèse manquée de la conscience et de l'être sous le signe de la valeur ou cause de soi». Car, si l'ontologie ne peut par elle-même formuler de prescriptions morales, «elle laisse entrevoir cependant ce que sera une éthique qui prendra ses responsabilités en face d'une réalisation humaine en situation».

L'**Être et le Temps** – en all. ***Sein und Zeit*** ♦ Ouvrage de Heidegger* (1927). Le philosophe propose une analyse phénoménologique, existentiale de «l'être-là» *(Dasein)*. Ce livre devait constituer la première partie d'une œuvre qui ne fut pas achevée et constitue l'un des textes essentiels de son auteur.

**ÉTRÉPAGNY** [27150] ➝ **ÉTYM.** anc. *Sterpiniacum*, du bas lat. *sterpinium* «terrain plein de souches» et suff. *-acum* ♦ Ch.-l. de cant. de l'Eure, arr. des Andelys, dans le Vexin normand. 3 553 hab. *(Sterpinaciens).*

**Être suprême (culte de l')** ♦ Culte déiste institué par le décret du 18 Floréal an II (7 mai 1794), adopté par la Convention montagnarde sur un rapport de Robespierre*. Celui-ci, profondément marqué par la lecture des philosophes du XVIIIe s., surtout Rousseau, avait vivement attaqué les tendances athées et la politique de déchristianisation des ultrarévolutionnaires (hébertistes), qui avaient institué le culte de la Raison* (fin 1793). Il leur opposa une religion naturelle (reconnaissance de l'existence de l'Être suprême et de l'immortalité) et un culte rationnel (institution des fêtes décadaires célébrant les principales journées révolutionnaires et consacrées aux vertus civiques) dont le but était, selon lui, «de développer le civisme et la morale républicaine» (A. Soboul). Célébrée le 20 Prairial an II (8 juin 1794), la fête de l'Être suprême, inaugurant le nouveau culte, avait été préparée par le peintre David et fut présidée par Robespierre lui-même, alors président de la Convention. Malgré l'impression profonde produite par cette fête, le culte de l'Être suprême fut loin de créer l'unité morale entre les révolutionnaires et devait même susciter, peu après son instauration, une crise politique au sein du gouvernement révolutionnaire.

**ÉTRETAT** [76790] ➝ **ÉTYM.** p.-ê. du norrois *stadr* «lieu fortifié» ♦ Comm. de la Seine-Maritime, arr. du Havre, sur la côte du pays de Caux. 1 615 hab. *(Étretatais).* Église Notre-Dame des XIe - XIIIe s. ▪ Station balnéaire dans un site célèbre (plage de galets, falaises, aiguille de 70 m).

**ÉTRURIE** n. f. – en lat. ***Etruria*** ♦ Prov. de l'Italie antique, foyer de la civilisation étrusque, limitée au N. par l'Apennin, à l'E. par le Tibre, au S. et à l'O. par la mer Tyrrhénienne et correspondant approximativement à l'actuelle Toscane. Elle fut entièrement soumise par les Romains au début du –IIIe s., puis réunie à l'Ombrie au IVe s. pour former une province consulaire. ♦ ***Royaume d'Étrurie*** Royaume créé par Bonaparte en 1801 au profit de Louis, duc de Parme. Ce royaume, qui fut réuni à l'Empire français en 1808, fut érigé ensuite en grand-duché de Toscane pour Élisa, sœur de Napoléon.

**ÉTRUSQUES** n. m. pl. – en étrusque ***Rasena***, en lat. ***Tusci*** ou ***Etrusci***, en gr. ***Turrhênoi*** ou ***Tursênoi*** ♦ Apparue au –VIIIe s. dans la péninsule italique, la civilisation étrusque, la plus importante civilisation avant celle de Rome, a longtemps été négligée par les historiens. La langue n'a été encore que peu déchiffrée et l'on ne sait rien de certain sur les origines de ce peuple. Selon Hérodote, les Étrusques seraient venus de Lydie au –XIIIe s., mais on tend actuellement à admettre que la formation du peuple étrusque est le résultat d'une symbiose entre des éléments autochtones et divers éléments orientaux. Peuple de marins attirés en Toscane par les gisements métallifères, ils dominèrent le Latium dès le –VIIe s. et fondèrent Rome qui fut gouvernée par des rois étrusques de –616 à –509. Puis ils s'étendirent au N. dans la plaine du Pô et au S. en Campanie. Après avoir connu leur apogée au –VIe s., ils se heurtèrent aux Grecs à Cumes* (–474) et, chassés de Rome, furent submergés par les Samnites* puis, après la prise de Véies* (–396), définitivement vaincus par les Romains vers –350. Cependant, même après l'effondrement de leur puissance, les Étrusques continuèrent à exercer leur influence sur les Romains dans la construction des villes et dans l'art. Essentiellement urbaine, la civilisation étrusque connut le régime de la cité-État *(lucumonie)* dont le chef fut à l'origine un roi, le *lucumon*, puis le pouvoir passa à l'aristocratie. Les principales villes de l'Étrurie* étaient : Arretium (Arezzo*), Cortona*, Perusia (Pérouse*), Camars (Chiusi*), Volsinies*, Tutere (Todi*), Chisra (Cerveteri*), Velsu (Orvieto*), Véies*, Tarquinia*, Velathri (Volterra*). Cette société où la femme tenait une place éminente (on a même parlé de matriarcat ou de «gynécocratie») nous donne par son art funéraire l'image d'une vie de luxe, de plaisir et de jeux. Profondément influencé par l'art grec, l'art étrusque témoigne cependant d'une puissante originalité par sa spontanéité, son goût du rythme graphique et de la couleur franche et son réalisme stylisé. Ses thèmes reflètent une certaine hantise de la mort. Parmi les vestiges de l'architecture étrusque, on cite : les tombes de Cerveteri et de Tarquinia, la porte de l'Arc à Volterra. La statuaire est représentée surtout par des œuvres en terre cuite (*Apollon* de Véies, sarcophage des «époux» à la villa Giulia, à Rome) et des bronzes (*Chimère* d'Arezzo, *Louve* du Capitole). Les fresques les plus notables décorent les tombes de Cerveteri, de Chiusi (tombe du Singe) et de Tarquinia (tombes des Taureaux, des Lionnes, du Triclinium, des Augures).

**ETTELBRÜCK** ♦ V. du Luxembourg (cant. de Diekirch), au confluent de l'Alzette, de la Sûre et de la Warck. 7 344 hab. Métall. et indus. textiles.

**ETTERBEEK** ♦ Comm. de Belgique (Région de Bruxelles-Capitale). 42 342 hab. Musées et parc du Cinquantenaire, créés à Bruxelles, à la limite d'Etterbeek, lors de l'Exposition de 1880 (50e anniversaire de l'indépendance de la Belgique). ▪ Activités tertiaires.

**Études de la nature** ♦ Œuvre de Bernardin* de Saint-Pierre (1784 - 1788), qui exalte les desseins de la Providence qui «n'a rien fait en vain» dans une nature organisée pour le bonheur de l'homme. Si cette philosophie naturelle paraît naïvement systématique, restent les pages descriptives qui sont remarquables de précision et de pittoresque ; soucieux d'évoquer le monde des sensations, en particulier celui des couleurs, Bernardin de Saint-Pierre se montre un grand prosateur préromantique : «L'art de rendre la nature est si nouveau que les termes n'en sont pas encore inventés.» *Paul* et Virginie*, qui figure dans le dernier volume des *Études* (1788), se présente comme une illustration de ces thèses.

**Études symphoniques** ♦ Œuvre pour piano de Robert Schumann* (op. 13, 1834 - 1835), remaniée sous le titre *Études en forme de variations* (1852). Le thème fut fourni par le père d'Ernestine von Fricken, alors fiancée du compositeur. Chaque variation adopte une rythmique différente.

**ÉTUPES** [25460] ♦ Ch.-l. de cant. du Doubs, banl. E. de Montbéliard. 3 543 hab.

**EU** [76260] → ÉTYM. anc. *Auga*, du germ. *aue* «prairie humide» ♦ Ch.-l. de cant. de la Seine-Maritime, arr. de Dieppe, sur la Bresle. 8 081 hab. (aggl. 19 601) *(Eudois)*. Église gothique Saint-Laurent (XIIe - XIIIe s.), remaniée au XIXe s. par Viollet-le-Duc. Le château (XVIe s., plusieurs fois remanié) abrite le musée Louis-Philippe. La chapelle du Collège, élevée en 1620, renferme les mausolées du duc de Guise et de Catherine de Clèves. ▪ Petit centre industriel. ▮ **Histoire** Eu fut gravement endommagée lors de la Deuxième Guerre mondiale.

**EUBÉE** → ÉTYM. en gr. mod. *Évia*, de *eubous* «riche en troupeaux» ♦ Île grecque de la mer Égée, allongée sur 180 km face à la Grèce centrale à laquelle elle est reliée par des ponts qui enjambent l'étroit chenal de l'Euripe*. Montagneuse (1 743 m au Dirphys) et boisée dans sa partie N., plus sèche au S., elle forme avec Skyros* le nome d'Eubée : 4 167 km$^2$. 209 132 hab. *(Eubéens)*. ▪ Le développement se concentre autour du ch.-l. Chalcis. Élevage ovin. Fruits. Lignite à Aliveri. ▮ **Histoire** Grâce à ses minerais, l'île participa à l'activité économique et à la civilisation des Cyclades* dès le –IIIe millénaire et fut un centre de l'expansion coloniale ionienne (–VIIIe - –VIe s.). Affaiblie par la guerre entre ses cités les plus puissantes, Chalcis et Érétrie* (fin du –VIe s.), Eubée fut colonisée par les Athéniens à partir de –506. Les Spartiates et les Béotiens disputèrent à Athènes* la prépondérance sur l'Eubée. Soumise par les Macédoniens (–338), elle fut prise par les Romains en –194. Envahie par les croisés en 1205, elle resta sous la domination franque et vénitienne jusqu'à la conquête turque (1470).

**EUCKEN (Rudolf)** ♦ Philosophe allemand (Aurich, Frise-Orientale 1846 - Iéna 1926). Sa philosophie est un spiritualisme religieux, d'inspiration chrétienne (*La part de vérité contenue dans la religion*, 1901), qui exerça une certaine influence sur M. Scheler*. Eucken signa le «Manifeste des intellectuels allemands» (1914). [Prix Nobel de littér. 1908]

**EUCKEN (Walter)** ♦ Économiste allemand (Iéna 1891 - Londres 1950). Chef de l'école néolibérale allemande (école de Fribourg) dont les positions furent exposées dans la revue *Ordo* (1948), il a tenté de construire une «morphologie économique» et contribua ainsi au développement de la théorie des structures (ou modèles structurels) en économie (*Grundlagen der Nationalökonomie*, 1941).

**EUCLIDE** dit **le Socratique** → ÉTYM. en gr. *Eukleidês* (de *eukleês* «illustre, de bonne renommée») ♦ Philosophe grec (Mégare ou Géla, Sicile, v. –450 –430 - v. –380–360). Euclide est le plus mal connu des socratiques et il est très difficile de reconstituer sa pensée. On le considère néanmoins comme le fondateur de l'école de Mégare, appelée plus tard celle des dialecticiens (ou éristiciens). Selon Diogène* Laërce, notre principale source sur ce point, Euclide aurait étudié avec Parménide* et sa philosophie aurait ainsi été un mélange de socratisme et d'éléatisme. Euclide transposa certainement la rigueur éléatique dans la philosophie morale héritée de son maître.

**EUCLIDE** – en gr. *Eukleidês* ♦ Mathématicien grec (–IIIe s.). Fondateur de l'école de mathématique d'Alexandrie, il enseigna au Musée, institution réunissant des savants de toutes disciplines. Son œuvre, très étendue, ne nous est que partiellement parvenue. Son premier écrit, les *Éléments de géométrie*, fit autorité pendant deux millénaires dans les mathématiques élémentaires ; à partir de définitions, de quelques axiomes et de cinq postulats, il traite d'abord la géométrie du plan (théorème de Pythagore*, figures polygonales ou circulaires) ; on y trouve ensuite une étude abstraite des rapports et proportions et l'application à la géométrie plane (cas de similitude des triangles, théorème de Thalès*). La partie suivante, contenant les livres arithmétiques, constitue le plus ancien traité conservé de la théorie des nombres et consiste en une étude théorique sur la nature du nombre entier ; il aborde l'étude des nombres irrationnels algébriques les plus simples et traite la géométrie de l'espace, étudiant notamment les 5 polyèdres réguliers connus de Platon*. Les *Éléments*, pour la première fois, renoncent à l'expérience sensible au profit d'une méthode axiomatique rigoureuse et utilisent la démonstration de façon tout à fait moderne. Les *Données*, sorte de complément aux *Éléments*, d'une forme plus analytique, traitent des propriétés de la fonction linéaire, des figures semblables, de la résolution des équations du 2d degré, du cercle ; cependant, l'ouvrage garde un caractère encore élémentaire, ce qui n'est pas le cas du traité perdu des *Porismes* dont une description nous a été transmise par Pappus*. On doit également à Euclide une *Optique* basée sur la propagation rectiligne de la lumière et dans laquelle il construisit une perspective, énonçant des lois qualitatives. ♦ ***Postulat d'Euclide*** On désigne ainsi couramment le 5e postulat. Son texte original fut remanié par Playfair au XVIIIe s. et s'énonce depuis : «Par un point du plan on ne peut mener qu'une parallèle à une droite.» Il est possible de concevoir des géométries qui nient ce postulat tout en restant logiques et cohérentes (géométries non euclidiennes). → **Lobatchevski ; Riemann.**

**Euclide.** Relief d'Andrea Pisano.
Museo dell'Opera del Duomo, Florence.
*Phot. © Orsi Battaglini/akg-images*

**EUDÈME DE RHODES** – en gr. *Eudêmos* ♦ Philosophe grec (v. –320). Disciple direct d'Aristote, il écrivit un commentaire sur la *Physique* de ce dernier et aurait édité les œuvres de son maître, contribuant ainsi à la constitution de la *Métaphysique* et de la *Physique* ; il est également l'auteur des *Histoires de l'astronomie et de la géométrie* dont les fragments recueillis à travers Geminus, Porphyre*, Sosigène*, Théon de Smyrne, Proclus*, Eutocius*, Simplicius* et Clément* d'Alexandrie sont très précieux car ils constituent les seuls documents de cette époque.

**EUDES** ♦ (v. 860 - La Fère 898). Comte de Paris et de Troyes, puis roi de France (888 - 898). Fils de Robert* le Fort, il défendit victorieusement Paris contre les Normands (885 - 887). Après l'abdication de Charles* III le Gros, il fut élu roi par les Grands (888). Il combattit Charles* III le Simple, mais le reconnut pour successeur. → ÉTYM. *Eudes* vient du germanique *Eudo*, peut-être du vieux norvégien *jodh* «enfant, nouveau-né».

**EUDES** (saint **JEAN**) → **Jean Eudes (saint)**

**EUDES (Émile François)** ♦ Révolutionnaire français (Roncey, Manche 1843 - Paris 1888). Disciple de Blanqui*, il appartint au Comité central de la garde nationale et au 2e Comité de salut public de la Commune de Paris (1871). Exilé en Suisse, puis à Londres, il revint en France après l'amnistie de 1880 et contribua à la création par les blanquistes du Comité révolutionnaire central (1881).

**EUDES DE MONTREUIL** ♦ Architecte français (v. 1220 - 1289). Il serait l'auteur (d'après son épitaphe relevée dans l'église des Cordeliers avant l'incendie de 1580) des remparts de Jaffa et de la cathédrale de Nicosie. On lui a attribué l'ancien hospice des Quinze-Vingts à Paris (fondé par Saint Louis en 1260) et plusieurs églises parisiennes aujourd'hui détruites.

**eudistes (Congrégation des)** → **Jean Eudes**

**EUDOXE DE CNIDE** – en gr. ***Eudoxos*** ♦ Astronome et philosophe grec (Cnide, v. –395 - v. –342). Il établit le premier système astronomique conforme aux principes et aux postulats de Platon*, fondé sur l'hypothèse des sphères homocentriques tournant les unes dans les autres, pour rendre compte des mouvements apparents du ciel, la Terre étant supposée immobile ; son esquisse fut le véritable point de départ de l'astronomie traditionnelle. On lui doit aussi une évaluation plus exacte de l'année (365 jours 1/4). On lui attribue également certaines théories figurant dans les *Éléments* d'Euclide (en particulier celle des proportions et la méthode d'exhaustion). En philosophie, il essaya d'approfondir la théorie de la participation des choses aux idées et admit que les composants des corps, participant directement aux idées, expliquaient les propriétés de ceux-ci. Selon Aristote*, Eudoxe aurait aussi, à la suite d'Aristippe*, identifié le souverain bien et le plaisir : on s'accorde à penser que c'est la critique de sa position qu'entreprend Platon* dans le *Philèbe*. ◆ ÉTYM. *Eudoxe* est celui « qui jouit d'une bonne réputation », de *eu* « bon, bien » et *doxa* « opinion, réputation ».

**EUDOXE DE CYZIQUE** – en gr. ***Eudoxos*** ♦ Navigateur grec (–IIe s.), originaire de Cyzique de Propontide. Ambassadeur à Alexandrie, il se serait rendu deux fois en Inde et, selon Pline l'Ancien et Pomponius Mela, aurait fait le tour de l'Afrique, du golfe Arabo-Persique à Gadès.

**EUDOXIE** – en lat. ***Aelia Eudoxia*** ♦ Impératrice d'Orient (morte à Constantinople en 404). Femme de l'empereur Arcadius*, ambitieuse et intrigante, elle eut une grande influence dans le gouvernement de l'empire et scandalisa les chrétiens par son goût du faste. Elle fut blâmée par saint Jean* Chrysostome qu'elle fit exiler (403).

**EUDOXIE** – en lat. ***Aelia Eudoxia*** ♦ Impératrice d'Orient (Athènes - Jérusalem 460). D'abord appelée *Athénaïs*, elle prit le nom d'Eudoxie après sa conversion au christianisme. Elle épousa Théodose* II et, rivale de Pulchérie*, prit une très grande part au gouvernement de l'empire. Accusée d'infidélité, elle s'exila à Jérusalem où elle consacra la fin de sa vie à la méditation religieuse.

**EUGENE** ♦ V. des États-Unis (Oregon). 137 893 hab. Indus. du bois. Indus. alimentaires.

**EUGÈNE Ier** (saint) ♦ (Rome - *id.* 657). 75e pape (654 - 657). ▪ Fête le 2 juin. ◆ ÉTYM. *Eugène* vient du grec *eugenês* « bien né ».

**EUGÈNE II** ♦ (Rome - *id.* 827). 99e pape (824 - 827). Il négocia la Constitution de 824, réglant les prérogatives respectives de l'empereur et du pape à Rome. Il réforma la discipline ecclésiastique (concile de Rome, 826).

**EUGÈNE III** (bienheureux) **[Bernardo PAGANELLI DI MONTEMAGNO]** ♦ (Pise-Tivoli 1153). 165e pape (1145 - 1153). Disciple de saint Bernard*, il fut chassé de Rome plusieurs fois par le sénat romain d'Arnaud* de Brescia, encouragea la deuxième croisade qu'il fit prêcher par saint Bernard (1146), continua la réforme de Grégoire* VII (concile de Reims, 1148).

**EUGÈNE IV [Gabriele CONDULMER]** ♦ (Venise 1383 - Rome 1447). 205e pape (1431 - 1447). Il tenta de dissoudre le concile de Bâle* qui s'affirmait supérieur au pape : pour complaire aux Byzantins, venus chercher une réconciliation, il transféra l'assemblée à Ferrare (1438) puis à Florence (1439). Une fraction restée à Bâle prétendit le déposer et le remplacer par Félix V, mais il l'emporta. → **Amédée VIII de Savoie.** Il fit travailler Ghiberti, Pisanello (fresques de Saint-Jean-de-Latran), Donatello, Fra Angelico.

**EUGÈNE DE SAVOIE-CARIGNAN** dit **le Prince Eugène** ♦ Feld-maréchal et homme politique autrichien (Paris 1663 - Vienne 1736), fils du comte de Soissons, Eugène de Savoie-Carignan, et d'Olympe Mancini, nièce de Mazarin*. Déçu dans ses ambitions par Louis XIV, il passa au service de l'empereur. Au cours de la grande guerre contre les Turcs, il se distingua à Mohács* (1687) avant de remporter la victoire de Zenta (1697). Il joua un rôle capital dans la guerre de Succession* d'Espagne, tantôt en Italie (il finit par s'emparer du Milanais et de la Lombardie), tantôt aux côtés de Marlborough*, contribuant à la victoire d'Höchstädt (1704) puis, en Flandre, à celles d'Oudenaarde (1708) et de Malplaquet (1709) ; mais il fut vaincu par Villars* à Denain (1712). Le traité de Rastadt (auj. Rastatt*, 1714) révéla ses qualités de diplomate. Il repoussa une nouvelle offensive turque, concluant le traité de Passarowitz* (1718) et, septuagénaire, commanda encore l'armée impériale dans la guerre de Succession de Pologne. Il fut l'un des plus grands hommes de guerre de l'histoire, et aussi un humaniste et un amateur éclairé (son château du Belvédère, à Vienne, contenait d'importantes collections).

**Eugène Onéguine** – en russe ***Ievgueni Oneguine*** ♦ « Roman en vers » d'Alexandre Pouchkine (1833). Cette œuvre influença toute la littérature russe. De l'histoire simple de deux êtres, Tatiana et Onéguine, qui n'ont pas su construire leur bonheur, Pouchkine a fait un chef-d'œuvre. Il se dégage de ce poème narratif qui se lit comme une prose rythmée une impression envoûtante de légèreté et de liberté. ▪ Tchaïkovski* en a tiré un opéra (1879).

**EUGÉNIE** (sainte) ♦ Vierge et martyre à Rome (sous Commode ou sous Gallien). Culte ancien à Rome. ▪ Fête le 25 déc.

**EUGÉNIE (Eugenia María DE MONTIJO DE GUZMÁN,** comtesse **DE TÉBA,** impératrice) ♦ Impératrice des Français (Grenade 1826 - Madrid 1920). Épouse de Napoléon* III (1853) à qui elle donna un fils (1856), elle devait bientôt jouer un rôle non négligeable dans la vie politique du Second Empire. Catholique rigide, elle soutint le parti ultramontain et encouragea son mari à déclarer la guerre à l'Allemagne (1870). Après la capitulation de Sedan (4 sept. 1870), elle quitta Paris pour l'Angleterre où la rejoignit Napoléon III.

**Eugénie Grandet** ♦ Roman de Balzac* (1833), qui fait partie des *Scènes de la vie de province* de *La Comédie* humaine*. Ancien tonnelier que d'habiles spéculations ont fabuleusement enrichi sous la Révolution, le père Grandet vit à Saumur avec sa famille qu'il tyrannise de son avarice méthodique. Sa fille Eugénie, riche héritière, objet des convoitises de deux familles de la ville, se montre soumise au despotisme paternel jusqu'au jour où son amour naissant pour son cousin Charles en fait une jeune femme à la volonté opiniâtre qui aide le jeune homme à sortir du malheur. Mais elle l'attendra en vain et finira sa vie immensément riche et solitaire. Dans le déroulement très simple de ce récit, Balzac a enchâssé les portraits saisissants des principaux personnages : Eugénie, dont la discrétion et la générosité sont peintes avec une grande délicatesse, et surtout Grandet, redoutable de froideur et d'obstination.

**EULALIE** (sainte) – en gr. ***Eulalia*** ♦ Vierge et martyre à Mérida (Espagne), d'époque inconnue (traditionnellement sous Maximien, 303 - 304). Prudence lui consacra une hymne du *Péristéphanon*. Très populaire en Espagne, elle est fêtée le 10 déc. ▪ À partir du VIIe s. est mentionnée une sainte Eulalie qui aurait subi le martyre à Barcelone, pareillement sous Maximien, et est fêtée le 12 fév. Il n'y a probablement pas lieu de la distinguer de la précédente. ◆ ÉTYM. *Eulalie* vient du grec *Eulalia*, de *eulalos* « qui parle *(lalos)* bien *(eu)* ».

**Eulalie (Séquence** ou **Poème de sainte)** ♦ Œuvre anonyme composée à la fin du IXe s., à l'abbaye de Saint-Amand (Nord). Inspirés d'une séquence en latin célébrant sainte Eulalie, ces 14 *clausulae* (phrases mélodiques) en langue romane, dont le rythme fait alterner les temps forts et les temps faibles, constituent le plus ancien document de la poésie française. Le manuscrit est conservé à la bibliothèque de Valenciennes.

**EULALIUS** ♦ (v. 380 - v. 450). Antipape (418 - 419). Remplacé par Boniface* Ier, élu régulièrement, il se soumit et devint évêque de Nepi.

**EULER (Leonhard)** ♦ Mathématicien suisse (Bâle 1707 - Saint-Pétersbourg 1783). Il fut l'élève de Jean Bernoulli*. En 1727, il rejoignit les fils de son maître, Daniel et Nicolas Bernoulli, à la nouvelle Académie des sciences de Saint-Pétersbourg. Il enseigna d'abord la physique (1730) puis les mathématiques (1733). Il publia le *Traité de mécanique générale* (1736) dans lequel il proposait une application rationnelle des résultats de l'analyse à la mécanique du point matériel et où il définissait les *angles* dits *d'Euler* qui permettent de déterminer la position d'un solide en mouvement dans un trièdre trirectangle. Frédéric II de Prusse le sollicita pour diriger la section de mathématiques et de physique de l'Académie de Berlin, où Euler s'installa de 1741 à 1766. Après avoir étudié le problème des isopérimètres, il exposa la première méthode générale pour résoudre les problèmes d'extrema, créant le calcul des variations en 1744, dans le *Traité des isopérimètres*. À Berlin, Euler publia en 1748 un grand ouvrage didactique, *Introduction à l'analyse des infiniment petits*, dans lequel il traite des fonctions en général de la théorie des nombres, de l'étude analytique des courbes planes et des surfaces, des fonctions exponentielles, logarithmiques et trigonométriques pour lesquelles il introduisit et fit adopter les symboles $e$ (pour base des logarithmes), $i$ (nombre imaginaire) et $\pi$, et mit en évidence les liens entre les fonctions trigonométriques et les fonctions exponentielles. Il y exposait en outre des études sur les coniques et les quadriques. Ce traité inspira ses successeurs et surtout Lagrange*. La même année, Euler fut le lauréat d'un concours de l'Académie des sciences de Paris pour ses travaux sur les perturbations mutuelles de Saturne et de Jupiter. On lui doit l'introduction de la notion d'éther dans l'interprétation des champs électriques et magnétiques, qui ne fut abandonnée qu'au début du XXe s. Euler traita des intégrales multiples, des intégrales dites «eulériennes», des formules d'additions des intégrales elliptiques. Après Huygens* et von Segner, il définit dans *Theoria motus corporum solidorum seu rigidorum* (1760) le centre, les moments, les produits et les axes principaux d'inertie, et il réussit à intégrer les équations du mouvement d'un solide autour d'un point, étude reprise et généralisée ultérieurement par Lagrange et Poinsot*. Il retourna à Saint-Pétersbourg auprès de Catherine II en 1766 et perdit complètement la vue, sans que cette infirmité l'arrêtât dans ses travaux. Il écrivit pour la princesse d'Anhalt-Dessau les *Lettres à une princesse d'Allemagne* (1768 - 1772), où il expliquait ses idées, soutenant seul parmi ses contemporains la nature ondulatoire de la lumière. Dans son *Algèbre*, qui parut en russe en 1768 et en allemand en 1770, Euler fonda la théorie des formes quadratiques et tenta de démontrer le théorème fondamental de l'algèbre (existence d'au moins une racine complexe dans des équations à coefficients sur le corps des réels ou des complexes). Il attacha aussi son nom à divers travaux sur le calcul des probabilités et les statistiques, étudia la géométrie plane euclidienne : *cercle d'Euler* ou cercle des 9 points (dans un triangle, c'est le cercle passant par les milieux des côtés, les pieds des hauteurs et les milieux des segments joignant l'orthocentre aux 3 sommets), *droite d'Euler* (dans un triangle, droite joignant le centre de gravité, l'orthocentre, le centre du cercle circonscrit et le centre du cercle d'Euler). En physique, il généralisa le principe d'hydrostatique de Clairaut* (1755) et établit les lois générales de l'hydrodynamique. [Acad. sc. 1755] ➛ ÉTYM. *Euler* vient de l'allemand *Eule* «chouette».

**EULER (Ulf VON)** ♦ Biologiste suédois (Stockholm 1905 - *id.* 1983), fils de Hans von Euler*-Chelpin. Auteur de travaux concernant diverses substances chimiques dans l'organisme, il découvrit les prostaglandines en 1935, puis il mit en évidence le rôle de la noradrénaline dans la transmission de l'influx nerveux et les modalités de sa sécrétion. Ses résultats sont à l'origine de plusieurs applications pharmacologiques. [Prix Nobel de physiol. ou méd. 1970, avec J. Axelrod* et B. Katz*]

**EULER-CHELPIN (Hans VON)** ♦ Chimiste allemand (Augsbourg 1873 - Stockholm 1964). Auteur de travaux sur la fermentation des sucres et sur les enzymes, il découvrit avec Warburg* les coenzymes (coenzyme I ou DPN), dont il établit la formule en 1939 ; il décela également une provitamine A dans le carotène. [Prix Nobel de chim. 1929, avec A. Harden*]

**EUMÉE** – en gr. ***Eumaios*** ♦ Personnage de *L'Odyssée**, porcher fidèle à Ulysse, qu'il hébergea à son arrivée à Ithaque.

**EUMÈNE** – en gr. ***Eumenês*** ♦ Général grec (-360 - -316), satrape de Cappadoce et de Paphlagonie. Après la mort d'Alexandre* le Grand, il lutta aux côtés du régent Perdiccas contre les diadoques qui démembraient l'empire, mais il fut vaincu et tué par Antigonos* Monophthalmos. ➛ ÉTYM. *Eumène* vient du grec qui signifie «bienveillant, bon», de *eu* «bien» et *menos* «âme, cœur».

**EUMÈNE Ier** ♦ (mort à Pergame en -241). Souverain de Pergame* (-263 - -241), il vainquit Antiochos* Ier et assura ainsi l'indépendance de son État (-262).

**EUMÈNE II** ♦ (mort à Pergame v. -159). Roi de Pergame (-197 - -159), fils et successeur d'Attale* Ier. Allié avec les Romains, il étendit ses États sur presque toute l'Asie Mineure (paix d'Apamée, -188). Grand bâtisseur, il agrandit Pergame et son acropole (grand autel de Zeus, Berlin Pergamon Museum). Il adapta la ville à son environnement en privilégiant les effets d'ensemble (➛ **Persée**).

Les **Euménides** ➛ ÉTYM. en gr. ***Eumenidês*** «les bienveillantes», de *eu* «bien» et *menos* «âme, cœur» ♦ Tragédie d'Eschyle*, troisième partie de la trilogie l'*Orestie* (-458). Après le meurtre d'Égisthe et de Clytemnestre, Oreste* a trouvé refuge à Delphes, dans le sanctuaire d'Apollon où les Érinyes* l'ont poursuivi. Lavé de sa souillure, il reparaît à Athènes et se jette au pied de la statue d'Athéna. Chargée par le sort de départager Apollon, qui s'institue le défenseur d'Oreste, et les Érinyes, toujours assoiffées de vengeance, la déesse confie au tribunal de l'Aréopage le soin de prononcer son arrêt. Partagées par moitié, les voix de l'Aréopage font bénéficier Oreste du doute. Alors intervient l'arbitrage de l'État, qui acquitte l'accusé. Les Érinyes le comprennent et, faisant taire leur ressentiment, deviennent les *Euménides* (les *Bienveillantes*) à qui désormais un culte sera rendu à Athènes. Ainsi s'achève dans le pardon et l'apaisement voulus par les dieux l'histoire des Atrides.

**EUMOLPE** ➛ ÉTYM. en gr. ***Eumolpos*** «qui chante bien», de *molpê* «chant mêlé de danse» ♦ Personnage légendaire ; rhapsode en Thrace, il aurait été chargé par Triptolème* d'instaurer les mystères d'Éleusis*. ▪ La famille des *Eumolpides* d'Athènes donnait toujours les grands prêtres d'Éleusis.

**EUPATORIA** – en russe ***Ievpatoria*** ➛ ÉTYM. du n. de Mithridate* VI *Eupator* (gr. «qui a un bon père» ou «qui est un bon père») ♦ V. d'Ukraine, sur la côte O. de la Crimée, en bordure de la mer Noire. 106 250 hab. Port. Station touristique. ▌**Histoire** La ville doit son nom à une forteresse fondée au -IIe s. par Diophante, général de Mithridate VI Eupator, sur l'emplacement d'une ancienne colonie scythe. ▪ Elle fut le principal port de débarquement des Alliés durant la guerre de Crimée.

**eupatrides**

n. m. pl. ♦ Membres de l'aristocratie terrienne d'Attique et spécialement d'un *genos* (clan) qui supprima la royauté (➛ **Codros**) et monopolisa le pouvoir à Athènes* jusqu'à la réforme de Solon* (-594).

**EUPEN** – anc. en fr. ***Néau*** ♦ V. de Belgique (Région wallonne), prov. de Liège, arr. de Verviers, ch.-l. de la Communauté germanophone (comm. à facilités), au confluent de la Helle et de la Vesdre. 18 313 hab. Église baroque Saint-Nicolas (1727). Hôtel de ville (couvent de 1776). ▪ Son barrage (longueur : 410 m, hauteur : 63 m), qui alimente la région en eau potable, retient les eaux de la Vesdre en un lac de 125 ha. Centrale électrique. Station climatique et thermale. Indus. diversifiées. La proximité des Hautes*-Fagnes favorise l'activité touristique. ▌**Histoire** Après avoir appartenu au duché de Limbourg, la ville fut le chef-lieu d'un des deux cantons (l'autre étant celui de Malmedy) réunis à la Prusse en 1815 et rendus à la Belgique en 1919 par le traité de Versailles. La ville fut temporairement annexée au IIIe Reich de 1940 à 1944. Elle avait dû son développement aux tisserands flamands qui, aux XIVe et XVe s., quittèrent Bruges et Gand.

**EUPHRATE** n. m. ➛ ÉTYM. en ar. ***al-Furāt***, en turc ***Firat***, adapt. gr. du persan *Hufrat* ou *Ufrâtu* ; pré-sémit. *pura* «l'eau» ou *pura-nunu* «beaucoup d'eau» ; *purat, burat* ou *puratu* que les Perses ont changé en *Hufrat* ♦ Fl. d'Asie occidentale (2 330 km) qui prend naissance sur les hauts plateaux de l'Arménie turque ; il est formé de deux branches mères, le Karasu et le Murat, qui s'unissent au N.-O. d'Elâziğ. Il traverse les contreforts de l'Anti-Taurus avant de pénétrer, à 150 km env. de la Méditerranée, en Syrie où il reçoit son principal affluent, le Khabour* (rive g.) ; attiré par les dépressions de l'E., il forme un coude et pénètre en Irak* où, sur une longueur de 1 200 km, il va délimiter avec le Tigre* la Mésopotamie* irakienne, avant de confluer avec lui pour former le Chatt* al-Arab en amont de Bassora et se jeter dans le golfe Arabo-Persique. Le cours inférieur du fleuve forme dans les plaines basses de Mésopotamie de nombreux bras dont les eaux se déversent dans des marais et des lacs marécageux. Pour éviter les inondations catastrophiques provoquées par les eaux de crues (➛ **Bagdad**), on a équipé le fleuve de barrages (Ramadi dès 1913, puis Hindiya en 1956). ▪ Régularisation du fleuve et irrigation par pompage ont permis de fixer des tribus bédouines le long de la vallée et de développer les cultures (palmiers-dattiers, riz, agrumes). Les trois pays riverains se sont lancés après 1970, sans se concerter, dans de grands programmes concurrents de barrages-réservoirs pour étendre les surfaces irriguées tout en produisant de l'hydroélectricité : barrages de Keban, Karakaya et Atatürk en Turquie, de Tabqa en Syrie et de Haditha en Irak. L'Euphrate arrose d'amont en aval les villes de Deir ez-Zor et Nasiriya. Babylone se dressait sur son cours (au S. de Bagdad).

**EUPHROSYNE** ➛ ÉTYM. en gr. ***Euphrosunê*** «joie, gaieté» ♦ Une des trois Charites*.

**EURASIE** n. f. ♦ Masse continentale formée par l'Asie et son prolongement occidental, l'Europe.

**Euratom** ou **Communauté européenne de l'énergie atomique** [CEEA] ♦ Organisation instituée par le traité de Rome (25 mars 1957) afin de favoriser la formation et le développement des industries nucléaires. L'Euratom a fusionné avec la Communauté économique européenne et la Communauté européenne du charbon et de l'acier (CECA) en 1967, laissant subsister les 3 traités existants. Un traité unique est envisagé ultérieurement.

**EURE** n. f. ➛ ÉTYM. du gaul. *Autura* (dont est dérivé *Autricum*, n. gaul. de Chartres*), p.-ê. contraction de *Av-it-ura*, de *av* «eau» et *ur* «ruisseau» ♦ Riv. du Bassin parisien (225 km), affl. de la Seine. Elle prend sa source dans le Perche*, traverse Chartres*, Maintenon*, Pacy*-sur-Eure, Louviers* et conflue en aval de cette ville.

**EURE [27]** n. f. ➛ ÉTYM. du n. de la riv. ♦ Dép. du N.-O. de la France, région Haute-Normandie. 6 040 km². 541 054 hab. CH.-L. : Évreux. CH.-L. D'ARR. : Les Andelys, Bernay. Cour d'appel : Rouen. Académie : Rouen. ➛ **Haute-Normandie.**

**EURE-ET-LOIR [28]** n. m. ➛ ÉTYM. du n. des riv. ♦ Dép. du centre-Ouest de la France, région Centre. 5 880 km². 407 655 hab. CH.-L. : Chartres. CH.-L. D'ARR. : Châteaudun, Dreux, Nogent-le-Rotrou. Cour d'appel : Versailles. Académie : Orléans-Tours. ➛ **Centre.**

**Eurêka** ♦ Programme de coopération international, regroupant 20 pays européens, destiné à promouvoir des projets de haute technologie dans différents domaines : énergie, biotechnologies, informatique, transports, matériaux, robotique, productique, etc. Il a été lancé par la France en juil. 1985.

**EURIC** ♦ (v. 420 - 480). Roi des Wisigoths (466 - 480). Fils de Théodoric Ier. Il conquit l'Auvergne (474), la Provence (477), étendit son royaume jusqu'à la Loire et soumit le N. de l'Espagne.

**EURIPE** (canal de l') ➝ **ÉTYM.** en gr. mod. ***Evripos***, de *euripos* «détroit au courant violent» ♦ Détroit qui sépare l'île d'Eubée* du continent grec, large de 40 m entre Chalcis* et la côte béotienne. Ce chenal, franchi par un vieux pont tournant doublé au S.-E. par un viaduc, est parcouru par des courants dont les directions alternent plusieurs fois par jour.

**EURIPIDE** ➝ **ÉTYM.** en gr. ***Euripidês*** «originaire de l'Euripe*» ♦ Poète tragique grec (Salamine –480 - Macédoine –406). Le peu que l'on sait des origines, de la vie et de la mort du poète repose sur des légendes souvent malveillantes. Ami de Socrate, il avait reçu l'enseignement des philosophes et des sophistes avant de se consacrer à la poésie et au théâtre. Médiocrement apprécié de son vivant, il devait connaître après sa mort, survenue à la cour d'Archélaos*, roi de Macédoine, une gloire qui s'étendit à tout le monde grec. Des quatre-vingt-douze pièces qu'il composa, dix-huit nous sont parvenues. Les dates de composition de certaines d'entre elles demeurent incertaines. Elles pourraient se répartir en trois groupes où l'on distinguerait d'abord les œuvres classiques par la forme et le contenu : *Médée** (–431), *Hippolyte* porte-couronne* (–428), *Iphigénie* à Aulis* (–405) et *Les Bacchantes** (–405) ; puis celles qui marquent un renouvellement de la technique tragique : *Alceste** (–438), *Ion** (v. –418) et *Électre** (–413) ; enfin les tragédies qui se distinguent des précédentes par des allusions à des événements contemporains : *Héraclides** (v. –430), *Andromaque** (v. –426), *Les Troyennes** (–415) et *Hélène** (–412). Il faut ajouter aussi les tragédies *Hécube** (v. –424), *Les Suppliantes** (v. –424), *Héraclès* furieux* (v. –424), *Iphigénie* en Tauride* (v. –414), *Les Phéniciennes** (v. –410) et *Oreste** (–408). De date inconnue, mais du même auteur, nous reste un drame satirique, *Le Cyclope*. ▪ Accusé par ses contemporains de scepticisme, d'irrespect envers les dieux, d'indifférence pour les mythes héroïques de la Grèce, Euripide a composé son œuvre au moment où, dans Athènes affaiblie par les guerres, les diverses classes sociales commençaient à contester les traditions, les lois, les institutions, la morale héritées des anciens âges. Plus attentif à décrire les passions humaines dans leur vérité et leur dépouillement que disposé à célébrer la grandeur tragique des héros légendaires, Euripide se trouvait en plein accord avec la pensée profonde des nouvelles générations. Sa gloire posthume en fut le meilleur témoignage.

**EUROPE** ➝ **ÉTYM.** en gr. ***Eurôpê*** «aux grands yeux», de *eurus* «large» et *ôps* «vue ; visage» ♦ Fille d'Agénor*, roi légendaire de Phénicie, et sœur de Cadmos*. Zeus*, amoureux d'elle, se métamorphose en taureau blanc, l'enlève et la transporte en Crète. De leur union naissent Minos*, Sarpédon* et Rhadamante*. Ses frères, partis à sa recherche, auraient fondé plusieurs villes.

## EUROPE

▌n. f. ➝ **ÉTYM.** ➝ Europe*, fille d'Agénor, ou du phénicien *ereb* «soir ; occident» (pour les anciens Grecs, l'Europe était la région obscure où le soleil se couche) ♦ Le plus petit (10 millions de km²) et le plus mal délimité des continents, formant un cap avancé de l'Asie. Comprise entre l'océan Arctique au N., l'océan Atlantique à l'O. et la Méditerranée au S., l'Europe est traditionnellement délimitée à l'E. par la mer Caspienne et l'Oural. Sa position de carrefour, à égale distance des principales terres émergées du globe, lui vaut d'être un des centres de population historiquement et économiquement les plus importants du monde. La structure et le relief permettent de distinguer une Europe septentrionale, celle des vieux socles où prédominent plaines et plateaux, et une Europe méridionale où se trouvent les hautes montagnes d'âge alpin. L'Europe bénéficie dans sa majeure partie d'un climat tempéré, mais le plus ou moins grand éloignement de l'Océan, de même que la structure du relief déterminent d'importantes variations (climat océanique, continental, méditerranéen). La position centrale du continent européen, sa profonde pénétration par les mers ont facilité son peuplement très ancien, très varié et très dense, bien qu'en diminution relative. Séparée de 1945 à 1991 en deux groupes d'États idéologiquement opposés, l'Europe n'a d'unité ni linguistique, ni ethnique, ni politique. Ses richesses minérales et agricoles, la densité de sa population, l'existence d'une bourgeoisie d'affaires ayant favorisé les découvertes scientifiques et techniques ont fait de l'Europe des XVIIIe et XIXe s. le berceau des révolutions agricole et industrielle. Actuellement, elle possède 12 % de la population du globe (2007) et 40 % du revenu mondial, ce qui lui assure un niveau de vie relativement élevé, mais très inégalement réparti.

### HISTOIRE

▌**L'Antiquité** L'Europe ne s'individualisa que fort tard et fut d'abord dominée par les peuples méditerranéens et hellénique. Ce fut grâce au rôle des Grecs que le centre économique et culturel du monde se fixa en Méditerranée centrale et occidentale, puis se déplaça vers l'O. pour devenir plus européen. L'héritage grec fut transmis par Rome*, qui y ajouta son apport, notamment l'unification du monde antique prolongée par le christianisme. De ces apports, l'Europe tient son unité culturelle. Le IVe s. vit l'entrée des Germains dans l'Empire romain, qui se disloqua malgré les tentatives de Justinien Ier. ▌**Le Moyen Âge** Le christianisme tenta de rétablir, face à l'Empire romain d'Orient et face aux Arabes, arrivés jusqu'à Poitiers en 732, l'Empire romain d'Occident avec Charlemagne* (800). Ce fut alors que le mot *Europe* se chargea d'une signification politique et culturelle *(Europa vel regnum Caroli)*. L'idée fut reprise par Othon* Ier le Grand qui créa en 962 le Saint Empire romain germanique, lequel se maintint longtemps, mais sans grande cohésion. Les empereurs se heurtèrent à la domination spirituelle des papes, tandis que les rois des pays du N.-O. (Capétiens et Plantagenêts) pratiquèrent une politique nettement nationaliste. Pendant qu'en Europe occidentale, la France et l'Angleterre se faisaient la guerre, l'Europe orientale était envahie par les Mongols ; la Russie devait demeurer asiatique jusqu'au XVIIe s. ▌**Les Temps modernes** Au XVe s., les Turcs entrèrent à Constantinople et au siècle suivant l'Empire ottoman atteignit son apogée. L'Europe était alors déchirée par les querelles religieuses (➝ **Réforme**) mais était entrée dans une ère de révolution intellectuelle (Renaissance*) et économique par les grandes découvertes maritimes. Au XVIIIe s., après l'Espagne et la France, ce furent la Grande-Bretagne et les Provinces-Unies qui exercèrent la prépondérance européenne en dominant le commerce maritime et en créant la première industrie moderne. ▌**De la Révolution française à 1914** Avec la Révolution française, puis l'Empire de Napoléon, l'idée de l'Europe se fit de nouveau jour, mais la tentative impériale se termina par l'éclatement d'un continent sous domination française tandis que le mouvement des nationalités (doublé d'un mouvement libéral) se répandit durant tout le XIXe s. L'Europe connut l'essor des mouvements ouvriers et des socialismes en même temps que la naissance de vastes empires coloniaux, déjà ébauchés au XVIIIe s. Elle vit l'Amérique lui échapper, mais étendit son influence en Afrique. ▌**Les deux guerres mondiales** La prépondérance européenne fut ébranlée par la Première Guerre mondiale. De cette guerre pourtant naquit à l'Assemblée générale de la SDN l'idée d'un «lien fédéral». La période qui suivit vit la crise économique mondiale, l'avènement des fascismes et de Hitler qui tentèrent d'instaurer une Europe raciste et totalitaire par la

**Europe.** Le drapeau européen. © *DR*

**Europe.**

Deuxième Guerre mondiale. Après ce deuxième conflit, gagné par les démocraties, l'Europe avait perdu sa «faculté de conduire l'histoire». La décadence économique, les mouvements d'indépendance dans les colonies lui firent prendre conscience de sa faiblesse en face des États-Unis. De plus, l'Europe orientale, après la victoire de l'URSS sur les troupes de l'Axe et la formation de démocraties populaires, se trouva séparée de l'Europe occidentale. ▮ **De l'OECE à la CEE** Ce fut W. Churchill* qui, en 1946, lança l'idée des «États-Unis d'Europe». En 1947, les Américains proposèrent le plan Marshall* auquel répondit la création de l'Organisation européenne de coopération économique (OECE) groupant 18 pays et devenue en 1961 l'OCDE. L'effort d'unification économique fut prolongé sur le plan politique par la création du Conseil de l'Europe (1949) : dépourvu de pouvoir exécutif, il n'eut que des résultats limités. Mais bientôt on devait passer de la coopération internationale européenne à la mise en place, sous l'impulsion des Français Jean Monnet* et Robert Schuman*, d'une autorité supranationale par la création de la Communauté européenne du charbon et de l'acier (CECA, 1951), regroupant la France, l'Italie, l'Allemagne et les pays du Benelux. Après l'échec de la Communauté européenne de défense (dont le projet fut rejeté par la France), la construction européenne se ralentit jusqu'en 1957, date à laquelle furent signés les traités de Rome* portant création de la Communauté* économique européenne et de l'Euratom*. ▮ **La CEE et les organisations communautaires** La CEE est dotée de plusieurs institutions. La Commission, qui siège à Bruxelles, gère les fonds communautaires, adopte directives et règlements qui s'imposent à tous, prépare les lois et les budgets, négocie les traités économiques avec les pays tiers et applique les décisions prises par le Conseil des ministres, où chaque État membre est représenté par un ministre. Le Conseil européen, créé en 1974, réunit les chefs d'État et de gouvernement, définit les grandes orientations de politique générale et nomme les membres de la Commission. Le Parlement européen, élu au suffrage universel depuis 1979, comprend 785 députés répartis selon l'importance de la population de chaque pays membre. Son siège est à Strasbourg, mais les sessions extraordinaires et les commissions se tiennent à Bruxelles. Depuis 1992, le Parlement possède des pouvoirs plus étendus (droit d'amendement, codécision

en matière budgétaire). Deux instances consultatives jouent également un rôle important, le Conseil économique et social et le Comité des régions qui regroupe les collectivités territoriales. Enfin une Cour européenne de justice est chargée de régler les différends en matière de droit communautaire et une Cour des comptes contrôle la bonne gestion des fonds communautaires. Les premières années de la CEE furent marquées par un abaissement progressif des barrières douanières et la mise en place d'une politique agricole commune (PAC). Par la suite une double évolution se dessina : d'une part un élargissement avec l'adhésion de la Grande-Bretagne, de l'Irlande et du Danemark en 1973, bientôt suivis par la Grèce (1981), puis par l'Espagne et le Portugal (1986) ; d'autre part, la construction d'une union économique européenne. **❙ Le SME** En 1979 fut instauré le Système monétaire européen (SME) qui visait à stabiliser les taux de change entre les monnaies des pays membres et à maîtriser l'inflation. Dans ce but, une monnaie de compte, définie à partir de l'ensemble des monnaies de la CEE, l'ECU (European Currency Unit), fut créée. L'intégration économique se renforça grâce notamment à l'Acte unique qui permit la mise en place en janvier 1993 d'un grand marché intérieur. **❙ De Schengen à Maastricht** Dans le même temps, les accords de Schengen (signés en 1985 et devenus effectifs en 1995) instauraient entre les pays signataires la libre circulation des personnes. Enfin, un accord était signé avec les sept pays membres de l'AELE* (Association européenne de libre-échange) — Autriche, Islande, Norvège, Suède, Suisse, Finlande, Liechtenstein — pour créer un Espace économique européen (EEE), entré en vigueur le 1er janvier 1994. L'effondrement des régimes communistes mettant fin à la division idéologique de l'Europe en deux blocs ainsi que la globalisation progressive de l'économie mondiale allaient imposer une nouvelle étape au terme de laquelle fut signé le traité de Maastricht (fév. 1992). Ce dernier prévoyait principalement une future union poli-

**Europe.** Le Parlement européen à Strasbourg.
*BIS / Parlement européen © Ph. Lohner. Archives Larbor*

tique reposant sur une citoyenneté européenne, une politique étrangère et de sécurité commune (PESC) ainsi qu'une union économique et monétaire (UEM). **❙ L'Union européenne** Dans cette optique, la CEE devint, le 1er novembre 1993, l'Union* européenne (UE), rejointe en 1995 par la Suède, l'Autriche et la Finlande. Les pays membres s'engagèrent ensuite dans la voie de la réduction du déficit et de la dette publics ainsi que de l'inflation, afin de satisfaire aux critères de convergence adoptés à Maastricht pour intégrer l'UEM. Enfin, dernière étape, les Quinze adoptèrent un pacte de stabilité budgétaire (traité d'Amsterdam, 17 juin 1997), afin de rapprocher leurs politiques économiques, ainsi qu'un volet social, faisant de l'emploi une de leur priorité. **❙ L'euro** En vue de conduire la politique monétaire commune, la Banque centrale européenne, dont le siège est à Francfort, fut créée en mai 1998 et un SME-bis

**Europe.** Le siège de la Commission des communautés européennes, à Bruxelles. *Phot. © Xavier Pironet/Shutterstock*

devait être instauré pour les monnaies des pays de l'UE ne participant pas à l'UEM. L'euro est entré en vigueur le 1er janvier 1999 et a commencé de remplacer les monnaies nationales le 1er janvier 2002 (→ **Union européenne**). **❙ L'élargissement de l'UE** L'Union européenne se voit confrontée à plusieurs défis majeurs en raison même de ses succès économiques. Ainsi depuis le début des années 1990, nombre d'anciennes démocraties populaires d'Europe de l'Est ont posé leur candidature à l'entrée au sein de l'UE. En effet, le

**Europe.** L'Europe de 1815.

programme de privatisation, la réorganisation d'un appareil de production obsolète, la libéralisation des échanges et des prix ont eu pour conséquence immédiate une forte augmentation de l'inflation et du chômage. Les différents gouvernements se tournèrent alors vers l'Union européenne pour renforcer leur ancrage libéral et relancer leur commerce. Celle-ci s'est donc élargie, une cinquième fois, en 2004 à un premier groupe de pays (Pologne, Hongrie, République tchèque, Estonie, Lituanie, Lettonie, Slovaquie, Slovénie, Chypre [partie grecque et sud de l'île] et Malte). La Bulgarie et la Roumanie alors moins avancées dans la voie de l'économie de marché attendirent janv. 2007 ; ce qui porta le nombre de membres à 27. Des négociations d'adhésion avec la Turquie et avec la Croatie ont été ouvertes en 2005. La Macédoine est candidate depuis 2004. **▮ Les traités et la Constitution européenne** Le traité d'Amsterdam (1999), suivi du traité de Nice (2001), a renforcé la responsabilité du Parlement européen, a étendu les domaines où une majorité qualifiée suffit pour pouvoir prendre des décisions et a autorisé des rythmes différents dans l'intégration des pays tout en réduisant le poids des grands États au sein des institutions. Au cours de la préparation à l'élargissement à 25, une convention européenne présidée par V. Giscard d'Estaing a élaboré une Constitution pour l'Union devant être ratifiée par les pays membres. En 2005, les référendums organisés en France et aux Pays-Bas ont donné la victoire au non, tandis que le oui l'a emporté dans treize pays entre 2004 et 2007 (Allemagne, Autriche, Chypre, Espagne, Italie, Grèce, Hongrie, Lettonie, Lituanie, Luxembourg, Malte, Slovaquie, Slovénie). L'application de la constitution étant de fait repoussée, les autres membres ont ajourné leur vote. Le traité de Lisbonne, traité simplifié en remplacement du projet de Constitution, a été signé par les chefs d'État ou de gouvernement entre déc. 2007 et nov. 2009. Il est entré en vigueur le 1er décembre 2009. **▮ Une politique étrangère commune** Si l'union politique demeure encore embryonnaire, l'UE a commencé à mettre en place une politique étrangère et de défense commune. À la suite de la guerre au Kosovo en mars 1999, un haut représentant pour la politique étrangère de sécurité commune a été nommé et la création d'une force de réaction rapide européenne décidée. Malgré la réticence de certains membres de l'UE favorables à la constitution d'un « pilier européen de défense » au sein de l'Otan, une Défense européenne commune, sous l'impulsion de la France, notamment, se constitue. Ainsi a été décidé en 2000 le transfert de la plupart des activités et missions de l'Union* de l'Europe occidentale à l'UE qui doit également se doter d'un Comité militaire et d'un État-major dans le cadre de la Politique européenne commune de sécurité et de défense (PECSD). En revanche, à l'intérieur des frontières de l'Union, la limite d'une politique européenne s'est notamment fait sentir par l'absence d'une position commune sur la guerre en Irak et sur l'adoption de mesures en réponse à la crise économique de 2008-2009.

---

**Europe 1** – anc. *Europe n° 1* ♦ Société de radio monégasque fondée en 1949. Contrôlée de 1959 à 1986 par l'État français par l'intermédiaire de la Sofirad, elle a aujourd'hui pour principal actionnaire le groupe Hachette. Membre d'un holding comprenant notamment des sociétés publicitaires, émettant aussi depuis 1986 sur modulation de fréquence, elle a fondé en 1990 la première radio commerciale de Russie : Europe Plus Moscou.

**Europol** n. m. ♦ Office européen de police, créé en 1992 et assurant l'ensemble de ses missions depuis 1999. Il lutte contre toutes les formes graves de criminalité : trafic de stupéfiants, terrorisme, immigration clandestine, traite d'êtres humains et différentes malversations (faux monnayage, vol de voitures, vente de matières radioactives et nucléaires). Il organise les échanges d'informations et d'analyses entre les États membres, facilite les enquêtes et gère les recueils d'informations informatisées. Europol est responsable devant le Conseil des ministres des États membres chargés de la Justice et des Affaires intérieures.

**Europoort** → **ÉTYM.** néerl. « porte de l'Europe » ♦ Prolongement, dans l'ancienne île de Rozenburg, du port de Rotterdam*. Pétrole. Chimie.

**Eurotas** n. m. ♦ Fl. de Grèce (82 km) dans le Péloponnèse (Laconie), qui passe à Sparte*. Il ne coule qu'en Hiver.

**Eurovision** n. f. ♦ Organisme qui coordonne au niveau européen les échanges internationaux d'émissions de télévision et de radiodiffusion. Il possède à Genève un centre administratif et à Bruxelles un centre technique chargé de résoudre les problèmes matériels que pose la retransmission.

**Europe.** L'Europe au lendemain de la Première Guerre mondiale.

**EURYALE** ➝ **ÉTYM.** du gr. *euruálos* « dont l'aire est large » ♦ Guerrier troyen dont l'amitié avec Nisus est devenue légendaire (*Énéide**, chant IX).

**EURYBIADE** – en gr. *Eurubiadês* ♦ Général lacédémonien (–Ve s.). Il vainquit la flotte perse à Artémision*, puis commanda avec Thémistocle* la flotte grecque à Salamine* (–480). Devant la supériorité de la force ennemie, il esquissa la retraite mais, encouragé par Thémistocle, il resta et emporta une victoire décisive.

**EURYCLÉE** – en gr. *Eurukleia* ♦ Personnage de *L'Odyssée**, nourrice d'Ulysse. Elle reconnut son maître, déguisé à son retour à Ithaque, à une vieille blessure.

**EURYDICE** ➝ **ÉTYM.** en gr. *Eurudikê*, de *eurus* « large, vaste » et *dikê* « justice » ♦ Une des Dryades, épouse d'Orphée*. Poursuivie par Aristée*, elle est piquée par un serpent et en meurt. Orphée descend alors aux Enfers et obtient la permission de la ramener sur la terre, mais malgré sa promesse il se retourne pour la regarder avant qu'elle ne soit sortie du royaume d'Hadès. Aussitôt, elle disparaît dans les ténèbres. ➝ **Orphée.**

**EURYMÉDON** – en turc *Köprü* ♦ Petit fl. côtier d'Asie Mineure (Pamphylie). Les Athéniens, conduits par Cimon*, y écrasèrent sur terre et sur mer les forces perses et phéniciennes en –468, mettant fin aux guerres médiques*.

**EURYSTHÉE** – en gr. *Eurustheus* ♦ Roi légendaire de Mycènes* et de Tirynthe. Cousin d'Héraclès* régnant à sa place à la suite d'une ruse d'Héra, il craignait le héros dont il connaissait l'ascendance divine. Il lui imposa les « douze travaux » et après sa mort poursuivit ses descendants.

**EUSÈBE** (saint) – en gr. *Eusebios* ♦ 31e pape (de 309 à 310). Grec, martyr. Il mourut en Sicile, exilé avec son compétiteur Héraclius. ▪ Fête le 26 sept.

**EUSÈBE DE CÉSARÉE** – en gr. *Eusebios* ♦ Écrivain grec chrétien (Palestine v. 265 - *id.* 340). Il travailla dans la bibliothèque laissée par Origène, à Césarée, où il fut prêtre puis évêque (313). Il se montra conciliant à l'égard d'Arius. Auteur d'ouvrages apologétiques et de la première synopse du Nouveau Testament, il est surtout le père de l'histoire religieuse (*Chronique* ou *Canons chronologiques de l'histoire universelle ; Histoire ecclésiastique*). La *Préparation évangélique* d'Eusèbe est une source capitale de fragments d'ouvrages philosophiques grecs perdus.

**EUSTACHE** (saint) ♦ Martyr (IIe s.). Culte ancien à Rome. Sa légende en fait un soldat, nommé initialement Placidius, converti par la rencontre d'un cerf miraculeux. Il aurait été étouffé, avec sa famille, dans un tonneau de bronze sous lequel on aurait allumé le feu. Patron des chasseurs. ▪ Fête le 20 sept. ➝ ÉTYM. Le grec *Eustakhus* signifie «qui a de beaux *(eu)* épis *(stakhus)*».

**EUSTACHE (Jean)** ♦ Cinéaste français (Pessac 1938 - Paris 1981). Jeune auteur exigeant et narcissique, qui se suicida à quarante-trois ans, il a laissé une œuvre confidentielle, à l'exception d'un (très) long métrage, *La Maman et la Putain* (1973). Le reste va du reportage (*La Rosière de Pessac*, 1969) à l'autobiographie nostalgique (*Mes petites amoureuses*, 1974).

**EUSTACHE DE SAINT-PIERRE** ♦ (Saint-Pierre v. 1287 - 1371). Chef de la délégation des 6 bourgeois de Calais qui se livrèrent en otages à Edouard III d'Angleterre pour sauver leur ville en 1347. Ils furent graciés sur les instances de la reine d'Angleterre Philippa* de Hainaut.

**EUSTACHI** ou **EUSTACHIO (Bartolomeo)** ♦ Médecin italien (San Severino, Marche d'Ancône v. 1510 - 1574). Célèbre par ses observations anatomiques, en particulier de l'oreille *(trompe d'Eustache)* et du cœur *(valvule d'Eustache)* et par ses *Tabulae anatomicae*.

**EUTERPE** ➝ ÉTYM. en gr. *Euterpê*, de *euterpês* «charmant» ♦ Une des neuf Muses*, qui présidait aux fêtes. On lui attribuait la flûte et l'invention du dithyrambe.

**EUTHYMÈNES** – en gr. *Euthumenês* ♦ Navigateur phocéen (–VIe s.). En suivant le littoral africain, il semble qu'il soit parvenu jusqu'au Sénégal.

**EUTOCIUS D'ASCALON** – en gr. *Eutokios* ♦ Mathématicien grec (480 ? - 560 ?). Commentateur d'Archimède*, d'Apollonios* de Perga, d'Ératosthène* et d'Eudème* de Rhodes, il fut l'auteur de plusieurs méthodes de calcul.

**EUTYCHÈS** – en gr. *Eutukhês* ♦ Hérésiarque byzantin (av. 378 - v. 454). Ayant combattu la doctrine de Nestorius, il professa l'hérésie opposée, le monophysisme (le Christ incarné n'a plus qu'une seule nature, la divine). Condamné en 448, il fut réhabilité lors du «brigandage d'Éphèse» (449 ➝ **Léon Ier le Grand**), mais définitivement condamné au concile de Chalcédoine (451). ➝ **monophysites.**

**EUTYCHIEN** (saint) ♦ (Luni v. 220 - Rome 283 ?). 27e pape (275 - 283 ?), martyr (?). ▪ Fête le 7 déc.

**ÉVAGORAS Ier** ♦ (v.–435 - –374). Roi de Salamine* de Chypre* (–410 - –374) après sa victoire sur les Phéniciens, qu'il chassa. Il accueillit Conon* à sa cour et aida les Athéniens contre les Spartiates. Il élimina provisoirement la domination perse sur presque toute l'île et voulut créer un royaume hellénique de Chypre. Il mourut assassiné.

**ÉVAGRE le Pontique** ♦ (dans le Pont 346 - Égypte 399). Prédicateur à Constantinople, il se fit ermite (382) au désert de Nitrie puis à celui des Cellules (Égypte). Auteur du *Traité pratique*, appelé aussi *Le Moine*. Beaucoup de ses ouvrages furent détruits pour leur origénisme.

**Évangile** n. m. pl. ➝ ÉTYM. gr. *euangelion* «bonne nouvelle» ♦ Livres saints contenant la révélation chrétienne (➝ **Christ**), avec la vie et l'enseignement de Jésus*. Les quatre Évangiles canoniques sont les quatre premiers livres du Nouveau Testament : Évangiles selon saint Matthieu*, saint Marc*, saint Luc*, saint Jean*. Les trois premiers, narrant sensiblement les mêmes événements, souvent dans le même ordre, sont dits synoptiques. Évangiles apocryphes : ➝ **apocryphes.** ♦ *Matthieu* 28 chapitres, en grec. Selon la tradition, il aurait été rédigé d'abord en hébreu ou en araméen. La rédaction définitive est postérieure à 70. Destiné à des chrétiens venus du judaïsme, il est centré sur l'annonce du Royaume et l'accomplissement, en Jésus-Christ, de la Loi et des Prophètes. ♦ *Marc* 16 chapitres, en grec. Selon la tradition, Marc a mis par écrit la prédication de Pierre, entre 64 (mort de Pierre) et 70 (chute de Jérusalem). Centré sur la vie adulte de Jésus, fils de l'homme et fils de Dieu, il s'adresse à des chrétiens d'origine païenne. ♦ *Luc* 24 chapitres, en grec, par l'auteur des Actes des Apôtres. Selon la tradition, il transmet la prédication de Paul. Il semble rédigé entre 70 et 80. Conception universaliste du salut. ♦ *Jean* 21 chapitres, en grec. Cet évangile diffère nettement des Synoptiques, et de nombreux épisodes lui sont propres (noces de Cana, discours sur le pain de vie, résurrection de Lazare). Il mêle l'histoire et le symbole dans une perspective théologique et liturgique. ▪ L'histoire de ces textes, et notamment la «question synoptique» (relation et dépendance des trois premiers évangiles entre eux, avec intervention ou non d'un document où auraient puisé Matthieu et Luc en dehors de Marc) et celle de la dépendance ou non de Jean sont fort débattues par les critiques qui, dans l'ensemble, s'accordent aujourd'hui à estimer que la rédaction des quatre évangiles était achevée à la fin du Ier s. Une nouvelle école «anticritique» tend même à les rapprocher le plus près possible du Jésus «historique». Les plus anciens manuscrits, des papyrus, attestent l'existence du corpus au IIIe s. La composition du Diatessaron, harmonie évangélique composée vers 170 (➝ **Tatien**), est un des arguments qui ont fait abandonner les datations tardives (fin du IIe s.) de certains critiques. ▪ Symboles des évangélistes : les quatre auteurs ont été symbolisés par les quatre «êtres vivants» d'Ézéchiel, I, 10. Il y a eu des variations, mais la tradition occidentale (saint Jérôme) est : l'homme pour Matthieu (son évangile s'ouvre sur la généalogie humaine de Jésus) ; le lion (animal du désert) pour Marc (dont l'évangile s'ouvre sur la prédication de Jean-Baptiste) ; le taureau (animal du sacrifice) pour Luc (dont l'évangile s'ouvre sur l'évocation du prêtre Zacharie au Temple) ; l'aigle pour Jean.

**EVANS (Oliver)** ♦ Ingénieur américain (Newport, Delaware 1755 - New York 1819). Inventeur du cardage mécanique pour la laine et le coton et l'un des premiers utilisateurs de la chaudière à vapeur à relativement haute pression, il réalisa un véhicule amphibie dont les roues motrices étaient équipées de palettes (1803).

**EVANS (Mary Ann)** ➝ **Eliot (George)**

**EVANS** (sir **John**) ♦ Archéologue, numismate et géologue britannique (Britwell Court, Buckinghamshire 1823 - Berkhamsted, Hertfordshire 1908). Il est l'auteur de plusieurs ouvrages de paléontologie et d'archéologie, en particulier sur *Les Âges de la pierre en Angleterre* (trad. fr. 1878). ♦ Sir **Arthur John Evans.** Archéologue britannique (Nash Mills, Hertfordshire 1851 - Youlbury, Oxfordshire 1941). Fils du précédent. Il participa à des fouilles en Finlande, en Laponie, en Dalmatie, dans les Balkans, en Sicile et il est surtout connu par sa découverte du site de Cnossos* et de la civilisation crétoise.

**EVANS (Herbert McLean)** ♦ Biochimiste américain (Modesto, Californie 1882 - Berkeley 1971). Il étudia les hormones ovariennes et purifia l'hormone de croissance. Il découvrit également la vitamine E.

**EVANS (Walker)** ♦ Photographe américain (Saint Louis, Missouri 1903 - New Haven, Connecticut 1975). Il élabora au sein de la section historique de la Farm Security Administration (FSA), projet gouvernemental créé par le président Roosevelt pour remédier à la crise de 1929, un style documentaire épuré caractérisé par une composition frontale et l'absence d'effets artistiques (portraits de fermiers du Sud américain, études de l'architecture locale). En 1936, il réalisa en Alabama, avec l'écrivain James Agee, un reportage sur les métayers qui aboutit au livre *Louons maintenant les grands hommes* (1941).

**EVANS (William John, dit Bill)** ♦ Pianiste et compositeur de jazz américain (Plainfield, New Jersey 1929 - New York 1980). Remarqué en 1957 par Miles Davis* alors qu'il jouait chez Charlie Mingus* et considéré tout d'abord comme un excellent accompagnateur, il révéla par la suite une personnalité musicale complexe et raffinée. Princ. enregistrements : *Everybody Digs Bill Evans* (album, 1958), *Israel* (1965).

**EVANS (Martin J.)** ♦ Généticien britannique (Stroud 1941). Au début des années 1980, il isola des cellules souches embryonnaires et découvrit qu'elles pouvaient se multiplier à l'infini et étaient capables de donner, par différenciation, tout type de cellules d'un organisme. Il créa ainsi un nouveau domaine de recherche, point de départ des thérapies géniques. [Prix Nobel de physiol. ou méd. 2007 avec M. R. Capecchi* et O. Smithies*]

**EVANS-PRITCHARD (Edward)** ♦ Ethnologue britannique (Crowborough, Sussex 1902 - Oxford 1973). Auteur d'un ouvrage général sur l'*Anthropologie sociale* (1951 ; trad. fr. 1969), il a plus particulièrement étudié le *Système politique de l'Afrique* (1940), les institutions et la religion d'un peuple nilotique, les Nuers (*Les Nuers*, 1940 trad. fr. 1969 ; *Nuer Religion*, 1956 ; *Theories of Primitive Religion*, 1965).

**EVANSVILLE** ♦ V. des États-Unis (Indiana), sur l'Ohio. 121 582 hab. Industries variées.

**ÉVARISTE** (saint) ♦ 5e pape (de 97 à 105 ?). Grec de père juif, martyr (?). Il aurait divisé Rome en paroisses. ▪ Fête le 26 oct.

**ÉVAUX-LES-BAINS** [23110] ♦ Ch.-l. de cant. de la Creuse, arr. d'Aubusson, au centre du pays de Combrailles, à plus de 450 m d'alt. 1 545 hab. *(Évahoniens)*. L'église Saint-Pierre-et-Saint-Paul, rebâtie dans le style gothique au XVIe s., a conservé un clocher-porche du XIe s. ▪ Station thermale, dont les eaux étaient connues des Romains. Centre d'excursions.

**ÈVE** ◆ ÉTYM. hébr. *Ḥawwâh*, anc. forme de *ḥayyāh* « vivante » ♦ Dans la Bible, la première femme, créée en même temps que l'homme (récit élohiste, Genèse, I, 27) ou à partir de la côte d'Adam* (récit iahviste, Genèse, II, 22). Tentée par le serpent, elle mange et fait manger à l'homme le fruit de « l'arbre de la connaissance du bien et du mal », ce qui lui attire la malédiction de Dieu : « Tu enfanteras dans la douleur... Ton mari te dominera » (III, 16). Mère de Caïn*, Abel* et Seth*.

**EVENEPOEL (Henri)** ♦ Peintre belge (Nice 1872 - Paris 1899). Formé à l'Académie des beaux-arts de Bruxelles, il se rendit en 1892 à Paris, où il devint l'élève de Gustave Moreau* et le codisciple de Matisse* et de Rouault*. Il excella dans les portraits de femmes et d'enfants (*La Dame au chapeau blanc*, 1897) soigneusement construits malgré une apparente spontanéité. Il saisit les moments de vie dans les rues de Paris, à la manière des impressionnistes, de Bonnard et de Vuillard, puis découvrit Manet, dont il reprit la palette et le système de construction de l'espace (*L'Espagnol à Paris*, 1899). Son voyage en Algérie en 1897 amena un changement important dans son système de couleurs, qui devinrent proches de celles des Fauves. Peu avant sa mort prématurée, il s'intéressait à la photographie.

**EVERE** ♦ Comm. de Belgique (Région de Bruxelles-Capitale), dans la banl. N.-E. de Bruxelles. 34 128 hab. Cultures maraîchères en régression (urbanisation de la périphérie bruxelloise). Électronique et technologies nouvelles. Proximité immédiate du siège de l'Otan.

**EVEREST** (sir **George**) ♦ Officier et géophysicien britannique (Greenwich 1790 - Londres 1866). Directeur du Service géodésique de l'Inde (1823), membre de la Royal Society (1827), il réalisa la triangulation des Indes britanniques et découvrit ainsi le point culminant du globe (1841) auquel on a donné son nom en Occident. ◆ ÉTYM. Ce nom de famille vient de *Évreux**.

**EVEREST** (mont) ♦ Nom occidental du Chomolungma, donné en hommage à sir G. Everest*. Montagne la plus élevée du globe (8 850 m, d'après les mesures GPS), située dans l'Himalaya*, à la frontière du Népal (face S.-O.) et du Tibet (faces N. et N.-O.). Elle donne naissance aux glaciers du Rongbuk et du Khumbu. ▮ **Histoire** Entre 1921 et 1938, sept expéditions britanniques se succédèrent sur le versant tibétain, découvrant la voie du col Nord en 1921 (Howard Bury), atteignant 8 326 m en 1922 (C. Geoffrey Bruce), puis 8 573 m en 1924 (Norton) et 1933 (Frank Smythe). De grands alpinistes y succombèrent (George Mallory et Andrew Irvine en 1924, Mike Burke en 1975), ainsi que leurs compagnons, des porteurs sherpas. Le 29 mai 1953, Edmund Hillary* et Tenzing* Norgay parvinrent enfin au sommet. Par la suite, les prétendants multiplièrent les difficultés, abandonnant les énormes expéditions au profit d'équipes légères, adeptes des techniques alpines. La première traversée fut effectuée en 1963 par Norman Dyhrenfurth. Chris Bonington vainquit en 1975 la périlleuse face S.-O., sur le versant népalais. En 1978, Reinhold Messner réussit la première ascension sans oxygène, et la première équipe française, dirigée par Pierre Mazeaud, foula le « toit du monde ».

**EVERGEM** ♦ Comm. de Belgique (Région flamande), prov. de Flandre-Orientale, arr. de Gand*, sur le canal circulaire (Ringvaart, 2 000 t) et le canal de Terneuzen* sur la rive g. de la zone portuaire gantoise. 32 373 hab. Indus. chimique, alimentaire et textile.

**EVERGLADES** n. m. pl. ♦ Région marécageuse des États-Unis (Floride). C'est une vaste plaine inondée par le trop-plein du grand lac Okeechobee, à la végétation tropicale (mangroves). ▪ Une partie de cette région est préservée depuis 1915 et forme un parc national dont la faune (oiseaux, alligators) et la flore sont exceptionnelles. ▪ Le reste relève d'un programme fédéral de drainage et d'endiguement qui autorise la culture des légumes et de la canne à sucre.

**EVERT (Chris)** ♦ Joueuse de tennis américaine (Fort Lauderdale 1954). Caractérisée par son revers à deux mains, elle remporta 18 victoires en Grand Chelem : sept fois le tournoi de Roland Garros entre 1974 et 1986, trois fois Wimbledon (1974, 1976 et 1981), six fois l'US Open (de 1975 à 1978, 1980, 1982) et deux fois l'Open d'Australie (1982, 1984).

**ÉVHÉMÈRE** – en gr. *Euêmeros* ♦ Mythographe grec (Messène ? v. -340 - v. -260). Son *Histoire sacrée*, roman mythologique et philosophique en prose, est perdue (ainsi que l'adaptation poétique en latin d'Ennius). Évhémère proposait une révision rationnelle des mythes religieux. Dans sa théogonie, les dieux étaient des hommes supérieurs, divinisés par la crainte et l'admiration de leurs contemporains. Utilisé par les apologistes chrétiens comme argument contre le polythéisme, le système d'Évhémère a donné naissance à une doctrine rationaliste sur les origines des religions (évhémérisme).

**ÉVIAN-LES-BAINS** [74500] ◆ ÉTYM. du lat. *aquanium*, de *aqua* « eau » ou du franco-prov. *evyà* « irriguer » ♦ Ch.-l. de cant. de la Haute-Savoie, arr. de Thonon-les-Bains, sur le lac Léman. 7 273 hab. *(Évianais)*. Station thermale et climatique réputée ; eaux minérales et alcalines commercialisées en bouteilles. ♦ ***Accords d'Évian*** Signés le 18 mars 1962 par les représentants du gouvernement provisoire de la République algérienne (GPRA) et ceux du gouvernement français, les accords d'Évian reconnaissaient l'indépendance algérienne liée au cessez-le-feu en Algérie (19 mars) et précisaient les conditions du référendum d'autodétermination (qui eut lieu le 1er juil. 1962). Pendant qu'était mis en place l'exécutif provisoire algérien (neuf Algériens, en majorité du FLN, et trois Français), la population française d'Algérie exprima sa résistance par une grève totale de deux jours (à Alger et à Oran) et une manifestation qui s'acheva par la tragique fusillade de la rue d'Isly, qui fit environ quatre-vingts morts. → **Algérie.**

**ÉVIN-MALMAISON** [62141] ◆ ÉTYM. du germ. *Ewo*, n. de pers., et suff. *-inus* ♦ Comm. du Pas-de-Calais, arr. de Lens. 4 731 hab.

**ÉVISA** [20126] ♦ Comm. de la Corse-du-Sud, arr. d'Ajaccio, près du golfe de Porto. 196 hab. *(Évisiens)*. Station estivale à 830 m d'altitude.

**EVLIYA ÇELEBI** ♦ Grand voyageur turc (Constantinople 1611 - *id.* 1681). Son *Seyahatnāme* (« Livre de voyages ») décrit presque toutes les contrées de l'Empire ottoman et ses confins. Écrite dans un style alerte, cette œuvre contient des informations historiques précises malgré une tendance générale à la fantaisie.

L'**Évolution créatrice** ♦ Ouvrage de Bergson* (1907). Critiquant les théories mécanistes et finalistes de l'évolution, l'auteur leur oppose sa conception de l'élan vital, force créant de façon imprévisible des formes toujours plus complexes. Voyant dans l'instinct animal et l'intelligence humaine deux voies différentes suivies par l'évolution, il affirme que cette dernière « est destinée à assurer l'insertion parfaite de notre corps dans son milieu [...] à penser la matière » ; elle est donc inapte, selon lui, à comprendre la vie, la durée que seule l'intuition nous permet de saisir. Bergson ouvre ainsi la voie à un nouveau spiritualisme.

### évolutionnisme

n. m. ♦ Doctrine, formulée au XIXe s., selon laquelle les espèces vivantes, mais aussi les sociétés, se transforment suivant des principes définis. Les mécanismes de l'évolution sont théorisés différemment chez des auteurs comme Lamarck* (hérédité des caractères acquis) ou Darwin* (sélection naturelle), dont les conceptions remaniées par la génétique des populations se sont imposées. De* Vries montra en effet que la sélection naturelle s'exerce sur les mutations génétiques spontanées, favorisant la reproduction des individus les plus aptes (notion de préadaptation de Cuénot*). ▪ Transféré de l'histoire naturelle à l'ethnologie (Lewis H. Morgan*), à la sociologie (Herbert Spencer*) et à l'histoire humaine, l'évolutionnisme s'efforce de reconnaître l'importance du processus d'évolution dans les cultures et les sociétés, certains affirmant qu'il existe une succession dans un ordre immuable de types de sociétés : la raison ultime en est, selon Marx*, le progrès des forces productives qui conduit du communisme primitif à l'esclavagisme, au féodalisme, au capitalisme et au communisme. Certaines théories du développement économique, comme celle de Rostow*, relèvent d'un schéma évolutionniste, critiqué par les auteurs qui, avec Charles Bettelheim*, insistent sur la dépendance des sociétés dites sous-développées par rapport aux puissances impérialistes. Haeckel* a forgé l'hypothèse d'un parallélisme entre la phylogenèse (de l'espèce) et l'ontogenèse (développement de l'individu) qui a influencé Freud*. L'évolutionnisme apparaît ainsi à la limite de la science et du mythe, de la philosophie de la nature et de la philosophie de l'histoire. Dans le domaine épistémologique, le modèle de la concurrence entre théories adverses comme facteur des progrès scientifiques a été défendu par des auteurs comme F. Hayek* et surtout Karl Popper*, par ailleurs partisans du libéralisme politique.

**EVORA** ♦ V. du Portugal., cap. de la région de l'Alentejo et ch.-l. de district. 55 420 hab. Université. Temple de Diane (IIe s.), cathédrale (XIIe - XIIIe s.), monastère mudéjar São Francisco (XVe s.), couvent Renaissance (XVIe s.). ▪ Indus. alimentaires. Tourisme. ▮ **Histoire** D'origine romaine *(Ebora)*, conquise par les Maures (715) puis reconquise par les Portugais (1165), la ville eut, principalement au XVe s., un grand rayonnement intellectuel (université de 1559 à 1759) et artistique (école musicale).

**EVREN (Kenan)** ♦ Général et homme d'État turc (Alaşehir, prov. de Manisa 1918). Chef d'état-major général en 1978, il assuma les fonctions de chef de l'État à la suite de la prise du pouvoir par l'armée le 12 sept. 1980, puis, après l'adoption d'une nouvelle Constitution en nov. 1982, il fut président de la République jusqu'en nov. 1989.

**ÉVREUX** [27000] ◆ ÉTYM. du n. des *Eburovices*, du gaul. *eburos* «if» et *vices* p.-ê. du lat. *vincere* «vaincre» ♦ Ch.-l. du dép. de l'Eure, dans la vallée de l'Iton. 51 198 hab. (aggl. 60 108) *(Ébroïciens)*. Évêché. Vestiges gallo-romains (remparts). Église Notre-Dame (XIIe au XVIIe s. ; remarquables vitraux du XIVe s.). L'église Saint-Taurin, anc. abbatiale des XIVe - XVe s., conserve la châsse de saint Taurin (XIIIe s.), premier évêque d'Évreux. Beffroi (XVe s.). Anc. évêché (XVe s.) abritant le musée : histoire et géographie du dép. de l'Eure, archéologie, beaux-arts et arts décoratifs. ▪ Centre admin. Marché agricole. Construc. électriques, électroniques et automobiles. Pharmacie. Base aérienne militaire. ▮ **Histoire** Évreux fut la capitale des Aulerques* Eburovices (sous le nom de *Mediolanum*). Constituée en comté au Moyen Âge, elle fut longtemps disputée entre les seigneurs et le roi de France. Elle devint définitivement française au XVIIe s. En grande partie détruite en 1940, elle a été reconstruite.

**ÉVRON** [53600] ◆ ÉTYM. anc. en gaul. *Ebron* «marché *(magos)* de l'if *(eburos)*» ♦ Ch.-l. de cant. de la Mayenne, arr. de Laval. 7 283 hab. *(Évronnais)*. Basilique Notre-Dame (XIe au XIVe s.). anc. abbatiale romane et gothique (verrières du XIVe s.). Chapelle Notre-Dame-de-l'Épine du XIIe s. (peintures murales ; trésor). ▪ Fonderie. Abattoir indus. Fromagerie.

**ÉVROS** ♦ Nome du N.-E. de la Grèce, frontalier de la Bulgarie au N. et de la Turquie à l'E. CH.-L. Alexandroupolis*

**ÉVROS** ♦ Fl. des Balkans. → **Marica.**

**ÉVRY** [91000] ◆ ÉTYM. anc. *Avriacum*, du lat. *Eburo*, n. de pers. gallo-rom., et suff. lat. *-acum* ♦ Ch.-l. du dép. de l'Essonne, sur la Seine, au S. de Paris. Une des cinq villes nouvelles de la région parisienne. Évry couvre 3 023 ha, regroupe 4 communes et compte 49 437 hab. (8 528 en 1968). *(Évryens)*. Évry réalise l'équilibre emploi-habitat grâce à son statut de préfecture et à son centre urbain, organisé autour d'un important centre commercial (Évry II) et d'un vaste complexe d'équipements sociaux et culturels (l'Agora). Elle accueille une université, des pôles de recherche spatiale française et européenne et de recherche génétique (Génopole), ainsi qu'un gros établissement de la Société nationale d'études et de construction de matériel aéronautique (Snecma). Son accès à la capitale est facilité par l'autoroute A6 et la ligne D du RER. Cathédrale due à l'architecte Mario Botta (1995).

**EVTOUCHENKO (Eugène)** ou **IEVTOUCHENKO (Ievgueni Aleksandrovitch)** ♦ Poète russe (Zima, Sibérie 1933). Doué d'une grande sensibilité, il fit aussitôt impression par ses recueils aux vers souples et rythmés : *Les Éclaireurs de l'avenir* (1952), *La Troisième Neige* (1955), *La Chaussée des enthousiastes* (1956). Poète à la fois lyrique et social, il se fit l'interprète du mécontentement de sa génération, dénonça l'antisémitisme (*Babi Iar*, 1961), les dogmatismes (*Les Héritiers de Staline*, 1962) et proposa une méditation sur l'Histoire (*La Centrale de Bratsk*, 1965 ; *Maman et la bombe à neutrons*, 1982). Il est également l'auteur d'un poème autobiographique (*La Station Zima*, 1956), d'une chronique de la société soviétique depuis la guerre civile (*Les Baies sauvages de Sibérie*, 1981) et d'une anthologie de la poésie russe (*Les Strophes du siècle*, 1995). ◆ ÉTYM. Ce nom vient peut-être du grec *eutukhês* «heureux, qui prospère, qui réussit».

**EWALD (Johannes)** ♦ Poète et auteur dramatique danois (Copenhague 1743 - *id.* 1781). Après avoir écrit des poésies d'un lyrisme intense, il rencontra en 1769 l'écrivain allemand Klopstock* qui l'intéressa à la mythologie nordique. Il écrivit alors deux tragédies inspirées par ces thèmes (*Rolf Krage*, 1770 ; *La Mort de Balder*, publ. 1775). Une crise religieuse donna plus de profondeur à son lyrisme et lui inspira des poèmes tels que *Le Pénitent*, *Ode à l'âme*. Après sa mort furent publiés ses mémoires, *Vie et Opinions* (1804 - 1808).

**ÉWÉ(S), EVHÉ(S)** ou **ÉOUÉ(S)** n. m. (pl.) ◆ ÉTYM. d'une langue locale *ehoué* «bas» ♦ Population du Togo et du Ghana, séparée lors du démembrement du Togo allemand.

**EWING** (sir **James Alfred**) ♦ Ingénieur britannique (Dundee 1855 - Cambridge 1935). Il étudia particulièrement les machines thermiques, l'aimantation du fer et des autres métaux, découvrit le phénomène d'hystérésis magnétique auquel il donna ce nom (1882) et montra l'importance, dans les ferromagnétiques, du couplage entre aimants élémentaires voisins (1890 - 1892).

**EXCIDEUIL** [eksidœj] [24160] ◆ ÉTYM. anc. *Exidolium*, du gaul. *ialo* «clairière» et n. obsc. ♦ Ch.-l. de cant. de la Dordogne, arr. de Périgueux. 1 318 hab. *(Excideuillais)*. Église (XIIe s., remaniée au XVe s. ; *Pietà* polychrome du XVIe s. ; retable doré du XVIIe s.). Ruines d'un château (XIe - XIIe s.). Maisons anciennes.

**EXELMANS (Remi Isidore,** comte) ♦ Maréchal et pair de France (Bar-le-Duc 1775 - Sèvres 1852). Engagé comme volontaire dans les armées révolutionnaires (1791), il fit une brillante carrière sous l'Empire. Colonel à Austerlitz, général à Eylau, grand écuyer de Murat, il fut fait prisonnier par les Britanniques, réussit à s'évader et prit part aux campagnes de 1812 - 1814. Pair pendant les Cent-Jours, il battit une division prussienne à Rocquencourt (1815). Exilé en Allemagne lors de la Seconde Restauration, il revint en France (1829). Grand chancelier de la Légion d'honneur et maréchal de France (1851). ◆ ÉTYM. *Exelmans* est l'«homme d'Exel [ou d'Exhall]» (noms de lieux en Angleterre).

**Exercices spirituels** – en esp. *Ejercicios espirituales* ♦ Manuel d'ascèse écrit par Ignace* de Loyola en vue d'une retraite spirituelle de quatre semaines centrée sur les thèmes successifs du péché, de la vie du Christ, de la Passion, de la Résurrection et de l'Ascension. Ouvrage fondateur de la spiritualité ignacienne, il fut rédigé en espagnol, puis traduit en latin en 1548 et approuvé par Paul III la même année.

**EXETER** ◆ ÉTYM. vieil angl. «citadelle *(ceaster)* sur l'Exe» ♦ V. d'Angleterre, ch.-l. du Devon, au fond de la ria de l'Exe. 111 078 hab. Malgré les bombardements de la Deuxième Guerre mondiale, la ville conserve de nombreux monuments dont la cathédrale (XIIIe - XIVe s.). Université. Bien que dans la zone d'influence de Bristol, Exeter marque la limite de l'attraction directe de Londres vers le S.-O.

**Exil** ♦ Période durant laquelle les Juifs demeurèrent en captivité à Babylone (–597 - –538). Comme celle du royaume d'Israël, une partie de la population du royaume de Juda fut déportée après la prise de Jérusalem par Nabuchodonosor. Cette période apparaît dans la Bible comme un temps de servitude, et l'autorisation de retour accordée par Cyrus comme une libération. La réalité fut sans doute plus contrastée, mais l'Exil a certainement été l'occasion d'un choc culturel et reste un important repère dans l'histoire juive.

**EXINCOURT** [25400] ◆ ÉTYM. «domaine (bas lat. *curtis*) d'Answin (n. de pers. germ.)» ♦ Comm. du Doubs, banl. E. de Montbéliard. 3 309 hab.

## existentialisme

n. m. ♦ Doctrine philosophique qui soutient le primat de l'existence humaine sur l'essence : je ne suis pas une substance dont découleraient des propriétés (un «en-soi») mais un sujet (un «pour-soi») en situation. Tel est le point de départ de l'existentialisme athée de J.-P. Sartre* (*L'Être* et le Néant ; L'existentialisme est un humanisme*). Il implique la liberté absolue de l'homme, donc sa responsabilité, dans le contexte de «la mort de Dieu», et privilégie des expériences comme la honte, le sentiment de la gratuité inutile de la vie (→ **Nausée [La]**). Il existe un existentialisme chrétien qui se réclame souvent de Kierkegaard* et de sa théorie de l'angoisse (voire de Pascal et de ses analyses sur la misère de l'homme sans Dieu). Ce courant est représenté en France par Gabriel Marcel*. L'existentialisme a des implications politiques et sociales : la proclamation par Simone de Beauvoir*, dans *Le Deuxième Sexe*, qu'on ne naît pas femme mais qu'on le devient, repose sur un refus d'attribuer une nature aux femmes (vocation pour la maternité par exemple). Cette vision alimentera les revendications féministes. L'existentialisme a trouvé des appuis conceptuels dans la phénoménologie de Husserl*, dont la théorie de la conscience comme intentionnalité (la conscience est conscience de quelque chose) privilégie le rapport à l'autre et au monde et caractérise l'homme par une forme de néant (la conscience est autre chose qu'elle-même) ; Husserl fut une des références de Karl Jaspers*. La psychanalyse existentielle de Ludwig Binswanger montre la fécondité intellectuelle de la tradition existentialiste, qui n'a cependant jamais fonctionné comme une école, ce qui aurait été contradictoire. L'éclosion de l'existentialisme à Paris au lendemain de la Deuxième Guerre mondiale a conduit à l'associer à un style de vie (le jazz dans les caves de Saint-Germain-des-Prés) avec lequel il n'a qu'un rapport accidentel. Boris Vian* en a fait une satire amicale (*L'Écume des jours*). L'existentialisme, dont la revue de Sartre *Les Temps modernes* représentait le point de vue, a été violemment dénoncé par les communistes au moment de la guerre froide comme signe de la «pourriture» bourgeoise. Le structuralisme*, au milieu des années 1960, représente une forme de contestation intellectuelle de la tradition existentialiste.

**EXMOOR** ♦ Plateau granitique du S.-O. de l'Angleterre, couvert de landes au N. du Devon. R.-D. Blackmore y situa l'action de son roman *Lorna Doone*.

**EXMOUTH** ◆ ÉTYM. vieil angl. «embouchure *(mūtha)* de la rivière Exe» ♦ V. d'Angleterre (Devon). 20 000 hab. Port de plaisance et station balnéaire.

**Exode (Livre de l')** n. m. ◆ ÉTYM. en gr. *Exodos* «sortie» ; le titre hébreu est *[We'élléh] Shemôth* «[et voici] les noms» ♦ Livre de la Bible, le deuxième du Pentateuque*, traditionnellement attribué à Moïse*. 40 chapitres y racontent l'accroissement du peuple d'Israël* en Égypte où il est asservi, la rencontre de Moïse avec Yahvé* (le buisson ardent), son envoi auprès du Pharaon (épisode des dix plaies), la libération du peuple (Pâque, passage de la mer Rouge), la marche dans le désert (la manne), la théophanie du Sinaï (Décalogue, code de l'Alliance) et l'infidélité du peuple (le veau d'or), la construction du sanctuaire.

**expressionnisme**

n. m. ♦ Mouvement artistique qui se développa en Allemagne à partir de 1905, en même temps que le fauvisme* en France. Le terme aurait été employé pour la première fois en 1910 à Berlin par le marchand de tableaux Paul Cassirer à propos de Max Pechstein*. L'expressionnisme est issu directement des trois mouvements de Sécession (→ **Sécession**) déclenchés contre l'académisme, le nationalisme et le naturalisme par des artistes allemands et autrichiens. Exaltant les sentiments de l'artiste, sa «colère existentialiste sauvage» (Nietzsche), et sa réflexion tragique sur l'univers, l'expressionnisme est marqué par l'œuvre de Van Gogh, de Gauguin, de Munch, par les arts africains, mais révèle aussi des origines plus lointaines, le romantisme et le symbolisme, l'œuvre de Goya*, de Blake*, de Friedrich*, de Böcklin*, de Hans von Marées*. Le mouvement fut surtout le fait du groupe Die Brücke (→ **Brücke**) créé en 1905 à Dresde par quatre étudiants en architecture : Fritz Bleyl, Erich Heckel*, Karl Schmidt*-Rottluff et Ernst Ludwig Kirchner* qui fut leur chef de file. Emil Nolde*, Max Pechstein, Otto Mueller, George Grosz*, Otto Dix* se joignirent ensuite à l'expressionnisme. Die Brücke, contrairement au fauvisme, fut liée aux tensions sociales de son époque. Son nom («Le pont») évoque ce qui unit les artistes contre la force des conventions, les conduit vers l'avenir, et se veut une référence au livre de Nietzsche que Kirchner avait lu avec ferveur, *Ainsi* parlait Zarathoustra*. Les artistes cherchèrent à se démarquer du Jugendstil de Vienne, dérivé de l'Art* nouveau, et mirent en question les valeurs bourgeoises tout autant que les conventions picturales. L'expressionnisme offre cependant des similitudes avec le fauvisme* : les artistes «pensent le mur pour le mur, c'est-à-dire en couleur». La construction ne repose plus sur la perspective héritée de la Renaissance, mais sur une gamme de couleurs pures mises en violents contrastes. La dernière exposition de Die Brücke eut lieu à Dresde en 1910, puis le mouvement se déplaça à Berlin et disparut en tant que groupe. L'expressionnisme désigna dès lors des œuvres très différentes mais dont les auteurs, Kandinsky*, Franz Marc*, Jawlensky et August Macke* réunis au sein du Cavalier* bleu partageaient le même goût prononcé pour la couleur. Mais l'influence de l'expressionnisme ne fit que s'étendre après la Première Guerre mondiale, cette «sanglante guignolade», selon l'expression de Kirchner. Beckmann*, Grosz, Dix et Nolde, les fondateurs de la Nouvelle Objectivité, restèrent expressionnistes même après 1945. En affirmant l'autonomie de la peinture par rapport au sujet représenté, l'expressionnisme annonce l'abstraction lyrique et, ce qui fut parfois appelé expressionnisme abstrait, l'action* painting de Pollock* aux États-Unis (→ **abstrait [art]**), le mouvement Cobra* en Europe du Nord, l'œuvre de Francis Bacon* en Grande-Bretagne ou celle des néo-expressionnistes en Allemagne. ▪ Ce courant pictural inspira le 7ᵉ art. Délaissant la représentation du réel, le cinéma expressionniste privilégie les états d'âme dont le cinéaste se veut le visionnaire, d'où l'importance des jeux de lumière et des décors. Robert Wiene* (*Le Cabinet du Dʳ Caligari*, 1920), Paul Wegener (*Le Golem*, 1920), Fritz Lang* (*Le Docteur Mabuse*, 1922), F. W. Murnau* (*Nosferatu, le vampire*, 1922) en sont les principaux représentants. ▪ L'expressionnisme gagna également la poésie et le théâtre. Là encore, l'expression d'une vision personnelle, souvent tourmentée et violente, commande la représentation du réel. La forme est indissociable de la violence subjective. G. Trakl*, G. Benn*, F. Werfel*, G. Heym*, E. Lasker-Schüler, E. Toller*, Fritz von Unruh*, G. Kaiser* en sont les représentants majeurs.

L'**Expansion** ♦ Bimensuel économique français lancé en 1967 par Jean-Louis Servan-Schreiber. Titre principal du premier groupe français de presse économique et financière, le journal tire à env. 150 000 exemplaires. Il organise le Forum de l'Expansion où se rencontrent chefs d'entreprise et hommes politiques.

**EXPILLY** [ɛkspiji] **(Louis)** ♦ Évêque constitutionnel français (Brest 1742 - *id.* 1794). Député du clergé aux États généraux (1789), il participa à la rédaction de la Constitution civile du clergé, à laquelle il fut l'un des premiers à prêter serment, fut nommé évêque constitutionnel du Finistère et sacré par Talleyrand. Lié aux girondins, il tenta, après leur exclusion de la Convention (2 juin 1793), de s'opposer à la dictature parisienne en lançant un appel aux départements de l'Ouest, et fut condamné à mort.

L'**Express** ♦ Hebdomadaire politique français fondé en mai 1953 par Jean-Jacques Servan*-Schreiber et Françoise Giroud*. Après avoir apporté son soutien à la politique de Mendès France et s'être opposé à l'Algérie française, *L'Express* se transforma en 1964 en un magazine d'information sur le modèle du *Time** et se plaça dans le courant de la gauche. *L'Express* connut dans les années 1980 une grave crise liée à un changement d'orientation politique, marquée par un conservatisme libéral. Il demeure le premier *newsmagazine* français (540 000 exemplaires).

L'**Extravagant M. Deeds** – en angl. ***Mr. Deeds Goes to Town*** ♦ Film américain de Frank Capra* (1936), avec Gary Cooper et Jean Arthur. Un Américain moyen, Longfellow Deeds, est, comme le poète national dont il a hérité le prénom, un idéaliste. Ayant touché une grosse fortune, il décide de distribuer son bien aux nécessiteux. Il trouvera l'amour, sinon la justice. Sur un scénario de Robert Riskin, cette comédie illustre avec un humour persuasif les thèses du New Deal, chères au président Roosevelt. La bonne conscience américaine fit un franc succès à cette pochade sociale admirablement réalisée (oscar de la meilleure réalisation en 1936). Capra donnera une version «sérieuse» de la même idée, trois ans plus tard, avec *Monsieur* Smith au Sénat*.

**EXUPÈRE** (saint) ♦ Évêque de Toulouse (mort à Toulouse apr. 411). Il fit achever l'abbaye Saint-Sernin (auj. basilique Saint-Sernin) et y transporta les reliques du saint. Jérôme lui a dédié son *Commentaire sur Zacharie*. ▪ Fête le 28 sept.

**EY (Henri)** ♦ Psychiatre français (Banyuls-dels-Aspres 1900 - *id.* 1977). S'appuyant sur les travaux de John H. Jackson* et de Pierre Janet*, il a proposé un modèle organo-dynamique qui cherchait à dépasser la théorie psychanalytique de Freud* sans revenir aux théories mécanistes du XIXᵉ s. Son *Manuel de psychiatrie* (en coll., 1960) reste un ouvrage de référence essentiel.

**EYADÉMA (Étienne,** puis **Gnassingbé)** ♦ Homme d'État togolais (Pya 1935 - *id.* 2005). Président de la République et chef du gouvernement de 1967 à sa mort. → **Togo.**

**EYBENS** [38320] ♦ Ch.-l. de cant. de l'Isère, banl. S. de Grenoble. 9 471 hab. Indus. informatique.

**EYGUIÈRES** [13430] ⇾ ÉTYM. de l'occit. *eiguièro* «rigole» ou de la rac. prélatine oronym. *°ak-* «sommet» [désigne p.-ê. l'oppidum du mont Menu] ♦ Ch.-l. de cant. des Bouches-du-Rhône, arr. d'Arles. 5 392 hab.

**EYLAU** [ɛlo] – auj. ***Bagrationovsk*** ♦ V. de l'anc. Prusse-Orientale, près de Königsberg, auj. en Russie. Elle fut le théâtre d'une des plus sanglantes batailles de Napoléon contre les Russes et les Prussiens (7 et 8 fév. 1807 ; 40 000 victimes). Les Russes, sous les ordres de Bennigsen*, Bagration* et Barclay* de Tolly, furent contraints à la retraite, mais la victoire de Napoléon, secondé par Murat, Davout, Ney, Soult, Augereau, Lannes, resta indécise.

**EYMET** [ɛmɛ] [24500] ♦ Ch.-l. de cant. de la Dordogne, arr. de Bergerac, sur le Dropt. 2 552 hab. (*Eymetois*). Bastide fondée en 1271, vieux pont, maisons gothiques. ▪ Conserves alimentaires (foie gras).

**EYMOUTIERS** [emutje] [87120] ♦ Ch.-l. de cant. de la Haute-Vienne, arr. de Limoges, sur la Vienne. 2 115 hab. (*Pelauds*). Église des XIᵉ et XVᵉ s. (vitraux ; croix reliquaire du XIIIᵉ s.). Maisons anciennes.

**EYRAGUES** [13630] ♦ Comm. des Bouches-du-Rhône, arr. d'Arles. 3 941 hab.

**EYRE (Edward John)** ♦ Administrateur colonial britannique (Hornsea, Yorkshire 1815 - dans le Devon 1901). Parti en Australie en 1833, il y explora les régions intérieures, découvrit la lagune qui porte aujourd'hui son nom (8 880 km²) et y contribua au développement de l'élevage ovin. Nommé gouverneur de la Jamaïque (1864), il fut rappelé en Angleterre (1866) pour avoir réprimé une révolte des ouvriers noirs.

**EYRE** (lac) ♦ Lagune de l'Australie-Méridionale, qu'atteignent parfois les eaux des rivières temporaires, et dont le fond, en grande partie asséché, est recouvert par une couche de sel et de gypse. Il se trouve à –11 m. Il fut découvert par l'explorateur anglais E. J. Eyre*.

**EYSENCK (Hans Jürgen)** ♦ Psychologue britannique d'origine allemande (Berlin 1916 - Londres 1997). Il est l'auteur d'une œuvre très abondante qui porte notamment sur l'analyse de la personnalité (*Conditionnement et Névrose : nouvelle méthode thérapeutique*, 1962).

**EYSINES** [33320] ♦ Comm. de la Gironde, arr. de Bordeaux. 18 407 hab. (*Eysinais*). Cité résidentielle.

**EYSKENS (Gaston)** ♦ Homme politique belge (Lier, Anvers 1905 - Louvain 1988). Député social-chrétien flamand (1939 - 1965), plusieurs fois ministre, il fut Premier ministre (1949 - 1950), organisant alors la consultation électorale sur la question royale, puis dirigea à nouveau le gouvernement de 1958 à 1961. Il mit alors fin à la crise congolaise par l'accession à l'indépendance du Congo belge (1960) et apaisa la querelle scolaire entre catholiques et socialistes (Pacte scolaire, 1960). Ayant démissionné à la suite des grèves contre la «Loi unique» (1961) prévoyant une hausse des impôts, il revint au pouvoir de 1968 à 1972 et entama la révision de la Constitution en vue de la régionalisation de la Belgique.

**EYVINDR FINNSSON** dit **Skáldaspillir** ⇾ ÉTYM. «Pille-scaldes» ♦ Scalde norvégien (v. 915 - v. 990). Il fut ainsi surnommé parce que ses deux principaux poèmes plagient (de loin, il est vrai) deux textes antérieurs. Il chante l'entrée du roi Hákon le Bon à la Valhöll (Walhalla) dans les *Hákonarmál* et dénombre le lignage des jarls des Hladir dans les *Háleygjatal*. Il sait sauvegarder la chaleur de son émotion malgré les virtuosités étourdissantes de la forme.

Les **Eyzies-de-Tayac-Sireuil.** Renne et bison. Frise noire, grotte de Font-de-Gaume.
*Phot. © Archivio Iconografico S.A.*

**EYZIES-DE-TAYAC-SIREUIL** [ezi] **(LES)** [24620] ← ÉTYM. anc. *Las Ayzias,* de l'anc. prov. *aitz (aiz)* «demeure, résidence» ♦ Comm. de la Dordogne, arr. de Sarlat-la-Canéda, sur la Vézère. 909 hab. *(Eyzicois-Tayaciens).* Fusion des Eyzies-de-Tayac et de Sireuil. Église fortifiée des XI^e^ - XII^e^ s. ▪ Le site préhistorique des Eyzies et ses environs constituent un centre essentiel pour le Paléolithique* supérieur. Les découvertes s'y sont succédé de 1862 (E. Lartet) à 1901. Les principaux sites sont : les grottes du Moustier **(→ Moustérien),** de Font*-de-Gaume et des Combarelles* (ces dernières ornées de remarquables gravures et peintures), les abris de Cro*-Magnon et Pataud*, les gisements de la Madeleine* et de Laugerie-Basse. Musée national de la Préhistoire. Musée de l'abri Pataud.

**ÉZANVILLE** [95460] ← ÉTYM. anc. *Aysenvilla* «domaine (lat. *villa*) d'Aizo (n. de pers. germ.)» ♦ Comm. du Val-d'Oise, arr. de Sarcelles. 8 825 hab.

**ÈZE** [06360] ← ÉTYM. anc. *ab Avisione,* du lat. *Avizo,* n. de pers., ou d'une rac. prélatine oronym. °*ab*- ♦ Comm. des Alpes-Maritimes, arr. de Nice. 2 509 hab. *(Ézasques).* Village très pittoresque, bâti en nid d'aigle sur un piton. Jardin exotique. ▪ À 427 m au-dessous du village, station balnéaire d'Èze-Bord-de-Mer.

**ÉZÉCHIAS** ← ÉTYM. en hébr. *Ḥizqîyyâh* «ma force *[ḥèzèq]* est Yâh(wèh)» ♦ Roi de Juda* (de –716 à –688), fils et successeur d'Achaz. Il restaura le culte de Iahvé, prit conseil d'Isaïe*, subit le siège de Jérusalem par Sennachérib* (–701), construisit l'aqueduc souterrain de la source Gihon à la piscine de Siloë. Récit biblique : II Rois, XVIII-XX.

**ÉZÉCHIEL** ← ÉTYM. en hébr. *Yeḥèzq'él* «que Dieu rende fort» ♦ Personnage biblique, prêtre judéen déporté à Babylone lors de la première prise de Jérusalem (–597), il devient prophète durant l'exil, manifestant que Dieu n'hésite pas à suivre son peuple tout en laissant détruire la ville sainte à cause de son impiété. ♦ ***Le Livre d'Ézéchiel*** Livre de la Bible, le dernier des Grands Prophètes*, traditionnellement attribué à Ézéchiel. 48 chapitres structurent les oracles du prophète, de nature très diverse (de l'énigme à l'acte symbolique) en un récit d'allure autobiographique où l'on distingue ce qui précède la destruction de Jérusalem et ce qui annonce sa restauration. De nombreuses visions (le char divin, le livre à avaler, les ossements desséchés, la description du Temple reconstruit) et certains thèmes (Gog* roi de Magog) annoncent le genre apocalyptique et marqueront la mystique juive. On connaît d'ailleurs des fragments d'une *Apocalypse d'Ézéchiel* apocryphe* (grec, –I^er^ - I^er^ s.).

**EZO** ou **YEZO** → **Hokkaido**

# F

**FAAA** ♦ Comm. de la Polynésie française près de Papeete (Tahiti). Env. 22 000 hab. Un aéroport international a été construit en 1960 sur le récif de corail. Une zone industrielle s'y est développée et l'urbanisation a rejoint les faubourgs de la capitale.

**FABBRI (Diego)** ♦ Auteur dramatique italien (Forli 1911 - Riccione 1980). Son théâtre reflète l'inquiétude de la conscience chrétienne devant le monde d'aujourd'hui. Œuv. princ. : *Inquisition* (1950), *Procès à Jésus* (1955), *Portrait d'un inconnu* (1962). ➜ **ÉTYM.** Ce nom vient de l'italien *fabbro* «forgeron, fabricant».

**FABERGÉ (Carl)** ♦ Orfèvre et joaillier russe (Saint-Pétersbourg 1846 - Lausanne 1920). Issu d'une famille picarde exilée en Allemagne puis en Russie à la suite de la révocation de l'édit de Nantes en 1685, il était le fils de Gustav FABERGÉ (1814 - 1881) qui ouvrit le premier atelier familial à Saint-Pétersbourg en 1842. Étendant son activité à Moscou où ses ateliers comptèrent 500 artisans, Fabergé créa entre 1870 et 1918 plus de 150 000 pièces originales. Constitués de pierres et de métaux précieux, ses bijoux, ses objets utilitaires et décoratifs, très souvent des miniatures, reflètent l'esprit de raffinement fin de siècle. À partir de 1884 furent exécutés les fameux œufs de Pâques destinés aux tsars Alexandre III et Nicolas II, et aux cours européennes (*Œuf au carrosse du couronnement,* 1897). La famille Fabergé fut chassée de Russie par la révolution de 1917 et se réfugia en Allemagne puis en Suisse.

**FABERT (Abraham DE)** ♦ Maréchal de France (Metz 1599 - Sedan 1662). Entré à quatorze ans dans les gardes françaises, il se distingua dans les guerres contre les protestants et dans les sièges (Stenay, 1654). Gouverneur de Sedan depuis 1642, il accrut les fortifications de la ville de ses propres deniers. Il fut nommé maréchal de France en 1658.

**Fabian Society** n. f. ♦ Société socialiste britannique fondée en 1884. Se référant à un idéal moral, elle voulait reconstruire la société par une action progressive, selon les méthodes de temporisation de Fabius* Cunctator, et rejetait les théories marxistes. Associée dès 1900 aux trade-unions, elle fut à l'origine du parti travailliste* sur lequel elle a encore une grande influence. Elle comptait parmi ses membres des intellectuels, des écrivains, des économistes, des artistes, parmi lesquels on peut citer G. B. Shaw*, H. G. Wells*, Sidney et Béatrice Webb*.

Carl **Fabergé.** *L'Œuf du couronnement,* 1897. *Phot. © Velikzhanin Viktor/ITAR-TASS/Corbis*

**FABIEN** (saint) ➝ ÉTYM. en lat. *Fabianus*, de *Fabius*, n. de gens romaine, de *faba* «fève» ♦ (mort à Rome en 250). 20e pape (236 - 250), Romain, martyr (persécution de Dèce). Il partagea Rome en 7 diaconies. ▪ Fête le 20 janv.

**FABIEN (Pierre Georges, dit le colonel)** ♦ Résistant français (Paris 1919 - Habsheim, Haut-Rhin 1944). Membre du Parti communiste français, il milita très tôt dans la Résistance, contribua à la création des «Bataillons armés de la jeunesse» et fut l'auteur, dans le métro parisien, du premier attentat qui coûta la vie à un officier allemand (21 août 1941). Chef d'un groupe des FTP, puis chef de brigade des FFI de l'Île-de-France, il fut tué lors de la campagne d'Alsace, dans les rangs de la Ire armée.

**FABIOLA DE MORA Y ARAGÓN** ♦ (Madrid 1928). Reine des Belges (1960 - 1993), épouse de Baudouin Ier.

**FABIUS** – en lat. ***Quintus Maximus Rullianus Fabius*** ➝ ÉTYM. de *faba* «fève» ♦ Homme politique romain (–IVe s. - –IIIe s.). Cinq fois consul et deux fois dictateur, il remporta des victoires sur les Samnites (–325), les Étrusques (–310) et les Gaulois (–295).

**FABIUS** en lat. ***Quintus Maximus Verrucosus Fabius***, dit **Cunctator** ➝ ÉTYM. «le Temporisateur» ♦ Homme politique romain (Rome –275 - *id.* –203). Cinq fois consul entre –233 et –209, nommé dictateur en –217 après la défaite de Trasimène* (➝ **puniques [guerres]**), il mena contre Hannibal* la guerre d'usure qui lui valut son surnom. Après avoir failli obtenir la victoire près de Casilinum* (–216), il ne put empêcher les Romains d'abandonner sa tactique et de livrer la désastreuse bataille de Cannes. Nommé à nouveau consul après la défection de Capoue* (–215), il remporta quelques succès, puis, lors de son dernier consulat (–209), reprit Tarente*. Avant de mourir, il s'opposa en vain à la politique de Scipion* l'Africain qui voulait continuer la guerre.

**FABIUS (Laurent)** ➝ ÉTYM. anc. surnom lat. choisi par son ancêtre Joseph Lion en 1808 ♦ Homme politique français (Paris 1946). Député socialiste depuis 1978, il a été, après l'arrivée de la gauche au pouvoir, ministre du Budget (1981 - 1983), puis de l'Industrie et de la Recherche (1983 - 1984). Premier ministre de 1984 à 1986, il poursuivit une politique de restructuration industrielle, mais dut faire face à une aggravation du chômage et de la crise sociale ainsi qu'au scandale du *Rainbow Warrior* en 1985. Partisan de la modernisation de la gauche, il fut premier secrétaire du parti socialiste (1992 - 1993), président de l'Assemblée nationale (1988 - 1992 ; 1997 - 2000) et ministre de l'Économie, des Finances et de l'Industrie (2000 - 2002). En 1999, L. Fabius a été relaxé à l'issue du procès pour homicide involontaire sur des personnes contaminées lors de transfusions de sang n'ayant pas subi de test de dépistage du virus du sida en 1984 et 1985. En désaccord avec son parti, il défendit le non au référendum sur la Constitution européenne (2005).

**FABIUS PICTOR (Quintus)** ♦ Premier historien romain (v. –254 - v. –201). Il composa son *Histoire des actions romaines* en grec et en latin.

**Fables** ♦ Ensemble de 3 recueils de La* Fontaine (1668, 1678 et 1694) qui comprennent 12 livres d'apologues inspirés de sources différentes. Les *Fables* de La Fontaine témoignent d'une évolution de la technique ainsi que de la pensée de leur auteur. Reprenant, dans son premier recueil, des thèmes «familiers» traités par Ésope* et Phèdre*, La Fontaine présente des évocations pittoresques et concises du monde animal, transpositions plaisantes de la société humaine et de ses travers *(Les Grenouilles qui demandent un roi)*. S'il se sert «d'animaux pour instruire les hommes», il peint aussi ces derniers directement dans des croquis pénétrants *(Le Meunier, son Fils et l'Âne)*, où le langage est adapté au caractère et à la condition des personnages. Dès le deuxième recueil, influencé par les philosophes et les savants rencontrés chez Mme de La Sablière et trouvant des mérites à la sagesse hindoue, La Fontaine «enrichit» ses fables de réflexions satiriques sur la société *(Les Animaux malades de la peste)* ou de méditations plus graves *(Les Deux Amis ; Le Paysan du Danube)* qui laissent apparaître sa morale. Constatant que les forts et les habiles dominent les faibles, l'auteur conseille à son lecteur la prudence envers autrui *(Les Obsèques de la lionne)* et la connaissance de ses propres limites. Loin de prôner une «philosophie dure, froide, égoïste» (Lamartine), peut-être «dangereuse» (Rousseau), il propose une morale à la mesure de l'homme, où le travail et l'entraide s'allient au culte de l'amitié et de la liberté. Cet épicurisme raffiné s'exprime dans les apologues tantôt lyriques, tantôt réalistes, généralement bâtis sur une structure dramatique simple et utilisant le dialogue. Le mélange des tons, les archaïsmes ou les prosaïsmes savants, les interventions narquoises de l'auteur confèrent saveur et humour à une écriture qui s'appuie sur une versification originale et souple («vers irréguliers») et une grande science de l'harmonie suggestive.

**FABRE (François-Xavier Pascal**, baron**)** ♦ Peintre français (Montpellier 1766 - *id.* 1837). Élève de David*, prix de Rome en 1787, auteur de peintures historiques, de paysages de style classique et de portraits, il fut lié avec la comtesse d'Albany et hérita des riches collections de tableaux et d'objets d'art qu'Alfieri avait laissées à celle-ci. Fabre en fit don à sa ville natale ainsi que d'une importante série de ses œuvres *(musée Fabre)*. ➝ ÉTYM. *Fabre* vient du latin *faber* «ouvrier, artisan, forgeron» (➝ aussi Fabbri, Fabry, Faure, Fauré, Favre, Febvre, Kowalski, Lefebvre, Lefèvre, Le Goff, Schmidt, Schmitt, Smith).

**FABRE (Jean Henri)** ♦ Écrivain et entomologiste français (Saint-Léons, Aveyron 1823 - Sérignan-du-Comtat, Vaucluse 1915). Il laissa des observations minutieuses sur le monde des insectes, popularisées en France par son livre *Souvenirs entomologiques* (1879 - 1907). Doué d'un rare talent de vulgarisateur, il formula cependant certaines théories inexactes.

**FABRE (Henri)** ♦ Ingénieur français (Marseille 1882 - Le Touvet 1984). Spécialiste de l'aviation, il étudia particulièrement l'hydravion et son appareil réussit le premier vol (étang de Berre, 1910).

**FABRE (René)** ♦ Pharmacien français (Annecy 1889 - Paris 1966). Professeur de toxicologie à la faculté de pharmacie de Paris, dont il fut doyen de 1946 à 1960, il fut un grand spécialiste de toxicologie et de ses applications. [Acad. sc. 1955]

**FABRE D'ÉGLANTINE (Philippe Nazaire François Fabre, dit)** ♦ Écrivain et homme politique français (Carcassonne 1750 - Paris 1794). C'est à l'occasion d'une victoire aux jeux Floraux de Toulouse, où il avait gagné une églantine en métal précieux, qu'il se fit appeler *Fabre d'Églantine*. Venu à Paris en 1787, il y connut un certain succès comme auteur dramatique, en particulier avec son *Philinte de Molière ou la Suite du Misanthrope* (1790) et *Les Précepteurs* (1794). Poète, il est l'auteur de la romance populaire *Il pleut, il pleut, bergère*. Acquis aux idées révolutionnaires, il s'inscrivit au Club des cordeliers, où il se lia avec Danton (dont il fut le secrétaire au ministère de la Justice, août-nov. 1792) et Camille Desmoulins. Membre de la Commune insurrectionnelle après le 10 août 1792 et député montagnard à la Convention (1792), il établit la nomenclature des mois du Calendrier* républicain qui fut adopté en oct. 1793. Trafiquant et opportuniste, il dénonça à l'Assemblée la conspiration de l'étranger (Cloots, Proli, etc.) et surtout le scandale de la liquidation de la Compagnie des Indes dans lequel il s'était compromis. Il fut condamné à mort et guillotiné en même temps que Danton et les indulgents (avr. 1794).

**FABRE D'OLIVET (Antoine)** ♦ Poète et auteur dramatique français (Ganges 1767 - Paris 1825). Il est surtout connu comme précurseur des félibres avec son roman provençal en langue d'oc, *Azalaïs et le gentil Amar* (1794), et le *Troubadour, poème occitanique du XIIIe siècle* (1803).

**FABRÈGUES** [34690] ➝ ÉTYM. de l'occit. *fabrega* «forge» ♦ Comm. de l'Hérault, arr. de Montpellier. 5 901 hab.

**FABRI (Zoltán)** ♦ Cinéaste hongrois (Budapest 1917 - *id.* 1994). Il aborda avec un détachement ironique les problèmes sociaux de son temps : *Un petit carrousel de fête* (1955), *Professeur Hannibal* (1957), *Les Garçons de la rue Pál* (1968).

**FABRIANO (GENTILE DA)** ➝ **Gentile da Fabriano**

**FABRIANO** ♦ V. d'Italie, dans les Marches (prov. d'Ancône). 30 019 hab. Indus. mécaniques. Papeteries remontant au XIIe s.

**FABRICE DEL DONGO** ♦ Personnage principal du roman de Stendhal, *La Chartreuse* de Parme* (1839). Inspiré par le modèle historique d'Alexandre Farnèse (devenu pape sous le nom de Paul III), Fabrice, par sa sensibilité passionnée, est l'incarnation de toutes les aspirations de Stendhal : charmant, enthousiaste et traversant les intrigues avec une aisance aristocratique, il va essentiellement à la «chasse au bonheur».

**FABRICIUS** – en lat. ***Caius Fabricius Luscinus*** ♦ Homme politique romain (–IIIe s.) célèbre pour son incorruptibilité. Envoyé en ambassade auprès de Pyrrhus* après la défaite d'Héraclée (–280), il provoqua l'admiration du roi par son intégrité et obtint la libération des prisonniers sans rançon. Il apparaît dans les *Vies* de Plutarque.

**FABRICIUS (David)** ♦ Astronome et théologien hollandais (Esens 1564 - Osteel 1617). Sa correspondance avec Kepler* constitue la principale source d'informations sur les observations qu'il fit sur la première étoile variable, Mira Ceti (1596), et sur les taches solaires (1610).

**FABRICIUS (Johann Christian)** ♦ Naturaliste danois (Tønder 1745 - Kiel 1808). Après avoir voyagé et suivi les cours de Linné*, il enseigna dans diverses facultés. Auteur de nombreux ouvrages, il est surtout connu pour ses travaux d'entomologie (*Systema entomologiae*, 1775 ; *Genera insectorum*, 1777 ; *Philosophia entomologica*, 1778 ; *Nomenclator entomologicus*, 1795 - 1796), où il proposa, entre autres, une nouvelle classification des insectes fondée sur la structure de la bouche.

**FABRICIUS D'ACQUAPENDENTE** ➝ **Acquapendente**

**FABRITIUS (Carel)** ♦ Peintre et dessinateur hollandais (Midden-Beemster v. 1622 - Delft 1654). Initié à la peinture par son père, il travailla ensuite comme forgeron, puis fut élève de Rembrandt* à Amsterdam (1641 - 1643), subissant fortement son influence (*Résurrection de Lazare*, 1643). Devenu membre de la guilde de Delft en 1652, il affirma progressivement l'originalité de son talent en pratiquant une peinture plus claire et colorée, se préoccupant particulièrement des problèmes de perspective et de trompe-l'œil. Il peignit des têtes d'expression ainsi que des décorations murales probablement dans le genre de sa *Vue de Delft au joueur de luth*, mais très peu d'œuvres ont subsisté. Coloriste raffiné, il modelait les volumes d'une touche onctueuse et fine et agençait ses compositions avec un dépouillement recherché (*Autoportrait*, 1654 ; *Le Chardonneret*, 1654).

**FABRY (Charles)** ♦ Physicien français (Marseille 1867 - Paris 1945). Il est l'inventeur, avec Pérot, d'un interféromètre qui porte leurs noms et qui lui permit d'évaluer la longueur du mètre en fonction de la longueur d'onde d'une raie du cadmium. Il découvrit l'ozone de la haute atmosphère (1913). On lui doit également un photomètre universel sans écran diffusant (1920). [Acad. sc. 1927] ➝ ÉTYM. → Fabre.

**FABVIER** [favje] **(Charles Nicolas,** baron) ♦ Général français (Pont-à-Mousson 1782 - Paris 1855). Entré dans l'armée impériale, il fut envoyé à Constantinople, puis en Perse pour y réorganiser l'armée. De retour en France, il prit part aux dernières campagnes de l'Empire. Nommé colonel (1815), il se signala lors de la Restauration par ses positions libérales, tenta de s'opposer à l'expédition d'Espagne, puis combattit aux côtés des Grecs contre les Turcs (1823 - 1827). Rentré en France (1830), il fut nommé commandant de Paris après la révolution de juil. 1830. Après avoir contribué à l'organisation de l'armée danoise (1848), il fut élu député (1849).

**FACHES-THUMESNIL** [59155] ♦ Comm. du Nord, banl. S. de Lille. 15 902 hab. *(Faches-Thumesnilois)*.

**FACHODA** – auj. ***Kodok*** ♦ Ville du Soudan. ▮ **Histoire** La France avait tenté de devancer la Grande-Bretagne sur le haut Nil* en y envoyant la mission Marchand* qui occupa Fachoda le 10 juil. 1898. Rejointe par Kitchener* en sept., elle dut évacuer ce poste en nov. sur l'ordre de Delcassé*, successeur de Hanotaux*, après un ultimatum britannique. Cet échec, profondément ressenti en France, entraîna l'accord franco-britannique de mars 1899 qui consacra le renoncement de la France sur le Nil* en échange du Sahara.

**FACINO CANE (Bonifacio CANE,** dit) ♦ Condottiere italien (Casale Monferrato, Piémont v. 1360 - Pavie 1412). Ayant reçu plusieurs seigneuries de Jean-Galéas Visconti, il repoussa l'empereur Robert de Bavière sous Brescia (1401). À la mort de Jean-Galéas (1402), il resta au service de ses fils Jean-Marie et Philippe-Marie, mais se rendit indépendant de fait, s'emparant d'Alexandrie (1403), de Plaisance (1406) et de Pavie (1410). Philippe-Marie épousa sa veuve Béatrice Lascaris de Tende et rentra ainsi en possession de ses biens.

**FADEÏEV** ou **FADEEV (Aleksandr Aleksandrovitch)** ♦ Écrivain soviétique (Kimry, gouv. de Tver 1901 - Moscou 1956). Adhérent du parti communiste (1918) où il devait assumer d'importantes fonctions, il combattit contre l'amiral Koltchak durant la guerre civile. Il est l'un des promoteurs du réalisme socialiste : *La Défaite* (1927), récit de la guerre civile en Extrême-Orient, s'inscrit dans la tradition tolstoïenne ; *La Jeune Garde* (1945) décrit la lutte des jeunes «komsomols» durant l'occupation allemande et exalte le courage des combattants et l'amour du pays. Secrétaire (1939) puis président (1954) de l'Union des écrivains soviétiques, il contribua avec Jdanov* au redressement de la ligne idéologique du parti, mais, violemment critiqué par Cholokhov, fut contraint de démissionner (1955). Il se serait suicidé au cours d'une crise d'éthylisme. [Prix Staline 1946]

**Fades** (viaduc des) ♦ Viaduc ferroviaire le plus élevé de France, construit à 132,50 m au-dessus de la Sioule (Puy-de-Dôme), au S. de Saint-Gervais-d'Auvergne.

**FAENZA** ➝ ÉTYM. anc. *Faventia*, p.-ê. du lat. «bienveillance» ♦ V. d'Italie, en Émilie-Romagne (prov. de Ravenne). 53 641 hab. Centre tertiaire. Dès le XII^e s., la ville devint célèbre pour la fabrication de la vaisselle de céramique à laquelle elle a donné son nom (cf. faïence, *in Le Robert*). Cet artisanat est encore florissant de nos jours. Musée international de la Céramique. ▮ **Histoire** La ville fut rattachée par Jules II aux États pontificaux (1509).

**FAEROE** → Féroé

**FAGNANO DEI TOSCHI E DI SANT'ONOFRIO (Giulio Cesare)** ♦ Mathématicien italien (Senigallia 1682 - *id.* 1766). Il participa aux débuts du calcul infinitésimal et aborda géométriquement le problème de la rectification de l'ellipse et de l'hyperbole (1716) ; ses recherches, ébauche d'une théorie de nouvelles fonctions dites «elliptiques», publiées en 1750 *(Produzioni matematiche)*, furent reprises analytiquement par Euler* en 1756.

**FAGNE-FAMENNE** n. f. (dépression de) ♦ Dépression schisteuse de Belgique séparant le Condroz et l'Ardenne et bordée au S. par une étroite bande calcaire, la Calestienne. La Fagne s'étend à l'O. de la vallée de la Meuse, la Famenne à l'E. ▪ Dolmens de Wéris.

**FAGNIÈRES** [51510] ➝ ÉTYM. anc. *Fascinariae* «ensemble de fascines», du lat. *fascina* «fagot» et suff. *-aria* ♦ Comm. de la Marne, banl. O. de Châlons-en-Champagne. 5 046 hab.

**FAGON (Guy Crescent)** ♦ Médecin français (Paris 1638 - *id.* 1718). D'abord professeur de botanique au Jardin du roi (auj. Muséum national d'histoire naturelle), il devint médecin à la cour de Louis XIV qui l'attacha à sa personne en 1693.

**FAGUET (Émile)** ♦ Critique français (La Roche-sur-Yon 1847 - Paris 1916). Sa thèse de doctorat ès lettres, la *Tragédie française du XVI^e siècle*, lui fit obtenir rapidement une chaire de poésie française en Sorbonne (1897). Critique littéraire et dramatique (opposé aux symbolistes), conservateur érudit, souvent brillant, il consacra des *Études littéraires* aux XVI^e, XVII^e, XVIII^e, XIX^e et déb. du XX^e s., et collabora à de nombreuses revues (*Propos littéraires*, 1902 - 1909 ; *Propos de théâtre*, 1903 - 1907). Ses qualités de psychologue se remarquent dans *Politiques et Moralistes* (1891 - 1899). Il écrivit en outre des ouvrages de politique théorique : *L'Anticléricalisme* (1906), *Le Socialisme* (1907), *Le Pacifisme* (1908), *Le Féminisme* (1910). [Acad. fr. 1900] ➝ ÉTYM. *Faguet* signifie «celui qui fabrique les fagots».

**FAHD IBN ABD AL-AZIZ** ➝ ÉTYM. de l'ar. *fahd* «léopard», *ibn* «fils de» et *'abd al-'azīz* «serviteur du Tout-Puissant» ♦ (Riyad 1922 - *id.* 2005). Roi d'Arabie Saoudite. Onzième fils d'Ibn Séoud, il accéda au pouvoir en 1982 à la mort de son frère Khaled. Il cumule les fonctions de roi avec celles de Premier ministre. Le plan Fahd adopté par les chefs d'État arabes en 1982 reconnaissait implicitement l'État d'Israël. Il a mis toutes les ressources du royaume au service de la coalition internationale contre l'Irak lors de la guerre du Golfe (1990 - 1991). Son demi-frère, Abdallah*, déjà en charge d'une partie de ses pouvoirs, lui a succédé.

**FAHLSTRÖM (Öjvind)** ♦ Poète et peintre suédois (São Paulo 1928 - Stockholm 1976). Il mena de front avec son métier de peintre ses activités de critique, de journaliste, de poète (il publia en 1953 un *Manifeste de poésie concrète*) et aussi de militant politique. Après l'abstraction de ses débuts, il s'intéressa au surréalisme* et, dans les années 1960 à New York, se rapprocha du pop* art. Il exécuta en 1962 *Sitting*, sa première «peinture variable», suivie de *Planetarium* en 1963 et de *Guerre froide* en 1963 - 1965. Il traita dans ces tableaux composés de découpes mobiles aimantées, des questions politiques les plus graves selon son point de vue personnel, teinté d'ironie. Toute sa vie, il prit part à des manifestations, contre la guerre du Viêtnam notamment, et organisa des «happenings politiques». En 1966, à la Biennale de Venise, il présenta *La Dernière Mission du D^r Schweitzer*, œuvre faite de découpes libérées du support.

**FAHRENHEIT (Daniel Gabriel)** ♦ Physicien allemand (Dantzig 1686 - La Haye 1736). Intéressé depuis 1709 par la thermométrie, constructeur d'aréomètres et de thermomètres, il définit de manière empirique la première échelle thermométrique, encore utilisée de nos jours dans les pays anglo-saxons *(échelle Fahrenheit)*, prenant comme points fixes la température d'un mélange réfrigérant (probablement glace pilée et sel d'ammoniac) et celle du corps humain, l'intervalle étant divisé en 96 degrés. Il fut le premier à utiliser systématiquement le mercure comme liquide thermométrique, et les thermomètres de dimensions réduites qu'il put ainsi réaliser connurent un grand succès. ➝ ÉTYM. Ce nom est la déformation du moyen haut allemand *Vornheit*, de *Vorne*, nom d'un cours d'eau d'Allemagne.

**FAHUD** ♦ Important gisement pétrolier du sultanat d'Oman, situé à quelques kilomètres à l'O. de Nazwa sur un oléoduc de près de 300 km qui relie le gisement de Yibai (à l'O. de Fahud) au port pétrolier de Saih al-Malih à proximité de Mascate.

**FAIDHERBE (Louis Léon César)** ♦ Général et colonisateur français (Lille 1818 - Paris 1889). Il commença sa carrière en Algérie (1842 - 1847, 1849 - 1852) et à la Guadeloupe (1848 - 1849). Envoyé au Sénégal* en 1852, il y fut gouverneur de 1854 à 1865, luttant contre les tribus (Maures, Toucouleurs), annexant le pays des Ouolofs et le Cayor, organisant l'administration et la mise en valeur économique du pays. Gambetta le nomma à la tête de l'armée du Nord en nov. 1870 : il remporta quelques succès, mais fut vaincu à Saint-Quentin. En 1879, il participa à une mission scientifique en Haute-Égypte (*L'Avenir du Sahara et du Soudan*, 1863 ; *Épigraphie phénicienne*, 1873 ; *Le Sénégal*, 1889). ➝ ÉTYM. *Faidherbe* «faix d'herbe», désigne celui qui porte une charge d'herbe.

**FAIK (Sait)** ♦ Écrivain turc (1906 - 1954). Considéré comme l'un des meilleurs nouvellistes de la littérature turque contemporaine, il a écrit *Le Samovar* (1936), *La Citerne* (1939), *Le Pied de la fontaine* (1952) et *Peu sucré* (1954).

**FAIL** [faj] **(Noël DU),** seigneur **DE LA HÉRISSAYE** ♦ Jurisconsulte et conteur français (manoir de Château-Letard, près de Rennes v. 1520 - Rennes 1591). Conseiller au parlement de Rennes, il publia les *Mémoires extraits des plus notables et solennels arrêts du parlement de Bretagne* (1579). Il composa en outre une œuvre gaie où il se montre un habile conteur : *Propos rustiques* (1547). Ce texte, qui évoque la vie champêtre, constitue un témoignage précieux sur les mœurs et la langue rustiques au XVI^e s.

La **Faim** – en norv. ***Sult*** ♦ Roman de Knut Hamsun* (1890). L'auteur y évoque les réactions psychiques et physiologiques que la faim produisait en lui au temps où il avait décidé de vivre de sa plume à Christiania avant son premier départ pour l'Amérique. «Ce qui m'intéresse, c'est l'infinie variété des mouvements de ma petite âme, l'étrangeté originale de ma vie mentale, le mystère des nerfs dans un corps affamé !...», écrivait-il.

**FAIRBANKS (Douglas Ullman,** dit **Douglas)** ➝ ÉTYM. du n. de John *Fairbanks*, premier mari de sa mère ♦ Acteur américain de cinéma (Denver 1883 - Santa Monica 1939). Par le charme d'un sourire irrésistible et la vaillance de ses exploits acrobatiques, il a imposé un type de jeune

Douglas **Fairbanks** dans
*Les Trois Mousquetaires*, film de Fred Niblo, 1921.
*BIS/Phot.© Coll. Archives Larbor*

premier qui fut populaire dans les grandes années du cinéma muet (1920 - 1928). Fondateur, avec Mary Pickford, Charles Chaplin et D. W. Griffith, des Artistes associés (United Artists, 1919).

**FAIRBANKS** ♦ V. des États-Unis (Alaska). 82 840 hab. Université. Seule ville notable de l'intérieur. Terminus de la route de l'Alaska.

**FAIRFAX (Thomas,** 3e baron**)** ♦ Général anglais (Denton, Yorkshire 1612 - Nunappleton 1671). Presbytérien, il combattit les royalistes à Marston Moor (1644) et partagea le commandement avec Cromwell* à la bataille de Naseby* (1645), mais il s'opposa à la condamnation de Charles* Ier et contribua à la restauration de Charles* II. ➝ ÉTYM. Ce nom de famille vient du vieil anglais et signifie «qui a de beaux *(fœger)* cheveux *(feax)*».

**FAISALABAD** – anc. ***Lyallpur*** ♦ V. du N. du Pakistan (Panjab). Env. 2 008 861 hab. Création coloniale sous le nom de Lyallpur, elle doit sa forte croissance actuelle au développement de l'industrie.

**FAISANS** (île des) ou île de la **CONFÉRENCE** ♦ Petite île située au milieu de la Bidassoa*, condominium franco-espagnol. En 1659 y fut signé le traité des Pyrénées* et conclu le mariage de Louis XIV avec Marie-Thérèse.

**FAIVRE (Abel)** ♦ Peintre et caricaturiste français (Lyon 1867 - Nice 1945). Il travailla quelque temps auprès de Renoir mais fut surtout célèbre comme caricaturiste, collaborant notamment aux journaux satiriques (*L'Assiette* au beurre, Le Rire*, etc.).

**FAIZABAD** ♦ V. de l'Inde (Uttar Pradesh), sur la Goghra, affluent du Gange. 208 164 hab. L'agglomération comprend la ville sainte d'Ayodhya.

**FAJANS (Kasimir)** ♦ Physicochimiste américain d'origine polonaise (Varsovie 1887 - Ann Arbor 1975). Il découvrit, en même temps que F. Soddy*, la loi des déplacements radioactifs qui permet de déterminer la position, dans la classification périodique, d'un élément produit par la désintégration α ou β. Ses recherches ultérieures portèrent sur la détermination de la structure de molécules et de cristaux par des méthodes thermodynamiques et réfractométriques.

**FAKHR AL-DĪN II,** francisé en **FICARDIN** ➝ ÉTYM. ar. «honneur de la foi» ♦ Émir druze (1572 - Constantinople 1635). Il devint émir du Liban* à la mort de son père (1585). Il favorisa l'installation des chrétiens dans le sud du pays, encouragea l'agriculture et contribua à faire fortifier et embellir la ville de Beyrouth. La politique d'expansion qu'il pratiqua inquiéta rapidement le sultan turc Ahmed Ier qui fit intervenir contre lui le pacha de Damas. Laissant alors le pouvoir à son fils Ali, il quitta le pays (1613), séjourna plusieurs années auprès des cours d'Europe, en particulier celle des Médicis, sans obtenir toutefois un appui effectif de leur part. Revenu au Liban en 1618, il reprit sa politique, étendit sa principauté de Beyrouth jusqu'au mont Carmel ; mais, vaincu à la bataille de Safad (1633), il fut emmené à Constantinople où il fut décapité.

**FALACHA(S)** ou **FALASHA(S),** n. m. (pl.) ➝ ÉTYM. «exilés» ♦ Population noire d'Éthiopie pratiquant le judaïsme (➝ **Éthiopie**). *Falachas* est considéré comme péjoratif par les juifs éthiopiens qui s'appellent eux-mêmes *Béta Israël* («maison d'Israël»). Ils pratiquent un judaïsme des origines reposant uniquement sur la connaissance de la Torah, de l'Ancien Testament, mais non du Talmud et de la Mishna. Ils observent des interdits alimentaires rigoureux et pratiquent le bain rituel ; leurs villages sont ainsi installés à proximité d'une source d'eau courante. Leurs textes religieux sont écrits en guèze, l'écriture sacrée des coptes éthiopiens. Leur origine remonterait à la destruction du Temple de Jérusalem par Nabuchodonosor (-597). Ils auraient ensuite atteint par le Yémen et la mer Rouge les montagnes du Tigré en Éthiopie (VIe s. env.). Ils se sont alliés et se sont métissés avec les populations locales opposées aux pouvoirs des rois d'Abyssinie mais sont restés fidèles à leurs coutumes. Entre 1984 et 1991, 30 000 d'entre eux (les trois quarts) ont émigré en Israël et renoué avec les traditions modernes du judaïsme.

**FALAISE** [14700] ♦ Ch.-l. de cant. du Calvados, arr. de Caen. 8 434 hab. *(Falaisiens)*. Enceinte du XIIIe s. à 16 tours, château des premiers ducs de Normandie, donjon du XIIe s. Église de la Trinité (XVe - XVIe s.) avec un porche Renaissance. ▪ Indus. diversifiées. ▪ **Histoire** Guillaume le Conquérant naquit dans le château en 1027 (ou 1028) et y séjourna souvent. La ville fut presque totalement détruite en 1944.

**FALCON (Marie Cornélie)** ♦ Cantatrice française (Paris 1814 - *id.* 1897). Soprano dramatique, elle fut, à l'Opéra de Paris, la créatrice de Donna Elvire pour *Don Giovanni* de Mozart, ainsi que de Rachel pour *La Juive* d'Halévy et de Valentine pour *Les Huguenots* de Meyerbeer.

**FALCON** (cap) ♦ Cap d'Algérie, qui ferme à l'O. la rade de Mers el-Kébir.

**FALCONET (Étienne)** ♦ Sculpteur français (Paris 1716 - *id.* 1791). Élève de J.-B. Lemoyne* et admirateur de l'œuvre de Puget*, il fut reçu à l'Académie en 1754 avec un *Milon de Crotone*, baroque par le caractère tourmenté et l'animation des masses. Il eut la faveur de Mme de Pompadour (*La Musique*, 1751 ; *L'Hiver*, 1765), qui lui confia la direction des ateliers de sculpture de la Manufacture de Sèvres (1757 à 1766). Il fournit de nombreux modèles de «biscuits» dont la grâce délicate et sensuelle, parfois maniérée, plut au public. Il triompha avec un *Pygmalion et Galatée* (1763) exécuté dans le même esprit et considéré par Diderot comme un chef-d'œuvre. L'audace de la présentation et la vigueur de l'exécution du *Monument à Pierre le Grand* (1766 - 1778) à Saint-Pétersbourg, commandé par Catherine II, en font son œuvre majeure. En 1761, il publia des *Réflexions sur la sculpture*. ➝ ÉTYM. Ce nom vient du latin *falco, falconis* «faucon» (sobriquet ou surnom d'éleveur).

**FALCONETTI (Renée)** ♦ Comédienne française (Sermano, Corse 1892 - Buenos-Aires 1946). Entrée à l'Odéon en 1916, elle s'illustra dans des rôles tragiques qu'elle tenait avec sobriété. Son unique rôle au cinéma, dans *La Passion* de Jeanne d'Arc* de Dreyer (1928), lui assura une gloire internationale. ➝ ÉTYM. *Falconetti* est un diminutif italien de *Falconet**.

**FALÉMÉ** n. f. ♦ Affl. du Sénégal, né sur le versant N. du Fouta-Djalon, traçant en partie la frontière du Sénégal et du Mali (env. 650 km). La Falémé se jette dans le Sénégal avant Bakel.

**FALÉRIES** – en lat. *Falerii* ♦ V. anc. d'Italie, près de Véies. Centre important de l'Étrurie* méridionale, cap. des Falisques, elle fut prise par Camille* en -396 et détruite par les Romains en -241. *Civita Castellana*, province de Viterbe, se trouve sur son site (vestiges : tombes et temple étrusques).

**FALERNE** ♦ Célèbre vignoble de l'Italie anc. (Campanie), sur le Vulturne.

**FALGUIÈRE (Alexandre)** ♦ Sculpteur et peintre français (Toulouse 1831 - Paris 1900). Il produisit d'abord des sculptures imitées du style florentin, puis exécuta des œuvres monumentales d'une facture académique et froide (sa *République triomphante*, couronnant l'Arc de Triomphe [1881], fut enlevée en 1886). Il sculpta avec un certain réalisme des nus sensuels *(Diane)* et peignit des grandes décorations peu expressives. Ses dessins sont d'une plus grande fermeté de facture. ➝ ÉTYM. Ce nom de famille vient de l'occitan *falguièra* «fougère».

**FALIERO (Marino)** ♦ Doge de Venise (v. 1274 - Venise 1355). Il fut président du Conseil des Dix* (1320 - 1327). Élu doge en 1354, il fomenta, avec l'aide du peuple, une insurrection contre le gouvernement des patriciens, mais fut arrêté et exécuté. ▪ Sa destinée héroïque a inspiré Byron (1820), Hoffmann (1821), Casimir Delavigne (1829), Swinburne (1885).

**FALK (Adalbert)** ♦ Homme politique allemand (Metschkau, Silésie 1827 - Hamm 1900). Il appliqua le *Kulturkampf* de Bismarck, en tant que ministre de l'Instruction publique et des Affaires ecclésiastiques (1872), et fut notamment l'auteur des «lois de mai». Il se retira, en 1879, quand Bismarck changea de politique.

**FALKBERGET (Johan)** ♦ Romancier norvégien (Røros 1879 - *id.* 1967). Après avoir été lui-même ouvrier mineur, il s'attaqua aux problèmes sociaux de son temps soit à travers des romans historiques tels que *Christianus Sextus* (1927 - 1935) sur les mineurs de Røros au XVIIIe s., soit à travers des romans décrivant les travailleurs des villes ou de la campagne à son époque, tel le cycle romanesque *Le Pain de la nuit* (1940 - 1961).

**FALKENHAYN (Erich von)** ♦ Général allemand (Burg Belchau, Graudenz 1861 - Château de Linstedt, près de Potsdam 1922). Ministre de la Guerre de Prusse en 1913, il fut après la défaite de la Marne le successeur de Moltke comme chef du grand état-major général (sept. 1914-août 1916). Son échec à Verdun amena sa démission et son remplacement par Hindenburg*. Il commanda alors l'armée austro-allemande qui envahit la Roumanie (1916) puis commanda en Palestine (1917 - 1918). → **Guerre mondiale (Première).**

**FALKIRK** ♦ V. d'Écosse, dans les Lowlands, au S. du Firth of Forth, à mi-distance de Glasgow et d'Édimbourg, ch.-l. de district. 145 270 hab. Centre indus. (aluminium, électronique). ▮ **Histoire** Victoire d'Édouard Ier sur les troupes écossaises de William Wallace (1298).

**FALKLAND (Lucius Cary,** vicomte) ♦ (Burford, Oxfordshire v. 1610 - Newbury 1643). Homme politique anglais. Élu membre du Court Parlement* en 1638 puis réélu au Long Parlement, il se rangea dans l'opposition contre la politique de Strafford et de Laud, puis se sépara des parlementaires pour chercher un compromis avec Charles Ier. Nommé à la secrétairerie d'État en 1642, il tenta de réconcilier les partis opposés et fut tué à la bataille de Newbury.

**FALKLAND** (îles) → **Malouines (îles)**

**FALLA (Manuel DE)** ♦ Compositeur espagnol (Cadix 1876 - Alta Gracia, Argentine 1946). Élève de Pedrell, à Madrid, il composa d'abord des zarzuelas, mais il fit ses véritables débuts avec un opéra, *La Vie brève* (1905), représenté à Paris en 1913, puis à Madrid en 1915. Son séjour à Paris (1907 - 1914) devait lui permettre de rencontrer Debussy, Ravel, Dukas et Albeniz et, se liant d'amitié avec eux, de subir leur influence. Artiste raffiné, soucieux de perfection et d'équilibre, Falla mûrit alors les œuvres qui allaient bientôt le consacrer comme l'un des musiciens les plus représentatifs de son temps. Il composa successivement les sept *Chansons populaires* (1914), *L'Amour* sorcier* (1915), ballet, *Nuits dans les jardins d'Espagne* (1916), pour piano et orchestre, *Le Tricorne* (1919), ballet, et ces œuvres, nourries d'inspiration populaire, constituent aussi l'affirmation d'une personnalité singulière, à la fois pudique et conquérante. ▪ De retour dans son pays, Manuel de Falla composa encore l'adaptation, haute en couleur, d'un passage de *Don Quichotte, Le Retable de maître Pierre* (1923) et un *Concerto* pour clavecin et cinq instruments (1926), hommage rendu à la musique espagnole du XVIIIe s., aux étonnantes hardiesses de langage. Il entreprit enfin la composition d'une œuvre qu'il ne devait pas achever, *L'Atlantide*. Réduit au silence, tant par la maladie que par un souci d'exigence de nature mystique, le musicien quitta son pays après la guerre civile pour s'établir en Argentine.

**FALLADA (Rudolf DITZEN, dit Hans)** ♦ Écrivain allemand (Greifswald, Mecklembourg 1893 - Berlin 1947). Expressionniste dans ses premiers ouvrages, il donna ensuite plusieurs romans «sociaux» de style naturaliste : *Paysans, Bonzes et Bombes* (1931, sur les révoltes paysannes lors de la crise économique de 1928 - 1929), *Et maintenant mon bonhomme ?* (1932, sur la vie des petites gens de Berlin). Après le régime nazi et la guerre au cours desquels il vécut retiré, Fallada publia un récit évoquant la résistance d'une famille allemande au nazisme, *Seul dans Berlin* (1947).

**FALLET (René)** ♦ Romancier français (Villeneuve-Saint-Georges 1927 - Paris 1983). Chroniqueur et critique, il obtint en 1950 le Prix populiste pour *Banlieue sud-est* (1947), *La Fleur et la Souris* (1948) et *Pigalle* (1949). Un univers populaire et truculent, une cocasserie fondée sur l'observation des milieux, le sens de l'atmosphère et la générosité firent des récits de Fallet un matériel de choix pour le cinéma : *Porte des Lilas* de René Clair, adaptation de *La Grande Ceinture* (1956), *Le Triporteur* (1951), *Les Vieux de la vieille* (1958), *La Soupe aux choux* (1980). ➝ **ÉTYM.** *Fallet* vient du haut allemand *fala* «fauve, blond», sobriquet d'après la couleur des cheveux.

**FALLIÈRES (Armand)** ♦ Homme d'État français (Mézin, Lot-et-Garonne 1841 - *id.* 1931). Député de la gauche républicaine en 1876, président du Conseil (janv.-fév. 1883), il fut nommé plusieurs fois ministre de 1882 à 1892. Président du Sénat (1899), il fut élu comme candidat de la gauche à la présidence de la République (1906 - 1913), mais ne joua qu'un rôle politique assez effacé. Il fut remplacé par Poincaré. ➝ **ÉTYM.** *Fallières* a la même étymologie que *Falguière**.

**FALL LINE** n. f. ➝ **ÉTYM.** angl. «ligne de chute» ♦ Ligne de faille qui termine à l'E. le Piedmont des Appalaches*, dans l'E. des États-Unis ; elle est jalonnée par les rapides et les cascades des fleuves côtiers qui coulent vers l'Atlantique (énergie hydroélectrique).

**FALLOPE (Gabriel)** – en it. ***Falloppia*** ou ***Falloppio*** ♦ Chirurgien et anatomiste italien (Modène 1523 - Padoue 1562). Élève de Vésale* et maître de F. d'Acquapendente*, on lui doit de nombreuses découvertes anatomiques : l'*aqueduc de Fallope* (qui livre le passage dans le rocher à une partie du nerf facial), le *ligament de Fallope* (inséré à l'épine iliaque et à l'épine du pubis), les *trompes de Fallope* (qui conduisent les ovules de l'ovaire à l'utérus). Il fit particulièrement progresser l'ostéologie.

**FALLOT (Étienne Louis Arthur)** ♦ Médecin français (Marseille 1850 - 1911). Il donna son nom à plusieurs types de malformations cardiaques, dont celle qui constitue la base anatomique la plus courante de la maladie bleue ou cyanose congénitale (*tétrade* ou *tétralogie de Fallot*).

**FALLOUJAH** ➝ **ÉTYM.** de l'assyrien *Pallugtha* «division» ♦ V. d'Irak, située sur la rive g. de l'Euphrate, à l'O. de Bagdad. 300 000 hab. Carrefour routier entre Bagdad et la Jordanie. Centre intellectuel sunnite important appelé la «cité des mosquées» en raison du grand nombre d'édifices religieux. En 2004, des combats très violents opposèrent des rebelles sunnites (anciens soldats de Saddam Hussein ou membres de milices religieuses extrémistes) aux forces américaines qui s'emparèrent de la ville au terme d'un siège de plusieurs mois.

**FALLOUX (Frédéric Albert,** comte **DE)** ♦ Homme politique français (Angers 1811 - *id.* 1886). Député en 1846, il fut également élu à l'Assemblée constituante après la révolution de février 1848. Après avoir contribué à la fermeture des Ateliers nationaux, il soutint la candidature de Louis Napoléon Bonaparte à la présidence de la République. Nommé ministre de l'Instruction publique (1848 - 1849), il élabora le projet de loi sur la liberté de l'enseignement, projet qui, voté le 15 mars 1850, favorisait l'enseignement confessionnel. La *loi Falloux* fut plusieurs fois modifiée : affirmation de la laïcité de l'enseignement primaire public (1882, 1886), interdiction de l'enseignement congréganiste (1901, 1902, 1904), réforme du financement des écoles privées par des aides publiques (1994). Élu député à l'Assemblée législative (mai 1849), Falloux devait s'opposer à la politique du prince-président. Il fut arrêté lors du coup d'État du 2 décembre* 1851. Sous le Second Empire, il collabora au journal de tendance catholique libérale *Le Correspondant*, et, après l'abdication de Napoléon III, travailla au rapprochement des légitimistes et des orléanistes dans l'espoir d'une restauration de la monarchie. Il est l'auteur de *Mémoires d'un royaliste* (1888). [Acad. fr. 1856] ➝ **ÉTYM.** Ce nom de famille vient peut-être de l'ancien français *fallot* «plaisant, grotesque».

**FALL RIVER** ♦ V. des États-Unis (Massachusetts) dans la zone urbaine de Providence. 93 000 hab. Indus. textiles. Sidérurgie.

**FALMOUTH** ♦ V. d'Angleterre (Cornouailles), sur la Manche. 16 000 hab. Station balnéaire et port de plaisance.

**FALRET (Jean-Pierre)** ♦ Médecin français (Marcilhac, Lot 1794 - *id.* 1870). Élève d'Esquirol*, il fut un partisan de l'origine lésionnelle de la folie. Il étudia les alternances de manie et de mélancolie (sous le nom de «folie circulaire»), la folie du doute, l'hypocondrie et le suicide.

**FALSTAFF** ➝ **ÉTYM.** du vx norv. *Fastúlfr*, de *fast* «ferme, solide» et *úlfr* «loup» ♦ Personnage de W. Shakespeare*, ivrogne cynique et bouffon, l'une des figures les plus truculentes de son théâtre, par l'énormité de sa vantardise et de sa poltronnerie, et l'une des plus significatives par sa lucidité amère. Empruntant son nom à Fastolf*, il apparaît dans *Henri* IV* (au lieu du nom de sir John Oldcastle employé dans la première version) et dans *Les Joyeuses* Commères de Windsor*. Il a été porté à l'écran par Orson Welles*. ▮ **Falstaff** Comédie lyrique de G. Verdi* sur un livret d'A. Boito*, d'après Shakespeare, créée en 1893 à la Scala de Milan. Dans son dernier ouvrage, Verdi, poursuivant sur un mode bouffe l'expérience d'*Othello**, écrit l'une des œuvres les plus étincelantes de tout le répertoire et donne la toute première «conversation en musique» (E. Hanslick*).

**FALSTER** ♦ Île du Danemark, dans la Baltique, entre les îles de Lolland à l'O. et de Møn à l'E. Deux ponts la relient aux îles de Lolland et de Sjælland. 514 km². 44 266 hab. V. princ. : Nykøbing Falster. ▪ De relief assez plat et de sol fertile, elle produit des céréales et des fruits. Gros bétail.

**FALTINGS (Gerd)** ♦ Mathématicien allemand (Gelsenkirchen-Buer 1954). On lui doit notamment la résolution du problème concernant la finitude du nombre de solutions entières d'un certain type d'équations algébriques de degré supérieur à 3 (conjecture de Mordell). Ce résultat, qui insère le problème de Fermat* dans un contexte géométrique, est considéré comme une étape essentielle de sa solution. [Médaille Fields 1986]

**FALUN** ♦ V. de Suède centrale, près du lac Runn, au N.-O. de Stockholm. ch.-l. du comté de Kopparberg. 55 267 hab. Ville touristique. Centre de services et d'industries. Anc. mines de cuivre.

**FAMAGOUSTE** – en gr. mod. ***Ammokhôstos***, en turc *Magosa* ♦ V. et port de l'E. de Chypre, située en zone occupée et repeuplée par les Turcs. 37 738 hab. Églises gothiques, dont la cathédrale Saint-Nicolas (1290 - 1315). ▪ Exportation d'agrumes. ▮ **Histoire** Après le règne des Lusignan*, Famagouste fut occupée par les Vénitiens puis prise par les Ottomans en 1571.

**FAMECK** [57290] ➝ **ÉTYM.** du germ. *Folmar*, n. de pers., et *maker* «ruines» ♦ Ch.-l. de cant. de la Moselle, arr. de Thionville-Ouest. 12 635 hab.

**Famille (pacte de)** ♦ Traité conclu par les Bourbons de France, d'Espagne, de Parme et de Naples (1761) pendant la guerre de Sept* Ans. Choiseul* en fut l'artisan. Le traité freina l'expansion britannique, mais obligea la France à céder la Louisiane à l'Espagne, en compensation de la perte de la Floride, prise par la Grande-Bretagne (traité de Paris, 1763).

**Famine (pacte de)** ♦ Contrat que la rumeur publique accusa Louis XV et Terray* d'avoir conclu, en 1765, avec les négociants, lors de la fondation du monopole royal sur les grains ; ils auraient agi dans le but d'accaparer les grains et de provoquer ainsi une hausse.

**FANFANI (Amintore)** ♦ Homme politique italien (Pieve Santo Stefano, Arezzo 1908 - Rome 1999). Secrétaire général de la Démocratie chrétienne (1954 - 1959), il a été plusieurs fois ministre, dirigea le gouvernement de 1958 à 1959 et, de nouveau, de 1960 à 1963, tentant alors une ouverture à gauche (notamment avec les socialistes). Ministre des Affaires étrangères (1965 - 1968), ferme partisan de l'Alliance atlantique et de la Communauté européenne, il n'en fut pas moins l'un des pionniers de la politique de détente avec l'Est. Élu président du Sénat (1968), il démissionna pour redevenir secrétaire général de la Démocratie chrétienne (1973), mais revint à la présidence du Sénat après les élections de 1976. Premier ministre de nov. 1982 à juin 1983 et en 1987, il fut ministre de l'Intérieur (1987 - 1988) puis du Budget (1988 - 1989).

**FANFAN LA TULIPE** ♦ Type du soldat français, gai et insouciant, se battant pour la gloire et les femmes (le surnom était répandu dans les armées des XVII^e et XVIII^e s.). Il fut le héros d'une chanson populaire d'Émile Debraux (1819), écrite sur un air beaucoup plus ancien, et de plusieurs pièces de théâtre et films. ♦ ***Fanfan la Tulipe*** Film français de Christian*-Jaque (1952), avec Gérard Philipe et Gina Lollobrigida. Le scénario de René Fallet et les dialogues d'Henri Jeanson valurent à ce film un succès populaire de bon aloi. ▪ Une première version cinématographique avait été réalisée au temps du «muet» par le Français René Leprince.

**FANGATAUFA** → **Tuamotu (îles)**

**FANGEN (Ronald)** ♦ Romancier, essayiste et auteur dramatique norvégien (Kragerø 1895 - Fornebu, près d'Oslo 1946). Il fonda en 1923 la revue *Vår Verden* («Notre monde») dans laquelle il exprima sa foi dans les valeurs traditionnelles, s'opposant par là au groupe de la revue *Mot Dag*. Il subit lui aussi l'influence de Freud*. Dans ses drames, il s'attaqua surtout à des problèmes moraux : *La Chute dans le péché* (1920), *L'Ennemi* (1922), *Le Jour promis* (1926). Puis, dans des romans pleins de poésie, il évolua vers le christianisme, exaltant la volonté et la responsabilité : *Éric* (1931), *Duel* (1932), *La Voie d'une femme* (1933), *À même le fond* (1936), *Un ange de lumière* (1945).

**FANGIO (Juan Manuel)** ♦ Coureur automobile argentin (Balcarce, Argentine 1911 - Buenos Aires 1995). Il devint champion d'Argentine en 1934 et remporta cinq fois le titre de champion du monde des conducteurs (1951, 1954, 1955, 1956 et 1957). Alliant une science du pilotage proverbiale à un remarquable sang-froid, il fut l'une des plus prestigieuses figures de la course automobile.

**FANGS, FANS** ou **PAHOUINS** n. m. pl. ♦ Population du Gabon, de la partie méridionale du Cameroun et du M'Bini ayant atteint la zone côtière à la fin du XIX^e s. La civilisation fang est notamment remarquable par ses sculptures de têtes et ses statuettes funéraires en bois dur.

**FA NGUM** ♦ Premier souverain du Laos (1316 - 1374). Fils d'un prince exilé au Cambodge, il reconquit et agrandit le domaine familial, créant en 1353 le royaume du Lan Xang (→ **Laos**) et installant sa capitale à Luang Prabang. Devenu autoritaire et débauché, il fut déposé en 1373.

**FANJEAUX** [11270] ▸ ÉTYM. lat. «temple *(fanum)* de Jupiter *(Jovis)*» ♦ Ch.-l. de cant. de l'Aude, arr. de Carcassonne, aux confins du Languedoc. 770 hab. *(Fanjuvéens)*. Église du XIII^e s. (trésor). ▪ À proximité s'élèvent le monastère des dominicaines et la basilique Notre-Dame de Prouille.

**FAN Kuan** ou **FAN K'ouan** ♦ Peintre chinois (Huayuan, Shaanxi, v. 950 - apr. 1025). Il fut, avec Li* Cheng, l'un des deux grands maîtres du début des Song du Nord. Il excella dans l'exécution de paysages enneigés, compositions majestueuses aux profondeurs et perspectives inégalées.

**FANØ** ♦ Île du Danemark, à l'O. du Jutland, dans l'archipel Frison septentrional. 3 170 hab. V. PRINC. : Nordby. Stations balnéaires.

**FANON (Frantz)** ♦ Psychiatre et théoricien politique français (Fort-de-France 1925 - Bethesda, Maryland 1961). Médecin-chef de l'hôpital psychiatrique de Blida (1953 - 1957) en Algérie, il étudia chez les autochtones les phénomènes de dépersonnalisation propres à la situation coloniale. Dès cette époque, il prit position pour la révolution algérienne. Expulsé d'Algérie, il poursuivit à Tunis son activité médicale et politique, et fut représentant diplomatique du gouvernement provisoire de la République algérienne (GPRA). Ses analyses sociologiques et politiques du colonialisme et des dangers du néocolonialisme mettent l'accent sur la lutte de libération de toute l'Afrique, et sur la spécificité de la révolution des pays du tiers-monde. Œuv. princ. : *Peau noire, masques blancs* (1952), *L'An V de la révolution algérienne* (1959), *Les Damnés de la terre* (1961), *Pour la révolution africaine* (1969). ▸ ÉTYM. *Fanon* a désigné en moyen français la pièce d'étoffe accrochée au bout d'une lance, surnom de porteur.

***Fantasio*** ♦ Comédie en 2 actes, en prose, d'Alfred de Musset* (1834). Pour échapper aux poursuites d'un créancier, le jeune Fantasio a pris le déguisement d'un fou, à la cour du roi de Bavière. Le sentiment qu'il inspire à la princesse Elsbeth, qu'il sauve d'un désastreux mariage avec le grotesque prince de Mantoue, ne le guérit pas lui-même de sa lassitude de vivre et de sa mélancolie.

**FANTE (John)** ♦ Romancier américain (Boulder 1909 - Malibu 1983). Plusieurs de ses romans, d'inspiration autobiographique, mettent en scène le fils d'un immigré italien, Arturo Bandini, (*Bandini*, 1938 ; *Demande à la poussière*, 1939 ; *Le Vin de la jeunesse*, 1980). Un humour sans concession caractérise l'ensemble d'une œuvre qui reste l'un des meilleurs témoignages sur l'Amérique contemporaine (*Les Compagnons de la Grappe*, 1977 ; *Mon chien stupide*, posth. 1985). Il fut également scénariste pour le cinéma, expérience qu'il évoque dans *Rêves de Bunker Hill* (1982).

**FANTIN-LATOUR (Henri)** ♦ Peintre, pastelliste, dessinateur et lithographe français (Grenoble 1836 - Buré, Orne 1904). Il travailla dans l'atelier de Boisbaudran puis passa dans celui de Courbet*. Dans ses natures mortes et bouquets de fleurs, peints avec une grande maîtrise technique et fort appréciés par sa clientèle bourgeoise, l'influence du naturalisme est tempérée par les références aux maîtres du passé. Ami des impressionnistes et surtout de Manet*, Whistler* et Degas*, il subit assez superficiellement leur influence. Dans de grands portraits collectifs empreints d'une certaine froideur, il rendit hommage aux artistes de son époque (*Hommage à Delacroix*, 1864 ; *Un atelier aux Batignolles*, 1870 ; *Un coin de table*, 1872). Ses dessins et lithographies inspirés d'œuvres musicales révèlent des préoccupations symbolistes (*Tannhäuser*, 1886 ; *L'Or du Rhin*, 1888). ▪ *Autre illustration :* → **Rimbaud.**

Henri **Fantin-Latour.** *Fleurs et Fruits* (64 × 57 cm). Musée d'Orsay, Paris.
*Phot. © Arch. Nathan*

**FANTÔMAS** ♦ Personnage de roman créé par PIERRE SOUVESTRE (1874 - 1914) et Marcel Allain*. Masqué, en frac et haut-de-forme, il sème l'épouvante sur les nuits de Paris. Nul ne peut résister à «l'empereur du crime», ni le journaliste Fandor ni l'inspecteur Juve. Après les 32 volumes qui marquèrent la collaboration de Souvestre et Allain (1911 - 1913), 12 autres titres furent encore rédigés par Allain seul. Mais le sens du personnage évolua vers la glorification du nationalisme. ▪ Louis Feuillade adapta au cinéma cinq épisodes de cette série en 1913 et 1914 : *Fantômas, Juve contre Fantômas, Le Mort qui tue, Fantômas contre Fantômas, Le Faux Magistrat.*

**FAO** – en ar. *al-Fā'u* ♦ V. d'Irak, à l'embouchure du Chatt al-Arab, sur le golfe Arabo-Persique. Saline. Port d'exportation des pétroles du Sud irakien (Narhr Umr, Zubayr, Rumayla, Rashi) ainsi que des dattes des palmeraies du Chatt al-Arab. ▪ Fao fut partiellement détruite lors de la guerre entre l'Irak et l'Iran (1980 - 1988) et occupée par l'Iran de 1986 à 1988. Entièrement reconstruite en 1990, elle a été endommagée lors de la guerre du Golfe en 1991.

**FAO** n. f. → **Food and Agriculture Organization**

**FAOU (LE)** [ləfu] [29142] ▸ ÉTYM. du bret. *fao* «hêtre» ♦ Ch.-l. de cant. du Finistère, arr. de Châteaulin, sur la riv. du Faou, au fond de la rade de Brest. 1 571 hab. *(Faouistes)*. Église du XVI^e s. ; maisons anc. ▪ Port de pêche.

**FAOUËT (LE)** [ləfawɛt] [56320] ▸ ÉTYM. du bret. *faout* «bois de hêtre» ♦ Ch.-l. de cant. du Morbihan, arr. de Pontivy. 2 806 hab. *(Faouëtais)*. Halles du XVI^e s. ▪ Tourisme. ▪ Aux environs, chapelle Sainte-Barbe (pardons), chapelle Saint-Fiacre et chapelle Saint-Nicolas de style gothique flamboyant (les deux dernières possèdent de beaux jubés).

**Fantômas.** *Fantômas ou le Retour de flamme,* peinture de Magritte (1943). Coll. part.
*Phot. © Photothèque René Magritte/Giraudon*

**FĀRĀBĪ (Abū Naṣr Muḥammad ibn Muḥammad ibn Ṭarkhān ibn Uzalagh AL-),** dit en Europe **Alfarabius** ♦ Philosophe et mystique arabo-islamique originaire du Turkestan occidental (près de Fārāb 872 - Damas 950). Il vécut à Bagdad. Maître d'Avicenne*, grand commentateur d'Aristote, il tenta d'accorder sa philosophie avec celle de Platon *(L'Accord entre les doctrines des deux sages : Platon et Aristote).* Il est également l'auteur de traités de philosophie politique (*Livre du gouvernement de la cité,* où il cherche à déterminer quelle est la meilleure organisation politique ; commentaire sur *Les Lois** de Platon) et d'un ouvrage d'inspiration mystique *(Gemmes de la sagesse).* Al-Fārābī voulait appuyer la foi religieuse sur la raison.

**FARADAY** [faʀadɛ] **(Michael)** ♦ Physicien et chimiste britannique (Newington, Surrey, auj. Southwark 1791 - Hampton Court 1867). On lui doit la mise en évidence de l'essentiel des propriétés magnétiques des courants électriques. À la suite des travaux d'Ørsted* et d'Ampère*, il étudia le comportement d'un courant dans un champ magnétique et s'aperçut que celui-ci peut produire du travail, découvrant le principe du moteur électrique. Il découvrit ensuite (1831) l'induction électromagnétique et donc la transformation du travail mécanique en énergie électrique, inventant ainsi la génératrice de courant. Il est également l'auteur de la théorie fondamentale de l'électrolyse (il nomma le phénomène, ainsi que les ions et les électrodes). Il établit (1833) la relation existant entre la quantité d'électricité qui traverse un électrolyte et la masse du corps décomposé. Il découvrit en outre le concept du diélectrique et le diamagnétisme et, en électrostatique, montra qu'un conducteur creux constitue un écran pour les forces électriques *(cage de Faraday),* étudia le dispositif appelé *cylindre de Faraday* et vérifia la loi de conservation de charge. ➝ **ÉTYM.** *Faraday* est probablement de même origine que l'anglais *Ferrer* «forgeron ; maréchal-ferrant».

**FARADOFAY** – anc. ***Fort-Dauphin*** ♦ V. de Madagascar, à l'extrémité sud-orientale de l'île. Port. Huilerie de ricin. Traitement du sisal. ▪ Un établissement français y fut fondé en 1653.

**FARAH (Nuruddin)** ♦ Écrivain somalien de langue anglaise (Baidoa 1945). Dans les années 1970, il participa à la transcription du somali, jusque-là langue orale, en alphabet latin. Un an après la prise du pouvoir par Siyad Barré, il publia *From a Crooked Rib* (1970), mais c'est *L'Aiguille nue* (1976) qui lui valut les foudres du régime et un exil assorti d'une condamnation à mort par contumace. Cet écrivain de l'exil n'a de cesse de dénoncer la dictature et de revendiquer l'égalité des sexes, une gageure dans un pays où les droits des femmes sont particulièrement malmenés (*Variation sur le thème d'une dictature africaine,* trilogie, 1980-1983).

**FARAZDAQ (AL-)** ♦ Poète arabe (Yamana, Arabie Saoudite v. 640 - Bassora 728). Connu par ses démêlés bruyants avec son confrère Jarīr* et sa vie dépravée, il fut un satirique d'un cynisme impitoyable. Malgré ses expressions ordurières et grossières, il est apprécié à cause de l'immense richesse de son vocabulaire.

**FARCIENNES** ♦ Comm. de Belgique (Région wallonne), prov. de Hainaut, arr. de Charleroi, sur la Sambre. 11 071 hab. Anc. charbonnage du Roton, dernier charbonnage wallon à avoir cessé son activité.

**FARÉBERSVILLER** [57450] ➝ **ÉTYM.** «domaine (bas lat. *villare*) de *Faraberht* (n. de pers. germ.)» ♦ Comm. de la Moselle, arr. de Forbach. 6 876 hab. (aggl. 9 008) *(Farébersvillois).*

**FAREHAM** ♦ V. d'Angleterre (Hampshire) sur la Wallington, entre Portsmouth et Southampton. 87 000 hab. Centre indus. bénéficiant de la croissance globale de la région.

**FAREL (Guillaume)** ♦ Réformateur religieux français (Les Fareaux, Gap 1489 - Neuchâtel 1565). Après avoir été disciple de Lefèvre d'Étaples, il adhéra aux doctrines de la Réforme et dut se réfugier à Bâle, puis à Strasbourg où il retrouva Lefèvre* d'Étaples. Ayant regagné la Suisse, il fut influencé par les idées du réformateur Zwingli*. C'est lui qui fit adopter la Réforme à Genève, avec Calvin* qu'il y avait fait venir, et à Neuchâtel où il se retira.

**FARE-LES-OLIVIERS (LA)** [13580] ➝ **ÉTYM.** de l'occit. °*fara* «habitation des ancêtres, ruines d'habitations anciennes» ♦ Comm. des Bouches-du-Rhône, arr. d'Aix-en-Provence. 6 334 hab.

**FAREMOUTIERS** [77515] ➝ **ÉTYM.** anc. en lat. *Farae monasterium* «monastère *(monasterium)* de Fara (fondatrice du couvent)» ♦ Comm. de la Seine-et-Marne, arr. de Meaux. 2 287 hab. *(Faremontais).* Abbaye de femmes fondée au VIIe s., détruite en 1792, restaurée en 1931. Elle abrite aujourd'hui une communauté de bénédictines.

**FARET (Nicolas)** ♦ Poète et moraliste français (Bourg-en-Bresse, v. 1596 - Paris 1646). Protégé par Richelieu, il participa aux réunions littéraires chez Conrart et aida à fixer les statuts de l'Académie française dont il fut membre. On lui doit surtout *L'Honnête Homme ou l'Art de plaire à la cour* (1630), traité du comportement dans le monde.

**FAREWELL** (cap) ➝ **ÉTYM.** angl. «adieu» ♦ Cap à l'extrémité S. du Groenland*.

**FARGHĀNĪ (Muḥammad** ou **Aḥmad ibn Kathīr AL-)** ou **Alfraganus** ♦ Astronome arabe (dans le Fargāna IXe s.). Il est l'auteur du *Livre de la science des étoiles et des mouvements célestes,* des *Éléments* d'astronomie comportant des tables, et on lui doit probablement la première notion de la tangente.

**FARGUE (Léon-Paul)** ♦ Poète français (Paris 1876 - *id.* 1947). Disciple de Mallarmé, il a recueilli la leçon de Verlaine, de Jammes et de Laforgue, confiant au poème en prose ou en vers libres le soin d'exprimer, avec un lyrisme contenu, sa fantaisie, sa fidélité au souvenir, sa mélancolie (*Tancrède,* 1895 ; *Poèmes,* 1912 ; *Pour la musique,* 1914). Aussi éloigné de la recherche surréaliste que de l'engagement révolutionnaire, indifférent à la métaphysique, cet ami de Larbaud* et de Valéry*, avec lesquels il fonda la revue *Commerce* (1923), a revendiqué avec éclat, pour le poète, le droit à la solitude. Maître d'une langue riche en images insolites et en trouvailles cocasses, il a célébré sa ville natale avec une tendre ferveur (*D'après Paris,* 1932 ; *Le Piéton de Paris,* 1939) et évoqué, dans de brillantes chroniques, la société parisienne, ses artistes et ses artisans, des premières années du siècle à l'après-guerre de 1945 (*Haute solitude,* 1941 ; *Refuges,* 1942 ; *Lanterne magique,* 1944 ; *Méandres,* 1947 ; *Portraits de famille,* 1947). ➝ **ÉTYM.** Ce nom est une variante méridionale de *Farge* «forge».

**FARIA (José Custódio DE)** ♦ Magnétiseur portugais (Goa, Indes portugaises, v. 1756 - Paris 1819). Ordonné prêtre à Rome, il vint à Paris où il participa à la Révolution puis acquit une certaine réputation comme magnétiseur, soutenant une théorie psychologique de l'hypnose. Il a inspiré à Alexandre Dumas un des personnages du *Comte de Monte-Cristo.*

**FARIDABAD** ♦ V. de l'Inde (Haryana). 1 054 981 hab. Le «complexe de Faridabad» réunit des villes en croissance rapide du fait de leurs situations géographiques à proximité du district fédéral de Delhi. Industries modernes.

**FARINA (Giovanni Maria** dit en fr. **Jean-Marie)** ♦ Chimiste et négociant italien (Crana, prov. de Novare 1685 - Cologne 1766). Venu habiter Cologne, il fabriqua l'*eau de Cologne* (1709) selon une recette que lui aurait fournie Gian Paolo Feminis, marchand ambulant. ➝ **ÉTYM.** Ce nom italien signifie «farine (surnom de boulanger)».

**FARINELLI (Carlo BROSCHI, dit)** ➝ **ÉTYM.** du n. de ses bienfaiteurs, les frères *Farina* ♦ Chanteur italien (Naples 1705 - Bologne 1782). Il fut l'un des castrats qui remportèrent le plus de succès. Il se produisit dans toute l'Europe (1732 - 1737) et s'établit ensuite à Madrid, à la cour de Philippe V, où, grâce à la faveur de la reine, il exerça une grande influence et fut nommé chancelier de Calatrava. Il se fixa à Bologne à la mort de Ferdinand VI.

**Farines (guerre des)** ♦ Nom donné à l'agitation populaire (mai 1775 à Paris, Versailles, Dijon, Pontoise) qui suivit la promulgation de l'édit de Turgot* du 13 sept. 1774 établissant la liberté du commerce des grains. Ces troubles, qui coïncidèrent avec une mauvaise récolte, ont sans doute été fomentés par des monopoleurs opposés aux réformes. Mais, Turgot ne cédant pas, son édit fut appliqué avec rigueur.

**FARLÈDE (LA)** [83210] ➝ **ÉTYM.** de l'occit. *ferleda* «endroit couvert de férules [plante]» ♦ Comm. du Var, arr. de Toulon. 6 877 hab.

**FARMAN** (les frères) ♦ Aviateurs et constructeurs d'avions français. ♦ **Henri Farman** (Paris 1874 - *id.* 1958). Le premier à réussir en Europe un circuit aérien fermé de 1 km (Issy-les-Moulineaux, 1908), il effectua le premier vol avec passager (28 mars 1908), le premier vol de ville à ville (Bouy-Reims, 30 oct. 1908) et détint des records de vitesse et d'altitude (1910). Il fonda la première école de pilotage sans visibilité (Toussus-le-Noble, 1911), l'une des premières compagnies de navigation aérienne ouvertes aux passagers

(1919) et une entreprise de construction aéronautique. ♦ **Maurice Farman** (Paris 1877 - *id.* 1964). Promoteur du tourisme aérien, il conçut un type d'avion biplan avec lequel Eugène Renaux put atterrir sur le Puy de Dôme (1910).

**FARNBOROUGH** ♦ V. d'Angleterre (Hampshire), au S.-O. de Londres. 45 000 hab. Tombeaux de Napoléon III et de l'impératrice Eugénie. Importantes manifestations aéronautiques.

**FARNÈSE** – en it. *Farnese* ♦ Maison princière, connue dès le XII^e s. et originaire des environs d'Orvieto, qui détint les duchés de Parme et de Plaisance de 1545 à 1731. Elle avait établi sa puissance grâce au pape Paul* III (Alessandro Farnèse). ♦ **Pierre-Louis Farnèse**, en it. **Pier Luigi Farnese** (v. 1503 - Plaisance 1547). Fils de Paul III, il reçut de lui ses duchés et fut poignardé à la suite de troubles encouragés par Charles* Quint. ♦ **Ottavio Farnese** (1524 - 1586). Fils du précédent, marié à Marguerite* d'Autriche, il fut cependant un adversaire de Charles Quint et eut pour fils Alexandre Farnèse (→ **Alexandre Farnèse**). ♦ **Elisabetta Farnese** (→ **Élisabeth Farnèse**). Elle fut la nièce du dernier duc. ◆ **ÉTYM.** *Farnese* vient de l'ancien nom du château de *Castrum Farneti*, près du lac de Bolsena.

**Farnèse** (palais) ♦ Palais élevé à Rome pour le cardinal Alessandro Farnese, plus tard Paul III, par Antonio da Sangallo le Jeune (à partir de 1517 ?). Il fut achevé par Michel-Ange qui réalisa (à partir de 1546) la grande fenêtre à colonnes (façade), la corniche, la grande salle (angle gauche) et son vestibule, la frise en travertin (1^er étage de la cour), le 2^e étage de la cour. ▪ Siège de l'ambassade de France auprès de la République italienne.

**Farnésine** (villa) ♦ Villa construite à Rome en 1508 - 1511 par B. Peruzzi pour le banquier Agostino Chigi. Peintures de Raphaël, Jules Romain, Sebastiano del Piombo, le Sodoma. Elle passa aux Farnèse en 1580. Actuellement siège de l'Académie dei Lincei. ▪ Le palais moderne, résidence du ministère des Affaires étrangères, sert à le désigner, ainsi que la diplomatie italienne *(la Farnésine)*.

**FARO** ♦ V. du Portugal, cap. de la région de l'Algarve et ch.-l. de district. 58 664 hab. Pêche ; conserveries. Tourisme : plages, parc naturel (aéroport international desservant les stations du littoral).

**FAROUK** ou **FĀRŪQ** ◆ **ÉTYM.** de l'ar. *faraqa* «discerner (le vrai du faux)» ♦ (Le Caire 1920 - Rome 1965). Roi d'Égypte (1936 - 1952). Fils et successeur de Fouad* I^er, il fut formé en Égypte et en Angleterre. Il tenta de neutraliser le principal parti politique égyptien (le Wafd*) mais, en 1942, la Grande-Bretagne lui imposa Naḥḥās* Pacha, dirigeant du Wafd, comme Premier ministre afin d'éliminer les partisans égyptiens de l'Axe, dont il s'était entouré. Obligé d'abdiquer en 1952, après le coup d'État militaire des «officiers libres», il vécut depuis cette date et jusqu'à sa mort hors de l'Égypte.

**FARQUHAR (George)** ♦ Auteur dramatique anglais (Londonderry, Irlande 1678 - Londres 1707). D'abord acteur, il se fit le peintre impertinent d'une société hypocrite et bien ordonnée dont il dénonça avec brio, dans ses sept comédies, les tares cachées. Œuv. princ. : *Le Sergent recruteur* (1706), *Le Stratagème des roués* (1707).

**FARRAGUT (David Glasgow)** ♦ Amiral américain (Campbell, Tennessee 1801 - Portsmouth, New Hampshire 1870). Il se distingua pendant la guerre de Sécession*, du côté nordiste, par la prise de La Nouvelle-Orléans (1862) et la victoire décisive de Mobile (1864). Le grade d'amiral fut créé aux États-Unis pour le récompenser.

**FARRELL (James Thomas)** ♦ Romancier et critique littéraire américain de souche irlandaise (Chicago 1904 - New York 1979). Son œuvre, dans la tradition de Dreiser*, est à base autobiographique ; elle dépeint dans un style naturaliste les réalités brutales de la vie des pauvres dans les villes ainsi que la frustration qu'elle impose aux aspirations. Ainsi en va-t-il de la trilogie de Studs Lonigan (*Young Lonigan*, 1932 ; *The Young Manhood of Studs Lonigan*, 1934 ; *Judgment Day*, 1935), chronique du déclin de la petite bourgeoisie des faubourgs de Chicago, des cinq romans prenant pour personnage Danny O'Neill (1936 - 1953) et des trois sur Bernard Carr. Marxiste, Farrell a combattu le stalinisme. Il a également écrit un ouvrage autobiographique (*Reflections at Fifty*, 1954). ◆ **ÉTYM.** *Farrell* est l'anglicisation du gaélique *Ó Fearghail*, nom de personne (de *fear* «homme» et *gal* «valeur»).

**FARRÈRE (Frédéric BARGONE, dit Claude)** ◆ **ÉTYM.** anagramme de *Ferrare*, v. d'orig. de sa famille ♦ Officier de marine et écrivain français (Lyon 1876 - Paris 1957). Capitaine de corvette en 1919. Il publia plusieurs ouvrages à la manière de Pierre Loti, dont *Les Civilisés* (1905), *Thomas l'Agnelet* (1913), *Les Petites Cousines* (1953). On lui doit une nouvelle de science-fiction, dans une atmosphère de réalisme fantastique : *Où ?* [Acad. fr. 1935]

**FARROKHĪ (Abū al-Ḥasan 'Alī ibn Julugh)** ♦ Poète persan (mort en 1037). Il écrivit des poésies amoureuses dans une langue simple. Il fut panégyriste officiel à la cour de Mahmud* de Ghazni.

**FĀRS** n. m. ♦ Prov. du S.-O. de l'Iran. 120 006 km². 4 336 878 hab. CH.-L. : Chirāz. La région est formée par la partie méridionale du Zagros* qui, au S. de Chirāz, s'abaisse et se morcelle en bassins où cohabitent encore d'importantes tribus nomades (Qachqāy, turcophone, et Khamseh de langues persane, arabe et turque) avec des populations sédentaires. ▪ Agriculture : arbres fruitiers, dattiers, vignes, riz, coton, céréales, tabac. Élevage de moutons et de chèvres. ▪ **Histoire** Le Fārs ou Pārs (anc. Perside) fut le centre des dynasties achéménide et sassanide (ruines de Persépolis*, de Pasargades*, Naqch*-é Rustam, etc.). Son importance pour l'Iran fut telle que le Fārs donna son nom à la fois au pays (la Perse*) et à sa langue commune (*fārsi*, le persan).

**FAR WEST** n. m. ◆ **ÉTYM.** angl. «Ouest lointain» ♦ Nom traditionnel donné, aux États-Unis (XIX^e s.), aux plaines à l'O. du Mississippi (et d'abord aux territoires situés à l'O. des Appalaches [XVIII^e s.]), c'est-à-dire aux territoires de la «frontière» qui n'étaient pas encore organisés en États.

**FARZDAQ (AL-)** → Farazdaq (al-)

**fascisme.** Affiche militaire italienne de 1930.
*Phot. © Ricerche editoriali/Ricciarini*

## fascisme

n. m. ◆ **ÉTYM.** de l'it. *fascio* «faisceau» ♦ Mouvement fondé en 1919 en Italie par B. Mussolini*, qui rassemblait des petits groupes d'anciens combattants et d'anciens syndicalistes *(Fasci italiani di combattimento)*. De la marche sur Rome en 1922 à l'établissement d'une Constitution en 1925 et 1926 (→ **Italie**), le mouvement se transforma en un véritable régime politique dont la «doctrine», tout à fait empirique, se dessina au gré des événements, en vue de la conquête et de la conservation du pouvoir total (totalitarisme). Né de l'impuissance du régime parlementaire et de la déception des nationalistes humiliés par les traités de 1919 - 1920, défini par Mussolini en 1921 comme «réactionnaire, antiparlementaire, antidémolibéral, antisocialiste», le fascisme a été un refus total de l'individualisme libéral issu des philosophes français du XVIII^e s. L'individu s'effaçait devant l'État totalitaire et centralisateur («tout est dans l'État, rien contre l'État, rien en dehors de l'État») et, selon une tradition proprement italienne, trouvait son idéal dans la «grandeur romaine». Au service de l'État, il y avait le *Duce* («guide») qui cumulait les pouvoirs exécutif et législatif et dont la volonté n'avait pas de limites, et le parti. Fondé en 1921, le parti fasciste devait jouer le rôle d'une élite parmi laquelle étaient choisis les fonctionnaires et les membres des formations paramilitaires (milice volontaire pour la sécurité nationale). Par son intermédiaire, le fascisme encadrait l'individu pour annihiler tout esprit critique et pour réduire les antagonismes sociaux : le système corporatiste (organisation de syndicats dans lesquels patrons et ouvriers coopèrent) devait supprimer la lutte des classes. Embrigadés dès leur enfance dans leur travail et leurs loisirs, les Italiens devaient fonder un puissant empire autour de la «nouvelle Rome». De nombreux mouvements plus ou moins inspirés du fascisme se développèrent autour des années 1930 (Phalange* en Espagne, rexisme de L. Degrelle* en Belgique, ligues extrémistes en France) ; mais le contexte doctrinal et les composantes sociales de ces mouvements ont présenté d'importantes divergences. Quant au nazisme* allemand, il a emprunté au fascisme la mystique totalitaire.

**FĀSĪ ('ALLĀL AL-)** ♦ Homme politique et écrivain marocain (Fès, v. 1906 - Bucarest 1974). Il fonda le parti Istiqlāl* et joua un rôle important dans l'indépendance du Maroc. Déporté au Gabon en 1937, il rentra dans son pays en 1946 puis s'exila au Caire où il mena une grande activité au sein du Comité de libération de l'Afrique du Nord. Après l'indépendance, il adopta une attitude de soutien critique envers le Palais royal avant d'entrer dans l'opposition.

**FASSBINDER (Rainer Werner)** ♦ Cinéaste allemand (Bad Wörishofen, Souabe 1945 - Munich 1982). Son activité débordante de journaliste, auteur, acteur, producteur, metteur en scène de cinéma et de théâtre, fut arrêtée par sa mort prématurée. On lui doit plus de 40 films qui s'inscrivent dans le renouveau du cinéma allemand des années 1970 et parmi lesquels *Le Marchand des quatre-saisons* (1971), *Le Droit du plus fort* (1975), *Despair* (1978), *Le Mariage* de Maria Braun* (1979), *Querelle* (1982) et les 13 épisodes de *Berlin Alexanderplatz* pour la télévision (1980). ➝ ÉTYM. Ce nom qui vient du moyen haut allemand *faz* «tonneau» et *binden* «construire» signifie «tonnelier».

Les **Fastes** – en lat. ***Fasti*** ♦ Poème d'Ovide*, composé entre les années 3 et 8.

**FASTNET** ♦ Îlot rocheux au large des côtes S.-O. de l'Irlande, qui a donné son nom à la course de yachting de croisière Cowes-Plymouth.

**FASTOLF** (sir **John**) ♦ Homme de guerre anglais (v. 1378 - 1459). Il participa à la guerre de Cent Ans et se distingua à Azincourt. Il fut régent de Normandie et gouverneur du Maine et de l'Anjou. En 1429, il gagna la bataille des Harengs*. ▪ Il a servi de modèle au Falstaff* de Shakespeare.

**FASTRADE** ♦ (morte à Francfort-sur-le-Main 794). Fille d'un duc de Franconie, elle fut la troisième femme de Charlemagne (783) dont elle eut deux filles. Elle fut inhumée à Saint-Alban de Mayence.

**Fatah (al-)** ou **al-Fatḥ** ➝ ÉTYM. anagramme du sigle du mouvement *Harakat al tahir al watani al filistini* «mouvement de libération national palestinien» (HATAF) [*hataf* «mort» et *fatah* «conquête»] ♦ Mouvement de libération de la Palestine fondé en 1959 et principale composante de l'Organisation* de libération de la Palestine (OLP). Dirigé par Yasser Arafat*, al-Fatah formula un programme de lutte pour la création d'une «nouvelle Palestine [...] progressiste, démocratique et non confessionnelle» et finit par admettre la création d'un État palestinien à côté de celui d'Israël. Malgré certaines divisions entre radicaux et modérés, al-Fatah soutint l'accord signé entre l'OLP et Israël en sept. 1993 (➝ **israélo-arabe [conflit]**). Le parti, à la tête de l'Autorité palestinienne à partir de 1993, fut dirigé par M. Abbas* après la mort d'Arafat. Depuis, des dissensions entre divers courants internes s'intensifient. L'aile la plus radicale, le Tanzim, a été le fer de lance de la deuxième Intifada déclenchée à l'automne 2000. Al-Fatah a été battu aux législatives de 2006 par le Hamas* qui a pris le contrôle de la bande de Gaza ; son pouvoir se limite désormais à la Cisjordanie.

**FATEHPUR SIKRĪ** ♦ V. de l'Inde (Uttar Pradesh), à 40 km à l'O. d'Agra 28 804 hab. Elle fut fondée en 1569 par Akbar* qui y fit construire, dans le style syncrétique indo-moghol qui lui était particulier, d'immenses palais et mosquées, dans l'intention d'en faire la capitale de l'empire moghol. La cité fut abandonnée en 1605. Elle est fort bien conservée (tourisme).

**FATHY (Hassan)** ♦ Architecte égyptien (Alexandrie 1900 - *id.* 1989). Grand spécialiste de l'architecture de terre, il a été chargé dans les années 1950 du projet du village de Gournah à Louksor, destiné aux habitants déplacés. Il devint en 1954 le chef du département d'architecture de l'université du Caire et y conçut en 1963 - 1965 l'Institut d'anthropologie sociale.

**FATIMA** ➝ ÉTYM. en ar. *Fāṭima*, de *fatama* «sevrer» ♦ Fille de Mahomet* et de sa première femme Khadīja (La Mecque v. 606 - Médine 633). Elle épousa son cousin 'Alī*, et leurs fils Hassan* et Hussein devinrent les seuls descendants mâles de la lignée de Mahomet. Comme les autres «gens de la Maison» (famille du Prophète), Fatima est particulièrement respectée dans tout l'islam ; mais en islam chiite elle est l'objet d'un culte spécifique (une «hyperdulie», dit Massignon*), ainsi que son époux 'Alī* et son deuxième fils Hussein* ; elle est souvent dite Fatima Zahra («Fatima la resplendissante»), y compris chez les sunnites. La «main de Fatima», qui unit son nom à l'un des plus vieux signes protecteurs, relève de la symbologie populaire.

**FATIMA** ♦ V. du Portugal (région Centre), district de Santarém, au S. de Coimbra. Important lieu de pèlerinage (le 13 de chaque mois) depuis qu'en 1917 trois jeunes bergers déclarèrent avoir vu la Vierge leur apparaître au lieu-dit Cova da Iria (basilique).

**FATIMIDES** n. m. pl. ➝ ÉTYM. du n. de *Fatima** ♦ Membres d'une dynastie arabe (909 - 1171) se déclarant appartenir à la descendance du prophète par sa fille Fatima*. À la fin du IXᵉ s., quand l'agitation chiite* se généralisait dans les provinces du Proche-Orient, l'imam de la secte chiite ismaïlienne, 'Ubayd* Allāh, chargea son propagandiste Abū 'Abd-Allāh al-Ḥusayn al-Shī'ī de lui préparer l'accession au pouvoir. Celui-ci, avec l'aide des Berbères qutama, forma une armée et vainquit les troupes des Aghlabides*, gouverneurs de l'Ifrīqiya (actuelle Tunisie et Est algérien) fidèles aux Abbassides*. Cette victoire permit à 'Ubayd Allāh d'entrer en triomphateur à Raqqada (près de Kairouan*), s'identifiant au Mahdī* attendu et se proclamant imam et calife (déc. 909). Fondateur de la dynastie fatimide, il voulut imposer le chiisme par des méthodes violentes. Préparant une expédition vers l'Orient, il procéda à des prélèvements fiscaux abusifs qui provoquèrent par la suite une révolte dirigée par le Berbère kharijite* Abū Yazīd qui, avant d'être défait, menaça le pouvoir des premiers califes fatimides (Abū al-Qāsim et al-Manṣūr). Le successeur d'al-Manṣūr, son fils al-Mu'izz, sut imposer son autorité sur la Tunisie, l'Algérie, une partie du Maroc ainsi que sur la Sicile. Il lança ensuite son affranchi, le général Jawhar, à la conquête de l'Égypte (969). Trois ans plus tard, al-Mu'izz transféra sa capitale au Caire*. Dès lors, la puissance fatimide atteignit son apogée et favorisa l'éclosion d'une civilisation très brillante. Mais très vite le pouvoir des Fatimides déclina et leur territoire s'émietta. En Sicile, la conquête des Normands ne put être contenue (prise de Palerme par Roger* Iᵉʳ en 1072). En Orient, les Seldjoukides* s'emparèrent de la Syrie et de Jérusalem (1070). À la mort du calife al-Mustanṣir (1094), le vizir appuya le fils cadet al-Musta'lī (1094 - 1101), contre l'héritier légitime Nizār dont les partisans fondèrent la secte des assassins*. Et ce fut en 1171 que le Kurde Saladin* détrôna les Fatimides et réinstaura en Égypte la légitimité abbasside et le rite sunnite.

**FAUCHER (César DE)** ♦ Général français (La Réole 1760 - Bordeaux 1815). Avec son frère jumeau CONSTANTIN DE FAUCHER (La Réole 1760 - Bordeaux 1815), il se rallia à la Révolution. Tous deux firent la guerre de Vendée. Ils furent blessés et nommés généraux de brigade. En 1815, opposés aux Bourbons, ils furent accusés d'avoir constitué un dépôt d'armes chez eux. Condamnés à mort, ils furent exécutés.

**FAUCHET (Claude)** ♦ Prélat et homme politique français (Dornes, Nivernais 1744 - Paris 1793). Grand vicaire de l'archevêque de Bourges, il se montra partisan des idées nouvelles et de la Révolution, au début de laquelle il transforma une loge maçonnique en club révolutionnaire, le Cercle social, et fonda le journal *La Bouche de fer* avec N. de Bonneville. Évêque constitutionnel du Calvados, il fut député à l'Assemblée législative, puis à la Convention où il siégea avec les girondins. Il fut guillotiné au début de la Terreur pour avoir voulu suspendre les prêtres mariés de son diocèse.

**FAUCIGNY** n. m. ♦ Région de Haute-Savoie, à la frontière suisse, drainée par l'Arve et le Giffre. Tourisme et sports d'hiver. ▮ **Histoire** La baronnie de Faucigny date du XIᵉ s. ; elle fut cédée à la Savoie en 1355 et revint à la France en 1860.

**FAUCILLE** (col de la) ➝ ÉTYM. du lat. *fauces* «gorge, détroit» ♦ Col du Jura (Ain) dominant le pays de Gex à 1 320 m d'alt. Station de sports d'hiver.

**FAUCILLES** (monts) ➝ ÉTYM. altér. de *Fauciles*, qui semble être une mauvaise lecture de *Fourches* ♦ Plateaux calcaires ou gréseux correspondant en partie à la région de la Vêge, et situés entre les Vosges et le plateau de Langres.

Le **Faucon maltais** – en angl. ***The Maltese Falcon*** ♦ Roman policier de Dashiell Hammett* (1930). Afin de récupérer un faucon en or massif, la belle Brigid O'Shaughnessy tente de manœuvrer le détective Sam Spade. Celui-ci, résistant à une séduction fatale, livrera à la police cette femme coupable du meurtre de deux hommes. *Le Faucon maltais* rendit Hammett célèbre et fut considéré comme un sommet du genre *hard-boiled* («dur à cuire»). L'adaptation cinématographique qu'en donna J. Huston* avec Humphrey Bogart, Mary Astor, Peter Lorre en 1941 est devenue un classique du film noir.

**FAUJAS** [foʒas] **DE SAINT-FOND (Barthélemy)** ♦ Géologue français (Montélimar 1741 - Saint-Fond, Isère 1819). Il occupa la première chaire de géologie créée en France (1793) et découvrit l'origine volcanique des roches basaltiques.

**FAULKNER (William FALKNER, dit William)** ➝ ÉTYM. var. de *Falconnar*, *Falconer* «fauconnier», de l'angl. *falcon* «faucon» [la famille, écossaise, était d'Inverness et s'appelait *Falconer*, n. altéré en arrivant en Amérique en *Faulkner*, puis *Falkner*. William a réintroduit le *u*] ♦ Romancier américain (New Albany, Mississippi 1897 - Oxford, Mississippi 1962). Issu d'une vieille famille aristocratique sudiste ruinée par la guerre de Sécession, méprisant les Yankees, il fit la guerre dans l'aviation canadienne, connut S. Anderson* dont il s'inspira pour écrire *Monnaie de singe* (1926). Il s'installa définitivement en 1931 dans sa propriété de Rowanoak (Oxford) où il rédigea *Lumière* d'août* (1932). Il vécut en gentleman-farmer, refusant la dénomination d'écrivain, vocation qu'il avait pourtant assumée dès 1924 en publiant à compte d'auteur sa première œuvre, *Le Faune de marbre* (1924), recueil de vers champêtres. En 1930, alors qu'il commençait seulement à connaître la notoriété, il donna quelques nouvelles à des revues et publia un roman rural picaresque dont la figure centrale est la Mère, la «reine Addie Bundren» *(Tandis que j'agonise)*. Amoureux de la terre, de son Sud natal, il immortalisa le comté d'Oxford qui sert de décor (sous le nom de Yoknapatawpha) à ce qu'il appela le «Livre», cette «saga de Jefferson» (alias Oxford) qui comprend *Sartoris* (1927), *Le Bruit* et la Fureur* (1929), *Absalon ! Absalon !* (1936), *L'Invaincu* (1938), *Descends, Moïse* (1942), *L'Intrus* (1948), *Requiem pour une nonne* (1951, adapté pour la scène par Albert Camus). Faulkner eut rapidement une immense influence sur la

William **Faulkner.** *Phot. © Arch. Nathan*

mutation du roman en Europe. Sartre, qui fut l'un des premiers à le faire connaître en France, s'attacha à l'étude de *La Temporalité chez Faulkner* en notant la valeur symbolique du geste de Quentin (dans *Le Bruit et la Fureur*) qui brise sa montre, instaurant un temps sans horloge. Malraux voyait dans *Sanctuaire* (1931) «l'intrusion de la tragédie grecque dans le roman policier». Le problème du temps et de la fatalité qui s'inscrivent dans la déchéance humaine marque cette œuvre non seulement dans sa thématique, mais dans sa structure ; la multiplicité des narrateurs, l'éclatement temporel du récit, le refus de l'introspection font de Faulkner un des plus grands représentants du roman contemporain. Il collabora également à plusieurs scénarios d'Howard Hawks. [Prix Nobel de littér. 1949]

**FAULQUEMONT** [57380] ➔ ÉTYM. anc. *Falconis montem,* du germ. *Falco,* n. de pers., et lat. *mons* «mont» ou de l'anc. haut all. *falco* «faucon» et lat. *mons* «montagne» ♦ Ch.-l. de cant. de la Moselle, arr. de Boulay-Moselle, sur la Nied. 5 478 hab. (aggl. 10 104) *(Faulquinois).*

**FAUNUS** ♦ Divinité romaine dont le culte était localisé sur le Palatin. Dieu bienfaisant (favorable : *qui favet*), protecteur en particulier des troupeaux et des bergers, il fut très vite identifié à Pan. → **Pan.** On lui adjoint parfois l'épithète de *Lupercus* (le «Loup»). Son culte comportait la procession des luperques* (cf. faune, *in Le Robert*).

**FAURE (Félix)** ♦ Homme d'État français (Paris 1841 - *id.* 1899). Après avoir fait fortune dans le commerce du cuir au Havre, il fut élu comme républicain modéré (1881), puis chargé de divers ministères (Colonies, Marine, 1883 - 1885). En janvier 1895, il fut élu président de la IIIe République par la coalition monarchiste et modérée. Son mandat fut marqué par le renforcement de l'alliance avec la Russie (Félix Faure accueillit le tsar Nicolas II à Paris [1896] et se rendit lui-même à Kronstadt [1897]), la poursuite de la colonisation de Madagascar, des difficultés diplomatiques avec la Grande-Bretagne à la suite de l'affaire de Fachoda*, et l'examen pour la révision du procès Dreyfus* à laquelle il se montra hostile. Sa mort soudaine, survenue dans des conditions qui firent scandale, fut suivie d'une importante agitation politique (→ **Déroulède**). ➔ ÉTYM. *Faure* est la forme de *Fèvre* en langue d'oc, du latin *faber* «forgeron» (→ aussi Fabre).

**FAURE (Sébastien)** ♦ Anarchiste français (Saint-Étienne 1858 - Royan 1942). D'abord membre du Parti ouvrier français (→ **Guesde [Jules]**), il devint anarchiste dès 1888 et fonda le journal *Le Libertaire* (1895). Auteur de la *Philosophie libertaire* (1895) et de *La Douleur universelle* (1895), il dirigea l'*Encyclopédie anarchiste* à laquelle collabora Voline*.

**FAURE (Jean-Louis)** ♦ Chirurgien français (Sainte-Foy-la-Grande 1863 - Saint-Laurent-des-Combes, Gironde 1944). Frère d'Élie Faure. On lui doit plusieurs traités de gynécologie, notamment sur le cancer de l'utérus. [Acad. sc. 1934]

**FAURE (Élie)** ♦ Essayiste et historien français de l'art (Sainte-Foy-la-Grande 1873 - Paris 1937). Frère de Jean-Louis Faure. Critique d'art (1902), il garda de cette activité une grande curiosité pour toutes les nouveautés, notant le rôle de l'art nègre et du cinéma. Influencé par Nietzsche, Sorel, Emerson, Whitman, auteur de nombreux ouvrages dont *Les Constructeurs* (1914) qui, tout en faisant le portrait d'hommes aussi divers que Lamarck, Nietzsche, Dostoïevski ou Cézanne, fournit une analyse de la mentalité occidentale du XIXe s., il a donné dans son *Histoire de l'art* (1909 - 1921), complétée par *L'Esprit des formes* (1927), une vision globale des arts plastiques, dans un style souvent lyrique. Recourant aux analogies et aux vastes synthèses, accordant une large place à l'intuition, il vit dans chaque œuvre d'art, qu'il tenta de replacer dans son contexte historique et culturel, un lieu de rencontre entre l'homme et le monde, entre l'individu et la société. Humaniste soucieux de pédagogie, il fut professeur dans les universités populaires et mena également toute sa vie une activité politique, qui le conduisit du dreyfusisme à l'engagement aux côtés des républicains espagnols à partir de 1936.

**FAURE (Paul)** ♦ Homme politique français (Périgueux 1878 - Paris 1960). Membre du Parti ouvrier français de Jules Guesde et fondateur du journal *Le Populaire du Centre* (1904), qu'il dirigea jusqu'en 1914, il fut nommé secrétaire général de la SFIO après la scission des socialistes au congrès de Tours (1920). Ministre d'État dans les cabinets de Front populaire (Léon Blum, Chautemps, 1936 - 1937, 1937 - 1938) et député, il se montra partisan de la signature des accords de Munich (sept. 1938), puis de l'armistice après la défaite de 1940, et fut exclu de la SFIO en 1944.

**FAURE (Edgar)** ♦ Homme politique et écrivain français (Béziers 1908 - Paris 1988). Député radical-socialiste (1946 - 1958), il fit partie de plusieurs gouvernements de la IVe République comme ministre et fut président du Conseil (janv. - fév. 1952, fév. 1955 - janv. 1956). Son second ministère rétablit le sultan Mohammed V sur le trône du Maroc* et accorda l'autonomie à la Tunisie*. Mis en minorité par l'Assemblée nationale, qu'il fit dissoudre (déc. 1955), il fut écarté du pouvoir après la victoire du Front républicain et dirigea le Rassemblement des gauches démocratiques après son exclusion du Parti radical. Rallié au général de Gaulle, il fut officieusement chargé de l'établissement des relations diplomatiques avec la Chine populaire (1963). Appelé au ministère de l'Éducation nationale après la crise de mai 1968, il fit adopter la loi d'orientation pour la réorganisation de l'enseignement, plus particulièrement des universités. De 1973 à 1978, il présida l'Assemblée nationale. On lui doit des ouvrages politiques et historiques (*La Disgrâce de Turgot,* 1961), ainsi que des *Mémoires.* [Acad. fr. 1978]

**FAURÉ (Gabriel)** ♦ Compositeur français (Pamiers 1845 - Paris 1924). Élève de Niedermeyer et de Saint-Saëns, il fut maître de chapelle à la Madeleine (1877) puis organiste titulaire de cette même église (1896). Succédant à Massenet comme professeur de composition au Conservatoire, il devint directeur de cette institution (1905 - 1920). Toute une génération, de F. Schmitt, Ch. Koechlin et M. Ravel jusqu'à G. Enesco, R. Ducasse et N. Boulanger, fut marquée par son enseignement. De formation classique et traditionaliste, il fit usage des modes grégoriens pour élargir le domaine harmonique. Novateur par la sinuosité de la ligne mélodique, la constante indécision tonale, il est inimitable par le sens de la mesure et l'équilibre de la construction. Son art exprime avec pudeur et raffinement une tendresse diffuse et une sensualité très vive qui se teinte de mélancolie. ▪ Fauré a excellé dans la mélodie, la musique pour piano et la musique de chambre. De ses œuvres vocales, on retiendra les 3 recueils de *Mélodies,* composées entre 1868 et 1900, les cycles, inspirés par des poèmes de Verlaine (*La Bonne Chanson,* 1891), de Van Lerberghe (*La Chanson d'Ève,* 1916), de Mme de Brimont (*Mirages,* 1919), de J. de la Ville de Mirmont (*L'Horizon chimérique,* 1922) et le *Requiem* (1887), œuvre sereine et forte par la pureté de sa mélodie, la richesse de ses harmonies. Pour le piano, Fauré a composé une cinquantaine de pièces, dont les 4 *Valses caprices* (1883 - 1894), les 6 *Impromptus* (1883 - 1913), les 13 *Nocturnes* (1883 - 1922), les 13 *Barcarolles* (1883 - 1921), les 9 *Préludes* (1910) ainsi que la *Ballade* (1881) et la *Fantaisie* (1919) pour piano et orchestre. ▪ Atteint par la surdité dès 1903, il eut une fin de vie douloureuse. De cette ultime période, marquée par l'épreuve de son infirmité et par un souci croissant d'exigence, datent ses œuvres les plus dépouillées, celles où, dans le genre de la musique de chambre, il atteint à une sorte de sérénité lumineuse, digne de ce génie hellénique dont il fut un familier (2e *Quintette* avec piano, 1921 ; 2 *Sonates* de violoncelle, 1918 - 1922 ; *Trio* pour piano, violon, violoncelle, 1923 ; *Quatuor* à cordes, 1924). On lui doit encore des musiques de scène (*Caligula,* 1888 ; *Shylock,* 1889 ; *Pelléas et Mélisande,* 1898 ; *Masques et Bergamasques,* 1920) et 2 tragédies lyriques, *Prométhée* (1900) et *Pénélope* (1913), qui marquent l'extension de la mélodie fauréenne au théâtre. ▪ Disciple de Chopin, continuateur de Schumann, Fauré a subi l'influence de Wagner mais, indifférent aux systèmes, il a suivi une voie toute personnelle. Fluide, génératrice de mystère, sa mélodie évite la sentimentalité pour mieux traduire l'effusion. Il est un des plus éminents représentants de la musique de chambre française, au début du XXe siècle, et, avec Debussy*, l'initiateur d'une nouvelle sensibilité musicale. ➔ ÉTYM. *Fauré* a la même étymologie que *Faure** et *Fabre**.

Les **Fausses Confidences** ♦ Comédie en 3 actes, en prose, de Marivaux*, dont la première représentation eut lieu à Paris en 1737. Les deux jeunes premiers, Araminte et Dorante, y sont manœuvrés par un valet comparable à Scapin, Dubois.

**FAUST** ➔ ÉTYM. en all. ***Faustus,*** du lat. *faustus* «heureux, favorable, prospère» ♦ Personnage qui vécut en Allemagne au début du XVIe s., et qui est rapidement devenu un héros de légende. C'est dans le *Livre populaire* (1587) qu'est narrée pour la première fois l'histoire de l'homme qui vendit son âme au diable pour satisfaire un insatiable désir de jouissance et une curiosité intellectuelle infinie. Le démon l'initiera aux sciences occultes et lui conférera le pouvoir d'accomplir des miracles. ▪ Successivement, Marlowe* (1588) en Grande-Bretagne, Lessing, Goethe (→ **Faust**), Klinger* (1791), Lenau* (1836) et Th. Mann* (1947) en Allemagne, Valéry* en France traiteront le thème et enrichiront la légende de Faust. À leur tour, les musiciens contribueront à les populariser par leurs œuvres : Berlioz (1846), Schumann (1853), Liszt (1854) et Gounod (1859). En peinture, Delacroix demeure l'interprète le plus passionné de la légende allemande.

**Faust** ♦ Poème dramatique de Goethe*. Commencée en 1773 *(Urfaust)*, poursuivie en 1790 *(Faust, ein Fragment)*, la première partie du poème dramatique fut publiée en 1806 *(Faust, eine Tragödie)*. On y voit le héros séduire l'innocente Marguerite qu'il abandonnera peu après avec son enfant. Meurtrière de l'enfant, Marguerite est condamnée à mort, mais son repentir la sauvera de la damnation. Quant à Faust, entre Méphistophélès, qui s'est juré de le réduire à l'animalité, et Dieu, qui lui laisse les moyens d'assurer son salut par ses seules forces, il apparaît comme le symbole de la condition humaine et de son écartèlement permanent entre le Mal et le Bien. ▪ *Le Second Faust* (*Faust, der Tragödie zweiter Teil in fünf Akten*, 1832), inachevé, pose des problèmes fondamentaux de morale et de métaphysique. Introduit dans le monde serein de la Grèce et devenu l'époux d'Hélène de Troie, Faust accède à la sérénité de quiconque tend vers un idéal. La première partie du *Faust* de Goethe a été traduite par Gérard de Nerval (1827) et la seconde par Alexandre Arnoux (1947).

**FAUSTA** – en lat. ***Flavia Maxima Fausta*** ♦ Impératrice romaine (v. 289 - 326). Fille de Maximilien* et seconde femme de Constantin* Ier le Grand (307) dont elle eut Constantin* II, Constance* II et Constant* Ier. Elle s'éprit de son beau-fils Crispus et, irritée de son indifférence, l'accusa devant Constantin qui le fit mettre à mort, puis, ayant découvert la vérité, la fit périr.

**FAUSTIN Ier** → **Soulouque**

La **Faute de l'abbé Mouret** ♦ Roman d'Émile Zola* (1875), cinquième volume du cycle des *Rougon*-Macquart*. Malade et soigné par son oncle le docteur Pascal, Serge Mouret, un prêtre, tombe amoureux d'une jeune fille, Albine : tous deux découvrent leur amour dans un jardin enchanteur, le Paradou. Rappelé à son ministère religieux par la vigilance du frère Archangias, l'abbé Mouret laisse mourir Albine qui attend un enfant de lui. Ce livre est très nettement tourné contre l'ordre moral de la société de la fin du XIXe s.

**FAUTRIER (Jean)** ♦ Peintre, sculpteur, dessinateur et graveur français (Paris 1898 - Châtenay-Malabry 1964). Après une formation à Londres, il débuta à Paris (1919) en peignant des natures mortes, des paysages et des figures sombres de tendance expressionniste *(Gibiers écorchés)*. Vers 1929, il s'intéressa à la peinture *a tempera*, et à partir de 1940 - 1943 aborda la non-figuration. Soutenu par Malraux, Paulhan, Ponge, il s'imposa comme l'un des créateurs de la peinture dite ensuite informelle. Dans ses séries des *Otages*, *Objets* (1955), *Nus* (1956), *Partisans* (1957), les effets de matière deviennent le sujet principal de l'œuvre : utilisant une peinture à la colle mêlant les masses de pigments aux encres transparentes ou opaques d'où émergent des harmonies pâles et recherchées, il a créé des empâtements et des textures variés où semble transparaître une certaine angoisse. ➝ **ÉTYM.** *Fautrier* vient de *Fautre*, forme ancienne de *feutre*, *feutrier* «ouvrier qui fabrique le feutre».

**FAUVET (Jacques)** ♦ Journaliste français (Paris 1914 - *id.* 2002). Entré au quotidien *Le Monde** en 1945, il en devint chef du service politique (1948), puis rédacteur en chef (1963) avant de succéder à H. Beuve*-Méry à la direction du journal de 1969 à 1982.

Les **Faux-Monnayeurs** ♦ Roman d'André Gide* (1925 - 1926). Préoccupé par le problème de la technique romanesque, l'écrivain composa une œuvre complexe où il mêlait les faits divers, l'enseignement moral, la pratique du journal intime et le thème du livre à écrire. Autour d'Édouard, écrivain qui tient le journal d'un roman qu'il veut écrire (et qui portera le titre allégorique et moral de *Faux-Monnayeurs*), évoluent de nombreux personnages dont chacun se définit en fonction du romancier qui «se poursuit lui-même sans cesse, à travers tous, à travers tout». Parallèlement à l'aventure d'Olivier Molinier, qui illustre une morale de l'instant et représente un séduisant ensemble de virtualités (il sera, pour un temps, lié par une passion homosexuelle à son oncle Édouard), est présentée l'évolution de Bernard Profitendieu, son ami, qui, lui, se pense en fonction de l'avenir ; en révolte contre son milieu familial, il connaîtra la riche et contradictoire morale de rupture et de dénuement que Gide avait déjà exaltée dans *Le Retour de l'enfant prodigue* (1907 ; publ., 1909). Dédié «à ceux que les questions de métier intéressent», *Le Journal des Faux-Monnayeurs* (1926), qui fit suite au roman, est une réflexion critique du romancier sur sa propre création.

**FAVART (Charles-Simon)** ♦ Auteur dramatique et librettiste français (Paris 1710 - *id.* 1792). Il fut le parodiste de Rousseau. Il dirigea divers théâtres, et son œuvre dramatique connut un grand succès de son vivant (*Les Trois Sultanes*, 1761 ; *Les Moissonneurs*, 1768).

**FAVERGES** [74210] ➝ **ÉTYM.** anc. *ad Fabricas*, du lat. *fabrica* «atelier ; forge» ♦ Ch.-l. de cant. de la Haute-Savoie, arr. d'Annecy, dans la cluse de Faverges. 6 310 hab. (aggl. 7 108) *(Favergiens)*. Mécanique de précision. Électroménager. Stylos et briquets.

**Favorite (La)** ♦ Château d'Italie du N. (Lombardie), près de Mantoue, où Bonaparte vainquit les Autrichiens (1797), provoquant ainsi la capitulation de Mantoue.

**FAVRAS** [favʀas] **(Thomas de Mahy,** marquis **de)** ♦ Homme politique français (Blois 1744 - Paris 1790). Premier lieutenant des Suisses de la garde de Monsieur, comte de Provence (le futur Louis* XVIII), en 1772, il tenta en vain de porter secours à la Hollande contre la Prusse, à la tête d'une légion patriotique (1787). Auteur d'un projet de réforme des finances françaises (*Déficit des finances de la France vaincue*, 1789) qui attira l'attention de Mirabeau et de Necker, il fut, dès le début de la Révolution, un agent du comte de Provence. Chargé de recruter des volontaires royalistes pour faciliter la sortie de Louis XVI de Paris, il fut dénoncé par deux de ses agents, qui affirmèrent à La Fayette qu'on projetait de le tuer ainsi que Bailly, maire de Paris. Impliqué dans ce complot, le comte de Provence désavoua Favras qui fut condamné à mort et pendu.

### fauvisme

n. m. ♦ Mouvement artistique qui se développa en France à partir de 1905. Considéré comme la première révolution artistique du XXe s., le fauvisme en a rendu manifestes certaines tendances prédominantes, à savoir l'autonomie de la couleur et l'intervention des émotions du peintre comme composantes picturales. Visitant le Salon d'automne de 1905, où exposaient Matisse*, Derain*, Marquet*, Manguin, Vlaminck*, Van* Dongen, Valtat, et aussi Kandinsky* et Jawlensky*, le critique d'art du *Gil Blas* Louis Vauxcelles s'exclama, à propos d'une sculpture italianisante d'Albert Marque : «Donatello parmi les fauves !» Par cette image étonnante d'acuité, il définissait comme mouvement ce qui était depuis 1899 une dynamique de recherche pour une douzaine de peintres aux individualités très fortes, groupés autour de Matisse. Tous étaient français, à l'exception de Van Dongen, et autodidactes, à l'exception de Derain, dont l'érudition contraste avec la rudesse libertaire de Vlaminck. L'influence de Delacroix*, Turner*, Degas*, Manet*, Odilon Redon*, Monet*, Gauguin* et Munch* fut fondamentale, tant sur le fauvisme que sur l'expressionnisme* qui se développait en Allemagne à la même époque. L'art nègre fascina Derain et Matisse (qui, dès 1906, acheta un masque africain). Apparu en pleine crise de la représentation, le fauvisme se caractérise par la distorsion des volumes, par le refus du ton local, par le traitement des tableaux en aplats de couleurs pures, stridentes, traduction des émotions du peintre. Sans être linéaire, la perspective demeure, «perspective de sentiment» selon Matisse, en raison du rapprochement des plans. Le cerne et le clair-obscur sont éliminés. Les Fauves ont pour sujet principal la nature, mais au lieu d'en représenter, à la manière des impressionnistes, les éléments immatériels et mouvants — la lumière, l'eau —, ils traitent d'une nature marquée par l'homme. Ils expriment une joie de vivre païenne, à l'exception de Rouault. Mouvement de caractère expérimental, le groupe fut amené à se disperser vers 1908 en faveur de voies nouvelles. Le fauvisme eut une portée internationale grâce aux collectionneurs russes Chtchoukine et Morozov, grâce à Kandinsky et Jawlensky, grâce aussi à Matisse, qui voyagea beaucoup, en Russie notamment, et ouvrit en 1908 une académie fréquentée par de nombreux étrangers.

**FAVRE (Antoine),** dit **le président Faber** ♦ Jurisconsulte savoyard (Bourg-en-Bresse 1557 - Chambéry 1624). Spécialiste de droit romain, il publia les premiers livres des *Conjecturae juris civilis libri* qui suscitèrent l'admiration de Cujas. ▪ Père de Vaugelas*.

**FAVRE (Jules)** ♦ Homme politique français (Lyon 1809 - Versailles 1880). Avocat célèbre, député à l'Assemblée constituante (avr. 1848), puis à l'Assemblée législative (mai 1849), il se prononça contre le coup d'État du 2 décembre 1851. Membre du Corps législatif (1857), il fit partie de l'opposition républicaine au régime impérial et se chargea de la défense d'Orsini* (1858). Hostile à l'expédition du Mexique (1861), puis à la déclaration de la guerre à la Prusse (1870), il prit une part décisive à la journée révolutionnaire du 4 septembre* 1870, qui, après la défaite de Sedan, eut pour conséquence la chute du Second Empire* et la formation d'un gouvernement de la Défense nationale dont il fut ministre des Affaires étrangères. Ayant refusé de céder aux exigences de Bismarck lors de l'entrevue de Ferrières* (19 - 20 sept. 1870), il chargea Thiers d'une mission diplomatique auprès des puissances européennes neutres, puis d'une nouvelle entrevue avec Bismarck (novembre 1870). L'une et l'autre échouèrent. Le siège et le bombardement de Paris par les Prussiens l'amenèrent à capituler (signature de l'armistice le 28 janvier 1871). Resté ministre des Affaires étrangères dans le gouvernement de Thiers, Favre négocia la paix de Francfort* (mai 1871) et démissionna peu après. Il a laissé un ouvrage sur *Le Gouvernement de la Défense nationale* (1871 - 1875) [Acad. fr. 1867] ➝ **ÉTYM.** *Favre* a la même étymologie que *Fabre**.

**FAWLEY** ♦ Localité d'Angleterre (Hampshire), près de Southampton. Port pétrolier, raffinerie et pétrochimie.

**FAXIAN** ou **FA-HIEN** ♦ Moine bouddhiste chinois (v. 337 - v. 422) qui voyagea depuis Changan* jusqu'en Inde pour chercher les textes sacrés du bouddhisme. Il traversa une trentaine de royaumes et revint en Chine en 412 avec des textes en sanskrit qu'il traduisit. Il est l'auteur d'un récit de voyage, *Foguoji*, intéressante description de l'Inde ancienne.

**FAYÇAL Ier** ♦ (Ta'if, Hedjaz 1883 - Berne 1933). Roi d'Irak (1921 - 1933). Fils du chérif de La Mecque et roi du Hedjaz, Hussein ibn Ali, il prit, avec l'appui de Lawrence* d'Arabie, le commandement de la révolte arabe contre l'Empire ottoman (1916 - 1918) et participa, aux côtés du général britannique Allenby*, à la prise de Damas (1918). Ayant dû renoncer au trône de Syrie en raison de l'opposition de la France (1920), il devint roi d'Irak* (monarchie hachémite) grâce au soutien de la Grande-Bretagne (1921). Il obtint l'indépendance de son pays (fin du protectorat britannique, 1930), et sa reconnaissance par la SDN (1932). ♦ **FAYÇAL II** (Bagdad 1935 - *id.* 1958). Petit-fils du précédent. Après la mort accidentelle de son père Ghazi Ier (1939), Fayçal II fut proclamé roi sous la régence de son oncle Abd Allah, et assuma les fonctions royales à sa majorité (1953). Il devint chef de l'Union arabe formée par les deux monarchies hachémites d'Irak et de Jordanie, pour faire face à la création de la République arabe unie (1958). Renversé peu après, lors de la révolution irakienne de juillet 1958 (→ **Kassem**), il fut assassiné. ← ÉTYM. Ce nom arabe signifie «arbitre».

**FAYÇAL Ier IBN ABD AL-AZIZ** ← ÉTYM. de l'ar. *fayçal* «arbitre», *ibn* «fils de» et *'abd al-'azīz* «serviteur du Tout-Puissant» ♦ (Riyad 1906 - *id.* 1975). Roi d'Arabie Saoudite (1964 - 1975). Frère et successeur d'Ibn* Séoud, il démit son frère après avoir acquis une influence prépondérante dans la gestion du royaume depuis 1962. Il pratiqua une politique prudente de réformes visant à doter le pays d'une infrastructure moderne. Il fut assassiné par un de ses neveux en mars 1975. Son frère Khaled lui succéda.

**FAYDHERBE** ou **FAYD'HERBE** [fɛdɛʀb] **(Luc ou Lucas)** ♦ Sculpteur et architecte flamand (Malines 1617 - *id.* 1697). Il assimila la leçon du Bernin* et fut surtout marqué par Rubens*, dont il fut l'élève de 1636 à 1639. Représentant caractéristique du baroque flamand, il éleva l'église Notre-Dame d'Hanswijck à Malines, et décora de statues monumentales et de hauts-reliefs de nombreuses églises flamandes (monument de l'archevêque André Cruesen). Il tenta d'adapter à la sculpture la plastique de Rubens.

**FAYE** [faj] **(Hervé)** ♦ Astronome français (Saint-Benoît-du-Sault, Indre 1814 - Paris 1902). Il découvrit une comète périodique (*comète de Faye*, 1843) dont il précisa les éléments et établit une théorie (1865) dans laquelle le Soleil est considéré comme une machine thermique, et mettant en cause le système cosmogonique de Laplace*. [Acad. sc. 1847] ← ÉTYM. *Faye* vient du latin *fagus* «hêtre».

**FAYE (Jean-Pierre)** ♦ Philosophe, linguiste et écrivain français (Paris 1925). Cofondateur de la revue *Tel Quel*, il a développé une réflexion sur les différentes dimensions du langage notamment sur l'usage politique du discours (sur l'impact historique des discours : *Théorie du récit*, 1972 ; *Langages totalitaires*, 1972 ; *Le Langage meurtrier*, 1996 ; sur la rhétorique de l'antisémitisme : *Migrations du récit sur le peuple juif*, 1974 ; *La Déraison antisémite et son langage*, 1993, avec A.-M. de Vilaine). Romancier, il est l'auteur du cycle littéraire de *L'Hexagramme* qui débute avec *L'Écluse* (1964), mais aussi d'une œuvre poétique (*Fleuve renversé*, *Couleurs pliées*, 1965 ; *Verres*, 1977, etc.) et théâtrale (*Les Grandes Journées du Père Duchesne*, 1983). Il a fondé le Collège européen de philosophie en 1985 et préside depuis 1986 l'Université européenne de la Recherche.

**FAYENCE** [83440] ← ÉTYM. anc. *Fagentia*, du lat. *fagea* «hêtraie» et suff. *-entia* ♦ Ch.-l. de cant. du Var, arr. de Draguignan. 4 253 hab. *(Fayençois)*. Anc. centre de céramique (XVIIe s.).

**FAYET (LE)** ♦ Écart de la comm. de Saint-Gervais-les-Bains (Haute-Savoie). Église par M. Novarina (1938). ▪ Station thermale. Centrale hydroélectrique sur l'Arve.

**FAYLAKA** (île) ♦ Île du golfe Arabo-Persique, qui ferme l'embouchure de la baie de Koweït*. Sites archéologiques endommagés par les bombardements alliés lors de la guerre du Golfe (1991).

**FAYOL (Henri)** ♦ Ingénieur et administrateur français (Constantinople 1841 - Paris 1925). Directeur général de la Compagnie de Commentry-Fourchambault-Decazeville (1888), il exposa dans son ouvrage *Administration générale et industrielle* (1916) un projet de réforme de l'administration des entreprises. Ce programme (connu sous le nom de *fayolisme*) affirme la nécessité d'une organisation hiérarchique des diverses fonctions (administrative, technique, commerciale, financière, comptable, de sécurité) au sein de l'entreprise, et sur le rôle primordial de la fonction administrative.

**FAYOLLE (Émile)** ♦ Maréchal de France (Le Puy 1852 - Paris 1928). S'étant distingué lors de la défense de Nancy (1914), il fut nommé à la tête du 32e corps d'armée (1915), puis de la VIe armée (1916) avec laquelle il participa à la bataille de la Somme. Après avoir commandé les six divisions franco-britanniques envoyées en Italie après la défaite de Caporetto, il organisa la contre-attaque menée par Mangin sur le Matz, qui permit de sauver Compiègne et de contribuer à la seconde victoire de la Marne (1918). Commandant les troupes d'occupation dans le Palatinat, il fut président de la Commission de contrôle alliée (jusqu'en 1920). Promu maréchal de France en 1921. ← ÉTYM. *Fayolle* vient du latin *fagus* «hêtre» (diminutif au sens de «hêtraie»).

**FAYOUM** n. m. ← ÉTYM. en ar. *al-Fayyūm*, du copte *Phyōm* «la mer» ♦ Région de Haute-Égypte, située à l'O. du Nil. 1 827 km². 1 495 000 hab. (1985). CH.-L. : Médinet el-Fayoum. C'est une vaste dépression (40 m au-dessous du niveau de la mer) irriguée par des eaux dérivées du Nil (canal du Bahr Youssouf) et du lac Karoun. On y pratique de riches cultures de blé, de coton et d'arbres fruitiers (oliviers, figuiers). L'élevage des ovins et des volailles y est florissant. ▮ **Histoire** → **Karoun, Médinet el-Fayoum.** Les célèbres portraits coptes «du Fayoum», datés avec incertitude du Ier au Ve s., sont des portraits fidèles des défunts, peints à l'encaustique sur des cartonnages et qui recouvraient le visage de la momie.

**Fayoum.**
Portrait de femme, art copte, IIe s. Musée du Louvre, Paris.
*Phot. © Dagli Orti*

**FBI** n. m. → **Federal Bureau of Investigation**

**F'DERIK** – anc. *Fort-Gouraud* ♦ Loc. minière de la Mauritanie, proche de la frontière du Sahara occidental. 20 000 hab. Située au pied du versant O. de la kedia d'Idjil (minerai de fer), elle est reliée par voie ferrée à Nouadhibou.

**FEBVRE** [fɛvʀ] **(Lucien)** ♦ Historien français (Nancy 1878 - Saint-Amour, Jura 1956). Auteur d'une thèse sur *Philippe II et la Franche-Comté* (1911), fondateur avec M. Bloch* des *Annales d'histoire économique et sociale* (1929), il fut professeur au Collège de France (1933). Influencé par Vidal* de La Blache, il publia *La Terre et l'évolution humaine* (avec M. Bataillon, 1922), où il montra les liens existant entre l'histoire et la géographie. Il écrivit ensuite *Un destin, Martin Luther* (1928), *Le Problème de l'incroyance au XVIe siècle, la Religion de Rabelais* (1942). Sa conception de l'histoire, comprise comme une synthèse des éléments politiques, économiques, sociaux, religieux, culturels et mentaux, est exposée dans ses *Combats pour l'histoire* (1953). Esprit ample et organisateur, il dirigea *L'Encyclopédie française* créée avec A. de Monzie (1935). ← ÉTYM. *Febvre* vient du latin *faber* «ouvrier, forgeron, artisan» (→ aussi Fabre).

**FÉCAMP** [76400] ← ÉTYM. anc. *Fiscannum*, p.-ê. «port de pêche», du germ. *fisk* «poisson» et *hafn* «port» ♦ Ch.-l. de cant. de la Seine-Maritime, arr. du Havre, sur la côte du pays de Caux. 21 027 hab. (aggl. 22 717) *(Fécampois)*. Église de la Trinité, anc. abbatiale (1175 - 1220, remaniée aux XVe et XVIIIe s.) de style normand primitif (*Dormition de la Vierge* du XVe s. ; clôtures sculptées du XVIe s. ; chapelle de la Vierge du XVe s., de style gothique flamboyant). Palais Bénédictine (fin XIXe s.), auj. musée. Musée des Terre-Neuvas et de la Pêche. ▪ Port de commerce. Pêche à la morue, jusqu'en 1987 ; auj. pêche artisanale (hareng). Conserveries. Réparations navales. Liqueur (Bénédictine). Station balnéaire. ▮ **Histoire** Fondée en 658, réformée en 1003 par Guillaume de Volpiano, son abbaye devint un haut lieu de pèlerinage en Normandie. À partir de 1510, elle devint le centre de fabrication de la liqueur Bénédictine.

**FECHNER (Gustav Theodor)** ♦ Physiologiste et philosophe allemand (Gross-Särchen 1801 - Leipzig 1887). Ses rêveries métaphysiques sur l'âme universelle poursuivent la tradition de la philosophie de la nature et font apparemment contraste avec la précision de ses recherches en psychophysique. Se fondant sur les travaux d'Ernst Weber*, Fechner crut pouvoir établir la formule exacte de la relation entre la sensation (psychique) et l'excitant (physique), loi selon laquelle la sensation varie comme le logarithme de l'excitant. Des vérifications expérimentales ont mis en évidence le caractère seulement approché de cette loi (critiquée par Bergson). Œuv. princ. : *Éléments de psychophysique*, 1860. Il est également connu sous le nom de Dr Misès. ← ÉTYM. *Fechner* vient du vieux haut allemand *fah* «partie, spécialité», surnom qui a désigné l'homme du métier, le professionnel.

**FÉDALA** → **Mohammedia**

**Federal Bureau of Investigation** [FBI] ➝ ÉTYM. angl. «bureau fédéral d'enquêtes» ♦ Organisme fédéral des États-Unis, chargé d'enquêter sur les violations des lois fédérales. Créé en 1908 par le président T. Roosevelt* sous le nom de Bureau of Investigation, il fut dirigé de 1924 à 1972 par J. E. Hoover. Disposant de moyens puissants, le FBI a, en particulier, lutté contre la prohibition ; débordant le cadre de ses attributions fédérales, il reçut en 1932 et 1934 le droit de s'occuper des affaires touchant à plusieurs États de l'Union en même temps (enlèvements d'enfants, par ex.). À partir de la Deuxième Guerre mondiale, il élargit son champ d'action à la lutte contre l'espionnage et la subversion (en particulier contre les communistes), ce qui lui donna une orientation plus politique, critiquée par une partie de l'opinion américaine.

**fédéraliste (Insurrection)** ♦ Mouvement contre-révolutionnaire qui fit suite à l'élimination des girondins* de la Convention (2 juin 1793). Après l'installation de la Commune insurrectionnelle à Paris (10 août 1792), la crainte d'une dictature parisienne avait suscité dans plusieurs régions la création de comités révolutionnaires des départements (fin 1792), qui se transformèrent en Comités révolutionnaires fédéralistes (5 mai 1793). Ce mouvement sectionnaire prit la forme d'une véritable insurrection à la nouvelle de la proscription des chefs girondins, dont plusieurs (Barbaroux, Buzot, Pétion de Villeneuve), ayant réussi à s'échapper, prirent la tête du mouvement. L'Insurrection fédéraliste s'étendit à plusieurs villes de province (Caen, Bordeaux, Lyon, Toulon, Marseille), où des tribunaux jugèrent de nombreux patriotes (ainsi Chalier* à Lyon). Jugulée dès juil. en Normandie, en sept. à Bordeaux, l'Insurrection se prolongea davantage dans le sud-est de la France, où les royalistes finirent par dominer le mouvement (Lyon se rendit le 9 oct. et Toulon le 19 déc. 1793). Violemment réprimée par les représentants en mission de la Convention montagnarde, l'Insurrection fédéraliste, comme la guerre de Vendée, constitua une des plus graves menaces intérieures contre la Révolution et contribua au développement de la Terreur et au renforcement du pouvoir central.

**fédéraliste (Parti)** ♦ Parti américain, datant de l'élaboration de la Constitution des États-Unis. Mené par Washington*, puis par Alexander Hamilton* et John Adams*, il préconisait la centralisation et un gouvernement aristocratique. Il fut affaibli par la rivalité d'Hamilton et d'Adams et disparut lors de la guerre avec la Grande-Bretagne (1812 - 1814). Cependant, ses idées inspirèrent plus tard le parti républicain, tandis que ses adversaires, conduits par Jefferson* et appelés alors républicains, furent à l'origine du parti démocrate.

**Fédération de la gauche démocratique et socialiste** [FGDS] ♦ Nom donné au rassemblement de la gauche française non communiste qui regroupa en sept. 1965 la SFIO, le Parti radical* et la Convention des institutions républicaines. Présidée par F. Mitterrand*, la FGDS remporta un net succès aux élections de 1967. Mais les événements de mai* 1968 et son recul aux élections qui suivirent en juin entraînèrent sa disparition.

**Fédération de l'Éducation nationale** [FEN] ♦ Organisation syndicale issue de la CGT et qui fit scission en 1948, après le départ des membres de la CGT-FO. Regroupant les principaux syndicats d'enseignants, la FEN était divisée en plusieurs tendances dont la plus importante, Unité, Indépendance et Démocratie (majoritaire chez les instituteurs), proche des socialistes, prônait un syndicalisme autonome. La FEN connut une grave crise en 1992 qui conduisit à l'exclusion du SNES (second degré) et du SNEP (éducation physique), membres de la tendance minoritaire Unité et Action, proche des communistes. En 1993, 15 syndicats d'enseignants et de personnels de l'éducation se rallièrent aux exclus et constituèrent la Fédération* syndicale unitaire (FSU). En 2000, la FEN se refonda en UNSA-Éducation (Union nationale des syndicats autonomes).

**Fédération internationale de Football Association** [FIFA] ♦ Organisation sportive internationale, née le 21 mai 1904 à Paris, à l'instigation du Français Robert Guérin et du Néerlandais Hirschmann, et regroupant les fédérations nationales de football. Sous la présidence du Français Jules Rimet*, fut créée la Coupe du monde dont la première eut lieu en Uruguay (1930). La FIFA exerce son autorité en matière d'organisation, d'arbitrage, d'évolution des règles et de mesures disciplinaires, sur la plupart des compétitions internationales, tant sur le plan sportif que financier. Depuis juin 1998, le Suisse Sepp Blatter en est le président, succédant au Brésilien Joao Havelange.

**Fédération nationale** ♦ Mouvement issu des provinces en 1789, qui visait à l'affirmation de l'unité nationale de la France et à la lutte contre les ennemis de la liberté, pour la défense de la Révolution. Chaque fédération était constituée par l'association des gardes nationaux de départements voisins. La fête de la Fédération nationale fut célébrée au Champ-de-Mars à l'occasion de l'anniversaire de la prise de la Bastille (14 juil. 1790). Talleyrand* célébra la messe sur l'autel de la patrie, au nom des fédérés, La* Fayette prononça le serment «qui unit les Français entre eux et les Français à leur roi pour défendre la liberté, la Constitution et la loi», et Louis XVI prêta lui aussi serment à la Constitution. C'est dans l'enthousiasme que fut affirmée une réconciliation, qui se révéla vite fragile, entre la Révolution et le roi.

**Fédération nationale des syndicats d'exploitants agricoles** [FNSEA] ♦ Principale organisation syndicale agricole française, créée en 1946. Forte de 600 000 adhérents, elle collabora jusqu'en 1981 à l'élaboration d'une politique agricole de modernisation et de productivité, dans le cadre de la politique agricole européenne. Mais l'arrivée de la gauche au pouvoir, l'évolution du marché européen et mondial ainsi que la crise structurelle de l'agriculture conduisirent la Fédération à infléchir son action dans un sens plus contestataire. Le Centre national des jeunes agriculteurs (CNJA), qui se rattache à la FNSEA, soutient ses propres positions.

**Fédération syndicale mondiale** [FSM] ♦ Organisation créée en 1945 (siège à Prague), et qui groupait essentiellement, face à la Confédération* internationale des syndicats libres (CISL), les représentants des syndicats des pays socialistes et les syndicats à majorité communiste. La FSM a connu une grave crise depuis l'effondrement du communisme dans les pays de l'Est.

**Fédération syndicale unitaire** [FSU] ♦ Organisation syndicale constituée à la suite de l'éclatement de la Fédération* de l'Éducation nationale en 1993 et devenue, dès 1996, le premier syndicat auprès des professeurs d'école.

**FEDERER (Roger)** ♦ Joueur de tennis suisse (Bâle 1981). En tête du classement ATP technique de 2004 à 2008 puis en 2009, il dispose d'un jeu complet, à la fois offensif et spectaculaire. Il est considéré comme l'un des plus grands tennismans de tous les temps et a notamment remporté 16 titres du Grand Chelem.

**Fédérés (mur des)** ♦ Mur situé au cimetière du Père*-Lachaise à Paris. Le 28 mai 1871 les derniers défenseurs de la Commune y furent fusillés par les versaillais, après une journée de combats au milieu des tombes.

**FEDINE (Konstantin Aleksandrovitch)** ♦ Écrivain soviétique (Saratov 1892 - Moscou 1977). Il adhéra aux Frères* Sérapion. Ses premières œuvres furent des récits ou romans réalistes et psychologiques : *Le Verger* (1920), *Les Paysans* (1926). Puis ses romans eurent pour toile de fond la Révolution : *Les Cités et les Années* (1924), *Les Frères* (1927 - 1928). Il est l'auteur d'une trilogie célébrant la Révolution : *Premières joies* (1945), *Un été extraordinaire* (1947 - 1948) et *Les Feux dans la campagne* (1961 - 1965).

**FEDOR Ier ou FIODOR Ier Ivanovitch** ♦ (Moscou 1557 - *id.* 1598). Tsar de Russie (1584 - 1598). Fils d'Ivan* IV le Terrible, dernier prince de la dynastie de Riourik, il laissa le pouvoir (1588) à son beau-frère Boris* Godounov qui fut élu tsar à sa mort. ➝ ÉTYM. Le nom russe *Fedor* est l'équivalent de *Théodore**.

**FEDOR II Borissovitch** ♦ (1589 - Moscou 1605). Tsar de Russie (1605). Fils de Boris* Godounov, il régna après lui, mais fut assassiné la même année sur ordre du premier des faux Dimitri*, qui s'empara du trône.

**FEDOR III Alekseïevitch** ♦ (Moscou 1661 - *id.* 1682). Tsar de Russie (1676 - 1682). Fils d'Alexis* Ier Mikhaïlovitch auquel il succéda. Son règne est marqué par l'abolition définitive du *mestnitchestvo*, le droit des boyards aux préséances. À sa mort, les Streltsy* imposèrent deux tsars, Ivan* V et Pierre Ier (le Grand), sous la régence de Sophie* Alekseïevna.

**FEDOROV (Ievgraf Stepanovitch)** ♦ Minéralogiste russe (Orenbourg 1853 - Petrograd 1919). Il se consacra à la cristallographie physique, inventant un goniomètre, et utilisant le microscope polarisant pour l'étude des minéraux.

**FEDTCHENKO (Alekseï Pavlovitch)** ♦ Explorateur et naturaliste russe (Irkoutsk 1844 - dans le massif du Mont-Blanc 1873). Spécialisé en géologie et en zoologie, il a exploré le Turkestan russe et chinois (*Voyages au Turkestan*, publiés en 1874).

**FEFFERMAN (Charles)** ♦ Mathématicien américain (Washington 1949). Ses travaux portent sur divers domaines de l'analyse : fonctionnelle, harmonique, équations différentielles, fonctions de plusieurs variables complexes. [Médaille Fields 1978]

**FEGERSHEIM** [67640] ➝ ÉTYM. du germ. *Faghari*, n. de pers., et *heim* «village» ♦ Comm. du Bas-Rhin, arr. de Strasbourg, sur l'Andlau. 4 533 hab. Chimie.

**FEHLING (Hermann)** ♦ Chimiste allemand (Lübeck 1811 - Stuttgart 1885). Il découvrit (1848) une réaction permettant notamment de déceler et de doser le glucose, à l'aide de la *liqueur de Fehling* (solution de sulfate de cuivre, de sel de Seignette et de soude) donnant avec les aldéhydes un précipité d'oxyde cuivreux rouge. ➝ ÉTYM. Ce nom de famille vient de l'allemand *fehlen* «se tromper».

**FEIFFER (Jules)** ♦ Dessinateur et journaliste américain (New York, 1929). Auteur de dessins d'humour satiriques où des personnages de la *middle class* américaine manifestent leurs frustrations et leurs difficultés en des dessins simples, répétitifs et amplement légendés. Il témoigna de l'esprit d'observation sociale que l'on trouva plus tard chez Claire Bretécher ou Sempé.

**FEIGNIES** [59750] ➝ ÉTYM. p.-ê. lat. «domaine de Flavinius (n. de pers.)» ♦ Comm. du Nord, arr. d'Avesnes-sur-Helpe. 7 183 hab. *(Finésiens).*

**FEININGER (Lyonel)** ♦ Peintre et dessinateur américain (New York 1871 - *id.* 1956). Sensible au divisionnisme de Seurat*, aux

Lyonel **Feininger.** *Le Pont III.* Wallraf-Richartz Museum, Cologne.
*Phot. © Arch. Smeets*

recherches cubistes, futuristes et constructivistes ainsi qu'à Delaunay*, il exposa au Cavalier* bleu puis devint professeur au Bauhaus* de 1919 à 1933. Il a surtout représenté des marines et des vues urbaines (notamment de New York, après 1936). Avec un rigoureux souci de construction, il procéda à un découpage angulaire des formes, leur donnant l'apparence de cristaux prismatiques et accentuant l'effet de verticalisme par la répartition et le traitement des plans lumineux aux tonalités pâles et froides ; il chercha des effets de transparence, d'irisation et de rayonnement et créa par cette géométrisation raffinée un climat onirique, souvent de caractère visionnaire.

**FEIRA DE SANTANA** ♦ V. du Brésil (État de Bahia). 405 700 hab. Centre commercial et industriel. L'une des grandes foires *(feira)* à bétail du Nordeste.

**FEJOS (Pál Féjös,** dit **Paul)** ♦ Cinéaste hongrois (Budapest 1898 - New York 1963). Après quelques films muets en Hongrie, il réalisa aux États-Unis *Solitude* (1928), rencontre de deux jeunes gens solitaires dans la grande ville. Il tourna ensuite en Hongrie (*Marie, légende hongroise,* 1932), en Autriche (*Gardez le sourire,* 1934) et, en Asie, des documentaires (*Une poignée de riz,* 1938). Après la guerre, il se consacra à l'anthropologie.

**FELDBERG** n. m. ♦ Toponyme courant en Allemagne, équivalent des «ballons» vosgiens, dénommant en particulier les points culminants de la Forêt*-Noire (1 493 m) et du Taunus* (880 m).

**FELDMAN (Morton)** ♦ Compositeur américain (New York 1926 - Buffalo 1987). Très influencée par Cage*, sa musique se caractérise souvent par une grande impression de statisme (*Marginal Intersection,* 1951 ; *The Swallows of Salangan,* 1960 ; *In Search of an Orchestration,* 1967).

**FÉLIBIEN (André),** sieur **DES AVAUX ET DE JAVERCY** ♦ Historiographe, architecte et théoricien français (Chartres 1619 - *id.* 1695). Secrétaire d'ambassade à Rome auprès du marquis de Mariesi, il se lia avec Poussin, puis devint en 1666 historiographe des bâtiments et, en 1671, secrétaire de l'Académie d'architecture. Il participa aux controverses qui agitèrent l'Académie et apparaît comme l'un des théoriciens du classicisme français. Œuv. princ. : *Origine de la peinture* (1660), *Entretiens sur les vies et les ouvrages des plus excellents peintres anciens et modernes* (1666), *Des principes de l'architecture, de la sculpture, de la peinture, et les arts qui en dépendent* (1676 - 1690). ➝ **ÉTYM.** *Félibien* est un ancien surnom qui signifie *fais-lui bien* «fais-lui du bien».

**Félibrige** n. m. ♦ Mouvement littéraire pour la renaissance de la langue d'oc, fondé en 1854 par sept poètes provençaux (Aubanel*, Roumanille*, Mistral*, Mathieu, Tavan, Brunet et Giéra). L'intérêt pour la littérature en langue d'oc était apparu dès la fin du XVIII$^e$ s. Ce fut Mistral qui trouva dans une vieille cantilène le nom de *félibres* pour qualifier les membres du mouvement : *li sèt félibre de la lei* («les sept docteurs de la loi»). Dès 1855, le Félibrige publia l'*Almanach provençal,* organe de la restauration de la langue occitane. Le mouvement se donna en 1876 une organisation structurée, avec à sa tête un chef élu, le *capoulié.* D'autres écoles se constituèrent, en Provence d'abord puis dans tout le Midi. À Paris, la Cigale (1876) puis le Félibrige de Paris (1879) se prolongèrent ensuite par l'Association des amis de la langue d'oc. Charles Maurras* fut exclu du mouvement en 1892 pour avoir publié un manifeste fédéraliste. Le Félibrige eut une influence considérable sur son époque comme le prouvent l'opéra de Gounod* *Mireille* (1864), d'après l'œuvre de Mistral (1859), ainsi que *Les Lettres* de mon moulin* d'A. Daudet* (1866).

**FÉLICIEN** et **PRIME** (saints) ♦ Martyrs romains (Rome fin III$^e$ s. ou début du IV$^e$ s.). Un pèlerinage avait lieu sur leur sépulture, via Nomentana (fin IV$^e$ s.). Lors de la construction de Saint-Étienne-le-Rond, au Caelius (VII$^e$ s.), leurs reliques y furent apportées, ce qui passe pour le premier transfert de ce genre. Leurs actes sont légendaires. ▪ Fête le 9 juin.

**FÉLICITÉ** (sainte) → **Perpétue et Félicité (saintes)**

**FÉLICITÉ** (sainte) ♦ Dame romaine martyrisée au II$^e$ s., à Rome, après ses sept fils.

**FÉLIX** (saint) ➝ **ÉTYM.** du lat. *felix* «qui porte des fruits, fécond ; heureux» ♦ Prêtre de Nole, Campanie (v. 200 - v. 260), il survécut au martyre, sous Dèce, et déclina le titre d'évêque. Son culte fut favorisé par saint Paulin*. ▪ Fête le 14 janv.

**FÉLIX I$^{er}$** (saint) ♦ 26$^e$ pape (de 269 à 274). Romain, martyr (?). ▪ Fête le 30 mai.

**FÉLIX II** ♦ Antipape (de 355 à 365) désigné par Constance à la place de Libère* exilé. Au retour de celui-ci (358), il s'enfuit en Campanie, où il mourut.

**FÉLIX III** (saint) ♦ 48$^e$ pape (de 483 à 492). Romain. Il condamna l'édit d'union ou *hénotique* (482) de Zénon l'Isaurien et en excommunia l'inspirateur, Acace, patriarche de Constantinople : ce qui ouvrit un schisme sinon monophysite* du moins antichalcédonien (→ **Hormisdas**). ▪ Fête le 1$^{er}$ mars.

**FÉLIX IV** (saint) ♦ 54$^e$ pape (de 526 à 530), de Bénévent (?). ▪ Fête le 30 janvier.

**FÉLIX V** → **Amédée**

**FÉLIX D'URGEL** ♦ Évêque d'Urgel et hérétique espagnol (en Espagne v. 750 - Lyon 818). Il approuva et précisa la doctrine d'Élipand* : Jésus, fils adoptif de Dieu dès sa naissance. Cette expression équivoque le fit taxer d'adoptianisme (Jésus, homme ordinaire adopté par Dieu à son baptême), condamner et reléguer à Lyon. Ses sectateurs furent nommés *féliciens.*

**FELIXSTOWE** ♦ V. d'Angleterre (Suffolk), sur l'estuaire du Stour, en face de Harwich. 25 000 hab. Station balnéaire et port de plaisance. Le port de commerce, spécialisé dans les conteneurs, est en pleine croissance (au 1$^{er}$ rang pour la Grande-Bretagne).

**FELLETIN** [23500] ➝ **ÉTYM.** du germ. *Feletheus,* n. de pers., et suff. *-inum* ♦ Ch.-l. de cant. de la Creuse, arr. d'Aubusson, près de la Creuse. 1 892 hab. *(Felletinois).* Église du Moûtier reconstruite au XV$^e$ s. (clocher flamboyant). Église Notre-Dame-du-Château (fin du XV$^e$ s.) : clocher couvert en bardeaux, autel de Le Corbusier. Maisons anc. ▪ La ville abrite l'École nationale des métiers du bâtiment. ▮ **Histoire** Installés à Felletin depuis 1456, les ateliers de tapisserie de la Marche (basse lisse), devenus Manufacture royale en 1689, concurrencèrent Aubusson jusqu'au XVIII$^e$ s. Cette activité traditionnelle a évolué de façon comparable dans les deux villes. → **Aubusson.**

**FELLINI (Federico)** ♦ Cinéaste italien (Rimini 1920 - Rome 1993). Assistant et coscénariste de Rossellini *(Rome*, ville ouverte ; Païsa)* et de Lattuada *(Sans pitié),* il subit l'influence du néoréalisme (*Les Feux du music-hall* 1951, avec Lattuada ; *Courrier du cœur,* 1952 ; *I Vitelloni,* 1953), avant de s'affirmer, dans une suite d'œuvres d'une étonnante richesse formelle, comme un des très rares auteurs complets du cinéma. Mystique qui se délivre d'un message chrétien et qui instruit le procès d'une société fondée sur l'aliénation de la femme (*La Strada*,* 1954), ou sur l'escroquerie et le mensonge (*Il Bidone,* 1955), il croit, malgré les victoires de l'imposture, au triomphe final de l'innocence (*Les Nuits de Cabiria,* 1957) et de la volonté du bonheur (*Juliette des esprits,* 1965). Témoin et juge de la décadence morale des privilégiés de la fortune (*La Dolce* Vita,* 1959), Fellini devint, avec *Huit* et demi* (1963), le poète à la fois le plus rigoureux et le plus inspiré d'un cinéma onirique et visionnaire, aux images fabuleuses par leur insolite, leur ironie et leur

Federico **Fellini** (à gauche) avec Anthony Quinn pendant le tournage de *La Strada.*
*Phot. © Coll. Cahiers du cinéma*

magnificence. Des œuvres comme *Fellini Satyricon* (1968), *Fellini Roma* (1971), *Amarcord* (1973), outre qu'elles constituent une pathétique recherche du temps perdu, se proposent comme une quête haletante et tumultueuse du bonheur, une implacable description de la condition humaine. Ses derniers films se déploient dans l'imaginaire pur : *Répétition d'orchestre* (1978), *La Cité des femmes* (1980), *Et vogue le navire* (1983), *Ginger et Fred* (1986), *Intervista* (1987), *La voce della Luna* (1989).

**FELTRE** (duc DE) → **Clarke (Henri)**

**FELTRE** ♦ V. d'Italie, en Vénétie (prov. de Belluno). 19 240 hab. Maisons anc. ▮ **Histoire** Elle fut érigée en duché par Napoléon pour le général Clarke.

**Femina** (prix) ♦ Prix littéraire institué en 1904 par un jury féminin, composé en 2010 de Paule Constant, Solange Fasquelle, Viviane Forrester, Claire Gallois, Benoîte Groult, Paula Jacques, Christine Jordis, Camille Laurens, Diane de Margerie, Mona Ozouf, Danièle Sallenave, Chantal Thomas.

## féminisme

n. m. ♦ Doctrine qui préconise l'extension des droits, du rôle de la femme dans la société. Le féminisme est divers dans ses théories : Simone de Beauvoir* a soutenu, dans la perspective de l'existentialisme*, qu'il n'existait pas une nature des femmes, mais que la féminité était un produit social : « On ne naît pas femme, on le devient » *(Le Deuxième Sexe)*. L'Américaine Betty Friedan dans *La Femme mystifiée* (1963) met en cause l'assignation, à la femme, de rôles subordonnés et de tâches domestiques. Face à cette idéologie universaliste (qui souligne l'égalité en dignité et en droits des femmes et des hommes), on trouve des courants différentialistes, qui se réclament parfois de la psychanalyse, pour lesquels il existe des qualités spécifiques aux femmes (Luce Irigaray, *Speculum*, 1974) ; dans ce cas le féminisme est moins une revendication d'égalité entre femme et homme qu'une affirmation des propriétés de la féminité. Le féminisme, dont une des premières théoriciennes fut Mary Wollstonecraft* (*A Vindication of the Rights of Woman*, 1792), a pris des formes organisées, au moins depuis la révolution de 1848. En Angleterre les « suffragettes », soutenues au départ par J. S. Mill*, ont lutté pour l'extension du suffrage universel aux femmes (E. Pankhurst*). En France, les femmes obtinrent le droit de vote en 1944. Une vague plus récente du féminisme a donné naissance à des mouvements de masse, polymorphes, à partir des années 1960 en Europe et en Amérique du Nord (Women's Lib aux États-Unis, Mouvement de libération des femmes). Ses revendications ont porté sur le droit à la contraception et à l'interruption volontaire de grossesse, sur l'égalité avec les hommes dans les conditions de travail. Les féministes ont dénoncé l'indulgence de la Justice quant au viol ou au harcèlement sexuel, et des courants politico-philosophiques radicaux se sont développés pour dénoncer le phallocentrisme dans le cadre d'une lutte des minorités (ethniques et sexuelles). Littérairement et philosophiquement, le féminisme français s'est développé notamment autour des Éditions des femmes, dirigées par Antoinette Fouque. S'attaquant à l'humanisme occidental, qui exclut les femmes de la parole, Benoîte et Flora Groult (*Féminin pluriel*, 1965), Hélène Cixous* (*Dedans*, 1969 ; *Angst*, 1977), Monique Wittig (*Les Guérillères*, 1969) ou Julia Kristeva (*Des Chinoises*, 1974) rejoignent, par certains côtés, la philosophie de la déconstruction de Jacques Derrida*. Les controverses peuvent alors être assez vives.

La **Femme de trente ans** ♦ Roman d'H. de Balzac* (1831 - 1834), intégré aux *Scènes de la vie privée* de *La Comédie* humaine*, et qui retrace six moments de la vie d'une femme, Julie. Son mauvais mariage avec le vulgaire comte d'Aiglemont tourne au drame quand elle tombe amoureuse, à trente ans, de Charles de Vandenesse. Le titre ne fut adopté qu'en 1842 au moment où Balzac décidait de l'architecture définitive de *La Comédie humaine*.

La **Femme du boulanger** ♦ Film français de Marcel Pagnol* (1938), avec Raimu, Ginette Leclerc. Un petit village de Provence est le théâtre d'un banal incident : la femme du nouveau boulanger s'est enfuie avec un berger, laissant le pauvre mari désespéré. Comme il cesse de faire du pain, toute la communauté se lance à la recherche de l'infidèle... L'anecdote est empruntée à un bref épisode du roman de Giono *Jean le bleu* ; mais Pagnol l'a étoffée. Son art de conteur trouve le subtil point d'équilibre entre bouffonnerie et émotion.

Les **Femmes savantes** ♦ Comédie de Molière* en 5 actes et en vers (1672). Bourgeoise autoritaire et pédante, Philaminte impose sa loi à Chrysale, son époux, esprit borné et âme prosaïque qu'irritent les prétentions au savoir de sa sœur Bélise et de sa fille Armande. Poète ridicule, Trissotin aspire à épouser Henriette, fille cadette de Chrysale et de Philaminte, dont la fine intelligence réprouve les artifices du pédantisme. L'intérêt de l'intrigue le cède à la force de la satire sociale et intellectuelle, qui trahit une angoisse devant l'évolution des mœurs.

**FEN** n. f. → **Fédération de l'Éducation nationale**

**FENAIN** [59179] ♦ Comm. du Nord, arr. de Douai. 5 365 hab. *(Fenainois)*. Centrale thermique à Hornaing.

**FÉNELON (François DE SALIGNAC DE LA MOTHE)** ◆ ÉTYM. du n. du château, appelé au X$^e$ s. *Felenon* (ou *Felenor*) ♦ Prélat français (château de Fénelon, Périgord 1651 - Cambrai 1715). Protégé par Bossuet*, doté d'une grande habileté dialectique (*Trois dialogues sur l'éloquence*, 1681 - 1686, publ. en 1718) et professant déjà des idées pédagogiques très modernes par leur tolérance (*Traité de l'éducation des filles*, 1687), Fénelon devint le précepteur du duc de Bourgogne (1689 à 1694) pour lequel il composa des *Fables* en prose (1690), les *Dialogues des morts* (publ. en 1712), œuvre d'édification, et surtout *Les Aventures de Télémaque** (publ. en 1699, sans l'aveu de l'auteur), dont les vues politiques hardies déplurent à Louis XIV. ▪ Chrétien scrupuleux, il rêvait d'une communion spirituelle avec Dieu et s'adonna avec sincérité au quiétisme, répandu par M$^{me}$ Guyon*. Mais l'orthodoxie de ses *Maximes des saints* (1697) fut contestée par Bossuet* et condamnée par l'Église. Administrant dès lors avec abnégation son archevêché de Cambrai, il rédigea pour l'Académie* française (dont il était membre depuis 1693) un programme de travaux, la *Lettre* sur les occupations de l'Académie française* (1714, publ. en 1716), qui apparaît comme son véritable testament littéraire. → **Anciens et des Modernes (querelle des), Houdar de La Motte.** Âme « sensible » qui voulut assurer le bonheur de l'individu en se faisant l'apôtre séduisant d'un rêve mystique, et celui de la société, en exaltant la vertu civique au détriment de l'absolutisme (*Tables de Chaulnes*, 1711), écrivain dont la prose poétique annonce celle de Rousseau*, Fénelon apparaît comme un précurseur des utopistes du XVIII$^e$ siècle.

**FÉNÉON (Félix)** ♦ Écrivain français (Turin 1861 - Châtenay-Malabry 1944). Il fonda *La Revue indépendante* en 1884, puis fut secrétaire de rédaction de la *Revue blanche* (1895 - 1904). Il fit connaître des œuvres comme *Une saison en enfer* et *Illuminations* de Rimbaud ou *Dedalus* de Joyce. Lié aux symbolistes, il fut dans ses nombreux articles un critique littéraire et artistique pénétrant qui participa à la diffusion de l'impressionnisme et du post-impressionnisme (Seurat). Ses *Œuvres plus que complètes* (posth., 1970) comprennent ses étonnantes *Nouvelles en trois lignes* (1906).

**FENG Guozhang** ou **FONG Kouo-tchang** ♦ Homme politique chinois (Hejian, prov. du Zhili, auj. Hebei 1859 - Pékin 1919). Nommé en 1913 par Yuan Shikai gouverneur de la région de Nankin, il devint seigneur de la guerre dans la région Nord (Hebei, Henan et Shandong) aux côtés de deux acolytes (clan du Zhili, 1920).

**FENG Yuxiang** ou **FONG Yu-siang** ♦ Général chinois (Anhui 1880 - mer Noire 1948), dit le « général chrétien » parce qu'il baptisait ses troupes à la lance à incendie. Commandant au service de Jiang* Jieshi (Chiang Kai-shek), il occupa Pékin en 1924, puis se retourna contre lui (1930). Il périt dans un naufrage alors qu'il se rendait en URSS.

**fenian** (mouvement) ♦ Société secrète révolutionnaire irlandaise qui tenait son nom des *Fiana*, défenseurs légendaires de l'Irlande épique. Fondée aux États-Unis en 1858, elle avait pour but d'obtenir l'indépendance irlandaise et se répandit dans de nombreux pays, puis en Irlande. Ses entreprises échouèrent, la police ayant arrêté ses chefs (1865), mais son esprit lui survécut et anima le mouvement Sinn* Féin.

**FENN (John B.)** ♦ Chimiste américain (New York 1917). Il mit au point, en 1988, l'ionisation « électrosparay », méthode de préparation des échantillons permettant d'appliquer aux protéines la spectrométrie de masse, jusque-là réservée à l'identification et à l'analyse de petites molécules (→ **Thomson [J. J.]**) [Prix Nobel de chimie 2002 avec K. Tanaka* et K. Wüthrich*]

**FENNOSCANDIE** n. f. ♦ Nom donné à l'ensemble formé par la Norvège, la Suède et la Finlande.

**FENOGLIO (Beppe)** ♦ Écrivain italien (Alba, Cuneo 1922 - Turin 1963). Réservé jusqu'au secret, il passa presque toute sa vie dans sa province natale, les Langhe (Piémont), où, après la guerre (il avait été partisan), il fut gérant d'une entreprise vinicole. Enraciné dans sa culture régionale, mais fortement marqué par l'anglais (langue largement présente dans ses derniers livres), il donna de son vivant *Les Vingt-Trois Jours de la ville d'Albe* (1952), *La Malora* (1954), *Primavera di bellezza* (1959) ; mais l'essentiel de son œuvre parut après sa mort : *Un Giorno di fuoco* (1963), *Une affaire personnelle* (1963), *La Guerre sur les collines* (*Il Partigiano Johnny*, 1968), *La Paga del sabato* (1969), *Un Fenoglio alla prima guerra mondiale* (1973). Bien que liée au monde paysan et à la guerre de résistance, son œuvre — austère, violente, épique — d'une grande singularité, échappe à l'engagement politique alors de mise en Italie.

**FENOUILLÈDES** n. m. pl. ou **FENOUILLET** n. m. ◆ ÉTYM. de l'occit. *fenolh* « fenouil » ♦ Dépression allongée entre les Corbières* et les Pyrénées*, empruntée tour à tour par la Boulzane et le Maury, affl. de l'Agly*. Elle prend en amont un aspect semi-montagnard, puis en aval débouche dans un pays consacré à la vigne et aux cultures méditerranéennes.

**FENOUILLET** [31150] ◆ ÉTYM. de l'occit. *fenolhet* « lieu riche en fenouil » ♦ Comm. de la Haute-Garonne, arr. de Toulouse. 4 028 hab.

**FENRIS** ♦ Dans la mythologie germanique, loup géant, ennemi des dieux Ases et symbolisant le chaos du monde. Les dieux tentent de l'enchaîner (→ **Tyr**) mais, lors du Ragnarök*, il dévore Odin*. Ensuite, il est tué par le fils de celui-ci, Vidar.

**FENS** ➝ ÉTYM. angl. «marais» ♦ Région marécageuse de l'E. de l'Angleterre, au fond du golfe du Wash. Drainées et amendées, les terres sont vouées aux céréales, aux cultures maraîchères et florales.

**FENSCH** n. f. ♦ Affl. de la Moselle, en Lorraine (42 km). Sa vallée est une zone industrielle. → **Hayange.**

**FENTON (Roger)** ♦ Photographe britannique (Crimble Hall, Lancashire 1819 - Londres 1869). Il partit en 1855 pour la Crimée et devint l'un des premiers photographes correspondants de guerre. Occultant l'horreur des combats, ses clichés, soigneusement composés, de campements et de fortifications et ses portraits d'officiers devaient répondre à des impératifs commerciaux et politiques.

**FER** (île de) → **Hierro (île de)**

**FERAOUN (Mouloud)** ♦ Écrivain algérien d'expression française (Tizi Hibel, Grande Kabylie 1913 - El-Biar, Alger 1962). Ses romans décrivent le peuple berbère, en proie à la misère, partagé entre le traditionalisme et l'aspiration confuse au progrès, et posent le problème du conflit entre l'islam et le monde occidental : *Le Fils du pauvre* (1950), *La Terre et le Sang* (1953). Son *Journal* fut publié après son assassinat par l'OAS.

**FÉRAUD** ou **FERRAUD (Jean)** ♦ Homme politique français (Arreau, Hautes-Pyrénées 1764 - Paris 1795). Député de la Convention (1792), il vota la mort du roi, mais s'opposa à la proscription des girondins et se montra particulièrement hostile à Robespierre. Adjoint à Barras lors du 9 Thermidor an II (27 juil. 1794), il fut tué par les insurgés qui envahirent la Convention (20 mai 1795). → **Prairial an III.**

## FERDINAND

➝ ÉTYM. du germ. *Fridunand*, de *frid* «paix» et du vx haut all. *nand* «hardi» ♦ Nom de plusieurs personnages, classés selon les rubriques suivantes : empereurs germaniques ; empereur d'Autriche ; Aragon ; Bulgarie ; Castille, León et Espagne ; Naples ; Portugal ; Roumanie ; Sicile ; Toscane.

### EMPEREURS GERMANIQUES

**FERDINAND Ier** ♦ (Alcalá de Henares, Espagne 1503 - Vienne 1564). Roi de Bohême et de Hongrie (1526 - 1564), roi des Romains (1531 - 1564), empereur germanique (1556 - 1564) après l'abdication de son frère aîné Charles Quint. Il avait été élevé en Espagne, mais Charles Quint lui reconnut (traité de Worms) la possession des cinq États des Habsbourg et le fit gouverneur d'Allemagne du Sud, du Tyrol et de la haute Alsace. Marié à Anne de Hongrie (1521), il fut élu roi de Bohême et de Hongrie après la mort de Louis* II à Mohács* (1526), contre Jean Zápolya. Il dut faire face à l'offensive turque (Vienne fut assiégée en 1529), échoua devant Buda (1541) et dut signer la trêve de huit ans (1562) : il devait verser un tribut aux Turcs et reconnaître Zápolya en Transylvanie. Sensible à l'humanisme, il fit preuve d'une certaine tolérance dans sa lutte contre le protestantisme. S'il constitua dans ce but une «Union chrétienne» avec cinq cantons suisses (1529) et s'il écrasa une révolte tchèque (1547), il désirait un rapprochement entre luthériens et catholiques par une réforme de l'Église : après avoir participé à l'assemblée de Ratisbonne (1524), il tenta en vain d'imposer ses vues réformatrices au concile de Trente, négocia la diète d'Augsbourg (1555) et en donna une interprétation favorable aux protestants.

**FERDINAND II DE HABSBOURG** ♦ (Graz 1578 - Vienne 1637). Empereur germanique (1619 - 1637). Succédant à son cousin Mathias* II, il se trouva aux prises avec le soulèvement protestant de la Bohême qui fut à l'origine de la guerre de Trente* Ans. Déchu et remplacé par l'électeur palatin Frédéric* V que la noblesse tchèque avait élu roi, il écrasa son adversaire à la Montagne* Blanche (1620). En 1626, Christian* IV, qui avait repris la tête du parti protestant en Allemagne, était battu à son tour (Lutter) et Ferdinand imposait la paix de Lübeck (1629). Les excès de la répression (édit de Restitution) provoquèrent une reprise des hostilités, Gustave* II Adolphe, poussé par la France, intervint et remporta une suite de victoires (Breitenfeld, le Lech*, Lützen*), mais sa mort permit à l'empereur un rétablissement (Nördlingen*). Ferdinand fut secondé par de brillants généraux (Tilly*, Wallenstein*, Maximilien* de Bavière). On l'accuse généralement d'avoir obéi à un catholicisme et à un autoritarisme excessifs et intransigeants, mais sans doute agissait-il surtout dans le désir de consolider les possessions des Habsbourg.

**FERDINAND III DE HABSBOURG** ♦ (Graz 1608 - Vienne 1657). Roi de Bohême (1625 - 1657), roi de Hongrie (1627 - 1657), roi des Romains, empereur germanique (1637 - 1657). Il succéda à son père Ferdinand* II ; il avait déjà battu avec Gallas* les Suédois à Nördlingen* (1634) et dut continuer la guerre de Trente* Ans contre la Suède et la France, et signer la paix de Westphalie* (1648).

### EMPEREUR D'AUTRICHE

**FERDINAND Ier** ♦ (Vienne 1793 - Prague 1875). Empereur d'Autriche (1835 - 1848). Fils aîné de l'empereur François* II, devenu François Ier, il succéda à son père, en 1835, mais, faible d'esprit, laissa le pouvoir aux mains d'un conseil de régence présidé par Metternich*. Schwarzenberg* le força à abdiquer après la révolution de 1848, en faveur de son neveu François*-Joseph.

### ARAGON

**FERDINAND Ier D'ARAGON le Juste** ♦ (v. 1380 - 1416). Roi d'Aragon et de Sicile (1412 - 1416). Il s'illustra en combattant victorieusement les Maures de Grenade (1410). Il s'assura le trône d'Aragon et de Sicile et gouverna le royaume avec énergie. Il eut une grande influence en Italie et dans l'empire germanique.

**FERDINAND II D'ARAGON le Catholique** ♦ (Sos, Aragon 1452 - Madrigalejo, Cáceres 1516). Fils de Jean* II d'Aragon, roi de Castille sous le nom de Ferdinand V (1474 - 1504), roi d'Aragon et de Sicile (1479 - 1516), roi de Naples sous celui de Ferdinand III (1504 - 1516). Son mariage avec Isabelle* de Castille (1469) scella l'unité espagnole, associant à l'expansion atlantique de la Castille les ambitions méditerranéennes de l'Aragon. Il exerça une grande influence dans le gouvernement des deux royaumes, limita l'indépendance de la noblesse, convoqua plus rarement les Cortes et accomplit d'importantes réformes financières et administratives. Sur le plan religieux, il introduisit l'Inquisition* (1479), expulsa les juifs (1492) et acheva la Reconquête par la prise de Grenade* (1492). Cette politique valut au couple royal le titre de *Rois Catholiques (Reyes Católicos)*, décerné par le pape. À la mort d'Isabelle (1504), Ferdinand devint régent de Castille, conquit la Navarre, le Milanais, Oran, Bougie et Tripoli (1511) et eut à lutter contre la noblesse. Remarié à Germaine de Foix, il n'en eut point d'héritier et accepta d'offrir la couronne à son petit-fils Charles de Gand, déjà roi de Castille. → **Charles Quint.**

### BULGARIE

**FERDINAND Ier**, prince **DE SAXE-COBOURG-GOTHA** ♦ Roi de Bulgarie (Vienne 1861 - Cobourg 1948). Élu, grâce à Stamboulov*, prince de Bulgarie en 1887, il fut ensuite reconnu par la Russie en 1894 et par différents pays européens ; gouvernant avec habileté, il réussit à apaiser les tensions internes et à unifier et moderniser la Bulgarie. En 1908, profitant de la révolution des Jeunes-Turcs, il prit le titre de roi ou tsar des Bulgares. → **Bulgarie.** Il dut abdiquer en faveur de son fils Boris le 3 octobre 1918.

### CASTILLE, LEÓN ET ESPAGNE

**FERDINAND Ier le Grand** ♦ (v. 1017 - 1065). Roi de Castille (1035 - 1065). Il agrandit son royaume du León et de la Navarre et s'illustra dans la lutte contre les Maures. Il fut le véritable précurseur des grands rois de la monarchie castillane.

**FERDINAND II** ♦ (v. 1145 - Benavente, Zamora 1188). Roi de León et de Galice (1157 - 1188). Fils d'Alphonse* VII, il fut un remarquable administrateur et poursuivit la Reconquête contre les Maures.

**FERDINAND III** (saint) ♦ (v. 1199 - Séville 1252). Roi de Castille (1217 - 1252) et roi de León (1230 - 1252). Fils d'Alphonse IX de León et de Bérengère de Castille, il réunit définitivement les deux royaumes (1230), chassa les Maures de Cordoue (1236) et de Séville (1248) et fonda l'université de Salamanque*. Il fut canonisé en 1671. ▪ Fête le 30 mai.

**FERDINAND IV l'Ajourné** ♦ (Séville 1285 - Jaén 1312). Roi de Castille et de León (1295 - 1312). Il s'empara de Gibraltar en 1310.

**FERDINAND V** → **Ferdinand II d'Aragon.**

**FERDINAND VI le Sage** ♦ (Madrid 1713 - Villaviciosa de Odón 1759). Roi d'Espagne (1746 - 1759). Fils de Philippe* V et de Marie-Louise de Savoie, il participa à la fin de la guerre de Succession* d'Autriche et y gagna Parme et Plaisance. Il eut ensuite un règne pacifique, au cours duquel il maintint l'équilibre entre la France et la Grande-Bretagne, et accomplit d'utiles réformes avec l'aide de son ministre Ensenada*.

**FERDINAND VII** ♦ (San Ildefonso 1784 - Madrid 1833). Roi d'Espagne (en 1808, puis 1814 - 1833), fils de Charles* IV et de Marie*-Louise de Parme. Il rallia autour de lui une opposition hostile à Godoy, favori de la reine Marie-Louise. Il entra en contact secrètement avec Napoléon. Le 17 mars 1808, l'insurrection d'Aranjuez provoqua l'abdication de Charles IV en sa faveur (→ **Godoy**). Après l'occupation de Madrid par Murat*, Charles IV et Ferdinand se rendirent à Bayonne, contraints par Napoléon qui obtint l'abdication de Ferdinand, le 2 mai 1808, en faveur de Joseph Bonaparte. Ferdinand fut interné au château de Valençay jusqu'en mars 1814. Rentré en Espagne, il abolit la Constitution libérale de 1812, restaura l'absolutisme et persécuta les libéraux. Mais, après la révolte du général Riego (1820), Ferdinand rétablit un régime libéral, acceptant de remettre en vigueur la Constitution de 1812. Encouragés par Ferdinand, les royalistes firent alors appel à la Sainte-Alliance, et le duc d'Angoulême, neveu de Louis XVIII, lui permit de rétablir un pouvoir absolu. Ayant eu une fille de sa quatrième épouse Marie*-Christine, il abolit la loi salique afin que sa fille Isabelle* lui succédât. Cette décision fut à l'origine des guerres carlistes*.

**Ferdinand VII.** Tableau de Goya. Académie San Fernando, Madrid.
*Phot. © Nimatallah/Ricciarini*

NAPLES

**FERDINAND Ier** ou **FERRANTE** ♦ (Valence 1423 - 1494). Roi de Naples (1458 - 1494). Fils naturel d'Alphonse V d'Aragon, il reçut Naples, lutta victorieusement contre René d'Anjou et chassa les Turcs d'Otrante (1481). Prince de la Renaissance, il tint une cour fastueuse, favorisa le commerce et l'industrie et introduisit l'imprimerie à Naples (1474). ▪ Père de Frédéric Ier, roi des Deux-Siciles.

**FERDINAND II,** dit **Ferrandino** ♦ (Naples 1467 - *id.* 1496). Roi de Naples (1495 - 1496). Fils d'Alphonse* II de Naples et petit-fils de Ferdinand Ier, il dut lutter contre Charles VIII de France qui avait envahi le royaume et dont la retraite lui permit de regagner Naples avec l'armée de Gonzalve* de Cordoue.

**FERDINAND III** → Ferdinand II d'Aragon.

**FERDINAND IV** → Ferdinand Ier de Bourbon, ROI DES DEUX-SICILES.

PORTUGAL

**FERDINAND Ier** ♦ (Lisbonne 1345 - *id.* 1383). Roi de Portugal (1367 - 1383). Il succéda à son père Pierre* Ier et tenta de faire valoir ses prétentions au trône de Castille ; il ne put que marier sa fille Béatrice à Jean Ier de Castille, ce qui devait amener l'invasion du Portugal par les Castillans. Son frère naturel, Jean* Ier, lui succéda après deux années de troubles.

ROUMANIE

**FERDINAND Ier** ♦ (Sigmaringen 1865 - Sinaïa 1927). Roi de Roumanie (1914 - 1927). Il hérita de son oncle Carol* Ier de Roumanie. Malgré ses origines allemandes, il entra en guerre aux côtés des Alliés (août 1916). Son petit-fils Michel* lui succéda.

SICILE

**FERDINAND Ier** → Ferdinand Ier d'Aragon

**FERDINAND II** → Ferdinand II d'Aragon

**FERDINAND Ier DE BOURBON** ♦ (Naples 1751 - *id.* 1825). Roi de Naples sous le nom de Ferdinand IV (1759 - 1816), puis roi des Deux-Siciles (1816 - 1825). Il succéda à son père quand celui-ci monta sur le trône d'Espagne (Charles III) et laissa gouverner sa femme, Marie*-Caroline d'Autriche. L'ascendant de John Acton sur celle-ci orienta la Sicile vers l'alliance britannique et la coalition contre la France (1793). Obligé de s'enfuir par deux fois en Sicile et ayant laissé s'accomplir entre-temps une sanglante réaction (1799), il y resta jusqu'en 1815, subissant la domination britannique qui lui imposa une constitution. À son retour, il abolit les réformes, fit fusiller Murat*, et prit le titre de roi des Deux-Siciles.

**FERDINAND II DE BOURBON** ♦ (Palerme 1810 - Caserte 1859). Roi des Deux-Siciles (1830 - 1859). Il fut le successeur de François* Ier et délaissa rapidement ses premières tendances libérales. Obligé en 1848 d'accorder une constitution, il fit triompher l'absolutisme quand il eut repris le pouvoir et fit bombarder Messine (d'où son surnom de *Re Bomba*).

TOSCANE

**FERDINAND Ier, FERDINAND II** ♦ → Médicis

**FERDINAND III** ♦ (Florence 1769 - *id.* 1824). Archiduc d'Autriche, grand-duc de Toscane, deuxième fils de l'empereur Léopold II. Dépouillé de ses États par le Directoire (1799), puis les ayant recouvrés quelque temps après, il en fut de nouveau chassé après Marengo par le traité de Lunéville (1801) ; il obtint en compensation la principauté de Salzbourg (1803), qu'il échangea contre le grand-duché de Würzburg (traité de Presbourg, 1805). Les événements de 1814 lui rendirent la Toscane.

---

**FERDINAND DE PORTUGAL** dit **Ferrand** ♦ (1186 - Douai 1233). Comte de Flandre et de Hainaut (1211 - 1233). Fils de Sanche* Ier, roi de Portugal, il fut marié en 1212 à Jeanne de Flandre par son suzerain Philippe* Auguste. Mais il ne se montra pas un vassal docile et prêta hommage au roi d'Angleterre (1214). Fait prisonnier à la bataille de Bouvines*, il dut céder Lille, Douai et L'Écluse, et resta désormais fidèle à son suzerain français.

**FERDINAND D'ESPAGNE** dit **le Cardinal-Infant** ♦ Cardinal espagnol (Madrid 1609 - Bruxelles 1641). Troisième fils de Philippe* III et frère de Philippe* IV, archevêque de Tolède (1619), puis vice-roi de Catalogne et enfin gouverneur des Pays-Bas (1634). Après avoir participé, à la tête d'une armée espagnole, à la bataille de Nördlingen* (1634), il se distingua aux Pays-Bas comme administrateur et comme capitaine ; il arrêta l'invasion franco-hollandaise et parvint, en France, jusqu'à Corbie* (1636).

**FERDJIOUA** – anc. ***Fedj M'zala*** ♦ V. d'Algérie (wilaya de Mila). 28 052 hab. Gisement de cinabre (mercure).

**FÈRE (LA)** [02800] ➝ ÉTYM. langue d'oïl «habitation des ancêtres, ruines d'habitation ancienne» ♦ Ch.-l. de cant. de l'Aisne, arr. de Laon, au confluent de la Serre et de l'Oise. 2 817 hab. *(La Férois)*. Musée Jeanne-d'Aboville : archéologie ; peintures des écoles flamande, hollandaise et française. ▮ **Histoire** Anc. place forte, la ville eut à soutenir de nombreux sièges. En 1595, elle résista plusieurs mois à Henri IV. Pendant la Première Guerre mondiale, ce fut un bastion important de la ligne Hindenburg.

**FÈRE-CHAMPENOISE** [51230] ➝ ÉTYM. → La Fère ♦ Ch.-l. de cant. de la Marne, arr. d'Épernay, sur la Vaure. 2 293 hab. *(Fertons)*. ▮ **Histoire** Défaite française en 1814, lors de la campagne de France.

**FÈRE-EN-TARDENOIS** [02130] ➝ ÉTYM. → La Fère ♦ Ch.-l. de cant. de l'Aisne, arr. de Château-Thierry, sur la rive d. de l'Ourcq. 3 356 hab. *(Férois)*. Halles (1540). ▪ Nœud routier. ▪ Aux environs, ruines du château de Fère (XIIIe s.) avec pont Renaissance. ▮ **Histoire** De durs combats s'y déroulèrent en 1918.

**FERENCZI (Sándor)** ♦ Neurologue, psychiatre et psychanalyste hongrois (Miskolc 1873 - Budapest 1933). Disciple et ami de S. Freud*, qui pensait faire de lui son successeur avant que leurs voies ne divergent, il fut un des principaux promoteurs de la psychanalyse. Sans remettre en cause les fondements du freudisme, il innova à la fois sur le plan théorique (narcissisme, introjection, traumatisme, contre-transfert), et sur le cadre clinique : contre la froideur freudienne, il pratiqua l'empathie, allant jusqu'à expérimenter l'«analyse mutuelle», dont il reconnut cependant très vite les butées théorico-cliniques. Outre des interventions rassemblées dans *Psychanalyse I, II, III* et *IV* (dont deux essais fondamentaux sur «Le petit Homme-Coq», 1913, et la «Confusion de langue entre les adultes et l'enfant», 1932), il donna un essai de bio-psychanalyse, *Thalassa. Essai sur la théorie de la génitalité* (1924) et un *Journal clinique*, publié par son disciple M. Balint* en 1969. ➝ ÉTYM. Ce nom de famille hongrois vient de *Ferenc*, forme hongroise de l'allemand *Franz* «François».

**FERGANA** ou **FERGHANA** n. m. ♦ Vaste bassin partagé entre Ouzbékistan*, Kirghizstan* et Tadjikistan*, formant une dépression fertile dans les monts Tian shan. Env. 22 000 km². Alt. 300 à 1 020 m. Sa partie centrale est une plaine désertique. Les eaux du Syr-Daria, collectées en un réseau de canaux, en font une grande région cotonnière. Extraction et raffineries de pétrole, constructions mécaniques, indus. textile. V. PRINC. : Andijan, Fergana, Kanibadam, Kokand, Khoudjand, Namangan, Och. ▮ **Histoire** Conquis par les Arabes dès 719, ravagé par Gengis* Khān et Tamerlan*, annexé par les Ouzbeks qui y fondèrent le khanat de Kokand* au XVIIIe s., le Fergana fut annexé par la Russie en 1875 et Skobelev* nommé gouverneur de la région.

**FERGANA** ou **FERGHANA** – anc. ***Novyï Marguelan***, puis de 1907 à 1924 ***Skobelev*** ♦ V. d'Ouzbékistan, ch.-l. de la région, dans le S. de la vallée du Fergana. 182 800 hab. Indus. textile et alimentaire.

**FERGUSSON (James)** ♦ Archéologue écossais (Ayr, Écosse 1808 - Londres 1886). Il visita l'Inde et la Chine et publia une *Description des temples de l'Inde* (1845), un ouvrage sur *L'Architecture ancienne de l'Hindoustan* (1847), une *Histoire de l'architecture ancienne et moderne* (1865). ➝ ÉTYM. Ce nom de famille signifie «fils *(son)* de Fergus (gaélique *Fearghus*, de *fear* homme et de *gus* force)».

**FERLAND (Albert)** ♦ Écrivain canadien d'expression française (Montréal 1872 - *id.* 1943). Poète de la nature canadienne, il fut l'un des fondateurs de l'école littéraire de Montréal.

**FERLINGHETTI (Lawrence)** ♦ Poète américain (Yonkers, New York 1919). C'est dans sa librairie City Lights à San Francisco, consacrée aux livres au format de poche (la première du genre), que se réunissaient les écrivains de la beat* generation, dont il fut l'un des principaux mentors. Traducteur de Prévert, il partagea avec lui le souci de faire descendre la poésie dans la rue. Ses poèmes sont faits pour être lus à haute voix (*Pictures of the Gone World*, 1955 ; *A Coney Island of the Mind*, 1958). Il prit violemment position contre la guerre du Viêtnam et les discriminations raciales, orientant son œuvre vers un nouvel humanisme. Il édita le *City Lights Journal* où furent traduits Artaud, Michaux, Céline, et la poésie des Indiens d'Amérique.

**FERLO** n. m. ➔ ÉTYM. du peul *fer* «émigrer» [les Peuls nomment *ferlo* toute brousse où vont paître leurs troupeaux à la saison des pluies] ♦ Région du N.-E. et du centre du Sénégal, parfois qualifiée de désert (nappe phréatique très profonde). Elle est constituée de grès siliceux et de sables, couverts d'une savane aux maigres arbustes épineux. Le Saloum et le Ferlo (affl. du Sénégal) y ont des cours intermittents. Les Peuls y font paître leurs troupeaux pendant les années de pluies.

**FERMANAGH** ➔ ÉTYM. du gaul. *Menapii*, n. d'une tribu gaul. [c'est le seul comté d'Irlande à avoir retenu le n. d'une tribu] ♦ Comté d'Irlande du Nord, de part et d'autre du lough Erne. 1 691 km². 57 527 hab. CAP. : Enniskillen. Agriculture pauvre dans un paysage de collines morainiques *(drumlins)*. Les protestants sont minoritaires dans ce comté.

**FERMAT (Pierre DE)** ♦ Mathématicien français (Beaumont-de-Lomagne 1601 - Castres 1665). Magistrat, passionné par les mathématiques, et bien que partisan de démonstrations synthétiques mais rigoureuses, il passa d'une découverte à une autre sans prendre le temps bien souvent de l'exposer, donnant seulement les résultats. Ces derniers concernent toutes les branches des mathématiques. Précurseur de la géométrie analytique (indépendamment de Descartes*), du calcul des probabilités (comme le montre sa correspondance avec Pascal*), il fut un des créateurs du calcul différentiel et intégral. On lui doit, en particulier, une règle permettant de calculer les extrema d'une fonction et son application à la détermination des tangentes, où il emploie déjà tous les principes du calcul infinitésimal. Parmi ses travaux sur la théorie des nombres, le *théorème de Fermat* est resté célèbre car pendant plus de trois siècles il constitua un défi pour les mathématiciens : la démonstration de Fermat fut perdue et ce n'est qu'en 1994 qu'A. Wiles* parvint à le démontrer. Enfin, on doit à Fermat un principe *(principe de Fermat)*, selon lequel la lumière, pour aller d'un point à un autre, prend le chemin de durée minimale ou maximale. Base de l'optique géométrique, ce principe équivaut au principe de moindre action en mécanique (➔ **Maupertuis**). ➔ ÉTYM. *Fermat* signifie «tenancier d'une ferme».

**FERMI (Enrico)** ♦ Physicien italien (Rome 1901 - Chicago 1954). Spécialiste de physique nucléaire théorique et expérimentale, il est l'auteur de très nombreux résultats fondamentaux. Il élabora, en même temps que Dirac*, la théorie statistique (dite de *Fermi-Dirac*) qui décrit le comportement des particules obéissant à la règle d'exclusion de Pauli* *(les fermions)* ; appliquée aux électrons du métal, elle permit la mise au point de la théorie de l'état solide. On doit à Fermi l'explication du mécanisme de la radioactivité β et de l'interaction nucléaire faible en général, ainsi qu'une contribution essentielle à la physique des réactions nucléaires, à la connaissance de la radioactivité artificielle et de la fission, par ses expériences de bombardement de noyaux par les neutrons lents. Émigré aux États-Unis en 1938, il fut un des maîtres d'œuvre de la première bombe atomique américaine et dirigea la construction de la première pile atomique. [Prix Nobel de phys. 1938] ➔ ÉTYM. Ce nom de famille vient de *Fermo*, nom de lieu en Italie.

**FERNANDEL (Fernand CONTANDIN, dit)** ➔ ÉTYM. pseud. inventé par sa belle-mère «voilà le Fernand d'Elle (en parlant de sa fiancée Henriette Manse)» ♦ Acteur français (Marseille 1903 - Paris 1971). Il débuta au café-concert dans l'emploi de comique troupier, interpréta l'opérette et la comédie, mais c'est au cinéma qu'il dut une exceptionnelle popularité, durant plus de quarante années. Tour à tour naïf, rusé, émouvant et pudique, mais toujours d'une irrésistible drôlerie, il a excellé dans les films de M. Pagnol (*Angèle*, 1934 ; *Regain*, 1937 ; *Le Schpountz*, 1938 ; *La Fille du puisatier*, 1941) ainsi que dans la série des *Don Camillo* (1951 - 1955) et dans de nombreuses autres compositions.

**FERNANDES (Mateus)** ♦ Architecte portugais (mort à Batalha en 1518). Il travailla comme maître d'œuvre au monastère de Batalha* à partir de 1490, et y réalisa notamment le portail monumental de la rotonde des *capelas imperfeitas* (chapelles inachevées), l'un des plus brillants exemples du style manuélin.

**FERNÁNDEZ (Diego)** ♦ Capitaine et historien espagnol (Palencia v. 1520 - Séville 1581). Il est connu par son histoire du Pérou (*Primera y segunda parte de la historia del Perú*, 1571). ➔ ÉTYM. Ce nom espagnol signifie «fils de Fernand».

**FERNÁNDEZ (Juan)** ♦ Navigateur espagnol du XVI^e s. (Carthagène v. 1536 - Santiago, Chili v. 1599). Il explora les côtes du Chili, découvrit les îles San Felice (ou San-Félix) et, plus au sud, celles qui portent son nom (et où séjourna pendant quatre ans Alexander Selkirk* qui a inspiré De Foe dans son *Robinson* Crusoé*).

**FERNÁNDEZ (Macedonio)** ♦ Écrivain argentin (1874 - 1952). Au début des années 1920 il fut le mentor de J. L. Borges*, sur lequel il exerça une influence considérable. Il fut tour à tour philosophe, poète et romancier. À la mort de sa femme Elena de Obieta, survenue en 1920, il écrivit le célèbre poème *Elena Bellemort*. Il est également l'auteur de *Papiers de nouveau venu* (1930), de *Continuation du rien* (1929) et de *Musée du roman de l'éternelle* (posth. 1967), qu'il considérait comme «le premier livre ouvert de l'histoire littéraire».

**FERNÁNDEZ (Emilio)** ♦ Cinéaste mexicain (El Seco 1904 - Mexico 1986). Il sut restituer fidèlement dans ses films la profonde originalité de la réalité mexicaine, en dépit d'un certain schématisme dans le récit, d'une vision assez simpliste de l'Indien, toujours au centre de ses préoccupations, et d'un excès de complaisance pour le folklore. Grâce au talent de son chef-opérateur Gabriel Figueroa, quelques-uns de ses films atteignent une grande qualité plastique : *María Candelaria* (1943), *Enamorada* (1946), *Quartier interdit* (1950), *La Red* (1953). Il a fait également une carrière d'acteur (*La Horde sauvage*, 1969 ; *Au-dessous du volcan*, 1984).

**FERNÁNDEZ DE LIZARDI (José Joaquín)** ♦ Écrivain mexicain (Mexico 1776 - *id.* 1827). Né de parents créoles, ouvert aux idées du siècle des Lumières, il fonda le journal *El Pensador mexicano* (1812 - 1814), dont le titre lui fournit le surnom sous lequel il est encore connu. Il avait embrassé la cause des insurgés et ses prises de position lui valurent d'être emprisonné à plusieurs reprises. Il continua sa lutte grâce à l'artifice de la fiction romanesque. *Perruchet le Galeux* (*El Periquillo sarniento*, 1816), qui utilise la tradition picaresque, doit être considéré comme le premier roman de l'Amérique espagnole. L'ouvrage constitue un document sociologique, folklorique et linguistique capital sur la société mexicaine du XVIII^e s.

**FERNANDO DE NORONHA** ♦ Archipel brésilien de l'Atlantique, à 360 km des côtes, rattaché à l'État de Pernambouc. Formé de 19 îlots dont le principal, Fernando de Noronha, s'étend sur 17 km². 2 000 hab. Pêche. Tourisme.

**FERNANDO POO** ➔ **Bioko**

**FERNEL (Jean)** ♦ Astronome, mathématicien et médecin français (Clermont-en-Beauvaisis 1497 - Paris 1558). Reprenant la méthode de mesures directes des Anciens (➔ **Ératosthène**), il entreprit la détermination de la longueur du degré du méridien en mesurant la hauteur méridienne du Soleil et en évaluant la distance Paris-Amiens. Il fut également l'un des plus grands médecins de son siècle, appelé le «Galien* moderne» ; auteur de la première étude monographique moderne sur la physiologie (*De naturali parte medicinae*, 1542) il guérit Diane de Poitiers d'une grave maladie et devint médecin d'Henri* II.

**FERNEYHOUGH (Brian)** ♦ Compositeur britannique (Coventry 1943). Élève de Klaus Huber*, il se fit connaître par des œuvres d'une grande complexité et d'une extrême difficulté d'exécution, dans la descendance du sérialisme viennois (*Sonatas* pour quatuor à cordes, 1967 ; *Missa brevis*, 1969 ; *Cassandra's Dream Song* pour flûte, 1970 ; *Transit* pour voix solistes et orchestre de chambre, 1972 - 1975). Il a continué dans cette voie avec trois autres quatuors à cordes (1980, 1987, 1990), *Unity Capsule* pour flûte (1976), *Time and Motion Study I* à *III* (1971 - 1977), *Funérailles I* et *II* (1969 - 1980), *Carceri d'invenzione I* à *III* (1982 - 1987) et un opéra d'après la vie de Walter Benjamin *Shadowtime* (1999 - 2004). Il est considéré comme l'un des plus éminents professeurs de composition (Fribourg-en-Brisgau, Milan, San Diego, Harvard).

**FERNEY-VOLTAIRE** [01210] ♦ Ch.-l. de cant. de l'Ain, arr. de Gex, à la frontière suisse. 7 083 hab. *(Ferneysiens)*. **Histoire** Le village fut créé par Voltaire en 1760 autour du château de Ferney, où il vécut de 1758 à 1778.

**Fernandel.**
Une scène du film *Ignace*, de Pierre Colombier.
*Phot. © Coll. Rui Nogueira*

**FÉROÉ** ou **FAERORE** (îles) ➝ ÉTYM. en danois *Færørne*, de *Fær* «mouton», en féroïen *Føroyar* ♦ Archipel danois de l'Atlantique N., à 350 km au N. de l'Écosse, composé de 17 îles habitées plus quelques îlots. Îles princ. : Strømø, Østerø, Vågø, Suderø, Sandø et Bordø. 1 400 km². 47 449 hab. (*Féringiens* ou *Féroïens*). CH.-L. : Tórshavn* (dans Strømø). LANGUE : féroïen (distinct du danois). ▪ Les Féroé constituent un dép. danois bénéficiant de l'autonomie pour les affaires d'intérêt local et représenté par deux députés au parlement danois. Les îles sont formées de crêtes basaltiques pouvant dépasser 800 m et séparées par des chenaux. ▪ Le climat, océanique, est influencé par le Gulf Stream : l'amplitude thermique est faible. Les précipitations sont fréquentes et abondantes. ▪ 6 % de la superficie est cultivée. L'économie est dominée par la pêche et l'industrie de la pêche (25 % du PNB, 80 % des exportations). ▮ **Histoire** Colonisées au IXe s. par les Norvégiens, ces îles devinrent danoises par l'Union de Kalmar (1397). Occupées par la Grande-Bretagne de 1807 à 1814, elles furent rendues au Danemark en 1814. Elles obtinrent l'autonomie locale en 1948. L'Assemblée législative reste favorable au maintien des liens constitutionnels avec le Danemark.

**FERRANTE** → **Ferdinand Ier**

**FERRARE** ➝ ÉTYM. en it. *Ferrara*, du lat. *ferrarius* «forgeron» ♦ V. d'Italie, en Émilie-Romagne, ch.-l. de prov., sur le cours inférieur du Pô. 130 992 hab. (*Ferrarais*). Université (fin XIVe s.). Cathédrale de style lombard (XIIe - XIIIe s.) avec un campanile Renaissance dû à L. B. Alberti ; musée contenant le *Saint-Georges* et l'*Annonciation* de Cosmè Tura. Château d'Este (XIVe - XVIe s.). Palais Schifanoia : célèbres fresques du salon des Mois (peintres de l'école ferraraise). Palais des Diamants (pinacothèque). Nombreux autres palais Renaissance. Musée gréco-étrusque. Maison de l'Arioste. ▪ Indus. mécaniques, agroalimentaires, chimiques. Chaussures. ▮ **Histoire** Du XIIIe au XVIe s., la ville fut régie par la maison d'Este* qui en fit un centre intellectuel et artistique. Une célèbre école de peinture fleurit autour de Cosmè Tura*, de Francesco del Cossa* et d'Ercole de' Roberti*. En 1598, la ville devint possession de l'Église. Occupée par les Français (1796), elle fut intégrée au royaume d'Italie (1801 - 1814), occupée par les Autrichiens, puis rattachée à l'Italie en 1860. ♦ ***Concile de Ferrare-Florence*** Concile œcuménique transféré par le pape Eugène IV de Bâle à Ferrare en 1438. Il se transporta à Florence en 1439 et se poursuivit à Rome de 1443 à 1445. Il visait à la réconciliation entre les Églises d'Orient et la papauté. → **schisme.**

**FERRARI (Ludovico)** ♦ Mathématicien italien (Bologne 1522 - *id.* 1565). Élève de Cardan*, il donna la résolution de l'équation du quatrième degré dans un chapitre de l'*Ars magna* de son maître. ➝ ÉTYM. *Ferrari* vient de l'italien *ferraro (ferraio)* «qui travaille le fer».

**FERRARI (Enzo)** ♦ Pilote et constructeur automobile italien (Modène 1898 - *id.* 1988). Coureur dans les années 1920 à bord d'une Alfa Romeo, il lança ensuite sa propre marque de voitures de sport et de luxe, qui passa sous le contrôle de Fiat en 1969.

**FERRARI (Luc)** ♦ Compositeur français (Paris 1929 - Arezzo 2005). Élève de Messiaen et Honegger, il s'est adonné à la musique concrète électronique. Cofondateur avec P. Schaeffer du Groupe de recherches musicales dont il fut directeur jusqu'en 1966, il a atteint dans ses œuvres sur bandes un style très personnel (*Visages V*, 1959 ; *Und so weiter*, 1966). Parmi ses autres ouvrages, on citera *Histoire du plaisir et de la désolation* pour orchestre (1982) et l'opéra *Labyrinthe Hotel* (1990).

**FERRASSIE (LA)** ♦ Site préhistorique de la Dordogne (comm. de Savignac-de-Miremont) fouillé de 1896 à 1935 par D. Peyrony* qui y définit la succession chronologique des différentes cultures du Paléolithique* supérieur. Les niveaux plus anciens ont livré les sépultures de sept Néandertaliens (→ **Neandertal**).

**FERRAT (Jean TENENBAUM, dit Jean)** ♦ Auteur-compositeur et interprète français (Vaucresson 1930 - Aubenas 2010). Chanteur engagé à gauche (*Potemkine*, *Un air de liberté*), il a composé aussi des chansons poétiques (*La Montagne*), parfois teintées d'humour, et a mis en musique plusieurs poèmes d'Aragon (*Les Yeux d'Elsa*, *Que serais-je sans toi*).

**FERRAT** (cap) ♦ Presqu'île de la Méditerranée (Alpes-Maritimes), sur laquelle est située la station de Saint-Jean-Cap-Ferrat.

**FERRÉ dit le Grand** ♦ Patriote français (Rivecourt, Picardie v. 1330). Après avoir participé à la jacquerie du Beauvaisis, il se rendit célèbre par ses exploits contre les Anglais lors de la guerre de Cent* Ans.

**FERRÉ (Charles-Théophile)** ♦ Révolutionnaire français (Paris 1845 - Satory 1871). Disciple d'A. Blanqui*, il fut membre de la Commune de Paris (1871) et prit part à la résistance contre les versaillais par lesquels il fut fusillé le 2 septembre 1871.

**FERRÉ (Léo)** ♦ Auteur-compositeur et interprète français (Monte-Carlo 1916 - Castellina in Chianti, Toscane 1993). Il écrivit des chansons au style réaliste et populaire (*Jolie môme*, *L'Homme*), souvent d'inspiration libertaire (*Les Anarchistes*, *Graine d'ananar*), et mit en musique des poètes tels Aragon, Apollinaire ou Rimbaud. Son œuvre évolua, à travers de longs textes chantés (*Le Chien*, *L'Imaginaire*), vers une expression de plus en plus poétique. ➝ ÉTYM. *Ferré* en ancien français signifie «de fer» [«armé d'un fer»].

**FERRÉOL** (saint) ♦ Il existe plusieurs saints de ce nom : un martyr à Besançon avec saint Ferjeux (IIIe s.) ; un soldat martyr à Vienne, Dauphiné (IIIe s.) ; un évêque de Limoges (v. 520 - 591) mentionné par Grégoire de Tours ; un abbé-évêque d'Uzès (mort en 581), auteur d'une règle monastique (*Regula Ferreoli*) inspirée de celle de saint Césaire* d'Arles. ➝ ÉTYM. *Ferréol* vient du latin *Ferreolus*, de *ferrum* «fer» (surnom évoquant la fermeté de la foi chrétienne).

**FERRER (Jaime)** ♦ Navigateur catalan du XVe s. (né à Vidreras, Gérone). C'est lui qui traça la ligne de démarcation partageant le Nouveau Monde entre l'Espagne et le Portugal lors de la controverse qui opposa Jean II de Portugal à Ferdinand et Isabelle d'Espagne (traité de Tordesillas, 1494). → **Tordesillas.**

**FERRER GUARDIA (Francisco)** ♦ Anarchiste espagnol (Alella 1859 - Barcelone 1909). Il s'orienta très tôt vers l'anarchisme et dut se réfugier à Paris (1885) où il côtoya les grandes figures du mouvement libertaire, puis devint le secrétaire de Ruiz Zorrilla (1885 - 1895). De retour en Espagne, il ouvrit dans les faubourgs de Barcelone une école laïque et rationaliste (1901), puis une maison d'édition populaire. Jugé idéologiquement responsable des émeutes anticléricales au moment de la guerre du Maroc (1909), il fut condamné à mort et fusillé.

**FERRERI (Marco)** ♦ Cinéaste italien (Milan 1928 - Paris 1997). Lié aux cinéastes néoréalistes, il collabora à quelques-unes de leurs réalisations : *Le Manteau* (1952), *L'Amour à la ville* (1953). En 1957, il partit pour l'Espagne où il réalisa deux films cruellement satiriques : *El pisito* (1958) et *La Petite Voiture* (1960). Autres films importants réalisés en Italie ou en France : *Le Lit conjugal* (1963), *Dillinger est mort* (1969), *La Grande Bouffe* (1973), *La Dernière Femme* (1976), *Conte de la folie ordinaire* (1981), *Histoire de Piera* (1983).

**FERRERO (Guglielmo)** ♦ Historien italien (Portici 1871 - Mont-Pèlerin, Genève 1943). Élève de Lombroso*, connu lui-même comme criminaliste, journaliste et sociologue, il doit surtout sa renommée à son ouvrage *Grandeur et décadence de Rome* (1902 - 1907), suivi de *Ruine de la civilisation antique* (1921). Dans sa brillante description et analyse du développement de la civilisation romaine, il insiste sur le rôle des facteurs économiques et sociaux. Opposé au régime fasciste, Ferrero quitta en 1930 l'Italie pour la Suisse, où il fut titulaire d'une chaire universitaire.

**FERRET** ♦ Nom de deux vallées de Suisse et d'Italie, sur le versant oriental du mont Blanc, séparées par le *Grand Col Ferret* (2 537 m) qu'aucune route n'emprunte.

**FERRI (Enrico)** ♦ Criminologue et homme politique italien (San Benedetto Po, prov. de Mantoue 1856 - Rome 1929). Élève de Lombroso*, il appartint à l'école positiviste de sociologie et fut un des fondateurs de la criminologie moderne (*Sociologie criminelle*, 1881). Socialiste puis marxiste orthodoxe (1893), il adhéra par la suite au fascisme.

**FERRIÉ (Gustave)** ♦ Général et ingénieur français (Saint-Michel-de-Maurienne, Savoie 1868 - Paris 1932). Il se consacra à l'établissement d'une télégraphie sans fil. Après la mise au point du détecteur électrolytique (1900), ses travaux (1903 - 1908) permirent de multiplier par 15 la portée de l'émetteur de la tour Eiffel et firent de la radiotélégraphie militaire française la première de l'armement allié durant la Première Guerre mondiale. [Acad. sc. 1922]

**FERRIER (Kathleen)** ♦ Contralto britannique (Higher Walton, Lancashire 1912 - Londres 1953). Découverte en 1937, elle débuta sur scène à Glyndebourne* (1946) lors de la création du *Viol de Lucrèce* de B. Britten. Elle n'interpréta en outre au théâtre que le rôle-titre d'*Orfeo* de Gluck, mais triompha à maintes reprises dans l'oratorio (Haendel, Bach) et le lied (Schumann, Brahms, Mahler), ainsi que dans le répertoire anglais. Elle a laissé de mémorables enregistrements, en particulier avec Bruno Walter (*Kindertotenlieder* et *Le Chant de la Terre* de Mahler). ➝ ÉTYM. Le nom de famille anglais *Ferrier* signifie «maréchal-ferrant ; ferronnier» (→ aussi Herrera).

**FERRIÈRE (Adolphe)** ♦ Pédagogue suisse (Genève 1879 - *id.* 1960). Partisan d'une réforme scolaire, il créa un établissement expérimental à Glarisegg (Suisse), puis l'Office international des écoles nouvelles (1899), enfin la Ligue internationale pour les écoles nouvelles (Calais, 1921). Il a insisté dans ses ouvrages sur la nécessité de laisser s'exprimer la spontanéité de l'enfant, de promouvoir un enseignement capable d'éveiller son intérêt et de le préparer à la vie active (*Transformons l'école*, 1920 ; *L'Autonomie des écoliers*, 1921 ; *L'École active*, 1922).

**FERRIÈRE (LA)** [85280] ➝ ÉTYM. langue d'oïl «installation pour extraire et produire le fer» ♦ Comm. de Vendée, arr. de La Roche-sur-Yon. 3 948 hab.

**FERRIÈRE-LA-GRANDE** [59680] ➝ ÉTYM. → Ferrière (La) ♦ Comm. du Nord, arr. d'Avesnes-sur-Helpe, banl. S.-E. de Maubeuge. 5 672 hab. (*Ferrièrois* ou *Agons*). Sidérurgie.

**FERRIÈRES(-EN-BRIE)** [77164] ➝ ÉTYM. → Ferrière (La) ♦ Comm. de la Seine-et-Marne, arr. de Torcy. 1 655 hab. (*Ferrièrois*). Château reconstruit au XIXe s. ▮ **Histoire** Après la capitulation de Sedan (2 sept. 1870) et la chute de l'Empire (4 sept.), J. Favre eut à Ferrières des entrevues avec Bismarck pour négocier un éventuel armistice

(19 - 20 sept.) ; mais la fermeté du gouvernement de la Défense nationale, qui, le 6 septembre, avait affirmé son refus de toute cession territoriale, fit échouer les pourparlers.

**FERRIÈRES-EN-GÂTINAIS** [45210] ➝ ÉTYM. → Ferrière (La) ♦ Ch.-l. de cant. du Loiret, arr. de Montargis. 3 049 hab. (aggl. 4 474). *(Ferrièrois).* Anc. abbatiale Saint-Pierre-et-Saint-Paul (croisée du transept construite en rotonde au XII$^{e}$ s. ; vitraux Renaissance). Bâtiments conventuels (XV$^{e}$ s.).

**FERRO (Scipione DEL)** ♦ Mathématicien italien (Bologne v. 1465 - 1526). Il découvrit la résolution d'une forme réduite de l'équation du troisième degré, première étape dans la découverte de la résolution générale. → **Cardan, Tartaglia.**

**FERROL (EL)** ♦ V. d'Espagne (Galice), prov. de La Corogne. 75 181 hab. Port militaire.

**FERRON (Jacques)** ♦ Écrivain canadien d'expression française (Louiseville 1921 - Saint-Lambert 1985). Il fonda en 1963 le parti politique Rhinocéros dont la stratégie était de prendre pour cible le pouvoir centralisateur et de le tourner en dérision. L'humanisme satirique de ses pamphlets lui valut le surnom de «Voltaire des lettres québécoises». L'ironie et le sarcasme alimentent des milliers d'historiettes dans lesquelles Ferron brouille la distinction entre le réel et l'imaginaire. Son œuvre dénonce l'aliénation socioculturelle des Québécois en constatant l'exil dans lequel ils vivent à l'intérieur même de ce qu'il appelle leur «pays incertain».

**FERROUD (Pierre Octave)** ♦ Compositeur français (Chasselay, Rhône 1900 - Debrecen, Hongrie 1936). Élève de F. Schmitt et de G. Ropartz, il a affirmé, au cours de sa brève existence, une personnalité riche de contrastes et de vitalité. Son œuvre comprend une symphonie, de la musique de chambre, deux poèmes symphoniques, *Foules* (1924), *Au parc Monceau* (1925), un opéra bouffe, *Chirurgie* (1928). Avec J. Rivier et E. Bondeville, il fut le fondateur des concerts du *Triton* (1932). ➝ ÉTYM. *Ferroud* est une variante de *verroul* «verrou», surnom de fabricant ou de marchand.

**FERRUS (Guillaume Marie André)** ♦ Médecin français (Château-Queyras, Dauphiné 1784 - Paris 1861). Il préconisa des réformes dans le traitement des aliénés (insistant entre autres sur le rôle du travail physique) et l'organisation des asiles ; il fut, avec Esquirol*, à l'origine de la loi de 1838 sur l'hospitalisation dans les établissements publics et privés et la protection des malades et de leurs biens. Il laissa de nombreux ouvrages de médecine légale psychiatrique.

**FERRY (Jules François Camille)** ♦ Avocat et homme politique français (Saint-Dié 1832 - Paris 1893). Rédacteur au *Temps,* il publia à la fin du Second Empire des brochures dénonçant les abus du régime *(Les Comptes fantastiques d'Haussmann*).* Député républicain au Corps législatif (1869), il fut nommé préfet de la Seine puis maire de Paris après la déchéance de l'empereur (4 sept. 1870). Chargé du ravitaillement de la population et du maintien de l'ordre pendant le siège de la capitale, il se rendit rapidement impopulaire, au point de recevoir le surnom de «Ferry-Famine». Député en 1871, ministre plénipotentiaire en Grèce (1872 - 1873), ce républicain positiviste et anticlérical siégea à l'Assemblée nationale dans l'opposition au régime de Mac-Mahon et, après la démission de ce dernier (janv. 1879), occupa les postes de ministre de l'Instruction publique et des Beaux-Arts (fév. 1879 - nov. 1881, janv.-août 1882, fév.-nov. 1883), de président du Conseil (sept. 1880 - nov. 1881, fév. 1883 - mars 1885) ou de ministre des Affaires étrangères (nov. 1883 - mars 1885). Dans ces différentes fonctions, il fit adopter, en collaboration avec F. Buisson* et C. Sée*, les principales mesures de réforme de l'enseignement public : laïcité, gratuité, caractère obligatoire de l'enseignement primaire, extension de l'enseignement secondaire d'État aux jeunes filles, 1880 - 1881. Il contribua à établir les grandes libertés publiques (libertés de réunion, de presse, liberté syndicale) et à réorganiser l'administration locale (élection des maires par les conseillers municipaux). Enfin, il donna un essor considérable à la politique coloniale de la France (protectorat sur la Tunisie par le traité du Bardo*, 1881 ; colonisation de Madagascar, conquête du bas Congo par Brazza*, conquête du Tonkin). Sa politique coloniale lui attira l'hostilité de l'opposition (en particulier de Clemenceau*), et, après l'incident de Lang* Sơn (mars 1885), qui lui valut le surnom de «Ferry-Tonkin», il dut donner sa démission. Membre du Sénat (1891), il en devint président (1893). ➝ ÉTYM. *Ferry* est la forme populaire de *Frédéric,* prénom répandu dans l'est de la France.

**FERRYVILLE** → **Menzel-Bourguiba**

**FERSEN** [fɛʀsɛn] ♦ Famille noble suédoise. ♦ **Fredrik Axel,** comte **de Fersen** (Stockholm 1719 - *id.* 1794). Feld-maréchal suédois. Il défendit les privilèges de la noblesse contre le pouvoir royal. ♦ **Hans Axel,** comte **de Fersen** (Stockholm 1755 - *id.* 1810). Fils du précédent. Il participa à la guerre d'Indépendance américaine sous les ordres de Rochambeau. Très amoureux de la reine Marie*-Antoinette, il favorisa la fuite de la famille royale en 1791. Rentré en Suède, il fut accusé d'avoir empoisonné le prince royal Christian Auguste et fut lapidé par le peuple lors des funérailles.

**FERT (Albert)** ♦ Physicien français (Carcassonne 1938). En 1988, il découvrit un phénomène qu'il appela magnétorésistance géante (GMR), où des variations extrêmement faibles du champ magnétique entraînent de très fortes variations de la résistance électrique. Résultant des orientations des spins des électrons dans les superpositions de couches de matériaux d'une épaisseur de quelques atomes, soit de quelques nanomètres, la GMR permet le stockage d'une grande quantité d'informations sur des surfaces très réduites. Première application de la nanotechnologie, la spintronique (nouvelle branche de l'électronique qui exploite le spin de l'électron) est à l'origine notamment de la miniaturisation spectaculaire des ordinateurs. [Prix Nobel de phys. 2007 avec P. Grünberg*]

**FERTÉ-ALAIS (LA)** [91590] ➝ ÉTYM. langue d'oïl *ferté* «lieu fortifié, forteresse» et *Alais,* de *Adélaïde,* n. d'une comtesse du XII$^{e}$ s. ♦ Ch.-l. de cant. de l'Essonne, arr. d'Étampes, sur l'Essonne. 3 556 hab. (aggl. 9 980) *(Fertois).* Anc. place forte. Église Notre-Dame romane et gothique (XI$^{e}$ s., remaniée au XII$^{e}$ s.). ▪ Aérodrome.

**FERTÉ-BERNARD (LA)** [72400] ➝ ÉTYM. langue d'oïl *ferté* «lieu fortifié, forteresse» et *Bernard,* n. du seigneur ♦ Ch.-l. de cant. de la Sarthe, arr. de Mamers, sur l'Huisne. 9 239 hab. (aggl. 11 250) *(Fertois).* Église Notre-Dame-des-Marais, de style gothique flamboyant et Renaissance, possédant un précieux ensemble de verrières des XV$^{e}$ et XVI$^{e}$ s. Porte Saint-Julien, XV$^{e}$ s., vestige de l'anc. rempart. Halles en charpente du XVI$^{e}$ s. Hôtels et maisons anc. ▪ Centre commercial.

**FERTÉ-GAUCHER (LA)** [77320] ➝ ÉTYM. langue d'oïl *ferté* «lieu fortifié, forteresse» et n. du seigneur ♦ Ch.-l. de cant. de la Seine-et-Marne, arr. de Provins, sur le Grand Morin. 4 150 hab. (aggl. 6 079) *(Fertois).* ▪ Marché. Appareils sanitaires, céramique.

**FERTÉ-MACÉ (LA)** [61600] ➝ ÉTYM. langue d'oïl *ferté* «lieu fortifié, forteresse» et n. du seigneur (originaire de Macé, dans l'Orne) ♦ Ch.-l. de cant. de l'Orne, arr. d'Alençon. 6 679 hab. *(Fertois).* Marché agricole. Petit centre industriel.

**FERTÉ-MILON (LA)** [02460] ➝ ÉTYM. langue d'oïl *ferté* «lieu fortifié, forteresse» et n. du seigneur ♦ Comm. de l'Aisne, arr. de Château-Thierry, sur l'Ourcq. 2 109 hab. *(Milonais).* Vestiges du château-forteresse du XIV$^{e}$ s., dont les tours sont ornées à leur sommet de remarquables bas-reliefs du XV$^{e}$ s. *(Couronnement de la Vierge).*

**FERTÉ-SAINT-AUBIN (LA)** [45240] ➝ ÉTYM. langue d'oïl *ferté* «lieu fortifié, forteresse» et du n. de la paroisse ♦ Ch.-l. de cant. du Loiret, arr. d'Orléans. 6 783 hab. *(Fertésiens).* Château Masséna (XVII$^{e}$ s.), d'après les plans de F. Mansart. ▪ Indus. de l'armement.

**FERTÉ-SOUS-JOUARRE (LA)** [77260] ➝ ÉTYM. langue d'oïl *ferté* «lieu fortifié, forteresse» et *Jouarre** ♦ Ch.-l. de cant. de la Seine-et-Marne, arr. de Meaux, au confluent de la Marne et du Petit Morin. 8 584 hab. (aggl. 12 818). *(Fertois).*

**FERTÉ-VIDAME (LA)** [28340] ➝ ÉTYM. «lieu fortifié, forteresse (langue d'oïl *ferté*) du vidame» ♦ Ch.-l. de cant. de l'Eure-et-Loir, arr. de Dreux. 818 hab. *(Fertois).* Saint-Simon* y rédigea ses *Mémoires.* Chaque année un prix Saint-Simon couronne un mémorialiste.

**FERTÖ** (lac) → **Neusiedl**

**FÈS** ou **FEZ** ➝ ÉTYM. de l'ar. *isaffen,* pl. de *asif* «rivière, fleuve» [déformé en *Fès* et *Fez* par les Européens] ♦ V. du Maroc, ch.-l. de prov. et préf. urbaine, dans la *plaine de Fès* (Saïs), bassin fertile des causses du Moyen-Atlas, et sur l'*oued Fès,* affl. r. g. du Sebou. 946 815 hab. *(Fassis).* Centre religieux et universitaire musulman. Remparts percés de portes. Mosquées (Andalous et Qarawiyīn IX$^{e}$ s.). Medersas. Palais impérial. Tombeau des Mérinides au N.-E. de Fès el-Bali, quartier le plus ancien qui se distingue de Fès el-Djedid tandis que la ville européenne se situe plus au S.-O. La ville a été classée patrimoine de l'humanité par l'Unesco et bénéficie de soutiens financiers pour son assainissement. ▮ **Histoire** Fès el-Bali fut fondée en 809 par Idris II et se peupla d'émigrés venus d'Espagne et de Kairouan. Au XI$^{e}$ s., les Almoravides en firent une des cités les plus importantes du Maroc, et, du XIII$^{e}$ au XV$^{e}$ s., elle devint la capitale des Mérinides qui fondèrent Fès

**Fès.** Cuves de tanneurs. *Phot. © Arch. Rencontre*

el-Djedid (la nouvelle ville) tandis que la ville continuait à se peupler de réfugiés andalous. En 1911, Fès fut occupée par les troupes françaises appelées par le sultan Moulay Hafiz assiégé dans son palais par les Berbères révoltés. Quelques mois plus tard (mars 1912), le sultan signa la Convention de Fès, établissant le protectorat français sur le Maroc.

**FESCH** [fɛʃ] **(Joseph)** ♦ Prélat français (Ajaccio 1763 - Rome 1839) ; oncle maternel de Napoléon I^er^. Archidiacre à Ajaccio (1793), il renonça à la prêtrise et fut nommé commissaire des guerres à l'armée d'Italie. À nouveau homme d'église (1800), il fut nommé archevêque de Lyon (1802), puis cardinal (1803). Ambassadeur auprès du Saint Siège, il décida le pape Pie* VII à venir couronner Napoléon. Bien qu'il fût comblé d'honneurs et nommé grand aumônier de l'Empire, comte, puis sénateur (1805), il s'opposa à la conduite de Napoléon envers le pape et fut alors disgracié. En 1814, il se retira à Rome. Il avait réuni une importante collection de tableaux.

**FESCOURT (Marcellin Henri)** ♦ Cinéaste français (Béziers 1880 - Neuilly-sur-Seine 1966). Disciple de Louis Feuillade, il porta à l'écran en 1925, sous forme d'un monumental «cinéroman» en quatre époques, le chef-d'œuvre de Victor Hugo *Les Misérables*. Son *Monte-Cristo* (1929) fut, dans le genre, une autre réussite, que ne purent égaler ses films parlants. Il a laissé un livre de souvenirs sur l'histoire du cinéma, *La Foi et les Montagnes ou le 7^e^ art au passé* (1959).

**FESSENHEIM** [68740] ➝ ÉTYM. anc. *Fetzenheim*, du germ. *Fezzo*, n. de pers., et *heim* «village» ♦ Comm. du Haut-Rhin, arr. de Guebwiller. 2 097 hab. (aggl. 2 805) *(Fessenhémois)*. Centrale hydroélectrique sur le grand canal d'Alsace et centrale nucléaire.

Le **Festin de pierre** ➝ Don Juan

**FESTINGER (Leon)** ♦ Psychosociologue américain (New York 1919 - *id.* 1989). Élève de K. Lewin*, il a forgé la notion de «dissonance cognitive» (1957), qui suppose que, dans certaines conditions, les hommes utilisent comme information de référence, pour une situation donnée, une élaboration logique d'informations antérieures tenues pour vraies. S'il apparaît un écart entre la situation présente et la cognition, un nouvel équilibre peut être recherché, par exemple par une modification des croyances.

**FET (Afanassi Afanassievitch CHENCHINE, dit Afanassi Afanassievitch)** ♦ Poète russe (Novosselski, près d'Orel 1820 - Moscou 1892). Il fut le grand défenseur de la poésie pure et de «l'art pour l'art». Son œuvre, peu abondante, a surtout pour sujet la nature et la nuit : *Un murmure, un souffle étouffé...* (1850), *Pluie printanière* (1859), *Feux du soir* (1883) qui est le titre d'une série de petits volumes rassemblant ses meilleures poésies.

**FÉTIS (François Joseph)** ♦ Musicologue et compositeur belge (Mons 1784 - Bruxelles 1871). Théoricien de la musique, il a laissé des ouvrages qu'il destinait à la formation du compositeur, de l'interprète et de l'auditeur. Puriste rigoureux attaché à la défense des valeurs classiques, historien et érudit, il fut un des précurseurs de l'ethnomusicologie. Son œuvre comprend un *Traité complet de la théorie et de la pratique de l'harmonie* (1844), une *Biographie universelle des musiciens et bibliographie générale de la musique* (1835 - 1844, 8 vol.) et une *Histoire générale de la musique* (1869 - 1876, 5 vol.) demeurée inachevée. Illustrant tous les genres, son œuvre de compositeur n'a pu atteindre à la pérennité.

**FEUARDENT (François)** ♦ Moine et prédicateur français (Coutances 1539 - Paris 1610), de l'ordre des Frères mineurs observants (cordeliers). Il fut l'un des plus violents meneurs de la Ligue, célèbre par ses invectives contre les protestants, Henri III et Henri IV.

**FEUCHTWANGER (Lion)** ♦ Écrivain allemand (Munich 1884 - Los Angeles 1958). Issu d'une famille bourgeoise juive, il fut un grand pacifiste dès la Première Guerre mondiale. À partir de 1916, il travailla sur son plus célèbre roman *Le Juif Süss* (1925), inspiré de la biographie d'un notable juif du XVIII^e^ s., expliquant qu'il aurait pu sauver sa vie en se convertissant. Également critique du régime nazi, il raconte dans *La Famille Oppermann* (1933) le destin d'une famille juive berlinoise. Il se réfugia en France mais fut interné au camp des Milles (1940) — dont il s'évada pour fuir aux États-Unis — cependant que *Le Juif Süss* était dénaturé dans le film de Veit Harlan et servait au contraire de propagande antisémite à Goebbels. Feuchtwanger est aussi connu pour ses romans historiques.

**FEUERBACH (Paul Johann Anselm VON)** ♦ Jurisconsulte allemand (Hainichen, près d'Iéna 1775 - Francfort-sur-le-Main 1833). Père du philosophe Ludwig Feuerbach*, il fut un des instigateurs de la réforme judiciaire en Bavière (abolition de la torture, rédaction du Code pénal bavarois, 1813, puis du code Maximilien). Comme criminaliste, il soutint un des premiers la thèse de la relativité et de la contrainte psychologique. Il prit également une part active au mouvement nationaliste (1813 - 1814), publiant une brochure *Sur la liberté allemande* (1814). ➝ ÉTYM. Ce nom de famille allemand vient d'un nom de lieu en Hesse et signifie «ruisseau *(Bach)* de feu *(Feuer)* [impétueux]».

**FEUERBACH (Ludwig)** ♦ Philosophe allemand (Landshut, 1804 - Rechenberg, près de Nuremberg 1872). D'abord disciple de Hegel, il s'orienta peu à peu vers l'athéisme. Devenu le chef de file des «jeunes hégéliens» (➝ **hégélianisme**), il publia une *Contribution à la critique de la philosophie hégélienne* (1839), puis son œuvre centrale *L'Essence du christianisme* (1841). En faisant de Dieu et de ses attributs (Raison, Amour, Volonté) l'essence de l'homme objectivée (aliénée) et en considérant l'aliénation religieuse comme un moment de l'histoire humaine, nécessaire mais à dépasser, il affirmait que l'anthropologie est le «secret de la théologie». Après les *Principes de la philosophie de l'avenir* (1842), sa pensée s'infléchit vers un naturalisme matérialiste, en partie à la suite d'une polémique avec M. Stirner* (*Sciences naturelles et Révolution*, 1850). L'humanisme athée et matérialiste de Feuerbach est généralement interprété à la lumière des analyses et des critiques qu'en firent Marx* et Engels* ; mais il contribua aussi, en raison de son caractère religieux, au renouvellement de la théologie protestante.

**FEUERBACH (Anselm)** ♦ Peintre et dessinateur allemand (Spire 1829 - Venise 1880). Neveu de Ludwig Feuerbach*, il étudia à Düsseldorf, à Munich et à Paris (de 1850 à 1852), auprès de Thomas Couture* qui exerça sur lui une influence déterminante. Attiré par l'Italie, il y séjourna de 1855 à 1873, puis devint professeur à Vienne jusqu'en 1876. De son œuvre, en grande partie tributaire des schémas académiques, se dégage le sentiment romantique et nostalgique d'une antiquité idéale. Il représenta avec un certain éclectisme stylistique de grandes compositions figées et théâtrales (*Banquet de Platon*, 1873), des figures à l'antique (*Médée en fuite*, 1869) et des portraits plus sensibles et vigoureux (*Nanna Risi*, *La Belle-Mère de l'artiste*, 1878).

**FEUILLADE (Louis)** ♦ Cinéaste français (Lunel 1873 - Nice 1925). Travailleur à l'activité prodigieuse (plus de 800 films en vingt ans), il a affranchi le cinéma des contraintes et des artifices que lui imposaient le «film d'art» et ses vedettes grandiloquentes pour lui donner le sens du réel, de la simplicité (série de «La vie telle qu'elle est» : *La Tare*, *Les Braves Gens*, 1911 - 1913, série enfantine des «Bébé» et des «Bout de Zan», 1913 - 1917) et d'une poésie fantastique qui devait faire l'enchantement des surréalistes (série des films à épisodes : *Fantômas**, 1913 - 1914 ; *Les Vampires**, 1915 - 1916 ; *Judex**, 1917). À cette école d'un naturalisme inspiré d'Antoine et qui n'excluait pas la poésie la plus ingénue, il sut aussi former des comédiens comme Musidora et des metteurs en scène (Henri Fescourt, Jacques Feyder, René Clair). ➝ ÉTYM. *Feuillade* est l'équivalent occitan de *feuillée*.

**feuillants (Club des)** ♦ Club né, après l'affaire du Champ*-de-Mars (17 juil. 1791), de la scission du Club des jacobins* que quittèrent les modérés, hostiles à la déchéance de Louis XVI et partisans du maintien d'une monarchie constitutionnelle. Parmi eux La* Fayette, Barnave*, Duport*, les frères Lameth*, Beugnot, Sieyès*, Girardin*, Pastoret* animèrent le Club qui se réunissait au couvent des Feuillants, rue Saint-Honoré, à Paris. Plus de 200 députés de l'Assemblée législative (aile droite de l'Assemblée) s'y inscrivirent. Ses positions étaient exprimées dans *Le Logographe* et *L'Indicateur*. Après la journée du 10 août 1792, les partisans d'une république bourgeoise libérale (brissotins et girondins) remplacèrent les monarchistes constitutionnels.

**FEUILLÈRE (Edwige CUNATI, dite Edwige)** ➝ ÉTYM. du n. de son mari ♦ Actrice française (Vesoul 1907 - Paris 1998). Débutante sous le nom de Cora Lynn, elle entra à la Comédie-Française (1931 - 1932) puis devint célèbre par sa discipline, sa voix de gorge et la finesse de son jeu dans *La Dame aux camélias* d'A. Dumas fils, *Sodome et Gomorrhe* (1943) et *Pour Lucrèce* (1947) de Giraudoux. Elle créa ou interpréta la reine de *L'Aigle à deux têtes* de Jean Cocteau (1946), le personnage d'Ysé du *Partage de midi* de Claudel, le rôle-titre de *La Folle de Chaillot* de Giraudoux (1965), *La Visite de la vieille dame* de Dürrenmatt (1976). Au cinéma, après avoir débuté dans des films de reconstitution historique (*Lucrèce Borgia* d'A. Gance, 1935), elle a tourné avec Max Ophuls dans les années 1940, puis s'est essayée dans des rôles de comédie (*Adorables créatures* de Christian-Jaque, 1952). L'une de ses dernières apparitions marquantes est dans *La Chair de l'orchidée* de P. Chéreau (1975).

Les **Feuilles d'automne** ♦ Recueil de poésies lyriques de Victor Hugo* (1831), qui manifeste son ambition d'atteindre à une poésie de la totalité, obéissant à une triple inspiration : confidences personnelles, questions politiques et problèmes religieux ou philosophiques. Ému par «les mille objets de la création qui souffrent», il célèbre la charité *(Pour les pauvres)* et ajoute à sa «lyre une corde d'airain» pour fustiger toutes les formes d'oppression (poème XL). Il écoute les voix mêlées de la Nature et de l'Humanité *(Ce qu'on entend dans la montagne)*, illustrant sa conception du poète, «âme de cristal [...] que [...] Dieu [...] mit au centre de tout comme un écho sonore».

**FEUILLET (Octave)** ♦ Écrivain français (Saint-Lô 1821 - Paris 1890) dont les romans idéalistes obéissent à une inspiration bourgeoise et moralisatrice : *Le Roman d'un jeune homme pauvre* (1858) et *Julia de Trécœur* (1872), appréciés de l'impératrice Eugénie, connurent le succès. [Acad. fr. 1862]

**Feuillets d'Hypnos** ♦ Recueil de René Char* (1946) dédié à Albert Camus, ensemble de notes, d'aphorismes, de fragments écrits en 1943 et 1944, pendant la Résistance. Les références à Héraclite, mais aussi à Georges de La Tour et à Rembrandt, imposent une force qui participe de la rencontre entre l'action et la parole poétique. L'auteur peut ainsi dire : «Dans nos ténèbres, il n'y a pas une place pour la Beauté. Toute la place est pour la Beauté.» Les *Feuillets d'Hypnos* ont été inclus dans *Fureur et Mystère* (1948).

**FEUQUIÈRES (Isaac Manassès de Pas,** marquis **DE)** ♦ Général français (Saumur 1590 - Thionville 1640). De vieille souche picarde, il prit part au siège de La Rochelle*, resserra les liens entre la France et la Suède pendant la guerre de Trente* Ans (1633), et fut blessé et fait prisonnier par Piccolomini* à Thionville. Il laissa des *Mémoires* sur ses négociations en Allemagne avec la Suède et les princes protestants.

**FEURS** [fœʀ] [42110] ➝ **ÉTYM.** anc. en lat. *Forum Segusiavorum* «la place du marché des Segusiaves» (→ Forez) ♦ Ch.-l. de cant. de la Loire, arr. de Montbrison, près de la Loire. 7 669 hab. *(Foréziens).* Musée d'Assier : archéologie préhistorique et gallo-romaine ; arts et traditions populaires. Église de style gothique flamboyant (XII$^e$, XV$^e$ et XIX$^e$ s.). ▪ Centre commercial et indus. ▮ **Histoire** Feurs fut le ch.-l. du dép. de la Loire de 1793 à 1801.

**FÉVAL (Paul)** ♦ Écrivain français (Rennes 1817 - Paris 1887). Avocat sans succès, il commença sa carrière littéraire par la publication de contes et de romans-feuilletons dans la *Revue de Paris* et le *Courrier français* : *Le Club des Phoques* (1841), *Les Mystères de Londres* (1843 - 1844), *Les Amours de Paris* (1845), *Le Fils du Diable* (1846 - 1847). En 1857 parut *Le Bossu** qui connut un immense succès. De son vivant, trois de ses romans furent portés à la scène. Converti au catholicisme en 1877, il écrivit son autobiographie : *Les Étapes d'une conversion* (1877 - 1881). ➝ **ÉTYM.** *Féval* vient du normand *fiéval* «qui dépend d'un fief».

**FÉVRIER (Henry)** ♦ Compositeur français (Paris 1875 - *id.* 1957). Élève de Massenet et de Fauré, il a composé de la musique de chambre (sonate pour piano et violon, trio pour piano et cordes) et, pour le théâtre, divers drames lyriques dont *Monna Vanna* (1909), d'après Maeterlinck. ➝ **ÉTYM.** *Février* est le surnom d'un enfant trouvé (ou baptisé) en février (→ aussi Davout, Janvier, Juin).

**FÉVRIER (Jacques)** ♦ Pianiste français (Saint-Germain-en-Laye 1900 - Remiremont 1979). Fils d'Henry Février*. Il créa le *Concerto pour la main gauche*, de M. Ravel.

**février 1848** (journées des 22, 23 et 24) → **révolution de février 1848**

**février 1934** (manifestations des 6 et 9) ♦ À la suite du scandale de l'affaire Stavisky*, une violente campagne de presse contre le régime et la corruption parlementaires fut menée par *L'Action* française* (janv. 1934). Appelé au pouvoir, Daladier* exigea la démission du préfet de police Chiappe*, connu pour ses sympathies à l'égard des ligues de droite (Croix*-de-Feu) et d'extrême droite (militants de l'Action française, Camelots* du roi, Jeunesses patriotes). Le 6 février 1934, les ligues appelèrent à manifester contre le gouvernement de Daladier, qui venait de se présenter devant la Chambre. Débordée par la foule, la police ouvrit le feu place de la Concorde ; il y eut une vingtaine de tués et 2 300 blessés. Attaqué par les journaux de tous bords, Daladier dut se retirer (7 fév.) et fut remplacé par Doumergue, tandis que les partis de gauche (socialistes et communistes) organisaient le 9 février, pour dénoncer la «menace fasciste», une contre-manifestation suivie le 12 février d'une grève générale et de défilés pour la défense de la République. L'union des syndicats et des partis de gauche annonçait la formation du Front* populaire.

**FEYDEAU (Ernest)** ♦ Écrivain français (Paris 1821 - *id.* 1873). Après l'échec d'un premier recueil, *Les Nationales* (1844), il se tourna vers la Bourse. Le roman *Fanny* (1858) causa un scandale tout en lui apportant la reconnaissance de Flaubert, George Sand et Sainte-Beuve. Auteur réaliste de *Daniel* (1859), de *Sylvie* (1861) et de *La Comtesse de Chalis ou les Mœurs du jour* (1867), il fut le père de Georges Feydeau. ➝ **ÉTYM.** *Feydeau* est une autre forme de *Faydel*, de l'occitan *faidir* «proscrire» et désigne un proscrit.

**FEYDEAU (Georges)** ♦ Auteur dramatique français (Paris 1862 - Rueil 1921). Fils d'Ernest Feydeau*. Observateur, témoin et complice de cette société «fin de siècle» dont les feux devaient s'éteindre en 1914, il a porté à son point de perfection le vaudeville, genre comique qu'avait illustré avant lui, sous le Second Empire, Eugène Labiche*. Entre la farce et la comédie, son théâtre est un perpétuel jaillissement de situations cocasses, de péripéties tumultueuses et absurdes où se trouvent engagés des personnages dénués de réalité et cependant rigoureusement fidèles, dans leur inconséquence, aux modèles proposés par la vie. Une logique rigoureuse, renouvelée par le sens de l'inattendu, et la vivacité d'un mouvement vertigineux font la valeur durable de ce théâtre. Œuv. princ. : *Monsieur chasse* (1892), *Un fil à la patte* (1894), *Le Dindon* (1896), *La Dame de chez Maxim* (1899), *La Puce à l'oreille* (1907), *Occupe-toi d'Amélie* (1908), *Mais n'te promène donc pas toute nue* (1912).

**FEYDER (Jacques FRÉDÉRIX, dit Jacques)** ♦ Cinéaste français d'origine belge (Ixelles 1885 - Prangins, Suisse 1948). Épris d'équilibre et de rigueur, il a donné au cinéma muet quelques-unes de ses œuvres les plus marquantes : *L'Atlantide* (1921), *Crainquebille* (1922), *Gribiche* (1925), *Thérèse* Raquin* (1928). Son œuvre parlante est inégale. On retiendra *Le Grand Jeu* (1934), *Pension Mimosas* (1935) et *La Kermesse* héroïque* (1935), qui se veut un hommage aux maîtres de la peinture flamande.

**FEYERABEND (Paul K.)** ♦ Philosophe américain d'origine autrichienne (Vienne 1924 - Genolier, Suisse 1994). Il suivit les cours de Karl Popper et fut professeur à l'Université de Berkeley. Il développa une épistémologie qui s'oppose vigoureusement au positivisme et dont l'intention est bien résumée dans le titre de son principal ouvrage : *Contre la méthode : esquisse d'une théorie anarchiste de la connaissance* (1975). En effet, selon lui, deux théories scientifiques ne peuvent être réduites l'une à l'autre et sont incommensurables, tant sur le plan de la signification des mots descriptifs que sur leur base observationnelle. Il partage avec Popper l'idée que non seulement tout fait dépend d'une théorie préalable (et non la théorie d'une observation préalable) mais aussi que toutes les théories sont fausses, c'est-à-dire en attente d'être réfutées, ou falsifiées. Feyerabend va cependant plus loin car il prône la production de théories même irrecevables dans le seul but de permettre la découverte de faits confirmant les théories initiales. Ainsi, l'astrologie peut être utile à la science, comme la théorie biblique créationniste peut l'être à celle de l'évolution.

**FEYNMAN (Richard Phillips)** ♦ Physicien américain (New York 1918 - Los Angeles 1988). Il fut l'un des grands théoriciens de la physique contemporaine et l'un des auteurs de l'électrodynamique quantique, la théorie relativiste et quantique de l'électromagnétisme. Il s'agit de la théorie qui, à l'heure actuelle, atteint le plus haut degré de précision et sert de modèle à toutes les théories des interactions fondamentales. On doit également à Feynman l'invention des diagrammes qui portent son nom, et qui constituent une méthode graphique extrêmement commode d'étude des réactions entre les particules. Il introduisit encore le concept de parton (constituant des nucléons), le formalisme des «intégrales de chemin» et contribua au développement de la théorie de la superfluidité. Son manuel de physique, traduit dans presque toutes les langues, renouvela l'enseignement de la discipline par son approche concrète et sensible des phénomènes les plus abstraits. [Prix Nobel de phys. 1965, avec J. Schwinger et S. Tomonaga*]

**FEYTIAT** [87220] ➝ **ÉTYM.** anc. *Festiac*, du lat. *Festius*, n. de pers., et suff. *-acum* ♦ Comm. de la Haute-Vienne, arr. de Limoges. 5 299 hab.

**FEYZIN** [69320] ➝ **ÉTYM.** anc. *Fasianum*, du lat. *Fasius*, n. de pers., et suff. *-anum* ou de *faisse* «bande de terre, champ» ♦ Comm. du Rhône, banl. S. de Lyon. 8 469 hab. *(Feyzinois).* Raffinerie de pétrole. Pétrochimie.

**FEZ** → Fès

**FEZENSAC** [fəzɑ̃sak] n. m. ♦ Ancien comté de Gascogne* (dép. du Gers*) qui avait pour cap. *Vic-Fezensac*. Il fut rattaché à l'Armagnac* v. 1140.

**FEZZAN** n. m. ➝ **ÉTYM.** p.-ê. du berbère °*fas* «source» ♦ Région saharienne du S.-O. de la Libye, confinant au pays des Ajjers à l'O. et au Tibesti au S., constituée de vastes plateaux (Hamada el-Homra), terrains de parcours, où s'alignent des oasis dans les escarpements. 57 000 km². ▪ Population arabe, berbère (Touaregs) et noire (Toubous*). V. PRINC. : Ghadamès, Mourzouk et Sebha. ▪ Dattiers (11 000 000 arbres). ▮ **Histoire** Riche en vestiges néolithiques dans le S.-E. (Messak libyen), la région a été habitée par des populations libyco-berbères («Garamantes») au –I$^{er}$ millénaire. Anc. prov. romaine *(Phazania)* envahie par les Arabes (666), elle fut placée vers le XIII$^e$ s. sous la suzeraineté du Bornou, puis un chérif marocain y fonda une dynastie au XVI$^e$ s. Elle fut annexée à l'Empire turc après 1840, et les Senoussis y eurent une influence prépondérante. Elle fut conquise par les Italiens en 1913 - 1914 et 1929 - 1930. Lors de la Deuxième Guerre mondiale, la colonne Leclerc, après s'être emparée de Mourzouk puis de Koufra (1941), y déclencha une offensive en liaison avec les Britanniques. La *campagne du Fezzan* aboutit à la jonction des troupes françaises avec la VIII$^e$ armée de Montgomery à Tripoli en janvier 1943. La France établit alors au Fezzan plusieurs garnisons qu'elle évacua après le traité franco-libyen de 1955. La région devint une province du royaume de Libye (1951).

**FFI** n. f. pl. → **Forces françaises de l'intérieur**

**FFL** n. f. pl. → **Forces françaises libres**

**FIACRE** (saint) ➝ **ÉTYM.** en irl. *Fiachra*, de *fiach* «dette» ou *fichim* «je combats» ♦ Ermite scot (v. 610 - 670) venu en Gaule. Son ermitage, près de Meaux, devint le monastère, puis la ville de Breuil (Saint-Fiacre-en-Brie). Patron des jardiniers et des cochers (par jeu de mots). ▪ Fête le 30 août.

**FIALIN (Jean Gilbert Victor)** → **Persigny**

**FIANARANTSOA** ♦ V. de Madagascar, dans le Betsiléo. Plus de 125 000 hab. ▪ Centre admin. et gros marché agricole. Rizières. Conserveries. Manufactures de tabac. Savonneries. Huileries.

La **Fiancée de Messine** ou **Les Frères ennemis** – en all. ***Die Braut von Messina*** ♦ Tragédie en 5 tableaux et en vers, avec chœurs, de Schiller* (1803). L'œuvre s'inscrit dans la tradition de la tragédie grecque. Réconciliés par les soins de leur mère, doña Isabelle, princesse de Messine, les deux frères, don Emmanuel et don César, se découvrent soudain d'implacables rivaux, étant tous deux devenus amoureux de Béatrice. Surprenant César dans les bras de la jeune fille, Emmanuel le tue. Il apprendra bientôt que Béatrice était leur sœur. À l'annonce de cette nouvelle, il se donnera la mort.

La **Fiancée vendue** ♦ Opéra-comique en 3 actes de B. Smetana* sur un livret de Karel Sabina (Prague, 30 mai 1866 ; version définitive Prague, 25 sept. 1870). Par opposition aux ouvrages à coloration patriotique, il s'agit du premier grand opéra tchèque à sujet villageois, dans la descendance du *Freischütz* de Weber.

Les **Fiancés** – en it. ***I Promessi Sposi*** ♦ Roman historique de Manzoni*, publié avec le sous-titre *Histoire milanaise du XVII^e siècle, découverte et rédigée par A. M.* Écrit entre 1821 et 1823, remanié en 1824 - 1826, puis «toscanisé» pour l'édition définitive de 1840 - 1842, le chef-d'œuvre de Manzoni fut le fruit d'un long travail. Désireux de réaliser la «représentation d'un état donné de la société par le moyen de faits et de caractères si semblables à la réalité qu'on puisse la croire une histoire véritable», Manzoni trace le tableau de la Lombardie entre 1628 et 1630, sous la domination espagnole, par le biais d'une histoire d'amour longtemps contrariée entre deux jeunes gens du peuple, Lenzo et Lucia. Prétexte à des analyses de caractères et de sentiments souvent citées pour leur finesse, l'intrigue romanesque est pourtant moins importante aux yeux de l'auteur que le tableau de la vie économique et sociale en Italie et, surtout, que l'enseignement moral et patriotique qui se cache sous la satire.

**Fianna Fáil** ➝ ÉTYM. gaél. «guerriers de la destinée» ♦ Nom d'un parti politique irlandais créé en 1926, lorsque la partition de l'Irlande parut définitive, par Eamon De* Valera avec les anciens *sinn féiners* qui refusaient le traité du 6 décembre 1921. Majoritaire au *Dail* (chambre irlandaise) de 1932 à 1948, le Fianna Fáil fut à nouveau au pouvoir de 1951 à 1954, de 1957 à 1973, de 1977 à 1982 (avec une interruption en 1981 - 1982) et depuis 1987. Il fut dirigé par Bertie Ahern* de 1994 à 2008 puis par Brian Cowen.

**FIBIGER (Johannes)** ♦ Médecin danois (Silkeborg 1867 - Copenhague 1928). Il fut un des pionniers des recherches expérimentales sur le cancer. [Prix Nobel de physiol. ou méd. 1926]

**FIBONACCI (Leonardo)** dit **Léonard de Pise** ♦ Mathématicien italien (Pise, v. 1175 - *id.* apr. 1240). Dans son *Liber abbaci* (1202), il exposa les connaissances mathématiques des Arabes et introduisit l'emploi des chiffres dits «arabes», étudia les fractions continues et inventa la suite arithmétique dite de Fibonacci (où chaque nombre est la somme des deux précédents et où le rapport de deux termes consécutifs tend vers le nombre d'or). L'emploi d'abréviations y préfigure vaguement le symbolisme algébrique de Viète*. Dans sa *Practica geometria* (1220), inspirée d'Héron, on trouve des rudiments de trigonométrie et une valeur approchée de $\pi$ égale à 3,141818 ; dans sa *Flos Leonardi* et son *Liber quadratorum*, il traita des problèmes d'analyse. ➝ ÉTYM. Ce nom italien signifie «fils (*fi*, abréviation de *figlio*) de Bonacci (nom de personne, de *bono* "bon") [surnom d'une personne très pieuse ou hypocrite]».

**Fiches** (affaire des) ♦ Affaire qui éclata à propos d'un système instauré par le général André*, ministre de la Guerre sous la III^e République (1901 - 1904) et consistant à faire dépendre l'avancement des officiers de leurs opinions religieuses et politiques, consignées sur des fiches établies avec le concours de sociétés secrètes, en particulier des loges maçonniques, et directement transmises au ministre. La découverte de cette affaire suscita une violente polémique et un regain de l'opposition antiparlementaire. Le général André puis le président du Conseil Combes durent démissionner.

**FICHET (Guillaume)** ♦ Théologien et érudit français (Le Petit-Bornand, Savoie 1433 - Rome v. 1480). Recteur de la Sorbonne (1467) où il fut également professeur de rhétorique et où il introduisit le premier atelier de typographie français, il fut ambassadeur de Louis XI, puis camérier du pape Sixte IV. Sa *Rhétorique* fut publiée en 1471.

**FICHTE (Johann Gottlieb)** ♦ Philosophe allemand (Rammenau, Saxe 1762 - Berlin 1814). Sa brillante carrière à l'université d'Iéna (1794 - 1799) fut interrompue par une accusation d'athéisme et de jacobinisme. Bien qu'il assumât par la suite la fonction de recteur de l'université de Berlin (1810), sa philosophie était déjà éclipsée par le succès de celles de Schelling* et surtout de Hegel* qu'elle avait largement contribué à former par son langage et sa méthode (dialectique). ▪ Admirateur de Kant* et philosophe de la liberté, Fichte expose dans ses *Principes de la doctrine de la science* (1794) un «idéalisme absolu», cherchant à justifier dialectiquement l'existence du «non-moi» (objet, nature) à partir du «moi» (sujet, esprit) et posant leur identité comme idéal de l'action dont l'homme ne peut que se rapprocher indéfiniment. C'est une doctrine de l'homme concret, de sa liberté comme pouvoir effectif de transformer le monde, que Fichte développe à partir de là dans le *Fondement du droit naturel* (1796), la *Doctrine des mœurs* (union des consciences dans le perfectionnement moral, 1798) et *L'État commercial fermé* (1800) où, critiquant les conséquences du libéralisme et du mercantilisme, il préconise une forme de socialisme d'État. Après une phase de «réalisme absolu» (1800 - 1802) [peut-être influencé par Schelling], Fichte s'orienta vers un christianisme philosophique dont le problème central est celui des rapports du moi fini et de l'Absolu (par la médiation du Verbe) [*Exposé de la doctrine de la science*, 1804, paru après sa mort]. Dans *La Destination de l'homme* (1800) et *Initiation à la vie bienheureuse* (1806), il a donné des exposés plus populaires de sa philosophie. Ses *Discours* à la nation allemande* (1807) sont un appel au réveil national. ♦ **Emmanuel Hermann Fichte.** Philosophe allemand (Iéna 1796 - Stuttgart 1879). Fils du précédent. Il contribua à faire connaître la pensée de son père.

**FICHTELGEBIRGE** n. m. ♦ Massif anc. d'Allemagne centrale, au N.-E. de la Bavière, entre le Thüringerwald à l'O., l'Erzgebirge au N.-E., la Forêt-de-Bohême et la Forêt-de-Bavière au S.-E. Il a la forme d'un grand plateau rectangulaire d'où divergent en étoile les massifs du Frankenwald au N.-O., l'Elstergebirge au N.-E. et la forêt du Haut-Palatinat au S.-O. Formé de gneiss et de granite, il culmine à 1 051 m au Schneeberg.

**FICIN (Marsilio FICINO,** dit en fr. **Marsile)** ♦ Philosophe et humaniste italien (Figline, Toscane 1433 - Careggi, Florence 1499). Ce prêtre, helléniste et philosophe, fut le maître de l'école «platonicienne» de Florence (➝ **Gémiste Pléthon**), comptant parmi ses disciples et correspondants Marguerite de Navarre, Paracelse*, John Colet* et Laurent* de Médicis (le Magnifique) qui fut aussi son protecteur (➝ **Pic de la Mirandole**). Il traduisit non seulement les dialogues de Platon mais une partie du *Corpus hermeticum* (➝ **hermétisme**), les œuvres des néoplatoniciens (Porphyre, Plotin et Proclus) et celles du Pseudo*-Denys. Il écrivit lui-même une *Théologie platonicienne* et *De christiana religione*. Sa philosophie spiritualiste s'accordait avec les préoccupations morales des intellectuels de son temps et leur désir d'une transformation de l'Église.

**FICK (August)** ♦ Linguiste allemand (Petershagen 1833 - Hildesheim 1916), auteur d'un dictionnaire des langues «indo-germaniques», première description de l'ensemble du vocabulaire indo-européen (1868 ; 3 éd. 1874 - 1876). Cet ouvrage et un recueil étymologique des noms de personnes en grec ancien le conduisirent à l'idée d'une communauté indo-européenne aristocratique qui aurait été à l'origine du pouvoir politique et social dans les principales civilisations antiques (Asie moyenne et occidentale et Europe).

**Fictions** – en esp. ***Ficciones*** ♦ Recueil de contes fantastiques de Jorge Luis Borges* composé de 2 livres, «Le Jardin aux sentiers qui bifurquent» (1941) et «Artifices» (1944), réunis en 1944 en un seul volume. C'est à cet ouvrage que Borges dut d'accéder à la reconnaissance universelle. Ces contes explorent et «mettent en scène», non sans ironie, des notions ou des paradoxes philosophiques. On y trouve l'infini d'une bibliothèque («La Bibliothèque de Babel») ou d'une mémoire («Funès ou la mémoire»), une contamination du réel par un univers intellectuel («Tlön, Uqbar, Orbis tertius»), un labyrinthe de séries temporelles («Le jardin aux sentiers qui bifurquent»). Au-delà des différences de style et de genre, l'essentiel réside dans la réécriture érigée en système d'écriture («Pierre Ménard, auteur du *Quichotte*»), le texte de Borges lui-même renvoyant à toutes les littératures. Le réel et l'imaginaire se confondent dans une harmonie recomposée qui impose au chaos cet ordre que Borges, lassé de ce qu'il appelait dans la période militante de sa jeunesse l'esthétique des prismes, prétendait trouver par la suite dans celle des miroirs.

**Fidelio** – en all. ***Leonore oder die eheliche Liebe*** ♦ Opéra en 2 actes de L. van Beethoven* (Vienne, 1805, remanié en 1806 et 1814), d'après l'opéra français en 3 actes *Léonore* (livret de J. N. Bouilly, musique de P. Gaveaux, Paris 1798). Le travail accompli sur le livret initial de Joseph Sonnleither (1805) par S. von Breuning (1806), puis par F. Treitschke (1814), permit à Beethoven de donner à l'ouvrage une forme achevée et d'assurer définitivement son succès. Déguisée en garçon, Léonore pénètre dans la prison où son mari Florestan est injustement détenu par le tyran Pizarro et parvient à le délivrer.

**FIDÈNES** – en lat. ***Fidenae*** ♦ Anc. V. d'Italie, dans le pays des Sabins*, à 9 km de Rome. Colonie étrusque, elle ne fut définitivement conquise par les Romains qu'en –425.

## FIDJI ou FIJI (ÎLES)

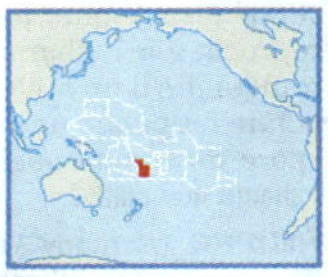

▪ – en fidjien ***Viti***, off. ***république des Fidji*** ♦ Archipel indépendant de la Mélanésie, dans l'océan Pacifique du S.-O., traversé par le méridien 180°, antipode de celui de Greenwich. ➝ **Océanie** (carte). L'archipel est constitué de 844 îles, îlots volcaniques et atolls. Les deux îles principales sont Viti* Levu et Vanua* Levu. Autres îles : Taveuni (435 km²), Kandavu (409 km²), Ovalau (104 km²), Ngau (140 km²), Koro (104 km²) ; le groupe de Lau, à l'O., forme une chaîne d'îles incurvée dont la principale est Vanuambalavre (54 km²) ; le groupe de Yasawa (135 km²), à l'E., constitue un chapelet d'environ 16 îles ; l'île de Rotuma, au N. de l'archipel, est une dépendance. 18 333 km². 827 900 hab. *(Fidjiens)*. POPULATION : d'origine mélanésienne ; Indiens (45 %) ; métis, Européens, Chinois. LANGUES : fidjien, anglais, hindi. MONNAIE : dollar fidjien. CAPITALE : Suva. RÉGIME : démocratie parlementaire.

▪ **GÉOGRAPHIE** Les plus grandes îles sont d'origine volcanique, montagneuses et accidentées, frangées sur leur pourtour de plaines alluviales discontinues entourées de récifs coralliens. Le climat est de type tropical humide, dominé par les alizés du S.-E. ; les zones «sous le vent» sont le domaine de la savane boisée, tandis que les zones orientales sont couvertes d'une forêt dense. Une partie de l'archipel est frappée de fréquents cyclones. ▪ Le gouvernement défend les intérêts des Fidjiens de souche au détriment des Fidjiens d'origine indienne. Outre l'agriculture de subsistance (riz, maïs, taro, igname, manioc), l'économie est dominée par la production de la canne à sucre. Celle-ci représente plus du tiers des exportations ; viennent ensuite le coprah, le cacao, les bananes et la pêche. Industries de transformation agricole, l'industrie sucrière étant la principale (également traitement du coprah). Industrie textile. Manufacture de cigarettes (à Suva). Cimenteries. Or, dans l'île de Viti* Levu. L'industrie touristique s'accroît rapidement. Les Fidji forment une base stratégique importante et un centre de communications au carrefour de nombreuses lignes aériennes et maritimes.

**HISTOIRE** Découvertes en partie par A. Tasman* en 1643, puis visitées par J. Cook* (1773), W. Bligh* (1789), Dumont* d'Urville (1827), les îles reçurent en 1835 les premiers missionnaires wesleyens (→ **Wesley**). Après avoir évincé les Allemands et les Américains, les Britanniques annexèrent juridiquement les îles Fidji en 1874 et en firent une colonie de la Couronne, où ils firent venir des Indiens pour travailler dans les champs de canne à sucre. Rotuma fut annexée en 1881. Le pays accéda à l'indépendance en 1970. Depuis, il est en proie à la rivalité entre Indiens et Mélanésiens, et a connu plusieurs coups d'État militaires dont les deux premiers furent menés par le colonel Rabuka en mai et en sept. 1987. La République fut proclamée en octobre et exclue du Commonwealth qu'elle ne put rejoindre qu'en 1997, après l'adoption d'une Constitution n'excluant plus les Indiens des fonctions politiques. En 2000, un nouveau putsch pro-mélanésien renversa le gouvernement travailliste d'un Indo-Fidjien formé l'année précédente. Après les élections de 2001, les Indo-Fidjiens furent totalement écartés du gouvernement par le nouveau Premier ministre mais cette exclusion étant contraire à la Constitution, elle provoqua un autre coup d'État mené par le chef de l'armée, en déc. 2006. Le pouvoir fut rendu, en janv. 2007, au président de la République, Ratu Josefa Iloilovatu Uluivuda (élu en 2000) auquel succéda Ratu Epeli Nailatikau en 2009.

---

**FIELD (John)** ♦ Compositeur et pianiste irlandais (Dublin 1782 - Moscou 1837). Élève de Clementi* et d'Albrechtsberger*, il fit une brillante carrière de virtuose à travers toute l'Europe. Il a écrit pour le piano une œuvre abondante (concertos, sonates, fantaisies), mais c'est avec ses 18 *Nocturnes* qu'il a exercé, tout au moins par la nouveauté de la forme, une indéniable influence sur Chopin*.

**FIELD (Cyrus West)** ♦ Industriel américain (Stockbridge, Massachusetts 1819 - New York 1892). Réalisateur du premier câble sous-marin Amérique-Europe (1858 - 1866).

**FIELDING (Henry)** ♦ Romancier, journaliste, dramaturge et poète britannique (Sharpham Park, Glastonbury, Somerset 1707 - Lisbonne 1754). Fils du général Edmund Fielding, il fréquenta Eton et fit son droit à Leyde avant de s'installer à Londres où il produisit une douzaine de comédies dont *Tom Pouce* (1729) que Swift appréciait. Directeur du Little Theatre de Haymarket, il représenta des satires contre Walpole qui furent à l'origine du *Licensing Act* de 1737. Fielding conçut alors un roman satirique contre Walpole, la *Vie de Jonathan Wild le Grand* (1743, dont De* Foe composa la pseudo-autobiographie [J. Wild vécut de 1682 à 1725]). La même amertume, digne de Swift, caractérise *Le Voyage de ce monde-ci à l'autre*. À la tête du *True Patriot* et du *Jacobite Journal* (1746), il soutint la politique gouvernementale. Avocat (1740), il s'opposa au sentimentalisme de Richardson* qu'il parodia dans *Justification de la vie de Mrs. Shamela Andrews* et dans les *Aventures de Joseph Andrews*, 1742, dont le protagoniste est une Pamela du sexe masculin. Mais les dix-huit livres de *Tom* Jones* (1749), malgré leur verve picaresque, ne sont pas dénués de cette sentimentalité reprochée à Richardson. *Amélie* (1751) se déroule aussi dans la tranquillité d'un milieu bourgeois. Son *Journal d'un voyage à Lisbonne* fut publié un an après sa mort. Walter Scott voyait en lui le «père du roman anglais». ◆ ÉTYM. *Fielding* vient du vieil anglais *feld* «champ non cultivé».

**FIELDING (Anthony Vanduck Copley)** ♦ Aquarelliste britannique (Londres 1787 - Worthing 1855). Il subit l'influence de Girtin* et représenta d'abord la région des lacs et la côte S. de l'Angleterre. Il se rendit en France, sans doute vers 1817, où en compagnie de ses deux frères Thales et Newton il fréquenta Delacroix et ses amis. Ses aquarelles finement observées et d'une grande luminosité furent une révélation au Salon de 1824 à Paris. Comme Bonington, il influença les paysagistes de 1830.

**FIELDS (John Charles)** ♦ Mathématicien canadien (Hamilton 1863 - Toronto 1932). Il proposa la création d'une médaille pour compenser l'absence de prix Nobel en mathématique et constitua une rente permettant son financement. Deux médailles Fields furent attribuées pour la première fois en 1936 et, depuis 1950, sont remises tous les quatre ans à des mathématiciens âgés en principe de moins de 40 ans.

**FIELDS (William Claude DUKENFIELD, dit W. C.)** ◆ ÉTYM. *W. C.* : initiales de ses deux prénoms ; *Fields* : aphérèse de son nom ♦ Acteur américain (Philadelphie 1879 - Pasadena 1946). L'un des plus fameux excentriques du spectacle américain, qui a promené sa trogne enluminée et son insolence tranquille au long de vaudevilles, mélodrames, comédies musicales et films fleurant bon le *nonsense* à l'état pur. Parmi ces derniers : *Poppy* (1925), *Une riche affaire* (1934), *Mon petit poussin chéri* (1940, avec Mae West) ; *Passez muscade* (1941). Il composa un succulent Micawber dans *David Copperfield* (1935).

**FIENNES (Robert, dit MOREAU DE)** ♦ Connétable de France (château de Fiennes, près de Boulogne-sur-Mer, v. 1308 - v. 1385). Il apporta son appui au dauphin Charles* (V) contre les Anglais, reprit Auxerre (1360) et lutta contre les Grandes Compagnies. Il démissionna de sa charge de connétable en faveur de Du Guesclin (1370).

**FIER** ou **FIERI** ♦ V. d'Albanie. 76 166 hab. Centre de raffinage pétrolier et indus. chimique.

**FIER** n. m. ◆ ÉTYM. de *Cyers* (avec attraction de l'adj. *fier*), du prélatin *Cerus* ou *Ceris*, p.-ê. var. vocalique de *Caris* (→ Cher) ♦ Riv. des Préalpes (66 km), affl. du Rhône. Il conflue à Seyssel après avoir traversé des gorges étroites. Aménagements hydroélectriques.

**FIER-À-BRAS** ♦ Géant sarrasin des chansons de geste du *Cycle carolingien* (*Fierabras*, 1170). Ce valeureux guerrier s'était emparé du baume du Christ, liqueur miraculeuse dont se souvinrent Cervantès pour écrire *Don* Quichotte* et Calderón* de la Barca (*Le Pont de Mantible*, 1635).

**FIERAVANTI** ou **DA BOLOGNA (Aristotile)** ♦ Architecte et ingénieur italien (Bologne v. 1415 - Moscou v. 1486). Auteur du «campanazzo» de Bologne (1459). Il travailla pour les Sforza, réalisant des travaux hydrauliques. En Hongrie (1467), il édifia un pont sur le Danube, puis collabora à la reconstruction du Kremlin de Moscou en élevant notamment l'église de la Dormition (1476 - 1479).

**FIESCHI** → **Fiesque**

**FIESCHI** [fjɛski] **(Giuseppe)** ♦ Conspirateur français (Murato 1790 - Paris 1836). Condamné pour vols et escroquerie en Corse, il vint à Paris où il servit quelque temps d'agent secret à la police. Poussé par les mouvements républicains, il fomenta un complot contre la monarchie de Juillet. Tandis que Louis-Philippe et sa suite se rendaient à la Bastille pour la fête de la révolution de 1830 (28 juil. 1835), il fit éclater une machine infernale. Après cet attentat qui n'atteignit pas la famille royale, tout en faisant dix-huit morts (dont le maréchal Mortier*), Fieschi et ses complices, Pépin et Morey, furent condamnés à mort et décapités.

**FIESOLE** – en lat. ***Faesulae*** ♦ V. d'Italie, en Toscane (prov. de Florence), sur une colline dominant Florence*. 14 085 hab. Anc. foyer de civilisation étrusque (enceinte), puis romaine (théâtre, –Ier s.). Cathédrale (XIe - XIVe s.). Couvent de San Domenico où Fra Angelico* fut prieur, Badia di Fiesole, musée Bandini. ▪ Centre touristique.

**FIESQUE** – en it. ***Fieschi*** ou ***Fiesco*** ♦ Famille de l'aristocratie génoise dont sont issus deux papes, Innocent* IV et Adrien* V, une sainte et un grand nombre de cardinaux. Elle représenta avec les Grimaldi* le parti guelfe contre les Spinola et les Doria. ♦ **Gian Luigi Fiesco,** comte **de Lavagna** (Gênes 1523 - *id.* 1547). Appuyé par François* Ier, puis par le duc de Plaisance et par Paul* III, il tenta de renverser Andrea Doria*. Sa mort accidentelle fit échouer la conjuration qui fut impitoyablement réprimée. Une partie des Fieschi se réfugia alors en France où ils francisèrent leur nom. L'histoire de la conjuration fut racontée par le cardinal de Retz* et inspira un drame à Schiller*.

**FIFA** → **Fédération internationale de football association**

**FIFE** ◆ ÉTYM. étym. obsc. [d'après la tradition, du n. de *Fib*, l'un des 7 fils de Cruithne, chef des Pictes] ♦ Disctrict d'Écosse, entre les estuaires de la Tay et du Forth. 1 325 km². 349 429 hab. CH.-L. : Glenrothes. Région agricole. La côte E. est touristique. Le S., dans la région de Dunfermline, bénéficie du dynamisme d'Édimbourg.

**Figaro.** *Le Mariage de Figaro* avec P. Vial, R. Carpentier, D. Blanc, A. Marcon et V. Silver, mise en scène de J.-P. Vincent, en 1987. *Phot. © Bernand*

## Figuration libre

♦ Mouvement français des années 1980, plus sociologique qu'esthétique, ainsi baptisé par Ben*. Il défend une idéologie de la spontanéité dans la création et attire une génération de jeunes peintres inspirés par la publicité, la bande dessinée (et son univers graphique), le rock et le punk, la culture de masse, baignant dans une période où l'art est ressenti comme une marchandise. Les artistes les plus représentatifs sont Remy Blanchard, Robert Combas*, Hervé Di* Rosa ainsi que Jean-Michel Alberola, Jean-Charles Blais, François Boirond et Jean-François Maurige. La tendance américaine de ce mouvement, illustrée par Basquiat* et Haring, est plus impliquée politiquement et socialement.

**FIGARI (Pedro)** ♦ Peintre uruguayen (Montevideo 1861 - *id.* 1938). Après une carrière d'avocat et de député, il se consacra à partir de 1911 à la littérature et surtout à la peinture. Établi à Paris de 1921 à 1935 et devenu l'ami de Bonnard, il peignit des formes vivement colorées, peu modelées et sinueuses qui évoquent avec verve et naïveté des scènes pittoresques de son pays natal.

**FIGARO** ← ÉTYM. p.-ê. déformation de *fils de Caron* (nom patronymique de Beaumarchais) ou adaptation du vx fr. *Figuereau* ♦ Personnage de Beaumarchais, héros de la trilogie composée du *Barbier* de Séville* (1775), du *Mariage* de Figaro* (1784) et de *La Mère coupable* (1791). Il apparaît dans *Les Noces* de Figaro* de Mozart* et dans *Le Barbier de Séville* de Rossini*.

**Le Figaro** ♦ Journal parisien fondé en 1826 sous la forme d'un hebdomadaire satirique. Repris par H. de Villemessant en 1854, devenu quotidien en 1866, il exprima des positions monarchistes au début de la IIIᵉ République, puis évolua vers une tendance républicaine modérée, reflétant les opinions de la bourgeoisie. Dirigé successivement par F. Magnard, G. Calmette jusqu'à son assassinat en 1914, puis par R. de Flers et A. Capus, il fut la propriété et l'organe politique du parfumeur F. Coty de 1922 à 1933 avec L. Romier et A. Chaumeix comme rédacteurs en chef. Repris par Mme Cotnareanu (ex-Mme F. Coty), *Le Figaro* eut P. Brisson comme directeur de 1934 à 1942 et de 1944 à 1964. Il fut ensuite acquis par le groupe Prouvost-Beghin. L'un des organes politiques et littéraires de la presse bourgeoise, il accueillit les éditoriaux de F. Mauriac et les articles de Lacretelle, Giraudoux, Maulnier, Gaxotte. Un hebdomadaire, *Le Figaro littéraire,* lui fut adjoint de 1946 à 1970 avant d'être intégré au journal comme supplément du jeudi. Le *Figaro Magazine* (créé en 1978) et le *Figaro Madame* (créé en 1980) sont les suppléments du samedi. *Le Figaro* appartint au groupe Hersant (1975 - 2004) puis à Dassault.

**FIGEAC** [fiʒak] [46100] ← ÉTYM. anc. *Figiacus,* du lat. *Fidius* (ou *Fibius*), var. de *Fabius,* n. de pers., et suff. *-acum* ♦ Ch.-l. d'arr. du Lot, sur le Célé. 9 606 hab. *(Figeacois).* Anc. abbatiale des XIᵉ et XIVᵉ s. Église romane Notre-Dame-du-Puy (remaniée aux XIVᵉ et XVIIIᵉ s.). Hôtel de la Monnaie (fin du XIIIᵉ s.), auj. musée. Nombreuses maisons du Moyen Âge et de la Renaissance. Musée Champollion installé dans la maison natale de l'égyptologue. ▪ Construc. aéronautiques et mécanique de précision. ▮ **Histoire** À l'origine, lieu de refuge fondé par les bénédictins, Figeac prit une réelle expansion aux XIᵉ et XIIᵉ s. Cédée par un abbé à Philippe le Bel en 1302, elle fut dirigée par des consuls et un viguier représentant le roi. Une fabrique royale de monnaie y fut installée. La guerre de Cent Ans et les guerres de Religion ralentirent son développement.

**FIGL (Leopold)** ♦ Homme politique autrichien (Rust 1902 - Vienne 1965). Issu du monde paysan de Basse-Autriche, membre du parti populiste (catholique) il déclara ouvertement son hostilité à l'Anschluss* et fut déporté en camp de concentration (1938 - 1945). Cofondateur du nouveau parti populiste (ÖVP), il fut chancelier d'Autriche de 1945 à 1953. Ministre des Affaires étrangères de 1953 à 1959, il signa en 1955 le traité d'État qui reconnaissait à l'Autriche son indépendance et sa neutralité.

**FIGNER (Vera Nikolaïevna)** ♦ Révolutionnaire russe (gouv. de Kazan 1852 - Moscou 1942). Membre du comité exécutif de la «Volonté du peuple» (→ **narodniki**) dès 1879, elle prit part à l'organisation des attentats contre Alexandre* II. Elle fut condamnée à mort en 1884, mais sa peine fut commuée en réclusion à vie. Emprisonnée dans la forteresse de Schlusselburg* (1884 - 1904), puis déportée (1904 - 1906), elle regagna la Russie en 1915.

**FIGUEIRA DA FOZ** ♦ V. du Portugal (région Centre), district de Coimbra, dans la Beira littorale, à l'embouchure du Mondego. 63 372 hab. ▪ Port de pêche et importante station balnéaire.

**FIGUERAS** ♦ V. d'Espagne (Catalogne), prov. de Gérone. 41 115 hab. Centre économique et culturel. Ermitage de Sant Pau de la Calçada (XIIᵉ s.). Château Sant Ferran (XVIIIᵉ s.). Théâtre-Musée Dalí, fondé par Dalí* en 1974.

**FIGUERES FERRER (José)** ♦ Homme d'État costaricain (San Ramón, près d'Alajuela 1906 - San José 1990). Il restaura la démocratie en 1948 dans son pays, où il devint deux fois président de la République (1952 - 1958 et 1970 - 1974). Il abolit l'armée, accorda le droit de vote aux femmes et socialisa partiellement l'économie, tout en s'opposant à la United Fruit Company américaine et aux dictatures voisines.

**FIGUIG** ♦ Oasis saharienne du Maroc (prov. d'Oujda), située à l'E. du pays. 14 542 hab. Palmeraies. Textiles. Important marché nomade. Théâtre du conflit frontalier algéro-marocain en 1963.

**FILARETE (Antonio di Petro AVERLINO, dit il Filareti,** en fr.) ♦ Sculpteur et architecte italien (Florence v. 1400 - Rome v. 1469). Après avoir collaboré avec Ghiberti* à la réalisation des portes du baptistère de Florence, il fut appelé par le pape Eugène IV à Rome afin de décorer les portes de la basilique Saint-Pierre (1433 - 1445). Cette œuvre, dérivée du classicisme hiératique, exerça une forte influence sur les sculpteurs romains de la Renaissance. Invité par le duc Sforza, il s'installa à Milan (1451 - 1465) et y élabora les plans de l'Ospedale Maggiore (1457 - 1465), première œuvre renaissante de Lombardie qui présente encore divers éléments gothiques. Il y écrivit aussi un *Traité d'architecture* (1460 - 1464) où il décrit la ville idéale de Sforzinda, conçue selon un plan polygonal à huit branches inscrit dans un cercle dont le centre est occupé par la place principale. Ce projet, l'un des grands moments de la réflexion artistique de la Renaissance, organisé en fonction d'une symbolique urbanistique cohérente, se fonde sur une vaste érudition qui mêle souvenirs classiques (*République,* de Platon) et traditions chrétiennes.

**FILIMON (Nicolae)** ♦ Écrivain roumain (Bucarest 1819 - *id.* 1869). Critique musical et dramatique, écrivain réaliste et incisif, il est surtout l'auteur d'un roman idéologique, *Ciocoii vechi si noi* («Parvenus anciens et nouveaux», 1863), le premier du genre en Roumanie.

**filioque** (querelle du) ♦ C'est en Espagne, semble-t-il, au VIᵉ s., qu'apparut une addition au symbole de Nicée*, exprimant que le Saint-Esprit procède à la fois du Père «et du Fils» (en lat. *filioque*). C'était alors une façon de s'opposer à l'arianisme* des Wisigoths. L'usage passa en Gaule, en Germanie et fut adopté par Charlemagne. Les papes en autorisèrent l'usage, mais se refusèrent à l'adopter avant le XIᵉ s. Néanmoins, les Orientaux se scandalisèrent de cet ajout, proscrit par les conciles, et en tirèrent argument dans leurs controverses avec la papauté, déclarée par eux hérétique. Il pesa lors du schisme de Photios* (qui le combattit dans sa *Mystagogie du Saint-Esprit*) et encore lors du schisme de Cérulaire* (1054). Aujourd'hui, le *Credo* catholique le conserve ; l'Église orthodoxe le repousse.

**FILITOSA** ♦ Site archéologique de Corse au N. de Propriano. Fouillé et étudié à partir de 1954, il groupe des statues-menhirs d'une civilisation mégalithique, dont certaines portent des armes sculptées, œuvres de la population autochtone et forteresses cyclopéennes de la civilisation dite torréenne (qui se substitua à la précédente), œuvre des envahisseurs.

**Filitosa.** Statues-menhirs.
*Phot. © Alain Rey*

**FILLASTRE** [filɑtʀ] **(Guillaume)** ♦ Prélat et savant français (La Suze, Maine 1348 - Rome 1428). Doyen de Reims, il lutta pour réduire le schisme* d'Occident, participa au concile de Pise* (1409), fut créé cardinal en 1411 par Jean* XXIII (Baldassare Cossa) et soutint au concile de Constance* (1414 - 1418), avec Pierre d'Ailly*, la supériorité du concile sur le pape. Son intervention amena effectivement l'élimination du schisme et l'élection de Martin* V, qui en fit son légat en France. Il y fut l'intermédiaire de la paix entre armagnacs et bourguignons. Comme savant, on lui doit une traduction de la *Syntaxe mathématique* (ou *Almageste*) de Ptolémée et une carte d'Europe, la première à indiquer le Groenland. ← ÉTYM. L'ancien français *filla(s)tre* signifie «gendre».

Les **Filles du feu** ♦ Recueil de nouvelles de Gérard de Nerval* (1854) dont les deux premières notamment, «Angélique» et «Sylvie», mêlent la poésie des descriptions réalistes à la magie du «souvenir à demi-rêvé». Les 12 lettres qui composent «Angélique» évoquent la campagne du Valois (Chaalis, Senlis, Ermenonville), son folklore et ses récits légendaires. Dans «Sylvie» (1853), le poète épris vainement de l'actrice Aurélie évoque, au cours du voyage qui le ramène dans le Valois de son enfance, son «amitié tendre» pour la brune Sylvie et l'«amour vague et impossible» que lui inspira la blonde Adrienne, jeune châtelaine rencontrée deux fois et, depuis lors, entrée en religion. Finalement déçu par la réalité (Sylvie est fiancée) et par la chimère (Adrienne est morte au couvent), Nerval retourne à son amour pour Aurélie, peut-être réincarnation d'Adrienne. Ce récit, où le symbolisme poétique (apparition d'Adrienne) succède à l'intimisme familier (le souper chez la tante), est caractéristique des hantises de l'auteur et manifeste l'éveil de son mysticisme sentimental. Le recueil original comportait aussi *Les Chimères**.

**FILLMORE (Millard)** ♦ Homme d'État américain (Summerhill, New York 1800 - Buffalo 1874). 13e président des États-Unis (1850 - 1853). Ouvrier, il devint avocat, représentant de l'État de New York au Congrès, et fut élu vice-président de Zachary Taylor* (1849). À la mort de ce dernier, il devint président. Antiesclavagiste, il s'efforça de concilier le Sud et le Nord.

**FILLON (François)** ♦ Homme politique français (Le Mans 1954). Membre du RPR puis de l'UMP, il fut député (1981 - 1993 ; 1997 - 2002), maire de Sablé-sur-Sarthe (1983 - 2001) et dirigea plusieurs ministères à partir de 1993 : de l'Enseignement supérieur et de la Recherche (1993 - 1995), des Technologies de l'information et de la Poste, puis ministre délégué chargé de la Poste, des Télécommunications et de l'Espace (1995 - 1997), ministre des Affaires sociales, du Travail et de la Solidarité (2002 - 2004), de l'Éducation nationale, de l'Enseignement supérieur et de la Recherche (2004 - 2005). Nicolas Sarkozy le nomma Premier ministre au lendemain de son élection à la présidence de la République, en mai 2007.

Le **Fils naturel ou les Épreuves de la vertu** ♦ Comédie en 5 actes et en prose de Diderot* (1757 ; jouée en 1771), inspirée par Goldoni*. Illustration des théories de l'auteur sur le «drame bourgeois», cette pièce est suivie par les *Entretiens sur «le Fils naturel»* (1757) où Diderot préconise de représenter sur scène les hommes dans leur condition ordinaire et dans leurs sentiments normaux.

**Financial Times** ♦ Quotidien économique britannique fondé en 1888. Exprimant l'opinion des milieux d'affaires de la City londonienne, il est aujourd'hui, au même titre que le *Wall Street Journal*, le quotidien de référence en matière économique et financière, grâce à ses rubriques boursières et à ses numéros spéciaux. Il tire à plus de 400 000 exemplaires.

**FINCK (Heinrich)** ♦ Compositeur allemand (Bamberg v. 1445 - Vienne 1527). Maître de chapelle à la cour de plusieurs princes polonais et allemands, il fut, avec Josquin* des Prés, le plus illustre représentant de la polyphonie, au XVIe s. On lui doit une œuvre abondante (messes, motets, magnificat, hymnes, lieder).

**FINDLEY (Timothy)** ♦ Romancier canadien d'expression anglaise (Toronto 1930 - Paris 2002). Dans son roman *Guerres* (1977), relatant les aventures d'un jeune Canadien pendant la Première Guerre mondiale, Findley offre une vision humaniste. La qualité cinématographique de son écriture est peut-être le fruit de son expérience de comédien.

**FINE (Oronce)** ♦ Mathématicien et cartographe français (Briançon 1494 - Paris 1555). Premier titulaire de la chaire de mathématiques du Collège Royal il s'intéressa au calcul sexagésimal, à la construction des figures géométriques et à leurs transformations les unes dans les autres. Auteur de la première carte de France imprimée (1525), il réalisa en outre divers instruments de mathématiques et d'astronomie. Il prétendit résoudre le problème de la quadrature du cercle, ce qui lui valut de vives critiques.

**FINGAL** (grotte de) ➝ **ÉTYM.** du gaél. *Fionnghall* «le blanc *(fionn)* Celte *(gall)*» ♦ Grotte basaltique de l'île de Staffa en Écosse (Hébrides). Haut lieu du romantisme européen : la mer en y pénétrant développe une musique qui a inspiré Mendelssohn pour l'ouverture de son poème symphonique *Les Hébrides* (1832).

**Fingal** ♦ Œuvre poétique de Macpherson* (1761), sous-titrée *An Ancient Epic Poem in Six Books.* Encouragé par le succès des *Fragments de poésie ancienne* (1760) attribués par lui au barde Ossian*, Macpherson leur donna une suite ambitieuse : *Fingal* en 1761 et *Temora*, en huit livres, en 1763. Les six chants de *Fingal* s'inspirent de traditions populaires et racontent l'épopée de Fingal, roi de Morven en Calédonie, qui libère l'Irlande envahie par Swaran, un roi scandinave. Il s'agit en réalité d'une création originale de Macpherson qui n'a que peu à voir avec la réalité celtique mais qui, par son parfum d'authenticité, exerça une immense influence sur le romantisme européen. On crut tenir en Ossian un équivalent nordique d'Homère.

**FINI (Léonor)** ♦ Peintre italienne (Buenos Aires 1918 - Paris 1996). Elle proposa dans ses tableaux, ses illustrations, ses décors et costumes un univers ambigu et sensuel, aux nombreuses implications psychanalytiques. Plus que ses portraits, ses toiles symbolistes (*Les Fileuses*, 1954 ; *La Gardienne du phénix*, 1954) ou cosmologiques (*Les Devenants*, 1958 ; *Mémoire géologique*, 1959 ; *La Terre rouge*, 1961) sont caractéristiques d'une démarche qui dévoile un univers complexe par l'intériorisation de recherches picturales éclectiques. ➝ **ÉTYM.** *Fini* est l'hypocoristique de *fino* (à la fin d'un nom comme *Adolfino, Arnolfino*, etc.).

**FINIGUERRA (Maso** ou **Tommaso)** ♦ Orfèvre, graveur et dessinateur italien (Florence 1426 - *id.* 1464). Peut-être élève de Ghiberti et collaborateur de Pollaiolo, il a été considéré à tort par Vasari comme l'inventeur de la gravure au burin sur métal. Remarquable nielleur, il fut l'un des premiers graveurs italiens à acquérir la célébrité. On lui attribue notamment un *Couronnement de la Vierge* (1459 - 1464).

**FINISTÈRE [29]** n. m. ➝ **ÉTYM.** en lat. *Finis terrae*, trad. du bret. *Penn ar Bed* «le Bout du Monde», de *penn* «tête, extrémité», *ar* «le» et *bed* «monde» ♦ Dép. de l'O. de la France, région Bretagne. 6 733 km². 852 418 hab. CH.-L. : Quimper. CH.-L. D'ARR. : Brest, Châteaulin, Morlaix. Cour d'appel : Rennes. Académie : Rennes. ➝ **Bretagne.**

**FINISTERRE** (cap) ♦ Promontoire de l'Espagne septentrionale, prov. de La Corogne (Galice), à l'extrémité N.-E. de la péninsule Ibérique et surplombant l'Atlantique. Les Romains l'appelaient *Promontorium Atrabum* ou *Nerium*.

## FINLANDE

**I** n. f. – off. ***république de Finlande*** ➝ **ÉTYM.** en finnois ***Suomi***, en suéd. ***Finland*** «pays des Finnois» ♦ Pays de l'Europe du N., comprenant aussi les îles d'Åland*. 337 032 km². 5 300 484 hab. *(Finlandais)* (dont 120 000 étrangers et 7 500 Lapons). LANGUES : finnois (off., 94 %), suédois (off., 6 %, à Åland et le long du littoral S.-O.), lapon. RELIGIONS : luthérienne (88 %) et orthodoxe (1,1 %). MONNAIE : euro. CAPITALE : Helsinki. RÉGIME : démocratie parlementaire. La république de Finlande est divisée en 6 provinces *(lääni).*

**I GÉOGRAPHIE** Un des États les plus nordiques du monde, la Finlande regroupe à elle seule 35 % de la population mondiale vivant au N. du 60e parallèle. Le climat est rigoureux mais plus tempéré cependant que ne le feraient attendre ces hautes latitudes. Le pays bénéficie, en effet, mais moins que la Scandinavie*, de l'influence d'une dérive du Gulf Stream sur ces régions. Terres et eaux sont très largement imbriquées dans le paysage. La côte est très découpée et les lacs, fort nombreux (environ 188 000 de plus de 500 m²), occupent environ 10 % de la superficie. Dans le S., ils forment de véritables systèmes lacustres navigables (Saimaa, Päijänne). Le pays est globalement de faible altitude et ne s'élève qu'au N.-O. (Haltiatunturi, 1 324 m). La population est largement concentrée dans le tiers S. et S.-O. où le triangle Helsinki-Turku-Tampere rassemble la majeure partie de la population et des activités, tandis que le pays possède d'immenses espaces à très faibles densités de population ; ces derniers ont un solde migratoire négatif et le contraste s'accentue de plus en plus.

**I ÉCONOMIE I Agriculture** Ce secteur, qui emploie encore près de 5 % des actifs, est souvent associé à l'exploitation forestière. L'élevage porcin et ovin domine. Céréales, pomme de terre, betterave, lait et dérivés sont les produits les plus courants. Le pays importe de nombreuses denrées. L'élevage du renard et du vison pour les peaux est en déclin. Dans le N., l'agriculture est souvent associée à une seconde activité (artisanat, tourisme, petite industrie locale) ; les Lapons y pratiquent aussi l'élevage du renne. **I Industrie** La Finlande est le pays le plus forestier d'Europe. La forêt (conifères à 90 %), qui occupe les deux tiers de la superficie, est à l'origine du développement industriel. Le bois a en effet joué un rôle capital dans les exportations et c'est grâce à cette matière première que la Finlande, société agraire et peu industrialisée au début du XXe s., a réussi sa rapide intégration dans l'économie mondiale. Aujourd'hui encore, les produits de l'industrie forestière (papier et produits dérivés du bois) constituent 30 % des exportations. Le pays dispose aussi d'un certain nombre de minerais, surtout du cuivre mais aussi du nickel, du cobalt, du plomb et de l'argent quoique en faibles quantités. L'électronique (Nokia réalise un tiers en valeur des exportations) et la métallurgie sont les secteurs industriels les plus développés avec, en particulier, l'indus. mécanique (machines-outils pour l'indus. du bois, matériel de transport). La construc. navale est spécialisée dans les brise-glaces, les ferry-boats et les navires de croisières de luxe. L'agroalimentaire et l'indus. chimique jouent aussi un rôle de premier plan alors que l'indus. textile et celle du cuir ont connu une nette régression dans les années 1980, aggravée par la baisse des importations de l'URSS. L'indus. finlandaise mise sur les produits finis de haute qualité. Elle est relativement concentrée, tant sur le plan structurel que sur le plan géogra-

**Finlande.**

| Finlande ▮ Productions en 2008 | | |
|---|---|---|
| **Produits** | **Quantités** | **Rang** |
| ▮ Agriculture | | |
| Avoine | 1 200 000 t | 5ᵉ |
| Betteraves à sucre (2009) | 570 000 t | |
| Blé (2009) | 890 000 t | |
| Bois | 56 000 000 m³ | |
| Orge | 2 100 000 t | 16ᵉ |
| Seigle | 60 000 t | |
| Bovins (têtes) | 906 000 | |
| Porcins (têtes) | 1 400 000 | |
| Pêche | 160 000 t | |
| ▮ Mines et énergie | | |
| Cobalt | 9 100 t | 2ᵉ |
| Énergie nucléaire | 24 TWh | 17ᵉ |
| Hydroélectricité | 14 TWh | |

phique. ▮ **Échanges** Le transport maritime assure 80 % des échanges de marchandises internationaux. Les principaux ports (Helsinki, Turku, Kotka, Pori) sont maintenus ouverts en hiver grâce aux brise-glaces. Le transport par voie lacustre est également développé, et le flottage du bois se pratique encore. L'économie finlandaise dépend fortement du marché international. Sa localisation entre l'E. et l'O. a joué un rôle déterminant sur son évolution. Quoique toujours en périphérie, la Finlande a su profiter de la double influence des cultures occidentale et orientale, et a développé des relations commerciales dans les deux directions. Depuis la fin de la Deuxième Guerre mondiale, de 20 à 25 % des échanges commerciaux se faisaient avec l'URSS. La Finlande en importait des matières premières, du pétrole, du gaz et du charbon et y exportait ses produits manufacturés. Ces relations privilégiées ont contribué au dynamisme de la Finlande à la fin des années 1970 et jusqu'au milieu des années 1980. La désintégration de l'URSS a entraîné un bouleversement de la situation géopolitique de la Finlande. Elle dut compenser la diminution de ses échanges à l'E. par une augmentation de ses relations avec l'O. et s'engagea à partir de 1992 dans la voie d'un rapprochement aussi bien politique qu'économique avec l'Europe occidentale. Elle continue d'importer 70 % de son énergie. Le pétrole provient pour les trois quarts de Russie. La Finlande a cependant beaucoup investi à l'étranger ; ses principaux partenaires commerciaux sont la Suède, l'Allemagne et la Grande-Bretagne. ▮ **L'évolution économique et sociale** La Finlande a connu un développement plus tardif, mais aussi beaucoup plus rapide, que les autres pays du Norden*. Les processus d'urbanisation et d'industrialisation se sont fortement accélérés après 1960. Entre 1970 et 1990, la croissance a été florissante, l'une des plus fortes des pays occidentaux pendant la première décennie, avec une augmentation du PIB de 3 % par an en moyenne. Au début des années 1990, l'effondrement de l'URSS, principal partenaire commercial, a provoqué une récession surmontée dès 1995 en partie grâce à l'adhésion à l'Union européenne. Sur le plan social, la Finlande est en décalage par rapport aux autres pays du Norden : c'est le pays le moins socialiste, la privatisation y est plus poussée, l'État moins interventionniste, le taux de chômage élevé (10 % en 2010), et les inégalités sociales, quoique en diminution, y sont plus grandes. Avec l'arrivée de la crise économique internationale, 2008 a marqué un coup d'arrêt brutal de la croissance et le pays est même entré en récession à la fin de l'année. La diminution des exportations a fait chuter la production industrielle en 2009. Parallèlement, le vieillissement de la population finlandaise pose le problème du nombre d'actifs et pourrait freiner la reprise durablement.

▮ **HISTOIRE** ▮ **Des Lapons aux Vikings** À un premier peuplement de Lapons, vers la période glaciaire, succéda, au cours du IIᵉ millénaire, un peuplement issu d'Europe centrale, qui disparut lors de l'ère chrétienne. À la fin du Iᵉʳ s., les Finnois d'Estonie s'établirent dans le S. du pays et atteignirent v. 800 la Carélie, où d'autres peuples d'origine finno-ougrienne, venus de l'E., étaient apparus. Ils pratiquèrent un commerce prospère de fourrures, jusqu'à ce qu'ils soient concurrencés par les Vikings, qui occupèrent peu à peu le S. du pays. ▮ **La domination suédoise** La Finlande, encore peu peuplée et sans existence politique, devait être soumise en 1150 par les Suédois, qui y introduisirent le christianisme et eurent à lutter contre Novgorod* jusqu'au XIIIᵉ s. À cette époque, la Finlande devint un duché suédois dont l'indépendance et le particularisme se développèrent. À partir du XIVᵉ s., l'assimilation légale à la Suède fut presque complète. Une noblesse suédoise forma les cadres du pays, tandis que les villes accueillaient de nombreux Allemands, amenés par la Hanse. Le XVIᵉ s. vit l'apparition de la Réforme et la mise en valeur du pays, sous l'impulsion de Gustave* Iᵉʳ Vasa, qui fonda Helsinki (1550) et confisqua les biens ecclésiastiques. Les luttes avec la Russie reprirent, et la Finlande fut particulièrement éprouvée par les guerres de Charles* XII ; après les pertes successives de la Carélie et d'une partie du S.-E., au cours du XVIIIᵉ s., elle fut conquise en 1809 par Alexandre* Iᵉʳ (traité de Hamina). ▮ **La domination russe** La rupture des relations avec la Suède et la domination russe entraînèrent une crise intellectuelle qui dura jusque vers le milieu du XIXᵉ siècle. La parution du *Kalevala**, vaste compilation de la tradition populaire finnoise, redonna de la vigueur au sentiment nationaliste. En témoignent les tableaux du peintre symboliste Akseli Gallén-Kallela (1865 - 1931), ceux du groupe Septem, d'inspiration néo-impressionniste, ou encore ceux du groupe dit «de Novembre», à dominante expressionniste. Cette inspiration patriotique et romantique se retrouve également chez l'écrivain A. Kivi* et le compositeur J. Sibelius*. ▮ **L'indépendance** La Finlande allait pouvoir obtenir son indépendance lors de la révolution bolchevik de 1917 : après un an de guerre civile entretenue par les ingérences étrangères, le général Mannerheim*, à la tête de l'armée blanche et grâce à l'aide allemande (von der Goltz), écrasa les troupes communistes. Après une tentative de gouvernement royal, la république fut proclamée en 1919, et l'indépendance finlandaise reconnue par l'URSS au traité de Turku (1920). À un temps de troubles succéda une période de redressement économique et social (90 % des fermiers purent acheter leur terre) sous la conduite

**Finlande.** Vue du port et de la Kauppatori à Helsinki. *Phot. © Dagli Orti*

du mouvement conservateur de Lapua. ▮ **La Deuxième Guerre mondiale et l'après-guerre** Cependant, cet essor fut arrêté par l'invasion soviétique de 1939. Malgré une résistance héroïque qui dura trois mois en dépit du déséquilibre des forces, la Finlande dut accepter au traité de Moscou des pertes territoriales considérables (la Carélie et une partie de la Laponie : 11 % de ses ressources industrielles et agricoles). Espérant regagner les territoires perdus, elle reprit les hostilités aux côtés de l'Allemagne, mais refusa d'adhérer à un traité d'alliance avec les puissances de l'Axe et parvint, grâce à l'habileté diplomatique de Mannerheim, à signer un armistice séparé en 1944 : c'est alors que les troupes allemandes, contraintes de quitter son territoire, dévastèrent la Laponie. Les clauses du traité de Paris (1947) furent très sévères : aux pertes de 1940 s'ajoutèrent celle de Petsamo et l'obligation de verser de lourdes réparations, qui ne furent acquittées qu'en 1953. Le pays était diminué et ruiné, mais il avait pu préserver sa liberté. La prudence des présidents Paasikivi (élu en 1946) et Kekkonen (1956 - 1981) lui permit de se maintenir à l'écart des grands conflits internationaux. ▮ **La vie culturelle** Culturellement, le lyrisme du XIX$^e$ s. a fait place, surtout depuis les années 1950, à une esthétique épurée, visible dans l'architecture d'A. Aalto*, héritier du fonctionnalisme d'Eliel Saarinen*, ainsi que dans le domaine du design. Parfois, cette pureté formelle se transforme en une vision désenchantée de la société, comme dans les films d'Aki Kaurismaki. ▮ **Des gouvernements de coalition** La vie politique contemporaine a été marquée par une succession de gouvernements de coalition entre sociaux-démocrates et partis bourgeois. Le centre, ancien parti agrarien, a joué un rôle fondamental. La politique étrangère, soutenue par un fort consensus, est fondée sur la neutralité associée à des ententes commerciales à l'E. comme à l'O. La Finlande fut admise à l'ONU en 1955. La même année elle intégra le Conseil nordique et reconduisit pour vingt ans l'accord commercial conclu en 1950 avec l'URSS dans le cadre du traité d'amitié soviéto-finlandais. En 1961, elle adhéra à l'AELE. La tenue à Helsinki de la Conférence sur la sécurité et la coopération en Europe en 1975 fut pour elle une victoire diplomatique. Après Kekkonen, trois sociaux-démocrates se sont succédé à la présidence de la République : Mauno Koivisto 1982 - 1994, Martti Ahtisaari* 1994 - 2000, et Tarja Halonen, ancienne ministre des Affaires étrangères, depuis 2000. La Finlande est membre de l'Union européenne depuis 1995.

---

**FINLANDE** (golfe de) ♦ Golfe formé par la Baltique, entre la Finlande au N., la Russie (Carélie, Ingrie) et l'Estonie au S. Long. 400 km. Il baigne Helsinki, Saint-Pétersbourg, Tallinn.

***Finlandia*** ♦ Poème symphonique opus 26 de Jean Sibelius* (Helsinki, 4 nov. 1899), conçu à l'origine pour une série de manifestations protestant contre la russification du grand-duché de Finlande. L'œuvre ne reçut son titre définitif que l'année suivante (1900) et acquit rapidement, en Finlande, un statut de second hymne national.

**FINLAY (Carlos Juan)** ♦ Médecin cubain (Puerto Príncipe, auj. Camagüey 1833 - La Havane 1915). Il découvrit le mode de transmission de la fièvre jaune par les moustiques.

**FINNBOGADÓTTIR (Vigdís)** ♦ Femme politique islandaise (Reykjavík 1930). Première femme au monde élue chef d'État, elle fut présidente de la république d'Islande de 1980 à 1996. Elle symbolisa l'union nationale se situant au-dessus des partis politiques. Grâce à son rôle culturel et de représentation, elle a contribué à affirmer la position de l'Islande sur la scène internationale.

***Finnegans Wake*** ♦ Dernière œuvre de J. Joyce* publiée en 1939. Ce livre auquel il travailla dix-sept ans (1922 - 1939) marque l'aboutissement de ses recherches pour donner forme à un nouveau langage et à une nouvelle définition de la littérature. Il a pour trame la nuit d'Anna Livia Plurabelle, incarnation de la Liffey (le fleuve qui traverse Dublin) qui aspire au matin à se dissoudre dans l'Océan, son père. On ne saurait parler de personnages ici : le mari d'Anna, le cabaretier Humphrey Chimpden Earwicker, qui l'a autrefois enlevée, se réduit bientôt à ses initiales, H. C. E., qui ne cessent de changer de sens (Here Comes Everybody : «Tout le monde vient ici», ou encore Haveth Children Everywhere : «Il a des enfants partout»). Chaque figure est ainsi l'incarnation de symboles multiples, par la grâce d'une langue où les sens se chevauchent à tout moment (jusqu'au titre, qui possède plusieurs significations). Plus de soixante langues et dialectes, du sanskrit au danois, participent à la création de mots nouveaux, l'ambition de Joyce étant de retrouver par l'écriture la mémoire même du monde.

**FINNMARK** n. m. ♦ Région de la Norvège septentrionale, formant un comté limité à l'O. par l'océan Atlantique, au N.-E. par la Russie, à l'E. et au S.-E. par la Finlande. → **Norvège** (carte). 45 879 $km^2$. 72 665 hab. CH.-L. : Vadsø. Le relief, formé principalement de hauts plateaux, et la latitude élevée (→ **Hammerfest**) poussent les humains à se concentrer près des fjords abrités. ▪ Pêche à la morue de févr. à avr. Congélation de poissons. Élevage de rennes par les Lapons. Tourisme d'été.

**FINSEN (Niels Ryberg)** ♦ Médecin danois (Thorshavn, îles Féroé 1860 - Copenhague 1904). Il découvrit l'utilisation des rayons lumineux (concentrés et refroidis) dans le traitement de certaines maladies, notamment de la peau. [Prix Nobel de physiol. ou méd. 1903]

**FIODOR I$^{er}$** → **Fedor**

**FIONIE** n. f. – en danois *Fyn* ♦ Île du Danemark, entre la péninsule du Jutland et l'île de Sjælland, baignée par le Petit Belt à l'O. et le Grand Belt à l'E. → **Danemark** (carte). 2 984 $km^2$. 449 566 hab. V. princ. : Odense*. Composée de moraines et de terres fertiles, elle offre un paysage de plaines et, au S.-E., de collines boisées de hêtres. L'économie est essentiellement agricole : céréales, arbres fruitiers. Forêts. Élevage de volaille, bovins et porcs. Pêche. Indus. diversifiées. L'île est reliée par un pont au Jutland et par un ferry au Sjælland.

**FIORAVANTI (Leonardo)** ♦ Médecin italien (Bologne, v. 1518 - *id.* 1588). Il doit sa réputation à l'invention d'un calmant contre les rhumatismes et les coliques néphrétiques (*baume* ou *alcoolat de Fioravanti*).

**FIORENTINO (Giovanni)** ♦ Conteur italien (XIV$^e$ s.), auteur d'un recueil de cinquante nouvelles inspirées de Boccace, *Il Pecorone* (v. 1380 - 1390). Shakespeare puisa dans l'une d'elles le sujet de son *Marchand* de Venise*.

**FIORILLI (Tiberio)** ♦ Comédien italien de la commedia* dell'arte (Naples 1608 - Paris 1694). Il popularisa le personnage de Scaramouche* qui se caractérise par son costume sombre, l'absence de masque et la cithare à la place de l'épée. Invité par Mazarin en France, il eut beaucoup de succès auprès de Louis XIII. Il travailla avec Molière au Petit-Bourbon et au Palais-Royal.

**FIRDOUSSI** ou **FERDAWSĪ (Abū al-Qāsim Manṣūr ibn Ḥasan)** ♦ Poète épique persan (Bāj, district de Tābarān, v. 940 - *id.* 1020). Son «Livre des rois» *(Chāhnāme*)* compte parmi les grandes épopées de la littérature universelle. Vers 980, Firdoussi reprit le projet de Daqiqi* et commença la rédaction de l'épopée nationale. En 998, il acheva la versification de la compilation réalisée par Abū Manṣūr (957). Il continua ensuite son œuvre en s'inspirant d'autres sources. L'ensemble du poème, terminé en 1010, fut dédié à Mahmud* de Ghazni, sultan ghaznavide* ; mais diverses raisons (dont la différence de doctrine religieuse, Mahmud étant sunnite*, Firdoussi chiite*) amenèrent à un désaccord et Firdoussi serait allé jusqu'à écrire une satire contre Mahmud. Le «Livre des rois», composé dans un mètre reprenant les principes quantitatifs de la prosodie arabe, dépasse les cinquante mille distiques. L'auteur y relate l'histoire de l'ancien Iran des temps mythiques jusqu'à la chute du roi Khosrō II (590 - 628) et l'invasion arabe. Tout en glorifiant la nation iranienne, l'auteur y célèbre la sagesse des rois amenés à affronter l'«Esprit mauvais» et à se venger. La simplicité du style, la justesse du vocabulaire, le mélange de narrations et d'exhortations morales, l'ample description de la nature et des scènes guerrières et héroïques firent de ce poème un modèle souvent imité dans la littérature persane. En outre, la tradition attribue à Firdoussi divers poèmes lyriques. Mais les critiques modernes renoncent à lui attribuer *Yusūf et Zulaykha*, poème racontant l'histoire du Joseph biblique, qui occupe une grande place dans le Coran*. ◆ ÉTYM. Ce nom iranien signifie «paradis».

**FIRE (Andrew Z.)** ♦ Biologiste américain (Palo Alto, Californie 1959). En 1998 il découvrit, avec C. Mello*, un processus appelé «interférence ARN», qui bloque l'expression de certains gènes. Activé par la molécule d'ARN (acide ribonucléique) double brin spécifique, ce mécanisme provoque la destruction de l'ARN messager nécessaire à la transcription du gène pathologique. [Prix Nobel de physiol. ou méd. 2006, avec C. Mello]

**FIRMICUS MATERNUS (Julius)** ♦ Écrivain latin né à Syracuse (IVe s.), auteur des *Matheseos libri VIII* («Huit Livres d'astronomie») et, après sa conversion au christianisme, du *De errore profanarum religionum* (v. 346 - 350), violent traité contre le paganisme.

**FIRMIN** (saint) ← ÉTYM. en lat. *Firminus*, de *firmus* «ferme, durable» ♦ Traditionnellement, premier évêque d'Amiens, martyr (IIIe s. ?). ▪ Fête le 11 oct.

**FIRMINY** [42700] ← ÉTYM. anc. de *Firminiaco*, de *Firminius*, n. de pers. gallo-rom., et suff. *-acum* ♦ Ch.-l. de cant. de la Loire, arr. de Saint-Étienne, sur l'Ondaine. 19 297 hab. *(Appelous)*. Ensemble architectural de Le* Corbusier construit dans les années 1960 : église Saint-Pierre, unité d'habitation, maison de la culture, tribunes d'un stade. ▪ Anc. houillère. Connu pour la fabrication de contrebasses. Centre industriel.

**FIROZABAD** ♦ V. de l'Inde (Uttar Pradesh). 432 213 hab. Connue pour la production artisanale de bracelets de verre.

**FIRTH (John Rupert)** ♦ Linguiste britannique (Leeds 1890 - Londres 1960). Il a proposé une théorie du langage qui réduit le sens des mots aux usages qui en sont faits et a développé l'analyse prosodique en phonologie (*Speech*, 1930 ; *The Tongues of Men*, 1937).

**FIRTH** (sir **Raymond William**) ♦ Anthropologue britannique (Auckland, Nouvelle-Zélande 1901 - 1988). Il étudia la population d'une petite île polynésienne, Tikopia, et consacra d'importants travaux à l'anthropologie sociale (*Elements of Social Organization*, 1951).

**FĪRŪZĀBĀDĪ (Muḥammad ibn Ya'qūb al-)** ♦ Écrivain persan (Kāzarūn 1329 - Zabīd 1414). Il voyagea en Égypte et en Inde et composa plus de quarante ouvrages. Mais son écrit le plus célèbre est un dictionnaire arabe, *Al-qāmūs al-muhīt* («L'Océan qui embrasse tout»), abrégé d'un très long dictionnaire perdu qui comprenait plus de soixante volumes. Les dictionnaires arabes contemporains, conçus par des Occidentaux, s'inspirent largement de cet ouvrage.

**FĪRŪZ CHĀH TUGHLUQ** ♦ Sultan de Delhi (Inde 1305 - 1388). Parvenu au trône en 1351, il tenta, mais en vain, d'agrandir ses États, reconstruisit Delhi* qu'il nomma Fīrūzābād, et créa la ville de Jaunpur*. Administrateur avisé, il laissa de nombreuses constructions et réforma les pratiques judiciaires, abolissant l'usage de la torture.

**FĪRŪZKŌH** n. m. ♦ Chaîne de montagnes de l'Afghanistan central qui prolonge vers l'O. le Kōh-é Bābā*, au N. du Harī* rūd. Elle culmine à 3 592 m (Kōh-é Sang-é Zard). ▪ C'est aussi le nom de l'une des capitales des Ghorides* que l'on identifie avec l'actuelle Jām, sur le haut Harī rūd, où subsistent les restes d'un magnifique minaret du XIIe s.

**FIS** → **Front islamique du salut**

**FISCHART (Johann)** surnommé **Mentzer** ♦ Humaniste et auteur satirique alsacien (Strasbourg 1546 ou 1547 - Forbach v. 1590). Après avoir fréquenté le gymnase protestant de Strasbourg (alors dirigé par l'humaniste J. Sturm), il fit des études dans diverses villes d'Europe (Worms, Paris, Sienne, Bâle). Ses premiers écrits sont des pamphlets dirigés contre l'Église catholique et les jésuites ; d'abord partisan de Luther, Fischart prit la défense des huguenots français et pencha lui-même vers le calvinisme. Il est également connu pour son adaptation en vers de *Till* Eulenspiegel* (1572) et du premier livre de *Gargantua* de Rabelais (1585).

**Firdoussi.** Miniature indienne du XVIe s. illustrant le *Livre des rois*. Musée Condé, Chantilly. *Phot. © Giraudon*

**FISCHER (Johann)** ♦ Compositeur et mélodiste allemand (Augsbourg 1646 - Schwedt v. 1720). Après un séjour à Paris où il fut copiste de Lully (1665 - 1670), il revint en Allemagne où il contribua à introduire le style français, et notamment l'«ouverture à la française». Il a laissé des motets et des divertissements. ← ÉTYM. Ce nom allemand signifie «pêcheur».

**FISCHER (Johann Kaspar Ferdinand)** ♦ Compositeur allemand (v. 1660 - Rastatt 1746). Claveciniste de grande réputation, il a laissé des pièces pour orgue, clavecin, de la musique d'église et de cour.

**FISCHER (Johann Michael)** ♦ Architecte et décorateur allemand (Burglengenfeld, Haut-Palatinat 1691 - Munich 1766). Il fut l'un des principaux représentants du baroque bavarois dans le domaine de l'architecture religieuse. Il collabora sans doute avec Cuvilliés* à l'église d'Aufhauser (1736 - 1751) et de Saint-Michel de Berg am Laim, à Munich. Recherchant l'animation des masses, il mit en valeur de vastes espaces lumineux, éleva des églises, soit à nef avec vaste rotonde centrale recouverte de coupoles, soit à plan central. Ses réalisations avec les décors fastueux des retables et des voûtes, l'abondance des cartouches en stuc aux formes mouvantes, irrégulières et déchiquetées ressortant sur de vastes espaces blancs sont parmi les exemples les plus caractéristiques de la décoration rococo en Bavière et en Souabe : églises d'Ottobeuren (1737 - 1766) et de Diessen.

**FISCHER (Kuno)** ♦ Philosophe allemand (Sandewalde, Silésie 1824 - Heidelberg 1907). Il fut un disciple de Hegel (→ **hégélianisme**) et consacra la plupart de ses travaux à l'histoire de la philosophie (*Histoire de la philosophie moderne*, 1860).

**FISCHER (Emil Hermann)** ♦ Chimiste allemand (Euskirchen, Prusse rhénane 1852 - Berlin 1919). Ses études sur les produits azotés composant les êtres vivants le conduisirent à la découverte de la famille des purines ; il en synthétisa plus de 150 dans son laboratoire. Il réussit également la première synthèse d'un sucre, étudia la structure stéréochimique de ses composés et créa la chimie des glucides. Il découvrit que toutes les protéines sont formées de vingt constituants simples (les acides aminés) reliés entre eux par une liaison peptidique et parvint à préparer des polypeptides synthétiques. Ses recherches, qui sont à l'origine de la biochimie, eurent des répercussions pratiques et industrielles importantes, notamment dans la production de barbituriques et de détergents. [Prix Nobel de chimie 1902]

**FISCHER (Franz)** ♦ Chimiste allemand (Fribourg-en-Brisgau 1877 - Munich 1948). Il imagina avec Tropsch un procédé de production de nombreux hydrocarbures et produits dérivés (carburants synthétiques) à partir du charbon par hydrogénation catalytique de l'oxyde de carbone (*procédé Fischer-Tropsch*). Ce procédé, trop coûteux, fut totalement abandonné.

**FISCHER (Hans)** ♦ Chimiste allemand (Höchst am Main 1881 - Munich 1945). Auteur de recherches sur la chimie des chromoprotéides porphyriques, il précisa la composition de l'hémoglobine et réalisa la synthèse de l'un de ses principaux constituants, l'hématine (1929) ; on lui doit également d'importants travaux sur la chlorophylle. [Prix Nobel de chimie 1930]

**FISCHER (Edwin)** ♦ Pianiste suisse (Bâle 1886 - Zurich 1960). Fondateur, en Allemagne et en Suisse, d'orchestres de chambre dont il prit la direction, il fit ensuite une carrière internationale de virtuose et fut un remarquable interprète de J.-S. Bach, Schumann et Beethoven.

**FISCHER (Ernst Otto)** ♦ Chimiste allemand (Munich 1918 - *id.* 2007). Il est l'auteur, indépendamment de G. Wilkinson*, de travaux sur la chimie des composés organométalliques à «structure sandwich» (un atome de métal se trouve placé entre deux molécules organiques). Ces recherches ouvrirent de nouvelles possibilités en chimie de coordination (étude des composés moléculaires donnant des ions complexes en solution). [Prix Nobel de chim. 1973, avec G. Wilkinson]

**FISCHER (Edmond H.)** ♦ Chimiste américain (Shanghai 1920). Avec E. Krebs, il découvrit au cours des années 1950 la phosphorylation (fixation de phosphates par les protéines) et identifia les protéines kinases, enzymes responsables de la réaction. La phosphorylation, qui entraîne une modification rapide et réversible de la protéine, est un mécanisme fondamental du contrôle de la vie cellulaire (elle intervient, par ex., dans l'adaptation des organismes à des conditions nutritives différentes et régit l'action de plusieurs hormones) ; les protéines kinases sont responsables de l'apparition de certains cancers et jouent un rôle essentiel dans le fonctionnement du cerveau. [Prix Nobel de physiol. ou méd. 1992, avec E. Krebs]

**FISCHER (Robert James, dit Bobby)** ♦ Joueur d'échecs islandais d'orig. américaine (Chicago 1943 - Reykjavík 2008). De famille modeste, il s'imposa par son ambition et son professionnalisme et, à 15 ans, il fut le plus jeune Maître de l'histoire des échecs. Doté d'un jeu com-

Bobby **Fischer** en 1962.
*Phot. © Carl Mydans/Time Life Pictures/Getty Images*

binatoire sans faille et d'une technique irréprochable pour les ouvertures et les finales, réputé excentrique et capricieux, il est considéré comme l'un des meilleurs joueurs de tous les temps. Après sa victoire au championnat du monde en 1972 face à Spassky, à Reykjavík, on ne le revit que vingt ans plus tard pour affronter de nouveau Spassky.

**FISCHER (Joschka)** ♦ Homme politique allemand (Gerabronn 1948). Député des Verts (→ **Grünen**) de 1983 à 2006, il représenta le courant «réaliste» et modéré au sein de son parti. Il fut ministre des Affaires étrangères de 1998 à 2005. Européen convaincu, il plaida pour une intégration approfondie dans l'UE.

**FISCHER-DIESKAU (Dietrich)** ♦ Baryton allemand (Berlin 1925). Il travailla à Berlin avec Weissenborn, débuta au concert à Fribourg en 1947, et en 1948 à l'opéra de Berlin. Il a mis son talent au service du lied allemand, mais sa musicalité lui permet d'interpréter la musique baroque ou romantique, l'opéra mozartien ou wagnérien, comme les œuvres modernes.

**FISCHER VON ERLACH (Johann Bernhard)** ♦ Architecte, décorateur, sculpteur et historien d'art autrichien (Graz 1656 - Vienne 1723). Il se forma à Rome dans l'atelier du Bernin* et entreprit à Vienne une brillante carrière d'architecte. Assimilant les leçons du baroque italien, il élabora un style original, grandiose et théâtral qui tendait à la glorification de la puissance impériale et de l'Église catholique et qui en fait l'un des plus grands créateurs du baroque autrichien. Dans ses premières œuvres se décèle surtout l'influence de Borromini* (église de la Trinité à Salzbourg, 1694 - 1702 ; château du comte Michel II Althan à Frain, Moravie), puis il s'inspira de Versailles dans les plans du vaste château de Schönbrunn, adoptant cependant un corps central circulaire. Il éleva de nombreuses résidences de campagne, notamment le palais Schwarzenberg (1697 - 1715). Il s'intéressa aussi à l'architecture antique et, à l'église Saint-Charles-Borromée (Vienne, 1716 - 1732), intégra d'une façon audacieuse les éléments romains (répliques des colonnes trajane et antonine, péristyle) à des ailes inspirées de Mansart* en insistant sur les contrastes dynamiques. Il aimait les décors exubérants et fit un large emploi du motif de l'Atlante. Il donna à la fin de sa vie les plans de la Bibliothèque impériale, du Manège espagnol et de la chancellerie de Bohême, à Vienne. Son ouvrage *Architecture historique* (1721) est une tentative originale d'histoire comparée de l'architecture. ♦ **Joseph Emmanuel Fischer von Erlach.** Architecte autrichien (Vienne 1693 - *id.* 1742). Fils du précédent. Il travailla avec son père et termina plusieurs de ses œuvres, notamment la Bibliothèque impériale, le Manège espagnol et la chancellerie de Bohême, à Vienne, en y apportant souvent de profondes modifications allant dans le sens d'une plus grande sobriété. Il éleva aussi le château d'Austerlitz et l'hôtel des Invalides à Budapest.

**FISHER** (saint **Jean**) → **Jean Fisher (saint)**

**FISHER (John Arbuthnot),** devenu en 1909 le 1^er^ baron **FISHER OF KILVERSTONE** ♦ Amiral britannique (Ramboda, Ceylan 1841 - Londres 1920). Premier lord de la mer en 1904, il conféra à la marine britannique une puissance qui allait se révéler décisive au cours de la Première Guerre mondiale ; le cuirassé de type *dreadnought*, notamment, fut créé à son instigation (1905 - 1907). Après sa retraite en 1910, il fut rappelé comme premier lord de la mer en oct. 1914, se heurta à Churchill* à propos de l'expédition des Dardanelles* et démissionna en mai 1915, non sans provoquer un remaniement ministériel où Churchill fut écarté.

**FISHER (Irving)** ♦ Économiste américain (Saugerties, New York 1867 - New York 1947). Professeur de mathématiques puis d'économie politique à laquelle il appliqua les méthodes mathématiques, il a donné à la théorie quantitative de la monnaie une formulation moderne, mettant en relation la quantité de monnaie en circulation, la vitesse de circulation et le niveau des prix : *Mathematical Investigations in the Theory of Value and Prices*, 1892 ; *The Nature of Capital and Income*, 1906 ; *The Purchasing Power of Money*, 1907. ➔ **ÉTYM.** Ce nom de famille anglais signifie «pêcheur» ou désignant celui qui habite près d'un endroit où l'on pêche.

**FISHER** (sir **Ronald Aylmer**) ♦ Statisticien et biologiste britannique (East Finchley 1890 - Adélaïde 1962). Fondateur de la théorie de l'estimation (prévision de la structure d'une population à partir d'un échantillon aléatoire), il introduisit les notions telles que le «résumé exhaustif» et la «vraisemblance» et créa des méthodes d'analyse nouvelles, notamment en théorie de l'information. Néodarwiniste, il appliquait ces techniques statistiques à la biologie, à la génétique en particulier.

**FISHER (Terence)** ♦ Cinéaste britannique (Londres 1904 - *id.* 1980). Maître du film d'horreur à la mode anglaise («H pictures»), il renouvela le fantastique, grâce à un sens plastique raffiné. *Frankenstein s'est échappé* (1957), *Le Cauchemar de Dracula* (1958) et *La Gorgone* (1964) sont des modèles du genre, rehaussés par la figure emblématique de l'acteur Christopher Lee.

**FISHTA (Gegë TESCA, dit R. P. Gjergj)** ♦ Poète et homme politique albanais (Fishta, dans la Zadrima 1871 - Shkodër 1940). Originaire du milieu catholique du N. de l'Albanie, il prit part au mouvement d'émancipation nationale qui, à ses yeux, passait d'abord par un consensus sur la langue et sur l'alphabet (congrès de Monastir, 1908). Il retraça dans ses poèmes sous le titre de *La Flûte de la montagne* (1937), l'histoire du peuple albanais luttant pour son indépendance ; il fonda aussi la revue *L'Étoile de lumière*.

**FISMES** [fim] [51170] ➔ **ÉTYM.** de *Fines Suessionium* (→ Soissons), du lat. *finis* «limite [des tribus gauloises des Suessiones et des Rèmes]» ♦ Ch.-l. de cant. de la Marne, arr. de Reims, sur la Vesle, près de son confluent avec l'Ardre. 5 313 hab. *(Fismois).* ▮ **Histoire** Fismes est bâtie à l'emplacement de *Fines Suessionium*, station romaine, et fut presque entièrement détruite lors de la bataille de Champagne (1918).

**FITCH (Val Logsdon)** ♦ Physicien américain (Merriman, Nebraska 1923). Spécialiste de la physique des particules, auteur de travaux sur la mesure du rayon du noyau de l'atome, il découvrit avec J. Cronin* la violation de la parité et de la conjugaison de charge par les mésons K neutres. [Prix Nobel de phys. 1980, avec J. Cronin]

**FITZGERALD** ♦ Famille anglo-normande, établie en Irlande dès le XII^e^ s., et qui, par ses origines, fut amenée à jouer un rôle difficile dans les luttes qui opposèrent l'Angleterre et l'Irlande. Elle se divisa en deux branches, celle de Kildare et celle de Desmond. ♦ **Gérald le Grand** ou **Garret Mór,** 8^e^ comte **de Kildare** (mort en 1513). Gouverneur d'Irlande depuis 1481, il joua un rôle d'arbitre, en respectant les traditions irlandaises sans perdre son loyalisme envers l'Angleterre. ♦ **Gérald le Jeune** ou **Garret Og,** 9^e^ comte **de Kildare** (mort en 1534). Gouverneur d'Irlande (1513 - 1520, 1522 - 1534), il fut suspecté et emprisonné à Londres où il mourut. ♦ **Thomas,** 10^e^ comte **de Kildare** (mort en 1537). Fils du précédent. Contraint à la rébellion, il fut pris et pendu avec cinq de ses oncles. ♦ **Thomas,** 8^e^ comte **de Desmond** (v. 1426 - Drogheda 1468). Député, compromis avec les opposants d'Édouard* VI, il fut condamné à mort et exécuté, malgré sa défense de la cause anglaise en Irlande. ♦ **Gerald,** 15^e^ comte **de Desmond** (mort à Kerry en 1583). Poussé à la révolte par l'hostilité des Butler d'Ormonde, il fut finalement pris, après de longues luttes, et exécuté. ➔ **ÉTYM.** Ce nom de famille irlandais signifie «fils *(fiz, fitz)* de Gérald».

**FITZGERALD (George Francis)** ♦ Physicien irlandais (Dublin 1851 - *id.* 1901). Par son explication du résultat négatif des expériences de Michelson*, faisant l'hypothèse d'une contraction des longueurs dans le sens du mouvement (1893), il fut un précurseur de la révolution relativiste.

**FITZGERALD (Francis Scott)** ♦ Écrivain américain (Saint Paul, Minnesota 1896 - Hollywood, Californie 1940). Fitzgerald se fit connaître en 1920 par un roman qui obtint un succès immédiat, *L'Envers du paradis*. Il épousa la belle et excentrique Zelda Sayre (1900 - 1948) et le couple se distingua par ses frasques. Ils passèrent une partie des années 1920 en Europe, notamment en France ; c'est le temps de la «génération* perdue». Après un deuxième roman, *Les Heureux et les Damnés* (1922), Fitzgerald écrivit son chef-d'œuvre, *Gatsby* le Magnifique*. Les années 1930 furent celles des lendemains difficiles : les cliniques de repos pour Zelda (qui écrivit un roman, *Accordez-moi cette valse*, 1932, ainsi que des nouvelles) ; l'alcool et la difficulté à écrire pour Scott, ce qu'il évoquera dans *La Fêlure* (posth. 1945). Son quatrième roman, *Tendre est la nuit* (1934), le plus abouti après *Gatsby*, raconte la lente désagrégation d'un ménage et d'une conscience, histoire qui n'est pas sans rappeler celle de son couple. F. S. Fitzgerald compte également à son actif une importante œuvre de nouvelliste (*Les Enfants du jazz*, 1920, *Un diamant gros comme le Ritz*, 1963 en France). L'écrivain passa ses dernières années à Hollywood, essayant de vivre comme scénariste (*Histoires de Pat Hobby*, posth. 1962), et laissa un roman inachevé sur le milieu du cinéma, *Le Dernier Nabab* (posth. 1941).

**FITZGERALD (Ella)** ♦ Chanteuse de jazz américaine (Newport News, Virginie 1918 - Beverly Hills 1996). Engagée en 1934 dans l'orchestre de Chick Webb*, elle en assura la direction en 1939 - 1942 après la mort de ce dernier. Elle participa à plusieurs tournées du Jazz at the Philharmonic et connut par la suite une renommée internationale. Son style est caractérisé par la remarquable pureté de sa voix, la souplesse de son émission, son registre étendu et son excellent phrasé rythmique. Princ. enregistrements : *Lady Be Good* (1946), *How High the Moon* (1947), *Porgy and Bess* (avec Louis Armstrong, 1958).

**FITZGERALD (Garret)** ♦ Homme politique irlandais (Dublin 1926). Membre du Fine Gael, il fut ministre des Affaires étrangères (1973 - 1977), puis chef de son parti (1977 - 1987). Premier ministre d'Irlande (1981 - 1987), il signa l'accord anglo-irlandais de Hillsborough avec M. Thatcher* en 1985.

**FITZ-JAMES (James Stuart,** duc **DE BERWICK** et **DE)** ♦ Maréchal anglais naturalisé français (Moulins 1670 - Philippsburgh 1734). Il remporta la victoire d'Almansa, en Espagne (1707). Il dut son titre de duc de Fitz-James à Louis XIV (1710).

**FITZ ROY** ♦ Pic du sud de la chaîne des Andes, situé à la frontière entre le Chili et l'Argentine (Patagonie). 3 375 m.

**FIUME** → **ÉTYM.** it. «fleuve» → **Rijeka**

**FIZEAU (Hippolyte)** ♦ Physicien français (Paris 1819 - Venteuil, près de La Ferté-sous-Jouarre 1896). Intéressé par la photographie, il obtint avec Foucault* le premier daguerréotype de la surface solaire (1845) ; il mit au point la première méthode physique (sans recours aux observations astronomiques) pour la mesure de la vitesse de la lumière (méthode de la roue dentée, 1849) et étendit à l'optique l'effet découvert par Doppler* dans le cas des ondes sonores, ce qui permit notamment de mesurer des vitesses radiales d'étoiles et de découvrir des étoiles doubles ; on lui doit également des travaux sur la dilatation et les propriétés optiques des corps solides (1866). [Acad. sc. 1860]

**FLACHAT (Eugène)** ♦ Ingénieur français (Nîmes 1802 - Arcachon 1873). Constructeur, avec Stéphane Mony, du premier chemin de fer français (Paris - Saint-Germain-en-Laye), il dirigea la construction des lignes Paris-Rouen (1840) et Rouen-Le Havre (1842).

**FLACOURT (Étienne DE)** ♦ Colonisateur et géographe français (Orléans 1607 - dans l'Atlantique 1660). Envoyé par la Compagnie des Indes orientales à Madagascar, dont il fut gouverneur, il a écrit un des premiers ouvrages précis sur *La Grande Isle de Madagascar* (1653 - 1658) ainsi qu'un *Dictionnaire de la langue de Madagascar* (1658).

**FLAGSTAD (Kirsten)** ♦ Cantatrice norvégienne (Oslo 1895 - *id.* 1962). Soprano d'un éclat exceptionnel, remarquable tragédienne lyrique, elle fut à Bayreuth (1933 - 1934) et au Metropolitan Opera de New York (1935 - 1952) une des plus grandes interprètes de Wagner*.

**FLAHAUT DE LA BILLARDERIE (Auguste,** comte **DE)** ♦ Général et diplomate français (Paris 1785 - *id.* 1870). Enfant naturel de Talleyrand et de la comtesse de Flahaut, il fut officier de l'état-major de Bonaparte. Il eut de sa liaison avec la reine Hortense un fils qui devint le duc de Morny*. Émigré en Angleterre de 1815 à 1827 (où il épousa la fille de lord Keith), il retrouva son grade de général de division à l'avènement de Louis-Philippe qui le fit pair de France en 1830, le nomma ministre plénipotentiaire à Berlin (1831), puis ambassadeur en Grande-Bretagne (1842 - 1848). Sénateur en 1853, il fut promu grand chancelier de la Légion d'honneur en 1855.

**FLAHERTY (Robert)** ♦ Cinéaste américain d'origine irlandaise (Iron Mountain, Michigan 1884 - Dummerston, Vermont 1951). Explorateur du Grand Nord canadien, minéralogiste et cartographe, il dut au hasard d'une commande passée par une grande maison de fourrures de devenir le créateur du documentaire et d'élever ce genre à la dignité de l'œuvre d'art. Observateur minutieux de la vie saisie sous ses aspects les plus humbles et les plus quotidiens, en ces quelques lieux du monde où il perçoit l'innocence des premiers âges, Flaherty a su en célébrer la grandeur cachée et l'harmonie. Dédiée aux génies complémentaires de l'homme et de la nature, son œuvre recèle la tendresse et la sympathie d'un mystique panthéiste. Réal. princ. : *Nanouk* l'Esquimau* (1922), *Moana* (1926), *Tabou** (avec Murnau, 1931), *L'Homme d'Aran* (1934), *Louisiana Story* (1948). → **ÉTYM.** Le nom irlandais *Flaherty* est l'anglicisation du gaélique *Ó Flaithbheartaigh* «descendant de *Flaithbheartach'* (qui se comporte *(beartach)* en prince *(flaith [eamh]))*».

**FLAINE** • Station de sports d'hiver de la Haute-Savoie (comm. d'Arâches) créée entre l'Arve et le Gifre dans une combe débouchant sur le plateau dit désert de Platé. Bâtiments en béton conçus par M. Breuer*. Alt. 1 600 - 2 500 m.

**FLAMAN (Eugène)** ♦ Ingénieur français (Moulins-sur-Céphons, Indre 1842 - Rainfreville, Seine-Inférieure 1935). Il perfectionna le matériel ferroviaire, imaginant une chaudière à deux corps (1889) et un indicateur enregistreur de vitesse pour locomotives.

**FLAMANDE (RÉGION)** n. f. – en néerl. ***Vlaams Gewest*** ♦ Région administrative du N. de la Belgique. 13 522 km² (44 % de la superf. du pays). 6 617 440 hab. (57,8 % de la pop.). LANGUES : néerlandais, plusieurs dialectes flamands. CAP. : Bruxelles. Elle comprend les provinces d'Anvers, du Brabant flamand, de Flandre-Occidentale, de Flandre-Orientale et de Limbourg. La Région flamande existe depuis la réforme constitutionnelle de 1967 - 1971 et le fédéralisme a achevé de lui donner une plus grande autonomie à l'intérieur de la Belgique, mais une poussée séparatiste se fait jour dans certains milieux flamands. Les organes de la Communauté néerlandophone et de la Région flamande ont fusionné dès leur création. Parmi les comm. à facilités pour la minorité francophone, les 6 comm. de la périphérie bruxelloise et Fourons ont une population en majorité francophone. Fourons fut annexée en 1963 à la prov. du Limbourg, alors que 63 % des habitants souhaitaient rester dans la prov. de Liège et seraient à présent favorables à un statut de comm. bilingue. La Région flamande s'étend du littoral aux monts de Flandre. C'est surtout une région de plaines (plaine maritime, plaines fluviatiles de Flandre et de Campine*, avec le plateau campinois, cône alluvial édifié par la Meuse au Quaternaire).

**ÉCONOMIE** **L'agriculture** La région englobe 45 % de la superficie agricole de la Belgique, avec des exploitations de 10,2 ha en moyenne (les exploitations professionnelles de moins de 30 ha occupant 75 % des terres). Outre 34 000 exploitations agricoles, la Région flamande compte 7 000 exploitations horticoles, d'une superficie moyenne de 3 ha. Les terres arables prédominent dans les polders et dans la Flandre sablo-limoneuse ; elles sont peu étendues en Campine et pour les 3/4 occupées par les fourrages. Elles sont légèrement dépassées par les herbages et pour moitié occupées par des fourrages dans la Flandre sablonneuse. La production laitière et de viande est importante, ainsi que l'élevage hors sol des granivores (porcs et volailles). L'horticulture est concentrée dans la partie centrale de la Flandre et présente des spécialisations régionales : légumes dans la région de Malines*, fruits dans le Hageland et le sud du Limbourg, endives et fleurs dans la région d'Aalst*, plantes en pots dans la région de Gand*, pépinières à Wetteren*. Plus récemment, la région de Roeselare* a développé sa production légumière. Les principales criées pour la vente des produits horticoles sont à Sint*-Katelijne-Waver, Roeselare et Hoogstraten*. **L'industrie** Les industries flamandes traditionnelles sont les indus. textile et alimentaire, et la région a bénéficié, au cours de la première moitié du siècle, de l'implantation des charbonnages campinois et de secteurs d'activité à forte croissance d'emploi industriel. L'activité industrielle se répartit dans une zone centrale, groupant le pôle anversois et l'axe en direction de Bruxelles, et dans deux zones périphériques, à l'O. et à l'E. À Anvers*, elle comprend les constructions automobiles, les métaux non ferreux, la pétrochimie et la chimie, les chantiers navals, l'indus. alimentaire. Vers le S., Malines* et Louvain* constituent deux pôles principaux (construc. métalliques, indus. alimentaire, indus. du bois et du meuble, etc.). Dans la zone occidentale, on distingue le pôle gantois (zone industrielle portuaire dominée par la métallurgie), la Flandre du textile et de la confection, qui s'étend en croissant du pays de Waas à la région de Courtrai*, et l'axe ouest-flandrien qui s'étend de Bruges* à Ypres* (métallurgie, textile, indus. alimentaire, indus. du bois). La zone nord-orientale n'avait jusqu'en 1960 que les charbonnages et des industries isolées (non ferreux et verre). L'essentiel du développement industriel s'est effectué ensuite (construc. métalliques et électriques, industrie automobile, confection, meubles, papier, chimie, chimie nucléaire). De 1959 à 1981, l'indus. flamande a bénéficié de 59 % des investissements aidés contre 39 % en Wallonie. Toutefois, la crise charbonnière a touché plus tardivement la Campine*, où le dernier charbonnage a cessé son activité en 1992. Les friches industrielles sont beaucoup moins nombreuses qu'en Région wallonne. **Les communications** La Flandre dispose de trois ports maritimes, Anvers*, Gand* et Zeebrugge*, qui sont reliés à leur arrière-pays par voies navigables à grand gabarit, par un réseau ferré plus dense qu'en Wallonie et par de nombreuses routes et autoroutes. **Le tourisme** La côte, les villes d'art (Anvers*, Bruges*, Gand*), les parcs d'attractions, comme le Melipark aux environs de De* Panne, et la Campine sont des pôles touristiques importants.

**FLAMANVILLE** [50340] → **ÉTYM.** «domaine (lat. *villa*) des Flamands» ♦ Comm. de la Manche, arr. de Cherbourg. 1 683 hab. Centrale nucléaire sur le littoral.

**FLAMEL (Nicolas)** ♦ Écrivain juré de l'université de Paris (Pontoise v. 1330 - Paris 1418). Personnage dont s'est emparée la légende, qui le fit passer pour alchimiste en raison de l'importante fortune qu'il avait accumulée et des donations qu'il aurait faites à de nombreux hôpitaux et chapelles. On lui attribua, à tort semble-t-il, des ouvrages d'hermétisme.

**FLÄMING** n. m. ♦ Région d'Allemagne (Brandebourg) située entre l'Elbe et Berlin et appartenant à l'ensemble de la grande plaine du Nord. C'est une région assez déshéritée de collines morainiques.

**FLAMINIUS NEPOS (Caius)** ♦ Homme politique et général romain (mort à Trasimène en –217). L'un des chefs du parti démocratique dès –232, il mena la lutte contre le parti sénatorial comme tribun de la plèbe. Consul en –223, censeur en –220, nommé à nouveau consul en –217 lors de la deuxième guerre punique*, il fut vaincu et tué près du lac Trasimène*. Étant censeur, il fit construire à Rome le cirque Flaminien et commencer la via Flaminia.

**FLAMININUS** – en lat. ***Titus Quinctius Flamininus*** ♦ Général romain (mort en –175). Consul en –197, il mit fin à la deuxième guerre de Macédoine par sa victoire sur Philippe* V à Cynocéphales (–197) et proclama à Corinthe la liberté des Grecs (–196). Il décida Prusias* Ier à livrer Hannibal* qui préféra s'empoisonner.

**FLAMMARION (Camille)** ♦ Astronome français (Montigny-le-Roi, Haute-Marne 1842 - Juvisy-sur-Orge 1925). Auteur de *La Pluralité des mondes habités* (1862) et d'une *Astronomie populaire* (1880), il fonda l'observatoire de Juvisy (1883) et la Société astronomique de France (1887). ➝ ÉTYM. *Flammarion* est une autre forme de *flammeron* «petite flamme, flambeau» (a pu désigner un porteur de flambeau) ou de *Flatmar* (nom de personne).

**FLAMSTEED (John)** ♦ Astronome anglais (Denby, Derbyshire 1646 - Greenwich 1719). L'observatoire de Greenwich fut fondé sur sa proposition, en 1676, par Charles II qui le nomma «astronome royal». Il améliora les instruments et les techniques d'observation, mit au point une méthode de projection (méridien du milieu de la carte et parallèles développés en lignes droites, autres méridiens courbes) et rédigea le premier grand catalogue d'étoiles moderne.

**FLANAGAN (Barry)** ♦ Artiste britannique (Prestatin 1941 -Ibiza 2009). En réaction contre la «vanité du bronze» des sculptures d'Anthony Caro* et de Phillip King*, avec lesquels il a travaillé, et contre la puissance d'Henry Moore*, il fait appel à la pataphysique d'Alfred Jarry*. Éclectique et fantaisiste, son œuvre se réfère aussi bien au non-sens, à la «science des solutions imaginaires», qu'à Gaudier*-Brzeska, à la danse qu'il a pratiquée avec Carolyn Carlson*, à Marcel Duchamp*, à l'arte povera et même au land* art. Il préfère les matériaux fragiles tels que le sable, la toile, les chiffons (*Cash 1'67*, 1967 ; *Hanging Canvas*, 1973). Lorsqu'il s'essaie à la pierre, en 1973 en Italie, il n'inscrit que quelques signes ou formes à peine perceptibles. Dans les années 1980, sa série de lièvres contredit l'emploi classique du bronze, qu'il soumet aux mouvements inattendus de ces animaux, boxant ou sautant (*Leaping Hare*, 1980 ; *Nijinsky Hare*, 1996). ➝ ÉTYM. Le nom irlandais *Flanagan* est l'anglicisation du gaélique *Ó Flannagáin* «descendant de Flannagán (de *flann* coloré)».

**FLANDIN (Pierre-Étienne)** ♦ Homme politique français (Paris 1889 - Saint-Jean-Cap-Ferrat 1958). Président de l'Alliance démocratique à la Chambre des députés (centre droit), il dirigea le gouvernement de nov. 1934 à mai 1935 et fut ministre des Affaires étrangères en 1936. Il fit partie du gouvernement de Vichy (1940), dont il dut se retirer (1941) à la demande des autorités allemandes, et fut remplacé par Darlan*.

**FLANDRE** n. f. ou **FLANDRES** n. f. pl. ➝ ÉTYM. p.-ê. du germ. °*flauma* «flot, terre inondée» ♦ Plaine qui s'étend en bordure de la mer du Nord en France et en Belgique, entre l'Artois et les bouches de l'Escaut en Belgique. On distingue la Flandre intérieure et la Flandre maritime, où se trouvent les ports de Calais, Dunkerque, Zeebrugge, Ostende. → **Nord, Pas-de-Calais, flamande (Région).**

**FLANDRE-OCCIDENTALE** n. f. – en néerl. ***West-Vlaanderen*** ♦ Prov. de Belgique (Région flamande). → **Belgique** (carte). 3 144 km². 1 145 878 hab. (*Flandriens* ou *Flamands*). LANGUE : néerlandais. ch.-l. : Bruges. La prov. est divisée en 8 arr. : Bruges*, Dixmude*, Ypres*, Courtrai*, Ostende*, Roeselare*, Tielt*, Veurne*. La Flandre maritime est composée du littoral (plages de sable et dunes au long desquelles se succèdent les stations balnéaires, sauf à chaque extrémité où se trouvent deux zones naturelles, le Westhoek et le Zwin) et des polders (plaines maritimes de moins de 5 m d'alt.). La Flandre intérieure a un relief vallonné, avec la plaine de la Lys à la limite S.-E. et des interfluves surbaissés sablo-limoneux, pays de polyculture intensive, d'aspect bocager, voire boisé dans le Houtland, et dans lequel a été introduit le peuplier. Au S., dans le Heuvelland, le relief est plus accidenté (monts Rouge et Kemmel).

**ÉCONOMIE** Dans les polders et la Flandre sablo-limoneuse, les grandes cultures commerciales sont majoritaires (50 % de céréales, 20 % de cultures industrielles et 10 % de pommes de terre), le reste étant occupé par les herbages et les cultures fourragères destinés aux bovins élevés à parts égales pour le lait et la viande. La production légumière s'est développée plus récemment dans le centre de la Flandre, qui s'est doté de la criée de Roeselare et du Centre provincial d'agriculture et d'horticulture de Rumbeke-Roeselare. L'élevage hors sol ainsi que les usines d'aliments composés se sont concentrés surtout en Flandre-Occidentale. La partie O. et S. de la Flandre du textile et de la confection englobe les environs de Tielt et de Courtrai jusqu'à Wervik*. Quelques centres textiles isolés existent à Torhout*, Dixmude, Poperinge*. Les construc. métalliques sont présentes à Zwevegem* (tréfilerie) et à Wevelgem*. La métallurgie au sens large est dominante à Bruges, Oostkamp*, Zedelgem*, Roeselare, Ingelmunster*, Ypres, Aalter*, dans un tissu industriel plus diversifié où l'indus. alimentaire et celle du bois sont représentées, jusque dans l'extrême O. et à Ostende. Le tourisme est actif sur la côte et dans les villes d'art. 2e port belge, Zeebrugge* est un port pétrolier, méthanier, et de passage de voyageurs vers la Grande-Bretagne, Ostende est le principal port de pêche.

**FLANDRE-ORIENTALE** n. f. – en néerl. ***Oost-Vlaanderen*** ♦ Prov. de Belgique (Région flamande). → **Belgique** (carte). 2 982 km². 1 398 253 hab. (*Flandriens* ou *Flamands*). LANGUE : néerlandais. CH.-L. : Gand*. La prov. est divisée en 6 arr. : Aalst*, Dendermonde*, Eeklo*, Gand, Oudenaarde*, Sint*-Niklaas. L'extrême N. de la prov. partage avec la Flandre zélandaise (Pays-Bas) les polders du Bas-Escaut. La Flandre intérieure est en partie sablonneuse et en partie sablo-limoneuse. La plaine fluviatile (20 m d'alt.) s'étend au N. et à l'E. de Gand sur une anc. embouchure de l'Escaut et se prolonge par la plaine alluviale de l'Escaut et de la Lys. Les interfluves entre Escaut et Lys (collines de Mouscron-Anzegem) et entre Escaut et Dendre sont plus accidentés (point culminant, le Pottelberg à 157 m).

**ÉCONOMIE** En Flandre sablonneuse, la surface agricole utilisée se partage entre les herbages et les terres arables (celles-ci occupées pour moitié par les fourrages), la plus grande partie des recettes provenant des produits laitiers. L'horticulture est fortement concentrée dans la région d'Aalst (endives, fleurs) et dans celles de Gand (plantes en pots, bégonias, azalées) et de Wetteren* (pépinières, roses). L'aviculture s'est développée d'abord dans le S.-O. de la province. L'indus. textile et la confection s'étendent en forme de croissant du pays de Waas et de la région d'Eeklo jusqu'au S. (Ronse*). La zone industrielle portuaire de Gand (3e port belge) est surtout spécialisée dans la sidérurgie (Sidmar), la métallurgie, la chimie et la papeterie. L'extension du port d'Anvers sur la rive gauche de l'Escaut a entraîné l'industrialisation de l'E. du pays de Waas (chimie à Beveren*, centrale nucléaire à Doel). De nombreuses voies navigables à grand gabarit, le canal maritime de Terneuzen, l'Escaut, le Ringvaart, la Lys, le canal Gand-Bruges et le canal de dérivation de la Lys animent la Flandre-Orientale.

**FLANDRES** (monts de) ♦ Buttes sableuses dont trois se trouvent en France et deux en Belgique, aux environs d'Ypres. ▪ Champ de bataille pendant la Première Guerre mondiale.

**FLANDRIN (Hippolyte)** ♦ Peintre français (Lyon 1809 - Rome 1864). Il fut un fidèle élève d'Ingres* et subit l'influence des nazaréens. Il exécuta de grandes compositions murales (Saint-Séverin, Saint-Germain-des-Prés et Saint-Vincent-de-Paul) d'un style froid et conventionnel. Peintre idéaliste et religieux, représentant de l'académisme officiel, il fut aussi le portraitiste attitré de Napoléon III.

**FLATTERS (Paul)** ♦ Officier et explorateur français (Paris 1832 - Bir el-Gharama 1881). Fils du sculpteur J. J. Flatters, il se rendit en Algérie après la guerre de 1870 ; il y dirigea deux expéditions (1880 et 1881) en vue de la construction du Transsaharien. Il fut tué par les Touaregs lors de la seconde mission, dont les rares rescapés, errant dans le désert, s'entretuèrent pour se nourrir de chair humaine. Le récit de ses deux missions a été établi par Derrécagaix en 1882 et par Brosselard en 1889.

**FLAUBERT (Gustave)** ♦ Écrivain français (Rouen 1821 - Croisset, près de Rouen 1880). Élevé dans le cadre de l'Hôtel-Dieu de Rouen dont son père était médecin-chef (il y acquit peut-être «ce coup d'œil médical de la vie» qu'il préconisera plus tard), il partagea l'exaltation romantique de sa génération et se passionna très tôt pour la littérature, oscillant déjà entre un réalisme caricatural, qui s'en prend à la «sottise bourgeoise» (*Dictionnaire des idées reçues*, posth. 1911), et l'exaltation sentimentale, comme dans *Les Mémoires d'un fou* (1837 - 1838), récit autobiographique où il évoque sa grande passion pour Mme Schlésinger. **Une vie passée à écrire** Alors qu'il entreprenait, sans goût, des études de droit à Paris (où il rencontra V. Hugo), il fut atteint d'une maladie nerveuse qui l'obligea à se retirer dans sa propriété de Croisset, près de Rouen (1846). Désormais, son labeur d'écrivain ne fut plus interrompu que par quelques séjours à Paris (liaison avec la poète Louise Colet*), de grands voyages, notamment en Orient (de 1849 à 1851) avec Maxime Du* Camp, et la rédaction d'une volumineuse *Correspondance* avec ses amis, L. Bouilhet*, T. Gautier*, George Sand*, et, plus tard, Daudet*, les Goncourt* ou Maupassant*. **L'œuvre** L'œuvre de Flaubert, dans sa dualité, correspond bien aux «deux bonshommes distincts» qui se disputent en lui, «un qui est épris de lyrisme, [...] de toutes les sonorités de la phrase ; un autre qui fouille le vrai tant qu'il peut, [...] qui voudrait vous faire sentir presque matériellement les choses qu'il reproduit». Ainsi, l'inspiration

Gustave **Flaubert.** Portrait par Giraud (56×46 cm).
Musée national du château, Versailles.
*Phot. © Dagli Orti*

romantique domine dans *Salammbô** (1862), roman carthaginois, dans *La Tentation* de saint Antoine* (1849, 1856, 1874) comme dans *Hérodias* et *La Légende de saint Julien l'Hospitalier* (qui appartiennent, avec *Un cœur simple*, au recueil *Trois* contes*, 1877). Pourtant même dans ces récits aux images somptueuses, à la prose éclatante, apparaît le souci de vérité historique (obtenue par une scrupuleuse enquête documentaire) si remarquable dans les œuvres «réalistes» : *Madame* Bovary* (1857), *L'Éducation* sentimentale* (1869) ou le roman satirique, *Bouvard* et Pécuchet* (inachevé, 1881). C'est pour acquérir «cette vue du vrai» que Flaubert observe l'âme humaine «avec l'impartialité qu'on met dans les sciences physiques», car «le grand art est scientifique et impersonnel». Pour atteindre cette objectivité nécessaire, il faut donc «se transporter dans les personnages et non pas les attirer à soi». Reproduire la réalité n'est cependant pas suffisant pour l'artiste ; ce qui importe, c'est de «partir du réalisme pour aller jusqu'à la beauté». Pour Flaubert, «plus l'expression se rapproche de la pensée, plus le mot colle dessus, et plus c'est beau». D'où ces «affres de style» que connaît l'écrivain, recherchant la propriété des termes par d'innombrables retouches et éprouvant l'harmonie de son texte par l'épreuve du «gueuloir» pour s'adonner avec passion à la «recherche par-dessus tout de la beauté». ➝ ÉTYM. *Flaubert* vient du germanique *flod* (variante de *hlod*) «gloire» et *berht* «brillant» ou de *frod* «prudent» et *berht* «brillant».

**FLAVIEN** (saint) ➝ ÉTYM. en lat. *Flavinius*, de *flavus* «blond, roux» ♦ Patriarche de Constantinople en 446 (mort à Hypaypa, Lydie 449). Ayant condamné la doctrine d'Eutychès* (Constantinople, 448), il reçut du pape Léon* I^er^ un important document approuvant son attitude et explicitant la doctrine romaine pour l'Incarnation *(Tome à Flavien)*. Molesté, déposé et exilé lors du «brigandage d'Éphèse» (août 449), il mourut peu après. ▪ Fête le 18 fév.

**FLAVIENS** ♦ Nom donné aux empereurs romains de la dynastie fondée en 69 par Vespasien* (69 - 79) et représentée après lui par ses deux fils, Titus* (79 - 81) et Domitien* (81 - 96).

**FLAVIGNY-SUR-OZERAIN** [21150] ♦ Comm. de la Côte-d'Or, arr. de Montbard, dans l'Auxois. 341 hab. *(Flavigniens)*. Restes de l'abbaye fondée en 745 : crypte carolingienne. Enceinte et portes fortifiées (XVI^e^ s.). Église Saint-Genest (XIII^e^ s.), remaniée aux XV^e^ - XVI^e^ s., contenant l'*Ange de l'Annonciation*, beau spécimen de l'école bourguignonne du XV^e^ s., et des stalles du déb. du XVI^e^ s. Maisons du Moyen Âge et de la Renaissance. Maison Lacordaire, anc. couvent de dominicains. ▪ Spécialité de bonbons à l'anis (anis de Flavigny).

**FLAVIN (Dan)** ♦ Artiste américain (New York 1933 - *id.* 1996). L'un des principaux représentants du minimalisme, il utilise exclusivement, depuis 1963, des tubes de néon fluorescents de couleurs diverses, abandonnant les ampoules fixées sur ses huit *Icons* (1961 - 1963). Fasciné par la *Colonne sans fin* de Brancusi*, qu'il considère comme un «totem imposant, mythologique et archaïque», il s'en inspira pour ses réalisations lumineuses en diagonale (*Diagonale du 25 mai 1963*, dédiée à Brancusi ; *Diagonal of Personal Ecstasy*, 1963). Presque toujours dédiées à un artiste, ses installations sont l'unique source lumineuse de la salle d'exposition et, ne créant que ce qu'elles rendent visible, permettent d'approcher l'invisible (*Monument I to V for Tatlin*, 1964).

**FLAVIUS JOSÈPHE ➝ Josèphe (Flavius)**

**FLAXMAN (John)** ♦ Sculpteur, dessinateur et graveur britannique (York 1755 - Londres 1826). Il se lia avec Romney et Blake, exécuta des reliefs, des portraits en médaillon et des modèles pour les faïences de Wedgwood inspirés de l'Antique. Après un séjour à Rome où il subit l'influence des théories néoclassiques de Winckelmann, il devint célèbre dans toute l'Europe et travailla à de nombreux monuments (tombeau de Nelson à l'abbaye de Westminster). Il s'inspira des vases grecs dans les illustrations de *L'Iliade* et de *L'Odyssée* (1793) ; son sens de la ligne, sa prédilection pour les contours épurés influencèrent les nazaréens et Ingres. ➝ ÉTYM. *Flaxman* vient du moyen anglais *flax* «lin» et *man* «homme» (surnom de celui qui fait pousser ou vend du lin).

**FLAYOSC** [83780] ➝ ÉTYM. anc. *Flaiosco*, du lat. *Flavius*, n. de pers., et suff. ligure *-oscum* ♦ Comm. du Var, arr. de Draguignan. 3 924 hab. Portes fortifiées (XIV^e^ s.). ▪ Viticulture (côtes-de-provence). Vergers.

**FLÈCHE (LA)** [72200] ➝ ÉTYM. du lat. *fascia* «bande de terre en terrasse» ou de *°fisca* «fisc [royal]» d'où «péage» ♦ Ch.-l. d'arr. de la Sarthe, sur le Loir. 15 241 hab. *(Fléchois)*. Chapelle Notre-Dame-des-Vertus, romane (boiseries Renaissance). Château des Carmes des XV^e^ et XVII^e^ s. (auj. hôtel de ville). Chapelle Saint-Louis (1607 - 1637) du Prytanée militaire : remarquable décor baroque ; buffet d'orgues (1640). ▪ Marché agricole (fruits). Imprimerie. ▪ Aux environs, parc zoologique du Tertre rouge. ▮ **Histoire** En 1607, Henri IV fonda à La Flèche un collège dont la direction fut confiée aux jésuites. Après l'expulsion de ceux-ci (1764), le collège devint école militaire, puis Prytanée national militaire sous l'Empire.

**FLÉCHIER (Esprit)** ♦ Prédicateur et narrateur français (Pernes, Comtat venaissin 1632 - Nîmes 1710). Aumônier de la dauphine, ce prêtre mondain qui fréquenta l'hôtel de Rambouillet* manifesta son esprit dans des *Lettres*, des *Portraits* et ses *Mémoires sur les Grands Jours d'Auvergne* (posth., 1844). Il est connu pour ses *Sermons*, au ton simple mais à l'expression travaillée, et surtout pour ses *Oraisons funèbres* (notamment celle de Turenne, 1672, et celle de Marie-Thérèse d'Autriche, 1683) d'une éloquence ingénieuse (goût des antithèses) et nuancée. [Acad. fr. 1673] ➝ ÉTYM. Ce nom vient de *flèche* (surnom d'un archer ou d'un fabricant de flèches).

**FLECKER (James Elroy)** ♦ Poète et auteur dramatique britannique (Lewisham 1884 - Davos, Suisse 1915). Il fit ses études à Oxford, enseigna à Londres et fit partie du corps diplomatique. Ses voyages, notamment à Constantinople et en Syrie, eurent une grande influence sur son œuvre, bien que Flecker se fût réclamé de l'école parnassienne française. Une pièce de théâtre, *Hassan* (1922), le fit connaître après sa mort, mais on découvre aujourd'hui sa poésie : *Le Pont de feu*, 1908 ; *Trente-six poèmes*, 1910 ; *Quarante-deux poèmes*, 1911 ; *Le Voyage doré à Samarkandy*, 1913 ; *Les Vieux Bateaux*, 1915.

**FLEISCHER (Max)** ♦ Créateur américain de bandes dessinées et de dessins animés (Vienne 1883 - Los Angeles 1972). Auteur avec son frère DAVE FLEISCHER (New York 1894 - Hollywood 1979) du premier dessin animé américain *(Koko the Clown)* et du personnage érotique de Betty Boop. Ensemble ils animèrent Popeye (1930 - 1947).

**FLEISCHER (Richard)** ♦ Cinéaste américain (New York 1916 - Los Angeles 2006). Fils de Max Fleischer*, il tourna quelques films policiers d'une sèche violence et d'un style percutant, qui constituent autant de peintures au vitriol de la société américaine : *L'Énigme du Chicago-Express* (1952), *Les Inconnus dans la ville* (1955), *L'Étrangleur de Boston* (1968), *Les flics ne dorment pas la nuit* (1972), *Don Angelo est mort* (1973), *Soleil vert* (1973). On lui doit aussi deux somptueux films d'aventures : *20 000 lieues sous les mers* (1954) et *Les Vikings* (1958).

**FLÉMALLE (MAÎTRE DE) ➝ Campin (Robert)**

**FLÉMALLE** ♦ Comm. de Belgique (Région wallonne), prov. et arr. de Liège (banl. S.-O.), sur les deux rives de la Meuse, formée par la fusion de Flémalle-Grande, Flémalle-Haute, Awirs, Ivoz-Ramet et Mons-lez-Liège. 25 021 hab. Église du IX^e^ s. à Flémalle-Grande ; église d'Awirs (tour du XIII^e^ s.) ; châteaux ; église de Gleixhe (XIV^e^ s.). Sur la rive d. de la Meuse, grotte préhistorique de Ramioul découverte en 1911 (musée de la Préhistoire). Centre wallon d'art contemporain à la Châtaigneraie (Ivoz-Ramet). ▪ Métallurgie lourde. Carrière.

**FLEMING** ou **FLEMMING (Paul)** ♦ Poète allemand de l'époque baroque (Hartenstein, Saxe 1609 - Hambourg 1640). Dans ses poèmes, publiés peu après sa mort (1642), il a exprimé tour à tour son amour pour sa patrie alors bouleversée par la guerre de Trente Ans, l'érotisme le plus libre et un sentiment religieux sincère.

**FLEMING** (sir **John Ambrose**) ♦ Physicien britannique (Lancaster 1849 - Sidmouth, Devon 1945). Après avoir étudié l'effet thermoélectrique découvert par Edison*, il imagina de l'utiliser pour la détection des ondes radioélectriques et mit au point, à cet effet, la *valve de Fleming* (appelée depuis diode) qu'il fit breveter en 1904 ; cette invention est à l'origine de toutes les lampes utilisées dans les radiocommunications. ➝ ÉTYM. Le nom anglais *Fleming* signifie «Flamand».

**FLEMING** (sir **Alexander**) ♦ Médecin et bactériologiste britannique (Lochfield Farm, Darvel, Ayrshire 1881 - Londres 1955). Il découvrit le penicillium et ses propriétés bactéricides, ouvrant ainsi la voie au traitement des maladies infectieuses par les antibiotiques (1928). On lui doit également la découverte d'un autre bactéricide, le lysozyme. [Prix Nobel de physiol. ou méd. 1945, avec E. Chain* et H. Florey]

**FLEMING (Victor)** ♦ Cinéaste américain (Pasadena 1883 - Phoenix 1949). Il travailla comme opérateur avec D. Fairbanks et D. W. Griffith et débuta comme réalisateur en 1919. Parmi ses œuvres, de grands succès commerciaux : *L'Île au trésor* (1934), *Le Magicien d'Oz* (1939), *Autant en emporte le vent* (1939).

**FLEMING (Ian)** ♦ Romancier britannique (Londres 1908 - Canterbury 1964). Élevé en Allemagne et en Suisse, il fut journaliste à Moscou (1929 - 1933) puis banquier et enfin agent des services secrets britanniques pendant la guerre. Cette expérience lui inspira en 1953 le personnage de James* Bond, auquel il consacra treize romans.

**FLEMING (Peggy)** ♦ Patineuse américaine (San Jose, Californie 1948). Surnommée la «fée de la glace» à cause de son sens artistique, elle remporta trois fois le Championnat du monde (1966, 1967, 1968) et les jeux Olympiques de Grenoble (1968).

**FLEMMING (Jakob Heinrich,** comte **VON)** ♦ Général et diplomate saxon, d'origine suédoise (Hoff, près de Greiffenberg 1667 - Vienne 1728). Au service de Frédéric-Auguste I^er^, électeur de Saxe, il contribua puissamment à l'élection de ce dernier au trône de Pologne en 1697 (➝ **Auguste II**) et commanda peu après les troupes contre Charles XII de Suède. Il devint feld-maréchal en 1711.

**FLENSBURG** ♦ V. d'Allemagne (Schleswig-Holstein), sur la Baltique, au fond du Flensburger Förde, près de la frontière danoise. 86 630 hab. C'est la plus septentrionale des villes du pays. Important port de pêche et de commerce (rhum et spiritueux). Construc. navales et mécaniques.

**FLÉRON** ♦ Comm. de Belgique (Région wallonne), prov. et arr. de Liège (banl. E.). 16 139 hab. ▪ Vieux terrils témoins de l'anc. indus. houillère. Construc. métallurgiques.

**FLERS (Robert Pellevé de La Motte-Ango, marquis de)** ♦ Auteur dramatique français (Pont-l'Évêque 1872 - Vittel 1927). En collaboration avec G. A. de Caillavet*, il a écrit des comédies légères : *Le Roi* (1908), *L'Habit vert* (1912), *La Belle Aventure* (1913). Après la mort de Caillavet (1915), il collabora avec Francis de Croisset (*Les Vignes du Seigneur* et le livret de l'opérette *Ciboulette*, 1923). [Acad. fr. 1920]

**FLERS** [flɛʀ] [61100] ➝ ÉTYM. anc. *Fleirs*, p.-ê. du germ. *hlara* «lande, friche» ou de *Flatrudis*, n. de pers. ♦ Ch.-l. de cant. de l'Orne, arr. d'Argentan. 16 947 hab. (aggl. 23 240) *(Flériens)*. Château des XVI^e et XVIII^e s., auj. hôtel de ville et musée du Bocage normand. ▪ Indus. textile et agroalimentaire (viande). Construc. mécaniques et électriques. ▮ **Histoire** La ville, très endommagée en 1944, a été reconstruite.

**FLERS-EN-ESCREBIEUX** [59128] ➝ ÉTYM. *Flers* (→ Flers) et *Escrebieux* p.-ê. «en belle craie» ♦ Comm. du Nord, banl. nord-ouest de Douai. 5 540 hab. *(Flersois)*.

**FLERS-LEZ-LILLE** → **Villeneuve-d'Ascq**

**FLESSEL (LAURA)** ♦ Épéiste française (Pointe-à-Pitre 1971). Double championne olympique (1996), six fois championne du monde (entre 1998 et 2008) et championne d'Europe (2007), elle a été la première championne olympique féminine de l'histoire de l'épée à titre individuel et par équipes.

**FLESSELLES (Jacques de)** ♦ Administrateur français (Paris 1721 - *id.* 1789). Maître des requêtes, puis intendant, successivement à Moulins, en Bretagne et à Lyon, il devint prévôt des marchands de Paris peu avant la Révolution, et fut tué par les émeutiers révolutionnaires lors de la prise de la Bastille* (14 juillet 1789).

**FLESSINGUE** – en néerl. ***Vlissingen*** ♦ V. des Pays-Bas (Zélande), à l'embouchure de l'Escaut occidental. 45 023 hab. Place du Vieux-Marché. Tour des Prisonniers (1563). ▪ Port. Construc. navales. Chimie. Nouvelle zone industrielle à l'E. de la ville *(Het Sloe)* : aluminium. Pêche. Station balnéaire. ▮ **Histoire** Philippe II, lors de son départ des Pays-Bas (1559), s'y embarqua. Flessingue fut donnée à l'Angleterre (1585 - 1616) après l'assassinat de Guillaume le Taciturne.

**FLETCHER (John)** ♦ Auteur dramatique anglais (Rye, Sussex 1579 - Southwark 1625). Fils d'un évêque de Londres, il fit à Cambridge des études classiques avant de se consacrer au théâtre. Avec son collaborateur Francis Beaumont*, il écrivit une vingtaine de comédies dans le goût baroque par le romanesque de l'invention, l'imprévu des situations, l'audace dans la peinture des passions et l'éloquence soutenue du langage (*Philaster*, 1608 ; *Tragédie de la jeune fille*, 1611 ; *La Belle Dédaigneuse*, 1616). Après la mort de Beaumont (1616), Fletcher collabora avec Massinger*, Ben Jonson*, Tourneur*, Middleton*. ➝ ÉTYM. *Fletcher* vient de l'ancien français *fléch(i)er* «marchand de flèches».

**FLEURANCE** [32500] ➝ ÉTYM. nommée en hommage à la v. de *Florence** ♦ Ch.-l. de cant. du Gers, arr. de Condom, sur le Gers. 6 273 hab. *(Fleurantins)*. Bastide du XIII^e s.. Église des XIV^e et XV^e s. (vitraux Renaissance). ▪ Plantes médicinales. Cosmétiques.

**FLEURIEU (Pierre Claret, comte de)** ♦ Marin et homme politique français (Lyon 1738 - Paris 1810). Inventeur de la montre marine à secondes (1769), directeur des ports et des arsenaux (1776), il établit le plan des opérations navales pour la guerre d'Indépendance des États-Unis, puis les instructions pour le voyage de Lapérouse. Ministre de la Marine (1790 - 1791), il fut emprisonné sous la Terreur. Membre du Conseil des Anciens jusqu'au 18 Fructidor, il fut ensuite nommé conseiller d'État et gouverneur des Tuileries. Il est l'auteur de *Découvertes des Français dans le sud-est de la Nouvelle-Guinée*. Ses cendres ont été transférées au Panthéon en 1810.

Les **Fleurs du mal** ♦ Recueil de poèmes de Charles Baudelaire* (1857 ; augmenté en 1861 ; édition posth. 1868). L'auteur avait d'abord songé à appeler son ouvrage *Les Lesbiennes*, puis *Les Limbes*. Dès la première publication, *Les Fleurs du mal*, qui comprenaient alors 101 poèmes, furent condamnées par la justice impériale : 6 poèmes furent interdits. Baudelaire, toutefois, enrichit l'œuvre, en 1861, de 35 poèmes nouveaux. Suivant une architecture secrète et voulue se succèdent 6 parties, évocations symboliques des tentatives de l'homme pour échapper à sa misère et «trouver du nouveau» («Le Voyage»). Dans «Spleen et Idéal», l'âme oscille entre la dépression et l'exaltation ; au sentiment d'un exil parmi les hommes («L'Albatros» ; «Le Cygne») s'ajoute l'obsession du temps («Le Guignon» ; «L'Horloge») et du péché ; pourtant subsiste la conscience d'un paradis perdu («Moesta et errabunda») qui explique une douloureuse soif de pureté («Réversibilité» ; «Recueillement») et l'aspiration au Beau, donc à l'Art («Hymne à la Beauté» ; «Les Phares»). Les «Tableaux parisiens» illustrent cette loi de l'analogie, fondamentale chez Baudelaire (cf. «Correspondances») : «Dans certains états de l'âme presque surnaturels, la profondeur de la vie se révèle tout entière dans le spectacle, si ordinaire qu'il soit, qu'on a sous les yeux. Il en devient le symbole» ; aussi, grâce à la «magie suggestive» d'un langage symbolique et allégorique, la correspondance entre le monde moderne quotidien et les obsessions de l'âme sera-t-elle traduite («À une passante» ; «Les Aveugles») ; puis c'est la recherche de l'évasion sous toutes ses formes («Le Vin» ; «Fleurs du mal») ; mais à la volupté succède toujours le remords et à «L'Invitation au voyage» le désenchantement. Dès lors, après la «Révolte», le poète aspire à l'anéantissement dans «La Mort».

**FLEURUS** ♦ Comm. de Belgique (Région wallonne), prov. de Hainaut, arr. de Charleroi, sur la rive g. de la Sambre. 22 272 hab. ▪ Parc industriel (construc. métalliques ; imprimerie ; prod. pharmaceutiques). ▮ **Histoire** Victoire de Luxembourg* sur les alliés de la ligue d'Augsbourg* (1690). Victoire décisive de Jourdan sur les Autrichiens (1794), ouvrant la Belgique à la France.

**FLEURY (Claude)** ♦ Prêtre et historien français (Paris 1640 - *id.* 1723), sous-précepteur des enfants du roi aux côtés de Fénelon*, puis confesseur de Louis XV. Auteur des ***Mœurs des israélites*** (1681), des *Mœurs des chrétiens* (1682), d'une ***Histoire ecclésiastique*** (1691 - 1720, en 20 vol.). [Acad. fr. 1696] ➝ ÉTYM. Ce nom de famille vient d'un nom de lieu, du latin *Florius*, nom de personne, et suffixe *-acum* ou du prénom médiéval *Fleuri*.

**FLEURY (André Hercule de)** ♦ Cardinal et homme politique français (Lodève 1653 - Issy-les-Moulineaux 1743). Évêque de Fréjus et précepteur de Louis XV dont il sut gagner la confiance, il fut appelé à remplacer le duc de Bourbon comme ministre d'État (1726) et fut fait cardinal. Il devait exercer le pouvoir avec souplesse et fermeté, prudence et désintéressement. À l'intérieur, sa politique fut marquée par le rétablissement de l'équilibre budgétaire, dû à des mesures d'économie et à une meilleure administration financière. La monnaie fut stabilisée (et devait le rester jusqu'à la Révolution), le colbertisme fut repris (→ **Orry**), avec ses dangers mais donna une impulsion au commerce et à l'industrie. Fleury dut faire face à une reprise de la querelle janséniste (→ **jansénisme**) et, s'il parvint à l'apaiser, il ne put arrêter l'opposition parlementaire qui s'était greffée sur elle, et avait pris figure de rempart contre l'arbitraire royal. Sa politique extérieure, fondée sur une alliance avec l'Espagne qui favorisa le commerce, tendit toujours au maintien de la paix. Entraîné cependant dans la guerre de Succession de Pologne, il la termina rapidement par un compromis (traité de Vienne, 1738) : en échange de l'abandon de la Pologne, Stanislas* I^er recevait la Lorraine, qui devait, à sa mort, revenir à la France. L'opinion contemporaine avait mal accepté cette politique qu'elle jugeait timorée et dépourvue de grandeur, mais le ministère de Fleury correspondit à une des époques les plus heureuses du règne de Louis XV. [Acad. fr. 1717]

**FLEURY (Émile Félix, comte de)** ♦ Général français (Paris 1815 - *id.* 1884). Après avoir participé au coup d'État du 2 décembre* 1851, il fut nommé aide de camp de Louis Napoléon Bonaparte qui le chargea de plusieurs missions diplomatiques et le nomma ambassadeur de Russie (1867). Après la chute du Second Empire (septembre 1870), Fleury fut un des chefs du parti bonapartiste sous la III^e République.

**Fleury** (abbaye de) → **Saint-Benoît-sur-Loire**

**FLEURY-LES-AUBRAIS** [45400] ➝ ÉTYM. *Fleury* anc. en lat. *soli Floriacensi* «domaine de Florius [n. de pers., et suff. *-acum*]» et *Aubrais* ♦ Ch.-l. de cant. du Loiret, arr. d'Orléans, dans la banl. d'Orléans. 20 690 hab. *(Fleuryssois)*. Centre ferroviaire (→ **Aubrais [Les]**).

**FLEURY-MÉROGIS** [91700] ♦ Comm. de l'Essonne, arr. d'Évry. 9 074 hab. *(Fleury-Mérogissois)*. Établissement pénitentiaire.

**FLEURY-SUR-ORNE** [14123] ➝ ÉTYM. du lat. *Florius*, n. de pers., et suff. *-acum* ♦ Comm. du Calvados, arr. de Caen. 4 231 hab.

**FLEVOLAND** n. m. ♦ Prov. des Pays-Bas créée en 1986 réunissant les polders de l'ancien Zuiderzee. → **Pays-Bas** (carte). IJsselmeer 1 597 km². 374 424 hab. CAP. : Lelystad. Elle comprend le polder du Nord-Est, le Flevoland-Oriental et le Flevoland-Méridional. ▪ Agriculture. Tourisme. À l'O., activités industrielles. La V. nouvelle d'Almere* est une comm. résidentielle aménagée sur le lac de Gooimeer.

**FLEXNER (Simon)** ♦ Bactériologiste américain (Louisville, Kentucky 1863 - New York 1946). Il isola le bacille de la dysenterie, fit des recherches sur la diphtérie, la poliomyélite. [Acad. sc. 1937]

**FLIESS (Wilhelm)** ♦ Médecin allemand (Arnswalde 1858 - Berlin 1928). Il entretint avec Freud une longue correspondance (1887 - 1902) dans laquelle ce dernier lui rendait compte de son auto-analyse. Ses travaux concernent l'étiologie des névroses, l'étude des cycles périodiques et de la bisexualité. Il a publié *La Névrose natale réflexe* (1893), *Le Cours de la vie* (1906), *L'Année chez l'être vivant* (1924).

**FLIMS** – en romanche ***Flem*** ♦ Localité de Suisse (Grisons), dans une vallée affluente du Rhin, au pied du Flimserstein. 2 763 hab. Flims se répartit en deux agglomérations : Flims-Dorf, le village, et Flims-Waldhaus, la station de sports d'hiver (1 150 - 2 800 m).

**FLINDERS (Matthew)** ♦ Officier de marine et explorateur britannique (Donington, Lincolnshire 1774 - Londres 1814). Il explora la côte S.-E. (1795 - 1797) et S. (1801 - 1803) de l'Australie et reconnut le caractère insulaire de la terre de Van Diemen (Tasmanie). À son retour, il fut retenu prisonnier à l'île de France (île Maurice) jusqu'en 1810. Il a laissé un récit de son voyage, *A Voyage to Terra Australis* (1814).

**FLINDERS RANGE** ♦ Chaîne de l'Australie-Méridionale, orientée N.-S., dominant le golfe de Spencer, et au pied de laquelle se situe Port* Pirie. Alt. 1 188 m au pic Sainte-Marie.

**FLINES-LEZ-RACHES** [59148] ➝ ÉTYM. anc. *Felines*, du lat. *figlina*, de *figulina* «atelier du potier, poterie» ♦ Comm. du Nord, arr. de Douai. 5 441 hab. *(Flinois)*. Église des XII^e^ et XVI^e^ s. (clocher-porche).

**FLIN FLON** ♦ V. du Canada (Manitoba), dans une zone minière s'étendant aussi au Saskatchewan. 5 594 hab. Mines de cuivre, zinc et plomb. Important gisement de nickel à l'E.

**FLINS-SUR-SEINE** [flɛ̃] [78410] ➝ ÉTYM. anc. *Felins*, du lat. *figlina*, de *figulina* «atelier du potier, poterie» ♦ Comm. des Yvelines, arr. de Mantes-la-Jolie. 2 207 hab. *(Flinois)*. Construc. automobile.

**FLINT** ♦ V. des États-Unis (Michigan). 124 943 hab., dont 47 % de Noirs (zone urbaine 5 456 428). C'était, après Detroit, un des grands centres de l'indus. automobile (General Motors). Flint traverse depuis 1980 une sérieuse crise de l'emploi et a perdu 11 % de sa population.

**FLN** n. m. → **Front de libération nationale**

**FLOCON (Ferdinand)** ♦ Journaliste et homme politique français (Paris 1800 - Lausanne 1866). Rédacteur en chef de *La Réforme* en 1845, journal du radicalisme, il fut membre du gouvernement provisoire et nommé ministre du Commerce après la révolution* de février 1848. Député à l'Assemblée constituante (1848 - 1849), il vécut en exil après le coup d'État du 2 décembre 1851.

**FLODOARD** ♦ Chroniqueur et poète franc (Épernay 894 - Reims 966), archiviste et chanoine de la cathédrale de Reims. Il est l'auteur d'*Annales* dont subsiste un fragment couvrant les années 911 - 966, d'une *Histoire de l'église de Reims* souvent légendaire et des *Triomphes du Christ et des saints de Palestine*, cycle de 302 poèmes hagiographiques.

**FLOIRAC** [33270] ➝ ÉTYM. anc. *Floyrac*, du lat. *Florius*, n. de pers., et suff. *-acum* ♦ Ch.-l. de cant. de la Gironde, banl. E. de Bordeaux, sur la rive d. de la Garonne. 16 157 hab. *(Floiracais)*. Observatoire de Bordeaux.

**FLOIRAT (Sylvain)** ♦ Homme d'affaires français (Nailhac, Dordogne 1899 - *id.* 1993). À la tête d'entreprises de transports routiers et aériens (Breguet Aviation), il contribua au développement et à la modernisation de l'industrie automobile et aéronautique française. Il fut président délégué de la société Europe n° 1.

**FLÓKI VILGERÐARSON** ♦ Navigateur norvégien du IX^e^ s. qui atteignit en 870 Gardarsholm (Rocher de Gardar) qu'il appela *Island*, c.-à-d. «Terre de glace».

**FLON (Suzanne)** ♦ Comédienne française (Le Kremlin-Bicêtre 1918 - Paris 2005). Secrétaire d'Édith Piaf, elle débuta à l'ABC et à Bobino. Son interprétation d'Alvarica dans *Le mal court* d'Audiberti (1947) la révéla. Elle joua ensuite tant des classiques que des contemporains (Pirandello, Anouilh, O'Neill, *Les Dames du jeudi* de Loleh Bellon). Le théâtre lui a laissé assez peu de temps pour le cinéma où elle a tourné pour de grands metteurs en scène (Huston*, O. Welles*, J. Losey*) mais généralement des rôles de second plan.

**FLOQUET (Charles)** ♦ Homme politique français (Saint-Jean-Pied-de-Port 1828 - Paris 1896). Député républicain à l'Assemblée nationale (1871), il présida la Chambre des députés (1885 - 1888, 1889 - 1893). Président du Conseil (1888) à l'époque du boulangisme, auquel il se montra hostile, il se rendit surtout célèbre en blessant Boulanger en duel. Sénateur de 1894 à 1896. ➝ ÉTYM. *Floquet* vient du normanno-picard *floche* «touffe de laine [puis de cheveux]».

**FLORAC** [48400] ➝ ÉTYM. du lat. *Florus*, n. de pers., et suff. *-acum* ♦ Ch.-l. d'arr. de la Lozère, sur la rive g. du Tarnon, au pied du causse Méjean. 1 996 hab. *(Floracois)*. Source du Pêcher au rocher de Rochefort (1 083 m). Centre d'excursions vers les gorges du Tarn et les Cévennes. ▮ **Histoire** Siège d'une des huit baronnies du Gévaudan. Centre de résistance des camisards.

**FLORANGE** [57190] ➝ ÉTYM. du germ. *Floro*, n. de pers., et suff. germ. *-ing* ♦ Ch.-l. de cant. de la Moselle, arr. de Thionville-Ouest. 10 778 hab. *(Florangeois)*. Métallurgie. Construc. mécaniques.

**FLORE** ➝ ÉTYM. en lat. *Flora*, de *flos, floris* «fleur» ♦ Déesse italique et romaine de la puissance végétative, présidant à tout ce qui fleurit. L'identifiant à la nymphe grecque Chloris*, Ovide en fait l'épouse de Zéphyr*.

**Floréal an VI** (loi du 22) ♦ La poussée néojacobine qui suivit la répression antiroyaliste après le coup d'État du 18 Fructidor* an V constitua une menace pour les modérés libéraux du Directoire* et les Conseils. Les élections de l'an VI, qui avaient désigné un nombre important de jacobins (qualifiés en l'occurrence de terroristes), furent donc truquées par le Directoire, avec l'appui des Conseils par la loi du 22 Floréal (11 mai 1798) qui invalida les élus jacobins. Après la journée du 30 Prairial* an VII, les directeurs jugés responsables du 22 Floréal durent démissionner.

**FLORENCE** ➝ ÉTYM. en it. *Firenze ;* du lat. *Florentia* ♦ V. d'Italie, ch.-l. de la Toscane et ch.-l. de prov., sur l'Arno. 356 118 hab. *(Florentins)*. Université. Bâtie au bord de l'Arno, dans une conque entourée de collines plantées de cyprès et d'oliviers, Florence est par excellence la ville de la Renaissance qui vit s'épanouir au Quattrocento* (XV^e^ s.) une extraordinaire floraison artistique dont elle a conservé d'inestimables témoignages. Sur la rive droite de l'Arno, deux ensembles monumentaux constituent le centre historique de la ville. ▮ **La piazza del Duomo** Sur la piazza del Duomo, le premier juxtapose trois édifices ornés de marbre vert et blanc : la cathédrale Santa Maria del Fiore (XIII^e^ - XIV^e^ s., façade XIX^e^ s.), couronnée de l'immense coupole octogonale de Brunelleschi* et dont l'intérieur très sobre, aux hautes voûtes gothiques, s'orne de fresques de P. Uccello* et d'Andrea* del Castagno et d'une *Pietà* de Michel-Ange (inachevée) ; le campanile carré dessiné par Giotto*, enfin le baptistère roman, dont les portes de bronze sculptées par Andrea* Pisano et L. Ghiberti* sont des chefs-d'œuvre d'harmonie et de finesse. Le musée de l'Œuvre de la cathédrale renferme les originaux des bas-reliefs du campanile par Andrea Pisano et Luca Della* Robbia, les *cantorie* par Luca Della Robbia et Donatello*. ▮ **La piazza della Signoria** Sur la piazza della Signoria bat le second «cœur» de la ville : le Palazzo Vecchio, dominé par sa tour crénelée, est d'une sévérité toute gothique, alors que l'intérieur fut somptueusement décoré par Vasari* lorsque Cosme I^er^ de Médicis en fit sa résidence, au XVI^e^ s. À côté du palais, la Loggia dei Lanzi n'abrite plus de lansquenets, mais des statues antiques et Renaissance, dont l'élégant *Persée* de B. Cellini*. Sur la place, la fontaine de Neptune par Ammanati, la statue équestre de Cosme I^er^ d'après Giambologna et la copie du *David** de Michel-Ange. Tout proche, le musée des Offices* (palais dû à Vasari, 1560) possède l'une des plus grandes coll. de peintures du monde, surtout des maîtres italiens, œuvres réunies par les Médicis jusqu'au XVII^e^ s. Reliant les Offices au palais Pitti, via le Ponte Vecchio dont il surmonte les échoppes d'orfèvres, le «couloir de Vasari» constitue probablement la plus longue galerie de portraits du monde. ▮ **Les églises** Les nombreuses églises de Florence sont particulièrement riches en œuvres d'art : Santa Maria Novella (XIII^e^ - XV^e^ s.) contient des fresques de Masaccio*, Nardo di Cione, Ghirlandaio*, P. Uccello* et A. di Bonaiuto ; Santa Croce (XIII^e^ - XIV^e^ s., façade et campanile XIX^e^ s.), vaste édifice franciscain, abrite les tombeaux de nombreux hommes célèbres, tels ceux de Michel-Ange (par Vasari), L. Ghiberti, Galilée, ainsi que le cénotaphe de Dante ; dans le chœur, fresques de Giotto et retable d'Andrea Della* Robbia ; au musée de l'Œuvre de Santa Croce, impressionnant christ en croix de Cimabue* (restauré après avoir été endommagé lors des inondations de 1966) ; à côté, chapelle des Pazzi* par Brunelleschi*, décorée par les Della* Robbia. Autres lieux artistiques et spirituels de Florence, le couvent San Marco et l'église Saint-Laurent : le premier, élevé pour les dominicains au XV^e^ s., contient un ensemble exceptionnel de fresques de Fra Angelico*, peintes aux murs des cellules, ainsi que la plus touchante des *Annonciations ;* dans le réfectoire, *Cène* de Ghirlandaio* (qui peignit également celle du couvent jouxtant l'église d'Ognissanti) ; l'église Saint-Laurent, caractéristique du style de Brunelleschi, abrite les tombeaux des Médicis, notamment dans la Nouvelle Sacristie, ceux de Julien, duc de Nemours, et de Laurent II par Michel-Ange. À Santa Maria del Carmine : fresques de Masaccio dans la chapelle Brancacci. À l'église de la Trinité : fresques de Ghirlandaio* (vie de saint François). L'église Santo Spirito, édifiée par Brunelleschi*, renferme notamment une *Madone* de Filippino Lippi*. ▮ **Les palais** C'est en élevant des palais que les grandes familles de Florence affirmèrent au XV^e^ s. leur puissance et leur richesse, créant un style de bâtiments nouveau. Le plus imposant de tous est le palais Pitti, sur la rive g. de l'Arno. Élevé sur des plans de Brunelleschi*, il abrite, dans ses appartements somptueux, d'importantes coll. de peintures (galerie Palatine : œuvres de Raphaël, Titien, Van Dyck, Rubens, Caravage) et un musée de l'Argenterie ; derrière, s'étagent les jardins Boboli (dessinés au XVI^e^ s.), aux terrasses ponctuées de statues. Sur la rive d., le palais des Médicis, bâti pour Cosme l'Ancien, recèle dans sa petite chapelle le chef-d'œuvre de B. Gozzoli*, le *Cortège des rois mages*. Les palais Rucellai (**→ Alberti**) et Strozzi (**→ Sangallo [Giuliano dal, Benedetto da Maiano, Cronaca]**) sont également exemplaires de l'architecture civile florentine du Quattrocento*. Le palais médiéval du *Bargello** est auj. un musée consacré à la sculpture. Au musée d'archéologie, coll. de pièces étrusques (dont la *Chimère d'Arezzo*, -V^e^ s.), romaines et grecques. Sur la piazza della Santissima Annunziata (église du XV^e^ s. par Michelozzo*), l'hôpital des Innocents, avec sa façade par Brunelleschi*, est orné de médaillons de terre cuite bleu et blanc d'A. Della* Robbia figurant des nouveau-nés emmaillotés. Dominant la ville, église romane de San* Miniato al Monte (XI^e^ s.), la plus anc. de Toscane. Au N., Fiesole* abrite de beaux édifices et de somptueuses villas. Florence reste un centre culturel de premier plan (siège d'académies artistiques, littéraires et scientifiques).

▮ **ÉCONOMIE** Haut lieu du tourisme international, la ville a vu sa fonction économique se développer. La ville industrielle s'étend vers le

N. *(Sesto Fiorentino)*. Aux industries traditionnelles de la laine, du verre, de la teinturerie, s'adjoint la fabrication d'appareils ménagers, de matériel textile, d'automobiles, d'industries chimiques (firme Montecatini). L'artisanat de qualité est encore vivant (orfèvrerie, travail de la paille et du cuir, broderie, porcelaine, confection).

**HISTOIRE** Municipe romain depuis -200, elle passa aux Goths puis aux Byzantins (539) et aux Lombards (580) et fut au IXe s. un chef-lieu de comté, dépendant de la Toscane. **Une ville libre** Elle devint ville libre à la mort de la comtesse Mathilde* (1115), conquit Prato en 1107 et Empoli en 1182. Elle institua le consulat en 1138, battit l'armée de Frédéric Ier Barberousse (1173) et prit la tête de la révolte contre le pouvoir impérial en 1197. À partir de 1207, le pouvoir passa des mains des consuls à celles d'un podestat étranger, nommé pour un an. En maintenant la paix intérieure pendant trente ans, les podestats assurèrent la prospérité de la ville, fondée d'une part sur le commerce de la laine, puis de la soie, et d'autre part sur l'activité bancaire (le florin était une monnaie convoitée). Ils parvinrent également à étendre le pouvoir de Florence sur les villes alentour, notamment Pistoia et, après une longue guerre (1229 - 1235), contraignirent Sienne à composer. **Les guelfes et les gibelins** Entre-temps, cependant, la querelle familiale entre les Buondelmonti et les Amidei avait entraîné la formation de deux partis opposés : les guelfes, alliés du pape, et les gibelins, partisans de l'empereur. Après une brève direction de la cité par les gibelins (1239 - 1250), les guelfes revinrent au pouvoir après la mort de l'empereur Frédéric II. Ils instaurèrent le régime dit du «premier peuple», dirigé par un étranger, le capitaine du peuple. Ils furent chassés par les gibelins en 1260, mais se réinstallèrent définitivement en 1266, grâce à Charles Ier d'Anjou qui établit le régime de la podestatie où dominaient les *magnati* (nobles et assimilés). À la suite des Vêpres* siciliennes, ceux-ci perdirent le pouvoir au profit de la bourgeoisie d'affaires (régime du «second peuple»). **La seigneurie** L'instance suprême devint la seigneurie. En 1300, les guelfes se divisèrent en deux factions rivales, les blancs*, qui prônaient la réconciliation avec les gibelins, et les noirs qui firent triompher leur intransigeance. Les principaux chefs des blancs, dont Dante, durent quitter la ville. À partir du XIVe s., Florence institua une seigneurie composée des 21 *arti* qui, par la suite, fut menacée par l'opposition populaire qui éclata avec la révolte des Ciompi (1378). Le peuple ne put se maintenir au pouvoir et, en 1382, les Albizzi rétablirent le règne de la bourgeoisie. En 1406, Florence conquit Pise et, en 1421, acheta le port de Livourne, devenant ainsi une puissance maritime. Mais de nombreuses divisions se firent jour entre les différents membres de l'oligarchie, favorisant l'arrivée au pouvoir de Cosme de Médicis* à partir de 1434. **Les Médicis** Malgré une opposition grandissante, les Médicis régnèrent en maîtres sur Florence jusqu'en 1494 grâce à Pierre le Goutteux puis à son fils Laurent. Principales actrices de la vie politique à partir du XIVe s., les grandes familles de marchands et de banquiers comme les Strozzi*, les Acciaiuoli, les Bardi, les Peruzzi, souvent en lutte (complot des Pazzi* contre les Médicis), contribuèrent à faire de Florence la première place financière européenne aux XIVe et XVe s., inventant et développant la lettre de change, et se faisant maintes fois les créancières des rois de France et d'Angleterre. Elles favorisèrent également la vie artistique et intellectuelle qui atteignit son apogée sous les Médicis*. Cosme l'Ancien fonda l'Académie platonicienne, dont il confia la direction à Marsile Ficin*. Laurent le Magnifique, poète à ses heures, s'entoura de Politien* et de philosophes comme Pic* de la Mirandole et fonda l'Académie laurentienne. La diffusion des idées humanistes, à laquelle avaient contribué, dès le XIVe s., Boccace*, Dante* et Pétrarque* (ces deux derniers ayant fixé la langue et donné naissance à la littérature italienne), entraînèrent un bouleversement radical des valeurs esthétiques. Même si certains signes avant-coureurs étaient déjà visibles chez Giotto*, l'humanisme est la marque du Quattrocento*. L'art de Florence se caractérisa alors par l'affirmation de l'homme comme centre et mesure du monde, par un retour à l'antique, par la mathématisation de l'espace réel et figuré (perpective). Cette nouvelle conception de l'art, dont Alberti* fut le grand théoricien, révolutionna tant l'architecture (Brunelleschi*, Michelozzo*) que la peinture (Masaccio*, Fra Angelico*, Uccello*, Lippi*, Botticelli*, Ghirlandaio*) et la sculpture (Ghiberti*, Donatello*, Luca Della* Robia, Verrocchio*). La diffusion de ces idées nouvelles, l'embellissement de la ville, son climat de fêtes et de luxe et la corruption des mœurs furent dénoncés à partir de 1491 par le dominicain Savonarole*. **La république de Savonarole** Profitant de la mort de Laurent et de la fuite de Pierre II de Médicis après l'invasion de l'Italie par Charles VIII, Savonarole édifia une république théocratique et antipapale (1494 - 1498), qui livra à la flamme expiatoire du bûcher objets précieux et tableaux de maîtres. Victime de son intolérance, le moine ferrarais périt à son tour sur le bûcher. **Le retour des Médicis** Comme marqué par cet épisode, l'art de la seconde Renaissance (XVIe s.) devint plus tourmenté (Léonard* de Vinci, Michel*-Ange, Andrea* del Sarto, Bronzino*, Rosso*, Pontormo*, Cellini*, Giambologna*). Quant à la philosophie de Machiavel*, elle annonçait déjà une forme moderne de l'État. Rentrés en 1512 grâce aux Espagnols, les Médicis* mirent fin à la république et dirigèrent la ville jusqu'en 1737. Cependant, dès la fin du XVIe s., l'histoire de Florence coïncida désormais avec celle de la Toscane*. **Après les Médicis** De 1865 à 1871, Florence devint la capitale du nouveau royaume d'Italie. Pendant la Deuxième Guerre mondiale, la ville fut occupée par les Allemands qui minèrent les ponts sur l'Arno ; tous furent détruits à l'exception du Ponte Vecchio.

**Florence.** *Fontaine de Neptune*, par Jean de Bologne, Piazza della Signoria. *Phot. © Frilet/Sipa Press*

**Florence.** Santa Maria del Fiore. *© PhotoDisc*

**Florence.** Le Ponte Vecchio, vu du musée des Offices.
*Phot. © Elsa Vernier-Lopin*

**FLORENSAC** [34510] ➝ **ÉTYM.** du n. de *Florentus,* consul des Gaules, ou de sainte *Florence* et suff. *-acum* ♦ Ch.-l. de cant. de l'Hérault, arr. de Béziers, dans le bas Languedoc. 3 859 hab. *(Florensacois).*

**FLORENTIN** (saint) ♦ Abbé de Saint-Pierre d'Arles (483 - 553), inhumé à Sainte-Croix d'Arles. ▪ Fête le 24 oct.

**FLORES** ♦ Île volcanique d'Indonésie (Nusatenggara Timur), dans l'archipel des petites îles de la Sonde. 14 725 km². Env. 1 400 000 hab. Les Portugais y ont laissé une forte empreinte : 85 % de la population est catholique. Climat semi-aride. Culture du maïs et élevage important de chevaux, buffles, porcs, chèvres. Un tremblement de terre (1992) aggravé par un raz de marée fit plus de 2 000 victimes et détruisit la ville d'Ende.

**FLORES** ♦ Île portugaise, la plus occidentale des Açores*. 143 km². 4 471 hab.

**FLOREY** (sir **Howard Walter**) ♦ Médecin britannique (Adélaïde, Australie 1898 - Oxford 1968). Il purifia la pénicilline découverte par Fleming* en 1928, et mit au point la forme médicamenteuse. [Prix Nobel de physiol. ou méd. 1945, avec E. B. Chain* et A. Fleming]

**FLORIAN (Jean-Pierre CLARIS DE)** ♦ Écrivain français (Sauve, Languedoc 1755 - Sceaux 1794). Petit-neveu de Voltaire, longtemps bien en cour, il connut une fin de vie troublée par la Révolution. Son œuvre est marquée par une inspiration tendre où l'optimisme tempère la malice : comédies ou *Arlequinades (Le Bon Ménage)* et romans, chevaleresques ou pastoraux *(Galatée,* 1783), manifestent également son goût pour l'idylle sentimentale, hérité de Rousseau et de Gessner. Il reste qu'« un des charmes et aussi une des supériorités de Florian, c'est d'avoir sensibilisé » ses *Fables* publiées en 1792 (G. Saillard). [Acad. fr. 1788]

**FLORIANÓPOLIS** ♦ V. du Brésil, cap. de l'État de Santa Catarina. 332 000 hab. Univ., recherche. ▪ Port. Station balnéaire.

**FLORIANUS (Marcus Antonius) ➝ Florien**

**FLORIDABLANCA (Don Francisco Antonio MOÑINO,** comte **DE)** ♦ Homme politique espagnol (Murcie v. 1730 - Séville 1808). Il contribua à la dissolution de l'ordre des jésuites (1773). Premier ministre de Charles* III en 1777, il administra l'Espagne avec talent, conformément à l'esprit du despotisme éclairé, mais ne put faire accepter ses réformes par la masse du pays. Une guerre malheureuse contre la Grande-Bretagne (1779 - 1783) provoqua sa disgrâce. Il fut cependant choisi comme chef de la junte formée en 1808 contre Napoléon. ▪ Célèbre portrait par Goya*.

**FLORIDE** n. f. ➝ **ÉTYM.** en angl. ***Florida*** ; de l'esp. *Pascua Florida* « Pâques fleuries » (V. ci-dessous Hist.) ♦ État du S.-E. des États-Unis ➝ **États-Unis** (carte). 151 940 km². 15 982 378 hab. La population a augmenté de 33 % de 1980 à 1990. CAP. : Tallahassee.

▮ **GÉOGRAPHIE** L'État correspond à la péninsule de Floride et à une partie de la plaine côtière du golfe du Mexique. Le relief, à part quelques zones de collines (Tallahassee ; le centre de la péninsule), est très plat. De nombreux lacs (plus de 30 000) et marais (dont les Everglades, alimentés par le lac Okeechobee, le plus grand des États-Unis après les Grands Lacs). De petites îles prolongent au S. la péninsule entre la baie de Biscayne et Key West. Le climat est ensoleillé et doux, mais les cyclones sont dévastateurs.

▮ **ÉCONOMIE** L'agriculture constitue une grande partie de l'activité économique de l'État : agrumes (les 2/3 de la production américaine), canne à sucre, légumes ; élevage de bovins. La pêche est active. Outre les industries alimentaires, la chimie, la fabrication du papier, l'impression et l'édition, les équipements électriques fournissent un revenu important. Les bases spatiales **(➝ Canaveral [cap])** ont déterminé la création d'industries électroniques et de défense. Mais la plus grande industrie de Floride est le tourisme (plus de 80 millions de visiteurs annuellement), concentré dans les nombreuses stations balnéaires de la péninsule (Miami*) et dans la région d'Orlando* (centres de loisirs autour de Disneyworld) ; la proximité des Bahamas accentue le caractère touristique de la région (croisières, voyages organisés). De nombreux retraités venant d'autres États séjournent en Floride. ▪ Le S. de l'État accueille également de nombreux réfugiés de Cuba et d'Haïti.

▮ **HISTOIRE** Peuplée d'Indiens séminoles, la Floride fut découverte par Juan Ponce de León le jour de *Pascua florida* (Pâques fleuries, le jour des Rameaux) en 1513, elle fut explorée par Álvaro Nuñez* puis colonisée par des huguenots français, mais leurs établissements furent détruits par Menendez de Avilés en 1565. L'Espagne céda la Floride à la Grande-Bretagne (1763), la reprit vingt ans après et la vendit en 1819 aux États-Unis. Devenue territoire (1822), la Floride fut le théâtre de violents combats entre colons et Séminoles (1835 - 1842). Elle devint (1845) le 27e État de l'Union, et rejoignit la confédération sudiste (1861). Après la défaite des sudistes et la « reconstruction », l'État connut une rapide prospérité.

**FLORIEN** – en lat. ***Marcus Antonius Florianus*** ♦ Empereur romain (mort en 276). Il se fit reconnaître par le Sénat à la mort de Tacite*, mais, battu à Tarse par Probus* qui avait été proclamé empereur par les légions d'Orient, il fut tué par ses soldats après quelques semaines de règne.

**FLORIS DE VRIENDT (Cornelis)** ♦ Architecte, dessinateur et graveur flamand (Anvers 1514 - *id.* 1575). Franc-maître à la guilde d'Anvers en 1539, il a séjourné en Italie (1540 - 1545) et copia notamment les motifs de grotesques. Par ses nombreux recueils de gravures, adaptations pleines de fantaisie et d'exubérance des ornements italiens, il contribua à diffuser le nouveau vocabulaire décoratif aux Pays-Bas, dans les pays germaniques, au Danemark et en Angleterre. Dans l'hôtel de ville d'Anvers (1561 - 1565), dont il fut le principal architecte, il manifesta un souci de clarté et de logique et mêla un décor italien à des motifs flamands traditionnels. Dans le tabernacle monumental de Léau (1552), le tombeau de Christian III de Danemark (1550 - 1552) et le jubé de la cathédrale de Tournai (1568 - 1575), sa tendance à conserver le verticalisme gothique et sa verve décoratrice se mêlent à un parti pris dans l'italianisme.

**FLORIS DE VRIENDT (Frans)** ♦ Peintre et graveur flamand (Anvers 1516-1520 - *id.* 1570). Élève de Lambert Lombard à Liège, il fut ensuite reçu franc-maître à Anvers, puis séjourna en Italie ; à Rome, il fit de nombreux croquis d'antiques et eut la révélation du *Jugement dernier* de Michel*-Ange. À Anvers, il dirigea un atelier très fréquenté qui contribua à propager la mode italianisante. Considéré comme l'un des romanistes les plus importants de l'école anversoise, il adopta les thèmes érudits allégoriques et mythologiques ainsi que le répertoire formel des Italiens *(La Chute des anges rebelles,* 1554), tout en conservant des caractères flamands (familiarité et même prosaïsme de certains détails). Cet éclectisme apparaît souvent dans ses tableaux religieux *(La Sainte Famille),* mais la facture ample de ses portraits, la souplesse du modelé, le naturel des poses, la vigueur et la mobilité de l'expression annoncent les grands portraitistes flamands du XVIIe siècle *(Portrait de femme,* 1554).

**FLORUS** – en lat. ***Publius Annaeus Florus*** ♦ Historien latin (Ier siècle). Rhéteur originaire d'Afrique, il composa deux livres sur les guerres romaines que nous avons conservés sous le titre de *Résumé de Tite-Live (Epitome Titi Livii).*

**FLORY (Paul John)** ♦ Chimiste américain (Sterling, Illinois 1910 - Big Sur, Californie 1985). Travaillant dans des laboratoires industriels puis dans des universités américaines, il établit les bases théoriques de l'étude des polymères, expliquant notamment le comportement des macromolécules en solution. [Prix Nobel de chimie 1974]

**FLOTE** ou **FLOTTE (Pierre)** ♦ Homme politique français (en Dauphiné, seconde moitié du XIIIe s. - Courtrai 1302). Chancelier de Philippe* IV le Bel (1295), il participa à la lutte contre Boniface VIII, lors du conflit entre le Saint Siège et le roi. Il fut tué à la bataille de Courtrai.

**FLOTOW (Friedrich VON)** ♦ Compositeur allemand (Teutendorf, Mecklembourg 1812 - Darmstadt 1883). Élève de Recha, à Paris, lié d'amitié avec les plus célèbres musiciens de théâtre de son temps, il a surtout composé pour la scène, laissant une œuvre abondante d'où se détachent 2 opéras : *Alessandro Stradella* (1844) et *Martha* (1874), drame lyrique d'inspiration romantique qui fut longtemps populaire.

**FLOURENS (Pierre)** ♦ Physiologiste français (Maureilhan, Hérault 1794 - Montgeron 1867). Il fit plusieurs découvertes sur la physiologie du système nerveux : localisation du centre respiratoire dans le bulbe au niveau de l'origine des nerfs pneumogastriques *(nœud de Flourens)* ; étude sur les fonctions du cervelet et sur son rôle dans le sens de l'équilibre ; rôle des hémisphères cérébraux dans la vision. On lui doit également des recherches sur le rôle du périoste dans la formation des os, sur l'utilisation du chloroforme comme anesthésique. Il était opposé à la théorie de l'évolution. [Acad. sc. 1828 ; Acad. fr. 1840] ➝ **ÉTYM.** *Flourens* est une variante méridionale de *Florent.*

**FLOURENS (Gustave)** ♦ Révolutionnaire français (Paris 1838 - Chatou 1871). Fils de Pierre Flourens, dont il fut le suppléant au Collège de

France. Il participa en Crète au soulèvement contre les Turcs (1866) et fut nommé député, puis plénipotentiaire des Crétois à Athènes. Rentré en France, il collabora à la revue *La Marseillaise* de Rochefort. Hostile à l'Empire, il manifesta aussi son opposition au gouvernement de la Défense nationale et prit part à la journée révolutionnaire du 31 oct. 1870. Emprisonné, il fut libéré par les gardes nationaux (21 janv. 1871). Membre de la Commune de Paris, il fut tué par le gendarme Desmarets (3 avr. 1871).

**FLUMENDOSA** n. m. ♦ Fl. de Sardaigne* (122 km), né dans les monts Gennargentu, il se jette dans la Méditerranée, au S.-E. de l'île. Son cours a été équipé de barrages fournissant env. 650 millions de kWh.

La **Flûte enchantée** – en all. ***Die Zauberflöte*** ♦ Opéra en 2 actes de W. A. Mozart*, livret de E. Schikaneder (Vienne, 1791). L'inspiration maçonnique de cet ouvrage, ultime chef-d'œuvre de son auteur au théâtre, s'y conjugue avec une exquise féerie et un sentiment poignant de l'au-delà. Affirmation d'une foi optimiste dans la victoire de la lumière sur les ténèbres, il mêle tous les modes d'expression et ouvre une ère d'une prodigieuse fécondité pour l'opéra allemand, annonçant les œuvres dramatiques de Beethoven, Weber et Wagner.

**Fluxus**

♦ Mouvement artistique apparu en Europe en 1961. Il reprit les idées dada et néodada de mise en question des normes artistiques et des relations entre le créateur et le spectateur par des interventions ou happenings publics faisant appel au son (qui sera ensuite exclu) et à l'image. Les musiciens John Cage* et Terry Riley*, les artistes Nam June Paik*, Wolf Vostell*, Beuys*, Ben*, Yoko Ono, Robert Filliou en furent les protagonistes. Avec l'appui de la revue *Fluxus*, d'expositions (Cologne, 1970) et de happenings (Düsseldorf, 1963 ; New York, 1965 ; Venise, 1966), ces artistes niaient volontairement les valeurs commerciales de l'art, désacralisant les instruments de musique en les brisant, rompant l'aspect contemplatif de l'art par des gags, des jeux, et mélangeant les genres, arts mineurs et arts majeurs. Le mouvement s'estompa en 1965.

**FLYNN (Errol)** ♦ Acteur américain (Hobart, Australie 1909 - Los Angeles 1959). Il incarna, avec la même aisance, le capitaine Blood, Robin des Bois, le comte d'Essex, « l'Aigle des mers », le brave général Custer et le boxeur « Gentleman Jim », sous la direction des deux grands maîtres du film d'aventures : Michael Curtiz et Raoul Walsh. Un dernier grand rôle dans *Les Racines du ciel* (J. Huston, 1957).

**FMI** n. m. → **Fonds monétaire international**

**FNSEA** n. f. → **Fédération nationale des syndicats d'exploitants agricoles**

**FO (Dario)** ♦ Acteur, auteur et metteur en scène italien (Sangiano, Varèse 1926). Homme de théâtre complet puisant dans le théâtre populaire, notamment dans la farce, il a écrit (souvent avec sa femme Franca Rame) des spectacles de contestation morale, sociale et politique à la fois graves et jubilatoires (*Mort accidentelle d'un anarchiste*, 1970 ; *Klaxon, trompettes et... pétarades*, 1976). Architecte de formation, inventif et allègre, il s'est affirmé comme un metteur en scène de l'espace autant que de l'acteur (*Le Médecin volant* et *Le Médecin malgré lui*, de Molière, Comédie-Française, 1991). [Prix Nobel de littér. 1997]

**FO** n. f. → **Confédération générale du travail-Force ouvrière**

**FOCH (Ferdinand)** ♦ Maréchal de France (Tarbes 1851 - Paris 1929). Polytechnicien, commandant (1907) de l'École supérieure de guerre, il publia des traités militaires, exposant ses conceptions stratégiques (*Principes de la guerre*, 1903 ; *Conduite de la guerre*, 1904). Commandant du 20ᵉ corps d'armée de Nancy, il participa à la bataille des frontières au début de la Première Guerre mondiale (août 1914), qui bloqua l'avance des armées allemandes en Lorraine. Placé par Joffre à la tête de la IXᵉ armée, il contribua, par son attaque dans les marais de Saint-Gond, à la première victoire de la Marne (sept. 1914). Il dirigea ensuite le groupe des armées du Nord, coordonnant les actions des troupes alliées (françaises, belges et britanniques), qui permirent d'arrêter la « course à la mer » des forces ennemies, puis livra les offensives de l'Artois* en 1915. Mis à l'écart quelque temps, après la bataille de la Somme (1916), il remplaça Pétain à la tête de l'état-major général de l'armée (1917), et fut envoyé en Italie pour rétablir la situation après le désastre de Caporetto et y préparer la formation du Conseil suprême de la guerre (constitué par les représentants des gouvernements alliés, conférence de Rapallo, nov. 1917). Face à la gravité de la situation consécutive à l'attaque allemande d'Amiens (1918), Foch fut nommé, avec l'appui de Clemenceau et de lord Milner, ministre britannique de la Guerre, généralissime des armées alliées (conférence franco-britannique de Doullens, mars 1918). Après avoir arrêté l'offensive de la Somme (avr. 1918), il contre-attaqua les forces allemandes de Ludendorff à Villers-Cotterêts et remporta la seconde victoire de la Marne* (juil. 1918), puis déclencha l'offensive générale (8 août) qui s'acheva par la défaite allemande. Promu maréchal de France dès le début du mois d'août (dignité que les gouvernements de Grande-Bretagne et de Pologne lui conférèrent aussi après la victoire), Foch signa l'armistice qui mit fin à la Première Guerre mondiale (11 nov. 1918). Président du Conseil supérieur de la guerre (1919), il défendit, pendant les négociations pour la paix, la thèse du Rhin comme frontière militaire de la France, mais se heurta à l'opposition des gouvernements alliés. Il a laissé des *Mémoires de guerre*, publiés en 1931. [Acad. fr. 1918] ➝ **ÉTYM.** *Foch* vient d'un nom de lieu, c'est l'ancienne orthographe occitane de *Foix**.

**FOCILLON (Henri)** ♦ Historien de l'art et esthéticien français (Dijon 1881 - New Haven, Connecticut 1943). Fils du graveur V. Focillon, il est l'auteur de travaux d'histoire de l'art sur les domaines les plus variés (thèse sur le graveur *Piranèse*, 1918 ; *L'Art bouddhique*, 1921 ; *Maîtres de l'estampe*, 1930 ; *L'Art des sculpteurs romans*, 1931 ; *Art d'Occident*, 1938). Il a soutenu que si l'œuvre d'art avait pu être comparée à une image reflétant la réalité extérieure, ou à un signe renvoyant à autre chose qu'elle-même, elle était avant tout une forme, « construction de l'espace et de la matière [qui] se manifeste par l'équilibre des masses, par les variations du clair à l'obscur, par le ton, par la touche, par la tache, qu'elle soit architecturée, sculptée, peinte ou gravée ». Dépassant « la distinction conventionnelle du fond et de la forme », il affirma que « le contenu fondamental de la forme est un contenu formel » (*La Vie des formes*, 1939). ➝ **ÉTYM.** *Focillon* est le diminutif de *faucille* (surnom de faucheur).

**FOE (Daniel DE)** → **De Foe**

**FOGAZZARO (Antonio)** ♦ Romancier italien (Vicence 1842 - *id.* 1911). Juriste de formation, il débuta par des vers, mais c'est par le roman (*Malombra*, 1881 ; *Daniele Cortis*, 1885 ; *Le Mystère du poète*, 1888 ; *Petit Monde d'autrefois*, 1895 ; *Petit Monde d'aujourd'hui*, 1901 ; *Le Saint*, 1905 ; *Leila*, 1910) qu'il connut une véritable vogue. Produits d'une bourgeoisie inquiète mais encore provinciales, ses œuvres, hormis la fresque nostalgique du *Petit Monde*, souffrent de leur climat imbu de spiritualité languide.

**FOGGIA** ♦ V. d'Italie, dans les Pouilles, ch.-l. de prov. 155 203 hab. Cathédrale en partie du XIIᵉ s. ▪ Centre agricole (huileries). Gisements de gaz naturel. Indus. automobile (Fiat).

**FOIX (GASTON DE)** → **Gaston de Foix**

**FOIX** [fwa] [09000] ➝ **ÉTYM.** p.-ê. du bas lat. *fuscum (castellum)* « (ville fortifiée) de couleur sombre » ♦ Ch.-l. du dép. de l'Ariège, sur l'Ariège. 9 109 hab. (aggl. 9 814) *(Fuxéens)*. Le château, dont il ne subsiste que deux tours (XIVᵉ et XVᵉ s.) et un donjon (XVᵉ s.), abrite le musée départemental de l'Ariège (préhistoire, archéologie). Église Saint-Volusien (XIVᵉ - déb. XVᵉ s.). Pont sur l'Arget. ▪ Centre administratif. ▮ **Histoire** Anc. cap. du comté de Foix, assiégée en 1210 par les albigeois, en 1272 par Philippe le Hardi ; le comté fut réuni au royaume en 1607 par Henri IV.

**FOIX** (comté de) ♦ Anc. comté compris aujourd'hui approximativement dans le dép. de l'Ariège*. Il appartenait vers l'an mille aux comtes de Carcassonne et fut érigé en comté v. 1050. Roger-Bernard II (comte de 1223 à 1241) embrassa la cause de Raymond VII de Toulouse et combattit du côté des albigeois ; son fils Roger-Bernard III acquit le Béarn par mariage (1290). L'histoire du comté de Foix fut brillante au XIVᵉ s. avec Gaston III Phœbus (→ **Gaston de Foix**). Par la suite, le comté passa à la maison de Grailly* par mariage (fin du XIVᵉ s.), puis à la maison de Navarre (fin du XVᵉ s.) et à la maison d'Albret. Le dernier comte de Foix, Henri IV de France, réunit son domaine à la Couronne en 1607.

**FOKINE (Michel)** ♦ Danseur et chorégraphe russe (Saint-Pétersbourg 1880 - New York 1942). Danseur à Saint-Pétersbourg après avoir été l'élève de E. Cecchetti*, il s'affirma comme un grand chorégraphe par des créations présentées par les Ballets* russes, jusqu'en 1914, date de sa brouille avec Diaghilev* qui lui préféra Nijinski* (*Les Sylphides*, 1909 ; *L'Oiseau de feu*, 1910 ; *Petrouchka*, 1911 ; *Le Spectre de la rose*, 1911 ; *Daphnis et Chloé*, 1912). Réformateur de l'art du ballet, il prôna l'unité absolue de ses trois éléments : la musique, la peinture et la danse. À partir de 1924, il se fixa à New York (*Les Elfes*, 1924, musique de Mendelssohn).

**FOKKER (Anthony)** ♦ Aviateur et constructeur d'avions néerlandais (Kediri, Java 1890 - New York 1939). Fondateur de l'une des plus importantes entreprises aéronautiques allemandes qui réalisa notamment des appareils de chasse réputés (1914 - 1918).

**FOLARD (Jean-Charles,** chevalier **DE)** ♦ Officier français (Avignon 1669 - *id.* 1752). Il participa aux guerres de la fin du règne de Louis XIV puis passa au service du roi de Suède, Charles XII, et se distingua au siège de Fredrikshald. De retour en France, il fit sa dernière campagne en 1719 comme maître de camp contre les Espagnols. Il a écrit des ouvrages militaires (*Nouvelles Découvertes sur la guerre dans une dissertation de Polybe*, 1724 ; *Commentaires sur l'histoire de Polybe*, 1735).

**FOLENGO (Gerolamo,** en rel. **Teofilo)** ♦ Poète italien (Mantoue 1491 - Bassano del Grappa 1544). Disciple, à Bologne, du philosophe matérialiste Pomponace*, Folengo n'en devint pas moins bénédictin (1508) ; il quitta la vie monastique en 1524, puis, après six années de vie dans le siècle, revint dans l'ordre, se consacrant désormais à la poésie religieuse, notamment avec *L'Humanité du Fils de Dieu* (*Umanità del Figliuolo Dio*, 1533). Mais son œuvre la plus notable appartient au genre «macaronique» qu'il porta à la perfection ; s'inspirant d'une tradition universitaire médiévale, il développa des thèmes satiriques (politiques et littéraires) en une langue savoureuse où sur une syntaxe latine raffinée se greffe un lexique hétérogène et bouffon, dialectal, argotique ou néologique. Il donna une parodie de la vie conventuelle dans *Le Chaos de Triperuno* (1526) et caricatura les œuvres épiques dans *Le Petit Roland* (*Orlandino*, 1526). Son chef-d'œuvre reste les *Macaronées* (*Opus maccaronicum* ou *Maccheronee*) dont la plus célèbre est le *Baldus* (1517 ; 25 chants dans l'édition posthume de 1552), à la fois satire bouffonne des institutions ou des croyances de son époque, et parodie pleine de vivacité de la littérature chevaleresque. Cette œuvre, publiée sous le pseudonyme de Merlin Coccaie, inspira Rabelais* pour la création de *Gargantua* et *Pantagruel*.

**FOLGOËT (LE)** [lǝfɔlgwat] [29260] ➝ **ÉTYM.** en bret. *Folgoad* «bois de feuillus», du bas lat. *folium* «feuillage» et bret. *coat* «bois» ♦ Comm. du Finistère, arr. de Brest, dans le Léon. 3 110 hab. *(Folgoatiens)*. Église Notre-Dame du Folgoët (XVe s.), de style gothique flamboyant (tour Nord ; jubé du XVe s. en granit). Doyenné (XVe s.) restauré. Musée (archives ; statues des XVe - XVIIe s. ; mobilier du XVe s.).

**Folies-Bergère** ♦ Salle de spectacle parisienne, construite en 1867, rue Richer, et inaugurée en 1869 sous l'appellation «Café des sommiers élastiques». Music-hall de variétés avec attractions internationales, elle devint une salle de concerts. Dès 1886, des revues légères et pleines de faste y furent présentées. Rachetées en 1923 par Paul Derval, reconstruites en 1926, les Folies-Bergère accueillirent durant l'entre-deux-guerres de nombreuses vedettes dont Mistinguett*, J. Baker*, Mayol* et M. Chevalier*.

**FOLIGNO** ♦ V. d'Italie, en Ombrie (prov. de Pérouse), près d'un affl. du Tibre. 51 130 hab. Cathédrale romane, églises des XIe et XIIIe s. Musée de peinture (palais Trinci, XVe s.). En sept. jeu de la Quintana (tournoi et cortège en costumes du XVIIe s.). ▪ Centre commercial, indus. (mécanique, huilerie) et tertiaire.

**FOLKESTONE** ➝ **ÉTYM.** en vieil angl. *Folcanstan* «la pierre *(stan)* de °*Folca* (n. de pers.)» ♦ V. d'Angleterre (Kent). 50 000 hab. Important port de voyageurs vers le continent avec des liaisons pour Boulogne et Calais. La proximité du débouché du tunnel sous la Manche suscite des activités propres à faire face à la diminution du trafic.

Michel **Fokine** avec Vera Fokine dans *Schéhérazade*, aquarelle de Valentine Gross-Hugo. *Phot. © Coll. Cauboue*

**FOLLAIN (Jean)** ♦ Poète français (Canisy, Manche 1903 - Paris 1971). Par la tendresse du regard qu'il a posé sur les choses, ce poète des natures mortes a su en dégager, à l'instar d'un Chardin, l'âme secrète et la vivante présence. Par le vers irrégulier ou le poème en prose, avec une rare sobriété de moyens, son œuvre, riche de sortilèges et d'enchantements, est évocatrice d'un réel quotidien qui se confond avec le rêve. Princ. recueils : *Usage du temps* (1943), *Exister* (1947), *Chef-lieu* (1950), *Les Choses données* (1952), *Territoires* (1953), *Objets* (1955), *Tout instant* (1958), *Appareil de la Terre* (1961), *Espaces d'instants* (1971), *Présent Jour* (posth., 1978). ➝ **ÉTYM.** Ce nom vient peut-être du nom de femme germanique *Fulla*.

**FOLLEREAU (Raoul)** ♦ Journaliste et avocat français (Nevers 1903 - Paris 1977). Après avoir créé, en 1954, une journée mondiale des lépreux, il fonda en 1966 la Fédération internationale des associations de lutte contre la lèpre.

**FOLON (Jean-Michel)** ♦ Dessinateur belge (Bruxelles 1934 - Monaco 2005). Après des études d'architecture, il se consacra à l'illustration de revues, d'affiches, de calendriers. Son style épuré, dans la technique légère de l'aquarelle, évoque un univers énigmatique, évanescent, dans lequel semblent flotter, désemparés, des êtres mécanisés. Il a réalisé plusieurs illustrations de livres de Lewis Carroll, Kafka et Borges.

**FOLQUET** dit **Folquet de Marseille** ♦ Prélat et poète provençal (Marseille v. 1160 - Toulouse 1231). Poète de cour, il composa des chansons d'une inspiration raffinée dont une trentaine nous sont parvenues. Abbé du Thoronet puis évêque de Toulouse (1205), il fut, aux côtés de Simon de Montfort, l'un des adversaires les plus déterminés de l'hérésie albigeoise. Il introduisit l'Inquisition et l'ordre des dominicains dans son diocèse. ➝ **ÉTYM.** *Folquet* est la forme savante de *Fouquet**.

**FOLSCHVILLER** [57730] ➝ **ÉTYM.** «domaine (bas lat. *villare*) de *Fulco* (n. de pers. germ.)» ♦ Comm. de la Moselle, arr. de Forbach. 4 635 hab. *(Folschvillerois)*. Anc. centre houiller. Boulangerie indus., matériaux de construction.

**FOLZ** ou **FOLTZ (Hans)** ♦ Poète allemand (Worms v. 1450 - Nuremberg avant 1515). Barbier-chirurgien, il fut surtout le grand rénovateur à Nuremberg de la poésie des Maîtres* chanteurs *(Meistergesang)*. Il a composé des poèmes religieux et profanes.

**FOMALHAUT** ♦ Nom donné à l'étoile $\alpha$ Poisson* austral. Magnitude 1,1 ; type spectral A3 ; distance 23 années-lumière.

**FOMBEURE (Maurice)** ♦ Poète français (Jardres, Vienne 1906 - Paris 1981). Par la fraîcheur de son inspiration, il s'inscrit dans une des traditions les plus riches de la poésie française, celle qui s'illustre dans le genre de la chanson populaire, de la comptine ou de l'air à danser. Fils du terroir poitevin devenu professeur, il est demeuré fidèle à un réalisme paysan ouvert à la truculence verbale et au fantastique des mythes populaires. Ses poèmes ont inspiré des musiciens (Florent Schmitt, Francis Poulenc, Louis Beydts). Princ. recueils poétiques : *La Rivière aux oies* (1932), *À dos d'oiseau* (1942), *Arentelles* (1943), *Aux créneaux de la pluie* (1946), *Pendant que vous dormez* (1953), *Une forêt de charme* (1955), *Sous les tambours du ciel* (1959), *À chat petit* (1967).

**FONCK (René)** ♦ Officier aviateur français (Saulcy-sur-Meurthe 1894 - Paris 1953). Premier «as» français de la Première Guerre mondiale (75 victoires homologuées).

### fonctionnalisme

n. m. ♦ Théorie sociologique qui entend expliquer les phénomènes sociaux comme déterminés par les fonctions que certains mécanismes ou comportements rempliraient. Elle trouve son origine dans une école qui, en anthropologie sociale, met en valeur l'interdépendance des mécanismes constituants d'une culture, ces mécanismes s'expliquant par la fonction qu'ils occupent. Le principal promoteur du fonctionnalisme en anthropologie sociale fut B. Malinowski*, qui rompait ainsi avec l'ethnologie génétique de Frazer*. Il fut suivi par Radcliffe*-Brown ; puis aux États-Unis des sociologues utilisèrent l'analyse fonctionnelle dans leur propre discipline : ainsi Talcott Parsons* et Robert King Merton*, lequel distingue fonction «manifeste» et fonction «latente». La notion de rétroaction *(feedback)* d'un système joue, dans cette théorie, un rôle important. Le fonctionnalisme, qui peut perdre de sa valeur d'intelligibilité quand on semble inventer des fonctions pour expliquer les phénomènes, n'est pas toujours apte à rendre compte des conflits et des crises. Mais il constitue un paradigme majeur dans les sciences sociales et a influencé les adeptes du structuralisme*.

**FONDA (Henry)** ♦ Acteur américain (Grand Island, Nebraska 1905 - Los Angeles 1982). Sa sobre prestance, sa candeur, son humanité le prédestinèrent aux rôles de héros sans tache, chez Fritz Lang (*J'ai le droit de vivre*, 1937 ; *Le Retour de Frank James*, 1940), John Ford (*Vers sa destinée [Young Mr. Lincoln]*, 1939 ; *Les Raisins de la colère*, 1940 ; *La Poursuite infernale [My Darling Clementine]*, 1946), Hitchcock (*Le Faux Coupable*, 1956), avec un contre-emploi inattendu chez Sergio Leone (*Il était une fois dans l'Ouest*, 1968). Dans son dernier film, *La Maison du lac* (1981), il eut sa fille pour partenaire et productrice. ♦ **Jane Fonda.** Actrice américaine (New York 1937). Fille de Henry Fonda. Aussi connue pour son action militante que pour ses interprétations (*On achève bien les chevaux*, 1969 ; *Klute*, 1971 ; *Julia*, 1977). ♦ **Peter Fonda.** Acteur et cinéaste américain (New York 1939). Fils de Henry Fonda. Il eut son heure de gloire comme acteur, scénariste et producteur d'*Easy Rider* de D. Hopper (1969).

**Fondement de la métaphysique des mœurs** – en all. ***Grundlegung zur Metaphysik der Sitten*** ♦ Traité de philosophie morale (pratique) de Kant* (1785), qui examine «tout à fait *a priori*» la possibilité du devoir moral (impératif catégorique) et pose la liberté (autonomie de la volonté) comme principe suprême de la moralité.

**Fondements de la critique de l'économie politique** – en all. ***Grundrisse der Kritik der politischen Ökonomie*** ♦ Nom donné à des manuscrits de Karl Marx* (1857 - 1858, publ. 1939, trad. fr. 1967 - 1968). Ce long texte est préparatoire au *Capital**. Son introduction (*Introduction générale à la critique de l'économie politique*), publiée en allemand et en français dès 1903, comprend d'importants développements méthodologiques. Les *Fondements* ont largement été utilisés dans les nouvelles interprétations du marxisme au cours des années 1970 en France, en particulier par Louis Althusser* et Antonio Negri.

**FONDETTES** [37230] ➝ **ÉTYM.** p.-ê. de la langue d'oïl *fonde* «marché, entrepôt» ♦ Comm. de l'Indre-et-Loire, arr. de Tours. 8 921 hab.

**Fonds monétaire international** [FMI] ♦ Organisme fondé en 1944 (en vertu des accords de Bretton* Woods) pour assurer le fonctionnement du système monétaire international (stabilité des changes, coopération internationale sur le plan monétaire et commercial, etc.). Le FMI contribua jusqu'en 1976 (date de la disparition du système établi à Bretton Woods) à assurer une relative stabilité monétaire. Comptant, en 2010, 186 États membres (dont 14 républiques de l'ex-URSS), il a désormais pour fonction principale de prêter à court terme aux États membres surendettés, imposant en contrepartie la mise en place d'une politique de rigueur (diminution des dépenses publiques et des salaires, augmentation des impôts, etc.).

**FON(S)** n. m. (pl.) ♦ Peuple du Bénin méridional. Les Fons constituèrent trois royaumes, dont celui de Porto-Novo et du Dan-Homé (→ Abomey).

**FONSECA (Pedro DA)** ♦ Théologien portugais (Cortiçada 1528 - Lisbonne 1599). Entré en 1548 dans la compagnie de Jésus, il enseigna la philosophie à Coimbra* avec un éclat qui le fit surnommer l'«Aristote portugais». Sa doctrine dite de la «science moyenne» est une conciliation entre le libre arbitre et la prédestination. ➝ **ÉTYM.** Ce nom de famille portugais vient d'un nom de lieu, du latin *fons* «source» et *sicca* «sèche» [désigne celui qui vit près d'une source tarie en été].

**FONSECA** (golfe de) n. m. ♦ Golfe formé par le Pacifique, et baignant les côtes du Salvador et du Nicaragua. La côte du Honduras au fond du golfe est large de 90 km. La route panaméricaine qui fait communiquer le Salvador et le Nicaragua passe non loin, dans les terres ; la voie ferrée venant du Guatemala y aboutit.

**FONSORBES** [31470] ➝ **ÉTYM.** anc. *Fontsorbas*, de l'occit. *font* «source» et *orba* «aveugle» [source qui se tarit épisodiquement] ♦ Comm. de la Haute-Garonne, arr. de Muret. 6 909 hab.

**FONTAINE (Nicolas)** ♦ Théologien français (Paris 1625 - Melun 1709). Il fut un des solitaires de Port*-Royal, embastillé (1664 - 1668) comme janséniste. Auteur de la *Bible de Royaumont* (1670) et de *Mémoires pour servir à l'histoire de Port-Royal* (posth. 1736).

**FONTAINE (Pierre François Léonard)** ♦ Architecte français (Pontoise 1762 - Paris 1853). Collaborateur de Percier*, il garda ses charges officielles sous la Restauration et éleva pour les Bourbons la Chapelle expiatoire (1820 - 1826).

**FONTAINE (Hippolyte)** ♦ Ingénieur français (Dijon 1833 - Hyères 1910). Il découvrit la réversibilité de la dynamo et réalisa le premier transport d'énergie sous forme d'électricité (Vienne, 1873).

**FONTAINE (André)** ♦ Journaliste français (Paris 1921). Entré au *Monde* en 1947, il y dirigea la rubrique de politique étrangère, en devint rédacteur en chef (1969 - 1985), puis directeur (1985 - 1990) ; il modernisa alors le journal. Il est l'auteur de plusieurs ouvrages sur la guerre froide (*Histoire de la guerre froide*, 1983).

**FONTAINE (Justo, dit Just)** ♦ Footballeur français (Marrakech 1933). Avant-centre, il fut quatre fois champion de France (1956 avec Nice ; 1958, 1960 et 1962 avec Reims) et deux fois vainqueur de la coupe de France (1954 et 1958). Meilleur buteur du championnat de France en 1958 et 1960, il fut aussi, avec 13 buts marqués (record encore inégalé), le meilleur buteur de la Coupe du monde 1958, en Suède.

**FONTAINE** [38600] ➝ **ÉTYM.** «source, fontaine» ♦ Ch.-l. de cant. de l'Isère, banl. de Grenoble. 23 323 hab.

**FONTAINEBLEAU** [77300] ➝ **ÉTYM.** «source, fontaine» et du germ. *Bladwald*, n. de seigneur ♦ Ch.-l. d'arr. de la Seine-et-Marne, au milieu de la forêt de Fontainebleau. 15 942 hab. (aggl. 36 713) (*Bellifontains*). Château. Ville résidentielle. Laboratoires. Centre de recherches de l'École des mines de Paris. Centre des Archives contemporaines. Institut supérieur européen d'administration des affaires (Insead). Musée des prisons.

**FONTAINEBLEAU** (forêt domaniale de) ♦ Forêt située dans le dép. de Seine-et-Marne (16 997 ha, 25 000 ha avec les bois contigus). Le sous-sol est composé de sables, partiellement recouverts de chaos de rochers gréseux séparés par des gorges (gorges d'Apremont, gorges de Franchard), des vallées et des plaines. Chênes, hêtres, charmes, bouleaux, pins constituent les essences principales de la forêt qui est un lieu très fréquenté par les promeneurs et les futurs alpinistes (école d'escalade). Barbizon et Fontainebleau sont les localités voisines les plus importantes.

**Fontainebleau** (château de) ♦ Il se compose de plusieurs bâtiments construits sans unité de style. À l'origine, c'était un rendez-vous de chasse des rois de France ; un château fort fut construit par saint Louis ; Charles V y installa une importante bibliothèque. François Ier, après avoir fait raser le château fort, fit construire un nouveau palais à partir de 1527, dans l'esprit de la Renaissance ; Gilles Le Breton traça les plans ; la décoration intérieure fut exécutée par des Italiens, dont le Primatice et Rosso Fiorentino qui, avec quelques autres, formèrent la première école de Fontainebleau*, caractérisée par des peintures à fresque et des figures en stuc. Philibert Delorme et Jean Bullant travaillèrent ensuite à Fontainebleau. Sous Henri IV, le château s'agrandit considérablement (cour des Offices, cour des Princes, jeu de Paume). L'escalier en fer à cheval date de Louis XIII. Louis XIV fit transformer les jardins par Le Nôtre ; il signa à Fontainebleau la révocation de l'édit de Nantes (1685). Le château s'agrandit sous Louis XV et fut épargné par la Révolution. Napoléon Ier y entreprit de nombreux aménagements. C'est là que fut conclu le concordat de Fontainebleau (1813) et que l'Empereur signa sa première abdication (1814). Napoléon III vint souvent à Fontainebleau. De 1945 à 1966, le siège de l'état-major interallié des forces de l'Otan pour l'Europe occupa une partie du château. C'est actuellement un très riche musée de mobilier, de tapisseries, de peintures.

**Fontainebleau.** Le château, la cour du Cheval blanc avec son escalier en fer à cheval, les jardins et les parcs. *Phot. © Laurent Grandguillot/REA*

**Fontainebleau** (école de) ♦ Courant artistique dont le centre d'activité fut le château de Fontainebleau, à partir de 1526. Dirigé, à la demande de François Ier, par des artistes italiens (Rosso* Fiorentino, le Primatice* et Niccolò* dell'Abate), il marqua notamment les Cousin, F. Clouet, A. Caron et plusieurs peintres anonymes (dont le Maître de Flore). Art de cour, raffiné, visant à l'apologie royale à travers des allégories érudites, il constitue l'un des développements originaux du maniérisme et se caractérise par le goût des sujets mythologiques, souvent de caractère érotique, une prédilection pour le nu aux formes élégantes et étirées et pour la *forma serpentina*. Ce style se manifesta dans la grande décoration (fresque et décor en stuc), la tapisserie et tous les arts appliqués et eut une rapide diffusion internationale grâce à la gravure. ♦ ***Deuxième école de Fontainebleau*** Elle se développa à la suite de l'avènement d'Henri IV et de la reprise des travaux à Fontainebleau. Elle constitue l'une des dernières étapes du maniérisme international. Les artistes flamands et français y jouèrent un rôle prépondérant (T. Dubreuil, A. Dubois, M. Fréminet).

**FONTAINE-DE-VAUCLUSE** [84800] ♦ Comm. du Vaucluse, arr. d'Avignon. 610 hab. (*Vauclusiens*). Exposition spéléologique Norbert-Casteret. Musée Pétrarque, dans la maison où le poète aurait vécu. ▪ Aux environs, la fontaine de Vaucluse est une résurgence très importante de la Sorgue, fleuve souterrain alimenté par les eaux de pluie. Site touristique.

**FONTAINE-FRANÇAISE** [21610] ♦ Ch.-l. de cant. de la Côte-d'Or, arr. de Dijon, dans le Dijonnais. 916 hab. (*Fontenois*). Château du XVIIIe s. où séjournèrent Voltaire, Rousseau, Mme de Staël. ▮ **His-**

**toire** Anc. enclave de la Couronne de France dans le duché de Bourgogne, d'où sa qualification de *française*. Henri IV y battit les Espagnols et les troupes de la Ligue (5 juin 1595).

**FONTAINE-LÈS-DIJON** [21121] ♦ Ch.-l. de cant. de la Côte-d'Or, banl. N. de Dijon. 8 878 hab. *(Fontenois)*. Sanctuaire de saint Bernard de Clairvaux, né dans cette ville. ▪ Pèlerinage.

**FONTAINE-L'ÉVÊQUE** ♦ Comm. de Belgique (Région wallonne), prov. de Hainaut, arr. de Charleroi. 16 754 hab. Château Bivort de style Renaissance ; église Saint-Christophe (XIII$^e$ et XV$^e$ - XVI$^e$ s.). ▪ Exploitation de terrils et schistes houillers ; clouterie ; tréfilerie. Bâtiment et travaux publics. ▮ **Histoire** En 1247, l'évêque de Cambrai devint seigneur de la localité.

**FONTAINES-SALÉES (LES)** ♦ Lieu-dit de la comm. de Saint-Père, dans l'Yonne. Des fouilles archéologiques ont mis au jour un établissement thermal datant des époques celtique et gallo-romaine, et un sanctuaire consacré aux divinités des sources salées (thermes, bassins, cuvelages en bois de chênes évidés au fer).

**FONTAINES-SUR-SAÔNE** [69270] ♦ Comm. du Rhône, banl. N. de Lyon. 6 721 hab. *(Fontenois)*.

**FONTANA (Domenico)** ♦ Architecte et urbaniste originaire du Tessin (Melide, Tessin 1543 - Naples 1607). Architecte officiel à Rome sous le pontificat de Sixte V (1585 - 1590), il construisit la chapelle Sixtine à Santa Maria Maggiore et éleva la façade du palais du Latran (1587). Urbaniste, il dirigea les travaux d'aménagement du quartier de Santa Maria Maggiore en traçant six voies larges partant de l'église. À la mort de Sixte V, Fontana s'installa à Naples (Palais royal, 1600 - 1602). Son style, partant de Michel*-Ange et du Vignole*, annonce certaines réalisations de Maderna* et du Bernin*.

**FONTANA (Carlo)** ♦ Architecte, décorateur et sculpteur italien (Brusata 1634 - Rome 1714). Cousin de Domenico Fontana*, établi à Rome v. 1650, il se forma auprès de Pierre* de Cortone et de C. Rainaldi*, puis fut longtemps le collaborateur du Bernin*. Les nombreuses églises et chapelles qu'il éleva à Rome, notamment la façade incurvée de San Marcello del Corso, la chapelle Cibo à Santa Maria del Popolo (1683 - 1687), le portique de Santa Cecilia in Trastevere (1702) en font l'un des représentants les plus brillants du baroque romain. Il fut le maître de Juvara* et exerça une influence notable sur les architectes du baroque autrichien, notamment par ses écrits théoriques *(discorsi)* et par la tendance rococo qu'il donna à l'église des Saints-Apôtres (1702 - 1714) qu'il termina.

**FONTANA (Lucio)** ♦ Peintre et sculpteur italien (Rosario di Santa Fe, Argentine 1899 - Varese 1968). Fontana se joignit au mouvement Abstraction-Création à Paris en 1935 et publia à Buenos Aires en 1946 son *Manifesto blanco*, suivi en 1948, 1949, 1950 et 1952 d'autres manifestes qui précisèrent les règles du «Spazialismo». Refusant l'espace illusionniste de la peinture de chevalet, Fontana créa des environnements spatiaux dans lesquels la forme et la couleur sont projetées dans l'espace réel (en anticipation à l'art cinétique), par l'usage du néon et de la télévision. La couleur dépasse les limites de la toile pour s'allier à l'architecture (Fontana a réalisé le Pavillon italien de l'Exposition internationale de 1937), et même au cosmos. Il lança en 1947 un environnement entièrement noir, ainsi que les *Concetti spaziali*, parmi les premières des œuvres conceptuelles, toiles monochromes, souvent bleues, qu'il perça de trous à partir de 1949 afin de «créer une dimension infinie». Dans le même esprit de jonction avec l'espace, il déchira ou entailla ses toiles, les *Buchi* («béances»), technique qu'il appliqua à ses sculptures en bronze (*Concetto spaziale, Natura*, 1959 - 1960). Suivirent les séries de *Quanta*, de *Teatrini*, aux cadres déchiquetés, à la toile trouée, annonçant l'Arte Povera, puis les *Fine di Dio* («fin de Dieu»), dans les années 1963 - 1964, pour lesquels Fontana privilégia le format ovale, symbole cosmique.

**FONTANE (Theodor)** ♦ Écrivain allemand (Neuruppin, Brandebourg 1819 - Berlin 1898). Descendant de huguenots gascons, il fut employé pharmacien à Berlin puis devint journaliste (1852) et voyagea en Angleterre, en Écosse et en France où, correspondant de guerre, il fut arrêté comme espion en 1870. Il débuta très tôt dans la carrière littéraire avec des poèmes dont le lyrisme se teinta progressivement d'ironie, des récits de voyage (*Pérégrinations à travers la marche de Brandebourg*, 1862 - 1882), à la fois anecdotiques et descriptifs. Mais il ne connut le succès qu'avec ses romans. Les premiers, s'inspirant de W. Scott et de W. Alexis*, ont un caractère historique (*Avant la tempête*, 1878). Avec *Adultera* (1882), *Errements et Tourments* (1888), *Effi Briest* (1895), *Stechlin* (publ. 1899), Fontane s'orienta vers le roman contemporain réaliste. Psychologique et sociale, son œuvre romanesque ne donne pas, comme celle d'un Balzac, un tableau d'ensemble de son époque, mais plutôt des descriptions des mœurs et coutumes, de la vie, des sentiments des diverses classes sociales de l'Allemagne (hobereaux, bourgeois, artisans, etc.). C'est avec un humour et un scepticisme désabusés que l'auteur analyse et juge la société de son temps.

**FONTANES (Louis DE)** ♦ Poète, administrateur et critique français (Niort 1757 - Paris 1821). Auteur de poèmes à la facture classique, il fonda *Le Mercure*, avec J. F. La* Harpe, et publia des *Essais critiques* sur Chateaubriand, dont il devint l'ami. Sous l'Empire, il fut grand maître de l'Université (1808). [Acad. fr. 1803]

**FONTANGES (Marie-Angélique DE SCORAILLE DE ROUSSILLE, duchesse DE)** ➝ ÉTYM. de *Fontanges*, comm. du Cantal ♦ Dame de France (Cropières 1661 - Port-Royal 1681). Favorite de Louis XIV, rivale de la marquise de Montespan. Elle mit à la mode un type de coiffure féminine.

**FONTARABIE** ➝ ÉTYM. en esp. ***Fuenterrabia***, en basque ***Ondarribia*** «fleuve plein de sable» ♦ V. d'Espagne du Nord (Provinces basques), prov. de Guipúzcoa, à la frontière franco-espagnole, sur la Bidassoa*. 16 226 hab. Remparts du XV$^e$ s. ▮ **Histoire** Elle fut assiégée par Condé* en 1638, puis par Moncey* en 1794.

**FONT-DE-GAUME** ♦ Grotte préhistorique de la Dordogne (comm. des Eyzies*-de-Tayac-Sireuil) réputée pour ses peintures et gravures du Magdalénien* découvertes par D. Peyrony* en 1901. Les parois de cette longue galerie portent des bisons polychromes et deux rennes affrontés considérés comme des chefs-d'œuvre de l'art paléolithique.

**FONTENAY** ♦ Hameau de la comm. de Marmagne (Côte-d'Or), près de Montbard. Abbaye cistercienne fondée en 1119 par saint Bernard. Elle reçut de Saint Louis le titre d'abbaye royale. Tombée en décadence au XVI$^e$ s., transformée en papeterie au XIX$^e$ s., elle fut restaurée en 1906. Elle offre l'ensemble le plus complet de l'architecture cistercienne : anc. abbatiale construite entre 1139 et 1147 ; cloître ; salle capitulaire ; dortoir du XV$^e$ s.

**FONTENAY-AUX-ROSES** [92260] ➝ ÉTYM. anc. *Fontanetum*, du lat. *fontana* «source, fontaine» et suff. collectif *-etum* ♦ Ch.-l. de cant. des Hauts-de-Seine, arr. d'Antony. 23 537 hab. *(Fontenaisiens)*. École normale supérieure. Centre d'études nucléaires, dans le fort de Châtillon.

**FONTENAY-LE-COMTE** [85200] ➝ ÉTYM. *Fontenay* (→ Fontenay-aux-Roses) et *le-Comte*, en souvenir de Louis IX, qui installa un comte à *Fontenay* et en fit la capitale du Bas-Poitou ♦ Ch.-l. d'arr. de la Vendée, sur la Vendée. 13 792 hab. (aggl. 15 667) *(Fontenaisiens)*. Église Notre-Dame des XV$^e$ - XVI$^e$ s. édifiée sur une crypte du IX$^e$ s. (clocher du XV$^e$ s.). Château de Terre-Neuve (fin XVI$^e$ s.) construit pour le poète N. Rapin né à Fontenay-le-Comte (décors intérieurs). Fontaine des Quatre-Tias (1542). Maisons anc. Musée vendéen : archéologie ; ethnographie ; histoire ; beaux-arts. ▪ Marché. Fabrication de machines et d'équipements. ▮ **Histoire** La ville fut aux XV$^e$ et XVI$^e$ s. un important centre intellectuel. Les guerres de Religion et la révocation de l'édit de Nantes amorcèrent son déclin, qui s'accentua sous l'Empire lorsque la préfecture, dont elle était le siège depuis 1790, fut transférée à La Roche-sur-Yon.

**FONTENAY-LE-FLEURY** [78330] ♦ Comm. des Yvelines, banl. O. de Versailles. 12 582 hab. *(Fontenaysiens)*.

**FONTENAY-SOUS-BOIS** [94120] ♦ Ch.-l. de cant. du Val-de-Marne, arr. de Nogent-sur-Marne, à l'orée du bois de Vincennes. 50 921 hab. *(Fontenaysiens)*. Produits chimiques. Matériaux de construction. Informatique. Bureautique. Activités tertiaires.

**FONTENAY-TRÉSIGNY** [77610] ♦ Comm. de Seine-et-Marne, arr. de Melun. 4 620 hab. *(Trésifontains)*.

**FONTENELLE (Bernard LE BOVIER DE)** ♦ Philosophe et poète français (Rouen 1657 - Paris 1757). Fils d'avocat et neveu des Corneille*, bel esprit fréquentant les salons (*Lettres galantes*, 1685), il prit parti pour les Modernes dans sa *Digression sur les Anciens et les*

Bernard de **Fontenelle.** Portrait par Rigaud.
Peinture à l'huile (63 × 52 cm).
Musée Fabre, Montpellier.
*BIS/Phot. O'Sugrhue © Archives Larbor*

*Modernes* (1687) et s'adonna, sans succès, à la composition dramatique. Son originalité apparaît dès ses vingt-quatre *Dialogues des morts* (1683), à la manière de Lucien*, qui développent de brillants paradoxes littéraires ou philosophiques, et se manifeste de façon éclatante dans les *Entretiens* sur la pluralité des mondes* (1686), élégant ouvrage de vulgarisation scientifique, et dans l'*Histoire des oracles* (1687) où il analyse avec une ingénieuse irrévérence la théologie et le merveilleux chrétiens (exemple de *La Dent d'or*). ▪ Élu à l'Académie française (1691), puis à l'Académie des sciences (1697), il perpétua dans ses *Éloges* des académiciens et ses *Préfaces*, rédigés en un style nerveux et d'une élégante clarté, cette alliance de la science et de la littérature qui lui assura une audience considérable : «L'ignorant l'entendit, le savant l'admira» (Voltaire). Ainsi, s'attachant à offrir à ses lecteurs mondains une synthèse attrayante des progrès scientifiques accomplis en son temps (Copernic* et Descartes*) et professant avec hardiesse sa foi dans le progrès, Fontenelle apparaît bien comme le précurseur des philosophes du XVIIIe s. ➝ ÉTYM. *Fontenelle* est le diminutif de *fontaine* (nom d'une propriété caractérisée par la présence d'une fontaine).

**FONTENOY** ♦ Loc. de Belgique, dépendant de la comm. d'Antoing, prov. de Hainaut, arr. de Tournai. Sucrerie. ▮ **Histoire** Victoire du maréchal de Saxe*, à la tête des Français, sur les Anglais et les Hollandais (1745) au cours de la guerre de Succession* d'Autriche.

**FONTENOY,** anc. ***Fontenet*** [89520] ➝ ÉTYM. du lat. *fons* «source» et suff. collectif *-etum* ♦ Comm. de l'Yonne, arr. d'Auxerre, dans l'Auxerrois. 301 hab. ▮ **Histoire** Une bataille y fut livrée le 25 juin 841, au cours de laquelle Lothaire fut battu par ses frères. Elle s'acheva par le traité de Verdun qui fixait les limites de la France.

**FONTEVRAUD-L'ABBAYE,** anc. ***Fontevrault-l'Abbaye*** [49590] ➝ ÉTYM. du lat. *Fons Evraldi* «la fontaine *(fons)* d'Evraut (n. de pers.)» ♦ Comm. du Maine-et-Loire, arr. de Saumur. 1 189 hab. *(Fontevristes)*. Restes de l'anc. abbaye : abbatiale romane du XIIe s., renfermant les tombeaux des Plantagenêts ; cuisines du XIIe s. (toitures de pierres taillées en pointes de diamant) ; cloître et salle capitulaire du XVIe s. ▪ Camp national militaire. ▮ **Histoire** Fondée en 1101 par Robert d'Arbrissel, cette abbaye groupait sous l'autorité d'une abbesse une communauté d'hommes et une communauté de femmes. L'abbesse de Fontevraud était toujours de haute naissance et plusieurs princesses de sang royal portèrent ce titre. L'ordre fut supprimé en 1792. Transformés en prison d'État (1804 - 1963), les bâtiments conventuels abritent auj. le centre culturel de l'Ouest.

**FONTEYN (Margaret HOOKHAM, dite Margot)** ➝ ÉTYM. de *Fontes*, n. de jeune fille de sa mère (brésilienne) ♦ Danseuse britannique (Reigate 1919 - Panamá 1991). Elle débuta au Vic Wells Ballet en 1934, devint la vedette de la compagnie et triompha pendant plus de vingt ans dans les plus grands rôles du répertoire classique, en particulier celui de la Princesse Aurore dans *La Belle au bois dormant* (1939), sans pour autant négliger la création contemporaine, avec F. Ashton et R. Petit (*Les Demoiselles de la nuit*, 1948). Après avoir quitté la compagnie nationale anglaise en 1959, elle forma avec Noureïev* un couple devenu légendaire (*Raymonda*, Paris, 1962 ; *Marguerite et Armand*, chorégraphie d'Ashton, 1963 ; *Le Lac des cygnes*, chorégraphie de Noureïev, Vienne, 1964).

**Fontfroide** (abbaye de) ♦ Abbaye située dans une gorge des Corbières (Aude). Fondée en 1093 et affiliée à l'ordre cistercien en 1145, elle fut très puissante du XIIe au XIVe s. (le futur Benoît XII y fut abbé de 1311 à 1317). Désertée en 1791, propriété privée en 1908, elle a été enrichie d'œuvres d'art importantes, dues notamment à O. Redon. Église (fin XIIe s.) à nef voûtée en berceau brisé. Cloître du XIIIe s. (voûtes à huit branches, colonnettes de marbre). Salle capitulaire (fin XIIe s.).

**FONTOY** [57650] ➝ ÉTYM. anc. *Fontes* «(lieu) pourvu de sources», du lat. *fons* «source» et suff. collectif *-etum* ♦ Ch.-l. de cant. de la Moselle, arr. de Thionville-Ouest. 3 149 hab. *(Fenschois)*.

**FONT-ROMEU-ODEILLO-VIA** [66120] ➝ ÉTYM. catalan «la source *(fons)* du pèlerin *(romeu)*» ♦ Comm. des Pyrénées-Orientales, arr. de Prades, sur le versant ensoleillé de la Cerdagne, à 1 800 m d'alt. 2 003 hab. *(Romeufontains)*. Station climatique. Centre préolympique. Lycée climatique. Station de sports d'hiver. ▪ À Odeillo, four solaire et centrale solaire. ▪ À l'Ermitage Font-Romeu, pèlerinage à la fontaine miraculeuse. Chapelle (décors en bois sculpté et peint, et retable de J. Sunyer, 1707).

**FONTVIEILLE** [13990] ➝ ÉTYM. occit. «source *(font)* ancienne» ♦ Comm. des Bouches-du-Rhône, arr. d'Arles. 3 456 hab. *(Fontvieillois)*. Lieu de séjour. Extraction de la «pierre d'Arles», calcaire tendre. ▪ Aux environs se trouve le moulin de A. Daudet qui lui inspira les *Lettres de mon moulin*.

**FONVIZINE (Denis Ivanovitch)** ♦ Auteur dramatique russe (Moscou 1745 - Saint-Pétersbourg 1792). Sa première pièce, *Le Brigadier* (1770), est une comédie de mœurs, et son chef-d'œuvre, *Le Mineur ou le Dadais* (1782), encore joué actuellement avec succès, est une satire très réaliste de la noblesse campagnarde.

**Food and Agriculture Organization** [FAO] ♦ Organisation créée en 1945, siégeant à Rome et visant à l'amélioration de la nutrition, des rendements agricoles, du niveau de vie. C'est une institution spécialisée de l'ONU, financée par les cent soixante et onze États membres.

**FOOTE (Samuel)** ♦ Comédien et auteur dramatique britannique (Truro, Cornouailles 1720 - Douvres 1777). Directeur du théâtre Haymarket, il se fit connaître par des imitations d'acteurs célèbres. Il critiqua les mœurs du temps dans des pièces satiriques qui lui valurent le surnom d'«Aristophane anglais». Œuv. princ. : *L'Anglais à Paris* (1753), *Le Nabab*.

**FOOTTIT** ou **FOOTIT (George Tudor HALL, dit)** ♦ Clown d'origine britannique (Nottingham 1864 - Paris 1921). Il rassembla les exercices traditionnels des clowns ou «entrées» et créa des scènes désormais classiques comme la parodie de l'écuyère. Il renouvela l'emploi des accessoires et eut pour partenaire le plus fameux auguste, Raphaël Padilla, dit «Chocolat». Sa conception pessimiste lui fit tenir le rôle d'un bouffon cynique qui devait témoigner de la bêtise et de la méchanceté sociales. Il joua également au théâtre et au cinéma.

**FOPPA (Vincenzo)** ♦ Peintre italien (Brescia v. 1422 - *id.* 1515). Sa jeunesse est mal connue mais ses premières œuvres témoignent de l'influence de Mantegna* et des Vénitiens comme Jacopo Bellini*. Il voyagea beaucoup : Pavie (1462), Milan (1468), Gênes (1470) et approfondit sa connaissance de l'art flamand, Savone (1488). Son œuvre est à l'origine de la tradition lombarde qui se perpétua jusqu'au XVIIe s. et dans laquelle le luminisme joue un rôle important : fresques de la chapelle Portinari à Sant'Eustorgio de Milan (1468), retable Fornari (1489, musée de Savone), étendard des Orzinuovi (1514, Brescia).

**FORAIN (Jean-Louis)** ♦ Peintre, dessinateur et graveur français (Reims 1852 - Paris 1931). Élève de Gérome, il fréquenta ensuite des écrivains (Verlaine, Rimbaud, Huysmans), se lia et exposa avec les impressionnistes et devint célèbre comme caricaturiste, multipliant à partir de 1893 les satires politiques. Il fonda le *Fifre* et, avec Caran* d'Ache, le *Psst*'. Marqué par Daumier* et Toulouse*-Lautrec, il traita avec un esprit caustique des scènes de la vie parisienne (*Nous, vous, eux*, 1893). Ses aquarelles, pastels et peintures laissent transparaître son admiration pour Manet* et Degas*. Il traita à la fin de sa vie des sujets religieux.

**FORBACH** [fɔʀbak] [57600] ➝ ÉTYM. anc. *Furpac*, du germ. *forha (foraha)* «pin sylvestre» et *bach* «ruisseau» ♦ Ch.-l. d'arr. de la Moselle. 22 807 hab. (aggl. 92 845) *(Forbachois)*. Gare TGV. Anc. houillère. Indus. diversifiées dont carbochimie à Marienau. Construc. mécaniques et électriques, câbles, agroalimentaire, imprimerie. Technopôle.

**FORBIN (Claude,** chevalier, puis comte**)** ♦ Marin français (Gardanne, Bouches-du-Rhône 1656 - château de Saint-Marcel, près de Marseille 1733). Sous le commandement de d'Estrées et de Duquesne, il servit lors des campagnes de Messine (1675), des Antilles (1680), et d'Alger (1682). Il fut ensuite nommé grand amiral du roi du Siam (1686 - 1688), puis participa à la lutte contre l'Angleterre aux côtés de Jean Bart (Plymouth, 1689) et de Duguay-Trouin. Chargé de conduire à Édimbourg le chevalier de Saint-Georges, prétendant au trône d'Angleterre, il échoua et se démit de ses fonctions. Ses *Mémoires* parurent en 1730.

**FORBIN (Louis Nicolas Philippe Auguste,** comte **DE)** ♦ Peintre, archéologue et administrateur français (château de La Roque-d'Anthéron, Bouches-du-Rhône 1777 - Paris 1841). Venu à Paris où il suivit les leçons du peintre David, il servit quelque temps dans l'armée sous le Consulat et l'Empire, donna sa démission en 1809 et se rendit à Rome où il se consacra aux beaux-arts. Rentré en France, il fut nommé directeur général des musées sous la Restauration, contribua à agrandir le Louvre, à créer le musée des Antiquités étrusques et égyptiennes et celui du Luxembourg.

**FORBIN-JANSON (Charles Auguste,** comte **DE)** ♦ Prélat français (Paris 1785 - château de Guilhermy, près de Marseille 1844). Ordonné prêtre en 1811, nommé évêque de Nancy (1824 - 1830), il contribua au renouveau missionnaire sous la Restauration, fondant avec Rauzan la Société des missions de France. De 1839 à 1841, il partit comme missionnaire au Canada, et, à son retour en France, créa l'œuvre de la Sainte-Enfance (1843).

**FORCALQUIER** [04300] ➝ ÉTYM. occit. «four *(forn)* à chaux *(calquier)*» ♦ Ch.-l. d'arr. des Alpes-de-Haute-Provence. 4 302 hab. *(Forcalquierens)*. Anc. cathédrale, essentiellement de style roman. Anc. couvent des Cordeliers (XIIIe - XIVe s.), restauré. Fontaine gothique (XVe s.). Musée : archéologie, ustensiles et objets d'art régionaux. ▪ Tourisme.

**Force (la)** ♦ Anc. prison de Paris, située dans le Marais, dans l'ancien hôtel des ducs de La Force. Prison pour dettes en 1780, elle devint prison politique (Grande Force) et prison de femmes (Petite Force) sous la Révolution. Les massacres de Septembre (1792) y firent de nombreuses victimes, notamment la princesse de Lamballe. Elle fut supprimée en 1850.

**Force démocrate** [FD] ♦ Parti politique français, qui a succédé au CDS (➝ **Centre des démocrates sociaux**) en 1995. La transformation du CDS en Force démocrate s'est accompagnée d'un abandon des références chrétiennes afin d'élargir la base du mouvement centriste. Présidée par F. Bayrou* (1995), FD, favorable à une démocratie libérale et sociale et à la constitution d'une Europe supranationale, est l'une des formations composant l'UDF.

**Forces françaises de l'intérieur** [FFI] ♦ Forces militaires françaises, formées au début de 1944 par l'unification (de principe) des groupements militaires clandestins de la Résistance intérieure : Armée secrète (AS), Organisation de résistance de l'armée (ORA), Francs-Tireurs et Partisans (FTP), etc. Elles furent commandées de Londres par le général Kœnig* (avr. 1944) et jouèrent un rôle d'appoint, lors des débarquements en Normandie (juin) et en Provence (août). Elles participèrent à la libération du territoire, notamment en Bretagne, dans le Massif central, le Sud-Ouest et le Sud-Est, ainsi qu'à Paris, Toulon, Marseille. Une partie des FFI fut intégrée à la Ire armée de De Lattre. → **Guerre mondiale (Deuxième).**

**Forces françaises libres** [FFL] ♦ Forces militaires françaises qui, après l'armistice de juin 1940, continuèrent la guerre aux côtés des Alliés, sous les ordres du général de Gaulle*. Formées de troupes de Narvik*, de volontaires de l'Empire français, et réunies à l'armée d'Afrique après 1943, elles combattirent en Libye et en Syrie, et représentèrent l'armée française dans les débarquements en Normandie et en Provence. Les Américains laissèrent à la 2e division blindée (Leclerc) l'honneur d'entrer à Paris (24 - 25 août 1944). → **Guerre mondiale (Deuxième).**

**FORCLAZ (LA)** [laforkla] → ÉTYM. de l'osque *furcula* «défilé, col» ♦ Col des Alpes suisses (Valais) entre Martigny et Chamonix, à 1 526 m d'alt. ▪ Col des Préalpes (Haute-Savoie) dans le massif des Bornes, au-dessus du lac d'Annecy, à 1 150 m d'alt.

**FORD (John)** ♦ Auteur dramatique anglais (Ilsington, Devon 1586 - Devon 1639). D'abord collaborateur de Dekker et Webster, il fit représenter en 1628 sa première tragédie, *La Mélancolie de l'amant*. Plus que ses comédies, de facture assez conventionnelle, ses tragédies participent de l'exubérance sensuelle et imaginative du baroque par la vigueur et la beauté du verbe autant que par la tension psychologique. *Dommage qu'elle soit une putain* (1626), *Le Cœur brisé* (1629) et *Sacrifice d'amour* (1630). → ÉTYM. Ce nom de famille anglais signifie «gué».

**FORD (Henry)** ♦ Industriel américain (Greenfield, Michigan 1863 - Dearborn 1947). Pionnier de l'industrie automobile américaine, il réalisa pièce à pièce sa première automobile (1892 - 1893), un quadricycle au moteur (4 CV) refroidi par eau, et fonda successivement une société d'études (Henry Ford Company, 1902) et une entreprise (Ford Motor Company, 1903) qui devint la plus importante d'Amérique. Promoteur de la construction en série et de la standardisation des pièces, il chercha à exporter et constitua à cet effet une flotte marchande (1925).

**FORD (Sean Aloysius O'Fearna, dit John)** ♦ Cinéaste américain d'origine irlandaise (Cape Elizabeth, Maine 1894 - Palm Desert, Californie 1973). Spécialiste du western, il a su conférer à ce genre une signification sociale et une grandeur épique inconnues jusque-là. Vouée le plus souvent à célébrer la fraternité virile et la justice, son œuvre, à ses meilleurs moments, exalte l'héroïsme et l'aventure poursuivie jusqu'à sa conclusion tragique. Réal. princ. : *Le Cheval de fer* (1924), *Toute la ville en parle* (1935), *Le Mouchard* (1935), *La Chevauchée* fantastique* (*Stagecoach*, 1939), *Vers sa destinée* (*Young Mr. Lincoln*, 1939), *Les Raisins* de la colère* (1940), *Qu'elle était verte ma vallée* (1942), *La Poursuite infernale* (*My Darling Clementine*, 1946), *L'Homme tranquille* (1952), *La Prisonnière du désert* (1956), *L'Homme qui tua Liberty Valance* (1962), *Les Cheyennes* (1964), *Frontière chinoise* (1966).

John **Ford** avec Dorothy Lamour.
*Phot. © Coll. Rui Nogueira*

**FORD (Leslie Lynch King Jr, dit Gerald Rudolph)** → ÉTYM. Gerald Ford est le nom de son père adoptif ♦ Homme d'État américain (Omaha, Nebraska 1913 - Rancho Mirage, Californie 2006). Élu à la Chambre des représentants par le Michigan (1948 - 1973), il devint en 1965 le leader des républicains à la Chambre puis, en 1973, le vice-président des États-Unis. 38e président des États-Unis à la suite de la démission de R. Nixon* (1974), il fut battu aux élections de 1976 par J. Carter*. On lui a parfois reproché son laxisme dans l'affaire du Watergate et son manque de fermeté en politique extérieure.

**Foreign Office** n. m. ♦ Ministère britannique des Affaires étrangères.

**FOREL (François Alphonse)** ♦ Naturaliste suisse (Morges 1841 - *id.* 1912). Il est considéré, par ses études de la faune du lac Léman, comme le fondateur de la limnologie (il créa ce terme en 1892).

**FOREST (Fernand)** ♦ Inventeur français (Clermont-Ferrand 1851 - Monaco 1914). Il perfectionna le moteur à explosion et étudia de nombreux éléments de l'automobile (magnéto, moteur à quatre cylindres monobloc, moteur à sept cylindres en étoile à refroidissement par air).

**FOREST (Jean-Claude)** ♦ Dessinateur et scénariste de bandes dessinées français (Paris 1930 - id. 1998). Il commença très tôt à publier des dessins dans la presse pour jeunes. En 1962, il créa pour *V Magazine* Barbarella, superbe créature, intelligente et sensuelle, dont les aventures marquent la naissance de la bande dessinée pour adultes et furent portées à l'écran par Roger Vadim (1968). En 1971, Forest créa, pour *France-Soir* puis *Pilote*, Hypocrite, petite brune loufoque et rocambolesque trop en avance sur son époque pour connaître le succès.

**FOREST** – en néerl. ***Vorst*** ♦ Comm. de Belgique (Région de Bruxelles-Capitale). 48 284 hab. Église Saint-Denis (XIIe - XIIIe, XVe - XVIe s.) et anc. abbaye. ▪ Construc. automobile. Savonnerie. Textile. Parcs Duden et de Forest. Salle de spectacle Forest-National (8 500 places). La ville partage avec Anderlecht le complexe ferroviaire de la Petite-Île.

**FORESTER (Cecil Scott)** ♦ Romancier britannique (Le Caire 1899 - Fullerton, Californie 1966). Il se fit connaître en 1937 avec une chronique maritime dont le héros, Hornblower, d'abord jeune officier, fait une carrière glorieuse : *Retour à bon port* (1937), *Un vaisseau de ligne* (1938), *Lord Hornblower* (1946), *Hornblower et l'«Atropos»* (1953). Forester, qui est aussi l'auteur de *Le Grain de sable* (*Brown on Resolution*, 1929), *Orgueil et Passion* (*The Gun*, 1933), *L'African Queen* (1935), *Le Navire* (1943), se situe dans la tradition des romanciers de la mer, très appréciés du public anglais.

**forêt des lettrés (Histoire de la)** – en chin. ***Rulin waishi*** ♦ Roman satirique chinois sur l'hypocrisie sociale dans le milieu des mandarins, rédigé en 1745 par Wu Jingzi (1701 - 1754). Il est devenu un classique de la littérature narrative chinoise.

**FORÊT-FOUESNANT (LA)** [29940] → ÉTYM. p.-ê. du vx bret. *foenn* «foin» et de *nant* «vallée, cours d'eau» ♦ Comm. du Finistère, arr. de Quimper. 2 809 hab. *(Forestois)*. Église (XVIe s.) de style flamboyant, possédant deux transepts. Calvaire (XVIe s.). ▪ Station balnéaire. Port de plaisance à Port-la-Forêt.

**FORÊT-NOIRE** n. f. → ÉTYM. en all. ***Schwarzwald***, de *schwarz* «noir» et *Wald* «forêt» (en raison de la couleur sombre des pins) ♦ Massif montagneux d'Allemagne (Bade-Wurtemberg), s'étendant en bordure du fossé rhénan qui le sépare des Vosges, de Karlsruhe à Bâle, sur env. 170 km de long et 60 de large. La région est abondamment drainée par les affl. du Rhin sur son versant O., raide, par la Nagold et l'Enz vers le Neckar*, et sur son le versant E., où prend également sa source le Danube. Au N. s'étend une zone de hauts plateaux gréseux (500 à 800 m) couverts de conifères. Plus au S., la zone cristalline (granite, gneiss) forme une succession de ballons arrondis rappelant ceux des Vosges et culminant au Feldberg* (1 493 m). La vie économique est tournée vers l'élevage, les cultures fruitières dans les vallées et le tourisme à la ferme. Les villes (Fribourg*-en-Brisgau, Lörrach, Schwenningen, Furtwangen) se consacrent au travail du bois, à l'industrie textile et à l'horlogerie. La Forêt-Noire est l'une des grandes régions touristiques d'Allemagne (Belchen, Titisee).

**FORÊTS (Louis-René Des)** ♦ Écrivain français (Paris 1918 - *id.* 2000). Exigeante et difficile, son œuvre ne cesse de remettre en question les pouvoirs du langage, soulignant la dimension mensongère de toute énonciation. Son premier roman *Les Mendiants* (1943, éd. définitive 1986) organise la confrontation de onze personnages, interprètes d'*Othello**, qui cherchent désespérément à passer du monologue au dialogue. Rompant avec les conventions du genre romanesque, *Le Bavard* (1946, remanié en 1963), inspiré d'un texte de Kleist, décrit sur un mode ironique un locuteur saisi d'un irrésistible «besoin de parler» sans «avoir rien à dire». *La Chambre des enfants* (1960), recueil de cinq nouvelles, fait assister à la déconstruction progressive de l'illusion narrative. On lui doit encore deux courts récits : *Le Malheur au Lido* (1987) et *Face à l'immémorable* (1993) ; des poèmes : *Les Mégères de la mer* (1967), *Poèmes de Samuel Wood* (1988), marqués par un grand sens du lyrisme et de la forme longue et une autobiographie : *Ostinato* (1997). Il a traduit *Carnets, journal et lettres* de Gérard Manley Hopkins. Il fut également peintre.

**FOREY (Élie Frédéric)** ♦ Maréchal de France (Paris 1804 - *id.* 1872). Après avoir contribué au coup d'État du 2 décembre 1851, il prit part à la guerre de Crimée (1854 - 1855), puis à la campagne d'Italie (1859). Commandant en chef des forces françaises au Mexique*, il prit Puebla (1863) ; promu maréchal, il fut peu après remplacé par Bazaine*.

**FOREZ** [fɔʀɛ] n. m. ◆ ÉTYM. anc. en lat. *Forensis pagus* «pays de *Feurs**» ♦ Région du Massif central (Puy-de-Dôme, Loire) comprenant à l'O. les *monts du Forez*, qui culminent à Pierre-sur-Haute (1 634 m), et à l'E. le *bassin du Forez*, bassin d'effondrement drainé par la Loire. Les monts du Forez font partie du parc naturel régional Livradois-Forez. ▮ **Histoire** Anc. comté, il passa à la maison des Bourbons en 1372 et fut rattaché à la Couronne en 1527.

**Forfaiture** – en angl. ***The Cheat*** ♦ Film américain de Cecil B. DeMille* (1915), avec Fanny Ward, Sessue Hayakawa. Une femme de la haute société est victime de la vengeance d'un riche créancier asiatique auquel elle a refusé ses faveurs : il la marque au fer rouge du sceau de l'infamie. Elle exhibera sa flétrissure en plein prétoire. Le cinéaste a eu l'art de polir les angles de cette histoire mélodramatique ; il a humanisé ses personnages, raffiné sur l'ellipse et le clair-obscur. Marcel L'Herbier* en fit un remake parlant, en 1937, avec le même Sessue Hayakawa.

**FORGES-LES-EAUX** [76440] ◆ ÉTYM. la v. doit son nom aux forges installées dès l'époque gallo-rom. puis à l'exploitation de ses sources ferrugineuses ♦ Ch.-l. de cant. de la Seine-Maritime, arr. de Dieppe, dans le pays de Bray. 3 465 hab. (aggl. 4 834) *(Forgions)*. Station hydrominérale.

**FORLI** ◆ ÉTYM. du lat. *Forum Livii* «ville de Livius», en hommage au consul Marcus Livius Salinator ♦ V. d'Italie, en Émilie-Romagne, ch.-l. de prov., sur la voie Émilienne. 108 335 hab. Basilique romane San Mercuriale (campanile, bas-relief, peintures). Pinacothèque (œuvres de Melozzo da Forli, Lorenzo di Credi, le Guerchin). ▪ Indus. chimiques et textiles. ▮ **Histoire** Fondée par L. Salinator après une défaite d'Asdrubal. Commune indépendante au Moyen Âge puis principauté des Ordelaffis, elle passa sous la domination du Saint Siège du XVIᵉ s. jusqu'en 1858.

**FORMAN (Miloš)** ♦ Cinéaste américain d'origine tchécoslovaque (Čáslav, région de Prague 1932). Après un court métrage, *Concours* (1962), il réalisa *L'As de pique* (1963) et *Les Amours d'une blonde* (1965). Ces deux films réalistes peignent des gens moyens dans une société un peu triste, avec une acuité d'observation cruelle et tendre qu'anime un mélange d'humour calme et de fantaisie libératrice. Établi à Hollywood, il y tourna *Taking off* (1971), amusante peinture de la société américaine «libérée», l'impressionnant *Vol au-dessus d'un nid de coucou* (1975), mettant en cause l'univers psychiatrique, puis *Amadeus* (1984) et *Valmont* (1989), brillantes variations sur, respectivement, la vie de Mozart et *Les Liaisons dangereuses* de Laclos.

**FORMÉ (Nicolas)** ♦ Compositeur français (Paris 1567 - *id.* 1638). Successeur de Du Caurroy à la chapelle royale (1609), apprécié de Richelieu et de Louis XIII, il contribua à dégager la musique religieuse française de l'influence encore dominante de la polyphonie renaissante. Il a composé une messe à double chœur (1638), des motets et des magnificats.

**FORMENTERA** (île de) ◆ ÉTYM. catalan «productrice de froment» ♦ La plus méridionale et la plus petite des îles Baléares*, près d'Ibiza. 115 km². 8 442 hab. Céréales, vigne, pêche, tourisme balnéaire.

**FORMENTOR** (cap) ♦ Promontoire rocheux situé à l'extrémité N. de l'île de Majorque. Hautes falaises.

**FORMIA** ♦ V. d'Italie, dans le Latium (prov. de Latina), sur le golfe de Gaëte. 34 931 hab. ▪ Station balnéaire. Pêche. ▮ **Histoire** *Formiae* (Formies) était considérée par les anciens comme la capitale des Lestrygons*. Ville des Volsques*, elle devint au -Iᵉʳ s. une importante résidence estivale pour les Romains. Cicéron y fut assassiné près de sa villa de Formianum (-43). La ville fut détruite par les Arabes au IXᵉ s.

**FORMIGNY** [14710] ◆ ÉTYM. anc. *Formigneium*, du lat. *Forminius*, n. de pers., et suff. *-acum* ♦ Comm. du Calvados, arr. de Bayeux. 244 hab. *(Forminiciens)*. ▮ **Histoire** La victoire de Formigny, remportée par le connétable de Richemont et le comte de Clermont sur les Anglais le 15 avr. 1450, rendit la Normandie à la France.

**FORMIGUÈRES** [66210] ♦ Comm. des Pyrénées-Orientales, arr. de Prades, anc. ch.-l. du Capcir. 434 hab. *(Formiguérois)*. Station d'altitude et de sports d'hiver (1 500 - 2 060 m).

**FORMOSA** ♦ V. d'Argentine, cap. de prov., sur le río Paraguay. 210 000 hab. ▪ Fabrique de substances tannantes. ♦ ***Province de Formosa*** 72 060 km². 487 000 hab. Elle est entièrement située dans la région du Gran Chaco*. Parc national de Río Pilcomayo.

**FORMOSE** ♦ 111ᵉ pape (de 891 à 896). Évêque de Porto (864), légat de Nicolas* Iᵉʳ en Bulgarie (866), il devint le chef d'une faction romaine. Il sacra empereur Lambert de Spolète, puis lui préféra Arnoul* de Carinthie (896), ce qui lui valut condamnation et outrages posthumes de la part du parti spolétin.

**FORMOSE** n. m. ◆ ÉTYM. du port. *formosa* «la belle» ♦ Nom donné par les Occidentaux à l'île chinoise de Taiwan*.

**FORNARINA (Margherita LUTI, dite LA)** ◆ ÉTYM. it. «fille de boulanger *(fornaro)*» ♦ Fille d'un boulanger de Rome, elle devint la maîtresse de Raphaël v. 1510 et lui inspira de puissantes figures de femmes, entre autres la *Donna velata* (palais Pitti, Florence). *La Fornarina* de la galerie Barberini (Rome) est attribuée à Jules Romain, élève de Raphaël.

La **Fornarina.** Portrait par Raphaël (82 x 60,5 cm). Palais Pitti, Florence. *Phot. © Giraudon*

**FORNOUE** – en it. ***Fornovo di Taro*** ♦ V. d'Italie, en Émilie-Romagne (prov. de Parme) au S.-O. de Parme. 5 984 hab. ▮ **Histoire** Charles* VIII, battant en retraite pour regagner la France, força le passage contre l'avant-garde de la coalition formée par Venise, Milan, Maximilien d'Autriche, Ferdinand d'Aragon et le pape (1495). Cette bataille resta célèbre par l'impétuosité des Français, alors qualifiée par les Italiens de *furia francese* «la furie française».

**FORRES** ♦ V. d'Écosse (Moray) entre Inverness et Elgin. 8 500 hab. C'est près de Forres que Shakespeare a situé l'action de son drame *Macbeth*.

**FORREST (John, 1ᵉʳ baron)** ♦ Explorateur, homme d'État et premier pair australien (près de Bunbury, Australie-Occidentale 1847 - en mer 1918). Entré dans le service topographique, il dirigea une expédition dans le continent australien. Premier ministre d'Australie-Occidentale (1890 - 1901), il devint, après la proclamation du Commonwealth d'Australie, ministre de la Défense dans le gouvernement fédéral (1901 - 1903). Il est l'auteur de : *Explorations in Australia*, 1876 ; *Notes on Western Australia*, 1884 - 1887.

**FORSSMANN (Werner Theodor)** ♦ Médecin allemand (Berlin 1904 - Schopfheim, Bade-Wurtemberg 1979). En 1929, il pratiqua sur lui-même l'introduction d'une sonde dans le cœur par une veine du coude, inventant ainsi le cathétérisme cardiaque. [Prix Nobel de physiol. ou méd. 1956, avec A. Cournand* et D. Richards]

**FORSTER (Johann Reinhold)** ♦ Naturaliste et voyageur allemand (Dirschau 1729 - Halle 1798). Avant d'être nommé directeur du jardin botanique de Halle, il avait fait une expédition scientifique en Russie et participé, comme naturaliste, au second voyage de Cook, avec son fils, JEAN GEORGE ADAM FORSTER (Gdańsk 1754 - Paris 1794). Celui-ci, naturaliste également, publia, entre autres, le récit de ce *Voyage autour du monde sur le vaisseau de Sa Majesté sous le commandement de Cook* (1777).

**FORSTER (Edward Morgan)** ♦ Romancier et critique britannique (Londres 1879 - Coventry 1970). Après des études à Cambridge, il passa une année en Italie et en Grèce, visita l'Inde en 1912 et séjourna en Égypte en 1922 ; à Alexandrie, il se lia avec le poète grec C. Cavafy*, qu'il contribua à faire connaître. Les conférences qu'il donna à Cambridge furent réunies dans *Aspects du roman*, 1927. Ami de Virginia Woolf*, il lui consacra une étude en 1942 et collabora au *New Statesman* et au *Spectator*. Forster confronta les points de vue des Anglais, des hindous et des musulmans dans *La Route des Indes* (1924). À côté de deux romans inspirés par son expérience de l'Italie (*Monteriano*, 1905, et *Avec vue sur l'Arno*, 1908), il publia plusieurs œuvres d'inspiration indienne (*Le Plus Long des voyages*, 1907 ; *La Colline du Dévi*, 1953). Homosexuel, il exprima dans *Maurice* (écrit en 1914, publ. 1971) son amertume face à la répression sociale, mais s'abstint de publier ce texte par peur du scandale. Plusieurs de ses livres (*Howards End*, 1910) font néanmoins place à une critique assez vive de l'injustice sociale en général. ✦ ÉTYM. Ce nom anglais signifie «celui qui vit près d'une forêt (ou qui y travaille)».

**FORSYTHE (William)** ♦ Chorégraphe américain (New York 1949). Chorégraphe du Stuttgart Ballett (1973), il dirigea le Frankfurt Ballett (1984 - 2004) pour lequel il créa entre autres *Artifact*, puis constitua la Forsythe Company. Représentant du néoclassicisme attaché à la technique et aux pointes, il a su renouveler le ballet traditionnel en désarticulant le geste, en abolissant la symétrie ou encore en proposant des effets de lumière étonnants dans des spectacles d'une grande esthétique tels que *In the Middle, Somewhat Elevated*, créé par le Ballet de l'Opéra de Paris en 1987, *The Loss of Small Detail* (1987 et 1991), *Approximate Sonata* (1996), *Artifact Suite* (2005) ou *Yes we can't* (2008) qui détourne le slogan de la campagne présidentielle d'Obama. ✦ ÉTYM. *Forsythe* est probablement la forme anglicisée du gaélique *Fearsithe*, de *fear* «homme» et *sithe* «paix».

**FORT (Paul)** ♦ Poète français (Reims 1872 - Argenlieu, près de Montlhéry 1960). Adepte de l'esthétique symboliste, il fonda le théâtre d'Art (1890 - 1893) en réaction contre le naturalisme d'Antoine*. Il publia ses premiers vers au *Mercure de France* et à *L'Ermitage*, avant de devenir l'animateur de la revue *Vers et Prose* (1905 - 1914) et des réunions poétiques de la Closerie des Lilas. Reprenant la tradition de la ballade, il en renouvela la forme et l'esprit dans une suite monumentale, *Ballades françaises* (publiées à partir de 1897), dont l'édition comporte 17 volumes rassemblés de 1922 à 1958. Alliant les ressources de la prose rythmée à celles de l'assonance, la poésie de Paul Fort, souvent proche de la chanson populaire, se définit par une grâce légère et une fantaisie aimable qui ont le charme des paysages de l'Île-de-France à laquelle il resta attaché toute sa vie.

**FORTALEZA** ♦ V. du Brésil, cap. depuis 1823 de l'État de Ceará. 2 141 000 hab. La ville est confrontée à une forte croissance démographique et à l'extension de ses favelas. Centre universitaire et commercial. Port. Artisanat, pêche (langoustes), indus. textiles (hamacs) et tourisme.

**FORT-ARCHAMBAULT** → **Sarh**

**FORT-BAYARD** → **Zhanjiang**

**FORT-DAUPHIN** → **Faradofay**

**FORT-DE-FRANCE** [97200] ♦ Préf. de la Martinique, sur la côte occidentale de l'île, à l'entrée d'une baie magnifique (*baie de Fort-de-France*). 94 049 hab. (*Foyalais*). L'aggl., avec les communes voisines de Schœlcher* et du Lamentin*, regroupe 130 679 hab. Fort Saint-Louis. Cathédrale (XIXe s.). Élégante place de la Savane. Bibliothèque Schoelcher, œuvre de l'architecte H. Pick (1887). ▪ Centre commercial et touristique actif. Port de commerce. Port militaire. Commandement des forces françaises dans les Antilles. Carnaval. ▮ **Histoire** L'établissement militaire fut fondé en 1683 sous le nom de Fort-Royal, et promu capitale de la colonie dès 1692.

**FORTEBRACCI (Andrea)** → **Braccio da Montone**

**FORTEBRACCIO (Niccolò)** ♦ Condottiere italien (mort en 1435). Formé par son oncle Andrea Fortebracci, dit Braccio da Montone, il se mit au service de Florence, vainquit Volterra en 1429, mais ne put soumettre Lucques. Au service du pape Eugène* IV, il le trahit (1433), envahit les États du Saint-Siège et réussit à entrer dans Rome (1434). Trahi par Francesco Sforza*, il fut tué en combattant le pape. ▪ Il eut pour successeur un de ses parents, Niccolò Piccinino*. ✦ ÉTYM. Ce nom de famille italien vient de *forte* «fort» et *braccio* «bras».

**FORTESCUE (sir John)** ♦ Juriste anglais (Norris, près de South Brent, Somerset v. 1385 - Ebrington, Gloucestershire v. 1476). Élu au Parlement (1421), il fut nommé sous Henri* VI grand juge du Banc du roi (1442) et armé chevalier (1443). Alors qu'il venait d'être fait chancelier (1461), il s'enfuit en Écosse avec le roi Henri VI, puis s'exila en France. De retour en Angleterre après la défaite finale de la maison des Lancastre (1471), il se soumit à Édouard IV. Son ouvrage *De laudibus legum Angliae* (publié en 1546) est un éloge de la monarchie constitutionnelle anglaise. ✦ ÉTYM. *Fortescue* vient de l'ancien français *fort* et *escut* «bouclier» [surnom d'un soldat vaillant].

**FORT-GOURAUD** → **F'Derik**

**FORTH** n. m. ♦ Fl. d'Écosse (106 km). Il prend sa source dans les Grampians et se jette dans la mer du Nord par un estuaire large et profond (Firth of Forth) que traversent à l'O. d'Édimbourg un célèbre pont ferroviaire et un pont routier. Le pont ferroviaire aux trois arches et piliers métalliques en forme de losange est l'œuvre des architectes B. Baker et J. Fowler (1883 - 1890).

**FORTINI (Franco LATTES, dit Franco)** ♦ Écrivain italien (Florence 1917 - 1994). Ayant fréquenté avant la guerre le groupe hermétique (A. Gatto*, M. Luzi*), il fut lié, aux côtés de R. Barthes et E. Morin, à la fondation de la revue *Arguments*. Parallèlement à ses traductions (Proust, Brecht, Goethe, Kafka), il poursuit en poésie (*Foglio di via*, 1946 ; *Poesia ed errore*, 1959 ; *Una volta per sempre*, 1963 ; *Questo muro*, 1973 ; *Paesaggio con serpente*, 1984) une œuvre dont la dimension humaine («historique» et «morale») s'inscrit dans un spectre rhétorique allant de l'extrême austérité jusqu'au baroquisme angoissé (*La Poésie des roses*). Son œuvre comprend d'importants essais (*Dieci inverni*, 1957 ; *Verifica dei poteri*, 1965) et des récits (*Sere in Valdossola*, 1963).

**FORT-LAMY** ✦ ÉTYM. en hommage à François *Lamy** ♦ → **N'Djamena**

**FORT LAUDERDALE** ♦ V. des États-Unis (Floride). 152 397 hab. dont 28 % de Noirs (zone urbaine avec Miami 3 876 380). 3e port de la Floride (importation de carburants). Station balnéaire.

**FORT-MAHON-PLAGE** [80790] ♦ Comm. de la Somme, arr. d'Abbeville. 1 140 hab. (*Fort-Mahonnais*). Station balnéaire sur la Manche.

**FORT-MARDYCK** [59430] ✦ ÉTYM. *Mardyck*, du moy. néerl. *mare* «pièce d'eau» et *dijc* «digue» ♦ Comm. du Nord, banl. O. de Dunkerque. 3 770 hab.

**FORT-NATIONAL** → **Larbaa-Naït-Irathen**

**FORTNER (Wolfgang)** ♦ Compositeur allemand (Leipzig 1907 - Heidelberg 1987). Il composa avant la Deuxième Guerre mondiale de nombreuses musiques d'église, dans le style néoclassique imposé par l'idéologie officielle, mais se tourna en 1945 vers le dodécaphonisme, qu'il pratiqua avec une grande rigueur : *Symphonie* (1947), *Bluthochzeit* (1957 - 1963).

**FORTON (Louis)** ♦ Dessinateur et conteur français (Sées 1879 - Saint-Germain-en-Laye 1934). Il créa les *Pieds* Nickelés* (1908) et *Bibi Fricotin* (1924), dans lesquels ni la relative maladresse du dessin ni la banalité de la mise en page ne compromettent une invention comique et une verve populaire exceptionnelles, surtout sensibles dans le style argotique et goguenard du récit.

**FORTOUL (Hippolyte)** ♦ Homme politique français (Digne 1811 - Ems 1856). Député à l'Assemblée constituante (1848), réélu à l'Assemblée législative (1849), il approuva la politique de Louis Napoléon Bonaparte, qui le nomma ministre de la Marine (oct. 1851) dans le cabinet qui contribua à la préparation du coup d'État du 2 décembre 1851. Devenu ministre de l'Instruction publique dès le 3 décembre, il se signala par ses mesures autoritaires et réactionnaires : décret permettant au ministre de révoquer les professeurs de l'enseignement supérieur, suppression des agrégations de philosophie et d'histoire.

**FORT SMITH** ♦ V. des États-Unis (Arkansas). 80 628 hab. Commerce des produits agricoles. Gaz naturel. Indus. du zinc.

**FORTUNA** ♦ Divinité du hasard dans la religion romaine, identifiée à la Tyché (Tukhê) grecque. Elle est représentée sous les traits d'une femme, la plupart du temps le visage voilé, tenant une corne d'abondance ou un gouvernail. Ses sanctuaires les plus célèbres étaient ceux d'Antium et de Préneste.

**FORTUNAT (saint Venance)** ♦ (Près de Trévise v. 530 - Poitiers 600). Évêque de Poitiers (v. 597), auteur de poèmes latins (11 livres de *Carmina*), de biographies pieuses (*Vita Radegundis*, *Vita Martini*) et des hymnes *Pange, lingua* et *Vexilla regis*. ▪ Fête le 14 déc.

La **Fortune des Rougon** ♦ Roman d'Émile Zola* (1871), premier volume du cycle des *Rougon*-Macquart*. De son mari jardinier, Adélaïde Fouque (Tante Dide) a eu un fils, Pierre Rougon, et d'un hors-la-loi, un fils et une fille, Antoine et Ursule Macquart. Dans le cadre historique des journées de décembre 1851, la haine entre les deux familles s'accroît. Pierre Rougon, bonapartiste, tire profit de la situation aux dépens du veule républicain Antoine Macquart. Ni l'un ni l'autre n'interviennent pour sauver le seul personnage sincère, Silvère Macquart, abattu par un gendarme. Dans ce livre, Zola relate la névrose originelle de la Tante Dide qui se répercutera sur l'ensemble de sa descendance.

**FORTUNÉES** (îles) ♦ Nom que Pline* l'Ancien a donné aux îles Canaries*.

**FORTUNY Y MADRAZO (Mariano)** ♦ Créateur de tissus, styliste, peintre italien d'origine espagnole (Grenade 1871 - Venise 1949). Fils de MARIANO FORTUNY Y MARSAL, peintre orientaliste espagnol (1838 - 1874), il s'installa en 1889 à Venise, où il créa en 1904 un nouveau système d'éclairage de scène pour le théâtre, le *dôme Fortuny*. Il est surtout célèbre pour ses tissus en soie, en coton, en velours, qu'il décorait de motifs floraux souvent dorés inspirés de l'art ancien japonais, chinois, byzantin, italien. Le raffinement des formes, des couleurs, des drapés, en fit l'incarnation de la Belle Époque. Il créa aussi des costumes de scène et des robes pour Isadora Duncan* et Eleonora Duse* et fut admiré de Proust*. Il a créé des meubles Art* nouveau pour son palais degli Orfei et peint des tableaux, dont un *Autoportrait*, 1946. Un musée lui est consacré à Venise.

**FORT WAYNE** ♦ V. des États-Unis (Indiana). 205 727 hab. (zone urbaine 502 141). Indus. (électricité, radio).

**FORT WILLIAM** → **Thunder Bay**

**FORT WILLIAM** ♦ V. d'Écosse (Highland) au fond du loch Linnhe et au débouché de la dépression centrale des Highlands. 11 000 hab. Centres touristiques de l'Écosse septentrionale.

**FORT WORTH** ♦ V. des États-Unis (Texas). 534 694 hab. dont 22 % de Noirs et 19 % d'Hispaniques (zone urbaine 3 876 380 hab. avec Dallas et Arlington). ▪ Indus. aéronautique et bases aériennes ; extraction de pétrole. Commerce du bétail ; conditionnement de la viande. ▪ Siège de l'Université chrétienne du Texas.

**Forum romanum** ♦ Établi par les Étrusques (–VI$^{e}$ s.) dans la dépression qui s'étendait entre le Capitole*, l'Esquilin* et le Palatin*, le Forum servit à l'origine exclusivement de marché mais devint bientôt le centre de la ville, sur le plan commercial, politique et religieux. Sous la royauté étrusque, la République et l'Empire, il fut orné de nombreux édifices : les Rostres, la basilique Julia, la Curie, la maison des Vestales, le temple des Dioscures, les arcs de Titus et de Septime Sévère. À l'époque impériale, d'autres forums furent créés au N. du Forum romanum, parmi lesquels le *forum d'Auguste* et le *forum de Trajan* où s'élevaient l'arc de Trajan, la basilique Ulpia et la colonne Trajane. Rome possédait d'autres forums à usage exclusivement commercial : le *forum boarium*, marché aux bestiaux, et le *forum holitorium*, marché aux légumes. À l'image du Forum romain, des forums furent aménagés (Arles, Pompéi, Palmyre, Timgad).

**Forum romanum.** *Phot. © Pippa West /Shutterstock*

**FOS** (golfe de) ♦ Golfe de la côte méditerranéenne, à l'E. du delta du Rhône ; un canal relie le golfe à l'étang de Berre. Ports pétroliers. → **Lavéra, Fos-sur-Mer.**

**FOSBURY (Dick)** ♦ Athlète américain, spécialiste du saut en hauteur (Portland 1947). Grâce à sa technique « saut en Fosbury » (de dos), il changea profondément l'épreuve de saut en hauteur et remporta la médaille d'or aux jeux Olympiques de Mexico en 1968.

Dick **Fosbury**. Jeux Olympiques de Mexico, 1968. *Phot. © Bettmann/Corbis*

**FOSCARI (Francesco)** ♦ (Venise v. 1373 - *id.* 1457). Doge de Venise (1423 - 1457). Il combattit Milan (1427, 1431, 1433) et lui prit Bergame, Crémone et Brescia. Il conquit Ravenne sur Bologne (1441) puis fit la guerre au pape (1443 - 1445). ▪ Il inspira Byron et Verdi.

**FOSCOLO (Ugo)** ♦ Écrivain italien (Zante 1778 - Turnhamgreen, Londres 1827). Grec par sa mère, il fit son éducation littéraire à Venise, où, en 1797, il donna une tragédie alfiérienne : *Thyeste* et publia l'ode *À Bonaparte libérateur*, mais resta scandalisé par le traité de Campoformio. Entre Milan et Bologne, il travailla aux *Dernières lettres de Jacopo Ortis* (1$^{re}$ éd. compl. 1802 ; éd. définitive, 1817), œuvre inégale mais fiévreuse, inspirée de *Werther*. En 1803, il publia ses douze *Sonnets* et ses odes *À Luigia Pallavicini* et *À l'amie convalescente*, et le *Commentaire de la Chevelure de Bérénice*, où il dessina les fondations de sa poétique. Il traduisit le *Sentimental Journey* de Sterne, qu'il publia en 1813 accompagné de la *Notice sur Didimo Chierico*. En 1807 parut son chef-d'œuvre, *Les Tombeaux (Dei Sepolcri)*, qui, au moyen d'un vers à la fois nerveux et solennel, chantent les tombes comme lieux de la mémoire héroïque et de la poésie. Deux ans plus tard, il donna à Pavie sa leçon inaugurale *Sur l'origine et l'office de la littérature*, véritable manifeste du « premier romantisme italien ». Sa tragédie *Ajax*, donnant lieu à une interprétation politique, fut censurée. Entre 1812 et 1814, il composa l'essentiel des *Grâces (Le Grazie)*. Dans le cadre de trois hymnes, inachevés, ce vaste poème, dédié à Canova, devait retracer l'histoire de la transmutation de l'humanité bestiale par le mythe des Grâces. À la chute de Napoléon, Foscolo espérait que le Royaume d'Italie pouvait être sauvé ; mais le retour des Autrichiens le poussa à l'exil ; il s'enfuit en Suisse, fit paraître à Zurich une fantastique satire en latin, l'*Hypercalypseos* (1816), puis se réfugia à Londres, où, il mourut, accablé par les dettes et la maladie. Il avait entre-temps donné ses grands essais critiques (sur Pétrarque, sur le texte de *La Divine* Comédie*, sur la littérature contemporaine en Italie, etc.). Il laissait de pétillantes *Lettres d'Angleterre*, inachevées, et une correspondance parmi les plus belles de la littérature italienne. ➝ ÉTYM. Ce nom de famille italien est une variante de *Foschi*, du latin *Fuscus*, nom de personne, de *fuscus* « sombre (de peau ou de cheveux) ».

**FOSHAN** ou **FO-CHAN** ♦ V. de Chine (Guangdong). 4 006 681 hab. Indus. céramique et artisanat. Feux d'artifice. Centre d'exportation.

**FOSS (Lukas)** ♦ Compositeur américain d'origine allemande (Berlin 1922 - New York 2009). Élève de Koussevitzky et de P. Hindemith, il est l'auteur de cantates, de pièces de musique de chambre et de scène, de musique instrumentale et de deux opéras (*The Jumping Frog*, 1949 ; *Griffelkin*, 1955).

**FOSSE (Bob)** ♦ Acteur, danseur, chorégraphe et cinéaste américain (Chicago 1925 - Washington 1987). *Cabaret* (1972) consacra comme cinéaste ce chorégraphe virtuose du *musical*. On lui doit également *Sweet Charity* (1969), qu'il avait mis auparavant en scène à Broadway ; *Lenny* (1974), *Que le spectacle commence* (1979), aux accents autobiographiques, et *Star 80* (1983).

**FOSSE (Jon)** ♦ Écrivain norvégien (près de Bergen, 1959). Il est l'auteur de plusieurs romans (*Melancholia*, 1996 ; *Matin et Soir*, 2002), mais c'est au théâtre qu'il se consacre plus particulièrement depuis 1994, date de sa première pièce, *Et jamais nous ne nous séparerons*. Ce qui caractérise son théâtre est la lenteur, un style minimaliste, une écriture simple où les mots se répètent en boucle : *Quelqu'un va venir*, 1996 (monté en France par Claude Régy) ; *Hiver*, 1996 ; *Variations sur la mort*, 2002.

**FOSSES** [95470] ➝ ÉTYM. anc. *de Fossis*, du lat. *fossa* « fossé, canal » ♦ Comm. du Val-d'Oise, arr. de Sarcelles. 9 998 hab. (aggl. 19 348).

**FOS-SUR-MER** [13270] ➝ ÉTYM. anc. en lat. *Fossae Marianae* « canal *(fossae)* de Marius *(Marianae)* » (V. ci-dessous) ♦ Comm. des Bouches-du-Rhône, arr. d'Istres, près du *golfe de Fos*. 13 922 hab. *(Fosséens)*. Vestiges d'une enceinte fortifiée et d'un château (XIV$^{e}$ s.). ▪ Le nouveau port pétrolier et minéralier de Fos alimente le plus étendu des complexes industriels du sud de l'Europe, aménagé sur les rives du golfe de Fos. Raffinerie de pétrole. Départ de l'oléoduc sud-européen vers les ports d'Alsace et d'Allemagne. Sidérurgie. Métall. fine et métall. des métaux non ferreux. Pétrochimie. ▮ **Histoire** Marius y fit creuser un canal en –106, pour relier Arles à la mer.

**FOSTER (sir Norman)** ♦ Architecte britannique (Manchester 1935). Cofondateur en 1963 du « Team 4 » avec son épouse Wendy et avec Richard et Sue Rogers* (Usine de Reliance Controls, Swindon, 1967), il affirme un style *High tech* intransigeant, presque classique, fondé sur l'emploi d'unités modulaires empruntées à l'industrie aéronautique ou navale. Il a conçu de très nombreux édifices dans le monde entier : aéroports (Londres, Pékin, Hong Kong), universités (Stanford, Berlin, Toronto), gares (Dresde, Singapour, Bilbao, Florence), ponts (pont du Millenium à Londres, 2000 ; viaduc de Millau, 2004), bureaux (Hearst Tower à New York), bâtiments administratifs (dôme en verre du Reichstag à Berlin, 1998 ; City Hall de Londres, 2002 ; pyramide en verre du Palais de la Réconciliation au Kazakhstan, 2006) ou destinés à la culture et au sport (Carré d'Art de Nîmes, 1993 ; salle de concert The Sage Gateshead, 2004 ; stade de Wembley, 2007). [Prix Pritzker 1999] ➝ ÉTYM. *Foster* est une contraction de l'anglais *Forster* « celui qui habite dans la forêt ou y travaille ».

**FOUAD I$^{er}$** ➝ ÉTYM. de l'ar. *fu'ād* « cœur, courage » ♦ (Gizeh 1868 - Le Caire 1936). Roi d'Égypte (1922 - 1936). Fils du khédive Ismaïl* Pacha, il succéda à son frère Husayn Kamāl (1917). Élevé en Suisse et en Italie, il acquit une réputation d'intellectuel et fonda une université égyptienne en s'inspirant des modèles occidentaux (1908). Prenant le titre de roi en 1922, il s'efforça de gouverner sans heurter les intérêts britanniques et fut amené à lutter contre le parti nationaliste du Wafd (surtout à partir de 1928).

**FOUCAULD** (bienheureux **Charles-Eugène,** vicomte **DE), dit le père de Foucauld** ♦ Explorateur et missionnaire français (Strasbourg 1858 - Tamanrasset 1916). Officier, il accomplit un premier voyage au Maroc, déguisé en rabbin, repérant plus de 2 000 km d'itinéraires nouveaux (1883 - 1884). Il se convertit en 1886, quitta l'armée, entra à la trappe de Notre-Dame-des-Neiges, Ardèche (1890), fit plusieurs séjours en Palestine, Syrie, Algérie, fut ordonné prêtre (1901) et devint ermite missionnaire au Sahara : d'abord à Beni Abbès puis à Tamanrasset (1905). Il fut assassiné par des Senoussis. Auteur d'une *Reconnaissance au Maroc* (avec l'aide de Duveyrier*, 1888), de travaux sur les Touareg : *Grammaire et Dictionnaire français-touareg, touareg-français ; Poésies touareg ; Écrits spirituels.* ➝ ÉTYM. Ce nom de famille a la même étymologie que *Foucault**.

**FOUCAULT (Léon)** ♦ Physicien français (Paris 1819 - *id.* 1868). Après avoir utilisé, avec Fizeau*, la photographie en astronomie (1845) et effectué des recherches en photométrie et en spectroscopie, il mit au point une méthode de mesure de la vitesse de la lumière, à l'aide de miroirs tournants, applicable à la fois dans l'air et dans l'eau ; les résultats obtenus, différents dans les deux milieux, confirmèrent définitivement la théorie ondulatoire de Fresnel* (1850). Il établit l'existence de courants électriques dans les conducteurs soumis à des champs magnétiques variables, conséquence directe des lois de l'induction *(courants de Foucault)*. En 1851, il réalisa au Panthéon une célèbre expérience destinée à mettre en évidence la rotation de la Terre, avec un pendule de 28 kg suspendu à un fil d'acier de 67 m, dont les oscillations restent dans un plan fixe par rapport à un repère galiléen. L'année suivante, il inventa le gyroscope, instrument donnant le même résultat. En 1857, il imagina de remplacer le miroir sphérique des télescopes par un miroir parabolique en verre argenté, supprimant l'aberration de sphéricité. [Acad. sc. 1865]

**FOUCAULT (Michel)** ♦ Philosophe français (Poitiers 1926 - Paris 1984). En 1961, dans son *Histoire de la folie à l'âge classique*, il étudia, à travers la modification du concept de «folie» et l'élaboration, au XVII^e s., de l'opposition «folie-raison», le besoin pour une culture de définir ce qui la limite, ce qui est hors d'elle (ici, la «déraison», cernant la «raison» classique). Cette étude présente déjà l'évolution des idées comme soumise à des mutations (le «fou», envoyé de Dieu pour la culture médiévale, devient un être échappant à la norme de rationalité). *Naissance de la clinique, une archéologie du regard médical* (1963) élargit l'entreprise et introduit un mot clé, *archéologie*, désignant le projet de méthode qui organise l'œuvre de Foucault, projet d'analyse du domaine des «choses dites». *Les Mots* et les Choses* (1966) sont en effet sous-titrés *une archéologie des sciences humaines*. Dans cet ouvrage majeur, l'auteur considère les connaissances concernant l'homme, de la biologie à la psychologie, à la linguistique et à l'économie, comme le produit de mutations, remaniant de fond en comble l'organisation du savoir et recréant un ensemble (ou champ) épistémologique *(épistémè)* qui définit en tous domaines les conditions et les limites de leur développement. L'analyse dégage ainsi une *épistémè* régie par la loi des correspondances (ou ressemblances) propre à la Renaissance, remplacée au XVII^e s. par une attitude analytique commandée par la notion abstraite de «raison». Le XIX^e s., selon Foucault, en introduisant l'idée de «temps historique» a détruit le savoir analytique organisé en «représentations» pour soumettre les connaissances aux lois de leur évolution : ainsi devint possible une connaissance «scientifique» de l'homme, vouée d'ailleurs à une proche disparition. L'ouvrage qui constitue une critique de la notion de «science de l'homme» connut rapidement une audience considérable. Dans *L'Archéologie* du savoir* (1969), l'auteur, mettant en perspective et critiquant ses travaux antérieurs, définit son entreprise : «prendre la mesure des mutations qui s'opèrent en général dans le domaine de l'histoire», mettre «en question les méthodes, les limites, les thèmes propres à l'histoire des idées», «dénouer les dernières sujétions anthropologiques». Entreprise monumentale et inachevée (l'auteur avait annoncé six volumes), l'*Histoire de la sexualité* compte finalement trois tomes (*La Volonté de savoir*, 1976 ; *L'Usage des plaisirs*, puis *Le Souci de soi*, 1984) qui ambitionnent d'analyser comment, en Occident depuis la fin de l'Antiquité, s'est constitué «l'homme de désir». *Surveiller et punir* (1975) est une description de la naissance de la prison et des dispositifs disciplinaires et punitifs. Les derniers travaux de M. Foucault, qui enseigna au Collège de France et à l'université de Californie à Berkeley, ont porté sur l'histoire de l'État. ➝ ÉTYM. *Foucault* vient du germanique *Folcwald*, de *folc* «peuple» et *waldan* «gouverner» (➝ aussi Foucauld).

**FOUCHÉ (Joseph)**, duc **D'OTRANTE** ♦ Homme politique français (Le Pellerin, près de Nantes 1759 - Trieste 1820). Élève des oratoriens puis professeur à l'Oratoire, il se rallia en 1789 aux idées révolutionnaires. Élu à la Convention (1792), il siégea avec les députés de la Montagne et vota la mort du roi. Chargé avec Collot d'Herbois de réprimer l'insurrection fédéraliste et royaliste de Lyon, il y organisa la Terreur et fut alors surnommé *le Mitrailleur de Lyon*. Personnage intrigant et sans scrupules, il fut un des instigateurs du 9 Thermidor an II (27 juil. 1794), mais fut néanmoins exclu de la Convention thermidorienne, arrêté, puis amnistié. Nommé ministre de la Police grâce à Barras en 1799 (30 Prairial* an VII), il mit au service de Bonaparte, pour la préparation du coup d'État du 18 Brumaire, le réseau d'agents et d'espions qu'il avait créé en France. Maintenu dans ses fonctions avec Talleyrand, il devint duc d'Otrante (1809) et gouverneur des Provinces-Illyriennes. Ministre de la Police pendant les Cent-Jours, il fut membre du gouvernement provisoire après Waterloo et contribua à préparer le retour des Bourbons. Il fut à nouveau nommé ministre de la Police, puis ambassadeur à Dresde (1815). Atteint comme régicide par la loi de 1816, il s'installa à Prague, Linz, devint autrichien et se retira à Trieste. ➝ ÉTYM. *Fouché* vient du germanique *Folchari*, nom de personne, de *folc* «peuple» et *hari* «armée».

**FOUCHER DE CHARTRES** ♦ Religieux et chroniqueur français (Chartres 1058 - Jérusalem ? après 1127). Il participa à la première croisade et en écrivit l'histoire *(Histoire de Jérusalem)*.

**FOUCQUET** ➝ **Fouquet**

**FOUESNANT** [fwɛnɑ̃] [29170] ♦ Ch.-l. de cant. du Finistère, arr. de Quimper, en Cornouaille, près de la baie de la Forêt. 8 076 hab. (aggl. 10 885) *(Fouesnantais)*. Église romane du XII^e s., remaniée au XVIII^e s. ▪ Vergers. Cidre réputé. Station balnéaire.

**FOUGÈRES** [35300] ♦ Ch.-l. d'arr. de l'Ille-et-Vilaine, sur le Nançon. 21 779 hab. (aggl. 27 178) *(Fougerais)*. Église Saint-Sulpice (XV^e - XVIII^e s.) de style gothique flamboyant (retables de granit du XV^e s.). Tours du XIV^e s. Château féodal (XII^e - XV^e s.) dont l'enceinte est flanquée de treize tours (tour Mélusine du XIV^e s.). Maisons anc. ▪ Centre indus. (cuir, électronique). ▮ **Histoire** Anc. baronnie de Bretagne et place forte maintes fois assiégée, la ville fut bombardée au cours de la dernière guerre.

**FOUGEROLLES** [70220] ➝ ÉTYM. «petites fougères» ♦ Comm. de la Haute-Saône, arr. de Lure. 3 967 hab. *(Fougerollais)*. Construc. mécaniques. Distilleries (kirsch).

**FOUGERON (André)** ♦ Peintre français (Paris 1913 - 1998). Autodidacte, il a appartenu dès 1930 au groupe des «Indélicats», avec Pignon. Communiste il a dénoncé dans ses tableaux la guerre civile espagnole (*Hommage à Franco ! ! !*, 1937), le nazisme (*À mort la bête*, 1944) et l'impérialisme américain (*Civilisation atlantique*, 1953). D'abord proche de l'expressionnisme et du fauvisme, son style devint plus réaliste avec *Les Parisiennes au marché* (1947). Malgré l'adhésion du peintre aux principes du réalisme socialiste, son style, dépourvu d'académisme, se teinte d'humour et même d'un certain fantastique.

**FOUILLÉE (Alfred)** ♦ Philosophe français (La Pouëze, Maine-et-Loire 1838 - Lyon 1912). Son positivisme spiritualiste (➝ **Ravaisson-Mollien**) a pour thème central la notion de force qui, appliquée à la nature et à l'activité de l'esprit, lui paraît offrir la possibilité d'affirmer les conditions positives de la connaissance tout en sauvegardant les valeurs spirituelles (*L'Évolutionnisme des idées-forces*, 1889 ; *Morale des idées-forces*, 1907).

**FOUILLOUSE (LA)** [42480] ➝ ÉTYM. équivalent franco-prov. de l'occit. *folhosa* «(terre) pourvue d'arbres feuillus» ♦ Comm. de la Loire, arr. de Saint-Étienne, sur le Furan. 4 234 hab.

**FOUJITA (FUJITA Tsuguharu, devenu Léonard)** ➝ ÉTYM. du jap. *fuji* «wisteria [plante]» et *ta* «champ» ♦ Peintre japonais (Tōkyō 1886 - Zurich 1968) de l'école de Paris, célèbre pour ses peintures de femmes et de chats d'un style traditionnel et d'un graphisme élégant. Converti au christianisme vers la fin de sa vie, il adopta le prénom de Léonard et peignit des scènes religieuses.

**FOU-KIEN** ➝ **Fujian**

**FOULAYRONNES** [47510] ➝ ÉTYM. p.-ê. occit. «ravin des voleurs», de *fos* «abîme, fondrière» et *lairon* «voleur» ♦ Comm. du Lot-et-Garonne, arr. d'Agen. 4 597 hab.

**FOULBÉS** ➝ **Peuls**

**FOULD** ♦ Famille d'hommes d'affaires et de banquiers français. ♦ **Bénédict Fould** (Paris 1792 - *id.* 1858). Fils du fondateur de la banque Fould, Oppenheim et Cie, il contribua à la création de la compagnie d'assurances l'Union (sept. 1828) et de plusieurs sociétés financières. ♦ **Achille Fould.** Banquier et homme politique français (Paris 1800 - Laloubère, Hautes-Pyrénées 1867). Frère du précédent. Député (1842), il se fit connaître par ses *Observations sur la question financière adressées à l'Assemblée nationale* (mai 1848), et, en oct. 1849, fut nommé ministre des Finances par Louis Napoléon Bonaparte, fonction qu'il assuma jusqu'en janv. 1852. Fondateur des caisses de retraite et de secours à la vieillesse et du Crédit mobilier (avec Pereire* en 1852) et organisateur de l'Exposition universelle de 1855, il fut sénateur, ministre d'État (1852 - 1860) et membre du Conseil privé sous le Second Empire ; partisan du libéralisme économique, il contribua à faire signer le traité de commerce avec la Grande-Bretagne (1860) et, rappelé au ministère des Finances (1861 - 1867), tenta, sans grand succès, de limiter les dépenses du régime. ➝ ÉTYM. *Fould* signifie «originaire de *Fulda**».

**FOULLON (Joseph François)** ♦ Administrateur français (Saumur 1717 - Paris 1789). Intendant général des armées, de la marine, adjoint au ministre de la Guerre, il fut chargé de l'approvisionnement de «l'armée de siège» (12 juil. 1789). Après la révolution populaire parisienne et la prise de la Bastille (14 juil. 1789), il fut condamné à mort par l'Assemblée des électeurs de l'Hôtel de Ville comme «affameur» du peuple et pendu le 22 juil., peu avant son gendre, l'intendant Bertier* de Sauvigny.

**FOULQUES** ➝ ÉTYM. du germ. *folc* «peuple» ♦ Prélat franc (v. 840 - 900). Archevêque de Reims, il soutint Charles le Simple contre Eudes et le couronna à Reims.

**FOULQUES** ♦ Nom de plusieurs comtes d'Anjou, dont FOULQUES III dit Nerra «le Noir» (972 - Metz v. 1040), farouche guerrier, vainqueur du comte Conan de Rennes (992) et du comte Eudes de Blois. ♦ **FOULQUES V** (près de Ptolémaïs 1095 - Palestine 1143), comte d'Anjou (1109 - 1131), puis roi de Jérusalem (1131 - 1143) par son mariage avec Mélisende, fille de Baudouin II, roi de Jérusalem. ▪ Père de Geoffroi* V d'Anjou.

**FOULQUES DE NEUILLY** ♦ Religieux français (mort à Neuilly-sur-Marne en 1201). Il fut chargé par Innocent III de prêcher la quatrième croisade*.

**Fountains Abbey** ♦ Abbaye cistercienne d'Angleterre (Yorkshire), au N. d'Harrogate. Ses ruines furent intégrées à un parc de facture romantique.

**FOUQUÉ (Friedrich, baron DE LA MOTTE)** → **La Motte-Fouqué**

**FOUQUÉ (Ferdinand André)** ♦ Géologue et minéralogiste français (Mortain, Manche 1828 - Paris 1904). Il fit des recherches sur les éruptions et les roches volcaniques. Il fut également un des premiers à utiliser le microscope en pétrographie et publia avec Michel-Lévy un traité de *Minéralogie micrographique* (1879), où il établit les bases de la classification moderne (composition et structure minéralogique, données chimiques). [Acad. sc. 1881]

**FOUQUET** ou **FOUCQUET (Jean)** ♦ Peintre et miniaturiste français (Tours, v. 1420 - *id.* 1477-1481). On suppose qu'il se forma dans les ateliers parisiens et le style de ses miniatures indique qu'il prit connaissance des manuscrits des Limbourg*. Il exécuta probablement le *Portrait de Charles VII*, avant de se rendre en Italie (v. 1445 - 1448). Déjà célèbre, il fut chargé de peindre le portrait (perdu) du pape Eugène IV ; lors de son séjour, il assimila les découvertes d'Alberti* sur la perspective, se lia avec Filarete* et adopta les modèles d'architecture et les motifs ornementaux italiens. Revenu à Tours, il travailla pour Charles VII et pour Étienne Chevalier, puis devint le peintre officiel de Louis XI (1474). Peu de ses peintures ont été conservées. Le portrait de *Juvenal des Ursins* et le *diptyque* dit *de Melun* représentant *Étienne Chevalier présenté par saint Étienne* et, au centre, *La Vierge* à l'Enfant*, figurée sans doute sous les traits d'Agnès Sorel (v. 1450), témoignent de l'originalité de son style : acuité psychologique, attention portée au réel mais subordination des détails à l'effet d'ensemble, sens de l'organisation des masses, équilibre de la composition, caractère sculptural des formes aux volumes lisses et arrondis ; ces traits stylistiques s'allient chez lui à un attachement à la mentalité médiévale, notamment dans l'expression du sentiment religieux. Il fut aussi un peintre sur émail *(Autoportrait)* et l'organisateur des fêtes et entrées solennelles du roi. Son œuvre de miniaturiste révèle la variété de ses recherches : dans les *Heures d'Étienne Chevalier* (entre 1450 et 1480), il appliqua strictement le procédé de perspective à point de fuite central ; dans le *Boccace* (v. 1458), les *Grandes chroniques de France* et surtout les *Antiquités judaïques* (v. 1467 - 1476), il échelonna souvent les plans parallèles en profondeur et employa divers systèmes perspectifs dans une même composition. Il fut un observateur précis, un fidèle chroniqueur de son époque, particulièrement doué pour prendre les foules, et surtout un remarquable paysagiste, s'attachant à rendre la qualité de l'atmosphère, exprimant avec un coloris nuancé l'éclat et la transparence du ciel. L'ampleur de sa vision, son caractère synthétique en font le plus important peintre français du XV^e^ s. ▪ *Illustrations :* → **Charles VII, Juvénal.** ➝ ÉTYM. *Fouquet* est un diminutif de *Fouque*, du germanique *Folco*, nom de personne (de *folc* «peuple»).

**FOUQUET** ou **FOUCQUET (Nicolas)** ♦ Homme d'État français (Paris 1615 - Pignerol 1680 ?). Lié à Mazarin, il succéda à Servien* à la surintendance des Finances (1653). Son crédit personnel lui permit de regagner la confiance des traitants et de faire face aux dépenses de l'État après la Fronde*. Cependant, il profita de sa situation pour acquérir une fortune prodigieuse, entretenir toute une clientèle et même établir une force militaire personnelle (fortification de Belle*-Île). Il s'entoura au château de Vaux*-le-Vicomte, qu'il avait fait construire, d'un groupe d'écrivains et d'artistes choisis avec discernement (La* Fontaine, Molière*, Le* Vau, Poussin*, Le* Brun). Colbert*, qui convoitait sa succession, dénonça ses malversations à Louis XIV. Une fête trop somptueuse à Vaux, où il invita le roi, acheva sa perte. Arrêté à Nantes (1661), il fut jugé avec partialité et irrégularité au cours d'un procès qui dura trois ans et à l'issue duquel il fut enfermé à Pignerol. La fidélité dont ses amis firent alors preuve (La Fontaine*, M^me^ de Sévigné*, M^lle^ de Scudéry*) témoigne en sa faveur. Les circonstances de sa mort sont restées obscures.

**FOUQUIÈRES-LEZ-LENS** [62740] ➝ ÉTYM. picard «fougères» ♦ Comm. du Pas-de-Calais, arr. de Lens. 6 898 hab. *(Fouquiérois)*.

**FOUQUIER-TINVILLE (Antoine Quentin)** ♦ Magistrat et homme politique français (Hérouel, Aisne 1746 - Paris 1795). Acquis aux idées révolutionnaires, il fut nommé accusateur public au Tribunal révolutionnaire, où il devint le symbole de la rigueur impitoyable et de la cruauté terroriste. Lié aux cordeliers et aux ultra-révolutionnaires, décrété d'accusation sous la Convention thermidorienne et condamné à mort, il fut exécuté.

**FOURAS** [fuʀa] [17450] ♦ Comm. de la Charente-Maritime, arr. de Rochefort, près de l'embouchure de la Charente. 3 835 hab. *(Fourasins)*. Donjon du XV^e^ s. abritant un petit musée d'histoire locale et maritime. Enceinte due à Vauban. ▪ Station balnéaire. Mytiliculture, ostréiculture. ▮ **Histoire** Napoléon s'y embarqua, le 8 juil. 1815, pour l'île d'Aix.

**FOURASTIÉ (Jean)** ♦ Économiste français (Saint-Benin, Nièvre 1907 - Paris 1990). Comme C. Clark* et contrairement aux analyses plus pessimistes de G. Friedmann*, il vit dans le progrès technique le facteur essentiel du progrès économique et social et affirma que les sociétés industrielles évoluaient vers une civilisation où prédominerait le secteur tertiaire (*Le Grand Espoir du XX^e^ s.*, 1949 ; *Machinisme et bien-être*, 1950 ; *Les Trente Glorieuses ou la Révolution invisible*, 1979). ➝ ÉTYM. *Fourastié* est une forme régionale de *Forastier* et désigne celui qui habite la forêt, le forestier.

Les **Fourberies de Scapin** ♦ Comédie de Molière* en 3 actes et en prose (1671). Fils d'Argante, Octave a épousé Hyacinthe durant l'absence de son père, tandis que Léandre, fils de Géronte, s'est épris de Zerbinette. Inquiets pour leurs amours et fort démunis d'argent, les deux jeunes gens en informent Scapin, valet de Léandre. Le génie de l'intrigue et la ruse, chez lui inépuisables, inspirent à Scapin les moyens d'obtenir des deux pères pistoles et écus nécessaires aux jeunes amants. Les habituels procédés de la comédie italienne (reconnaissances, etc.) sont exploités avec un bonheur scénique constant et une imagination verbale étincelante.

**FOURCHAMBAULT** [58600] ➝ ÉTYM. «four d'Archambault (n. de pers.)» ♦ Comm. de la Nièvre, arr. de Nevers, sur la rive d. de la Loire. 4 828 hab. (aggl. 8 647) *(Fourchambaultais)*.

**Fourches caudines** → **Caudium**

**FOURCROY (Antoine François, comte DE)** ♦ Chimiste et homme politique français (Paris 1755 - *id.* 1809). Il participa à l'établissement d'une nomenclature chimique rationnelle (1787) avec une équipe dont faisaient partie notamment Lavoisier* et Guyton* de Morveau, fit des recherches sur les affinités, et analysa la composition de plusieurs minéraux. Il fut membre suppléant de la Convention, de tendance très modérée. [Acad. sc. 1785]

**FOUREAU (Fernand)** ♦ Explorateur français (Saint-Barbant, Haute-Vienne 1850 - Paris 1914). Après avoir participé à plusieurs expéditions dans le sud algérien et le Tassili des Ajjers pour l'étude scientifique du Sahara (1888 - 1896), il entreprit, avec Lamy*, la traversée du Sahara et du Soudan, d'Ouargla au Tchad, puis atteignit le Congo (1898 - 1900). En 1906, il fut nommé gouverneur de Mayotte et des Comores. Il établit une carte de la partie septentrionale du Sahara (1908) et écrivit plusieurs ouvrages : *Rapport sur ma mission au Sahara et chez les Touaregs Azdjers* (1894), *D'Alger au Congo par le Tchad* (1902), *Documents scientifiques de la mission saharienne* (1903 - 1905).

**FOURIER (saint Pierre)** → **Pierre Fourier (saint)**

**FOURIER (Joseph, baron)** ♦ Mathématicien et physicien français (Auxerre 1768 - Paris 1830). Il fut l'un des premiers enseignants de l'École polytechnique et participa à l'expédition de Bonaparte en Égypte. Ses travaux, concernant la théorie de la chaleur, le conduisirent à la découverte des séries qui portent son nom et qui permettent d'exprimer une fonction périodique comme la somme de sinus et de cosinus. Les séries et les transformées de Fourier constituent toujours un des moyens mathématiques les plus utilisés en physique et donnent à leur auteur une place prépondérante parmi les mathématiciens du XIX^e^ s. On lui doit un théorème sur les racines d'une équation algébrique, perfectionnant celui de Descartes*. [Acad. sc. 1817 ; Acad. fr. 1826]

**FOURIER (Charles)** ♦ Philosophe et économiste français (Besançon 1772 - Paris 1837). Fils d'un riche commerçant, il perdit sa fortune à la suite d'une spéculation manquée (1793) et fut successivement commis voyageur et caissier d'une entreprise à Lyon, avant de se consacrer entièrement à l'élaboration de son projet de réforme économique, sociale et humaine, publiant ses œuvres à Paris et à Besançon (*Traité de l'association domestique et agricole*, 1822 ; *Le Nouveau Monde industriel et sociétaire*, 1829) et fondant l'hebdomadaire *Le Phalanstère*. Il critiqua la société industrielle bourgeoise, mais s'en prit également aux théories d'Owen* et au saint-simonisme. L'organisation sociétaire qu'il prône a pour centre la phalange (ou phalanstère), petit groupe de travailleurs associés en une sorte de coopérative par actions. Cette organisation sociale, constituée de personnes aux caractères différents (en raison des diverses combinaisons réalisées par les treize passions humaines fondamentales), doit conduire vers l'harmonie universelle. Ce projet utopique ne put se réaliser, malgré les tentatives de Fourier, mais le fouriérisme eut des adeptes. → **Considérant, Godin.** ➝ ÉTYM. Ce nom de famille est une variante de *Fourrier* «celui qui fournit le fourrage aux bêtes» ou le nom d'un lieu où l'on cultive les plantes fourragères.

**FOURMARIER (Paul)** ♦ Géologue belge (La Hulpe 1877 - Liège 1970). Ses travaux concernent notamment la schistosité des sols.

**FOURMIES** [59610] → ÉTYM. anc. *Formiacae villae*, du lat. *Formius*, n. de pers., et suff. *-iacas* ♦ Comm. du Nord, arr. d'Avesnes-sur-Helpe. 13 867 hab. (aggl. 17 151) *(Fourmisiens)*. Musée du Textile et de la Vie sociale. Écomusée de la région Fourmies-Trélon. ▪ Centre commercial. Indus. diversifiées. ▮ **Histoire** Le 1er mai 1891, lors d'une manifestation ouvrière, la troupe tira sur la foule, tuant neuf personnes et en blessant soixante.

**FOURNEAU (Ernest)** ♦ Pharmacologue français (Biarritz 1872 - Ascain 1949). Auteur de recherches sur l'action thérapeutique de nombreux composés chimiques, il découvrit des anesthésiques locaux comme la stovaïne, les traitements de plusieurs maladies tropicales (dont le paludisme), de la syphilis, de la lèpre et de la maladie du sommeil, mit au point les premiers antihistaminiques et curarisants de synthèse. Il fut à l'origine de la sulfamidothérapie et contribua au développement de la chimiothérapie.

**FOURNEYRON (Benoît)** ♦ Ingénieur français (Saint-Étienne 1802 - Paris 1867). Inventeur de la turbine hydraulique (1827).

**FOURNIER (Pierre Simon)** dit **Fournier le Jeune** → ÉTYM. anc. fr. « boulanger » ♦ Imprimeur et fondeur de caractères français (Paris 1712 - *id.* 1768). Il créa un caractère qui porte son nom, des caractères musicaux et des vignettes. Il est l'auteur d'un *Manuel typographique* (1766).

**FOURNIER (Alain)** → **Alain-Fournier**

**FOURNIER (Pierre)** ♦ Violoncelliste français (Paris 1906 - Genève 1986). Il mena une carrière de soliste, jouant avec les plus grands pianistes ; il fonda un trio avec W. Kempff et H. Szeryng.

**FOURONS** – en néerl. ***Voeren*** ♦ Comm. de Belgique (enclave de la Région flamande dans la prov. de Liège), prov. de Limbourg, arr. de Tongres, sur la Voer (ou le Fouron). 4 261 hab. Comm. à facilités pour la « minorité » francophone, en réalité majoritaire à 63 %, Fourons est devenu le symbole de la querelle linguistique.

**FOURQUES** [30300] → ÉTYM. de l'occit. *forca* « croisement des chemins » ♦ Comm. du Gard, arr. de Nîmes, sur le Petit Rhône. 2 544 hab. *(Fourquésiens)*. Départ du canal d'irrigation du bas Languedoc.

**FOURQUEUX** [78112] → ÉTYM. p.-ê. « (terrain) pourvu de fougères », du lat. *filicem* « fougère » et suff. *-osum* ♦ Comm. des Yvelines, arr. de Saint-Germain-en-Laye. 4 161 hab.

**FOURVIÈRE** → ÉTYM. du lat. *forum vetus* « vieux marché, vieille place » ♦ Colline dominant Lyon sur la rive d. de la Saône et sur laquelle est bâtie la basilique Notre-Dame de Fourvière.

**FOUTA-DJALON** → ÉTYM. mandingue « le haut pays », de *fouta (mfuta)* « terre, contrée, pays » et *djalon* « pente, montée » ou de *Omar el-Foutiyou* qui islamisa la région ♦ Massif montagneux de la Guinée, au N.-O. de la Dorsale guinéenne. Disloqué en blocs, son socle cristallin porte, par places, les grès siliceux de la couverture primaire (1 538 m). Il isole le pays côtier de la basse Guinée et constitue un château d'eau d'où sortent le Sénégal, la Falémé, la Gambie, le Konkouré. Région d'élevage pratiqué par les Peuls. Cultures vivrières (maïs, fonio).

**FOVILLE (Achille Louis)** ♦ Médecin français (Pontoise 1799 - Toulouse 1878). Médecin chef de l'asile des aliénés de Rouen puis de la maison de Charenton, il étudia en particulier les lésions du tronc cérébral et décrivit les syndromes qui portent son nom (paralysies).

**FOWLER (William Alfred)** ♦ Astrophysicien américain (Pittsburgh 1911 - Pasadena 1995). Physicien nucléaire, il s'orienta vers l'astrophysique. Il étudia les transformations et la synthèse des éléments chimiques dans les étoiles et élucida les mécanismes responsables des proportions des différents éléments observés dans l'univers. Fondateur de la nucléochronologie, il mit au point les méthodes de datation des événements astronomiques fondées sur la décroissance radioactive de l'uranium et du thorium. [Prix Nobel de phys. 1983, avec S. Chandrasekhar*] → ÉTYM. *Fowler* vient du vieil anglais *fugelere* « chasseur d'oiseaux ».

**FOWLES (John)** ♦ Romancier britannique (Leigh on Sea, Essex 1926 - Lyme Regis, Dorset 2005). Son œuvre, influencée par l'existentialisme et par le Nouveau Roman français, est marquée par les thèmes de la mystification, de l'illusion, et par l'agencement d'une fiction toujours au second degré. *L'Obsédé* (1958) et *Le Mage* (1966) jouent sur la référence à *La Tempête** de Shakespeare et décrivent la folie de personnages occupés à tendre des pièges à l'objet de leur désir. *Sarah et le Lieutenant français* (1969) dénonce les préjugés de l'Angleterre victorienne à la lumière de la théorie psychanalytique et offre au lecteur trois conclusions possibles. Avec *La Créature* (1985), roman situé en 1736 où se multiplient les fausses identités et les mensonges, Fowles retrouve ses grandes obsessions. → ÉTYM. *Fowles* vient du vieil anglais *fugol* « oiseau » (surnom d'une personne qui ressemble à un oiseau).

**FOX (George)** ♦ Fondateur de la secte des quakers* (Drayton, Leicestershire 1624 - Londres 1691). Cordonnier, convaincu d'être appelé par le Saint-Esprit, il commença à prêcher en 1647. Ses disciples formèrent la Société des Amis ou *quakers* (« trembleurs », d'après un mot de Fox recommandant au Juste de « trembler devant la parole de Dieu »). → ÉTYM. Ce nom de famille anglais signifie « renard ».

**FOX (Charles James)** ♦ Homme politique britannique (Londres 1749 - Chiswick, près de Londres 1806). Député à dix-neuf ans (1768), tout en menant une jeunesse tapageuse, il fut admis dans le ministère North*, qu'il quitta en 1774 pour entrer dans l'opposition regroupée autour de Burke* et du prince de Galles. Devenu le porte-parole des whigs, il défendit les colonies américaines et contribua à la chute de North (1782). Il fit alors partie du cabinet Shelburne*, conclut la paix avec l'Amérique et la France, s'opposa aux malversations de la Compagnie des Indes, mais dut se retirer devant l'hostilité de l'opinion. Sa sympathie pour la Révolution française l'opposa à Pitt* et à la plupart de ses amis. Redevenu secrétaire d'État aux Affaires étrangères à la mort de Pitt, il tenta un rapprochement avec Napoléon, prépara l'abolition de la traite des Noirs, sans avoir le temps de mener à bien ses projets. Il fut l'un des plus grands orateurs britanniques.

**Fox Broadcasting Company** ♦ Réseau *(network)* américain de stations de télévision fondé en 1987 par Rupert Murdoch*. Avec un réseau de plus de 200 stations locales, Fox a réussi en quelques années, grâce notamment à une programmation originale, à rejoindre en importance ABC*, CBS* et NBC*.

**FOXE** (bassin de) ♦ Mer intérieure de l'Arctique canadien, située au N. de la baie d'Hudson dont elle est séparée par le *détroit de Foxe (Foxe Channel)*. Elle est bordée au N., à l'E., et au S.-E. par la côte O. de l'île de Baffin.

**FOY (Maximilien Sébastien)** ♦ Général et homme politique français (Ham 1775 - Paris 1825). Engagé dans les armées républicaines, il fut maintenu dans ses fonctions sous l'Empire malgré ses relations avec Moreau* et son hostilité au régime, et il participa à plusieurs campagnes impériales. Rallié à Napoléon Ier lors des Cent-Jours, député en 1819, il siégea parmi les indépendants, prenant position en faveur de la liberté de la presse, de la liberté individuelle. Ses obsèques, qui rassemblèrent 100 000 personnes, furent l'occasion d'une manifestation d'opposition au régime.

**FOYLE** n. f. ♦ Riv. d'Irlande (30 km) qui marque la frontière entre les deux Irlandes et qui forme, à partir de Londonderry, un vaste estuaire, le lough Foyle.

**Foz Côa** ♦ Le plus grand site connu d'art rupestre paléolithique en plein air, situé dans la vallée du Côa, au nord-est du Portugal, découvert en 1994. Les gravures dessinées sur les roches schisteuses (20 000 ans) représentent des chevaux, des cervidés et des aurochs.

**FRA ANGELICO** → **Angelico**

**FRACASSE** → ÉTYM. en it. ***Fracasso***, de *Fracassus*, n. d'un géant légendaire (du lat. *fracassare* « fracasser, rompre ») ♦ Personnage de la comédie italienne et française, type du soldat fanfaron et prompt à la débandade devant un adversaire résolu, il est le descendant du *miles gloriosus*, de Plaute, et le frère du *Matamoros* espagnol. ▪ Le personnage donne son nom au héros du roman de Théophile Gautier (1863), *Le Capitaine* Fracasse*.

**FRACASTOR (Girolamo FRACASTORO,** dit en fr. **Jérôme)** ♦ Médecin et poète italien (Vérone, v. 1478 - *id.* 1553). Il est surtout connu pour son poème latin *Syphilis sive de morbo gallico* (1530), dans lequel il donne une description détaillée de la maladie appelée depuis lors syphilis. Il s'intéressa également à la paléontologie.

**FRACHON (Benoît)** ♦ Syndicaliste et homme politique français (Le Chambon-Feugerolles, Loire 1892 - Les Bordes, Loiret 1975). Il entra en 1926 au comité central du Parti communiste français. Lors de la scission de la CGT, il se rallia à la CGTU dont il fut nommé secrétaire général (1933) et poursuivit son activité après la réunification des deux mouvements syndicaux (1936). Sous l'Occupation, il fut membre avec J. Duclos* du secrétariat du PCF clandestin (1941 - 1944) dont il organisa l'action. En 1944, il retrouva ses fonctions de secrétaire général de la CGT qu'il conserva jusqu'en 1967. → ÉTYM. *Frachon* vient de l'ancien occitan *fracha* « fissure, crevasse, éboulis ».

**FRA DIAVOLO (Michele PEZZA,** dit**)** → ÉTYM. it. « Frère Diable » ♦ Aventurier italien (Itrie 1771 - Naples 1806). Brigand en Calabre, il passa au service des Bourbons et des Anglais, contre les Français, touchant des subsides du cardinal Ruffo et de la reine Marie-Caroline. Il fut pris par trahison et mis à mort sous Joseph Bonaparte.

**FRAENKEL (Adolf Abraham)** ♦ Mathématicien israélien d'origine allemande (Munich 1891 - Jérusalem 1965). Il compléta la théorie axiomatique des ensembles de Zermelo*, qui porte depuis le nom de *théorie*, ou *système de Zermelo-Fraenkel*.

**FRAGONARD (Jean-Honoré)** ♦ Peintre et dessinateur français (Grasse 1732 - Paris 1806). Boucher* lui conseilla d'étudier chez Chardin* puis l'accepta dans son atelier. En 1752, il obtint le prix de Rome avec *Jéroboam sacrifiant aux idoles* ; il se rendit en Italie en 1756, y admira particulièrement Solimena* et Tiepolo*. Devenu l'ami d'Hubert Robert*, il fit la connaissance de l'abbé de Saint-Non, antiquaire et graveur, et visita avec eux la campagne romaine. Il prit alors de nombreux croquis, peignit des paysages *(Les Jardins de la villa d'Este)* et des portraits *(L'Abbé de Saint-Non en costume espagnol*, 1759). Malgré le succès obtenu par son morceau de

**Fragonard.** *Les Hasards heureux de l'escarpolette* (81 x 64,2 cm). Wallace Collection, Londres. *Phot. © Carlo Bevilacqua/Ricciarini*

réception à l'Académie : *Le Grand Prêtre Corésus se sacrifiant pour sauver Callirhoé,* 1765, il abandonna vite la peinture d'histoire. Avec *Les Hasards heureux de l'escarpolette* (1766), il acquit la réputation de peintre galant et ses scènes libertines furent très recherchées par les amateurs *(La Chemise enlevée, La Gimblette, Le Feu aux poudres).* Ces œuvres sensuelles et gracieuses, toujours enjouées et pleines d'esprit, révèlent au même titre que ses portraits la virtuosité de sa technique : il peignait avec une grande rapidité, laissant souvent à son tableau une apparence d'esquisse *(Les Baigneuses, La Bacchante endormie).* Il exprima toutes les nuances du sentiment amoureux *(L'Escalade, La Poursuite, La Déclaration, L'Amant couronné,* 1771 - 1772) et fut aussi un paysagiste sensible et un chroniqueur alerte *(La Fête à Saint-Cloud,* 1775). Il voyagea une seconde fois en Italie (1773) et, après son mariage, représenta de nombreuses scènes allégoriques familières et sentimentales, des portraits d'enfants dont les sujets rappellent Greuze*, mais dont la facture et la vivacité dénotent une personnalité originale. L'emploi de couleurs chaudes, vibrantes, la touche apparente, la matière peu épaisse leur confèrent un caractère d'improvisation. Vers la fin de sa vie, il subit l'influence du néoclassicisme et entreprit des œuvres d'une veine très différente : sa facture devint plus lisse et il habilla ses personnages à l'antique, mais il continua d'exprimer une fougue, parfois empreinte de mélancolie, qui lui est propre et qui n'est pas sans annoncer le romantisme *(La Fontaine d'Amour,* 1785). Si la nature de son inspiration, l'univers galant et gracieux qu'il évoque s'inscrivent dans l'esprit de la peinture rococo, l'extrême liberté de sa manière n'en annonce pas moins certaines des audaces techniques du XIXe s. ▪ *Autre illustration :* → **Bourbon (Charles de).** ➝ ÉTYM. Ce nom de famille est le diminutif du provençal *fragon* « petite fraise » (surnom de producteur).

Les **Fraises sauvages** – en suéd. ***Smultronstället*** ♦ Film suédois d'Ingmar Bergman* (1957). Un vieux professeur (Victor Sjöström*), dont on s'apprête à fêter le jubilé, se remémore son passé. La structure de cette « Recherche du temps perdu » bergmanienne est à la fois légère et complexe : tout se déroule en une seule journée, mais entrecoupée de retours en arrière, de décrochages temporels, d'intervalles oniriques (le corbillard emballé) et de retombées dans la mesquine réalité (altercation du couple dans la voiture), avec pour fil conducteur le monologue intérieur d'un patriarche traçant de sa vie un bilan sans complaisance.

**FRAISSE (Paul)** ♦ Psychologue français (Saint-Étienne 1911 - Châtenay-Malabry 1996). L'un des principaux théoriciens de la psychologie expérimentale *(Pour une psychologie scientifique,* 1989), il a dirigé le laboratoire de psychologie expérimentale et comparée de l'École pratique des hautes études (1952 - 1979). Il a notamment participé à l'étude du processus d'information : *Des choses et des mots ; la prise d'information* (1992), qui contribue à la théorie de la perception. Son *Traité de psychologie expérimentale* (1963 - 1966), avec Jean Piaget*, est une œuvre de grande ampleur.

**FRAISSES** [42490] ➝ ÉTYM. anc. *Fraxenum,* du lat. *fraxinus* « frêne » ♦ Comm. de la Loire, arr. de Saint-Étienne. 3 939 hab.

**FRAIZE** [88230] ➝ ÉTYM. p.-ê. du bas lat. *(terra) fracta* « (terre) défrichée » ♦ Ch.-l. de cant. des Vosges, arr. de Saint-Dié, sur la Meurthe. 2 990 hab. (aggl. 4 754) *(Fraxiniens).*

**FRAME (Janet Paterson FRAME CLUTHA,** dite **Janet)** ♦ Romancière néo-zélandaise (Oamaru 1924 - Dunedin 2004). Tous les romans de son œuvre exceptionnelle portent la trace de son expérience de la folie et de l'hôpital psychiatrique : *Owl Do Cry* (1957), *Visages noyés* (1961), *Living in the Maniototo* (1979), *Un été à Willowglen* (1995), *Le Jardin aveugle* (1998). Dans *Des jardins parfumés pour les aveugles* (1963), les personnages d'une famille sombrant dans la déchéance se révèlent n'être que les fantômes du délire d'une vieille femme internée depuis trente ans. Dans *Intensive Care* (1970), les autorités décident de supprimer tous les marginaux, mais ceux qui échappent au massacre finissent par exercer la pire des dictatures. Un film de Jane Campion, *Un ange à ma table* (1990), a fait découvrir son univers à un large public.

**FRAMERIES** ♦ Comm. de Belgique (Région wallonne), prov. de Hainaut, arr. de Mons. 20 729 hab. Matériaux de construction, bâtiment et travaux publics. Construc. métalliques. Fibres optiques. Pneumatiques pour avions.

**FRANÇAIX (Jean)** ♦ Compositeur et pianiste français (Le Mans 1912 - Paris 1997). Élève de N. Boulanger, il a composé dans des genres très divers (opéras, concertos, musique de chambre et de film, cantates, mélodies, oratorio). Son œuvre se caractérise, dans l'esprit de M. Ravel et de J. Ibert, par une verve enjouée et une fertile invention mélodique.

Le **Franc Archer de Bagnolet** ♦ Monologue comique du XVe s. (entre 1468 et 1473), d'auteur inconnu. Pernet, membre de la milice créée par Charles VII en 1448, se vante de ses hauts faits contre les Anglais, mais l'apparition d'un épouvantail, revêtu d'une casaque d'arbalétrier, suffit à le mettre en déroute. Héritier du *Soldat* fanfaron* de Plaute, le personnage a fourni quelques-uns de ses traits au Panurge* de Rabelais.

**FRANCART (Jacques II)** ♦ Architecte flamand (Anvers 1582 - Bruxelles 1651). Il édifia, dans le style baroque, l'église des Jésuites à Bruxelles (aujourd'hui disparue) et l'église du Béguinage de Malines (1629 - 1647).

**FRANCASTEL (Pierre)** ♦ Historien d'art français (Paris 1900 - *id.* 1970). Auteur de travaux sur *L'Impressionnisme* (1937), *Le Style Empire* (1939), *L'Humanisme roman* (1948), il fut le premier titulaire de la chaire de sociologie de l'art à l'École pratique des hautes études (1948). Il tenta de poser les bases d'une connaissance scientifique de l'expression plastique. Langages particularisés et irréductibles, les œuvres d'art sont, pour lui, des moyens d'expression et de communication à travers lesquels il est possible de saisir les réflexes, les structures mentales de la société où elles ont pris naissance *(La Réalité figurative,* 1965 ; *La Figure et le Lieu,* 1967). C'est dans cette optique qu'il étudia la naissance et la destruction d'un espace plastique, de la Renaissance au cubisme, dans *Peinture et Société* (1951), les rapports nouveaux entre les arts et les activités techniques dans *Art et Technique aux XIXe et XXe siècles* (1956). On lui doit également une *Histoire de la peinture française* en collaboration avec sa femme, G. Francastel (1955). ➝ ÉTYM. *Francastel* est un nom de lieu (« château libre de toute servitude »).

**FRANCE (Anatole François THIBAULT,** dit **Anatole)** ➝ ÉTYM. il reprit le n. adopté par son père (Noël France) ♦ Écrivain français (Paris 1844 - Saint-Cyr-sur-Loire 1924). Fils d'un libraire bibliophile qui lui communiqua son amour des beaux livres, Anatole France connut une enfance heureuse (évoquée dans *Le Livre de mon ami,* 1885, suivi de *Petit Pierre,* 1918, et de *La Vie en fleur,* 1923). Devenu bibliothécaire au Sénat, il y rencontra Leconte de Lisle et fit paraître des vers parnassiens, *Les Poèmes dorés* (1873). Récit délicat « fait dans l'ombre des livres », *Le Crime* de Sylvestre Bonnard* (1881) reçut un accueil enthousiaste, comme le roman *Le Lys rouge* (1894) et *Thaïs* (1890), « histoire d'une pécheresse sauvée et d'un ermite damné », prétexte à l'évocation de la civilisation grecque (cette œuvre fournit l'argument d'un opéra de Massenet*, 1894). L'épicurisme délicat et le goût d'un raffinement formel incarnés par le XVIIIe s. se retrouvent dans les critiques littéraires données par A. France au journal *Le Temps* (1886 à 1891), dans *La Rôtisserie de la Reine Pédauque* (1893) et *Les Opinions de Jérôme Coignard* ( *id.*). Ces récits, voltairiens d'esprit et de forme, font apparaître le personnage cher à A. France du moraliste érudit, ironique et bienveillant, qui considère les hommes avec une souriante indulgence. Sous ses dehors sceptiques et malgré son pessimisme, l'écrivain était habité de l'« ardente charité du genre humain », comme en témoignent le texte satirique de *Crainquebille* (1901) ou le conte moral *La Révolte des anges* (1914). Se mêlant de plus en plus aux luttes politiques (dans l'affaire Dreyfus*, France s'associa à la campagne de Zola), l'auteur de *L'Histoire* contemporaine* (quatre volumes, de 1897 à 1901) rattacha son anticléricalisme à sa critique de l'ordre social, et prêta son appui au socialisme, puis au communisme naissant. Pourtant, il resta en dehors des partis, et le récit symbolique de *L'Île des pingouins* (1908) comme le roman historique *Les dieux ont soif* (1912), qui dénonce le danger des mystiques politiques modernes, sont significatifs de la méfiance d'A. France à l'égard de tout dogmatisme. [Acad. fr. 1896 ; Prix Nobel de littér. 1921]

**FRANCE (Henri DE)** ♦ Ingénieur français (Paris 1911 - *id.* 1986). Auteur de plusieurs perfectionnements de la télévision (premières réceptions sur tube cathodique, 1932 ; mise au point d'un système de télévision à haute définition), il inventa (1956) le système Secam de télévision en couleurs.

## FRANCE

▮ n. f. → ÉTYM. du lat. *Francia* «pays des *Francs**», off. ***République française*** ♦ Pays d'Europe occidentale, qui comprend plusieurs îles, dont la principale est la Corse. 543 965 $km^2$. 64 700 000 hab. (62 800 000 hab. pour la France métropolitaine sans l'outre-mer) en 2010 *(Français)*. La densité est de 107 hab./$km^2$, avec de très gros écarts selon les dép. (20 183 pour Paris ; 14 pour la Lozère). 5$^{e}$ puissance économique (après États-Unis, Japon, Chine, Allemagne) avec un PNB représentant env. 5 % de la production mondiale. LANGUES : français (off.), alsacien, basque, breton, catalan, corse, dialectes de langue d'oïl (au N.) et d'oc (au S.). MONNAIE : euro. CAPITALE : Paris. RÉGIME : démocratie parlementaire. La France est administrativement découpée en 96 départements métropolitains, regroupés en 22 régions. Elle comprend également 4 départements-régions d'outre-mer (Guadeloupe, Guyane, Martinique, Réunion), des collectivités d'outre-mer ou COM (Mayotte, Wallis et Futuna, Saint-Pierre et Miquelon, Saint-Barthélemy, Saint-Martin, les TAAF [Terres Australes* et Antarctiques françaises]), un pays d'outre-mer ou POM (Polynésie française) et la collectivité territoriale de Nouvelle-Calédonie.

### GÉOGRAPHIE

La France occupe entre l'Atlantique et la Méditerranée un isthme étroit où se juxtaposent les grands ensembles structuraux de l'Europe. Il en résulte une grande variété des paysages. Pays d'altitude moyenne, où les plaines et les plateaux couvrent les 2/3 du territoire, elle présente pourtant des barrières montagneuses élevées au S. et à l'E.

▮ **FORMATION DU RELIEF** L'édification du relief a été caractérisée par des phases de sédimentation, des poussées orogéniques et des phases d'érosion. ▮ **L'ère primaire** Plusieurs grands ensembles structuraux ont été mis en place durant l'ère primaire (cycle orogénique hercynien). Ils ont été érodés dès la fin de l'ère primaire et réduits à l'état de surfaces d'aplanissement (pénéplaines). Puis ils ont subi des mouvements qui ont mis en saillie les massifs actuels. Ces massifs forment un V : Massif armoricain, Massif central, Vosges, Ardennes, massifs englobés dans les Alpes (Mont-Blanc, Pelvoux), et Mont de Provence (Maures). ▮ **L'ère secondaire** L'ère secondaire est marquée par une phase de transgressions marines submergeant la surface d'aplanissement. Au fond des mers et des lacs se déposent des séries sédimentaires, esquissant les Bassins parisien et aquitain. ▮ **L'ère tertiaire** L'ère tertiaire est marquée par de forts mouvements orogéniques. À l'Éocène apparaissent les Pyrénées, à l'Oligocène et au Miocène surgissent les Alpes. Dans les Pyrénées, le matériel rocheux rigide de la zone axiale a subi un mouvement de surrection, et s'est fracturé, tandis que les couches sédimentaires du N. se sont plissées, et ont formé les Prépyrénées. Dans les Alpes, la couverture sédimentaire calcaire des massifs centraux a glissé vers l'O. en se plissant pour former les Préalpes. À l'E., les sédiments forment de grandes nappes de charriage, incluant un matériel en partie métamorphisé. À la même époque apparaît le Jura ; le plissement qui s'est effectué à deux reprises a formé des plis serrés à l'E. et au S. (Jura des chaînes), tandis qu'au N. et à l'O. les terrains ont été modelés par les accidents du socle (Jura des plateaux). Les mouvements qui ont formé les Alpes ont aussi affecté les vieux massifs (rajeunissement) ; ils se sont accompagnés d'éruptions volcaniques (Auvergne). ▮ **L'ère quaternaire** Le Quaternaire autrefois présenté comme l'alternance de quatre glaciations (de Günz, Mindel, Riss, Würm) et de quatre périodes de réchauffement, dites «interglaciaires», est aujourd'hui analysé comme une alternance complexe de périodes plus courtes et plus nombreuses. Les glaciers ont retouché le relief des montagnes, modelant les sommets, formant des amphithéâtres morainiques et des cuvettes (lacs d'Annecy*, du Bourget*), élaborant des vallées en auge et coupant les versants de replats. Les régions hors des zones englacées furent surtout marquées par l'action du gel (modelé périglaciaire). Dès la fin du Würm, le climat froid et sec explique les vastes dépôts de lœss éolien (limons du Bassin parisien).

▮ **PAYSAGES MORPHOLOGIQUES** ▮ **Le Nord** À la France de l'O. et du N.-O., où s'interpénètrent deux domaines géologiques, massifs anciens aplanis et bassins sédimentaires, s'oppose la France alpine aux chaînes élevées et aux plaines étroites (couloir Saône-Rhône). Au N., dans les Flandres*, finit la grande plaine nord-européenne à laquelle succède le Bassin parisien, encadré par la Manche et par

**France.** Parc national de la Vanoise : Termignon. *Phot. © F. Rouquet/Explorer*

les massifs anciens, et occupant la plus grande partie de la France septentrionale. Du centre du bassin (où se trouve Paris) vers la périphérie se succèdent des couches plus ou moins inclinées vers le centre de la cuvette et disposées en auréoles grossièrement concentriques. À l'E., la Lorraine* et la Champagne* sont des plaines et des plateaux interrompus par des cuestas (côtes de Moselle et de Meuse) ; au N. et au N.-O., les bombements crayeux érodés et entaillés de dépressions en «boutonnières» constituent le pays de Bray et le Boulonnais. Le Bassin parisien se termine par l'Artois* ; au-delà commencent les plaines de Flandre* et du Hainaut*. Au centre du Bassin parisien prédominent les plateaux calcaires : Beauce*, Valois* et Brie*, limités par la côte de l'Île-de-France. Le Bassin parisien est entouré par plusieurs massifs témoins de l'Europe hercynienne. ▮ **Les Vosges** À l'E., les Vosges*, massif hercynien aux altitudes modestes, sont constituées en partie de terrains cristallins et cristallophylliens. L'ensemble, formé de sommets lourds (ballons de Guebwiller et d'Alsace), est caractérisé par des versants dissymétriques : au versant lorrain en pente douce s'oppose le versant alsacien à pente forte, profondément faillé et bordé par les collines sous-vosgiennes. ▮ **Le Massif central** Au S. du Bassin parisien, le Massif central est un fragment du socle hercynien qui couvre 1/8 de la France. C'est un massif aux horizons calmes, prenant souvent l'allure de plateaux aux altitudes modestes, surtout dans la partie occidentale (Limousin). Le S. du Massif central est formé par les Causses, encadrés par le Ségala* à l'O., la Montagne* Noire au S. et les Cévennes* à l'E. C'est aussi un massif dissymétrique, relevé à l'E. et au S. à la suite du plissement alpin. Le socle rigide, brisé dans sa partie orientale et centrale, est découpé en horsts et fossés qui constituent les plaines du Forez, du Puy, de Roanne et les Limagnes. Des édifices volcaniques s'alignent le long de ces cassures en Auvergne*, donnant de multiples reliefs : Velay, Aubrac, chaîne des Puys (Puy de Sancy, 1 885 m), Cantal. ▮ **Le Massif armoricain** À l'extrême O., le Massif armoricain **(→ Bretagne)**, autre témoin de l'Europe hercynienne, est constitué de nombreux plateaux (de Léon, du Trégorrois, de Cornouaille, du Vannetais, de Vendée). L'érosion y a dégagé des crêts

**France.** Corse : îles Lavezzi. *Phot. © C. Boisvieux/Explorer*

de roches dures, racines des plis de la chaîne hercynienne. ▮ **Le Bassin aquitain** Le S.-O. de la France est occupé par le Bassin aquitain, drainé par la Garonne* et appuyé sur le Massif central à l'E. et les Pyrénées au S. De part et d'autre de la gouttière formée par la Garonne s'opposent au S. un avant-pays pyrénéen formé de collines de molasse et, le long de la côte atlantique, la plaine des Landes* ; au N. les Charentes*, le Périgord* et le Quercy* sont des plateaux coupés de vallées. ▮ **Les Pyrénées** Au S. de la France, de l'Atlantique à la Méditerranée, s'allonge la chaîne-barrière des Pyrénées* (410 km de long) ; c'est une chaîne tertiaire pourtant différente des Alpes par son aspect massif et volumineux. Les Pyrénées centrales, avec des sommets dépassant 3 000 m, s'étendent de la vallée d'Aspe au Puymorens. Elles se terminent vers l'Atlantique par les Pyrénées occidentales, moyennes montagnes aux nombreuses vallées. Vers la Méditerranée, les Pyrénées orientales ont un relief vigoureux (Canigou, 2 784 m ; mont Vallier, 2 838 m) mais aéré par de nombreux bassins (Cerdagne*, Capcir*, Conflent*, Vallespir*). ▮ **Les Alpes** Les Alpes françaises constituent le versant occidental de l'arc alpin. Tout comme les Alpes suisses et italiennes, elles sont le domaine des hauts reliefs couverts de glaciers et entaillés de vallées profondes (Maurienne, Tarentaise). Du point de vue structural, trois ensembles se dégagent d'O. en E. : les Préalpes calcaires avec le Chablais, les Bauges, la Grande-Chartreuse, le Vercors, le Diois, les Baronnies, le Ventoux, le Dévoluy, la Haute-Provence et les Alpes-Maritimes ; puis les massifs centraux cristallins : Mont-Blanc (4 810 m), Beaufort, Belledone, Pelvoux, Mercantour ; enfin, la zone intra-alpine aux roches variées, avec la Vanoise, l'Embrunais, l'Ubaye, le Briançonnais, le Queyras. → **Alpes.** ▮ **Le couloir rhodanien** Le couloir de la Saône et du Rhône sépare la France hercynienne de la France alpine et constitue le seul passage de la mer du Nord à la Méditerranée. C'est une dépression aux paysages multiples, où se succèdent plaines et défilés étroits. Il n'a d'unité que par sa position de fossé méridien entre deux systèmes montagneux. ▮ **Le Jura** Au N. du système alpin, le Jura* oppose monts et plateaux. Dans sa partie orientale, il se caractérise par des plis serrés issus du mouvement alpin, tandis que sa partie occidentale est dominée par les plateaux ondulés révélant l'existence d'un socle résistant (prolongement du Massif central) et recouvert de couches sédimentaires peu épaisses, qui furent le plus souvent cassées en même temps que le socle, plutôt que plissées. ▮ **Les Maures et l'Esterel** Au S., les Alpes entrent en contact avec les massifs cristallins des Maures* et de l'Esterel* et les chaînons de la Basse-Provence calcaire. ▮ **La Corse** La Corse* est

**France.** Le relief

constituée en majeure partie par un massif ancien ; le relief en a été rajeuni par le contrecoup du plissement alpin, opposant ainsi la Corse cristalline de l'O. à la Corse schisteuse du N.-E.

**CÔTES** L'aspect des côtes françaises est influencé par le relief continental. **Mer du Nord et Manche** Le littoral actuel a été tracé, après le retrait des glaciers, par la transgression flandrienne (ouverture de la communication entre Manche et mer du Nord). Aux côtes de la mer du Nord, rectilignes, bordées de dunes, succèdent les falaises des côtes du Boulonnais, du pays de Caux, prolongement d'anticlinaux, interrompus par des estuaires (Seine, Somme) correspondant aux creux des synclinaux. **Atlantique** Les côtes atlantiques, des Pyrénées à la Gironde, sont régulières, puis se caractérisent au N. de la Gironde par une succession de golfes et de caps correspondant aux ondulations N.-O.-S.-E. de l'Aunis et de la Saintonge. Les côtes bretonnes sont au contraire déchiquetées. Leur dessin répond à la projection des plis de l'Armorique vers l'Atlantique ; mais les attaques de la mer les ont retouchées dans le détail. Elles abondent en îles, caps, baies, estuaires et en sites portuaires (Brest, Quimper, Lorient, Nantes, Saint-Nazaire). **Méditerranée** Les côtes méditerranéennes sont alluviales, des Pyrénées au delta du Rhône ; la côte languedocienne, bordée d'étangs, offre peu de sites portuaires en dehors de Sète. Du delta du Rhône à la frontière italienne, les côtes deviennent rocheuses et très découpées (calanques entre Marseille et La Ciotat, baies et calanques de Corse).

**France.** Les falaises d'Étretat. *Phot. © Alain Rey*

**HYDROGRAPHIE** **Le réseau hydrographique** L'organisation du réseau hydrographique est commandée par l'agencement du relief. Chaînes et massifs forment des lignes de partage des eaux. Le Massif central joue le rôle de pôle de dispersion des eaux en 4 grands bassins, de la Seine au N., de la Loire au N.-O., du Rhône à l'E. et de la Garonne au S.-O. Les Alpes séparent le bassin du Pô de celui du Rhône, et les Pyrénées le bassin de l'Èbre de celui de la Garonne. Le Bassin aquitain et le Bassin parisien apparaissent comme des centres de convergence des eaux. Parfois, de véritables fossés dirigent les fleuves : Rhin-Saône-Rhône. Le régime des cours d'eau est réglé par le climat. Les fleuves côtiers, alimentés par les pluies océaniques, ont de hautes eaux d'hiver (Somme, Charente). Les cours d'eau méditerranéens ont de hautes eaux de printemps, provoquées par les pluies et la fonte des neiges, et des crues violentes en automne. → **Aude, Hérault, Var, Ardèche, Gard, Têt.** Les cours d'eau alpestres ont un régime nival réglé par la fonte des neiges. → **Isère, Arve, Durance.** Dans de nombreux cas, le régime est nivo-pluvial, bénéficiant de l'apport des eaux de pluies et de fonte des neiges. → **Ain, Lot, Pau (gave de).** **Les grands fleuves** Les grands fleuves ont des régimes beaucoup plus complexes. La Loire, née dans les montagnes, a des crues de printemps (fonte des neiges du Massif central) et des pluies d'automne (eaux des Cévennes). La Garonne reçoit des eaux du Massif central et des Pyrénées. Le Rhône, fleuve puissant, reçoit les eaux du Jura, des Alpes (Isère, Arve), les eaux d'hiver de la Saône et les eaux d'automne des affluents cévenols (Gard, Ardèche). Le Rhin conserve longtemps l'influence alpestre de son cours supérieur. La Seine est en majeure partie alimentée par les pluies océaniques, mais des crues peuvent se produire, car elle reçoit de l'Yonne les eaux du Morvan. Dans les régions de climat océanique et continental, les inondations ne sont pas rares mais peu dangereuses. En revanche, dans les régions méditerranéennes les crues peuvent être brutales et dévastatrices (Vaison-la-Romaine, 1992).

**CLIMAT ET VÉGÉTATION** À la fois exposé aux influences continentale, océanique et méditerranéenne, le climat de la France est riche en nuances. **Le climat océanique** Le climat océanique, caractéristique de la Bretagne et de la Normandie, s'étend d'une façon générale et sous des formes légèrement modifiées à tout l'O. de la France. Les contrastes thermiques y sont peu accusés ; les hivers sont doux et les étés frais. Les précipitations, abondantes toute l'année, sont amenées par des vents de secteur O. (noroît : N.-O. ; suroît : S.-O.). Au N., le type normand est une variante fraîche du climat océanique qui favorise la prairie, tandis que le type aquitain est marqué par des étés plus chauds. **Le climat continental** Le climat à tendance continentale prédomine sur l'ensemble des régions de l'E. Les hivers sont rudes et enneigés ; les étés chauds connaissent des orages fréquents. Le type parisien, transitoire, est moins contrasté ; il reçoit des pluies peu abondantes. Les plaines et les plateaux de l'E. sont souvent boisés ; hêtres, chênes et charmes y dominent, tandis que le sapin et l'épicéa couvrent les versants des moyennes montagnes. **Le climat méditerranéen** Le climat méditerranéen correspond aux plaines du bas Languedoc, à la Provence, au bas Rhône et à la Corse. Il se caractérise par des étés secs et chauds, des hivers doux ; les pluies abondantes tombent sous forme d'averses, surtout en automne et au printemps. Des vents locaux soufflent du secteur N. entre Sète et Toulon (mistral) et à l'O. de Sète (tramontane). La végétation, adaptée aux conditions de sécheresse, est constituée par des forêts de chênes-lièges et de chênes verts, des forêts de résineux (pins). Maquis et garrigues se partagent les sols siliceux et les sols calcaires. **Le climat de montagne** Les montagnes ont leurs climats propres ; les pluies, abondantes, augmentent avec l'altitude ; les hivers rigoureux reçoivent d'abondantes chutes de neige. La végétation, étagée, est fonction de l'altitude et de l'opposition des versants : le versant ensoleillé (adret), favorable aux cultures, s'oppose à l'ubac, souvent couvert de forêts. La France ne fait pas partie des pays à climat brutal. Toutefois, les cyclones qui la traversent peuvent provoquer des destructions importantes (tempête de déc. 1999).

## DÉMOGRAPHIE

**L'évolution démographique** La France occupe le 19e rang des États du monde pour la population (48e rang pour la superficie), comparable à celle du Royaume-Uni ou de l'Italie. Pourtant, elle était beaucoup plus peuplée que ces pays au début du XIXe s. Mais elle entama plus précocement (vers 1800 et même avant) son processus de transition démographique (passage de taux de natalité et mortalité forts à des taux faibles). Les pertes engendrées par la Première Guerre mondiale (1 350 000 morts) furent compensées par l'immigration (Italiens, Polonais). Après 1945, les lois sur la protection de la famille (destinées à endiguer le déclin démographique de l'entre-deux-guerres), dont les allocations familiales, associées à un changement de conception de la famille, entraînèrent une forte reprise de la natalité jusqu'en 1964 (*baby boom*). Le taux de fécondité baissa ensuite. Depuis 1982, il est voisin de 1,7 enfant par femme en âge de procréer ; il n'assure plus le renouvellement des générations mais reste supérieur au taux européen. Grâce à la qualité de l'encadrement médical, le taux de mortalité infantile (10 ‰ en 1980 ; 3,6 ‰ en 2009) est un des plus faibles du monde. L'espérance de vie ne cesse de croître pour atteindre, en 2009, 85 ans pour les femmes et 78 ans pour les hommes. La structure démographique de la population révèle un vieillissement marqué : la part des moins de 20 ans est passée de 30,7 % en 1979 à 24,7 % en 2007. Celle des plus de 60 ans représente 21,6 % de la population. Le rapatriement des Français vivant dans les ex-colonies engendra, entre 1960 et 1975, un flux de 1,5 million de personnes, dont 860 000 pour l'année 1962 (indépendance de l'Algérie). **L'immigration** La France, malgré certaines restrictions au cours des décennies 1980 et 1990, reste une terre d'accueil avec 4,3 millions d'immigrés (7,3 % de la pop.) (seulement 1,5 million de Français vivent à l'étranger). Près de 40 % sont des Européens, méditerranéens surtout (Portugais, Italiens, Espagnols). La part des Africains, originaires à 80 % du Maghreb, a augmenté, passant à 45 % du total. Les Algériens sont les plus nombreux (570 000), suivis des Marocains (520 000) et des Tunisiens (200 000). Le nombre des Asiatiques, encore faible, est en augmentation ; ils viennent surtout de Turquie (170 000) et de l'ancienne Indochine. Les naturalisations sont en augmentation (550 000 étrangers naturalisés entre 1990 et 1999). Les immigrés sont moins nombreux dans la moitié O. de la France, ils sont concentrés dans les grandes régions urbaines (7 % en Provence-Alpes-Côte d'Azur ; 7,9 % en Rhône-Alpes ; et surtout 12,9 % en Île-de-France). La densité du peuplement est faible par rapport aux pays comparables (plus de 200 hab./km² en Allemagne et au Royaume-Uni ; plus de 300 en Belgique et aux Pays-Bas). **Un pays urbanisé** La France possède d'importantes réserves d'espace, d'autant plus que la répartition de la population est très contrastée. Seulement un tiers des départements a une densité supérieure à la moyenne tandis que 25 ont une densité inférieure à 50 hab./km². Les départements peu peuplés dessinent une large bande N.-N.-E.-S.-S.-O., des plateaux de l'E. et du S. du Bassin parisien jusqu'aux Landes et aux montagnes pyrénéennes en passant par les hauteurs du Massif central. Les régions élevées des Alpes sont peu peuplées. Les grandes concentrations de population, liées au développement urbain, occupent les grandes vallées ou les littoraux. En 1999, 75 % des Français résidaient dans les agglomérations urbaines, soit seulement 15 % de la superficie du territoire. Les 9/10e se concentrent dans les aires urbaines. La France fait ainsi partie du groupe des pays les plus urbanisés du monde.

### ÉCONOMIE

**AGRICULTURE** La France est un vieux pays agricole et reste une puissance mondiale dans ce secteur (1er producteur et exportateur de l'Union européenne, 3e export. du monde) grâce à la diversité de ses terroirs et à ses 30 millions d'ha cultivés (17 en Allemagne, 15 en Italie). On distingue trois domaines principaux : les grandes cultures des plaines du N., les prairies d'élevage de l'O., les cultures permanentes (vigne et arboriculture) des régions méditerranéennes et des sites favorables. Depuis les années 1960, de gros efforts ont été entrepris afin de moderniser l'agriculture et l'élevage. En 1963, 500 000 exploitations sur 1,9 million (soit 26 %) dépassaient 20 ha. En 2007, la SAU ou surface agricole utilisée (c'est-à-dire la superficie totale des exploitations, dont est retranchée celle des terres improductives et des bâtiments) était de 29 423 000 ha dont 24 404 100 ha étaient utilisés par 233 200 exploitations de plus de 25 ha. (soit 83%). La motorisation, la sélection génétique, l'utilisation d'engrais et de produits de traitement, l'élevage hors-sol ont également contribué à améliorer la productivité qui est devenue relativement satisfaisante. Cette évolution a permis de mieux intégrer l'agriculture dans l'activité économique générale, en multipliant les interdépendances en amont et en aval. L'agriculture assure 2,8 % du PIB (en 2008). Ses recettes se répartissent à égalité entre les cultures et l'élevage. Ces valeurs

**France.** Les vignobles de Riquewihr en Alsace.
*Phot. © Dagli Orti*

**France.**

**France** | Les divisions administratives

| Régions et départements | Superficie (en km$^2$) | Population | Chef-lieu |
|---|---|---|---|
| **Alsace** | **8 280** | **1 734 145** | **Strasbourg** |
| Bas-Rhin | 4 755 | 1 026 120 | Strasbourg |
| Haut-Rhin | 3 525 | 708 025 | Colmar |
| **Aquitaine** | **41 308** | **2 908 359** | **Bordeaux** |
| Dordogne | 9 060 | 388 293 | Périgueux |
| Gironde | 10 000 | 1 287 334 | Bordeaux |
| Landes | 9 243 | 327 334 | Mont-de-Marsan |
| Lot-et-Garonne | 5 360 | 305 380 | Agen |
| Pyrénées-Atlantiques | 7 645 | 600 018 | Pau |
| **Auvergne** | **26 013** | **1 308 878** | **Clermont-Ferrand** |
| Allier | 7 340 | 344 721 | Moulins |
| Cantal | 5 726 | 150 778 | Aurillac |
| Haute-Loire | 4 977 | 209 113 | Le Puy-en-Velay |
| Puy-de-Dôme | 7 970 | 604 266 | Clermont-Ferrand |
| **Basse-Normandie** | **17 589** | **1 422 193** | **Caen** |
| Calvados | 5 548 | 648 385 | Caen |
| Manche | 5 938 | 481 471 | Saint-Lô |
| Orne | 6 103 | 292 337 | Alençon |
| **Bourgogne** | **31 582** | **1 610 067** | **Dijon** |
| Côte-d'Or | 8 763 | 506 755 | Dijon |
| Nièvre | 6 817 | 225 198 | Nevers |
| Saône-et-Loire | 8 575 | 544 893 | Mâcon |
| Yonne | 7 427 | 333 221 | Auxerre |
| **Bretagne** | **27 208** | **2 906 197** | **Rennes** |
| Côtes-d'Armor | 6 878 | 542 373 | Saint-Brieuc |
| Finistère | 6 733 | 852 418 | Quimper |
| Ille-et-Vilaine | 6 775 | 867 533 | Rennes |
| Morbihan | 6 822 | 619 838 | Vannes |
| **Centre** | **39 151** | **2 440 329** | **Orléans** |
| Cher | 7 235 | 314 428 | Bourges |
| Eure-et-Loir | 5 880 | 407 665 | Chartres |
| Indre | 6 791 | 231 139 | Châteauroux |
| Indre-et-Loire | 6 127 | 554 003 | Tours |
| Loiret | 6 343 | 618 126 | Orléans |
| Loir-et-Cher | 6 775 | 314 968 | Blois |
| **Champagne-Ardenne** | **25 606** | **1 342 363** | **Châlons-en-Champagne** |
| Ardennes | 5 229 | 290 130 | Charleville-Mézières |
| Aube | 6 004 | 292 131 | Troyes |
| Haute-Marne | 6 211 | 194 873 | Chaumont |
| Marne | 8 162 | 565 229 | Châlons-en-Champagne |
| **Corse** | **8 680** | **260 196** | **Ajaccio** |
| Corse-du-Sud | 4 014 | 118 593 | Ajaccio |
| Haute-Corse | 4 666 | 141 603 | Bastia |
| **Franche-Comté** | **16 202** | **1 117 059** | **Besançon** |
| Doubs | 5 234 | 499 062 | Besançon |
| Haute-Saône | 5 360 | 229 732 | Vesoul |
| Jura | 4 999 | 250 857 | Lons-le-Saunier |
| Territoire-de-Belfort | 609 | 137 408 | Belfort |
| **Haute-Normandie** | **12 317** | **1 780 192** | **Rouen** |
| Eure | 6 040 | 541 054 | Évreux |
| Seine-Maritime | 6 277 | 1 239 138 | Rouen |
| **Île-de-France** | **12 010** | **10 952 011** | **Paris** |
| Essonne | 1 804 | 1 134 238 | Évry |
| Hauts-de-Seine | 175 | 1 428 881 | Nanterre |
| Paris | 105 | 2 125 246 | Paris |
| Seine-et-Marne | 5 915 | 1 193 767 | Melun |
| Seine-Saint-Denis | 236 | 1 382 861 | Bobigny |
| Val-de-Marne | 245 | 1 227 250 | Créteil |
| Val-d'Oise | 1 246 | 1 105 464 | Cergy |
| Yvelines | 2 284 | 1 354 304 | Versailles |
| **Languedoc-Roussillon** | **27 376** | **2 295 648** | **Montpellier** |
| Aude | 6 139 | 309 770 | Carcassonne |
| Gard | 5 853 | 623 125 | Nîmes |
| Hérault | 6 101 | 896 441 | Montpellier |
| Lozère | 5 167 | 73 509 | Mende |
| Pyrénées-Orientales | 4 116 | 392 803 | Perpignan |
| **Limousin** | **16 942** | **710 939** | **Limoges** |
| Corrèze | 5 857 | 232 576 | Tulle |
| Creuse | 5 565 | 124 470 | Guéret |
| Haute-Vienne | 5 520 | 353 893 | Limoges |
| **Lorraine** | **23 547** | **2 310 376** | **Metz** |
| Meurthe-et-Moselle | 5 241 | 713 779 | Nancy |
| Meuse | 6 216 | 192 198 | Bar-le-Duc |
| Moselle | 6 216 | 1 023 447 | Metz |
| Vosges | 5 874 | 380 952 | Épinal |
| **Midi-Pyrénées** | **45 348** | **2 551 687** | **Toulouse** |
| Ariège | 4 890 | 137 205 | Foix |
| Aveyron | 8 735 | 263 808 | Rodez |
| Gers | 6 309 | 172 335 | Auch |
| Haute-Garonne | 6 257 | 1 046 338 | Toulouse |
| Hautes-Pyrénées | 4 564 | 222 368 | Tarbes |
| Lot | 5 217 | 160 197 | Cahors |
| Tarn | 5 758 | 343 402 | Albi |
| Tarn-et-Garonne | 3 718 | 206 034 | Montauban |
| **Nord-Pas-de-Calais** | **12 414** | **3 996 588** | **Lille** |
| Nord | 5 743 | 2 555 020 | Lille |
| Pas-de-Calais | 6 671 | 1 441 568 | Arras |
| **Pays de la Loire** | **32 082** | **3 222 061** | **Nantes** |
| Loire-Atlantique | 6 815 | 1 134 266 | Nantes |
| Maine-et-Loire | 7 166 | 732 942 | Angers |
| Mayenne | 5 175 | 285 338 | Laval |
| Sarthe | 6 206 | 529 851 | Le Mans |
| Vendée | 6 720 | 539 664 | La Roche-sur-Yon |
| **Picardie** | **19 399** | **1 857 834** | **Amiens** |
| Aisne | 7 369 | 537 259 | Laon |
| Oise | 5 860 | 766 441 | Beauvais |
| Somme | 6 170 | 555 551 | Amiens |
| **Poitou-Charentes** | **25 809** | **1 640 068** | **Poitiers** |
| Charente | 5 956 | 339 628 | Angoulême |
| Charente-Maritime | 6 864 | 557 024 | La Rochelle |
| Deux-Sèvres | 5 999 | 344 392 | Niort |
| Vienne | 6 990 | 399 024 | Poitiers |
| **Provence-Alpes-Côte d'Azur** | **31 400** | **4 506 151** | **Marseille** |
| Alpes-de-Haute-Provence | 6 925 | 139 561 | Digne |
| Alpes-Maritimes | 4 299 | 1 011 326 | Nice |
| Bouches-du-Rhône | 5 087 | 1 835 719 | Marseille |
| Hautes-Alpes | 5 549 | 121 419 | Gap |
| Var | 5 973 | 898 441 | Toulon |
| Vaucluse | 3 567 | 499 685 | Avignon |
| **Rhône-Alpes** | **43 698** | **5 645 407** | **Lyon** |
| Ain | 5 762 | 515 270 | Bourg-en-Bresse |
| Ardèche | 5 529 | 286 023 | Privas |
| Drôme | 6 530 | 437 778 | Valence |
| Haute-Savoie | 4 388 | 631 679 | Annecy |
| Isère | 7 431 | 1 094 006 | Grenoble |
| Loire | 4 781 | 728 524 | Saint-Étienne |
| Rhône | 3 249 | 1 578 869 | Lyon |
| Savoie | 6 028 | 373 258 | Chambéry |
| **Départements et régions d'outre-mer** | | | |
| Guadeloupe | 1 704 | 422 496 | Basse-Terre |
| Guyane | 86 504 | 157 213 | Cayenne |
| Martinique | 1 128 | 381 427 | Fort-de-France |
| Réunion | 2 512 | 706 300 | Saint-Denis |
| **Collectivité territoriale** | | | |
| Nouvelle-Calédonie | 18 575 | 196 836 | Nouméa |
| **Pays d'outre-mer (POM)** | | | |
| Polynésie française | 4 200 | 19 521 | Papeete |
| **Collectivités d'outre-mer (COM)** | | | |
| Terres Australes et Antarctiques françaises | | | |
| Mayotte | 373 | 131 320 | Mamoudzou |
| Saint-Barthélemy | 20 | 6 852 | |
| Saint-Martin | 53 | 29 078 | |
| Saint-Pierre et Miquelon | 242 | 6 316 | Saint-Pierre |
| Wallis et Futuna | 274 | 14 408 | Mata Utu |

**France ▮ Productions en 2008**

| Produits | Quantités | Rang |
|---|---|---|
| ▮ Agriculture | | |
| Avoine | 480 000 000 t | 16e |
| Betteraves à sucre | 30 000 000 t | 1er |
| Blé (2009) | 39 400 000 t | 5e |
| Colza (2009) | 5 300 000 t | 5e |
| Fruits frais | 3 700 000 t | |
| Huile d'olive | 3 900 t | |
| Légumes frais | 5 600 000 t | |
| Lin | 90 000 t | 2e |
| Maïs | 14 400 000 t | 7e |
| Orge | 12 000 000 t | 4e |
| Pommes de terre (2009) | 6 700 000 t | 10e |
| Raisin | 6 100 000 t | 2e |
| Seigle | 120 000 t | 12e |
| Sucre | 4 100 000 t | 8e |
| Tournesol (graines) (2009) | 1 690 000 t | 7e |
| Vin (2009) | 45 600 000 hl | 2e |
| Bovins (têtes) | 19 000 000 | 14e |
| Ovins (têtes) | 900 000 | |
| Porcins (têtes) | 14 900 000 | 9e |
| Pêche (2007) | 760 000 t | |
| ▮ Énergie | | |
| Énergie nucléaire | 420 TWh | 2e |
| Hydroélectricité | 70 TWh | 11e |

moyennes recouvrent des spécialisations régionales très affirmées, dans les cultures (plus de 90 % en Île-de-France et en Provence-Alpes-Côte d'Azur) ou dans l'élevage (plus de 90 % en Bretagne et dans le Limousin). La spécialisation engendre également des disparités dans le revenu brut par exploitation (RBE) moyen. Les principales productions sont le lait (5e prod. mondiale), le vin, les bovins, le blé, le maïs, les porcins et les primeurs. La part de l'agriculture dans la pop. active ne cesse de décroître depuis 1945 pour atteindre 3,6 % en 2008 (455 000 agriculteurs exploitants et 250 000 ouvriers agricoles en 2005). La Politique agricole commune (PAC) de la CEE a contribué à soutenir le revenu des agriculteurs, mais a dû instaurer des quotas de production pour limiter les excédents. La crise de surproduction reste menaçante cependant et donne lieu à de dures négociations au sein du Gatt* et de l'OMC* (concurrence des États-Unis pour les céréales et les oléagineux), pour lesquelles la France a paru parfois isolée. Les solutions préconisées, étendre la jachère, geler les terres, posent en outre des problèmes plus aigus à cause de la faible densité française. Par ailleurs, depuis 1999, de graves épizooties ont engendré une crise de l'élevage. Les agriculteurs ont aussi pour mérite d'entretenir l'espace rural, car les zones cultivées peuvent tout à la fois subir des dégradations écologiques et perdre de leur valeur économique. La disparition d'un plus grand nombre d'exploitations aggrave la dépopulation de certaines campagnes.

**▮ ÉNERGIE** La France possède peu de ressources naturelles mais elle a amélioré son taux d'indépendance énergétique. Le charbon a vu son exploitation disparaître : à son maximum en 1958 avec 60 millions de t, la production n'était plus que de 4 millions de t en 1999 provenant essentiellement de Lorraine (Forbach) et de quelques mines du S. du pays (Carmaux, Gardanne). Le dernier puits du Nord a été fermé en 1990, en 2005 tous les sites étaient fermés. Le principal gisement français de gaz naturel (Lacq) s'épuise et couvre moins de 10 % de besoins en constante augmentation (2,5 millions de TEP [tonnes équivalent pétrole] en 1960 ; 22 en 1995). Le gaz importé vient d'Algérie, de Russie, des Pays-Bas et de la mer du Nord. Les ressources en pétrole sont très faibles et impliquent l'importation, qui est toutefois en baisse constante depuis le choc pétrolier de 1973 (110 millions de t ; 85 millions de t en 2005). La part relative du pétrole dans la consommation globale d'énergie est passée de 69,2 % en 1973 à 39 % en 1995. Les 13 raffineries françaises ont une capacité de 97 millions de t et sont surtout concentrées en Basse-Seine et autour de l'étang de Berre. L'électricité, point fort du secteur énergétique français (7e rang mondial ; 2e rang pour le nucléaire), se substitue peu à peu au pétrole. La consommation ne cesse de croître : 13,3 millions de TEP en 1973 (7,2 % de la demande totale d'énergie) ; 124 millions de TEP en 2000 (36 %). L'électricité a permis au taux global d'indépendance énergétique de la France de passer de 23 % en 1973 à 50 % en 2004. La production est pour 77 % d'origine nucléaire (19 centrales), à 13 % d'origine hydraulique et à 2 % d'origine thermique (en 2008). La faiblesse des ressources minérales nécessite toujours des importations énergétiques coûteuses (51 % des besoins).

**▮ INDUSTRIE** Le secteur traduit, par ses réussites et ses échecs, la vieille tradition industrielle du pays. Il assure 20,8 % du PIB (contre 30 % en Allemagne et 24 % en Grande-Bretagne). La France est la 2e puissance industrielle européenne avec 17 % de l'emploi européen dans ce secteur et 20 % de la valeur ajoutée produite par l'industrie communautaire. Elle se situe au 4e rang mondial pour sa production, même si sa part relative diminue (5,5 % en 1980 ; 3,4 % en 1998). Les gains de productivité ont contribué à diminuer la part de la pop. active travaillant dans l'industrie (23 % en 2005). Les branches héritées de la 1re révolution industrielle ont mal résisté à la crise depuis 1974. La sidérurgie (13,6 millions de t de fonte et 19 millions de t d'acier en 2007), qui se situe au 13e rang mondial, a traversé une grave crise de restructuration liée à une baisse de la demande mondiale. Elle reste localisée essentiellement en Lorraine et dans le Nord (Dunkerque). La prod. d'aluminium, grande consommatrice d'eau et d'électricité, est concentrée près des sources d'énergie hydraulique (Alpes du Nord, Noguères [Lacq], Dunkerque). Le textile, victime de la concurrence des pays du Sud-Est asiatique, est également en crise mais il se maintient plus ou moins dans le coton et la fibre synthétique. La région de prédilection de cette branche reste le Nord, auquel s'ajoutent quelques villes spécialisées : Troyes (bonneterie), Lyon (soie), Cholet (confection) et Paris (confection et haute couture). La construction navale subsiste à Saint-Nazaire, Lorient et Bordeaux. Le secteur automobile (4e rang mondial) reste, malgré les plans de restructuration successifs, un grand pourvoyeur d'emplois. La prod. de véhicules (voitures particulières, commerciales, utilitaires) a atteint près de 6 millions de véhicules en 2005 mais s'est repliée à 4,9 millions en 2008 en raison de la crise mondiale. Deux groupes

**France.** Chaîne de montage de l'Airbus A380 à Toulouse, décembre 2004. *Phot. © Arles/Reuters/MaxPPP*

se partagent la production : Renault et PSA (Peugeot et Citroën). Ils possèdent les plus importants établissements industriels nationaux (Peugeot à Sochaux-Montbéliard) et se sont décentralisés en province (Renault en basse Seine, dans l'O. et le N. ; Peugeot dans l'E.). La France fait partie des leaders mondiaux pour certaines industries de pointe : l'armement, l'industrie spatiale et aéronautique (avec le pôle parisien ; celui du S.-O. autour de Toulouse et Bordeaux ; celui du S.-E. autour de Marignane) et les moyens de communication (TGV ; télématique). Elle reste, en revanche, très dépendante dans le domaine de l'informatique. L'industrie agroalimentaire est le 1er secteur pour le chiffre d'affaires et rééquilibre, par ses exportations, une balance industrielle déficitaire dans d'autres domaines (informatique, machines-outils, hi-fi, électroménager). Le secteur de la chimie-pharmacie se place au 2e rang européen.

**▮ ACTIVITÉS TERTIAIRES** Le secteur des services est devenu en France, à l'instar des autres grandes puissances, le 1er domaine d'activité économique (72,3 % de la pop. active en 2008). Il assure plus de 77 % du PIB français (2008), dont 18 % pour les services non marchands (administration, défense) et 11 % pour le commerce. Les services sont avant tout destinés à la consommation interne et donc localisés dans les concentrations de population. Les années 1960-1970 ont été marquées par le développement des services aux particuliers alors que les services aux entreprises se sont diversifiés et accrus durant les années 1980. Les assurances représentent un secteur de poids dans les activités tertiaires. La distribution poursuit sa mutation au profit des grandes surfaces, tandis que les commerces indépendants se réduisent (76 % en 1970 ; 50 % en 1995). Elle est dominée par de grands groupes (Carrefour, Auchan, Intermarché, Leclerc). La vente par correspondance s'est développée (la Redoute, Les 3 Suisses) et le commerce électronique via Internet prend un certain essor. **▮ Le tourisme** Le tourisme continue sa croissance et devient un grand pourvoyeur de devises étrangères. La France est devenue la 1re destination touristique dans le monde (80 millions de visiteurs en 2008). Les sports d'hiver permettent aux zones de montagne de retrouver un dynamisme que l'agriculture ne peut plus leur fournir. L'aménagement de stations balnéaires

**France.** Château de Roquefixade, en Ariège.
*Phot. © Travert/Diaf*

littorales se poursuit, non sans nuire, parfois, à l'environnement des sites. Les années 1990 ont vu naître une nouvelle forme de tourisme, plus soucieux du cadre naturel («tourisme vert») et du patrimoine culturel du pays. Les régions privées de côtes et de pistes de ski trouvent là une nouvelle forme d'activité. **L'enseignement et la recherche** L'enseignement et la recherche ont connu, après les années 1960, une véritable explosion. La catégorie des «professeurs et professions scientifiques» a vu ses effectifs passer de moins de 100 000 personnes en 1960 à 500 000 en 1995. Le nombre d'enseignants a plus que doublé entre 1962 et 1995 (de 385 000 à 850 000). L'intégration dans le système éducatif des enfants de la deuxième génération issue du *baby boom* justifie cette croissance. En 2005, les différents établissements de l'enseignement supérieur (universités, IUT, classes préparatoires, grandes écoles, BTS, UFM, etc.) accueillaient 2 200 000 étudiants dont 1 300 000 pour les universités. Les 18 campus franciliens concentrent plus de 400 000 étudiants, puis Lille (150 000), Lyon (140 000), Aix-Marseille et Toulouse. **Le secteur bancaire** La France connaît aussi un certain rayonnement grâce à son réseau bancaire. Les banques les plus importantes sont le Crédit agricole et BNP Paribas. La Bourse de Paris occupe le $5^e$ rang mondial. Le pays occupe le $2^e$ rang mondial pour les sociétés de services et pour l'ingénierie informatique. La France connaît des vagues de privatisations depuis le milieu des années 1980, notamment dans les secteurs industriel et bancaire (plus de 40 banques dont le Crédit lyonnais en 1999), dans le secteur des assurances et qui se sont étendues au service public (France Télécom, EDF-GDF).

**TRANSPORTS** La France possède un réseau de transports moderne, adapté à l'accroissement constant de la mobilité et à l'importante demande que celle-ci engendre. **Les routes** Le réseau routier, avec un million de km de routes goudronnées (dont 700 000 km de chemins vicinaux), reste un des plus denses du monde. Les autoroutes (11 000 km) assuraient 80 % du transport de marchandises en 2004 (40 % en 1970). **Les voies navigables** Les voies navigables en revanche n'assurent plus que 2 % du transport de marchandises. Elles sont en déclin, victimes de la concurrence routière. Le statut de «port autonome» attribué aux quatre premiers sites français (Marseille, Le Havre, Dunkerque, Nantes-Saint-Nazaire) n'a pas suffi à leur assurer un bon rang européen et mondial. En 2006, ces quatre ports réunis avaient un trafic global d'env. 270 millions de t (Rotterdam : 350 millions de t, à lui seul). Le transport de passagers (28 millions en 2007) se concentre sur Calais (11), Boulogne, Dunkerque, Bastia et Marseille. L'ouverture du tunnel sous la Manche (1994) entre la France et l'Angleterre a engendré une vive concurrence. **Les chemins de fer** Le réseau ferroviaire a terminé sa phase de restructuration : fermeture des lignes secondaires ; développement des lignes TGV. Le Train à grande vitesse est une vitrine technologique de la France, qui l'exporte avec succès. Après la ligne Sud-Est, inaugurée en 1981 (Paris-Lyon), la ligne Ouest et Sud-Ouest en 1990, le réseau TGV, atteignant Marseille en 2001, se développe en radiales depuis Paris (vers Lille en 1993, Londres en 1995, Bruxelles en 1998, la Lorraine et l'Alsace en 2007). La régression du trafic marchandises (16 % du total national en 1998) est compensée par le succès du trafic voyageurs (1 000 km/an par hab. contre 700 en moyenne dans l'Union européenne). **Le transport aérien** Le trafic aérien est dominé par Air France-KLM. L'hégémonie des aéroports parisiens (Roissy-Charles-de-Gaulle et Orly) est incontestable : 87 millions de passagers en 2008 (sur un total d'env. 155 millions). Les suivants se situent loin derrière : Nice (10 millions), Lyon (7,5), Marseille (près de 7) et Toulouse (6,1). L'interconnexion avec le TGV a été réalisée en 1998 par la construction d'une gare souterraine à Roissy. En raison de l'ampleur du trafic, un $3^e$ aéroport devrait être construit pour desservir Paris.

**STRUCTURES DU TERRITOIRE** **Structures nationales** La France possède un territoire dont la disposition est de type centre-périphérie (capitale-province) depuis l'établissement d'une administration royale centralisée au XIII$^e$ s. Le pouvoir de la région parisienne s'est renforcé au cours des siècles pour aboutir à une concentration exceptionnelle des activités, du pouvoir et de la richesse. Cette concentration se mesure en volume. Sur seulement 2,2 % du territoire, l'Île-de-France concentre 18,8 % de la pop., 17 % des emplois indus., 23 % des emplois tertiaires, 29 % du PIB, mais aussi 50 % des sièges sociaux d'entreprises et 75 % des sièges des 500 plus grandes entreprises françaises. La concentration est également qualitative puisque la région accapare les activités à haute valeur ajoutée, les secteurs de pointe et les professions supérieures (2/3 des organismes de recherche, publics et privés, sont localisés en Île-de-France). Le PIB par hab. est supérieur de 53 % à la moyenne nationale. Le revenu par hab. l'est de 32 % et le salaire moyen de 30 %. Les coûts, en particulier ceux de l'immobilier, sont également plus élevés. Cette prédominance est spatialement repérable grâce aux infrastructures de transport qui témoignent de la polarisation du territoire : les grandes voies de circulation sont disposées en étoile autour de Paris (autoroutes, voies ferrées). Les relations et échanges internationaux renforcent encore la prépondérance parisienne, même si les autorités mettent en œuvre des politiques de rééquilibrage (décentralisation et «délocalisation»). Le second grand trait de la trame nationale persiste depuis la 1$^{re}$ révolution industrielle : la ligne Le Havre-Marseille sépare la France de l'O., plus pauvre, plus agricole, plus rurale (taux d'urbanisation de 60 % ; moins de grandes villes), et la France de l'E., plus riche, plus active (pour l'industrie et les services), plus urbaine (80 % d'urbanisation ; avec les quatre plus grandes villes : Paris, Lyon, Marseille, Lille). Cette césure s'atténue depuis une trentaine d'années grâce au développement d'activités de haut niveau dans les métropoles du S.-O. (Toulouse, Bordeaux) et de l'O. (Rennes, Nantes) et grâce à la meilleure qualité de vie offerte par ces régions. Cependant, la construction européenne pourrait relancer les régions du N. et du N.-E., parties intégrantes de la grande dorsale européenne (qui concentre une bonne partie de la puissance économique, industrie, finances, transports...) entre Londres et Milan. **La France des villes** L'organisation du territoire est conditionnée par la répartition de la population. Les équipements, les services, les commerces sont calibrés, hiérarchisés selon le nombre d'habitants qu'ils desservent : des 7 000 communes rurales de moins de 100 hab. qui n'ont aucun service (ni poste, ni école, ni café...) aux aggl. de plus de 200 000 hab. qui concentrent toute la gamme des activités : commerces (dont les hypermarchés), crèches, cliniques, CHU, transports urbains, équipements culturels et sportifs, administrations et les plus grandes entreprises. Cette hiérarchisation du réseau urbain dessine le cadre de vie quotidien des Français. La France est le seul pays européen (avec le Royaume-Uni à un degré moindre) à posséder un réseau urbain où la capitale domine de très loin les autres villes. L'agglomération parisienne (10 142 977 hab. en 2006) est 7 fois plus peuplée que les $2^e$ et $3^e$ villes (Marseille et Lyon) qui ont env. 1 400 000 hab., et plus de 9 fois la $4^e$ ville (Lille). Si Paris peut rivaliser en Europe avec Londres, la structure du sommet de la pyramide urbaine française pose le problème du poids relativement faible des métropoles de province face aux agglomérations multimillionnaires italiennes, allemandes ou espagnoles dans un réseau urbain de dimension européenne.

**AMÉNAGEMENT** Pour corriger les disparités du territoire, une politique d'aménagement a été mise en œuvre après la Deuxième Guerre mondiale. Elle a été conduite par la Délégation à l'aménagement du territoire et à l'action régionale (DATAR) créée en 1963. Elle a surtout été active dans les années 1960 - 1970. Parmi les principales actions entreprises figurent les efforts pour freiner la croissance de l'agglomération parisienne (procédure d'agrément, décentralisation industr., délocalisations), donner de l'impulsion aux grandes villes de province (politique des métropoles d'équilibre), créer des villes nouvelles (Cergy, Marne-la-Vallée, Évry, Sénart et St-Quentin-en-Yvelines, Villeneuve-d'Ascq, L'Isle-d'Abeau), développer l'industrie dans les régions de l'ouest et du sud (primes d'aménagement), réaménager les réseaux de transport (quadrillage autoroutier, contournement de Paris par le TGV) et favoriser le développement touristique (aménagement du littoral du Languedoc-Roussillon). Cette politique est maintenant relayée par la Communauté européenne.

**ENVIRONNEMENT** La prise de conscience de l'importance des pollutions, d'origine ménagère, industrielle ou agricole, ou liées à la circulation automobile, a entraîné des mesures de protection de l'environnement, plus tardives que dans d'autres pays européens :

création de six parcs naturels nationaux (1 million d'hectares) depuis 1960 (Vanoise, Écrins et Mercantour dans les Alpes, Cévennes, Pyrénées occidentales, et Port-Cros dans les îles d'Hyères) ainsi que d'une trentaine de parcs naturels régionaux (4 millions d'ha). Depuis 1975, le Conservatoire du littoral a pour mission de créer des zones protégées le long des côtes. Le contrôle de la gestion des ressources en eau devrait renforcer son efficacité, via les six grandes agences de bassin créées en 1964. La France est aussi en retard pour le recyclage des déchets (domestiques, 30 millions de tonnes ; industriels, 150 millions de tonnes par an). Le marché des produits non polluants et de l'élimination des déchets est cependant en expansion. Diverses mesures ont été prises pour prévenir les risques naturels et industriels.

## HISTOIRE

**LES ORIGINES** On peut faire coïncider le début de l'histoire de France avec l'arrivée des Francs*, qui sont à l'origine de son nom (pour la période antérieure → **Gaule**), et qui, prenant part au mouvement des grandes invasions germaniques du V^e s. (→ **Germains**), exercèrent bientôt leur suprématie en Gaule, en dépit de leur nombre relativement restreint et du retard de leur civilisation. **Les Mérovingiens et les Carolingiens** Leur force résidait en partie dans la personnalité de leurs chefs, dont les plus marquants furent Clovis* chez les Mérovingiens*, puis, quand les Carolingiens, maires du palais d'Austrasie*, purent s'imposer, grâce à la dégénérescence des «rois fainéants», Pépin* de Herstal, Charles* Martel (vainqueur des Sarrasins à Poitiers en 732), Pépin* le Bref, qui parvint à la royauté, et surtout Charlemagne qui rétablit l'unité du monde occidental et déplaça le centre de l'autorité franque vers l'E. Mais le plus grand facteur de réussite des deux dynasties fut leur lien avec l'Église : Clovis, en se faisant baptiser à Reims (496 ?), devint le seul roi non hérétique au milieu d'ariens. Cette conversion lui acquit l'appui de l'Église et constitua en outre un facteur d'assimilation entre Francs et Gallo-romains. De façon identique, Charlemagne, après Pépin le Bref, se fit le champion de la papauté face aux périls lombard et byzantin, et son sacre à Rome (800) lui valut un prestige spirituel considérable. → **Charlemagne.** De même qu'elle en avait bénéficié, l'expansion des monarques francs accéléra la diffusion du christianisme : encore très lente au VI^e s. (→ **Grégoire de Tours**), malgré les efforts des conciles, malgré le monachisme irlandais et bénédictin (saint Colomban*), elle connut ensuite une stagnation jusqu'à l'avènement des Carolingiens qui restaurèrent l'institution épiscopale, entreprirent une réforme générale (Pépin le Bref réunit trois conciles) et encouragèrent l'action de saint Boniface ou de saint Benoît. Au IX^e s., les derniers îlots de paganisme étaient résorbés. **Les partages** Ces royaumes furent fragiles, d'abord à cause du problème des successions, qui amenèrent de nombreux partages et des luttes incessantes. Le royaume de Clovis se trouva divisé entre ses quatre fils et ne devait être reconstitué fugitivement que sous Clotaire* II (de 613 à 629) et Dagobert* I^er (de 629 à 639). Il donna naissance notamment à l'Austrasie et à la Neustrie*, dont la rivalité occupa toute la fin de l'époque mérovingienne. L'empire de Charlemagne connut le même sort, malgré l'*Ordinatio Imperii* de Louis* le Pieux (817) ; en 843, Charles* le Chauve reçut au traité de Verdun* la *Francia Occidentalis*, distinguée par sa langue romane, mais qui devait se restreindre encore au cours de son règne, se limitant au N. de la Loire. **Le développement de la féodalité** Cependant la plus grande faiblesse des deux dynasties résida dans l'émiettement du pouvoir politique dû au développement de la féodalité et lié à l'évolution des structures économiques. En effet, comme elles durent poursuivre la lutte des Romains contre les Germains (entreprises contre la Thuringe et la Bavière, au VI^e s., puis contre les Saxons), ces dynasties héritèrent les structures économiques et sociales de la fin de l'Empire. La conception franque du roi (chef de tribu, dont le royaume est une possession personnelle, et non plus un État) accéléra encore le recul du pouvoir central au profit des grands propriétaires, indépendants, chefs francs que le roi ne pouvait s'attacher qu'en leur donnant des terres, ou aristocrates gallo-romains, qui faisaient échec aux «comtes», seuls représentants de l'autorité royale. La terre était devenue la seule source de richesse : l'expansion islamique et la chute de l'Empire romain avaient fait totalement disparaître le commerce, qui s'était maintenu jusqu'au VI^e s., entraînant la raréfaction de la monnaie. La civilisation urbaine acheva de disparaître au profit des domaines, de plus en plus importants, consolidés par les invasions, où esclaves et tenanciers s'étaient «donnés» aux propriétaires, en échange de la protection militaire et de l'usufruit. Le terme de «franc» en arriva à désigner au VII^e s. non plus un peuple, mais une classe minoritaire restée libre. Le recul démographique fut considérable, les mœurs devinrent très frustes et le déclin de la culture et de l'art atteignit même les techniques et l'artisanat (seule subsista la métallurgie : orfèvrerie, joaillerie). Les Carolingiens, contraints de la même façon à encourager le développement de la féodalité, échouèrent à rétablir l'Empire romain en raison du caractère domanial de l'économie, malgré une légère reprise des échanges au début du VIII^e s. L'œuvre juridique, législative, financière de Charlemagne, quoique considérable, resta souvent lettre morte, et l'autorité des *missi dominici*, limitée et très temporaire. **Le renouveau** La renaissance culturelle et religieuse qui accompagna le redressement politique, si décisive qu'elle ait été face aux invasions et à l'Empire byzantin, eut, elle aussi, un caractère très partiel et n'affecta qu'un milieu restreint, essentiellement clérical, que ses intérêts, son mode de vie et son idéologie séparaient de la masse. Les principaux centres de ce renouveau furent les écoles de Reims (→ **Ebbon**), de Tours (→ **Alcuin**) et celle du palais de Charles le Chauve. La réflexion théologique y allait de pair avec l'activité des *scriptoria*. **Les invasions scandinaves** La féodalité, qui se renforça encore au IX^e s., acheva de faire disparaître un pouvoir central incapable de résister aux invasions qui se multiplièrent alors (Scandinaves à l'O., qui acquirent la Normandie ; Hongrois ; Sarrasins, qui parvinrent jusqu'à Paris en 886, date où ils furent arrêtés par le comte Eudes). À la fin du siècle, le royaume n'était plus qu'une poussière de plus de trois cents comtés quasi indépendants.

**LES PREMIERS CAPÉTIENS** **La consolidation de la royauté** En 987, un descendant d'Eudes, Hugues* Capet, fut élu roi. Jusqu'au XII^e s., la dynastie capétienne resta trop faible pour prendre part aux grands événements politiques de l'époque : le roi de France n'intervint ni dans la conquête de l'Angleterre ni dans la lutte entre l'Empire et la papauté. Tandis que le pouvoir était passé aux mains du clergé ou des seigneurs (les trois «ordres», qui allaient persister jusqu'à la Révolution, étaient désormais constitués), la royauté pouvait apparaître comme une fonction essentiellement spirituelle et inefficace. Cependant, alors qu'elle s'exerçait encore au IX^e s. en pleine décomposition féodale, elle devait se trouver au milieu du XII^e s. en position de force. Les Capétiens eurent en effet l'habileté d'établir immédiatement le principe de l'hérédité royale, en faisant sacrer leur fils de leur vivant, avantage dont ne disposaient pas les empereurs, par exemple. Leur attitude soumise envers l'Église, contraire à celle du roi d'Angleterre ou de l'empereur, leur acquit son soutien : c'est en France que fut prêchée la première croisade, par un pape français, Urbain II, et les croisés furent désignés par le terme de «francs». Le monachisme y connut un grand épanouissement (Cluny : réforme grégorienne ; Cîteaux, Clairvaux : mouvement cistercien). **La vie intellectuelle et artistique** L'art roman*, immense mouvement de renaissance architecturale et plastique, y fut abondamment représenté comme à Reims (Saint-Remi), Poitiers (Notre-Dame-la-Grande), Toulouse (Saint-Sernin), Jumièges, Moissac, Vézelay, Autun et au Mont-Saint-Michel. Alors que les bâtisseurs inventaient un art nouveau, les philosophes (→ **Chartres [école de]**), influencés progressivement par l'aristotélisme et le platonisme transmis par les Arabes, modifièrent la vision du monde. La querelle des Universaux opposa Guillaume* de Champeaux, adepte du réalisme, à Roscelin*, partisan du nominalisme, et, dans une moindre mesure, à Abélard*. Quant à l'école de Saint*-Victor de Paris, elle récusa tout rationalisme. Pendant ce temps, le catharisme soulevait le Sud. → **cathares.** Par ailleurs, la littérature courtoise se développa, tant en langue d'oïl (→ **Chrétien de Troyes**) qu'en langue d'oc (troubadours). **Le roi suzerain** Enfin, les rois surent exploiter leur situation privilégiée au cœur du système féodal. À la tête eux-mêmes d'un important domaine foncier, ils peuvent être considérés comme des seigneurs qui auraient peu à peu étendu leurs possessions à presque toute la France (fin du XIII^e s.). Leur position de suzerain leur permit, quand ils disposèrent d'une puissance suffisante, de s'immiscer dans les affaires de leurs vassaux, et éventuellement de s'emparer de

**France.** *Philippe Auguste à la bataille de Bouvines*, enluminure des *Grandes Chroniques de France* (1375-1379). Bibliothèque nationale de France, Paris.
*Phot. © Erich Lessing/AKG*

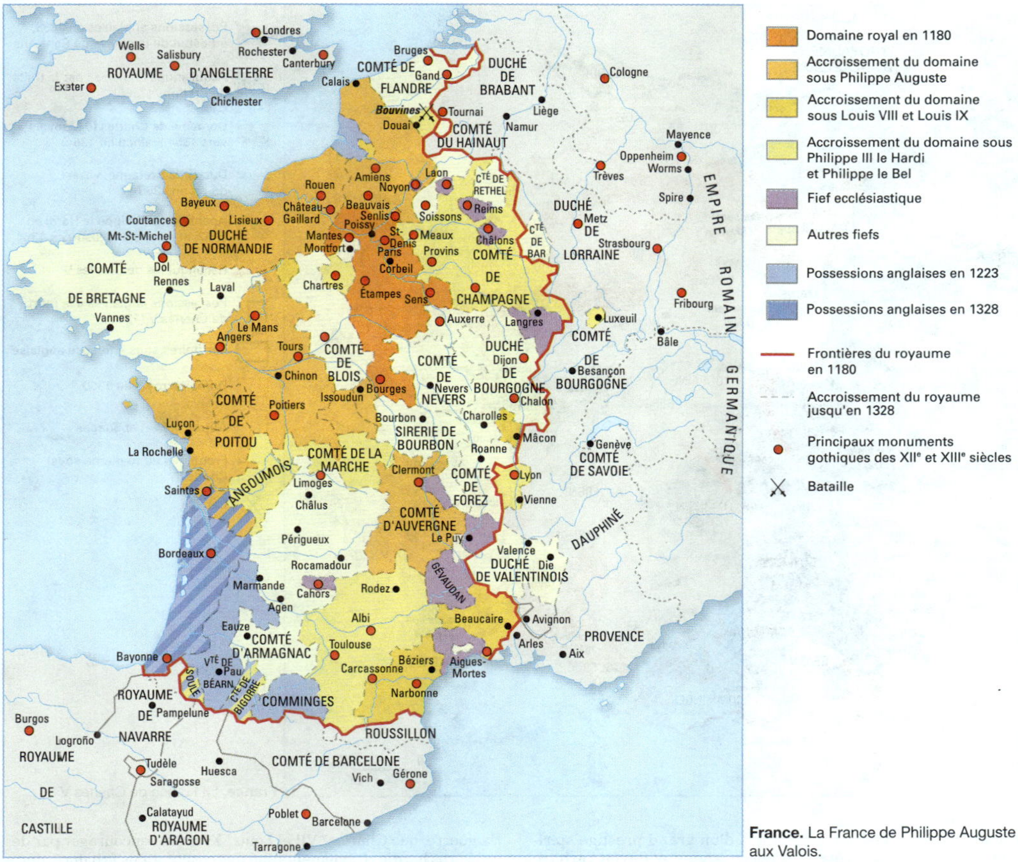


**France.** La France de Philippe Auguste aux Valois.

leurs biens. Louis* VI inaugura une politique de «justicier», qui allait être constamment poursuivie par ses successeurs, avec succès malgré la perte de l'Aquitaine lors de la répudiation d'Aliénor par Louis VII. Elle permit au roi de se substituer peu à peu à la féodalité, à la faveur du conflit qui l'opposait à la bourgeoisie naissante. **▮ L'économie et la société** Cette époque vit en effet la renaissance et l'émancipation des villes, fondées sur une fonction essentiellement commerciale, et aux mains d'une bourgeoisie née, elle aussi, du renouveau de l'économie, sensible du Xe au XIVe s. L'évolution des techniques agraires (substitution du fer au bois, amélioration du collier, exploitation de l'énergie hydraulique, assolement triennal) entraîna un remarquable essor démographique (on estime que la population passa de 8 millions v. l'an 1000 à 20 millions v. 1300), accompagné du progrès du défrichement. La circulation des hommes (pèlerinages à Rome, à Jérusalem, à Saint-Jacques-de-Compostelle) reprit comme celle des marchandises et des biens. Le commerce, bénéficiaire des croisades, réapparut et se perfectionna : les marchands se groupèrent en guildes ou hanses, la lettre de change apparut dans les foires de Champagne qui furent le centre de la vie économique de l'Europe médiévale, situé sur la route commerciale des draps de Flandre et des épices d'Italie. Malgré les nombreux conflits qui troublèrent les villes (entre artisanat et patriciat, dans les Flandres, par exemple) ou les campagnes (croisade des enfants, 1212 ; pastoureaux*, 1251), l'évolution sociale se fit plus sensible au XIIIe s., par la mobilité de la société et la disparition progressive du servage. De cet ensemble de progrès qu'elle avait favorisés, la royauté tira un prestige accru.

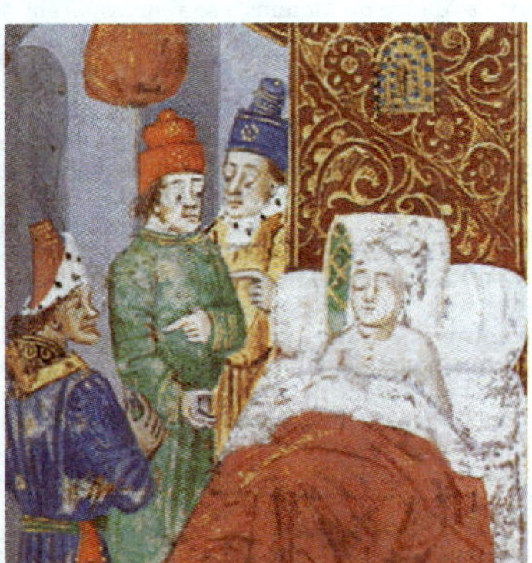

**France.** *Mort de Philippe VI de Valois,* Chroniques de Froissart. Musée Condé, Chantilly.
*Phot. © Giraudon*

**▮ LE RAYONNEMENT FRANÇAIS AU XIIIe S. ▮ L'unité du royaume** Le XIIIe s. marqua en effet l'apogée de la puissance française au Moyen Âge, et son hégémonie en Occident. L'O. du pays fut acquis par Philippe* II Auguste, qui mena une lutte heureuse contre l'Angleterre, et remporta à Bouvines* (1214) la première victoire réellement «française» face à une coalition européenne. La croisade contre les albigeois* consacra la défaite du S. du pays devant le N., et assura, au prix d'une diminution forcée de la culture occitane, l'unité du royaume, auquel ne manquait plus que la Guyenne. **▮ Le rayonnement intellectuel** Paris était alors une des villes les plus importantes de l'Europe, et le rayonnement de son université s'étendait à tout l'Occident, attirant de nombreux étrangers (Albert* le Grand, Thomas* d'Aquin, Duns* Scot, Eckhart*, Guillaume* d'Occam). Cette effervescence intellectuelle, liée à l'essor de la scolastique, se traduisit par la multiplication des *scriptoria*. Paris devint ainsi un grand centre de l'enluminure *(Psautier de saint Louis, Bible moralisée, Psautier de Paris)*. Dans le domaine de la musique, l'école de Notre-Dame développa la polyphonie, genre adapté à la majesté des cathédrales gothiques, dont l'origine se situe en Île-de-France au XIIe s. **(→ Saint-Denis, Sens, Noyon, Senlis, Paris, Chartres).** Sous l'influence de la bourgeoisie naissante, la littérature se dégagea de l'idéal courtois pour devenir rationaliste et satirique. **→ Roman* de la Rose.** Avec

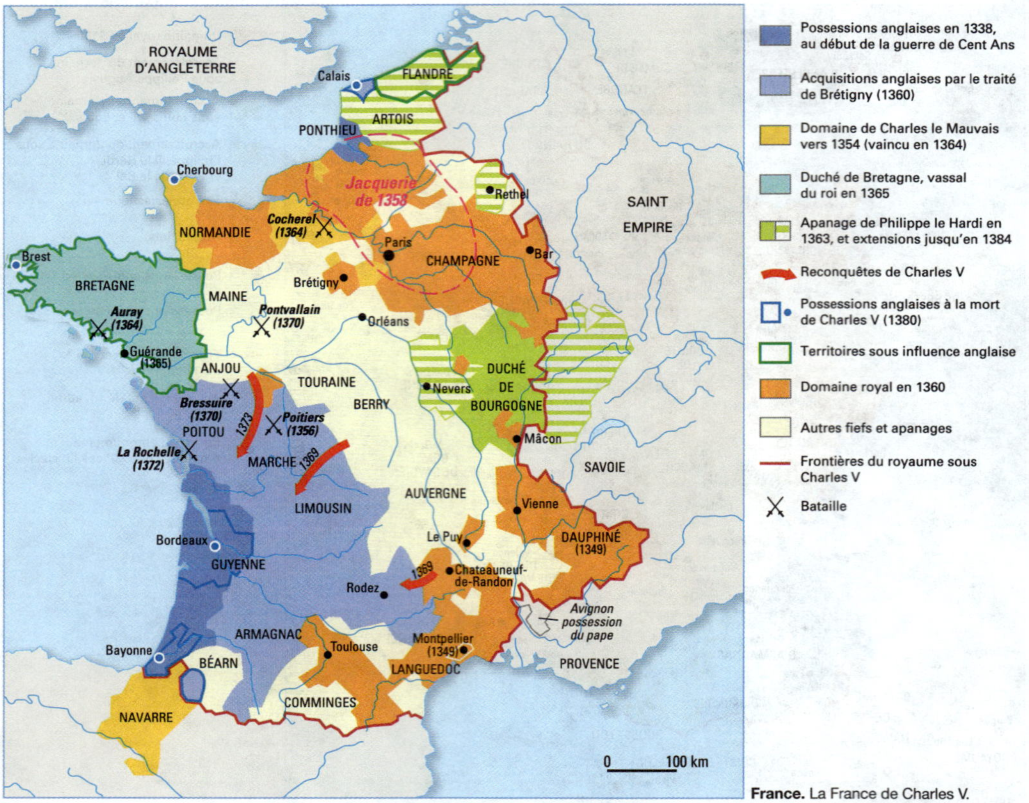


**France.** La France de Charles V.

Louis* IX, le roi de France bénéficia d'un grand prestige spirituel, renforcé par son rôle dans les croisades, et devint l'arbitre des conflits européens. **▮ La naissance du sentiment national** Les progrès de l'administration, continuels depuis Philippe Auguste, atteignirent sous Philippe* le Bel un grand développement et assurèrent partout la représentation de l'autorité royale. La formation d'une classe de légistes, familiarisés avec le droit romain, entraîna une conception nouvelle de l'État, dans lequel le roi n'était plus un seigneur, mais la représentation vivante de la loi. Elle devait provoquer le conflit qui opposa Philippe le Bel à l'Église (affaire des Templiers*, attentat d'Anagni*). Elle fut également à l'origine de la première réunion d'états* généraux (1302). L'idée d'État se doublait enfin d'un sentiment national, opposé à l'universalisme du XIIIe s. et qui allait s'épanouir au siècle suivant.

**▮ LA GUERRE DE CENT ANS ▮ Les causes** La crise de succession qui éclata à la mort des fils de Philippe le Bel et à l'avènement de Philippe* VI de Valois allait réveiller le vieux conflit qui opposait la France et l'Angleterre, encore accru par leur rivalité en Flandre. La guerre de Cent Ans (→ **Cent Ans**) fut pour la France une période particulièrement sombre. Elle s'inscrivait cependant dans une crise générale de l'Occident européen, dont l'aspect économique peut être attribué à un arrêt de l'expansion agricole au XIVe s. (il y eut de nombreuses famines, en particulier celles de 1316 - 1317, qui entraînèrent des épidémies et une diminution de la population). La domination franque en Proche-Orient avait marqué un net recul. Le développement du trafic maritime vénitien et génois provoqua la disparition des foires de Champagne. La monnaie connut une grande instabilité. Ces difficultés socioéconomiques, aggravées par la guerre, mirent le pays en position de faiblesse face à l'adversaire ; ainsi, l'anarchie et les révoltes, menées aussi bien par la féodalité menacée (ligue féodale, Grandes Compagnies*, etc.) que par la bourgeoisie contrainte et le peuple écrasé (Grande Jacquerie* de l'Île-de-France en 1358, insurrection parisienne d'Étienne Marcel*, révoltes de 1382 et de 1413). **▮ Les conséquences** Cette période vit du moins de grands remaniements sociaux : à la fin de la guerre de Cent Ans, l'affranchissement des serfs était à peu près général, tandis que les seigneurs commençaient à se détacher de la terre, sous l'effet des difficultés financières, et au bénéfice de la bourgeoisie. Celle-ci donna naissance à un patriciat qui exerça une action politique (Étienne Marcel*, Jacques* Cœur) et à une classe de paysans aisés. Elle bénéficia en effet du renouveau économique au lendemain de la guerre, que Charles* VII et Louis* XI surent encourager par des mesures hardies (réglementation des corporations urbaines, développement de l'indus. de la soie, des foires de Lyon, assainissement de la monnaie, mesures favorisant le rapprochement entre noblesse et bourgeoisie). Leur politique centralisatrice correspondait au renforcement du pouvoir royal qui sortit accru de l'épreuve, l'unité nationale s'étant faite autour du roi, face à l'Angleterre. → **Jeanne d'Arc.** Le pays avait acquis en outre une armée permanente. Aussi, malgré la dangereuse politique des apanages qui régna au XIVe et au XVe s. (maison de Bourgogne, d'Orléans, de Bourbon, d'Armagnac, d'Albret), le royaume s'agrandit-il de la Bourgogne, de l'Artois et, à la fin du XVe s., de la Bretagne. **▮ Les arts** Peu propice au développement de l'art, la guerre de Cent Ans entraîna un ralentissement des grandes constructions. En revanche, les arts mineurs connurent une étonnante floraison, qu'il s'agisse de l'enluminure (J. Pucelle*, les frères Limbourg*, J. Fouquet*), des émaux (en particulier à Limoges) ou de la tapisserie (*Apocalypse* d'Angers*). La sculpture (Sluter*) et la peinture (E. Quarton*, le Maître de Moulins*) se renouvelèrent également. Sous l'influence des événements, la littérature se fit plus réaliste (Christine* de Pisan, Charles* d'Orléans, A. Chartier*, E. Deschamps*, F. Villon*).

**▮ APOGÉE ET DÉCLIN DE LA MONARCHIE ▮ La Renaissance** La France, dans son déclin, avait laissé à l'Italie la prééminence culturelle. Son prestige explique l'attirance qu'elle exerça alors. Les guerres d'Italie* permirent la diffusion de la Renaissance italienne. La venue en France de nombreux artistes italiens, tels que Vignole*, le Primatice*, Rosso* Fiorentino, Niccolò* dell'Abate, influença l'art français (Lescot*, Goujon*, l'école de Fontainebleau*). D'autre part, l'humanisme entraîna l'éclosion des études philologiques (→ **Budé, Amyot, Dolet, Estienne**), qui mirent à la disposition du public français non seulement les auteurs classiques mais aussi les textes bibliques. → **Lefèvre d'Étaples, Olivétan, Marot.** Élément déterminant dans la genèse de la Pré-Réforme, l'humanisme permit aussi de mieux fixer et d'enrichir la langue française (→ **Pléiade, Rabelais, Tory**), parfois sous l'influence du pétrarquisme (→ **Scève, Desportes, Marguerite de Navarre, Aubigné**). Il favorisa aussi un renouvellement complet de la philosophie. → **Montaigne, Bodin, Ramus. ▮ Les guerres d'Italie** Les droits des souverains français sur le royaume de Naples servirent de prétexte aux expéditions de Charles* VIII et de Louis* XII, celui-ci y ajoutant des visées sur le Milanais. L'idée d'une vaste croisade contre les

**France.** La France de Louis XI à Henri IV.

Ottomans n'était pas absente de leur projet. Si les ambitions italiennes n'aboutirent qu'à des occupations temporaires, elles avaient peu coûté au pays et avaient eu l'avantage de canaliser l'agitation de la noblesse. Cependant, elles eurent pour conséquence de former à plusieurs reprises contre la France une coalition européenne, qui dégénéra en lutte entre la maison de France et celle d'Autriche (→ **François Ier**, **Charles Quint**), à la faveur du problème de l'héritage bourguignon. À la paix du Cateau*-Cambrésis, Henri* II renonça définitivement aux ambitions italiennes de ses prédécesseurs pour acquérir des avantages dans le N. et l'E. du pays (les Trois-Évêchés). Or ce traité fut particulièrement mal considéré par l'opinion contemporaine. Cette paix était un compromis entre deux adversaires financièrement usés. Les deux rivaux avaient tenté de drainer vers eux le plus de capitaux possible pour en priver l'adversaire ; c'est à ce jeu que la France perdit, au moment de l'élection impériale de Charles Quint, soutenu par les Fugger. **L'économie** On a pu considérer qu'en matière économique également le XVIe s. marqua une rupture par rapport aux cadres médiévaux ; ceux-ci éclatèrent pour faire place, sinon à un «capitalisme», du moins à une économie très large, qui laissait à la fonction commerciale une place prépondérante (les contemporains parlèrent de mercantilisme). Les grandes découvertes et l'afflux de métaux précieux qu'elles entraînèrent vinrent donner une nouvelle impulsion à l'économie du XVe s. déjà en pleine expansion. Le crédit se développa, ainsi que la pratique de la lettre de change, tandis que naissait une activité véritablement industrielle, et non plus artisanale. Cette évolution s'accompagna de remaniements sociaux. La montée des prix eut pour conséquence le triomphe du mobilier sur l'immobilier : la bourgeoisie riche se trouva en mesure de racheter les biens de la noblesse obligée de vendre et se rapprocha d'elle (il se forma ainsi une nouvelle aristocratie, dont devaient sortir les Villeroi ou les Gondi, par exemple), se séparant toujours davantage des classes populaires. **Les guerres de Religion et la restauration de l'autorité royale** Le soutien financier que lui apportait la bourgeoisie, qu'il favorisait, et l'affaiblissement de la noblesse contribuèrent à court terme au renforcement du pouvoir royal. François Ier fit en effet triompher une conception de la monarchie absolue, annonciatrice de celle de Louis XIV, puisqu'elle devint une délégation divine. Le roi eut tous les pouvoirs, il devint même le chef temporel de l'Église (concordat de Bologne), mais il dut respecter un certain nombre de contrats et de coutumes. La Bretagne, déjà rattachée sous Louis XII, fut définitivement intégrée au royaume. Les derniers grands fiefs disparurent, tandis que naissait la notion de l'inaliénabilité du royaume, en vertu de laquelle le Parlement devait casser le traité de Madrid* qui donnait la Bourgogne à Charles Quint. L'autorité fut renforcée par le développement des «officiers», par celui de la cour. À cette conception les guerres de Religion* allaient encore opposer celle d'un pouvoir exercé par les grands féodaux : la minorité des rois (François* II, Charles* IX), comme plus tard celle de Louis XIII ou la Fronde, permit aux princes, à la tête de provinces et prêts à faire appel à l'étranger, d'exploiter les troubles nés de la Réforme*. À long terme, ceux-ci, en arrêtant le développement de l'économie et la montée de la bourgeoisie, allaient favoriser l'absolutisme (contrairement à ce qui se produisit en Angleterre). Dans l'immédiat, la continuité monarchique, près de sombrer sous Henri* III, ne fut sauvée que par les gens de robe (cette époque fut très riche du point de vue législatif → **L'Hospital [Michel de]**) qui établirent son principe abstrait, indépendant de la personne du roi. La guerre civile et religieuse avait dégénéré en guerre étrangère : Philippe II pensait même à placer sa fille sur le trône de France. Le ralliement du parti des politiques qui s'était peu à peu développé, essentiellement face au péril extérieur, permit à Henri* IV de rétablir la paix. Les Espagnols durent se retirer (traité de Vervins) et les passions religieuses durent faire place à un compromis (→ **Nantes [édit de]**). La pacification et le relèvement du pays s'accompagnèrent de la restauration de l'autorité royale, dont le développement allait être poursuivi sous Louis* XIII, Richelieu*, puis Mazarin*, et trouver son achèvement dans la monarchie absolue de Louis* XIV : gouvernant par lui-même et par lui seul (les ministres ne furent plus que de simples exécutants), il établit une véritable mystique du pouvoir de droit divin, consacrée par Versailles, et acheva ainsi l'unité de l'État, préparant l'idée d'État moderne. **Le classicisme** L'art du Grand Siècle était au service de la monarchie absolue (→ **Brosse, Coustou, Lemercier, Lepautre, Mansart, Le Vau, Le Nôtre, Perrault, Hardouin-Mansart, Puget, Coysevox, Girardon**). À quelques exceptions près (→ **Le Nain, La Tour**), le classicisme* dominait aussi en peinture (→ **Vouet, Le Sueur, Mignard, Poussin, Champaigne, Le Brun, Rigaud, Largillière**). Alors que les salons (marquise de Rambouillet*, marquise de Sablé*, M^lle de Scudéry*, M^me de La* Fayette) contribuaient à la diffusion de l'idéal de l'« honnête homme », le classicisme prôné par Malherbe au début du siècle s'imposait aussi en littérature, malgré l'opposition de M. Régnier et de Th. de Viau. Il gagna tous les domaines : le roman pastoral (→ **Urfé**), le roman picaresque (→ **Sorel, Scarron**), la tragédie (→ **Corneille, Racine**), la comédie (→ **Molière**), la poésie (→ **La Fontaine**), l'éloquence religieuse (→ **Bossuet, Bourdaloue**). Cette pureté de la langue se retrouve aussi chez les moralistes (→ **La Rochefoucauld, La Bruyère**) et les mémorialistes (→ **Retz, Sévigné [M^me de], Saint-Simon**). La fin du siècle fut marquée par la querelle des Anciens* et des Modernes. Tout comme la littérature, la musique restait étroitement liée à la cour (→ **Lully, Charpentier, Marais, Lalande, Couperin, Campra, Destouches**). Seules la philosophie (→ **Descartes, Pascal, Malebranche, Bayle**) et, dans une certaine mesure, la spiritualité (→ **jansénisme, quiétisme, Oratoire, François de Sales, Jeanne de Chantal, Vincent de Paul, Pierre Fourier, Olier**) se développèrent en marge de la sphère d'influence royale, voire en opposition à elle. **L'hégémonie française en Europe** Les mesures antiprotestantes de Richelieu, la révocation de l'édit de Nantes furent une conséquence logique de l'absolutisme. La rivalité avec la maison de Habsbourg reprit. L'assassinat d'Henri IV avait empêché la France d'entrer en guerre contre l'Espagne. Ce fut Richelieu qui intervint à la fin de la guerre de Trente* Ans (1635), et Mazarin continua la lutte avec succès : le traité de Westphalie* puis celui des Pyrénées* consacrèrent l'hégémonie française en Europe. Elle allait être portée à son comble par Louis XIV : le traité de Nimègue* marqua l'apogée extérieur du règne et un agrandissement notable du royaume. Cependant sa politique agressive devait entraîner une suite de coalitions finalement victorieuses. → **Succession d'Espagne (guerre de)**. La lutte traditionnelle contre les Habsbourg fit peu à peu place sous Louis XV à une rivalité économique et coloniale avec l'Angleterre (renversement des alliances → **Sept Ans [guerre de]**), rivalité déjà esquissée sous le règne précédent. L'effort de redressement diplomatique et militaire (→ **Choiseul**) allait porter ses fruits avec la politique étrangère de Louis XVI. **Les arts et la philosophie au XVIII^e s.** Mais, si le royaume ne retrouva pas sous Louis XV sa place prépondérante en Europe, il conserva, quoique de façon plus contrastée, l'extraordinaire rayonnement culturel du « grand siècle ». En effet, le XVIII^e s. fut traversé de courants très divers. Le libertinage, les fêtes galantes, la légèreté et l'élégance inspirèrent bon nombre de peintres (→ **Coypel, Watteau, Natoire, Lemoine, Boucher, Van Loo, Drouais, Lancret, Pater, Fragonard, Nattier**) et d'écrivains (→ **Crébillon, Marivaux, Prévost, Laclos**). R. de Cotte et Boffrand introduisirent le style rocaille en architecture. La sculpture adopta des formes gracieuses (→ **Lemoyne, Pigalle, Falconet, Bouchardon, Houdon**). La musique se fit plus légère (→ **Rameau**). Ce furent cependant les philosophes (→ **Montesquieu, Diderot, Voltaire, Rousseau, d'Alembert, Condillac, Condorcet**) qui donnèrent à ce siècle toute son importance et ouvrirent la voie à la Révolution. Avec les Lumières* le goût changea. Diderot défendit les peintres J. Vernet*, Greuze*, H. Robert*, Chardin* et influença Beaumarchais*. Bernardin* de Saint-Pierre et Restif* de La Bretonne s'inspirèrent de Rousseau. La sobriété et le retour à l'antique devinrent des critères essentiels en architecture (→ **Gabriel, Soufflot, Ledoux, Boullée**) et en peinture (→ **David**). **La société** Du XIV^e s. à la fin du XVIII^e s., les structures agricoles étaient restées immuables, laissant le pays à la merci de disettes qui entraînaient famines, épidémies et chute démographique. La situation se fit particulièrement grave au XVII^e s. Elle s'incrivit dans une période de crise générale en Europe, traduite par la stagnation, puis la dépression des prix entre les hausses du XVI^e s. et celles du XVIII^e s. Cette conjoncture défavorable peut peut-être rendre compte de l'échec final des efforts gouvernementaux (→ **Colbert**) après les réussites du début du siècle (Sully, Laffemas). Les famines, la pression fiscale sur le monde rural, le développement d'une économie mercantiliste favorable à l'industrie entretenaient un climat de guerre civile larvée (il y eut une centaine de révoltes dans la première moitié du XVII^e s., Croquants, Nu-Pieds), dirigée contre le fisc royal, mais dont sut profiter l'aristocratie ou la bourgeoisie, comme ce fut le cas pendant les régences. Le XVIII^e s. vit s'accroître l'écart considérable entre exploitants, restés dans la misère, et « rentiers », bénéficiaires des hausses des prix, et dont les revenus étaient davantage orientés vers la consommation de luxe ou la spéculation que vers le progrès (de la Régence à la Révolution, le grand commerce, et notamment le commerce colonial, connut une forte expansion, faisant la richesse de villes comme Nantes ou Bordeaux). La tension politique et sociale s'en trouva aggravée. L'appauvrissement de la noblesse terrienne se poursuivit, tandis que persistaient ses ambitions féodales. Comme au XVI^e s., à la théorie de l'autorité unique s'opposait la notion de pouvoir aristocratique : l'agitation des grands qui troubla toutes les minorités devait reprendre à la fin du règne de Louis XIV et aboutit, sous la Régence, à la polysynodie (pouvoir exercé par plusieurs personnes) qui fut un échec. Les ambitions de la noblesse se trouvaient renforcées par la montée de la bourgeoisie qui poursuivit son ascension à travers tout le XVII^e et le XVIII^e s. **Une situation financière catastrophique** La politique intérieure du règne de Louis XV fut dominée par l'opposition des cours souveraines (dont le rôle avait été déterminant pendant la Fronde) qui, tout en ralliant l'opinion par une défense théorique de la liberté face aux empiètements du pouvoir royal, défendaient en réalité leurs privilèges et arrêtèrent toute possibilité de réforme. Le roi se trouvait en perpétuelle détresse financière, en raison, d'une part, de l'importance de ses besoins, dus aux guerres, et, d'autre part, de la mauvaise administration : la vénalité des charges qui datait de François I^er, mais avait été aggravée par l'édit de la Paulette*, donna en effet une grande indépendance aux « officiers ». La « dette publique » datait elle aussi du XVI^e s. L'échec de l'entreprise de Law* fut lourd de conséquences. Le pouvoir était obligé de faire appel aux « traitants » et le Parlement eut beau jeu de s'opposer aux décisions royales, aidé en cela par l'indécision de Louis XV : après avoir soutenu les réformes de Machault* d'Arnouville, il céda et son recul fut manifesté par le renvoi des jésuites, victoire pour le Parlement janséniste ; le roi reprit à la fin du règne une politique autoritaire, avec le triumvirat Maupeou*-d'Aiguillon*-Terray*. Cette politique devait être abandonnée à sa mort.

**LA RÉVOLUTION ET LA FIN DE L'ANCIEN RÉGIME (1774 - 1799)** **L'échec des réformes et la crise** Louis XVI, qui monta sur le trône en 1774, était peu

**France.** Louis XIV reçoit l'ambassadeur de Perse, Méhémet Riza Beg, en 1715. Huile sur toile d'Antoine Coypel (70 × 153 cm). Musée national du château, Versailles. *BIS/Phot. Hubert Josse © Archives Larbor*

**France.** *La prise de la Bastille le 14 juillet 1789,* gravure du XVIIIe s., Bibliothèque nationale de France, Paris. *Phot. © Arch. Nathan*

préparé à faire face aux profondes transformations économiques (essor du commerce, de la production manufacturière), démographiques (accroissement de la population, urbanisation), sociales (montée de la classe bourgeoise) et idéologiques (mouvement des idées philosophiques et économiques : Encyclopédistes, physiocrates, formation de «sociétés de pensée» favorables à l'égalité et à la liberté). Si la participation de la France à la guerre d'Indépendance des États-Unis (1778 - 1783) accrut son prestige à l'extérieur, elle aggrava la situation financière, que les dépenses inconsidérées de la cour rendaient plus précaire encore. Les tentatives de réformes proposées par Calonne*, Loménie* de Brienne, puis Necker* aboutirent à la «révolte nobiliaire» (1787 - 1788), qui, dans une situation économique difficile, constitua une remise en question de l'absolutisme royal en même temps qu'une tentative pour maintenir les privilèges de la noblesse. **La chute de la monarchie** Cette crise aboutit à la convocation des états* généraux (mai 1789), qui marquèrent le début de la Révolution française. Avec la formation de l'Assemblée* nationale constituante (9 juil. 1789), la royauté absolue de «droit divin» faisait place à une monarchie constitutionnelle qui, avec la prise de la Bastille* (14 juil.), l'abolition des privilèges (nuit du 4 août* 1789 ; Déclaration des droits* de l'homme et du citoyen), mettait fin à l'Ancien Régime au profit de la bourgeoisie. Celle-ci entreprit une œuvre de réformes administratives, sociales et religieuses. → **Révolution française, Assemblée nationale constituante, Assemblée législative, Constitution civile du clergé.** Mais le compromis entre le roi et la Révolution se révéla fragile (fuite et arrestation du roi à Varennes* en juin 1791, affaire du Champ*-de-Mars). La menace de complots contre-révolutionnaires fomentés par les nobles émigrés et les échecs militaires qui suivirent la déclaration de la guerre à l'Autriche (avr. 1792) eurent raison de la monarchie (journée du 10 août* 1792, Commune* insurrectionnelle de Paris, massacres de Septembre*). **La Ire République** La Ire République* française fut proclamée le 21 sept. 1792 par la Convention*, qui, d'abord dominée par les girondins*, fut marquée par le procès et l'exécution de Louis XVI (déc. 1792 - janv. 1793), immédiatement suivie de la formation de la Ire coalition* contre la France révolutionnaire. Les difficultés économiques, sociales et politiques (développement de la contre-révolution ; guerre de Vendée* ; Chouannerie*) et les menaces extérieures aboutirent à l'exclusion des girondins au profit des montagnards* (juin 1793). Pendant un an, les jacobins* (→ **Robespierre, Saint-Just, Couthon**) instaurèrent en France une dictature révolutionnaire, réprimant les mouvements contre-révolutionnaires, remportant des victoires extérieures et adoptant les mesures sociales exigées par les extrémistes (hébertistes*, enragés*). Mais les excès de la Terreur*, les dissensions politiques entraînèrent finalement la

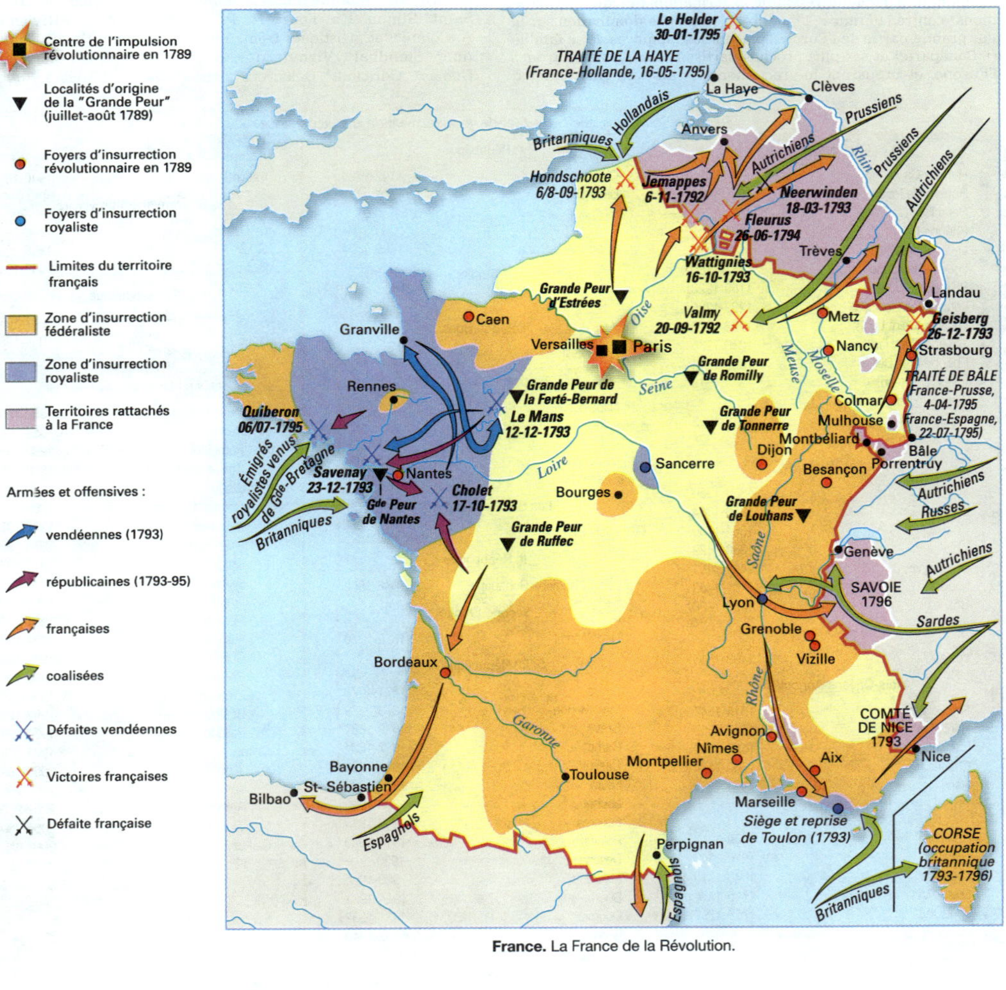


**France.** La France de la Révolution.

chute de Robespierre et de ses alliés le 9 Thermidor* an II (1794). Époque de réaction et de corruption, la Convention thermidorienne (1794 - 1795) puis le Directoire* (1795 - 1799) furent marqués par la répression des insurrections, tant jacobines que royalistes. Mais l'instabilité intérieure et la poursuite de la guerre permirent l'exécution du coup d'État du 18 Brumaire* an VIII (1799) qui mit fin à l'époque révolutionnaire.

**LE CONSULAT (1799 - 1804) ET L'EMPIRE (1804 - 1814, 1815)** Napoléon Bonaparte (→ **Napoléon Ier**), dont le prestige était lié à de nombreuses victoires, parvint rapidement à monopoliser à son profit le renforcement du pouvoir exécutif en se faisant nommer consul à vie (1802), puis sacrer empereur (déc. 1804). **La réorganisation du pays** Les différentes formes d'opposition ayant été supprimées ou réprimées, le Consulat et l'Empire furent marqués en politique intérieure par une réorganisation administrative (institution des préfets et sous-préfets), religieuse (concordat* de 1801, qui mit un terme aux tensions religieuses issues de la Révolution), juridique (Code* civil), financière (Banque* de France, franc germinal), scolaire et universitaire. **La culture et les sciences** Si la période révolutionnaire n'avait pas été favorable au développement des arts (Chénier*, Gossec*, Méhul* et David* en furent les principaux représentants), Napoléon, en revanche, ne fut pas insensible à la politique culturelle. Il entreprit de grands travaux (→ **Percier, Fontaine, Chalgrin**), favorisa une peinture de qualité (→ **David, Gros, Prud'hon, Gérard, Girodet-Trioson**), lança le style Empire et remplit le musée Napoléon (→ **Louvre**) d'œuvres confisquées lors de ses campagnes. Les sciences connurent un essor considérable (→ **Parmentier, Lacépède, Lagrange, Monge, Berthollet, Gay-Lussac, Lamarck, Cuvier, Corvisart, Pinel, Fourcroy**). Cependant, s'il sut s'attacher les idéologues*, Napoléon se rendit compte qu'il avait pour lui la petite littérature et contre lui la grande (Mme de Staël* et Chateaubriand*). **Les guerres napoléoniennes et la chute de Napoléon** Cette période de l'histoire française fut dominée par la politique militaire conquérante de Napoléon (→ **Napoléon Ier, Blocus continental**) à laquelle répondit la formation des diverses coalitions* contre la France ; l'Empereur étendit sa domination sur la plus grande partie de l'Europe, plaçant les membres de sa famille (→ **Bonaparte**) et ses plus proches partisans sur plusieurs trônes d'Europe, et préparant indirectement les mouvements nationalistes du XIXe s. Mais aux succès devaient bientôt succéder les échecs militaires qui, avec la campagne de France (1814), l'occupation de Paris par les troupes coalisées et le traité de Paris* (1814) obligèrent l'Empereur à abdiquer. La défaite de Waterloo* (1815) mit fin à l'épisode des Cent*-Jours pendant lesquels Napoléon avait tenté d'interrompre la Restauration, et l'Empereur laissa la France moins étendue qu'il ne l'avait trouvée, dans ses frontières de 1792.

**LA RESTAURATION (1814 - 1815, 1815 - 1830) ET LA MONARCHIE DE JUILLET (1830 - 1848)** Sous les règnes de Louis XVIII (1814 - 1824) et de Charles X (1824 - 1830), la France, où fut instaurée une monarchie constitutionnelle non démocratique (→ **Charte** de 1814), traversa une période de réaction politique et idéologique qui suscita une double opposition : celle des ultraroyalistes (→ **ultras**) qui escomptaient de la Restauration un retour intégral à l'Ancien Régime, et celle des libéraux. La Restauration, dont les débuts furent marqués par un net redressement financier mais une trop faible croissance économique, s'acheva par la révolution* de juillet 1830, qui réagissait au caractère de plus en plus autoritaire et réactionnaire du régime et qui mit fin au règne des Bourbons au profit de la branche d'Orléans avec Louis*-Philippe. Aux hommes politiques du parti du Mouvement* succédèrent rapidement ceux du parti de la Résistance (conservateurs), tandis que le régime de la monarchie* de Juillet devait faire face à de nombreux mouvements d'opposition politique et sociale, et que le roi et son gouvernement, tout en recherchant la paix par une politique d'entente cordiale avec la Grande-Bretagne, menaient à l'extérieur une politique de conquêtes coloniales (Afrique du Nord et Afrique noire, Extrême-Orient, Pacifique). Cette période, que stigmatisèrent Balzac* et Daumier*, fut marquée par un enrichissement de la bourgeoisie. **L'essor de la vie culturelle** L'essor économique s'accompagna de bouleversements idéologiques (catholicisme libéral : Lamennais*, Lacordaire*, Montalembert* ; débuts du socialisme : C. H. de Saint*-Simon, Ch. Fourier*, P. J. Proudhon* ; positivisme : A. Comte*) et artistiques (romantisme* : Nodier*, Hugo*, Lamartine*, Stendhal*, Vigny*, Musset*, Sand*, Nerval*, Mérimée*, Dumas* ; Géricault*, Delacroix* ; Barye*, David* d'Angers, Rude* ;

**France** Souverains, chefs d'État (et de gouvernement de la Ve République)

LES CAPÉTIENS

| | |
|---|---|
| **Les Capétiens directs** | |
| Hugues Capet | 987-996 |
| Robert II le Pieux | 996-1031 |
| Henri Ier | 1031-1060 |
| Philippe Ier | 1060-1108 |
| Louis VI le Gros | 1108-1137 |
| Louis VII le Jeune | 1137-1180 |
| Philippe II Auguste | 1180-1223 |
| Louis VIII le Lion | 1223-1226 |
| Louis IX (Saint Louis) | 1226-1270 |
| Philippe III le Hardi | 1270-1285 |
| Philippe IV le Bel | 1285-1314 |
| Louis X le Hutin | 1314-1316 |
| Jean Ier le Posthume | 1316 |
| Philippe V le Long | 1316-1322 |
| Charles IV le Bel | 1322-1328 |
| **Les Valois** | |
| Philippe VI | 1328-1350 |
| Jean II le Bon | 1350-1364 |
| Charles V le Sage | 1364-1380 |
| Charles VI | 1380-1422 |
| Charles VII | 1422-1461 |
| Louis XI | 1461-1483 |
| Charles VIII | 1483-1498 |
| **Valois-Orléans** | |
| Louis XII | 1498-1515 |
| **Valois-Orléans-Angoulême** | |
| François Ier | 1515-1547 |
| Henri II | 1547-1559 |
| François II | 1559-1560 |
| Charles IX | 1560-1574 |
| Henri III | 1574-1589 |
| **Les Bourbons** | |
| Henri IV | 1589-1610 |
| Louis XIII | 1610-1643 |
| Louis XIV | 1643-1715 |
| Louis XV | 1715-1774 |
| Louis XVI | 1774-1792 |

| | |
|---|---|
| **Ire République** | |
| Convention | 1792-1795 |
| Directoire | 1795-1799 |
| **Consulat** | |
| Napoléon Bonaparte | 1799-1804 |
| **Ier Empire** | |
| Napoléon Ier | 1804-1814 |
| **Les Bourbons** | |
| Louis XVIII | 1814-1815 |
| **Ier Empire (les Cent-Jours)** | |
| Napoléon Ier | 1815 |
| **Les Bourbons** | |
| Louis XVIII | 1815-1824 |
| Charles X | 1824-1830 |
| **Les Bourbons-Orléans** | |
| Louis-Philippe Ier | 1830-1848 |
| **IIe République** | |
| Louis-Napoléon Bonaparte | 1848-1852 |
| **Second Empire** | |
| Napoléon III | 1852-1870 |
| **IIIe République** | |
| Thiers | 1871-1873 |
| Mac-Mahon | 1873-1879 |
| Grévy | 1879-1887 |
| Carnot | 1887-1894 |
| Casimir-Perier | 1894-1895 |
| Faure | 1895-1899 |
| Loubet | 1899-1906 |
| Fallières | 1906-1913 |
| Poincaré | 1913-1920 |
| Deschanel | 1920 |
| Millerand | 1920-1924 |
| Doumergue | 1924-1931 |
| Doumer | 1931-1932 |
| Lebrun | 1932-1940 |

| | |
|---|---|
| **État français** | |
| Pétain | 1940-1944 |
| **Gouvernement provisoire** | |
| de Gaulle | 1944-1946 |
| Gouin | 1946 |
| Blum | 1946-1947 |
| **IVe République** | |
| Auriol | 1947-1954 |
| Coty | 1954-1958 |
| **Ve République (chefs d'État et de gouvernement)** | |
| de Gaulle | 1959-1969 |
| Debré | 1959-1962 |
| Pompidou | 1962-1968 |
| Couve de Murville | 1968-1969 |
| Pompidou | 1969-1974 |
| Chaban-Delmas | 1969-1972 |
| Messmer | 1972-1974 |
| Giscard d'Estaing | 1974-1981 |
| Chirac | 1974-1976 |
| Barre | 1976-1981 |
| Mitterrand | 1981-1995 |
| Mauroy | 1981-1984 |
| Fabius | 1984-1986 |
| Chirac | 1986-1988 |
| Rocard | 1988-1991 |
| Cresson | 1991-1992 |
| Bérégovoy | 1992-1993 |
| Balladur | 1993-1995 |
| Chirac | 1995-2007 |
| Juppé | 1995-1997 |
| Jospin | 1997-2002 |
| Raffarin | 2002-2005 |
| Villepin | 2005-2007 |
| Sarkozy | 2007 |
| Fillon | 2007 |

Viollet*-le-Duc ; Berlioz*). La crise économique et financière (1846 - 1847) et une politique de plus en plus conservatrice (→ **Guizot**) provoquèrent la révolution* de février 1848.

**LA RÉVOLUTION DE 1848 ET LE SECOND EMPIRE** **La IIe République** La révolution qui avait entraîné l'abdication de Louis-Philippe et la proclamation de la IIe République* fut rapidement contrôlée par les républicains modérés au détriment des socialistes ; les insurrections de mai et surtout de juin* 1848 furent violemment réprimées (→ **Cavaignac, Assemblée constituante**). **Napoléon III** Le conflit qui opposa ensuite le prince-président Louis-Napoléon Bonaparte (→ **Napoléon III**) et l'Assemblée* législative (1849), qui mena une politique de réaction, aboutit finalement au coup d'État du 2 décembre* 1851. En 1852, le prince-président se faisait décerner le titre d'empereur par un sénatus-consulte. Le Second Empire (1852 - 1870) fut d'abord pour la France une période de prodigieux essor économique et artistique. Cette phase d'expansion du capitalisme libéral eut pour contrepartie la formation d'un prolétariat de plus en plus important et défavorisé. → **Empire (Second)**. Période charnière, le Second Empire vit se creuser le fossé entre les tenants de la tradition et ceux de la modernité. Dans le Paris bouleversé par les grands travaux (→ **Haussmann**), C. Garnier construisit l'Opéra*, édifice fastueux et surchargé, tandis que Labrouste, Hittorf et Baltard élaborèrent des formes rendues plus légères grâce à l'emploi du fer et de la fonte. Au moment où Ingres* peignait ses dernières œuvres empreintes de classicisme et où les «pompiers» (→ **Cabanel, Bouguereau**) régnaient sur l'art officiel, Courbet* se fit le défenseur du réalisme* alors que l'école de Barbizon*, qui développa la peinture en plein air, et Manet* préparaient le terrain à l'impressionnisme* (→ **Monet, Renoir, Sisley, Bazille, Degas**). Les mêmes contrastes se firent jour en littérature (→ **Gautier, Banville, Leconte de Lisle, Baudelaire, Flaubert, Goncourt**), en historiographie (→ **Michelet, Tocqueville**) et en musique (→ **Offenbach, Gounod**). Le Second Empire, comme le Premier, allait s'effondrer après de cuisants échecs militaires (capitulation de Sedan*, le 2 sept. 1870, suivie de la journée révolutionnaire du 4 septembre* et de la proclamation de la IIIe République). → **Défense nationale (gouvernement de la)**.

**LA IIIe RÉPUBLIQUE (1870 - 1940)** **De la guerre de 1870 à 1914** La IIIe République fut marquée à ses débuts par les conséquences de la guerre franco*-allemande (1870 - 1871) et la Commune* de Paris, durement réprimée par Thiers*. Devenu président de la République (août 1871), ce dernier fut renversé en mai 1873 par la droite conservatrice et remplacé par Mac*-Mahon. Après l'échec de la restauration monarchique, les lois constitutionnelles de 1875 établirent les bases de la IIIe République (→ **République (IIIe)**). Sous la présidence de J. Grévy*, le régime républicain, laïque, démocratique et parlementaire s'affirma grâce à un ensemble de réformes relatives aux libertés publiques et à l'enseignement (→ **Ferry**). La conquête coloniale s'amplifia, mais le pays fut secoué par des crises politiques et des scandales : boulangisme (1885 → **Boulanger**), Panamá* (1888 - 1893), affaire Dreyfus* (1894 - 1899). Le paysage politique et social se transforma : essor du catholicisme* social et du socialisme* (→ **Guesde, Jaurès**), séparation des Églises et de l'État (1905), développement du syndicalisme. **De la Première Guerre mondiale à l'armistice du 22 juin 1940** De la Première Guerre mondiale, la France sortit victorieuse, mais très affaiblie démographiquement et économiquement (→ **Guerre mondiale (Première)**). Modérés et conservateurs constituèrent le Bloc* national (1919), qui occupa le pouvoir, tandis que le congrès de Tours* (1920) consacrait la scission entre socialistes et communistes. Après l'intermède du Cartel* des gauches (1924 - 1926) et devant la gravité de la situation financière, fut formé un gouvernement d'Union nationale (→ **Poincaré**). Cependant la France, touchée en 1930 - 1931 par les répercussions de la crise économique de 1929, connut à nouveau les scandales (→ **Stavisky**) et le régime se trouva menacé par l'activisme des ligues d'extrême droite (→ **février 1934 (manifestations des 6 et 9)**). À partir de juin 1936, le Front* populaire (→ **Blum**) réalisa de profondes réformes économiques et sociales, mais la situation internationale se révéla de plus en plus inquiétante, avec la montée en puissance des États totalitaires et la multiplication de leurs agressions à l'égard des nations voisines. Après la reculade des démocraties à Munich en septembre 1938 (→ **Daladier, Munich (accords de)**), l'Allemagne nazie continua sa politique d'annexion et la guerre éclata, provoquant l'invasion du territoire français et l'occupation allemande (→ **Guerre mondiale (Deuxième)**). L'armistice signé (22 juin 1940), l'Assemblée nationale vota les pleins pouvoirs à Pétain*, mettant fin à la IIIe République. **Les arts** La période de la IIIe République avait été très féconde sur le plan culturel. Paris devint le centre mondial des arts (→ **Paris**), le vrai moteur de la modernité. Tous les domaines furent concernés. En peinture, les recherches de Cézanne* marquent une rupture fondamentale : il fut le précurseur du fauvisme* et du cubisme*. Au regain figuratif des lendemains de la Première Guerre mondiale s'opposèrent la révolte du mouvement Dada* et le surréalisme*, tandis que l'abstraction géométrique s'affirmait au sein des mouvements Abstraction-Création et Cercle et Carré. À l'Art* nouveau, imposé en architecture par H. Guimard, succédèrent les recherches de Perret*, Mallet*-Stevens, J. Prouvé*, Le* Corbusier qui posèrent les principes de l'architecture moderne. Les musiciens (Saint*-Saëns, Massenet*, d'Indy*, Duparc*, Chausson*, Chabrier*) se dégagèrent progressivement de la musique wagnérienne ; et cette volonté culmine avec les œuvres de Dukas*, de Debussy*, de Ravel* et de Satie*. Parallèlement aux manifestations des Ballets* russes de Diaghilev* à Paris, se développa un courant qui remettait en cause les structures traditionnelles de l'expression musicale (Stravinski*, le groupe des Six*). **La philosophie et la littérature** La philosophie se dégagea irréversiblement du positivisme* issu de la pensée d'Auguste Comte avec les œuvres de Bergson*, puis celles d'Alain* et de Bachelard*, tandis qu'un fort courant religieux vit le jour avec des êtres aussi opposés que Maritain* ou Gabriel Marcel*. La littérature trouva avec le naturalisme* de Zola* un moyen de tenter la systématisation du réel. Mais l'expérience se heurta au symbolisme* puis aux écrivains décadents (Huysmans*, Bloy*). Le paysage littéraire était donc très éclaté, et si des écrivains tels que Proust*, Gide*, Mauriac*, Montherlant*, Malraux*, Valéry* répondent à une conception classique de l'écriture, d'autres, dans le sillage de Rimbaud*, Mallarmé*, Lautréamont* et Apollinaire*, jetèrent les bases d'un scepticisme à l'égard des valeurs humanistes et bourgeoises (→ **Dada**). L'accélération de l'histoire, le choc de la Première Guerre mondiale renforcèrent en outre les clivages politiques (Barrès*, Bernanos*, Brasillach*, Céline* ; Aragon*, Breton* et le surréalisme*). **Les sciences** Les sciences connurent aussi un essor prodigieux (Pasteur*, P. et M. Curie*, L. de Broglie*, H. Poincaré*).

**LA DEUXIÈME GUERRE MONDIALE ET L'APRÈS-GUERRE** **La guerre** Tandis que le gouvernement de Vichy* de 1940 à 1944 (→ **Darlan, Laval**) s'orientait de plus en plus vers une politique de collaboration* avec l'Allemagne nazie, le général de Gaulle* appelait, de Londres, à continuer la lutte et la Résistance* s'organisait. Après le débarquement allié en Afrique du Nord (fin 1942), alors que les Allemands décidaient l'occupation de la zone sud de la France, était créé, en Algérie, le Comité* français de libération nationale (déb. juin 1943). Ce Comité devint le Gouvernement* provisoire de la République française (3 juin 1944). **La Libération et le Gouvernement provisoire** Dès la fin de 1943, la libération du territoire avait commencé en Corse. Après les débarquements alliés en Normandie (6 juin 1944) et en Provence (15 août 1944), les Alliés et la Résistance libéraient Paris (25 août), où s'installait le gouvernement provisoire du général de Gaulle, tandis que la plupart des membres du gouvernement de Vichy gagnaient Sigmaringen. Les opérations militaires se poursuivaient jusqu'à la capitulation de l'Allemagne (8 mai 1945) et le gouvernement français devait faire face à une situation économique, sociale et politique difficile (paralysie de l'économie, problèmes de l'épuration des «collaborateurs»). Après la victoire des communistes, du MRP et des socialistes à la première Assemblée* constituante (1945) qui confirma de Gaulle dans ses fonctions de chef de gouvernement et adopta des mesures économiques (nationalisations) et sociales, de Gaulle, en désaccord avec les partis, donna sa démission (janv. 1946) ; il fut remplacé par F. Gouin. **La IVe République** La deuxième Assemblée constituante (1946) adoptait par référendum la Constitution de la IVe République*, entrée en vigueur après l'élection de V. Auriol* à la présidence (déb. 1947). → **République (IVe)**. La IVe République entreprit à l'intérieur une œuvre de reconstruction économique et financière. Mais le régime fut caractérisé par une instabilité ministérielle chronique, aggravée par les problèmes de la décolonisation : guerre d'Indochine (1946 - 1954), troubles en Afrique du Nord (Tunisie, Maroc et Algérie).

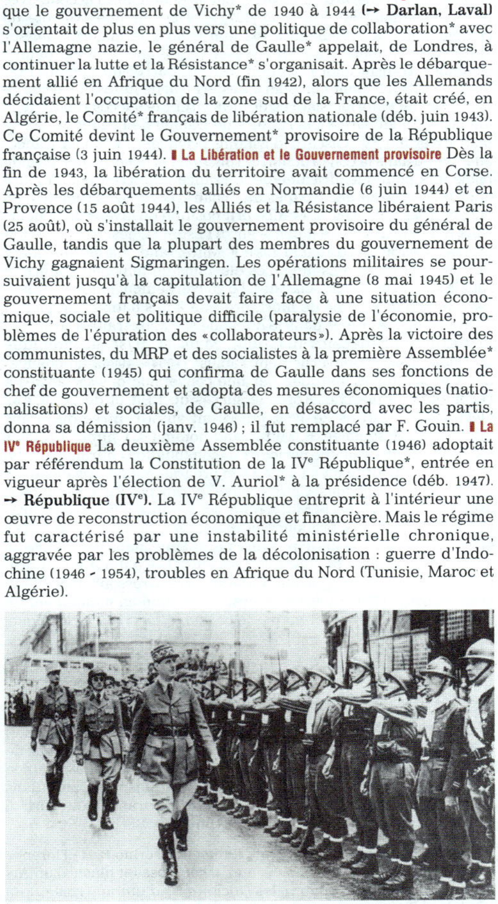

**France.** Le général de Gaulle passe en revue les troupes des premiers volontaires, à Londres, le 14 juillet 1940. BNF, Paris.
*Phot. © Oasis/Photo12.com*

**DEPUIS 1958 : LA Ve RÉPUBLIQUE** **Les septennats de De Gaulle, Pompidou et Giscard d'Estaing** Après l'insurrection du 13 mai* 1958 à Alger, le président de la République R. Coty* (1953 - 1959) fit appel au général de Gaulle qui, le 1er juin 1958, constitua un gouvernement. → **Gaulle (Charles de)**. Il mit fin à la guerre d'Algérie* (accords d'Évian*, 1962), mena une politique extérieure de prestige mais, sur le plan

**France.** Célébration du bicentenaire de la Révolution le 14 juillet 1989 : défilé organisé par J.-P. Goude sur les Champs-Élysées.
*Phot. © Pool Bicentenaire/Gamma*

intérieur, un certain malaise économique et culturel, aboutit aux événements de mai* 1968. G. Pompidou*, élu président de la République après la démission de C. de Gaulle (1969), maintint les orientations du gaullisme et s'employa à moderniser l'appareil économique du pays. Après la mort de G. Pompidou le 2 avr. 1974, son successeur, V. Giscard* d'Estaing, élu le 19 mai, mit l'accent, avec le gouvernement de J. Chirac (1974 - 1976), sur une «volonté de changement» (abaissement à dix-huit ans de la majorité, loi sur l'interruption volontaire de grossesse). Tandis que J. Chirac, démissionnaire, transformait l'UDR en RPR, R. Barre* fut nommé Premier ministre. Il établit un plan d'austérité et de lutte contre l'inflation. Les élections législatives de 1978 virent le succès relatif de la majorité, dû en partie à la rupture de l'Union de la gauche. Sur le plan extérieur, V. Giscard d'Estaing privilégia l'alliance franco-allemande dans la construction européenne et accorda une grande place à la politique africaine de la France : intervention au Zaïre (mai 1978) ; retrait des troupes du Tchad* (1980). Sans remettre en question ses alliances, la France prit position en faveur de la poursuite d'une politique de détente entre l'Est et l'Ouest. ▮ **Les septennats de François Mitterrand** Le 10 mai 1981, F. Mitterrand* fut élu président devant V. Giscard d'Estaing. Les élections de juin 1981 confirmèrent le succès du Parti socialiste*. Le gouvernement Mauroy* (1981 - 1984) fit abolir la peine de mort, procéda à des nationalisations et entreprit des réformes dans le domaine social (retraite à 60 ans) et institutionnel (décentralisation). Mais la crise économique entraîna, avec le gouvernement Fabius* (1984 - 1986), un changement de politique, marquée par une conversion des socialistes à l'économie de marché. Après le succès du RPR et de l'UDF aux élections législatives de 1986, qui virent aussi l'entrée du Front* national à l'Assemblée, F. Mitterrand nomma J. Chirac* Premier ministre, inaugurant une période de «cohabitation» durant laquelle la nouvelle majorité mena à bien son programme de privatisations d'entreprises publiques. Cette «cohabitation» prit fin le 8 mai 1988, avec la réélection de F. Mitterrand qui nomma alors M. Rocard* Premier ministre et prononça la dissolution de l'Assemblée. Les élections législatives anticipées donnèrent une majorité relative au PS. Les gouvernements Rocard (1988 - 1991) — qui mit fin au problème calédonien (→ **Nouvelle-Calédonie**) —, Cresson* (1991 - 1992) et Bérégovoy* (1992 - 1993) jugulèrent l'inflation en maintenant un franc fort, mais n'enrayèrent pas le chômage. La crise économique, l'usure du pouvoir, la multiplication des scandales politiques et financiers et le malaise social provoquèrent la déroute de la gauche aux législatives de 1993 et le début d'une nouvelle «cohabitation», F. Mitterrand nommant alors le RPR É. Balladur* Premier ministre. Ce dernier, tout en poursuivant la politique du franc fort, entreprit de nouvelles privatisations, mais se trouva confronté à la montée du chômage. Sur le plan extérieur, F. Mitterrand continua la politique de ses prédécesseurs : affirmation à la fois de l'indépendance de la France et de son maintien dans l'alliance atlantique ; soutien de ses alliés africains (intervention au Tchad en 1984) ; participation aux côtés des Alliés à la guerre du Golfe (1991) ; accélération de la construction européenne (traité de Maastricht* en 1992). ▮ **La présidence de Jacques Chirac** Le 7 mai 1995, J. Chirac fut élu président de la République, mettant ainsi fin à la seconde période de «cohabitation». A. Juppé* succéda à É. Balladur au poste de Premier ministre. Plusieurs réformes furent entreprises, notamment celle de l'armée (suppression de la conscription, qui prit effet en 2001) et celle de la Sécurité sociale, qui entraîna un fort mouvement de contestation (nov.-déc. 1995). J. Chirac décida alors de dissoudre l'Assemblée, mais les législatives anticipées de juin 1997 furent remportées par une coalition de gauche (Gauche plurielle), conduite par le PS et L. Jospin* devint Premier ministre, inaugurant une nouvelle «cohabitation» à la tête d'un gouvernement comprenant notamment des Verts et des communistes. Dans un climat de croissance économique, la nouvelle majorité réduisit le temps de travail à 35 h par semaine et instaura le PACS (Pacte civil de solidarité, pour les personnes vivant ensemble). L'ancrage européen de la France a été maintenu (entrée en vigueur de l'euro). La politique de L. Jospin, jugée trop libérale par une partie de son électorat, permit la victoire de J. Chirac à l'élection présidentielle de mai 2002, première élection pour un quinquennat, avec le record historique de 82,21 % des voix dû à la mobilisation contre J.-M. Le* Pen présent au second tour. Après la victoire de l'UMP* aux législatives, il nomma J.-P. Raffarin* Premier ministre. En 2003, Jacques Chirac se distingua sur le plan international en refusant de s'engager dans la guerre en Irak aux côtés de la coalition menée par les États-Unis. Le gouvernement de D. de Villepin* succéda à celui de J.-P. Raffarin après l'échec du référendum sur l'adoption du projet de Constitution européenne en mai 2005 (54,67 % de «non»). Sur fond de mondialisation et de construction européenne, le modèle social et politique français connaît une crise (délocalisation des entreprises, système des retraites, déficit public, intégration des immigrés), comme en témoignent les émeutes survenues dans les banlieues en nov. 2005 et les manifestations contre le contrat première embauche (CPE), qui conduisirent à son abandon en mars 2006. ▮ **La présidence de Nicolas Sarkozy** Ministre de l'Intérieur du gouvernement précédent, N. Sarkozy* fut élu en mai 2007 avec 53,06 % des voix sur un projet d'augmentation du pouvoir d'achat, de réhabilitation du travail et d'allègement des impôts pour les particuliers et les entreprises. Le gouvernement du Premier ministre, François Fillon*, qui inaugura une nouvelle conception de l'ouverture politique avec la nomination de ministres venus du camp socialiste — ce qui provoqua des tensions à l'intérieur de ce parti —, adopta la loi en faveur du travail, de l'emploi et du pouvoir d'achat (TEPA) également appelée «paquet fiscal» ainsi que différentes réformes institutionnelles et sociales (service minimum). Cependant, à partir de 2009, N. Sarkozy dut modérer sa «politique de rupture» en raison de la crise financière internationale (→ **États-Unis**), de la baisse du pouvoir d'achat et de la montée du chômage. Le Revenu de solidarité active (RSA), complément de revenu pour les travailleurs les plus démunis, a remplacé le RMI. Le déficit du commerce extérieur et la dette se sont amplifiés. → **République (Ve)**.

**FRANCE** (île de) → **Maurice**

**FRANCESCA (PIERO DELLA)** → **Piero della Francesca**

**FRANCESCA DA RIMINI** ♦ (Morte à Rimini v. 1284-1285). Fille du seigneur de Ravenne, elle épousa Gianciotto Malatesta*, seigneur de Rimini. Elle devint la maîtresse de son beau-frère et fut assassinée en même temps que lui par son mari. ▪ Elle inspira Dante dans *L'Enfer* (chant V) de *La Divine* Comédie*. Ce drame a été porté à la scène par Silvio Pellico* et par D'Annunzio*.

**FRANCESCO DA BARBERINO** ♦ Poète italien (Barberino 1264 - Florence 1348). Ami de Dante et de Cavalcanti, il composa (et illustra) un Art d'aimer symbolique et moral, les *Documents d'amour* (1309 - 1310) au style raffiné et précieux, où, suivant la conception du Dolce stil nuovo, l'amour est considéré comme un moyen d'élévation morale.

**FRANCESCO DI GIORGIO MARTINI** → **Martini (Francesco di Giorgio)**

**France-Soir** ♦ Quotidien français fondé en 1941 dans la clandestinité. À l'origine, *France-Soir* était un mensuel de la Résistance intitulé *Défense de la France*. Devenu quotidien en 1944, il prit le nom de *France-Soir* en janv. 1945. Dirigé par P. Lazareff*, qui reprit la formule de *Paris-Soir*, il devint dès 1953 le premier quotidien français du soir. Racheté par Robert Hersant* au groupe Hachette en 1976, il vit ses ventes décliner malgré un plan de modernisation engagé en 1989 et fut l'objet de plusieurs rachats après l'an 2000. Il a absorbé l'*Événement* du Jeudi* en 2000.

**France Télévisions** ♦ Société nationale de télévision créée en 1992 et regroupant France 2 (lancée en 1964), France 3 (fondée en 1973), France 5 (fondée en 1994), France 4 et France Ô (fondées en 2005). Constituée dans le cadre de la rénovation du service public, France Télévisions, héritière de l'ORTF (→ **RTF**), vise à l'harmonisation des programmes afin d'éviter la concurrence entre ses chaînes et de maintenir les missions de service public. Des programmes spécifiques sont ainsi impartis à chaque chaîne, notamment le traitement de l'actualité fondé sur la proximité sur France 3 et les émissions à vocation éducative sur France 5. À la suite d'une réorganisation, la holding a fusionné les sociétés qui la composaient pour devenir en 2010 une entreprise unique.

**FRANCEVILLE** → **Masuku**

**Francfort (école de)** ♦ Tradition philosophique et sociologique issue de l'Institut de recherches sociales *(Institut für Sozialforschung)* créé en 1923 à l'université de Francfort-sur-le-Main. On la désigne aussi comme «Théorie critique», selon la formule utilisée par l'un de ses fondateurs, Horkheimer*, dans un article de 1937 intitulé *Théorie traditionnelle et Théorie critique*. À Genève puis à Paris s'ouvriront, lors de la montée du nazisme en Allemagne, des annexes de l'Institut, qui sera officiellement rattaché à l'université Columbia de New York en 1934. Certains des chercheurs reviendront par la suite à Francfort (Horkheimer*, Adorno*), d'autres (Marcuse*) resteront aux États-Unis. Le but des chercheurs de l'école de Francfort était d'unir philosophie et sciences sociales. L'influence de Marx* et de Freud* fut importante dans leurs travaux. Ils analysèrent les formes de l'autorité dans le monde moderne et cherchèrent à comprendre la société de masse notamment dans ses effets culturels : ainsi W. Benjamin* s'interrogea sur l'œuvre d'art à l'âge de sa reproductibilité technique. En France, cette tradition a joué un rôle majeur dans la vie intellectuelle dans les années 1970. En Allemagne, elle a repris son cours après-guerre, tout en soutenant qu'après Auschwitz le monde devait être pensé autrement ; issu de l'école de Francfort, Habermas* poursuivit la mise en cause de la rationalité instrumentale.

**FRANCFORT-SUR-LE-MAIN** → ÉTYM. en all. ***Frankfurt am Main***, en haut all. *Frankonofurt* «le gué *(furt)* des Francs *(Franken)*» et *Main** ♦ V. d'Allemagne (Hesse), sur le Main, à 30 km de son confluent avec le Rhin. 651 583 hab. Univ. (1914). Monuments anciens, disposés autour d'un noyau de maisons du XV^e^ s., le Römerberg, cathédrale et hôtel de ville du XV^e^ s., plusieurs églises gothiques (Saint-Léonard, XV^e^ - XVI^e^ s. ; Sainte-Catherine, XIV^e^ - XVII^e^ s.) ; tour-porte de 1426 ; maison natale de Goethe. Gratte-ciel des grandes banques qui valent à la ville le surnom de Main-hattan. ▪ Au contact d'importantes voies de communications terrestres, fluviales et aériennes, Francfort est une grande métropole financière (grandes banques, première Bourse d'Allemagne, siège de la «Buba» [Bundesbank], et surtout de la Banque centrale européenne). Sa fonction industrielle, beaucoup plus récente (fin du XIX^e^ s.), est à la mesure de son rôle commercial. La chimie est représentée par l'usine mère du groupe Hoechst, dans le quartier du même nom. De 1926 à 1945, la ville abrita même le siège de l'IG Farben (1926 - 1945), énorme Konzern associant Hoechst, Bayer et BASF, et qui produisit pour le III^e^ Reich. La métallurgie de transformation (construc. de machines, automobiles : firme Opel à Rüsselsheim*), l'équipement électrique (AEG) et le travail du cuir (→ **Offenbach**) ont une grande importance. À ce rôle économique est associée une fonction culturelle (Foire internationale du livre, musée Städel, riche en œuvres de primitifs allemands et hollandais). ▮ **Histoire** La ville fut bâtie au VIII^e^ s. sur l'emplacement d'un anc. camp romain établi au -I^er^ s. Elle fut choisie sous Charlemagne pour être la capitale de la Franconie et résidence impériale. Célèbre au Moyen Âge par ses foires, Francfort devint une importante place commerciale et financière. Ville libre impériale, elle fut le siège du couronnement des empereurs germaniques (bulle de 1356). En 1806 Napoléon en fit la capitale d'un grand-duché. Elle redevint ville libre en 1815 et capitale de la Confédération germanique, puis fut annexée par la Prusse en 1866. Occupée en 1920 par les troupes françaises pour garantir l'application du traité de Versailles, la ville fut détruite à 60 % lors de la Deuxième Guerre mondiale, puis reconstruite à partir de 1945. ♦ ***Traité de Francfort*** Après les préliminaires de Versailles entre Bismarck et Thiers (26 févr. 1871), ce traité, qui mit fin à la guerre franco-allemande de 1870 - 1871, fut signé le 10 mai 1871. La France vaincue cédait à l'Allemagne l'Alsace* (moins Belfort*) et le N.-E. de la Lorraine (avec Thionville et Metz), à l'exclusion du bassin de Briey. En outre, elle versait au vainqueur une indemnité de 5 milliards de francs-or, dont le paiement fut garanti par l'occupation de 21 départements français par les troupes allemandes. La politique d'emprunts menée par Thiers* permit de payer le dernier versement dès sept. 1873 et de libérer le territoire national.

**FRANCFORT-SUR-L'ODER** – en all. ***Frankfurt an der Oder*** ♦ V. d'Allemagne (Brandebourg), sur l'Oder, à la frontière polonaise. 61 886 hab. Église du XIII^e^ s. et hôtel de ville du XV^e^ s. Centre administratif et industriel.

**FRANCHE-COMTÉ** n. f. → ÉTYM. «comté (en anc. fr. n. m. ou n. f.) libéré de la suzeraineté (du roi de France)» (V. ci-dessous) ♦ Anc. province française dont la majeure partie forme auj. les dép. de la Haute-Saône, du Doubs et du Jura. ▮ **Histoire** Cette ancienne province fut constituée très tôt et recouvrait le Jura central et la Haute-Saône. Elle eut pour capitale Dole, puis Besançon. Les Romains y trouvèrent une population de Séquanes* et en firent la Maxima Sequanorum. Après avoir subi la domination burgonde*, puis carolingienne*, elle fut intégrée aux royaumes de Provence*, puis de Bourgogne* et enfin à l'Empire (1169). Devenue comté de Bourgogne (par opposition au duché), comté palatin d'empire, elle accueillit un moment à Dole la cour brillante de Frédéric* Barberousse. Le terme de Franche-Comté n'apparut qu'au XIV^e^ s. : à cette époque, après être échue successivement à la France, au duc de Bourgogne, à Marguerite de Flandre, elle revint à la Bourgogne et, par Marie de Bourgogne, passa à l'Empire et enfin aux Habsbourg d'Espagne. Comprise dans la «marche de Bourgogne» (1548), elle tint alors un rôle capital dans les communications entre l'Espagne et les Pays-Bas, ce qui lui valut une certaine autonomie et une grande prospérité. Envahie par Henri IV et par Louis XIII, elle fut revendiquée par Louis XIV au nom de Marie-Thérèse. Obligé de la rendre, après l'avoir envahie, au traité d'Aix*-la-Chapelle, il l'acquit définitivement à celui de Nimègue* (1678).

**FRANCHE-COMTÉ** n. f. ♦ Région administrative de l'E. de la France, comptant 4 dép. : Doubs, Jura, Haute-Saône, Territoire de Belfort. 16 202 km² (3 % du territoire, 17^e^ rang). 1 117 059 hab. (1,9 %, 20^e^ rang). *(Francs-Comtois)*. 1,5 % du PIB (20^e^ r.). CH.-L. : Besançon. Vieille province frontière dont, au Moyen Âge, la limite occidentale séparait la France de l'Empire.

▮ **GÉOGRAPHIE** Région de relief contrasté, elle comprend au centre les plateaux de calcaires jurassiques qui s'étendent de la vallée de l'Ain à la porte de Bourgogne (de 230 m à 350 m), à l'O. une partie de la plaine de la Saône et à l'E. un morceau de la montagne jurassienne. → **Jura.** Ouvert au N.-O. sur la Lorraine et la Bourgogne (450 m), un glacis de plateaux gréseux et calcaires (Haute-Saône) accidentés de cassures multiples et irrégulières s'incline vers le S. : le socle hercynien y affleure au massif de la Serre. Ces plateaux disparaissent sous les dépôts tertiaires uniformes des plaines de la Saône (200 m) où convergent les eaux descendues des bordures (Saône, Ognon, Doubs, et affluents). Les «bas pays» appartiennent au sillon rhodanien (→ **Rhône**), fossé d'effondrement comme la plaine d'Alsace avec laquelle ils communiquent par la porte de Bourgogne ou de Belfort, s'ouvrant entre Vosges et Jura, et intégré à la région. À l'E., ces plaines se heurtent au talus convexe du plateau jurassien (Revermont), haut de 400 à 500 m et percé de «reculées». Cet escarpement constitue, de l'Ain au Lomont, la retombée du Jura tabulaire. Celui-ci est une succession de plateaux calcaires, larges de 50 km, disloqués et cloisonnés (Ornans, Lons-le-Saunier, Champagnole, Nozeroy), aux tracés hydrographiques souvent insolites (Doubs, Loue), et dont la topographie est de type karstique. Étagés en larges plans entre 500 et 900 m, ces plateaux conduisent insensiblement aux chaînes jurassiennes, ou Jura plissé, dont la région ne possède qu'un étroit liseré (mont Risoux, 1 419 m) : plissement tertiaire d'une régularité exemplaire, où les synclinaux dessinent des *vals* (Valserine, Valmijoux) alternant avec des *monts* (voûtes anticlinales) creusés de *combes* que dominent les arêtes vives des *crêts* et tranchés par des *cluses*, seules voies de passage d'un val à l'autre. Très arrosée, la montagne porte de magnifiques forêts d'épicéas et de sapins. L'amplitude thermique est, dans tout le Jura, de type continental (Besançon, alt. 300 m, 1,6 °C en janv. et 19 °C en juil.), avec un enneigement persistant et des hivers longs dans les parties élevées.

▮ **POPULATION** Les zones des «bas pays» et des plateaux jurassiens ont connu un exode massif (967 000 hab. en 1861 ; 804 000 hab. en 1946), tandis que le Jura a conservé des densités élevées pour une zone de montagne (50 hab. au km²). Avec une croissance de 39,3 % entre 1946 et 1999 (France : +42,8 %), la région a dépassé le million d'habitants en 1971. De gros écarts dans les densités de population persistent entre les plateaux de la Haute-Saône, peu peuplés (42 hab./km²), et la vallée du Doubs ou le Territoire de Belfort. Léger déficit migratoire.

▮ **ÉCONOMIE** ▮ **Agriculture** Ce secteur, qui représente encore 3,7 % de l'emploi régional (France : 2 %), n'assure que 3 % du PIB régional et reste surtout consacré à l'exploitation des forêts et à l'élevage : 80 % de la valeur de la production provient des livraisons animales (cheptel de 620 000 bovins), dont 60 % uniquement pour le lait. Malgré un mouvement de regroupement plus rapide qu'ailleurs (la surface agricole utilisée moyenne est de 88 ha) et en dépit de structures coopératives originales («les fruitières» pour la production du fromage [emmental, comté]), le revenu par exploitation reste d'un quart inférieur à la moyenne nationale. Sur le bord occidental du plateau, le vignoble produit les vins très prisés d'Arbois, des Côtes du Jura, de Château-Chalon et de l'Étoile. ▮ **Industrie** La région possède une forte tradition industrielle et est au premier rang du pays pour la proportion de l'industrie dans l'emploi régional (30,8 % ; France : 20,7 %). L'activité industrielle, autrefois diffuse dans la montagne, se concentre autour de trois foyers prépondérants : Besançon, jadis capitale de l'horlogerie (secteur gra-

**Franche-Comté.**
Le cirque de Baume-les-Messieurs.
*Phot. © Marcay/Galliphot*

vement touché par la concurrence de l'électronique japonaise) et reconvertie dans les industries de haute technologie (micromécanique) ; Sochaux-Montbéliard, fief des automobiles Peugeot qui est, avec 12 500 ouvriers (2008), le plus important établissement français en nombre de salariés, toutes activités confondues ; et enfin Belfort, qui abrite un gros établissement d'Alsthom (fabrication de matériel ferroviaire, et en particulier du TGV). Il reste cependant des petites industries diffuses dans la montagne (lunetterie, jouets, plasturgie). **▮ Secteur tertiaire et communications** Cette tradition industrielle s'est accompagnée jusqu'à récemment d'un certain retard des activités de services, qui assurent auj. 65,5 % de l'emploi régional (France : 77 %). La région continue de combler cette lacune en développant son capital de «matière grise» autour de l'université de Besançon, par la création d'un centre de recherche en micromécanique et par l'ouverture d'une université de technologie à Belfort. La région jurassienne, montagne très humanisée, développe des activités touristiques d'été et d'hiver dans de nombreux villages. La région valorise ainsi, non seulement son patrimoine naturel, mais aussi ses activités anciennes, telles que, par exemple, l'artisanat du bois ou la taille des pierres précieuses. Un flux assez important de travailleurs frontaliers gagne chaque jour la Suisse. La présence de l'autoroute A36 reliant l'Europe méditerranéenne à l'Europe du N.-E. apparaît comme un atout supplémentaire pour assurer le développement de la région dans un cadre international. Le TGV Est desservira Besançon et Belfort-Montbéliard à partir de 2011. **▮ Urbanisation** Trois agglomérations jalonnent cet itinéraire européen : la capitale régionale, Besançon, possède une position relativement centrale qui lui permet d'assumer pleinement son rôle administratif. La nébuleuse industrielle formée par Montbéliard et Belfort, toutes proches, constitue la plus importante concentration urbaine de la région, au point de passage obligé nommé «porte de Bourgogne», «porte d'Alsace» ou «trouée de Belfort». Les villes moyennes de la région sont de petits centres un peu isolés : Vesoul au N., et surtout Dole à l'O. et Lons-le-Saunier au S. peinent à maintenir leur activité.

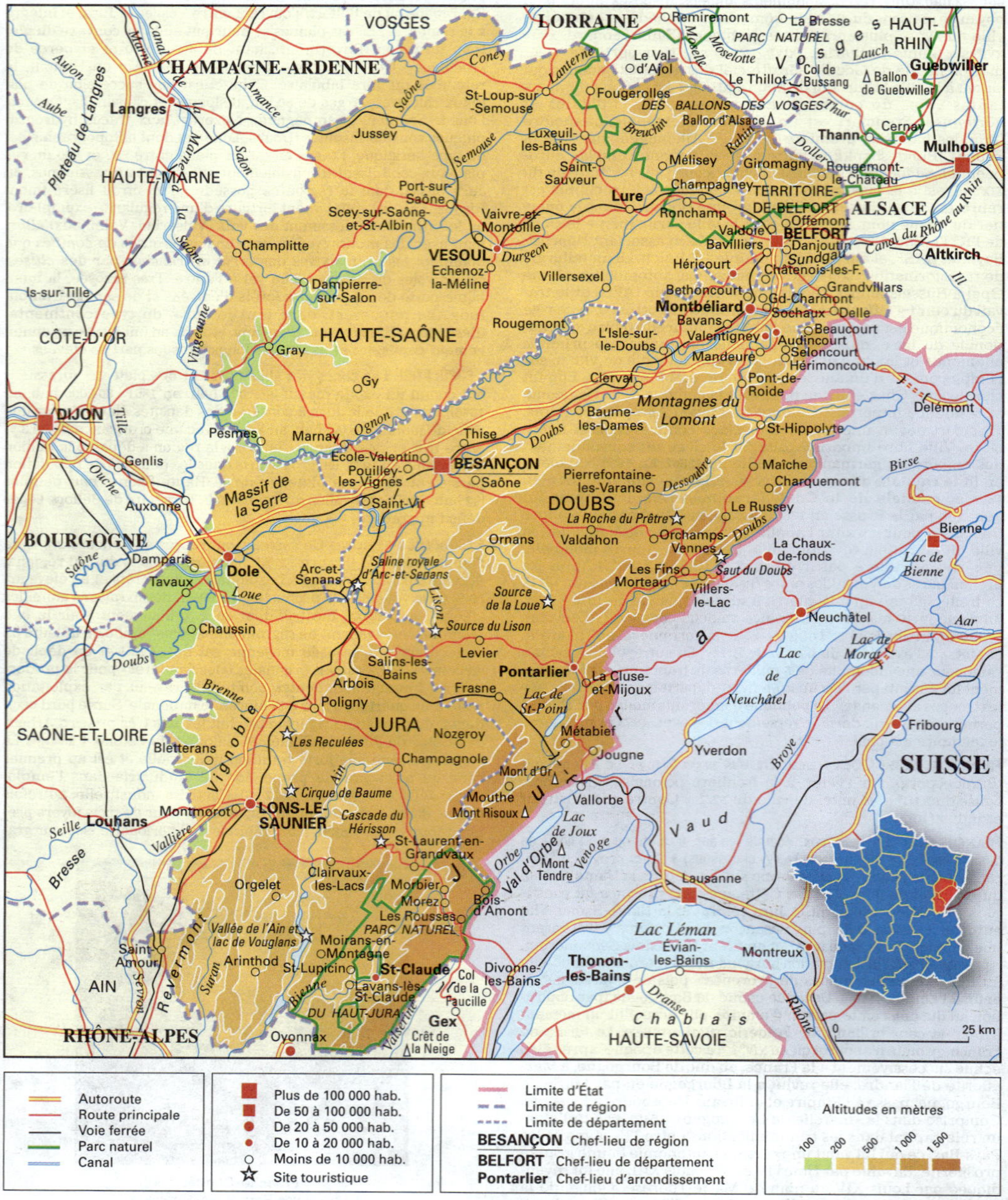


Franche-Comté

**FRANCHET D'ESPEREY** [dɛpeʀɛ] **(Louis Félix Marie François)** ♦ Maréchal de France (Mostaganem 1856 - château d'Amancet, Tarn 1942). Sorti de Saint-Cyr, il servit en Algérie, en Tunisie, puis au Tonkin. Il fut nommé membre de l'état-major de l'armée et du cabinet de Freycinet (1886), participa à l'expédition de Chine contre les Boxers (1900), puis fut appelé au Maroc par Lyautey (1912). Nommé par Joffre à la tête de la Ve armée en remplacement de Lanrezac* (après la bataille de Guise, 1914), il commanda ensuite les groupes d'armées de l'Est (1916) et du Nord (1917). Commandant en chef des armées alliées d'Orient (1918), il lança une rapide et victorieuse offensive contre les Bulgares (prise de Dobro Polje) qu'il contraignit à signer l'armistice en sept. 1918. Promu maréchal (1921), il devint inspecteur général des troupes d'Afrique du Nord (1923), où il contribua à l'installation des grandes lignes de communication transsahariennes. [Acad. fr. 1934]

**FRANCHEVILLE** [69340] → **ÉTYM.** «ville affranchie [des droits féodaux]» ♦ Comm. du Rhône, banl. O.-S.-O. de Lyon. 11 324 hab.

**FRANCIA (Francesco RAIBOLINI, dit IL)** ♦ Peintre italien (Bologne v. 1450 - *id.* 1517). Principal maître de l'école bolonaise à la fin du XVe s., il fut influencé par le style ferrarais et travailla en collaboration avec Lorenzo Costa*. Sa manière tardive, s'inspirant du Pérugin*, offre des paysages sereins, des personnages calmes et une lumière uniforme (*Annonciation et Six Saints*, 1504, Berlin ; *Mariage de sainte Cécile* et *Enterrement de la sainte*, fresques, 1506).

**FRANCIA (José Gaspar Rodríguez)** ♦ Homme d'État paraguayen (Asunción 1766 - *id.* 1840). Il fut secrétaire de la junte lors de la révolution qui chassa les Espagnols de Buenos Aires (1811). S'étant fait élire consul au Paraguay, il y institua une dictature terroriste et xénophobe mais développa l'économie du pays (1814 - 1840).

La **Franciade** ♦ Épopée inachevée de Ronsard* (1572), dont les quatre premiers chants, en décasyllabes, s'inspirent de *L'Énéide** et attribuent à Francus, fils d'Hector, la fondation du royaume de France.

**FRANCINE** ou **FRANCHINE** – en it. *Francini* ♦ Famille d'origine florentine attirée en France par Louis XIV. Elle possédait la charge d'intendant des eaux et fontaines.

**FRANCIS (James Bicheno)** ♦ Ingénieur américain d'origine britannique (Southleigh, Devon 1815 - Lowell, Massachusetts 1892). Il réalisa un type de turbine hydraulique à réaction.

**FRANCIS (Sam)** ♦ Peintre américain (San Matteo, Californie 1923 - Santa Monica 1994). Élève de Clifford Still à San Francisco, il réalisa ses premières toiles non figuratives vers 1947, puis résida à différentes reprises au Japon, à Paris et en Suisse. Adepte de la technique du *dripping* («écoulement»), il a cherché à créer sur de vastes formats un espace pictural original, en jouant souvent des rapports entre le blanc de la toile et des taches ovoïdes, filets ou éclaboussures de peinture, dont la répartition crée des effets rythmiques à dominantes claires (*Rouge et jaune*). Considéré comme l'un des principaux représentants de l'Abstraction lyrique américaine, il a affirmé : «Je fais du Monet de la dernière époque en pur.»

## franciscains

n. m. pl. ♦ Moines de l'ordre mendiant des Frères mineurs, issu de la communauté fondée par saint François* d'Assise (1210), approuvé par Honorius III en 1223. L'ordre était voué à la pauvreté mendiante et à la prédication itinérante, mais son essor rapide, les nécessités de l'apostolat et la difficulté de la règle conduisirent à des aménagements qui suscitèrent en retour l'affrontement entre les spirituels, partisans de l'observance stricte, et les conventuels, davantage tournés vers la vie intellectuelle. Une branche féminine (clarisses) fut fondée en 1212 (→ **Claire [sainte]**), et un tiers ordre (frères et sœurs de la Pénitence) en 1221. Sauvegardée par saint Bonaventure*, l'unité fut entamée par la dissidence spirituelle qui conduisit au mouvement des fraticelles*, condamnés comme hérétiques par Jean* XXII en 1323. La famille franciscaine demeura divisée jusqu'à l'encyclique *Felicitate quadam* de Léon* XIII (1897), qui réunit les diverses observances sous le titre d'ordre franciscain des Frères mineurs (19 000 membres aujourd'hui, dont 12 700 prêtres), laissant toutefois leur autonomie aux Frères mineurs conventuels (4 200 religieux) et aux Frères mineurs capucins* (11 800 religieux) nés en 1619 d'un retour à la pratique itinérante. ▪ Franciscains célèbres. → **Élie de Cortone, Guillaume d'Occam, Duns Scot, Antoine de Padoue (saint), Bacon (Roger), Plan Carpin, Guillaume de Rubrouck, Montcorvin, Odoric de Pordenone, Jean de Capistran, Bernardin de Sienne.**

**FRANCK (Sebastian)** ♦ Théologien allemand (Donauwoerth, Bavière 1499 - Bâle 1542). Ordonné prêtre en 1524, il passa peu après à la Réforme. Humaniste, croyant dans la bonté éternelle de Dieu ainsi que dans la raison et la liberté morale de l'homme, il se sépara de Luther ; il fut dès lors rejeté des différentes communautés religieuses en raison de ses positions indépendantes. Il traduisit en allemand *L'Éloge de la folie* d'Érasme. Œuv. princ. : *Du vice de l'ivrognerie*, 1528 ; *Petit livre de guerre de la paix contre la guerre*, 1539 ; *Paradoxa, Proverbes allemands*, 1532.

**FRANCK (Melchior)** ♦ Compositeur allemand (Zittau v. 1580 - Cobourg 1639). Demeuré fidèle à l'ancien style polyphonique, il contribua cependant au développement de formes musicales nouvelles, influencées par les techniques venues d'Italie et par la chanson populaire. Son œuvre, abondante, comprend des pièces de musique vocale, religieuse et profane.

**FRANCK (Johann Wolfgang)** ♦ Compositeur allemand (Unterschwaningen, près de Dinkelsbühl v. 1644 - Londres v. 1700). Au cours d'une existence aventureuse, il séjourna à Venise puis se fixa quelques années à Hambourg où il composa une vingtaine d'opéras. Il fut l'un des premiers musiciens allemands à utiliser les procédés de l'opéra vénitien.

**FRANCK (César)** ♦ Compositeur et organiste français d'origine belge (Liège 1822 - Paris 1890). Pianiste et organiste, il devint titulaire de la tribune de Sainte-Clotilde à Paris (1859) et fut nommé professeur au Conservatoire, dans la classe d'orgue (1872). Durant cette première partie de son existence, Franck, à la recherche de lui-même, composa des œuvres d'une faible originalité, accueillies par l'insuccès (3 *Trios concertants*, 1843 ; *Ruth*, oratorio, 1846 ; 6 *Pièces pour grand orgue*, 1860). Il ne commença à sortir de l'obscurité qu'après la cinquantaine, avec un poème symphonique, *Rédemption* (1871 - 1872), et un oratorio en 8 parties, *Les Béatitudes** (1869 - 1879), œuvres par lesquelles il affirmait une personnalité généreuse, équilibrée, marquée par le romantisme, mais capable de rénover les formes anciennes. Ses grands poèmes symphoniques, *Le Chasseur maudit* (1882), *Les Djinns* (1884), *Psyché* (1887) où la mélodie s'enrichit d'apports modaux qui lui confèrent une couleur singulière, établirent définitivement sa réputation de chef d'école. Le même lyrisme se retrouve encore dans les *Variations symphoniques*, pour piano et orchestre (1885), et dans la *Symphonie en ré* (1888). Au reste, pédagogue et maître au grand rayonnement personnel, il allait former une génération de disciples (V. d'Indy*, H. Duparc*, C. Bordes*, E. Chausson*, G. Pierné*, G. Lekeu*, G. Ropartz*, L. Vierne*) qui lui vouèrent un culte dont l'excès, chez quelques-uns, engendra parfois fanatisme et intolérance. Cependant, c'est par les œuvres de sa dernière période que Franck se révéla dans la plénitude de son génie. Bien loin du leitmotiv wagnérien, mais proche du Beethoven des derniers quatuors, il élabore alors une conception cyclique de la construction où les mêmes thèmes circulent d'un bout à l'autre de l'œuvre, se transformant de manière insensible pour assurer le triomphe final d'un thème élu. Cette liberté de modulation, ce chromatisme marquent un refus délibéré des conventions harmoniques et, sans nuire à l'unité de l'œuvre, en font la nouveauté. Cette technique est particulièrement sensible dans les derniers ouvrages de Franck qui rayonnent de passion contenue et de sérénité : *Quintette avec piano* (1880), *Prélude, choral et fugue* (1884), *Sonate pour violon et piano* (1886), *Prélude, aria et finale pour piano* (1887), *Quatuor à cordes* (1890). → **ÉTYM.** *Franck* est la forme alsacienne de *Franc* (→ Francs).

César **Franck.**
*Phot. © Coll. Cauboue*

**FRANCK (James)** ♦ Physicien américain d'origine allemande (Hambourg 1882 - Göttingen 1964). Auteur, avec G. Hertz*, de recherches sur la cinétique des électrons qui permirent d'élucider le mécanisme d'excitation et d'ionisation des atomes par chocs avec les électrons rapides. Ces expériences furent à l'origine du concept du niveau d'énergie et confirmèrent les idées de N. Bohr* sur la structure de l'atome (1913). [Prix Nobel de phys. 1925, avec G. Hertz]

**FRANCK (Philipp)** ♦ Philosophe et logicien allemand (Vienne 1884 - Cambridge, Massachusetts 1966). Néopositiviste, membre fondateur du cercle de Vienne*, professeur à Prague, il se réfugia aux États-Unis en 1938. Il s'est surtout consacré à l'étude des rapports entre *La Théorie de la connaissance et la Physique moderne* (1934), en envisageant particulièrement la théorie de la relativité d'Einstein. Il a rédigé en outre *La Fin de la physique mécaniste* (1936) et *Les Fondements de la physique* (1946). Il s'est intéressé aux relations entre le langage ordinaire et celui de la physique (*The Validation of Scientific Theories*, 1961).

## franc-maçonnerie

n. f. ♦ Association plus ou moins secrète, à but philanthropique, professant des principes de fraternité et dont les membres, organisés en *loges*, sont recrutés par cooptation selon un rituel initiatique hérité en partie des corporations de maçons du Moyen Âge. ▪ L'histoire de la franc-maçonnerie, qui symboliquement se réclame d'origines antiques (en particulier de Hiram, l'architecte du roi Salomon, constructeur du temple de Jérusalem au –Xe s.), semble remonter au haut Moyen Âge. Au cours de cette période de maçonnerie dite *opérative*, les bâtisseurs d'églises et de châteaux forts se regroupèrent en des corporations puissantes et souvent exemptées de nombreuses servitudes (d'où leur nom de *francs-maçons*). Cependant en déclin à partir du XVe s., ces corporations s'ouvrirent, surtout en Angleterre, lors des deux siècles suivants, à des nobles et à des bourgeois et perdirent leur caractère professionnel, pour donner naissance à une nouvelle maçonnerie dite *spéculative*, avec la fondation de la Grande Loge de Londres en 1717. Se dotant de *Constitutions* en 1723, rédigées par J. Anderson et inspirées par le huguenot français J.-T. Désaguliers*, elle eut pour principes la croyance en Dieu mais aussi la tolérance religieuse, et se donna pour but d'enseigner aux initiés un système de morale au moyen de symboles universels, marqués par un certain ésotérisme, issu notamment du mouvement mystique des Rose*-Croix. Divisée en plusieurs tendances, la maçonnerie anglaise traversa une longue crise qui s'acheva en 1813 par la création de la Grande Loge unie d'Angleterre et la victoire sur le courant libéral des traditionalistes, qui imposèrent l'obligation de la croyance en un Dieu révélé. ▪ En France, la franc-maçonnerie se développa à partir de 1725, grâce à des Anglais émigrés, et connut une rapide extension sous l'impulsion en particulier du duc d'Orléans* (futur Philippe Égalité) qui fut le premier grand maître du Grand Orient de France (1773). Disparue à la suite du concordat*, restaurée et contrôlée sous le Premier Empire, elle fut peu à peu délaissée par la noblesse et la haute bourgeoisie au profit des classes moyennes qui l'orientèrent vers le libéralisme et le républicanisme sur le plan politique et le rationalisme sur le plan philosophique. Supprimant de ses *Constitutions* en 1877 toute référence au «Grand Architecte de l'Univers», le Grand Orient, qui eut désormais pour but le progrès non seulement moral mais aussi matériel de l'humanité, soutint la IIIe République et prit part à son combat pour la laïcité. Cette attitude lui valut l'hostilité de la droite conservatrice et catholique, qui fut à l'origine des mesures anti-maçonniques prises par le régime de Vichy* (dissolution des loges, interdiction à tout fonctionnaire d'être franc-maçon). Reconstituée à la Libération, la maçonnerie française se divise aujourd'hui en deux obédiences principales, le Grand Orient de France et la Grande Loge de France, créée en 1894, à tendance spiritualiste. ▪ Se répandant dans le monde entier à partir du XVIIIe s., la franc-maçonnerie, condamnée par l'Église dès 1738 (bulle *In eminenti*), fut interdite au XXe s. par les régimes franquiste, fasciste et hitlérien, ainsi que dans les anciens pays communistes. Elle regroupe env. 7 millions de frères dans le monde à travers diverses obédiences aux grades nombreux (apprenti, compagnon, maître, grand maître, etc.) et aux rites multiples (rite français du Grand Orient, rite écossais rectifié, rite écossais ancien et accepté de la Grande Loge d'Angleterre).

**FRANCKEN** ♦ Famille de peintres anversois des XVIe et XVIIe s. ♦ **Hieronymus Ier Francken** (Herentals 1540 - Paris 1610). Formé dans l'atelier de Frans Floris, il passa sa vie entre Anvers et Paris. Après sa participation au décor du château de Fontainebleau* (1566), son œuvre refléta l'influence du Primatice* et de Niccolò dell'Abate. L'académisme de sa peinture religieuse disparaît fort heureusement dans ses portraits et ses scènes de bal (*Le Carnaval vénitien*, 1565). Il introduisit le thème de la fête galante en Flandre. ♦ **Frans Ier Francken** (Herentals 1542 - Anvers 1616) et **Ambrosius Ier Francken** (Herentals 1544 - Anvers 1618). Frères du précédent. Ils s'inscrivirent dans le courant académique de la grande peinture religieuse dominée par Frans Floris. ♦ **Frans II Francken** (Anvers 1581 - *id.* 1642). Fils du précédent. Il travailla à Rome où il se spécialisa dans la peinture mythologique et les tableaux de genre. ♦ **Hieronymus II Francken** (Anvers 1578 - *id.* 1623) et **Frans III Francken** (Anvers 1607 - *id.* 1667), respectivement frère et fils du précédent. Tous deux furent de grands admirateurs de Rubens dont on retrouve l'influence dans leur œuvre.

**FRANCO (João)** ♦ Homme politique portugais (Alcaide, près de Lisbonne 1855 - Lisbonne 1929). Avocat, puis député aux Cortes, il fonda le Centro generador liberal et se distingua comme le dernier monarchiste du Portugal. Appelé au pouvoir en 1907, il inaugura un régime dictatorial, assainit les finances, mais ne put empêcher l'assassinat du roi Charles Ier (1908). Il démissionna et quitta le Portugal.

**franco-allemande** (guerre) ♦ Guerre qui opposa de 1870 à 1871 pour la première fois la totalité des États allemands sous la conduite de la Prusse* à la France. Depuis la guerre des Duchés* (1864) et la campagne de Bohême (défaite des Autrichiens devant les Prussiens à Sadowa*, 1866), la politique d'unité allemande menée par Bismarck* avait peu à peu détérioré les relations de la Prusse et de la France, qui se vit marchander et refuser les compensations territoriales promises en échange de sa neutralité dans le conflit. Si Guillaume* Ier mit fin à l'incident provoqué par la candidature de Léopold de Hohenzollern au trône d'Espagne (déb. 1870), il refusa fermement mais courtoisement au chargé d'affaires de France, Benedetti*, de prendre un engagement de ne jamais plus soutenir la candidature d'un Hohenzollern. Ce refus, présenté en termes insultants dans un communiqué que Bismarck fit tenir à la presse (dépêche d'Ems*, 13 juil. 1870), conduisit Napoléon* III à déclarer la guerre à la Prusse, malgré les conseils de modération de plusieurs hommes politiques et l'opposition de la gauche républicaine du Corps législatif. Si l'armée française ne manqua ni d'ardeur au combat ni d'héroïsme, elle ne put faire face aux forces allemandes, supérieures en nombre, parfaitement réorganisées par Moltke*, Manteuffel* et Roon* et mieux équipées techniquement. Après les premières défaites françaises aux frontières (Wissembourg*, Froeschwiller*-Reichshoffen*, Forbach*-Spicheren, début août 1870), qui permirent aux Allemands l'occupation de Strasbourg* (sept.) et de Nancy*, l'armée de Bazaine fut contrainte de se replier sur Metz* (18 août) et capitula le 27 octobre ; l'armée de Mac-Mahon (réorganisée à Châlons), qui tenta en vain de se porter à son secours, fut défaite à Sedan* (2 sept.). La capitulation française, suivie de la journée révolutionnaire du 4 septembre* 1870 (chute du Second Empire, proclamation de la Troisième République et formation d'un gouvernement de la Défense* nationale), permit aux forces ennemies de se diriger sur la capitale : Paris* et Versailles* furent investies les 18 et 19 sept. L'entrevue de Ferrières* ayant échoué, les Français tentèrent d'opposer une résistance héroïque à Paris comme en province : armées de la Loire, avec Aurelle de Paladines et Chanzy, du N. avec Faidherbe, de l'E. avec Bourbaki et le colonel Denfert-Rochereau. Mais en dépit de quelques succès (Coulmiers, Villersexel*, Bapaume*), les armées françaises furent rapidement battues sur tous les fronts (Orléans, Le Mans, Saint-Quentin, Héricourt*) et à Paris (Le Bourget*, Buzenval*). Le 28 janv. 1871, le gouvernement de la Défense nationale signait l'armistice. Refusée par le peuple parisien, cette capitulation accrut la tension entre le gouvernement officiel (Assemblée nationale et Thiers) et les forces révolutionnaires qui, le 18 mars 1871, constituèrent un gouvernement insurrectionnel : la Commune* de Paris. En dépit de cette opposition, durement réprimée (fin mai), le gouvernement signa les préliminaires de la paix à Versailles (28 fév.), puis le traité de Francfort* (10 mai 1871). Cette guerre, qui enleva à la France l'Alsace et une grande partie de la Lorraine, devait rapidement aiguiser chez beaucoup le nationalisme et l'esprit de revanche.

**FRANCO BAHAMONDE (Francisco)** ♦ Général et homme d'État espagnol (El Ferrol 1892 - Madrid 1975). Sorti de l'école militaire de Tolède, il servit au Maroc où ses succès dans la guerre du Rif lui valurent d'être nommé général à 33 ans. En 1934, le gouvernement de la République fit appel à lui pour réprimer à la tête des troupes africaines le soulèvement des mineurs des Asturies. Devenu chef d'état-major de l'armée en 1935, il perdit ce poste après les élections de 1936 qui amenèrent le Front populaire. Éloigné aux Canaries, il resta en liaison avec les officiers mécontents et se trouva à la tête du soulèvement nationaliste de juil. 1936 aux côtés des généraux Sanjurjo* et Mola*. Il réussit à faire passer du Maroc en Espagne la Légion étrangère et les unités marocaines, fer de lance de l'armée nationaliste. Nommé généralissime par la junte de Burgos (1936), puis chef du gouvernement national, il dirigea personnellement la conduite de la guerre, s'assurant le concours de l'Allemagne hitlérienne et de l'Italie fasciste. Ayant pris le titre de *caudillo* («guide», terme équivalant à Führer), il devint chef de l'État et du gouvernement en 1938. Après la défaite des républicains, il dota l'Espagne d'un régime catholique autoritaire et corporatif et étouffa toute velléité d'opposition. Malgré les pressions allemandes (entrevue de Hendaye avec Hitler, 1940), il adopta une relative neutralité pendant la Deuxième Guerre mondiale. Après la victoire des Alliés, il voulut briser l'isolement politique de son pays et s'aida pour cela des États-Unis. En 1947, il consolida son régime en rétablissant la monarchie dont il s'institua le régent à vie. → **Espagne.** Il mourut le 20 nov. 1975 après une longue agonie, laissant le pouvoir à Juan* Carlos de Bourbon, qu'il avait désigné comme son successeur dès 1969.

## FRANÇOIS

lat. *Franciscus* «relatif aux Francs, Français» [esp. et port. *Francisco*, it. *Francesco*, corse *Francesci*, occit. *Francés*, bret. *Fañsez*, *Fañch*, all. *Franz*, angl. *Francis*, tchèque *František*, hongr. *Ferenc*, basque *Frantxex*, etc.] ♦ Nom de plusieurs personnages classés dans l'ordre suivant : empereurs germaniques ; Bretagne ; France ; Sicile.

### EMPEREURS GERMANIQUES

**FRANÇOIS Ier** ♦ (Nancy 1708 - Innsbruck 1765). Empereur germanique (1745 - 1765), duc de Lorraine, sous le nom de François III Stéphane (1729 - 1735), et grand-duc de Toscane, sous le nom de François II (1737 - 1765). Il fut le fondateur de la branche des Habsbourg-Lorraine. Époux de Marie*-Thérèse, fille de l'empereur Charles* VI, avec laquelle il avait été élevé, il fut contraint, à la suite de la guerre de Succession* de Pologne, à échanger son duché de Lorraine contre le grand-duché de Toscane. À la mort de Charles* VI (1740), son rival, l'électeur de Bavière, l'emporta sur lui et devint empereur sous le nom de Charles* VII, et François ne put obtenir la couronne impériale qu'en 1745. → **Succession d'Autriche.** Impopulaire à cause de ses défaites militaires, peu intéressé par les affaires, il laissa gouverner sa femme, dont il avait eu seize enfants, parmi lesquels Joseph* II, Léopold II et Marie*-Antoinette.

**FRANÇOIS II** ♦ (Florence 1768 - Vienne 1835). Dernier empereur du Saint Empire romain germanique (1792 - 1806), premier empereur héréditaire d'Autriche (1804 - 1835). Fils de Léopold* II, il était le neveu de Marie*-Antoinette. La France entra en guerre contre lui en 1792 ; après de nombreuses défaites, il dut céder des territoires d'Italie (Lombardie) et de l'Empire (Pays-Bas, rive g. du Rhin) [→ **Campoformio, Lunéville (traités de)**]. Contraint de reconnaître la Confédération* du Rhin (1806), il prit le nom de François Ier et abdiqua la couronne du Saint Empire (6 août 1806). Depuis 1804, il portait le titre d'empereur héréditaire d'Autriche, qu'il conserva. En 1810, il donna sa fille Marie*-Louise en mariage à Napoléon, pour sceller la paix, après ses défaites de 1809. → **Eckmühl, Wagram.** En 1813, conseillé par Metternich*, il se joignit à la coalition des Alliés contre Napoléon. Par le congrès de Vienne*, il recouvra ses territoires, mais n'obtint pas la restauration du Saint Empire (déc. 1814). Il devint président de la Confédération germanique (1815). Sa politique autoritaire, hostile à tout libéralisme, fut soutenue par Metternich.

### BRETAGNE

**FRANÇOIS Ier** ♦ (Vannes 1414 - Plaisance, près de Vannes 1450). Duc de Bretagne (1442 - 1450). Fils du duc Jean V le Sage.

**FRANÇOIS II** ♦ (1435 - Château de Couëron, près de Nantes 1488). Duc de Bretagne (1458 - 1488). Neveu et successeur d'Arthur* III, il participa à la ligue du Bien public contre Louis* XI (1465), puis s'allia au frère du roi mais fut contraint de signer la paix d'Ancenis* (1468). Lors de la régence d'Anne de France, il participa à la Guerre* folle (1485) mais fut vaincu à Saint*-Aubin-du-Cormier et signa le traité de Sablé*-sur-Sarthe (1488). ▪ Père d'Anne* de Bretagne.

### FRANCE

**FRANÇOIS Ier** ♦ (Cognac 1494 - Rambouillet 1547). Roi de France (1515 - 1547). Fils de Charles de Valois, comte d'Angoulême, et de Louise* de Savoie, il épousa Claude* de France, fille de Louis* XII (1514) auquel il succéda (1515). Il prit avec fougue la suite de ses prédécesseurs en Italie : la victoire de Marignan* (1515) lui ouvrit le Milanais et lui donna une alliance perpétuelle avec les Suisses. Sa rivalité avec Charles* Quint s'accrut lors de l'élection au trône impérial (1519) : Charles Quint, l'ayant emporté grâce aux subsides des Fugger*, faisait peser une lourde menace d'encerclement sur la France. Les tentatives faites pour obtenir l'alliance de l'Angleterre (Camp* du Drap d'or, 1520) furent un échec ; la défection du connétable de Bourbon* affaiblit encore le pays, et, à la défaite de La Bicoque* (1523), le Milanais fut perdu. Les Impériaux, qui avaient envahi la Provence, furent contraints de se retirer devant la résistance de Marseille, mais la contre-attaque de François Ier aboutit à la défaite de Pavie* (1525), où il fut fait prisonnier. Il dut accepter le sévère traité de Madrid* (1526), qu'en fait il n'appliqua pas, conservant la Bourgogne et reprenant la guerre, après avoir conclu la ligue de Cognac (1526) avec le pape, Venise et Francesco Sforza*. La paix de Cambrai* ou paix des Dames (1529) ne fut qu'un compromis, qui permit au roi de France de se rapprocher des protestants allemands et des Turcs, au grand scandale de la chrétienté, et de reprendre les hostilités dès 1536. Malgré la prise de Nice et la victoire de Cérisoles* (1544), la paix de Crépy*-en-Laonnois n'eut encore rien de définitif. À l'intérieur, l'attitude en face des protestants passa d'une tolérance née des sympathies érasmiennes de la sœur du roi, Marguerite* de Navarre, à la répression et aux persécutions, après l'affaire des Placards* (1534). Le règne fut marqué par un renforcement de l'absolutisme royal et par la poursuite de la construction d'un État moderne et centralisé annonçant déjà le règne de Louis XIV, tout comme le développement de la vie de cour. Le roi, personnage séduisant et léger, qui alliait une grande bravoure physique à une culture certaine, multiplia les liaisons, notamment avec la comtesse de Châteaubriant et la duchesse d'Étampes*, et laissa gouverner ses favoris (Duprat*, Montmorency*) ou sa mère Louise de Savoie. Le luxe de la cour, qui bénéficiait de la prospérité économique du royaume, favorisa l'essor des arts, et François Ier fut un des grands introducteurs de la Renaissance* italienne en France. Parmi les artistes qu'il attira, on peut citer Léonard* de Vinci, Benvenuto Cellini*, le Primatice*. Il fit construire des châteaux tels que Chambord, Villers-Cotterêts, Saint-Germain-en-Laye, fonda le Collège de France (1530) et par l'ordonnance de Villers*-Cotterêts (1539), imposa de rédiger en français les actes judiciaires et notariés. ▪ Père d'Henri* II.

**François Ier.** Portrait par Jean Clouet, huile sur bois (96 x 74 cm). Musée du Louvre, Paris. *Phot. © H. Lewandowski/RMNH*

**FRANÇOIS II** ♦ (Fontainebleau 1544 - Orléans 1560). Roi de France (1559 - 1560). Fils aîné de Catherine* de Médicis et d'Henri* II, il épousa Marie* Stuart, et, après être monté sur le trône, laissa gouverner les oncles de cette dernière, les Guises*. Ce fut pour le soustraire à leur influence que les chefs du parti protestant montèrent la conjuration d'Amboise* (1560).

### SICILE

**FRANÇOIS Ier** ♦ (Naples 1777 - *id.* 1830). Roi des Deux-Siciles (1825 - 1830). Fils de Ferdinand* Ier de Bourbon et de Marie*-Caroline, il exerça le pouvoir en 1812, sous le contrôle des Britanniques qui avaient imposé une Constitution, et en 1820, lors de la révolte du général Pepe. Après son accession au trône, il déçut les espoirs qu'avaient fait naître ses réformes d'alors, laissa gouverner ses favoris et eut une politique réactionnaire conforme aux désirs de Metternich*.

**FRANÇOIS II** ♦ (Naples 1836 - Arco 1894). Roi des Deux-Siciles (1859 - 1861). Il succéda à son père Ferdinand II. Il refusa l'alliance avec la Sardaigne, préconisée par son ministre Filangieri, et le partage des États pontificaux. L'expédition des Mille* de Garibaldi* (1860) l'obligea, malgré la promulgation tardive d'une constitution, à se réfugier à Gaète, puis à quitter ses États.

---

**FRANÇOIS (Samson)** ♦ Pianiste français (Francfort-sur-le-Main 1924 - Paris 1970). Enfant prodige, lauréat du Conservatoire de Nice (1935), puis de Paris (1940) où il fut l'élève de Marguerite Long, interprète de Debussy, Chopin et Prokofiev (dont il créa le *Cinquième Concerto*, 1947), il a laissé le souvenir d'un artiste chez qui la chaleur et la spontanéité égalèrent une qualité technique exceptionnelle.

**FRANÇOIS (Claude)** ♦ Chanteur et compositeur français (Ismaïlia 1939 - Paris 1978). Il perça avec le mouvement yéyé des années 1960 *(Belles, belles, belles)* et devint rapidement une idole enflammant ses fans jusqu'à l'hystérie. Pendant vingt ans, «Cloclo» enchaîna tubes disco minutieusement chorégraphiés sur costumes pailletés *(Alexandrie Alexandra, Une chanson populaire, Cette année-là)* et chansons sentimentales *(Comme d'habitude)*. Sa mort accidentelle suscita un vif émoi et contribua à faire de lui une légende.

**FRANÇOIS (LE)** [97240] ♦ Ch.-l. de cant. de Martinique, arr. du Marin. 18 559 hab. *(Franciscains)*. Pêche. Habitation coloniale *Acajou*.

**FRANÇOIS BORGIA** (saint) ♦ (Gandía, royaume de Valence 1510 - Rome 1572). Troisième général des jésuites (1565), ancien vice-roi de Catalogne (1539 - 1543), duc de Gandía. Veuf en 1546, il fonda le premier collège des jésuites, à Gandía (1547), puis entra dans la Compagnie : son généralat contribua à la développer, notamment en Amérique. Il était petit-neveu d'Alexandre VI et fils de Jean Borgia et de Jeanne d'Aragon. ▪ Fête le 10 oct.

**FRANÇOIS D'ASSISE** (saint) – surnommé ***il Poverello*** « le Petit Pauvre » ♦ Religieux italien (Assise 1181 ou 1182 - *id.* 1226), fondateur de l'*ordre des Frères mineurs* ou *franciscains*. Fils d'un riche marchand, il rompit avec sa famille (1206), se fit ermite puis prédicateur itinérant. Sa pauvreté évangélique attira à lui des compagnons (1208 - 1209) ; la confrérie fut approuvée oralement par Innocent III (1210). Avec l'afflux des disciples, l'ordre dut s'organiser, contre les vœux du fondateur (création de « provinces » avec des « ministres », 1217), si bien qu'après un voyage en Égypte auprès des croisés et une tentative pour convertir le sultan (1219), François en abandonna la direction à Pierre de Catane. Il rédigea pourtant les règles dites *Regula prima* (1221), très strictement évangélique, et *bullata* (1223), plus juridique. → **franciscains.** Il se retira dans son ermitage de la Portioncule, à Assise, affaibli par la maladie, les extases et l'apparition de stigmates (1224). Son *Cantique du frère Soleil (Cantico di Frate Sole)* ou *Cantique des créatures* (1224) est le premier grand poème de la langue italienne (dialecte ombrien). Sa vie a été écrite par Thomas* de Celano puis par saint Bonaventure* ; sa légende fait l'objet des *Fioretti*, recueil anonyme du XIVe s. ▪ Giotto* a peint les fresques de Florence *(Santa Croce)* et peut-être celles de la cathédrale d'Assise, représentant les épisodes de sa vie. ▪ Fête le 4 oct.

**François d'Assise.** Le pape approuvant les statuts de l'ordre, prédelle du polyptyque de Giotto *Saint François d'Assise recevant les stigmates*. Musée du Louvre, Paris. *Phot. © Ph. H. Josse. © Archives Larbor*

**FRANÇOIS DE NEUFCHÂTEAU (Nicolas,** comte **FRANÇOIS,** dit) ♦ Écrivain et homme politique français (Saffais, Lorraine 1750 - Paris 1828). Enfant précoce qui, élève à Neufchâteau, publia ses premiers poèmes *(Pièces fugitives)*, il fut procureur général à Saint-Domingue en 1783, et, de retour en France (1788), fut élu député suppléant à l'Assemblée nationale constituante, puis chargé de l'organisation du département des Vosges. Réélu à la Convention (1792), il refusa son siège de député. Emprisonné en 1793 pour sa comédie *Paméla ou la Vertu récompensée* et libéré après le 9 Thermidor, il fut nommé ministre de l'Intérieur (1797). Directeur en remplacement de Carnot après le coup d'État du 18 Fructidor an V (4 sept. 1797), il reprit ses fonctions de ministre de 1798 à 1799 et s'occupa de la réorganisation de l'administration, de l'instruction et de l'agriculture. Président du Sénat (1804 - 1806), comte d'Empire, il se rallia à la Restauration. [Acad. fr. 1803]

**FRANÇOIS DE PAULE** (saint) **[Francesco MARTOLILLA]** ♦ Ascète italien (Paola [Paule], Calabre v. 1416 - Plessis-lez-Tours 1507). Ermite à quatorze ans, il se trouva à dix-neuf ans à la tête d'une communauté ascétique qui devint l'ordre des Frères minimes, voués au carême perpétuel (approuvé en 1474). Louis XI, malade, le fit venir en France dans l'espoir de guérir ; après la mort du roi, François resta en France et fonda les couvents d'Amboise et de Montils-lez-Tours. Canonisé en 1519. ▪ Fête le 2 avr.

**FRANÇOIS DE SALES** (saint) ♦ Évêque *in partibus* de Genève, docteur de l'Église (château de Sales, près de Thorens, Savoie 1567 - Lyon 1622). Prêtre (1593), il se consacra à la conversion des calvinistes du Chablais, devint coadjuteur (1599) puis titulaire (1602) de l'évêché de Genève (avec résidence à Annecy), fonda l'ordre de la Visitation* avec sainte Jeanne* de Chantal (1610). Auteur de l'*Introduction* à la vie dévote* (1608 - 1619) et du *Traité de l'amour de Dieu* (1616), il enseigna une piété de la vie quotidienne, fondée sur une spiritualité proche de celle de sainte Thérèse, et qui sut conquérir la bonne société du XVIIe s. Son œuvre est un des plus beaux exemples de la prose française préclassique. ▪ Fête le 24 janv.

**FRANÇOISE ROMAINE** (sainte) **[Francesca DI BUSSI DI LEONI]** ♦ Dame romaine (Rome 1384 - 1440). Épouse de Lorenzo Ponziani, elle se fit connaître par sa charité (notamment lors de la peste de 1413 - 1414). Veuve (1436), elle se retira au monastère de Tor de Specchi, où elle avait fondé la congrégation des oblates olivétaines sous la règle bénédictine (1433). ▪ Fête le 9 mars.

**FRANÇOIS-FERDINAND DE HABSBOURG** ♦ (Graz 1863 - Sarajevo 1914). Archiduc d'Autriche, neveu et héritier présomptif de l'empereur François*-Joseph, attaché aux traditions autoritaires de l'armée et de l'Église, il fut cependant favorable au fédéralisme pour remplacer le dualisme austro-hongrois afin de donner une place plus importante dans l'Empire aux Slaves du Sud. Nommé inspecteur général des armées en 1913, il fut assassiné à Sarajevo* le 28 juin 1914 par un Serbe, ce qui, par le système des alliances, fut une des causes directes de la déclaration de la Première Guerre* mondiale.

**FRANÇOIS-JOSEPH Ier** ♦ (château de Schönbrunn, Vienne 1830 - *id.* 1916). Empereur d'Autriche (1848 - 1916) et roi de Hongrie (1867 - 1916). Fils de l'archiduc François-Charles, petit-fils de l'empereur François* II, il monta sur le trône à l'abdication de son oncle l'empereur Ferdinand* Ier lors de la révolution de 1848 à Vienne. Les premières années de son règne furent consacrées à reconquérir l'hégémonie des Habsbourg* en Europe et à l'intérieur de l'Empire ; pour faire face aux ambitions prussiennes en Allemagne, il refusa en 1848 l'entrée de l'Autriche dans une « Grande Allemagne », puis en 1850, à Olmütz*, la création de la « Petite Allemagne ». En 1849, après la victoire de Novare*, il rétablit la domination autrichienne sur la Lombardie et dans le même temps, avec l'aide du tsar Nicolas Ier, amena la capitulation des Hongrois qui avaient prononcé en avr. 1849 la déchéance de la dynastie autrichienne. À l'intérieur, sur les conseils de Schwarzenberg*, il avait dès 1851 annulé la Constitution de 1849. Conscient de son rôle de souverain, féru d'absolutisme, il gouverna d'une manière autoritaire en s'appuyant sur l'armée, sur la police et sur la bourgeoisie allemandes par l'intermédiaire d'une bureaucratie centralisée qu'il imposa à tout l'Empire. Mais, par la suite, de graves échecs en politique extérieure (fin de l'alliance avec la Russie, perte de la Lombardie en 1859, mais surtout défaite de Sadowa* contre la Prusse en 1866) l'amenèrent à souscrire aux exigences des nationalités non allemandes de son Empire ; après l'expérience malheureuse de fédéralisme (1860) et la « patente » centralisatrice de 1861, il signa avec la Hongrie (1867) un compromis qui associait l'empire et le royaume sur un pied d'égalité ; François-Joseph et son épouse l'impératrice Élisabeth* furent couronnés roi et reine de Hongrie. Le dualisme accentuait les problèmes des autres nationalités de l'Empire austro-hongrois (→ **Autriche-Hongrie**), notamment ceux des Tchèques (→ **Masaryk**) et des Slaves du Sud, dont les ministres de François-Joseph s'efforçaient de recueillir les suffrages tandis que l'empereur, intervenant parfois avec autorité dans le sens de l'unitarisme, envenimait davantage le conflit. En politique intérieure, il dut faire des concessions à l'opposition libérale et sociale-démocrate qui se manifestait au Reichsrat (depuis 1861, l'empereur avait accepté la création d'un parlement à Vienne). Sans majorité stable, accablé par les drames familiaux, il ne prenait plus de décisions vers la fin de son règne qu'au jour le jour, pour résoudre par décrets ou ordonnances les questions les plus urgentes. Sa décision d'exiger des réparations de la Serbie* après l'assassinat de son neveu François*-Ferdinand déclencha la Première Guerre* mondiale. Il mourut deux ans avant la dislocation de son empire.

**FRANÇOIS-JOSEPH** (archipel) – en russe ***zemlia Frantsa-Iossifa*** ♦ Archipel russe de l'Arctique, situé à l'E. du Svalbard par 80° de latitude N. et 50° de longitude E. Env. 20 000 km².

**François le Champi** ♦ Roman de George Sand* (1847 - 1848) qui peint l'évolution des sentiments de François, enfant trouvé (ou *champi*, mot berrichon), pour Madeleine, la jeune meunière mal mariée. À la mort du vieux meunier, et malgré les calomnies, ils pourront s'épouser. Ce récit idyllique est mené avec une grande délicatesse et le style en est d'une savante simplicité.

**FRANÇOIS-PONCET (André)** → ÉTYM. anc. *François*, son grand-père ajouta en 1899 *Poncet*, n. d'une aïeule de son épouse ♦ Diplomate français (Provins 1887 - Paris 1978). Ambassadeur à Berlin (1931 - 1938) puis à Rome (1938 - 1940), il mit en garde le gouvernement français contre la menace de guerre. Déporté (1943 - 1944), il fut à nouveau ambassadeur de France en Allemagne de 1953 à 1955 et présida la Croix-Rouge française de 1955 à 1967. Il publia ses souvenirs (*Souvenirs d'une ambassade à Berlin*, 1946). [Acad. fr. 1952]

**FRANÇOIS RÉGIS** (saint) → **Jean-François Régis (saint)**

**FRANÇOIS XAVIER** (saint) **[Francisco DE JASSU]** → ÉTYM. *Xavier*, de *Javier* (où il est né), du basque *Etchaberri* « maison neuve » ♦ Jésuite et missionnaire espagnol (château de Javier écrit anciennement Xavier, Navarre 1506 - île de Sancian au large de Canton, Chine 1552). Étudiant à Paris (1525 - 1536), il fut parmi les premiers compagnons d'Ignace* de Loyola et participa à la fondation de la Compagnie de Jésus*. Il débarqua à Goa comme nonce apostolique (1542), et évangélisa Malacca puis (1549) le Japon. ▪ Fête le 3 déc.

**FRANCON** dit **Francon de Cologne** ♦ Compositeur et théoricien allemand (XIII^e s.). Confondu longtemps avec Francon de Paris (à moins que les deux auteurs n'en forment qu'un seul), il fut l'un des premiers à énoncer, dans son traité *Ars cantus mensurabilis* (v. 1260), les principes de la notation mesurée, en remplacement de la notation modale.

**FRANCONI** ♦ Famille d'écuyers et de directeurs de cirque d'origine italienne du XVIII^e et du XIX^e s. ♦ **Antoine Franconi** (Udine 1737 - Paris 1836). Il fut écuyer et directeur, d'abord associé avec Astley, puis successivement à la direction de trois «Cirques olympiques». C'est dans l'un d'eux qu'apparut en 1831, pour la première fois dans l'histoire du cirque français, un dresseur de fauves. ♦ **Laurent Franconi** (Rouen 1776 - Paris 1849). Fils du précédent. Il fut comme son fils VICTOR FRANCONI (Strasbourg 1810 - Paris 1897) un extraordinaire écuyer, empruntant les grandes traditions des manèges royaux et des tournois.

**FRANCONIE** n. f. ➝ ÉTYM. en all. *Franken* «Francs» ♦ Anc. État d'Allemagne qui s'étendait sur les rives du Rhin, à l'O. de Mayence et de part et d'autre du Main et de la Hesse. Cette région, occupée par les Francs dès le VII^e s., devint le centre du royaume des Francs orientaux, puis du royaume de Germanie, au X^e s., avec Conrad* I^er, duc de Franconie. Celui-ci étant mort sans héritier, Othon* I^er, fils d'Henri* I^er l'Oiseleur, s'empara définitivement de la Franconie, contre son frère Conrad, et établit la dynastie saxonne. Le pays ne tarda pas à être divisé, mais il fut la terre d'origine de la dynastie salienne, qui parvint au pouvoir avec Conrad* II le Salique. Les évêques de Würzburg portèrent encore le titre de ducs de Franconie, et Maximilien* en fit un des dix cercles de l'Empire. Aujourd'hui, trois régences de Bavière portent ce nom (Haute-Franconie, Moyenne-Franconie et Basse-Franconie). En Bade-Wurtemberg, la région de Heilbronn est également appelée Franken.

**FRANCONVILLE** [95130] ➝ ÉTYM. anc. en lat. *Francorum villa* «le village des Francs» ♦ Ch.-l. de cant. du Val-d'Oise, arr. de Pontoise. 33 497 hab. *(Franconvillois)*. Sources minérales.

**FRANCORCHAMPS** ♦ Loc. de Belgique dépendant de la comm. de Stavelot*. ▪ Circuit automobile.

**FRANCS** n. m. pl. ➝ ÉTYM. du frq. *wrang* «errant» ou *frak* «brave» ♦ Peuple germanique composé de diverses ethnies (Bructères, Chamaves, Chattes, Chérusques, Ripuaires, Saliens, Sicambres), établi v. 250 à l'embouchure du Rhin puis surtout entre Meuse et Escaut et sur le Rhin, dans la région de Cologne (fin IV^e-début V^e s.). Lors des Grandes Invasions*, ils pénétrèrent en Gaule entre 430 et 450. C'est de ce peuple qu'est issue la dynastie des Mérovingiens* et celle des Carolingiens*.

**Francs-Tireurs et Partisans français** [FTP ou FTPF] ♦ Organisation militaire de résistance créée en 1942 par le Front* national. Constitués en grande partie de communistes, dont beaucoup avaient combattu dans les Brigades internationales en Espagne, les FTP formèrent une véritable armée populaire. Dirigés par M. Prenant, puis Ch. Tillon, ils furent intégrés aux Forces* françaises de l'intérieur (1944).

**Franc-Tireur (Le)** ♦ Mouvement de la Résistance française (zone Sud), créé en 1940 sous le nom de France-Liberté. Dirigé par J.-P. Lévy, A. Bayet, M. Bloch, il fit paraître la *Revue libre* et *Le Père Duchesne*, et organisa les premiers maquis du Vercors. Au printemps 1943, il forma avec Combat et Libération-Sud les Mouvements unis de Résistance (MUR).

**FRANGIÉ (Soleiman)** ♦ Homme d'État libanais (Zghorta 1910 - Beyrouth 1992). Issu d'une grande famille maronite, il fut président de la République de 1970 à 1976. Lorsque éclata la guerre civile en 1975, il se rangea du côté du Front libanais (droite chrétienne) et fit appel à l'armée syrienne pour évincer les Palestiniens et leurs alliés libanais. Son alliance avec la Syrie et son refus de tout compromis avec Israël furent à l'origine des premières dissensions avec ses partenaires chrétiens. En 1978, peu après avoir quitté le Front libanais, son fils Tony fut assassiné par les Forces libanaises de Béchir Gemayel. Rompant alors totalement avec la droite chrétienne, il rejoignit le Front de salut national, présidé par le chef druze Walid Joumblatt, lui-même adversaire des Gemayel.

**FRANJU (Georges)** ♦ Cinéaste français (Fougères 1912 - Paris 1987). Cofondateur en 1934, avec H. Langlois*, de la Cinémathèque* française, il fut l'un des meilleurs cinéastes documentaristes de la période 1948 - 1958 (*Le Sang des bêtes*, 1949 ; *Hôtel des Invalides*, 1951 ; *Poussières*, 1954 ; *La Première Nuit*, 1958). Certains de ses films documentaires, et son premier long métrage, *La Tête contre les murs* (1959), révélèrent son goût pour l'insolite et l'humour noir. Œuv. princ. : *Les Yeux sans visage* (1960), *Thérèse Desqueyroux* (1962), *Judex** (1964), *La Faute de l'abbé Mouret* (1970), *Nuits rouges* (1973).

**FRANK (Jacob ben Judah Leib, dit Jacob)** ♦ Hérésiarque juif polonais (Korolowka, Podolie, auj. Korolevo 1726 - Offenbach 1791). Chef de la secte sabbataïste (➝ **Zevi**), il eut des controverses avec les juifs orthodoxes, fit brûler le Talmud* (au nom du Zohar*) par l'autorité catholique (1757), adopta extérieurement le christianisme (Lvov, 1759), tout en se proclamant messie et réincarnation de S. Zevi. Emprisonné (1760 - 1772), il n'en continua pas moins à nouer des intrigues politiques dans toute l'Europe centrale. Les frankistes (ou zoharistes) se répandirent en Allemagne, Pologne et Hongrie.

**FRANK (Leonhard)** ♦ Romancier allemand (Würzburg 1882 - Munich 1961). Expressionnistes, ses œuvres sont aussi celles d'un écrivain engagé politiquement. Après son premier roman *La Bande de brigands* (1914), il publia une série de nouvelles (*L'homme est bon*, 1918) où s'affirment ses convictions socialistes, comme plus tard dans son essai à caractère autobiographique *À gauche où est le cœur* (1952). Comme beaucoup d'autres écrivains allemands, il quitta son pays à l'avènement du national-socialisme.

**FRANK (Ilia Mikhaïlovitch)** ♦ Physicien soviétique (Saint-Pétersbourg 1908 - *id.* 1990). ➝ **Tamm, Tcherenkov.** [Prix Nobel de phys. 1958, avec I. Tamm et P. Tcherenkov]

**FRANK (Robert)** ♦ Photographe et cinéaste américain d'origine suisse (Zurich 1924). Refusant les significations préétablies en matière de photographie documentaire, il privilégie l'inachevé et l'arbitraire contre le rigorisme formel du reportage classique. Son subjectivisme culmine dans le célèbre livre *Les Américains* (1958). À partir de 1966, il délaissa la photographie et se consacra entièrement au film.

**FRANK (Annelies Marie, dite Anne)** ♦ Jeune Allemande de famille juive (Francfort-sur-le-Main 1929 - camp de concentration de Bergen-Belsen 1945). La famille Frank se réfugia aux Pays-Bas en 1933. Dans «l'Annexe» où elle se terrait avec les siens, Anne écrivit en néerlandais un *Journal* en forme de lettres. Dénoncée, la famille Frank fut déportée. Ce *Journal* (*Het Achterhuis*, «L'Annexe», 1947), outre le talent littéraire qu'il révèle, est un témoignage du martyre enduré par les victimes des lois raciales nazies. Il s'étend du 12 juin 1942 au 1^er août 1944 (la famille fut arrêtée le 4 août). Ce document a été lu par un immense public dans le monde entier.

**FRANKEL (Leó)** ♦ Révolutionnaire hongrois (Budapest 1844 - Paris 1896). Exilé à Londres où il rencontra Marx, il fut membre du Conseil central de l'Association internationale des travailleurs (I^re Internationale). Installé à Paris (1867), il fut député du 13^e arr., puis délégué au Travail et à l'Industrie lors de la Commune de Paris (1871). Condamné à mort et réfugié à Londres, il revint en Hongrie où il participa à la création des premiers congrès ouvriers ; après avoir subi une peine de prison dans son pays, il mourut en exil.

**FRANKENHEIMER (John)** ♦ Cinéaste américain (New York 1930 - Los Angeles 2002). Formé par la télévision, il signa de nombreux films de valeur très inégale, dosant habilement l'action spectaculaire et le message social. On retiendra : *Le Prisonnier d'Alcatraz* et *Un crime dans la tête* (1962), *Le Train* (1964), *L'Opération diabolique* (1966), *Le Pays de la violence* (1970) et *Les Cavaliers* (1970).

**FRANKENSTEIN** ➝ ÉTYM. all. «pierre [château] des Francs» ♦ Héros et titre d'un roman de Mary Godwin Shelley*. *Frankenstein ou le Prométhée moderne* (1817) est l'histoire d'un savant qui construit un homme artificiel à l'aide de parties de cadavres. Le monstre, puissant et conscient, souffre de la peur qu'il inspire et du besoin d'amour, sentiment qu'il est incapable d'éprouver ; c'est un être maudit condamné à la solitude par son essence même et qui se venge de la race humaine par le mal en détruisant les proches de Frankenstein puis, après une fuite dans les régions désolées de l'Arctique, en tuant le savant lui-même. ▪ Ce thème romantique, influencé par Byron, complètement détourné de son sens, est devenu un classique du récit de terreur, Frankenstein désignant souvent le monstre et non son créateur. Ce personnage, devenu un croquemitaine de science-fiction, a été mis en film (J. Whale, 1931, interprété par Boris Karloff ; 1942, etc.).

**FRANKENTHALER (Helen)** ♦ Peintre américaine (New York 1928). Élève de Tamayo* et du théoricien Meyer Shapiro, elle appartint très tôt au mouvement de l'expressionnisme abstrait. Plus qu'elle ne peint ses toiles, elle les teint, laissant, à la manière de Pollock*, la peinture s'étaler en larges nappes aux contours flous *(stained color-field)*. Ses tableaux, purement abstraits, lumineux, et sans aucun effet de perspective, influenceront Morris Louis*.

**FRANKENWALD** n. m. ♦ Massif d'Allemagne centrale, dans le N.-E. de la Bavière, entre le Fichtelgebirge et le Thüringerwald (795 m).

**FRANKFORT** ➝ ÉTYM. corruption de l'angl. *Frank's Ford* «le gué de Frank (un des premiers colons)» ♦ V. des États-Unis, cap. du Kentucky. 26 000 hab. Centre commercial régional (tabac, chevaux de course). Distilleries, indus. diverses.

**FRANKL (Viktor Emil)** ♦ Psychiatre, psychanalyste et philosophe autrichien (Vienne 1905 - *id.* 1997), fondateur de la logothérapie ou «thérapie par le sens». Considéré comme le tenant de la «troisième école de psychanalyse de Vienne» après la psychanalyse de Freud* et la psychologie individuelle d'Adler*, Frankl fut successivement partisan de l'une et de l'autre avant de définir sa propre clinique. Celle-ci tire son originalité de l'idée selon laquelle l'être humain est avant tout mû par une volonté de sens. Proche de la pensée de M. Scheler*, de N. Hartmann* et de K. Jaspers*, Frankl transpose sur le terrain de la clinique une anthropologie qui fait justice de la dichotomie corps-psychisme pour introduire un troisième terme sous le rapport du *noos* (esprit, pensée). Il en résulte une redéfinition de la typologie des pathologies mentales avant tout appréhendées comme conséquences d'un «vide existentiel». On lui doit notamment : *L'Homme en quête de sens* (1947), *Le Dieu inconscient* (1948), ainsi que *Le Médecin et l'âme humaine* (1957).

**FRANKLAND** (sir **Edward**) ♦ Chimiste britannique (Churchtown, près de Lancaster 1825 - Golaa, Norvège 1899). Auteur d'une synthèse des hydrocarbures en 1850, il esquissa dès 1852 la notion de valence. Il participa également, avec son compatriote J. N. Lockyer*, à l'identification de l'hélium (1868).

**FRANKLIN (Benjamin)** ♦ Homme politique, mémorialiste, pamphlétaire et physicien américain (Boston 1706 - Philadelphie 1790). Quatorzième enfant d'une famille d'origine anglaise (Northamptonshire), il n'alla guère à l'école et entra tout jeune en apprentissage chez son frère imprimeur. Autodidacte, il acquit une technique littéraire en plagiant les articles d'Addison* qu'il lisait dans le *Spectator*. Collaborant lui-même au *New England Courant* fondé par son frère, il partit pour New York en 1723 à la suite d'un désaccord. À Philadelphie, il fut remarqué par le gouverneur de Pennsylvanie qui l'envoya à Londres, où il écrivit *De la liberté et de la nécessité du plaisir et de la peine*. Devenu le comptable d'un riche commerçant, Denham, il revint à Philadelphie en 1726 et fonda une imprimerie en 1730. En 1729, il avait racheté la *Gazette de Pennsylvanie* et publiait, sous le pseudonyme de Richard Saunders, son célèbre *Almanach* (*Poor Richard's Almanach* 1732). Appartenant à la loge maçonnique de Philadelphie, il fonda la «Junte», société de discussion libre, en 1727, créa la première bibliothèque publique des colonies, et la Société philosophique américaine (1743) qui deviendra l'université de Pennsylvanie. Maître général des postes d'Amérique en 1753, il proposa une union des colonies, mais le projet fut rejeté. Ses *Écrits sur l'électricité et la météorologie* nous apprennent qu'il découvrit avant Faraday* le rôle des isolants dans les phénomènes électriques. Il fut l'inventeur du calorifère (*cheminée à la Franklin*) et du paratonnerre (il remarquait en 1752 l'identité de l'électricité et de la foudre). Choisi pour défendre les intérêts de la Pennsylvanie à Londres, où il vécut de 1757 à 1762 et se lia avec Hume, le succès de sa mission le fit nommer ambassadeur extraordinaire des colonies en Grande-Bretagne. D'abord impérialiste, il se rapprocha des physiocrates français à la suite de taxes injustes sur le thé et le sucre. Ses pamphlets de 1773 : *Règles pour faire d'un grand État un petit, Édit du roi de Prusse*, eurent un énorme retentissement, et la déclaration d'Indépendance (4 juil. 1776), composée par Jefferson, fut corrigée par lui. Chargé de solliciter l'aide française, il fut reçu triomphalement à Paris où, grâce à Buffon, il faisait partie de l'Académie des sciences. Il collabora avec Mirabeau (*Considérations sur l'ordre des Cincinnati*) et malgré la réticence de Louis XVI et de Turgot, obtint, assisté de La Fayette, l'envoi d'une armée (1780), d'une flotte (1781) et une aide financière appréciable. De retour en Pennsylvanie en 1785 il fut élu président du Conseil exécutif de l'État et rédigea la Constitution fédérale (1787). On peut encore citer parmi ses œuvres : *Plan pour faire du bien à des pays lointains et déshérités* (1771), *Avis à ceux qui voudraient émigrer en Amérique* (1784) et surtout ses *Mémoires*, l'un des documents les plus vivants sur les origines de l'Amérique moderne. ➝ ÉTYM. Ce nom de famille vient du moyen anglais *frankelin* «paysan libre».

**FRANKLIN** (sir **John**) ♦ Marin et explorateur britannique (Spilsby, Lincolnshire 1786 - 1847). Il explora à bord du *Trent* la côte septentrionale de l'Amérique du Nord (1818) et plus particulièrement le littoral entre l'embouchure de la Coppermine River et celle du Mackenzie (1825). Après avoir été gouverneur de Tasmanie (1836 - 1843), il mourut lors d'une expédition dans l'Arctique à la recherche d'un passage maritime au N.-O.

**FRANKLIN** (détroit de) ♦ Détroit de l'Arctique canadien séparant la péninsule de Boothia de l'île du Prince-de-Galles, au N.-O.

**FRANQUEVILLE-SAINT-PIERRE** [76520] ➝ ÉTYM. anc. *Francheville* «ville affranchie» ♦ Comm. de la Seine-Maritime, arr. de Rouen. 5 099 hab.

**FRANQUIN (André)** ♦ Dessinateur et scénariste de bandes dessinées belge (Etterbeek 1924 - Saint-Laurent-du-Var 1997). Jijé, son maître, lui confia le dessin de Spirou et Fantasio (1946) qu'il anima pendant plus de vingt ans. Des grands noms de la bande dessinée sont nés sous son crayon : le Marsupilami (1952), Modeste et Pompon (1955) et surtout, en 1957, le gaffeur universel, Gaston Lagaffe, homme à tout faire au journal *Spirou* qui bouscule le monde conventionnel de la bureaucratie, grâce à ses inventions génialement inutiles.

**FRANZÉN (Frans Mikael)** ♦ Poète finlandais d'expression suédoise (Oulu 1772 - Säbrå, Suède 1847). Lauréat de l'Académie suédoise en 1797 pour son *Éloge de Creutz**, il introduisit un romantisme teinté d'ossianisme dans la poésie suédoise. Professeur à l'université de Turku, il avait publié des poèmes religieux et philosophiques (*Le Visage humain* ; *Ode à Selma*, 1793 ; *Le Nouvel Éden*, 1794) ou patriotiques, comme *Le Vétéran* (1793). Il s'établit en Suède en 1811, fut secrétaire de l'Académie et évêque d'Härnösand.

**FRASCATI** ➝ ÉTYM. p.-ê. de l'it. *frascato* «tonnelle» ; anc. ***Tusculum*** ♦ V. d'Italie dans le Latium, prov. de Rome. 19 314 hab. Célèbre lieu de villégiature, l'un des Castelli Romani du Moyen Âge, toujours fréquenté par les Romains. Belles villas du XVI$^{e}$ s. (dont la Villa Aldobrandini aux jardins en terrasses). Cathédrale XVII$^{e}$ s. ▪ Culture des oliviers (huile) et de la vigne (célèbres vins blancs). Centre de recherches nucléaires. ▮ **Histoire** ➝ **Tusculum.**

**FRASER** n. m. ♦ Fl. de l'O. du Canada (1 368 km). Il prend sa source dans les Rocheuses, traverse la Colombie-Britannique du S.-E. au N.-O., puis vers le S., traverse la chaîne côtière (canyons) et se jette dans le détroit de Géorgie, près de Vancouver. Il arrose Prince* George où il reçoit son affl. Nechako. Le *plateau du Fraser* et sa basse vallée sont de riches régions agricoles. ➝ **Colombie-Britannique.**

**FRASHËRI (Naim)** dit **D. Keto** ♦ Écrivain albanais (Frashëri 1846 - Kiziltoprak, près de Constantinople 1900). Issu d'une famille musulmane noble du sud de l'Albanie, très ardente dans la lutte d'émancipation (ses frères Abdyl et Sami s'illustrèrent par leur action politique), il travailla à l'exaltation du sentiment national dans la très nombreuse diaspora albanaise et commença d'écrire en albanais après la constitution de la Ligue de Prizren. Il composa un célèbre poème épique sur son village natal, *L'Épopée de Qerbelaja* (1898), de nombreux poèmes lyriques dont *Les Fleurs de l'été* (1894) et une épopée historique, *Histoire de Skanderberg* (1898). ➝ ÉTYM. *Frashëri* vient de l'albanais *fráshër*, apparenté au latin *fraxinus* «frêne».

**FRATELLINI** ♦ Famille de clowns, d'origine italienne. PAUL FRATELLINI (Catane 1877 - Le Perreux 1940), FRANÇOIS FRATELLINI (Paris 1879 - *id.* 1951), ALBERT FRATELLINI (Moscou 1885 - Épinay-sur-Seine 1961). Fils de GUSTAVE FRATELLINI (Florence 1842 - Paris 1902) et survivants d'une famille de dix enfants, ils débutèrent dans les divers emplois du cirque avant de constituer l'une des équipes de clowns les plus fameuses de toute l'histoire de la piste. Le flegme de Paul, la grâce de François et la cocasserie d'Albert firent merveille dans de nombreuses entrées comiques, tant au cirque Médrano qu'au cirque d'Hiver de Paris et dans de nombreuses tournées en France et à l'étranger. Excellents musiciens et fantaisistes d'une rare poésie, ils inspirèrent J. Copeau, J. Cocteau et le costumier P. Poiret. ♦ **Annie Fratellini** (Alger 1932 - Paris 1997). Petite-fille de Paul Fratellini, elle a pratiqué le music-hall puis adopté un personnage de femme-auguste plein de poésie. Elle a fondé l'École nationale du cirque en 1972 avec son mari P. Étaix*. ➝ ÉTYM. Ce nom italien est un diminutif de *fratelli* «frères».

**Fratellini.** François, Albert et Paul Fratellini (de bas en haut). *Phot. © Coll. Roger-Viollet*

## fraticelles

n. m. pl. ♦ Secte chrétienne hérétique (fin XIII$^{e}$ s.-seconde moitié XV$^{e}$ s.) issue du parti des «spirituels» franciscains. Sous la direction d'Ange Clareno, ils prétendirent pratiquer «à la lettre et sans glose» la règle de saint François*, se heurtèrent à la hiérarchie ecclésiastique et professèrent différentes doctrines hérétiques, notamment celle de Joachim de Flore sur l'eschatologie. Condamnés par Jean XXII (1317), leurs groupes, en Italie, en Sicile, en Provence, furent poursuivis par l'Inquisition. Mais le mouvement influa sur la création des franciscains «de l'observance» (XIV$^{e}$ s.). ➝ **franciscains.**

**FRAUENFELD** ➝ **ÉTYM.** vx haut all. « champ *(feld)* du seigneur (*°frauan*, de *fron*) » ♦ V. de Suisse, ch.-l. du cant. de Thurgovie, sur la Murg, affl. de la Thur. 22 253 hab. (aggl. 27 005). Château (XIIIe s.) ; église Saint-Laurent (vitraux du XIVe s.). ▪ Indus. métallurgique et textile (soie, coton). Conserves. ▪ Aux environs, châteaux de Sonnenberg (XIIe s.) et de Wellenberg (XIIIe s.).

**FRAUNHOFER (Joseph VON)** ♦ Physicien allemand (Straubing 1787 - Munich 1826). Fondateur de la spectroscopie, il utilisa un réseau de fils métalliques pour étudier la lumière (1814), et précisa la présence de raies sombres dans le spectre solaire *(raies de Fraunhofer)*. Il découvrit ensuite la diffraction de la lumière par les réseaux optiques qu'il utilisa pour établir une classification spectrale des étoiles.

**FRAYSSINOUS** [frɛsinus] **(Denis Antoine,** comte **DE)** ♦ Prélat français (Curières, Rouergue 1765 - Saint-Geniez-d'Olt, Aveyron 1841). Entré dans les ordres, il refusa de prêter serment à la Constitution civile du clergé et réussit à se cacher sous la Terreur. Sous le Consulat, il entreprit des conférences aux Carmes, puis à Saint-Sulpice ; interdites par Napoléon Ier (1809), elles furent reprises sous la Restauration (1814 - 1822) et furent publiées sous le titre *Défense du christianisme*. Nommé évêque d'Hermopolis et aumônier du roi (1821) grand maître de l'Université (1822), puis ministre des Affaires ecclésiastiques (1824 - 1828), il fit adopter plusieurs mesures réactionnaires (fermeture de l'École normale, des cours des écoles de médecine, etc.). Retiré à Rome après la révolution de juillet 1830, il revint en France en 1838. [Acad. fr. 1822] ➝ **ÉTYM.** *Frayssinous* vient du latin *fraxinea* « hêtraie ».

**FRAZER** (sir **James George)** ♦ Ethnologue britannique (Glasgow 1854 - Cambridge 1941). Ses travaux de traduction et d'exégèse sur *Pausanias* (1898) et les *Fasti* d'Ovide (1929) fournissent des renseignements ethnologiques sur les sociétés antiques grecque et latine. Mais il est surtout connu par ses recherches sur le totémisme et l'exogamie (*Totémisme et Exogamie*, 1910, ouvrage fondé sur la théorie du tabou des unions consanguines), et par ses études sur les religions, qu'il fait dériver de la magie. Son œuvre centrale, *Le Rameau d'or* (1890, 1900, 1915), à laquelle on peut ajouter *La Croyance en l'immortalité et le Culte des morts* (1913 - 1924), *Le Folklore dans l'Ancien Testament* (1918), tente de donner une conception synthétique des mythes et rites primitifs et du folklore, des coutumes symboliques des sociétés civilisées. La valeur de cette œuvre, qui connut un grand succès, fut plus tard mise en question en raison de la fragilité des matériaux et des méthodes utilisées, et de son évolutionnisme.

**FREARS (Stephen)** ♦ Cinéaste britannique (Leicester 1941). Après avoir travaillé pour la télévision, il aborda le cinéma et décrivit, avec un humour corrosif, la réalité sociale de son pays (*Sammy et Rosie s'envoient en l'air*, 1987 ; *The Snapper*, sur une famille ouvrière irlandaise, 1993 ; *The Van*, 1996 ; *Dirty Pretty Things* sur les immigrés clandestins à Londres, 2003) ou remit en cause les tabous sexuels (*My Beautiful Laundrette*, 1985 ; *Prick Up Your Ears*, 1987). On lui doit également *Les Liaisons dangereuses*, adaptation de Choderlos de Laclos (1988), *Les Arnaqueurs* (1990), *Héros malgré lui*, satire des médias (1992), *The Queen* (2006).

**FRÉCHET (Maurice)** ♦ Mathématicien français (Maligny, Yonne 1878 - Paris 1973). Ses travaux portent principalement sur le calcul des probabilités et l'analyse générale. On lui doit en particulier l'introduction des notions d'espaces abstraits et d'espaces métriques, qu'il définit entre 1906 et 1909 et qui acquirent une grande importance à la suite des travaux de Banach* sur les espaces normés. [Acad. sc. 1956]

**FRÉCHETTE (Louis-Honoré)** ♦ Écrivain canadien d'expression française (Lévis, Québec 1839 - Montréal 1908). Admis au barreau de Québec en 1864, il se mêla aux luttes politiques, siégeant dans l'opposition libérale au Parlement d'Ottawa de 1874 à 1878, fonda divers journaux de tendances libérales, et manifesta son talent de pamphlétaire dans le recueil poétique *La Voix d'un exilé* (1868), où il fustige ses adversaires politiques (les conservateurs) et littéraires (les traditionalistes). Admirateur de O. Crémazie* et, plus encore, de V. Hugo*, qui le reçut à Paris, il voulait exprimer les sentiments collectifs de ses compatriotes. À la suite de nombreux recueils poétiques (*Pêle-Mêle*, 1877 ; *Les Fleurs boréales*, 1879 ; *Les Oiseaux de neige*, 1880), il donna dans *La Légende d'un peuple* (1887) de grandioses descriptions de la nature nord-américaine et des évocations épiques de l'histoire du Canada. ▪ Prosateur plein d'humour, il a laissé un recueil de contes, très populaire, *Originaux et Détraqués* (1892). Dans ses *Mémoires intimes* (posth., 1961) sont évoqués avec bonne humeur « flotteurs de cage » et « sédentaires » de son enfance à Pointe-Lévis. ➝ **ÉTYM.** Ce nom de famille vient d'un nom de lieu, probablement du latin *fraxinus* « frêne ».

**FRÉDÉGAIRE** ♦ Auteur présumé d'une chronique des Mérovingiens* (VIIe - VIIIe s.).

**FRÉDÉGONDE** ➝ **ÉTYM.** du germ. *frid* « paix » et *gundi* « combat » ♦ Reine de Neustrie (Montdidier v. 545 - Paris 597). Elle poussa Chilpéric* Ier à assassiner sa femme Galswinthe* (568) puis l'épousa. Ce crime déclencha la guerre entre la Neustrie et l'Austrasie. Brunehaut*, sœur de Galswinthe et femme de Sigebert* Ier, le poussa à conquérir la Neustrie. Frédégonde fit assassiner Sigebert (575), puis après la mort de Chilpéric (584) exerça la régence pour son fils Clotaire* III et vainquit Brunehaut à Leucofao* (596). ▪ Elle avait également fait assassiner, entre autres, Prétextat*.

**FREDERIC (Harold)** ♦ Journaliste et romancier américain (Utica, New York 1856 - Hornby, Grande-Bretagne 1898). Il se fit engager à vingt ans comme reporter à l'*Utica Observa*. Dès 1882, il fonda l'*Albany Evening Journal*, et devint en 1884 correspondant, à Londres, du *New York Times*. Il fit des reportages sur le choléra qui sévissait alors dans le sud de la France et en Italie, et visita la Russie en 1891 pour se documenter sur la persécution des Juifs. Ses romans *La Femme du frère de Seth* (1887) et *La Jeune Lawton* (1890), histoire ouvrière, concernent New York ; *Dans la vallée* (1890) évoque la révolution américaine ; *Le Retour de O'Mahoney* (1892), l'Irlande ; et *Marsena et autres histoires* (1894), la guerre civile américaine. Son meilleur roman, *La Damnation de Theron Ware* (1896) met en scène de façon réaliste un jeune pasteur qui, découvrant la science, les arts et l'amour, abandonne une carrière religieuse devenue pour lui vide de sens.

## FRÉDÉRIC

du lat. médiév. *Fredericus*, du germ. *Fridurik*, de *frid* « paix » et *rik* « puissant » ♦ Nom de plusieurs personnages classés dans l'ordre suivant : saint ; empereurs germaniques ; Brandebourg ; Danemark ; Palatinat ; Prusse ; Saxe ; Sicile ; Suède.

### SAINT

**FRÉDÉRIC** (saint) ♦ Évêque d'Utrecht en 825, mort, dit-on, assassiné en 838. ▪ Fête le 18 juil.

### EMPEREURS GERMANIQUES

**FRÉDÉRIC Ier Barberousse** ♦ (Waiblingen v. 1122 - dans les eaux du Selef, Cilicie, Asie Mineure 1190). Empereur germanique (1155 - 1190). De la famille des Hohenstaufen*, neveu et successeur de Conrad* III, élu roi des Romains en 1152, couronné en 1155, il s'entendit avec Henri* le Lion à qui il restitua la Bavière (1155), mais, ce dernier devenant trop puissant, il le dépouilla de la Bavière (qu'il donna à Othon* de Wittelsbach) et de la Saxe (1181). Après de bons rapports avec le Saint Siège (appelé par le pape Adrien* IV, il chassa de Rome Arnaud* de Brescia en 1155), Frédéric, qui désirait imposer sa primauté au Saint Siège et rendre permanente sa domination en Italie du Nord, dut faire face à la Ligue lombarde* fomentée par Alexandre* III contre lequel il avait suscité l'antipape Victor IV (1160). Malgré la destruction de Milan (1162), Frédéric fut vaincu à Legnano (1176), signa la paix de Venise (1177) et reconnut l'indépendance des villes lombardes à la paix de Constance (1183). Cet échec en Italie du Nord fut compensé par le mariage du fils de l'empereur, Henri* (VI), avec Constance, héritière du royaume des Deux-Siciles (1186). Il fut l'un des chefs de la troisième croisade* (1189) mais, après quelques succès, se noya dans le Selef (antique Cydnus*). Cette fin tragique contribua à embellir la légende de l'empereur. On raconta qu'il n'était pas mort mais dormait dans une montagne de Thuringe, attendant le moment de revenir rendre sa grandeur à l'Allemagne. ▪ Père de Philippe* Ier de Souabe.

**Frédéric Ier Barberousse.** Château Sforza, Milan.
*Phot. © Carlo Bevilacqua/Ricciarini*

**FRÉDÉRIC II** ou **FRÉDÉRIC Ier ROGER** ♦ (Iesi, marche d'Ancône 1194 - château de Fiorentino, Pouilles 1250). Empereur germanique (1212 - 1250). Fils d'Henri* VI (empereur germanique) et de Constance de Sicile, il devint roi de Sicile (1197) puis fut opposé comme empereur à Othon* IV de Brunswick par le pape Innocent* III. Il renouvela le serment d'allégeance au Saint Siège, promit de prendre la croix mais s'attarda en Italie et fut excommunié par Grégoire IX (1227). Malgré son excommunication, Frédéric fit cependant la sixième croisade* qu'il mena en diplomate et non en guerrier, obtenant du sultan d'Égypte Jérusalem, Bethléem et Nazareth et se faisant couronner roi de Jérusalem. La Sicile fut l'objet de tous ses soins ; Frédéric, plus préoccupé des affaires italiennes que des affaires allemandes, s'opposa constamment au Saint Siège, inquiet d'un éventuel accroissement de la puissance germanique en Italie et qui suscita contre lui la seconde Ligue lombarde*. À son retour de croisade, Frédéric dut réprimer un soulèvement en Italie (1230) et imposa au pape Grégoire IX la paix de San Germano. En 1235, il réprima en Allemagne la rébellion de son fils Henri* (VII) qu'il avait fait couronner roi des Romains, il le fit prisonnier et lui substitua son autre fils Conrad* (IV). Il vainquit en Italie les villes lombardes à Cortenuova (1237), ce qui lui valut une nouvelle excommunication. En 1241, il arrêta les cardinaux chargés de le condamner en concile et fut déposé par Innocent* IV au concile de Lyon (1245). Aucune réconciliation avec le Saint Siège n'advint avant sa mort, le pape suscita même contre lui un compétiteur : Guillaume* de Hollande. Contrairement à ses prédécesseurs, Frédéric mena une politique double, en accord avec la complexité de son caractère. En Allemagne, il protégea la féodalité, donna des gages à l'Église, aux princes laïcs, aux seigneurs et aux villes, favorisant ainsi l'anarchie et le déclin de l'autorité impériale. En Italie, il pratiqua au contraire une politique d'autorité et de dirigisme, établissant par les Constitutions de Melfi (1231) une monarchie absolue. L'administration fut bien organisée, les villes perdirent leur autonomie, des fonctionnaires royaux remplaçant les consuls élus ; les nobles furent surveillés et réduits à l'obéissance. L'empereur protégea l'agriculture, attira des colons, supprima les douanes intérieures pour développer le commerce et abolit le servage sur les domaines royaux. L'organisation financière, très efficace, servit notamment à entretenir le luxe de la cour de Palerme où Frédéric réunit des savants grecs, arabes, italiens, juifs. Très cultivé, il avait des connaissances en mathématiques, en astronomie, en sciences naturelles ; il parlait plusieurs langues, écrivit des poésies en italien ainsi que des lettres et un traité de vénerie en latin. Il protégea les lettres et les arts **(→ Castel del Monte)**, fit traduire en latin Aristote, Averroès, Ptolémée, Galien, stimula les études à Padoue, Bologne et Salerne (exigeant le diplôme de son université de médecine pour les médecins), fonda l'université de Naples (1224). Sceptique, Frédéric fut accusé d'irréligion et surnommé «l'Antéchrist» de son vivant, mais il se fit le défenseur de l'orthodoxie, voulant devenir un chef religieux autant qu'un chef politique. Sous son règne, la persécution fut aussi dure en Allemagne et en Italie qu'en Languedoc. Cependant, élevé en Sicile, véritable creuset de civilisations où se côtoyaient sans heurts les civilisations occidentale, byzantine et musulmane, Frédéric se montra très tolérant envers les autres religions, principalement l'islam dont il avait adopté les mœurs (il possédait un harem). Figure originale, personnage étonnamment moderne, probablement athée en cette époque de foi intense, Frédéric II, malgré toute la souplesse de sa politique, ne put cependant conserver un pouvoir intact en Allemagne. Sa mort marque la fin d'une époque, celle d'une domination impériale sur l'Allemagne et l'Italie et accessoirement la fin des Hohenstaufen*. ▪ Père de Manfred* et d'Enzio*.

**FRÉDÉRIC III** ♦ (Innsbruck 1415 - Linz 1493). Empereur germanique (1452 - 1493). Successeur d'Albert* II, roi des Romains en 1440, il fut le dernier empereur à être couronné à Rome (1452). Il hérita en 1457 de la Haute- et de la Basse-Autriche qui lui furent enlevées ainsi que Vienne en 1485 par Mathias* Corvin, roi de Hongrie, et restituées seulement en 1490. ▪ Père de Maximilien* Ier qu'il maria à Marie de Bourgogne en 1477. Il amorça ainsi la politique matrimoniale qui devait aboutir à l'empire de Charles Quint. Il adopta la devise des Habsbourg : *AEIOU, Austriae est imperare orbi universo* («Il appartient à l'Autriche de gouverner le monde»).

## BRANDEBOURG

**FRÉDÉRIC Ier** ou **FRÉDÉRIC VI DE HOHENZOLLERN** ♦ (Nuremberg 1372 - Kadolzburg, Franconie 1440). Burgrave de Nuremberg (1398 - 1440), premier électeur de Brandebourg (1415 - 1440). Il abattit la puissance de la famille des Quitzow et ramena la noblesse à l'obéissance.

**FRÉDÉRIC II,** dit **l'Homme de fer** ♦ (Tangermünde 1413 - Neustadt an der Aisch 1471). Électeur de Brandebourg (1440 - 1470). Fils de Frédéric Ier. Il dompta les villes dont Berlin (1442 - 1448) et racheta la Nouvelle Marche à l'Ordre teutonique.

## DANEMARK

**FRÉDÉRIC** ♦ Nom de plusieurs rois de Danemark. ♦ **FRÉDÉRIC Ier** (Copenhague 1471 - Gottorp 1533). Roi de Danemark et de Norvège (1523 - 1533). Il introduisit le luthéranisme dans ses États (1526). ♦ **FRÉDÉRIC II** (Haderslev 1534 - Antvorskov 1588). Roi de Danemark et de Norvège (1559 - 1588). Il ne put remporter la victoire dans la guerre contre la Suède (1563 - 1570). ♦ **FRÉDÉRIC III** (Haderslev 1609 - Copenhague 1670). Roi de Danemark et de Norvège (1648 - 1670). Fils de Christian* IV. Il fit la guerre contre la Suède et dut lui céder la Scanie, le Halland et le Blekinge en 1658 (paix de Roskilde*). Il établit la monarchie héréditaire (1660). ♦ **FRÉDÉRIC IV** (Copenhague 1671 - Odense 1730). Roi de Danemark et de Norvège (1699 - 1730). Allié à Pierre* le Grand contre Charles* XII, il dut signer la paix de Travendhal (1700). Après Poltava, il prit sa revanche au traité de Frederiksborg (1720), où il obtint le Schleswig méridional. Il favorisa l'instruction et abolit le servage de la glèbe (1702). ♦ **FRÉDÉRIC V** (Copenhague 1723 - *id.* 1766). Roi de Danemark et de Norvège (1746 - 1766). Il favorisa les sciences, l'enseignement et le commerce. Il fit affranchir les paysans. Sa politique de réformes fut appliquée par le ministre Bernstorff*. ♦ **FRÉDÉRIC VI** (Copenhague 1768 - *id.* 1839). Roi de Danemark (1808 - 1839) et de Norvège (1808 - 1814). Allié de Napoléon, il dut céder la Norvège à la Suède en 1814 contre la Poméranie suédoise et l'île de Rügen. Il protégea les arts, les sciences, l'agriculture et le commerce. ♦ **FRÉDÉRIC VII** (Copenhague 1808 - Glücksborg 1863). Roi de Danemark (1848 - 1863). Il institua la Constitution démocratique de 1849. ♦ **FRÉDÉRIC VIII** (Copenhague 1843 - Hambourg 1912). Roi de Danemark (1906 - 1912). Père de Christian* X, roi de Danemark, et de Haakon* VII, roi de Norvège. ♦ **FRÉDÉRIC IX** (château de Sorgenfri 1899 - Copenhague 1972). Roi de Danemark (1947 - 1972).

## PALATINAT

**FRÉDÉRIC V** ♦ (Amberg 1596 - Mayence 1632). Électeur palatin (1610 - 1623) et roi de Bohême (1619 - 1620). Poussé par sa femme Élisabeth, fille de Jacques* Ier d'Angleterre, il prit la tête du parti protestant dans la guerre de Trente* Ans (Union évangélique). Lors de la révolte de Bohême, il accepta la couronne enlevée à l'empereur. Vaincu à la Montagne* Blanche (1620) et dépossédé, il dut s'enfuir dans les Provinces-Unies.

## PRUSSE

**FRÉDÉRIC Ier** ♦ (Königsberg 1657 - Berlin 1713). Électeur de Brandebourg, puis roi en Prusse (1701 - 1713). Fils de Frédéric*-Guillaume auquel il succéda. Il soutint l'empereur contre Louis* XIV et les Turcs et obtint en échange la couronne royale.

**FRÉDÉRIC II le Grand** ♦ (Berlin 1712 - Potsdam 1786). Roi de Prusse (1740 - 1786). Dès sa jeunesse, il affirma un goût certain pour les lettres et les arts, notamment la musique (excellent flûtiste, il composa plusieurs morceaux), qui devait rapidement le faire entrer en conflit avec son père Frédéric*-Guillaume Ier. Sa tentative pour fuir l'éducation militaire qui lui était imposée se solda par un échec ; emprisonné à Küstrin (1732), il dut assister à l'exécution de son complice Katte. Écarté de la vie politique, il s'initia à l'administration et à la vie militaire, et put ensuite vivre à sa guise au château de Rheinsberg où il s'entoura de «beaux esprits». En contact avec Voltaire* (il correspondait avec lui en français), formé à l'école des philosophes français et anglais, initié à la franc-maçonnerie, il élabora sa théorie du pouvoir, telle qu'il allait la formuler dans ses œuvres, écrites en français (*Anti-Machiavel*, 1740 ; *Histoire de mon temps*, 1746) : selon cette théorie, qui lui valut l'appellation de «roi-philosophe», le pouvoir n'était plus fondé sur le droit divin, mais sur un contrat. Cependant, ses modèles semblent avoir toujours été Louis XIV et Charles XII et, sous la rhétorique officielle, il ne cessa de pratiquer une politique de prestige (construction du château de Sans*-Souci) et de grandeur très réaliste qui utilisait les Lumières pour sa propagande. En effet, monté sur le trône en 1740, il ne fit que poursuivre la politique intérieure de son père. La noblesse conserva ses privilèges ; le code projeté pour améliorer la justice ne fut pas promulgué. Mais il sut être un bon administrateur et redressa le royaume au lendemain de la guerre de Sept Ans : l'établissement de monopoles d'État permit une grande amélioration de la fiscalité, des institutions de crédit furent fondées pour aider les junkers, les prix furent bloqués. Le roi conserva à l'économie son caractère purement mercantiliste, tout en la soumettant au dirigisme le plus strict et en donnant la priorité à l'industrie. Sa politique extérieure, au contraire, rompit totalement avec celle de son prédécesseur ; elle fut tout entière dirigée contre l'Autriche et menée avec une absence parfaite de scrupules. Lors de la guerre de Succession* d'Autriche, il envahit en effet la Silésie, sans même avoir déclaré la guerre, et n'hésita pas à conclure des paix séparées, selon les besoins du moment. Son rapprochement avec la Grande-Bretagne (traité de Westminster, 1756) fut en fait une erreur de calcul, puisqu'il aboutit au renversement des alliances et à la guerre de Sept* Ans. Celle-ci mena la Prusse au bord du désastre, malgré la valeur militaire du roi qui avait combattu sous le Prince Eugène* et qui était secondé par de bons généraux (Schwerin, Winterfeldt, Keith). Sauvé par la mort de la tsarine Élisabeth*, Frédéric prit encore l'initiative du partage de la Pologne (1772), recevant la Prusse-Occidentale moins Dantzig et Thorn, et s'opposa fermement à l'Autriche lors de la guerre de Succession* de Bavière (1779), formant contre elle la «ligue des princes» (*Fürstenbund*, 1785). Pourtant, il ne semble avoir aucunement pressenti l'unité allemande. Il avait mené la puissance de son pays à son apogée, mais il lui léguait en même temps de graves faiblesses. La rigidité et le risque de sclérose, nés de la centralisation excessive et de l'autoritarisme, peuvent faire mieux comprendre l'effondrement de la Prusse devant Napoléon.

**FRÉDÉRIC III** ♦ (Potsdam 1831 - *id.* 1888). Roi de Prusse et empereur d'Allemagne (1888). Il mourut quelques mois après son père Guillaume* Ier auquel il avait succédé, et n'eut pas le temps de réaliser les réformes libérales qu'avait pu faire attendre son opposition à Bismarck*. Il avait épousé une fille de la reine Victoria, et s'était distingué pendant la guerre franco-prussienne de 1870 - 1871. ▪ Père de Guillaume II.

### SAXE

**FRÉDÉRIC** ♦ Nom de plusieurs électeurs de Saxe. ♦ **FRÉDÉRIC Ier le Querelleur** (Altenburg 1370 - *id.* 1428). Électeur de Saxe (1423 - 1428). Il fonda l'université de Leipzig (1409). ♦ **FRÉDÉRIC II le Placide** (Leipzig 1412 - *id.* 1464). Électeur de Saxe (1428 - 1464). Fils du précédent. Ses deux fils fondèrent les branches Albertine* et Ernestine* de la maison de Saxe. ♦ **FRÉDÉRIC III le Sage** (Torgau 1463 - château de Lochau, Annaburg 1525). Électeur de Saxe (1486 - 1525). Petit-fils du précédent, il fonda l'université de Wittenberg (1502) et protégea Luther*.

### SICILE

**FRÉDÉRIC Ier ROGER** → Frédéric II, EMPEREUR GERMANIQUE.

**FRÉDÉRIC II** ♦ (1272 - Palerme 1337). Roi de Sicile (1296 - 1337). Fils de Pierre* III, roi d'Aragon et de Constance de Souabe, fille de Manfred. Il refusa de rendre la Sicile cédée par son frère Jacques II d'Aragon à Charles II d'Anjou, roi de Naples. Il résista à une guerre menée par la France, Naples et l'Aragon mais signa la paix en 1302, prit le titre de roi de Trinacrie et épousa Éléonore, fille de Charles II, ne gardant la Sicile qu'à titre viager. Son fils Pierre II lui succéda en Sicile.

**FRÉDÉRIC III le Simple** ♦ (Catane 1342 - Messine 1377). Roi de Sicile (1355 - 1377). Il lutta contre la maison d'Anjou de Naples mais signa la paix en 1372 avec la reine Jeanne Ire de Naples et se reconnut son vassal.

**FRÉDÉRIC Ier** ♦ (Naples 1452 - Tours 1504). Roi des Deux-Siciles (1496 - 1501). Fils de Ferdinand* Ier, roi de Naples, il succéda à son neveu Ferdinand* II, mais Louis XII, roi de France, le spolia de son royaume et lui donna en compensation le duché d'Anjou.

### SUÈDE

**FRÉDÉRIC Ier** ♦ (Kassel 1676 - Stockholm 1751). Roi de Suède (1720 - 1751). Il avait épousé la sœur de Charles* XII qui lui laissa son autorité. Il dut liquider la situation difficile laissée par Charles XII et termina la guerre du Nord (traités de Stockholm, de Nystad). Ses tentatives pour exercer pleinement le pouvoir échouèrent et le Riksdag (Parlement) l'emporta définitivement en 1723. Le gouvernement fut alors dirigé par Horn*, qui essaya de préserver la paix en relevant économiquement le pays, à la tête du parti des Bonnets*, mais qui fut renversé en 1738 par les Chapeaux. Ceux-ci engagèrent en 1741 une guerre contre la Russie qui aboutit à un désastre (paix d'Åbo, 1743).

---

**FRÉDÉRIC-AUGUSTE III, FRÉDÉRIC-AUGUSTE Ier le Juste** ♦ (Dresde 1750 - *id.* 1827). Électeur de Saxe (1763 - 1806). Premier roi de Saxe sous le nom de Frédéric-Auguste Ier (1806 - 1827). Petit-fils d'Auguste* III, roi de Pologne, il évita de prendre position contre la Révolution française et fut un allié fidèle de Napoléon qui érigea son État en royaume et le mit à la tête du grand-duché de Varsovie. Il fut fait prisonnier par les Alliés en 1813, et dut donner en 1815 une grande partie de la Saxe à la Prusse.

**FRÉDÉRIC-CHARLES** ♦ Prince de Prusse (Berlin 1828 - près de Potsdam 1885). Neveu de Guillaume Ier, il combattit brillamment comme feld-maréchal à Sadowa (1866) et prit la tête de la IIe armée lors de la guerre de 1870 - 1871 (siège de Metz).

**FRÉDÉRIC-GUILLAUME,** dit **le Grand Électeur** ♦ (Berlin 1620 - Potsdam 1688). Électeur de Brandebourg et duc de Prusse, il fut le véritable fondateur de la future puissance prussienne. Succédant à son père Georges-Guillaume en 1640, pendant la guerre de Trente* Ans, il réorganisa son armée, établit l'absolutisme, développa le commerce et l'économie. Un des facteurs de sa réussite fut l'édit de Potsdam (1685), par lequel il accueillit les huguenots chassés de France. Il agrandit ses possessions aux traités de Westphalie* (1648) et par ses guerres contre la Pologne (traité d'Oliwa*), contre la France et contre la Suède (Fehrbellin, 1675).

**FRÉDÉRIC-GUILLAUME Ier,** dit **le Roi-Sergent** ♦ (Berlin 1688 - Potsdam 1740). Roi de Prusse (1713 - 1740). Fils de Frédéric* Ier auquel il succéda. Il poussa l'économie, en réaction contre les dépenses excessives de son prédécesseur, jusqu'à l'avarice, mais fut le véritable continuateur de l'œuvre du Grand Électeur Frédéric*-Guillaume. L'administration fut rénovée (formation d'un Directoire supérieur des finances, de la guerre et des domaines), l'économie encouragée par un système d'économie fermée, l'agriculture améliorée ainsi que la condition paysanne (sur les terres de la Couronne, qui représentaient le tiers du pays à la fin du règne, le servage fut aboli), et l'immigration développée. Cependant, c'est sur l'armée que Frédéric-Guillaume fit porter son principal effort : il lui donna une dimension disproportionnée à la taille du pays. Formée de mercenaires et de «cantonistes», elle fut encadrée par des officiers issus de la noblesse terrienne. Cette caste militaire (*Junkertum*) allait ensuite constituer la base de l'autorité du souverain. Sa politique extérieure resta timorée : il n'osa se dégager de l'alliance autrichienne, et ne prit les armes qu'à la fin de la guerre du Nord, ce qui lui permit de gagner la Poméranie occidentale et Stettin (traité de Stockholm, 1720). Il avait été le véritable artisan de la puissance prussienne et laissait à son fils Frédéric* II les moyens de la porter à son apogée.

**Frédéric-Guillaume Ier.**
Portrait par G. W. von Knobelsdorff. Stiftung Preussische Schloesser und Garten, Potsdam.
*Phot. © akg-images*

**FRÉDÉRIC-GUILLAUME II** ♦ (Berlin 1744 - *id.* 1797). Roi de Prusse (1786 - 1797). Il succéda à son oncle Frédéric II. Malgré sa grande ambition, il se laissa dominer par ses favoris et ses maîtresses, et influencer par les croyances illuministes. Après être intervenu en 1787 dans la guerre entre la Russie, l'Autriche et la Turquie, il signa avec Léopold II la déclaration de Pillnitz* (1791), et ses armées, commandées par Brunswick*, envahirent la Champagne, mais furent arrêtées à Valmy*. Cependant, il signa une paix séparée avec la France en 1795, lors des partages de la Pologne. Il laissa un pays considérablement affaibli.

**FRÉDÉRIC-GUILLAUME III** ♦ (Potsdam 1770 - Berlin 1840). Roi de Prusse (1797 - 1840), fils et successeur de Frédéric-Guillaume II. En 1793, il épousa Louise de Mecklembourg-Strelitz ; veuf en 1810, il se remaria avec la comtesse Augusta Harrach en 1824. Au début de son règne (1797), il entreprit des réformes libérales (censure moins sévère, tolérance religieuse) et améliora les finances. Inquiété par la formation de la Confédération* du Rhin et n'ayant pas obtenu le Hanovre, il entra en guerre contre la France en sept. 1806, entraîné par le tsar Alexandre. Iéna*, Auerstedt*, l'entrée des Français à Berlin contribuèrent à l'écroulement de la Prusse, qui fut réduite de moitié à la paix de Tilsit*. Le roi encouragea des hommes d'État tels que Stein*, Scharnhorst* et Hardenberg* à mettre en place des institutions libérales et à réorganiser l'administration. L'université de Berlin fut créée en 1809. En 1813 - 1814, la Prusse de Frédéric-Guillaume participa activement à la guerre de libération, et, en 1815, le congrès de Vienne* rétablit la Prusse dans son ancienne puissance et l'installa sur le Rhin. Dans la dernière partie de son règne, Frédéric-Guillaume III adopta une politique réactionnaire, refusant d'accorder une constitution. Il fonda en 1834 le Zollverein* qui est à l'origine de l'unité politique de l'Allemagne.

**FRÉDÉRIC-GUILLAUME IV** ♦ (Berlin 1795 - Potsdam 1861). Roi de Prusse (1840 - 1861). Prince romantique, d'une grande irrésolution, il déçut les espoirs qu'avait fait naître son avènement en ajournant les réformes qu'il avait d'abord promises. Contraint par la révolution de 1848, il accorda une constitution libérale qu'il n'eut de cesse de modifier ensuite. Ayant refusé la couronne impériale offerte par l'Assemblée nationale de Francfort, il soutint cependant la politique de la «petite Allemagne» menée par son ministre Radowitz*. Il fut atteint de démence en 1858 et le pouvoir passa alors au futur Guillaume* Ier.

**FRÉDÉRIC-GUILLAUME, le Kronprinz** ♦ (Potsdam 1882 - Hechingen 1951). Fils aîné de l'empereur Guillaume* II, il commanda un groupe d'armées à Verdun* en 1916. Après la défaite allemande de 1918, il abdiqua avec son père.

**FRÉDÉRIC-HENRI** ♦ Prince d'Orange-Nassau (Delft 1584 - La Haye 1647). Il succéda à Maurice* de Nassau au stathoudérat des Provinces-Unies. Il remporta une série de victoires sur les Espagnols et encouragea les artistes et les savants (Rembrandt, Ruysdaël, Descartes).

**FREDERICIA** ♦ V. du Danemark, municipalité du Danemark-du-Sud, sur la côte E. du Jutland, en face de la Fionie. 37 074 hab. ▪ Indus. chimiques, textiles, manufacture de tabac. Foire indus. et agricole en août. Port de voyageurs. ▮ Histoire Bâtie en 1650 par Frédéric III, elle fut assiégée en 1848 - 1849 et sa résistance détermina la paix de Berlin (1850). Elle fut prise par les Autrichiens en 1864.

**FREDERICTON** ← ÉTYM. angl. «ville *(town)* de Frédéric (2e fils du roi George III)» ♦ V. du Canada, cap. du Nouveau-Brunswick, sur la rivière Saint-Jean. 50 535 hab. (aggl. 85 688). Architecture coloniale. Beaverbrook Art Gallery. Univ. du Nouveau-Brunswick. Centre admin. et commercial. Indus. du bois, des matières plastiques et de la chaussure.

**FREDERIKSBERG** ♦ V. du Danemark, municipalité du Hovedstaden, dans la banlieue de Copenhague. 92 234 hab. Grand parc.

**Frederiksborg** ♦ Château royal, dans l'île de Sjælland (Danemark), au bord du lac de Slotssø. Édifié de 1602 à 1620 par Christian* IV, il fut partiellement détruit par un incendie puis reconstruit en 1875 selon les plans originaux. C'est aujourd'hui un musée historique national.

**FREDERIKSHÅB** ♦ Village de la côte S.-O. du Groenland.

**FREDERIKSHAVN** ♦ V. du Danemark, municipalité du Jutland-du-Nord, à l'extrême N.-E. du Jutland, sur le Kattegat. 23 636 hab. Ville anc. ▪ Importantes activités portuaires : commerce, pêche, abattoir d'exportation, conserveries, chantier naval.

**FREDHOLM (Erik Ivar)** ♦ Mathématicien suédois (Stockholm 1866 - Mörby, près de Stockholm 1927). Il étudia particulièrement la mécanique, la physique mathématique et les équations intégrales, dont l'*équation de Fredholm*, où la fonction inconnue figure également sous le signe intégral.

**FREDRIKSHALD** → **Halden**

**FREDRIKSTAD** ♦ V. de Norvège, à l'embouchure du Glåma, sur le fjord d'Oslo. 64 867 hab. Anc. fortifications (XVIe s.). ▪ Port. Un des plus importants centres industriels du pays (agroalimentaire et chimie notamment).

**FREDRO (Aleksander)** ♦ Auteur dramatique polonais (Surochów, Galicie 1793 - Lemberg, auj. Lvov 1876). Influencé par Molière et Goldoni, il écrivit de nombreuses comédies de caractère et de situations, pour atteindre le premier rang dans ce genre au sein de la littérature polonaise classique : *Monsieur Geldhab* (1818), *Les Dames et les Hussards* (1825), *Monsieur Jowialski* (1832), *La Vengeance* (1833) et *Les Vœux de jeunes filles ou le Magnétisme du cœur* (1833). Il a laissé aussi de vivants *Mémoires* (1877) et des poèmes.

**FREEDMAN (Michael Hartley)** ♦ Mathématicien américain (Los Angeles 1951). Spécialiste de topologie, il a démontré, à l'aide des constructions infinies d'un type nouveau, la conjecture de Poincaré* caractérisant les sphères de dimension 4 (→ **Perelman, Smale**). [Médaille Fields 1986]

**FREETOWN** ← ÉTYM. angl. «ville *(town)* libre *(free)*» (V. ci-dessous) ♦ Cap. de la Sierra* Leone, sur la rive S. de l'estuaire du Rokol, face à un port minéralier. Env. 690 000 hab. Base navale et port commercial ; tête de ligne de voies ferrées. Indus. alimentaires (rizeries, huileries). ▮ Histoire Fondée en 1788 pour accueillir les esclaves affranchis venus d'Amérique.

**FREGE (Gottlob)** ♦ Mathématicien et logicien allemand (Wismar 1848 - Bad Kleinen, Mecklembourg 1925). Cherchant un «idéal d'une méthode strictement scientifique en mathématiques», il fut amené à fonder la logique mathématique moderne. Ayant constaté l'inadéquation du langage courant, il construisit une langue symbolique. Celle-ci rendit possible le calcul des propositions sous la forme d'un système déductif et l'analyse de la structure interne de la proposition elle-même (*Begriffsschrift, Eine der arithmetischen nachgebildete Formelsprachen des reinen Denkens,* 1879). Frege analysa la proposition en termes, non plus de sujet et de prédicat, mais de fonction propositionnelle (expression logique contenant une ou plusieurs variables) et d'argument (terme défini susceptible d'être substitué à une variable dans une fonction logique). Avec le calcul des fonctions et l'utilisation des quantificateurs, il devenait possible de retrouver et de fonder la logique des classes. Par ses réflexions logiques, Frege devait également ouvrir la voie à la sémantique, en introduisant la distinction entre sens *(Sinn)* et référence ou dénotation *(Bedeutung)* des signes, et en préparant celle entre logique et métalogique, langue et métalangue. Il donna la première définition logique du nombre cardinal et une ébauche de la théorie des ensembles. Les travaux de Frege, qui passèrent presque inaperçus lors de leur parution, influencèrent ceux de Wittgenstein*, Carnap*, Hilbert* et Russell*. Une lettre dans laquelle ce dernier montrait que le raisonnement purement logique peut conduire à des paradoxes fit ajouter à Frege une note en fin de ses *Lois fondamentales de l'arithmétique* (1893 - 1903), alors sous presse, dans laquelle il constatait l'échec de ses recherches.

**FREGOLI (Leopoldo)** ♦ Acteur italien (Rome 1867 - Viareggio 1936). Sur des canevas dont il était l'auteur, il interpréta dans le monde et avec génie des comédies miniatures dans lesquelles il pouvait se transformer en soixante personnages.

**FREGOSO** ♦ Puissante famille de Gênes qui fut longtemps en rivalité avec la famille des Adorno (XIVe - XVe s.).

**FRÉHEL (Marguerite BOULCH, dite)** ♦ Chanteuse française (Paris 1891 - *id.* 1951). Grande vedette du café-concert durant l'entre-deux-guerres, elle connut le succès grâce à des chansons au ton réaliste, voire mélodramatique, parfois teintées cependant d'un certain humour noir. Elle apparut également dans plusieurs films dont *Pépé le Moko* (1937) et *L'Éternel Retour* (1943).

**FRÉHEL** (cap) ♦ Cap de la côte bretonne (Côtes-d'Armor), au N.-E. de la baie de Saint-Brieuc. Des falaises splendides, formées de grès et de schistes, y dominent la mer d'une hauteur de 70 m. Réserve ornithologique (goélands argentés, mouettes tridactyles, fulmars, guillemots) ; flore typique de la lande bretonne.

Cap **Fréhel.** *Phot. © Arch. Nathan*

**FREI (Henri)** ♦ Linguiste suisse (Bar 1899 - Genève 1980). Théoricien de la linguistique générale inaugurée par Saussure*, il a contribué au développement de l'analyse syntaxique dans une perspective fonctionnelle qui annonce en partie les travaux de Martinet*. On lui doit notamment *La Grammaire des fautes* (1924), traité de linguistique novateur où il s'avère pionnier en matière d'analyse des «perplexités» grammaticales du parler populaire (innovations, usages insolites, argot, écarts normatifs). Ses travaux ont largement inspiré la linguistique descriptive ainsi que la didactique des langues.

**FREI (Otto)** ♦ Architecte et ingénieur allemand (Siegmar 1925). Il créa en 1957 le Centre de développement de la construction légère à Berlin, puis, en 1964 à Stuttgart, l'Institut des structures légères. Otto Frei s'est passionné pour les couvertures suspendues, légères, similaires à des tentes, comme le toit du stade olympique de Munich (1967 - 1972), ou le pavillon de la République fédérale d'Allemagne à l'Exposition internationale de Montréal de 1967. Poursuivant ses recherches après 1972, il étudia les structures biologiques pour en appliquer les principes à des coques en treillis.

**FREIBERG** ♦ V. d'Allemagne (Saxe), au pied de l'Erzgebirge, sur la Mulde. 42 211 hab. Vestiges de fortifications (XVIe s.) ; cathédrale gothique (fin XVe s.). ▪ Carrefour ferroviaire sur la ligne Dresde-Chemnitz. Important centre minier (plomb, zinc), indus. chimiques, textiles, porcelaines, travail du cuir. ▮ Histoire Victoire des Prussiens sur les Autrichiens lors de la guerre de Sept Ans (1762). L'École des mines de Freiberg joua un rôle majeur dans la formation des ingénieurs et de nombreux savants comme Humboldt.

**FREIDANK** ♦ Nom ou peut-être surnom («libre penseur») d'un poète allemand (mort v. 1235). Auteur d'un recueil de sentences connu sous le nom de *Bescheidenheit,* il fut parfois considéré comme le précurseur de la littérature bourgeoise. Freidank, sans renoncer totalement aux valeurs courtoises, a su dénoncer les injustices de son temps au nom de l'idéal «démocratique» du christianisme.

**FREILIGRATH (Ferdinand)** ♦ Poète allemand (Detmold, principauté de Lippe 1810 - Cannstadt, Wurtemberg 1876). Si ses premières *Poésies* (1838) sont d'inspiration romantique et exaltent l'exotisme, son adhésion au socialisme fit de lui un poète militant révolutionnaire (*Profession de foi,* 1844 ; *Ça ira,* 1846). Réfugié en Suisse, puis en Grande-Bretagne pour raison politique, il revint en Allemagne en 1848 lors de la révolution démocratique, collabora avec Marx à la *Neue rheinische Zeitung* et publia ses *Nouvelles poésies politiques et sociales* (1849). À nouveau exilé (1851), il vécut dix ans à Londres. La guerre franco-allemande de 1870 - 1871 le fit revenir à un patriotisme bien proche de celui des romantiques. Outre ses poèmes, il a donné des traductions de Musset, Hugo et W. Scott.

**FREI MONTALVA (Eduardo)** ♦ Homme d'État chilien (Santiago 1911 - *id.* 1982). Fondateur du parti démocrate-chrétien (1957), élu président de la République en sept. 1964, il représentait la tendance de la «révolution dans la liberté». Ses projets de réforme agraire lui valurent l'hostilité de la droite tandis que la gauche l'accusait de faire le jeu des États-Unis. Le socialiste S. Allende* lui succéda à la présidence de la République (sept. 1970). ♦ **Eduardo Frei Ruiz-Tagle.** Homme d'État chilien (Santiago 1942). Fils du précédent. Membre du parti démocrate-chrétien et candidat de la Concertation démocratique (centre gauche), il fut président de la République de 1994 à 2000.

**FREINET (Célestin)** ♦ Éducateur français (Gars, Alpes-Maritimes 1896 - Vence 1966). Instituteur (1920), fondateur de la Coopérative de l'enseignement laïc, il fut amené à pratiquer une pédagogie qui, refusant l'autoritarisme comme le «laisser-faire qui ne résout aucun problème», tenta de concilier la théorie et la pratique, de promouvoir la formation de la personnalité ainsi que le travail par groupes, en développant les «méthodes actives» (telles que celle de l'imprimerie à l'école [journaux scolaires, correspondance interscolaire] et celle du texte libre). Ayant démissionné de son poste à la suite de difficultés avec la municipalité de Vence, il créa sa propre école (qui devint bientôt une école expérimentale). Ses positions, exposées dans divers ouvrages (*L'Éducation du travail*, 1947 ; *Essai de psychologie sensible appliquée à l'éducation*, 1950), inspirèrent de nombreuses réformes de l'enseignement, tant en France qu'à l'étranger.

**FREIRE (Paulo)** ♦ Pédagogue brésilien (Recife 1921 - 1997). Influencé par la doctrine sociale de l'Église, il développa une méthode d'alphabétisation reposant sur la vie quotidienne de ses élèves, qui fut étendue à l'ensemble du Brésil par le gouvernement en 1963. Obligé de s'exiler après le coup d'État militaire de 1964, membre de l'Unesco et du Conseil œcuménique des Églises, il poursuivit ses expériences d'alphabétisation en Guinée-Bissau et publia de nombreux ouvrages sur sa méthode (*L'Éducation, pratique de la liberté*, 1967 ; *Pédagogie des opprimés*, 1969).

Der **Freischütz** ♦ Opéra en 3 actes de Weber*, sur un livret de F. Kind, représenté à Berlin en 1821. Pour emporter le prix de tir dont dépend son mariage, un jeune chasseur utilise des balles maudites, fondues dans la forêt à minuit par un suppôt du diable. Cet opéra garde la forme du *Singspiel* et fait alterner dialogue parlé et airs chantés. Il exprime les idées nationalistes et romantiques de Klein et Klopstock, et illustre remarquablement la tendance romantique au satanisme.

**FREISING** ♦ V. d'Allemagne (Bavière), sur la rive g. de l'Isar. 48 500 hab. (1991). Cathédrale gothique du XIII^e s., remaniée au XVII^e s. À proximité, anc. abbaye bénédictine (1671 - 1705). ▪ Indus. mécaniques et textiles. Brasseries. ▮ **Histoire** L'évêché de Freising, fondé au début du VIII^e s. par saint Boniface, fut jusqu'en 1803 le siège d'un évêché princier indépendant, avant d'être transféré à Munich et de former (depuis 1817) l'évêché de Munich-Freising.

**FREITAS BRANCO (Luis DE)** ♦ Compositeur et musicologue portugais (Lisbonne 1890 - *id.* 1955). Promoteur de l'impressionnisme (*Paraisos artificials*, 1910) et de la musique atonale dans son pays, il a laissé une œuvre abondante et variée, a publié des ouvrages sur la théorie et l'histoire de la musique et créé en 1950 la revue *Gazeta musical*. ♦ **Pedro de Freitas Branco** (Lisbonne 1896 - *id.* 1963). Frère du précédent. Il fit une carrière internationale de chef d'orchestre.

**FRÉJUS** [83600] → ÉTYM. anc. *Forum Julii* «le marché de Jules [César]» (V. ci-dessous, Hist.) ♦ Ch.-l. de cant. du Var, arr. de Draguignan, au confluent de l'Argens et du Reyran. 46 801 hab. (aggl. 83 840) *(Fréjusiens)*. Évêché. Importantes ruines romaines : restes d'un aqueduc, d'un théâtre, d'un amphithéâtre. Cathédrale reconstruite au XII^e s. sur les vestiges d'une église du V^e s. (vantaux du XVI^e s.). Baptistère du V^e s., l'un des plus anc. de France. Cloître des XII^e - XIII^e s. (musée : antiquités gallo-romaines). Palais épiscopal (XIV^e s.) en grès rose de l'Esterel (façade à bossages). ▪ Ville tertiaire. ▪ Station balnéaire à Fréjus-Plage, au fond du golfe de Fréjus. ▮ **Histoire** Ville ancienne, fondée sans doute par les Massaliotes, elle fut colonisée en –49 par Jules César *(Forum Julii)*. Elle devint ensuite un arsenal et un port important et fut détruite plusieurs fois par les Sarrasins. Son évêché, créé au IV^e s., supprimé en 1801 et rétabli en 1823, fut illustré par Jacques d'Euze, futur Jean XXII, et par le cardinal de Fleury. C'est de Fréjus que Napoléon s'embarqua pour l'île d'Elbe en 1814. Le 2 déc. 1959, la rupture du barrage de Malpasset, situé dans la vallée du Reyran, dévasta le quartier O. de la ville en faisant plus de 400 victimes.

**FRÉJUS** (col du ou de) ♦ Col des Alpes occidentales, séparant la France (vallée de la Maurienne) et l'Italie (Piémont) [2 540 m]. Un tunnel improprement appelé «tunnel du Mont-Cenis» et un tunnel routier ouvert en juin 1980 passent sous ce col.

**FREMANTLE** ♦ V. d'Australie-Occidentale, sur l'océan Indien, à l'embouchure de la rivière Swan. 25 433 hab. Avant-port de Perth* et premier port d'escale d'Australie. Raffinerie de pétrole. Aluminium. Aciérie. Minoteries. Exportation de minerais et de produits agricoles. Laine.

**FRÉMIET (Emmanuel)** ♦ Sculpteur français (Paris 1824 - *id.* 1910). Formé par son oncle Rude*, il s'affirma comme animalier (*Dromadaire*, 1847 ; *Chevaux et Dauphins*, de la fontaine de l'Observatoire, 1870). Il satisfit ses goûts exotiques en évoquant le monde préhistorique et primitif (*Gorille et Négresse*, 1887) et prolongea la tradition du romantisme historique en réalisant de nombreuses statues équestres (*Jeanne d'Arc*, à Paris) qui lui valurent une gloire officielle (*Bolívar*, à Bogotá). Il possédait une grande maîtrise technique, mais conserva un sens académique de la forme et de l'expression. → ÉTYM. *Frémiet* est une variante régionale de *fremi* «fourmi».

**FRÉMINET (Martin)** ♦ Peintre, décorateur et dessinateur français (Paris 1567 - Barbeaux 1619). Fils du peintre Frédéric Fréminet, il compléta sa formation en Italie (1592) et travailla à Turin pour le duc de Savoie. Il devint en 1603 peintre d'Henri IV. Il est l'auteur de nombreux dessins et surtout de la décoration de la voûte de la chapelle au château de Fontainebleau (1608), qui reflète, notamment dans le traitement des anatomies, son admiration pour Michel*-Ange. Principal représentant de la deuxième école de Fontainebleau avec Dubois* et Dubreuil*, il insista, contrairement à ces derniers, sur les effets plastiques, les recherches illusionnistes et préféra la vigueur expressive à l'élégance raffinée.

**FRÉMINVILLE (Charles DE LA POIX DE)** ♦ Ingénieur français (Lorient 1856 - Paris 1936). Entré aux établissements Panhard-Levassor (1899), après avoir travaillé à la Compagnie des chemins de fer de Paris à Orléans, il fit des recherches sur l'utilisation des métaux (méthode des essais par choc et par empreinte de billes pour la connaissance de leur résistance). Grand admirateur de la théorie de l'organisation scientifique du travail de F. W. Taylor*, il contribua à la diffuser en France et tenta de l'appliquer à l'industrie française. Il présida le 1^er^ Comité national de l'organisation française (1926 - 1932).

**FRÉMONT (John Charles)** ♦ Officier, homme politique et explorateur américain (Savannah 1813 - New York 1890). Après avoir exploré le haut Mississippi, il participa à la conquête de la Californie (1846 - 1848) dont il devint gouverneur. Républicain libéral, il s'opposa à l'esclavage.

**FREMY (Edmond)** ♦ Chimiste français (Versailles 1814 - Paris 1894). Il fit des recherches en chimie minérale (fluor, or, platine, pierres précieuses), en chimie organique (acide palmitique notamment) et contribua au développement de la chimie industrielle. [Acad. sc. 1857]

**FRÉNAUD (André)** ♦ Poète français (Montceau-les-Mines 1907 - Paris 1993). Voué à la solitude au sein d'un monde qu'il pressent dépourvu de signification comme de transcendance, il confie au poème le soin d'exprimer son orgueil d'homme engagé dans une aventure héroïque et désespérée. Par le sarcasme et l'invective, éloquentes manières d'exprimer le chagrin d'un cœur blessé dans sa quête d'un absolu insaisissable, sa poésie se définit aussi comme un pathétique hommage à la beauté du monde et à l'insondable mystère d'un dessein humain pour lequel la mort est peut-être une transfiguration. Princ. recueils : *Les Rois mages* (1943 ; rééd. 1977), *Soleil irréductible* (1946), *Il n'y a pas de paradis* (1962), *La Sainte Face* (1968), *La Sorcière de Rome* (1973), *Haeres* (1982), *Nul ne s'égare* (1986).

**FRENAY (Henri)** ♦ Officier et homme politique français (Lyon 1905 - Porto-Vecchio 1988). Résistant de la première heure, il contribua à la création du mouvement et du journal *Combat* (1941), à la fondation de l'Armée secrète et fut l'un des trois chefs des Mouvements unis de Résistance. Membre du Comité français de libération nationale, il fut commissaire, puis ministre dans le Gouvernement provisoire (1943 - 1945).

**FRENCH (John Denton Pinkstone),** 1^er^ comte **D'YPRES** ♦ Maréchal britannique (Ripple, Kent 1852 - Deal Castle, Kent 1925). Chef d'état-major impérial (1911), il fut, lors de la Première Guerre* mondiale, le premier commandant du corps expéditionnaire britannique en France. Remplacé par Douglas Haig (déc. 1915), il fut vice-roi d'Irlande (1918 - 1921) puis gouverneur du Kent.

**French Shore** ♦ Partie des côtes occidentales de Terre-Neuve où les Français avaient le droit exclusif de pêche (1713 - 1904).

**FRENDA** ♦ V. d'Algérie (wilaya de Tiaret), sur le versant S. des monts de Saïda, en contact avec les Hauts Plateaux. 37 815 hab. Centre agricole et commercial.

**FRENEAU (Philip Morin)** ♦ Poète, journaliste et pamphlétaire américain (New York 1752 - Freehold, New Jersey 1832). Descendant de huguenots, il mit son talent satirique au service des patriotes de la guerre d'Indépendance : *Soliloque du général Gage* (1775), *Confession du général Gage* (1775). Son emprisonnement par les marins d'un croiseur britannique (1780) lui inspira le poème *Le Bateau-Prison britannique* (1781). Rédacteur, en 1791, à la *National Gazette*, il attaqua, au profit de Jefferson, la politique financière d'Hamilton et l'administration de Washington en général. Il inaugura le genre familier et humoristique *(Le Soldat ivre)*, écrivit le premier sur des thèmes indigènes *(Le Cimetière indien)* ; il décrivit les Antilles *(Les Merveilles de Santa Cruz)* et fit preuve d'une sensibilité romantique en évoquant la nature (*Le Chèvrefeuille sauvage*, 1786 ; *À propos d'une abeille*) ou la mort *(Le Cimetière indien)*.

**FRENEUSE** [78840] → ÉTYM. anc. *Fresneuse*, du lat. *fraxinus* «frêne» et suff. *-osa* ♦ Comm. des Yvelines, arr. de Mantes-la-Jolie, sur la Seine. 3 592 hab.

**FREPPEL (Charles Émile)** ♦ Prélat et homme politique français (Obernai 1827 - Angers 1891). Évêque d'Angers (1869), où il fonda l'université catholique (1875), il se fit connaître par ses qualités d'orateur et de polémiste, attaquant Renan ou défendant le dogme de l'infaillibilité pontificale. Élu député conservateur (1880), il prit position à la Chambre contre le laïcisme et l'anticléricalisme de la IIIe République.

**FRÈRE (Aubert)** ♦ Général français (Grévillers, Pas-de-Calais 1881 - camp du Struthof, Alsace 1944). Après avoir servi lors de la Première Guerre mondiale, il entra à l'état-major de Gouraud, puis fut nommé commandant de l'école militaire de Saint-Cyr (1931 - 1935). Général de corps d'armée et gouverneur de Strasbourg (1939), il commanda la VIIe armée (1940) qui se battit sur la Somme. Entré dans la Résistance peu après l'armistice, il contribua à la création de l'Organisation de résistance de l'armée (ORA) en 1942. Arrêté par les Allemands, il fut interné à Fresnes (juin 1943), puis transféré au Struthof.

**FRÈRE-ORBAN (Hubert Joseph Walter)** ♦ Homme politique belge (Liège 1812 - Bruxelles 1896). Député de Liège, chef du parti libéral, il fut président du Conseil de 1878 à 1884. Ayant introduit la neutralité confessionnelle dans l'école publique, il provoqua la rupture diplomatique de la Belgique avec le Vatican (1880).

## Frères de la pureté ou Amis fidèles

– en ar. ***Ikhwān al-Ṣafā'*** ♦ Groupe de savants qui avait constitué une société semi-secrète, vivant à Bassora (fin Xe s.) sur une base communautaire d'entraide matérielle et intellectuelle soutenue par une doctrine politique, philosophique et mystique. Ils firent diffuser une encyclopédie composée de 52 épîtres présentant la somme du savoir de l'époque (mathématiques, logique, sciences naturelles, métaphysique, mystique, astrologie, magie) exposée d'une manière hétérodoxe dans un style simple et rigoureux, accessible au grand public. Répudiant délibérément les commentaires classiques du Coran, ils proposèrent une interprétation allégorique aboutissant à une sorte de panthéisme esthétique, pur et raffiné, fondé sur l'harmonie universelle. Une des originalités de cette encyclopédie est l'exposé des techniques et des métiers, la valorisation du travail manuel et de la classe des artisans auprès de qui l'ouvrage fut distribué gratuitement. ▪ Devenus le manuel d'éducation de la secte ismaïlienne*, ces traités, jugés impies par les docteurs orthodoxes, furent par deux fois brûlés à Bagdad (1101, 1150). Néanmoins, un manuscrit illustré nous est parvenu (copié en 1287).

Les **Frères Karamazov** – en russe ***Bratia Karamazovy*** ♦ Roman de Dostoïevski* (1879 - 1880). Déjà en 1870, Dostoïevski préparait ce roman et écrivait à Maïkov : «Ce sera mon dernier roman [...]. Le problème principal auquel est consacrée toute l'œuvre est celui qui m'a fait souffrir tout le long de mes jours : l'existence de Dieu.» Des quatre frères Karamazov, Ivan est l'intellectuel athée qui détruit tout, Aliocha l'être pur et mystique, Dmitri l'athée passif, et Smerdiakov, l'enfant naturel, celui qui tue le père sur l'incitation d'Ivan et qui en subit le châtiment en se suicidant, alors qu'Ivan devient fou. Dans ce roman se trouve la *Légende du Grand Inquisiteur* : le Christ, revenu sur terre, est jeté en prison par le grand inquisiteur qui lui reproche d'avoir apporté aux hommes une liberté qui ne les a pas rendus heureux «car il n'est rien qui leur soit plus à charge que la liberté».

**Frères mineurs** (ordre des) → **franciscains, François d'Assise (saint)**

**Frères moraves** → **Moraves (Frères), Zinzendorf**

**FRÉRON (Élie)** ♦ Critique français (Quimper 1718 - Paris 1776). Auteur de pamphlets contre Voltaire* et les philosophes, il fonda *L'Année* littéraire* (1754 - 1776), revue ouverte aux idées de son temps et à la littérature étrangère et dont son fils assura la continuation jusqu'à la Révolution.

**FRÉRON (Louis Stanislas)** ♦ Publiciste et homme politique français (Paris 1754 - Saint-Domingue 1802). Fils du précédent. Directeur de *L'Année littéraire* de 1776 à 1789, il se rallia à la Révolution et fonda le journal *L'Orateur du peuple*. Membre du Club des cordeliers, il prit part aux grandes journées révolutionnaires (affaire du Champ-de-Mars, 17 juil. 1791, 10 août 1792, massacres de septembre* 1792). Élu à la Convention, où il siégea avec la Montagne, il fut envoyé en mission à Marseille et Toulon pour y réprimer l'Insurrection fédéraliste et royaliste. Menacé par Robespierre, il contribua à sa chute et passa ouvertement à la réaction sous la Convention thermidorienne. Amant de Pauline Bonaparte, il approuva le coup d'État du 18 Brumaire (9 nov. 1799) et fut nommé administrateur des hospices puis commissaire à Saint-Domingue.

**FRESCOBALDI (Girolamo)** ♦ Compositeur et organiste italien (Ferrare 1583 - Rome 1643). Organiste de Saint-Pierre de Rome (1608), il ne quitta guère son poste, sauf pour un séjour de quelques années à la cour de Florence (1628 - 1633). Sa réputation de compositeur et de théoricien de la musique s'étendit à l'Allemagne où Froberger fut son disciple, et à la France, où le père Mersenne sut apprécier ses mérites. Sans être le créateur de techniques ou de formes instrumentales nouvelles, Frescobaldi a pourtant accompli, dans le domaine de l'orgue et du clavecin, une transformation profonde des procédés d'expression et de style. Tout en conservant les dénominations anciennes (*toccata, ricercare, canzone*), il assouplit les formes héritées de la Renaissance, y introduisant des structures plus riches et plus développées d'où naquirent, au siècle suivant, le prélude et fugue et la grande passacaille. Son influence sur J. S. Bach* fut grande. Frescobaldi a publié plusieurs recueils de musique vocale (*Madrigaux et airs* à une, deux, trois et cinq voix) et instrumentale (*Fiori musicali*, 1635). → ÉTYM. Ce nom de famille italien vient du germanique *frisc* «vif, actif» et *bald* «audacieux».

## Frères musulmans

– en ar. ***Ikhwān al-Muslimūn*** ♦ Confrérie religieuse fondée en 1928 par Hassan al-Banna et qui joua un rôle politique important surtout en Égypte. Prônant le retour intégral à un âge d'or mythique de l'islam, fondé uniquement sur le Coran et le Hadīth*, les Frères musulmans proposaient un système économique et social spécifique, différent du capitalisme et du socialisme. Luttant contre l'occupation britannique, ils entrèrent en contact avec les forces de l'Axe en 1940, et le «chef suprême» de la confrérie, Hassan al-Banna, doubla son mouvement d'une organisation secrète terroriste qui eut à son actif l'assassinat des Premiers ministres Ahmad Maher (1945) et Nokrachy Pacha (1948). Après ce dernier attentat, Hassan al-Banna fut lui-même assassiné (1949). Organisés à l'échelle du monde arabe, les Frères musulmans contribuèrent à la chute de Farouk. Refusant la relative laïcisation de l'État national prônée par Nasser après 1952, leur organisation fut officiellement dissoute (janv. 1954). À la suite d'un attentat manqué contre Nasser (oct. 1954), une terrible répression s'abattit sur l'organisation. Les Frères musulmans revinrent sur le devant de la scène avec le roi Fayçal d'Arabie Saoudite (1964) qui voyait en eux un rempart contre la montée du parti Baas, du nassérisme et du communisme. En Égypte, ils sortirent de leur clandestinité grâce à Sadate. Ils sont particulièrement actifs en Égypte, en Syrie et en Jordanie où ils sont largement majoritaires au Parlement. Devenus légalistes, ils sont aujourd'hui débordés par des mouvements islamistes qui prônent la lutte armée.

## Frères Sérapion (les)

– en russe ***Serapionovy Bratia*** ♦ Groupe littéraire soviétique formé en 1921 à Petrograd et qui recherchait «la liberté de l'imagination et l'indépendance de la création artistique». Ce groupe tira son nom d'un héros du romantique allemand Hoffmann*. Les principaux représentants en furent Fedine*, Kaverine*, Zochtchenko* et V. V. Ivanov*.

**FRESNAY (Pierre LAUDENBACH, dit Pierre)** ♦ Acteur français (Paris 1897 - Neuilly-sur-Seine 1975). Il débuta à la Comédie-Française (1915), poursuivit sa carrière sur les scènes du Boulevard (1927), interprétant des œuvres de S. Guitry, M. Pagnol (*Marius*, 1929), J. Anouilh. Marié à la comédienne Yvonne Printemps, il dirigea le théâtre de la Michodière (1937), y créant des œuvres d'Anouilh, de Bourdet, d'Achard, de Roussin. Il adapta pour la scène des œuvres littéraires (*Mon Faust*, de P. Valéry, 1962 ; *Le Neveu de Rameau*, de Diderot, 1963 ; *L'Idée fixe*, de P. Valéry, 1966). Il mena parallèlement une carrière au cinéma : *Marius**, *Fanny* et *César* de M. Pagnol, *La Grande* Illusion* de J. Renoir (1937), *Le Corbeau* de H. G. Clouzot (1943).

**FRESNAY-SUR-SARTHE** [72130] → ÉTYM. «frênaie» ♦ Ch.-l. de cant. de la Sarthe, arr. de Mamers, dans les Alpes mancelles. 2 335 hab. (aggl. 3 745) (*Fresnois*). Église romane (vantaux historiés, datés de 1528). Du château ne subsiste qu'une porte fortifiée (XIVe s.) abritant le musée des Coiffes. Maisons anc.

**FRESNEAU (François)** ♦ Ingénieur français (Marennes 1703 - *id.* 1770). En Guyane, où il reconstruisait les fortifications de Cayenne, il identifia en 1747 l'arbre qui fournissait le caoutchouc, auquel le botaniste Fusée Aublet donna le nom d'*hévéa*. Il découvrit en la térébenthine un solvant pour le caoutchouc (1763).

**FRESNEL (Augustin)** ♦ Physicien français (Chambrais, auj. Broglie 1788 - Ville-d'Avray 1827). Après avoir repris les expériences de Young* sur les interférences lumineuses, il imagina des dispositifs personnels dont les *miroirs de Fresnel* et donna avec Arago* la théorie du phénomène. Il étudia également la diffraction de la lumière et présenta son grand mémoire à l'Académie en 1819. Créateur de l'optique moderne, il y montrait en fait que la théorie newtonienne de l'émission ne pouvait rendre compte de nombreux faits, mais que la nature ondulatoire de la lumière pouvait tout expliquer, notamment les phénomènes de polarisation. Après des résistances, une confirmation expérimentale à sa théorie fut apportée en 1850 par Foucault*. Il étudia en détail la polarisation et découvrit l'existence des vibrations transversales (mais postula la présence de l'éther comme support des vibrations). Ce fut encore lui qui jeta les bases de l'optique cristalline. La théorie de Fresnel, établie pour les phénomènes d'optique, put s'appliquer par la suite aux autres rayonnements électromagnétiques. On lui doit également la lentille à échelons qui augmente considérablement le pouvoir éclairant des phares (1821). [Acad. sc. 1823]

**FRESNES** [fʀɛn] [94260] ➝ ÉTYM. langue d'oïl «frênes» ♦ Ch.-l. de cant. du Val-de-Marne, arr. de L'Haÿ-les-Roses. 25 213 hab. *(Fresnois)*. Prison.

**FRESNES-SUR-ESCAUT** [59970] ➝ ÉTYM. → Fresnes ♦ Comm. du Nord, arr. de Valenciennes. 7 607 hab. *(Fresnois)*.

**FRESNO** ♦ V. des États-Unis (Californie), dans la vallée de San Joaquin. 427 652 hab. dont 25 % d'Hispaniques (zone urbaine 922 516). La ville a enregistré une croissance de 63 % entre 1980 et 1990. Important marché agricole au centre d'une riche région productrice (coton, céréales, alfa, fruits), qui se laisse gagner par l'urbanisation.

**FRESNOY-LE-GRAND** [02230] ♦ Comm. de l'Aisne, arr. de Saint-Quentin. 3 272 hab.

**FRÉTEVAL** [41160] ➝ ÉTYM. en lat. *Fractam vallem* «vallée *(vallis)* brisée [érodée par l'eau] *(fracta)*» ♦ Comm. du Loir-et-Cher, arr. de Vendôme. 897 hab. *(Frétevallois)*. Richard Cœur de Lion y vainquit Philippe Auguste (1194).

**FRETTE-SUR-SEINE (LA)** [95530] ➝ ÉTYM. du lat. *fracta* «fossé ; barrière ; puis lieu fortifié» ou de la langue d'oïl *frette* «virole de fer» (allus. à la forme du village) ♦ Comm. du Val-d'Oise, arr. d'Argenteuil, sur la rive d. de la Seine. 4 378 hab. *(Frettards)*.

**FREUD (Sigmund)** ♦ Neurologue et psychiatre autrichien fondateur de la psychanalyse (Freiberg, auj. Příbor, Moravie 1856 - Londres 1939). Docteur en médecine, spécialisé en neurologie, il s'installa comme praticien à Vienne (1886). Sous l'influence de Charcot* (Paris, 1885) et de Bernheim* (Nancy, 1889), il fit, en collaboration avec Breuer*, ses premiers travaux sur l'étiologie de l'hystérie et l'utilisation de l'hypnose dans sa thérapeutique (*Études sur l'hystérie*, 1895). **L'élaboration de la psychanalyse** S'il n'est pas le premier à avoir refusé l'identification du psychisme et du conscient, il a, en revanche, créé une méthode originale d'exploration de l'inconscient. Dès 1895, il substitua à l'hypnose la technique «psychoanalytique» de la libre association des images, souvenirs, idées, permettant de décrypter les significations inconscientes de conduites irréductibles à la logique du conscient, de dévoiler dans les rêves («voie royale qui conduit à l'inconscient»), les actes manqués (lapsus, oublis) ou les symptômes névrotiques (angoisses, phobies, obsessions), les substituts symboliques de désirs refoulés sous la pression des exigences sociales, morales. **Le complexe d'Œdipe** Mécanisme inconscient de défense du moi contre les sollicitations de la libido (pulsion sexuelle liée au principe de plaisir et se heurtant dans son développement au principe de réalité), le *refoulement* est en effet ressenti lors du travail psycho-analytique sous la forme d'une *résistance* ; celle-ci met en œuvre la répétition par *transfert* du conflit qui est à l'origine de la névrose. Le noyau central de cette situation conflictuelle est le «complexe d'Œdipe» (attachement jaloux de l'enfant pour le parent du sexe opposé et ambivalence affective à l'égard de l'autre). En étudiant les stades d'évolution de la libido, *oral, anal, phallique* et *génital* (puberté) succédant à la période de latence (et de sublimation de la libido), Freud réalisa une véritable archéologie de la personnalité. Les névroses purent, dès lors, être caractérisées comme une *régression* (impliquant *fixation*), un retour à la sexualité polymorphe et perverse de l'enfant, correspondant à un échec du complexe d'Œdipe. **Le ça, le moi et le sur-moi** La pratique de l'analyse, l'étude des perversions sexuelles (en particulier le *sadisme* et le *masochisme*), la découverte du *narcissisme* amenèrent Freud à remanier sa première théorie des pulsions et de l'appareil psychique. À l'opposition de la libido et de l'instinct du moi (conservation de l'idéal moral du moi), il substitua celle d'Éros qui, sous ses formes narcissique, objectale ou sublimée, «assure la conservation et la persistance de tout ce qui est vivant» et de la pulsion de mort (en gr. *Thanatos*), de destruction, dont le but est la dissolution des conflits par le retour à l'inorganique. Il distingua trois instances psychiques : le *ça* (en all. *Es*), ensemble de pulsions impersonnelles, inconscientes ; le *moi* ou *ego*, différenciation du *ça* au contact de la réalité extérieure ; et le *sur-moi*, instance de censure née de la différenciation du *moi* par identification de l'enfant à ses parents, *introjection* des interdits moraux. **Une thérapeutique des névroses** Ainsi, la psychanalyse fut d'abord une thérapeutique des névroses visant à rendre conscients les conflits qui en sont la cause. Mais, dès 1913, Freud en appliqua les découvertes à l'étude de certains phénomènes obscurs de la psychologie collective, comparée à celle de l'enfant et du névrotique (ex. : rapport du complexe d'Œdipe et de la prohibition de l'inceste dans les sociétés totémiques) ; et il fut amené à considérer les valeurs culturelles (religion, art) comme une satisfaction sublimée des pulsions réprimées par la société. **Les adeptes** Malgré les résistances rencontrées par la psychanalyse et le scandale qu'elle provoqua à une époque puritaine, elle fit à partir de 1903 de nombreux adeptes (K. Abraham*, A. Adler*, E. Bleuler*, M. Bonaparte*, S. Ferenczi*, A. Freud*, E. Jones*, C. G. Jung*, M. Klein*, O. Rank*, W. Reich*, W. Steckel*). **Le nazisme** Le régime nazi condamna les théories de Freud qui, en raison de son origine juive, fut contraint de quitter Vienne pour Londres (1938). **Les œuvres principales** *L'Interprétation* des rêves* (1899 - 1900), *Psychopathologie de la vie quotidienne* (1901), *Trois essais sur la théorie de la sexualité* (1905), *Cinq psychanalyses* (1905 - 1918), *Cinq leçons sur la psychanalyse* (1910), *Totem* et Tabou* (1913), *Introduction à la psychanalyse* (1916), *Au-delà du principe de plaisir* (1920), *Essais de psychanalyse* (1927), *Malaise dans la civilisation* (1930), *Moïse et le Monothéisme* (posth. 1939). ➝ ÉTYM. Ce nom de famille allemand vient de *Freude* «joie».

**FREUD (Anna)** ♦ Psychanalyste britannique d'origine autrichienne (Vienne 1895 - Londres 1982). Fille de Sigmund Freud. Auteur d'un ouvrage sur *Le Moi et les Mécanismes de défense* (1937), elle s'est spécialisée dans la psychanalyse infantile où elle s'est opposée à certaines vues de M. Klein* sur le développement de l'enfant (*Le Traitement psychanalytique des enfants*, 1951).

**FREUD (Lucian)** ♦ Peintre britannique (Berlin 1922). Petit-fils de Sigmund Freud. Après une brève période d'intérêt pour le surréalisme, il peignit presque uniquement des portraits, dans un style fortement expressionniste, proche de la Nouvelle Objectivité et surtout du style de Francis Bacon*, dont il fit le portrait en 1952. Libéré de son emprise, il perfectionne son talent pour les portraits, pour les nus, rendus de façon crue, sans aucune complaisance sentimentale. Même ses portraits d'enfants provoquent un certain malaise, malgré la beauté du trait et le raffinement des couleurs froides.

**FREUND (Gisèle)** ♦ Photographe française d'origine allemande (Berlin 1908 - Paris 2000). Arrivée à Paris en 1933, elle étudia la sociologie à la Sorbonne et rédigea une thèse de doctorat sur la photographie française au XIXe s. Précurseur de la couleur dans la photographie de presse, elle fut la première photographe en France à utiliser ce procédé pour ses portraits d'écrivains et d'artistes. Photographe pour l'agence Magnum de 1948 à 1954, elle publia ses reportages dans la presse en Europe et aux États-Unis.

**FREUNDLICH (Otto)** ♦ Peintre et sculpteur allemand (Stolp, auj. Słupsk, Poméranie 1878 - camp de concentration de Lublin-Majdanek, Pologne 1943). D'abord marqué par le Jugendstil, il s'établit ensuite à Paris au Bateau-Lavoir et rencontra notamment Picasso, Delaunay, Kandinsky, Herbin. En Allemagne (1914 - 1924), il s'intéressa au vitrail et à la mosaïque. À partir de 1919, il réalisa des œuvres non figuratives, puis devint à Paris membre de Cercle et Carré et d'Abstraction-Création. Il établissait des zones irrégulières, d'abord angulaires, puis courbes, chacune d'une tonalité dominante, à partir de petits quadrilatères inégaux étalés en aplat de couleurs à la fois denses et subtilement nuancées. Il formait ainsi un espace plan qui, par le jeu des valeurs et le rapport des zones entre elles, engendre des rythmes solidement établis et vibrants. Il a laissé des écrits sur l'art et influença Poliakoff. Il mourut en déportation. ➝ ÉTYM. Ce nom allemand signifie «amical».

**FRÉVENT** [62270] – anc. *Fevrent* ♦ Comm. du Pas-de-Calais, arr. d'Arras. 3 952 hab. *(Fréventins)*. Matières plastiques. ▪ Aux environs, château de Cercamp, seul vestige du monastère cistercien fondé en 1137 par les comtes de Saint-Pol.

**FREYCINET (Louis-Henri DE SAULCES, baron DE)** ♦ Amiral français (Montélimar 1777 - Rochefort 1840). Il prit part en 1800 à l'expédition du capitaine Baudin* en Nouvelle-Hollande. Après avoir participé à la lutte contre les Britanniques (1811), il fut nommé administrateur de l'île Bourbon (auj. île de la Réunion), puis de la Guyane, et de la Martinique sous la Restauration. Nommé major général de la marine à Toulon (1830), il termina sa vie comme préfet maritime de Rochefort (1834). ♦ **Louis-Claude DE Saulces DE Freycinet.** Marin français (Montélimar 1779 - Freycinet, Drôme 1842). Frère du précédent. Après avoir participé à l'expédition de Baudin* (et Hamelin) au cours de laquelle il contribua à établir la carte de la terre Napoléon (terre Flinders des Britanniques), de la Nouvelle-Hollande (1800), il accompagna Duperrey* et Arago (1817 - 1820) dans un voyage scientifique autour du monde (*Voyage autour du monde*, 1820). [Acad. sc. 1826]

**FREYCINET (Charles Louis DE SAULCES DE)** ♦ Homme politique français (Foix 1828 - Paris 1923). Neveu des précédents, ingénieur des Mines, il fut le collaborateur de L. Gambetta* comme délégué à la Guerre dans le gouvernement de la Défense nationale (sept. 1870-fév. 1871). Sénateur (1876 - 1892), nommé ministre des Travaux publics (1877 - 1879), grâce à l'appui du président J. Grévy*, il tenta de réaliser un vaste programme de développement des voies de communication et d'aménagement des ports. Président du Conseil (1879, 1882, 1886, 1890), il accepta la nomination de Boulanger* comme ministre de la Guerre (1886) mais prit ensuite position contre le boulangisme et il contribua à réorganiser l'armée (suppression des exemptions, création et organisation du conseil supérieur de la Guerre). Il fut ministre d'État et a laissé un ouvrage sur *La Guerre en province de 1870 à 1871* (1872) et des *Souvenirs* (1912). [Acad. fr. 1891]

**FREYJA** ♦ Déesse germanique, de la famille des Vanes*, fille de Njördhr, sœur et épouse de Freyr*. C'est une déesse de la fécondité. La mythologie scandinave, la confondant avec Frîja*, en fait l'épouse d'Odin*.

**FREYLYNGHAUSEN (Johann)** ♦ Théologien protestant et musicien allemand (Bad Gandersheim 1670 - Halle 1739). Gendre du piétiste A. H.

Francke, il a publié 2 livres de cantiques (1704 - 1714) où figurent plus d'un millier de mélodies qui connurent longtemps la faveur des fidèles.

**FREYMING-MERLEBACH** [57800] ➝ ÉTYM. *Freyming*, anc. *Freymengen*, du germ. *Mago*, n. de pers., et suff. *-ing* ou de *menge* «foule» et *frei* «affranchi de certaines servitudes» et *Merlebach** ♦ Ch.-l. de cant. de la Moselle, arr. de Forbach. 14 461 hab. *(Freyming-Merlebachois)*. Anc. houillère. Verrerie.

**FREYR** ♦ Dieu germanique, le principal des Vanes*, fils de Njördhr. C'est un dieu de la prospérité ; on lui sacrifiait le cheval et le verrat. Dans le mythe, il possède des accessoires merveilleux : épée se mouvant seule dans les airs, cheval franchissant tous les obstacles, navire rentrant toujours au port, sanglier d'or.

**FREYRE (Gilberto DE MELO)** ♦ Écrivain et sociologue brésilien (Recife 1900 - *id.* 1987). Son œuvre principale *Maîtres et Esclaves* (*Casa grande e Senzala*, 1933) donne une description et une étude des mœurs et coutumes du Nordeste brésilien.

**FREYSSINET (Eugène)** ♦ Ingénieur français (Objat, Corrèze 1879 - Saint-Martin-Vésubie 1962). Il mit au point la technique du béton précontraint (1928), permettant le développement moderne de la construction en béton armé. ➝ ÉTYM. *Freyssinet* est la forme méridionale de *frêne* (en occitan *fraisse*), du latin *fraxinus*.

**FRIA** ♦ Loc. de Guinée, proche de la rive g. du Konkouré dans le Fouta*-Djalon. Usine d'alumine alimentée en énergie par le barrage de Kalé sur le Konkouré.

**FRIANT (Louis, comte)** ♦ Général français (Morlancourt, Picardie 1758 - Gaillonnet, près de Meulan 1829). Nommé général (1794) après s'être distingué lors des batailles d'Arlon et de Fleurus, il servit en Allemagne, en Italie, en Égypte et prit part aux principales campagnes de l'Empire. Rallié aux Bourbons en 1814, puis à Napoléon Ier pendant les Cent-Jours, il fut blessé à Waterloo et mis à la retraite lors de la Seconde Restauration (1815).

**FRIBOURG** – en all. ***Freiburg im Üchtland*** ♦ V. de l'O. de la Suisse, ch.-l. du cant. de Fribourg, sur la Sarine. 33 418 hab. (aggl. 92 103, dont env. 25 000 de langue all.) *(Fribourgeois)*. Évêché. Univ. catholique (fondée en 1889). Ville anc. dans un site pittoresque : cathédrale Saint-Nicolas (XIIIe - XVe s.), église des Cordeliers (XIIIe s.), collège et église Saint-Michel (XVIe s.), hôtel de ville (XVIe s.). ▪ Indus. alimentaire (chocolat, brasseries). Photochimie. Fonderie. Indus. électrique. Emballages métalliques. ▮ **Histoire** La ville fut fondée en 1157 par les Zähringen*. La Paix perpétuelle, traité d'alliance entre la France et la Suisse, y fut signée en 1516 (➝ **François Ier**). Au XVIe s., le canton de Fribourg devint le centre de la Réforme catholique.

**FRIBOURG** (canton de) ♦ Canton de l'O. de la Suisse, à la frontière linguistique. 1 671 km². 258 252 hab. *(Fribourgeois)*, dont les deux tiers de langue française (O. et S.) et le tiers de langue allemande (E. et N.). CH.-L. : Fribourg. La partie N. du canton, formée de collines arrosées par la Broye et la Sarine, touche au lac de Neuchâtel à l'O. C'est une des plus importantes régions agricoles de Suisse (céréales, tabac, fruits, vins blancs du mont Vully). La partie S., plus montagneuse (Moléson, 2 002 m ; Vanil Noir, 2 389 m), est consacrée à un élevage essentiellement tourné vers la fabrication du fromage de Gruyère. De tradition agricole, le canton vit une mutation économique vers les activités tertiaires et les industries de pointe depuis l'arrivée de l'autoroute qui le traverse en reliant Berne à la Suisse romande.

**FRIBOURG-EN-BRISGAU** ➝ ÉTYM. en all. ***Freiburg im Breisgau*** «ville *(Burg)* libre *(frei)*» et *Brisgau** ♦ V. d'Allemagne (Bade-Wurtemberg), sur la Dreisam, au pied de la Forêt-Noire et au cœur du pays de Brisgau. 214 716 hab. Archevêché, univ. Cathédrale en grès rouge (XIIe - XVe s.). ▪ Important centre commercial et indus. (papeteries et travail du bois, textiles, indus. chimiques et mécaniques). Centre touristique à proximité de la Forêt-Noire. La ville est chef-lieu de la régence de Fribourg, couvrant environ le quart S.-O. du Land et correspondant à l'ancien Südbaden. Son université, gagnée aux thèses du nazisme, eut pour recteur en 1933 le philosophe M. Heidegger. ▮ **Histoire** La ville se développa autour d'une forteresse construite en 1190 par Berthold II de Zähringen, et fut du XIVe au début du XIXe s. sous la domination habsbourgeoise. Condé* y remporta sur le général autrichien Mercy une éclatante victoire (août 1644). Fribourg fut réunie en 1806 au duché de Bade.

**FRICKER (Peter Racine)** ♦ Compositeur britannique (Londres 1920 - Santa Barbara, Californie 1990). Il pratiqua dans le cadre dodécaphonique une polyphonie savante, d'un style grave et d'une grande limpidité. Il est l'auteur de symphonies, de quatuors, de concertos et d'un ballet, *Canterbury prologue* (1951).

**FRICSAY (Ferenc)** ♦ Chef d'orchestre hongrois (Budapest 1914 - Bâle 1963). Interprète de Bartók, de Mozart, il a créé de nombreux opéras contemporains à l'Opéra de Munich qu'il dirigea pendant deux ans.

**FRIDEGÅRD (Jan)** ♦ Écrivain suédois (Enköping 1897 - Uppsala 1968). Un des grands représentants de la tendance dite «prolétaire*», il chercha d'abord à défendre les droits de l'individu contre toutes les formes possibles d'oppression dans la société moderne (cycle autobiographique de *Lars Hård*, 1935). Puis un prétexte historique (les Vikings) l'orienta vers une exaltation mystique de la vie, tandis que ses mémoires (*Sur les cornes du bœuf*, 1964) disent dans un style d'une rare violence la détermination à ne pas subir le désespoir ambiant.

**FRIEDEL** [fʀidɛl] **(Charles)** ♦ Chimiste et minéralogiste français (Strasbourg 1832 - Montauban 1899). Il travailla surtout sur la chimie organique ; il imagina notamment (avec Crafts*) une réaction permettant la synthèse des carbures benzéniques et promut l'emploi de la notation atomique. [Acad. sc. 1878]

**FRIEDLAND** – auj. ***Pravdinsk*** ♦ V. de l'anc. Prusse-Orientale, auj. en Russie, près de Königsberg. ▪ Napoléon y remporta une éclatante victoire sur les Russes commandés par Bennigsen* (14 juin 1807). Elle fut suivie par la paix de Tilsit*. De nombreux généraux français (Lannes, Ney, Davout, Soult, Mortier, Victor, Murat, Oudinot, Lobau, Grouchy, Dupont de l'Étang) se distinguèrent durant la bataille.

**FRIEDLÄNDER (Max Jacob)** ♦ Historien d'art allemand (Berlin 1867 - Amsterdam 1958). Directeur de la galerie de peinture des musées de Berlin, qu'il réorganisa et enrichit de nouvelles acquisitions, il fut l'un des plus grands spécialistes de l'art allemand et flamand ; il a publié *Dürer* (1921), *Altdorfer* (1924), *Die altniederländische Malerei* (14 vol., 1924 - 1937).

**Friedlingen** (bataille de) ♦ Victoire de Villars* sur le margrave de Bade, près de Huningue (1702).

**FRIEDMAN (Milton)** ♦ Économiste américain (Brooklyn 1912 - San Francisco 2006). Théoricien de l'école de Chicago, il s'est attaché à démontrer que les fluctuations de l'activité économique dépendent non pas des variations de l'investissement, ainsi que l'affirme Keynes*, mais de celles de l'offre de monnaie. Rétablissant ainsi la théorie quantitative de la monnaie, d'où le qualificatif de «monétariste» qui s'applique à sa théorie, et remettant en cause, à la suite des libéraux, l'efficacité d'une intervention de l'État (soutenue par Keynes) pour favoriser l'expansion économique, il a joué un rôle influent sur la politique économique des États-Unis. Œuv. princ. : *Studies in the Quantity Theory of Money* (1956), *A Theory of the Consumption Fonction* (1957). [Prix Nobel de sc. écon. 1976]

**FRIEDMAN (Jerome I.)** ♦ Physicien américain (Chicago 1930). Il réalisa, avec H. Kendall et R. Taylor, à la fin des années 1960, les expériences sur la diffusion fortement inélastique des électrons par les protons et les neutrons, qui permirent de vérifier l'hypothèse de l'existence des quarks émise par M. Gell*-Mann et G. Zweig. [Prix Nobel de phys. 1990, avec H. Kendall et R. Taylor]

**FRIEDMANN (Alexandre Alexandrovitch)** ♦ Physicien russe (Saint-Pétersbourg 1888 - *id.* 1925). Auteur d'importants travaux en géophysique, l'un des fondateurs de la météorologie dynamique, il est connu pour avoir résolu, en 1922, les équations d'Einstein* sur la relativité générale. Ses solutions, qui supposent l'espace-temps homogène et isotrope, conduisirent aux trois modèles d'Univers non statiques ; celui d'Univers en expansion (➝ **Lemaître [Georges], Sitter [de]**) sert toujours de base en cosmologie.

**FRIEDMANN (Georges)** ♦ Sociologue français (Paris 1902 - *id.* 1977). Il a montré le caractère déshumanisant de l'organisation du travail dans la société industrielle (➝ **Taylor**) : *Problèmes humains du machinisme industriel* (1947), *Où va le travail humain ?* (1950), *Le Travail en miettes* (1956). On lui doit également une étude sociologique sur *La Fin du peuple juif ?* (1966) et des réflexions d'ordre moral et philosophique sur l'avenir de la civilisation (*La Puissance et la Sagesse*, 1971).

**FRIEDREICH (Nikolaus)** ♦ Médecin allemand (Würzburg 1826 - Heidelberg 1882). On lui doit la description de l'ataxie locomotrice héréditaire qui porte son nom. La *maladie de Friedreich* débute en général à la puberté ; elle se caractérise notamment par l'association de plusieurs syndromes neurologiques (cérébelleux, tabétique, pyramidal), par des troubles psychiques, par des malformations des mains et des pieds.

**FRIEDRICH (Caspar David)** ♦ Peintre et graveur allemand (Greifswald 1774 - Dresde 1840). Après des études à Copenhague de 1794 à 1798, il fréquenta à Dresde P. O. Runge* et les écrivains L. Tieck, Kleist, Arnim et Brentano. Il sut donner à ses représentations (cimetières et ruines sous la neige, vues de glaciers, voyageurs contemplant le clair de lune en montagne ou le crépuscule sur le rivage) un caractère mélancolique exprimant l'angoisse de l'homme liée au sentiment de la nature. Ses paysages à la surface lisse et brillante, peints avec précision dans une tonalité souvent froide, sont représentatifs de l'art romantique allemand.

**FRIEDRICHSHAFEN** – anc. ***Buchhorn*** ♦ V. du S.-O. de l'Allemagne (Bade-Wurtemberg), sur les bords du lac de Constance. 57 245 hab. Importante station touristique. ▪ Anc. centre de construc. et d'essais des dirigeables Zeppelin, foyer d'indus. aéronautiques (Dornier) et mécaniques (boîtes de vitesses ZF). Petite Riviera allemande attirant la haute technologie.

**FRIESZ** [fʀijɛz] **(Othon)** ♦ Peintre et dessinateur français (Le Havre 1879 - Paris 1949). Il se lia avec Dufy* aux Beaux-Arts de Rouen, puis travailla dans l'atelier de Bonnat* à Paris. Après ses premières œuvres impressionnistes, stimulé probablement par les exemples de Gauguin* et de Van* Gogh, il accorda la primauté à la couleur

(*Portrait de Fernand Fleuret*, 1907). Il fit partie du groupe des Fauves, voyagea à Anvers avec Braque* (*Les Canaux*, 1906), puis alla peindre des paysages dans le Midi et sur la côte normande. Il recourut alors à des couleurs plus mêlées, moins stridentes. Dès 1908, il s'éloigna du fauvisme, manifestant sous l'influence de Cézanne des préoccupations constructives, sans développer les spéculations spatiales de ce dernier. Il adopta un chromatisme plus austère et assourdi (bruns, ocres verts et bleus foncés), il chercha à donner une vigueur expressive à ses compositions élaborées selon des schémas classiques, insistant sur les volumes, simplifiant les formes suivant de puissantes arabesques ou des lignes rigides, et resta fidèle aux thèmes traditionnels du nu, du paysage, du portrait ou de la nature morte.

**FRÎJA** ➝ ÉTYM. en vieux norrois *Frigg* «la Bien-Aimée» ♦ Déesse germanique de l'amour. Les Romains l'assimilèrent à Vénus (l'all. *Freitag* désigne le *Veneris dies*, le vendredi). Dans la mythologie scandinave, elle est l'épouse d'Odin* et la mère de Balder* ; elle connaît l'avenir mais ne le dévoile à personne. Freyja* est souvent confondue avec elle.

**FRIOUL-VÉNÉTIE JULIENNE** n. m. – en it. *Friuli-Venezia Giulia* ➝ ÉTYM. *Frioul*, du lat. *Forum Julii* «place de Jules» ♦ Région autonome d'Italie. → **Italie** (carte). 7 846 km². 1 183 764 hab. CH.-L. : Trieste. Elle comprend les provinces d'Udine, Gorizia, Pordenone et Trieste. ▮ **Géographie** Le N. est un pays de montagnes et de collines que bordent les Alpes carniques et juliennes. Le S., au contraire, est une zone de plaine fertile à l'E., stérile ou gorgée d'eau à l'O. Les lagunes côtières ont été drainées et bonifiées. C'est une région d'économie agricole. La montagne, en voie de désertification, vit encore d'élevage et de sylviculture. L'O. de la plaine est couvert de pâturages tandis que l'E. vit de cultures céréalières (maïs). Entre la montagne et la plaine, des petites villes de contact ont développé des industries très spécialisées. La région d'Udine pratique la culture maraîchère. L'industrie est peu importante : soie, meubles (dans toute la région). La métallurgie lourde est localisée à Udine et Monfalcone. Trieste est l'un des grands ports italiens ; excentrée, la région a souffert du partage de l'Europe qui a amputé son arrière-pays. ▮ **Histoire** Duché lombard au VIe s., le Frioul fut annexé par Charlemagne (775) et passa en 1077 aux patriarches d'Aquilée qui en cédèrent la majeure partie à Venise (1420). Le reste du duché passa à l'Autriche en 1500, d'où la distinction entre un *Frioul-Autrichien* à l'E. (cap. : Trieste) et un *Frioul-Vénitien* (cap. : Udine) qui passa à l'Autriche au traité de Campoformio (1797). La majeure partie de la région rejoignit le royaume d'Italie (1866). En 1947, l'Italie céda à la Yougoslavie le *Frioul-Oriental* moins Trieste et créa la région autonome de Frioul-Vénétie Julienne.

**FRISCH (Karl VON)** ♦ Zoologiste autrichien (Vienne 1886 - Munich 1982). Il étudia le mode de communication des abeilles, et supposa que le rythme et la direction de leur vol au retour du butinage indiquaient aux autres abeilles la direction et la distance de la zone reconnue. [Prix Nobel de physiol. ou méd. 1973, avec K. Lorenz* et N. Tinbergen*]

**FRISCH (Ragnar)** ♦ Économiste suédois (Oslo 1895 - *id.* 1973). Il est l'auteur de travaux d'économétrie, en particulier sur l'amplitude des cycles économiques successifs (*Propagation Problems in Dynamic Economics ; Maxima et Minima. Théorie et Applications économiques*, trad. fr. 1960). [Prix Nobel d'écon. 1969, avec J. Tinbergen*]

**FRISCH (Otto Robert)** ♦ Physicien britannique d'origine autrichienne (Vienne 1904 - Cambridge 1979). Il mesura, avec O. Stern*, les moments magnétiques du proton et du neutron (1933). Avec sa tante, Lise Meitner*, il donna en 1939 l'interprétation du phénomène de la fission nucléaire observée par O. Hahn* et F. Strassmann*.

Caspar David **Friedrich**. *L'Arbre aux corbeaux* (54 × 71 cm). Musée du Louvre, Paris. *Phot.* © *Lauros/Giraudon*

**FRISCH (Max)** ♦ Écrivain suisse d'expression allemande (Zurich 1911 - *id.* 1991). Architecte de profession, il témoigne, dans la construction de ses pièces de théâtre, conçues souvent comme des paraboles, dans la conception de ses personnages plus allégoriques qu'individualisés, d'une indifférence presque totale pour la psychologie, l'atmosphère, l'étude de mœurs. Sans dédaigner les ressources du lyrisme et de l'humour, il achemine le spectateur jusqu'au point final d'une démonstration qu'il conduit avec la plus exigeante rigueur. L'influence de Brecht* est sensible dans des œuvres comme *Biedermann et les Incendiaires* (1958), satire des préjugés et des faiblesses de la bourgeoisie zurichoise, *Don Juan ou l'Amour de la géométrie* (1953), négation de l'amour et du couple, *Andorra* (1961), dénonciation mélodramatique du racisme. Il est également l'auteur d'un *Journal* (1946 - 1949) et de romans : *J'adore ce qui me brûle* (1943 - 1957), *Stiller* (1954), *Montauk* (1975).

**FRISE** n. f. ➝ ÉTYM. en néerl. *Friesland* «pays *(land)* des Frisons» (du lat. *Frisii*, du vx frison *frisiaz* frisé ou du vx haut all. *fri* libre ou de l'indo-eur. *°fers, °fars* côte) ♦ Prov. du N. des Pays-Bas. → **Pays-Bas** (carte). 3 357 km². 642 209 hab. CH.-L. : Leeuwarden. V. PRINC. : Harlingen, Heerenveen, Sneek. ▪ Plaine fertile grâce à l'assèchement des tourbières au S. et à l'E., située pour la majeure partie au-dessous du niveau de la mer, la province est célèbre pour son élevage bovin (race frisonne pie-noir). Indus. agroalimentaire (laiteries). Indus. électrotechniques. ▮ **Histoire** Peuplant un territoire aux contours mal définis, mais beaucoup plus vaste que la Frise actuelle, les Frisons (parents des Saxons) apparurent au début de l'ère chrétienne parmi les tribus germaniques de la côte de la mer du Nord, entre la Meuse et la Weser. Cette région était par ailleurs le berceau des Francs saliens. Se livrant à la piraterie puis au commerce maritime, les Frisons, petit à petit refoulés vers le N. par les Mérovingiens d'Austrasie, furent définitivement soumis à la monarchie franque au VIIIe s. et christianisés. Ils colonisèrent les zones basses en construisant leurs villages sur des buttes artificielles, les *terpen*. Au Moyen Âge, la Frise, faisant partie du Saint Empire romain germanique, se trouva morcelée en de nombreux États (comtés de Hollande et de Zélande, évêché d'Utrecht, seigneurie de Groningue). Sous cette appellation subsistaient alors la *Frise* proprement dite et la *Frise-Orientale*. La première, longtemps pomme de discorde entre les comtes de Hollande et les ducs de Saxe, échut à ces derniers en 1498 quand l'empereur Maximilien nomma Albert, duc de Saxe, gouverneur perpétuel de Frise. Elle passa ensuite sous l'autorité de Charles, duc de Gueldre, puis, en 1515, du futur empereur Charles Quint. En 1579, la Frise adhéra à l'Union d'Utrecht et suivit désormais le sort des Provinces*-Unies. Quant à la *Frise-Orientale*, elle fut soumise à plusieurs comtes jusqu'en 1744, date à laquelle elle passa sous la domination de la Prusse. Napoléon Ier la rattacha au royaume de Hollande, puis à la France : elle constituait le département de l'Ems-Oriental. En 1814, la Frise-Orientale fut rendue à la Prusse qui la céda au Hanovre.

**FRISE-ORIENTALE** – en all. *Ostfriesland* ♦ Région de la côte allemande de la mer du Nord (Basse-Saxe), prolongeant la Frise néerlandaise et comprise entre l'estuaire de l'Ems et celui de la Weser. C'est un pays de polders et de terres endiguées conquises sur la mer (Marschen), voué aux prairies et à l'élevage d'embouche. La côte est bordée d'un cordon d'îles sableuses, les *îles Frisonnes orientales* (Borkum, Norderney), prolongée le long de la presqu'île du Jutland par Helgoland* et les *îles Frisonnes du Nord* (Nordstrand, Föhr, Sylt*). Ces îles abritent des stations balnéaires très fréquentées depuis le milieu du XIXe s.

**FRISONNES** (îles) ♦ Îles des Pays-Bas, restes d'un ancien cordon littoral morcelé ; quatre d'entre elles appartiennent à la Frise*. L'archipel comprend les îles Vlieland, Terschelling, Ameland, Schiermonnikoog, Texel (archipel Frison occidental, aux Pays-Bas) ; Borkum, Juist, Norderney, Langeoog, Spiekeroog, Wangerooge (archipel Frison oriental, en Allemagne) ; Pellworm, Nordstrand, Halligen, Amrun, Föhr, l'île de Sylt*, Rømø* et Fanø* (archipel Frison septentrional, partagé entre l'Allemagne et le Danemark). Nombreuses plages. Réserve naturelle pour les oiseaux de mer. Phoques. ▮ **Histoire** Au XIIIe s., la mer du Nord élargit progressivement les embouchures de la Vlie qui la mettait en communication avec le lac Flevo, et l'arrière-pays, ainsi envahi, devint le Zuiderzee*. Une digue construite en 1871 entre Ameland et la côte frisonne se rompit en 1882.

**FRISON-ROCHE (Roger)** ♦ Écrivain français (Paris 1906 - Chamonix 1999). Guide de haute montagne (*Premier de cordée*, 1941 ; *La Grande Crevasse*, 1948), il participa à de nombreuses expéditions au Sahara (*L'Appel du Hoggar*, 1936 ; *Bivouacs sous la lune*, 1950 - 1954) et en Laponie (*Peuples et Chasseurs de l'Arctique*, 1966).

**FRITSCH (Werner, baron VON)** ♦ Général allemand (Benrath 1880 - Varsovie 1939). Il commanda les forces terrestres allemandes, qu'il réorganisa, à partir de 1934. Il fut destitué par Hitler en 1938.

**FRIVILLE-ESCARBOTIN** [80130] ♦ Ch.-l. de cant. de la Somme, arr. d'Abbeville, dans le Vimeu. 4 646 hab. (aggl. 7 003). Musée des Industries du Vimeu. ▪ Robinetterie, serrurerie.

**FRÖBEL (Friedrich)** ♦ Pédagogue allemand (Oberweissbach, Thuringe 1782 - Marienthal 1852). Influencé par Pestalozzi, il exposa les principes d'une pédagogie insistant sur la nécessité de réaliser un équilibre harmonieux des facultés psychologiques de l'enfant, auquel il entend laisser une grande spontanéité. En 1837, il fonda à Blankenburg (Thuringe) le premier «jardin d'enfants» *(Kindergarten)* ; mais son entreprise fut considérée comme favorisant l'irréligiosité et le socialisme et fut interdite dans plusieurs États allemands (*Die Menschenerziehung*, 1826).

**FROBENIUS (Leo)** ♦ Ethnologue et philosophe allemand (Berlin 1873 - Biganzolo, lac Majeur 1938). Il fit de nombreux voyages d'étude en Afrique à laquelle il consacra une grande partie de ses ouvrages. Représentant de l'école diffusionniste (qui insiste sur les relations et la filiation entre civilisations), il affirma l'analogie entre les cultures guinéo-congolaises et australiennes, auxquelles il attribua une origine commune, et il fut le premier à utiliser en ethnologie la notion d'aires culturelles, cherchant à établir une théorie scientifique des cultures. Œuv. princ. : *Der Ursprung der westafrikanischen Kulturen* (1898) ; *Die afrikanischen Kulturkreise* (1897 - 1899), *Atlas Africanus* (1921 - 1931), *Kulturgeschichte Afrikas* (1933).

**FROBERGER (Johann Jakob)** ♦ Compositeur et organiste allemand (Stuttgart 1616 - Héricourt 1667). Il reçut de son père, maître de chapelle à la cour de Stuttgart, sa première éducation musicale. Des divers séjours qu'il fit dans les capitales d'Europe, il convient de retenir ceux de Rome (1637 - 1641), où il fut élève de Frescobaldi, et de Vienne (1645), où il remplit la charge d'organiste de la cour. Bien qu'aucune de ses œuvres n'ait été imprimée de son vivant, il a exercé une influence considérable sur la musique de son siècle, et même au-delà, jusqu'à J.-S. Bach et Haendel. Réalisant la synthèse des styles italien, français et allemand, il a laissé des pièces pour orgue et clavecin, d'une facture très personnelle.

**FROBISHER (sir Martin)** ♦ Navigateur anglais (Altofts, près de Wakefield, Yorkshire v. 1535 - Plymouth 1594). Cherchant une voie maritime vers la Chine par le N. du continent américain, il entreprit en 1576 une expédition au cours de laquelle il longea la côte méridionale du Groenland, le littoral oriental du Labrador et l'île de Baffin jusqu'à la baie qui porte aujourd'hui son nom. En 1585, il se rendit avec Drake aux Indes occidentales, puis participa à la lutte victorieuse de l'Angleterre contre l'Invincible Armada (1588). ➝ **ÉTYM.** Ce nom anglais vient de l'ancien français *fourbisseor* «celui qui polit le métal» (nom de métier).

**FRÖDING (Gustaf)** ♦ Poète suédois (Alster 1860 - Stockholm 1911). Il est le type même du «poète maudit» (tuberculeux, alcoolique, névrotique) et fait d'ailleurs souvent penser à Baudelaire. Il ouvre les voies au modernisme suédois avec *Guitare et Accordéon* (1891), puis publie *Poèmes* (1894) suivis de *Bribes et Éclaboussures* (1896), qui lui vaudra une condamnation pour atteinte aux bonnes mœurs. Son art souverain, auquel justice a été rendue depuis, parvient à allier, à un rare sens des possibilités musicales de la langue suédoise, tous les souffles du modernisme.

**FRŒSCHWILLER** [fʀœʃvilɛʀ] [67360] ➝ **ÉTYM.** «domaine (bas lat. *villare*) de *Frodo* (n. de pers. germ.)» ♦ Comm. du Bas-Rhin, arr. de Wissembourg. 564 hab. *(Frœschwillerois)*. ▮ **Histoire** Après la défaite de Wissembourg, l'armée française sous le commandement de Mac-Mahon, espérant couvrir les routes de Bitche, Saverne et Haguenau, fut concentrée à Frœschwiller, où elle fut battue par les troupes du prince royal de Prusse (5 - 6 août 1870) qui occupèrent Woerth tandis que Mac-Mahon se repliait sur Reichshoffen. Cette défaite eut pour conséquence l'occupation de l'Alsace par les Allemands. → **franco-allemande (guerre).**

**FROISSART (Jean)** ♦ Écrivain français (Valenciennes v. 1337 - Chimay v. 1400). Ses enquêtes en Angleterre, en Écosse, en Aquitaine, en Italie lui permirent d'écrire ses *Chroniques*, en les remaniant sans cesse, de 1370 à 1400. L'ouvrage est divisé en quatre parties, ce découpage étant sans doute postérieur à la mort de l'auteur. Les *Chroniques* constituent un récit chronologique des événements survenus de 1323 et la fin du siècle. Historiquement, il s'agit de l'une des sources les plus importantes concernant la première partie de la guerre de Cent Ans. L'originalité de Froissart est de s'être rapidement affranchi de la technique de la compilation pour s'appuyer sur des sources orales. Le troisième livre des *Chroniques*, rapportant les événements qui mènent de la paix de Tournai en 1385 à l'entrée d'Isabeau de Bavière à Paris en 1389, est sans doute le plus important. Froissart fut aussi l'auteur du dernier grand roman arthurien *Méliador* (1365 - 1380), ouvrage qui compte plus de 30 000 vers. ➝ **ÉTYM.** *Froissart* vient de l'ancien français *froisser* «briser» (surnom d'un homme violent).

**FROMENT (Nicolas)** ♦ Peintre français (Uzès v. 1425 - Avignon entre 1483 et 1486). Il séjourna en Italie vers 1461 et y exécuta un retable, *La Résurrection de Lazare*, où la dureté des formes, leur caractère tourmenté portent l'empreinte de l'art nordique. Il travailla ensuite à Avignon comme peintre attitré du roi René et reçut la commande du *Buisson ardent* (1475 - 1476) ; certains éléments du paysage et la qualité de la lumière découpant avec netteté les formes apparaissent comme des traits caractéristiques de l'art provençal. Son style révèle un certain éclectisme : la minutie de la description d'inspiration flamande est mêlée d'emprunts florentins (notamment les lointains du paysage).

**FROMENTIN (Eugène)** ♦ Peintre et écrivain français (La Rochelle 1820 - Saint-Maurice, près de La Rochelle 1876). Il passa son enfance en Saintonge ; adolescent, il s'éprit d'une jeune créole, son aînée, qui se maria, puis mourut en 1844 (son souvenir imprègne son unique roman, *Dominique**, 1863). Devenu paysagiste, Fromentin se sentit attiré par l'Orient et fit différents voyages (notamment en Afrique du Nord, en 1846, 1848 et 1852), dont il rapporta des tableaux aux couleurs vigoureuses, et des volumes de souvenirs, en particulier *Une année dans le Sahel* (1858) qui lui attira les éloges de George Sand, Michelet et Sainte-Beuve. À la suite d'un voyage en Belgique et en Hollande, il publia *Les Maîtres d'autrefois* (1876) où il se révèle un pénétrant critique d'art. Estimé pour une œuvre picturale qui adopte le goût romantique de la couleur locale, Fromentin doit surtout sa célébrité à l'expression littéraire : la finesse de l'analyse psychologique fait de *Dominique* un chef-d'œuvre du roman idéaliste. ➝ **ÉTYM.** *Fromentin* vient de *froment* (surnom d'un producteur de blé).

**FROMENTINE (goulet de)** ♦ Étroite passe (700 m) séparant l'île de Noirmoutier du continent. Un pont la franchit depuis 1971. De Fromentine, embarquement pour l'île d'Yeu.

**FROMM (Erich)** ♦ Psychanalyste américain d'origine allemande (Francfort-sur-le-Main 1900 - Muralto, Suisse 1980). Formé à la psychanalyse par Theodor Reik* et proche de l'école de Francfort*, il s'exila aux États-Unis. Tout en insistant sur les liens entre l'individu et son environnement, ce qui le rapproche du culturalisme* de M. Mead*, il a donné des théorisations à propos de Freud, de Marx d'une part, de la religion (bouddhisme ou judaïsme) d'autre part (*Le Langage oublié*, 1953 ; *La Crise de la psychanalyse* ; *Essais sur Freud, Marx et la psychologie*, 1970).

**Fronde** n. f. ♦ Troubles qui agitèrent la France pendant la minorité de Louis XIV et le gouvernement de Mazarin*, mettant en question l'œuvre de Richelieu* et la monarchie absolue. Ses causes profondes furent d'ordre politique, social, économique et son point de départ immédiat, l'opposition du parlement de Paris aux mesures financières du gouvernement. Sous l'influence de Gondi (futur cardinal de Retz*) et de Broussel*, il se réunit par l'acte (ou arrêt) d'Union (1648) aux autres cours souveraines et tenta de limiter le pouvoir royal (Déclaration des vingt-sept articles). Le gouvernement fit arrêter Broussel et deux autres meneurs, ce qui provoqua l'insurrection (journée des Barricades*). La *Fronde parlementaire* commençait. La cour se réfugia à Saint-Germain tandis que Condé* assiégeait Paris et le décidait à céder et à signer la paix de Rueil* (1649). Condé, déçu de ne pas obtenir la place de Mazarin, rejoignit les frondeurs, qui avaient pour la plupart été des importants* : son frère le prince de Conti*, sa sœur la duchesse de Longueville*, Turenne* qu'elle avait entraîné, La* Rochefoucauld, la duchesse de Chevreuse*, Anne de Gonzague*, le duc de Beaufort*, Gaston d'Orléans*. L'emprisonnement de Condé à Vincennes provoqua l'agitation de ses amis qui soulevèrent la province, celle de Gondi qui rallia les parlementaires. Mazarin fut contraint de relâcher Condé et de se retirer en Rhénanie (1652). Condé prit alors la tête de la *Fronde des princes*, mais des rivalités ne tardèrent pas à naître entre chefs (Condé et Gondi) et entre nobles et parlementaires. Condé, obligé de quitter Paris, rejoignit Bordeaux, s'alliant

Jean **Froissart.** *Chroniques :* le siège de Duras par les Français (1377) (18,5×20 cm). Manuscrit du XVe s. Musée Condé, Chantilly.
*Phot. © Arch. Nathan*

au mouvement de l'Ormée* et aux Espagnols. Après la bataille de Bléneau* (1652), il marcha sur Paris et se heurta à Turenne qui avait rejoint la cause royale, au faubourg Saint-Antoine. Seule l'intervention de la Grande Mademoiselle (→ **Montpensier [Anne, duchesse de]**), qui fit tirer le canon à la Bastille, lui permit d'entrer dans la ville dont il fut bientôt chassé par les bourgeois. Son départ chez les Espagnols marqua la fin de la Fronde. Louis XIV et Anne d'Autriche rentrèrent à Paris, suivis peu après de Mazarin, et reçurent un accueil triomphal : le pouvoir royal sortait renforcé de cette épreuve.

**FRONSAC** [33126] ◆ **ÉTYM.** anc. *Franciacum*, du lat. *Frontius*, n. de pers., et suff. *-acum* ♦ Ch.-l. de cant. de la Gironde, arr. de Libourne, sur la Dordogne. 1 042 hab. *(Fronsadais)*. Viticulture (fronsac, canon-fronsac).

**Front de libération nationale** [FLN] ♦ Parti nationaliste algérien né, lors de l'insurrection de nov. 1954, de la fusion de divers groupements nationalistes. Doté d'un organe exécutif, le Gouvernement provisoire de la République algérienne (GPRA), et d'une armée, l'Armée de libération nationale (ALN), le FLN fut l'élément moteur de la lutte pour l'indépendance (→ **Algérie [guerre d']**). Après l'indépendance (1962), il devint parti unique. À la suite du coup d'État qui évinça Ben Bella (juin 1965), son aile gauche fut éliminée. Jusqu'en 1989, le FLN était le passage obligé de tous les cadres de l'État et de l'armée. En mars 1989, les militaires quittèrent son comité central et, en juin 1991, le président Chadli Bendjedid abandonna la présidence du parti. Miné par les luttes intestines, le FLN subit une défaite écrasante aux législatives de 1991 face au Front* islamique du salut (FIS). Il tenta de retrouver une certaine légitimité en manifestant de profonds désaccords avec le pouvoir et en prônant le dialogue avec les islamistes. Opposé à l'équipe dirigeante, il soutint l'élection de Bouteflika en 1999.

**Front démocratique et populaire pour la libération de la Palestine** [FDPLP] ♦ Organisation palestinienne issue en 1969 d'une scission du Front populaire pour la libération de la Palestine et dirigée depuis sa création par Nayef Hawatmeh. Il propose une solution démocratique au conflit du Proche-Orient (« créer un pouvoir démocratique et populaire en Palestine, où Juifs et Arabes cohabitent sans discrimination, ni oppression nationale ou de classes »). En désaccord depuis 1977 avec le Fatah* de Yasser Arafat auquel il reproche certains compromis, le FDPLP n'a pourtant jamais rallié les groupes extrémistes palestiniens. Affaibli par une scission survenue en 1991, il a rejoint au sein d'un front du refus diverses organisations palestiniennes opposées à l'accord signé entre l'OLP et Israël en sept. 1993 (→ **israélo-arabe [conflit]**).

**FRONTENAC (Louis de Buade, comte de Palluau et de)** ♦ Administrateur français (Saint-Germain-en-Laye 1622 - Québec 1698). Nommé gouverneur général de la Nouvelle-France (Canada) en 1672, il contribua à y étendre et à y affermir les possessions françaises ; mais, gouvernant de façon trop autoritaire, il fut rappelé en France en 1682. En 1689, il fut rétabli dans ses fonctions en raison de la situation rendue difficile par les attaques des Iroquois et celles des Anglais.

**FRONTIGNAN** [34110] ◆ **ÉTYM.** du lat. *Frontinius*, n. de pers., et suff. *-anum* ♦ Ch.-l. de cant. de l'Hérault, arr. de Montpellier, au bord de l'étang d'Ingril (ou de Frontignan). 19 145 hab. *(Frontignanais)*. Église romane (XII^e s.), reconstruite au XIV^e s. dans le style gothique méridional. ▪ Port sur le canal du Rhône à Sète. Raffinerie de pétrole et de soufre. Pétrochimie. Vins doux naturels (muscat de Frontignan).

**Front islamique du salut (FIS)** ♦ Parti politique algérien fondé en 1989 et officiellement dissous en 1992. Il prône l'adoption de la charia et l'islamisation de la société algérienne. → **Algérie**.

**Front national** ♦ Mouvement de résistance française à l'occupation allemande, créé en mai 1941. D'origine communiste, il s'ouvrit à toutes les tendances, chercha à réunir les divers mouvements, mais refusa de s'intégrer aux regroupements opérés à partir de 1943. Implanté dans les deux zones, nord et sud, il était, à la Libération, le plus important des mouvements de la Résistance. ▪ Le Front national des écrivains, avec Aragon, publia *Les Lettres françaises*.

**Front national** [FN] ♦ Parti politique français d'extrême droite, créé en 1972 et présidé par J.-M. Le* Pen. Prônant la fin de l'étatisme, le rétablissement de la peine de mort, l'affirmation de l'« identité française » et « la priorité aux Français », il s'appuie depuis les élections européennes de 1984 sur un électorat relativement stable d'environ 10 % des voix. Une scission du parti est intervenue en 1999, donnant naissance au Mouvement national républicain, présidé par Bruno Mégret.

**FRONTON** – en lat. ***Marcus Cornelius Fronto*** ♦ Rhéteur latin (Cirta, auj. Constantine v. 100 - v. 175). Orateur réputé de son temps et maître de Marc* Aurèle, il entretint avec lui une correspondance familière. Soucieux avant tout de la forme, il laissa des *Éloges de la fumée, de la poussière, de la négligence*.

**FRONTON** [31620] ♦ Ch.-l. de cant. de la Haute-Garonne, arr. de Toulouse. 3 891 hab. *(Frontonnais)*. Viticulture (côtes-du-frontonnais). Cultures fruitières.

**Front populaire** ♦ Nom donné, par analogie avec le *Frente popular* espagnol, à la coalition des partis de gauche qui arriva au pouvoir en France en juin 1936. La formation de cette coalition eut pour origine la crise économique mondiale qui affecta la France (fin 1930-début 1931) et l'évolution politique européenne : montée du fascisme en Italie, du nazisme en Allemagne, développement des ligues d'extrême droite en France (Action* française, Croix*-de-Feu, Jeunesses patriotes) qui avaient organisé la manifestation du 6 février* 1934 et donnèrent une impulsion à l'unification des partis de gauche (pacte d'unité d'action socialo-communiste de juil. 1934). Enfin, l'échec de la politique déflationniste de P. Laval (1935) accéléra cette tendance. Constitué le 14 juil. 1935, le Front populaire regroupa les partis politiques de gauche (Parti communiste français avec M. Thorez, SFIO avec Léon Blum, Union socialiste républicaine de P. Ramadier, Parti radical avec Daladier), les syndicats (CGT et CGTU réunifiés au congrès de Toulouse, 1936), des organisations d'intellectuels de gauche (Ligue des droits de l'homme de V. Basch, Mouvement contre la guerre et le fascisme, dit d'Amsterdam-Pleyel, avec H. Barbusse et Romain Rolland, Comité de vigilance des intellectuels antifascistes, créé en mars 1934, avec, entre autres, le philosophe Alain, P. Rivet, P. Langevin). Le programme du Front populaire, présenté en janv. 1936, était plus précis sur les plans politique et social (interdiction des ligues d'extrême droite, affirmation des droits syndicaux, école laïque) que sur le plan économique. Après sa victoire aux élections législatives (avr. - mai 1936), il imposa un gouvernement composé de radicaux et de socialistes (les communistes apportant leur soutien, mais sans participation). Ce gouvernement, sous la présidence de Léon Blum*, imposa plusieurs mesures de réformes sociales à la suite de grèves avec occupation des locaux : signature des accords Matignon* entre le patronat et la CGT (6 juin 1936), augmentation des salaires, semaine de 40 heures, congés payés, réorganisation de la Banque de France et des finances (→ **Auriol [Vincent]**), création d'un Office du blé, nationalisation des chemins de fer. Sous la conduite de Léo Lagrange*, des mesures furent adoptées en faveur des sports et des loisirs. Toutefois, des difficultés financières, l'hostilité des milieux d'affaires et la persistance des troubles sociaux amenèrent le gouvernement de Léon Blum à marquer une pause dans les réformes sociales, suscitant une vive opposition de la gauche, en particulier des communistes qui critiquèrent également sa politique de non-intervention dans la guerre civile espagnole. Léon Blum dut céder la présidence du Conseil à Chautemps* (juin 1937-mars 1938), qui tenta de poursuivre l'expérience entreprise tout en l'atténuant. Après la constitution d'un second cabinet Blum (mars - avr. 1938), le ministère Daladier qui lui succéda marqua la fin du Front populaire. Celui-ci, qui avait été salué en URSS comme l'exemple donné par la classe ouvrière française « à tout le prolétariat international [...] de la façon dont il faut combattre le fascisme », ne réussit pas à réaliser les objectifs initiaux ; mais les réformes qu'il imposa améliorèrent la condition sociale.

**Front populaire.** Serment du 14 juillet 1935 (en haut) ; défilé du 14 juillet 1936 (en bas). *Phot. © BN*

**Front populaire pour la libération de la Palestine** [FPLP] ♦ Organisation palestinienne créée en 1967 et dirigée par Georges Habache jusqu'en 2000. Membre indiscipliné de l'Organisation* de libération de la Palestine (OLP), le FPLP a été l'instigateur de plusieurs détournements d'avions de ligne. Bien que de tendance marxiste-léniniste, il n'a jamais réellement rompu avec ses origines nationalistes. À partir de 1973, il s'est systématiquement opposé à la politique menée par Yasser Arafat* jugée trop conciliante. Membre d'un «front du refus» regroupant plusieurs organisations palestiniennes hostiles à l'accord signé en sept. 1993 entre l'OLP et Israël (→ **israélo-arabe [conflit]**), le FPLP a établi un commandement unifié avec le Front* démocratique et populaire pour la libération de la Palestine en vue d'une réunification des deux mouvements. En 2001, Abu Ali Mustafa, numéro un de l'organisation depuis un an, fut abattu par les forces israéliennes. Ahmed Saadat lui succéda. Celui-ci, emprisonné par l'Autorité palestinienne depuis 2002, a été condamné en 2006 à une peine de trente ans par un tribunal israélien.

**FROSSARD (Charles Auguste)** ♦ Général français (Versailles 1807 - Château-Villain, Haute-Marne 1875). Aide de camp de Napoléon III, il prit part à la campagne d'Italie de 1859, après laquelle il fut nommé chef de la maison militaire et gouverneur du prince impérial. Au début de la guerre franco-allemande, il fut battu par la Ire armée allemande de Steinmetz* à Forbach*-Spicheren (6 août 1870) ; après cette défaite qui ouvrit aux ennemis les portes de la Lorraine, Frossard fut fait prisonnier à Metz où il s'était replié avec son armée. ➝ ÉTYM. *Frossard* a la même étymologie que *Froissart**.

**FROSSARD (Oscar Louis, dit Ludovic Oscar)** ♦ Homme politique français (Foussemagne, Territoire de Belfort 1889 - Paris 1946). Secrétaire général de la SFIO* (oct. 1918), il se rallia aux partisans de la IIIe Internationale lors du congrès de Tours (déc. 1920). Secrétaire général de la SFIC (Parti communiste* français, 1921), mais hostile à la «bolchévisation» du PC, il démissionna en 1923, revint à la SFIO, puis député (1928 - 1940), proche des néosocialistes, il rejoignit l'Union des socialistes républicains. Plusieurs fois ministre de 1935 à 1940, il vota les pleins pouvoirs au maréchal Pétain en 1940. ♦ **André Frossard.** Journaliste et écrivain (Colombier-Châtelot, Doubs 1915 - Paris 1995). Fils du précédent. Il est l'auteur de nombreux ouvrages politiques ou religieux (*Dieu existe, je l'ai rencontré*, 1969 ; *De Gaulle ou la France en général*, 1989). [Acad. fr. 1987].

**FROST (Robert Lee)** ♦ Poète américain (San Francisco 1874 - Boston 1963). Après des études de droit, il s'établit à la campagne (à Derry, New Hampshire) où il devint fermier, mais il géra mal sa propriété et opta pour l'enseignement (1906 - 1912). C'est à Derry que fut écrite la majeure partie de ses poèmes. Professeur de poésie (Harvard) et conférencier apprécié, il eut des responsabilités à la Bibliothèque du Congrès. Chantre de la Nouvelle-Angleterre, Frost a cultivé un vers libre et une diction simple calquée sur la conversation. Princ. recueils : *A Boy's Will* (1913), *North of Boston* (1914).

**FROTTÉ (Marie Pierre Louis, comte DE)** ♦ Chef de la Chouannerie* normande (Alençon 1755 - Verneuil, Eure 1800). Issu d'une famille protestante, il se convertit au catholicisme et fut officier avant la Révolution. Émigré à Londres en 1792, il revint en Normandie en 1795 et tenta d'y fonder la Compagnie des hommes de la Couronne. Il rentra en Angleterre après la pacification de l'Ouest par Hoche (1796), puis revint en France comme agent des princes pour y poursuivre la lutte insurrectionnelle. Ayant obtenu un sauf-conduit pour se rendre à Alençon afin de s'y soumettre (1799), il fut arrêté et fusillé sur les ordres de Bonaparte.

**FROUARD** [54390] ➝ ÉTYM. anc. *Froardum*, du germ. *Frodhard*, n. de pers. ♦ Comm. de la Meurthe-et-Moselle, arr. de Nancy, au confluent de la Meurthe et de la Moselle. 6 999 hab. *(Frouardais)*. Matériel médical, papeterie.

**FROUDE (William)** ♦ Ingénieur britannique (Darlington, Devon 1810 - Simonstown, colonie du cap de Bonne-Espérance 1879). Spécialiste de mécanique des fluides, il utilisa la loi de similitude pour l'étude expérimentale de la résistance exercée sur un corps en mouvement. Il mit également au point un frein hydraulique utilisé en mécanique pour la mesure des couples moteurs au banc d'essai (1858).

**FROUNZE (Mikhaïl Vassilievitch)** ♦ Commandant de l'Armée rouge (Pichpek, auj. Bichkek 1885 - Moscou 1925). Il dirigea lors de la guerre civile les opérations dans le Turkestan contre le général Bielov (1919), puis contre le général Wrangel, opérations qui aboutirent à l'occupation de la Crimée (1920). Commissaire adjoint à la Guerre (1924), commissaire aux Affaires militaires et navales (1925), il dirigea l'académie militaire de Moscou qui devait par la suite porter son nom.

**FROUNZE** → **Bichkek**

**FROUZINS** [31270] ➝ ÉTYM. anc. *de Frozis*, p.-ê. du bas lat. *frauces* «terre inculte» ♦ Comm. de Haute-Garonne, arr. de Muret. 5 936 hab.

**Fructidor an V** (coup d'État du 18) ♦ Coup d'État exécuté le 4 sept. 1797 par les membres républicains du Directoire* (Barras, La Révellière-Lépeaux, Rewbell) avec le soutien de l'armée (Hoche*, Augereau* envoyé d'Italie à Paris par Bonaparte) contre les modérés et les royalistes (absolus et constitutionnels) du club de Clichy*. Après leur victoire aux élections de Germinal an V, ces derniers avaient remplacé Letourneur par le royaliste Barthélemy* au Directoire, nommé Barbé-Marbois président du Conseil des Anciens et Pichegru* président du Conseil des Cinq-Cents. Ils avaient adopté plusieurs mesures en faveur des émigrés et des prêtres réfractaires. Le coup d'État aboutit à l'arrestation et à la déportation de Barthélemy, L. Carnot ayant réussi à s'enfuir, de onze membres du Conseil des Anciens et de quarante-deux du Conseil des Cinq-Cents, à l'annulation des élections dans quarante-

Coup d'État du 18 **Fructidor an V.** Gravure de la fin du XVIIIe s. Bibliothèque nationale de France, Paris. *Phot.* © *Hubert Josse*

neuf départements ainsi que des mesures envers les émigrés rentrés en France (cent soixante furent condamnés à mort). Il marqua ainsi un renforcement du pouvoir exécutif au détriment du pouvoir législatif.

**FRY (Christopher)** ♦ Poète et auteur dramatique britannique (Bristol 1907 - Chichester 2005). D'abord acteur, directeur de théâtre et metteur en scène, il emprunte à T. S. Eliot* et aux élisabéthains une versification libre qu'il met au service d'un théâtre poétique d'inspiration essentiellement mythologique et religieuse : *Le Songe des prisonniers* (1940), *Un phénix trop pressant* (1946), *La dame ne brûlera pas* (1949), *Vénus au zénith* (1950), *Le Faux Jour* (1954). Liant chacune de ses pièces à une saison précise, il place au cœur de son œuvre le problème du rapport entre temps historique et temps cosmique, et s'interroge sur l'action de Dieu dans l'histoire.

**FRYCZ-MODRZEWSKI (Andrzej)** latinisé en **Fricius Modrevius** ♦ Théologien et écrivain polonais d'expression latine (Modrzev v. 1503 - *id.* v. 1572). Humaniste et protestant, il fut partisan d'un compromis entre catholiques et réformés. En 1543, il écrivit *Homicide et Châtiment*, s'élevant contre l'inégalité devant la justice. Dans son *Du redressement de l'État (Commentarium de republica emendanda)*, qui est l'un des grands livres du siècle, il exposa son programme de réformes (la première éd. en 3 livres, *Des mœurs, Des lois, De la guerre*, 1551, fut complétée par *De l'Église* et *Des écoles* dans la 2e éd. en 1554 ; trad. polonaise 1577).

**FRÝDEK-MÍSTEK** ♦ V. de la République tchèque, aux confins de la Moravie et de la Silésie, sur l'Ostravice. 59 416 hab. La ville fait partie de l'importante conurbation industrielle d'Ostrava*.

**FRYE (Herman Northrop)** ♦ Critique canadien d'expression anglaise (Sherbrooke, Québec 1912 - Toronto 1991). Il a élaboré un système théorique sur l'ensemble de la littérature. Son travail s'attache à définir des questions aussi fondamentales que la fonction de la critique et la nature des genres et des mythes. À partir de son étude sur W. Blake *Fearful Symmetry* (1947), Frye commença à prôner une symbolique universaliste fondée sur les grands textes littéraires : Shakespeare, Milton, les romantiques anglais. *L'Anatomie de la critique* (1957), son œuvre charnière, structure une véritable grammaire des formes littéraires. Il y sépare la critique en quatre modes : l'historique (selon lequel l'époque moderne est le temps de l'ironie), l'éthique, l'archétype, et la critique rhétorique. Frye a également exploré la Bible en tant que texte littéraire.

**FSB** → **KGB**

**FSU** n. f. → **Fédération syndicale unitaire.**

**FTP, FTPF** n. m. pl. → **Francs-tireurs et Partisans français.**

**FUALDÈS (Antoine)** ♦ Magistrat français (Mur-de-Barrez 1761 - Rodez 1817). Magistrat sous l'Empire, il fut retrouvé assassiné. Le procès de ses meurtriers (l'agent de change Jausion et le beau-frère de celui-ci, Bastide, qui avaient tué pour ne point régler leurs dettes) fit grand bruit et servit de thème à une complainte, restée longtemps célèbre.

**FUCHS (Leonhart)** ♦ Botaniste et médecin allemand (Wemding, Bavière 1501 - Tübingen 1566). Auteur de nombreux traités de botanique (*Remarques sur l'histoire des plantes*, 1546). Le genre *fuchsia* lui fut dédié par Plumier. Il fit également des études sur la lèpre. ➝ ÉTYM. Ce nom de famille allemand signifie «renard» (surnom d'un homme rusé ou d'un chasseur de renards).

**FUCHS (Immanuel Lazarus)** ♦ Mathématicien allemand (Mosina, près de Poznań 1833 - Berlin 1902). Il étudia les équations linéaires, en particulier les intégrales au voisinage des points singuliers des coefficients. Ses recherches portèrent également sur un type de fonctions transcendantes (appelées *fonctions fuchsiennes* par H. Poincaré*) invariables dans certaines transformations et à partir desquelles il généralisa la théorie des fonctions elliptiques.

**FUČÍK (Julius)** ♦ Journaliste et critique littéraire tchèque (Prague 1903 - Berlin 1943). Son *Reportage écrit sous la potence* (1945), qui le rendit célèbre, semble avoir été un faux diffusé par la propagande communiste.

**FUÉGIENS** n. m. pl. → ÉTYM. «habitants de la Terre de Feu (en esp. *Tierra del Fuego*)» ♦ Peuple de l'extrême Sud du continent américain, divisé en plusieurs sous-groupes. Les Onas, chasseurs de guanaco dont la vie était entièrement tournée vers la terre, ont disparu. Les Alakalufs, pêcheurs et chasseurs de mammifères marins, ne subsistent qu'en petit nombre. Les Fuégiens se déplaçaient à bord d'embarcations de bois au centre desquelles brûlait un feu, et leur vie sociale et religieuse obéissait à des règles complexes.

**FUENTES (Carlos)** ♦ Écrivain mexicain (Mexico 1928). D'abord collaborateur de revues politiques, Fuentes est passé au roman où il excelle à recréer l'atmosphère de sa ville natale. Dans *La Plus Limpide Région* (1958), Mexico se dévoile sous le regard impitoyable du personnage central qui se fait la conscience critique de la société mexicaine contemporaine. *La Muerte de Artemio Cruz* (1962) décrit un Mexique trahi par un révolutionnaire roué et arriviste. Ces deux romans, comme les suivants (*Christophe et son œuf*, 1991 ; *Les Années avec Laura Diaz*, 2001), sont autant de fresques du Mexique contemporain et des espoirs révolutionnaires. Dans la pièce de théâtre *Tous les chats sont gris* (1970), Fuentes rapproche dans un saisissant raccourci le passé précolombien et l'actualité du Mexique.

**FUERTEVENTURA** ♦ Île espagnole de l'archipel des Canaries. 94 386 hab. CH.-L. : Puerto del Rosario. Terres désertiques. Immenses plages (plongée sous-marine).

**FUGGER** ♦ Famille de banquiers allemands, dont l'activité commerciale, connue dès le XIV^e s., prit un essor particulier avec JACOB II FUGGER, dit le Riche (1459 - 1525). Celui-ci développa le commerce avec le Levant et l'exploitation minière (Tyrol, Carinthie, Thuringe, Hongrie), contrôlant le marché du cuivre à Venise, et étendit son empire commercial sur toute l'Europe occidentale et centrale. Magnifique dans ses dons, il fonda des établissements philanthropiques. Il devint le financier des empereurs Maximilien et Charles Quint (celui-ci lui dut son élection et des victoires comme Pavie), mais ce soutien des Habsbourg, poursuivi sous Philippe II, fut une des causes de la ruine des Fugger. Leur maison, en effet, ne fit que décliner, après la mort d'ANTON FUGGER (1493 - 1560), au cours de la seconde moitié du XVI^e s.

**FUJAÏRAH** ♦ Émirat de la fédération des Émirats arabes unis, au S. de la pointe N.-O. d'Oman sur le golfe d'Oman. → **Arabie** (carte). 125 698 hab. CAP. : Fujaïrah. Grâce à sa situation géographique, Fujaïrah offre un débouché aux exportations de brut des autres émirats qui n'ont pas d'accès sur le golfe d'Oman. Réserves de chrome, de marbre.

**FUJIAN** ou **FOU-KIEN** n. m. → ÉTYM. chin. «colonie heureuse» de *fú* «bonheur» et *jiàn* «fonder, établir» ♦ Prov. du S.-E. de la Chine, face à l'île de Taiwan. → **Chine** (carte). 3 300 km de côtes, 1 400 îles. 120 000 km². 34 097 947 hab. CAP. : Fuzhou. Céréales (riz, 1 à 3 récoltes par an), patates douces, oléagineux (arachides, sésame, colza), canne à sucre, thé, tabac, agrumes. Forêt : 39,5 % de la superficie totale, indus. du bois : 3 millions de m³/an. Charbon et graphite, gisements de métaux ferreux et non ferreux (cuivre, or, argent). Pêche. Artisanat. Anc. centre d'émigration (diaspora estimée à 6 millions de personnes).

**FUJIMORI (Alberto)** ♦ Homme d'État péruvien et japonais (Lima 1938), issu d'une famille d'émigrants japonais. À la tête d'un parti créé l'année précédente, Cambio 90, il fut élu président de la République en 1990. Confronté à une crise parlementaire, il suspendit le Parlement et les garanties constitutionnelles en avril 1992, jusqu'à l'élection en sept. 1992 d'une assemblée constituante qui lui était favorable. L'arrestation (sept. 1992) du chef historique du Sentier lumineux, Abimael Guzmán, conforta sa politique antiterroriste. Son deuxième mandat fut éclaboussé de scandales politiques qui l'obligèrent en 2000, après une nouvelle élection entachée d'irrégularités, à démissionner et à se réfugier au Japon. Objet d'un mandat d'arrêt international, il fut assigné à résidence au Chili de 2005 à 2007 puis extradé vers Lima où il fut condamné en 2009 à 25 ans de prison pour son rôle dans deux massacres de civils perpétrés en 1991 et 1992.

**FUJI SAN** → **Fuji Yama**

**FUJIWARA** ♦ Grande famille de nobles japonais, fondée au VII^e s. par Nakatomi no Kamako (ou Kamatari) et qui fournit à la cour impériale du Japon presque tous les Premiers ministres, régents et grands hommes d'État jusqu'à la fin du XII^e s. Cette famille compta parmi ses membres quelques-uns des plus célèbres poètes et écrivains du Japon «classique». À partir du X^e s., les Fujiwara s'allièrent à la famille impériale par mariages et, sous le titre de *kampaku* «régent», devinrent tout-puissants ; ils furent supplantés au XII^e s. par les clans rivaux des Taira* et des Minamoto*.

**FUJIWARA NO KINTO** ♦ Poète, calligraphe, musicien et homme politique japonais (Kyōto 966 - 1041). Il est l'auteur d'anthologies poétiques et de vers d'une grande délicatesse.

**FUJIWARA NO MICHINAGA** ♦ Homme politique japonais (966 - 1027). Ministre en 996, régent en 1016, il détint le pouvoir pendant plus de trente ans, grâce au mariage de ses filles avec trois empereurs successifs. Ni homme de guerre ni grand politicien, il s'occupa du bon fonctionnement de la cour, à laquelle vécurent alors quelques-uns des plus grands écrivains japonais (Sei* Shōnagon, Murasaki* Shikibu), et fit construire de nombreux temples. En 1018, il se retira comme moine au temple de Hōjōji.

**FUJIWARA NO SADAIE** ou **FUJIWARA NO TEIKA** ♦ Homme politique, poète et calligraphe japonais (1162 - 1241). Il est l'auteur du *Shin Kokinshū* («Nouvelle anthologie de poèmes anciens et modernes»), et on lui attribue le *Hyakuninisshu**.

**FUJIWARA Seika** ou **Seikwa** ♦ Philosophe japonais (1561 - 1619), fondateur d'une école confucéenne. Il fut protégé par Tokugawa* Ieyasu et eut pour disciple Hayashi* Razan.

**FUJI YAMA** n. m. → ÉTYM. «mont Fuji», en jap. *Fuji San*, autre prononciation du caractère «montagne» ♦ Le plus haut sommet du Japon, volcan (3 776 m) du centre de l'île de Honshū, dont la dernière éruption eut lieu en 1707. De forme conique parfaite, il est entouré à sa base de cinq lacs d'origine volcanique. Très vénéré des Japonais, il fut un des modèles préférés des artistes.

Le **Fuji Yama** et le lac Ashinoko au premier plan.
Phot. © *Gavin Hellier/Getty*

**FUKAZAWA Shichirō** ♦ Écrivain japonais (Isawamachi 1914 - Shobumachi 1987). Originaire de l'une des régions de montagnes les plus rudes du Japon, il fut d'abord musicien avant d'être révélé à la littérature par *Narayama* (1956). Inspirée d'une légende célèbre, l'histoire met en scène la vie dure et cruelle de villageois qui sont amenés par la pauvreté à abandonner les vieillards. Dans *Récit d'un rêve élégant* (1960), l'auteur tourna en dérision le couple impérial, ce qui lui valut d'être victime des menaces terroristes de la droite nationaliste. Fukazawa dut se réfugier pendant plusieurs années dans les provinces du Nord (Hokkaidō). Il publia plusieurs autres récits et nouvelles, dont *Berceuses de la province de Kai* (1965) et *Les Princes de Tōkyō* (1969).

**FUKSAS (Massimiliano)** ♦ Architecte italien d'origine lituanienne (Rome 1944). Influencé par sa formation de peintre et son admiration pour De Chirico, très imaginatif, il se rapproche parfois du style high tech pour s'inspirer à d'autres moments du postmodernisme. Il a mené une série importante de travaux publics : des écoles (Anagni en Italie), des cimetières (Orvieto, Paliano), des quartiers résidentiels, des universités (Maison des arts de l'université de Bordeaux, 1995 ; Faculté de droit de Limoges, 1996), des lieux culturels (bâtiment d'accueil de la grotte de Niaux, Ariège, 1993 ; médiathèque de Rezé, 1991 ; Centre Peres pour la paix à Jaffa, 2008). En France, il est notamment connu pour l'ensemble de logements en forme de vague, entièrement conçu en zinc (toits et façades) et intégrant des équipements sportifs et des commerces, réalisé dans le cadre de la restructuration de l'îlot Candie dans le XI^e arrondissement de Paris, ainsi que pour les Zénith de Strasbourg et d'Amiens.

**FUKUDA Yasuo** ♦ Homme politique japonais (Takasaki, préf. de Gunma, 1936). Fils d'un précédent Premier ministre, il a brièvement succédé à Abe* Shinzo en 2007 et 2008 et présidé le parti libéral démocrate. Son passage a été marqué par la tenue d'un G8 au Japon.

**FUKUI** ♦ V. du Japon (Honshū), ch.-l. de préf., sur la mer du Japon, renommée depuis le X$^{e}$ s. pour ses tissages de soie. 252 220 hab. Elle fut partiellement détruite par un tremblement de terre le 28 juin 1948. À proximité, temple du Eiheiji, fondé en 1244 par Dōgen*.

**FUKUI Kenichi** ♦ Chimiste japonais (Nara 1918 - 1998). Ses travaux sont à l'origine de l'explication des mécanismes des réactions chimiques entre grosses molécules dont la complexité interdisait toute analyse rigoureuse. Il introduisit en 1952 l'approximation des «orbitales frontières» d'après laquelle deux orbitales seulement interviennent dans la réactivité chimique des molécules. [Prix Nobel de chim. 1981, avec R. Hoffmann*]

**FUKUOKA** ♦ V. du Japon (Kyūshū), ch.-l. de préf., dans le N. de l'île. Centre politique et culturel (univ.). 1 401 279 hab. Port. Important centre indus. : sidérurgie, chantiers navals, indus. textiles. Mines de charbon à proximité. ▮ **Histoire** Fondée au XVII$^{e}$ s., Fukuoka fusionna avec Hakata en 1889.

**FUKUZAWA Yukichi** ♦ Littérateur, philosophe et éducateur japonais (Ōsaka 1834 - Tōkyō 1901). Conseiller d'État, il voyagea en Europe et en Amérique, fonda des établissements d'enseignement (université Keiō) et écrivit de nombreux ouvrages éducatifs prônant la civilisation occidentale qu'il contribua à introduire dans le pays. Il milita toute sa vie pour l'établissement d'une monarchie constitutionnelle. Œuv. princ. : *Seiyō jijō* («Les Choses de l'Occident», 1866 - 1870), *Gakumon no susume* («L'Encouragement à l'étude», 1872 - 1876).

**FULBERT** ♦ Évêque de Chartres (Italie v. 960 - Chartres 1028). Élève de Gerbert*, il ouvrit une école à Chartres* qui possédait une importante bibliothèque d'historiens, de poètes latins classiques et chrétiens. Plusieurs élèves s'y distinguèrent : Bernard et Thierry de Chartres, Guillaume de Conches. Il fit commencer la cathédrale de Chartres. Il est l'auteur d'une lettre adressée au duc d'Aquitaine où il définit les obligations féodalo-vassaliques.

**FULDA** n. f. ♦ Riv. d'Allemagne (218 km). Née dans le massif de la Rhön, elle arrose successivement Fulda, Bad Hersfeld, Kassel et Münden, où elle s'unit à l'Eder, à la Schwalm et à la Werra pour former la Weser*. Gisements de potasse.

**FULDA** ♦ V. d'Allemagne (Hesse), sur la Fulda, entre le Vogelsberg et la Rhön. 63 958 hab. Église carolingienne Saint-Michel (IX$^{e}$ s.), monuments baroques (château ; cathédrale du déb. du XVIII$^{e}$ s.). ▪ Indus. textiles et chimiques (pneumatiques). ▮ **Histoire** Fulda s'est développée autour d'une abbaye bénédictine fondée en 744 par un disciple de saint Boniface, Sturmius. Cette abbaye devint au Moyen Âge un grand foyer religieux, intellectuel et culturel, primat de tous les monastères bénédictins d'Allemagne (→ **Raban Maur**). Au milieu du XVIII$^{e}$ s., elle devint siège épiscopal et l'abbé reçut le titre de prince. L'abbaye fut sécularisée en 1803 et la ville passa successivement à la Hesse (1813), puis à la Prusse (1866). L'épiscopat allemand y tient sa réunion annuelle.

**FULGENCE** (saint) **[Claudius Fulgentius]** ♦ Écrivain latin chrétien (Télepte, Afrique, v. 467 - Ruspe 533). Fonctionnaire, moine, puis évêque de Ruspe (508), il professa l'augustinisme, lutta contre l'arianisme des rois vandales, fonda le monastère de Cagliari lors de son exil en Sardaigne (517 - 523). Auteur d'ouvrages théologiques (*De fide*...). ▪ Fête le 1$^{er}$ janv.

**FULLER (Marie-Louise, dite Loïe)** ♦ Artiste américaine de music-hall (Fullersburg, près de Chicago 1862 - Paris 1928). Danseuse autodidacte, elle se fit connaître en 1891 par sa *Danse serpentine*, spectacle chorégraphique nouveau, usant de projections lumineuses sur les costumes en voiles des danseuses, qui suscita en 1892 l'admiration de Toulouse-Lautrec et de Rodin. Dans ses spectacles suivants, elle s'identifiait aux mythes et éléments de la nature qu'elle représentait : *Papillon* (1892), *Nuages* (1893), *Lis de feu* (1895).

**FULLER (Richard Buckminster)** ♦ Constructeur américain (Milton, Massachusetts 1895 - Los Angeles 1983). Surtout intéressé par les problèmes techniques, il conçut et réalisa en 1927 la *Dymaxion House* : prototype d'un ensemble d'équipements strictement fonctionnels. Il poursuivit ensuite ses recherches expérimentales surtout dans le domaine des couvertures à grande surface : voûtes hémisphériques appelées aussi «dômes géodésiques», constituées par l'assemblage d'éléments identiques autoportants légers et transparents. Il est l'auteur de la plus vaste couverture réalisée jusqu'alors en acier et plastique (coupole de l'Union Tank Car Co., à Baton Rouge, 1958).

**FULLER (Samuel)** ♦ Cinéaste américain (Worcester, Massachusetts 1911 - Californie 1997). Riche en paroxysmes, son style tend à susciter l'émotion sous ses formes élémentaires, cultivant la violence sans en exalter les héros. Il a tourné des westerns, des films de guerre et des policiers, avec la même fougue généreuse : *Le Port de la drogue* (1953), *Le Jugement des flèches* (1957), *Les Bas-Fonds new-yorkais* (1961), *Les maraudeurs attaquent* (1962), *Shock Corridor* (1963), *Au-delà de la gloire* (1979).

**FULTON (Robert)** ♦ Mécanicien américain (Little Britain, auj. Fulton, Pennsylvanie 1765 - New York 1815). Il construisit, en France, en 1798, son premier sous-marin à hélice, propulsé manuellement en plongée et à la voile en surface (le *Nautulus*, devenu plus tard le *Nautilus*), qui demeura inutilisé. Puis, utilisant les résultats acquis par ses prédécesseurs et ses propres études sur la propulsion des bateaux par la vapeur, il réalisa en 1807 le *Clermont*, premier bateau pratique qui assura la liaison New York-Albany sur l'Hudson.

**FULTON (Hamish)** ♦ Photographe britannique (Londres 1946). Il parcourt à pied des pays peu influencés par la civilisation occidentale (Népal, Bolivie, Pérou, Tasmanie) et en rapporte des photographies quelquefois teintées d'une grande douceur, d'où est exclue toute trace de présence humaine (*Vue de Brockman's Mount, Tasmania*, 1979). Ses instantanés du début ont cédé la place à de grands formats, qui rendent encore mieux la poésie, l'étrangeté, la nostalgie contenues dans les paysages, et font de lui un photographe «conceptuel».

**FULVIE** – en lat. ***Fulvia*** ♦ Patricienne romaine (–I$^{er}$ s.). Elle eut pour amant Q. Curius, complice de Catilina*, et révéla à Cicéron* le secret de la conjuration.

**FULVIE** ♦ Femme du tribun Clodius* puis d'Antoine* (morte à Sicyone, Grèce –40). Elle profita des proscriptions pour venger son premier mari et contribua au meurtre de Cicéron*. Bien qu'Antoine l'ait abandonnée pour Cléopâtre*, elle prit le parti de son mari contre Octave* et provoqua la guerre de Pérouse* (–41). Vaincue par Octave, elle s'enfuit en Grèce où, après une entrevue orageuse avec son mari, elle mourut de chagrin.

**FUMAROLI (Marc)** ♦ Universitaire français (Marseille 1932). Spécialiste de l'histoire culturelle et titulaire, au Collège de France, de la chaire de «Rhétorique et société en Europe aux XVI$^{e}$ et XVII$^{e}$ siècles», il est l'auteur de *L'Âge de l'éloquence* (1980), *Héros et Orateurs* (1990), *L'École du silence* (1994), *La Diplomatie de l'esprit* (1994). Un pamphlet contre l'intervention de l'État dans le domaine artistique l'a fait connaître du grand public : *L'État culturel, essai sur une religion moderne* (1991). [Acad. fr. 1995 ; Acad. inscr. 1998]

**FUMAY** [08170] ➝ **ÉTYM.** du germ. *Filiman*, n. de pers. ♦ Ch.-l. de cant. des Ardennes, arr. de Charleville-Mézières, sur une presqu'île de la rive g. de la Meuse. 4 667 hab. (aggl. 6 759) *(Fumaciens)*. Fonderies. Câbles téléphoniques.

**FUMEL** [47500] ➝ **ÉTYM.** p.-ê. de l'occit. *femèl* «femelle», devenu n. de pers. ♦ Ch.-l. de cant. du Lot-et-Garonne, arr. de Villeneuve-sur-Lot, sur le Lot. 5 423 hab. (aggl. 12 562) *(Fumélois)*. Centre indus. en difficulté. Métall. ▪ Aux environs, château de Bonaguil (XV$^{e}$ - XVI$^{e}$ s.).

**FUNABASHI** ♦ V. du Japon (Honshū), préf. de Chiba. 569 835 hab. Petites industries. Hippodrome de Nakayama.

**FUNAN** ou **FOUNAN** n. m. ♦ Nom chinois d'un ancien royaume du S. du Cambodge et du Viêtnam* (I$^{er}$ - VI$^{e}$ s.), dont l'influence s'étendit vers la péninsule malaise et jusqu'au Zhenla*. On ignore le nom originel du pays. Sa capitale était proche de la côte et du Mékong.

**FUNCHAL** ♦ V. du Portugal, cap. de la région autonome de Madère*, sur la côte S. de l'île principale. 100 045 hab. Cathédrale de style

Loïe **Fuller.** *Loïe Fuller dans la danse des voiles aux Folies-Bergère,* par Toulouse-Lautrec. Musée Toulouse-Lautrec, Albi. *Phot. © Giraudon*

manuélin. Musée d'art sacré (tableaux portugais et flamands des XV$^{e}$ et XVI$^{e}$ s.). Jardin botanique. ▪ Port d'escale et station touristique.

**FUNDY** (baie de) ♦ Baie de l'océan Atlantique, sur la côte E. du Canada et des États-Unis. Elle sépare le Nouveau-Brunswick et le N. du Maine de la Nouvelle-Écosse. Saint*-Jean (Nouveau-Brunswick) est sur la côte O.

**FUNÈS (Louis DE)** ♦ Acteur français (Courbevoie 1914 - Nantes 1983). Sa popularité fut tardive (il figura pourtant dans de nombreux films à partir de 1945), mais éclatante. Son faciès de clown hystérique assura le triomphe du *Corniaud* (1964), de *La Grande Vadrouille* (1967), des *Aventures de Rabbi Jacob* (1973) et de la série des *Gendarmes*. Son meilleur rôle reste celui du trafiquant hargneux de *La Traversée de Paris* (C. Autant-Lara, 1956).

**FUNK (Casimir)** ♦ Biochimiste américain d'origine polonaise (Varsovie 1884 - Albany, New York 1967). Promoteur des recherches sur les vitamines dont il inventa le nom, il isola en particulier la vitamine B1 antibéribérique. → **Eijkman.**

**FUNK (Walther)** ♦ Économiste allemand (Trakehnen, Prusse-Orientale 1890 - Düsseldorf 1960). Conseiller financier du Parti national-socialiste (→ **nazisme**), il succéda à Schacht* en fév. 1938 à la tête du ministère de l'Économie nationale, et, en 1939, fut nommé président de la Reichsbank. Condamné à l'emprisonnement à vie au procès de Nuremberg*, il fut libéré en 1957.

**FURAN** n. m. ➝ ÉTYM. de la rac. hydronym. précelt. *for-* [le *u* p.-ê. sous l'influence du lat. *furare* «voler, emporter»] ♦ Torrent du Massif central, aff. rive d. de la Loire (40 km). Né au pied du mont Pilat (alt. 1 250 m), il arrose Saint-Étienne.

**FURCHGOTT (Robert F.)** ♦ Pharmacologue américain (Charleston, Caroline du Sud 1916 - Seattle 2009). Il découvrit, en 1980, que la dilatation des vaisseaux sanguins est déclenchée par une substance inconnue, synthétisée par l'endothélium sous l'effet de l'acétylcholine. En 1986, il démontra, indépendamment de L. Ignarro, que le nouveau médiateur est le monoxyde d'azote (NO). Ses travaux sont à l'origine de l'élucidation du rôle du NO dans le système cardiovasculaire. [Prix Nobel de physiol. ou méd. 1998, avec L. Ignarro et F. Murad*]

**FURET (François)** ♦ Historien français (Paris 1927 - Toulouse 1997). Membre de l'école des Annales*, il se fit le défenseur d'une histoire conceptuelle, à la fois problématique et construite, qui privilégie l'étude des phénomènes de longue durée (*L'Alphabétisation des Français*, 1976, avec J. Ozouf). Spécialiste de la Révolution française (*Penser la Révolution française*, 1978 ; *La Révolution 1770 - 1880*, 1988), il s'opposa à l'interprétation marxiste de celle-ci et remit en question la notion de «révolution» au profit d'un mouvement pluriséculaire dont l'événement ne serait qu'un épiphénomène. [Acad. fr. 1997] ➝ ÉTYM. *Furet* est le surnom d'une personne qui fouille partout.

**FURETIÈRE (Antoine)** ♦ Écrivain et lexicographe français (Paris 1619 - *id.* 1688). Admis à l'Académie française (1662), il en fut exclu (1685) pour avoir rivalisé avec elle en élaborant un *Dictionnaire universel* (posth. 1690), qui ajoute à la description du lexique de l'honnête homme (celui du *Dictionnaire de l'Académie française*) celle des vocabulaires techniques et pratiques, langue de la bourgeoisie montante. On lui doit aussi *Le Roman* bourgeois* (1666), évocation réaliste des gens de loi et satire de la littérature romanesque.

**FURIANI** [20600] ➝ ÉTYM. du lat. *Furius*, n. de pers., et suff. *-anum* ♦ Comm. de la Haute-Corse, arr. de Bastia. 3 902 hab.

**FURIES** n. f. pl. ➝ ÉTYM. en lat. *Furiae*, de *furere* «être en furie» ♦ Divinités du monde infernal dans la religion romaine. Elles furent très tôt assimilées aux Érinyes* grecques.

**FURKA** (col de la) ♦ Col des Alpes suisses entre la vallée du Rhône supérieur et celle de la Reuss à 2 431 m d'alt.

**FURNES** → **Veurne**

**FÜRST (Walter)** ♦ Héros légendaire de l'histoire suisse (fin XIII$^{e}$ s.). Beau-père de Guillaume* Tell, il aurait représenté le canton d'Uri au serment de Rütli*.

**FÜRSTENBERG** ♦ Famille allemande de Souabe, connue surtout par WILHELM EGON FÜRSTENBERG (Heiligenberg 1619 - Paris 1704), landgrave de Fürstenberg, évêque de Strasbourg (1684 - 1704). Fidèle allié de Louis XIV, il dut se réfugier en France. Sa candidature à l'électorat de Cologne, soutenue par Louis XIV, fut une des causes de la guerre de la ligue d'Augsbourg*. ➝ ÉTYM. Ce nom de famille allemand vient d'un nom de lieu, du moyen haut allemand *furisto* «prince» et *berg* «colline».

**FÜRSTENWALDE** ♦ V. d'Allemagne (Brandebourg), sur la Spree, près du canal Oder-Spree. Env. 33 000 hab. Centre indus. (aciéries, pneumatiques, travail du cuir).

**FÜRTH** ♦ V. d'Allemagne (Bavière), au confluent de la Rednitz et de la Pegnitz (qui forment la Regnitz), à l'O. de Nuremberg. 113 591 hab. Église du XIV$^{e}$ s. ; maisons des XVII$^{e}$ - XVIII$^{e}$ s. ▪ Ville industrielle passée du textile aux postes de radio et à l'électronique grand public (Grundig). ▮ **Histoire** Mentionnée en 1007, Fürth appartint au duché de Bamberg, puis au margraviat d'Ansbach, avant d'être rattachée à la Bavière (1805), puis à la Prusse (1816). Le premier chemin de fer allemand fut construit en 1835 entre Fürth et Nuremberg.

**FURTWÄNGLER (Wilhelm)** ♦ Chef d'orchestre allemand (Berlin 1886 - Baden-Baden 1954). Successeur de Nikisch à Leipzig, puis de Weingartner à Vienne, il fut, à la tête de l'Orchestre philharmonique de Berlin, par la noblesse et la générosité de son inspiration, l'un des plus grands interprètes de Beethoven, Brahms et Wagner. ➝ ÉTYM. *Furtwängler* vient de *Furtwangen*, nom de lieu en Forêt Noire (de *furt* «gué» et *wang* «noue»).

**FUSAN** → **Pusan**

**FUSE** ♦ V. du Japon qui forme, avec Hirakata et Kawachi, l'agglomération de Higashiōsaka, depuis 1967.

**FU Shan** ou **FOU Chan** ♦ Peintre, poète, calligraphe, philosophe et médecin chinois (1602 - 1683). Adepte du tao*, il passa vingt ans en ermite. Appelé par l'empereur Kangxi pour servir à la cour, il refusa avec énergie et fut gratifié d'un titre honorifique. Il peignit surtout des paysages et des bambous.

**FUSHUN** ou **FOU-CHOUEN** ♦ V. de Chine (Liaoning). 1 359 873 hab. Centre indus., complexe de raffinement du pétrole, à proximité de gisements de charbon.

**FÜSSEN** ♦ V. d'Allemagne (Bavière), au pied des Alpes bavaroises, sur la «route romantique». 16 663 hab. À 4 km s'élèvent les châteaux de Hohenschwangau* et de Neuschwanstein*.

**FÜSSLI (Johann Heinrich)** appelé en Grande-Bretagne **Henry FUSELI** ♦ Peintre, dessinateur, graveur et écrivain suisse (Zurich 1741 - Londres 1825). Fils de peintre, il fit des études de théologie et dut partir pour Berlin puis pour Londres après avoir signé, avec son ami Lavater, un pamphlet politique. Il traduisit Winckelmann en anglais. Il vécut à Rome (1770 - 1778) où il admira particulièrement Michel-Ange, puis s'établit à Londres en 1779. Il traita des thèmes historiques et tragiques inspirés de Shakespeare, Milton, des *Nibelungen* ou de Goethe, et aussi des scènes de folie (*Lady Macbeth*, 1784), des monstres (*Le Cauchemar*, 1782), thèmes où se manifeste sa prédilection pour l'étrange, le démoniaque, le surnaturel. Il aimait les personnages aux formes allongées, issus du maniérisme italien, et les clairs-obscurs accentués. Sa puissante imagination fantastique a marqué l'école anglaise (→ **Blake**). Il est l'un des représentants les plus importants du préromantisme.

Johann Heinrich **Füssli.** *Le Réveil de Titania.* Kunsthaus, Zurich.
*Phot. © Arch. Smeets*

**FUST (Johann)** ♦ Orfèvre et imprimeur allemand (Mayence v. 1400 - Paris 1466). Il s'associa avec Gutenberg*, mais se brouilla avec lui en 1455, et continua à diriger l'imprimerie qu'ils avaient fondée avec P. Schöffer*. Ils publièrent entre autres ouvrages, en 1457, le *Psautier* de Mayence (premier livre imprimé daté), puis la *Bible* de Mayence.

**FÜST (Milán)** ♦ Écrivain hongrois (Budapest 1888 - *id.* 1967). Collaborateur de la revue *Occident**, il fut l'initiateur du vers libre dans la poésie hongroise. Sa prose se situe dans un cadre fictif (*L'His-*

## futurisme

n. m. ♦ Ensemble de mouvements artistiques et littéraires qui se développèrent en Italie et en Russie à partir de 1909 et qui préconisèrent une esthétique fondée sur le rejet du traditionalisme et l'exaltation du modernisme. ♦ ***Le futurisme italien*** En peinture, le futurisme a cristallisé les efforts des artistes italiens pour secouer l'apathie politique et culturelle de leur pays. Ils pratiquèrent une «saine» agressivité verbale et culturelle, firent l'apologie des villes, de l'ère de la machine et de la vitesse, l'automobile de course étant «plus belle que la Victoire de Samothrace». Le futurisme italien connut deux phases historiques : de 1909 à 1916, date de la mort de l'inspirateur du mouvement, Boccioni*, puis de 1918 à 1944, époque pendant laquelle F. T. Marinetti*, son théoricien, tenta d'en faire l'art officiel de l'Italie. Le *Manifeste futuriste* de Marinetti, publié en fév. 1909 dans *Le Figaro*, fut traduit en russe peu de temps après. En 1910, Boccioni déclama à Turin le *Manifeste des peintres futuristes*, signé par Luigi Russolo, Carlo Carrà*, Gino Severini* et Giacomo Balla*. Mais les positions nationalistes et plus tard fascistes des futuristes, leur apologie de la guerre suscitèrent de sévères critiques chez d'autres artistes, notamment Modigliani et De Chirico. Lors de leur exposition à Paris en 1912, les futuristes critiquèrent le cubisme*, qu'ils voyaient comme une forme cachée d'académisme. Ils en retinrent cependant certains principes formels, dont celui de l'interpénétration des plans et de la simultanéité. ♦ ***Le futurisme russe*** Lors de l'exposition «La Cible», à Moscou en 1913, Malevitch* qualifia ses tableaux de «cubo-futuristes». Les peintres russes de l'époque, d'origine souvent modeste, paysanne le plus souvent, furent attirés par les théories du futurisme, par sa dimension sociale, par son rejet de l'héritage de la Renaissance. Tatline* avait admiré une exposition de Boccioni à Paris en 1913, mais le futurisme russe se distingue nettement du futurisme italien par son rejet de toute métaphysique, par son adhésion à l'idéologie marxiste et sa vision poétique de la machine. Puis les artistes russes cherchèrent à se dégager des influences occidentales pour créer leur propre style : néoprimitivisme de Larionov* ; rayonnisme de Larionov et Gontcharova* ; suprématisme* de Malevitch* ; facture-texture de Tatline* puis constructivisme* qui succède au cubo-futurisme de Malevitch*, Alexandra Exter, Lentoulov et Lioubov Popova. Dans la littérature russe, le futurisme, qui succéda à l'acméisme*, se développa de 1910 à 1920. De nature anarchique, il rejetait la culture «bourgeoise» traditionnelle et préconisait une véritable révolution linguistique : bouleversant les règles de la langue, les futuristes créaient des mots nouveaux où dominait la magie de la phonétique. Les plus brillants représentants de l'école futuriste russe ont été Maïakovski*, Khlebnikov*, L. Bourliouk* et I. Severianine*. ▪ L'influence des futuristes fut moins puissante que celle des cubistes, sauf en Russie, en Angleterre, avec le vorticisme (P. W. Lewis*), en Allemagne avec le Cavalier* bleu à partir de 1912, et aux États-Unis avec Josef Stella. La mort de Boccioni et celle de l'architecte Sant'Elia* en 1918 atténuèrent l'impulsion du mouvement dont la fin coïncida avec la Deuxième Guerre mondiale et la mort de Marinetti en 1944.

*toire de ma femme*, 1942 ; *Chasse à l'automne*, 1955), ses drames sont d'une intensité tragique exceptionnelle (*Henri IV*, 1931). Sa poésie montre une grande intensité visionnaire (*Rue des Fantômes*, 1948).

**FUSTEL DE COULANGES (Numa Denis)** ♦ Historien français (Paris 1830 - Massy 1889). Il enseigna à la faculté de Strasbourg (1860), puis à Paris (1870) où, désireux d'inspirer «le respect pour les générations qui nous ont précédés», il entreprit d'écrire une *Histoire des institutions politiques de l'ancienne France* dont, seul, le 1er vol. fut publié de son vivant (1888) ; les autres parurent de 1889 à 1892 grâce aux soins de Camille Jullian. Fustel de Coulanges a défini sa méthode dans diverses études, notamment dans les *Questions historiques* : «L'Histoire n'est pas un art, elle est une science pure» ; elle demande une documentation rigoureuse, une objectivité totale (par un constant effort de dépaysement) et un parfait esprit critique. Ces principes se trouvent illustrés dans *La Cité antique* (1864), où Fustel de Coulanges fait du sentiment religieux le principe constitutif de la famille et de la cité antiques. Cet ouvrage, qui souleva de vives polémiques, manifeste le talent littéraire de son auteur, qui sait être évocateur avec sobriété et sans recourir au pittoresque.

**FUTABATEI Shimei (HASEGAWA Tatsunosuke, dit)** ♦ Écrivain japonais (Edo, auj. Tōkyō 1864 - golfe du Bengale 1909). Spécialiste de la littérature russe, il traduisit en japonais de nombreux ouvrages de Tourgueniev, de Gogol, et publia deux romans : *Ukigumo* («Nuages à la dérive», 1887 - 1889, inachevé) et *Heibon* («La Médiocrité», 1907). Ses textes, très influencés par Tsubouchi* Shōyō, introduisirent pour la première fois en littérature le dialecte de Tōkyō, rompant avec la tradition qui ne considérait comme «littéraire» que la langue classique, laquelle n'avait quasiment pas évolué depuis le XIIe s.

**FUTUNA et ALOFI** ♦ Îles de la Polynésie, appelées parfois *îles de Horn*, et appartenant à la collectivité d'outre-mer française de Wallis* et Futuna. Futuna : 64 km² ; 4 324 hab. Alofi : 51 km² (inhabitée). Coprah, canne à sucre.

**Futuroscope** n. m. ♦ Parc d'attractions scientifiques et techniques inauguré en 1986 à Jaunay-Clan, près de Poitiers. L'architecture néofuturiste des différents pavillons, due à Denis Laming, reprend des formes géométriques ou naturelles : prisme surmonté d'une sphère pour le Futuroscope (1986), dans lequel le visiteur est convié à un voyage dans le temps et l'espace ; cristal de quartz pour le Kinémax (1987), cinéma à écran plat de 600 m² et doté d'un système de projection par fibres optiques ; goutte d'eau pour le pavillon de la Communication (1989) ; fleur de lotus pour l'Institut international de prospective (1987) ; cube transparent pour l'Omnimax (1990), cinéma circulaire.

**FUVEAU** [13710] ➝ ÉTYM. anc. *Affluel*, probablt du lat. *affluere* «couler abondamment» ♦ Comm. des Bouches-du-Rhône, arr. d'Aix-en-Provence. 7 509 hab. *(Fuvelains)*. Anc. gisement de lignite.

**FUX (Johann Joseph)** ♦ Compositeur et théoricien de la musique autrichien (Hirtenfeld 1660 - Vienne 1741). Maître de chapelle à la cour de Vienne (1715), il composa une œuvre d'inspiration baroque, très abondante dans les domaines divers de l'opéra, de la musique instrumentale (ouvertures, sonates) et sacrée (messes, requiem, oratorios). C'est surtout par un important ouvrage didactique, *Gradus ad Parnassum* (1725), dans lequel il fixa les règles du contrepoint, qu'il a exercé une profonde influence sur les musiciens qui en firent l'étude, de J.-S. Bach à Haydn, Mozart, Beethoven et Schubert.

**FUXI ou FOU-HI** ➝ ÉTYM. chin. p.-ê. «père de la vie» ♦ Le premier des Cinq Empereurs légendaires de la Chine, considéré comme le Grand Ancêtre de la culture chinoise. Souverain mythique, il aurait régné sous le nom de Taihao. On lui attribue l'invention du filet, l'enseignement de l'agriculture, de l'élevage et de la chasse, ainsi que des huit trigrammes.

**FUXIN ou FOU-SIN** ♦ V. de Chine (Liaoning). 669 355 hab. Anc. mine de charbon fermée en 2005. Indus. forestière.

**FUZHOU ou FOU-TCHEOU** ♦ V. de Chine, cap. de la prov. de Fujian, sur le Min jiang. 2 032 723 hab. Centre de prod. agricole (céréales, oléagineux, fruits). Indus. sucrière (canne à sucre). Port de pêche. Trafic maritime. ▮ **Histoire** La ville fut bombardée par l'amiral Courbet en 1884.

**FUZULI (Mehmet Süleyman)** ♦ Poète turc d'origine kurde (Bagdad v. 1494 - 1560). Il composa trois *Divans*, en turc, persan et arabe. Il rédigea en turc un long roman en vers *(masnavī)* inspiré de la légende arabe de l'amour absolu entre Layla et Majnūn.

**FYN** → Fionie

**FYNE** (loch) ♦ Fjord d'Écosse (Strathclyde). Étroit et long (65 km), il forme la branche N. du Firth of Clyde. Tourisme.

# G

**GABAON** – auj. ***El-Djib*** ♦ Anc. ville de Palestine, à 10 km au N.-N.-O. de Jérusalem. Dans la Bible (Livre de Josué*), cette ville se met sous la protection d'Israël et se voit attaquée par une coalition de cinq rois, que Josué* parvient à défaire avec l'aide de Dieu (qui arrête le soleil pour que la bataille se termine). Par la suite, elle devint le site d'un sanctuaire important.

**GABÈS** – en ar. ***Gābis*** ou ***Qābis*** ♦ V. de Tunisie méridionale, ch.-l. de gouvernorat, au fond du *golfe de Gabès*. 116 323 hab. Palmeraies sur les rives de l'*oued Gabès*. Arbres fruitiers. ▪ Port de pêche. Conserveries de poissons. Complexe chimique. ♦ ***Golfe de Gabès*** Anc. golfe de la Petite Syrte, il est compris entre les côtes du Sahel de Sfax et les îles Kerkennah au N., et l'île de Djerba au S.

**GABIN (Jean Alexis MONCORGÉ, dit Jean)** ◂ ÉTYM. pseud. pris par son père (acteur), qu'il conserva, de l'anc. fr. *gaber* « railler, plaisanter » (surnom de railleur) ♦ Acteur français (Paris 1904 - Neuilly-sur-Seine 1976). Figurant aux Folies-Bergère, puis chanteur d'opérettes, il commença une longue carrière au cinéma en 1930. Il a tourné dans plus de cent films dont plusieurs classiques de J. Duvivier (*Pépé le Moko*, 1937), Marcel Carné (*Le Quai* des brumes*, 1938), Jean Renoir (*La Grande* Illusion*, 1937 ; *La Bête* humaine*, 1938 ; *French Cancan*, 1954). Son personnage de jeunesse, généreux, révolté et populaire, évolua avec l'âge pour devenir, sans jamais perdre sa spontanéité et sa forte présence, celui d'un homme mûr, puis d'un vieillard souvent non conformiste, toujours autoritaire et énergique.

**GABLE (Clark)** ♦ Acteur américain (Cadiz, Ohio 1901 - Hollywood, Californie 1960). Alliant le charme à l'autorité et la désinvolture à la puissance, il fut l'une des figures les plus marquantes du cinéma américain. D'une carrière riche en personnages pittoresques ou passionnés, on retiendra : *New York-Miami* (1934), *Autant en emporte le vent* (1939), *L'Esclave libre* (1957) et *Les Désaxés** (*The Misfits*, 1961), son dernier film. ◂ ÉTYM. Ce nom de famille vient peut-être d'un nom de lieu, du vieux norrois *gafle* (devenu en ancien français *gable*) « pignon ».

Clark **Gable** et Vivien Leigh dans *Autant en emporte le vent* (1939). *Phot. © Sunset Boulevard /Corbis*

**GABO** (**Naum Pevsner,** dit **Naum**) ♦ Sculpteur et théoricien américain d'origine russe (Briansk 1890 - Waterbury, Connecticut 1977). Frère de A. Pevsner*, il entreprit dès 1906 des études de médecine et de physique à Munich. En 1911 - 1912, il suivit les cours de Wölfflin, puis voyagea en Italie et en France, s'intéressant aux mouvements d'avant-garde. En 1915, à Oslo, il réalisa avec son frère des sculptures à partir de surfaces découpées et pliées en métal, carton, bois ou celluloïd : le découpage des formes en angles tranchants, l'adoption de matériaux prosaïques et l'abandon de la notion de volume plein procédaient des expériences cubistes et se rapprochaient des recherches d'Archipenko* et de Tatline*. En Russie soviétique, il participa à partir de 1917 à l'activité artistique alors en pleine effervescence ; mais, s'opposant aux conceptions utilitaristes de Tatline, il publia en 1920 *Le Manifeste réaliste*, signé aussi par son frère, où étaient exposés les principes du constructivisme*. Il y défendait vigoureusement l'indépendance de l'art, refusait la tradition, et notamment l'imitation réaliste, prônait l'adoption de matériaux modernes (acier, celluloïd, verre), soulignait l'importance de l'espace et du temps dans l'expression plastique et refusait les notions de statisme et de masse. Séjournant en Allemagne de 1922 à 1932, il contribua avec Moholy*-Nagy et Lissitzky* à y diffuser les idées constructivistes, notamment au Bauhaus*, dès 1922. À Paris, il adhéra au groupe Abstraction-Création. Il se rendit ensuite en Angleterre (1935), puis se fixa aux États-Unis (1946). Dans ses constructions aux formes géométriques dépouillées, les surfaces angulaires souvent en matières transparentes, les tubes ou fils d'acier et de nylon définissent un espace aérien où joue la lumière. Dès 1920, il fit intervenir le temps en créant ses premières constructions cinétiques ; très tôt, il voulut donner des dimensions monumentales à ses œuvres fortement architectoniques (*Monument pour un aérodrome*, 1922 ; *Au prisonnier politique inconnu*, 1953). Utilisant surtout, à partir de 1935, des matériaux souples (matières plastiques), il créa des formes d'une complexité croissante, surfaces courbes, gauches, hyperboloïdes offrant l'apparence de structures végétales aux rythmes d'une élégante rigueur. Adepte d'un art non figuratif, il a fortement contribué au renouvellement de l'expression plastique.

**GABON** n. m. ➝ **ÉTYM.** du port. *gabão* «caban», à cause de la forme de l'estuaire ♦ Estuaire commun de plusieurs rivières non navigables, qui a donné son nom à la République gabonaise.

## GABON

▮ n. m. – off. ***République gabonaise*** ➝ **ÉTYM.** du n. de l'estuaire ♦ Pays d'Afrique équatoriale. 267 667 km². 1 370 000 hab. *(Gabonais)*. LANGUES : français (off.), langues bantoues (téké, fang). POPULATION : Fangs, Kotas, Kwélés, Mpongwés, Tékés. RELIGIONS : chrétiens, animistes. MONNAIE : franc CFA. CAPITALE : Libreville. RÉGIME : présidentiel. Le Gabon est divisé en 9 provinces.

▮ **GÉOGRAPHIE** Le Gabon est un pays forestier (85 % de la superficie) qui s'étend pour les 2/3 sur le bassin de l'Ogooué* dominé par les monts de Cristal* au N.-O. Son climat est tropical humide. Ses principales ressources sont les bois de la forêt vierge (okoumé, ébène) ; l'exploitation de la mine d'uranium de Mounana s'est arrêtée en 1999 et celle de manganèse de la région de Moanda (2,2 millions de t. en 2008) est en pleine expansion. Il existe un important gisement de fer à Ouanda-Belinga (20 millions de t par an, réserves de 1 milliard de t) ; en 2004, la visite du président Hu Jintao, suivie d'un permis de prospection pétrolière et, en 2006, l'exploitation du riche gisement de fer de Belinga, marqua l'intérêt du géant chinois pour ce fleuron économique de «la Françafrique». Un chemin de fer ultramoderne reliant Masuku à Libreville (le Transgabonais) et un

**Gabon.** Flottage du bois à Port-Gentil.
*Phot. ©Hétier*

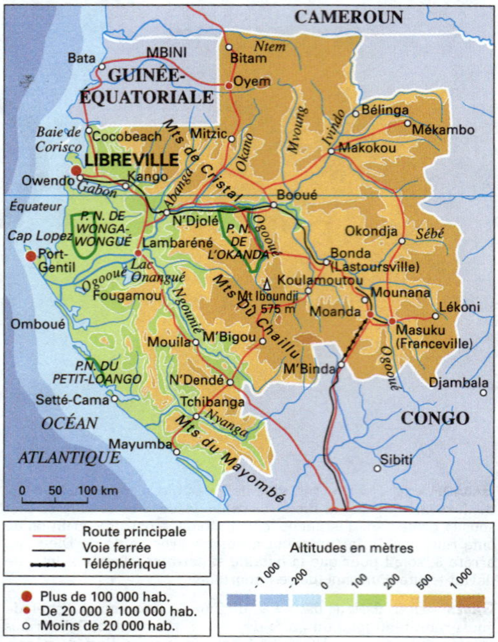


**Gabon.**

téléphérique, le plus long du monde (72 km), permettent l'exportation des matières premières. Qualifié d'«Émirat africain», avec 12 millions de t de pétrole brut par an, bien que le pays et ses habitants ne bénéficient pas de cette manne pétrolière, le Gabon connaît un déficit important en matière sanitaire et occupe la 122e place sur 177 sur l'échelle du développement humain de l'ONU.

▮ **HISTOIRE** Le Gabon recèle des vestiges paléolithiques et néolithiques. Les Pygmées* sont les premiers habitants de la forêt. Les autres populations, venues des régions frontalières, se sont implantées à une date plus récente, comme les Fangs. La côte gabonaise fut reconnue au XVe s. par les Portugais. Les Français y installèrent un comptoir au début du XIXe s. puis des missions catholiques fondèrent Libreville pour les esclaves libérés. Savorgnan de Brazza* remonta l'Ogooué en 1875. Territoire français en 1886, aux mains des sociétés concessionnaires qui commencèrent à exploiter la forêt, le Gabon fut rattaché au Congo français de 1889 à 1904 avec Libreville pour capitale. En 1910, il devint une des colonies de l'Afrique-Équatoriale française. Le pays accéda à l'indépendance en 1960 sous la présidence de Léon M'Ba. Son successeur Omar Bongo* (président depuis 1967) instaura un régime de parti unique puis s'ouvrit au multipartisme à la suite de violentes manifestations populaires en 1991. Prônant la «gestion collective de l'État», il fit entrer des opposants dans ses gouvernements pour mieux les neutraliser afin d'assurer régulièrement ses réélections. Poursuivi en France au sujet de l'origine de son patrimoine, il préféra se faire soigner en Espagne où il décéda en juin 2009. Sensibilisée depuis le début de l'année par des arrestations de militants anticorruption, la société civile y vit une occasion de rompre avec un système politique sclérosé. L'annonce de la candidature d'Ali Ben Bongo, le fils du président défunt et ministre de la Défense, suscita des manifestations violemment réprimées avant et après la consultation à un tour du 30 août qui vit l'accession de ce dernier à la présidence avec 41,73 % des voix. Paraissant pratiquer la même politique que son père, il a intégré dans son gouvernement Jean Félix Mouloungui, du principal parti d'opposition.

**GABOR** (**Dennis**) ♦ Physicien et technicien britannique d'origine hongroise (Budapest 1900 - Londres 1979). Auteur de travaux sur les oscillographes à rayons cathodiques, les machines à lentilles magnétiques, les décharges des gaz et la théorie de l'information, il est connu comme inventeur de l'holographie (1948). Son invention ne put être réalisée pratiquement qu'à partir de la découverte du laser (1963). [Prix Nobel de phys. 1971]

**GABORIAU** (**Émile**) ♦ Romancier français (Saujon 1832 - Paris 1873). S'inspirant avec brio des *Histoires extraordinaires* d'Edgar Poe* il donna en 1866 *L'Affaire Lerouge*, un des prototypes du roman policier à énigme, qui allait connaître un succès considérable. Maître de l'angoisse, Gaboriau associait son lecteur à une enquête menée par un «fin limier», le policier Lecoq qui, selon les plus classiques procédés judiciaires, élucidait avec un grand souci de précision technique une affaire mystérieuse (*Le Crime d'Orcival, Le Dossier n° 113*, 1867). ◆ ÉTYM. Le nom de famille *Gaboriau* vient de l'ancien français *gaber* «plaisanter», surnom d'une personne aimant plaisanter.

**GABORONE** ◆ ÉTYM. anc. *Gaberones* ; de *Gaborone*, n. du chef local de l'ethnie tswanan (de 1880 à 1932) ♦ Cap. du Botswana, au S.-E. du pays, reliée par voie ferrée à Bulawayo (Zimbabwe) et au Cap (Afrique du Sud). 282 150 hab. *(Gaboronais)*.

**GABRIEL** ◆ ÉTYM. hébr. «homme de Dieu» ♦ Un des archanges des traditions juive (postérieure à l'exil), chrétienne et musulmane. Dans le Livre de Daniel, VIII, 15 *sqq.* et IX, 21, il interprète visions et prophéties. Dans l'Évangile de Luc, I, 19 et 26, il annonce à Zacharie la naissance de Jean-Baptiste et à Marie celle de Jésus. Dans le Coran (II, 91), il révèle à Mahomet sa vocation de prophète. ■ L'Église catholique le fête le 29 sept.

**GABRIEL (Jacques Ange)** ♦ Architecte et décorateur français (Paris 1698 - *id.* 1782). Il travailla avec son père JACQUES GABRIEL (1667 - 1742), auteur de l'hôtel Biron à Paris, termina certaines de ses réalisations (place Royale de Bordeaux) et lui succéda en 1742 comme premier architecte du roi et directeur de l'Académie d'architecture. Il remania plusieurs résidences royales (Fontainebleau, 1749 ; Compiègne, 1751 ; Choisy, 1752 ; Blois) et à Versailles commença la reconstruction d'une aile latérale donnant sur la cour, édifia l'Opéra (1753) et le Petit Trianon (1762 - 1768), caractérisé par l'élégance et le raffinement des proportions et du décor. À Paris, il conçut les plans de la place Louis XV (auj. la Concorde) et construisit les deux édifices qui la bordent (1762 - 1770) ; il entreprit aussi l'École militaire en 1751 - 1775. Se montrant fidèle à l'esprit de l'architecture classique française, il eut l'art d'agencer les volumes et d'intégrer avec mesure le décor à l'architecture. En même temps, la sobriété et l'ampleur de ses parties annoncent le néoclassicisme.

**GABRIELI (Andrea)** ♦ Compositeur et organiste italien (Venise v. 1515 - *id.* 1586). Chanteur puis organiste à Saint-Marc de Venise où il succéda tardivement à C. Merulo (1584), il fit la majeure partie de sa carrière en Bavière. Novateur dans le domaine de la polyphonie vocale, il s'opposa à l'art traditionaliste d'un Lassus. Sa musique profane (*madrigali* à 3, 5 et 6 voix, *greghesche, giustianiane, mascherate*) s'enrichit des joyeuses couleurs de l'inspiration populaire. Fidèle à l'emploi des *cori battenti*, sa musique sacrée *(cantiones, psalmi, concerti)* se caractérise par la richesse de l'instrumentation et l'usage nouveau qu'il fait des cuivres et des violons. Dans cette manière, il composa la musique des fêtes de Venise à l'occasion de la victoire de Lépante (1571) et de la visite d'Henri III (1574). Pour l'orgue, il est le créateur des *intonazioni preludianti*, ancêtres du prélude choral. Par l'usage de formes rythmiques plus mobiles, parfois proches de l'improvisation, A. Gabrieli fut, avec C. Merulo*, un des maîtres incontestés de la musique vénitienne au XVIe s.

**GABRIELI (Giovanni)** ♦ Compositeur et organiste italien (Venise 1557 - *id.* 1612). Adjoint de R. de Lassus à Munich (1575), il fut second organiste à Saint-Marc de Venise. Poursuivant l'œuvre de C. Merulo* et celle de A. Gabrieli* (dont il était le neveu), il enrichit la *canzon da sonare* (chanson à jouer) et la libéra de l'influence de la chanson française. Dans ses *canzoni*, il utilise une très riche instrumentation, diversifiant les timbres, variant les rythmes. Il y emploie une architecture thématique où les formules se répondent en écho ou s'opposent en larges masses. Son génie harmonique éclate dans les *Sacrae symphoniae* (*canzoni* et sonates) et les *Symphoniae sacrae* (motets, jusqu'à 19 voix). Cet emploi de grands ensembles vocaux et instrumentaux (jusqu'à 33 instruments) fait de lui le véritable créateur du style concertant. Son influence fut considérable sur toute la musique allemande et, en particulier, sur Schütz, son élève et fervent admirateur.

**GABRIEL LALEMANT** (saint) ♦ Missionnaire français (Paris 1610 - Saint-Ignace, Canada 1649). Entré chez les jésuites (1630), il partit comme missionnaire à Québec (1646), puis rejoignit le père de Brébeuf chez les Hurons à Sainte-Marie-du-Sault. Torturé par les Iroquois, il mourut des suites de ses blessures. Il fut canonisé en 1930. ■ Fête le 26 sept.

**GABROVO** ♦ V. de Bulgarie, ch.-l. de région, sur les terrasses prébalkaniques, dans la vallée de la Jantra. 74 949 hab. Important centre textile (laine, coton, drap) ; machines-outils.

**GACE BRULÉ** ♦ Trouvère champenois (v. 1159 - apr. 1213). Protégé de Marie de Champagne et de Louis de Blois, il composa des chansons d'une fraîche inspiration pastorale, illustrant les thèmes de l'amour courtois. Parmi les 84 qui nous sont parvenues, 69 ont été authentifiées, dont 57 sont pourvues d'une notation musicale.

**GACHET (Paul Ferdinand)** ♦ Médecin, peintre, graveur et amateur d'art français (Lille 1828 - Auvers-sur-Oise 1909). Il se lia avec de nombreux peintres (Degas, Manet, Monet, Renoir, Pissarro, Cézanne, et particulièrement Van Gogh qu'il accueillit dans sa maison d'Auvers*-sur-Oise). Une partie de sa collection (œuvres de Cézanne, Renoir, Van Gogh) se trouve actuellement au musée d'Orsay. Lui-même exposa au Salon des artistes indépendants sous le pseudonyme de Van Ryssel. ■ Son portrait par Van Gogh est célèbre (1890, musée d'Orsay).

**GAD** ◆ ÉTYM. hébr. «chance» ♦ Personnage biblique (Genèse, XXX, 11). Fils de Jacob* et de Zilpah, servante de Léa*. Ancêtre éponyme d'une des douze tribus d'Israël, dont le territoire se situait en Transjordanie.

**GADAMER (Hans-Georg)** ♦ Philosophe allemand (Marburg 1900 - Heidelberg 2002). Élève de Heidegger, il s'en est distingué par sa réflexion sur une herméneutique ne devant pas se limiter à une théorie particulière de l'interprétation car, selon lui, la vérité philosophique qui se dégage de l'herméneutique n'est pas incompatible avec la méthode scientifique (*Vérité et méthode. Les grandes lignes d'une herméneutique philosophique*, 1960). Pour Gadamer, la vérité relève d'une rencontre entre l'interprète et son objet, où fusionnent les horizons du passé et du présent. Sa réflexion met en valeur la part d'application (ou de contemporanéité) en toute compréhension et la fécondité de l'appartenance de l'interprète à l'histoire et au langage. Dépassant son point de départ dans les sciences humaines, son herméneutique est ainsi devenue une philosophie universelle de la condition historique et langagière de la compréhension.

**GADDA (Carlo Emilio)** ♦ Romancier italien (Milan 1893 - Rome 1973). Après avoir donné une vision satirique de la bourgeoisie milanaise dans *La Madone des philosophes* (1931), suivi du *Château d'Udine* (1934), Gadda dénonça la collusion de la bourgeoisie et du fascisme dans *La Connaissance de la douleur* (1938 - 1941 ; éd. complète 1963), roman violent et bouffon où se manifeste une technique narrative très libre. De 1963 date également la publication de *Des accouplements bien réglés*, écrits entre 1924 et 1958. *L'Adalgisa, croquis milanais* (1944) est un recueil de nouvelles où l'auteur se met en scène pour mieux dépeindre la vanité et l'hypocrisie qui régissent ce monde clos. *L'Affreux Pastis de la rue des Merles* (*Quer pasticciaccio brutto de Via Merulana*, 1957), connut un grand succès ; par le moyen d'une intrigue policière farfelue, l'écrivain évoque avec humour et sympathie l'univers populaire romain en une sorte d'épopée cacophonique. Tous ses ouvrages mêlent l'italien courant, les dialectes (milanais ou romain) et le langage technique (Gadda était ingénieur).

**GADDI (Taddeo)** ♦ Peintre italien (Florence v. 1300 - *id.* 1366). Fils du peintre mosaïste Gaddo di Zanobi et filleul de Giotto*, il travailla plus de vingt ans auprès de celui-ci. Il décora, à Santa Croce, la chapelle Baroncelli (fresques de la *Vie de la Vierge*, v. 1338) et les armoires de la sacristie. ♦ **Agnolo Gaddi** (Florence v. 1345 - *id.* 1396). Fils et élève du précédent. Il travailla au Vatican avec son frère Giovanni, puis à Florence (*Légende de la Croix*, chœur de Santa Croce, v. 1380) et dans ses environs (cappella della Cintola, au Dôme de Prato, v. 1395). Inscrit dans la tradition narrative du XIVe s. florentin, son style s'apparente au goût siennois par la recherche du joli. Il eut pour disciples Starnina, Lorenzo Monaco, Stefano da Zevio, Cennino Cennini.

**GADENNE (Paul)** ♦ Romancier français (Armentières 1907 - Cambo-les-Bains 1956). Son œuvre partiellement autobiographique, est fortement marquée par la maladie (il était tuberculeux : *Siloe*, 1942) et la vie de province. Le problème de la création est la trame de *La Rue profonde* (1948) et de *L'Avenue* (1949), tandis que *La Plage de Scheveningen* (1952) oppose à l'amour la présence de l'histoire et que *Les Hauts Quartiers* montrent la déchéance d'un philosophe en province (1973, posth.). ◆ ÉTYM. Ce nom du Nord est le féminin de *Gaudin* ou vient du wallon *gadène* «châtaigne».

**GADES** → Cadix

**GAËLS** n. m. pl. ♦ Peuple celte qui envahit les îles Britanniques v. –500 et s'établit surtout au pays de Galles et en Irlande.

**GAÉTAN DE THIENE** (saint) ♦ Fondateur des clercs réguliers théatins* (Vicence 1480 - Naples 1547). Prêtre à Rome (1516), il fut un membre actif de l'oratoire du Divin Amour, société de piété où il recruta les premiers membres de sa fondation (approuvée en 1524 et vouée à la réforme de l'Église). → **Contre-Réforme, Paul IV.** ■ Fête le 7 août.

**GAÈTE** – en it. ***Gaeta*** anc. ***Caieta*** ♦ V. d'Italie, dans le Latium (prov. de Latina), sur la mer Tyrrhénienne, sur le *golfe de Gaète*. 21 179 hab. Cathédrale (Xe - XVe s.). Maisons anc. ■ Station balnéaire. Port de pêche. ▮ **Histoire** L'ancienne *Caieta* fut romanisée en –340. Capitale d'un duché au IXe s., elle fut annexée au royaume de Sicile au XIIe s. Souvent assiégée entre le XVIe s. et le XIXe s., elle servit de refuge au pape Pie IX en 1848. Les Bourbons de Naples y capitulèrent en 1861, ce qui mit fin à l'existence du royaume des Deux-Siciles.

**GAFFIOT (Félix)** ♦ Latiniste français (Liesle, Doubs 1870 - 1937). Il est l'auteur d'un dictionnaire latin-français (1934) qui porte son nom. ◆ ÉTYM. *Gaffiot* vient de l'ancien français *gaffe* «croc» (a désigné la personne se servant de cet instrument).

**GAFSA** ◆ ÉTYM. en ar. ***Gafṣa*** ou ***Qafṣa*** ; anc. *Capsa*, p.-ê. punique «enceinte, ville close» ♦ V. de Tunisie méridionale, ch.-l. de gouvernorat, au débouché d'un oued qui traverse les *monts de Gafsa*. 84 676 hab. Oasis présaharienne. Palmeraie. Centre d'une région riche en phosphate (Metlaoui) exporté par Sfax.

**GAGARINE (Iouri Alekseïevitch)** ♦ Officier aviateur et cosmonaute soviétique (près de Smolensk 1934 - région de Vladimir 1968). Le premier homme ayant effectué un vol spatial, à bord du *Vostok*, satellite artificiel placé sur orbite autour de la Terre (12 avr. 1961). ➝ **ÉTYM.** Ce nom de famille russe vient de *gagara* «plongeon [oiseau]» (surnom d'un nageur).

**GAGERN (Heinrich,** baron **VON)** ♦ Homme politique allemand (Bayreuth 1799 - Darmstadt 1880). Chef du parti libéral dans le grand duché de Hesse, il devint président de l'assemblée de Francfort (1848) puis de l'Assemblée nationale. Partisan de la «petite Allemagne», qui excluait l'Autriche et se mettait sous l'autorité de la Prusse, il vit ses espérances déçues quand Frédéric*-Guillaume IV refusa la couronne impériale (1849). Il devait se rallier à l'Autriche en 1862, par opposition à Bismarck.

**GAGLIANO (Marco DA)** ♦ Compositeur italien (Gagliano v. 1575 - Florence 1642). Compositeur officiel de la cour des Médicis, il fut influencé par Peri et Monteverdi. Auteur de nombreuses œuvres religieuses (messes, psaumes, hymnes, magnificat) et profanes (madrigaux), il prit une part importante à la vie théâtrale de son temps. Il a fait évoluer la forme de l'opéra (*Dafne*, 1607) en dépouillant le récitatif, qu'il rapprocha du langage parlé et en posant les bases d'une véritable mise en scène. Gagliano représente la seconde génération de la Camerata fiorentina.

**GAGNOA** ➝ **ÉTYM.** bété «les gens du baobab» ♦ V. de Côte d'Ivoire. Plus de 80 000 hab. Plantations de café et de cacao.

**GAGNY** [93220] ➝ **ÉTYM.** anc. *de Ganiaco*, du lat. *wano*, n. de pers. gallo-rom., et suff. *-iacum* ♦ Ch.-l. de cant. de la Seine-Saint-Denis, arr. du Raincy. 36 715 hab. *(Gabiniens)*. Musée de Spéléologie. ▪ Plâtrerie.

**GĀHADAVĀLA** ou **GAHARWĀR** ♦ Anc. dynastie de la région du moyen Gange (Inde du Nord) qui succéda vers 1030 à celle des Pratihāra de Kanauj*. Elle fut détruite à la fin du XIIe s. par l'invasion de Mohammad* Ghōri.

**GAÏA, GÉ** ou **GÊ** ♦ Personnification de la Terre dans la cosmogonie hésiodique (➝ **Théogonie [La]**), ancêtre maternel des races divines et des monstres. Sortie après Chaos et avant Éros, elle engendre d'abord, sans intervention d'élément mâle, Ouranos* (le Ciel), les Montagnes et Pontos* (le Flot). Unie à Ouranos, elle engendre les Titans* et les Titanides*, les Cyclopes*, les Hécatonchires*. Ouranos contraignait Gaïa à garder leurs enfants dans son sein ou les précipitait dans le Tartare. Le dernier des Titans, Cronos*, armé par sa mère d'une faucille, tranche les testicules de son père. Le sang d'Ouranos féconde Gaïa qui enfante alors les Érinyes*, les Géants* et les nymphes des arbres. Des embrassements d'un autre de ses fils, Pontos, elle engendre les divinités marines, dont Nérée*. De son union avec Tartare* sont nés Typhon* et Échidna*. D'autres théogonies lui attribuent la maternité du géant Antée*, du serpent (ou dragon) Python* et d'autres monstres. Associée plus tard à Cybèle ou à Déméter, elle apparaît comme une divinité chthonienne.

**GAIGNIÈRES (Roger DE)** ♦ Érudit et collectionneur français (Entrains-sur-Nohain, Nivernais 1642 - Paris 1715). Gouverneur de la principauté de Joinville (1679), il constitua une collection de documents pour l'histoire ecclésiastique et des généalogies, collection qu'il céda en 1711 à la Bibliothèque du roi et qui se trouve à présent à la Bibliothèque nationale (département des Manuscrits et cabinet des Estampes).

**GAIL** n. m. ♦ Riv. d'Autriche (125 km), affl. de la Drave.

**GAILLAC** [81600] ➝ **ÉTYM.** anc. *Galliacus*, du lat. *Gallius*, n. de pers., et suff. *-acum* ♦ Ch.-l. de cant. du Tarn, arr. d'Albi, sur le Tarn. 11 073 hab. (aggl. 12 671) *(Gaillacois)*. Anc. abbatiale Saint-Michel des XIe - XIVe s. (*Vierge à l'Enfant* du XIVe s.). Tour Pierre de Brens des XIVe - XVe s., remaniée à la Renaissance (musée du Compagnonnage, de la Vigne et du Vin). ▪ Viticulture (gaillac).

**GAILLARD (Félix)** ♦ Homme politique français (Paris 1919 - au large de Jersey 1970). Inspecteur des finances (1943), il rejoignit la Résistance. Député radical-socialiste (1946), membre de plusieurs cabinets de la IVe République, il fut appelé à la présidence du Conseil en nov. 1957. Il dut faire face à une crise financière et à la question algérienne. Mis en minorité par l'Assemblée, il démissionna le 15 avr. 1958, ouvrant une crise ministérielle qui aboutit en Algérie à l'insurrection du 13 mai* 1958. ➝ **ÉTYM.** Ce nom de famille signifie «joyeux, audacieux».

**GAILLARD** [74240] ➝ **ÉTYM.** n. de pers. ♦ Comm. de la Haute-Savoie, arr. de Saint-Julien-en-Genevois, près de l'Arve. 9 949 hab.

**GAILLON** [27600] ➝ **ÉTYM.** du germ. *Gadalo*, n. de pers. ♦ Ch.-l. de cant. de l'Eure, arr. des Andelys, dans la vallée de la Seine. 6 861 hab. (aggl. 12 313 hab). *(Gaillonnais)*. Vestiges d'un château construit de 1497 à 1510 pour le cardinal Georges d'Amboise (pavillon d'entrée de style Renaissance, dont c'était, en France, une des premières apparitions, et deux tours) ; le portique est à l'École des beaux-arts de Paris.

**GAINSBOROUGH (Thomas)** ♦ Peintre et dessinateur britannique (Sudbury, Suffolk 1727 - Londres 1788). Installé à Londres en 1740, il étudia à l'école de dessin fondée par Gravelot (v. 1752 - 1759). Il séjourna à Ipswich où il exécuta de nombreux paysages qui dénotent l'influence du paysage hollandais, notamment de Ruysdael et de Rubens, mais révèlent une sensibilité mélancolique à la nature. La

Thomas **Gainsborough.** *Conversation dans un parc* (73 × 68 cm). Musée du Louvre, Paris. *Phot. © Arch. Smeets*

simplicité de son approche, la liberté de sa facture annoncent parfois Constable*. Une conception identique se retrouve dans plusieurs de ses portraits où l'importance de la figure tend à diminuer au profit du paysage (*Portrait de M. et Mme Andrews*, v. 1748). En 1749, il se fixa à Bath où il devint un portraitiste très prisé, puis il s'installa à Londres en 1774. Marqué par l'art de Van Dyck, il peignit d'élégantes figures aux proportions allongées, aux poses à la fois recherchées et désinvoltes, n'évitant pas toujours dans ses portraits mondains certaines conventions expressives. Mais il fut souvent spontané et eut l'art d'animer les visages (*Les Filles de l'artiste)*. Brillant coloriste, il utilisait des harmonies raffinées et savait rendre les tissus délicats et soyeux, les lointains embrumés, avec une facture légère et fluide (*Mrs. Sheridan*, 1785 ; *La Promenade du matin*, 1785). Pour défier Reynolds*, qui considérait la dominante bleue comme trop froide, il exécuta le célèbre *Blue Boy* (1770). Le caractère lyrique, presque onirique, de certaines de ses œuvres se retrouve dans ses portraits imaginaires *(Musidora)* et les «caprices» où il chercha à créer une atmosphère poétique, révélant une sensibilité préromantique. Ses paysages et portraits idylliques rappellent Greuze* par leur sujet (*La Jeune Campagnarde à la cruche avec son chien*, 1785) mais sont d'une facture souple, d'une fluidité presque comparable à celle de l'aquarelle. Il fut à la suite de Hogarth et de Reynolds le plus important paysagiste anglais du XVIIIe s. et influença le portrait et le paysage anglais. ➝ **ÉTYM.** Ce nom de famille vient du vieil anglais *Gegn*, nom de personne, et *burh* «forteresse».

**GAINSBOURG (Lucien GINSBURG,** dit **Serge)** ➝ **ÉTYM.** francisation de son n. (de *Günsburg*, v. de Bavière, résidence au XVIe s. de Juifs venus d'Ulm qui émigrèrent ensuite en Russie) ♦ Auteur-compositeur et interprète de chansons français (Paris 1928 - *id.* 1991). Il intégra à son répertoire des musiques tels le reggae, la pop et même le rap pour exprimer, derrière le personnage provocateur de «Gainsbarre», une profonde sensibilité. Ses textes sont mêlés d'une ironie grinçante, désabusée (*Le Poinçonneur des Lilas, La Javanaise, La Chanson de Prévert, Melody Nelson)*.

Le **Gai Savoir** – en all. ***Die fröhliche Wissenschaft*** ♦ Ouvrage philosophique de Nietzsche* (1883 - 1887), composé d'un prologue, de cinq livres d'aphorismes et d'un épilogue. On y trouve déjà l'idée de l'Éternel Retour. «Les chants du prince Hors-la-Loi, écrit l'auteur, rappellent expressément la *Gaya Scienza* et cette fusion du troubadour, du chevalier et de l'esprit libre qui distingue la précoce civilisation de Provence de toutes les civilisations équivoques.»

**GAIUS** ♦ Jurisconsulte romain (110 - 180) qui se rattachait à l'école des sabiniens, auteur de 4 livres d'*Institutiones* et de 7 livres de *Cotidianae*.

**GAJ (Ljudevit)** ♦ Écrivain et homme politique croate (Kraprina 1809 - Zagreb 1872). Animateur du Mouvement illyrien, qui prônait la renaissance politique et culturelle croate, il entreprit, comme Karadžić en Serbie, d'établir un alphabet croate moderne et d'énoncer les *Principes essentiels de l'orthographe croato-slave*

(1830). En fondant le premier périodique croate, *Danica ilirska* (1835 - 1849), il contribua à l'adoption de la réforme orthographique et du dialecte štokavien comme langue littéraire.

**GAJAH MADA** ♦ Homme politique javanais (mort en 1364). Premier ministre du roi Jayanagara* de Majapahit* et du roi Hayam* Wuruk (1350 - 1389). Il conquit l'île de Bali et rédigea des codes de lois. Son rôle dans l'unification de l'Indonésie fait de lui un héros national.

**GAJDUSEK (Carleton)** ♦ Médecin et biologiste américain (Yonkers, New York 1923 - Tromsø 2008). Il découvrit la transmissibilité de certaines maladies du système nerveux (maladie de Creutzfeldt-Jacob). Ces infections incurables, dont la période d'incubation peut dépasser dix ans (maladies à «virus lent») sont dues aux agents de nature protéique (→ **Prusiner**). [Prix Nobel de physiol. ou méd. 1976, avec B. Blumberg*]

**GALAAD** → ÉTYM. p.-ê. de l'hébr. *gal 'ed* «tas (de pierres servant de) témoin» ♦ Anc. pays de la Palestine*, situé entre le Jourdain et le désert de Syrie, et correspondant à l'actuelle province montagneuse d'Ajlun* (N.-O. de la Jordanie). Il échut au -VII$^{e}$ s. à la tribu de Manassé*. Ce fut un pays prospère grâce à un important commerce avec l'Égypte (notamment de bestiaux).

**GALAAD** → ÉTYM. p.-ê. rad. celt. *gal* apparenté à *gallus* «gaulois» ou de *gealach* «blancheur» ♦ Personnage du *cycle breton*. Fils de Lancelot*, il allie la pureté au courage et obtient de contempler les mystères du Graal*. → **Table ronde (chevaliers de la)**.

**GALÁPAGOS** (îles ou archipel des) – en esp. ***archipelago de Colón*** → ÉTYM. *Galápagos* esp. «(île des) tortues» ♦ Province de l'Équateur, située dans l'océan Pacifique, à 1 000 km des côtes. 7 000 km$^{2}$. 18 640 hab. CAP. : Puerto Baquerizo, dans l'île San Cristóbal. L'archipel comprend 13 îles et 40 îlots qui sont tous des sommets de volcans actifs émergés. Le climat équatorial est tempéré par le courant froid de Humboldt et explique la présence d'animaux de zones chaudes (tortues *galápago*, iguanes terrestres et marins, oiseaux) et de zones froides (otaries, pingouins). Un parc national impose des contraintes au tourisme sur un milieu fragile et unique au monde, qui a été atteint par un gigantesque incendie en 1994. Puerto Ayora, dans l'île de Santa Cruz, est le principal centre touristique (hôtels, station Darwin, bateaux). ▮ **Histoire** L'archipel appartient à l'Équateur depuis 1832. Son plus illustre visiteur fut Darwin qui à partir d'un séjour effectué en 1835, lors de son tour du monde, établit sa théorie sur l'évolution.

**Galápagos.** Iguanes. *Phot. ©J. Greenberg/Age/Hoa Qui*

**GALATA** ♦ Quartier de Beyoğlu, à İstanbul*, au N. de la Corne* d'Or.

**GALATÉE** → ÉTYM. en gr. ***Galateia***, p.-ê. de *gala, galaktos* «lait» ♦ Une des Néréides*, aimée du cyclope sicilien Polyphème* qu'elle méprise pour l'amour d'Acis*. Selon une autre légende, elle s'unit à Polyphème et en a trois fils, Galos, Celtos et Illyrios, héros éponymes des Galates, des Celtes et des Illyriens. ▪ Nom de la statue aimée par Pygmalion* et animée par Aphrodite*.

**Galates (Épîtres aux)** ♦ Livre du Nouveau Testament (→ **Bible**), attribué à saint Paul* (Épîtres*). 6 chapitres. Après un rappel autobiographique, l'apôtre expose, contre les chrétiens judaïsants, que la foi dans le Christ délivre de la foi de Moïse, d'ailleurs insuffisante à libérer du péché.

**GALAȚI** ♦ V. de Roumanie sud-orientale, sur la rive g. du Danube, au confluent du Siret et du Prout. ch.-l. de distr. 293 523 hab. Siège de la Commission européenne du Danube, la ville a une fonction portuaire importante à la fois fluviale et maritime (branche du Sulina). Centre indus. possédant l'un des grands combinats sidérurgiques d'Europe (achevé en 1970). Construc. navales, indus. chimique, textile et alimentaire. ▮ **Histoire** La ville a été fondée par les Galates au -III$^{e}$ s.

**GALATIE** [galasi] n. f. → ÉTYM. en gr. et en lat. ***Galatia*** ; du n. des *Galates* (V. ci-dessous) ♦ Anc. région de l'Asie Mineure limitée par la Paphlagonie* au N., la Phrygie* à l'O., la Cappadoce* au S. et le Pont* à l'E. Occupée par les Galates, peuple celte qui envahit l'Asie Mineure au -III$^{e}$ s., le pays fut annexé en -25 par Rome pour former la *Galatie* qui comprit aussi la Lycaonie*. Les Galates furent évangélisés au I$^{er}$ s. par saint Paul* (Épître aux Galates).

**GALAXIE** n. f. → ÉTYM. du gr. *gala* «lait» ♦ Système stellaire de forme spiralée contenant une centaine de milliards d'étoiles dont le Soleil*, qui y occupe une position excentrique, ainsi que des poussières et gaz interstellaires. Vue par la tranche (par un observateur terrestre), la Galaxie prend la forme d'une traînée brillante constituée par un fourmillement d'étoiles (Voie* lactée). Son diamètre est évalué à 100 000 années-lumière, l'épaisseur à 1 000 années-lumière, sauf au centre qui présente une grosse boursouflure. La masse totale de la Galaxie est d'environ 140 milliards de fois celle du Soleil, les gaz et poussières en constituent 10 %. Tout cet ensemble est animé d'un mouvement de rotation dont la vitesse angulaire diminue vers l'extérieur de la Galaxie ; par ailleurs, tous les constituants de la Galaxie tournent autour d'un axe perpendiculaire au plan du disque.

**GALBA** – en lat. ***Servius Sulpicius Galba*** ♦ (Terracina -5 - Rome 69). Empereur romain (68 - 69). Gouverneur de l'Espagne tarraconaise sous Néron, il s'associa à la révolte de Vindex*, promit un fort *donativum* aux prétoriens et fut reconnu empereur par le Sénat, ce qui provoqua le suicide de Néron* (juin 68). Mais par sa sévérité et sa ladrerie, il s'aliéna bientôt les légions, leur refusant le *donativum* (distribution d'argent), et fut massacré par les prétoriens avec le jeune Pison* qu'il avait désigné pour successeur (janv. 69). Othon* lui succéda.

**GALBRAITH (John Kenneth)** ♦ Économiste américain (Iona Station, Ontario 1908 - Cambridge, Massachusetts 2006). Dans sa description de l'avenir des sociétés industrielles (*Le Capitalisme américain, Le Concept du pouvoir compensateur*, 1952), il mit l'accent sur l'apparition d'une «technostructure», appareil collégial de décision qui «va des responsables les plus élevés de la firme jusqu'à sa périphérie» et posa le problème d'une réorientation de la production vers la satisfaction des besoins humains individuels et collectifs et une expansion équilibrée de l'économie (*L'Ère de l'opulence*, 1961 ; *Le Nouvel État industriel*, 1967). Il a publié ses mémoires (*Des amis bien placés*, 2000). → ÉTYM. *Galbraith* vient du nom d'une tribu bretonne habitant l'Écosse, du gaélique *gall* «étranger» et *Bhreathnach* «Breton (de Grande-Bretagne)».

**GAŁCZYŃSKI (Konstanty Ildefons)** ♦ Poète polonais (Varsovie 1905 - *id.* 1953). Il est l'auteur de poèmes lyriques : *La Fin du monde* (1930), *Le Fiacre enchanté* (1948), *Les Alliances* (1949), *Niobé* (1951), *Les Chants* (1953). Il se fit remarquer par un roman burlesque et baroque, *Porfirion le bourricot ou le Club des sacrilèges* (1929), ainsi que par ses saynètes (*L'Oie verte*, 1946 - 1950), représentatives du théâtre de l'absurde.

**GALDAN** ♦ Khan mongol d'ethnie djoungare (1644 - 1697). Il fut moine lamaïque à Lhassa. En 1678, il prit les armes et lança ses troupes sur le Xinjiang, conquérant les principautés islamiques des oasis. Il entreprit ensuite de réunir en un grand empire les diverses tribus mongoles, mais lorsqu'il attaqua les Khalkas (Mongolie-Extérieure) en 1686 ces dernières se placèrent sous la protection de la dynastie chinoise Qing*. Les Qing passèrent à l'offensive (1696) et Galdan fut tué. Grâce à leur supériorité technique (artillerie fondue grâce aux jésuites → **Ricci (Matteo)**), les Qing étendirent l'Empire chinois jusqu'au sud du lac Balkhach et au Népal (1697).

**GALDÓS (Benito PÉREZ)** → **Pérez Galdós (Benito)**

**GALEÃO** ♦ Aéroport international de Rio de Janeiro, situé dans l'île de Governador, dans la baie de Guanabara.

**GALEOTTI (Vincenzo)** ♦ Danseur et chorégraphe italien (Florence 1733 - Copenhague 1816). Il débuta à Venise et se produisit en Italie, à Londres et à Vienne avant de devenir maître de ballet à Copenhague (1775). Il fut le véritable fondateur du ballet danois et le maître de Bournonville*. Ses *Caprices de Cupidon* (musique de Lolle) sont le plus ancien ballet resté au répertoire dans sa forme d'origine.

**GALÈRE** – en lat. ***Caius Galerius Valerius Maximianus*** ♦ (Illyrie v. 250 - Serdica, Nicomédie 311). Empereur romain (305 - 311). Berger d'origine dace, il s'illustra dans l'armée et reçut de Dioclétien*, dont il devint le gendre, le titre de césar pour l'Illyrie, l'Achaïe et le Danube. En 303, il fut l'instigateur de la persécution dite «de Dioclétien» contre les chrétiens. Il devint auguste en 305 avec Constance* Chlore à la place de Dioclétien et de Maximien* qu'il avait forcé à abdiquer et publia avant sa mort un édit de tolérance (311) envers les chrétiens.

**GALGALA** → **Gilgal**

**GALIANI** (abbé **Ferdinando**) ♦ Diplomate, économiste et écrivain italien (Chieti 1728 - Naples 1787). Secrétaire d'ambassade du roi de Naples à Paris où il fréquente les Encyclopédistes (1759 - 1764), il est l'auteur d'ouvrages d'économie (*La Monnaie*, 1748 - 1751 ; *Dialogue sur le commerce du blé*, 1770) où il critique les physiocrates, et formule une théorie de la valeur en fonction de l'utilité et de la rareté des biens. Il a laissé un *Éloge du pape Benoît XIV* (1758), un *Dialogue sur les femmes*, ainsi qu'une vaste *Correspondance* échangée avec M$^{me}$ d'Épinay* : ces lettres, spirituelles ou graves, permettent de comprendre la transformation de la société du

XVIIIe s. au contact des idées nouvelles, et témoignent de l'intelligence aiguë de cet «Arlequin à tête de Machiavel» (Marmontel).

**GALIBIER** (col du) ➝ **ÉTYM.** p.-ê. de la rac. oronym. pré-indo-eur. °*gal-* (var. de *cal-*) «pierre» ♦ Col des Hautes-Alpes (2 642 m). La route de Briançon à la Maurienne le traverse par un tunnel à 2 556 m.

**GALICE** n. f. ➝ **ÉTYM.** en esp. ***Galicia ;*** du lat. médiév. *Galaecia*, du n. des *Galaeci* (ou *Callaici*), peuple probablt celte ♦ Communauté autonome d'Espagne. ➝ **Espagne** (carte). 29 434 km². 2 772 533 hab. *(Galiciens)*. CAP. : Saint-Jacques-de-Compostelle. Elle est formée de 4 provinces : La Corogne, Lugo, Orense et Pontevedra. ▮ **Géographie** Le relief, très typé, est surtout montagneux. Il est formé par le coin N.-O. de l'ancien socle granitique de la Meseta* (Cabeza de Manzaneda, 1 778 m). Le littoral (Ribeira), très rocheux, compte 1 289 km de côtes découpées de nombreuses rias (ria de Vigo, Pontevedra, Arosa, El Ferrol, La Corogne) et est surplombé de hauts caps rocheux (Finisterre, Ortegal). Le climat est océanique, doux et humide. Les paysages ruraux sont ceux de la lande et de la prairie. Malgré la médiocrité du sol, les terres ont ingénieusement été mises en culture (polyculture intensive fondée sur le maïs dans l'intérieur, légumes et pommiers sur le littoral). La pêche, très active (rias de Vigo, de La Corogne), représente la moitié du tonnage national et a favorisé l'essor des conserveries. Vigo, La Corogne (usine d'aluminium) et El Ferrol sont les principaux centres industriels de la région. Grâce à la création sur place d'emplois nouveaux, l'émigration traditionnelle vers Cuba et l'Amérique du Sud est tarie. ▮ **Histoire** Occupée par les Suèves, puis par les Wisigoths (VIe s.), elle fut soumise par les rois des Asturies au VIIIe s. et fut réunie au royaume de León et à la Castille en 1071. Elle a acquis en 1978 un statut de «grande autonomie» comme le Pays basque et la Catalogne.

**GALICIE** n. f. ➝ **ÉTYM.** en all. ***Galizien,*** en polon. ***Galicja ;*** probablt latinisation du n. de la capitale *Galitch* ♦ Anc. prov. de l'empire d'Autriche, située au N. des Carpates, et divisée auj. entre la Pologne et l'Ukraine. ▮ **Histoire** Rattachée à la Pologne dans sa partie occidentale, la Galicie dans sa partie orientale fut conquise par la Russie kievienne et forma, après sa réunion avec la Volhynie (1199), une principauté indépendante avec Galitch pour capitale, avant d'être annexée à la Pologne par Casimir III le Grand en 1349. Attribuée à l'Autriche lors du premier partage de la Pologne (1772) à l'exception de Cracovie (annexée en 1795), la Galicie occidentale fut rattachée au grand-duché de Varsovie de 1809 à 1815, puis de nouveau à l'Autriche (en dehors de Cracovie, épargnée jusqu'en 1846), elle fit partie de la Cisleithanie de 1867 à 1918. Durant la Première Guerre mondiale, elle fut le théâtre de violents affrontements entre les Russes (qui l'occupèrent de 1914 à 1915) et les Autrichiens appuyés par les Allemands de Mackensen, et d'une dernière offensive des Russes de Broussilov (1916 - 1917). Le rattachement de toute la Galicie à la Pologne, en 1918, entraîna des combats entre les Ruthènes ukrainiens et les Polonais qui conquirent la partie orientale. En 1945, la conférence de Potsdam* attribua la Galicie orientale avec Lvov à la république d'Ukraine* tandis que la Galicie occidentale restait à la Pologne.

**GALIEN (Claude)** ➝ **ÉTYM.** en gr. ***Klaudios Galênos*** («calme, tranquille»), en lat. ***Claudius Galenus*** ♦ Médecin grec (Pergame v. 129 - Rome ou Pergame apr. 210). Le prénom de Galien n'est pas attesté par la tradition manuscrite et vient sans doute d'une transcription fautive de l'abréviation Cl. *(Clarissimus)* accolée à Galien. Il étudia la philosophie, auprès de maîtres platonicien, aristotélicien, stoïcien et épicurien, puis la médecine qu'il exerça à Pergame et à Rome. Ses dissections d'animaux lui permirent de faire d'importantes découvertes en anatomie (en particulier sur le système nerveux et le cœur). Sa physiologie repose, comme celle d'Hippocrate*, sur une théorie des humeurs (sang, bile, pituite, atrabile et les quatre éléments). Mais Galien n'est pas seulement l'un des principaux initiateurs de la médecine expérimentale, il est aussi un logicien de premier plan qui s'opposa à la logique de Chrysippe* et chercha à construire une logique scientifique à partir des recherches d'Aristote* et de Théophraste*. Son influence fut considérable jusqu'au XVIIe s.

**GALIGAÏ (Eleonora DORI, dite Leonora)** ♦ Dame italienne (Florence v. 1568 - Paris 1617). Elle suivit Marie de Médicis en France et eut sur elle un grand ascendant, ce qui lui permit d'assurer la carrière de son mari Concini*, durant la minorité de Louis* XIII. Après l'assassinat de son mari, elle fut condamnée à mort et exécutée.

**GALILÉE (Galileo GALILEI, dit)** ♦ Physicien et astronome italien (Pise 1564 - Arcetri 1642), fils du musicien Vincenzo Galilei. Il étudia (sans obtenir aucun diplôme) à l'université de Pise, où il enseigna plus tard entre 1589 et 1591. Il fut professeur de mathématiques à l'université de Padoue (1592 - 1610) puis, à partir de 1610, s'installa à Florence en tant que «premier mathématicien et philosophe du grand-duc». Fondateur de la dynamique, il introduisit les mathématiques dans la description des phénomènes physiques (pour lui, «le livre de la nature est écrit dans le langage mathématique»). Il posa les fondements de la mécanique par des lois, établies d'après des études expérimentales, qui contredisaient la théorie d'Aristote*. Il découvrit les lois du mouvement pendulaire (selon la tradition, à l'âge de dix-neuf ans, en observant le balancement d'un lustre dans la cathédrale de Pise). Il formula la loi concernant la chute des corps dans le vide, énonça le principe de l'inertie, la loi de composition des vitesses et entreprit l'étude des lois de la pesanteur dans la chute sur un plan incliné, trouvant expérimentalement les relations entre l'espace et le temps dans le mouvement accéléré (1602) ; il indiqua que la trajectoire d'un projectile est une parabole. Il construisit la lunette qui porte son nom (1609) grâce à laquelle il se tourna vers l'astronomie et observa notamment les quatre satellites de Jupiter (dits *galiléens*), l'anneau de Saturne, la rotation du Soleil autour de son axe et les phases de Vénus. Il décrivit ses découvertes dans *Le Messager céleste* (*Sidereus Nuncius*, 1610). Convaincu de l'exactitude des idées de Copernic*, il écrivit en 1623 *L'Essayeur (Il Saggiatore)*, œuvre polémique par laquelle il espérait faire abroger la mise à l'Index de l'œuvre de Copernic. L'exposé détaillé de ses opinions dans le *Dialogue sur les deux principaux systèmes du monde* (*Dialogo sopra i due massimi sistemi del mondo, Ptolemaico e Copernico*, 1632), livre écrit en langue vulgaire qui rencontra un large succès, fut à l'origine du fameux procès à l'issue duquel il fut condamné par le tribunal de l'Inquisition qui le fit abjurer (1633). Il se serait ensuite écrié : «*Eppur', si muove !*» («Et pourtant, elle se meut !»). Il passa les dernières années de sa vie en résidence surveillée à Arcetri, près de Florence. Aveugle depuis 1637, il publia en 1638 *Discours et démonstrations mathématiques concernant deux nouvelles sciences*, synthèse de son œuvre scientifique. ➝ **ÉTYM.** Ce nom vient de l'italien *galilea* «galerie ; porche d'un monastère médiéval», peut-être à l'origine un nom d'enfant trouvé [le lien avec la *Galilée** semble douteux].

**Galilée.** *Portrait par Sustermans.* Musée des Offices, Florence. *Phot. © Carlo Bevilacqua/Ricciarini*

**GALILÉE** n. f. ➝ **ÉTYM.** de l'hébr. *gâlîl (gelîlâh)* «district» ♦ Région du N. de la Palestine, faisant partie de l'État d'Israël, comprise d'O. en E. entre la Méditerranée et les frontières syrienne et jordanienne (Jourdain et lac de Tibériade), et limitée au N. par le Liban. Elle est traversée par la chaîne montagneuse qui s'étend du Liban au Sinaï. La *haute Galilée* (monts de Galilée) s'étend de la vallée du Houlé (E.) jusqu'à la plaine côtière de Nahariya (O.) et de la frontière libanaise (N.) jusqu'au S. de Safed. La *basse Galilée*, vallonnée (mont Thabor), est située entre le lac de Tibériade et la vallée de Jezréel. Les forêts des pentes montagneuses furent peu à peu dévastées et remplacées par des marécages, dont beaucoup furent asséchés par les Israéliens. Grâce à une pluviosité relativement forte, la région est un réservoir d'eau et un centre de cultures, surtout dans la plaine côtière (céréales, vigne, fruits, olives, tabac). Pêche et pisciculture. Gisements de fer dans le Nord. ▪ Berceau de la prédication de Jésus*, la Galilée, ses villes et ses bourgs sont abondamment mentionnés dans les Évangiles (➝ **Capharnaüm, Magdala, Nazareth, Tibériade.**) ▮ **Histoire** ➝ **Israël, Palestine.**

**GALILÉE** (mer de) ➝ **Tibériade (lac de)**

**GALILÉE** (monts de) ♦ Zone montagneuse de la haute Galilée faisant suite au djebel Liban. Ils culminent au mont Meiron (1 208 m) et sont bien arrosés.

**GALILÉO** ♦ Système européen de navigation par satellite dont la mise en œuvre a démarré en décembre 2005 avec le lancement de satellites expérimentaux. Les premiers satellites opérationnels ont été lancés en 2010. À terme, Galiléo doit en compter une trentaine et entrer en service à partir de 2014. À l'image du système GPS américain, il doit mettre à la disposition des utilisateurs une navigation guidée par satellite en temps réel.

**GALIMAFRÉ (Auguste GUÉRIN, dit)** ♦ Paradiste français (Orléans 1791 - Paris 1870). Célèbre sous la Restauration pour son numéro comique avec Bobèche* sur le boulevard du Temple.

**GALITCH (Aleksandr Arkadievitch)** ♦ Auteur dramatique, scénariste et poète soviétique (Iekaterinoslav 1919 - Paris 1977). Après avoir écrit des pièces de théâtre (*Une heure avant l'aurore*, 1957) et de nombreux scénarios de films, il acquit, dans les années 1960, une grande popularité grâce à ses chansons dans lesquelles il condamnait le stalinisme et qui, aussitôt interdites, circulèrent clandestinement en URSS et furent publiées en Occident (*Chansons*, 1969 ; *Généra-*

*tion de condamnés*, 1972). Émigré en Norvège (1974), puis installé à Paris, il publia un livre qui retrace la vie littéraire et théâtrale soviétique : *Répétition générale* (1974).

**GALITZINE** ou **GOLITSYN** ♦ Famille princière russe, descendant du prince Gédymin*. ♦ **Vassili Vassilievitch Galitzine** (1643 - Poustoziorsk 1714). Prince, chef de la chancellerie (ministre des Affaires étrangères), général, favori de la régente Sophie* Alekseïevna. Il signa avec la Pologne le traité de Moscou* (1686) et mena les campagnes contre la Crimée (1687 - 1689). Renversé en même temps que Sophie par Pierre* le Grand, il fut exilé dans le gouvernement d'Arkhangelsk. ♦ **Dimitri Mikhaïlovitch Galitzine** (1665 - 1737). Prince, ministre des Finances. Adversaire des réformes sous Pierre* le Grand, membre du Conseil secret (1726 - 1730), il chercha à restreindre le pouvoir de l'impératrice Anna* Ivanovna, et fut emprisonné dans la forteresse de Schlusselburg* où il mourut. ♦ **Mikhaïl Mikhaïlovitch Galitzine** (1675 - 1730). Frère du précédent, stratège, feld-maréchal (1724), compagnon d'armes de Pierre le Grand. Il prit part aux campagnes contre Azov (1695 - 1696), ainsi qu'à la guerre du Nord (1700 - 1721). ➝ ÉTYM. Ce nom russe vient de *golitsa* «gant de cuir» (surnom).

**GALL (Franz Joseph)** ♦ Médecin allemand (Tiefenbronn, Bade 1758 - Montrouge 1828). Il créa la phrénologie, étude des fonctions du cerveau et de leurs localisations d'après la forme extérieure du crâne ; il voulut en faire la base de toute philosophie de l'esprit humain (*Fonctions du cerveau*, 1808). Malgré son caractère scientifiquement discutable, la phrénologie contribua au développement des recherches sur les localisations cérébrales.

**GALLAND (Antoine)** ♦ Orientaliste français (Rollot, Picardie 1646 - Paris 1715). Il apprit l'arabe, le turc et le persan au cours de ses voyages à Constantinople (1670 - 1675) avec l'ambassadeur Nointel et en Orient (de 1676 à 1679), ce qui lui permit d'être nommé professeur d'arabe au Collège de France. Il publia ses souvenirs de voyage : *Journal* (1672 - 1680), *Relation de la mort du sultan Osman* (1676), *Paroles remarquables, bons mots et maximes des Orientaux*, ainsi que des traductions qui le rendirent célèbre : *Origine et progrès du café* (1699), le *Coran* et surtout les contes des *Mille et Une Nuits* en 12 volumes (1704 - 1717). [Acad. des inscr. 1701]

**GALLANT (Mavis Leslie)** ♦ Nouvelliste canadienne d'expression anglaise (Montréal 1922). Installée à Paris depuis 1950, elle a publié une centaine de nouvelles réunies dans des recueils comme *The Other Paris* (1956) et *Rue de Lille* (*Overhead in a Balloon*, 1987). Sur un ton détaché qui voile une sensibilité incisive, ses nouvelles traitent des exilés et des expatriés anglo-saxons à la dérive, s'intégrant difficilement dans la culture française.

**GALLA PLACIDIA** ♦ (v. 390 - Rome 450). Impératrice romaine. Fille de Théodose* Ier, elle fut mariée d'abord au beau-frère d'Alaric, Athaulf*, roi des Wisigoths, puis (417) épousa le futur Constance* III, général de son frère Honorius* auquel elle fit donner le titre d'auguste. À la mort d'Honorius, elle gouverna l'empire d'Occident pendant la minorité de son fils Valentinien* III. Fidèle à l'Église, elle soutint le pape Léon* Ier dans sa lutte contre l'hérésie d'Eutychès* et fit construire à Ravenne son mausolée, célèbre par ses mosaïques.

**GALLA(S)** ou **OROMO(S)** n. m. (pl.) ➝ ÉTYM. p.-ê. du mot local *galana* «rivière» ou «les envahisseurs» [ceux qui se cherchent une patrie] ♦ Peuple de langue couchitique vivant en Éthiopie depuis le XVIe s. Nomades originaires du S., les Gallas sont en majorité musulmans et constituent la population la plus nombreuse d'Éthiopie.

**GALLAS (Matthias)** ♦ Général autrichien (Trente 1584 - Vienne 1647). Lieutenant de Wallenstein*, il le dénonça à l'empereur Ferdinand* et participa à son assassinat. Après la victoire de Nördlingen*, il ne subit plus que des défaites.

**GALLE (André)** ♦ Médailleur français (Saint-Étienne 1761 - Paris 1844). Inventeur de la chaîne sans fin à maillons articulés.

**GALLE (Johann Gottfried)** ♦ Astronome allemand (Pabsthaus, près de Gräfenhainichen, Prusse 1812 - Potsdam 1910). Il est surtout connu pour avoir découvert la planète Neptune (1846) dont l'existence et les éléments avaient été déterminés par les calculs de Le* Verrier.

**GALLE** ♦ V. du Sri Lanka, ch.-l. de prov. Centre commercial. 90 271 hab. ▮ **Histoire** La ville fut créée en 1597 par les Portugais et occupée en 1643 par les Hollandais qui y installèrent un fort et en firent la capitale de leurs possessions. L'importance de son port diminua fortement lors de la création de la ville de Colombo.

**GALLÉ (Émile)** ♦ Verrier, céramiste et ébéniste français (Nancy 1846 - *id.* 1904). Contribuant au renouvellement des arts décoratifs, il devint le principal initiateur de l'école de Nancy et ouvrit en 1874 un atelier de verrerie (qui fut ensuite dirigé jusqu'en 1914 par Prouvé), puis en 1883 un atelier d'ébénisterie. Adoptant des motifs empruntés à la botanique et à l'entomologie, il fit preuve d'une grande virtuosité technique, réalisant des effets de transparence et d'opacité par superposition de couches d'épaisseur et de couleurs variées ; il se livra à des expériences sur la pâte en créant ses «marqueteries de verre» avec effet de relief et de ciselure. Il fut l'un des créateurs de l'Art* nouveau et acquit une réputation internationale. Il créa aussi des meubles souvent marquetés, aux formes ondulantes et au décor d'un symbolisme raffiné. ➝ ÉTYM. Ce nom de famille vient du participe passé du verbe *galer* «s'amuser».

**GALLEGOS (Rómulo)** ♦ Romancier et homme politique vénézuélien (Caracas 1884 - *id.* 1969). Ses romans sont imprégnés de couleur locale : le plus célèbre, *Doña Bárbara* (1929), dépeint la vie des *llanos*, pampas vénézuéliennes. Dans *Canaima* (1935), Gallegos apparaît comme un authentique poète du tellurisme américain. Il fut président de la République pendant quelques mois (1948).

**GALLEGOS** n. m. (río) ♦ Fl. d'Argentine (350 km) se jetant dans l'Atlantique par un estuaire qui baigne le port de Río Gallegos.

**GALLES** (pays de) – en gallois ***Cymru*** ➝ ÉTYM. en angl. ***Wales,*** du frq. *°walh-* «étranger [qui parle une langue non germanique]» ➝ aussi Gaule, Wallonie ♦ Partie du Royaume-Uni, au S.-O. de la Grande-Bretagne. ➝ **Grande-Bretagne** (carte). 20 768 km². 2 903 085 hab. *(Gallois)*. LANGUES : anglais et gallois (encore parlé par le quart de la population). CAP. : Cardiff.

▮ **GÉOGRAPHIE** Constitué de moyennes montagnes largement ouvertes aux flux d'O., générateurs de pluies et de vent, le pays de Galles connaît un climat doux sur le littoral grâce à la proximité de la mer. Les sommets reçoivent plus de 3 m d'eau à cause des ascendances orographiques accentuant l'instabilité de la masse d'air. L'orogenèse calédonienne a formé l'ossature du pays (1 085 m au Snowdon), mais ce sont les glaciers qui ont imprimé leur marque en y creusant de profondes vallées. L'intérieur du pays est presque vide, occupé par un élevage ovin extensif, les landes et les tourbières étant les éléments principaux du paysage. Le littoral est touristique et les stations balnéaires nombreuses (Colwyn Bay, Llandudno, Bangor, Tenby, Aberystwyth). Peu de grandes villes au N. et à l'E. sauf Aberystwyth, siège de l'université de Galles.

▮ **ÉCONOMIE** Le S. du pays regroupe l'essentiel des hommes et des activités. Le charbon affleurant au fond des vallées galloises avait permis, dès le XIXe s., le développement d'une extraction intense destinée à l'exportation, au charbon de soute et à l'industrie locale. Mais la faible épaisseur et les dislocations des veines rendent l'extraction peu rentable. Déjà touchées par la crise de 1929, les mines ont toutes fermé sauf une. Les industries dérivées ont suivi, la fermeture de l'aciérie d'Ebbw Vale en étant le symbole. Les vallées galloises ne sont plus que friches industrielles avec un habitat qui a attendu longtemps la rénovation. C'est maintenant le littoral S. qui concentre l'essentiel des activités industrielles et tertiaires. La ria de Milford Haven abrite des raffineries, tandis que les aciéries de Port Talbot sont alimentées par du coke et du minerai d'outre-mer. Le pays de Galles reste la principale région de Grande-Bretagne pour l'exploitation des métaux non ferreux. Swansea, Newport et surtout Cardiff, sont les centres les plus importants à l'extrémité de l'autoroute M4 qui les relie à Londres. ▮ **Cardiff** Cardiff occupe le 7e rang dans la hiérarchie urbaine du Royaume-Uni. Malgré la concurrence de Bristol et, dans une moindre mesure, de Swansea, elle est la capitale indiscutable du pays de Galles, son rayonnement dépassant le cadre du S. du territoire pour déborder en Angleterre au-delà de la Wye, surtout depuis qu'elle est le siège du Parlement local (1999). L'avenir du pays de Galles passe par une multiplication des emplois tertiaires (déconcentration de Londres), et repose sur une offre touristique en progrès.

▮ **HISTOIRE** ▮ **Gallois et Celtes d'Irlande** Région occupée par les Celtes, le pays de Galles fut évangélisé dès le Ve s. En lutte contre les Celtes d'Irlande, les Gallois durent s'allier avec eux au VIe s. pour contenir les envahisseurs anglo-saxons (➝ **Angleterre**). Divisé en royaumes concurrents (du S. au N. : Glamorgan, Gwent, Dyfed, Powys, Gwynedd), le pays était unifié par la civilisation et la religion, de type irlandais (saint David). À la fin du VIIIe s., le roi de Mercie* (Offa*) éleva des fortifications à la frontière du pays de Galles. ▮ **La conquête anglaise** L'invasion normande après Hastings se heurta à une forte résistance. Au XIIIe s., le roi du Gwynedd, Llewelyn* ap Iorwerth (mort en 1240) parvint à dominer l'ensemble du pays, et son petit-fils Llewelyn* II ap Gruffydd fut reconnu par Henri* III comme prince de Galles (1267). Mais Édouard* Ier, plus entreprenant que son père, attaqua Llewelyn, le battit et le força à signer le traité qui l'assujettissait (Aberconway, 1277) ; le roi du Gwynedd se rebella, mais fut tué (1282) et Édouard Ier annexa son royaume. En 1301, le titre de prince de Galles fut conféré à l'héritier du trône d'Angleterre (futur Édouard II), coutume qui se perpétua. Fidèles à leur civilisation celtique, les Gallois se révoltèrent souvent (fin XIIIe s. ; 1316 ; 1400) et le Parlement anglais exerça sur eux diverses contraintes. Mais avec les Tudors et par le fait d'alliances familiales, les oppositions s'atténuèrent. ▮ **Le pays de Galles dans la Grande-Bretagne** Les actes d'Union de 1536 et 1543 réunirent le pays de Galles à l'Angleterre. À partir de cette époque, et en dépit d'une originalité culturelle persistante et d'un courant autonomiste, l'histoire politique du pays de Galles se confond avec celle de l'Angleterre, puis de la Grande*-Bretagne. ▮ **L'autonomie** Les Gallois ont approuvé, par référendum, la création d'un Parlement local, doté de pouvoirs financiers et dirigé par un ministre en chef (le «First Secretary»), qui s'est établi à Cardiff en 1999.

**GALLES** (prince **DE**) ♦ Titre porté par les fils aînés des rois d'Angleterre depuis 1301.

**GALLES DU SUD (NOUVELLE-)** → **Nouvelle-Galles du Sud**

## gallicanisme

n. m. ♦ Doctrine instituant une certaine indépendance de l'Église catholique de France à l'égard de la papauté (cf. *Le Robert*). ▪ Théologiquement, elle revient à nier la suprématie absolue du pape ; ce fut l'œuvre du concile de Constance* (1417) qui, ainsi, mit fin au Grand schisme* (→ **Gerson, Ailly [Pierre d']**). Cette suprématie du pape fut pourtant réaffirmée dès le XVe s., et définitivement avec la proclamation de l'infaillibilité pontificale en 1870 (→ **Vatican [conciles du]**). ▪ Historiquement, elle est liée à la politique religieuse des souverains. Charlemagne, Philippe Auguste et surtout Philippe IV le Bel affirmèrent leur autorité entière sur les affaires ecclésiastiques (nominations, fiscalité), ce que consacrèrent la pragmatique* sanction de Bourges (1438) et le concordat* de Bologne (1516). En 1594, *Les Libertés de l'Église gallicane*, de P. Pithou*, définirent l'attitude du gallicanisme parlementaire (l'ouvrage fut mis à l'Index). Si les prétentions de Richelieu à ériger la France en patriarcat indépendant n'aboutirent pas, la crise principale éclata sous Louis XIV (→ **Régale [affaire de la], Déclaration du clergé de France**). Au XVIIIe s., le gallicanisme politique se trouva lié au jansénisme*. Il aurait disparu avec la Révolution et le concordat* de 1801 si les *Articles organiques* ajoutés à celui-ci ne l'avaient fait survivre au XIXe s. Le *Syllabus** de 1864 en condamna les dernières particularités.

**GALLIEN** – en lat. ***Publius Licinius Egnatius Gallienus*** ♦ (v. 218 - Milan 268). Empereur romain (253 - 268). Fils de Valérien*, il partagea d'abord le pouvoir avec son père, puis régna seul à la mort de ce dernier (260). Il mit fin à la persécution contre les chrétiens, réforma l'armée et gouverna uniquement l'Italie, trente de ses généraux, dont Postumus* en Gaule et Odenath* en Orient, s'étant proclamés empereurs dans les provinces (→ **Trente [les]**). Il écrasa les Alamans à Milan (261) et refoula l'invasion des Goths dans les Balkans (265 - 267). Il fut assassiné par ses officiers au siège de Milan alors qu'il tentait de réprimer la révolte d'Aureolus, chef de la cavalerie (268).

**GALLIENI (Joseph Simon)** ♦ Général et administrateur français (Saint-Béat, Haute-Garonne 1849 - Versailles 1916). Sorti de Saint-Cyr, il participa à la guerre franco-allemande (1870). Il se distingua ensuite au Niger, obtenant d'Ahmadou, chef des Toucouleurs de Ségou, la signature d'un traité accordant à la France l'exclusivité du commerce dans le haut Niger (1881), puis au Soudan dont il fut nommé gouverneur (1886) et au Tonkin (1893 - 1895). Gouverneur général à Madagascar (1896 - 1905), il mit fin à la rébellion, déposa la reine Ranavalona* III et organisa la colonisation de l'île en associant l'action militaire et l'action politique. Membre du Conseil supérieur de la guerre (1908), il fut nommé gouverneur de Paris (1914) et eut une part décisive à la 1re victoire de la Marne (sept. 1914) au cours de laquelle il organisa le transport de troupes par taxis. Ministre de la Guerre (1915 - 1916), il fut fait maréchal de France à titre posthume (1921). ▪ Princ. ouvrages : ***Mission d'exploration du haut Niger*** (1885), ***Deux campagnes au Soudan*** (1890), ***La Pacification de Madagascar*** (1899), ***Mémoires*** (posth. 1926). ✦ ÉTYM. *Gallieni* est la forme méridionale du latin *Gallienus* (→ Gallien).

**GALLIFFET (Gaston Auguste,** marquis **DE)** ♦ Général français (Paris 1830 - *id.* 1909). Officier d'ordonnance de Napoléon III, il fut grièvement blessé au Mexique lors de la prise de Puebla (1863). Placé à la tête des chasseurs d'Afrique au début de la guerre de 1870, il fut fait prisonnier à Sedan (2 sept. 1870). De retour en France, il prit le commandement de l'armée de Versailles et réprima violemment la Commune* de Paris. Envoyé peu après comme commandant de la subdivision de Batna en Algérie, il dirigea une expédition dans le Sud algérien (Ouargla, El-Goléa). Gouverneur de Paris (1880), il fut nommé ministre de la Guerre dans le cabinet Waldeck-Rousseau au moment de l'affaire Dreyfus (1899), mais fut remplacé dès 1900 par le général André. ✦ ÉTYM. Ce nom est le diminutif de l'ancien français *galifre*, sorte d'oiseau de proie (surnom d'un homme glouton).

**GALLIMARD (Gaston)** ♦ Éditeur français (Paris 1881 - Neuilly-sur-Seine 1975). Il fonda en 1911, avec l'équipe de *La Nouvelle* Revue française* (créée en 1909), les Éditions de la Nouvelle Revue française qui devinrent en 1919 les éditions Gallimard et qui publièrent les textes des plus grands écrivains de l'époque. ✦ ÉTYM. *Gallimard* vient de *galimafrée* ou du moyen français *calemart* « écritoire portative qui contenait les plumes et les encres ».

**GALLI-MARIÉ (Célestine MARIÉ DE L'ISLE,** dite) ♦ Cantatrice française (Paris 1840 - Vence 1905). Elle fit une longue et brillante carrière à l'Opéra-Comique où elle fut la créatrice de *Mignon*, de A. Thomas (1866), et de *Carmen*, de G. Bizet (1875).

**GALLIPOLI** – en turc ***Gelibolu*** ♦ V. de Turquie, sur la rive européenne du détroit des Dardanelles*, sous-préfecture de la prov. de Çanakkale. 31 246 hab. Ruines de la forteresse byzantine de l'anc. *Callipolis*. ▪ Port de pêche actif. ▮ **Histoire** L'armée franco-britannique y établit ses cantonnements lors de la guerre de Crimée*. Ce fut aussi l'un des objectifs des Alliés pendant la Première Guerre mondiale.

**GÄLLIVARE** ♦ V. du N. de la Suède. 18 959 hab. Elle s'est développée à proximité des mines de fer de Malmberget. Important nœud ferroviaire sur la ligne de Luleå-Narvik. Foire annuelle lapone.

**GALLOIS (Lucien)** ♦ Géographe français (Metz 1857 - Paris 1941). Fondateur avec Vidal* de La Blache des *Annales de géographie* (1893), il assuma à partir de 1918 la direction de la *Géographie* universelle*.

**GALLOTTA (Jean-Claude)** ♦ Danseur et chorégraphe français (Grenoble 1950). Inspiré par la danse postmoderne américaine, il fonda en 1979 le Groupe Émile Dubois, composé de danseurs, de comédiens, de musiciens et de plasticiens. Directeur artistique du Centre chorégraphique (depuis 1984) et directeur de la Maison de la culture (1986 - 1989) de Grenoble, il a également travaillé au Japon où il a animé une compagnie. Ses chorégraphies sont des hommages à des mythes (*La Légende de Don Juan*, 1992), à un musicien persécuté (*Hommage à Pavel Haas*, 1991), à un ami disparu (*Yves P.*, 1982) ou à sa compagne Mathilde Altaraz. À la recherche de nouvelles formes de récits, s'inspirant de la rue et utilisant l'imprévu, il a inventé un monde poétique aux images marquantes comme la nuée de bébés nus aux souliers vernis dans *Les Survivants* (1983) ou les danseurs de *Trois Générations* (2003) qui exécutent tour à tour la même chorégraphie. On lui doit *Le Sacre de l'été* (1979), *Mammame* (1985), *Docteur Labus* (1988), *99 démonstrations* (2002), *Des gens qui dansent* (« *vivant jusqu'au bout* », selon les paroles du romancier Henry Miller, 2005).

Jean-Claude **Gallotta.** *Des gens qui dansent,* Théâtre national de Chaillot, 2006.
*Phot. © Marc Enguerand*

**GALLOWAY** ✦ ÉTYM. du gaél. *Gall Ghoidil* « les Gaëls étrangers » (n. donné par les Écossais qui les considéraient comme des étrangers. → Gaëls) ♦ Presqu'île du S.-O. de l'Écosse (Dumfries and Galloway). La région historique du Galloway débordait, jusqu'au XIIIe s., sur le S. du comté d'Ayr. ▪ Race rustique de bovins sans cornes utilisée en croisement.

**GALLUP (George Horace)** ♦ Journaliste et statisticien américain (Jefferson, Iowa 1901 - Tschingel, cant. de Berne 1984). Il fonda un institut destiné à effectuer des sondages d'opinion publique (1935). Le terme *gallup* est parfois utilisé pour désigner ce genre de sondage.

**GALLUPPI (Pasquale,** baron) ♦ Philosophe italien (Tropea, Calabre 1770 - Naples 1846). Élève de Genovesi, il fut l'un des représentants du kantisme en Italie et publia plusieurs ouvrages de logique et de métaphysique dans lesquels il soutint l'objectivité de la connaissance contre le scepticisme. Il conçut également le projet d'une *Histoire de la philosophie*, dont il ne réalisa que le premier volume (1842).

**GALLUS** – en lat. ***Caius Cornelius Gallus*** ♦ Poète latin ami de Virgile* (v. –69 - –26). Il donna sa forme classique à l'élégie romaine.

**GALLUS** – en lat. ***Caius Vibius Trebonianus Gallus*** ♦ (mort en Ombrie en 253). Empereur romain (251 - 253). Général en Mésie, il aurait trahi Dèce* dans une expédition contre les Goths et causé sa mort. Proclamé empereur, il traita avec les Barbares et fut tué alors qu'il marchait contre Émilien* qui avait été déclaré empereur à sa place.

**GALOIS (Évariste)** ♦ Mathématicien français (Bourg-la-Reine 1811 - Paris 1832). Refusé deux fois à l'École polytechnique, il entra en 1830 à l'École normale dont il se vit expulsé en 1831 pour avoir publié un article dénonçant avec violence «l'esprit réactionnaire du directeur». Républicain actif, il fut incarcéré à deux reprises et continua à travailler en prison. L'essentiel de son œuvre est consigné dans son mémoire *Sur les conditions de résolubilité des équations par radicaux* (1831), dans lequel il fondait la théorie des groupes de substitution. La nuit précédant le duel où il devait être tué dans des circonstances restées mystérieuses, il rédigea deux mémoires sur les sujets qui l'avaient passionné : un manifeste, *À tous les républicains*, et un testament mathématique dans lequel il résuma sa théorie des équations algébriques : continuant les travaux de N. H. Abel*, il se proposait de trouver si une équation de degré quelconque pouvait être résolue par radicaux. L'idée centrale des travaux de ce mathématicien génial fut la notion de groupe qui devint fondamentale pour les mathématiques. Cependant, elle ne fut pas comprise par ses contemporains. → ÉTYM. *Galois* signifie «originaire du pays de Galles» ou vient de l'ancien français «bon vivant».

**GALSWINTHE** ♦ Reine de Neustrie (v. 540 - 568). Fille d'Athanagild*, roi des Wisigoths, elle épousa Chilpéric* Ier qui la fit assassiner pour épouser sa maîtresse Frédégonde*.

**GALSWORTHY (John)** ♦ Romancier et auteur dramatique britannique (Coombe, Surrey 1867 - Hampstead, Londres 1933). Peu attiré par sa profession d'avocat, il voyagea en Russie, en Amérique, en Océanie et devint l'ami de Joseph Conrad qui le dépeignit comme un «moraliste humanitaire». En 1898, il publia *Jocelyn*, *Des quatre vents*, *Un homme de Devon*, sous le pseudonyme de John Sinjohn. Mais sa véritable carrière littéraire débuta en 1904 avec *Les Pharisiens de l'île*, critique des classes riches. Le même souci de peinture critique des classes possédantes caractérise son chef-d'œuvre, *La Saga des Forsyte* (1922), vaste fresque allant de l'ère victorienne à l'entre-deux-guerres (1886 - 1926) et comprenant : *Le Propriétaire* (1906), *L'Été de la Saint-Martin d'un Forsyte* (1917), *Aux aguets* (1920), *À louer* (1921), *Le Singe blanc* (1924), *Le Chant du cygne* (1928). Ce vaste roman, malgré ses intentions satiriques, représente l'aboutissement d'un genre littéraire traditionnel, d'une écriture très conservatrice. ▪ Au théâtre, ses pièces, de tendance naturaliste, eurent un retentissement politique : une réforme de l'administration pénitentiaire fut décidée à la suite de l'émotion suscitée par *Justice* en 1910. Amoureux de la nature *(Terre libre)*, Galsworthy s'efforça de vivre à la campagne, loin des servitudes de la popularité. [Prix Nobel de littér. 1932]

**GALTIER-BOISSIÈRE (Jean)** ♦ Journaliste et écrivain français (Paris 1891 - Neuilly-sur-Seine 1966). Dès les tranchées (1915), il fonda une publication qui marqua l'entre-deux-guerres, *Le Crapouillot*. Ses premiers ouvrages sont des témoignages sans effets littéraires sur la guerre de 1914 - 1918, *En rase campagne* (1917), *Loin de la rifflette* (1921). Ses livres ultérieurs, romans et journaux littéraires, sont pleins d'humour et d'une verve à la fois anarchiste et cocardière, *La Bonne Vie* (1925), *Mon journal pendant l'occupation* (1944), *Mémoires d'un Parisien* (1960 - 1963).

**GALTON (sir Francis)** ♦ Physiologiste, anthropologue et psychologue britannique (Birmingham 1822 - Haslemere 1911). Cousin de C. Darwin, il fut un des premiers à appliquer la méthode statistique à l'étude de l'hérédité et des différences individuelles, en particulier en psychologie (→ **Quételet**). Il étudia ainsi le niveau d'intelligence d'un individu à l'aide de l'étalonnage des tests (→ **Cattell**) et parvint à établir la mesure du degré de liaison entre des variations individuelles (coefficient de corrélation). Œuv. princ. : *Hereditary Genius*, 1869 ; *Inquires into Human Faculty and its Development*, 1883 ; *Natural Inheritance*, 1889. Il fut également un des fondateurs de l'«eugénique» ou eugénisme (*Essays on Eugenics*, 1909).

**GALUPPI (Baldassare)** dit **il Buranello** ♦ Compositeur italien (Burano, Venise 1706 - Venise 1785). Maître de chapelle à Saint-Marc (1762), il fut appelé à Saint-Pétersbourg par Catherine II pour y remplir les mêmes fonctions (1765 - 1768). Son œuvre est abondante et variée (concertos, sonates, oratorios). Il composa plus de cent opéras et eut parfois Goldoni* pour collaborateur (*Il Filosofo di campagna*, 1754 ; *La Cameriera spiritosa*, 1766).

**GALVANI (Luigi)** ♦ Médecin et physicien italien (Bologne 1737 - *id.* 1798). Professeur à l'université de Bologne, il fut mis, par hasard, sur la voie d'une importante découverte en physique (1786) : sur la table où fonctionnait une machine électrique, un de ses aides approcha un scalpel des nerfs cruraux internes d'une grenouille fraîchement tuée, ce qui provoqua chez elle une violente contraction musculaire. Galvani refit l'expérience de différentes façons et conclut à l'existence d'une électricité propre à l'animal. Il a laissé son nom au procédé de *galvanisation*. → ÉTYM. Ce nom vient de *Galvano*, forme italienne de *Gauvain**.

**GALVESTON** ♦ V. des États-Unis (Texas) dans l'*île de Galveston*, sur le golfe du Mexique. 57 247 hab. Le port et la ville, plusieurs fois éprouvés par des tornades, sont protégés par une haute digue. Indus. navales et pétrochimie. Centre financier (assurances, banques).

**GÁLVEZ (José DE)** ♦ Administrateur espagnol (Macharavialla Málaga 1729 - Aranjuez 1786). Il fut nommé visiteur *(visitador)* général en Nouvelle-Espagne (Mexique). Ministre des «Indes» à son retour (1775), il remplaça les 200 alcades par 12 intendants, substituant au mercantilisme un certain libéralisme commercial.

**GALWAY** → ÉTYM. en gaél. ***Gaillimh*** «pierreux» (allus. au lit pierreux de la Corrib) ♦ V. de la rép. d'Irlande, ch.-l. de comté dans *la baie de Galway*, au S. du Corrib lough. 72 414 hab. Petit port de commerce et de pêche, ville universitaire, Galway est le principal centre de l'O. irlandais. Son développement récent, bénéficiant des subventions aux régions déshéritées, s'inscrit dans la politique d'aménagement du territoire de l'Irlande. ♦ ***Comté de Galway*** 5 939 km². 231 670 hab. Le tourisme du Connemara permet de freiner l'exode rural et la désertification croissante de terres dénudées, montagneuses et recouvertes de tourbières se développant sur des reliefs très humides. ▮ **Histoire** Fondé par les Scandinaves, Galway a été au Moyen Âge l'un des principaux ports commerçant avec l'Espagne.

**GAMA (Vasco DA GAMA,** dit en fr. **Vasco DE)** ♦ Navigateur portugais (Sines, Alentejo v. 1469 - Cochin, Inde 1524). Il découvrit la route des Indes par le cap de Bonne-Espérance (1497) et atteignit Calicut (auj. Kozhikode) en 1498. Nommé amiral des Indes par le roi Manuel, il entreprit une deuxième expédition (1502) au cours de laquelle il fonda les comptoirs portugais sur les côtes africaines (Sofala, Mozambique). Il devint vice-roi des Indes portugaises en 1524. Le récit de ses découvertes, qui inspira les *Lusiades* de Camoens*, a été rapporté par Castanheda (*Historia e conquista da India*, 1551).

Vasco de **Gama.** Musée de la Marine, Lisbonne. *Phot. ©Prato/Ricciarini*

**GAMA (Estêvão DA)** ♦ Capitaine portugais (mort en 1575). Fils de Vasco de Gama*. Parti pour les Indes en 1524, il fut gouverneur de Malacca (1536) et de Goa (1540). En 1541, il entreprit une campagne en Abyssinie (dans le Tigré) au cours de laquelle son frère, CRISTÓVÃO DA GAMA (Evora v. 1516 - dans le Tigré 1542), périt pour avoir refusé d'embrasser l'islam (?). De retour au Portugal, Estêvão fut disgracié.

**GAMA (José Basílio DA)** ♦ Poète brésilien (Minas Gerais 1741 - Lisbonne 1795). Il est l'auteur d'*Uruguay* (1769), poème épique qui évoque la guerre hispano-portugaise contre les populations indiennes révoltées de l'Uruguay. Avec de remarquables descriptions de paysans, B. da Gama est le précurseur de l'indianisme romantique.

**GAMACHES** [80220] → ÉTYM. anc. *Gammapium*, du prélatin *gam-apia*, de *apia* «eau» (et 1er élément obsc.) ♦ Ch.-l. de cant. de la Somme, arr. d'Abbeville, sur la Bresle. 2 949 hab. (aggl. 3 560) *[Gamachois]*.

**GAMALIEL** ♦ Nom de six docteurs juifs, descendants de Hillel, qui remplirent la charge de *nasî* («prince» du sanhédrin, représentant politique du peuple juif) du Ier au Ve s. ♦ **GAMALIEL HA-ZAKÊN, l'Ancien** (première moitié du Ier s.). Il est l'auteur de trois lettres conservées dans le Talmud. Il aurait été le maître de saint Paul (Actes, XXII, 3). ♦ **GAMALIEL II.** Petit-fils du précédent (mort av. 116). Il fut vers 80 le premier *nasî* du sanhédrin de Yavné*, après la destruction du Temple.

**GAMBETTA (Léon)** ♦ Homme politique français (Cahors 1838 - Ville-d'Avray 1882). Avocat, il se fit remarquer en 1868 par un réquisitoire contre le régime impérial (défense de Delescluze). Candidat aux élections de 1869, auteur du programme radical de Belleville* (avr. 1869), il siégea au Corps législatif avec la minorité républicaine qui prit position contre la guerre de 1870. Après la défaite de Sedan (2 sept.), il participa à la journée révolutionnaire du 4 septembre* 1870 au cours de laquelle furent proclamées la déchéance de l'empereur et la IIIe République. Ministre de l'Intérieur dans le gouvernement de la Défense* nationale, il quitta Paris en ballon (7 oct.) afin d'organiser à Tours, où il prit également le portefeuille de la Guerre, la résistance à l'ennemi. Hostile à la capitulation (janv. 1871) et partisan de la guerre à outrance, il donna sa démission. Député du Bas-Rhin (fév. 1871), il refusa de signer le traité de paix et, après l'annexion de l'Alsace-Lorraine par l'Allemagne, quitta la Chambre avec quelques députés (dont Hugo). Réélu dès juil. 1871, il siégea à l'extrême gauche où, à la tête de l'Union républicaine, il soutint la politique de Thiers et fonda le journal *La République française* (nov. 1871). Après la victoire de Mac-Mahon soutenu par la coalition monarchiste de l'Ordre moral (mai 1873), Gambetta, afin de lutter contre la politique conservatrice, se fit le champion de «l'opportunisme» et s'allia au centre, parvenant ainsi à faire adopter les lois constitutionnelles qui instauraient la république (1875). Après la crise du 16 mai* 1877, il travailla à renforcer la résistance républicaine au régime et contribua à la chute de Mac-Mahon (1879), remplacé par Jules Grévy. Président de la Chambre (1879), il fut néanmoins maintenu à l'écart du pouvoir jusqu'à la victoire de son parti, l'Union républicaine (1881). Le gouvernement qu'il tenta de former alors («le grand ministère», nov. 1881) fut rapidement renversé (janv. 1882) et remplacé par celui de Freycinet. Son cœur a été transféré au Panthéon en 1920. ➜ ÉTYM. Ce nom de famille vient de l'italien *gambetta* «petite jambe».

**GAMBIE** n. f. ➜ ÉTYM. corruption port. du mot indigène *Ba-Dimma* «rivière» ou du peul «les digues» ♦ Fl. d'Afrique occidentale né dans le Fouta-Djalon. Il arrose le S.-E. du Sénégal, puis constitue l'axe E.-O. de la Gambie et se jette dans l'Atlantique par un vaste estuaire d'accès facile (➜ **Banjul**). Voie d'eau navigable jusqu'à plus de 300 km à l'intérieur (480 km en territoire gambien).

## GAMBIE

▮ n. f. – off. ***république de Gambie***, en angl. ***Gambia*** ➜ ÉTYM. du n. du fl. ♦ Pays d'Afrique occidentale, sur l'Atlantique, enclavé en territoire sénégalais et correspondant à la vallée moyenne et inférieure du fleuve Gambie. 11 300 km². 1 799 000 hab. *(Gambiens)*. LANGUES : anglais (off.), mandingue (dioula, malinké), ouolof, peul. POPULATION : Dioulas, Malinkés, Ouolofs, Peuls, Sarakolés. RELIGION : musulmans. MONNAIE : dalasi. CAPITALE : Banjul (anc. Bathurst). RÉGIME : démocratie parlementaire.

▮ **GÉOGRAPHIE** La Gambie forme une étroite bande de terre orientée E.-O. et constituée d'une forêt-galerie, au climat semblable à celui de la Casamance dans sa partie inférieure (tropical humide avec mangrove à l'embouchure), et du Sénégal oriental en amont (savane arborée). Le secteur agricole est fondé sur la culture de l'arachide sur les sols secs et sur celle du riz dans les zones inondables. Les revenus de l'État proviennent des taxes à l'importation et du tourisme. Il existe une contrebande traditionnelle importante avec le Sénégal (arachide vers la Gambie, produits manufacturés en direction du Sénégal) et un trafic de drogue de dimension internationale.

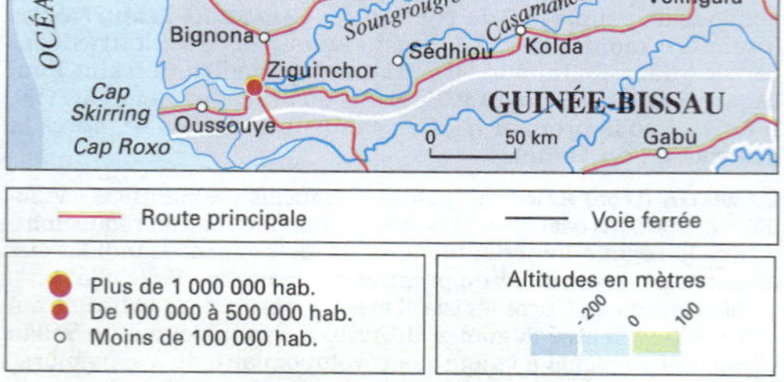


Gambie.

▮ **HISTOIRE** De l'outillage néolithique a été trouvé sur les bords de la haute Gambie et des cercles mégalithiques caractérisant l'âge du fer (Ier millénaire) existent en grand nombre dans le bassin inférieur du fleuve (➜ **Sénégal**). La Gambie fit partie des empires du Ghana et du Mali puis se fractionna en de petits royaumes mandingues à la fin du Moyen Âge. Les Portugais explorèrent l'embouchure du fleuve au XVe s. et firent du troc avec les chefs locaux (ivoire et or). À partir du XVIIe s., les comptoirs installés par les Européens à l'embouchure du fleuve s'adonnèrent à la traite négrière puis tombèrent sous la domination des Britanniques qui voulaient se ménager une voie de pénétration en direction du Niger (construction de Bathurst en 1783). Dépendant tout d'abord de la Sierra Leone, la Gambie devint une colonie britannique autonome en 1888. Les frontières furent fixées en 1889, en accord avec la France établie au Sénégal (échange d'un comptoir français à l'embouchure contre un comptoir britannique sur la côte mauritanienne). De 1915 à 1965, la Gambie accéda graduellement à l'indépendance en restant membre du Commonwealth. Après sa venue au pouvoir en 1970, le président Daouda Jawara la dota d'une Constitution républicaine. La création d'une confédération de Sénégambie* avec le Sénégal en 1982 ne déboucha pas sur l'intégration économique et politique souhaitée par les deux États et les populations locales. Jawara fut renversé en 1994 par le lieutenant Yahya Jammeh qui fut élu président en 1996. Il lança une campagne de moralisation (proposition d'instaurer la charia en 2001) et préconisa un remède local miracle contre le VIH, ce qui lui valut la critique des instances médicales internationales en 2008

**GAMBIER (James,** baron**)** ♦ Amiral britannique (Bahamas 1756 - comté de Buckingham 1833). Il bombarda Copenhague en 1807, obligeant la flotte danoise à capituler.

**GAMBIER** (îles) ➜ ÉTYM. du n. de James *Gambier** ♦ Archipel de la Polynésie française. 36 km². 582 hab. CH.-L. : Rikitea. Prolongement des Tuamotu*, l'archipel comprend 4 îles principales : Taravai, Akamaru, Aukena et Mangareva, d'origine volcanique. Coprah. ▮ **Histoire** Découvertes en 1797 par le capitaine anglais Wilson qui leur donna leur nom, les îles furent annexées par la France en 1881 (➜ **Polynésie française**).

**GAMBSHEIM** [67760] ➜ ÉTYM. du germ. *Geisbod*, n. de pers., et *heim* «village» ♦ Comm. du Bas-Rhin, arr. de Strasbourg. 3 858 hab. Centrale hydroélectrique sur une dérivation du Rhin.

**GAMBURTSEV** (monts) ➜ ÉTYM. du nom de Grigoriy Gamburtsev (1903-1955), sismologue soviétique ♦ Chaîne de montagnes située sous l'Antarctique oriental, s'étendant sur plus de 800 km. Elle s'élève à plus de 3 000 m au-dessus du niveau de la mer et compte des vallées situées jusqu'à 1 000 m sous le niveau de la mer.

**GAMELIN (Maurice Gustave)** ♦ Général français (Paris 1872 - *id.* 1958). Sorti de Saint-Cyr, il fut membre de l'état-major de Joffre (1902 - 1911) dont il devint chef de cabinet en 1914, participa à la Première Guerre mondiale, puis fut envoyé en Syrie à la tête des troupes françaises du Levant pour y réprimer la révolte des Druzes* (1925 - 1927). Commandant en chef des forces alliées en sept. 1939, il fut remplacé dès mai 1940 par Weygand. Après avoir comparu au procès de Riom (1942), il fut interné au Portalet puis déporté en Allemagne (1943). Ses mémoires furent publiés après la guerre sous le titre *Servir* (1946 - 1947). ➜ ÉTYM. Ce nom de famille est à rattacher au vieux norrois *gamall* «âgé».

**GAMOW (George)** ♦ Physicien américain d'origine russe (Odessa 1904 - Boulder 1968). Auteur de la théorie de la radioactivité $\alpha$, il explique comment ces particules, dont l'énergie est inférieure à la force d'attraction nucléaire, arrivent à s'arracher du noyau grâce à l'effet dit tunnel. Il calcula que la probabilité pour que les particules $\alpha$ traversent la «barrière» du potentiel n'est pas nulle et correspond exactement, pour chaque espèce des noyaux radioactifs, à leur période (1928). Ce fut lui qui émit le premier, dans les années 1940, l'hypothèse cosmogonique de l'existence d'un rayonnement thermique fossile de l'explosion initiale, hypothèse confirmée en 1962 par les observations de A. Penzias* et de R. Wilson. Enfin, il étudia l'origine des éléments chimiques et les réactions thermonucléaires dans les étoiles. Il est l'auteur de nombreux ouvrages de vulgarisation scientifique.

**GAN** [64290] ➜ ÉTYM. p.-ê. prélatin «terrain rocailleux» ♦ Comm. des Pyrénées-Atlantiques, arr. de Pau. 4 971 hab.

**GANAGOBIE** [04310] ➜ ÉTYM. du prélatin *kan-* «hauteur» et p.-ê. de *kop-* «eau» ♦ Comm. des Alpes-de-Haute-Provence, arr. de Forcalquier. 91 hab. L'église du prieuré donnée à Cluny en 965 possède un remarquable portail roman et un pavement de mosaïques du XIIe s.

**GANCE (Abel)** ♦ Cinéaste français (Paris 1889 - *id.* 1981). Ambitieuse, démesurée, son œuvre a contribué à former le langage cinématographique, au lendemain de la Première Guerre mondiale, par la puissance de son lyrisme et sa générosité visionnaire. Utilisant des techniques dont il fut le premier à faire usage (triple écran, 1927 ; perspective sonore, 1929 ; stéréophonie, 1933 ; pictographie, 1938 ; polyvision, 1956), multipliant les surimpressions, il a réalisé des œuvres inspirées : *Mater dolorosa* (1917 ; version sonore, 1937), *La Xe Symphonie* (1918), *J'accuse* (1918 ; version sonore, 1938), *La Roue** (1921), *Napoléon** (1927 ; version sonore, 1934), *La Fin du* *monde* (1931), *Austerlitz* (1960). ➛ ÉTYM. *Gance* a peut-être la même origine que l'ancien français *guenchir* «faire des détours» ou vient du germanique *Ganzo,* nom de personne.

**GAND** ➛ ÉTYM. en néerl. ***Gent*;** du proto-indo-eur. *°gan* «embouchure de rivière» ou du gaul. *condate* «confluent» ♦ V. de Belgique (Région flamande), ch.-l. de la prov. de Flandre-Orientale et ch.-l. d'arr., 2$^{e}$ port de Belgique, au confluent de la Lys et de l'Escaut, sur le canal maritime de Terneuzen*. 235 143 hab. *(Gantois).* Dans une île du confluent des deux rivières, la vieille ville comporte de nombreux monuments : hôtel de ville (gothique et Renaissance, 1600 - 1622), halle aux draps (commencée en 1426, achevée en 1441), beffroi (1313 - 1321), quai aux herbes *(Graslei),* ensemble de maisons des corporations (gothique et roman tournaisien). Cathédrale Saint-Bavon, gothique (commencée en 1228), contenant le *Polyptyque de l'Agneau* mystique* par H. et J. Van Eyck. Petit béguinage Notre-Dame fondé vers 1234, reconstruit vers 1600. Musée d'Archéologie (Bijloke Museum) dans l'ancienne abbaye Sainte-Élisabeth (XIII$^{e}$ s.). Musée du Folklore dans un bâtiment du XIV$^{e}$ s. Musée des Beaux-Arts (J. Bosch, Daumier, Géricault, Rouault, Rubens). ▮ **Économie** L'aggl. de Gand est la 4$^{e}$ de Belgique, et son vieux centre se dépeuple progressivement. Depuis la Deuxième Guerre mondiale, on observe une mutation des activités : en 1947, 60 % de la pop. active travaillaient dans l'industrie dont 24 % dans le textile (coton), part qui tomba à 8 % en 1970. En 1980, 51,5 % des actifs étaient employés dans le secteur tertiaire. L'indus. métallurgique a dépassé le textile, avec, dans la zone industrielle du canal de Terneuzen, la sidérurgie et le montage d'automobiles. L'indus. chimique vient au 3$^{e}$ rang (engrais, matières plastiques, pétrochimie). L'E. de la ville est un important centre horticole, spécialisé dans la culture des azalées (40 millions de plantes par an, exportées à 80 %), des bégonias et des plantes de serre. Depuis 1908, les Floralies gantoises sont organisées tous les 5 ans. Elles se tiennent à l'emplacement d'une citadelle construite par Wellington après la bataille de Waterloo. ▮ **Histoire** Établie sur le territoire de *Ganda,* la mission évangélique de saint Amand (VII$^{e}$ s.) fonda Saint-Bavon. La ville fut le chef-lieu de la Flandre dès le X$^{e}$ s., quand le comte Philippe d'Alsace fit construire le château des Comtes «pour refréner l'orgueil des bourgeois», enrichis grâce à l'industrie drapière. Aux XIV$^{e}$ et XV$^{e}$ s., ce n'est qu'avec l'aide de leur suzerain, le roi de France, que les comtes purent maintenir leur autorité, malgré l'opposition des tisserands (Jacques Van Artevelde, qui négocia avec l'Angleterre). La période bourguignonne, au XV$^{e}$ s., fut un âge d'or pour les arts (Van Eyck). Accablés d'impôts par Charles Quint, les Gantois se révoltèrent (1540), mais la commune y perdit ses privilèges. Après une première renaissance au XVII$^{e}$ s. (épiscopat de M$^{gr}$ Triest), une nouvelle période de prospérité commença pour Gand vers 1750. Le travail du coton remplaça l'industrie drapière. Guillaume I$^{er}$, roi des Pays-Bas, créa une université (1816) qui fit de la ville le centre scientifique le plus important de Flandre.

**GANDAS** ou **BAGANDAS** n. m. pl. ♦ Peuple bantou* établi il y a plusieurs siècles en Ouganda à l'origine du royaume du Bouganda, noyau historique du pays. Les Gandas constituent des groupes hiérarchisés, dotés d'organisations politiques et sociales avancées.

**GANDER** ♦ V. du Canada (Terre-Neuve). 9 951 hab. Indus. variées. Centre de chasse et de pêche. Base aérienne, qui fut une escale importante entre l'Amérique et l'Europe pendant la Deuxième Guerre mondiale.

**GANDHARA** n. m. ♦ Anc. région couvrant le N.-O. de l'Inde, le N. du Pakistan et l'E. de l'Afghanistan, et où la civilisation grecque influença fortement l'art et la religion bouddhiques. Une florissante école de sculpture bouddhique s'y développa du I$^{er}$ au V$^{e}$ s. De nombreuses influences s'y font sentir, et la dénomination habituelle d'art gréco-bouddhique est largement arbitraire.

**GANDHI (Mohandas Karamchand)** dit parfois **le Mahatma** («grande âme») **GANDHI** ♦ Philosophe et homme politique indien (Purbandar 1869 - Delhi 1948). Né dans une famille aisée, il fit ses études à Ahmadabad puis à Londres où il devint avocat. Il exerça tout d'abord à Bombay, puis en Afrique du Sud où il se fit le défenseur des Indiens contre la politique de ségrégation raciale pratiquée dans ce pays (1893). De retour en Inde, il lança de vigoureuses campagnes antibritanniques appelant à la «désobéissance civile» et fut plusieurs fois emprisonné, car il prêchait le boycottage des produits importés de Grande-Bretagne, demandant à chaque Indien de filer et de tisser ses propres vêtements. Il fut le plus fervent avocat de la doctrine de l'*ahimsa* («non-violence active») et de l'égalité des droits entre les hommes, réclamant la réhabilitation des intouchables. Son influence politique fut très grande sur le parti du Congrès. Emprisonné pendant la guerre (1942 - 1944), il participa néanmoins aux négociations pour l'indépendance de l'Inde (15 août 1947). Un brahmane fanatique l'assassina le 30 janv. 1948. ➛ ÉTYM. Au Kathiawar, *Gāndhī* signifie «épicier» (Ghandi appartenait à la caste des marchands).

**GANDHI (Indira)** ♦ Femme politique indienne (Allahabad 1917 - New Delhi 1984). Fille de Nehru*, elle fit ses études en Suisse et à Oxford. Elle épousa un avocat, Feroze Gandhi (mort en 1960), sans lien de parenté avec le Mahatma Gandhi. Élue membre du Congrès en 1938, elle en devint la présidente en 1959. En 1966, elle succéda comme Premier ministre à Lal Bahadur Sastri. Réélue en 1967, elle dut démissionner après l'échec de son parti aux élections législatives de mars 1977, mais revint au pouvoir en janv. 1980. Elle fut assassinée le 31 oct. 1984 par deux sikhs de son service de sécurité.

**GANDHI (Rajiv)** ♦ Homme d'État indien (Bombay 1944 - Sriperumbudur 1991). Premier fils d'Indira Gandhi*, petit-fils de Jawaharlal Nehru*. Pilote d'aviation, il n'entra dans la vie politique que tardivement, à la suite de la mort accidentelle de son frère cadet Sanjay. Il succéda à sa mère comme président du parti du Congrès et comme Premier ministre en 1984. Il fut l'artisan de la libéralisation économique du pays. Battu aux élections de 1989, il allait retrouver le pouvoir en 1991 quand il fut assassiné dans un village proche de Madras, probablement par des extrémistes tamouls du Sri Lanka.

**GANDJA,** de 1804 à 1918 ***Ielisavetpol,*** de 1935 à 1989 ***Kirovabad,*** de 1990 à 1995 ***Giandja*** ♦ V. d'Azerbaïdjan, située au pied du Petit Caucase. 294 700 hab. Métall. de l'aluminium. Indus. alimentaire, textile et mécanique.

**GANELON** ➛ ÉTYM. du germ. *Wano,* n. de pers. (du vx haut all. *wân* «espérance») ♦ Personnage de *La Chanson* de Roland* qui, cédant à une rancœur injustifiée envers son beau-fils Roland*, le trahit en incitant le roi sarrasin Marsile à l'embuscade de Roncevaux*. ▪ Ganelon devint le symbole du chevalier félon.

**GANESHA** ou **GANEŚA** ➛ ÉTYM. du sanskr. *gana* «groupe, troupe, multitude» et *īsa* «maître» ♦ Divinité hindoue, fils de Shiva et de Pārvatī, patron des commerçants, des voyageurs et des voleurs. Il est censé «écarter les obstacles». On le représente avec une tête d'éléphant, symbolisant la sagesse ; son «animal-support» est un rat.

**GANGĀ** ou **GANGGĀ** ♦ Dynastie indienne qui régna du III$^{e}$ s. au XI$^{e}$ s. dans la région de l'actuel Mysore* et jusqu'au XVI$^{e}$ s. dans l'Orissa*.

**GANGE** n. m. ➛ ÉTYM. en sansk. ***Gangā*** «rivière» ♦ Fl. principal du N. de l'Inde (3 090 km) dont le bassin forme la *plaine gangétique* qui s'étend de l'O. à l'E. entre les monts Vindhya et l'Himalaya. Il naît vers 4 500 m d'alt. dans l'Himalaya occidental, aux confins du Tibet, et, après un cours torrentueux, arrive dans la plaine à Hardwar, à seulement 311 m d'altitude. Son cours se fait alors large et lent, très limoneux. Il reçoit de nombreux affluents dont les principaux sont la Yamuna, la Son, la Gandak, la Gumti et la Gogra. Il se jette, après avoir arrosé Bénarès et Allahabad, dans le golfe du Bengale où il forme avec le Brahmapoutre un immense delta composé de multiples bras drainant une région très marécageuse, appelée Sundarban. Fleuve sacré, c'est le plus vénéré des fleuves de l'Inde.

**Gange.** Le fleuve à Bénarès. © *PhotoDisc*

**GANGES** [34190] ➛ ÉTYM. anc. *Aganthicum,* p.-ê. du lat. *acanthicum* «lieu où pousse l'acanthe» ou du gr. *akanthos* «épineux» ♦ Ch.-l. de cant. de l'Hérault, arr. de Montpellier, sur l'Hérault. 3 502 hab. (aggl. 5 789) *(Gangeois).* Musée de la soie. Fibres synthétiques. ▮ **Histoire** La ville fut le fief du diocèse de Maguelone ; elle accueillit les camisards en 1703.

**GANGTOK** ♦ V. de l'Inde, cap. du Sikkim, située à plus de 1 500 m d'alt. dans la vallée himalayenne de la Tista. 29 162 hab. Relais caravanier important entre l'Inde et le Tibet, et capitale du bouddhisme lamaïque de la région. Plus de 40 monastères y sont installés.

**GANIVET (Ángel)** ♦ Écrivain espagnol (Grenade 1865 - Riga 1898). Il se lia d'amitié avec Miguel de Unamuno avec qui il entretint une correspondance sur l'*Avenir de l'Espagne*. Il fut consul à Anvers (1894), à Helsinki (1896), à Riga (1898) d'où il envoya à Grenade des chroniques : *Grenade la belle* (1895), *Lettres finlandaises* (1896), *Les Hommes du Nord* (1905). L'admiration qu'il portait à son pays se note dans *Idearium español* (1897). Observateur réaliste et plein d'humour dans ses romans (*La Conquête du royaume de Maya,* 1897), il composa également un drame en vers, *Le Sculpteur de son âme* (publ. 1906), avant de se suicider dans une crise de folie. Il est considéré avec Unamuno comme le précurseur de la «génération de 98».

**GANJIN** ♦ Nom japonais du religieux bouddhiste chinois Jian zhen (688 - 763) qui arriva au Japon en 754, accompagnant de nombreux disciples et artisans. Architecte renommé, il inaugura la construction modulaire, réduisant les structures à un petit nombre d'éléments préfabriqués. Il fonda le Tōshōdaiji de Nara, temple principal de la secte Ritsu qu'il avait créée.

**GANKŪ** ♦ Peintre japonais (Kanazawa 1749 - *id.* 1838), élève de Maruyama Ōkyo. Il fut célèbre pour ses peintures de tigres.

**GANNAT** [03800] ➝ ÉTYM. anc. *Vaddinacum*, du germ. *Waddin*, n. de pers., et suff. *-acum* ♦ Ch.-l. de cant. de l'Allier, arr. de Vichy. 5 838 hab. *(Gannatois)*. Enceinte et tours (XIVe s.) d'un anc. château fort du XIIe s. (auj. musée). Église romane Saint-Étienne des XIe - XIIe s. (autels de bois sculpté du XVIIe s.). L'église Sainte-Croix, romane et gothique, renfermait un évangéliaire des Xe et XIIe s. auj. conservé dans le musée.

**GANNE (Louis)** ♦ Compositeur français (Buxières-les-Mines, Allier 1862 - Paris 1923). Élève de C. Franck, il se consacra à l'opéra-comique et à l'opérette. Deux de ses ouvrages furent longtemps populaires : *Les Saltimbanques* (1899) et *Hans, le joueur de flûte* (1906). Il est l'auteur de la célèbre *Marche lorraine* (1892). ➝ ÉTYM. *Ganne* vient du nom de personne germanique *Wano*, du vieux haut allemand *wân* «attente, espérance».

**GANSHOREN** ♦ Comm. de Belgique (Région de Bruxelles-Capitale). 21 395 hab. Basilique du Sacré-Cœur partagée avec Koekelberg. ▪ Fonderie.

**GANSU** ou **KAN-SOU** n. m. ♦ Prov. du N. de la Chine. → **Chine** (carte). 454 300 km². 25 124 282 hab. 41 ethnies (dont 7,92 % d'ethnies minoritaires). CAP. : Lanzhou. Céréales. Coton. Tabac. Élevage. Mines de nickel et de platine (1er producteur), fer, plomb, zinc, or et argent. Pétrole (Yumen* et Changxing), houille (importante réserve) et charbon. Complexe pétrochimique (Lanzhou), barrage hydroélectrique (Liujiaxia). ▪ La province est riche en monuments historiques : grottes de Dunhuang, de Maijishan et de Binglingsi, vestiges de la Grande Muraille datant des Han, anc. postes frontaliers de Yumenguan et de Yangguan. ▪ La prov. est un long territoire s'étirant d'E. en O. sur 1 500 km. Elle abrite le couloir de Hexi (1 000 km), artère essentielle de communication et de commerce avec l'Occident (anc. route de la Soie). → **Dunhuang.**

**GANTEAUME (Honoré,** comte**)** ♦ Amiral français (La Ciotat 1755 - La Pauligne, près d'Aubagne 1818). Capitaine de vaisseau en 1794, il rentra de la campagne d'Égypte avec Bonaparte. Vice-amiral de la flotte de Brest (1804), commandant de l'escadre de la Méditerranée (1809), il se rallia aux Bourbons (1814) et fut nommé pair de France par Louis XVIII.

**GANTT (Henry Laurence)** ♦ Ingénieur américain (Calvert Country, Maryland 1861 - Pine Island, New York 1919). Collaborateur de Frederick W. Taylor*, il développa l'aspect social de l'organisation scientifique du travail ; il introduisit l'emploi de nombreux graphiques (dont l'un porte son nom) pour la gestion des entreprises.

**GANYMÈDE** – en gr. *Ganumêdês* ♦ Prince légendaire de Troie*, fils de Tros* et de Callirrhoé. Adolescent fameux pour sa beauté, il est aimé par Zeus* qui, changé en aigle, l'enlève et l'emporte sur l'Olympe. Devenu immortel, Ganymède servait d'échanson, remplaçant Hébé*.

**GANZHOU** ou **KAN-TCHEOU** ♦ V. de Chine (Jiangxi). 328 309 hab. Indus. du bois (papeterie). Riz, canne à sucre. ▮ **Histoire** Importante base américaine en 1945.

**GAO** ➝ ÉTYM. du songhaï *kounku* «île» ou déformation de *Kao Kao*, onomatopée évoquant le tam-tam royal ♦ V. du Mali, sur la rive g. du Niger. 66 000 hab. Centre commercial. Cité caravanière. Exportation des produits de l'élevage de la région (peaux, laine, bétail). Abattoirs. ▮ **Histoire** Fondée vers 670, elle devint au XIe s. la capitale du Royaume songhaï, passa sous la suzeraineté de l'empire du Mali*, puis devint capitale de l'Empire songhaï au XVIe s. sous la dynastie des Askias, avant de tomber aux mains des conquérants marocains (1592). Stèles de marbre épigraphiées (XVIe s.).

**GAO Xingjian** ♦ Écrivain, peintre et dramaturge français d'origine chinoise (Ganzhou 1940). Influencé par la littérature moderne occidentale, il fut victime de la révolution culturelle, envoyé en camp de rééducation et contraint de brûler ses manuscrits. Ce n'est qu'en 1979 qu'il put se faire publier et voyager à l'étranger. En 1981, il publia, en Chine, *Premier Essai sur l'art du roman moderne* qui provoqua une violente polémique sur le modernisme. Ses pièces, *Signal d'alarme* (1982), *Arrêt d'autobus* (1983), *L'Homme sauvage* (1985) furent vite interdites à Pékin. Francophile, il s'est installé à Paris en 1998. Son roman *La Montagne de l'âme* (1989) est un voyage pour partie autobiographique dans la Chine profonde qui se poursuit dans *Le Livre d'un homme seul* (2000). *Le Quêteur de la mort* (2000), pièce écrite directement en français, interroge sur l'art, la vie et la mort. Dans la tradition chinoise de la peinture à l'encre sur papier de riz, Gao Xingjian mène parallèlement une carrière de peintre désireux de moderniser cet art en s'affranchissant des conventions (*La Fin du monde*, 2006). [Prix Nobel de littér. 2000]

**GAOZONG** ou **KAO-TSONG** ♦ Titre posthume de plusieurs empereurs de Chine dont les règnes furent importants. Les plus célèbres furent GAOZONG DES TANG [Li Zhi] (628 - 683), GAOZONG DES SONG DU SUD [Zhao Gou] (1107 - 1187) et GAOZONG DES QING [Aisin Jueruo Hongli] empereur Qianlong* (1711 - 1799).

**GAOZU** ou **KAO-TSU** ♦ Titre posthume de plusieurs empereurs de Chine, conféré en général aux empereurs fondateurs de dynastie. Les plus célèbres furent GAOZU DES HAN [Liu Bang] (–256 - –195), GAOZU DES TANG [Li Yuan] (566 - 635), GAOZU DES HOUJIN [Shi Jingtang] (892 - 942) et GAOZU DES HOUHAN [Liu Zhiyuan] (895 - 948).

**GAP** [05000] – anc. *Vapincum* ♦ Ch.-l. du dép. des Hautes-Alpes, sur la Luye. 36 262 hab. *(Gapençais)*. Évêché. Musée départemental : mausolée du duc de Lesdiguières en marbre noir du Champsaur, par J. Richier (1604) ; archéologie ; faïences anc. ; folklore alpin. ▪ Ville tertiaire située à un carrefour de voies de communication. Centre d'excursions. ▮ **Histoire** Ancien camp militaire romain fondé par Auguste, la ville devint «cité» en 382 et siège d'un évêché au Xe s. Elle fut annexée à la Couronne de France en 1512. Elle fut dévastée par les guerres de Religion.

**GAPENÇAIS** n. m. ➝ ÉTYM. du n. de *Gap** ♦ Pays du Dauphiné, limité par la Durance et le Drac, et s'étendant autour de Gap*.

**Garabit** (viaduc de) ➝ ÉTYM. p.-ê. de même orig. que l'occit. *garrabié* «églantier» ♦ Viaduc permettant au chemin de fer (ligne Béziers-Clermont-Ferrand) de franchir la gorge de la Truyère, profonde de 125 m, à Faverolles, dans le Cantal. Construit de 1882 à 1884 par Gustave Eiffel, d'après les plans de Léon Boyer, le viaduc long de 564 m, à 122 m au-dessus de la rivière, comporte en son centre une arche métallique de 165 m de portée.

**GARAMOND** ou **GARAMONT (Claude)** ♦ Graveur et fondeur de caractères français (Paris 1499 - *id.* 1561), créateur des *grecs du roi*, pour François Ier, et de types romains et italiques qui furent la base de la typographie classique.

**GARAT (Dominique Joseph,** comte**)** ♦ Homme politique français (Bayonne 1749 - Ustaritz, Basses-Pyrénées 1833). Avocat, élu député du tiers état aux États généraux (1789), il succéda à Danton comme ministre de la Justice (nov. 1792), puis fut nommé ministre de l'Intérieur (mars 1793). Accusé de modérantisme, il fut défendu par Robespierre contre qui cependant il se retourna les 8 et 9 Thermidor. Membre du Conseil des Anciens (1796), sénateur et comte sous Napoléon Ier, il fut élu à l'Académie française (1803), mais en fut exclu lors de la Restauration. Œuv. princ. : *Considérations sur la Révolution française* (1792).

**GARAUDY (Roger)** ♦ Philosophe et homme politique français (Marseille 1913). Député (1945 - 1951, 1956 - 1958) puis sénateur (1959 - 1962), membre du bureau politique du Parti communiste français (1956 - 1970), il en fut exclu en 1970. Auteur d'études sur le «réalisme socialiste», sur le marxisme (*La Théorie matérialiste de la connaissance*, 1953), s'efforçant d'établir un dialogue entre marxistes et chrétiens (*De l'anathème au dialogue*, 1965) il a publié des ouvrages sur l'islam, auquel il s'est converti (*L'Islam habité, notre avenir*, 1981), et ses mémoires (*Mon tour du siècle en solitaire*, 1989). Avec *Les Mythes fondateurs de la politique israélienne* (1995), il a été condamné pour contestation de crimes contre l'humanité. ➝ ÉTYM. *Garaudy* vient peut-être du germanique *Garwald*, de *°garwa* «prêt» et *waldan* «gouverner».

**GARAY (Juan DE)** ♦ Général et explorateur espagnol (Villalba de Losa, Burgos, v. 1527 - près d'Asunción, Paraguay 1583). Explorateur de la vallée du Paraná et fondateur de Santa* Fe (Argentine, 1573), il contribua à la reconstruction de Buenos Aires (1580) et fut tué par les Indiens.

**GARBO (Greta Lovisa GUSTAFSSON,** dite **Greta)** ♦ Actrice de cinéma américaine, d'origine suédoise (Stockholm 1905 - New York 1990). Par la magie de son regard, la pureté et la noblesse de ses attitudes, le caractère presque désincarné de ses interprétations, elle s'est imposée de façon mémorable à l'admiration du public, justifiant par sa poésie l'épithète de «Divine». Princ. films : en Suède, *La Légende de Gösta Berling*, de Stiller* (1924) ; aux États-Unis, *Grand Hôtel* (1932), *La Reine Christine* (1933), *Anna Karénine* (1935), *Le Roman de Marguerite Gautier* (1937), *Marie Walewska* (1937).

Greta **Garbo.** Une scène du film *La Reine Christine*, de Ruben Mamoulian.
*Phot. ©Coll. Rui Nogueira*

**GARBORG (Arne Aadne)** ♦ Écrivain norvégien (Time, Jaeren 1851 - Asker 1924). De 1877 à 1882, il édita l'hebdomadaire *La Patrie* en landsmaal. Élevé dans un esprit piétiste, il évolua, sous l'influence de Bjørnson*, vers la libre pensée, comme en témoigne son premier grand roman *Étudiants-Paysans* (1883). Puis, avec le roman naturaliste *Hommes*, où il réclamait la liberté de l'amour, il s'aliéna la critique officielle et les milieux bourgeois. Après quelques œuvres polémiques, dont la pièce satirique *Les Intransigeants* (1888), il revint à un certain mysticisme cherchant à réconcilier la foi et la vie dans des romans tels que *Hommes las* (1891), *Paix* (1892), *Le Père prodigue* (1899), et dans son conte en vers *Haugtussa* (1895).

**GARCHES** [92380] ➝ ÉTYM. probablt du frq. *werki* «fortification» ♦ Ch.-l. de cant. des Hauts-de-Seine, arr. de Nanterre. 18 036 hab. *(Garchois)*. Centre résidentiel. Hôpital.

**GARCHINE (Vsevolod Mikhaïlovitch)** ♦ Nouvelliste russe (près de Iekaterinoslav, auj. Dnipropetrovsk 1855 - Saint-Pétersbourg 1888). Ayant partagé les souffrances des combattants durant la guerre contre la Turquie, il composa sa première nouvelle, *Quatre jours* (1877), où il évoque les horreurs de la guerre. Il écrivit de nombreuses nouvelles imprégnées de pitié et d'ironie tragique, dont *Attalea Princeps* (1880), *La Fleur rouge* (1883) et *Le Signal* (1887) où il montre comment seul un fou peut imaginer lutter contre le mal dans le monde. Dépressif, il se suicida.

**GARCHIZY** [58600] ➝ ÉTYM. anc. *Garchesiacum*, probablt du germ. *Warichisus*, n. de pers., et suff. *-iacum* ♦ Comm. de la Nièvre, arr. de Nevers, sur la Loire. 3 819 hab. *(Garchizois)*.

**GARCÍA CALDERÓN (Ventura)** ♦ Diplomate et écrivain péruvien (Paris 1887 - *id.* 1959). Il a révélé au Pérou les formes les plus avancées de la littérature française et aux Français les chefs-d'œuvre de son pays. Il est l'auteur de poèmes et de recueils de contes (*La Vengeance du condor*, 1925).

**GARCÍA GUTIÉRREZ (Antonio)** ♦ Auteur dramatique espagnol (Chiclana, province de Cadix 1813 - Madrid 1884). Dès sa jeunesse, il composa des drames *(Une nuit d'émotions)*. Plus tard, il abandonna la médecine pour revenir à la poésie, influencé par les romantiques français. Rédacteur à la *Revue espagnole*, il s'enrôla dans l'armée de Mendizabal, mais fit représenter *Le Trouvère* (1836) qui inspira Verdi*. À son retour de Cuba et du Mexique où il avait dû émigrer, il connut le grand succès avec *Juan Lorenzo* (1865), *Vengeance catalane*, et publia ses *Œuvres choisies* en 1866. Consul d'Espagne à Bayonne puis à Genève (1868 - 1869), il devint en 1872 directeur du Musée archéologique de Madrid.

**GARCÍA LORCA (Federico)** ♦ Poète et auteur dramatique espagnol (Fuentevaqueros, Grenade 1899 - Grenade 1936). Issu de la bourgeoisie andalouse libérale et aisée, incroyant mais nourri de tradition chrétienne, doué pour les arts (notamment la musique), «poète de naissance irrémédiablement», il s'est rangé tout de suite du côté des exploités et a su concilier dans son œuvre l'héritage populaire du folklore et l'art le plus actuel. Son lyrisme procède à la fois des thèmes traditionnels andalous et de la poésie savante, parfois surréaliste (*Canciones*, 1921 ; *Romancero gitano*, 1928 ; *Poema del Cante Jondo* 1931 ; *Poète à New York* qui contient l'«Ode à Walt Whitman» ; *Chant funèbre à Ignacio Sánchez Mejías*, 1934, torero mort dans l'arène). En 1935, il fonda «La Barraca», troupe théâtrale qui fit connaître les classiques (Lope de Vega, Calderón, Cervantès) dans les petites villes espagnoles. García Lorca écrivit alors des pièces fantaisistes pleines de verve andalouse : *L'Amour de don Perlimplin avec Bélise en son jardin ; La Savetière prodigieuse* (1929 - 1933). Plus importante est la trilogie, *Noces de sang* (1933), *Yerma* (1935), *La Maison* de Bernarda* (1936), où l'amour qui conduit à la mort, la chair, le Soleil et la Terre sont les thèmes d'une dramaturgie proche de la tragédie grecque et pourtant politiquement actuelle. ▪ L'art de García Lorca reste toujours «parole», refus actif de la séparation entre les êtres, désir de communiquer ; il voyait dans ce désir la source de tout art, la raison de sa soif d'expression lyrique. Il mourut fusillé par la garde franquiste aux premiers jours de la guerre civile. ➝ ÉTYM. *García* vient peut-être du francique *wrakjo* «coquin» [même origine que *gars, garçon*] ou du celtique «serviteur, valet» ou est un nom de lieu basque «hauteur rocheuse» ou vient du basque *hartz* «ours» ; *Lorca*, nom de lieu.

**GARCÍA MÁRQUEZ (Gabriel)** ♦ Écrivain colombien (Aracataca 1928). Conteur fantastique (*Les Funérailles de la grande mémé*, 1962 ; *L'Incroyable et Triste Histoire de la candide Erendira et de sa grand-mère diabolique*, 1972), ardent défenseur des droits de l'homme (*L'Automne du patriarche*, 1975), il est surtout l'auteur de *Cent* ans de solitude* (1967), «la plus grande révélation de la langue espagnole depuis le *Don Quichotte* de Cervantès» (P. Neruda). On lui doit également *Chronique d'une mort annoncée* (1981), *L'Amour au temps du choléra* (1985), *Le Général dans son labyrinthe* (1989). Ses entretiens avec Plinio Mendoza ont paru en 1982 *(Une odeur de goyave)*. Il a livré le premier volume de ses mémoires, *Vivre pour la raconter*, en 2003. [Prix Nobel de littér. 1982]

**GARCÍA MORENO (Gabriel)** ♦ Homme d'État équatorien (Guayaquil 1821 - Quito 1875). Président de la République de 1860 à 1875, il fit entreprendre la construction de la ligne de chemin de fer destinée à relier la côte à la cordillère des Andes. Il fut également à l'origine de l'essor de l'enseignement.

**GARCILASO DE LA VEGA** ♦ Poète espagnol (Tolède 1503 - bataille du Muy 1536). Homme de cour à l'âme chevaleresque, poète aimé des dames, soldat valeureux, Garcilaso de la Vega représente le type humain idéal de la Renaissance, celui que propose Castiglione* dans son *Courtisan*. L'amour est la principale source du lyrisme de Garcilaso, un amour contrarié et douloureux qu'il situe dans un cadre pastoral et mythologique inspiré de Virgile*. Son exaltation a un caractère fondamentalement profane, cas unique dans la spiritualité de l'Espagne d'alors. Ses œuvres parues bien après sa mort (1543) se composent de sonnets, d'églogues, d'élégies ; elles marquent une innovation non pas seulement par la métrique (importée d'Italie par l'ami intime de Garcilaso, Juan Boscán*) mais aussi par la musicalité exceptionnelle de l'hendécasyllabe, la fraîcheur d'une poésie jamais mièvre et qui présente un monde harmonieux sous son aspect le plus sensoriel.

**GARCILASO DE LA VEGA Y VARGAS (Sebastián)** ♦ Conquistador espagnol du Pérou (Badajoz 1495 - Cuzco 1559). Au service de Cortés au Mexique, il aida ensuite Pizarro au Pérou et fut nommé gouverneur de Cuzco (1548). Père de Garcilaso de la Vega dit «l'Inca».

**GARCILASO DE LA VEGA, dit l'Inca** ♦ Chroniqueur de langue espagnole (Cuzco 1539 - Cordoue 1616). Fils d'un Espagnol, Sebastián Garcilaso* de la Vega, et d'une princesse inca, il traduisit en espagnol les dialogues d'amour de Léon l'Hébreu (1590). Il est l'auteur des *Commentaires royaux* (Lisbonne, 1609). Cette œuvre retraçant l'histoire glorieuse des Incas fut considérée comme subversive par les Espagnols.

**GARÇON (Maurice)** ♦ Écrivain et avocat français (Lille 1889 - Paris 1967). Fils d'un juriste renommé, il se destina au barreau où il acquit une grande réputation en assumant la défense dans des procès littéraires et criminels. Il s'intéressa particulièrement à l'histoire (*Louis XVII ou la Fausse Énigme*, 1952 ; *Histoires curieuses*, 1959) et à la sorcellerie (*La Vie exécrable de Guillemette Babin*, 1925 ; *Magdelaine de la Croix, abbesse diabolique*, 1939). Outre d'importants plaidoyers, on lui doit un *Essai sur l'éloquence judiciaire* (1941) et une *Histoire de la justice sous la III^e^ République* (1957). [Acad. fr. 1946]

**GARD** ou **GARDON** n. m. ➝ ÉTYM. anc. *Vardo*, du gaul. *vardu-* changé en *gar-* sous l'infl. germ. entre V^e^ et X^e^ s., de l'anc. indo-eur. *°vara* «eau» ♦ Riv. du Languedoc (130 km), affl. du Rhône. Le Gard est formé par la réunion des Gardons d'Anduze et d'Alès descendus des Cévennes. Entre Dions et Collias, il coule dans un canyon aux parois criblées de grottes. Il conflue en amont de Beaucaire. Son régime pluvionival lui impose des crues souvent violentes. ♦ ***Pont du Gard*** Aqueduc romain de Nîmes (2^de^ moitié du I^er^ s.) qui franchit la vallée à proximité de Remoulins. Il mesure 273 m de long et 49 m de haut et se compose de 3 rangs d'arcades. Important site touristique.

**Gard.** Le pont du Gard. *Phot. © Karel Gallas/Shutterstock*

**GARD** [30] n. m. ➝ ÉTYM. du n. de la riv. ♦ Dép. du S. de la France, région Languedoc-Roussillon. 5 853 km². 623 125 hab. CH.-L. : Nîmes. CH.-L. D'ARR. : Alès, Le Vigan. Cour d'appel : Nîmes. Académie : Montpellier. → **Languedoc-Roussillon.**

**GARDAFUI** (cap) → **Guardafui**

**GARDANNE** [13120] ➝ ÉTYM. du germ. *gart* «jardin» et suff. *-ana* ♦ Ch.-l. de cant. des Bouches-du-Rhône, arr. d'Aix-en-Provence. 19 344 hab. *(Gardannais)*. Traitement de la bauxite. Cimenteries. Centrale thermique. – La mine de charbon a été fermée en 2003.

**GARDE (LA)** [83130] ➝ ÉTYM. «lieu de guet ; forteresse» ♦ Comm. du Var, arr. de Toulon. 25 329 hab. *(Gardéens)*.

**GARDE** (lac de) ➝ ÉTYM. en ital. ***Lago di Garda*** ; p.-ê. du n. de *Garda*, v. sur la rive orientale ♦ Lac glaciaire d'Italie du Nord, servant de frontière entre la Lombardie et la Vénétie. 370 km². Il est traversé par le Mincio. Lieu de villégiature.

**GARDEL (Maximilien) dit Gardel l'Aîné** ♦ Danseur et chorégraphe français (Mannheim 1741 - Paris 1787). Interprète du *Castor et*

*Pollux* de Rameau, il fut le premier à paraître sur scène sans masque ni perruque (1772). Devenu maître de ballet à la suite du départ de Noverre* (1781), il composa des chorégraphies pour l'Opéra de Paris : *Le Déserteur* (1784), *Le Premier Navigateur* (1785), *Les Sauvages* (1786), *Le Coq du village* (1787). Son passage a marqué le début du ballet-pantomime.

**GARDEL (Pierre)** ♦ Danseur et chorégraphe français (Nancy 1758 - Paris 1840). Frère cadet et élève de Maximilien Gardel qu'il remplaça plus tard à l'Opéra (1787) en qualité de maître de ballet et chorégraphe. Jalonnée de succès, sa longue carrière fut celle d'un créateur (*Psyché*, 1790 ; *Le Jugement de Pâris*, 1793 ; *La Dansomanie*, 1800 ; *Paul et Virginie*, 1806) autant que d'un professeur. Carlo Blasis* fut son élève.

**GARDEL (Charles Romuald GARDÈS, dit Carlos)** ♦ Auteur-compositeur et interprète argentin d'origine française (Toulouse 1890 - Medellín 1935). Il contribua, par des interprétations où se révèle toute la mélancolie du tango, à populariser ce genre dans le monde entier. Il fut également l'interprète de films musicaux.

**GARDEN (Mary DAVIDSON, dite Mary)** ♦ Cantatrice britannique (Aberdeen 1877 - *id.* 1967). Douée d'un éclatant soprano, elle remplaça Marthe Rioton à la création de *Louise*, de G. Charpentier (1900), et fut la créatrice du rôle de Mélisande, dans *Pelléas* et Mélisande* de C. Debussy (1902) et la première à chanter aux États-Unis le rôle-titre de *Salomé* de R. Strauss (1909). Elle fut directrice de l'opéra de Chicago (1921 - 1922).

**GARDINER (Stephen)** ♦ Prélat et homme politique anglais (Bury Saint Edmunds v. 1483 - Whitehall 1555). Chargé des négociations avec le pape pour l'annulation du mariage d'Henry VIII et Catherine d'Aragon (1528 - 1529), il échoua dans sa mission mais fut nommé secrétaire d'État et évêque de Winchester (1531). Son traité *De vera obedientia* (1535) affirme la supériorité du roi sur le pape. Hostile aux protestants, il contribua au conservatisme des Six Articles (1539). Incarcéré sous Édouard VI (1548), il fut réhabilité par Marie Tudor qui le fit lord grand chancelier (1553). Il changea alors de sentiments à l'égard du pape, et soutint la soumission de l'Angleterre à Rome (*Palidonia*, 1554).

**GARDINER (sir John Eliot)** ♦ Chef d'orchestre britannique (Fontmell Magna, Dorset 1943). Fondateur du Monteverdi Choir (1964) et des English Baroque Soloists (1978), directeur musical de l'opéra de Lyon (1983 - 1989), il a créé à la scène *Les Boréades* de Rameau (Aix-en-Provence, 1982) et fondé en 1990 l'Orchestre révolutionnaire et romantique. Spécialiste du répertoire baroque (Monteverdi, cantates de Bach), il a également excellé dans son interprétation de la musique romantique (Beethoven, Brahms) et française (Rameau, Berlioz).

**GARDNER (Erle Stanley)** ♦ Romancier américain (Malden, Massachusetts 1889 - Temecula, Californie 1970). Il exerça pendant plus de vingt ans la profession d'avocat. C'est en 1923 qu'il commença d'écrire ses histoires policières, notamment pour le magazine *Black Mask*. Son premier roman policier (*The Case of the Velvet Claws*, 1932) eut tant de succès qu'il abandonna le barreau pour écrire (il publia plus de 200 romans). Il créa le personnage de l'avocat Perry Mason, que la télévision a encore popularisé. ➧ ÉTYM. Ce nom vient de l'anglais *gardener* «jardinier».

**GARDNER (Ava)** ♦ Actrice américaine (Smithfield, Caroline du Nord 1922 - Londres 1990). Sa beauté sculpturale mais aussi sa secrète fragilité se manifestent dans *La Comtesse* aux pieds nus*, son film fétiche (J. L. Mankiewicz, 1954) ainsi que dans *Les Tueurs* (1946), *Pandora* (1951), *Mogambo* (1953), *La Croisée des destins* (1956), *Le soleil se lève aussi* (1957), *La Nuit de l'iguane* (1964) et même, l'espace de quelques minutes, *Juge et Hors-la-loi* (1972).

**GARENNE-COLOMBES (LA)** [92250] ➧ ÉTYM. *Garenne* «domaine de chasse réservée» et *Colombes** ♦ Ch.-l. de cant. des Hauts-de-Seine, arr. de Nanterre, au N.-O. de Paris. 24 067 hab. *(Garennois)*. Indus. automobile.

**GARÉOULT** [83136] ➧ ÉTYM. anc. *Guarildis*, du germ. *Garoildis*, n. de femme ♦ Comm. du Var, arr. de Brignoles. 4 882 hab.

**GARFIELD (James Abram)** ♦ Homme d'État américain (Orange, Ohio 1831 - Long Branch, New Jersey 1881). 20$^{e}$ président des États-Unis. Autodidacte, il devint professeur de langues anciennes (1857 - 1860), et prit part à la guerre de Sécession. Représentant de l'Ohio, chef du parti républicain (1876), élu président (1880), il fut assassiné peu après, en mars 1881.

**GARGALLO (Pablo)** ♦ Sculpteur espagnol (Maella, Aragon 1881 - Reus, Catalogne 1934). Il fit à partir de 1902 différents séjours à Paris, fréquentant les artistes du Bateau*-Lavoir et subissant l'influence des cubistes, et s'y installa définitivement en 1925. Des réminiscences néoclassiques imprègnent certaines de ses figures en marbre et pierre, mais Gargallo se montra plus novateur en réalisant à partir de 1911 des masques d'une expression originale. Quant à ses grandes sculptures en métal, elles révèlent un traitement très libre de la figure humaine à laquelle il donna fréquemment l'aspect d'une ossature, en ménageant des volumes convexes, des claires-voies et en utilisant parfois des barres rigides ou ployées. Nombre de ses œuvres dénotent simultanément des tendances expressionnistes, une volonté de stylisation et le goût des détails fantaisistes et décoratifs (*Le Prophète*, 1933 ; *L'Arlequin à la flûte*, 1927-1932).

**GARGANO** n. m. ♦ Promontoire du S.-E. de l'Italie péninsulaire, sur la côte adriatique, dans les Pouilles* (c'est l'«éperon» de la «botte» italienne). Il culmine au monte Calvo (également appelé monte Gargano) (1 055 m). Gisements de bauxite.

**Gargantua (La Vie inestimable du grand)** ➧ ÉTYM. de la rac. onomatopéique *garg-* «gorge» ♦ Roman de Rabelais* (1534) qui, bien qu'écrit postérieurement au *Pantagruel** (1532), constitue le livre I du cycle rabelaisien. Inspiré d'un ensemble de récits «populaires» (*Les Chroniques gargantuines*), l'ouvrage fut publié sous le pseudonyme d'Alcofribas Nasier. ▪ Composé d'épisodes variés, bouffons ou satiriques, qui relatent la vie du géant Gargantua, fils de Grandgousier et père de Pantagruel, ce récit livre un enseignement précieux («la substantifique moelle») sur l'idéal humaniste de Rabelais. Aux attaques portées contre l'éducation scolastique médiévale succèdent le rêve d'une pédagogie moderne et l'énoncé d'une morale complète où le corps, l'énergie et l'esprit sont également cultivés. → **Thélème (abbaye de)**. La «guerre picrocholine» permet à Rabelais de critiquer les guerres de conquêtes, réprouvées par la sagesse antique et par l'Évangile.

**GARGENVILLE** [78440] ♦ Comm. des Yvelines, arr. de Mantes-la-Jolie. 6 611 hab. *(Gargenvillois)*. Cimenterie.

**GARGES-LÈS-GONESSE** [95140] ➧ ÉTYM. p.-ê. du germ. *wardja* «endroit de garde» ♦ Ch.-l. de cant. du Val-d'Oise, arr. de Sarcelles, près du Bourget. 40 058 hab. *(Gargeois)*.

**GARGILESSE-DAMPIERRE** [36190] ➧ ÉTYM. *Gargilesse*, p.-ê. du germ. *warginissa* «dépôt de proscrits» et *Dampierre** ♦ Comm. de l'Indre, arr. de La Châtre. 324 hab. *(Gargilessois)*. Village pittoresque, célèbre par les descriptions qu'en fit George Sand. Église romane du XII$^{e}$ s. (peintures murales des XIV$^{e}$ s. et XV$^{e}$ s. dans la crypte). ▪ Maison où résida George Sand de 1857 à 1876.

**GARIBALDI (Giuseppe)** ♦ Homme politique italien (Nice 1807 - Caprera 1882). Fils d'un marin d'origine génoise, il entra dans la marine sarde, avant d'être contraint à l'exil en raison de ses sympathies pour l'action de Mazzini* (1834). Après un séjour en Amérique du Sud, au cours duquel il prit part à une insurrection au Brésil et combattit pour l'Uruguay, il revint en Italie au moment de la révolution de 1848. De nouveau obligé de s'exiler en Amérique, il ne put rentrer qu'en 1854 et se rallia à la maison de Piémont et à Cavour*. En 1859, à la tête d'un corps d'armée de 5 000 chasseurs qu'il avait levé lui-même, il vainquit les Autrichiens à Varèse et à Brescia. L'année suivante, il s'empara de la Sicile (expédition des Mille* ou des Chemises rouges) et rejoignit à Naples les armées piémontaises. Élu député, il fut indigné par la cession de Nice à la France, et il ne tarda pas à entrer en conflit avec Cavour* à propos du problème des États pontificaux. Battu à Aspromonte (1862), puis à Mentana (1867) lors d'une seconde expédition, il se rapprocha de Mazzini et se retira dans l'île de Caprera. Il devait encore prendre part à la guerre de 1870 aux côtés de la France et fut élu député par 4 départements français. Élu à Rome (1875), il bénéficia d'une rente nationale. ♦ **Menotti Garibaldi** (Mustardon, Brésil 1840 - Rome 1903). Fils du précédent. Il prit part aux campagnes de son père et fut député d'extrême gauche de 1876 à 1900. ♦ **Ricciotti Garibaldi** (Montevideo 1847 - Rome 1924). Frère du précédent. Il combattit aux côtés des Grecs contre les Turcs, et forma en 1914 la *Légion garibaldienne* qui servit la France. Il se rallia à Mussolini. ➧ ÉTYM. Ce nom italien vient du germanique *Garibald*, nom de personne (de *gari* «lance» et *bald* «audacieux»).

Giuseppe **Garibaldi.** Au combat en 1871, image d'Épinal.
*Phot. © Hubert Josse*

**GARIGLIANO** n. m. ♦ Fl. d'Italie centrale, au S. de Gaète, servant de frontière entre le Latium et la Campanie. ▮ **Histoire** Les Français y furent battus par Gonzalve de Cordoue en 1503 (→ **Bayard**). Le

11 mai 1944, le corps expéditionnaire français, sous les ordres du général Juin*, y remporta une grande victoire qui ouvrit aux Alliés la route de Rome (→ **Rome, Guerre mondiale [Deuxième]**).

**GARIN DE MONGLANE** ♦ Héros d'un cycle de chansons de geste (XIII$^e$, déb. XIV$^e$ s.). Ses descendants, Girart* de Vienne, Aymeri* de Narbonne et Guillaume* d'Orange, défendirent contre les Sarrasins la Provence, le Languedoc et la Catalogne.

**GARIZIM** (mont) → ÉTYM. p.-ê. à rapprocher de l'akkadien *hasinu* «outil agricole» ♦ Montagne de Cisjordanie au S. de l'anc. Sichem, près de l'actuel Balata (881 m). Les samaritains* la considéraient comme un lieu sacré où ils situaient les sacrifices de Melchisédech, d'Abraham et de Jacob. Au –IV$^e$ s., ils y firent édifier un temple semblable à celui de Jérusalem, qui fut remplacé en –175 par un sanctuaire à Jupiter Xenios, que fit raser Jean Hyrcan v. –108. Dix mille personnes y furent tuées par les armées de l'empereur Vespasien en 66. Au V$^e$ s., les chrétiens y élevèrent une église à la Vierge qui fut fortifiée par Justinien au VI$^e$ s. et dont il reste encore des vestiges. Les samaritains célèbrent encore la Pâque chaque année sur cette hauteur.

**GARLAND (Frances GUMM, dite Judy)** → ÉTYM. *Judy*, du n. d'une chanson de Hoagy Carmichael et *Garland*, du n. de Robert *Garland*, critique renommé du *New York Post* ♦ Actrice américaine (Grand Rapids 1922 - Londres 1969). Fille d'un couple d'acteurs de music-hall, elle connut très jeune le succès. Mais sa carrière fut perturbée par l'abus d'alcool et de tranquillisants. Elle dut ses plus beaux rôles (chantés et dansés) à Victor Fleming (*Le Magicien d'Oz*, 1939), à son deuxième mari Vincente Minnelli (*Le Chant du Missouri*, 1945 ; *Le Pirate*, 1948) et, dans une tonalité plus grave, à George Cukor (*Une étoile est née*, 1954).

**GARMISCH-PARTENKIRCHEN** ♦ V. d'Allemagne (Bavière), dans les Alpes bavaroises, au pied de la Zugspitze, à 708 m d'alt. 28 019 hab. Station de sports d'hiver où se déroulèrent en 1936 les jeux Olympiques d'hiver.

**GARNACHE (LA)** [85710] ♦ Comm. de Vendée, arr. des Sables-d'Olonne. 3 576 hab. Vestiges (remparts, tours, donjon) d'une forteresse érigée au XII$^e$ s.

**GARNEAU (François-Xavier)** ♦ Historien canadien d'expression française (Québec 1809 - *id.* 1866). Considéré comme le père de l'historiographie canadienne, il écrivit une *Histoire du Canada* (1845 - 1852) afin de défendre, face aux Canadiens anglophones, la culture et l'identité québécoises.

**GARNEAU (Hector DE SAINT-DENYS)** ♦ Écrivain canadien d'expression française (Montréal 1912 - Sainte-Catherine 1943), cousin d'Anne Hébert* Dès sa vingtième année, il eut une intense activité intellectuelle et artistique ; frappé par une maladie de cœur (1934), il traversa alors une grave crise intérieure dont son *Journal* (tenu depuis 1935 ; édité en 1954) se fait l'écho. Après un court séjour en Europe, il revint au Canada pour s'y enfermer dans une solitude volontaire. Ses *Poésies complètes* (posth. 1949) comprennent *Regards et jeux dans l'espace* (publ. en 1937) ainsi que *Les Solitudes* ; «enfant en voyage tout seul», Garneau conçoit la poésie comme une voie de connaissance dans sa quête morale et spirituelle. Au sentiment angoissé d'être dépossédé, de marcher «à côté d'une joie [...] qui n'est pas à lui», aux regrets de quitter «vingt ans de fleurs sur fond de ciel» succédera l'épreuve de la solitude, nécessaire pour approfondir sa foi. Témoignage fidèle d'une expérience spirituelle émouvante, l'œuvre poétique de Garneau porte, dans sa forme, l'influence manifeste du symbolisme dont l'auteur adopta le vers-librisme.

**GARNER (Erroll)** ♦ Pianiste de jazz américain (Pittsburgh 1921 - Los Angeles 1977). Après avoir débuté à New York en 1944, il remplaça l'année suivante Art Tatum dans le trio de celui-ci et y trouva la formule qu'il conserva durant toute sa carrière. Influencé au début par Fats Waller* et Art Tatum*, son style s'est caractérisé par la recherche des variations mélodiques et surtout le retard de l'attaque (*rubato*). Princ. albums : *Garner at the Piano* (1953), *That's my Kick* (1967). → ÉTYM. *Garner* est l'équivalent du français *Garnier** ou de l'anglais *gardener* «jardinier».

**GARNERIN (André Jacques)** ♦ Aéronaute français (Paris 1769 - *id.* 1823). Il effectua la première descente en parachute (Paris, 1797), à partir d'un ballon libre à une altitude de 1 000 m. ♦ **Jeanne Geneviève Garnerin,** née LABROSSE (1775 - 1847). Épouse du précédent. Elle fut la première femme aéronaute et parachutiste. → ÉTYM. *Garnerin* est le diminutif de *Garnier**.

**GARNETT (William Taylor, dit Tay)** ♦ Cinéaste américain (Los Angeles 1894 - Sawtelle 1977). Il a réalisé quelques films d'aventures d'une verve chaleureuse, digne de John Ford : *Son homme* (1930), *La Malle de Singapour* (1935), *La Maison des sept péchés* (1940). On lui doit en outre l'archétype du mélodrame romantique, *Voyage sans retour* (1932), et la version de référence de *Le facteur sonne toujours deux fois* (1946) ; sans oublier un précieux questionnaire adressé aux cinéastes du monde entier, dont la somme a été publiée en France après sa mort : *Un siècle de cinéma* (1981).

**GARNIER (Robert)** ♦ Poète tragique français (La Ferté-Bernard 1544 ou 1545 - Le Mans 1590). Son style de poète érudit annonce celui de la tragédie classique, mais le statisme de l'action et le caractère épique, et parfois déclamatoire, du vers portent préjudice à l'intérêt dramatique dans les 7 pièces qu'il a composées. Il connut toutefois la faveur d'un large public avec *Antigone* (1580), *Les Juives** (1583) et une tragicomédie, *Bradamante* (1582), en raison des allusions aux préoccupations morales, religieuses et politiques du temps que ces œuvres contenaient. La puissance de son style et une grande variété rythmique font de lui un des plus authentiques poètes du XVI$^e$ s. français. → ÉTYM. *Garnier* vient du germanique *Warinhari*, nom de personne, de *wara* «protection» et *hari* «armée».

**GARNIER (Charles)** ♦ Architecte français (Paris 1825 - *id.* 1898). Il devint architecte de la Ville de Paris et remporta en 1861 le concours ouvert par Napoléon III pour l'édification d'un nouvel Opéra ; les travaux durèrent de 1862 à 1875. Dans cette œuvre, devenue le symbole du style Napoléon III, Garnier révéla un tempérament de tendance baroque ; il usa en effet d'une décoration éclectique, surchargée et fastueuse, qui masque la structure interne. Il construisit aussi le casino de Monte-Carlo (1878) et le théâtre Marigny.

**GARNIER (Marie Joseph François, dit Francis)** ♦ Officier de marine français (Saint-Étienne 1839 - Hanoi 1873). Il participa aux campagnes contre la Chine et l'Annam (1860 - 1862), puis à l'exploration du Mékong (1866 - 1868) entreprise par Doudart de Lagrée. Revenu en Extrême-Orient après s'être distingué au cours de la guerre franco-allemande (1870 - 1871), il contribua à préparer l'établissement de la France au Tonkin et fut tué devant Hanoi par les pirates chinois. Il est l'auteur d'un *Voyage d'exploration en Indochine, 1866-1868* (1873).

**GARNIER (Tony)** ♦ Architecte et urbaniste français (Lyon 1869 - La Bédoule 1948). Prix de Rome en 1899, il conçut de 1901 à 1904 un projet de «cité industrielle» (publié en 1917), qui prenait en considération la transformation de la vie urbaine et proposait des solutions révolutionnaires tant sur le plan urbanistique (séparation et articulation des zones d'activité, aménagement d'espaces verts, voies de circulation pour piétons, etc.) que dans le domaine de la construction et de l'esthétique (utilisation systématique du béton en éléments standardisés, adoption de formes géométriques simples : pilotis, mur-rideau, fenêtres en bandeau, toits-terrasses). Architecte de la Ville de Lyon à partir de 1905, il construisit notamment le stade olympique, remarquable ouvrage en béton armé (1913 - 1916), l'hôpital de la Grange-Blanche (1915 - 1930). Alors qu'il joua un rôle de précurseur comme théoricien, il resta souvent attaché dans ses réalisations à une tradition postclassique.

**GARNIER-PAGÈS (Étienne Joseph Louis)** ♦ Homme politique français (Marseille 1801 - Paris 1841). Élu député après la révolution de 1830 à laquelle il avait pris part, il fut l'un des représentants du parti républicain et lutta pour le suffrage universel sous la monarchie de Juillet. ♦ **Louis Antoine Garnier-Pagès.** Homme politique français (Marseille 1803 - Paris 1878). Frère du précédent. Révolutionnaire lors des journées de juil. 1830, il siégea comme député d'opposition à partir de 1842. Membre du gouvernement provisoire, maire de Paris et ministre des Finances après la révolution* de février 1848, il fut élu à l'Assemblée constituante (avr. 1848) et fit partie de la Commission exécutive (mai-juin 1848). Représentant de l'opposition dans le Corps législatif sous le Second Empire, il entra dans le gouvernement de la Défense nationale après l'abdication de Napoléon III (sept. 1870). Il a publié une *Histoire de la révolution de 1848* (1860 - 1872).

**GAROFALO (Benvenuto TISI, dit il)** ♦ Peintre italien (Ferrare v. 1481 - *id.* 1559). Auteur de sujets religieux (*Nativité*), de thèmes mythologiques (*Pallas et Neptune*, 1512), il continua d'abord la tradition de B. Boccaccino et de Costa. Vasari indique qu'il fut l'ami de Giorgione*, et il semble en avoir retenu la leçon (traitement de la lumière et du paysage). Après un séjour à Rome, il s'inspira fortement de Raphaël (*Madone en majesté entourée de saints*, 1533), puis dans ses œuvres ultérieures, empreintes d'un sentiment élégiaque, il révéla ses affinités avec Dosso Dossi. → ÉTYM. Ce nom vient de l'italien *garofano* «œillet» ou de l'italien du sud *garofalu* «eaux tourbillonnantes».

**GARONNE** n. f. → ÉTYM. en esp. ***Garona*** probablt «rivière au lit caillouteux» de la rac. pré-indo-eur. *°gar-* «pierre, rocher» et le suff. celt. *-onna* qui désigne les cours d'eau ♦ Fl. du N. de l'Espagne et du S.-O. de la France, drainant le bassin d'Aquitaine. 575 km (650 km avec la Gironde). Torrent pyrénéen depuis sa source située au pic de la Maladetta (à 1 800 m d'alt.) et jusqu'à Toulouse, la Garonne traverse le val d'Aran, formée de deux branches, la *Garona de Ruda* et la *Garona de Jueu*. Elle arrose Saint-Béat, Boussens, encadrée de terrasses (Montréjeau, Saint-Gaudens), et devient à partir de Toulouse le grand fleuve aquitain, grâce à ses affl. pyrénéens, la Pique, la Neste d'Aure, le Salat, l'Ariège, la Save, la Gimone, l'Arrats, le Gers, la Baïse, et surtout ses affl. issus du Massif central, le Tarn et le Lot. Les pluies océaniques et la fonte des neiges font redouter ses crues, cependant génératrices d'un limon fertile, la *lise*, fixé par des plantations de saules et de peupliers (*piboulades*). La Garonne rejoint la Dordogne dans un estuaire commun (→ **Gironde**). Sa vallée est un domaine de polyculture (cultures maraîchères et fruitières, vignes [Graves]). La Garonne, lien entre la Méditerranée et l'Atlantique, n'est plus guère utilisée pour la navigation que dans son cours inférieur. Les villes sont nombreuses, hormis aux confluents rendus dangereux par les crues. Deux métropoles régionales sont situées sur ses rives (→ **Bordeaux, Toulouse**).

**Garonne (canal latéral à la)** ♦ Canal longeant la rive d. de la Garonne de Toulouse à Agen, puis sa rive g. jusqu'à Castets-en-Dorthe (193 km). Construit de 1838 à 1856, il sert notamment à l'acheminement des produits pétroliers et des céréales.

**GARONS** [30128] ♦ Comm. du Gard, arr. de Nîmes. 3 692 hab. ▪ Au S.-O., aéroport de Nîmes.

**GAROUSTE (Gérard)** ♦ Peintre français (Paris 1946). Représentant du courant postmoderne de la peinture française, il a cherché, après des activités scénographiques (*Le Classique et l'Indien*, 1977), à retrouver la «grande peinture», tant par la technique que par les thèmes traités. L'homme, pris comme dans les tragédies antiques dans des décors oppressants, se trouve confronté au drame de sa destinée. Dans ses tableaux aux teintes souvent sombres, aux titres inspirés des textes fondateurs, la Bible, la Kabbale, *La Divine Comédie*, la perspective tourbillonnante «en flamme» évoque certains drames baroquisants (*Orion le classique, Orion l'Indien*, 1981, série de *L'Ânesse et la Figue*, 2006). Plus récemment, il a réalisé des portraits aux visages déformés (dont le sien) et aux membres étirés, alourdis, disproportionnés (*La Mouche*, 2004). Son intérêt pour l'idée d'origine le pousse, en 2008, à opérer un retour sur sa propre histoire, son enfance, la honte de son père antisémite et collaborateur, ses traumatismes, ses crises de démence et sa quête de modération [ou «tiédeur»] (*La Bourgogne, la famille et l'eau tiède*, 2008). ➝ **ÉTYM.** *Garouste* est un nom de lieu dans le Sud-Ouest, désignant une variété de vesce ou un chêne rabougri.

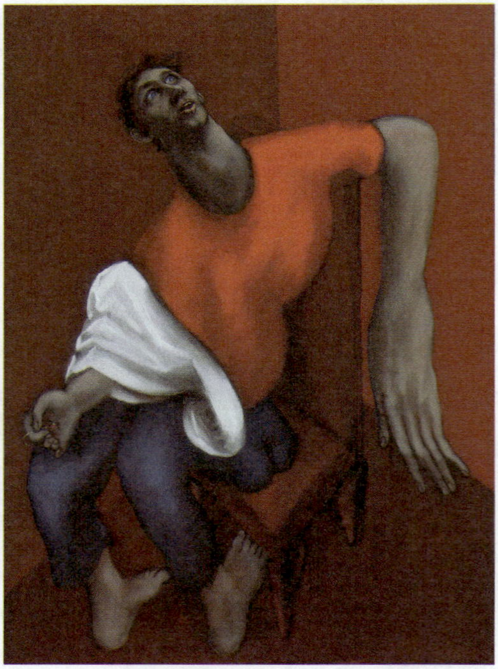

Gérard **Garouste.** *La Mouche* (130 × 97 cm).
*Phot. Galerie Daniel Templon © Adagp, Paris 2007*

**GARRAN (Gabriel)** ♦ Metteur en scène et animateur de théâtre français (Paris 1929). Il s'imposa avec le festival d'Aubervilliers (1963 - 1965), lui-même à l'origine du Centre dramatique national d'Aubervilliers (créé en 1975), premier théâtre permanent de la banlieue parisienne, dont il assuma la direction jusqu'en 1985. Il fonda alors le Théâtre international de langue française. Il a créé des œuvres de Frisch, Weiss, Horváth, Canetti, et on lui doit la découverte de textes québécois ou africains (*Le Bal de N'Dinga* de Tchicaya U* Tam'si). Oscillant entre réalisme et distanciation, ses mises en scène cernent la problématique de l'individu dans le monde contemporain.

**GARREL (Philippe)** ♦ Cinéaste français (Paris 1948). Fils de l'acteur Maurice Garrel, inspiré par Godard, il tourne (depuis l'âge de 16 ans) des films à l'hermétisme délibéré et à l'esthétique très composée : *Les Hautes Solitudes* (1973), *Les Baisers de secours* (1989), *J'entends plus la guitare* (1990), *Le Vent de la nuit* (1999), *Les Amants réguliers* (2005), *La Frontière de l'aube* (2008).

**GARRET MÓR** et **GARRET OG** → **Fitzgerald**

**GARRETT (João Baptista DA SILVA LEITÃO**, vicomte de **ALMEIDA)** ♦ Poète et dramaturge romantique portugais (Porto 1799 - Lisbonne 1854). Son adhésion à la révolution de 1830 en France et sa défense des idées libérales en réaction contre l'absolutisme furent la cause de deux exils en Grande-Bretagne et en France entre 1823 et 1836. Il révolutionna la politique culturelle nationale avec *Frei Luís de Sousa* (1843), restée une des grandes pièces de la scène portugaise. *Camões* (1825) témoigne du changement de style mis en œuvre par son écriture, passant du néo-classicisme au romantisme.

**GARRICK (David)** ♦ Acteur britannique (Hereford 1717 - Londres 1779). La diversité de son talent lui permit d'interpréter tragédie, comédie et farce ; il joua, pour la première fois dans l'histoire du théâtre, Arlequin* sans masque. Directeur du théâtre de Drury Lane (1747 - 1776) et novateur scénique, il interdit la scène aux spectateurs, ouvrant tout l'espace scénique aux acteurs. Il restitua Shakespeare à l'Angleterre par de remarquables interprétations. Il est aussi l'auteur d'une quarantaine de pièces.

**GARRIGOU-LAGRANGE (Gontran Marie)** en rel. **Reginald** ♦ Dominicain et théologien français (Auch 1877 - Rome 1964). Professeur à l'Angelicum de Rome (1909 - 1960), il fut l'un des maîtres du renouveau thomiste. Œuv. princ. : *Le Sens commun* (1908), *L'Amour de Dieu et la croix de Jésus* (1929), *Synthèse thomiste* (1947).

**GARRIGUES** n. f. pl. ♦ Région du Languedoc, s'étendant de la vallée de l'Hérault à celle du Gard et au-delà de celle-ci. Les Garrigues, constituées de calcaires, modérément plissées et nivelées, prennent souvent l'aspect de plateaux qui ne s'élèvent qu'au voisinage des Cévennes (658 m au pic Saint-Loup). Ces plateaux arides, couverts de buissons et de chênes kermès, sont compartimentés par les défilés calcaires qu'empruntent les affl. du Rhône (Cèze, Gard) et les fl. côtiers (Vidourle, Lez, Hérault, Orb). En dehors des bassins fertiles où dominent les cultures méditerranéennes, le pays est voué à l'élevage. ♦ ***Camp des Garrigues*** Camp national militaire (5 000 ha), près de Nîmes.

**GARRISON (William Lloyd)** ♦ Philanthrope américain (Newburyport, Massachusetts 1805 - New York 1879). Rallié à la cause abolitionniste, il fonda le journal *The Liberator* (1831), puis la Société américaine antiesclavagiste (1833), afin de défendre le principe d'une émancipation immédiate des esclaves noirs. Après l'abolition de l'esclavage par Lincoln en 1865, il soutint de nombreuses autres causes telles la tempérance et l'égalité des sexes.

**GARROD (Dorothy Annie Elizabeth)** ♦ Archéologue et anthropologue britannique (Londres 1892 - Cambridge 1968). Elle participa à des fouilles à Gibraltar (1926) et en Palestine au mont Carmel (1928 - 1931) où elle découvrit des hommes fossiles du Mésolithique.

**GARROS (Roland)** ♦ Officier aviateur français (Saint-Denis, la Réunion 1888 - près de Vouziers 1918). Il réussit la première traversée de la Méditerranée (Saint-Raphaël-Bizerte, 23 sept. 1913) et fut tué en combat aérien. ♦ ***Stade Roland-Garros*** Stade de tennis de la porte d'Auteuil à Paris où se déroulent les Internationaux de France. ➝ **ÉTYM.** *Garros* signifie «originaire de *Garros*» (nom de nombreuses localités du Sud-Ouest ; du gascon *garro* «rocher»).

**GARTEMPE** n. f. ➝ **ÉTYM.** anc. *Vuartimpa*, même orig. que *Gard** ♦ Riv. du Poitou et du Limousin (190 km), affl. de la Creuse. Elle arrose Montmorillon, Le Grand-Bourg, Châteauponsac, Saint-Savin et conflue près de La Roche-Posay.

**GARVEY (Marcus Mosiah)** ♦ Homme politique jamaïcain (Saint Ann's Bay, Jamaïque 1887 - Londres 1940). Excellent orateur, agitateur et promoteur de la cause des Noirs, Garvey eut, par son action radicale, une profonde influence non seulement dans les Caraïbes anglophones, alors colonisées par les Britanniques, mais aussi à Cuba, en Amérique centrale, aux États-Unis et en Afrique. Il fonda en 1914 la Universal Negro Improvement and Conservation Association (Unica). Cependant les entreprises liées à cette association (compagnie maritime Black Star et essai de colonisation au Liberia) furent des échecs. Garvey fut expulsé des États-Unis en 1927. À son retour en Jamaïque, son action se heurta à la répression coloniale et à l'opposition d'autres tendances politiques. Il ne put se faire élire député et transporta le siège de l'Unica à Londres (1934). Son mouvement déclina alors. L'idéologie noire militante de Garvey fut reprise sous une nouvelle forme dans les années 1960 par les partisans du Black Power. → **Panthères noires.**

**GARY (Romain KACEW**, dit **Romain)** ➝ **ÉTYM.** russe *gary* «brûle» (à l'impératif) ♦ Romancier français d'origine russe (Vilnius 1914 - Paris 1980). Il passa son enfance en Russie, suivit sa famille en Pologne, fut combattant de la France libre (sous le nom de R. Gary), puis entra dans la carrière diplomatique en 1945. Dans son œuvre romanesque s'expriment un «grand besoin de croire à quelque chose» et la volonté de «disputer aux dieux absurdes et ivres de leur puissance la possession du monde» pour «rendre la terre à ceux qui l'habitent de leur courage et de leur amour». Une condamnation véhémente de tout ce qui est «ruse, mensonge, déguisement», déjà nette dans *Éducation européenne* (évocation de la résistance polonaise aux nazis, 1945), s'affirme dans les romans *Les Couleurs du jour* (1952) et *Les Racines du ciel* (prix Goncourt 1956) dont les héros sont peut-être des «épaves», mais sont habités d'un ardent «besoin d'amitié [...], de fraternité». Un humanisme sincère marque également *La Promesse de l'aube* (autobiographique, 1960), *Au-delà de cette limite votre ticket n'est plus valable* (1976), *Clair de femme* (peinture de la féminité, 1977) et *Les Cerfs-volants* (1980), ainsi que les scénarios des films *Les oiseaux vont mourir au Pérou* (1968) et *Kill* (1972). ▪ *Vie et mort d'Émile Ajar* (posth. 1981) révèle que, nostalgique «du recommencement», R. Gary était, sous le pseudonyme d'Émile Ajar, l'auteur de trois romans remarqués pour leur ton burlesque, leur langue cocasse, où l'humour le dispute à la tendresse : *Gros-Câlin* (1974), *La Vie devant soi* (prix Goncourt 1975) et *L'Angoisse du roi Salomon* (1979), mystification littéraire («je me suis bien amusé») qui fait de R. Gary le seul écrivain qui ait reçu deux fois le prix Goncourt.

**GARY** ♦ V. des États-Unis (Indiana), sur le lac Michigan. 102 746 hab. dont 80 % de Noirs (zone urbaine 631 362). Indus. métallurgiques.

**GASCAR (Pierre FOURNIER, dit Pierre)** ♦ Écrivain français (Paris 1916 - Lons-le-Saunier 1997). Il s'est principalement illustré dans le genre de la nouvelle et du roman. Il a analysé la cruauté humaine, à travers le monde animal dans *Les Bêtes* (1953) ou bien en évoquant son expérience concentrationnaire dans *Le Temps des morts* (prix Goncourt, 1953). Dans ses œuvres ultérieures (*Les Femmes*, 1955 ; *Les Chimères*, 1969 ; *Les Sources*, 1975 ; *Le Fortin*, 1983 ; *L'Ange gardien*, 1987), il a cherché à dépasser la dureté du monde pour trouver un espace qui permette à l'homme de se réconcilier avec lui-même. On lui doit également une pièce de théâtre, *Les Pas perdus* (1958), ainsi que des *Portraits et souvenirs* (1991).

**GASCOGNE** n. f. ➝ ÉTYM. en bas lat. *Vasconia* «le pays des *Vascons**» ♦ Anc. région française située entre la Garonne et les Pyrénées. ▪ **Histoire** Comprise dans l'Aquitaine III^e sous la domination romaine, elle fut conquise par les Wisigoths, puis par les Francs. Elle doit son nom aux *Vascones* (Basques), qui l'envahirent vers le milieu du VI^e s., avant d'être réunis au duché d'Aquitaine. La Gascogne, qui, après une révolte, avait formé un duché à partir de 768, passa en 1058 à la maison de Poitiers-et-Aquitaine et subit désormais le même sort que l'Aquitaine. ➝ **Aquitaine.** Elle fut définitivement réunie à la France en 1453, à la fin de la guerre de Cent Ans.

**GASCOGNE** (golfe de) – anc. ***golfe de Biscaye*** ♦ Golfe de l'Atlantique, bordant la côte d'Aquitaine et les côtes septentrionales d'Espagne.

**GASCOIGNE (George)** ♦ Poète et auteur dramatique anglais (Cardington v. 1525 - Bernack 1577). Avec *Les Supposés* (*The Supposes*, 1566), pièce adaptée de l'Arioste, il est l'auteur de la première comédie anglaise en prose. Il a écrit une comédie originale, *Le Miroir du gouvernement* (*The Glass of Government*, 1575), et composé un art poétique, *Notes et conseils sur la façon de faire des vers*. ➝ ÉTYM. Ce nom anglais signifie «originaire de Gascogne».

**GASCOYNE (David)** ♦ Poète britannique (Harrow, Middlesex 1916 - Newport, île de Wight 2001). Il publia à seize ans son premier livre et rencontra Max Ernst, Paul Éluard et André Breton en 1933. Il se fit connaître en lançant le surréalisme anglais (*A Short Survey of Surrealism*, 1935) et adhéra brièvement au communisme à l'époque de la guerre d'Espagne. Sa rencontre avec P. J. Jouve* et Benjamin Fondane l'éloigna du surréalisme. Il publia en 1938 *Quatre poèmes de la folie de Hölderlin*, écrivit en français ses *Strophes élégiaques à la mémoire d'Alban Berg* (1939) et rassembla dans ses *Poems 1937-1942* ses plus belles œuvres de jeunesse (*Miserere ; Poèmes métaphysiques*). Après la guerre, *A Vagrant and Other Poems* (1950) et *Night Thoughts* (1955) mirent provisoirement fin à une œuvre dont l'orphisme teinté d'inquiétude religieuse porte à ses limites le pouvoir visionnaire de l'imagination. Frappé d'instabilité psychique à partir de 1964, il s'installa dans l'île de Wight et se maria, quoique ses poèmes et les extraits publiés de son *Journal* ne cachent pas son homosexualité. Retiré de la scène littéraire, il recommença à écrire à la fin des années 1980.

**GASKELL (Elizabeth Cleghorn STEVENSON, Mrs.)** ♦ Romancière britannique (Chelsea 1810 - Holyburn, Hampshire 1865). Épouse du révérend W. Gaskell. Les lieux où elle passa sa jeunesse fournissent le cadre de plusieurs de ses romans : elle évoqua les conflits industriels dans *Mary Barton* (1848), et le contraste entre la civilisation agricole du Sud et l'industrialisation du Nord dans *North and South* (1855). Elle décrivit des scènes et des épisodes de la vie provinciale dans *Les Dames de Cranford* (*Cranford*, 1853) qu'elle publia dans *Household Words*, où elle collaborait avec Dickens depuis 1850. On lui doit un roman à thèse, *Ruth* (1853), où elle traite de la réprobation dont est victime la femme séduite, ainsi qu'une *Vie de Charlotte Brontë* (1857), intéressante malgré quelques inexactitudes.

**GASPARD** ➝ ÉTYM. p.-ê. perse «administrateur d'un trésor» ♦ Un des Rois mages de la légende chrétienne, généralement dépeint comme un jeune homme de type asiatique.

**Gaspard de la nuit** ♦ Œuvre pour piano de Maurice Ravel* (1908, créée à Paris le 9 janv. 1909), en 3 parties *(Ondine, Le Gibet, Scarbo)*, d'après des poèmes en prose (tirés du recueil de même titre) d'Aloysius Bertrand*.

**GASPARIN (Thomas DE)** ♦ Homme politique français (Orange 1754 - *id.* 1793). Capitaine au début de la Révolution, il fut élu à l'Assemblée législative, puis à la Convention, où il siégea avec les montagnards, vota la mort du roi et s'opposa aux girondins. Membre du Comité de salut public, il fut envoyé comme représentant en mission en Vendée, dans les Alpes, et, lors du siège de Toulon*, auquel il participa, il approuva le plan d'attaque de Bonaparte. Celui-ci devait léguer 100 000 F au fils et au petit-fils du conventionnel.

**GASPARIN (Adrien, comte DE)** ♦ Agronome et homme politique français (Orange 1783 - *id.* 1862), fils de Thomas de Gasparin. Il fut ministre de l'Intérieur sous la monarchie de Juillet (1836), puis dirigea l'institut agronomique de Versailles (1848 - 1852). Il est l'auteur de nombreux travaux (application de la physique et de la chimie à l'agriculture, aspects économiques) qui contribuèrent à faire de l'agronomie une science. Œuv. princ. : *Recueil de mémoires d'agriculture et d'économie rurale* (1829 - 1841), *Cours d'agriculture* (1843 - 1849), *Principes d'agronomie* (1854). [Acad. sc. 1840]

**GASPARRI (Pietro)** ♦ Cardinal italien (Capovallaza de Ussita, Pérouse 1852 - Rome 1934). Secrétaire d'État de Benoît XV et de Pie XI, il participa à la rédaction du *Code de droit canonique* (1904 - 1917), à la condamnation de l'Action française (1926) et à la conclusion des accords du Latran (1929).

**GASPÉ (Philippe AUBERT DE) ➝ Aubert de Gaspé (Philippe)**

**GASPÉ** ➝ ÉTYM. micmac «la fin de notre territoire» ou «c'est le bout» ♦ V. du Canada (Québec), à l'extrémité de la Gaspésie, au fond de la *baie de Gaspé*. 14 819 hab. Centre commercial, administratif et touristique. ▪ **Histoire** Jacques Cartier y débarqua en 1534.

**GASPERI (Alcide DE) ➝ De Gasperi (Alcide)**

**GASPÉSIE** n. f. ou péninsule de **GASPÉ** ♦ Péninsule du Canada (Québec), comprise entre l'estuaire du Saint-Laurent au N., le golfe du Saint-Laurent à l'E., la baie des Chaleurs et le Nouveau-Brunswick au S. Zone de collines boisées, dont le centre est occupé par une chaîne continuant les Appalaches (Shickshock [Chic-Chocs], 1 268 m au mont Jacques Cartier). Seule la côte est habitée. Pêche, indus. du bois. Petites mines (zinc, plomb). Grosses réserves de cuivre (raffinerie). Tourisme. Parcs nationaux. Réserves fauniques.

**GASSENDI (Pierre GASSEND, dit)** ♦ Philosophe et savant français (Champtercier, près de Digne 1592 - Paris 1655). Prévôt du chapitre de Digne, il enseigna les mathématiques au Collège royal. Partisan du système de Copernic* et admirateur de Galilée*, il fit lui-même de nombreuses observations en astronomie et en physique (en particulier en acoustique : études sur la hauteur des sons et leur vitesse de propagation). Adversaire d'Aristote et de Descartes* (*Objections aux Méditations Disquisito metaphysica, seu Dubitationes et instantiae adversus Renati Cartesii metaphysicam et responsa*, 1644), il renoua avec le matérialisme atomiste, le sensualisme et la morale d'Épicure* (*De vita et moribus Epicuri*, 1647 ; *Syntagma philosophiae Epicuri*, 1649), tout en la nuançant de thèmes spiritualistes. Ami de Peiresc* et de Mersenne*, il fut au centre d'un petit groupe de «libertins érudits» qui comprenait Diodati, La* Mothe Le Vayer, Naudé. Il influença aussi Sorbière (le traducteur de Hobbes* en français) et Cyrano* de Bergerac. ➝ ÉTYM. *Gassendi* vient du germanique *gair-* «javelot» et *sind* «voyage».

**GASSER (Herbert Spencer)** ♦ Physiologiste américain (Platteville, Wisconsin 1888 - New York 1963). ➝ **Erlanger.** [Prix Nobel de physiol. ou méd. 1944, avec J. Erlanger]

**GASSI (EL-)** ou **HASSI EL-GASSI** ♦ Gisement pétrolifère du Sahara algérien situé au S.-O. d'Hassi Messaoud auquel il est relié par un oléoduc.

**GASSIER (Paul DEYVAUX-GASSIER, dit H.-P.)** ♦ Dessinateur caricaturiste français (Paris 1883 - *id.* 1951). L'un des créateurs de la caricature politique journalistique, il publia ses dessins au trait dans *l'Humanité* (1908 - 1926), dans *Le Journal du peuple*, puis dans *Le Journal* (1926 - 1939).

**GASSION (Jean DE)** ♦ Maréchal de France (Pau 1609 - Lens 1647). Il servit sous les ordres de Gustave* II Adolphe en Saxe, puis se distingua à Rocroi* (1643), mais fut tué au siège de Lens.

**GASSMAN (Vittorio)** ♦ Acteur et metteur en scène italien (Gênes 1922 - Rome 2000). Il débuta au théâtre en 1943 et fonda sa propre compagnie, le Théâtre d'art italien, avec L. Squarzina en 1952. Au cinéma, après avoir joué les Casanova (*Le Chevalier mystérieux*, 1948) et les mauvais garçons (*Riz amer*, 1949), il devint, à partir du *Pigeon* (1958), une des vedettes de la «comédie à l'italienne». Son abattage fit merveille dans *Le Fanfaron* (1962) et le diptyque de *L'Armata Brancaleone* (1966 et 1970). Il excella aussi dans les rôles à double face (*Parfum de femme*, 1974).

**GASTOLDI (Giovanni Giacomo)** ♦ Compositeur italien (Caravaggio v. 1550 - Milan 1622). Maître de chapelle à Mantoue puis à Milan, il a laissé de nombreuses œuvres de musique religieuse (psaumes, motets, messes) où il se révèle bon polyphoniste. Il a surtout excellé dans la musique profane *(balletti, canzonette, madrigali)* et son influence fut sensible sur Monteverdi *(Scherzi musicali)*.

**GASTON III DE FOIX** dit **Gaston Phœbus** ➝ ÉTYM. *Gaston* du germ. *Gasto*, n. de pers. (de *gast* «hôte»), et *Phoebus* du gr. *phoibos* «brillant» (en raison de sa chevelure blonde «comme le soleil») ♦ (1331 - Orthez 1391). Comte de Foix (1343 - 1391). Grand batailleur et bon chevalier, il fut le type du grand seigneur du XIV^e s., ami des lettres et des arts. Lors de la guerre de Cent Ans, il parut incliner d'abord pour le parti

**Gaston de Foix.** Chasseur tirant des sangliers vautrés dans leur souille. Miniature du *Livre de la chasse* de Gaston Phébus. Bibliothèque nationale de France, Paris. *BIS/Phot. © Coll. Archives Larbor*

français sous le règne de Philippe VI, mais, Jean II le Bon ayant pris parti pour son adversaire le comte d'Armagnac, il refusa l'hommage pour le Béarn, observa une neutralité absolue et alla même en Prusse combattre les païens dans les rangs des Teutoniques (1356). De retour en France, il participa à la répression de la Jacquerie* (1358). Toujours en guerre contre le comte d'Armagnac, il le combattit avec l'aide des Grandes Compagnies* et le vainquit à Launac (1362). Il le libéra contre une énorme rançon, qui lui permit d'entretenir une cour fastueuse à Orthez. Il eut également des démêlés avec Jean de France, duc de Berry. Il légua ses domaines à la Couronne (il avait tué son unique fils légitime dans une crise de colère en 1382). Il fut aussi l'auteur d'*Oraisons* et d'un *Livre de la chasse*.

**GASTON IV DE FOIX** ♦ (1425 - 1472). Comte de Foix (1436 - 1472). Fils de Jean I$^{er}$ de Foix, il chercha à acquérir la Navarre en épousant Éléonore d'Aragon (1434). Louis XI refusa de reconnaître ses droits à ce royaume et Gaston souleva la Guyenne contre le roi (1471).

**GASTON DE FOIX,** duc **DE NEMOURS** ♦ Homme de guerre français (Mazères, Ariège 1489 - Ravenne 1512). Fils de Jean de Foix et de Marie d'Orléans, sœur de Louis XII, petit-fils d'Éléonore d'Aragon, reine de Navarre, il fut fait duc et pair en 1505, puis prit le titre de roi de Navarre. Il avait vingt-trois ans quand il prit la tête de l'armée d'Italie et révéla son talent militaire. Au cours d'une campagne foudroyante, après avoir libéré Bologne, il prit Brescia, mais fut tué lors de la bataille de Ravenne.

**GATES (William H., dit Bill)** ♦ Informaticien américain (Seattle 1955). Créateur, avec Paul Allen, du langage basic pour micro-ordinateurs (1975), il fonda en 1977 la société Microsoft, qui devint rapidement le plus grand producteur mondial de programmes pour les micro-ordinateurs.

**GATESHEAD** ➝ ÉTYM. du vieil angl. *Gatesheued* «le promontoire *(hēadfod)* de la chèvre *(gāt)*» ♦ V. d'Angleterre (Tyne and Wear), au S. de la conurbation de Newcastle. 191 151 hab. Chantiers navals. Indus. mécaniques. Minoteries.

**GATIEN** [gasjɛ̃] (saint) ♦ Traditionnellement, un des sept apôtres de la Gaule, premier évêque de Tours (III$^{e}$ s.). ▪ Fête le 18 déc.

**GÂTINAIS** n. m. ➝ ÉTYM. anc. *Wastinensis pagus*, du lat. *vastus* «vide, désolé, désert, inculte» ♦ Région du Bassin parisien, de part et d'autre de la vallée du Loing, limitée au N.-E. par les cours de la Seine et de l'Yonne, au S. par la Puisaye et la vallée de la Loire, à l'O. par la Beauce. Parc naturel régional. Le *Gâtinais oriental*, à l'E. du Loing, se consacre à l'élevage des ovins et de la volaille. Le *Gâtinais occidental* est un pays de polyculture, où l'apiculture joue un rôle non négligeable (miel du Gâtinais). ▮ **Histoire** Le comté du Gâtinais, fondé en 993, fut réuni à la Couronne par Philippe I$^{er}$ en 1069.

**GATINEAU** n. f. ♦ Riv. du Canada (Québec), affl. rive g. de la rivière des Outaouais, confluant à Hull. 440 km. Hydroélectricité. ▪ Nom d'une ville (242 124 hab.) sur la rivière non loin d'Ottawa.

**GÂTINE DE TOURAINE** ou **TOURANGELLE** ➝ Touraine

**Gatsby le Magnifique** – en angl. ***The Great Gatsby*** ♦ Roman de F. S. Fitzgerald* (1925). Jay Gatsby est un personnage au passé mystérieux et au présent douteux, qui donne d'extravagantes réceptions dans sa demeure de Long Island. Il nourrit une passion ancienne pour Daisy Buchanan. Celle-ci, croyant l'aimer encore, est sur le point de quitter son mari, Tom, homme violent et infidèle. Elle n'en fera finalement rien, et Gatsby paiera de sa vie «pour avoir entretenu trop longtemps ce rêve unique». Fitzgerald a fait de cette histoire, narrée par le personnage innocent de Nick Carraway, une œuvre magique, subtilement suggestive, à haute teneur symbolique.

**Gatt** ➝ **General Agreement on Tariffs and Trade**

**GATTAMELATA (Erasmo DA NARNI, dit IL)** ♦ Condottiere italien (Narni v. 1370 - Padoue 1443). Il combattit au service des papes puis de Venise qui le nomma capitaine général (1437). Donatello* fit sa statue équestre à Padoue (1453).

**GATTCHINA,** de 1929 à 1944 ***Krasnogvardieïsk*** ♦ V. de Russie, dans la région de Saint-Pétersbourg. 81 000 hab. Construc. de machines. Nœud ferroviaire. ▪ Anc. résidence impériale (château et parc) du XVIII$^{e}$ s., détruite en 1941 - 1943 et en partie reconstruite.

**GATTI (Armand)** ♦ Auteur dramatique et metteur en scène français (Monaco 1924). Annulant les frontières du rêve et du réel, il met au service de sa foi révolutionnaire toutes les ressources d'un théâtre militant, qui a recueilli la leçon de Piscator et de Brecht. À partir de 1968, Gatti a écrit des pièces pour ceux qui n'ont pas la parole (prisonniers, marginaux, chômeurs, etc.). Il tourne également films et vidéos. Œuv. princ. : *La Vie imaginaire de l'éboueur Auguste Geai* (1962), *V comme Viêt-nam* (1967), *La Passion du général Franco* (1968), *Rose collective* (1973), *La Tribu Carcara en guerre contre quoi* (1975), *Opéra avec titre long* (1986). ➝ ÉTYM. Le nom italien *Gatti* vient de *gatto* «chat» (surnom d'une personne agile ou fourbe).

**GATTO (Alfonso)** ♦ Poète italien (Salerne 1909 - Capalbio, Toscane 1976). Salué par la critique dès ses premiers vers, il fonda juste avant la guerre, avec V. Pratolini, la revue *Campo di Marte*. Se jouant des influences (surréalisme*, hermétisme*, littérature «engagée»), sa poésie (*Mort aux pays*, 1937 ; *La Tête sur la neige*, 1949 ; *La Force des yeux*, 1954 ; *Auberge phlégréenne*, 1962 ; *L'Histoire des victimes*, 1966 ; *Rimes de voyage pour la terre peinte*, 1969) élève, avec tendresse et un sens sonore infiniment évocateur, un chant tissé de figures analogiques. Gatto est également l'auteur de livres pour enfants.

**GATÚN** (lac de) ♦ Lac artificiel du Panamá (423 km$^2$) servant de réservoir au canal interocéanique qui le traverse sur 38 km. Les écluses de Gatún, au N. du lac, font communiquer le canal avec l'Atlantique.

**GATWICK** ➝ ÉTYM. vieil angl. «ferme *(wīc)* où il y a des chèvres *(gāt)*» ♦ Un des aéroports de Londres, près de Crawley, dans la banl. S. de la capitale. Il est spécialisé dans les lignes intérieures et les liaisons européennes (2$^{e}$ rang national).

**GAUBE** (lac de) ♦ Petit lac des Pyrénées (17 ha), dominé par le massif de Vignemale. Situé à 1 789 m d'alt., il est alimenté par les glaciers du Vignemale et donne naissance au gave de Cauterets.

**GAUBERT (Philippe)** ♦ Compositeur français (Cahors 1879 - Paris 1941). Flûtiste virtuose, chef d'orchestre de la Société des concerts (1919) et de l'Opéra (1920), il enseigna la flûte au Conservatoire. On lui doit des pièces de musique de chambre (2 *Sonates pour piano et flûte*, 1925), de musique symphonique (*Concerto pour violon*, 1928) et des ballets (*Alexandre le Grand*, 1937 ; *Le Chevalier et la Damoiselle*, 1941). ➝ ÉTYM. Ce nom vient du germanique *Gautberth*, nom de personne, de *gaut* «goth» et *berht* «brillant».

**GAUCELM FAIDIT** ♦ Troubadour limousin (Uzerche v. 1180 - v. 1220). Issu d'une famille bourgeoise, il participa à la quatrième croisade (1202 - 1204). Il connut une réputation européenne. Il a laissé 65 chansons dont plusieurs sont pourvues d'une notation musicale.

**Gauche républicaine** ♦ Mouvement politique issu de l'ancienne gauche du Corps législatif du Second Empire, dirigé par J. Ferry, J. Grévy et J. Simon. Il eut de nombreux représentants à l'Assemblée nationale puis à la Chambre des députés, et, après la mort de L. Gambetta (1882), intégra une grande partie des membres de l'Union* républicaine (pour former l'Union des gauches à la veille des élections de 1885).

**GAUCHY** [02430] ➝ ÉTYM. anc. *Gauchi*, du lat. *Gallicius*, n. de pers., et suff. *-acum* ♦ Comm. de l'Aisne, banl. S. de Saint-Quentin. 5 621 hab.

**GAUDE (LA)** [06610] ➝ ÉTYM. anc. *Alagauda*, du lat. *gabata* «écuelle, jatte» par métaphore «creux, ravin» ♦ Comm. des Alpes-Maritimes, arr. de Grasse. 6 170 hab. *(Gaudois)*. ▪ À proximité du village, centre de recherche informatique, agronomique et horticole.

**GAUDIER-BRZESKA (Henri GAUDIER, dit)** ♦ Sculpteur français (Saint-Jean-de-Braye, Loiret 1891 - Neuville-Saint-Vaast 1915). Il étudia à Orléans, séjourna en Angleterre et en Allemagne et réalisa ses premières sculptures vers 1910. Il rencontra à Paris Sophie Brzeska, puis s'établit avec elle à Londres, où il fréquenta les vorticistes, se liant notamment avec Ezra Pound. Admirateur de Rodin et marqué par le symbolisme, il orienta ses recherches dans des voies très diverses. Plusieurs de ses œuvres annoncent certaines des orientations futures de la sculpture, notamment l'abstraction *(La Danseuse rouge ; Caritas)*. Une vie tumultueuse et une mort prématurée ont entraîné la formation d'une véritable légende à son propos.

**GAUDIN (Martin Michel Charles)** ♦ Financier et homme politique français (Saint-Denis 1756 - Gennevilliers 1841). Ministre des

Finances après le 18 Brumaire, il entreprit une réorganisation financière : création d'un corps de fonctionnaires permanents chargés de la levée des impôts directs ; établissement d'un cadastre (1807) afin de répartir plus équitablement l'impôt foncier. La Banque de France, dont il fut gouverneur de 1820 à 1834, fut créée sous son ministère. Napoléon le fit *duc de Gaète* (1809). Pendant les Cent-Jours, il fut à nouveau ministre des Finances.

**GAUDÍ Y CORNET (Antonio)** ♦ Architecte, urbaniste, sculpteur et peintre espagnol (Reus, près de Tarragone 1852 - Barcelone 1926). Lié aux milieux intellectuels et artistiques de la « renaissance catalane », il partagea leur admiration pour le gothique et leur attachement aux traditions populaires et usa très librement des souvenirs de l'art médiéval byzantin, musulman, mudéjar et gothique, élaborant un style à la fois éclectique et éminemment personnel. Il chercha dans la casa Vicens (Barcelone, 1878 - 1880), le palais épiscopal d'Astorga (1887 - 1897) et surtout dans le palais Güell (Barcelone, 1885 - 1899) les mélanges de matériaux et les contrastes de texture. Il adopta de plus en plus un décor végétal et fantastique (grille de la Finca Güell). Partisan du travail artisanal, il concevait les moindres détails de l'aménagement (ébénisterie, sculpture, ferronnerie). Il innova en adoptant des motifs et surtout des éléments structurels inspirés de schèmes naturels, organiques et végétaux (arbre, coquille, vague), souhaitant que le décor fasse partie intégrante de la structure au lieu d'être plaqué. Préoccupé de problèmes techniques, il fit de nombreuses expériences empiriques à partir de maquettes et, ainsi, adopta des piliers inclinés, d'apparence instable, dans la chapelle de la colona Güell (1898 - 1914), des arcs paraboliques et des colonnes hélicoïdales au collège de Sainte-Thérèse-de-Jésus (1889 - 1894). Dans la casa Batlló (Barcelone, 1905 - 1907) puis dans la casa Milá (Barcelone, 1905 - 1910), les masses semblent modelées et acquièrent relief et force plastique (balcon, cheminées, ferronneries). Dans le parc Güell (1900 - 1914) s'affirment des préoccupations urbanistiques audacieuses et une vive imagination dans le décor de mosaïques « informelles ». C'est dans la construction de l'église de la Sagrada Familia à Barcelone (entreprise en 1883 et inachevée), à laquelle il finit par consacrer toute son énergie, que s'impose avec le plus de force son tempérament visionnaire (métamorphose de l'inspiration originale néogothique, piliers obliques, hautes tours-flèches comme érodées, sculpture abondante et symbolique traitée avec naturalisme ou avec une extrême liberté). Représentant d'un baroque tardif, maître de l'Art nouveau, précurseur de l'architecture expressionniste ou organique, Gaudí échappe aux classifications par son œuvre puissamment imaginative et non conformiste. ➝ ÉTYM. *Gaudí* vient de *Gaudin*, nom d'une famille de Clermont-Ferrand.

**GAUDRY (Albert)** ♦ Paléontologue français (Saint-Germain-en-Laye 1827 - Paris 1908). Auteur d'un *Essai de paléontologie philosophique* (1896), il fit des recherches sur les fossiles de reptiles et de mammifères. [Acad. sc. 1882]

**GAUGAMÈLES** – en gr. ***Gaugamêla*** ♦ Plaine d'Assyrie, où Alexandre* le Grand vainquit Darios* III en –331. → **Arbèles, Ninive.**

## gauchisme

n. m. ♦ Terme utilisé par les marxistes orthodoxes pour stigmatiser des tendances jugées aventuristes dans le mouvement ouvrier ou les partis sociaux-démocrates puis communistes. Lénine a ainsi qualifié le courant qui refusait de participer aux élections à la Douma après la révolution de 1905, et dont le principal représentant était Bogdanov*. Après la révolution de 1917 furent dénoncés le gauchisme des bolcheviks opposés à la signature de la paix de Brest-Litovsk (Boukharine notamment), puis celui des groupes qui, en Allemagne, en Italie ou en Grande-Bretagne, refusaient le militantisme dans les syndicats socialistes, le parlementarisme ou préconisaient l'action révolutionnaire immédiate (Lénine, *Le Gauchisme, maladie infantile du communisme*, 1920). Dans la rhétorique marxiste-léniniste, le gauchisme (aventuriste et petit-bourgeois) est mis en parallèle avec l'opportunisme de droite (passif et petit-bourgeois), lui aussi vivement attaqué. Dans la période qui précède et suit les événements de mai* 1968, les partis communistes proches du Parti communiste soviétique critiquèrent le gauchisme des mouvements essentiellement étudiants, parfois désignés comme gauche extraparlementaire. Mais le terme fut souvent revendiqué par des mouvements proches de l'anarchisme (Mouvement du 22 mars en France avec Daniel Cohn-Bendit), ou se réclamant du maoïsme, et critiquant vivement le réformisme. Des intellectuels comme Sartre* ou Foucault* furent proches de certains de ces courants. En Italie des groupes gauchistes se tournèrent vers le terrorisme (→ **Brigades rouges**). Le gauchisme européen des années 1960 - 1970 en Europe définit autant un style de militantisme (refus des organisations structurées, primat de la spontanéité) qu'un contenu politique (lutte pour les plus défavorisés et recours éventuel à l'illégalité), mais il présenta de nombreuses divergences internes (par exemple entre les trotskistes qui rejettent cette désignation et les libertaires qui la revendiquent).

**GAUGUIN (Paul)** ♦ Peintre, sculpteur et graveur français (Paris 1848 - Atuona, îles Marquises 1903). **Les influences** Une partie de son enfance se passa au Pérou (1850 - 1855). Il s'engagea dans la marine (1865), entra chez un agent de change (1871), mais, s'intéressant à la peinture, il commença à travailler avec Pissarro* et, accepté au Salon en 1876 *(Paysage de Viroflay)*, il exposa ensuite avec les impressionnistes (1880, 1881, 1882, 1886). Comme eux, il fut d'abord attentif au rendu atmosphérique mais évolua vers une peinture moins descriptive, travailla en 1881 avec Cézanne*, admira l'art de Degas et fut attiré par Redon et Puvis de Chavannes. **L'école de Pont-Aven** En 1883, il quitta son emploi, abandonnant femme et enfants pour se consacrer exclusivement à son art. En 1886, il se rendit en Bretagne, à Pont-Aven, où il rencontra É. Bernard*, puis à Paris fit la connaissance de Van* Gogh. Il se rendit à la Martinique en 1887, se détacha alors définitivement de l'impressionnisme, exécuta une série de vases inspirés de motifs précolombiens et se rendit à nouveau en 1888 à Pont-Aven où, avec É. Bernard, il élabora le synthétisme. Torturé par le désir de conférer à la peinture une dimension spirituelle, il s'intéressa aux conceptions symbolistes, mit en avant la primauté de l'idée et voulut rejoindre les sources primitives de l'art. Il eut recours, sous l'influence des estampes japonaises, aux formes simplifiées et cernées, à des couleurs saturées étalées par aplats et rechercha les rythmes linéaires à caractère décoratif, ce qui l'amena à abandonner souvent le système perspectif traditionnel au profit d'un espace sans profondeur. Il exerça un profond ascendant sur Sérusier* et les peintres de l'école de Pont-Aven. Après un séjour de trois mois à Arles avec Van Gogh qui se solda par un douloureux échec (oct.-déc. 1888), il exécuta plusieurs œuvres où s'affirme l'originalité de son style (*Le Christ jaune*, 1889 ; *La Vision après le sermon*, 1889 ; *Bonjour Monsieur Gauguin*, 1889). Il s'intéressa momentanément aux théories néo-impressionnistes de la couleur (*Nature morte « ripipoint, »* 1889). **La Polynésie** Il décida de partir pour Tahiti où il peignit *Sur la plage* (1891), *Quand te maries-tu ?* (1892), *L'esprit des morts veille* (1893), œuvres où s'exprime un symbolisme personnel influencé par des apports exotiques (précolombiens, javanais, japonais, polynésiens). Déçu dans sa recherche d'une magie symboliste, malade, il rentra à Paris en 1893 et, après une vente de ses œuvres qui lui attira l'admiration de Bonnard*, Vuillard* et Denis*, il retourna à Tahiti en 1895, peignit *Never More* (1897), *Les Seins aux fleurs rouges* (1897), et l'œuvre qu'il considérait comme son testament artistique : *D'où venons-nous ? Que sommes-nous ? Où allons-nous ?* (1897). Après une tentative de suicide, il se réfugia dans les îles Marquises où il tenta en vain de défendre le droit des indigènes contre l'administration coloniale toute-puissante. Il ne cessa d'écrire, de sculpter (portraits, masques et idoles) et de peindre (*Et l'or de leur corps*, 1901 ; *Cavaliers sur la plage*, 1902), manifestant un sens original de l'organisation des figures auxquelles il confère un caractère monumental. **L'influence de Gauguin** Il créa un répertoire formel qui influença profondément les peintres et les sculpteurs du XX$^{e}$ s. (Derain, Picasso, Modigliani), et sa conception subjective de la couleur marqua les Fauves. Conscient de son rôle d'initiateur, il affirma : « J'ai voulu établir le droit de tout oser. » **L'écrivain** Il a laissé des notes sur la culture maorie (*Noa Noa*, 1901 ; *Ancien culte mahorie*, posth. 1951), des articles sur la peinture, un journal satirique qu'il publiait seul à Papeete (*Le Sourire*, 1899 - 1900) et une importante correspondance. ▪ *Autre illustration :* → **Pont-Aven.** ➝ ÉTYM. Le nom *Gauguin* vient de *gaugue* [sorte de noix] (désignant probablement le possesseur d'un lieu planté de noyers) ou du germanique *Gaugowin*, nom de personne (de *gaug [gaut]* « des Goths » et *win* « ami »).

Paul **Gauguin.** *L'Offrande* (68,5 × 78,5 cm).
Coll. part. *Phot. ©Arch. Smeets*

Gaule.

**GAULE** n. f. ➝ ÉTYM. en lat. *Gallia* ; du frq. °*walh-* « étranger [qui parle une langue non germanique] » ➝ aussi Galles (pays de), Wallonie ♦ Nom donné par les Romains à deux régions occupées par les Celtes, la *Gaule* cisalpine*, en deçà des Alpes, et la *Gaule transalpine* ou Gaule proprement dite, située (par rapport à eux) au-delà des Alpes. Cette dernière comprenait les régions situées entre les Alpes, les Pyrénées, l'océan Atlantique et le Rhin, c'est-à-dire non seulement la France actuelle, mais la Belgique, la Suisse et la rive g. du Rhin.

▮ **AVANT LA CONQUÊTE ROMAINE** ▮ **Les Gaulois** Dès le –II^e^ millénaire, la Gaule fut envahie par les Celtes qui s'y établirent en plusieurs étapes **(➝ Celtes)**, se heurtant aux peuples déjà en place, comme les Ibères* (Aquitaine) et les Ligures* (Méditerranée). Ils étaient fixés depuis –500 entre la Garonne et la Seine quand les Belges s'installèrent (–III^e^ s.) au N. C'est à l'ensemble de ces différents peuples que les Romains donnèrent le nom de *Gaulois*. À l'appel des habitants de Marseille *(Massalia)* menacés par une coalition de Ligures et de Gaulois, les Romains intervinrent en Gaule pour la première fois (–125). Ils conquirent alors toute la région méditerranéenne, le couloir du Rhône et le Languedoc et en firent la *Provincia* (–120). Cette campagne ruina l'hégémonie que détenaient les Arvernes* sur le peuple gaulois. ▮ **Les Gaules** Les Romains distinguaient deux parties dans la Gaule : la *Provincia* et la *Gaule libre* ou « *chevelue* » ; César* divisa la Gaule libre en trois parties : la *Gaule belgique* au N., entre le Rhin et la Seine **(➝ Belgique)** ; la *Gaule celtique* au centre, entre la Seine, la Garonne et le Rhin inférieur, peuplée par les Helvètes*, les Séquanes*, les Éduens*, les Lingons*, les Sénons*, les Carnutes*, les Vénètes*, les Pictaves*, les Santons*, les Bituriges*, les Cadurques*, les Lémovices* et les Arvernes* ; l'*Aquitaine** au S.-O. C'est par les *Commentaires* de César que nous connaissons l'état de la Gaule au –I^er^ s. Le pays était couvert en grande partie de forêts et de marais. Essentiellement agriculteurs, les Gaulois ne connaissaient pratiquement pas la vie urbaine ; les « villes » comme Bibracte* étaient des places fortes *(oppidum)* où les paysans se réfugiaient en cas d'invasion. ▮ **La société et l'art gaulois** La société gauloise, à l'image de la société celte, était divisée en trois classes : la noblesse guerrière, le peuple et les druides, dépositaires du savoir et des traditions religieuses. L'art gaulois d'avant la conquête romaine est directement dérivé de l'art celte*. Il en reste des vestiges dans plusieurs villes du centre et du S. de la France et notamment à Vix*, Ensérune*, Roquepertuse*, Entremont*, Glanum*.

▮ **LA CONQUÊTE ROMAINE** ▮ **Jules César** Nommé proconsul de la Gaule cisalpine et de la Province en –58, César, voulant acquérir une gloire militaire qui éclipsât celle de son rival Pompée*, décida d'entreprendre la conquête de la Gaule. Poussés par les Germains*, les Helvètes* s'apprêtaient alors à s'établir en Gaule. À l'appel des Éduens, César intervint et obligea les Helvètes à regagner leur pays (–58). La même année, il vainquit Arioviste* et repoussa les Suèves*, puis installa ses légions en Gaule. Il battit la coalition des Belges (–57) et détruisit la flotte des Vénètes (–56), tandis que Crassus* soumettait l'Armorique* et l'Aquitaine. Attaqué par Ambiorix* dans les Ardennes, il appela tous les peuples de la Gaule et les Germains contre le roi des Éburons. Croyant s'être ainsi assuré la complicité des Gaulois et avoir pacifié le pays, César rentra en Italie. ▮ **Vercingétorix** Mais pendant son absence, l'Arverne Vercingétorix organisa un soulèvement général (–52) que César ne réprima qu'en –51 mettant ainsi fin à la guerre des Gaules. ➝ **Vercingétorix.**

▮ **LA ROMANISATION** ▮ **L'administration de la Gaule** C'est Auguste* qui fixa en –27 les bases administratives de la Gaule romaine. Le pays fut divisé en quatre provinces : la *Narbonnaise** (l'anc. *Provincia*) au S., l'*Aquitaine** au S.-O., agrandie jusqu'à la Loire, la Celtique ou *Lyonnaise** au centre, la *Belgique** au N. Sous Dioclétien*, la *préfecture des Gaules* comprenait, outre la Gaule, la Bretagne*, l'Espagne* et la Maurétanie* tingitane ; la Gaule elle-même fut divisée en deux diocèses. **Le diocèse des Gaules** Le *diocèse des Gaules* comprenait : la Germanie I$^{re}$, la Germanie II$^{e}$, la Belgique I$^{re}$, la Belgique II$^{e}$, la Lyonnaise I$^{re}$, la Lyonnaise II$^{e}$, la Lyonnaise III$^{e}$, la Lyonnaise IV$^{e}$ et la Grande-Séquanaise* et le *diocèse de Vienne* huit provinces : l'Aquitaine I$^{re}$, l'Aquitaine II$^{e}$, l'Aquitaine III$^{e}$, la Narbonnaise I$^{re}$, la Narbonnaise II$^{e}$, la Viennoise, les Alpes maritimes, les Alpes grées et pennines. **La construction de la Gaule** Avec la conquête romaine, la Gaule passa du stade rural au stade urbain. De grandes villes furent créées, comme Lyon (-43), Autun, Clermont, Troyes, Trèves. Le pays fut doté de ponts, d'aqueducs (pont du Gard) et d'un réseau routier étendu qui lui permit de s'engager dans un commerce actif. La production de blé augmenta, la culture de la vigne se développa, le vin remplaçant la bière qui avait été jusqu'alors la boisson nationale des Gaulois. Une des industries principales était celle de la poterie. Dès l'époque d'Auguste s'élevèrent des monuments publics construits sur le modèle gréco-romain, amphithéâtres (Nîmes*, Arles*), théâtres (Orange*, Vaison*, Lyon, Autun*), temples comme la Maison* carrée de Nîmes, le temple de Janus à Autun, le grand temple d'Orange, monuments commémoratifs (→ **Glanum, Carpentras**). **La religion** L'assimilation se fit aussi sur le plan religieux, sans que les Romains fussent intervenus directement. La caste des druides perdit son importance et les Gaulois identifièrent leurs dieux avec les dieux romains, Teutatès* tantôt avec Mars, tantôt avec Mercure, tantôt avec Saturne, Taranis avec Jupiter. C'est en partie grâce à l'Église que la romanisation fut si durable. La religion nouvelle pénétra en Gaule dès le I$^{er}$ s. ; le martyre des chrétiens de Lyon (Blandine*, Pothin*) en 177 en fut la première manifestation, mais ce n'est qu'à partir du III$^{e}$ s. qu'apparurent les grands apôtres de la Gaule (Denis*, Gatien*, Martial*, Hilaire*). Les campagnes ne furent évangélisées qu'au IV$^{e}$ s. par saint Martin* de Tours.

**LES INVASIONS GERMANIQUES** À partir de 406, les Germains commencèrent à pénétrer en Gaule par des infiltrations successives. Ils s'installèrent dans le pays au titre de fédérés, en alliés des Romains, seule force militaire au service de l'Empire. Après la chute de l'empire d'Occident (476), de véritables royaumes barbares se constituèrent en Gaule, celui des Wisigoths* au S. et celui des Burgondes* le long de la Saône et du Rhône. Mais les Francs* installés au N. devaient conquérir toute la Gaule sous la direction de Clovis* et les Gaulois adopter le nom de Francs. → **France.**

**Gaule.** Buste de guerrier. Musée archéologique, Nîmes.
*Phot. © Lauros-Giraudon*

**GAULE CISALPINE** ♦ Nom donné par les Romains à la région du N. de l'Italie comprise entre les Alpes, le Rubicon et l'Arno. Elle était divisée en 4 parties : la *Gaule cispadane* au S. du Pô, la *Transpadane* au N. du Pô, la *Ligurie** au S.-O. et la *Vénétie** au N.-E. Envahie par les Celtes* vers -400, elle fut conquise par les Romains au -III$^{e}$ s. (→ **Sénons**), organisée en province par Sylla* et réunie à l'Italie en -42.

**GAULLE (Charles de)** ♦ Homme d'État et général français (Lille 1890 - Colombey-les-Deux-Églises 1970). **La Première Guerre mondiale** D'une famille catholique, libérale et cultivée, marqué très tôt par la lecture de Barrès, Bergson, Boutroux, Péguy, il s'orienta vers la carrière militaire. Reçu à Saint-Cyr, il fut, à la sortie de l'école, affecté au 33$^{e}$ régiment d'infanterie commandé par le colonel Pétain. Fait prisonnier à Douaumont en 1916, il fut interné, après plusieurs tentatives d'évasion, au fort d'Ingolstadt. Il y entreprit la rédaction de son ouvrage *La Discorde chez l'ennemi* (publ. en 1924). **L'entre-deux-guerres** Libéré, il participa à la guerre de la Pologne contre la Russie soviétique (1920), enseigna l'histoire militaire à Saint-Cyr, fut nommé à l'état-major de l'armée du Rhin, et devint membre du cabinet de Pétain (alors vice-président du Conseil supérieur de la guerre, 1925), commandant d'un bataillon de chasseurs à pied à Trèves (1927), puis membre de l'état-major français à Beyrouth (1929 - 1931 cf. *Histoire des troupes du Levant*, 1931). Ch. de Gaulle se fit connaître à cette époque par ses écrits d'histoire politique (*Le Fil de l'épée*, 1932) et de stratégie militaire. Dans *Vers l'armée de métier* (1934), il préconisait une armée motorisée et blindée, conception déjà défendue par le général Estienne, en France, et notamment par le général Guderian, en Allemagne, qui se heurta à l'incompréhension des dirigeants militaires de l'époque, mais reçut l'appui de Paul Reynaud*. **La Deuxième Guerre mondiale** Nommé à la tête de la 4$^{e}$ division cuirassée au début de la Deuxième Guerre mondiale, il mena quelques contre-offensives (Montcornet, Abbeville, mai 1940), et fut promu général de brigade (à titre temporaire). Appelé par Paul Reynaud comme sous-secrétaire à la Défense nationale le 6 juin 1940, il se montra déterminé à la poursuite de la guerre avec, au besoin, un repli du gouvernement hors du territoire métropolitain, et rencontra l'opposition des partisans de l'armistice (Weygand, Pétain). Ayant gagné Londres le 17 juin, après la formation du cabinet Pétain, Ch. de Gaulle y lança le fameux «appel du 18 Juin» pour la continuation de la lutte contre les forces de l'Axe aux côtés de la Grande-Bretagne. Il organisa progressivement les Forces* françaises libres, échouant à Dakar (fin sept. 1940), mais parvenant à rallier à la France libre le Tchad, l'Afrique-Équatoriale française, Madagascar, la Réunion, et constitua le Conseil de défense de l'Empire (oct. 1940), tout en cherchant à diriger et à coordonner l'action de la résistance* française de l'intérieur. Ses efforts aboutirent à la création du Conseil* national de la Résistance, à l'instigation de Jean Moulin* (1943). Soutenu par Staline depuis 1942, de Gaulle se heurta rapidement à la méfiance de Roosevelt et fut tenu à l'écart du débarquement allié en Afrique du Nord, où les Anglo-Américains reconnaissaient l'autorité du général Giraud*. Toutefois, après la conférence de Casablanca*, une entrevue organisée entre les généraux de Gaulle et Giraud aboutit à la création du Comité* français de libération nationale. Dès cette époque, de Gaulle définissait la nouvelle orientation à donner à la politique coloniale, préconisant le développement autonome et l'intégration des populations des territoires français d'outre-mer dans le cadre de l'Union française (conférence de Brazzaville, janv. 1944). **De la Libération à 1946** Arrivé à Bayeux après le débarquement allié en Normandie, puis à Paris libéré en août 1944, Ch. de Gaulle s'imposa alors comme chef politique, rétablissant l'autorité du pouvoir central, faisant dissoudre les milices patriotiques (communistes) et reconstituer l'armée française pour participer aux combats de la libération aux côtés des Anglo-Américains et procédant à l'épuration des partisans de la collaboration*. Choisi par la première Assemblée nationale constituante comme président du Gouvernement* provisoire de la République française (nov. 1945), Ch. de Gaulle, qui craignait un retour aux institutions et aux pratiques de la III$^{e}$ République (division des partis, parlementarisme), avait proposé un projet de Constitution qui devait renforcer le pouvoir exécutif. Ce projet se heurta aux partisans de la priorité du pouvoir législatif (notamment les socialistes et les communistes). Ce désaccord avec les partis amena de Gaulle à démissionner de ses fonctions dès le mois de janv. 1946. **La «traversée du désert»** À l'écart de la vie politique officielle, il entreprit alors de nombreux voyages dans l'Union française, tout en prenant position contre la IV$^{e}$ République et en créant le Rassemblement* du peuple français ou RPF (avr. 1947 ; *Instructions sur l'organisation du Rassemblement du peuple français*, 1948). De 1954 à 1959, il rédigea ses *Mémoires de guerre*. **Le retour au pouvoir** Alors que s'aggravait le conflit en Algérie et que la tension croissait dans les milieux militaires et politiques (déb. 1958), une campagne en faveur du retour du général de Gaulle au pouvoir se développa (fin avr. - déb. mai 1958), avec l'appui des partisans de l'Algérie française. Peu après l'insurrection du 13 mai* 1958 à Alger, Ch. de Gaulle fut investi comme chef du gouvernement (1$^{er}$ juin). ***La Constitution de la V$^{e}$ République*** La première tâche à laquelle il s'attacha fut la réforme des institutions. Approuvée par référendum le 28 sept. 1958, la nouvelle Constitution allait instaurer en France un régime de type présidentiel marqué par un net renforcement du pouvoir personnel du chef de l'État (art. 16) et appuyé sur des relations plus directes entre la population et le chef de l'État par un recours fréquent au référendum. Là où les partisans du général voyaient un appel à la volonté populaire et un gage de la souveraineté nationale, les opposants dénonçaient un système plébiscitaire où l'autorité de l'exécutif limitait étroitement le mécanisme du parlementarisme démocratique. Après la victoire de l'Union pour la nouvelle République (UNR) aux élections législatives de nov. 1958, Ch. de Gaulle fut élu président de la V$^{e}$ République* (déc. 1958) et, entré en fonction en janv. 1959, choisit M. Debré* comme Premier ministre (1959 - 1962). Il fixa les grandes lignes de sa politique intérieure (redressement économique, nouveau franc), coloniale (nou-

Charles de **Gaulle.** À l'Élysée, en 1968.
*Phot. © Erwitt/Magnum*

veau type d'association avec les territoires d'outre-mer dans le cadre de la Communauté et pacification en Algérie) et extérieure, cette dernière ayant pour but de redonner à la France sa place et son prestige dans le monde. ▮ ***La question algérienne*** Le difficile règlement de la question algérienne marqua les débuts du régime gaulliste ; après avoir apporté son soutien aux Français d'Algérie (il s'écria à Alger, le 4 juin 1958, «Je vous ai compris» et, à Mostaganem le 7 juin, «Vive l'Algérie française !», laissant entendre, selon l'interprétation unanime qu'on en fit, qu'il cautionnait la politique de l'Algérie française), Ch. de Gaulle donna rapidement une nouvelle direction à sa politique algérienne qui aboutit aux accords d'Évian* (mars 1962) et à l'indépendance de l'Algérie. Peu après, le général de Gaulle échappait de justesse à un attentat (Petit-Clamart, août 1962). ▮ ***Une politique extérieure de prestige*** La question algérienne ainsi réglée, de Gaulle, avec le gouvernement de G. Pompidou* (1962 - 1968), s'attacha surtout à pratiquer une politique extérieure exprimant l'indépendance de la France, en préconisant le rapprochement entre l'Est et l'Ouest, la réconciliation avec l'Allemagne (traité de coopération franco-allemande, 1963), le retrait de la France de l'Organisation* du traité de l'Atlantique Nord (Otan) en 1966, tout en demeurant membre de l'alliance, enfin la création d'une «force de frappe» atomique. Favorable à une Europe unie économiquement mais hostile à l'entrée de la Grande-Bretagne dans le Marché commun, le général de Gaulle prit position sur les grands problèmes de politique internationale (Viêtnam, Chine, Biafra, Proche-Orient [condamnation d'Israël lors de la guerre des Six Jours, 1967], Canada français [«Vive le Québec libre !» proclama-t-il en 1967]). Cette politique de prestige n'alla pas sans difficultés, sociales, économiques et financières : l'inflation dès 1962 fit suite à la relative stabilité consécutive à la dévaluation de fin 1958. ▮ ***Face à l'opposition*** Le régime gaulliste dut faire face à une opposition politique et syndicale qui s'exprima une première fois à l'occasion de l'élection présidentielle au suffrage universel lors de laquelle le général de Gaulle fut d'abord mis en ballottage par le candidat de la gauche F. Mitterrand* (1965) avant d'être réélu. Aux élections législatives de 1967, la majorité gaulliste perdit de nombreuses voix au profit de la gauche. ▮ ***La crise*** Le malaise économique, social et culturel de la France éclata en mai* 1968. Ch. de Gaulle ne parvint à enrayer la crise qu'aux élections législatives de juin 1968, après une campagne où il avait inlassablement invoqué le danger de «chaos» et du «communisme totalitaire». Le régime gaulliste était néanmoins ébranlé. Après l'échec qu'il subit lors du référendum sur le double projet de «régionalisation» et de transformation du Sénat (1969), projet qui fut repoussé par 52,5 % de non, Ch. de Gaulle abandonna le pouvoir. Ainsi prenait fin la carrière politique d'un homme certain d'avoir été investi par l'Histoire d'une mission exceptionnelle («C'était à moi d'assumer la France») et qui pendant trente ans avait dominé la vie politique française. ▮ **L'écrivain** Son œuvre écrite, qui expose son action en la justifiant, révèle en outre de remarquables qualités d'écrivain dont témoignent en particulier les *Mémoires de guerre* (*L'Appel*, 1954 ; *L'Unité*, 1956 ; *Le Salut*, 1959) et les *Mémoires d'espoir* (*Le Renouveau*, 1970 ; *L'Effort*, 1971). ➝ **ÉTYM.** Ce nom de famille vient peut-être du flamand *de Walle* «l'étranger, le Wallon» ou du français *gaule* «perche».

**GAULTIER-GARGUILLE (Hugues GUÉRU, dit)** ♦ Comédien français (Sées, v. 1573 - Paris, v. 1634). Il forma avec Turlupin* et Gros*-Guillaume un célèbre trio de farceurs, à l'Hôtel de Bourgogne*.

**GAUMATA** → **Bardiya**

**GAUME** n. f. ♦ Région historique du sud de la Belgique (prov. de Luxembourg), à la frontière française et luxembourgeoise. V. princ. : Virton.

**GAUMONT (Léon)** ♦ Inventeur et industriel français (Paris 1863 - Sainte-Maxime 1946). Esprit fécond et entreprenant, il construisit avec Demeny, peu après les frères Lumière*, le chronophotographe (1895), l'un des premiers appareils de cinéma, puis le chronophone (1902), première tentative de cinéma sonore ; il installa aux Buttes-Chaumont les premiers studios français de cinéma (1906). Il devait y produire un grand nombre de films dont il confia la direction artistique à plusieurs réalisateurs (Émile Cohl*, Henri Fescourt, et surtout Louis Feuillade*). Fondateur aux États-Unis, à Flushing, de studios et laboratoires de cinéma (1911), il inventa encore le chronochrome (1912), ébauche du cinéma en couleurs. Pionnier de l'industrie cinématographique, il contribua à la diffusion du film français à travers le monde. ➝ **ÉTYM.** *Gaumont* vient peut-être du germanique *Walmund*, nom de personne (de *wala* «mort à la bataille» et *mund* «protection») ou de *Gautmund*, nom de personne (de *gaut-* «goth» et *mund* «protection»).

**GAUNILON** ♦ Théologien et philosophe français (fin du Xᵉ s. - apr. 1073). Moine de l'abbaye de Marmoutier près de Tours, il écrivit un ouvrage contre la preuve ontologique de l'existence de Dieu soutenue par saint Anselme*, *Liber pro insipiente*.

**GAUR** – auj. ***Lakhnauti*** ♦ Anc. cap. hindoue et musulmane du Bengale, conquise vers 1200 par les musulmans, et florissante jusqu'à 1576, date à laquelle elle fut incorporée à l'Empire moghol. Elle garde de nombreux monuments en brique datant surtout du XVIᵉ s.

**GAURĪSHANKAR** n. m. ♦ Un des sommets de l'Himalaya (7 145 m), au Népal, non loin du Chomolungma (Everest).

**GAUSS (Carl Friedrich)** ♦ Astronome, mathématicien et physicien allemand (Brunswick 1777 - Göttingen 1855). La découverte de la planète Cérès par Piazzi* (1801) l'amena à entreprendre de nombreuses études de mécanique céleste et notamment à calculer la trajectoire de la planète par la méthode des moindres carrés (qu'il élabora dès 1795) ; il fut alors nommé directeur de l'observatoire de Göttingen (1807). Intéressé par la géodésie, il inventa l'héliotrope pour l'envoi de signaux lumineux. En mathématiques, dans son premier grand travail sur la théorie des nombres (*Disquisitiones arithmeticae*, 1801), il étudia notamment les congruences, les formes quadratiques et établit un théorème sur la construction des polygones réguliers par la géométrie élémentaire ; on y trouve également, sous-jacentes, les notions de corps et de groupes. Citons encore ses importants travaux ultérieurs concernant surtout la représentation conforme, la courbure des surfaces, l'introduction de la série hypergéométrique, des formules nouvelles sur les fonctions eulériennes ; enfin, des notes non publiées montrent qu'il découvrit les fonctions elliptiques (en considérant l'intégrale donnant l'arc de la lemniscate) et qu'il pressentit la possibilité de la géométrie non euclidienne (1799) ; il exposa également la théorie des erreurs (1821). On appelle *courbe de Gauss* la courbe en forme de cloche qui donne la densité de probabilité d'une variable aléatoire. En physique, il imagina le magnétomètre (1832) et trouva une explication mathématique au magnétisme terrestre (on donna ensuite son nom à l'unité d'induction). En électricité, il étudia la distribution de charges à l'intérieur d'une surface fermée (*théorème de Gauss*) ; en optique, il formula la théorie des systèmes centrés. L'approximation, qui porte son nom, permet l'étude des systèmes optiques centrés dans le cas de rayons para-axiaux. [Acad. sc. 1820]

**GAUTAMA** ♦ Nom sous lequel est parfois désigné le Bouddha*, de son nom complet Siddhārta Gautama.

**GAUTHERET (Roger)** ♦ Botaniste français (Paris 1910 - 1997). Auteur de travaux sur la culture des tissus végétaux isolés, sur les hormones végétales et sur leurs applications à l'agriculture. [Acad. sc. 1958]

**GAUTIER (Théophile)** ♦ Écrivain français (Tarbes 1811 - Neuilly-sur-Seine 1872). Lié très jeune avec G. de Nerval et Pétrus Borel, il est tenté par la peinture, puis opte pour la littérature et se montre un des plus véhéments défenseurs de V. Hugo, durant la bataille littéraire d'*Hernani** (1830). Pourtant, dès le long poème descriptif et fantastique *Albertus* (1832) et *Les Jeunes-France* (1833), recueil de contes ironiques, apparaît son indépendance à l'égard des romantiques. La «Préface» de son roman, *Mademoiselle* de Maupin* (1835 - 1836), exprime son exigence de beauté pure. «Tout ce qui est utile est laid» ; aussi l'art, par nature désintéressé, doit-il se détourner des circonstances extérieures (engagement politique et moral) comme des événements intimes de la vie de l'artiste (lyrisme personnel). Dès lors, pour s'évader d'une réalité médiocre, Gautier cherche le dépaysement dans l'espace (chroniques de ses voyages en Orient, en Espagne) et dans le temps : dans un essai littéraire, *Les Grotesques* (1844), il réhabilite l'époque de Louis XIII, qui lui inspirera son roman, *Le Capitaine* Fracasse* (1863) ; avec *Arria Marcella* (1852), il évoque l'antique Pompéi ; dans le *Roman de la momie* (1858), l'ancienne Égypte ; enfin, avec *Le Spirite* (1866), «il invente l'idéal» transposé sur le plan surnaturel. Persuadé que l'art est un but et que sa seule possibilité de pérennité est la perfection technique (*L'Art*, 1857), il cisèle ses poèmes, véritables «transpositions» plastiques, comme *Ribeira* (*España*, 1845), ou variations musicales, comme de nombreuses pièces d'*Émaux* et Camées* (1852) qui s'appuient sur une forme châtiée et savante, un vocabulaire recherché («mots-diamants») et des rythmes rares (*terza rima*). Maître et précurseur de la poésie parnassienne, Gautier fut également salué par Baudelaire (dédicace des *Fleurs du mal*) comme le «poète impeccable», le «parfait magicien ès lettres françaises». ➝ **ÉTYM.** Ce nom vient du germanique *Waldhari*, nom de personne (de *waldan* «gouverner» et *hari* «armée»).

**GAUTIER (Armand)** ♦ Chimiste et médecin français (Narbonne 1837 - Cannes 1920). Il étudia notamment les alcaloïdes, les composés organiques arsenicaux et les eaux minérales. [Acad. sc. 1889]

**GAUTIER (Judith)** ♦ Écrivain français (Paris 1845 - Dinard 1917), fille de Théophile Gautier* et de la cantatrice italienne Ernesta Grisi. Un mandarin chinois accueilli par son père l'initia aux cultures extrême-orientales ; elle publia une adaptation de poètes chinois (*Le Livre de jade*, signé Judith Walter, 1867) et des traductions du japonais (*Poèmes de la libellule*, 1885). Outre des romans inspirés par l'Extrême-Orient (*Le Dragon impérial*, 1869), elle a composé des drames (l'un en collab. avec Pierre Loti*). Ses mémoires, publiés de 1902 à 1909, sont d'un grand intérêt, Judith Gautier ayant connu dans son enfance et son adolescence la plupart des grands écrivains français de l'époque (Nerval, Baudelaire, Flaubert, les Dumas, les Goncourt). Elle fut l'épouse de Catulle Mendès*, dont elle se sépara rapidement. Aimée de Wagner*, elle contribua à faire connaître son œuvre en France.

**GAUTIER DE COINCY** ♦ Bénédictin français (Coincy 1177 - Soissons 1236). Grand prieur à Saint-Médard. On lui doit un recueil d'environ 30 000 vers, intitulé *Miracles de Notre-Dame* où il s'inspira, pour célébrer le culte de la Vierge, de mélodies et de schémas poétiques préexistants qu'il sut adapter de façon très personnelle.

**GAUTIER Sans Avoir** ♦ Chevalier français (mort à Civitot, Asie Mineure 1096 ou 1097). Il conduisit une partie de la croisade* populaire qui fut massacrée avant d'avoir pu atteindre Constantinople.

**GAUVAIN** ➝ ÉTYM. du lat. médiév. *Gavinus*, n. de pers., p.-ê. du gallois *Gwalchgwyn* «faucon blanc» ♦ Personnage du cycle breton. Neveu du roi Artus* dont il est le fidèle chevalier, Gauvain apparaît dans les œuvres de R. Wace* (XIIe s.) et celles de Chrétien* de Troyes (fin XIIe s.).

**GAUVREAU (Claude)** ♦ Écrivain canadien d'expression française (Montréal 1925 - *id.* 1971). Il se lia à l'école des automatistes autour de Borduas et signa en 1948 le manifeste *Refus global*. Polémique, enragée, son œuvre tend vers la création d'une langue aux mots inventés et au discours destructuré. Après 1955 il eut à subir plusieurs périodes d'internement psychiatrique ; il mit fin à ses jours.

**GAVARNI (Sulpice Guillaume CHEVALIER, dit)** ➝ ÉTYM. il prit ce pseud. en référence au cirque de Gavarnie qui l'avait ébloui ♦ Dessinateur, lithographe, aquarelliste et peintre français (Paris 1804 - *id.* 1866). il fut d'abord commis d'architecte, puis employé au cadastre de Tarbes. Il exécuta plus de 8 000 gravures dont beaucoup parurent dans *La Mode, La Caricature, Le Charivari,* accompagnées de légendes dont il était l'auteur. Il décrivit sans indulgence les *Étudiants* (1838 - 1840), les *Lorettes* (1841), les *Actrices*, les *Hommes et Femmes de plume*, etc. «Il faudra feuilleter ces œuvres-là pour comprendre l'histoire des dernières années de la monarchie», écrivit Baudelaire. Après un séjour en Angleterre (1847), son art s'approfondit, reflétant un humour plus amer (*Masques et Visages*, 1852 - 1853 ; *Propos de Thomas Vireloque*). Ses nombreuses aquarelles révèlent un graphisme élégant et un sens original de l'éclairage.

**GAVARNIE** (cirque de) ➝ ÉTYM. anc. *Gabarnia*, du basque *gaba* «torrent, ravine, gorge» ♦ Vaste site des Hautes-Pyrénées, au S. du village de Gavarnie (177 hab.), dans la haute vallée du gave de Pau. De nombreuses cascades tombent des montagnes en gradins (à 1 500 m d'alt.). ▪ Important lieu touristique.

**GAVEAU** ♦ Maison française de facteurs de pianos, fondée en 1847 par JOSEPH GAVEAU (Romorantin 1824 - Paris 1903). Son fils ÉTIENNE GAVEAU (Paris 1872 - *id.* 1943) établit à Fontenay-sous-Bois la grande fabrique de pianos (1896) et fit construire à Paris l'immeuble et la salle de concerts qui portent leur nom (1908). La société Gaveau a fusionné avec la firme Érard (1959). ➝ ÉTYM. *Gaveau* est une variante de *javelle*, brassée de céréales laissées dans le sillon en attendant de les mettre en gerbe.

**GAVESTON (Piers)** comte DE CORNOUAILLES ♦ Chevalier gascon (mort à Blacklow Hill, près de Warwick 1312). Favori d'Édouard II d'Angleterre, il fut assassiné par les barons. Ce meurtre entraîna la guerre ouverte entre le roi et les barons.

**GAVINIÈS (Pierre)** ♦ Violoniste français (Bordeaux 1728 - Paris 1800). Violoniste virtuose, directeur du Concert spirituel de 1773 à 1777 avec Le Duc et Gossec, puis professeur au Conservatoire, en 1795, il a formé de nombreux élèves et composé pour son instrument diverses pièces (sonates, concertos, symphonies) dont plusieurs sont aujourd'hui perdues. Il est l'auteur des *Vingt-Quatre matinées pour le violon* (1800), suite d'exercices pour la formation du violoniste.

**GÄVLE** ♦ V. de Suède, à l'embouchure du Gävleån, dans le golfe de Botnie. ch.-l. du comté de Gävleborg. 92 416 hab. Ville anc., reconstruite à la suite d'un incendie (1869). ▪ Port. Important centre indus. : construc. mécaniques, indus. métallurgiques, papeteries, scieries, indus. chimiques, textiles.

**GAVR'INIS** [-nis] (île de), ou île de la **CHÈVRE** ♦ Îlot du golfe du Morbihan au S. de Larmor-Baden. Tumulus néolithique haut de 8 m et mesurant 100 m de circonférence, abritant des pierres gravées (accès réglementé).

**GAVROCHE** ♦ Personnage du roman de V. Hugo*, *Les Misérables**, type du «gamin» parisien frondeur et généreux, symbole de l'esprit irréductible de liberté dans le peuple.

**GAVRYLYUK (Alexandre)** ♦ Pianiste australien d'origine ukrainienne (Kharkov 1984). Enfant prodige, il a très tôt remporté de nombreux prix et distinctions internationales (Premier Prix du Concours Horowitz en 1999, médaille d'or du concours Arthur Rubinstein). Sa très grande technicité et sa rapidité d'exécution lui permettent d'exceller dans un répertoire ample et ambitieux : Prokofiev, Scriabine, Brahms, Chopin, Haydn, Bach, Rachmaninov, Prokofiev, Mozart.

**GAXOTTE (Pierre)** ♦ Historien et journaliste français (Revigny, Meuse 1895 - Paris 1982). Disciple de Jacques Bainville*, il appartint à l'Action française et fut le secrétaire de Charles Maurras*. Fondateur et rédacteur en chef de l'hebdomadaire *Candide* (1924), puis directeur de *Je suis partout* jusqu'en 1939, il collabora dès 1945 au *Figaro* et au *Bulletin de Paris*. Historien, il s'est spécialisé dans l'étude de la monarchie de l'Ancien Régime (*Le Siècle de Louis XV*, 1933 ; *La France de Louis XIV*, 1946 ; *Paris au XVIIIe siècle*, 1968) et de *La Révolution française* (1928). Il est en outre l'auteur d'une *Histoire des Français* (1951) et d'une *Histoire de l'Allemagne* (1962). [Acad. fr. 1953] ➝ ÉTYM. *Gaxotte* est la forme lorraine de *garçotte*, féminin de *garçon* (probablement matronyme).

**GAY (John)** ♦ Poète dramatique anglais (Barnstaple, Devon 1685 - Londres 1732). Son goût pour la parodie se manifesta dès ses premières publications, imitations burlesques de pastorales ou de poèmes héroïcomiques. Mais c'est avec *L'Opéra du gueux* (*The Beggar's Opera*, 1728), œuvre exceptionnelle dans l'histoire du théâtre par la vigueur de la satire, qu'il parvint à la notoriété. Cette œuvre, où alternent la prose et le chant comme dans un opéra de Haendel qu'elle parodie, dénonce avec force les tares de la haute société londonienne. Bertolt Brecht* l'a transposée à l'époque contemporaine dans son *Opéra* de quat' sous*.

**GAY (Delphine)** → **Girardin (Delphine Gay, Mme Émile de)**

**GAYA** ♦ V. de l'Inde (Bihar). 394 185 hab. Située à la bordure méridionale de la plaine du Gange, proche de Bodh Gaya, lieu sacré du bouddhisme. Centre de pèlerinage.

**GAY-LUSSAC (Louis Joseph)** ♦ Physicien et chimiste français (Saint-Léonard-de-Noblat 1778 - Paris 1850). Après des recherches sur la dilatation des gaz et des vapeurs, il énonça la loi sur le coefficient thermique qui porte son nom (1802). Il effectua deux ascensions en ballon (pour étudier le magnétisme), battant le record d'altitude et vérifiant la constance de composition de l'air (1804). Des recherches réalisées avec A. von Humboldt dans le cas de l'oxygène et de l'hydrogène (1805) l'amenèrent à formuler des lois qui portent son nom : au cours de la dilatation des gaz parfaits à pression constante, le rapport de volume à la température absolue ne change pas ; les gaz se combinent entre eux selon des rapports volumétriques simples (1808). Avec L. J. Thenard*, après avoir préparé et étudié les métaux alcalins, il prépara leurs péroxydes et leurs alliages ; ils analysèrent les hydrogènes phosphoré et sulfuré, étudièrent les propriétés chimiques du phosphore et du soufre, découvrirent le bore, isolèrent le silicium (sans l'identifier), préparèrent les ammoniures alcalins, les acides fluorhydrique et fluoborique ; enfin, à la suite des travaux de Davy*, ils montrèrent que l'acide muriatique oxygéné était un corps simple, le chlore (1809). Après avoir effectué les premières mesures de densité de vapeur (1811), Gay-Lussac étudia encore l'iode, découvrit le cyanogène et l'acide cyanhydrique (1815). Il construisit également le baromètre à siphon (1816), inventa l'alcoomètre centésimal et mit au point des procédés d'affinage des métaux précieux et la tour de récupération des produits nitreux dans la fabrication de l'acide sulfurique. [Acad. sc. 1806] ➝ ÉTYM. Ce nom de famille vient de *Gay*, ancienne orthographe de *gai* et *Lussac*, nom de lieu (du latin *Lucius*, nom de personne, et suffixe *-acum*).

**GAZA** ➝ ÉTYM. de l'hébr. *'azzâh*, de *'ôz* «force» ♦ V. de la Palestine du Sud, située à proximité de la Méditerranée, sur le même parallèle que la mer Morte. Cap. d'un territoire autonome de 363 km². 496 410 hab. (territoire de Gaza, 1 416 539). ▪ **Histoire** La ville fut un important centre philistin. Elle fut prise par Alexandre* le Grand après un long siège, puis détruite lors des guerres civiles de Judée. Rebâtie, conquise par les Arabes (632), elle fut le siège de combats pendant les croisades, puis, au XVIe s., dans le conflit entre les Turcs et les mamelouks. Bonaparte la prit en 1799, lors de l'expédition d'Égypte. En 1948, Gaza et son territoire, étroit couloir parallèle à la côte appelé «bande de Gaza», qui étaient destinés par l'ONU à faire partie d'un État arabe indépendant, passèrent sous contrôle égyptien. Occupée de nov. 1956 à mars 1957 par les troupes israéliennes qui cédèrent la place aux forces de l'ONU, puis par les Égyptiens, la bande de Gaza a été sous administration israélienne à partir de la guerre des Six Jours (1967). En 1987, l'Intifada*, révolte de la population contre l'occupation israélienne, naquit et se développa dans les huit camps de la bande de Gaza recevant des milliers de réfugiés. Les accords de Washington signés en sept. 1993 par Israël et l'OLP, prévoyant l'autonomie des territoires occupés, sont entrés en vigueur dans la bande de Gaza en mai 1994. En oct. 2004, la Knesset s'est prononcée pour l'évacuation des colons, qui a eu lieu en 2005, mais Israël contrôle l'espace aérien et l'accès maritime. L'Autorité palestinienne, dont le siège historique est situé à Gaza, a été contrainte de se réfugier en Cisjordanie en juin 2007, à la suite de la prise de contrôle par la force de Gaza par le Hamas*. Cette situation a engendré des tensions de plus en plus vives avec Israël qui a infligé un blocus à Gaza tandis que le Hamas multipliait les tirs de roquettes sur le sud d'Israël. Le 27 déc. 2008, Israël a lancé une offensive militaire qui a pris fin le 18 janvier 2009 et a fait plus de 1 000 morts palestiniens sans toutefois parvenir à déloger le pouvoir islamiste. La destruction a aggravé l'impact du blocus puisque l'importation des matériaux de reconstruction est interdite. Des tunnels sont creusés tout le long de la frontière égyptienne pour servir au ravitaillement mais aussi au trafic d'armes, c'est pourquoi l'Égypte a entrepris d'y enterrer une barrière métallique. → **israélo-arabe (conflit)**.

La **Gazette** ♦ Fondée par Théophraste Renaudot* (1631) avec l'appui de Richelieu, *La Gazette*, premier journal français, fut l'organe officieux du gouvernement. Rendu officiel par Louis XV (1762), il devint *La Gazette de France* et parut deux fois par semaine. Sous la Révolution, il prit le titre de *Gazette nationale de France* et parut quotidiennement après le 10 août 1792. Au XIXe s., il devint un des organes royalistes auquel collabora Ch. Maurras (1892 - 1908). Il cessa de paraître en 1914.

**GAZİANTEP** – anc. ***Aïntab*** ♦ V. de Turquie, ch.-l. de prov., sur le Sadjour (affl. de l'Euphrate), au N. de la frontière syrienne. 1 175 042 hab. Ruines d'une forteresse médiévale. Musée archéologique. Univ. ▪ Centre commercial et industriel très important (textile, indus. mécaniques, boissons et produits alimentaires, cimenterie).

**GBAGBO (Laurent)** ♦ Homme d'État ivoirien (Gagnoa 1945). Opposant à Houphouët*-Boigny, il créa clandestinement le Front populaire ivoirien (FPI) en 1982. Il adopta le concept d'*ivoirité* pour écarter son rival Alassane Ouattara (né d'un père burkinabé mais ivoirien entre 1932 et 1947), fut élu président de la République au cours de la période troublée de 2000 et assuma le «pouvoir légal» dans la moitié sud du pays coupé en deux par la rébellion de 2002. Appuyé par la milice des *jeunes patriotes* d'Abidjan, il s'emploie à réduire la marge de manœuvre des Premiers ministres de réconciliation successifs imposés par la communauté internationale, qui a prolongé son mandat arrivé à expiration fin 2005.

**GDAŃSK** – anc. en all. ***Danzig*** ou en fr. ***Dantzig*** ➝ **ÉTYM.** étym. controversée, p.-ê. du slave *°gud* «marécage» ♦ V. de Pologne septentrionale, ch.-l. de la voïvodie de Poméranie, à l'extrémité du bras O. de la Vistule, à 6 km de la mer Baltique. 456 658 hab. Nombreux monuments (hôtel de ville, XIVe - XVe s. ; grand arsenal, XVIIe s. ; église Notre-Dame, XIVe - XVe s.) en majeure partie restaurés après la Deuxième Guerre mondiale. ▪ Important centre culturel, scientifique, commercial et industriel, elle forme avec Sopot* et Gdynia* une conurbation de plus de 800 000 habitants et constitue avec cette dernière un grand complexe portuaire (reconstruit après 1945). ▪ Indus. mécanique, chimique, textile et alimentaire. Chantiers navals. ▮ **Histoire** Cap. du duché de Pomérélie (➝ **Poméranie**), Gdańsk passa sous suzeraineté polonaise en 1295, puis sous l'autorité de l'ordre Teutonique en 1309. Ville hanséatique dès 1350, elle se libéra du joug teutonique en 1454, fut constituée en État libre sous la protection du roi de Pologne à la suite de la paix de Toruń* (1466) et devint l'un des principaux ports de la Baltique. Ralliée à la Réforme en 1523, elle refusa de reconnaître Étienne Báthory qui l'assiégea et la soumit en 1577. Rattachée à la Prusse lors du deuxième partage de la Pologne (1793), assiégée par Chasseloup-Laubat, et prise par Lefebvre* en 1807, elle redevint ville libre sous l'occupation française, mais fut restituée à la Prusse (1814) après un long siège soutenu par Rapp* et devint, en 1878, la capitale de la province de Prusse-Occidentale. Érigée à nouveau en ville libre après le traité de Versailles* (1919), liée à la Pologne par une union douanière sous le contrôle de la Société des Nations, elle resta néanmoins une source de conflits entre l'Allemagne et la Pologne, et fut à l'origine de la Deuxième Guerre mondiale, à la suite des revendications d'Hitler et de l'occupation du «corridor de Dantzig» (1939) qui reliait la Pologne à la mer avec le nouveau port de Gdynia. Réunie au Reich (sept. 1939), presque entièrement détruite, elle fut libérée par les Soviétiques en 1945 et réincorporée à la Pologne. En 1970, Gdańsk, Sopot et Gdynia furent le théâtre de violentes émeutes ouvrières, événements qui aboutirent à la chute de Gomułka*. Des grèves, en 1980, marquèrent une crise du régime qui amena, notamment, à la création du mouvement syndical indépendant Solidarność («Solidarité»). ➝ **Pologne.**

**Gdánsk.** La vieille ville. © *PhotoDisc*

**GDYNIA** ♦ V. de Pologne, voïvodie de Poméranie et conurbation de Gdańsk, sur la baie occidentale de Gdańsk. 251 844 hab. Centre culturel, scientifique, indus. et commercial. Chantiers navals. ▮ **Histoire** Édifié sur l'emplacement d'un village de pêcheurs entre 1924 et 1939, afin de suppléer le port de Gdańsk* (devenu ville libre), Gdynia est le plus grand port artificiel de Pologne, dont l'activité économique est étroitement liée à Gdańsk.

**GÉANTS** n. m. pl. – en gr. ***Gigantes*** ♦ Fils de Gaïa*, fécondée par le sang d'Ouranos* que Cronos venait de mutiler. Monstres de taille énorme et d'aspect effroyable, au corps terminé en serpent, ils attaquent les Olympiens. Zeus* les vainc avec l'aide d'Athéna*, de Styx*, d'autres dieux et d'Héraclès*. ➝ **Encelade, Pallas.** Ce combat (gigantomachie), thème habituel de l'art classique, pourrait symboliser la victoire d'une religion humanisée sur les cultes primitifs en Grèce. ➝ **Olympe.**

**GÉANTS** (monts des) ➝ **Krkonoše**

**GEBER** ♦ Nom latinisé de Jābir* ibn Ḥayyān, à qui fut attribué un important ensemble de textes alchimiques et philosophiques.

**GÉBIDES** n. m. pl. ➝ **Gépides**

**GÉBRÉSÉLASSIÉ (Hailé)** ♦ Coureur éthiopien (Arsi, centre de l'Éthiopie 1973). À partir de 1994, il détint plusieurs records du monde dont quatre fois celui du 5 000 m, et quatre fois celui du 10 000 m. Champion olympique en 1996 et en 2000, il remporta également sept médailles d'or aux championnats du monde de 1993 et de 1995 et gagna les marathons d'Amsterdam (2005), de Berlin (2006, 2007, 2008 avec un nouveau record : 2 h 03 m 59 s, et 2009) et de Dubaï (2008, 2009, 2010).

**GÉDALGE (André)** ♦ Compositeur et pédagogue français (Paris 1856 - Chessy, Seine-et-Marne 1926). Professeur de fugue et de contrepoint au Conservatoire de Paris (1905), il a compté, parmi ses élèves, quelques-uns des musiciens les plus éminents de l'époque : G. Enesco, F. Schmitt, M. Ravel, J. Ibert, A. Honegger, D. Milhaud. Il a composé dans des genres divers (opéras, symphonies, musique de chambre, mélodies) et publié des ouvrages didactiques (*Traité de la fugue,* 1901).

**GÉDÉON** dit **Jeroubbaal** ➝ **ÉTYM.** *Gédéon :* de l'hébr. *gâda'* «coupeur, tailleur» dans le sens «vaillant soldat» ♦ Juge* d'Israël (–XIIe - –XIe s.), vainqueur des Madianites. Récit biblique : Juges, VI-VIII.

**GEDIZ** n. m. – anc. ***Hermos*** ♦ Fl. de Turquie, en Asie Mineure (401 km), qui se jette dans la mer Égée. Barrage hydroélectrique à Demirköprü (190 millions de kWh).

**GÉDROSIE** n. f. – en lat. ***Gedrosia*** ♦ Anc. région d'Asie correspondant approximativement au Baluchistan* (O. du Pakistan*). Elle constituait un district de l'Hariana, province de l'empire d'Alexandre. Les armées de celui-ci y connurent la soif lors du retour de l'Indus, en –325 - –324.

**GÉDYMIN** ou **GÉDYMINAS** ♦ Grand-duc de la principauté de Lituanie (v. 1275 - 1341). Par une habile politique militaire, diplomatique (rapprochement avec le pape Jean XXII) et matrimoniale (union avec la Pologne), il fut le véritable fondateur de l'État lituanien qu'il contribua à étendre vers la Biélorussie*, devenant ainsi le plus puissant souverain d'Europe orientale. Il fit de Vilnius* sa capitale.

**GEEL** ♦ Comm. de Belgique (Région flamande), prov. d'Anvers, arr. de Turnhout, sur la Grande Nèthe et le canal Albert. 35 502 hab. Hôtel de ville (1679). Hôpital du XVe s. Églises des XIVe et XVe - XVIe s. Chambre des malades (XVIe s.), institution créée pour les aliénés. La ville abrite un centre pour malades mentaux, fondé sous le patronage de sainte Dymphne, princesse irlandaise du VIIe s. ▪ Construc. électriques. Indus. du meuble.

**GEELONG** ♦ V. d'Australie (État de Victoria), à l'O. de la baie de Port Philipp, au S.-O. de Melbourne. 167 802 hab. Centre d'enseignement. Port. Raffinerie de pétrole. Indus. de la laine. Engrais phosphatés. Construc. mécaniques. Indus. frigorifique. Silos pour l'exportation. Liqueurs. Centre touristique.

**GEERTGEN TOT SINT JANS** ou **GÉRARD DE SAINT-JEAN** ♦ Peintre hollandais (Leyde v. 1465 - Haarlem v. 1495). Il se forma auprès de Van Ouwater et fut frère lai au couvent Saint-Jean de Haarlem. Dans des œuvres comme la *Crucifixion* et le *Christ de pitié* (v. 1484), il trahit une sensibilité inquiète qui n'est pas sans annoncer Bosch* et manifeste des tendances expressionnistes. Il exécuta aussi des portraits collectifs de corporations, observés avec précision et qui sont les premiers exemples connus du genre. Il recherchait les tonalités précieuses et brillantes *(Vierge en gloire),* explorait les effets de lumière nocturne *(Nativité)* et réservait une place importante au paysage qu'il traitait avec fraîcheur *(Saint Jean-Baptiste).*

**GEERTZ (Clifford)** ♦ Anthropologue américain (San Francisco 1926 - Philadelphie 2006). Ses travaux portent sur Java et Bali, ainsi que sur le Maroc (*Bali, interprétation d'une culture,* 1983). Il a analysé les cultures comme des systèmes de significations et souvent utilisé des modèles littéraires. Il a aussi contribué à l'étude du changement social dans le tiers-monde en montrant la nécessité d'une connaissance anthropologique des sociétés où naissent les nouveaux États issus de la décolonisation (*The Interpretation of Cultures,* 1973). *Ici et là-bas : l'anthropologue comme auteur* (1996) analyse les types de discours des textes d'anthropologie.

**GEFFROY (Gustave)** ♦ Écrivain et critique d'art français (Paris 1855 - *id.* 1926). Ses chroniques, qui parurent notamment dans *La Justice,* furent réunies en 1887 (*Notes d'un journaliste*). Ses articles de critique d'art favorable à l'impressionnisme sont groupés dans les 8 volumes de la *Vie artistique.* Il est l'auteur d'études sur des musées, de monographies (*Gustave Moreau,* 1900 ; *Daumier,* 1901 ; *Constantin Guys,* 1904 ; *Claude Monet,* 1922), d'un livre sur Blanqui (*L'Enfermé,* 1893) et de romans naturalistes (*L'Apprentie,* 1904 ; *Herminie Gilguin,* 1907). Grâce à son administration (1908), la manufacture des Gobelins connut des innovations (modèles impressionnistes, teintures synthétiques). G. Geffroy présida l'Académie Goncourt. ➝ **ÉTYM.** *Geffroy* a la même étymologie que *Geoffroi**.

**GE Hong** ou **KO Hong** ♦ Moine taoïste, médecin, philosophe et fonctionnaire impérial chinois (v. 281 - v. 341). Il incorpora des données philosophiques à la pratique du Dao (ou Tao) et rédigea de nombreux ouvrages sur les divinités (*Shenxianzhuan*), des traités philosophiques et médicaux : il décrivit notamment la variole et certaines maladies contagieuses. Il est également l'auteur, sous le pseudonyme de Liu Xin, d'un recueil historique sur la ville de Changan sous les Han occidentaux.

**GEHRY (Frank Owen GOLDBERG, dit Frank)** ♦ Architecte américain (Toronto 1929). On lui doit le bâtiment de l'American Center à Paris (1994) auj. occupé par la Cinémathèque française, le musée Guggenheim* de Bilbao (1998), l'Experience Music Project à Seattle (1999), dédié au rock, et le Walt Disney Concert Hall de Los Angeles (2003). Il a coréalisé, dans le centre de Prague, la Maison qui danse (également appelée Ginger et Fred, 1996), thème qui revient régulièrement dans son œuvre. [Prix Pritzker 1989]

**GEIGER (Hans)** ♦ Physicien allemand (Neustadt an der Weinstrasse, Rhénanie-Palatinat 1882 - Potsdam 1945). Il détermina la charge des particules α (1908), montra que le numéro atomique d'un élément est le nombre de charges de son noyau (1913) et inventa (1913), avec Rutherford*, un dispositif permettant de compter les particules ionisantes d'un rayonnement ; il perfectionna son appareil (1928), avec Müller notamment (*compteur Geiger-Müller,* utilisé en particulier pour la recherche des minerais radioactifs et pour la détection des fuites radioactives). ➝ **ÉTYM.** Ce nom allemand signifie « violoniste ».

**Geertgen tot Sint Jans.** *L'Histoire des os de saint Jean-Baptiste.* Kunsthistorisches Museum, Vienne. *Phot. ©Arch. Smeets*

**GEIJER (Erik Gustaf)** ♦ Poète et historien suédois (Ränsater 1783 - Stockholm 1847). Il fut l'un des grands romantiques de son pays. Professeur d'histoire à l'université d'Uppsala, il avait fondé l'Association gothique dont le but était de ressusciter les grandes figures du passé, puis il édicta une sorte de charte du patriotisme romantique avec des poèmes comme « Le Viking » ou « Le Paysan de franc alleu », qui sont grandement responsables du « mythe viking ». De même, il collationna, avec Afzelius, les *Chants populaires suédois* (1814 - 1816) et écrivit une monumentale *Histoire du peuple suédois* (1832 - 1836).

**GEILER VON KAYSERSBERG (Johannes)** ♦ Prédicateur de langue allemande (Schaffhouse, Suisse 1445 - Strasbourg 1510). Élevé près de Kaysersberg, il étudia la théologie et la philosophie à Fribourg-en-Brisgau et à Bâle. Prédicateur à Strasbourg où, en son honneur, une chaire de pierre fut sculptée dans la nef centrale de la cathédrale (achevée par Hans Hammer en 1486), il a voulu exprimer à l'aide d'images et de paraboles la vérité des Évangiles, reprenant et commentant fréquemment le thème de la *Nef des fous.* → **Brandt (Sebastian).** Ses *Sermons* ont exercé une profonde influence sur la langue allemande.

**GEISÉRIC** → **Genséric**

**GEISPOLSHEIM** [67400] ➝ **ÉTYM.** anc. *Geibodesheim,* du germ. *Geisbod,* n. de pers., et *heim* « village » ♦ Ch.-l. de cant. du Bas-Rhin, arr. de Strasbourg-Campagne. 7 031 hab. (*Geispolsheimois*). Indus. alimentaires (choucroute).

**GEITEL (Hans Friedrich)** ♦ Physicien allemand (Brunswick 1855 - Wolfenbüttel 1923). Auteur de divers travaux avec J. Elster* concernant l'électricité atmosphérique, l'effet photoélectrique et la radioactivité (ils indiquèrent, dès 1899, la loi de la décroissance radioactive).

**GEJIU** ou **KO-KIEOU** ♦ V. de Chine (Yunnan) à la frontière du Viêtnam. 309 486 hab. Mines de plomb, de cuivre et surtout d'étain.

**GELA** ♦ V. d'Italie, en Sicile (prov. de Caltanissetta). 72 774 hab. ▪ Station balnéaire. Important centre d'extraction et de raffinage de pétrole. Indus. chimiques différenciées. Aux environs, anc. rempart de brique et pierre (–IVe s.). **▮ Histoire** La ville antique fut fondée au –VIIe s. par les Rhodiens et les Crétois qui élevèrent ensuite Agrigente. D'un gouvernement oligarchique, elle passa au pouvoir de tyrans (→ **Gélon**) et fut détruite par Hamilcar en –404. En 1230, une nouvelle ville, *Terranova,* fut construite ; elle reprit le nom antique en 1927. Les troupes alliées y débarquèrent en 1943.

**GÉLASE Ier** (saint) ♦ 49e pape (de 492 à 496), Africain. Il prit des mesures charitables dans l'Italie ravagée par Théodoric, s'opposa à une restauration des Lupercales païennes, définit l'autorité pontificale dans l'Église et face au pouvoir temporel, et promulgua définitivement le canon des Livres saints (*décret gélasien*). Le *Sacramentaire gélasien* (fin VIIe s.) garde trace de ses transformations liturgiques. ▪ Fête le 21 nov.

**GÉLASE II [Jean DE GAÈTE]** ♦ (v. 1058 - Cluny 1119). 159e pape (1118 - 1119). Chassé de Rome par Henri* V qui suscita l'antipape Grégoire* VIII, il les excommunia et se réfugia en France.

**GELBOÉ** ou **GUELBOÉ** [gɛlbɔe] auj. ***djebel Fuqu'a*** ♦ Montagne de Palestine. Défaite et mort de Saül* devant les Philistins (I Samuel, XXXI).

**GELIMER** ♦ Dernier roi vandale d'Afrique (530 - 534). En déposant le souverain légitime Hildéric favorable au catholicisme, il fournit à Justinien Ier le prétexte à la reconquête de l'Afrique. Vaincu près de Carthage en 533 et 534 par Bélisaire, il se rendit. Il mourut en Asie.

**GÉLINAS (Gratien)** ♦ Écrivain canadien d'expression française (Saint-Tite 1909 - *id.* 1999). Dramaturge satirique et comédien, il est à l'origine du théâtre québécois avec la création, en 1948, de son *Tit-Coq,* qui incarne dans un anti-héros populaire les frustrations d'un peuple soumis au clergé et au gouvernement. ➝ **ÉTYM.** Ce nom vient de l'ancien français *géline* « poule ».

**GELLÉ (Marie Ernest)** ♦ Médecin français (Beauvais 1834 - Paris 1923). Ses travaux sur l'anatomie, la physiologie et la pathologie de l'oreille font de lui un des fondateurs de l'otologie.

**GELLÉE (Claude)** → **Lorrain (le)**

**GELLERT (Christian Fürchtegott)** ♦ Écrivain allemand (Hainichen, Saxe 1715 - Leipzig 1769). Professeur de poésie, d'éloquence et de morale à Leipzig, il fut l'un des écrivains les plus célèbres de son époque, au point de mériter (après Melanchthon) le titre de « Praeceptor Germaniae ». Cependant ni ses *Fables et Récits* (1746), aux qualités plus morales que littéraires, ni ses comédies sentimentales, voire larmoyantes (*Die zärtliche Schwester,* 1747), ni même son roman psychologique dont le thème audacieux fit alors scandale (*La Vie de la comtesse suédoise de G.,* 1747) ne survécurent vraiment à leur temps.

**GELL-MANN (Murray)** ♦ Physicien américain (New York 1929). Auteur de recherches sur les particules élémentaires, il proposa (en même temps que K. Nishijima) la notion d'étrangeté, caractéristique quantique qui explique le comportement de certaines particules (1953 - 1955). Devant les découvertes de nouveaux hadrons (particules sensibles à l'interaction forte), il élabora en 1961 un modèle, dit de « voie octuple », permettant une classification logique de ces particules. L'hypothèse de l'existence des quarks, constituants des hadrons, qu'il émit en même temps que G. Zweig (1964), est à la base des théories modernes des interactions fondamentales. [Prix Nobel de phys. 1969]

**GELLNER (Ernest)** ♦ Philosophe et anthropologue tchèque (Prague 1925 - *id.* 1995). Il travailla chez les Berbères du Haut-Atlas marocain, où il mit en lumière les mécanismes de la segmentarité (*Saints of the Atlas,* 1969). Il apporta de nombreuses contributions à l'anthropologie du monde musulman (*Muslim Society,* 1981). Il a proposé une explication du nationalisme comme produit de la modernité industrielle ayant besoin d'homogénéiser la société, sur le plan culturel, au moyen d'un système «national» d'éducation, la nation apparaissant comme la superposition d'une unité politique et d'une culture (*Nations et nationalisme,* 1983).

**GÉLON** ♦ Tyran de Gela* et de Syracuse* (Gela -540 - Syracuse -478). Commandant la cavalerie de Gela sous le tyran Hippocrate, il succéda à ce dernier en -491. Ensuite il profita d'un appel des grands propriétaires terriens de Syracuse pour établir son pouvoir sur cette ville (-485), où il fit transporter la moitié de la population de Gela. Maître d'une grande partie de la Sicile, menacé par les Carthaginois qui prenaient pied dans l'île, il les défit à Himère (-480) et arrêta leur pénétration. Sous Gélon, Syracuse prospéra considérablement, fut agrandie et embellie. Son frère Hiéron* lui succéda.

**GELOS** [ʒelos] [64110] ➝ ÉTYM. anc. *Geloos,* du gaul. *Gelos,* n. de pers., et suff. aquit. *-ossum* ♦ Comm. des Pyrénées-Atlantiques, banlieue S. de Pau, sur le gave de Pau. 3 666 hab. *(Gelosiens).* Haras national dans un château du XVIII^e^ s.

**GELSENKIRCHEN** ♦ V. d'Allemagne (Rhénanie-du-Nord-Westphalie), au N.-E. d'Essen, sur l'Emscher et le canal Rhin-Herne. 288 387 hab. En plein cœur du bassin de la Ruhr, la ville offrait le paysage industriel impressionnant de l'«Emscherzone» : sièges d'extraction du charbon, cokeries, carbochimie, raffinerie de pétrole, verreries. Gelsenkirchener AG fut le plus puissant *Konzern* de charbonnages et de carburant de 1880 à 1968. Recherche sur l'énergie solaire (usine de cellules photovoltaïques).

**GEMAYEL (Pierre)** ♦ Homme politique maronite libanais (Bikfaya 1905 - *id.* 1984). Il fonda en 1936 l'organisation des Phalanges libanaises (Kataeb). Plusieurs fois ministre, farouche adversaire des nationalistes arabes et des socialistes, il devint après 1967 le chef de file de ceux qui refusaient la présence palestinienne au Liban. Après le déclenchement de la guerre civile en 1975, il fut l'un des hommes clés du Front libanais qui regroupa à partir de 1976 les diverses composantes de la droite chrétienne. Après avoir sollicité l'intervention de la Syrie en 1976, il rompit avec elle en 1978 et se rapprocha d'Israël. ♦ **Béchir Gemayel** (Beyrouth 1947 - *id.* 1982). Fils du précédent. Il accéda en 1976 au commandement des Forces libanaises et imposa peu à peu son hégémonie sur les autres milices chrétiennes. Élu à la présidence en 1982, à la suite de l'invasion israélienne, il fut assassiné peu avant son entrée en fonction. ♦ **Amine Gemayel** (Bikfaya 1942). Frère du précédent. Il lui succéda à la présidence. Plus modéré que son frère, il conclut, sous l'égide américaine, un accord avec Israël (1983) qui provoqua les foudres de Damas et des dirigeants progressistes libanais. Ayant subi de sévères défaites à Beyrouth, il abrogea l'accord avec Israël et forma un gouvernement d'union nationale dirigé par Rachid Karamé (1984). Il quitta la présidence en 1988 et s'exila jusqu'en 2000. Il dirige le parti Kataeb depuis 2005. En 2006, son fils, Pierre Gemayel, alors ministre de l'Industrie et opposant à la tutelle syrienne, fut assassiné. ➝ ÉTYM. *Gemayel* vient de l'arabe *jmayal,* diminutif de *jamīl* «beau».

**GEMBLOUX** – en néerl. ***Gembloers*** ♦ Comm. de Belgique (Région wallonne), prov. et arr. de Namur, sur l'Orneau, affl. de la Sambre. 22 074 hab. Abbaye bénédictine fondée au X^e^ s. (bâtiments du XVIII^e^ s.). Abbatiale bâtie sur une crypte romane. À quelques kilomètres, château du XIII^e^ s. (Corroy-le-Château). ▪ Institut agronomique de l'État. Indus. alimentaires (brasseries). Mécanique de précision. Matériel chirurgical. Coutellerie. Laboratoires pharmaceutiques. Parc scientifique de Gembloux-Namur. Édition. ▮ Histoire Victoire de don Juan d'Autriche sur les Flamands révoltés contre Philippe II (1578) ; des Français sur les Autrichiens (1794). En 1940, la ville fut occupée par l'armée française qui dut battre en retraite (opération Dyle).

**GÉMEAUX** n. m. pl. – en lat. ***Gemini*** ♦ Constellation zodiacale ; ses deux étoiles principales, Castor* et Pollux*, sont situées vers la limite N. de la constellation. Troisième signe du zodiaque (21 mai - 21 juin).

**GÉMENOS** [13420] ➝ ÉTYM. du bas lat. *(rocas) geminas* «(roches) jumelles» [désignant une montagne à deux sommets] ♦ Comm. des Bouches-du-Rhône, arr. de Marseille. 5 485 hab. Château d'Albertas du déb. du XVIII^e^ s. (mairie).

**GÉMIER (Firmin TONNERRE, dit Firmin)** ♦ Acteur et directeur de théâtre français (Aubervilliers 1869 - Paris 1933). Formé à l'école du mélodrame, il travailla avec Antoine* et le Théâtre*-Libre. Interprète à ses débuts de Courteline et de Jarry (création houleuse d'*Ubu Roi,* 1896) il assura la direction de plusieurs théâtres parisiens, dont celle de l'Odéon (1922 - 1930). Il s'y imposa par des mises en scène spectaculaires d'*Othello* et du *Marchand de Venise.* Sa pensée dominante fut de créer un théâtre populaire (Théâtre national ambulant, 1911 ; spectacles du cirque d'Hiver, 1919 ; Théâtre national populaire, 1920 ; festival d'Art dramatique, 1927 ; Société universelle du théâtre, 1926).

**GEMINIANI (Francesco)** ♦ Compositeur et violoniste italien (Lucques 1687 - Dublin 1762). Élève de Corelli et de A. Scarlatti, il connut ses plus grands succès de virtuose à Londres, Paris et Dublin. Il a laissé plusieurs recueils (sonates, concertos grossos, trios) dans le style de Corelli. Ses écrits didactiques (*The Art of Playing on the Violin,* 1731 ; *A Treatise of Good Taste,* 1749) posent les bases d'une technique moderne du violon. ➝ ÉTYM. Ce nom italien vient du latin *geminus* «jumeau».

**GÉMISTE PLÉTHON (Georges)** – en gr. ***Geôrgios Gemistos Plêthôn*** ♦ Philosophe et humaniste byzantin (Constantinople v. 1355 - dans le Péloponnèse v. 1450). Fondateur de l'Académie platonicienne de Florence (➝ **Ficin**), il écrivit un *Traité sur les lois* ainsi qu'un ouvrage sur la *Différence entre Aristote et Platon.*

**GEMMEI TENNO** ♦ Nom posthume de l'impératrice japonaise Ame no Himemido (662 - 722) qui régna de 708 à 714. Elle fit frapper les premières pièces de monnaie japonaises, et ordonna la rédaction des deux plus anciennes chroniques historiques du Japon, le *Kojiki** et le *Nihongi** (712 et 720). Elle transféra sa capitale à Nara* (alors appelée Heijō-kyō).

**GEMMI (col de la)** – en all. ***Gemmipass*** ♦ Col des Hautes Alpes (2 314 m d'alt.), reliant le Valais (Loèche-les-Bains) à Berne (Suisse). Accès par téléphérique : aucune route ne l'emprunte.

**GENABUM** ♦ Nom d'Orléans* à l'époque gallo-romaine. Cap. des Carnutes*.

**GENAS** [69740] ➝ ÉTYM. du lat. *Junius,* n. de pers., et suff. *-acum* ♦ Comm. du Rhône, arr. de Lyon. 11 140 hab.

**GENAY** [69730] ➝ ÉTYM. du lat. *Junius* (ou *Gaienius*) n. de pers., et suff. *-acum* ♦ Comm. du Rhône, arr. de Lyon. 4 657 hab.

**GENDEBIEN (Alexandre)** ♦ Homme politique belge (Mons 1789 - Bruxelles 1869). À la tête du parti libéral francophile, il prit part à la révolution de 1830 et soutint la candidature du duc de Nemours au trône de Belgique. Ministre de la Justice, il se retira de la politique en 1839, par opposition à Léopold I^er^ et à la perte du Limbourg et du Luxembourg.

La **Généalogie de la morale** – en all. ***Zur Genealogie der Moral*** ♦ Ouvrage de Nietzsche* (1887), écrit dans un style polémique et destiné à «accentuer la portée» de *Par*-delà le bien et le mal.* La première dissertation porte sur la psychologie du christianisme qui, selon Nietzsche, a pour origine le ressentiment des faibles à l'égard de la morale des maîtres ; la deuxième fait de la conscience morale, plus exactement de la mauvaise conscience et du sentiment de la faute, une forme intériorisée de la cruauté ; la troisième analyse la signification de l'idéal ascétique, «idéal de décadence» où la volonté malade se transforme en «un vouloir-mourir».

**General Agreement on Tariffs and Trade** [Gatt] ♦ Accord signé à Genève en 1947 pour organiser le commerce mondial, en harmonisant notamment les politiques douanières des signataires, afin d'instaurer des règles commerciales équitables pour tous. Provisoire à l'origine, le Gatt, complété par l'Organisation de coopération commerciale de 1955, devint le principal cadre régissant le commerce mondial qu'il contrôlait à 80 %. Sous son autorité, eurent lieu plusieurs cycles de négociations dont le *Kennedy Round* (1964 - 1968) et le *Tōkyō Round* (1973 - 1979) conduisant principalement à l'abaissement des barrières douanières. Commencé en 1986, le 8^e^ cycle de négociations, l'*Uruguay Round,* devait conduire principalement à la libéralisation des échanges dans le domaine des marchandises (notamment des produits agricoles) et des services. Après de longues discussions entre l'Union européenne et les États-Unis, un accord, excluant le secteur de l'audiovisuel, a finalement été signé par 117 pays en déc. 1993. Paraphé par 120 pays en avr. 1994 à Marrakech, il a permis la création d'une Organisation mondiale du commerce (OMC) en 1995.

**GENERALIĆ (Ivan)** ♦ Peintre croate (Hlebine 1914 - Koprivnica 1992). Peintre naïf, autodidacte, il forma en 1930 le groupe des peintres paysans de Hlebine. Il utilise diverses techniques, l'aquarelle, la peinture à l'huile sur toile ou sur verre, pour peindre la nature mais aussi des fêtes religieuses, des scènes de village, des portraits. Son style montre parfois une touche surréaliste ou grotesque (*La Mort de mon ami Virius,* 1959 ; *Le Poisson,* 1963). Il connut le succès à partir de 1938 mais resta fidèle à son village. ▪ Son fils JOSIP (Hlebine 1936 - Koprivnica 2004) est également devenu peintre naïf, bien qu'ayant bénéficié de l'enseignement de plusieurs écoles d'art.

**Generalife** n. m. – en ar. ***Jannal-al-Arif*** ♦ Résidence d'été des souverains maures de Grenade*, décorée au XIV^e^ s. Elle est composée de plusieurs corps de bâtiments souvent remaniés après la conquête de la ville. Le Generalife est surtout connu pour ses jardins, ses jets d'eau et son panorama sur l'Alhambra*.

**GENERAL SAN MARTÍN** ♦ V. d'Argentine dans l'agglomération de Buenos Aires. 407 000 hab.

**GENERAL SANTOS CITY** – anc. ***Dadiangas*** ♦ V. des Philippines (Mindanao). 411 822 hab. Le port travaille essentiellement pour la multinationale Dole (fruits en conserve).

## génération perdue

♦ Nom donné dans les années 1920 et 1930 à des écrivains américains en rébellion contre les valeurs d'avant-guerre, et dont beaucoup menaient une vie facile à Paris. C'est Gertrude Stein* qui eut un jour ce mot : «Vous autres, jeunes gens qui avez fait la guerre, vous êtes tous une génération perdue.» Robert McAlmon créa à Paris les Éditions Contact, William Bird la Three Mountain Press, Harry et Caresse Crosby The Black Sun Press ; Djuna Barnes* y écrivit *L'Arbre de la nuit ;* Ezra Pound* y vécut de 1921 à 1924 ; Gerald et Sara Murphy (modèles de Dick et Nicole Diver dans *Tendre est la nuit* de Fitzgerald), réunissaient autour d'eux Hemingway, F. S. Fitzgerald* et sa femme, John Dos* Passos, Archibald MacLeish* et bien d'autres, que l'on retrouve dans *Exile's Return* de Malcolm Cowley (1951) ou dans *Paris est une fête* de Hemingway*.

**GÊNES** ➝ ÉTYM. en it. ***Genova ;*** du proto-indo-eur. *°gen* «tournant» (allus. à la courbure de la côte) ♦ V. d'Italie, ch.-l. de la Ligurie et ch.-l. de prov., au fond du *golfe de Gênes.* 610 307 hab. *(Génois).* ▮ **La ville d'art** Les monuments se concentrent à l'E. du vieux port. La cathédrale Saint-Laurent (XIIe - XIVe s.) est de style gothique génois (coupole par Alessi ; trésor). Nombreux palais du XIVe s. : Bianco et Rosso abritant des peintures, Cambiaso, Parodi, Cataldi, etc., bordant la via Garibaldi. Au palais Spinola (XVIe - XVIIIe s.), décoration remarquable, en particulier galerie des Glaces, et nombreuses œuvres d'art (Antonello de Messine, Bruegel le Jeune, Van Dyck). Églises : San Donato (XIIe - XIIIe s., campanile) ; Santa Maria di Carignano (XVIe s.) par Alessi ; Santissima Annunziata (XVIIe s.) de style baroque génois ; San Matteo (XIIe - XIIIe s., tombeau d A. Doria). Cimetière de Staglieno aux monuments spectaculaires. ▮ **Le port et les industries** Encastrée entre l'Apennin et la mer, Gênes s'est attachée à vaincre les obstacles naturels et est devenue le 1er port d'Italie et le 3e de la Méditerranée après Marseille et Algésiras. Le port reçoit des produits lourds (minerai, fer, charbon, hydrocarbures) pour les grandes villes d'Italie continentale et les pays d'Europe occidentale (Suisse, Allemagne) et exporte des produits manufacturés. C'est la 3e ville industrielle d'Italie avec ses chantiers navals, ses raffineries, sa pétrochimie, sa métallurgie lourde (aciéries de Carnigliano). La ville nouvelle s'étend d'O. en E., englobant les localités avoisinantes (Carnigliano, Sestri, Ponente, Voltri, Nervi).

▮ **HISTOIRE** ▮ **L'Antiquité et le Moyen Âge** Alliée (fin –IIIe s.) puis municipe de Rome (v. –200), la ville appartint ensuite aux Hérules, aux Goths, aux Byzantins, aux Lombards et à Charlemagne. Au XIe s., elle lutta de concert avec Pise contre les musulmans de la mer Tyrrhénienne et de la Méditerranée occidentale. Ayant conquis son indépendance au XIIe s., elle l'aliéna bientôt à des consuls annuels puis à des podestats et ensuite à un «capitaine du peuple» (le premier fut G. Boccanegra*, 1257 - 1262). ▮ **La rivalité avec Venise** En 1339, Gênes calqua sur Venise l'institution du doge. Elle vit l'affrontement des grandes familles gibelines, comme les Spinola et les Doria*, et guelfes, comme les Fieschi (Fiesque*) et les Grimaldi*. Les croisades auxquelles les Génois participèrent leur donnèrent des concessions dans les pays du Levant puis dans l'empire de Constantinople. En 1261, Gênes remporta une victoire temporaire sur Venise et, en 1284 à la Meloria, une victoire définitive sur Pise*, ce qui lui donna la Sardaigne* et la Corse*. Rivale de Venise, Gênes avait acquis de l'empereur Michel VIII Paléologue des privilèges commerciaux très importants à Smyrne et à Constantinople (1261). Grâce aux Zaccaria, elle s'implanta à Phocée (Ionie) en 1275, puis à Chios (1304). D'autres comptoirs furent fondés en mer Égée aux XIVe et XVe s., ce qui permit à Gênes de faire du commerce en mer Noire où un comptoir avait déjà été établi à Caffa (Crimée) vers 1275. D'autres comptoirs furent établis sur la mer Noire au XIVe s. ; ces derniers établissements étaient régis par l'institution de l'*Officium Gazarie,* dirigée par le consul de Caffa. De plus, Gênes s'établit à Famagouste* (Chypre) de 1373 à 1464. De 1376 à 1381 eut lieu le violent affrontement, dit guerre de Chioggia, où Venise fut finalement vainqueur. Au XVe s., Gênes ne pouvait plus lutter contre sa rivale et constitua ses compagnies privées, les *mahones,* en Banque de Saint-Georges (1407). Elle se donna aux rois de France, aux Visconti* et aux Sforza*. ▮ **La République de Gênes** Après la prise de Constantinople (1453), son commerce déclina en Orient où elle perdit ses possessions. En 1528, Andrea Doria rechercha l'alliance de Charles Quint et établit une nouvelle Constitution avec, à la direction du gouvernement, des doges élus pour deux ans, deux consuls et un censeur. Les Doria réussirent à faire échouer une conjuration des Fiesque en 1547. Bombardée sur l'ordre de Louis XIV en 1684, Gênes subit une brève occupation autrichienne en 1746. En proie à de graves ennuis d'argent, elle vendit la Corse à la France en 1768. ▮ **La fin de l'indépendance** Elle fut occupée en 1796 par la France et devint la République ligurienne en 1797. Défendue contre les Autrichiens

**Gênes** et le golfe de Gênes. *Phot. ©M. Montanari/Gamma*

par Masséna en 1800, annexée à la France en 1805, elle fut donnée au Piémont-Sardaigne par le congrès de Vienne (1815). ▪ La ville fut bombardée par l'escadre française en 1940. ♦ ***Conférence de Gênes*** Tenue du 10 avr. au 19 mai 1922 pour procéder à la reconstitution économique de l'Europe, elle n'aboutit à aucun résultat, excepté le traité germano-russe de Rapallo qui fut signé par la suite.

**GÉNÉSARETH** ou **GENNÉSARETH** ♦ Dans les Évangiles synoptiques, localité située au N.-O. du lac de Tibériade*, et par extension nom donné à ce lac.

**Genèse (Livre de la)** ➝ ÉTYM. du gr. *Genesis* «origine, création» ; le titre hébreu est *Beré'shîth* «au commencement» ♦ Livre de la Bible, le premier du Pentateuque*, traditionnellement attribué à Moïse*. 50 chapitres y racontent l'histoire des origines (création du monde, faute d'Adam*, Déluge, tour de Babel*), puis celle des Pères («patriarches» Abraham*, Isaac* et Jacob*) et son prolongement (Histoire de Joseph*, installation d'Israël en Égypte).

**GENEST** ou **GENÈS** (saint) ♦ Parodiant, dans un mime représenté devant l'empereur Dioclétien, les cérémonies de l'Église chrétienne, il aurait reçu la révélation de la grâce. Cette conversion soudaine entraîna sa condamnation à mort. C'est le sujet de la tragédie de Rotrou*, *Saint Genest* (1646).

**GENET (Jean)** ♦ Écrivain français (Paris 1910 - *id.* 1986). Abandonné par sa mère à l'Assistance publique, injustement accusé de vol à dix ans, placé dans une maison de redressement, engagé dans la Légion étrangère (1930), déserteur (1932), arrêté puis emprisonné à plusieurs reprises, Jean Genet fit, dans la première partie de sa vie, l'expérience de l'errance et de la réprobation. Dans son œuvre, ce que la société appelle le mal (vol, prostitution, délation, homosexualité) fut érigé en critère esthétique. Sa première publication, à compte d'auteur, fut un long poème, *Le Condamné à mort* (1942). Mais c'est après sa rencontre avec Cocteau* (1943) que Genet parvint à se vouer totalement à l'écriture. Se succédèrent alors les romans *Notre-Dame des Fleurs* (1944), *Miracle de la rose* (1946) et *Querelle de Brest* (1947), qui forment une sorte de geste du milieu des criminels, en partie autobiographique. Dans la même période, Genet donna encore une pièce de théâtre, *Les Bonnes** (1947), un recueil de *Poèmes* (1948) et une autobiographie en partie fictive, *Journal du voleur* (1949). Après une période de silence, correspondant à la parution de l'étude de Jean-Paul Sartre* *Saint Genet, comédien et martyr* (1952), l'auteur revint au théâtre avec *Le Balcon** (1956), *Les Nègres* (1959) et *Les Paravents* (1961). Puis il se consacra à un engagement politique radical, soutint les Black Panthers en 1970, défendit la cause des Palestiniens et celle de la Fraction armée rouge. Il laissa inachevé *Le Captif amoureux* (posth., 1986). Deux pièces inédites ont été publiées depuis sa mort, *Elle* (1989) et *Splendid's* (1993). ▪ Jean Genet n'a pas manqué de faire scandale. Si Mauriac put dire de lui qu'il était un auteur «excrémentiel», Cocteau puis Sartre l'élevèrent au rang de moraliste. Au-delà de la provocation salutaire qu'il exerça sur la société, il fut avant tout un maître du lyrisme et ses écrits, pour violents

Jean **Genet.**
*Phot. ©Louis Monier*

qu'ils soient, laissent une immense place à l'émotion. ➝ **ÉTYM.** *Genet* est peut-être le diminutif de *Eugène*, ou vient de *genêt* «arbrisseau» ou de *genet* «petit cheval de race espagnole».

**GENÈVE** ➝ **ÉTYM.** en all. ***Genf***, en it. ***Ginevra*** ; du lat. *Genava*, du pré-indo-eur. *°gan* «embouchure» et de *°apa* «eau» [l'endroit où le Rhône communique avec le lac Léman] ou du proto-indo-eur. *°gen* «tournant, courbe de rivière» [angle formé par l'extrémité du lac] ♦ V. de Suisse, ch.-l. du cant. de Genève, à l'extrémité S.-O. du lac Léman*. 178 603 hab. (zone urbaine 471 314 hab.) *(Genevois)*. Univ. ▮ **La ville d'art** La ville est bâtie sur un site de collines réparties de part et d'autre du Rhône, à l'endroit où il reçoit l'Arve (rive g.) : sur la rive gauche s'étend la vieille ville (quartier de la Cité) avec ses hautes maisons anciennes (maisons de Calvin, J.-J. Rousseau, F. de Saussure) et ses rues étroites (rue de la Cité, Grand'Rue, rue de l'Hôtel-de-Ville) dominées par la cathédrale Saint-Pierre du XII$^e$ s. (péristyle corinthien de Benoît Alferi, 1749). Hôtel de ville (XVI$^e$ s.). Musée d'Art et d'Histoire (retable de Konrad Witz*). Sur la rive droite s'étend la ville neuve : place et gare de Cornavin, quai du Mont-Blanc. La cité est entourée de nombreux parcs : jardin botanique, parc Mon-Repos, sur la rive droite, jardin anglais, parc des Eaux-Vives, parc de la Grange sur la rive gauche. Dans le port, à l'extrémité de la jetée des Eaux-Vives, se dresse le célèbre jet d'eau. ▮ **Le siège d'organismes internationaux** La ville abrite de nombreux organismes internationaux : le siège de l'ONU pour l'Europe se trouve au palais des Nations, primitivement destiné à la SDN (qui s'y réunit de 1937 à 1939). Genève est également le siège de l'Organisation internationale du travail (OIT), de l'Organisation mondiale de la santé (OMS), de l'Union internationale des télécommunications (UIT), de l'Organisation météorologique mondiale (OMM) et de la Croix-Rouge internationale. ▮ **L'économie** Dotée d'un des deux seuls grands aéroports internationaux du pays (Genève-Cointrin), Genève a un rayonnement sans commune mesure avec sa dimension, encore que sa position de faux carrefour et certains choix historiques aient réduit une partie de son influence potentielle sur la Confédération suisse. Stimulée par la présence de nombreux fonctionnaires internationaux, son économie est naturellement tournée vers le secteur tertiaire et les services : c'est un centre bancaire important et l'un des sièges mondiaux des sociétés de holding qui y ont installé leurs centres de décision et leurs fonctions distributives. Genève est également un grand centre industriel : haute technologie et services aux entreprises prennent le relais des industries traditionnelles : machines textiles, horlogerie, bijouterie, mécan. de précision, indus. chimique et alimentaire, manufacture de tabac. Le dynamisme économique de la ville génère d'importants flux pendulaires de travailleurs venus soit de la France voisine soit du canton de Vaud.

▮ **HISTOIRE** ▮ **L'Antiquité et le Moyen Âge** Dès le –V$^e$ ou le –IV$^e$ millénaire, de nombreuses habitations sur pilotis s'établirent sur les bords du lac Léman. Oppidum des Allobroges, *Genava* ou *Genva* passa sous la domination romaine au –II$^e$ s. pour faire partie de la province de Vienne (➝ **Narbonnaise**) au IV$^e$ s. Conquise par les Burgondes en 443, elle tomba au pouvoir des Francs en 534 puis fut rattachée au Saint Empire en 1032. Le gouvernement de la ville était alors exercé par les évêques qui ne tardèrent pas à entrer en conflit avec les comtes du Genevois (le comté de Genevois, constitué au XI$^e$ s., comprenait la partie S.-O. de l'actuelle Savoie, sans Genève) et les ducs de Savoie. Les habitants de Genève, désireux de conquérir leurs libertés municipales, après s'être rapprochés tantôt des évêques, tantôt de la Savoie, luttèrent à la fois contre l'un et l'autre parti. ▮ **Une cité libre** En 1530, le duc de Savoie dut reconnaître l'indépendance de la ville par le traité de Saint-Julien, mais les Genevois ne triomphèrent qu'après l'apparition de la Réforme, dont Guillaume Farel* fut le principal introducteur. Avec l'aide de Berne, Farel chassa définitivement l'évêque (1533) et fit de Genève une république libre. La Réforme fut officiellement adoptée le 21 mai 1536. C'est alors que Calvin donna à la ville une forte constitution, soumettant les habitants à une discipline morale très dure qu'il fit observer par un système de répression énergique (exécution de Michel Servet* en 1553). Avec l'aide de Théodore de Bèze, il fonda l'académie de Genève en 1559. ➝ **Calvin.** Devenue la métropole du calvinisme, la cité accueillit les persécutés religieux de tous les pays (Clément Marot*, John Knox*). En 1602, le duc de Savoie, Charles-Emmanuel I$^{er}$, tenta vainement de reprendre la ville par le coup de main de l'«Escalade» et dut signer le traité de Saint-Julien (1603) par lequel il renonçait définitivement à Genève. Le gouvernement de la ville étant peu à peu passé aux mains d'une aristocratie très fermée, le XVIII$^e$ s. connut quelque agitation sociale : en 1707 (affaire Fatio), 1738, 1762 - 1768 (condamnation des livres de Rousseau), 1782, 1792 (renversement de l'aristocratie et proclamation de l'égalité de tous les citoyens). ▮ **Une capitale internationale** Occupée par les Français en avr. 1798, Genève fut annexée à la France et devint chef-lieu du département du Léman. Elle ne recouvra son autonomie qu'en 1814 et entra dans la Confédération helvétique l'année suivante. Centre commercial, bancaire et intellectuel, Genève commença à devenir dans la seconde moitié du XIX$^e$ s. la capitale diplomatique internationale qu'elle est encore de nos jours. ♦ ***Conférence de Genève*** Du 26 avr. au 21 juil. 1954, une conférence groupant 19 puissances dont celles de l'Alliance atlantique, l'URSS et la Chine, se réunit pour

**Genève.** *Phot. ©Arch. Nathan*

régler les questions de Corée et du Viêtnam. La conférence échoua sur le premier point. Mais les représentants du Viêtnam, du Laos et du Cambodge, et ceux de la France sur l'impulsion de P. Mendès France (devenu président du Conseil le 17 juin) parvinrent à un cessez-le-feu : le Viêtnam fut divisé en deux zones limitées par le 17$^e$ parallèle. ♦ ***Conventions de Genève*** Nom donné à plusieurs conventions internationales sur la protection des victimes de guerre, signées par 58 gouvernements et par le Saint-Siège. La première fut conclue le 24 août 1864 sur l'initiative de la Croix-Rouge. ➝ **Croix-Rouge.** Quatre autres furent signées le 12 août 1949.

**GENÈVE** (lac de) ➝ **Léman (lac)**

**GENÈVE** (canton de) ♦ Cant. le plus à l'O. de la Suisse. 282 km$^2$. 433 235 hab. *(Genevois)*, de langue française et (pour la population suisse) en maj. de rel. protestante. C'est le cant. suisse qui compte la plus forte proportion d'étrangers (36,8 %). Très urbanisé, il correspond à la quasi-totalité de l'aggl. genevoise. ▪ Vignobles, cultures maraîchères.

**GENEVIÈVE** (sainte) ♦ Vierge chrétienne, patronne de Paris (Nanterre v. 422 - Paris 502). Ses prières auraient détourné de Lutèce les armées d'Attila (451). Elle fut enterrée sur la montagne Sainte-Geneviève (actuel Panthéon) et ses reliques passèrent pour capables d'éloigner les désastres de la ville. ▪ Fête le 3 janv. ➝ **ÉTYM.** *Geneviève* signifie «femme bien née», du germanique *Genowefa* (du celtique *genos* «né de» et du vieux haut allemand *wib* «femme»).

**Geneviève de Brabant** ♦ Légende populaire du Moyen Âge dont la première transcription fut donnée par Jacques* de Voragine dans sa *Légende dorée* (XIII$^e$ s.). Fille du duc de Brabant, Geneviève épouse Siegfried, comte palatin de Trèves. Peu après leur mariage, celui-ci part combattre les Sarrasins avec Charles Martel, laissant sa jeune épouse, dont il ignorait qu'elle était enceinte, à la garde de son intendant Golo. Celui-ci, ayant en vain tenté de la séduire, l'accuse, par dépit, d'adultère auprès de Siegfried, qui la condamne à mort. Sauvée par ses serviteurs qui l'abandonnent dans les bois avec son enfant, elle est reconnue après plusieurs années par son époux, venu chasser en ces lieux. Elle peut lui prouver son innocence et le traître Golo est châtié. Toutefois Geneviève, incarnation de la vertu persécutée mais victorieuse, meurt peu après. Cette légende inspira de nombreux écrivains (F. Müller*, Tieck*, Hebbel*) et musiciens (Haydn*, Schumann*, Offenbach*).

**GENEVOIS** (massif du) ➝ **Bornes (massif des)**

**GENEVOIX (Maurice)** ♦ Écrivain français (Decize 1890 - Alsudia-Cansades, Alicante 1980). Blessé aux Éparges pendant la guerre de 1914, il se fit connaître avec *Ceux de Quatorze* (*Sous Verdun*, 1916 ; *Nuits de guerre*, 1917 ; *Au seuil des guitounes*, 1918 ; *La Boue*, 1921 ; *Les Éparges*, 1923). Il s'attacha ensuite à célébrer son pays de Loire, évoquant avec une tendresse pudique gens et bêtes auprès des bois, landes et étangs de Sologne : *Rémi des Rauches* (1922), puis *Raboliot* (prix Goncourt, 1925) peignent des êtres passionnés jusqu'à la violence, mais toujours en accord avec le pays qui les entoure. Qu'ils s'inspirent des mœurs rustiques de l'Orléanais (*Rroû*, 1930 ; *Marcheloup*, 1934 ; *La Loire, Agnès et les garçons*, 1962 ; *La Forêt perdue*, 1967), évoquent les paysages du Canada (*Laframboise et Belle humeur*, 1942 ; *Éva Charlebois*, 1944) ou fassent le portrait de l'Afrique (*Afrique blanche et noire*, 1949 ; *Fatou Cissé*, 1954), les récits de Genevoix illustrent, sans emphase, un naturalisme optimiste. Particulièrement inspiré pour évoquer avec un réalisme poétique des figures d'animaux (*La Dernière Harde*, 1938), l'écrivain a rattaché des réflexions morales à ses descriptions dans *Tendre bestiaire* (1969), suivi de *Bestiaire enchanté* (1969) et de *Bestiaire sans oubli* (1971), ouvrages tout empreints de sa vie intérieure et d'une sagesse dont témoigne encore *Trente mille jours* (1979). [Acad. fr. 1946 ; secrétaire perpétuel, 1958 - 1973] ➝ ÉTYM. Ce nom de famille est une variante de *Genevois* «originaire de Genève».

**GENÈVRE** (col du mont) ➝ ÉTYM. du lat. *juniperus, jeniperus* «genévrier» ♦ Col des Alpes, au-dessus de Briançon, à la frontière franco-italienne. 1 850 m. Hannibal* utilisa peut-être cette route. ▪ Station d'été et de sports d'hiver.

**GENGENBACH (Pamphilus)** ♦ Écrivain suisse d'expression allemande (Bâle v. 1480 - 1524 ou 1525). Il est connu pour ses *Fastnachtspiele* (farces de carnaval), *Les Dix Âges de la vie* (1516), *Nollhart* (1517), *Le Camp des fous d'amour* (1521) et *Le Dévoreur de cadavres* (1521), satire de la messe des morts qu'il écrivit après être passé à la Réforme.

**GENGIS KHĀN** ➝ ÉTYM. «chef universel», probablt du turc *tengiz* «océan» et *hān* «roi» ♦ Nom de règne de Temüjin ou Temudjin, khan des Mongols (né en 1155, 1162 ou 1167 - mort en 1227). On sait peu de chose sur les origines et la jeunesse de Temüjin. Au XII^e s., la Mongolie, de l'Altaï au Hinggan ling, était occupée par des tribus nomades sur lesquelles ne s'exerçait aucune domination réelle. Ces tribus étaient formées de peuples de races différentes : les Turcs, au S.-E. (Naïmans, Ongüts, Kereyits, Tatars), et les Mongols proprement dits (Merkits, Oïrats, Tumats), entre le lac Baïkal et le N. de la Mandchourie. La tradition fait du père de Temüjin, Yesugei, le chef d'une puissante tribu, les Bordjigin, qui nomadisait dans le S. de la Mongolie et le descendant d'un des fondateurs du premier royaume mongol (XII^e s.). Temüjin perdit tôt son père et connut une enfance errante et difficile. Vers l'âge de quinze ans, il se mit au service du khan des Kereyits, Toghril, auprès duquel il se distingua par sa ruse et son audace. Il triompha des Naïmans, des Merkits et des Tatars, puis se retourna contre Toghril et annexa le pays kereyit (1203). Maître de la Mongolie tout entière au printemps 1206, il se fit proclamer *Gengis Khān*, «chef (khan) universel». Il entreprit la conquête des royaumes sédentaires voisins. En Chine du Nord d'abord, il soumit les Xi-Xia du Gansu (1209) puis engagea en 1211 une lutte difficile contre l'empire Jin* des Jürchets : arrêtées devant les places fortes chinoises, les armées mongoles durent faire l'apprentissage de la guerre de siège. Pékin fut enfin prise en 1215 et pendant un mois livrée au pillage, au feu et à la rage meurtrière des envahisseurs. Gengis Khān laissa alors à un de ses lieutenants le soin de poursuivre la conquête de la Chine, qui ne passa définitivement sous la domination mongole qu'à l'avènement de Kūbilaï* Khān, pour se tourner vers l'O. où il défit les Khara-Khitaï (1218) puis s'empara du sultanat turc du Khorezm* (1224), annexant ainsi le Turkestan oriental, l'Afghanistan et toute la Perse. Dans ces pays de civilisation islamique, la conquête gengiskhanide se traduisit par un déchaînement d'atrocités et de terribles destructions. Boukhara, Samarkand, Herāt furent incendiées et rasées. Lorsque Merv se rendit, ses habitants furent systématiquement décapités et leurs têtes élevées en pyramides devant la cité. Les champs furent transformés en friches et «tous les êtres vivants jusqu'aux chiens et aux chats» massacrés. Tandis que Gengis Khān organisait ses conquêtes, ses lieutenants, Djebe et Süböteï, exécutèrent avec 20 000 cavaliers un raid immense autour de la Caspienne (1221 - 1222). Après avoir mis à sac Ray et Téhéran, ils dévastèrent la Géorgie, le Caucase, la Crimée et remontèrent par la basse Volga. En 1226, une révolte des Xi-Xia obligea Gengis Khān à repartir vers la Chine. Il mourut au cours de cette campagne (1227) probablement des suites d'une chute de cheval qu'il avait faite précédemment. En une vingtaine d'années, Gengis Khān avait formé un empire démesuré, allant de Pékin à la Volga. Cette conquête foudroyante s'explique par les qualités guerrières exceptionnelles du peuple mongol, son endurance, l'étonnante mobilité de sa cavalerie, son habileté à manier l'arc. Sa réputation de sauvagerie, rapidement acquise, mettait d'avance l'ennemi en déroute. Gengis Khān lui-même justifiait son œuvre dévastatrice par un moralisme sévère et se présentait comme un justicier : «Le ciel s'est lassé des sentiments d'arrogance et de luxe poussés à l'extrême par la Chine. Moi, je demeure dans la région sauvage du Nord où l'homme a des dispositions qui empêchent les convoitises et les désirs de prendre naissance ; je reviens à la simplicité et je retourne à la pureté.» Si l'arrivée des Mongols entraîna une régression certaine pour les civilisations chinoises et islamiques, l'œuvre de Temüjin fut pourtant bénéfique pour les nations turco-mongoles. Gengis Khān sut faire appel aux lettrés bouddhistes et nestoriens pour créer un gouvernement équitable et une bonne administration et introduisit dans l'empire l'usage de la langue et de l'écriture des Ouïgours. Il unifia l'Asie, préparant un siècle de paix et favorisa l'ouverture vers l'Extrême-Orient.

**Gengis Khān.** *Histoire des Mongols. Gengis Khān donne audience, par Tachid al-Din,* XIV^e s. Bibliothèque nationale de France, Paris.
*BIS/Phot. © Coll. Archives Larbor*

**GENGOU (Octave)** ♦ Bactériologiste belge (Ouffet 1875 - Bruxelles 1957). → **Bordet (Jules).**

**Génie du christianisme** ♦ Œuvre de Chateaubriand* (1802), conçue pour répondre aux critiques des philosophes du XVIII^e s. en soulignant les «beautés morales et poétiques» du christianisme. Voulant «porter un grand coup au cœur et [...] frapper vivement l'imagination», Chateaubriand recherche ce que les chefs-d'œuvre doivent à l'esprit chrétien (contribuant ainsi à fonder la critique historique) et conclut par la supériorité du merveilleux chrétien sur le merveilleux païen, en exaltant le Moyen Âge et l'art gothique, qui connaîtront désormais la faveur des romantiques. Cette démonstration plus poétique que théologique, dont le succès fut immense et qui contribua à ranimer le sentiment religieux, est notamment prétexte à des descriptions admirables des grands spectacles naturels.

**GENIL** n. m. ♦ Fl. d'Espagne méridionale (211 km), affl. de la rive g. du Guadalquivir*. Né dans la sierra Nevada, il arrose Grenade et Ecija. La canalisation de ses eaux a permis l'irrigation et la mise en culture de vastes étendues.

**GÉNISSIAT** ♦ Loc. de l'Ain (comm. d'Injoux-Génissiat). Grand barrage sur le Rhône et puissante usine hydroélectrique (2^e rang de la production française, après Donzère-Mondragon). En aval se trouve le barrage de Seyssel.

**GENJI** → **Minamoto**

**Genji monogatari** ➝ ÉTYM. jap. «le roman de Genji» ♦ Ouvrage romancé, en 54 chapitres, dû à la poète japonaise Murasaki* Shikibu (v. 978 - v. 1015) et racontant les aventures d'un noble et de son fils à la cour de Heian* à la fin du X^e s. Ce fut le premier grand roman japonais. Il est précieux pour l'histoire sociale de l'époque. Il est écrit en caractères syllabiques hiragana. → **Minamoto.**

**GENK** ♦ Comm. de Belgique (Région flamande), prov. de Limbourg, arr. de Hasselt. 64 095 hab. Musée en plein air de Bokrijk ; jardin zoologique de Zwartberg ; parcs de loisirs. ▪ Anc. charbonnages. Centre urbain et indus. en croissance rapide. Industrie chimique. Construc. automobile. Centre commercial. Tourisme.

**GENKŪ** ♦ Religieux bouddhiste japonais (1133 - Kyōto 1212), également appelé Hōnen-Shōnin. Il abandonna le Tendaishū* et, devenu un fervent des doctrines amidistes (→ **Amitābha**), il fonda le Jōdoshū* qui connut un grand succès et permit au bouddhisme des «écoles du Nord» ou Mahāyāna* de se développer au Japon.

**GENLIS (Stéphanie Félicité DU CREST DE SAINT-AUBIN,** comtesse **DE)** ♦ Écrivain français (Champcéri, Bourgogne 1746 - Paris 1830). Dame d'honneur de la duchesse de Chartres (1770), elle se vit confier l'éducation des enfants de la famille d'Orléans (notamment celle du futur Louis-Philippe) et s'inspira, pour mener à bien cette tâche, des idées de Rousseau. Elle écrivit des ouvrages pédagogiques, dont *Théâtre d'éducation* (1779), *Adèle et Théodore* (roman, 1782), *Veillées du château* (contes, 1784). Attachée aux idées des philosophes, elle se montra d'abord favorable à la Révolution, puis elle émigra (Grande-Bretagne, Suisse, Belgique et Allemagne). De retour en France en 1800, elle fut nommée par Bonaparte dame inspectrice des écoles primaires. Moins bien en cour à la Restauration, elle continua cependant à composer de nombreux ouvrages. Outre *Les Petits Émigrés* (1798), *Mademoiselle de Clermont* (1802), *La Duchesse de La Vallière* (1804), on peut citer ses *Mémoires inédits sur le XVIII^e siècle et sur la Révolution* (10 vol., 1825) dans lesquels elle narre quantité d'anecdotes, parfois scandaleuses, sur la cour et la société qu'il lui fut donné de connaître.

**GENLIS** [21110] ➝ ÉTYM. anc. *Genliacensis finis*, du lat. *Gentilius*, n. de pers. gallo-rom., et suff. *-acum* ♦ Ch.-l. de cant. de la Côte-d'Or, arr. de Dijon, dans le Dijonnais. 5 257 hab. *(Genlissiens).*

**GENNES (Pierre-Gilles DE)** ♦ Physicien français (Paris 1932 - Orsay 2007), professeur au Collège de France (1971). Il montra l'existence de ressemblances sous-jacentes dans le comportement de systèmes physiques très complexes et aussi différents en apparence que les aimants, les supraconducteurs, les cristaux liquides ou les solutions des polymères. Ses travaux, concernant en parti-

Pierre-Gilles de **Gennes.**
*Phot. ©Francis Apesteguy/ Gamma*

culier le passage de l'ordre au désordre de ces systèmes, étaient souvent, malgré leur caractère fondamental, motivés par la recherche des applications pratiques. [Acad. sc. 1979 ; prix Nobel de phys. 1991] ➝ ÉTYM. *Gennes* signifie «originaire de Gennes» (nom de plusieurs communes françaises).

**GENNES** [49350] ➝ ÉTYM. du germ. *Gainus* n. de pers., et suff. *-a* ♦ Ch.-l. de cant. du Maine-et-Loire, arr. de Saumur. 1 946 hab. *(Gennois).* Église Saint-Eusèbe (XIIe s.). Amphithéâtre et aqueduc gallo-romains.

**GENNEVILLIERS** [92230] ➝ ÉTYM. anc. *Ginnivillare* «domaine (bas lat. *villare*) de *Ginno* (n. de pers. germ.)» ♦ Ch.-l. de cant. des Hauts-de-Seine, arr. de Nanterre, sur la Seine, au N. de Paris. 42 513 hab. *(Gennevillois).* Théâtre. Important port fluvial. Dépôts de pétrole. Forge, fonderie. Construc. automobile. Aéronautique. Électronique.

**GENOUDE (Antoine Eugène GENOUD,** connu sous le nom de) ♦ Journaliste français (Montélimar 1792 - Hyères 1849). Après avoir été disciple des philosophes du XVIIIe s. (Voltaire, Helvétius, d'Holbach), il mit sa plume au service du catholicisme, collaborant au journal *Le Conservateur* (1818) et assumant à partir de 1830 la direction de *La Gazette de France.* Hostile à la monarchie de Juillet, il se fit le porte-parole de la branche légitime, tout en revendiquant à cette époque le suffrage universel.

**GENSCHER (Hans-Dietrich)** ♦ Homme politique allemand (Reideburg, près de Halle 1927). D'abord actif en République démocratique allemande, à Halle et à Leipzig, passé en République fédérale d'Allemagne en 1952, avocat à Brême et membre du FDP (libéral), il devint ministre des Affaires étrangères en 1974 malgré ses désaccords avec le gouvernement Schmidt*. À nouveau ministre de 1982 à 1992, il fut l'un des artisans de l'*Ostpolitik* et de la réunification allemande.

**Gens de Dublin** ou **Dublinois** – en angl. ***Dubliners*** ♦ Recueil de nouvelles de J. Joyce* (1914). Composé durant le séjour de Joyce à Trieste, ce livre fut son premier ouvrage de prose publié. Encore profondément tributaire du réalisme psychologique classique, il campe une série de «types» irlandais et porte un regard critique sur la bourgeoisie du début du XXe siècle. Certaines de ces nouvelles marquent le début d'une évolution qui conduira Joyce à la technique du monologue intérieur : ainsi celle qui est intitulée *Les Morts,* et qui a inspiré à John Huston le film *Gens de Dublin* (*The Dead,* 1987).

**Gens de lettres (Société des)** [SGDL] ♦ Fondée en 1838, elle défend les intérêts des écrivains. Elle alloue des bourses et distribue des prix pour encourager la création ou récompenser des œuvres entières.

**GENSÉRIC** ou **GEISÉRIC** ♦ Roi des Vandales Asdings (de 428 à 477, date de sa mort). Il conduisit les Vandales* à la conquête de l'Afrique (429). Après avoir vaincu Boniface à Hippone (auj. Annaba) en 431 et pris Carthage (439) où il établit sa capitale, il se rendit maître d'une partie de l'Afrique romaine en 442. Il dépouilla les Romains de leurs terres et, arien, persécuta les catholiques. Il conquit le littoral de l'Afrique du Nord, jusqu'à la Tripolitaine, les îles de la Méditerranée occidentale et mena des expéditions de pillage dans tout l'Empire romain (principalement à Rome en 455).

**GENSHIN** ♦ Religieux bouddhiste japonais (prov. Yamato 942 - 1017) et peintre connu sous le nom d'Eshin Sōzu. Il écrivit de nombreux ouvrages édifiants sur la dévotion à Amida* et peignit des sujets religieux.

**GENSONNÉ (Armand)** ♦ Homme politique français (Bordeaux 1758 - Paris 1793). Avocat au parlement de Bordeaux, il fut un des principaux représentants du mouvement girondin* et siégea à l'Assemblée législative, où il contribua à faire voter le décret d'accusation contre les frères du roi et la déclaration de la guerre à l'Autriche (avr. 1792). À la Convention, il se montra un des plus violents adversaires des montagnards. Après l'élimination des chefs girondins de la Convention (2 juin 1793), il fut arrêté, condamné à mort et guillotiné.

**GENT** → Gand

**GENTIL (Émile)** ♦ Explorateur français (Volmunster, Moselle 1866 - Bordeaux 1914). Après avoir exploré la région du Chari et du lac Tchad (1895 - 1898), il rejoignit la mission de Foureau* et Lamy* (Fort-Archambault, 1900) et contribua à la chute de l'empire de Rabah ; il fut ensuite nommé commissaire du gouvernement au Congo français.

**GENTIL (Louis)** ♦ Explorateur et géologue français (Alger 1868 - Paris 1925). Il explora le bassin de la Tafna (1902) puis le Maroc (en particulier l'Atlas). Œuv. princ. : *Au cœur de l'Atlas* (1910), *Le Maroc physique* (1912). Il est l'auteur de la première carte géologique du Maroc.

**GENTILE (Giovanni)** ♦ Philosophe et homme politique italien (Castelvetrano, Sicile 1875 - Florence 1944). Néohégélien (→ **hégélianisme**), disciple de Spaventa et ami de Croce*, il développa dans sa *Théorie générale de l'Esprit comme acte pur* (1916) un «idéalisme actualiste qui tend vers le subjectivisme». Ministre de l'Éducation nationale sous Mussolini (1922 - 1924), puis membre du Grand Conseil fasciste, il fut probablement exécuté par les partisans de la Résistance. ➝ ÉTYM. Ce nom italien signifie «noble, délicat» ou «qui appartient à la même *gens*».

**GENTILE DA FABRIANO** ♦ Peintre italien (Fabriano, Marches v. 1370 - Rome 1427). Maître du gothique international, il se rendit à Venise (1408) où il fut le maître de J. Bellini*, de Jacobello del Fiore et de Giambono, puis à Brescia (1414 - 1419), à Florence (1422 - 1425) et à Rome, enrichissant toujours de traits locaux son style précieux, dont il reste peu d'exemples : le plus brillant est l'*Adoration des Mages* de 1423 (Offices), composition élégante et savante où le peintre a représenté avec un égal talent, dans un luxe de détails, hommes et bêtes, nature et architectures. Pisanello* acheva, à Venise et à Rome, ses fresques (disparues) qui durent contribuer à maintenir son influence durant tout le XVe s.

**GENTILESCHI (Orazio LOMI,** dit) ♦ Peintre et décorateur italien (Pise 1563 - Londres 1639). Installé à Rome vers 1576, il fut l'un des premiers à saisir la nouveauté des œuvres du Caravage, puis fut sensible à G. Reni. Si dans ses premières œuvres le «ténébrisme» et la composition se mêlent à des réminiscences formelles issues du maniérisme *(Les Martyrs Valériens),* il sembla incliner ensuite l'apport caravagesque dans un sens plus classique, évitant les contrastes brutaux d'ombre et de lumière et employant des tons moins vifs. Il adoucit les passages *(Joueuse de luth)* et plaça les figures en pleine lumière en insistant sur le modelé. Il réalisa quelques grandes décorations (Logetta Rospigliosi à Montecavallo, 1611 - 1612), travailla dans les Marches, à Gênes (1621 - 1623), à Paris (1624) et devint peintre de la cour d'Angleterre à partir de 1626. Il fut l'un des principaux propagateurs d'un caravagisme familier et populaire, aux accents parfois mélancoliques et retenus. ♦ **Artemisia Lomi,** dite **Gentileschi.** Peintre italien (Rome 1593 - Naples 1652). Fille et élève du précédent. Après Florence (1614 - 1620), où elle contribua à la diffusion des principes naturalistes défendus par le Caravage*, et Rome (1620 - 1626), elle s'installa à Naples qu'elle ne quitta qu'une fois pour un séjour à Londres (1638 - 1640). Adepte du caravagisme, elle en développa à l'extrême certains traits comme la violence des éclairages et des émotions : *Suzanne et les vieillards* (1610), *Judith et Holopherne* (thème qu'elle traita maintes fois), *Madeleine pénitente.* ➝ ÉTYM. Ce nom de famille a la même étymologie que *Gentile**.

Orazio **Gentileschi.** *Joueuse de luth* (1,44 × 1,30 m).
National Gallery of Art, Washington DC. *Phot. ©Arch. Smeets*

**GENTILLY** [94250] ➝ **ÉTYM.** anc. *Gentiliacus*, du lat. *Gentillus*, n. de pers., et suff. *-acum* ♦ Comm. du Val-de-Marne, arr. de L'Haÿ-les-Roses, sur la Bièvre. 16 118 hab. *(Gentilléens)*. Activités tertiaires.

**GENTZEN (Gerhard)** ♦ Logicien allemand (Greifswald 1901 - Prague 1945). Élève de Hilbert*, il a cherché à construire une logique non axiomatique.

**GEOFFRIN (Marie-Thérèse RODET, M**me**)** ♦ Dame française (Paris 1699 - *id.* 1777). Elle tint un salon célèbre où elle réunissait artistes, savants, écrivains et philosophes (notamment Helvétius* et d'Alembert*). Subventionnant l'*Encyclopédie** et recevant des étrangers de marque, elle acquit une renommée européenne.

**GEOFFROI** ♦ Nom de six comtes d'Anjou, dont GEOFFROI V LE BEL, surnommé Plantagenêt* à cause de la branche de genêt qu'il portait à son casque (1113 - 1151). Comte d'Anjou et du Maine (1129 - 1151). Fils de Foulques* V d'Anjou, il acquit la Normandie par son mariage avec Mathilde*, fille d'Henri Ier d'Angleterre (1128) et réussit à s'y maintenir après 1135 contre Étienne* de Blois, roi d'Angleterre. ▪ Père d'Henri* II d'Angleterre. ➝ **ÉTYM.** *Geoffroi* vient du germanique *Gautfrid*, nom de personne (de *gaut-*, nom de divinité ou «goth» et *frid* «paix»).

**GEOFFROI Ier DE VILLEHARDOUIN** ♦ Prince d'Achaïe* (de v. 1209 à v. 1230) Neveu du chroniqueur Geoffroi de Villehardouin*. ♦ **GEOFFROI II DE VILLEHARDOUIN.** Prince d'Achaïe (de v. 1230 à 1246). Fils du précédent.

**GEOFFROI DE MONMOUTH** ♦ Historien anglo-normand (v. 1100 - 1154). Élevé dans un monastère bénédictin voisin de Monmouth, dans le pays de Galles, il en devint l'archidiacre. Son *Histoire des rois de Bretagne (Historia regum Britanniae)*, écrite en latin avant 1147 et dédiée au fils d'Henri Ier, est une œuvre d'imagination déguisée. Geoffroi est donc pour une large part le créateur de la légende arthurienne. Il fait de Brut, père des Bretons, l'arrière-petit-fils d'Énée, venu en Grande-Bretagne où il fonda *Troynovant* (la nouvelle Troie), plus tard appelée Londres. Arthur est présenté comme le défenseur héroïque des Bretons, vainqueur des Anglo-Saxons, des Pictes et des Scots. Les Normands et les Anglo-Saxons adoptèrent aussitôt cette grande figure comme un glorieux ancêtre.

**GEOFFROY (Étienne François)** dit **Geoffroy l'Aîné** ♦ Médecin et chimiste français (Paris 1672 - *id.* 1731). Il présenta, en 1718, à l'Académie des sciences, un tableau donnant l'ordre dans lequel les substances sont déplacées les unes par les autres dans leurs composés (première table d'affinités). [Acad. sc. 1699] ♦ **Claude Joseph Geoffroy** dit **Geoffroy le Jeune.** Chimiste et botaniste français (Paris 1685 - *id.* 1752). Frère du précédent. Il détermina la composition du sulfate de soude (1732 ➝ **Glauber**), étudia le bismuth (1753) et les laitons en botanique, il effectua notamment des travaux sur la fécondation (*Mémoire sur la structure et sur l'usage des diverses parties des fleurs*, 1711). ➝ **Boerhaave.** ♦ **Étienne Louis Geoffroy.** Médecin et naturaliste français (Paris 1725 - Chéry-Chartreuse, Aisne 1810). Neveu du précédent. On lui doit une classification des coléoptères. [Acad. sc. 1798]

**GEOFFROY SAINT-HILAIRE (Étienne)** ♦ Naturaliste français (Étampes 1772 - Paris 1844). Il s'intéressa à la minéralogie avant de devenir professeur de zoologie au Muséum (1793), où Cuvier* travailla avec lui. En 1798, il participa à l'expédition de Bonaparte en Égypte, où il recueillit de nombreuses observations sur diverses espèces animales (en particulier reptiles et poissons). Ses travaux d'anatomie comparée et de paléontologie furent guidés par l'idée d'un plan unique d'organisation des êtres vivants et des principes tels que celui du balancement des organes (le développement d'un organe doit entraîner l'atrophie d'un autre) et surtout celui des connexions anatomiques (les relations entre les organes ne changent pas), posant ainsi les bases de l'anatomie comparée. Il découvrit ainsi le véritable système dentaire des oiseaux, mit en évidence les analogies des squelettes de tous les vertébrés et montra le rôle de l'embryogenèse pour comprendre l'organisation de l'être vivant. Ses expériences sur les embryons de poulet sont à l'origine de l'embryologie et de la tératologie expérimentale. Il fut amené par ses recherches à soutenir contre Cuvier la théorie de l'épigenèse et le transformisme, affirmant que les modifications des espèces sont dues à l'influence directe du milieu (*Philosophie anatomique*, 1818 - 1822 ; *Principes de philosophie zoologique*, 1830). [Acad. sc. 1807] ♦ **Isidore Geoffroy Saint-Hilaire.** Naturaliste français (Paris 1805 - *id.* 1861). Fils du précédent. Il poursuivit les travaux de son père, particulièrement en tératologie, enseigna au Muséum et à la Sorbonne, et fonda la Société d'acclimatation de France. [Acad. sc. 1833]

**Géographie universelle** ♦ Publication dirigée par P. Vidal* de La Blache puis par L. Gallois*. Commencée en 1927, cette œuvre monumentale en 15 tomes, à laquelle collaborèrent les principaux géographes français, comporte une description géographique (géographie physique, humaine, politique, aspects biologiques) du monde, divisé en cinq grandes régions, et constitue la première tentative moderne de synthèse des connaissances en géographie.

**GEORGE Ier** ♦ (Hanovre 1660 - Osnabrück 1727). Roi de Grande-Bretagne et d'Irlande (1714 - 1727). Électeur de Hanovre sous le nom de George-Louis (1698 - 1727). Fils d'Ernest-Auguste, 1er électeur de Hanovre et arrière-petit-fils, par sa mère, de Jacques* Ier d'Angleterre, il épousa sa cousine Sophie-Dorothée de Zelle, qu'il fit emprisonner en 1694. À la mort d'Anne* Stuart, il fut appelé à lui succéder en vertu de l'acte d'Établissement*, mais continua à résider le plus souvent possible en Allemagne, laissant le gouvernement de la Grande-Bretagne aux mains du parti whig qui l'avait mis sur le trône (Stanhope*, puis Walpole*). Sous son règne, la Grande-Bretagne prit part à la Triple-, puis à la Quadruple-Alliance* (1718) contre l'Espagne.

**GEORGE II** ♦ (Herrenhausen, près de Hanovre 1683 - Londres 1760). Roi de Grande-Bretagne et d'Irlande et électeur de Hanovre (1727 - 1760). Comme son père George* Ier, il laissa d'abord gouverner le parti whig, sous l'autorité de Walpole*. Cependant, le pacifisme de celui-ci mécontenta l'opinion. Son ministère tombé, la Grande-Bretagne s'engagea dans la guerre de Succession d'Autriche (1741 - 1748), mais cette campagne tourna au désastre, malgré l'élection de Pitt* dont l'ascendant ne cessa de croître avec la guerre de Sept Ans (1756 - 1763) et l'expansion coloniale de la Grande-Bretagne aux Indes et en Amérique. La victoire de Culloden* (1746), acquise par le fils de George II, William, duc de Cumberland*, avait définitivement affermi la dynastie des Hanovre. George II a été le fondateur de l'université de Göttingen.

**GEORGE III** ♦ (Londres 1738 - Windsor 1820). Roi de Grande-Bretagne et d'Irlande (1760 - 1820). Électeur (1760 - 1815) puis roi (1815 - 1820) de Hanovre. Petit-fils de George* II, il fut le premier roi de la dynastie des Hanovre qui eût reçu une éducation britannique et qui voulût exercer une autorité. Mais sa politique trop contraire aux libertés traditionnelles et aux grands intérêts économiques lui aliéna l'opinion. Ses ministres Bute*, puis North* durent se retirer. Le traité de Paris, qui conclut la guerre de Sept Ans, fut jugé trop doux, et des mesures maladroites avaient entraîné la guerre avec l'Amérique, dont l'indépendance fut reconnue en 1783. À cette date, George III, qui était en proie à des troubles mentaux depuis 1765, avait renoncé à tout gouvernement personnel ; il sombra définitivement dans la folie en 1810. Son règne fut dominé par le second Pitt*. Le roi avait eu pour fils les futurs George IV, Guillaume IV, Édouard (père de Victoria) et Ernest-Auguste, roi de Hanovre.

**GEORGE IV** ♦ (Londres 1762 - Windsor 1830). Roi de Grande-Bretagne et d'Irlande et roi de Hanovre (1820 - 1830). Régent pendant la fin du règne de son père George* III, dément, il devint roi en 1820 et encouragea la politique conservatrice menée par Castlereagh* et Wellington*, alors qu'il avait été le chef de l'opposition libérale quand il était prince de Galles. Il eut cependant Canning* pour ministre et accorda l'émancipation des catholiques. Sa vie dissolue, son divorce scandaleux d'avec Caroline de Brunswick (épousée de force, alors qu'il était marié secrètement à Mrs. Fitzherbert) contribuèrent à discréditer la Couronne.

**GEORGE V** ♦ (Londres 1865 - Sandringham 1936). Roi de Grande-Bretagne et d'Irlande et empereur des Indes (1910 - 1936). Second fils d'Édouard* VII auquel il succéda, en raison de la mort de son frère aîné, le duc de Clarence. Son règne fut dominé par la Première Guerre mondiale et les difficultés économiques et sociales qui la suivirent, ainsi que par la constitution du Commonwealth. Son attitude démocratique et constitutionnelle contribua à la popularité de la couronne.

**GEORGE VI** ♦ (Sandringham 1895 - *id.* 1952). Roi de Grande-Bretagne et d'Irlande du Nord (1936 - 1952) et empereur des Indes (1936 - 1947). Second fils de George V, il succéda à son frère Édouard VIII après l'abdication de ce dernier et, par sa simplicité, acquit une certaine popularité auprès des Britanniques lors de la Deuxième Guerre mondiale. Il créa la décoration dite *George Cross*.

**GEORGE (Marguerite WEIMER,** dite M**lle)** ♦ Sociétaire de la Comédie-Française (Bayeux 1787 - Passy 1867). Tragédienne réputée, elle se voua, après 1830, au drame romantique (*Lucrèce* Borgia* et *Marie Tudor* de Victor Hugo).

**GEORGE (Henry)** ♦ Publiciste et homme politique américain (Philadelphie 1839 - New York 1897). Journaliste, éditeur, il s'intéressa aux problèmes économiques et sociaux et, dans son ouvrage *Progrès et Pauvreté* (1879), préconisa l'instauration d'une taxe unique sur la plus-value comme moyen de lutter contre le bénéfice réalisé par les propriétaires fonciers. Ses positions influencèrent le mouvement fabian en Angleterre (S. et B. Webb).

**GEORGE (LLOYD)** ➝ **Lloyd George**

**GEORGE (Stefan)** ♦ Poète allemand (Büdesheim, Rhénanie 1868 - Minusio, près de Locarno 1933). D'inspiration romantique, ses premiers poèmes publiés sous le titre *L'Abécédaire* laissent déjà apparaître les thèmes propres de son œuvre (mission du poète, volonté de maîtriser la vie). À Paris, il fréquenta les milieux symbolistes et y précisa sa conception de la poésie. Rigueur formelle et symbolisme ésotérique : tels sont les caractères essentiels de son esthétisme aristocratique, qui s'opposait au naturalisme et à la littérature sociale. ➝ **Holz.** Les poèmes qu'il écrivit de retour en Allemagne expriment sa recherche du divin, d'un idéal de perfection (*Hymnes*, 1890 ; *Pèlerinages*, 1891 ; *Algabal*, 1892). En 1891, il fonda avec H. von Hofmannsthal une revue littéraire, *Les Feuilles pour l'art*. Bientôt se réunit autour de lui un cénacle qui devint un cercle de disciples fervents (L. Derleth, F. Gundolf, M. Kommerel, K. Wolfskehl). Si *Le Livre des églogues et des louanges* (1895) et *L'Année de l'âme* (1897) expriment la lassitude et la mélancolie d'un poète enfermé dans sa solitude et dénonçant, après les penseurs orientaux, « le mensonge de l'être et du monde », *Le Tapis de la vie* (1899) marque une étape décisive dans l'évolution spirituelle de S. George. L'esthète en quête d'un idéal hors du réel se fit progressivement mage, prophète d'une nouvelle communauté spirituelle, poète-éducateur. Dans *Le Septième Anneau* (1907), *L'Étoile de l'alliance* (1913) et *Le Nouveau Règne* (1928), il formule une éthique dont certains caractères rappellent la morale aristocratique de Nietzsche (hostilité à l'égard de la décadence, de la vulgarité). Le caractère prophétique et le patriotisme de son œuvre ont permis de la déformer dans le sens du national-socialisme, à l'avènement duquel il quitta pourtant l'Allemagne. Rénovateur du lyrisme, S. George fut aussi l'un des artisans et « purificateurs » de la langue allemande. Outre un recueil en prose (*Jours et Actes*, 1903 - 1933), il a donné de nombreuses traductions (les sonnets de Shakespeare, Dante, Mallarmé, Baudelaire, Verlaine, Rimbaud).

**George Dandin ou le Mari confondu** ♦ Comédie en 3 actes, en prose, de Molière* (1668). Riche paysan, Dandin a épousé Angélique de Sottenville, fille d'un gentilhomme ruiné. Berné par sa femme qui le trompe avec Clitandre, il se voit bâtonné sur l'ordre de celle-ci pour avoir osé mettre sa fidélité en doute. Il lui faudra même présenter des excuses à Clitandre et solliciter le pardon d'Angélique. La différence des origines sociales et les inconvénients qui découlent de telles mésalliances sont clairement soulignés par Molière dans cette comédie cruelle et misogyne où la femme infidèle demeure impunie et où le mari trompé reste seul avec sa disgrâce.

**GEORGES** (saint) ♦ Martyr chrétien dont le culte existait à Lydda (Palestine) dès le Ve s. et qui n'est connu que par une légende : officier, il tue le dragon à qui une princesse va être sacrifiée. Ce combat est traditionnellement localisé à Beyrouth. Le culte de saint Georges se répandit à partir du VIe s. en Orient et en Occident, mais se développa en Europe au retour des croisades. Saint Georges devint alors le type du paladin. Patron de Gênes, Venise, Barcelone et de l'Angleterre. ▪ Fête le 23 avr. ➝ ÉTYM. *Georges* vient du surnom gréco-latin *Geôrgios*, latinisé en *Georgius* « laboureur », du grec *gê* « terre » et *ergon* « travail » [italien *Giorgio* ; espagnol et portugais *Jorge* ; occitan *Jòrdi* ; vénitien *Zorzi* ; romanche *Guërg* ; roumain *Gheorghe* ; gallois *Siôr* ; allemand *Georg*, *Jörg*, *Jürgen* ; anglais *George* ; suédois *Göran* ; polonais *Jerzy* ; russe *Yurii* et *Georgii*, etc.]

Saint **Georges.** Icône du XVIe s. représentant saint Georges et le dragon. Musée russe de Saint-Pétersbourg. *Phot. ©Arch. Rencontre*

**GEORGES Ier** ♦ (Copenhague 1845 - Salonique 1913). Roi de Grèce (1863 - 1913). Fils de Christian* IX, roi de Danemark, il fut élu roi après la destitution d'Othon*. Son règne coïncide avec l'agrandissement territorial de la Grèce, la guerre malheureuse de 1897 et les guerres balkaniques. Il fut assassiné. Son fils cadet Georges fut nommé haut commissaire de la Crète* autonome. Son fils aîné Constantin* Ier lui succéda.

**GEORGES II** ♦ (palais de Tatoï, Athènes 1890 - Athènes 1947). Roi de Grèce, il monta sur le trône en 1922, après l'abdication de son père Constantin* Ier, mais fut détrôné en 1923 par le mouvement républicain de Venizélos*. Rappelé en 1935 par le plébiscite de Condylis*, il confia le gouvernement à Metaxas* qui instaura la dictature. Exilé de nouveau lors de l'occupation de la Grèce en 1941, il ne rentra qu'en 1946, après une période de régence assurée par Damaskinos*. Son frère Paul* Ier lui succéda.

**GEORGES PODIÉBRAD** ou **DE PODĚBRADY** ♦ (Poděbrady, Bohême 1420 - Prague 1471). Roi de Bohême (1458 - 1471). Hussite, chef du parti utraquiste, il prit Prague aux catholiques (1448) et administra le royaume comme régent. Proclamé roi à la mort de Ladislas V, il affronta la croisade de Mathias Corvin (1468 - 1479) et parvint à la chasser. Son successeur fut Ladislas* II Jagellon.

**GEORGES (Joseph)** ♦ Général français (Montluçon 1875 - Paris 1951). Membre de l'état-major de Foch durant la Première Guerre mondiale, il fut nommé, en 1939, adjoint du général Gamelin et chargé des opérations dans le N.-E. de la France. Ayant rejoint le général Giraud en Afrique du Nord (1943), il fit quelque temps partie du Comité français de libération nationale.

**GEORGETOWN** ➝ ÉTYM. angl. « ville *(town)* de George », en l'honneur de *George** III ♦ Cap. du Guyana. 134 497 hab. Principal port du pays exportant le sucre, les fruits et surtout la bauxite. Aéroport à Atkinson. ▪ La ville fut fondée en 1772 sous le nom de Stabrok.

**GEORGETOWN** communément **PENANG** ♦ V. de la Fédération de Malaisie, cap. de l'État de Pulau Pinang, dans l'île du même nom, face à la ville de Butterworth à laquelle elle est reliée par un pont. 180 573 hab. Univ. Indus. électroniques et du caoutchouc. Port important de transit pour le caoutchouc et l'étain. Pêche. Chantiers navals.

**GÉORGIE** n. f. – en angl. ***Georgia*** ➝ ÉTYM. du n. du roi *George** II ♦ État du S.-E. des États-Unis. → **États-Unis** (carte). 152 589 km². 8 186 453 hab. dont 29 % de Noirs. CAP. : Atlanta. ▮ **Géographie** Au N. de l'État se trouve la région montagneuse appartenant au système appalachien : plateau du Cumberland, séparé de la chaîne des Blue Ridge, à l'E., par la Grande Vallée. Puis, vers le S.-E., s'étend la région de collines du piedmont appalachien, et enfin, à l'E. et au S., la plaine côtière, région naturelle la plus étendue. Le climat est tempéré chaud. ▮ **Économie** L'agriculture de la Géorgie reposait traditionnellement sur le coton ; mais, après la chute de production des années 1920, elle s'est reconvertie dans le tabac, les arachides et poivrons, l'élevage de qualité et les volailles, activités qui ont largement compensé la diminution des revenus cotonniers. Les nombreuses forêts de l'État ont permis le développement d'industries variées (bois, papier, indus. textiles). ▮ **Histoire** Peuplée initialement par les Indiens (Creeks et Cherokees), disputée au XVIIe s. par les Espagnols et les Anglais, la région fut colonisée par ces derniers (J. Oglethorpe). Colonie en 1732, premier État du Sud à ratifier la Constitution des États-Unis (1788), la Géorgie se montra indépendante et, son économie étant esclavagiste (plantations de coton), fit sécession en 1861. L'État souffrit beaucoup de la guerre, fut dévasté par Sherman (1864) et fut l'objet des sévices des « carpetbaggers* ». Bien que le Ku* Klux Klan s'y soit développé à la fin du XIXe s., la Géorgie est devenue l'un des États du Sud les moins ségrégationnistes.

**GÉORGIE** (détroit de) – en angl. ***Strait of Georgia*** ♦ Bras de mer formé par le Pacifique, entre l'île de Vancouver et le continent (Colombie-Britannique). Au N. (détroit de la Reine-Charlotte), il est étroit et parsemé d'îles ; il s'élargit au S. vers le delta du Fraser, puis aboutit au détroit de Juan de Fuca. Vancouver* et Victoria* sont bâties sur ses rives.

## GÉORGIE

▮ n. f. – en géorgien ***Sakartvelo*** ➝ ÉTYM. *Géorgie* : étym. incert., p.-ê. du vieil arménien *iber*, *ver*, devenu en persan *gurji* « géorgien » à rapprocher du gr. *georgoi* « cultivateurs » (le rapprochement avec saint Georges est une étym. populaire) ♦ Pays du centre et de l'O. du Caucase méridional, au bord de la mer Noire. 69 700 km². 4 394 700 hab. *(Géorgiens)*. LANGUES : géorgien, russe. POPULATION : Géorgiens, 70 % ; Arméniens, 8 % ; Russes, 6 % ; Azéris, 5 % ; Ossètes, 3 % ; Abkhazes, 2 %. RELIGION : orthodoxe. MONNAIE : lari. CAPITALE : Tbilissi. RÉGIME : démocratie parlementaire. La Géorgie comprend neuf régions et deux rép. autonomes (Abkhazie* et Adjarie*). L'indépendance de l'Abkhazie et de la région autonome d'Ossétie* du Sud, officiellement dissoute, a été reconnue par Moscou en 2008.

▮ **GÉOGRAPHIE** En grande partie couverte par les montagnes et les contreforts que forment les chaînes du Grand Caucase au N. (mont Kazbek, 5 047 m) et du Petit Caucase au S., et de forêts sur environ le tiers de son territoire, la Géorgie est partagée par le plateau de Souram (900 m) en deux bassins hydrographiques bien distincts par le climat et l'économie. ▮ **La Géorgie occidentale** La Géorgie occidentale ou sublittorale, la plus fertile et la plus peuplée, ouverte sur la mer Noire et drainée par le Rioni (Colchide), bénéficie d'un climat chaud et humide et d'une luxuriante végétation subtropicale. C'est le domaine du thé et des agrumes, implantés au XIXe s. par les Russes, ou celui des plantes aromatiques. ▮ **La Géorgie orientale** La Géorgie orientale connaît au contraire un climat continental et une

Géorgie.

végétation steppique, sauf dans la plaine irriguée de la Koura et de ses affluents, propice à la vigne et aux vergers. Les produits viticoles représentent une part importante des exportations.

**▮ ÉCONOMIE** La période soviétique a permis le développement de l'énergie hydroélectrique sur l'Ingouri, celui de l'indus. lourde (métallurgie à Roustavi) en utilisant quelques gisements locaux (charbon à Tkibouli, manganèse à Tchiatoura), de la chimie (raffinerie de pétrole à Batoumi) et des construc. mécaniques (avions, camions) à Tbilissi et Koutaïssi. Une partie des hydrocarbures en provenance d'Azerbaïdjan transite par la Géorgie jusqu'en Turquie (oléoduc Bakou-Tbilissi-Ceyhan depuis 2006 ; gazoduc Bakou-Tbilissi-Erzurum).

**▮ HISTOIRE ▮ La préhistoire** L'actuel territoire de la Géorgie fut habité dès le Paléolithique inférieur, et de nombreux vestiges témoignent au Néolithique d'une riche culture matérielle, attestée par des haches de pierre, des couteaux, des outils, par un artisanat du tissage et de la poterie, et enfin par la métallurgie d'art (–IIIe millénaire). **▮ L'Antiquité** Entre le –VIe et le –IVe s., deux États se formèrent sur le territoire géorgien : sur la mer Noire, la Colchide*, dont la richesse mythique engendra probablement la légende de la Toison* d'or, et qui fut colonisée par les Grecs de Milet (v. –600), et l'Ibérie, formée par les régions de Kartlie et de la Kakhétie en Géorgie orientale. Dominés par les Perses, les Géorgiens se soumirent à Alexandre le Grand ; après son règne, ils acquirent leur indépendance. Alliés de Mithridate*, ils furent vaincus par Pompée* (–65) et gardèrent leurs souverains, mais la partie occidentale de l'actuelle Géorgie (Colchide) fut soumise à la suzeraineté de Rome, tandis que la partie orientale (Ibérie) passa peu après sous la domination de la Perse arsacide, puis sassanide. **▮ Du IVe au XIe s.** L'adoption du christianisme (IVe s.) fut suivie par l'implantation de nombreux temples et monastères qui favorisèrent considérablement l'écriture, puis la littérature géorgienne ancienne, notamment après la construction de monastères à l'étranger (laure de Mar-Saba, près de Jérusalem, en 433 ; monastère d'Iviron au mont Athos, v. 980). Disputée entre les Perses et les Byzantins, occupée par les Arabes dès la seconde moitié du VIIe s., la Géorgie se libéra partiellement à la fin du VIIIe s. avant d'être unifiée par Bagrat III (974 - 1014) qui réunit la Géorgie occidentale à la Géorgie orientale, à l'exception de Tbilissi (Tiflis). **▮ Du XIIe au XVIIIe s.** Cette ville fut reprise aux musulmans (1122) par David III le Constructeur (1089 - 1125). L'apogée de la puissance de la Géorgie se situe sous le règne de la reine Thamar (1184 - 1213), dont le royaume s'étendait de la mer Noire à la Caspienne, du Caucase du Nord à l'Azerbaïdjan iranien et à Erzurum. Du XIe au milieu du XIIIe s., la culture médiévale géorgienne connut son plus grand épanouissement, surtout sur les plans architectural (cathédrale de Bagrat, Koutaïssi [XIe s.], ensemble monastique de Guelati) et littéraire (Roustaveli). Dévastée par Tamerlan entre 1386 et 1405, isolée de la chrétienté occidentale après la prise de Constantinople (1453), la Géorgie devint l'enjeu de la lutte entre les Turcs et les Perses durant trois siècles, avant de passer sous protectorat perse en 1736. **▮ La Russie et l'URSS** Dès 1783, le pays sollicita la protection de la Russie, qui l'annexa en 1801. La réforme agraire et l'abolition du servage n'apportèrent aucune amélioration au problème paysan, et en 1893 fut créé un parti social-démocrate clandestin, dont l'un des animateurs était Staline*. Lors de la révolution de 1917, la Géorgie, contrôlée par les mencheviks, proclama son indépendance (1918) et se plaça sous la protection des Allemands. Réintégrée dans la Russie, au sein de la Transcaucasie (1921), elle fut détachée de cette fédération en déc. 1936 pour former une république socialiste soviétique. **▮ L'indépendance et la guerre civile** Accédant à l'indépendance le 9 avr. 1991, la rép. de Géorgie connut une véritable guerre civile qui déchira les partisans du président Zviad Gamsakhourdia (mort en déc. 1993) et ceux d'E. Chevardnadze qui lui succéda en mars 1992. Mais celui-ci ne parvint pas à rétablir la stabilité dans le pays et fut chassé du pouvoir en nov. 2003 lors de la «révolution des roses» dont le leader, M. Saakachvili, lui succéda et amplifia le rapprochement avec les États-Unis présents militairement depuis 2001. Ayant repris le contrôle de l'Adjarie, il obtint la fermeture des dernières bases militaires russes. Sa tentative de reprendre par la force le contrôle de l'Ossétie* du Sud, région séparatiste, en août 2008 provoqua une opération armée de Moscou qui reconnut l'indépendance de l'Ossétie du Sud et de l'Abkhazie* en dépit des protestations occidentales. Les relations entre la Géorgie et la Russie furent rompues jusqu'à une timide reprise fin 2009 avec la réouverture de leur frontière.

---

**GÉORGIE DU SUD** n. f. – en angl. ***South Georgia*** ♦ Île appartenant à l'Empire britannique, située au S. de l'océan Atlantique. Relief accidenté (mont Paget, 2 934 m), climat rude et très venteux. Découverte par l'Espagnol Antonio de la Roca (1675), elle fit l'objet de nombreuses expéditions scientifiques (Cook, Bellingshausen). En 1982, elle fut envahie par l'Argentine et très vite reprise par les Britanniques. Dépendance des Malouines* jusqu'en 1985, elle se trouve sous l'autorité directe de Londres. Peuplée d'environ 1 400 hab., dont 1 100 à 1 200 dans le chef-lieu, Grytviken, elle fut un centre important d'industrie baleinière. Aujourd'hui elle possède une station radio, un observatoire météorologique et un laboratoire biologique.

**GEORGIENNE** (baie) – en angl. ***Georgian Bay*** ♦ Baie formée par la partie N.-E. du lac Huron*, bordant le littoral canadien. Elle est presque entièrement fermée par la péninsule de Bruce et les îles Fitzwilliam et Manitoulin.

**georgiens**

n. m. pl. ♦ École littéraire regroupant des poètes anglais des années 1910 pour qui les considérations formelles étaient primordiales : le parnassien J. E. Flecker*, John Freeman, Lascelles Abercrombie, Walter De La Mare, W. H. Davies, Alfred Noyes et John Masefield*.

Les **Géorgiques** n. f. pl. – en lat. ***Georgica*** ♦ Poème didactique de Virgile* en 4 chants (v. –38 - v. –29). Épopée d'inspiration cosmique et religieuse imitée d'Hésiode*, consacrée au spectacle du monde et au travail des hommes. Elle traite successivement des présages, de la culture des arbres et de la vigne, de l'élevage du gros et du petit bétail, des abeilles. Chaque chant comporte une digression (légende d'Aristée* sur les abeilles au liv. IV). C'est dans ce poème, véritable préparation du mythe épique de l'*Énéide**, qu'apparaît la notion de providence en la personne d'un Jupiter pédagogue qui élève l'humanité par le travail.

**GÉPIDES** ou **GÉBIDES** n. m. pl. ➝ **ÉTYM.** lat. *Gepidae*, de *hebetes* «paresseux, mous» ♦ Peuple germanique établi aux Ier - IIe s. à l'embouchure, puis aux sources de la Vistule au IIIe s. Fixés sur le Danube v. 350, ils furent soumis par les Huns* et reprirent leur indépendance à la mort d'Attila (453). Ils fondèrent alors en Dacie* un royaume qui fut détruit par les Lombards* et les Avars (567).

**GER** (pic de) ➝ **ÉTYM.** p.-ê. rac. oronym. pré-indo-eur. *°gar* «rocher» ♦ Sommet des Pyrénées-Atlantiques, sur la route du col de l'Aubisque (2 613 m).

**GERA** ♦ V. d'Allemagne (Thuringe), sur l'Elster Blanche. 105 000 hab. Hôtel de ville du XVIe s. ; église du XVIIe s. ▪ Carrefour ferroviaire et centre indus. : indus. métallurgiques et mécaniques, textiles et travail du cuir. Mines d'uranium à proximité.

**GERAARDSBERGEN** – en fr. *Grammont* ♦ V. de Belgique (Région flamande), prov. de Flandre-Orientale, arr. d'Aalst, sur la Dendre, dominée par le *Mur de Grammont*, partie des monts de Flandre. À la frontière linguistique. 31 543 hab. Hôtel de ville du XIVe s. Église gothique Saint-Barthélemy. Hôpital Notre-Dame-de-Grammont (1100). Château Saint-Adrien (XVIIIe s.). ▪ Indus. agroalimentaires. Allumettes. ▮ Histoire Appelée « Ville de Gérard », du nom du comte qui, en 1068, proclama les libertés communales, Geraardsbergen est le théâtre d'une cérémonie très ancienne (av. 1398) où l'on offre aux grands de la ville une coupe de vin remplie de poissons vivants.

**GERAL** (serra) ♦ Extrémité de la serra do Espinhaço, à l'O. de la Bahia. Ligne de partage des eaux entre les bassins de l'Amazone et du São Francisco.

**GÉRALDY (Paul LEFÈVRE, dit Paul)** ➛ ÉTYM. n. de jeune fille de sa mère (du germ. *gêr [gari]* « lance » et *ald* « noble ») ♦ Écrivain français (Paris 1885 - Neuilly-sur-Seine 1983). Un recueil de poésies amoureuses, intimistes et d'une facture très traditionnelle, lui valut un grand succès (*Toi et Moi*, 1913). Il est en outre l'auteur de nombreuses pièces de théâtre psychologiques et sentimentales, de souvenirs, de maximes.

**GÉRANDO** ou **DEGÉRANDO (Joseph-Marie,** baron **DE)** ♦ Publiciste et érudit français (Lyon 1772 - Paris 1842). Philosophe de la tendance des idéologues, il est l'auteur d'une *Histoire comparée des systèmes de philosophie relativement aux principes des connaissances humaines* (1804), de traités sur l'éducation des sourds-muets (1827) et d'un ouvrage sur la philosophie des signes. Il a donné également un des premiers guides d'enquête ethnologique, à l'occasion de la mission de découverte en Terres australes dirigée par N. Baudin* ; il y affirma, avant B. Malinowski*, la règle de l'observateur participant.

**GÉRARD (François,** baron**)** ♦ Peintre et illustrateur français (Rome 1770 - Paris 1837). D'abord auteur d'œuvres qui révèlent une conception idyllique de l'Antiquité (*Psyché reçoit le premier baiser de l'Amour*, 1798), il exécuta ensuite des peintures d'histoire et surtout des portraits élégants d'une facture lisse et délicate (*Mme Récamier*, 1802) qui prennent parfois des accents romantiques (*Mme Visconti*). Chargé par Napoléon des portraits de la famille impériale et de la cour, il devint pourtant le peintre officiel de Louis XVIII, représenta Charles X, et fut très prisé par les cours étrangères. ▪ *Illustration* : ➝ **Tallien (Mme).**

**GÉRARD (Étienne Maurice,** comte**)** ♦ Maréchal de France (Damvillers, Lorraine 1773 - Paris 1852). Volontaire dans les armées républicaines, il se distingua lors des campagnes de l'Empire, en particulier en Russie (1812), fut blessé à Leipzig, puis combattit en France (La Rothière et Montereau). Il se rallia à Napoléon Ier aux Cent-Jours et contribua à la victoire de Ligny* (16 juin 1815). Obligé de s'exiler lors de la Seconde Restauration, il revint en France dès 1817, fut élu député de Paris (1822 - 1827), siégea dans les rangs de l'opposition libérale et participa aux journées révolutionnaires de juil. 1830. Fait maréchal et nommé ministre de la Guerre par Louis-Philippe (1830), il prit part en 1832 à l'expédition de Belgique (siège d'Anvers). Pair de France (1833), il fut rappelé dans ses fonctions de ministre de la Guerre et fut nommé président du Conseil (1834).

**GÉRARD DE BROGNE** (saint) ♦ Abbé réformateur flamand (Stapsoul, près de Stave 880 - Brogne, près de Namur 959). Fondateur de l'abbaye bénédictine de Brogne, dont il devint abbé (923), il réforma les monastères Saint-Pierre et Saint-Bavon, à Gand, ainsi que Saint-Wandrille et le Mont-Saint-Michel. ▪ Fête le 3 oct. ➛ ÉTYM. *Gérard* vient du germanique *Gerhard*, nom de personne, de *gêr* « lance » et *hard* « dur ».

**GÉRARD DE SAINT-JEAN** ➝ **Geertgen tot Sint Jans**

**GÉRARDMER** [ʒeʀaʀme] [88400] ➛ ÉTYM. du germ. *Gerhard*, n. de pers., et *mé*, forme dialectale à rapprocher de *mansus* « établissement agricole » [le rapprochement avec *mer* au sens de « lac » est faux] ♦ Ch.-l. de cant. des Vosges, arr. de Saint-Dié, à l'E. du *lac de Gérardmer*. 8 845 hab. (aggl. 10 334). *(Géromois)*. Station climatique et station de sports d'hiver. Lycée climatique. Indus. du bois. Textile (lin). Fabrication des fromages dits *géromés*. Festival du film fantastique. ▮ Histoire Incendiée en 1944, peu avant sa libération, la ville a été reconstruite.

**GERASA** ou **JÉRASH** ♦ Site archéologique de Jordanie. La ville, dont l'occupation remonte à l'âge du bronze, devint importante à l'époque hellénistique, sous Antiochos* IV. Elle fit partie de la Décapole*. Elle fut annexée par Alexandre* Jannée, puis libérée par Pompée* en –63. La cité prospéra jusqu'au VIIe s. Importantes ruines romaines (théâtres). Églises des Ve - VIe s.

**GERBAULT (Alain)** ♦ Navigateur français (Laval 1893 - Dili, île de Timor 1941). En solitaire sur un voilier (le *Firecrest*), il traversa l'Atlantique et effectua le tour du monde (1923 - 1929). Reparti en 1932 dans les îles du Pacifique, où il fit des études géographiques et historiques, il y mourut de la malaria. Il est l'auteur de *Seul à travers l'Atlantique* (1925), *À la poursuite du soleil* (1929). ➛ ÉTYM. *Gerbault* vient du germanique *Gerbald*, nom de personne, de *gêr* « lance » et *bald* « audacieux ».

**GERBERT D'AURILLAC, D'AQUITAINE** ou **DE REIMS** ♦ Théologien et savant (en Auvergne v. 938 - Rome 1003), pape de 999 à 1003 sous le nom de Sylvestre II. Moine clunisien, il enseigna à Reims la dialectique et la logique, commentant l'*Isagoge* de Porphyre* et les œuvres d'Aristote*. Il fut sans doute à l'origine d'un mouvement scientifique (on lui doit un *Traité sur l'astrolabe*, la construction d'un globe céleste reproduisant le mouvement des astres, l'invention d'un orgue à vapeur). Il s'intéressa à la musique, à la médecine, à l'art oratoire. Grand politique, il favorisa l'élection d'Hugues Capet (987), devint archevêque de Reims après la déposition d'Arnoul (991), puis archevêque de Ravenne (998), et enfin pape grâce à Othon III dont il avait été le précepteur. Il inspira à ce dernier son rêve de renouveler l'empire de Constantin, mais tous deux durent quitter Rome devant les rébellions locales (1001). La légende vit en lui un alchimiste et un sorcier. ➛ ÉTYM. Ce nom vient du germanique *Gairberht*, de *gēr (gari)* « lance » et *berht* « brillant, célèbre ».

**GERBIER-DE-JONC** (mont) ➛ ÉTYM. anc. *Gerbier de Joux* ; de l'occit. *jarbiè, gerbiè* « tas de gerbes » et lat. *jugum* « crête, sommet » ♦ Dôme de phonolithe de l'Ardèche, se dressant à 150 m au-dessus d'un plateau et dominant les sources de la Loire*. Alt. : 1 551 m.

**GERBILLON (Jean)** ♦ Jésuite français (Verdun 1654 - Pékin 1707). Il fit partie de l'équipe de mathématiciens envoyés par Louis XIV en Chine où il parvint en 1687, après avoir traversé le Siam. Nommé supérieur de la mission jésuite française de Chine, il a laissé des *Observations historiques sur la Grande Tartarie* ainsi qu'un *Traité de géométrie* en chinois et en tartare.

**GEREMEK (Bronisław)** ♦ Historien et homme politique polonais (Varsovie 1932 - Nowy Tomyśl, au sud de Cracovie 2008). Expert du syndicat Solidarność (« Solidarité »), il prit une part active aux négociations engagées avec le gouvernement communiste au début de 1989. Il présida le groupe parlementaire Solidarność (1989 - 1990). Il a été ministre des Affaires étrangères de Pologne de 1997 à 2000 et prit la direction de son parti, l'Union de la liberté, jusqu'en 2001. Il fut député européen de 2004 à sa mort. Auteur de travaux d'histoire médiévale (*La Potence ou la Pitié : l'Europe et les pauvres du Moyen Âge à nos jours*, 1987), notamment sur les marginaux (*Les Marginaux parisiens aux XIVe et XVe s.*, 1976), il enseigna au Collège de France.

**GERGONNE (Joseph Diez)** ♦ Mathématicien français (Nancy 1771 - Montpellier 1859). Auteur de travaux sur le principe de dualité en géométrie projective, il s'intéressa également aux problèmes de construction et participa au renouveau de la géométrie analytique.

**GERGOVIE** – en lat. *Gergovia* ♦ Anc. ville de Gaule, cap. des Arvernes*, située sur un plateau du Massif central à 6 km de Clermont-Ferrand. Sanctuaire, marché et oppidum à l'époque de Vercingétorix*, qui y soutint victorieusement un siège contre César (–52), elle ne devint une véritable cité qu'à l'époque gallo-romaine (Ier s.). Elle fut entièrement désertée sous Tibère*.

**GERHARD (Johann)** ♦ Théologien luthérien allemand (Quedlinburg 1582 - Iéna 1637). Professeur de théologie à Iéna (1616), il est l'auteur des *Meditationes sacrae* (1607) et des *Loci communes theologici* (1621, 9 livres).

**GERHARD (Roberto)** ♦ Compositeur espagnol d'origine suisse (Valls, Espagne 1896 - Cambridge 1970). Il passa la majeure partie de sa vie en Angleterre. Élève de Schoenberg, il pratiqua tour à tour un atonalisme et un sérialisme peu stricts. Son œuvre contient de fréquentes allusions à l'Espagne.

**GERHARDT (Paul)** ♦ Pasteur et poète allemand (Gräfenhainichen, Saxe 1607 - Lübben, Basse-Lusace 1676). Il fut, après Luther, un des grands créateurs du cantique protestant et sut donner à ses poèmes un accent personnel tout en s'inspirant de la forme et des rythmes populaires (Volkslied).

**GERHARDT (Charles)** ♦ Chimiste français (Strasbourg 1816 - *id.* 1856). Il réforma, avec A. Laurent*, le système des poids atomiques (1843 - 1846), créant ainsi le nouveau système chimique (notation atomique) ; établissant une classification des composés organiques, il mit en évidence deux notions fondamentales : les séries homologues et les fonctions chimiques ; il élabora ensuite une théorie des types, qui amena peu après la notion de valence. Il effectua également d'importantes recherches sur les anhydrides d'acides organiques (1852).

**GÉRICAULT (Théodore)** ♦ Peintre français (Rouen 1791 - Paris 1824). Il étudia dans l'atelier de Carle Vernet* puis dans celui de Guérin* et reçut des conseils de Gros*. Il se fit remarquer au Salon de 1812 en exposant un *Officier de chasseurs à cheval de la garde impériale chargeant*, qui témoigne de son admiration pour Gros et Rubens. Le *Cuirassier blessé quittant le feu* (1814) possède la même vigueur de coloris. Il voyagea en Italie, copia Michel-Ange, et travailla à *La Course des chevaux barbes* (1817), d'une composition ample et classique. En 1819, sa très grande toile, *Le Radeau* de la Méduse*, inspirée par un fait divers, provoqua de violentes polémiques ; exposée à Londres, l'œuvre obtint un vif succès et apparut comme un manifeste de l'école romantique. Durant son séjour en Angleterre, il s'initia à la lithographie et réalisa la *Course de chevaux à Epsom* (1821). Il exécuta des portraits de fous, des têtes de suppliciés (1819) d'un réalisme pathétique. Géricault avait le culte de l'énergie, le goût du mouvement, le sens du tragique, autant de caractères qui en font l'un des premiers romantiques ; Delacroix lui voua une profonde admiration. Il fut aussi, notam-

Théodore **Géricault.** *Officier de chasseurs à cheval de la garde impériale chargeant* (3,49×2,66 m). Musée du Louvre, Paris.
*Phot. ©Dagli Orti*

ment par ses portraits, l'un des initiateurs du réalisme. ➝ ÉTYM. *Géricault* vient du germanique *Geriwald,* nom de personne, de *gēr (gari)* «lance» et *waldan* «gouverner».

**GERING (Ulrich)** ♦ Imprimeur allemand (Constance v. 1440 - Paris 1510). Appelé à Paris par l'humaniste G. Fichet, il créa, avec ses compatriotes Friburger et Crantz, un atelier typographique à la Sorbonne, le premier en France.

**GÉRIN-LAJOIE (Antoine)** ♦ Écrivain canadien d'expression française (Yamachiche, Québec 1824 - Ottawa 1882). Avocat et rédacteur à *La Minerve* de Montréal, il fut l'un des fondateurs des *Soirées canadiennes* et du *Foyer canadien.* On lui doit un ouvrage historique, *Dix ans d'histoire du Canada* (1840 - 1850). C'est cependant à son œuvre de romancier à thèse et moralisant que Gérin-Lajoie doit sa renommée. Dans *Jean Rivard, le défricheur* (1862) et *Jean Rivard, économiste* (1864), l'auteur propose un remède, le défrichement, aux deux maux de son époque : l'émigration des Canadiens français vers les centres industriels américains et l'encombrement des professions libérales.

**GERLACH (Walther)** ♦ Physicien allemand (Biebrich 1889 - Munich 1979). Avec O. Stern*, il vérifia, par une expérience directe, la «quantification dans l'espace» des moments magnétiques atomiques et détermina le moment magnétique élémentaire ou magnéton (1921).

**GERLACHE DE GOMERY (Adrien DE)** ♦ Navigateur et explorateur belge (Hasselt 1866 - Bruxelles 1934). Il dirigea les expéditions de la *Belgica* dans les mers antarctiques (1897 - 1899), puis au Groenland (1905) et dans la mer de Kara (1907).

**GERLACHOVKA** ♦ Point culminant (2 655 m) des Carpates, dans la chaîne des Hautes Tatras (Slovaquie).

**GERLIER (Pierre)** ♦ Prélat français (Versailles 1880 - Lyon 1965). Avocat, il devint prêtre à quarante et un ans. Archevêque de Lyon et cardinal (1937), il s'intéressa activement aux problèmes sociaux.

**GERMAIN** (saint) ♦ Évêque de Paris en 555 (près d'Autun v. 496 - Paris 576). Fondateur avec Childebert Ier de l'église Saint-Vincent, devenue plus tard Saint-Germain-des-Prés. ▪ Fête le 28 mai. ➝ ÉTYM. *Germain* vient du nom latin *Germanus* qui signifie «de Germanie» ou «qui est du même sang».

**GERMAIN** ♦ Famille d'orfèvres parisiens. ♦ **Pierre Germain** (v. 1646 - 1684). Employé à la décoration des résidences royales, il réalisa notamment la couverture d'ouvrages relatant les conquêtes de Louis XIV. ♦ **Thomas Germain** (1673 - 1748). Fils du précédent. Il travailla pour la cour et pour les souverains étrangers et exécuta pour la dauphine Marie Leszczyńska une grande toilette d'or, à l'occasion du mariage de Louis XV. ♦ **François-Thomas Germain** (1726 - 1791). Fils du précédent. Il influença les formes et le décor de l'orfèvrerie du XVIIIe s. Il dota Lisbonne (1757) d'un admirable ensemble de vaisselle princière.

**GERMAIN (Sophie)** ♦ Mathématicienne française (Paris 1776 - *id.* 1831). Auteur de travaux sur les surfaces élastiques en vibration, elle approfondit également les études entreprises par Le* Gendre sur la théorie des nombres.

**GERMAIN (Henri)** ♦ Financier et homme politique français (Lyon 1824 - Paris 1905). Fondateur du Crédit lyonnais (1863), il fut élu député au Corps législatif (1869) où il siégea avec le centre gauche. Membre de l'Assemblée nationale (1871 - 1889), il s'occupa essentiellement des questions financières.

**GERMAIN D'AUXERRE** (saint) ♦ (Auxerre v. 378 - Ravenne 448). Évêque d'Auxerre (418), il fut envoyé en Grande-Bretagne par le pape Célestin Ier pour combattre le pélagianisme (429, avec saint Loup* de Troyes ; 445, avec Sévère de Trèves). ▪ Fête le 31 juil.

**GERMAIN DE CONSTANTINOPLE** (saint) – en gr. ***Germanos*** ♦ (634 - 733). Patriarche de Constantinople (715), il résista à l'iconoclasme de Léon l'Isaurien mais dut démissionner (730). → **iconoclastes.**

**GERMAINE DE FOIX** ♦ Fille de Jean de Foix et de Marie d'Orléans (v. 1488 - Liria 1538). Son grand-oncle, Ferdinand II le Catholique, l'épousa en 1506 dans l'espoir d'obtenir des droits sur la Navarre et sur Naples.

**GERMAINS** n. m. pl. ➝ ÉTYM. du lat. *germanus* «originel, authentique, vrai», n. donné par les Romains aux populations restées fidèles à leurs origines, ou du celt. *gair* «voisin» et *maon, man* «peuple», n. donné par les Gaulois à leurs voisins de l'Est ♦ Barbares* de Germanie*. Les Germains eux-mêmes ne se donnèrent jamais de nom générique : aucun sentiment national n'animait cette multitude de peuples. → **Germanie.** Venus probablement des pays scandinaves, ils émigrèrent vers le sud, sans raison apparente, au –IIIe s. Battus par Marius, puis par César, ils furent établis par Auguste dans les nouvelles provinces de Germanie. Après l'abandon de la province par Tibère, le *limes,* haute levée de terre, sépara sur l'ordre d'Hadrien le monde germanique du monde romain. Des peuples entiers de Germains furent alors fédérés aux frontières, un traité *(foedus)* leur accordant des terres à cultiver et à défendre. Au IIIe s., ils attaquèrent la Gaule, l'Espagne, l'Italie du Nord, les côtes de la Bretagne. Aurélien puis Probus les repoussèrent, mais la Dacie conquise par Trajan fut cependant abandonnée aux Goths. À la fin du IIIe s., l'armée romaine, devenue professionnelle, enrôla des mercenaires germaniques qui accédèrent même au commandement. Au début des grandes invasions (fin IVe s.), les Germains étaient déjà au cœur de l'empire. → **Invasions (Grandes).** ▪ Les Germains vivaient en communauté : les cadres sociaux étant la famille ou clan *(sippe)* et la tribu dont le chef était élu une fois par an par les hommes libres. La famille était solidaire : le père avait un pouvoir absolu sur elle (le *mund*), la vengeance privée (la *faide*) était codifiée par l'institution du «prix du sang» *(wergeld)* proportionnel aux dommages causés. Le mariage se faisait par l'achat d'une épouse, sous la forme du «don du matin» *(morgengabe),* sorte de dot versée à l'épouse le lendemain du mariage. ▪ Les langues germaniques, très nombreuses, peuvent être classées en trois groupes (osthique, westhique, nordique). ▪ La mythologie germanique, qui nous est connue par Tacite* et par la littérature scandinave, notamment les Edda*, a été clarifiée par les travaux de G. Dumézil*. On y distingue deux groupes de divinités, les Ases* et les Vanes*, dont l'opposition aboutit à une guerre acharnée, puis à une réconciliation. Principaux dieux ou êtres mythologiques : → **Balder, Fenris, Freyja, Freyr, Frîja, Hagen, Loki, Nibelungen, Nornes, Odin, Siegfried, Thor, Tyr, Walkyries, Yggdrasil.**

**GERMANICUS (Caius Julius Caesar, dit)** ➝ ÉTYM. V. ci-dessous ♦ Général romain (Rome –15 - Épidaphné, près d'Antioche 19). Fils de Drusus* et d'Antonia, nièce d'Auguste*, il fut adopté sur l'ordre de ce dernier par son oncle Tibère*. Il soumit les Dalmates et les Pannoniens (7 - 9) et fut nommé consul en 12. Jouissant de la confiance d'Auguste, il se vit confier par lui avec Tibère la garde de la frontière du Rhin. Après la mort de l'empereur, il battit Arminius*, le vainqueur de Varus*, et rétablit l'ordre en Germanie (16). Ses victoires lui valurent le nom de *Germanicus* («le Germanique»). Mais Tibère, voyant en lui un rival, le fit envoyer en Orient ; il pacifia l'Arménie, mais entra en conflit avec Pison*, gouverneur de Syrie ; il le chassa de sa province et mourut subitement près d'Antioche. Sa femme Agrippine*, petite-fille d'Auguste, accusa Pison de l'avoir assassiné. Sa mort causa une vive émotion à Rome où il avait acquis une grande popularité.

**GERMANIE** n. f. – en lat. ***Germania*** ➝ ÉTYM. de *Germains** ♦ Nom de deux provinces romaines impériales organisées par Auguste vers –7 : la *Germanie inférieure* au N. (cap. : Cologne*) et la *Germanie supérieure* au S. (cap. : Mayence*), limitées à l'E. par le Rhin et à l'O. par la province de Belgique. Après la victoire d'Arminius* sur Varus (Teutoburgerwald*, 9), Auguste renonça à sa conquête. Ce terme de Germanie désigna alors d'une part les territoires de la rive g. du Rhin et d'autre part une vaste région qui devait s'étendre du Rhin au Pont-Euxin, entre l'Empire romain à l'O. et les Sarmates à l'E. Au IVe s., la Germanie abritait de nombreux peuples : à l'E. les Goths* (Ostrogoths* et Wisigoths*), les Gépides*, les Vandales*, les Burgondes* ; à l'O. les Alamans*, les Francs* ripuaires et saliens, qui ont absorbé Sicambres*, Chamaves, Bruchères, Chattes* ; au N., à côté des populations scandinaves, les Angles*, les Varnes, les Jutes, les Saxons*, les Frisons, les Lombards*. → **Germains.**

**GERMANIE** (royaume de) ♦ Nom donné à l'État issu du démembrement de l'Empire carolingien* et formé par les territoires des Francs orientaux, qui furent attribués en 843 à Louis* II le Germanique ; il comprenait, outre des possessions sur la rive g. du Rhin, les grands-duchés de Saxe*, Thuringe*, Franconie*, Alémanie* et Bavière*, auxquels s'ajouta ensuite une partie de la Lotharingie* (870) et que défendaient les marches de l'E. (notamment l'Autriche, la Carinthie, la Bohême). Devenu purement honorifique en raison de la puissance des grands féodaux, le titre de roi de Germanie fut porté par les fils de Louis II, Louis* III le Jeune et Charles* III le Gros, puis par Arnoul* de Carinthie et Louis* IV l'enfant, avant de passer à Conrad* de Franconie, puis à la maison de Saxe avec Henri* Ier l'Oiseleur, dont le fils Othon* Ier le Grand prit le titre d'empereur (962). → **Allemagne.**

**GERMER (Lester Halbert)** ♦ Physicien américain (Chicago 1896 - *id.* 1971). → **Davisson.**

**GERMIGNY-DES-PRÉS** [45110] ← ÉTYM. anc. *Germaniacus*, du lat. *Germanius*, n. de pers., et suff. *-acum* ♦ Comm. du Loiret, arr. d'Orléans. 589 hab. *(Germignons)*. L'anc. chapelle était l'oratoire de la villa que fit construire Théodulf v. 806. Abusivement restaurée au XIXe s., elle a conservé la croisée et l'abside orientale dont la voûte est ornée d'une mosaïque représentant l'arche d'alliance.

**Germinal** ♦ Roman d'Émile Zola* (1885), treizième volume du cycle des *Rougon*-Macquart*. Peinture puissante de la vie misérable des mineurs (ici l'«immoralité [...] tient aux conditions mêmes de l'existence»), cet ouvrage souligne également le conflit dramatique entre le travail et le capital. Renvoyé de son atelier pour ses opinions socialistes, l'ouvrier Étienne Lantier prend contact, dans son nouveau travail à la mine, avec tout un monde de souffrances et d'injustices. Une grève se déclenche, dont il prend la tête. Après quelques mois de lutte désespérée, les grévistes, que la faim a poussés à la violence, sont réduits par la troupe. Vaincus, les mineurs reprennent le travail, un nihiliste russe fait sauter la mine, et Lantier quitte ce pays désolé ; devenu «un soldat raisonneur de la révolution», il espère cependant en un «Germinal», un printemps que connaîtra l'humanité du travail. Zola fait preuve dans certaines scènes d'un souffle épique incontestable, glissant de la description réaliste des masses humaines à «la vision rouge de la révolution [...] balayant le vieux monde». *Germinal* a été adapté au cinéma par Y. Allégret (1963) et Claude Berri (1993).

**Germinal an III** (journées des 12 et 13) ♦ Insurrection jacobine et populaire contre la Convention (1er - 2 avril 1795), consécutive à la crise économique de l'hiver 1794 - 1795, et à la crise politique qui opposait la majorité thermidorienne de la Convention* à la minorité montagnarde. Le 12 Germinal, les manifestants envahirent la Convention en réclamant «Du pain ! La Constitution de l'an I ! La liberté des patriotes !» Ils furent rapidement dispersés par des bataillons de la garde nationale. Dans la nuit du 12 au 13, la Convention décidait la déportation sans jugement des «Quatre» (Barère, Billaud-Varenne, Collot d'Herbois, Vadier) en Guyane, et elle fit décréter l'état de siège pour rétablir l'ordre dans les quartiers populaires, où l'agitation avait persisté le 13 Germinal. Plusieurs députés montagnards furent également arrêtés après ces journées. Cet échec, et celui de l'insurrection de Prairial* an III, mit fin au mouvement révolutionnaire.

**GERMISTON** ♦ V. d'Afrique du Sud (Gauteng). 166 400 hab. Grande raffinerie d'or. Centre industriel.

**GÉRON** ou **GERO** ♦ Margrave germanique (v. 900 - 965). Il lutta contre les Polonais et les Slaves, et fonda un État important entre l'Elbe et l'Oder, origine du futur Brandebourg*. Othon* le Grand lui donna le titre de margrave. La dynastie des Wettin succéda à sa descendance. C'est l'un des héros des *Nibelungen*.

**GÉRONE** – en esp. *Gerona*, en catalan *Girona* ♦ V. d'Espagne (Catalogne), ch.-l. de prov., sur le Ter. 92 186 hab. Anc. place forte qui a conservé d'intéressants monuments médiévaux catalans. Cathédrale fondée par Charlemagne en 786 et reconstruite au XIVe s. Nœud de communications avec la France.

**GERONIMO** (*Goyathlay*, dit en angl. *Jerome*, en esp.) ♦ Chef indien des Apaches chiricahuas (No-Doyohn Canyon, auj. Clifton, Arizona 1829 - Fort Sill, Oklahoma 1908). Il combattit les Blancs dès 1846 et prit en 1874 la tête de la révolte des Apaches de la réserve de San Carlos (Arizona). Il se rendit en 1884 et s'évada en 1885. Encerclé dans son campement de Sonora (Mexique), il se rendit contre la promesse de pouvoir revenir en Arizona après un exil en Floride. Placé à Fort Sill en 1894, il devint fermier et rejoignit un temps l'Église réformée hollandaise. Il ne retourna jamais en Arizona, mais fut autorisé à vendre des photographies de lui et dicta son autobiographie à un militaire américain.

**GERS** n. m. – anc. *Aegircus*, ou *Egirtius* ♦ Riv. du bassin d'Aquitaine (178 km), affl. de la Garonne, née au plateau de Lannemezan. Le Gers arrose Auch, Fleurance et Lectoure et se jette dans la Garonne en amont d'Agen.

**GERS** n. m. [32] ← ÉTYM. du n. de la riv. ♦ Dép. du S.-O. de la France, région Midi-Pyrénées. 6 291 km². 172 335 hab. CH.-L. : Auch. CH.-L. D'ARR. : Condom, Mirande. Cour d'appel : Agen. Académie : Toulouse. → **Midi-Pyrénées.**

**GERSHWIN (George)** ← ÉTYM. du n. de son aïeul russe Morris *Gerchovitz*, déformé lors de son émigration aux États-Unis en *Gerschwine*, puis *Gerschwin*, de l'hébr. *gershôn* «exilé» ♦ Compositeur américain (Brooklyn 1898 - Hollywood, Californie 1937). Son œuvre musicale relève à la fois du jazz et du ragtime (il grandit dans les quartiers pauvres de New York) et du classique auquel Ravel l'initia. Il parvint à la célébrité avec la *Rhapsody* in Blue* (1924), pour piano et orchestre, et un *Concerto en fa*, pour piano (1925). Outre de nombreuses comédies musicales et des mélodies pour films et revues, il a composé un poème symphonique, *Un Américain à Paris* (1928), une *Seconde rhapsodie*, pour piano et orchestre (1932), et un opéra, *Porgy* and Bess* (1935), inspiré du folklore noir.

**GERSON (Jean CHARLIER, dit Jean DE)** ♦ Théologien et prédicateur français (Gerson, Ardennes 1363 - Lyon 1429). Il reçut le surnom de «Docteur très chrétien». Grand chancelier de l'université de Paris, il participa au concile de Constance (1414 - 1418) pour tenter de mettre fin au Grand schisme* d'Occident. Sa mystique est celle du mouvement de la Devotio moderna. → **Ruysbroek l'Admirable.**

**GERSTHEIM** [67150] ← ÉTYM. du germ. *Garst*, n. de pers., et *heim* «village» ♦ Comm. du Bas-Rhin, arr. de Sélestat. 2 785 hab. *(Gerstheimois)*. Centrale hydroélectrique sur une dérivation du Rhin.

**GERTRUDE DE NIVELLE** (sainte) ♦ (Landen, Brabant, v. 626 - Nivelles 659). Fille de Pépin de Landen et de sainte Itte, sœur de sainte Begge, elle devint en 647 abbesse du monastère de Nivelles fondé par sa mère. ▪ Fête le 17 mars. ← ÉTYM. Ce nom vient du germanique *Gertrud*, nom de personne, de *gêr* «lance» et *trud* «digne de confiance».

**GERTRUDE la Grande** (sainte) ♦ Moniale et mystique allemande (Eisleben 1255 - Helfta, Saxe v. 1302). Figure centrale du groupe bénédictin de Helfta, elle est l'auteur des *Révélations*. ▪ Fête le 16 nov.

**GERVAIS** et **PROTAIS** (saints) ♦ Frères martyrs d'époque inconnue dont les reliques furent miraculeusement trouvées en 386 par saint Ambroise, à Milan. ▪ Fête le 19 juin.

**GERVINUS (Georg Gottfried)** ♦ Historien et homme politique allemand (Darmstadt 1805 - Heidelberg 1871). Libéral et nationaliste, député au parlement de Francfort en 1848, il laissa transparaître ses positions politiques dans ses ouvrages historiques : *Histoire de la littérature nationale allemande* (1835 - 1842) et *Histoire du XIXe siècle depuis les traités de Vienne jusqu'en 1830* (1855 - 1866).

**GÉRYON** ← ÉTYM. en gr. *Gêruôn*, p.-ê. de *gêruô* «faire résonner ; chanter, célébrer» ♦ Géant à trois têtes et trois troncs, habitant, selon la légende, l'île d'Érythie (peut-être près de l'Espagne). Héraclès* le tue et s'empare de ses troupeaux de bœufs.

**GÉRYVILLE** → **Bayadh (El-)**

**GERZAT** [63360] ← ÉTYM. p.-ê. du lat. *Garsias*, n. de pers. gallo-rom., et suff. *-acum* ♦ Ch.-l. de cant. du Puy-de-Dôme, arr. de Clermont-Ferrand, dans la Limagne. 9 071 hab.

**Gesar de Ling** ♦ Épopée tibétaine rédigée antérieurement à 1035 et retraçant les exploits d'un héros légendaire, Gesar. Composée de chants et de récits en prose, cette «geste» est d'inspiration bouddhique.

**GESELL (Arnold Lucius)** ♦ Psychologue américain (Alma, Wisconsin 1880 - New Haven, Connecticut 1961). Il contribua largement à l'étude et à la mesure de l'intelligence des enfants d'âge préscolaire, utilisant les méthodes «transversale» (étude de groupes d'enfants du même âge) et «longitudinale» (étude d'un ou plusieurs enfants à des stades différents d'évolution).

**Geronimo.**
*Phot. © Edward S. Curtis/Christie's Images/Corbis*

**GESSLER** ♦ Personnage légendaire de l'histoire de la Confédération suisse (fin du XIIIe s.). Ce nom a été donné au bailli autrichien d'Uri qui aurait ordonné à Guillaume* Tell de tirer sur une pomme posée sur la tête de son propre fils et aurait ensuite été tué par Guillaume. ▪ Le nom de Gessler est celui d'une famille de serviteurs de l'Autriche aux XIVe et XVe s.

**GESSNER (Salomon)** ♦ Poète suisse d'expression allemande (Zurich 1730 - *id.* 1788). Écrites en prose rythmée, ses *Idylles* (1756), et en particulier son idylle paysanne *La Mort d'Abel* (1757 - 1758), connurent un succès considérable et furent traduites en français par Diderot et Huber. Contemporain de J.-J. Rousseau, Gessner a chanté lui aussi le retour à la vie champêtre et innocente, sur un ton parfois douceâtre et manquant de naturel.

## Gestalttheorie

n. f. ← ÉTYM. all. «théorie de la forme» ♦ Théorie, élaborée au début du XX^e s., en rupture avec l'associationnisme ou la réflexologie, soutenant que les phénomènes psychiques mettent en œuvre des «formes» *(Gestalten)* qui fonctionnent comme des ensembles structurés. Ainsi, la perception n'est pas la somme de sensations séparées mais l'appréhension globale d'une structure. Ses principaux promoteurs sont Koffka*, Köhler* et Wertheimer*. En France, P. Guillaume* en fut l'une des figures importantes *(Manuel de psychologie ; La Psychologie de la forme)* qui influença aussi M. Merleau*-Ponty à travers les travaux de K. Goldstein*. La *Gestalt Therapy*, mise au point par les Américains Laura et Franz Perls au début des années 1940, n'entretient avec la psychologie de la forme qu'un rapport très vague.

**Gestapo** n. f. ← ÉTYM. abrév. de ***Geheime Staatspolizei*** all. «police secrète d'État» ♦ Police politique du Parti national-socialiste allemand, dont le rôle fut essentiel au sein du III^e Reich. Créée par Göring* en 1933, elle fut réorganisée par Himmler* en 1936. L'Abwehr*, service de contre-espionnage, devait lui être subordonné en 1944. Disposant de moyens illimités (tortures, délation, exécutions sommaires, camps de concentration), la Gestapo fit régner la terreur aussi bien en Allemagne que dans les pays occupés. Sous la direction de Heydrich, elle combattit avec acharnement les mouvements de résistance européens, traqua les communistes, les Juifs et tous les ennemis du nazisme. Jugée comme organisation, la Gestapo fut reconnue criminelle par le tribunal de Nuremberg et condamnée. → **Nuremberg (procès de).**

**Gesù** (église du) ♦ À Rome, principale église des jésuites, bâtie par Vignole (1568) après qu'un projet de Michel-Ange eut été refusé (1554). Façade de G. Della Porta (1575). Sépulture de saint Ignace de Loyola. → **baroque (art).**

**GESUALDO (Carlo),** prince **DE VENOSA** ♦ Compositeur italien (Naples v. 1560 - *id.* 1613). Neveu de saint Charles* Borromée, il eut une existence aventureuse et tragique. Virtuose du luth, il vécut entouré des plus grands musiciens de son temps. Il compta le Tasse parmi ses amis. Il a composé de la musique religieuse *(Sacrae cantiones, psalmi, messe)* et profane (madrigaux à 5 voix et à 6 voix, *canzonette*) d'un langage harmonique hardi et d'un style expressif dont l'intensité dramatique préfigure le baroque.

**GETA** – en lat. ***Publius Septimius Geta*** ♦ (189 - 212). Empereur romain (211 - 212). Second fils de Septime* Sévère, il partagea le pouvoir avec son frère Caracalla*, qui le fit assassiner un an plus tard.

**GÈTES** n. m. pl. – en lat. ***Getae*** ♦ Anc. peuple thrace établi entre le Danube inférieur et les Balkans. Les Gètes furent soumis par Darios I^er (v. -513) ; puis, vaincus par Alexandre le Grand (-335), ils remontèrent vers le N. et se mêlèrent aux Daces. ▪ Le nom de *Gètes* a été donné à tort aux Goths par les écrivains tardifs.

**GETHSÉMANI** n. m. ← ÉTYM. araméen «le pressoir à huile» ♦ Domaine ou jardin, au pied du mont des Oliviers*, à Jérusalem, où, selon les Évangiles, Jésus, trahi par Judas* l'Iscariote, pria parmi ses disciples endormis, avant son arrestation et sa Passion.

**GÉTIGNÉ** [44190] ← ÉTYM. du lat. *Gestinius*, n. de pers., et suff. *-acum* ♦ Comm. de la Loire-Atlantique, arr. de Nantes, sur la Sèvre Nantaise. 3 076 hab. Cartonnage. Manufacture de bougies. Caoutchouc moulé ▪ À proximité, domaine de la Garenne-Lemot (centre culturel).

**GETS** [ʒɛ] **(LES)** [74260] ← ÉTYM. du franco-prov. *dzèt* «couloir pour descendre le bois» ♦ Comm. de la Haute-Savoie, arr. de Bonneville. 1 352 hab. *(Gétois)*. Station d'été et centre de sports d'hiver (1 172 - 1 850 m).

**GETTY (Jean Paul)** ♦ Industriel et collectionneur américain (Minneapolis 1892 - Sutton Place, Surrey 1976). Après avoir fait fortune dans le pétrole, notamment en Arabie saoudite, il se consacra à son importante collection d'œuvres d'art (Antiquité classique, Renaissance, XVII^e et XVIII^e s.). ♦ ***J. Paul Getty Museum*** Musée ouvert en 1974 à Malibu (Californie) afin de présenter au public la collection personnelle de J. P. Getty. Le bâtiment est une réplique fidèle de la villa romaine des Papyrus à Herculanum. ♦ ***Centre Getty de Los Angeles*** Vaste complexe culturel situé sur la colline de Santa Monica, il regroupe notamment une bibliothèque et un musée abritant des collections de peinture du Moyen Âge au XX^e siècle. Cette immense forteresse blanche (45 ha), dédiée à la lumière, est due à l'Américain R. Meier* dont l'architecture repose sur le carré et le cercle.

**GETTYSBURG** ♦ V. des États-Unis (Pennsylvanie). 7 490 hab. **▮ Histoire** Durant la guerre de Sécession*, les fédéraux y remportèrent une victoire décisive sur les sudistes du général Lee (1 - 3 juil. 1863).

Le centre **Getty** de Los Angeles. *Phot. ©David Rohmer/Gamma*

**GÉTULES** n. m. pl. – en lat. ***Gaetuli*** ♦ Peuple de l'anc. Afrique nomadisant entre les montagnes d'Afrique du Nord (Aurès, Atlas) et l'Atlantique ou les oasis septentrionales du Sahara. Ils accueillirent Jugurtha en lutte contre Rome. Ils furent vaincus par les Romains au -I^er s.

**GETZ (Stanley,** dit **Stan)** ♦ Saxophoniste de jazz américain (Philadelphie 1927 - Malibu, Californie 1991). Il fut un représentant du style «cool» et un maître du saxophone ténor dans les années 1950. Il contribua à la création du hard-bop, s'orienta par la suite vers la variété et la bossa-nova mais reconstitua à partir de 1965 divers groupes interprétant une musique plus dynamique et moins facile. Princ. enregistrements : *Early Autumn* (1948), *Night and Day* (avec Bill Evans, 1964), *Fallin' in Love* (1986).

**GEULINCX** [gœlɛ̃ks] **(Arnold)** ♦ Philosophe flamand (Anvers 1624 ou 1625 - Leyde 1669). Professeur à Louvain et à Leyde, il contribua à faire connaître en Hollande la philosophie de Descartes*, tout en se rapprochant de Malebranche* (occasionnalisme). Il a formulé une philosophie morale dans l'esprit du rationalisme cartésien *(Metaphysica vera ; Metaphysica ad mentem peripateticam)*. Il est également l'auteur d'une *Logique*.

**GEVAERT (François Auguste,** baron**)** ♦ Compositeur et musicologue belge (Huise, Flandre-Orientale 1828 - Bruxelles 1908). Succédant à Fétis, il fut directeur du conservatoire de Bruxelles (1870) et maître de chapelle à la cour de Belgique. Auteur de nombreux opéras et pièces de musique religieuse, il est surtout connu pour ses ouvrages théoriques (*Traités d'instrumentation*, 1885 - 1892 ; *Traité d'harmonie*, 1905 - 1907) et ses écrits musicologiques (*Histoire et Théorie de la musique de l'Antiquité*, 1875 - 1881).

**GÉVAUDAN** n. m. ← ÉTYM. «pays des Gabales (p.-ê. "les hommes des torrents de montagne" [précelt. *gab, gav*])» ♦ Anc. pays de France, entre la Margeride et l'Aubrac. Élevage sur les plateaux cristallins. **▮ Histoire** *Gabalitanus Pagus*, habité par les Gabales à l'époque gauloise, avec pour principal centre *Anderitum* (auj. Javols), le Gévaudan fut rattaché à la Gaule celtique par les Romains, et occupé par les Wisigoths au V^e s. Il passa au royaume d'Austrasie avant d'être gouverné dès le IX^e s. par les comtes-évêques de Mende. Louis IX le rattacha à la Couronne en 1258, le retirant de la maison de Toulouse. ▪ Entre 1765 et 1768, la disparition d'une cinquantaine de personnes accrédita l'existence d'une mystérieuse bête féroce *(la bête du Gévaudan)*. En 1787, on attribua le massacre à un loup-cervier (lynx) tué près de Saint-Flour.

**GEVERS (Marie)** ♦ Romancière belge d'expression française (Edegem 1883 - *id.* 1975). L'amour de la nature, la vie aux champs et les paysages de la Campine anversoise inspirent les romans d'un écrivain de langue française profondément attaché à la terre de Flandre (*La Comtesse des digues*, 1931 ; *Madame Orpha*, tiré de souvenirs d'enfance, 1933 ; *La Ligne de vie*, 1937 et *Paix sur les champs*, 1941, écrits à partir de récits paysans).

**GEVREY-CHAMBERTIN** [21220] ← ÉTYM. *Gevrey*, anc. *Gibriacus*, du lat. *Gabrius*, n. de pers. gallo-rom. (de *gabros* «chèvre»), et suff. *-acum*, et *Chambertin* «champ de Bertin» ♦ Ch.-l. de cant. de la Côte-d'Or, arr. de Dijon, en bordure de la côte de Nuits, au débouché de la combe de Lavaux. 3 258 hab. (aggl. 4 734) *(Gibriaçois)*. Vestiges d'un château élevé au XIII^e s. ▪ Vins réputés (gevrey-chambertin et crus de la côte de Nuits).

**GEX** (pays de) ♦ Anc. pays de France, en bordure du Jura (dép. de l'Ain*). La baronnie de Gex appartint aux comtes de Genève et aux ducs de Savoie. Elle fut reprise par Genève en 1593 et cédée à la France en même temps que la Bresse et le Bugey au traité de Lyon (1601).

**GEX** [ʒɛks] [01170] ← ÉTYM. probablt du lat. *Gaius*, n. de pers. gallo-rom. ♦ Ch.-l. d'arr. de l'Ain, au pied du col de la Faucille, sur le Journan. 7 733 hab. (aggl. 10 016) *(Gessiens* ou *Gexois)*. Centre de villégiature.

**GÉZA** ♦ (950 - 997). Prince hongrois (972 - 997). Après un traité avec l'empereur Othon* I^er en 973, il accepta la venue de missions chrétiennes en Hongrie. Il se convertit au christianisme ainsi que son fils Vajk qui prit le nom d'Étienne. → **Étienne Ier (saint)**. Des églises et des monastères furent fondés en Hongrie (Pannonhalma).

**GÉZA Ier** ♦ (1044 - 1077). Roi de Hongrie (1074 - 1077). Fils de Béla* Ier, il devint roi après avoir vaincu Salomon Ier. Il régna protégé par Byzance. Il reçut de l'empereur Michel VII Doukas une couronne qui, jointe à celle qu'avait envoyée le pape à saint Étienne* Ier de Hongrie, forma la sainte couronne du pays. ▪ Frère de Ladislas* Ier Árpád, qui lui succéda.

**GÉZA II** ♦ (1130 - 1161). Roi de Hongrie (1141 - 1161). Fils de Béla* II, il se tourna vers l'Allemagne et rendit hommage à Conrad* III en 1151. Il lutta victorieusement contre Manuel Ier Comnène (1155). Il attira des colons allemands en Transylvanie et soumit la Serbie à un tribut.

**GEZELLE (Guido)** ♦ Poète belge de langue néerlandaise (Bruges 1830 - *id.* 1899). Ordonné prêtre en 1854, il composa des pièces de circonstance, d'inspiration liturgique, et prit conscience de sa vocation poétique ; dans *Fleurs de cimetière* (1858), puis dans *Poèmes, chansons et prières* (1862), apparaît la sensibilité particulière de Gezelle, faite d'une mélancolie innée que traversent des accès d'enthousiasme. De 1860 à 1880, il se consacra à des revues où il se fit le champion du nationalisme littéraire flamand, notamment *Rond den Heerd* («Autour du foyer»). Ses derniers recueils poétiques, *Guirlande du temps* (1893) et *Collier de rimes* (1897), auxquels succéderont *Derniers vers* (posth. 1901), le montrent en possession d'une technique très sûre et célébrant avec une naïveté savante l'harmonie de la nature, dont les moindres beautés (fleurs, insectes, arbres) lui sont prétexte à louer Dieu. Ce lyrisme franciscain s'exprime en des vers d'une musicalité très suave, où la vision mystique du monde s'appuie cependant sur un réalisme d'une grande fraîcheur.

**GEZER** ou **TELL DJESER** ♦ Anc. ville de Palestine au pied des monts de Judée. Cette ville est citée dans les textes égyptiens et bibliques. La première occupation date de la fin du -IVe millénaire. Elle atteignit son apogée v. -1500 et fut habitée jusqu'à l'époque byzantine.

**GÉZIREH (LA)** → ÉTYM. en ar. *al-Jazīra* «les îles» ♦ Région agricole du Soudan située entre le Bahr el-Abiad et le Bahr el-Azrak, périmètre irrigué par le barrage de Sennar*. 1 000 000 hab. Cultures vivrières. Coton.

**GHAB** n. m. ♦ Plaine de l'Ouest syrien, de direction N.-S., resserrée entre les djebels Ansariya et Zawiya. Drainée par l'Oronte, le Ghab est couvert de pâturages où viennent paître les troupeaux de moutons des Bédouins après la migration estivale. D'importants travaux d'irrigation sont en cours.

**GHADAMÈS** ou **RHADAMÈS** → ÉTYM. p.-ê. de *Rhadamante** ♦ Oasis de Libye, dans le N.-O. du Fezzan, à proximité des frontières algérienne et tunisienne. 7 000 hab. Palmeraies. Jardins.

**GHĀLIB (Mīrzā Asadallāh Khān)** également connu sous le nom de **Ghāli Ghālib** ♦ Poète indien d'expression ourdoue et persane (Agra 1797 - Delhi 1869). Ses poèmes contribuèrent pour beaucoup au développement de la langue ourdoue.

**GHANA** (empire du) → ÉTYM. sarakolé «roi, souverain» ♦ Anc. État du Soudan occidental dont la cap. au XIe s. appelée *Ghana* se trouvait au S. de la Mauritanie actuelle, et n'a pas de lien géographique avec l'État moderne du Ghana. Il tirait sa puissance du commerce transsaharien (étoffes, armes, sel) et des transactions basées sur l'or soudanais. Fondé par des Soninkés (Sarakolés) au milieu du Ier mill., d'après les traditions orales, il était gouverné par un souverain portant le titre de *ghana* et surnommé *kaya-magan* ou «roi de l'or». Évoqué par les géographes arabes dès le VIIe s., il connut son apogée au XIe s. et fut décrit par le voyageur arabe al-Bakrī*. Cet empire animiste, favorable aux marchands étrangers, fut détruit en 1076 par les Almoravides qui avaient entrepris l'islamisation de l'Afrique occidentale et voulaient contrôler le commerce transsaharien. Très affaibli, le Ghana devint tributaire de l'empire du Mali au XIIIe s.

## GHANA

▪ n. m. – off. ***république du Ghana***, anc. en angl. ***Gold Coast***, en fr. ***Côte-de-l'Or*** ♦ Pays de l'Afrique occidentale, baigné par le golfe de Guinée. 239 460 km². 24 417 000 hab. *(Ghanéens)*. LANGUES : anglais (off.), akan (achanti), éwé, haoussa, mossi, mamprusi, dagbandi. POPULATION : Achantis, Anyis, Éwés, Haoussas, Peuls, Mossis. RELIGIONS : chrétiens, musulmans. MONNAIE : cedi. CAPITALE : Accra. RÉGIME : présidentiel. Le Ghana est divisé en 10 régions.

▪ **GÉOGRAPHIE** ▪ **Le relief** Drainé par les trois Volta et l'Oti, le Ghana s'étend de la savane au golfe de Guinée et offre toutes les zones de végétation correspondantes. Une bande côtière sablonneuse couverte de cocotiers, avec des lagunes à l'E. près de l'embouchure de la Volta, précède une zone forestière semblable à celle de la Côte d'Ivoire de climat subéquatorial, région agricole du pays *(triangle achanti)*. Les plateaux granitiques du N. présentent toute la gamme des paysages de savane avec des forêts-galeries le long des

Ghana.

cours d'eau. ▪ **Les ressources** L'agriculture vivrière (manioc, patates douces, riz, mil) est suffisante pour nourrir la population. Les régions forestières produisent du coprah, de l'huile de palme et du caoutchouc dans les zones basses, du café et du cacao en pays achanti ; le coton et le mil sont cultivés dans la savane. Exploitation du bois. Pêche sur la côte. Le Ghana recèle de l'or dans le lit des rivières, du diamant industriel, du manganèse et de la bauxite. Il existe une zone industrielle à Tema. L'hydroélectricité provient des barrages d'Akosombo* et de Kpong sur la Volta, dont le débit a fortement diminué en raison de la sécheresse. À l'instar de la Côte d'Ivoire voisine, la mise en valeur de la «côte» (forêts et ports) a attiré des immigrants de la savane. L'économie, qui s'était effondrée au début des années 1970, s'est redressée et la croissance dépasse 6 % depuis 2001 (7,3 % en 2008). Le pays est devenu en Afrique un partenaire privilégié des institutions financières internationales, mais il s'est dangereusement endetté.

▪ **HISTOIRE** Le nord a suivi l'évolution politique des empires du Ghana et du Mali qui se procuraient l'or, facteur de leur puissance,

Ghana ▪ Productions en 2008

| Produits | Quantités | Rang |
|---|---|---|
| **Agriculture** | | |
| Arachides | 440 000 t | 12e |
| Cacao (2009) | 700 000 t | 2e |
| Caoutchouc | 15 000 t | 19e |
| Maïs | 1 000 000 t | |
| Manioc | 9 700 000 t | 6e |
| Riz | 250 000 t | |
| Sorgho | 350 000 t | |
| Bovins (têtes) | 1 400 000 | |
| Ovins (têtes) | 3 500 000 | |
| **Mines** | | |
| Bauxite | 1 000 000 t | |
| Diamants | 900 000 carats | |
| Manganèse | 1 300 000 t | |
| Or | 82 t | |

**Ghana.** Anomabu, Fort William. *Phot. ©Christian Sappa-Rapho*

auprès des populations locales ainsi que la noix de kola vendue dans toute la savane. Les sources de l'or et de la kola furent contrôlées par les royaumes du Dagomba et du Gondja à partir du XIV^e^ s. ▮ **L'arrivée des Européens** Au S., les Portugais s'établirent sur la côte et construisirent le fort d'El Mina (1481). Ils furent suivis par d'autres marchands européens qui, ne trouvant pas dans cette Côte-de-l'Or les richesses qu'ils espéraient (l'or des souverains n'était, le plus souvent, que des bijoux thésaurisés au cours des règnes), s'adonnèrent à la traite. Au XVIII^e^ s., les Achantis exigèrent des populations soumises un tribut en esclaves. ▮ **La domination britannique** À la fin du XIX^e^ s., les Britanniques qui avaient évincé les autres marchands européens et mené une dure campagne contre les Achantis, firent de la Côte-de-l'Or une colonie qu'ils s'employèrent à développer sur le modèle du Togo allemand voisin. En 1918, une partie de ce dernier, peuplé à majorité d'Éwés, fut rattachée à la colonie, puis annexée à celle-ci en 1956 après référendum. ▮ **Nkrumah et l'indépendance** À l'indépendance, en 1957, K. Nkrumah* donna à la Côte-de-l'Or le nom du vieil empire de Ghana qui s'était épanoui au-delà des frontières et se posa en chef charismatique de l'Afrique encore colonisée (conférence panafricaine d'Accra* en 1958). Ses tentatives d'indépendance économique échouèrent et il fut renversé par un coup d'État militaire en 1966. Un gouvernement civil tourna court en 1972. Les coups d'État militaires se succédèrent avec les généraux Acheampong (1972), Akuffo (1978) et le capitaine Rawlings* (1979). Ce dernier adopta de sévères mesures pour faire face à la baisse des prix des matières premières (café, cacao). ▮ **La nouvelle Constitution et l'accomplissement de la démocratie** Une nouvelle Constitution a ouvert la voie au multipartisme (avr. 1992). Réélu comme président, Rawlings proclama une nouvelle Constitution (IV^e^ République) et la fin du régime militaire et s'employa avec succès à redresser l'économie. En 1998, après trente ans de tensions, le Ghana et le Togo se rapprochèrent pour construire un gazoduc destiné à pallier l'insuffisance de la région en énergie. Après le retrait de Jerry Rawlings, l'opposant John Agyekun Kufuor, tirant parti de la crise économique causée par la baisse des prix des produits d'exportation (cacao, or), remporta successivement l'élection présidentielle de 2000 et de 2004. Dans le Nord où les nominations à la direction des chefferies sont souvent contestées, de violents affrontements communautaires à Bawku opposèrent Mamprusis et Kusasis en 2008. En déc., John Atta-Mills, du National Democratic Party, a été élu contre le candidat du New Patriotic Party, le parti du président sortant. En 2009, le président américain Obama a souligné la stabilité des institutions ghanéennes et le respect des règles démocratiques.

---

**GHARB** ou **RHARB** n. m. ♦ Plaine du N.-O. du Maroc, en bordure de l'Atlantique, limitée à l'E. par le Rif et au S. par la Meseta, traversée par l'oued Sebou. Ancienne zone de marécages. Riches sols noirs. Agrumes. Riz. Tabac.

**GHARDAÏA** ➝ ÉTYM. la v. est construite autour de la caverne *(ghār)* supposée habitée par sainte *Daïa* (encore vénérée de nos jours par les femmes mzabites) ♦ Oasis du N. du Sahara algérien constituant une wilaya, au cœur du Mzab. 62 251 hab. Fondée au XI^e^ s., la ville, fortifiée, abrite des maisons en terre glaise blanche et rose, dotées d'arcades et orientées vers la mosquée de style pyramidal qui se dresse au centre. Dattes. Tapis. Tissus. Centre touristique. ▪ Au N.-O. se situe le gisement de gaz et de pétrole de Hassi R'Mel.

**GHASSANIDES** n. m. pl. ♦ Dynastie originaire de l'Arabie du Sud qui régna sur les tribus arabes de la Palmyrène et du sud de la Palestine (III^e^ - VII^e^ s.). Vassaux de Byzance, ils obtinrent le titre de *phylarques* sous le règne de Justinien*. Ils adoptèrent le christianisme monophysite et entretinrent des rapports commerciaux et culturels avec d'autres tribus du désert arabique. AL-ḤĀRITH, en gr. ARÉTAS (mort v. 570), est le premier prince ghassanide dont l'existence n'est pas hypothétique.

**GHĀTS** n. m. pl. ➝ ÉTYM. « marches d'escalier » ♦ Montagne moyenne de l'Inde. Le terme est appliqué à l'escarpement continu sur plus de 2 000 km qui borde l'O. de la péninsule indienne. Sa dénivellation est en général supérieure à 800 m, et il constitue un obstacle difficilement franchissable. Les pluies très abondantes entretiennent des forêts denses. On désigne parfois improprement sous le nom de « Ghâts de l'Est » les massifs discontinus qui bordent le golfe du Bengale.

**GHAZĀLĪ (Abū Ḥamīd Muḥammad AL-)**, connu sous le nom de **Algazel** ➝ ÉTYM. de l'ar. *ğazal* « gazelle » ♦ Théologien et penseur de l'islam (Tūs, Khorassan 1058 - *id.* 1111). Après avoir professé à Bagdad, il fut pèlerin errant pendant près de dix ans (Palestine, Arabie). Il revint enseigner à Nichahpour, avant de se retirer à Tūs où il vécut comme soufi. Son œuvre principale, *Ihyā 'ulūm al-dīn* (« Revivification des sciences religieuses »), est l'un des documents primordiaux pour la connaissance des sciences et de la foi islamique. Il est l'auteur de traités de polémique philosophique (*Tahāfut al-falāsifa* « Incohérence des philosophes », auquel répondit Averroès* ; *Al-Munqidh min al-dhalāl* « Erreur et délivrance ») et de soufisme (*Al-Jawāhir al-ghawāli* « Les Perles précieuses »). Sa doctrine conservatrice fut essentielle dans l'évolution de l'islam. ➝ **soufisme.**

**GHAZAOUET** – anc. ***Nemours*** ♦ V. d'Algérie (wilaya de Tlemcen). 24 833 hab. Pêche. Céramique. Faïence. Station balnéaire. Port exportateur des produits miniers du Maroc oriental.

**GHAZNAVIDES** n. m. pl. ♦ Dynastie turque qui régna sur l'Afghanistan et le Panjab (X^e^ - XII^e^ s.), fondée par Alptegīn* (962), ancien capitaine des gardes des émirs samanides de Boukhara et de Samarkand. Il s'empara de la ville de Ghazni* et en fit la capitale de la dynastie. Au début, les Ghaznavides furent les vassaux des Samanides ; mais ils s'affranchirent de cette tutelle en 999. L'apogée de la dynastie fut le règne de Mahmud* de Ghazni (998 - 1030) qui entreprit des raids fructueux contre le Khorassan, l'Irak et l'Inde du Nord-Ouest. Ses descendants furent médiocres. Ghazni fut prise par les princes de Ghōr (1150) et le dernier des Ghaznavides se réfugia dans ses possessions indiennes.

**GHAZNI** ♦ V. de l'Afghanistan oriental, ch.-l. de prov., à 2 200 m d'alt. 46 000 hab. Artisanat du cuir. Vestiges archéologiques préislamiques et ghaznavides. ▮ **Histoire** Important centre bouddhique au VII^e^ s., la ville fut rasée par les Saffarides* (869) avant de devenir capitale des Ghaznavides*, puis des Ghorides*. À nouveau détruite par les Mongols (1221), elle fut amenée à l'Empire mogol par Bābur (1504) ; la cité ne retrouva jamais sa grandeur passée mais son imposante citadelle a toujours contrôlé la route de Kaboul* vers le S. de l'Afghanistan.

**GHELDERODE (Adémar MARTENS, dit Michel DE)** ➝ ÉTYM. p.-ê. de *Gelrode*, village près de Malines, où habitait l'une de ses tantes ♦ Auteur dramatique belge d'expression française (Ixelles 1898 - Schaerbeek 1962). La violence d'une nature tourmentée, une angoisse métaphysique aspirant à l'absolu du bien comme du mal, une bouffonnerie et un lyrisme proches de Bruegel l'Ancien et de Jérôme Bosch s'incarnent dans les personnages de ces farces où la mort est toujours présente : *La Mort du docteur Faust* (1926), *Escurial* (1928), *Barabbas* (créé en 1929, publ. 1932), *La Balade du Grand Macabre* (1935), *Hop signor !* (1938).

**GHÉON (Henri Léon VANGEON, dit Henri)** ➝ ÉTYM. de la dern. syllabe de son n. [en référence également au gr. *gê* « la Terre »] ♦ Poète dramatique français (Bray-sur-Seine 1875 - Paris 1944). Il participa à la fondation de *La Nouvelle* Revue française* (1909) et fut, avec Jacques Copeau*, l'un des animateurs du théâtre du Vieux-Colombier (1913). Il fit représenter, par la troupe des « Compagnons de Notre-Dame », des pièces d'une inspiration à la fois chrétienne et populaire : *Le Pauvre sous l'escalier* (1921), *Le Noël sur la place* (1935), *Le Mystère de la messe* (1934).

**GHEORGHIU-DEJ (Gheorghe)** ♦ Homme d'État roumain (Bîrlad, Moldavie 1901 - Bucarest 1965). Il adhéra au parti communiste dès 1930, mais fut incarcéré de 1933 à 1944. Secrétaire général du PC en 1945, il dirigea le gouvernement de 1952 à 1955 et devint chef de l'État en 1961.

**GHERARDESCA (Ugolin)** ♦ Homme politique italien (mort à Pise en 1288). Gibelin, il se rapprocha du chef des guelfes, Jean Visconti, et fut banni de Pise, mais l'aide des Florentins et des Lucquois lui permit de prendre le pouvoir et d'établir un régime de terreur. Renversé par une conspiration menée par l'archevêque Ruggiero degli Ubaldini, il fut enfermé avec ses fils et ses neveux dans une tour (« tour de la Faim ») où, selon la légende, il serait mort de faim, le dernier, après avoir tenté de manger ses enfants. Son supplice inspira Dante*, dans *L'Enfer*.

**GHERARDI (Evaristo)** ♦ Acteur italien (Prato 1663 - Paris 1700). D'une famille de comédiens, il fut l'un des plus prestigieux arlequins* de la Comédie*-Italienne. Il fit toute sa carrière à Paris et publia *Le Théâtre italien* (1700) qui constitue l'une des sources les plus importantes sur la commedia* dell'arte. ➝ ÉTYM. Ce nom italien vient du germanique *Gerardus*, nom de personne, de *gēr* « lance » et *hard* « fort ».

**GHIBERTI (Lorenzo)** ♦ Orfèvre, architecte et sculpteur italien (Florence 1378 ou 1381 - 1455). Il remporta devant six concurrents, dont Brunelleschi* et Jacopo* della Quercia, le concours de 1401 pour la deuxième porte du baptistère de Florence et exécuta celle-ci (1403 - 1424) s'inspirant du plan d'Andrea* Pisano. La troisième porte constitua son chef-d'œuvre (1425 - 1452) ; Michel-Ange l'appela «Porte du paradis» (1425 - 1452). Accomplissement d'une évolution déjà lisible dans le *Saint Matthieu* d'Orsanmichele (1419 - 1423) et les reliefs des fonts baptismaux de Sienne (1425 - 1427), elle conserve du style gothique international de la deuxième porte la grâce précieuse et l'élégance, mais les dernières découvertes de la peinture et de la sculpture sont appliquées dans le traitement de l'espace et du mouvement (perspective, éléments naturels et architecturaux, influences de l'antique, de Donatello). Architecte, Ghiberti travailla avec Brunelleschi à Santa Maria del Fiore. Il a écrit des *Commentaires* qui nous renseignent sur sa vie et l'art du Trecento.

**GHIKA** ♦ Famille princière roumaine, d'origine albanaise, qui a donné de nombreux princes de Moldavie et de Valachie du XVII<sup>e</sup> au XIX<sup>e</sup> s.

**GHIL (René)** ← ÉTYM. abrév. de *Guilbert,* son vrai nom ♦ Écrivain français d'origine belge (Tourcoing 1862 - Niort 1925). Disciple de Mallarmé, persuadé que la poésie est, par le symbole, le moyen d'accès au monde des idées, il débuta par un recueil de «poèmes en essai», *Légende d'âmes et de sangs* (1885), puis composa un triptyque, *Dire du mieux* (1889), *Dire des sangs* (1898) et *Dire de la loi* (1900). Dans son *Traité du verbe* (1885), il s'inspire de Rimbaud pour exposer ses théories sur la valeur colorée et instrumentale des voyelles.

**GHIRLANDAIO (Domenico di Tommaso BIGORDI, dit)** ← ÉTYM. it. «marchand de couronnes» (son père fabriquait des couronnes) ♦ Peintre italien (Florence 1449 - *id.* 1494). Il ne quitta Florence qu'en 1481 - 1482, appelé par Sixte IV, pour un voyage à Rome où il composa la célèbre *Vocation des apôtres Pierre et André* (Sixtine*). Aîné de trois frères, il dirigeait leur atelier commun, où Michel*-Ange étudia, représentant dans ses fresques, avec un réalisme sobre, la Florence de son siècle et les grands bourgeois florentins, ses clients (*Vie de saint François,* à Santa Trinità ; *Vie de la Vierge et de saint Jean-Baptiste,* à Santa Maria Novella). Alliant l'art du portrait à celui de la fresque, il sut joindre, au métier qu'il possédait, à son sens de la décoration et de la couleur, l'apport de recherches nouvelles (perspective) et d'influences enrichissantes : celles de son maître Baldovinetti*, de ses contemporains italiens ou flamands, comme en témoigne le *Vieillard avec un enfant* du Louvre (qui possède aussi de lui une *Visitation*).

**Ghirlandaio.** *Portrait d'un vieillard et d'un jeune garçon* (67,2 × 46,3 cm). Musée du Louvre, Paris. *Phot. © Arch. Smeets*

**GHISONACCIA** [20240] ← ÉTYM. dimin. de *Ghisoni* (comm. corse) ♦ Comm. de la Haute-Corse, arr. de Corte, sur le Fiumorbo. 3 168 hab. Centre agricole.

**GHOR** n. m. ♦ Dépression du Proche-Orient, séparée de la Bekaa libanaise par le massif de l'Hermon. Partagée entre la Cisjordanie, occupée par Israël, et la Jordanie, elle constitue, du lac de Tibériade à la mer Morte, sur plus de 100 km, la vallée du Jourdain que prolonge celle du wadi (oued) Araba de la mer Morte au golfe d'Akaba.

**GHORIDES** n. m. pl. ♦ Dynastie originaire du Ghōr (Afghanistan central). D'abord vassale des Ghaznavides*, elle s'en rendit indépendante en 1150 (prise de Ghazni) et établit progressivement son autorité sur un vaste territoire englobant l'Afghanistan actuel, le Khorassan* et le N.-O. de l'Inde qu'elle gouverna à partir de deux capitales complémentaires, Ghazni* et Fīrūzkōh*. Miné par les intrigues des nombreux mercenaires turcs qu'il employait, l'empire ghoride s'écroula en 1215.

**GHRIB** ♦ Barrage-réservoir d'Algérie (wilaya de Chleff), sur le Chéliff. Il a une retenue de 280 millions de $m^3$ et permet l'irrigation de 30 000 ha. Centrale hydroélectrique.

**GIACCONI (Ricardo)** ♦ Physicien américain d'origine italienne (Gênes 1931). Il conçut et construisit les premiers détecteurs des rayons X cosmiques. Placés dans l'espace (car l'atmosphère absorbe les rayons X), sur les fusées, puis à bord de satellites, ces appareils permirent de découvrir, dès 1962, de nombreuses sources lointaines de rayons X, contribuant à l'élaboration d'une nouvelle image de l'Univers. [Prix Nobel de phys. 2002 avec R. Davis* et M. Koshiba*]

**GIACOMETTI (Alberto)** ♦ Sculpteur, dessinateur et peintre suisse (Stampa, Grisons 1901 - Coire 1966). Fils du peintre impressionniste GIOVANNI GIACOMETTI (1868 - 1933) et cousin du dadaïste zurichois AUGUSTO GIACOMETTI (1877 - 1947). Il poursuivit ses études à Genève (1919), séjourna en Italie, puis s'établit à Paris en 1922 où il devint élève de Bourdelle (1922 - 1925). Il évolua vers une interprétation très stylisée des formes humaines, sous l'influence de Brancusi, Lipchitz, Laurens, de la sculpture africaine et de l'art des Cyclades. Il créa des œuvres aux volumes élémentaires, massifs et lisses qui, par leur titre et la nature de leur agencement, prennent une valeur symbolique teintée d'humour et d'érotisme, révélant des affinités avec les préoccupations surréalistes (*Le Couple,* 1926 ; *Femme cuiller,* 1928). Il adhéra au surréalisme en 1930, réalisant des constructions plus linéaires, souvent placées sur des tablettes qui concrétisent un espace imaginaire (*La Cage,* 1931 ; *Le Palais à quatre heures,* 1932 - 1933) ainsi que des objets «à fonctionnement symbolique» (*La Boule suspendue,* 1930), des figures mystérieuses (*L'Objet invisible,* 1934 - 1935). Il rompit ensuite avec le surréalisme et, poursuivant une recherche solitaire, revint au modèle, cherchant une «ressemblance» qui ne soit ni vériste ni minutieuse, mais qui exprime sa volonté d'appréhender la réalité des formes dans l'espace. Ainsi, à partir de 1935, il modela dans le plâtre des statuettes aux dimensions de plus en plus réduites,

Alberto **Giacometti.** *Femme nue debout,* bronze (70 × 17,5 × 23 cm). MNAMGP, Paris. *Phot. © MNAMGP*

aux volumes comme aplatis et étirés, à la surface d'aspect accidenté. Vers 1945, pratiquant le dessin et une peinture presque monochrome, il représenta des personnages isolés, cherchant à les définir par un trait insistant et fouillé. Il eut ensuite tendance à augmenter les dimensions de ses sculptures, figura des personnages immobiles aux pieds énormes comme enracinés dans le sol. Il leur donna l'apparence d'une frêle armature allongée et réduite à une surface corrodée. Puis il les représenta en mouvement *(L'Homme qui marche, L'Homme qui chavire)* et groupa aussi sur un socle des personnages et des têtes selon des échelles différentes (*La Forêt*, 1950). Toujours angoissé et insatisfait, il reprit inlassablement les mêmes thèmes et donna à ses personnages des contours indistincts comme s'ils étaient saisis à distance. ♦ **Diego Giacometti.** Sculpteur suisse (Stampa 1902 - Paris 1984). Frère d'Alberto qu'il a secondé, l'aidant notamment à mouler ses œuvres. Il est le créateur de pièces de mobilier en bronze d'un grand raffinement (fondation Maeght, Saint-Paul-de-Vence ; musée Picasso, Paris). ➝ ÉTYM. *Giacometti* est la forme italienne de *Jecquemeau (Jacquemot, Jacquemond)*, diminutif de *Jacques**.

**GIA ĐINH** ♦ V. du Viêtnam (Sud), au N.-E. de l'anc. Saigon, sur la rive d. de la rivière de Saigon, correspondant aux arrondissements urbanisés de Phú Nhuận, Gò Vấp, Bình Thạnh de la cité-province de Hồ Chí Minh-Ville. Env. 950 000 hab.

**GIAEVER (Ivar)** ♦ Physicien américain d'origine norvégienne (Bergen 1929). Il réalisa un dispositif expérimental utilisant l'effet tunnel, qui permit de vérifier certaines prévisions théoriques sur les supraconducteurs, formulées par Bardeen*, Cooper et Schrieffer. [Prix Nobel de phys. 1973, avec L. Esaki* et B. Josephson*]

**GIA LONG** ♦ Nom de règne de l'empereur vietnamien Nguyễn Thế Tổ, de son vrai nom Nguyễn Ánh (Huế 1762 - *id.* 1820), qui régna à Huế à partir de 1802. Il fonda la dynastie des Nguyễn* qui dura jusqu'en 1945. Aidé d'officiers français, et sur les conseils de l'évêque Pigneau de Béhaine, il s'allia avec la France, favorisant son influence, et conquit la plus grande partie du Viêtnam actuel, tombée sous la domination des Tây Sơn. Bon administrateur, il étendit sa suzeraineté sur le Cambodge, réforma son armée et son administration, et ouvrit de nouvelles routes.

**GIAMBELLINO** ➝ **Bellini**

**GIAMBOLOGNA** nom italianisé de **Jean de Boulogne,** dit aussi **Jean Bologne** ♦ Sculpteur d'origine flamande (Douai ? 1529 - Florence 1608). Formé probablement à Anvers, il séjourna à Rome de 1555 à 1557 et se fixa ensuite à Florence où il obtint la protection de François de Médicis ; il travailla aussi à Bologne, réalisant pour le pape Pie IV la *Fontaine de Neptune* (1563 - 1567). L'emprise du naturalisme flamand et de la sculpture hellénistique se mêla chez lui aux apports du maniérisme florentin, aboutissant à la formation d'un style varié et d'une grande maîtrise technique. Il créa des nus sensuels et raffinés (*Vénus* de Petraia, 1567) d'un formalisme élégant et original (*Vénus* des jardins Boboli, 1570). Il eut aussi le goût du mouvement, cherchant les effets gracieux d'une composition en équilibre instable (*Mercure* dit *de Médicis*, 1580) ou plus puissant, grâce à une ordonnance dynamique, ouverte et tumultueuse (*Enlèvement d'une Sabine* pour la Loge des Lanzi). Il réalisa de nombreux travaux de décoration pour les jardins (le colossal et surprenant *Apennin*, dieu-fleuve, d'esprit maniériste du parc de Pratolino) et travailla aussi pour les églises (chapelle Saint-Antonin à Saint-Marc de Florence, 1581 - 1589). Il fit preuve dans la statue équestre de *Cosme Ier* (1587 - 1594) d'un esprit plus mesuré et traditionnel et exerça une influence notable sur la sculpture européenne, plus particulièrement à Versailles.

**Giambologna.** *L'Apennin.* Villa Médicis, Pratolino. *Phot. © Arch. Smeets*

**GIANDJA** ➝ **Gandja**

Le **Giaour** ♦ Poème de Byron* (1813). Le héros, appelé le «Giaour», du terme péjoratif employé par les Turcs pour désigner les non-mahométans, sauve Leila injustement jetée à la mer par son maître Hassan. Le premier de la série des héros byroniens, il incarne la fatalité romantique. ▪ Delacroix s'inspira de ce poème pour son tableau *Le Giaour et le Pacha*.

**GIÁP** ➝ **Võ Nguyễn Giáp**

**GIARD (Alfred)** ♦ Biologiste français (Valenciennes 1846 - Orsay 1908). Fondateur de la station zoologique maritime de Wimereux, il contribua à faire connaître les théories évolutionnistes. [Acad. sc. 1900]

**GIAUQUE (William Francis)** ♦ Physicien et chimiste américain (Niagara Falls, Canada 1895 - Oakland 1982). Il proposa une méthode d'obtention de très basses températures par la désaimantation adiabatique, avec laquelle il parvint à refroidir le sulfate de gadolinium jusqu'à 0,25 K. Il prédit l'existence des isotopes lourds de l'oxygène (1929) qu'il découvrit ensuite expérimentalement. [Prix Nobel de chim. 1949]

**GIBBON (Edward)** ♦ Historien britannique (Putney 1737 - Londres 1794). Il vécut à Lausanne chez un érudit calviniste, lut Pascal et Montaigne, connut Voltaire et Suzanne Curchod (qui deviendra la mère de Mme de Staël) dont il s'éprit. Un voyage à Rome (1764) lui donna l'idée d'une étude historique de l'Empire romain (*Histoire du déclin et de la chute de l'Empire romain*, 1776). Gibbon y soutenait que le triomphe de l'Église est lié au déclin de l'Empire romain. Par son sens de la synthèse, l'œuvre de Gibbon est sans doute l'une des premières tentatives d'histoire scientifique ; cependant, l'auteur, qui sait brosser les portraits des personnages historiques, y est toujours présent et pose les problèmes de son temps, le Siècle des lumières.

**GIBBONS (Orlando)** ♦ Compositeur et organiste anglais (Oxford 1583 - Canterbury 1625). Benjamin d'une famille de musiciens, il fut organiste de la chapelle royale (1605) et de l'abbaye de Westminster (1623). Fidèle à la tradition polyphonique du XVIe s. qu'il sut enrichir d'harmonies et d'ornements d'une savante recherche, il a composé de la musique d'église (services, *anthems, verse anthems*) et de la musique profane (madrigaux, fantaisies, pavanes, gaillardes, pièces pour virginal et violes). Égal de Byrd, il porta avec lui la musique élisabéthaine à son sommet.

**GIBBS (James)** ♦ Architecte britannique (Aberdeen 1682 - Londres 1754). À Rome, il étudia auprès de Carlo Fontana de 1703 à 1709. Il fut ensuite chargé avec Wren* de la reconstruction des églises londoniennes et, subissant fortement l'influence de ce dernier, il éleva St. Mary-in-the-Strand (1714 - 1717) ainsi que St. Martin-in-the-Fields (1722 - 1726). Il est aussi l'auteur de la cathédrale de Derby, de Senate House à Cambridge (1722 - 1730) et de la bibliothèque Radcliffe à Oxford (1737 - 1742), sur un plan circulaire. Subissant moins que ses contemporains l'emprise du palladianisme, il adopta souvent des partis pris empruntés au baroque romain. Son ouvrage, *A Book of Architecture*, inspira de nombreux architectes américains jusqu'au XIXe s.

**GIBBS (Josiah Willard)** ♦ Physicien américain (New Haven, Connecticut 1839 - *id.* 1903). Auteur de travaux sur l'analyse vectorielle et la mécanique statistique à la base de la physique théorique moderne, il est surtout connu en tant que fondateur de la chimie physique par l'application de la thermodynamique à l'étude des processus chimiques. Il énonça notamment la règle des phases, fondamentale dans l'étude des équilibres physicochimiques, et introduisit la notion de potentiel chimique. ➝ ÉTYM. *Gibbs* est l'apocope de l'anglais *Gibbson* «fils *(son)* de Gibb (abréviation de *Gilbert*)».

**gibelins** n. m. pl. ➝ **guelfes et gibelins.**

**GIBERVILLE** [14730] ➝ ÉTYM. anc. *Guesbervilla* «domaine (lat. *villa*) de Gois-bert (*Gaucioberht*, n. de pers. germ.)» ♦ Comm. du Calvados, banl. E. de Caen. 4 606 hab.

**GIBRALTAR** ➝ ÉTYM. en ar. ***Jabal al-Ṭāriq*** «montagne de Tariq» ♦ Colonie britannique (6 km²), à l'extrémité méridionale de la péninsule Ibérique, dominée par le *rocher de Gibraltar* (426 m). 30 000 hab. Port de transit international (ravitaillement pétrolier) et importante base aéronavale britannique. Centre financier offshore. Tourisme. ▮ **Histoire** L'anc. *Calpé* (Colonnes d'Hercule) fut envahi par les Maures de Ṭāriq*, qui y restèrent jusqu'en 1462. Elle fut reprise par les Espagnols, puis les Anglais s'en emparèrent lors de la guerre de Succession* d'Espagne (1704) et leurs droits furent reconnus par le traité d'Utrecht* (1713). Elle servit de base militaire lors des deux conflits mondiaux. Lorsque l'ONU somma la Grande-Bretagne de «décoloniser» le territoire avant 1969, la population locale refusa d'être rattachée à l'Espagne (référendum de 1967). Celle-ci, qui revendique la souveraineté de Gibraltar, ferma sa frontière de 1967 à 1980.

**GIBRALTAR** (détroit de) ♦ Bras de mer séparant l'Europe de l'Afrique, l'Atlantique de la Méditerranée. Sa largeur est de 15 km env. et sa profondeur de 350 m. C'est une importante voie de passage où s'abritent de nombreux ports : Gibraltar*, Algésiras* et Tarifa* en Europe, Ceuta* et Tanger* en Afrique.

**GIBRAN (Gibran Khalil)** → ÉTYM. *Gibran* : ar. «force» et *Khalīl* : «ami intime» ♦ Poète et peintre libanais (Bcharré 1883 - New York 1931). Il fit des études artistiques à Paris (où il fréquenta Rodin) et à Boston. Il commença à publier ses poèmes en 1904 dans un quotidien de langue arabe édité à New York, où il s'installa définitivement en 1910, ne cessant jamais de s'intéresser aux destinées de son pays natal, et le soutenant dans sa lutte pour échapper au joug ottoman. Doublée d'une œuvre picturale importante qu'on peut rapprocher de celle de William Blake*, son œuvre visionnaire allie profondeur et simplicité. Elle se partage entre l'arabe et l'anglais, langue dans laquelle il composa ses livres les plus célèbres : *Le Fou* (1918), *Le Prophète* (1923) et *Le Jardin du Prophète* (posth. 1933).

**GIBSON (Ralph)** ♦ Photographe américain (Los Angeles 1939). Assistant de Dorothea Lange, puis photographe de publicité et de mode, il fonda en 1969 la maison d'édition Lustrum Press où il publia notamment sa trilogie photographique, *The Somnambulist* (1970), *Déjà vu* (1973), *Days at Sea* (1974). Nourri de conceptions surréalistes, il évolua vers la recherche de formes minimales en gros plan.

**GIBSON** (désert de) ♦ Désert d'Australie-Occidentale, entre le Grand Désert de Sable et le Grand Désert Victoria*. Exploré en 1874 par E. Giles.

**GIDDINGS (Franklin Henry)** ♦ Sociologue américain (près de Sherman, Connecticut 1851 - Scarsdale, près de New York 1931). Il a fait de la «conscience d'espèce» la base de l'organisation sociale et étudié les facteurs psychiques (communication, imitation, sympathie, etc.) de l'intégration des individus dans le groupe (*Principes de sociologie*, 1896 ; *The Theory of Socialization*, 1897 ; *The Scientific Study of Human Society*, 1924).

**GIDE (Charles)** ♦ Économiste français (Uzès 1847 - Paris 1932). Fondateur, avec Gouth, de l'Association protestante pour l'étude et l'action sociale (1887), il fut un des principaux théoriciens du coopératisme (école de Nîmes). Œuv. princ. : *Principes d'économie politique* (1884), *La Coopération* (1900), *Histoire des doctrines économiques*, avec Rist (1909), *Les Sociétés coopératives de consommation* (1910). Ch. Gide était l'oncle d'André Gide.

**GIDE (André)** ♦ Écrivain français (Paris 1869 - *id.* 1951). Issu, par son père, d'une famille protestante du Languedoc, par sa mère, de la bourgeoisie catholique normande, A. Gide attribua à cette double ascendance la double postulation sensible dans son œuvre. ▮ **Les premières œuvres** Tôt orphelin de père et élevé, selon une morale rigide, par une mère autoritaire, il épousa en 1895 sa cousine Madeleine à laquelle l'unissaient des sentiments sur lesquels il s'était déjà exprimé dans *Les Cahiers d'André Walter* (1891), recueil de proses poétiques. À la même veine symboliste appartiennent *Le Traité du Narcisse* (1891) et *La Tentative amoureuse ou le Traité du vain désir* (1893). ▮ **De «Paludes» à «Thésée»** Parti en convalescence en Algérie (1893), Gide y traversa une crise spirituelle déterminante ; prônant désormais la légitimité d'un bonheur humaniste («rien que la terre») et le refus des acquisitions de l'éducation ou des impératifs de la morale, l'écrivain exalta la «ferveur» et l'ivresse d'une disponibilité sensuelle dans *Les Nourritures* terrestres* (1897). Déjà nuancé dans le conte philosophique *Prométhée mal enchaîné* (1899) et dans le drame *Saül* (1903), cet idéal individualiste fut nettement tempéré dans *L'Immoraliste** (1902). En 1909, parut (dans *La Nouvelle* Revue française*, qu'il venait de fonder avec Copeau* et J. Schlumberger*) *La Porte* étroite* où, manifestant une impartialité austère, Gide respectait l'«évasion vers le sublime» de son héroïne Alissa. Tendu vers la recherche d'un équilibre intérieur qui tînt compte également de la sensualité et de l'intelligence, de l'égoïsme et de l'altruisme, l'écrivain composa successivement *Les Caves* du Vatican* (1914) et *La Symphonie pastorale* (1919), drame moral et conjugal d'un pasteur protestant (d'où l'équivoque du titre), où le classicisme de l'expression sert la ferveur sincère du ton. En 1925, un roman complexe, à la fois lyrique et critique, *Les Faux*-Monnayeurs*, reprenait le problème de la création littéraire, abordé dans la jeunesse de l'écrivain avec *Paludes* (1895). Orienté vers un idéal humanitaire, après un voyage en Afrique noire, il dénonça les excès du colonialisme (*Voyage au Congo*, 1927 ; *Retour du Tchad*, 1928) et se rapprocha du parti communiste, nuançant cependant sa position dans *Retour de l'URSS* (1936) avant de s'opposer nettement aux communistes. En 1946, *Thésée* allait apporter la conclusion de la pensée morale de l'auteur en exaltant toute forme d'action qui rend aux hommes leur liberté intérieure. ▮ **Les écrits autobiographiques** Parallèlement, dans son *Journal* tenu depuis 1889 (publ. 1943 - 1953), l'écrivain rendait compte avec une sincérité lucide et une constante exigence littéraire de la complexité de sa vie morale, sentimentale et intellectuelle, complétant ainsi un roman autobiographique, *Si le grain ne meurt* (1920 et 1924), un essai ancien, *Corydon* (1911 ; 1920 ; signé 1924), où il avait fait une courageuse et minutieuse apologie de l'homosexualité masculine, et ses *Correspondances*, riches et élaborées (avec F. Jammes, 1948 ; P. Claudel, 1949 ; Rilke, posth. 1952, et Valéry, 1955). [Prix Nobel de littér. 1947] → ÉTYM. Ce nom de famille vient du germanique *Gido*, nom de personne, de *gid* «chant, poème».

**GIÉ (Pierre),** maréchal **DE GIÉ,** vicomte **DE ROHAN** ♦ Maréchal de France (Mortier-Crolles, Anjou 1451 - Paris 1513). Au service de Louis* XI, il reconquit les places de Flandre reprises par Maximilien d'Autriche.

**GIEC** → **Groupe* intergouvernemental d'experts sur l'évolution du climat**

**GIELGUD** (sir **Arthur John**) ♦ Acteur et metteur en scène britannique (Londres 1904 - Aylesbury 2000). Il a consacré une grande partie de sa vie à la mise en scène et l'interprétation des grandes pièces de Shakespeare. Ayant débuté à l'Old Vic en 1921 avec *Hamlet*, il réalisa sa première mise en scène en 1935 (*Roméo et Juliette*, avec Peggy Ashcroft). Au cinéma, il interpréta Cassius dans *Jules César* de Mankiewicz (1953), Clarence dans *Richard III* de L. Olivier (1955) et tint le rôle de l'écrivain dans *Providence* de A. Resnais (1977).

**GIEN** [ʒjɛ̃] [45500] → ÉTYM. anc. en gaul. *Giemagus, Giomus*, p.-ê. «le marché *(magos)* du dieu *(divo)* [ou placé sous la protection divine]» ♦ Ch.-l. de cant. du Loiret, arr. de Montargis, dans le Val d'Orléans, sur la Loire. 15 332 hab. (aggl. 18 540) *(Giennois)*. Le château (1484) abrite le musée international de la Chasse (armes, tapisseries, tableaux). ▪ Faïencerie fondée en 1821 (vaisselle et carrelages). ▮ **Histoire** Très endommagée pendant la Deuxième Guerre mondiale, la ville a été élégamment reconstruite.

**GIENS** (presqu'île de) → ÉTYM. p.-ê. de la rac. prélatine *gen-* «mâchoire, bouche, golfe» ♦ Anc. île de la Méditerranée, dép. du Var, reliée au continent par deux langues de sable (tombolo) ; elle sépare le golfe de Giens de la rade d'Hyères. Salines. Embarcadère pour les îles d'Hyères. Lieu de villégiature.

**GIER** n. m. ♦ Affl. du Rhône (rive d.), confluant à Givors (44 km).

**GIEREK (Edward)** ♦ Homme politique polonais (Porąbka 1913 - Cieszyn 2001). Mineur dans le Pas-de-Calais, il adhéra au Parti communiste français (1931), mais, à la suite d'une grève, il fut renvoyé en Pologne en 1934. En 1937, il émigra en Belgique. De retour en Pologne en 1948, il devint secrétaire du parti communiste pour la voïévodie de Katowice. Membre du Bureau politique en 1956, il succéda en 1970 à Gomułka comme premier secrétaire du parti ouvrier unifié. À la suite des émeutes ouvrières de 1980, il fut destitué puis exclu du parti (1981).

**GIÈRES** [38610] → ÉTYM. anc. *Jaira*, p.-ê. du franco-prov. *jaire* «se coucher [allus. à un gîte]» ♦ Comm. de l'Isère, banl. E. de Grenoble. 6 127 hab.

**GIESEKING (Walter)** ♦ Pianiste allemand (Lyon 1895 - Londres 1956). Il fut l'un des meilleurs interprètes de la musique française pour piano (Debussy, Ravel) qu'il contribua à faire connaître en Allemagne. Avec son maître K. Leimer, il a publié un *Traité du piano moderne* (1931). Compositeur, il est l'auteur d'œuvres pour piano, cordes et instruments à vent.

**GIESSEN** → ÉTYM. haut all. «la ville *(burc)* sur *(zē)* les *(din)* cours d'eau *(giezzen)*» ♦ V. d'Allemagne (Hesse), dans la vallée de la Lahn. 72 468 hab. (zone urbaine 155 000). Univ. Châteaux des XIVe et XVIe s., maisons anc. ▪ Métall. et construc. mécaniques. Mines de manganèse dans les environs. La fusion de Giessen, de Wetzlar* et de 14 autres communes en une ville nommée Lahn en 1974 fut dénoncée par la population et annulée en 1979.

**GIFFARD (Henry)** ♦ Ingénieur français (Paris 1825 - *id.* 1882). Il est l'auteur de nombreuses inventions dont le premier dirigeable, propulsé par une machine à vapeur (1851), et l'injecteur de vapeur qui porte son nom (1858).

**GIFFRE** n. m. → ÉTYM. anc. *Gifrie*, probablt d'une rac. onomatopéique exprimant le bruit du torrent ♦ Affl. de l'Arve, en Haute-Savoie (50 km). Il traverse Samoëns, Taninges et conflue en amont de Bonneville.

**GIF-SUR-YVETTE** [91190] – anc. *Gitum* ♦ Ch.-l. de cant. de l'Essonne, arr. de Palaiseau, dans la vallée de Chevreuse. 21 364 hab. *(Giffois)*. Laboratoires du CNRS (phytotron). École supérieure d'électricité.

**GIFU** ♦ V. du Japon (Honshū), ch.-l. de préf. 399 931 hab. Centre indus. important (céramiques, filatures, petite métall.). La ville est célèbre pour ses fabriques de papier, ses lanternes et ses pêches nocturnes au cormoran sur la rivière Nagara.

**GIGLI (Beniamino)** ♦ Ténor italien (Recanati 1890 - Rome 1957). Il s'illustra, de 1914 à 1955, sur les plus grandes scènes du monde, interprétant avec éclat le répertoire lyrique italien (Boito, Verdi, Puccini, Mascagni).

**GIGNAC** [34150] → ÉTYM. anc. *Gignachum*, du gaul. *Gennius*, n. de pers., et suff. *-acum* ♦ Ch.-l. de cant. de l'Hérault, arr. de Lodève, dans la plaine de l'Hérault. 3 955 hab. *(Gignacois)*. Viticulture (raisin de table).

**GIGNAC-LA-NERTHE** [13180] ♦ Comm. des Bouches-du-Rhône, arr. d'Istres. 9 189 hab.

**GIGNOUX (Maurice)** ♦ Géologue français (Lyon 1881 - Grenoble 1955). Connu pour ses travaux de stratigraphie, en particulier sur les zones internes des Alpes, il introduisit la notion d'écoulement des roches par gravité. [Acad. sc. 1946]

**GIGONDAS** [84190] → ÉTYM. anc. *villa Jocundatis*, du lat. *Jucundus*, n. de pers. (lat. «agréable»), et suff. *-atis* ♦ Comm. du Vaucluse, arr. de Carpentras. 648 hab. Viticulture (gigondas).

**GIJÓN** ♦ V. d'Espagne (Asturies), sur le golfe de Gascogne. 274 037 hab. Port indus. (El Musel), exportant houille et minerai de fer. Indus. sidérurgiques et chimiques.

**GILA** (désert de) ♦ Zone désertique du S.-O. des États-Unis, formant notamment la partie sud de l'Arizona*. Elle est drainée par le *rio Gila*.

**GILBERT (William)** ♦ Médecin et physicien anglais (Colchester v. 1540 - Londres 1603). Il fut premier médecin de la reine Élisabeth. Auteur du premier traité sur le magnétisme (*De magnete*, 1600), il établit une théorie d'ensemble du magnétisme terrestre : se basant sur des expériences précises, il assimila la Terre à un aimant, remarqua les règles de répulsion et d'attraction des aimants par leurs pôles, l'aimantation d'un barreau de fer doux dans un champ magnétique et l'influence de la chaleur sur le magnétisme du fer. Il donna également les premières notions sur l'électricité, dont une liste des corps électrisables par frottement.

**GILBERT (Nicolas)** ♦ Poète français (Fontenoy-le-Château, Vosges 1750 - Paris 1780). Adversaire des philosophes, il dénonça l'athéisme et la facilité des mœurs de son temps dans une véhémente satire en vers, *Le Dix-Huitième Siècle* (1775), avant de manifester une sensibilité élégiaque dans l'*Ode imitée de plusieurs psaumes*, souvent intitulée *Adieux à la vie* (1780) ; ce thème préromantique du poète malheureux et méconnu fut repris par Vigny dans *Stello* et *Chatterton*.

**GILBERT (Walter)** ♦ Biochimiste américain (Boston 1932). Auteur de recherches sur la détermination des séquences du code génétique, il mit au point une technique chimique permettant de couper sélectivement l'ADN et fut le premier à lancer l'idée de séquencer la totalité du génome humain. [Prix Nobel de chim. 1980, avec P. Berg* et F. Sanger*]

**GILBERT DE NEUFFONTS** (saint) ♦ (en Auvergne - Neuffonts 1152). Après l'échec de la deuxième croisade où il avait suivi Louis VII, il distribua ses biens et fonda l'abbaye de Neuffonts, en Limagne, rattachée à l'ordre des prémontrés, tandis que sa femme Pétronille fondait celle d'Aubepierre, au diocèse de Clermont. ▪ Fête le 7 juin. → **ÉTYM.** *Gilbert* vient du germanique *Giliberht*, nom de personne, de *gil* «ardent» et *berht* «illustre».

**GILBERT DE SEMPRINGHAM** (saint) ♦ (comté de Lincoln v. 1083 - Sempringham 1189). Religieux anglais, fondateur à Sempringham, en 1131, de l'ordre des *gilbertines* (sous la règle bénédictine) puis, en 1147, des *gilbertins* (chanoines réguliers et frères lais), ordre supprimé en 1538 par Henri VIII. ▪ Fête le 4 fév.

**GILBERT ET ELLICE** (îles) ♦ Anc. protectorat britannique établi en 1892 et annexé en 1915, comprenant 37 atolls et îles dispersés dans l'océan Pacifique O. et central, de part et d'autre de l'équateur. Les îles Ellice firent sécession en 1975 ; les autres archipels accédèrent à l'autonomie interne en 1976 puis à l'indépendance en 1979. → **Kiribati (république de), Tuvalu.**

**GILBERT-LECOMTE (Roger LECOMTE, dit Roger)** ♦ Écrivain français (Reims 1907 - Paris 1943). Issu d'une famille bourgeoise, il fonda avec Daumal*, Vailland* et le peintre Joseph Sima* la revue *Le Grand Jeu* (1923). S'élevant contre tous les dogmes et donc contre André Breton* il voulait associer toutes les expériences psychiques (fussent-elles provoquées par les stupéfiants) à une révolution radicale. Son œuvre, brève car il mourut à 36 ans frappé par le tétanos, est dominée par deux recueils poétiques, *La Vie l'Amour la Mort le Vide et le Vent* (1933) et *Le Miroir noir* (1938), auxquels il faut ajouter *Testaments* (posth. 1955). Sa *Correspondance* (1971) et ses *Œuvres complètes* (1974), qui comprennent également des écrits théoriques, ne furent accessibles qu'après un procès intenté contre sa légataire.

**Gil Blas de Santillane (Histoire de)** ♦ Roman de Lesage* (publié en 4 livres : I et II en 1715 ; III en 1724 ; IV en 1735), qui, s'inspirant de sources espagnoles nombreuses, illustre le genre des récits picaresques. Le jeune «écolier» Gil Blas, à la fois sagace et naïf, connaît de multiples aventures et avatars parmi les hommes, et se forge, à mesure de ses besoins, une morale aimable et facile. Les aventures que connaît le personnage central sont prétexte à des rencontres variées dans toutes les classes sociales, et à de nombreuses histoires secondaires qui se greffent sur le récit principal. Profondément originales apparaissent la vérité et la variété des portraits brossés avec un réalisme coloré qui n'exclut pas la peinture des détails («c'est le premier roman où l'on mange») ; ainsi cette fiction espagnole se transforme-t-elle en une satire de la société de la Régence.

**GILBRETH (Frank Bunker)** ♦ Ingénieur américain (Fairfield, Maine 1868 - Lakawanna, New Jersey 1924). Promoteur, avec F. W. Taylor*, de l'étude des mouvements et de l'organisation du travail.

**GILDAS** (saint) ♦ (Dumbarton, Écosse fin Ve s. - île de Houat, Bretagne 570). Disciple de saint Illtud, il prêcha le christianisme dans le N. de l'Angleterre, réorganisa l'Église d'Irlande, se retira à l'île de Houat (538) et fonda le monastère de Rhuys, près de Vannes. Auteur d'un *Sommaire de l'histoire d'Angleterre depuis la conquête romaine*. ▪ Fête le 29 janv. → **ÉTYM.** Ce nom breton vient peut-être de *guelt* «chevelure».

**GILETTE [06830]** ♦ Comm. des Alpes-Maritimes, arr. de Nice. 1 254 hab. Le 19 octobre 1793, le général Dugommier y repoussa les Austro-Sardes commandés par le général de Wins. Le *Combat de Gilette* fut immortalisé par un tableau d'A. Roehn exposé au château de Versailles.

**GILGAL, GUILGAL** ou **GALGALA** → **ÉTYM.** auj. *Jeljulieh* ; hébr. «cercle (de pierres sacrées)» ♦ Montagne de Palestine entre le Jourdain et Jéricho. Premier sanctuaire des Israélites après l'entrée en Canaan (Josué, IV, 20).

**GILGAMESH** ♦ Héros sumérien, roi d'Uruk*, l'un des principaux personnages de la mythologie assyro-babylonienne. Avec son ami Enkidu, il combat le géant Humbaba. La déesse Inanna (→ **Ishtar**) le proclame un héros, mais il refuse ses faveurs. La déesse se venge en envoyant contre les deux compagnons un «taureau céleste», qui est vaincu. Elle fait alors mourir Enkidu. Saisi de douleur et d'effroi, Gilgamesh part en quête de l'immortalité. Il finit par la trouver, sous l'espèce d'une plante marine, mais celle-ci lui est volée par un serpent. De retour, il se résigne à la condition mortelle. ▪ L'épopée de Gilgamesh est connue par des fragments sumériens et surtout par la version akkadienne trouvée parmi la bibliothèque d'Assurbanipal à Ninive*.

**Gilgamesh.**
Albâtre provenant du palais de Khorsabad, art assyrien -VIIIe s.
Musée du Louvre, Paris.
*Phot. © Arch. Smeets*

**GILIOLI (Émile)** ♦ Sculpteur français (Paris 1911 - *id.* 1977). Il étudia à Nice, puis à Paris et s'installa à Grenoble en 1939. Les œuvres de Brancusi, Laurens, Duchamp-Villon et Arp l'incitèrent à approfondir les recherches d'ordre plastique et à abandonner toute référence à la figuration traditionnelle. Ainsi, il élabora dans un style strictement non figuratif des volumes apparemment simples, mais subtilement irréguliers, infléchis ou tranchants. Tirant parti des matériaux précieux (marbres de couleurs variées, onyx, bronze doré, cristal), il donna aux surfaces lisses un aspect poli, produisant ainsi des jeux de reflet, des effets de luminosité (*L'Oiseau prisonnier*, 1958). Il a su faire preuve d'un puissant sens monumental : *Le Mémorial de Voreppe* (1946), *Le Monument aux déportés de Grenoble* (1950), *Le Gisant de Vassieux*, dans le Vercors (1952), *Monument-sculpture de la Résistance*, sur le plateau des Glières (1973).

**GILL (Louis-Alexandre GOSSET DE GUINES, dit André)** ♦ Peintre et dessinateur français (Paris 1840 - Charenton 1885). Célèbre par ses caricatures publiées dans *La Lune* ou *L'Éclipse*, il a laissé une série de portraits réalistes. Il illustra Zola et Daudet. Il réalisa l'enseigne du cabaret montmartrois, *Au lapin agile* (calembour sur son pseudonyme), où il déclamait des poèmes attaquant la bourgeoisie. ▪ *Illustration :* → **Verne (Jules).**

**GILL** (sir **David**) ♦ Astronome et géodésien britannique (Aberdeen 1843 - Londres 1914). L'un des premiers utilisateurs de la photographie en astronomie, il réalisa le relevé des étoiles polaires australes ; on lui doit également des recherches sur la parallaxe solaire et des opérations géodésiques en Afrique du Nord.

**GILLES** (saint) → **ÉTYM.** du gr. *Aigidios*, probablt de *aigis* «égide» ♦ Ermite (VIIIe s. ?) qui donna son nom au monastère et à la ville de Saint-Gilles, près de Nîmes. On ne connaît guère sur lui que des légendes, dont celle de la biche miraculeuse qui indiqua au roi l'emplacement de son ermitage. Elle est représentée sur un triptyque du Maître de Saint-Gilles (peintre flamand, fin XVe s.). ▪ Fête le 1er sept.

**GILLES (Jean),** dit **Jean de Tarascon** ♦ Compositeur français (Tarascon 1669 - Avignon 1705). On a conservé de lui 5 *Motets à grand chœur et symphonie*, 10 *Motets* à voix seule, 3 *Psaumes*, et surtout un *Requiem* qui fut donné aux obsèques de Rameau et de Louis XV.

**Gilles** ♦ Tableau de Watteau. → **Pierrot (Le)**

**GILLES DE ROME** – en it. ***Egidio Romano*** ou ***Columna*** ♦ Théologien italien (Rome v. 1243 - Avignon 1316). Il appartint à l'ordre des augustins dont il fut le général, après avoir été l'élève de saint Thomas d'Aquin et avoir lui-même enseigné la théologie. Il fut archevêque de Bourges puis cardinal. Son *De ecclesiastica potestate* est une des œuvres les plus caractéristiques de l'augustinisme politique.

**GILLESPIE (John Birks,** dit **Dizzy)** ♦ Trompettiste, chanteur et chef d'orchestre de jazz américain (Cheraw, Caroline du Sud 1917 - Englewood, New Jersey 1993). Trompettiste dans l'orchestre de Cab Calloway* (1939 - 1941), il devint à partir de 1943 un des créateurs du be-bop et s'associa avec Charlie Parker* en 1945. Il fonda ensuite son grand orchestre qui diffusa le style bop dans le monde entier, et à partir de 1950, dirigea des petites formations. Princ. enregistrements : *Groovin' High* (avec Charlie Parker, 1945), *Night in Tunisia* (1946), *Bahiana* (1975).

**GILLET (Guillaume)** ♦ Architecte français (Fontaine-Chaalis, Oise 1912 - Paris 1987). Fils de l'écrivain d'art LOUIS GILLET (Paris 1876 - *id.* 1943). 1er Prix de Rome en 1946, il a été marqué par la leçon de son maître A. Perret* (église en béton de Notre-Dame de Royan, 1954 - 1959). Visant la prouesse technique, il a cherché à en tirer des solutions plastiques élégantes (couvertures en verre mince des églises Saint-Crépin de Soissons, Saint-Joseph d'Avignon, du pavillon français de l'Exposition universelle de Bruxelles, 1958). Il est l'auteur de nombreux châteaux d'eau, de constructions scolaires et d'établissements pénitenciers (Fleury-Mérogis, 1968, avec la collab. notamment de Claude Charpentier). [Acad. des bx-arts 1968]

**GILLIAM (Terry)** ♦ Cinéaste britannique d'origine américaine (Minneapolis 1940). Membre de la fameuse équipe des Monty* Python, il a participé au délirant *Monty Python, sacré Graal* (1974), avant de faire cavalier seul avec le cauchemardesque *Brazil* (1985) puis une nouvelle version, très esthétique, des *Aventures du baron de Münchausen* (1988) ou encore le diabolique *Imaginarium du docteur Parnassus* (2009). *L'Armée des douze singes* (1995), glaçante parabole sur le déterminisme, s'inspirant de *La Jetée* de Chris Marker*, met en scène une impossible histoire d'amour entre deux êtres décalés dans le temps après une catastrophe planétaire.

**GILLIÉRON (Jules)** ♦ Linguiste suisse (Neuveville 1854 - Cergnaux-sur-Gléresse, Suisse 1926). Après des études à Bâle, puis à Paris où il fut l'élève de G. Paris*, il enseigna la dialectologie à l'École des hautes études (1883). Il entreprit en 1897, appuyé par G. Paris et assisté par E. Edmont, la vaste enquête qui aboutit à l'*Atlas linguistique de la France* (1902 - 1923).

**GILLINGHAM** ♦ V. d'Angleterre (district de Medway), à l'embouchure de la Medway, dans la banl. de Rochester, à l'E. de Londres. 90 000 hab. Chantiers navals. Jadis palais des archevêques de Canterbury.

**GILLOT (Claude)** ♦ Peintre, graveur et décorateur français (Langres 1673 - Paris 1721). Il représenta des scènes de genre qui montrent son attachement à la tradition hollandaise du XVIIe s. Fertile décorateur, il sut adapter sa peinture à l'esprit léger de l'époque et à ses besoins décoratifs. Il fut chargé de diriger les décors et les costumes de l'Opéra *(Dessins d'habillements à l'usage des ballets, opéras, comédies)*. Passionné par le théâtre, il représenta avec verve mais sans éviter une certaine sécheresse de facture les types et des scènes de la commedia dell'arte *(Théâtre-Italien ; Livre de scènes comiques ; Tombeau de Maître André)*. Il fut le maître de Watteau* et de Lancret* puis se consacra à la gravure (*Fables* de La Motte).

**GILMAN (Alfred G.)** ♦ Biologiste américain (New Haven, Connecticut 1941). Il isola la première protéine G, dont l'existence avait été prévue par Rodbell*. [Prix Nobel de physiol. ou méd. 1994, avec M. Rodbell]

**GIL ROBLES (José María)** ♦ Homme politique espagnol (Salamanque 1898 - Madrid 1980). Professeur de droit, journaliste et député, il fut l'un des chefs de la droite catholique (1933). Il se rallia à la République en 1933, et fut ministre de la Guerre en 1935. Après la victoire du Front populaire aux élections de 1936, son attitude, jugée ambiguë, éloigna de lui une partie de ses militants de droite au profit de la Phalange* ou des monarchistes. Exilé pendant la guerre civile, il revint en Espagne, où il fut l'un des dirigeants démocrates chrétiens jusqu'en 1977.

**GILSON (Paul)** ♦ Compositeur et pédagogue belge (Bruxelles 1865 - *id.* 1942). Professeur aux conservatoires de Bruxelles et d'Anvers, il a joué un rôle important dans la vie musicale flamande. Son œuvre, abondante, comprend des opéras (*Princesse rayon de soleil*, 1903), un oratorio *(Francesca da Rimini)* et un poème symphonique (*La Mer*, 1892), des suites pour orchestre, de la musique de chambre et de ballets. Fondateur de la *Revue musicale belge* (1942), il est l'auteur d'un *Traité d'harmonie*.

Claude **Gillot**. *Les Deux Carrosses* (1,27 × 1,60 m). Musée du Louvre, Paris. *Phot. ©Hubert Josse*

**GILSON (Étienne)** ♦ Philosophe français (Paris 1884 - Cravant 1978). Spécialiste de la philosophie scolastique médiévale, en particulier du thomisme (*Le Thomisme*, 1921 ; *La Philosophie au Moyen Âge*, 1922 ; *L'Esprit de la philosophie médiévale*, 1932), il a enseigné au Collège de France et à Toronto. [Acad. fr. 1946]

**GIMEL-LES-CASCADES** [19800] ♦ Comm. de Corrèze, arr. de Tulle. 630 hab. *(Gimelois)*. Célèbre par ses trois belles cascades. Église renfermant une châsse de saint Étienne (XIIe s.).

**GIMOND (Marcel)** ♦ Sculpteur français (Tournon 1894 - Nogent-sur-Marne 1961). Après des études aux Beaux-Arts de Lyon, il travailla auprès de Maillol et subit son influence. Il reçut aussi des conseils de Renoir. Fidèle à la tradition figurative, il a réalisé des statues, surtout des nus féminins (*Baigneuse*, 1925) et des portraits aux formes calmes et élégantes, aux volumes arrondis dont la surface finement bosselée fait jouer la lumière.

**GIMONE** n. f. ◆ ÉTYM. de *Gimont** ♦ Affl. rive g. (122 km) de la Garonne. Née au plateau de Lannemezan, elle atteint la Garonne en amont de Castelsarrasin, après avoir arrosé Gimont.

**GIMONT** [32200] ◆ ÉTYM. p.-ê. du germ. *Gimmund*, n. de pers. ♦ Ch.-l. de cant. du Gers, arr. d'Auch, sur la Gimone. 2 734 hab. *(Gimontois)*. Anc. bastide du XIIIe s. Église gothique du XIVe s. (triptyque Renaissance). ▪ Conserves alimentaires. ▪ Aux environs, restes de l'abbaye cistercienne de Gimont.

**GINASTERA (Alberto)** ♦ Compositeur argentin (Buenos Aires 1916 - Genève 1983). D'une facture traditionnelle son œuvre comprend une symphonie, des concertos, des cantates, des ballets et les opéras *Don Rodrigo* (1964) et *Barrabas* (1977). Ses dernières compositions s'inspirent du sérialisme et des techniques contemporaines.

**GINSBERG (Allen)** ♦ Poète américain (Newark, New Jersey 1926 - New York 1997). Après des études à l'université Columbia, il voyagea en Amérique du Sud, en Afrique du Nord, en Europe et en Inde. Protégé de William Carlos Williams*, il se fit connaître par des poèmes (*Howl and Other Poems*, 1956 ; *Kaddish and Other Poems*, 1961 ; *Reality Sandwiches and Later Poems*, 1963 ; *Baby Poems*, 1968). Chantre de l'« individualité contemplative », Ginsberg s'opposait à la civilisation américaine et figura comme l'une des personnalités marquantes de la beat* generation.

**GINZBURG (Natalia)** ♦ Romancière italienne (Palerme 1916 - Rome 1991). Elle publia ses premiers récits en 1933, et son antifascisme lui valut de subir la peine du *confino* de 1940 à 1943. Ses romans, de dimensions toujours très brèves (*La route qui mène à la ville*, 1942 ; *Nos années d'hier*, 1952 ; *Les Voix du soir*, 1961 ; *Je t'écris pour te dire [Caro Michele]*, 1973 ; *La Ville et la Maison*, 1984), comme ses essais (*Les Mots de la tribu [Lessico famigliare]*, 1963) et son théâtre (*Ti ho sposato per allegria*, 1967), sont marqués par la minutie anxieuse du quotidien et une langue discrète qui sait se voiler d'ironie.

**GINZBURG (Vitaly Lazarevitch)** ♦ Physicien russe (Moscou 1916 - *id.* 2009). Il participa à la mise au point de l'arme nucléaire soviétique. En 1950, avec L. D. Landau*, il adapta aux supraconducteurs la théorie de changement de phase due à ce dernier. Les équations phénoménologiques de Ginzburg-Landau qui décrivent la transition entre l'état supraconducteur et l'état normal, prévoient l'existence de deux types de supraconducteurs différant par leur comportement dans le camp magnétique. (→ **Bardeen**) [Prix Nobel de physique 2003 avec A. Abrikosov* et A. Leggett*]

**GIOBERTI (Vincenzo)** ♦ Prêtre, philosophe et homme politique italien (Turin 1801 - Paris 1852). Ses idées libérales et ses sympathies pour le mouvement « Jeune Italie » (→ **Mazzini**) lui valurent d'être exilé (1833) ; il vécut à Paris, puis à Bruxelles. Influencé par Rosmini* Serbati, il s'efforça d'allier le renouveau philosophique et le catholicisme. Dans son ouvrage principal, *Primato morale et civile degl' Italiani* (1843), il prôna l'idée d'une fédération italienne sous la direction du pape s'opposant ainsi aux conceptions républicaines de G. Mazzini. Rentré en Italie au moment de la guerre d'indépendance du Piémont contre l'Autriche (1848), il assuma d'importantes charges politiques (auprès du roi Charles-Albert), mais dut finalement démissionner et revint en France.

**GIOIA (Melchiorre)** ♦ Économiste et philosophe italien (Plaisance 1767 - Milan 1829). Penseur libéral, il contribua à faire connaître en Italie les théories de Condillac* et des idéologues* (*Elementi di filosofia*, 1818). En économie politique, il préconisa l'utilisation des statistiques (*Nuovo prospetto delle scienze economiche*, 1815 - 1819 ; *Filosofia della statistica*, 1826).

**GIOLITTI (Giovanni)** ♦ Homme politique italien (Mondovi 1842 - Cavour, prov. de Turin 1928). D'origine piémontaise, il fut ministre des Finances de Crispi* (1889 - 1890), et ministre de l'Intérieur de 1901 à 1903. Président du Conseil en 1892 - 1893 et presque sans interruption de 1908 à 1914, gouvernant indifféremment avec la gauche ou la droite, il exerça une sorte de «dictature parlementaire», grâce à la solide majorité qu'il s'était constituée à la Chambre. Partisan du réformisme, il calma l'agitation ouvrière par des mesures sociales (réduction du temps de travail, développement de l'enseignement) et instaura le suffrage universel (1912). À nouveau président du Conseil en 1920, il réussit à calmer l'extrême agitation de l'Italie d'après-guerre et à rétablir l'ordre. Mais ce succès profita à Mussolini*, et Giolitti démissionna après les élections de mai 1921. → **Italie.** Croyant pouvoir «absorber» les forces fascistes, Giolitti soutint quelque temps le régime de Mussolini, mais il passa dans l'opposition après l'assassinat du député socialiste Matteotti* (1924).

**GIONO (Jean)** ♦ Écrivain français (Manosque 1895 - *id.* 1970). Dans *Jean le Bleu* (1932), il évoque avec vivacité et fraîcheur la figure de son père, cordonnier, son enfance sur les bords de la Durance, un séjour auprès des bergers de la montagne, puis sa lecture enthousiaste des Grecs et des Latins comme des lyriques américains (Melville, Whitman). Autodidacte, Giono lut Virgile ou «l'*Iliade* au milieu des blés mûrs», et adopta à son tour le ton lyrique ou épique pour célébrer la nature et la vie paysanne. Empreints d'une savoureuse vigueur, *Colline* (1928), *Un de Baumugnes* (1929) et *Regain* (1930) composent la *Trilogie de Pan* qui exalte la sensation («Si l'on a ce don du ciel d'avoir de beaux sens, il n'y a qu'à se servir de ces instruments-là pour pénétrer le monde»). Pacifiste convaincu, après la guerre de 1914 - 1918 (*Refus d'obéissance*, 1937 ; Giono sera emprisonné en 1939, puis en 1944), l'écrivain dénonça la guerre (*Le Grand Troupeau*, 1931), le machinisme et la ville (*Les Vraies Richesses*, 1936), magnifiant en revanche la communion avec la terre en des textes que soulève un grand souffle panique : *Le Chant du monde* (1934), *Que ma joie demeure* (1935), *Bataille dans la montagne* (1937), *Le Poids du ciel* (1938). Ce lyrisme cosmique inspire notamment un long poème en prose, *Le Serpent d'étoiles* (1934), et des pièces de théâtre (*Le Bout de la route*, 1941). Adoptant depuis *Un roi sans divertissement* (1947) un style de facture classique, rapide et d'une sécheresse stendhalienne, Giono composa des *Chroniques* légendaires de la France et de l'Italie entre 1830 et 1848 ; *Noé* (1948), *Mort d'un personnage* (1949), *Les Âmes fortes* (1950), *Le Moulin de Pologne* (1952), *Deux cavaliers de l'orage* (1965), *Ennemonde* (1968), *L'Iris de Suse* (1970) et surtout *Le Hussard* sur le toit* (1951) présentent des héros aristocratiques, en marge de la société et des lois, qui cultivent l'art de ne pas être dupes et se sentent «au comble du bonheur» dans l'exercice de leur liberté. Des textes posthumes, *Récits de la demi-brigade* (1972) et *Le Déserteur* (1973), ont témoigné de l'évolution de l'écriture de Giono vers un dépouillement progressif. ▪ De nombreux romans de Giono ont été adaptés à l'écran, notamment par M. Pagnol* (*Jofroi, Angèle, Regain*) et F. Leterrier (*Un roi sans divertissement*, 1963). Lui-même a mis en scène en 1960 un film avec Fernandel (*Crésus*). [Acad. Goncourt 1954] ➝ ÉTYM. *Giono* est peut-être l'aphérèse de l'italien *Giorgioni* (*Giorgone*), dérivé de *Giorgi, Giorgio* «Georges».

**GIORDANI (Pietro)** ♦ Écrivain italien (Plaisance 1774 - Parme 1848). Progressiste en politique, puriste en littérature, il joua un rôle de modèle linguistique (*Panégyrique de Napoléon*, 1807). Son plus grand mérite reste d'avoir pressenti et encouragé le premier le génie de Leopardi.

**GIORDANO (Luca)**, dit **Fa Presto** ➝ ÉTYM. «Fais vite» ♦ Peintre et décorateur italien (Naples 1634 - *id.* 1705). Copiste, il se distingua par son habileté à pasticher les maîtres du XVIe s. et par la virtuosité de son exécution. Sous l'influence de Ribera*, il peignit d'abord dans une manière dense et sombre. Devenant à Rome vers 1650 l'assistant de Pierre* de Cortone et séjournant ensuite à Florence et à Venise, il évolua vers un style plus léger et lumineux, exécutant une multitude de tableaux religieux et mythologiques, ainsi que de grandes décorations à fresque, notamment l'*Apothéose des Médicis* au palais Riccardi à Florence, puis en Espagne, à la demande de Charles II (1692), des décorations à l'Escurial, au Buen Retiro, à la cathédrale de Tolède, et à Naples : *L'Histoire de Judith* (chartreuse de Saint-Martin, 1702, 1704). Par la grâce sensuelle de ses personnages et sa tendance à peupler l'espace de figures tourbillonnantes et volantes, il annonce le style rococo. ➝ ÉTYM. *Giordano* est la forme italienne du prénom *Jourdain*.

**GIORGI (Giovanni)** ♦ Électricien et physicien italien (Lucques 1871 - Castiglioncello 1950). Créateur, en 1901, du système d'unités rationnelles dit MKSA (mètre-kilogramme-seconde-ampère), qui fut adopté en 1935 par la Commission électrotechnique internationale.

**GIORGIONE (Giorgio DA CASTELFRANCO, dit)** ➝ ÉTYM. augmentatif de son prénom *Giorgio* «Georges» ♦ Peintre italien (Castelfranco, Vénétie v. 1477 - Venise 1510). Sa vie et son œuvre sont si mal connues que «chacun fabrique son propre Giorgione» (Venturi). Toutefois, Vasari, informé par Titien, rapporte que Giorgione fut élève chez Giovanni Bellini* auprès de qui il assimila le traitement de la lumière tel qu'il fut introduit à Venise par Antonello* de Messine. L'amateur vénitien Marcantonio Michiel (v. 1543) cite 12 peintures de Giorgione parmi lesquelles il est aisé d'identifier *La Tempête** (Venise) et *Les Trois Philosophes* (Vienne). À ces deux tableaux il faut ajouter le portrait *Laura* (Vienne), la *Pala de Castelfranco* et le fragment (femme nue) qui subsiste des fresques du Fondaco dei Tedeschi (Venise) pour obtenir l'œuvre absolument certaine de Giorgione. Ces travaux, à eux seuls, illustrent la nouveauté du message de leur auteur, qui développa la manière tonale et luministe de son maître Bellini et réussit par l'adoucissement des contours à fondre aisément les personnages dans un paysage traité par petites taches. Ainsi, dans la *Pala de Castelfranco*, le *sfumato* léonardesque est détourné vers un chromatisme tout vénitien, alors que le paysage vibrant de la célèbre et énigmatique *Tempête* (Venise) rend sensibles la fugacité et la soudaine clarté d'un éclair. D'après Vasari, Giorgione peignait directement, sans recours au dessin. Peut-être est-ce pour cette raison que ses couleurs, pénétrant l'essence picturale des matières (eau, étoffe, chair), proposent un monde investi par l'enchantement et la poésie. ▪ On lui attribue généralement la *Vénus endormie* (Dresde) et *La Vieille* (Venise), tandis que *Le Concert champêtre* (Louvre) est aujourd'hui attribué à sa collaboration avec Titien ou à Titien seul. L'œuvre de Giorgione influença profondément l'école vénitienne (Titien*, Sebastiano* del Piombo) et ses dérivations, de Vélasquez* à Manet*.

**Giorgione.** *Les Trois Philosophes* (1,23 × 1,44 m). Kunsthistorisches Museum, Vienne. *Phot. © Arch. Smeets*

**GIOTTO DI BONDONE** ♦ Peintre, sculpteur et architecte italien (Colle di Vespignano, Toscane 1266 ? - Florence 1337). Il est malaisé de connaître Giotto à cause du nombre de ses œuvres perdues (œuvres profanes) ou dont l'attribution est incertaine. On peut admettre avec la tradition qu'il fut (à Florence, Rome et Assise ?) l'élève de Cimabue*, puis travailla vers 1296 - 1299 au cycle franciscain de l'église supérieure d'Assise. Son activité, lors d'un deuxième séjour romain très enrichissant (1300), le rendit célèbre : on l'appela à Padoue, où il décora la chapelle Scrovegni, à l'Arena (v. 1305 - 1310), puis il travailla à Rome, à Rimini, à Florence où la restauration de ses fresques de Santa Croce (v. 1318 - 1325) a mis en valeur l'utilisation spatiale de la lumière et de la couleur, à Naples aussi (v. 1329), et à Milan (v. 1335). En 1334, il dirigea les premiers travaux du campanile de Santa Maria del Fiore (dit «campanile de Giotto»), pour lequel il sculpta des bas-reliefs. Partout il avait formé écoles et disciples (dont Daddi*, T. Gaddi*) qui réagirent à son influence selon leur tradition locale. Mais, après 1350, le giottisme tendit à une imitation formelle, académique. Giotto, lui, s'il avait appris de Cimabue, Cavallini*, Arnolfo* di Cambio, Nicola* et Giovanni* Pisano, n'avait imité personne. Sa vision moderne de l'espace, sa manière d'individualiser les personnages, liés dans un réseau de gestes, son sens de la nature et de l'humain contrastaient résolument avec les conventions de la «manière grecque» et la perception médiévale. Un passage de Dante* *(Purgatoire)* témoigne du rapide succès de ce réalisme. ▪ *Illustration :* → **François d'Assise (saint).**

**GIOVANNI DA MILANO** ♦ Peintre italien, connu de 1346 à 1369. Né et formé en Lombardie, il devint citoyen florentin et associa dans ses fresques et polyptyques les traits septentrionaux et giottesques. Il décora la chapelle Rinuccini à Santa Croce (v. 1365, Florence).

**GIOVANNI DA UDINE** ♦ Peintre et stucateur italien (Udine 1487 - Rome 1564). Après un séjour à Venise, il devint collaborateur de Raphaël*, qui l'engagea pour décorer les loges du Vatican (1517 - 1519). Là, il inventa le système décoratif dit «des grotesques» en déployant un monde fantaisiste librement inspiré des motifs découverts dans les «grottes» de la Maison dorée de Néron, sur l'Esquilin. Ce décor devint à la mode et Giovanni en proposa des variantes à la Farnésine et à la villa Madama comme au Palazzo Vecchio de Florence. Il fut un grand rénovateur de l'art décoratif occidental.

**GIOVANNI PISANO** ♦ Sculpteur et architecte italien (Pise v. 1248 - Sienne ? après 1314). Fils et élève de Nicola* Pisano, il travailla avec lui à la chaire de la cathédrale de Sienne et à la fontaine de Pérouse. Il reprit plus tard le modèle paternel dans ses chaires de Sant'Andrea à Pistoia et de la cathédrale de Pise, achevées en 1301 et 1310. Lui aussi joignit à l'étude de l'antique la connaissance approfondie du gothique et l'appliqua dans sa conception très originale de la façade de la cathédrale de Sienne, toscane par la planitude et les incrustations (1284 - 1289) : libérées du mur, de grandes statues imposent à l'édifice leur enchaînement rythmique. Mieux préservées que celles du baptistère de Pise (v. 1295) et celles du tombeau de Marguerite de Luxembourg à Gênes (1312), elles témoignent, avec les reliefs et les madones, d'une exploration puissante et hardie des possibilités expressives du langage sculptural.

**GIRAL (Jean-Antoine)** ♦ Architecte français (Montpellier 1720 - *id.* 1787). Il aménagea à Montpellier la promenade du Peyrou commencée par son père, édifiant notamment les escaliers en terrasse et le château d'eau auquel il donna la forme d'un temple hexagonal (1774).

**Giralda** n. f. ← **ÉTYM.** esp. «girouette» ♦ Tour de Séville, minaret de l'anc. mosquée hispano-mauresque, construite au XIIe s. (à la même époque que la Koutoubia à Marrakech* et que la tour Hassan à Rabat*). Elle est haute d'environ 97 m à la base, sur un plan carré de 13,60 m de côté. Ses murs de brique ont une épaisseur de 2,50 m, percés de fenêtres simples et à arcs lobés. Son nom provient d'une statue de Bartolomé Morel (1568) placée au sommet, et qui, malgré son poids (1 288 kg), tourne comme une girouette.

**GIRAL PEREIRA (José)** ♦ Homme politique espagnol (Santiago de Cuba 1879 - Mexico 1962). Professeur de chimie, ami d'Azaña*, il contribua à l'avènement de la République espagnole, dont il fut Premier ministre en 1936. Démissionnaire, il céda la place à Largo* Caballero. Il fut plusieurs fois ministre, notamment des Affaires étrangères, dans le cabinet Negrín* (1937). De 1945 à 1947, il présida le gouvernement républicain en exil.

**GIRARD (Philippe DE)** ♦ Inventeur et industriel français (Lourmarin 1775 - Paris 1845). Il créa des lampes hydrostatiques à niveau constant, des globes dépolis (1805), une lunette achromatique (1806) et, surtout, une machine à filer le lin (1810) qui lui valut d'être appelé par le tsar Alexandre Ier. Il fonda une filature près de Varsovie (1833) et devint ingénieur en chef de l'industrie polonaise. La petite ville près de Łódź abritant un centre textile important fut baptisée en son honneur Żyrardów. ← **ÉTYM.** *Girard* est une variante de *Gérard**.

**GIRARD (René)** ♦ Essayiste et anthropologue français (Avignon 1923). Son œuvre lie critique littéraire et essais anthropologiques dans une réflexion qui tend à proposer un classement typologique de l'écriture ainsi qu'une théorie générale du désir, liée à la problématique de la rivalité mimétique, origine de la violence. Œuv. princ. : *Mensonge romantique et vérité romanesque* (1961), *La Violence et le Sacré* (1972), *Des choses cachées depuis la fondation du monde* (1972), *Critique dans le souterrain* (1976), *Le Bouc émissaire* (1982), *La Route antique des hommes pervers* (1985), *Shakespeare, les feux de l'envie* (1990). [Acad. fr. 2005]

**GIRARDIN (Louis-Stanislas-Cécile-Xavier,** comte **DE)** ♦ Général et homme politique français (Lunéville 1762 - Paris 1827). Formé par J.-J. Rousseau qui fut son précepteur, il se montra partisan des idées nouvelles au début de la Révolution. Élu député à l'Assemblée législative, il siégea néanmoins aux côtés des monarchistes constitutionnels (feuillants*) et se rapprocha de la cour. Il fut emprisonné sous la Terreur et libéré après le 9 Thermidor. Sous le Consulat, il siégea au tribunat (1799) dont il assuma la présidence (1802). Préfet en 1812, puis aux Cent-Jours, il fut disgracié après Waterloo. Nommé préfet de Côte-d'Or en 1819, il devint un des chefs de l'opposition libérale.

**GIRARDIN (Delphine GAY,** Mme **Émile DE)** ♦ Écrivain français (Aix-la-Chapelle 1804 - Paris 1855). Fille de Sophie Gay, élevée dans un milieu très littéraire, elle publia dès 1824 ses *Essais poétiques*, où se font jour des sentiments fort nobles, et divers poèmes de circonstance qui la firent surnommer la «Muse de la patrie». Après un voyage en Italie (1826 - 1827), où elle reçut un accueil triomphal, et son mariage (1831) avec Émile de Girardin*, elle composa des romans (*Le Lorgnon*, 1831 ; *Le Marquis de Pontanges*, 1835) et un charmant récit, *La Canne de M. de Balzac* (1836). Également spirituelles, ses *Lettres parisiennes* (publiées dans *La Presse* sous le pseudonyme de «vicomte de Launay», 1836 à 1848) lui valurent un grand succès. Elle composa pour le théâtre des tragédies (*Judith*, 1843 ; *Cléopâtre*, 1847) et de nombreuses comédies, dont *La joie fait peur* (1854).

**GIRARDIN (Émile DE)** ♦ Publiciste et homme politique français (Paris 1806 - *id.* 1881). Après plusieurs publications à succès, il fonda *La Presse** (1836), premier journal à prix modique, accessible au grand public. Cette innovation, qui fait de Girardin le fondateur de la presse moderne et qui suscita de vives querelles dans le monde du journalisme, devait opposer en duel Girardin à A. Carrel*, qui fut tué (1836). Opportuniste politique, Girardin, élu député (1834), puis membre de l'Assemblée législative (1849), fut expulsé après le coup d'État du 2 décembre 1851. Dès son retour en France, il poursuivit la publication de *La Presse* et fonda le journal *La Liberté* (1866), où il se fit le défenseur de l'Empire libéral, avant de soutenir le gouvernement de Thiers dans *Le Moniteur universel* et *Le Petit Journal* (1872) et de s'attaquer ensuite à Mac-Mahon et de Broglie dans *La France* (1877).

**GIRARDON (François)** ♦ Sculpteur français (Troyes 1628 - Paris 1715). Il passa dans l'atelier de François Anguier* et devint le protégé du chancelier Séguier qui l'envoya parfaire sa formation à Rome. Reçu académicien en 1657, il devint l'un des principaux collaborateurs de Le* Brun et réalisa d'importantes œuvres pour les jardins de Versailles, notamment le groupe *Apollon servi par les nymphes* (1666 - 1675), représentatif du style classique qui s'élaborait à Versailles. L'influence de la sculpture antique, plus particulièrement de l'art hellénistique, s'y allie à un sens de l'élégance, de la mesure qui lui est personnel. Dans le relief du *Bain des nymphes*, le caractère de l'inspiration, la délicatesse du modelé, la grâce sensuelle des gestes s'inscrivent dans la ligne de Jean Goujon*. Girardon fut un portraitiste soucieux d'observer de près le modèle (*Lamoignon*, 1673 ; *Arnauld*) ou d'exprimer la majesté royale (statue équestre de Louis XIV pour la place Louis-le-Grand, détruite à la Révolution). Il pratiquait un art exempt de froideur ou de statisme et certaines de ses réalisations présentent un accent baroque (*Enlèvement de Proserpine*, 1694 - 1699 ; Tombeau de Richelieu, 1675 - 1694).

François **Girardon**. *Apollon servi par les nymphes.*
Bosquet des bains d'Apollon, Versailles. *Phot. ©Arch. Smeets*

**GIRART DE VIENNE** ou **DE ROUSSILLON** ♦ Comte de Vienne (Dauphiné) [819 - 877] qui batailla contre les Normands en Provence, puis dut abandonner sa ville à la suite d'un désaccord avec Charles le Chauve. Ayant donné son nom à l'épopée créée par Bertrand de Bar-sur-Aube (XIIIe s.) et apparaissant dans le *Cycle carolingien*, le *Cycle de Guillaume* d'Orange* (cf. *Geste de Garin* de Monglane*) et la *Geste de Doon* de Mayence*, il défendit le particularisme méridional face à la politique absolutiste des Francs et évoqua les vieilles luttes féodales. ▪ Ce personnage sait faire preuve de générosité quand, tenant en ses mains l'empereur prisonnier (ici Charlemagne*), il se soumet à ce dernier, repoussant les conseils de son neveu, Aymeri* de Narbonne, désireux d'en finir avec son ennemi.

**GIRAUD (Henri)** ♦ Général français (Paris 1879 - Dijon 1949). Commandant la IXe armée en mai 1940, il fut fait prisonnier, mais s'évada en avr. 1942. Après l'assassinat de Darlan (déc. 1942), il prit le commandement en chef civil et militaire de l'Afrique du Nord et bénéficia du soutien américain. Malgré son hostilité au général de Gaulle*, il fut amené à coprésider avec lui le Comité* français de libération nationale (CFLN) constitué à Alger en juin 1943. Progressivement supplanté par de Gaulle, il démissionna de la coprésidence (nov. 1943) puis de son poste de commandant en chef (avr. 1944). Il avait cependant reconstitué en Afrique du Nord une armée française (FFL) rééquipée par les Américains et qui prit une part prépondérante dans les victoires de Tunisie, la campagne d'Italie et la libération de la Corse. ➝ ÉTYM. Ce nom de famille vient du germanique *Gerwald,* nom de personne, de *gêr, gari* «lance» et *waldan* «gouverner».

**GIRAUD (Jean)** ♦ Dessinateur et illustrateur français (Fontenay-sous-Bois 1938). Auteur de bandes dessinées dont l'œuvre est double : pour une part, traditionnellement narrative et habilement dessinée, signée «Gir» *(Lieutenant Blueberry),* sur un scénario de J.-M. Charlier* ; pour une part, fantastique, imaginative et inspirée (les bandes signées «Mœbius»).

**GIRAUDOUX (Jean)** ♦ Écrivain français (Bellac 1882 - Paris 1944). Romancier dont la fantaisie et l'humour se paraient de tous les prestiges d'un style chatoyant, riche d'images insolites et rares (*Simon le Pathétique,* 1918 ; *Siegfried et le Limousin,* 1922 ; *Bella,* 1925 ; *Combat avec l'ange,* 1934 ; *Choix des élues,* 1939), créateur d'un univers harmonieux où la plus tendre intelligence présidait aux rapports entre les hommes, les bêtes et la nature, tout tragique étant exclu de ce commerce, Giraudoux apparut d'emblée comme un poète, le poète d'une ravissante utopie. À ce rêve d'un monde régi par la bonté et devenu prétexte permanent à l'effusion poétique la plus subtile, la plus éloquente et parfois la plus précieuse, Giraudoux n'allait pas tout à fait renoncer en abordant le théâtre. La rigueur de Louis Jouvet* et le poids d'une réalité devenant plus tragique à l'approche de la guerre devaient pourtant opérer dans cette œuvre d'insensibles mais profondes métamorphoses. Tandis que, sans rien perdre de sa virtuosité, le verbe gagnait en efficacité, la conscience du mal, de l'opacité du monde et de sa cruauté, peu à peu révélée, imposait à la voix du poète des accents d'une gravité nouvelle. D'un humanisme optimiste, fait du refus de toute démesure et partant, de tout tragique (*Siegfried**, 1928 ; *Amphitryon* 38*, 1929 ; *Judith,* 1931 ; *Intermezzo,* 1933), la pensée de Giraudoux allait évoluer dans le sens de l'inquiétude (*La guerre* de Troie n'aura pas lieu,* 1935), de l'interrogation pathétique (*Électre,* 1937 ; *Ondine,* 1939) et du désespoir (*Sodome et Gomorrhe,* 1943). Représentée après sa mort, *La Folle de Chaillot* (1945), loin d'être la féerie un peu factice que l'on crut longtemps y voir, pose avec force quelques-uns des problèmes les plus aigus de la civilisation contemporaine. Interrompue par la mort, cette réflexion teintée d'amertume, qui se fait souvent accusatrice, s'exprimait déjà dans un essai, *Pleins pouvoirs* (1939). Péchant sans doute et trop longtemps par un excès de pudeur, par le refus d'une réalité jugée ignoble, le théâtre de Giraudoux, témoin des incertitudes et des désenchantements d'une époque tragique, a rendu en son temps une éclatante dignité à la scène française. ➝ ÉTYM. *Giraudoux* est la forme méridionale de *Giraudeau,* diminutif de *Gérard* ou *Gérault,* du germanique *Gerwald,* de *gēr* «lance» et *waldan* «gouverner».

**GIRESUN** ➝ ÉTYM. anc. ***Cerasus*** ou ***Cérasonte*** *;* adapt. turque du gr. *Kerasous* «abondant en cerisiers», de *kerasos* «cerisier» ♦ V. de Turquie orientale, ch.-l. de prov. sur la mer Noire. 89 241 hab. Ruines d'une forteresse et de remparts byzantins. ▪ Commerce de noisettes. ▮ **Histoire** Lucullus prit *Cerasus* en -69 et en rapporta en Europe le cerisier *(Cerasus),* nommé d'après la ville.

**GIRGENTI** ➝ **Agrigente**

**GIRNAR** n. m. ➝ ÉTYM. du sanskr. *girinagaram* «le mont *(giri)*-ville *(nagaram)*» ♦ Montagne sacrée des jaïna de l'Inde, située dans l'ancien État princier du Saurastra (Gujarat), lieu saint fréquenté depuis l'époque d'Ashoka et où se trouvent de nombreux temples. Réserve zoologique où vivent les derniers lions d'Asie.

**GIROD (Paul)** ♦ Ingénieur et industriel français d'origine suisse (Fribourg, Suisse 1878 - Cannes 1951). L'un des fondateurs de l'électrométallurgie, spécialiste de la fabrication des ferroalliages, créateur (1908) à Ugine de la Compagnie Paul Girod, devenue la Société d'électrochimie, d'électrométallurgie et des aciéries électriques d'Ugine, il imagina un procédé de déphosphoration instantanée dans l'affinage rapide de l'acier. ➝ **Thomas (Sidney Gilchrist), Martin (Pierre).**

**GIRODET-TRIOSON (Anne Louis GIRODET DE ROUCY, dit)** ♦ Peintre français (Montargis 1767 - Paris 1824). Élève de David*, il subit aussi l'influence de Prud'hon*. Il séjourna cinq ans en Italie, exposa au Salon de 1792 le *Sommeil d'Endymion* qui, malgré son thème académique et le traitement sculptural des figures, révèle une inspiration déjà romantique, sensible notamment dans le traitement. En 1801, il exécuta pour la Malmaison une œuvre d'après un thème d'Ossian et, en 1808, s'inspira de Chateaubriand* pour *Atala au tombeau.* Il est aussi l'auteur de portraits *(Chateaubriand),* de paysages, de peintures d'histoire, d'un poème *(Le Peintre)* et d'essais.

**GIROMAGNY** [90200] ➝ ÉTYM. anc. *Girardmaigny,* du germ. *Girard,* n. de pers., et lat. *mansionile* «ferme» ♦ Ch.-l. de cant. du Territoire de Belfort, arr. de Belfort. 3 300 hab. (aggl. 6 005) *(Giromagniens).* Indus. textile relayée par les indus. annexes de l'automobile.

**GIRONDE** n. f. ➝ ÉTYM. anc. *Garunda,* forme saintongeaise de *Garonne** ♦ Estuaire formé par la Garonne et la Dordogne réunies au bec d'Ambès en aval de Bordeaux. Longue de 75 km environ, large de 10 km à la hauteur de Mortagne, elle est jalonnée de ports : Le Verdon-sur-Mer, Blaye, Pauillac, Ambès. Face à la pointe de Grave, à l'entrée de l'estuaire, stations balnéaires de Royan, Pontaillac, Saint-Palais sur la rive d. Pêche.

**GIRONDE [33]** n. f. ➝ ÉTYM. du n. de l'estuaire ♦ Dép. du S.-O. de la France, région Aquitaine. 10 000 km². 1 287 334 hab. CH.-L. : Bordeaux. CH.-L. D'ARR. : Arcachon, Blaye, Langon, Lesparre-Médoc, Libourne. Cour d'appel : Bordeaux. Académie : Bordeaux. ➝ **Aquitaine.**

## girondins

n. m. pl. ♦ Pendant la Révolution, groupe politique, dont plusieurs chefs étaient députés de la Gironde (d'où leur nom). Les plus connus furent Barbaroux*, Brissot* (les girondins furent également appelés «brissotins*»), Buzot*, Condorcet*, Gensonné*, Guadet*, Isnard*, Louvet* de Couvray, Pétion* de Villeneuve, Roland* de La Platière et son épouse Mme Roland*, Vergniaud*. Les girondins ne constituaient pas un parti, porte-parole d'une classe sociale, mais un groupe d'hommes souvent journalistes, avocats ou négociants, rassemblant autour d'eux une «nébuleuse de sympathisants» (M. Ozouf) dont le fédéralisme fut l'idée la plus constante. Généralement inscrits au Club des jacobins* jusqu'en sept. 1792, ils siégèrent à gauche à l'Assemblée* législative où ils s'opposèrent aux monarchistes constitutionnels (➝ **feuillants**) et où ils contribuèrent, avec leur ministère (mars-juin 1792), à faire voter la déclaration de guerre à l'Autriche (avr. 1792). Après la journée révolutionnaire du 10 août 1792 (chute de la royauté), les girondins dominèrent encore dans les débuts de la Convention* nationale (où ils siégèrent à droite), où ils ne tardèrent pas à s'opposer violemment aux députés montagnards* : ils estimaient que le mouvement révolutionnaire ayant atteint ses objectifs (la fin du despotisme et de la monarchie) devait s'arrêter dans sa marche en avant. Le procès de Louis XVI, que la Gironde tenta de retarder, la généralisation de la guerre avec l'Europe aristocratique et les défaites des armées révolutionnaires (trahison de Dumouriez*), les menaces de la contre-révolution et les difficultés économiques et sociales aggravèrent le conflit entre montagnards et girondins et amenèrent la chute de ces derniers sous la pression des sans-culottes, dirigés par les hébertistes* et les enragés* (31 mai-2 juin 1793). Certains chefs girondins, qui, par crainte d'une dictature populaire parisienne (les députés montagnards étaient surtout des élus de Paris), s'étaient appuyés sur les administrations locales, tentèrent alors de diriger dans certaines provinces une insurrection fédéraliste* contre la Montagne, mais sans succès. Vingt et un d'entre eux furent condamnés à mort par le Tribunal révolutionnaire et guillotinés (fin oct. 1793).

**GIRONELLA (José María)** ♦ Romancier espagnol (Darnius, Catalogne 1917 - Barcelone 2003). Profondément catholique, il a tenté de donner une explication «objective» de la guerre civile espagnole pour répondre aux œuvres prorépublicaines de Malraux et Hemingway (*Les cyprès croient en Dieu,* 1953 ; *Un million de morts,* 1961 ; *La paix a éclaté,* 1966). Autres œuvres : *Un homme* (1946), *La Marée* (1949).

**GIROTTE** (lac de la) ♦ Lac des Alpes de Savoie, dans le Beaufortin, à 1 753 m d'alt. Dès 1923, il alimentait 7 centrales hydroélectriques entre Belleville et Venthon. On réussit à doubler sa capacité de retenue, par l'apport d'eaux de fonte glaciaire, prélevées dans le massif du Mont-Blanc grâce au percement d'un tunnel sous le glacier de Tré-la-Tête. Le barrage (à voûtes multiples) a été édifié de 1946 à 1948.

**GIROUD (Françoise)** ♦ Journaliste et femme politique française (Genève 1916 - Neuilly-sur-Seine 2003). Elle participa, à la Libération, à la création de l'hebdomadaire *Elle* et fonda en 1953, avec J.-J. Servan-Schreiber, *L'Express* dont elle devint directrice de la rédaction puis de la publication (1971 - 1974). Défenseur des droits de la femme, elle a été secrétaire d'État à la Condition féminine (1974 - 1976), puis à la Culture (1976 - 1977). Elle est l'auteur d'ouvrages sur le cinéma, sur le journalisme et la politique (*Si je mens...,* 1972 ; *La Comédie du pouvoir,* 1977), de romans et a publié plusieurs volumes de mémoires.

**GIRTIN (Thomas)** ♦ Aquarelliste et graveur britannique (Londres 1775 - *id.* 1802). Élève du topographe Edward Dayes, il fut soutenu, comme son ami Turner*, par James Moore et Thomas Monro. Il exécuta une série, *Ruines monastiques et Châteaux anciens de l'Angleterre et du pays de Galles* (1792), qui tient encore du relevé topographique à la manière du XVIIIe s. Mais ses œuvres postérieures influencèrent le paysage anglais et indirectement de nombreux peintres français. Il libéra en effet l'art de l'aquarelle de ses liens avec la gravure et le dessin coloré. Avec sa facture large, ponctuée par des détails subtils, il eut l'art de suggérer le sentiment fugitif et poétique que lui inspiraient la nature ou les monuments. Turner*, Constable*, Cox, Cotman* et Wint subirent son influence.

**GIRVAN** ♦ V. d'Écosse (South Ayrshire), sur la rive d. du Firth of Clyde. 8 000 hab. Port de pêche et centre touristique. Whisky et indus. textile (tweed).

**GISCARD D'ESTAING (Valéry)** ♦ Homme d'État français (Coblence 1926). Polytechnicien, ancien élève de l'ENA, inspecteur des finances (1954), membre du Centre national des indépendants et paysans (CNI), il fut élu député en 1956 et nommé secrétaire d'État aux Finances (1959 - 1962) puis ministre des Finances (1962 - 1966). Il fut l'instigateur du plan de stabilisation de 1963 (restriction des crédits, blocage des prix, contrôle des changes) pour enrayer l'inflation. Ayant quitté le CNI passé à l'opposition, il fonda la Fédération nationale des républicains indépendants, alliée à la majorité gaulliste, qu'il présida de 1966 à 1974. Ministre de l'Économie et des Finances (1969 - 1974) sous la présidence de G. Pompidou*, il devint président de la République en mai 1974, élu par 50,81 % des voix contre F. Mitterrand*. Il marqua son passage à la tête de l'État par son souci de libéraliser la société civile et de «décrisper» la vie politique. → **France, République (Ve).** Battu par F. Mitterrand en mai 1981, président du Conseil régional d'Auvergne (1986 - 2004) et de l'UDF (1988 - 1996), favorable à l'union économique et politique de l'Europe, il a dirigé la liste commune UDF-RPR lors des élections européennes de 1989 (28,87 % des voix). Souhaitant une France gouvernée au centre et qui bénéficierait d'une «société libérale avancée», il a publié *Démocratie française* (1976) et *Le Pouvoir et la Vie* (1988 - 1991). Il a présidé de déc. 2001 à juillet 2003 la Convention sur l'avenir de l'Europe qui a donné jour au projet de Constitution européenne. [Acad. fr. 2003] ➝ **ÉTYM.** *Giscard* : du germanique *Gischard*, nom de personne (1er élément incertain et *hard* «fort») et *Estaing* : nom de ville dans l'Aveyron (du latin *stagnum* «étang»).

Valéry **Giscard d'Estaing** lors de sa réception à l'Académie française, en 2004.
*Phot. ©A. Benainous/Gamma*

**GISCHIA (Léon)** ♦ Peintre et décorateur français (Dax 1903 - Venise 1991). Il a conçu des costumes polychromes pour plusieurs des grandes mises en scène de Jean Vilar au TNP (*Le Cid, Richard II, Lorenzaccio, Le Prince de Hombourg*).

**GISCON** ♦ Général carthaginois (-IIIe s.) qui se distingua lors de la première guerre punique, notamment à Lilybée (Sicile), et fut massacré à son retour par les mercenaires révoltés (-239). → **Mercenaires (guerre des).**

**Giselle ou les Wilis** ♦ Ballet fantastique en 2 actes, sur une musique d'Adolphe Adam et une chorégraphie de Jean Coralli, d'après un poème de Heinrich Heine. Représenté pour la première fois en 1841 avec C. Grisi* et J. L. Petipa* dans les principaux rôles, *Giselle* est devenu le symbole du ballet romantique.

**GISH (Lillian DE GUICHE, dite Lilian)** ♦ Actrice américaine (Springfield, Ohio 1896 - New York 1993). La muse de D. W. Griffith, dont le visage de madone illuminait *Le Pauvre Amour, Le Lys* brisé* (1919) et, auprès de sa sœur cadette Dorothy, *Les Deux Orphelines* (1922), elle fut aussi la bouleversante interprète du *Vent*, de V. Sjöström (1928). Ses apparitions au parlant (en grand-mère vénérable) furent plus rares, mais également attachantes : *La Nuit* du chasseur* (1955), *Un mariage* (1978).

**GISLEBERT** latinisé en **Gislebertus** ♦ Sculpteur bourguignon du XIIe s., connu par une inscription au tympan de la cathédrale d'Autun* «*Gislebertus hoc fecit*» et à qui l'on attribue ce tympan (*Jugement dernier*), un fragment du tympan du portail N. (*Ève*) et certains chapiteaux de la cathédrale. Leur style allie la puissance expressive (allongement des corps, force du modelé, attitudes véhémentes) à l'utilisation savante des formes. ➝ **ÉTYM.** *Gislebert* vient du germanique *Gislaberht*, nom de personne, de *gisal* «otage» et *berht* «brillant».

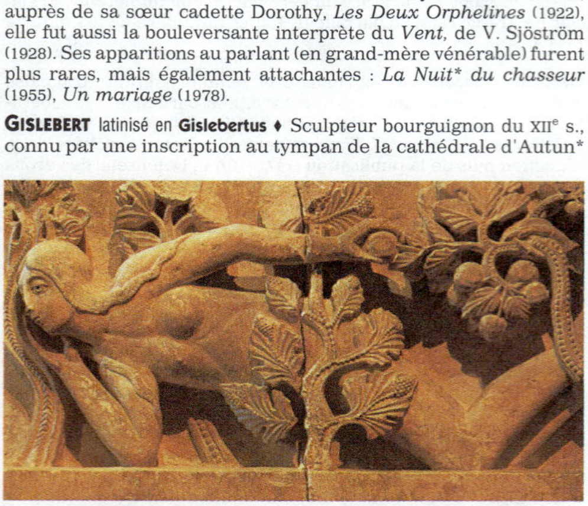

**Gislebert.** *Ève*, sculpture attribuée à Gislebert, tympan du portail nord de la cathédrale d'Autun. Musée Rolin, Autun. *Phot. ©Arch. Smeets*

**GISORS** [ʒizɔʀ] [27140] ➝ **ÉTYM.** du gaul. °*giso* de sens incert. et *ritum* «gué» ♦ Ch.-l. de cant. de l'Eure, arr. des Andelys, sur l'Epte. 10 882 hab. (aggl. 12 669) (*Gisorsiens*). Château des XIe - XIIe s. (enceinte flanquée de douze tours ; donjon du XIe s.). Collégiale Saint-Gervais-et-Saint-Protais des XIIIe - XVIe s. (façade Renaissance ; portail sculpté ; escalier de G. Grappin ; arbre de Jessé de 1511). ▮ **Histoire** Ancienne ville frontière tenue par les ducs de Normandie, Gisors était la cap. du Vexin normand. Plusieurs traités y furent signés entre les rois de France et d'Angleterre (1113, 1158, 1180). La ville a été très éprouvée en 1940.

**Gītā-Govinda** ♦ Poème vishnouite indien, écrit en sanskrit par Jayadeva* v. 1200, en forme de drame lyrique racontant les amours de Krishna* et de Rādhā, symbolisant la dévotion au seigneur Vishnou*. Ce poème fut traduit dans presque toutes les langues indiennes.

**GIULIANO (Salvatore)** ♦ Bandit italien (Montelepre, Sicile 1923 - en Sicile 1950). Ancien mafioso, accusé du meurtre d'une centaine de personnes (des carabiniers pour la plupart), il mourut, à la suite d'une dénonciation de la Mafia*, lors d'une fusillade avec la police. Son aventure fut portée à l'écran par F. Rosi*.

**GIULIANO DA MAIANO** ♦ Architecte et sculpteur italien (Maiano, v. 1432 - Naples, v. 1490). Continuant l'art de Brunelleschi* et de Michelozzo* di Bartolomeo, il répandit en Italie les principes de l'architecture florentine. Il est l'auteur du palais Spannocchi (Sienne, 1473 - 1476), de la chapelle Santa Fina (collégiale de San Gimignano), du dessin de la cathédrale de Faenza, de la Porta Capuana (Naples). Rompant avec le palais fortifié hérité du Moyen Âge, il créa un nouveau type de résidence princière à Poggio Reale (1487, détruite).

**GIULINI (Carlo Maria)** ♦ Chef d'orchestre italien (Barletta 1914 - Brescia 2005). Il se consacra à l'opéra (Mozart, Rossini, Verdi), puis à la direction d'orchestre (Chicago, Vienne, Los Angeles).

**GIULIO ROMANO** → **Jules Romain**

**GIUNTA, JUNTE** ou **ZONTA (Filippo)** ♦ Éditeur et imprimeur italien (1450 - 1517). Il publia des classiques grecs et latins. Les membres de sa famille s'établirent à travers toute l'Europe (Venise, Madrid, Lyon) et collaborèrent avec les Manuce. ➝ **ÉTYM.** Ce nom italien est un hypocoristique de *Bonag(g)iunta* «Bienvenue» (à l'annonce de la naissance d'un fils).

**GIUNTA PISANO (Giunta CAPITINI, dit)** ♦ Peintre actif en Italie du Nord (connu de 1229 à 1254). Il reprit des modèles byzantins sa vision pathétique du Christ en croix, accordée à la sensibilité franciscaine de son temps (San Domenico, à Bologne).

**GIURGIU** – anc. ***Theodoropolis*** ♦ V. de Roumanie méridionale en Munténie, ch.-l. de district sur le Danube. 68 923 hab. Important port pétrolier relié par oléoduc à Ploieşti et à Ruse (Bulgarie) par un grand pont métallique sur le Danube. Indus. alimentaire, chimique. Construc. navales.

**GIUSTI (Giuseppe)** ♦ Poète italien (Monsummano, Pistoia 1809 - Florence 1850). Lié avec Manzoni, Giusti se montra vite un critique mordant des vices de la société dans ses *Poésies* satiriques (1844 - 1853) qui connurent un grand succès populaire et contribuèrent même, par leurs accents patriotiques, au *Risorgimento*.

**GIVATAYIM** ➝ **ÉTYM.** probablt «domaine (lat. *villa*) de Warinus» (n. de pers. germ.) ♦ V. d'Israël, dans la banl. de Tel-Aviv. 49 400 hab.

**GIVENCHY (Hubert de)** ♦ Couturier français (Beauvais 1927). Il fut inspiré par Balenciaga* et ouvrit à Paris, en 1952, sa propre maison de couture dont Audrey Hepburn, qui portait à l'écran ses élégants modèles aux lignes épurées et à l'apparente simplicité, devint l'égérie.

**GIVERNY** [27620] ➝ **ÉTYM.** probablt «domaine (lat. *villa*) de Warinus (n. de pers. germ.)» ♦ Comm. de l'Eure, arr. des Andelys. 524 hab. Musée Claude-Monet dans la maison où vécut le peintre de 1883 à sa mort ; jardin. Musée américain : œuvres de peintres impressionnistes américains contemporains de C. Monet.

**GIVET** [08600] ➝ **ÉTYM.** p.-ê. «ville de la fourche [bifurcation]», du frq. *gib-* «fourche» ♦ Ch.-l. de cant. des Ardennes, arr. de Charleville-Mézières, à la frontière de la Belgique, sur la Meuse, au confluent de la Houille et au début du canal de l'Est. 7 372 hab. (aggl. 9 342). (*Givetois*). Église Saint-Hilaire bâtie par Vauban en 1682. Fort de Charlemont (1555). Tour Victoire (XIVe - XVe s.). ▪ Tuberie de cuivre. Fonderie de bronze. Port fluvial. Silo à grains. ▮ **Histoire** Givet appartint d'abord aux évêques de Liège, puis, au XVIe s., à Charles Quint, enfin, en 1680, à Louis XIV (paix de Nimègue).

**GIVORS** [ʒivɔʀ] [69700] ♦ Ch.-l. de cant. du Rhône, arr. de Lyon, au confluent du Rhône et du Gier. 18 437 hab. (*Givordins*). Centre indus. (verreries, construc. mécaniques et électriques).

**GIVRY** [71640] ➝ **ÉTYM.** du lat. *Gabrius* (du gaul. *gabros* «chèvre»), n. de pers. gallo-rom., et suff. *-acum* ♦ Ch.-l. de cant. de la Saône-et-Loire, arr. de Chalon-sur-Saône, en bordure de la côte chalonnaise. 3 596 hab. *(Givrotins)*. Église du XVIII$^e$ s. (construite par É. M. Gauthey). Forte de 1771. ▪ Vins réputés de la côte chalonnaise.

**GIZEH** ou **GUIZEH** ➝ **ÉTYM.** en ar. *al-Jīza ;* de l'égypt. *Er-ges-her* «à côté *(ges)* de la Haute *(her)* [Pyramide]» ♦ V. d'Égypte, ch.-l. de gouvernorat, sur la rive g. du Nil, formant l'un des faub. du Caire. 2 681 863 hab. Univ. ▪ À 8 km de la ville, sur le plateau, s'élèvent, alignées du N.-E. au S.-O., les trois pyramides de Khéops (la «grande pyramide», haute de 137 m, une des Sept Merveilles du monde), Khéphren (136 m) et Mykérinos (66 m), ainsi que le Sphinx (longueur 57 m, hauteur 20 m), représentation de Khéphren veillant sur sa nécropole.

**GJELLERUP (Karl)** ♦ Écrivain danois (Roholte 1857 - Klotzsche, près de Dresde 1919). Influencé par Georg Brandes*, il écrivit des romans (*Un idéaliste*, 1878 ; *Le Jeune Danemark*, 1879 ; *Antigonos*, 1880) qui traduisent son opposition au christianisme. Puis il subit l'influence de Tourgueniev (*Romulus*, roman, 1883), de Schiller (*Brynhild*, drame, 1884), de Schopenhauer (*Le Moulin*, roman, 1896, considéré comme son chef-d'œuvre). Le bouddhisme inspira sa pièce de théâtre *Le Feu du sacrifice* (1903) et un roman, *Le Pèlerin Kamanita* (1904). Ses romans *Les Amis de Dieu* (1916) et *La Branche dorée* (1917) marquent un retour au christianisme. [Prix Nobel de littér. 1917, avec Pontoppidan*]

**GJIROKASTËR** ou **GJIROKASTRA** ♦ V. d'Albanie méridionale, ch.-l. de distr. 22 866 hab. Citadelle. Maisons anciennes fortifiées.

**GLACE** (mer de) ♦ Glacier des Alpes françaises dans le massif du Mont-Blanc (Haute-Savoie). Il s'étend sur une longueur de 14 km. Site touristique du Montenvers (chemin de fer à crémaillère partant de Chamonix).

**GLACERIE (LA)** [50470] ➝ **ÉTYM.** du n. d'une fabrique de glace fondée sous Louis XIV, en activité jusqu'en 1824 ♦ Comm. de la Manche, banl. S.-E. de Cherbourg. 5 401 hab.

**GLACIAL** (océan) ➝ **Arctique (océan Glacial), Antarctique (océan Glacial)**

**GLADBECK** ♦ V. d'Allemagne (Rhénanie-du-Nord-Westphalie), dans la Ruhr, à l'E. de Gelsenkirchen. 77 436 hab. Centre indus. (houillères, cokeries, métall., indus. textile).

**GLADKOV (Fedor Vassilievitch)** ♦ Romancier soviétique (Tchernavka, gouv. de Saratov 1883 - Moscou 1958). Sur le thème de l'industrialisation de la Russie soviétique, il écrivit successivement *Le Ciment* (1925) et *L'Énergie* (1932 - 1938), insistant sur le renouveau des rapports humains. Ses quatre volumes autobiographiques (1949 - 1954), mêlant lyrisme et épopée, décrivent le paysan russe et la classe laborieuse.

**GLADSTONE (William Ewart)** ♦ Homme politique britannique (Liverpool 1809 - Hawarden, Flintshire 1898). Issu d'une riche famille commerçante d'Écosse, il abandonna sa première vocation de pasteur pour se tourner vers la politique, mais toute son action fut commandée par ses certitudes religieuses et morales, et sa croyance en une Angleterre triomphante par la justice. Après avoir évolué du torysme au libéralisme, sous l'effet de l'échec de Peel*, dont il avait partagé le libre-échangisme, et d'une confrontation avec les méfaits du conservatisme au royaume de Naples, il avait pris la tête des libéraux, face à Disraeli* qui prenait celle des conservateurs. Il poursuivit avec son rival un véritable duel tout au long de sa carrière. Ses principes se traduisirent en politique intérieure par une série de réformes prises lors de son premier ministère (1868 - 1874) et concernant l'Église (séparée de l'État irlandais), l'éducation populaire, l'armée (réforme Cardwell), la justice, le scrutin secret (Ballot Act, 1872). De nouveau Premier ministre (1880 - 1885), il fit voter une loi électorale qui rendit le suffrage presque universel (1884). Mais c'est son attitude face au problème irlandais qui domina ce second ministère : le *Home* Rule*, qu'il ne put imposer, provoqua sa chute (1885), puis la scission de son propre parti (constitution des libéraux unionistes, sous la direction de Chamberlain*). En politique étrangère, son pacifisme l'amena à un effacement (devant la défaite française de 1870 et l'avènement de la puissance allemande, ou la reconstitution de la flotte russe, ou encore en Égypte avec la défaite de Gordon* à Khartoum) qui fut l'un des principaux arguments de ses adversaires. Il réprouvait en revanche l'égoïsme de leur politique, soucieux qu'il était de défendre les minorités opprimées, et c'est ainsi qu'il fit tomber le cabinet Disraeli en 1880 à propos de la question bulgare. Après son dernier ministère (1892 - 1894), au cours duquel le *Home Rule* échoua encore devant la Chambre des lords, il se retira définitivement. ➝ **ÉTYM.** *Gladstone* vient du nom de lieu *Gledstanes*, dans le Lancashire.

**GLAIS-BIZOIN (Alexandre)** ♦ Homme politique français (Quintin, Côtes-du-Nord 1800 - Lamballe 1877). Député (1831 - 1849), membre du Corps législatif (1863 - 1869), il fit partie de la délégation du gouvernement de la Défense nationale à Tours (sept.-oct. 1870 - févr. 1871). Il publia un ouvrage sur cette période sous le titre *Dictature des cinq mois* (1872).

**GLÅMA** ou **GLOMMEN** n. m. ♦ Le plus long fleuve de Norvège (570 km), prenant sa source dans un petit lac du Sør Trøndelag et se jetant dans le Skagerrak à Fredrikstad. Nombreuses usines hydroélectriques sur son cours. Il arrose Sarpsborg.

**GLAMORGAN** – en gallois *Morganwg* ♦ Région du S. du pays de Galles (divisée en 3 comtés de 1974 à 1996 puis en 10 districts). Région la plus peuplée du pays de Galles, le Glamorgan a fortement subi la crise des «pays noirs» britanniques. Cependant, des signes récents de reprise sont sensibles dans l'E. autour de Cardiff, grâce à la proximité de Londres et aux bonnes communications, tandis que les vallées intérieures restent sinistrées. Le littoral attire le tourisme.

**GLANGEAUD (Louis)** ♦ Géologue et géographe français (Tulle 1903 - Paris 1986). Il est l'auteur de travaux sur l'Afrique du Nord, sur l'évolution géologique du bassin méditerranéen, du Jura. [Acad. sc. 1968]

**GLANUM** ♦ Anc. cité gallo-grecque puis gallo-romaine découverte en 1921 à 2 km au S. de Saint-Rémy-de-Provence. D'abord lieu de culte des Saliens* au –VI$^e$ s., puis riche établissement marseillais (–III$^e$ s.), elle fut détruite en –102, puis rétablie en –50 par les Romains. Elle connut une grande prospérité sous l'Empire, mais fut anéantie en 270 par des envahisseurs germaniques et définitivement désertée au V$^e$ s. À cette cité appartenaient les «Antiques» : arc municipal et mausolée de l'époque augustéenne.

**GLAREANUS** ou **GLAREAN (Heinrich LORITI** ou **LORITZ,** dit**)** ♦ Humaniste suisse (Mollis, canton de Glaris 1488 - Fribourg-en-Brisgau 1563). Poète, géographe, qui écrivit une *Helvetiae descriptio* et un *De geographia*, auteur de traités de musique (*Isagoge in musicen*, 1516 ; *Dodekachordon*, 1547), il adhéra à la Réforme mais revint ensuite au catholicisme.

**GLARIS** ➝ **ÉTYM.** en all. *Glarus ;* p.-ê. du lat. *glarea* «gravier» ♦ V. de Suisse, ch.-l. de cant., sur la rive g. de la Linth, dans les *Alpes de Glaris*, ou *Alpes glaronnaises*. 5 764 hab. La ville a été presque entièrement détruite par un incendie en mai 1861. Le musée d'art abrite une importante collection de peintures des XIX$^e$ et XX$^e$ s.

**GLARIS** (canton de) ➝ **ÉTYM.** du n. de la ville ♦ Cant. de l'E. de la Suisse. 685 km$^2$. 38 084 hab., en majorité de langue allemande, de rel. protestante (2/3) et catholique (1/3). La région, entièrement située dans les Alpes, est constituée par un ensemble de vallées formées par la Linth qui descend des glaciers du Tödi à l'extrémité S.-O. du canton. ▪ L'économie du pays est essentiellement tournée vers l'industrie textile (filatures, impression sur coton, tissages). Indus. mécanique, appareillage électrique, papeteries. Centrales hydroélectriques sur la Linth. Mines de soufre à Stachelberg et de fer à Elm. La diminution de l'activité agricole a été compensée par l'extension de l'élevage. Fabrication de «Zieger», fromage aux herbes. En proportion, le canton de Glaris est le plus industrialisé de Suisse. ▪ **Histoire** La région de Glaris aurait été christianisée au VI$^e$ s. par le moine irlandais saint Fridolin, fondateur de l'abbaye de Säckingen (à l'E. de Bâle, sur la rive d. du Rhin) dont dépendit longtemps le pays. Glaris passa ensuite sous la domination des Habsbourg et entra en 1352 dans la Confédération helvétique. Zwingli* y fut curé de 1506 à 1516 et Glaris adopta vite le protestantisme pour abroger aussi vite cette décision : il y eut donc deux communautés religieuses. Les partisans du réformateur furent éliminés en 1564, ce qui n'empêcha pas les rivalités sur le plan administratif entre protestants et catholiques. La situation fut réglée par la Constitution de 1836.

**GLASER (Donald Arthur)** ♦ Physicien américain (Cleveland 1926). Il conçut le principe de la chambre à bulles (1952), dispositif permettant (de même que la chambre de Wilson*) de détecter et de visualiser le passage des particules ionisantes, et qui joua un rôle essentiel en physique des particules dans les années 1950 - 1960. [Prix Nobel de phys. 1960]

**GLASGOW (Ellen ANDERSON GHOLSON,** dite **Ellen)** ♦ Romancière américaine (Richmond 1873 - *id.* 1945). Son œuvre est consacrée à une description ironique et réaliste de la vie en Virginie qui cherche à démythifier le rêve américain. Elle est l'auteur de dix-neuf romans dont *The Barren Ground* (1925), *The Sheltered Life* (1932) et *In This Our Life* (prix Pulitzer, 1941). Ses *Lettres* publiées en 1958 et ses mémoires (*The Woman Within*, posth. 1954) révèlent un personnage attachant.

**GLASGOW** ➝ **ÉTYM.** p.-ê. «creux vert», du gaél. *glas* «vert» ♦ V. d'Écosse, ch.-l. de district, de part et d'autre du Firth of Clyde. 868 170 hab. Univ. Cathédrale (XII$^e$ - XV$^e$ s.). Sans avoir le renom intellectuel de sa rivale Édimbourg, Glasgow possède, avec l'Art Gallery and Museum, l'une des plus riches collections picturales du pays. Elle fut un des centres de l'Art nouveau grâce à ses architectes-décorateurs. ➝ **Mackintosh (Charles Rennie)**. Un vaste projet de rénovation urbaine (logements, commerces, équipements sportifs) a été entrepris à partir de 2005 ainsi que la construction de nouvelles infrastructures (pont piétonnier, Clyde Arc, par Richard Rogers). La population de la conurbation de Glasgow, jadis centre d'émigration, semble stabilisée. Une partie des habitants de l'agglomération réside dans les villes nouvelles de la périphérie (Cumbernauld, East Kilbride). La fortune de la ville est liée au droit de commercer (rhum, sucre, tabac, coton avec les Indes occidentales), obtenu lors de l'union entre l'Angleterre et l'Écosse. Mais c'est la révolution industrielle qui devait faire de la région un des principaux « pays noirs » du Royaume-Uni, l'accès du port étant facilité par l'élargissement et le dragage de l'estuaire. La ville, un moment la deuxième du pays, s'est spécialisée dans l'acier et les chantiers navals (Clydebank). Mais les industries traditionnelles ont décliné et, malgré l'aide de l'État, le chômage était dans les années 1980 l'un des plus forts du Royaume-Uni. Depuis, la croissance de Glasgow semble redémarrer grâce aux retombées de l'exploitation pétrolière, en particulier dans les industries chimiques et le matériel de forage. L'aéroport de Paisley est l'un des plus importants du pays par son trafic intérieur. ▮ **Histoire** Fondée au VI<sup>e</sup> s. par saint Mungo, la ville s'est développée autour de l'évêché (fondé en 1175) puis, plus tard, de l'université (1450).

**GLASHOW (Sheldon Lee)** ♦ Physicien américain (New York 1932). Il est l'auteur, avec A. Salam et S. Weinberg, de la théorie dite « électrofaible » qui unifie deux interactions fondamentales en apparence totalement distinctes : la force électromagnétique et la force nucléaire faible (1967). Ce modèle fut confirmé expérimentalement en 1983 par l'équipe de C. Rubbia*. [Prix Nobel de phys. 1979, avec A. Salam et S. Weinberg]

**GLASS (Philip)** ♦ Compositeur américain (Baltimore 1937). Aboutissement de dix années d'errance et de séjours en Inde, son opéra *Einstein on the Beach* mis en scène par Robert Wilson obtint un vif succès à sa création (Avignon, 1976). Sa démarche additive et minimaliste inaugurée avec *One plus One* (1968) s'est élargie en faveur d'œuvres plus ambitieuses fondées sur le retour à des formes anciennes, comme en témoignent les opéras *Satyagraha* (1980) et *Akhnaten* (1983), puis *The Voyage* (1992). Attiré par l'image, P. Glass a écrit des musiques de films (*Kundun* de M. Scorsese, 1997 ; *Le Rêve de Cassandre* de W. Allen, 2007) tout en enrichissant son répertoire instrumental (*Symphonies n° 7 & 8*, 2005). Toujours adossé à sa technique rythmique de la répétition, son style a évolué vers un lyrisme néoromantique qui caractérise *Song and Poems for Solo Cello* (2007).

**GLASSBRENNER (Adolf BRENNGLAS, dit)** ♦ Écrivain allemand (Berlin 1810 - *id.* 1876). De tendance politique libérale, il est surtout connu par ses écrits satiriques sur la vie berlinoise de l'époque.

**GLASSCO (John)** ♦ Écrivain canadien d'expression anglaise (Montréal 1909 - *id.* 1981). À vingt ans, il partit pour Paris où, avant d'être atteint de tuberculose, il vécut la « Bohème » et rencontra George Moore, Breton, Joyce, Hemingway, Gertrude Stein (*Memoires from Montparnasse*, 1970). Écrivant sous de nombreux pseudonymes, Glassco cultivait une prose érotique raffinée, sinon décadente. Personnage double, il produisit également une poésie sensible à la nature d'un Québec rural qu'il habitait en alternance avec la ville de Montréal.

**GLATSTEIN (Yankev ou Jacob)** ♦ Écrivain américain d'origine polonaise et d'expression yiddish (Lublin 1896 - New York 1971). Établi aux États-Unis en 1914, initiateur en 1920 du groupe littéraire introspectiviste « In Zikh », il fut une figure centrale des avant-gardes poétiques yiddish. Son œuvre, caractérisée à ses débuts par des motifs hautement individuels et par l'intellectualité de l'expression, évolua pendant les années 1930 vers une thématique nationale juive. Il s'illustra aussi dans la critique littéraire.

**GLAUBER (Johann Rudolf)** ♦ Chimiste et pharmacien allemand (Karlstadt 1604 - Amsterdam 1668). Il reconnut les propriétés thérapeutiques du sulfate de sodium auquel son nom est resté attaché *(sel de Glauber)*, établit la différence entre la soude et la potasse et différencia leurs sels ; il identifia l'acide chlorhydrique et détermina l'ordre des affinités des différents métaux pour le mercure (1648).

**GLAUBER (Roy J.)** ♦ Physicien américain (New York 1925). L'un des fondateurs de l'optique quantique, il relia, vers 1960, la théorie quantique de champ, où la lumière est considérée comme un flux de photons, et la théorie électromagnétique classique décrivant la lumière comme une onde. Cette synthèse permit notamment la compréhension de l'émission de la lumière laser, parfaitement cohérente, ainsi que celle de la lumière émise par les sources thermiques (telle une ampoule), composée de diverses ondes incohérentes et exigeant un traitement statistique. [Prix Nobel de phys. 2005 avec J. L. Hall* et T. W. Hänsch*]

**GLAUCOS** ➝ ÉTYM. du gr. *glaukos* « brillant ; glauque, vert pâle » [probablt pour décrire son regard] ♦ Roi légendaire de Corinthe*, fils de Sisyphe* et père de Bellérophon*. Il empêchait ses juments de s'accoupler pour les rendre plus rapides. Aphrodite*, vexée, le fit dévorer par ses cavales.

**GLAZOUNOV (Aleksandr Konstantinovitch)** ♦ Compositeur russe (Saint-Pétersbourg 1865 - Paris 1936). En France d'abord, puis en Angleterre, il fit connaître la musique russe. Il devait plus tard se fixer à Paris (1928) où, au début du XX<sup>e</sup> siècle (1907), il avait participé aux premières saisons des Ballets* russes de Diaghilev. Nommé professeur au conservatoire de Saint-Pétersbourg, il en fut ensuite le directeur (1905 - 1928). La qualité de son enseignement, son désintéressement exercèrent une influence profonde sur la jeune génération de musiciens russes (Stravinski, Prokofiev, Scriabine, Chostakovitch). Par le caractère monumental de l'architecture, la richesse de la polyphonie, la fraîcheur et la profondeur de l'invention mélodique, l'œuvre de Glazounov demeure l'une des plus populaires de la musique russe, après le célèbre groupe des Cinq*. Il a abordé tous les genres : poème symphonique (*Stenka Razine*, 1889), ballet (*Raymonda*, 1898 ; *Ruses d'amour*, 1900 ; *Les Saisons*, 1900), compositions pour orchestre (8 symphonies ; ouvertures, fantaisies, suites), pour solistes (concertos pour violon, pour violoncelle, pour saxophone ; 2 concertos pour piano), musique de chambre (quatuors à cordes, sonates) et chorale, ainsi que de nombreuses mélodies. ➝ ÉTYM. Le nom russe *Glazounov* vient de *glaz* « œil [clairvoyant] ».

**GLEIM (Johann Wilhelm Ludwig)** ♦ Poète allemand (Ermsleben 1719 - Halberstadt 1803). Fondateur et principal poète de l'anacréontisme, il a célébré en vers non rimés l'amour et le vin dans ses *Chants nouveaux sur le mode plaisant* et ses *Nouvelles odes* (1744 - 1747) ; il a laissé également des poèmes d'inspiration patriotique (*Les Chants d'un grenadier prussien*, 1758).

**GLEIZÉ** [69400] ➝ ÉTYM. de *glaise* ♦ Comm. du Rhône, banl. O. de Villefranche-sur-Saône. 8 050 hab. Viticulture (beaujolais).

**GLEIZES (Albert)** ♦ Peintre et théoricien français (Paris 1881 - Saint-Rémy-de-Provence 1953). Il peignit d'abord sous l'influence de l'impressionnisme puis, en 1906, il fonda avec Duhamel et Vildrac le groupe de l'Abbaye* à Créteil. Les œuvres de Braque et de Picasso ainsi que le *Portrait de Jouve* par Le Fauconnier (1909) le poussèrent à modifier sa technique ; il réduisit les volumes à des formes simples d'allure prismatique tout en conservant souvent un traitement plus réaliste pour les visages *(Portrait de Jacques Nayral)*. En 1911, il exposa au Salon d'automne dans la salle dite des « cubistes » et, intéressé par les théories néoplatoniciennes, il participa aux réunions de Puteaux dans l'atelier de Jacques Villon* et exposa à la Section d'Or. Il publia en 1912 avec Metzinger* le premier livre théorique sur le mouvement, *Du cubisme*, où apparaissait le souci de fonder un ordre, voire un système en même temps que la volonté de mettre en évidence les liens avec la tradition. Certaines de ses œuvres présentèrent ensuite un caractère non figuratif plus prononcé *(Brooklyn Bridge)* sous l'influence de Picabia*. Après avoir défendu les idées socialisantes et pacifistes, il retrouva la foi catholique, tenta d'intégrer des apports cubistes à la peinture religieuse traditionnelle. Mû par un idéal communautaire, il fonda le groupement agricole et artisanal de Moly-Sabata.

**GLÉLÉ** ou improprement *Glé-Glé* ♦ Roi du Dahomey (1858 - 1889). Fils du roi Ghézo, il continua l'œuvre de celui-ci, affermissant le pouvoir du royaume par des expéditions chez les Yoroubas d'Oyo à l'E. et en direction de Porto-Novo au S. Durant son règne, il fut soumis à la pression des Britanniques et des Français. Ces derniers obtinrent de lui la cession de Cotonou* en 1868. ➝ **Bénin.**

**GLÉNAN** (îles de) – nommées à tort *les Glénans* ➝ ÉTYM. du moy. bret. *glenn* « terre » (les terres émergées, les îlots de l'archipel de Glénan) ♦ Groupe de 9 îlots de l'océan Atlantique (comm. de Fouesnant, Finistère). Centre nautique : école de navigation à voile et de plongée. Laboratoire maritime. Réserves ornithologiques sur les îlots inhabités.

**GLENDALE** ♦ V. des États-Unis (Californie), au N. de Los Angeles. 194 973 hab. La population a augmenté de 29 % entre 1980 et 1990. Importantes indus. (aéronautique, optique, matières plastiques).

**GLENDALOUGH** – en gaél. ***Gleann da Locha*** ♦ Vallée de la rép. d'Irlande. Anc. ermitage de saint Kevin au VI<sup>e</sup> s. et l'un des principaux centres spirituels du haut Moyen Âge irlandais. Il subsiste de nombreuses ruines qui font de ce vallon un des sites touristiques les plus romantiques de l'E. du pays.

**GLEN MORE** n. m. ♦ Région d'Écosse. Profonde dépression tectonique au modelé glaciaire entre les monts Grampians et les Highlands du N. Elle est occupée par des lacs allongés dont le plus célèbre est le loch Ness.

**GLENN (John)** ♦ Astronaute américain (Cambridge, Ohio 1921). Il effectua le premier vol orbital américain, dans le cadre du programme Mercury (janv. 1962). Il repartit en mission dans l'espace en 1998, permettant la réalisation d'expériences consacrées au vieillissement.

**GLEY (Émile)** ♦ Physiologiste français (Épinay 1857 - Paris 1930). Ses travaux portèrent sur l'endocrinologie. Il définit d'une manière rigoureuse les caractéristiques générales des glandes et réalisa d'importantes études de l'activité de la thyroïde.

**GLEYRE (Charles)** ♦ Peintre suisse (Chevilly, canton de Vaud 1808 - Paris 1874). Installé à Paris en 1838, il reprit l'atelier de Delaroche* en 1843 et y accueillit plus de 500 élèves dont Monet, Renoir, Sisley, Bazille. Sa peinture, qui s'inscrit dans la tradition académique, est empreinte de symbolisme, de poésie et de mélancolie (*Les Illusions perdues*, 1843 ; *La Séparation des apôtres* 1845 ; *La Charmeuse*, 1868). *Le Cavalier arabe poursuivi par les Turcs*, exécuté lors d'un séjour en Orient entre 1834 et 1837, révèle un sens du mouvement et de la couleur inhabituel dans son œuvre.

**GLIER (Reïngold Moritsevitch)** ♦ Compositeur soviétique (Kiev 1875 - Moscou 1956). Professeur au conservatoire de Moscou, il forma plusieurs générations de musiciens, dont Prokofiev. Fidèle à la tradition des classiques russes mais animé par l'esprit nouveau de la révolution, son œuvre comporte des opéras, de la musique symphonique, des concertos (pour harpe), de la musique de chambre, des ballets (*Le Pavot rouge*, 1927, premier ballet soviétique à sujet révolutionnaire).

**GLIÈRES** (plateau des) ♦ Plateau des Bornes, en Haute-Savoie. ▮ **Histoire** Du 31 janvier au 26 mars 1944, un important combat opposa des maquisards à des miliciens et à des Allemands. 250 maquisards et civils furent tués, fusillés ou déportés.

**GLINKA (Mikhaïl Ivanovitch)** ♦ Compositeur russe (Novospasskoïe 1804 - Berlin 1857). Issu d'une riche famille de la noblesse russe, il aborda la musique en dilettante. Au retour d'un voyage en Italie et en Allemagne (1830), il prit conscience de sa vocation et affirma sa résolution de doter son pays d'un opéra national. Ce fut *La Vie pour le tsar* (1836) où à l'influence italienne, encore prédominante, s'opposent des chants populaires d'une allure typiquement russe. Dans le même esprit, Glinka composa encore *Rousslan et Ludmilla* (1842). Ces deux ouvrages eurent un profond retentissement. Cependant, lié d'amitié avec Bellini, Donizetti et Berlioz, il ne rompit jamais avec les traditions et les formes classiques occidentales, ce qui explique le caractère hybride de sa musique et permet de comprendre, avec l'échec final du compositeur, son départ pour l'étranger. On lui doit encore des ouvertures espagnoles, une fantaisie russe (*La Kamarinskaïa*, 1848), des pièces de musique de chambre (trio, sonate, quatuor, sextuor), de la musique d'église et des mélodies.

**GLIŠIĆ (Milovan)** ♦ Conteur et auteur dramatique serbe (1847 - 1908). Il décrivit avec fidélité la vie des paysans serbes dans des drames comme *La Tromperie* (1885) et dans des nouvelles (*Le Premier Sillon*, 1891).

**GLISSANT (Édouard)** ♦ Écrivain français (Sainte-Marie, Martinique 1928). Ethnologue, philosophe et poète, Glissant a précisé ses objectifs dans son essai *L'Intention poétique* (1969). Célébration lyrique du pays et du peuple antillais, dans une langue riche jusqu'au baroque, son œuvre se veut également la dénonciation d'une longue oppression et l'appel au sursaut libérateur. Des poésies de *Un champ d'îles* (1953) et de *La Terre inquiète* (1954) jusqu'au long poème *Les Indes* (1956), les images somptueuses et cruelles, la violence verbale servent la dialectique marxiste du maître et de l'esclave. Les romans de Glissant, de *La Lézarde* (1958) à *Malemort* (1975) ou encore *Le Discours antillais* (1981), évoquent aussi le présent et le passé des Antilles, souvent en un subtil contrepoint où s'entrelacent les conflits d'aujourd'hui aux récits des souffrances ancestrales, et se servent de l'opposition des langages (populaires ou châtiés, c'est-à-dire empruntés) pour mieux incarner un peuple composite à la recherche de son identité.

**GLISSON (Francis)** ♦ Médecin et philosophe anglais (Rampisham, Dorset 1597 - Londres 1677). On lui doit la découverte de l'enveloppe fibreuse du foie (*capsule de Glisson*).

**GLIWICE** ♦ V. de Pologne, voïvodie de Silésie. 198 499 hab. Indus. minière, chimique et métallurgique.

Le **Globe** – en angl. ***The Globe Theatre*** ♦ Nom d'un théâtre anglais créé à Londres par deux frères, Cuthbert et Richard Burbage* (1599). Ce bâtiment polygonal pouvait accueillir 2 000 spectateurs. La compagnie Richard Burbage y créa les pièces de Shakespeare, lequel était actionnaire du lieu. Ce bâtiment brûla en 1613, sans qu'il restât un seul plan de son architecture originale.

Le **Globe** ♦ Journal philosophique, littéraire et politique fondé en sept. 1824 par P. Dubois et P. Leroux et auquel collaborèrent Jouffroy, Sainte-Beuve, Thiers, Guizot. Journal d'opposition sous la Restauration, il devint l'un des principaux organes d'expression des saint-simoniens après 1830, mais cessa de paraître peu après (1832).

**GLOBOKAR (Vinko)** ♦ Compositeur et tromboniste français d'origine yougoslave (Anderny, France 1934). Il fit ses études en France, avec Leibowitz et Berio. Dans ses œuvres pleines de fantaisie, il utilisa les méthodes aléatoires (*Miserere* pour 5 récitants, 3 groupes instrumentaux et orchestre, 1982 ; *Les Émigrés*, 1987 - 1990). Il a dirigé à l'Ircam, jusqu'en 1980, le département chargé des nouvelles ressources instrumentales et vocales.

**GLOMMEN** → Glåma

**Glorieuses (les Trois)** ♦ Nom donné aux journées révolutionnaires des 27, 28, 29 juil. 1830 qui mirent fin à la Restauration. → **révolution de juillet 1830.**

**Glorieuses (Trente)** ♦ Expression créée par Jean Fourastié* en 1979 pour qualifier les trente années d'expansion économique continue que connurent la France et la plupart des pays industrialisés entre 1945 et le début des années 1970. Cette période se caractérise par le développement du PIB, une augmentation de la production industrielle et de services due à une productivité accrue (taylorisme), des exportations excédentaires, le plein emploi et une augmentation du niveau de vie et du pouvoir d'achat donnant naissance à la consommation de masse. L'apparition de déséquilibres amorça une récession mais la rupture radicale de cette « révolution invisible » se produisit avec la guerre du Kippour (1973) qui entraîna une hausse des prix du pétrole fatale aux pays en situation de dépendance énergétique.

**GLOUCESTER** [glɔstœʀ] ♦ Titre de comte ou de duc porté le plus souvent par les fils ou les frères des rois d'Angleterre. ♦ **Humphrey,** duc **de Gloucester** (1391 - Bury Saint Edmunds 1447). Fils d'Henri IV, il assura la régence lors du séjour de son frère Henri V en France (1420 - 1421). Il épousa Jacqueline* de Bavière en 1422, mariage qui fit passer le duc de Bourgogne dans le camp français. Dès lors, sa puissance diminua et il fut même arrêté pour haute trahison (1447).

**GLOUCESTER** ➝ **ÉTYM.** du celt. *gloew* « brillant, endroit splendide » et *ceaster* (lat. *castrum*) « fort romain » ♦ V. d'Angleterre, ch.-l. du Gloucestershire, sur la Severn, au N. de Bristol. 109 888 hab. La ville a conservé de son passé de nombreux monuments médiévaux dont la cathédrale aux deux cloîtres (XI$^e$ - XV$^e$ s.). Construc. aéronautiques. ▮ **Histoire** Camp militaire romain (*Glevum*) fondé vers -36 par Nerva, puis occupée par les Celtes vers le IV$^e$ s., Gloucester fut rattachée au royaume saxon de Mercie, et en devint la capitale. Un monastère bénédictin y fut fondé en 681. La ville connut une grande prospérité commerciale du XII$^e$ au XVI$^e$ s. (travail de la laine, commerce du grain et du vin).

**GLOUCESTERSHIRE** ➝ **ÉTYM.** de *Gloucester**, et angl. *shire* « comté » ♦ Comté de l'O. de l'Angleterre. 2 638 km². 570 000 hab. CH.-L. : Gloucester. Élevage dans la vallée de la Severn et céréaliculture dans les Cotswold Hills. L'industrie et le tertiaire sont concentrés autour de Gloucester-Cheltenham.

**GLOZEL** ♦ Hameau de la comm. de Ferrières-sur-Sichon (Allier), près de Vichy. Des pièces d'aspect paléolithique*, accompagnées d'objets d'allure néolithique* mais aussi de tablettes d'argile portant une écriture inconnue y furent découvertes en 1924. Cette trouvaille divisa un temps le monde scientifique : une commission internationale conclut qu'il s'agissait d'un faux, mais les inventeurs furent disculpés. Les études de thermoluminescence effectuées depuis 1974 ont indiqué des datations comprises entre -700 et le XVIII$^e$ s. La provenance de ces objets reste controversée.

**GLUBB** (sir **John Bagot),** dit **Glubb Pacha** ♦ Général britannique (Preston, Lancashire 1897 - Mayfield 1986). Après avoir participé à la Première Guerre mondiale, il fut ingénieur, puis administrateur en Arabie et en Irak. Nommé ensuite adjoint du colonel Peake, il lui succéda, en 1939, à la tête de la Légion* arabe, dont il fit une formation militaire d'élite. Bien que devenu citoyen jordanien, il fut relevé de ses fonctions par le roi Hussein en 1956. Il est l'auteur de souvenirs (*Soldat avec les Arabes*, 1958).

**GLUCK (Christoph Willibald,** chevalier **VON)** ♦ Compositeur allemand (Erasbach, Haut-Palatinat 1714 - Vienne 1787). Fils d'un garde-chasse du prince Lobkowitz, il commença ses études musicales à Prague, gagna ensuite Vienne où il perfectionna ses connaissances, puis se rendit à Milan où il reçut les leçons de Sammartini (1736). Familiarisé avec les formes de l'opéra italien, il fit représenter, entre 1741 et 1752, ses premiers ouvrages dramatiques dans un grand nombre de villes d'Europe. Installé à Vienne (1752), il fut nommé maître de chapelle de la cour (1754). Sur l'invitation du comte Durazzo, intendant des théâtres impériaux, il procéda à de libres adaptations des opéras-comiques français à la mode (*La Rencontre imprévue* de Favart, 1764) et n'en continua pas moins à composer des opéras italiens (*Il Re Pastore* ; *Telemacco* ; *Antigono*). C'est à un renouvellement total du style de l'opéra qu'il allait procéder, d'abord avec son ballet *Don Juan* (1761), puis en composant, avec son librettiste Calzabigi, *Orfeo ed Euridice* (1762). Marqué par le souci de la simplicité et du naturel, ce style nouveau imprégnait encore *Alceste* (1767), *Paride ed Elena* (1770) et *Iphigénie en Aulide* (1774) qu'il fit représenter à Paris sur un livret français du bailli du Roullet. Le triomphe de cet opéra, ainsi que celui d'*Orphée*, traduit en français par Moline (1774), déchaîna alors la réaction des partisans de l'opéra italien. → **Piccinni.** C'était le début d'une querelle qui se poursuivit durant plusieurs années et fut marquée par de nouveaux succès de Gluck (*Armide*, 1777 ; *Iphigénie en Tauride*, 1779) et par l'échec retentissant d'*Écho et Narcisse* (1779). Malade, blessé par l'incompréhension du public parisien, le musicien, à l'issue d'un quatrième séjour dans la capitale, la quitta définitivement (1779). Outre ses 107 opéras, ses opéras-comiques, ses ballets-pantomimes, Gluck a composé quelques pages purement instrumentales et des odes et lieder sur des poèmes de Klopstock. Il est aussi l'auteur de pièces de musique sacrée (*De profundis* ; psaume *Domine, dominus noster*). C'est sa qualité de réformateur du théâtre lyrique qui a assuré sa gloire. S'attachant au resserrement de l'action, recherchant le « langage du cœur », il voulut « exprimer de grandes passions, créer une musique énergique et touchante ». Dans ses opéras, le chant n'est jamais entravé par l'accompagnement, car celui-ci doit être réglé « selon l'intérêt et la passion ». Le chœur participe à l'action comme dans la tragédie grecque, et l'orchestre est entièrement intégré à la vie dramatique de l'œuvre : les instruments « chantent en même temps que le chanteur, ils souffrent ses souffrances, ils pleurent ses larmes » (Berlioz).

**GLUCKSMANN (André)** ♦ Écrivain et penseur français (Boulogne-Billancourt 1937). Réputé pour son franc-parler, il rompit avec sa jeunesse maoïste et fut associé au courant antimarxiste des « nouveaux philosophes » (avec Bernard-Henri Lévy*) : *La Cuisinière et le mangeur d'hommes. Essai sur l'État, le marxisme et les camps de concentration* (1975) ; *Les Maîtres Penseurs* (1977). Il s'engagea contre les totalitarismes et écrivit notamment sur le goulag. En

## gnosticisme

n. m. ▸ ÉTYM. du grec *gnôsis* «connaissance» ♦ Tradition religieuse et spirituelle du monde antique. Le gnosticisme ne fut longtemps connu que par les hérésiologues chrétiens et par le philosophe Plotin*, qui le réfutaient. Sa connaissance a été renouvelée par la découverte à Nag* Hammadi, en 1945, d'une bibliothèque copte où figuraient de nombreux textes gnostiques, connus ou inconnus. Considéré par les Pères de l'Église comme une contre-religion, puis par les historiens des religions comme un cas particulier d'une *gnose* qui aurait connu d'autres épanouissements (dans l'hellénisme, dans le judaïsme, dans l'islam, puis chez des penseurs modernes), le *gnosticisme* peut être limité aux théologiens qui se sont définis eux-mêmes ou qui ont été définis par leurs adversaires bien informés comme *gnostiques* : le terme n'était d'ailleurs pas réservé aux hétérodoxes, et Irénée* de Lyon s'attaque justement à la «prétendue connaissance» (ou «gnose au nom menteur»), déjà dénoncée par saint Paul (1 Timothée, 6, 20). Apparemment contemporain du christianisme, le gnosticisme apparaît au IIe s. comme un phénomène chrétien, structurellement opposé au judéo-christianisme (→ **judéo-chrétiens**) : il se revendique souvent d'une légitimité apostolique. La connaissance *(gnôsis)* est obtenue par le gnostique grâce à une révélation, incarnée dans des textes qui peuvent être bibliques ou apocryphes mais qui ne sont jamais dans la Bible juive : hostiles au judaïsme, les gnostiques sont souvent des «pauliniens extrémistes», comme Marcion*. Cette connaissance, celle du vrai Dieu (dont l'une des caractéristiques est d'être *agnôstos* «inconnaissable»), suffit à sauver le gnostique qui se sent étranger à un monde dont le créateur est, au mieux, un démiurge maladroit ; elle lui dicte un comportement qui peut varier de l'ascétisme rigoureux à une licence sans doute exagérée par des adversaires de mauvaise foi mais qui a pu ne traduire que l'inutilité pour l'homme de ses actions en ce monde, donc leur indifférence. Cette théologie se distingue de ce qui deviendra le christianisme orthodoxe par sa perception dualiste du monde et sa conception élitiste du salut : par nature, certains ne peuvent être sauvés ; à l'inverse, c'est la foi et non la connaissance qui est censée sauver le chrétien non gnostique. Le gnosticisme est exprimé dans des initiations d'allure catéchétique (la Lettre à Flora de Ptolémée, disciple de Valentin*) ou dans des systèmes que l'on devine derrière les textes marqués par le gnosticisme, comme l'Évangile selon Thomas ou l'Évangile de Judas (récemment découvert dans un autre manuscrit copte, le «codex Tchacos»). Leur complexité et la rareté des sources rendent problématique l'identification gnostique de certains personnages : c'est le cas de Simon* le Magicien ou Marcion*, ou encore de Bardesane d'Édesse*. Dans le catalogue hérésiographique, les tendances gnostiques les mieux affirmées apparaissent dans le groupe de Valentin* et ses disciples et dans un groupe identifié comme «séthien» (les «naasséniens» ou «ophitiens» de l'*Elenchos* d'Hippolyte*). Le manichéisme* est un système gnostique très cohérent, qui a intégré au paulinisme d'autres références religieuses (Zoroastre, Bouddha) pour devenir une religion à part entière. Le mandéisme* est nominalement gnostique (*manda* «connaissance») mais se défend de toute influence chrétienne. L'origine de cette pensée a été et demeure très discutée : elle résulte manifestement de la confrontation entre une pensée juive, puis chrétienne, et un monde hellénistique où se mêlaient une pensée grecque (philosophie platonicienne et stoïcisme) et des sources «orientales» elles-mêmes hellénisées, ce qui rend leur appréciation délicate — ainsi, on a longtemps soupçonné une influence «iranienne» sur la gnose (ou sur l'apocalyptique juive), mais une étude approfondie a démontré, sur un exemple repris au Livre des secrets (ou Apocryphon) de Jean* (où le pharisien qui contredit l'apôtre porte le nom d'Ahriman), que c'est le texte gnostique qui aurait influencé le mazdéisme en passant par le manichéisme et non l'inverse. La pensée gnostique a influencé ou intéressé des esprits aussi divers que William Blake*, C. G. Jung*, R. Guénon* ou E. M. Cioran*.

2009, sa prise de position justifiant l'intervention d'Israël à Gaza suscita la polémique en France (*Le Discours de la haine*, 2004 ; *Mai 68 expliqué à Nicolas Sarkozy*, 2008).

**GLYCERIUS (Flavius)** ♦ (mort à Salone 480). Empereur romain d'Occident (473 - 474), détrôné par Julius* Nepos.

**Glyndebourne** ♦ Manoir situé en Angleterre, près de Lewes (Sussex). Son propriétaire, John Christie, mari de la soprano Audrey Mildmay, y bâtit un théâtre pour y donner des représentations d'opéra idéales. Le premier festival s'ouvrit le 28 mai 1934 avec *Les Noces de Figaro*, œuvre suivie le lendemain par *Cosi fan tutte*. Le chef d'orchestre était Fritz Busch, et le metteur en scène Carl Ebert. D'abord limité à Mozart, le répertoire s'étendit en 1938 à Verdi et à Donizetti ; il s'est, depuis, considérablement élargi.

**GMELIN (Johann Georg)** ♦ Voyageur et naturaliste allemand (Tübingen 1709 - *id.* 1755). De 1733 à 1743, il explora la Sibérie de l'Oural au Kamtchatka et publia une *Flora sibirica* (1747 - 1770) et *Reise durch Sibirien* (1751 - 1752).

**GNEISENAU (August, comte NEIDHARDT VON)** ♦ Feld-maréchal prussien (Schildau, Saxe 1760 - Posen, auj. Poznań 1831). Il servit l'Angleterre en Amérique et entra au service de la Prusse en 1786. Collaborateur de Stein* et de Scharnhorst* à partir de 1808, il réorganisa l'armée de Frédéric*-Guillaume III. En 1813 et 1814, il fut chef d'état-major de Blücher*. Son intervention à Waterloo* fut décisive.

**GNIEZNO** ♦ V. de Pologne occidentale, voïvodie de Grande Pologne. 69 906 hab. Archevêché. Cathédrale gothique. ▪ Indus. chimique. ▮ **Histoire** Première capitale de la Pologne, et siège des primats polonais depuis le début du XVe s.

**GOA** ▸ ÉTYM. probablt des mots locaux *Goe moat* «terre fraîche et fertile» ♦ État de l'Inde, en bordure de la mer d'Oman. 3 702 km². 1 347 668 hab. CAP. : Panaji (anc. Panjim, anc. Nova Goa). Culture du riz et plantations de cocotiers. Mines de fer et de manganèse. Importante activité touristique. ▮ **Histoire** Goa fut colonisé en 1510 par Albuquerque qui en fit la capitale des colonies portugaises d'Orient. Saint François-Xavier l'évangélisa à partir de 1542. L'armée indienne l'envahit en 1962. D'abord territoire de l'Union avec Daman-et-Diu, Goa fut érigé en État en 1987. L'ancienne ville de Velha Goa, qui fut la capitale du territoire jusqu'au XVIIe s., compte encore de beaux monuments (cathédrale du Bon-Jésus, XVIe s., tombeau de saint François-Xavier).

**GOBEL (Jean-Baptiste Joseph)** ♦ Prêtre et homme politique français (Thann 1727 - Paris 1794). Député du clergé aux États généraux (1789), archevêque constitutionnel de Paris en 1791, il renonça à ses fonctions sacerdotales (1793) lors du mouvement de déchristianisation dirigé par les ultrarévolutionnaires (hébertistes) auxquels il était lié et avec lesquels il fut condamné à mort et guillotiné (mars 1794).

**Gobelins (Manufacture nationale des)** ♦ Manufacture de tapisseries, située à Paris dans le 13e arr. À une célèbre famille de teinturiers (les Gobelin), installés sur les bords de la Bièvre depuis le XVe s., succédèrent en 1601 des tapissiers venus de Flandre pour introduire en France la technique bruxelloise. En 1662, Colbert* créa la Manufacture royale de meubles et de tapisseries de la Couronne dont la direction fut confiée à Ch. Le* Brun (1663 - 1690) ; il fournit à son équipe d'artisans les cartons de nombreuses tapisseries à la gloire de la monarchie. Après lui, Mignard* (1690 - 1695), Robert de Cotte* (1695 - 1735) comme directeurs, les Coypel*, Audran*, Boucher* comme peintres, fournirent de remarquables sujets de tentures aux Gobelins. Incendiée sous la Commune (1871), une partie des bâtiments a été reconstruite en 1914. La manufacture regroupe actuellement les ateliers des Gobelins (haute lice), les ateliers de Beauvais (basse lice) et les ateliers de la Savonnerie (tapis) ; elle travaille essentiellement pour l'État (décoration des édifices publics).

**GOBI** (désert de) ▸ ÉTYM. mongol «désert», en chin. ***Sha-mo*** «désert de sable» ♦ Désert du S. de la République populaire de Mongolie, s'étendant aussi sur la partie chinoise de la Mongolie-Intérieure, sur le Xinjiang et sur le Gansu, sur un plateau d'une altitude variant de 800 à 1 200 m. D'une longueur excédant 1 500 km et d'une largeur variant entre 500 et 900 km, c'est l'un des plus grands déserts du monde. Torride en été et glacial en hiver (-25 °C), il est balayé par des vents violents. De sol rocheux ou parfois sablonneux, il ne comporte une végétation steppique que sur ses confins ou dans les dépressions.

**GOBINEAU (Joseph Arthur, comte DE)** ♦ Diplomate et écrivain français (Ville-d'Avray 1816 - Turin 1882). Il servit en Perse, en Grèce, au Brésil ; il écrivit plusieurs ouvrages d'érudition et des récits de voyages (*Trois ans en Asie*, 1859 ; *Traité des écritures cunéiformes*, 1861 ; *Les Religions et les Philosophies dans l'Asie centrale*, 1865), des nouvelles (*Nouvelles asiatiques*, 1876) et des romans (*Le Prisonnier chanceux*, 1847 ; *Les Pléiades*, 1874). Dans *Les Pléiades*, notamment (dont le cadre fut fourni à Gobineau par les souvenirs de sa vie de diplomate) apparaissent, au sein d'une idylle héroïque, trois personnages, divers de nationalité comme de caractère, mais qui ont en commun le sentiment d'être supérieurs, d'être des «fils de roi» manifestant leur noblesse originelle par l'indépendance de leur esprit. Ces vues sur la nature humaine sont reprises dans l'*Essai sur l'inégalité des races humaines* (1853 - 1855) dans lequel Gobineau prétend fonder sur une base physique et réaliste la théorie de la supériorité de la race nordique, germanique. Sa doctrine fut exploitée par des pangermanistes (→ **Chamberlain [Houston Stewart]**) et par le national-socialisme hitlérien. ▸ ÉTYM. *Gobineau* est une variante de *Gobinot*, de *gobin* «bossu», de l'italien *gobba* «bosse».

**GOBLET (René)** ♦ Homme politique français (Aire-sur-la-Lys 1828 - Paris 1905). Fondateur du journal républicain *Le Progrès de la Somme*, puis directeur de *La Petite République*, il siégea à l'Assemblée nationale (1871), puis à la Chambre des députés (1877 - 1889, 1893 - 1898) où il fit partie des radicaux modérés (ou «radicaux du gouvernement»). Ministre de l'Intérieur dans le cabinet de C. de Freycinet (1882), puis de l'Instruction publique dans le gouvernement Brisson (1885 - 1886), il fut président du Conseil (déc. 1886 - mai 1887), puis fut chargé du portefeuille des Affaires étrangères (avr. 1888 - fév. 1889).

**GOBLOT (Edmond)** ♦ Philosophe et logicien français (Mamers 1858 - Labaroche, Haut-Rhin 1935). Il a laissé des études de logique (en particulier sur la théorie de la démonstration et le raisonnement téléologique) et de philosophie des sciences. Œuv. princ. : *Essai sur la classification des sciences* (1898), *Traité de logique* (1918), *Système des sciences* (1921).

**GO-DAIGO TENNŌ** ♦ (1287 - 1338). 96e empereur du Japon, qui succéda en 1319 à Hanazono Tennō. Son règne se caractérisa par la lutte constante qu'il mena avec ses partisans contre le bakufu (gouvernement militaire) de Kamakura*. Battu et exilé dans l'île d'Oki (1331), il réussit à s'enfuir et, aidé par Ashikaga* Takauji, abattit la puissance des régents Hōjō* de Kamakura (1333). Il régna seul pendant trois ans, mais Ashikaga, se retournant contre lui, l'obligea à s'enfuir (1336) dans le Yoshino où il établit une cour légitime. Celle-ci s'opposa à la «cour du Nord» établie par Ashikaga Takauji, qui fut proclamé shogun.

**GODARD (Eugène)** ♦ Aéronaute français (Clichy 1827 - Bruxelles 1890). Après sa première ascension (Paris, 1846), il en effectua de nombreuses dont la fameuse du Géant avec Nadar* (1863) et organisa la poste aérienne pendant le siège de Paris (1870 - 1871).

**GODARD (Benjamin)** ♦ Compositeur français (Paris 1849 - Cannes 1895). Auteur fécond, il se rendit célèbre par ses opéras (*Jocelyn*, 1888 ; *La Vivandière*, 1895). On lui doit aussi des pièces pour orchestre (symphonies, concertos), de la musique de chambre et des mélodies.

**GODARD (Jean-Luc)** ♦ Cinéaste français (Paris 1930). Rebelle à la logique convenue, décidé à susciter l'émotion par le scandale d'une écriture déconcertante, il ignore le souci du découpage établi à l'avance et multiplie les provocations qui enchantent ou indignent le spectateur. Collaborateur de la revue *Les Cahiers du cinéma*, il a été l'un des principaux représentants de la Nouvelle* Vague. Auteur d'une œuvre au rythme haletant et tragique, reflet critique de l'absurdité contemporaine, Godard est l'auteur de plusieurs films d'importance : *À* bout de souffle* (1960), *Le Mépris* (1963), *Pierrot* le Fou* (1965), *Made in USA* (1966), *La Chinoise* (1967), *Week-End* (1968), *Sauve qui peut (la vie)* (1980), *Prénom Carmen* (1983), *Nouvelle Vague* (1990). En 1998, il rassemble ses idées sur le septième art dans un essai remarqué, *Histoire(s) du cinéma*. ➛ ÉTYM. Ce nom de famille vient du germanique *Godehard*, nom de personne, de *god* «dieu» et *hard* «fort».

**GODAVARI** n. f. ♦ Fl. de l'Inde (1 500 km). Né dans les Ghâts de l'Ouest, il traverse le Dekkan* d'O. en E. et se jette dans le golfe du Bengale par un grand delta. C'est l'un des grands fleuves sacrés des Hindous.

**GODBOUT (Adélard)** ♦ Homme politique canadien (Saint-Éloi 1892 - Montréal 1956). Premier ministre libéral du Québec (1939 - 1944).

**GODBOUT (Jacques)** ♦ Écrivain canadien d'expression française (Montréal 1933). Poète précocement engagé auprès de G. Miron* pour affirmer vigoureusement l'identité nationale québécoise (*Carton pâte*, 1956 ; *C'est la chaude loi des hommes*, 1960 ; *Poésie 64/Poetry*, 1963), Godbout est également l'auteur de nombreux films (*Les Vrais Cousins*, 1970 ; *Aimez-vous les chiens ?*, 1975 ; *Arsenal*, 1976) et son expérience cinématographique a marqué certains de ses romans (*D'amour, P. Q.*, 1972 ; *L'Isle au dragon*, 1976). Écrivain de la modernité, il s'est voulu aussi enraciné dans le terroir national, donnant avec *Salut Galarneau !* (1967) une savoureuse transcription littéraire du joual. Dans *Le Murmure marchand* (1989), *L'Écran du bonheur* (1990) et *L'Écrivain de province* (1991), il critique la société de consommation. ➛ ÉTYM. *Godbout* vient du germanique *Godabald*, nom de personne, de *god* «dieu» et *bald* «audacieux».

**GODDARD (Robert Hutchings)** ♦ Ingénieur et physicien américain (Worcester, Massachusetts 1882 - Baltimore 1945). Chercheur solitaire, il se consacra à l'étude des fusées et, ayant adopté l'emploi du propergol liquide (1923) préconisé par Tsiolkovski*, il parvint à réaliser des fusées capables d'atteindre 2 200 m à des vitesses de 1 100 km/h et qui, à la veille de la Deuxième Guerre mondiale, possédaient déjà tous les organes des futurs lanceurs d'engins spatiaux. → **Oberth.**

**GODDET (Jacques)** ♦ Journaliste sportif français (Paris 1905 - *id.* 2000). Fondateur du journal *L'Équipe** (1946), il fut codirecteur du Tour de France cycliste (1936 ; 1947-1987). Il est à l'origine de la création des Coupes d'Europe de football et de basket et de la Coupe du monde de ski alpin.

**GODEAU (Antoine)** ♦ Évêque et écrivain français (Dreux 1605 - Vence 1672). Après des débuts mondains (à l'hôtel de Rambouillet*, il était surnommé le «nain de Julie»), il entra dans les ordres, obtint l'évêché de Grasse (1636), le cumula avec Vence pour lequel il dut opter (1653). Auteur de paraphrases de l'Écriture, en vers, et de divers ouvrages d'inspiration chrétienne.

**GODEFROI** ou **GODEFROY DE BOUILLON (Godefroi IV DE BOULOGNE, dit)** ♦ (Baisy, près de Genappe 1061 - Jérusalem 1100). Duc de Basse-Lorraine (1089 - 1095). Il conduisit l'armée des chevaliers des régions de la Meuse et du Rhin à la première croisade*. Après la prise de Jérusalem (1099), il fut élu comme souverain et prit le titre d'«avoué du Saint-Sépulcre». → **Assises de Jérusalem.**

**GODEHEU (Charles)** ♦ Administrateur français envoyé en Inde pour remplacer Dupleix* (1754). Il ruina l'œuvre de celui-ci en signant avec l'Angleterre un traité désastreux d'après lequel les territoires conquis devaient être évacués.

**GÖDEL (Kurt)** ♦ Logicien américain d'origine autrichienne (Brünn, auj. Brno 1906 - Princeton 1978). Il mit au point en logique mathématique le procédé d'arithmétisation de la syntaxe «qui permet de formuler la syntaxe logique de l'arithmétique à l'intérieur même de l'arithmétique» (R. Blanché), et il fut amené, par l'application de ce procédé, à formuler deux théorèmes de métamathématique

**Gobelins.** Tapisserie des Gobelins représentant la visite de Louis XIV à la manufacture. Musée du château, Versailles.
*Phot. © Christian Jean/Jean Schormans/RMN*

(1931). Selon ces théorèmes (dits *de Gödel*), une arithmétique non contradictoire comporte des énoncés «indécidables» (c.-à-d. ne constitue pas un système complet) ; parmi ces énoncés ne pouvant être démontrés figure l'affirmation de la non-contradiction du système lui-même. Ces théorèmes établis grâce à des méthodes formelles mettent en évidence les limites de la possibilité de formalisation d'un système (*Über formal unentscheidbare Sätze der Principia* Mathematica und verwandter Systeme*, 1931.) → **Russell (Bertrand).**

**GODIN (Jean-Baptiste André)** ♦ Industriel et homme politique français (Esquéhéries, Aisne 1817 - Guise 1888). S'inspirant des idées de C. Fourier*, il créa en 1859 un établissement industriel, qui, à sa mort, devint la copropriété du personnel : le Familistère de Guise*, coopérative qui prit fin en 1970. ➝ ÉTYM. Ce nom de famille vient du germanique *god* «dieu».

**GODINHO (père Manuel)** ♦ Missionnaire jésuite et écrivain portugais (Villa-de-Montalvão 1633 ou 1634 - 1712). Missionnaire en Inde portugaise (1650), il revint au Portugal en faisant un long périple (1663) ; il passa par Surate, débarqua dans le golfe Arabo-Persique, longea l'Euphrate et fut un des premiers Européens à visiter les ruines de Babylone, avant de gagner Alep. Il a laissé une relation de son voyage : *Relacão do novo caminho que fer por terrae e mar vindo da India para Portugal* (1665).

**GODIVA (lady)** ♦ Héroïne d'un récit de Roger de Wendover, chroniqueur anglais du XIII^e s. Femme d'un comte de Chester au XI^e s., elle aurait demandé vainement à son mari d'alléger les impôts qui écrasaient la population de Coventry. Le comte Leofric n'accepta qu'à la condition étrange que son épouse traversât la ville entièrement nue. Ce qu'elle fit à cheval, sauvegardant peut-être la décence grâce à sa longue chevelure. Ce récit est resté célèbre dans les pays de culture anglo-saxonne.

**GODOUNOV (Boris)** → **Boris Godounov**

**GODOY (Manuel DE), duc DE ALCUDIA, prince DE LA PAZ** ♦ Homme politique espagnol (Badajoz 1767 - Paris 1851). De petite noblesse, il entra à dix-neuf ans dans les gardes du corps ; devenu l'amant de la reine Marie-Louise, il influença fortement grâce à elle le roi Charles* IV. Son ascension politique fut très rapide ; il était Premier ministre en 1792. L'Espagne étant en lutte contre la France républicaine (1793 - 1795), Godoy put mettre fin au conflit par le traité de Bâle (1795) et fut nommé alors «prince de la paix» par le roi d'Espagne. Il voulut réorganiser son pays selon les principes du despotisme éclairé, mais, jalousé à la cour et haï par le futur Ferdinand* VII, il dut démissionner en 1798. Revenu au pouvoir en 1800, Godoy mena une campagne facile et rapide (guerre des orangers) contre le Portugal. Alliée de la France depuis 1796, l'Espagne dut entrer en guerre contre la Grande-Bretagne en 1804 ; en 1805, elle subit en même temps que la France la défaite de Trafalgar* ; et, en 1806, la Grande-Bretagne occupait Buenos Aires qui appartenait à l'Espagne. Après avoir favorisé en secret la coalition contre Napoléon, Godoy, dès que la victoire d'Iéna fut connue, soumit entièrement son pays à Napoléon. L'Espagne adhéra alors au Blocus* continental et signa le traité de Fontainebleau. Godoy, devenu extrêmement impopulaire, voulut faire fuir le couple royal au Mexique. Les troupes françaises de Murat ayant occupé l'Espagne, une insurrection se déclencha à Aranjuez en 1808, et le projet de Godoy échoua. Godoy fut emprisonné pour trahison, puis délivré par Murat, qui le conduisit à Bayonne où il rédigea l'acte d'abdication de Charles IV en faveur de Joseph Bonaparte. Il suivit Charles IV et Marie-Louise dans leur exil, puis vécut à Paris où il rédigea ses *Mémoires* (1836 - 1838). ▪ C'est pour lui que Goya peignit la *Maja* desnuda* et la *Maja* vestida*.

**God Save the King [the Queen]** ➝ ÉTYM. angl. «Dieu sauve le roi [la reine]» ♦ Hymne national britannique d'origine inconnue. Il fut chanté la première fois en 1746 après la victoire de George II à Culloden.

**GODTHÅB** → **Nuuk**

**GODWIN (William)** ♦ Publiciste et romancier britannique (Wisbech, Cambridgeshire 1756 - Londres 1836). Pasteur, devenu athée sous l'influence des philosophes français du XVIII^e s., il s'est consacré, comme son épouse Mary Wollstonecraft*, à l'étude des questions sociales. Mettant en question le libéralisme et le droit de propriété, il a formulé les principes d'une société sans gouvernement où chacun profiterait du travail commun à proportion de ses besoins (*Recherches sur la justice politique et son influence sur la moralité et le bonheur*, 1793). Dans ses *Recherches sur la population* (1820), il a tenté de donner une critique des théories de Malthus*. Ses romans, notamment *Les Aventures de Caleb Williams* (1794), illustrent sans raideur les idées maîtresses de cet ancêtre du communisme.

**GODWIN AUSTEN** → **Dapsang**

**GODWINE ou GODWIN** ♦ Homme politique anglais (mort en 1053). Il exerça un grand pouvoir sous les règnes de Canut le Grand, Canut III et Édouard le Confesseur. ▪ Père d'Harold* II.

**GOEBBELS (Joseph Paul)** ♦ Homme politique allemand (Rheydt 1897 - Berlin 1945). Il passa un doctorat de philosophie puis devint journaliste. Rallié dès 1922 au national-socialisme, il s'attacha d'abord à Gregor Strasser et fit partie de l'aile gauche du mouvement nazi. Mais, en 1925, il se rapprocha de Hitler. Député au Reichstag en 1928, il révéla ses qualités exceptionnelles d'orateur et de propagandiste (notamment dans ses articles du journal *Der Angriff*). À l'avènement de Hitler (1933), il fut ministre de l'Information et de la Propagande. Il utilisa systématiquement tous les moyens de communication pour servir la politique et l'idéologie nazies ; par son action efficace sur les foules, il eut une responsabilité essentielle dans l'excitation de la haine contre les Juifs. Il fut, avec Hitler et Alfred Rosenberg*, le théoricien du nazisme. Chargé de la direction de la guerre totale en 1944, il s'efforça de maintenir le moral et la foi des populations jusque dans le bunker de la chancellerie où il s'empoisonna avec sa femme et ses enfants après la mort du Führer. ➝ ÉTYM. *Goebbels* vient du germanique *Godebert*, de *god* «bon» et *berht* «brillant».

**GOEBEN (August VON)** ♦ Général prussien (Hanovre 1816 - Coblence 1880). Membre de l'armée carliste (1837), entré dans l'armée prussienne (1842), il prit part à la campagne du Danemark (1864), puis à celle de Bohême contre l'Autriche (1866). Nommé commandant du 8^e corps prussien au début de la guerre franco-allemande (1870 - 1871), il se distingua lors des batailles de Forbach-Spicheren, Gravelotte* (Rezonville) ; battu par Faidherbe à Bapaume* (2 - 3 janv. 1871), il remporta peu après la victoire de Saint*-Quentin (18 - 19 janv. 1871).

**GOEHR (Alexander)** ♦ Compositeur britannique (Berlin 1932). Fils du chef d'orchestre WALTER GOEHR (1903 - 1960), il est parti de l'esthétique postwebernienne et a fait un fréquent usage des répétitions, dans le but de clarifier les structures formelles. Œuv. princ. : *Déluge* (cantate d'après L. de Vinci, 1957 - 1958), *Arden muss sterben* (opéra, 1966), *Babylon the Great is Fallen* (oratorio, 1979), *Arianna*, opéra d'après les manuscrits de Monteverdi (1995).

**GOEPPERT-MAYER (Maria)** ♦ Physicienne américaine d'origine allemande (Kattowitz, auj. Katowice, Pologne 1906 - San Diego 1972). Elle proposa, indépendamment de H. D. Jensen*, un modèle «en couches» du noyau inspiré de celui de la structure atomique. Ce modèle, dans lequel les nucléons remplissent les couches déterminées par les nombres quantiques et les niveaux d'énergie tout en tenant compte de l'effet spécifiquement nucléaire du couplage spin-orbite, permet d'expliquer la stabilité particulière de certains noyaux, caractérisés par les nombres, dits «magiques», de nucléons. [Prix Nobel de phys. 1963, avec H. D. Jensen et E. Wigner*]

**GOERDELER (Carl Friedrich)** ♦ Homme politique allemand (Schneidemühl 1884 - Berlin 1945). Premier bourgmestre de Leipzig (1931 - 1937), conservateur de tradition bismarckienne, il s'opposa au régime nazi et dut démissionner. Il conspira contre Hitler et, après l'attentat du 20 juil. 1944, fut arrêté et exécuté.

**GOERG (Édouard)** ♦ Peintre, dessinateur et graveur français (Sydney, Australie 1893 - Callian, Var 1969). À partir de 1912, il suivit les cours de Maurice Denis et de Paul Sérusier à l'académie Ranson. Après une période expressionniste où s'affirma son sens de la critique sociale, puis une vision angoissée et tragique de la condition humaine, il évolua durant la guerre vers une peinture plus intimiste aux accents souvent fantastiques et sensuels (série dite des *Filles-Fleurs*). Il est l'auteur de nombreuses illustrations de livres, d'eaux-fortes et de lithographies. ➝ ÉTYM. *Goerg* est l'équivalent alsacien de *Georges**.

Edouard **Goerg.**
*Les Modèles.* Coll. part. *Phot. © Arch. Smeets*

**GOERING** → **Göring**

**GOES (Hugo VAN DER)** → **Van der Goes (Hugo)**

**GOES (Albrecht)** ♦ Poète lyrique, nouvelliste et essayiste allemand (Langenbeutingen, Wurtemberg 1908 - Stuttgart 2000). Pasteur, aumônier sur le front E. lors de la Deuxième Guerre mondiale, il a exprimé dans *La Trilogie de l'aube* (*Jusqu'à l'aube*, 1949 ; *La Flamme du sacrifice*, 1954 ; *La Cuiller d'argent*, 1965) un sens aigu du mal qui règne dans le monde, auquel il oppose, en humaniste chrétien, un amour capable d'abnégation, de sacrifice. Comme celles de Mörike, auquel il consacra un essai (1938), ses poésies lyriques évoquent sa Souabe natale.

**GOES** ♦ V. des Pays-Bas (Zélande). 36 600 hab. Église Marie-Madeleine (gothique). ▪ La ville doit sa prospérité au commerce du sel et de la garance. Prairies et vergers. Métall. Centre émetteur de télévision. **▮ Histoire** Anc. résidence des comtes de Zélande, la ville accueillit Jacqueline de Bavière (1401 - 1436) qui soutint une lutte malheureuse contre Philippe le Bon à qui ses États furent cédés en 1428.

**GOETHE (Johann Wolfgang VON)** ♦ Écrivain allemand (Francfort-sur-le-Main 1749 - Weimar 1832). «Voilà un homme», disait de lui Napoléon ; un homme dont la personnalité a dominé pendant plus d'un demi-siècle la vie littéraire de l'Allemagne, un homme qui ne cessa d'agir et de créer. **▮ La jeunesse et les premières œuvres** Issu d'une famille bourgeoise aisée et cultivée, il disait tenir de son père «la conduite sérieuse de la vie», de sa mère «la nature joyeuse et le goût de conter». Après une première instruction très soignée (langues, littérature, musique, dessin) sous la conduite de précepteurs, il entreprit, sur les conseils de son père, des études de droit à Leipzig (1765), mais déjà sa vocation le poussait vers la poésie et le théâtre. La vie mondaine du «petit Paris» de l'Allemagne ne fut pas pour lui déplaire ; le jeune Goethe, qui y noua une liaison vite orageuse avec la jolie Kätchen (ou Annette) Schönkopf et une amitié plus sereine avec la fille de son professeur de dessin, Frédérique Oeser, s'y livra à des premiers essais littéraires : des poèmes (*Les Nouveaux Lieder*, publiés en 1769, qui révèlent déjà un sens de la précision que donna à Goethe son goût du dessin), deux comédies (*Le Caprice de l'amant*, pastorale 1767 - 1768 ; *Les Complices*, premiers fragments de sa «grande confession poétique» 1768 - 1769). Gravement malade, Goethe revint à Francfort (1768) où, sous l'influence d'une amie de sa mère, Suzanne von Klettenberg (la «Belle Âme» du *Wilhelm Meister*), il traversa une phase piétiste, se plongea dans des ouvrages d'occultisme et d'alchimie. **▮ Strasbourg** Sa santé et son «ardeur juvénile» revenues, il poursuivit ses études à Strasbourg (1770 - 1771), où trois événements déterminèrent son évolution vers la période des «génies» du Sturm* und Drang : son admiration pour la cathédrale, chef-d'œuvre de l'art gothique et incarnation, à ses yeux, du génie germanique (*De l'architecture allemande*, 1773, dédié à Erwin von Steinbach) ; sa rencontre avec Herder* qui lui révéla les œuvres de Hamann* et la poésie populaire dont il l'incita à chercher les traditions en Alsace ; enfin un amour platonique pour la jeune Frédérique Brion, fille du pasteur de Sesenheim, qui lui inspira quelques-uns de ses plus beaux poèmes d'amour (*Chant de mai ; Bienvenue ; Adieu*). **▮ Les «Souffrances du jeune Werther»** De retour en Allemagne, Goethe put exprimer alors la force «titanesque» qu'il sentait en lui, les contradictions de son «démon intérieur», tour à tour exalté par un sentiment presque mystique pour la nature, renforcé par la lecture de Spinoza (1773), et envahi par des tentations morbides. Telle est l'inspiration des grands poèmes de cette époque (*Le Voyageur ; Le Chant de Mahomet ; Prométhée*), de ses drames (*Götz* von Berlichingen*, 1773 ; *Clavigo*, 1774 ; *Stella*, publ. 1776 ; et le *Faust** primitif, *Urfaust*, 1773 - 1775), de son intermède lyrique (*Erwin et Elmire*, 1775), rempli du souvenir de Lili Schönemann qu'il avait quittée après l'avoir demandée en mariage ; enfin, et peut-être surtout, de son roman *Les Souffrances du jeune Werther** (1774), inspiré par un amour sans espoir pour Charlotte Buff. **▮ Weimar** L'année 1775 marqua un tournant dans la vie et l'œuvre de Goethe. Appelé à Weimar par le grand-duc Charles-Auguste, qui avait été l'élève de Wieland*, il y fut chargé d'importantes fonctions administratives. Conseiller de légation (1776), conseiller secret (1779), ministre (avec anoblissement, 1782), il assuma sa tâche avec cœur et intérêt, s'adonnant pour mieux l'accomplir à l'étude des sciences (botanique, géologie, ostéologie, discipline à laquelle il apporta sa découverte de l'os intermaxillaire chez l'homme). Cette période fut également marquée par son amour pour Charlotte von Stein, qui fut sans doute plus qu'un simple «mariage d'âmes». Cette passion lui fit d'abord retrouver les élans et les tourments de Werther mais, peu à peu, opéra en lui une profonde transformation : ce fut le début de sa victoire sur ses forces «démoniaques», de son acceptation des *Limites de la condition humaine* (poème de 1780), qui transparaissent dans les œuvres auxquelles il travaillait alors (*Iphigénie* en Tauride*, 1779 - 1787 ; *Le Comte d'Egmont**, 1787 ; *Torquato Tasso*, achevé en 1789) ; cet apprentissage de la sagesse marqua aussi chez Goethe un éloignement par rapport au christianisme (ainsi qu'il l'écrivit à Lavater* dont le prosélytisme l'agaçait), une orientation vers le déisme rationaliste de Lessing et de la franc-maçonnerie à laquelle il s'affilia, et peu à peu vers le panthéisme. **▮ Le voyage en Italie** Ses fonctions finirent toutefois par lui peser, tout autant que le ciel gris de Weimar ; «comme un oiseau pris dans des lacets», il ne comprenait plus comment le destin avait pu faire de lui «une pièce cousue dans l'administration d'un État et d'une famille princière». Il rêvait de lumière, du pays où «les citronniers fleurissent et où les oranges d'or resplendissent dans le sombre feuillage» («Chant de Mignon», dans *Wilhelm Meister*), et il quitta Weimar pour l'Italie, pour la Ville éternelle (1786 - 1788)

**Goethe.** *Goethe dans un paysage romain*, par Tischbein (1,64 × 2,06 m). Städelsches Kunstinstitut, Francfort-sur-le-Main. *Phot. ©Arch. Smeets*

où s'acheva sa métamorphose ; avec la clarté, il découvrit la paix, «une solidité intérieure dont l'esprit reçoit en quelque sorte l'empreinte, un sérieux sans sécheresse, une nature posée». **▮ Le retour à Weimar** De retour à Weimar, «le temps des soupirs nostalgiques a pris fin» (J. Ancelet-Hustache), et c'est la vie simple, ardente et sensuelle du monde latin qu'exaltent *Les Élégies romaines* (1790). Aux relations avec M^me^ von Stein, qui se dénouèrent progressivement, succéda la liaison, légalisée en 1806, avec Christiane Vulpius qui lui donna cinq enfants dont un seul survécut. Mal accueillie par la haute société de Weimar, cette liaison avec la fille d'un petit bureaucrate contribua à isoler Goethe de ses anciens amis. Chargé par le grand-duc de la direction de la culture (musées, écoles d'art, université d'Iéna et théâtre de Weimar), Goethe s'adonna à ses travaux scientifiques, créant le concept et le mot de «morphologie» (*Métamorphose des plantes*, 1790 ; *Contribution à l'optique*, que devait compléter en 1810 *De la théorie des couleurs*). Lors de la Révolution française, sur laquelle il émit des réserves, il prit part à la campagne des Prussiens contre la France (Valmy, 1792). **▮ L'amitié de Schiller** En 1794, une amitié solide s'établit entre lui et Schiller* ; depuis 1786, leurs conceptions sur l'art s'étaient rapprochées et, ensemble, ils précisèrent et défendirent, contre leurs ennemis, l'idéal grec tel qu'ils le découvraient à travers Winckelmann*. Sous l'influence de son ami, Goethe sentit en lui un «nouveau printemps dans lequel tout germa joyeusement côte à côte» : des ballades (*L'Apprenti sorcier ; Le Dieu et la Bayadère ; La Fiancée de Corinthe*, 1797), une épopée bourgeoise en hexamètres (*Hermann* et Dorothée*, 1797), son *Faust** (dont la 1^re^ version fut publiée en 1806), la première partie de son grand roman de formation (*Les Années d'apprentissage de Wilhelm* Meister*, 1796). Les bouleversements politiques de l'Europe, l'occupation de l'Allemagne par Napoléon (dont il admirait le génie) affectèrent Goethe, dont la vie privée fut elle aussi assombrie par la mort prématurée de Schiller (1805) et par la routine d'une vie conjugale dont il sentait les limites. **▮ La vieillesse** Quelques passions vinrent encore lui donner le sentiment d'une nouvelle jeunesse : Minna Herzlieb, qui sera Odile dans son roman *Les Affinités* électives* (1808 - 1809), Marianne von Willemer, la Suleika de son *Divan* occidental-oriental* (1814 - 1816), Ulrique von Levetzow, qui lui inspira *L'Élégie de Marienbad* (1821). Mais Goethe avait vieilli, et sa sagesse semblait l'éloigner de la réalité allemande de son temps, tantôt vers son passé qu'il tenta alors de reconstituer et de juger (*Poésie* et Vérité*, 1811 - 1814, 1831 ; *Le Voyage en Italie*, 1816 - 1829 ; *La Campagne de France*, 1821), tantôt vers un monde de vérités intemporelles où l'entraînaient ses réflexions sur l'art, la morale, la religion. C'est le cas dans *Pandora* (1808), drame allégorique qui exalte une civilisation où l'art et la science, le beau et le vrai seront pleinement réalisés, dans *Les Années de voyage de Wilhelm* Meister* (1821 - 1829), dans Le Second *Faust** enfin (1832), dont la scène finale fut commentée ainsi à Eckermann* : «En Faust une activité toujours plus haute et plus pure jusqu'à la fin et l'amour éternel qui vient d'en haut à son secours» ; cette fin «catholique», qui contraste apparemment avec les positions antérieures de Goethe, n'est peut-être que la pleine acceptation des limites de l'homme («Tout l'éphémère n'est que symbole»). ➔ **ÉTYM.** *Goethe* vient du bas allemand *Göde*, abréviation de *Godfrid* «Godefroi» ou de *Goethe*, nom de localité près de Cologne.

**GOFFMAN (Erving)** ♦ Sociologue américain (Manville, Alberta 1922 - Philadelphie 1982). Ses travaux furent consacrés à des analyses microsociologiques effectuées en termes d'interactions entre acteurs dans des systèmes institutionnels prévoyant des sanctions. Beaucoup de ses ouvrages ont été traduits en France où, sans avoir de disciples d'une virtuosité égale à la sienne, il exerce une forte influence (*Asiles*, 1961 ; *Les Rites d'initiation*, 1967 ; *Stigmates*, 1973).

**GOG** ♦ Dans la Bible (Ézéchiel, XXXVIII-XXXIX), prince du pays de Magog*, version hébraïque du nom de Gygès*. Le caractère fantastique de la prophétie où il apparaît a inspiré l'Apocalypse, XX, 8, qui dit « Gog *et* Magog », pour désigner les nations révoltées à la fin des temps.

**GOGOL (Nikolaï Vassilievitch,** dit en fr. **Nicolas)** ♦ Romancier et auteur dramatique russe (Sorotchintsy, gouv. de Poltava 1809 - Moscou 1852). Né en Ukraine, Gogol sut évoquer avec humour le folklore de son pays natal dans la première œuvre qui le rendit célèbre, un recueil de contes pittoresques et fantastiques, *Les Veillées à la ferme de Dikanka* (1831 - 1832). Déjà on sent percer l'angoisse qu'il ressent devant les forces du mal dans les deux recueils de récits qu'il écrivit ensuite sur l'Ukraine, *Mirgorod* et *Arabesques* (1835). L'humour y devient désillusion. Les plus célèbres de ces contes sont : *Le Portrait*, qui exprime encore un certain romantisme, *Tarass* Boulba* qui, seul de son espèce, évoque dans un style coloré la lutte héroïque des cosaques ukrainiens contre les Polonais au XVII$^{e}$ s., *Le Journal d'un fou* et *La Perspective Nevski*, qui ont pour cadre Saint-Pétersbourg et où le rêve se mêle à la réalité, et enfin *Le Nez*, farce absurde et inquiétante. Sa comédie, *Le Revizor** (1836), est une caricature satirique et réaliste des fonctionnaires russes. C'est encore l'histoire malheureuse, simple et ridicule d'un petit fonctionnaire que raconte *Le Manteau* (1842). Enfin Gogol écrivit la grande œuvre de sa vie, *Les Aventures de Tchitchikov ou les Âmes* mortes* (1842). C'est alors qu'une crise intérieure l'ébranla, et, voulant réhabiliter les personnages qu'il avait si durement caricaturés, il écrivit une deuxième partie aux *Âmes mortes* dans laquelle il glorifia les vertus russes. Puis, estimant qu'il avait échoué, il brûla lui-même cette deuxième partie (1852). Il mourut dans la souffrance, persuadé d'avoir failli à sa vocation en calomniant l'humanité et la Russie qu'il adorait. ▪ Mal adapté au monde, Gogol a compris son prochain dans la difficulté et l'angoisse ; plus à l'aise dans les descriptions des comportements que dans l'analyse psychologique, il sut observer le ridicule d'une situation ou d'un personnage et fut un maître de la caricature. ➜ ÉTYM. Ce nom de famille russe vient de *gogol'* « grèbe ».

Nicolas **Gogol.**
*Phot. ©San/Roger-Viollet*

**GOGRA** ou **GHAGHRA** n. f. ♦ Riv. de l'Inde et du Népal (850 km), affl. rive g. du Gange. Née dans l'Himalaya, elle traverse le Terai népalais et se jette dans le Gange non loin de Patna.

**GOH CHOK TONG** ♦ Homme d'État singapourien, d'origine chinoise (Singapour 1941). Membre du Parti d'Action populaire comme son prédécesseur Lee* Kuan Yew, il fut Premier ministre de Singapour de 1990 à 2004.

**GOHELLE** n. f. ♦ Plaine du N. de la France, dominée par les collines de l'Artois, au N. d'Arras. Les activités agricoles y sont faibles, et sa principale ressource a été, depuis le XIX$^{e}$ s., le charbon (le premier centre d'extraction était Lens). Indus. chimique et métallurgique.

**GOHIER (Louis Jérôme)** ♦ Homme politique français (Semblançay, Touraine 1746 - Montmorency 1830). Avocat au parlement de Bretagne, député à l'Assemblée législative puis à la Convention, ministre de la Justice en 1793, il fut membre du Directoire* en 1799. Hostile à Sieyès, il fut contraint de démissionner après le coup d'État du 18 Brumaire.

**GOIÂNIA** ♦ V. du Brésil, cap. de l'État du Goiás. 1 086 000 hab. Planifiée en 1936, elle a connu une croissance très rapide.

**GOIÁS** ♦ État du Brésil (région Centre-Ouest). → **Brésil** (carte). 340 166 km$^2$. 5 003 000 hab. Sa superficie fut réduite après la création, en 1988, de l'État du Tocantins dans sa partie septentrionale. CAP. : Goiânia. Il englobe le district fédéral de Brasília. Élevage extensif et agriculture en cours de modernisation (soja). Gisements de nickel (transformé à Niquelândia) et d'amiante.

**GOIS** ou **GUA** (passage du) ♦ Chaussée de 4,5 km entre l'île de Noirmoutier et le continent, praticable à marée basse.

**GOITO** ♦ V. d'Italie, en Lombardie (prov. de Mantoue), sur le Mincio. 9 559 hab. ▌**Histoire** Les Autrichiens y furent battus par les Piémontais en 1848.

**GÖKÇEADA** ou **İMROZ** – anc. *Imbros* ♦ Île de Turquie, près de l'entrée du détroit des Dardanelles. 8 875 hab.

**GOLAN** n. m. ➜ ÉTYM. hébr. p.-ê. « cercle ; lieu où l'on tourne en rond », de *gâlâl* « être rond » ♦ Plateau syrien à la frontière israélo-syrienne, et qui fait partie des régions occupées et administrées par Israël depuis la guerre de 1967. Quelques milliers d'habitants, essentiellement druzes*, y cultivent un sol insuffisamment irrigué (céréales, légumes, fruits). Env. 18 000 Juifs se sont installés sur le plateau du Golan qui a été annexé par Israël en déc. 1981. La Syrie conditionne la signature d'un traité de paix avec Israël à la restitution de ce territoire stratégique qui surplombe le lac Tibériade et le Nord israélien.

**GOLBEY** [88190] ➜ ÉTYM. anc. *Golobes*, probablt du germ. *bach* « ruisseau » et p.-ê. *°gullia* « bourbier » ♦ Comm. des Vosges, banl. N. d'Épinal. 7 929 hab. *(Golbéens)*.

**GOLCONDE** ou **GOLKONDA** ♦ Anc. cité de l'Inde (Dekkan) à l'O. de Hyderabad, fondée en 1518 par Qûli Quṭb Shāh et prise en 1688 par Aurangzeb*. Elle était célèbre pour ses diamants ainsi que pour son école de peinture. Sa forteresse, immense, est en ruine.

**GOLDBACH (Christian)** ♦ Mathématicien allemand (Königsberg 1690 - Moscou 1764). Il est connu pour une proposition non encore démontrée, dite *conjecture de Goldbach*, selon laquelle tout nombre pair est la somme de deux nombres premiers (1742).

**GOLDBERG (Johann Gottlieb)** ♦ Compositeur allemand (Gdańsk 1727 - Dresde 1756). Virtuose du clavecin, il fut l'élève de J.-S. Bach qui composa pour lui les 30 *Variations* qui portent son nom. On lui doit des pièces pour orgue et pour clavecin. ➜ ÉTYM. Ce nom de famille allemand signifie « montagne *(Berg)* d'or *(Gold)* ».

**GOLDBERG (Léa)** ♦ Poète israélienne d'expression hébraïque (Königsberg 1911 - Jérusalem 1970). Elle fit partie du cercle moderniste de Shlonsky* dès son arrivée à Tel-Aviv en 1935. Tout en ayant recours à la versification traditionnelle, elle sut donner à sa poésie un style simple et familier d'une grande fraîcheur. Elle utilisa les thèmes universels avec un lyrisme délicat et écrivit en particulier pour les enfants.

**GOLDFADEN (Avrom** ou **Abraham)** ♦ Auteur dramatique et compositeur juif d'origine ukrainienne (Staro Konstantinovo 1840 - New York 1908). « Père du théâtre yiddish », il sillonna la Roumanie et la Russie avec la troupe qu'il avait fondée, avant de partir pour les États-Unis, où il mourut. On lui doit plus de 60 pièces et opérettes très populaires en son temps, notamment *La Sorcière* et *Shulamis*.

**GOLDIN (Nan)** ♦ Photographe américaine (Washington 1953). Adolescente très marquée par le suicide de sa sœur, elle n'a eu de cesse de capter l'image de ceux qui l'entourent afin d'en conserver une trace. Elle a fixé avec un réalisme brutal les milieux underground de la drogue, des homosexuels, des drag-queens (en particulier son ami photographe David Armstrong, *The Other Side*, 1992) et les années sida (*The Cookie Portfolio* montre l'artiste Cookie Mueller jusque dans son cercueil). À partir de 1978, elle a passé une quinzaine d'années à réaliser *The Ballad of Sexual Dependency*, sorte de journal intime photographique sur ses proches, exposant leur vie privée y compris sexuelle ou érotique. Elle a reçu le prix Hasselblad en 2007.

**GOLDING (William)** ♦ Écrivain britannique (Saint Columb Minor, Cornouailles 1911 - près de Falmouth, Cornouailles 1993). Dès *Sa Majesté-des-Mouches* (1954 ; porté à l'écran en 1963 par P. Brook*) relatant le retour à l'état sauvage d'enfants échoués sur une île, apparaît l'obsession de Golding : l'omniprésence du mal chez l'homme et la cruauté d'un monde où tous les êtres sont condamnés à se déchirer et à mourir. Cette obsession se retrouve dans *Les Héritiers* (1955), situé aux derniers jours de l'homme de Neandertal, *Chute libre* (1959), *Parade sauvage* (*Darkness Visible*, 1979), *Cible mouvante* (1982). [Prix Nobel de littér. 1983]

**GOLDMAN (Emma)** ♦ Révolutionnaire anarchiste américaine d'origine russe (Kovno, auj. Kaunas 1869 - Toronto 1940). Émigrée aux États-Unis (1886), elle y devint anarchiste et lutta pour les droits de la femme, publiant le journal *Mother Earth*. Expulsée des États-Unis, elle gagna la Russie soviétique (1919) et y resta jusqu'à la révolte de Kronstadt (1921). Elle poursuivit ensuite en Europe et en Amérique son activité (*Living my life*, 1934).

**GOLDMAN (Jean-Jacques)** ♦ Auteur-compositeur et interprète français (Paris 1951). Grâce à des thèmes généreux et humanistes, cette « anti-star », à la voix haut perchée, devint l'idole des adolescents des années 1980 (*Il suffira d'un signe, Quand la musique est bonne, Je marche seul*, la chanson des Restos du Cœur). Il a signé les paroles et musiques de nombreux succès interprétés par d'autres artistes (Johnny Hallyday, Khaled, Céline Dion...).

**GOLDMANN (Nahum)** ➜ ÉTYM. all. « l'homme *(Mann)* de l'or *(Gold)* », surnom d'orfèvre ♦ Dirigeant juif et sioniste (Wisznewo, Lituanie 1895 - Bad Reichenhall, Allemagne 1982). Installé en Allemagne en 1901, il milita très tôt en faveur de la cause sioniste qu'il défendit en particulier auprès de la SDN et des autorités américaines. Président de l'Organisation sioniste mondiale de 1956 à 1968, il fut également actif au sein du Congrès juif mondial, organisation internationale vouée à la défense des intérêts juifs à travers le monde, qu'il avait contribué à fonder en 1936.

**GOLDMANN (Lucien)** ♦ Philosophe et critique français (Bucarest 1913 - Paris 1970). Cherchant dès sa thèse, *La Communauté humaine et l'univers chez Kant* (1948), à comprendre les rapports entre la totalité sociale et la créativité culturelle, Goldmann fut amené à définir une véritable «sociologie de la littérature», dépassant à la fois l'histoire littéraire (description extérieure et commentaire textuel) et le sociologisme causaliste, à ses yeux incapable de saisir la nature du phénomène artistique. *Le Dieu caché*, étude sur la vision tragique dans les *Pensées* de Pascal et le théâtre de Racine (1956), illustre ce projet par une démarche dialectique. Celle-ci vise à rendre compte du réel (les textes et leur structure conceptuelle) et à dégager la totalité rationnelle (sociale) qui a rendu ce réel possible ; à rendre compte, dans l'optique du matérialisme dialectique, du lien réciproque et nécessaire entre création individuelle et vie sociale. Goldmann a publié une étude sur le roman (*Pour une sociologie du roman*, 1964) et des travaux de méthodologie (*Sciences humaines et philosophie*, 1952 ; *Recherches dialectiques*, 1958).

**GOLDMARK (Karl)** ♦ Compositeur hongrois (Keszthely 1830 - Vienne 1915). Autodidacte, admirateur de Wagner, il trouva dans le folklore hongrois le meilleur de son inspiration. Il connut une gloire européenne avec son opéra, *La Reine de Saba* (1875). Il est l'auteur de 5 autres opéras, d'ouvertures (*Sakuntala*), de pièces pour orchestre (symphonie *Le Mariage rustique*), de musique de chambre, de chœurs et de mélodies.

**GOLDONI (Carlo)** ♦ Auteur comique italien (Venise 1707 - Paris 1793). Imprégné de théâtre dès l'enfance, il n'en suivit pas moins à Pavie des études de droit, couronnées par un doctorat en 1731. Il mêlera désormais jusqu'en 1747 le métier d'avocat et le théâtre, auquel il s'initia en écrivant d'abord pour le San Samuele de Venise (*La Donna di garbo*, 1743, première comédie entièrement écrite), puis pour le célèbre «Truffaldino» Antonio Sacchi (*Arlequin serviteur de deux maîtres*, 1745, mi-canevas de commedia* dell'arte, mi-pièce écrite). Face à l'épuisement du théâtre comique italien, Goldoni opéra en effet par touches ce qu'il appellera sa «réforme», qui visait à substituer les «caractères» aux «types» et à faire coïncider jeu social et jeu théâtral. Il devint du même coup la cible d'attaques traditionalistes. En réponse à Pietro Chiari (ancien jésuite, auteur de comédies et romancier à succès), il donna 16 nouvelles comédies au Sant'Angelo, pour la troupe G. Medebach, durant la seule saison 1750 - 1751. La première fut *Le Théâtre comique*, poétique en action où Goldoni exposa que la comédie italienne (par opposition à la française) devait s'organiser autour de plusieurs caractères. Suivirent entre autres *La Pamela* (première comédie sans masques), *Le Femmine puntigliose* et *Le Café* (*La Bottega del caffè*). Dans cette lignée satirique et bourgeoise, il créa en 1752 la très belle *Serva amorosa* et en 1753 *La Locandiera**. Dans les années suivantes, il dut affronter des genres plus éloignés de son tempérament (comédies littéraires, drames exotiques), qui témoignent cependant de son ouverture à la culture européenne. En même temps, il produisit ses chefs-d'œuvre en dialecte : *Le Campiello* (1756) et surtout *Les Rustres* (*I Rusteghi*, 1760), la trilogie de *La Villégiature** (1761) et *Baroufe à Chioggia* (1762). Victime de nouvelles attaques (de Carlo Gozzi cette fois), il accepta en 1762 l'invitation de la Comédie-Italienne de Paris et prit congé de Venise avec sa comédie *Un des derniers soirs de Carnaval*. Les déceptions l'attendaient en France, où on lui demanda des scénarios de commedia dell'arte ; il dut également écrire des comédies en français (*Le Bourru bienfaisant*, 1771). Maître d'italien de la famille royale, il obtint une pension dont le privera la Révolution et qui, ironie du destin, lui sera rendue le lendemain de sa mort. En 1784 il avait commencé la rédaction en français de ses *Mémoires*, son ultime chef-d'œuvre.

**GOLDSCHMIDT (Victor)** ♦ Minéralogiste allemand (Mayence 1853 - Salzbourg 1933). Il donna une nomenclature des cristaux et publia un atlas cristallographique. ➝ ÉTYM. *Goldschmidt* vient de l'allemand *Goldschmied* qui signifie «orfèvre».

**GOLDSMITH (Oliver)** ♦ Romancier, poète et dramaturge britannique (Pallasmore, Longford, Irlande 1728 - Londres 1774). Il étudia la médecine à Édimbourg, se rendit à Leyde et parcourut à pied la France, la Suisse et l'Italie (*Le Voyageur*, 1764). Comme Voltaire et Rousseau, il critiqua les mœurs et les idées, notamment dans *L'Abeille* (1759), journal qu'il fonda et où il publia ses meilleurs poèmes (*Nocturne citadin*). *Le Vicaire de Wakefield* (1766), roman sentimental et bourgeois dans la lignée de S. Richardson*, Fielding* et Smollett*, lui valut la célébrité. Ses comédies (*L'Homme au bon naturel* et *Les Fautes d'une nuit*, 1768) réagissent contre le sentimentalisme de l'époque. Goldsmith donna *L'Histoire d'Angleterre en une série de lettres* et *Le Cosmopolite* (1762), lettres chinoises dans l'esprit des *Lettres persanes* de Montesquieu. Son *Village abandonné* (1770) est un chef-d'œuvre de poésie rustique qu'appréciait Goethe. ➝ ÉTYM. Ce nom de famille anglais signifie «orfèvre».

**GOLDSTEIN (Eugen)** ♦ Physicien allemand (Gleiwitz 1850 - Berlin 1930). Auteur de recherches sur les décharges électriques dans les gaz raréfiés, il étudia l'émission de ce qu'il appela rayons «cathodiques» (1876), et découvrit les rayons positifs, longtemps appelés «rayons canaux» (1886).

**GOLDSTEIN (Kurt)** ♦ Neuropsychiatre américain d'origine allemande (Kattowitz, auj. Katowice, Pologne 1878 - New York 1965). C'est à partir d'observations cliniques sur les troubles consécutifs à des lésions cérébrales qu'il fut amené à formuler sa conception globale de l'organisme dans ses rapports avec le milieu. Il refusait la dissociation entre le biologique et le psychique, et l'opposition du normal et du pathologique, considérant ce dernier comme un cas limite du normal. Il réalisa d'importants travaux sur l'aphasie, considérée par lui comme l'expression d'une atteinte de l'attitude catégorielle.

**GOLDSTEIN (Joseph Leonard)** ♦ Biochimiste américain (Sumter, Caroline du Sud 1940). ➝ **Brown.** [Prix Nobel de physiol. ou méd. 1985, avec M. Brown]

**GOLDWYN (Samuel GOLDFISH, dit Samuel)** ➝ ÉTYM. n. fait avec le début de *Gold*fish et la fin de Sel*wyn*, n. des deux fondateurs de la firme ♦ Producteur de cinéma américain d'origine polonaise (Varsovie 1882 - Los Angeles 1974). Émigré aux États-Unis à l'âge de 15 ans, il se lança dans le cinéma, alors en pleine expansion. Avec les frères Selwyn, il fonda la Goldwyn Picture, qui devint en 1923 la toute-puissante Metro Goldwyn Mayer, la firme au «lion rugissant». Ses réussites artistiques et commerciales, innombrables, allèrent des premiers westerns de Cecil B. DeMille jusqu'à *Porgy and Bess* d'Otto Preminger (1959).

**GOLÉA (EL-)** ➝ **Meniaa (El-)**

**Golem** (le) ➝ ÉTYM. en hébr. «matière informe» ♦ Une légende juive attribue au Maharal de Prague la création d'un automate d'argile qui aurait permis aux Juifs d'échapper à des complots antisémites. Le Maharal détruisit le golem qui avait échappé à son contrôle.

Le **Golem** – en all. ***Der Golem*** ♦ Film allemand de Paul Wegener et Carl Boese (1920). Deuxième mouture d'un film (perdu) tourné en Allemagne en 1914 par Paul Wegener et Henrik Galeen. Le golem, fabriqué à des fins pacifiques, se transforme en démon sanguinaire. Le sourire d'une fillette attendrira ce fléau. En 1915, Gustav Meyrink* tira de cette légende un roman célèbre (postérieur, donc, à la première version du film). La terreur exercée par la créature est assimilable à une fatalité métaphysique. Le film de 1920, qui a bénéficié du concours de l'architecte Hans Poelzig, nous plonge dans les bas-fonds du ghetto de Prague. Wegener, qui fut l'élève de Max Reinhardt*, y tient pour la seconde fois le rôle du monstre. En 1936, Julien Duvivier en tourna un remake avec Harry Baur, où le golem devient un médiateur du peuple opprimé.

**Golfe** (guerre du) ♦ Conflit qui opposa (janv.-fév. 1991) l'Irak à une coalition internationale soutenue par de nombreux pays arabes et conduite par les États-Unis sous l'égide de l'ONU à la suite de l'invasion et de l'annexion du Koweït par l'Irak (août 1990). L'Irak fut contraint de se retirer du Koweït et sommé de démanteler ses équipements nucléaires. ➝ **Hussein (Saddam), Irak, Koweït.**

**GOLFECH** [82400] ♦ Comm. du Tarn-et-Garonne, arr. de Castelsarrasin. 710 hab. Centrale nucléaire.

**GOLFE-JUAN** ➝ ÉTYM. du n. du *golfe Juan** ♦ Station balnéaire des Alpes-Maritimes (comm. de Vallauris), sur le golfe situé entre le cap d'Antibes (à l'E.) et les îles de Lérins (à l'O.), près de Juan-les-Pins. **Histoire** Napoléon débarqua de l'île d'Elbe le 1er mars 1815 sur la plage du *golfe Juan*.

**GOLGI (Camillo)** ♦ Médecin italien (Corteno, Brescia 1843 - Pavie 1926). Il mit au point une technique de coloration du tissu nerveux, par imprégnation de nitrate d'argent, qui lui permit une étude approfondie de la structure des neurones. Il découvrit en particulier l'*appareil de Golgi*, structures en réseau dans le protoplasme cellulaire (animal et végétal), situées près du noyau et dont le rôle est mal connu, ainsi que le fonctionnement des *cellules de Golgi*, neurones d'association intersensitive situés dans la corne postérieure de la moelle. [Prix Nobel de physiol. ou méd. 1906, avec S. Ramón* y Cajal]

**GOLGOTHA** n. m. ➝ ÉTYM. forme gr. pour l'araméen *gulgolta* «crâne» ; rendu en lat. par ***calvaria*** «calvaire» ♦ Dans les Évangiles, colline où eut lieu la crucifixion de Jésus. La tradition ancienne localisant l'endroit au N.-O. de Jérusalem, au lieu où fut élevée la basilique du Saint-Sépulcre (IVe s.), a été très discutée.

**goliards**

n. m. pl. ♦ Groupe d'intellectuels des XIIe et XIIIe s., souvent des étudiants, qui pratiquaient le «vagabondage intellectuel» (J. Le Goff). Représentatifs de l'extrême mobilité sociale du XIIe s., ces clercs «évadés» de l'ordre contraignant de la société médiévale, artistes, poètes ou bouffons, critiquaient par leur mode de vie et attaquaient la société établie, et principalement l'Église (exception faite du clergé séculier pauvre). Antimilitaristes, les goliards, même s'ils furent parfois gibelins*, ne coïncidèrent jamais avec le parti de l'empereur germanique.

**GOLIATH** ♦ Dans la Bible, géant philistin haut de 3 mètres, vaincu par David* qui l'abattit avec sa fronde suivant la légende la plus répandue, mais un autre texte attribue la victoire à un autre guerrier de Bethléem, Elhanân. Le combat de David contre Goliath symbolise la victoire du plus faible contre le plus fort.

**GOLITSYN** → Galitzine

**GOLMUD** ♦ V. de Chine (Qinghai). 114 330 hab. Anc. étape sur la route de la soie, auj. nœud de communication (Gansu-Qinghai-Xinjiang-Tibet), sur la ligne ferroviaire reliant Pékin à Lhassa.

**GOLO** n. m. ◆ ÉTYM. probablt du corse *gòla* «gorge» ♦ Fl. le plus important de Corse (75 km), qui prend sa source dans la forêt de Valdo-Niello, parcourt le Niolo et se jette dans la mer au S. de Bastia. Barrage et centrale hydroélectrique à Calacuccia.

**GOLTZIUS (Hendrick)** ♦ Peintre et graveur néerlandais (Mühlbracht 1558 - Haarlem 1617). Installé à Haarlem dès 1577, il y fonda en 1585 avec Carel Van* Mander une académie qui diffusait le style maniériste de Spranger*. → **maniérisme.** Ses gravures et ses dessins, au trait nerveux et mobile, aux formes ondulantes ou contorsionnées (illustration des *Métamorphoses* d'Ovide, 1589 - 1590), prennent un caractère plus paisible et plus classique après son voyage en Italie en 1590 - 1591. Goltzius n'aborda la peinture qu'après 1600 (*Vénus et Adonis*, 1614). Son approche du paysage débarrassé de tout contenu symbolique ou historique aura une grande influence sur la peinture hollandaise.

**GOŁUCHOWSKI (Agenor Romuald, comte DE)** ♦ Homme politique autrichien (Lemberg, auj. Lvov 1812 - *id.* 1875). Gouverneur de Galicie, (1848 - 1859), puis ministre de l'Intérieur de l'empire d'Autriche (1859 - 1861). Son action constitutionnelle fut combattue par les Autrichiens et les Hongrois. Ses échecs le ramenèrent en Galicie où il réveilla la conscience polonaise. ♦ **Agenor Maria Adam Gołuchowski** (Lemberg 1849 - *id.* 1921). Fils du précédent. Il fut ministre des Affaires étrangères d'Autriche-Hongrie (1895 - 1906). Favorable au *statu quo* dans les Balkans, il négocia le compromis de Mürzsteg avec la Russie (1903) et œuvra à la réalisation de la Triplice. → **Autriche.**

**GOMAR (François)** latinisé en **Francescus GOMARUS** ♦ Théologien protestant néerlandais (Bruges 1563 - Groningue 1641). Professeur de théologie à Leyde (1594), puis à Saumur (1614) et Groningue (1617), il affirma, contre le libéralisme d'Arminius*, que la prédestination est antérieure à la chute d'Adam (supralapsisme). Ses thèses l'emportèrent au synode calviniste de Dordrecht (1618 - 1619) et les ministres arminianistes durent s'exiler.

**GOMBAULD (Jean OGIER DE)** ♦ Poète français (Saintonge v. 1588 - Paris 1666). Ami de Conrart et académicien, il admirait Malherbe mais fréquentait l'hôtel de Rambouillet*. On lui doit des romans allégoriques, une tragédie, *Les Danaïdes* (1640 - 1644), et des poèmes, dont les *Sonnets chrétiens* (1646), œuvres au style dense et précieux. [Acad. fr. 1634]

**GOMBERT (Nicolas)** ♦ Compositeur franco-flamand (Bruges ? v. 1500 - v. 1555). Maître de chapelle de Charles Quint dont il suivit les déplacements en Espagne, en Italie et en Allemagne, il fut chanoine de Tournai. Il a porté à sa perfection le «style imitatif», créé par Josquin des Prés, style officiel de l'école franco-flamande. Il a composé une centaine de chansons (de 3 à 6 voix), très différentes des chansons françaises de Janequin, bien qu'il s'en inspirât parfois. On lui doit encore 6 messes, 8 magnificat, et surtout 60 motets où l'adéquation entre les thèmes musicaux et les textes crée un nouveau langage. ◆ ÉTYM. Ce nom de famille vient du germanique *Gundberht*, de *gund* «combat» et *berht* «illustre».

**GOMBERVILLE (Marin LE ROY DE)** ♦ Écrivain français (Paris 1600 - *id.* 1674). Il publia, dès 1620, des romans dans lesquels les voyages des personnages lui servaient de prétextes pour des dissertations géographiques, première incursion de l'exotisme dans la littérature française : *Polexandre* (1629 - 1632). Dans ses poèmes, il s'efforça d'allier le romanesque et le merveilleux. Devenu janséniste, il écrivit des ouvrages pieux et fut même soupçonné en 1656 d'être l'auteur de la première *Provinciale*. [Acad. fr. 1634]

**gombette** (loi) ♦ Loi des Burgondes rédigée en latin après 501 sur l'ordre de Gondebaud*. C'est un code destiné à des Barbares*, mais influencé par le droit romain.

**GOMBRICH (Ernst Hans)** ♦ Historien de l'art britannique d'origine autrichienne (Vienne 1909 - Londres 2001). Élève de J. von Schlosser à Vienne, il émigra à Londres en 1936, et devint le directeur du Warburg Institute de 1959 à 1976, puis *professor emeritus* à l'université de Londres. Il publia en 1950 sa fondamentale *Histoire de l'art (The Story of Art)* et chercha à perfectionner une méthodologie proche de la psychologie expérimentale permettant d'analyser les œuvres d'art à travers les phénomènes de la perception visuelle et à travers les conventions sociales ou historiques. Princ. ouvrages : *Art and Illusion* (1960), *Meditations on a Hobby Horse* (1963), *Freud and the Psychology of Art* (1965), *Norm and Form* (1966).

**GOMBROWICZ (Witold)** ♦ Écrivain polonais (Małoszyce 1904 - Vence 1969). Après des études de philosophie puis de droit, il fit ses débuts littéraires en 1933 et se plaça dès 1937 parmi les écrivains contemporains les plus audacieux de la littérature polonaise, avec son premier roman, *Ferdydurke*. Celui-ci décrit avec un humour impitoyable l'homme créé de l'extérieur, inauthentique, déformé et enfermé dans un cadre schématique («Être un homme, cela veut dire ne jamais être soi-même»). Surpris par la guerre en Argentine, où il se fixa de 1939 à 1963, il fut critiqué par les Polonais qui lui reprochaient des positions politiques qu'il expliqua dans son roman *Le Transatlantique* (1953). Refusant de s'enrôler, pour protester contre les pressions sociales qui déforment l'homme et l'oppriment, il choisit la défense de sa propre indépendance contre la défense de l'indépendance de son pays. Comme pour Georges Bataille, la trame essentielle de l'œuvre littéraire, pour Gombrowicz, est l'érotisme : «Je ne crois pas à une philosophie non érotique. Je ne me fie pas à une pensée désexualisée» (extrait du *Journal* en polon. *Dziennik*, 1953 - 1956, 1957, 1961 - 1966), et il n'écarte ni l'horreur, ni la dégradation, ni la mort (*La Pornographie*, 1960). De son œuvre théâtrale, tout aussi corrosive, il faut retenir *Yvonne, princesse de Bourgogne* (1935) et *Opérette* (1967). Établi en France (Vence, 1965) où il fut traduit dès 1958, il publia *Cosmos* (1957), roman de la bêtise et de la mesquinerie.

**GOMEL** ♦ V. de Biélorussie, ch.-l. de région, sur la Soj. 503 400 hab. Nœud ferroviaire. Indus. alimentaire et textile. Machines-outils et machines agricoles. Traitement du bois.

**GOMERA** ♦ Troisième île du groupe occidental de l'archipel des Canaries*. 378 km². 22 259 hab.

**GOMES (Diego)** ♦ Navigateur portugais (seconde moitié du XVᵉ s.). Il découvrit la Gambie (1456) et les îles du Cap-Vert (1460).

**GOMES (Estévão)** ♦ Navigateur portugais du ( ? Oporto 1483 ou 1484 - en Amérique du Sud 1538). Entré au service de l'Espagne, il partit avec Magellan (1520) mais, à la suite de conflits, fit demi-tour au détroit de Magellan et regagna l'Espagne (1521). Voulant trouver un passage maritime au N.-O. vers les Moluques, il entreprit une expédition (1524) qui le mena sur les côtes orientales de l'Amérique du Nord qu'il explora (les terres qu'il découvrit figurent sur la carte de Diego Ribero, 1529).

**GÓMEZ DE LA SERNA (Ramón)** ♦ Écrivain espagnol (Madrid 1888 - Buenos Aires 1963), l'un des plus prolifiques et des plus originaux de son temps. Sa vision du monde a été dénommée le *ramonisme*. Son œuvre consiste en la négation systématique de la réalité et la prédominance de la métaphore doublée d'humour. L'incohérence de ses romans vient bouleverser la tradition de la narration suivie et introduit dans la littérature espagnole un courant purement intellectuel où une vision ironique domine la conception du monde : *Le Marché aux puces* (1915), *La Veuve blanche et noire* (1917), *Le Docteur invraisemblable* (1921). Il est l'auteur de *greguerías*, sortes d'aphorismes humoristiques.

**GÓMEZ PALACIO** ♦ V. du Mexique (État de Durango), en face de la ville de Torreón (État de Coahuila) avec laquelle elle forme la conurbation de La Laguna (800 000 hab.). 239 842 hab. Centre agricole et indus. (usines Renault).

**GOMORRHE** ◆ ÉTYM. en hébr. *ʿamôrâh*, rattaché à une rac. exprimant l'oppression, l'exploitation, le conflit ♦ Cité biblique qu'on situe au S. de la mer Morte, détruite, avec Sodome*, par le soufre et le feu (Genèse, XIX, 24).

**GOMPERS (Samuel)** ♦ Syndicaliste américain d'origine britannique (Londres 1850 - San Antonio, Texas 1924). Fondateur de l'American* Federation of Labor (1886) dont il prit la direction, il adopta des positions réformistes et affirma son nationalisme lors de la Première Guerre mondiale.

**GOMUŁKA (Władysław)** ♦ Homme politique polonais (Krosno 1905 - Varsovie 1982). Ouvrier, il milita dans les syndicats dès son adhésion au parti communiste clandestin (1927). Incarcéré (1932 - 1934, 1936), il s'évada lors de l'invasion allemande (1939) et organisa la résistance communiste en Pologne. L'un des fondateurs du parti ouvrier unifié, il en fut le secrétaire général de 1943 à 1948. Limogé en 1948 pour «déviation droitière et nationaliste» et incarcéré de 1951 à 1955, il fut réhabilité et retrouva son poste de secrétaire général du parti en 1956. Pendant quelque temps, le régime sembla perdre de sa rigidité. Mais bientôt, Gomułka revint à une attitude plus orthodoxe et accepta ouvertement l'appui des Soviétiques. Il fut contraint de démissionner à la suite de la crise de déc. 1970 pour avoir tenté de réprimer trop durement les révoltes ouvrières. ◆ ÉTYM. Ce nom polonais vient de *gomółka* «fromage blanc».

**GONAÏVES (LES)** ♦ V. de la rép. d'Haïti, ch.-l. du dép. de l'Artibonite, sur le golfe de la Gonâve. 161 000 hab. Port. ▮ **Histoire** L'indépendance d'Haïti y fut proclamée le 1ᵉʳ janv. 1804.

**GONÇALVES (Nuno)** ♦ Peintre portugais (connu de 1450 à 1480). Il fut peintre du roi du Portugal Alphonse V, entre 1450 et 1467. Employant la technique de la peinture à l'huile, il réalisa le célèbre *Polyptyque de saint Vincent* qui révèle une puissante personnalité. Le traitement des figures et le rendu des détails y dénotent l'influence du «réalisme flamand» ; le caractère décoratif et monumental de la composition, l'absence de fond de paysage ou d'intérieur semblent hérités de la tradition de la tapisserie. Mais l'œuvre est surtout remarquable par l'intensité expressive des visages aux traits fortement individualisés ; elle donne une image variée de la société portugaise. ▪ *Illustration :* → **Henri le Navigateur.** ◆ ÉTYM. *Gonçalves* vient du latin médiéval *Gundisalvus*, du germanique *gundi* «guerre» et latin *salvus* «bien portant, sauf» (ou germanique *alb* «elfe»).

**GONCOURT (Edmond HUOT DE)** ♦ Historien et écrivain français (Nancy 1822 - Champrosay, Essonne 1896). Intéressé tôt à la littérature, il associa à son œuvre son frère JULES HUOT DE GONCOURT (Paris 1830 - *id.* 1870). La collaboration de ces deux tempéraments très différents refléta la même volonté de création esthétique (par le «style artiste») appuyée sur la connaissance systématique du réel. Grands amateurs d'art, collectionneurs passionnés, ils s'intéressèrent spécialement au XVIII$^{e}$ s. : *L'Art du XVIII$^{e}$ siècle* (1859 - 1875) rassemble leurs études consacrées à Watteau, Boucher, Greuze, etc. Féru de peinture, Edmond fut un de ceux qui révélèrent à leurs contemporains l'art japonais du XVIII$^{e}$ s., avec notamment *Outamaro* (1891). L'histoire leur donnant le goût du document précis, les deux frères, d'abord «raconteurs du passé», se voulurent aussi «raconteurs du présent» et écrivirent de nombreux romans réalistes, reposant sur une documentation «d'après nature» : *Sœur Philomène* (1861) dépeint la vie d'hôpital ; *Renée Mauperin* (1864) évoque la «jeune bourgeoisie». Chacun de ces romans se présente comme l'étude d'un cas pathologique, étudié avec un souci d'objectivité «scientifique» : *Germinie Lacerteux* (1865), par exemple, relate les tristes aventures d'une servante hystérique. Les Goncourt se distinguent du naturalisme par leur «écriture artiste», accumulation impressionniste de notations, «sténographie ardente» qui peut atteindre à «l'intensité de la vie». À la mort de Jules, Edmond continua le *Journal* que tous deux tenaient depuis 1851 (publ. partielle 1887 - 1896, éd. complète 1956 - 1958), et publia *La Fille Élisa* (1877), *La Faustin* (1882) et *Chérie* (1884). Il désigna huit des dix membres de l'Académie Goncourt*. ➝ ÉTYM. *Goncourt* est un nom de lieu de la Haute-Marne, du latin médiéval *Godoni Curtis* «le domaine de Godo» et *Huot* vient du germanique *Hugo*, nom de personne (de *hug* «intelligence»).

**Goncourt (Académie)** ♦ Société littéraire créée par testament par Edmond de Goncourt*, en mémoire de son frère Jules. Elle décerne chaque année depuis 1903 un prix récompensant une œuvre de fiction, qui s'est affirmé comme le plus renommé des prix littéraires français. Elle est composée en 2009 de : Edmonde Charles-Roux (présidente), Tahar Ben Jelloun, Françoise Chandernagor, Didier Decoin, Françoise Mallet-Joris, Bernard Pivot, Patrick Rambaud, Robert Sabatier, Jorge Semprun, Michel Tournier.

**GONDAR** ♦ V. d'Éthiopie, à l'E. du pays, au N. du lac Tana. 206 987 hab. Cap. de l'Éthiopie du XVI$^{e}$ s. au XIX$^{e}$ s., la ville conserve des palais et des églises des XVII$^{e}$ et XVIII$^{e}$ s. (période dite du *royaume de Gondar*). Elle fut ruinée par le négus Théodoros II.

**GONDEBAUD** ♦ (mort à Genève en 516). Roi des Burgondes (v. 480 - 516). Fils de Gondioc*, il s'empara des États de ses frères et les tua. ➝ **Gondemar I$^{er}$**. Il étendit ses possessions jusqu'à la Loire et la Méditerranée. Après avoir fait la guerre à Clovis, il s'allia à lui. Il fit publier la loi gombette*. ▪ Père de Gondemar* II, Sigismond* et oncle de Clotilde*. ➝ ÉTYM. *Gondebaud* vient du latin médiéval *Gundobadus*, du germanique *Gondowald*, de *gundi* «guerre» et *waldan* «gouverner».

**GONDECOURT** [59147] ➝ ÉTYM. anc. *Gondecort* «domaine (bas lat. *curtis*) de Gundhari (n. de pers. germ.)» ♦ Comm. du Nord, arr. de Lille, près de la Deûle canalisée. 3 902 hab.

**GONDEMAR I$^{er}$** ➝ ÉTYM. du germ. *gundi* «guerre» et *mar* «grand, célèbre» ♦ (mort à Vienne en 479). Roi des Burgondes (463 - 476). Fils de Gondioc, il fut spolié de ses États par son frère Gondebaud* qui le fit assassiner.

**GONDEMAR II** ♦ (mort en 541). Roi des Burgondes (524 - 534). Fils de Gondebaud*, il fut vaincu par Childebert* I$^{er}$, Clotaire* I$^{er}$ et Thierry* I$^{er}$, et son royaume fut réuni au royaume franc (534).

**GONDI** ♦ Famille florentine de banquiers et de diplomates, qui s'établit en France à la suite de Catherine* de Médicis, et acquit une grande influence. Le cardinal de Retz* était issu de cette famille, qui s'éteignit à la fin du XVII$^{e}$ s. ➝ ÉTYM. *Gondi* est la forme italienne du germanique *Gundo*, de *gundi* «guerre».

**GONDICAIRE** ♦ (mort près du Rhin en 436). Roi des Burgondes (413 - 436). Il installa son peuple entre le Rhin et les Alpes. ▪ Père de Gondioc*.

**GONDIOC** ♦ (mort en 463). Roi des Burgondes (436 - 463). Fils de Gondicaire*, il conquit les régions de la Saône et du Rhône. ▪ Père de Gondebaud* et de Gondemar* I$^{er}$.

**GONDISALVI (Dominique)** ♦ Philosophe espagnol (XII$^{e}$ s.). Archidiacre de Ségovie, il fut un des premiers à traduire et à faire connaître les œuvres d'Avicenne* et *Source de vie* d'Ibn* Gabirol. Ses traités *(De divisione scientae ; De immortalitate animae)* sont influencés par le péripatétisme des penseurs arabes.

**GONDOUIN (Emmanuel)** ♦ Peintre français (Versailles 1883 - Paris 1934). Autodidacte, il fut d'abord influencé par Cézanne*, puis opta pour le style cubiste à la manière d'Albert Gleizes* et d'André Lhote* (*Portrait d'Octave Mirbeau*, 1919). Il évolua ensuite vers un style décoratif incluant l'arabesque (*Fantaisie arabe*, 1928) puis certaines tendances abstraites (*La Négresse*, 1926 - 1930 ; *Maternité*, 1930).

**GOND-PONTOUVRE** [16160] ➝ ÉTYM. *Gond* : anc. *in Algunno*, du germ. *Algundis*, n. de femme, et *Pontrouve* «pont sur le Trouve» ♦ Ch.-l. de cant. de la Charente, banl. N. d'Angoulême. 5 971 hab.

**GONDWANA** n. m. ♦ Continent austral de l'ère primaire comprenant alors l'Afrique, l'Amérique du Sud, Madagascar, l'Inde, l'Australie et l'Antarctique. Son fractionnement, sous l'effet de la tectonique des plaques (➝ **Morgan, Terre**), a donné naissance aux continents actuels et la collision de la plaque indienne avec le bloc asiatique a provoqué la surrection de la chaîne himalayenne.

**GONESSE** [95500] ♦ Ch.-l. de cant. du Val-d'Oise, arr. de Sarcelles. 24 721 hab. *(Gonessiens)*. Église des XII$^{e}$ - XIII$^{e}$ s.

**GONFREVILLE-L'ORCHER** [76700] ➝ ÉTYM. *Gonfreville* «domaine (lat. *villa*) de *Gundfrid* (n. de pers. germ.)» et *Orcher*, de *Auricher*, n. du seigneur du château dit aujourd'hui *d'Orcher* ♦ Ch.-l. de la Seine-Maritime, arr. du Havre, près de l'embouchure de la Seine. 9 938 hab. *(Gonfrevillais)*. Importante raffinerie de pétrole reliée au Havre par oléoduc. Pétrochimie.

**GONG** (prince) ➝ **Yixin**

**GÓNGORA Y ARGOTE (Luis DE)** ♦ Poète et ecclésiastique espagnol (Cordoue 1561 - *id.* 1627). Durant les premières années de son ministère, il voyagea beaucoup en Espagne : tout ce qu'il observa lui fut sujet de satire ; son poème *Pyrame et Thisbé* est un chef-d'œuvre de style raffiné et de parodie burlesque. En 1613, il publia deux grandes compositions, *La Fable de Polyphème et Galatée* et les *Solitudes*, poèmes mythologiques et pastoraux caractéristiques de ce que l'on nomma le «gongorisme» : style baroque souvent obscur et affecté, riche d'hyperboles et de métaphores ingénieuses qui fit de Góngora le type du poète «cultiste». ➝ ÉTYM. *Góngora* est un nom de lieu en Navarre.

**GONNE (Maud)** ♦ Révolutionnaire irlandaise (Aldershot 1867 - Dublin 1953). Issue de la haute société anglo-irlandaise, elle prit parti pour le nationalisme irlandais et fonda à Paris le journal *L'Irlande libre*. Inspiratrice de W. B. Yeats*, elle devint une figure emblématique de la lutte nationaliste. Elle est la mère de Sean MacBride*.

**GONTAUT-BIRON** ➝ **Biron**

**GONTCHAROV (Ivan Aleksandrovitch)** ♦ Romancier russe (Simbirsk, 1812 - Saint-Pétersbourg 1891). Il passa sa vie dans la fonction publique. Son premier roman, *Une histoire banale* (1847), qui conte la déception d'un jeune idéaliste, fut l'un des premiers romans réalistes russes. Après une mission au Japon, Gontcharov relata son voyage dans *La Frégate «Pallada»* (1855 - 1857). En 1859 il publia son chef-d'œuvre, *Oblomov**, qui l'a rendu célèbre, et en 1869, parut son troisième roman, *La Falaise*.

**GONTCHAROVA (Natalia Sergueïevna)** ♦ Peintre et dessinateur russe (Ladychkino, district de Toula 1881 - Paris 1962). Après des études à Moscou et des voyages en Europe, elle revint en Russie soviétique et participa activement auprès de Larionov* aux recherches d'avant-garde, et notamment au mouvement rayonniste (➝ **futurisme**). Elle réalisa alors, entre 1909 et 1913, des œuvres violemment colorées où se déploie un jeu de stries, de lignes sinueuses, de formes en facettes où aucune référence à la réalité n'est perceptible *(Les Chats ; Lampes ; Électricité)*. Elle s'affirmait ainsi comme l'un des pionniers de l'art abstrait. Revenue à Paris avec Larionov, elle peignit des tableaux où les influences du cubisme se mêlent aux souvenirs de l'art populaire et des icônes russes. Elle réalisa de nombreux décors et costumes pour les Ballets* russes de Diaghilev* (*Le Coq* d'or ; Noces*, 1923).

**GONTRAN** (saint) ♦ (v. 545 - Chalon-sur-Saône 593). Roi de Bourgogne et d'Orléans (561 - 563). Fils de Clotaire* I$^{er}$, il tenta de jouer un rôle d'arbitre dans la guerre qui opposait la Neustrie et l'Austrasie. ➝ **Frédégonde, Brunehaut.** Au traité d'Andelot, signé avec Brunehaut (587), il désigna Childebert* II pour successeur. Il protégea l'Église. ▪ Fête le 28 mars.

**GONZAGUE** ♦ Famille italienne qui régna sur Mantoue* de 1328 à 1708. Elle fut fondée par LOUIS I$^{er}$ (1278 - 1361). ♦ **Jean François II de Gonzague** (mort en 1519). Après avoir commandé les troupes opposées à Charles VIII, il s'allia à Louis XII. Sa femme, Isabelle d'Este, fit de Mantoue un brillant foyer intellectuel. ♦ **Ferdinand de Gonzague** (mort en 1557). Il servit Charles Quint. Devenu vice-roi de Sicile et gouverneur de Milan, il se rendit coupable de telles exactions qu'il fut déposé par Philippe II. La ville de Guastalla fut érigée en duché pour lui. ▪ Les principales branches de la famille, outre la branche aînée, qui régna de 1328 à 1627, furent la branche de Nevers qui lui succéda (➝ **Mantoue**), soutenue par la France, et la branche de Guastalla (1557 - 1746) qui bénéficiait de l'appui de l'empereur. Charles I$^{er}$ de Nevers l'emporta. Il eut pour filles Louise-Marie, reine de Pologne, et Anne de Gonzague*, princesse palatine. Charles II de Nevers vendit à Mazarin toutes ses possessions françaises (1659).

**GONZAGUE (Anne DE), dite la Princesse Palatine** ♦ Princesse française (Paris 1616 - *id.* 1684). Destinée au couvent, elle séduisit Henri de Guise, archevêque de Reims, qui la fit sortir du cloître. Elle épousa le fils de l'électeur palatin Frédéric* V, prit part à la Fronde et tenta de faire libérer les princes emprisonnés. Bossuet* prononça son oraison funèbre.

**GONZÁLEZ (Julio)** ♦ Sculpteur, peintre et dessinateur espagnol (Barcelone 1876 - Arcueil 1942). Fixé à Paris en 1900, il peignit des tableaux sous l'influence de Puvis* de Chavannes et de Degas* et se lia avec Picasso et les artistes du Bateau*-Lavoir. Il se mit vers 1911 à la sculpture, réalisant une série de masques en métal découpé et repoussé et, surtout après 1927, chercha à exploiter les possibilités plastiques du fer. Il réalisa des œuvres aux formes identifiables (*Montserrat*, 1937) ou des constructions non figuratives d'une grande fantaisie inventive où l'on décèle parfois une transposition extrêmement libre et pleine d'humour de la figure humaine. Pratiquant la soudure autogène, forgeant ou rivant et martelant le métal, il combina des volumes arrondis, parfois en partie évidés, des éléments linéaires obliques, sinueux ou orthogonaux et des surfaces tranchantes (*Le Baiser*, 1930 ; *Femmes se coiffant*, 1934 ; *Hommes cactus*, 1940). ← ÉTYM. Le nom espagnol *González* vient de *Gonzalo*, qui a la même étymologie que *Gonçalves**.

**GONZÁLEZ MÁRQUEZ (Felipe)** ♦ Homme politique espagnol (Séville 1942). Avocat, un temps sensible à la doctrine de la démocratie chrétienne, il adhéra en 1962 aux Jeunesses socialistes et au PSOE (Parti socialiste ouvrier espagnol) qu'il réorganisa, en 1964. Député en 1977, il forma, après la victoire socialiste aux élections législatives de 1982, un premier gouvernement. Il allait, dès lors, travailler à la consolidation de la démocratie, à la modernisation de l'Espagne, à son intégration à l'Europe et au renforcement de ses liens avec le Mercosur. Son parti battu aux élections législatives de 1996, il démissionna tout en conservant la direction du PSOE, jusqu'en juin 1997, et ses fonctions de député jusqu'en 2004. → **Espagne.**

Felipe **González.**
*Phot. © Antonio Ribeiro/Gamma*

**GONZALO DE BERCEO** ♦ Religieux et poète espagnol (Berceo, prov. de Logroño 1195 - *id.* 1264). C'est le premier poète castillan connu. Il a écrit les vies de saint Dominique de Silos, saint Millán et de sainte Oria et trois longs poèmes consacrés à la Vierge. Dans une langue riche et vivante il raconte les miracles des saints et de Notre Dame.

**GONZALVE DE CORDOUE (Gonzalo FERNÁNDEZ DE CÓRDOBA,** dit en fr.) ♦ Homme de guerre espagnol (Montilla 1453 - Grenade 1515), surnommé le Grand Capitaine. Il remporta ses premiers succès contre les Maures (prise de Grenade, 1492) et fut envoyé contre Louis XII dans le royaume de Naples que sa victoire de Cérignole* donna à l'Espagne. Il fut disgracié et mourut peu après à Grenade.

**GÒ ÓC EO** → Óc Eo

**GOODIS (David)** ♦ Romancier américain (Philadelphie 1917 - *id.* 1967). Les personnages de ses romans policiers (*Cauchemar*, 1946 ; *Le Casse*, 1953 ; *Vendredi 13*, 1954 ; *Sans espoir de retour*, 1954 ; *Tirez sur le pianiste*, 1955) sont les jouets du destin qui les mène à leur perte, au point qu'on a pu voir dans l'univers de Goodis une véritable résurrection du sentiment tragique. ▪ *Tirez sur le pianiste* a été adapté au cinéma par F. Truffaut, *La Lune dans le caniveau* par J.-J. Beineix.

**GOODMAN (Nelson)** ♦ Philosophe américain (Somerville, Massachusetts 1906 - Boston 1998). Très influencé par l'empirisme logique et particulièrement par Quine*, son collègue à Harvard, le principe fondamental de la philosophie de Nelson Goodman est le nominalisme, qu'il applique à l'analyse du fonctionnement des systèmes symboliques, au premier chef desquels l'art. Les œuvres d'art sont en effet selon Goodman des systèmes de signes, des langages, dont il faut avant tout analyser la syntaxe. Rejetant la problématique traditionnelle, «Qu'est-ce que l'art ?», au profit de l'interrogation «Quand y a-t-il art ?», il défendit la thèse que l'art est une forme de connaissance (conception cognitive de l'art). Il écrivit plusieurs ouvrages dont *Ways of workmaking*, 1978 (*Manières de faire des mondes*, 1992), *Languages of Art*, 1968 (*Langages de l'Art*, 1990), *Fact, fiction and Forecast*, 1955 (*Faits, Fictions et Prédictions*, 1984).

**GOODMAN (Benjamin David, dit Benny)** ♦ Clarinettiste et chef d'orchestre de jazz américain (Chicago 1909 - New York 1986). Son orchestre, créé en 1932, devint célèbre grâce à de fréquentes prestations radiophoniques *coast to coast* et a grandement contribué au succès du swing. Brillant soliste, il a su s'entourer de musiciens de valeur comme Cootie Williams*, Charlie Christian*, Sidney Catlett et d'excellents arrangeurs comme Fletcher Henderson* et Mary-Lou Williams. Princ. enregistrements : *Sing Sing Sing* (1937), *Air Mail Special* (1941).

**GOODYEAR (Charles)** ♦ Inventeur américain (New Haven, Connecticut 1800 - New York 1860). Il découvrit la vulcanisation du caoutchouc et obtint l'ébonite (1839).

**GOOSE BAY** → Happy Valley-Goose Bay

**GÖPPINGEN** ♦ V. d'Allemagne (Bade-Wurtemberg), au pied du Jura souabe. 57 836 hab. Église du XVe s. et château du XVIe s. ▪ Indus. mécaniques, chimiques, textiles, instruments de précision, travail du cuir. ▪ À proximité se trouve le berceau de la famille Hohenstaufen*.

**GORAKHPUR** ♦ V. de l'Inde (Uttar Pradesh), dans le N. de la plaine du Gange. 624 570 hab. Ateliers ferroviaires et métallurgie.

**GORBATCHEV (Mikhaïl Sergueïevitch)** ♦ Homme d'État soviétique (Privolnoïe, territoire de Stavropol 1931). Membre du parti communiste dès 1952, ingénieur agricole (1967), il devint premier secrétaire du territoire de Stavropol (1970), puis secrétaire fédéral du parti en charge de l'agriculture (1978). Membre du Politburo à partir de 1979, secrétaire général du PC à la mort de Tchernenko (1985), il fut élu président du Praesidium du Soviet suprême (1988), puis président de l'URSS (1990). Conscient des faiblesses de son pays, il lança dès 1985 - 1986 un ambitieux programme de réformes connu sous le nom de *perestroïka* («restructuration»). Mettant fin à l'intervention en Afghanistan (1988), il relança le dialogue Est-Ouest et entama la normalisation des relations avec la Chine. Ces ouvertures aux conséquences de la plus grande importance (chute du mur de Berlin, dissolution du Comecon et du pacte de Varsovie) lui valurent le prix Nobel de la paix (1990). Au plan intérieur, ses initiatives (suppression du parti unique, nouvelle loi électorale, démocratisation de la presse, amorce d'une réforme économique reconnaissant le rôle du marché et de la propriété privée) rencontrèrent de vives résistances ; à sa renommée internationale, répondaient l'indifférence, voire l'hostilité dans son pays. L'incapacité de satisfaire aux revendications nationales, la montée de la contestation sociale et politique, après l'échec du putsch d'août 1991, contribuèrent à l'éclatement de l'URSS (8 déc. 1991). M. Gorbatchev fut contraint de démissionner le 25 déc. 1991. → **URSS.** ← ÉTYM. Ce nom de famille russe vient de *gorbatyï* «bossu» (équivalent de *Bossuet**).

Mikhaïl **Gorbatchev**
en 2001.
*Phot. © Hounsfield/Sipa*

**GORDES** [84220] ← ÉTYM. anc. *Castro Gordone*, p.-ê. du prélatin °*kor-d* «montagne» ♦ Ch.-l. de cant. du Vaucluse, arr. d'Apt. 2 092 hab. *(Gordiens)*. Pittoresque village perché. Musée Pol Mara, dans un château du XVIe s. Musée du Vitrail et musée des Moulins à huile. ▪ Aux environs, «village des bories», restauré. Abbaye cistercienne de Sénanque*.

**GORDIAS** ♦ Roi légendaire de Phrygie* qui fonda Gordion*. Simple paysan, rentrant un jour chez lui sur un char, il aurait été proclamé roi par l'assemblée des Phrygiens, grâce à un oracle désignant comme roi le premier homme qui arriverait dans un char. Son fils Midas* aurait consacré le char au temple de Zeus. ▪ Le *nœud gordien*. → **Gordion.**

**GORDIEN** ♦ Nom de plusieurs empereurs romains. ♦ **GORDIEN Ier** en lat. ***Marcus Antonius Gordianus*** dit **Gordien l'Ancien** ou **l'Africain** (Rome v. 157 - Carthage 238). Empereur romain (238). Proconsul d'Afrique, il fut proclamé empereur à 80 ans avec son fils Gordien II et se tua trois semaines plus tard à l'annonce de la mort de son fils. ♦ **GORDIEN II** en lat. ***Marcus Antonius Gordianus Sempronianus*** (v. 192 - Carthage 238). Empereur romain (238). Fils du précédent. Associé avec lui à l'Empire, il fut tué à Carthage par Capellianus, général de Maximin* Ier. ♦ **GORDIEN III** en lat. ***Marcus Antonius Gordianus***, dit **Gordien le Pieux** (Rome v. 224 - Zaïtha, près de l'Euphrate 244). Empereur romain (238 - 244). Petit-fils de Gordien Ier, il fut porté au pouvoir à l'âge de treize ans après la mort de Pupien* et de Balbin*. Il gouverna d'abord sous la direction de son beau-père Mésithée, préfet du prétoire, mais fut tué par le successeur de ce dernier, Philippe* l'Arabe.

**GORDIMER (Nadine)** ♦ Romancière sud-africaine d'expression anglaise (Springs 1923). Ses romans, presque tous publiés à Londres (*Un monde d'étrangers*, 1958 ; *Feu le monde bourgeois*, 1963 ; *Le Conservateur*, 1974 ; *Fille de Burger*, 1979 ; *Ceux de July*, 1981 ; *Un caprice de la nature*, 1987 ; *Histoire de mon fils*, 1991), mettent en scène les différentes composantes de la société sud-africaine et décrivent à travers des cas douloureux (Blancs tourmentés par la culpabilité, militants métis torturés par leur double appartenance) la prise de conscience de l'injustice de l'apartheid tout en célébrant la beauté des paysages de l'Afrique du Sud, qu'elle a refusé de quitter. Elle est également l'auteur de six recueils de nouvelles. [Prix Nobel de littér. 1991]

**GORDION** ♦ Anc. cap. de la Phrygie* (Asie Mineure). Alexandre* le Grand, au début de sa campagne contre les Perses (–334), y trancha avec son épée le *nœud gordien* qui attachait le joug au timon du char de Gordias* dédié à Zeus. Un oracle avait promis l'empire de l'Asie à celui qui dénouerait ce lien très compliqué.

**GORDON (Charles)** dit **Gordon Pacha** ♦ Général britannique (Woolwich 1833 - Khartoum 1885). Il combattit à Sébastopol, puis en Chine (1860), et réprima la révolte des Taiping* pour l'empereur de Chine. Passé au service de l'Égypte et nommé gouverneur de la province équatoriale (1877 - 1879), il soumit le Soudan oriental, lutta contre la traite et arrêta la révolte du Darfour*. Retourné au Soudan lors de la révolte du Mahdī* (1884), il parvint à résister dix mois et fut tué quand Khartoum tomba. Sa popularité était immense et sa mort fut une des causes de la chute de Gladstone* en 1885.

**GORE (Albert Arnold GORE, dit Al)** ♦ Homme politique américain (Washington 1948). Il fut vice-président des États-Unis de 1992 à 1999 aux côtés du démocrate Bill Clinton mais sa défaite face à George W. Bush à la présidentielle de 2000 mit un terme à sa carrière politique. Conscient de la menace climatique, il réclama en vain, dès 1997, la ratification du protocole de Kyōto par son pays. En 2006, il présenta son engagement dans un documentaire, *Une vérité qui dérange*, primé aux Oscars, et reçut l'année suivante, avec le Groupe* intergouvernemental d'experts sur l'évolution du climat, le prix Nobel de la paix pour avoir contribué à diffuser des connaissances sur les changements climatiques provoqués par l'homme et leurs effets potentiellement dramatiques. [Prix Nobel de la paix 2007]

**GORÉE** (île de) ➝ **ÉTYM.** néerl. «bonne *(goede)* rade *(reede)*» [n. donné par les Hollandais car l'endroit leur rappelait une île des Pays-Bas] ♦ Petite île de la côte du Sénégal, face à Dakar. Maison dite des Esclaves. ▮ **Histoire** Prise par les Hollandais en 1619, elle fut conquise par l'amiral d'Estrées et elle devint le principal comptoir français de l'Afrique occidentale (esclaves, gomme). Beaucoup moins active dans la traite des esclaves que les comptoirs côtiers, Gorée n'en est pas moins devenue un site emblématique de l'esclavage.

**GORGĀN** – anc. ***Astarābād*** ♦ V. d'Iran, ch.-l. de prov., près de la mer Caspienne. 274 438 hab. Mosquée (XIVe s.) et mausolées de l'époque seldjoukide. ▪ Centre commercial et agricole.

**GORGĀNĪ (Fakhr al-Dīn As'ad)** ♦ Poète persan du XIe s. Il est célèbre par son *Wīs et Rāmīn* (trad. fr. 1955), épopée courtoise qui s'inspire d'une ancienne légende écrite en palhavi et dont le sujet est situé à l'époque des rois parthes. Ce long poème, écrit dans une langue simple, est une des grandes œuvres de la littérature persane.

**GORGIAS** ♦ Sophiste grec (Leontium, Sicile, v. –487 - Larissa, v. –380). Il vint à Athènes en –427 pour plaider la cause de ses compatriotes contre les ambitions de Syracuse ; là, il aurait non seulement convaincu les Athéniens, mais serait resté dans leur ville pour y enseigner la rhétorique. Périclès* et Thucydide* eux-mêmes auraient été ses auditeurs. Une de ses œuvres principales, *Du non-être ou De la nature*, conservée par Sextus Empiricus, met en question la notion d'être de Parménide*.

**Gorgias** ♦ Dialogue de Platon*, sous-titré *Sur la rhétorique*. À la conception sophistique de la rhétorique (art de persuader) soutenue par Gorgias et Polos, Socrate* oppose le discours vrai qui amène les hommes à la justice et au bien. Puis, face à Calliclès qui, avant Nietzsche, revendique la loi naturelle du plus fort contre le droit, défense du faible, Socrate maintient qu'il vaut mieux subir l'injustice que la commettre.

**GORGONES** n. f. pl. ➝ **ÉTYM.** du gr. *gorgos* «véhément ; terrible» ♦ Monstres fabuleux de la génération pré-olympienne, avec une chevelure de serpents, des dents de sangliers et des ailes d'or, et qui changeaient en pierre quiconque les fixait. Elles étaient trois sœurs, Sthéno, Euryalé et Méduse*.

**GORGONZOLA** ➝ **ÉTYM.** du lat. *Curs Argentiola*, p.-ê. «la ferme [*curs* (de *cohors* "grande ferme")] brillante ou sur une rivière brillante [*Argentiola* (de *argenteolus* "d'argent")]» ♦ V. d'Italie, en Lombardie (prov. de Milan), dans la banl. N.-E. de Milan. 17 674 hab. Fromages bleus renommés.

**GORGUE (LA)** [59253] ➝ **ÉTYM.** forme picarde de *gorge* «endroit où tombe l'eau après avoir fait tourner le moulin» ♦ Comm. du Nord, arr. de Dunkerque, sur la Lys. 5 215 hab.

**GORIN (Jean)** ♦ Peintre et sculpteur français (Saint-Émilien, Blain 1899 - Paris 1981). Dès 1930, ses «reliefs plats» étaient fondés sur la règle néoplastique de Mondrian*. Il y introduisit l'emploi de la diagonale, puis du cercle à partir de 1935. Il s'affranchit de la peinture de chevalet avec les *Reliefs en plans montés* conçus dans un «esprit esthétique purement spatial». Travaillant à une synthèse des arts, Gorin dessina des meubles et des projets d'architecture avec Van Doesburg et le groupe Cercle et Carré. Il fonda en 1932 le groupe Abstraction-Création avec Herbin*, Hélion*, Vantongerloo*.

**GORINCHEM** ou **GORKUM** ♦ V. des Pays-Bas (Hollande-Méridionale), au confluent de la Merwede et de la Linge, en aval de la jonction du Waal et de la Meuse. 34 288 hab. Église des XVe - XVIe s. ▪ Plaque tournante du trafic fluvial du S. de la Hollande. Indus. alimentaires. Métall. Chantiers navals. ▮ **Histoire** Fondée au XIIIe s., la ville fut pillée par Guillaume de La Marck qui commandait les «gueux de mer» (1572).

**GÖRING** ou **GOERING (Hermann)** ♦ Maréchal et homme politique allemand (Rosenheim 1893 - Nuremberg 1946). Il fut plusieurs fois décoré comme aviateur durant la guerre de 1914. En 1922, il rencontra Hitler qui l'impressionna fortement, et il adhéra au parti national-socialiste. Nommé chef des SA (sections d'assaut), il participa au putsch manqué de Munich (1923). Élu député en 1928, il fut président du Reichstag en 1932 et usa de son influence (en particulier dans les milieux d'affaires) pour faciliter l'accession de Hitler au poste de chancelier (1933). Ce dernier l'appela alors aux plus hautes fonctions : il fut ministre de l'Air et commandant de la Luftwaffe* (1935), maréchal du Reich et chef suprême de l'économie de guerre (1940). Comblé d'honneurs, il mena une vie de satrape, amassant une fortune considérable, constituant d'inestimables collections d'œuvres d'art volées dans les territoires occupés par les nazis. Avec les échecs qu'essuya la Luftwaffe, le prestige de Göring déclina ; il fut désavoué par Hitler (qui l'avait pourtant pressenti pour sa succession) et expulsé du parti en 1945. Condamné à mort par le tribunal de Nuremberg*, il réussit à s'empoisonner dans sa prison. ➝ **ÉTYM.** Le nom *Göring* vient du germanique *gari* «lance» avec la finale *-ing*.

**GORIZIA** – en serbe ***Gorica*** ♦ V. d'Italie dans le Frioul-Vénétie Julienne, ch.-l. de prov., sur l'Isonzo, à la frontière slovène. 35 667 hab. ▪ Fonderies, indus. chimiques et textiles. ▮ **Histoire** Possession autrichienne dès le XVIe s., la ville fut âprement disputée de 1916 à 1918 par l'Italie et l'Autriche. Elle fut partagée entre l'Italie et la Yougoslavie en 1947.

**GORKI (Alekseï Maksimovitch PECHKOV, dit Maxime)** ➝ **ÉTYM.** du russe *gor'ky* «amer», n. qu'il choisit après s'être identifié au peuple russe et avoir compati à ses souffrances ♦ Poète, romancier et auteur dramatique russe (Nijni-Novgorod 1868 - Moscou 1936). Élevé dans la pauvreté, Gorki commença sa vie comme apprenti cordonnier. Puis, après avoir exercé de nombreux métiers et avoir même été vagabond, il devint clerc chez un avocat de Nijni-Novgorod. En 1892 parut sa première nouvelle, *Makar Tchoudra*, légende romantique qui connut un grand succès. En 1895, lorsque sa nouvelle *Tchelkach* parut dans une revue influente, sa renommée fut établie. Il composa alors quelques contes réalistes sur l'homme au travail, dont *Vingt-six gars et une fille* (1899). Il voulut devenir un maître à penser, et ses romans s'efforcèrent de développer des thèses philosophiques et socialistes : *Foma Gordeiev* (1899), *Trois d'entre eux* (1900 - 1901), *La Mère** (1907), son œuvre la plus célèbre et la plus révolutionnaire, *Une confession* (1908), *La Petite Ville d'Okourov* (1909), *La Vie de Matveï Kojemiakine* (1910). Sa célébrité et sa fortune s'étaient par ailleurs affirmées avec ses pièces de théâtre, *Les Petits-Bourgeois* (1902) et *Les Bas-Fonds* (1902), drame qui met en scène des êtres déclassés. Arrêté en 1905 pour ses idées révolutionnaires, il écrivit en prison sa pièce de théâtre *Les Ennemis* (1906), qui a pour sujet la lutte des classes. Libéré un an plus tard grâce à sa célébrité, il partit pour l'étranger, voyageant surtout aux États-Unis et en Italie. C'est à Capri qu'il écrivit *Enfance* (1913), où il décrit avec sensibilité les événements et les personnages qui marquèrent sa dure enfance, puis un volume de *Souvenirs* (sur Tolstoï*, Korolenko*, Tchekhov*, Andreïev*). Il écrivit encore quelques pièces qui ont pour sujet le déclin et la corruption de la bourgeoisie (*Vassa Jeleznova*, 1910). Après la révolution, Gorki rentra en URSS où il tenta de jouer le rôle de défenseur de la culture. En 1921, il dut à nouveau quitter l'URSS et s'installa en Allemagne puis en Italie (jusqu'en 1928). Il continua alors son œuvre autobiographique avec *Notes de journal* (1924) et *Mes universités* (1923). En 1929, il retourna en URSS où il mourut dans la gloire en 1936. Gorki fut un romantique réaliste et sans doute le premier écrivain «social» russe qui eut une influence sur la littérature mondiale.

**GORKI** → **Nijni-Novgorod**

**GORKY (Vosdanig ADOIAN, devenu Arshile)** ♦ Peintre et dessinateur américain d'origine arménienne (Hajotz Dzore, Arménie turque 1904 - New York 1948). Après des études en Géorgie à Tiflis (1916 - 1918), il se rendit aux États-Unis en 1920. Il fut marqué par diverses influences (Picasso, Soutine, Léger, Miró et Kandinsky) et évolua progressivement vers une peinture non figurative. La rencontre de A. Breton* et la découverte des œuvres de Matta* jouèrent un rôle décisif sur son œuvre : exploitant les possibilités de l'automatisme, il dessina d'un trait nerveux et fin, peignit par larges coups de brosse rapides, exploita les effets d'écoulement de matière, avec une grande richesse chromatique. Il créa des formes de caractère organique, souvent empreintes d'allusions sexuelles et qui prirent un aspect de plus en plus nerveux et pathétique (*The Liver is the Cock's Courb*, 1944). Initiateur de l'Abstraction lyrique newyorkaise, il annonce l'art de Pollock*.

**GÖRLITZ** ♦ V. d'Allemagne (Saxe), sur la rive g. de la Neisse, au N. de l'Erzgebirge. 57 111 hab. Église gothique, restes d'un château du XIVe s. et maisons du XVIe s. ▪ Indus. mécaniques, textiles. Extraction de lignite dans la région. Anc. capitale de la Lusace, où vit la minorité sorabe, la ville est aujourd'hui frontalière, flanquée de la ville polonaise de Zgorzelec sur la rive d. de la Neisse.

**GORLOVKA** → Horlivka

**GORNO-ALTAÏSK** – anc. *Oulala*, de 1932 à 1948 *Oïrot-Toura* ♦ V. de Russie, ch.-l. de la république autonome de Gorno-Altaï, dans le territoire de l'Altaï*, en Sibérie occidentale. 54 200 hab. Indus. alimentaire. Traitement du bois.

**GORNO-BADAKHCHAN** → Badakhchan (Haut-)

**GORONTALO** ♦ Prov. d'Indonésie, au N. de l'île de Célèbes (Sulawesi). 12 215 km². 827 500 hab.

**GÖRRES (Johann Joseph VON)** ♦ Écrivain allemand (Coblence 1776 - Munich 1848). D'abord admirateur de la Révolution française, il devint l'un des principaux animateurs du cénacle des poètes romantiques et nationalistes à Heidelberg (→ **Arnim, Brentano**) et réunit avec les frères Grimm les légendes et contes germaniques. Dans son journal *Le Mercure rhénan*, il se fit le défenseur du nationalisme allemand. Accusé de libéralisme, il s'enfuit à Strasbourg (1819). De retour en Allemagne (1827), il propagea l'idée d'un parti catholique allemand (*Aphorismes sur l'art*, 1802 ; *Histoire des mythes du monde asiatique*, 1810 ; *Mystique chrétienne*, 1836-1842).

**GORSAS (Antoine Joseph)** ♦ Homme politique français (Limoges 1752 - Paris 1793). Auteur, avant la Révolution, de plusieurs pamphlets qui lui valurent la prison (1781), il fonda en 1789 *Le Courrier de Versailles*. Après avoir pris part aux journées révolutionnaires du 20 juin et du 10 août 1792, Gorsas fut élu à la Convention, où, siégeant avec les girondins, il prit violemment position contre les députés montagnards, particulièrement contre Marat. Décrété d'accusation après l'élimination des chefs girondins (2 juin 1793), il fut condamné à mort et exécuté.

**GORSKI (Aleksandr Alekseïevitch)** ♦ Danseur et chorégraphe russe (Saint-Pétersbourg 1871 - Moscou 1924). Maître de ballet dans sa ville natale puis à Moscou (1902), pédagogue et réformateur, il a introduit dans l'art du ballet un esprit de liberté et un réalisme qui lui ont permis de renouveler la présentation d'œuvres classiques (*Don Quichotte*, 1902 ; *Le Lac des cygnes*, 1911) et de créer, dans un esprit qui devait fortement imprégner les premières réalisations du ballet soviétique, des ouvrages d'une grande originalité formelle : *Notre-Dame de Paris* (1912), *Eunice et Pétrone* (1915), *Stenka Razine* (1918), *La Grotte de Vénus* (1923).

**GORT (John Vereker, vicomte)** ♦ Maréchal britannique (Londres 1886 - *id.* 1946). Chef de l'état-major impérial (1937), il commanda le corps expéditionnaire britannique en France (oct. 1939 - juin 1940) et, quoique subordonné en principe aux généralissimes Gamelin* puis Weygand*, il prit l'initiative de la retraite britannique vers Dunkerque*. Il fut gouverneur de Gibraltar (1941) puis de Malte qu'il défendit avec succès (1942 - 1944) et enfin haut-commissaire en Palestine et en Transjordanie (1944 - 1945).

**GORTCHAKOV (Aleksandr Mikhaïlovitch, prince)** ♦ Homme politique russe (Saint-Pétersbourg 1798 - Baden-Baden 1883). Après avoir participé aux congrès de la Sainte-Alliance à Troppau (1820), Laibach (1821) et Vérone (1822), il occupa divers postes diplomatiques, puis fut nommé par Alexandre II ministre des Affaires étrangères (1856 - 1882) en remplacement de Nesselrode*. En 1866, il devint chancelier de l'Empire. Partisan d'un rapprochement avec la Prusse, il tomba à partir de 1863 sous l'influence de Bismarck. Au congrès de Berlin* (1878), il entraîna la Russie dans une humiliante défaite diplomatique.

**GORTER (Herman)** ♦ Poète et philosophe néerlandais (Wormerveer 1864 - Bruxelles 1927). Poète lyrique (*Mai*, 1889), il fut aussi, avec son compatriote Anton Pannekoek, l'un des principaux représentants du communisme des conseils, une tendance du marxisme teintée de gauchisme* et caractérisée par son antibolchevisme. Il refusa de reconnaître dans le régime soviétique un régime authentiquement communiste.

**GORTYNE** ♦ Anc. ville de Crète* au pied du mont Ida*. Importante dès le –VII^e^ s., elle ruina Phaïstos (–IV^e^ s.) et lutta contre Cnossos*. Capitale de la province romaine de la Crète et de la Cyrénaïque, elle déclina pendant la conquête arabe (IX^e^ s.). Patrie de Thalétas*. ▪ Ruines importantes : odéon romain, temple archaïque d'Apollon Pythios et basilique Saint-Tite (VII^e^ s.). Les fameuses *lois de Gortyne* du –VI^e^ s., gravées en dialecte dorien sur des blocs de pierre, sont précieuses pour l'étude des conditions sociales en Crète archaïque.

**GÖRTZ (Georg Heinrich VON)** ♦ Homme politique suédois (Gottorp 1668 - Stockholm 1719). D'origine hessoise, il fut ministre des Finances de Charles* XII. Très impopulaire en raison des expédients auxquels il avait eu recours pour subvenir aux dépenses militaires, il fut condamné à mort après la disparition de Charles XII, pour haute trahison.

**GORZE** [57680] ◆ **ÉTYM.** du gaul. *gortia* « haie, buisson épineux » ou du lat. *gurges* « bouillonnement de l'eau » ♦ Comm. de la Moselle, arr. de Metz. 1 392 hab. *(Gorziens)*. Église de la fin du XII^e^ s., anc. abbatiale, dont l'extérieur roman contraste avec l'intérieur gothique. Les bâtiments de l'abbaye sont de style baroque. ▪ Aux environs, aqueduc romain.

**GORZÓW WIELKOPOLSKI** ♦ V. de Pologne, voïvodie de Lubusz, port fluvial sur la Warta. 125 504 hab. Indus. textile synthétique.

**GOSCINNY (René)** ♦ Scénariste de bandes dessinées français (Paris 1926 - *id.* 1977). Après *Le Petit Nicolas*, illustré par Sempé en 1956, Goscinny reprit, à la demande de Morris*, les scénarios de *Lucky Luke* en 1955. Il créa *Astérix** avec Uderzo* en 1959, dans le premier numéro de *Pilote*, magazine qu'il avait fondé avec Charlier* et Uderzo, et *Iznogoud* avec Tabary en 1962. Grâce au succès mondial d'*Astérix*, il a pu lancer dans *Pilote* une nouvelle génération d'auteurs s'adressant à des lecteurs plus adultes.

**GOSHO Heinosuke** ♦ Cinéaste japonais (Tōkyō 1902 - *id.* 1981). Il réalisa en 1925 son premier film, *Pas de nuages au ciel*. Il infléchit le cinéma japonais vers le réalisme, dans des œuvres comme *La Danseuse d'Izu* (1933), *Le Fardeau de la vie* (1935), *Gens sans nom* (1937). Après la guerre, il s'attacha à rendre compte de la vie dans les quartiers populaires des grandes villes et de leurs banlieues, dans *Les Quatre Cheminées* (1953), *L'Auberge d'Osaka* (1954) et *Quand le nuage se déchire* (1961).

**GOSHUN (MATSUMURA Gekkei, dit)** ♦ Peintre japonais (Kyōto 1752 - 1811), élève d'Onishi Suigetsu et Maruyama Ōkyo. Il inaugura le style dit *Shijoha* et eut de nombreux élèves.

**GOSIER (LE)** [97190] ◆ **ÉTYM.** du n. du *grand gosier*, sorte de pélican ♦ V. de Guadeloupe, située sur la Grande Terre. 25 360 hab. Station balnéaire. Nombreux hôtels. Tourisme.

**GOSLAR** ♦ V. d'Allemagne (Basse-Saxe), sur la bordure O. du massif du Harz (Rammelsberg). 42 447 hab. Anc. ville impériale qui a conservé des remparts et de belles tours du XVI^e^ s., des églises gothiques et un hôtel de ville des XV^e^ - XVII^e^ s. ▪ Extraction de plomb et de zinc dans le Rammelsberg.

**GOSPORT** ♦ V. d'Angleterre (Hampshire), en face de Portsmouth. 76 414 hab. Construc. navales. Annexe du port de guerre de Portsmouth (hôpital, radars).

**GOSSART** ou **GOSSAERT (Jan)** dit **Mabuse** ♦ Peintre flamand (Maubeuge v. 1478 - Middelburg ou Breda v. 1535). Franc-maître à la guilde d'Anvers en 1503, il travailla ensuite au service de Philippe de Bourgogne et se rendit en 1508 - 1509 à Florence, Rome et Venise ; il y copia les antiques et fut conquis par l'art italien. Plus qu'aucun autre peintre flamand de son époque, il introduisit et propagea le répertoire formel de la Renaissance. Il créa notamment de grandes compositions à sujet mythologique, dans lesquelles le nu tient une place importante, et qui portent aussi l'empreinte de Dürer* (*Hercule et Omphale ; Neptune et Amphitrite ; Danaé*, 1527). Romaniste passionné, il se montra maniériste dans sa recherche de l'effet, faisant étalage de sa culture « antiquisante », de sa virtuosité à manier la perspective, plaçant ses personnages dans de monumentales architectures au décor composite, donnant un caractère sculptural aux formes et insistant sur les musculatures. Il employait des coloris brillants et denses, aimait les modelés souples où jouent les ombres. Sa science du modelé apparaît aussi dans ses portraits, sensibles, vigoureusement expressifs et d'une inspiration plus sobre *(Les Enfants de Christian II de Danemark)*.

**GOSSAU** ♦ V. de Suisse (cant. de Saint-Gall). 17 127 hab. Église du XVIII^e^ s. ▪ Indus. textile et mécanique.

**GOSSEC (François Joseph)** ♦ Compositeur français (Vergnies 1734 - Passy 1829). Protégé de Rameau, il fut successivement au service du fermier général La Pouplinière, du prince de Conti et de la princesse de Condé, à Chantilly. Fondateur du Concert des amateurs (1770), il réorganisa, avec Gaviniès, le Concert spirituel (1773) et fut nommé directeur de l'Opéra (1782). Révolutionnaire convaincu, il composa de nombreux hymnes et chants de guerre (*Te Deum*, 1790 ; *Hymne à la liberté*, 1793 ; *Marche lugubre*, 1793 ; *Marche victorieuse*, 1794). Il reçut de la I^re^ République des honneurs insignes. Membre de l'Institut, il poursuivit sous l'Empire des activités essentiellement pédagogiques. Son œuvre comprend de la musique religieuse (*Messe des morts*, 1760 ; oratorios, motets), des opéras, pastorales, ballets et divertissements ; des œuvres instrumentales (une soixantaine de symphonies), de la musique de chambre (sonates, quatuors, sextuors).

**GOSSEN (Hermann Heinrich)** ♦ Économiste allemand (Düren, Rhénanie-Westphalie 1811 - Cologne 1858). Dans son ouvrage *Exposition des lois de l'échange* (1854), il apparaît comme le précurseur de l'école marginaliste (→ **Menger**) par la manière dont il a établi les lois de la consommation humaine. Il a préconisé également la nationalisation des terres.

**GOSSET (Antonin)** ♦ Chirurgien français (Fécamp 1872 - Paris 1944). Spécialisé en néphrologie, il fut l'auteur de plusieurs techniques chirurgicales dont la gastrotomie et la gastro-entérostomie. [Acad. sc. 1934]

**GOSZCZYŃSKI (Seweryn)** ♦ Poète polonais (Illińce, près de Kiev 1801 - Lvov 1876). D'origine ukrainienne, il prit part à la lutte contre le tsarisme, dut s'exiler en France et en Suisse et écrivit des poèmes patriotiques et révolutionnaires : *Le Château de Kaniow* (1826 - 1827), *Musique de combat* (1835), *Œuvres* (1838) et *Les Trois Cordes* (1839 - 1840).

**GÖTA ÄLV** n. m. ◆ **ÉTYM.** suéd. «la rivière *(älv)* des Goths *(Got)*» ♦ Fl. de Suède méridionale (93 km), reliant le lac Vänern, dont il est émissaire, au Kattegat. Navigable, il arrose Trollhättan, Göteborg. Station hydroélectrique, écluses.

**GÖTALAND** n. m. ◆ **ÉTYM.** suéd. «pays *(land)* des Goths *(Got)*» ♦ Partie méridionale de la Suède, la plus fertile.

**GÖTEBORG** ◆ **ÉTYM.** suéd. «la forteresse *(borg)* de la Göta *(Göta* Älv)* ou des Goths *(Got)*» ♦ V. de Suède, à l'embouchure du Göta Älv. Deuxième ville du pays. 489 757 hab. Musée historique ; musée des Beaux-Arts ; parc du Slottsskogen. Univ. (fondée en 1955). ▪ Carrefour ferroviaire et routier. Aéroport de Göteborg-Landvetter. Göteborg est le premier port du pays (transport de passagers et de marchandises). Les chantiers navals, sa première activité passée, ont été abandonnés et les quartiers du port réaménagés dans un urbanisme moderne : opéra, quartiers résidentiels. Centre indus. (mécanique, électronique, indus. du bois). ▮ **Histoire** Fondée en 1619 par Gustave II Adolphe, la ville fut construite par les Hollandais avec Amsterdam pour modèle (réseau de canaux dont certains sont encore visibles). Le port se développa grâce aux exportations (bois, fer, hareng). Son essor se poursuivit avec la fondation de la Compagnie suédoise des Indes orientales, puis pendant le Blocus continental imposé par Napoléon I$^{er}$ en 1806 : il fut alors le principal entrepôt des produits britanniques, destinés à l'Europe, en forçant plus ou moins ouvertement le blocus.

**GOTHA** ♦ V. d'Allemagne (Thuringe) et anc. cap. du duché de Saxe-Cobourg-Gotha, au pied du Thüringerwald. Env. 49 000 hab. Église du XII$^{e}$ s. ; hôtel de ville des XI$^{e}$ - XII$^{e}$ s. ; château de Friedenstein (XVII$^{e}$ s.), institut géographique fondé en 1786 par Justus Perthes. ▪ Nœud ferroviaire. Indus. mécaniques, électriques, graphiques. ♦ ***Almanach de Gotha*** Recueil établissant la généalogie des grandes familles nobles d'Europe, édité à Gotha de 1764 à 1945. ♦ ***Programme de Gotha*** → **Critique du programme de Gotha et d'Erfurt.**

**Gothique.** Cloître de la cathédrale de Canterbury, Kent (XIII$^{e}$-XIV$^{e}$ s.).
*Phot. © North Light Images/EyedeaAge/Hoa Qui*

**GOTHS** [go] n. m. pl. ♦ Peuple germanique originaire de Scandinavie, établi à l'embouchure de la Vistule, puis, vers 150 - 200, sur les bords de la mer Noire (Ukraine actuelle). Installés aux frontières de l'Empire romain, les Goths l'attaquèrent v. 230, pillant l'Asie Mineure et les Balkans, obtenant en 275 la province de Dacie* malgré la sévère défaite subie en 269 devant Claude* II. Ils furent les premiers parmi les Barbares à accepter le christianisme. → **Ulfilas.** L'attaque des Huns* contre les Goths (v. 375) eut pour résultat de dissocier définitivement les deux rameaux fixés de part et d'autre du Dniepr. → **Wisigoths, Ostrogoths.**

**GOTLAND** ♦ Île et comté de Suède, dans la Baltique. 3 140 km$^{2}$. 57 297 hab. CH.-L. : Visby. C'est un plateau calcaire, tombant sur la mer en falaises abruptes. Le climat très doux favorise l'agriculture (betterave à sucre). Élevage de moutons et de poneys. Pêche (hareng). Manufacture de ciment à Slite. Tourisme développé. ▮ **Histoire** L'île fut au Moyen Âge un important carrefour commercial, membre de la Hanse*, ainsi qu'un repaire de pirates. Elle perdit sa prospérité lors de l'invasion des Danois en 1361. Par le traité de Bromsebrö, elle fut cédée à la Suède en 1645.

**GOTLIB (Marcel GOTLIEB, dit)** ♦ Dessinateur et scénariste de bandes dessinées français (Paris 1934). Créateur de gags, de courts récits qui sautent du coq à l'âne et d'adaptations cocasses d'œuvres littéraires, d'un trait réaliste et vivant, il amusa, avec le chien *Gai-Luron* (1964), avec la coccinelle et les personnages insolites de *La Rubrique-à-brac* (1968), les générations de lecteurs de l'après-68. Pour donner libre cours à sa fantaisie jubilatoire, il fonda *L'Écho des savanes*, le premier journal de bandes dessinées pour adultes (1972), avec Claire Bretécher et Mandryka, puis, dans la même veine, *Fluide glacial* (1975). ◆ **ÉTYM.** Ce nom allemand signifie «cher *(lieb)* à Dieu *(Gott)*».

## gothique (art)

♦ Ensemble des formes artistiques qui se sont développées dans l'Occident chrétien à partir de la seconde moitié du XII$^{e}$ s. jusqu'au début du XVI$^{e}$ s. Après avoir couvert l'ensemble de la période médiévale, le terme s'est spécialisé à partir des années 1820 tandis que le terme «roman» qualifiait l'art de la période antérieure. ▮ **Les origines** Né en Île-de-France, le gothique est contemporain de l'installation d'un pouvoir central fort, du développement de l'urbanisation et d'une nouvelle vision du monde enseignée dans les universités, accordant un intérêt croissant à l'homme et à la nature. Il a connu une expansion importante à travers toute l'Europe. ▮ **De Saint-Denis au gothique classique** La nouveauté de l'architecture gothique par rapport à l'architecture romane réside moins dans l'utilisation de l'arc brisé que dans la volonté d'aération et de luminosité, par l'évidement des murs et la multiplication des fenêtres, et dans l'accentuation de la verticalité. L'église abbatiale de Saint*-Denis, réaménagée dans les années 1130 - 1140 à l'initiative de l'abbé Suger, fut le premier exemple de ce nouveau style. L'architecture gothique expérimenta ensuite plusieurs formules, telles que l'élévation à quatre niveaux (cathédrales de Noyon* et de Laon*) ou la voûte sexpartite sur plan carré (Sens*, Notre*-Dame de Paris), avant de parvenir à la maturité avec la cathédrale de Chartres*. Reconstruite dans le premier quart du XIII$^{e}$ s., celle-ci imposa le type du gothique classique, défini par l'élévation à trois niveaux et par la voûte quadripartite sur plan rectangulaire dit «barlong» (Reims*, Amiens*, Beauvais*). De façon générale, la nef principale est rythmée par des piliers cantonnés de quatre colonnettes engagées qui reçoivent les grandes arcades et les doubleaux. ▮ **Du gothique rayonnant au gothique perpendiculaire** À l'extérieur, l'architecture s'anime de culées et d'arcs-boutants pour annuler la poussée des ogives tandis que la façade s'orne à partir de 1230 d'un nouvel élément, la rose, où s'épanouissent des vitraux (Sainte*-Chapelle). Ce nouveau style, dit «gothique rayonnant», se répandit dans le sud de la France (Carcassonne*), en Allemagne (Cologne*) et en Europe du Nord, tandis que parallèlement d'autres courants s'affirmaient : la nef unique (Albi*) et en Allemagne l'église-halle. L'Angleterre développa des formes originales de gothique «primitif» (Salisbury*), «décoré» ou «orné» (Exeter*) et «perpendiculaire» (Gloucester). À la fin du XIV$^{e}$ s., le gothique évolua vers un style flamboyant caractérisé par la surenchère décorative. ▮ **La sculpture** En sculpture et en peinture, la nouvelle vision du monde a entraîné un retour au naturalisme et au réalisme. Apparues au portail de Saint-Denis, les statues-colonnes, d'abord hiératiques car intimement liées au cadre architectural, s'individualisèrent de plus en plus pour finalement s'animer d'une vie indépendante (Chartres, Amiens, Reims, Paris, chartreuse de Champmol*, cathédrale de León*, Strasbourg*, Bamberg, Naumburg). À partir du XIV$^{e}$ s. se multiplièrent les œuvres isolées, statues de dévotion, portraits de donateurs, sculptures funéraires (gisants). Les artistes sortirent de l'anonymat, tels Andrea* Pisano, Giovanni* Pisano, Arnolfo* di Cambio, Claus Sluter*, Gil de Siloe*. ▮ **La peinture** La peinture gothique s'épanouit surtout en Italie (Giotto*, Simone Martini*, les Lorenzetti*, Duccio* di Buoninsegna) et aux Pays-Bas (les frères Van* Eyck, Hugo Van* der Goes, Rogier Van* der Weyden, Robert Campin*). Citons encore Martin Schongauer*, Konrad Witz*, Matthias Grünewald*, Nuno Gonçalves* et Jean Fouquet*. ▮ **Le vitrail** La France, la Grande-Bretagne et l'Allemagne donnèrent ses lettres de noblesse au vitrail. À partir de la première moitié du XIII$^{e}$ s., la surface occupée par les vitraux (2 600 mètres carrés à Chartres) autorisa le développement de vastes programmes iconographiques tandis que l'usage d'armatures métalliques permit une plus grande liberté de facture (Chartres, Bourges, Sens, Laon, Reims, Soissons, Rouen, Notre-Dame de Paris, Sainte-Chapelle). ▮ **Le gothique international** À la fin du XIV$^{e}$ s., la circulation des formes et des idées engendra un style dit «gothique international». Combinant les influences française, flamande et italienne, il se caractérise par la prédominance de la ligne sur la plastique, par des décors irréalistes, des couleurs fraîches, des figures aux attitudes délicates (les frères Limbourg*, Melchior Broederlam*, Gentile* da Fabriano, Pisanello*).

**GOTTFRIED DE STRASBOURG** ♦ Poète d'expression allemande (fin XII$^{e}$ s. - déb. XIII$^{e}$ s.). Après le trouvère Béroul, Eilhart d'Oberg (v. 1170) et l'Anglo-Normand Thomas (v. 1180), dont il connut sans doute les œuvres, il conta la vieille légende celtique de *Tristan* et Iseult*. Cette œuvre inachevée, où l'amour-passion semble prendre le pas sur l'idéal courtois et les vertus morales (chrétiennes), est écrite en un style au «caractère ondoyant, chatoyant» (G. Zink).

**GOTTHELF (Albert BITZIUS, dit Jeremias)** ♦ Écrivain suisse d'expression allemande (Morat, canton de Fribourg 1797 - Lützelflüh, canton de Berne 1854). Il fit des études théologiques à Berne puis à Göttingen et, à partir de 1832, fut pasteur à la cure de campagne de Lützelflüh. Démocrate libéral dans sa jeunesse, devenu patriote, conservateur résolu ensuite, il a laissé des récits et tableaux de la vie paysanne de l'Emmental où, à côté des intentions didactiques du moraliste, s'affirment les qualités de l'observateur plein d'humour, de fantaisie et de réalisme : *Miroir des paysans ou Histoire de la vie de Jeremias Gotthelf racontée par lui-même* (*Bauernspiegel*, 1836), *Uli le valet*, 1841.

**GÖTTINGEN** ➝ **ÉTYM.** probablt n. de tribu germ. ♦ V. d'Allemagne (Basse-Saxe), sur la Leine. 129 691 hab. Célèbre univ. fondée en 1737 où enseigna notamment le mathématicien C. F. Gauss* et nombreux instituts scientifiques dont la Max-Planck-Gesellschaft (1948). Maisons à colombages, hôtel de ville du XVIe s. ▪ Matériel optique et photographique.

**GOTTSCHALK** ou **GOTESCALC D'ORBAIS** latinisé en **Gothescalus** ➝ **ÉTYM.** moy. haut all. «serviteur *(schalk)* de Dieu *(Got)*» ♦ Théologien allemand (près de Mayence v. 805 - Hautvillers, Champagne v. 868). Sa doctrine sur la prédestination, d'un augustinisme extrême (↦ **Augustin [saint]**), fut condamnée par Hincmar* au synode de Chiersey (849) ; lui-même fut enfermé dans un monastère où il mourut.

**GOTTSCHED (Johann Christoph)** ♦ Écrivain allemand (Juditten, près de Königsberg 1700 - Leipzig 1766). Défenseur de l'idéal classique, il est l'auteur de *Théâtre allemand conçu selon les règles des Grecs et des Romains* (1741 - 1745). Ses positions furent vivement critiquées, en particulier par Lessing*.

**GOTTWALD (Klement)** ♦ Homme politique tchèque (Dědice, Moravie 1896 - Prague 1953). Ouvrier, il adhéra au Parti communiste tchécoslovaque dès sa fondation (1921). Il devint secrétaire général du parti en 1929 et, après la Deuxième Guerre mondiale pendant laquelle il s'était réfugié en URSS, président du Conseil (1946). En 1948, il organisa le coup d'État qui mit les communistes à la tête du pays et il succéda à Beneš à la présidence de la République. Son nom fut donné temporairement à la ville de Zlín*.

**GOTTWALDOV** → **Zlín**

**GÖTZ (Karl Otto)** ♦ Peintre allemand (Aix-la-Chapelle 1914). Il commença à peindre en 1932, sous l'influence du cubisme, puis du surréalisme et de l'art abstrait. Après la guerre, il dirigea la revue d'avant-garde *Meta* (1948 - 1953). Ses recherches picturales s'orientèrent alors vers une abstraction gestuelle assez proche de l'action* painting.

**Götz von Berlichingen** ♦ Drame en 5 actes de Goethe* (1773). Construite sur le modèle des drames historiques shakespeariens et conçue dans un esprit de révolte contre l'influence exercée par le Siècle des lumières, la pièce est, avec *Les Brigands* de Schiller (1782), l'œuvre la plus représentative du Sturm* und Drang. Elle met en scène, dans une suite de tableaux hauts en couleur, le condottiere allemand Götz von Berlichingen* (mort en 1562), héros de la justice et de la liberté, au temps de la guerre des paysans. ▪ Jean-Paul Sartre* a fait revivre ce personnage dans son drame *Le Diable et le Bon Dieu*.

**GOUBERT (Pierre)** ♦ Historien français (Saumur 1915). Proche de l'école des Annales*, il tenta dans sa thèse, *Beauvais et le Beauvaisis de 1600 à 1730* (1960), un essai d'histoire «totale» mêlant géographie, démographie, économie et sociologie. Confrontant sans complaisance le Roi-Soleil à son royaume et à son temps, il ouvrit dans *Louis XIV et vingt millions de Français* (1966) la voie à un renouvellement des études biographiques.

**GOUDA** ♦ V. des Pays-Bas (Hollande-Méridionale), au confluent de l'IJssel et de la Gouwe. 70 953 hab. Église Saint-Jean (XVe s., vitraux). Hôtel de ville (1603). Poids public *(Waag)* de 1668. Musées. ▪ Indus. alimentaires (célèbres fromages). Faïencerie et céramiques. Pipes en terre ; métall. Chimie. Centre touristique. ▮ **Histoire** La ville fut un grand centre de draperie au Moyen Âge.

**GOUDÉA** ou **GUDEA** ♦ *Patesi* (vicaire, gouverneur) de la cité de Lagash* (–XXIe s.). Probablement vassal des Goutéens*, il fit pourtant de Lagash le principal centre de la civilisation néo-sumérienne. ▪ Douze statues de Goudéa sont conservées au Louvre.

**GOUDIMEL (Claude)** ♦ Compositeur français (Besançon v. 1520 - Lyon 1572). Il fréquenta les cercles humanistes et connut Ronsard dont il mit en musique plusieurs odes et sonnets (*Les Amours*, 1552). Outre des chansons profanes et spirituelles, il composa, jusqu'à 1559, des œuvres qui relèvent de la liturgie catholique (messes, motets, magnificat). Gagné à la Réforme, il se consacra ensuite à l'interprétation polyphonique du psautier, dans la traduction de Marot et T. de Bèze (150 *Psaumes de David*, 1564 - 1568), où il s'affirme comme un maître de l'écriture contrapuntique. Réfugié à Lyon, il y fut surpris lors des massacres de la Saint-Barthélemy et périt assassiné.

**GOUDSMIT (Samuel Abraham)** ♦ Physicien américain d'origine néerlandaise (La Haye 1902 - Reno, Nevada 1978). Il conçut avec Uhlenbeck la notion de spin (1925) qui leur permit, en attribuant à l'électron un moment angulaire et un moment magnétique intrinsèque, d'interpréter les phénomènes spectroscopiques et magnétiques des atomes.

**GOUESNOU** [29850] ➝ **ÉTYM.** anc. *Langoueznou*, puis *Saint-Goueznou*, du bret. *Goueznou*, n. de saint, du vx bret. *uuoet* «cri» et *gnou* «connu» ♦ Comm. du Finistère, banl. N. de Brest. 6 042 hab. Église du déb. du XVIIe s. (porche N. gothique et classique). Fontaine Renaissance.

**GOUFFÉ (Jules)** ♦ Cuisinier français (Paris 1807 - Neuilly-sur-Seine 1877). Auteur du *Livre de cuisine* et du *Livre des conserves*, il fut souvent comparé à Carême*.

**GOUGES (Marie GOUZE, dite Olympe DE)** ♦ Féministe française (Montauban 1748 ou 1755 - Paris 1793). Dans sa *Déclaration des droits de la femme et de la citoyenne* (1792), elle se fit l'ardente avocate de l'émancipation de la femme. Ses écrits en faveur de Louis XVI lui valurent d'être guillotinée.

**GOUHIER (Henri)** ♦ Philosophe, historien de la philosophie et critique littéraire (Auxerre 1898 - Paris 1994), il consacra son œuvre à l'explication de la triple expérience religieuse, philosophique et théâtrale en montrant comment chacune médite sur l'existence humaine dans l'horizon de la métaphysique. Auteur de nombreux ouvrages d'histoire de la philosophie, notamment *La Pensée religieuse de Descartes* (1924), *La Philosophie de Malebranche et son expérience religieuse* (1926), *Les Méditations métaphysiques de Jean-Jacques Rousseau* (1970), il publia en 1952 l'une de ses œuvres les plus personnelles, *Le Théâtre et l'Existence*, où il se consacre à l'expérience de la «communion dramatique» et au rapport entre le théâtre et les grandes catégories existentielles (la mort, la nécessité, l'intérêt personnel). [Acad. des sc. morales et polit. 1961 ; Acad. fr. 1979]

**GOUIN (Félix)** ♦ Homme politique français (Peypin, Bouches-du-Rhône 1884 - Nice 1977). Député socialiste (1924 - 1958), il rejoignit Londres en 1942. Président de l'Assemblée consultative provisoire à Alger (1943), puis de l'Assemblée nationale constituante (1945 - 1946), il dirigea le Gouvernement provisoire de janv. à juin 1946. ➝ **ÉTYM.** *Gouin* vient du germanique *Godin*, nom de personne (racine *god* «dieu»).

**GOUJON (Jean)** ♦ Sculpteur, dessinateur et architecte français (Normandie ? 1510 - Bologne v. 1566). Sa connaissance de l'art antique et des œuvres italiennes laisse supposer qu'il effectua un voyage en Italie. Il s'affirma aussi comme un théoricien de l'art et réalisa une série de gravures pour la traduction française du *Vitruve** de Jean Martin (1547). Il travailla à Rouen en 1540 à la tribune des orgues de Saint-Maclou. Sculpteur du roi (1547), il travailla aussi à Écouen pour le duc de Montmorency. À Paris (1544), il effectua comme collaborateur de l'architecte P. Lescot* les bas-reliefs du jubé de Saint-Germain-l'Auxerrois, puis ceux des *Quatre Saisons* de l'hôtel de Ligneris (auj. musée Carnavalet*) et les six *Nymphes* de la fontaine des Innocents (1549), ainsi que quelques-unes des allégories de la façade de la cour carrée du Louvre*, puis les

**Goudéa.** Statue sumérienne de Lagash.
Musée du Louvre, Paris.
*Phot. ©Nimatallah/Ricciarini*

cariatides de la tribune des musiciens (1550). Son inspiration mythologique, le canon allongé des figures, la sinuosité des formes et leur sensualité relèvent de l'esthétique maniériste, que Goujon infléchit d'une façon très personnelle vers une retenue et une grâce qui renouent directement avec l'esprit classique de la sculpture grecque dont il imita les effets de draperies mouillées. La pureté de son trait, l'extrême délicatesse de son modelé, son art des raccourcis font de lui l'une des figures majeures de la sculpture française de la Renaissance. ➝ ÉTYM. *Goujon* est un surnom donné à un pêcheur ou à celui qui a une grosse tête.

**GOULART (João)** ♦ Homme d'État brésilien (São Borja, Rio Grande do Sul 1918 - Mercedes, Argentine 1976). Vice-président en 1956, sous Quadros*, il lui succéda comme président en 1962 dans un climat de crise économique et préconisa des réformes sociales. Mais l'armée le contraignit à quitter le pouvoir (1964) ; il se réfugia alors en Uruguay.

**GOULD (Glenn)** ♦ Pianiste canadien (Toronto 1932 - *id.* 1982). Il se produisit pour la première fois en 1945, et donna son dernier concert public en 1964, ne se consacrant plus dès lors qu'à l'enregistrement. Il maîtrisa un large répertoire, avec comme compositeurs d'élection Bach et Schoenberg. Ses interprétations sont souvent très personnelles, notamment sur le plan du tempo et de l'articulation, et il a laissé une abondante discographie. Il fut également conférencier et écrivain.

**GOULD (Stephen Jay)** ♦ Paléontologue américain (New York 1941 - *id.* 2002). Il est l'auteur, avec Niles Eldredge, de la théorie dite des équilibres ponctués, d'après laquelle les espèces restent stables pendant des millions d'années, puis sont remplacées, sans transition décelable, par des espèces nouvelles au cours d'intervalles très brefs à l'échelle géologique ; c'est la sélection entre espèces et non entre individus qui détermine la tendance générale ; enfin, les changements évolutifs sont essentiellement contingents. Gould est l'auteur de nombreux ouvrages de vulgarisation (*La vie est belle*, 1991 ; *L'Éventail du vivant*, 1997 ; *La Structure de la théorie de l'évolution*, 2002).

**GOULETTE (LA)** ➝ ÉTYM. en ar. *Ḥalq al-Wādī ; La Goulette* est la trad. fr. de l'ar. *ḥalq* «gosier» et *wād* «gorge, ravin, lit d'un fleuve» ♦ V. de Tunisie sur le golfe de Tunis. 28 407 hab. Centrale électrique. Port de commerce et exportateur de minerais. Pêche.

**GOUMILEV (Nikolaï Stepanovitch)** ♦ Poète russe (Kronstadt 1886 - Petrograd 1921). Il fonda en 1912 l'école acméiste (➝ **acméisme**) avec Anna Akhmatova* qu'il avait épousée en 1910 et dont il divorça en 1918. Il considérait que la principale vertu était le courage, et son œuvre poétique est empreinte d'un romanesque viril. Dans ses recueils de vers, *Le Chemin du Conquistador* (1905), *Fleurs romantiques* (1908), *Les Perles* (1910), on sent encore l'influence de Brioussov*. Dans le recueil *La Tente* (1921) apparaît son amour pour l'aventure et l'exotisme qu'il connut en Afrique équatoriale. Ses meilleurs recueils sont sans doute *Le Bûcher* (1918) et *La Colonne de feu* (1921). Accusé de conspiration, il fut fusillé par la Tcheka en 1921.

**GOUNOD (Charles)** ♦ Compositeur français (Paris 1818 - Saint-Cloud 1893). Élève, au Conservatoire, de Halévy, Paer et Lesueur, prix de Rome (1839), il eut en Italie la révélation de Palestrina, en Allemagne, celle de Bach, Mozart, Beethoven et Schumann. D'abord attiré par la musique religieuse (*Te Deum ; Requiem*), organiste et maître de chapelle, il fut sur le point d'entrer dans les ordres. Cependant, il débutait bientôt au théâtre avec un opéra, *Sapho* (1851), et un opéra-comique, *Le Médecin malgré lui* (1858), qui eurent un faible succès. C'est avec *Faust* (1859), opéra d'abord médiocrement accueilli, qu'il connut la gloire. Un peu plus tard, *Mireille* (1864) et *Roméo et Juliette* (1867) rencontrèrent un succès immédiat. L'échec de son dernier opéra, *Le Tribut de Zamora* (1881), l'amena à consacrer ses dernières années à la musique religieuse (*Rédemption*, 1882 ; *Mors et Vitae*, 1885 ; *Requiem*, 1893). Gounod est encore l'auteur de 2 symphonies, de 13 messes, de motets, de cantiques, de mélodies et de chœurs ainsi que de pièces pour piano et pour orgue. Bien qu'il ne réussisse pas toujours à se dégager des influences d'Auber et de Meyerbeer, il témoigne dans ses ouvrages dramatiques d'admirables dons de mélodiste. La générosité de son lyrisme, l'harmonie et la pondération de son style, sa science de la voix humaine et de l'orchestre ont imprégné Bizet, Franck, Duparc, Fauré et même Debussy. Contemporain de Wagner, il a su échapper à son emprise et trouver, dans la ligne de Gluck, l'expressivité d'une mélodie soutenue par la richesse des sonorités. Ses opéras constituent un des apports essentiels de la musique française à l'art lyrique du XIXe s. ➝ ÉTYM. *Gounod* vient de *Hugonin*, avec suffixe *-od* indiquant une origine jurassienne.

Charles **Gounod**.
Portrait par Carolus-Duran (64,5×54,5 cm).
Musée national du château, Versailles.
*Phot. © Lauros-Giraudon*

**GOUR (Batya)** ♦ Romancière et critique israélienne (Tel-Aviv 1947 - Jérusalem 2005). Auteur de romans policiers, elle a inventé le personnage de Michaël Ohayon dont les enquêtes sont autant de prétextes à une plongée dans les différents milieux de la société israélienne : *Le Meurtre du samedi matin* (1992), *Meurtre à l'Université* (1993), *Meurtre au kibboutz* (1994), *Meurtre au philharmonique* (1995), *Meurtre sur la route de Bethléem* (2001), *Meurtre en direct* (2004).

**GOURARA** ♦ Groupe d'oasis du Sahara algérien (wilaya d'Adrar) au S. du Grand Erg occidental et à l'O. du Tademaït, peuplées par les Berbères Zanatas. Importante production de dattes. La principale oasis est Timimoun.

**GOURAUD (Henri Joseph Eugène)** ♦ Général français (Paris 1867 - *id.* 1946). Sorti de Saint-Cyr, il fit carrière au Soudan (1898) où il s'empara de Samory Touré*, puis au Maroc (où il fut appelé par Lyautey en 1910). Lors de la Première Guerre mondiale, il commanda une division en Argonne ainsi que le corps expéditionnaire des Dardanelles, et fut amputé d'un bras. Nommé à la tête de la IVe armée en Champagne, il fit échouer l'ultime offensive allemande dans ce secteur, et prit victorieusement la contre-offensive (juil. 1918). Haut-commissaire en Syrie (1919 - 1923), il réprima les révoltes de Damas et de Cilicie. De 1923 à 1937, il fut gouverneur militaire de Paris.

**GOURBEYRE** [97113] ➝ ÉTYM. du n. d'un anc. gouverneur ♦ V. de Guadeloupe, arr. de Basse-Terre. 7 642 hab. Sources chaudes. Station thermale et climatique.

**GOURDON** [46300] ➝ ÉTYM. anc. *de Gordone*, p.-ê. du prélatin *°gor-d* «montagne» et suff. *-onem* ♦ Ch.-l. d'arr. du Lot. 4 882 hab. *(Gourdonnais)*. Église fortifiée (XIVe - XVe s.). Maisons anc. ▪ Indus. alimentaires. Centre commercial. ▪ Aux environs, grottes de Cougnac.

**GOURETTE** ➝ ÉTYM. du béarnais *coureto* «petite cour» ou «trou *(gour)* froid *(ret)*» ♦ Station d'été et de sports d'hiver des Pyrénées-Atlantiques (comm. des Eaux-Bonnes), non loin du col de l'Aubisque.

**GOURGAUD (Gaspard, baron)** ♦ Général français (Versailles 1783 - Paris 1852). Officier d'ordonnance de Napoléon Ier, il le suivit à Sainte-Hélène où il rédigea, avec Montholon, les *Mémoires pour servir à l'histoire de France sous Napoléon...* (éd. 1822 - 1825). De retour en Europe en 1818, il s'efforça, auprès des souverains réunis à Aix-la-Chapelle, de faire améliorer le sort de l'Empereur captif. Nommé lieutenant général en 1835 par Louis-Philippe dont il devint l'aide de camp, il prit part au retour des cendres de Napoléon en 1840 et fut élu à l'Assemblée législative (1849).

**GOURGUES (Dominique DE)** ♦ Aventurier et navigateur français (Mont-de-Marsan v. 1530 - Tours 1593). À l'insu de Catherine de Médicis, il entreprit une expédition en Floride (1567 - 1568) pour venger R. de Laudonnière*, J. Ribault* et leurs compagnons massacrés par les Espagnols. Il prit plusieurs forts espagnols et fit exécuter les survivants. Il fut désavoué.

**GOURIEV** ➝ **Atyraou**

**GOURIN** [56110] ➝ ÉTYM. anc. *Gorvrein*, du bret. *verg (vorg)* «ouvrage fortifié» ♦ Ch.-l. de cant. du Morbihan, arr. de Pontivy. 4 464 hab. *(Gourinois)*. Anc. centre ardoisier. Carrières de pierres blanches. Élevage de chevaux, de bovins et de volailles. Conserveries.

**GOURMONT (Remy DE)** ♦ Écrivain français (Bazoches-au-Houlme, Orne 1858 - Paris 1915). Avec Alfred Vallette, Louis Dumur et Jules Renard*, il fonda *Le Mercure de France* (1889) où il publia notamment *Le Joujou patriotisme* (1891), pamphlet antinationaliste qui lui valut d'être révoqué de la Bibliothèque nationale. Épicurien en quête de la beauté, il défendit, comme Huysmans, *Le Latin mystique, les poètes de l'antiphonaire et la symbolique au Moyen Âge* (1892), tout en prônant un art subjectif, tourné vers l'effet de surprise (*Esthétique de la langue française*, 1899 ; *La Culture des idées*, 1900 ; *Promenades littéraires*, 1904 - 1913, 7 vol. ; *Promenades philosophiques*, 1905 - 1909, 3 vol.). Une partie de son œuvre créatrice s'inscrit dans le cadre symboliste de l'opposition entre l'âme et le corps. Le roman *Sixtine* (1890) (inspiré par Berthe de Courrière que R. de Gourmont rencontra en 1886 et qui fut également l'égérie sublimée du recueil *Lettres à Sixtine* [posth. 1921]) domine cette veine qui compte également les romans *Le Pèlerin du silence* (1896), *Les Chevaux de Diomède* (1897), *D'un pays lointain* (1898), ainsi que les recueils *Oraisons mauvaises* (1900) et *Simone* (1901). La seconde partie de son œuvre remet en cause les acquis de la période symboliste en liant scepticisme et hédonisme. Elle comporte plusieurs romans (*Le Songe d'une femme*, 1899 ; *Une* *nuit au Luxembourg*, 1905 ; *Un cœur virginal*, 1907) et est dominée par le recueil *Lettres à l'Amazone* (1914) qui prolongea poétiquement sa rencontre avec Natalie Clifford Barney en 1910.

**GOURNAY (Marie LE JARS DE)** ♦ Femme de lettres française (Paris 1566 - *id.* 1645). Elle devint la «fille d'alliance» de Montaigne*, dont les *Essais** l'avaient enthousiasmée (elle les fit rééditer en 1595). On lui doit *L'Ombre de Mademoiselle de Gournay* (1626), recueil de vers et d'œuvres morales, et des textes polémiques.

**GOURNAY (Jacques-Claude-Marie VINCENT, seigneur DE)** ♦ Économiste français (Saint-Malo 1712 - Paris 1759). Influencé par les théories des physiocrates (→ **Quesnay**), il fut un partisan du libéralisme économique, préconisa la liberté de l'industrie, la suppression des règlements et monopoles.

**GOURNAY-EN-BRAY** [76220] ← ÉTYM. du lat. *Gordinus*, n. de pers. gallo-rom., et suff. *-acum* ♦ Ch.-l. de cant. de la Seine-Maritime, arr. de Dieppe, sur l'Epte. 6 275 hab. (aggl. 7 918) *(Gournaysiens)*. Église Saint-Hildevert des XI<sup></sup>e - XII<sup></sup>e s. (chapiteaux ; statues). ▪ Indus. automobile.

**GOURNAY-SUR-MARNE** [93460] ♦ Comm. de la Seine-Saint-Denis, arr. du Raincy, sur la Marne, à l'E. de Paris. 5 925 hab. *(Gournaysiens)*. Plage.

**GOURSAT (Édouard)** ♦ Mathématicien français (Lanzac, Lot 1858 - Paris 1936). Auteur de nombreux travaux sur les équations aux dérivées partielles et en analyse fonctionnelle. → **D. Hilbert**, **Volterra.** [Acad. sc. 1919]

**GOUSSAINVILLE** [95190] ← ÉTYM. anc. *Goussainvilla* «domaine (bas lat. *curtis*) de Gunza (n. de femme germ.)» ♦ Ch.-l. de cant. du Val-d'Oise, arr. de Sarcelles. 27 356 hab. (aggl. 31 109) *(Goussainvillois)*.

**GOUTÉENS** ou **GUTIS** n. m. pl. ♦ Peuple montagnard du Zagros qui domina la Mésopotamie pendant environ un siècle après -2250. Ils ruinèrent pour un temps la civilisation d'Akkad* et de Sumer*.

**GOUTHIÈRE (Pierre)** ♦ Ciseleur-doreur français (Bar-sur-Aube 1732 - Paris 1813). Il fut l'un des plus célèbres ornemanistes de la seconde moitié du XVIII<sup></sup>e s. et un artiste de transition entre ce siècle et le style Empire. Il aurait été l'inventeur de la dorure au mat.

**Gouvernement provisoire de la République algérienne** [GPRA] ♦ Organe exécutif constitué le 19 sept. 1958 par le Front* de libération nationale algérien pendant la guerre d'indépendance. Il fut présidé par Ferhat Abbas* puis par Ben Khedda (1961). Il disparut en 1962.

**Gouvernement provisoire de la République française** [GPRF] ♦ Nom que prit (déb. juin 1944 à Alger) le Comité* français de libération nationale sous la présidence du général de Gaulle. Installé à Paris en août 1944 après le débarquement allié en Normandie, le GPRF proclama le retour à la légalité républicaine (abolition des «actes constitutionnels de l'État français», août 1944) et fut reconnu officiellement par les gouvernements alliés (oct. 1944). Remanié en nov. 1944 avec l'entrée de membres de la Résistance française de l'intérieur (dont G. Bidault), il participa à la lutte contre l'Allemagne aux côtés des forces alliées (regroupement des FFL et FFI, fin 1944 - 1945 jusqu'à la signature de l'armistice, 8 mai 1945). Successivement présidé par le général de Gaulle (qui démissionna en janv. 1946 en raison de son opposition aux partis politiques), F. Gouin (janv. - juin 1946), G. Bidault (juin - nov. 1946) et L. Blum (déc. 1946 - janv. 1947), le GPRF, qui dès 1944 signa un accord avec l'URSS, eut à faire face à une situation particulièrement difficile : problèmes de la reconstruction économique et sociale de la France (mesures de nationalisation des grands moyens de production, réformes sociales, scolaires), de l'épuration (instauration d'un corps de Justice et de chambres civiques pour juger les collaborateurs), enfin celui des institutions de la France (opposition entre le projet de Constitution du général de Gaulle voulant limiter les pouvoirs de l'Assemblée au profit d'un exécutif fort et celui des socialistes et communistes favorables au contraire à la souveraineté de l'Assemblée). Fin 1946, la II<sup></sup>e Assemblée nationale constituante fit adopter par référendum la Constitution de la IV<sup></sup>e République*, dont le premier président, V. Auriol, fut élu en janv. 1947 (dissolution du GPRF).

**GOUVIEUX** [60270] ← ÉTYM. du lat. *Gavillius*, n. de pers. gallo-rom. ♦ Comm. de l'Oise, arr. de Senlis, à la bordure N. de la forêt de Chantilly. 9 406 hab. *(Godviciens)*. Activités hippiques. Hôtellerie.

**GOUVION-SAINT-CYR (Laurent, marquis DE)** ♦ Maréchal de France (Toul 1764 - Hyères 1830). Après des études de dessin et de peinture à Rome et à Paris, il s'engagea comme volontaire dans les armées révolutionnaires (1792). Ambassadeur à Madrid sous le Consulat (1802), il participa aux campagnes de l'Empire, en Prusse (1806 - 1807), en Espagne, en Russie (victoire de Polotsk sur Wittgenstein qui lui valut le bâton de maréchal). Chargé de la défense de Dresde (1813), il fut contraint de capituler, faute de munitions. Nommé ministre de la Guerre par Louis XVIII (1815 - 1817), il fit voter une loi pour la réorganisation de l'armée (*loi Gouvion-Saint-Cyr*, 10 mars 1818), loi réglant les modalités de la conscription et de l'avancement (obtention des grades à l'ancienneté, ne permettant plus aux nobles d'entrer directement comme officiers dans l'armée). Pair dès 1815, Gouvion-Saint-Cyr dut démissionner de ses fonctions de ministre face à l'opposition des ultras (1819). Il est l'auteur de *Mémoires pour servir à l'histoire militaire sous le Directoire, le Consulat et l'Empire* (1831).

**GOVIND SINGH** ♦ Dixième et dernier gourou de la secte des sikhs*, poète en sanskrit et en persan (1666 - 1708). Il combattit contre les Moghols* d'Aurangzeb*. Il mourut assassiné.

**GOWER (John)** ♦ Poète anglo-normand (dans le Kent v. 1325 - Southwark 1408). Gentilhomme, il fut peut-être clerc sans, pourtant, recevoir les ordres. Propriétaire terrien, il fut terrifié par la révolte paysanne de 1381 qui lui inspira *La Voix du prophète*, poème didactique en latin qui se termine par une supplication à Richard II de ramener la vertu à la cour. Faite pour l'enseignement moral, sa *Confessio amantis* (1383), compilation de contes en 40 000 octosyllabes, a le mérite d'être écrite dans un anglais vif et aisé. *Le Miroir de l'homme* (*Speculum meditantis* ou *Mirour de l'omme*), poème allégorique de 30 000 vers français, contient un portrait vivant de la société contemporaine. Féru d'histoire, Gower relata les dernières années de Richard II dans une *Chronique tripartite* (en latin), fut un grand admirateur de la langue française qu'il utilisa encore dans ses *Cinquante ballades*. Son contemporain Chaucer* lui dédia *Troïlus et Cressida* en l'appelant, surnom qui lui resta, «Gower le moraliste» *(Moral Gower)*.

**GOWER** (presqu'île de) ♦ Péninsule du S.-O. du pays de Galles, près de Swansea. Tourisme populaire.

**GOWERS (William Timothy)** ♦ Mathématicien britannique (1963). En utilisant des méthodes combinatoires, il parvint à résoudre de nombreuses conjectures en analyse fonctionnelle, concernant notamment les espaces de Banach*. [Médaille Fields 1998]

**GOWON (Yakubu)** ♦ Officier et homme politique nigérian (Jos 1934). Lieutenant-colonel dans l'armée, il fut porté au pouvoir après l'assassinat du président Ironsi (1966). Peu après, il fit face à la tentative de sécession du Biafra* (1967 - 1970). Champion de l'unité nationale, il tenta de rétablir l'harmonie et la prospérité, mais les difficultés économiques et sociales jointes à son refus de rendre le pouvoir aux civils, malgré sa promesse, précipitèrent sa chute (juil. 1975). → **Nigeria.**

**GOYAVE** [97128] ← ÉTYM. ainsi nommée en raison de l'abondance des goyaviers ♦ V. de Guadeloupe, arr. de Basse-Terre. 5 060 hab.

**GOYA Y LUCIENTES (Francisco DE)** ♦ Peintre, dessinateur et graveur espagnol (Fuendetodos, près de Saragosse 1746 - Bordeaux 1828). ▮ **La formation** Fils d'un maître doreur, il se forma à Saragosse auprès du peintre baroque Luzán. Après avoir échoué au concours de l'académie San Fernando en 1763 et en 1766, il se rendit à ses frais en Italie, puis revint à Saragosse en 1791. Il réalisa alors des commandes religieuses pour la cathédrale (1771 - 1772), la chapelle du palais Sobradiel (v. 1770 - 1772), et la chartreuse d'Aula Dei (1774) dont la facture vigoureuse et l'apparence d'esquisse présentent des accents déjà personnels. ▮ **Le peintre de la vie quotidienne** En 1773, il épousa Josefa Bayeu, sœur de Francisco Bayeu qui était disciple de Mengs et peintre de la chambre du roi. Goya s'établit alors à Madrid et, grâce à la protection de son beau-frère, obtint la commande d'une série de cartons de tapisserie pour la manufacture royale ; il allait en réaliser environ soixante-trois, représentant des scènes de genre et particulièrement des divertissements populaires où apparaissent une grâce et une légèreté parfois nuancée d'humour (*La Danse sur les bords du Manzanares*, 1777 ; *L'Ombrelle*, 1777 ; *La Novilla*, 1780 ; puis la *Gallina Ciega* ; *La Pradera de san Isidro*, 1787 ; *Le Maçon blessé*, 1787). Une fraîcheur identique imprègne les scènes champêtres destinées à la Alameda de Osuna (*L'Escarpolette* ; *Le Mât de Cocagne*, 1787). À partir de 1778, Goya grava les tableaux de Vélasquez, maître auquel il vouait une grande admiration et qui influença sa conception du portrait. ▮ **Une carrière officielle** Élu à l'Académie en 1780, il entreprit alors une brillante carrière officielle. Témoignant dans le genre du portrait d'une rare maîtrise, il saisissait avec une acuité particulière le caractère de chaque individu, sachant se montrer un analyste lucide (*Portrait de Floridablanca*, 1783), souvent impitoyable, notamment dans ses portraits royaux réalisés après l'avènement de Charles IV et de Marie-Louise, époque où il avait obtenu la charge de peintre de la chambre du roi (1788). Il révéla dans ses portraits féminins et ses portraits d'enfants une sensibilité délicate (*Maria Teresa de Borbón y Vallabriga*, 1783 ; *La Marquise de Pontejos*, 1786 ; *La Duchesse d'Osuna, Manuel Osorio*, 1788), et, tout en utilisant une facture de plus en plus libre et désinvolte, il conserva une palette aux nuances délicates (*Jovellanos*, 1798 ; *La Comtesse Chinchón*, 1800 ; *Doña Isabel Carlos de Porcel*, 1806). Il avait dès 1780 - 1782 affirmé l'indépendance de son tempérament à l'occasion de l'exécution des fresques de Nuestra Señora del Pilar à Saragosse, entrant en conflit avec son beau-frère qui lui reprochait sa négligence et son incorrection. La fréquentation des milieux libéraux et intellectuels élargit l'ordre de ses préoccupations. ▮ **Un regard féroce, un style brutal** À la suite d'une grave maladie en 1792 - 1793, il fut frappé de surdité et se trouva en proie à une crise profonde. Son inspiration prit un tour plus sombre et violent, et sa facture devint très audacieuse et expressive (*Le Préau des fous* ; *L'Enterrement de la Sardine*). Le sens de la critique sociale (*Le Tribunal de l'Inquisition*) s'y fait jour. Durant un séjour

**Goya.** *La famille de Charles IV.* Musée du Prado, Madrid (2,80 × 3,36 m).
*Phot.* ©*Oronoz* ©*Arch. Larbor*

en Andalousie auprès de la duchesse d'Albe, il entreprit une série de croquis qui allait aboutir à la suite gravée des *Caprices** dans laquelle il attaque la superstition, la bêtise, les vices, et fait une large place aux scènes fantastiques, décrivant avec complaisance des scènes de sorcellerie traitées avec des mises en page originales et des raccourcis audacieux (ces planches, publiées en 1799, furent retirées de la vente par peur de l'Inquisition). En 1797 - 1798, il avait aussi réalisé les fresques de San Antonio de la Florida près de Madrid, prétexte à un rassemblement animé présentant les types populaires les plus variés traités avec une facture brutale et d'audacieuses abréviations formelles. Nommé premier peintre de la chambre du roi en 1799, il réalisa de grands portraits d'apparat qui portent la marque du regard féroce avec lequel il observait l'humanité (*Famille de Charles IV*, 1800). ▮ **La guerre napoléonienne** En 1808, l'effondrement de la monarchie et l'arrivée des Français entraînèrent une nouvelle crise, et Goya réalisa de 1810 à 1823 les quatre-vingt-deux eaux-fortes des *Désastres* de la guerre*, dénonçant avec une rare violence la cruauté humaine et l'atrocité de la guerre. Il commémora en 1814 les débuts de l'insurrection espagnole dans deux tableaux dramatiques et fougueux (le *Dos* et le *Tres de Mayo*), puis il publia les trente-trois estampes de la *Tauromachie*, s'initia en 1819 à la lithographie, commença les estampes visionnaires et mystérieuses des *Disparates*, et réalisa dans sa propre maison (la «Quinta del Sordo») les «peintures noires» : visions hallucinées, dont certains thèmes sont encore inexpliqués et qui semblent libérer un univers d'angoisse et de cauchemar (*Saturne*). ▮ **L'exil à Bordeaux** En 1824, fuyant l'absolutisme et la répression (l'Inquisition l'avait recherché en mars 1815 pour sa *Maja* desnuda* et sa *Maja* vestida*), il s'établit à Bordeaux, peignant des portraits et des scènes de genre d'une inspiration plus sereine (*La Laitière*) et réalisant les lithographies des *Taureaux de Bordeaux*. ▮ **Une imagination visionnaire** Goya, tout en poursuivant une carrière officielle de portraitiste, refusa progressivement les conventions stylistiques et thématiques de son époque, et libéra une imagination visionnaire, en se forgeant un langage plastique très personnel. ▪ *Autre illustration* : → **Ferdinand VII.** ◆ ÉTYM. *Goya* et *Lucientes* sont des noms de lieux en Espagne ; *Goya* vient du basque navarrais *goi'a* «partie supérieure ; sommet (d'une colline)».

**GOYEN (William)** ♦ Écrivain américain (Trinity, Texas 1915 - Los Angeles 1983). Engagé volontaire dans la Marine américaine pendant la guerre, il se fit connaître en 1951 avec *La Maison d'Haleine*, roman d'un lyrisme intense qui décrit sa petite ville natale. Toute son œuvre (romans et nouvelles) est fidèle au Texas de sa jeunesse (*Le Fantôme et la Chair* ; *En un pays lointain* ; *Arciadio* ; *Précieuse porte*). La qualité poétique de son écriture fait la part belle à l'insolite et au merveilleux.

**GOYTISOLO (Juan)** ♦ Romancier espagnol (Barcelone 1931). Révélé en 1954 par *Jeux de mains*, Goytisolo s'affirma dans d'autres romans : *Deuil en paradis* (1955), *Fiestas* (1958), *Danses d'été* (1962), *Pièces d'identité* (1966) ou *Trois Semaines en ce jardin* (2000) sont une critique de la société bourgeoise de l'Espagne franquiste dans laquelle il fut interdit et qu'il quitta en 1957. *Pièces d'identité* marque la volonté d'abandonner le récit traditionnel pour expérimenter de nouvelles formes d'écriture. Ainsi, la découverte de la littérature arabe suscita des ouvrages tels que *Makbara* (1980) ou *Barzakh* (1991). Ce dernier ouvrage est nourri d'une profonde érudition et d'un vif intérêt pour les événements politiques de son époque, faisant référence au *Livre de l'échelle de Mahomet* mais aussi à la guerre du Golfe. Il livre son expérience de la guerre à Sarajevo dans *État de Siège* (1999). En partie autobiographique, *Et quand le rideau tombe* (2005) est une sorte de constat d'un homme vieillissant, en deuil de sa femme, qui ne peut croire à un Dieu permettant la barbarie et la souffrance.

**GOZO** ou **GOZZO** – anc. ***Gaulus*** ♦ Île de la Méditerranée, dépendant de Malte, et dont la ville principale est Victoria (anc. Rabat). Temple préhistorique de Ggantija. ▪ Gozo est parfois assimilée à l'île légendaire d'Ogygie, où Ulysse rencontra Calypso, dans l'*Odyssée*.

**GOZZANO (Guido)** ♦ Poète italien (Turin 1883 - *id.* 1916). Sa découverte des symbolistes français et belges, mêlée à l'héritage de Pascoli*, fit de lui le représentant majeur d'une sensibilité apparentant des poètes dit «crépusculaires» (S. Corazzini, Corrado Govoni), lesquels, s'opposant à la luxuriance et à l'héroïsme de D'Annunzio*, aimaient les sentiments en demi-teintes et les «bonnes choses de mauvais goût». Dans *La Via del rifugio* (1907) et surtout dans les *Colloqui* (1911), au-delà de cette sentimentalité petite-bourgeoise, Gozzano fait preuve d'une négligence stylistique très étudiée et d'une distanciation ironique qui éclairent l'influence que ses vers purent avoir sur E. Montale*. Il est également l'auteur de belles pages sur l'Inde (*Carnets indiens*, 1917) et d'une fiévreuse correspondance amoureuse.

**GOZZI** (comte **Carlo**) ♦ Écrivain italien (Venise 1720 - *id.* 1806). Frère cadet du satiriste vénitien GASPARO GOZZI (1713 - 1786), il s'institua le défenseur de la tradition théâtrale italienne contre Goldoni, opposant au réalisme de ce dernier tous les pouvoirs poétiques de la *fiaba*, conte transcrit pour la scène. Il restitua tous leurs pouvoirs aux personnages traditionnels de la commedia* dell'arte en leur confiant le libre commentaire d'intrigues souvent ténébreuses ou fantastiques. Avec *L'Amour des trois oranges*, *Le Corbeau*, *Le Roi cerf*, *Turandot*, féeries dramatiques composées entre 1761 et 1765, il ouvrait la voie où devait s'engager plus tard le romantisme allemand. Son œuvre inspira Puccini et Prokofiev. Gozzi a également laissé des *Mémoires inutiles*, inégaux mais contenant de précieuses pages.

**GOZZOLI (Benozzo di Lese,** dit **Benozzo)** ♦ Peintre italien (Florence 1420 - Pistoia 1497). Formé chez Ghiberti* et Fra Angelico*, dont il fut, à Rome et Orvieto, le principal assistant (1447 - 1449), il travailla au couvent San Fortunato de Montefalco, et à Viterbe, Pérouse, Rome, avant de décorer à Florence la chapelle du palais Médicis (Riccardi) où il a représenté dans son célèbre Cortège des mages des personnalités de son temps et des paysages du val d'Arno (1459 - 1460). Actif de 1463 à 1465 à San Gimignano (*Scènes de la *vie de saint Augustin)*, il séjourna à Pise de 1468 à 1484, mais ses fresques du Campo Santo furent presque complètement détruites durant la Deuxième Guerre mondiale. Son style narratif et précieux révèle une imagination riche, le sens de la couleur, du décor, du détail joli ou exotique, rappelant le Trecento, bien que le peintre ait assimilé les découvertes contemporaines.

**GRAAF (Reinier DE)** → De Graaf

**Graal** ou **Saint-Graal** ♦ Vase sacré qui, après avoir servi à Jésus-Christ pour la Cène, aurait à la Crucifixion recueilli le sang jailli de ses plaies. ▪ Aux XII^e^ et XIII^e^ s., les romans de Robert* de Boron et de Chrétien* de Troyes racontent la «quête» allégorique du Graal par les chevaliers de la Table* ronde, Perceval*, Lancelot et le pur Galaad*.

**Graal.** *La Table ronde et le Saint Graal.* Gaultier Map, Livre de Messire Lancelot du Lac. Bibliothèque nationale de France, Paris. *Phot. © Bridgeman-Giraudon*

**GRABAR (Pierre)** ♦ Immunologiste français d'origine russe (Kiev 1898 - Paris 1986). Un des fondateurs de l'immunologie française, il mit au point, en 1953, l'analyse immunoélectrophorétique, méthode d'analyse en biologie clinique.

**GRABBE (Christian Dietrich)** ♦ Poète dramatique allemand (Detmold 1801 - *id.* 1836). S'il a échoué dans sa tentative de doter le théâtre allemand de grands drames historiques (*L'Empereur Frédéric Barberousse*, 1829), il est l'auteur de pièces où s'affirme, avec le goût du baroque, une étrange ironie destructrice : *Raillerie, satire, ironie et signification cachée* (1827), *Don Juan et Faust* (1829), *Napoléon ou les Cent-Jours* (1831).

**GRABELS** [34790] → **ÉTYM.** de l'occit. *gravèl* «terrain graveleux» ♦ Comm. de l'Hérault, banl. N.-O. de Montpellier. 5 438 hab.

**GRACCHUS** ♦ Nom de famille d'une branche plébéienne de la gens Sempronia. ♦ **Tiberius Sempronius Gracchus.** Général romain (mort v. –150), père des Gracques. Préteur en –180, il apaisa la révolte des Celtibères par sa modération. Il défendit Scipion* l'Africain dont il épousa la fille Cornélie*. ♦ **Tiberius Sempronius Gracchus.** Le premier des Gracques (Rome –162 - *id.* –133). Fils du précédent. Tribun du peuple en –133, il tenta une réforme agraire en proposant la *lex Sempronia* : elle retirait aux grandes familles une part de l'*ager publicus* (domaine public) qu'elles avaient accaparé et le redistribuait aux citoyens pauvres. Son collègue Cneius Octavius lui ayant opposé son veto, Tiberius le fit déposer par le peuple. La loi fut adoptée. Mais, abandonné par la plèbe, Tiberius fut massacré au cours d'une émeute provoquée par les patriciens réactionnaires. ♦ **Caius Sempronius Gracchus** (Rome –154 - *id.* –121). Frère du précédent. Tribun en –124, il reprit les projets de son frère et s'assura l'alliance des chevaliers, du prolétariat et des villes fédérées d'Italie. Pour donner des terres aux citoyens et restaurer l'économie des régions ravagées par les guerres, il fonda des colonies à Tarente, Capoue, Carthage et Corinthe. Il fit vendre le blé à bas prix et se proposait d'accorder la citoyenneté romaine à tous les Italiens. Ces projets, qui paraissaient annoncer l'organisation du monde romain en une vaste démocratie politique et économique, effrayèrent. Caius ne put obtenir sa réélection au tribunat. Il mourut sur l'Aventin avec 3 000 de ses partisans au cours d'une bataille contre les troupes du consul Opimius* et les lois des Gracques furent abolies.

Urs **Graf.** *Joueur de musette.* École nationale des beaux-arts, Paris. *Phot. © Giraudon*

**GRÂCE-HOLLOGNE** ♦ Comm. de Belgique (Région wallonne), prov. et arr. de Liège (banl. O.). 21 854 hab. Château Grady à Horion. ▪ Anc. charbonnages. Construc. métalliques. Aéroport de Liège-Bierset.

**GRÂCES** – en lat. *Gratiae* → Charites

**GRACIÁN Y MORALES (Baltasar)** ♦ Moraliste et essayiste espagnol (Belmonte, près de Calatayud 1601 - Tarazona 1658). Jésuite rebelle, il publia avec maintes difficultés des œuvres qui ont influencé la pensée morale européenne jusqu'à nos jours. *Le Héros* (1630) est une sorte de traité politique sur le chef idéal. *L'Homme de cour* (*El oráculo manual*, 1647) est une série de maximes morales. Son chef-d'œuvre, *L'Homme détrompé* (*El Criticón*, 1651), pessimiste et baroque, tient du roman allégorique et du conte philosophique. L'homme naturel et l'intellectuel y sont opposés dans un foisonnement de réminiscences livresques et de mythes antiques. Gracián s'exprime en formules denses et ramassées : son intelligence subtile, son imagination et sa culture lui permettent de peindre l'homme et d'en dévoiler la misère par une impitoyable morale de la désillusion.

**GRACQ (Louis POIRIER, dit Julien)** → **ÉTYM.** *Julien* en référence à *Julien Sorel* et *Gracq* en hommage aux *Gracques* ♦ Écrivain français (Saint-Florent-le-Vieil 1910 - Angers 2007). Professeur d'histoire et de géographie (ses romans soulignent l'influence des milieux géographiques sur l'homme), J. Gracq a exprimé sa conception exigeante de la littérature dans des essais où il s'oppose à «ces valeurs pilotes dont les hauts et bas enfièvrent le marché» (*La Littérature à l'estomac*, 1950 ; *Les Eaux étroites*, 1976, qui proposent une réflexion sur la poésie). Tout en révélant son penchant pour les romantiques et les surréalistes (*André Breton*, 1948 ; *Préférences*, 1961), sa critique et ses essais réhabilitent avec insistance le droit à la subjectivité en matière artistique (*Lettrines I, II*, 1967 et 1974 ; *En lisant, en écrivant*, 1980 ; *Autour des sept collines*, 1988 et *Carnets du grand chemin*, 1992). ▪ Notable dans son théâtre (*Le Roi pêcheur*, 1948) et dans ses poèmes en prose (*Liberté grande*, 1946), l'emprunt aux légendes du Moyen Âge et aux contes des romantiques allemands est sensible également dans ses récits qui en utilisent les riches symboles pour mieux susciter le sentiment de l'étrange (*Au château d'Argol*, 1938). Le «secret [d'un roman] est la création d'un milieu homogène, d'un éther romanesque où baignent gens et choses et qui transmet les vibrations dans tous les sens». Les longues descriptions, organisées suivant une construction musicale, sont la projection du paysage intérieur des personnages. Les héros attendent l'irruption de l'insolite ou du danger dans leur vie (*Un beau ténébreux*, 1945 ; *Un balcon en forêt*, 1958 ; les trois récits de *La Presqu'île*, 1970), quand ils ne cristallisent pas avec leurs propres désirs la tentation intime et fiévreuse de tout un peuple (*Le Rivage* des Syrtes*, 1951 ; prix Goncourt, refusé par l'auteur). Le langage est, pour Gracq, l'instrument qui permet de «communier avec le monde, [de] le comprendre mystiquement».

Julien **Gracq.** *Phot. © Louis Monier*

**GRACQUES (LES)** → Gracchus

**GRADIGNAN** [33170] ➝ **ÉTYM.** anc. *de Gradidano,* du lat. *Gratinius,* n. de pers., et suff. *-anum* ♦ Ch.-l. de cant. de la Gironde, banl. S.-S.-O. de Bordeaux. 22 193 hab. *(Gradignanais).* Ruines de l'anc. prieuré de Gaillac au XIIIe s. et d'un château féodal. ▪ Viticulture (graves).

**GRAEBNER (Fritz)** ♦ Ethnologue allemand (Berlin 1877 - *id.* 1934). Avec ceux du père W. Schmidt*, ses travaux furent à l'origine de l'école «cyclo-culturelle» diffusionniste pour laquelle les analogies entre faits culturels s'expliquent par les relations et la filiation entre civilisations. Œuv. princ. : *Methode der Ethnologie* (1911).

**GRAETZ (Heinrich)** ♦ Historien allemand (Poznań 1817 - Munich 1891), fondateur de l'historiographie juive moderne, rabbin et exégète biblique. Il consacra sa vie à une monumentale *Histoire des Juifs* (1853-1870, 11 vol.). Une importante polémique sur l'antisémitisme l'opposa à l'historien allemand H. Von Treitschke*.

**GRAF (Urs)** ♦ Graveur, dessinateur et peintre suisse (Soleure 1485 - *id.* 1527). Il se forma à Bâle et fit deux séjours à Strasbourg (1503 et 1508). Engagé comme lansquenet, il participa à plusieurs campagnes et fut exilé de Bâle à plusieurs reprises, en raison de son inconduite. Il subit l'influence de Schongauer* et de Dürer*, et son style s'apparente à celui de Niklaus Manuel Deutsch, lui aussi représentant de l'école dite «les lansquenets», et parfois à celui de Baldung* Grien. Le thème de la mort hante ses féroces évocations de la guerre et de la prostitution. Son graphisme aigu et contourné à l'extrême, au service d'une inspiration érotique et morbide, souvent satirique, se caractérise par des déformations volontaires qui témoignent d'une forte tendance expressionniste.

**GRAF (Stefanie,** dite **Steffi)** ♦ Joueuse de tennis allemande (Brühl 1969). Redoutée pour son coup droit puissant et son jeu de jambes, elle s'imposa en 1988 en remportant le Grand Chelem et une médaille d'or aux jeux Olympiques de Séoul. Elle a un des palmarès les plus brillants du tennis féminin : 22 titres en Grand Chelem et place de numéro 1 mondiale durant 377 semaines (dont 186 consécutives).

**GRAFFENSTADEN** ➝ **Illkirch-Graffenstaden**

### Graffiti

♦ Mouvement né à New York au début des années 1970 : les rames de métro et les rues se couvrirent de motifs exubérants peints avec des bombes aérosol. Il s'agissait pour les tagueurs nourris de rap et de breakdance de laisser leur marque dans un espace urbain anonyme. Dans les années 1980, le mouvement fut récupéré par des artistes tels Keith Haring, Rhonda Zwillinger, Jean-Michel Basquiat* ou Walter Robinson. À l'origine d'œuvres très figuratives, d'une exubérance proche de la Figuration* libre, ces artistes composent avec les clichés de la culture de masse américaine. En France, l'art graffiti a pris la forme du pochoir (Speedy Graphito, Surface Active), des tags (Bando), des silhouettes fantastiques peintes sur les murs (R. Humbleton, Jérôme Mesnager), des affiches (Bau Geste, les frères Ripoulin). Certains graffitis sont politiques ou sociaux, d'autres simplement poétiques comme les poèmes-pochoirs de Miss Tic.

**GRAFIGNY** ou **GRAFFIGNY (Françoise D'ISSEMBOURG D'HAPPONCOURT,** Mme **DE)** ♦ Écrivain français (Nancy 1695 - Paris 1758). Mariée très jeune à un homme brutal, elle put s'en séparer et vint se réfugier auprès de Voltaire*, chez Mme du Châtelet* à Cirey. Ses *Lettres,* assez indiscrètes, furent publiées en 1820. Elle gagna Paris en 1743, y tint un salon, et obtint un vif succès avec ses *Lettres d'une Péruvienne* (1747), spirituel pastiche des *Lettres persanes* de Montesquieu, où elle se livrait à une critique assez vive de la société de son temps. Un drame, *Cénie* (1750), reçut également un bon accueil.

**GRAHAM (Thomas)** ♦ Chimiste britannique (Glasgow 1805 - Londres 1869). Après ses travaux sur la constitution des acides et sur l'éthérification, il énonça en 1846 la loi de la vitesse de diffusion des gaz à travers les cloisons poreuses *(loi de Graham).*

**GRAHAM (Martha)** ♦ Danseuse et chorégraphe américaine (Pittsburgh, Pennsylvanie 1894 - New York 1991), pionnière de la *modern dance.* Engagée dans des recherches esthétiques dont elle puisa l'inspiration chez les peuples indiens d'Amérique autant que dans les traditions de la Grèce antique, elle a produit de nombreuses chorégraphies caractérisées par le souci de restituer à la danse son caractère rituel en mettant en valeur la totalité des ressources corporelles. Pédagogue, fondatrice de la Martha Graham Dance Company, elle a exercé une très grande influence sur l'évolution de la danse contemporaine. Réal. princ. : *Primitive Mysteries* (1931), *Letter to the World* (1940), *Appalachian Spring* (1944), *Night Journey* (1947), *Clytemnestra* (1958), *Phaedra* (1962), *Plain of Prayer* (1968), *A Time of Snow* (1968), *Lucifer* (1975), *The Rite of Spring* (1984).

**GRAHAM** (terre de) ♦ Nom donné à la péninsule Antarctique* baignée par la mer de Weddell. Revendiquée par la Grande-Bretagne, puis par l'Argentine et le Chili.

**GRAIES** ➝ **Grées**

**GRAILLY** ♦ Famille noble qui acquit par mariage le captalat (territoire gouverné par un *captal,* chef de guerre) de Buch, près d'Arcachon (1336). ♦ **Jean III de Grailly,** captal **de Buch** (1321 - Paris 1376). Il combattit pour les Anglais lors de la guerre de Cent Ans et acquit la Bigorre. Il participa à la victoire de Poitiers (1356). Édouard III d'Angleterre le nomma connétable d'Aquitaine (1371), mais il fut capturé par les Français en 1372. ▪ La maison de Grailly acquit le comté de Foix* par mariage en 1398.

**GRAINVILLE (Patrick)** ♦ Écrivain français (Villers-sur-Mer 1947). Après trois romans en partie autobiographiques, *Les Flamboyants* (1976, prix Goncourt), épopée initiatique africaine, ont révélé un univers luxuriant et baroque et rencontré la faveur d'un large public. Par ses romans et ses nouvelles *(Images du désir,* 1978), Grainville construit une œuvre lyrique où la magie des mots transcende toute réalité et la transfigure par le désir : *Le Dernier Viking* (1980), *Les Forteresses noires* (1982), *L'Atelier du peintre* (1988), *Le jour de la fin du monde, une femme me cache* (2000), *La Main blessée* (2006), *Le Baiser de la pieuvre* (2009).

**GRAISIVAUDAN** ➝ **Grésivaudan**

**GRAM (Hans Christian Joachim)** ♦ Médecin danois (Copenhague 1853 - *id.* 1938). Il mit au point une méthode de coloration permettant l'étude et la classification des espèces bactériennes.

**GRAMAT** [46500] ➝ **ÉTYM.** occit. «envahi par le chiendent» ♦ Ch.-l. de cant. du Lot, arr. de Gourdon, sur le *causse de Gramat.* 3 545 hab. *(Gramatois).* Centre national d'instruction cynophile de la Gendarmerie. Lieu de séjour et centre d'excursions (Padirac, Rocamadour). Foires.

**GRAMME (Zénobe)** ♦ Électricien et inventeur belge (Jehay-Bodegnée, prov. de Liège 1826 - Bois-Colombes 1901). Il perfectionna les machines à courant alternatif (1867), imagina le collecteur (1869) permettant d'obtenir des appareils à courant continu et présenta (1871) à l'Académie des sciences la première dynamo *(machine de Gramme).*

**GRAMMONT (Maurice)** ♦ Linguiste-comparatiste et dialectologue français (Damprichard 1866 - Montpellier 1946). Il s'imposa avec sa thèse sur *La Dissimilation consonantique dans les langues romanes* (1895) dont la qualité évoque le *Mémoire sur le système vocalique de l'indo-européen* de Saussure. On lui doit également de nombreuses études sur la métrique et la phonétique du français : *Petit traité de versification française* (1921), *Le Vers français* (1923), *La Prononciation française* (1926), *Traité de phonétique* (1933).

**GRAMMONT** ➝ **Geraardsbergen**

**GRAMONT** (maison de) ♦ Famille d'origine navarraise. ♦ **Antoine III,** duc **de Gramont** (Hagetmau 1604 - Bayonne 1678). Il se distingua sous Louis XIII pendant la guerre de Trente* Ans et resta fidèle au roi pendant la Fronde*. Il a laissé des *Mémoires.* ♦ **Philibert,** comte **de Gramont** (1621 - Paris 1707). Frère du précédent. Il combattit en Franche-Comté et en Hollande (1668 - 1671) et se rendit célèbre par ses aventures galantes. Antoine Hamilton* a écrit *Les Mémoires de la vie du comte de Gramont* (1715). ♦ **Armand de Gramont,** comte **de Guiche** (1638 - Kreuznach 1673). Il fut le premier à passer le Rhin à la nage, pendant la campagne de 1672. ➝ **ÉTYM.** Ce nom de famille vient du nom de la seigneurie de *Gramont* («grand mont») en Basse-Navarre.

**GRAMONT (Antoine Agénor,** duc **DE)** ♦ Diplomate et homme politique français (Paris 1819 - *id.* 1880). Ministre plénipotentiaire à Kassel (1852), Stuttgart, puis Turin (1853), ambassadeur à Rome (1857) et à Vienne (1860), il s'était prononcé en 1860 pour l'intervention française en Italie afin d'assurer l'indépendance du pape, puis pour le rapprochement avec l'Autriche (contre la Prusse). Nommé ministre des Affaires étrangères avec l'appui de l'impératrice Eugénie (mai 1870), il eut, par ses interventions, une part de responsabilité dans la déclaration de guerre de la France à la Prusse (15 juil. 1870).

**GRAMPIANS** (monts) ➝ **ÉTYM.** d'un passage de Tacite décrivant la victoire d'Agricola sur Galgacus et les Calédoniens postés sur le mont *Graupius* ♦ Massif cristallin formé de collines arrondies à l'E. près de la mer du Nord. Les formes glaciaires et le relief plus accusé donnent une allure de montagne atlantique à la partie occidentale, qui culmine à 1 343 m au Ben Nevis. C'est un terrain de parcours, siège d'un élevage ovin extensif où le reboisement tend à modifier les traditionnels paysages de landes. Malgré un climat rude, les monts Grampians sont une des principales régions touristiques écossaises avec les centres de Braemar et la vallée de la Spey.

**GRAMSCI (Antonio)** ♦ Théoricien et homme politique italien (Ales, Sardaigne 1891 - Rome 1937). Jeune militant socialiste, il prit très tôt position contre les interprétations réformistes et mécanistes du marxisme. Il vit dans la révolution d'Octobre le modèle de toute révolution prolétarienne, et, dès 1920, élabora la théorie des conseils *(soviets)* d'usine, premières cellules de l'État prolétarien. Il fut l'un des fondateurs du Parti communiste italien (1921) dont il allait devenir le secrétaire général en 1926. Député (1924), il lutta contre le fascisme. Arrêté en 1926, il poursuivit en prison (d'où il ne sortit que quelques jours avant sa mort) son œuvre de théoricien du marxisme. Philosophe de la *praxis,* Gramsci estime que le marxisme contient les bases «pour construire une totale et intégrale conception du monde, mais aussi pour vivifier une intégrale organisation pratique de la société». Pour lui, la tâche des dirigeants et théoriciens marxistes consiste donc à promouvoir cette philosophie révolutionnaire face à l'idéologie de la bourgeoisie et à permettre l'avènement d'une nouvelle culture dans laquelle le prolétariat occuperait la position hégémonique. Œuv. princ. : *Opere di Antonio Gramsci* (9 vol. 1947 - 1955), *Lettres de prison* (1947, trad. fr. 1953). ➝ ÉTYM. *Gramsci* vient probablement de *Gramsh,* nom d'une ville d'Albanie.

**GRANADA** ♦ V. du Nicaragua, ch.-l. de dép. sur la rive O. du lac de Nicaragua. 105 171 hab. Indus. alimentaires. Terminus de la voie ferrée qui part de Puerto Morazán (Pacifique) et de l'ancienne voie fluviale du río San Juan (Atlantique). ▮ **Histoire** Fondée en 1523, Granada a conservé de nombreux monuments coloniaux. Elle était au XIX$^e$ s. le centre politique des conservateurs nicaraguayens, opposés au foyer libéral de León.

**GRANADOS Y CAMPIÑA (Enrique)** ♦ Compositeur espagnol (Lerida 1867 - victime du torpillage du *Sussex* 1916). Élève de F. Pedrell à Barcelone, il acheva ses études à Paris avec le pianiste Ch. de Bériot. Fondateur du conservatoire de Barcelone, il s'est attaché, à l'exemple de Goya pour qui il éprouva toujours une fervente admiration, à retrouver les sources de son art dans le génie populaire espagnol. Outre des opéras (*María del Carmen,* 1898 ; *Picarol ; Petrarca*), des pièces de musique symphonique et de chambre, il est l'auteur de 12 *Danses espagnoles* pour piano (1892), des *Goyescas,* deux suites pianistiques (1911) dont il tira un opéra du même nom (1916), des *Canciones amatorias* et des *Tonadillas,* pour chant et piano (1913). Sa musique, tout en puisant aux sources de l'art populaire (zarzuelas), est d'un grand raffinement harmonique.

**GRANBY** ♦ V. du Canada (Québec), à l'E. de Montréal. 47 637 hab. (aggl. 68 352). Centre commercial, industriel et touristique.

**GRAN CHACO** ➝ **Chaco**

**GRANCHER (Jacques Joseph)** ♦ Médecin français (Felletin, Creuse 1843 - Paris 1907). Il se spécialisa dans l'étude des maladies infantiles et de la tuberculose (*signes de Grancher,* fournis par l'auscultation du sommet du poumon).

**GRAND BASSIN** – en angl. ***Great Basin*** ♦ Région de l'O. des États-Unis, située entre la sierra Nevada* (Californie, Nevada) et les monts Wasatch* (Utah). Il est constitué d'un ensemble de cuvettes *(horsts)* semi-désertiques, séparées par des chaînes montagneuses. Des coulées de lave y ont formé des plateaux arides *(mesas).* Lagunes, tel le Grand Lac* Salé. ▪ Région minière, d'élevage extensif et de cultures irriguées.

**GRAND BELT** ➝ **Belt (Grand)**

**GRANDBOIS (Alain)** ♦ Poète canadien d'expression française (Saint-Casimir 1900 - Québec 1975). Avant de se fixer à Montréal puis à Québec, il a longtemps habité l'Europe (*Avant le chaos,* 1945) et voyagé sur presque tous les continents, à l'image de ces explorateurs et de ces conquérants présents dans son œuvre en prose : *Né à Québec* (1933) et *Les Voyages de Marco Polo* (1942). Poète de l'évasion, de la recherche de «ce formidable secret du bout de la nuit», il a composé des recueils, parfois ésotériques (par mépris de la «plèbe carnassière»), qui expriment sur un mode dramatique l'angoisse d'être au monde ; *Les Îles de la nuit* (1944), *Rivages de l'homme* (1948) et *L'Étoile pourpre* (1957) suggèrent cette quête des «îles miraculeuses» que sont l'amour et la poésie, et le désenchantement inévitable qui saisit le poète, égaré dans «ces espaces de l'ombre conduisant vers la solitude des néants» *(Noces).* Riches d'images somptueuses, ces poèmes écrits en vers libres offrent un jeu savant de sonorités insolites, sans doute inspirées des musiques orientales et africaines, ou de certaines compositions contemporaines.

**GRAND-BORNAND (LE)** [74450] ➝ ÉTYM. de *Borne,* n. de riv., du prélatin *borna* «source, cours d'eau» ♦ Comm. de la Haute-Savoie, arr. d'Annecy. 2 115 hab. *(Bornandins).* Station de sports d'hiver (950 - 1 850 m). Fromages (reblochon).

**GRAND-BOURG** [97112] ♦ V. et port de Guadeloupe, dans l'île de Marie-Galante. 5 934 hab. Sucrerie. Distilleries de rhum. Pêche.

**GRANDCAMP-MAISY** [14450] – anc. ***Grandcamp-les-Bains*** ➝ ÉTYM. *Grandcamp* «grand champ» et *Maisy,* du lat. *Masius,* n. de pers., et suff. *-acum* ♦ Comm. du Calvados, arr. de Bayeux. 1 831 hab. *(Grandcopais).* Petit port de pêche et de plaisance. Station balnéaire.

**Grand Canal** – en chin. ***Dayun he*** ou ***Tayun ho*** ♦ Canal de Chine reliant Hangzhou à Pékin (1 794 km). Commencé au -V$^e$ s., l'ouvrage fut principalement réalisé de 605 à 610 sous le règne de l'empereur Yangdi des Sui ; il fut réaménagé, notamment sous les dynasties Yuan, Ming et Qing. Il relie les principaux cours d'eau du pays, notamment le Hai he, le Huang he, le Huai he, le Chang jiang et le Qiantang jiang.

**GRAND CANYON** n. m. ♦ Région naturelle des États-Unis (Arizona). Gorge creusée par le Colorado* dans le plateau du même nom (450 km de long, 1,5 à 30 km de large ; 1 600 m de prof. max.). Le gigantisme du paysage, les couleurs des roches déchiquetées font du Grand Canyon l'un des sites naturels les plus visités au monde. Parc national. ▮ **Histoire** De nombreux vestiges archéologiques témoignent de l'ancienneté de l'occupation humaine. Lors de la première exploration de García López de Cárdenas (1540), la région était déjà peuplée de Hopis et de Havasupaï. La mise en valeur touristique du Grand Canyon commença en 1880.

**GRAND-CHAMP** [56390] ♦ Ch.-l. de cant. du Morbihan, arr. de Vannes. 4 246 hab.

**GRAND-CHARMONT** [25200] ♦ Comm. du Doubs, banl. N.-E. de Montbéliard. 5 104 hab. *(Charmontais).*

**GRAND-COMBE (LA)** [30110] ➝ ÉTYM. «la grande vallée (encaissée)» ♦ Ch.-l. de cant. du Gard, arr. d'Alès. 5 800 hab. (aggl. 10 135) *(Grand'Combiens).* Anc. centre houiller.

**Grand Coulée** (barrage de) – en angl. ***Grand Coulee Dam*** ♦ Barrage situé sur la Columbia (État de Washington*). Il permet d'irriguer plus de 200 000 ha et sa puissance hydroélectrique est de 2 000 000 kW/h.

**GRAND-COURONNE** [76530] ➝ ÉTYM. *Grand* et *Couronne,* du bas lat. *curtis* «domaine» et norrois *holmr* «prairie au bord de l'eau» ♦ Ch.-l. de cant. de la Seine-Maritime, arr. de Rouen, sur la Seine. 9 442 hab. *(Couronnais).* École nationale de musique et de danse. Indus. diversifiées.

**GRAND-COURONNÉ** n. m. ♦ Collines escarpées de Lorraine, situées à l'E. de Nancy. Elles furent le théâtre d'une bataille (5 - 12 sept. 1914) au cours de laquelle Castelnau sauva la ville de Nancy en arrêtant l'avance allemande.

**GRAND-CROIX (LA)** [42320] ♦ Ch.-l. de cant. de la Loire, arr. de Saint-Étienne. 4 962 hab. *(Grand'Cruciens).* Métallurgie.

**Grand Cyrus (Artamène ou le)** ♦ Roman à clefs de Madeleine de Scudéry*, composé de 1649 à 1653 et publié d'abord sous la signature de son frère Georges de Scudéry*. On y retrouve, sous des noms supposés, M$^{me}$ de Rambouillet, Montausier, Voiture, Conrart, Chapelain.

**GRANDE (RIO)** ➝ **Rio Grande**

**GRANDE** (rio) n. m. ♦ Riv. du Brésil (1 500 km), née dans la serra da Mantiqueira et qui forme le fl. Paraná après son confluent avec le Paranaíba. Le rio Grande constitue la limite entre les États du Minas Gerais et de São Paulo. Plusieurs barrages hydroélectriques.

**GRANDE-BRETAGNE** – en angl. ***Great Britain*** ♦ La plus grande et la plus orientale des deux îles formant l'archipel britannique. 225 000 km$^2$. 55 600 000 hab. ➝ **Angleterre, Écosse, pays de Galles, Grande-Bretagne.** ▮ **Histoire** Nom donné à son royaume par Jacques IV d'Écosse, lorsqu'il hérita en 1603 du trône d'Angleterre (à la mort d'Élisabeth). Le pays de Galles, l'Écosse et l'Angleterre étant réunis sous la même autorité, la plus grande des îles Britanniques (*Britannia,* Bretagne* romaine) reçut cette désignation.

## GRANDE-BRETAGNE

▮ – off. ***Royaume-Uni de Grande-Bretagne et d'Irlande du Nord*** en angl. ***United Kingdom of Great Britain and Northern Ireland*** ♦ Pays d'Europe occidentale, formé de la Grande-Bretagne et de l'Irlande du Nord. 244 046 km$^2$. 58 789 194 hab. *(Britanniques).* LANGUES : anglais (off.), écossais, gallois, irlandais, mannois. RELIGIONS : anglicans, 13 % ; protestants, 8 % ; catholiques romains, 4 %. MONNAIE : livre sterling. CAPITALE : Londres. RÉGIME : démocratie parlementaire, monarchie constitutionnelle.

### GÉOGRAPHIE

➝ **Angleterre, Écosse, pays de Galles, Irlande du Nord.** La côte britannique est profondément entaillée par des vallées et des golfes (Severn, Clyde, Tamise, Wash) et découpée en vastes péninsules (Cornouailles, pays de Galles, Kent) : aucun point du pays n'est éloigné de plus de 150 km de la mer. Malgré sa position insulaire en marge de l'Europe, la Grande-Bretagne est totalement intégrée aux économies mondiale et européenne, même si elle n'a plus la puissance impériale qui a fait d'elle au XIX$^e$ s. le premier État de la planète. Pays peuplé, aux vastes espaces montagneux quasiment déserts, la Grande-Bretagne est le pays le plus urbanisé d'Europe.

▮ **RELIEF** La Cornouailles, le pays de Galles et l'Écosse ont une géologie marquée par l'orogenèse calédonienne, alors que les Pennines et leurs bordures datent de l'orogenèse hercynienne. Le bassin de Londres est un bassin sédimentaire, la dureté relative des roches faisant alterner cuestas et dépressions. Au S.-E., le Weald, entre les Downs, est une boutonnière. Le caractère montagneux, malgré une faible altitude (1 343 m au Ben Nevis) est dû au creusement des glaciers au Quaternaire ainsi qu'à une végétation de landes et de tourbières. La Grande-Bretagne, malgré un effort récent, est peu boisée (7 % de sa surface totale).

▮ **CLIMAT** Située sur la façade O. du continent européen, la Grande-Bretagne est touchée de plein fouet par les dépressions et les fronts. Ces derniers se développent sur l'Atlantique, poussés par le courant zonal d'O. des latitudes moyennes. Les précipitations sont abondantes, dépassant 2 000 mm dans les zones de relief. La

Royaume-Uni de Grande-Bretagne et d'Irlande du Nord.

variabilité interannuelle est relativement faible, et les précipitations quotidiennes supérieures à 50 mm sont rares. Les faibles pluies et «les quatre saisons dans la journée» sont souvent la norme. Les températures très douces, à faible amplitude annuelle, n'empêchent pas la neige dans les régions montagneuses (plus de 100 jours par an en Écosse).

## POPULATION

**UNE POPULATION VIEILLISSANTE** La population de la Grande-Bretagne vieillit. Outre l'allongement de l'existence, la principale cause de ce vieillissement est une faible fécondité depuis plusieurs décennies. L'accroissement naturel reste très faible, de l'ordre de 2 % par an, malgré le redressement du taux de natalité depuis 1989. L'immigration est supérieure à l'émigration qui concerne notamment des personnes de haute qualification («fuite des cerveaux»). C'est d'outre-mer que vient l'essentiel du flux migratoire. La grande vague des années 1960 provenait des pays du Commonwealth (Jamaïque, Pakistan, Inde, Sri Lanka). Malgré des restrictions, elle se poursuit de nos jours. On estime à 5 % de la population totale les ressortissants issus du tiers-monde. Ils peuvent constituer jusqu'à 15 % du total des populations urbaines, comme à Birmingham et dans les villes du textile. Les migrations internes marquent un glissement vers le S., les populations étant attirées par la croissance londonienne et le climat du littoral.

**LE DÉVELOPPEMENT DES BANLIEUES ET LES VILLES NOUVELLES** On assiste aussi à un desserrement urbain, avec une désaffection des centres au profit des banlieues. Ce desserrement a été accompagné de façon systématique, dès 1946, par la politique des villes nouvelles. Les régions de forte densité sont le S.-E. et son littoral (17 000 000 hab.), l'ensemble industriel des Midlands, du Lancashire et du Yorkshire (18 000 000 hab.), le S. du pays de Galles, les estuaires et le bassin houiller du N.-E. anglais, la dépression centrale écossaise. Les densités moyennes, supérieures à 200 hab./km², correspondent aux régions peu urbanisées du S.-E. et du N. de l'Angleterre, et du S.-E. de l'Écosse. Les faibles densités s'observent dans les régions montagneuses : les Highlands, la montagne galloise, les Pennines comptent moins de 5 hab./km². L'organisation spatiale contemporaine de la Grande-Bretagne résulte de facteurs qui ont conduit à une primauté de la région londonienne et du S. de l'Angleterre face aux anciens «pays noirs» qui ont fait la fortune de l'île au XIXᵉ s.

**LES PÔLES URBAINS** À la spécialisation par régions (Lancashire : coton et chimie ; Yorkshire : laine et sidérurgie ; pays de Galles et Lowlands : exploitation houillère et constructions navales ; Midlands : métallurgie et verre) a succédé une organisation centrée sur les pôles urbains, Londres dominant des capitales régionales de plus faible exercice (Manchester, Birmingham, Édimbourg, Glasgow, Bristol, Leeds, Cardiff, Southampton, Liverpool, Nottingham et Plymouth). Liverpool a perdu de son importance, tandis que Cardiff et Édimbourg se sont affirmées. Les villes de la couronne londonienne (Bristol, Southampton) occupent une bonne place dans cette hiérarchie. La concurrence entre Édimbourg et Glasgow, Leeds et Sheffield, Manchester et Liverpool, Leicester et Nottingham, Portsmouth et Southampton, freine l'émergence de métropoles capables de concurrencer Londres et de jouer un rôle européen que seule Manchester semble pouvoir assumer. Le déséquilibre va en s'accentuant au fur et à mesure que l'on s'éloigne de Londres. Aux marges, les espaces de moyennes montagnes, aux très faibles densités, sont voués à l'élevage ovin extensif et servent de réservoir d'oxygène aux populations des environs. L'humidité du climat et le faible ensoleillement attirent vers le littoral S. les retraités, mais aussi les entreprises dynamiques. Une Riviera est en train de se constituer ainsi, de Douvres à Weymouth, à proximité de Londres.

**Grande-Bretagne.** Bath, le Circus (en haut) et le Royal Crescent (en bas), par les architectes John Wood père et fils. *Phot. ©Gester/Rapho.*

## ÉCONOMIE

Depuis les années 1980, les privatisations et les restructurations des entreprises ont orienté le pays vers un capitalisme à l'américaine. Très longtemps, essentiellement à l'époque de la crise et des transformations radicales des années 1980, le pays connut un taux de chômage élevé, surtout dans certaines régions du Lancashire dépendant des industries traditionnelles. Suite à la déréglementation du marché de l'emploi, le chômage a baissé jusqu'à devenir l'un des plus bas de l'UE en 2005 (moins de 5 %). Mais il faut constater que cette évolution s'est accompagné d'une précarisation du travail, du développement de l'emploi à temps partiel et de salaires pas toujours très élevés. Le secteur primaire est réduit (à peine 1 % du PIB), le secteur secondaire représente moins de 25 % du PIB, alors que le secteur tertiaire est en progrès constant (plus de 74 % en 2007). Les services publics se sont peu à peu ouverts aux capitaux privés (hôpitaux, universités, énergie, transports). La désindustrialisation est beaucoup plus évidente dans le N. du pays, le pays de Galles et même dans les Midlands que dans l'Angleterre du S. Elle a accéléré la tertiarisation de l'emploi et a déplacé le centre de gravité économique du pays du N., ancien centre industriel du pays, au S.-E., accentuant ainsi le fossé Nord-Sud (le «North-South divide»). La plupart des vieilles industries manufacturières ont été progressivement supplantées par les nouvelles industries de pointe. Le déclin des charbonnages a affecté l'O. et le N. (pays de Galles, Lancashire, Midlands, Cumbria, Écosse), mais les mines du flanc oriental des Pennines (Yorkshire), faciles à exploiter, fournissent encore du charbon pour les centrales électriques de la vallée de la Trent. Le développement des ressources pétrolières de la mer du Nord a entraîné l'autonomie énergétique de la Grande-Bretagne et freiné le déclin de la façade orientale de l'île (surtout en Écosse) en créant un déséquilibre supplémentaire au détriment de l'O. La réorientation du commerce extérieur vers l'Europe, succédant à un commerce colonial avec l'Empire, favorise les ports du littoral E. et les services trans-Manche, lesquels ont su s'adapter aux nouvelles techniques de conditionnement (conteneurs, *Roll on-Roll off* «manutention par roulage») et ce, au détriment des ports de l'O. (Liverpool, Cardiff). Les anciens docks sont abandonnés (Londres, Liverpool) au profit d'avant-ports mieux équipés et de nouveaux ports de vitesse (Felixtowe, Tilbury, Douvres). Les moyens de transport modernes dominent dans le S. (réseau ferré électrifié, réseau maillé d'autoroutes dans la région de Londres et les Midlands, aéroports d'Heathrow et de Gatwick concentrant les lignes nationales et redistribuant passagers et frets). De plus, l'ouverture du tunnel sous la Manche a accéléré ce processus en favorisant l'extrémité S.-E. de l'île. L'économie de la Grande-Bretagne est intégrée dans le capitalisme international dont Londres est un des centres principaux, la Bourse de Londres étant la première d'Europe. À cette domination s'ajoute un déséquilibre de l'emploi, notamment avec certains anciens «pays noirs». La politique de décentralisation a favorisé le développement de pôles régionaux, notamment à Édimbourg, Glasgow et Cardiff. Le nord et l'ouest n'ont plus qu'une économie de filiales alors qu'à Londres la City déborde, les bureaux envahissant le West End et les anciens docks. Les autoroutes constituent autant de corridors de développement liés aux technologies de pointe et au tertiaire supérieur (M25, et surtout axe de la M4 vers Reading), et les villes nouvelles du bassin de Londres sont en plein essor (Milton Keynes). Londres accapare plus de 30 % des emplois financiers de la Grande-Bretagne. S'il est vrai que depuis les années 1990 l'économie a connu un réel essor, on constate en même temps un net creusement des inégalités sociales. Le nombre de pauvres avait beaucoup augmenté avant même la récession due à la crise financière venue des États-Unis en 2008 : les ménages britanniques sont pénalisés par une inflation qui atteint des records (6 %), un chômage au plus haut depuis 1999 (5,7 %) et un crédit immobilier restreint.

**INDUSTRIE** L'ère du thatchérisme a transformé la Grande-Bretagne de façon radicale, avec un vaste programme de privatisations et la création d'une société d'entrepreneurs orientée vers l'expansion du secteur tertiaire. Face à cette économie dominée par les secteurs bancaire, financier et des assurances (Lloyd), l'industrie est en déclin. La production industrielle britannique se situe au 4ᵉ rang européen, ne représentant plus que 26 % du PIB et 18 % de l'emploi. Des pans entiers de l'industrie ont quasiment disparu pendant la crise et les transformations des années 1980, notamment le charbonnage et le coton. La sidérurgie, la verrerie, la céramique et l'industrie lainière ont été victimes de restructurations drastiques. Malgré les transformations entreprises, une faible productivité de la main-d'œuvre, des investissements insuffisants au niveau de l'équipement et de l'infrastructure, et des faiblesses structurelles perdurent dans les firmes industrielles en Grande-Bretagne. Les chantiers navals, jadis les premiers du monde, ont presque tous fermé ou réduit leurs activités. Les constructions mécaniques et l'automobile passent progressivement sous le contrôle de groupes américains, japonais et allemands. Dans les années 1990, les nouvelles industries de pointe ont pris le relais, relançant la croissance, notamment dans le domaine de la haute technologie (produits chimiques et pharmaceutiques, aérospatiale, électronique et optique). Après les restructurations industrielles menées au nom du libéralisme économique entre 1975 et 1990, est donc née une économie à deux vitesses dont les déséquilibres sectoriels, dans l'emploi et entre régions, se sont accentués. La Grande-Bretagne est ainsi composée de 3 pôles : tout d'abord, Londres et sa région, centre dynamique qui concentre les pouvoirs politiques, économiques, doté de structures modernes et d'une agriculture performante ; ensuite, en périphérie, les «pays noirs» (dont les Midlands), où la reconversion a déjà démarré et pris de l'ampleur, et les régions plus au N., dont certaines, aux paysages industriels et urbains délabrés, sont encore touchées par la récession. L'énergie reste l'un des points forts de l'économie britannique et est l'un des rares postes excédentaires de la balance commerciale. Mais l'adaptation à la nouvelle donne du pétrole de la mer du Nord a nécessité d'énormes investissements et le développement de technologies de pointe pour la prospection et l'exploitation dans une mer difficile. Les oléoducs et les gazoducs aboutissent à la côte orientale, surtout en Écosse, devenue, comme le pays de Galles et la côte méridionale, une base arrière de l'exploitation. L'électricité nucléaire (programmes Magnox et super Magnox) représente 20 % de la production électrique.

**AGRICULTURE** L'agriculture occupe moins de 2 % de la population active (et représente à peine plus de 1 % du PNB britannique). On a assisté à une deuxième révolution agricole depuis la Deuxième Guerre mondiale. Les subsides octroyés par le gouvernement et l'Union européenne, le niveau de mécanisation, la taille des exploitations (55 ha en moyenne) assurent une productivité intense et des revenus équivalents à ceux des autres secteurs. Cette agriculture entretient une industrie agroalimentaire puissante, sans commune mesure avec le nombre de producteurs. L'élevage est la ressource dominante : élevage des bovins dans les régions humides et basses ; élevage ovin extensif dans les régions de moyenne montagne, en Écosse et au pays de Galles. L'apparition de la maladie de la vache folle (l'encéphalopathie spongiforme bovine) dans les années 1980 a porté un coup à l'élevage bovin en Grande-Bretagne, la crise dans le secteur s'étant aggravée lors de l'épidémie de la fièvre aphteuse en 2001, qui a eu des effets dévastateurs sur le cheptel ovin. Dans les régions méridionales, au climat et aux sols plus cléments (East Anglia et Suffolk), les labours prédominent. La grande banlieue de Londres, à cause de la proximité d'un grand marché de consommation, se spécialise dans les cultures maraîchères et fruitières, avec en plus, dans les polders des Fens, des cultures florales. Malgré ce dynamisme, l'agriculture assure à peine la moitié de l'approvisionnement en nourriture du pays ; les denrées alimentaires représentent près de 15 % des importations totales du Royaume-Uni. Outre les pays du Commonwealth, pour les produits tropicaux dont une partie est redistribuée en Europe, la majeure partie des importations britanniques provient actuellement des pays de l'Union européenne, en particulier du Danemark pour les produits dérivés du porc. Le faire-valoir direct domine, bien que de grands domaines nobiliaires subsistent, divisés toutefois, à chaque génération, par les droits de succession. La reine, l'Église d'Angleterre et des investisseurs telles les assurances comptent parmi les principaux propriétaires fonciers. Autour des grandes villes, en particulier à proximité de Londres, le prix du foncier est soumis à une forte pression citadine qui s'exerce également sur la gestion du paysage, considéré comme un patrimoine commun à tous les Britanniques.

Grande-Bretagne | Productions en 2008

| Produits | Quantités | Rang |
|---|---|---|
| **Agriculture** | | |
| Betteraves à sucre | 7 500 000 t | 10e |
| Blé | 17 000 000 t | 13e |
| Orge | 5 600 000 t | 8e |
| Pommes de terre | 5 500 000 t | 11e |
| Bovins (têtes) | 9 900 000 | |
| Ovins (têtes) | 22 000 000 | 7e |
| Porcins (têtes) | 4 600 000 | |
| Pêche | 650 000 t | |
| **Mines et énergie** | | |
| Énergie nucléaire | 53 TWh | 12e |
| Gaz naturel | 69 000 000 000 m$^3$ | 11e |
| Houille | 18 000 000 t | |
| Nickel | 37 000 t | 13e |
| Pétrole | 73 000 000 t | 18e |

## HISTOIRE

**La Bretagne** Peuplée de Celtes mêlés au fond primitif («ibérique»), la région connut une civilisation agricole et les métaux (culture attestée av. -IIe s.). Après l'expédition de César (-55), l'île fut colonisée sous Claude (43), constituant la province de Bretagne* (*Britannia*). Sous Hadrien et Antonin, l'Empire romain s'étendait jusqu'en Écosse (→ **Écosse**). **Les invasions anglo-saxonnes** Vers la fin du IIIe s., les raids scandinaves, puis saxons, accélèrent la décadence de la domination romaine, qui s'acheva en 411. Les envahisseurs germaniques (→ **Angles, Jutes, Saxons**) refoulèrent les Celtes vers l'O. (pays de Galles, Cornouailles) ou les contraignirent à s'exiler en Armorique. → **Bretagne.** Du Ve au IXe s., ils s'établirent en «nations» organisées en 7 royaumes (→ **Heptarchie ; Kent, Essex, Sussex, Wessex, Northumbrie, East Anglia, Mercie**), effaçant les traces de l'organisation romaine et substituant la terre des Angles (*Engle-land*) et des Saxons (d'où *Anglo-Saxons*) à la *Britannia*. **L'évangélisation** Après la christianisation des Gallois (saint Germain, Ve s.), des Irlandais (saint Patrick, Ve s.) et des Écossais (saint Colomba, VIe s.), les royaumes saxons furent évangélisés sous le pape Grégoire* Ier le Grand. → **Augustin de Canterbury.** L'action conjointe du christianisme romain et du monachisme irlandais aboutit à une Église prospère, centre de culture dans un milieu resté très fruste. → **Bède, Boniface, Wilfrid, Willibrord.**

**LES INVASIONS SCANDINAVES (IXe - XIe S.)** **Les Danois et les Saxons** Elles firent disparaître les royaumes saxons, sauf le Wessex, qui avait pris sous Egbert* le Grand la prépondérance, et qui résista sous Alfred* le Grand. Le royaume danois d'Angleterre orientale (Danelaw) s'opposa au Wessex, premier véritable royaume d'Angleterre. Les successeurs d'Alfred (Édouard* l'Ancien, Edmond Ier, Edgar*) absorbèrent peu à peu le royaume danois, tout en adoptant ses méthodes administratives. Mais le pouvoir y était faible et partagé (couronne élective, aristocratie). **La domination normande** Après Ethelred II, la couronne fut conquise par le prince danois Canut* le Grand (Knud). Édouard* le Confesseur (fils d'Ethelred) restaura la dynastie saxonne, établissant des relations avec la Normandie. Le successeur d'Édouard, Harold, fut attaqué et vaincu en 1066 (→ **Hastings**) par Guillaume le Bâtard, duc de Normandie (→ **Guillaume Ier le Conquérant**), qui écarta de la succession le prince Edgar* Atheling. Les effets du changement politique furent immenses : organisation à la fois féodale et centralisée, concession de fiefs à des barons (par expropriation des Saxons), mais aussi unités administratives (*shires*) contrôlées par un *sheriff ;* droit civil unifié (*common law*), finances et cadastre précis (*Domesday Book*, 1086) ; enfin, francisation de la langue (l'anglo-normand) et de la culture, notamment avec la construction de nombreuses cathédrales de style normand (Canterbury, Winchester, Ely) puis gothique (Wells, Lincoln, Rochester). Les successeurs du Conquérant, Guillaume* II le Roux, Henri* Ier Beauclerc, malgré les efforts de ce dernier, ne purent préserver son œuvre, menacée par les féodaux. Mathilde, fille d'Henri, fut écartée du trône par Étienne* de Blois, mais celui-ci reconnut le fils de Mathilde et du comte d'Anjou, Geoffroi* Plantagenêt, pour héritier de son trône. Henri Plantagenêt, héritier de l'Anjou, du Maine, de la Touraine, du Poitou, et, par sa femme Aliénor, de l'Aquitaine, devint en 1154 roi d'Angleterre.

**Grande-Bretagne.** La Tour de Londres. *Phot.© Jean-Marc Vernier*

**LES PLANTAGENÊTS** Le règne d'Henri* II, souverain d'un immense domaine franco-anglais, vit l'organisation administrative et judiciaire de l'Angleterre et la lutte du pouvoir temporel avec l'Église. → **Thomas Becket.** Sous Richard Cœur de Lion (1189 - 1199), fils d'Henri et d'Aliénor d'Aquitaine, le conflit avec la France se précisa. → **Philippe II Auguste.** Il en fut de même sous Jean* sans Terre (1199 - 1216), contre qui Philippe Auguste soutenait Arthur* de Bretagne. Le domaine français des Plantagenêts fut attaqué et réduit par le roi de France, qui battit les alliés de Jean à Bouvines*. À l'intérieur, le conflit avec l'Église (→ **Langton**), la montée des barons et de la bourgeoisie limitaient le pouvoir royal. → **Charte (Grande).** Le long règne d'Henri* III (1216 - 1272), qui s'opposa en France à Louis* IX (→ **Saintes, Taillebourg**), puis traita avec lui (traité de Paris), récupérant la Guyenne*, fut marqué par la guerre civile (1258 - 1265), la victoire politique des barons (→ **Oxford [provisions ou statuts d']**) et celle de Simon de Montfort sur le roi (Lewes, 1264 ;

**Grande-Bretagne.** Le château Dunvegan, dans l'île de Skye, en Écosse. *Phot. © Clay Perry/Corbis*

parlement de Londres, 1265), qui reprit le dessus en 1266. Mais l'évolution politique était acquise ; sous Édouard* Ier (1272 - 1307), les institutions parlementaires féodales se précisèrent ; le pays de Galles* fut conquis, l'Écosse momentanément assujettie. Édouard* II (1307 - 1327) connut des revers en Écosse (Bannockburn ; → **Bruce [Robert]**) ; le roi fut éliminé par sa femme (→ **Isabelle de France ; Mortimer**), puis assassiné. Édouard III, proclamé roi par le Parlement, déposa sa mère en 1330. **▮ La vie intellectuelle** Lourd en bouleversements politiques, le règne des Plantagenêts correspondit aussi à une période très féconde sur le plan théologique et philosophique. De R. Grosseteste* à Guillaume* d'Occam, en passant par R. Bacon* et J. Duns* Scot, tous franciscains et oxfordiens, la pensée anglaise évolua de l'augustinisme* au nominalisme.

**▮ LA GUERRE DE CENT ANS** De 1330 à 1337, Édouard III prépara la guerre avec la France, politiquement et militairement. → **Cent Ans (guerre de).** La fin du règne d'Édouard III, qui laissa le pouvoir à son second fils le duc de Lancastre (1376), fut marquée par l'agitation politique. Richard* II, roi à 10 ans (1377), dut faire face à une révolte sociale (1381 : Wat Tyler*), écrasée un an plus tard, et aux difficultés religieuses. → **lollards ; Wyclif (John).** D'abord conciliant, il tenta de reprendre un pouvoir absolu ; il fut vaincu et déposé par Henri de Lancastre au retour d'une expédition en Irlande (1399). Lancastre, devenu Henri* IV, prépara la reprise de la guerre en France, profitant de la rivalité entre armagnacs et bourguignons. C'est Henri* V (1413 - 1422) qui débarqua en Normandie et battit les Français. → **Azincourt.** Il devint régent de France, entra à Paris et repoussa le dauphin (futur Charles VII) qui dut se replier au S. de la Loire. À sa mort, il laissa le pouvoir royal à un enfant, Henri* VI (1422). Le régent Bedford* remporta de nouvelles victoires sur « le roi de Bourges », Charles VII, et notamment attaqua Orléans. L'action de Jeanne* d'Arc et le retournement de la Bourgogne (1435) conduisirent pourtant au recul progressif des Anglais. **▮ La vie littéraire** Peu propice à l'art, la guerre de Cent Ans suscita deux réactions littéraires opposées : tandis que Chaucer* s'engageait dans les voies du réalisme, Malory*, bien après lui, restait toujours attaché au Moyen Âge. **▮ La guerre des Deux-Roses** En Angleterre, les députés provoquèrent une crise grave (→ **Deux-Roses [guerre des]**) entre les Lancastre et les York.

**▮ LES TUDORS (1485 - 1603) ▮ Henri VII** La restauration d'un pouvoir monarchique fort, sous Henri* VII (1485 - 1509), alla de pair avec l'essor économique et une politique extérieure active et habile (traité d'Étaples* ; mariage de sa fille avec Jacques IV Stuart d'Écosse ; découvertes par J. et S. Cabot de territoires en Amérique). **▮ Henri VIII et Édouard VI** Henri VIII (1509 - 1547) gouverna d'abord avec le cardinal Wolsey* qui menait une politique d'équilibre européen et, à l'intérieur, soutenait l'absolutisme. L'affaire du divorce d'avec Catherine d'Aragon, refusé par Clément VII, conduisit le roi au schisme, vaste affaire plus politique que religieuse et où l'anecdote personnelle (remariages avec Anne Boleyn*, Jeanne Seymour*) reste historiquement secondaire. → **Henri VIII.** Sous Édouard* VI, le pouvoir réel fut exercé par Edward Seymour. **▮ Marie Tudor et Élisabeth Ire** Ayant écarté la prétendante Jeanne* Grey, Marie* Ire Tudor (1553 - 1558) épousa le futur Philippe II d'Espagne et consacra le retour au papisme, en réprimant cruellement les protestants. Sa demi-sœur Élisabeth lui succéda (1558), menant une politique habile et autoritaire, et laissant la réaction anticatholique se développer. → **Élisabeth Ire. ▮ La vie culturelle et artistique** L'époque des Tudors fut pour l'Angleterre un extraordinaire apogée culturel et artistique. Si l'humanisme de Thomas More* et la poésie de E. Spenser* peuvent être rattachés au vaste mouvement de la Renaissance, le drame élisabéthain, avec son mélange de fantastique et de réel, reste unique. → **Shakespeare, Beaumont (Francis), Dekker, Fletcher, Ford (John), Jonson (Ben), Marston (John), Marlowe, Massinger, Middleton, Tourneur (Cyril), Webster (John).**

**▮ LES STUARTS ET LES RÉVOLUTIONS (1603 - 1717) ▮ Jacques Ier et Charles Ier** Jacques VI d'Écosse, fils de Marie Stuart, devint roi d'Angleterre sous le nom de Jacques Ier à la mort d'Élisabeth (1603) ; avec son règne, la Grande-Bretagne devenait une réalité politique. Absolutiste et strictement anglican, il se heurta à l'hostilité des catholiques (conspiration des Poudres, 1605) et des puritains. Charles* Ier, (1625 - 1649) aidé par Strafford*, gouverna d'abord sans Parlement, mais, son absolutisme religieux étant battu en brèche en Écosse, il fut contraint de convoquer le Parlement en 1640. → **Parlement.** Le conflit éclata après la révolte de l'Irlande (1641) : remontrance du Parlement, coup de force manqué du roi. La guerre civile (1642 - 1646) opposa les bourgeois puritains parlementaristes (têtes rondes ; → **Pym**) et l'ordre anglican traditionnel. → **cavaliers.** Battu en Écosse à plusieurs reprises, Charles fut livré par les Écossais, jugé par un Parlement « épuré » et exécuté. **▮ La république de Cromwell** Le règne de Cromwell* commençait ; ayant éliminé royalistes et parlementaristes, il était le maître. Sa république (1649 - 1658) fut marquée par la soumission de l'Écosse*, l'écrasement de l'Irlande* catholique, la liquidation du Parlement, la guerre avec la Hollande, la lutte contre l'empire colonial espagnol (conquête de la Jamaïque, 1655). L'œuvre de Cromwell ne lui survécut pas, du moins au niveau des événements politiques ; la lutte entre les généraux (→ **Monk [George] ; Lambert [John]**) aboutit au retour du fils de Charles Ier. **▮ Charles II** Charles II (1660 - 1685), sous l'apparence de l'absolutisme, mena une politique habile et retorse à l'intérieur. → **Clarendon.** À l'extérieur, l'Angleterre, d'abord en conflit avec la Hollande, s'allia avec elle (Triple-Alliance, 1668) avant d'être sollicitée par Louis XIV (traité de Douvres) et de s'allier à la France, alliance désapprouvée par l'opinion anglaise. Menacé par les whigs (Parlement de 1679), le roi finit par l'emporter grâce aux tories. **▮ Jacques II** Jacques II (1685 - 1688), absolutiste et catholique intransigeant, s'aliéna les dirigeants politiques qui sollicitèrent le prince Guillaume d'Orange, mari de l'héritière du trône, fille de Jacques II (Marie), en 1688 ; Guillaume débarqua, convoqua un Parlement, et Jacques II dut s'enfuir en France. **▮ Guillaume III** La royauté de droit divin cédait la place à une royauté politique et nationale, par une révolution de nature aristocratique (sacre de Guillaume* III et de Marie). La lutte contre les jacobites d'Écosse et l'Irlande (la Boyne, 1690) se traduisit par la répression anglaise. → **Irlande.** Le Parlement et les leaders de sa majorité, choisis comme ministres de la Couronne en 1694, devinrent encore plus puissants. Les successions furent réglées (acte d'Établissement, 1701) au bénéfice d'Anne Stuart, puis de Sophie, électrice de Hanovre, qui transmettait ses droits à son fils (futur George Ier). À l'extérieur, le règne de Guillaume III fut marqué par la guerre avec la France. → **Augsbourg (ligue d'). ▮ Anne Stuart** Sous Anne (1702 - 1714), dans la guerre de Succession d'Espagne (Grande Alliance anglo-hollando-impériale), l'Angleterre l'emporta d'abord (→ **Marlborough**) ; mais, en 1710, la France et l'Espagne se redressaient et Marlborough ayant été écarté, l'Angleterre traita avec la France (traité d'Utrecht*, 1713), obtenant d'immenses avantages politiques et commerciaux. À l'intérieur, l'acte d'Union de 1707 remplaça l'association personnelle des royaumes d'Angleterre et d'Écosse par un Royaume-Uni de Grande-Bretagne, avec un Parlement unique. Les tories gouvernèrent (→ **Bolingbroke**) jusqu'à la mort de la reine. **▮ La vie intellectuelle et artistique** Sur le plan culturel, le XVIIe s. anglais fut marqué à la fois par une plus grande ouverture sur l'étranger, notamment en peinture (→ **Van Dyck, Lely**) et en architecture (→ **Jones [Inigo], Wren**), et un renforcement de tendances propres. La littérature témoigne de l'effervescence religieuse de l'époque. → **Donne, Milton, Bunyan, Dryden.** Purcell* fut le premier grand compositeur anglais. Les philosophes F. Bacon*, Hobbes* et Locke* fondèrent l'empirisme anglais que prolongèrent au XVIIIe s. l'Irlandais Berkeley* et Hume*. Parallèlement, on assista à la naissance de la science moderne. → **Newton.**

**▮ LE XVIIIe SIÈCLE ▮ L'organisation politique** Sous George* Ier (1714 - 1727) et George* II (1727 - 1760), rois étrangers, les structures politiques modernes se définirent : le Premier ministre, chef de la majorité parlementaire, formait un cabinet responsable qui élaborait les grandes décisions. → **Stanhope (James), Sunderland, Walpole (Robert), Pitt (William).** La Chambre des communes, où siégeaient les cadets des grandes familles représentées aux Lords, était formée par les membres de la *gentry* (système des « bourgs pourris » ; les nouvelles villes industrielles n'étant pas représentées). Le jacobitisme fut vaincu (→ **Charles Édouard Stuart**), l'Écosse antianglaise réprimée. **▮ Les rapports avec le continent et les colonies d'Amérique** À l'extérieur, l'Angleterre s'opposait à la France, au Canada, aux Indes (→ **Dupleix, La Bourdonnais**) et, après 1759, remporta des succès définitifs (prise de Québec, 1759 ; de Pondichéry, 1761 ; → **Lally**). En Europe, elle fit alliance avec la Prusse contre la France. Sous George* III (1760 - 1820), le traité de Paris (1763) reconnut à la Grande-Bretagne un immense domaine colonial en Amérique du Nord, en Inde et en Afrique. → **Canada, Inde, Clive (Robert), Hastings (Warren).** Le roi parvint à remplacer Pitt, qui avait dominé la politique anglaise de 1746 à 1761 (puis de 1766 à 1769), par lord North*. En butte à l'hostilité des whigs (affaire Wilkes), puis à la révolte des colonies d'Amérique (1776 → **États-Unis**) et à l'échec dans la guerre américaine (traité de Versailles, 1783), le roi dut céder devant le Parlement. En 1784, le pouvoir revint aux tories (le second Pitt), malgré l'alliance des whigs et des radicaux. → **Pitt, Fox.** La peur de la Révolution française et la guerre contre la France (1793) aidant, les mouvements populistes furent neutralisés. → **Paine, Cobbett.** Contre Napoléon, l'action de

**Grande-Bretagne.** Les îles britanniques dans la première moitié du XVIIe s.

Nelson puis de Wellington fut décisive. → **Trafalgar, Waterloo.** Envoyant Napoléon à Sainte-Hélène, s'assurant des points stratégiques, la Grande-Bretagne tempéra cependant l'esprit de revanche contre la France. **La crise sociale** Mais l'évolution agricole, au bénéfice de la grande propriété, et la révolution industrielle, qui profitait à la bourgeoisie montante, engendrèrent une crise sociale (émeutes de 1811, 1812). Les réformateurs furent moins entendus que l'apôtre méthodiste John Wesley*. → **Bentham, Brougham.** **Les arts et la littérature** L'Angleterre aristocratique du XVIIIe s. allait disparaître, et avec elle un art à la fois sobre et élégant, parfois pittoresque, reflétant le goût d'une noblesse qui avait acquis à l'étranger de nombreuses œuvres mais restait provinciale, la cour et la métropole étant moins qu'en d'autres pays européens le foyer de la haute société. Ce style est visible dans les portraits de Ramsay*, Hogarth*, Wilson*, Reynolds*, Gainsborough*, les architectures de R. Adam*, Chambers*, Nash*, Soane*, les meubles de Chippendale* et la faïence de Wedgwood*. En musique, le classicisme domina avec Haendel*. En littérature, la situation était plus complexe, oscillant entre classicisme, sentimentalisme et fantastique. → **Addison (Joseph), Austen (Jane), Chatterton, De Foe, Fielding (Henry), Gray (Thomas), Pope, Radcliffe, Richardson (Samuel), Sterne, Swift, Walpole (Horace), Young (Edward).** Tous ces courants furent balayés par le romantisme, où se mêlèrent des idéaux esthétiques, tel le sublime, et des idéaux de liberté politique et morale. → **Wordsworth, Coleridge, Shelley, Byron, Keats.** En peinture, le romantisme fut plutôt lié à une sensibilité qu'à un style (→ **Blake [William], Füssli, Flaxman**) ; il se manifesta souvent dans les représentations de paysages. → **Constable, Turner.**

**L'ÉPOQUE VICTORIENNE (1815 - 1914)** **George IV et Guillaume IV** George IV, d'abord régent, puis roi (1820 - 1830), frivole et scandaleux, puis Guillaume IV (1830 - 1837), insignifiant, laissèrent le gouvernement aux tories (Liverpool*, Wellington*, Castlereagh*, puis Canning* et Robert Peel*). Ceux-ci réprimèrent violemment, puis tentèrent d'apaiser par des réformes, l'agitation sociale. En 1830, Wellington fut remplacé par le whig Ch. Grey* (réforme de 1832), puis par lord Melbourne* ; un libéralisme timide se faisait jour. Les Trade Unions (autorisées en 1824) se développèrent et le chartisme ouvrier commença à s'organiser. → **O'Connor.** **Les réformes sous le règne de Victoria** Le début du long règne de Victoria* (1837 - 1901) vit avec Peel* (conservateur) la victoire du libre-échange (1846). L'abrogation des Corn Laws, réclamée par les classes moyenne et ouvrière et rendue indispensable par la famine d'Irlande*, stimula l'économie. Pendant que le syndicalisme s'organisait (congrès de 1868 ; Trade Union Act de 1871), les ministères Palmerston* (1845 - 1855) et Russel-Gladstone firent place aux conservateurs. → **Derby.** Disraeli* fit voter en 1867 un «acte de réforme» favorisant la classe moyenne et les ouvriers les plus aisés. Le premier ministère Gladstone* (1868 - 1874) réforma l'administration, la justice, l'armée et l'enseignement, dans un sens démocratique. Disraeli lui succéda (1874 - 1880), puis Gladstone revint au pouvoir. Sa loi de réforme (1884) élargissait le suffrage, qui restait limité. Après un ministère Salisbury, Gladstone revint encore au pouvoir (1886), mais tomba sur la question du *Home Rule* irlandais ; il devait reprendre le projet en 1893, mais échoua devant les Lords (1894 ; → **Irlande**). **La politique extérieure et l'Empire britannique** En Europe, la Grande-Bretagne cherchait à ménager ses intérêts, Canning soutenant les indépendances nationales (1822 - 1829), Palmerston défendant la Turquie contre la Russie. Alliée un temps à la France (→ **Crimée [guerre de]**), la Grande-Bretagne, hostile à la politique de Napoléon III, hésita face à la Prusse de Bismarck. Après 1874, sa politique fut plus active ; c'est l'impérialisme qui la commandait. Déjà, la guerre de l'Opium lui avait ouvert la Chine (1841), l'Inde était devenue une colonie d'exploitation prospère (Victoria devint impératrice des Indes en 1877), le Canada, l'Australie, la Nouvelle-Zélande et l'Afrique du Sud, colonies de peuplement, se développaient rapidement. **La vie intellectuelle et culturelle** La montée en puissance de la bourgeoisie, l'industrialisation, le «philistinisme», constituèrent la toile de fond de l'évolution intellectuelle victorienne. À l'optimisme utilitariste (→ **Bentham, Mill [John Stuart], Ricardo**) et aux théories évolutionnistes (→ **Darwin [Charles], Spencer [Herbert]**) s'opposèrent des mouvements de critique sociale et esthétique (→ **Carlyle, Ruskin**) ou religieuse (→ **Oxford [mouvement d']**). Sur le plan littéraire, la plupart des auteurs se définirent aussi en opposition aux valeurs victoriennes. → **Dickens, Trollope, Thackeray, Swinburne, Carroll (Lewis), Eliot (George), Brontë (Emily), Hardy (Thomas), Doyle (Conan), Wilde (Oscar).** Les peintres, en revanche, privés du mécénat aristocratique, adaptèrent leurs tableaux (scènes de genre) au goût de la bourgeoisie ou se réfugièrent dans une sentimentalité médiévale et romantique (préraphaélites). Cet archaïsme se retrouve aussi dans le domaine des arts décoratifs (→ **Morris [William]**) où il exerça une profonde influence sur l'Art nouveau. → **Beardsley, Mackintosh.**

**L'ÈRE ÉDOUARDIENNE** Sous les gouvernements Salisbury-Joseph Chamberlain (1886 - 1892 ; 1895 - 1902), la question sociale s'aggrava : après les grèves de 1888 - 1889, les Trade Unions et des mouvements socialistes allaient s'unir en un Labour Representation Committee (1900), amorce du futur parti travailliste* ou Labour Party (1906) (→ **Fabian Society ; Hardie [James Keir]**). À l'extérieur, l'impérialisme britannique triomphait ; après l'Égypte où Disraeli était parvenu à supplanter l'influence française, ce furent le Soudan, l'Afrique du Sud et une bonne part de l'Afrique noire qui entrèrent dans la zone d'influence britannique. → **Rhodes (Cecil), Boers (guerre des), Fachoda.** Conrad*, Stevenson* et Kipling* s'inspirèrent dans leurs œuvres de ce vaste empire, comme le firent Lawrence* d'Arabie, Maugham*, Waugh*, Graham Greene*, Lowry* ou Durrell*. Sous Édouard VII (1901 - 1910) et Balfour, devant le péril allemand, la Grande-Bretagne régla son contentieux avec la France (accord de 1904 ; seconde «Entente cordiale»). Entre 1905 et 1914, de nombreuses réformes politiques et sociales furent adoptées, tandis que la Grande-Bretagne, aux côtés de la France et de la Russie (Triple-Entente), allait être entraînée dans la guerre. → **Asquith, Guerre mondiale (Première), Lloyd George.** **Les deux guerres mondiales** **La Première Guerre mondiale** L'action de la Grande-Bretagne fut déterminante sur mer (îles Malouines, Jutland ; lutte sous-marine → **Beatty**) et sur terre (bataille de la Somme ; recul de mars 1918, participation à l'offensive de Foch). **Le gouvernement de Lloyd George** Lloyd George joua un rôle essentiel dans les négociations (1918 - 1920) et mena une politique active en Europe (Russie, Pologne) et au Proche-Orient. À l'intérieur, le suffrage universel pour les hommes et les femmes fut voté en janv. 1918. Cependant, la question irlandaise se posait de nouveau et les difficultés économiques et sociales divisaient les conservateurs. **L'instabilité politique** Stanley Baldwin* chercha à réintroduire le protectionnisme, mais les élections (1923) donnèrent pour la première fois le pouvoir à un travailliste, Ramsay Macdonald ; puis Baldwin, renonçant au protectionnisme, prit des mesures économiques et sociales, mais le chômage restait préoccupant. La Grande-Bretagne adhéra aux accords de Locarno* en 1925. Le retour de Macdonald (1929) conduisit à un gouvernement d'Union (1931), après la crise mondiale. Le libre-échange fut abandonné (système de la préférence impériale), l'agriculture réorganisée et, après 1932, le chômage diminua. Cette réorganisation de l'économie s'opéra sous l'influence de Keynes* qui fréquentait le groupe d'intellectuels et d'artistes de Bloomsbury*. Au même moment, Huxley publia *Le Meilleur des mondes* et Wittgenstein* commença à enseigner à Cambridge, poursuivant l'œuvre de B. Russell* et de A. N. Whitehead*. George V mourut en 1936 et le prince de Galles, Édouard VIII, dut, pour pouvoir se marier avec une Américaine divorcée, renoncer au trône. Son frère George VI lui succéda. N. Chamberlain* prit la succession de Baldwin, rendu impopulaire par son intransigeance dans l'affaire du prince de Galles. Anthony Eden, aux Affaires étrangères, préconisait la fermeté à l'égard de l'Italie fasciste, mais Chamberlain reconnut la conquête de l'Éthiopie en avr. 1938. **La Deuxième Guerre mondiale** Avec l'Allemagne, Chamberlain temporisa et négocia (1938) ; après Munich, l'attaque d'Hitler contre la Tchécoslovaquie détermina la Grande-Bretagne à accorder sa garantie à la Pologne (mars 1939), puis à entrer en guerre le 3 sept., quelques heures avant la France. → **Guerre mondiale (Deuxième).** Pendant la guerre, la Grande-Bretagne dut faire face seule aux attaques aériennes allemandes, déchaînées contre toutes les grandes villes, et à une guerre sur mer impitoyable. Churchill*, au pouvoir à partir du 10 mai 1940, symbolisa la résolution du pays. Aidée par les États-Unis (août 1940) puis soutenue par eux dans la guerre (déc. 1941), la Grande-Bretagne fut le centre européen des Alliés (entraînement des pilotes, siège des gouvernements libres).

**L'APRÈS-GUERRE** Churchill fut battu aux élections en 1945 et son cabinet remplacé par un cabinet travailliste dirigé par Attlee* et comprenant E. Bevin*, Stafford Cripps et A. Bevan*. De nombreuses nationalisations, un plan d'austérité, la réorganisation étatique de la médecine (1946), l'organisation d'une sécurité sociale (1948) modifièrent profondément l'organisation économique et sociale. La décolonisation volontaire (indépendance de l'Inde et du Pakistan, etc.) évita à la Grande-Bretagne les guerres coloniales. → **Commonwealth.** Les travaillistes, battus en 1951, abandonnèrent le pouvoir aux conservateurs (Churchill, A. Eden, Macmillan, Douglas-Home) de 1951 à 1964. La sidérurgie fut dénationalisée (1953), mais les autres réformes travaillistes furent maintenues.

**LE RÈGNE D'ÉLISABETH II** Élisabeth* II avait succédé à George VI en 1953. L'économie se développa, mais des difficultés financières (inflation) amenèrent la chute des conservateurs. **L'alternance** Avec H. Wilson*, la Grande-Bretagne fit pour la seconde fois acte de candidature au Marché commun. Le gouvernement travailliste dut procéder à la dévaluation de la livre (fin 1967) et ramener les forces militaires qu'elle avait au Proche-Orient ; sa popularité baissait et il était en conflit avec les Trade Unions (grèves). Les travaillistes perdirent les élections de juin 1970. Edward Heath, devenu Premier ministre, négocia avec succès l'accession de la Grande-Bretagne au Marché commun (1973). Il provoqua en fév. 1974 des élections qui ne donnèrent la majorité absolue à aucun des deux grands partis. Harold Wilson constitua un gouvernement travailliste minoritaire. Le référendum de juin 1975 portant sur le maintien du pays dans la CEE remporta plus de 67 % de oui. J. Callaghan*, successeur de H. Wilson (1976), réussit, grâce à une politique d'austérité acceptée par les syndicats, à limiter les effets de la crise économique. **Les gouvernements Thatcher et Major** Renversé en 1979, il fut remplacé par le chef des conservateurs Margaret Thatcher*, qui s'opposa aux syndicats (grève générale de 1979) dont elle contestait le pouvoir jugé excessif. Elle entreprit de contenir l'inflation tout en réduisant l'impôt sur le revenu qui était le plus élevé d'Europe, engagea un vaste programme de privatisation et s'opposa à la politique communautaire européenne mais signa cependant l'Acte unique européen et fit entrer la livre dans le SME (1990). En 1982, elle mit fin à la tentative de conquête des îles Malouines* par les Argentins. Mais elle ne put rétablir la paix dans une Irlande du Nord déchirée par la guerre civile. John Major* lui succéda en 1990, et poursuivit sa politique de désengagement de l'État dans les entreprises. Il fit participer son pays à la guerre du Golfe* (1991). Il dut dévaluer la livre et suspendit la participation de celle-ci au SME en sept. 1992. Malgré l'opposition des «eurosceptiques» de son propre parti, il fit ratifier le traité de Maastricht en 1993. **Les travaillistes, Blair et Brown** Cependant, le parti travailliste rénové et recentré, sous l'impulsion de Tony Blair*, remporta les législatives de 1997. Tandis que la Grande-Bretagne perdait un des derniers vestiges de son empire (rétrocession de Hong Kong à la Chine) et que la monarchie traversait une grave crise lors de la mort de la princesse Diana*, T. Blair, symbolisant «la jeune et nouvelle Angleterre», modernisa le pays, faisant adopter un plan de décentralisation (création de parlements locaux en Écosse et au pays de Galles), plusieurs mesures sociales (instauration d'un salaire minimum, refonte de l'allocation-chômage). Il parvint à la signature d'un accord de paix en Irlande* du Nord en 1998 dont l'application, gelée à partir de 2002, fut relancée en 2005 par l'annonce de l'abandon de la lutte armée par l'IRA. Après les attentats terroristes de sept. 2001, la Grande-Bretagne apporta un soutien diplomatique et militaire à la guerre menée par les États*-Unis en Afghanistan* puis en Irak en 2003. En dépit de son soutien critique à G. Bush, T. Blair obtint un troisième mandat aux législatives de

2005. Le chancelier de l'Échiquier, Gordon Brown*, lui succéda en juin 2007 mais il hérita d'une situation critique due à plusieurs scandales laissant le parti travailliste affaibli. À l'automne 2008, la crise des marchés financiers américains provoqua en Angleterre une récession sans précédent depuis la Deuxième Guerre mondiale, que le gouvernement tenta de juguler par une relance du crédit et deux plans successifs de soutien au secteur bancaire. La crise s'étendit malgré tout aux autres secteurs de l'économie tandis que, conjointement, éclatait un scandale sur les notes de défraiement des ministres travaillistes qui démissionnèrent en chaîne. Le parti, discrédité, s'est donc trouvé en position de faiblesse face aux conservateurs aux législatives de 2010.

**GRANDE DE SANTIAGO** (río) ♦ Fl. du Mexique (442 km) qui se forme dans le lac de Chapala, traverse les États de Jalisco et de Nayarit et dont le río Lerma constitue le cours inférieur. Il se jette dans le Pacifique.

**GRANDE GRÈCE** ♦ Nom donné par les Grecs à l'Italie* du Sud colonisée à l'époque archaïque (mil. du -VIII$^e$ s.-fin du -VI$^e$ s.). Des colons ioniens d'Érétrie* et de Chalcis* fondèrent Cumes* et Neapolis (Naples*), puis Rhêgion (Reggio* di Calabria), des Ioniens de Phocée* créèrent Élée*. Des Achéens colonisèrent Sybaris* (→ **Thurium**) et Crotone*, puis Poséidonia (Paestum*). Les Partheniens (exilés de Sparte) fondèrent Tarente* (→ **Héraclée**). Ces colonies, comme celles de Sicile*, connurent un développement rapide culminant au -VI$^e$ s., devinrent des foyers des sciences (Pythagore) et de la philosophie (éléates) et firent rayonner la civilisation grecque dans la péninsule. Toutefois, la Grande Grèce ne constitua jamais une unité politique, malgré la suprématie temporaire de Sybaris, de Crotone ou de Tarente. En proie à des déchirements entre cités achéennes et ioniennes, puis à des crises sociales et guerres civiles, elle résista de moins en moins à la pression des Étrusques et des autres peuples italiques et fit appel à l'appui de Rome qui établit sur elle son autorité en -272.

La **Grande Illusion.** Jean Gabin, Gaston Modot, Pierre Fresnay, Julien Carette, Jean Dasté, Marcel Dalio. *Phot. ©Coll. Christophe L.*

La **Grande Illusion** ♦ Film français de Jean Renoir* (1937), avec Jean Gabin, Erich von Stroheim, Pierre Fresnay et Marcel Dalio. Renoir met en scène la vie de prisonniers français dans un camp allemand pendant la Première Guerre mondiale, et l'évasion de deux d'entre eux. Les relations entre Français et Allemands montrent que l'appartenance à une même classe sociale crée plus d'affinités que les nationalités. Au fil des ans, *La Grande Illusion* a suscité bien des réactions : louée à sa sortie pour son pacifisme, taxée d'antisémitisme à la Libération, elle fut aussi daubée par certains pour son esprit «ancien combattant».

**GRANDE MADEMOISELLE (LA)** → **Montpensier**

**GRANDE-MOTTE (LA)** [34280] ← ÉTYM. en occit. *Granda mota* «grande dune» ♦ Comm. de l'Hérault, arr. de Montpellier. 6 458 hab. Station balnéaire créée en 1967, à l'architecture caractéristique (pyramides alvéolées exposées au midi). Port de plaisance à proximité de l'embouchure du Vidourle.

**GRANDE RIVIÈRE (LA)** ♦ Fl. du Canada (Québec), tributaire de la baie James* (893 km). Les principaux aménagements hydroélectriques du complexe de la baie James* sont situés sur son cours.

Les **Grandes Baigneuses** ♦ Tableau de Cézanne* (huile sur toile, 1899 - 1906), conservé au Museum of Art de Philadelphie (il existe d'autres versions de ce tableau dont celle de la Fondation Barnes, à Merion, Pennsylvanie et celle de la National Gallery à Londres). Réalisé à partir de croquis d'études faits au Louvre, ce tableau a été peint en parallèle avec la série des *Baigneurs* (1900 - 1905). Cézanne rompt avec le romantisme des *Grandes Baigneuses* de Renoir* (1884 - 1887) par cette architecture propre à l'espace du tableau. Les formes végétales se mêlent aux formes humaines, étirées ou rétrécies selon les nécessités de l'unité picturale. Le raffinement de la gamme chromatique, limitée aux bleus, aux verts, au beige et au marron, renforce la monumentalité de cette structure pyramidale. Cézanne laissera inachevé ce tableau par lequel il souhaitait entrer dans la grande tradition des musées.

Les **Grandes Espérances** – en angl. ***Great Expectations*** ♦ Roman de Charles Dickens* (1861). Orphelin élevé dans un milieu modeste, Philip Pirrip, dit Pip, croit qu'il est promis à hériter d'une immense fortune et à devenir gentilhomme, car un mystérieux bienfaiteur pourvoit à son éducation. Mais le bienfaiteur se révèle être un forçat qu'il a, par un concours de circonstances, aidé à s'évader, un jour lointain de son enfance. Instruit par cette désillusion, il apprendra à aimer les gens modestes qui l'ont éduqué et retrouvera Estella, la jeune fille qu'il aime et qui, après l'avoir repoussé, aura su tirer les leçons de l'expérience. L'ouvrage a été adapté au cinéma, notamment par David Lean* (1946).

**GRANDE-SYNTHE** [59760] ♦ Ch.-l. de cant. du Nord, banl. S.-O. de Dunkerque. 23 247 hab. *(Grand-Synthois).*

**GRANDE-TERRE** ♦ Île orientale de l'archipel de la Guadeloupe*. Constituée de plaines et de plateaux peu élevés, elle est frangée au S. par l'aggl. de Pointe-à-Pitre* et une Riviera touristique du Gosier* à Saint-François*.

**GRAND'EURY (François)** ♦ Paléobotaniste français (Houdreville, Meurthe 1839 - Malzéville 1917). Il étudia les végétaux du Carboni-

Les **Grandes Baigneuses.** Tableau de Cézanne (2,10×2,50 m). Museum of Art, Philadelphie. *Phot. ©Hubert Josse*

fère du gisement de Saint-Étienne, et découvrit les ptéridospermes dits «fougères à graines» dont l'étude permit l'élucidation de plusieurs problèmes d'évolution des plantes.

**GRANDE VALLÉE** → ÉTYM. en angl. *Central Valley* «vallée centrale» ♦ Partie centrale de la Californie*, bassin drainé au N. par la vallée de Sacramento*, au S. par celle de San* Joaquin ; elle est bordée par la Coast* Range et par la sierra Nevada. C'est l'une des régions agricoles les plus riches des États-Unis (fruits et riz au N. ; coton, vignes et agrumes au S.). Dans les années 1980, des promoteurs achetèrent des terres agricoles pour y construire des logements et le comté de San Joaquin créa une agence foncière afin de préserver la terre agricole.

**GRAND-FORT-PHILIPPE** [59153] ♦ Comm. du Nord, arr. de Dunkerque sur la mer du Nord, à l'embouchure de l'Aa. 6 078 hab. *(Grand-Fort-Philippois).*

**GRAND-FOUGERAY** [35390] → ÉTYM. anc. *Fulgeriacum*, du lat. *filicaria* «fougère» et suff. *-acum* ♦ Ch.-l. de cant. de l'Ille-et-Vilaine, arr. de Redon. 1 970 hab. *(Fulkériens).* Donjon du XIIIe s., pris par Du Guesclin en 1354.

**GRANDGOUSIER** ♦ Personnage du *Gargantua** et du *Pantagruel** de Rabelais*. Géant au grand cœur et plein de bon sens, il est le père de Gargantua, et sait se montrer un véritable chef de guerre lors de la guerre picrocholine, où il incarne l'idée de la monarchie selon Rabelais.

**GRANDIDIER (Alfred)** ♦ Voyageur, naturaliste et ethnographe français (Paris 1836 - *id.* 1921). Il explora l'Amérique du Sud, les Indes et Madagascar où il vécut de 1865 à 1870 (*Histoire physique, naturelle et politique de Madagascar*, 1876). [Acad. sc. 1885] ♦ **Guillaume Grandidier** (Paris 1873 - *id.* 1957). Fils du précédent. Il explora surtout le centre et le S. de Madagascar et publia une *Collection des ouvrages anciens concernant Madagascar* (en collab. avec son père et Froideveaux, 1903 - 1922), ainsi qu'une *Bibliographie de Madagascar* (1905 - 1906).

**GRANDIER (Urbain)** ♦ Curé de Saint-Pierre-du-Marché de Loudun (Rovère, près de Sablé 1590 - Loudun 1634). Ecclésiastique mondain et libertin, il inspira une sorte de passion hystérique à la mère Jeanne* des Anges et à plusieurs ursulines de Loudun. Après les troubles qui les saisirent à partir de 1632, elles se déclarèrent envoûtées par lui et il fut brûlé comme sorcier.

**GRAND-LIEU** (lac de) ♦ Lac de la Loire-Atlantique, au S.-O. de Nantes. Tributaire de la marée, son niveau varie fortement et sa superficie peut passer de 4 000 à 8 000 ha en hiver. De nombreux oiseaux migrateurs y font halte.

Le **Grand Meaulnes** ♦ Roman d'Alain*-Fournier (1913). C'est une évocation du paradis perdu de l'enfance en même temps qu'une méditation sur le bonheur. S'en détachent les personnages d'Augustin Meaulnes et d'Yvonne de Galais.

**GRAND PARADIS** → **Paradis (Grand)**

**GRAND-PRESSIGNY (LE)** [37350] → ÉTYM. *Grand* et *Pressigny* anc. *Prisciniacus*, probablt «domaine de Priscinius», du lat. *Priscinius*, n. de pers., et suff. *-acum* ♦ Ch.-l. de cant. de l'Indre-et-Loire, arr. de Loches, sur la Claise. 1 119 hab. *(Pressignois).* Le château des XIVe - XVIe s. abrite un musée de la préhistoire. ■ Le site du Grand-Pressigny recèle d'importants gisements d'un silex caractéristique d'excellente qualité. Exploité dès le Paléolithique*, ce silex fut utilisé de façon intensive au Néolithique* pour la taille de grandes lames destinées à être retouchées en poignards, dont on a retrouvé des exemplaires jusqu'en Belgique et dans les Alpes.

**GRAND-QUEVILLY (LE)** [76120] → ÉTYM. du lat. *Cavilius*, n. de pers. ♦ Comm. de la Seine-Maritime, banl. S.-O. de Rouen sur la Seine. 26 679 hab. *(Grand-Quevillais).* Zone d'indus. portuaires.

**GRAND RAPIDS** ♦ V. des États-Unis (Michigan). 197 800 hab. (zone urbaine : 1 088 514). Principal centre commercial de l'O. du Michigan (prod. agricoles). L'industrie principale est celle du meuble. Appareils ménagers.

**GRANDS LACS** ♦ Ensemble d'immenses lacs d'origine glaciaire, situé dans le centre-est de l'Amérique du Nord, et partagé entre le Canada et les États-Unis. 246 050 km², dont 157 000 aux États-Unis. → **Supérieur, Michigan, Huron, Érié, Ontario.** Les quatre premiers, situés à environ 180 m d'alt., sont séparés du lac Ontario (75 m) par les chutes du Niagara*. Les lacs sont les héritiers des «lobes» de l'immense glacier qui occupait le N.-E. du Canada et qui s'est retiré vers le nord. ■ La *région des Grands Lacs*, aux États-Unis, est individualisée par le relief glaciaire, un climat plus tempéré que dans les zones voisines, et une économie commandée par cette voie de passage naturelle entre l'O. et le N.-O. C'est une région d'élevage laitier et de grandes industries implantées entre le minerai de fer du Minnesota et le charbon des Appalaches. → **Wisconsin, Michigan, Illinois, Indiana, Pennsylvanie, New York.** ■ La *région des Grands Lacs*, en Afrique, comprend les lacs Victoria, Kivu, Tanganyika, Albert et Édouard.

**GRANDSON** → ÉTYM. probablt «domaine de °Grancius (n. de pers.)», puis, par étym. populaire, attraction du lat. *grandisonus* «pompeux» ♦ V. de Suisse (Vaud), au S. du lac de Neuchâtel. 2 924 hab. Château (XIIIe s.) ; église (XIe - XIIe s.). ▮ Histoire Les Suisses y remportèrent une grande victoire sur Charles* le Téméraire le 2 mars 1476. → **Morat.**

**GRAND SUDBURY** - en angl. *Greater Sudbury* ♦ V. du Canada (Ontario), au N. de la baie Georgienne. 157 857 hab. Université bilingue. Centre commercial et minier. Métall. du cuivre et du nickel (à Copper Cliff et Falconbridge). La moitié des emplois du secteur minier ont été supprimés entre 1975 et 1985, mais la ville connaît une forte croissance dans le secteur des services (création de 3 000 emplois).

**GRANDVILLE (Jean Ignace Isidore GÉRARD, dit)** ♦ Dessinateur et graveur français (Nancy 1803 - Vanves 1847). Fixé à Paris en 1825, il s'y fit remarquer avec les *Métamorphoses du jour* (1829), dans lesquelles il donnait un aspect zoomorphe à ses personnages. Ses caricatures parurent dans *L'Artiste, La Caricature, Le Charivari, Le Magasin pittoresque*. Il illustra La Fontaine, Florian, Béranger, Swift, De Foe. Peu avant de mourir fou, il publia *Un autre monde* (1844) et les *Fleurs animées* (1847). «C'est par le côté fou de son talent que Grandville est important» (Baudelaire).

**GRANET (François)** ♦ Peintre et aquarelliste français (Aix-en-Provence 1775 - *id.* 1849). Il travailla dans l'atelier de David*, puis se fixa à Rome où il se lia avec Ingres*. Auteur de portraits et spécialiste de sujets médiévaux et religieux, il se plut à peindre des intérieurs d'églises, des cloîtres ou des chapelles abandonnées qui obtinrent un vif succès (chœur de l'église des Capucins, 1819). Ses peintures d'une facture lisse et précise révèlent un sens subtil de la lumière, hérité des maîtres hollandais du XVIIe s. Ses aquarelles et dessins, particulièrement les vues de Rome, préfigurent l'art de Corot. → ÉTYM. Ce nom de famille est le diminutif en ancien français de *grain* (surnom d'une personne atteinte de petite vérole).

**GRANET (Marcel)** ♦ Sinologue français (Luc-en-Diois, Drôme 1884 - Paris 1940). Fondateur de l'Institut des études chinoises de l'École des hautes études, il appliqua la méthode sociologique à l'analyse des documents ethnographiques sur la Chine. Ses travaux portèrent sur les *Fêtes et chansons de la Chine* (1919), *La Polygynie sororale dans la Chine féodale* (1920), *La Religion des Chinois*. Ouvrages de synthèse, *La Civilisation chinoise* (1929) et *La Pensée chinoise* (1934) retracent l'évolution historique de la Chine ancienne.

**GRANGEMOUTH** ♦ V. d'Écosse (district de Stirling) au fond du Firth of Forth. 25 000 hab. Port important. Raffineries de pétrole.

**GRANGER (Clive W. J.)** ♦ Économiste britannique (Swansea 1934 - San Diego 2009). Ses travaux ont porté sur les «méthodes d'analyses temporelles économiques avec une tendance commune». Il a découvert que des combinaisons spécifiques de séries temporelles (séries chronologiques de données) non stationnaires peuvent se comporter stationnairement et donc permettent de produire des résultats statistiquement corrects. Il a baptisé ce phénomène «co-intégration». [Prix Nobel d'écon. 2003 avec R. F. Engle*]

**GRANGES** → **Grenchen**

**GRANIQUE** n. m. – en gr. *Granikos* ♦ Petit fl. côtier d'Asie Mineure (Mysie) se jetant dans la Propontide. Alexandre* le Grand y remporta sa première victoire sur Darios* III en –334, s'assurant la domination des Détroits.

**GRANIT (Ragnar Arthur)** ♦ Biologiste suédois d'origine finlandaise (Helsinki 1900 - 1991). Il fit des recherches sur le fonctionnement des cellules de l'œil par l'introduction directe de microélectrodes dans les fibres nerveuses et put étudier les réponses des fibres individuelles aux différentes compositions spectrales de la lumière. [Prix Nobel de physiol. ou méd. 1967, avec H. K. Hartline* et G. Wald*]

**Granja (La)** → ÉTYM. esp. «la ferme» ♦ Résidence royale d'Espagne, dans la sierra de Guadarrama, au S.-E. de Ségovie. Construite et aménagée sous Philippe V, vers 1720, sur les plans de l'architecte d'origine allemande Ardemans, elle forme un rectangle avec 4 ailes parallèles (une collégiale centrale se situe sur la façade postérieure). Les jardins, tracés par divers dessinateurs français, rappellent l'art de Versailles. Tombeau de Philippe V et de sa seconde épouse, Élisabeth* Farnèse, qui fit édifier à proximité le palais de Riofrío.

**GRANS** [13450] → ÉTYM. anc. *de Granis*, du lat. *granum* «grain» (désigne un entrepôt de céréales) ♦ Comm. des Bouches-du-Rhône, arr. d'Aix-en-Provence. 3 753 hab.

**GRAN SASSO D'ITALIA** n. m. → ÉTYM. it. «grand *(gran)* caillou *(sasso)* d'Italie» ♦ Massif des Abruzzes, où les Apennins culminent à 2 914 m (Corno Grande ou Monte Corno).

**GRANT (Ulysses Simpson)** ♦ Général et homme d'État américain (Point Pleasant, Ohio 1822 - Mount McGregor, New York 1885). 18e président des États-Unis. Sorti de West Point, il combattit pendant la guerre du Mexique (1845 - 1848) et reprit les armes, après un retour à la vie civile, lors de la guerre de Sécession*. Rapidement promu général, il se signala par la victoire de Belmont et la prise des forts Donelson et Henry (1862). Victorieux à Vicksburg et dans la vallée du Mississippi qu'il dégagea (1863), il prit la tête des forces nordistes de l'Ouest, puis le commandement en chef. Ses nombreuses victoires furent couronnées par la prise de Richmond (1865) et la reddition de R. E. Lee* qu'il reçut à Appomattox*. Élu président républicain (1868, 1872), il se révéla un médiocre homme d'État et, malgré son intégrité, favorisa les abus et les scandales, aussi bien par les mesures de répression prises contre le Sud (*carpetbaggers**) que par celles qui renforcèrent le capitalisme industriel. Sa politique fut critiquée au sein de son propre parti, et il ne put être réélu une troisième fois. ➝ ÉTYM. Ce nom anglo-normand vient de *ground, graunt* « grand » (surnom donné à une personne de haute taille ou pour distinguer deux membres d'une même famille).

**GRANT (James Augustus)** ♦ Officier et explorateur britannique (Nairn, Écosse 1827 - *id.* 1892). Avec Speke*, il reconnut la région des sources du Nil (1860).

**GRANT (Archibald Alexander LEACH, dit Cary)** ➝ ÉTYM. *Cary*, n. de son personnage dans la comédie musicale *Nikki ; Grant*, choisi au hasard, en parcourant une liste de noms ♦ Acteur américain d'origine britannique (Bristol 1904 - Davenport 1986). Très populaire, créateur d'un personnage désinvolte, il tourna principalement des comédies hormis les emplois que lui offrit Hitchcock (*Les Enchaînés*, 1946 ; *La Main au collet*, 1955 ; *La Mort* aux trousses*, 1959). Autres films : *L'impossible M. Bébé* (Howard Hawks, 1938), *Arsenic et vieilles dentelles* (F. Capra, 1944), *Charade* (Stanley Donen, 1963).

**Granth Sāhib** ou **Guru Granth** n. m. ♦ Livre sacré de la secte indienne des sikhs*, composé des textes religieux et des poèmes écrits par les dix gourous (chefs religieux) de la secte, en hindi et panjabi. Il fut terminé à la fin du XVII^e s.

**GRANVELLE (Antoine PERRENOT DE)** ♦ Cardinal et ministre de Charles* Quint et de Philippe* II (Besançon 1517 - Madrid 1586). Fils d'un ministre de Charles* Quint, il fut l'un des artisans des négociations qui suivirent Mühlberg* (1547), du traité de Passau* (1552) et de la paix d'Augsbourg* (1555). Il sut remplacer l'alliance qu'il avait conclue avec l'Angleterre grâce au mariage de Philippe II et de Marie Tudor, par une alliance avec la France (traité du Cateau-Cambrésis, 1559). Son libéralisme se changea en intolérance à l'avènement de Philippe II. Chargé de rétablir l'unité religieuse et politique aux Pays-Bas, il s'attira par son inflexibilité l'hostilité de tout le peuple et dut se retirer. Après avoir exercé la charge de vice-roi à Naples (1571 - 1575), il fut rappelé à Madrid et son retour amena une reprise de la politique d'expansion espagnole.

**GRANVILLE (John CARTERET, 1^er comte)** ♦ Homme politique britannique (1690 - Londres 1763). Il fut ambassadeur en Suède (1719 - 1722) puis secrétaire d'État, s'opposa à Walpole, fut nommé lieutenant d'Irlande (1724 - 1730) et prit ensuite la tête de l'opposition. De nouveau secrétaire d'État, il favorisa la politique extérieure de George II et les désastres que subit l'armée britannique, dans son intervention contre la France, amenèrent sa chute.

**GRANVILLE (George LEVESON-GOWER, 2^e comte)** ♦ Homme politique britannique (Londres 1815 - *id.* 1891). Whig libre-échangiste, il fit partie des gouvernements Palmerston* et Aberdeen*. Il fut ministre des Affaires étrangères de 1870 à 1874 et de 1880 à 1885 dans le cabinet de Gladstone* dont il était le principal conseiller et qu'il persuada de permettre l'annexion de l'Alsace-Lorraine par l'Allemagne.

**GRANVILLE** [50400] ➝ ÉTYM. anc. *Grandevilla* « grand domaine (lat. *villa*) » ♦ Ch.-l. de cant. de la Manche, arr. d'Avranches, sur la Manche. 12 687 hab. (aggl. 18 137). *(Granvillais)*. Des fortifications du XVIII^e s. entourent la ville haute. Musée du Vieux Granville. ▪ Port de pêche, de commerce et de plaisance sur la Manche. Station balnéaire. Embarcadère pour les îles Chausey et les îles Anglo-Normandes.

**GRAPPELLI (Stéphane)** ♦ Violoniste et pianiste français de jazz (Paris 1908 - *id.* 1997). Deuxième prix de conservatoire de solfège, il s'orienta vers le jazz en 1927 et fut membre du quintette à cordes du Hot Club de France dès sa formation, aux côtés de Django Reinhardt*. Excellent improvisateur au style lyrique et tendre, il fut l'un des meilleurs violonistes de jazz. Princ. enregistrements : *Minor Swing* (quintette du HCF, 1937), *Tea for Two* (1970), *Anniversary Concert* (album, 1983).

**GRAS (Félix)** ♦ Poète et écrivain français de langue d'oc (Malemort, Vaucluse 1844 - Avignon 1901). Ami de Mistral, il succéda à son beau-frère Roumanille comme capoulié du Félibrige* en 1891. Il collabora à de nombreuses revues dont l'*Armana Provençau*, la *Revue félibréenne*. Son œuvre est abondante : outre une épopée en 12 chants, *Les Charbonniers* (*Li Carbounié*, 1876), il s'est attaché à faire revivre le Moyen Âge méridional dans *Toulouse* (*Toloza*, 1882), *La Romancière provençale* (*Lou Romancero provençau*, 1887), *Les Papelines* (*Li Papalino*, 1891), contes sur la papauté à Avignon. On lui doit *Le Catéchisme d'un bon félibre* (1892), ainsi qu'un roman sur la Révolution, *Les Rouges du Midi* (*Li Rouge dòu Miejour*, 1896).

**GRASLIN (Louis-François DE)** ♦ Publiciste et économiste français (Tours 1727 - Nantes 1790). Il fut l'un des adversaires de la doctrine des physiocrates (*Essai analytique sur la richesse et l'impôt*, 1767).

**GRASMERE** (lac de) ♦ Un des principaux centres touristiques du Lake District en Angleterre, près du Grasmere Water, au N. de Windermere. Tombes de Wordsworth et de Coleridge.

**GRASS (Günter)** ♦ Écrivain allemand (Danzig 1927). Membre du Groupe* 47, il fut, comme beaucoup d'écrivains à cette époque, le

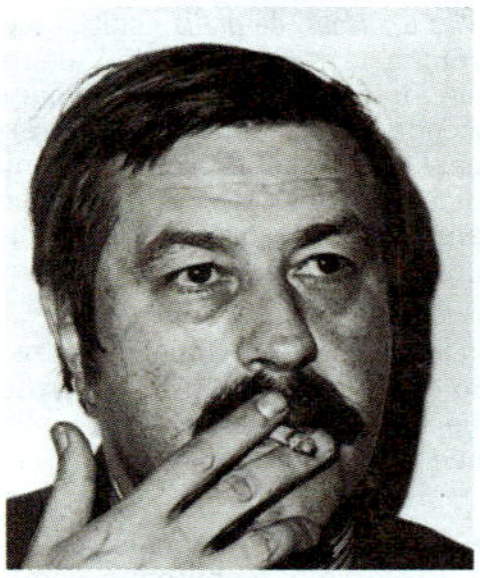

Günter **Grass.**
*Phot. ©Louis Monier*

porte-parole d'une génération meurtrie, avilie par le nazisme et la guerre. Ses poèmes, ses pièces de théâtre (*À dix minutes de Buffalo*, 1958 ; *Les Méchants Cuisiniers*, 1961 ; *Les plébéiens répètent l'insurrection*) et surtout ses romans (*Le Tambour**, 1959 ; *Le Chat et la Souris*, 1961 ; *Les Années de chien*, 1963) font pénétrer dans un univers cruel, absurde et inquiétant. Dans *Le Tambour*, Grass dénonce et tourne en dérision les valeurs de l'adulte sans pourtant trouver refuge dans l'univers de l'enfant qui, lui aussi, connaît l'expérience décisive de la peur, de la haine, de la méchanceté. Avec *Le Turbot* (1977), il évoque tout le passé mythique et historique de l'Allemagne, prenant plaisir à ressusciter vocabulaire et coutumes d'antan, sans quitter sa perspective fantastique. Ami de Willy Brandt*, Grass a longtemps soutenu le SPD, mais il a quitté ce parti en 1991. Partisan déçu d'une Allemagne qu'il rêvait différente, il fit scandale en critiquant la réunification allemande dans son roman *Toute une histoire* (1995) et poursuivit son introspection de l'histoire allemande dans *Mon siècle* (1999). Avec *En crabe* (2002), sur le naufrage du *Wilhelm-Gustloff*, il est le premier à montrer des Allemands victimes de la Deuxième Guerre mondiale. Il demeure, par sa langue extrêmement riche et vigoureuse, et son imagination féconde, le maître des lettres germaniques d'après la Deuxième Guerre mondiale. Ce n'est qu'en 2006, dans son autobiographie *Beim Haüten der Zwiebel* (*Pelures d'oignons*), qu'il a révélé son enrôlement dans les Waffen SS à 17 ans et la honte qu'il ne parvint jamais à surmonter. [Prix Nobel de littérature 1999]

**GRASSE (François Joseph Paul, marquis DE GRASSE-TILLY, comte DE)** ♦ Marin français (Le Bar, Provence 1722 - Paris 1788). Chef d'escadre (1779), il participa à la guerre d'Indépendance des États-Unis (1780 - 1781) ; surpris par la flotte britannique entre la Dominique et les Saintes (avr. 1782), il fut fait prisonnier. À son retour en France, il fut traduit devant un conseil de guerre qui l'acquitta (1784).

**GRASSE** [06130] ➝ ÉTYM. anc. en lat. *villa Grasse* « domaine *(villa)* de Crassus (n. de pers.) » ♦ Ch.-l. d'arr. des Alpes-Maritimes. 43 874 hab. (aggl. 355 169) *(Grassois)*. Grasse fait partie de l'aggl. Grasse-Cannes-Antibes. L'anc. cathédrale des X^e, XI^e et XVII^e s. renferme trois tableaux de P. Rubens, un triptyque attribué à L. Bréa, et le *Lavement des pieds* de J.-H. Fragonard. Musée d'Art et d'Histoire de Provence. Villa-musée Fragonard. Musée international de la Parfumerie. ▪ Important centre de la parfumerie (depuis le XVIII^e s.) alimenté par les cultures florales de la région. Arômes alimentaires. Station climatique. ▮ **Histoire** De fondation romaine, la ville forma au XII^e s. une petite république et fut réunie à la Provence en 1226. Elle fut troublée par les guerres de Religion au XVI^e s.

**GRASSÉ (Pierre Paul)** ♦ Biologiste français (Périgueux 1895 - Carlux 1985). Il étudia la cytologie des protozoaires ainsi que la biologie et le comportement des insectes sociaux (en particulier des termites). Son monumental *Traité de zoologie* (34 vol.) eut une grande influence dans le monde scientifique. [Acad. sc. 1948]

**GRASSET (Joseph)** ♦ Médecin français (Montpellier 1849 - *id.* 1918). Ses travaux portèrent sur les maladies nerveuses, la pathologie générale et la déontologie médicale. En philosophie, il fut un représentant de l'école vitaliste.

**GRASSET (Bernard)** ♦ Éditeur français (Chambéry 1881 - Paris 1955). Il fonda en 1905 la maison d'édition qui porte son nom, publiant dès ses débuts les auteurs contemporains (Mauriac, Giraudoux, Proust). Dans les années 1920, les éditions Grasset jouèrent un rôle important dans la vie littéraire française, avec notamment la collection des « Cahiers verts » et la parution d'ouvrages de Morand, Montherlant, Drieu la Rochelle, L. Hémon, Radiguet. B. Grasset a publié lui-même plusieurs essais, dont *Remarques sur l'édition* (1928) et *La Chose littéraire* (1929). ➝ ÉTYM. Ce nom de famille vient du nom de saint *Grat* (du latin *gratius* « agréable, bienvenu ») ou est le surnom d'une personne bien en chair.

**GRASSMANN (Hermann Günther)** ♦ Mathématicien et linguiste allemand (Stettin, auj. Szczecin 1809 - *id.* 1877). Il exposa les notions de base de calcul vectoriel étendues aux espaces à plusieurs dimensions. Indépendamment de A. Cayley*, il fut le premier à employer ce que l'on définit actuellement comme produit vectoriel et produit scalaire et introduisit, dans son calcul géométrique, le concept de matrice. Il publia également d'importants travaux de linguistique, concernant principalement le sanskrit.

**GRATIEN** ← ÉTYM. en lat. ***Flavius Gratianus***, de *gratia* « grâce » ♦ (Sirmium 359 - Lyon 383). Empereur romain (375 - 383). Fils de Valentinien* Ier et formé par le poète Ausone*, il fut associé à l'Empire par son père à l'âge de huit ans et lui succéda en Occident avec son frère Valentinien* II. À la mort de Valens*, il confia le trône d'Orient à Théodose* Ier (379). Sous l'influence d'Ambroise* et de Théodose, il combattit le paganisme et, malgré la protestation de Symmaque*, fit enlever du Sénat la statue de la Victoire. Il fut renversé et tué par l'Espagnol Maxime*.

**GRATIEN** – en lat. *Gratianus* ♦ (Chiusi, Toscane - Bologne v. 1160). Moine camaldule et canoniste à Bologne, auteur d'une *Concordia discordantium canonum*, connue sous le nom de *Décret* (v. 1140), première compilation raisonnée du droit canonique ; elle en resta le fondement jusqu'en 1918.

**GRATIOLET (Louis Pierre)** ♦ Physiologiste français (Sainte-Foy-la-Grande 1815 - Paris 1865). Professeur d'anatomie comparée au Muséum national d'histoire naturelle, il fit des études sur l'anatomie et la physiologie du cerveau et du système nerveux (*Mémoire sur les plis cérébraux de l'homme*, 1854).

**GRATRY (Alphonse)** ♦ Oratorien et philosophe français (Lille 1805 - Montreux 1872). Il restaura l'Oratoire en France avec Pététot, curé de Saint-Roch (1852), mais, opposé au dogme de l'infaillibilité du pape, il dut démissionner en 1870. Critiquant la philosophie hégélienne (et les penseurs qu'il en estime proches tels Renan, Vacherot*, Scherer*), il renoua avec le rationalisme et le mysticisme de Platon. Œuv. princ. : *De la connaissance de Dieu* (1853), *Les Sophistes et la Critique* (1864), *Les Sources* (1862). [Acad. fr. 1867] ← ÉTYM. *Gratry* vient probablement du germanique *krattan* « gratter la terre [sur un sol caillouteux] ».

**GRAUBÜNDEN** → **Grisons**

**GRAU-D'AGDE** [34300] ♦ Petit port de pêche et station balnéaire de l'Hérault (comm. d'Agde), à l'embouchure de l'Hérault.

**GRAU-DU-ROI (LE)** [30240] ← ÉTYM. « le chenal du roi (en l'honneur d'Henri IV qui y entreprit des travaux d'aménagement) » ♦ Comm. du Gard, arr. de Nîmes, sur la Méditerranée. 5 875 hab. (aggl. 12 333) (*Graulens*). Port de pêche relié à Aigues-Mortes par un chenal maritime (*grau*) qui sépare en deux la station balnéaire.

**GRAUFESENQUE (LA)** ♦ Site archéologique, près de Millau* (Aveyron). On y a retrouvé et étudié les restes d'ateliers de céramique gauloise et gallo-romaine.

**GRAULHET** [grojɛ] [81300] ← ÉTYM. anc. *Granolhetum*, du lat. *ranucula* « petite grenouille » et suff. *-etum* ♦ Ch.-l. de cant. du Tarn, arr. de Castres, sur le Dadou. 12 663 hab. (*Graulhétois*). Cap. de la mégisserie (travail des peaux délainées ou « cuirots » de Mazamet).

**GRAVE (Jean)** ♦ Anarchiste français (Breuil-sur-Couze, Puy-de-Dôme 1854 - Vienne-en-Val, Loiret 1939). Ouvrier cordonnier, il édita *Le Révolté*, journal fondé par Kropotkine, à Genève (1883), puis *La Révolte* et *Les Temps nouveaux* à Paris (1894). Il publia plusieurs ouvrages dont *La Société au lendemain de la Révolution* (1882) et *La Société mourante et l'Anarchie* (1893), livre pour lequel il fut poursuivi en justice.

**GRAVE** (pointe de) ♦ Cap situé à l'embouchure de la Gironde*.

**GRAVE (LA)** [05320] ← ÉTYM. de l'occit. *grava* « gravier » ♦ Ch.-l. de cant. des Hautes-Alpes, arr. de Briançon, au pied de la Meije, sur la Romanche. 511 hab. (*Graverots*). Église romane du XIIe s. ▪ Centre d'alpinisme et station de sports d'hiver (1 526 - 2 200 m). ▪ Aux environs, point de vue sur le massif de la Meije depuis l'oratoire du Chazelet.

**GRAVELINES** [59820] ← ÉTYM. anc. *Graveninga*, du néerl. *gravan* « ensemble de fossés de drainage » ♦ Ch.-l. de cant. du Nord, arr. de Dunkerque, sur l'Aa. 12 430 hab. (*Gravelinois*). Anc. place forte conservant ses remparts (XVIe - XVIIe s.). Église de style gothique flamboyant du XVIe s. (boiseries du XVIIe s.). ▪ Au N., centrale nucléaire. ▮ **Histoire** Le 13 juil. 1558, les Espagnols commandés par le comte d'Egmont y battirent les Français. La ville devint définitivement française au traité des Pyrénées (1659) et Vauban la fortifia.

**GRAVELOT (Hubert François BOURGUIGNON, dit)** ♦ Peintre, graveur et dessinateur français (Paris 1699 - *id.* 1773). Après avoir travaillé auprès de Restou et de Boucher, il se consacra au dessin et à la gravure. Installé à Londres de 1732 à 1745, il fonda une école de dessin où étudia notamment Gainsborough et publia un *Traité de perspective*. Il s'adonna aussi à la caricature, se lia avec Hogarth* et illustra une édition de Shakespeare. À Paris, il devint un ornemaniste et un illustrateur réputé (*La Nouvelle Héloïse, Le Décaméron*), réalisant des portraits, des satires et des scènes galantes avec un trait fin et élégant.

**GRAVELOTTE** [57130] ← ÉTYM. anc. *Graveium*, du prélatin *grava* « pierre [endroit caillouteux] » et suff. dimin. *-ell* et *-otta* ♦ Comm. de la Moselle, arr. de Metz. 652 hab. (*Gravelottins*). ▮ **Histoire** Au cours de la guerre franco-allemande de 1870, une violente bataille (appelée aussi bataille de Rezonville*) y opposa les forces françaises aux troupes prussiennes sous les ordres de Goeben (16 - 18 août 1870). → **Metz.**

**GRAVENHAGE ('S)** → **La Haye**

**GRAVES (Robert Ranke)** ♦ Poète et romancier britannique (Wimbledon 1895 - Majorque 1985). Fils de l'un des chefs de la renaissance littéraire irlandaise, le poète ALFRED PERCEVAL GRAVES (1846 - 1931), il servit pendant la Première Guerre mondiale et son *Adieu à tout cela* (1929) est devenu un classique des mémoires de guerre. Poète georgien* typique avant 1914, il passa du lyrisme amoureux à des textes plus ironiques (*Collected Poems*, 1975). Bien qu'il méprisât son œuvre en prose, c'est surtout par elle que Graves est connu. Dans son cycle romanesque *Moi, Claude* (1934), il est le premier romancier à écrire l'autobiographie fictive d'un personnage de l'Antiquité. La plupart de ses autres romans sont également d'inspiration historique : *La Toison d'or* (1944), *Le Roi Jésus* (1947), *La Fille d'Homère* (1955), *Les Marches* (1959). Traducteur des poètes latins, Graves doit également sa renommée à ses ouvrages sur la mythologie, contestés par les spécialistes, mais remplis d'intuitions éclairantes (*La Déesse blanche ; Les Mythes grecs*).

**GRAVES** n. m. pl. ← ÉTYM. de *grave* « gravier » var. de *grève* « terrain plat (formé de sable, de graviers) » ♦ Région du Bordelais (Gironde), sur la rive g. de la Garonne. Vignobles.

**GRAVESANDE (Willem Jacob s')** ♦ Physicien néerlandais (Bois-le-Duc 1688 - Leyde 1742). Il inventa l'anneau qui porte son nom pour montrer que les diamètres intérieur et extérieur d'un anneau se dilatent dans la même proportion. On lui doit également le premier héliostat (1720).

**GRAVESEND** ♦ V. d'Angleterre (Kent), à l'embouchure de la Tamise. 55 000 hab. Port. Centre résidentiel, commercial et indus. (cimenterie, papeterie).

**Gravettien** n. m. ♦ Faciès culturel du Paléolithique* supérieur répandu dans toute l'Europe entre –27 000 et –19 000 et caractérisé par des armatures de pierre à dos rectiligne appelées « pointes de la Gravette », du nom du site de Dordogne (comm. de Bayac). Les Gravettiens ont sculpté de nombreuses petites statuettes féminines. → **Brassempouy, Dolni Vestonice, Grimaldi, Kostenki, Lespugue, Pair-non-Pair, Pataud, Willendorf.**

**GRAVIGNY** [27930] ← ÉTYM. du lat. *Gravinius*, n. de pers., et suff. *-acum* ♦ Comm. de l'Eure, banl. N. d'Évreux. 3 598 hab.

**GRAVINA (Gian Vincenzo)** ♦ Juriste et homme de lettres italien (Roggiano, Cosenza 1664 - Rome 1718). Il enseigna à Rome à partir de 1689 et participa à la fondation de l'académie d'Arcadie (1690). Mais il s'opposa vite à l'aimable facilité de Crescimbeni, et fonda en 1711 une autre académie, dite bientôt « des Quirini ». ▪ Auteur d'un libelle contre les jésuites (*Hydra mystica*, 1691), il fut surtout le théoricien d'un classicisme austère, nourri aux sources gréco-latines, prônant une relecture des mythes, et opposé au formalisme critique. Ses trois grands essais théoriques sont le *Discours sur l'« Endymion » de Guidi* (1692), *Della Ragion poetica* (1708) — où, à rebours de son époque, il réhabilite Dante — et, à un degré moindre, *Della tragedia* (1712). Son souci d'éducation civile et sa revalorisation de l'imagination mythique (qu'il ne sut malheureusement pas mettre en œuvre dans ses 5 tragédies, plutôt compassées) devaient avoir leur influence sur Winckelmann* et Foscolo*. → **Métastase.**

**GRAVINA (Federico Carlos, duc DE)** ♦ Amiral espagnol (Palerme 1756 - Cadix 1806). Chef d'escadre en 1793, il accompagna Lángara à Toulon et combattit aux côtés des Français à Saint-Domingue (1802). Ambassadeur d'Espagne à Paris (1805), il accompagna l'amiral français Villeneuve aux Antilles et commanda avec lui la flotte espagnole réunie à la flotte française au Ferrol et à Trafalgar (1805) ; s'étant battu héroïquement, il devait succomber à ses blessures.

**GRAVINA IN PUGLIA** ♦ V. d'Italie, dans les Pouilles (prov. de Bari). 42 154 hab. Centre agricole.

**GRAY (Stephen)** ♦ Physicien anglais (v. 1670 - Londres 1736). Il fut l'un des premiers à étudier l'électricité ; il remarqua notamment l'existence de corps conducteurs et isolants et découvrit l'électrisation par influence, indépendamment de Du* Fay.

**GRAY (Thomas)** ♦ Poète britannique (Londres 1716 - Cambridge 1771). Fils d'un courtier, il fit ses études à Eton et à Cambridge où il devint l'ami de Horace Walpole qu'il accompagna en 1739 sur le continent. Il écrivit en 1747 une *Ode sur une perspective lointaine du collège d'Eton* et publia en 1751 un poème composé de quatrains à rimes alternées, l'*Élégie écrite dans un cimetière campagnard*, qui lui valut la célébrité. Évoquant la nature avec une sensibilité discrète, il fut, avec William Collins*, le poète de transition entre le classicisme et le romantisme, par sa sensibilité mélancolique, son goût pour les littératures galloise et scandinave, qui lui inspirèrent *Le Barde, Les Parques, La Descente d'Odin*. Ses lettres, spontanées et spirituelles, abondent en jugements littéraires et en développements sur le sentiment du paysage cher à Wordsworth*.

**GRAY (Elisha)** ♦ Inventeur américain (Barnesville 1835 - Newtonville, Massachusetts 1901). Inventeur, en même temps que G. Bell*, d'un téléphone à microphone à liquide (1876), il fit breveter un téléautographe transmettant à distance, par fil, des textes manuscrits (1888).

**GRAY (Eileen)** ♦ Décoratrice et créatrice de meubles irlandaise (Brownswood, Irlande 1878 - Paris 1976). Après des études à Londres, elle travailla essentiellement en France entre les deux guerres comme décoratrice et créatrice de meubles d'avant-garde dans un style proche de Le Corbusier avec qui elle collabora (meubles fonctionnels et légers en chrome, tubes d'acier et verre).

**GRAY** [70100] ➡ **ÉTYM.** anc. *Gradiacus*, du lat. *Gratus*, n. de pers., et suff. *-acum* ♦ Ch.-l. de cant. de la Haute-Saône, arr. de Vesoul, sur la rive g. de la Saône. 6 773 hab. (aggl. 11 580) *(Graylois)*. Hôtel de ville Renaissance (1566). Musée Baron-Martin : coll. de dessins et pastels de Prud'hon ; sculptures ; peintures des écoles italienne, flamande, hollandaise et française. ▪ Centre agricole.

**GRAZ** ➡ **ÉTYM.** du slovène *grad* « ville » ♦ V. d'Autriche, cap. de la Styrie*, située sur les rives de la Mur. 226 241 hab. Univ. depuis 1586. Nombreux monuments (XVe - XVIIIe s.) : Hauptplatz, Landhaus (siège de la diète de Styrie), arsenal du XVIIe s., Schlossberg, avec la tour de l'Horloge ; porte Saint-Paul (XVIe s.) ; cathédrale du XVe s. ; musée Joanneum. ▪ Construc. mécaniques, automobiles, brasseries. ▪ Festival international de « l'Automne Styrien » en oct. ▪ À 15 km au N., remarquable musée autrichien de plein air. ▌**Histoire** D'abord petit village de pêcheurs, Graz prit de l'importance au XIIe s. avec la construction d'une forteresse sur la butte de la rive gauche ; elle devint la gardienne de la frontière hongroise toute proche. Après 1379, Graz devint la résidence de la lignée styrienne. L'empereur Frédéric III y séjourna souvent et y fit construire la cathédrale. En 1619, l'Autriche étant définitivement unie, Graz perdit la cour royale. Les Français occupèrent la ville en 1797, 1805 et 1809, mais ne purent s'emparer du Schlossberg qui fut démantelé après le traité de Schönbrunn* ; seule la tour de l'Horloge fut conservée. La ville connut encore un vif éclat grâce à l'archiduc Jean qui y vécut et y mourut en 1857, y fonda le musée Joanneum et encouragea la vie artistique. La ville connut de graves destructions durant la Deuxième Guerre mondiale, mais elle fut restaurée avec habileté.

**GRAZIANI (Rodolfo),** marquis **DE NEGHELLI** ♦ Maréchal italien (Filettino, prov. de Frosinone 1882 - Rome 1955). Il combattit en Libye, commanda le front de Somalie en 1936, devint vice-roi d'Éthiopie, en 1937. Commandant les forces italiennes de Libye en 1940, il esquissa l'attaque de l'Égypte, mais, dès janv. 1941, fut mis en déroute par les Britanniques (Wavell*) et perdit toute la Cyrénaïque. En 1943, dans la république établie par Mussolini à Salo, il reçut le commandement des forces armées. Condamné par un tribunal italien, il fut emprisonné de 1945 à 1950. ➡ **ÉTYM.** Le nom italien *Graziani* vient de *grazia* « grâce (divine) ».

**Graziella** ♦ Récit semi-autobiographique d'A. de Lamartine*, publié dans ses *Confidences* (1849), puis à part en 1852. L'auteur y transpose une aventure de jeunesse dans une famille de pêcheurs napolitains.

**GRÉASQUE** [13850] ➡ **ÉTYM.** anc. *Graziasca* « ferme de Gratius », du lat. *Gratius*, n. de pers., et suff. *-asca* ♦ Comm. des Bouches-du-Rhône, arr. de Marseille. 3 576 hab.

**GREAT PLAINS** → Plaines (Grandes)

**GREAT YARMOUTH** ♦ V. d'Angleterre (Norfolk), sur la mer du Nord, à l'embouchure de la Yare. 90 813 hab. Station balnéaire et port de plaisance. Important port de pêche.

**GRÉBAN (Arnoul)** ♦ Poète dramatique français (Le Mans v. 1420 - *id.* 1471). Bachelier en théologie, maître de chapelle à Notre-Dame de Paris, il composa avant 1452 son monumental *Mystère de la Passion*, œuvre dont l'importance est considérable dans l'histoire du théâtre français. En 34 574 vers, l'ouvrage constitue la somme dramatique la plus grandiose qu'ait inspirée le christianisme. Sous une forme dialoguée où interviennent des morceaux de pur lyrisme, mêlant le tragique et le comique et usant de toutes les ressources du réalisme, la pièce, dont la représentation se déroulait en quatre journées, devait connaître pendant plus d'un siècle la faveur des foules. Simon Gréban, frère d'Arnoul, a composé, sans doute en collaboration avec celui-ci, *Le Mystère des Actes des Apôtres* (v. 1465). ➡ **ÉTYM.** *Gréban* est une autre forme de *Gerban*, du germanique *gerbrand* « lance enflammée ».

## GRÈCE

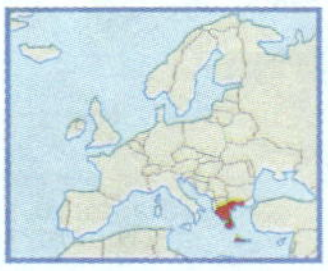

▌n. f. – off. ***République hellénique*** en gr. ***Elliniki Dimokratia*** ; en gr. mod. ***Elláda*** ou ***Ellás*** ➡ **ÉTYM.** « pays des *Graeci* » (nom d'une tribu épirote, étendu par les Romains à toute la péninsule), probablt d'orig. illyrienne, p.-ê. de l'indo-eur. *°gra* « vénérable » ♦ Pays du S.-E. de l'Europe occupant l'extrémité de la péninsule des Balkans. La Grèce s'étend en outre sur les îles Ioniennes* et toutes les îles de la mer Égée* (sauf Imbros et Tenedos). 131 957 km$^2$. 10 964 156 hab. *(Grecs)*. LANGUE : grec (off.). POPULATION : on compte environ 1 million de travailleurs immigrés (Albanais, Européens de l'Est, Kurdes, Syriens, Asiatiques). RELIGIONS : christianisme orthodoxe, religion d'État jusqu'en 1981, pour 97 % des Grecs ; musulmans 1,5 % ; catholiques 0,5 %. MONNAIE : euro. CAPITALE : Athènes. RÉGIME : démocratie parlementaire depuis la Constitution de 1975. Le pays est composé de 13 régions (l'Attique*, la Crète*, les îles de la mer Égée* méridionale, les îles de la mer Égée septentrionale, l'Épire*, la Grèce centrale, la Grèce occidentale, les îles Ioniennes*, la Macédoine centrale, la Macédoine occidentale, la Macédoine orientale et la Thrace, le Péloponnèse*, la Thessalie*) comprenant 51 nomes (départements) divisés en 147 éparchies (arrondissements) et une république monastique (le mont Athos).

**Grèce.** L'île de Santorin.
*Phot. ©S. Grandadam/Hoa Qui*

### GÉOGRAPHIE

L'intensité des plissements de type alpin et la fréquence des cassures tectoniques récentes expliquent la part importante des montagnes (45 % du territoire), le morcellement des surfaces cultivables en plaines fermées de faibles dimensions, l'émiettement insulaire (20 % de la superficie grecque). On distingue trois grands domaines structuraux et climatiques. À l'O. et au S., les chaînes plissées du Pinde et du Péloponnèse, prolongement des Alpes dinariques, forment l'ossature montagneuse du pays et isolent le littoral ionien du reste du territoire ; un arc insulaire (îles Ioniennes, Crète, Rhodes) constitue la limite externe de la zone plissée et la rattache au Taurus (Asie Mineure). À l'E. et au N., le Rhodope, les massifs thessaliens et macédoniens (Olympe, Chalcidique Vermion, Pilion) et la plupart des îles de l'Égée (Eubée, Cyclades), sont les témoins du socle ancien, rajeuni ou disloqué. Entre les deux ensembles s'ouvre une série de bassins qui concentrent l'essentiel du potentiel agricole et atteignent de vastes dimensions en Grèce du N. : Thessalie, plaine de l'Axios en Macédoine centrale, Pélagonie. ▌**Le climat** La disposition du relief et la situation en latitude se combinent pour expliquer les oppositions climatiques : les versants ioniens reçoivent plus de 800 mm de précipitations par an, alimentent les fleuves les plus abondants (Arachthos, Achéloos), connaissent des hivers doux et des étés tempérés (de 10 à 12 °C en janv. selon le lieu, de 24 à 25 °C en juil.). La Thessalie intérieure, la Macédoine et la Thrace sont soumises aux influences continentales : hivers froids (de 2 à 6 °C), étés chauds (de 26 à 29 °C), faiblesse des précipitations (moins de 600 mm/an). Au S.-E., les régions proches de la mer Égée (Attique, Argolide) ont un climat méditerranéen accusé : moins de 400 mm de précipitations, longs étés secs et caniculaires, hivers doux. Très ventées, les îles échappent aux excès estivaux.

### ÉCONOMIE

La forte croissance de l'économie grecque entre 1950 et 2009 n'a guère modifié sa structure, que caractérisent toujours la part essentielle de l'agriculture et des services (marine marchande, tourisme), le rôle important des fonds envoyés par les émigrés, et la faiblesse de la production industrielle en volume et en compétitivité. La Grèce ne couvre que 32 % de ses besoins en énergie. Les actifs (39,5 % de la population) sont employés pour 13 % dans l'agriculture (chiffre le plus élevé de l'Union européenne malgré sa baisse rapide ; il était encore de 40 % en 1971), 22 % dans l'artisanat et l'industrie, et 65 % dans les services. L'emploi non salarié est prépondérant. La Grèce a été parmi les pays de l'UE le plus fortement handicapé par la crise financière mondiale de 2008 et elle est entrée en récession dès la fin de l'année. Les investissements et la consommation intérieure ont chuté, de même que les exportations. Le déficit public a augmenté jusqu'à atteindre 12,7 % du PIB en 2009. Les pays de l'UE ont immédiatement fait pression pour que le pays adopte un programme de réforme afin de redresser au plus vite ce déséquilibre, conformément au pacte de stabilité (instrument pour éviter l'apparition de déficits nationaux excessifs).

▌**AGRICULTURE** L'importance de l'emploi agricole reflète le nombre important de petits exploitants tirant en réalité l'essentiel de leur revenu d'activités non agricoles. En dépit de structures agraires très émiettées, héritées de la réforme agraire des années 1920 (90 % des propriétés comptent moins de 5 ha), et d'une superficie utilisable restreinte (30 % du territoire), l'agriculture a réalisé

Grèce.

d'importants progrès en partie dus à l'adhésion de la Grèce à la CEE, et sa part dans le PIB s'est stabilisée à près de 6 %. Depuis 1981, les surfaces cultivées ont fortement augmenté et les cultures se sont intensifiées : dans les plaines irrigables, le blé est remplacé par le coton (Thessalie), le maïs et les plantes fourragères (Épire, Macédoine centrale) ; la betterave sucrière et les oléagineux (tournesol) occupent la plus grande place en Macédoine et en Thrace. Le tabac se maintient en Acarnanie et en Thrace. La Crète, l'Argolide, la Messénie et l'Élide produisent fruits et légumes à contre-saison. On a su également tirer parti des zones sèches en y étendant la culture du blé tendre (Macédoine), tandis que l'olivier progresse en Crète grâce aux subventions accordées par l'Union européenne. Mais ces améliorations ont surtout permis de réduire les importations (sucre, blé) ; les excédents (vins, fruits, légumes, huile d'olive) s'exportent de plus en plus mal, car l'éloignement du marché européen les pénalise par rapport aux autres producteurs méditerranéens. Monopoles grecs au sein de l'Union européenne, le tabac et le coton réalisent en revanche de bons résultats à l'exportation. Les montagnes, mal valorisées par l'élevage ovin, sont de plus en plus abandonnées à la forêt.

**▮ INDUSTRIE ET ÉNERGIE** Désavantagée par la rareté des sources d'énergie, mais surtout par l'absence de tradition manufacturière, la production industrielle a cependant réalisé quelques progrès. La production d'électricité reste dépendante à 60 % des importations d'hydrocarbures, mais elle exploite au mieux les ressources nationales (usines hydroélectriques de l'Achéloos, centrales thermiques utilisant les grosses réserves de lignite de Ptolémaïs en Macédoine, d'Eubée ou du Péloponnèse). Les investissements étrangers et l'État sont à l'origine des grandes réalisations des années 1950 - 1960, groupées autour de deux complexes industriels : celui de Diavata-Sindos, à l'O. de Salonique, où sont notamment implantées une raffinerie de pétrole, une usine pétrochimique (Esso-Pappas), une aciérie (Hellenic Steel) et une usine d'engrais (Saint-Gobain), et celui de l'Attique de l'O. entre la baie d'Éleusis et Le Pirée (raffineries, construc. navales, cimenterie). Volos (cimenterie Iraklis) et Patras (Pirelli) constituent des centres secondaires. L'usine d'aluminium géante installée par Péchiney à Andikirra, près des bauxites du Parnasse (env. 4 % de la prod. mondiale), reste isolée. L'État qui avait, après 1974, augmenté ses participations dans l'industrie, comme dans la banque ou l'assurance, en confisquant les entreprises compromises avec les colonels ou pour moderniser les entreprises en difficulté (textiles Piraïki-Patraïki, ciments Héraklès), en a privatisé une partie, ce qui entraîne souvent l'internationalisation de leur capital. Les industries de biens de consommation se partagent entre un secteur peu compétitif limité au marché intérieur (agroalimentaire, tabac à l'O. d'Athènes), qui ne survit que grâce à des barrières douanières élevées, et un secteur exportateur reposant sur les faibles coûts de la main-d'œuvre (cuirs et fourrures, confection à Kavalla, Kastoria).

**COMMERCE ET REVENUS** Si près des deux tiers des échanges sont effectués avec la Communauté européenne, les exportations ne couvrent plus que 30 % des importations. Ce lourd déficit commercial perdure, la Grèce important une part croissante de sa consommation en matières premières, produits manufacturés et produits alimentaires (viandes et produits laitiers). Il n'est comblé qu'en partie par le solde de la balance des paiements, rendu positif par quatre sources de devises : la flotte marchande grecque, stimulée par le développement des échanges mondiaux et du trafic de ferries, continue à se développer ; elle occupe le 1er rang mondial. Le tourisme tient une grande place dans les revenus du pays avec 13 millions de visiteurs annuels. Un apport équivalent provient des fonds rapatriés par les émigrés. Enfin, les transferts, subventions et prêts de la Communauté européenne (1,8 milliard de dollars par an entre 1981 et 1990 dont une large part revient à la population rurale) sont déterminants. L'ampleur croissante de l'économie «souterraine» (de 35 à 40 % des revenus, dont la prise en compte réévaluerait sensiblement les performances économiques) ainsi que l'évasion fiscale généralisée sont la cause principale des difficultés budgétaires. Un programme de grands travaux (modernisation de la voie ferrée Athènes-Salonique, autoroutes, métro d'Athènes) a été engagé grâce aux fonds européens, mais les réformes de structures (foncier, fiscalité), indispensables à un développement solide, font encore défaut.

**DÉMOGRAPHIE** La période 1961 - 1971 avait conduit 750 000 Grecs à l'étranger (Allemagne) et regroupé autour d'Athènes un tiers de la population du pays. L'exode rural a pris fin et, depuis 1980, les retours dépassent les départs. La Grèce est devenue un foyer d'immigration : Grecs en provenance de Russie, réfugiés du Kurdistan, de Roumanie, de Pologne, travailleurs immigrés en provenance d'Albanie et du tiers monde arabe et asiatique représentent

**Grèce** | Productions en 2008

| Produits | Quantités | Rang |
|---|---|---|
| **Agriculture** | | |
| Betteraves à sucre | 903 000 t | |
| Blé | 1 900 000 t | |
| Coton | 500 000 t | 9e |
| Huile d'olive | 370 000 t | 3e |
| Maïs | 2 400 000 t | |
| Olives | 2 400 000 t | 3e |
| Oranges | 810 000 t | 14e |
| Orge | 380 000 t | |
| Tabac | 160 000 t | 7e |
| Tomates | 1 400 000 t | 12e |
| Vin (2009) | 3 300 000 hl | |
| Bovins (têtes) | 630 000 | |
| Caprins (têtes) | 5 000 000 | |
| Ovins (têtes) | 8 800 000 | |
| Porcins (têtes) | 1 000 000 | |
| **Mines** | | |
| Argent | 26 000 t | |
| Bauxite | 2 100 000 t | |
| Fer | 600 000 t | |
| Houille | 63 000 000 t | 15e |
| Nickel | 20 000 t | |

env. 500 000 personnes occupant des emplois saisonniers ou précaires. La croissance démographique se maintient difficilement à 0,3 % en raison du taux de fécondité parmi les plus bas d'Europe.

## HISTOIRE

**LE MONDE ÉGÉEN, CYCLADES, CRÈTE, MYCÈNES** **L'époque préhellénique : civilisation cycladique et Crète minoenne** L'âge néolithique dans l'espace grec est représenté par le monde égéen (→ **Égée**) déjà ouvert aux influences de l'Asie Mineure. On a constaté ces influences dans la poterie de Thessalie et des Cyclades, ainsi que dans les formes architecturales. Les sites néolithiques de Dimini et de Sesklo (–IVe millénaire), près de la côte thessalienne, sont les plus anciens témoins de la citadelle préhellénique, formée par le *mégaron* (palais) entouré de maisons et d'une enceinte. L'âge du bronze débute dans l'*Égéide* avec l'arrivée vers –2 600 d'envahisseurs d'origine inconnue venus par mer de l'Asie Mineure et conventionnellement appelés Pélasges*. Ils apportèrent de nouvelles cultures (la vigne, l'olivier) et surtout de nouvelles techniques, la métallurgie du bronze, la charrue, une céramique vernissée et raffinée. Les Cyclades d'abord, puis la Crète* bénéficièrent de ce progrès. La civilisation cycladique, essentiellement maritime, s'épanouit en relation avec Troie*, Chypre*, la Crète et l'Égypte. C'est en Crète

**Grèce.** La colonisation grecque du -VIIIe au -VIe s.

que l'éclosion de la civilisation préhellénique prit toute son ampleur vers le milieu du –IIe millénaire avec la thalassocratie de Cnossos* et la puissance de la monarchie (dynastie des Minos*). En contact avec l'Égypte et la Phénicie, mais aussi avec la Grèce continentale et insulaire, la Crète minoenne influencera profondément la première civilisation grecque. Dans la période du bronze ancien (–2000 - –1580) apparurent les premiers Hellènes. Appartenant au mouvement indo-européen qui depuis le milieu du –IIIe millénaire se développait des régions danubiennes vers les côtes égéennes, les Ioniens* (v. –1950), puis les Achéens* refoulèrent les Pélasges dans les montagnes ou se mêlèrent avec eux (→ **Éoliens, Minyens**). **▮ La civilisation mycénienne** La période suivante, celle du bronze récent (–1580 - –1100), est pour la Grèce celle de la civilisation mycénienne. → **Mycènes, Argos, Tirynthe, Sicyone, Corinthe, Athènes, Thèbes, Orchomène.** Produit de fusion avec les éléments déjà enracinés et de fructueux échanges avec la Crète minoenne, cet épanouissement est considéré comme la première civilisation hellénique. En effet, le déchiffrement en 1953 par Michael Ventris du système d'écriture «linéaire B» des inscriptions sur les tablettes trouvées à Pylos, Mycènes et Cnossos, a prouvé que le dialecte dit mycénien est le plus ancien grec connu. L'Empire achéen ou mycénien était formé d'une multitude d'États monarchiques dont les légendes héroïques et surtout l'*Iliade* avec l'énumération des vaisseaux ont donné une idée. Le palais était au centre d'une puissante enceinte ou sur une acropole et la population agraire était groupée en collectivités familiales de cultivateurs. Peuple guerrier, militairement supérieur grâce au dressage du cheval et au char de guerre, les Indo-Européens apprirent des Crétois l'art de la navigation et du commerce, ce qui leur permit de détruire l'État minoen et de pousser leur commerce jusqu'aux îles Britanniques. L'expédition contre Troie, vers –1230, aurait été une phase de leur expansion ou simplement une entreprise de piraterie. L'influence crétoise est attestée dans l'administration palatiale et bureaucratique de l'État mycénien, dans le système d'écriture «linéaire B» (issu du crétois «linéaire A»), dans le goût raffiné de la vie urbaine, dans la céramique et l'orfèvrerie, mais l'architecture mycénienne des palais et des tombes à coupole ainsi que la technique des fortifications (mur «cyclopéen») sont originales. Le panthéon grec se forma essentiellement à cette époque par la synthèse des cultes agraires, orientaux ou crétois, notamment celui de la Terre-Mère, avec les divinités ouraniennes et mâles des Indo-Européens. → **Zeus, Olympe.** Le culte des morts, qui fournit le fond héroïque de la tradition, y débute également. Une littérature épique semble être élaborée dans la tradition orale des aèdes, les épopées homériques étant considérées comme une élaboration ultérieure de cette tradition.

**▮ L'INVASION DORIENNE ET L'ÉPOQUE ARCHAÏQUE ▮ Le Moyen Âge hellénique** Dernier flot indo-européen, les Doriens* submergèrent le monde mycénien vers la fin du –XIIe s. Avec leur arrivée, la composition ethnique et dialectale de l'hellénisme s'acheva, mais aussi de profonds bouleversements démographiques, politiques et culturels intervinrent. La destruction de la civilisation palatiale et maritime, l'abandon du commerce aux Phéniciens, l'instauration d'une aristocratie militaire dorienne aux mœurs et aux goûts rudimentaires correspondent au recul qui fut appelé «Moyen Âge hellénique». Quant à l'apport dorien dans la vie grecque, mis à part le folklore et la hiérarchie strictement patriarcale qui se reflète même dans la religion (→ **Olympe**), il reste problématique. Certaines pratiques nouvelles, comme la crémation des morts, se répandirent avec l'afflux dorien. En revanche, deux nouveautés contemporaines, la métallurgie du fer et la céramique à décoration géométrique (qui donne son nom à la nouvelle période historique), furent vraisemblablement étrangères à cet événement. **▮ L'époque géométrique** L'*époque géométrique* proprement dite (–900 - –750) fut une période de transition et d'adaptation des nouveaux venus à la civilisation égéenne. Les populations non soumises, d'abord refoulées dans les régions préservées de l'invasion (Arcadie, Béotie, Eubée, Attique), s'acheminèrent vers les îles et le littoral égéen de l'Asie Mineure (→ **Ionie, Éolide**), suivies par une vague de migration dorienne (→ **Crète, Rhodes, Carie**). L'Attique, avec Athènes*, resta la grande réserve ionienne, tandis que les Doriens dominaient le reste de la Grèce centrale et plus solidement le Péloponnèse, créant de nouveaux centres sur les ruines des cités mycéniennes (→ **Argos, Corinthe, Sparte, Mégare**). Mais le centre de gravité de l'hellénisme était déplacé pour quelques siècles sur les rivages orientaux de la mer Égée où le contact avec l'Orient lui fut une fois de plus extrêmement profitable. Une renaissance s'amorça dès la fin du –IXe s. La diffusion des épopées homériques venues d'Ionie et la propagation d'une écriture alphabétique, imitée de l'écriture phénicienne, forgèrent la conception d'un patrimoine grec culturel et religieux, voire national. Les jeux Olympiques célébrés pour la première fois en –776 (départ de la chronologie grecque) devinrent la grande fête panhellénique. Les premiers temples, souvent sur les acropoles et dans les palais, apparurent au –IXe s. Mais l'évolution fut surtout économique et politique. L'éclatement de l'ancien *genos* (clan) communautaire en familles dont les plus puissantes s'approprièrent les terres les plus fertiles entraîna l'avènement d'une aristocratie (–VIIIe s.) qui étouffa graduellement la fonction royale et accapara la magistrature. Athènes donna le modèle le plus célèbre du gouvernement aristocratique des Eupatrides* (→ **Aréopage, Athènes**), tandis que Sparte conserva la double royauté contrôlée par les *éphores*, sur la pyramide d'une société militaire et, en principe, égalitaire. **▮ L'époque archaïque** Pendant l'*époque archaïque* (–750 - –500) de grands bouleversements ainsi préparés modifièrent profondément l'aspect du monde grec. L'expansion dans toute la Méditerranée, les luttes intestines, l'apparition de l'économie mercantile et la naissance d'une bourgeoisie, la crise sociale, l'avènement des tyrans et des législateurs caractérisent cette période. La «Grèce d'Asie» fut fondée (–XIe s.) par des colons fuyant l'invasion dorienne, mais les grands mouvements de colonisation de l'époque archaïque eurent des causes différentes, notamment la surpopulation, l'émiettement des lots agricoles et la spoliation des terres par l'aristocratie. Fils cadets, marginaux poussés par la famine, victimes des crises sociales et des luttes politiques, souvent des clans entiers, chassés ou fuyant l'asservissement, fondèrent vers le milieu du –VIIIe s. les premières colonies agricoles à l'O. → **Grande Grèce, Sicile.** **▮ La colonisation** La reprise du commerce grec à la même époque, puis le développement des échanges avec l'invention de la monnaie vers –680 donnèrent une grande impulsion à la colonisation commerciale durant les deux siècles suivants. Après Corinthe, Chalcis* et Érétrie*, les cités d'Ionie établirent de nombreux comptoirs sur les routes maritimes du blé, des esclaves et des métaux. Ainsi, Milet* fonda plus de 80 colonies en Thrace, dans l'Hellespont, la Propontide et le Pont-Euxin, ainsi que Naucratis sur le delta du Nil ; Phocée* créa des centres florissants en Italie, sur les côtes septentrionales de l'Asie Mineure, dans la Sardaigne, sur la côte méridionale de la Gaule (→ **Marseille**) et de l'Espagne. Cyrène* fut fondée par des colons de Théra. Mégare* fonda Byzance*, Chalcis colonisa la Chalcidique et Athènes la Chersonèse. États indépendants qui conservaient des liens religieux et commerciaux avec les cités mères *(métropoles)*, les colonies rivalisèrent parfois avec celles-ci et établirent à leur tour de nouveaux comptoirs. → **Syracuse, Sinope.** Ainsi, la Méditerranée devint «mer grecque». Les conséquences en furent d'abord économiques et sociales, ensuite politiques. Possédant la richesse mobilière, la classe des fabricants et des marchands, jusqu'alors méprisée, revendiquait un rôle politique analogue à son importance économique. En outre, la rapacité des aristocrates aggravait la crise agraire permanente ; les cultivateurs, jetés dans la misère et souvent spoliés de leurs terres par l'endettement, se révoltaient. **▮ Les tyrannies** Dès le milieu du –VIIe s. et durant tout le –VIe s., des mouvements populaires dans toute la Grèce portèrent au pouvoir des «tyrans», souvent chefs de guerre, appuyés par la bourgeoisie, qui répondaient à la tension sociale par l'abolition des dettes et par des réformes plus ou moins efficaces. Ainsi, l'*âge des tyrans* fut une période de prospérité et d'éclat culturel pour plusieurs cités dont Argos, Corinthe, Athènes, Sicyone, Mégare, Samos, Lesbos, Milet, Syracuse. Plusieurs tyrans furent de grands constructeurs et des mécènes ; ils réunirent à leur cour les savants et les poètes. Périandre* de Corinthe, et Pittacos* de Lesbos furent admis parmi les Sept Sages. Pisistrate* et ses fils contribuèrent à la splendeur d'Athènes et à la sauvegarde des épopées homériques. Quelques tyrans toutefois s'érigèrent en dynasties héréditaires (Cypsélides, Pisistratides, etc.) et eurent recours à la répression sanglante, d'où le sens péjoratif du mot tyrannie, en grec et en français. À Athènes notamment, les législateurs alternant avec les tyrans (→ **Dracon, Solon, Clisthène**) substituèrent les premières lois écrites de l'État à la justice coutumière dont l'aristocratie se faisait l'arbitre. Pendant qu'Athènes évoluait ainsi vers la démocratie, Sparte, figée dans son immobilisme, puisait sa force dans le travail des vaincus *(hilotes, périèques)* et la discipline des «égaux». **▮ La vie intellectuelle et artistique** Un grand épanouissement des arts et des lettres accompagna cette évolution de la Grèce archaïque. Les ordres dorique et ionique apparurent dans l'architecture qui créa certains des plus fameux temples grecs à Sélinonte, Paestum, Syracuse, Éphèse, Corinthe, Delphes, etc. Grande époque de la sculpture, l'archaïsme est représenté par le type du *couros* (adolescent) et de la *corê* (jeune fille). Argos et Sicyone (ateliers de bronziers, premiers peintres), Corinthe (poterie à décor orientalisant), l'Attique (céra-

**Grèce.** Amphore antique à figures noires d'Exékias, –VIe s. British Museum, Londres.
*Phot. © Carlo Bevilacqua/ Ricciarini*

**Grèce.** La Grèce au -$v^e$ s.

mique à figures noires), Chios, Samos (corês drapées), Cyclades (nu masculin), les villes de l'Ionie (figures assises grossièrement taillées), Rhodes, Thèbes et Tanagra (figurines en terre cuite) sont les grands centres artistiques. Si le -VIIe s. débuta avec les épopées d'Hésiode*, témoignage réaliste de la vie paysanne et des croyances des Grecs, le -VIe s. vit l'essor du lyrisme, expression de l'individualisme et du raffinement de l'esprit grec. Sappho* et Alcée* illustrent le lyrisme éolien (Lesbos), Archiloque* et Anacréon* le lyrisme ionien, Pindare* le lyrisme béotien. Sparte était le centre dorien de culture musicale et poétique (→ **Alcman, Tyrtée**). La philosophie, la géographie et la science grecques, en Ionie (→ **Héraclite, Thalès, Hécatée de Milet**) et en Grande Grèce (→ **Pythagore**), illuminèrent aussi le -VIe s.

**▮ LA GRÈCE CLASSIQUE ET L'APOGÉE D'ATHÈNES ▮ Les guerres médiques** La Grèce d'Asie succombait à partir de -546 sous la pression de l'Empire perse (→ **Iran**). L'affrontement des deux mondes en expansion devint inévitable. La révolte des cités ioniennes (-500) servit de prétexte aux deux invasions de la Grèce par les armées de Darios* et de Xerxès*, qui aboutirent aux défaites de Marathon (-490) et de Salamine (-480). → **médiques (guerres).** Les défaites des Carthaginois à Himère* (-480) et des Étrusques à Cumes* (-474) complétaient le triomphe grec. **▮ Le siècle de Périclès** Athènes, protagoniste de la victoire grecque et première force navale grâce à la politique de Thémistocle*, transforma la ligue de Délos* en Empire athénien. À l'intérieur, les grandes réformes politiques d'Éphialte* et de Périclès* créaient à la même époque les institutions qui firent d'Athènes le modèle de la cité démocratique. C'est dans cette conjoncture extraordinaire que se déroula la grande aventure de l'esprit que constitua l'élaboration de la civilisation grecque ou classique. Se tournant de la nature vers l'homme, la pensée grecque inaugura la philosophie éthique et la science politique (→ **Anaxagore, Socrate, Éléates**). La tragédie (→ **Eschyle, Sophocle, Euripide**) dégageait le sens moral des mythes et interrogeait le fond de l'âme humaine. Hérodote* créait l'histoire (→ **Thucydide, Xénophon**). De grands sculpteurs, dont Myron* et Polyclète*, recherchaient l'idéal du corps humain ; Phidias*, maître du chantier de l'Acropole*, conduisait à son apogée l'art classique (→ **Callicratès, Ictinos, Mnésiclès**). Mais l'euphorie de l'hellénisme triomphant sur les «Barbares*», uni et prospère dans la paix, ne dura guère. L'impérialisme athénien exaspérait les alliés dont les révoltes étaient durement réprimées et alarmait les cités maritimes (→ **Corinthe**). **▮ La guerre du Péloponnèse** La coalition péloponnésienne, sous la direction de Sparte, se dressait menaçante contre Athènes. La guerre du Péloponnèse* (-431 - -404) qui aboutit à la défaite athénienne ouvrit la longue période des déchirements grecs qui ne s'acheva qu'avec la soumission aux Romains. Dans la lutte pour l'hégémonie, Sparte n'hésita pas à conclure la paix d'Antalcidas* (-386) avec le Grand Roi, lui abandonnant la Grèce d'Asie en échange de son appui contre Athènes. Par un jeu d'alliances et de contre-alliances, la guerre s'éternisa. Après une courte période d'hégémonie béotienne (-371 - -362) due au génie militaire et politique d'Épaminondas* et de Pélopidas* (→ **Thèbes, Leuctres, Mantinée**), une seconde Confédération athénienne prit de nouveau le dessus. Pendant ce temps, les Perses consolidaient leur domination en Asie Mineure, les Carthaginois progressaient en Sicile et les peuples italiotes étouffaient les cités de la Grande Grèce. Pourtant, la floraison classique se prolongea dans cette période troublée. L'art n'avait plus la pureté et la sérénité de l'école de Phidias ; ses réalisations reflétaient les angoisses et l'individualisme de son temps (→ **Scopas, Praxitèle, Lysippe**). En revanche, la pensée grecque atteignit son sommet avec l'œuvre de Platon* et d'Aristote*. La tragédie était toujours vivante et la comédie attique culmina avec Aristophane*. Issue de la sophistique (→ **Gorgias, Protagoras**), l'éloquence quitta (fin -$v^e$ s.) l'enclos des écoles pour descendre au tribunal (→ **Lysias**), réfléchir sur les choses publiques (→ **Isocrate**), et enfin s'engager dans les luttes politiques. **▮ La fin de la cité démocratique** Les discours passionnés de Démosthène* furent le chant du cygne de la cité démocratique. Ce type de petite unité politique avait fait son temps ; ses structures économiques, la fragmentation territoriale, l'absence de coordination des institutions étaient autant d'obstacles au développement des échanges et à l'essor de l'économie monétaire. Une nouvelle force se réveilla dans le N. de la Grèce pour submerger bientôt la péninsule. → **Macédoine.**

**▮ L'ÈRE MACÉDONIENNE ET L'ÉPOQUE HELLÉNISTIQUE ▮ Philippe II et Alexandre le Grand** Appartenant à la famille grecque, les Macédoniens étaient des demi-barbares en marge de la civilisation classique qui pourtant pénétrait les milieux aristocratiques. À l'écart des remous grecs, la Macédoine maintenait son unité sous une puissante royauté. Disposant de richesses considérables grâce aux mines d'or du mont Pangée, Philippe* II adopta dès son avènement une politique d'expansion sur les rivages de la mer Égée. On ne sait si l'ambition de soumettre la Grèce préexistait dans sa pensée ou si elle se forma au fur et à mesure de ses succès. Quoi qu'il en soit, grâce à la supériorité de son armée (la *phalange* macédonienne), à ses moyens financiers et à son habileté diplomatique, Philippe devint en vingt ans le maître de la Grèce, après sa victoire décisive contre l'alliance d'Athènes et de Thèbes à Chéronée* (-338). Les cités grecques, excepté Sparte, groupées dans la ligue panhellénique de Corinthe, sauvegardaient leur indépendance politique tout en reconnaissant Philippe comme chef militaire de la Grèce. Proposant la reprise de l'expansion grecque vers l'Orient, arrêtée par les Perses, le Macédonien faisait espérer une solution de la crise économique, caressant en même temps l'idée de l'unité hellénique ; il divisait ainsi l'opinion et mettait le parti antimacédonien dans une position inconfortable. C'est son fils Alexandre qui réalisa et dépassa même ce projet de -334 à -323. → **Alexandre le Grand. ▮ Le partage de l'Empire** L'«Empire» qu'Alexandre laissait à sa mort comprenait la Grèce, l'Égypte et l'Asie occidentale jusqu'à l'Indus. Il fut disputé et démembré par ses lieutenants (les *diadoques*) qui, au bout d'une lutte de quarante ans, se partagèrent trois grands royaumes : l'Égypte des Lagides* (→ **Ptolémée**), la Syrie des Séleucides*, la Macédoine et la Grèce des Antigonides (→ **Antigonos Monophthalmos**). Ces derniers se heurtèrent longtemps à la résistance d'Athènes, qui déclencha la guerre lamiaque (→ **Lamia**), de Rhodes, de l'Étolie* et du Péloponnèse. → **achéenne (Ligue).** Au Proche-Orient, dans les royautés où le culte du souverain fut consacré, les luttes étaient essentiellement

Campagne d'Alexandre (-334 -323)
Limites de l'empire d'Alexandre
Villes fondées par Alexandre (Alex. = Alexandrie)
Villes fondées après Alexandre
Bataille

Le monde hellénistique en -301, après la bataille d'Ipsos

Royaume de Cassandre — Royaume de Ptolémée Ier — Royaume de Lysimaque — Royaume de Séleucos

*En hachures: territoires sous l'influence des royaumes*

**Grèce.** Le monde hellénistique au -IVe s.

dynastiques. Au cours de ces affrontements se formèrent le royaume du Pont* et celui, beaucoup plus important, de Pergame* avec les Attalides (→ **Attale**). Les descendants des anciens soldats et les nouveaux colons venus de Grèce formaient la classe dirigeante ou recevaient un lot de terre en échange de leur service dans l'armée. Mais la fusion avec les indigènes, souhaitée par Alexandre, ne se réalisa pas, l'héllénisation non plus si ce n'est à l'échelle de la noblesse locale. Le développement du commerce et de l'industrie et la centralisation de ces vastes États furent à l'origine du nouvel urbanisme. Des villes dépassant le demi-million d'habitants (→ **Alexandrie, Antioche, Pergame**) devinrent les grands centres de la civilisation hellénistique, née du contact du classicisme expirant avec l'Orient. Dans la religion, les cultes à mystères et notamment l'orphisme (→ **Orphée**) remplacèrent graduellement les divinités *poliades* de l'ancienne communauté dissoute. De même, le pessimisme gagna la philosophie (→ **épicurisme, pythagorisme, stoïcisme**). L'art et la poésie se tournèrent vers le genre, le pittoresque et le sentiment. Ainsi naquirent l'idylle bucolique, la «petite épopée», le mime (→ **Théocrite**), l'érudition et la philologie avec Callimaque*, Aristarque* de Samothrace et les autres grammairiens alexandrins. Dans les centres hellénistiques de l'Occident, un grand mouvement scientifique se développa avec les découvertes d'Archimède*, d'Euclide*, d'Ératosthène*, d'Aristarque* de Samos.

**L'ÈRE ROMAINE** Elle commença avec le -IIe s. Après avoir dominé l'Italie et la Sicile, Rome* intervint en Grèce. Ayant vaincu Philippe* V de Macédoine (→ **Cynocéphales**), Flaminius proclama la liberté de la Grèce aux jeux Isthmiques* de -196. Mais la Macédoine fut réduite en province en -148 après la résistance de Persée* (→ **Pydna**), et la Ligue achéenne*, seule puissance en Grèce, fut dissoute avec la prise de Corinthe par Mummius* (-146). La Grèce devint alors province romaine sous l'autorité du proconsul de Macédoine. Mêlées aux guerres de Mithridate* du Pont contre les Romains, puis aux luttes intestines romaines, les cités grecques et l'Égypte des Ptolémées se soumirent définitivement au cours du -Ier s. (prise d'Athènes en -86 par Sylla*, défaite d'Antoine* et de Cléopâtre* en -31 à Actium). La paix romaine favorisa la pénétration de la civilisation grecque à Rome et sous les Antonins (IIe s.), Athènes et d'autres cités grecques connurent les bienfaits des grands empereurs et des dignitaires épris de l'esprit classique. → **Hadrien, Marc Aurèle, Hérode Atticus.** L'histoire (→ **Polybe, Arrien, Appien**), la rhétorique, la philosophie (→ **Épictète**), la littérature (→ **Lucien, Plutarque, Longus**) prirent leur essor. Mais cette renaissance fut brève. La proscription du paganisme par Théodose Ier (381) lui porta le coup de grâce. En 393, la dernière célébration des jeux Olympiques marque symboliquement la fin de l'Antiquité grecque.

**LA GRÈCE AU MOYEN ÂGE** Faisant partie de l'empire d'Orient après la division de l'Empire romain (395), la Grèce partagea le sort de cet État chrétien qui fut rapidement hellénisé. → **byzantin (Empire).** Troublée par les invasions barbares, la péninsule fut pénétrée par des Slaves, puis par des Albanais et des Valaques, qui s'assimilèrent progressivement. Aux invasions arabes du IXe s. succédèrent l'invasion bulgare (918 et 997), puis, à partir de 1081, les incursions normandes et vénitiennes. À l'issue de la quatrième croisade (1204), les Vénitiens dominaient la Grèce insulaire tandis que la Grèce continentale se partageait en principautés franques, vassales de l'Empire latin de Constantinople, qui introduisirent le système féodal : royaume de Thessalonique, principauté d'Achaïe ou de Morée* (Péloponnèse), duché d'Athènes. Le despotat d'Épire* fut l'un des refuges de l'empire déchiqueté. Après la reconquête byzantine, le despotat de Morée ou de Mistra* fut un État grec de courte durée dans la période de l'écroulement de l'empire et un grand centre intellectuel. → **Bessarion, Gémiste, Pléthon.** L'invasion turque qui submergea l'Empire byzantin s'acheva avec la prise de Mistra en 1460 par Mehmet* II.

**Grèce.** L'église Saint-Théodore à Mistra, dans le Péloponnèse.
*Phot. © Michael Serraillier/Rapho*

**LA DOMINATION TURQUE ET LA GUERRE DE L'INDÉPENDANCE** Sous l'Empire ottoman, la population de la Grèce fut réduite au servage. Une longue suite de révoltes, éclatant à chaque occasion favorable (guerres turco-vénitiennes et turco-russes), jalonne les quatre siècles de la domination turque. Conformément à la loi islamique reconnaissant l'autonomie religieuse et communale aux peuples soumis, la communauté grecque fut constituée autour du patriarcat de Constantinople. Le haut clergé et les notables, grands propriétaires terriens et négociants, formaient la classe dirigeante dans cette communauté auto-administrée. Caste fermée au sommet de

**Grèce.** Monastère Rossanou, massif des Météores.
*Phot. © HPP/Christian Vaisse/Hoa Qui*

cette classe, les *Phanariotes,* aristocrates de Phanar (quartier de Constantinople), se voyaient confier de hautes charges dans l'administration de la Sublime Porte. De plus, l'hellénisme de la diaspora formait des colonies florissantes à Venise, Pise, Gênes, Trieste, Vienne, Marseille, Odessa, etc., qui devinrent autant de foyers d'éducation grecque. En Grèce même et dans les Balkans apaisés au début du XVIII$^e$ s., la bourgeoisie grecque, monopolisant le commerce intérieur et le trafic maritime, s'ouvrait à l'Europe des Lumières à laquelle elle se rattachait par des liens économiques. **▮ La renaissance intellectuelle et l'éveil national** Les écoles réputées des colonies et des centres commerciaux grecs furent les foyers de la renaissance intellectuelle et de l'éveil national dans la seconde moitié du XVIII$^e$ s. Deux tendances s'opposaient déjà dans la culture néogrecque, l'une conservatrice et puritaine, appuyée par le patriarcat et l'aristocratie phanariote, l'autre novatrice, reflétant les aspirations des couches plus larges. L'aspect spécifique de cette opposition est le conflit linguistique entre le mouvement vulgariste des partisans de la tradition et de la langue populaire *(démotique),* d'une part, et les défenseurs du formalisme archaïsant de l'autre. **▮ La révolution et la guerre civile** Tandis que l'Empire ottoman, clos dans l'anachronisme de la féodalité militaire, était secoué par des révoltes et des déchirements de castes, les guerres russo-turques (fin XVIII$^e$ s.) posaient le problème de son démembrement et suscitaient les convoitises européennes. **→ Orient (question d').** Le mouvement national se concrétisa alors dans l'activité des sociétés secrètes, dont la Société amicale (fondée à Odessa en 1814) et celle de Rhigas*, apôtre de l'unité balkanique et des idées de la Révolution française. Après une tentative insurrectionnelle d'Alexandre Ypsilanti* en Moldavie et Valachie, désavouée par la Russie et soldée par un échec, la révolution fut proclamée en mars 1821 dans le Péloponnèse, et, durant les trois premières années, elle obtint des succès considérables sur terre et sur mer. **→ Colocotronis, Kanaris, Miaoulis.** La première Assemblée nationale d'Épidaure (1822) vota une constitution démocratique et forma un gouvernement. **→ Mavrocordatos.** Entre-temps, les conflits régionaux et sociaux pour la direction politique aboutirent à une guerre civile, et l'intervention de l'armée égyptienne d'Ibrahim* Pacha (1825) qui ravagea la Grèce pendant deux ans menaçait d'étouffer la révolution. **▮ L'indépendance** Mais les sacrifices d'un petit peuple, le massacre de Chios*, la résistance légendaire de Missolonghi* ravivaient le mouvement du philhellénisme en Europe **(→ Byron).** Révisant sa politique négative, la Triple-Alliance proposa en vain à la Turquie l'autonomie de la Grèce sous la souveraineté du sultan. La tension qui suivit le refus turc provoqua la bataille navale de Navarin* (1827) et la destruction de la flotte turco-égyptienne. Vaincue dans la guerre russo-turque qui s'ensuivit, la Turquie reconnut par le traité d'Andrinople (1829) l'autonomie de la Grèce. Le protocole de Londres (1830) proclamait l'indépendance hellénique sous la protection des trois puissances, Grande-Bretagne, France et Russie. Par le traité de Constantinople (1832), la Turquie reconnaissait l'indépendance de l'État grec.

**▮ LE ROYAUME DE GRÈCE ▮ Othon I$^{er}$** L'État ainsi créé comprenait le Péloponnèse, la Grèce centrale et l'Eubée, au total 600 000 habitants. Sa vie politique était dominée par les influences étrangères, affichées d'ailleurs par les noms des partis : «russe», «anglais», «français». Dans l'éducation et la vie intellectuelle, les tendances conservatrices prédominaient et la question linguistique se compliquait d'un compromis entre l'usage archaïsant et la langue vivante **(→ Coraïs),** tandis que la tradition vulgariste et libérale trouvait son expression dans l'école ionienne **(→ Solomos, Calvos).** Sous le gouverneur Capo* d'Istria (1827 - 1831), un ancien ministre du tsar appuyé par le parti «russe» (Colocotronis), le problème fondamental d'une réforme agricole resta entier pour handicaper pendant un siècle l'évolution économique : les «terres nationales» (quittées par les Turcs) avaient été accaparées par les notables, tandis que la grande masse de la paysannerie (80 %) était dénuée de terres. Dans la confusion qui suivit l'assassinat du gouverneur, les puissances «protectrices» imposèrent aisément la monarchie absolue avec un prince bavarois, Othon* I$^{er}$, comme roi. L'autocratie othonienne, appuyée sur les troupes et la bureaucratie bavaroises, domina la politique d'où les Grecs étaient exclus ; l'allemand devint seconde langue officielle. Dans un climat de désordre, de misère et de banqueroute, les revendications libérales débouchèrent sur le coup d'État de 1843 qui obligea Othon à convoquer une Assemblée nationale et à accepter la Constitution, d'ailleurs très conservatrice, de 1844. Entre-temps, la crise orientale rallumait les sentiments nationaux alimentés aussi par la politique russe. Mais les revendications nationales, répondant aux luttes des populations grecques encore asservies, étaient déformées dans la «Grande Idée», mirage d'un empire hellénique et orthodoxe de Constantinople. Tout en servant de diversion aux problèmes réels, cet anachronisme devint le dogme quasi officiel de la politique extérieure et de l'éducation. Tandis que la cour violait la Constitution et que la corruption régnait, les révoltes de Thessalie, d'Épire, de Macédoine, de Crète, abandonnées par la Grèce, furent écrasées et des forces franco-britanniques occupèrent Le Pirée (1854-1857) pour surveiller la neutralité grecque. Au bout d'une longue période d'insurrections et de mutineries, Othon, destitué, quitta la Grèce en 1862. **▮ Georges I$^{er}$** Aussitôt les Britanniques choisirent pour le trône le prince Guillaume de Danemark, devenu Georges* I$^{er}$, et cédèrent les îles Ioniennes* à la Grèce (1864). Avec une Constitution plus démocratique (1864) et avec le fonctionnement du régime parlementaire, la vie politique se normalisa à partir de 1875. La Thessalie fut rattachée en 1897, mais l'union de la Crète, autonome à cette date, ne se réalisa qu'en 1908. Vers la fin du XIX$^e$ s., les structures économiques du pays se transformèrent sensiblement. Une bourgeoisie, jusqu'alors exclusivement mercantile, s'ouvrit aux activités industrielles et bancaires et au trafic transocéanique. Conscients de cette mutation, Charilaos Tricoupis*, puis, à partir de 1909, Venizélos* mirent en œuvre une politique de réformes, institutionnalisées en 1911. Un mouvement intellectuel axé sur la question de la langue s'accompagnait d'un essor littéraire. **→ Psichari (Jean), Palamas (Kostis), Vizyïnos, Papadiamandis, Makriyannis. ▮ Les guerres balkaniques** La politique nationale de Venizélos aboutit à l'Entente balkanique (Grèce, Serbie, Bulgarie) de 1912. Les deux guerres balkaniques (1912 - 1913), la première entre l'Entente et la Turquie, la seconde entre la Grèce et la Serbie d'une part et la Bulgarie de l'autre, rapportèrent à la Grèce l'Épire, la Macédoine, les îles de la mer Égée et la ratification de l'union de la Crète. **→ Balkans. ▮ La Première Guerre mondiale** Pendant la Première Guerre mondiale, le pays fut secoué par l'affrontement des libéraux (Venizélos), favorables à la Triple-Entente, et les partisans de la neutralité rassemblés autour du roi germanophile Constantin* I$^{er}$. Révoqué par le roi, Venizélos forma un gouvernement insurrectionnel à Salonique (1916) et, avec l'aide de l'armée française, destitua Constantin. Le fils de celui-ci, Alexandre* I$^{er}$, devint roi (1917) et la Grèce se battit aux côtés des Alliés. Le parti royaliste, au pouvoir en 1920, rappela Constantin de l'exil. Entreprise en fonction d'une clause du traité de Sèvres confiant à la Grèce l'administration de la région de Smyrne (auj. İzmir*), une expédition grecque rencontra la farouche résistance turque menée par Mustafa* Kemal, tandis que l'Entente abandonnait la Grèce, utilisant comme prétexte le retour de Constantin. La défaite militaire et la tragédie des populations grecques de l'Asie Mineure (1922) marquèrent la fin de cette aventure ; la «Grande Idée» avait fait naufrage. **▮ Georges II** Un coup d'État des officiers venizélistes menés par Plastiras* obligea Constantin à abdiquer au profit de son fils Georges* II (1923). À l'issue de ces guerres de dix ans, la Grèce était radicalement transformée. Avec les nouvelles régions rattachées au cours des guerres balkaniques et une partie de la Thrace restituée par le traité de Lausanne (1923), sa superficie était doublée, ainsi que sa population. L'échange des minorités avec la Bulgarie et l'échange obligatoire des populations avec la Turquie établirent l'homogénéité ethnique des régions du N., mais surtout modifièrent le cadre social du pays avec l'afflux de 1 500 000 réfugiés. En l'absence de structures capables d'absorber des masses d'inemployés, la tension sociale devenait inquiétante. Le cabinet de Venizélos, puis le Comité révolutionnaire de 1922 répondirent par les lois agraires de 1917 - 1923 et par une série de mesures stimulant l'industrie et protégeant le travail. Le développement du mouvement ouvrier (fondation d'une centrale syndicale en 1918 et d'un parti ouvrier en 1919, le futur Parti communiste), l'apparition de partis républicains témoignent en politique de cette transformation. Une nouvelle vie littéraire traduit la fermentation sociale **(→ Sikelianos, Cavafy, Kazantzakis, Varnalis, Voutyras)** ; la poésie prolongera cette éclosion jusqu'à nos jours **(→ Séféris, Ritsos, Vréttacos, Elytis). ▮ La République** Après l'échec d'un coup d'État royaliste, le roi abdiqua (1923) et la Chambre proclama la République (1924). Une période d'instabilité, marquée par la dictature du général Pangalos* (1925) et le coup d'État du général Condylis* (1926), se termina avec le gouvernement Venizélos (1928 - 1932). La République, hésitant entre les réformes radicales proposées par les partis républicains et le libéralisme de Venizélos, n'avait pu transformer les structures économiques ni résoudre le grave problème social posé par la pression démographique. Sa politique extérieure, plus heureuse, améliora les relations avec la Turquie et les pays balkaniques. Mais la crise économique de 1932 et l'attitude modérée de Venizélos au sujet de Chypre et du Dodécanèse, revendiquant l'union avec la Grèce, provoquèrent une crise politique. **▮ La restauration de la monarchie et la dictature** La droite royaliste, au pouvoir en 1933, après avoir réprimé un coup d'État vénizéliste en 1935, restaura la monarchie. Devant le malaise social, le général Metaxas*, en accord avec le roi Georges II, imposa la dictature du 4 août 1936. **La Deuxième Guerre mondiale** Rangée aux côtés des Alliés, la Grèce repoussa victorieusement l'offensive italienne (oct. 1940), mais elle fut submergée par l'invasion allemande (avr.-mai 1941). Tandis que le roi et le gouvernement quittaient le pays, le peuple crétois opposait une farouche résistance aux forces d'élite allemandes en décimant le corps des parachutistes. L'héroïque résistance grecque pendant sept mois retarda considérablement l'offensive allemande contre l'URSS. La triple occupation (allemande, italienne et bulgare) fut particulièrement lourde pour la Grèce, isolée par le blocus et privée de ressources qui étaient accaparées par les occupants. La famine (2 000 morts par jour pendant le premier hiver) et des représailles sanglantes ravagèrent le pays. Dès septembre 1941, dans les villes et les campagnes, la résistance fut organisée rapidement par l'EAM (Front national de libération), coalition des gauches animée par les communistes. Son puissant mouvement de guérilla, l'ELAS (Armée populaire grecque de libération), harcela les forces d'occupation et contrôla les deux tiers du territoire national. D'autres organisations, dont l'EDES (Armée grecque démocratique nationale), d'origine républicaine, participèrent à la résistance. Mais bientôt des heurts dans le maquis, alternant avec la lutte contre l'occupant, l'effervescence et l'épuration de l'armée grecque d'Afrique, enfin, dans les villes, l'action sanglante des milices organisées par les nazis annonçaient la guerre civile. Après de longues tractations, un gouvernement d'union nationale se forma à la veille de la libération avec la participation de la gauche. En fonction du partage des influences dans les Balkans, conclu dès juin 1944 entre Churchill et Staline et ratifié plus tard (1945) à Yalta, les Britanniques, intervenant en Grèce, «sphère d'activité britannique», désarmèrent l'ELAS après un mois de combats (déc. 1944). **La guerre civile et l'intégration au bloc occidental** Dans un climat de désordre et de terreur, l'action de l'«Armée démocratique de la Grèce» (communiste) entraîna le pays dans la guerre civile (fin 1946). Après trois ans de combats, l'armée gouvernementale remporta une victoire décisive contre les forces communistes (sept. 1949). Le Dodécanèse fut rattaché à la Grèce (1947), tandis que Chypre* s'érigeait en république indépendante (1959). Paul* I$^{er}$ succéda à son frère Georges II, mort en 1947. La Grèce s'intégra au bloc occidental ; elle fit partie du Conseil de l'Europe en 1949, adhéra à l'Otan en 1951, se lia avec la CEE en 1963 et signa son traité d'adhésion avec celle-ci en mai 1979 (entrée officielle en 1981). Parallèlement à une lente évolution économique, les conflits sociaux et politiques bouleversèrent le pays, gouverné par la droite jusqu'en 1963. Le gouvernement centriste de G. Papandréou* (1964 - 1965) se heurta aux problèmes liés à la démocratisation de l'appareil étatique. **Le régime des colonels** À la veille des élections qui devaient clore une longue crise politique marquée par l'intervention du roi Constantin* II (1965), le coup d'État du 21 avr. 1967 porta au pouvoir une junte militaire. Après une tentative avortée pour renverser le pouvoir des colonels (déc. 1967), le roi Constantin quitta la Grèce. Le gouvernement militaire fit approuver par référendum (1968) sa Constitution, d'une extraordinaire rigueur, qui ne fut appliquée qu'en partie. La loi martiale restait en vigueur à Athènes, le régime limitait la liberté de la presse. En 1972, le général Papadopoulos*, chef de la junte, réunit tous les pouvoirs entre ses mains. En 1973, il abolit la monarchie, déposa le roi Constantin et, proclamant la république, se nomma président. Mais, en 1974, le régime «des colonels», aussi impopulaire qu'autoritaire, s'effondra à la suite de la défaite grecque devant les Turcs à Chypre*.

**LA RÉPUBLIQUE HELLÉNIQUE** Le retour à la démocratie entama une période d'alternance du pouvoir entre les deux principaux partis : la Nouvelle Démocratie (droite modérée) et le PASOK (Mouvement socialiste panhellénique). Tout d'abord, la Nouvelle Démocratie remporta les élections de 1974 avec à sa tête Constantin Caramanlis*. Celui-ci permit le retour de plus de 400 000 exilés (1978), devint président de la République en 1980 et prépara l'entrée de la Grèce dans la CEE (1981). Toutefois, dès 1981 il dut composer avec un Premier ministre issu du PASOK, vainqueur des législatives : A. Papandréou*. Il céda également la place à un socialiste, C. Sartzetakis, à l'élection présidentielle suivante, en 1985. Affaibli par des déséquilibres financiers et divers scandales, le PASOK fut évincé à la fois aux législatives en 1989 et en 1990 à la présidentielle au profit de la Nouvelle Démocratie avec la réélection de Constantin Caramanlis. Cette période fut dominée par les questions balkaniques et nationales (tensions avec la Macédoine accédant à l'indépendance, Chypre). À partir de 1993, les socialistes du PASOK reprirent la tête du gouvernement avec les Premiers ministres A. Papandréou jusqu'en 1996 (démissionnaire pour raisons de santé) puis K. Simitis jusqu'en 2004, tandis que la présidence de la République revenait à un centriste, K. Stephanopoulos (1995). Sous la direction de K. Simitis, le PASOK se recentra et le modèle économique du gouvernement devint plus libéral. Une politique de rigueur permit la réduction de l'inflation et du déficit budgétaire et l'adhésion de la Grèce à la zone euro en 2001. Renouant avec l'alternance du pouvoir, les Grecs élurent aux législatives de 2004 le conservateur Costas Caramanlis*, successeur de son oncle Constantin Caramanlis à la présidence de Nouvelle Démocratie, mais c'est un socialiste qui remporta la présidentielle de 2005, C. Papoulias. Malgré une légère percée des petits partis (extrême droite et parti communiste) aux législatives de 2007, la bipolarisation de la vie politique propre à la Grèce perdure. En déc. 2008, le pays fut secoué par une crise sociale qui dégénéra en émeutes urbaines et en grève générale après qu'un étudiant fut tué par la police lors d'une manifestation. À l'origine, les étudiants exprimaient leur mécontentement face à l'inadaptation des multiples réformes scolaires, au manque de débouchés et à l'immobilisme du paysage politique dominé depuis cinquante ans par les mêmes familles et la corruption. L'alternance au pouvoir des deux grands partis du pays ramena le PASOK au gouvernement en oct. 2009 avec la nomination de Georges Papandréou comme Premier ministre. Il dut très rapidement s'engager à assainir les finances publiques, dramatiquement dégradées puisque la dette était évaluée à 300 milliards d'euros.

---

**GRECO (Domenikos Theotokopoulos, dit le)** ➝ ÉTYM. esp. du XVI$^{e}$ s. «le Grec» ♦ Peintre et sculpteur espagnol d'origine crétoise (Candie 1541 - Tolède 1614). Formé sans doute dans un couvent où se maintenait la tradition byzantine de la peinture d'icône, il se rendit ensuite à Venise où il fut probablement l'élève de Titien* de 1566 à 1568. L'influence de celui-ci et surtout celle du Tintoret* et de Bassano* imprègnent ses œuvres d'alors (complexité de la composition, perspective ascendante, éclairage nocturne, touche vibrante, canon étiré, poses contournées). Peut-être découvrit-il à Parme les œuvres du Corrège et du Parmesan avant de se rendre à Rome où il subit l'ascendant de Michel-Ange et des maniéristes. Il se rendit en Espagne en 1577 et y peignit le *Retable de Santo Domingo el Antiguo* et celui de *L'Espolio*. Pour Philippe II, il réalisa v. 1580 l'*Adoration du nom de Jésus* puis le *Martyre de saint Maurice* (1582 - 1584) qui n'obtint pas la faveur du roi. Il se fixa alors définitivement à Tolède, ville qui devint sa terre d'élection (cf. Barrès, dans *Greco ou le Secret de Tolède*). *L'Enterrement* du comte d'Orgaz* (1586), où s'affirme pleinement l'originalité de son style, lui valut de multiples commandes pour les couvents : vastes compositions des retables ou multiples figures isolées de saints et d'apôtres (*Retable de la charité* à Illescas, 1603 ; *Saint François d'Assise ; Saint Sébastien*). Ces œuvres sont révélatrices d'un mysticisme exalté qui semble croître au cours des ans et l'entraîner à une expression de plus en plus singulière et personnelle, lui attirant peu à peu l'incompréhension du public. En effet, à partir de son séjour à Tolède, les influences de son maniérisme italien se métamorphosent tandis que réapparaît l'emprise du byzantinisme (espace peu approfondi, type du Christ, gestes des mains, éléments de paysages inspirés des mosaïques). Il se forgea ainsi des moyens d'expression originaux, créant des figures très allongées, nerveuses, à l'apparence fébrile, inquiète, et qui semblent perdre de leur matérialité pour acquérir une intense mobilité. Les mouvements sont exaspérés, les proportions volontairement déformées par souci expressif et au déséquilibre des formes correspond la dissymétrie des mises en page, tandis que la lumière violemment contrastée est distribuée très librement, s'étirant en taches ondoyantes et irrégulières, structurant l'espace et perdant tout caractère réaliste ou scénographique. La couleur fluide est étalée largement et a des éclats parfois stridents. Si les éléments descriptifs et narratifs tendent à disparaître, le Greco n'en néglige pas pour autant l'individualité du visage humain comme en témoignent ses multiples portraits de chevaliers, militaires, docteurs et religieux qu'il peint avec une facture audacieuse et des moyens réduits (austérité du chromatisme, mépris du détail) mais avec une rare force de suggestion (intensité du regard, insistance sur les mains) comme dans *Le Chevalier à l'épée, Juan de Tavera*. Son tempérament visionnaire et la modernité de sa technique s'imposent particulièrement dans ses dernières œuvres (*Vue de Tolède*, 1608 ; *Laocoon*). Elles attestent l'impossibilité de le situer à la suite du courant maniériste (qu'il dépasse par son mépris du formalisme) ou à l'origine du baroque (car il exprime une spiritualité plus intérieure et hallucinée).

**GRÉCO (Juliette)** ♦ Comédienne et chanteuse française (Montpellier 1927). Elle a débuté dans la chanson en 1946, animant le cabaret Le Tabou dans le Saint-Germain-des-Prés de l'après-guerre. Son répertoire acide et désinvolte évoque, à l'aide d'une technique de scène immuable (robe noire, corps immobile, jeux de mains), la sensualité associée à un réalisme volontiers cynique (*Si tu t'imagines, Jolie Môme, Déshabillez-moi*). Elle a mené en même temps une carrière de comédienne au cinéma (*Elena et les hommes* de Jean Renoir, 1956), à la télévision (*Belphégor*) et au théâtre.

**GREEN (George)** ♦ Mathématicien britannique (Sneinton, près de Nottingham 1793 - *id.* 1841). Auteur de travaux sur l'électricité et le magnétisme, il introduisit le terme «potentiel» et démontra le théorème des écrans électriques. Il énonça une formule permettant de transformer une intégrale double en intégrale curviligne, généralisa l'équation de Laplace* au cas où le potentiel dépend d'une attraction non newtonienne et introduisit une fonction auxiliaire (fonction de Green), fondamentale dans la théorie des équations aux dérivées partielles. Il étudia la statique et la dynamique des fluides.

Le **Greco.** *Saint Martin partageant son manteau avec un pauvre* (104 × 60 cm). National Gallery of Art, Washington DC. *Phot. ©Arch. Smeets*

**GREEN (Julien)** ♦ Écrivain français d'origine américaine (Paris 1900 - *id.* 1998). Élevé dans la nostalgie de la Virginie, au sein d'une famille américaine et puritaine, il éprouva à quinze ans des élans mystiques qui l'amenèrent à se convertir au catholicisme, puis connut à l'université des passions homosexuelles qui engendrèrent le conflit intérieur dont procède son œuvre, et d'abord le triptyque autobiographique, *Partir avant le jour* (1963), *Mille chemins ouverts* (1964) et *Terre lointaine* (1966). «Il n'y a jamais que deux types d'humanité que j'aie vraiment bien compris, c'est le mystique et le débauché, parce que tous deux volent aux extrêmes et cherchent, l'un et l'autre, à sa manière, l'absolu.» Aussi, *Mont-Cinère* (1926), *Adrienne Mesurat* (1927) et *Léviathan* (1929) présentent-ils des personnages tourmentés et excessifs jusqu'au désordre et à la folie où les pousse l'ennui d'une existence morne. Dénonçant le monde («moi, je n'en pouvais plus d'exister»), les héros de Green se détournent de la réalité quotidienne pour le rêve et l'hallucination où leurs obsessions (le péché, la mort) peuvent se transfigurer (*L'Autre Sommeil*, 1931 ; *Le Visionnaire*, 1934). Drame de la chair, qui torture le jeune puritain de *Moïra* (1950), aspiration à la méditation spirituelle (*Minuit*, 1936 ; *Chaque homme dans sa nuit*, 1960) sont les deux pôles d'une œuvre au pathétique discret et où s'impose en un style tendu une certaine mystique de l'imaginaire. ▪ Écrivain qui obéit à une double inspiration, réaliste et fantastique, créateur d'un univers sombre et violent, Julien Green donna avec son *Journal* (dix-sept tomes publiés entre 1938 et 2001) le miroir et le complément de son œuvre romanesque et théâtrale (*Sud*, 1953 ; *L'Ennemi*, 1954 ; *L'Ombre*, 1956). [Acad. fr. 1971] ◆ ÉTYM. Le nom anglais *green* signifie «place gazonnée», il désigne la personne qui habite près de la place du village.

**GREENAWAY (Peter)** ♦ Cinéaste britannique (Londres 1942). *Meurtre dans un jardin anglais* (1982), *Z. 0. 0.* (1985), *Le Ventre de l'architecte* (1987), *Drowning by Numbers* (1988), *Le Cuisinier, le voleur, sa femme et son amant* (1989), *Prospero's Book* (1991), *The Pillow Book* (1996) sont de brillants exercices formels, dans lesquels la passion de l'auteur pour l'architecture et le baroque visuel s'enrobe d'un humour à la Lewis Carroll. *La Ronde de nuit* (2008) propose une relecture du tableau de Rembrandt. ◆ ÉTYM. Ce nom anglais signifie «celui qui vit près d'un chemin herbeux», du vieil anglais *grēne* «vert» et *weg* «chemin» ou est l'altération du nom gallois *Goronwy* (peut-être «héron»).

**GREENBERG (Clement)** ♦ Critique d'art américain (New York 1909 - *id.* 1994). Il a contribué à imposer l'expressionnisme abstrait américain et l'action* painting de Pollock*. Récusant la méthodologie existentialiste de Harold Rosenberg, qui met l'accent sur les données sociologiques et historiques de l'œuvre d'art, il préconisait l'analyse formelle de l'œuvre. Dans les années 1960, il désigna le style de peintres abstraits ou tachistes tels que Morris Louis*, Helen Frankenthaler*, Kenneth Noland* de «post-painterly abstraction». Un recueil de ses articles, *Art and Culture*, parut en 1961 aux États-Unis. Exigeant et polémique, Greenberg dénonça dans les années 1970 la dérive des avant-gardes vers le kitsch.

**GREENBERG (Joseph Harold)** ♦ Linguiste américain (New York 1915 - Stanford, Californie 2001). Ses recherches portèrent essentiellement sur les universaux du langage et la typologie des langues (*Universals of Language*, 1961) et sur la classification génétique des langues, notamment africaines (*The Languages of Africa*, 1963).

**GREENE (Robert)** ♦ Poète dramatique et romancier anglais (Norwich 1558 - Londres 1592). D'inspiration tour à tour précieuse (*Mamillia*, 1583), pastorale (*Ménaphon*, 1589) ou réaliste (*Deux Liards d'esprit au prix d'un million de repentir*, 1592), ses romans témoignent d'une grande richesse d'imagination. Auteur érudit, il a composé une allègre satire de la science dans sa comédie : *Frère Bacon et frère Bungay* (1589). Il peut être considéré comme un des initiateurs du théâtre élisabéthain.

**GREENE (Graham)** ♦ Auteur dramatique, journaliste et romancier britannique (Berkhamsted, Hertfordshire 1904 - Vevey 1991). Tenté par le journalisme, il collabora au *Times* et fut correspondant de guerre au Liberia (*Voyage sans cartes*, 1936), au Mexique, en Malaisie, en Indochine, à Cuba et à Haïti. Romancier, il mit en scène les violences de l'histoire et leurs victimes avec un sens de l'invention, de la fiction romanesque, d'une grande originalité : *C'est un champ de bataille* (1934), *Tueur à gages* (1936), *Le Ministère de la peur* (1943), *Le Troisième* Homme* (1949), *Notre agent à La Havane* (1958). Dans cette œuvre amère, les sentiments et les passions sont également dépeints avec pessimisme : *L'Homme et lui-même* (1929), *L'Orient-Express* (1932), *Le Rocher de Brighton* (1938). Les nouvelles de *Pouvez-vous nous prêter votre mari ?* (1967) sont de la même veine. Greene, converti en 1926 au catholicisme, a évoqué les problèmes religieux dans ses *Essais catholiques* (1953). *La Puissance* et la Gloire* (1940) est l'histoire d'un prêtre mexicain déchu. Par son pessimisme, par l'intensité dramatique des situations, G. Greene, romancier chrétien, a pu être comparé à Mauriac*, mais son sens de la couleur locale distingue profondément son œuvre de l'univers clos de ce dernier. Autres œuvres : *Le Fond du problème* (1948), *La Fin d'une liaison* (1951), *Un Américain bien tranquille* (1955), *Le Consul honoraire* (1973) et, au théâtre, *Living Room* (1952).

**GREENGARD (Paul)** ♦ Neurologue américain (New York 1925). À la fin des années 1960, il découvrit le mécanisme de la transmission lente du signal nerveux : elle est due aux neurotransmetteurs (notamment la dopamine) qui déclenchent une suite de réactions chimiques (addition ou suppression de groupes phosphate, respectivement la phosphorylation et la déphosphorylation) affectant certaines protéines et faisant varier l'excitabilité de la membrane cellulaire pour permettre le passage du message entre les neurones. Ce type de transmission intervient notamment dans la régulation de l'humeur ou de la vigilance. [Prix Nobel de physiol. ou méd. 2000, avec A. Carlsson* et E. Kandel*]

**GREEN MOUNTAINS** ◆ ÉTYM. angl. «montagnes vertes» ♦ Massif montagneux du N.-E. des États-Unis, prolongement du système appalachien.

**GREENOCK** ♦ V. d'Écosse, ch.-l. du district d'Inverclyde, sur la rive S. de l'estuaire de la Clyde. 65 000 hab. Importante base des Forces françaises libres durant la Deuxième Guerre mondiale.

**Greenpeace** ◆ ÉTYM. angl. «paix verte» ♦ Mouvement écologiste international, fondé à Vancouver en 1971 pour lutter contre les essais nucléaires et l'extermination des espèces animales.

**GREENSBORO** ♦ V. des États-Unis (Caroline du Nord). 223 891 hab. dont 34 % de Noirs (zone urbaine : 1 251 509). Importants collèges. Centre commercial et indus. (textiles).

**GREENWICH** ◆ ÉTYM. vieil angl. «la demeure *(wīc)* verte *(gron, gren)*» ♦ Faubourg *(borough)* du S.-E. de Londres. 214 540 hab. École navale (Royal Navy College), établie dans les locaux de l'anc. Greenwich Hospital (XVII$^e$ - XVIII$^e$ s.). ▪ C'est par l'anc. observatoire de Greenwich, fondé en 1675 par Charles II, que passe le méridien d'origine (à 2°20′14″ à l'O. de celui de Paris).

**GRÉES** ou **GRAIES** n. f. pl. ◆ ÉTYM. en lat. *Alpes Graiae* «Alpes grecques» ♦ Massif des Alpes occidentales, s'étendant dans la partie méridionale de la Vallée d'Aoste* (Italie) et faisant suite aux Alpes cottiennes, du mont Cenis au col du Petit-Saint-Bernard. Les points les plus élevés sont le Grivola (3 960 m) et le Grand Paradis* (4 061 m).

**GREG (Michel REGNIER, dit)** ♦ Dessinateur et scénariste de bandes dessinées belge (Ixelles 1931 - Neuilly-sur-Seine 1999). Il commença sa carrière en 1958 en entrant au journal *Tintin*. Comme scénariste, il écrivit des séries pour les dessinateurs : *Flamme d'argent* pour Cuvelier, *Bernard Prince* et *Comanche* pour Hermann et créa Achille Talon dans *Pilote* (1963). Bavards et ventripotents, Achille Talon et son père sont la caricature, grotesque mais sympathique, du citoyen râleur et débrouillard.

**GRÉGOIRE I^er^ le Grand** (saint) ♦ (Rome v. 540 - *id.* 604). 64^e^ pape (590 - 604), docteur de l'Église. De famille sénatoriale, il fut préfet de Rome (573) mais vendit son héritage et, dans sa demeure du mont Caelius, établit le monastère bénédictin de Saint-André (575). Pélage* II en fit son apocrisiaire (nonce) à Constantinople (579 - 585) puis son secrétaire. Élu malgré lui, il fit de la papauté la principale puissance d'Occident, organisant la défense contre les Lombards, traitant directement avec eux (592), réformant l'administration pontificale et la vie ecclésiastique, intervenant en Afrique contre les donatistes, en Espagne contre les ariens, en Gaule où il rétablit le primat d'Arles, en Grande-Bretagne où il envoya la mission d'Augustin* de Canterbury, en Orient même contre l'empereur Maurice qui refusait la prêtrise aux soldats et fonctionnaires et contre les prétentions du patriarche «œcuménique» de Constantinople. Il simplifia la liturgie : le *Sacramentaire grégorien* fut à la base du missel romain. Il prit le titre de «Serviteur des serviteurs de Dieu» que les papes conservèrent. Il est l'auteur des *Moralia in Job*, des *Dialogues*, de la *Regula pastoris*, traité d'administration de l'Église, mais le *chant grégorien*, dont la tradition lui attribue la création, est postérieur (v. 680 - 730). ▪ Fête le 3 sept. ➜ ÉTYM. *Grégoire* vient du grec *grêgoros* «qui veille».

**GRÉGOIRE II** (saint) ♦ (Rome 669 - *id.* 731). 89^e^ pape (715 - 731). Il sacra saint Boniface évêque missionnaire de Germanie (723), résista aux édits iconoclastes* (726 - 730) de Léon III l'Isaurien, releva l'abbaye du Mont-Cassin* avec l'aide de Gisulphe, duc de Bénévent. ▪ Fête le 11 fév.

**GRÉGOIRE III** (saint) ♦ 90^e^ pape (de 731 à 741). Syrien. Il réunit un synode (Rome, 731) qui excommunia les iconoclastes*, nomma saint Boniface archevêque de Mayence (732), sollicita sans succès l'intervention de Charles Martel contre les Lombards (739). ▪ Fête le 10 déc.

**GRÉGOIRE IV** ♦ 101^e^ pape (de 828 à 844). Romain. Il se rendit près de Colmar («champ du mensonge», 833) pour arbitrer la querelle entre Louis le Pieux et ses fils, mais se retira déçu.

**GRÉGOIRE V [Brunon,** des comtes **DE CARINTHIE]** ♦ (973 - Rome 999). 137^e^ pape (996 - 999). Cousin et chapelain d'Othon III qui le fit élire, il se heurta à la faction romaine de Crescentius qui suscita l'antipape Jean* XVI ; il l'emporta grâce à l'empereur (998). Il régla le différend d'Arnoul et de Gerbert* d'Aurillac pour le siège de Reims en nommant ce dernier archevêque de Ravenne.

**GRÉGOIRE VI [Jean Gratien]** ♦ (mort en Rhénanie en 1048). 146^e^ pape (1045 - 1046). Il acheta l'abdication de son filleul Benoît* IX mais fut contraint d'abdiquer par l'empereur Henri III (concile de Sutri).

**GRÉGOIRE VII** (saint) **[Hildebrand]** ♦ (Soano, Toscane v. 1015-1020 - Salerne 1085). 155^e^ pape (1073 - 1085). Moine clunisien à Rome, il fut le conseiller des papes Grégoire* VI, qu'il suivit en Allemagne après son abdication (1046), Léon* IX, avec qui il rentra de Cluny à Rome (1049) et dont il fut le légat contre Bérenger* de Tours (1054), Victor* II, Étienne* IX, Nicolas* II qu'il fit élire et qui le nomma archidiacre, enfin Alexandre* II, à qui il succéda. Il fut le principal promoteur de la réforme dite *grégorienne* visant à purifier les mœurs ecclésiastiques (contre le mariage des prêtres) et à émanciper l'Église du pouvoir temporel (lutte contre les investitures conférées par les laïcs et contre la simonie), réforme dont il exposa les principes dans les *Dictatus papae* (1074 - 1075). Ses décrets de 1074 et 1075 déclenchèrent la querelle des Investitures* : l'empereur Henri* IV ayant prétendu le faire déposer (assemblée de Worms, 1076), il l'excommunia et délia ses vassaux de leur serment de fidélité. Ceux-ci entrèrent en rébellion et l'empereur implora son pardon à Canossa* (janv. 1077). Néanmoins le pape fut amené à le réexcommunier, reconnaissant alors le prétendant Rodolphe de Souabe (1080), et à résister à l'antipape Clément* III qu'Henri parvint à installer à Rome (1084). La ville fut reprise par Robert* Guiscard, allié du pape, mais les pillages provoquèrent l'hostilité de la population ; Grégoire VII se réfugia dans le Sud où il mourut. ▪ Fête le 25 mai.

**GRÉGOIRE VIII [Maurice BOURDIN]** ♦ (Eyburie, Limousin - mort à Fumon, Latium, v. 1126). Antipape, du parti de l'empereur, contre Gélase II (1118), ancien archevêque de Braga. Il fut emprisonné après le concordat de Worms (1122).

**GRÉGOIRE VIII [Alberto DI MORA]** ♦ (Bénévent - mort à Pise 1187). 171^e^ pape (d'oct. à déc. 1187).

**GRÉGOIRE IX [Ugolino,** des comtes **DE SEGNI]** ♦ (Anagni v. 1145 - Rome 1241). 176^e^ pape (1227 - 1241). Il lutta contre l'empereur Frédéric* II qu'il excommunia (1227 et 1239) et dont il envahit les États (Sicile) en 1229 pendant sa croisade. Il organisa l'Inquisition*.

**GRÉGOIRE X** (bienheureux) **[Tebaldo VISCONTI]** ♦ (Plaisance 1210 - Arezzo 1276). 182^e^ pape (1271 - 1276). Il réunit le concile de Lyon* (1274).

**GRÉGOIRE XI [Pierre ROGER DE BEAUFORT]** ♦ (Rosiers-d'Égletons, Corrèze 1329 - Rome 1378). 199^e^ pape (1370 - 1378), neveu de Clément VI, cardinal dès 1346. Il reçut Catherine* de Sienne en Avignon et se laissa convaincre de rétablir la papauté à Rome (1377).

**GRÉGOIRE XII [Angelo CORRER]** ♦ (Venise v. 1325 - Recanati, Marches 1417). 203^e^ pape (1406 - 1415). Il tenta des démarches auprès de Benoît* XIII, pape d'Avignon, pour réduire le grand schisme* d'Occident, mais ni l'un ni l'autre ne voulut abdiquer. Il ne céda pas davantage au concile de Pise* qui le déposa (1409) et ne démissionna qu'au concile de Constance*. Il se retira comme cardinal-évêque de Porto.

**GRÉGOIRE XIII [Ugo BUONCOMPAGNI]** ♦ (Bologne 1502 - Rome 1585). 224^e^ pape (1572 - 1585). Pour continuer le mouvement de Réforme catholique (➜ **Contre-Réforme**), il fonda ou réorganisa de nombreux collèges confiés généralement aux jésuites ; il développa les missions et multiplia les nonciatures. Il publia le *Corpus Juris canonici*, recueil du Droit canonique entrepris sous Pie V et réforma le calendrier. ♦ ***Calendrier grégorien*** Le calendrier julien se trouvant décalé par rapport au temps réel, Grégoire XIII fit étudier une solution par des experts (cardinal Sirleto, le P. Clavius*) et «supprima» dix jours ; le lendemain du 4 oct. 1582 fut le 15 oct. ♦ ***Université grégorienne*** Nom porté par le Collège romain fondé par saint Ignace* (1551) en souvenir des agrandissements opérés par Grégoire XIII.

**GRÉGOIRE XIV [Niccolò SFONDRATI]** ♦ (Somma, Milanais 1535 - Rome 1591). 227^e^ pape (1590 - 1591). Il renouvela l'excommunication d'Henri* IV.

**GRÉGOIRE XV [Alessandro LUDOVISI]** ♦ (Bologne 1554 - Rome 1623). 232^e^ pape (1621 - 1623). Il créa la congrégation de la Propagande (chargée des missions) en 1622, fit donner l'électorat du Palatinat à Maximilien de Bavière (catholique), érigea l'évêché de Paris en métropole et créa Richelieu cardinal (1623).

**GRÉGOIRE XVI [Bartolomeo Alberto CAPPELLARI]** ♦ (Belluno 1765 - Rome 1846). 252^e^ pape (1831 - 1846), ancien camaldule sous le nom de Fra Mauro, abbé de Saint-Grégoire du Caelius (1805). Très conservateur, il fit appel à l'Autriche (1831) et à la France (occupation d'Ancône, 1832) contre les mouvements révolutionnaires. Il condamna, sinon nommément Lamennais, du moins les doctrines libérales qu'il défendait (*Mirari vos*, 1832).

**GRÉGOIRE (Henri,** dit l'abbé**)** ♦ Ecclésiastique et homme politique français (Vého, près de Lunéville 1750 - Auteuil, Paris 1831). Député du clergé aux états généraux (1789), il se rallia au tiers état et fut un des représentants de l'extrême gauche à l'Assemblée constituante, où il se montra partisan non seulement de l'abolition totale des privilèges, mais aussi du suffrage universel, et fut le premier à prêter le serment de fidélité à la Constitution civile du clergé (nov. 1790). Évêque constitutionnel de Blois (1791), il fut élu à la Convention où il contribua à faire voter les décrets accordant les droits civils et politiques aux juifs et l'abolition de l'esclavage. Il engagea une grande enquête destinée à lutter contre les patois et à promouvoir l'usage du français (1790 - 1791). Membre du Conseil des Cinq-Cents (1795 - 1798) puis du Corps législatif (1800), sénateur (1802), il tenta, mais sans succès, d'organiser l'Église gallicane (conciles nationaux de 1797 et 1802). Opposé au Premier Consul et au Concordat, il se prononça pour la déchéance de Napoléon I^er^ et, sous la Restauration, siégea dans l'opposition libérale comme député de l'Isère (1819). Auteur d'*Essai sur la régénération physique, morale et politique des Juifs* (1788), *Histoire des sectes religieuses* (1810), *Essai sur les libertés gallicanes* (1818), *Mémoires* (1839, posthume). Ses cendres ont été transférées au Panthéon en 1989.

**GRÉGOIRE DE NAZIANZE** (saint) ♦ Docteur de l'Église (Arianze, Cappadoce v. 330 - *id.* v. 390). D'abord rhéteur, il préféra la retraite aux charges ecclésiastiques. C'est ainsi qu'ordonné prêtre (361) par son père, évêque de Nazianze dont il fut le coadjuteur, il rejoignit d'abord la communauté monastique de saint Basile, son ami ; il n'occupa pas le siège épiscopal de Sasimes où Basile l'avait nommé (372) et démissionna du siège de Constantinople où l'avait placé le concile de 381. Auteur de deux discours *Contre Julien* (l'Apostat), de cinq *Discours théologiques* définissant le dogme trinitaire contre l'arianisme, de poèmes théologiques et autobiographiques *(Sur sa vie)*, de sermons, d'un recueil de *Lettres*. ▪ Fête le 2 janv.

**GRÉGOIRE DE NYSSE** (saint) ♦ Père de l'Église d'Orient (Césarée de Cappadoce v. 335 - Nysse v. 395). Frère de saint Basile qui le nomma évêque de Nysse (371). Il fut dépossédé de son siège par les ariens en 376, le retrouva en 378, participa au concile de Constantinople (381) et devint conseiller religieux de l'empereur. Grand théologien, il est l'auteur de nombreux ouvrages dogmatiques antiariens *(Contre Eunome, Grande Catéchèse)* et exégétiques dans la lignée d'Origène *(Vie de Moïse, Homélie sur le Cantique des cantiques)*. ▪ Fête le 9 mars.

**GRÉGOIRE DE TOURS** (saint) ♦ (Clermont v. 538 - Tours v. 594). Noble auvergnat, évêque de Tours (573), il défendit les droits de l'Église au milieu des querelles franques, s'opposa à Chilpéric et négocia le traité d'Andelot (587) entre Childebert II et Gontran, roi de Bourgogne. Il est l'auteur d'ouvrages hagiographiques et d'une *Histoire des Francs (Historia Francorum)* [40 volumes] qui l'a fait considérer comme le père de l'histoire de France. ▪ Fête le 17 nov.

**GRÉGOIRE le Thaumaturge** (saint) ♦ (Néo-Césarée, auj. Nikasar, dans le Pont v. 213 - 270). Disciple d'Origène, évêque de Néo-Césarée

(v. 240), célèbre par les guérisons miraculeuses et les conversions qu'il aurait obtenues. Auteur d'un *Éloge d'Origène* et d'un *Symbole de foi* trinitaire. ▪ Fête le 17 nov.

**GRÉGOIRE l'Illuminateur** (saint) ♦ (v. 240 - mont Sebon v. 326). Évangélisateur et premier patriarche de l'Arménie, après avoir converti le roi Tiridate (280 - 290). ▪ Fête le 30 sept.

**GRÉGOIRE PALAMAS** (dans l'Église grecque saint) ♦ Théologien grec orthodoxe (Constantinople 1296 - Thessalonique 1359). Ermite au mont Athos, il fut un maître de l'« hésychasme » (mystique de la contemplation sensible de Dieu, par le silence et l'immobilité) et, à partir de 1340, fut chargé de le défendre contre le moine Barlaam. Une série de conciles (Constantinople, de 1341 à 1351) et le *Tome synodal* de 1351 consacrèrent sa doctrine. Arrêté lors de la guerre civile entre Paléologues* et Cantacuzènes*, il devint archevêque de Thessalonique à la victoire de ces derniers (1347), fit pénétrer dans la vie de l'Église les valeurs de l'hésychasme, lutta contre le ritualisme et la superstition. Sa théologie des « énergies divines » permettait d'inclure le *filioque** ; elle aurait pu être une base d'entente entre orthodoxes et catholiques.

**GRÉGORAS (Nicéphore)** ♦ Savant et historien byzantin (Héraclée du Pont v. 1295 - Constantinople v. 1360). Il enseigna au couvent de Chora (Constantinople) les principes platoniciens contre la scolastique aristotélicienne. Dans son œuvre étendue et variée, il faut retenir l'*Histoire romaine*, histoire de l'empire de Nicée et de l'empire latin de 1204 à 1359, et sa *Correspondance*.

**GREGORY (James)** ♦ Mathématicien et opticien écossais (Aberdeen 1638 - Édimbourg 1675). Il conçut et réalisa le télescope à réflexion (*télescope de Gregory*, 1663). En mathématiques, il fut l'auteur de travaux en géométrie pure et en géométrie analytique ; il étudia, en particulier, la convergence des séries, et découvrit les développements en série de $\pi$, de la tangente et de l'arc-tangente.

**GREGORY (Isabella Augusta, née PERSSE, lady)** ♦ Femme de lettres irlandaise (Roxborough, comté de Galway 1852 - Coole 1932). Sa destinée littéraire est liée à son amitié avec W. B. Yeats* qu'elle rencontra en 1898 et à qui elle offrit sa protection. Elle écrivit ou transposa plus de quarante pièces de théâtre inspirées de vieilles légendes irlandaises et donna, dans un anglais savoureux teinté du dialecte anglo-irlandais de Kiltartan, des versions modernes des sagas irlandaises : *Cuchulain of Muirthemne* (1902), *Gods and Fighting Men* (1904). Elle fonda avec Yeats en 1899 le Théâtre national irlandais, qui aboutit à la création de l'Abbey* Theatre dont elle prit la direction en 1904.

**GREIDER (Carol W.)** ♦ Biologiste américaine (San Diego 1961). En 1984, elle découvrit avec E. Blackburn* une enzyme, la télomérase, qui assure la formation des télomères. Ces derniers ne sont pas copiés par les enzymes responsables de la réplication de l'ADN, mais l'action de la télomérase empêche la dégradation des chromosomes et donc le vieillissement prématuré des cellules. À l'inverse, la multiplication des cellules cancéreuses pourrait résulter d'une grande activité de la télomérase. [Prix Nobel de physiol. ou méd. 2009, avec E. Blackburn et J. Szostak*]

**GREIFSWALD** ♦ V. d'Allemagne (Mecklembourg-Poméranie-Antérieure) sur la Baltique. 59 575 hab. Université créée en 1456. Port. Nœud ferroviaire et centre indus.

**GREIMAS (Algirdas Julien)** ♦ Sémanticien et sémioticien français (Toula 1917 - Paris 1992). Lexicologue, élève de Georges Matoré, il rejoignit le courant structuraliste avec une *Sémantique structurale* (1966) où s'esquissait un modèle de sémiotique et de théorie du récit tributaire de Hjelmslev* et de Propp*, enrichi de concepts (les « isotopies » du récit, par ex.) et de modèles nouveaux. Après *Du Sens* (1970), et une application aux contes de Maupassant de sa théorie du récit (1976), il publia un *Dictionnaire raisonné de la théorie du langage* (1979, avec J. Courtès). Élargissant son objet au discours social, esthétique et éthique, il avait souhaité constituer ses méthodes sémiotiques en école (l'« École de Paris »).

**GRÉMILLON (Jean)** ♦ Cinéaste français (Bayeux 1901 - Paris 1959). D'abord auteur de nombreux documentaires industriels, il appliqua à ce genre le sens d'un réalisme et d'une rigueur classique qui allaient caractériser son œuvre, l'une des plus méconnues du cinéma français : *Gardiens de phare* (1929), *La Petite Lise* (1930), *Gueule d'amour* (1937), *Remorques* (1939 - 1941), *Lumière d'été* (1943), *Le ciel est à vous* (1944), *Pattes blanches* (1948). ➝ **ÉTYM.** *Grémillon* est le diminutif du mot régional *gremel* « grumeau » ou est un nom de lieu.

**GRENADE** – en esp. ***Granada*** ♦ V. d'Espagne méridionale (Andalousie), ch.-l. de prov., au pied de la sierra Nevada. 236 207 hab. Son riche passé artistique en fait un lieu touristique très fréquenté : cathédrale de styles gothique et Renaissance contenant les tombeaux de Ferdinand* d'Aragon et d'Isabelle* la Catholique, de Philippe* le Beau et de Jeanne* la Folle ; églises baroques (XVI$^{e}$ s.) ; *torres bermejas* (tours vermeilles) ; palais de Charles Quint (XVI$^{e}$ - XVII$^{e}$ s.). La ville est surtout célèbre par le palais mauresque de l'Alhambra* (XIII$^{e}$ - XIV$^{e}$ s.) et les jardins du Generalife*. Grenade est aussi un centre agricole et commercial actif, à proximité d'une *vega* (riche plaine irriguée). **▮ Histoire** La ville fut fondée en 756 par les Arabes. Après avoir fait partie du califat de Cordoue, elle devint, au XIII$^{e}$ s., la capitale du royaume musulman de Grenade. Elle connut alors la plus brillante civilisation, dont témoignent encore ses monuments, mais fut affaiblie par les luttes continuelles entre grandes familles (dont la plus célèbre fut

**Grenade.** Le palais et les jardins de l'Alhambra.
*Phot. © Irina Korshunova /Shutterstock*

celle des Abencérages*). En 1492, elle fut reprise par les Rois Catholiques qui marquèrent ainsi l'achèvement de la Reconquista*. ➝ **Andalousie.**

**GRENADE** [31330] ➝ **ÉTYM.** p.-ê. en l'honneur de la v. d'Espagne ♦ Ch.-l. de cant. de la Haute-Garonne, arr. de Toulouse, sur la Save. 5 767 hab. *(Grenadains)*. Église du XIV$^{e}$ s. renfermant un riche mobilier des XVII$^{e}$ - XVIII$^{e}$ s. : grand retable en marbre, chaire, toiles d'A. Rivals et de J.-B. Despax. **▮ Histoire** Anc. bastide fortifiée, fondée en 1290.

**GRENADE**

▮ n. f. – off. ***la Grenade***, en angl. ***Grenada*** ♦ État des Petites Antilles. 345 km$^2$. 102 632 hab. *(Grenadiens)*. LANGUE : anglais. POPULATION : Noirs en maj. RELIGION : christianisme. MONNAIE : dollar des Caraïbes de l'E. CAPITALE : Saint George's. RÉGIME : démocratie parlementaire. L'État comprend l'île de Grenade et les îles du S. de l'archipel des Grenadines* (Carriacou et Petit Martinique). ▪ L'île de Grenade est d'origine volcanique (lac de cratère de Grand Étang), largement couverte de végétation luxuriante. Les principales productions agricoles sont la banane et la noix de muscade. Le tourisme anime la belle plage de Grande Anse au S. de la capitale. Aéroport international à Pointe Salines.

**▮ HISTOIRE** La population amérindienne résista jusqu'au milieu du XVII$^{e}$ s. à la colonisation française. À la fin du XVIII$^{e}$ s., la colonie passa des mains de la France à celles de la Grande-Bretagne jusqu'à l'indépendance (1974). Une expérience révolutionnaire radicale, dirigée par le New Jewel Movement (1979 - 1983), s'acheva par la mort de son chef, Maurice Bishop, et une intervention militaire des États-Unis coordonnée avec les pays voisins. Le système parlementaire a été rétabli.

**GRENADINES (les)** n. f. pl. ♦ Archipel des Petites Antilles* composé de plusieurs dizaines d'îles dont quelques-unes habitées en permanence. Les îles du N. (Bequia, Canouan, Mayreau, Mustique, Union) appartiennent à l'État de Saint*-Vincent-et-les-Grenadines, les îles du S. (Carriacou et Petit Martinique) à la Grenade*. Tourisme de luxe et navigation de plaisance.

**GRENAY** [62160] ➝ **ÉTYM.** du lat. *Granus*, n. de pers. (sobriquet à partir de « grain ») ♦ Comm. du Pas-de-Calais, arr. de Lens. 6 395 hab. *(Grenaysiens)*. **▮ Histoire** Condé s'y arrêta après sa victoire à Lens en 1648.

**GRENCHEN** – en fr. ***Granges*** ♦ V. de Suisse (cant. de Soleure). 15 764 hab. (aggl. 25 118 hab.). Important centre horloger.

**GRENELLE** ♦ Quartier du 15$^{e}$ arr. de Paris. Anc. domaine des abbayes Sainte-Geneviève et Saint-Germain-des-Prés, Grenelle fut érigé en commune en 1830 et incorporé à Paris en 1860. Camp militaire pendant la Révolution, le quartier est actuellement en voie de modernisation rapide. ♦ ***Accords de Grenelle*** ➝ **mai 1968.**

**GRENOBLE** [38000] ➝ **ÉTYM.** anc. *Gratianopolis* « ville (gr. *polis*) de Gratien (lat. *Gratianus*) » ♦ Ch.-l. du dép. de l'Isère, sur l'Isère, dans la plaine du Grésivaudan, entouré de hautes montagnes. 153 317 hab. (aggl. 418 944, 10$^{e}$ rang) *(Grenoblois)*. Évêché. Cathédrale Notre-Dame (XII$^{e}$ - XIII$^{e}$ s. ; remaniée) ; église Saint-André du XIII$^{e}$ s. (restaurée) ; église Saint-Laurent (XI$^{e}$ - XII$^{e}$ s.), dont la crypte date de la fin du VI$^{e}$ s. ; église Saint-Louis (XVIII$^{e}$ s.), porte Saint-Laurent, du XVII$^{e}$ s. Palais de justice (XV$^{e}$ et XVI$^{e}$ s.). Remarquable musée de Peinture et de Sculpture, riche en œuvres modernes et contemporaines (nouveau bâtiment inauguré en 1994). Musée et maison Stendhal. Musée dauphinois. Nombreuses réalisations d'architecture contemporaine : hôtel de ville, conservatoire de musique, les Trois Tours, maison de la culture (par Wogenscky). **▮ Économie** Une des plus importantes villes de France pour la recherche, elle doit son développement dans ce secteur à l'essor de l'énergie hydraulique (dite « houille blanche ») dans les Alpes au début du XX$^{e}$ s. Elle a su renouveler cette dynamique en associant recherche et industrie. C'est une des villes de province les mieux placées pour la recherche (17 000 chercheurs), les congrès et colloques scientifiques. Aux 4 universités, il faut adjoindre 6 écoles nationales d'ingénieurs (physique, électricité, électrochimie, hydraulique, électronique, informatique) et l'Installation européenne de rayonnement synchrotron (ESRF). Pionnière des technopôles en France (Zirst de Meylan), Grenoble a su garder ou attirer de grandes entreprises comme Merlin-Gerin (matériel électrique), Cap-Gemini et Sogéti (ingénierie), Thomson et Bull (informatique). Centre Minatec, pôle européen de micro et nanotechnologies. ▪ La ville, équipée en infrastructures de transport modernes avec l'autoroute vers Paris via Lyon, la liaison TGV avec la capitale et l'aéroport de Grenoble-Saint-Geoirs (250 000 passagers en 2005), subit néanmoins au niveau régional la concurrence de Lyon, Chambéry et Annecy. ▮ **Histoire** D'abord ville des Allobroges* *(Cularo)*, l'agglomération prit le nom de l'empereur Gratien* au IVe s. *(Gratianopolis)*. Aux IXe - XIe s., elle fit partie du royaume de Bourgogne-Provence. Elle fut réunie à la France avec le Dauphiné, au XIVe s. Une importante université y fut fondée au XIVe s. La ville fut disputée pendant les guerres de Religion. ▪ En 1968, les jeux Olympiques d'hiver s'y déroulèrent.

Les **Grenouilles** – en gr. ***Batrakhoi*** ♦ Comédie d'Aristophane* (–405). Pour rendre au théâtre athénien le lustre qu'il vient de perdre avec la mort d'Euripide, le dernier grand tragique grec, Dionysos descend aux Enfers, conseillé par Héraclès dont il prend l'apparence. La traversée des marais infernaux où pullulent les grenouilles ne va pas sans périls pour le dieu paralysé par la peur. Mais le chœur des initiés aux mystères d'Éleusis l'assistera dans l'épreuve. Devant Pluton, un débat s'engage entre Eschyle et Euripide, Sophocle s'effaçant par courtoisie ; débat dont l'enjeu sera la royauté poétique des Enfers. Par la qualité de son style, de ses idées, la supériorité d'Eschyle éclate et c'est lui que Dionysos ramènera sur la Terre en vainqueur.

**GRENVILLE** (sir **Richard**) ♦ Marin anglais (1542 - en mer, près des Açores 1591). Il commanda en 1585 une flotte chargée de coloniser la région de Roanoke Island (auj. en Caroline du Nord). En 1591, il devint le second de Thomas Howard et son vaisseau, le *Revenge*, fut séparé de l'escadre attaquée par une flotte espagnole de 53 vaisseaux. Le *Revenge* fut capturé et Grenville mourut peu après de ses blessures. ▪ Tennyson l'a célébré dans une ballade : *The Revenge*.

**GRENVILLE (George)** ♦ Homme politique britannique (Buckinghamshire 1712 - Londres 1770). Député en 1741, il se rangea parmi les «Patriotes», succéda à Bute* comme Premier ministre (1763 - 1765), et fut à l'origine des troubles des colonies d'Amérique, en les obligeant à participer aux dépenses impériales par la loi du Timbre (Stamp Act), 1765. George* III, auquel il s'opposait, le fit destituer. Il était le frère de Richard Grenville-Temple*.

**GRÉOUX-LES-BAINS** [04800] ♦ Comm. des Alpes-de-Haute-Provence, arr. de Digne-les-Bains, sur le Verdon. 1 921 hab. *(Gryséliens)*. Station thermale. ▪ À 4 km, barrage du Verdon (retenue de 78 millions de m$^3$, alimentant la centrale de Vinon).

**GRÈS (Germaine CZEREFKOW**, née **KREBS** dite Mme**)** ♦ Couturière française (Paris 1903 - La Valette-du-Var 1993). D'abord modéliste chez Alix, elle fonda sa maison en 1942, sous le nom de Grès (pseudonyme de son mari). Elle acquit sa réputation en présentant des robes du soir en drapé de fin jersey de soie et des modèles sculpturaux exploitant la souplesse de la maille ou le tombé des lourdes étoffes.

**GRESHAM** (sir **Thomas**) ♦ Financier anglais (Londres 1519 - *id.* 1579). «Marchand du roi» à Anvers, puis grand financier de la Couronne sous Élisabeth Ire, il contribua à restaurer la monnaie et fonda la Bourse de Londres (Royal Exchange, 1571). Dans son *Enquête sur la chute du change* (1558), il reprit la loi selon laquelle, lorsque dans un pays circulent deux monnaies, «la mauvaise chasse la bonne».

**GRÉSIVAUDAN** ou **GRAISIVAUDAN** n. m. ➝ **ÉTYM.** anc. *Gratianopolitanus* «le pays de Grenoble* *(Gratianopolis)*» ♦ Portion de la vallée de l'Isère prolongeant la Combe de Savoie ; bordée à droite par le massif de la Grande-Chartreuse et à gauche par la chaîne de Belledonne, cette dépression fait partie du sillon alpin. C'est une plaine agricole et la région d'origine de l'exploitation de la «houille blanche» (➝ **Bergès [Aristide]**) où les installations hydroélectriques sont nombreuses.

**GRESSET (Jean-Baptiste Louis)** ♦ Poète et auteur dramatique français (Amiens 1709 - *id.* 1777). Auteur de poésies humoristiques (dont *Ver-Vert*, 1734, qui plaisante sur les mœurs des couvents), il connut le succès avec sa comédie *Le Méchant* (1747). [Acad. fr. 1748]

**GRESSONEY-SAINT-JEAN** ♦ Station climatique et de sports d'hiver italienne (Vallée d'Aoste), dans la *vallée de Gressoney*, au pied du mont Rose, à 1 385 m d'altitude. 789 hab.

**GRETCHANINOV (Aleksandr Tikhonovitch)** ♦ Compositeur russe (Moscou 1864 - New York 1956). Élève de Rimski-Korsakov, il en subit l'influence et fut, par son goût de la couleur folklorique russe, le continuateur du groupe des Cinq. Imprégnée de mélancolie romantique, son œuvre comprend des opéras, des symphonies, des concertos, des pièces de musique de chambre et chorale, de la musique religieuse (messes, psaumes) et des mélodies pour enfants.

**GRÉTRY (André Modeste)** ♦ Compositeur français d'origine wallonne (Liège 1741 - Montmorency 1813). Il reçut une formation musicale à Rome et Bologne où il fut l'élève du père Martini. Voltaire l'engagea à venir à Paris où il obtint la protection de Marmontel. Là commença véritablement sa carrière, dans un genre proprement français, l'opéra-comique, que Duni, Monsigny, Dauvergne et Philidor avaient illustré avant lui et qu'il porta à son plus haut point de perfection par le naturel, la verve et la fraîcheur mélodique. De l'œuvre abondante qu'il écrivit pour le théâtre, il convient de détacher *L'Ingénu ou le Huron* (1768), *Lucile* (1769), *Zémire et Azor* (1771), *L'Amant jaloux* (1778), ouvrages remplis d'humour et de tendresse. Son chef-d'œuvre fut *Richard Cœur de Lion* (livret de Sedaine, 1784), d'une parfaite expressivité dramatique. Sous la Révolution, il composa des œuvres de circonstance (*La Rosière républicaine*, 1794). Écrivain, il rédigea les *Réflexions d'un solitaire*, d'un ton rousseauiste, et des *Mémoires* (1789 - 1797). ➝ **ÉTYM.** Ce nom de famille vient d'un nom de lieu en Belgique.

**GRETZ-ARMAINVILLIERS** [77220] ➝ **ÉTYM.** *Gretz*, de la langue d'oïl *grez*, *gres* «grès» et *Armainvilliers* «domaine (bas lat. *villare*) de Hermann (n. de pers. germ.)» ♦ Comm. de la Seine-et-Marne, arr. de Melun, dans la Brie. 7 613 hab. (aggl. 15 158) *(Gretzois)*. ▮ **Histoire** C'est dans le parc du château d'Armainvilliers que C. Ader* «vola» pour la première fois avec son *Éole* le 9 oct. 1890.

**GREUZE (Jean-Baptiste)** ♦ Peintre, pastelliste et dessinateur français (Tournus 1725 - Paris 1805). Élève du portraitiste Grandon, il se rendit à Paris vers 1750. Peintre de genre, il se souvint des maîtres hollandais du XVIIe s. et conforma sa peinture à la sensibilité de l'époque, marquée par Rousseau, Fielding et Richardson. Au Salon de 1755, il triompha avec *Un père de famille expliquant la Bible à ses enfants*. Sa peinture, sentimentale et édifiante, évolua vers un pathétisme moralisateur *(Le Mauvais Fils puni)* en accord avec le drame bourgeois et la comédie larmoyante de Diderot*, qui fut son admirateur enthousiaste. Il voulait hisser la peinture de genre au niveau de la peinture d'histoire. Auteur de portraits vigoureux et sensibles, d'une facture délicate *(Sophie Arnould, Le Graveur Wille)*, il se plut aussi à représenter des visages d'enfants et de jeunes filles d'une grâce mièvre, dont l'expression innocente apparaît savamment équivoque (*La Cruche cassée*, 1789). Il eut de nombreux imitateurs mais la gloire de David* éclipsa la sienne. ➝ **ÉTYM.** *Greuze* vient de l'ancien français *greuse*, *grehuse* «querelle, rixe» ; surnom probablement donné à une personne chicanière.

Jean-Baptiste **Greuze**. *Le Guitariste* (71 × 56 cm).
Musée des Beaux-Arts, Nantes. *Phot. © Arch. Smeets*

**GRÈVE** (place de) ♦ Place de Paris, baptisée place de l'Hôtel-de-Ville en 1806. Descendant en pente douce jusqu'à la Seine (d'où son nom), lieu de réunion des ouvriers sans ouvrage (cf. grève, *in Le Robert*), elle fut le théâtre de fêtes populaires, mais surtout le lieu des exécutions capitales, de 1310 à 1830. Agrandie en 1769 et en 1817, elle accueillit l'administration municipale dès 1357. ➝ **Hôtel de Ville.**

**GREVENMACHER** ♦ V. du Luxembourg, ch.-l. de cant., sur la Moselle. 3 734 hab. Vignobles. Tourisme. Port fluvial.

**GRÉVILLE (Edmond T.)** ♦ Cinéaste français (Nice 1906 - *id.* 1966). Touche-à-tout à la carrière en dents de scie (France, Grande-Bretagne, Pays-Bas), Gréville avait un style bien à lui, mélange de réalisme psychologique et d'onirisme, qui trouva trop rarement à s'affirmer. D'une œuvre inégale, on retiendra *Remous* (1933), *Menaces* (1939) et *Pour une nuit d'amour* (1947, d'après Zola). Arrivé presque en fin de carrière, il s'offrit le luxe de redevenir assistant (de Raoul Walsh).

**GRÉVIN (Jacques)** ♦ Poète et médecin français (Clermont-en-Beauvaisis 1538 - Turin 1570). Poète lyrique, il composa, sous l'influence de Ronsard et de J. du Bellay, des pièces de vers qui furent publiées en un recueil (*L'Olympe de Jacques Grévin*, 1560). C'est surtout au théâtre qu'il fait figure de novateur avec la tragédie de *César* (1561) où l'éloquence du discours ne pâtit point d'un audacieux réalisme. ▪ Médecin réputé, il a publié un *Traité d'anatomie* (1562). Converti au protestantisme, il quitta la France pour l'Angleterre, puis se fixa à Turin où il devint le médecin de la duchesse de Savoie.

**Grévin** (musée) ♦ Musée de figures de cire créé en 1882 à Paris par ALFRED GRÉVIN (Épineuil, Yonne 1827 - Saint-Mandé 1892), caricaturiste et peintre de costumes de théâtre.

**GREVISSE (Maurice)** ♦ Grammairien belge d'expression française (Rulles-en-Gaume 1895 - La Louvière 1980). Il est l'auteur du *Bon Usage* (1936, nombreuses rééditions), description empirique des difficultés de la langue française où une norme écrite et littéraire très tolérante («bon usage») est dégagée de l'observation des textes.

**GRÉVY (Jules)** ♦ Homme politique français (Mont-sous-Vaudrey, Jura 1807 - *id.* 1891). Avocat, de tendance républicaine, il fut nommé commissaire de la IIe République (1848) ; élu à l'Assemblée constituante (avr. 1848) puis à l'Assemblée législative (mai 1849), il siégea avec la gauche, prit position pour la liberté de la presse et contre l'expédition de Rome (→ **Oudinot**) et se retira de la vie politique après le coup d'État du 2 déc. 1851. Député d'opposition au sein du Corps législatif en 1868, hostile à la déclaration de la guerre à l'Allemagne (1870), il se rangea parmi les républicains modérés après la chute de l'Empire (4 sept. 1870). Député à l'Assemblée nationale de Bordeaux en fév. 1871, puis membre de la Chambre des députés en 1876, il fut élu président de la IIIe République après Mac-Mahon (1879) et tenta de mener une politique hostile au nationalisme revanchard et à l'expansion coloniale. Il écarta du pouvoir des hommes comme Léon Gambetta et Jules Ferry. Le scandale du trafic des décorations dans lequel fut mêlé son gendre Wilson l'obligea à donner sa démission (1887). ➝ **ÉTYM.** Ce nom jurassien vient du terme dialectal *grevil* (ou *gravial*) «gravier».

**GREW (Nehemiah)** ♦ Botaniste anglais (Mancetter Parish, Warwickshire 1661 - Londres 1712). Un des pionniers de l'anatomie végétale, il découvrit, en même temps que Hooke* et Malpighi*, la structure cellulaire des plantes grâce à l'utilisation du microscope ; il donna des descriptions détaillées, accompagnées de très beaux dessins, des tiges, des racines et des cotylédons. Il étudia les organes sexuels des végétaux et introduisit la notion d'anatomie comparée. Par évaporation de l'eau de source d'Epsom, il obtint le sulfate de magnésium cristallisé, appelé depuis sel d'Epsom.

**GREY (Charles, 2e comte)** ♦ Homme politique britannique (Fallodon, Northumberland 1764 - Howick House, Northumberland 1845). Député whig aux Communes dès 1786, il devint le second de Fox* et lutta contre Pitt*. Il occupa le ministère des Affaires étrangères dans le cabinet Grenville (1806 - 1807), prit la tête des whigs à la Chambre des lords, et fit campagne pour l'émancipation des catholiques et la réforme parlementaire, qu'il imposa quand il fut Premier ministre (1832). Il obtint également l'abolition totale de l'esclavage. ♦ **Henry George, 3e vicomte Grey** (Howick House, Northumberland 1802 - *id.* 1894). Fils du précédent. Il fit partie des ministères Melbourne* et Russell*, et se montra particulièrement libéral dans sa politique coloniale, essayant d'établir des gouvernements responsables (au Canada, en 1847). Ses difficultés en Afrique du Sud l'obligèrent à quitter le gouvernement, mais il continua à soutenir les thèses libérales.

**GREY (sir George)** ♦ Administrateur colonial et explorateur britannique (Lisbonne 1812 - Londres 1898). Successivement gouverneur de l'Australie-Méridionale (1840 - 1845), de la Nouvelle-Zélande (1845 - 1853, 1861 - 1868) et du Cap (1854 - 1860), puis Premier ministre (1877 - 1879), il a publié le journal de son voyage en Australie dans lequel il décrit les coutumes totémiques des tribus australiennes (*Journal of Two Expeditions of Discovery in North-West and Western Australia*, 1841).

**GREY (Edward), 1er vicomte GREY OF FALLODON** ♦ Homme politique britannique (Londres 1862 - *id.* 1933). Entré aux Communes en 1885 comme député whig, il fut ministre des Affaires étrangères dans les cabinets Campbell-Bannerman et Asquith* (1905 - 1916), et domina la politique étrangère britannique dans la période précédant la Première Guerre mondiale. La menace allemande lui fit resserrer l'Entente* cordiale et établir la Triple-Entente* (1907) avec la Russie. Pacifiste, il tenta par divers moyens d'éviter la guerre et fit ensuite preuve d'une grande habileté diplomatique en gagnant à la cause des Alliés l'Italie (traité secret de Londres, 1915) et l'opinion américaine. Retiré de la vie politique, il publia plusieurs œuvres, dont ses mémoires (*Twenty Five Years*, 1925).

**GREY (Zane)** ♦ Romancier américain (Zanesville, Ohio 1875 - Altadena, Californie 1939). Il a écrit 54 romans, essentiellement sur la conquête de l'Ouest, presque tous à très gros tirages et souvent portés à l'écran. Il est un des fondateurs du western. Son œuvre la plus connue est *Riders of the Purple Sage* (1912).

**GRÉZIEU-LA-VARENNE** [69290] ➝ **ÉTYM.** anc. *Grasiacus*, du lat. *Gratius*, n. de pers., et suff. *-acum* ou du gaul. *cracos* «pierre [calcaire]» ♦ Comm. du Rhône, banlieue O. de Lyon. 4 133 hab.

**GRIAULE (Marcel)** ♦ Ethnologue français (Aisy-sur-Armançon, Yonne 1898 - Paris 1956). Après avoir passé plusieurs mois en Abyssinie (1928 - 1929), il organisa la traversée de l'Afrique centrale d'O. en E. (mission Dakar-Djibouti, 1931 - 1933), inaugurant l'ère des enquêtes ethnographiques sur le terrain. Au cours de cette expédition, il entra en contact avec les Dogons* des falaises de Bandiagara sur lesquels portèrent la plupart de ses recherches : *Les Masques dogons* (1938), *Dieu d'eau* (entretiens avec Ogotemmeli, ouvrage qui révèle les structures de la pensée dogon, 1948), *Renard pâle, ethnologie des Dogons* (en collaboration avec G. Dieterlen*, 1965). → **Leiris.** ➝ **ÉTYM.** *Griaule* est une variante régionale de *Grenouille*, sobriquet pour une personne bavarde.

**GRIBEAUVAL (Jean-Baptiste VAQUETTE DE)** ♦ Général et ingénieur militaire français (Amiens 1715 - Paris 1789). L'artillerie française devint, grâce à lui, la première d'Europe en 1789 et les nouveaux canons qu'il avait créés furent utilisés pour toutes les campagnes de la Révolution et de l'Empire.

**GRIBOÏEDOV (Aleksandr Sergueïevitch)** ♦ Auteur dramatique russe (Moscou 1795 - Téhéran 1829). Il est célèbre pour sa comédie en vers *Le Malheur d'avoir trop d'esprit* (1822 - 1824, joué en 1831, publié en 1833), satire réaliste de la haute société moscovite. Griboïedov appartient à l'école classique de comédie, et sa pièce rappelle à certains égards *Le Misanthrope** de Molière. Envoyé comme ambassadeur à Téhéran, il y fut assassiné. Un grand nombre de ses vers sont devenus des proverbes couramment employés. ➝ **ÉTYM.** Ce nom russe signifie «mangeur de champignons».

**GRIEG (Edvard)** ♦ Compositeur norvégien (Bergen 1843 - *id.* 1907). Ses études au conservatoire de Leipzig ne lui inspirèrent qu'une durable hostilité pour la musique romantique allemande. Le jeune compositeur R. Nordraak, mort prématurément, lui révéla la mélodie populaire norvégienne. Désormais, il n'allait plus chercher les thèmes de son inspiration que dans la vie quotidienne des hommes de son pays, dans la nature et le folklore norvégiens. Sensible toutefois à l'influence de Liszt* et de Wagner*, il collabora avec Ibsen et se lia d'amitié avec B. Bjørnson. Pianiste et chef d'orchestre, il interpréta ses ouvrages à travers toute l'Europe. Son œuvre instrumentale comprend des *Pièces lyriques* pour piano (1867 - 1901), des *Danses norvégiennes*, de la musique de chambre (*Sonates* pour violon, pour violoncelle ; *Quatuor à cordes*), de la musique symphonique (*En automne*, ouverture pour orchestre), de la musique de scène (pour *Peer* Gynt*, d'Ibsen, 1875 ; pour *Sigurd Jorsalfar*, de Bjørnson) et 125 *Lieder*, pour piano ou avec orchestre (1864 - 1898). Harmoniste souvent audacieux, malgré un certain maniérisme, Grieg est le créateur d'une musique norvégienne originale. ➝ **ÉTYM.** *Grieg* est le diminutif norvégien de *Grégoire*.

**GRIEG (Nordahl)** ♦ Poète, romancier et auteur dramatique norvégien (Bergen 1902 - Berlin 1943). Il fut journaliste, correspondant de guerre en Chine (1927), à Moscou puis en Espagne (1937). Parti à Londres pour s'engager dans la RAF en 1940 lors de l'invasion allemande en Norvège, il fut tué dans le ciel de Berlin lors d'un raid en 1943. Auteur lyrique et éloquent, il fit preuve à travers son œuvre d'un patriotisme enthousiaste, que ce soit dans ses recueils de vers, *Pierres dans les cours d'eau* (1925), *La Norvège dans nos cœurs* (1929) ou dans ses drames, *Barabbas* (1927), *Notre puissance et notre gloire* (1935), *La Défaite* (1937). Dans son roman *Il faut que le monde reste jeune* (1938), il mit son pays en garde contre l'humanisme inactif de l'Occident et exalta l'Union soviétique.

**GRIERSON (John)** ♦ Producteur et cinéaste britannique (Kilmadock, Stirlingshire, Écosse 1898 - Bath 1972). Chef de file de l'école documentariste anglaise, animateur du GPO-Film Unit, filiale cinématographique du ministère des Postes de Grande-Bretagne. Il réalisa peu de films lui-même : *Drifters* (1929), et avec Robert Flaherty *Industrial Britain* (1933), mais il forma, avec le Brésilien Alberto Cavalcanti, une école des plus dynamiques, qui influença durablement des cinéastes aussi divers que Robert Hamer, Humphrey Jennings et Henry Watt dans le sens d'une recherche de la vérité humaine et sociale.

**GRIFFITH (Arthur)** ♦ Homme politique irlandais (Dublin 1872 - *id.* 1922). Éditeur et rédacteur du journal nationaliste irlandais *United Irishman* (1901), fondateur du mouvement Sinn* Féin, il refusait violemment le *Home* Rule* qui devait partager l'Irlande, mais ne participa pas à la révolte de 1916. → **Irlande.** Emprisonné pourtant après celle-ci par les Anglais, il garda son influence auprès des nationalistes irlandais, ce qui lui permit de prendre part à l'élaboration du traité de Londres (1921) qu'il accepta, contrairement à Eamon De* Valera. Il fut alors élu président de l'État libre d'Irlande. ➝ **ÉTYM.** *Griffith* vient du vieux gallois *Gruffyd*, nom de personne (de *griff*, de sens incertain et *udd* «chef»).

**GRIFFITH (David Wark)** ♦ Cinéaste américain (Floydsfork, auj. Crestwood, Kentucky 1875 - Hollywood, Californie 1948). Issu d'une famille ruinée par la guerre de Sécession, il tenta une carrière littéraire, devint comédien puis scénariste avant de se consacrer à la mise en scène de cinéma (1908). En quelques années, il devait réaliser plus de 400 films et s'affirmer, par la force et la générosité d'un génie purement autodidacte, comme le créateur le plus fécond du langage cinématographique aux États-Unis, avec Thomas Ince*. Distinguant dans l'art du cinéma un mode d'expression différent de celui du théâtre, il en affirma l'autonomie par la nouveauté et la diversité des thèmes, une solide direction d'acteurs, et par un usage magistral de quelques procédés techniques transformés par lui en éléments d'expression d'une haute valeur esthétique (échelle des plans, découpage analytique, montage alterné et parallèle, travellings). Il ouvrait ainsi la voie aux plus grandes réalisations des cinéastes soviétiques (Eisenstein*), allemands (Murnau*), américains (von Stroheim*) et français (Gance*) qui devaient plus tard se reconnaître pour ses disciples. D'une filmographie importante (1908 - 1931) se détachent ses chefs-d'œuvre : *Naissance* d'une*

David Wark **Griffith.** *Naissance d'une nation*, 1915. Prod. D.W. Griffith et E. Harry, Aitken (Epoc Producing Corp.). *BIS/ © Coll. Archives Larbor. DR*

*nation* (1915), film où la passion sudiste ne va pas sans un certain racisme, *Intolérance** (1916), triptyque grandiose et parfois naïf, *Le Lys* brisé* (1919), *Le Pauvre Amour* (1919), *À travers l'orage* (1920).

**GRIFFUELHES (Victor)** ♦ Syndicaliste français (Nérac, Lot-et-Garonne 1874 - Saclas, Essonne 1923). Ouvrier cordonnier, ancien blanquiste, il fut secrétaire général de la CGT (1902 - 1909). À la tête du courant syndicaliste révolutionnaire, il s'opposa aux réformistes de la SFIO et contribua à l'adoption de la charte d'Amiens (1906). → ÉTYM. Ce nom est l'aphérèse de la forme méridionale de *Aigrefeuille*, du latin *acrifolium* «houx».

**GRIGNAN (Françoise Marguerite DE SÉVIGNÉ, comtesse DE)** ♦ Épistolière française (Paris 1646 - Mazargues 1705). Elle entretint avec sa mère, la marquise de Sévigné*, une correspondance célèbre, après que son mari, le comte de Grignan, eut été nommé lieutenant général de Provence.

**GRIGNAN** [26230] → ÉTYM. anc. *de Gradinano*, du lat. *Gratinius*, n. de pers., et suff. *-anum* ♦ Ch.-l. de cant. de la Drôme, arr. de Nyons. 1 353 hab. *(Grignanais)*. Château du XVIe s., restauré en 1913 (mobilier ; tapisseries d'Aubusson). Église Saint-Sauveur du XVIe s. (buffet d'orgue du XVIIe s. ; tombeau de madame de Sévigné). ▮ Histoire En 1669, le comte de Grignan y épousa la fille de la marquise de Sévigné, qui y séjourna à plusieurs reprises et y mourut en 1696.

**GRIGNARD (Victor)** ♦ Chimiste français (Cherbourg 1871 - Lyon 1935). Il découvrit (1900) que les composés organomagnésiens *(réactifs de Grignard)* sont des agents de synthèse très puissants agissant dans de nombreuses réactions aux applications très variées ; ils permettent, par ex., d'obtenir des alcools ou des hydrocarbures à partir d'aldéhydes et de cétones. [Prix Nobel de chim. 1912, avec P. Sabatier* ; Acad. sc. 1926]

**GRIGNION DE MONTFORT** → **Louis-Marie Grignion de Montfort (saint)**

**GRIGNON (Claude-Henri)** ♦ Écrivain canadien d'expression française (Sainte-Adèle 1894 - *id.* 1976). Auteur de *Pamphlets* redoutables, littéraires et politiques (publ. sous le pseud. de Valdombre, de 1938 à 1943), C.-H. Grignon a connu un notable succès avec *Un homme et son péché* (1933), considéré comme le premier roman réaliste du Canada ; ce portrait puissant d'un avare, tracé avec précision, a été adapté pour la radio et la télévision.

**GRIGNON** ♦ Hameau de la comm. de Thiverval-Grignon (Yvelines). 923 hab. Dans le château de Grignon (XVIIe s.), Institut national agronomique Paris-Grignon.

**GRIGNY (Nicolas DE)** ♦ Organiste et compositeur français (Reims 1672 - *id.* 1703). Organiste de l'abbaye de Saint-Denis, puis de la cathédrale de Reims, il eut une fin prématurée. Son *Livre d'orgue* (1699) groupe une messe avec offertoire et élévation, et des versets pour 5 hymnes. La fugue à 5 parties s'apparente aux grands chœurs à 5 voix de Lalande* ; elle est animée d'un lyrisme fervent et noble. L'art du dialogue et le souffle du grand *Offertoire* révèlent la nature mystique et passionnée de ce compositeur épris d'ordre et de clarté, et dont J.-S. Bach recopia intégralement l'œuvre, après sa réédition (1711).

**GRIGNY** [91350] → ÉTYM. anc. *Grigniacum*, du lat. *Grinius*, n. de pers. (de *granus* «grenu», sobriquet), et suff. *-acum* ♦ Ch.-l. de cant. de l'Essonne, arr. d'Évry, sur la Seine. 24 512 hab. Ensemble résidentiel.

**GRIGNY** [69520] ♦ Comm. du Rhône, arr. de Lyon, sur le Rhône. 7 873 hab. *(Grignerots)*.

**GRIGORESCU (Nicolae)** ♦ Peintre roumain (Pitaru 1838 - Cîmpina 1907). Formé auprès d'un peintre d'icônes, il réalisa d'abord des décorations d'église (*Zamfira*, 1856) puis se rendit à Paris en 1867. Il alla ensuite peindre auprès de Millet à Barbizon, recevant aussi les conseils de Corot. Revenu en Roumanie en 1869, il réalisa lors de la guerre d'indépendance des tableaux de bataille (1877 - 1878). Il fit un autre séjour à Paris de 1880 à 1886 et subit l'influence de l'impressionnisme. Il contribua à affranchir la peinture roumaine des conventions académiques en peignant des portraits (types populaires) et des paysages de son pays natal dans des tonalités claires et avec une touche nerveuse et apparente.

**GRIGORIEV (Apollon Aleksandrovitch)** ♦ Poète et critique russe (Moscou 1822 - Saint-Pétersbourg 1864). Défenseur de «l'art pour l'art», il fut aussi un poète (*La Lutte*, 1857) et son œuvre fut découverte par Blok*. Ses critiques enthousiastes sur Ostrovski* lui servirent à exposer sa théorie d'une civilisation organique. Il voulait défendre l'originalité de l'esprit russe.

**GRIGOROVITCH (Dmitri Vassilievitch)** ♦ Romancier russe (Simbirsk 1822 - Saint-Pétersbourg v. 1899). Auteur réaliste et optimiste, il décrivit la vie des paysans dans ses nouvelles, *Le Village* (1846), *Antoine le Malheureux* (1847), ses romans, *Les Pêcheurs* (1853), *Les Émigrés* (1855 - 1856) et ses mémoires. En 1845, il fut le premier à déceler le génie de Dostoïevski* et le fit connaître à ses amis Nekrassov* et Bielinski*.

**GRIJALVA (Juan DE)** ♦ Navigateur espagnol (Cuellar, Vieille-Castille, v. 1489 - Nicaragua 1527). Il fut chargé par le gouverneur de Cuba, D. Velázquez, d'explorer la côte du Yucatán (1518), déjà reconnue par H. de Córdova. Il fut massacré par les Indiens.

**GRILLPARZER (Franz)** ♦ Auteur dramatique autrichien (Vienne 1791 - *id.* 1872). Directeur du service des archives au ministère des Finances, il mena, parallèlement à sa carrière de fonctionnaire, une longue et féconde carrière d'auteur dramatique que l'insuccès ne parvint pas à interrompre. L'influence de Goethe* s'est fortement exercée sur son théâtre où le romantisme le plus passionné se tempère d'une délicatesse et d'un souci de la nuance tout classiques. Cette harmonieuse synthèse est sensible dans des œuvres d'une grande richesse poétique : *Sapho* (1818), *La Trilogie de la Toison d'Or* (1818 - 1820), *La Haute Fortune et la Fin du roi Ottokar* (1823) et surtout *Les Vagues de la mer et de l'amour* (1826).

**GRIMALDI** ♦ Famille d'origine génoise, connue dès le XIIe s. Alliée des Fiesque* et avec eux à la tête du parti guelfe de Gênes, elle lutta contre les Doria*. En 1297, RAINIER GRIMALDI (mort en 1314), chassé de Gênes, se réfugia à Monaco. Il fut amiral de France sous Philippe le Bel. Pour l'histoire de cette branche de la famille → **Monaco.** ♦ **Antonio Grimaldi.** Amiral génois. Il combattit avec succès les Catalans et les Aragonais (1332), mais fut vaincu ensuite par les Vénitiens en 1353. Cette défaite décida Gênes à accepter la protection de Giovanni Visconti*, seigneur de Milan. ♦ **Domenico Grimaldi** (v. 1510 - 1592). Après avoir combattu à Lépante (1571), il entra dans les ordres, fut évêque de Cavaillon (1584), archevêque d'Avignon et vice-légat (1585). → ÉTYM. *Grimaldi* vient du germanique *Grimwald*, nom de personne, du vieux haut allemand *grim* «cruel» (ou peut-être de *grimo* «masque») et *waldan* «gouverner».

**GRIMALDI (Francesco Maria)** ♦ Jésuite et physicien italien (Bologne 1618 - *id.* 1663). Il réalisa avec Riccioli une carte de la Lune (1650) où ils introduisirent la toponymie qui est toujours utilisée, mais il est surtout connu pour avoir mis en évidence la diffraction de la lumière (*De lumine*, 1665).

**GRIMALDI** ♦ Localité d'Italie (Ligurie), près de la frontière française. Des fouilles, entreprises dès 1872 par É. Rivière* et continuées par L. de Villeneuve en 1901 avec l'aide du prince Albert de Monaco, permirent la découverte, dans les neuf grottes de Grimaldi, de squelettes humains fossiles d'une race voisine de celle de Cro*-Magnon, l'*homme de Menton*. Plusieurs petites statuettes féminines, sculptées dans la pierre et provenant de l'une des grottes, sont datées du Gravettien*.

**GRIMAUD (Hélène)** ♦ Pianiste française (Aix-en-Provence, 1969). Elle entama très rapidement une carrière internationale après un 1er prix de piano du Conservatoire de Paris à quinze ans. Ses interprétations du répertoire romantique portent la marque d'une personnalité sensible et charismatique (Rachmaninov, Chopin, Schumann). Parallèlement, elle créa aux États-Unis un centre de sauvegarde des loups (Wolf Conservation Center), dont elle étudia le comportement. Ses deux passions lui ont inspiré plusieurs ouvrages dont *Variations sauvages* (2003), *Leçons particulières* (2005), *Le Loup, sauvage et fascinant* (2006).

**GRIMAUD** [83310] → ÉTYM. anc. *de Grimaldo*, du n. de Gibelin de *Grimaldi*, seigneur qui reçut le fief en 983 du comte de Provence pour avoir participé à la reconquête contre les Sarrasins ♦ Ch.-l. de cant. du Var, arr. de Draguignan. 3 780 hab. *(Grimaudois)*. Ruines féodales. Église romane du XIe s. Maison des Templiers (XIe - XVe s.) et maisons à arcades gothiques. → **Port-Grimaud.**

**GRIMAULT (Paul)** ♦ Réalisateur français de dessins animés (Neuilly-sur-Seine 1905 - Le Mesnil-Saint-Denis 1994). Il réalisa d'abord des dessins animés publicitaires de commande. Sa première œuvre importante, *Go chez les oiseaux*, date de 1939. En 1945, sur une idée d'Aurenche, il donna *Le Voleur de paratonnerres* et, en 1946, *La Flûte magique* (scénario de Leenhardt). *Le Petit Soldat*, réalisé en 1947 (scénario de J. Prévert), témoigne de la remarquable collaboration de deux artistes, qui donnèrent toute leur mesure dans *La Bergère et le Ramoneur* (1953). Après la mort de Prévert, Grimault reprit et compléta ce dernier film, pour en faire *Le Roi et l'Oiseau* (1980).

**GRIMBERGEN** ♦ Comm. de Belgique (Région flamande), prov. du Brabant flamand, arr. de Halle-Vilvoorde, à l'O. du canal de Bruxelles au Rupel. 34 320 hab. Église Saint-Servais, baroque (1660). Anc. abbatiale de prémontrés. Château-ferme de Charles Roy (XVIIe s.). ▪ Indus. alimentaires et chimiques.

**GRIMM (Melchior,** baron **DE)** ♦ Écrivain et critique allemand (Ratisbonne 1723 - Gotha 1807). Il succéda à l'abbé Raynal comme rédacteur d'une *Correspondance* littéraire, philosophique et critique* (17 volumes, 1812 - 1813) dont le but était de renseigner plusieurs princes étrangers (la duchesse de Saxe-Gotha, le roi de Pologne, la reine Catherine de Suède, etc.) sur la vie intellectuelle à Paris. Ami des Encyclopédistes, il se brouilla avec J.-J. Rousseau.

**GRIMM (Jacob)** ♦ Philologue et écrivain allemand (Hanau 1785 - Berlin 1863). Fondateur de la philologie allemande, il réunit et publia avec son frère WILHELM GRIMM (Hanau 1786 - Berlin 1859) et Görres* les contes et légendes germaniques : *Poésie des maîtres chanteurs*, 1811 ; *Contes d'enfants et du foyer* (dont les plus connus sont *Blanche-Neige et les Sept Nains* et *Hänsel et Gretel*, 1812 ; *Légendes allemandes*, 1818 et *Légende héroïque allemande*, 1829). On leur doit également une *Histoire de la langue allemande* (1848) et un *Dictionnaire allemand* (1852 - 1858) partiellement publié de leur vivant. ➝ ÉTYM. Ce nom allemand signifie «colère» (surnom d'un homme coléreux).

**GRIMMELSHAUSEN (Hans Jakob Christoffel VON)** ♦ Romancier allemand (Gelnhausen ?, v. 1620 - Renchen, Bade 1676). Protestant converti au catholicisme, il fut tour à tour soldat-secrétaire pendant la guerre de Trente Ans, viticulteur, maquignon et aubergiste, avant d'être nommé par l'évêque de Strasbourg maire de Renchen où il assuma les fonctions de notaire, de percepteur et de juge de paix, tout en publiant ses romans sous divers pseudonymes. Le plus célèbre d'entre eux (dont les critiques mirent longtemps à identifier l'auteur), *Simplicissimus** ou *Les Aventures de Simplicius Simplicissimus* (1668 - 1669), joint au récit autobiographique des renseignements recueillis dans différents ouvrages pour tracer un tableau vivant de la réalité allemande de l'époque de la guerre de Trente Ans. Après le succès de ce roman (qui fut ultérieurement plusieurs fois adapté en allemand moderne), Grimmelshausen publia d'autres récits dans le même esprit (*Simplicianische Schriften*, 1669 - 1672) parmi lesquels *L'Aventurière Courage* qui devait inspirer B. Brecht dans *Mère* Courage et ses enfants*.

**GRIMOALD** ♦ (mort en 656). Fils de Pépin* l'Ancien, il fut maire du palais d'Austrasie (642). Il tenta de placer son fils sur le trône à la mort de Sigebert III, mais fut tué par Clovis II de Neustrie. ➝ ÉTYM. *Grimoald* a la même étymologie que *Grimaldi**.

**GRIMOD DE LA REYNIÈRE (Alexandre Balthasar Laurent)** ♦ Gastronome français (Paris 1758 - Villiers-sur-Orge 1837). Issu d'une famille de riches banquiers, infirme de naissance, il se révolta contre sa famille et devint l'initiateur de la presse gastronomique avec son fameux *Almanach des gourmands* (1803 - 1812), véritable code des lois de la table et de la nutrition.

**GRIMSBY** ou **GREAT GRIMSBY** ➝ ÉTYM. vieil angl. «village *(bý)* de *Grimald* (n. de pers. d'orig. scand.)» ♦ V. d'Angleterre (North East Lincolnshire) sur la rive S. de l'estuaire de la Humber. 90 000 hab. Princ. port de pêche de Grande-Bretagne d'où partent par voie ferroviaire les produits des marées, vers l'Angleterre et même l'Écosse. Port de passagers pour le Benelux et le Danemark.

**GRIMSEL** (col du) – en all. ***Grimselpass*** ♦ Col des Alpes bernoises, situé entre les vallées du Rhône et de l'Aar et faisant communiquer les cantons du Valais et de Berne à 2 165 m d'altitude.

**GRINDELWALD** ♦ V. de Suisse (cant. de Berne), située dans l'Oberland bernois, sur les contreforts de l'Eiger. 4 078 hab. ▪ Station d'été et de sports d'hiver. Important centre d'alpinisme (1 050 - 3 454 m).

**GRINE (Aleksandr Stepanovitch GRINEVSKI, dit A.)** ♦ Écrivain soviétique (Slobodskoï, gouv. de Viatka 1880 - Staryï Krym 1932). Il écrivit des contes et des nouvelles fantastiques et romantiques, *Le Bonnet magique* (1908), *Les Voiles écarlates* (1923), *Le Cœur du désert* (1924) et des romans d'aventures, *Le Monde brillant* (1923), *L'Écuyere des vagues* (1928), *Le Chemin qui ne mène nulle part* (1930).

**GRINGORE (Pierre)** ♦ Poète dramatique français (Thury-Harcourt v. 1475 - en Lorraine, v. 1538). Il fut popularisé par le roman de Victor Hugo, *Notre*-Dame de Paris*, où son nom est déformé en «Gringoire». Animateur de la troupe des «Enfants sans souci», auteur de nombreuses «soties», il mit sa verve au service de Louis XII en lutte contre le pape Jules II dans des poèmes satiriques (*Les Folles Entreprises*, 1505 ; *La Chasse du cerf des cerfs*, 1510). Mais c'est surtout dans le *Jeu du prince des Sots et de la mère Sotte*, représenté aux Halles de Paris le Mardi-Gras de 1512, qu'il donna libre cours à l'inspiration militante la plus heureuse.

**GRIPENBERG (Bertel Johan Sebastian)** ♦ Poète finlandais d'expression suédoise (Saint-Pétersbourg 1878 - Sävsjö, Suède 1947). Esthète conservateur aux idées aristocratiques, il atteint une grande perfection formelle dans des recueils de vers comme *Le Portail* (1905), *Sonnets noirs* (1908). Après des poèmes patriotiques comme *Sous le drapeau* (1918) et *Après le combat* (1923), il revint à sa première manière et conclut même, dans ses dernières collections comme *Le Dernier Round* (1941), à la vanité de toute gloire.

**Gripsholm** ♦ Château royal de la Suède centrale (Södermanland) sur les bords du lac Mälar. Construit au XIV^e s., il fut acheté par Gustave I^er Vasa*. Charles* X et Gustave* III le modifièrent et l'agrandirent. Une importante collection d'objets d'art et de tableaux s'y trouve.

**GRIS (José Victoriano GONZÁLEZ, dit Juan)** ♦ Peintre, dessinateur et graveur espagnol (Madrid 1887 - Boulogne-sur-Seine 1927). Il étudia à Madrid et débuta en donnant des dessins humoristiques qui por-

Juan **Gris.** *Le Dé* (59,5 × 36 cm). MNAMGP, Paris.
*Phot. © Simion/Ricciarini*

tent la marque de l'Art nouveau. Installé au Bateau-Lavoir à Paris, en 1906, il collabora au *Charivari* et à *L'Assiette au beurre* et se lia avec Apollinaire, Max Jacob et surtout avec P. Reverdy. Se consacrant v. 1910 à la peinture, il peignit ses premières œuvres sous l'influence du cubisme* analytique de Braque* et de Picasso*, pratiquant la fragmentation des objets par dissociation et multiplication des plans, mais conservant le principe d'un éclairage en diagonale et le rendu des volumes par le modelé. En 1912, il participa à l'exposition de la Section d'or et, durant l'été de 1913, il séjourna à Céret en compagnie de Picasso. Les œuvres de cette époque constituent une contribution personnelle au développement du cubisme dit synthétique. Mû par une recherche de rythmes et de construction formelle, Gris chercha à intégrer plastiquement les fragments de papiers peints, de journaux, les cartes à jouer. Procédant à une reconstruction originale des éléments constitutifs des objets représentés, il chercha à rendre cohérents et lisibles ses agencements, accordant souvent un rôle unificateur à la couleur. Il a ainsi défini sa démarche «Cézanne va vers l'architecture, moi j'en pars. C'est pourquoi je compose avec des abstractions (couleurs) et j'arrange quand ces couleurs sont devenues des objets...». La poursuite de cette «restructuration» de l'objet et de la figure humaine est bien représentée dans la série des *Pierrots et Arlequins* de 1919. Il s'intéressa à la gravure, à la sculpture et réalisa quelques décors pour les Ballets russes (1922 - 1923). Il manifesta progressivement une tendance à la simplification, cherchant à mettre en évidence des analogies formelles entre les objets (*Guitare jaune*). Resté toute sa vie fidèle au cubisme, il est considéré comme l'un des principaux représentants de ce mouvement.

**GRISÉLIDIS** ou **GRISELDA** ➝ ÉTYM. du germ. *Cristehildis*, p.-ê. de *Criste* «Christ» (ou *grisja* «gris») et *hild* «bataille» ♦ Héroïne du *Décaméron** de Boccace, symbole de la soumission et de la fidélité à l'époux. Son histoire inspira Pétrarque et Chaucer (*Contes* de Cantorbéry*) qui traduisit Boccace.

**GRISEY (Gérard)** ♦ Compositeur français (Belfort 1946 - Paris 1998). Il s'intéressa au son plus qu'aux notes, et plus généralement à la matière première non tempérée (*Dérives* pour deux groupes d'orchestre, 1974 ; *Les Espaces acoustiques*, cycle composé de six pièces, 1974 - 1985 ; *Le Noir de l'étoile* pour six percussions, bande et retransmission *in situ* de signaux astronomiques, 1989 - 1990).

**GRISI (Carlotta)** ♦ Danseuse italienne (Visinada, Istrie 1819 - Saint-Jean, près de Genève 1899). Cousine de GIUDITTA GRISI (Milan 1805 - Robecco 1840) et de GIULIA GRISI (Milan 1811 - Berlin 1869), qui furent toutes deux cantatrices de grande renommée à l'époque romantique ; elle a été, avec Maria Taglioni* et Fanny Elssler*, la danseuse de cette période la plus célèbre en Europe. Elle dansa en Italie, puis à l'Opéra de Paris, dans le ballet de *Giselle** (1841) dont son admirateur, Théophile Gautier, avait composé l'argument. Consacrée danseuse étoile pour sa grâce ravissante et pudique autant que pour la perfection de sa technique, elle interpréta les grands rôles du ballet romantique.

**GRIS NEZ** (cap) ♦ Cap du Boulonnais, dans le Pas-de-Calais, entre Wissant et Ambleteuse. Falaises (47 m au-dessus du niveau de la mer).

**GRISONS** (canton des) ➝ ÉTYM. en all. ***Graubünden***, en it. ***Grigioni***, en romanche ***Grischun***, du romanche Lia *Griša* «ligue grise» ; allus. à la couleur des vêtements des paysans de la région. (V. ci-dessous) ♦ Cant. du S.-E.

de la Suisse. C'est le plus étendu des cantons suisses (7 105 km²) et celui dont la densité est la plus faible : 187 920 hab., de langue allemande, italienne et romanche, et en majorité de rel. protestante. CH.-L. : Coire. Entièrement située dans les Alpes, la région comprend les massifs du Tödi au N., de l'Adula au S.-O. et de la Bernina au S.-E. Les deux vallées principales sont les vallées du Rhin et de l'Inn. → **Engadine.** ■ **Économie** Elle était essentiellement rurale, mais le développement du tourisme sur les hauteurs et celui de l'industrie dans les fonds de vallées tend à la modifier. Le climat sec et ensoleillé a favorisé le développement de cultures variées dans les vallées les plus basses : maïs, noisetiers dans le val Mesocco, vignes près de Malans au-dessous de Coire, tandis que les hautes vallées sont consacrées à l'élevage et à la sylviculture. Spécialité de viande séchée (viande des Grisons). Les ressources hydroélectriques sont importantes. Les rares industries sont centralisées autour du chef-lieu et sur le cours du Rhin. L'industrie touristique, de plus en plus prospère, reste la principale ressource économique de la région : centre thermal de Scuol-Tarasp-Vulpera, stations d'été et de sports d'hiver d'Arosa, Celerina, Davos, Flims, Klosters, Lenzerheide, Pontresina, Saint-Moritz, Samedan, Sils-Maria, Silvaplana, Thusis. ■ **Histoire** Habitée primitivement par les Celtes rhétiens, la région formait la partie S. de la Rhétie*. Elle fut conquise en –15 par les Romains puis au Vᵉ s. par les Germains et entra dans le duché de Souabe*. À partir de 452, le pays fut gouverné par les évêques de Coire. Devenus princes d'Empire en 1170, ces derniers s'allièrent aux Habsbourg contre la volonté des populations grisonnes qui pour leur résister constituèrent en 1367 la *Gotteshausbund* («ligue de la Maison-Dieu»), en 1395 l'*Obere Bund* ou *Graue Bund* («ligue Grise»), formée par les habitants de la vallée supérieure du Rhin qui a donné son nom au canton, et en 1436 la *Zehngerichtenbund* («ligue des Dix Juridictions»), formée par le N. de la région. S'étant alliées entre elles, ces trois ligues établirent une entente avec la Confédération helvétique (1497 - 1498) et vainquirent les Habsbourg à Calven (mai 1499). En 1512, les trois ligues s'emparèrent de la Valteline* et du pays de Chiavenna et de Bormio qu'elles dominèrent jusqu'en 1797, date à laquelle cette partie des Grisons forma une des régions de la République cisalpine*, avant de retourner au domaine lombard. Les Grisons constituèrent le 18ᵉ canton suisse lors de l'Acte de médiation de 1803.

**GROBBENDONK** ♦ Comm. de Belgique (Région flamande), prov. d'Anvers, arr. de Turnhout, sur l'Aa et le canal Albert. 10 801 hab. Vestiges d'une villa et d'un camp romains. ■ Cultures maraîchères ; conserverie. Taille du diamant.

**GROCK (Adrien WETTACH, dit)** → **ÉTYM.** en souvenir de *Brock*, anc. partenaire de Brick (V. ci-dessous) ♦ Artiste de cirque suisse (Loveresse, près de Reconvilier 1880 - Imperia 1959). Il débuta comme acrobate et musicien avec un piano et un violon pour accessoires. Devenu le partenaire du clown Brick en 1903, il adopta alors le nom de Grock ; ils firent tous deux de nombreuses tournées à l'étranger. Grock s'associa ensuite à Antonet.

**GRODDECK (Georg)** ♦ Médecin allemand (Bad Kösen 1866 - Zurich 1934). Fondateur de la médecine psychosomatique, il correspondit avec S. Freud à propos de la possibilité d'une interprétation psychanalytique des maladies somatiques puis prit ses distances avec les hypothèses freudiennes. Il a écrit *Le Livre du ça* (1923).

**GRODNA** – anc. ***Grodno*** ♦ V. de Biélorussie, ch.-l. de région, sur le Niémen, près de la frontière polonaise. 311 500 hab. Indus. textile et chimique. Chaussures. Équipements électriques. ■ **Histoire** En 1793, la Diète polonaise y signa avec la Russie le traité du second partage de la Pologne. La ville, autrefois lituanienne puis polonaise, fut annexée par la Russie en 1795 après que Stanislas* Poniatowski y eut abdiqué.

**GROENER (Wilhelm)** ♦ Général allemand (Lugdwigsburg, Wurtemberg 1867 - Potsdam 1939). Spécialiste des services de l'arrière, il remplaça Ludendorff* comme quartier-maître général le 26 oct. 1918 avec la tâche d'organiser la retraite. Démocrate, il favorisa la chute de Guillaume* II et joua un rôle important dans la reconstruction de l'Allemagne. Il fut ministre des Transports (1920), de l'Armée (1928), de l'Intérieur (1931). Il avait lutté contre le communisme lors des émeutes de 1918 - 1919. Hostile au nazisme, il provoqua l'interdiction des SS et des SA, mais dut démissionner en 1932.

**GROENING (Matthew ABRAM, dit Matt)** ♦ Dessinateur et scénariste de bandes dessinées américain (Portland 1954). Sa première bande dessinée, *Life in Hell (La Vie en enfer)* connut un tel succès qu'elle lui ouvrit les portes de la télévision pour laquelle il créa en 1986 une série animée : la famille Simpson (Homer, Marge, Bart, Lisa, Maggie).

**GROENLAND** n. m. → **ÉTYM.** en danois ***Grønland*** «pays vert» ♦ Île danoise située au N.-E. du Canada, entre les latitudes 59°46′ N. (cap Farewell) et 83°39′ N., en bordure de l'océan Arctique (cap Morris Jesup). 2 175 600 km². 56 648 hab. *(Groenlandais)*. LANGUES : danois (off.), inuit (inupik), anglais. POPULATION : Inuits, la plupart métissés, Danois. RELIGION : luthérienne. CH.-L. : Nuuk. ■ **Géographie** Une immense calotte glaciaire, peu accidentée, recouvre presque tout le territoire. Cet inlandsis, partout en recul en raison du réchauffement de la planète, est percé par endroits de pics rocheux pouvant atteindre près de 4 000 m. Le littoral (surtout au S.-O.) est parfois déglacé sur plus de 100 km de large. La population s'y concentre, ainsi qu'au S., sur 88 000 km² environ. Le climat est polaire : hiver de 6 à 9 mois, selon les régions. ■ **Économie** La pêche (crevette, flétan, crabe, morue) est l'activité principale, la chasse (renard, bœuf musqué, lièvre) est en régression. Élevage de moutons et de rennes. Gisements de plomb,

Groenland.

de zinc, d'or, de fer, de diamants, d'uranium, de pétrole. Indus. embryonnaire (conserveries). Bases militaires des États-Unis (→ **Thulé**), lignes aériennes transarctiques. ■ **Histoire** Découvert par Érik* le Rouge au Xᵉ s., le Groenland commença dès lors à être colonisé par les Scandinaves sur la côte O. En 1261, il fit allégeance à la Norvège. Pendant le XVᵉ s., et jusqu'en 1578, date à laquelle il fut redécouvert, les contacts avec l'Europe se perdirent à la suite d'un refroidissement climatique. À partir de 1721, les Danois s'y établirent et explorèrent systématiquement la côte O. Robert E. Peary* fit plusieurs expéditions sur la côte N.-O., de 1892 à 1909. Les États-Unis commencèrent à installer des bases militaires en 1941 (la base de Thulé aménagée en 1945 fut transformée en base pour bombardiers stratégiques à la suite de l'accord américano-danois de 1951, dans le cadre de l'Otan). En 1953, le Groenland, jusque-là colonie, devint partie intégrante du Danemark. En 1973, alors que le Danemark entrait dans la CEE, le Groenland manifesta son refus de l'adhésion (qui défavorisait l'industrie de la pêche) et sortit de la Communauté en 1982, après avoir obtenu un statut d'autonomie interne en 1979. Depuis 1985, il est considéré comme pays et territoire d'outre-mer (PTOM) de l'Union européenne. Un référendum consultatif pour un renforcement de l'autonomie — qui lui permettrait de tirer des revenus des réserves pétrolières et de renoncer à l'aide financière du Danemark — obtint 75,5 % de oui en 2008. Des expéditions (K. Rasmussen*, 1910 - 1924 ; P.-É. Victor*, 1948 - 1951 ; J. Malaurie*, depuis 1951 ; W. Simpson, 1952 - 1954) y ont étudié l'orographie et la géologie, les conditions climatiques (météorologie, glaciologie) ou les populations autochtones.

**GROIX** (île de) → **ÉTYM.** du bret. *groa* «grève, gravier» ♦ Île de l'Atlantique au large de Lorient, ch.-l. de cant. du Morbihan, arr. de Lorient. 2 472 hab. *(Groisillons)*. L'île a une longueur de 8 km, une largeur de 2 à 3 km, une superficie de 1 476 ha. Port de plaisance à Port-Tudy. Pêche au thon. Tourisme.

**GROMAIRE (Marcel)** ♦ Peintre et graveur français (Noyelles-sur-Sambre 1892 - Paris 1971). Il étudia la peinture dans les académies libres de Montparnasse, admirant surtout Matisse et Léger. Il élabora un style personnel où transparaît une certaine influence du cubisme dans son souci d'établir des formes fortement architecturées et schématisées. Il chercha des rythmes vigoureux, recourut à une palette sombre et limitée, à dominante brune ou ocre, traitant sans pittoresque des thèmes d'inspiration populaire qui dénotent des préoccupations sociales et humanitaires (*La Guerre*, 1925 ; *La Loterie foraine*, 1923). L'expression grave qui s'en dégage ainsi que le canon trapu et rigide présentent des affinités avec l'expressionnisme belge. Il est aussi l'auteur de nombreux nus aux coloris denses, parfois plus chatoyants, de vues urbaines d'une grande liberté formelle, de multiples gravures et de vastes compositions décoratives. Avec Lurçat*, il contribua fortement au renouveau de la tapisserie. ➝ ÉTYM. *Gromaire* est une variante de «gros maire»

**GROMOV (Mikhail)** ♦ Mathématicien français d'origine russe (Boksitogorsk, près de Saint-Pétersbourg 1943). Il introduisit, dans les années 1980, de nouveaux concepts en géométries riemannienne et symplectique (qui étudient des espaces à plusieurs dimensions), notamment la convergence des variétés riemanniennes et un principe de compacité qui portent son nom, et il définit une distance dans l'espace constitué par toutes les variétés riemanniennes possibles (distance de Gromov-Hausdorff). La généralisation du concept des courbes holomorphes dans les variétés symplectiques le conduisit à la découverte de nouveaux invariants géométriques, tel l'invariant de Gromov-Witten, essentiel dans la théorie des cordes en physique. Ses travaux sur les groupes à croissance polynomiale révolutionnèrent la géométrie des groupes discrets. Ses dernières recherches concernent les modèles géométriques des systèmes biologiques. [Prix Abel 2009]

**GROMYKO (Andreï Andreïevitch)** ♦ Diplomate et homme politique soviétique (Starye Gromyki, Biélorussie 1909 - Moscou 1989). Après avoir occupé plusieurs postes diplomatiques, il dirigea la délégation soviétique à la conférence de Dumbarton Oaks (1944), préparant la formation de l'ONU. Il fut délégué permanent de l'URSS au Conseil de sécurité (1946 - 1948). Nommé ministre des Affaires étrangères de l'URSS en 1957, après avoir été vice-ministre, puis ambassadeur à Londres, il accéda au Politburo en 1973 (il en fut exclu en 1988) et fut président du praesidium du Soviet suprême (1985 - 1988). ➝ ÉTYM. Ce nom ukrainien vient de *grom* «bruit fracassant» (surnom d'une personne bruyante ou turbulente).

**GRONCHI (Giovanni)** ♦ Homme d'État italien (Pontedera 1887 - Rome 1978). Militant du parti démocrate chrétien, il se détourna du fascisme dès 1923 et fut l'un des dirigeants de la résistance italienne à partir de 1942. Président de la chambre des députés (1948 - 1955), il fut président de la République (1955 - 1962).

**GRONINGUE** n. f. ➝ ÉTYM. en néerl. ***Groningen***, du n. de la v. ♦ Prov. des Pays-Bas. ➙ **Pays-Bas.** 2 335 km². 573 614 hab. CH.-L. : Groningue. V. PRINC. : Delfzijl*. Au N., terres basses argileuses, en partie conquises sur la mer ; au S.-E., anciennes tourbières mises en culture. ▪ Prod. de blé, de betterave à sucre, de pomme de terre. Élevage bovin. Tradition indus. des «colonies des tourbières» : féculeries, cartonneries. Indus. récentes concentrées à Groningue, Delfzjil et Eemshaven (nouveau port inauguré en 1973). L'exploitation des importantes ressources en gaz naturel a eu peu d'incidence sur l'industrialisation de la province. ▮ **Histoire** L'histoire de la province consiste en une suite de luttes entre sa capitale et ses régions constituées au Moyen Âge en républiques agricoles indépendantes. La seigneurie de Westerwolde fut achetée en 1619 par la ville de Groningue. Il fallut attendre 1795, après l'occupation française, pour que l'union se réalisât.

**GRONINGUE** ➝ ÉTYM. en néerl. ***Groningen*** ; du germ. *Grōningja*, de *grōni* «vert» ♦ V. des Pays-Bas, ch.-l. de la prov. de Groningue. 181 613 hab. (aggl. 343 163). Grand-Place du XVIIIᵉ s. Église Saint-Martin (XVᵉ et XVIᵉ s.). Musée d'art et d'histoire. Importante univ. (fondée en 1614). ▪ Centre commercial (céréales, bétail) et indus. (métall., construc. mécaniques, indus. électriques, chimiques et textiles). Parc scientifique. Gisement de gaz de Slochteren. Groningue est surtout une ville tertiaire, un centre commercial et culturel animé ; elle joue le rôle de métropole régionale pour les trois provinces du N. des Pays-Bas. ▮ **Histoire** Prospère au IXᵉ s., la ville fut ravagée par les Normands. Elle fut fortifiée au XIIᵉ s., et une convention conclue en 1251 avec les cantons voisins (Groningue y était reconnue comme le seul marché de la région) lui assura six siècles de prospérité. Elle adhéra (1284) à la Ligue hanséatique et passa en fief, en 1515, aux ducs de Gueldre, puis entra en 1579 dans l'Union d'Utrecht, après avoir été cédée à Charles Quint en 1536. En 1810, Groningue devint le chef-lieu du département de l'Ems-Occidental.

**GROOMS (Charles ROGER, dit Red)** ♦ Sculpteur américain (Nashville 1937). Il créa d'abord, dans la ligne du pop* art, des assemblages, puis des environnements, des happenings, des films (en collab. avec Mimi Gross, *Astronauts on the Moon*, 1972 ; *Shoot Out*, 1980 - 1982). Il a représenté les grandes figures de la politique, de la littérature, du cinéma et de l'art (Sarah Bernhardt, Pablo Picasso, Mae West, Elvis Presley, Jackson Pollock, Gertrude Stein). Ses tableaux et ses sculptures s'inspirent de la bande dessinée, du théâtre, du cirque et de la danse (série «Dancing», 2003).

**GROOTE (Geert)** latinisé en **Gerardus Magnus** ♦ Mystique néerlandais (Deventer 1340 - *id.* 1384), fondateur des Frères de la vie commune (1381) à Deventer. Le courant de la *Devotio moderna* et *L'Imitation* de Jésus-Christ* proviennent de lui.

**GROPIUS (Walter)** ♦ Architecte, urbaniste, professeur et théoricien américain d'origine allemande (Berlin 1883 - Boston 1969). Il fit ses études d'architecture à Berlin et à Munich et travailla auprès de Behrens* de 1907 à 1910. Il s'imposa avec la construction des usines Fagus à Alfeld an der Leine (collaborateur A. Meyer), l'une des œuvres clés de la construction en verre et acier (structure apparente, mur-rideau transparent, recours à de sobres orthogonales). Il réalisa ensuite l'usine modèle pour l'exposition du *Deutscher Werkbund* à Cologne (1914). Chargé de succéder à H. Van* de Velde, il fonda en 1919 le Bauhaus* et en édifia les nouveaux bâtiments en 1925 - 1926. Ceux-ci étaient caractérisés par l'abandon de la symétrie axiale, l'articulation d'édifices de hauteurs différentes et l'emploi systématique du mur-rideau. Gropius dirigea le Bauhaus jusqu'en 1928 ; poussé par des préoccupations d'ordre social, il s'intéressa à l'urbanisme, concevant notamment la cité Törten (1926 - 1927), celle du Dammerstock près de Karlsruhe (1928) et celle de Berlin Siemensstadt (1928), où apparaît un type d'habitation lamelliforme implanté perpendiculairement à la rue. Lors de la montée du nazisme, il émigra en Angleterre, édifiant notamment l'Impington College avec Edwin Maxwell Fry. Il s'établit en 1937 aux États-Unis, s'associant avec Breuer* jusqu'en 1941. Partisan du travail en équipe, il fonda une agence, The Architects Collaborative (TAC), qui édifia de nombreux bâtiments (nouveau centre administratif et commercial de Back Bay à Boston). Par son rôle de théoricien et de professeur, comme par ses réalisations sobres, d'un rationalisme rigoureux et où une large place est faite à la standardisation et à la préfabrication, Gropius s'est affirmé comme l'un des créateurs du style international qu'il contribua à diffuser.

**GROS (Antoine,** baron) ♦ Peintre français (Paris 1771 - Meudon 1835). Fils d'un miniaturiste, il entra en 1785 dans l'atelier de David et devint l'un de ses élèves favoris. Parti pour l'Italie en 1793, il gagna la protection de Joséphine de Beauharnais, et fut présenté à Bonaparte. Il peignit *Bonaparte au pont d'Arcole* (1796) : le rendu d'un mouvement fougueux, le chromatisme riche et vibrant (inspiré en partie de Rubens et allant à l'encontre des théories davidiennes) ainsi que le souffle épique qui animait l'œuvre, constituaient des caractères nouveaux, annonçant directement le romantisme. Gros suivit les campagnes d'Italie, puis devint peintre officiel de Napoléon, contribuant par ses grandes compositions (*Bonaparte visitant les pestiférés de Jaffa* [1804], où se manifeste un souci de pittoresque oriental ; *La Bataille d'Aboukir* [1806] ; *Champ de bataille d'Eylau* [1808]) à forger le mythe de l'épopée impériale. Il fit aussi les portraits des membres de la cour et des héros de l'Empire. Sous la Restauration, il réalisa encore quelques œuvres traitant d'événements contemporains (*Départ de Louis XVIII*, 1817), mais surtout des portraits et, par fidélité à David dont il avait reçu la charge de diriger l'atelier, il peignit de froides et sèches compositions mythologiques. Sa position officielle lui valut de devenir la cible à la fois des admirateurs d'Ingres et des partisans de la nouvelle école romantique, à laquelle il avait cependant ouvert la voie. Il se suicida en se jetant dans la Seine. [Acad. des bx-arts 1816] ▪ *Autre illustration :* ➙ **Napoléon Iᵉʳ.** ➝ ÉTYM. *Gros* est le surnom d'un homme corpulent.

Antoine **Gros.** *Bonaparte visitant les pestiférés de Jaffa* (5,23 × 7,15 m). Musée du Louvre, Paris. *Phot. ©Nimatallah/Ricciarini*

**GROSBLIEDERSTROFF** [57520] ➝ ÉTYM. en germ. *Grossblietersdorff* «le village *(dorf)* du grand *(gross)* Blithari (n. de pers.)» ♦ Comm. de la Moselle, arr. de Sarreguemines, sur la Sarre. 3 334 hab. *(Blithariens)*.

**GROSBOIS** ♦ Loc. du Val-de-Marne dans la comm. de Boissy-Saint-Léger. Château du XVIᵉ s. rebâti au XVIIᵉ s. Après avoir appartenu successivement au comte de Provence (futur Louis XVIII) et à Barras, il devint la propriété du maréchal Berthier qui y donna de grandes fêtes où se rendit souvent l'impératrice Joséphine jusqu'en 1809. Le château renferme un mobilier Empire (G. Jacob), des portraits et des bustes par P. Mignard, P.-P. Prud'hon, A. Gros, A. Canova, ainsi que des fresques d'A. Bosse. ➙ **Boissy-Saint-Léger.**

**GROSEILLIERS (Médard CHOUART DES)** ➙ **Des Groseilliers**

**GROS-GUILLAUME (Robert GUÉRIN,** dit**)** ♦ Comédien français (v. 1554 - Paris 1634). Avec Gaultier*-Garguille et Turlupin*, il excella dans la farce, à l'Hôtel de Bourgogne*.

**GROSJEAN (Jean)** ♦ Écrivain français (Paris 1912 - Versailles 2006). Ancien prêtre, collaborateur de *La Nouvelle Revue française*, il fut marqué par sa formation théologique et par ses voyages en Égypte et en Terre sainte. Sa poésie, lyrique et inspirée (*Terre du temps*, 1946 ; *Hypostases*, 1959 ; *La Gloire*, 1969 ; *Runes*, 1989) doit être lue en regard de ses récits principalement consacrés à des figures messianiques (*Le Messie*, 1974 ; *Élie*, 1982 ; *Pilate*, 1983 ; *La Reine de Saba*, 1987, *Adam et Ève*, 1997). Il a traduit Eschyle, Sophocle, l'*Évangile selon Jean*, le Coran, la Genèse.

**GROSLAY** [grolɛ] [95410] ← ÉTYM. p.-ê. «endroit fréquenté par des corneilles», du lat. *gracula* «corneille» et suff. collectif *-etum* ♦ Comm. du Val-d'Oise, arr. de Sarcelles. 7 385 hab. *(Groslaysiens).* Cultures fruitières.

**GROS-MORNE** [97213] ♦ V. de Martinique, arr. de La Trinité. 10 665 hab. Agriculture et élevage. Artisanat de vannerie.

**GROS-RENÉ (René BERTHELOT, dit)** ♦ Comédien français (v. 1630 - Paris 1664). Spécialiste des rôles de farce et de comédie dans la troupe de Molière. Époux de la Du Parc, il fut le créateur des rôles de Sganarelle*.

**GROSS (David J.)** ♦ Physicien américain (Washington 1941). En 1973, avec F. Wilczek*, et indépendamment de H.D. Politzer*, il découvrit l'une des propriétés essentielles de l'interaction qui assure la cohésion du noyau atomique. La force, dite forte ou de couleur, qui lie les quarks (constituants des nucléons), est d'autant plus intense que ceux-ci sont éloignés ; elle s'affaiblit à mesure que les quarks s'approchent, leur conférant une «liberté asymptotique» quand leur distance est voisine de zéro. Il en résulte le «confinement» des quarks, impossibles à séparer. Cette découverte constitue le point de départ de la chromodynamique quantique et l'un des fondements du modèle standard des interactions fondamentales (→ **Gell-Mann**). [Prix Nobel de phys. 2004, avec H.D. Politzer et F. Wilczek]

**GROSSETESTE (Robert)** ♦ Religieux et érudit anglais (Stradbroke, Suffolk, v. 1170 - Buckden, près d'Huntingdon 1253). Franciscain, il fut maître des études à Oxford (1210) où il eut Roger Bacon* pour élève, puis évêque de Lincoln (1235). Héritier de saint Augustin et du néoplatonisme, il fut partisan d'une cosmogonie accordant à l'optique le rôle essentiel ; préconisant la méthode de «falsification», son œuvre est surtout négative, mais il fut aussi adepte de la méthode expérimentale en science.

**GROSSETO** ← ÉTYM. probablt du lat. *grossus* «figue» ♦ V. d'Italie, ch.-l. de prov., en Toscane. 71 263 hab. Centre princ. de la Maremme* méridionale. Remparts (XVI^e s.). Musée d'art et d'archéologie. ▪ Indus. de l'habillement. Fabriques de meubles. Tourisme d'affaires. Centrale géothermique.

**GROSSGLOCKNER** ← ÉTYM. all. «le grand *(gross)* carillonneur *(Glöckner)*» [le mont a la forme d'un clocher] ♦ Point culminant des Alpes autrichiennes dans le massif des Hohe Tauern, sur la crête délimitant le Tyrol oriental et la Carinthie (3 798 m). Son flanc N. alimente la belle langue glaciaire de Pasterze, accessible aux touristes par la «route du Grossglockner», ouverte en 1935.

**GROSSMAN (David)** ♦ Écrivain israélien (Jérusalem 1954). Critique acerbe de l'*establishment* au pouvoir, il est engagé dans le mouvement La Paix Maintenant militant pour la paix entre Israël et la Palestine. Son œuvre, caractéristique de la «nouvelle vague», aborde les questions sociales et politiques. On lui doit : *Le Vent jaune* (1988), témoignage sur les conditions de vie des Palestiniens à Gaza, *Livre de grammaire intime* (1994), *L'Enfant Zig-Zag* (1997), *Tu seras mon couteau* (2002), *Son corps sait* (2005) ou encore, pour la jeunesse, *La Lettre d'Itamar* (1986). Il a publié en 2008 un roman *(Isha borakhat mibesora)* dont l'histoire est étroitement liée à celle de son fils, tué pendant les combats au Liban en 2006.

**GROSZ (George)** ♦ Peintre, dessinateur et graveur américain d'origine allemande (Berlin 1893 - *id.* 1959). Blessé durant la guerre, il exprima avec virulence ses sentiments antimilitaristes et antibourgeois dès 1916 et donna des dessins satiriques aux journaux spartakistes. À partir de 1918, il participa au mouvement dada berlinois, contribuant à lui donner un caractère politique plus marqué. Il réalisa des dessins, des photomontages et des tableaux en procédant souvent à un découpage des formes. Il donna alors à ses compositions un aspect kaléidoscopique, un rythme heurté déformant les proportions, et traitant les visages d'une façon très fouillée et violemment expressive (*Obsèques du poète Oskar Panizza*, 1918). Il tendit à prendre de plus en plus de libertés formelles : «Pour atteindre un style correspondant à la laideur et à la cruauté de mes modèles, j'ai copié le folklore des urinoirs (...) et aussi les dessins d'enfant à cause de leur sincérité». Il publia diverses séries de gravures satiriques et avec *Ecce Homo* (1929), il fut accusé d'offense aux sentiments de pudeur et de moralité du peuple allemand. Il adopta à partir de 1925 un style plus réaliste proche de celui de la Neue Sachlichkeit, peignant des paysages, des nus, des scènes fantastiques. Exilé aux États-Unis (1933), il prit aussi pour cible la société américaine. Par son sens du grotesque, il s'est affirmé comme l'un des dessinateurs les plus impitoyables de son époque.

**GROTEWOHL (Otto)** ♦ Homme d'État allemand (Brunswick 1894 - Berlin 1964). Député social-démocrate au Reichstag (1925 - 1933), il fut plusieurs fois interné dans des camps de concentration par les nazis. Il opéra en 1946 la fusion des partis socialiste (SPD) et communiste (KPD). En 1949, il devint chef du gouvernement de la République démocratique allemande et conserva ses fonctions jusqu'à sa mort.

**GROTHENDIECK (Alexander)** ♦ Mathématicien apatride d'origine allemande émigré en France en 1941 (Berlin 1928). Ses travaux portèrent d'abord sur la théorie des espaces vectoriels topologiques et notamment les espaces nucléaires, puis sur les notions de base de la géométrie algébrique. On lui doit, en collaboration avec Dieudonné*, des *Éléments de géométrie algébrique*. [Médaille Fields 1966]

**GROTIUS (Hugo DE GROOT, dit)** ← ÉTYM. forme latinisée de son n., du néerl. *groot* «grand» ♦ Juriste et diplomate hollandais (Delft 1583 - Rostock 1645). Historiographe de Hollande, il fut condamné à la prison comme partisan d'Oldenbarnevelt et arminien. → **Arminius.** Il se réfugia en France, où il fut nommé ambassadeur en Suède. Il est connu pour son *De jure belli ac pacis*, code du droit international public qui lui valut d'être appelé «Père du droit des gens».

**GROTOWSKI (Jerzy)** ♦ Metteur en scène et théoricien du théâtre français d'origine polonaise (Rzeszów 1933 - Pontedera 1999). Il prônait un théâtre «pauvre» fondé sur l'acteur et son rapport aussi existentiel qu'essentiel au spectateur (*Faust*, d'après Goethe, 1960 ; *Le Prince Constant*, de Slowacki, 1965). Au sein du Théâtre Laboratoire de Wrocław (1965 - 1982), il conviait l'acteur à aller au bout de ses limites, et à atteindre ainsi au dépouillement et à une meilleure connaissance de son être. Il s'exila aux États-Unis puis en Italie, où il dirigea un centre de formation d'acteurs. Il devint en 1996 le premier titulaire de la chaire d'anthropologie théâtrale au Collège de France.

Jerzy **Grotowski**. Mise en scène du *Prince Constant* de Słowacki avec R. Cieślak et R. Mirecka, au théâtre de l'Odéon en 1966. *Phot. © Bernand*

**GROUCHY (Emmanuel, marquis DE)** ♦ Maréchal de France (château de Villette 1766 - Saint-Étienne 1847). Officier aux gardes en 1789, rallié à la Révolution, il participa aux grandes campagnes napoléoniennes (Friedland, Wagram, Borodino, etc.). Fidèle à Napoléon au moment des Cent*-Jours, il fut fait maréchal. À la tête de la cavalerie de réserve de l'armée du Nord, il ne put empêcher, après la victoire de Ligny*, Blücher* de faire sa jonction avec Wellington*, ce qui le rendit en partie responsable de la défaite à Waterloo*. Réfugié en Amérique, il revint en France en 1821. Louis-Philippe le fit nommer pair de France en 1832. Il est l'auteur de *Mémoires* (1873). ← ÉTYM. *Grouchy* est un ancien nom de localité dans la Manche.

**Groupe intergouvernemental d'experts sur l'évolution du climat** [GIEC] ♦ Institution onusienne créée en 1988. Son rôle consiste à dresser le bilan sur l'évolution du climat et à en effectuer des prévisions, grâce aux recherches de scientifiques à travers le monde. [Prix Nobel de la paix 2007, avec Al Gore*]

**Groupe 47**

– en all. *Gruppe 47* ♦ «Société amicale» d'écrivains allemands fondée à Munich en 1947 par Hans Werner Richter et A. Andersch* et dissoute en 1977. De tendance démocratique, quoique sans programme défini, elle entendait regrouper «des publicistes engagés politiquement et pourvus d'ambitions littéraires» (Richter) et lutter aussi bien contre les séquelles du nazisme que contre le confort intellectuel et moral de l'Allemagne du «miracle économique». Cette association qui aida et fit connaître, en créant un prix littéraire, de jeunes écrivains, compta parmi ses membres I. Aichinger*, I. Bachmann*, H. Böll*, G. Eich*, H. M. Enzensberger*, G. Grass*, U. Johnson*.

**GROUSSET (Paschal)** ♦ Journaliste et homme politique français (Corte, Corse 1845 - Paris 1909). Membre de la deuxième commission exécutive de la Commune de Paris (1871) qui le nomma délégué aux relations extérieures, il fut condamné à la déportation en Nouvelle-Calédonie (1872) d'où il s'évada avec Rochefort* en 1874. Il fut député de Paris de 1898 à 1909.

**GROUSSET (René)** ♦ Historien orientaliste français (Aubais, Gard 1885 - Paris 1952). Son intérêt pour la philologie et les découvertes archéologiques en Orient lui permit d'étudier les civilisations orientales : *Histoire de l'Extrême-Orient* (1928 - 1929), *Histoire de l'Orient latin* (1938), *L'Empire des steppes* (1939) et leurs rapports avec le monde chrétien : les *Civilisations de l'Orient* (1929 - 1930), *Histoire des croisades et du royaume franc de Jérusalem* (1934 - 1936). [Acad. fr. 1946] ← ÉTYM. *Grousset* est le diminutif de *Gros*.

**GROVE (sir George)** ♦ Musicologue britannique (Clapham, Londres 1820 - Sydenham, Londres 1900). Secrétaire de la Society of Arts en 1850, il collabora avec William Smith au *Dictionary of the Bible*.

Premier directeur du Royal College of Music (1882 - 1894), il est l'auteur d'un très important *Dictionary of Music and Musicians* qui parut de 1879 à 1899 (6ᵉ éd., *The New Grove*, 1980) et de *Beethoven and His Nine Symphonies* (1896).

**GROVE (Frederick Philip)** ♦ Écrivain canadien d'expression anglaise (Radomno, Prusse 1879 - Simcoe, Ontario 1948). Hanté par la question de l'identité (il fut jusqu'en 1909 l'écrivain allemand Felix Greve), il rencontra Gide en 1904, lequel s'étonna de son «extraordinaire faculté de mentir». Après avoir joué son propre suicide, il gagna le Canada et devint en 1912 professeur dans une école de campagne du Manitoba. Grove suivit le chemin inverse des auteurs européens qu'il affectionnait, passant de l'esthétisme au naturalisme. *Over Prairie Trails* (1922) et *Settlers of the Marsh* (1925) témoignent du «réalisme symbolique» de son œuvre. Le héros de Grove, figure assez patriarcale, est un idéaliste, un romantique, un étranger face à la société et à la nature. Il porte son identité comme un destin : «I am I» («Je suis Je»).

**GROZNYÏ** ➝ ÉTYM. russe «menaçant, cruel» (employé pour qualifier Ivan le Terrible) ♦ Cap. de la Tchétchénie, dans le Caucase. 223 000 hab. Centre de la région pétrolifère du même nom. La ville fut anéantie sous les bombes lors des combats menés par les troupes russes contre les nationalistes tchétchènes (1994 - 1996 puis 1999 - 2000).

**GRUBBS (Robert H.)** ♦ Chimiste américain (Calvert City, Kentucky 1942). Il mit au point, dans les années 1990, les catalyseurs stables et très performants, permettant la réalisation industrielle de la métathèse. [Prix Nobel de chimie 2005 avec Y. Chauvin* et R. R. Schrock*]

**GRUBER (Francis)** ♦ Peintre, dessinateur et graveur français (Nancy 1912 - Paris 1948). Il fut à l'Académie scandinave élève de Friesz et resta fidèle à la tradition figurative réaliste. Admirateur de Grünewald, Dürer, Altdorfer et Callot, il réalisa quelques vastes compositions allégoriques (*Hommage à Le Nôtre*, 1936 ; *Hommage à Callot*, 1942) où se manifeste un sens monumental de la composition. Il peignit des natures mortes, des paysages désolés, des portraits, des figures féminines et des nus situés souvent dans un monde clos et lugubre et dont les formes maigres et étirées, l'expression accablée suggèrent un sentiment d'angoisse et de misère. Son graphisme nerveux n'exclut pas pour autant les effets chromatiques (parties plus intenses ressortant sur des tonalités à dominante sombre). Gruber est considéré comme le principal créateur du «misérabilisme» et certains ont vu dans sa description d'une humanité en détresse la transcription de l'angoisse existentielle. ➝ ÉTYM. Ce nom alsacien signifie «qui creuse des fosses» [mineur].

**GRÜBER (Klaus Michael)** ♦ Metteur en scène et acteur allemand (Neckarelz, auj. rattachée à Mosbach 1942 - Belle-Île-en-Mer 2008). Il fit ses débuts au Piccolo* Teatro de Milan (*Off Limits* d'Adamov, 1969) avant de revenir en Allemagne. Il traite du réel en passant par l'abstrait, qu'il soit onirique ou psychologique, et par les pulsions des personnages, dans des espaces non réalistes. En France, on a pu voir *Faust-Salpêtrière*, d'après Goethe (1975), *Bérénice* de Racine (1984), *Récit de la servante Zerline* d'après Hermann Broch (1986), *L'Affaire de la rue de Lourcine* (1989), *Amphitryon* de Kleist (1991), *Iphigenie auf Tauris*, d'après Goethe (1998).

**GRUDZIĄDZ** ♦ V. de Pologne, voïvodie de Couïavie-Poméranie, port fluvial sur la rive d. de la Vistule. 98 989 hab. Centre indus. important. Nœud ferroviaire.

**GRUISSAN** [11430] ➝ ÉTYM. anc. *Gruxan*, du gaul. *Grussius*, n. de pers., et suff. *-anum* ♦ Comm. de l'Aude, arr. de Narbonne, au bord de l'étang de Gruissan, relié à la mer par un chenal. 3 061 hab. *(Gruissanais)*. Village de pêcheurs de plan concentrique. ■ Station balnéaire sur pilotis à Gruissan-Plage.

**GRUMIAUX (Arthur)** ♦ Violoniste belge (Villers-Perwin, Charleroi 1921 - Bruxelles 1986). Il étudia avec G. Enesco. Couronné par de nombreux prix, il mena une carrière internationale, se distinguant par la limpidité et l'élégance de son jeu.

**GRÜN (Anton Alexander,** comte **VON AUERSPERG,** dit **Anastasius)** ♦ Écrivain et homme politique autrichien (Laibach 1806 - Graz 1876). Quoique d'origine aristocratique, il fut un des initiateurs de la poésie politique bourgeoise, libérale, anticléricale et fondamentalement hostile à Metternich (*Promenades d'un poète viennois*, 1830 - 1831). À partir de 1848, il joua un rôle au sein du Parti libéral autrichien, fut élu à l'Assemblée nationale (1848) et au Reichstag autrichien (1860), tout en publiant encore un recueil de poèmes slovènes (1850) et un cycle de ballades (1864).

**GRÜNBERG (Peter)** ♦ Physicien allemand (Pilsen 1939). Il découvrit en 1988, indépendamment de A. Fert*, la magnétorésistance géante. [Prix Nobel de phys. 2007 avec A. Fert]

**GRUNDTVIG (Nikolai Frederik Severin)** ♦ Écrivain et penseur danois (Udby 1783 - Copenhague 1872). Romantique passionné, il chercha à réveiller la conscience de ses compatriotes en leur rappelant leur prestigieux passé (*Mythologie nordique*, 1808). Il se fit ordonner pasteur et entendit revivifier la foi chrétienne par la pratique de «la parole vivante» : il composa à cet effet de nombreux cantiques encore chantés aujourd'hui. Dans les années 1830, il lança l'idée féconde de ses «écoles d'adultes» *(folkehøjskoler)* qui révolutionnèrent les habitudes pédagogiques, et entendaient développer en l'élève la conscience de ses possibilités, le sens des réalités religieuses et civiques ainsi que le goût des grandes vertus réputées scandinaves. L'influence de ces écoles et de ces théories (le *grundtvigianisme*) aura été incalculable pour la formation de la Scandinavie moderne.

**GRÜNEN (die)** ➝ ÉTYM. all. «les Verts» ♦ Parti politique d'Allemagne créé en 1980. Les Verts, rejoints par Joschka Fischer* dès 1982, ont fait partie du gouvernement de 1998 à 2005. Disposant de forts soutiens dans les milieux urbains et prônant une économie libérale, ils se situent au centre de l'échiquier politique. Ils ont obtenu le renoncement de l'Allemagne à l'énergie nucléaire. Sous leur impulsion, le gouvernement Schröder s'opposa en 2003 au soutien de l'intervention américaine en Irak.

**GRUNENWALD (Jean-Jacques)** ♦ Organiste et compositeur français (Annecy 1911 - Paris 1982). Improvisateur remarquable, il a surtout composé des pièces pour orgue *(Impromptus, Suites, Élévations, Hymnes, Variations)*. Il est aussi l'auteur d'œuvres pour orchestre (*Bethsabée*, 1944), pour piano et orchestre (*Concerto*, 1940) et d'un opéra (*Sardanapale*, 1955).

**GRÜNEWALD (Matthias)** ➝ ÉTYM. de l'all. *grün* «vert» et *Wald* «forêt» ♦ Nom donné par J. Van Sandrart en 1675 au peintre identifié ultérieurement comme Mathis Gothardt Neithardt ou Mathis Nithart (Würzburg ?, v. 1460 ou v. 1475 - Halle, 1528). Le lieu de sa formation est sujet à controverse. Vers 1509, il entra au service des électeurs de Mayence, travailla à Selingenstadt (entre 1503 et 1519), à Aschaffenburg, en Alsace, puis à Mayence. Il s'exila à Francfort, sans doute en raison de ses sympathies pour la Réforme et, en 1527, il travailla à Halle à des travaux d'hydraulique. Ses tableaux (dont sept sont attribués avec certitude) et ses dessins (une quarantaine) attestent sa connaissance des gravures de Cranach et de Dürer, mais, contrairement à ce dernier (qui réalisa le panneau central du *Retable Heller* dont Grünewald fit les grisailles), il semble ne pas avoir été touché par l'idéal de la Renaissance italienne, évitant les sujets profanes et mythologiques, les motifs ornementaux ou modèles architecturaux italiens, tout en possédant leur science des raccourcis. Son inspiration, d'un mysticisme exalté et tragique, étranger à tout souci d'équilibre et d'harmonie, peut être considérée comme une manifestation paroxystique du gothique tardif germanique (*Crucifixions* de Bâle et de Karlsruhe). Son chef-d'œuvre, le monumental *Retable d'Issenheim* (1512 - 1515), exécuté pour la confrérie des Antonins, laisse apparaître un tempérament visionnaire. Sensibles dans l'aspect tourmenté des gestes, la tension des mimiques, les détails réalistes qui confinent à l'horreur, en même temps que dans l'utilisation de l'éclairage et le choix des accords chromatiques, ces tendances sont profondément expressionnistes. Une intensité expressive et des qualités de coloriste identiques apparaissent même quand son inspiration est plus sereine (*Saint Érasme* et *Saint Maurice*). Réussissant à donner à ses tableaux une exceptionnelle luminosité, il accorde à la lumière une valeur symbolique et aboutit à la formation d'un langage plastique original.

Matthias **Grünewald.** *Le Christ aux outrages* (109 × 73,5 cm). Alte Pinakothek, Munich.
*Phot. © Arch. Smeets*

**GRUNWALD** ➝ **Tannenberg**

**GRUSS** ♦ Famille d'écuyers, d'artistes et de directeurs de cirque français. ♦ **André Gruss** (Lunéville 1919 - Paris 2003). Il fut le clown Gockett en 1957 - 1958. Avec son frère Alexis, écuyer, il dirigea le Grand Cirque de France (1959) puis le plus petit Cirque à l'Ancienne. ♦ **Alexis Gruss** (Bart, Doubs 1944). Fils d'André Gruss. Il a repris le Cirque à l'Ancienne, où il est voltigeur et clown blanc.

**GRÜTLI** ➝ **Rütli**

**GRUYÈRES** ➝ ÉTYM. de *Gruyère* (n. de la région), du bas lat. *gruaria* «endroit fréquenté par les grues» ♦ V. de Suisse (cant. de Fribourg), dans la

Gruyère. Alt. 830 m. 1 556 hab. La ville, bâtie sur une colline dominant la vallée de la Sarine, a gardé son aspect moyenâgeux. Maisons anc. (XV$^e$ - XVII$^e$ s.), château (XII$^e$ - XV$^e$ s.). ▪ Fromages.

**GRYPHIUS (Andreas GREIF, dit)** ♦ Poète et auteur dramatique allemand (Glogau, Silésie 1616 - *id.* 1664). Considéré comme l'une des figures les plus représentatives de la littérature allemande baroque, il fut bouleversé politiquement et spirituellement par la guerre de Trente Ans. Ses *Sonnets pour dimanches et jours fériés* (1639) et ses *Méditations sur le cimetière et la dernière demeure des défunts* expriment sans emphase son sentiment tragique de la fragilité de l'existence humaine et de la vanité du monde, auquel il oppose une foi chrétienne teintée de stoïcisme. Ce thème est également au centre de son théâtre, qui tente de faire la synthèse des drames historiques de Shakespeare dont il eut la révélation à Leyde, du théâtre français et surtout de Corneille, dont il retint la règle des trois unités, et de la tragédie grecque, à laquelle il emprunta le rôle du chœur. Représentées dans les universités et les collèges, ses tragédies (*Catherine de Géorgie*, 1647 ; *Cardenio et Célinde*, 1649 ; *Charles Stuart*, 1649 ; *Léon l'Arménien*, 1650) et ses comédies (*Peter Sequentz*, 1657 ; *Horribilicribrifax*, 1663), aux intrigues souvent complexes, sont dominées par un souci didactique et éthique.

**GSELL (Stéphane)** ♦ Archéologue et historien français (Paris 1864 - *id.* 1932). Il effectua des fouilles importantes en Algérie, fut nommé directeur du musée d'Alger, puis professeur au Collège de France. *Histoire ancienne de l'Afrique du Nord* (1913 - 1929).

**GSTAAD** – en fr. *Gessenay* ← ÉTYM. forme alémanique de l'all. *Gestade* « station, halte » ♦ V. de Suisse (cant. de Berne), dans la vallée de la Sarine. 9 200 hab. Station d'été et de sports d'hiver de renommée internationale (1 100 - 3 000 m).

**GUADALAJARA** ← ÉTYM. de l'ar. *wādī al-ḥadjāra* « rivière des pierres » ♦ V. d'Espagne (Castilla-La Mancha), ch.-l. de prov., sur le Henares, à 56 km de Madrid. 77 925 hab. Palais des ducs (XV$^e$ s.). Église Santa-María (XIII$^e$ s.). Église baroque Saint-Nicolas (1691). ▮ **Histoire** Combats pendant la guerre civile (1937).

**GUADALAJARA** ← ÉTYM. de *Guadalajara** (Espagne) ♦ V. du Mexique, cap. de l'État de Jalisco, au N. du lac Chapala, sur les terres arrosées par le río Grande de Santiago, à 1 500 m d'alt. 1 600 894 hab. Univ. Le centre ancien rénové contient de nombreux édifices de style colonial dont l'une des cathédrales les plus composites du Mexique (XVI$^e$ - XVII$^e$ s.). Place d'armes. Palais du gouvernement (XVIII$^e$ s.). Nombreux musées et grand marché artisanal. ▪ V. commerciale et indus. (alimentation, textile, verre, chimie). Métropole régionale, Guadalajara (2$^e$ ville du Mexique) est un centre touristique important.

**GUADALCANAL** ♦ Île volcanique du groupe oriental de l'archipel des Salomon*. Elle culmine au mont Popomanasiu (2 331 m). 5 336 km$^2$. 50 400 hab. Cocotiers sur la côte N.-E., où se situe Honiara*. ▮ **Histoire** Les Japonais occupèrent l'île en juil. 1942, mais les Américains y débarquèrent au mois d'août suivant et, après des combats très meurtriers et la victoire aéronavale de Santa* Cruz (oct. 1942), reconquirent l'île. Ce fut le premier grand succès des Alliés dans la guerre du Pacifique.

**GUADALETE** (río) ♦ Fleuve d'Espagne, en Andalousie (150 km). Il se jette dans l'Atlantique (baie de Cadix). ▮ **Bataille de Guadalete** Défaite, en 711, des troupes du roi wisigoth Rodrigue* face aux Maures de Tāriq* qui venaient de débarquer en Espagne. Elle marqua la fin du royaume wisigoth et le début de la conquête musulmane de la péninsule Ibérique.

**GUADALQUIVIR** n. m. – anc. ***Bétis***, du gr. *Baitis* ← ÉTYM. *Guadalquivir* : de l'ar. *al-wādī al-kabīr* « la *(al)* grande *(kabīr)* rivière *(wādī)* » (→ aussi Amour, Connecticut, Mékong, Mississippi, Rio Grande, Volga, Yukon, Zambèze) ♦ Fl. de l'Espagne méridionale (680 km). Né dans la sierra Segura, il irrigue l'Andalousie* (Séville et Cordoue) et reçoit le Genil*. Production d'énergie électrique.

**GUADALUPE** (sierra de) ♦ Chaîne montagneuse de l'Espagne centrale, en Estrémadure*, entre le Tage et le Guadiana (1 601 m à Las Villuercas). Sur son versant S.-E. s'élève un monastère hiéronymite fondé en 1340 par Alphonse IX et dédié à la Vierge de Guadalupe. Lieu de pèlerinage très ancien, vénéré par les Rois Catholiques, Christophe Colomb et les conquistadores.

**GUADALUPE HIDALGO** ♦ V. du Mexique, dans la banl. N. de Mexico 67 000 hab. Un traité y fut signé (2 fév. 1848) par les États-Unis et le Mexique. Le Mexique cédait aux États-Unis le Nouveau-Mexique, le Texas et la Californie.

**GUADARRAMA** (sierra de) ♦ Chaîne montagneuse de l'Espagne centrale, séparant la Castilla-La Mancha de la Castilla-León (col de Somosierra, 1 444 m). Point culminant : pic de Peñalara, 2 430 m. Lieu de villégiature et sports d'hiver, près de Madrid.

**GUADELOUPE** n. f. [971] ← ÉTYM. de l'esp. *Guadalupe*, n. donné par Colomb pour honorer le monastère *Santa Maria de la Guadalupe* (du n. de la sierra de *Guadalupe** en Estrémadure) ♦ Région et département français situé dans les Petites Antilles*. 1 704 km$^2$. 422 496 hab. *(Guadeloupéens)* 227 hab./km$^2$. CH.-L. : Basse-Terre. CH.-L. D'ARR. : Pointe-à-Pitre. C'est un archipel composé de deux îles principales, la Guadeloupe proprement dite, encore appelée Basse-Terre et Grande*-Terre,

**Guadeloupe.**

séparées par un étroit bras de mer ; les autres îles sont Marie*-Galante, la Désirade* et les Saintes*. De caractère volcanique, Basse-Terre est la plus élevée des deux îles et culmine à la Soufrière (1 467 m). Parc national. Grande-Terre est une plateforme calcaire ourlée de falaises au N. et de plages au S. et atteignant seulement 136 m dans les Grands Fonds. Le climat est tropical à deux saisons, avec des pluies abondantes sur le secteur au vent et des risques de cyclones dévastateurs (« Hugo », 1989). L'économie traditionnelle de la canne à sucre a beaucoup reculé. Le rhum (66 000 hl) et la banane (140 000 t), exportés essentiellement vers la France métropolitaine, se maintiennent. Le tourisme offre un grand potentiel en Grande-Terre et dans les îles de Marie-Galante et des Saintes. La production agroalimentaire et industrielle est insuffisante et, pour garder un niveau de vie élevé, l'archipel doit vivre des traitements bonifiés de la fonction publique et de transferts divers en provenance de la France métropolitaine et de l'Union européenne. Forte émigration (plus de 100 000 Guadeloupéens en métropole). Taux de chômage élevé (24 %). Les disparités économiques, d'une part, entre la métropole et les Antilles et, d'autre part, entre la population blanche et la population de couleur (chômage, coût de la vie), amplifiées par la crise financière mondiale de 2008-2009, ont fait éclater un large mouvement de revendication. ▮ **Histoire** La Guadeloupe que les Amérindiens appelaient *Karukera* fut colonisée par les Français à partir de 1635. Les autochtones

**Guadeloupe.** Basse-Terre. *Phot. ©Hétier*

Caribes furent assez rapidement annihilés et l'importation massive d'esclaves noirs commença. L'archipel connut des troubles sous la Révolution et fut occupé temporairement par les Britanniques (1794). En 1802, une révolte menée par le Martiniquais Delgrès contre le rétablissement de l'esclavage fut écrasée par les troupes françaises à Matouba dans la région de Saint-Claude. En 1946, la Guadeloupe passa du statut de colonie à celui de département d'outre-mer (DOM), puis en 1982 devint une Région de plein exercice. La proposition de transformer la Guadeloupe (de même que la Martinique) en une collectivité territoriale unique a été rejetée lors du référendum de déc. 2003, mais Saint-Barthélemy et Saint-Martin ont opté pour un statut de collectivité d'outre-mer qu'elles ont acquis en 2007.

**GUADET (Marguerite Élie)** ♦ Homme politique français (Saint-Émilion 1758 - Bordeaux 1794). Avocat, inscrit au Club des jacobins, il fut un des orateurs les plus brillants du groupe des girondins*, siégea à l'Assemblée législative, puis à la Convention où il vota la mort de Louis XVI avec sursis et se montra un des plus violents adversaires des montagnards. Après l'élimination des girondins, il prit la tête de l'insurrection fédéraliste en Normandie, mais échoua, fut condamné à mort et guillotiné.

**GUADIANA** n. m. ➝ ÉTYM. de l'ar. *wādi* «rivière» et *Anas* (ou *Ana*), n. lat. du fl. ♦ Fl. d'Espagne et du Portugal (820 km). Né dans la Manche*, il irrigue la Castilla-La Mancha, l'Estrémadure* (Mérida, Badajoz), sert de frontière avec le Portugal qu'il arrose sur 220 km et se jette dans l'Atlantique.

**GUADIX** ♦ V. d'Espagne méridionale (Andalousie), prov. de Grenade, au fond d'une *vega* fertile. 20 307 hab. Anc. remparts (IX$^e$ s.), ruines mauresques (XV$^e$ s.), cathédrale (XVI$^e$ - XVIII$^e$ s.).

**GUAIRA (LA)** ♦ Port du Venezuela, situé à 20 km de Caracas. 19 000 hab.

**GUAJIRA (LA)** ♦ Péninsule de l'extrême N. de la Colombie, formant un département. 20 848 $km^2$. 655 943 hab. dont 23 000 Indiens guajiros. CAP. : Riohacha. Zone semi-aride avec un peu d'élevage. Exploitation des salines. Gisement de gaz. Mine de houille d'El Cerrejón.

**GUAM** ou **GUAHAM** ➝ ÉTYM. altération de *Chamorro*, n. d'un peuple indigène, ou de *San Juan* «Saint Jean» car l'île fut découverte le jour de la Saint-Jean ♦ La plus grande et la plus peuplée des îles Mariannes* (Micronésie). 549 $km^2$. 132 000 hab. CAP. : Agana. LANGUES : anglais (off.), chamorro. POPULATION : Chamorros (fortement métissés d'Espagnols, d'Indonésiens et de Philippins). Île volcanique frangée de récifs coralliens, où les tremblements de terre et les typhons sont fréquents. Les vallées du S., arrosées par des rivières permanentes, sont fertiles. Le climat est tropical humide et la forêt dense couvre la majeure partie de l'île. Les cultures vivrières sont le taro, l'igname, le riz et la noix de coco, auxquelles s'ajoutent fruits et légumes, volailles, porcs et bétail. Le tourisme se développe. ▮ Histoire L'île fut sans doute découverte en 1521 par Magellan* ; les Espagnols s'y établirent à la fin du XVII$^e$ s., réduisant les indigènes chamorros et introduisant des Philippins. En 1898 (traité de Paris), après la guerre hispano-américaine, Guam fut cédée aux États-Unis. Les traditions culturelles espagnoles y sont très fortes (95 % de la population est catholique). Durant la Deuxième Guerre mondiale, les Japonais occupèrent l'île (1941) ; elle fut reprise par les Américains en 1944 et devint une des principales bases de bombardiers engagées dans la lutte contre le Japon, puis dans les opérations de bombardement du Viêtnam dans les années 1960 - 1970. Depuis 1950, Guam est doté du statut de «territoire non incorporé» des États-Unis et reste l'une des grandes bases aéronavales américaines dans le Pacifique occidental.

**GUANABARA** (baie de) ou baie de **RIO** ♦ Baie du Brésil dont les rives abritent Rio de Janeiro et Niterói. Elle est parsemée d'îlots parmi lesquels l'île de Governador, où est situé l'aéroport de Galeão. Importante activité portuaire et second foyer industriel du pays après São Paulo. ▮ Histoire Ancien distr. fédéral (1808), enclavé au sein de l'État de Rio de Janeiro, Guanabara est devenu État en 1960 avant de fusionner avec celui de Rio de Janeiro en 1975.

**GUANACASTE** ♦ Prov. du Costa Rica sur l'océan Pacifique, près de la frontière avec le Nicaragua. 10 141 $km^2$. 264 000 hab. Ch.-l. Liberia. Végétation xérophile. Aéroport international. Importants complexes touristiques.

**GUANAJUATO** ♦ V. du Mexique central, cap. de l'État du même nom. 70 798 hab. Univ. Son ancienne prospérité est due aux mines d'argent de la région. Monuments d'époque coloniale (place du Zócalo ; églises de Nuestra Señora [fin XVII$^e$ s.], de San Diego [1780], temple de la Compañia [milieu XVIII$^e$ s.], etc.). ▪ Fonderies. Centre touristique. ♦ **ÉTAT DE GUANAJUATO.** 30 690 $km^2$. 4 893 812 hab. État montagneux du centre du Mexique. Élevage. Centres indus. de Celaya, d'Irapuato et de León.

**GUANCHES** n. m. pl. ♦ Population, sans doute d'origine berbère, qui habitait les îles Canaries* à l'arrivée des Espagnols (XV$^e$ s.). Les Guanches, qui présentaient de nombreux traits morphologiques de l'homme de Cro-Magnon, semblaient encore être à l'âge de la pierre. Ils tentèrent de résister à la conquête espagnole, mais furent exterminés.

**GUANDONG** ou **KOUAN-TONG** ♦ Anc. nom du territoire à bail de Port-Arthur (auj. Lüshun) cédé par la Russie au Japon en 1905. Il fut placé sous administration mixte sino-soviétique en 1945 et en 1954, la Chine récupéra l'ensemble.

**GUANGDONG** ou **KOUANG-TONG** n. m. ➝ ÉTYM. chin. «la plaine *(guang)* de l'Est *(dōng)*» ♦ Prov. du S. de la Chine, sur la mer de Chine méridionale (4 300 km de côtes). → **Chine** (carte). 178 000 $km^2$. 85 225 007 hab. CAP. : Canton (Guangzhou). Traversée par les Xi* jiang, Bei jiang et Dong jiang qui se jettent dans l'estuaire du Zhu jiang dont les alluvions avaient constitué le delta de Canton. Céréales, patate douce, canne à sucre, jute, arachide. Fruits (litchis, longanes, mangues, agrumes, bananes, ananas), hévéa, thé, tabac. Sériciculture. Élevage porcin et volaille. Pêche, aquaculture et pisciculture. Indus. du bois : 2 millions de $m^3$ par an. Importants gisements de schiste pétrolifère. Houille, fer, manganèse, cuivre, tungstène, bismuth, molybdène. Indus. alimentaire. Textile. Artisanat. Anc. centre d'émigration. ▪ L'île de Hainan a été détachée de la prov. de Guangdong en 1988. → **Hainan, Chine.**

**GUANGXI** ou **KOUANG-SI** n. m. ➝ ÉTYM. chin. «la plaine *(guang)* de l'Ouest *(xī)*» ♦ Région autonome de Chine, sur le golfe du Tonkin (1 500 km de côtes, 700 îles). → **Chine** (carte). 236 000 $km^2$. 43 854 538 hab. dont 40 % de Zhuangs, ainsi que des Miaos* et des Yaos. CAP. : Nanning. Riz, maïs, canne à sucre. Thé, tabac, fruits. La forêt couvre 23 % du territoire. Étain, antimoine, zinc, tungstène. → **Chine.**

**GUANGXU** → **Dezong**

**GUANGXU** ou **KOUANG-SIU** [**Aisin Juero Zaichun**] ♦ (Pékin 1871 - *id.* 1908). Empereur de Chine de la dynastie Qing*. Il régna à partir de l'âge de quatre ans sous la régence de sa tante, Cixi*. Conscient du retard de la Chine et des humiliations dues aux défaites militaires (→ **Opium [guerres de l']**) qui accroissaient le sentiment antimandchou des Han*, il tenta la «réforme des Cent Jours» (11 juin au 16 sept. 1898), sur le modèle de la modernisation japonaise. Mais Cixi le fit interner et réprima les réformateurs. Il ne joua plus aucun rôle et mourut un jour avant Cixi, empoisonné peut-être par elle. Son neveu Puyi* lui succéda.

**GUANGZHOU** → **Canton**

**GUAN Hanqing** ou **KOUAN Han-k'in** ♦ Poète et auteur dramatique chinois (Pékin 1230 - 1307), à qui l'on attribue soixante-treize pièces de théâtre dont seulement quatorze nous sont parvenues.

**GUANTÁNAMO** ♦ V. de Cuba, ch.-l. de la prov. de Guantánamo (511 224 hab.) située dans la partie orientale de l'île. 243 808 hab. Centrales sucrières. ▮ Histoire Au S. de la ville, la base aéronavale des États-Unis à Caimanera, établie par un traité datant de 1903, est revendiquée par le gouvernement cubain comme partie intégrante du territoire national. Elle a abrité, à partir de janv. 2002, un bagne où étaient emprisonnés les «ennemis combattants» (talibans, membres d'al-Qaida...) soupçonnés de terrorisme par l'administration américaine. B. Obama en a annoncé le projet de fermeture dès son investiture en janv. 2009.

**GUANYIN** ou **KOUAN-YIN** ♦ Nom chinois de la divinité Avalokiteśvara* du panthéon bouddhique. L'un des quatre principaux bodhisattvas en Chine, il est représenté sous un aspect féminin à partir des Nanbeichao*. Plein de compassion, il possède plus de mille formes pour venir en aide aux âmes en peine. Il porte le nom de Kannon Bosatsu au Japon.

**GUAN Yu** ou **KOUAN Yu** ♦ Militaire chinois (exécuté en 219 ?) de la fin de la dynastie des Han occidentaux. Consacré par la suite dieu de la Guerre, il symbolisa la loyauté. C'est l'un des principaux personnages de l'*Histoire des Trois* Royaumes*.

**GUAPORÉ** n. m. ♦ Riv. d'Amérique du Sud (1 158 km). Il prend sa source dans l'État du Mato Grosso (Brésil) et forme une frontière naturelle entre le Brésil et la Bolivie, puis constitue le río Mamoré et le río Madeira.

**GUARANI(S)** n. m. (pl.) ♦ Peuple indien d'Amérique du Sud, apparenté aux Tupis du Brésil, aujourd'hui éteints. Ils vivent dans des villages fortifiés et pratiquent une religion messianique qui les a poussés à essaimer dans toute l'Amazonie. Leur langue prédomine aujourd'hui au Paraguay.

**Guaranis.** Un Indien guarani du Paraguay.
*Phot. ©Leigheb/Ricciarini*

**GUARDAFUI** ou **GARDAFUI** (cap) ➝ ÉTYM. étym. incert. (l'étym. de l'it. *guarda* «prends garde» [le passage du cap était dangereux pour les navires] est douteuse) ♦ Promontoire situé à l'extrémité de la Corne de l'Afrique, en Somalie, à l'entrée du golfe d'Aden.

**GUARDI (Francesco)** ♦ Peintre italien (Venise 1712 - *id.* 1793). Il se forma auprès de son frère aîné GIANANTONIO GUARDI (Vienne 1699 - Venise 1760) qui reprit l'atelier familial fondé par son père DOMENICO GUARDI (1678 - 1716). Jusqu'à la mort de ce dernier, il est très difficile de préciser avec certitude la part de chacun : en effet, ils exécutèrent ensemble des scènes de genre et surtout des scènes religieuses (*La Jérusalem délivrée ; Histoire de Tobie*, 1750) d'une facture nerveuse, comme hachée, aux effets de lumière scintillante, qui dénotent les influences conjuguées de Marco Ricci*, de Piazzetta* et de Tiepolo*, leur beau-frère. Dans un esprit très proche, Francesco signa un *Saint en extase* (1747), et le *Miracle de saint Dominique*. Cependant il est surtout célèbre comme peintre de vues de Venise. Il semble s'être consacré aux *vedute* surtout à partir de 1760. Comme Canaletto*, il représenta les fêtes vénitiennes *(Le Départ du Bucentaure pour le Lido)*, mais abandonna le caractère rigoureusement topographique et statique de ce dernier et donna à ses vues un aspect mouvant. Par quelques touches rapides, il rendit ses personnages et étudia avec une grande subtilité la qualité particulière de l'atmosphère, les vibrations de la lumière : limpide, dense ou diffuse, révélant une sensibilité frémissante, apte à rendre le caractère fugitif des choses. La liberté et la légèreté de sa facture, son sens de la mise en page élégante, ponctuée de quelques coups de pinceau incisifs, sont particulièrement notables dans ses paysages imaginaires ou *Capricci*, d'un caractère souvent élégiaque. Guardi sut imposer un style personnel, que l'on a parfois qualifié de préimpressionniste, à l'époque même où triomphait le néoclassicisme. Il fut l'un des derniers représentants de la peinture vénitienne.

The **Guardian** ♦ Quotidien britannique fondé par John E. Taylor en 1821 et publié à Londres et à Manchester. Paraissant jusqu'en 1960 sous le titre *Manchester Guardian*, il est proche des positions libérales voire travaillistes. Indépendant financièrement, il est le principal concurrent du *Times* et tire à env. 400 000 exemplaires.

**GUARINI (Gian Battista)** ♦ Poète italien (Ferrare 1538 - Venise 1612). Il occupa la chaire de poétique et de rhétorique à Ferrare et se montra habile diplomate, fonction qui le conduisit jusqu'en Pologne (*Discours sur les choses de Pologne*, 1575). Auteur de poésies, d'un intérêt secondaire, de *Lettres* et d'une comédie en prose (*L'Hydropique*, 1584), il reste surtout le père d'une tragicomédie en vers, *Il Pastor fido* (entre 1580 et 1583 ; publiée en 1590), qui prétendait rivaliser avec *L'Aminta* du Tasse*, son ami. Sans avoir la fraîcheur de ce chef-d'œuvre, le *Pastor fido* faisait montre d'une expression admirablement musicale et témoignait de l'imminence du phénomène baroque. L'œuvre eut un retentissement durable en Europe.

**GUARINI (Guarino)** ♦ Architecte, mathématicien et théologien italien (Modène 1624 - Milan 1683). Entré dans l'ordre des théatins en 1639, il s'initia aux mathématiques et à l'architecture, subissant dans ce domaine l'ascendant de Borromini*. Ayant quitté la cour de Modène à la suite de démêlés, il alla enseigner et édifier à Parme, Messine (églises des Théatins, des Mayolites et de Saint-Philippe, détruites), Paris (projet de Sainte-Anne-la-Royale à la demande de Mazarin), Munich et peut-être Lisbonne. Établi à Turin après 1666, il fit un usage original de la brique nue et édifia notamment le fastueux palais de Carignan (1680), avec une façade ondulante et un hall d'entrée en ellipse. Parmi ses nombreuses œuvres religieuses, les églises de la Consolata (1678 - 1679), de Saint-Laurent-des-Théatins, à la coupole tendue de 8 arcs paraboliques entrecroisés, la chapelle du Saint-Suaire de la cathédrale San Giovanni (1668 - 1694), dont la coupole en tronc de cône présente une succession d'arcs en accolades, révèlent la singularité de son talent, sa virtuosité technique, ses fantaisies savantes de géomètre et sa prédilection pour les imbrications ou juxtapositions de volumes circulaires et elliptiques. Représentant le plus brillant du baroque dans l'Italie du Nord, il influença l'architecture baroque et rococo en Europe centrale.

**GUARNERI** ou **GUARNERIUS (Giuseppe Antonio),** dit **Guarnerius del Gesù** ♦ Luthier italien (Crémone 1698 - *id.* 1744). Issu d'une famille de luthiers crémonais, il égala en réputation Stradivarius*, son illustre aîné. Ses violons, environ un millier, sont toujours recherchés par les virtuoses pour leur riche sonorité.

**GUARRAZAR** ♦ Loc. d'Espagne, près de Guadamur (prov. de Tolède) où l'on découvrit en 1858 des couronnes votives wisigothes, aujourd'hui au Musée archéologique de Madrid.

**GUARULHOS** ♦ V. du Brésil, dans la banl. indus. du N.-E. de São Paulo. 1 050 500 hab. Aéroport international de São Paulo.

## GUATEMALA

**n. m. – off. *République du Guatémala*,** en esp. ***República de Guatemala*** ◆ ÉTYM. du mot indien *Quauhtemallan* « endroit où il y a des réserves de bois » ou *Quauhtemellan* « pays de l'aigle » ou *Uhatzmalha* « montagne d'où jaillit l'eau » ♦ Pays d'Amérique centrale. 108 889 km². 11 237 196 hab. *(Guatémaltèques)*. LANGUES : espagnol (off.), 21 langues indiennes. POPULATION : Indiens descendant des Mayas (50 %), métis, Blancs d'origine espagnole. RELIGIONS : catholicisme (70 %), protestantisme (30 %), syncrétisme indien. MONNAIE : quetzal. CAPITALE : Ciudad de Guatemala. RÉGIME : présidentiel. Le pays est divisé en 22 départements.

**GÉOGRAPHIE** Le Guatemala est le plus peuplé des pays centraméricains. La population se concentre sur les terres hautes de l'O. et du centre, situées à plus de 1 000 m d'alt., dont le climat tempéré et les sols fertiles permettent une agriculture variée. En effet, malgré l'accroissement du secteur industriel (surtout dans le textile et l'alimentaire) depuis 1960 et l'ouverture du Marché commun centraméricain, l'agriculture reste le principal pourvoyeur d'emplois du pays (58 % de la pop. active). La culture vivrière du maïs et des haricots, pratiquée de manière archaïque par les paysans d'origine maya, s'oppose aux plantations de café *(latifundia)*, qui utilisent une main-d'œuvre bon marché. Excepté la capitale, Ciudad de Guatemala, les grands centres urbains (Huehuetenango, Quetzaltenango) et les principaux foyers industriels, alimentés par la raffinerie d'Escuintla (oléoduc depuis Puerto San

**Guatemala.**

José), se trouvent sur les hautes terres. Les plaines côtières du versant pacifique, bordées de marécages, sont dévolues aux grandes cultures d'exportation (bananes, café, coton, canne à sucre et tabac). Couvertes d'une forêt dense de type tropical, les terres chaudes du Petén*, au N. du pays, sont faiblement peuplées. Elles sont pourtant devenues une région stratégique à cause de la frontière avec le Belize*, longtemps contestée par le Guatemala, et grâce à la découverte de nappes pétrolifères dans les années 1960 (environ 10 % de la consommation totale actuelle). La petite ville de Flores (ch.-l. de dép.), située sur le lac Petén Itzá, vit de l'agriculture et du tourisme (aéroport desservant le site de Tikal*). **Les communications** Le territoire guatémaltèque, traversé par de grandes chaînes montagneuses d'origine volcanique (volcan Tajumulco, 4 211 m), est marqué par un relief abrupt, qui rend les communications difficiles. Le réseau routier est mal entretenu, sauf sur la route Panaméricaine, qui traverse le pays d'O. en E. Une voie ferrée interocéanique relie Puerto Barrios aux principaux ports du Pacifique, tournés vers les États-Unis (Champerico, Puerto San Jose).

**SOCIÉTÉ** Depuis la conquête espagnole, la société guatémaltèque est coupée en deux. Les Indiens représentent la moitié de la population totale et vivent surtout dans les zones rurales. Ils ont conservé leurs traditions (langue, costume) et pratiquent une religion syncrétique qui mêle divinités préhispaniques et saints du culte catholique (Maximón à Santiago Atitlán, Pascual Abaj à Chichicastenango). Mais le pouvoir politique et économique est l'apanage des habitants des villes et des *ladinos* (métis et descendants d'Espagnols) qui dominent des sociétés indigènes divisées (on compte au moins 18 langues mayas). L'inégale répartition des terres est la principale cause de conflits entre les deux communautés ; à peine plus de 2 % des propriétaires possèdent 65 % des surfaces agricoles. La guerre civile et le manque de terre ont provoqué depuis les années 1960 un exode rural dont bénéficie surtout la capitale, Ciudad de Guatemala, qui concentre l'essentiel des activités économiques du pays.

**HISTOIRE** **Les Mayas** La civilisation maya* classique se développa dans les basses terres tropicales du Petén, au N. de l'actuel Guatemala, et son apogée se situa entre le VIIe et le IXe s. La ville de Tikal comptait alors 45 000 hab. sur une superficie de 120 km². **La colonisation espagnole** En 1523, Pedro de Alvarado*, lieutenant de Cortés, vainquit facilement les populations mayas divisées et affaiblies, rassemblées sur les hauts plateaux de l'O. La première capitale coloniale, Santiago de Guatemala, fut fondée en 1527. Déplacée à la suite d'un glissement de terrain (1541), elle fut détruite par un tremblement de terre en 1773 et à nouveau changée de place. Devenue le siège de la capitainerie générale du Guatemala en 1544, elle gouverna toute l'Amérique centrale, à l'exception du Panamá. Une université y fut créée en 1676. Les populations indiennes, qui vivaient de l'agriculture, restèrent isolées tandis qu'une aristocratie terrienne se constituait. **L'indépendance** En 1821, le Guatemala accéda à l'indépendance pour être incorporé à l'empire mexicain d'Iturbide, dont il se détacha en 1823. L'ancienne capitainerie, devenue les Provinces-Unies d'Amérique centrale, se disloqua en 1839 pour former cinq États (Guatemala, Salvador,

Guatemala | Productions en 2008

| Produits | Quantités | Rang |
|---|---|---|
| Agriculture | | |
| Bananes | 1 500 000 t | 12e |
| Café | 250 000 t | 8e |
| Canne à sucre | 25 000 000 t | 14e |
| Coton fibre (2005) | 3 000 t | |
| Haricots secs | 100 000 t | |
| Maïs | 1 500 000 t | |
| Sucre | 2 000 000 t | 13e |
| Bovins (têtes) | 3 000 000 | |
| Mines et énergie | | |
| Fer | 5 000 t | |
| Pétrole | 1 000 000 t | |

Honduras, Nicaragua, Costa Rica). **Les dictatures** Dès lors, l'histoire du Guatemala vit se succéder quatre grandes dictatures dont celle de Rufino Barrios (1873 - 1885). Despote éclairé, ce dernier s'attaqua à l'aristocratie et au clergé, stimula l'agriculture du café et développa l'infrastructure du pays ; il échoua, en revanche, dans sa politique d'union centraméricaine. Bientôt, le pays s'ouvrit aux influences étrangères et notamment aux compagnies fruitières des États-Unis (United Fruit Company), dénoncées par l'écrivain guatémaltèque Miguel Ángel Asturias* (*Le Pape vert,* 1959). **Coups d'État et guerre civile** En 1954, le gouvernement progressiste du colonel Arbenz, qui avait entrepris une réforme agraire lésant les intérêts nord-américains, fut renversé avec l'aide de la CIA. Dès lors, le pays fut ébranlé par une succession de coups d'État militaires, et maintenu dans un climat de terreur par d'innombrables assassinats. En 1979, la victoire des sandinistes au Nicaragua* relança une guérilla latente depuis les années 1960. La guerre civile des années 1980 fit 100 000 morts parmi les paysans mayas, dont un nombre équivalent se réfugièrent au Mexique. Leur lutte fut reconnue par la communauté internationale, avec l'attribution du prix Nobel de la paix à une Indienne maya, Rigoberta Menchú*. **La paix** L'État a depuis reconnu le caractère «multiethnique et multilingue» de la nation guatémaltèque, rompant ainsi pour la première fois avec des pratiques ségrégatives héritées de l'époque coloniale et du XIXe s. Sous la présidence d'Álvaro Arzú (droite modérée) [1996 - 1999] la paix fut signée en décembre 1996 à Mexico avec les groupes rebelles de l'UNRG (Union nationale révolutionnaire guatémaltèque). Mais l'application des accords s'est heurtée à certaines difficultés juridiques et pratiques. Les présidents Alfonso Portillo (extrême droite) et Oscar Berger (droite conservatrice) ne sont pas parvenus à juguler la violence endémique (enlèvements contre rançon, assassinats, narcotrafic), pas plus qu'Álvaro Colom (centre gauche) qui leur a succédé en 2007 grâce à l'appui des départements ruraux et des populations mayas. Le pays continue de vivre une guerre civile larvée.

**GUATTARI (Félix)** ♦ Psychanalyste français (Villeneuve-les-Sablons, Oise 1930 - La Borde, Cour-Cheverny 1992). Proche du courant de la psychiatrie institutionnelle de Jean Oury* et de l'extrême gauche, il a été membre de l'École freudienne de Lacan. Dans *L'Anti-Œdipe** (1972) et *Mille Plateaux* (1980), tous les deux sous-titrés «Capitalisme et schizophrénie», il a engagé une critique de la psychanalyse et mis en avant la notion de machine désirante. Ces livres ont été écrits en collaboration avec Gilles Deleuze*, tout comme *Qu'est-ce que la philosophie ?* (1991) où celle-ci est définie comme activité de création de concepts.

**GUAYAQUIL** ♦ V. d'Équateur, cap. de la prov. du Guayas, située au fond du golfe de Guayaquil, sur l'estuaire du Guayas. 1 994 518 hab. La ville connaît une extension démesurée avec l'arrivée de nombreux migrants, tant des régions côtières que des régions andines. La moitié de la ville est bâtie sur la mangrove, remblayée progressivement, et souffre d'un manque d'infrastructures. ▪ C'est le plus important port exportateur du pays (bananes, cacao, café) et son plus grand centre financier, commercial et industriel (chimie, cimenterie, plastique, électroménager).

**GUAYAS** (río) ♦ Estuaire de l'Équateur (100 km), au fond du golfe de Guayaquil, formé par la confluence des riv. du Daule et du Babahoyo. Il est navigable par les bateaux à faible tirant ; les navires joignent désormais le port de Guayaquil par un chenal du delta.

**GUAYAS** n. m. ♦ Prov. d'Équateur, sur la côte. 19 841 km². 3 309 034 hab. CAP. : Guayaquil. Sites archéologiques précolombiens dans la péninsule de Santa Elena. C'est une vaste plaine drainée par plusieurs rivières (Daule, Babahoyo) qui prennent leur source dans les collines du N.-E. plus humide. La fertilité du sol alluvial facilite depuis un siècle l'occupation de ces riches terroirs d'abord sur les terrasses non inondables avec le cacao et les bananes et, sur les interfluves, le riz, les oléagineux et les fruits. Elle est devenue, grâce à la proximité de Guayaquil, la région la mieux équipée (routes) et la plus peuplée. Un programme d'aménagement, engagé depuis 1970 prévoit des mesures contre les inondations dévastatrices et la construction de barrages-réservoirs destinés à l'irrigation pendant la longue saison sèche.

**GUAYASAMÍN (Oswaldo)** ♦ Peintre équatorien (Quito 1919 - Baltimore 1999). Son œuvre (plus de 7 000 peintures) témoigne du courant indigéniste qui marqua les artistes et écrivains équatoriens au milieu de ce siècle. Il peignit des séries (*Huacayñan* «La Route des pleurs», *La Edad de la ira* «L'Ère de la colère») et réalisa des peintures murales pour le Palais du gouvernement et la maison de la culture de Quito. En 1976, son nom a été donné à une fondation destinée à favoriser le développement culturel en Équateur.

**GUBBIO** – anc. ***Iguvium*** ♦ V. d'Italie, en Ombrie (prov. de Pérouse). 31 616 hab. Ancienne ville étrusque et romaine, où l'on découvrit en 1444 les *tables Eugubines,* inscriptions religieuses rédigées en ombrien. Théâtre romain. Cathédrale du XIIIe s. Palais (XIVe - XVIe s.). Maisons anc. ▪ Centre de majolique réputé aux XVe et XVIe s. Eaux thermales.

**GUBEN** – anc. ***Wilhelm-Pieck-Stadt*** ♦ V. d'Allemagne (Brandebourg), sur la rive g. de l'Oder et de ce fait à la frontière (ville polonaise de Gubin sur la rive d.). 20 280 hab. Indus. textiles.

**GUDEA** → Goudéa

**GUDERIAN (Heinz)** ♦ Général allemand (Kulm, auj. Chełmno 1888 - Schwangau, Bavière 1954). Théoricien des chars, il fut à l'origine de la création des divisions blindées *(Panzerdivisionen)* qui furent la principale force offensive de la Wehrmacht en 1939 - 1941. Il commanda en Pologne (1939), dans les Ardennes, où son action personnelle fut capitale (1940), en Russie (1941). Relevé de son commandement lors de l'échec devant Moscou (déc. 1941), il fut rappelé comme inspecteur général des blindés en 1943 et fut chef d'état-major de l'armée de terre en 1944 (destitué en mars 1945). Fait prisonnier par les Alliés en 1945, puis libéré, il se retira en Bavière.

**GUDULE** (sainte) ← ÉTYM. p.-ê. du germ. *gundi* «guerre» et *lind* «doux» ♦ Dame charitable (morte à Moorsel, près d'Alost, Belgique 712). C'était la filleule de sainte Gertrude* de Nivelles qui l'éleva. Patronne de Bruxelles, où ses reliques furent transférées en 988. ▪ Fête le 6 janv.

**guèbres**

n. m. pl. ← ÉTYM. du persan *gabr* «infidèles» ♦ Persans qui, refusant l'islamisation consécutive à la conquête arabe du VIIe s., conservèrent la religion zoroastrienne. → **Zarathoustra.** Beaucoup émigrèrent, notamment en Inde dès le VIIIe s. → **parsis.** Leur sort fut précaire jusqu'en 1882 où ils obtinrent l'égalité avec les autres Persans. Ils sont concentrés dans les provinces de Yezd et de Kermān ; ils seraient environ 30 000.

**GUEBWILLER** [gɛbvilɛʀ] [68500] ← ÉTYM. anc. *Gebunwilare* «domaine (bas lat. *villare*) de *Gibo* (n. de pers. germ.)» ♦ Ch.-l. d'arr. du Haut-Rhin, sur la Lauch. 11 525 hab. (aggl. 28 472). *(Guebwillerois).* Église Saint-Léger, de style roman de transition (1182 - 1240). Église Notre-Dame du XVIIIe s. (stalles et boiseries sculptées de F. Sporrer). Église des Dominicains des XIVe - XVe s. Hôtel de ville gothique flamboyant (1514). Musée Florival : archéologie ; folklore ; art religieux ; histoire ; céramiques de Th. Deck. ▪ Vins d'Alsace. Machines pour l'indus. textile.

**GUEBWILLER** (ballon de) ou **GRAND BALLON** ← ÉTYM. du n. de la v. ♦ Point culminant des Vosges (1 424 m), situé à l'O. de Guebwiller, et dominant le S. de la plaine d'Alsace.

**GUÉDRON** ou **GUESDRON (Pierre)** ♦ Compositeur français (Dunois v. 1570 - ? v. 1620). Intendant des musiques de la Chambre du roi, il joua un rôle de premier plan comme compositeur de musique profane et participa à la création des ballets de la cour sous Henri IV et Louis XIII. On lui doit la conception du «ballet mélodramatique», préfiguration de l'opéra italien, forme qui fut abandonnée après sa mort et que l'on ne retrouva plus tard que chez J.-B. Lully*. Auteur d'«airs de cour», il s'attacha, comme dans ses récits de ballets, à une déclamation expressive, souple, et libérée de toute emphase.

**GUÉHENNO (Jean)** ♦ Essayiste français (Fougères 1890 - Paris 1978). Fils d'un cordonnier et d'une piqueuse, Guéhenno eut très tôt la notion de «lutte des classes» et rapporta cette expérience dans le *Journal d'un homme de quarante ans* (1934) après avoir dénoncé les inégalités culturelles dans *Caliban parle* (1928). *Le Journal d'une «Révolution»* (1939) est un témoignage sur le Front populaire. C'est encore un témoignage, mais sous forme de réquisitoire, que *Le Journal des années noires, 1940-1944* écrit en 1946. On doit aussi à Jean Guéhenno des études sur Michelet (*L'Évangile éternel,* 1927) et sur Rousseau (*Jean-Jacques* 1949 - 1952). [Acad. fr. 1962] ← ÉTYM. Ce nom breton signifie «combattant», du vieux breton *uueten (guethen)* «combat».

**GUELDRE** n. f. ← ÉTYM. en néerl. ***Gelderland;*** du germ. *gelura* «jaune» et *haru* «montagne» ♦ Prov. des Pays-Bas. → **Pays-Bas** (carte). 5 016 km². 1 979 059 hab. CH.-L. : Arnhem. Le N. se divise en deux régions : la Veluwe*, à l'O., et l'Achterhoek, à l'E. Le S. est arrosé par le Rhin, le Waal et la Meuse ; c'est la Betuwe la plus riche des trois régions. ▪ Production de fruits (pommes et cerises) et de légumes. Élevage bovin (viande et lait) et ovin. Production d'œufs ; canards d'Harderwijk. Indus. textiles. Mobilier. Métall. Chimie. Conserveries. Briqueteries. La Gueldre a bénéficié depuis les années 1960 de la déconcentration des activités industrielles et tertiaires (Veluwe) de la Randstad. **Histoire** Après avoir appartenu au Saint Empire, la province de Gueldre devint un duché (maison de Nassau), puis passa à Charles le Téméraire de 1472 à 1477 et enfin à l'Autriche et à l'Espagne. La Basse-Gueldre se joignit aux Pays-Bas protestants en 1579 et la Haute-Gueldre passa aux mains de la Prusse lors de la guerre de Succession d'Espagne. Occupée par la France sous Napoléon, la Gueldre fut divisée entre les Pays-Bas et la Prusse par la paix de Vienne en 1815.

## guelfes et gibelins

n. m. pl. – en it. ***parte guelfa*** et ***parte ghibellina*** ♦ Factions rivales italiennes partisanes, pour les guelfes, des Welfen, famille princière allemande, et, pour les gibelins, des Hohenstaufen, seigneurs de Waiblingen (v. 1215). Les guelfes étaient partisans du pouvoir du pape en Italie, les gibelins, partisans de l'empereur. → **blancs et noirs.** Lors des guerres d'Italie, les guelfes devinrent les partisans du roi de France.

**GUELMA** ♦ V. de l'Algérie orientale, ch.-l. de wilaya, située dans la vallée de l'oued Seybouse. 85 209 hab. Oliviers. Élevage bovin. ▪ Ruines de l'anc. cité romaine de *Calama*.

**GUELPH** ♦ V. du Canada (Ontario). 114 943 hab. (zone urbaine 127 009). La ville est incluse dans le triangle technologique canadien (Guelph-Cambridge-Kitchener) qui rassemble de très nombreuses entreprises de haute technologie au S.-O. de Toronto. Universités. Centres de recherche.

**GUÉMÉNÉ-PENFAO** [44290] ➝ **ÉTYM.** en bret. *Gwenvenez-Penfaou, Guéméné,* du vx bret. *Wen-mened* «montagne blanche [sacrée]» et *Penfao,* de *penn* «tête, bout, extrémité» et *fao(u)* «hêtres» ♦ Ch.-l. de cant. de la Loire-Atlantique, arr. de Châteaubriant. 4 572 hab. *(Guéménéens).*

**GUÉMÉNÉ-SUR-SCORFF** [56160] ➝ **ÉTYM.** en bret. *Ar Gemene,* du vx bret. *kemenet* «fief ; siège d'une division territoriale» ♦ Ch.-l. de cant. du Morbihan, arr. de Pontivy. 1 205 hab. (*Guémenois* ou *Pourleths*). Église Notre-Dame-de-la-Fosse (XVII$^e$ s.). Vestiges d'un château (XI$^e$ s.) reconstruit fin XV$^e$ s. et démantelé sous Louis XIII. Maisons anc. ▪ Spécialité d'andouilles.

**GUÉNANGE** [57310] ➝ **ÉTYM.** du germ. *Ginno,* n. de pers., et suff. *-ing* ♦ Comm. de la Moselle, arr. de Thionville, sur la Moselle. 7 124 hab. (aggl. 9 118) *(Guénangeois).*

**GUÉNÉGAUD (Henri DE),** marquis **DE PLESSIS-BELLEVILLE** ♦ Financier français (1609 - Paris 1676). Garde des Sceaux de Louis XIV et secrétaire d'État, il eut Colbert* pour successeur. ➝ **ÉTYM.** Ce nom vient du germanique *Wanegaud,* nom de personne, du gotique *wans* «attente, espérance» et *gaud* «goth».

**GUENIÈVRE** ♦ Personnage du *cycle breton* des chevaliers de la Table* ronde. Femme du roi Artus, elle est aimée de Lancelot* auquel elle impose de cruelles épreuves selon le code courtois de l'amour.

**GUÉNOLÉ, GUIGNOLET, GUINGALOIS** ou **WALFROY** (saint) ♦ (461 - 532 ?). Fondateur de l'abbaye de Landévennec, près de Brest (v. 493). Il est invoqué en Bretagne contre la stérilité des femmes et pour la sécurité des marins en mer. ▪ Fête le 3 mars. ➝ **ÉTYM.** *Guénolé* vient du vieux breton *uuin* «blanc, sacré, béni» et *uualoe* «valeureux».

**GUÉNON (René)** ♦ Philosophe français (Blois 1886 - Le Caire 1951). Fondateur de la revue *La Gnose* (1909), il s'est livré à une étude approfondie des principaux textes mystiques (hindous, taoïstes, musulmans), opposant à l'aspect exotérique des religions historiques constituées une tradition unique, originelle, la connaissance ésotérique (*La Métaphysique orientale,* 1939 ; *Aperçus sur l'initiation,* 1946). ➝ **ÉTYM.** Ce nom vient du germanique *Wano* «espérance» (→ aussi Ganelon).

Le **Guépard** – en it. ***Il Gattopardo*** ♦ Roman de G. Tomasi di Lampedusa* (1958). Au moment où les garibaldiens débarquent en Sicile, le prince de Salina a conscience que le vieux monde féodal dont il fait partie est condamné. Tout en acceptant que, pour rester du côté des puissants, son neveu Tancredi, jeune homme sans fortune et sans préjugés, épouse la fille d'un nouveau riche, Calogero Sedara, il refuse pour lui-même le siège de sénateur que lui offre le nouveau régime et propose qu'on nomme Sedara à sa place. ▪ L'ouvrage a fait l'objet d'une somptueuse adaptation au cinéma par L. Visconti*, avec Burt Lancaster, Alain Delon, Claudia Cardinale, Paolo Stoppa, Serge Reggiani (1963).

**Guépéou** ou **GPU** ➝ **ÉTYM.** russe Gossoudarstvennoïe Polititcheskoïe Oupravlenie «administration politique d'État» ♦ Police politique soviétique. Ayant remplacé la Tcheka* (6 fév. 1922), elle fut dirigée par Dzerjinski, et après sa mort (1926) par Menjinski (1926 - 1934). Rattachée au commissariat du peuple aux Affaires intérieures (NKVD), elle reçut des attributions légales comportant «l'exécution d'ordres spéciaux émanant du Comité central du parti, pour la protection de l'ordre révolutionnaire». En fait, elle disposait de pouvoirs quasi illimités. En 1923, détachée du NKVD, rebaptisée OGPU (Obiedinennoïe GPU [GPU unifié]), elle devint une administration indépendante. Iagoda, qui dirigea dès 1930 le Goulag (Glavnoïe Oupravlenie Laguereï, administration principale des camps de travail disciplinaires), fut nommé par Staline adjoint de Menjinski en 1931. Une nouvelle interprétation des anciens règlements reconnut à l'OGPU le droit d'ordonner des exécutions (mars 1933), et le décret du 8 juin 1934 imposa le principe des otages. Le 10 juil. 1934, elle fut absorbée par le NKVD.

Les **Guêpes** – en gr. ***Sphêkes*** ♦ Comédie d'Aristophane* (-422) dont Racine s'est inspiré dans *Les Plaideurs.* Philocléon, atteint de la maladie de juger, se voit contraint de rester à la maison par son fils Bdélycléon. Armés d'un aiguillon qui les fait ressembler à des guêpes, les juges, qui composent le chœur, tentent de délivrer Philocléon, mais sans y parvenir. Le vieillard satisfera sa manie en jugeant le chien Labès qui vient de voler un fromage. Guéri, il renonce à sa folie et entraîne tous les personnages dans une danse délirante.

**GUER** [gɛʀ] [56380] ➝ **ÉTYM.** du vx bret. *guaern* «aulne» ♦ Ch.-l. de cant. du Morbihan, arr. de Vannes. 5 560 hab. (aggl. 5 945) *(Guérois).* ▪ Aux environs, le camp de Coëtquidan abrite l'école militaire de Saint-Cyr. → **Coëtquidan.**

**GUÉRANDE** [44350] ➝ **ÉTYM.** en vx bret. *Uuenran* «le pays *(rann)* blanc [en friche] *(gwenn)*» ♦ Ch.-l. de cant. de la Loire-Atlantique, arr. de Saint-Nazaire. 13 603 hab. *(Guérandais).* Collégiale Saint-Aubin des XII$^e$ - XVI$^e$ s. (verrière du XVIII$^e$ s.). Remparts (XV$^e$ s.) flanqués de six tours et s'ouvrant par quatre portes fortifiées, dont la porte Saint-Michel (hôtel de ville et musée). ▪ Marais salants, auj. protégés. ▮ **Histoire** Le traité de Guérande (1365), par lequel Jeanne* de Penthièvre renonçait au duché en faveur des Montfort mit fin à la guerre de Succession* de Bretagne.

**GUÉRANGER** (dom **Prosper Louis Pascal**) ♦ Bénédictin français (Sablé 1805 - Solesmes 1875). Lecteur des pères de l'Église, il se familiarisa aussi avec la pensée de J. de Maistre* et de Bonald*. Il acheta le monastère de Solesmes (1833), et, en 1837, obtint l'approbation du pape Grégoire XVI pour son projet de réorganisation de l'ordre bénédictin, faisant de Solesmes l'abbaye mère de la Congrégation de France. Partisan de l'ultramontanisme, ami de L. Veuillot* avec lequel il collabora au journal *L'Univers,* il fut un des principaux restaurateurs de l'ordre liturgique romain (*Institutions liturgiques,* 1840 - 1851 ; *L'Année liturgique,* 1841 - 1866).

**GUÉRARD (Michel ROBERT-GUÉRARD,** dit **Michel)** ♦ Cuisinier français (Vétheuil 1933). Auj. installé dans les Landes, à Eugénie-les-Bains, il inventa la *cuisine-minceur* «pour que le repas reste une fête pour tous». Le succès de sa diététique d'un genre nouveau, décuplé par la publication d'ouvrages destinés au grand public, l'amena à collaborer avec plusieurs firmes alimentaires. ➝ **ÉTYM.** Ce nom de famille vient du germanique *Warhard,* nom de personne, de *wara* «protection» et *hard* «fort».

**GUERASSIMOV** ou **GHERASSIMOV (Aleksandr Mikhaïlovitch)** ♦ Peintre soviétique (Mitchourinsk 1881 - Moscou 1963). Il commença par réaliser des affiches de propagande célébrant la révolution d'Octobre. Précédant les théories jdanoviennes prônant une esthétique didactique et héroïque («réalisme socialiste»), il peignit dès 1926 le portrait de Vorochilov selon une technique vériste. Il représenta les principales personnalités du régime, selon le même principe, avec cependant un accent plus fougueux, et devint l'un des peintres officiels du régime (*Lénine à la tribune,* 1932). ➝ **ÉTYM.** Ce nom de famille vient du prénom russe *Gerasim,* du grec *gerôn* «vieillard [vénérable]».

**GUERCHE-DE-BRETAGNE (LA)** [35130] ➝ **ÉTYM.** de la langue d'oïl *guerche* «croisement de branches d'arbres formant souche», p.-ê. «buisson, haie» ♦ Ch.-l. de cant. de l'Ille-et-Vilaine, arr. de Rennes. 4 095 hab. *(Guerchais).* Anc. collégiale Notre-Dame des XIII$^e$ et XVI$^e$ s. (stalles du XVI$^e$ s.). Maisons à porches et à pans de bois (XVI$^e$ - XVII$^e$ s.). ▪ Marché. ▮ **Histoire** Du Guesclin fut seigneur de Guerche au XIV$^e$ s.

**GUERCHE-SUR-L'AUBOIS (LA)** [18150] ➝ **ÉTYM.** → Guerche-de-Bretagne ♦ Ch.-l. de cant. du Cher, arr. de Saint-Amand-Montrond. 3 397 hab. *(Guerchois).*

**GUERCHIN (Giovanni Francesco BARBIERI,** dit **il Guercino,** et en fr. **LE)** ♦ Peintre et graveur italien (Cento, près de Bologne 1591 - Bologne 1666). D'abord marqué par les œuvres ferraraises, il devint à Bologne l'élève de Ludovico Carrache* puis à Venise (1618) admira les maîtres du XVI$^e$ s. Ses premières œuvres, dont le luminisme contrasté est traité d'une touche dense et vibrante, dérivent de la tradition vénitienne plus que de l'exemple du Caravage et révèlent un tempérament lyrique et dramatique (*Et in Arcadia ego,* v. 1618 ; *Martyre de saint Pierre,* 1619). Appelé à Rome en 1621 par Grégoire XV, influencé par les théories classiques et subissant l'attraction du Dominiquin*, puis de G. Reni* (*L'Aurore,* au casino de la villa Ludovisi, 1621), il donna un caractère plus calme et gracieux à ses œuvres qu'il traita dans une gamme subtile (*La Mort de Didon,* v. 1630). Revenu à Cento en 1626, il se fixa définitivement à Bologne en 1630. Il a laissé des paysages aux accents personnels et des dessins à la plume rehaussés de lavis qui se distinguent par la nervosité du trait et le raffinement des effets de lumière.

**GUÉRET** [23000] ➝ **ÉTYM.** «terre en jachère» (sur laquelle fut construit un monastère en 669) ♦ Ch.-l. du dép. de la Creuse, dans la Haute Marche. 14 123 hab. *(Guérétois).* Hôtel des Moneyroux de style gothique finissant (XV$^e$ - XVI$^e$ s.). Musée : archéologie ; tapisseries ; émaillerie limousine du XII$^e$ au XV$^e$ s. ; céramique ; peintures. ▪ Ville administrative.

**GUERICKE (Otto VON)** ♦ Physicien allemand (Magdeburg 1602 - Hambourg 1686). Alors qu'il était bourgmestre de Magdeburg (1646 - 1681), il inventa le premier modèle de pompe pneumatique (v. 1650) et l'utilisa pour produire le vide et en étudier les propriétés ; il observa ainsi que la combustion n'y est pas possible et que le son ne s'y propage pas. Il mit en évidence la pression atmosphérique et effectua la fameuse expérience des *hémisphères de Magdeburg* en 1654 devant la diète de Ratisbonne (deux demi-sphères de laiton, de 80 cm de diamètre environ, le vide étant fait à l'intérieur, ne purent être séparées que par deux attelages de huit chevaux). Auteur des premières notions sur l'élasticité de l'air et sur son poids, il construisit un baromètre à eau qu'il employa pour faire des prévisions météorologiques, et un baroscope. Inventeur également de la première machine électrostatique, il découvrit les effets de répulsion, la conduction de l'électricité et observa la luminosité qui accompagne le fonctionnement de la machine.

**GUÉRIN (Gilles)** ♦ Sculpteur français (Paris 1606 - *id.* 1698). Il fut probablement élève de Simon Guillain et fut chargé des tombeaux d'Henri de Bourbon à Vallery et du duc de La Vieuville (1653). Il travailla pour Sarazin au pavillon de l'Horloge du Louvre *(La Renommée)* et réalisa des travaux de décoration pour des églises (jubé de Saint-Gervais de Soissons) ainsi que pour les châteaux de Cheverny et de Maisons-Laffitte. Auteur de la statue de *Louis XIV terrassant la Discorde* à Paris (1654), il fit partie de la première équipe de sculpteurs travaillant au château de Versailles et réalisa notamment *Les Chevaux du Soleil abreuvés par les tritons* où s'affirme son goût du mouvement et du rendu naturaliste. ➛ ÉTYM. *Guérin* vient du nom de personne germanique *Warino*, hypocoristique de noms formés avec *warin-* (de *wara* «protection»).

Gilles **Guérin.** *Chevaux du Soleil abreuvés par les tritons.* Parc du château de Versailles. *Phot. ©Giraudon*

**GUÉRIN (Pierre Narcisse,** baron**)** ♦ Peintre français (Paris 1774 - Rome 1833). Élève de Brenet, puis de Regnault*, il devint célèbre en exposant le *Retour de Marcus Sextus* (1799), dans lequel on vit une allusion au retour des émigrés. Choisissant ses thèmes dans l'histoire et la littérature ancienne, empruntant les modèles de ses figures à la statuaire antique, il produisit des œuvres d'une facture sèche, agencées avec clarté et solidité. Son style doit beaucoup à David*, mais ses contemporains le considéraient comme son égal et Stendhal avouait le préférer. Il eut pour élèves Géricault*, Delacroix* et Scheffer*.

**GUÉRIN (Eugénie DE)** ♦ Écrivain français (Le Cayla, près de Gaillac, Tarn 1805 - *id.* 1848). Elle entretint une correspondance passionnée avec son frère Maurice de Guérin*, dont le panthéisme païen contraste avec son christianisme. Auteur de poèmes et d'un *Journal*, elle contribua à recueillir l'œuvre manuscrite de son frère.

**GUÉRIN (Maurice DE)** ♦ Poète français (Le Cayla, près de Gaillac, Tarn 1810 - *id.* 1839). Après une enfance rêveuse et religieuse, M. de Guérin se destina à l'état ecclésiastique, puis y renonça lors d'un séjour en Bretagne, auprès de Lamennais* (1832 - 1833). Il mena une vie mondaine à Paris, se lia avec Barbey* d'Aurevilly et composa *Le Centaure* (posth., 1840), puis *La Bacchante* (inach. et posth., 1861). La tuberculose dont il était atteint l'emporta. Sa sœur Eugénie de Guérin* se consacra à la publication de son œuvre et de son journal *(Le Cahier vert)*. Âme profondément mystique, M. de Guérin partagé entre une formation morale catholique et la séduction d'un panthéisme païen, recourt à des images et à des mythes empruntés à un hellénisme symbolique, dans des poèmes en prose au style harmonieux et dense, inaugurant une nouvelle forme d'art, qu'illustreront A. Bertrand, Baudelaire, Mallarmé, Rimbaud.

**GUÉRIN (Camille)** ♦ Biologiste français (Poitiers 1872 - Paris 1961). Après des études vétérinaires, il se consacra à des travaux de microbiologie. Il est surtout connu pour avoir mis au point la vaccination contre la tuberculose avec Calmette* (BCG).

**GUERLAIN** ♦ Famille de parfumeurs français. La dynastie commença avec PIERRE FRANÇOIS PASCAL GUERLAIN (1798 - 1864), parfumeur attitré de la cour impériale, et continua avec AIMÉ (1834 - 1910) et GABRIEL GUERLAIN (1841 - 1933) inventeurs, en 1850, d'un procédé d'élaboration de parfums synthétiques. La société, fondée à Paris en 1828, est toujours administrée par la famille, et ajoute aux parfums la fabrication de produits de beauté. ➛ ÉTYM. *Guerlain* vient du tournaisien *guerlin* «enjoué».

**GUERNESEY** (île de) ➛ ÉTYM. en angl. ***Guernsey***; p.-ê. du scand. «l'île *(ey)* au coin *(ro)* vert *(groenn)*» ♦ La plus occidentale des îles Anglo-Normandes. 63 km². 59 000 hab. CH.-L. : Saint Peter Port. Le climat doux, les plages et les falaises de la côte favorisent le tourisme en provenance d'Angleterre et de France. Élevage laitier et cultures sous serres. Le régime fiscal favorable attire les sièges sociaux et les produits financiers sont maintenant la principale ressource de l'île. Le Bailliage de Guernesey, outre l'île, comprend Aurigny et Sercq. Victor Hugo y vécut en exil, à Hauteville* House.

**Guernica** ♦ Tableau de P. Picasso*, peint en 1937 (huile sur toile). Cette œuvre monumentale, où se mêlent figures humaines et animales broyées par la guerre et la mort, est dominée par le visage torturé des femmes, par le taureau, symbole de la brutalité aveugle, par le cheval, symbole du peuple, tandis que la colombe, symbole de la liberté, est blessée à mort. L'espace, hétérogène, est fondé sur des plans triangulaires, selon les principes cubistes, mais l'extension linéaire des corps disloqués et la détresse des visages traduisent la permanence de l'expressionnisme dans le style de Picasso. «La peinture est un instrument de guerre pour l'attaque et la défense contre l'ennemi», déclara Picasso. Et encore : «La guerre d'Espagne est la bataille de la réaction contre le peuple, contre la liberté. Toute ma vie d'artiste n'a été qu'une lutte continuelle contre la réaction et la mort de l'art. Dans [...] *Guernica*, j'exprime clairement mon horreur de la caste militaire qui a fait sombrer l'Espagne dans un océan de douleur et de mort.» Commandé par le gouvernement républicain espagnol pour l'Exposition universelle de 1937, et consacré au thème de la guerre civile, le tableau reçut son titre après le bombardement de Guernica, le

**Guernica. Tableau de Picasso (3,50 x 7,80 m). Musée de la reine Sofia, Madrid.** *Phot. © Hubert Josse*

26 avr. 1937. Il fut ensuite conservé au Museum of Modern Art de New York, selon le vœu de Picasso, qui souhaitait ne le voir regagner l'Espagne qu'après le retour de la démocratie. *Guernica* a rejoint Madrid le 10 sept. 1981.

**GUERNICA Y LUNO** ◆ ÉTYM. *Guernica*, du basque *erne* «lieu dégagé» et *ica* «côte, pente» (le *G* initial désigne la partie haute) ♦ V. d'Espagne (Provinces basques), prov. de Biscaye, dans la vallée du Mundaca. 16 171 hab. C'est la cité sainte du Pays basque espagnol. Ferdinand* II d'Aragon et Isabelle* de Castille y jurèrent de respecter les libertés basques. ▮ **Histoire** La ville fut bombardée par l'aviation allemande au service des nationalistes, lors de la guerre civile, le 26 avr. 1937 ; il y eut près de 2 000 victimes.

**GUÉROULT (Martial)** ♦ Philosophe français (Le Havre 1891 - Paris 1976). Historien des systèmes philosophiques, professeur au Collège de France, il étudia la pensée de S. Maïmon (*La Philosophie transcendantale de Salomon Maïmon*, 1929), Fichte (*L'Évolution et la structure de la doctrine de la science chez Fichte*, 1930), Leibniz (*Dynamique et métaphysique leibniziennes*, 1934), Malebranche (*Étendue et psychologie chez Malebranche*, 1939), Descartes (*Descartes selon l'ordre des raisons*, 1953), Berkeley (*Berkeley : quatre études sur la perception et sur Dieu*, 1956). Il laisse inachevé un ouvrage monumental intitulé *Dianoématique* (tome I : *Histoire de l'histoire de la philosophie* ; tome II : *Philosophie de l'histoire de la philosophie*, 1984) où, afin de résoudre l'antinomie de l'histoire et de la philosophie, il défend la thèse d'un idéalisme radical rendant compte de l'existence intemporelle des systèmes et de la permanence de leur intérêt philosophique.

La **Guerre civile en France** – en angl. ***The Civil War in France*** ♦ Ouvrage de Karl Marx*, rédigé en anglais sous la forme d'une adresse du conseil général de l'Association internationale des travailleurs (datée du 30 mai 1871 et dont la 1re édition française est de 1872), dans laquelle, au lendemain même de la répression de la Commune*, est soulignée la valeur exemplaire de la lutte du prolétariat parisien et sont stigmatisés Thiers et les siens. Mais il s'agit en même temps d'une analyse de l'État en France, prolongeant celle des *Luttes* de classes en France (1848-1850)* et du *18 Brumaire de Louis Napoléon Bonaparte* (1852). L'insurrection des ouvriers parisiens est la révolte de la société civile contre l'État, dont le bonapartisme a fait un parasite : elle est une forme, partielle, d'un «gouvernement de la classe ouvrière». L'ouvrage joua un rôle considérable dans le marxisme ultérieur : il fut la référence de Lénine dans *L'État* et la Révolution* (1917), qui caractérise l'État comme un appareil de violence au service de la classe dominante.

**guerre de 1870 - 1871** → **franco-allemande (guerre)**

**guerre des Gaules (Sur la)** → **Commentaires**

La **Guerre des mondes** – en angl. ***The War of the Worlds*** ♦ Roman d'anticipation de H. G. Wells* (1898). L'un des premiers du genre, il décrit l'invasion destructrice de la Terre par les Martiens et l'errance d'un narrateur qui tente de leur échapper et de protéger sa compagne. Mais les germes de notre planète causent heureusement la mort des envahisseurs. Plus que l'invasion de la Terre, c'est la mise à mal de l'Angleterre victorienne que décrit Wells, avec un pessimisme visionnaire qui voit dans le progrès technique un simple accroissement du pouvoir de détruire. Orson Welles* en donna une version radiophonique qui faillit déclencher une panique réelle.

La **guerre de Troie n'aura pas lieu** ♦ Pièce en 2 actes de Jean Giraudoux* (1935). Dans Troie assiégée par les Grecs, Hector est décidé à faire la paix en leur restituant Hélène que Pâris a accepté de quitter. Andromaque et les Troyennes sont, elles aussi, convaincues de la sanglante vanité de la guerre. Mais le poète Démokos, Priam et les vieillards de Troie condamnent cette attitude où ils ne veulent voir que lâcheté. En dépit de la bonne volonté d'Ulysse, chef des Grecs, et des efforts désespérés d'Hector, sous le regard indifférent des dieux, la guerre aura lieu, annoncée par Cassandre et provoquée par un dramatique incident dont Démokos est le seul responsable.

**Guerre et Paix** – en russe ***Voïna i Mir*** ♦ Roman de Léon Tolstoï (1863 - 1869). Ces quatre tomes forment une étude de la nature humaine et de la liberté d'action. Natacha Rostov, femme russe idéale, le général Koutouzov, héros national, André Bolkonski, fiancé de Natacha et qui fut l'ami de celui qu'elle épousera, Pierre Bezoukhov, sont tous analysés avec une grande finesse dans leur comportement, leur langage et leurs émotions, et le roman intègre la psychologie et les destins individuels dans une vision globale de l'histoire. ▪ L'ouvrage a été adapté au cinéma par King Vidor et Mario Soldati (1956) et par Serge Bondartchouk (1965 - 1967).

**Guerre folle** ♦ Nom donné à la révolte des nobles contre la régente Anne* de France, pendant la minorité de Charles* VIII (1485). Louis, duc d'Orléans (le futur Louis XII de France), et François* II, duc de Bretagne, s'unirent à d'autres seigneurs, mais ils furent battus par Louis II de La* Trémoille à Saint*-Aubin-du-Cormier (1488). François II dut signer le traité de Sablé*-sur-Sarthe (1488).

**guerre froide**

♦ Moment d'extrême tension (1947 - 1953), de crises et d'affrontements armés (Blocus de Berlin, guerres de Corée, d'Indochine) entre le camp occidental et le bloc soviétique. La guerre froide est bien «le conflit du [XXe] siècle» (Fritz Sternberg). En fait, ce conflit commence avec la Révolution d'Octobre 1917. Sur les ruines de la Russie des tsars émerge l'Union soviétique, patrie du socialisme fondée sur une ambition : convertir toute l'humanité au marxisme-léninisme. Le bras de fer avec l'Occident, capitaliste et libéral, qui veut anéantir le communisme, dure jusqu'en 1991. Dans les années 1930 surgit un tiers, les États fascistes (Italie mussolinienne, Allemagne hitlérienne, Japon impérial). Face à ces derniers, l'Occident et l'Union soviétique s'allient temporairement, entre 1941 et 1945. Les fascismes écrasés, l'Europe se trouve partagée entre les deux champions : à l'ouest, les États-Unis capitalistes ; à l'est, l'Union soviétique. L'URSS, sous la direction de Staline, a, semble-t-il, réalisé l'utopie : une société héroïque, fraternelle et efficace. L'Occident, complexé par la fascination que Moscou exerce sur les intellectuels, est sur la défensive. Puis, à partir de la mort de Staline (1953), le monde soviétique se dégrade. D'autre part apparaît en 1949 la Chine maoïste qui veut elle aussi être le phare de la révolution mondiale. L'envers du décor soviétique — les camps de concentration, le goulag — longtemps nié, est dénoncé par les successeurs mêmes de Staline (rapport Khrouchtchev déclenchant la déstalinisation, 1956). Les rébellions de la Hongrie (1956) et de la Tchécoslovaquie contre leur «libérateur» sont durement réprimées. L'URSS masque son déclin en lançant des satellites dans l'espace et en menant une politique impériale dans le tiers-monde. Pourtant elle se momifie, contrôlée par la nomenklatura qui veut garder le pouvoir à tout prix. Au tournant des années 1970 - 1980, le phénomène de la «dissidence» apparaît, mais l'Occident, impressionné par les armements soviétiques, se croit, lui, au bord d'une troisième guerre mondiale (crise des euromissiles en 1979 - 1983). En 1983, le président Ronald Reagan annonce que les États-Unis vont se doter d'un bouclier spatial qui les rendra invulnérables (initiative dite de la Guerre des Étoiles). La course entre les deux supergrands vit son ultime durcissement. L'URSS, épuisée par des budgets militaires trop lourds, s'essouffle rapidement. De son côté, l'Occident est emporté par une nouvelle révolution technologique, celle de l'informatique et des télécommunications ; l'URSS ne peut pas suivre. L'échec soviétique est confirmé par l'intervention en Afghanistan. Commence alors l'action de Mikhaïl Gorbatchev entre 1985 et 1991 : démantèlement des structures communistes ; émancipation, à l'automne 1989, des démocraties populaires d'Europe orientale ; enfin, en décembre 1991, fin de l'URSS, avec l'accession de ses quinze ex-républiques à la souveraineté étatique.

**Guerre mondiale (Première)** ♦ Conflit qui, du 28 juil. 1914 au 11 nov. 1918, vit la guerre des Empires centraux (Allemagne et Autriche-Hongrie) et de leurs alliés contre l'Entente franco-britannique et ses alliés, et se termina par la défaite des premiers. Les principaux théâtres d'opérations furent la Belgique et la France (front de l'Ouest), la Russie (front de l'Est) ; la guerre se déroula aussi en Italie et dans les Balkans, en Asie (détroit des Dardanelles, Mésopotamie, Palestine), dans les possessions allemandes d'Afrique (Togo, Sud-Ouest africain) et d'Extrême-Orient (base de Jiaozhou), ainsi que sur les principales mers du globe. La participation des États-Unis en fit une guerre mondiale, la première de l'histoire. Le nombre des victimes et l'ampleur des destructions la firent appeler la Grande Guerre jusqu'à ce que le conflit de 1939 - 1945 apporte la preuve que plus de ravage encore était possible.

▮ **LA MONTÉE VERS LA GUERRE** ▮ **Les alliances** Au début du XXe s., l'Europe bismarckienne s'était défaite et on avait assisté à un renversement des alliances dont la grande bénéficiaire était la France qui était sortie de son isolement. Le principal bloc était formé par l'Allemagne et l'Autriche-Hongrie (liées par la *Duplice* depuis 1879, alliance élargie en *Triplice*, avec l'Italie en 1882). De l'autre côté, la Russie était liée à la France par l'accord défensif de 1892 contre l'Allemagne. La France s'était alliée à la Grande-Bretagne par l'Entente* cordiale de 1904, élargie en Triple-Entente avec la Russie, en 1907. Le Japon était l'allié de la Grande-Bretagne depuis 1902. L'Italie se trouvait dans une position ambiguë : sans quitter la *Triplice*, elle s'était rapprochée de la France lors de la conférence d'Algésiras (1906). ▮ **Les antagonismes** Les principaux antagonismes opposaient la France, où subsistait depuis 1870 l'idée d'une revanche (question d'Alsace*-Lorraine), et l'Allemagne, en pleine expansion et aux fortes ambitions coloniales : les crises de Tanger (1905) et d'Agadir (1911) furent les principaux heurts. La Grande-Bretagne, soucieuse de rester maîtresse du commerce international, cherchait à limiter l'expansion allemande. Un autre sujet de discorde important opposait l'Autriche-Hongrie et la Russie à propos de la question balkanique, liée à la question d'Orient : la Russie, à la faveur de son rôle de protectrice «naturelle» des Slaves, cherchait à étendre son influence vers la Méditerranée ; l'Autriche-Hongrie, dont l'Empire incorporait de fortes minorités slaves, voulait briser ce nationalisme soutenu, de l'extérieur, par la Serbie depuis l'avènement du roi Pierre Ier (1903). **Les crises** Une première crise fut provoquée par la révolution des «Jeunes-Turcs» au sein de l'Empire ottoman : ce fut l'occasion, pour l'Autriche-Hongrie, d'annexer la Bosnie-Herzégovine (1908), et pour la Bulgarie de proclamer son indépendance. Les guerres des Balkans (1912 - 1913), qui achevèrent le démembrement de la Turquie d'Europe et agrandirent notablement la Serbie (traité de Bucarest, 1913), constituèrent une deuxième crise. Enfin, l'attentat de Sarajevo* (28 juin 1914) décida l'Autriche à éliminer le foyer de slavisme que constituait la Serbie : après un temps de concertation avec l'Allemagne, elle remit à la Serbie, le 23 juil., un ultimatum contenant une clause inacceptable (participation de l'Autriche à l'enquête menée à Belgrade) ; sur son refus, prévu, elle lui déclara la guerre (28 juil.). **Les déclarations de guerre** Ce qui aurait pu n'être qu'une nouvelle guerre balkanique devint en quelques jours, par le jeu des alliances et des intérêts, une guerre européenne. La mobilisation en Russie (à partir du 29 juil.) entraîna celle de l'Allemagne (1er août) qui lui déclara la guerre (1er août au soir). La France, qui avait mobilisé le 1er août, reçut le 3 la déclaration de guerre de l'Allemagne, alors que celle-ci avait déjà violé la neutralité belge. La Grande-Bretagne réagit en déclarant la guerre à l'Allemagne (4 août). L'état de guerre avec l'Autriche fut relativement tardif : déclaration de guerre de l'Autriche à la Russie (5 août), de la France (11 août), puis de la Grande-Bretagne (13 août) à l'Autriche. La Turquie, liée à l'Allemagne par un pacte secret dès le 2 août, accueillit deux navires de guerre allemands le 10, tergiversa, mais se trouva en état de guerre de fait avec la Russie le 29 oct. Le Japon, visant les possessions allemandes d'Extrême-Orient, déclara la guerre à l'Allemagne le 23 août ; il reçut la déclaration de guerre de l'Autriche le 25.

**HISTOIRE POLITIQUE DE LA GUERRE** **Les pays neutres** Les relations internationales, jusqu'en 1917, furent dominées par les efforts de chacun des deux camps pour se concilier les pays neutres. ***Belgique et Luxembourg*** Dès le début de la guerre, le Luxembourg et la Belgique furent envahis par les troupes allemandes. La quasi-totalité de la Belgique subit un régime d'occupation. Mais, tandis que le ministère belge se regroupait à Sainte-Adresse, près du Havre, le roi Albert Ier, resté à La Panne, entendait conserver à la Belgique une indépendance de principe et demeurer seul chef des armées (à la fin de la guerre, il reçut toutefois l'assistance d'un major général, Degoutte). La violation de la Belgique, qui exposait directement les côtes anglaises, fut la principale cause de l'entrée en guerre de la Grande-Bretagne. ***Pays scandinaves, Espagne et Pays-Bas*** Dès les premiers jours, les pays scandinaves, les Pays-Bas, l'Espagne affirmèrent leur neutralité ; néanmoins, le Danemark n'osa pas éluder l'ordre allemand de mouiller des mines à l'entrée de la Baltique, pour en interdire l'accès à la flotte britannique (5 août). ***Suisse*** La Suisse, dont l'économie et l'approvisionnement étaient à la merci des belligérants, parvint à conserver sa neutralité ; elle fut, surtout en 1917 - 1918, une sorte de plaque tournante des relations diplomatiques discrètes entre belligérants : elle fut aussi un foyer des mouvements pacifistes et socialistes (conférence de Zimmerwald, sept. 1915), et c'est de Zurich, où il était réfugié, que Lénine regagna la Russie en 1917. ***Italie*** L'Italie, après avoir proclamé sa neutralité (3 août), hésita à maintenir cette neutralité, qu'elle espérait monnayer contre des cessions de territoires par l'Autriche (Trentin, îles Dalmates), qui, en cas de victoire, pouvait lui procurer les mêmes avantages, et y ajouter des avantages coloniaux. Après des négociations avec les deux camps et des débats intérieurs (le dirigeant libéral Giolitti et la majorité des socialistes et des catholiques étaient neutralistes, tandis que des minorités interventionnistes étaient animées par Mussolini et D'Annunzio), l'Italie se rangea du côté de l'Entente par le traité secret de Londres (26 avr. 1915). Elle entra en guerre le 24 mai suivant contre l'Autriche, mais seulement le 28 août 1916 contre l'Allemagne. **L'enjeu des Balkans** Même si le conflit s'était déplacé, les Balkans restaient un enjeu considérable : l'Entente chercha à créer un bloc balkanique, mais les intérêts inconciliables des différents États en cause la firent renoncer. La Bulgarie visait les territoires qui lui avaient échappé après sa défaite de 1913, principalement la Macédoine serbe ; seule la victoire des Empires centraux pouvait la lui assurer ; après bien des marchandages, elle entra dans la guerre à leurs côtés (5 oct. 1915). ***La Serbie*** La conséquence immédiate fut l'écrasement de la Serbie, prise en tenaille entre les Austro-Allemands au N. et les Bulgares à l'E. L'armée et le gouvernement serbes se réfugièrent à Corfou (déc. 1915) ; les troupes furent réorganisées pour être incorporées à l'armée franco-britannique de Salonique et, plus tard, participèrent à la reconquête (→ **Dobropol**) ; le *pacte de Corfou* (juil. 1917) prépara l'union des peuples yougoslaves (Serbes, Croates, Slovènes). ***La Roumanie*** Une deuxième conséquence fut l'écrasement de la Roumanie. Après de longues hésitations, celle-ci entra en guerre aux côtés de l'Entente (28 août 1916) et occupa même une partie de la Transylvanie (austro-hongroise mais de peuplement roumain). La Bulgarie au S., puis l'intervention allemande amenèrent son repli, sa défaite et l'occupation de Bucarest (6 déc. 1916) ; blé et pétrole roumains servirent à ravitailler les puissances centrales. ***La Grèce*** Quant à la Grèce, sa neutralité constituait un danger pour les forces alliées débarquées à Salonique (oct. 1915). Le roi Constantin, personnellement germanophile, finit par abdiquer sous la pression française en faveur de son fils Alexandre ; le retour au pouvoir de Venizélos amena l'engagement de la Grèce dans le camp de l'Entente (26 juin 1917). **Les États-Unis** Enfin, l'attitude du plus puissant des neutres, les États-Unis, détermina le sort de la guerre. Le président Wilson (élu en 1912, réélu en 1916) était un neutraliste convaincu, position qui correspondait aux tendances de l'opinion américaine et aux intérêts économiques du pays. Plusieurs tentatives de médiation américaine, proposant une paix sans annexions fondée sur la liberté des peuples à disposer d'eux-mêmes, échouèrent ; Wilson eut même du mal à obtenir des belligérants qu'ils précisent leurs «buts de guerre» (janv. 1917). ***Les «buts de guerre»*** Ceux-ci étaient, pour l'Entente : évacuation des territoires envahis (Belgique, N.-E. de la France, Serbie et Monténégro, Pologne, Lituanie) et indemnités, retour de l'Alsace-Lorraine à la France, émancipation des minorités nationales incluses dans les Empires austro-hongrois et ottoman et réorganisation de l'Europe selon le principe des nationalités ; pour les Empires centraux : maintien d'un certain contrôle allemand sur la Belgique, rattachement à l'Allemagne du Luxembourg, du bassin minier de Briey-Longwy, d'un État polonais vassal, et maintien intégral de l'Empire austro-hongrois. Cependant l'état-major allemand jugeait que l'issue de la guerre passait par le torpillage des approvisionnements de l'Entente en provenance des États-Unis ; la guerre sous-marine, qui avait été réduite à la suite de plaintes américaines (indignation après le torpillage du *Lusitania*, 7 mai 1915), reprit le 1er fév. 1917, Guillaume II prenant, contre son chancelier Bethmann-Hollweg, le risque d'une entrée en guerre des États-Unis et escomptant la victoire avant qu'une armée américaine soit mise sur pied et devienne opérationnelle. En effet, après la rupture des relations diplomatiques dès le 3 fév., le Congrès américain vota la guerre contre les Empires centraux le 6 avr. 1917. **Les crises de l'année 1917** Cette année 1917 fut d'ailleurs une année charnière. Dans les deux camps, le prolongement de la guerre et l'absence de résultat militaire décisif engendrèrent des crises morales, sociales et politiques. Les principes socialistes, plaçant la solidarité internationale des classes laborieuses au-dessus des intérêts des patries, retrouvèrent en partie l'audience perdue avec la formation des diverses «unions sacrées» au début du conflit. ***France*** En France, en mai-juin, il y eut jusqu'à 100 000 grévistes protestant contre l'augmentation du coût de la vie ; au front, des régiments refusèrent de monter en ligne ; ces troubles amenèrent la chute des cabinets Ribot*, puis Painlevé* et ne cessèrent qu'avec la prise en main des affaires par Clemenceau* (16 nov.). ***Grande-Bretagne*** La Grande-Bretagne, en mai, connut aussi de grandes grèves, mais de moindre influence politique, le «cabinet de guerre» formé par Lloyd* George depuis 1916 dominant la situation. ***Italie*** En Italie, des émeutes se produisirent en août, tandis que reprenait la propagande neutraliste ; ce désarroi se traduisit en oct. par le désastre de Caporetto*. ***Allemagne*** Flottements aussi en Allemagne (125 000 grévistes dans les usines de munitions, mutineries de marins) où s'affirmait l'opposition de l'état-major et de la majorité du Reichstag, acquise à l'idée d'une paix sans annexions ; ces troubles amenèrent la démission de Bethmann-Hollweg (12 juil.). ***Autriche-Hongrie*** En Autriche-Hongrie, la nécessité de mettre un terme à «l'aventure de la guerre» était telle que l'empereur Charles Ier, par l'intermédiaire de son beau-frère Sixte de Bourbon-Parme, entra en pourparlers secrets avec l'Entente (mars-mai) ; mais la tentative avorta. Une autre négociation d'importance fut menée par le Saint-Siège (le pape Benoît XV et son nonce à Munich, Mgr Pacelli, futur Pie XII) ; le programme de paix pontifical, rendu public le 14 août, était plutôt favorable à l'Allemagne, mais il n'entraîna pas son adhésion, encore moins celle de l'Entente. ***Russie*** De plus de conséquence fut, en Russie, la chute du tsarisme, liée au mécontentement général ; une période de transition aboutit à la révolution* d'octobre 1917 (nov., selon le calendrier grégorien) ; un des premiers actes des Soviets fut de retirer la Russie de la guerre (armistice, 15 déc. 1917, et traité de Brest*-Litovsk, 3 mars 1918), ce qui entraîna le retrait de la Roumanie (traité de Bucarest*, 7 mai 1918). Ces défections permettaient à l'Allemagne de dégager 700 000 hommes du front Est, et lui permettaient en outre d'exploiter économiquement la Roumanie et l'Ukraine. La balance des forces semblait donc pencher en sa faveur. L'histoire des opérations militaires montre que cet avantage ne fut pas suffisant pour forcer la décision.

**LES OPÉRATIONS MILITAIRES** **1914** Alors que le plan français (plan XVII) prévoyait la défense de l'Est, le plan allemand (plan Schlieffen) envisageait le contournement des défenses françaises, l'invasion de la Belgique, l'attaque de la France par le Nord et, après une victoire acquise en six semaines, le transport des troupes sur le front russe et une victoire en quelques mois. La «bataille des frontières» se déroula conformément au plan allemand ; après les

Première **Guerre mondiale.** Convoi d'autobus parisiens réquisitionnés (hiver 1914-1915). *Phot. © Coll. Moreau-Arch. Larbor*

batailles des Ardennes* et de Charleroi*, l'armée française dut battre en retraite pour éviter l'enveloppement (24 août-5 sept. 1914). Du 6 au 9 sept., la bataille de la Marne* permit à Joffre de redresser la situation et de repousser les Allemands jusqu'à l'Aisne. Alors se développèrent une série d'offensives et de contre-offensives connues sous le nom de «course à la mer», chacune des deux armées tentant d'envelopper l'autre par le Nord ; le principal épisode fut la bataille de l'Yser* (19 oct.-17 nov.), après laquelle les deux armées se trouvèrent immobilisées face à face sur un front étendu de la Suisse à la mer du Nord. La guerre de mouvement allait laisser place à une guerre d'usure. À l'E., après avoir envahi la Prusse-Orientale, les troupes russes, vaincues à Tannenberg* par Hindenburg (27 - 30 août 1914), durent évacuer le pays ; mais, après des revers face aux Austro-Hongrois, elles progressèrent en Galicie à l'automne 1914 ; elles parvinrent donc assez bien à «fixer» une partie des forces centrales, rôle que lui assignait la Triple-Entente. Enfin la Serbie, envahie en août 1914 par les Autrichiens, résista (victoire du Cer, 24 août) et, après la bataille de Rudnik, libéra Belgrade (qui avait été occupée du 6 nov. au 13 déc. 1914). Sur mer, l'escadre allemande de von Spee, d'abord victorieuse à Coronel*, fut détruite aux îles Malouines*. De sorte qu'à la fin de 1914 la victoire rapide qu'escomptaient les Empires centraux était remise en question. ▮ **1915** En 1915, l'initiative appartint encore à la stratégie allemande ; la stabilisation du front Ouest permit à Falkenhayn*, successeur de Moltke* le Jeune au commandement suprême, de porter son effort contre la Russie. D'avril au 25 sept., les offensives de Hindenburg et de Mackensen chassèrent les Russes de Pologne et de Lituanie ; le nouveau front, établi de Riga à Czernowitz, subit peu de modifications jusqu'à l'armistice de Brest-Litovsk ; la moitié de l'armée russe était hors de combat (900 000 prisonniers, près de 700 000 blessés), mais la Russie n'était pas réduite à la paix, peut-être parce que l'entrée en guerre de l'Italie avait «fixé» une partie des troupes austro-hongroises sur le front du Karst* (été) ; néanmoins, à partir du 6 oct., les forces austro-allemandes et bulgares envahirent la Serbie ; le 23 nov., les restes de l'armée serbe entamaient leur retraite à travers l'Albanie. Ces succès étaient possibles parce que le front de l'Ouest, installé dans la guerre des tranchées, résistait : les assauts de Joffre en Artois* puis en Champagne se soldèrent, finalement, par de sanglants échecs (un million de blessés, 400 000 morts ou prisonniers).

Première **Guerre mondiale.** Tranchée en Champagne (hiver 1915-1916). *Phot. © Coll. Moreau-Arch. Larbor*

→ **Champagne (batailles de).** Par ailleurs, les Britanniques, ayant organisé leur armée **(→ Kitchener)**, portaient leurs efforts sur d'autres théâtres d'opérations : débarquement dans le golfe Arabo-Persique et progression en Mésopotamie (depuis nov. 1914), conquête de colonies allemandes d'Afrique (Togo, fin 1914 ; Sud-Ouest africain, juil. 1915 ; Cameroun, janv. 1916), expédition des Dardanelles* (fév. 1915-fév. 1916) et participation à l'expédition de secours à la Serbie (oct. 1915), dont les échecs respectifs aboutirent cependant à maintenir un corps expéditionnaire franco-britannique à Salonique. → **Sarrail.** ▮ **1916** 1916 fut une année de batailles indécises et sanglantes : tandis que Joffre préparait une vaste série d'offensives pour juil., Falkenhayn en attaquant sur Verdun* (fév.-déc.) espérait épuiser les ressources françaises en hommes et en matériel. Malgré les sollicitations des défenseurs **(→ Pétain, Nivelle)**, Joffre sut limiter les effectifs destinés à Verdun **(→ Chantilly [conférences de])** et répliquer par ses attaques sur la Somme (juil.-oct.). Mais en définitive, les deux batailles «usèrent» également les deux armées. De même, en Italie, l'attaque austro-hongroise dans le Trentin (mai) fut brisée par les contre-attaques italiennes **(→ Isonzo)** et, sur mer, la bataille anglo-allemande du Jutland (31 mai) resta indécise. Seuls succès de quelque portée : à l'actif des Russes, l'offensive du grand-duc Nicolas en Arménie (janv.-sept.) et l'offensive de Broussilov* en Galicie et en Bucovine (juin-août) ; à l'actif des Empires centraux, l'invasion de la Roumanie que l'armée franco-anglo-serbe de Salonique, peinant pour prendre Bitola* (nov.), n'avait pu empêcher ; en Mésopotamie, succès turcs : les Britanniques évacuèrent Bagdad et capitulèrent à Kut al-Amara (28 avr.). ▮ **1917** L'année 1917 vit la reprise de la guerre sous-marine à outrance (1er fév.) ; l'état-major allemand en attendait l'asphyxie de l'économie alliée et la fin de la guerre en six mois ; il fut déçu et la principale conséquence, l'entrée en guerre des États-Unis, entraîna finalement la victoire des Alliés. Cependant, Nivelle, le nouveau généralissime français, entendait

Première **Guerre mondiale.** *Pièce d'artillerie lourde sur voie ferrée* par Flameng. Musée de l'Armée, Paris. *Phot. © Lauros-Giraudon*

emporter le front adverse par une vaste offensive brusquée : précédée d'une offensive de fixation en Artois* (9 avr.), ce fut l'attaque, et l'échec, du Chemin* des Dames (16 avr.) ; Pétain, successeur de Nivelle, se limita désormais à des attaques partielles (La Malmaison, oct.). En Italie, les succès italiens dans le Carso de mai à août **(→ Karst)** entraînèrent la réplique austro-allemande et le désastre de Caporetto* (24 oct.). À l'E., l'affaiblissement du front russe, lié aux circonstances politiques (voir ci-dessus), permit la reconquête de la Galicie et de la Bucovine par les Allemands et aboutit à l'armistice de Brest*-Litovsk (15 déc.). Les Britanniques remportèrent des succès contre les Turcs : entrée à Bagdad (11 mars) et à Jérusalem (9 déc.). → **Allenby.** ▮ **1918** Au début de 1918, la plupart des belligérants constataient leur épuisement. L'Entente, manquant d'effectifs, s'imposait de «tenir» jusqu'à l'intervention des troupes américaines (juil.) ; l'Allemagne, renforcée par 700 000 hommes récupérés du front russe, devait absolument chercher la décision avant cette intervention et avant l'effondrement de ses alliés. De mars à juil., Hindenburg et Ludendorff déclenchèrent la «grande bataille de France» : offensive du 21 mars qui rompit le front allié, créant la poche de Montdidier*, offensives du 9 avr. sur Armentières, du 27 mai sur le Chemin* des Dames, provoquant la poche de Château*-Thierry, du 15 juil. sur la Marne (à nouveau franchie) et en Champagne*. Mais aucune de ces victoires ne fut décisive. Foch*, général en chef interallié depuis le 17 avr., l'unité de commandement s'étant enfin imposée **(→ Doullens, Beauvais [conférence de])**, déclencha le 18 juil. la «seconde bataille de la Marne*». Il exploita le succès par une série d'offensives (8 août, 21 août, 26 sept., 17 oct.) qui contraignirent les Allemands à se replier progressivement et finalement à demander un armistice, signé le 11 nov. à Rethondes*. De semblables succès se produisirent sur les autres fronts : en Macédoine, les forces franco-serbes de Franchet* d'Esperey rompirent le front bulgare **(→ Dobropol)**,

Première **Guerre mondiale.** *L'Offensive de juillet 1918; Saint-Pierre-de l'Aigle* par Flameng. Musée de l'Armée, Paris. *Phot. ©Hubert Josse*

obtinrent la capitulation de la Bulgarie (armistice de Salonique, 29sept.), menacèrent l'Autriche et la Turquie ; en Orient, Allenby et Lawrence reprirent l'offensive à partir du 19 sept., conquérant successivement Damas, Beyrouth, Alep, et, en Mésopotamie, Marshall progressa vers Mossoul, tandis que la menace de l'armée de Macédoine sur Constantinople amenait la Turquie à signer l'armistice de Moudros (30 oct.) ; en Italie, Diaz* profita de la désorganisation autrichienne et conquit Vittorio* Veneto (24 - 29 oct.), ce qui conduisit l'Autriche à l'armistice de Villa Giusti, près de Padoue (3 nov.).

**LA PAIX** Les conséquences de la victoire alliée furent la chute des Empires et, d'une part, le remodelage de l'Europe (constitution de républiques en Tchécoslovaquie, Allemagne, Hongrie, Autriche, Pologne, Lituanie, Lettonie, Estonie ; création du royaume de Yougoslavie, agrandissement de la France qui récupéra l'Alsace-Lorraine, de l'Italie, de la Roumanie, de la Grèce ; restauration de la Belgique), d'autre part, le démembrement définitif de l'Empire ottoman (dont les prov. du Proche-Orient furent soumises aux influences britannique et française, en vertu des accords Sykes-Picot de mars 1916, tandis que la révolte de Mustafa* Kemal faisait naître la Turquie moderne). Pour ce qui est de l'Europe du moins, triomphait presque partout le principe des nationalités. Ce principe figurait, avec l'évacuation des pays conquis, la liberté des mers et la création d'une Société des Nations, dans les Quatorze Points, programme posé par Wilson dès janv. 1918 et d'après lequel il s'efforça de dicter la paix lors de la conférence de Paris (1919). ***Les traités de paix*** Cette conférence élabora entre les vainqueurs le pacte de la Société* des Nations (28 avr. 1919, non ratifié par le sénat américain) et imposa aux vaincus les traités de Versailles* (Allemagne, 28 juin 1919), Saint*-Germain-en-Laye (Autriche, 10 sept. 1919), Neuilly* (Bulgarie, 27 nov. 1919), Trianon* (Hongrie, 6 juin 1920), Sèvres* (Turquie, 10 août 1920 ; remplacé par le traité de Lausanne*, 24 juil. 1923, après la guerre d'indépendance turque et la guerre gréco-turque). Les différends italo-yougoslaves furent réglés par le traité de Rapallo* (12 nov. 1920), complété par l'accord de Rome sur Fiume (1924) et la guerre soviéto-polonaise s'acheva sur le traité de Riga* (18 mars 1921). Cette paix wilsonienne n'était pourtant pas parfaite : les conditions faites à l'Allemagne (fortes indemnités de guerre, occupation de la Rhénanie) et sa ruine économique favorisèrent indirectement la montée du nazisme, et le découpage de la carte (minorité allemande en Tchécoslovaquie, corridor polonais de Dantzig → **Gdańsk**) fournit à Hitler les prétextes de la Deuxième Guerre mondiale.

**CHIFFRES** La guerre vit l'affrontement, au total, de 65 millions de soldats (Russie, 12 000 000 ; France, 8 400 000 ; Empire britannique, 8 900 000 ; Italie, 5 600 000 ; États-Unis, 4 350 000 ; Allemagne, 11 000 000 ; Autriche-Hongrie, 7 800 000 ; Turquie, 2 850 000 ; Bulgarie, 1 200 000). Elle fit dans les armées 8 500 000 morts (Russie, 1 700 000 ; France, 1 350 000 ; Empire britannique, 900 000 ; Italie, 650 000 ; États-Unis, 115 000 ; Roumanie, 335 000 ; Allemagne, 1 770 000 ; Autriche-Hongrie, 1 200 000 ; Turquie, 325 000 ; Bulgarie, 87 000) et quelque 2 100 000 blessés. Parmi les civils, on estime qu'environ 10 millions de personnes périrent du fait de la guerre, directement ou indirectement.

**PRINCIPAUX CHEFS MILITAIRES** Allemands : → **Bissing, Bülow (Karl von), Falkenhayn, Hindenburg, Kluck, Ludendorff, Mackensen, Moltke le Jeune.** Américain : → **Pershing.** Britanniques : → **Allenby, Beatty, Fisher of Kilverstone, French, Haig, Jellicoe, Lawrence (Thomas Edward), Wilson (sir Henry).** Autrichien : → **Conrad von Hötzendorf.** Français : → **Castelnau, Debeney, Degoutte, Dubail, Fayolle, Foch, Franchet d'Esperey, Gallieni, Gouraud, Guillaumat, Joffre, Langle de Cary, Lanrezac, Lyautey, Mangin, Maunoury, Nivelle, Pétain, Sarrail, Weygand.** Italiens : → **Cadorna, Diaz (Armando).** Russes : → **Broussilov, Denikine, Kornilov, Samsonov.**

**Guerre mondiale (Deuxième)** ♦ Conflit qui, du 1er sept. 1939 au 2 sept. 1945, opposa les pays de l'Axe (Allemagne, Italie, Japon) et les Alliés (France, Grande-Bretagne, URSS, États-Unis, Chine). Il débuta par des succès rapides des pays de l'Axe qui imposèrent leur domination à de vastes mais fragiles empires ; l'année 1942 vit leur plus grande expansion et le début de leurs revers (Midway, El-Alamein, Stalingrad) ; la puissance de l'URSS et surtout celle des États-Unis déterminèrent alors la victoire progressive des Alliés, qui démantelèrent les vaincus avant de s'opposer eux-mêmes en un nouvel et instable équilibre mondial. Conséquence à maints égards de la Première Guerre mondiale, ou plutôt de l'état politique et économique où celle-ci avait laissé l'Europe, la Deuxième Guerre mondiale en diffère sur plusieurs points essentiels. 1° *L'étendue :* la quasi-totalité des pays d'Europe ont été touchés, et cette guerre engloba aussi la Méditerranée, l'Afrique et l'océan Atlantique ; une deuxième guerre eut pour théâtre l'Extrême-Orient et le Pacifique, avec des distances encore plus considérables. 2° *La totalité de l'engagement :* non seulement les belligérants levèrent d'immenses armées mais, pour les équiper, ils mobilisèrent toutes leurs ressources économiques, ainsi que celles des pays envahis, et tout leur potentiel humain ; en outre, la portée des armes modernes rendit en partie caduque la notion traditionnelle de « front » et la Grande-Bretagne puis l'Allemagne et le Japon subirent des bombardements massifs, visant à détruire leur économie et à terroriser les populations. 3° *La signification idéologique :* la lutte ne fut pas seulement celle de nations cherchant à conquérir ou à défendre des territoires, mais aussi celle des démocraties (libérales ou communiste, et cette opposition ne cessa d'être un germe de conflit entre les Alliés) contre les dictatures nazie, fasciste ou militaire japonaise et contre les doctrines totalitaires ou racistes véhiculées par ces régimes.

**LA MONTÉE VERS LA GUERRE** **L'après-Première Guerre mondiale** La paix wilsonienne (→ **Guerre mondiale [Première]**) et le pacte Briand-Kellogg* de 1928, auquel avaient adhéré la plupart des pays, y compris les États-Unis et l'URSS, avaient pu laisser croire qu'un équilibre international avait été trouvé et que la guerre était écartée pour longtemps. Il n'en fut rien, et les années 1930 virent la montée des dictatures en Allemagne et au Japon (en Italie, Mussolini* était au pouvoir depuis 1922), allant de pair avec une politique d'annexions fondée sur la théorie de l'« espace vital » et contre laquelle la Société des Nations se révéla impuissante. **De 1931 à 1939**

Deuxième **Guerre mondiale.** La ligne Maginot : transport de troupes. Bibliothèque nationale de France, Paris. *Phot. ©Hubert Josse*

Les principaux épisodes de cette évolution furent : en 1931, l'affaire de Mandchourie aboutissant à la constitution du Mandchoukouo sous l'égide japonaise (1932) et amorçant une série d'annexions japonaises en Chine, prélude à la guerre entre les deux pays déclenchée dès 1937 ; l'invasion de l'Éthiopie par l'Italie, qui rompit l'entente franco-britannico-italienne signée à Stresa quelques mois plus tôt (1935) ; en 1936, la réoccupation militaire de la Rhénanie par Hitler, sans réaction de la France, préoccupée par sa situation intérieure ; fin 1936, la réconciliation italo-allemande (Axe Rome-Berlin, oct.) complétée par le pacte antikomintern entre l'Allemagne et le Japon (nov.) ; en 1938, le rattachement (Anschluss*) de l'Autriche au III^e^ Reich, sans opposition internationale non plus ; puis les accords de Munich* (29 sept. 1938) où, pour tenter de sauvegarder la paix à tout prix, la France et la Grande-Bretagne reconnurent l'annexion par l'Allemagne d'une partie de la Tchécoslovaquie (les Sudètes) ; la rupture de ces accords dès mars 1939, Hitler mettant la main sur la totalité de la Tchécoslovaquie (administration allemande en Bohême-Moravie ; satellisation de la Slovaquie proclamée «indépendante») ; en avr. 1939, l'invasion de l'Albanie par l'Italie ; en juil.-août, les négociations sur la Pologne (Dantzig et son «corridor» formaient une enclave polonaise en Allemagne → **Gdańsk**), aboutissant au pacte germano-soviétique (23 août), par lequel les deux puissances s'entendaient pour dépecer leur voisine et qui libérait momentanément Hitler du souci d'un front oriental. Enfin, le 1^er^ sept. 1939, les forces allemandes entraient en Pologne. Le 3, la Grande-Bretagne, qui avait pris un engagement envers la Pologne, et la France, décidée cette fois-ci à soutenir son alliée, déclaraient la guerre à l'Allemagne. L'Italie, pour achever sa préparation, se proclama en état de «non-belligérance» ; elle n'entra en guerre que le 10 juin 1940, alors que la victoire allemande était pratiquement acquise.

**LA CAMPAGNE DE POLOGNE** L'armée polonaise se révéla hors d'état de résister à l'assaut conjugué de l'aviation et des blindés allemands ; en huit jours l'armée allemande arrivait devant Varsovie, qui capitula le 26 sept. ; le 1^er^ oct., Hitler célébrait sa victoire. De son côté, l'Armée rouge avait pénétré en Pologne (18 sept.). L'URSS annexa les provinces peuplées de Biélorusses et d'Ukrainiens, et engloba la Lituanie dans sa zone d'influence ; l'Allemagne annexa Dantzig, la Poznanie, la haute Silésie, et constitua autour de Varsovie et de Cracovie un «gouvernement général des provinces occupées» dirigé par un nazi. Cependant, conformément aux conventions franco-polonaises, l'armée française avait pénétré en Sarre (7 sept.) sans pousser une offensive qui ne rencontrait pas de résistance sérieuse ; elle se retira le 16 oct. sans que son intervention ait eu de conséquence.

**LA DRÔLE DE GUERRE** Hitler avait prévu de se retourner contre la France sitôt la guerre polonaise achevée, mais l'insuffisance des équipements terrestres (chars) et aériens, ainsi que les conditions atmosphériques le contraignirent, en nov.-déc., à ajourner l'offensive. Jusqu'en mai 1940 s'instaura un état d'inaction, éprouvant pour le moral des armées et des populations et qu'on appela «drôle de guerre». Les Alliés se tenaient sur la défensive, le corps expéditionnaire britannique ayant pris position le long de la frontière belge depuis oct. 1939 (les projets pour avancer le dispositif allié se heurtant toujours au refus des Belges et des Néerlandais, jaloux de leur neutralité). **Sur mer** Sur mer, la supériorité, réelle, de la Royal Navy ne put s'imposer de façon décisive ; certes, elle contraignit le cuirassé *Admiral Graf von Spee* à se saborder en rade de Montevideo (17 déc.), mais elle ne put empêcher les pertes causées par les mines magnétiques et les sous-marins allemands (plus de 600 000 t de navires de commerce détruits en 1939). En outre, le blocus de l'Allemagne était peu efficace, puisque celle-ci s'approvisionnait chez divers neutres (pétrole roumain, fer suédois) et que ses accords avec l'URSS lui assuraient des matières premières et du ravitaillement. **En Europe du Nord** Cependant l'URSS, pour se couvrir au N.-O., attaquait la Finlande* (30 nov.), non sans se heurter à une sérieuse résistance ; néanmoins le traité du 12 mars 1940 consacrait sa victoire ; elle annexait notamment Vyborg et des territoires dans l'isthme de Carélie, commandant l'accès à Leningrad. Dans le même temps elle imposait son «protectorat» aux États baltes (Lituanie, Lettonie, Estonie) avant de les occuper en juin 1940. Pour sortir de l'inaction, les Alliés avaient projeté une expédition en Norvège, destinée à couper la «route du fer» (le minerai suédois à destination de l'Allemagne transitait, quand la Baltique était prise par les glaces, par le port norvégien de Narvik). Le 21 mars 1940, Daladier fut remplacé par Paul Reynaud à la tête du gouvernement français, et les Franco-Britanniques manifestèrent leur fermeté par une déclaration commune (28 mars). Mais une fois de plus l'initiative vint des Allemands. Le 9 avr., ils entrèrent au Danemark sans coup férir, ainsi qu'en Norvège, où ils rencontrèrent plus de résistance et où le roi et le gouvernement préférèrent s'exiler plutôt que s'incliner. De sorte qu'au lieu de neutres tacitement favorables, l'expédition franco-britannique trouva en face d'elle l'ennemi déjà installé et à qui un millier d'avions et la libre disposition des aérodromes donnaient une supériorité décisive. Les troupes qui purent prendre pied à Namsos et à Åndalsnes (14 avr.) durent être rembarquées le 2 mai. En Grande-Bretagne cet échec causa la chute de Chamberlain*, remplacé le 10 mai par Churchill*. Seul Narvik* put être conquis le 28 mai, par Béthouart. Mais il était trop tard, les troupes victorieuses durent abandonner d'elles-mêmes leur conquête (2 - 7 juin) car, en France, à cette date, la victoire allemande était sur le point d'être acquise.

**LA DÉFAITE FRANÇAISE** L'offensive allemande avait commencé le 10 mai. Alors que les Alliés l'attendaient vers la Belgique, où le gros de leurs forces devait pénétrer aussitôt après l'invasion, Hitler avait adopté le plan de Manstein*, consistant à porter l'attaque principale à travers les Ardennes*. Celles-ci, jugées infranchissables, étaient peu défendues. Les blindés de Guderian*, couverts par une aviation maîtresse des airs, réussirent en deux jours la percée vers Sedan. Trouvant devant eux une défense inadaptée et prise de vitesse, ils poursuivirent leur action par Saint-Quentin, Amiens, Abbeville pour enfermer les armées alliées. Weygand, nouveau généralissime allié (19 mai ; il succédait à Gamelin*), tenta d'organiser la contre-offensive. Mais les Pays-Bas avaient capitulé dès le 15 mai ; la Belgique en fit autant le 28 ; et lord Gort* prit sur lui de rapatrier le corps expéditionnaire britannique, du 27 mai au 4 juin (→ **Dunkerque**), suivi par des éléments de l'armée française encerclés dans la même région. Du 4 au 8 juin, le front établi par Weygand sur la Somme et sur l'Aisne fut enfoncé. À partir du 10, tandis que les armées allemandes progressaient dans toutes les directions, ce fut l'exode des populations et la fuite du gouvernement, qui alla chercher refuge à Bordeaux le 14. Le 17, le maréchal Pétain* forma un nouveau gouvernement. **L'armistice** Le 22, l'armistice fut signé avec l'Allemagne, symboliquement à Rethondes*, et le 24 à Rome avec l'Italie qui, entrée en guerre le 10 juin, n'avait guère remporté de succès. L'Allemagne annexa l'Alsace-Lorraine ; les départements du N., à cause de l'importance stratégique du pas de Calais, furent rattachés au commandement allemand de Bruxelles ; le reste de la France fut divisé en deux par une «ligne de démarcation» : au N. et à l'O., les Allemands s'assurèrent une zone d'occupation avec une voie de communication vers l'Espagne ; au S., subsista une zone dite «libre» où le maréchal Pétain, investi des pleins pouvoirs, institua un nouveau régime (→ **État français**) de tendance antiparlementaire et réactionnaire. Hitler avait eu l'habileté de conserver une souveraineté française théorique pour s'éviter les difficultés d'une administration directe et surtout pour empêcher la flotte et l'empire colonial de se rallier à la Grande-Bretagne. **L'appel du général de Gaulle** À Londres, le 18 juin, le général de Gaulle invita les Français à continuer la guerre (→ **Gaulle [Charles de]**) et créa, en accord avec la Grande-Bretagne, la «France libre» qui devint ensuite la «France combattante».

**LA BATAILLE D'ANGLETERRE** Restée seule en guerre, la Grande-Bretagne affirma sa volonté de poursuivre la lutte, et d'abord elle coupa court, par un acte de guerre, aux incertitudes concernant la flotte française (3 juil.). → **Mers el-Kébir.** En juil. 1940, Hitler tenta d'organiser un débarquement en Angleterre (opération Seelöwe) ; mais il y renonça, sa marine se reconnaissant incapable de mener à bien l'opération et Göring* assurant que l'aviation suffirait à écraser la Grande-Bretagne. La bataille aérienne commença le 10 juil. par le harcèlement des convois maritimes et des ports de la Manche ; à partir du 13 août, les bombardements visèrent usines, aérodromes et voies de communications ; à partir du 6 sept., ce furent, jusqu'à la fin de l'année, des bombardements quotidiens sur les villes (Liverpool, Londres ; destruction de Coventry* dans la nuit du 14 au 15 nov.). Néanmoins, l'efficacité de la défense antiaérienne (grâce notamment au radar nouvellement inventé) et la supériorité technique, sinon numérique, de l'aviation de chasse britannique, consacrèrent l'échec de la Luftwaffe*.

**LA GUERRE MÉDITERRANÉENNE** En attendant que ses efforts d'armement portent leurs fruits, la Grande-Bretagne disposait de deux atouts : sa flotte et le Commonwealth avec sa principale artère, Suez. En août 1940, l'Italie avait conquis la Somalie britannique, non défendue ; elle avait pénétré au Soudan et au Kenya ; ses forces d'Éthiopie et de Libye pouvaient prendre l'Égypte en tenaille. Mais l'avance de Graziani* vers Alexandrie (sept.) se heurta à une contre-attaque de Wavell* et tourna à la déroute (déc. 1940-janv. 1941). Les «Français libres» de Leclerc*, venus du Tchad et ralliés à de Gaulle, s'emparèrent de Koufra* (mars). De janv. à mai 1941, les Britanniques envahirent la Somalie italienne, l'Érythrée et l'Éthiopie où le négus Hailé* Sélassié fut rétabli. La clé de cette guerre africaine était la Méditerranée, tenue par les flottes britanniques de Gibraltar et d'Alexandrie, et traversée du N. au S. par les convois italiens vers la Libye. Au centre, Malte jouait un rôle stratégique considérable. En oct. 1940, l'Italie envahit la Grèce ; elle y subit de durs revers. Mussolini, vaincu sur mer, en Afrique et en Grèce, sollicita l'aide de Hitler (10 janv. 1941). Quoique peu intéressé par la Méditerranée (il préparait l'invasion de la Russie, cf. ci-dessous), celui-ci intervint. En Libye, il dépêcha Rommel* et l'Afrikakorps* au moment même où les Britanniques arrêtaient leur offensive et transféraient des troupes en Grèce pour ouvrir un front balkanique (fév.-mars) ; le 12 avr., Rommel avait reconquis le terrain perdu par Graziani, sauf Tobrouk*. En Yougoslavie et en Grèce, Hitler déclencha une guerre éclair (9 avr.). Les deux pays furent occupés, les Britanniques furent contraints de rembarquer

Deuxième **Guerre mondiale.** Char soviétique pris par les Allemands lors de l'invasion de la Russie. *Phot. ©Coll. Roger-Viollet*

fin avr., et, fin mai, furent chassés de Crète. Seul succès : les Britanniques vinrent à bout d'une rébellion de l'Irak (avr.-mai) et mirent la main sur le Liban et la Syrie après une campagne menée d'abord par les Français libres seuls, contre les Français du général Dentz* (juin-juil.). L'indépendance du Liban et de la Syrie, proclamée par le général Catroux*, ne devint effective qu'à la fin de la guerre.

**L'INVASION DE L'URSS** Le pacte germano-soviétique n'était pour les deux parties qu'une mesure d'opportunité. Les annexions prononcées par l'URSS (Finlande, mars 1940, Bucovine et Bessarabie, juin 1940 : pays baltes, août 1940) mécontentaient Hitler. Surtout, les doctrines nazies reposaient à la fois sur l'anticommunisme, violent en Allemagne avant la guerre, et sur le racisme, destinant les Slaves à l'asservissement ; la théorie de l'espace vital assignait l'Europe de l'Est à la colonisation germanique. En attaquant l'URSS, Hitler suivait donc les implications fondamentales de sa politique, mais il allait aussi au-devant de graves difficultés, puis de son échec final. Car l'URSS se révéla assez puissante pour contenir l'envahisseur, et c'est sur son sol que l'Allemagne épuisa ses forces. Cependant, Hitler avait pensé triompher par une nouvelle guerre éclair. Le plan Barbarossa (déc. 1940) fixait l'invasion au 15 mai 1941. L'intervention dans les Balkans la fit reporter au 21 juin. De la Baltique à la mer Noire, une immense armée fut lancée, appuyée par quelque 4 000 chars et 3 000 avions ; l'armée finlandaise reprenait l'offensive dans l'isthme de Carélie ; au S., agissaient des forces hongroises, roumaines, slovaques et un corps expéditionnaire italien. Les objectifs étaient à la fois Leningrad, Moscou et l'Ukraine. L'avance fut rapide, moins que prévu cependant, car les Soviétiques, tout en se repliant et en perdant des centaines de milliers de prisonniers, purent livrer des batailles de retardement (Smolensk, 10 juil.-10 août). Leningrad fut assiégé début sept., Kiev tomba le 24 l'attaque sur Moscou commença le 2 oct. Elle échoua (déc.) et ce fut le premier échec de la Wehrmacht, dû à l'étirement des lignes d'approvisionnement, à l'immensité des fronts à tenir, au froid du climat russe, à l'énergie de Joukov* qui, dans l'hiver, reconquit une part du terrain perdu. Au printemps 1942, les Allemands reprirent l'offensive vers la Crimée, le Don, la Volga, le Caucase ; les Soviétiques perdirent encore près de 600 000 prisonniers, mais le pétrole caucasien ne fut pas atteint ; et l'attaque de Stalingrad (sept.) allait marquer un tournant de la guerre.

**L'ATTITUDE DES ÉTATS-UNIS; LA BATAILLE DE L'ATLANTIQUE** Au début du conflit, le courant isolationniste était très fort aux États-Unis, pays neutre. L'économie, certes, trouvait profit à la guerre qui se déroulait en Europe, mais, pour éviter les aléas qui avaient entraîné l'entrée en guerre en 1917, il avait été imposé aux États clients (notamment la Grande-Bretagne) de payer comptant leurs achats et de transporter eux-mêmes les marchandises *(cash and carry)*. Roosevelt, cependant, réussit à faire évoluer l'opinion, en montrant que les intérêts économiques et moraux des États-Unis étaient opposés au succès du nazisme. En déc. 1940, la Grande-Bretagne voyait venir la fin de ses réserves de dollars ; il lui fallait pourtant continuer d'acquérir du matériel américain. Roosevelt fit voter la loi prêt-bail (mars 1941) : les États-Unis fourniraient aux États alliés en guerre contre l'Allemagne du matériel payable après la guerre. Progressivement, en 1941, les États-Unis étendirent leur «zone de sécurité» dans l'Atlantique, s'associèrent à la Grande-Bretagne pour les questions stratégiques à l'échelle mondiale et assurèrent la livraison du matériel qu'ils livraient. Comme en 1914 - 1918, l'Allemagne livrait une guerre sous-marine aux convois. Cette bataille de l'Atlantique qui dura tout le temps de la guerre connut sa phase culminante en 1942 (8 millions de t furent coulées). Ce n'est qu'à partir de mars 1943 que le tonnage lancé par les Alliés dépassa le tonnage perdu. En même temps, la guerre faite aux sous-marins de l'amiral Dönitz* progressait en efficacité (151 sous-marins détruits en 1939 - 1943 ; 630 en 1943 - 1945).

**L'EXPANSION JAPONAISE ET L'ENTRÉE EN GUERRE DES ÉTATS-UNIS** Depuis 1931, le Japon n'avait cessé d'intensifier sa pénétration en Chine. À partir de 1937, il se trouva en état de guerre de fait avec la Chine où le Guomindang et les communistes avaient décidé de s'unir contre l'envahisseur (déc. 1936). De 1937 à 1939, le Japon s'empara des principales villes et des ports, refoulant hors de la Chine «utile» le gros des forces chinoises (sauf les troupes en guérilla). En juil. 1940, le gouvernement de Vichy accepta la présence japonaise dans le N. de l'Indochine française, présence étendue à la totalité de la péninsule par le protocole de «défense commune de l'Indochine» (juil. 1941). Cette expansion, protégée au N. par le pacte de non-agression mutuelle avec l'URSS (avr. 1941) et complétée par une pénétration pacifique au Siam, constituait un danger économique pour les États-Unis, qu'inquiétaient en outre les visées japonaises sur le reste de l'Asie du S.-E. et sur le Pacifique sud. En juin-juil. 1941, la politique américaine se durcit (embargo sur les exportations vers le Japon, notamment le pétrole) et le 26 nov., une note exigeait l'évacuation de l'Indochine française et l'abandon du gouvernement Wang Jingwei installé par le Japon en Chine occupée. Entre-temps la politique japonaise s'était durcie aussi par l'arrivée au pouvoir (16 oct.) du général Tōjō*, partisan d'une conquête rapide qui profiterait de l'impréparation américaine. En réplique à la note du 26 nov., Tōjō décida l'attaque de Pearl* Harbor (7 déc. 1941). **Après Pearl Harbor** La flotte américaine du Pacifique, sauf trois porte-avions, se trouva hors de combat. Le Japon s'était assuré la maîtrise des mers d'Asie, condition nécessaire de son expansion. Mais, ce faisant, il avait provoqué l'entrée en guerre des États-Unis. Par le jeu des alliances, l'Allemagne et l'Italie déclarèrent alors la guerre aux États-Unis (11 déc.). La guerre achevait ainsi de devenir mondiale. La puissance américaine s'ajoutait à la capacité de résistance soviétique. Néanmoins dans l'immédiat, le Japon réalisa de rapides conquêtes : Birmanie (janv., puis mars-mai 1942), Malaisie (janv.), Singapour (fév.), Indonésie (janv.-mars), Philippines (janv.-mai [→ **Corregidor**]) et les îles du Pacifique, Guam*, Wake*, les îles Gilbert (déc. 1941), débarquement en Nouvelle-Guinée (janv.-fév. 1942), îles Aléoutiennes (juin), Guadalcanal* (juil.). Mais la résistance des Alliés en Nouvelle-Guinée, dans la mer de Corail* (mai) et leur victoire aux Midway* (juin) marquèrent un tournant de la guerre.

**LES EMPIRES DE L'AXE** Au printemps de 1942, l'Allemagne, le Japon, l'Italie même, grâce à l'aide allemande, atteignaient à leur plus grande expansion. Les trois pays, liés par le *pacte tripartite* (27 sept. 1940), semblaient s'être partagé le monde. **L'Italie** Le plus faible des trois vainqueurs était l'Italie. Son domaine réservé était, en principe, le bassin méditerranéen et l'Afrique orientale. En fait, elle n'avait annexé que l'Albanie, une partie de la côte dalmate, quelques districts des Alpes françaises (en nov. 1942, à la faveur de l'extension de l'occupation allemande, elle occupa tout le S.-E. de la France, avec Nice et la Corse) ; elle n'avait vassalisé la Croatie que grâce à l'invasion allemande en Yougoslavie ; l'effondrement de son empire africain avait commencé avec la reconquête de l'Éthiopie, et la Libye ne tenait que par la présence de l'Afrikakorps. Aussi bien l'empire italien disparut-il après sept. 1943. **L'Allemagne** ***Les pays soumis*** Presque toute l'Europe se trouvait en fait sous la domination allemande. Le Reich, agrandi des annexions d'avant-guerre (Autriche, Sudètes), avait annexé en outre une partie de la Pologne, Eupen, Malmedy, le Luxembourg, l'Alsace-Lorraine et une partie de la Slovénie. Dans ces régions, les lois et la langue allemandes étaient introduites ; des transferts de populations brisaient les particularismes. La Bohême, le «gouvernement général» de Pologne, les pays baltes, la Russie blanche, l'Ukraine, sans faire partie du Reich, étaient administrés par lui. Le Danemark, la Norvège, les Pays-Bas, la Belgique, la zone N. de la France puis la zone S., après novembre 1942, la Grèce, le reste de la Russie envahie (de

Deuxième **Guerre mondiale.** Le cuirassé américain «West Virginia» en flammes après l'attaque japonaise sur Pearl Harbor le 7 décembre 1941. *Phot. ©Harlingue/Roger-Viollet*

**Deuxième Guerre mondiale.** L'Europe sous la domination de l'Axe (nov. 42).

Leningrad au Caucase) étaient des territoires occupés, soumis à l'administration militaire. D'autres pays conservaient leur indépendance théorique, mais n'étaient en fait que des satellites du Reich, dirigés par des dictateurs s'inspirant plus ou moins du nazisme : ainsi de la Slovaquie sous Mgr Tiso, de la Hongrie (→ **Horthy**), de la Roumanie (→ **Antonescu**), de la Serbie du général Nedić et, à un degré différent, de la France du maréchal Pétain ; de même, la Bulgarie de Boris* III et la Finlande du président Ryti avaient été entraînées dans l'alliance allemande. En outre, la Suède et la Turquie, neutres, étaient des alliées commerciales de l'Allemagne, et l'Espagne son alliée morale (trop affaiblie par la guerre civile de 1936, elle n'était pas entrée dans le conflit mondial comme Hitler l'avait demandé à Franco, à Hendaye en oct. 1940). ▮ ***L'exploitation*** L'exploitation des pays conquis se faisait par des réquisitions et des confiscations (notamment en Pologne et URSS), par d'énormes contributions imposées pour l'entretien des troupes d'occupation (France), par la surévaluation systématique du taux du mark, par des « accords » économiques drainant les ressources de plusieurs pays (Europe centrale), par l'utilisation, comme main-d'œuvre, des prisonniers de guerre et des réquisitionnés du Service du travail obligatoire (STO), plus de 7 000 000 de travailleurs étrangers étant incorporés à l'économie allemande en 1944, par l'attribution de terres à des colons germaniques (en Pologne, en URSS, en Lorraine ; l'organisme responsable en était l'*Ostland*). ▮ ***L'application du nazisme*** En même temps, étaient mises en œuvre les doctrines nazies : persécution des Juifs, des communistes, des résistants ; exécutions sommaires ; massacres collectifs ; bref, instauration d'une terreur dont la Pologne et l'URSS supportèrent le plus grand poids mais que l'Europe occidentale connut aussi à partir de 1943. Les principaux agents en étaient les hommes des « sections de protection » (→ **SS**) ; l'institution la plus caractéristique et la plus horrible était les camps de concentration (Auschwitz*, Bergen*-Belsen, Buchenwald*, Chełmno*, Dachau*, Dora, Flossenbürg, Gross Rosen, Kaunas, Majnadek, Mauthausen*, Neu Bremm, Neuengamme*, Oranienburg*-Sachsenhausen, Ravensbrück*, Riga, Struthof*-Natzweiler, Stutthof, Treblinka*) ; des millions de personnes y périrent, principalement des Juifs voués à l'extermination. ▮ ***Les résistances*** Dans tous les pays, cette terreur suscita des mouvements de résistance clandestine, accomplissant toutes actions capables de nuire à l'ennemi : sabotages, réseaux de renseignement, secours aux victimes de l'occupant, filières d'évasion, faux papiers, grèves (Danemark), assassinat de militaires isolés, de personnalités nazies (Heydrich fut abattu par des Tchèques en juin 1942) ou de collaborateurs ; actions militaires d'envergure (URSS, Yougoslavie) ; insurrections (Corse, 1943 ; Slovaquie, 1944 ; Varsovie, Paris, août 1944). → **Résistance.** Mais la résistance intérieure ne pouvait survivre qu'avec l'aide des Alliés : en Europe occidentale, la Grande-Bretagne fournit des armes et souvent des directives d'action ; en Yougoslavie, elle soutint les « partisans » de Tito* à la fois contre les Allemands et contre les « tchetniks » de

**Deuxième Guerre mondiale.** La guerre du Pacifique.

Mihailović. En Europe centrale et orientale, l'aide vint surtout de l'URSS qui favorisa la résistance communiste et ce fut sur le sol même de l'Union soviétique que l'action conjuguée de la population, du parti et des vastes débris de l'Armée rouge restés dans les territoires occupés put avoir la plus grande efficacité. **▮ Le Japon** Quant au troisième empire de l'Axe, c'était la «grande Asie japonaise». Il groupait autour du Japon la Mandchourie satellite, le Siam allié, la partie occupée de la Chine, l'Indochine (où l'administration française avait été maintenue, mais sous l'influence japonaise) et toutes les conquêtes (îles du Pacifique occidental et de l'Asie du S.-E., Birmanie, Malaisie) placées généralement sous l'administration militaire. Le Japon s'était assigné la mission de «libérer» les peuples asiatiques colonisés et, de fait, il chercha à se lier avec les chefs nationalistes. Mais la nécessité d'exploiter son empire au bénéfice de son industrie de guerre le plaça dans la position d'un nouveau colonisateur, qui introduisit sa langue, ses lois et des méthodes souvent comparables à celles du nazisme. La résistance chinoise fut organisée notamment par Jiang* Jieshi (Tchang Kaï-shek) et Mao* Zedong.

**▮ LE TOURNANT DE LA GUERRE** Si la Grande-Bretagne, même avec le Commonwealth, se trouvait dans une situation d'infériorité par rapport à l'Allemagne en 1940 - 1941, la mise en cause de l'URSS et des États-Unis avait renversé l'équilibre des forces. En URSS, l'invasion allemande avait touché les principales régions industrielles, mais le démontage des usines et leur transport vers l'Oural (juil.-nov. 1941), le transfert forcé de 10 000 000 de personnes pour les faire fonctionner, la discipline imposée par le parti communiste, le bénéfice de la loi prêt-bail américaine permirent la constitution d'une puissante industrie de guerre (plus de 25 000 avions produits en 1942, et presque autant de chars et d'automitrailleuses, chiffres qui augmentèrent chaque année). De même, en 1939, les États-Unis ne possédaient, comme force importante, que leur flotte ; mais, dès avant leur entrée en guerre, ils avaient commencé à s'équiper militairement (4 000 chars et près de 20 000 avions produits en 1941) ; une fois lancée, leur industrie fut capable non seulement d'équiper la plus puissante armée du monde (7 200 000 hommes sous les armes ; 17 500 chars et 96 000 avions produits en 1944), mais de devenir «l'arsenal des démocraties», selon la volonté de Roosevelt. L'expansion japonaise fut arrêtée dans le Pacifique : après avoir dû faire demi-tour dans la mer de Corail (7 mai 1942), leur flotte fut battue aux Midway* (4 - 5 juin) ; en août, les Américains débarquèrent à Guadalcanal*. En Libye, la guerre avait consisté en une succession d'offensives et contre-offensives ; en juin 1942, Rommel était parvenu à 60 km d'Alexandrie (**→ Bir Hakeim**) ; Montgomery*, après une minutieuse préparation matérielle, contre-attaqua à El-Alamein* (23 oct. 1942) et atteignit Tripoli (23 janv. 1943), cette action s'inscrivant dans une stratégie plus vaste (débarquement allié en Algérie). Enfin, en URSS, encerclée dans Stalingrad (nov. 1942), la VI$^{e}$ armée allemande (Paulus) dut capituler (2 fév. 1943), ce désastre précipitant d'autres reculs allemands.

**▮ LA GUERRE EN AFRIQUE DU NORD FRANÇAISE** Le 8 nov. 1942, un débarquement américain dirigé par le général Eisenhower eut lieu à Casablanca, Oran et Alger. L'opposition de l'administration française, fidèle à Vichy, avait été en partie neutralisée le jour même, par un coup de force qui, d'ailleurs, échoua au Maroc, où Béthouart fut arrêté par Noguès*, et tourna court en Algérie. **→ Clark.** Les conséquences du débarquement furent, en France, l'invasion de la zone sud par les forces allemandes et italiennes (la flotte française se saborda à Toulon, 26 nov.) ; en Tunisie, la création immédiate d'une tête de pont allemande (Tunis, Bizerte) ; en Algérie, une situation politique confuse («imbroglio d'Alger»), du fait de l'installation paradoxale de l'amiral Darlan*, partisan du gouvernement de Vichy, comme autorité supérieure française. À la conférence de Casablanca (14 - 24 janv. 1943), Churchill et Roosevelt proclamèrent leur intention de lutter jusqu'à la capitulation des pays de l'Axe et décidèrent d'en finir tout d'abord avec l'Italie ; le général Giraud*, successeur de Darlan assassiné le 24 déc. précédent, et le général de Gaulle y affichèrent, en dépit de leur hostilité réciproque, une réconciliation de l'autorité française installée avec la France combattante et la Résistance. Mais c'est seulement le 3 juin que fut fondé le Comité* français de libération nationale, coprésidé par les deux hommes et d'où Giraud fut progressivement éliminé. Militairement, les forces allemandes avaient réussi à renforcer leur tête de pont et protégeaient la retraite de Rommel, poursuivi par Montgomery. La campagne de Tunisie (déc. 1942-mai 1943) vit le retour dans la guerre de l'armée française (armée d'Afrique et Forces* françaises libres) aux côtés des forces alliées ; elle aboutit à la capitulation italo-allemande du cap Bon (12 mai).

**LA CONQUÊTE DE L'ITALIE** **La chute de Mussolini** De Tunisie, les Britanniques et les Américains débarquèrent en Sicile (10 juil., 1er août), provoquant la chute de Mussolini, déposé par le Grand Conseil fasciste (24 juil.) et emprisonné. Le roi Victor*-Emmanuel III et le maréchal Badoglio*, nouveau chef du gouvernement, tout en s'appliquant à calmer les inquiétudes de l'Allemagne, négocièrent secrètement avec les Alliés : la capitulation fut signée le 3sept. et divulguée le 8. En même temps, Montgomery débarquait en Calabre (3 sept.) et Clark à Salerne (9 sept.) ; la Corse se soulevait et était libérée par des troupes françaises envoyées par Giraud (13-17 sept.). **L'intervention allemande** Mais les Allemands occupèrent le N. et le centre du pays, désarmèrent les troupes italiennes, libérèrent Mussolini (12 sept.) qui constitua une République sociale italienne à Salò ; surtout, ils s'établirent fortement sur la ligne Gustav (Garigliano-Sangro) où, malgré le débarquement à Anzio* (22 janv. 1944) et les attaques sur Cassino* (janv.-mai), ils retardèrent jusqu'en mai 1944 la progression alliée. **L'offensive alliée** Celle-ci reprit, en partie grâce à l'action du corps expéditionnaire français de Juin* (entrée à Rome, 4 juin). Après une nouvelle stabilisation du front au S. de Bologne (18 déc. 1944-9 avr. 1945), l'ultime offensive de Clark libéra l'Italie du Nord, les forces allemandes d'Italie ayant capitulé à Caserte* (29 avr.).

**LA LIBÉRATION DE LA FRANCE** **Le débarquement en Normandie** Réunis à la conférence de Téhéran (28 nov.-2 déc. 1943), Churchill et Roosevelt, sur l'insistance de Staline, décidèrent l'ouverture d'un front européen plus important que celui d'Italie. Préparé à partir de janv. 1944 par la concentration de 3 500 000 hommes en Grande-Bretagne, avec un énorme matériel, et par des bombardements méthodiques tant sur l'Allemagne que sur la France, le débarquement dirigé par le général Eisenhower eut lieu en Normandie, le 6 juin 1944. Le «mur de l'Atlantique» étant percé, les têtes de pont étendues, le matériel débarqué à Arromanches*, le front fut reporté à Avranches* (1er août), les forces alliées, après le raid de Patton* en Bretagne, progressèrent vers la Seine, puis vers le N.-E. À Paris, où l'insurrection avait été proclamée le 16 août, l'entrée de la 2e division blindée française (Leclerc) amena la capitulation de la garnison allemande (25 août). **Le débarquement en Provence** Un second débarquement fut mené en Provence (15 août) par les Américains et la Ire armée française (de Lattre* de Tassigny) ; progressant par les Alpes et la vallée du Rhône, ces forces firent leur jonction le 12 sept. avec celles du N. L'action des Forces françaises de l'intérieur, l'insurrection des villes ou des maquis (Glières*, Vercors*) précédaient ou achevaient l'œuvre des forces de libération. **Le général de Gaulle au pouvoir** Le Comité français de libération nationale s'était constitué en Gouvernement* provisoire de la République française présidé par le général de Gaulle (mai 1944) ; celui-ci s'imposa aux Alliés malgré leurs réticences. La Belgique fut libérée en sept., mais l'échec de l'opération aéroportée d'Arnhem* (17 sept.) fit abandonner le plan d'une attaque de l'Allemagne par la plaine du N. À l'automne, Metz fut atteinte par Patton (22 nov.), Mulhouse par de Lattre (20 nov.) et Strasbourg par Leclerc (23 nov.).

**LES VICTOIRES SOVIÉTIQUES** La capitulation allemande de Stalingrad n'avait été que le principal épisode d'une plus vaste contre-offensive soviétique. Les Allemands avaient dû quitter le Caucase et une partie de l'Ukraine. Malgré la contre-attaque de Manstein, qui reprit Kharkov (15 mars-23 août 1943), les Soviétiques effectuèrent une longue et difficile progression (même au moment du débarquement en Normandie, les deux tiers des forces allemandes opéraient sur le front russe). La Finlande, attaquée sur son territoire en juin 1944, signa l'armistice le 19 sept. En Pologne, où l'Armée rouge avait pénétré en juil. 1944, et où un gouvernement prosoviétique (comité de Lublin) avait été installé, l'offensive s'arrêta le 4 août, laissant aux Allemands le temps d'écraser l'insurrection de Varsovie* (1er août-2 oct.). En Roumanie, le roi Michel* Ier fit arrêter Antonescu, entra en guerre contre l'Allemagne (25 août) et signa l'armistice avec les Alliés (12 sept.). La Bulgarie, entrée en guerre contre l'URSS (5-11 sept.), se retourna contre l'Allemagne après un putsch communiste et l'entrée de l'Armée rouge à Sofia (18 sept.). En Yougoslavie, où l'Armée rouge et les forces yougoslaves avaient fait leur jonction (15 sept.), Belgrade fut libérée le 20 oct. En Hongrie, le régent Horthy fut déposé par les Allemands ; ceux-ci résistèrent à Budapest jusqu'au 13 fév. 1945. En mars, l'Armée rouge pénétrait en Autriche (prise de Vienne, 12 avr.).

**LA DÉFAITE ALLEMANDE** En Allemagne, où un complot avait tenté de supprimer Hitler, le 20 juil. 1944 (→ **Beck, Canaris**), le régime nazi et l'économie de guerre, malgré les bombardements intensifs, manifestèrent une résistance étonnante. En déc. 1944-janv. 1945, la puissante contre-offensive de Rundstedt* dans les Ardennes* arrêta l'avance alliée ; la «poche» allemande de Colmar ne fut réduite qu'en fév. 1945 et le Rhin ne fut franchi que le 23 mars. L'effondrement allemand se produisit en avril : capitulation de l'armée de la Ruhr encerclée (17 avr.), effondrement de la ligne Oder-Neisse attaquée par les Soviétiques (20 avr.), entrée de Joukov* dans Berlin (22 avr.), jonction des forces américaines de Patton* et des forces soviétiques de Koniev* sur l'Elbe (25 avr.), suicide de Hitler (30 avr.), capitulations à Reims (7 mai) et à Berlin (8 mai).

**LA RECONQUÊTE DU PACIFIQUE ET LA DÉFAITE JAPONAISE** À partir de 1943, les Américains, vainqueurs à Guadalcanal et désormais équipés de forces aéronavales supérieures à celles des Japonais, progressèrent dans le Pacifique, sous le commandement de MacArthur* et de Nimitz*. Chaque île, chaque atoll fut le théâtre d'une longue résistance japonaise, mais les débarquements successifs en Nouvelle*-Guinée (1943-1944), les batailles des Mariannes* (juin 1944) et de Leyte* (oct. 1944) affirmèrent l'avantage des Américains. En janv. 1945, ils débarquèrent aux Philippines* et, de fév. à juil., conquirent Iwō-Jima (auj. Iōjima*) et Okinawa*, d'où ils bombardèrent le Japon. En Chine, cependant, ils avaient subi des échecs (abandon de leurs dernières bases aériennes, 1944) et si la «route de Birmanie» servant à ravitailler l'armée chinoise avait pu être rouverte, la conquête du pays n'aboutit que tardivement (prise de Rangoon ; 2 mai 1945). Il fallut l'entrée en guerre de l'URSS contre le Japon (8 août) pour que la Chine de Jiang Jieshi, alliée aux Soviétiques (14 août) obtienne la capitulation japonaise (15 août) ; et il fallut le largage d'une première, puis, trois jours plus tard, d'une deuxième bombe atomique (6 août [→ **Hiroshima**] ; 9 août [→ **Nagasaki**]) pour que l'empereur Hiro-Hito ordonne l'arrêt des combats avec les Américains (15 août) et capitule devant MacArthur (2 sept.).

**LA FIN DE LA GUERRE** **Naissance de l'ONU** Les conférences de Yalta* (fév. 1945) et de Potsdam* (juil. 1945) avaient préparé la réorganisation du monde. La Charte des Nations unies fut adoptée le 26 juin et l'Organisation* des Nations unies remplaça la Société des Nations. **L'Allemagne** L'Allemagne fut totalement occupée et divisée en quatre zones, américaine, britannique, française et soviétique ; Berlin, en zone soviétique, fut semblablement partagé, devenant un germe de conflit pour l'après-guerre ; les criminels de guerre nazis furent jugés à Nuremberg. **L'Europe centrale et orientale** En Europe centrale et orientale, les pays satellisés par l'Allemagne le furent désormais par l'URSS qui avait installé des gouvernements communistes au fur et à mesure de l'avance de l'Armée rouge ; mais en Grèce, Staline laissa l'Angleterre écraser les forces communistes et, en Yougoslavie, Tito prit ses distances à l'égard de l'URSS. **L'Europe occidentale** La reconstruction de l'Europe occidentale fut l'œuvre des États-Unis, qui y maintinrent des forces. Ainsi, l'opposition idéologique entre les deux grands vainqueurs, États-Unis et URSS, se matérialisa dans la division de l'Europe. **Les empires coloniaux** Quant aux empires coloniaux, celui de l'Italie avait disparu : Éthiopie, Somalie, Libye furent indépendantes ; celui de la France, déjà diminué de la Syrie et du Liban, fut ébranlé par la montée des nationalismes (Indochine, Afrique du Nord), les Pays-Bas virent l'Indonésie proclamer son indépendance (→ **Sukarno**) ; même l'Empire britannique ne resta pas intact, l'indépendance ayant été promise à la Birmanie et l'Inde réclamant la sienne. **La Chine et le Japon** La Chine, dont les États-Unis voulaient faire un cinquième «grand» (entrée au Conseil de sécurité de l'ONU comme membre permanent), retomba dans la guerre civile dès la défaite japonaise. Quant au Japon, il fut occupé et reconstruit par les États-Unis, sous la direction de MacArthur. **Les traités de paix** Cette guerre s'achevait sans traités de paix ; ceux qui purent être conclus furent tardifs : traité de Paris (1947, avec l'Italie, la Roumanie, la Bulgarie, la Hongrie, la Finlande), traité de San Francisco (1951, avec le Japon, non signé par l'URSS), traité d'État (1955, avec l'Autriche).

**CHIFFRES** Quelque 92 millions de personnes semblent avoir été mobilisées : URSS, 22 000 000 (y compris les travailleurs, hommes et femmes) ; États-Unis, 14 000 000 (estimation supérieure) ; Empire britannique, 12 000 000 ; Chine, 6 000 000 (?) ; forces de l'Axe, 30 000 000 (dont 17 000 000 pour l'Allemagne). Les chiffres concernant les pertes humaines varient beaucoup selon les estimations (de 35 millions à 60 millions, y compris les pertes civiles). On compte pour l'URSS, 26 millions de morts ; pour les États-Unis, 298 000 morts ; pour l'Empire britannique, 466 000 morts (dont 92 000 civils) ; pour la Chine, 1 300 000 morts ; pour la France, 563 000 morts (dont 350 000 civils, les pertes militaires incluant aussi bien celles survenues avant l'armistice de juin 1940 que celles des forces françaises qui combattirent par la suite aux côtés des Alliés) ; pour la Pologne, 5 800 000 morts (dont 5 675 000 civils, sur lesquels 3 200 000 Juifs). Le nombre total des Juifs qui périrent de la persécution nazie s'élève à environ 5 700 000. Du côté de l'Axe, l'Allemagne perdit 4 200 000 morts (dont 780 000 civils) ; l'Italie, 395 000 morts (dont 152 000 civils) ; le Japon, 2 000 000 morts (dont 700 000 civils).

**CHEFS MILITAIRES** Américains : → **Arnold, Bradley, Clark, Eisenhower, King, Leahy, MacArthur, Marshall, Nimitz, Patch, Stilwell.** Allemands : → **Bock, Brauchitsch, Canaris, Choltitz, Dönitz, Göring, Guderian, Jodl, Keitel, Kesselring, Kleist, Kluge, Manstein, Model, Paulus, Raeder, Rommel, Rundstedt.** Britanniques : → **Alexander, Montgomery, Mountbatten, Tedder, Wavell.** Français : → **Argenlieu (d'), Billotte, Catroux, Dentz, Frère, Gamelin, Georges, Giraud, Juin, Kœnig, Lattre de Tassigny (de), Leclerc, Noguès, Weygand.** Finlandais : → **Mannerheim.** Grec : → **Papagos.** Italiens : → **Badoglio, Balbo, Cavallero, Graziani.** Japonais : → **Terauchi, Yamamoto Isoroku.** Soviétiques : → **Joukov, Koniev, Malinovski, Rokossovski, Sokolovski, Timochenko, Tolboukhine, Vassilevski, Vlassov, Vorochilov.**

Deuxième **Guerre mondiale.** La libération de Paris. Les tanks de la 2e DB du général Leclerc descendent les Champs-Élysées. *Phot. ©CAP/Roger-Viollet*

**GUERRERO** n. m. ♦ État du Mexique méridional, en bordure du Pacifique. 64 281 km². 3 115 202 hab. CAP. : Chilpancingo de los Bravos. ▪ Implanté dans la sierra Madre del Sur, cet État connaît, selon l'altitude, une variété de climats qui permet des cultures tropicales et tempérées. Ressources minières : plomb, argent, or, mercure. C'est sur sa côte, très touristique, que se trouve Acapulco*.

**GUESDE** [gɛd] **(Jules Bazile, dit Jules)** ◆ ÉTYM. n. de jeune fille de sa mère, de *Guède*, du germ. *Waido*, n. de pers. (de *waid* «chasser») ♦ Homme politique français (Paris 1845 - Saint-Mandé 1922). Il contribua à la diffusion en France du marxisme avec la création du premier journal marxiste français (*L'Égalité*, 1877 - 1883) ; il créa avec P. Lafargue le Parti ouvrier (1882), qui deviendra le Parti ouvrier français (1893), avant de constituer avec d'autres groupes le Parti socialiste de France (1902), puis, en 1905, par fusion avec le Parti socialiste français de Jaurès*, le Parti socialiste SFIO. Député de Roubaix à partir de 1893, J. Guesde s'affirmait collectiviste, internationaliste et révolutionnaire. À l'encontre de Jaurès, il s'opposa à la participation socialiste au ministère «bourgeois» de Waldeck*-Rousseau (1899). Ses thèses l'emportèrent au congrès d'Amsterdam (1904), mais pour peu de temps, et Jaurès domina bientôt le mouvement socialiste français. Malgré ses positions théoriques, Guesde accepta la fonction de ministre d'État (1914 - 1916) et adopta des positions nationalistes lors de la Première Guerre mondiale.

**GUESNAIN** [59287] ◆ ÉTYM. du germ. *Gaino*, n. de pers., et suff. *-inus* ♦ Comm. du Nord, banl. S.-E. de Douai, 4 882 hab. *(Guesninois)*.

**GUÉTHARY** [64210] ◆ ÉTYM. du basque *ketari* ou *getari* «guetteur» ♦ Comm. des Pyrénées-Atlantiques, arr. de Bayonne, sur la Côte basque. 1 284 hab. *(Guéthariars)*. Station balnéaire.

**GUETTARD (Jean-Étienne)** ♦ Naturaliste et géologue français (Étampes 1715 - Paris 1786). Il fut le premier à reconnaître la nature volcanique de la chaîne des puys d'Auvergne. [Acad. sc. 1743]

**GUEUGNON** [71130] ♦ Ch.-l. de cant. de la Saône-et-Loire, arr. de Charolles, sur l'Arroux, au S. de l'Autunois. 8 563 hab. *(Gueugnonnais)*. Métallurgie (forges fondées en 1721). Sidérurgie.

**GUEULLETTE (Thomas)** ♦ Écrivain et magistrat français (Paris 1683 - Charenton 1766). Conteur (*Les Mille et Un Quarts d'heure*, 1715 ; *Les Mille et Une Heures*, 1733), auteur dramatique (*L'Amour précepteur*, 1726), il a publié une édition de *La Farce de maître Pathelin* (1748).

**GUEVARA (Antonio de)** ♦ Franciscain et historien espagnol (Treceño v. 1480 - Mondoñedo 1548). Confesseur de Charles Quint, évêque de Cadix (1528) puis de Mondoñedo (1539), il a tracé le portrait du prince idéal dans *El libro llamado Reloj de Príncipes, en el cual va encorporado el muy famoso libro del emperador Marco Aurelio* («Le livre appelé Horloge des Princes, auquel est incorporé le plus fameux livre de Marc Aurèle», 1529).

**GUEVARA (Luis Vélez de)** → **Vélez de Guevara (Luis)**

**gueux**

– en néerl. *Geuzen* ♦ On ignore l'origine exacte de cette appellation donnée aux gentilshommes flamands et néerlandais qui présentèrent à la régente Marguerite* de Parme le compromis des Nobles (1566). Cette pétition, dirigée contre l'Inquisition, demandait le respect des libertés des provinces des Pays-Bas. Les gueux, qui groupaient à l'origine des catholiques et des protestants, unis par un même sentiment national, se divisèrent après les émeutes iconoclastes d'Armentières (1566). Guillaume de La* Marck réunit des corsaires appelés «gueux de mer», qui furent reconnus par Guillaume* le Taciturne dès 1568. Leur grande offensive de 1572 déclencha l'insurrection générale.

**GUEVARA (Ernesto, dit Che)** ◆ ÉTYM. *Che*, coutume argentine (adoptée par Guevara) de faire précéder les noms de personnes de l'interjection *che !* «eh, tiens !» et *Guevara*, n. d'un village de la prov. d'*Álava*, en Espagne ♦ Révolutionnaire cubain d'origine argentine (Rosario, Argentine 1928 - Bolivie 1967). Issu de la bourgeoisie, il délaissa la médecine pour se joindre à Fidel Castro* avec qui il dirigea la révolution cubaine (1956 - 1959). Ministre de l'Industrie à Cuba (1961 - 1965), il quitta ses fonctions pour organiser la guerre révolutionnaire en Afrique et en Amérique latine. Il fut tué en Bolivie alors qu'il participait à une action de guérilla. Le mythe du «Che» ne doit pas estomper l'originalité de sa pensée politique. Le marxisme de Guevara est un humanisme révolutionnaire, prolétarien et internationaliste ; le but de la révolution socialiste est pour lui la création d'un homme nouveau, libéré de toutes les formes de l'aliénation. Ce thème soustend ses analyses économiques, ainsi que sa conception stratégique de la guerre révolutionnaire. Il a publié : *La Guerre de guérilla* (trad. fr. 1959), *Le Socialisme et l'homme à Cuba* (1966), *Journal de Bolivie* (posth. 1968).

Che **Guevara.** *Phot. ©Ian Berry/Magnum*

**GUÈVREMONT (Germaine)** ♦ Femme de lettres canadienne d'expression française (Saint-Jérôme, Québec 1893 - Montréal 1968). D'un réalisme discret et anecdotique, son œuvre se situe dans le genre du roman d'observation : les gestes et les paroles priment sur l'analyse psychologique. Dans sa trilogie *En pleine terre* (1942), *Le Survenant* (1945) et *Marie-Didace* (1947), l'intrigue est simple et les descriptions précises. Germaine Guèvremont a adapté pour la télévision *Le Chenal du moine* et *Le Survenant*. Elle a donné une analyse réaliste du monde paysan du Québec, en utilisant de nombreux canadianismes.

**GUEZ DE BALZAC (Jean Louis)** → **Balzac (Jean Louis Guez de)**

**GUÉZEC (Jean-Pierre)** ♦ Compositeur français (Dijon 1934 - Paris 1971). Il écrivit surtout pour des ensembles instrumentaux, dans un style très rigoureux, rejetant ce qu'il appelait l'«esthétique du flou». «J'essaie de toutes mes forces de créer dans mes compositions un climat de fébrilité par l'extrême mobilité de la matière sonore.»

**GUEZ RICORD (Christian Guez, dit Christian Gabriel/le)** ♦ Poète français (Marseille 1948 - *id.* 1988). Très tôt reconnu par Y. Bonnefoy* et M. Deguy*, Guez, comme Nerval, puise dans la folie la puissance de réinventer ses sources scripturaires, religieuses, ésotériques. Tant dans ses courts poèmes *(Cènes, Chambres, Neumes)* que dans son grand-œuvre : *Maison-Dieu* (écrit en vers de 21 pieds), il transforme son écriture en une herméneutique de l'invisible, une célébration de la poésie comme seule rédemption. Il a d'autre part donné avec son psychiatre un témoignage unique sur son expérience psychotique : *Du fou au bateleur* (1984).

**Guggenheim (musée Solomon R.)** ◆ ÉTYM. d'un n. de lieu, *Guggenheim*, près de Strasbourg, ou *Jugenheim*, en Rhénanie (d'un 1er élément incert. [p.-ê. *Kuckuck* «coucou»]) et de l'all. *Heim* «maison ; hameau» ♦ Musée d'art contemporain de New York, édifié sur un plan circulaire et avec une élévation en plan incliné en spirale par F. L. Wright*, entre 1956 et 1959. On en doit le projet à Solomon R. Guggenheim (1861 - 1949), qui créa en 1937 la fondation portant son nom, consacrée, quant à elle, à la diffusion de l'art non figuratif. Une succursale destinée à présenter les œuvres du fonds de New York, le musée Guggenheim de Bilbao*, a été inaugurée en 1998. Le musée, construit par Frank Gehry, est recouvert de 33 000 plaques de titane.

**GUI, GUY, VITE** ou **VITH** (saint) ➝ ÉTYM. du germ. *Wido*, n. de pers., de *wid* «bois» ♦ Martyr en Lucanie (sous Dioclétien ?), dont le culte est attesté à la fin du Vᵉ s. La légende en fait un enfant de 12 ans qui, après avoir échappé une première fois à la persécution, aurait évangélisé la Lucanie. Très populaire au Moyen Âge, il protégeait de l'épilepsie et de la chorée ou «danse de Saint-Guy». ▪ Fête le 12 juin.

**GUIBERT (Hervé)** ♦ Écrivain français (Saint-Cloud 1955 - Clamart 1991). *La Mort propagande* (1977), son premier recueil de textes, révéla les thèmes centraux de son œuvre : le jeu ambigu avec l'impudeur du dévoilement autobiographique, la fascination pour l'homosexualité et la mort, que l'on retrouve notamment dans *Les Chiens* (1982), *Mes parents* (1986), *Vous m'avez fait former des fantômes* (1987), *Fou de Vincent* (1989), et dans la trilogie consacrée au sida, maladie dont l'écrivain mourut (*À l'ami qui ne m'a pas sauvé la vie*, 1990 ; *Le Protocole compassionnel*, 1991 ; *L'Homme au chapeau rouge*, 1992). Il fut également scénariste pour le cinéma (*L'Homme blessé*, 1983, de Patrice Chéreau*). ➝ ÉTYM. *Guibert* vient du germanique *Wigberht*, de *wig* «combat» et *berht* «brillant».

**GUIBERT DE NOGENT** ♦ Bénédictin français (Clermont, Beauvaisis, 1053 - Nogent-sous-Coucy v. 1124). Abbé de Notre-Dame de Nogent-sous-Coucy, il est l'auteur d'une histoire des croisades (*Gesta Dei per Francos*), d'une autobiographie (*De vita sua*), d'un traité des reliques (*De pignoribus sanctorum*, publ. 1651) dans lequel il montre une remarquable lucidité.

**GUIBERT DE RAVENNE** ♦ Antipape. → **Clément III.**

**GUICHARDIN (Francesco GUICCIARDINI,** dit en fr. **François)** ♦ Historien et homme politique italien (Florence 1483 - Arcetri 1540). Il accomplit de délicates missions diplomatiques pour la République florentine (en particulier, en Espagne, auprès de Ferdinand le Catholique), et occupa des charges importantes auprès de Clément* VII et de Laurent de Médicis*. Cette expérience fut consignée dans ses *Souvenirs politiques et civiques* (commencés en 1525). Ayant ainsi tenu d'excellents postes d'observateur, «il lui fut facile de connaître nombre de choses, d'intervenir en personne dans beaucoup d'autres, ou encore de traiter sans intermédiaire». Son *Histoire de Florence* (commencée en 1508 et inachevée ; publ. 1859) et surtout l'importante *Histoire d'Italie* (commencée en 1535 ; posth. 1561) développent sa conception d'un gouvernement modéré, échappant aussi bien aux pressions populaires qu'à une autorité tyrannique. Grand historiographe de la Renaissance, Guichardin se distingue par son souci de l'objectivité et son sens de la mesure, rapportant les faits avec un réalisme proche de celui de Machiavel*.

**GUICHE** ♦ Nom porté par les fils aînés des ducs de Gramont* à partir de 1485.

**GUICHEN** [35580] ➝ ÉTYM. anc. *Guischen*, du bret. *gwik* «bourg» et *hen* «vieux» ou du n. de saint *Guischen* ♦ Ch.-l. de cant. de l'Ille-et-Vilaine, arr. de Redon. 6 526 hab. (*Guichenais*).

**GUI D'AREZZO (Guido d'Arezzo,** dit en fr.**)** ♦ Bénédictin italien (v. 990 - Sainte-Croix-d'Avellano v. 1050). Professeur à l'école de la cathédrale d'Arezzo et théoricien de la musique, il publia d'importants traités (dont le *Micrologus*, universellement répandu jusqu'au XIVᵉ s.). Il a inventé une méthode de notation musicale ainsi qu'une méthode d'éducation de l'oreille, permettant la lecture puis la notation de la mélodie entendue (jusqu'à lui, le répertoire grégorien s'apprenait par l'imitation du chant du maître). Il fut sans doute le premier à préconiser l'écriture des notes sur une «portée» aux lignes régulièrement espacées.

**GUIDE (LE)** → **Reni (Guido)**

**GUI DE DAMPIERRE** ♦ (1225 - Pontoise 1305). Comte de Namur (1263 - 1297) et de Flandre (1278 - 1305). Il hérita du comté de Flandre par sa mère (→ **Flandre**) et dut faire face aux ambitions françaises. Alors que Philippe* le Bel tentait de placer directement le pays sous l'autorité royale, en encourageant les désirs d'indépendance de l'oligarchie citadine, Gui de Dampierre s'appuyait sur le peuple. Son alliance avec l'Angleterre, alors en guerre avec la France, aboutit finalement à l'invasion du pays (1300). Capturé, il resta prisonnier jusqu'à sa mort.

**GUIDEL** [56520] ➝ ÉTYM. de *Guidul*, saint breton (du vx bret. *Uuidal*, du lat. *Vitalis* «destiné à vivre») ♦ Comm. du Morbihan, arr. de Lorient. 9 156 hab.

**GUIERS** [gjɛʀ] n. m. ♦ Riv. torrentueuse des Préalpes du Nord (48 km), affl. du Rhône. Il prend sa source en deux branches dans le massif de la Grande-Chartreuse, et se forme par la réunion aux Échelles du *Guiers vif* et du *Guiers mort* ; il traverse Le Pont-de-Beauvoisin et conflue près de Saint-Genix-sur-Guiers. C'est l'anc. frontière entre la France et la Savoie.

**GUIGANG** ou **KOUEI-KANG** ♦ V. de Chine (région autonome du Guangxi). 481 334 hab. Indus. sucrière (canne à sucre). Eau minérale. ▪ À proximité, mines de cuivre et d'or.

**GUIGNARD (Léon)** ♦ Botaniste français (Mont-sous-Vaudrey, Jura 1852 - Paris 1928). Il étudia les mécanismes de la reproduction et du développement chez les végétaux, décrivit en particulier le comportement des chromosomes lors de la mitose, et découvrit la double fécondation chez les angiospermes. [Acad. sc. 1895]

**GUIGNEBERT (Charles)** ♦ Historien français des religions (Villeneuve-Saint-Georges 1867 - Clamecy 1939). Professeur d'histoire du christianisme à la Sorbonne, il pratiqua une critique indépendante qu'il voulait aussi éloignée des vues traditionalistes que des conjectures de l'hypercritique. Œuv. princ. : *Jésus* (1933), *Le Monde juif vers le temps de Jésus* (1935), *Le Christ* (posth. 1943). ➝ ÉTYM. Ce nom de famille vient du germanique *Winaberht*, nom de personne, de *win* «ami» et *berht* «illustre».

**GUIGNOL** ➝ ÉTYM. mot lyonnais «celui qui guigne, qui cligne de l'œil», de *guigner* [sur scène le personnage a l'habitude de jeter des regards furtifs de tous côtés] ♦ Marionnette lyonnaise créée vers 1808 par Laurent Mourguet* à l'effigie de ses propres traits, symbolisant l'impertinence, la ruse et la débrouillardise. À la fois naïf et roublard, étourdi et mal embouché, il est accompagné de Gnafron, son ami et confident, et du gendarme avec lequel il échange nombre de coups de bâton. Repris par la tradition, le personnage s'est peu à peu métamorphosé en raisonneur avant de se figer en caricature dans les spectacles pour enfants.

**GUIGNON (Jean-Pierre)** ♦ Compositeur et violoniste français d'origine italienne (Turin 1702 - Versailles 1774). «Roi des violons» dans la musique de Louis XV, il a composé des concertos et des sonates pour violon.

**GUIL** n. m. ➝ ÉTYM. aphérèse du bas lat. *aquilius* «brun» [pour désigner la couleur des eaux] ♦ Torrent des Alpes du Sud (56 km), affl. de la Durance. Sa vallée forme le pays du Queyras*.

**GUILAN** ♦ Prov. du N. de l'Iran, sur la Caspienne, adossée à l'Elbourz. 14 820 km². 2 404 861 hab. CH.-L. : Racht. Formé par des vallées montagneuses descendant à pic sur une étroite frange littorale, le Guilan, au climat humide, est couvert de forêts et de terres cultivées (céréales, riz, thé, tabac, canne à sucre, coton, jute, fruits, agrumes, oliviers, vignes). Élevage bovin, pêche (esturgeons, caviar). Indus. alimentaires, papeteries, scieries, filature de soie. Sa population autochtone appelée *Guilak* sur la plaine et *Daylam* dans les vallées parle le dialecte guilaki. ▮ **Histoire** Protégé par sa barrière montagneuse des invasions nomades puis de la domination arabe, le Guilan fut un foyer de développement du chiisme, donnant naissance à la première dynastie chiite d'Iran (→ **Buyides**).

**GUILBERT (Yvette)** ♦ Chanteuse française (Paris 1867 - Aix-en-Provence 1944). L'étrangeté de sa silhouette, son visage blafard et sa chevelure rousse, qu'une robe verte et de longs gants noirs mettaient en valeur, ont été immortalisés par Toulouse-Lautrec. D'abord interprète, au café-concert, de la chanson rosse ou grivoise (*Le Fiacre ; Madame Arthur*), elle se fit, au cours de nombreuses conférences et tournées à l'étranger, l'ambassadrice de la chanson populaire française, des complaintes du Moyen Âge jusqu'à Béranger et à Nadaud. Elle a publié ses mémoires (*La Chanson de ma vie*, 1929).

**GUILDFORD** ♦ V. d'Angleterre (Surrey), au S.-O. de Londres, sur le Wey. 129 717 hab. La diversification des activités de cet ancien marché agricole est favorisée par la proximité de Londres.

**Guildhall** n. m. ♦ Hôtel de ville de Londres, comprenant un ensemble du début du XVᵉ s. (le porche d'entrée, une partie du Grand Hall et une double crypte). La façade fut refaite en style gothique au XVIIIᵉ s., l'aile orientale rebâtie en 1909.

**GUILEBERT DE BERNEVILLE** ♦ Trouvère français (mil. du XIIIᵉ s.). Originaire de Picardie, il appartint à la société littéraire du Puy d'Arras. On connaît de lui une trentaine de chansons d'amour, pourvues de notation musicale.

**GUILERS** [29820] ➝ ÉTYM. en bret. *Gwiler*, d'orig. gallo-rom. assimilé à *gwik* «bourg» [révèle une présence romaine] ♦ Comm. du Finistère, banl. N.-O. de Brest. 6 956 hab.

**GUILHERAND-GRANGES** [07500] ➝ ÉTYM. *Guilherand* : du germ. *Williramm*, n. de pers. ♦ Comm. de l'Ardèche, arr. de Tournon-sur-Rhône, banl. O. de Valence. 10 707 hab.

**GUILIAROVSKI (Vladimir Alekseïevitch)** ♦ Écrivain russe (près de Vologda 1853 ou 1855 - Moscou 1935). Connu pour son œuvre *Moscou et les Moscovites* (1926), peinture historique et culturelle de cette ville à la fin du XIXᵉ s., il est également l'auteur de *Mes vagabondages* (1928), *Les Récits d'un Moscovite* (1931), *Les Amis et rencontres* (1934), romans consacrés au même thème.

**GUILIN** ou **KOUEI-LIN** ♦ V. de Chine (région autonome de Guangxi), sur le Gui jiang. 764 424 hab. Célèbre site touristique pour ses paysages de relief karstique. ▪ Riz et fruits. ▮ **Histoire** Anc. cap. de la prov. sous les Ming et les Sing, puis de 1936 à 1939.

**GUILLAIN (Simon)** ♦ Sculpteur, graveur et dessinateur français (Paris 1581 - *id.* 1658). Élève de son père NICOLAS GUILLAIN (dit «Cambray»), il séjourna à Rome où il étudia aussi l'architecture et la gravure. De retour à Paris en 1612, il réalisa des travaux de décoration pour plusieurs églises (Saint-Eustache, Saint-Gervais, les Carmes) et compta parmi les membres fondateurs de l'Académie royale de peinture et de sculpture (1642). Dans son œuvre majeure, le monument en bronze du Pont-au-Change (1647, musée du Louvre) représentant Louis XIII, Anne d'Autriche et le jeune Louis XIV, il manifeste son goût pour le détail réaliste (rendu du costume) ainsi qu'un sens de l'effet et une recherche expressive d'esprit quelque peu baroque.

**GUILLAUMAT (Louis)** ♦ Général français (Bourgneuf, Charente-Maritime 1863 - Nantes 1940). Il commanda la IIe armée à Verdun* (1916). D'août à déc. 1917, il reconquit le terrain perdu sur la rive gauche de la Meuse (cote 304, le Mort-Homme). Commandant en chef de l'armée d'Orient (1917 - 1918), gouverneur militaire de Paris (juin 1918), il participa aux offensives de la victoire à la tête de la Ve armée.

## GUILLAUME

→ ÉTYM. du germ. *Wilhelm*, de *will* «volonté» et *helm* «casque». → aussi Guillaumin, Guillem, Guillemin, Guillet, Guillotin, Guilloux, Vuillard ♦ Nom de plusieurs personnages, classés selon les rubriques suivantes : empereur germanique, Achaïe, Angleterre et Grande-Bretagne, Aquitaine, Écosse, Hollande, Pays-Bas, Prusse, Sicile.

### EMPEREUR GERMANIQUE

**GUILLAUME DE HOLLANDE** ♦ (Leyde 1227 - en Frise 1256). Empereur germanique (1247 - 1256). Comte de Hollande, il fut opposé comme empereur par le pape à Frédéric* II, puis à Conrad* IV.

### ACHAÏE

**GUILLAUME Ier DE CHAMPAGNE** ♦ Seigneur de Champlitte (en Champagne, 2de moitié du XIIe s. - Italie 1210). Prince d'Achaïe (1205 - 1209). Il participa à la quatrième croisade puis entreprit de conquérir l'Achaïe. Il eut à lutter contre les Vénitiens et les Grecs. Geoffroi* Ier de Villehardouin, lui succéda.

**GUILLAUME II DE VILLEHARDOUIN** ♦ Prince d'Achaïe (1246 - 1278). Fils de Geoffroi* Ier de Villehardouin, il releva la principauté d'Achaïe qui connut un brillant essor sous son règne. Vaincu par l'empereur byzantin, il dut se reconnaître vassal de Charles Ier de Sicile qui lui succéda.

### ANGLETERRE ET GRANDE-BRETAGNE

**GUILLAUME Ier le Conquérant** ♦ (Falaise 1027 ou 1028 - Rouen 1087). Duc de Normandie (1035 - 1087) et roi d'Angleterre (1066 - 1087). Fils illégitime du duc de Normandie Robert* Ier qui le désigna pour successeur, il ne s'imposa en Normandie qu'en 1047. Il se brouilla avec Henri* Ier de France, qui l'avait d'abord soutenu contre ses vassaux, et qu'il vainquit (1054). Cousin d'Édouard* le Confesseur, roi d'Angleterre, qui le reconnut pour héritier (1051), il s'assura le trône par sa victoire d'Hastings* sur le roi Harold* II (1066). Il établit une monarchie forte, implantant le régime féodal, créant une administration efficace (→ **Domesday Book**), et s'appuyant sur l'Église (→ **Lanfranc**). Il eut à faire face à des révoltes en Angleterre (→ **Edgar Atheling**) et en Normandie où son fils Robert Courteheuse fut soutenu par le roi de France Philippe* Ier. ▪ Mari de Mathilde* de Flandre, père de Guillaume II, de Henri* Ier, de Robert* II Courteheuse.

**Guillaume le Conquérant.** Tapisserie de la reine Mathilde. Centre Guillaume-le-Conquérant, Bayeux. *Phot. © Giraudon*

**GUILLAUME II le Roux** ♦ (v. 1056 - New Forest, près de Southampton 1100). Roi d'Angleterre (1087 - 1100). Fils de Guillaume* le Conquérant. Il combattit les barons révoltés, les Gallois et les Celtes et s'imposa en Normandie (1096). Son frère Henri* Ier lui succéda.

**GUILLAUME III** → **Guillaume III d'Orange-Nassau, STATHOUDER DE HOLLANDE.**

**GUILLAUME IV** ♦ (Londres 1765 - Windsor 1837). Roi de Grande-Bretagne et d'Irlande, roi de Hanovre (1830 - 1837). Il succéda à son frère George* IV et laissa gouverner ses ministres, Wellington*, Grey*, Melbourne*, Peel*. Il soutint cependant Grey quand il fit voter la réforme électorale de 1832. Ses successeurs furent Victoria* en Grande-Bretagne et son frère Ernest*-Auguste Ier au Hanovre.

### AQUITAINE

**GUILLAUME** ♦ Nom de plusieurs ducs d'Aquitaine et de Gascogne, dont le plus célèbre fut GUILLAUME IX (1071 - 1127), comte de Poitiers et duc d'Aquitaine et de Gascogne (1086 - 1127), l'un des plus anciens troubadours connus, auteur de poèmes chantant l'amour et la femme avec une grande liberté de ton. → **Guillaume d'Orange.**

### ÉCOSSE

**GUILLAUME Ier le Lion** ♦ (v. 1145 - 1150 - Stirling 1214). Roi d'Écosse (1165 - 1214). Frère de Malcolm IV à qui il succéda. Il fit la guerre à Henri II d'Angleterre (1173) qui le captura et ne le libéra que contre rançon et reconnaissance de vassalité (1174). Richard Cœur de Lion lui revendit sa souveraineté contre 10 000 marcs d'or (1189).

### HOLLANDE

**GUILLAUME Ier D'ORANGE-NASSAU dit le Taciturne** ♦ (Dillenburg, Nassau 1533 - Delft 1584). Stathouder de Hollande (1559 - 1567, 1572 - 1584). Prince allemand, fils du comte de Nassau-Dillenburg, il hérita de la principauté d'Orange et de possessions en Hollande, et fut, de ce fait, fondateur de la branche des Orange-Nassau. Élevé à la cour de Bruxelles, il gagna la faveur de Charles* Quint et devint stathouder de Hollande, de Zélande et d'Utrecht. Il fit partie du conseil de la régente Marguerite* de Parme et ne tarda pas à se heurter à Granvelle*, dont il obtint le renvoi (1564), avec l'aide de Hoorne* et d'Egmont*. Son opposition à l'absolutisme espagnol était beaucoup plus politique que religieuse : il avait été élevé dans le catholicisme, mais il ne cessa de se rapprocher des protestants, sous l'influence de sa famille, et prit pour seconde femme la fille de Maurice de Saxe. Son but était d'obtenir pour les Pays-Bas des libertés égales à celles des pays d'empire. Il tenta d'abord d'utiliser des moyens pacifiques (compromis des Nobles, 1566). Cependant, l'extension du protestantisme et les révoltes iconoclastes aggravèrent la répression espagnole : le duc d'Albe* ordonna des milliers d'exécutions, et soumit la Flandre et le Brabant, tandis que Guillaume, exilé (1567), tentait d'obtenir le soutien des princes protestants et de l'empereur. En 1572, la Hollande et la Zélande se soulevèrent à la suite des gueux*, appuyés par Guillaume d'Orange en Gueldre et Louis de Nassau en Wallonie. La lutte fut longtemps incertaine, les Espagnols reprenant l'avantage au moment de la Saint*-Barthélemy, le reperdant au départ du duc d'Albe, pour reprendre le combat à l'arrivée de Requesens*. Louis et Henri de Nassau y trouvèrent la mort (1574), mais les gueux résistèrent et Guillaume parvint à dégager Leyde. À la mort de Requesens, don Juan*, qui lui succéda, ne put décider le Taciturne, qui s'était converti au calvinisme, à se rallier, et dut ratifier la pacification de Gand* (1576) qui donnait à Guillaume le stathoudérat de 17 provinces. Alexandre* Farnèse remporta des succès militaires, mais l'union d'Arras* précipita la rupture entre Nord et Sud, par la formation de l'Union d'Utrecht* (1579). Les Provinces-Unies étaient fondées, la rupture avec l'Espagne consommée. Guillaume, dont les Espagnols avaient mis la tête à prix, fut assassiné.

**GUILLAUME II D'ORANGE-NASSAU** ♦ (La Haye 1626 - *id.* 1650). Stathouder de Hollande (1647 - 1650). Il prit la succession de son père Frédéric*-Henri. Il épousa la fille de Charles* Ier roi d'Angleterre, d'Écosse et d'Irlande. Sa mort prématurée arrêta un conflit qui allait l'opposer aux notables hollandais.

**GUILLAUME III D'ORANGE-NASSAU** ♦ (La Haye 1650 - Londres 1702). Stathouder de Hollande (1672 - 1702), roi d'Angleterre, d'Écosse et d'Irlande (1689 - 1702). Fils posthume de Guillaume* II, il fut élevé par Jan De Witt*. Quand Louis XIV envahit la Hollande en 1672, un soulèvement populaire le porta au stathoudérat. Il sauva sa patrie en provoquant l'inondation et en ménageant d'habiles alliances (paix de Nimègue*, 1678) ; il se posa dès lors en champion du protestantisme face à l'hégémonie française catholique. Petit-fils de Charles Ier par sa mère et gendre de Jacques* II, il fut appelé, lors de la révolution anglaise, pour partager la couronne avec Marie* II et n'eut guère à lutter contre Jacques* II. Il accepta le régime constitutionnel (Déclaration des droits, 1689), s'intéressant davantage à la politique extérieure : il entra en effet en lutte avec la France dans la guerre de Succession du Palatinat. Vaincu à Steinkerque* (1692) et Neerwinden* (1693), vainqueur à La Hougue* (1692), il fut reconnu roi par Louis* XIV à la paix de Ryswick (1697). La mort le surprit en pleins préparatifs de la guerre de Succession* d'Espagne.

### PAYS-BAS

**GUILLAUME** ♦ Nom de plusieurs rois des Pays-Bas. ♦ **GUILLAUME Ier** (La Haye 1772 - Berlin 1843). Roi des Pays-Bas et grand-duc de Luxembourg (1815 - 1840). Fils de Guillaume V de Nassau, le dernier des stathouders de Hollande (1751 - 1795). Il régna aussi sur la Belgique, subit la révolution de 1830 et n'accorda son indépendance à la Belgique qu'en 1839. Il consentit au régime constitutionnel mais abdiqua. ♦ **GUILLAUME II** (La Haye 1792 - Tilburg 1849). Roi des Pays-Bas et grand-duc de Luxembourg (1840 - 1849). Il commanda l'armée hollandaise à Waterloo. Il donna une Constitution libérale à la Hollande en 1848. ♦ **GUILLAUME III** (Bruxelles 1817 - château de Loo 1890). Roi des Pays-Bas et grand-duc de Luxembourg (1849 - 1890). Père de Wilhelmine.

### PRUSSE ET ALLEMAGNE

**GUILLAUME Ier** ♦ (Berlin 1797 - *id.* 1888). Roi de Prusse (1861 - 1888) et empereur d'Allemagne (1871 - 1888). Second fils de Frédéric-Guillaume III et de la reine Louise, il prit part aux campagnes de 1814 - 1815. Lors de la révolution de 1848, il incarna la réaction et réprima l'insurrection de Bade en 1849. Il prit le pouvoir en 1858, en tant que régent, en raison de la démence de son frère Frédéric-Guillaume IV. Son désir de réforme militaire se heurta à l'opposition du Landtag (1861) et faillit provoquer son abdication. C'est alors qu'il fit appel à Bismarck*, à qui il devait laisser la direction des affaires jusqu'à sa mort, sans être toujours en accord avec sa politique (en particulier lors du conflit avec l'Autriche, engagé contre son gré, et conclu moins sévèrement qu'il n'aurait voulu, ou avec la France, à la suite de la falsification de la dépêche d'Ems*). De la même façon, il devait désapprouver le Kulturkampf*. Il avait été proclamé empereur dans la galerie des Glaces, à Versailles, le 18 janv. 1871.

**GUILLAUME II** ♦ (Potsdam 1859 - Doorn, Pays-Bas 1941). Roi de Prusse et empereur d'Allemagne (1888 - 1918), petit-fils de Guillaume* Ier. Après une stricte formation militaire, il devint empereur à la mort de son père, Frédéric III. Impatient de régner, il renvoya Bismarck*, dont il ne partageait pas les idées en matière de politique sociale et étrangère. Désireux de jouer le rôle de chef moderne d'un pays dynamique, il lança le «nouveau cours» *(neue Kurs)* économique et social qui fit de l'Allemagne une grande puissance industrielle, mais qui, malgré une législation sociale très avancée, ne put supprimer le malaise ouvrier. Tandis que des mesures libérales ne diminuaient en rien la gravité des problèmes posés par les minorités rattachées au Reich (Alsace-Lorraine et Pologne, surtout), il mena une politique impérialiste (au sein notamment de l'Empire ottoman) sous l'influence du chancelier von Bülow*, ce qui tendit les rapports de l'Allemagne avec la France et la Grande-Bretagne (question du Maroc, 1905 - 1911). Rompant l'alliance traditionnelle avec la Russie, il se rapprocha de l'Autriche et de l'Italie (renouvellement de la Triple-Alliance*, 1907 et 1912), entreprit un vaste effort de réarmement et engagea, en 1914, son pays dans la Première Guerre* mondiale. Il abdiqua le 9 nov. 1918 et se retira aux Pays-Bas.

### SICILE

**GUILLAUME** ♦ Nom de plusieurs rois de Sicile. ♦ **GUILLAUME Ier le Mauvais** (v. 1120 - 1166). Roi de Sicile (1154 - 1166), fils de Roger* II. ♦ **GUILLAUME II le Bon** (1154 - 1189). Fils du précédent. Roi de Sicile (1166 - 1189). Il organisa le mariage de sa tante et héritière Constance avec le fils de l'empereur d'Allemagne (le futur Henri VI). Tancrède de Lecce lui succéda.

---

**GUILLAUME (James)** ♦ Révolutionnaire anarchiste suisse (Londres 1844 - en Suisse 1916). Professeur au Locle (Suisse), il y fonda une section de l'Internationale (1866), rencontra Bakounine (1869) dont il partageait les idées anarchistes.

**GUILLAUME (Charles Édouard)** ♦ Physicien suisse (Fleurier 1861 - Sèvres 1938). Inventeur, avec R. Benoît*, de l'alliage Invar qui leur permit de mettre au point, avec Edvard Jäderin, un appareil utilisé pour déterminer les arcs des méridiens. Il devint directeur du Bureau international des poids et mesures (1915). [Prix Nobel de phys. 1920]

**GUILLAUME (Paul)** ♦ Psychologue français (Chaumont 1878 - Lannes 1962). Outre ses travaux sur *L'Imitation chez l'enfant* (1925), *La Formation des habitudes* (1936), *La Psychologie animale* (1940), il fit connaître en France le gestaltisme (→ **Köhler, Wertheimer**) par son ouvrage sur *La Psychologie de la forme* (1937).

**GUILLAUME (Gustave)** ♦ Linguiste français (Paris 1883 - *id.* 1960). Autodidacte, il fut remarqué par A. Meillet alors qu'il était employé de banque. Ayant suivi l'enseignement de Meillet et après avoir écrit deux essais, il traita, d'une manière originale, *Le Problème de l'article et sa solution dans la langue française* (1919) et les difficultés que présentent *Temps et Verbe* (1929). À peu près inconnu, il ne reçut un poste universitaire qu'en 1938. Guillaume, hors de toute école, a élaboré une théorie linguistique originale, centrée sur la temporalité («chronogenèse»), œuvre à la fois sémantique, structurale et génétique et qui s'appuie sur des considérations psychologiques et formelles («psychosystématique»). Le *guillaumisme* a exercé une forte influence sur plusieurs linguistes français contemporains (G. Moignet, B. Pottier, P. Guiraud, etc.). Les *Leçons de linguistique* de Guillaume sont en cours de publication (par son élève canadien Roch Valin).

**GUILLAUME (Paul)** ♦ Critique d'art et collectionneur français (Paris 1893 - *id.* 1934). L'importante collection personnelle qu'il avait réunie a été léguée en 1960 à l'État par sa veuve, remariée à l'architecte Jean Walter*.

**GUILLAUME DE CHAMPEAUX** ♦ Théologien et philosophe français (1070 - 1121). Élève de Roscelin* et d'Anselme de Laon, évêque de Châlons-sur-Marne, maître de l'école épiscopale de Paris où il eut Abélard* pour disciple. Dans la querelle des Universaux, il soutint la position réaliste, critiquée par Abélard.

**Guillaume de Dole** ou **Le Roman de la rose** ♦ Roman de chevalerie français en vers du trouvère Jean Renart* (v. 1208 - 1210). Liénor, sœur de Guillaume, dont la pureté a été mise en doute, confond son accusateur, fait reconnaître son innocence et conquiert l'amour de Conrad, empereur de Germanie. Cette œuvre n'a que peu de rapports avec le *Roman* de la Rose* de Guillaume de Lorris.

**GUILLAUME DE LORRIS** ♦ Poète français (début XIIIe s. - v. 1238). Il est l'auteur de la première partie (env. 4 000 octosyllabes) du *Roman* de la Rose*, véritable code de l'amour courtois.

**GUILLAUME DE MACHAUT** ou **DE MACHAULT** → ÉTYM. bas lat. *machalum* «grange» ♦ Musicien et poète français (Machaut, près de Reims v. 1300 - v. 1377). Il fut chanoine de Reims après avoir servi divers princes de France et de Navarre. Ses recherches musicales ont inauguré les messes polyphoniques des XVe et XVIe s. Principal représentant de l'Ars* nova, soucieux de perfection formelle, il a également forgé des règles musicales et littéraires pour le lai, le virelai, la ballade, le rondeau, le chant royal, poèmes dits «à forme fixe». Il donna aussi la première messe polyphonique complète due à un seul auteur *(Messe de Notre-Dame)*, ainsi que des romans personnels en vers et en prose, les *Dits*, dont le *Voir Dit (Le Dit de la Vérité)* qui conte les amours tardives du poète avec une jeune fille.

**GUILLAUME DE MALMESBURY** ♦ (dans le Somerset v. 1093 - abbaye de Malmesbury 1143). Bénédictin anglais, bibliothécaire de l'abbaye de Malmesbury. Ses *Gesta regum Anglorum*, complétées par l'*Historia novella*, et ses *Gesta pontificum Anglorum* en font le meilleur chroniqueur anglais du XIIe s.

**GUILLAUME DE MOERBECKE** ♦ Théologien (près de Grammont 1215 - Corinthe ? 1286). Dominicain, il fut envoyé comme missionnaire en Grèce et devint archevêque de Corinthe. Bon helléniste, il traduisit des œuvres des philosophes grecs.

**GUILLAUME DE NANGIS** ♦ Chroniqueur et moine français (mort en 1300). On lui doit trois ouvrages historiques en latin, dont une *Gesta Philippi III* et une *Chronique universelle (Chronicon)* décrivant l'histoire du monde jusqu'en 1301. Cette dernière œuvre fut continuée jusqu'en 1368 par d'autres moines de Saint-Denis.

**GUILLAUME DE RUBROUCK** – en flam. **WILHELM VAN RUBROEK** ♦ Missionnaire flamand (Rubroek, près de Cassel v. 1220 - apr. 1293). Il prit part à la septième croisade et fut envoyé par Saint Louis auprès du grand khan de Mongolie (Möngke) en 1252 - 1254. Dans le rapport détaillé de son voyage, il a décrit les mœurs, coutumes et croyances des peuples d'Orient. Il se retira ensuite au mont Athos.

**GUILLAUME DE SAINT-AMOUR** ♦ Théologien français (Saint-Amour, Franche-Comté 1202 - *id.* 1272). Il enseigna à la Sorbonne où il fut le principal adversaire des ordres mendiants, contre lesquels il écrivit son *Tractatus de periculis novissimorum temporum* (v. 1256). Il fut condamné par Alexandre IV et exilé en 1257.

**GUILLAUME DE SAINT-THIERRY** ♦ Théologien français (Liège v. 1085 - Signy 1148). Abbé bénédictin de Saint-Thierry, diocèse de Reims (1113), il adopta le parti de saint Bernard* contre Pierre* le Vénérable, et prit l'habit cistercien à Signy (1135). Il déclencha la controverse qui aboutit à la condamnation d'Abélard* (1140). Auteur de la *Lettre aux frères du Mont-Dieu* ou *Lettre d'or*, de l'*Exposito super Cantica canticorum*, de traités polémiques et théologiques.

**GUILLAUME DE TYR** ♦ Prélat et chroniqueur de Terre sainte (en Palestine v. 1130 - v. 1184-1185). Archevêque de Tyr (1175), il écrivit l'histoire du règne d'Amaury Ier, roi de Jérusalem *(Gesta Amaurici)*, et assura la régence de son fils Baudouin IV. Il prêcha la troisième croisade et écrivit l'histoire de l'Orient latin au XIIe s. *(Historia rerum in partibus transmarinis gestarum)*.

**GUILLAUME DE VOLPIANO** dit **de Dijon** ou **de Fécamp** ♦ Moine italien (près de Novare 962 - Fécamp 1031). Conduit à Cluny par saint Maïeul*, il devint abbé de Saint-Bénigne de Dijon (990), rebâtit cette abbaye et en réforma plusieurs dizaines en Bourgogne et en Normandie. ▪ Parfois fêté comme bienheureux, le 1er janv.

**GUILLAUME D'OCCAM** ou **D'OCKHAM** ♦ Théologien et philosophe anglais (Ockham, Surrey fin du XIIIe s. - Munich 1349 ou 1350). Il appartenait à l'ordre des franciscains. Il étudia à Oxford et Paris. Ayant pris le parti de Michel de Césena, général de son ordre, contre le pape Jean XXII dans une controverse sur la pauvreté de Jésus-Christ, il fut excommunié et, menacé d'arrestation, s'enfuit à Pise, puis à Munich auprès de Louis de Bavière. C'est là qu'il écrivit ses pamphlets politiques contre la papauté. Ses principales œuvres théologiques et philosophiques sont un *Commentaire* sur les *Sentences* (→ **Pierre Lombard**), *Centilogium theologicum*, *Summa totius logicae* et des traités de physique. ▪ Nominaliste (→ **nominalisme**), il n'admet comme source de connaissance que l'intuition externe ou interne ; il annonce ainsi l'empirisme des grands philosophes anglais (Locke*, Hume*), tout en contribuant à la séparation de la théologie et de la philosophie.

**GUILLAUME D'ORANGE** ou **le Grand** (saint) ♦ (v. 755 - Saint-Guilhem-le-Désert 812). Comte de Toulouse et duc d'Aquitaine, il fut gouverneur de la marche d'Espagne sous le règne de Charlemagne ; il lutta contre les Sarrasins et s'empara de Barcelone (801), avant de fonder l'abbaye de Gellone (auj. Saint-Guilhem-le-Désert). Guillaume d'Orange devint le personnage central de *La Chanson de Guillaume* où il lutte contre les païens, assisté de son neveu, Vivien qui, tel Roland*, trouve une mort héroïque. Héros de l'épopée française, Guillaume au «corb nez» allie la bravoure à la piété la plus ardente.

**GUILLAUME LE VINIER** ♦ Trouvère picard (v. 1190 - 1245). Il appartint au Puy d'Arras (l'une des plus fameuses sociétés littéraires médiévales organisant des concours de poésie). On conserve de lui une trentaine de chansons, jeux partis, pastourelles, descorts et ballades.

**GUILLAUME TELL** – en all. ***Wilhelm Tell*** ♦ Héros légendaire de l'indépendance suisse (fin du XIIIe s.). D'après la tradition, les habitants des trois vallées d'Uri, de Schwyz et d'Unterwald (autour du lac des Quatre-Cantons) se sentirent menacés dans leurs libertés, à la fin du XIIIe s., par les baillis des ducs d'Autriche. L'exaction dont fut victime Arnold de Melchtal* (d'Unterwald) fut, dit-on, à l'origine de la révolte. Arnold de Melchtal rejoignit Werner Stauffacher de Schwyz et ils se concertèrent avec Walter Fürst* d'Uri pour rendre la liberté à la Suisse. Ils amenèrent chacun 10 hommes (dont Guillaume Tell) dans la prairie du Rütli* (ou Grütli) au-dessus du lac des Quatre-Cantons et prêtèrent le serment de chasser les baillis. Cependant, Gessler*, bailli d'Uri, résolut de mettre à l'épreuve la fidélité du peuple : il fit planter une perche surmontée d'un chapeau aux couleurs des Habsbourg sous le tilleul de la place d'Altdorf* en Uri et exigea que les passants saluent cet emblème. Guillaume Tell refusa de saluer et Gessler l'aurait obligé alors à percer d'une flèche une pomme placée sur la tête de son propre fils. Guillaume réussit mais, ayant déclaré au bailli qu'il lui avait destiné une autre flèche en cas d'échec, il fut emprisonné. Embarqué sur le lac avec Gessler, il lui échappa à la faveur d'une tempête et le tua. ▪ Cette tradition est vivement contestée depuis le XIXe s. Il semble que l'histoire de l'arc et de la pomme soit d'origine scandinave et bien antérieure à l'époque présumée de Guillaume Tell. Il est également possible que la légende ait des fondements réels qui correspondent au pacte de 1291, fondement de la Confédération helvétique (→ **Suisse**). ▪ Guillaume Tell inspira une pièce à Schiller (1804) et un opéra à Rossini (1829).

**GUILLAUMIN (Armand)** ♦ Peintre français (Paris 1841 - *id.* 1927). Ami de Monet, Pissarro, Cézanne, il participa à de nombreuses expositions impressionnistes. C'est dans la Creuse qu'il peignit ses plus beaux paysages (*Neige fondante dans la Creuse*, 1898). ◆ ÉTYM. → Guillaume.

**GUILLAUMIN (Émile)** ♦ Écrivain français (Ygrande, Allier 1873 - *id.* 1951). Paysan écrivant sur les paysans, il s'est fait le témoin de la vie rurale en France au XIXe s. (*La Vie d'un simple*, 1904), au rythme des saisons (*Tableaux champêtres*, 1901), des relations entre les habitants d'un village (*Rose et sa Parisienne*, 1907), plaidant contre l'exode rural (*Baptiste et sa femme*, 1910). Il décrit la création d'un syndicat paysan (*Le Syndicat de Baugignoux*, 1911) et ses difficultés (*À tous vents sur la glèbe*, 1931).

**GUILLEM (Sylvie)** ♦ Danseuse française (Paris 1965). Danseuse étoile de l'Opéra de Paris à dix-neuf ans, elle rejoignit le Royal Ballet de Londres en 1989, comme étoile invitée, et a mené depuis une carrière internationale. Ses étonnantes qualités physiques et son sens de l'interprétation l'ont fait rechercher par les plus grands chorégraphes tels W. Forsythe (*In the Middle, Somewhat Elevated*, 1987), B. Wilson (*Le Martyre de saint Sébastien*, 1988) ou M. Béjart (*Épisodes*, 1992). Elle réalisa sa première chorégraphie en 1998 avec *Giselle*. ◆ ÉTYM. → Guillaume.

**GUILLEMIN (Roger)** ♦ Médecin américain d'origine française (Dijon 1924). Un des fondateurs, avec A. Schally*, de la neuroendocrinologie, il découvrit les peptides contrôlant la sécrétion de certaines hormones de l'hypophyse et du pancréas, puis parvint à synthétiser les substances analogues aux peptides naturels, capables de se fixer sur les mêmes récepteurs. Ces résultats trouvèrent des applications immédiates dans le traitement et le contrôle de certaines maladies hormonales comme le diabète juvénile ou l'acromégalie. Il se consacra ensuite à la recherche sur les endorphines, des analogues de la morphine naturellement présents dans l'organisme. [Prix Nobel de physiol. ou méd. 1977, avec A. Schally et R. Yalow*] ◆ ÉTYM. → Guillaume.

**GUILLÉN (Jorge)** ♦ Poète espagnol (Valladolid 1893 - Málaga 1984). Traducteur de Valéry* dont il adopta les théories esthétiques. Dans *Cantico* (1928) et *Clamor* (1936 - 1950), il parvient à la clarté et à la rigueur de la construction. Il cherche à évoquer plus qu'à décrire, d'où son usage fréquent de la métaphore. Il a tenté d'exprimer l'homme, à la fois déchiré et présent au monde.

**GUILLÉN (Nicolás)** ♦ Poète cubain (Camagüey 1904 - La Havane 1989). Sans renier la culture hispanique et européenne, il a su lui allier la tradition noire en s'inspirant du folklore national. Le syncrétisme des cultures apparaît notamment dans le célèbre poème *Ballade des deux aïeux* (1934). Il est l'auteur de *Motivos de son* (1930) ; *Sóngoro cosongo* (1931) ; *West Indies Limited* (1934) ; *El son entero* (1947) ; *Poemas de amor* (1964).

**GUILLERAGUES (Gabriel DE LAVERGNE, sieur DE)** ♦ Magistrat et écrivain français (Bordeaux 1628 - Constantinople 1685). Grand administrateur du roi, qui l'envoya en ambassade à Constantinople (1678), il fréquenta les milieux littéraires. On lui doit les *Lettres* portugaises* (1669) qui passèrent jusqu'en 1926 pour d'authentiques lettres d'amour de la religieuse Mariana Alcoforado*.

**GUILLET (Léon)** ♦ Ingénieur métallurgiste français (Saint-Nazaire 1873 - Paris 1946). Il étudia particulièrement les traitements thermiques, la micrographie, les propriétés mécaniques des aciers spéciaux, des bronzes et des laitons. [Acad. sc. 1925] ◆ ÉTYM. → Guillaume.

**GUILLEVIC (Eugène)** ♦ Poète français (Carnac 1907 - Paris 1997). Dès *Terraqué* (1942), il s'est affirmé comme le poète d'un lyrisme concentré, appliqué à «tout rendre concret, palpable», faisant appel à des éléments simples («Choses», «Faits divers»). Une parole incantatoire transforme ces éléments en témoins de l'histoire de l'homme. Après *Exécutoire* (1947), puis *Carnac* (1961) où un long dialogue fait de flux et de reflux s'instaure entre le poète et la mer ou le roc, *Sphère* (1963) conjugue le thème de la création à l'angoisse de la mort. Le doute et le trouble devant le réel qui se sont faits plus insistants dans *Ville* (1971) et *Inclus* (1973) ont permis à Guillevic de redéfinir son espace poétique, avec *Du domaine* (1975), et de l'explorer, dans *Requis* (1983), *Creusement* (1987) et *Art poétique* (1990), jusqu'à ce qu'il ait découvert la force du silence et qu'il l'ait reconnue comme la marque même du poème.

**GUILLOT-GORJU (Bertrand HARDOUIN DE SAINT-JACQUES, dit)** ♦ Farceur français (Paris 1600 - *id.* 1648). Il prit à l'Hôtel de Bourgogne la succession de Gaultier-Garguille et se rendit fameux dans les emplois de médecin.

**GUILLOTIN (Joseph Ignace)** ♦ Médecin et homme politique français (Saintes 1738 - Paris 1814). Professeur d'anatomie et député de Paris aux états généraux, il demanda, pour l'exécution des condamnés à mort, la création d'une machine, à laquelle on donna son nom (*guillotine*), en dépit de ses protestations. ◆ ÉTYM. → Guillaume.

**GUILLOUX (Louis)** ♦ Romancier français (Saint-Brieuc 1899 - *id.* 1980). Élevé dans un milieu familial prolétarien, il s'est attaché à évoquer ces vies «sans importance» mais rendues ferventes par l'ardeur révolutionnaire. *La Maison du peuple* (1927) rappelle son enfance de fils de militant socialiste, et la même chaleur humaine s'exprime dans *Compagnons* (1930), *Hyménée* (1932) et *Angélina* (1932). L'accusation sociale devient plus âpre dans *Le Sang noir* (1935) où apparaît le personnage tragique et complexe de Cripure, porte-parole de la révolte de l'auteur. *Le Jeu de patience* (1949) se présente comme la chronique de la vie provinciale entre les deux guerres ; de cette image de la réalité quotidienne se dégage une protestation généreuse contre la souffrance de vivre. Guilloux a adapté *Le Sang noir* pour le théâtre sous le titre de *Cripure* (1962), et il a laissé un volume de souvenirs (*L'Herbe d'oubli*, 1984). ◆ ÉTYM. → Guillaume.

**GUILMANT (Alexandre)** ♦ Organiste et compositeur français (Boulogne-sur-Mer 1837 - Meudon 1911). Titulaire de l'orgue de la Trinité, il fut l'un des fondateurs de la Schola* cantorum. Virtuose autant que pédagogue de valeur, il a composé de nombreuses œuvres pour son instrument (sonates, messes, noëls, motets), et publié des éditions de musique d'orgue ancienne.

**GUILVINEC** [29730] ◆ ÉTYM. p.-ê. du bret. *ker* (altéré en *kel-*) «village» et *manek* «pierreux» ♦ Ch.-l. de cant. du Finistère, arr. de Quimper, sur la côte de Cornouaille. 3 042 hab. (aggl. 5 210) (*Guilvinistes*). Port de pêche. Conserveries. Station balnéaire.

**GUIMARÃES** ♦ V. du Portugal (région Nord), district de Braga, dans le Minho. ch.-l. de canton. 92 727 hab. Château fort (Xe - XVe s.). Palais des ducs de Bragance (XVe s.) décoré (plafonds) et meublé. ▪ Artisanat (coutellerie, tannerie, quincaillerie). Marché agricole. ▮ **Histoire** Résidence des premiers comtes de Portucale (→ **Portugal**). Alphonse* Ier, premier roi du Portugal, y est né.

**GUIMARD (Hector)** ♦ Architecte et décorateur français (Lyon 1867 - New York 1942). Ennemi du répertoire ornemental traditionnel, il imposa le style Art* nouveau dans l'architecture parisienne avec le Castel Béranger (1897 - 1898), où il mêla avec fantaisie pierre de taille, brique, fer, céramique, et créa dans ses moindres détails un décor floral et végétal à dominante courbe. Il joua des formes asymétriques et incurvées à Auteuil, et publia un album de meubles et d'ornements. Il contribua au succès populaire du nouveau style avec ses entrées du métropolitain (1899 - 1904) à propos desquelles on a pu parler d'un «style métro». ➝ ÉTYM. *Guimard* est une variante de *Guivarch*, du vieux breton *Uuiumarch* «digne (*uuiu* [moderne *gwiv*]) d'avoir un cheval (*march* [moderne *marc'h*])» [nom donné à un guerrier qui mérite d'être cavalier et non plus simple fantassin].

**GUIMET (Émile)** ♦ Industriel et érudit français (Lyon 1836 - Fleurieu-sur-Saône 1918). Ayant constitué au cours de voyages en Asie (Chine, Inde, Japon) une importante collection d'objets d'art, il fonda le musée qui porte son nom (Lyon, 1879) ; cette collection qu'il légua à l'État (1884) fut transférée à Paris et rattachée aux Musées nationaux en 1945.

**GUINÉE** n. f. ➝ ÉTYM. en port. *Guiné*, du berbère *aguinaw* «les muets, ceux qui ne savent pas parler» (mot qui désignait les Noirs) ou du soussou *djine* «femme» ou de *Djenné*, n. donné par les marchands locaux ♦ Terme anc. désignant autrefois la zone côtière de l'Ouest africain entre le cap Vert (Sénégal) et l'Angola, baignée en partie par l'actuel golfe de Guinée. Des pièces de tissu de cette région étaient utilisées comme monnaie à l'époque des comptoirs européens.

## GUINÉE

▮ n. f. – off. ***république de Guinée*** ♦ Pays d'Afrique occidentale ouvert sur l'Atlantique. 245 857 km². 9 572 000 hab. *(Guinéens)*. LANGUES : français (off.), mandingue (malinké), peul, soussou, bassari. POPULATION : Malinkés, Peuls, Toucouleurs, Soussous, Kissis. RELIGIONS : musulmans, animistes, chrétiens. MONNAIE : franc guinéen. CAPITALE : Conakry. RÉGIME : présidentiel (militaire). La Guinée est divisée en 7 gouvernorats et une ville.

▮ **GÉOGRAPHIE** Hormis une large plaine côtière à l'O., c'est un pays essentiellement montagneux où naissent les grands fleuves d'Afrique occidentale. Au N., le Fouta-Djalon (mont Loura, 1 538 m) donne naissance à la Gambie, à la Falémé, au Bafing et au Bakoy, au Sénégal, ainsi qu'au Tinkisso qui alimente le Niger. Au S. la Dorsale* guinéenne (mont Nimba* au S.-E., 1 752 m) est à l'origine du Niger et des affluents de son cours supérieur. La plaine côtière, où coulent de nombreuses rivières (les «rivières du Sud»), dont le Konkouré, est bordée d'une côte échancrée. Les reliefs s'abaissent en direction du Mali pour former le plateau mandingue avec une végétation de savane arborée. Le Fouta-Djalon est sous l'influence du climat soudanien et couvert d'une forêt claire. La Guinée forestière au S.-E., plus arrosée, est couverte d'une forêt dense. Le climat y est tropical humide, avec des pluies abondantes sur les monts Nimba et le versant méridional du Fouta-Djalon, et de type équatorial sur la côte. Autrefois joyau des possessions françaises d'A-OF (bananes, café, huile de palme), la Guinée a vu son agriculture d'exportation diminuer depuis l'indépendance. Ses réserves en minerais sont immenses. On extrait la bauxite (→ **Boké, Fria, Los [îles de]**), et le diamant industriel (régions forestières). Le fer est peu exploité car, bien qu'énormes, les réserves sont situées sous la forêt des monts Nimba et dans la rég. de Conakry. Une voie de chemin de fer Conakry-Kankan permet d'exporter les matières premières qui sont exploitées avec l'aide de capitaux étrangers. La

**Guinée.**

**Guinée** ▮ Productions en 2008

| Produits | Quantités | Rang |
|---|---|---|
| ▮ Agriculture | | |
| Ananas | 108 000 t | |
| Arachides | 305 000 t | 14ᵉ |
| Bananes | 160 000 t | |
| Café | 24 000 t | |
| Huile de palme | 50 000 t | |
| Mangues | 160 000 t | |
| Manioc | 1 350 000 t | |
| Riz | 1 400 000 t | |
| Bovins (têtes) | 4 000 000 | |
| Pêche | 95 000 t | |
| ▮ Mines | | |
| Bauxite | 18 000 000 t | 4ᵉ |
| Diamants | 480 000 carats | |
| Or | 16 t | |

Guinée est le premier exportateur mondial de bauxite, mais le pays s'enfonce dans le marasme économique, la pauvreté (la moitié des Guinéens vivent avec un dollar par jour) et la corruption.

▮ **HISTOIRE** ▮ **Jusqu'au XIXᵉ s.** Les massifs et les forêts du S. servirent de refuge aux populations fuyant les guerres de la savane. Région aurifère, le plateau mandingue fit partie de l'empire du Ghana et vit naître celui du Mali au XIIᵉ s. Au XVIᵉ s., les Européens établirent des points de traite sur la côte pour se procurer des épices (la *malaguette* ou poivre de Guinée), de l'huile de palme et des esclaves. ▮ **La colonisation française** Au milieu du XIXᵉ s., la France signa des traités avec les chefs locaux et, en 1890, fonda Conakry. Elle construisit un chemin de fer à partir de Conakry pour désenclaver la vallée du Niger, mais l'arrêta à Kankan. Dans le N.-E., elle se heurta à Samory Touré et aux Peuls du Fouta-Djalon et, dans le S., aux peuples de la forêt. Le territoire devint une colonie française en 1893 et fut intégré à l'A-OF en 1895. La résistance à la colonisation fut très forte, notamment chez les Coniaguis, les Peuls du Fouta-Djalon et, jusqu'en 1912, chez les Guerzés, les Kissis et les Tomas, dans les régions forestières. À l'exploitation de l'hévéa, avant la Première Guerre mondiale, succédèrent celles de la banane, du café, du cacao, du tabac et des agrumes. L'exploitation de la bauxite commença après 1945.

**Guinée.** Usine de bauxite à Kamsar. *Phot. ©François Rojon/Rapho*

La mise en valeur du pays fut le fait de colons européens et ne suscita pas l'émergence d'une masse de petits planteurs, mais d'ouvriers et de petits cadres, en particulier dans les centres industriels et portuaires. Un syndicalisme très politisé se forma parmi eux. En 1952, leur chef, Ahmed Sékou Touré, fonda le Parti démocratique de Guinée (section locale du Rassemblement démocratique africain) dont il fit une organisation de masse fortement structurée. ▮ **L'indépendance** En 1958, Sékou Touré dit «non» à la Communauté et s'engagea dans une gestion socialiste de l'économie, en s'appuyant sur un parti unique. Son régime autoritaire provoqua l'exil du quart de la population. Après sa mort, en 1984, l'armée porta au pouvoir le colonel Lansana Conté, qui se rapprocha de la France. En 1993, il remporta la première élection présidentielle pluraliste. Sa réélection en 1998 fut contestée par l'opposant Alpha Condé qui fut incarcéré et ne fut libéré qu'en 2001 grâce à une action internationale. Réélu également en 2003 avec officiellement 95 % des voix, Lansana Conté tomba gravement malade l'année suivante mais refusa de céder le pouvoir, ce qui provoqua une absence de gouvernance et une grave crise sociale. À la suite d'émeutes, il accepta, en février 2007, de rétablir le poste de Premier ministre, qu'il avait supprimé. Fin 2008 se déroulèrent des manifestations sanglantes contre la vie chère (prix du carburant). En déc., le président Lansana Conté disparut et une junte militaire conduite par le capitaine Moussa Dadis Camara, originaire de la zone forestière, prit le pouvoir sous le nom de Conseil national pour la démocratie et le développement (CNDD). Bien accueilli par la société civile, le CNDD nomma un gouvernement dominé par les militaires avec un Premier ministre civil, Kabiné Komara. En 2009, une manifestation contre l'éventuelle candidature du chef de la junte (qui avait promis de rendre le pouvoir aux civils) fut noyée dans le sang (plus de 150 morts) suscitant la réprobation internationale. Blessé lors d'un attentat en déc., le capitaine Dadis a laissé sa place à un président par intérim, le général Konaté, qui, sous la pression internationale, a nommé un Premier ministre de transition issu de la société civile, l'opposant Jean-Marie Doré, président de l'Union pour le progrès de la Guinée (UPG).

**GUINÉE** (golfe de) ♦ Golfe de l'océan Atlantique sud baignant les côtes de l'Afrique occidentale de la Côte d'Ivoire à l'embouchure de l'Ogooué (Gabon) ; entre le Ghana et le delta du Niger* une large échancrure forme le golfe de Bénin, puis à l'E. le golfe du Biafra où se situent les îles volcaniques de Pagalu* au S., de Bioko au N. Le courant équatorial de Guinée longe les côtes du golfe et déplace d'O. en E. des masses d'eaux chaudes à l'origine des hautes températures et d'une abondante humidité sur la côte.

**GUINÉE (NOUVELLE-)** → Nouvelle-Guinée

## GUINÉE-BISSAU

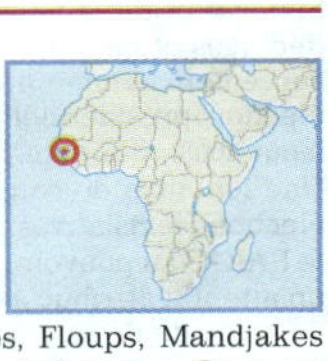

▮ n. f. – off. ***République de Guinée-Bissau,*** en port. ***Guiné-Bissau*** anc. ***Guinée portugaise*** ♦ Pays d'Afrique occidentale ouvert sur l'Atlantique. 36 125 km² (avec l'archipel des Bissagos*). 1 798 000 hab. *(Bissao-guinéens).* LANGUES : portugais (off.), créole, malinké, balante, peul. POPULATION : Bagas, Nalus, Londumans, Balantes, Floups, Mandjakes dans les régions basses et à la frontière sénégalaise ; Bissagos dans les îles ; Peuls (Foulbés), Malinkés à l'intérieur. RELIGIONS : protestants, catholiques, musulmans. MONNAIE : franc CFA. CAPITALE : Bissau. RÉGIME : présidentiel. La Guinée-Bissau est divisée en 3 provinces et 8 régions.

▮ **GÉOGRAPHIE** Le tiers du pays est composé de lagunes encombrées de mangroves et couvertes d'une végétation inextricable, formant les estuaires des petits fleuves, et d'îles côtières (archipel des Bissagos). Une plaine côtière où serpentent le Cacheu, le Corubal et le Gêba constitue une zone forestière humide. L'arrière-pays s'élève doucement (300 m) dans le S.-E. annonçant le Fouta*-Djalon. Le climat et la végétation sont ceux de la zone tropicale humide plus sec à l'intérieur et permettant l'élevage du bétail. L'économie est basée sur l'agriculture (huile de palme en forêt, arachide dans les zones plus sèches). Exportation de noix de cajou. Les cultures vivrières sont le riz et le maïs, souvent importés. Le bois est peu exploité. Le manque d'infrastructures empêche l'exploitation des gisements de bauxite et de phosphates découverts au début des années 1990.

**Guinée-Bissau.**

**Guinée-Bissau** | Productions en 2008

| Produits | Quantités |
|---|---|
| Arachides | 23 000 t |
| Huile de palme | 6 400 t |
| Maïs | 35 000 t |
| Manioc | 42 000 t |
| Millet | 30 000 t |
| Noix de cajou | 80 000 t |
| Riz | 120 000 t |
| Sorgho | 25 000 t |

**HISTOIRE** L'histoire du peuplement de la Guinée-Bissau est celle des populations qui vivent de part et d'autre des frontières avec le Sénégal (Casamance) et la Guinée. Les Portugais explorèrent les côtes (1446) mais furent peu pressés de pénétrer le pays en raison de l'hostilité des habitants, en particulier des Bissagos. Ils créèrent un comptoir à Cacheu et s'installèrent plus tard à Bissau (1692). Le territoire fut érigé en colonie en 1879. Proche du Cap-Vert, il fut considéré durant toute la colonisation comme le prolongement continental de l'archipel. La lutte pour l'indépendance, obtenue en 1974, se déroula sous la bannière du Parti africain pour l'indépendance de la Guinée et du Cap-Vert (PAIGC) qui se scinda en 1980. En 1991, le chef de l'État, João Bernardo Vieira, instaura le multipartisme et fut réélu lors de la première élection pluraliste en 1994. Après le putsch du général Mané qui entraîna l'intervention du Sénégal et de la Guinée, Kumba Yala fut élu à la présidence en déc. 1999 et destitué par l'armée en sept. 2003. Henrique Rosa lui succéda mais une intervention de l'armée imposa la tenue d'une élection présidentielle remportée par Vieira, l'ancien président (août 2005), qui nomma un Premier ministre issu de l'opposition. Une tentative de coup d'État eut lieu en nov. 2008, peu après des élections législatives remportées sans contestations majeures par le PAIGC au pouvoir ; le président Vieira fut tué en mars 2009 dans un attentat attribué à des militaires dans un contexte de rivalité et de trafic de drogue. Le président intérimaire Malam Bacaï Sanha fut élu en juill. suivant.

## GUINÉE ÉQUATORIALE

**n. f. – off.** ***République de Guinée équatoriale,*** **en esp.** ***Guinea Ecuatorial*** ♦ Pays d'Afrique équatoriale sur le golfe de Guinée comportant une partie continentale et une partie insulaire. 28 051 km². 532 000 hab. *(Équatoguinéens)*. LANGUES : français et espagnol (off.), créole fernandino, fang. POPULATION : Bubis, Fangs, Fernandinos (métis) et Ibos immigrés à Bioko ; Fangs au Mbini. RELIGIONS : chrétiens, animistes. MONNAIE : le franc CFA a remplacé l'*ekue* depuis 1985. CAPITALE : Malabo (dans l'île de Bioko). RÉGIME : présidentiel.

**GÉOGRAPHIE** La Guinée équatoriale comporte une partie continentale couverte de forêts, le Mbini, relevée à l'E., les îles volcaniques de Bioko, au large du Cameroun et d'Annobon (anc. Pagalu) au S. de São Tomé, ainsi que plusieurs îlots. Le climat est équatorial. Les cultures vivrières sont insuffisantes. Exploitation forestière à Mbini (bois d'okoumé). Seul Bioko a été mis en valeur par les Espagnols (culture du cacao, du café et du palmier à huile) ; les esclaves ont été remplacés au début du XXᵉ siècle par des immigrants nigérians. L'agriculture ne s'est pas encore relevée de la longue période dictatoriale qui a suivi l'indépendance. Le champ pétrolier de Zafiro a été mis en exploitation en 1996 ; la production de 17,4 millions de t de pétrole en 2008 a fait du pays le 3ᵉ exportateur d'Afrique subsaharienne. Avec un taux de croissance du PIB de 11 % en 2008, le revenu moyen a plus que décuplé en huit ans, mais il ne profite qu'à une infime minorité (la moitié des enfants de moins de 5 ans souffrent de malnutrition).

**HISTOIRE** L'histoire précoloniale du Mbini est celle du Gabon. Les Fangs ont immigré dans cette région forestière à une période récente. Bioko (anc. Fernando Poo) et Pagalu (anc. Annobon) ont été découverts au XVᵉ s. par les navigateurs portugais. Le Portugal céda l'archipel à l'Espagne en 1778, y ajoutant le Río Muni (Mbini) pour donner à l'Espagne un accès à l'Afrique continentale (esclaves, ivoire, huile de palme). La Guinée équatoriale accéda à l'indépendance en 1968 sous la présidence de Macias Nguema qui gouverna par la terreur et sombra dans la démence avant d'être renversé en 1979 par un militaire de son clan, le colonel Obiang Nguema Mbasogo. Un climat de répression limite l'exercice du multipartisme (autorisé depuis 1992) qui porte régulièrement le président Nguema au pouvoir. Après l'échec d'un coup d'État durement réprimé en 2004, il a fait de timides tentatives de lutte contre la corruption (2006). Il a été réélu en 2009 avec 95,37 % des voix.

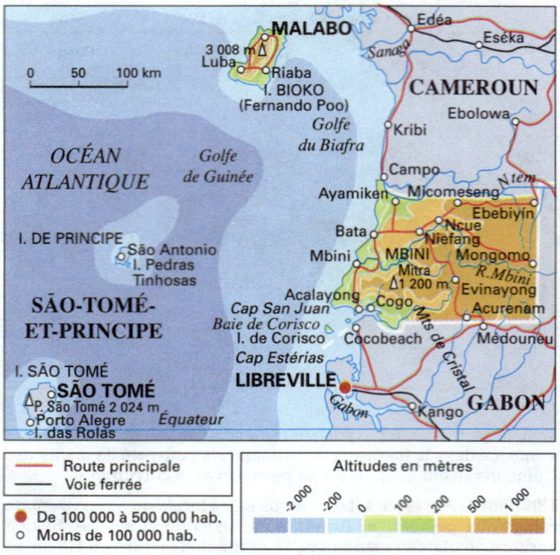


Guinée Équatoriale.

**GUINEGATTE** → Enguinegatte

**GUÎNES** [62340] ♦ Ch.-l. de cant. du Pas-de-Calais, arr. de Calais, en Flandre. 5 221 hab. *(Guînois)*. ▪ À proximité, la forêt de Guînes (785 ha) s'étend le long du versant N. du Boulonnais. La colonne Blanchard indique l'endroit où atterrit, le 7 janv. 1785, le ballon monté par J.-P. Blanchard, qui, le premier, franchit la Manche.

**GUINGAMP** [gɛ̃gɑ̃] [22200] ➝ **ÉTYM.** anc. *Gwengamp,* du vx bret. *win* (moderne *gwenn*) « blanc ; béni, sacré [p.-ê. ici "terre en friche"] » et *camp* « champ ouvert, domaine » ♦ Ch.-l. d'arr. des Côtes-d'Armor. 8 008 hab. (aggl. 17 506) *(Guingampais)*. Église Notre-Dame-de-Bon-Secours, de style gothique au N. et Renaissance au S. (pardon annuel). ▪ Agroalimentaire. Construc. électriques et électroniques.

**GUINGOUIN (Georges)** ♦ Résistant français (Magnac-Laval 1905 - Troyes 2005). Instituteur et militant communiste, il entra dans la Résistance dès 1940. Il dirigea de nombreux attentats et sabotages dans le Limousin où il était à la tête du maquis FTP. Au lendemain du Débarquement du 6 juin 1944, il parvint à arrêter la division SS Das Reich qui remontait vers la Normandie, permettant aux Alliés de gagner un temps précieux. Surnommé le « préfet du maquis », il obtint la reddition des forces allemandes de Limoges, le 21 août 1944, et fut nommé lieutenant-colonel des FFI. Après la guerre, il fut élu maire de Limoges, mais en butte à l'hostilité des dirigeants du PCF car trop indépendant, il fut exclu du Parti. Également victime d'une machination d'anciens collaborateurs, accusé dans une affaire de meurtres, il fut arrêté en 1953 et passé à tabac. Il survécut cependant et bénéficia d'un non-lieu en 1959.

**GUINIZELLI (Guido)** ♦ Poète italien (Bologne v. 1235 - Monselice 1276). De noble famille et partisan des guelfes, il fut contraint à l'exil par le triomphe des gibelins (1274). Obéissant à la tradition de la poésie provençale, il renouvela la symbolique habituelle en approfondissant le sentiment. S'opposant à Guittone d'Arezzo, qu'il avait d'abord révéré, il est considéré comme le précurseur du Dolce stil nuovo. C'est comme tel qu'il fut admiré de Cavalcanti et de Dante qui en faisait le « père de tous les poètes d'amour ».

**GUINNESS (sir Alec)** ♦ Comédien britannique (Londres 1914 - Midhurst, Sussex 2000). Réputé au théâtre pour son art de la composition, il joua en 1936 à l'Old Vic sous la direction de Laurence Olivier*. Il fut l'interprète de *Hamlet* (1951), de *Richard III* et d'auteurs français contemporains (*Le roi se meurt* de Ionesco ; *Huis clos* de Sartre). Tout en continuant le théâtre en Angleterre, il entreprit en 1946 une carrière cinématographique et tourna beaucoup avec D. Lean* (*Oliver Twist,* 1948 ; *Le Pont de la rivière Kwaï,* 1957 ; *Lawrence d'Arabie,* 1962 ; *Docteur Jivago,* 1965). Il fut tout aussi remarquable dans *Noblesse oblige* de R. Hamer (1949) et *De l'or en barres* de Ch. Crichton (1951).

**GUIPAVAS** [29490] ➝ **ÉTYM.** en bret. *Gwipavaz,* de *gwik* « bourg » et n. d'un saint, p.-ê. *Bevoez* (ou *Bavoez*) ♦ Ch.-l. de cant. du Finistère, arr. de Brest, dans le Léon. 12 584 hab. *(Guipavasiens)*. ▪ À 1 km, aéroport de Brest-Guipavas.

**GUIPÚZCOA** ♦ L'une des 3 prov. de la Communauté autonome du Pays basque espagnol. 1 997 km². 694 944 hab. CH.-L. : Saint-Sébastien.

**GÜIRALDES (Ricardo)** ♦ Écrivain argentin (San Antonio de Areco, prov. de Buenos Aires 1886 - Paris 1927). Issu d'une famille patricienne de Buenos Aires, il reçut une double éducation en français et en espagnol. À Paris, il fréquenta les milieux littéraires et la Maison des amis des livres d'Adrienne Monnier. Une profonde amitié le lia à Valery Larbaud. Après *Le Grelot de cristal* (1915), où l'on retrouve l'influence de Jules Laforgue, il publia *Xamaica* (1923). En 1924, il fonda avec Borges* la revue d'avant-garde *Proa*. *Don Segundo Sombra* (1926) évoque les apprentissages de la vie de gaucho du jeune protagoniste par le biais d'un personnage quasi allégorique, Don Segundo Sombra (ombre du dernier gaucho présenté comme un moderne centaure de la pampa). Œuvre de nostalgie, ce roman peut être considéré comme l'ultime manifestation littéraire du genre « gauchesque ».

**GUIRAUD (Ernest)** ♦ Compositeur français (La Nouvelle-Orléans 1837 - Paris 1892). Professeur de composition au Conservatoire de Paris, il eut P. Dukas et C. Debussy pour élèves. Son *Traité pratique d'instrumentation* (1895) a longtemps fait autorité.

**GUIRAUT DE BORNELH** ♦ Troubadour périgourdin (Excideuil, mil. du XIIe s. - v. 1220). Il participa à la quatrième croisade et fut surnommé par ses contemporains le « maître des troubadours ». On lui doit des chansons, pastourelles, romances, aubes dont quatre seulement sont notées.

**GUIRAUT RIQUIER** ♦ Troubadour languedocien (Narbonne, v. 1230 - v. 1292). Il fut au service d'Amauri IV de Narbonne, puis d'Alphonse X (le Sage) de Castille. Dernier représentant de la poésie courtoise, il a illustré les genres de la chanson d'aube et de la pastourelle. Son œuvre comprend environ 10 000 vers dont 6 000 sont d'inspiration religieuse.

La **Guirlande de Julie** ♦ Recueil de madrigaux réunis par le duc de Montausier* pour Julie d'Angennes, fille de la marquise de Rambouillet. L'œuvre fut offerte, manuscrite, à sa destinataire, en 1634, et imprimée en 1653.

**GUISAN (Henri)** ♦ Général suisse (Mézières, Vaud 1874 - Pully, Lausanne 1960). Il commanda en chef les forces armées de la Confédération helvétique pendant la Deuxième Guerre mondiale.

**GUISCARD** → **Robert Guiscard**

**GUISE** [giz] ou [gyiz] (maison de) ← ÉTYM. du n. de la v. ♦ Branche de la maison de Lorraine, issue d'un fils cadet de René II de Lorraine. ♦ **Claude de Lorraine,** 1er duc **de Guise** (Condé-sur-Moselle 1496 - Joinville 1550). Il servit François* Ier, fut blessé à Marignan*, et écrasa une jacquerie en Lorraine. Sa fille, reine d'Écosse, fut la mère de Marie* Stuart. ♦ **François Ier de Lorraine,** 2e duc **de Guise** (Bar 1519 - Saint-Mesmin, près d'Orléans 1563). Fils du précédent. Surnommé « le Balafré », à la suite d'une blessure reçue à Boulogne, il se distingua contre Charles* Quint, en particulier par sa résistance à Metz* et sa victoire de Renti (1554) sur les Impériaux. En 1557, il prit la direction des troupes envoyées à Naples au secours de Paul* IV, mais fut rappelé en France après le désastre de Saint*-Quentin et, devenu lieutenant-général du royaume, redressa la situation (prise de Calais*). La montée sur le trône de François* II, son neveu par alliance, lui permit d'exercer le pouvoir avec son frère. Il appliqua une politique de répression à l'égard des protestants (répression de la conjuration d'Amboise*, 1560 ; condamnation à mort de Condé*). Après la mort de François II, qui sauva Condé, il fit échouer la politique de conciliation de la régente Catherine* de Médicis en déclenchant la première guerre de Religion par le massacre de Wassy* (1562) et remporta une victoire sur Condé à Dreux avant d'être assassiné au siège d'Orléans par Poltrot* de Méré. ♦ **Henri Ier de Lorraine,** 3e duc **de Guise,** dit **le Balafré** (1550 - Blois 1588). Fils du précédent. Il servit l'empereur contre les Turcs (1566), puis combattit les huguenots (Jarnac*, Moncontour*). Inquiet de la paix de Saint*-Germain, il prépara un attentat contre Coligny*, qui échoua, puis la Saint*-Barthélemy (1572). La paix de Monsieur* (1576), qu'il considéra comme une trahison, lui fit prendre la tête de la Ligue* (→ **Dormans**) et se rapprocher de Philippe* II. Il refusa d'accepter Henri de Navarre comme héritier du trône (→ **Henri IV**). Après avoir remporté les victoires d'Auneau* et de Vimory sur les mercenaires allemands calvinistes, il entra à Paris où il était très populaire et où la Ligue se souleva en sa faveur (→ **Barricades (journées des)**). Il laissa le roi s'enfuir de la ville mais celui-ci l'attira à Blois où il le fit assassiner. ♦ **Louis II de Guise.** Frère du précédent, cardinal de Lorraine (Dampierre 1555 - Blois 1588). Il mena également la Ligue et fut assassiné peu après son frère. ■ Le duché de Guise passa ensuite aux Condé (1704), puis aux Orléans (1832).

François de **Guise**. Portrait. École de Clouet (31 x 23 cm), v. 1550-1560. Musée du Louvre, Paris.
*BIS/Phot. Hubert Josse*
*© Archives Larbor*

Henri de **Guise**. Portrait. Musée Condé, Chantilly.
*BIS/Phot. Hubert Josse*
*© Archives Larbor*

**GUISE** [gyiz] [02120] ← ÉTYM. anc. *Cuciam*, p.-ê. fém. du lat. *Cutius*, n. de pers. ♦ Ch.-l. de cant. de l'Aisne, arr. de Vervins, sur l'Oise. 5 901 hab. *(Guisards)*. Ruines d'un château (musée), anc. forteresse (XIe s.) bastionnée par le duc de Guise, Claude de Lorraine. Bâtiments du familistère de Guise (auj. musée) bâti de 1859 à 1883 par l'industriel fouriériste J.-B. Godin*. ■ Appareils de chauffage.

**GUITON (Jean)** ♦ Armateur français (La Rochelle 1585 - *id.* 1654). Protestant, il était maire de La Rochelle* lors du siège de la ville organisé par Richelieu (1627 - 1628). Ayant dû capituler après avoir résisté vaillamment, il fut exilé quelque temps, puis nommé capitaine de vaisseau de la marine royale.

**GUITRY (Lucien)** ♦ Comédien français (Paris 1860 - *id.* 1925). Créateur des grands rôles de E. Rostand* (Cyrano dans *Cyrano* de Bergerac* ; le grognard Flambeau dans *L'Aiglon*, le coq dans *Chantecler*), il connut une brillante carrière dans des pièces de A. France, J. Lemaître, Bouget, Courteline. Il fut remarquable dans *l'Assommoir*, d'après Zola. ■ Père de Sacha Guitry. ← ÉTYM. *Guitry* est un nom de lieu dans l'Eure, de *Quaestorius*, nom de personne [de *quaestus* « gain, bénéfice »] ou du germanique *Widric*, nom de personne [de *wid* « bois » et *rik* « puissant »].

**GUITRY (Sacha)** ♦ Acteur, auteur dramatique et cinéaste français (Saint-Pétersbourg 1885 - Paris 1957). Fils de Lucien Guitry*, il fut, entre 1901 et 1953, l'auteur de plus de 130 pièces. Parisien, demeuré boulevardier de la Belle Époque, il en eut le charme, la verve facile, le goût du bon mot. De ce théâtre de divertissement dont le thème dominant est l'adultère bourgeois, quelques œuvres subsistent qui firent en leur temps l'enchantement d'une saison : *Faisons un rêve* (1918), *Mon père avait raison* (1919), *Le Mot de Cambronne* (1936), *Quadrille* (1937), *N'écoutez pas, mesdames* (1942). L'œuvre du cinéaste est peut-être plus riche encore. Elle regorge d'innovations dépassant le cadre du « théâtre filmé », à quoi on a longtemps voulu la réduire. Son dynamisme étourdissant, son élégance de forme, ses trouvailles de mise en scène, un humour grinçant qui n'exclut pas la gravité font le prix, notamment, de *Bonne Chance* (1935), *Le Roman* d'un tricheur* (1936), *Les Perles de la couronne* (1937), *Ils étaient neuf célibataires* (1939), *Le Comédien* (1948), *Le Trésor de Cantenac* (1950), *La Poison* (1951), *La Vie d'un honnête homme* (1952). Quant à ses fresques historiques, elles sont d'une désinvolture réjouissante, qu'il s'agisse de *Remontons les Champs-Élysées* (1938), du *Destin fabuleux de Désirée Clary* (1941), de *Si Versailles m'était conté* (1953), puis de *Si Paris nous était conté* (1955), et surtout du *Diable boiteux* (1948), où Guitry incarne avec une espèce de génie son personnage favori, Talleyrand. [Acad. Goncourt 1939 ; démission en 1948]

**GUITTON (Jean)** ♦ Philosophe français (Saint-Étienne 1901 - Paris 1999). Représentant de la pensée catholique contemporaine, il a publié des ouvrages philosophiques (*Le Temps et l'Éternité chez Plotin et saint Augustin*, 1933 ; *Pascal et Leibniz*, 1950) et apologétiques (*La Pensée moderne et le Catholicisme*, 8 vol., 1930 - 1955 ; *Jésus*, 1956), ainsi qu'un *Journal*. [Acad. fr. 1961 ; Acad. sc. morales et polit. 1987]

**GUITTONE D'AREZZO** ♦ Poète italien (v. 1235 - Bologne 1294). Partisan des guelfes, il s'exila loin d'Arezzo, puis entra dans les ordres. Dès lors, ses *Rime* ainsi que ses lettres abordent des sujets moraux ou didactiques. ■ Situé entre l'école sicilienne et le Dolce stil nuovo, Guittone sut allier le goût littéraire à l'usage de tournures populaires propres à la violence lyrique.

**GUIYANG** ou **KOUEI-YANG** ♦ V. de Chine, cap. de la prov. de Guizhou, sur le Nanming, affl. du Chang jiang. 1 894 344 hab. Centre indus. : instruments optiques. ▪ À proximité, mines de bauxite (réserves estimées à 210 millions de t).

**GUIZHOU** ou **KOUEI-TCHEOU** n. m. → ÉTYM. du chin. *guì* «précieux» et *zhōu* «région» ♦ Prov. du S. de la Chine. → **Chine** (carte). 176 000 km². 35 247 695 hab. dont plus de 6 millions appartenant à des ethnies minoritaires. CAP. : Guiyang. Céréales, patate douce, tabac, colza, thé, ramie blanche, coton, canne à sucre. Importante indus. forestière. Animaux et espèces végétales rares. Célèbre alcool Maotai. Gisements de mercure et de phosphate (1re et 2e réserves du pays), aluminium, plomb. Charbon à Liupanshui (la «mer de charbon du S.-O.»). Indus. alimentaires. Textile, chimie.

**GUIZOT (François)** ♦ Homme politique et historien français (Nîmes 1787 - Val-Richer, Calvados 1874). Fils d'un avocat protestant partisan de la Révolution, mais qui fut guillotiné sous la Terreur comme fédéraliste, il fut élevé de façon austère à Genève où sa famille avait émigré. Venu à Paris en 1805, il obtint grâce à l'appui de Fontanes une chaire d'histoire moderne à la Sorbonne (1812). Il se lia à Royer*-Collard avec qui il devait créer le parti des doctrinaires*. Secrétaire du ministère de l'Intérieur lors de la Première Restauration (1814), il passa à Gand pendant les Cent-Jours, puis devint secrétaire général du ministère de la Justice (1816 - 1820). Après la chute du cabinet libéral de Decazes, il reprit ses fonctions dans l'enseignement, mais fut suspendu, en 1822, en raison de son opposition au régime. Il publia à cette époque une *Histoire des origines du gouvernement représentatif* (1821 - 1822). Collaborateur au journal *Le Globe*, président de la société libérale «Aide-toi le ciel t'aidera», il fut élu député au début de 1830, prit position contre le cabinet conservateur de Polignac* puis contre les ordonnances de Saint-Cloud du 25 juil. 1830, qui provoquèrent l'insurrection des 27, 28 et 29 juil. et la chute de Charles X. Rallié au duc d'Orléans (Louis*-Philippe), Guizot fut sous la monarchie de Juillet le chef du parti de la Résistance*. Ministre de l'Intérieur (1830), ministre de l'Instruction publique (1832 - 1836, 1836 - 1837), il fit adopter une loi sur la liberté et l'organisation de l'enseignement primaire (*loi Guizot* du 28 juin 1833). Après avoir été ambassadeur à Londres, il remplaça Thiers au ministère des Affaires étrangères (1840) et devint le véritable chef du gouvernement, bien qu'il n'ait assumé la présidence du Conseil qu'en 1847 - 1848. Il travailla à favoriser l'Entente cordiale franco-britannique, bien que certains événements (affaire Pritchard, affaire des mariages espagnols, 1846) l'aient empêché de mener à bien son projet, ainsi que le rapprochement avec l'Autriche. Sa politique intérieure, favorable à la grande bourgeoisie d'affaires, à laquelle il donnait le conseil de s'enrichir par le travail et l'épargne, contribua à accroître la misère ouvrière et à susciter une opposition croissante. Conservateur, Guizot ne saisit pas la portée du mouvement réformiste et prit énergiquement position contre la campagne des Banquets* (22 fév. 1848), déclenchant ainsi le mouvement insurrectionnel qui marqua la fin de la monarchie de Juillet (→ **révolution de février 1848**). Après un exil en Belgique et en Angleterre, il revint en France (1849), mais sans se mêler à la vie politique. Il est l'auteur d'une *Histoire de la révolution d'Angleterre* (1826 - 1827), d'une *Histoire de la civilisation en Europe* (1828), d'une *Histoire de la civilisation en France* (1830) et de *Mémoires pour servir à l'histoire de mon temps* (1858 - 1867). [Acad. fr. 1836] → ÉTYM. *Guizot* est l'hypocoristique de *Guise**.

**GUJAN-MESTRAS** [33470] ♦ Comm. de la Gironde, arr. d'Arcachon, sur le bassin d'Arcachon. 14 958 hab. *(Gujanais)*. Ostréiculture. Station balnéaire.

**GUJARAT, GUJRAT** ou **GOUDJERATE** n. m. ♦ État de l'Inde. 196 024 km². 50 671 017 hab. LANGUE : gujarati (off.). CAP. : Gandhinagar. Une plaine centrale propice à la culture du coton est encadrée à l'O. par la péninsule rocheuse et sèche du Kathiawar (production de millet et d'arachide), et à l'E. par les derniers reliefs des Ghâts. Sa situation en bordure du golfe de Khambhat, la proximité de Bombay, la production de coton puis de pétrole lui ont valu une industrialisation précoce et importante (Allahabad, Vadadora). ▮ **Histoire** Le Gujarat fut en contact avec la civilisation de l'Indus, puis englobé dans les empires maurya, saka et gupta. Du Xe au XIIIe s. il fut gouverné par les Chālukya, puis conquis par les musulmans en 1298. Il passa sous protectorat britannique en 1760 et fut séparé de l'État de Bombay en 1956. Patrie du Mahatma Gandhi, il fut l'un des centres du nationalisme indien.

**GUJRANWALA** ♦ V. du Pakistan (Panjab). 1 042 509 hab. Centre commercial et industriel d'une région irriguée sur la rive droite de la Chenab.

**GU Kaizhi** ou **KOU K'ai-tche** ♦ Peintre, poète, musicien et fonctionnaire impérial chinois (Wuxi v. 346 - v. 407), d'origine aristocratique. Spécialiste de portraits et de personnages, il est l'auteur des célèbres rouleaux *Admonitions de la monitrice aux dames du palais* et *La Nymphe de la rivière Luo*, qui nous ont été transmis par des copies plus tardives.

**GÜL (Abdullah)** ♦ Homme d'État turc (Kayseri 1950). Membre fondateur du Parti Justice et Développement (AKT), de mouvance islamiste, il a été successivement Premier ministre (2002), Vice-Premier ministre et ministre des Affaires étrangères (2003) puis président de la République (2007).

**GULBARGA** ♦ V. de l'Inde (Karnataka), dans une partie sèche du Dekkan. 435 631 hab. Elle fut fondée au XIVe s. par les sultans turcs. Sa mosquée (XIVe s.), d'un style unique en Inde, pourrait être inspirée de celle de Cordoue. Huileries et petite métallurgie.

**GULBENKIAN (Calouste Sarkis)** ♦ Homme d'affaires britannique d'origine arménienne (Scutari, auj. İstanbul 1869 - Lisbonne 1955). Fondateur en 1911 de la Turkish Petroleum Company, il céda ses droits au consortium irakien en 1920, mais il conserva 5 % du capital et des bénéfices réalisés. Il détenait également une part importante de l'Anglo-Iranian Company. Il se consacra après la Deuxième Guerre mondiale au mécénat ainsi qu'à sa très importante collection de tableaux et d'œuvres d'art, rassemblée dans le musée de la Fondation Gulbenkian de Lisbonne en 1960. Cette fondation anime la vie culturelle portugaise (bibliothèques, expositions et festivals, bourses et prix artistiques, activités de recherche).

**GULDBERG (Cato Maximilian)** ♦ Chimiste norvégien (Christiania, auj. Oslo 1836 - *id.* 1902). Il découvrit, avec Waage*, en 1867, la loi d'action de masse qui, traduisant l'influence des variations de concentration sur les équilibres chimiques, permit d'en entreprendre une étude quantitative.

**Gulf Stream** n. m. → ÉTYM. angl. «courant du golfe» ♦ Courant chaud (25 °C) de l'Atlantique* nord, signalé en 1513 par Ponce de León, étudié par Franklin, Maury et Pillsburg. Ce courant déplace 55 millions de m³ d'eau par seconde. Il passe au large de la côte O. de l'Afrique, au large du Brésil, entre les Antilles et l'Amérique centrale et contourne la Floride. Au-delà de Terre-Neuve, où le contact des eaux froides (Labrador) et tièdes favorise la formation de bancs de poissons, le Gulf Stream (ou «dérive nord-atlantique») affecte considérablement, en l'adoucissant, le climat de l'Europe occidentale.

**Gulistān** → ÉTYM. persan «la Roseraie» ♦ Œuvre du poète persan Sa'di* contenant, selon son auteur, «les préceptes les plus utiles pour la conduite de la vie». Le *Gulistān* fut la première œuvre persane connue en France, et même en Europe, grâce à une traduction d'André de Ryer (*Goulistan ou l'Empire des roses*, 1634).

**GULLBERG (Hjalmar)** ♦ Poète suédois (Malmö 1898 - Bökeberg 1961). Auteur de tendance mystique, se sentant hors du monde où il vit (*En un lieu étranger*, 1927), il chercha la solution des grands secrets qui nous meuvent dans une approche quasi musicale (*Sonate*, 1929 ; *Yeux, lèvres*, 1959). Par ses traductions, il a également fait connaître le monde sud-américain à ses compatriotes.

**Gulliver (Les Voyages de Lemuel)** – en angl. ***Gulliver's Travels into Several Remote Nations of the World*** → ÉTYM. *Gulliver* : surnom angl. d'une pers. gloutonne, de l'anc. fr. *goulafre* «glouton» ♦ Roman satirique de Jonathan Swift* publié anonymement en 1726 et divisé en 4 parties ou voyages. Chez les minuscules habitants de Lilliput, Gulliver semble un géant, mais il n'est qu'une poupée vivante pour les géants de Brobdingnag. À Laputa, il découvre les limites de l'intelligence et de la religiosité : les savants sont des maniaques et les immortels condamnés à un ennui affligeant. Seuls les Houyhnhnms (chevaux) qui ont domestiqué les répugnants Yahous (hommes) sont bons et vertueux. Cette utopie pessimiste, écrite en une prose dense et forte, remplie d'idées critiques, est devenue paradoxalement un des titres les plus célèbres de la littérature enfantine.

**GULLSTRAND (Allvar)** ♦ Médecin suédois (Landskrona 1862 - Stockholm 1930). Ses travaux sur l'optique et la physiologie des dioptries de l'œil permirent la compréhension des mécanismes physiques de la vision. [Prix Nobel de physiol. ou méd. 1911]

**GUMBINNEN** – auj. ***Goussev*** ♦ V. de l'anc. Prusse-Orientale, auj. en Russie, dans la région de Kaliningrad. 27 000 hab. ▮ **Histoire** Théâtre d'une victoire des Russes sur les Allemands (1914 - 1915), la ville fut conquise par les Soviétiques en janv. 1945.

**GUMRI** → ÉTYM. de 1840 à 1924 ***Aleksandropol***, de 1924 à 1990 ***Leninakan***, de 1990 à 1993 ***Koumaïri*** ♦ V. d'Arménie, située à 1 500 m d'alt. dans le bassin supérieur de l'Akhourian (affl. de l'Araxe). 148 300 hab. Indus. textile, mécanique et alimentaire. Matériaux de construction. La ville a été détruite à 70 % par un séisme en 1988.

**GÜNDERODE (Karoline VON)** ♦ Poète allemande (Karlsruhe 1780 - Winkel am Rhein 1806). Quelques poèmes et surtout l'ouvrage que lui a consacré son amie Bettina Brentano ont fait connaître cet être romantique qui mit fin à ses jours à la suite d'un amour déçu pour Creuzer*.

**GUNDERSHOFFEN** [67110] → ÉTYM. germ. «ferme *(hof)* de *Gundhari* (n. de pers.)» ♦ Comm. du Bas-Rhin, arr. d'Haguenau. 3 490 hab.

**GUNDOLF (Friedrich GUNDELFINGER, dit Friedrich)** ♦ Écrivain allemand (Darmstadt 1880 - Heidelberg 1931). Historien de la littérature, auteur d'études critiques sur Goethe (1916), Kleist (1922), il fit partie du cénacle de Stefan George*, dont il contribua à faire connaître la pensée.

**GUNDULIĆ (Ivan)** ♦ Poète ragusain (Raguse 1589 - *id.* 1638). Catholique fervent, il incarna avec raffinement la littérature baroque ragusaine. Son œuvre majeure est un poème épique en vingt chants, inachevé, *Osman*, où il célèbre la première victoire des Slaves sur l'Empire ottoman (guerre polono-turque de 1621). Il laissa aussi un poème religieux, *Les Larmes du fils prodigue* (1622), et un drame pastoral, *Dubravka* (1628), à la gloire de Dubrovnik.

**GÜNEY (Yilmaz PUTUN, dit Yilmaz)** ♦ Acteur et cinéaste turc (Adana 1937 - Paris 1984). Militant communiste, il fut d'abord un acteur à succès, avant de se lancer dans la réalisation. Il y affirma ses convictions politiques (*L'Espoir*, 1970) avec un zèle qui lui valut, sous divers prétextes, de longues périodes d'incarcération. C'est en prison qu'il conçut ses meilleurs films, transmettant à l'extérieur ses directives de tournage ; ainsi fut réalisé *Yol* (1982), signé Serif Gören. Exilé en France, il y tourna en 1983 son dernier film, *Le Mur*.

**GUNN (Thomson William, dit Thom)** ♦ Poète américain d'origine britannique (Gravesend, Kent 1929 - San Francisco 2004). Il fit partie des poètes du «Mouvement» avec Philip Larkin* et Kingsley Amis*. Son œuvre de jeunesse, remplie d'images de vitesse et de violence, loue dans une forme classique l'agressivité et la force d'un univers de blousons noirs et de motards. Installé aux États-Unis à partir de 1954, il évolue vers un lyrisme plus libre et plus communicatif, tout en s'adonnant expérimentalement aux hallucinogènes. Œuv. princ. : *Selected Poems 1950-1975* (1979), *Passage of Joy* (1982).

**GUNNARSSON (Gunnar)** ♦ Écrivain islandais (Fljótsdalur 1889 - Reykjavík 1975). Il écrivit presque toute son œuvre en danois. Il est connu par de volumineux romans, comme *Histoire de la famille de Borg* (1912 - 1914), qui évoque les grandes sagas médiévales, ou *Bienheureux les simples d'esprit* (1930), qui résume assez bien l'essence de son inspiration. Son sens d'un pathétique intense mais discret, son immense amour des hommes, sa profonde foi en Dieu triomphent, dans des œuvres d'une totale simplicité (la nouvelle *Avent*, notamment), de l'absurde ambiant et de la méchanceté du monde.

**GÜNTHER (Johann Christian)** ♦ Poète allemand (Striegau, auj. Strzegom 1698 - Iéna 1723). Qu'il chante tour à tour son désir de vivre ou la lassitude qui le pousse à invoquer une mort libératrice, il fut un peu le poète maudit de l'époque, et sa vie brève et tourmentée, tout entière consacrée au «dieu de la poésie», donne à son œuvre des accents personnels qui le distinguent de la plupart des poètes baroques (*Poésies*, publ. 1724 - 1735). ➝ **ÉTYM.** *Günther* vient du germanique *Gundhari*, nom de personne, de *gund* «combat» et *hari* «armée».

**GÜNTHER (Ignaz)** ♦ Sculpteur allemand (Altmannstein 1725 - Munich 1775). Formé dans l'atelier de J. B. Straub à Munich, il réalisa de nombreuses décorations rococo (→ **rocaille**) et du mobilier religieux en bois polychrome pour les églises de Bavière : maître-autel de la cathédrale de Freising* (1756), *Pietà* de la chapelle palatine de Nenningen (1774).

**GUNTUR** ♦ V. de l'Inde (Andhra Pradesh), en bordure du delta de la Krishna. 514 707 hab. Développement industriel récent (tabac, cotonnades).

**Guomindang** ou **Kouo-min-tang** ➝ **ÉTYM.** chin. «parti populaire national» ♦ Parti chinois formé en Chine en 1911 par Sun* Yat-sen, à la suite d'une scission au sein d'un parti («la Ligue jurée») révolutionnaire antimandchou et favorable à l'établissement d'une République chinoise. Après la mort de Sun en 1925, Jiang* Jieshi (Chiang Kai-shek) s'affirma et devint le chef du parti, qu'il orienta en faveur de l'unification du pays et du nationalisme contre les envahisseurs japonais puis contre les communistes. Le Guomindang a été le parti dominant de Taiwan* jusqu'en 2000 puis à nouveau à partir de 2008 avec l'élection de son président Ma Ying-jeou à la présidence de la République.

**GUO Moruo** ou **KOUO Mo-jo** ♦ Archéologue, écrivain et homme d'État chinois (dans le Sichuan 1892 - Pékin 1978). Écrivain célèbre et traducteur marquant (notamment du *Werther* de Goethe), il devint président de l'Académie des sciences en 1949. Guo soutint les thèses de l'URSS sur le désarmement en 1958, ce qui lui valut la reconnaissance soviétique et évita les désagréments de la Révolution* culturelle grâce à une autocritique opportuniste en 1966. Œuv. princ. : *Les Déesses* (1921), *Le Vase* (1925).

**GUO Shoujing** ou **KOUO Cheou-king** ♦ Astronome, mathématicien et ingénieur hydraulicien chinois (1231 - 1316) qui réalisa de nouveaux calculs pour le calendrier, construisit des observatoires, des instruments astronomiques et fit creuser des canaux pour alimenter en eau la ville de Pékin et établir des écluses pour garantir la navigabilité des voies d'eau.

**GUO Xi** ou **KOUO Hi** ♦ Peintre et théoricien chinois (Wenxian, Henan 1020 - 1109). Au service de l'Atelier impérial de peinture, il y réalisa des fresques et des peintures sur paravent et expertisa les œuvres de la collection impériale. Spécialiste des paysages, il est l'auteur d'un traité sur la peinture de paysages.

**GUPTA** n. m. pl. ➝ **ÉTYM.** hindi «secret» ♦ Dynastie indienne qui régna sur le N. de l'Inde de 320 à 480 environ et qui donna son nom à l'un des plus beaux styles de sculpture de l'Inde. Sous le règne de ces rois eut lieu la construction des premiers temples en pierre de l'Inde, d'un style encore apparenté à celui des *cella* grecques. La littérature, dont ils furent de grands mécènes, se développa considérablement sous leur égide. Les Gupta établirent une ère qui débuta le 26 fév. 320 de la nôtre.

**Gupta.** Fresque de la Grotte 1 à Ajanta, représentant le prince Gautama, futur Bouddha.
*Phot. © Charles Lénars*

**GURKHAS** n. m. pl. ➝ **ÉTYM.** du sanskr. *gāns* «vaches» et *raksh* «garder, protéger» ♦ Clan de Rājput* hindous chassés de l'Inde occidentale et centrale par les invasions musulmanes et qui se réfugièrent au Népal dans la vallée de Katmandou*. Ils conquirent le pays en 1768. Après une défaite devant les Britanniques en 1816, ils s'allièrent avec eux et devinrent de fidèles serviteurs de la Grande-Bretagne, lui fournissant des corps de troupes d'une grande valeur militaire. ▪ De nos jours, env. 650 000 Gurkhas, de langue népalaise, vivent dans le N.-E. de l'Inde, près du Népal. En août 1988, ils ont obtenu du gouvernement indien une autonomie limitée.

**GÜRSEL (Cemal)** ♦ Général et homme politique turc (Erzurum 1895 - Ankara 1966). Il renversa le 27 mai 1960 le régime de Menderes*. Nommé chef de l'État et commandant des forces armées, il fut président de la République de 1961 à 1966.

**GURSKY (Andreas)** ♦ Photographe allemand (Leipzig 1955). Élève des Becher*, il développa l'esthétique de l'école de Düsseldorf. Il a fixé les lieux et les objets de la société de consommation, suscitant à la fois fascination et écœurement, dans des compositions géométriques où prolifèrent détails et couleurs : rayons de supermarchés, aéroports, hôtels, buildings, banques, foules... (*99 cent*, 1999 ; *Shanghai*, 2000). Il a également réalisé, toujours en formats géants qu'il lui arrive de retoucher sur ordinateur, des paysages paradisiaques.

**Guru Granth** → **Granth Sāhib**

**GURVITCH (Georges)** ♦ Sociologue français (Novorossisk, Russie 1894 - Paris 1965). Il fut l'un des rénovateurs en France des études sociologiques et l'un des fondateurs de la sociologie structurale. Tout en reconnaissant la diversité des faits sociaux, s'intéressant tout particulièrement à la sociologie du droit et à la sociologie de la connaissance, il voulut mettre en évidence le caractère global du phénomène social. Princ. ouvrages : *Idée du droit social* (1935), *Morale théorique et Science des mœurs* (1937), *Essais de sociologie* (1939), *Éléments de sociologie juridique* (1940), *Tendances actuelles de la philosophie allemande* (1950), *La Vocation actuelle de la sociologie* (1950), *Déterminismes sociaux et Liberté humaine* (1955), *Traité de sociologie* (1958-1960), *Les Cadres sociaux de la connaissance* (1965).

**GUSMÃO (José Alexandre, dit Kay Rala Xanana)** ♦ Homme politique et poète timorais (Laleia, Manatuto 1946). Chef du Fretilin (Front d'indépendance du Timor oriental), il fut emprisonné par les Indonésiens (1992). Libéré en 1999, il fut nommé président du Conseil national gouvernant le Timor oriental avant son accession à l'indépendance puis fut élu président de la République en 2002. Il soutint J. Ramos-Horta à l'élection de 2007 et devint son Premier ministre.

**GUSTAVE Ier VASA** ♦ (Lindholm v. 1495 - Stockholm 1560). Roi de Suède (1523 - 1560). Otage de Christian II, il parvint à s'échapper, souleva la Dalécarlie, et chassa les Danois (1523), brisant l'union de

Kalmar. Élu roi, il imposa le luthéranisme. Il favorisa le développement économique de la Suède, fit durement réprimer les révoltes des paysans, et son œuvre de réorganisation fit de son royaume une puissance de premier plan. ◆ ÉTYM. *Gustave* vient du scandinave *gaut* «goth» et *staf* «bâton, soutien».

**GUSTAVE II ADOLPHE** ♦ (Stockholm 1594 - Lützen 1632). Roi de Suède (1611 - 1632). Aidé du chancelier Oxenstierna*, il rétablit la situation de la Suède : paix avec le Danemark (traité de Knäred, 1613), avec la Russie (Stolbova, 1617), avec la Pologne (trêve d'Altmark, 1629). Il accomplit une profonde réorganisation de l'État et de l'armée. Après quoi, il intervint dans la guerre de Trente* Ans, comme champion des protestants face aux Impériaux, en alliance avec la France. Il écrasa Tilly* à Breitenfeld (1631), s'avança jusqu'en Allemagne du Sud et l'emporta sur Wallenstein* à Lützen (16 nov. 1632), mais trouva la mort au cours de la bataille. Sa fille Christine* n'avait que cinq ans.

**GUSTAVE III** ♦ (Stockholm 1746 - *id.* 1792). Roi de Suède (1771 - 1792). Il succéda à son père Adolphe*-Frédéric. Neveu de Frédéric* II de Prusse, il avait été élevé à la française, avait correspondu avec les philosophes, et s'était lié au parti des Chapeaux (→ **Bonnets et Chapeaux**). Un coup d'État militaire favorisé par les subsides français et par l'action de Vergennes*, dans un pays lassé de la lutte des factions, lui permit de reprendre le pouvoir à l'aide d'une nouvelle Constitution (août 1772). En politique extérieure, la lutte contre la Russie et le Danemark n'obtint qu'un succès relatif (paix blanche de Varela, 1790). À l'intérieur, des mesures conformes au despotisme éclairé et un rapprochement avec les ordres inférieurs (tolérance religieuse, abolition de la torture, de la vénalité des charges) lui aliénèrent la noblesse. Il fut assassiné par un officier noble, alors qu'il s'apprêtait cependant à intervenir contre la Révolution française.

**GUSTAVE IV ADOLPHE** ♦ (Stockholm 1778 - Saint-Gall, Suisse 1837). Roi de Suède (1792 - 1809). Il perdit la Poméranie suédoise (1807) et la Finlande qu'il céda à la Russie (1808). Il fut chassé par un coup d'État militaire.

**GUSTAVE V** ♦ (château de Drottningholm 1858 - *id.* 1950). Roi de Suède (1907 - 1950). Sous son règne la Suède se tint à l'écart des deux conflits mondiaux.

**GUSTAVE VI ADOLPHE** ♦ (Stockholm 1882 - Hälsingborg 1973). Roi de Suède (1950 - 1973). Il avait une réputation de sagesse, de grande culture et d'esprit démocratique exemplaire.

## Gutai

(jap. *gutaiteki* «concret, incarnation») ♦ Mouvement artistique de l'avant-garde japonaise fondé dans le Kinki en 1955 par le peintre et théoricien Jirō Yoshihara. Le gutai est une sorte de précurseur du happening* par ses interventions publiques, le rôle dévolu au corps de l'artiste et ses œuvres éphémères. Shiraga, la toile posée sur le sol, s'élance dans le vide, tenu par une corde, projette de la peinture et utilise ses pieds comme des pinceaux ; Shimamoto lacère le tableau et utilise un canon qui projette de la couleur. Murakami place à l'entrée de son exposition des écrans de papier qui sont déchirés par le passage du premier visiteur, Yoshida Toshio utilise le feu : chez tous ces artistes, déjà, le geste est plus important que le résultat. Le gutai inspira l'action* painting de Pollock* et en partie le mouvement français Support*-Surface.

**GUTENBERG (Johannes GENSFLEISCH, dit)** ◆ ÉTYM. n. de jeune fille de sa mère ♦ Imprimeur allemand (Mayence av. 1400 - *id.* 1468). Son activité est attestée à Strasbourg de 1439 à 1444, à Mayence à partir de 1448, ainsi qu'à Bamberg. Inventeur de la presse à imprimer (1438) et d'une encre qui permettait l'impression des deux faces du papier (1441), il comprit les inconvénients des caractères mobiles en bois (→ **Coster**) tant pour la pratique que pour la qualité de l'imprimerie et se consacra à la fabrication de caractères métalliques. À partir de 1450, il mit au point la technique typographique et imprima une Bible «à 36 lignes» et divers autres ouvrages. En 1455, alors qu'il achevait la Bible «à 42 lignes», il perdit un procès contre son commanditaire (→ **Fust [Johann]**). Sa société fut dissoute mais il poursuivit ses travaux. En 1465, il fut anobli par l'archevêque de Mayence qui lui redonna les moyens de continuer ses activités.

**GÜTERSLOH** ♦ V. d'Allemagne (Rhénanie-du-Nord-Westphalie). Env. 100 000 hab. Indus. mécaniques. Imprimeries et siège du groupe d'édition Bertelsmann.

**GUTHNICK (Paul)** ♦ Astronome allemand (Hitdorf am Rhein 1879 - Berlin 1947). Auteur d'une classification des étoiles variables (1921) ; on lui doit des études photométriques de la Lune (1922).

**GUTIÉRREZ (Eduardo)** ♦ Journaliste, militaire et écrivain argentin (Buenos Aires 1853 - *id.* 1890). Au début des années 1870 il abandonna le journalisme et se consacra à la vie militaire. Il prit part à la bataille de La Verde (1874) et utilisa plus tard ses souvenirs dans *Croquis et Silhouettes militaires* (1886). Après l'élection de Roca à la présidence, il retourna au journalisme et publia sous forme de feuilletons populaires des ouvrages qui ont fait sa gloire. Parmi une trentaine de titres correspondant à des écrits d'inspiration historique, policière ou «gauchesque», souvent organisés en cycles, se détache *Juan Moreira* (1879 - 1880), son œuvre majeure qui connut, grâce à de nombreuses adaptations théâtrales et cinématographiques, une singulière postérité. ◆ ÉTYM. *Gutiérrez* vient du nom wisigoth *Gutierre*, peut-être de *gunþi* «bataille» et *hairus* «épée».

**GUTIÉRREZ (Gustavo)** ♦ Prêtre et théologien péruvien (Lima 1928). Il est considéré comme le fondateur de la théologie latino-américaine de la libération, qui met en avant «l'option prioritaire de l'Église pour les pauvres» ainsi que le lien nécessaire entre élaboration théologique et ministère pastoral auprès des communautés catholiques de base. Œuv. princ. : *Théologie de la libération* (1971), *La Force historique des pauvres* (1979), *La Libération par la foi* (1983).

**GUTLAND** n. m. ◆ ÉTYM. all. «bon pays» ♦ Partie méridionale du grand-duché de Luxembourg, dans le prolongement de la Lorraine. Alt. moyenne 250 m. Relief de plateaux gréseux et calcaires (triasiques et liasiques), dominant par des cuestas des dépressions marneuses. Son nom lui vient de ses aptitudes agricoles, meilleures que celles de l'Ardenne voisine plus accidentée et au climat plus rude.

**GUTZKOW (Karl)** ♦ Écrivain allemand (Berlin 1811 - Sachsenhausen, Francfort-sur-le-Main 1878). Ami de G. Büchner* et animateur du mouvement de la «Jeune* Allemagne,» il se fit connaître par plusieurs romans, critique violente et ironique de l'Église, de l'État et de la morale (*Maha Guru, histoire d'un dieu*, 1833 ; *Wally le sceptique*, 1835). Il est également l'auteur de drames (*Perruque et Épée*, 1844 ; *Uriel Acosta*, 1847) et de vastes romans dans lesquels il tente de donner une image complète et détaillée de la société (*Les Chevaliers de l'esprit*, 1850-1851).

**GUWAHATI** – anc. *Gauhati* ♦ V. de l'Inde (Assam). 808 021 hab. Située sur le Brahmapoutre, la ville est voisine de la capitale de l'État, Dispur. Raffineries du pétrole produit dans la région.

**GUY** → **Gui (saint)**

**GUY II, duc de SPOLÈTE** ♦ (mort en 894). Roi d'Italie (889 - 894) et empereur d'Occident (891 - 894). Après avoir battu Bérenger, marquis d'Ivrée et partisan d'Arnoul, roi de Germanie, à la Trébie (889), il se fit proclamer roi d'Italie et sacrer empereur à Rome (891), mais fut vaincu par Arnoul (894).

## GUYANA

▮ n. f. – off. ***République coopérative du Guyana*** anc. ***Guyane britannique*** ◆ ÉTYM. de *Guyanas*, n. de tribu indienne «indigènes parents», du guarani *guai* «natif» et *ana* «parenté» ou de *gu a yana* «fleur de roseau» ♦ Pays d'Amérique du Sud. 214 970 km². 751 223 hab. (*Guyanais* ou *Guyaniens*). LANGUE : anglais (off.), créole guyanais, hindi... POPULATION : Asiatiques (Indiens), Noirs, Amérindiens, Métis. RELIGIONS : hindouisme, christianisme, islam. MONNAIE : dollar de Guyana. CAPITALE : Georgetown. RÉGIME : présidentiel.

▮ **GÉOGRAPHIE** Établi sur le massif des Guyanes, ce petit pays, le mieux doté des trois Guyanes, est traversé par trois fleuves navigables dont l'Essequibo. Une étroite plaine côtière de moins de 50 km de large, longeant l'océan sur 450 km, concentre 85 % de la population. Au S.-O. s'élèvent les hautes murailles de grès de la sierra de Pacaraima, qui culmine au mont Roraima (2 810 m) au Venezuela. Avec des pluies abondantes, les fleuves sont puissants mais ne sont navigables que partiellement à cause des rapides. Quelques savanes au S.-E. sont favorables à l'élevage bovin. La forêt, qui couvre une grande partie du pays, reste peu habitée.

**Guyana.** Récolte du coprah. *Phot. ©Prato/Ricciarini*

L'économie repose sur une agriculture de type tropical (canne à sucre, café, bananes, agrumes, riz) et sur l'importance des gisements miniers : bauxite dans le N.-E. (1 600 000 t par an), manganèse dans le N.-O., or et diamants dans les rivières de l'O. Les ressources forestières en bois tropicaux sont peu exploitées. L'essor de la pêche est récent (crevette). L'industrie reste embryonnaire : raffineries de sucre, distilleries de rhum, transformation de la bauxite en alumine. Exportations de bauxite, manganèse, pierres précieuses, bois et produits tropicaux dont le rhum, principalement en direction des États-Unis. Importations de denrées alimentaires, de produits finis et de pétrole.

**▮ HISTOIRE** D'abord possession hollandaise, la Guyane fut assiégée par les Britanniques (1796) qui la reprirent définitivement en 1814 et cédèrent le Suriname* aux Hollandais. Devenue colonie (Guyane-Britannique) en 1831, elle connut une période troublée par les conflits entre planteurs et partisans du mouvement progressiste du Dr Cheddi Jagan. Après lui avoir accordé l'autonomie, Londres la déclara indépendante (1966) au sein du Commonwealth. La république fut proclamée en 1970 sous le nom de «République coopérative de Guyana». Le projet de «socialisme coopérativiste» du Dr Forbes Burnham (Premier ministre de 1964 à 1980 puis président jusqu'en 1985) se transforma en bureaucratie étatique inefficace. La crise économique s'amplifia avec un très fort endettement extérieur, ce qui généra de fortes migrations vers l'étranger. La partie occidentale du pays — à l'O. du fleuve Essequibo — est revendiquée par le Venezuela au nom de «droits historiques». B. Jagdeo, du Parti progressiste du peuple, est au pouvoir depuis 1999.

**Guyanes.**

---

**GUYANCOURT** [78280] ➝ **ÉTYM.** «domaine (bas lat. *curtis*) de *Wido* (n. de pers. germ.)» ♦ Comm. des Yvelines, arr. de Versailles. 25 079 hab. Aérodrome. Élément de la ville nouvelle de Saint*-Quentin-en-Yvelines.

**GUYANE** n. f. [973] ➝ **ÉTYM.** même orig. que *Guyana** ♦ Dép. français d'outre-mer (DOM) depuis 1946 et Région française depuis 1982, sur la côte N.-E. de l'Amérique du Sud, dans le massif des Guyanes, entre le Suriname* et le Brésil : ses frontières naturelles sont les rios Maroni à l'O. et Oyapock à l'E., la serra de Tumucumaque au S. 86 504 km². 157 213 hab. *(Guyanais)*. CH.-L. : Cayenne. CH.-L. D'ARR. : Saint-Laurent-du-Maroni. LANGUES : français (off.), langues indiennes. Parc national. La quasi-totalité de la région, soumise à un climat équatorial, est couverte d'une forêt dense peuplée d'Indiens. La population vit en grande partie sur la côte. Forte immigration en provenance des pays voisins. **▮ Économie** La richesse du sous-sol (bauxite, or, diamants) reste sous-exploitée, faute de main-d'œuvre. Peu à peu, la forêt tropicale et ses essences exotiques sont mises en valeur. La pêche est spécialisée dans la crevette (exportée vers la métropole). Cependant l'activité économique reste faible : le PIB par hab. dépasse tout juste le tiers de la valeur atteinte en métropole et le chômage affecte 29 % de la pop. active. L'installation du centre spatial français (champ de tir des fusées Ariane) en 1966 à Kourou a entraîné le développement de la côte, en particulier de la préfecture, Cayenne. Mais cela ne résout pas le problème de l'intégration sociale et culturelle des populations indigènes : en effet, l'essentiel du personnel employé sur la base est d'origine métropolitaine. **▮ Histoire** La Guyane fut reconnue au début du XVIIe s. et Cayenne fondée en 1637. Après plusieurs tentatives de colonisation française et hollandaise, une compagnie française s'y installa. Prise par les Anglais, puis par les Hollandais (traité de Breda, 1667), la Guyane fut reconquise par l'amiral d'Estrées (1677). Les tentatives de colonisation et d'assainissement, au XVIIIe s., se soldèrent par de terribles échecs et la mort des colons. Pendant la Révolution (1794 - 1805), la Guyane servit de lieu de déportation politique (**➝ Sinnamary**). Collot d'Herbois, Billaud-Varenne, Tronson du Coudray, F. Barthélemy, y furent notamment exilés. Le rétablissement de l'esclavage (1804) fit fuir les Noirs. Après une période de souveraineté portugaise (1809 - 1814) et des contestations de frontières, une colonisation française fondée sur l'esclavage (plantations) fut ruinée par son abolition (1848 - 1849). Le bagne, institué en 1852, supprimé en 1945 (**➝ Cayenne, Saint-Laurent-du-Maroni, Salut [îles du]**), donna à la colonie une sinistre réputation.

**GUYANE-HOLLANDAISE** ➝ **Suriname**

**GUYANES** n. f. pl. ♦ Région naturelle du N.-E. de l'Amérique du Sud limitée par l'Orénoque* à l'O., l'Atlantique au N., et l'Amazone* et ses derniers affluents de gauche à l'E. et au S. Elle s'étend sur l'E. du Venezuela (État de Bolívar et territoire d'Amazonas*), le N. du Brésil (territoire d'Amapá*), la Guyana* (anc. Guyane-Britannique), le Suriname (anc. Guyane-Hollandaise) et la Guyane* française, sur une superficie de plus de 1 000 000 km². Essentiellement formée par le massif ancien des Guyanes, dont les reliefs culminent à l'O. dans la sierra Pacaraima ou Roraima* (2 810 m), et couverte par de vastes zones forestières coupées de savanes, elle est bordée au N. par une plaine alluviale et marécageuse. Le climat et les cultures sont de type équatorial. À l'exception de la bauxite, les ressources du sous-sol (or, pierres précieuses) restent inexploitées. **▮ Histoire** Les côtes de la Guyane furent aperçues par Colomb en 1498. Cette région, habitée par des Indiens caribes, attira au XVIe s. des aventuriers de tous pays. Les Français, les Anglais et les Hollandais s'y intéressèrent et se partagèrent le territoire (1814). Les Français fondèrent Cayenne* en 1637. **➝ Guyane.**

**GU Yanwu** ou **KOU Yen-wou** ♦ Érudit chinois, l'un des plus importants penseurs du début de la dynastie Qing*. Loyaliste Ming*, opposant déterminé aux Mandchous, il refusa de servir l'empereur Kangxi*. Opposé aux doctrines de Zhu* Xi, il préconisait un retour aux enseignements originaux de Confucius. Il écrivit de nombreux ouvrages littéraires et inaugura en Chine l'érudition critique.

**GUYE (Charles Eugène)** ♦ Physicien suisse (Saint-Christophe, Vaud 1866 - Genève 1942). Il confirma, avec Lavanchy (1916), que la masse totale d'un électron rapide variait suivant la loi relativiste énoncée par A. Einstein*.

**GUYENNE** n. f. ➝ **ÉTYM.** anc. *Aguiaine, Aguienne, Guienne* : corruption de *Aquitaine** ♦ Anc. prov. française qui se confondit avec l'Aquitaine* jusqu'au XIIe s. Ensemble des possessions françaises du roi d'Angleterre, après le traité de Paris (1259), elle comprenait le Limousin, le Périgord, le Quercy, l'Agenois, une partie de la Saintonge et la Gascogne. Définitivement reprise par la France en 1453 (bataille de Castillon), elle fut donnée en apanage par Louis XI à son frère Charles (1469), puis revint à la Couronne. Elle forma, avec la Gascogne, la Saintonge, le Limousin et le Béarn, un grand gouvernement qui avait Bordeaux pour capitale.

**GUYÉNOT (Émile)** ♦ Biologiste français (Lons-le-Saunier 1885 - Genève 1963). Il est l'auteur de nombreux travaux sur la génétique, l'endocrinologie et la physiologie des micro-organismes. [Acad. sc. 1951]

**GUYNEMER** [ginmɛʀ] **(Georges Marie)** ♦ Officier aviateur français (Paris 1894 - au-dessus de Poelkapelle, Belgique 1917). Titulaire de 54 victoires, il commandait la célèbre escadrille des Cigognes lorsqu'il fut abattu. La devise de ce héros légendaire, *Faire face*, a été adoptée par l'École de l'air. ➝ **ÉTYM.** *Guynemer* vient du germanique *Winmar*, nom de personne, de *win* «ami» et *mar* «célèbre».

**GUYON (Jeanne-Marie BOUVIER DE LA MOTTE, Mme)** ♦ Mystique française (Montargis 1648 - Blois 1717), mariée à Jacques Guyon du Chesnoy (1664). Veuve en 1676, elle répandit son mysticisme en Savoie (Gex, Thonon, Turin, Grenoble, Verceil, 1681 - 1686), puis à Paris. Après un premier internement chez les visitandines en 1688, dû aux intrigues financières de l'archevêque de Paris, Harlay, elle rencontra Fénelon* qu'elle ouvrit au «pur amour» et avec qui elle exerça son influence sur les dames de Saint-Cyr. Mais, en 1693, tous deux perdirent la faveur de Mme de Maintenon et furent en butte à l'hostilité de Bossuet*. Mme Guyon vit ses œuvres condamnées en 1694 et 1695 (entretiens d'Issy) ; elle-même fut arrêtée (1695) et mise à la Bastille (1698 - 1703). Retirée à Blois, elle devint le centre d'un cercle quiétiste (catholiques et protestants). Son œuvre, très abondante, est restée en majeure partie manuscrite de son vivant : *Les Torrents spirituels* (1682), 20 volumes de *Commentaires* mystiques sur la Bible (1684), *Moyen court et très facile pour faire oraison* (publ. 1685), sa *Vie* (1688).

**GUYON (Félix)** ♦ Chirurgien français (Saint-Denis, la Réunion 1831 - Paris 1920). Il fut, avec son élève Albarran*, le fondateur de l'urologie en France. [Acad. sc. 1892]

**GUYOTAT (Pierre)** ♦ Écrivain français (Bourg-Argental, Loire 1940). L'œuvre de Guyotat est d'abord marquée par la violence et le sexe. S'il lui arrive de s'inspirer de la guerre d'Algérie (*Tombeau pour 500 000 soldats*, 1967 ; *Eden, Eden, Eden*, 1971), il cherche surtout à exclure le récit au profit d'un rythme qui doit provoquer une forme volontairement illisible (*Prostitution*, 1975 ; *Le Livre*, 1981). Il a également donné des textes autobiographiques, *Vivre* (1984), *Coma* (2006), où il souligne la portée radicalement sacrilège de son travail. Considérant la chose écrite insuffisante, il enregistre son roman *Progénitures* (2000).

**GUYS** [gis] **(Constantin)** ♦ Dessinateur, aquarelliste et graveur français (Flessingue 1802 - Paris 1892). Engagé volontaire lors de la guerre d'Indépendance en Grèce, il envoya des croquis à l'*Illustrated London News* puis à *L'Univers illustré* ; il fut le témoin de la révolution de 1848, de la guerre de Crimée, et fit paraître des illustrations de ses voyages en Espagne, Algérie, Égypte. Dans ses dessins à la plume ou au fusain rehaussés de lavis, il traitait des scènes de la vie militaire, parisienne et surtout galante. Il possédait un trait cursif et savait rendre les effets fugaces de lumière. L'essai de Baudelaire, *Le Peintre de la vie moderne*, témoigne de l'admiration que le poète lui portait.

Constantin **Guys**. *Cavaliers*. Coll. part. *Phot. © Arch. Smeets*

**GUYTON DE MORVEAU (Louis Bernard,** baron**)** ♦ Magistrat et chimiste français (Dijon 1737 - Paris 1816). Avocat général au parlement de Dijon (1755), député à l'Assemblée législative puis à la Convention, il fut membre du Comité de salut public. Il réalisa la liquéfaction de l'ammoniac, fut le premier à avoir l'idée d'une réforme radicale de la nomenclature chimique qu'il établit avec Lavoisier*, Berthollet* et Fourcroy* (1787) et effectua des recherches sur les affinités chimiques. [Acad. sc. 1795]

**GUZMÁN (Martín Luis)** ♦ Écrivain mexicain (Chihuahua 1887 - Mexico 1976). Il publia à Madrid son roman *L'Aigle et le Serpent* (1928), dans lequel il relate les moments dramatiques de la révolution mexicaine à travers l'itinéraire d'un jeune homme qui a abandonné l'école pour participer à la lutte. On lui doit également les *Mémoires de Pancho Villa* (1951), récit qui dévoile les différentes facettes de l'étonnante personnalité du «guérillero». Il appartient à une génération qui devait orienter la pensée mexicaine vers de nouvelles voies, auprès d'Alfonso Reyes et de José Vasconcelos. ➔ **ÉTYM.** *Guzmán* est une variante du germanique *Gutmann* «homme bon».

**GUZMÁN BLANCO (Antonio)** ♦ Homme d'État vénézuélien (Caracas 1829 - Paris 1899). Libéral, vice-président de la République de 1863 à 1868, il fut le chef de l'insurrection libérale de 1870. Il devint alors président provisoire de la République avant d'être élu définitivement en 1873. Il modernisa le pays en gouvernant de manière autoritaire, apparaissant comme un «autocrate civilisateur». Il s'opposa à la hiérarchie catholique, instaura le mariage civil, organisa et améliora le fonctionnement de l'administration, équipa le pays. Il quitta le pouvoir en 1888.

**Guzmán de Alfarache** ♦ Roman picaresque de Mateo Alemán* (1599).

**GWALIOR** ♦ V. de l'Inde (Madhya Pradesh). 826 919 hab. Anc. cité-forteresse à 100 km au S. d'Agra, appartenant aux Mahrata qui la prirent aux Rajput. Un énorme fort et des palais y furent élevés sur une falaise de plus de 100 m de hauteur. La ville moderne, fondée v. 1800, se trouve au pied de cette forteresse. Centre industriel très important (céramique, tabac, cuir).

**GWANGJU** → Kwangju

**GWENT** ♦ Anc. comté du S.-E. du pays de Galles dont le chef-lieu était Cwmbran. La région connaît une reprise économique depuis les années 1990.

**GWYNEDD** ♦ District du N.-O. du pays de Galles. 2 535 km². 116 843 hab. Le district comprend l'essentiel du massif du Snowdon. Plusieurs parcs nationaux, un littoral attractif, et de nombreuses ruines médiévales en font la principale région touristique du pays de Galles.

**GY** [70700] ➔ **ÉTYM.** anc. *Gaico*, du lat. *Gaius*, n. de pers., et suff. *-acum* ♦ Ch.-l. de cant. de la Haute-Saône, arr. de Vesoul. 1 018 hab. *(Gylois)*. Église du XVIIIe s. Fontaine (XVIIIe s.). Anc. maison des archevêques de Besançon. ▪ Centre agricole.

**GYÁRMATHI (Samuel)** ♦ Linguiste hongrois (Kolozvár, auj Cluj-Napoca 1751 - *id.* 1830). Fondateur de la linguistique finno-ougrienne, il démontra l'affinité du hongrois et du finnois (*Affinitas linguae hungaricae cum linguis finnicae originis grammaticae demonstrata*, 1799).

**GYEONG-SEONG** → Séoul

**GYGÈS** ➔ **ÉTYM.** assyrien p.-ê. «né de la terre» ♦ Roi de Lydie (−687 ? - −648 ?), fondateur de la dynastie des Mermnades*. Sous son règne, la Lydie* parvint à l'apogée de sa puissance. Il repoussa les Cimmériens, puis les Assyriens et s'empara de Colophon, mais il périt en combattant les Cimmériens. Selon la légende rapportée par la littérature grecque, il aurait déposé Candaule*, et épousé sa femme dans des conditions romanesques (Hérodote) et aurait eu le pouvoir de devenir invisible, grâce à un anneau magique (Platon). → Gog.

**GYLIPPOS** ♦ Général lacédémonien (seconde moitié du −Ve s.). Il défendit Syracuse* et fit échouer l'expédition de Sicile des Athéniens en −413 (→ **Nicias**). Après la prise d'Athènes, accusé d'avoir dérobé une partie du butin destiné à Sparte, il dut s'exiler.

**GYLLENBORG (Gustaf Fredrik)** ♦ Poète suédois (Strömsbro 1731 - Stockholm 1808). Influencé par Boileau, il écrivit des satires et des poèmes d'esprit stoïcien, tels que le *Contempteur du monde* (1754). Il laissa aussi d'excellentes adaptations des *Fables* de La Fontaine.

**GYLLENSTEN (Lars)** ♦ Écrivain suédois (Stockholm 1921 - *id.* 2006). Médecin, il ne cessa de dresser un examen critique et clinique du monde moderne. *Barnabok* (1952) affecte une naïveté feinte pour stigmatiser nos erreurs, mais *Senilia* (1956) et *Juvenilia* (1965) rejoignent le *Credo nihiliste* (1964) pour proposer, sous la forme d'une ironie hautaine, la seule solution à nos maux.

**GYÖR** ♦ V. de Hongrie, ch.-l. du comitat de Györ-Moson-Sopron, située à l'O. du pays, sur un bras du Danube, à la confluence du Rába. 129 412 hab. Église des Carmélites, de style baroque. Cathédrale fondée au XIIe s., remaniée plusieurs fois : palais épiscopal du XVIe s. Nombreux bâtiments de style baroque. ▪ Indus. mécaniques. Construc. de wagons et ponts de fer. ▮ **Histoire** À l'emplacement de Györ existait, au −Ve s., un établissement celte qui se développa sous les Romains *(Arrabona)*.

**GYTHION** – en grec *Yithio* ♦ V. de Grèce, sur le golfe de Laconie (Péloponnèse). 4 394 hab. ▪ Autrefois port de Sparte, auj. princ. point d'entrée touristique vers la péninsule du Magne*.

**GYULAI (Ferencz),** comte **DE MAROS-NÉMETH** et **NÁDASKA** ♦ Général hongrois (Pest 1798 - Vienne 1868). Ministre de la Guerre, commandant en chef l'armée d'Italie en 1859, il fut destitué après sa défaite devant les Français à Magenta* (4 juin 1859).

# H

**HAAKON, HAKON** ou **HAKAN** ♦ Nom de plusieurs souverains norvégiens. ♦ **HAAKON Ier le Bon** (v. 920 - Fitje v. 961). Roi de Norvège (v. 935 - 961). Il prit le trône à son demi-frère Erik mais fut tué par les partisans de ce dernier. ♦ **HAAKON IV Haakonsson l'Ancien** (près de Skarpsborg 1204 - Kirkwall, Orcades 1263). Roi de Norvège (1217 - 1263). Il réunit l'Islande et le Groenland à la Norvège (1262). Il a inspiré à Ibsen *Les Prétendants à la couronne*. ♦ **HAAKON V Magnusson** (1270 - 1319). Roi de Norvège (1299 - 1319). Il lutta contre les grands féodaux, et à l'extérieur, contre le Danemark et la Suède. Il établit sa capitale à Oslo. ♦ **HAAKON VI Magnusson** (1340 - 1380). Roi de Norvège (1343 - 1380), fils de Magnus* VII. En épousant Marguerite* Valdemarsdotter, fille du roi du Danemark Valdemar IV, il fit quelque temps l'union de la Suède, de la Norvège et du Danemark (1363). Il fut obligé de donner la Suède, qu'il gouvernait avec son père, à Albert de Mecklembourg. Sa femme, qui devint régente de Norvège à sa mort, reprit sa politique d'unification des trois pays scandinaves. ♦ **HAAKON VII** (Charlottenlund, Danemark 1872 - Oslo 1957). Roi de Norvège (1905 - 1957). Fils de Frédéric VIII de Danemark, il fut élu roi de Norvège après la séparation d'avec la Suède. Refusant toute collaboration avec les occupants allemands, il s'exila en Grande-Bretagne de 1940 à 1945. ➝ **ÉTYM.** Ce nom vient du vieux norvégien *Hakon,* de *hag* «adroit, habile».

**HAANPÄÄ (Pentti)** ♦ Nouvelliste et romancier finlandais d'expression finnoise (Piippola 1905 - Pyhäntä 1955). Il était fils d'un cultivateur aisé et non le vagabond presque analphabète qu'en fait une légende tenace. Il étudia par correspondance, lut Joyce* dans l'original et adapta deux de ses nouvelles en finnois dans *Le Bonheur amer de la vie humaine* (1939). Mais il ne quitta jamais sa région natale, dont il décrit les gens simples dans de courts récits. On le considéra comme communiste à cause d'un recueil antimilitariste, *Le Champ de manœuvres et la caserne* (1928). Dans ses romans *Le Cercle magique* et *Le Cas de l'adjudant Sato* (*Œuvres*, 1956 - 1958), Haanpää oppose un humour amer à l'absurdité de la vie ; il satirise les classes supérieures dans les nouvelles *La Caravane* (1930), *Iisakki le Taciturne* (1955) et le roman *La Farine* (1949).

**HAARLEM** ➝ **ÉTYM.** anc. *Haralem (Harlehem)*, p.-ê. de *harl-* «monticule» et *-hem* «demeure» ou de *haar* «hauteur» et *lem* «argile» ♦ V. des Pays-Bas, ch.-l. de la Hollande-Septentrionale, sur la Spaarne reliée au canal de la mer du Nord, à l'O. d'Amsterdam. 146 960 hab. (aggl. 216 762). ▪ Centrée sur le Grand-Marché (cathédrale Saint-Bavon, gothique ; Vleeshal de style Renaissance, Stadhuis du XVIe s.), la ville est résidentielle et élégante. Musées Teyler et Frans-Hals. ▪ La proximité d'Ijmuiden et d'Amsterdam a permis le développement d'industries métallurgiques, mécaniques, chimiques, textiles, alimentaires (chocolat) et de chantiers de construction navale. Au S. de la ville s'étendent les champs de tulipes et de jacinthes : Haarlem expédie des fleurs et des bulbes dans le monde entier. ▮ **Histoire** Fondée au IXe s., Haarlem fut fortifiée au XIIe s. et devint la résidence des comtes de Hollande. C'était un grand centre commercial (draperies). Assiégée par don Federico, fils du duc d'Albe, de 1572 à 1573, la ville fut décimée. Les protestants français émigrés contribuèrent à sa reconstruction et à son développement commercial et culturel. Le XVIIe s. fut son siècle d'or et c'est vers 1636 que la «tulipomanie» y prit naissance.

**Haarlem.** *Vue de Haarlem ou le Blanchissage dans les champs près de Haarlem* par Jacob Van Ruysdael (55,5 × 62 cm). *BIS/Phot. © Mauritshuis, La Haye*

**HAARLEMMERMEER** n. m. ♦ Polder des Pays-Bas occupant l'emplacement de l'anc. mer de Haarlem (longueur 24 km, largeur 11 km) asséchée en 1840 - 1843. 100 659 hab. La principale agglomération est Hoofddorp.

**HAAS (Joseph)** ♦ Compositeur allemand (Maihingen 1879 - Munich 1960). Professeur à l'Akademie der Tonkunst de Munich, il exerça un grand rôle par son enseignement. Il fut, avec Hindemith*, l'un des maîtres de la musique allemande contemporaine. On lui doit de nombreuses pièces de musique de chambre, pour piano ou pour orgue, deux opéras, des oratorios, des cantates et plus de 200 lieder. Son écriture, tonale, utilise parfois une thématique d'inspiration populaire. ➝ ÉTYM. *Haas* est une autre forme de l'allemand *Hase* «lièvre», du vieux haut allemand *hasan* «gris» (surnom d'un homme rapide).

**HAAS (Ernst)** ♦ Photographe autrichien (Vienne 1921 - New York 1986). En 1947, son célèbre reportage sur le retour des prisonniers de guerre en Autriche le propulsa au rang des plus grands photographes-reporters. Il rejoignit l'agence Magnum en 1949. Collaborateur de *Life*, *Paris-Match* et *Esquire* durant les années 1950, il fut intéressé par les possibilités de la photographie en couleurs.

**HAAVELMO (Trygve)** ♦ Économiste norvégien (Skedsmo 1911 - 1999). Pionnier dans le domaine des statistiques et des prévisions économiques, il a démontré qu'en période de sous-emploi la relance est favorisée par l'accroissement des dépenses publiques, même si celles-ci sont financées par un impôt d'un montant équivalent *(théorème d'Haavelmo)*. [Prix Nobel de sc. écon. 1989]

**HAAVIKKO (Paavo Juhani)** ♦ Poète, prosateur et auteur dramatique finlandais d'expression finnoise (Helsinki 1931 - *id.* 2008). Il fut l'un des innovateurs de la poésie après 1950 avec Anhava* et Manner*. Son œuvre, d'accès difficile, combine les métaphores mentales et matérielles en une vue personnelle du monde. (Il définit le poème *Le Palais d'hiver* [1959] comme «un voyage à travers une langue inconnue».) Après ses premiers recueils d'une inspiration individuelle (*Les Chemins vers le lointain*, 1951 ; *Les Feuilles des feuilles*, 1958), il multiplia les allusions à l'histoire et à la politique récentes dans *Les Arbres, toute leur verdure* (1966), *Quatorze souverains* (1970), œuvres qui expriment une philosophie conservatrice de la vie.

**HÁBA (Alois)** ♦ Compositeur tchèque (Vizovice, Moravie 1893 - Prague 1973). Promoteur d'un système original de composition par quarts de ton (puis, plus tard, par sixièmes et douzièmes de ton) qu'il appliqua dans des œuvres écrites pour des instruments spéciaux, il est l'auteur de trois opéras (dont *La Mère*, 1931), d'une dizaine de quatuors, de pièces pour piano, orgue, d'œuvres chorales et de lieder.

**HABACHE (Georges)** ♦ Homme politique palestinien (Lydda, auj. Lod 1926 - Amman 2008), fils de commerçants palestiniens chrétiens expulsés de Lydda en 1948 et réfugiés au Liban. Après des études à Beyrouth, il participa à la fondation en 1952 du Mouvement des nationalistes arabes (MNA), d'inspiration nassérienne, qui se morcela au lendemain de la guerre des Six Jours (juin 1967). Il créa alors le Front* populaire pour la libération de la Palestine (FPLP, 1967). Après l'élimination de la présence armée palestinienne en Jordanie (sept. 1970), il adopta le marxisme-léninisme et rompit avec les éléments les plus extrémistes de son organisation, sans toutefois apporter son soutien au processus de paix israélo-palestinien ou à Arafat. Il démissionna de la direction du FPLP en 2000.

**HABACUC** – en hébr. *Habhaqqûq* ♦ Personnage biblique, prophète sur lequel on ne sait rien. ♦ *Le «Livre d'Habacuc»* Livre de la Bible, un des Petits Prophètes*. 3 chapitres, dont les deux premiers, oracles qui annoncent l'arrivée violente des «Chaldéens», puis le triomphe du juste, sont suivis d'une exaltation de Yahvé et de sa puissance. L'affirmation de ce petit livre selon laquelle «le juste vivra par la foi» a été considérée comme le cœur du judaïsme aussi bien par saint Paul (Épître aux Galates*, 3, 12) que par le Talmud (*Makkot*, 24 a).

**Habacuc (Livre d')** ♦ Livre biblique rédigé vers –600. Ce texte bref, en 3 parties, fait dialoguer l'oracle divin et la prière prophétique sur le problème du mal. La découverte à Qumrân* d'un commentaire *(pesher)* de ce livre a été précieuse pour la connaissance de l'exégèse de ce milieu «sectaire».

**HABBĀNIYA** (lac de) n. m. ♦ Vaste cuvette d'eau douce située au S. de l'Euphrate, en Irak central. Aménagé pour détourner les eaux de crue du fleuve des terres cultivées, le lac sert de réservoir au barrage de Ramadi.

**Habeas Corpus Act** ♦ Loi votée en 1679 par le Parlement anglais, instituant officiellement les garanties de la liberté individuelle, déjà formulées dans la Pétition* des droits (1628). Il devait limiter les arrestations et les détentions arbitraires.

**HABENECK (François)** ♦ Violoniste et chef d'orchestre français (Mézières 1781 - Paris 1849). Il dirigea la Société des concerts du Conservatoire (1828) et fut aussi chef d'orchestre à l'Opéra de Paris. Ce fut lui qui révéla au public français les symphonies de Beethoven. Il a composé des œuvres pour le violon.

**HABER (Fritz)** ♦ Chimiste allemand (Breslau 1868 - Bâle 1934). Appliquant les principes de l'équilibre de la thermodynamique chimique, il mit au point le premier procédé de synthèse commerciale de l'ammoniac à partir d'azote et d'hydrogène sous forte pression. ➝ **Bosch.** [Prix Nobel de chim. 1918]

**HABERMAS (Jürgen)** ♦ Sociologue allemand (Düsseldorf 1929). Assistant d'Adorno* à Francfort, il est un héritier de l'école de Francfort* et de la théorie critique (*Théorie et Pratique*, 1963), combinant selon cette tradition les apports de la philosophie et des sciences sociales. Il a engagé une critique du positivisme et de la technique (*La Technique et la science comme idéologie*, 1968), en s'interrogeant sur la combinaison possible entre les sociétés industrielles avancées et la démocratie. *L'Espace public* (1962) est une contribution à la genèse de la société bourgeoise depuis le XVIII^e^ s. Il a aussi entrepris une critique du marxisme (*Après Marx*, 1975). Sa mise en cause de la raison technicienne n'est pas cependant, contrairement par exemple à Heidegger*, une critique d'ensemble de la modernité (*Le Discours philosophique de la modernité*, 1988). Son grand ouvrage, *La Théorie de l'agir communicationnel* (1983), comprend deux volets, l'un étudiant la rationalisation de l'action et de la société, l'autre critiquant la raison fonctionnaliste. Face au processus de mondialisation, il pose dans *Après l'État-nation* (2000) la question de l'invention de nouveaux modes de régulation politique. Il conduit un double mouvement d'interrogation sur les problèmes philosophiques de la conformité au vrai et de la conformité au bien. Plus que la question d'une vie conforme au bien, c'est celle du juste, c'est-à-dire de la validité d'une règle de conduite, qui est pertinente (*De l'éthique de la discussion*, 1990).

**HABIBIE (Bacharuddin Jusuf)** ♦ Homme d'État indonésien (Paré-paré, Sulawesi Sud 1936). Étudiant puis ingénieur en Allemagne, il fut rappelé dans son pays pour diriger le ministère de la Recherche et de la Technologie (1978 - 1997). Fondateur en 1990 de l'Union indonésienne des intellectuels musulmans, il fut élu vice-président de la République en 1998 et, en mai, succéda au président Suharto démissionnaire. Il renonça à se présenter à l'élection de 1999.

**HABRÉ (Hissène)** ♦ Homme d'État tchadien (Faya-Largeau 1942), né dans une famille gorane. Dès l'éclatement de la rébellion des Toubous en 1970, il prit le maquis et s'opposa à Goukouni Oueddeï, chef teda du Nord, en l'accusant de pactiser avec les Libyens qui venaient d'envahir la bande d'Aozou* (1973). Il se fit connaître en enlevant les époux Claustre (1974 - 1977). En 1978, la prise de Faya-Largeau lui ouvrit les portes du pouvoir, qu'il refusa de partager avec le général Malloum (1^re^ bataille de N'Djamena, 1978) puis avec Goukouni Oueddeï (2^e^ bataille de N'Djamena, 1979). Après un exil momentané au Soudan, il finit par revenir en vainqueur à N'Djamena (1982). Attaqué par les Libyens, il organisa la reconquête du Nord, les battit à Aozou (1987) et lança des raids destructeurs sur leur territoire. Son régime évolua vers un système clanique et autoritaire. En 1990, il fut chassé par son commandant en chef Idris Deby et a été inculpé au Sénégal, en 2000, de «complicité d'actes de torture».

**HABSBOURG** (maison de) ➝ ÉTYM. de *Habichtsburg* (V. ci-dessous), moy. haut all. «château *(burg)* des autours *(habech)*» ♦ Dynastie qui régna sur l'Autriche de 1278 à 1918. Elle tire son nom du château de Habichtsburg construit vers 1020 en Suisse (canton d'Argovie). Albert le Riche (XII^e^ s.) reçut de Frédéric Barberousse le landgraviat d'Alsace et le comté de Zurich. La famille accéda une première fois à l'Empire avec Rodolphe* I^er^ en 1273 et acquit en 1278 les duchés d'Autriche, de Styrie et de Carniole. Les Habsbourg obtinrent ensuite la Carinthie (1335), le Tyrol (1363) et, sous Léopold* III, Fribourg (1368), Trieste (1382), le Vorarlberg, mais ils furent affaiblis lors des guerres soutenues contre les montagnards suisses de la fin du XIII^e^ s. à la fin du XV^e^ s. (➝ **Suisse**) et par les divers partages successoraux (1379, 1406 et 1411). Les domaines des Habsbourg ne furent réunis sous une seule autorité qu'en 1490 par l'empereur Frédéric* III. La maison de Habsbourg donna à l'Allemagne les empereurs Albert* II, Frédéric III (1440 - 1493), et, sauf une exception (de 1740 à 1745), tous les empereurs allemands furent choisis dès lors dans la famille jusqu'en 1806, fin du Saint Empire. Les Habsbourg augmentèrent leur puissance par leur politique de mariages (*Bella gerant alii, tu, felix Austria, nube* «Que les autres fassent la guerre, toi, heureuse Autriche, tu te maries») : mariage de Maximilien* I^er^ avec Marie* de Bourgogne (1482) ; mariage de Philippe* le Beau avec Jeanne* la Folle, héritière de l'Aragon et de la Castille (1496), qui lui apporta l'Espagne et Naples (1506 - 1516) ; mariage de Ferdinand* I^er^ avec Anne qui lui apporta la Bohême et une partie de la Hongrie (1526). L'apogée de la maison de Habsbourg eut lieu sous Charles* Quint, mais ce dernier donna ses États autrichiens à son frère Ferdinand I^er^, ce qui eut pour conséquence la naissance de la ligne espagnole (Espagne et Pays-Bas) qui continua avec Philippe* II, fils de Charles Quint, et s'éteignit en 1700, et d'une ligne autrichienne qui se partagea en trois à la mort de Ferdinand I^er^ (1564). La ligne autrichienne s'éteignit en 1619 avec l'empereur Mathias* II ; la ligne styrienne dont fit partie Ferdinand* II, empereur en 1619, hérita des possessions de la ligne tyrolienne en 1665. Les Habsbourg de Vienne acquirent par héritage les Pays-Bas, le Milanais, la Sicile et Naples en 1700 et, par victoire sur les Turcs, la Hongrie entière (1699). Ils perdirent la Sardaigne (1720), Naples (1735) et la Sicile (1738). La nouvelle dynastie de Habsbourg-Lorraine fut fondée par le mariage de Marie*-Thérèse avec le duc François de Lorraine (1736). En 1804, les Habsbourg prirent le titre d'empereur d'Autriche et en 1867 le titre de roi de Hongrie qui consacrait la monarchie double. Au XIXe s., ils durent se retirer d'Italie (1859 - 1866) puis d'Allemagne (1866). Le dernier empereur, Charles* Ier, abdiqua en 1918.

**HABSHEIM** [68440] ➝ ÉTYM. anc. *Habuhinasheim,* du germ. *Habwin,* n. de pers., et *heim* «village» ♦ Ch.-l. de cant. du Haut-Rhin, arr. de Mulhouse. 4 313 hab. *(Habsheimois).*

**HACELDAMA** ➝ ÉTYM. hébr. «champ du sang» ♦ Dans l'Évangile, champ acheté avec les trente deniers que Judas rendit aux prêtres du Temple après le crucifiement de Jésus-Christ. Depuis le IVe s., on le situe dans la vallée de Gê-Hinnom (Géhenne).

**HACHÉMITES** ou **HACHIMITES** n. m. pl. ♦ Famille qoraychite* qui serait descendante de Hāchim ibn ʿAbd Manaf (considéré comme l'aïeul du prophète Mahomet*) et qui, depuis le XIe s., a fourni les chérifs héréditaires de La Mecque, gardiens des Lieux saints de l'islam. Au début du XXe s., Hussein* ibn Ali, qui devint roi du Hedjaz en 1916, fut l'instigateur du mouvement nationaliste panarabe, soutenu par la Grande-Bretagne ; ses deux fils, Fayçal* Ier et Abd* Allah, fondèrent respectivement les monarchies hachémites d'Irak* (1921 - 1958) et de Jordanie*.

**HACHETTE (Jeanne LAISNÉ, dite Jeanne)** ♦ Héroïne française (v. 1454 - morte à Beauvais ?). Elle prit la tête de la défense de Beauvais assiégé par Charles* le Téméraire qu'elle força à la retraite (1472).

**HACHETTE (Jean Nicolas Pierre)** ♦ Mathématicien français (Mézières 1769 - Paris 1834). Auteur de travaux de géométrie analytique avec Monge*, notamment sur la transformation des coordonnées et la classification des quadriques, il fut son adjoint pour la géométrie descriptive à l'ouverture de l'École polytechnique. [Acad. sc. 1831]

**HACHETTE (Louis)** ♦ Éditeur français (Rethel 1800 - Le Plessis-Piquet, près de Sceaux 1864). Ancien élève de l'École normale supérieure, il acheta la librairie Brédif à Paris, à laquelle il donna son nom. Après l'adoption de la loi Guizot (1833), le ministère lui commanda des milliers d'exemplaires scolaires. Il édita notamment l'*Introduction à l'histoire universelle* de Michelet* (1831) et le *Dictionnaire universel d'histoire et de géographie* de Bouillet (1842) ainsi que des œuvres de Hugo, de George Sand, de Gautier, de Dickens ou de Cervantès. Il lança les premières grandes collections : «La Bibliothèque des merveilles», «Les Grands Écrivains de la France», «Le Tour du monde», «La Bibliothèque rose». Devenu imprimeur et spécialiste de la grande diffusion, il développa son entreprise avec le *Dictionnaire de la langue française* de Littré (1863) et avec les guides touristiques. À sa mort, la Librairie Hachette était devenue la plus grosse maison d'édition française. C'est aujourd'hui un puissant groupe d'édition et de distribution (presse et livres). ➝ ÉTYM. Ce nom de famille est le surnom d'un soldat qui portait la *hache* (plus rarement celui d'un «bûcheron»).

**ḤACHĪCHĪN** n. m. pl. ➞ **assassins**

**HACHIMAN** ➝ ÉTYM. jap. «huit *(hachi)* bannières *(han)*» ♦ Au Japon, divinité shintoïste de la guerre et patron protecteur de la famille des Minamoto*. Il serait une divinisation de l'empereur Ōjin (IIIe s.).

**HACILAR** ♦ Site archéologique de Turquie où ont été découverts les restes d'un village néolithique (–VIIe mill.) ; des cultures céréalières y sont attestées (orge, blé).

**HACKING (Ian)** ♦ Philosophe canadien (Vancouver 1936). Spécialiste de la philosophie des sciences, professeur au Collège de France, il s'est intéressé principalement au style des raisonnements scientifiques qu'il a étudié dans *L'Émergence de la probabilité* (1975) et dans *Représenter et intervenir* (1983). Dans ce dernier ouvrage, notamment, il défend une position réaliste quant aux entités que les physiciens manipulent, soutenant que l'un des critères de la réalité de ces entités est que nous puissions agir sur elles. À partir de 1990, ses recherches ont essentiellement porté sur l'épistémologie de la psychologie, sous l'influence des travaux de Michel Foucault.

**HACKS (Peter)** ♦ Auteur dramatique allemand (Breslau 1928 - Berlin 2003). Disciple de Brecht*, moins dans le didactisme que dans l'intention de divertir. De ses nombreuses pièces, on peut retenir *La Bataille de Lobositz* (1956) et *Conversation chez les Stein sur M. de Goethe absent* (1976).

**HADAD** ♦ Dieu de l'orage chez les Sémites occidentaux, correspondant à l'Adad* mésopotamien.

**HADAMARD (Jacques)** ♦ Mathématicien français (Versailles 1865 - Paris 1963). Auteur de travaux sur les nombres premiers, les singularités des fonctions analytiques, les fonctions de variables complexes, les équations aux dérivées partielles (s'intéressant particulièrement au lien qui doit toujours exister entre les données et les solutions), il étudia également les surfaces à courbure négative. [Acad. sc. 1912]

**HADDA** ♦ Site de l'Afghanistan oriental, au S.-E. de Jalālābād*, où des ruines de stûpas et monastères bouddhiques du Ier au VIIe s. s'étendent sur env. 15 km². Le site recèle quelques cavernes décorées de fresques et de nombreux vestiges de l'art du Gandhara*.

**HADDINGTON** ♦ V. d'Écosse, ch.-l. du district d'East Lothian, sur la Tyne, à l'E. d'Édimbourg. 8 000 hab.

**HADERA** ♦ V. d'Israël, située dans la plaine côtière, entre Haïfa et Tel-Aviv. 76 300 hab. Plantations d'orangers. Indus. textile. Fabrique de papier. Passage de l'oléoduc Eilat-Haïfa.

**HADERSLEV** ♦ V. du Danemark, municipalité du Danemark-du-Sud, au S.-E. du Jutland, au fond du Haderslevfjord. 21 140 hab. Cathédrale Notre-Dame (déb. XIVe s.). ▪ Minoteries.

**HADÈS** ➝ ÉTYM. en gr. ***Haidês*** p.-ê. «l'Invisible», de *idein* «voir» et *a* privatif (étym. populaire) ♦ Dieu grec des morts, fils de Cronos* et de Rhéa*. L'un des trois maîtres de l'univers ; après la défaite des Titans, il règne aux Enfers, comme Zeus* régnait au Ciel et Poséidon* sur la Mer. Son casque, don des Cyclopes*, le rendait invisible. Ayant enlevé Perséphone*, la fille de Déméter*, il n'en eut pas de progéniture. Héraclès* le blessa pour avoir accès aux Enfers. On lui donnait souvent le surnom de *Plouton* (le «donneur des richesses») et on le représentait tenant la corne d'abondance.

**Hadīth** n. m. ➝ ÉTYM. ar. «conversation» ou «récit» ♦ Informations rapportées par un grand nombre de chaînes orales relatant les actes et les paroles de Mahomet* et de ses compagnons. Pour les musulmans, le Hadīth fait autorité juste après le Coran*. Des recueils rassemblant ces traditions furent constitués, les plus réputés étant ceux de Muslim ibn al-Hajjaj (v. 820 - 875) et d'al-Bukhārī* (810 - 870).

**HADJOUT** – anc. ***Marengo*** ♦ V. d'Algérie (wilaya de Tipasa), sur la bordure occidentale de la Mitidja, au pied du massif de Miliana. 33 326 hab. Centre commercial et agricole.

**HADLEY (John)** ♦ Mécanicien et astronome anglais (dans le Hertfordshire 1682 - East Barnet, Hertfordshire 1744). Il réalisa en 1731 l'octant, dispositif imaginé par Newton* et qui est à l'origine du sextant de marine. ➝ ÉTYM. Ce nom de famille vient d'un nom de lieu, du vieil anglais *hoeð* «lande» et *lēah* «bois, clairière».

**HADLEY (Henry Kimball)** ♦ Compositeur américain (Somerville, Massachusetts 1871 - New York 1937). Dans un style postwagnérien, il a écrit des opéras, des symphonies, des ouvertures. On lui doit aussi des opérettes, de la musique chorale, de la musique de chambre et de films.

**HADRAMAOUT** n. m. ➝ ÉTYM. préarabe probablt «pays de l'encens» ou «pays des gommiers», d'une rac. *ḍurm,* désignant un arbre odoriférant ♦ Région montagneuse du Yémen, comprise entre le désert du Rubʿ al-Khali et la mer (golfe d'Aden et mer d'Oman), dont elle n'est séparée que par une étroite plaine côtière. L'Hadramaout culmine dans le Chukra et est arrosé par le wadi Hadramaout, qui se perd dans les sables. Cultures dans sa vallée et dans les oasis qui bordent la plaine littorale. Pêche (sardine).

**HADRIEN** ou **ADRIEN** ➝ ÉTYM. en lat. ***Publius Aelius Hadrianus*** «qui habite Hadria» ♦ (Italica, Bétique 76 - Baïes 138). Empereur romain (117 - 138), fils adoptif de Trajan* dont il épousa la petite-nièce, Sabine. Il était légat en Syrie lorsque l'armée l'appela pour succéder à Trajan. Associant à une volonté tyrannique le désir du bien de l'État et le souci de vivre en aristocrate cultivé, il remplaça la politique offensive de son prédécesseur par une politique défensive, limitant l'Empire à ses frontières stratégiques et abandonnant les conquêtes de Trajan au-delà de l'Euphrate pour ne garder que l'Arabie et la Dacie. Il renforça les défenses du *limes* germanique et fit construire en Grande-Bretagne, de l'embouchure de la Tyne au golfe du Solway, le *mur d'Hadrien* ou mur des Pictes* (122), destiné à repousser les invasions. Il eut cependant à affronter les Juifs qui se soulevèrent à la suite de la fondation d'une colonie militaire à Jérusalem qui prit le nom d'*Aelia Capitolana ;* mais les Juifs furent vaincus et la paix rétablie en 135. Il organisa de manière durable l'administration impériale, partagea l'Italie en quatre districts confiés à quatre consulaires (ex-consuls), ce qui enlevait au Sénat l'administration de l'Italie, et codifia le droit en édit perpétuel, rédigé par le jurisconsulte Salvien en 131. Grand voyageur, il inspecta toutes les provinces (de 121 à 125, de 128 à 134), accompagné jusqu'en 122 de son favori Antinoüs*. Il fit construire dans son domaine *(Villa Adriana)* de Tibur (Tivoli*) les reproductions des monuments qu'il avait admirés au cours de ses voyages et fit exécuter par des sculpteurs grecs des répliques des originaux de la

**Hadrien.** Marbre.
Musée national romain,
Rome.
*Phot. © Arch. Smeets*

belle époque athénienne. Les ruines de la villa d'Hadrien constituent l'un des vestiges les plus émouvants de l'art romain. Épris de littérature, de science, d'art et de philosophie, il favorisa une réaction classique d'inspiration hellénique, et fit élever à Rome le mausolée impérial, *Moles Adriani*, devenu le château Saint-Ange.

**HADRUMÈTE** ou **ADRUMÈTE** ◆ ÉTYM. en lat. *Hadrumetum* «(la ville) du Sud (sémitique *darom*)», auj. *Sousse* ♦ V. et port de l'Afrique ancienne, au S.-E. de Carthage. fondée par les Phéniciens, elle devint cité romaine au –IIe s. et colonie sous Hadrien* puis capitale du Byzacène (→ **Afrique**). Elle fut détruite par les Vandales en 434. → **Sousse.**

**HADUR NABI CHU 'AYB** (djebel) n. m. ♦ Massif montagneux du Yémen, à l'O. de Sanaa*. Point culminant du Proche-Orient (3 666 m).

**HAECKEL (Ernst)** ♦ Naturaliste allemand (Potsdam 1834 - Iéna 1919). Il fut un partisan convaincu de la théorie de l'évolution de Darwin*. Affirmant le parallélisme entre l'ontogenèse et la phylogenèse (loi biogénétique fondamentale), il tenta de retrouver dans l'embryologie les étapes de l'évolution depuis les formes élémentaires de la vie. Il fit d'importants travaux sur les unicellulaires végétaux et animaux. Cherchant à appliquer les thèses transformistes au problème de l'origine de l'homme, il émit l'hypothèse (confirmée par la découverte de E. Dubois*) d'une forme intermédiaire, nommée par lui *Pithécanthrope*, entre les singes anthropoïdes et l'espèce humaine. Mêlant souvent à ses recherches scientifiques des spéculations purement théoriques, il formula un monisme naturaliste qui prit de plus en plus la forme d'une philosophie animiste (*Histoire de la création des êtres organisés d'après les lois naturelles*, 1868 ; *L'Anthropogénie*, 1874). Ce fut lui qui créa le mot «écologie» pour désigner les rapports des organismes avec le milieu extérieur.

**HAENDEL (Georg Friedrich)** ♦ Compositeur anglais d'origine allemande (Halle 1685 - Londres 1759). **▮ Les débuts** Fils d'un barbier chirurgien du prince de Saxe, il fut l'élève de l'organiste et compositeur Friedrich Wilhelm Zachow, qui lui donna une solide connaissance de l'écriture polyphonique. Il la perfectionna par la pratique de l'orgue. Interrompant ses études de droit, il se rendit à Hambourg (1703), où il fit représenter ses premiers opéras italiens (*Almira*, 1705). Leur succès lui assura la protection de Jean Gaston de Médicis. **▮ L'Italie et Hanovre** Il partit alors pour l'Italie où il rencontra Corelli, A. et D. Scarlatti (1706). Le triomphe de son opéra *Agrippina* (Venise, 1709), sa réputation de virtuose à l'orgue et au clavecin, la qualité de ses nouvelles compositions (cantates, oratorios) lui valurent la gloire. Il quitta cependant l'Italie pour revenir à Hanovre où il fut nommé maître de chapelle de l'Électeur (1710). **▮ Londres** Presque aussitôt, il demanda un congé pour se rendre à Londres où l'élite de la société intellectuelle (Pope, Swift) lui fit fête. Désormais, à l'exception de courts séjours à l'étranger, il ne devait plus quitter l'Angleterre, pays auquel il allait marquer son attachement en prenant la nationalité anglaise (1726). L'immense succès de son opéra *Rinaldo* (1711) fut suivi d'un nouveau triomphe, celui de son *Te Deum*, composé pour célébrer la paix d'Utrecht (1713). Considéré comme un nouveau Purcell, il rentra en grâce auprès de l'électeur de Hanovre, devenu roi d'Angleterre sous le nom de George Ier, en lui dédiant la célèbre *Water Music* (1717). Nommé maître de chapelle du duc de Chamdos (1718 - 1721), il composa les *Anthems Chamdos*, grands motets pour soli, chœur, orgue et orchestre, les *Chamdos Te Deum*, *Acis et Galathée*, pastorale, *Esther*, oratorio, et 8 suites pour le clavecin. ***▮ La Royal Academy of Music et les opéras*** En 1719, fut fondée la Royal Academy of Music, dont Haendel prit la direction musicale et pour laquelle il composa une quinzaine d'opéras dans le goût italien (*Floridante*, 1721 ; *Ottone*, 1723 ; *Julio Cesare*, 1724 ; *Rodelinde*, 1725 ; *Scipione*, 1726 ; *Admeto*, 1727 ; *Siroe*, 1728). Ces ouvrages connurent le succès, non seulement à Londres, mais aussi sur les principales scènes d'Europe. Cependant, les intrigues de son rival Bononcini, le triomphe du *Beggar's Opera* de Gay et Pepusch (1728), de forme et d'esprit entièrement anglais, aboutirent à la dissolution de l'Academy of Music (1728). Lutteur infatigable, Haendel créa une deuxième, puis une troisième compagnie, écrivant sans relâche de nouvelles œuvres lyriques (*Lotario*, 1729 ; *Partenope*, 1730 ; *Alessandro Nell'Indie*, 1731 ; *Orlando*, 1733) et s'opposant à la concurrence de deux nouveaux venus, Porpora, puis Hasse. C'est aussi durant cette période d'intense activité qu'il composa presque toute sa musique instrumentale (douze sonates pour violon et basse ; treize sonates pour deux violons et basse ; six *concerti grossi* ; concertos pour orgue), ainsi que son premier oratorio anglais, *Deborah* (1733). ***▮ Les oratorios*** Les autorités religieuses ayant interdit de porter à la scène des sujets bibliques, Haendel décida d'abandonner définitivement l'opéra pour l'oratorio (1740). À cette dernière période appartiennent *Saül* (1739), *Le Messie** (1742), son chef-d'œuvre, *Samson* (1742), *Judas Maccabée* (1746), *Josué* (1747), *Salomon* (1748), *Jephta* (1751), ouvrages célèbres dont certains comme *Heraklès* (1747) n'ont aucun caractère religieux. Sa vue faiblit à partir de 1751, mais il continua à composer (*The Triumph of Time and Truth*, 1757) et à tenir la partie d'orgue lors de l'exécution de ses œuvres. Il mourut aveugle et fut inhumé dans l'abbaye de Westminster. **▮ L'art de Haendel** Marqué par l'influence des Italiens (Scarlatti, Corelli), des Français (Lully, Rameau, Delalande), des Allemands (Buxtehude), il assimila également la musique anglaise de théâtre et d'église (Purcell). Dans ses quarante opéras, genre qu'il ne parvint pas à faire adopter par le public anglais, il eut recours aux conventions italiennes, mettant en valeur la virtuosité vocale des interprètes et utilisant des ornements à fonction expressive. Il excella surtout dans le récitatif, d'une grande intensité dramatique. Ses thèmes historiques sont traités de façon très différenciée : tragique, burlesque, merveilleux, héroïque. Ses vingt-huit oratorios anglais offrent la même variété que ses opéras. Traités dans un esprit théâtral, plusieurs appartiennent au genre de l'«épopée dramatique». Animés d'un souffle épique, les chœurs sont intimement liés à l'action. Sa musique instrumentale se caractérise par un aspect improvisé. Les dix-huit *concerti grossi* sont parmi les plus beaux *concerti* baroques par la richesse de leur instrumentation. **▮ L'héritage de Haendel** Personnalité impérieuse et passionnée, possédant un incomparable don mélodique, maître du contrepoint et de l'harmonie, ouvert à tous les styles, Haendel a contribué au développement de l'expressivité musicale et préparé la venue des grands maîtres viennois (Haydn, Mozart, Beethoven). ◆ ÉTYM. *Haendel* est le diminutif de *Hans* «Jean».

**HAFIZ (Moulay)** ♦ (Fès 1875 - Enghien-les-Bains 1937). Sultan du Maroc (1907 - 1912). Traditionaliste, il se révolta contre son frère Abd al-Aziz. Ce dernier se plaça sous la protection de la France, après l'intervention de 1907, mais Moulay Hafiz fut proclamé sultan à Marrakech. Il fut reconnu en 1909 et régna jusqu'en 1912, date où il abdiqua en faveur de son frère Youssouf.

**ḤĀFIẒ [Chams al-Dīn Muḥammad]** ♦ Le plus grand poète lyrique persan (Chirāz v. 1320 - *id.* v. 1389). En dehors de brefs séjours à Yezd et à Ispahan, il ne quitta jamais sa ville natale. Après de brillantes études en théologie et en langue et littérature arabes, il enseigna ces matières ainsi que l'exégèse coranique (d'où son nom littéraire : *Ḥāfiẓ*) dans une medersa à Chirāz. Il n'acquit la gloire littéraire qu'après avoir rassemblé ses poésies en un *Divan* (1368). Ḥāfiẓ s'inspira de l'habituelle thématique de la poésie persane, tout en renouvelant tous les genres. Il habilla le panégyrique, qui occupe une place restreinte dans son *Divan*, d'une forme lyrique inconnue jusqu'à lui. Il perfectionna le *ghazal* (poème d'amour) en unissant l'expression et la pensée par un équilibre savant entre le rythme musical et la profusion des images. Une partie de sa poésie s'enveloppe de mystère en raison d'une symbolique profonde et ésotérique. Dans son œuvre, les poèmes littéralement bachiques côtoient ceux qui dégagent l'ambiguïté propre au genre mystique. Aussi, malgré la précision et la simplicité de la langue, sa poésie suscite-t-elle de multiples interprétations s'appuyant sur la richesse des nuances et l'exubérance des images. Ḥāfiẓ est toujours populaire en Iran et son tombeau, aux portes de Chirāz, est encore un lieu de pèlerinage. ◆ ÉTYM. Ce nom arabe signifie «celui qui connaît par cœur le Coran».

**ḤĀFIẒ IBRĀHĪM (Muḥammad)** ♦ Poète égyptien (Dayrut 1872 - Le Caire 1932). Il introduisit des thèmes politiques et sociaux dans sa poésie qui reste de facture classique.

**HAFSIDES** n. m. pl. ◆ ÉTYM. du n. de Abū *Ḥafṣ* 'Umar (V. ci-dessous) ♦ Dynastie maghrébine qui régna sur la Tunisie (1228 - 1574). Descendant d'Abū Ḥafṣ 'Umar, lieutenant de l'Almohade 'Abd* al-Mu'min, les Hafsides assurèrent, dans l'Empire almohade, le gouvernement de l'Ifrīqiya (→ **Almohades**). Profitant de la décadence des Almohades (défaite contre les Espagnols à Las Navas de Tolosa, juil. 1212), Abū Zakariyā Yaḥyā se déclara indépendant (Tunis, 1228). Son fils, al-Mustanṣir (1249 - 1279), qui s'attribua le titre d'«émir des croyants» et qui fut même reconnu comme calife en Orient (1259 - 1261), était le prince musulman le plus puissant de son époque. Possédant un royaume économiquement prospère, il signa des traités avec les puissances chrétiennes (Venise, Pise, Gênes). Au XIVe s., la dynastie faillit périr à la suite d'incessants désordres. Sous Abū Fāris (1394 - 1434), qui continua l'œuvre de restauration de son père, les Hafsides connurent une période brillante. Ils s'effondrèrent quand le Turc Khayr al-Dīn (Barberousse*) s'empara de Tunis (1534). Rétablis par Charles Quint (1535), ils furent définitivement vaincus par les Turcs (prise de Tunis, 1574).

**Haganah** n. f. ◆ ÉTYM. hébr. «défense» ♦ Organisation juive d'autodéfense, fondée à l'époque ottomane pour assurer l'implantation et la défense des colonies juives de Palestine contre les raids arabes. Tolérée, mais non officiellement reconnue pendant le mandat britannique, la Haganah acquit rapidement l'expérience de la lutte. À l'époque du 3e Livre blanc limitant l'immigration juive en Palestine (1939), l'administration britannique arrêta et jugea plusieurs militants de la Haganah. Beaucoup pourtant s'engagèrent aux côtés de l'armée britannique contre les forces de l'Axe pendant la Deuxième Guerre mondiale ; certains constituèrent même un groupe de combattants de choc (le Palmach). En 1945, la politique britannique n'ayant pas varié sur la question de l'immigration juive, la Haganah, qui jusqu'alors avait condamné l'action des groupes terroristes extrémistes (Irgoun*, Stern*), prit part à la lutte pour l'indépendance contre la puissance mandataire. Avec ses 60 000 volontaires environ (1945), elle fournit les cadres de l'armée de l'État d'Israël (1948).

**HAGAR** → Agar

**HAGEDORN (Friedrich VON)** ♦ Poète allemand (Hambourg 1708 - *id.* 1754). Influencées par Anacréon, Horace et La Fontaine, ses poésies sont considérées comme l'incarnation du style rococo, «style artificiel, d'une légèreté convenue [...] style badin, quelquefois leste, toujours riche en métaphores bucoliques» (P. Grappin). Œuv. princ. : *Fables et Contes* (1738).

**HAGEN** ➝ ÉTYM. du vx haut all. *hac, hago* «forêt» ♦ Héros de la mythologie allemande. Fidèle vassal de Brünhild*, il tue Siegfried* traîtreusement au cours d'une partie de chasse. ➝ **Nibelungen (Chanson des).** Il correspond au Guttorn scandinave (➝ **Völsunga saga**).

**HAGENBECK** ♦ Famille de dompteurs d'animaux et de directeurs de cirque allemands (XIXe - XXe s.). Le plus célèbre fut Wilhelm, fondateur et directeur de cirque, qui monta en 1909 au cirque de La Motte-Picquet un numéro de 70 ours blancs.

**HAGETMAU** [aʒɛtmo] [40700] ➝ ÉTYM. gasc. «mauvaise *(mau)* hêtraie *(haget)*» ♦ Ch.-l. de cant. des Landes, arr. de Mont-de-Marsan, dans la Chalosse. 4 403 hab. *(Hagetmautiens)*. Belle crypte romane conservée de l'église Saint-Girons. ▪ Fabrique de chaises. Marché agricole. ▪ À Brassempouy, gisement préhistorique du Paléolithique supérieur. ➝ **Brassempouy.**

**HAGONDANGE** [57300] ➝ ÉTYM. anc. *Angoldenges*, du germ. *Angwald* (changé en *Angoldus*), n. de pers., et suff. *-ing* ♦ Comm. de la Moselle, arr. de Metz-Campagne. 8 675 hab. (aggl. 111 664) *(Hagondangeois)*. Métallurgie. Centrale thermique.

**HAGUE (LA)** ➝ ÉTYM. du vx norrois *hagi* «clôture, enclos» ♦ Cap du Cotentin, au N.-O. de la presqu'île. ▪ À proximité, sur la lande de Jobourg, usine de retraitement de combustibles nucléaires usés.

**HAGUENAU** [67500] ➝ ÉTYM. anc. *Hagenowa*, du germ. *Hagino*, n. de pers. [de *hago* «forêt»], et *aue* «prairie humide» ♦ Ch.-l. d'arr. du Bas-Rhin, sur la Moder, au S. de la forêt de Haguenau (13 400 ha). 32 242 hab. (aggl. 38 734) *(Haguenoviens)*. Églises Saint-Georges des XIIe - XIIIe s. (beau mobilier) et Saint-Nicolas des XIVe - XVe s. (boiseries). Musée historique : coll. préhistoriques, romaines ; sculptures médiévales ; histoire locale. Musée alsacien : arts et traditions populaires. ▪ Centre indus. et commercial. Brigade d'artillerie. ▮ **Histoire** Ville impériale en 1257, doyenne de la Décapole d'Alsace, ou Union des dix villes, à partir du XIVe s., foyer de la Réforme au XVIe s. Victoire des Français sur les Autrichiens et les Prussiens en 1793. La ville a été gravement endommagée lors de la Deuxième Guerre mondiale.

**HAHN (Reynaldo)** ♦ Compositeur français (Caracas 1875 - Paris 1947). Élève de Massenet, il fut l'ami de Sarah Bernhardt et de Marcel Proust. Il acquit la renommée par ses mélodies (*Chansons grises* de Verlaine), ses ballets (*Le Bal de Béatrice d'Este*, 1909) et surtout ses opérettes (*Ciboulette*, 1923 ; *Brummel*, 1931 ; *Ô mon bel inconnu*, 1933 ; *Malvina*, 1935), remarquables de grâce mélodique et d'esprit. Il fut aussi l'auteur de plusieurs opéras (*La Carmélite*, 1902 ; *Le Marchand de Venise*, 1935) ainsi que de concertos et de pièces de musique de chambre. Critique musical, spécialiste de l'art du chant, il a laissé d'utiles ouvrages (*Du chant*, 1920 ; *L'Oreille au guet*, 1937). ➝ ÉTYM. Ce nom allemand signifie «coq» (➝ aussi Kohout, Lecocq) [surnom d'un homme fier].

**HAHN (Otto)** ♦ Chimiste allemand (Francfort-sur-le-Main 1879 - Göttingen 1968). Il découvrit de nouveaux isotopes radioactifs : le radiothorium (1905), le mésothorium (1907), et le protactinium (1917) avec Lise Meitner*. C'est en étudiant la formation des éléments transuraniens par bombardement de l'uranium par les neutrons qu'il découvrit, avec F. Strassmann*, la fission nucléaire. L'interprétation du phénomène fut donnée, presque simultanément, par Hahn et Strassmann et par Meitner et Frisch*. [Prix Nobel de chim. 1944]

**HAHNEMANN (Christian Friedrich Samuel)** ♦ Médecin allemand (Meissen, Saxe 1755 - Paris 1843). C'est à partir d'observations et d'expériences sur les effets du quinquina et autres produits sur l'organisme qu'il fonda l'homéopathie ou «traitement du semblable par le semblable» (*Mémoire sur l'empoisonnement par l'arsenic*, 1786 ; *Doctrine et traitement homéopathiques des maladies chroniques*, 1822).

**HĀIBRIA** ➝ **Apriès**

**HAIDAR** ou **HAYDAR (Alī Khān Bahādur)** ♦ Raja du Mysore (1718 - 1782), qui régna à partir de 1761. Il s'allia avec les Français contre les Britanniques à qui il infligea de nombreuses défaites avant d'être finalement vaincu en 1781. Son fils Tippu* Sāhib lui succéda et continua la lutte entreprise par son père.

**HAIDA(S)** n. m. (pl.) ➝ ÉTYM. du mot indien *xa'ida* «les gens» ♦ Peuple indien du N.-O. du Canada (îles de la Reine-Charlotte), parlant une langue de la famille nadene. Remarquables sculpteurs sur bois, ils vivaient essentiellement de la pêche. Leurs maisons en planches de cèdre pouvaient atteindre 30 m de long et les façades tournées vers la mer s'ornaient de poteaux héraldiques donnant l'origine mythique du chef de famille. Ils pratiquaient le *potlach*, échange de dons rituels entre groupes alliés. Il existe actuellement deux communautés haidas au Canada, Masset et Skidegate.

**HAIDER (Jörg)** ♦ Homme politique autrichien (Bad Goisern 1950 - Klagenfurt 2008). Élevé dans un milieu marqué par l'idéologie nazie, il prit la direction du FPÖ (Parti de la liberté) en Carinthie en 1986. Élu député en 1979, gouverneur de Carinthie en 1989, il dut démissionner en 1991 pour avoir fait l'apologie de la politique de l'emploi du IIIe Reich mais fut réélu en 1999 et en 2004. En 2000, il abandonna la présidence du FPÖ et provoqua une scission en 2005 pour créer un nouveau parti «recentré», le BZÖ (Alliance pour l'avenir de l'Autriche). ➝ **Autriche.**

**HAÏFA** ou **HAIFFA** ♦ V. d'Israël, ch.-l. de district, sur la Méditerranée, à l'embouchure du Qishon, en Galilée. 266 300 hab. La ville, qui s'étage sur les flancs du mont Carmel, épouse les contours du cap Carmel. C'est aujourd'hui la troisième ville du pays. ▪ Centre culturel (musées, univ.), commercial et indus. Indus. de transformation (huileries, savonneries) ; indus. textiles, métallurgiques, mécaniques ; usines d'engrais traitant les phosphates du Néguev ; raffineries de pétrole. Centre de recherche en informatique (Tekhnion). Premier port d'Israël, construit en 1929, Haïfa traite plus de la moitié du trafic maritime du pays, et reçoit par oléoduc le pétrole d'Eilat. Cependant, le port pétrolier est concurrencé par le nouveau port d'Ashdod*. La ville est desservie par l'autoroute Tel-Aviv-Haïfa. ▪ Ancien village, Haïfa devint en 1939 le point d'arrivée de l'immigration clandestine juive.

**HAIG (Douglas HAIG, 1er comte)** ♦ Feld-maréchal britannique (Édimbourg 1861 - Londres 1928). En déc. 1915 il succéda à French* à la tête des forces britanniques en France. Il collabora avec Joffre lors de l'offensive sur la Somme en juil. 1916 (➝ **Somme [batailles de la]**), ne subit qu'à contrecœur, sur l'insistance de Lloyd George, l'autorité de Nivelle lors de l'offensive du printemps 1917 (➝ **Artois, Chemin des Dames**), engagea la première grande bataille de chars (Cambrai, nov. 1917). Après avoir refusé longtemps l'unité de commandement, il accepta l'autorité de Foch à Doullens* et participa aux offensives victorieuses de l'été 1918. ➝ ÉTYM. *Haig* vient du vieux norrois *hagi* «enclos».

**HAIGNERÉ (Claudie)** née **ANDRÉ-DESHAYS** ♦ Spécialiste de médecine aéronautique, astronaute et femme politique française (Le Creusot 1957). Elle séjourna à bord de la station Mir (1996 puis 1999) et fut la première astronaute française à voler à bord de l'ISS* (2001). Elle fut ministre déléguée à la Recherche et aux Nouvelles Technologies (2002), puis ministre déléguée aux Affaires européennes (2004 - 2005). ➝ ÉTYM. *Haigneré* est un dérivé de l'ancien français *haigne* «figure renfrognée».

**HAI HE** ou **HAI-HO** ♦ Fl. de Chine, dans la prov. du Hebei (1 090 km). Il traverse Tianjin et se jette dans le golfe du Bohai.

**HAIKOU** ou **HAI-K'EOU** ♦ Port de Chine, cap. de la province de Hainan. 1 028 724 hab. Tourisme. Caoutchouc. Cultures fruitières.

**HAILÉ SÉLASSIÉ Ier** ➝ ÉTYM. «le pouvoir de la Trinité» ♦ (Harar 1892 - Addis-Abeba 1975). Empereur d'Éthiopie (1930 - 1974). Fils du ras Makonnen, il fut désigné comme héritier et régent (1917) par l'impératrice Zaoditou, fille de Ménélik* II. Il fit entrer l'Éthiopie à la SDN, abolit l'esclavage en 1924 et commença à moderniser son pays. Proclamé empereur en 1930, il fut chassé par les Italiens, se réfugia en Angleterre, puis gagna Khartoum (1941), d'où il put reprendre son trône après l'offensive britannique. En sept. 1974, l'empereur fut déposé par l'armée qui n'osa pas prononcer sa destitution tant son prestige était grand dans les campagnes en Afrique et dans le monde. Il mourut l'année suivante, probablement assassiné.

**Hailé Sélassié Ier**, coiffé d'une couronne en pierres précieuses et crinière de lion, 1930.
*Phot. © Ullstein Bild./akg-images*

**HAILLAN (LE)** [33185] ◂ **ÉTYM.** p.-ê. occit. «*(bois)* brûlant *(halhant)*» ♦ Comm. de la Gironde, arr. de Bordeaux. 8 133 hab.

**HAILLICOURT** [62940] ◂ **ÉTYM.** anc. *Dahellicurt, Hallicourt* «domaine (bas lat. *curtis*) de Dadilo, Dahilo (n. de pers. germ.)» ♦ Comm. du Pas-de-Calais, arr. de Béthune. 5 007 hab. *(Haillicourtois)*.

**HAINAN** n. m. ◂ **ÉTYM.** chin. «mer *(hǎi)* du Sud *(nán)*» ♦ Prov. de Chine créée en 1988, constituée principalement de l'île du même nom (détachée de la prov. de Guangdong*) et de plus de 200 îles. → **Chine** (carte). 34 000 km². 7 559 035 hab. CAP. : Haikou. Riz, thé, café, oléagineux, fruits tropicaux. Mines de fer et d'uranium. Pétrole en mer de Chine. Tourisme en développement.

**HAINAUT** n. m. ◂ **ÉTYM.** en néerl. *Henegouwen* «(pays) de la Haine [n. de riv.]» ♦ Région historique située de part et d'autre de la frontière franco-belge ; elle est arrosée par l'Escaut et la Sambre. C'est un pays de plateaux découpés par des vallées. Sa fonction économique est importante ; région agricole, région d'élevage, mais principalement région industrielle : sidérurgie, métallurgie, indus. textiles, chimiques. Les villes principales sont Valenciennes et Maubeuge en France, Mons en Belgique. ▮ **Histoire** C'est au IXᵉ s. que le Hainaut devint un comté. Au XIᵉ s., il fut réuni à la Flandre par mariage, ce qui provoqua de longues luttes auxquelles Saint Louis mit fin par arbitrage (1246 et «dit de Péronne» de 1256) : le Hainaut était attribué à la maison d'Avesnes, la Flandre à la maison de Dampierre. En 1300, le Hainaut s'agrandit des comtés de Frise, de Hollande, de Zélande. En 1433, Jacqueline de Bavière dut céder ses États au duc de Bourgogne, Philippe le Bon. Le Hainaut, suivant alors le sort des États bourguignons, passa aux Habsbourg (1482). Le traité des Pyrénées (1659) et celui de Nimègue (1678) cédèrent à la France sa partie méridionale qui forma le *Hainaut français*. La partie restée autrichienne fut conquise par les armées révolutionnaires, incorporée à l'Empire, puis devint en 1814 une province des Pays-Bas et en 1830 une province belge.

**HAINAUT** n. m. ♦ Prov. de Belgique (Région wallonne). → **Belgique** (carte). 3 785 km². 1 294 844 hab. *(Hainuyers)*. LANGUE : français (dialectes picard à l'O., wallon à l'E.). CH.-L. : Mons. La prov. est divisée en 7 arr. : Ath, Charleroi, Mons, Mouscron, Soignies, Thuin, Tournai. Le Hainaut possède une grande variété de reliefs : les plaines de la Lys, de l'Escaut et de la Haine prolongent la plaine flamande vers le S. ; le bas plateau hainuyer, découpé et creusé, s'étend dans le Tournaisis et le Borinage ; vers le N., en avant du rebord festonné du bas plateau, des buttes-témoins se dressent aux limites de la Flandre ; vers le S., le bas plateau se termine par un rebord sablonneux, qui limite la dépression de la Haine, au-delà de laquelle les Hauts-Pays constituent le versant N. du plateau de Bavai ; à l'E., on atteint 212 m au mont Sainte-Geneviève, sur la crête qui domine la vallée de la Sambre (prolongée vers l'E. par celle de la Meuse). Plus au S., dans la «botte du Hainaut», le sous-sol primaire plus résistant à l'érosion explique que l'altitude dépasse 200 m dans les plateaux du Condroz, dans la Fagne et sur le rebord O. des hauts plateaux ardennais (365 m). ▮ **Économie** Le Hainaut est traversé par plusieurs voies navigables à 1 350 t : l'Escaut qui unit le canal Dunkerque-Valenciennes au réseau belge, la Sambre en aval de Charleroi, les canaux Péronnes-Obourg, Condé-Pommeroeul et Charleroi-Bruxelles (plan incliné de Ronquières) et, en construction, le nouveau canal du Centre* avec l'ascenseur de Strépy (73 m de chute). Les autres voies navigables sont à 300 t. Plusieurs voies ferrées et plusieurs autoroutes desservent le Hainaut, à l'exception du S. de la province («botte du Hainaut»). Dans les bas plateaux limoneux, les herbages et les cultures fourragères (élevage bovin) sont associés à la grande culture des céréales et des betteraves sucrières (sucreries dans le Hainaut occidental) et, localement, des pommes de terre, transformées industriellement à Leuze*-en-Hainaut. Charleroi et La Louvière* sont des pôles sidérurgiques et de métallurgie lourde, où sont présentes la verrerie et l'indus. céramique. Au N. de l'anc. sillon houiller, des tentatives de rénovation ont eu lieu (Manage, Seneffe). Les autres pôles industriels sont Soignies et Lessines* (carrières), Binche* (construc. électriques, confection). La structure industrielle est plus variée dans le Hainaut occidental, notamment à Tournai, tandis que Mouscron occupe l'extrémité S. de la zone textile flandrienne. Le tourisme se développe grâce au patrimoine monumental de la prov. (ville d'art de Tournai, abbaye d'Aulne, une centaine de châteaux), à ses paysages (marais, bois, sites naturels, surtout dans la botte du Hainaut) et à certains équipements spectaculaires comme les lacs des barrages de l'Eau d'Heure ou le plan incliné de Ronquières. Enfin, l'un des plus célèbres carnavals de Belgique attire à Binche des foules considérables pour le mardi gras, de même que la ducasse d'Ath, avec ses géants.

**HAIPHONG** ◂ **ÉTYM.** en vietnamien ***Hải Phòng*** «défense *(phòng)* maritime *(hai* "mer")» ♦ V. et principal port du Viêtnam (Nord), sur le delta des fleuves Rouge (Sông Hồng) et Thái Bình. 497 000 hab. 1 447 523 hab. pour la cité-province du même nom, comprenant les arrondissements moins urbanisés et la station balnéaire de Đồ Sơn (25 679 hab.), très fréquentée par une clientèle de plus en plus internationale. ▪ Importantes indus. métallurgiques et textiles. Chantiers navals. Cimenteries. Fabriques de verre et de céramiques. Centrale thermique. Mines de charbon à proximité. ▮ **Histoire** Créée par les Français à l'emplacement d'un petit village de pêcheurs, pour servir de débouché au Tonkin, la ville fut bombardée à plusieurs reprises : par les Français le 20 nov. 1946, ce qui entraîna la rupture des pourparlers en vue d'un règlement pacifique de la décolonisation ; par l'aviation américaine entre 1965 et 1968 et en avr. 1972, tandis qu'une opération de minage créait le blocus du port.

**HAISNES** [62138] ◂ **ÉTYM.** du germ. *Hagina*, n. de pers. ♦ Comm. du Pas-de-Calais, arr. de Béthune. 4 357 hab.

**HAÏTI** ◂ **ÉTYM.** de *Ayti* «montagne dans la mer» ♦ Île des Grandes Antilles, la deuxième par la superficie (76 480 km²) après Cuba. Elle est partagée entre la république d'Haïti* et la République dominicaine*. ▮ **Histoire** Découverte en 1492, l'île fut rebaptisée *Española* («Espagnole») par C. Colomb*, puis *Santo Domingo* ou Saint-Domingue en fr. (les cartographes, anciens et modernes, lui donnent souvent le nom d'*Hispaniola**). Elle était alors peuplée de quelques centaines de milliers d'Amérindiens, les Arawaks ou Taïnos ; avec la colonisation espagnole, ces populations furent rapidement anéanties et l'île cessa de susciter l'intérêt parce qu'elle ne rapportait pas l'or annoncé. La colonie française a son origine dans l'action des flibustiers et boucaniers qui, partis de l'île de la Tortue, occupèrent la Grande Terre, l'île principale, en dépit des efforts des Espagnols pour les repousser. Par le traité de Ryswick* (1697) l'Espagne reconnut à la France la possession de la partie occidentale de l'île qui devint la colonie de Saint-Domingue, dans le cadre d'une exploitation esclavagiste féroce. En 1789 le nombre des esclaves noirs était 4 fois supérieur au nombre des Blancs. La révolte des esclaves intervint en 1791. Une guerre de libération mit aux prises les esclaves et certains Haïtiens libres dirigés par des chefs comme Toussaint*-Louverture, et les armées britannique et espagnole. La guerre changea de caractère en 1802 avec l'arrivée des forces françaises dirigées par C. Leclerc*, venues pour soumettre la colonie et rétablir l'esclavage. Finalement l'armée française fut défaite en nov. 1803 et l'indépendance proclamée le 1er janvier 1804.

## HAÏTI

▮ – off. ***république d'Haïti*** ♦ Pays des Grandes Antilles occupant la partie occidentale de l'île d'Haïti. 27 750 km². 8 374 000 hab. *(Haïtiens)*. LANGUES : français, créole. POPULATION : Noirs en maj. RELIGIONS : christianisme, vaudou. MONNAIES : gourde et dollar. CAPITALE : Port-au-Prince. RÉGIME : présidentiel. Le pays est divisé en 10 départements.

▮ **GÉOGRAPHIE** ▮ **Le relief** Le relief est très accentué. Plusieurs chaînes d'orientation S.-E.-N.-O. sont séparées entre elles par des vallées ou des dépressions. Le point culminant du pays se trouve dans le massif de la Selle (2 680 m). Les plaines sont étroites, les plus

Haïti.

**Haïti.** La citadelle La Ferrière au nord d'Haïti.
*Phot. © HPP/J.-L. Dugast/Hoa Qui*

notables étant la plaine de l'Artibonite au centre, la plaine du N. aux abords de la ville du Cap-Haïtien et la plaine du Cul-de-Sac proche de la capitale. Le fleuve Artibonite qui prend sa source dans la République dominicaine se jette dans le golfe de la Gonâve. Quelques îles jalonnent le littoral : au N. la fameuse île de la Tortue ; au centre entre les deux presqu'îles du N.-O. et du S. la grande île de la Gonâve ; au S. l'île à Vache. ▮ **Le climat** Le climat est tropical à deux saisons, avec des risques de cyclones dans le S. du pays. Plusieurs zones situées sous le vent sont fort sèches. Les forêts originelles ont complètement disparu. Les pentes sont soumises à une érosion intense, accrue par le déboisement. La faune est très appauvrie.

▮ **ÉCONOMIE** Le pays est le plus pauvre des Amériques. La déforestation est catastrophique. L'agriculture occupe encore 62 % de la population active. Les cultures de subsistance sont majoritaires : maïs, sorgho et divers tubercules ; le riz n'est cultivé sur une large échelle que dans la plaine de l'Artibonite. Les cultures d'exportation, naguère importantes (café, cacao, canne à sucre, bananes), ont reculé. Maigre élevage de bœufs, de chèvres et de porcs. L'industrie manufacturière est limitée à quelques productions : ciment, cigarettes, rhum. Le pays survit grâce à l'aide internationale, aux revenus des émigrés et au trafic de drogue croissant.

▮ **HISTOIRE** ▮ **La partition de l'île** Après la mort du premier chef indépendant, l'empereur Dessalines* (1806), qui avait proclamé l'indépendance de l'île d'Haïti en 1804, le pays se divisa entre un royaume au N. dirigé par H. Christophe* et la république de Pétion* au S. Le président J.-P. Boyer* réunifia les deux parties et annexa la partie dominico-espagnole à l'E. (unie à Haïti jusqu'en 1844). ▮ **La république** La république d'Haïti, d'abord mise au ban des nations, fut progressivement reconnue par la France, le Saint Siège et les États-Unis. Mais son existence demeurait fragile à cause de son instabilité politique et de sa dépendance financière. En 1847 Faustin Soulouque* fut élu président de la République, puis se proclama empereur en 1849. Haïti redevint une république en 1859, troublée par les guerres civiles, les problèmes agraires et les rapports difficiles entre Noirs et mulâtres. ▮ **L'occupation américaine** De 1915 à 1934 le pays fut occupé militairement par les États-Unis. Ceux-ci réprimèrent une guérilla dans le centre du pays et établirent un gouvernement docile, renforcé par une gendarmerie indigène. Ils réalisèrent quelques travaux d'infrastructure (routes, téléphone). ▮ **La dictature de Duvalier** La dictature de F. Duvalier* (1957 - 1971) qui reposait sur un discours nationaliste à connotations racistes s'appuya sur un corps paramilitaire, les Volontaires de la Sécurité nationale (ou « tontons macoutes ») et supprima toute opposition interne. Sous son gouvernement et celui de son fils, J.-C. Duvalier* (1971 - 1986), l'émigration vers la République dominicaine et les États-Unis prit de grandes proportions. ▮ **L'instabilité** À la suite de la chute de J.-C. Duvalier (fév. 1986) et de son exil en France, une grande instabilité caractérisa à nouveau la vie politique, dominée par les duvaliéristes et les militaires. Ces derniers, dirigés par le général Raoul Cédras, renversèrent en sept. 1991 le gouvernement du père J.-B. Aristide* (élu président de la République à une très large majorité en déc. 1990). Une répression sévère fut engagée dans les milieux populaires. Des gouvernements *de facto* durent faire face à un embargo décrété par l'Organisation des États américains, puis à un blocus décidé par l'ONU (oct. 1993). Devant le refus des putschistes de quitter le pouvoir, les États-Unis organisèrent une intervention militaire sous l'égide de l'ONU, qui aboutit au départ des militaires et au retour d'Aristide en oct. 1994. René Préval, anc. Premier ministre d'Aristide, remporta l'élection présidentielle de 1995. J.-B. Aristide lui succéda en 2001 dans un climat de violence et de corruption endémique qui l'accula à la démission (mars 2004). R. Préval fut réélu président en 2006 mais il se révèle incapable de maintenir l'ordre dans un pays où règnent la misère et le banditisme. En avril 2008, des émeutes de la faim ont éclaté en protestation contre le prix des produits de première nécessité. En janvier 2010, la capitale de l'île et ses environs ont été frappés par un puissant séisme qui a fait environ 200 000 morts et laissé Port-au-Prince en ruine.

---

**HAJAR (AL-)** ou **HADJAR** ➝ ÉTYM. ar. « les pierres » ♦ Massif montagneux du sultanat d'Oman qui surplombe du N. au S. le golfe d'Oman et culmine au djebel Cham.

**HAJDU (Étienne)** ♦ Sculpteur français d'origine roumaine (Turda, Roumanie 1907 - 1996). Fixé à Paris en 1927, il fut l'élève de Niclausse à l'École des arts décoratifs. Vers 1934, il réalisa des œuvres d'inspiration abstraite, sous l'influence de Léger et de Brancusi, puis, vers 1939, revint à la figuration. Il sculpta alors dans le marbre des formes animales (oiseaux, insectes). Après 1946, son style se précise : il utilise le plâtre, puis le métal et sculpte des reliefs aux formes simples, caractérisés par le jeu de la lumière sur la matière et les rapports complexes entre les volumes intérieurs et l'espace extérieur. Il a également réalisé des « estampilles », sortes de bas-reliefs sur papier.

**Ḥajj** n. m. ➝ ÉTYM. ar. « le pèlerinage » ♦ Fête musulmane du Pèlerinage à La Mecque. Obligatoire une fois dans sa vie pour qui en a les moyens, réalisé en état de pureté rituelle, le ḥajj comporte les sept tours autour de la Kaaba, une réunion dans la plaine de 'Arafat, à 25 km de La Mecque et le sacrifice de l'Īd* al-Aḍḥa.

**ḤAKAM II** ♦ Calife omeyade d'Espagne (mort à Cordoue en 976), continuateur de ʿAbd* al-Raḥmān III. La puissance musulmane espagnole atteignit son apogée sous son règne. ➝ **Omeyades.**

**HAKIM (Tawfik AL-)** ♦ Écrivain égyptien (Alexandrie 1898 - Le Caire 1987). Si ses romans sont satiriques et sociaux (*Journal d'un substitut de campagne [Yawmiyāt Nā'ib fi al-Aryāf]*, 1937), son œuvre dramatique illustre un théâtre d'idées empreint de symbolisme. Sa thématique reprend soit des mythes anciens (*Les Hommes de la caverne*, 1933 ; *Œdipe-Roi*, 1939 ; *Pygmalion*, 1942), soit des anecdotes des *Mille et Une Nuits* (*Shahrāzād*, 1934), soit encore des données coraniques et traditionnelles *(Muhammad)*.

**ḤĀKIM BI-AMR ALLĀH (AL-)** ♦ Calife fatimide* d'Égypte (996 - 1021). Il proclama sa propre divinité (1017) sous l'influence des ismaïliens* Hamza et Darazī. Les druzes* voient en lui l'incarnation de la divinité et attendent son retour.

**HAKLUYT (Richard)** ♦ Géographe anglais (Londres v. 1553 - 1616). En relation avec les voyageurs de l'époque, il publia *The Principal Navigations, Voyages and Discoveries of the English Nation* (1588 - 1600) et introduisit en Angleterre l'usage des globes terrestres.

**HAKODATE** ♦ V. du Japon (Hokkaidō), sur le détroit de Tsugaru. 294 264 hab. Pêche. Construc. navales et cimenteries. ▮ **Histoire** Ancienne capitale de l'île, à laquelle succéda Sapporo*, ce fut l'un des premiers ports ouverts aux étrangers, en 1854.

**HAKONE** ♦ Région touristique du centre du Japon, près du mont Fuji*. Double caldeira (11×10 km) occupée par un lac et six dômes de roche andésitique. Sources thermales.

**HAKÔRIS, ACHORIS** ou **ACORIS** ♦ Troisième pharaon de la XXIX^e^ dynastie mendésienne (v. –390 - –378). Il fit alliance avec les Grecs contre Artaxerxès* III. Néphéritès* II lui succéda.

**HAKUIN Ekaku** ♦ Religieux, écrivain et peintre japonais (Hara, Shizuoka 1685 - *id.* 1768). Tant pour sa doctrine que pour sa peinture, il est une des figures essentielles du bouddhisme zen. Il est le restaurateur de l'école Rinzaï et l'auteur de nombreux écrits, commentaires zen et poèmes. Vers 60 ans, il se mit à peindre, dans un style rapide et schématique (*Les Cent Démons*, Kondaï-ji, Kyōto).

**HALAF** (tell) – anc. ***Gouzana*** ♦ Site archéologique de haute Mésopotamie à la frontière turco-syrienne. Des fouilles menées par des équipes allemandes (1899 - 1929) ont permis de mettre au jour des céramiques peintes datant du V^e^ millénaire avant notre ère. Au cours du –II^e^ millénaire, le site devint la capitale d'un royaume araméen annexé, au –IX^e^ s., par les Assyriens qui la baptisèrent *Gouzana*. Vestiges de palais et de temples assyriens.

**HALAS (František)** ♦ Poète tchèque (Brno 1901 - Prague 1949). Poète de l'avant-garde tchèque issu du prolétariat urbain, il fut d'abord influencé par le poétisme (*Sépias*, 1926), mais trouva rapidement un style neuf, à la fois énergique et métaphysique : *Le coq effarouche la mort* (1930), *Le Visage* (1931). La peur de la mort exprimée dans le recueil *Vieilles femmes* (1935) resurgit, après quelques œuvres marquées par les événements de l'époque (*Fragment d'espoir*, 1938 ; *La Barricade*, 1945), dans *J'y reviens* (1947) ; ce thème fut repris avec plus de concision dans *Et quoi ?* (1948), fortement censuré.

**HALBAN (Hans)** ♦ Physicien français d'origine autrichienne (Vienne 1877 - Paris 1964). Il découvrit en 1939, avec F. Joliot*-Curie et L. Kowarski*, la production de neutrons lors de la fission de l'uranium, phénomène à la base de la réaction en chaîne. En 1940, il parvint, avec Kowarski, à soustraire des territoires occupés par les Allemands le stock mondial d'eau lourde nécessaire à la fabrication d'une bombe atomique et à le transporter en Angleterre.

**HALBE (Max)** ♦ Écrivain allemand (Güttland, près de Gdańsk 1865 - Gut Neuötting, Bavière 1944). Si ses premiers drames s'inscrivent dans la ligne du naturalisme et dénoncent non sans violence les préjugés sociaux (*Le Dégel*, 1892 ; *Jeunesse*, 1893), il donna par la suite des romans de type «régionaliste», en particulier dans une œuvre à caractère autobiographique *Glèbe et Destin* (1933).

**HALBERSTADT** ♦ V. d'Allemagne (Saxe-Anhalt), au pied du Harz. Env. 40 000 hab. Église romane (XI$^{e}$ - XIII$^{e}$ s.) ; cathédrale gothique (XIII$^{e}$ - XIV$^{e}$ s.). Hôtel de Ville (XIV$^{e}$ s.). ▪ Nœud ferroviaire sur la ligne Magdebourg-Goslar et centre indus. ▮ **Histoire** Siège d'un évêché fondé en 804, cette ancienne principauté ecclésiastique, l'une des plus importantes du Saint Empire, fut sécularisée, puis rattachée au Brandebourg (1648).

**HALBWACHS (Maurice)** ♦ Sociologue français (Reims 1877 - en déportation à Buchenwald 1945). Disciple de E. Durkheim, président de l'Institut de sociologie (1938), il s'est intéressé aux problèmes des rapports de la psychologie et de la sociologie et aux questions de démographie, témoignant dans ses recherches d'un sens très vif des réalités concrètes et s'efforçant d'utiliser les méthodes statistiques (*La Classe ouvrière et les niveaux de vie*, 1912 ; *Les Cadres sociaux de la mémoire*, 1925 ; *Les Causes du suicide*, 1930 ; *La Morphologie sociale*, 1934 ; *Esquisse d'une psychologie des classes sociales*, 1955).

**HALDANE (John Burdon Sanderson)** ♦ Biologiste indien d'origine britannique (Oxford 1892 - Bhubaneswar, Inde 1964). Partisan du néodarwinisme, il étudia la génétique des populations et fut le premier à donner une estimation du taux de mutations génétiques chez l'homme. Il se spécialisa ensuite en biométrie et étudia (par des expériences qu'il réalisait sur lui-même) l'influence du stress sur le corps humain.

**HALDAS (Georges)** ♦ Écrivain suisse d'expression française (Genève 1917). Attaché à la signification essentielle du quotidien, il a publié des chroniques (*Boulevard des philosophes*, 1964 ; *La Légende des cafés*, 1976 ; *Le Livre des passions et des heures*, 1979), des poèmes (*Le Couteau dans la plaie*, 1956 ; *Un grain de blé dans l'eau profonde*, 1982 ; *La Blessure essentielle*, 1990), témoignant d'une conception mystique de l'écriture, et des écrits autobiographiques, centrés sur sa vie intérieure (*La Confession d'une graine*, 5 vol., de 1983 à 2001 ; *L'État de poésie*, carnets, depuis 1977). On lui doit également des traductions d'Anacréon, de Catulle et de Humberto Saba.

**HALDEN** – anc. ***Fredrikshald*** ♦ V. de Norvège, au S.-E. d'Oslo, sur la frontière suédoise. 23 536 hab. Forteresse de Fredrikssten. ▪ Port. Indus. du bois. Réacteur atomique pour la recherche. ▮ **Histoire** En 1718, Charles* XII, roi de Suède, fut tué alors qu'il assiégeait la ville.

**HALE (George Ellery)** ♦ Astronome américain (Chicago 1868 - Pasadena, Californie 1938). Il se consacra surtout à l'étude du Soleil : inventeur du spectrohéliographe, il révéla indépendamment de Deslandres* l'existence d'un champ magnétique général dipôle dans le Soleil, mesura les champs magnétiques dans les taches solaires dont il établit la théorie du mouvement. Il conçut le télescope géant du mont Palomar (5 m d'ouverture).

**HÁLEK (Vítězslav)** ♦ Poète et conteur tchèque (Dolínek 1835 - Prague 1874). Ami de Jan Neruda* avec lequel, à travers une intense activité journalistique, il prit la tête des Vieux-Tchèques. Influencés par l'art de Karel H. Mácha*, ses recueils (*Les Chants du soir*, 1859 ; *Dans la nature*, 1872 - 1874) en firent le symbole de sa génération. Il écrivit également des contes évoquant la vie paysanne dans le style du réalisme sentimental.

**HALES (John)** ♦ Homme politique et économiste anglais (né à Halden, Kent - mort en 1571). Membre du Parlement, il fit partie de la «Commission des clôtures» (1548) où il soutint les droits des paysans pauvres. Dans son *Discours sur la prospérité publique de ce royaume d'Angleterre* (v. 1541, publ. 1581) il a exposé les principes fondamentaux de la doctrine mercantiliste.

**HALES (Stephen)** ♦ Chimiste et naturaliste britannique (Bekesbourne, Kent 1677 - Teddington, près de Londres 1761). Il mit au point un appareil permettant de recueillir les gaz ; auteur de travaux sur la respiration des végétaux, les fermentations et toutes les réactions chimiques produisant un dégagement gazeux, il effectua les premières recherches sur l'ascension de la sève ; il étudia également la physiologie de la circulation sanguine.

**HALEVI (Judah)** ♦ Poète et philosophe juif espagnol (Tolède av. 1075 - Alexandrie ? 1141). Il vécut notamment à Tolède et à Grenade, pratiqua la médecine, enseigna puis, parti en pèlerinage pour Jérusalem, mourut en Égypte. Il est l'auteur de 800 poèmes dont certains sont encore chantés dans les synagogues, et du *Kuzari* «le livre du Khazar», dialogue où, contre le christianisme et l'islam, il définit l'excellence propre du judaïsme (*Livre de l'argument et de la preuve pour faire triompher la religion méprisée*).

**HALÉVY (Jacques Fromental Lévy, dit)** ♦ Compositeur français (Paris 1799 - Nice 1862). Second grand prix de Rome en 1819. Professeur au Conservatoire de Paris, il eut Bizet et Gounod pour élèves. De la trentaine d'opéras qu'il composa, il convient de détacher son plus grand succès, *La Juive* (1835). ➝ **ÉTYM.** *Halévy* vient de l'hébreu *ha* «le» et *lewī* «adjoint» ou de *lâwâh* «unir».

**Halévy.** *Portraits de Ludovic Halévy et d'Albert Boulanger-Cavé* par Degas, pastel (79 × 55 cm). Musée d'Orsay, Paris.
*Phot. © CFL/Giraudon*

**HALÉVY (Ludovic)** ♦ Écrivain français (Paris 1834 - *id.* 1908). Neveu d'Halévy*. Auteur dramatique (*Froufrou*, 1869) et romancier (*L'Abbé Constantin*, 1882), il doit le meilleur de sa réputation aux livrets des principaux opéras bouffes d'Offenbach qu'il écrivit en collaboration avec Henri Meilhac* : *La Belle Hélène* (1864), *La Vie parisienne* (1866), *La Grande-Duchesse de Gérolstein* (1867), *La Périchole* (1868). De la même collaboration est né le livret de la *Carmen** de Bizet (1875). [Acad. fr. 1884]

**HALÉVY (Élie)** ♦ Écrivain politique et historien français (Étretat 1870 - Sucy-en-Brie 1937), fils de Ludovic Halévy*. Auteur d'études sur la *Théorie platonicienne des sciences* (1896), sur *La Formation du radicalisme philosophique* (1901 - 1904), il a publié également une *Histoire du peuple anglais au XIX$^{e}$ siècle* (1913 - 1923). ♦ **Daniel Halévy.** Historien français (Paris 1872 - *id.* 1962). Frère du précédent. Ami de Péguy*, il collabora aux *Cahiers de la quinzaine*. Auteur d'études sur Nietzsche, Péguy, Michelet, Proudhon, d'un *Essai sur le mouvement ouvrier en France* (1910), il a laissé également des analyses historiques sur les débuts de la III$^{e}$ République (*La Fin des notables*, 1936 ; *La République des ducs*, 1937), ainsi qu'un *Essai sur l'accélération de l'histoire* (1948).

**HALFFTER (Cristóbal)** ♦ Compositeur espagnol (Madrid 1930). Neveu des compositeurs RODOLFO HALFFTER (1900 - 1987) et ERNESTO HALFFTER (1905 - 1989), il s'est imposé au sein de l'avant-garde internationale avec *Líneas y Puntos* pour 20 instruments à vent et dispositif électroacoustique (1967) ou encore *Anillos* pour orchestre (1968). De tradition humaniste, il a donné encore *Llanto para las víctimas de la violencia* (1971), *Requiem por la* *libertad imaginada* (1971), *Officium defunctorum* (1977, créé aux Invalides à Paris en 1979), 3 quatuors à cordes (1955, 1970, 1977), *Corales litúrgicos* pour chœur et orchestre (1990).

**HALICARNASSE** ➔ ÉTYM. en gr. *Halikarnassos* p.-ê. «la ville du rocher (préhellénique *karn-*) dans la mer *(hals)*» ; auj. *Bodrum* ♦ Anc. ville d'Asie Mineure (Carie), dans le golfe de Cos. Fondée par les Doriens* de Trézène*, elle fit partie de l'Hexapole dorienne. D'abord capitale d'un petit royaume dont Artémise* Ire fut la reine la plus célèbre, elle devint ensuite capitale de la Carie sous Mausole*. À la mort de celui-ci, son épouse et sœur Artémise* II lui éleva le tombeau monumental (Mausolée) qui était une des Sept* merveilles du monde. Ayant résisté à Alexandre le Grand, la ville fut prise et détruite en –334. ▪ Ruines de l'enceinte de la ville, d'un gymnase et du château des Chevaliers de Saint-Jean (1400). ➔ **Bodrum.**

**HALIFAX (George SAVILE,** 1er marquis **DE)** ♦ Homme politique anglais (Thornhill 1633 - Londres 1695). En grand crédit auprès de Charles* II, dont il avait favorisé la restauration, puis de Jacques* II, il fut brutalement disgracié par ce dernier et passa au service de Guillaume* d'Orange. Il avait un grand talent oratoire. ➔ ÉTYM. *Halifax* vient du nom de la ville de *Halifax** en Angleterre.

**HALIFAX (Edward Frederick Lindley WOOD,** 1er comte **DE)** ♦ Homme politique britannique (Powderham Castle, Devon 1881 - York 1959). Député conservateur aux Communes (1910 - 1940), il fut vice-roi des Indes de 1925 à 1931, puis succéda à Anthony Eden* au ministère des Affaires étrangères de 1938 à 1940. Favorable à la politique d'«apaisement» de Chamberlain* vis-à-vis de l'Allemagne et de l'Italie, il prépara la conférence de Munich* (1938). À partir de 1941, nommé ambassadeur de Grande-Bretagne à New York, il favorisa l'entente entre les Alliés.

**HALIFAX** ➔ ÉTYM. angl. «la sainte Tresse» de *holy* «saint, sacré» et *flax* «lin» [allus. à l'adoration d'une relique] ou vieil angl. «coin de terre *(halh)* herbeux *(°gefeaxe)*» ♦ V. d'Angleterre (West Yorkshire), sur la Hebble, au S.-E. de Bradford. 92 000 hab. Église du XVe s. ▪ Textile (laine et coton) et construc. mécaniques.

**HALIFAX** ➔ ÉTYM. du n. de George Montagu Dunk, duc de *Halifax* (1716 - 1771) ♦ V. du Canada, cap. de la Nouvelle-Écosse, sur la côte S. de la péninsule de Nouvelle-Écosse. 372 858 hab. avec Dartmouth et Bedford. La ville possède quelques monuments historiques : église anglicane Saint Paul (1750), bâtiments officiels du début du XIXe s. Univ. Dalhousie. Univ. catholique Saint Mary's. ▪ Port très actif, l'un des plus importants du monde, praticable toute l'année, exportant produits de la pêche, denrées agricoles et bois. Indus. : fonderies, raffineries de pétrole, construc. navales, montage d'automobiles ; électronique ; indus.alimentaires (poisson, confiserie). Activités tertiaires. Tourisme. Terminus oriental des lignes de chemin de fer transcanadiennes. Aéroport international (Kelly Lake).

**HALL (James)** ♦ Géologue et paléontologue américain (Hingham, Massachusetts 1811 - Bethlehem 1898). Il étudia la stratigraphie et la faune du Paléozoïque nord-américain et définit la notion de subsidence en géologie.

**HALL (Charles Francis)** ♦ Explorateur américain (Rochester, New Hampshire 1821 - en mer 1871). Il entreprit l'exploration des régions arctiques (île de Baffin, 1863 ; île de Melville et terre du Roi-Guillaume, 1864 - 1869) et mourut lors d'une expédition vers le Smithsound. On a donné le nom de *terre de Hall* à la partie N.-O. du Groenland.

**HALL (Granville Stanley)** ♦ Psychologue et pédagogue américain (Ashfield, Massachusetts 1844 - Worcester, Massachusetts 1924). Élève de Wundt, fondateur avec J. M. Baldwin* de l'American Psychological Association (1892), il étudia le développement intellectuel et affectif de l'enfant et de l'adolescent, par la méthode des questionnaires.

**HALL (Edwin Herbert)** ♦ Physicien américain (Gorham, Maine 1855 - Cambridge, Massachusetts 1935). Auteur de travaux sur la conductivité de l'acier, il est surtout connu pour la découverte de l'effet qui porte son nom (1879). L'*effet Hall* (apparition, lorsqu'un conducteur est placé dans un champ magnétique perpendiculaire au courant, d'une tension électrique) est très important dans les semiconducteurs et trouve de nombreuses applications, notamment dans les appareils de mesure.

**HALL (Charles Martin)** ♦ Chimiste américain (Thompson, Ohio 1863 - Daytona, Floride 1914). Inventeur en 1886, indépendamment de P. Héroult*, du procédé industriel moderne d'obtention de l'aluminium (par électrolyse de l'alumine dissoute dans la cryolithe).

**HALL (Edward Twitchell)** ♦ Anthropologue américain (Webster Groves, Missouri 1914 - 2001). Il a notamment travaillé sur l'analyse culturelle des variantes entre les peuples (*Le Langage silencieux*, 1959 ; *La Dimension cachée*, 1966).

**HALL (John L.)** ♦ Physicien américain (Denver, Colorado 1934). [Prix Nobel de phys. 2005 avec R. J. Glauber* et T. W. Hänsch*]

**ḤALLĀJ (Abū 'Abd Allāh al-Ḥusayn ibn Manṣūr AL-)** ♦ Mystique musulman (al-Bayda, sud de l'Iran, v. 858 - Bagdad 922). Après avoir été le disciple de plusieurs maîtres en soufisme*, il rompit avec eux et devint prédicateur en Iran, puis en Inde et jusqu'aux frontières de la Chine. Revenu à Bagdad, il fut suspecté aussi bien par les sunnites* que par les chiites* pour ses idées mystiques et son influence sur les foules. Il fut condamné à mort et exécuté après un long emprisonnement. Ses adversaires lui reprochèrent sa conception de l'amour mystique et de l'union de l'âme et de Dieu. Ses œuvres principales sont un *Divan* et le *Kitāb al-Tawasīn* (sur le sens ésotérique des lettres). ➔ ÉTYM. Ce nom arabe signifie «cardeur de coton» (nom de métier).

**HALLE** ➔ ÉTYM. p.-ê. de l'indo-eur. *°sal* «sel» (allus. à sa production de sel) ♦ V. d'Allemagne (Saxe-Anhalt), sur la rive d. de la Saale. 233 874 hab. Importante univ. (fondée en 1694 par Frédéric III de Brandebourg et rattachée en 1815 à celle de Wittenberg). Églises et hôtel de ville des XIVe - XVIe s. ▪ Développée sur des gisements de sel gemme, la ville est un important centre industriel (raffineries de sucre, construc. de machines, chimie et pétrochimie, travail du cuir). ▮ **Histoire** Ancienne possession de l'évêché de Magdebourg (Xe s.), la ville dut son essor à la proximité des gisements de sel et de potasse. Entrée au XIVe s. dans la Ligue hanséatique, elle devint prussienne à la fin du XVIIe s. (traité de Westphalie), passa à la Westphalie en 1806 et fut incluse en 1945 dans la zone d'occupation soviétique. Chaque année s'y tient le festival Haendel.

**HALLE** – en fr. *Hal* ♦ V. de Belgique (Région flamande), prov. du Brabant flamand, ch.-l. d'arr. (avec Vilvoorde), sur la Senne et le canal de Bruxelles-Charleroi, dans la banl. S.-O. de Bruxelles. 35 108 hab. Basilique Notre-Dame (XVIe s., pèlerinage de la Vierge Noire) ; hôtel de ville de style Renaissance. ▪ Indus. diversifiées ; fabrique de chicorée ; chocolaterie. ▮ **Histoire** En 1404, le duc de Bourgogne, Philippe le Hardi, y mourut. La ville fut assiégée par les calvinistes en 1580.

**HALLECK (Fitz-Greene)** ♦ Poète américain (Guilford, Connecticut 1790 - *id.* 1867). Il publia en 1819 avec son ami Joseph Rodman Drake les *Croaker Papers*, odes satiriques sur l'actualité. Les deux poètes furent encensés par les coteries littéraires new-yorkaises. Halleck publia également *Fanny* (1819), satire byronienne de la société, *Alnwick Castle* (1822), une histoire d'amour qui connut un vif succès, et *Marco Bozzaris* (1825).

**Hallelujah** ♦ Film américain de King Vidor* (1929). *Hallelujah* est à la fois le premier chef-d'œuvre du cinéma parlant, où les ressources spécifiques du son et de la musique sont exploitées avec un rare bonheur ; un superbe drame musical, entièrement interprété et chanté par des Noirs ; enfin, un irremplaçable document sur la communauté et le folklore afro-américains, qui donne parfois l'illusion de l'improvisation (tous les acteurs sont des non-professionnels), par un des maîtres du cinéma réaliste hollywoodien.

**Hallelujah.**
Daniel Haynes et Nina Mae Mckinney.
*Phot. © Coll. Rui Nogueira*

**HALLENNES-LEZ-HAUBOURDIN** [59320] ➔ ÉTYM. *Hallennes*, de l'anc. haut all. *hāli* «glissant» ou du germ. *Haglinus*, n. de pers., et suff. *-as* et *Haubourdin** ♦ Comm. du Nord, banl. S.-O. de Lille. 3 810 hab.

**HALLER (Albrecht VON)** ♦ Savant et écrivain suisse d'expression allemande (Berne 1708 - *id.* 1777). Étudiant en médecine et en sciences, professeur de botanique et de chirurgie à Göttingen (1736 - 1753) où il créa le Jardin botanique, puis chargé de fonctions administratives dans sa ville natale, il a laissé des travaux de botanique (*Enumeratio stirpium helveticarum*, 1742), d'anatomie et de physiologie. Plus que ses traités de morale et ses romans, ce sont ses *Poésies suisses* (1732), en particulier son poème descriptif sur *Les Alpes* (1729), exaltant la vie naturelle, qui lui valurent une gloire littéraire d'ailleurs vite contestée.

**HALLER (Józef)** ♦ Général polonais (près de Cracovie 1873 - Londres 1960). Il collabora avec Piłsudski à l'organisation des légions polonaises en 1914. En 1918, après le traité de Brest-Litovsk, il battit les Allemands et parvint à gagner la France, par Mourmansk. Il commanda les forces polonaises luttant aux côtés des Alliés. De retour en Pologne, il combattit les Soviétiques en 1920. Pendant la Deuxième Guerre mondiale, il fut ministre du gouvernement polonais de Londres.

**HALLEY (Edmund)** ♦ Astronome anglais (Haggerston, Londres 1656 - Greenwich 1742). Auteur du premier catalogue des étoiles du ciel austral (1679), il observa en 1681 - 1682 la comète qui lui doit son nom, avant et après son passage au périhélie ; il calcula son orbite et prédit son retour pour 1758, annonçant pour la première fois le retour au périhélie des comètes périodiques. Il mit en évidence le mouvement propre des étoiles (1718) en montrant que certaines s'étaient déplacées depuis Ptolémée*. [Acad. sc. 1729.] ♦ ***Comète de Halley*** Comète périodique qui passe tous les 76 ans au voisinage du Soleil : son aphélie est à 5,3 milliards de km du Soleil, son périhélie à 88 millions de km. Les calculs permirent de l'identifier à des comètes signalées dans les chroniques. Sa première observation probable (par les Chinois) date de –1057, son premier passage certain de –204. Son dernier passage près du Soleil, en 1986, donna lieu à la première étude d'une comète depuis l'espace. Deux sondes soviétiques *Vega** et la sonde européenne *Giotto* (qui s'approcha à 600 km du noyau) étudièrent le noyau et la chevelure, alors que les sondes japonaises *Suisei* et *Sakigake* eurent pour mission l'étude de la queue, du halo et de l'interaction de la comète avec le vent solaire. Le prochain passage de la comète est prévu pour 2061. ➝ **ÉTYM.** *Halley* signifie «forêt de l'étroite vallée»,du vieil anglais *hal-* «fond de vallée» et *leah* «forêt».

**HALLSTATT** ➝ **ÉTYM.** vx haut all. p.-ê. «l'endroit *(statt)* de la galerie [ou des galeries] *(halla)*» ♦ Village d'Autriche (Haute-Autriche), situé au S.-E. de Salzbourg, au bord du lac de Hallstatt. 946 hab. Église paroissiale du XIV$^{e}$ s. ; chapelle Saint-Michel (gothique). ▪ Mines de sel. ▮ **Histoire** Depuis le Néolithique*, l'extraction du sel fit sa prospérité. Les sépultures découvertes étaient si nombreuses (2 000) que le nom du village fut donné au premier âge du fer (–1000 - –500) en Europe centrale. C'est la *période de Hallstatt*, divisée en *Hallstatt I* (–1000 - –700) et *Hallstatt II* (–700 - –500). Épées de bronze et grandes épées de fer sont caractéristiques de la première période ; les glaives courts, les objets de parures (bagues, bracelets, colliers) ainsi que les chars sont nombreux durant la seconde période. La poterie est faite au tour, décorée de motifs géométriques (triangles, cercles concentriques) ou très stylisés (oiseaux) avec des contrastes de couleurs. L'incinération et l'inhumation étaient pratiquées, le mobilier funéraire comprenant des armures, des chars de guerre et des parures.

**Hallstatt.** Guerrier, bronze de la période de Hallstatt. Naturhistorisches Museum, Vienne. *Phot. © Arch. Smeets*

**HALLSTRÖM (Per)** ♦ Écrivain suédois (Stockholm 1866 - *id.* 1960). Symboliste, influencé par Schopenhauer*, il est l'auteur de poèmes (*Lyrisme et Fantaisies*, 1891), de nouvelles (*Oiseaux perdus*, 1894 ; *Le Bijou de brillants*, 1896, *Les Quatre Éléments*, 1906) et de romans (*Chute morte*, 1902 ; *Roman de Gustaf Sparfvert*, 1903 ; *Un roman espiègle*, 1906).

**HALLUIN** [59250] ➝ **ÉTYM.** du germ. *Haliwin*, n. de pers. ♦ Comm. du Nord, arr. de Lille, à la frontière belge. 18 997 hab. *(Halluinois)*.

**HALLYDAY (Jean-Philippe SMET, dit Johnny)** ➝ **ÉTYM.** du n. de Lee *Halliday*, un ami américain de sa cousine ♦ Chanteur français (Paris 1943). Lancé en 1960 par quelques concerts mouvementés à l'Alhambra, il fut la première «idole» française de rock'n' roll. S'attachant la collaboration de compositeurs tel M. Berger *(Quelque chose de Tennessee)*, il sut faire évoluer sa carrière après la fin des «yé-yé» et joua également dans plusieurs films dont *Détective* de J.-L. Godard (1985).

**HALMAHERA** ♦ Île princ. de l'archipel indonésien des Moluques (Maluhu), volcanique et couverte de forêts. 18 000 km$^{2}$. 129 322 hab. Elle produit du riz, du coprah, du cacao, des épices, du café et possède quelques mines de cuivre, de charbon et d'or. Les populations du N. parlent des langues papoues, celles du S. des langues malayo-polynésiennes. Jilolo, au centre, fut avant le XVI$^{e}$ s. l'un des royaumes des Moluques. Détruit par les Portugais (1551), il fut ensuite incorporé au sultanat de Ternate.

**HALMSTAD** ♦ V. de Suède méridionale, sur le Kattegat, à l'embouchure du Nissan. Ch.-l. du comté de Halland. 88 958 hab. Église du XV$^{e}$ s. ▪ Port de pêche. Centre de services et d'industries : construc. mécaniques, textile.

**HALPERN (Bernard)** ♦ Médecin français (Tarnos Rude, Russie 1904 - Paris 1978). Auteur de travaux sur la physiopathologie et la thérapeutique des maladies allergiques, et sur le système réticuloendothélial. [Acad. sc. 1964]

**HALPHEN (Georges)** ♦ Mathématicien français (Rouen 1844 - Versailles 1889). Ses travaux concernent plusieurs branches des mathématiques ; il est l'auteur d'une théorie complète des fonctions elliptiques ; on lui doit également le classement général des courbes d'un degré donné en diverses familles (pour montrer l'universalité de la méthode, il donna le classement des courbes de degré 120). [Acad. sc. 1886] ➝ **ÉTYM.** Ce nom de famille vient de l'hébreu *halphan* «changeur».

**HALPRIN (Anna)** ♦ Chorégraphe américaine (Winnetka, Illinois 1920). À l'origine de la Performance Dance aux États-Unis, cette artiste marginale se distingue par son rapport à la nature, son engagement politique et son travail avec des amateurs. Elle a élaboré le concept du «task» qui centre l'action chorégraphique sur le geste quotidien (*Five-Legged Stool* en 1962), cherchant à affranchir le corps des modèles de la modern dance au profit d'une approche sensorielle et relationnelle, pensant que «l'authenticité de la vie de chacun participe à la force de son travail» ; elle a influencé des chorégraphes comme Trisha Brown*. On lui doit notamment *Apartment 6* (1964), *Parade and Changes* (où elle met en scène la nudité, 1965), *Exposizione* (déplacement de la danse à l'extérieur, v. 1970), *Intensive Care, Reflections on Death and Dying* (travail mené avec des malades atteints du sida, 2000).

**HALS (Frans)** ♦ Peintre hollandais (Anvers 1581 ou 1585 - Haarlem 1666). Sa famille revint probablement à Haarlem vers 1585. De 1600 à 1603 environ, il étudia auprès du maniériste Carel Van Mander. Inscrit à la guilde de Haarlem en 1610, il fit pratiquement toute sa carrière dans cette ville, entra en 1616 à la chambre de rhétorique et fit ensuite partie de la garde civique. Sa première œuvre connue, le *Portrait de Jacobius Zaffius* (1611), se distingue déjà par le caractère direct et plein de vivacité de l'expression. Le talent de Hals s'imposa surtout avec ses tableaux corporatifs. Il insuffla à ce type d'œuvre, jusqu'alors statique et figé, un dynamisme et une allure naturelle qui dénotent sa maîtrise de la composition, son art de caractériser les visages et d'en tirer l'expression fugitive en même temps que la richesse de son chromatisme (*Banquet des officiers de Saint-Georges*, 1616 ; *Dîner des officiers du corps des archers de Saint-Georges*, 1627 ; *Banquet des officiers de Saint-Adrien*, 1632). La nervosité de sa facture apparaît aussi dans ses portraits isolés (*Pieter Cornelisz Van der Mosch*, 1616). Vers 1625 - 1630, il subit l'attrait du caravagisme de l'école d'Utrecht et traita alors des thèmes populaires sous forme de portraits (*La Bohémienne ; Les Joyeux Buveurs*). Vers 1640, probablement sous l'influence de Rembrandt, ses œuvres perdirent leur caractère exubérant et

Frans **Hals.** *Portrait d'Andries Van der Horn.* Musée d'Art, São Paulo. *Phot. © Dagli Orti*

allègre pour acquérir une profondeur psychologique et une plus grande austérité (*Les Régents de l'hôpital Sainte-Élisabeth*, 1641), sa technique toujours audacieuse visant à l'essentiel : il modelait avec une touche apparente, ample et peu épaisse, peignant rapidement, souvent directement sur la toile, sans recourir au dessin. Il réduisit sa palette, faisant dominer les noirs. Il atteint à la fin de sa vie, époque où il était réduit à la misère, à une dimension dramatique (*Portrait des régentes de l'hospice des vieillards*, 1664). Il eut pour élèves Brouwer, Molenaer, Van Ostade. ➝ ÉTYM. Ce nom néerlandais signifie « cou » (surnom d'une personne au long cou ou qui souffre d'un goitre).

**HAM** [80400] ➝ ÉTYM. anc. *Hammus*, du germ. *hamma* « langue de terre en terrain inondable » ♦ Ch.-l. de cant. de la Somme, sur la Somme, arr. de Péronne. 5 398 hab. (aggl. 8 198) *(Hamois)*. Vestiges d'un château des XIII$^e$ - XV$^e$ s. ▪ Sucrerie. ▮ **Histoire** Les princes de Condé et de Polignac, les généraux Cavaignac et Changarnier, ainsi que Louis Napoléon Bonaparte furent détenus au château de Ham.

**HAMĀ** ♦ V. de Syrie, ch.-l. de gouvernorat dans une riche oasis, sur le cours supérieur de l'Oronte (nombreuses norias), entre Alep et Damas. 427 369 hab. Marché commercial fréquenté par les Bédouins, anc. halte pour les caravanes et ville touristique. C'est un important centre minier (fer) et textile (coton) où survit l'artisanat (soieries réputées). Indus. alimentaires (sucrerie, raffinerie d'huile d'olive) ; travail du cuir. Sidérurgie. ▪ La population de la région est en majorité musulmane (sunnite). ▮ **Histoire** En fév. 1982, des combats opposant les islamistes à l'armée syrienne ont fait plusieurs milliers de morts parmi les civils. Le centre de la ville, fortement endommagé, a été reconstruit.

**HAMADĀN** ou **HAMADHĀN** – anc. *Ecbatane* ♦ V. d'Iran, ch.-l. de prov., au pied du mont Elvend. 479 640 hab. La ville conserve une tour funéraire de l'époque seldjoukide (Gonbad-é Alaviān, fin XII$^e$ s.), un lion de l'époque parthe, plusieurs mausolées dont ceux d'Avicenne et du poète populaire Bābā Tāher ainsi qu'un mausolée juif qui abriterait les tombeaux d'Esther et de Mardochée. ▪ Centre administratif, commercial et universitaire. Indus. du cuir. Tapis renommés. ▮ **Histoire** Au –VII$^e$ s. *Ecbatane** fut la capitale des Mèdes, puis la résidence d'été des Achéménides. Sur l'emplacement de ses monuments antiques (murailles décrites par Hérodote, palais d'Artaxerxès II et temple d'Ānāhitā) se trouve maintenant un quartier de la ville moderne.

**ḤAMADĀNĪ (Aḥmad ibn Ḥusayn AL-)** ♦ Écrivain arabe (Hamadān 967 - Herāt 1007). Il est l'inventeur du genre littéraire d'*al-maqāmā* (pl. *maqāmāt*) [« la séance »] qui raconte une courte anecdote comique, écrite en prose rimée imitant des passages du Coran*. Ces *maqāmāt*, avec celles d'al-Ḥarīrī*, illustrent la seule prose de fiction de la littérature classique arabe, mis à part les romans populaires et les paraboles philosophiques. Le genre du *maqāmā*, très répandu après al-Ḥamadānī et al-Ḥarīrī, devint souvent prétexte à préciosité.

**HAMAGUIR** ou **HAMMAGUIR** ♦ Site du Sahara algérien (wilaya de la Saoura) dénommé d'après le *Hammada du Guir*, situé à proximité, au S.-O. de Béchar. Importante base du Centre français interarmées d'essais d'engins spatiaux de 1961 à 1967.

**HAMAMATSU** ♦ V. du Japon (Honshū), préf. de Shizuoka, au S. de l'île. 804 032 hab. Indus. chimiques, filatures. Fabrication d'instruments de musique. Culture des algues. Anguilles.

**HAMANN (Johann Georg)** ♦ Écrivain et philosophe allemand (Königsberg 1730 - Münster 1788). Appelé le « Mage du Nord », il opposa au rationalisme classique et à celui de Kant (*Métacritique du purisme de la raison pure*, 1784) une pensée mystique, qui influença Herder*, Goethe*, et ouvrit la voie au Sturm* und Drang (*Croisade du philologue*, 1762 ; *Dernière opinion du chevalier de la Rose-Croix sur l'origine divine et humaine du langage*, 1773).

**HAMAR** ♦ V. de Norvège, sur le lac Mjøsa, au N. du fjord d'Oslo. Ch.-l. du comté de Hedmark. 24 291 hab. Musée de plein air (fermes de la région). ▪ Centre industriel et commercial : indus. mécanique. Station de sports d'hiver.

**Hamas** – [Harakat Al-Mouqawama Al-(I)Slamia] « Mouvement de la résistance islamique » ➝ ÉTYM. le mot *Hamas* signifiant « zèle religieux » ♦ Mouvement politique islamiste palestinien, créé à Gaza en 1987, lors de la première Intifada* par des Frères* musulmans, dont le cheikh Ahmed Yassine. Le Hamas a rejeté les accords de paix israélo-palestiniens de 1993, et revendiqué un État islamique en Palestine. L'enlisement du processus de paix et la crise économique en Palestine ont renforcé son influence, tandis que sa branche armée, les brigades Ezzedine El Kassam, a multiplié depuis 1994 et depuis 2001 (2$^e$ Intifada) les attentats-suicides meurtriers en Israël. En réponse à cette politique de terreur, l'État d'Israël a déclaré une guerre totale à cette organisation en éliminant systématiquement ses chefs (cheikh Yassine et Abdelaziz al-Rantissi, en 2004). Le Hamas a remporté les élections législatives palestiniennes de janv. 2006, son leader devenant Premier ministre mais la rivalité pour le pouvoir a subsisté, encouragée par les positions israélienne et internationale, et ses partisans se sont opposés à ceux du Fatah par les armes jusqu'à prendre le contrôle de la bande de Gaza en juin 2007. En déc. 2008, Israël ferma la bande de Gaza et mena pendant un mois une offensive aérienne destinée à faire tomber le régime du Hamas considéré comme terroriste. Depuis, la région est soumise à un blocus (➝ **Palestine** et **israélo-arabe** [conflit]).

**HAMBOURG** ➝ ÉTYM. en all. ***Hamburg*** ; anc. en germ. *Hammaburg* « forteresse *(burg)* de la forêt *(hamma)* » ou « forteresse *(burg)* du coin de terre entre deux cours d'eau *(hamma)* [l'Alster et l'Elbe] » ♦ V. d'Allemagne formant un État (Land) et se dénommant « ville hanséatique de Hambourg » (résumé en HH), au confluent de l'Elbe et de l'Alster, au fond d'un estuaire de 110 km. 755 km$^2$. 1 730 000 hab. *(Hambourgeois)*. La ville s'est d'abord développée de part et d'autre de l'Alster qui la partage en deux parties : *Binnenalster* et *Aussenalster* ; puis elle s'est étendue le long de l'Elbe et a absorbé en 1937 les villes prussiennes d'Altona*, de Harburg et de Wandsbek. C'est, après Berlin, la deuxième ville d'Allemagne et l'un des grands centres économiques du pays. Port de fond d'estuaire comme Brême et Anvers, Hambourg doit à l'Elbe un vaste arrière-pays fluvial incluant Berlin et Prague, perdu cependant de 1945 à 1990. En relation avec la Baltique par le canal maritime de Kiel (Nord-Ostseekanal) ou le canal fluvial de Lübeck, avec Wolfsburg* et le Mittellandkanal* par l'Elbe-Seitenkanal, le port est surtout tourné vers la mer du Nord. Hambourg possède en aval les annexes portuaires de Brunsbüttel, de Cuxhaven* et le projet contesté de Neuwerk. La zone portuaire (40 km$^2$) s'étend sur la rive gauche de l'Elbe et compte près de 60 bassins et chantiers navals. Hambourg importe principalement du pétrole, du bois et des céréales et exporte des produits manufacturés. Son trafic de 106 400 000 t (2/3 aux entrées) en fait l'un des premiers ports d'Europe et la qualité de sa plateforme multimodale avec 6 millions de caisses transbordées en fait le 9$^e$ port mondial pour le trafic de conteneurs. Hambourg est par tradition une ville d'armateurs. Reliée à 1 100 ports, elle est la tête de nombreuses et importantes lignes maritimes internationales (dont la Hamburg-Amerika-Linie). ▪ Les activités industrielles, en liaison étroite avec la fonction portuaire, se sont intensifiées pour compenser la réduction de cette dernière, lors de la scission des deux États allemands (perte des débouchés vers l'Allemagne centrale et orientale). Les constructions navales et mécaniques, les fonderies (cuivre, aluminium), le raffinage du pétrole et la chimie (caoutchouc, margarine), les industries alimentaires et les brasseries, les manufactures de tabac sont les principaux secteurs. La ville possède une université, un opéra réputé et un intéressant musée de peintures. Le quartier du port, à Saint-Pauli, a fait de ses nuits chaudes une attraction touristique (Reeperbahn). ▮ **Histoire** Fondée au IX$^e$ s. autour d'un évêché voué à l'évangélisation de la Scandinavie, Hambourg acquit une importance progressive, d'abord en obtenant de Frédéric Barberousse des franchises commerciales, puis en devenant avec Lübeck cofondatrice de la Ligue hanséatique (1241). Au XIV$^e$ s., Hambourg était l'un des plus grands ports d'Europe. Elle fut promue ville impériale en 1510. Au XVII$^e$ s., son rayonnement s'accrut grâce aux relations commerciales qu'elle noua avec les pays de la Baltique. Elle devint alors le 1$^{er}$ port d'Europe. Dès la fin du XVIII$^e$ s., elle établit les premières liaisons maritimes avec l'Amérique. Elle souffrit beaucoup des guerres de la Révolution et de l'Empire et fut occupée à maintes reprises. Napoléon en fit le chef-lieu du département français des Bouches-de-l'Elbe. En 1815, elle fut reconnue « ville libre et souveraine » et adhéra à la Confédération de l'Allemagne du Nord, puis à la Confédération germanique (1866) avant d'être rattachée à l'Empire allemand (1871). Très endommagée durant la Deuxième Guerre mondiale, elle a été en grande partie reconstruite.

**Hambourg.** Le port. *Phot. © Erich Lessing/Magnum*

**HAMBRAEUS (Bengt)** ♦ Compositeur suédois (Stockholm 1928 - Apple Hill, Ontario 2000). Il a tenté dans ses œuvres une synthèse des musiques ancienne, extrême-orientale et électronique, et s'est essayé à manipuler l'espace sonore (*Introduzione-Sequenze-Coda*, 1959 ; *Responsorier*, 1964 ; *Fresque sonore* sur bande, 1967 ; *Trilogie chorale*, 1982 - 1987).

**HAMBURGER (Jean)** ♦ Médecin français (Paris 1909 - *id.* 1992). Spécialiste des maladies du rein, il mit au point l'épuration extrarénale (hémodialyse ou rein artificiel) et la greffe du rein (il réalisa, en 1962, la première transplantation réussie entre non-jumeaux). Il est l'auteur de plusieurs ouvrages de réflexion sur la médecine et sur l'homme. [Acad. sc. 1974 ; Acad. fr. 1985]

**HAMDANIDES** n. m. pl. ♦ Dynastie arabe, issue de la famille de Hamdān, de la tribu de Taghlib (x<sup>e</sup> s.). Elle régna sur Mossoul* et Alep*. Elle est surtout célèbre par le prince d'Alep, Sayf* al-Dawla («le Glaive de l'État»), qui lutta constamment contre les Byzantins, notamment l'empereur Nicéphore Phocas (959 - 969). Amateur de lettres et de sciences, il abrita à sa cour le philosophe al-Fārābī* et le poète al-Mutanabbī*.

**HÄMEENLINNA** ♦ V. de Finlande méridionale, sur le Vanajavesi. Ch.-l. du comté de Häme. 48 414 hab. Château édifié en 1249 par Birger Jarl. Ville de garnison, centre admin. et touristique. Maison natale de J. Sibelius. ▪ Indus. du bois (papeteries, contreplaqué, emballage) ; indus. mécaniques, alimentaires et textiles. ▪ À proximité, parc national d'Aulanko.

**HAMELIN (Ferdinand Alphonse)** ♦ Amiral français (Pont-l'Évêque 1796 - Paris 1864). Il se distingua lors de l'expédition d'Espagne (1823) et de la prise d'Alger (1830). Nommé commandant en chef de la division navale dans l'océan Pacifique (1844), il fut chargé de négocier avec la Grande-Bretagne la question de la possession des îles Marquises. Après avoir pris part à la guerre de Crimée comme commandant de l'escadre de la mer Noire (1854 - 1855), il fut ministre de la Marine (1855 - 1860). ➝ ÉTYM. Ce nom de famille vient de *Hameau* et désigne «l'homme du hameau».

**HAMELIN (Octave)** ♦ Philosophe français (Le Lion-d'Angers, Maine-et-Loire 1856 - Hucket, Landes 1907). Sa doctrine idéaliste, inspirée du néocriticisme de Renouvier et de la dialectique hégélienne, prétend construire de façon synthétique le système des rapports généraux (catégories) de l'expérience et s'achève sur une philosophie de la personne humaine et divine. Œuv. princ. : *Essai sur les éléments généraux de la représentation*, 1907 ; *Système de Descartes*, 1911 ; *Système d'Aristote*, 1920, d'après ses cours.

**HAMELN** ♦ V. d'Allemagne (Basse-Saxe), sur la rive d. de la Weser. Env. 60 000 hab. Les belles maisons des XVI<sup>e</sup> et XVII<sup>e</sup> s. et le folklore qui ne se limite pas à la légende du joueur de flûte en font un lieu touristique très fréquenté. ▪ Port.

**HAMERLING (Rupert HAMMERLING, dit Robert)** ♦ Poète autrichien (Kirchberg am Walde 1830 - Graz 1889). Deux importants poèmes épiques, l'un évoquant la Rome impériale (*Ahasvérus à Rome*, 1866), l'autre l'époque de la Réforme (*Le Roi de Sion*, 1869), lui valurent une certaine célébrité. Il a laissé par ailleurs un drame, *Danton et Robespierre* (1871), et un roman, *Aspasie* (1876).

**HAMHŬNG** ♦ V. de Corée du Nord, ch.-l. de préf. 430 000 hab. Ville moderne, centre indus. (indus. chimiques ; fibres synthétiques).

**HAMI** ou **HA-MI** ♦ Oasis de Chine (région autonome du Xinjiang). 289 200 hab. Agriculture. Melons.

**HAMILCAR** ♦ Général carthaginois. Il fut vaincu et tué en –480 à la bataille d'Himère* (Sicile). ➝ ÉTYM. Ce nom phénicien signifie «grâce du dieu Melkart»

**HAMILCAR Barca** ➝ ÉTYM. «l'Orage» ♦ Chef militaire carthaginois (v. –290 - Elche –229 ou –228). Commandant en chef en Sicile à partir de –248. Lors de la première Guerre punique*, il opposa une vive résistance aux Romains, notamment au mont Heirktê près de Palerme et au mont Éryx. Secondé par Hannon* le Grand, il réprima à Carthage la révolte des Mercenaires* (–238). Dédaignant le pouvoir à Carthage, il alla conquérir en Espagne un État où il prépara la revanche, inculquant sa haine de Rome à son fils Hannibal*.

**HAMILTON (Anthony, en fr. Antoine)** ♦ Écrivain irlandais d'expression française (Roscrea, comté de Tipperary 1646 - Saint-Germain-en-Laye 1720). Venu en France après l'exécution de Charles I<sup>er</sup>, il fit la biographie romancée de son propre beau-frère, publiée en 1715 sous le titre *Mémoires de la vie du comte de Gramont*, également connue sous le nom d'*Histoire amoureuse de la cour d'Angleterre*, et d'un style digne des grands maîtres du XVII<sup>e</sup> s. On lui doit également un pastiche des *Mille et Une Nuits* et diverses poésies (*Œuvres mêlées en prose et en vers*, posth. 1731).

**HAMILTON (Alexander)** ♦ Homme politique américain (Nevis, Antilles 1757 - New York 1804). Aide de camp et secrétaire de Washington*, il prit part à la guerre d'Indépendance* et fut l'un des inspirateurs de la Constitution américaine. À la tête du Parti fédéraliste*, il fut l'un des plus habiles secrétaires du Trésor des États-Unis (1789 - 1795), organisa la Banque nationale et garantit la dette de l'Union ; il se trouva en conflit avec Jefferson*. Cependant, son opposition à John Adams* fut à l'origine de l'échec du parti fédéraliste. ➝ ÉTYM. Ce nom anglais signifie «la colline (vieil anglais *dūn*) tordue, tronquée *(hamel)*».

**HAMILTON (Emma LYON, lady)** ♦ Dame britannique (Great Neston, Cheshire 1765 - Calais 1815). D'origine modeste, elle épousa en 1791 sir William Hamilton, ambassadeur à Naples, puis devint la maîtresse de Nelson* en 1798. Elle publia ses *Mémoires* en 1815.

**HAMILTON (sir William)** ♦ Philosophe britannique (Glasgow 1788 - Édimbourg 1856). Sa philosophie tente d'allier la théorie réaliste de la perception de Reid* et la thèse kantienne des limites de notre connaissance, affirmant ainsi le caractère inconnaissable de l'inconditionné (ou absolu). Ses travaux de logique ont contribué à la formation de la logistique. Œuv. princ. : *The Philosophy of the Unconditioned ; The Philosophy of Perception ; Logic*, 3 articles parus dans *The Edinburgh Review* (1829 - 1833).

**HAMILTON (sir William Rowan)** ♦ Mathématicien et physicien irlandais (Dublin 1805 - *id.* 1865). On lui doit des travaux importants en optique et surtout en dynamique. Le *principe de Hamilton*, qu'il substitua au principe de moindre action de Maupertuis*, son utilisation de la notion du potentiel, enfin la forme (appelée aujourd'hui «canonique») qu'il donna aux équations de la dynamique jouèrent un rôle fondamental dans le formalisme de la mécanique quantique. En algèbre, il fut le fondateur de la théorie des nombres complexes en les définissant comme couples de nombres réels (1833), et aboutit en 1843 à sa théorie des quaternions fondée sur une extension à l'espace de la représentation plane du calcul sur les nombres complexes ; il développa une théorie différentielle des quaternions et en fit l'application à la cinématique, à la dynamique et à l'astronomie ; si les quaternions ne sont plus utilisés, ils jouèrent un rôle important dans le développement des mathématiques (en particulier le caractère non commutatif de leur multiplication) ; on doit encore à Hamilton le terme de vecteur et la constitution des opérations vectorielles en corps de doctrine.

**HAMILTON (Richard)** ♦ Artiste britannique (Londres 1922). Précurseur du pop* art en Angleterre, Hamilton a d'abord subi l'influence de Marcel Duchamp* dans sa technique du collage, et d'Arcy Thompson, dont le livre, *On Growth and Form*, lui fournit le titre de son exposition de l'ICA à Londres en 1951. Il contribua à fonder l'Independent Group en 1952 et, en 1956, réalisa son œuvre-manifeste, *Just What it is That Makes Today's Home so Different, so Appealing ?* où il utilisait des fragments de culture populaire, des collages photographiques détournés en critiques de la société. De plus en plus, ses collages sont empreints de références personnelles et de stylisation des formes proches de l'abstraction (*People*, 1965 - 1966 ; *Swinging London*, 1967) qui les éloignent de la neutralité froide du pop art amércain.

**HAMILTON** ➝ ÉTYM. du nom de George *Hamilton*, élu à la chambre d'assemblée du Haut-Canada, représentant la circonscription de Wentworth entre 1820 et 1830 ♦ V. du Canada (Ontario), à l'extrémité O. du lac Ontario (*baie d'Hamilton*). 504 559 hab. (zone urbaine 692 911). Univ. McMaster (recherches nucléaires). Jardin botanique. Musée (peinture canadienne des XIX<sup>e</sup> et XX<sup>e</sup> s.). ▪ Port actif. C'est le principal centre métallurgique du Canada, produisant 50 % de l'acier canadien. Indus. électriques, chimiques.

**HAMILTON** ➝ ÉTYM. vieil angl. «colline *(dun)* tordue *(hamel)*» ♦ V. d'Écosse, ch.-l. du South Lanarkshire, sur la Clyde. 60 000 hab. Banlieue résidentielle et commerciale au S.-E. de Glasgow.

**HAMILTON** ♦ V. de l'île du Nord de la Nouvelle*-Zélande, sur la riv. Waikato, reliée par voie ferrée à Auckland et à Wellington. 155 262 hab. (aggl. 184 838). Branche de l'univ. d'Auckland*. Centre d'une vaste zone d'élevage. Indus. du bois. Laiteries. Cartonnerie. Confection. Matières plastiques.

**HAMKA (Haji Abdulmalik bin Abdulkarim Amrullah, dit)** ♦ Écrivain, journaliste et dirigeant musulman indonésien (Sumatra Ouest 1908 - Jakarta 1981). Fils d'un grand ouléma, il devint conseiller auprès du ministère des Cultes, membre dirigeant du mouvement réformiste Muhammadiyah puis représentant du parti musulman réformiste Masyumi. En 1975, il fut nommé à la tête du Conseil national des oulémas. Écrivain prolixe, il s'attacha avant tout à défendre et à faire connaître l'islam. Parmi ses quelque 70 ouvrages, citons *Émigrant à Delhi* (1940), *Mon père* (1949), *Le Naufrage du Van der Wijck*, dont l'intrigue s'inspire d'un roman d'Alphonse Karr ; *Sous les tilleuls*, à travers la traduction arabe d'al-Manfaluthi. Il a également publié un *Commentaire du Coran* en 30 volumes.

**HAMLET** ➝ ÉTYM. du vx danois *Amleth* (rac. *haim* «maison, foyer») ♦ Prince danois devenu légendaire, mentionné pour la première fois au XIII<sup>e</sup> s. par Saxo* Grammaticus, et héros de nombreuses sagas islandaises. Il aurait vécu vers le II<sup>e</sup> s., aurait été le fils de Horvendill, roi de Jutland, assassiné par son frère Fengo qui épousa sa veuve, et il aurait dû se faire passer pour fou pour échapper à la mort. ▪ La légende servit de base à la pièce de Shakespeare.

**Hamlet** ♦ Drame en 5 actes de W. Shakespeare* (v. 1600). Apparu sur les remparts du château d'Elseneur, au Danemark, le spectre du roi apprend à Hamlet, son fils, qu'il a péri assassiné par Claudius, son frère, avec la complicité implicite de la reine. Préparant sa vengeance, Hamlet va simuler la folie, abandonnant sa fiancée Ophélie qui perd la raison et se noie. Dans le duel qui l'oppose à Laertes (ou Laërte), frère d'Ophélie, Hamlet est blessé par une épée empoisonnée. Avant de mourir, il tue Claudius l'usurpateur, tandis que Gertrude, sa mère, périt empoisonnée par le breuvage qu'il a préparé pour elle. Drame de l'accession à la conscience et à la liberté, *Hamlet* est une œuvre complexe tant par sa psychologie que par sa dramaturgie. ▪ Parmi de nombreuses traductions ou adaptations, citons celles de Ducis (1769), Alexandre Dumas et Paul Meurice (1847), Eugène Morand et Marcel Schwob (1899), André Gide (1946), Marcel Pagnol (1950), Yves Bonnefoy (1962) ainsi que le film de Laurence Olivier (1948). L'histoire de Hamlet a inspiré de nombreux peintres, dont Delacroix.

**HAMM** ♦ V. d'Allemagne (Rhénanie-du-Nord-Westphalie), sur la Lippe, au N.-E. du bassin de la Ruhr*. 180 849 hab. Important nœud ferroviaire (l'une des plus grandes gares de triage d'Europe occidentale), houille, métallurgie.

**HAMMĀD AL-RĀWIYA (Abū al-Qāsim Ḥammād ibn Laylā Sabūr)** ♦ Collectionneur et anthologiste arabe (Kufa, v. 694 - v. 772). Il vécut longtemps à Damas où il jouissait des faveurs des califes Omeyades*. Réputé comme étant l'homme le plus instruit de son temps, tant en histoire ancienne et en généalogie qu'en poèmes et dialectes, il fut suspecté d'avoir récrit les *Mu'allaqāt** de la poésie arabe antéislamique qu'il avait recueillis et collectionnés.

**HAMMAD IBN BOLOGGUIN** – en ar. *Ḥammād ibn Bulughghīn* ♦ Fondateur de la dynastie des Hammadides (mort à Qal'a en 1028). → **Hammadides.**

**HAMMADIDES** ou **BANŪ ḤAMMĀD** n. m. pl. ♦ Dynastie berbère de la famille Sanhāja qui régna dans l'Est algérien (1017 - 1152). Fondée par Hammad ibn Bologguin (1017 - 1028), elle constituait une branche des Zirides* de Tunisie. Hammad fit construire dans les monts du Hodna une ville fortifiée, la Qal'a des Banū Ḥammād, qui devint sa capitale (1007). Il se déclara indépendant quand son neveu Bādīs de Kairouan voulut le relever de ses fonctions de gouverneur (1016). Le successeur de Bādīs, son fils al-Mu'izz, reconnut son indépendance (1017). Ses descendants abandonnèrent la Qal'a (1091) et s'installèrent à Bougie (auj. Bejaïa*), ville édifiée par al-Nāṣir (1063). Les Hammadides furent détrônés par les Almohades* (1152).

**HAMMAM BOU HADJAR** ♦ V. d'Algérie (wilaya d'Aïn Témouchent). 25 453 hab. Eaux thermales.

**HAMMAMET** ♦ V. de Tunisie (gouvernorat de Nabeul), sur le golfe du même nom. 63 116 hab. Remparts. Casbah. Agrumes. Station balnéaire. ♦ ***Golfe de Hammamet*** Borné au N. par la presqu'île du cap Bon, il connaît un important développement touristique.

**HAMMAM LIF** ♦ V. de Tunisie, sur les pentes du djebel Kornine, dominant le golfe de Tunis. 38 401 hab. Station balnéaire et thermale.

**HAMMAR** (lac) n. m. ♦ Important lac marécageux d'Irak, long de 130 km, dans lequel se déversent les eaux de l'Euphrate avant qu'il conflue avec le Tigre ; il est relié au golfe Arabo-Persique par le Chatt al-Arab.

**HAMMARSKJÖLD (Dag)** ♦ Homme politique suédois (Jönköping 1905 - Ndola, Rhodésie du Nord 1961). Professeur d'économie politique, ministre d'État, il siégea dans plusieurs organismes internationaux et fut élu secrétaire général de l'ONU en 1953. Réélu en 1957, il fut tué dans un accident d'avion. [Prix Nobel de la paix 1961]

**HAMME** ♦ Comm. de Belgique (Région flamande), prov. de Flandre-Orientale, arr. de Dendermonde, au confluent de la Durme et de l'Escaut. 23 368 hab. Réserve naturelle du Bunt. Indus. textile.

**HAMMERFEST** ♦ V. de Norvège, sur la côte O. de l'île de Kvaløya (Finnmark). C'est la ville la plus septentrionale d'Europe. 8 577 hab. Port de pêche, exportation de poissons séchés. ▪ La ville, rasée par les Allemands en 1944, a été reconstruite.

**HAMMETT (Samuel Dashiell)** ♦ Écrivain américain (Saint Mary's, Maryland 1894 - New York 1961). Après avoir travaillé comme détective pendant six ans pour la célèbre agence Pinkerton, il publia sa première histoire policière en 1923 dans *Black Mask.* Puis Hammett publia coup sur coup les cinq romans qui firent de lui le père du genre policier *hard-boiled* («dur à cuire») : *La Moisson rouge* (1929), *Sang maudit* (1929), *Le Faucon* maltais* (1930), *La Clé de verre* (1931) et *L'Introuvable* (1933). Dénonçant la corruption du monde politique et des affaires, il met en scène un détective intègre et désabusé, Sam Spade. Il publia également plusieurs recueils d'histoires policières, mais cessa d'écrire en 1934. Il travailla ensuite pour le cinéma et écrivit un scénario de bande dessinée *(Agent secret X9).* Il fut inquiété en 1951 pour ses activités politiques de gauche.

**HAMMOND** ♦ V. des États-Unis (Indiana). 83 048 hab. (zone urbaine 631 362 avec Gary et East Chicago). Centre indus. (mécanique, chimie, imprimeries). Raffineries de pétrole.

**HAMMOURABI, HAMMURABI** ou **HAMMURAPI** → ÉTYM. babylonien p.-ê. «mon peuple est nombreux» ♦ Sixième roi de la dynastie amorite* et véritable fondateur du premier empire de Babylone. Il régna 43 ans, sans doute à partir de –1792. Sa domination s'étendit sur les pays d'Akkad et de Sumer, sur le royaume de Māri, sur l'Assyrie. Il fut moins un conquérant militaire qu'un diplomate, entreprit d'unifier son empire sous une administration centralisée et promut le dieu Marduk* au sommet du panthéon mésopotamien. Son règne marqua le début de la grande civilisation babylonienne ; son fils Samsu*-Iluna lui succéda. ♦ ***Code de Hammourabi*** Stèle trouvée à Suse en 1901 - 1902 (auj. au Louvre) [→ **Shutruk-Nahhunté I**[er]. Il s'agit d'un recueil de 282 arrêts, en cunéiformes et en langue akkadienne, confirmant ou modifiant une jurisprudence antérieure. La société s'y montre divisée en 3 classes (hommes libres, subordonnés, esclaves). Le principe du talion, avec certains adoucissements, apparaît dans le droit criminel. Le droit familial (statut de l'épouse, héritages, etc.) manifeste un souci d'équité individuelle. Le droit commercial favorise la puissance des marchands. Quoique ce recueil ne constituât pas un véritable «code» de lois et laissât toute sa place à la coutume, il exerça une influence considérable sur la législation de l'ancien Orient.

**HAMON (Jean)** ♦ Médecin français (Cherbourg 1618 - Paris 1687). Janséniste, il se retira à Port*-Royal, où il fut un des maîtres de Racine.

**HAMONT-ACHEL** ♦ Comm. de Belgique (Région flamande), prov. de Limbourg, arr. de Maaseik, sur la Dommel, à la frontière des Pays-Bas. 13 863 hab. 1 500 ha de landes et de forêts. Construc. métalliques.

**HAMP (Henri BOURILLON, dit Pierre)** ♦ Romancier et journaliste français (Nice 1876 - Le Vésinet 1962). Auteur populiste, il a évoqué les conditions de travail à tous les échelons de la hiérarchie dans une série *La Peine des hommes* (*Les Chercheurs d'or*, 1920 ; *La Vérité mécanicienne*, 1920 ; *Marée fraîche – vin de champagne*, 1936 ; *Notre pain quotidien*, 1937).

**HAMPDEN (John)** ♦ Homme politique anglais (Londres 1594 - Thame 1643). Cousin de Cromwell*, il s'était opposé à la taxe de mer *(ship-money)* en 1637 et son influence était telle qu'il fut l'un des cinq députés dont l'arrestation déclencha la guerre civile.

**HAMPSHIRE** → ÉTYM. contraction de *Hamptonshire*, de *Hampton* (auj. Southampton*) et angl. *shire* «comté» ♦ Comté du S. de l'Angleterre. 3 772 km$^2$. 1 240 032 hab. CH.-L. : Winchester. Si le Hampshire est toujours une riche région d'élevage, la proximité de Londres et l'attrait du littoral S. ont favorisé l'arrivée de retraités puis d'actifs et d'entreprises, cherchant un cadre de vie agréable. Les clés de la croissance sont là, et ont entraîné celles des deux principales agglomérations, Portsmouth et Southampton.

**HAMPSTEAD** → ÉTYM. vieil angl. «la ferme», de *hām-stede* «ferme, propriété» ♦ Faubourg résidentiel au N.-O. de l'aggl. londonienne.

**HAMPTON (Lionel)** ♦ Batteur, vibraphoniste, pianiste et chef d'orchestre de jazz américain (Louisville, Kentucky 1909 - New York 2002). Il joua dans différents orchestres avant d'être découvert par Benny Goodman* en 1936. En 1940, il constitua un grand orchestre où se succédèrent des solistes comme Art Farmer, Charlie Mingus*, Clifford Brown*. Brillant batteur, excellent vibraphoniste, il était aussi un chanteur plein de swing et un remarquable homme de spectacle. Princ. enregistrements : à la batterie, *Drum Stomp* (1937), *Jack the Bellboy* (1940) ; au piano, *Piano Stomp* (1937), *Central Avenue Beakdown* (1940) ; au vibraphone, *Hot Mallets* (1939).

**HAMPTON** ♦ V. des États-Unis (Virginie). 146 437 hab. dont 38 % de Noirs. Établissement anglais datant de 1611.

**HAMPTON** → ÉTYM. anc. en vieil angl. *Hamntone* «ferme *(tūn)* située sur une parcelle de terrain close ou à l'intérieur d'un méandre *(hām)*» ♦ Aggl. résidentielle de la banl. S.-O. de Londres. ♦ ***Hampton Court Palace*** Anc. manoir saxon transformé en prieuré, qui, de 1514 à 1525, appartint au cardinal Wolsey. Ce dernier dut le céder à Henri VIII qui en fit une fastueuse résidence. La partie O. date de l'époque Tudor, tandis que l'aile E. fut construite de 1689 à 1719, en style classique, sur les plans de Christopher Wren*. Hampton Court, qui fut jusqu'en 1760 l'une des résidences favorites des souverains britanniques, est maintenant un musée renfermant de riches collections de peinture (J. Bassano, Clouet, le Corrège, le Tintoret, Dürer, Holbein, Mantegna, Van Dyck).

**Hampton.** Hampton Court Palace. *Phot. © Arch. Rencontre*

**HAMPTON ROADS** ♦ Port naturel des États-Unis (Virginie), au confluent de trois riv. à l'O. de la baie de Chesapeake. La zone comprend les villes de Norfolk, Portsmouth, Newport News, Hampton et Chesapeake (1 373 237 hab.). Tête de ligne de huit lignes ferroviaires. Centre maritime et aérien.

**HAMSUN (Knut PEDERSEN, dit Knut)** ♦ Romancier norvégien (Garmostræt, près de Lom, Gudbrandsdal 1859 - Nörholm, près de Grimstad 1952). Issu d'un milieu paysan très pauvre, il fit toutes sortes de métiers avant d'émigrer aux États-Unis d'où il revint malade. Il décrivit dans *La Faim** (1890), qui devait imposer son nom d'un coup, ses errances faméliques dans Christiania. Puis il mit au point son personnage de vagabond, rêveur fantasque et incapable de s'adapter à la vie, dans *Mystères* (1892), *Pan* (1894) ou la trilogie *Sous l'étoile d'automne, Un vagabond joue en sourdine, La Dernière Joie* (1906 - 1912). Les événements infléchirent son inspiration dans le sens de la satire sociale (*Enfants de leur temps*, 1913 ; *La Ville de Segelfoss*, 1915) où le modernisme est durement fustigé ; *L'Éveil de la glèbe* (1917) propose un retour pur et simple aux valeurs de la vie saine et primitive. Dès lors, alternant l'exaltation de l'homme fantasque incapable de séparer rêve et réalité, comme l'August de la trilogie *Vagabonds* (1927), *August le marin* (1930), *Men livet lever*, («Mais la vie continue», 1933) et l'exécration de la prétendue civilisation moderne comme dans *Femmes à la fontaine* (1920), Hamsun composera une œuvre d'une fécondité extrême que viendront gâter des prises de positions pronazies dont il n'y a pas lieu de trop grossir le sens. Ce romancier, qui fut aussi poète et auteur dramatique, assurément l'un des plus importants du XXe s. européen, n'a pas su mesurer les excès auxquels le mena une sincère détestation des vices du temps présent. Mais il reste de lui un style étonnant et une fraîcheur tonique qui éclatent encore dans son dernier ouvrage, *Sur les sentiers où l'herbe repousse* (1949), qu'il écrivit à l'âge de 90 ans. [Prix Nobel de littér. 1920]

**ḤAMŪLĪ ('Abduh AL-)** ♦ Chanteur et musicien égyptien (Tanta 1845 - Le Caire 1901). Il remit en honneur les genres traditionnels arabes et tenta une synthèse avec les genres instrumentaux turco-persans.

**HAMY (Ernest)** ♦ Anthropologue et ethnologue français (Boulogne-sur-Mer 1842 - Paris 1908). Fondateur du musée d'ethnographie du Trocadéro (1880), il publia un *Précis de paléontologie humaine* (1870) et *Crania ethnica* avec Quatrefages* (1875 - 1882).

**HAMZAH (AMIR)** → Amir Hamzah

**HAN** n. m. pl. ➝ ÉTYM. chin. «Chine, chinois» ♦ Nom de plusieurs dynasties chinoises. Celle des *Han occidentaux* (Xihan) appelés aussi *Han antérieurs* (Qianhan), fut fondée par Liu Bang (–256 - –195, empereur Gaozu*) et régna de –206 à 23. Ils établirent leur capitale à Changan* ; celle des *Han orientaux* (Donghan), appelés aussi *Han postérieurs* (Houhan), régna de 23 à 220. Leur capitale fut Luoyang*. Les Chinois se désignent eux-mêmes du nom de *Hanren** «hommes de Han».

**hanafites** ou **hanéfites**

n. m. pl. ♦ Adeptes d'Abū* Ḥanīfa, fondateur d'une des quatre écoles juridiques («rites») de l'islam sunnite* (implantée en particulier en Turquie).

**HANAU** ♦ V. d'Allemagne (Hesse), au confluent du Main et de la Kinzig, à l'E. de Francfort. 94 177 hab. Église du XIIIe s., château de Phillipsruhe (XVIIIe s.). ▪ Grand centre de la taille du diamant et de l'orfèvrerie. Métall. et indus. chimiques (pneus ; indus. nucléaire).

**hanbalites**

n. m. pl. ♦ Adeptes d'Ibn* Ḥanbal, fondateur d'une des quatre écoles juridiques («rites») de l'islam sunnite* (implantée surtout en Arabie Saoudite).

**HANCOCK (Herbert Jeffrey, dit Herbie)** ♦ Pianiste et compositeur de jazz américain (Chicago 1940). Soliste au Chicago Symphony Orchestra à l'âge de 11 ans, il s'orienta ensuite vers le jazz, jouant avec Coleman Hawkins* (1960), Miles Davis* (1963) et Stan Getz*, avant de constituer son propre groupe de hard-bop. En 1968, il forma un sextette orienté vers la musique électronique proche du funky et du rhythm and blues. Compositeur de musique de films, il réalisa notamment la bande son du film *Autour de minuit* de Bertrand Tavernier. Princ. enregistrements : *Takin' off* (album, 1962), *Headhunters* (1973).

**HÄNDEL (Georg Friedrich)** → Haendel

**HANDKE (Peter)** ♦ Écrivain autrichien (Griffen, Carinthie 1942). Après des études de droit, Handke a publié en 1966 un premier roman *Les Frelons* et une série de pièces radiophoniques *Outrage au public ; Prédiction ; Introspection*. Cette période expérimentale, où Handke conquiert son langage en l'épurant des lieux communs et pensées toutes faites, comprend encore des «récits» (terme qu'il préfère au mot «roman») : *Le Colporteur* (1967), *L'Angoisse du gardien de but au moment du penalty* (1970). Sa pièce de théâtre *La Chevauchée sur le lac de Constance* (1970), représentée à Paris en 1974, y fit scandale par son étrangeté. À partir de 1972, les

Peter **Handke.**
*Phot. © Ayral/Gamma*

œuvres de Handke sont plus ouvertes et plus sensibles, dévoilant l'unicité des hommes et du monde : *La Courte Lettre pour un long adieu* (1972), *Le Malheur indifférent* (1972), *L'Heure de la sensation vraie* (1975). Parmi ses œuvres les plus fortes, il faut citer un «journal» (nullement autobiographique), *Le Poids du monde* (1975 - 1977) et des «récits», *Lent retour* (1979), *Le Chinois de la douleur* (1983), *Essai sur le juke-box* (1990). Son roman *Mon année dans la baie de personne* (1994), d'une ampleur exceptionnelle dans son œuvre, est une somme existentielle, un an de vie parmi la puissance des choses et l'absence des humains. *La Perte de l'image* (2002) montre l'image galvaudée dans la société moderne. Il a écrit le texte du film de W. Wenders *Les Ailes du désir* (1987) et réalisé lui-même *La Femme gauchère* (1978). *Voyage hivernal vers le Danube* (1996) a suscité une vive polémique au sujet de sa défense des Serbes dans les guerres civiles de l'ex-Yougoslavie ainsi que ses propos lors des funérailles de S. Milošević en 2006. Il vit en France depuis 1990.

**HANDY (William Christopher)** ♦ Compositeur américain (Florence, Alabama 1873 - New York 1958). L'ensemble de son œuvre contribua, au début du XXe s., à la popularisation du blues. On lui doit notamment le *Memphis Blues* (1911) et le *Saint Louis Blues* (1914), thèmes fréquemment interprétés par les musiciens de jazz traditionnel et classique.

**HANEDA** ➝ ÉTYM. jap. «le champ aux ailes» ♦ L'un des deux aéroports de Tōkyō, avec Narita*.

**HANEKE (Michael)** ♦ Réalisateur autrichien (Munich 1942). Sa reconnaissance par le grand public à partir de 1992 avec son film *Benny's Video* fut confirmée par *Funny Games* en 1997. Il a été primé à plusieurs reprises au Festival de Cannes : Grand Prix du Jury 2001 pour *La Pianiste*, adapté du roman d'E. Jelinek*, prix du réalisateur pour *Caché* en 2005 et Palme d'or en 2009 pour *Le Ruban blanc*. De façon ostensible ou suggestive, morale et conceptuelle, Haneke s'attache à mettre à jour la genèse de la violence dans la société.

**HAN Fei** ♦ Philosophe chinois (v. –280 - –233). Noble du royaume de Han, il commenta le *Daodejing** et fut l'un des meilleurs argumentateurs de l'école des «légistes». Conseiller de Shi* Huangdi, il fut évincé par son condisciple Li* Si et jeté en prison où il fut contraint au suicide. Les grands principes de la pensée légiste sont énoncés dans son œuvre, le *Hanfeizi*.

**HANGZHOU** ou **HANG-TCHEOU** ♦ V. de Chine, cap. de la prov. de Zhejiang, sur le Qiantang jiang et à l'extrémité S. du Grand Canal. 3 240 947 hab. Les nombreux témoignages de son riche passé : grottes bouddhiques de Yanxia Sandong (Xe s.), grottes de la falaise de Feilafeng, ornées de bas-reliefs bouddhiques (XIIe - XIVe s.), et le lac de l'Ouest (Xi hu) en font un important site touristique. ▪ Centre culturel, commercial et indus. : sidérurgie, mécanique, chimie. Riz, thé. Soie, coton, jute. Filatures. Papeterie. Artisanat. ▮ **Histoire** Fondée vers 600, elle fut la capitale des Song* du Sud (Lin'an) de 1127 à 1276. C'est la *Quinsay* dont Marco Polo* décrivit la grandeur et la richesse.

**HANKAR (Paul)** ♦ Architecte belge (Frameries 1859 - Bruxelles 1901). Il a été l'un des promoteurs de l'Art* nouveau en Belgique, avec Horta* et Van* de Velde. Formé dans l'atelier d'Henri Beyaert, il conserva le style de son maître, fondé sur l'usage de la brique, de la pierre blanche et bleue. Il y ajouta des éléments modernistes (des grilles ornées, des balcons en fer forgé), ou médiévaux (bretèches, corniches, lourds modillons). Il chercha à faire une synthèse des arts plastiques et à créer un «art appliqué de la rue», aussi bien pour des immeubles (maison Kleyer, Bruxelles, 1898) que pour des magasins. Passionné d'archéologie, marqué par les travaux de Viollet*-le-Duc, il contribua à la restauration de monuments, dont le donjon d'Humelgem.

**HANKEL (Hermann)** ♦ Mathématicien allemand (Halle 1839 - Schramberg, Forêt-Noire 1873). En logique, il énonça le «principe de permanence» des lois formelles du calcul ; auteur de travaux sur les nombres complexes et sur la théorie des fonctions, il s'intéressa également à l'histoire des mathématiques.

**HANKOU** ou **HAN-K'EOU** → Wuhan

**HÀN Mặc Tử (François NGUYN TRỌNG TRÍ, dit)** ♦ Poète vietnamien (Đồng Hới 1912 - Qui Nhơn 1940). Ses poésies en vietnamien, connues sous l'étiquette de «tendance folle», crient la souffrance (il était lépreux), l'angoisse et la foi chrétienne.

**HANNIBAL** ➝ ÉTYM. phénicien «grâce *(ḥan)* au dieu Baal *(ba'al)*» ♦ Général et homme d'État carthaginois (Carthage, v. -247 - Bithynie -183). Élevé dans la haine de Rome par son père Hamilcar* Barca, qu'il accompagna en Espagne, il s'y distingua sous les ordres de son beau-frère Hasdrubal le Beau. Il fut nommé commandant en chef (-221). Décidé à prendre une revanche sur Rome, il attaqua son allié Sagunto* (-219), déclenchant ainsi la deuxième guerre punique*. Il infligea aux Romains de lourdes pertes, notamment sur le Tessin, à la Trébie et près du lac Trasimène en Ombrie (-217). Il abandonna la prise de Rome et partit pour l'Italie du Sud, où, à Cannes, en Apulie, il battit les Romains (-216). Malgré les sévères conditions de paix qui suivirent sa défaite de Zama* (-202), Hannibal ne désespéra pas de redresser la situation. Il tenta des réformes politiques, militaires et économiques. Lorsqu'il fut élu suffète, ses ennemis le dénoncèrent à Rome. Il partit se réfugier en Syrie à la cour d'Antiochos* III (-196), puis en Bithynie (-189) où il tenta de continuer la lutte contre Rome. Mais la diplomatie romaine obtint du roi Prusias* I^er^ qu'Hannibal lui fût livré. Il s'empoisonna probablement à Libyssa près de Prusa (Bursa*).

**HANNON** ♦ Navigateur carthaginois qui fit (v. -470) un voyage d'exploration le long de l'Afrique occidentale par les colonnes d'Hercule (Gibraltar) jusqu'aux rivages du Sahara occidental, et, sans certitude, le Cap-Vert, jusqu'au fond du golfe de Guinée. La relation de ce voyage, traduite en grec et connue sous le nom de *Périple d'Hannon*, serait apocryphe.

**HANNON** ♦ Nom de plusieurs généraux carthaginois. ♦ **HANNON le Grand** (-III^e^ s.). Général et homme politique, chef du parti aristocratique favorable à la paix avec Rome, il fut vaincu aux îles Égates*, puis, lors de la première guerre punique*, réprima avec son adversaire Hamilcar* Barca la révolte des Mercenaires* (-240 - -238). Lors de la deuxième guerre punique, il empêcha l'envoi de secours à Hannibal* après la victoire de Cannes* (-216) et fut l'un des négociateurs de la paix (-201).

**HANOI** ou **HANOÏ** ➝ ÉTYM. en vietnamien ***Hà Nội*** «entre *(nội)* les cours d'eau *(hà)*» ♦ Cap. du Viêtnam, sur le delta du Sông Hồng. 1 000 000 hab. *(Hanoïens)*. Env. 3 000 000 hab. pour la cité-province du même nom avec les districts périphériques. Ses paysages urbains sont très contrastés : vieux quartiers encore empreints de calme mais de plus en plus gagnés par une activité trépidante, nombreux lacs chargés d'histoire et de légendes, quartiers populaires tentaculaires ou imbriqués dans la vieille ville à l'aspect précaire. Universités. Musées. Monuments historiques. Jardin botanique et jardins maraîchers. ▪ Tourisme. Centre indus. (construc. mécanique, biens de consommation, textiles, agroalimentaire, chimie, céramiques) et commercial (port fluvial). ▮ **Histoire** Hanoi se trouve sur le site des capitales historiques du Viêtnam : Long Biên, capitale de Lý Nam Đế au VI^e^ s. ; en 1010 Lý Thái Tổ y installa celle du Đại Việt qu'il appela *Thăng Long*. La ville resta capitale jusqu'en 1802, mais fut dénommée *Đông Đô* ou *Đông Kinh* («capitale de l'Est») par les Lê* postérieurs. Les Nguyễn* la baptisèrent *Hà Nội*. Prise par les Français en 1873, évacuée puis reprise en 1882, elle devint la capitale de l'Indochine française en 1887, puis celle du Viêtnam du Nord en 1954, avant d'être choisie comme capitale du Viêtnam réunifié en 1976. Elle a été violemment bombardée par l'aviation américaine, surtout en 1972.

**HANOTAUX (Gabriel)** ♦ Homme politique et historien français (Beaurevoir, Aisne 1853 - Paris 1944). Ministre des Affaires étrangères (1894 - 1898), il contribua à préparer l'alliance franco-russe, à renforcer la présence française en Extrême-Orient, en Tunisie et au Soudan où il soutint l'expédition Marchand. Délégué de la France à la SDN (1918), ambassadeur extraordinaire à Rome (1920), il a laissé une *Histoire du cardinal de Richelieu* (1893 - 1947, achevée par le duc de La Force), une *Histoire de la France contemporaine* (1903 - 1908), une *Histoire illustrée de la guerre de 1914* (1915 - 1936) et dirigé la publication de l'*Histoire de la nation française* (1920 - 1929). [Acad. fr. 1897] ➝ ÉTYM. *Hanotaux* est l'hypocoristique de *Jehanot*.

**Hanoukkah** n. f. ➝ ÉTYM. en hébr. *Ḥanûkâh* «inauguration, dédicace» ♦ Fête juive des Lumières. Elle commémore la victoire des Maccabées sur l'hellénisme (-165 - -163). En souvenir, les familles juives allument chaque soir la lampe de Hanoukkah pendant les huit jours que dure la fête.

**HANOVRE** n. m. – en all. ***Hannover*** ♦ Anc. État d'Allemagne du Nord, situé au S. de la Basse-Saxe. Peuplé à l'origine de Chérusques, de Lombards et de Chauques (peuples germaniques), le Hanovre passa sous la domination saxonne et fit partie du duché de Brunswick*. Les territoires appartenant à diverses branches de la maison de Brunswick furent regroupés à la fin du XVII^e^ s. par Ernest-Auguste, qui obtint de l'empereur Léopold I^er^ le titre d'électeur, et fit de la ville de Hanovre sa capitale. Son fils, George-Louis, ajouta tout le Brunswick à ses possessions par son mariage avec Sophie-Dorothée de Brunswick, et accéda au trône d'Angleterre (→ **George I^er^**). Le Hanovre fut alors gouverné par les rois d'Angleterre, ce qui lui valut d'abord une grande prospérité, mais il eut à souffrir de la guerre de Sept* Ans et de l'occupation napoléonienne. Devenu un royaume et remanié en 1814, il resta à la Couronne d'Angleterre jusqu'à Victoria, qui ne put en hériter (1837). Il revint alors au duc de Cumberland, frère de Guillaume* IV, qui dut modifier sa politique lors de la révolution de 1848. Partisan de l'Autriche, le Hanovre fut annexé par la Prusse et fit une opposition persistante au *Kulturkampf* (Windthorst* était hanovrien). Il fait partie aujourd'hui du Land de Basse*-Saxe.

**HANOVRE** ➝ ÉTYM. en all. ***Hannover*** ; haut all. *Hanovere* «haute rive» ♦ V. d'Allemagne, cap. de la Basse-Saxe, sur la Leine et le Mittellandkanal. 515 000 hab. Bien située au contact de la grande plaine du Nord et à la lisière des massifs hercyniens de l'Allemagne moyenne (monts de la Weser, Harz), la ville est une grande voie de passage (liaisons ferroviaires) et un centre commercial très actif (foires réputées). La foire de Hanovre a profité après la guerre du déclin de Leipzig. Les industries chimiques (pneumatiques, raffinage du pétrole), textiles, mécaniques (automobiles, camions) et alimentaires (sucreries, chocolateries) sont localisées dans les faubourgs de Linden et de Recklingen. ▮ **Histoire** Fondée au XII^e^ s., la ville adhéra à la Hanse à la fin du XIV^e^ s. et fut de 1495 à 1866 la résidence des princes de Hanovre. Au XIX^e^ s., elle devint un important centre industriel et commercial.

**HANREN** ou **HAN JEN** n. m. pl. ➝ ÉTYM. chin. «hommes de Han» en référence à la dynastie des Han ♦ → **Han.**

**HANRIOT (François)** ♦ Révolutionnaire français (Nanterre 1761 - Paris 1794). Chef des sections de sans-culottes lors de la journée révolutionnaire du 10 août 1792, il prit part aux massacres de Septembre (1792). Nommé commandant général provisoire de la garde nationale parisienne (mai 1793), il dirigea les émeutes des sans-culottes et hébertistes contre la Convention* nationale, émeutes qui provoquèrent l'élimination des principaux chefs girondins (31 mai et 2 juin 1793). Bien que lié aux ultrarévolutionnaires hébertistes, il ne fut point condamné avec eux (mars 1794), mais fut arrêté et guillotiné en même temps que Robespierre et ses alliés (9 - 10 Thermidor an II, 27 - 28 juil. 1794).

**HÄNSCH (Theodor W.)** ♦ Physicien allemand (Heidelberg 1941). Indépendamment de J. L. Hall, il élabora une technique, dite de peigne de fréquence optique, permettant des mesures à la fois simples et extrêmement précises des fréquences optiques. La méthode fonctionne grâce aux lasers, mis au point par Hall et Hänsch, émettant des impulsions identiques à des intervalles de l'ordre de 200 attosecondes ; elle est appliquée aussi bien en physique fondamentale que dans la construction d'horloges atomiques ou le guidage par satellite (GPS). [Prix Nobel de phys. 2005 avec R. J. Glauber* et J. L. Hall*]

**Hanse** n. f. ♦ Association de marchands allemands, puis de villes de l'Allemagne du Nord et de l'Europe septentrionale. Les plus anciens comptoirs (XII^e^ s.) se trouvaient à Londres, Bruges, Visby, Novgorod, Bergen et dans l'île de Gotland. Les associations cherchaient à s'assurer des privilèges auprès des souverains étrangers et à assurer la sécurité de leur commerce de terre et de mer. La première association eut lieu entre Hambourg et Lübeck (1241) déjà à la tête des villes comptoirs : Riga (v. 1201), Gdańsk (v. 1224). En 1259, Lübeck prit la direction d'une confédération de villes maritimes (Rostock, Wismar, Stralsund). La Hanse connut son apogée de la fin du XIII^e^ s. à la fin du XV^e^ s., mais elle n'eut de véritable Constitution qu'en 1367 (confédération de Cologne) pour se défendre contre la menace danoise. Les Danois durent signer la paix de Stralsund (1370) et accorder à la Hanse d'importants privilèges. Désormais la Hanse était la maîtresse de la mer Baltique et de tout le commerce de l'Europe septentrionale. Aucun traité d'alliance ne la constitua jamais à l'état de corps unique ; cependant, Lübeck, cour suprême des villes (au nombre de soixante-dix environ) où se tenaient les «Grands Jours» de la Hanse, était considérée comme sa capitale. Outre les villes précédemment citées, la Hanse comptait notamment les ports de Brême, Szczecin, Königsberg, Reval et les villes continentales de Thorn et Cracovie, Breslau, Magdebourg, Erfurt et Cologne. Outre sa prépondérance commerciale, la Hanse joua un rôle politique en contrôlant la succession au trône de Danemark et en intervenant en Scandinavie ; elle fut à l'origine de la dissolution de l'Union de Kalmar* en 1523. Cependant, dès cette époque, la Hanse n'était plus une grande puissance. Des États nouveaux s'étaient constitués en Europe, les villes hollandaises s'étaient retirées de la confédération à la fin du XV^e^ s. et la concurrençaient gravement. Les grandes découvertes transportèrent ailleurs le centre du commerce européen au détriment de la Méditerranée et de la Baltique. À la fin du XVI^e^ s., l'affirmation de l'Angleterre comme grande nation maritime s'ajouta à ces éléments défavorables. La guerre de Trente* Ans, qui fut nuisible à toutes les villes allemandes et arrêta le commerce de la Baltique, consomma la ruine de la Hanse dont la dernière diète se réunit en 1669.

**HANSEN (Gerhard Henrik Armauer)** ♦ Médecin et botaniste norvégien (Bergen 1841 - *id.* 1912). Il découvrit le bacille de la lèpre (*bacille de Hansen,* 1874).

**HANSEN (Alvin Harvey)** ♦ Économiste américain (Viborg, Dakota du Sud 1887 - Alexandria, Virginie 1975). Conseiller au département d'État de Washington (1934 - 1935) et au Federal Reserve Board (1940 - 1945), il a étudié, à partir des analyses de Keynes, le cycle des affaires, affirmant que le déséquilibre économique provient d'une insuffisance chronique de l'investissement et développant une théorie pessimiste sur l'avenir des pays capitalistes, voués, selon lui, à la stagnation économique (thèse dite «stagnationniste»). Œuv. princ. : *Cycles of Prosperity and Depression* (1921) ; *Full Recovery or Stagnation* (1938).

**HANSEN (Martin Alfred)** ♦ Romancier danois (Strøby 1909 - Copenhague 1955). Après des essais de peinture de son milieu paysan, il s'imposa avec *Le Voyage de Jonathan* (1941) et *Christophe le Chanceux* (1945) où il conseille de revenir à la foi tranquille de la religion traditionnelle pour répondre aux angoisses du temps présent. Son chef-d'œuvre, *Le Menteur* (1950), enseigne à dominer le mal inévitable par un geste d'offrande confiante à Dieu. Il joua un rôle de premier plan en tant qu'animateur de la revue *Heretica* qui fut le phare littéraire du Danemark dans les années 1940. ➝ ÉTYM. Ce nom danois signifie «fils *(sen)* de Jean *(Hans)*».

**HANSEN (Thorkild)** ♦ Écrivain danois (Copenhague 1927 - Nice 1992). D'abord journaliste et reporter (et, à ce titre, auteur d'au moins un essai retentissant, *Le Procès contre Knut Hamsun,* 1972), il mit ensuite au point une formule tout à fait originale de roman, dite roman-document, qui allait connaître un remarquable succès dans le Nord, et qui se situe à mi-chemin entre essai historique strict et roman historique (*La Mort en Arabie,* 1962 ; *Jens Munk,* 1965 ; *La Côte des Esclaves,* 1967 - 1970).

**HANSHAN** ou **HAN CHAN** ♦ Moine bouddhiste chan* (dans le Zhejiang v. 680 - v. 793), auteur de poèmes d'inspiration bouddhiste et taoïste proches de la langue parlée, qu'il écrivait sur des supports naturels (murs, arbres, pierres). Avec son compagnon Shide*, ils formèrent un couple d'excentriques célèbres.

**Hanshu** ➝ ÉTYM. chin. «Livre des Han» ♦ Ouvrage historique chinois écrit au Ier s. par Ban* Gu, avec la collaboration de sa sœur Ban Zhao, relatif aux événements des dynasties des Han* occidentaux et de Xin. L'ouvrage, dont la rédaction dura pendant plus de vingt années, se compose de 100 chapitres et de quelque 800 000 idéo-pictogrammes.

**HAN SHUI, HAN-CHOUEI, HAN JIANG** ou **HAN-KIANG** n. m. ♦ Riv. de Chine (1 532 km), l'un des principaux affl. du Chang* jiang dans lequel il se jette à Wuhan. C'est une artère très fréquentée.

**HANSI (Jean-Jacques WALTZ, dit)** ♦ Écrivain, dessinateur et caricaturiste français (Colmar 1872 - *id.* 1951). Né et élevé dans l'Alsace occupée par les Allemands, il étudia les beaux-arts à Lyon et Mulhouse et se fit connaître par un premier ouvrage, satire des instituteurs allemands, *Le Professeur Knatschke* (1912), suivi de *L'Alsace racontée aux petits enfants par l'oncle Hansi* (1912) et de *Mon village* (1913), qui lui valurent quelques démêlés avec les autorités allemandes. Après la Première Guerre mondiale, il publia *L'Alsace heureuse, Les Clochers dans les vignes,* tout en assumant, après son père, les fonctions de conservateur du musée des Unterlinden de Colmar. Lue et relue par de nombreuses générations, son œuvre s'est intégrée au folklore alsacien.

**HANSKA (Ewelina RZEWUSKA, comtesse)** ♦ Dame polonaise (Pohrebyszcze, Ukraine 1801 - Paris 1882). Elle fut la correspondante de Balzac*, à partir de 1832, et l'épousa en 1850, neuf ans après son veuvage.

**HANSLICK (Eduard)** ♦ Musicologue autrichien (Prague 1825 - Vienne 1904). Professeur à l'université de Vienne, il a exposé, dans son principal ouvrage plusieurs fois réédité *De la beauté musicale* (1854), une théorie de la musique pure qui exclut toute possibilité de représentation et conduit à une condamnation de l'esthétique wagnérienne.

**HAN-SUR-LESSE** ♦ Loc. de Belgique dépendant de la comm. de Rochefort*. Important site touristique : grottes s'étendant sur 3 km du cours souterrain de la Lesse ; musée du Monde souterrain ; parc national de Lesse-et-Lomme (réserve naturelle).

**HAN SUYIN (Elizabeth COMBER, née ZHOU GUANGHU, dite)** ♦ Romancière anglaise d'origine chinoise par son père (Pékin 1917). Médecin, Han Suyin est l'auteur de récits à succès tels que *Destination Tchongking* (1942), qui évoque la guerre sino-japonaise. Elle a placé son œuvre sous le signe de l'Asie : *Multiple Splendeur* (1952), *Amour d'hiver* (1962), *Le Premier Jour du monde* (1974), *La Cité des sortilèges* (1984).

**HANTAÏ (Simon)** ♦ Peintre français d'origine hongroise (Bia, près de Budapest 1922 - Paris 2008). Arrivé à Paris en 1949, il fut proche du surréalisme jusqu'en 1955, expérimentant les techniques de l'automatisme. Ses méthodes, proches de l'action* painting, font appel à la rapidité du geste, à la mise en tension de l'esprit, pour des peintures de signes ou de visions fantastiques. Dans le courant de l'abstraction lyrique, il peignit à partir de 1960 en «all-over» des toiles qu'il pliait, froissait, nouait, cherchant par ces techniques ou par des formats circulaires à éliminer le caractère rigide et angulaire des tableaux.

**Hansi.** Affiche. Bibliothèque des Arts décoratifs, Paris.
*Phot. © Lauros/Giraudon*

**HANUMĀN** ➝ ÉTYM. du sanskr. *Hanumant,* de *hanu* «mâchoire» et *mant* «pourvu de» ♦ Guerrier-singe mythique qui, dans l'épopée indienne du *Rāmāyana**, aide le roi Rāma* (incarnation de Vishnou) à reconquérir son épouse Sītā enlevée par le démon Rāvaṇa, roi de Lankā (Ceylan). Il est souvent adoré comme une divinité.

**HANYANG** ou **HAN-YANG** ➝ **Wuhan**

**HAN YU** ♦ Philosophe, lettré et fonctionnaire impérial chinois (768 - 824). Il prôna le retour à la doctrine confucéenne (➝ **confucianisme**), à une stricte hiérarchie sociale et à la prose ancienne. Dans ses écrits, il s'opposa avec violence au bouddhisme et fut exilé pour cette raison.

**HAO** ➝ **Tuamotu (îles)**

**HAOURĀN** n. m. ♦ Région de l'Asie occidentale partagée entre la Syrie et la Jordanie ; elle est formée d'un plateau fertile culminant à 1 803 m. En Syrie, la région est divisée en 2 gouvernorats : Sovayda qui englobe le djebel Druze (300 000 hab., ch.-l. : Sovayda) et Doraa dans la partie la plus fertile de Haourān (500 000 hab., ch.-l. : Doraa).

**HAOUSSAS** ou **HAUSA** n. m. pl. ➝ ÉTYM. p.-ê. langue touareg «de ce côté-ci du fleuve» ♦ Peuple musulman d'Afrique occidentale établi au N. du Nigeria et dans l'E. du Niger. Le peuple haoussa est issu du mélange des populations locales avec des pasteurs poussés hors du Sahara par la désertification avant notre ère. Les Haoussas subirent successivement l'influence de l'empire du Mali* et du Songhaï*. Bien qu'islamisés officiellement au XIVe s., ils restèrent très attachés à la religion traditionnelle et, à ce titre, furent l'objet de la guerre sainte du réformateur Ousman dan Fodio* qui soumit les souverains convaincus de paganisme ; leurs cités devinrent les grands centres commerciaux et religieux du N. du Nigeria et de l'E. du Niger. Les Haoussas ont tiré profit de l'établissement des circuits commerciaux entre l'Ifrīqiya (Tunisie-Libye) et l'Afrique centrale par le Tchad au Moyen Âge. De nos jours, ils sont commerçants, artisans et éleveurs et leur langue sert aux échanges dans tout le nord de l'Afrique centrale, jusqu'en Libye.

**HAOUZ** n. m. ♦ Plaine du Maroc méridional, dépression S.-E. de la Meseta, au pied du Haut Atlas, limitée au N. par le Djebilet, et irriguée par le cours supérieur du Tensift. Oliviers. Arbres fruitiers. Vignes. Élevage ovin.

## Happening

→ ÉTYM. angl. «événement» n. m. ♦ Mouvement artistique américain. Le mot fut employé pour la première fois par Allan Kaprow* à New York en 1959 lors de la manifestation «18 happenings in 6 parts». Cependant le premier happening eut lieu en 1952 lors du spectacle de John Cage* *(Theater Piece N° 1)* au Black Mountain College, où il mélangeait différentes disciplines avec Rauschenberg*, Cunningham*, David Tudor et des poètes (Charles Olson). Interdisciplinarité, spontanéité et évolution de l'action : la raison d'être du happening est dans l'expérience du moment et son caractère non répétable. Il revêt de multiples formes : dans *Burning Building* (1962), Red Grooms fait tomber des acteurs des fenêtres d'un décor sur fond de comédie musicale ; en 1963, Claes Oldenbourg* présente *Autobodys* dans un drive-in de Los Angeles avec des personnages chaussés de patins à roulettes et des voitures noires imitant le cortège des limousines lors des obsèques de J.F. Kennedy. Le spectateur devient actif, s'insère dans le spectacle où il est amené à une prise de conscience : poétique ou festive, chez Cage, Kaprow ou Jim Dine* ; politique et sociale, dans les happenings-concerts de Fluxus* ou les manifestations du Living* Theatre. Vers la fin des années 1960, le happening a cédé la place à l'art corporel (→ **body art**) et à la performance.

**HAPPY VALLEY-GOOSE BAY** → ÉTYM. angl. «vallée joyeuse-baie de l'Oie» ♦ V. du Canada (Terre-Neuve-et-Labrador), au fond d'un profond fjord à l'embouchure du Churchill. 7 572 hab. Base aérienne, servant auj. à l'entraînement des forces de l'Otan, qui eut une grande importance militaire au cours de la Deuxième Guerre mondiale.

**HARALD** ♦ Nom de souverains danois. ♦ **HARALD Hiltetand** «Dent de combat» (VIIe - VIIIe s.). Roi à demi légendaire. ♦ **HARALD Klak** (mort v. 860). Il fit évangéliser le Danemark par saint Anschaire. ♦ **HARALD Blaatand** «Dent bleue» (v. 910 - v. 985). Roi de Danemark (v. 950 - 985). Il favorisa le christianisme et repoussa les Wendes jusqu'à l'Oder.

**HARALD** ♦ Nom de souverains norvégiens. ♦ **HARALD Ier Hårfager** «À la belle chevelure» (v. 850 - 933). Roi de Norvège (872 - 933). Il unifia le pays, en réduisant les principautés indépendantes (872). ♦ **HARALD II** (mort au Danemark 970). Roi de Norvège (961 - 970). Il succéda à son oncle Haakon* Ier le Bon. ♦ **HARALD III Hårdråde** «le Sévère» (mort au Stamford Bridge 1066). Roi de Norvège (1046 - 1066). Il séjourna à Novgorod, puis à Constantinople, s'empara d'Athènes en 1040 et revint en Russie où il se maria. En Norvège, il contraignit son neveu Magnus* Ier à lui céder la moitié de ses États et s'empara de l'autre moitié à sa mort. Il tenta d'envahir l'Angleterre mais fut tué quelques jours avant le débarquement de Guillaume le Conquérant. ♦ **HARALD IV Gille** (mort en 1136). Roi de Norvège (1135 - 1136), il s'empara du trône, mais fut tué par un autre prétendant. ♦ **HARALD V** (Asker, près d'Oslo 1937). Roi de Norvège depuis 1991. Il succéda à son père, Olov V.

**HARAPPA** ♦ Site du Pakistan, dans le Panjab, sur la Ravi, éponyme d'une civilisation rurale caractérisée par des cités aux murs de briques et à l'urbanisme régulier que l'on a qualifiée de «civilisation de l'Indus». De très nombreux sites dans le Panjab, la vallée de l'Indus et le Kathiawar appartiennent à cette civilisation qui demeure mal connue. Elle dut parvenir à son apogée vers la fin du IIIe millénaire avant notre ère et disparut, sous les coups conjugués des inondations et des tribus descendues des montagnes afghanes, vers -1500.

**HARAR** ou **HARARGE** n. m. ♦ V. d'Éthiopie, ch.-l. de prov. 99 321 hab. **Histoire** Fondée v. le VIIe s., elle fut la capitale d'un État musulman en butte à l'Éthiopie chrétienne. Elle fut fortifiée au XVIe s. pour résister aux attaques des Gallas*. Ville religieuse, elle devint un centre d'érudition islamique et fut interdite aux étrangers. Elle fut néanmoins visitée par R. Burton* et habitée par Rimbaud*.

**HARARE** → ÉTYM. de *Neharawa* «il ne dort pas», n. d'un chef africain ; anc. ***Salisbury*** ♦ Cap. du Zimbabwe, au N. du pays, à 1 470 m d'alt., reliée par voie ferrée à Sofala-Beira (Mozambique) et à Bulawayo. 1 450 000 hab. *(Hararais)*. Indus. agricoles et chimiques (usine d'acide sulfurique). Cimenterie. Métallurgie.

**HARBIN** ou **HAERBIN** – en russe ***Kharbin*** ♦ V. de Chine, cap. de la prov. de Heilongjiang, sur le Songhua jiang. 3 627 082 hab. Nœud ferroviaire. Important complexe indus. dont le rapide essor, à partir de 1911, est lié à la proximité de nombreuses ressources minérales : houille, fer, cuivre, plomb, tungstène. Métall., mécanique, outillage, appareillage, construc. automobile. **Histoire** La région fut le berceau des Jürchet* au XIe s. À la fin du XIXe et au début du XXe s., la ville fut russe puis japonaise.

**HARBOU (Thea VON)** ♦ Scénariste allemande (Tauperlitz 1888 - Berlin 1954). Connue comme romancière, elle écrivit quelques-uns des meilleurs scénarios du cinéma expressionniste, pour Joe May (*Le Tombeau hindou*, 1921), F. W. Murnau, Carl Th. Dreyer (*Michaël*, 1924) et surtout Fritz Lang, dont elle fut l'épouse jusqu'à ce qu'il quitte l'Allemagne (la série des *Dr Mabuse*, le diptyque des *Nibelungen*, *Metropolis**, *Les Espions*, *La Femme sur la lune*, *M* le Maudit*). Favorable au régime nazi, elle travailla dans les années 1930 avec Hans Steinhoff et Veit Harlan.

**HARCOURT** ♦ Famille noble de Normandie qui eut pour fondateur au IXe s. un compagnon de Rollon, Bernard le Danois. La seigneurie d'Harcourt devint comté sous Philippe VI en 1328 puis duché en 1700. ♦ **Jean II,** seigneur **d'Harcourt** (mort en 1302). Il fut maréchal de France sous Philippe III le Hardi et amiral de France en 1293. ♦ **Raoul d'Harcourt** (mort en 1307). Il fonda le collège d'Harcourt en 1280. ♦ **Godefroi d'Harcourt,** dit **le Boiteux** (mort près de Coutances en 1356). Tenant d'Édouard III d'Angleterre depuis 1345, il lui conseilla une descente en Normandie qu'il conduisit lui-même, conquit Cherbourg, Saint-Lô, et commanda une partie de l'armée anglaise à Crécy (1346). Il se réconcilia avec Philippe VI, mais en 1355 passa de nouveau du côté anglais. Il mourut en combattant les Français. ♦ **Henri de Lorraine,** comte **d'Harcourt,** dit **Cadet la Perle** (1601 - 1666). Il commanda en Piémont et prit Turin (1640). Vice-roi de Catalogne (1644), il dut lever le siège de Lérida (1646). En Flandre, il vainquit les Espagnols à Valenciennes et prit Condé (1649). Rallié à la Fronde des princes, il reçut le gouvernement de l'Anjou pour prix de sa soumission. ♦ **Henri,** duc **d'Harcourt** (1654 - Paris 1718). Maréchal de France. Il fut aide de camp de Turenne*, puis ambassadeur à Madrid (1697). → ÉTYM. *Harcourt*, anciennement *Harulfi Curtis*, signifie «domaine (bas latin *curtis*) de Hariulf (nom de personne germanique, de *hari* "armée" et *wulf* "loup")».

**HARDELOT-PLAGE** ♦ Station balnéaire du Pas-de-Calais (comm. de Neufchâtel-Hardelot), dans le Boulonnais, à la lisière de la forêt d'Hardelot (625 ha).

**HARDEN (sir Arthur)** ♦ Chimiste britannique (Manchester 1865 - Bourne End, Buckinghamshire 1940). Auteur de travaux, avec W. J. Young, sur les fermentations et sur les enzymes, il montra qu'une enzyme, la zymase, se compose d'une partie protéique, dont la forme varie avec la température, et d'une partie stable, la coenzyme ; il fit de nombreuses découvertes sur l'utilisation du sucre par les cellules vivantes. [Prix Nobel de chim. 1929, avec H. von Euler*-Chelpin]

**HARDENBERG (Karl August,** prince **VON)** ♦ Homme politique prussien (Essenrode, Hanovre 1750 - Gênes 1822). En 1790, il entra dans l'administration et négocia le traité de Bâle* (1795). Ministre des Affaires étrangères de Frédéric*-Guillaume III en 1804, chancelier d'État en 1810, il continua l'œuvre de Stein* et travailla au relèvement de la Prusse : il abolit les corporations, affranchit les paysans (1811), émancipa les juifs (1812). L'hostilité de la noblesse l'empêcha d'aller jusqu'au bout de ses réformes. Il prépara la «guerre de libération» allemande contre la domination française. Représentant de la Prusse au congrès de Vienne*, il obtint des accroissements de territoire ; il était favorable au démembrement de la France. Après la paix, il voulut instaurer un régime constitutionnel mais se heurta alors à Metternich. Il a laissé des *Mémoires*. → ÉTYM. Ce nom allemand signifie «colline *(berg)* d'accès difficile *(hard)*».

**HARDIE (James Keir)** ♦ Homme politique britannique (Legbrannock, Lanarkshire 1856 - Glasgow 1915). Ayant travaillé dès l'âge de dix ans dans les mines, il devint très tôt un membre actif des trade-unions et fonda un journal, *The Miner* (1887). Passé du libéralisme au socialisme, il fut à l'origine du Parti travailliste écossais, puis du Parti travailliste indépendant (1893), qui allait donner le parti actuel. Élu aux Communes en 1892, puis en 1900, il fut le premier député socialiste et resta l'un des principaux chefs du parti travailliste auquel il essaya de rallier les trade-unions. Il devait garder sur son parti une influence capitale jusqu'en 1914, date à laquelle il ne put imposer ses vues pacifistes.

**HARDING (Warren Gamaliel)** ♦ Homme d'État américain (Corsica, Morrow County, Ohio 1865 - San Francisco 1923). 29e président des États-Unis. Élu au Sénat à plusieurs reprises à partir de 1898, il se fit remarquer par ses dons d'orateur et engagea les républicains* dans une voie très conservatrice. C'est sur le thème d'un «retour à la normale», avec le programme nationaliste de «l'Amérique d'abord» qu'il fit sa campagne présidentielle, et entama son mandat (mars 1921) : à l'encontre du président Wilson*, il refusait la SDN, souhaitait limiter l'émigration et rétablit un protectionnisme rigide qui favorisa les grands trusts. Compromis, à travers son entourage, dans des scandales financiers, il mourut subitement, et le vice-président Coolidge* lui succéda. → ÉTYM. *Harding* vient du vieil anglais *hard* «brave».

**HARDOUIN-MANSART (Jules HARDOUIN,** dit **Jules)** → ÉTYM. *Hardouin*, du germ. *Hardwin*, n. de pers. (de *hard* «dur» et *win* «ami») et *Mansart** ♦ Architecte français (Paris 1646 - Marly 1708). Il adopta le nom de Mansart en 1668, mais il fut surtout formé par L. Bruant*. Après avoir édifié le petit château de Val (1674), il gagna la faveur de Louis XIV en construisant le château de Clagny (1675 - 1683), destiné à Mme de Montespan ; dès lors, il allait connaître une ascension très rapide et se trouver lié aux principales entreprises royales. Il obtint la charge de premier architecte du roi en 1681, de surintendant des Bâtiments royaux en 1689, ainsi que le titre de comte de Sagonne. Chargé de terminer les Invalides, il édifia le dôme de l'église en s'inspirant du projet de François Mansart, avec une coupole à double calotte, et imprima aux formes baroques italiennes un caractère retenu d'esprit classique (1679 à 1706). À Versailles, il supplanta d'Orbay* et donna au château, notamment à la façade sur le parc, son aspect définitif ; il créa une grande horizontale animée seulement par le rythme régulier des baies et des légères saillies des avant-corps en supprimant la terrasse centrale de Le* Vau ; il accentua le caractère grandiose et majestueux de l'ensemble en édifiant les ailes en retrait du nord et du midi (1679 - 1689). Il construisit les Petites Écuries et les Grandes Écuries, la nouvelle Orangerie (1684 - 1686), aux amples baies cintrées et aux murs décorés de longs refends horizontaux ; à partir de 1687, il sut se renouveler en concevant l'édifice somptueux et élégant du Grand Trianon et il édifia ensuite la chapelle de Versailles achevée par R. de Cotte* (1698 - 1710). Déployant une activité inlassable, il dessina notamment les plans des châteaux de Dampierre, de Bouffers et le couvent de Saint-Cyr (1686). Dans ses travaux d'urbanisme à Paris, il conçut des places quasiment closes, d'une élégance sévère, fondées sur les principes d'alignement et de régularité et centrées sur la statue du souverain : place des Victoires et place des Conquêtes (1698, auj. place Vendôme), qui subirent ensuite certaines modifications. Il entreprit aussi le nouveau château de Meudon (1698 - 1704) pour le Grand Dauphin, et, pour Louis XIV, l'original ensemble de Marly dont les 12 pavillons possédaient une valeur symbolique. Il sut adapter son talent aux desseins de Louis XIV et fit preuve d'une grande maîtrise dans l'utilisation des principes classiques, les amplifiant dans le sens d'une solennité grandiose ou les infléchissant vers une grâce et une élégance qui annoncent l'art du XVIIIe siècle.

**HARDT** ou **HAARDT** n. f. ♦ Massif gréseux d'Allemagne prolongeant au N. les Vosges et culminant à 687 m au Donnersberg*.

**HARDWAR** ou **HARIDUAR** ➝ ÉTYM. du sanskr. *Haridvāram* «porte *(dvāram)* de *Hari* (n. de pers.)» ♦ V. de l'Inde (Uttaranchal). 220 433 hab. Située à l'endroit où le Gange sort de l'Himalaya, Hardwar est une ville sacrée de l'hindouisme qui attire périodiquement d'immenses foules de pèlerins.

**HARDY (Alexandre)** ♦ Poète dramatique français (Paris v. 1570 - v. 1632). D'abord comédien ambulant et poète à gages, il composa pour la troupe de Valleran-Lecomte puis pour celle de l'Hôtel de Bourgogne quelque 700 tragédies, tragicomédies et pastorales dont une trentaine seulement ont été publiées (de 1624 à 1628). Fidèle aux formes de la tragédie humaniste, son œuvre est proche de la tragédie irrégulière par le caractère mélodramatique des sujets traités, la richesse et la crudité du style, la violence des passions *(Marianne, Didon se sacrifiant, Lucrèce)*. Ses tragi-comédies, inspirées pour certaines de Cervantès *(La Force du sang)*, ou de Hondorff *(Elmire)*, se montrent fort étrangères au classicisme* encore à formuler.

**HARDY (Thomas)** ♦ Poète, romancier et dramaturge britannique (Higher Bockhampton, près de Dorchester 1840 - Dorchester 1928). De petite bourgeoisie terrienne, il apprit chez lui le grec et le latin et devint stagiaire chez un architecte à Dorchester, puis à Londres où il étudia la théologie, la littérature et l'astronomie. Son premier roman, *Le Pauvre et la Dame*, écrit en 1867, et apprécié par Meredith, ne fut jamais publié, mais servit plus tard de base à *Une indiscrétion dans la vie d'une héritière*. La carrière de Thomas Hardy débuta avec *Remèdes désespérés* (1871), *Sous la verte feuillée* (1872), *Deux yeux bleus* (1873), roman inspiré par son amour pour Emma Lavinia Gifford qu'il épousa en 1874. Les romans de Hardy sont imprégnés de thèmes stoïciens et romantiques : l'idée de la mort, de l'éphémère, de la cruelle beauté de la nature parcourt toute son œuvre. Cette atmosphère écrasante se détend, grâce à l'humour, dans les nouvelles *Contes du Wessex* (1888), *Un cercle de dames nobles* (1891), *Les Petites Ironies de la vie* (1894), *Un homme transformé et autres contes* (1913). Hardy doit surtout sa célébrité à des romans dits de caractère et d'atmosphère : *Loin de la foule déchaînée* (1874), *Le Retour au pays natal* (1878), *Le Maire de Casterbridge* (1886), *Les Forestiers* (1887) et surtout *Tess* d'Urberville* (1891), qui fit scandale par son audace, et *Jude* l'Obscur* (1895), que sa propre femme tenta de faire interdire. C'est à la suite de cette crise intime qu'il se tourna vers la poésie (*Poèmes du Wessex*, 1898), son principal mode d'expression jusqu'à la fin de sa vie. Après la mort de sa femme en 1912, il exorcisa par la poésie le sentiment de culpabilité né de son remariage, en 1914, avec une épouse plus favorable à la création littéraire. Il ne se départit jamais de son pessimisme. ▪ La clé de sa philosophie se trouve dans le drame des *Dynastes* (1904), vaste fresque sur les guerres napoléoniennes. Comme Schopenhauer, Hardy fonde sa vision du monde sur une esthétique de la volonté et de la force à laquelle le prépara l'épreuve d'une pénible maladie (1878 - 1883). Sensible aux crimes que la société commet contre l'individu, Hardy considérait «la race humaine [comme] un immense filet qui frémit partout lorsqu'il est heurté en l'un de ses points, ainsi qu'une toile d'araignée quand on la touche». ➝ ÉTYM. Ce nom anglais signifie «hardi, intrépide».

**HARDY (Godfrey Harold)** ♦ Mathématicien britannique (Cranleigh 1877 - Cambridge 1947). Auteur de 300 articles, dont une grande partie fut écrite en collaboration avec J. Littlewood*, il étudia essentiellement la théorie des nombres (lien entre nombres et fonctions, propriétés des nombres, séries trigonométriques). Il est considéré comme l'un des plus grands mathématiciens du XXe s. [Acad. sc. 1947]

**HARDY (Oliver Norvell)** ♦ Acteur américain de cinéma (Harlem, Géorgie 1892 - Burbank, Californie 1957). Issu d'une famille de bourgeoisie aisée, il débuta au cinéma dans l'emploi des traîtres et des mauvais garçons, puis il aborda avec sensibilité et imagination celui des rondeurs comiques avant de rencontrer Stan Laurel et d'entreprendre avec lui la longue série des *Laurel et Hardy* (1926 - 1951). ➝ **Laurel.**

Oliver **Hardy** (à droite) avec Stan Laurel.
*Phot. © Coll. Rui Nogueira*

**HARE (David)** ♦ Auteur dramatique et metteur en scène britannique (Bexhill, Sussex 1947). Héritier de John Osborne* et Arnold Wesker*, Hare s'en prend à la guerre, au système judiciaire et aux institutions politiques dans une œuvre fortement engagée (*Plenty*, 1978 ; *The Absence of War*, 1993 ; *The Permanent Way*, 2004).

**HARELBEKE** ♦ Comm. de Belgique (Région flamande), prov. de Flandre-Occidentale, arr. de Courtrai (banl. N.), sur la Lys. 26 294 hab. Église Saint-Sauveur néoclassique (XVIIIe s.), tour reconstruite après la Deuxième Guerre mondiale (carillon de 49 cloches). Musée de la Pipe et du Tabac. ▪ Indus. textile et alimentaire.

**Harelle (la)** ♦ Émeute populaire qui sévit, à Rouen, d'oct. 1381 à fév. 1382. Comme la révolte des maillotins* à Paris, elle eut pour cause les impôts arbitrairement levés par le duc d'Anjou. Un marchand drapier, Le Gras, fut même proclamé roi par les Rouennais. Les chefs de l'insurrection furent tués.

**Harengs (journée des)** ♦ Bataille livrée à Rouvray, au N. d'Orléans, par les Français qui furent vaincus par Fastolf* (1429). Cette bataille fut appelée ainsi parce que les Anglais transportaient des harengs pour ravitailler Orléans.

**HARFLEUR** [76700] ➝ ÉTYM. anc. en norrois *Harofloth* «le golfe (*floth* [altéré en *-fleur*]) de Hrolfr (n. de pers.)» ou vx norrois «le golfe gris *(harr)*» ♦ Comm. de la Seine-Maritime, banl. E. du Havre, sur le canal de Tancarville. 8 517 hab. *(Harfleurais)*. Église des XVe - XVIe s. (clocher du XVe s., haut de 83 m). Raffinerie et pétrochimie. ▪ Anc. port de mer.

**HARGEISA** ♦ V. du N. de la Somalie. 90 000 hab. Anc. cap. de la Somalie-Britannique. Elle fut presque entièrement détruite en 1991 lors de la guerre civile.

**HARGREAVES (James)** ♦ Mécanicien britannique (Blackburn v. 1710 - Nottingham 1778). Constructeur de la première machine à filer pratique, dite «spinning jenny» (1768), il fit également breveter le premier métier à filer à plusieurs broches (1770).

**HARING (Keith)** ♦ Artiste américain (Reading 1958 - New York 1990). De formation publicitaire, il exploita toutes les formes de l'art visuel (dessin, peinture, sculpture, photo, vidéo) et sut créer un pont entre l'art et le monde de la rue. Influencé par les cultures primitives africaine, asiatique et sud-américaine, il a réalisé des dessins, aux épais contours noirs et aux couleurs primaires, qui évoquent par leur simplicité des dessins d'enfants. À l'image des pictogrammes, leur forme synthétisée rend leur compréhension instantanée. Haring a représenté avec force le désarroi de son époque et ses principaux centres d'intérêt : la religion, la robotisation, et surtout la mort avec le sida, dont il était lui-même atteint, et la menace nucléaire.

**HARINGTON (sir Charles Robert)** ♦ Biochimiste britannique (Llanerfyl, pays de Galles 1897 - Londres 1972). Il élucida la formule de la thyroxine (1926) et réussit sa synthèse.

**ḤARĪRĪ (Abū Muḥammad al-Qāsim AL-)** ♦ Écrivain et philologue arabe (Bassora 1054 - *id.* 1122). Il est considéré comme un des premiers maîtres du style dans la littérature arabe. Il rédigea un poème didactique de grammaire *(Mulhal al-'Irab)* et composa 50 *maqāmāt* («séances») en enrichissant ce genre inventé par al-Ḥamadānī*. Classées juste après le Coran, ces *maqāmāt*, où sont éloquemment combinées prose rimée et poésie, sont présentées comme un modèle de perfection dans la langue arabe. Les *maqāmāt* d'al-Ḥarīrī racontent les aventures d'un vagabond, Abū Zayd, et contiennent des allusions érudites sur l'histoire et la poésie arabes, ainsi que sur des problèmes linguistiques.

**HARIRI (Rafic)** ♦ Homme politique libanais (Saïda 1944 - Beyrouth 2005). Premier ministre, il dirigea cinq gouvernements entre 1992 et 2004, date à laquelle il passa dans l'opposition et réclama le retrait des troupes syriennes du Liban. Il fut tué dans un attentat. ♦ **Saad Hariri.** Fils du précédent (Riyad 1970). Il est Premier ministre du Liban depuis nov. 2009, à la tête d'un mouvement de coalition qui se constitua au lendemain de l'assassinat de son père.

**HARĪ RŪD** n. m. ♦ Fl. d'Afghanistan (env. 1 100 km), né dans la chaîne du Kōh*-é Bābā. Il arrose l'oasis de Herāt* avant de former la frontière entre l'Iran et l'Afghanistan, puis entre l'Iran et le Turkménistan, et de se perdre, sous le nom de Tedjen, dans les sables du Karakoum*.

**HARIŚCHANDRA** ♦ Écrivain indien (Bénarès 1850 - *id.* 1885). Il écrivit de nombreuses œuvres populaires en langue hindi. Il est considéré comme le père de la littérature hindi moderne.

**ḤĀRITH IBN ḤILLIZA (AL-)** ♦ Poète arabe antéislamique (VI^e s.). Auteur d'une des *mu'allaqāt**, qui n'est qu'un long plaidoyer tribal.

**HARIVARMAN** ♦ Nom de cinq souverains du Champa* (centre du Viêtnam) appartenant à des dynasties différentes, qui régnèrent entre 802 - 1139. Ils luttèrent sans trêve contre les empiètements des Vietnamiens et tentèrent de s'opposer aux Khmers*.

**HARLAY (Achille DE)** comte **DE BEAUMONT** ♦ Magistrat français (Paris 1536 - *id.* 1619). Premier président du Parlement de Paris, il resta inébranlablement fidèle au roi, même après les journées des Barricades*, et fut un des plus marquants des «politiques*.» Emprisonné par les Seize* (1589), il ne fut libéré qu'à la mort d'Henri* III, et servit immédiatement Henri* IV. Il fut un ardent gallican et fit condamner les ouvrages de Mariana et de Bellarmin. ♦ **Achille de Harlay,** comte **de Beaumont.** Magistrat français (Paris 1639 - *id.* 1712). Petit-fils du précédent. Il s'occupa de la légitimation des bâtards de Louis XIV et soutint avec violence les gallicans contre le pape.

**HARLAY DE CHAMPVALLON (François DE)** ♦ (Paris 1625 - Conflans 1695). Archevêque de Paris en 1671, il fut un prélat mondain et ambitieux, l'un des principaux conseillers religieux de Louis XIV et le chef des gallicans. Son rôle fut déterminant dans l'affaire de La Régale* (il présida l'assemblée générale du clergé), dans les persécutions contre M^me Guyon* et contre Port*-Royal, dans la révocation de l'édit de Nantes*. En 1684, il célébra le mariage secret du roi avec M^me de Maintenon. [Acad. fr. 1671]

**HARLEM** ➔ ÉTYM. de *Haarlem** ♦ Quartier de New* York, au N. de l'île de Manhattan, habité au début du XX^e siècle par la bourgeoisie blanche avant de devenir un ghetto noir. Depuis les années 1970, les familles noires qui en ont les moyens le désertent et sont remplacées par des Hispaniques. ♦ ***Harlem River*** Étroit cours d'eau reliant l'Hudson à l'East River et isolant l'île de Manhattan du continent au N.

**HARLEY (Robert)** 1^er comte **D'OXFORD** ♦ Homme politique anglais (Londres 1661 - *id.* 1724). Député whig au Parlement depuis 1689, il soutint en général les tories à la Chambre où il acquit une grande influence. Speaker des Communes de 1701 à 1704, il devint secrétaire d'État en 1704 (jusqu'en 1708) et conclut l'Acte d'union avec l'Écosse. Combattu par Marlborough et par Godolphin, il fut forcé d'offrir sa démission à la reine Anne. Il conserva cependant sa puissance par l'intermédiaire de sa cousine lady Masham, très influente sur la reine. Chancelier de l'Échiquier en 1710, il créa des loteries et entama des négociations avec la France ; le traité d'Utrecht fut signé en 1713. Harley, jalousé par Bolingbroke, fut destitué en 1714 et vécut désormais dans la retraite après avoir été acquitté en 1717. Il forma une importante bibliothèque, composée de 6 000 volumes manuscrits et de 14 000 chartes (British Museum). ➔ ÉTYM. Ce nom anglais vient d'un nom de lieu et signifie peut-être «clairière (vieil anglais *lēah*) au rocher *(*haer)*».

**HARLINGEN** ♦ V. des Pays-Bas (Frise). 15 465 hab. Église et hôtel de ville du XVIII^e s. ▪ Pêche. Port d'exportations vers la Grande-Bretagne. Chantiers navals. Construc. mécaniques. ▮ **Histoire** Harlingen est construit sur l'emplacement d'une ville engloutie par la mer en 1134.

**HARLOW (Harlean CARPENTIER, dite Jean)** ♦ Actrice américaine (Kansas City 1911 - Hollywood, Californie 1937). Un film de Frank Capra, *La Blonde platine* (1932), rendit célèbre sa ligne aux courbes généreuses, son regard clair et sa blondeur capiteuse. Sa mort prématurée plongea ses innombrables admirateurs dans la consternation.

**HARLOW** ♦ V. d'Angleterre (Essex), dans la grande banlieue N.-E. de Londres. 78 899 hab. Sans avoir le statut de ville nouvelle, elle s'est développée pour faire face à la croissance de la capitale.

**HARMEL (Léon)** ♦ Industriel français (La Neuville-lès-Wasigny, Ardennes 1829 - Nice 1915). Il poursuivit au Val-des-Bois (Marne) les œuvres sociales entreprises par son père. D'abord représentant du catholicisme social (➔ **Mun [Albert de] ; La Tour du Pin [R. de]**) et auteur d'un *Manuel d'une corporation chrétienne* (1876), il fut ensuite partisan de la démocratie chrétienne (qui reconnut le syndicalisme ouvrier).

**HARMODIOS** ♦ Jeune citoyen athénien qui complota avec son ami Aristogiton* contre les tyrans Hippias* et Hipparque* (-514). Ayant mis leur plan à exécution lors de la procession des Panathénées, ils réussirent à tuer seulement Hipparque, le moins important des deux tyrans. Harmodios fut tué sur-le-champ et Aristogiton, arrêté, succomba aux tortures. Thucydide donne des motifs personnels au complot, mais la tradition fit des deux conjurés des martyrs de la liberté. Des statues commémoratives (les *Tyrannoctones*) ornaient la ville et leur sacrifice était célébré dans des chansons.

**HARMONIE** – en gr. ***Harmonia*** ♦ Fille d'Arès et d'Aphrodite*, épouse de Cadmos*. Les cadeaux divins de leurs noces portaient le malheur à leurs descendants. ➔ **Sémélé, Ino.**

Les **Harmonies poétiques et religieuses** ♦ Recueil poétique de Lamartine* (1830). Ces 48 poèmes obéissent à une inspiration religieuse : tout dans la Création révèle l'existence de Dieu. Si la veine est parfois personnelle («Milly ou la Terre natale»), le lyrisme est plutôt métaphysique quand il s'agit de souligner les rapports entre la nature («Le Chêne»), l'homme («L'Humanité») et Dieu («Jéhovah»). Ces «psaumes modernes» inspirèrent à Franz Liszt* des œuvres pour piano.

**HARNACK (Adolf VON)** ♦ Théologien et historien allemand du christianisme (Dorpat 1851 - Heidelberg 1930). Professeur à Leipzig (1874) puis à Marbourg (1886) et Berlin (1888). Ce luthérien libéral est l'auteur, avec tout un laboratoire, de travaux magistraux sur l'histoire ancienne de l'Église et la critique des textes qui s'y rapportent : *Histoire des dogmes* (1886 - 1889), *Histoire de l'ancienne littérature chrétienne jusqu'à Eusèbe* (1893 - 1904), *Études sur le Nouveau Testament* (1906 - 1916), *Marcion* (1921).

**HARNES** [62440] ➔ ÉTYM. du germ. *Hari*, n. de pers., et suff. *-inas* ♦ Ch.-l. de cant. du Pas-de-Calais, arr. de Lens. 13 700 hab. *(Harnésiens).*

**HARNONCOURT (Nikolaus)** ♦ Violoncelliste et chef d'orchestre autrichien (Berlin 1929). Membre de l'Orchestre symphonique de Vienne de 1952 à 1969, fondateur en 1953 du Concentus musicus de Vienne, professeur au Mozarteum de Salzbourg depuis 1972, il réalisa avec Gustav Leonhardt un enregistrement intégral des cantates de Bach. À la tête aussi bien du Concentus musicus de Vienne (instruments «anciens») que d'orchestres «modernes» comme celui du Concertgebouw d'Amsterdam, et appliquant à ces derniers certains principes d'exécution «baroques», il poursuit une brillante carrière de chef concrétisée par de nombreux enregistrements (opéras, oratorios ou symphonies de Monteverdi, Haendel, Rameau, Haydn, Mozart, plus récemment de Beethoven, Schubert, Mendelssohn, Brahms). Il a écrit deux ouvrages, *Le Discours musical* (1982) et *Le Dialogue musical* (1984).

**HÄRNÖSAND** ♦ V. de Suède, sur le golfe de Botnie, à l'embouchure de l'Ångermanälven*. Ch.-l. du comté de Västernorrland. 25 080 hab. Musée de plein air (vieilles maisons de la prov.). ▪ Port. Centre indus. : construc. mécaniques, usines de pâte à papier.

**HAROLD I^er Harefoot** ➔ ÉTYM. *Harefoot* angl. «Pied de lièvre» ♦ (mort à Oxford 1040). Roi d'Angleterre (1035 - 1040). Il succéda à son père Canut* le Grand.

**HAROLD II** ♦ (v. 1022 - Hastings 1066). Roi d'Angleterre (1066). Fils de Godwin*, il seconda le roi Édouard* le Confesseur. Il prit le pouvoir à la mort de ce dernier (1066), mais il fut vaincu et tué à Hastings* par Guillaume* I^er le Conquérant.

**Harold II.** Tapisserie de Bayeux. Musée de la tapisserie de la reine Mathilde, Bayeux. *Phot. © Giraudon*

**HAROUÉ** [54740] ♦ Ch.-l. de cant. de la Meurthe-et-Moselle, arr. de Nancy. 434 hab. *(Craonnais).* Anc. demeure des princes de Beauvau-Craon, construite par G. Boffrand (à partir de 1720) sur les fondations du château de Bassompierre.

**HAROUN AL-RACHID** ou **HĀRŪN AL-RACHĪD** ⇝ ÉTYM. «Haroun le bien dirigé [par Dieu]», de l'ar. *Hārūn*, forme coranique de *Aaron** et *rāshid* «guidé» ♦ Le plus célèbre calife abbasside* (Ray, Perse 766 - Tūs, Khorassan 809). Il nomma vizir le Barmakide* Yahyā, qui exerça avec ses deux fils le pouvoir effectif jusqu'en 803, date à laquelle les Barmakides furent chassés et exécutés. Il se rendit populaire par ses victoires contre les Byzantins. Ses relations avec Charlemagne semblent légendaires, les sources arabes étant muettes sur ce fait. Sous son règne, Bagdad était la ville la plus riche et la plus cultivée du monde méditerranéen. La vie fastueuse qu'il mena, le grand luxe qu'il déploya, la présence de plusieurs poètes, musiciens et savants à sa cour firent de lui le héros de plusieurs contes des *Mille* et Une Nuits*.

**HARPAGON** ⇝ ÉTYM. du gr. *harpag-*, rac. indiquant la rapacité ♦ Personnage principal de *L'Avare** de Molière. La passion qui le dévore a tué chez ce riche bourgeois le sentiment de sa dignité. Méfiant et brutal envers ceux qui l'entourent, il est aussi mauvais père que mauvais maître. Moins qu'à la jeune Marianne dont il s'est épris, c'est à sa chère cassette que vont toutes ses pensées. L'échec de ses desseins amoureux le bouleversera moins que le vol, provisoire, de son trésor.

**HARPALE** – en gr. ***Harpalos*** ♦ Officier d'Alexandre le Grand, chargé de la garde de son trésor à Babylone pendant l'expédition du conquérant dans l'Inde. Réfugié à Athènes avec 5 000 talents en or et emprisonné pour être livré, il réussit à s'enfuir en Crète où il périt assassiné (-324). L'enquête constatait alors que la moitié de l'or placé sous séquestre avait disparu. Dans le célèbre procès intenté aux commissaires pour corruption, Dinarque* fut le principal accusateur de Démosthène*, l'un de ceux-ci.

**HARPER (Stephen)** ♦ Homme politique canadien (Toronto 1959). Chef du nouveau Parti conservateur en 2004, il devient Premier ministre du Canada en 2006.

**HARPIES** ou **HARPYES** n. f. pl. ⇝ ÉTYM. en gr. ***Harpuiai***, p.-ê. de *harpê* «faucon, faucille» ♦ Divinités grecques de la génération préolympienne. Monstres au corps d'oiseau et à tête de femme, elles étaient des ravisseuses d'enfants et d'âmes.

**HARPIGNIES (Henri)** ♦ Peintre et aquarelliste français (Valenciennes 1819 - Saint-Privé, Yonne 1916). Il exécuta des vues d'Italie et surtout des paysages du centre de la France qui reflètent l'influence de Corot et des paysagistes de l'école de Barbizon*. Sa facture heurtée, ses compositions simples surent plaire à la société bourgeoise de la fin du XIXe siècle.

**HARPOCRATE** ⇝ ÉTYM. en gr. ***Harpocratês***, en égypt. ***Har-pekhrad*** «Horus l'enfant» ♦ Dieu égyptien représenté par un enfant, suçant son doigt. Il figurait un des aspects d'Horus*, Horus enfant, et était adoré à Philae* avec Isis* et Osiris*. Les Grecs et les Romains l'adoptèrent et en firent le dieu du silence, honoré par les philosophes mystiques.

**HARRACH** (oued) ♦ Riv. d'Algérie (95 km), tributaire de la Méditerranée, née dans l'Atlas de Blida, qui draine la Mitidja, passe à El-Harrach et traverse les collines du Sahel d'Alger.

**HARRACH (EL-)** – anc. ***Maison-Carrée*** ♦ V. d'Algérie, partie intégrante du Grand Alger, située sur l'oued Harrach, dans la Mitidja, au pied des collines du Sahel. 47 375 hab. Zone indus. École nationale d'agriculture.

**HARRAN** ♦ Anc. ville de Mésopotamie au S.-E. d'Urfa en Turquie. Attestée depuis le -XXIVe s., Harran était un centre important sur les routes de Babylone à la Méditerranée. Annexée par les Assyriens puis par les Araméens (-VIIe s.), elle résista en -53 à l'assaut des armées romaines menées par Crassus. Les Parthes détruisirent la ville. À l'époque musulmane, elle devint le principal centre religieux des Sabéens. Ruines byzantines et omeyades.

**HARRIMAN (William Averell)** ♦ Homme politique américain (New York 1891 - *id.* 1986). Homme d'affaires et financier, il devint en 1941 le conseiller de F. D. Roosevelt pour la mise en application de la loi prêt-bail. Ambassadeur, puis secrétaire d'État au Commerce, il fut chargé de mission en Europe, où il s'occupa du plan Marshall, puis, après avoir été gouverneur de l'État de New York, il fut à nouveau chargé de mission par le président Kennedy (1961). Secrétaire d'État aux Affaires d'Extrême-Orient, puis aux Affaires politiques (1963 - 1965), il fut surtout un négociateur (traité sur l'arrêt des essais nucléaires, Moscou, 1963 ; conférence États-Unis-Viêtnam du Nord, 1968).

**HARRIOT (Thomas)** ♦ Mathématicien, astronome et géographe anglais (Oxford 1560 - Londres 1621). Il développa les théories de Viète*, perfectionnant notamment sa méthode de résolution numérique approchée des équations algébriques ; il simplifia la notation et introduisit les signes > et < pour les inégalités.

**HARRIS (James)** ♦ Philosophe britannique (Salisbury 1709 - Londres 1780). Il est l'auteur d'un important traité dans la mouvance de la grammaire générale (*Hermes*, 1751) qui, après ceux de Locke, analyse les relations entre les signes (mots) et les idées. ⇝ ÉTYM. Ce nom vient du prénom médiéval *Harry*.

**HARRIS (Roy)** ♦ Compositeur américain (Lincoln County, Oklahoma 1898 - Santa Monica 1979). Ses œuvres néoromantiques de caractère monumental, très traditionnelles, le révèlent attaché au folklore de son Far West natal. Il a beaucoup écrit, surtout pour l'orchestre.

**HARRIS (Zellig Sabbetai)** ♦ Linguiste américain d'origine russe (Balta, Ukraine 1909 - 1992). Immigré aux États-Unis en 1913, il prit la nationalité américaine en 1921. D'abord représentant de l'école bloomfieldienne, il élabora une théorie extrêmement rigoureuse de l'analyse descriptive, induisant d'un corpus de phrases les éléments et les règles qui s'y appliquent par la détermination de «somme des environnements» (ou distribution) de chaque unité (linguistique dite «distributionnelle» ; *Methods in Structural Linguistics*, 1957). Il est aussi le théoricien de l'analyse linguistique au-delà des limites de la phrase *(discourse analysis)*. Peu après 1950, Harris eut pour étudiant N. Chomsky* et, modifiant ses méthodes, élabora une linguistique transformationnelle palliant certaines insuffisances de l'analyse distributionnelle et recourant à la notion de *transformation*, règle appliquée à un «noyau» pour engendrer des énoncés équivalents.

**HARRISBURG** ⇝ ÉTYM. vieil angl. «ville *(burg)* de Harris (Dick Harris, un chercheur d'or)» ♦ V. des États-Unis, cap. de la Pennsylvanie, sur la Susquehanna. 48 950 hab. (zone urbaine 629 401). Le dôme du Capitole est imité de celui de Saint-Pierre de Rome. ▪ Centre commercial, admin. et indus. (aciéries). ▪ La centrale nucléaire de Three Miles Island est située à 15 km.

**HARRISON (John)** ♦ Inventeur britannique (Foulby, Yorkshire 1693 - Londres 1776). Après avoir inventé un pendule compensateur pour remédier aux irrégularités que les variations de température font subir à la marche des horloges (1726), il réalisa le chronomètre de marine pour la détermination des longitudes (1736, 1745, 1749).

**HARRISON (William Henry)** ♦ Homme d'État américain (Charles City County, Virginie 1773 - Washington 1841), 9e président des États-Unis. Gouverneur de l'Indiana, il lutta contre les Indiens et combattit les Anglais. Élu en 1840, comme président républicain, il mourut un mois après le commencement de son mandat.

**HARRISON (Benjamin)** ♦ Homme d'État américain (North Bend, Ohio 1833 - Indianapolis 1901), 23e président des États-Unis (1889 - 1893). Petit-fils de William Henry Harrison, il prit part à la guerre de Sécession*. Élu comme républicain, il imposa le tarif protecteur de McKinley* et fut battu par Cleveland en 1892.

**HARROGATE** ♦ V. d'Angleterre (North Yorkshire), au N. de Leeds. 151 339 hab. Université. Station thermale aux eaux salines et sulfureuses utilisées contre les affections rhumatismales. Centre de congrès.

**HARROW** ♦ Faubourg *(borough)* résidentiel du N.-O de l'aggl. de Londres. 207 389 hab. Célèbre *Public School* fondée en 1574.

**HARṢA** ou **HARṢAVARDHANA** ♦ Roi indien de Kanauj dans le N. de l'Inde (606 - 647). Il affirma la suprématie de sa dynastie sur tout le N. du pays et s'opposa aux dynasties du Dekkan* qu'il ne put conquérir. Il est cependant plus célèbre comme lettré, poète et auteur dramatique que comme conquérant. Son historien, Bhāna, nous laissa de nombreuses notes sur la vie de ce mécène des arts, de la littérature et de la religion. Après sa mort, son royaume se désagrégea.

**HARSANYI (John C.)** ♦ Économiste américain d'origine hongroise (Budapest 1920 - Berkeley 2000). Professeur à l'Université de Berkeley, il mit en évidence les implications de la théorie des jeux non coopératifs de John F. Nash*, en privilégiant les jeux en information incomplète reposant sur la notion de probabilité. Dans ce cadre, il développa l'analyse des situations d'asymétrie d'information et l'étude de la décision et de la négociation dans les relations économiques. [Prix Nobel de sc. écon. 1994, avec John F. Nash et R. Selten*]

**HARSÁNYI (Tibor)** ♦ Compositeur français d'origine hongroise (Magyarkanisza 1898 - Paris 1954). Élève de Z. Kodály*, à Budapest, il vint s'établir à Paris (1923) où il participa au mouvement de l'avant-garde musicale. Ses recherches dans le domaine du rythme et de l'harmonie manifestent l'influence de Bartók* et de Debussy. On lui doit deux opéras, des ballets, de la musique symphonique, des œuvres pour piano et de la musique de chambre.

**HARSDÖRFER (Georg Philipp)** ♦ Poète lyrique allemand de l'époque baroque (Nuremberg 1607 - *id.* 1658). Fondateur à Nuremberg du groupe poétique des «bergers de la Pegnitz» (Pegnitzschäfer ou Blumenhirten-Orden), où il prit le nom de Strefon, il pratiqua une poésie de style précieux et se fit surtout connaître comme l'auteur de *L'Entonnoir poétique* (1650), sorte de recueil à l'usage des apprentis poètes.

**HART (Robert Edward)** ♦ Poète mauricien d'expression française (Port-Louis 1891 - Souillac 1954). Il est par ses origines (père anglophone, mère francophone) la synthèse de son pays. Ses premières œuvres (*Pages mélancoliques*, 1912 ; *Mer indienne*, 1923) évoquent la nostalgie d'une époque passée, mais guère plus que l'évasion à laquelle rêve tout insulaire. Par la suite, Hart dépassera cette solitude dans son œuvre onirique marquante, le *Mémorial de Pierre Flandre* (1928 - 1931).

**HARTE (Francis Brett,** dit **Bret)** ♦ Écrivain américain (Albany 1836 - Camberley, Surrey 1902). Il arriva en 1854 à San Francisco où il fut employé de diligences, apothicaire, précepteur, secrétaire de la Monnaie et directeur de l'*Overland Monthly* où il fit paraître *La chance entre au camp* (*The Luck of Roaring Camp*, 1868), récit de l'accouchement d'une prostituée qui donne lieu à un mouvement de solidarité des prospecteurs. Inventeur de l'exotisme du Far West, Bret Harte créa des personnages hauts en couleur : maîtresses d'école innocentes, joueurs professionnels et tueurs au grand cœur (le colonel Pendleton) dont s'inspirèrent les réalisateurs de westerns ainsi que Mark Twain* avec qui Bret Harte collabora (*Ah ! Péché !*, 1877). Ses meilleures nouvelles sont réunies dans *Contes des Argonautes* (1875) et *Les Maris de Mrs. Skaggs* (1873). Son équipée en Californie est contée dans son unique roman, *Gabriel Conroy* (1876).

**HARTFORD** ♦ V. des États-Unis, cap. du Connecticut*, sur la riv. Connecticut. 121 578 hab. dont 38 % de Noirs et 31 % d'Hispaniques (zone urbaine 1 183 110). Nombreux collèges. ▪ Centre indus. (mécanique, électricité, brosseries, machines de précision) et financier (assurances). Nœud de communications.

**HARTH** n. f. ♦ Région forestière de la plaine d'Alsace, dans le Haut-Rhin.

**HARTLEBEN (Otto Erich)** ♦ Écrivain et auteur dramatique allemand (Clausthal, Harz 1864 - Salò, Italie du Nord 1905). Esprit bohème qui mania volontiers un humour d'étudiant, chanta le vin, l'amour et s'en prit aux philistins, il composa des comédies (*Les Grenouilles*, 1889 ; *Hanna Jagert*, 1893) et des nouvelles dont le naturalisme se teinte d'ironie. Une de ses dernières œuvres, *Lundi gras* (*Rosenmontag*, 1900), marquait un retour au drame bourgeois.

**HARTLEPOOL** ♦ Aggl. d'Angleterre formant un district, sur la mer du Nord, au N. de Middlesbrough. 88 629 hab. Construc. navales en crise.

**HARTLEY (Ralph Windon Lyon)** ♦ Ingénieur électricien américain (Spruce, Nevada 1888 - 1970). Il montra comment mesurer la grandeur correspondant à la notion d'information sélective (1927) et établit que la transmissibilité d'un message en un temps donné est mesurable et limitée, proportionnelle à la largeur de la bande de fréquences propre au moyen de transmission utilisé (1928). On lui doit également un oscillateur à tubes électroniques. ➔ **ÉTYM.** *Harley* vient du vieil anglais *heorot* «cerf» et *lēah* «bois, clairière».

**HARTLEY (Leslie Poles)** ♦ Romancier britannique (Wittlesea 1895 - Londres 1972). Fasciné par le monde de l'enfance, il écrivit une trilogie, formée de *La Crevette et l'Anémone* (1944), *Le Sixième Ciel* (1943) et *Eustache et Hilda* (1947), qui évoque la tragique histoire d'une amitié fraternelle. Cette œuvre, parfois comparable aux romans de Colette, évoque l'éveil de l'enfance à l'esthétique ou à la complexité du monde (*Chassé-Croisé, The Go-Between*, 1953, adapté à l'écran par J. Losey : *Le Messager*) ; comme H. James, L. P. Hartley écrivit des contes fantastiques.

**HARTLINE (Haldan Keffer)** ♦ Biophysicien américain (Bloomburg, Pennsylvanie 1903 - Follston, Maryland 1983). Pionnier de la recherche sur les cellules individuelles de la rétine par l'introduction directe de microélectrodes, il ouvrit la voie à l'étude du mécanisme de la vision au niveau cellulaire. [Prix Nobel de physiol. ou méd. 1967, avec R. Granit* et G. Wald*]

**HÄRTLING (Peter)** ♦ Écrivain allemand (Chemnitz 1933). Il passa son enfance en Tchécoslovaquie. Son premier roman, *Niembsch ou l'Immobilité* (1964), biographie fictive de l'écrivain autrichien Lenau*, œuvre brillante et difficile, lui valut une célébrité immédiate. Après quelques romans de la même veine, *Ianek, portrait d'un souvenir* (1966), *La Fête de famille* (1969), *Zwettl* (1973), Härtling est passé à un genre plus conventionnel avec *Une femme* (1974) et *Hölderlin* (1976). Il est revenu à la biographie avec *Felix Guttmann* (1985) puis *Bozena* (1994), sur son père, ou *Hoffmann* (2001) et écrit également pour les enfants.

**HARTMANN (Eduard von)** ♦ Philosophe allemand (Berlin 1842 - Groslichterfelde 1906). Sous l'influence de divers courants de pensée (Kant, Schelling, Hegel, Schopenhauer) et d'une réflexion sur les êtres vivants, il fut amené à affirmer l'existence d'un inconscient psychique. Volonté et intelligence, cette force impersonnelle crée et anime le monde dont le but final est l'anéantissement total, que l'homme atteint par la conscience (*Philosophie de l'inconscient*, 1869 ; *Histoire de la métaphysique*, 1899 ; *La Psychologie moderne*, 1901). ➔ **ÉTYM.** Ce nom allemand signifie «homme *(Mann)* dur *(hart)*».

**HARTMANN (Nicolaï)** ♦ Philosophe allemand (Riga 1882 - Göttingen 1950). Influencé par le néokantisme de l'école de Marburg et la méthode phénoménologique de Husserl, il tenta de les dépasser, renouant avec la métaphysique d'Aristote et posant de façon originale le problème de l'être (*Fondement de l'ontologie*, 1935).

**HARTMANN (Heinz)** ♦ Psychanalyste américain d'origine autrichienne (Vienne 1894 - Stony Point, New York 1970). Avec E. Kris et R. Lœwenstein il est un des principaux représentants de l'*ego psychology*, qui fut vivement dénoncée par Lacan*.

**HARTMANN (Karl Amadeus)** ♦ Compositeur allemand (Munich 1895 - *id.* 1963). Élève de Scherchen et de Webern*, il fonda la société «Musica viva» à Munich, pour la diffusion de la musique contemporaine. Son œuvre, marquée par l'influence de Schoenberg, comprend huit symphonies, *Gesangszene* d'après J. Giraudoux, une ouverture symphonique (*La Chine au combat*, 1942), un opéra de chambre (*La Jeunesse de Simplicissimus*, 1934 - 1935, rév. 1955), des concertos et de la musique de chambre.

**HARTMANNSWILLERKOPF** appelé aussi le **VIEIL ARMAND** ♦ Sommet des Vosges (956 m). Un monument commémore les combats acharnés qui s'y déroulèrent en 1915 - 1916. Ossuaire (10 000 morts inconnus). Vierge de Bourdelle. Au sommet, monument des chasseurs de la garde prussienne.

**HARTMANN VON AUE** ♦ Poète allemand originaire de Souabe (seconde moitié du XII^e s. - entre 1210 et 1220). Chevalier de naissance non libre, il fut au service des seigneurs d'Aue (sans doute Eglisau, près de Schaffhouse en Suisse). Poète courtois, il fut le premier à introduire en Allemagne les thèmes du roi Artus et des chevaliers de la Table ronde. S'inspirant de Chrétien de Troyes (*Érec, Yvain*), il écrivit deux poèmes courtois, *Erec* (v. 1185) et *Iwein* (v. 1205). Entre les deux, il avait composé deux poèmes d'inspiration religieuse, *Gregorius* et *Le Pauvre Henri*.

**HARTREE (Douglas)** ♦ Physicien britannique (1897 - Cambridge 1958). Auteur de la méthode d'approximation du champ dit en anglais *self-consistent* en mécanique quantique (1928), il put expliquer presque toutes les propriétés du solide ; il développa la théorie du magnétron à cavités multiples et, avec Appleton*, établit la théorie magnéto-ionique de l'ionosphère.

**HARTUNG (Hans)** ♦ Peintre, dessinateur et graveur français d'origine allemande (Leipzig 1904 - Antibes 1989). Il s'intéressa très jeune à la peinture et subit l'influence de Kokoschka, Nolde et F. Marc. L'attraction qu'exercèrent sur lui les premières aquarelles abstraites de Kandinsky* le poussa sans doute à miser sur l'impulsivité du geste en évitant le contrôle de la volonté consciente. C'est alors qu'il peignit des lavis et gouaches non figuratifs et vivement colorés (1921 - 1922). En 1925, il rencontra Kandinsky et, jusqu'en 1928, poursuivit des études d'histoire de l'art et de philosophie à Dresde, Leipzig et Munich. Il s'établit à Berlin en 1932, puis, fuyant le nazisme, s'installa à Paris en 1935. À l'écart des mouvements picturaux de l'époque, il continua ses recherches non figuratives. Évitant la régularité et la géométrie, il a peint des formes qui semblent enregistrer l'élan du geste. Les lignes souples ou taches posées sur un fond uniformément coloré ou finement modulé prennent l'aspect de signes élégants et impérieux et s'apparentent formellement à la calligraphie orientale. Considéré comme l'un des maîtres de l'abstraction lyrique, de la peinture gestuelle ou du tachisme, il s'est toujours situé dans un registre d'expression modéré et a surtout exploité les possibilités plastiques du graphisme, utilisant avec sobriété la couleur et la matière. Il a aussi brillamment pratiqué le pastel et la gravure.

Hans **Hartung.** *T. 1938.11*, 1938, Coll. Lydia Conti, Paris.
*Phot. © Lauros-Giraudon*

**HARTWELL (Leland H.)** ♦ Biologiste américain (Los Angeles 1939). Dès 1971, il identifia certains gènes qui commandent le cycle cellulaire (processus de la division des cellules vivantes accompagné de la transmission de génome). Ses découvertes permettent de mieux comprendre les altérations du génome dans les cellules cancéreuses. Prix Nobel de physiologie ou médecine 2001, avec R. T. Hunt* et P. M. Nurse*.

**HĀRŪN AL-RACHĪD** → Haroun al-Rachid

**HARUNOBU (SUZUKI Harunobu, dit)** ♦ Peintre japonais d'estampes ukiyoe (Edo, auj. Tōkyō v. 1725 - *id.* 1770). Il popularisa la technique de la gravure sur bois polychrome et grava principalement des images de beautés féminines. Il est l'auteur d'illustrations de livres et d'estampes érotiques. Il eut de nombreux disciples qui imitèrent sa façon de travailler et parfois même signèrent de son nom, pratique alors courante en Asie et considérée comme un hommage rendu au maître.

**Harvard** (université) ♦ La plus anc. et l'une des universités les plus réputées des États-Unis, fondée en 1636 par le puritain John Harvard, à Cambridge*, Massachusetts.

**HARVEY (William)** ♦ Médecin anglais (Folkestone 1578 - Hampstead, Essex 1657). À la suite des travaux de Colombo*, il étudia sur plusieurs animaux le mouvement du sang, découvrit la communication entre les différents organes et surtout le rôle du cœur en tant que pompe, élucidant ainsi le mécanisme de la circulation sanguine (*Exercitatio anatomica de motu cordi et sanguinis in animalibus*, 1628). Sa théorie, qui bouleversait les conceptions classiques, fut rejetée par de nombreux savants de l'époque. Il fit également des recherches en embryologie, observa le développement de l'embryon de poulet, et les premiers stades de la formation du fœtus des mammifères (*Exercitationes de generatione animalium*, 1651). ➝ ÉTYM. *Harvey* vient du nom de personne breton *Aeruiu* (ou *Haerviu*), de *haer* «bataille» et *vy* «valeureux».

**HARYANA** ou **HARIANA** n. m. ♦ État de l'Inde. 44 200 km². 21 144 564 hab. LANGUE : hindi (off.). CAP. : Chandigarh. Issu de la division du Panjab en 1972, c'est une région de piémont intégrée au seuil indo-gangétique. Agriculture à hauts rendements (blé, canne à sucre) grâce au système d'irrigation alimenté par les eaux himalayennes. Industries diversifiées qui bénéficient de la proximité de Delhi.

**HARZ** n. m. ➝ ÉTYM. probablt du vx haut all. *hart* «forêt» ♦ Massif montagneux d'Allemagne centrale, entre l'Elbe et la Weser. Petit massif ancien (granite, schiste) brusquement soulevé (en *horst*) par un jeu de failles au milieu de la plaine du Nord, il est très représentatif des massifs hercyniens dont il est l'éponyme. Le point culminant, le Brocken* (1 142 m), est situé dans la partie occidentale (ou *Ober-Harz*), la plus élevée, qui s'oppose à la zone orientale (ou *Unter-Harz*). Les pentes sont en partie couvertes de forêts, alors que les sommets sont dénudés. On y exploite les métaux non ferreux (plomb, cuivre, zinc). Le Harz est une grande région touristique.

**HAS (Wojciech Jerzy)** ♦ Cinéaste polonais (Cracovie 1925 - Łódź 2000). On connaît mal hors de ses frontières l'œuvre de ce réalisateur formé à l'école de Łódź, à l'exception de deux sommets du film fantastique, ne devant rien aux clichés inhérents au genre et portés par un authentique élan baroque : *Manuscrit trouvé à Saragosse* (1965) et *La Clepsydre* (1972), respectivement adaptés des romans de Jan Potocki et Bruno Schulz.

**HASA** → Hassa

**ḤASAN IBN THĀBIT** ♦ Poète arabe (Médine v. 563 - v. 674). Il adhéra à l'islam et devint le premier poète religieux, utilisant dans ses vers plusieurs versets du Coran.

**HASANLŪ** ♦ Site archéologique d'Iran (Azerbaïdjan occidental), situé au S.-O. du lac d'Ormiya*. Les fouilles ont révélé dix périodes allant de la fin du Néolithique (–VI^e millénaire) à l'époque islamique. Les découvertes les plus complètes sont celles de l'âge de fer : vestiges de trois constructions fortifiées qui auraient constitué un centre politico-religieux détruit entre –1000 et –800.

**HASDRUBAL** ➝ ÉTYM. punique «l'aide de Baal». ♦ Nom de plusieurs généraux carthaginois. ♦ **HASDRUBAL, dit le Beau** (v. –270 - mort assassiné en Espagne v. –221). Gendre d'Hamilcar* Barca et associé à son pouvoir en Espagne, il lui succéda à sa mort, fonda Carthagène* et négocia le traité de –226 avec Rome, traité qui délimitait les zones d'influence à l'Èbre. ♦ **HASDRUBAL Barca** (v. –245 - près du Métaure –207). Frère d'Hannibal* qui lui confia l'Espagne au début de la deuxième guerre punique*, il remporta quelques succès sur les Romains avant d'être vaincu par Scipion* l'Africain (–209). Franchissant les Alpes à son tour, il réussit à gagner l'Italie à la tête d'une armée de secours, mais fut vaincu et tué au Métaure* (–207). ♦ **HASDRUBAL** (mort en Italie v. –146). Malgré sa défaite de –153 devant Masinissa*, il fut chargé d'assurer la défense de Carthage* lors de la troisième guerre punique. Après avoir rempli cette tâche avec énergie, il se rendit secrètement à Scipion Émilien et mourut prisonnier en Italie.

**HAŠEK (Jaroslav)** ♦ Écrivain tchèque (Prague 1883 - Lipnice 1923). Il entra dans le monde littéraire, dont il méprisa les institutions toute sa vie, en écrivant d'innombrables articles inspirés par ses voyages en Europe centrale et dans les Balkans. Membre de mouvements anarchistes de Prague, cofondateur, en 1911, d'un fantaisiste «Parti du Progrès Modéré dans les Limites de la Loi», il déserta pendant la Première Guerre mondiale et s'engagea dans l'Armée rouge. Il revint à Prague en 1920, où il reprit *Le Brave Soldat Chveik* (1912), pour en faire le héros des *Aventures du brave soldat Chveik**, épopée héroïcomique qui, dévoilant l'absurdité d'une Histoire où l'homme n'a plus sa place, le fait considérer aujourd'hui comme l'équivalent populaire de son compatriote et contemporain Franz Kafka*. ➝ ÉTYM. *Hašek* est le diminutif du prénom *Hastal*, du latin *castus* «chaste».

**HASEKURA Tsunenaga, dit Rokuemon** ♦ Samouraï japonais (1561 - 1622) du clan de Sendai et attaché à Date* Masamune. En 1613, sur l'ordre de celui-ci, il conduisit en Europe une ambassade qui traversa pour la première fois le Pacifique par Hawaii, le Mexique et l'Espagne. Converti au christianisme, baptisé à Madrid en 1615, il revint au Japon en 1620. Son fils Tsuneyori, chrétien lui aussi, fut cependant condamné à mort par le fils de Date Masamune et exécuté en 1640, les édits sur la proscription du christianisme ayant été renforcés par le shogunat d'Edo.

**HASENCLEVER (Walter)** ♦ Poète et auteur dramatique allemand (Aix-la-Chapelle 1890 - Les Milles, Bouches-du-Rhône 1940). Interné dans un camp en France à la déclaration de la guerre, il s'y donna la mort. Son théâtre, de style expressionniste, porte témoignage de la révolte de la jeunesse intellectuelle allemande contre des valeurs sociales qu'elle jugeait périmées, dès le début de la Première Guerre mondiale. Œuv. princ. : *Le Fils* (1914) ; *Antigone* (1916).

**HASKIL (Clara)** ♦ Pianiste roumaine (Bucarest 1895 - Bruxelles 1960). Élève de A. Cortot au Conservatoire de Paris, partenaire d'Isaye, d'Enesco et de Casals, elle fut une interprète exceptionnelle de Mozart, Schubert et Schumann.

**HASKOVO** ou **KHASKOVO** ♦ V. de Bulgarie centrale, ch.-l. de région, dans le bassin de la Marica. 99 181 hab. Transformation des produits agricoles de la région (manufacture de tabac, laiteries, minoteries), indus. textile (soie, coton). Machines-outils. À 20 km, source thermale.

**HASNON** [59178] ➝ ÉTYM. du germ. *Hazin*, n. de pers. ou de *hasn(a) unia* «terre grise» ♦ Comm. du Nord, arr. de Valenciennes. 3 180 hab.

**HASPARREN** [64240] ➝ ÉTYM. du basque *aitz* «pointe de rocher» et *barren* «rochers» ♦ Ch.-l. de cant. des Pyrénées-Atlantiques, arr. de Bayonne. 5 477 hab. *(Haspandars)*. Maison de F. Jammes qui y finit sa vie. ▪ Fabrique de chaussures. Tôlerie.

**HASSA** ou **HASA** n. m. ♦ Région de l'Arabie Saoudite, qui s'étend en bordure du golfe Arabo-Persique, entre le Koweït et la péninsule de Bahreïn. Env. 2 400 000 hab. La province est essentiellement constituée par une plaine côtière large d'une soixantaine de kilomètres et de près de 500 km de long, parsemée d'oasis et de lacs de boue. Cette région est une des plus fertiles de la péninsule Arabique (céréales, fruits, palmiers-dattiers). Les Bédouins nomades y pratiquent l'élevage des chameaux, des moutons et des ânes blancs utilisés en agriculture. Le Hassa possède le plus grand nombre de champs pétrolifères de toute l'Arabie, et d'où partent les oléoducs transarabiques. Cette province est peuplée essentiellement de chiites.

**HASSAN** et **HUSSEIN** ♦ Premier (entre 624 et 626 - Médine 669) et second fils (Médine entre 626 et 627 - Kerbela 680) d'Ali* et de Fatima*. Après la mort d'Ali, Hassan fut nommé par les chiites* cinquième calife. Mais, au lieu de s'opposer à Mu'āwiya*, il s'entendit avec lui et monnaya sa renonciation au califat avant de se retirer à Médine où il mena une vie luxueuse. Il est le second imam* des chiites. Son frère Hussein ne reconnut pas le calife Yazīd (680). Ses partisans l'appelèrent en Irak pour le proclamer calife. Avant d'arriver à Kūfa, il fut tué avec plusieurs membres de sa famille à Kerbela. Il fut le troisième imam des chiites et son assassinat est commémoré au jour d'*al-'Āshū-rā*. ➝ ÉTYM. L'arabe *ḥasan* signifie «beau, bon».

**HASSAN I^er [Moulay Hassan]** ♦ (mort en 1894). Sultan du Maroc (1873 - 1894). Il tenta de retarder le développement des intérêts européens au Maroc (→ **Maroc**). Son fils 'Abd* al-'Azīz lui succéda.

**HASSAN II [Moulay al-Hassan ibn Mohamed al-Alaoui]** ♦ Roi du Maroc (Rabat 1929 - *id.* 1999). Fils aîné du sultan Mohammed* V, auquel il succéda en 1961. Son père l'associa au pouvoir très tôt. Dès mars 1956, il fut nommé chef d'état-major de la jeune armée chérifienne. Un an plus tard, il fut désigné prince héritier et, en 1960, il devint vice-Premier ministre et ministre de la Défense. La question du Sahara occidental, territoire annexé par le royaume à l'issue de la «Marche verte» (nov. 1975), lui permit de renforcer le consensus autour du trône. Mais cette annexion envenima les relations déjà difficiles avec son voisin algérien. L'acceptation par Hassan II du plan de paix de l'ONU (1988) prévoyant un référendum d'autodétermination au Sahara occidental ne remit pas en cause le statut de ce territoire, qu'il considérait comme partie intégrante du royaume. Proche allié de l'Occident et comptant parmi les dirigeants modérés du monde arabe, il joua un rôle actif en faveur des efforts de paix entre Israéliens et Arabes au Proche-Orient, et se rangea aux côtés du Koweït contre l'Irak lors de la guerre du Golfe (1990 - 1991). Il a porté le titre de «Commandeur des croyants» (Amir al-Mouminin).

**HASSAN BEN SABAH** ou **ḤASAN IBN AL-ṢABBĀḤ** ♦ Fondateur de la secte ismaïlienne* des assassins* (mort à Alamūt, Iran 1124). Il écrivit plusieurs ouvrages en persan qui furent détruits lors de la prise de la forteresse d'Alamūt par les Mongols.

**HASSAN ZAFAR KHAN** ♦ Mercenaire qui se révolta contre Mohammad ibn Tughluq de Delhi et fonda en 1347 dans le Dekkan* la dynastie indo-persane des Bahmanides*, avec Gulbarga comme capitale. Son fils Mohammad Chah lui succéda à sa mort en 1358.

**HASSE (Johann Adolf)** ♦ Compositeur allemand (Bergedorf 1699 - Venise 1783). Chanteur d'opéra à Hambourg puis à Brunswick, il fut à Naples l'élève de Porpora* et de A. Scarlatti*. Ses premiers opéras assurèrent bientôt sa renommée. Devenu maître de chapelle à Venise, puis au service du prince électeur de Saxe à Dresde (1734 - 1763), il voyagea à travers toute l'Europe. Hasse fut un compositeur très fécond (plus de soixante-dix opéras, oratorios, intermezzos). On lui doit encore de nombreuses œuvres de musique religieuse (messes, requiem, psaumes, litanies, motets) et profane (concertos, musique de chambre, sonates). Par ses œuvres scéniques, il personnifia en Europe l'*opera seria* italien, au même titre que le librettiste Métastase*.

**HASSEL (Odd)** ♦ Chimiste norvégien (Oslo 1897 - *id.* 1981). L'un des premiers à utiliser la diffraction des rayons X et des électrons pour l'étude des molécules organiques, il étudia le comportement dynamique dans l'espace des molécules cycliques. [Prix Nobel de chim. 1969, avec D. Barton*]

**HASSELT** ♦ V. de Belgique (Région flamande), ch.-l. de la prov. de Limbourg et ch.-l. d'arr., sur le Démer. 70 584 hab. *Grote Markt* (maisons du XVI^e s.). Évêché détaché en 1967 du diocèse de Liège. Béguinage (maisons mosanes du XVIII^e s.). Refuge de l'abbaye d'Herkenrode (1544). Église Saint-Quentin (du XII^e au XVI^e s.). Église Notre-Dame, de 1728 (œuv. de Delvaux, Quellin, etc.). Aux environs, domaine provincial de Bokrijk, réserve naturelle de 514 ha. ▪ Fabrique de disques compacts. Imprimerie. Construc. électriques. Distilleries de genièvre (dit *Hasselt*) ; musée du Genièvre. Activités tertiaires. Parc de loisirs.

**hassidisme**

n. m. ➝ **ÉTYM.** de l'hébr. *ḥāsīd* «pieux» ♦ Mouvement populaire du judaïsme fondé au XVIII^e s. par le Baal Chem Tov (1698 - 1760). Ses disciples, surtout Dov Baer (1710 - 1772), hostiles à la Haskalah, propagèrent le hassidisme à travers tout le monde ashkénaze malgré l'opposition des dirigeants des communautés traditionnelles qui les accusaient de mépriser l'enseignement de la Torah. C'est un mysticisme prônant la joie dans l'accomplissement des lois et affirmant l'immanence de Dieu au monde.

**HASSI MESSAOUD** ➝ **ÉTYM.** de l'ar. *hassi* «puits» et *Messaoud*, n. de pers. (de *mas'ūd* «heureux, fortuné») ♦ Gisement pétrolifère du Sahara algérien (wilaya d'Ouargla), situé au S.-E. d'Ouargla, au N. d'El-Gassi, relié par oléoducs aux ports de Bejaïa et d'Arzew. 11 428 hab.

**HASSI R'MEL** ♦ Gisement de gaz naturel du Sahara algérien (wilaya de Laghouat), situé au N.-E. de Ghardaïa, relié par gazoducs à Arzew, Oran et Alger. 7 590 hab.

**HASSLER (Hans Leo)** ♦ Compositeur allemand (Nuremberg 1564 - Francfort 1612). Issu d'une célèbre famille de musiciens, il fut l'élève de A. et de G. Gabrieli à Venise. Organiste et maître de chapelle de plusieurs villes allemandes, il a laissé de la musique chorale, profane (*canzonette, madrigali*) et religieuse (messes, psaumes, motets, cantiques spirituels). Son œuvre établit la synthèse du style polyphonique de Lassus* et de l'art vénitien.

**HASSOUNA** (tell) ♦ Site archéologique d'Irak, situé à 34 km au sud de Mossoul. On considère ce site comme l'un des plus vieux villages du monde. Certains vestiges datent du –VI^e millénaire.

**HASTING** ♦ Pirate normand originaire du Danemark ou de Normandie (v. 810 - v. 890). Il fit des expéditions de pillage sur les rives de la Loire (845), en Italie (861), en Anjou, en Poitou et en Touraine (866). Charles le Chauve lui concéda le comté de Chartres.

**HASTINGS (Warren)** ♦ Administrateur colonial britannique (Churchill, Oxfordshire 1732 - Daylesford 1818). Entré en 1750 au service de la Compagnie des Indes, il fut gouverneur du Bengale (1772), puis gouverneur général de l'Inde de 1773 à 1785. Il en assainit les finances et s'efforça de protéger la langue et la culture indiennes. Très critiqué en Grande-Bretagne, il démissionna en 1784. Rentré dans son pays, il fut accusé de malversations ; il sortit acquitté, mais ruiné, d'un procès retentissant (1788 - 1795).

**HASTINGS** ➝ **ÉTYM.** anc. *Hastingas*, n. d'une tribu saxonne (de *Haesta* [n. de leur chef] «violent») ♦ V. d'Angleterre (East Sussex) sur le pas de Calais. 85 027 hab. Station balnéaire. Port de plaisance. ▮ **Histoire** Guillaume le Conquérant y remporta, le 14 octobre 1066, une éclatante victoire sur le dernier roi anglo-saxon, Harold II, victoire qui lui assurait la couronne d'Angleterre. Hastings fut au XIII^e s. l'un des plus actifs des «cinq ports» qui défendaient l'entrée en Angleterre.

**Hatamoto** n. m. pl. ➝ **ÉTYM.** jap. «au pied de l'étendard» ♦ Nom donné au Japon à partir de 1600 aux samouraïs gardes du camp de Tokugawa* Ieyasu qui avaient combattu avec lui à Sekigahara. Ils étaient formés de petits seigneurs au revenu modeste et étaient placés sous l'autorité directe du shogun. Vers la fin du XVII^e s., ils échangèrent leurs possessions contre une rente qui leur était généralement payée en riz. Ces petits seigneurs oisifs, querelleurs, furent à l'origine de nombreux troubles à l'époque d'Edo*. Leur classe fut dissoute lors de la «Restauration de l'ère Meiji», en 1868.

**HATCHEPSOUT** ➝ **ÉTYM.** égypt. «la demeure *(hat)* du dieu Shepsou» ♦ Reine d'Égypte de la XVIII^e dynastie (Nouvel Empire) [v. –1504 - –1483]. Fille de Thoutmôsis* I^er, elle épousa son demi-frère Thoutmôsis* II, puis à la mort de ce dernier, son neveu, Thoutmôsis* III qui avait été proclamé roi. Elle régna d'abord comme régente de son époux et obtint bientôt tous les pouvoirs d'un pharaon. Elle mena une politique pacifiste et fit construire le célèbre temple à terrasse de Deir* el-Bahari. Après sa mort, Thoutmôsis III persécuta sa mémoire et fit disparaître son nom de tous les monuments.

**HĀTEF (Seyyed Aḥmad)** ♦ Écrivain persan (né à Ispahan - mort en 1783). Il écrivit des ouvrages en arabe et en persan tant en prose qu'en vers. Il laissa un recueil contenant des *qasidas*, des *ghazals* et des poèmes strophiques.

**HATFIELD** ♦ V. nouvelle d'Angleterre (Hertfordshire), au N. de Londres. 50 000 hab. Construc. aéronautiques et électroniques. ▮ **Histoire** La ville s'est développée à partir du vieux site de Hatfield près de Saint Albans. L'église conserve les tombeaux des comtes de Salisbury et de leur famille.

**HATHAWAY (Henri Leopold DE FIENNES, dit Henry)** ♦ Cinéaste américain (Sacramento 1898 - Los Angeles 1985). Il réalisa, entre 1932 et 1973, quelque soixante films, d'action et d'aventures principalement : *Les Trois Lanciers du Bengale*, 1935 ; *La Fille du Bois-Maudit*, 1936 ; *La Maison de la 92^e Rue*, 1945 ; *Le Carrefour de la mort*, 1947 ; *Niagara*, 1953 ; *Prince Vaillant*, 1954 ; *Nevada Smith*, 1966. Plus inattendu, le romantique *Peter Ibbetson* (1935) d'après G. Du* Maurier.

**HATHOR** ➝ **ÉTYM.** égypt. «demeure d'Horus» ♦ Déesse égyptienne représentée sous la forme d'une vache ou d'une femme à tête de vache portant le disque solaire entre ses cornes en forme de lyre. Elle était à l'origine la personnification du ciel, la vache qui avait enfanté le soleil (Horus*), tour à tour séduisante jeune femme, donc déesse de la joie, de la musique et de l'amour, et redoutable lionne (mythe du retour d'Hathor-Tefnout) identifiée à Sekhmet*, selon les deux aspects de la pleine ou de la nouvelle lune qui inspiraient quiétude ou terreur. Elle était honorée comme telle dans son grand temple de Dendérah*. À Thèbes*, elle devint déesse de la Montagne des morts et c'est dans ce rôle que la montre la vache découverte dans sa chapelle de Deir* el-Bahari. Les Grecs l'identifièrent à Aphrodite*.

**Hathor.** Cartonnage de momie (I^er millénaire av. J-C.). Musée du Louvre, Paris. *Phot. © Franck Raux/RMN*

**HATOYAMA Ichirō** ♦ Homme politique japonais (Tōkyō 1883 - *id.* 1959). Mis à l'écart en 1947 pour sa participation à la guerre, il revint à la politique en 1951, fonda un parti démocrate et fut Premier ministre de 1954 à 1956.

**HATRA** – auj. ***al-Ḥaḍr*** ♦ Site archéologique de Mésopotamie, situé dans le désert à 150 km au S.-O. de Mossoul. La ville, fondée au –Ier s. par les Parthes, devint rapidement un grand carrefour de caravanes et se constitua plus tard en royaume dans lequel les monarques assyriens se donnèrent le titre de «rois arabes». Connue à l'époque sous le nom de «Ville du soleil» ou «du dieu-soleil», il semble qu'elle ait été un important centre religieux consacré à Chamach (dieu-soleil). Hatra résista aux assauts des empereurs romains Trajan et Septime Sévère (–IIe s.) mais fut finalement détruite par les troupes du souverain sassanide, Chahpūr Ier (240 - 241).

**HATTA (Muhammad)** ♦ Homme politique indonésien (Bukittinggi, Sumatra 1902 - Jakarta 1980). Une des grandes figures du nationalisme indonésien. En 1945, après la proclamation de l'indépendance, il devint vice-président de l'Indonésie. Mais il s'opposa à Sukarno* (1956) et, plus tard, à Suharto*.

**HATTERAS** (cap) ♦ Cap de la côte Atlantique des États-Unis (Caroline* du Nord), flèche de sable séparant l'Océan d'une lagune intérieure (Pamlico Sound).

**HATTI(S)** n. m. (pl.) ♦ Populations d'Anatolie vaincues au –IIe millénaire par les Hittites* et dont la langue était le *hatti* ou protohittite.

**HATTOUSAS** ou **HATTUSAS** ♦ Anc. cap. de l'Empire hittite*, fondée par Hattousil Ier (–1650 - –1620). Elle fut plusieurs fois détruite par des envahisseurs Gasgas, notamment sous *Mouwalli*, et définitivement vers 1200, à la chute de l'Empire hittite. ▪ Ses ruines, aujourd'hui à Boğazkale, en Turquie centrale (province de Yozgat), ont été identifiées par H. Winckler (1906). Fortifications, ruines de temples et de palais, magasins dont l'un livra des archives royales qui permirent de reconstituer l'histoire hittite.

**HATTOUSIL** ou **HATTUSIL III** ♦ Roi des Hittites v. –1283. La situation s'étant détériorée sous le règne de son neveu Ouri-Teshoub (Uri-Teshub), il le déposa et traita avec les puissances voisines, notamment l'Égypte (v. –1280). → **Hittites.**

**HATZFELD (Adolphe)** ♦ Lexicographe français (Paris 1824 - *id.* 1900). Il est l'auteur, avec A. Darmesteter* et A. Thomas, du *Dictionnaire général de la langue française* (1890 - 1900), œuvre à laquelle il conféra une grande clarté et une rigueur logique dans l'analyse des significations. ➝ **ÉTYM.** Ce nom de famille vient d'un nom de lieu en Rhénanie (Allemagne), du vieux haut allemand *hirut* «cerf» et *celda* «lande».

**HAUBENSTOCK-RAMATI (Roman)** ♦ Compositeur israélien d'origine polonaise (Cracovie 1919 - Vienne 1994). D'abord très influencé par Stravinski, il adopta le dodécaphonisme vers 1938. Ses œuvres, d'une écriture savante, sont d'une grande délicatesse : *Séquences*, 1958, pour violon et orchestre ; *Petite Musique de nuit*, 1963 ; *Amerika*, 1966, opéra, d'après Kafka ; *Madrigal*, pour chœur, 1970 ; ballet *Ulysse*, 1978 ; *Nocturne III* pour orchestre, 1986.

**HAUBOURDIN** [59320] ➝ **ÉTYM.** du germ. *Haribod*, n. de pers., et suff. *-inus* ♦ Ch.-l. de cant. du Nord, dans la banlieue S.-O. de Lille, sur la Deûle. 14 965 hab. *(Haubourdinois)*.

**HAUCOURT-MOULAINE** [54860] ➝ **ÉTYM.** *Haucourt* : anc. *Haldicurtis* «domaine (bas lat. *curtis*) de Haldo (n. de pers. germ.)» et *Moulaine*, n. de riv. ♦ Comm. de la Meurthe-et-Moselle, arr. de Briey. 2 987 hab. (aggl. 4 984).

**HAUFF (Wilhelm)** ♦ Poète, romancier et conteur allemand (Stuttgart 1802 - *id.* 1827). Ce représentant de l'école souabe (→ **Kerner**) a écrit des poèmes, des nouvelles, des récits et des romans, mais ce sont surtout ses cycles de *Contes*, écrits à la fin de sa courte vie, qui lui ont valu en Allemagne une célébrité comparable à celle des frères Grimm.

**HAUG (Émile)** ♦ Géologue français (Drusenheim, Bas-Rhin 1861 - Niederbronn 1927). Auteur d'un important *Traité de géologie* (1908 - 1911), où il précise notamment l'opposition entre les aires continentales et les géosynclinaux. [Acad. sc. 1917]

**HAUGESUND** ♦ V. de Norvège, sur la côte O., reliée à l'île de Karmøy par un pont. 31 140 hab. Important port de pêche (hareng). Conserveries. Industrie liée à l'extraction de pétrole en mer du Nord.

**HAUGWITZ (Christian,** comte **VON)** ♦ Homme politique prussien (Peuke, Silésie 1752 - Venise 1832). Ministre des Affaires étrangères en 1792, il conclut le traité de Bâle avec la France en 1795. Il obtint de Napoléon des agrandissements territoriaux en faveur de la Prusse. Il se retira après Iéna*, en 1806.

**HAUPTMAN (Herbert Aaron)** ♦ Chimiste américain (New York 1917). Il mit au point, avec J. Karle, les méthodes mathématiques statistiques (dites directes) permettant de déduire la structure tridimensionnelle de molécules comportant jusqu'à 100 atomes, à partir de la figure obtenue par diffraction des rayons X par leur cristaux. [Prix Nobel de chim. 1985, avec J. Karle]

**HAUPTMANN (Gerhart)** ♦ Écrivain allemand (Obersalzbrunn, Silésie 1862 - Agnetendorf 1946). Son œuvre dramatique témoigne de multiples influences. D'abord inspirée d'Antoine et de Zola, elle est vériste, avec ses premiers drames : *Avant le lever du soleil* (1899), *Les Tisserands* (1892), *Le Voiturier Henschel* (1898) ; puis mystique et symboliste : *La Cloche engloutie* (1896) ; ou orientée vers la comédie de mœurs : *La Pelisse de castor* (1893). Ses romans se caractérisent par la même diversité d'inspiration, où un lyrisme d'essence religieuse (*L'Hérétique de Soana*, 1918) alterne avec les élans d'une poésie épique et visionnaire : *Le Grand Rêve* (1942). [Prix Nobel de littér. 1912] ➝ **ÉTYM.** Ce nom allemand signifie «capitaine».

**HAURIOU (Maurice)** ♦ Jurisconsulte français (Ladiville, Charente 1856 - Toulouse 1929). Ses travaux contribuèrent à orienter la jurisprudence administrative française (*Principes de droit public*, 1910 et 1916 ; *Précis de droit administratif*).

**HAUSDORFF (Felix)** ♦ Mathématicien allemand (Breslau, auj. Wrocław 1868 - Bonn 1942). Il fut l'un des fondateurs de la topologie générale, pour laquelle il établit un système d'axiomes. On lui doit également le développement de la notion d'espace métrique.

**HAUSEN (Harald zur)** ♦ Médecin allemand (Gelsenkirchen 1936). Dans les années 1970, il émit l'hypothèse que le cancer du col de l'utérus est causé par les papillomavirus humains. Il isola ensuite deux souches virales à l'origine de ce cancer, ouvrant la voie à la mise au point du vaccin préventif, disponible depuis 2006. [Prix Nobel de physiologie ou médecine 2008 avec L. Montagnier* et F. Barré*-Sinoussi]

**HAUSHOFER (Karl)** ♦ Général et géographe allemand (Munich 1869 - Pähl, Bavière 1946). Directeur de l'Institut de géopolitique (1921) et fondateur de la *Revue de géopolitique* (1924), il fut d'abord conseiller des dirigeants nazis, mais tomba en disgrâce et fut déporté (1938). Convoqué devant le tribunal de Nuremberg, il se suicida après avoir été libéré.

**HAUSHOFER (Marlen)** ♦ Romancière autrichienne (Frauenstein, près de Linz 1920 - Vienne 1970). Solitude, abandon, résignation sont les thèmes récurrents de ses romans et nouvelles (*La Porte dérobée*, 1957 ; *Nous avons tué Stella*, 1958) où règne une atmosphère lourde d'inquiétude et où surgissent des éléments fantastiques. Elle se fit connaître du grand public avec *Le Mur invisible*, roman sur la survie d'une femme séparée du monde par un mur invisible après une catastrophe planétaire (1963, prix Arthur Schnitzler). Ses héroïnes sont d'ailleurs souvent étrangement séparées du monde et des êtres qui les entourent (*La Mansarde*, 1969).

**HAUSMANN (Raoul)** ♦ Peintre et photographe autrichien (Vienne 1886 - Limoges 1971). Cofondateur du mouvement Dada à Berlin en 1917, il abandonna la peinture en 1923 et lança le photomontage, collage de photographies et d'illustrations de revues parfois agrémenté de lettres, de poèmes, et tendant à provoquer le spectateur (*Le Critique d'art*, 1919 - 1920 ; *Tatline at Home*, 1920). Ayant interrompu ses activités artistiques en 1920, il reprit ses recherches sur la photographie après son installation en France en 1941, et même sur la peinture, de 1959 à 1964.

**HAUSSMANN (Georges Eugène,** baron**)** ♦ Administrateur et homme politique français (Paris 1809 - *id.* 1891). Entré dans la carrière administrative peu après la révolution de Juillet, il se rallia, dès la fin de 1848, à la politique du président Louis Napoléon Bonaparte. Favorable au coup d'État du 2 décembre 1851 puis au rétablissement de l'Empire, Haussmann devint préfet de la Seine (1853). Dans ce poste qu'il occupa dix-sept ans, tout en étant fait baron et sénateur (1857), il s'entoura de nombreux ingénieurs (Alphand*, Belgrand) pour réaliser ses projets d'embellissement et d'assainissement de la capitale (création des jardins, des grandes avenues aux tracés rectilignes, des égouts, des réservoirs pour l'approvisionnement en eau de la capitale). Ces travaux, qui contribuèrent à rehausser le prestige du régime impérial, avaient aussi pour intention politique la démolition des vieux quartiers parisiens qui, depuis 1789, constituaient les principaux foyers révolutionnaires, et de faciliter l'action des forces de police et de l'artillerie contre d'éventuelles barricades. Ils contraignirent la population ouvrière à émigrer vers les banlieues. Haussmann, qui, pour réaliser son programme de transformation de la capitale, s'était livré à des opérations de crédit discutables, fut vivement attaqué par l'opinion publique et par le Corps législatif. Après la publication des *Comptes fantastiques d'Haussmann* par Jules Ferry, il fut renvoyé par le ministre É. Ollivier (1869). ➝ **ÉTYM.** Le nom allemand *Haussmann* signifie «homme *(Mann)* de maison *(Haus)*» (désignant le commis principal d'une ferme ou d'une boutique).

**HAUST (Jean)** ♦ Philologue et lexicographe belge (Verviers 1868 - Liège 1946). Spécialiste de la dialectologie wallonne, il publia un *Dictionnaire liégeois* (1933) et dirigea l'enquête qui aboutit à la publication de l'*Atlas linguistique de la Wallonie*. [Acad. royale, 1920]

**HAUTE-AUTRICHE** – en all. ***Oberösterreich*** ♦ État fédéral (Bundesland) du N. de l'Autriche. → **Autriche** (carte). 11 980 km². 1 376 797 hab. CAP. : Linz. 15 arrondissements. ▪ Cet État se partage entre les Préalpes de Salzbourg au S., une partie du Massif bohémien (Mühlviertel) au N. et la vallée du Danube au centre. Forêts et alpages couvrent une partie importante de la région, mais l'agriculture est prospère dans la vallée du Danube et à l'O. Les mines de sel, de lignite et la production d'énergie hydroélectrique (barrages sur le Danube) ont donné naissance à de grandes industries. → **Linz, Steyr.**

**Hautecombe** ♦ Abbaye située près de la comm. de Saint-Pierre-de-Curtille, dans le dép. de la Savoie, sur la rive O. du lac du Bourget*. Elle abrite depuis 1992 la communauté du Chemin Neuf. Fondée en 1125 par Amédée III de Savoie, elle fut confiée aux cis-

Haute-Normandie

terciens en 1135. Elle était protégée par les princes de Savoie qui se firent inhumer dans la chapelle des Princes. Des bénédictins de Solesmes occupèrent l'abbaye de 1922 à 1992. L'église du XII$^e$ s. a été restaurée au XIX$^e$ s.

**HAUTE-CORSE** n. f. [2B] ◆ ÉTYM. du n. de l'île ♦ Dép. du S. de la France, région Corse. 4 666 km². 141 603 hab. CH.-L. : Bastia. CH.-L. D'ARR. : Calvi, Corte. Cour d'appel : Bastia. Académie : Ajaccio. Le département a été formé en 1974. → **Corse.**

**HAUTEFORT (Marie DE),** duchesse **DE SCHOMBERG** ♦ Dame française (Hautefort, Périgord 1606 - Paris 1691). Fille d'honneur d'Anne d'Autriche, elle fut aimée de Louis XIII. Ses intrigues contre Richelieu* puis contre Mazarin* la firent à deux reprises renvoyer de la cour. Elle épousa le maréchal de Schomberg*.

**HAUTEFORT** [24390] ◆ ÉTYM. occit. « (fortification) haute et forte » ♦ Ch.-l. de cant. de la Dordogne, arr. de Périgueux. 1 184 hab. *(Hautefortais).* Château du XVII$^e$ s., restauré après le grave incendie d'août 1968 (tableaux, tapisseries) ; terrasses.

**HAUTE-GARONNE** n. f. [31] ◆ ÉTYM. du n. du fl. ♦ Dép. du S.-O. de la France, région Midi-Pyrénées. 6 257 km². 1 046 338 hab. CH.-L. : Toulouse. CH.-L. D'ARR. : Muret, Saint-Gaudens. Cour d'appel : Toulouse. Académie : Toulouse. → **Midi-Pyrénées.**

**HAUTE-GOULAINE** [44115] ◆ ÉTYM. anc. *Golena*, probablt de *goule* « goulot » ♦ Comm. de la Loire-Atlantique, arr. de Nantes. 4 925 hab.

**HAUTE-LOIRE** n. f. [43] ◆ ÉTYM. du n. du fl. ♦ Dép. du centre de la France, région Auvergne. 4 977 km². 209 113 hab. CH.-L. : Le Puy-en-Velay. CH.-L. D'ARR. : Brioude, Yssingeaux. Cour d'appel : Riom. Académie : Clermont-Ferrand. → **Auvergne.**

**HAUTE-MARNE** n. f. [52] ◆ ÉTYM. du n. de la riv. ♦ Dép. du N.-E. de la France, région Champagne-Ardenne. 6 211 km². 194 873 hab. CH.-L. : Chaumont. CH.-L. D'ARR. : Langres, Saint-Dizier. Cour d'appel : Dijon. Académie : Reims. → **Champagne-Ardenne.**

**HAUTE-NORMANDIE** n. f. ♦ Région administrative de l'O. de la France, comptant 2 dép. : Eure et Seine-Maritime. 12 317 km² (2,3 % du territoire, 19$^e$ rang). 1 780 192 hab. (3,1 %, 13$^e$ rang). 2,6 % du PIB (11$^e$ r.). CH.-L. : Rouen.

▮ **Géographie** Partie orientale de l'anc. province de Normandie, la région repose sur l'auréole crétacée du Bassin parisien (alt. 150 - 200 m), de part et d'autre de la basse Seine, aux méandres fortement encaissés dans la masse crayeuse surélevée, creusée de vallées profondes. Le plateau de Caux tombe en falaises abruptes, hautes de 70 à 100 m, sur des plages de galets (Étretat). Les cailloutis des terrasses alluviales et l'argile à silex des plateaux expliquent l'étendue des forêts (Brotonne, Lyons, Eu) et les sols limoneux, favorables à l'agriculture, sont à l'origine de terroirs variés et de qualité, ressemblant plus aux plaines d'Île-de-France qu'au bocage de Basse-Normandie (→ **Basse-Normandie**). ▪ Le climat océanique, avec des précipitations décroissant de la côte (1 000 mm/an) vers l'intérieur (600 mm), est doux en hiver, mais frais et humide en été. Forêts de hêtres et de chênes.

▮ **Population** Pôle d'activité économique, traditionnellement peuplé (plus de 1 000 000 hab. en 1800), c'est la seule zone du Bassin parisien qui ait profité, au XIX$^e$ s., de la croissance de la capitale. Cette situation perdure, avec une augmentation de la pop. de 51,7 % entre 1946 et 1999 (+ 42,8 % pour la France). Le dép. de l'Eure (421 000 hab. en 1968 ; 540 000 en 1999), qui bénéficie directement de la déconcentration de Paris, assure l'essentiel de cette croissance alors que la Seine-Maritime a une population stagnante (1 237 000 hab. depuis 1968). Faible flux migratoire en direction de l'Ile-de-France.

**▮ Économie** L'originalité de la région tient à la juxtaposition d'une agriculture riche et d'un grand axe de développement portuaire, industriel et urbain. **▮ *Agriculture*** Spécialisée dans la betterave sucrière (1,6 million de t, 6e rang), le blé (2 millions de t) et l'élevage bovin (640 000 têtes), elle est équilibrée entre cultures (47 %) et élevage (53 %), mais ne représente que 2 % du PIB régional et 2,5 % de l'emploi (2 % pour la France). **▮ *Industrie*** C'est l'axe de la basse vallée de la Seine qui, par l'importance du trafic portuaire, structure l'activité économique. Le port maritime du Havre (2e port français et 5e port européen pour les marchandises avec 80 millions de t et 300 000 passagers en 2008, essentiellement à destination des îles Britanniques et de l'Irlande) et le port fluvial de Rouen (5e port français avec 22 millions de t, 1er port européen pour les céréales) traitent le tiers du trafic fluvial national. Dieppe (plus de 2 millions de t et 265 000 passagers) complète cette activité tournée vers la mer. Ce trafic est à l'origine d'une importante industrie de raffinage du pétrole (32 % du potentiel national), de chimie et de pétrochimie. La construction navale, insuffisamment compétitive, a disparu ; les chantiers du Havre ont dû fermer en 2000 mais il reste un peu de réparation navale. Plusieurs indus. traditionnelles se maintiennent : travail du bois, usines de pâte à papier, en particulier pour les journaux (région rouennaise), verreries (vallée de la Bresle). L'industrie automobile (usines Renault de Sandouville et de Cléon) a pris le relais de secteurs en difficulté (filatures de coton). Cela explique l'importance du secteur secondaire dans l'emploi régional : 27,5 % (France : 20,7 %). Le taux de chômage est identique à la moyenne nationale. **▮ *Activités tertiaires*** Elles sont essentiellement spécialisées dans le commerce. Le tourisme régional est peu développé, les structures d'accueil se concentrant dans de rares stations balnéaires anciennes (Étretat, Le Tréport). La région, célébrée par Eugène Boudin et Claude Monet, dont le jardin de Giverny (Eure) a conservé ses nymphéas, mériterait mieux. Enjambant l'industrieux sillon de la Seine, le parc naturel régional des Bouches de la Seine normande (→ **Brotonne**) étend sa protection sur les plateaux crayeux du pays de Caux (rive d.) et le Marais Vernier (rive g.). **▮ *Communications et urbanisation*** Axe d'activité et de circulation intenses, la Basse-Seine apparaît aujourd'hui, malgré sa structure discontinue en noyaux de peuplement et d'activité cohérents, bien plus comme un prolongement nécessaire au fonctionnement du centre parisien que comme un foyer structurant sa propre région. La circulation E.-O. prévaut sur les liaisons N.-S., puisque trois ponts seulement permettent de franchir la Seine en aval de Rouen : celui de Tancarville depuis 1959, celui de Brotonne depuis 1977 et celui de Normandie depuis 1994. Cet axe fluvial, doublé par l'autoroute A13 (Paris-Rouen-Caen), organise un réseau urbain bipolaire. La capitale régionale, Rouen (dont l'aggl. dépasse 390 000 hab.), polarise nettement la vie de relations, tendant à annexer Elbeuf, tandis que Le Havre n'a qu'une zone d'influence restreinte. Les villes moyennes sont soit de petits ports un peu isolés (Dieppe, Fécamp), soit, dans l'Eure, des satellites déjà entrés dans l'orbite de l'attraction parisienne : Évreux et Vernon voient, chaque jour, une part importante de leur population aller travailler à Paris. Val-de-Reuil a perdu son statut de ville nouvelle (Le Vaudreuil).

**HAUTERIVES** [26390] ♦ Comm. de la Drôme, arr. de Valence, sur la Galaure. 1 333 hab. *(Hauterivois)*. «Palais idéal» construit (1879 - 1912) par le Facteur Cheval*, ainsi que son tombeau, au cimetière.

**HAUTES-ALPES** n. f. pl. [05] ← ÉTYM. du n. de la montagne ♦ Dép. du S.-E. de la France, région Provence-Alpes-Côte d'Azur. 5 549 km². 121 419 hab. CH.-L. : Gap. CH.-L. D'ARR. : Briançon. Cour d'appel : Aix-en-Provence. Académie : Aix-Marseille. → **Provence-Alpes-Côte d'Azur.**

**HAUTE-SAÔNE** n. f. [70] ← ÉTYM. du n. de la riv. ♦ Dép. de l'E. de la France, région Franche-Comté. 5 360 km². 229 732 hab. CH.-L. : Vesoul. CH.-L. D'ARR. : Lure. Cour d'appel : Besançon. Académie : Besançon. → **Franche-Comté.**

**HAUTE-SAVOIE** n. f. [74] ← ÉTYM. du n. de la région ♦ Dép. du S.-E. de la France, région Rhône-Alpes. 4 388 km². 631 679 hab. CH.-L. : Annecy. CH.-L. D'ARR. : Bonneville, Saint-Julien-en-Genevois, Thonon-les-Bains. Cour d'appel : Chambéry. Académie : Grenoble. → **Rhône-Alpes.**

**HAUTES-FAGNES** ← ÉTYM. en all. ***Hohes Venn***, du bas lat. *fagna* «fange» ♦ Haut plateau de l'Ardenne belge dépassant 600 m d'alt. (694 m au signal de Botrange, 674 m à la Baraque Michel), où s'étendent, sur un sous-sol imperméable, des tourbières d'un grand intérêt écologique et biologique. Largement drainées et plantées d'épicéas depuis le XIXe s., elles n'occupent plus que 4 000 ha ; ceux-ci ont été constitués en réserve naturelle intégrée dans le parc naturel transfrontalier Ardenne-Eifel, officiellement créé en 1985, sur 72 000 ha. La végétation boréale et des phénomènes périglaciaires (pingos) retiennent l'attention des scientifiques ; une station de recherches a été établie au mont Rigi par l'université de Liège. Tourisme ; l'accès est toutefois réglementé pour ne pas nuire à l'environnement naturel. Le chevalier Fischbach de Malmedy fit construire en 1827, à la Baraque Michel, la chapelle qui porte son nom, le long de la route Eupen-Malmedy, voie d'accès à la région des Hautes-Fagnes.

**HAUTES-PYRÉNÉES** n. f. pl. [65] ← ÉTYM. du n. de la montagne ♦ Dép. du S.-O. de la France, région Midi-Pyrénées. 4 564 km². 222 368 hab. CH.-L. : Tarbes. CH.-L. D'ARR. : Argelès-Gazost, Bagnères-de-Bigorre. Cour d'appel : Pau. Académie : Toulouse. → **Midi-Pyrénées.**

**HAUTE-VIENNE** n. f. [87] ← ÉTYM. du n. de la riv. ♦ Dép. du centre de la France, région Limousin. 5 520 km². 353 893 hab. CH.-L. : Limoges. CH.-L. D'ARR. : Bellac, Rochechouart. Cour d'appel : Limoges. Académie : Limoges. → **Limousin.**

**HAUTEVILLE (Tancrède DE)** ♦ Seigneur normand (Xe - XIe s.). Père des conquérants normands d'Italie, dont Robert* Guiscard et Roger* Ier de Sicile.

**Hauteville House** ♦ Maison de Victor Hugo à Saint Peter Port (Guernesey). Il y vécut en exil de 1856 à 1870 et y composa *La Légende des siècles* et *Les Misérables*.

**HAUTEVILLE-LOMPNES** [-lɔ̃pnɛs] [01110] ← ÉTYM. *Hauteville* «ville haute» et *Lompnes*, du lat. *Lumnus*, n. de pers. ♦ Ch.-l. de cant. de l'Ain, arr. de Belley, dans le Bugey (alt. 850 m). 3 662 hab. *(Hautevillois)*. Centre de cure. Sports d'hiver. Carrières de calcaire marbrier froid.

**HAUTE-VOLTA** → **Burkina Faso**

**HAUTMONT** [59330] ♦ Ch.-l. de cant. du Nord, arr. d'Avesnes-sur-Helpe, sur la Sambre. 16 029 hab. *(Hautmontois)*. Centre industriel.

**HAUT-PALATINAT** n. m. – en all. ***Oberpfalz*** ♦ Région d'Allemagne (Bavière). 9 691 km². 1 027 000 hab. CH.-L. : Ratisbonne. Drainée par le Naab, c'est une région périphérique peu favorisée. La sidérurgie de Sulzbach-Rosenberg s'est éteinte et seule Ratisbonne* est un centre encore actif. Nombreux camps militaires (Grafenwöhr).

**HAUT-PALATINAT** (forêt du) – en all. ***Oberpfälzerwald*** ♦ Moyenne montagne fortement boisée à la frontière de l'Allemagne (Bavière) et de la République tchèque, faisant partie, comme le Fichtelgebirge plus au N. ou la Forêt-de-Bohême plus au S., des massifs hercyniens du quadrilatère de Bohême. Le Čerchov atteint 1 042 m. Forestage, élevage, parc naturel régional sont les seules activités de cette région périphérique tournée vers la ville de Weiden*.

**HAUT-RHIN** n. m. [68] ← ÉTYM. du n. du fl. ♦ Dép. de l'E. de la France, région Alsace. 3 525 km². 708 025 hab. CH.-L. : Colmar. CH.-L. D'ARR. : Altkirch, Guebwiller, Mulhouse, Ribeauvillé, Thann. Cour d'appel : Colmar. Académie : Strasbourg. → **Alsace.**

Les **Hauts de Hurlevent** – en angl. ***Wuthering Heights*** ♦ Roman d'Emily Brontë* (1847). Publié sous le pseudonyme d'Ellis Bell, ce livre décrit la vengeance presque surnaturelle d'un enfant de bohémiens, Heathcliff, qui, élevé dans une famille, se trouve humilié par les deux enfants légitimes après la mort de leur père (franchement rejeté par le frère, et repoussé, sans violence, par la sœur dont il est amoureux). Tout le roman baigne dans l'atmosphère de la lande qui fut le décor de la vie d'E. Brontë. Le climat de tempête qu'évoque le titre lui confère une intense poésie, qui en fait l'un des chefs-d'œuvre de la littérature anglaise.

**HAUTS-DE-SEINE** n. m. pl. [92] ♦ Dép. du centre-Nord de la France, région Île-de-France. 175 km². 1 428 881 hab. CH.-L. : Nanterre. CH.-L. D'ARR. : Antony, Boulogne-Billancourt. Cour d'appel : Versailles. Académie : Versailles. Le dép. a été créé en 1964. → **Île-de-France.**

**HAUTVILLERS** [51160] ← ÉTYM. anc. *Altivillaris* «la ferme sur les hauteurs», du lat. *altus* «haut» et du bas lat. *villare* «ferme» ♦ Comm. de la Marne, arr. de Reims, sur les pentes de la montagne de Reims. 849 hab. *(Altavillois)*. Anc. abbatiale, seul vestige de l'abbaye fondée au IXe s. : tableaux de l'école de Ph. de Champaigne. Dalle funéraire de Dom Ruinart et de Dom Pérignon. **▮ Histoire** Dom Pérignon, de l'abbaye d'Hautvillers, y inventa au XVIIe s. le procédé pour rendre mousseux les vins de Champagne.

**HAÜY** [aɥi] (abbé **René Just**) ♦ Minéralogiste français (Saint-Just-en-Chaussée, Picardie 1743 - Paris 1822). Auteur de la théorie des cristaux établie sur une base physique, il est le créateur de la cristallographie. Il élabora tout d'abord une théorie des «molécules intégrantes» à trois dimensions (1784), dans laquelle il formula les règles géométriques suivies par les décroissements et permettant de dériver du noyau cristallin toutes les formes secondaires (loi des troncatures rationnelles, selon laquelle les arêtes d'une forme cristalline sont coupées dans des rapports simples et rationnels par les faces d'une autre forme du même système). Il montra ensuite que les ordres de symétrie des axes sont limités dans les cristaux aux valeurs 2, 3, 4 et 6. En 1815, il énonça la loi de symétrie, en vertu de laquelle toute modification de la forme cristalline se répète sur tous les éléments de même espèce (faces, angles ou arêtes). Il appliqua les lois de la structure des minéraux à leur classification. [Acad. sc. 1783] ← ÉTYM. Ce nom de famille vient peut-être de *Havys*, nom d'un village dans les Ardennes.

**HAÜY (Valentin)** ♦ Pédagogue français (Saint-Just-en-Chaussée, Picardie 1745 - Paris 1822), frère de René Just Haüy*. Il se consacra à l'éducation des aveugles pour lesquels il fonda en 1784 à Paris une école qui devint par la suite l'Institution nationale des jeunes aveugles. Membre important de la section de l'Arsenal sous la Révolution, puis théophilanthrope, il vécut de 1806 à 1817 à Saint-Pétersbourg, où il créa un établissement de même nature. Auteur d'un *Essai sur l'éducation des aveugles* (1786), imprimé par ses élèves aveugles, il mit au point un système de caractères en relief qui fut perfectionné par L. Braille*.

**HAVANE (LA)** ← ÉTYM. en esp. *La Habana* ; p.-ê. n. indigène ♦ Cap. de la république de Cuba, située sur le détroit de Floride. 2 168 255 hab. *(Havanais)*. C'est le plus grand port de l'île. Les quais sont situés au fond d'une baie bien abritée à laquelle on accède par un goulet de 300 m de largeur. L'agglomération comprend des quartiers très différents : le vieux centre colonial est classé patrimoine mondial de l'Unesco (cathédrale baroque du XVIII^e s., Plaza de Armas, fortifications, nombreux hôtels particuliers), des quartiers modernes (El Vedado, Miramar, Habana del Este). Dans son extension, la ville a incorporé plusieurs bourgs anciens : Regla, Guanabacoa, Marianao. Distilleries de rhum et fabriques de cigares. Université. Plages à l'E. et à l'O. de la ville. Aéroport international de Rancho Boyeros. ▮ **Histoire** La ville, d'abord installée sur la mer des Caraïbes, fut refondée en 1519 à l'emplacement actuel. En 1762, les Anglais s'en emparèrent avec la province voisine. La révolution communiste (1959 - 1962) a tenté de freiner la croissance de cette capitale en limitant les investissements urbains.

**Havas (Agence)** ♦ Première agence française d'information puis de publicité créée en 1835 par CHARLES HENRI HAVAS (1783 - 1858) Grâce aux progrès réalisés dans les transmissions (télégraphe) et à d'importants soutiens politiques, l'agence prospéra jusque dans les années 1930, mêlant bureau d'informations et services publicitaires chargés de la gestion des annonces dans les journaux. La Deuxième Guerre mondiale entraîna la séparation du secteur information, nationalisé par Vichy, qui donna naissance à la Libération à l'AFP (→ **Agence France-Presse**), et du secteur publicité dont l'État devint en 1944 l'actionnaire majoritaire. Privatisé en 1987, Havas est devenu le 6^e groupe mondial de publicité.

**HAVEL (Václav)** ♦ Écrivain et homme d'État tchèque (Prague 1936). Auteur de pièces empreintes d'un humour souvent désespéré (*Memorandum*, 1965 ; *Audience*, 1975 ; *Largo Desolato*, 1984), il fut interdit de publication dans son pays pendant vingt ans, après sa participation au «Printemps de Prague», et passa cinq ans en prison entre 1977 et 1989 pour dissidence *(Lettres à Olga)*. L'un des principaux animateurs de la Charte* 77 et de la «révolution de Velours» qui provoqua la chute du régime communiste (nov.-déc. 1989), il fut élu président de la République tchèque et slovaque en juillet 1990, mais ne put empêcher le processus de partition du pays et démissionna en juillet 1992. Il fut président de la République tchèque* de 1993 à 2003.

Václav **Havel**.
*Phot. © Gaillarde/Gamma*

**HAVEL** n. f. ♦ Riv. d'Allemagne (341 km) et affl. rive d. de l'Elbe. Née dans la région morainique des «Croupes de la Baltique» (Mecklembourg), elle traverse une zone de lacs *(Müritz See)* et coule vers le S. jusqu'aux environs de Berlin, puis s'oriente vers l'O. en direction de l'Elbe. Un système de canaux la relie à l'Oder (canal de Finow) et à l'Elbe (canal Havel-Elbe). Rivière de plaine, elle est navigable sur 328 km.

**HAVELUY** [59255] ← ÉTYM. anc. *Avallocium*, du gaul. *aballo* «pomme» et suff. *-ucium* ♦ Comm. du Nord, arr. de Valenciennes. 3 084 hab.

**HAVLÍČEK-BOROVSKÝ (Karel)** ♦ Écrivain tchèque (Borová, Moravie 1821 - Prague 1856). Sa russophilie déclarée l'entraîna dans un voyage à Lvov puis à Moscou, dont il ramena des *Images de Russie* (1843 - 1846) désabusées, dépeignant la misère du pays. D'esprit modéré, il s'opposa dans la *Gazette nationale* (qu'il fonda en 1848) à l'absolutisme autrichien et il fut déporté de 1851 à 1855. Ses écrits satiriques introduisirent un ton nouveau dans la littérature tchèque, que ce soit avec *Le Baptême de saint Vladimir* (1848 - 1854), attaquant le despotisme religieux, avec *Les Élégies tyroliennes* (1853), décrivant avec humour son arrestation, ou avec *Le Roi Lávra* (1854), ridiculisant la bureaucratie autrichienne.

**HAVRE (LE)** [76600] ← ÉTYM. «port bien abrité» ♦ Ch.-l. d'arr. de la Seine-Maritime, sur la rive d. de l'estuaire de la Seine. 190 905 hab. (aggl. 247 357, 24^e rang). *(Havrais)*. Important musée des Beaux-Arts André-Malraux (du XVI^e au XX^e s. ; donation Dufy). Avec l'aggl. rouennaise, celle du Havre constitue d'abord l'avant-port parisien sur la Basse-Seine. Grâce à ses aménagements, le port est accessible aux plus gros navires et possède une zone industrielle de 6 000 ha. Un nouveau port, inauguré en 2006, permet au Havre de passer de 2 à 6 millions de conteneurs par an. Un centre de la mer et du développement durable ouvrira en 2012, ainsi qu'un complexe aquatique dont la conception a été confiée à l'architecte Jean Nouvel. Deuxième port français (1^er en valeur) après Marseille pour le volume des marchandises et 5^e européen, il s'est spécialisé dans les hydrocarbures (raffinage et pétrochimie) avec les raffineries de Petit-Couronne, Port-Jérôme, Gonfreville reliées à la région parisienne par oléoducs. Centrale thermique. La construction navale est abandonnée. La métallurgie est orientée dans le traitement des métaux importés. L'automobile conserve d'importants établissements (Renault à Sandouville). Le secteur aéronautique est très présent dans la région. Malgré l'ouverture d'une université, spécialisée dans les sciences et techniques et le développement des activités tertiaires diverses, la ville conserve un caractère largement industriel et ouvrier. L'audacieux pont de Tancarville (1959) reste un chef-d'œuvre d'architecture moderne. En aval, le pont de Normandie* (1995) relie le Havre à Honfleur et a nettement amélioré les liaisons avec la Basse-Normandie. La comm. de Sainte-Adresse est la station balnéaire du Havre. ▮ **Histoire** Le *Havre-de-Grâce* fut fondé en 1517 par François I^er. Il fut transformé en port de guerre par Richelieu et Vauban. C'est au XIX^e s. que Le Havre connut un essor commercial. Le port et la ville furent anéantis pendant la Deuxième Guerre mondiale et la ville a été rebâtie selon les plans d'Auguste Perret*.

**HAWAII** ← ÉTYM. du polynésien *Owhyhii*, p.-ê. «endroit des dieux» [allus. aux volcans Mauna Kea et Mauna Loa considérés comme la demeure des dieux] ♦ État des États-Unis occupant un archipel, situé près du centre de l'océan Pacifique Nord. → **États-Unis** (carte). 16 600 km². 1 211 537 hab. *(Hawaiiens)*. La population est mêlée, les Polynésiens indigènes ne formant plus que 1,5 % du total, les métis 13,5 %. Les groupes immigrés les plus importants sont les Japonais (env. 5 %), les Anglo-Saxons, les Philippins. CAP. : Honolulu. ▮ **Géographie** L'archipel le plus septentrional du Pacifique central, archétype du point chaud selon la géodynamique moderne, est formé d'îles coralliennes et volcaniques. Ses principales îles sont Hawaii (la «grande île»), Oahu*, Maui, Kauai, Molokai. L'île d'Hawaii, la plus méridionale des grandes îles, forme un triangle défini par cinq éléments volcaniques : la chaîne de Kohala au N. ; Mauna* Kea, la plus haute, au N.-E. ; Hualalai au S.-O. ; Mauna Loa, immense bouclier de lave culminant à 4 170 m d'altitude et dont les racines se trouvent par 5 600 m de fond (dernière éruption en 1984) ; Kilauea, très actif (son éruption commencée en 1983 dure encore en 2009). L'île est le lieu de nombreux phénomènes volcaniques : tremblements de terre, raz de marée *(tsunami)* ; Maui est formée par deux montagnes reliées par un isthme ; Molokai, un peu plus au N., est elle aussi formée de deux sommets. Oahu abrite la capitale (→ **Honolulu**) et Pearl Harbor ; Kauai, au N.-O. d'Oahu, est formée par une seule montagne. Au S.-E. de l'île, le canyon de Waimea est un des paysages les plus grandioses de l'archipel. Les vents de N.-E. et la grande altitude des îles donnent un climat plus frais, des températures plus égales qu'il n'est habituel sous cette latitude. L'ensoleillement est élevé. ▮ **Économie** Fondée sur l'agriculture et le tourisme, l'économie s'est développée au XX^e s. à mesure que l'archipel s'intégrait aux États-Unis. La principale production est la canne à sucre, suivie par les ananas et les papayes. Élevage. Café de qualité supérieure (district de Kona, à l'O. d'Hawaii). Fleurs. Pêche. Outre les industries agroalimentaires, de nombreuses petites industries répondent aux besoins locaux. Les produits de l'artisanat et de l'industrie du vêtement s'exportent. ▮ ***Communications*** Les îles possèdent 6 440 km de routes modernes. Le trafic portuaire est élevé (2 000 arrivées par an). Lignes aériennes actives (notamment entre la Californie et Honolulu). ▮ **Histoire** L'archipel fut peuplé à partir du V^e s. par des Polynésiens à qui l'isolement permit de développer une culture originale (pirogues à balancier, travail du bois et de l'os). L'archipel fut découvert par Cook (1778) qui l'appela «îles Sandwich» (en l'honneur du Premier lord de l'Amirauté) et qui y fut assassiné l'année suivante. Quatre royaumes se partageaient les îles, mais Kamehameha I^er parvint à conquérir presque tout l'archipel en 1795, organisant l'administration et éliminant la piraterie espagnole. Des missionnaires américains arrivèrent en 1820, introduisant l'écriture et l'imprimerie et diffusant le christianisme (conversion des femmes de Kamehameha). Les missionnaires catholiques français (1827) ne parvinrent à imposer leur religion que vers 1840, les mormons suivirent en 1850. Sous l'influence des missionnaires protestants, Kamehameha III avait promulgué une Déclaration des droits (1839) et la

**Hawaii.** Le dieu de la guerre *Ku*. British Museum, Londres.
*Phot. © Charles Lénars*

I^re^ Constitution (1840). L'indépendance d'Hawaii fut reconnue, mais la France (1839 - 1851) et la Grande-Bretagne (1843) la menacèrent. Les luttes d'influence, menées avec succès par les Américains au nom de la démocratie, aboutirent après les règnes de Kamehameha, de Kalakaua, qui tenta de restaurer l'absolutisme, enfin de sa sœur Liliuokalani, qui fut déposée en 1893. La république fut instituée, et l'annexion aux États-Unis fut un fait accompli en 1898. Le développement des infrastructures économiques, maritimes et aériennes, l'utilisation de l'île comme base militaire (→ **Pearl Harbor**) firent la fortune d'Hawaii. L'accession au rang d'État, différée par la guerre de Corée (1950), fut réalisée en 1959.

**HAWKE (Robert James Lee** dit **Bob)** ♦ Homme politique australien (Perth 1929). Président de la Fédération nationale des syndicats ouvriers (ACTU) de 1969 à 1980, il supplanta Hayden à la présidence du Parti travailliste en 1982, remporta les élections de 1983 et devint Premier ministre, mais il fut évincé de son poste, en 1992, par son ancien ministre des Finances, Paul Keating.

**HAWKES (John)** ♦ Écrivain américain (Stamford, Connecticut 1925 - Providence 1998). Professeur d'université, il s'est fait une réputation d'auteur difficile en résistant toujours aux normes habituelles du roman. Véritable précurseur de l'école expérimentale américaine postérieure à 1945, il a recours à un humour macabre pour décrire un monde de cauchemar. *Le Cannibale* (1949) dépeint les horreurs de l'après-guerre en Allemagne, *La Patte du scarabée* (1951) a pour thème un accident mortel sur un chantier, dans *Les Oranges de sang* (1971) un couple en détruit un autre, dans *Les Deux Vies de Virginie* (1981) l'héroïne a connu des vies antérieures.

**HAWKING (Stephen)** ♦ Physicien britannique (Oxford 1942). Ses travaux concernent notamment la théorie de la relativité générale, en particulier ses applications à la cosmologie et à l'origine de l'univers. Dans les années 1960, il montra, avec R. Penrose*, que l'univers résulte d'une singularité cosmique. En 1974, il proposa l'existence de trous noirs minuscules, de la taille d'un corpuscule, qui «s'évaporent» en émettant des particules. Il est également l'auteur d'ouvrages de réflexion (*Une brève histoire du temps*, 1988).

**HAWKINS** ou **HAWKYNS (sir John)** ♦ Amiral anglais (Plymouth 1532 - Porto Rico 1595). Il fut le premier Anglais à pratiquer la traite des Noirs en Afrique, et lutta, comme vice-amiral, contre l'Invincible Armada*.

**HAWKINS (Coleman)** dit **Bean** ou **Hawk** ♦ Saxophoniste de jazz américain (Saint-Joseph, Missouri 1904 - New York 1969). De 1922 à 1934, il fut membre de l'orchestre de Fletcher Henderson*, définissant progressivement le rôle du saxophone ténor dans le jazz classique. Il joua ensuite dans diverses petites formations et enregistra avec des musiciens aussi différents que Django Reinhardt*, Stéphane Grappelli*, Dizzy Gillespie* et Duke Ellington*. Il influença notamment Ben Webster*, Sonny Rollins* et Archie Shepp*. Princ. enregistrements : *Star Dust* (1934), *Body and Soul* (1939), *9 :20 Special* (avec Count Basie, 1941).

**HAWKS (Howard)** ♦ Cinéaste américain (Goshen 1896 - Palm Springs 1977). Indifférent à l'idéologie, esprit soucieux de morale mais non dépourvu d'humour, ce pilote d'avion devenu scénariste et producteur est le créateur d'un type de héros remarquable par son courage, son sens de l'honneur et de la dignité, son culte d'une fraternité virile qui se révèle dans l'épreuve. La sobriété de ses mises en scène s'est imposée dans des genres très divers : films d'aviation ou de guerre (*La Patrouille de l'aube*, 1930 ; *Seuls les anges ont des ailes*, 1939 ; *Sergent York*, 1941 ; *Air Force*, 1943) ; westerns (*La Rivière rouge*, 1948 ; *Rio* Bravo*, 1959 ; *Rio Lobo*, 1970) ; policiers (*Scarface**, 1932 ; *Le Grand Sommeil*, 1946) ; comédies dramatiques (*Train de luxe*, 1934), comédies légères (*L'Impossible Monsieur Bébé*, 1938). ➝ ÉTYM. Ce nom de famille anglais signifie «faucons, éperviers».

**HAWKSBEE** ou **HAUKSBEE (Francis)** ♦ Physicien britannique (mort v. 1713). Auteur des premières recherches sur les décharges électriques dans les gaz raréfiés, il réalisa une machine électrostatique à cylindre de verre. Il montra également que la vibration sonore est transmise par l'air et expliqua la luminescence du mercure électrisé par frottement.

**HAWKWOOD (sir John),** dit en it. **Giovanni Acuto** ♦ Condottiere anglais (dans l'Essex v. 1320 - Florence 1394). Lors de la guerre de Cent Ans, il s'illustra aux batailles de Crécy et de Poitiers. Après le traité de Brétigny, il combattit en Italie, au service de Pise, des Visconti, du pape et de Florence.

**HAWORTH (sir Walter Norman)** ♦ Chimiste britannique (Chorley 1883 - Barntgreen 1950). Il découvrit la structure cyclique des sucres (1924), établit en 1933 la formule de l'acide ascorbique (vitamine C) et en réalisa la synthèse avec E. Hirst. [Prix Nobel de chim. 1937, avec P. Karrer*]

**HAWTHORNE (Nathaniel)** ➝ ÉTYM. il transforma le n. de son père *Hathorne*, d'après l'angl. *hawthorn* «aubépine» ♦ Romancier américain (Salem, Massachusetts 1804 - Plymouth 1864). Descendant d'un persécuteur des sorcières de Salem*, élevé dans la tristesse par une mère veuve et puritaine, il prit très tôt l'habitude d'une solitude peuplée de légendes fantastiques. Ses lectures dans sa maison lugubre et ses longues promenades dans les bois firent de lui ce mystique que salua Edgar Poe*. Il haïssait l'égoïsme et l'orgueil et voulait conjurer, en écrivant, le sort maléfique qui planait sur sa famille. Son premier travail littéraire fut *The Spectator*, une revue pour jeunes dont il eut l'idée pendant ses études. Il se retira dans sa «maison hantée» (*La Maison aux sept pignons*, 1851) pour entreprendre un long voyage spirituel (sa retraite dura douze ans). L'expérience de Brook Farm qui lui inspira *Valjoie* (*The Blithedale Romance*, 1852) ne pouvait que l'intéresser, bien qu'il ne fût pas transcendantaliste. Le succès de *La Lettre* écarlate* (1850) lui permit de s'installer dans une ferme du Berkshire et de rencontrer H. Melville* qui lui écrivait : «Vous connaître me persuade plus que la Bible de notre immortalité.» L'Italie, qu'il visita, servit d'arrière-plan au *Faune de marbre* (1860). Procédant volontiers par symboles, ce grand observateur imaginatif avait un style dépouillé et sensible que lui enviait l'auteur de *Moby Dick*.

**HAWTREY (sir Ralph Georg)** ♦ Économiste britannique (Slough, Buckinghamshire 1879 - Londres 1975). Sa théorie purement monétaire des problèmes de fluctuations économiques fut reprise par Keynes, dans son traité sur la monnaie. Il est l'auteur de *The Economic Problem* (1926) et *Capital and Employment* (1937).

**HAXEL (Otto)** ♦ Physicien allemand (Neu-Ulm 1909 - Heidelberg 1998). → **Jensen.**

**HAXO (François Nicolas Benoît)** ♦ Général et ingénieur français (Lunéville 1774 - Paris 1838). Spécialiste de la guerre de siège et surnommé le «Vauban du XIX^e^ siècle», il réalisa de nombreux travaux de fortification en France et à Constantinople (1807), et dirigea le siège d'Anvers (1832) dont il obtint la reddition en vingt-quatre heures.

**HAY (John Milton)** ♦ Homme politique et écrivain américain (Salem, Indiana 1838 - Newbury, New Hampshire 1905). Éditorialiste du *New York Tribune*, secrétaire personnel du président Lincoln de 1861 à 1865 puis diplomate, il fut secrétaire d'État de 1898 à 1905. Auteur d'une biographie de Lincoln (1890), sa carrière de journaliste lui laissa le temps d'écrire des poèmes (*Pike County Ballads*, 1871) qui occupent une place importante dans l'histoire de la littérature américaine, car ils sont écrits dans le langage non littéraire des tavernes. Comme celles de Bret Harte* parues la même année, ces ballades argotiques furent largement imitées jusqu'au début des années 1890.

**HAYA DE LA TORRE (Victor Raúl)** ♦ Homme politique péruvien (Trujillo 1895 - Lima 1979). Exilé au Mexique, il fonda en 1924 l'Alianza popular revolucionaria americana (APRA), mouvement panaméricain et révolutionnaire, opposé à l'impérialisme des États-Unis en Amérique latine et réclamant la nationalisation des terres et de l'industrie. Rentré au Pérou en 1930, il développa la section péruvienne de l'APRA, sollicitant la participation des étudiants et des Indiens. Mais l'échec du soulèvement de ses partisans à la suite de sa défaite à l'élection présidentielle de 1931 le contraignit, après un bref emprisonnement (1932 - 1933), à un nouvel exil. À partir de 1945, il fit de l'APRA le principal mouvement d'opposition, s'efforçant de rallier les classes moyennes par un programme de plus en plus modéré, mais se heurta à la constante opposition de l'armée qui l'obligea, après l'interdiction de son mouvement (1948), à s'exiler jusqu'en 1956. À la faveur du retour progressif à la démocratie en 1978, Haya de la Torre devint président de l'Assemblée constituante.

**HAYAGRĪVA** ♦ Divinité hindoue et bouddhique, forme de Vishnou* à tête de cheval. Elle est parfois considérée comme une forme d'un cheval sauveur, incarnation d'Avalokiteśvara*. Quelque peu oubliée en Inde et dans les pays du bouddhisme du Mahāyāna*, cette divinité est encore très vénérée au Japon sous le nom de Batō Kannon. Elle est alors représentée avec deux têtes de cheval dans sa coiffure.

**HAYAMI Gyoshū** ♦ Peintre japonais (Tōkyō 1894 - 1935), créateur d'un style pictural nouveau, interprétation moderne de la peinture traditionnelle japonaise.

**HAYAM WURUK** ♦ Roi de Java oriental (1334 - 1389) qui régna à partir de 1350 sous le nom de *Rājasanagara*, son ministre Gajah* Mada continuant d'exercer le pouvoir. Sous son règne, la plus grande partie des îles indonésiennes fut conquise et la péninsule malaise occupée. Il mit un de ses oncles sur le trône de l'île de Bali et envoya plusieurs ambassades en Chine. Il fut également le fondateur du temple de Panataran. Son neveu et gendre Vikramavardhana lui succéda.

**HAYANGE** [57700] ◆ ÉTYM. anc. *Hainges*, du germ. *Haio, Hagio*, n. de pers., et suff. *-inga* ♦ Ch.-l. de cant. de la Moselle, arr. de Thionville-Ouest, sur la Fensch. 15 227 hab. *(Hayangeois)*. Sidérurgie.

**HAYASHI Razan** ♦ Lettré japonais (1583 - 1657) confucéen, farouchement opposé au bouddhisme. Devenu secrétaire du *bakufu* d'Edo*, il écrivit de très nombreux ouvrages sur le confucianisme d'État et se montra un fervent partisan de l'autoritarisme shogunal comme de l'instauration de règles de conduite rigides pour le peuple.

**HAYDN (Joseph)** ♦ Compositeur autrichien (Rohrau, Basse-Autriche 1732 - Vienne 1809). **La formation** Fils d'un charron amateur de musique, il témoigna très jeune de dons exceptionnels. Devenu enfant de chœur dans la maîtrise de la cathédrale Saint-Étienne, à Vienne (1740), il ne dut proprement qu'à lui seul sa formation musicale, étudiant les œuvres de Fux, Mattheson et Carl Philipp Emmanuel Bach. Il reçut aussi les conseils de Porpora. Invité par le baron von Fürnberg (1757), il écrivit pour lui ses premiers quatuors à cordes, puis le comte von Morzin, chambellan de l'impératrice, l'accueillit pour un séjour de courte durée dans son château de Bohême (1759). **Kapellmeister à Eisenstadt** Son entrée au service de la famille Esterházy* (1761) décida de sa carrière musicale. Nommé maître de chapelle de Nicolas Ier dit le Magnifique (1766), il trouva en ce prince un mécène fastueux, tyrannique, mais passionnément épris de musique. C'est pour les fêtes du château d'Eszterháza, en Hongrie, que Haydn, à la tête d'un petit orchestre de grande qualité, composa des opéras, symphonies, sonates, concertos et un grand nombre de pièces de musique religieuse qui furent bientôt connus de toute l'Europe. De cette époque de maturité datent le *Stabat mater* (1767), les symphonies n° 44 *Funèbre* et n° 45 *Les Adieux* (1772), les quatuors à cordes op. 9, op. 17 et op. 20 (1769 - 1772), des opéras dont *L'Infedeltà delusa* (1773), *Le Monde* de la lune* (1777), et des messes, œuvres d'une sensibilité exaltée qui le placent au rang des grands maîtres. Plus tard, à l'apogée du «classicisme viennois», naquirent *Les Sept Dernières Paroles du Christ* (1786 - 1787), les six symphonies *Parisiennes* (nos 82 - 87, 1785 - 1786), les quatuors à cordes op. 33, 42, 50, 54/55 et 64 (1781 - 1790), des sonates et trios pour piano. **Les séjours à Londres** La mort du prince Nicolas (1790) permit à Haydn de répondre à l'appel de l'Angleterre qui le sollicitait depuis plusieurs années. Reçu à Londres avec un enthousiasme extraordinaire, il y fit deux séjours (1791 - 1792 ; 1794 - 1795). Il y dirigea l'exécution de ses symphonies, en composa douze nouvelles, dites *Londoniennes* (nos 93 à 104, ses dernières) et produisit aussi pour le théâtre (l'*Anima del Filosofo* ou *Orfeo*). **Les chefs-d'œuvre** Rentré en Autriche où l'écho de ses triomphes londoniens était plus ou moins parvenu, il reprit son poste de maître de chapelle auprès de Nicolas II Esterházy, protecteur despotique et grand amateur de musique sacrée. De cette dernière période datent les 2 oratorios, *La Création** (1798) et *Les Saisons** (1801), considérés à juste titre comme les chefs-d'œuvre de Haydn, les 6 dernières messes (1796 - 1802), ouvrages de vastes dimensions où la puissance du souffle n'a d'égale que la perfection formelle, et les 9 derniers quatuors à cordes (op. 76, 77 et 103, 1797 - 1803) où le langage musical témoigne de surprenantes hardiesses. Assombries par la maladie, les guerres, les dernières années de Haydn furent désenchantées, bien qu'il eût reçu l'hommage de l'Europe entière. Il mourut trois semaines après l'entrée de Napoléon à Vienne (31 mai 1809). **L'influence de Haydn** Musicien d'une étonnante fécondité, Haydn a composé plus d'une centaine de symphonies, des ouvertures, des divertissements, 3 concertos pour piano, 4 pour violon, 2 pour violoncelle, de très nombreuses sonates et variations, 68 quatuors à cordes, une vingtaine d'opéras ou *Singspiels* (dont plusieurs pour marionnettes) et un grand nombre de pièces de musique sacrée (messes, oratorios, *Stabat mater, Te Deum*, offertoires, motets). C'est surtout dans le domaine de la musique instrumentale qu'il a exercé une profonde influence. Elle fut reconnue par Beethoven et Mozart, ce dernier ayant inspiré lui-même Haydn. Architecte des sons, épris de rigueur et de clarté, de symétrie et de dynamisme, il a imposé à la sonate classique autant qu'à la symphonie leur forme définitive, assignant quatre voix de valeur égale pour le quatuor. Expérimentateur hardi, il a fait de la musique instrumentale l'égale de la musique vocale, donnant leurs lettres de noblesse aux genres nouveaux du quatuor à cordes et de la symphonie, affirmé dans son œuvre religieuse une foi robuste qui ignore le doute, l'angoisse, et trouvé spontanément pour l'affirmer les accents alternés de la tendresse et de la force. Contemporaine à ses débuts du baroque finissant, son œuvre évolue vers des formes de la sensibilité qui annoncent le romantisme.

**HAYDN (Michael)** ♦ Compositeur autrichien (Rorhau 1737 - Salzbourg 1806). Frère de Joseph Haydn*, il fut comme lui enfant de chœur à Saint-Étienne de Vienne avant de devenir maître de chapelle à Grosswardein (1757), puis de l'archevêque de Salzbourg (1763) et organiste de la cathédrale (1781), fonctions où il succéda à W. A. Mozart. Il compta parmi ses élèves C. M. von Weber, Diabelli et Reicha. Son œuvre, abondante, comprend de nombreuses pièces de musique religieuse (messes, requiem, *Te Deum*, graduels, offertoires, répons) et profane (musique dramatique, symphonies, musique de chambre). C'est sa production religieuse qui, de son vivant, lui valut l'essentiel de sa renommée.

**HAYE (LA)** ◆ ÉTYM. en néerl. ***Den Haag*** abrév. du moyen néerl. ***'s-Gravenhage*** «la haie du comte», du vx germ. *haga* «haie» ♦ V. des Pays-Bas, ch.-l. de la Hollande-Méridionale, à 3 km de la mer du Nord. 473 941 hab. (aggl. 997 595) *(Haguenois)*. Ville administrative et diplomatique, La Haye est le siège de la Cour internationale de justice, de la Cour permanente d'arbitrage et de l'Académie de droit international. Résidence de la famille royale, elle abrite le siège du gouvernement. Palais comtal (1250). Palais royaux du XVIIe s. «Grande Église» (XIVe - XVe s.) ; église des Vieux Catholiques (XVIIIe s.). Musées : Mauritshuis qui abrite une collection remarquable des chefs-d'œuvre de l'école hollandaise ; musée Mesdag ; musée municipal (école française). Ville «bourgeoise», La Haye n'a jamais eu d'activités industrielles importantes ; elle cherche à diversifier son économie en attirant les bureaux de sociétés privées, étrangères notamment. Tourisme. Station balnéaire à Scheveningen*. **Histoire** Rendez-vous de chasse au Xe s., La Haye devint résidence de la cour de Hollande au XIIIe s. La triple alliance entre la Hollande, la Suède et l'Angleterre y fut scellée contre Louis XIV. ♦ ***Traité de La Haye*** Traité signé sous la Convention thermidorienne le 27 Floréal an III (16 mai 1795) entre la République française et la Hollande. La France reçut la Flandre hollandaise, Maastricht et Venlo, et annexa les Pays-Bas autrichiens (Belgique actuelle). Les deux puissances concluaient une alliance défensive-offensive. La Hollande s'engageait à payer une contribution de guerre et à apporter son soutien militaire et maritime à la France contre l'Angleterre. Avec les traités de Bâle*, le traité de La Haye disloquait la première coalition.

La **Haye.** Le Vijver et le Binnenhof (Parlement). *Phot.* © *Pierre Tétrel*

**HAYEK (Friedrich August VON)** ♦ Économiste autrichien (Vienne 1899 - Fribourg-en-Brisgau 1992). Néolibéral (et néomarginaliste), il est connu pour sa théorie du cycle des affaires qui tente d'expliquer les crises économiques par l'insuffisance de l'épargne (*La Théorie monétaire et le Cycle des affaires*, 1928). [Prix Nobel de sc. éco. 1974]

**HAYEM (Georges)** ♦ Médecin français (Paris 1841 - *id.* 1933). Il fut l'un des fondateurs de l'hématologie scientifique.

**HAYES (Rutherford Birchard)** ♦ Homme d'État américain (Delaware, Ohio 1822 - Fremont, Ohio 1893), 19e président des États-Unis (1877 - 1881). Gouverneur de l'Ohio, membre du parti républicain, il fut élu président après des votes contestés. Sa politique conciliante à l'égard du Sud suscita l'hostilité de son propre parti et il ne put être réélu.

**HAYKAL (Muhammad Husayn)** ♦ Écrivain égyptien (Tanta 1888 - Le Caire 1956). Créateur du premier grand roman de la littérature arabe moderne (*Zaynab*, 1914) qui inaugure le roman de mœurs paysannes, il fut ministre de l'Éducation (1937).

**HAŸ-LES-ROSES (L')** [lailɛRoz] [94240] ◆ ÉTYM. anc. *Laiacum*, du lat. *Laius*, n. de pers., et suff. *-acum* ♦ Ch.-l. de cant. du Val-de-Marne. 29 660 hab. *(L'Haÿssiens)*. Roseraie. Musée de la Rose.

**HAYNAU (Julius, baron VON)** ♦ Général autrichien (Kessel 1786 - Vienne 1853). Fils naturel de Guillaume Ier de Hesse, il passa au service de l'Autriche et commanda les troupes de la répression en 1848 - 1849, en Italie et en Hongrie. Sa rigueur le fit surnommer la «hyène de Brescia».

**HAYTER (Stanley William)** ♦ Peintre et graveur britannique (Londres 1901 - Paris 1988). Il ouvrit à Paris en 1927 un atelier qui attira de nombreux peintres-graveurs (Miró, Ernst, Vieira da Silva, etc.).

Après un long séjour aux États-Unis (1940 - 1950) il revint à Paris. Son œuvre, d'abord influencée par le surréalisme (collages, superpositions), est devenue plus abstraite après la guerre.

**HAYWORTH (Margarita CANSINO, dite Rita)** ➝ ÉTYM. de *Haworth*, n. de jeune fille de sa mère ♦ Actrice américaine (New York 1918 - *id.* 1987). Sa chevelure rousse, sa démarche ondulante firent d'elle le symbole du *glamour* hollywoodien, au point que son effigie orna la bombe atomique de Bikini. Le fameux «strip-tease des gants» de *Gilda* (1946) la plaça au sommet de la célébrité. Elle ne s'y maintint pas longtemps, en dépit d'un beau rôle dans *La Dame de Shanghai* (1948), que lui offrit son deuxième mari, Orson Welles*. La suite (*Salomé, La Belle du Pacifique*) fut plus banale.

**ḤAYYUUJ (Judah ben David)** ♦ Linguiste hébreu (Fès, mil. Xe s. - déb. XIe s.). Établi à Cordoue en 960, il est l'auteur de deux traités sur la morphologie de l'hébreu, fondant ainsi l'analyse des racines (verbales, notamment) de cette langue sémitique.

**HAZARA** ♦ District pré-himalayen du N. du Pakistan, au N. d'Islamabad (ch.-l. Abbottabad). Peuplement mixte de Gujars et de Pashtouns*, dont c'est la seule implantation à l'E. de l'Indus.

**HAZARA(S)** n. m. (pl.) ♦ Population montagnarde du centre de l'Afghanistan (Hazārajāt) issue du métissage d'envahisseurs turco-mongols médiévaux avec des populations iraniennes locales, aux traits mongoloïdes, de langue persane et de religion chiite (duodécimains et ismaïliens). Les Hazaras, cultivateurs et éleveurs de bétail, ont été incorporés dans l'État afghan au terme d'une campagne militaire très dure (1893) ; leurs terres servent depuis lors de pâturages d'été pour les nomades pashtouns*. Une diaspora hazara existe depuis la fin du XIXe s. en Iran (Khorassan*) et au Pakistan (Quetta*). Depuis 1979 la plus grande partie de la région est retournée à l'insoumission sous le contrôle de mouvements politiques chiites soutenus par l'Iran. Une émigration due à la pauvreté a créé d'importantes colonies hazaras dans les principales villes afghanes où elles vivent de petits métiers et de commerce.

**HAZARD (Paul)** ♦ Universitaire français (Noordpeene, Nord 1878 - Paris 1944). Auteur d'études sur l'histoire de la littérature et des idées, en particulier au XVIIIe s. (*La Révolution française et les lettres italiennes*, 1910 ; *La Crise de la conscience européenne, 1680-1715*, 1935 ; *La Pensée européenne au XVIIIe siècle*, 1946). [Acad. fr. 1940]

**HAZAZ (Haïm)** ♦ Écrivain israélien d'origine ukrainienne et de langue hébraïque (Ukraine 1898 - Jérusalem 1972). Ses premiers récits écrits en Russie tournaient autour de la bourgade juive traditionnelle, ébranlée par les mouvements révolutionnaires russes. Après son installation à Jérusalem en 1931, Hazaz continua un temps d'évoquer la spiritualité et le sort tragique des petites communautés d'Europe orientale, puis sa plume prit un tour plus satirique. Il élargit aussi son inspiration à la vie des juifs yéménites en Israël. Certaines de ses œuvres, *Le Sermon* (nouvelle, 1947), *À la fin des temps* (drame historique, 1950), *Dans un même carcan* (roman, 1963), posent le problème de l'exil et de la rédemption.

**HAZEBROUCK** [59130] ➝ ÉTYM. anc. en flam. *Hasebroch* «le marais *(broek)* du lièvre *(haas)*» ♦ Ch.-l. de cant. du Nord, arr. de Dunkerque, sur la Bourre, affl. de la Lys. 21 396 hab. (*Hazebrouckois*). L'anc. couvent des augustins (XVIIe s.) abrite un musée : histoire locale ; peintures flamandes des XVIe - XVIIe s. ; coll. de peintures des XIXe et XXe s. ▪ Nœud ferroviaire.

**HAZLITT (William)** ♦ Essayiste et critique britannique (Maidstone, Kent 1778 - Londres 1830). Fils d'un pasteur unitarien, il acquit sa véritable culture en lisant Boccace et Shakespeare ainsi que les romanciers et les philosophes du XVIIIe s., Rousseau, Fielding, Smollett. À Paris (1802 - 1803), il fit des recherches sur la peinture et s'enthousiasma pour Napoléon dont il écrivit une biographie (*Life of Napoleon*, 1828). À Londres, il rencontra Coleridge et Wordsworth et fréquenta les cercles politico-littéraires de Lamb et de Godwin pour lesquels il prépara des conférences philosophiques : *Essai sur les principes de l'activité humaine*, 1805 ; *Développement et progrès de la philosophie moderne*, 1812. Ses talents de critique furent très appréciés : *Shakespeare et les personnages de ses pièces* (1821) inaugure l'analyse psychologique du personnage de théâtre. On doit encore à Hazlitt un *Panorama du théâtre anglais* (1818), des *Conférences sur les poètes* (1818) et *Conférences sur les écrivains comiques anglais* (1819), des *Opinions sur les livres, les hommes et les choses* (1826). ➝ ÉTYM. *Hazlitt* signifie «celui qui vit près d'un taillis de noisetiers», du vieil anglais *hoesel* «noisetier».

**HEAD (sir Henry)** ♦ Neurophysiologiste britannique (Londres 1861 - *id.* 1940). Ses travaux portèrent principalement sur les perturbations de la sensibilité profonde (il donna son nom à certaines zones cutanées dites *zones de Head*).

**HEANEY (Seamus)** ♦ Poète irlandais (Castledawson, comté de Derry 1939). Une quinzaine de recueils ont fait de lui le poète irlandais le plus populaire depuis W. B. Yeats*. Issu du monde paysan, il chante dans *Death of a Naturalist* (1966) cette «Mère noire» qu'est la terre irlandaise et ne cesse d'explorer le réseau souterrain de mythes et de métaphores qui la parcourent, plongeant au plus profond de l'inconscient (*Door into the Dark*, 1969 ; *Wintering Out*, 1972 ; *North*, 1975). Après *Field Work* (1979), son œuvre emprunte une nouvelle voie plus proche de l'autobiographie familière avec *Station Island* (1984), non sans recourir encore à des figures mythiques comme le roi-poète exilé Sweeney, transformé en oiseau (*Les Errances de Sweeney*, 1983). Il a également traduit en anglais moderne le poème ancien *Beowulf* (1999). Heaney vit aujourd'hui en république d'Irlande, loin de l'Ulster où il est né, mais se considère en exil. [Prix Nobel de littér. 1995]

**HEARD** (île) ♦ Île de l'océan Indien au S. des îles Kerguelen (terres Australes), d'une longueur de 50 km pour une largeur maximale de 24 km. Culminant à 2 745 m (Big-Ben), elle est la plus proche par son climat du continent Antarctique, et la glaciation y est considérable ; la faune et la flore y sont extrêmement rares. Sa découverte par un phoquier britannique (Peter Kemp, 1833) est généralement attribuée au capitaine américain J. J. Heard (1853). Cédée par la Grande-Bretagne à l'Australie (1947), elle sert de base à une station scientifique.

**HEARN (Lafcadio)** ♦ Écrivain japonais d'origine britannique (Leucade, Grèce 1850 - Tōkyō 1904). De père irlandais et de mère grecque, il mena une vie errante avant de se consacrer au journalisme (*Opium and Morphia*, 1875) et à la traduction (Théophile Gautier, Flaubert). Contraint à l'exil pour avoir épousé une femme noire, il finit par s'installer au Japon où il se remaria. Naturalisé sous le nom de Koizumi Yakumo, il enseigna à l'université de Tōkyō. Ses œuvres de veine fantastique et inspirées du folklore japonais l'ont rendu célèbre : *Ghostly Japan* (1899) et *Kwaidan* (1904), adapté au cinéma par Kobayashi (1964).

**HEARST (William Randolph)** ♦ Journaliste américain (San Francisco 1863 - Beverly Hills 1951). Propriétaire du *Morning Journal* de New York, du *New York American*, puis d'une chaîne de quarante journaux et magazines, il fut l'un des créateurs de la presse à sensation, en couleurs et à grand tirage. Magnat tout-puissant, de tendance conservatrice et isolationniste, il suscita de vives critiques. ▪ Il a inspiré à Orson Welles le personnage de *Citizen* Kane*.

**HEARTFIELD (Helmut HERZFELDE, dit John)** ♦ Artiste allemand (Schmargendorf 1891 - Berlin-Est 1968). Décorateur de théâtre et de cinéma, il participa aussi à des livres, à des revues, à des expositions. Vers 1917 il réalisa ses premiers collages photographiques. Collaborateur à partir de 1930 de l'hebdomadaire communiste *AIZ (Arbeiter Illustrierte Zeitung)*, il utilisa l'image photographique à des fins politiques et fit du photomontage (ensemble composite intégrant la photographie, le dessin, la peinture et la typographie) un puissant instrument de dénonciation. Émigré à Prague en 1933, il choisit de s'installer en République démocratique allemande en 1950.

**HEATH (sir Edward)** ♦ Homme politique britannique (Broadstairs, Kent 1916 - Salisbury 2005). Élu à la Chambre des communes en 1950, il fut nommé en 1961 lord du Sceau privé chargé des négociations de Bruxelles en raison de ses convictions européennes. Chef des conservateurs, il devint Premier ministre après le succès de son parti aux élections de juin 1970. Il s'efforça de résoudre avec autorité les difficultés sociales de son pays (vote de la loi Carr en janv. 1971, pour réduire les grèves) et financières (flottaison de la livre décidée en juin 1972). Il fit entrer définitivement la Grande-Bretagne dans la Communauté économique européenne en janvier 1972. Remplacé en mars 1974 à la tête du gouvernement par le travailliste Wilson, il dut également abandonner, en février 1975, la direction du parti conservateur, à laquelle Margaret Thatcher* lui succéda.

**HEATHROW** ♦ Quartier de l'O. de Londres. Princ. aéroport de l'aggl. et premier d'Europe par ses trafics (passagers et fret).

**Héautontimoroumenos** ➝ ÉTYM. «Le Bourreau de soi-même» ♦ Comédie de Térence* (-162) imitée de Ménandre. Pour fuir les rigueurs de son père Ménédème, le jeune Clinias a quitté la maison et s'est engagé dans une armée étrangère. Ce départ fait la désolation du père qui va se mortifier, regrettant amèrement sa dureté.

**HEAVISIDE (Oliver)** ♦ Mathématicien et physicien britannique (Londres 1850 - Torquay, Devon 1925). Ses travaux concernent essentiellement l'électricité et le magnétisme, et, en particulier, la télégraphie et la propagation des ondes électromagnétiques dans l'atmosphère. Ce fut lui qui émit l'hypothèse de l'existence de la ionosphère. En mathématique, on lui doit l'introduction d'un type de calcul, dit symbolique, qui, bien que très mal accueilli, trouve de nombreuses applications en physique. ➝ ÉTYM. Ce nom de famille anglais signifie «le côté *(side)* de Hefa (nom de personne)».

**HEBBEL (Friedrich)** ♦ Auteur dramatique allemand (Wesselburen, Holstein 1813 - Vienne 1863). Analyste objectif de la réalité, il décrit dans son théâtre le conflit de la morale individuelle et d'un milieu social médiocre. Rénovateur de la tragédie bourgeoise avec *Marie-Madeleine* (1844), drame de la femme abandonnée, composé sous l'influence du *Faust* de Goethe, il apparaît comme un précurseur d'Ibsen dans des œuvres inspirées par des mythes célèbres : *Judith* (1839), *Gygès et son anneau* (1854). Sa trilogie des *Nibelungen** (1861), illustration de la légende allemande, témoigne aussi d'un grand talent de création dramatique.

**HÉBÉ** → ÉTYM. en gr. *Hêbê* «jeunesse» ♦ Fille de Zeus* et d'Héra*, personnifiant la Jeunesse. C'est elle qui servait le nectar aux dieux avant l'enlèvement de Ganymède* et qui aidait aux travaux domestiques. Elle épousa Héraclès* après l'apothéose de celui-ci.

**HEBEI** ou **HO-PEI** n. m. → ÉTYM. chin. «nord *(bei)* du fleuve *(hé)* [au nord du Huang* He]» ♦ Prov. du N. de la Chine, sur le golfe du Bohai (487 km de côtes). → **Chine** (carte). 187 700 km². 66 684 419 hab. dont 98 % de Han*. CAP. : Shijiazhuang. Nombreux monuments historiques. ▪ Céréales, coton (Shijiazhuang), soja. Fruits. Élevage sur les hauts plateaux du Zhangbei. Bassins houillers, gisements de fer (complexes de Pékin et de Tianjin). Cuivre, plomb, zinc. Laine de roche. Marais salants.

**HÉBERT (Louis)** ♦ Apothicaire français (Paris 1575 - Québec 1627). Parti pour l'Amérique du Nord, il s'installa l'un des premiers dans la région de Québec. Il en étudia la flore et y introduisit plusieurs variétés de plantes européennes, dont le pommier. → ÉTYM. *Hébert* a la même étymologie que *Herbert**.

**HÉBERT (Jacques René)** ♦ Journaliste et homme politique français (Alençon 1757 - Paris 1794). Il fonda dès 1790 *Le Père Duchesne**. Substitut de Chaumette à la Commune* insurrectionnelle de Paris après le 10 août 1792 et chef du Club des cordeliers*, il mena sous la Convention une lutte acharnée contre les girondins, qui le firent arrêter par la commission des Douze (18 mai 1793). Son arrestation, en déclenchant le mouvement populaire de la sans-culotterie (31 mai-2 juin 1793), précipita la chute des chefs de la Gironde. Libéré, Hébert adopta le programme des enragés, réussit à faire adopter certaines mesures économiques et sociales par la Convention et prit part au mouvement de déchristianisation. Après avoir dénoncé l'offensive des indulgents (Danton, Camille Desmoulins) qui réclamaient la fin de la Terreur (déc. 1793-janv. 1794), il accusa de modération les robespierristes et proposa un programme social précis. Menacé d'être débordé sur sa droite comme sur sa gauche, le Comité de salut public dirigé par Robespierre fit d'abord arrêter Hébert et les extrémistes ou hébertistes* (12 mars 1794), qui furent condamnés à mort par le Tribunal révolutionnaire. L'arrestation et l'exécution des ultra-révolutionnaires, qui furent suivies peu après de celles des indulgents, désorientèrent le mouvement populaire de la sans-culotterie, et furent peut-être un prélude à la chute de Robespierre et des robespierristes.

**HÉBERT (Georges)** ♦ Éducateur français (Paris 1875 - Deauville 1957). Promoteur d'une méthode naturelle d'éducation physique (connue sous le nom d'*hébertisme*) qui se distingue tout à la fois de la gymnastique suédoise et de la spécialisation sportive.

**HÉBERT (Anne)** ♦ Écrivain canadien d'expression française (Sainte-Catherine-de-Fossambault, Québec 1916 - Montréal 2000), cousine de Saint-Denys Garneau*. Dans son œuvre en prose, elle se montre hantée par la solitude, l'étouffement au sein de la famille ou de la société : *Le Torrent* (nouvelles, 1950), *Le Temps sauvage* (poème dramatique, 1963) et *Les Chambres de bois* (roman, 1958). La même angoisse existentielle se fait jour dans ses recueils poétiques, au symbolisme constant mais extrêmement mesuré : *Les Songes en équilibre* (1942), *Le Tombeau des rois* (1953), *Le Mystère de la parole* (1960). *Kamouraska* (1970) est un roman «de fureur et de neige», adapté au cinéma ainsi que *Les Fous de Bassan* (1982). Besoin de saisir le monde dans sa totalité, et de conjurer la solitude, l œuvre d'Anne Hébert manifeste une grande exigence dans sa forme. Revenue à la forme romanesque, Anne Hébert s'attacha dans *Les Enfants du sabbat* (1975) à peindre «la véhémence d'un très grand amour», seul capable de «nourrir l'œuvre d'art».

### hébertistes

n. m. pl. ♦ Nom donné aux ultra-révolutionnaires, partisans de Jacques René Hébert* (Chaumette*, Réal, Bouchotte*, Ronsin*, Rossignol*, Hanriot*, Momoro, Cloots*, Proli, Collot* d'Herbois et Billaud*-Varenne). Maîtres de la Commune* insurrectionnelle de Paris (après le 10 août 1792) et du Club des cordeliers*, ils prirent la direction du mouvement révolutionnaire populaire des sans*-culottes, après l'élimination des enragés (J. Roux*), et réussirent à faire adopter à la Convention montagnarde des mesures politiques contre les suspects (→ **Terreur**), et un programme économique et social. Ils dirigèrent le mouvement de déchristianisation qui aboutit à l'institution du culte de la Raison* (fin 1793). Critiqués par les indulgents (Camille Desmoulins*, Danton*) et par le Comité de salut public, dominé par Robespierre*, Saint-Just et Couthon, ils furent arrêtés, condamnés à mort par le Tribunal révolutionnaire (mars 1794) et exécutés.

**HÉBREUX** n. m. pl. → ÉTYM. en hébr. *'ibhrî* ; le lien avec les *Ḫâpirum*, populations turbulentes citées dans les textes babyloniens et égyptiens du -IIe millénaire, est de plus en plus contesté ; la Bible grecque, traduisant le mot par *peratês* («celui qui a traversé»), confirmerait une dérivation de *'âbhar* «traverser, émigrer» : ceux de l'autre rive (*'ébhèr*) ou ceux qui ont franchi le fleuve (l'Euphrate ou le Jourdain ?) ♦ ▮ **Un peuple sémitique** L'usage, au moins depuis Flavius Josèphe*, veut que l'on nomme Hébreux un peuple sémitique dont les descendants auraient pris le nom de Juifs* après leur exil à Babylone. Mais, dans la Bible, «Hébreu» est le plus souvent appliqué à des populations soumises par ceux qui les dominent, Égyptiens ou Philistins : lorsqu'ils parlent d'eux-mêmes, ce sont les «fils d'Israël» qui vivent l'Exode et la conquête de Canaan. Après la mort de Salomon, ce sont aussi les «fils d'Israël» qui font sécession : alors que le grand roi avait régné sur «tout Israël», il y a désormais deux royaumes, celui d'Israël* et celui de Juda* (→ **Israël**). La Bible reflète le point de vue des «Judéens», qui sont certes d'authentiques «fils d'Israël» ; ce ne sont toutefois pas les seuls (les samaritains* le sont aussi ; Josèphe assure qu'ils se prétendent Hébreux mais non Juifs), et c'est comme «Juifs» qu'ils apparaissent dans l'histoire : c'est le seul mot que connaissent les auteurs païens jusqu'au second siècle de notre ère (par la suite, quelques auteurs grecs utilisent occasionnellement «Hébreux» ; seul Pausanias n'emploie que ce terme). ▮ **L'usage du mot** Le mot «Hébreu» demeure rare dans les textes tardifs de la Bible (toutefois, Jonas* se revendique Hébreu ; et Judith*, «la Juive» par excellence, se qualifie de «fille des Hébreux»), ainsi que dans les réécritures (*Jubilés**, *Antiquités bibliques* du Pseudo-Philon*) où son emploi relève de la citation biblique. Mais l'adjectif est appliqué par les Juifs à leur langue nationale, bien que la «langue de Canaan» (Isaïe) soit parfois qualifiée dans la Bible de «judéenne» (*yehûdîth*, par opposition à l'araméen ou à d'autres langues païennes) ; c'est ce que font le traducteur du Siracide*, l'auteur de la *Lettre d'Aristée* (→ **Septante**) et Josèphe, avec cette conséquence qu'il est parfois difficile de savoir si le mot s'applique à la langue hébraïque ou à l'araméen, autre langue des Juifs aux alentours de l'ère chrétienne. Mais «Hébreu» semble exprimer à cette époque une «conscience nationale» : comme saint Paul et comme le Tryphon du dialogue de Justin*, Flavius Josèphe se qualifie parfois d'Hébreu (jusqu'à la mort de Salomon, c'est le mot qu'il emploie principalement pour désigner son peuple dans ses *Antiquités juives* ; Philon*, qui ne vit pas en Palestine, emploie indifféremment «hébreu» et «chaldéen» pour le peuple et pour la langue) ; les martyrs du *Quatrième Livre des Maccabées** (apocryphe) sont des Hébreux exemplaires (l'auteur accuse même le «tyran» qu'il dénonce d'avoir voulu détruire «l'état des Hébreux»). Mais la conscience spirituelle et le rêve messianique du peuple juif s'incarnent toujours en «Israël» : les chrétiens prétendront se l'approprier au titre d'«Israël véritable», réservant le terme d'Hébreux à l'«ancien Israël» et l'opposant à leurs contemporains, les Juifs. ▮ **La tradition biblique** Le récit biblique fait d'Abraham*, descendant de Éber (*Ébhèr*, petit fils de Sem*) et une fois qualifié d'Hébreu, un «Araméen errant» installé en Canaan* après avoir quitté Ur* en Chaldée*. Ses descendants légitimes, les douze fils de Jacob* surnommé Israël, s'installent en Égypte et leurs propres descendants s'y multiplient au point d'inquiéter les Égyptiens. Victimes d'une oppression de plus en plus dure, ces «Hébreux» sont libérés par leur dieu Yahvé* : sous la direction de Moïse* (lui-même Hébreu), ils quittent l'Égypte (Exode) et, après avoir séjourné quarante ans dans le désert, reprennent possession de Canaan sous la conduite de Josué*. Divisés en douze tribus (dont les noms sont ceux des fils de Jacob), ils se répartissent le territoire qu'ils administrent grâce à des Juges*, puis revendiquent un roi «comme les autres nations». Confrontés aux Philistins* et non plus aux Cananéens, Saül* d'abord, puis surtout David* et Salomon* parviennent à unifier le royaume, puis à le porter à son maximum de puissance. Après la mort de Salomon, toutefois, son fils Roboam se montre sourd aux revendications d'une partie de ses sujets : ces derniers décident alors de «retourner à leurs tentes» et élisent comme roi Jéroboam, qu'un prophète avait averti de la volonté de Dieu de sanctionner ainsi l'idolâtrie du défunt roi.

**Hébreux (Épître aux)** ♦ Livre du Nouveau Testament* (→ **Bible**), tardivement attribué à saint Paul* (Épîtres*), 14 chapitres. Antérieure à la destruction du Temple (70), d'auteur inconnu, cette épître semble être adressée à des judéo-chrétiens pour raffermir leur foi, s'attachant à établir que Jésus, le Fils de Dieu, est le grand-prêtre véritable, celui dont le modèle était Melchisédech*.

**HÉBRIDES** (îles) ou **WESTERN ISLANDS** → ÉTYM. *Hébrides* : mauvaise lecture du lat. *Hebudes*, p.-ê. «terres incultes» ♦ Archipel de la Grande-Bretagne, au large de l'Écosse, comptant plus de 500 îles et îlots dont seulement une centaine sont habités et formant le district écossais des Western Islands (Eilean Siar). 3 071 km². 26 502 hab. Ch.-l. : Stornoway (Steòrnabhagh). On distingue les Inner Hebrides formées des îles de Iona, Mull, Skye et Staffa et les Outer Hebrides (Barra, Benbecula, Lewis, North Uist et South Uist) séparées par le détroit de Minch et la mer des Hébrides. Très montagneuses, taillées dans du matériel cristallin et retouchées par les glaciers quaternaires, ces îles au climat océanique rude et humide, frais l'hiver, sont balayées par de fréquentes tempêtes. L'élevage et la pêche sont les activités dominantes. Le tourisme, le tissage artisanal (tweed) et le whisky apportent un complément de ressources.

**HÉBRIDES (NOUVELLES-)** → **Vanuatu**

**HÉBRON** → ÉTYM. hébr. «ligue, confédération» – en ar. *al-Khalîl* ♦ V. de Cisjordanie, au S.-O. de Jérusalem. 163 146 hab. Soumise à l'administration militaire israélienne, la ville est passée partiellement

**Heda.** *Nature morte.* Coll. Thyssen-Bornemisza, Madrid.
*Phot. © Archives Larbor*

sous contrôle palestinien en janv. 1997, en vertu de l'accord intérimaire signé en sept. 1995. Indus. textile. ▪ Dans la Bible (Genèse, XXIII), Abraham* y ensevelit Sara* et les traditions juive, musulmane et chrétienne y situent le tombeau d'Abraham : le sanctuaire est devenu un lieu de culte vénéré par les diverses religions se référant à Abraham. Hébron fut la capitale de David* quand il régna sur Juda.

**HÉCATE** → ÉTYM. en gr. ***Hekatê***, de *hekatos* «qui frappe au loin» ♦ Divinité grecque apparentée à Artémis*, à Séléné* ou à Perséphone. Considérée primitivement comme une déesse bienveillante qui dispense les richesses, les talents et les victoires, elle acquiert plus tard un caractère maléfique : elle préside à la magie et à la divination. On dresse sa statue aux carrefours, la représentant comme une femme à trois corps ou à trois têtes.

**HÉCATÉE DE MILET** – en gr. ***Hekataios*** ♦ Historien et géographe grec (v. –540 - v.–480), le plus célèbre des logographes ioniens. Il joua un rôle politique lors de la révolte des cités ioniennes contre les Perses et voyagea en Asie, en Égypte et en Europe. De ses *Généalogies* et de son *Voyage autour du monde*, il ne reste que des citations. Il est considéré comme un précurseur d'Hérodote*.

**HÉCATONCHIRES** n. m. pl. – en gr. ***Hekatogkheiroi*** ♦ Trois fils d'Ouranos* et de Gaïa*, géants dotés de cent bras (d'où leur nom) et de cinquante têtes. Délivrés du Tartare* par Zeus*, ils aident les Olympiens à combattre les Titans*.

**HECHT (Ben)** ♦ Écrivain et scénariste américain (New York 1894 - *id.* 1964). Sa production littéraire alla d'un roman sur les mœurs cinématographiques, *Je hais les acteurs* (porté à l'écran en 1986 par le Français Gérard Krawczyk), à une pièce, *Spéciale dernière*, elle aussi filmée, à deux reprises. En tant que scénariste, on lui doit *Scarface** (1932), *Sérénade à trois* (1933), *Gunga Din* (1939), *Les Enchaînés* (1946), *L'Adieu aux armes* (1957). Il réalisa également quelques films (*Le Goujat*, 1935).

**HECKEL (Erich)** ♦ Peintre et graveur allemand (Dölben, Saxe 1883 - Radolfzell 1970). Architecte de formation, il commença à peindre en autodidacte. En 1905, il fut l'un des fondateurs du mouvement expressionniste Die Brücke*. Il peignit surtout des scènes de cirque et des paysages aux coloris éclatants. Il excella aussi dans la gravure sur bois. Déclaré par les nazis peintre «dégénéré», il dut se retirer. Après la guerre, il enseigna à l'Académie des beaux-arts de Karlsruhe (1949 - 1955). → ÉTYM. *Heckel* vient du vieux haut allemand *hag* «haie».

**HECKMAN (James)** ♦ Économiste américain (Chicago 1944), spécialiste de la microéconométrie, méthodologie croisant l'économie et la statistique. Il a imaginé des modèles d'analyse traitant de manière statistiquement satisfaisante les différences entre les individus ou les groupes, ou échantillons sélectifs. [Prix Nobel d'économie 2000, avec D. McFadden].

**HECTOR** → ÉTYM. en gr. ***Hektôr*** «qui tient fortement» ♦ Le plus vaillant des défenseurs de Troie*, fils de Priam* et d'Hécube*, époux d'Andromaque* qui lui donne Astyanax*. Dans *L'Iliade**, Hector, protégé par Arès*, livre des combats victorieux contre les Grecs et tue, parmi d'autres héros, Patrocle*. Il est tué à son tour par Achille*.

**HÉCUBE** – en gr. ***Hekabê*** ♦ Épouse de Priam*, roi de Troie*, à qui elle donne 19 enfants. → **Hector, Hélénos, Pâris, Cassandre, Créüse, Polyxène.** Elle figure dans *L'Iliade* et surtout dans la tragédie comme le symbole de la douleur maternelle.

**Hécube** – en gr. ***Hekabê*** ♦ Tragédie d'Euripide* (v. –424). Hécube a vu périr presque tous ses enfants dans la guerre de Troie, avant d'être elle-même conduite en esclavage chez Polymnestor, roi de Thrace. Elle tire vengeance de ce dernier en lui crevant les yeux et en tuant ses fils.

**HEDA (Willem Claeszoon)** ♦ Peintre hollandais (Haarlem 1594 - *id.* v. 1680). La vie de ce peintre, qui s'imposa comme le représentant majeur de la nature morte hollandaise, est mal connue. Plusieurs fois cité à la guilde de Haarlem à partir de 1631, il peignit d'abord des portraits et des scènes religieuses. Il se spécialisa ensuite dans la représentation de «Vanités» et, comme Claesz*, de «Desserts» (restes de repas). À l'encontre du faste et de l'ostentation des natures mortes flamandes, il agença ses compositions avec une simplicité et une rigueur calculées, bien qu'il ait parfois représenté à la manière de Kalf des objets précieux mis en place avec un certain apparat (*Nature morte à la coupe d'or*). Il utilisait une touche souple et une gamme de tons discrets et raffinés (*Nature morte au tabac*, 1637). Sa virtuosité s'affirma particulièrement dans des œuvres presque monochromes où la finesse des valeurs est exaltée par quelques touches plus vives.

**HEDĀYAT (Ṣādegh)** ♦ Écrivain iranien (Téhéran 1903 - Paris 1951). Considéré comme le plus grand écrivain de l'Iran moderne, dont il refléta les angoisses, il est l'auteur d'une œuvre marquée par un profond pessimisme qui devait le conduire au suicide. L'un de ses ouvrages, *La Chouette aveugle* (1936), connut un succès international.

**Hedda Gabler** ♦ Drame d'Ibsen* (1890). Révoltée par la médiocrité de son milieu provincial autant que par celle des hommes qui l'entourent, Hedda Gabler, fille de général, contraint au suicide un écrivain, son ami d'enfance, dont elle a volontairement brûlé un précieux manuscrit, et se donne ensuite la mort.

**HÉDÉ** [35630] → ÉTYM. anc. *Hedeium*, du germ. *Heddo*, n. de pers., et suff lat. *-acum* ♦ Ch.-l. de cant. d'Ille-et-Vilaine, arr. de Rennes. 1 822 hab. (*Hédéens*). Église en partie du XII$^e$ s. ; ruines d'un château (XIV$^e$ s.). Jeu de 11 écluses sur le canal d'Ille-et-Rance.

**HEDJAZ** ou **HIJĀZ** → ÉTYM. ar. «barrière» ♦ Barrière montagneuse d'Arabie* Saoudite qui s'étend sur près de 1 000 km du port d'Akaba au petit port de Lith (au S. de La Mecque). L'Asir la prolonge. Parallèle à la côte, la chaîne culmine à 2 579 m. Env. 2 900 000 hab. Des Bédouins nomades, éleveurs de dromadaires, forment les deux tiers de la population. Exportation des dattes des oasis.

**HEDWIGE** – en polon. ***Jadwiga*** ♦ (Cracovie 1370 - *id.* 1399). Reine de Pologne (1384 - 1399). Fille cadette de Louis* I$^{er}$, roi de Hongrie et de Pologne, reconnue et couronnée en 1384, elle épousa Ladislas* II Jagellon, prince de Lituanie, qui fut élu roi de Pologne en 1386.

**HEEGER (Alan J.)** ♦ Physicien américain (Sioux City, Iowa 1936). [Prix Nobel de chimie 2000, avec A. MacDiarmid* et H. Shirakawa*].

**HEERENVEEN** ♦ V. des Pays-Bas (Frise). 42 776 hab. Indus. alimentaires et textiles. Métallurgie. Marché agricole.

**HEERLEN** ♦ V. des Pays-Bas (Limbourg). 90 537 hab. (aggl. 256 164). Église du XII$^e$ s. Musée géologique. Musée des thermes romains (antique *Coriovallum*). Heerlen devint à la fin du XIX$^e$ s. le centre d'exploitation des charbonnages du Limbourg. À la suite de leur fermeture en 1975, des industries de reconversion et des administrations nationales y ont été implantées. ▪ Centre commercial et culturel de l'ancien bassin minier.

**HEFEI** ou **HO-FEI** ♦ V. de Chine, cap. de la prov. du Anhui. 1 549 476 hab. Céréales. Indus. mécanique et textile. Filatures. Électroménager.

**HEGEL (Georg Wilhelm Friedrich)** ♦ Philosophe allemand (Stuttgart 1770 - Berlin 1831). Après des études au lycée de Stuttgart, il entra au séminaire protestant de Tübingen (1788). Condisciple de Schelling* et de Hölderlin* dont il partagea l'admiration pour la Grèce antique, il s'enthousiasma avec eux pour la Révolution française. Précepteur à Berlin (1793 - 1796), à Francfort (1797 - 1800), puis professeur libre de philosophie à Iéna (1801 - 1807), il forma sa pensée au contact des bouleversements politiques de l'époque et par l'étude de l'histoire religieuse et spirituelle des peuples. Succédant à la totalité belle, heureuse et libre de la cité antique (union immédiate de la volonté subjective et objective générale), le christianisme lui apparut alors comme le moment du déchirement où le monde objectif est devenu le destin de la conscience, qui ne devient conscience de soi qu'en s'opposant à elle-même (*Vie de Jésus*, 1795 ; *L'Esprit du christianisme et son destin*, 1798). Enfin, il approfondit et critiqua les philosophies de Kant* (son subjectivisme et son formalisme moral), de Fichte* et de Schelling (*Différence des systèmes de Fichte et de Schelling*, 1801). Réconcilier l'histoire dans sa positivité et ses contradictions et la raison dans son exigence d'unité, d'universalité, résoudre l'opposition du réel et de la pensée, tel fut désormais le but de sa philosophie dont le projet essentiel est celui de l'homme total, de sa liberté réelle et de son bonheur. En 1807, il publia *La Phénoménologie* de l'esprit*, introduction anthropologique à *La Science de la logique** (1812 - 1816), écrite alors qu'il était directeur du Gymnasium royal de Nuremberg (1808 - 1816) et suivie du *Précis de l'Encyclopédie* des sciences philosophiques* (1817), rédigée à l'intention de ses étudiants à Heidelberg (1816 - 1818). Reconnu comme le philosophe majeur de l'époque, il obtint une chaire à Berlin (1818 - 1831), où il

**hégélianisme**

n. m. ♦ Mouvement de pensée qui se développa à partir de la philosophie de Hegel*. On distingue habituellement les hégéliens «orthodoxes» qui furent les commentateurs et continuateurs du système (Biedermann*, Erdmann, Fischer*, Rosenkranz, Vischer et Zeller*) ; les hégéliens de «gauche» (ou jeunes-hégéliens) qui s'attachèrent surtout aux conséquences de la méthode dialectique et s'orientèrent généralement vers des positions philosophiques matérialistes, athées et libérales (Strauss*, Bauer*, Feuerbach*, Hess*, Ruge*, von Stein ; certains se séparèrent du mouvement comme Stirner* et Marx*) ; les néo-hégéliens qui retinrent de la philosophie hégélienne son idéalisme et parfois sa conception de l'État (Spaventa, Croce* et Gentile* en Italie ; Bosanquet*, Bradley*, Royce*, Stirling en Angleterre).

enseigna les *Principes de la philosophie* du droit* (1820 - 1821), la *Philosophie de l'histoire*, l'*Esthétique*, la *Philosophie de la religion* et l'*Histoire de la philosophie* (œuvres posthumes publiées d'après ses cours). ▪ Opposant à l'intellectualisme abstrait kantien et à l'irrationalisme romantique (intuition selon Schelling) la rigueur et la rationalité du concept, il chercha «à affronter en philosophie la chose même, c'est-à-dire la connaissance effectivement réelle de ce qui est en vérité». Comprendre toute réalité particulière dans son avenir et sa finitude, c'est la saisir sous l'aspect de la totalité (universel concret), comme une manifestation de l'absolu. Celui-ci est réalisation progressive et dramatique de soi, qui implique «son engagement dans l'être-autre et l'aliénation» (négation, différence) et «dans le mouvement de surmonter cette aliénation». Ainsi, la dialectique est l'ensemble des lois du développement de la pensée et de la réalité ; elle est une logique du mouvement, de l'altération où les «sauts qualitatifs» brisent la continuité de la progression quantitative et où les contradictions sont surmontées, dépassées. On ne peut la réduire, comme on le fait trop souvent, au schéma thèse-antithèse-synthèse. Englobant le «cercle total des sciences», le système hégélien est la présentation de l'absolu se développant selon un rythme triadique : posé et pensé en-soi (logique), il s'objective hors-de-soi et pour-soi (philosophie de la nature) pour revenir auprès de soi, à la fois en-soi et pour-soi (philosophie de l'esprit). Cette tentative pour rendre la réalité transparente à la pensée conduit à faire de l'histoire l'œuvre de la raison, utilisant l'«intérêt particulier des passions», la «ruse de la raison», pour réaliser l'idée absolue, réconciliation du sujet et de l'objet, du particulier et de l'universel, du fini et de l'infini, et accomplissement de la liberté (→ **hégélianisme**). ✦ ÉTYM. Ce nom allemand signifie «petite haie», de *hag* «clôture, haie» et suffixe diminutif *-el*.

**HÉGÉSIAS** ♦ Philosophe grec de l'école cyrénaïque (fin du –IVe s. - début du –IIIe s.). Il fut surnommé *Peisithanatos* «celui qui persuade de mourir» car il jugeait le suicide raisonnable dans tous les cas : pour le sot, il est préférable de vivre, mais pas pour le sage. En effet, le plaisir étant le souverain bien, Hégésias remarquait que l'homme ne l'éprouve dans la vie que de façon irrégulière : le bonheur est donc radicalement discontinu et les douleurs l'emportent constamment sur les plaisirs. Plutôt que de rechercher le plaisir, le sage fuira donc la douleur par l'indifférence et par la mort.

**Heian** ou **Heian Jidai** (époque de) n. m. ♦ Période historique et artistique du Japon, allant de la fondation de Heiankyō (auj. Kyōto) en 794 jusqu'à 1192, date de la fondation du *bakufu* de Kamakura*. Cette période, caractérisée par la politique pacifique des régents Fujiwara*, vit l'éclosion de la période «classique» de la littérature et des arts japonais.

**HEIANKYŌ** ✦ ÉTYM. jap. «capitale de la paix et de la tranquillité» ♦ → **Kyōto**.

**HEIBERG (Johan Ludvig)** ♦ Écrivain danois (Copenhague 1791 - Bonderup, près de Ringsted 1860). Fils de l'écrivain P. A. Heiberg (1758 - 1841), auprès de qui il vécut à Paris (1819 - 1822), s'intéressant au vaudeville français dont il combina l'esprit satirique avec la sentimentalité allemande dans *Le Roi Salomon et le chapelier Jørgen* (1825). Critique, fondateur de journaux, professeur de logique, il devint au Danemark le maître à penser de l'époque de 1830 à 1850. Son poème *Une âme après la mort*, satire dirigée contre l'esprit bourgeois, fut publié en 1841, en même temps que le roman *Les Nouveaux Époux (De Nygifte)* et le cycle des poèmes philosophiques, *Le Protestantisme dans la nature*.

**HEIBERG (Gunnar)** ♦ Auteur dramatique et essayiste norvégien (Christiania, auj. Oslo 1857 - Oslo 1929). Il fut directeur du théâtre de Bergen de 1884 à 1888 et, bien qu'il fût lui-même issu de la bourgeoisie, n'hésita pas à attaquer la morale de sa classe dans des pièces satiriques telles que *Tante Ulrike* (1884), *Le Roi Midas* (1890), *Le Gros Lot* (1895), *Le Conseil du peuple* (1897). Rompant avec les conventions sociales, exaltant le désir sexuel, il fit aussi scandale avec des pièces (*Le Balcon*, 1894 ; *La Tragédie de l'amour*, 1904).

**HEIDEGGER (Martin)** ♦ Philosophe allemand (Messkirch, Bade 1889 - *id.* 1976). Il étudia la théologie. Disciple d'E. Husserl*, il lui succéda à l'université de Fribourg-en-Brisgau (1928) dont il devint recteur (1933 - 1934). Son attitude à l'égard du parti nazi, auquel il donna d'abord son adhésion officielle, lui valut de vives critiques et il ne reprit son enseignement à Fribourg qu'en 1956. (Œuv. princ. : *L'Être* et le Temps*, 1927 ; *Kant et le Problème de la métaphysique*, 1929 ; *Qu'est-ce que la métaphysique ?*, 1929 ; *De l'essence de la vérité*, 1943 ; *Lettre sur l'humanisme*, 1947 ; *Chemins qui ne mènent nulle part*, 1950 ; *Approche de Hölderlin*, 1951 ; *Introduction à la métaphysique*, 1953 ; *Qu'appelle-t-on penser ?*, 1954 ; *Qu'est-ce que la philosophie ?*, 1956 ; *Temps et être*, 1962.) ▪ Renouveler la signification de l'ontologie fondamentale, tel est le propos de Heidegger. Le problème de l'être, que l'homme est seul capable de poser, nécessite d'abord une phénoménologie de l'existence humaine, une analyse existentielle de ce que Heidegger nomme l'être-là (en all. *Dasein*). La description de la vie quotidienne, de la relation au monde (lieu de toutes les significations) et aux autres, permet d'expliciter la structure globale de l'être-là, le souci et les racines ontologiques de sa temporalité, qui est le fondement de l'historicité et l'horizon de toute compréhension de l'être. Jeté au monde (déréliction) et se découvrant comme pouvoir-être (projet), l'être-là peut se perdre dans une vie inauthentique (banalité quotidienne, anonymat) ou accéder à l'existence authentique par l'expérience (affective) privilégiée de l'angoisse, au cours de laquelle «l'étant reflue dans sa totalité, le paysage rassurant de notre agir disparaît» (R. Munier), révélant ainsi le néant. Mais, en découvrant de cette façon sa finitude essentielle (son être-pour-la-mort), l'être-là s'ouvre aussi au dévoilement, à la vérité de l'être. Car l'homme est vraiment homme non en s'assurant, par la connaissance (pensée théorétique) et l'action, la domination du monde (étant), mais en sauvant de l'oubli la question de l'être, en se faisant le «berger de l'être». Il s'agit donc de «nous libérer de l'interprétation technique de la pensée», afin de restituer à celle-ci sa dimension originelle qui est d'accomplir «la relation de l'être à l'essence de l'homme» et de libérer la parole de son caractère usuel, des liens de la grammaire, afin qu'elle redevienne poésie ; car «riche en mérites, c'est poétiquement cependant que l'homme habite cette terre» (Hölderlin). ✦ ÉTYM. *Heidegger* vient de l'allemand *Heidecker* «habitant de Heideck», de *Heide* «lande», *Ecke* «coin, angle» et suffixe *-er* désignant des noms d'habitants.

**HEIDELBERG** ✦ ÉTYM. all. «le mont *(Berg)* aux myrtilles *(Heidelbeere)*» ♦ V. d'Allemagne (Bade-Wurtemberg), au S. de l'Odenwald, dans la vallée du Neckar*. 142 889 hab. Célèbre univ., fondée en 1386. Nombreux instituts, dont celui de Médecine tropicale ; 27 000 étudiants dont beaucoup des États-Unis. Château composite (en partie du XVe s.), anc. résidence des électeurs palatins. Maisons anc. dans la partie historique située au pied du château et le long du Neckar. Surtout universitaire et résidentielle, la ville, qui s'est beaucoup étendue, possède aussi des petites industries (construc. électriques, cimenteries). L'agglomération de Heidelberg rejoint celle de Mannheim et de Ludwigshafen, le tout constituant la région urbaine Rhin-Neckar. ▮ **Histoire** Résidence des électeurs palatins à partir du XIIIe s., la ville connut grâce à son université un grand renom, et fut l'un des foyers de la théologie protestante (calviniste). Le *Catéchisme* (ou *Confession*) *d'Heidelberg*, tentant de concilier l'inspiration calviniste avec le luthéranisme, y fut publié en 1563. La ville fut, à plusieurs reprises, dévastée par les Français au cours du XVIIe s. (guerre du Palatinat). Au début du XIXe s., Heidelberg fut l'un des hauts lieux du romantisme allemand.

**Heidelberg.** Château et vieux pont. *Phot. © W. Rozbroj/Explorer*

**HEIDENHEIM** ♦ V. d'Allemagne (Bade-Wurtemberg), à l'E. du Jura souabe, sur la Brenza. 49 784 hab. Château de Hellenstein (XIe - XVIIe s.). ▪ Construc. mécaniques (turbines).

**HEIDENSTAM (Carl Gustaf Verner VON)** ♦ Écrivain suédois (Olshammar 1859 - Stockholm 1940). Descendant d'une famille allemande anoblie, il fit de longs voyages pour sa santé. À Paris, il étudia la peinture avec Gérome. Revenu dans sa patrie en 1887, il publia son premier recueil de poésies, *Années de pèlerinage et de vagabondage* (1888), empreint des impressions, des couleurs et des images luxuriantes du Proche-Orient. Son roman *Endymion* (1889) prêche un épicurisme indifférent aux graves problèmes moraux et sociaux. Dans un pamphlet, *Les Noces de Pepita*, écrit en collaboration avec Levertin*, il déclare le naturalisme dépassé. Ses *Poésies* (1895) parurent à ses contemporains l'expression d'une révolte du rêve et de l'imagination contre un réalisme terre à terre. Il est passé à la postérité pour de remarquables romans historiques, comme *Les Carolins* (1897 - 1898) ou *L'Arbre des Folkungar* (1905 - 1907). [Prix Nobel de littér. 1916]

**HEIFETZ (Jascha)** ♦ Violoniste américain d'origine lituanienne (Vilna 1901 - Los Angeles 1987). D'une virtuosité éblouissante, il s'est essentiellement consacré au répertoire romantique et néoromantique, dont il a donné des interprétations très travaillées et d'une richesse de sonorité exceptionnelle.

**Heiji monogatari** ← ÉTYM. jap. «Récit de la guerre de l'ère Heiji» ♦ Geste épique japonaise racontant, en 36 chapitres romancés, les troubles qui eurent lieu au Japon en 1159 et qui portèrent le clan des Taira* au sommet de sa puissance. Le théâtre et la littérature se sont inspirés des épisodes de cette «chanson de geste» probablement rédigée au XIII$^{e}$ siècle.

**HEIJŌKYŌ** → Nara

**HEIKE** → Taira

**Heike monogatari** ← ÉTYM. jap. «Histoire des Heike» ♦ Geste épique japonaise dont l'auteur est inconnu, rédigée entre 1202 et 1221, et contant l'ascension et la décadence du clan des Taira* (ou Heike). Cette chanson de geste, haute en couleur, était chantée par des moines aveugles itinérants qui s'accompagnaient d'un *biwa* (luth japonais). Elle fut récrite de nombreuses fois et connut jusqu'à nos jours un immense succès. Le théâtre, la littérature et le cinéma ont fait de ses thèmes principaux des sujets populaires. Les personnages principaux en sont Minamoto* no Yoshitsune, le frère de Minamoto* no Yoritomo, et son fidèle moine-écuyer Benkei, à la force herculéenne.

**HEILBRONN** ← ÉTYM. haut all. «source *(bruno)* sacrée *(heilag)*» ♦ V. d'Allemagne (Bade-Wurtemberg) et port sur le Neckar, à 50 km au N. de Stuttgart. 121 416 hab. Église gothique (XIII$^{e}$ - XV$^{e}$ s.) avec une tour Renaissance. ▪ Centre indus. (mécanique, chimie, textiles et produits alimentaires). ▪ Kleist y a situé son drame, *La Petite Catherine de Heilbronn*.

**HEILLECOURT** [54180] ← ÉTYM. anc. *Hadulfo Curtis* «domaine (bas lat. *curtis*) de Hadulf (n. de pers. germ.)» ♦ Comm. de la Meurthe-et-Moselle, dans la banlieue S. de Nancy. 6 185 hab.

**HEILMANN (Josué)** ♦ Industriel et inventeur français (Mulhouse 1796 - *id.* 1848). On lui doit de nombreuses inventions dans le domaine de l'industrie textile : le métier mécanique à tisser vertical (1823), la machine à broder à pantographe (1828) et surtout la peigneuse rectiligne (1846).

**HEILONG JIANG** ou **HEI-LONG-KIANG** → Amour

**HEILONGJIANG** ou **HEI-LONG-KIANG** n. m. ← ÉTYM. chin. «fleuve du Dragon noir» ♦ Prov. du N.-E. de la Chine, bordée par le fl. du même nom (→ **Amour**). → **Chine** (carte). 454 000 km$^2$. 36 237 576 hab. dont une trentaine d'ethnies minoritaires chinoises. CAP. : Harbin. Céréales, betterave à sucre. Lin, tournesol, tabac. Importantes réserves de bois (1 760 000 000 m$^3$ en 1982). La présence de mines de fer et de houille ainsi que de complexes sidérurgiques en fait un des plus importants centres industriels du pays. Pétrole (Daqing*). Or (2$^{e}$ réserve du pays), cuivre, plomb. Indus. automobile. Ginseng.

**Heimskringla** ← ÉTYM. isl. «Orbe du monde» ♦ Titre, d'après les deux premiers mots de ce texte, d'un ouvrage de Snorri* Sturluson, probablement écrit en 1230, sous le titre véritable de *Sagas des rois de Norvège*. Snorri y rapporte, en seize sagas, l'histoire des grands rois de Norvège, depuis les origines mythiques *(Ynglinga saga)* jusqu'à la fin du XII$^{e}$ s. Le fleuron en est la *Saga de saint Óláf* mais la *Saga d'Óláfr Tryggvason* soutient la comparaison. Par cet ouvrage, Snorri a donné ses lettres de noblesse au genre des sagas royales *(konungasögur)* et défini un style étonnamment en avance sur son temps.

**HEINE (Heinrich)** ♦ Poète lyrique et publiciste allemand (Düsseldorf 1797 - Paris 1856). S'il garda de ses origines juives un sentiment d'insécurité matérielle et spirituelle et la conscience de sa différence, sa conversion au protestantisme (1825) fut pour lui, comme il le dit avec quelque ironie, un «billet d'entrée donnant accès à la civilisation européenne». Pour poursuivre ses études de droit à Göttingen puis à Berlin, il dut accepter, non sans en être humilié, les subsides de son oncle, riche banquier de Hambourg. Il débuta dans la carrière littéraire par les deux genres où il devait exceller : la poésie lyrique (*Les Grenadiers*, romance datée de 1816 mais probablement plus tardive, un recueil de poèmes *Rêve et Chant*, 1820, qui fut refusé par l'éditeur Brockhaus) et le journalisme (*Lettres de

Heinrich **Heine.** Portrait par Moritz Oppenheim. Musée d'Art, Hambourg. *Phot.* © *Ralph Kleinhempel.* © *Arch. Larbor*

*Berlin*, 1821). *Le Livre des chants* («Jeunes Souffrances», «Intermezzo», «Le Retour», «Mers du Nord», 1827) connut un succès considérable. Dans ce recueil d'inspiration romantique (plaintes mélancoliques, désespoirs d'amoureux, rire moqueur à l'égard de sa propre sentimentalité, évocations de la mer qui comptent parmi les plus belles de la poésie allemande), Heine se révèle un musicien du verbe qui sut retrouver les rythmes de la mélodie populaire (ainsi sa *Lorelei**) et qui inspira des musiciens comme Schumann et Schubert. Les *Tableaux de voyage* (1826 - 1831) sont l'œuvre d'un journaliste de talent, plein de verve, dont l'esprit satirique et le ton polémique firent scandale. Patriote et libéral, Heine, qui, en raison de ses origines juives, rencontrait des difficultés pour trouver un emploi, quitta l'Allemagne pour Paris (1831). Il y fréquenta les salons mondains, les milieux politiques libéraux et socialistes allemands et collabora à divers journaux (*La Revue des Deux-Mondes, Globe, Vorwärts* qui devint la revue des socialistes, les *Annales franco-allemandes* de K. Marx et A. Ruge). Médiateur entre les cultures allemande et française, il compléta et rectifia l'ouvrage de M$^{me}$ de Staël *(De l'Allemagne)* en publiant (en français et en allemand) *De l'école romantique* (1833 - 1835) où il dénonçait l'idéologie conservatrice et *La Religion et la Philosophie en Allemagne* (1835) où il affirmait l'importance pour l'Europe de la pensée de Hegel. En même temps, il donnait plusieurs études sur la situation de la France sous la monarchie de Juillet (*Les Peintres français*, 1830 ; *De la France*, 1835 ; *Lutezia*, 1843). Sa poésie prit à cette époque le ton de la satire politique et sociale (*Atta Troll*, 1843, où il critique les écrivains libéraux allemands ; *Nouvelles Poésies*, 1844, qui contient le poème «Tannhäuser*» ; *Allemagne, conte d'hiver*, 1844 ; *Les Tisserands de Silésie*, etc.), mais revint au lyrisme dans *Romanzero* (1851 «Lamentations», «Mélodies hébraïques», «Livre de Lazare») qui exprime «le monde intérieur de la maladie, les songes nés de la solitude, de la morphine et de l'ennui» (C. David) ainsi que le retour de ce juif converti, athée ou panthéiste, à «une vieille superstition : la croyance au Dieu personnel». D'une sensibilité presque maladive, d'une humeur instable et d'une intelligence caustique, sachant manier avec brio la formule provocante et le mot d'esprit *(Witz)* pour dénoncer les philistins de la culture ou pour déjouer la censure, Heine fut l'homme des contradictions, si ce n'est des compromissions. «Romantique défroqué», proche par ses positions du mouvement Jeune*-Allemagne (à l'égard duquel il ne ménagea pas ses critiques), européen libéral critiqué par les nationalistes allemands et dont le nom fut rayé des histoires littéraires sous le nazisme, ou prophète de la révolution prolétarienne, représentant d'une civilisation décadente ou annonciateur de l'avenir, il n'a pas fini de susciter des discussions passionnées. ← ÉTYM. *Heine* est une variante de *Hein*, abréviation de *Heinrich* «Henri».

**HEINEMANN (Gustav)** ♦ Homme d'État allemand (Schwelm, Westphalie 1899 - Essen 1976). Actif au sein de l'Église évangélique, il fut cofondateur de la CDU, passa au SPD en 1957 et fut président de la République fédérale de 1969 à 1974.

**HEINESEN (William)** ♦ Écrivain, peintre et musicien danois (Thorshavn, Féroé 1900 - *id.* 1991). Avant tout chantre de la vie et de l'espoir (dans ses poèmes comme *Élégies arctiques*, 1921), il célébra ensuite les Féroé dans des romans comme *Noatún* (1938) ou *La Marmite noire* (1949). Ses chefs-d'œuvre, un roman comme *Les Musiciens perdus* (1950) ou les nouvelles de *La Lumière enchantée* (1957), cherchent à situer l'homme moderne entre exaltation stérile de la technique, pièges d'une religiosité surtout verbale et amour simple de la vie humble.

**HEINKEL (Ernst)** ♦ Ingénieur de l'aéronautique allemande (Grünbach, Wurtemberg 1888 - Stuttgart 1958). Après avoir réalisé son premier avion en 1911, il installa en 1936 à Oranienburg d'importantes usines de construction aéronautique qu'il dirigea jusqu'en 1945.

**HEINLEIN (Robert Anson)** ♦ Romancier américain (Butler, Montana 1907 - Carmel, Californie 1988). Après avoir servi dans la marine (1929 - 1934), il étudia la physique et les mathématiques et se consacra à la science-fiction à partir de 1939. Ses romans, nourris de ses connaissances scientifiques dans tous les domaines, lui valurent quatre Hugo Awards (la récompense littéraire la plus prestigieuse du genre). Son roman *En terre étrangère* (1961) eut un grand retentissement auprès des pacifistes américains, alors que *Étoile, garde à vous* (1959) avait semblé faire l'apologie du militarisme. Œuv. princ. : *La Sixième Colonne* (1949), *Révolte en 2100* (1953), *Révolte sur la Lune* (1967), *Le Ravin des ténèbres* (1970), *Vendredi* (1982), *Le Chat passe-muraille* (1985).

**HEINRICH VON LAUFENBERG** ♦ Prêtre et écrivain allemand du XVe s. Prêtre à Fribourg-en-Brisgau de 1429 à 1444, il fut, avant Luther, le plus grand auteur de cantiques en langue allemande.

**HEINRICH VON MEISSEN** connu sous le nom de **Frauenlob** ♦ Poète allemand (Meissen v. 1260 - Mayence 1323). D'un style souvent compliqué, ses poèmes (lais religieux à la Vierge, lieder) annoncent à maints égards la poésie des maîtres chanteurs (le *Meistergesang*) ; la tradition vit même parfois en lui le fondateur de la première école de maîtres chanteurs à Mayence.

**HEINRICH VON MELK** ♦ Chevalier du XIIe s. Retiré dans un couvent, il écrivit en allemand deux poèmes d'inspiration ascétique, *La Pensée de la mort* et *La Vie des prêtres* dans lesquels il s'élève contre les mœurs de son temps.

**HEINRICH VON MÜGELN** ♦ Poète de langue allemande du XIVe s. Considéré comme un des premiers maîtres* chanteurs, il s'est distingué dans les genres poétiques les plus divers. On possède, entre autres, de lui un *Psautier* (texte latin, traduction allemande et commentaire), un poème d'inspiration religieuse sur le mode allégorique, *Der Meide Kranz*.

**HEINRICH VON PLAUEN** ♦ (Plauen, Bohême v. 1370 - Lochstedt 1429). Il défendit la ville de Marienburg contre les Polonais après le désastre de Tannenberg* et fut élu grand maître de l'ordre Teutonique (1411 - 1413). Il fut déposé peu après et emprisonné, car ses novations portaient atteinte à l'autorité des chevaliers.

**HEINRICH VON VELDEKE** ♦ Poète courtois allemand du XIIe s., originaire du Limbourg. Auteur de poésies lyriques et d'une *Légende de saint Servais*, il est surtout connu pour son important poème *L'Énéide* (v. 1171) qui s'inspire de l'œuvre de Virgile et plus encore du poème français *Le Roman d'Énéas*. Comme l'ensemble des œuvres de Heinrich, *L'Énéide* fut écrite en bas francique ; mais il la transcrivit dans l'allemand du pays de Thuringe, où il s'était installé en 1183.

**HEINSE (Johann Jacob Wilhelm)** ♦ Romancier allemand (près d'Aschaffenburg 1746 - Mayence 1803). Il fut d'abord l'élève de Wieland, mais s'en sépara dès son premier roman *Laidion ou les Mystères d'Éleusis* (publié anonymement en 1774). C'est un séjour de trois ans en Italie qui inspira à cet esthète immoraliste sa meilleure œuvre *Ardinghello et les îles Fortunées* (1787, trad. fr., 1944) ; il situe dans l'Italie de la Renaissance les aventures de son héros, être sensuel et passionné, courageux et violent, épris de liberté autant que de conquêtes ; «son univers extravagant, violent, arbitraire et coloré est celui dont a rêvé la génération des génies» (P. Grappin) du Sturm* und Drang. L'œuvre de Heinse, qui publia encore *Hildegard von Hohenthal* (roman historique sur la passion de la musique des Allemands, 1795 - 1796), fut découverte par le mouvement Jeune-Allemagne (1830).

**HEINSIUS** ou **HEINS (Daniel)** ♦ Humaniste et historien néerlandais (Gand 1580 - Leyde 1655). Auteur de poésies latines et de nombreuses éditions d'auteurs anciens, il fut historiographe de Gustave-Adolphe et secrétaire du synode national de Dordrecht (1618 - 1619), où il se rallia à la majorité. ♦ **Nicolas Heinsius** (Leyde 1620 - La Haye 1682). Fils du précédent, diplomate et humaniste, il édita notamment les œuvres d'Ovide et de Virgile.

**HEINSIUS (Anthonie)** ♦ Grand pensionnaire de Hollande (Delft 1641 - La Haye 1720). Ennemi acharné de Louis XIV, il joua un rôle primordial dans la grande alliance de La Haye (1701), lors de la guerre de Succession* d'Espagne, et devint chef de la coalition à la mort de Guillaume* III d'Orange.

**HEISENBERG (Werner Karl)** ♦ Physicien allemand (Würzburg 1901 - Munich 1976). Il fut l'un des fondateurs de la mécanique quantique. En 1925, il formula la théorie sous forme de matrices, formulation équivalente à l'équation de Schrödinger*, mais élaborée indépendamment ; il est l'auteur des fameuses relations d'indétermination, ou d'incertitude (dites encore *inégalités de Heisenberg*, 1927) qui, tout en constituant une des bases de la mécanique quantique, provoquèrent des polémiques d'ordre philosophique ; il en découle, en effet, que la connaissance simultanée de la position et de la vitesse d'un objet quantique est impossible et, de toute façon, dépourvue de sens. On doit à Heisenberg d'autres contributions fondamentales à la physique théorique, en particulier la découverte des formes allotropiques des molécules d'hydrogène, l'interprétation du ferromagnétisme et, en physique nucléaire, la découverte des forces d'échanges et d'une nouvelle variable, généralisée ensuite sous le nom d'isospin, qui permet de considérer les protons et les neutrons comme deux états distincts d'une même particule. [Prix Nobel de phys. 1932] ➝ ÉTYM. *Heisenberg* est une variante de l'allemand *Eisenberg* «montagne *(Berg)* de fer *(Eisen)*».

**HEIST-OP-DEN-BERG** ♦ Comm. de Belgique (Région flamande), prov. d'Anvers, arr. de Malines, sur une butte de 48 m d'alt. dominant la vallée de la Petite Nèthe. 38 721 hab. Cimenterie. Indus. diversifiées.

**HEITLER (Walter)** ♦ Physicien irlandais d'origine allemande (Karlsruhe 1904 - Zurich 1982). Auteur en 1927, avec F. London*, de la théorie quantique de liaison chimique (étude faite sur la molécule d'hydrogène) qui est à l'origine de la chimie théorique, il élabora avec Bethe* la théorie des gerbes de photons et d'électrons dans les rayons cosmiques (1934). → **Auger.**

**HEKLA** n. m. ➝ ÉTYM. en vieil isl. «manteau, habit» [p.-ê. à cause du manteau de brume qui cache son sommet] ♦ Volcan du S. de l'Islande. 1 491 m. Importante éruption en 1104. Dernières éruptions en 1991 et 2000.

**HEL** ♦ Loc. de Pologne, voïvodie de Poméranie, à l'extrémité de la presqu'île de Hel. Port de pêche et station balnéaire de la Baltique. 3 896 hab. ▪ Dernier point de résistance polonaise lors de l'invasion allemande de 1939. ♦ ***Presqu'île de Hel*** Formée par une étroite bande de terre sablonneuse et boisée, elle prolonge la côte poméranienne dans la baie de Gdańsk*.

**HELBRONNER (Paul)** ♦ Géodésien français (Compiègne 1871 - Paris 1938). Il réalisa la triangulation des Alpes et la relation trigonométrique de la Corse au continent. [Acad. sc. 1927]

**HELDER (LE)** – en néerl. ***Den Helder*** ♦ Port militaire des Pays-Bas (Hollande-Septentrionale), sur le détroit de Marsdiep qui le sépare de l'île de Texel. 58 227 hab. Musée de la marine. ▪ Station de recherches zoologiques marines. Métall. Conserverie. Chantiers navals. Station balnéaire. **Histoire** Village de pêcheurs au XVIIIe s., Le Helder fut transformé en place forte par Napoléon en 1811. Théâtre de batailles navales en 1673, en 1795 et en 1799.

**HELENA** ♦ V. des États-Unis, cap. du Montana, dans les Rocheuses et près de la riv. Missouri. 48 334 hab. Centre régional de commerce et de la finance. Indus. (béton, briques et tuiles, peinture). **Histoire** La ville a dû son développement aux mines d'or et d'argent, vers la fin du XIXe siècle.

**HÉLÈNE** ➝ ÉTYM. en gr. ***Helenê*** [l'étym. populaire «éclat du soleil (de *helios*)» est fausse] ♦ Princesse légendaire de Sparte*, célèbre pour sa beauté néfaste. Fille de Léda* et de Tyndare*, elle est sœur de Clytemnestre* et des Dioscures (→ **Castor et Pollux**), mais, selon la tradition la plus répandue, elle naît de l'union de Léda avec Zeus* métamorphosé en cygne ; d'après une tradition posthomérique, l'œuf d'où sort Hélène (ou Hélène et Pollux) est pondu par Némésis*. Le premier enlèvement d'Hélène a Thésée* et Pirithoos* comme auteurs. Ils la tirent au sort et Thésée, à qui elle échoit, la cache près d'Athènes. Mais les Dioscures la reprennent pendant l'absence de Thésée et de Pirithoos descendus aux Enfers et la ramènent à Sparte. Hélène, en âge de se marier, choisit, parmi les nombreux prétendants qui affluent de toute la Grèce, Ménélas* ; elle lui donne une fille, Hermione*. Tyndare, roi de Sparte, époux légitime de Léda, craignant le mécontentement des prétendants déçus, et conseillé par Ulysse*, leur avait fait prêter serment de respecter le choix d'Hélène et de secourir l'élu si quelqu'un portait atteinte à son honneur. C'est ainsi que l'enlèvement d'Hélène par Pâris* aidé d'Aphrodite*, quelques années plus tard, provoque l'expédition des Grecs contre Troie*. Dans les poèmes homériques, Hélène aide secrètement les Grecs et, ramenée à Sparte, donne l'exemple de la vertu domestique. Selon d'autres mythographes, elle est consentante à cet enlèvement et a plusieurs aventures chemin faisant vers Troie, surtout en Égypte (→ **Protée**).

**Hélène** – en gr. ***Helenê*** ♦ Tragédie d'Euripide* (–412). Alors que Pâris n'a emmené à Troie qu'un fantôme, la véritable Hélène vit en Égypte à la cour de Protée. Au moment où le fils du roi s'apprête à l'épouser de force, Ménélas survient qui, avec le secours des Dioscures, la ramène en Grèce.

**HÉLÈNE** (sainte) ♦ Mère de l'empereur Constantin (Drepanum, Bithynie - v. 327 à Nicomédie). Concubine de Constance Chlore, répudiée lorsqu'il épousa Théodora (289), elle fut rappelée par son fils qui la proclama Augusta, en 325. La légende lui attribue l'invention de la Sainte Croix, lors d'un pèlerinage à Jérusalem et à Bethléem, en 326. ▪ Fête le 18 août.

**HÉLÉNOS** ♦ Héros troyen, fils de Priam* et d'Hécube*. Ayant reçu d'Apollon le don de divination comme sa sœur jumelle Cassandre*, il avertit que l'enlèvement d'Hélène par son frère Pâris serait néfaste pour la ville de Troie*. Quand, après la mort de Pâris, Priam donne Hélène comme femme à son frère Déiphobe, mécontent, il se retire sur le mont Ida. Arrêté par les Grecs, il finit par révéler les conditions requises pour la prise de la ville. Selon une variante, esclave de Pyrrhos*, il épouse Andromaque après la mort de celui-ci et règne en Épire.

**HELFFER (Claude)** ♦ Pianiste français (Paris 1922 - *id.* 2004). Élève de Robert Casadesus, il se consacra au répertoire contemporain.

**HELGOLAND** ➝ ÉTYM. anc. ***Heligoland,*** probablt vx haut all. «la terre *(land)* sacrée *(heilag, heilig)*» ♦ Petite île rocheuse de la mer du Nord, dressant ses falaises de grès rouge au large des bouches de l'Elbe et des côtes du Holstein. 35 ha. Tourisme balnéaire renforcé par la vente hors taxe du tabac. ▮ **Histoire** Danoise (de 1714 à 1807), puis britannique jusqu'en 1890, elle fut acquise par l'Allemagne en échange de Zanzibar. Importante base navale (sous-marins) entre les deux guerres, elle fut démantelée en 1945.

**HÉLI** ou **ÉLI** ➺ ÉTYM. hébr. «élevé» ♦ Personnage biblique. Juge et grand prêtre des Juifs (–XIe s.). Il éleva Samuel* dans le temple de Silo*. Il mourut de douleur lorsque les Phéniciens vainquirent les Israélites (➙ **Israël**).

**HELIADE-RĂDULESCU (Ion)** ♦ Écrivain roumain (Tîrgovişte 1802 - Bucarest 1872). Exilé à Paris après la révolution de 1848, il rentra en Roumanie, où il tint une place de premier plan dans les institutions naissantes de l'intelligentsia, et composa une œuvre marquée par le rationalisme.

**HÉLIADES** n. f. pl. ♦ Filles d'Hélios* («le Soleil» dans la mythologie grecque) et de la nymphe Clyméné*, au nombre de trois ou de cinq. Elles pleurent si amèrement la mort de leur frère Phaéton* que les dieux, ayant pitié d'elles, les métamorphosent en peupliers ; leurs larmes deviennent des gouttes d'ambre.

**Heliand** ♦ Poème biblique de 6 000 vers (allitérés) écrit en bas allemand (langue des Saxons) vers 830 et constituant une des œuvres maîtresses de l'époque carolingienne.

**HÉLIAS (Pierre Jakez)** ♦ Écrivain français d'expression française et bretonne (Pouldreuzic, Finistère 1914 - Quimper 1995). Universitaire et journaliste, il est l'auteur d'un ouvrage autobiographique, *Le Cheval d'orgueil* (1975, publié en breton sous le titre *Marh al Lohr*, 1986), considéré comme un classique de l'ethnographie régionale. On lui doit encore des recueils de poèmes bilingues, *Manoir secret* (*Maner-kuz*, 1964), *Le Passe-vie* (*An tremen-buhez*, 1979), des romans, *L'Herbe d'or* (1982), *La Colline des solitudes* (1984) et un recueil de contes, *Les Contes du vrai et du semblant* (1984). ➺ ÉTYM. *Hélias* est une variante bretonne de *Elie**.

**HÉLIE (Faustin)** ♦ Jurisconsulte français (Nantes 1799 - Paris 1884). Fondateur du *Journal de droit criminel* (1828), auteur d'une *Théorie du Code pénal* (1834 - 1843) et d'un *Traité de l'instruction criminelle* (1845 - 1860), où il analyse les rapports du droit criminel et de la législation civile ou des progrès sociaux.

**Héliée** n. f. – en gr. *Hêliaia* ♦ Le grand tribunal populaire d'Athènes, qui siégeait à ciel ouvert, «sous le soleil» *(hêlios)*. Juridiction d'appel sur les arrêts rendus par les magistrats, créée par Solon* v. –594, l'Héliée était composée au –Ve s. de 6 000 membres (600 par tribu) tirés au sort annuellement et formant 10 sections. Par les réformes d'Éphialte-Périclès (–461), elle hérita d'une partie des pouvoirs de l'Aréopage et sa compétence était quasi générale. Les *héliastes* étaient tirés au sort quotidiennement à partir de –404. Institution démocratique, l'Héliée n'était pas pour autant exempte de faiblesses exploitées par les démagogues. Aristophane railla l'oisiveté, la crédulité et l'incompétence des héliastes.

**HÉLIKON** n. m. ➺ ÉTYM. du gr. *helix* «en spirale ; qui tourne» ♦ Massif montagneux de Grèce, en Béotie*. 1 748 m. ▪ Illustré par Hésiode* (originaire d'Ascra* au pied de l'Hélikon), c'est, dans la légende, un des séjours favoris des Muses* qui se réunissaient autour de la fontaine Hippocrène* et dans le bois sacré où s'élevait leur sanctuaire *(Mouseion)* sur le versant N.-E. près de Thespies*. Les jeux des Mouses, concours de musique et de poésie, s'y célébraient tous les quatre ans. Constantin le Grand pilla les statues du sanctuaire pour orner Constantinople.

**HÉLINAND DE FROIDMONT** ♦ Trouvère picard (Pronleroy, près de Saint-Just-en-Chaussée, Oise v. 1160 - Froidmont, v. 1230). Après une vie mondaine, il se retira dans l'abbaye de Froidmont, près de Beauvais. Auteur d'une *Chronique* et de sermons en latin, il composa (v. 1197) le poème didactique français *Les Vers de la mort*, en strophes de douze octosyllabes : c'est une méditation vigoureuse sur l'égalité devant la mort et la nécessité du salut.

**HÉLIODORE** – en gr. *Hêliodôros* ♦ Ministre de Séleucos* IV Philopator de Syrie (mort en –175). Sur l'ordre de son souverain, il tenta sans succès de s'emparer des trésors du temple de Jérusalem : d'après le IIe livre des Maccabées, il en aurait été empêché par une intervention divine (thème d'Héliodore chassé du Temple, fréquent dans l'iconographie, par exemple dans les *Loges* de Raphaël). En –175, il empoisonna Séleucos et essaya de se faire déclarer roi, mais il fut renversé et mis à mort par Antiochos* IV Épiphane.

**HÉLIODORE** – en gr. *Hêliodôros* ♦ Romancier grec (Émèse, Syrie, IIIe ou IVe s.). Son œuvre, *Les Éthiopiques ou Théagène et Chariclée* (en dix livres), réunit tous les éléments traditionnels du roman grec : la beauté exceptionnelle de deux héros, le coup de foudre et la séparation forcée, le merveilleux, l'opposition des méchants et des bons, l'intrigue touffue d'incroyables péripéties, le dénouement heureux. Ce roman, très populaire chez les Byzantins, trouvait encore des admirateurs pendant la Renaissance. ➺ ÉTYM. Ce nom grec signifie «don *(dôron)* du soleil *(hêlios)*».

**HÉLIOGABALE** ➙ **Élagabal**

**HÉLION (Jean)** ♦ Peintre français (Couterne, Orne 1904 - Paris 1987). Il s'inspira de l'œuvre de Cézanne et du cubisme pour ses premières toiles abstraites. Il fonda en 1930 avec Van* Doesburg le groupe Art Concret, qui devint en 1931 le mouvement Abstraction-Création, dissous en 1936. Après la Deuxième Guerre mondiale, il revint à la figuration (*À rebours*, 1947). Il réintroduisit des figures construites, prises dans des décors strictement géométriques, que le thème de l'homme au chapeau baissé sur les yeux rend parfois énigmatiques. Son œuvre a influencé les peintres de la Figuration narrative (Arroyo*, Aillaud*).

**HÉLIOPOLIS** ➺ ÉTYM. n. gr. («cité *[polis]* du soleil *[hêlios]*») de l'égypt. *Iounou* ou *Onou* «la ville du pilier», dans la Bible *On* – auj. *Tell Hasan* ♦ Anc. ville d'Égypte à l'extrémité S. du delta du Nil, auj. faub. N.-E. du Caire. «Pays du berceau de tout dieu», elle était le centre du culte du dieu solaire Atoum*, puis Rê, puis Hélios ou Apollon et joua un rôle religieux prépondérant dès les temps les plus anciens. Elle possédait un collège de prêtres renommé (➙ **Imhotep**) ainsi qu'une célèbre école de philosophie où aurait séjourné Platon. Les Ptolémées* et les Romains exploitèrent la ville comme une carrière et transportèrent ses colonnes et ses obélisques à Alexandrie et à Rome (obélisque de Séthi* Ier sur la Piazza del Popolo, à Rome). Du grand temple de Rê, il ne reste aujourd'hui qu'un des deux obélisques de Sésostris* Ier. Dans la plaine d'Héliopolis, le sultan Sélim défit les mamelouks* en 1517 et Kléber* l'armée turque d'Ibrahim Bey en 1800.

**HÉLIOPOLIS** ➙ **Baalbek**

**HÉLIOS** ➺ ÉTYM. du gr. *hêlios* «soleil» ♦ Divinité personnifiant le Soleil. Précédé d'Éos* (l'Aurore) et suivi de Séléné* (la Lune), il traverse le ciel sur un char de feu traîné par quatre chevaux. De son union avec Clyméné*, il eut Phaéton* et les Héliades*. D'une autre de ses femmes, il eut Circé* et Pasiphaé*.

**HELLAAKOSKI (Aaro Antti)** ♦ Poète finlandais d'expression finnoise (Oulu 1893 - Helsinki 1952). Viril, énergique et satirique, il s'opposa avec *Poèmes* (1916) à l'académisme élégiaque en vogue avec Koskenniemi* et tenta des expériences formelles inspirées d'Apollinaire* dans *Le Miroir de glace* (1928). Des recueils comme *La Nouvelle Poésie* (1944), *Les proues qui oscillent* (1946), *Suites* (1952) le font reconnaître comme l'un des plus grands poètes finlandais. Auteur philosophique et méditatif, il chercha à déterminer la place de l'homme dans l'univers et la nature ainsi que des impératifs moraux. Œuv. posthumes, dont *Boules de neige* (1955), publiées par son ami P. Mustapää*.

**HELLADE** n. f. – en gr. *Hellas* ♦ Nom qui a désigné dans l'Antiquité une partie de la Grèce : la Phthiotide chez Homère, la Grèce moyenne chez les Romains. Conservé par les Grecs modernes, il désigne la Grèce actuelle.

**HELLÉ** ➙ **Phrixos et Hellé**

**HELLEMMES-LILLE** ♦ Anc. comm. du Nord qui a fusionné avec Lille en 1977. ➙ **Lille.**

**HELLEN** – en gr. *Hellên* ♦ Fils de Deucalion* et de Pyrrha*, qui donna son nom aux Hellènes. De ses trois fils, Doros*, Éole* et Xouthos*, descendaient les races qui se mêlèrent en Grèce : les Doriens, les Éoliens, les Achéens et les Ioniens.

**HELLENS (Frédéric VAN ERMENGEM, dit Franz)** ♦ Écrivain belge d'expression française (Bruxelles 1881 - *id.* 1972). Soucieux d'«esprit nouveau», il fonda la revue poétique *Le Disque vert* (1922 - 1925), à laquelle collabora Henri Michaux. Il accorda, dans son œuvre personnelle, une place majeure aux *Réalités fantastiques* (recueil de nouvelles, 1923), à ce qu'il appelle *La Vie seconde* (1945) ; ce goût pour le surnaturel est notable dans *Mélusine* (1920) et *Œil-de-Dieu* (1925). Attiré également par les analyses psychologiques, il donna, à travers des ouvrages semi-autobiographiques, de pénétrantes études de l'enfance (*Le Naïf*, 1926) et de l'adolescence (*Les Filles du désir*, 1930), abordant enfin des explorations plus hardies avec *La Femme partagée* (1929) et *Frédéric* (1935).

**HELLER (Joseph)** ♦ Romancier satirique et publicitaire américain (Brooklyn 1923 - East Hampton 1999). Marqué par son expérience d'aviateur en 1941 - 1945, il obtint un succès immédiat avec son roman *Catch-22* (1961), devenu synonyme de la déshumanisation par la «logique» du système militaire. Mélangeant horreur et bouffonnerie, Heller a écrit une pièce, *We Bombed in New Haven* (1967), qui dénonce la passivité du public devant les perspectives de conflit mondial.

**HELLESPONT** – en gr. *Hellêspontos* ♦ Anc. nom du détroit des Dardanelles*, lié à la légende de Phrixos* et Hellé. Les Grecs colonisèrent ses rivages dès le –VIIe s. (Abydos, Sestos, Lampsaque). Xerxès* relia les deux rives du détroit par un pont de bateaux pour envahir la Grèce (–481) et Alexandre le Grand le franchit en –334.

**HELLEU (Paul César)** ♦ Peintre, dessinateur et graveur français (Vannes 1859 - Paris 1927). Élève de Gérome, il réalisa d'abord des travaux de décoration pour les églises et peignit aussi des paysages, des marines et des scènes de plein air. Il réalisa une multitude de portraits gravés qui obtinrent un succès considérable. Ses portraits féminins aux silhouettes allongées, flexibles et maniérées, brossés d'un pinceau nerveux et habile, sont très représentatifs de la Belle Époque ou esprit 1900. ➝ ÉTYM. Ce nom de famille signifie «héleur», du verbe *héler* «appeler».

**HELLO (Ernest)** ♦ Écrivain français (Lorient 1828 - *id.* 1885). Contre le scientisme de son siècle, il proposa l'exemple des mystiques. Auteur de *L'Homme* (1872) et de *Contes extraordinaires* (1879), il fut un ardent défenseur de la foi catholique.

**HELMAND** n. m. ♦ Fl. d'Afghanistan (1 188 km), né dans les monts de Paghmān, à l'O. de Kaboul, vers 4 100 m d'alt. Il traverse les montagnes du Hazārajāt, puis les déserts du S. de l'Afghanistan avant de se jeter dans le lac central du Sīstān* par un delta frontalier dont l'utilisation des eaux pour l'irrigation a été réglementée par un traité irano-afghan (1973). Son cours médian a fait l'objet d'aménagements hydro-agricoles grandioses (barrage-réservoir de Kadjakay et périmètre d'irrigation moderne de 80 000 ha).

**HELMERT (Friedrich Robert)** ♦ Géodésien allemand (Freiberg, Saxe 1843 - Potsdam 1917). Il fut l'un des promoteurs des théories modernes en géodésie, utilisant en particulier la gravimétrie et l'astronomie pour l'étude de la surface de la Terre.

**HELMHOLTZ (Hermann Ludwig Ferdinand VON)** ♦ Physicien et physiologiste allemand (Potsdam 1821 - Charlottenburg 1894). Il fut un savant universel. Considérant que l'énergie et ses transformations peuvent expliquer la majorité des phénomènes, il fut l'un des fondateurs de la thermodynamique ; on lui doit la formulation du principe de conservation de l'énergie dans lequel il introduisit la notion d'énergie potentielle. Il fut l'auteur, en mécanique, de la théorie des tourbillons ; ce fut lui qui remarqua que seule la nature granulaire de l'électricité était compatible avec les lois de l'électrolyse de Faraday*. Il s'intéressa à l'acoustique et à l'optique aussi bien du point de vue physique que physiologique. Il mit au point une méthode de mesure de la vitesse de propagation de l'influx nerveux, effectua d'importantes recherches sur la vision colorée et le phénomène d'accommodation, montra le rôle de la diffraction dans la limite de résolution du microscope. Il étudia les mécanismes de l'audition, découvrit que le timbre du son est dû à l'existence d'harmoniques, inventa un résonateur pour l'analyse et la synthèse des sons. [Acad. sc. 1892] ➝ ÉTYM. Ce nom de famille allemand vient de *Helm* «casque» et *Holz* «bois [matériau]».

**HELMOND** ♦ V. des Pays-Bas (Brabant-Septentrional). 86 061 hab. Château du XIIIe s. ▪ Centre textile. Métallurgie.

**HELMONT** ➝ Van Helmont

**HELMSTEDT** ♦ V. d'Allemagne (Basse-Saxe), au N. du Harz. 25 235 hab. Toute proche de l'autoroute Hanovre-Berlin, la ville donnait son nom au point de contrôle «Alpha» à l'entrée du principal couloir d'accès à Berlin pendant la guerre froide. Église paroissiale du XIIIe s. Siège d'une univ. protestante de 1576 à 1809. ▪ Houillères, filatures, chimie.

**HÉLOÏSE** ➝ ÉTYM. du germ. *Helewidis*, de *haila* «robuste» et *wid* «large» ♦ (Paris 1101 - couvent du Paraclet 1164). Nièce du chanoine parisien Fulbert, elle eut Abélard* pour précepteur, devint sa maîtresse et en eut un fils. Après l'émasculation de son amant elle entra au couvent d'Argenteuil. Abbesse au Paraclet, près de Nogent-sur-Seine, elle garda Abélard comme directeur et échangea avec lui une correspondance remarquable par sa passion et son élévation spirituelle.

**HE Long** ou **HO Long** ♦ Maréchal chinois (Dayong Xian 1896 - 1969). Nationaliste, en poste à Nanchang, il se souleva et provoqua une dissidence dans l'armée nationale chinoise, créant ainsi le premier noyau de ce qui devait devenir plus tard l'Armée populaire de libération. Il prit part à la Longue Marche et combattit avec succès les Japonais, puis participa à la guerre civile.

**HÉLOU (Charles)** ♦ Homme d'État libanais (Beyrouth 1911 - *id.* 2001). Pendant son mandat présidentiel (de 1964 à 1970), il poursuivit la politique de réformes initiée par Fouad Chehab.

**HÉLOUAN** – en ar. *Ḥulwān* ♦ V. de Basse-Égypte (gouvernorat de Gizeh), au S. du Caire. 320 000 hab. Station thermale créée par Ismaïl Pacha au XIXe s. sur l'ancien site. Observatoire astronomique et météorologique. ▪ Hélouan est devenu après 1952 la principale banlieue industrielle du Caire. Complexe sidérurgique (le plus grand du Proche-Orient) construit en 1956 avec l'aide de l'URSS à Abou Saal. Indus. textile (coton, soie), pharmaceutique et militaire. Verrerie. Cimenterie. ▪ À proximité, nécropole de fonctionnaires des Ire et IIe dynasties.

**HELPMANN (Robert)** ♦ Danseur et acteur britannique, d'origine australienne (Mount Gambier, Australie 1909 - Sydney 1986). Venu à Londres, il devint premier danseur du Sadler's Wells Ballet où il fut, aux côtés de Margot Fonteyn, l'interprète de ses propres chorégraphies *(Hamlet, Miracle in the Gorbals, Elektra)*. Acteur de théâtre et metteur en scène, il a consacré une part de ses activités au cinéma *(Les Chaussons rouges, Les Contes d'Hoffmann)*.

**HELSINGBORG** ♦ V. de l'extrémité méridionale de la Suède, au point le plus étroit de l'Øresund. 123 389 hab. Reliée par ferry-boat à Elseneur* (Danemark). Restes d'une citadelle construite au Moyen Âge. Église gothique (XIIIe s.). Musées. ▪ Carrefour ferroviaire. Économie fondée sur les activités portuaires : transport de marchandises, de passagers, de véhicules et de trains. Indus. mécaniques, chimique, agroalimentaire.

**HELSINGFORS** ➝ Helsinki

**HELSINGØR** ➝ Elseneur

**HELSINKI** ➝ ÉTYM. en suéd. ***Helsingfors*** «la cascade *(fors)* des oies sauvages *(helsing)*» ♦ Cap. de la Finlande, ch.-l. du comté d'Undenmaan, premier port du pays, sur une presqu'île du golfe de Finlande. 568 531 hab. *(Helsinkiens)*. Les faubourgs d'Helsinki, tel Tapiola, présentent des exemples d'urbanisme et d'architecture modernes remarquables. Université. Ses larges artères, ses parcs (Kaisaniemi, Kaivopuisto) et ses bâtiments modernes ont valu à Helsinki le surnom de «ville blanche du Nord». Les quartiers centraux sont groupés autour de la Kauppatori (place du Marché) et de l'Esplanade. La ville possède de beaux monuments de style classique (la grande église Saint-Nicolas, 1830 - 1852 ; l'université et le Conseil d'État, dus à l'architecte C. L. Engel), des constructions de la fin du XIXe s. (gare, musée national par Eliel Saarinen) et du XXe s. (stade olympique, maison de la culture par A. Aalto, 1955 - 1958). Musées. Bibliothèque de l'univ. Librairie académique. ▪ Helsinki est le principal centre industriel du pays : chantiers navals, métallurgie, constructions mécaniques, indus. chimiques, alimentaires, textiles (confection). Imprimeries. Porcelaines réputées. ▪ La ville possède cinq ports pouvant accueillir les plus gros navires et drainant la moitié du trafic national. Aéroport international d'Helsinki-Setula. Exportation de produits métallurgiques, bois d'œuvre, cellulose, papier, produits laitiers. Importation de matières premières, d'automobiles, de produits alimentaires. ▪ **Histoire** Fondée en 1550 par Gustave* Ier Vasa, roi de Suède, fortifiée en 1750, Helsinki devint en 1812 capitale du grand-duché de Finlande (possession russe), remplaçant ainsi Turku*. Lors de la guerre d'Indépendance, en 1918, elle fut le siège d'un gouvernement provisoire communiste renversé le 13 avril 1918 par les troupes de Mannerheim*. L'acte final de la Conférence sur la sécurité et la coopération en Europe (CSCE) y fut signé le 1er août 1975.

**HELVÈTES** n. m. pl. ➝ ÉTYM. en lat. *Helvetii*, p.-ê. du celt. «possédant beaucoup *(°elv-)* de terres *(°eto-)*» ♦ Peuple celte établi en Allemagne du S. à la fin du -IIe s. Au -Ier s., ils occupaient la majeure partie de l'actuelle Suisse occidentale. Pour fuir les Suèves* que commandait Arioviste*, ils émigrèrent vers la Gaule, mais César* les vainquit à Montmort (Morvan) en -58 et les contraignit à retourner dans leur pays d'origine. Sous Auguste*, l'Helvétie* fut rattachée à la Belgique puis à la Lyonnaise* Ire. L'invasion des Alamans* et des Burgondes* au Ve s. contraignit les Helvètes à se réfugier dans les montagnes.

**HELVÉTIE** n. f. ➝ ÉTYM. de *Helvètes** ♦ Anc. partie orientale de la Gaule* occupant à peu près le territoire de la Suisse actuelle. Pays des Helvètes*.

**HELVÉTIUS (Claude Adrien)** ➝ ÉTYM. lat. «Helvète» ♦ Philosophe français (Paris 1715 - Versailles 1771). Fermier général, il collabora à l'*Encyclopédie**. Dans ses traités (*De l'esprit*, 1758, condamné par le Conseil du roi ; et *De l'homme, de ses facultés intellectuelles et de son éducation*, 1772), il formula une philosophie matérialiste, sensualiste et athée, affirmant le rôle prépondérant de la société et de l'instruction dans la formation de l'individu (contre l'*Émile* de Rousseau). Ses positions suscitèrent les critiques de Diderot*.

**HEM** [59150] ➝ ÉTYM. du frq. *heim* «hameau» ♦ Comm. du Nord, arr. de Lille, dans la banl. S. de Roubaix. 19 675 hab. *(Hémois)*. Chapelle moderne par Hermann Baur (1958) : murs-vitraux d'A. Manessier.

**HEMACHANDRA** ♦ Philosophe indien jaïna (1089 - 1172), conseiller du roi Kumārapāla de Dhara. Il écrivit de nombreux ouvrages religieux et philosophiques et est considéré comme l'un des plus éminents docteurs du jaïnisme*.

**HEMEL HEMPSTEAD** ♦ V. d'Angleterre (Hertfordshire), au N.-O. de Londres. 75 000 hab. Elle fit l'objet d'un plan d'urbanisme expérimental en 1948, qui servit de modèle aux villes nouvelles britanniques.

**HEMIKSEM** ♦ Comm. de Belgique (Région flamande), prov. et arr. d'Anvers (banl. S.) sur la rive d. de l'Escaut. 9 755 hab. Vestiges de l'abbaye Saint-Bernard fondée en 1235. ▪ Métallurgie non ferreuse. Cimenterie. Indus. diversifiées.

**HEMINGWAY (Ernest Miller)** ♦ Écrivain américain (Oak Park, Illinois 1899 - Ketchum, Idaho 1961). Fils d'un médecin de Chicago, qu'il accompagnait dans ses visites, et d'une mère musicienne et peintre qui sut éveiller sa sensibilité, il préféra devenir reporter au *Kansas City Star* plutôt qu'étudiant à l'université de l'Illinois. Après avoir été ambulancier sur le front italien pendant la Première Guerre mondiale, expérience qui le marqua (il y fut grièvement blessé), il s'installa à Paris où il fut correspondant du *Star* de Toronto. C'est

Ernest **Hemingway** en 1954. *Phot. © Tore Johnson/Magnum*

là qu'il commença, en publiant *In Our Time* (1925), recueil de 15 nouvelles, une carrière littéraire sous le patronage de Gertrude Stein, Ezra Pound et Sherwood Anderson qu'il parodia avec *Les Torrents du printemps*, 1926. Sa formation journalistique explique en partie le style de ses récits, elliptique, direct, «sans truquage ni tricherie». Décrivant des comportements, sans jamais prétendre rendre compte des pensées de ses personnages, il contribua fortement à l'élaboration du style romanesque contemporain. *Le soleil se lève aussi* (1926) est, avec *L'Adieu aux armes* (1929), une des plus grandes réussites d'Hemingway. Quant à ses nouvelles (*Les Neiges du Kilimandjaro, Hommes sans femmes,* 1927) dont les héros sont presque toujours des violents, leur classicisme est reconnu. Romancier de la mort, «inévitable réalité, la seule chose dont un homme puisse être sûr, la seule certitude», il se passionnait pour la corrida (*Mort dans l'après-midi,* 1932) et aimait l'Espagne dont la guerre civile inspira son plus grand succès populaire, *Pour* qui sonne le glas* (1940), récit lyrique qui se veut réaliste et dont le thème, que l'on retrouve dans *Le Vieil* Homme et la Mer* (1952), est celui de la victoire dans la défaite. *En avoir ou pas* (1937) est l'histoire d'un contrebandier et d'un criminel à Key West (où l'auteur a vécu longtemps, ainsi qu'à Cuba). Grand amateur de sensations fortes (pêche au gros, chasse), Hemingway était néanmoins dépressif et se suicida. Ses œuvres posthumes comprennent *Paris est une fête* (1964), chronique de sa jeunesse parmi les expatriés anglo-américains de Montparnasse, et *Îles à la dérive* (1970). [Prix Nobel de littér. 1954] ➝ ÉTYM. Ce nom de famille vient d'un nom de lieu, du vieil anglais «le chemin *(wey)* de Hemming (nom de personne)».

**HÉMON (Louis)** ♦ Écrivain français (Brest 1880 - Chapleau, Canada 1913). Après des études de droit à la Sorbonne, il vécut huit ans en Grande-Bretagne, puis s'établit (1911) au Canada, menant quelque temps la vie de garçon de ferme à Péribonka (lac Saint-Jean). Publié d'abord dans *Le Temps* (1914), *Maria* Chapdelaine, récit du Canada français* (Canada, posth. 1916 ; France 1921) connut un succès universel. La même émotion, simple sans être mièvre, se retrouve dans le recueil de nouvelles, *La Belle que voilà* (posth. 1923). *Monsieur Ripois et la Némésis* (posth. 1950) narre, dans un climat très différent, les entreprises de séduction d'un jeune Français à Londres.

**HEMŪ** ♦ Général et ministre hindou du sultan musulman Ādil Chāh (vers 1554). Ayant conquis Agra* et Delhi* pour le compte de son maître, il trahit celui-ci et se proclama roi de Delhi sous le nom de Rāja Vikramāditya, s'opposant ainsi au successeur de Chêr Chāh Sūri et à Akbar*. Ce dernier l'attaqua et le battit à Panipat en 1556. Le premier Grand Moghol l'abattit de sa propre main, gagnant ainsi le titre envié de Ghāzi ou «Tueur d'infidèles».

**HENAN** ou **HO-NAN** n. m. ➝ ÉTYM. chin. «sud *(nán)* du fleuve *(hé)* [au sud du Huang* he]» ♦ Prov. de la Chine, traversée par le Huang he, le Huai he, le Wei he et le Han shui et 1 500 cours d'eau. → **Chine** (carte). 167 000 $km^2$. 91 236 854 hab. CAP. : Zhengzhou. Nombreux monuments historiques dont les grottes de Longmen*, le monastère de Shaolin, célèbre centre d'arts martiaux, où vécut et enseigna Bodhidharma*. ▪ Céréales, soja, tabac (1er prod. du pays), coton, oléagineux. Machines et matériels agricoles. Bauxite et molybdène (2e prod. du pays). Fer, charbon (Anyang). Complexe sidérurgique. Indus. textile. Important effort de reboisement pour lutter contre l'érosion. Travaux hydrauliques sur le Huang* he : la prov. a subi au cours des siècles plus de 1 000 inondations ; barrage (Sanmenxia), canaux de dérivation. ▮ **Histoire** La prov., encore désignée par le nom de Zhongzhou ou de Zhongyuan (la «Plaine centrale»), a été le berceau de la civilisation chinoise : culture Yangshao, dynasties Xia* et Shang*.

**HENARES** n. m. ♦ Riv. d'Espagne (150 km), affl. rive g. de la Jarama, arrosant la Castilla-La Mancha (Guadalajara, Alcalá* de Henares).

**HÉNAULT (Jean François)** ♦ Magistrat et écrivain français (Paris 1685 - *id.* 1770). Fils d'un fermier général, il fit carrière dans la magistrature, brilla à la cour et dans les salons (il régna sur celui de Mme du Deffand* dont il était l'amant) et fut un ami des philosophes, en particulier de Voltaire. Il peut être considéré comme particulièrement représentatif de la grande bourgeoisie éclairée du XVIIIe siècle.

**HENCH (Philip Showalter)** ♦ Médecin américain (Pittsburgh 1896 - Ocho Rios, Jamaïque 1965). Il découvrit, avec E. Kendall* et T. Reichstein*, la constitution chimique de la cortisone et ses effets thérapeutiques anti-inflammatoires, antirhumatismaux, antiallergiques, etc. [Prix Nobel de physiol. ou méd. 1950, avec E. Kendall et T. Reichstein]

**HENDAYE** [ɑ̃daj] [64700] ➝ ÉTYM. du basque *handi* «grand, illustre» ♦ Ch.-l. de cant. des Pyrénées-Atlantiques, arr. de Bayonne, sur l'estuaire de la Bidassoa, à la frontière espagnole. 12 596 hab. *(Hendayais).* Gare internationale. Port de pêche. Station balnéaire à Hendaye-Plage.

**HENDERSON (Fletcher)** ♦ Pianiste, arrangeur, compositeur et chef d'orchestre américain de jazz (Cuthbert, Georgie 1898 - New York 1952). Il fut le premier chef d'orchestre noir à atteindre la notoriété dès 1924 en jouant au Roseland Ballroom de New York durant de nombreuses années. Il accueillit dans sa formation des musiciens tels que Louis Armstrong*, Coleman Hawkins*, J. C. Higginbotham, Dicky Wells, Ben Webster*, Sidney Catlett. Il écrivit des arrangements pour d'autres orchestres tels que ceux de Jack Hylton, de Tommy et Jimmy Dorsey, et de Benny Goodman*. Princ. enregistrements : *Sugar Foot Stomp* (1925), *Cake Walking Babies* (avec Bessie Smith, 1925), *King Porter Stomp* (1928), *Shangai Shuffle* (1934), *Henderson Stomp* (avec Benny Goodman, 1940).

**HENDON** ♦ V. d'Angleterre (Middlesex), dans la banl. N.-O. de Londres. 160 000 hab. L'aéroport fut l'une des bases de la RAF pendant la Deuxième Guerre mondiale.

**HENDRICKS (Barbara)** ♦ Soprano américaine (Stephens, Arkansas 1948). Élève de Jennie Tourel, elle a débuté en 1976 (*Le Couronnement de Poppée* de Monteverdi) et a mené depuis une brillante carrière internationale, à la scène (Mozart, Puccini, R. Strauss) et comme interprète de lieder. Elle a incarné Mimi dans *La Bohème** de Puccini portée à l'écran par L. Comencini en 1987.

**HENDRIX (James MARSHALL, dit Jimi)** ♦ Guitariste et chanteur américain de musique pop (Seattle 1942 - Londres 1970). Issu d'une famille noire pauvre, autodidacte, il accompagna longtemps des chanteurs de «soul music» avant d'être connu en Grande-Bretagne (*Hey Joe,* 1967). Pendant les trois ans de sa courte carrière, il s'imposa comme un instrumentiste hors pair, sans cependant renier les enseignements du blues (*Electric Ladyland,* 1968).

**HENGELO** ♦ V. des Pays-Bas (Overijssel). 81 429 hab. Métallurgie. Électromécanique. Chimie. Gisements de sel.

**HENG SHAN** ou **HENG-CHAN** n. m. ♦ Nom de deux des cinq montagnes sacrées de Chine. La plus importante est celle de la prov. du Hunan, culminant à 1 290 m et comprenant soixante-douze pics sur lesquels ont été édifiés de nombreux temples taoïstes et bouddhiques qui en font un lieu de pèlerinage très fréquenté. L'autre, dans le Hubei et le Shanxi, culmine à 2 017 m.

**HENGYANG** ou **HENG-YANG** ♦ V. de Chine (Hunan). 804 818 hab. Métaux non ferreux. Kaolin. Céréales.

**HENIE (Sonja)** ♦ Patineuse norvégienne (Oslo 1912 - en avion, entre Paris et Oslo 1969). Elle fut championne du monde à quinze ans et gagna tous les grands concours entre 1927 et 1937. Hollywood en fit par la suite une vedette dans des spectacles de patinage artistique.

**HÉNIN-BEAUMONT** – anc. *Hénin-Liétard* [62110] ♦ Ch.-l. de cant. du Pas-de-Calais, arr. de Lens. 25 178 hab. *(Héninois).* Anc. centre houiller.

**HENLEIN (Konrad)** ♦ Homme politique allemand (Maffersdorf-Reichenberg 1898 - Pilsen, auj. Plzeň 1945). Chef du Parti allemand des Sudètes* en Tchécoslovaquie soumis aux ordres de Hitler à partir de 1935, il facilita leur rattachement au Reich, puis fut nommé *Gauleiter* des Sudètes en 1938. Capturé par les Alliés, il se suicida.

**HENLEY-ON-THAMES** ♦ V. d'Angleterre (Oxfordshire), sur la Tamise, en aval de Reading. 12 000 hab. Régates.

**HENNEBIQUE (François)** ♦ Ingénieur français (Neuville-Saint-Vaast 1842 - Paris 1921). Constructeur en 1892 du premier immeuble parisien en béton armé (rue Danton, 6e arr.), il obtint une répartition judicieuse des contraintes entre les armatures métalliques tendues et le béton comprimé en utilisant des fers ronds reliés avec des étriers en feuillards. ➝ ÉTYM. Ce nom est l'hypocoristique de *Hennebaut,* du germanique *Hannebald,* du vieux haut allemand *°hahne* «poule» et *bald* «audacieux».

**HENNEBONT** [56700] ➝ ÉTYM. «le vieux (vx bret. *hen*) pont» ♦ Ch.-l. de cant. du Morbihan, arr. de Lorient, sur le Blavet. 13 412 hab. (aggl. 18 807) *(Hennebontais).* Église (XVIe s.) de style gothique flamboyant (tour-clocher). «Ville close», cité médiévale du XIIIe s. dont il reste quelques maisons ; remparts reconstruits au XVe s. Écomusée industriel de Lochrist-Inzinzac : musée des métallurgistes des forges d'Hennebont. ▪ Haras national. Anc. forges. ▪ Aux environs, abbaye cistercienne de la Joie, fondée en 1275. ▮ **Histoire** Pendant la guerre de Succession de Bretagne, Jeanne, veuve de Jean de Montfort, soutint avec témérité un siège dans Hennebont contre Charles de Blois. L'arrivée de la flotte anglaise sauva la ville. En 1372, Du Guesclin la reprit aux Anglais. Hennebont a beaucoup souffert en 1944 - 1945.

**HENNE-MORTE** (gouffre de la) ♦ Gouffre du massif de Paloumère (Haute-Garonne), près d'Arbas, profond de 446 m, exploré par N. Casteret*.

**HENNER (Jean-Jacques)** ♦ Peintre français (Bernwiller, Haut-Rhin 1829 - Paris 1905). Auteur de portraits habilement peints et de compositions religieuses d'un esprit et d'un style conventionnels, il acquit une immense réputation auprès de la clientèle bourgeoise européenne, avec des nus féminins aux chairs pâles et nacrées sur fond de paysage estompé à tonalité brune qui dénotent les influences conjuguées de Corrège, Titien et Prud'hon (*La Chaste Suzanne*, 1865 ; *Biblis changée en source*, 1867). ➝ ÉTYM. *Henner* vient du vieux haut allemand **hahne* «poule» [éleveur de volaille].

Jean-Jacques **Henner.** *La Chaste Suzanne* (dit aussi *Suzanne au bain*) [1,85 × 1,30 m]. Musée d'Orsay, Paris. *Phot. © Lauros/Giraudon*

**HENNIG (Willi)** ♦ Entomologiste allemand (Dürrhennersdorf, Saxe 1913 - Ludwigsburg 1976). Il proposa, dès 1950, une méthode entièrement nouvelle de classification des êtres vivants, la systématique phylogénétique, ou cladistique, fondée sur les relations de parenté des taxons.

**HÉNOCH** ou **ÉNOCH** ➝ ÉTYM. en hébreu ***Hanôkh***, p.-ê. à rapprocher du cananéen *hanaku* «suivant, adepte» ♦ Personnage biblique, père de Mathusalem* et le patriarche qui vécut le moins longtemps (365 ans) : en fait, il ne mourut pas mais fut enlevé par Dieu. Cet être exceptionnel par sa proximité avec Dieu prit une grande importance dans les légendes juives : loué par Ben Sira (➝ **Siracide**) et par l'auteur de l'épître aux Hébreux*, placé dans les ancêtres de Jésus par l'évangile de Luc*, il est crédité de l'invention de l'alphabet et de la connaissance de tous les mystères. Cette réputation s'est transmise à l'islam, où il apparaît sous le nom d'Idris. Les apocryphes* mis sous son nom, de genre apocalyptique, ont fortement influencé l'angélologie juive, chrétienne et musulmane. ♦ ***Le Livre d'Hénoch*** Le *Livre d'Hénoch éthiopien (1 Hénoch)*, conservé en éthiopien ancien (guèze) mais composé en hébreu ou en araméen (on en a retrouvé des fragments à Qumrân* et il est cité dans l'épître de Jude*), est une œuvre composite regroupant des traditions des –IIe – Ier s. Le *Livre d'Hénoch slave (2 Hénoch)*, sans doute composé en grec et connu par une recension russe et une recension bulgare, s'inspire du précédent. Le *Livre d'Hénoch hébreu (3 Hénoch)*, composé en hébreu aux Ve - VIe s., décrit l'ascension au ciel d'un illustre rabbin du IIe s., Ismaël, et les révélations qu'il reçoit d'Hénoch devenu l'archange Métatron.

**HÉNON (Jacques-Louis)** ♦ Médecin et homme politique français (Lyon 1802 - Montpellier 1872). Républicain sous la monarchie de Juillet, élu député au Corps législatif (1852) après le coup d'État du 2 décembre 1851, il fut considéré comme démissionnaire pour avoir refusé de prêter serment à l'empereur. Réélu en 1857, il accepta de siéger avec l'opposition républicaine (groupe des Cinq : Darimon, J. Favre, É. Ollivier, E. Picard). Après la chute du Second Empire (4 sept. 1870), il devint maire de Lyon.

## HENRI

➝ ÉTYM. du germ. *Haimrik*, de *haim* «maison, foyer» et *rik* «puissant» – it. *Enrico* et *Arrighi* ; esp. *Enrique* ; port. *Henrique* ; occit. et catalan *Enric* ; all. *Heinrich, Heinz, Henkel* ; angl. *Henry, Harry* ♦ Nom de plusieurs personnages, classés selon les rubriques suivantes : rois et empereurs germaniques ; Angleterre ; Bavière ; Castille ; France ; Portugal.

### ROIS ET EMPEREURS GERMANIQUES

**HENRI Ier l'Oiseleur** ♦ (v. 875 - Memleben 936). Roi de Germanie (919 - 936). Duc de Saxe (912), il succéda à Conrad* Ier, fondant ainsi la dynastie saxonne. Il rattacha la Lotharingie à l'Allemagne (925), lutta contre les Slaves à l'E. de l'Elbe et contint les Hongrois. ▪ Père d'Othon* Ier le Grand.

**HENRI II le Saint** ♦ (Abbach, Bavière 973 - Grona, près de Göttingen 1024). Roi de Germanie (1002 - 1024) et empereur germanique (1014 - 1024). Duc de Bavière, parent d'Othon* III à qui il succéda, il lutta contre le duc (et futur roi) de Pologne, Boleslas* Ier le Vaillant, à qui il dut abandonner le pays à l'E. de l'Elbe (1015 - 1018). Préoccupé de la réforme du clergé, il favorisa notamment la réforme clunisienne et protégea l'Église. Il fonda l'évêché de Bamberg* en 1007. Il fut canonisé en 1146. Dernier empereur saxon, il eut pour successeur Conrad* II le Salique.

**HENRI III le Noir** ♦ (1017 - Bodfeld, dans le Harz 1056). Roi de Germanie (1039 - 1056) et empereur germanique (1039 - 1056, couronné en 1046). Fils de Conrad* II le Salique, il exerça sa charge avec autorité, lutta contre la féodalité et jouit d'un grand pouvoir en Allemagne. Il fit des Slaves de Bohême (1041), des Polonais (1041) et des Hongrois (1045) les vassaux de l'Empire. Descendu en Italie, il mit la papauté en tutelle, déposant le pape Grégoire VI et faisant élire pape des évêques allemands (Clément II, 1046 ; Damase II, 1048 ; Léon IX, 1049). ▪ Père d'Henri IV.

**HENRI IV** ♦ (1050 - Liège 1106). Roi de Germanie (1056 - 1106) et empereur germanique (1084 - 1106). Fils d'Henri III, il régna d'abord sous la régence de sa mère Agnès de Poitiers puis des archevêques Annon de Cologne et Adalbert de Brême. Profitant de cette minorité, les grands féodaux reprirent leur indépendance ; les Saxons révoltés (1073) furent toutefois vaincus en 1075. Lors de ces difficultés en Allemagne et alors que l'autorité impériale était battue en brèche à Rome, éclata la querelle des Investitures* (1076). S'opposant au décret de Grégoire* VII qui interdisait les investitures laïques (1075), Henri IV fit déposer le pape par le concile de Worms (janv. 1076). Le pontife excommunia et déposa l'empereur (fév. 1076) (➝ **Rodolphe de Souabe**), délivrant ses sujets du devoir d'obéissance. La révolte éclata chez les féodaux, la fidélité du clergé allemand n'était plus sûre. Abandonné de tous, Henri IV fut contraint d'implorer en plein hiver le pardon de son adversaire au château de Canossa (25 - 28 janv. 1077). La levée de l'excommunication lui permit de triompher des féodaux révoltés, de rompre à nouveau avec Grégoire VII, de le déposer et de faire élire l'antipape Clément* III. Indifférent à une nouvelle excommunication (1080), il descendit en Italie, assiégea et prit Rome (1084) où il se fit couronner empereur par l'antipape. À la mort de Grégoire VII (1085), Henri faisait figure de vainqueur. Cependant l'élection d'Urbain* II (1088) fit triompher la cause pontificale compromise à la mort de son prédécesseur. Le nouveau pape, appuyé par les Normands et les villes lombardes hostiles à la domination germanique, réussit à reprendre Rome (1093) et à chasser Henri IV d'Italie. La fin de la vie de l'empereur fut marquée par les révoltes de ses fils, d'abord Conrad qu'il avait fait nommer roi des Romains en 1093, puis son second fils Henri V qui fit déposer son père par la diète de Mayence (1105).

**HENRI V** ♦ (1081 - Utrecht 1125). Roi de Germanie (1106 - 1125) et empereur germanique (1111 - 1125). Fils d'Henri IV, il se révolta contre son père (1104 - 1105) avec l'appui du pape Pascal* II mais s'opposa à celui-ci par la suite, suscita l'antipape Sylvestre* IV (1105) et l'emprisonna (1111). Vaincu par les princes saxons (1115), il descendit en Italie et prit Rome (1117). Il chassa de cette ville le nouveau pape Gélase* II, lui opposa l'antipape Grégoire* VIII en 1118. Cependant, il dut s'entendre avec le pape Calixte* II et signa le concordat de Worms* (1122) qui mettait fin à la querelle des Investitures*. ▪ Il eut pour successeur Lothaire* III.

**HENRI VI** ♦ (Nimègue 1165 - Messine 1197). Roi de Germanie (1190 - 1197) et empereur germanique (1191 - 1197). Fils de Frédéric* Ier Barberousse à qui il succéda. Marié à Constance de Sicile (1186), il devint roi de Sicile (1194) mais dut conquérir l'île sur Tancrède*. Il garda prisonnier Richard* Cœur de Lion à son retour de croisade. Il eut pour successeur son frère Philippe* Ier de Souabe. ▪ Père de Frédéric* II.

**HENRI VII** ♦ (1211 - Martirano, Calabre 1242). Fils de Frédéric* II (empereur germanique), il fut élu roi des Romains (1220), assura la régence de l'Allemagne, sous la tutelle d'Engelbert, archevêque de Cologne, mais se révolta contre son père et se soumit (1235). Emprisonné en Italie, il s'empoisonna.

**HENRI VII DE LUXEMBOURG** ♦ (v. 1275 - Buonconvento, près de Sienne 1313). Empereur germanique (1308 - 1313). Comte de Luxembourg, élu en 1308, couronné en 1312, il inféoda le royaume de Bohême à son fils Jean* Ier de Luxembourg (1310) et, en Italie il fut entraîné dans la querelle des guelfes et des gibelins. Il eut pour successeur Louis* IV de Bavière.

### ANGLETERRE

**HENRI Ier Beauclerc** ♦ (Selby, Yorkshire 1068 - près de Gisors 1135). Roi d'Angleterre (1100 - 1135). Fils de Guillaume* le Conquérant et successeur de Guillaume* II le Roux. Il usurpa en 1100 le trône de son frère Robert* II Courteheuse à qui il enleva également la Normandie (1106). Il s'opposa à saint Anselme* à propos de la question des Investitures (1107). Bien qu'il ait désigné sa fille Mathilde* comme héritière, Étienne* de Blois lui succéda.

**HENRI II** ♦ (Le Mans 1133 - Chinon 1189). Roi d'Angleterre (1154 - 1189), successeur d'Étienne* de Blois, fils de Geoffroi* V Plantagenêt et de Mathilde*, duc de Normandie (1150), comte d'Anjou (1151) et duc d'Aquitaine par son mariage avec Aliénor* (1152). Il accrut l'autorité monarchique, rétablissant l'ordre en luttant contre l'opposition féodale, organisant l'administration, nommant des fonctionnaires. Il restreignit les droits de l'Église d'Angleterre (1164), mais se heurta à l'opposition de l'archevêque de Canterbury, Thomas* Becket. Les révoltes de ses fils (1173, 1183 et 1188 - 1189) furent encouragées à partir de 1183 par Philippe* Auguste. Père de Richard* Cœur de Lion et de Jean* sans Terre.

**HENRI III** ♦ (Winchester 1207 - Westminster 1272). Roi d'Angleterre (1216 - 1272). Fils de Jean* sans Terre, il ne put reprendre à Louis* IX les fiefs français confisqués à son père (1242) et dut signer le traité de Paris (1259). Les barons dirigés par Simon de Montfort* se révoltèrent et l'obligèrent à signer les provisions d'Oxford* qui limitaient le pouvoir royal (1258). Ayant refusé de les appliquer, il dut faire face à une guerre des barons (1261 - 1265), fut vaincu (1264) et obligé de confirmer la Grande Charte* (1265). → **Édouard Ier**.

**HENRI IV** ♦ (Bolingbroke, Lincolnshire 1367 - Westminster 1413). Roi d'Angleterre (1399 - 1413). Fils de Jean* de Gand et petit-fils d'Édouard III. Premier de la dynastie des Lancastre*. Devenu le chef de l'opposition féodale après son exil et la confiscation de ses domaines, il força Richard* II à abdiquer. Il lutta avec succès contre les Gallois (→ **Owen Glendower**), les Écossais et la noblesse. ▪ Père d'Henri* V.

**Henri IV** – en angl. ***Henry IV*** ♦ Drame en 2 parties de W. Shakespeare* (v. 1597). Banni par Richard II, le duc de Lancastre a contraint son adversaire à l'abdication et s'est fait couronner roi d'Angleterre. Mais il lui faut affronter la révolte des Écossais et des Gallois, cependant que les Français menacent la Gascogne. Il triomphera de ses ennemis et assurera avant de mourir la prépondérance de sa maison. Mêlé aux événements dramatiques de la pièce, le personnage de Falstaff*, compagnon de débauche du jeune prince de Galles, y introduit son énorme bouffonnerie.

**HENRI V** ♦ (Monmouth 1387 - Vincennes 1422). Roi d'Angleterre (1413 - 1422), fils d'Henri IV. Il lutta contre les lollards* en Angleterre. Profitant des troubles en France (→ **armagnacs, bourguignons**), il reprit la lutte et vainquit les Français à Azincourt* (1415). Après avoir conquis la Normandie, il se fit désigner comme régent et héritier du royaume de France au traité de Troyes* (1420) et épousa Catherine de Valois, la fille de Charles VI. Père d'Henri VI.

**Henri V** – en angl. ***Henry V*** ♦ Le dernier des grands drames historiques de W. Shakespeare*, représenté en 1600. Il s'agit plus d'une épopée nationale que d'une véritable pièce de théâtre : parant son héros de toutes les vertus, Shakespeare oppose sa tranquille maîtrise à la frivolité fanfaronne des chevaliers français. La pièce vaut aussi par le contraste des dialectes employés (écossais, irlandais, gallois) et en général par la splendeur de la langue plus que par les rebondissements de l'action. Laurence Olivier* en tira un film (1944).

**HENRI VI** ♦ (Windsor 1421 - Londres 1471). Roi d'Angleterre (1422 - 1461 et 1470 - 1471). Fils d'Henri V. Il régna d'abord sous la tutelle de ses oncles Humphrey, duc de Gloucester, et de Bedford pour la France. Il fut sacré roi de France à Paris (1431). Il dut faire face à de nombreuses révoltes (→ **Cade [John]**). La fin de la guerre de Cent* Ans, le gouvernement de Suffolk et l'emprise trop forte de la reine Marguerite* d'Anjou déclenchèrent la guerre des Deux*-Roses (1455). Il fut détrôné par Édouard* IV (1461) puis replacé sur le trône (1470), mais Édouard IV reprit le pouvoir et l'assassina (1471).

**Henri VI** – en angl. ***Henry VI*** ♦ Drame historique en 3 parties, de 5 actes chacune, écrit entre 1590 et 1592 par W. Shakespeare* et fondé principalement sur les *Chroniques d'Angleterre, d'Écosse et d'Irlande* de Holinshed (1577) qui retracent la guerre des Deux*-Roses. Le dénouement en est l'assassinat d'Henri VI par Richard, duc de Gloucester, le futur Richard III.

**HENRI VII** ♦ (Pembroke 1457 - Richmond, Londres 1509). Roi d'Angleterre (1485 - 1509). Fils d'Edmond Tudor et de Marguerite Beaufort, il était par sa mère le dernier descendant des Lancastre. Contraint à l'exil sous Édouard* IV, il prit l'offensive sous Richard* III et, par la victoire de Bosworth* où Richard trouva la mort, il mit fin à la guerre des Deux*-Roses. Il épousa Élisabeth, héritière de la maison d'York, et fonda la dynastie des Tudor*. Il consolida l'hégémonie anglaise en Irlande, maria sa fille à Jacques* IV d'Écosse et gouverna avec fermeté, restaurant l'ordre et la prospérité.

**HENRI VIII** ♦ (Greenwich 1491 - Westminster 1547). Roi d'Angleterre (1509 - 1547). Par son intelligence, sa culture, son autorité, il fut l'un des princes les plus représentatifs de la Renaissance. Sa politique extérieure tendit à maintenir l'équilibre entre François Ier et Charles Quint. L'alliance anglaise alla de l'un à l'autre. Sous son règne, le pays de Galles fut annexé (1535), mais, malgré d'importantes victoires, l'Écosse resta indépendante. C'est en matière de politique intérieure que ce règne a été le plus marquant, par la prospérité économique, les débuts de l'expansion maritime, et surtout le schisme religieux (→ **anglicanisme**). L'attitude de «défenseur de la Foi», qui avait d'abord été celle du roi, se renversa quand le pape refusa d'annuler son mariage avec Catherine* d'Aragon, tante de Charles* Quint, qui dictait alors ses volontés à Rome. Les raisons politiques se mêlaient chez le roi aux motifs personnels, le désir d'assurer sa succession à la passion qu'il éprouvait alors pour Anne* Boleyn. L'influence de Wolsey* et de Cranmer* fut déterminante, le divorce fut prononcé et la rupture avec Rome consommée par l'Acte de suprématie* (1534) qui établissait le roi comme unique chef de l'Église d'Angleterre. Cependant, l'intégrité du dogme fut maintenue par le statut des Six Articles (1539). Les ordres religieux furent dispersés, et la rigueur avec laquelle on poursuivit les catholiques (Thomas More fut exécuté en 1535) provoqua des réactions, comme le Pèlerinage* de grâce, qui furent sévèrement réprimées. Henri VIII, après l'exécution d'Anne Boleyn, épousa encore quatre femmes : Jeanne* Seymour qui mourut en couches, Anne* de Clèves, répudiée, Catherine* Howard, exécutée, et enfin Catherine* Parr qui survécut au roi. Il eut trois enfants, Marie* Ire, Élisabeth* Ire et Édouard* VI.

**Henri VIII** – en angl. ***Henry VIII*** ♦ Drame historique en 5 actes de W. Shakespeare*, écrit en collaboration avec John Fletcher et publié en 1623.

### BAVIÈRE

**HENRI X le Superbe** ♦ (v. 1080 - Quedlinburg 1139). Membre de la famille des Welfen. Duc de Bavière (1126 - 1139), investi du duché de Saxe par l'empereur Lothaire III (1137), il s'empara de la Toscane et des États de la comtesse Mathilde*. Déçu de n'avoir pas été élu empereur, il refusa de reconnaître Conrad III et fut dépouillé de ses fiefs, ce qui marqua le début de la lutte entre les guelfes* (partisans des Welfen) et les gibelins (partisans des Hohenstaufen).

**HENRI le Lion** ♦ (Ravensburg 1129 - Brunswick 1195). Duc de Saxe (1139 - 1180) et de Bavière (1156 - 1180). De la maison des Welfen*, fils d'Henri le Superbe, il se fit reconnaître la possession de la Bavière par Frédéric* Ier Barberousse. Il fonda la ville de Munich (1158) et lutta contre les Slaves, soumettant le Mecklembourg et une partie de la Poméranie. Après avoir refusé son concours à Frédéric Barberousse pour une expédition en Italie (1176), ce dernier lui confisqua ses duchés, ne lui laissant que Brunswick et Lunebourg (1181), et l'exila. Il tenta en vain de reprendre ses possessions à la fin du règne de Frédéric (1189 - 1190), puis sous Henri VI (1192 - 1194). ▪ Père d'Othon* IV.

### CASTILLE

**HENRI II le Magnifique** ♦ (Séville 1333 - Santo Domingo de la Calzada, Vieille Castille 1379). Comte de Trastamare, roi de Castille et de León (1369 - 1379). Fils naturel d'Alphonse* XI, il prétendit au trône et s'assura l'aide de Du* Guesclin contre son frère Pierre* le Cruel. Il fut battu à Nájera (1367), mais remporta la victoire à Montiel (1369) et tua son frère de sa propre main.

### FRANCE

**HENRI Ier** ♦ (v. 1008 - Vitry-aux-Loges, près d'Orléans 1060). Roi de France (1031 - 1060). Fils de Robert* II le Pieux, il épousa Anne de Kiev (1051). Il céda le duché de Bourgogne à son frère Robert pour mettre fin à l'opposition des grands vassaux qui lui auraient préféré ce dernier comme roi. Après avoir accordé son soutien, en Normandie, à Guillaume* Ier (le Conquérant), il lui fit la guerre mais fut vaincu (1054). ▪ Père de Philippe* Ier.

**HENRI II** ♦ (Saint-Germain-en-Laye 1519 - Paris 1559). Roi de France (1547 - 1559). Fils de François* Ier et de Claude* de France. Sous l'influence de sa favorite, Diane* de Poitiers, il laissa se développer la puissance des Guise*, combattit les calvinistes (édits de Châteaubriant, 1552, d'Écouen, 1559) et renforça la centralisation du pouvoir par l'administration. Sa politique extérieure continua celle de son père : après la prise de Boulogne sur les Anglais (1554), il reprit contre les Habsbourg une longue lutte ponctuée de trêves. Il conclut une alliance avec les Turcs et les protestants allemands (traité de Chambord, 1552) et s'empara des Trois-Évêchés (1552), sans que Charles Quint puisse reprendre Metz (1553). La grave défaite de Saint*-Quentin (1558) fut compensée en partie par la prise de Calais, mais les difficultés intérieures amenèrent le roi à signer la paix désavantageuse du Cateau*-Cambrésis (1559). La même année, Henri II fut tué d'un coup de lance, au cours d'un tournoi contre Montgomery*. Marié à Catherine* de Médicis, il en avait eu dix enfants, dont trois régnèrent : François* II, Charles* IX et Henri* III.

**HENRI III** ♦ (Fontainebleau 1551 - Saint-Cloud 1589). Roi de France (1574 - 1589). Troisième fils d'Henri* II et de Catherine* de Médicis, il fut d'abord duc d'Orléans (1560), puis d'Anjou (1566). Il s'était brillamment illustré à Jarnac* et à Moncontour*, quand sa mère le fit élire roi de Pologne (1573). Il revint bientôt en France pour succéder à son frère Charles* IX, et épousa Louise* de Lorraine (1575). Personnalité complexe, intelligent et cultivé, il ne sut pas réaliser l'unité autour de lui, en raison de son indécision et aussi de son homosexualité qui lui fit accorder un crédit excessif à ses mignons (Épernon*, Joyeuse*). Après avoir lutté contre les protestants, il suivit le parti des politiques* et signa la paix de Monsieur* (1576). Celle-ci provoqua la formation de la Ligue (→ **Ligue**), sous la conduite d'Henri de Guise*. Henri III s'en déclara le chef, sans obtenir pour autant l'adhésion des catholiques fanatiques, et dut, en fait, lui obéir et reprendre contre les huguenots une guerre qui aboutit à la paix de Nérac (1580), moins favorable que celle de Monsieur. Mais les problèmes de la succession, à la mort du duc d'Alençon (1584), rouvrirent les hostilités. Ce fut la guerre dite des «Trois Henri» : Henri III à la tête des royalistes, Henri de Guise dirigeant la Ligue et Henri de Navarre les protestants. Après la défaite du duc de Joyeuse à Coutras (1587), la journée des Barricades* contraignit le roi à fuir Paris (1588). L'assassinat du duc de Guise fut sans effet et il dut se rapprocher d'Henri de Navarre. Il allait s'emparer avec lui de Paris, défendu par Mayenne*, quand il fut assassiné par le moine ligueur J. Clément*.

**HENRI IV** ♦ (Pau 1553 - Paris 1610). Roi de France (1589 - 1610) et de Navarre (1572 - 1610). Fils d'Antoine* de Bourbon et de Jeanne* d'Albret, reine de Navarre, il fut élevé par sa mère dans le protestantisme, mais semble plutôt avoir hérité l'indifférence relative de son père. Il devint très tôt le chef du parti calviniste, sous la tutelle de Coligny*, et se distingua au combat dès la bataille d'Arnay-le-Duc (1570). À la suite de la paix de Saint*-Germain, il épousa Marguerite* de Valois, sœur de Charles* IX, huit jours avant la Saint*-Barthélemy à laquelle il n'échappa qu'en abjurant (1572). Il dut attendre 1576 pour parvenir à s'enfuir, renoncer au catholicisme, et reprendre la tête de l'armée huguenote. La mort du duc d'Alençon (1584), frère d'Henri* III, fit de lui l'héritier de la couronne de France, ce qui ranima les passions religieuses. L'assassinat des Guise* sur l'ordre du roi conduisit ce dernier à se rapprocher d'Henri. Quand le roi fut à son tour assassiné, Henri de

**Henri IV.** École française du XVIe s. Musée national du château, Versailles. *Phot. © Giraudon*

Navarre ne fut pas reconnu comme son successeur par les catholiques. Il parvint cependant à établir son autorité grâce à ses succès militaires (Arques* [-la-Bataille] 1589, Ivry* [-la-Bataille] 1590), aux excès de la Ligue* (les Seize*), trop soumise aux ambitions de Philippe II, ce qui favorisa le développement du parti des politiques*, et enfin à son abjuration. La paix était déjà rétablie, les Espagnols chassés par le traité de Vervins* (1598), quand fut signé l'édit de Nantes* (1598). L'épuisement des deux partis avait été le facteur principal de la pacification, mais celle-ci avait été grandement facilitée par les qualités personnelles du roi, son humour, sa bonhomie, son autorité liée à une grande adresse qui lui avait permis de faire de sa générosité naturelle une politique, en ne recherchant aucune revanche. Il allait désormais s'employer à restaurer l'autorité royale et à relever les ruines. Aidé de Jeannin*, de Laffemas*, qui fit porter ses efforts sur l'industrie et le commerce, et de Sully* qui donna la primauté à l'agriculture, il opéra un redressement financier et économique spectaculaire, utilisant, pour cela comme pour l'édit de Nantes, les grandes ordonnances de Charles IX et d'Henri III, qui n'avaient pu être mises en application. L'édit de la Paulette* (1604) rendit les offices héréditaires et vénaux, ce qui dans l'immédiat, attachait les fonctionnaires au régime, et constituait une importante source de revenus. Son premier mariage annulé, le roi épousa Marie* de Médicis (1600) dont il eut six enfants (dont Louis* XIII, Gaston d'Orléans*, Élisabeth, qui épousa Philippe* IV d'Espagne, Christine* et Henriette*-Marie, future femme de Charles* Ier d'Angleterre). Mais la vie sentimentale du «Vert Galant» resta aussi mouvementée que par le passé. Ses maîtresses les plus célèbres furent Gabrielle d'Estrées*, Henriette d'Entragues* et Charlotte des Essarts. ▪ En politique extérieure, le roi poursuivit la politique de méfiance à l'égard des Habsbourg, s'alliant aux protestants allemands et aux Suisses. Le traité de Lyon (1601), imposé à la Savoie, mit Lyon à l'abri d'éventuelles incursions. Le «grand dessein» de l'économie royale paraît bien être davantage celui de Sully que celui du roi, plus réaliste, mais on peut penser que lors de l'affaire de Clèves (1610), le roi était décidé à la guerre contre l'Espagne. Or le pays acceptait mal cette idée, le mécontentement des paysans, accablés d'impôts, grondait (révoltes des croquants), l'hostilité des extrémistes catholiques et protestants n'avait pas désarmé. Le 14 mai 1610, Henri IV fut assassiné par Ravaillac*.

**HENRI V** → **Chambord (comte de)**

### LUXEMBOURG

**HENRI DE LUXEMBOURG** ♦ Grand-duc de Luxembourg (Betzdorf, Luxembourg 1955). Il succéda à son père, le grand-duc Jean*, qui abdiqua en sa faveur en 2000.

### PORTUGAL

**HENRI le Cardinal** ♦ (Lisbonne 1512 - Almeirim 1580). Roi de Portugal (1578 - 1580). Grand inquisiteur et cardinal de Lisbonne, il fut porté au trône par la mort du roi Sébastien*, son petit-neveu. Il se montra faible et irrésolu et mourut sans s'être choisi de successeur. Ce fut le dernier souverain de la dynastie d'Aviz*. Philippe* II, roi d'Espagne, s'empara du Portugal (1580).

---

**HENRI (Florence)** ♦ Photographe et peintre française (New York 1893 - Compiègne 1982). En 1927, elle étudia la peinture et la photographie au Bauhaus à Dessau, avec Moholy-Nagy et Josef Albers. Influencée par le cubisme, elle réalisa des images fragmentées en plusieurs plans par le jeu de miroirs. Outre des portraits et des photos de mode, elle exécuta, au début des années 1930, des commandes de publicité. Après 1935, elle consacra moins de temps à la photographie et revint à la peinture.

**HENRICHEMONT** [18250] ▸ ÉTYM. «le mont d'Henri (IV)» ♦ Ch.-l. de cant. du Cher, arr. de Bourges, dans le Sancerrois. 1 829 hab. *(Henrichemontais)*. La ville, fondée par Sully (1608), était destinée à servir de refuge aux protestants. La construction n'en fut jamais achevée.

**HENRI DE BOURGOGNE** ♦ (Dijon v. 1057 - Astorga 1114). Comte de Portugal (1097 - 1114). Petit-fils de Robert Ier de Bourgogne, il obtint de son beau-père Alphonse* VI, roi de Castille et de León, le comté de Portugal ; il se déclara indépendant en 1109.

**HENRI DE CHAMPAGNE** ♦ (v. 1150 - Akkon 1197). Comte de Champagne et roi de Jérusalem (1192 - 1197) par son mariage avec Isabelle* d'Anjou, fille d'Amaury Ier de Jérusalem.

**HENRI DE FLANDRE ET DE HAINAUT** ♦ (Valenciennes v. 1174 - Thessalonique 1216). Empereur latin de Constantinople (1206 - 1216). Frère de Baudouin IX, premier empereur latin d'Orient à qui il succéda. Il vainquit les Bulgares (1208) et les Byzantins.

**HENRI DE PRUSSE** ♦ Prince de Prusse (Berlin 1726 - Rheinsberg 1802). Doué de grandes qualités, il entretint avec son frère Frédéric* II des rapports aussi malheureux que celui-ci avec son père. Il eut un rôle très brillant pendant la guerre de Sept* Ans.

**HENRIETTE-ANNE D'ANGLETERRE** ♦ Duchesse d'Orléans (Exeter 1644 - Saint-Cloud 1670). Fille de Charles* Ier et d'Henriette*-Marie de France, elle épousa Philippe d'Orléans*, frère de Louis XIV. Belle, spirituelle, elle inspira un moment à son beau-frère un vif penchant. Elle négocia avec son frère Charles* II le traité de Douvres* (1670) et mourut subitement. Bossuet* prononça son oraison funèbre.

**HENRIETTE-MARIE DE FRANCE** ♦ (Paris 1609 - Colombes 1669). Reine d'Angleterre. Fille de Henri* IV, elle épousa Charles* Ier d'Angleterre en 1625 et son influence contribua à l'orienter vers le catholicisme et l'absolutisme. Bossuet* prononça son oraison funèbre.

**HENRI le Letton** ou **HENRI DE LIVONIE** ♦ Chroniqueur allemand (Iméra 1187 - v. 1260). Auteur d'une chronique des peuples de la Baltique en latin (*Annales livonici*, 1184 - 1226).

**HENRI le Navigateur** ♦ Prince portugais (Porto 1394 - Sagres 1460). Troisième fils de Jean Ier de Portugal, il fut fait chevalier à la prise de Ceuta (1417). Ayant décidé alors de découvrir et d'évangéliser les populations noires du Sahara, il fit construire à Sagres (sud-est du cap Saint-Vincent) un arsenal (Villa do Infante) et engagea plusieurs navigateurs qui furent chargés d'explorer le littoral occidental de l'Afrique (Madère, 1418, par Vaz Teixeira et Zarco ; les

**Henri le Navigateur.** Détail du polyptyque de saint Vincent par Nuno Gonçalves. Musée d'Art ancien, Lisbonne. *Phot. © Giraudon*

Açores, par G. Velho en 1432 ; Rio de Oro, 1436, par N. Tristam ; Guinée, 1444, par D. Dias ; Sénégal, par Ca'da Mosto et A. Da Noli). Il eut ainsi le mérite de favoriser le développement des sciences.

**HENRI le Pieux** ♦ Prince polonais (v. 1191 - 1241), descendant des Piast, duc de Silésie de 1238 à 1241. Il arrêta l'invasion des Mongols en Silésie à la bataille de Wahlstatt, près de Legnica*, où il trouva la mort (1241).

**HENRI le Sournois (Heinrich der Glichesaere** ou **der Gleissner,** dit en fr.) ♦ Poète satirique alsacien du XII^e s. S'inspirant de sources françaises (→ **Roman de Renart**), il a écrit son *Reinhard Fuchs* (v. 1180), épopée animale, satire mordante de la société, qui n'épargne ni la noblesse ni le clergé.

**HENRI RASPE** ♦ (1202 - La Wartburg 1247). Landgrave de Thuringe (1227 - 1239 et 1241 - 1247). Il exerça la régence au nom du jeune roi Conrad, fils de Frédéric II (1242), puis fut élu à l'Empire lors de l'excommunication de Frédéric II.

**HENRIOT (Émile)** ♦ Écrivain et critique littéraire français (Paris 1889 - *id.* 1961). Poète (*La Flamme et les Cendres,* 1909 ; *Les jours raccourcissent,* 1954), Émile Henriot a également écrit des romans (*Valentin,* 1920 ; *Aricie Brun ou les Vertus bourgeoises,* 1924 ; *La Rose de Bratislava,* 1948). Sa critique littéraire fut rassemblée dans *Livres et Portraits* (1923 - 1927), *Épistoliers et Mémorialistes* (1931), *Portraits de femmes* (1935 - 1937), recueils auxquels on peut ajouter *Les Livres du second rayon* (1925) où l'auteur portait son attention sur les écrivains « secondaires » du XVII^e et du XVIII^e s. [Acad. fr. 1945]

**HENRIOT (Philippe)** ♦ Homme politique français (Reims 1889 - Paris 1944). Membre d'organisations d'extrême droite, député (1932, 1936), il fut un propagandiste actif de la politique de collaboration après l'armistice de juin 1940. Secrétaire d'État à l'Information dans le gouvernement Laval, l'un des chefs de la Milice, il fut abattu par la Résistance en juin 1944.

**HENRY (Joseph)** ♦ Ingénieur-physicien américain (Albany 1797 - Washington 1878). Auteur de recherches sur le télégraphe, il découvrit les effets d'auto-induction en 1832 ; il observa également la transmission à distance par induction d'impulsions électriques produites par de puissantes étincelles (1842), qui constitua une étape de l'histoire de la découverte de la TSF.

**HENRY (Hubert Joseph)** ♦ Officier français (Pogny, Marne 1846 - Mont-Valérien, près de Paris 1898). Après avoir servi en Tunisie (1882) et au Tonkin (1887), il entra dans le service de renseignements de l'armée comme chef du contre-espionnage (1893). Persuadé de la culpabilité de Dreyfus*, il rédigea une lettre (datée d'oct. 1896) qui aurait été adressée par l'attaché militaire italien Panizzardi à son collègue allemand Schwartzkoppen et mentionnant le nom de Dreyfus, afin d'accabler celui-ci. Cette lettre, qui fut utilisée comme principale pièce à charge contre Dreyfus et dont l'existence fut révélée lors du procès de Zola (1898), fut découverte comme étant un faux peu après. Interné au Mont-Valérien, le colonel Henry s'y suicida le lendemain.

**HENRY** ♦ Astronomes français. PAUL HENRY (Nancy 1848 - Montrouge 1905) et PROSPER HENRY (Nancy 1849 - La Vanoise, Savoie 1903). Ils mirent au point un « astrographe » équatorial (1885) composé de deux lunettes solidaires : l'une, photographique ; l'autre, servant de contrôle visuel de l'entraînement. Les résultats obtenus furent à l'origine d'un congrès international (1887) au cours duquel dix-huit observatoires acceptèrent de collaborer à l'exécution d'une carte du ciel générale.

**HENRY (William Sydney PORTER, dit O.)** → **O. Henry**

**HENRY (Maurice)** ♦ Dessinateur humoriste français (Cambrai 1907 - Milan 1984). Membre du groupe « le Grand Jeu » et lié aux surréalistes de 1928 à 1951, Henry a publié de nombreux dessins dans *Combat* et dans *L'Observateur*. L'humour, la mise en question des objets dans leur banalité caractérisent ses dessins et ses peintures (*Hommage à Paganini,* 1936). Il est également l'auteur de nombreux poèmes.

**HENRY (Pierre)** ♦ Compositeur français (Paris 1927). Élève de O. Messiaen et de N. Boulanger, il entra en 1949 au Studio d'essai de la RTF. Fondateur, avec P. Schaeffer*, de la musique concrète (*Bidule en ut,* 1949 ; *Symphonie pour un homme seul,* 1950), il a évolué vers un style plus rigoureux (*Variations pour une porte et un soupir,* 1963 ; *Messe pour le temps présent,* 1967 ; *Paris l'Eau,* 1985 ; *Hugo Symphonie,* 1985 ; *Le Livre des morts égyptiens,* 1990). Il a collaboré avec M. Béjart* pour plusieurs ballets.

**HENZE (Hans Werner)** ♦ Compositeur allemand (Gütersloh 1926). D'abord influencé par Stravinski, il adopta l'atonalité dans son *Concerto pour violon* (1947), mais la technique dodécaphonique resta pour lui un moyen parmi d'autres. Il est avant tout un néoromantique, préoccupé par la couleur orchestrale, les recherches sonores et le dessin mélodique. Son œuvre cultive les styles les plus divers. Il est l'auteur d'opéras (*Boulevard Solitude,* 1952 ; *Der junge Lord,* 1964 ; *La Chatte anglaise,* 1983 ; *La Mer trahie,* 1990), de ballets (*Tancred und Canthylene,* 1952 ; *Undine,* 1958), de musique instrumentale (10 symphonies, 4 concertos), d'œuvres vocales (*Apollon et Hyacinthe,* cantate surréaliste ; *Novae de infinito laudes,* 1962 ; *Das Floss der Medusa,* 1968, oratorio dédié à « Che » Guevara), de musique pour la scène et le cinéma, ainsi que de musique de chambre.

**HEPBURN (James Curtiss)** ♦ Médecin et missionnaire américain (1815 - 1911) au Japon, auteur de dictionnaires anglo-japonais et du système de romanisation de la langue japonaise qui porte son nom et qui a été universellement adopté pour la transcription de cette langue.

**HEPBURN (Katharine)** ♦ Actrice américaine (Hartford 1907 - Fenwick, Connecticut 2003). Grande, élancée, elle parvint à imposer à l'écran un type de féminité hors norme, dans des comédies brillantes souvent signées de son mentor George Cukor : *Sylvia Scarlett* (1935), *Vacances* (1938), *Madame porte la culotte* (1949), *Mademoiselle Gagne-Tout* (1952). Dans ces deux derniers films, elle formait un couple idéal (et endiablé) avec Spencer Tracy, qui fut aussi son partenaire dans *L'Enjeu* (1947). Dans *The African Queen* (1952), elle domptait Humphrey Bogart ! → ÉTYM. Ce nom de famille vient d'un nom de lieu, du vieil anglais *hēah* « haut » et *byrgen* « tumulus ».

**HEPBURN (Audrey)** ♦ Actrice américaine (Bruxelles 1929 - Tolochenaz, Suisse 1993). Brune à la fine silhouette, danseuse à ses débuts, elle reçut un oscar pour *Vacances romaines* (1953). *Drôle de frimousse* (1957), *My Fair Lady* (1963).

**HÉPHAÏSTOS** ♦ Dieu grec du feu et des métaux, fils de Zeus* et d'Héra* (ou d'Héra seule) identifié avec le *Vulcain* des Latins. Précipité du haut de l'Olympe par Zeus qu'il irrite en prenant le parti de sa mère dans une querelle, il reste boiteux après sa chute ; ou c'est Héra elle-même qui le précipite, honteuse d'avoir donné naissance à un fils aussi hideux. Forgeron habile, il fabrique les foudres de Zeus et les armes des dieux et des héros, avec les Cyclopes* comme auxiliaires, dans son atelier sous les montagnes volcaniques ; c'est lui qui attache Prométhée* sur le Caucase. Il est le créateur de Talos*, le fameux robot de Crète. Informé que son épouse Aphrodite* le trompe avec Arès*, il place autour de son lit un filet invisible qui se referme sur les deux amants et les expose ainsi liés aux moqueries des autres dieux. De son sperme tombé sur la cuisse d'Athéna, puis sur le sol, naquit Érichthonios*.

L'**Heptaméron** ♦ Recueil de nouvelles de Marguerite* de Valois (posth. 1559). Inachevé, l'ouvrage, qui s'inspire du *Décaméron** de Boccace*, est sous-titré : *Des Nouvelles de tres illustre et tres excellente Princesse Marguerite de Valois, Royne de Navarre*. Il s'agit de soixante-douze nouvelles, contes lestes dans la lignée des fabliaux, ou récits sérieux tout imprégnés d'une morale mondaine. Au réalisme des descriptions (décors familiers, peinture de mœurs où le raffinement s'allie à une veine plus crue) l'auteur ajoute en une langue sobre des considérations sur les sentiments que doit éprouver le « parfait amant », se faisant ainsi l'écho d'un platonisme modéré.

**HEPTANÈSE** → **Ioniennes (îles)**

**Heptarchie** n. f. ♦ Nom donné aux sept royaumes fondés par les Anglo-Saxons en Grande-Bretagne (VI^e - IX^e s). → **Essex, East-Anglia, Kent, Mercie, Northumbrie, Sussex, Wessex.**

**HEPWORTH (Barbara)** ♦ Sculptrice britannique (Wakefield 1903 - Saint Ives, Cornouailles 1975). Sous l'influence de Brancusi* et Arp*, elle commença vers 1934 à sculpter dans la pierre et le bois des formes géométriques, puis des formes creusées où des fils tendus transversalement créent une tension. Dans les années suivantes (1947 - 1955), elle évolua vers un style plus monumental et édifia des sortes de menhirs à forme vaguement humaine. Elle revint, à partir de 1955, vers des formes plus abstraites dans de grandes constructions harmonisées au paysage.

**HÉRA** → ÉTYM. en gr. *Hêra,* p.-ê. de *hêrôs* « demi-dieu, héros » ♦ Déesse grecque, fille de Cronos* et de Rhéa*. Elle est l'épouse (la troisième et dernière, selon *La Théogonie**) de Zeus*, son frère, dont elle eut Arès*, Ilithye*, Hébé* et Héphaïstos*. Protectrice du mariage et des femmes mariées, elle est souvent représentée sous les traits d'une épouse querelleuse et jalouse. Elle se venge des infidélités de son divin mari en persécutant ses complices (→ **Alcmène, Callisto,**

**Héra** et Prométhée, vase grec (480 av. J.-C.). Cabinet des médailles. Bibliothèque nationale de France, Paris.
*Phot. © Bianchetti/Leemage*

**Europe, Io, Léto, Sémélé, Écho, Ino)** et leurs enfants adultérins (→ **Dionysos, Héraclès)**. Elle suscite pourtant quelquefois la jalousie de Zeus. → **Ixion.** Offensée du jugement de Pâris* qui lui préfère Aphrodite*, elle secourt les Grecs et contribue au sac de Troie. Mécontente d'un jugement de Tirésias*, elle le frappe de cécité.

**HÉRACLÉE** – en gr. ***Hêrakleia*** ♦ Anc. ville d'Italie du S. (Lucanie), dans la Grande* Grèce. Colonie de Tarente*, fondée v. -433, elle fut le théâtre de la victoire de Pyrrhus* sur les Romains en -280. On y a découvert les «tables d'Héraclée», tables de bronze avec inscriptions grecques d'une loi de Jules César.

**HÉRACLÉE DU PONT** – en gr. ***Hêrakleia*** auj. ***Ereğli*** ♦ Anc. ville d'Asie Mineure, en Bithynie, sur la mer Noire. Fondée en -560 par des colons de Mégare*, elle fut très prospère et puissante au -IV^e s. Appelée par les Romains *Heraclea Pontica*, elle fut détruite pendant la guerre contre Mithridate. → **Ereğli.**

**HÉRACLÈS** ➔ ÉTYM. en gr. ***Hêraklês***; l'étym. populaire «la gloire *(kleos)* d'Héra» est probablt fausse ♦ Héros grec, le plus célèbre de la mythologie classique. Sa légende, très populaire, ne cessa d'évoluer de l'époque préhellénique à l'époque romaine, d'Homère à Virgile, rejoignant celle d'Hercule*, son double latin. ▮ **Son ascendance** Il est fils de Zeus* et d'Alcmène*, la plus noble des mortelles, à qui le dieu s'était présenté sous la forme de son mari absent, Amphitryon*. Né à Thèbes*, où ses parents argiens étaient réfugiés, il reçoit d'abord le nom d'*Alcide*, de celui de son grand-père Alcée*. Le nom d'*Héraclès*, signifiant «la gloire d'Héra», est dû à l'épreuve permanente que fut sa vie terrestre, épreuve inspirée par la haine de la déesse. Zeus, plein de joie de son union avec Alcmène, avait déclaré que le descendant de Persée* qui allait naître deviendrait roi de Tirynthe et de Mycènes. Héra*, furieuse, ordonne alors à sa fille Ilithye*, déesse des accouchements, de retarder la naissance d'Héraclès et d'avancer celle d'Eurysthée*, son cousin. ▮ **Les premiers exploits** Mais le héros, dès son berceau, montre sa force et son courage en étranglant deux grands serpents qu'Héra avait envoyés contre lui. En Béotie*, il réalise ses premiers exploits. Il tue d'abord le lion de Cithéron* qui dévastait le pays. Le roi Thespios, son hôte pendant les cinquante jours de la chasse, le fait coucher successivement avec ses cinquante filles et le héros, fatigué de ses journées, pense s'unir toujours à la même ; il en a cinquante fils. Il vainc ensuite le roi d'Orchomène, libérant les Thébains du lourd tribut qu'ils lui payaient. En récompense, il reçoit pour femme la fille du roi de Thèbes, Mégara, qui lui donne trois ou huit fils. Mais le héros, frappé de folie par Héra, tue ces fils (Euripide raconte d'une autre façon le crime du héros dans *Héraclès furieux*). ▮ **Les 12 travaux** En expiation du meurtre, Héraclès est alors envoyé par un oracle à Tirynthe (ou à Mycènes) pour se mettre au service d'Eurysthée et, sur son ordre, exécute les *douze travaux* : 1) Il tue le *lion de Némée**, qui était invulnérable, en l'étouffant, puis revêt sa peau. 2) Il tue l'*Hydre* de Lerne* et trempe ses flèches dans le sang du monstre. 3) Il capture le *sanglier d'Érymanthe**. À cet exploit se rattache la lutte du héros contre les Centaures* d'Arcadie*, au cours de laquelle il tue accidentellement les deux Centaures bienveillants : son ancien éducateur Chiron* et son hôte Pholos*. 4) Il saisit à la course la *biche de Cérynie** aux pieds d'airain. 5) Il abat les *oiseaux du lac Stymphale**, aidé par Athéna*. 6) Il nettoie les *écuries d'Augias** en dérivant le cours de l'Alphée* et du Pénée*. Plus tard, il tue Augias qui lui avait refusé son salaire et institue en Élide les jeux Olympiques. 7) Il capture le *taureau de la Crète** qui, rendu furieux par Poséidon, dévastait le pays de Minos*. 8) Il s'empare des *juments de Diomède**, roi de Thrace, qui les nourrissait de la chair des étrangers, après lui avoir fait subir le même sort. Pendant son passage en Thessalie, ému du sacrifice d'Alceste*, il l'arrache à Thanatos (la Mort) et la rend à la vie. 9) Il conquiert la *ceinture de la reine des Amazones**, Hippolyte* qu'il tue dans un combat provoqué par une machination d'Héra. À son retour, passant à Troie*, il délivre Hésione*, mais son père Laomédon* refuse son salaire au héros, ce qui provoque plus tard l'expédition d'Héraclès contre Troie. 10) Il capture les *troupeaux de bœufs de Géryon**, après avoir tué ce géant, et les ramène en Argolide. Son retour par les côtes européennes est semé d'aventures, surtout dans les légendes tardives qui se confondent souvent avec des mythes occidentaux. 11) Il s'empare des *pommes d'or des Hespérides**, soit avec l'aide d'Atlas*, soit seul, en tuant le dragon qui gardait le jardin. Chemin faisant, il réalise d'autres exploits, tuant le géant Antée* et le roi d'Égypte Busiris* qui sacrifiait les étrangers, délivrant Prométhée*, capturant les Pygmées*. 12) Il ramène *Cerbère** des Enfers, puis le reconduit au royaume des morts ; lors de sa descente aux Enfers, il blesse Hadès* et libère Thésée*. ▮ **Les exploits suivants** Les aventures d'Héraclès se poursuivent après les douze travaux. Expiant un meurtre commis au cours d'une nouvelle crise de folie, il doit se rendre comme esclave chez la reine de Lydie*, Omphale*, qui l'oblige à porter des robes de femme et à filer la laine à ses pieds. Pendant son esclavage, il prend pourtant part à la chasse au sanglier de Calydon* et à l'expédition des Argonautes*. Ensuite, il réunit une armée avec son ami Télamon*, s'empare de Troie et punit Laomédon. De même en Grèce, il mène des expéditions triomphales contre ses ennemis les Lapithes* et les Dryopes, s'empare d'Élide, de Pylos et de Sparte. Il prend enfin une part décisive à la victoire des Olympiens sur les Géants*. ▮ **La mort** À la suite d'un nouveau crime involontaire, il doit s'exiler avec sa dernière femme Déjanire* (→ **Achéloos)** et son fils Hyllos*. Pendant ce voyage, le Centaure Nessos* tente de violer Déjanire et le héros le blesse mortellement d'une flèche. Le Centaure, avant de mourir, remet à la jeune épouse quelques gouttes de son sang empoisonné, l'assurant qu'il s'agit d'un philtre de fidélité conjugale. Or, quelque temps plus tard, Déjanire, souffrant de l'amour d'Héraclès pour sa captive Iole*, imprègne de ce «philtre» une tunique et l'envoie à son mari. Héraclès, l'ayant revêtue, se sent consumé de brûlures. Accompagné de son fils et de son ami Philoctète, il gravit le mont Œta* et se fait brûler sur un bûcher. C'est la version la plus répandue, celle de Sophocle dans *Les Trachiniennes**. Vient enfin l'*apothéose d'Héraclès*, qui, monté au ciel, se réconcilie avec Héra et prend comme femme Hébé*, symbole de l'éternelle jeunesse. Ses descendants, les Héraclides*, conquièrent le Péloponnèse. ▮ **La popularité d'Héraclès** Le cycle d'Héraclès s'étendit dans toute la Grèce, ainsi qu'à l'E. et à l'O. suivant l'expansion coloniale et commerciale grecque dans la Méditerranée. Au-delà des significations religieuses et raciales, le personnage du héros se dégage de la légende très vivant et humain, pourvu des traits physiques et moraux qui lui assurent sa grande popularité.

**Héraclès furieux** – en gr. ***Hêraklês mainomenos*** ♦ Tragédie d'Euripide* (-424). Descendu aux Enfers, Héraclès en revient pour sauver sa famille menacée de mort par Lykos, tyran de Thèbes. Héraclès tue Lykos, mais aussitôt, saisi de folie, il extermine sa femme et ses enfants. Revenu à la raison, il sera sauvé du désespoir par Thésée. Son sanglant délire est le prix qu'il lui a fallu payer aux puissances sauvages qu'il a domptées.

**HÉRACLIDE DU PONT** – en gr. ***Hêrakleidês*** ♦ Astronome grec (Héraclée du Pont -388 - -312). Disciple de Platon*, il fut cependant le premier astronome à admettre la rotation de la Terre sur elle-même ; il présenta un système semi-héliocentrique dans lequel la Terre était au centre du monde, mais où le Soleil avait deux satellites : Mercure et Vénus.

**HÉRACLIDES** n. m. pl. – en gr. ***Hêrakleidai*** ♦ Les soixante fils d'Héraclès* et, en général, les descendants du héros qui, après plusieurs générations, auraient reconquis et partagé le Péloponnèse. Par la suite, la conquête dorienne du Péloponnèse fut appelée le *retour des Héraclides*. → **Hyllos.** Plusieurs dynasties de l'Antiquité jusqu'à l'époque hellénistique, même des familles romaines, se donnaient le nom d'*Héraclides*, en faisant remonter leur ascendance jusqu'au héros ; ceux de Lydie* prétendaient descendre d'Héraclès par Omphale*. → **Candaule.** (Ne pas confondre avec les Héraclides de l'Empire byzantin*, descendants et successeurs d'Héraclius*.) ▪ Le sort des enfants d'Héraclès et de Déjanire*, auxquels se rattache particulièrement cette appellation, est dépeint dans le drame d'Euripide* les *Héraclides* (v. -430). Pourchassés par la haine d'Eurysthée* et errant d'une cité à l'autre, les Héraclides trouvent enfin refuge à Athènes. Dans la guerre qui s'ensuit, les Athéniens et leurs protégés sont vainqueurs, Eurysthée est arrêté et exécuté sur l'ordre d'Alcmène, assoiffée de vengeance, et cela malgré la loi athénienne qui garantit la vie sauve aux ennemis pris sur le champ de bataille. Eurysthée, avant de mourir, prédit la guerre future entre les Héraclides (Péloponnésiens) et les Athéniens.

**HÉRACLITE** – en gr. ***Hêrakleitos*** ➔ ÉTYM. de *Hêra* «Héra*» et *kleitos* «glorieux, célèbre» ♦ Philosophe grec de l'école ionienne (Éphèse v. -520 - v. -460). Bien qu'Héraclite soit le premier philosophe grec dont nous possédions un nombre relativement important de citations et de témoignages, sa vie comme son œuvre sont entourées de mystère. On ne connaît rien de très assuré sur sa vie, et la tradition lui attribue un livre, en prose, dont nous possédons une centaine de fragments, cités par des philosophes, compilateurs et doxographes d'âge et de tradition variés. En outre, dès la plus haute antiquité, la difficulté de l'écriture et de la pensée héraclitéennes fut reconnue, tant et si bien qu'Héraclite fut surnommé «l'Obscur». Il a été le philosophe de l'éternel devenir où les contraires s'opposent et s'unissent tour à tour et dont le principe premier est le feu. Il influença considérablement Platon* qui, selon Aristote*, suivit les leçons de Cratyle, élève d'Héraclite, mais aussi les Stoïciens qui lui empruntèrent l'assimilation du *logos* à un feu universel. Depuis Hegel, qui eut pour lui une grande admiration, il est souvent considéré comme le père de la pensée dialectique moderne.

**HÉRACLIUS Ier** ♦ (Cappadoce v. 575 - 641). Empereur byzantin (610 - 641), fondateur de la dynastie des Héraclides (610 - 711). Monté sur le trône, il organisa la défense de l'empire menacé de toutes parts et déchiré par les querelles religieuses (orthodoxes-monophysites). Ayant acheté la retraite des Avars qui étaient arrivés devant Constantinople (617 - 619), il chassa les Perses sassanides (→ **Khosrō II**) de l'Asie* Mineure et de l'Arménie, les écrasa en Mésopotamie et les obligea à rendre à l'empire l'Égypte*, ainsi que la vraie Croix qu'il rapporta triomphalement à Jérusalem (630). Les dernières années de son règne furent marquées par l'afflux arabe en Égypte et dans les provinces frontalières de l'E. et par la pénétration des Slaves au S. du Danube. L'un des plus grands empereurs byzantins, Héraclius introduisit d'importantes réformes administratives (dont la création des thèmes en Asie Mineure) et voulut apaiser la querelle religieuse par un compromis qui aboutit à une hérésie (→ **monothélètes**). Il imposa le grec comme langue officielle et inaugura l'hellénisation de l'empire d'Orient.

**HÉRACLIUS II HÉRACLÉONAS** ♦ (618 - 645). Empereur byzantin (641), fils d'Héraclius Ier. Régnant conjointement avec son demi-frère aîné Constantin* III (641), il se laissa mener par sa mère Martine, dont l'influence devint dominante après la mort de Constantin. Il fut déposé par une émeute et banni à Rhodes après avoir été mutilé.

**HÉRAKLION** ou **IRAKLION** ← ÉTYM. en gr. mod. *Iraklio* (de *hêracleios* «[sanctuaire] d'Héraclès*») – anc. ***Candie*** ♦ V. de Grèce, cap. de la Crète*, sur la côte N. de l'île. Ch.-l. du nome d'Héraklion. Aggl. plus de 165 000 hab. Université. Enceinte vénitienne (XVIe s.) ; musée archéologique qui renferme la quasi-totalité des antiquités exhumées en Crète. ▪ Centre portuaire, indus. et commercial (expédition de fruits et légumes). ▮ **Histoire** Fondée par les Arabes au IXe s., la ville fut un grand centre vénitien (1204 - 1669). Morosini* y opposa une résistance acharnée aux Turcs.

**HERĀT** ♦ V. de l'O. de l'Afghanistan bâtie à 920 m d'alt. sur les marges d'une riche oasis irriguée par les eaux du Harī rūd. 249 000 hab. Ch.-l. de prov. Important centre artisanal (soie, verre, bijoux) et commercial qui contrôle les échanges entre l'Afghanistan et l'Iran. ▮ **Histoire** Héritière de l'anc. Alexandrie d'Arie et étape prospère sur la route de la Soie, la ville fut détruite à plusieurs reprises par les Mongols. Capitale de l'Empire timuride* au XVe s., elle fut le siège d'une civilisation brillante dont elle a conservé des monuments remarquables. Longtemps disputée entre princes persans, ouzbeks et afghans, elle ne fut définitivement incorporée à l'Afghanistan qu'en 1863.

**HÉRAULT** n. m. ← ÉTYM. de la rac. hydronym. pré-celt. *°ar-* «cours d'eau» (→ aussi Arc, Ariège, Arly, Arve) ♦ Fl. côtier du bas Languedoc prenant sa source au pied de l'Aigoual (160 km). Il descend les Cévennes en pente rapide et traverse les Garrigues en aval du Pont-d'Hérault, par de magnifiques défilés. Il se jette dans la Méditerranée par le grau d'Agde. Son régime pluvio-nival est marqué par des crues soudaines.

**HÉRAULT** n. m. [34] ← ÉTYM. du n. du fl. ♦ Dép. du S. de la France, région Languedoc-Roussillon. 6 101 km². 794 603 hab. CH.-L. : Montpellier. CH.-L. D'ARR. : Béziers, Lodève. Cour d'appel : Montpellier. Académie : Montpellier. → **Languedoc-Roussillon.**

**HÉRAULT DE SÉCHELLES (Marie Jean)** ♦ Magistrat et homme politique français (Paris 1759 - *id.* 1794). Avocat au Parlement de Paris, il siégea parmi les députés de gauche à l'Assemblée législative, puis avec la Montagne à la Convention, dont il était le président lors de la proscription des principaux chefs de la Gironde (2 juin 1793). Il rédigea la Constitution de l'an I (adoptée par la Convention le 24 juin 1793). Entré au Comité de salut public, il contribua à organiser la Terreur. Mais, ami de Danton et lié aux hébertistes, il se rendit vite suspect et fut accusé d'avoir divulgué des secrets du Comité. Il fut condamné à mort par le Tribunal révolutionnaire et guillotiné avec Danton et les indulgents (avr. 1794).

**HERBART (Johann Friedrich)** ♦ Philosophe et pédagogue allemand (Oldenbourg 1776 - Göttingen 1841). Influencé par Pestalozzi, il se consacra d'abord à la pédagogie (*Pédagogie universelle,* 1808). Philosophe, il critiqua l'idéalisme de son temps et préconisa un retour à l'expérience (*Introduction à la philosophie,* 1813). Il fut enfin un des premiers à vouloir faire de la psychologie une science en lui appliquant les mathématiques et en considérant toujours les représentations psychiques (idées) comme un ensemble de forces en harmonie ou en conflit (statique et mécanique psychologiques). [*Manuel de psychologie,* 1816.] → **Drobisch.**

**HERBERSTEIN (Siegmund VON)** ♦ Diplomate et écrivain autrichien (Vipava, Slovénie 1486 - Vienne 1566). Ambassadeur de Maximilien puis de Charles Quint au Danemark, en Pologne et en Russie, il est l'auteur de *Rerum moscovitarum commentarii* (1549) avec des cartes de la Russie qui comptent parmi les plus anciennes.

**Herculanum.** Mosaïques de la Maison de Neptune et d'Amphitrite. *Phot. © HPP/Éric Vandeville/Gamma*

**HERBERT (George)** ♦ Poète et essayiste anglais (Montgomery Castle, pays de Galles 1593 - Bemerton, près de Salisbury 1633). Frère de lord Edward Herbert of Cherbury, il fut élevé par sa mère, Magdalen, l'inspiratrice de John Donne*. Disciple de Donne en poésie, il consacra sa vie au sacerdoce et son œuvre à l'illustration de la foi chrétienne ; on le surnomma le «saint de l'école métaphysique anglaise». L'œuvre d'Herbert abonde en recherches formelles, pouvant aller jusqu'aux calligrammes : dans l'un des poèmes du *Temple* (1633) intitulé *L'Autel,* les vers sont disposés en forme d'autel. Son sens de la complexité formelle trouve un écho immédiat dans l'œuvre de Crashaw*, et, par-delà son époque, dans celle de Hopkins*. ← ÉTYM. *Herbert* vient du germanique *Hariberht,* nom de personne, de *hari* «armée» et *berht* «célèbre».

**HERBERT (Frank)** ♦ Auteur de science-fiction américain (Tacoma, Washington 1920 - Madison, Wisconsin 1986). Il est surtout connu pour son cycle consacré à la civilisation imaginaire de Dune. Des chercheurs d'une civilisation future, de type féodal, qui a unifié toute notre galaxie, découvrent sur Dune, planète jusqu'alors négligée, une substance qui prolonge la vie humaine et permet de connaître l'avenir : Dune devient alors l'objet de toutes les convoitises. Le premier volume, *Dune* (1965), traduit en 14 langues, a touché plus de 12 millions de lecteurs. Le suivirent *Le Messie de Dune* (1976), *Les Enfants de Dune* (1978), *L'Empereur-Dieu de Dune* (1981), et *Les Hérétiques de Dune* (1985).

**HERBERT (Zbigniew)** ♦ Écrivain polonais (Lvov 1924 - Pisz 1998). Par sa poésie (*Monsieur Cogito,* 1974 ; *Rapport de la ville assiégée,* 1983) mais aussi par ses pièces de théâtre (*L'Antre du philosophe,* 1957 ; *L'Autre Chambre,* 1958), il tenta d'aborder avec un certain classicisme les questions morales de l'homme moderne.

**HERBIERS (LES)** [85500] ← ÉTYM. anc. *de villis de Hebertis,* probablt du germ. *Herbert,* n. de pers., et attraction de *herbier* ♦ Ch.-l. de cant. de la Vendée, arr. de La Roche-sur-Yon. 13 932 hab. *(Herbretais).* Indus. variées (meubles, chaussures, confection, construc. de bateaux de plaisance). ▪ Aux environs, vestiges de l'abbaye bénédictine Notre-Dame-de-la-Gainetière.

**HERBIGNAC** [44410] ← ÉTYM. du lat. *Arbenius,* n. de pers., et suff. *-acum* ♦ Ch.-l. de cant. de la Loire-Atlantique, arr. de Saint-Nazaire. 4 353 hab. *(Herbignacais).*

**HERBIN (Auguste)** ♦ Peintre et théoricien français (Quiévry, Nord 1882 - Paris 1960). Installé à Paris en 1901, il fut d'abord marqué par l'impressionnisme, puis les premières œuvres cubistes l'incitèrent à donner un aspect angulaire aux volumes et aux ombres et à insister sur le caractère architectural et massif des formes, tout en faisant jouer à la couleur un rôle constructif. Il développa ensuite une stylisation linéaire et géométrique, réalisant dès 1918 des œuvres abstraites. Après un bref retour à la figuration, il se consacra définitivement à l'abstraction géométrique et créa en 1931, avec Vantongerloo, le groupe Abstraction-Création. Compartimentant la surface de la toile, il y répartit avec rigueur des formes géométriques simples et planes ; carrés, rectangles, triangles, losanges et cercles de couleurs pures contrastant avec éclat. Il chercha par ses écrits à donner un fondement théorique à ses partis pris plastiques. À la suite de Kandinsky et en s'appuyant sur les théories de Goethe, il chercha à souligner et à préciser la signification spirituelle de la couleur. Il tenta aussi d'établir les principes d'une grammaire plastique (*L'Art non figuratif, non objectif,* 1949).

**HERBLAY** [95220] ← ÉTYM. anc. *Acebrelidum,* du bas lat. *acerabulus* «érable» et suff. collectif *-etum* [désigne un endroit planté d'érables] ♦ Ch.-l. de cant. du Val-d'Oise, arr. d'Argenteuil, sur la Seine. 23 083 hab. *(Herblaisiens).* Église des XIe - XIIe s., chœur du XVIe s. (vitraux Renaissance).

**HERCULANO (Alexandre)** ♦ Poète et historien portugais (Lisbonne 1810 - Vale de Lobos, près de Santarém 1877). Engagé dès sa jeunesse dans le mouvement romantique et libéral, il publia deux poèmes, *La Voix du prophète* (1836) et *La Harpe du croyant* (1838) où se mêlent la religiosité et une dialectique austère, à caractère politique. Son œuvre historique, une *Histoire du Portugal* (4 vol., 1846 - 1853), et quelques romans ont fait de lui le grand historien romantique de ce pays, jouissant du plus grand prestige moral et intellectuel de sa génération.

**HERCULANUM** – auj. *Ercolano* ➝ ÉTYM. du lat. *Hercules* «Hercule» ♦ V. anc. de Campanie, au S.-E. de Naples, au pied du Vésuve*. Après avoir subi la domination successive des Osques*, des Étrusques* et des Samnites*, elle fut conquise par Rome en –89. Elle couvrait plus d'une dizaine d'hectares et comptait environ 5 000 habitants quand elle fut engloutie en 79 sous une coulée de cendres lors de l'éruption du Vésuve qui ensevelit aussi Pompéi*. Entreprises au XVIII^e s. et poursuivies au XIX^e et au XX^e s. (particulièrement de 1806 à 1814, de 1869 à 1876 et à partir de 1927) les fouilles ont mis au jour des habitations (ornées de peintures et de mosaïques), des monuments (thermes, palestres, théâtre) et des objets de la vie quotidienne en parfait état de conservation. Le musée archéologique national de Naples conserve le produit de ces fouilles.

**HERCULE** – en lat. ***Hercules*** ♦ Demi-dieu romain, dont le nom est la forme latinisée du grec Héraclès*. Sa légende correspond pour l'essentiel à celle de son modèle grec. Parmi les épisodes spécifiquement romains du mythe d'Hercule, le plus célèbre est celui de la lutte du héros avec Cacus*. Un autel, aujourd'hui détruit, l'*Ara Maxima Herculis*, lui fut consacré à Rome près du *Forum Boarium*.

**HERCULE** – en lat. ***Hercules*** ♦ Constellation boréale très étendue, à droite de la Lyre*. En forme de trapèze, elle contient de nombreuses étoiles visibles à l'œil nu et en particulier une étoile double de période orbitale de 34,4 ans découverte par W. Herschel* en 1782.

**HERDER (Johann Gottfried)** ♦ Écrivain et philosophe allemand (Mohrungen, Prusse-Orientale 1744 - Weimar 1803). Ses théories sur le langage et la littérature, exaltant le génie populaire contre l'idéal classique, influencèrent le jeune Goethe* et la formation du Sturm* und Drang (*Fragments sur la littérature allemande*, 1767 ; *Silves critiques*, 1769 ; *Chansons de tous les peuples*, 1778 - 1779). Il se sépara de Kant dont il avait été l'élève, tant par sa philosophie de la nature (apparentée au spinozisme) que par sa conception de l'histoire, qui est une étude des types de civilisations humaines, de leurs langues, de leurs cultures où il voit l'expression de l'âme populaire : *Idées sur la philosophie de l'histoire de l'humanité* (1784 - 1791) ; *Lettres sur les progrès de l'humanité* (1793 - 1798).

**HERÉ DE CORNY (Emmanuel)** ♦ Architecte et décorateur lorrain (Nancy 1705 - Lunéville 1763). Élève de Boffrand*, il travailla au service du roi de Pologne, Stanislas* I^er Leszczyński, et sut satisfaire les goûts exotiques de son souverain en édifiant le château de faïence de la Malgrange, le château de Chanteleux et des pavillons et «fabriques» pleins de fantaisie et de pittoresque. Il fit preuve d'un sens monumental dans ses amples réalisations nancéennes : la place Royale, 1752 à 1760 (maintenant place Stanislas), la place de la Carrière avec sa colonnade en hémicycle, et le palais du gouvernement. Ces réalisations, caractérisées par la recherche d'effets de perspective, le goût des terrasses, balustrades et des ornements, constituent l'un des plus brillants ensembles monumentaux de style rocaille en France et furent décorées par les grilles d'aspect fastueux et chantourné de Jean Lamour (1698 - 1771).

**HEREDIA (José Maria DE)** ♦ Poète français (La Fortuna, près de Santiago de Cuba 1842 - Condé-sur-Vesgre, près de Houdan 1905). De père cubain et de mère française, élevé en France, élève de l'École des chartes, il composa des vers, dès 1862. Ami de Sully* Prudhomme et de Catulle Mendès*, il dut à son maître Leconte* de Lisle de collaborer au «recueil de vers nouveaux», le *Parnasse contemporain* (1866). Lui-même, dès la parution des *Trophées* (1893), recueil de 118 sonnets, fit figure de maître dans l'école parnassienne en joignant à un rare talent d'évocation une impeccable facture métrique. Successivement sont ressuscités *La Grèce et la Sicile, Rome et les Barbares, Le Moyen Âge et la Renaissance, L'Orient et les Tropiques, La Nature et le Rêve*, sous forme de tableaux ou de miniatures, raccourcis saisissants enfermés dans le cadre étroit du sonnet, portés par des rythmes savants et des termes évocateurs par leur sonorité ou leur rareté. [Acad. fr. 1894] ➝ ÉTYM. Ce nom de famille vient d'un nom de lieu en Espagne, du latin *heredium* «héritage».

**HEREDIA** ♦ Prov. du Costa Rica. 2 657 km². 355 000 hab. Caféiculture, fleurs.

**HEREFORD** ➝ ÉTYM. vieil angl. «le gué *(ford)* de l'armée *(here)*» ♦ V. d'Angleterre (Herefordshire), sur la Wye, au N.-O. de Gloucester. 47 000 hab. Belle cathédrale normande du XII^e s. abritant la châsse de saint Thomas Cantelupe et la *Mappa mundi* représentant le monde tel qu'on l'imaginait au XIII^e s. ▪ Centre agricole et commercial.

**HÉRELLE (Félix Hubert D')** ♦ Bactériologiste canadien (Montréal 1873 - Paris 1949). En étudiant le bacille de la dysenterie, il découvrit le phénomène de la bactériophagie (1918).

**HÉRENS** (val d') – en all. ***Eringerthal*** ♦ Vallée de Suisse (Valais) drainée par la Borgne, affl. du Rhône. ▪ Élevage de bovins. Tissage.

**HERENT** ♦ Comm. de Belgique (Région flamande), prov. du Brabant flamand, arr. de Louvain. 19 395 hab. Église du XIII^e s., l'un des plus anciens édifices gothiques de Belgique. ▪ Indus. alimentaire et chimique.

**HERENTALS** ♦ Comm. de Belgique (Région flamande), prov. d'Anvers, arr. de Turnhout, sur la Petite Nèthe, à la jonction du canal Albert et du canal de la Campine. 26 152 hab. Musée Fraikin dans l'hôtel de ville (halle aux draps du XIV^e s.). Béguinage (fin XVI^e s.) ; église Sainte-Waudru (1477, fonts baptismaux du XIII^e s.). ▪ Construc. électriques. Taille du diamant.

**HERENTHOUT** ♦ Comm. de Belgique (Région flamande), prov. d'Anvers, arr. de Turnhout. 8 462 hab. Cultures maraîchères. Taille du diamant.

**HERFORD** ♦ V. d'Allemagne (Rhénanie-du-Nord-Westphalie), entre le Wiehengebirge et le Teutoburgerwald, au confluent de l'Aa et de la Werre. Env. 65 000 hab. Belle église gothique (Münster) du XV^e s. Centre culturel (MARTa) construit par Frank Gehry. Indus. textile et alimentaire.

**HERGÉ (Georges REMI, dit)** ➝ ÉTYM. d'après les initiales de son nom ♦ Dessinateur et auteur de bandes dessinées belge (Etterbeek 1907 - Woluwe-Saint-Lambert 1983). Créateur de *Tintin** (1929), qui remporta un succès immense. Fondateur de l'«école de Bruxelles», il appliqua avec une constante habileté un graphisme simple et réaliste à un récit évoquant (d'abord avec des intentions politiques déclarées) le monde contemporain et à la création de personnages remarquablement typés (le capitaine Haddock, le professeur Tournesol, Dupont et Dupond). Traduits en 30 langues, les albums de *Tintin* se sont prolongés par des films et des dessins animés, et les Studios Hergé ont pris une grande ampleur. Hergé est également le créateur de *Quick et Flupke* (1930), deux enfants de Bruxelles.

**HERGNIES** [59199] ➝ ÉTYM. hypocoristique du germ. *Hari*, n. de pers., et suff. *-iniacas* ♦ Comm. du Nord, arr. de Valenciennes, sur l'Escaut, à la frontière belge. 3 849 hab.

**HÉRIAT (Raymond Gérard PAYELLE, dit Philippe)** ♦ Romancier et auteur dramatique français (Paris 1898 - *id.* 1971). D'abord acteur et metteur en scène, il s'est tourné vers le roman avec *L'Innocent* (1931) où il montrait déjà sa prédilection pour les analyses psychologiques hardies (à propos d'un inceste). Il a donné ensuite une vaste chronique sociale avec *Les Boussardel* (*Les Enfants gâtés*, 1939 ; *Famille Boussardel*, 1946 ; *Les Grilles d'or*, 1957), peinture postbalzacienne d'une famille bourgeoise à travers quatre générations (de 1815 au début du XX^e s). Fidèle au théâtre, il a fait jouer *L'Immaculée* (1947), *Belle de jour* (1950) et *Les Noces de deuil* (1953). Puis il a livré ses souvenirs dans *Retour sur mes pas* (1959). [Acad. Goncourt 1949]

**HÉRIC** [44810] ➝ ÉTYM. anc. *Hyhariacum*, du germ. *Hithar*, n. de pers., et suff. *-iacum* ♦ Comm. de la Loire-Atlantique, arr. de Châteaubriant. 3 987 hab.

**HÉRICOURT** [70400] ➝ ÉTYM. anc. *Oricort* «domaine (bas lat. *curtis*) d'Audericus (n. de pers. germ.)» ♦ Ch.-l. de cant. de la Haute-Saône, arr. de Lure. 10 133 hab. *(Héricourtois)*. ▌**Histoire** Victoire des Suisses sur les Bourguignons (1474). ▪ L'armée de l'Est, sous le commandement de Bourbaki, y livra aux Prussiens la bataille dite de la Lisaine (15 - 17 janv. 1871) ; battue, elle fut contrainte de se replier vers la frontière suisse.

**HÉRIHOR** ♦ Grand prêtre égyptien chef du clergé d'Amon* (–XI^e s). Il fut maître de la Haute-Égypte v. –1100 et roi de Thèbes v. –1085, alors que Smendès, établi à Tanis*, régnait sur la Basse-Égypte (➝ **Ramsès XI**). Il n'est connu que par quelques reliefs du temple de Khonsou* à Karnak*.

**HÉRIMONCOURT** [25310] ➝ ÉTYM. anc. *Arymoncort* «domaine (bas lat. *curtis*) d'Harimund (n. de pers. germ.)» ♦ Ch.-l. de cant. du Doubs, arr. de Montbéliard. 3 908 hab. *(Hérimoncourtois)*. Travail des métaux, mécanique automobile.

**HÉRIN** [59195] ➝ ÉTYM. du germ. *Hari*, n. de pers., et suff. *-inus* ♦ Comm. du Nord, banl. O. de Valenciennes. 3 939 hab.

**HERISAU** ♦ V. de Suisse, ch.-l. du cant. d'Appenzell Rhodes-Extérieures. 15 205 hab. Maisons de bois typiques (XVIII^e s.). ▪ Indus. mécanique et textile (broderies, tulle, cotonnades).

**Hermandad** ou **Santa Hermandad** n. f. ➝ ÉTYM. esp. «Sainte Fraternité» ♦ Institution espagnole fondée au XV^e s. pour lutter contre le brigandage. Véritable gendarmerie, elle fut même dotée d'un pouvoir de juridiction. Elle ne disparut en Castille qu'en 1835.

**HERMANN I^er** ♦ (mort à Gotha 1217). Comte de Thuringe (1190 - 1217). Neveu de Frédéric* Barberousse, il le soutint dans sa lutte contre Henri le Lion (1180), puis hésita entre Philippe* de Souabe et Othon* IV de Brunswick, lors de leur opposition pour l'empire. Il contribua à l'élection de Frédéric* II. Protecteur des lettres, il présida la lutte des poètes allemands connue sous le nom de Combat de la Wartburg (1207). ➝ ÉTYM. *Hermann* vient du germanique *Hariman*, de *hari* «armée» et *man* «homme».

**HERMANN BILLUNG** ♦ (mort à Quedlinburg 973). Comte, puis duc de Saxe (936 - 973). Il battit les Slaves à Lechfeld, sous le règne d'Othon* Ier (955).

**Hermann et Dorothée** – en all. ***Hermann und Dorothea*** ♦ Épopée bourgeoise de Goethe* (1797), écrite en hexamètres et comprenant 9 chants. Avec pour arrière-plan la Révolution française et ses conséquences pour l'Allemagne, l'auteur décrit l'amour entre une jeune fille dont la famille a dû fuir devant les armées d'invasion et le fils de négociants d'Allemagne du Sud. Celui-ci finira par l'épouser en dépit de l'opposition qu'il rencontre tout d'abord chez ses propres parents.

**HERMANN-NEISSE (Max)** ♦ Poète lyrique allemand (en Silésie 1886 - Londres 1941). Collaborateur de la revue expressionniste *Die Aktion*, il quitta l'Allemagne nazie (1933) en raison de ses positions communistes. À la violence des premiers poèmes fait place, en exil, un lyrisme plus apaisé qui chante avec nostalgie le pays natal (*Autour de nous, la terre étrangère*, 1936 ; *Loin du pays natal*, 1947).

**HERMANN VON SACHSENHEIM** ♦ Poète allemand (v. 1365 - Constance 1458). Auteur d'un long poème allégorique *La Négresse*, où il reprend, tout en les parodiant parfois, les thèmes de l'amour courtois, il contribua également à faire connaître le personnage de Tannhäuser*.

**HERMANN VON SALZA** ♦ (Langensalza v. 1170 - Barletta, dans les Pouilles 1239). Grand maître de l'ordre des chevaliers Teutoniques* (1210 - 1239). Conseiller de l'empereur Frédéric II, il eut d'abord une carrière diplomatique. Conrad, duc de Mazovie, lui donna pour son ordre le pays de Kulm en Pologne, à charge de conquérir la Prusse, ce qu'il commença en 1230. Il fortifia le pays en créant des villes. Cette conquête fut à l'origine de la naissance de la Prusse. En 1230, Hermann von Salza négocia la paix de San Germano entre le pape Grégoire IX et l'empereur.

**HERMANVILLE-SUR-MER** [14480] ➝ ÉTYM. «domaine (lat. *villa*) d'Hariman (n. de pers. germ.)» ♦ Comm. du Calvados, arr. de Caen, sur la Manche. 2 661 hab. *(Hermanvillais)*. Un port artificiel y fut créé en 1944 pour le débarquement des Alliés.

**HERMAPHRODITE** – en gr. ***Hermaphroditos*** ♦ Fils d'Hermès* et d'Aphrodite* auxquels il doit son nom. Adolescent d'une rare beauté, il repousse l'amour d'une nymphe. Celle-ci alors l'enlace et s'unit à lui pour toujours ; les dieux, exauçant sa prière, font de leurs deux corps une seule personne à la double nature.

**HERMAS** ♦ Prophète judéo-chrétien, vivant à Rome au début du IIe s. Son *Pasteur*, longtemps considéré comme inspiré, ne fut écarté du canon néotestamentaire qu'au IVe siècle.

**HERMÈS** ➝ ÉTYM. probablt du gr. *herma* «tas de pierres» ♦ Dieu grec, messager des Olympiens, identifié avec le *Mercure* des Latins. Fils de Zeus* et de Maia, il naît sur le mont Cyllène en Arcadie*. Guide des voyageurs et conducteur des âmes des morts, il est surtout la personnification de l'habileté et de la ruse. Ses attributions sont multiples : dieu du vol et du mensonge, patron des orateurs et des commerçants, inventeur des poids et mesures, des premiers instruments musicaux, il est aussi le dieu berger et le dieu de la santé. Le jour de sa naissance, il dérobe le bétail d'Apollon* et fait effacer les traces en attachant des branches aux queues des animaux. Obligé par Zeus de le rendre à Apollon, il l'échange contre la lyre. Il échange aussi la flûte contre le caducée qui devient un de ses attributs. Il eut plusieurs enfants dont Pan*. ▪ Identifié avec la divinité égyptienne Thot*, il fut appelé *Hermès Trismégiste* («Trois fois le plus grand»). Grâce à une interprétation évhémériste de l'époque hellénistique, celui-ci fut considéré comme un ancien roi d'Égypte, inventeur de toutes les sciences.

**hermétisme**

n. m. ♦ Doctrine philosophico-religieuse placée sous le patronage d'Hermès* Trismégiste et qui se développa à Alexandrie aux IIe - IIIe s. Ses principaux textes sont la *Korê Kosmou* («Pupille» ou «Vierge du monde»), le *Poïmandrès* et les 16 autres traités réunis par les Byzantins dans le *Corpus hermeticum*, l'*Asclepius*. Liés à la gnose*, les mythes hermétiques s'opposent à elle par une conception unitaire et optimiste du monde, où l'âme élue peut se sauver et se fondre dans le grand Tout. A l'hermétisme se rattachent des croyances astrologiques et alchimiques connues par de nombreux textes de la même époque, qui exercèrent leur influence jusqu'au Moyen Âge, à la Renaissance et au-delà.

**HERMIAS D'ATARNÉE** ♦ Philosophe et homme politique grec (-IVe s.). Il fut disciple de Platon* et ami d'Aristote*. S'étant emparé du pouvoir à Atarnée, il y fit venir ce dernier en -348 (ou -347). Livré aux Perses, il fut mis à mort par Artaxerxès III. Aristote qui avait épousé Pythias, sa sœur (ou sa nièce ?), quitta Atarnée pour Lesbos.

**hermétisme**

n. m. ♦ Outre un type d'écriture poétique où le sens se trouve aussi «fermé» que dans les écrits alchimiques et repérable du *trobar clus* des troubadours à M. Scève*, à Mallarmé* et à toute une partie de la poésie du XXe s., ce terme désigne un mouvement poétique italien actif à Florence dans les années 1925 - 1930, qui s'exprima principalement dans les revues *Il Frontespizio* et *Campo di Marte*. Représenté par S. Quasimodo*, A. Gatto*, L. Sinisgalli, M. Luzi*, P. Bigongiari, auxquels on peut rattacher G. Ungaretti*, cet hermétisme visait à liquider l'emphase dannunzienne et le pascolisme exténué **(→ D'Annunzio, Pascoli)**, tout en exploitant la leçon du symbolisme français (Mallarmé surtout), pour rendre à la parole poétique sa charge expressive pure, évocatrice, libérée de toute visée de communication.

**HERMIONE** – en gr. ***Hermionê*** ♦ Fille de Ménélas et d'Hélène, femme de Pyrrhos puis d'Oreste. Amoureuse insatisfaite et jalouse, elle figure dans l'*Andromaque* d'Euripide et dans l'*Andromaque** de Racine.

**HERMITAGE (L')** ou **ERMITAGE (L')** ♦ Coteau de la Drôme exposé au S., dominant la vallée du Rhône (comm. de Tain-l'Hermitage). ▪ Vignoble datant du -IVe s. Vins des côtes du Rhône estimés (hermitage, crozes-hermitage).

**HERMITAGE (L')** [35590] ➝ ÉTYM. désigne l'habitation d'un ermite ♦ Comm. de l'Ille-et-Vilaine, arr. de Rennes. 3 093 hab. *(Hermitageois)*.

**HERMITE (Charles)** ♦ Mathématicien français (Dieuze, Moselle 1822 - Paris 1901). Éminent analyste, il découvrit d'importantes propriétés sur la transformation des fonctions elliptiques (1844), rattachant la théorie de ces fonctions aux fonctions $\theta$ (séries d'exponentielles) déjà utilisées par Jacobi*, au lieu de fonder sur les intégrales de Legendre* ; il trouva une formule de décomposition des fonctions elliptiques en éléments simples qui permet leur intégration immédiate, et découvrit la fonction modulaire qu'il utilisa à la résolution de l'équation générale du cinquième degré au moyen des fonctions elliptiques ; en 1850 - 1851, en théorie des nombres dont il avait montré le lien avec les fonctions elliptiques, il établit des théories arithmétiques de réduction des formes quadratiques, en particulier sa méthode fondamentale dite de réduction continue ; enfin, en 1872, il établit la transcendance du nombre *e* (qui ne peut être solution d'aucune équation algébrique à coefficients entiers). Il découvrit également un système de polynômes qui portent son nom. [Acad. sc. 1856]

**HERMON** n. m. ➝ ÉTYM. hébr. «sacré ; interdit» ♦ Massif montagneux de l'Anti-Liban, situé entre la plaine libanaise de la Bekaa et la dépression du Ghor, aux confins du Liban, de la Syrie et d'Israël ; il culmine à 2 814 m. Le Jourdain y prend sa source.

**HERMOPOLIS** ➝ ÉTYM. gr. «la ville d'Hermès», en égypt. ***Kmounou*** «la ville des huit» – auj. ***al-Ashmûnayn***, dans la province d'Assiout ♦ V. de l'anc. Égypte à 300 km au S. du Caire. Centre religieux très important dans l'Antiquité, Hermopolis possédait une théologie particulière selon laquelle huit dieux (l'Ogdoade), parmi lesquels Amon*, étaient à l'origine de la création du monde. À ces dieux vint s'ajouter Thot* (identifié par les Grecs à Hermès*) auquel la ville fut désormais consacrée. Il ne reste actuellement de cette cité que des ruines dispersées. L'intérêt archéologique d'Hermopolis réside dans sa nécropole située à 12 km à l'O. (auj. Tuna al-Jabal), où Gustave Lefebvre découvrit en 1919 le tombeau de Pétosiris, grand-prêtre de Thot sous Alexandre le Grand. Ses bas-reliefs témoignent d'un essai de fusion original entre les techniques traditionnelles du dessin égyptien et l'apport esthétique grec.

**HERMOSILLO** ♦ V. du Mexique, cap. de l'État de Sonora. 641 791 hab. ▪ Centre minier et indus. (usines Ford).

**HERMOUPOLIS** ♦ V. de Grèce, sur la côte E. de l'île de Syros*, ch.-l. du nome des Cyclades et de la région Égée méridionale. Plaque tournante des Cyclades. Aggl. 18 000 hab. Archevêché grec et archevêché catholique. ▪ Port. Chantiers navals. ▌**Histoire** La haute ville *(Ano Syra)* fut fondée par les Vénitiens au XIIIe s. Protégée par la France lors de la guerre de l'Indépendance, la ville prospéra au XIXe s.

**HERNÁNDEZ** ou **FERNÁNDEZ (Gregorio)** ♦ Sculpteur espagnol (Pontevedra, Galice, v. 1576 - Valladolid 1636). Il travailla surtout à Valladolid et il est considéré comme l'un des plus brillants représentants de la sculpture polychrome castillane. Son réalisme souvent féroce dans l'expression de l'extase ou de la douleur apparaît en accord avec le mysticisme espagnol (*Christ gisant* du couvent des capucins, Prado). Ses statues de dévotion (*Immaculée Conception*, 1620), ses retables (San Miguel à Vitoria, 1624 - 1632 ; maître-autel de Plasencia, 1624 - 1634) ainsi que les «pasos» (groupes sculptés

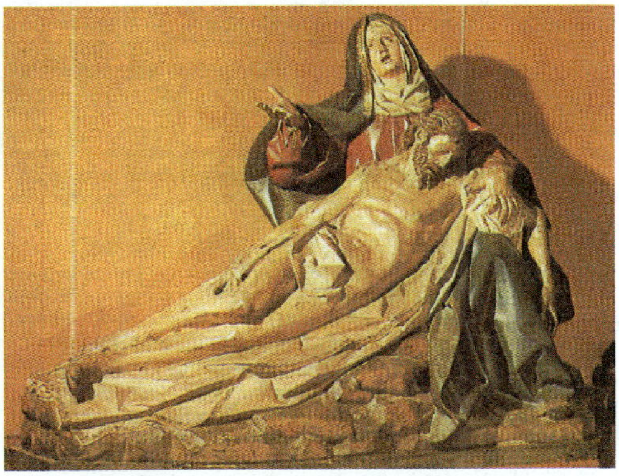

Gregorio **Hernández.** *Pietà,* bois polychrome (1,80 m). Église San Martín, Valladolid. *Phot. © Arch. Smeets*

portés en procession et représentant des scènes de la Passion) allient force expressive et sens de la mise en scène mouvementée. ➜ **ÉTYM.** Ce nom espagnol signifie «fils de Fernand».

**HERNÁNDEZ (José)** ♦ Écrivain argentin (San Martín 1834 - Buenos Aires 1886). Il est l'auteur de *Martín Fierro,* sorte de poème épique en deux parties (1872 - 1879) sur la vie des gauchos. Œuvre caractéristique de la littérature «gauchesque», c'est le poème national argentin.

**HERNÁNDEZ (Miguel)** ♦ Poète espagnol (Orihuela 1910 - Alicante 1942). Il participa à la guerre civile dans les rangs républicains et mourut en prison. Dans ses poèmes, il a chanté l'amour sensuel, la mort, la justice et la révolte, *El Rayo de no cesa* («Le Rayon qui ne cesse», 1936), *Vent du peuple* (1937), *Œuvres choisies* (publiées en 1952). Grand lecteur de classiques du Siècle d'or, il a redonné vie dans sa poésie aux modèles poétiques de Garcilaso et de Góngora.

**Hernani, ou l'Honneur castillan** ➜ **ÉTYM.** n. d'une v. espagnole du Pays basque (de *Hernán* «Fernand») ♦ Drame en 5 actes et en vers de Victor Hugo* (1830). Doña Sol est aimée de trois hommes, son oncle, le vieux Ruy Gomez, le bandit Hernani, et don Carlos, roi d'Espagne, le futur Charles Quint. De multiples péripéties, destinées à faire éclater la grandeur d'âme des héros, révéleront la véritable origine d'Hernani, proscrit et Grand d'Espagne. Son amour pour doña Sol triompherait à la fin du drame si le respect de la parole donnée à Ruy Gomez ne lui imposait de se donner la mort. Doña Sol le suit, tandis que le vieillard se tue sur leurs cadavres. S'inspirant de Shakespeare et des romantiques allemands, résolument affranchie de toute règle, la pièce eut d'abord des représentations tumultueuses et sa «première» (21 fév. 1830), devenue historique, fut le prétexte d'une véritable «bataille» entre les classiques et les romantiques.

**HERNE** ♦ V. d'Allemagne (Rhénanie-du-Nord-Westphalie), dans la Ruhr, sur le canal Rhin-Herne. Env. 170 000 hab. Charbonnages, tôlerie, indus. chimique (ammoniaque).

**HERNING** ♦ V. du Danemark, municipalité du Jutland central. 44 437 hab. Carrefour routier et ferroviaire. Indus. textile.

**HERNIQUES** n. m. pl. – en lat. ***Hernici*** ♦ Peuple de l'Italie ancienne établi dans le Latium au S.-E. de Rome. Ils furent soumis par les Romains en –306.

**HÉRODE Ier le Grand** ➜ **ÉTYM.** en gr. *Hêrôidês,* de *hêrôs* «héros» ♦ (Ascalon –73 - Jéricho –4). Roi des Juifs (–40 - –4). Iduméen, fils d'Antipatros, le ministre d'Hyrcan* II, il se fit reconnaître comme roi des Juifs par les Romains et Marc Antoine l'installa sur le trône (prise de Jérusalem, –37, ➜ **Antigonos**). Il fut l'allié d'Antoine, mais se rallia à Octave après Actium (–31). Pour affermir son pouvoir, il fit périr les derniers membres de la famille asmonéenne, y compris sa propre femme Mariamne* Ire. Il fit réaliser de grands travaux à Césarée, Sébasté (l'ancienne Samarie*) et surtout Jérusalem où il rebâtit le Temple dans le style hellénistique. À sa mort, son royaume fut partagé entre ses fils Archélaos*, Hérode* Antipas et Hérode* Philippe le Tétrarque. ▪ C'est à lui que l'Évangile (Matthieu, II, 16) attribue le massacre des Innocents*.

**HÉRODE dit Philippe** ♦ Prince juif (–Ier s.) auquel le nom de Philippe a été donné par erreur, semble-t-il, dans les Évangiles de Matthieu et de Marc. Fils d'Hérode* le Grand, premier mari d'Hérodiade* et père de Salomé*.

**HÉRODE AGRIPPA Ier** ♦ (–10 - 44). Petit-fils d'Hérode le Grand, il régna sur les tétrarchies d'Hérode* dit Philippe et de Lysanias (37), sur la Galilée (39), et sur la Judée et la Samarie (41), reconstituant ainsi le royaume d'Hérode le Grand. Frère d'Hérodiade* ; père de Bérénice*. ▪ C'est à lui que les Actes des Apôtres, XII, rapportent la mise à mort de Jacques* le Majeur et l'emprisonnement de Pierre*.

**HÉRODE AGRIPPA II** ♦ (27 - Rome v. 100). Fils du précédent, roi de Chalcis (50), puis des tétrarchies d'Hérode* dit Philippe et de Lysanias (53), du district de Varus avec d'autres possessions. Il prit le parti de Rome lors de la révolte juive de 66 - 70.

**HÉRODE ANTIPAS** ♦ Tétrarque de Galilée et de Pérée (–4 - 39), fils d'Hérode* le Grand. Il répudia sa femme pour épouser Hérodiade*, femme de son demi-frère Hérode* dit Philippe. Dans les Évangiles, il emprisonne Jean*-Baptiste qui lui a adressé des reproches et, après la danse de «la fille d'Hérodiade» (➜ **Salomé**), le fait décapiter. C'est devant lui que Pilate renvoie Jésus (Luc, XXIII). Il fut déposé et exilé par Caligula.

**HÉRODE ATTICUS** – en lat. ***Tiberius Claudius Atticus Herodes*** ♦ Rhéteur grec (Marathon 101 - v. 177). Il assuma des hautes charges dans l'éducation de Marc* Aurèle. Grand mécène, il consacra ses richesses à orner de monuments Athènes (notamment l'Odéon sous l'Acropole), Delphes, Olympie, Corinthe et d'autres cités grecques. De son œuvre oratoire, représentative du retour à l'atticisme pur, il ne nous reste qu'un discours.

**HÉRODE PHILIPPE le Tétrarque** ♦ (mort en 34). Fils d'Hérode* le Grand, tétrarque, à la mort de celui-ci, de la région située à l'E. du lac de Tibériade (Icturée, Trachonitide). Il épousa Salomé*.

**HÉRODIADE** ou **HÉRODIAS** ♦ Princesse juive (–7 - 39). Petite-fille d'Hérode le Grand, fille d'Aristobule, elle épousa Hérode* dit Philippe. Sa liaison avec Hérode* Antipas, son oncle et beau-frère, scandalisa les Juifs et notamment, selon l'Évangile (Matthieu, XIV, 4 ; Marc, VI, 18), Jean-Baptiste* dont elle finit par obtenir la tête. ➜ **Salomé.** ▪ Son personnage a inspiré les écrivains : *Hérodias (Trois Contes)* de Flaubert ; fragments d'*Hérodiade* de Mallarmé ; et les musiciens : *Hérodiade,* opéra de Massenet, livret de Milliet et Grémont (1881).

**HÉRODOTE** ➜ **ÉTYM.** en gr. ***Hêrodotos*** «donné *(dotos)* par Héra *(Hêra)*» ♦ Historien grec (Halicarnasse v. –484 - v. –425) considéré comme le «père de l'histoire» (Cicéron) et le premier prosateur dont l'œuvre nous soit parvenue. Appartenant à une famille aristocratique, il dut la suivre en exil à Samos, puis participa, à Halicarnasse, à l'insurrection de ses concitoyens qui renversa la tyrannie v. –454. Il s'établit quelque temps à Athènes où il se lia d'amitié avec Sophocle* et suivit les Athéniens fondateurs de Thurium* en Italie du Sud, où il se fixa. C'est peut-être là qu'il mourut. Dans l'intention d'écrire ses *Histoires,* il visita les cités, les grands sanctuaires et les champs de bataille de Grèce et de Lydie, les colonies grecques de la mer Noire, l'Égypte, Cyrène et la Grande Grèce. Ses *Récits assyriens* sont perdus. On lui attribua d'autre part une *Vie d'Homère* qui est considérée comme apocryphe. ▪ Les *Histoires,* écrites en dialecte ionien littéraire, sont divisées par les éditeurs alexandrins en 9 livres portant chacun le nom d'une muse. Les Guerres médiques* sont le sujet principal du récit qui commence par l'accroissement de la force perse et aboutit à la victoire de l'Égypte, de la Scythie, de l'Ionie, des cités grecques et de leurs luttes internes. Dans ce cadre s'accumule une masse d'informations sur les mœurs, les croyances, les institutions et la vie quotidienne, de descriptions géographiques ou des monuments, d'anecdotes et de légendes. La lutte entre le monde grec et le monde barbare en est le thème principal. Héritier des logographes ioniens, notamment d'Hécatée* de Milet, Hérodote se situe entre l'histoire légendaire et l'histoire méthodique de Thucydide*. L'ampleur et la diversité de ses recherches, l'importance qu'il a accordée au cadre géographique sont ses mérites d'historien. On lui a reproché une grande crédulité et un manque de «science sérieuse» (Plutarque). Néanmoins il indique toujours ses sources, écrites ou orales. Impartial devant les Guerres médiques, il se montre «philathénien» dans les conflits grecs par son admiration pour la politique de Périclès, mais jamais passionné ou aveugle. Avant tout, il est un conteur de grande qualité. Sa prose est pleine de charme, de familiarité et de bonhomie.

**HÉROËT (Antoine)** ♦ Poète français (Paris v. 1492 - Digne ou Paris 1568). Surnommé «La Maison Neufve», ce poète protégé par François Ier est surtout connu pour son poème philosophique *La Parfaicte Amye* (1542). Il y expose une conception platonicienne de l'amour. Il fut évêque de Digne de 1552 à sa mort.

**HÉROLD (Ferdinand)** ♦ Compositeur français (Paris 1791 - *id.* 1833). Élève de son père, François Joseph Hérold (1755 - 1802), qui fut disciple de C. Ph. E. Bach, il connut le plus grand succès avec 2 opéras, *Zampa* (1831) et *Le Pré aux clercs* (1832). Son œuvre comprend encore des ballets, de la musique pour orchestre et de la musique de chambre. ➜ **ÉTYM.** *Hérold* vient du germanique *Heriwald,* de *heri* (ou *hari*) «armée» et *waldan* «gouverner».

**HÉRON l'Ancien** ou **d'Alexandrie** – en gr. ***Hêrôn*** ♦ Mathématicien et mécanicien grec (Alexandrie Ier s.). Auteur de nombreux ouvrages de mécanique, dont les traités sur les machines de guerre, *Les Pneumatiques,* un traité *Des automates* et surtout *La Dioptre* qui contient la description et les usages de ce premier instrument universel de mesure, longtemps utilisé comme instrument de nivellement et comme théodolite pour les observations terrestres et astronomiques ; en optique, il composa une *Catoptrique* dans laquelle il exposa une théorie de la vision (d'après laquelle l'œil émet des rayons visuels), étudia les phénomènes de réflexion de la lumière sur des miroirs plans, convexes ou concaves et posa en principe que la lumière suit le chemin le plus court, démontrant ainsi la loi fondamentale de la réflexion ; dans trois livres de *Métriques*, de tendance utilitaire exceptionnelle dans les traités mathématiques des Grecs (chaque problème contenant, dans l'énoncé, les données numériques), il apporta des solutions concrètes à des problèmes d'ordre pratique.

**HÉRONDAS** – en gr. ***Hêrôndas*** ♦ Poète grec (début –IIIe s.), un des créateurs du *mime* alexandrin. Neuf de ses mimes ont été retrouvés en 1889 sur un papyrus. La vie quotidienne, les mœurs, les préoccupations des petites gens y sont peintes avec précision, finesse, et une charmante naïveté.

**HÉROPHILE** – en gr. ***Hêrophilos*** ♦ Médecin et anatomiste grec de la famille des Asclépiades* (Bithynie fin –IVe s., début –IIIe s.). Pratiquant la dissection, il peut être considéré, avec Érasistrate*, comme un des créateurs de l'anatomie. Il fit des études très poussées des nerfs et du cerveau, du système vasculaire (on lui doit la première distinction entre les artères et les veines) ; il s'intéressa à la gynécologie et fut également accoucheur.

**HÉROULT (Paul Louis Toussaint)** ♦ Métallurgiste français (Thury-Harcourt, Calvados 1863 - baie d'Antibes 1914). Inventeur (1886) du procédé électrolytique moderne d'obtention industrielle de l'aluminium, il mit au point le four électrique pour l'acier qui porte son nom (1900) et qui permit l'essor de l'industrie électrométallurgique.

**Hérout** ou **Hérouth** n. m. ➝ ÉTYM. «liberté» ♦ Groupe politique israélien fondé en 1948 par des membres de l'Irgoun* Zvaï Leoumi. Sioniste nationaliste, le mouvement Hérout dirigé par Menahem Begin* prônait l'intégrité territoriale de la «Terre d'Israël» *(Eretz-Israël)* dans ses frontières historiques et le libéralisme en matière économique et sociale. Il a été l'élément constitutif du Likoud* en 1973.

**HÉROUVILLE-SAINT-CLAIR** [14200] ➝ ÉTYM. anc. *Herufi villa* «domaine (lat. *villa*) d'Hariwulf (Hariulf) [n. de pers. germ.]» ♦ Ch.-l. de cant. du Calvados, banlieue N. de Caen. 24 025 hab. *(Hérouvillais)*. Ville résidentielle.

**HERRADE DE LANDSBERG** ♦ Abbesse et érudite alsacienne (v. 1125 - 1195). Abbesse du couvent du Mont-Sainte-Odile (Alsace), elle écrivit, pour l'instruction des novices, un ouvrage encyclopédique sur l'histoire spirituelle de l'humanité, *Hortus deliciarum* ou *Jardin des délices* (en all. *Garten der Köstlichkeit*). Ce texte, brûlé lors de l'incendie de la bibliothèque de Strasbourg (guerre de 1870), a pu être reconstitué à partir de nombreuses copies.

**HERRERA (Juan Bautista DE)** ♦ Architecte espagnol (Mobellán, Santander 1530 - Madrid 1597). Il étudia à Valladolid, puis à Bruxelles et participa aux campagnes de Charles Quint en Italie. À la mort de Juan Bautista de Toledo*, Philippe II le chargea de continuer les travaux de l'Escurial* (1567 - 1584). La façade principale et l'église portent la marque de sa personnalité : un sens de la grandeur et du dépouillement poussé jusqu'à l'austérité. Il s'inspira surtout de Serlio* et du Vignole*. Il devint le directeur de l'Académie royale d'architecture de Madrid. Il fut le représentant le plus marquant de la Renaissance espagnole. Il conçut notamment les projets de transformation d'Aranjuez, de la façade méridionale de l'Alcázar de Tolède et de la Lonja de Séville, édifiée par Juan de Mijares.

**HERRERA (Francisco DE)** dit **le Vieux** ♦ Peintre et graveur espagnol (Séville v. 1576 - Madrid v. 1656). Formé sans doute auprès de Pacheco*, il semble qu'il ait longuement séjourné à Madrid et qu'il ait joué un rôle notable dans le développement de l'école de Séville. Certaines de ses compositions, chargées et mouvementées, sont empreintes de réminiscences maniéristes (*Pentecôte*, 1617 ; *Jugement dernier*, à San Bernardo de Séville). Généralement, il développa un style aux accents réalistes plus affirmés, notamment dans certaines décorations destinées aux couvents et églises de Séville (cycle de la vie de saint Bonaventure, commandé par les franciscains en 1627). Dans l'*Apothéose de saint Herménégilde*, apparaissent son tempérament impulsif et violent, sa recherche d'une expression héroïque, souvent emphatique, mais qui atteint parfois au lyrisme dramatique (tête coupée du martyr). Il peignait souvent très rapidement à la brosse, utilisait des clairs-obscurs contrastés, mais il semble à la fin de sa vie avoir recherché une expression plus mesurée et équilibrée. ♦ **Francisco Herrera,** dit **le Jeune** (Séville 1622 - Madrid 1685). Fils du précédent, il fut aussi peintre *(Le Triomphe de saint Herménégilde)* et architecte, et séjourna longuement en Italie. Il manifesta des tendances baroques. ➝ ÉTYM. Le nom espagnol *Herrera* vient du latin *ferrarius* «forgeron» (→ aussi Ferrier).

**HERRERA Y REISSIG (Julio)** ♦ Poète uruguayen (Montevideo 1875 - *id.* 1910). Il est le représentant le plus caractéristique du modernisme ; son inspiration tient du Parnasse* et du symbolisme *(Les Pianos crépusculaires, Les Extases de la montagne)*.

**HERRICK (Robert)** ♦ Poète anglais (Londres 1591 - Dean Prior, Devon 1674). Fils d'un orfèvre de Londres, il fit ses études à Cambridge et ne se résolut à prendre les ordres que pour gagner sa vie. Il appartient au groupe des «poètes cavaliers» qui s'opposèrent aux puritains et demeurèrent fidèles au roi contre Cromwell. Ses *Hespérides* (1648) mêlent en un «livre-monde» de 1 130 poèmes les textes religieux et les pièces profanes volontiers inspirées d'Horace et de Catulle, à l'érotisme mystérieux. *La Rentrée de la moisson (The Hock-Cart)* ou *Corinna allant cueillir le Mai*, 5 stances de 14 vers, sont devenus classiques en Angleterre. Ce recueil possède une réelle unité de ton malgré la diversité de la forme : églogues, épîtres, épigrammes, épithalames, épitaphes, chansons témoignent d'une inventivité prodigieuse et alternent en un réseau complexe de significations allégoriques qui n'ont pas fini de livrer tous leurs secrets. Herrick est l'un des principaux représentants de la poésie baroque européenne.

**HERRIMAN (George)** ♦ Dessinateur américain (La Nouvelle-Orléans 1880 - Los Angeles 1944), l'un des plus importants créateurs de l'histoire de la bande dessinée. Son *Krazy Kat* (1919), au trait élémentaire et efficace, à la mise en page subtile, renouvelle indéfiniment une historiette à trois personnages par l'invention verbale, graphique et poétique.

**HERRIOT (Édouard)** ♦ Homme politique et écrivain français (Troyes 1872 - Saint-Genis-Laval, Rhône 1957). Sorti de l'École normale supérieure, il adhéra, au moment de l'affaire Dreyfus, au parti radical qu'il présida de 1919 à 1926, de 1931 à 1936 et de 1945 à 1957. Élu maire de Lyon (1905), il y entreprit d'importants travaux d'urbanisation. Sénateur (1912 - 1919), ministre des Travaux publics (1916 - 1917), député (1919 - 1940), il fut l'un des instigateurs du regroupement de la gauche face au Bloc national. Après la victoire du Cartel des gauches aux élections de 1924, il fut appelé à former un cabinet et chargé du portefeuille des Affaires étrangères (juin 1924-avr. 1925) ; mais son gouvernement, qui reconnut l'URSS et évacua la Ruhr, ne put faire face aux difficultés financières et se heurta au «mur d'argent». Après avoir tenté de former un second ministère (juil. 1926), É. Herriot dut se retirer et fut remplacé par Poincaré* qui le nomma ministre de l'Instruction publique (1926 - 1928). Président du Conseil (juin-déc. 1932), ministre d'État (1934 - 1936), il présida la Chambre des députés de 1936 à 1940. Il s'abstint dans le vote des pleins pouvoirs au maréchal Pétain (juil. 1940), et se tint à distance du gouvernement de Vichy, par lequel il fut mis en résidence surveillée avant d'être déporté en Allemagne (1944). De 1947 à 1954, il fut président de l'Assemblée nationale. Il a laissé plusieurs ouvrages de critique (*Madame Récamier et ses amis*, 1904 ; *La Vie de Beethoven*, 1929 ; *Lyon n'est plus*, 1939-1940). Ses mémoires ont été publiés sous le titre de *Jadis* (1948 - 1952). [Acad. fr. 1946] ➝ ÉTYM. Ce nom est le diminutif du prénom médiéval *Herry*, du germanique *Heririk* (de *heri* [ou *hari*] «armée» et *rik* «puissant»).

**HERRLISHEIM** [67850] ➝ ÉTYM. du germ. *Erlico (Herlicho)*, n. de pers., et *heim* «village» ♦ Comm. du Bas-Rhin, arr. de Haguenau. 4 198 hab. *(Herrlisheimois)*.

**HERS** [ERS] n. m. ♦ Nom de deux riv. de l'Aquitaine. L'*Hers-Mort* est un affl. de la Garonne (90 km). L'*Hers-Vif* (120 km) arrose Mirepoix et Mazères et se jette dans l'Ariège près de Cintegabelle.

**HERSANT (Robert)** ♦ Directeur de presse français (Vertou, Loire-Atlantique 1920 - Paris 1996). Il fonda le principal groupe de presse français, regroupant des quotidiens régionaux *(Nord-Matin, Paris-*

**Herrera le Vieux.** *Apothéose de saint Herménégilde* (5,23 × 3,26 m). Musée des Beaux-Arts, Séville. *Phot. © R.G. Ojeda/RMN*

*Normandie, Le Dauphiné libéré)* et nationaux *(France-Soir, Le Figaro, L'Aurore).* ➛ ÉTYM. *Hersant* vient du germanique *Harisindis,* nom de personne, de *hari* «armée» et *sind* «chemin».

**HERSCHBACH (Dudley R.)** ♦ Chimiste américain (San Jose, Californie 1932). Il fut à l'origine de la dynamique réactionnelle, branche de la chimie étudiant le mécanisme élémentaire de la réaction entre deux molécules ou atomes. Sa méthode, qui consiste à croiser dans le vide deux faisceaux moléculaires, permit d'observer les réactions individuelles et de déterminer des caractéristiques de réactions telles que les vitesses relatives des réactifs, leurs orientations et leurs niveaux énergétiques. [Prix Nobel de chim. 1986, avec Y. Lee* et J. Polanyi*]

**HERSCHEL (sir William)** ♦ Astronome britannique d'origine allemande (Hanovre 1738 - Slough, Buckinghamshire 1822). L'un des fondateurs de l'astronomie moderne, il construisit plusieurs télescopes (avec l'aide de sa sœur Caroline et de son frère Jacob) qui lui permirent d'effectuer ses observations. Il découvrit notamment la planète Uranus* (1781), deux de ses satellites, Titania et Obéron* (1787), deux satellites de Saturne*, Encelade* et Mimas (1789). Il mit en évidence le déplacement du Système solaire vers un point de la constellation d'Hercule, l'apex, dont il calcula les coordonnées (1783). Il fut le premier à entreprendre une étude systématique de la répartition des étoiles et conçut une méthode visuelle d'estimation des magnitudes. Il conclut, d'après ses observations des étoiles doubles, qu'il s'agit de couples stellaires dont le mouvement s'effectue autour de leur centre de gravité commun selon les lois de Kepler*. On lui doit encore la découverte du rayonnement infrarouge [Acad. sc. 1789] ♦ **John Herschel.** Astronome britannique (Slough 1792 - Collingwood 1871). Fils du précédent. Auteur d'importantes recherches sur les nébuleuses et les étoiles doubles, il perfectionna les méthodes d'estimation des magnitudes stellaires de son père ; on lui doit la première échelle photométrique stellaire (1836). [Acad. sc. 1855] ➛ ÉTYM. Ce nom allemand vient de *Hirsch* «cerf» avec le suffixe diminutif *-el.*

**HERSCHEL** ♦ Télescope spatial européen, développé par l'Agence spatiale européenne et lancé depuis Kourou en 2009. Il est doté d'un miroir de 3,5 m et est conçu pour observer les radiations infrarouges et submillimétriques, ce qui lui confère une grande finesse de résolution et lui permet d'étudier l'univers froid et les objets émettant entre –250° et 0°. En orbite à env. 1,5 km de la Terre, il effectue des observations destinées à connaître l'histoire de la formation des étoiles et leur évolution.

**HERSELT** ♦ Comm. de Belgique (Région flamande), prov. d'Anvers, arr. de Turnhout. 13 929 hab. Production fruitière.

**HERSERANGE** [54400] ➛ ÉTYM. anc. *Herselange,* du germ. *Helzelo,* n. de pers., et suff. *-ing* ♦ Ch.-l. de cant. de la Meurthe-et-Moselle, arr. de Briey, près de la frontière belge. 4 327 hab. *(Herserangeois).*

**HERSFELD** → **Bad Hersfeld**

**HERSHEY (Alfred)** ♦ Biologiste américain (Owosso, Michigan 1908 - Syosset, New York 1997). → **Delbrück.** [Prix Nobel de physiol. ou méd. 1969, avec M. Delbrück et S. Luria*]

**HERSHKO (Avram)** ♦ Biochimiste israélien (Karcag, Hongrie 1937). Avec A. Ciechanover* et I. Rose* il élucida, entre 1980 et 1983, le mécanisme de la destruction de protéines à l'intérieur des cellules. La protéine à détruire est «marquée» par un polypeptide qu'ils baptisèrent «ubiquitine» (car il est présent dans tous les organismes hormis les bactéries), et ensuite dégradée à l'intérieur des structures intracellulaires dites «protéasomes». Ce processus intervient notamment lors de la division cellulaire, la réplication de l'ADN ou la réponse immunitaire. [Prix Nobel de chimie 2004, avec A. Ciechanover et I. Rose]

**HERSIN-COUPIGNY** [62530] ➛ ÉTYM. du germ. *Harizo,* n. de pers., et suff. *-inus* ♦ Comm. du Pas-de-Calais, arr. de Lens. 6 498 hab.

**HERSKOVITS (Melville Jean)** ♦ Anthropologue américain (Bellefontaine, Ohio 1895 - Evanston, Illinois 1963). Ses travaux concernent surtout l'anthropologie culturelle (*Man and his Work,* 1948 ; tr. fr. *Les Bases de l'anthropologie culturelle,* 1952). Il a notamment étudié les questions de l'acculturation.

**HERSTAL** ♦ Comm. de Belgique (Région wallonne), prov. et arr. de Liège (banl. N.), sur la rive g. de la Meuse. 37 720 hab. Construc. métalliques. Armurerie. Industrie aérospatiale. Indus. diversifiées dans le parc industriel des Hauts-Sarts. Carrefour autoroutier. ▮ **Histoire** La ville donna son nom au maire du palais, Pépin* le Jeune, dit *de Herstal* ou *d'Héristal,* père de Charles Martel, aïeul de Pépin le Bref. Possession de la maison de Nassau (1444), le domaine d'Herstal dépendit du roi de Prusse en 1713 et fut acquis par le chapitre de Liège (1740).

**Herstmonceux** ou **Hurstmonceux** ♦ Château d'Angleterre (Sussex) où fut transféré en 1948 l'observatoire de Greenwich*.

**HERS-VIF** n. m. ♦ Riv. de France (120 km), dans les Pyrénées ariégeoises, qui arrose Mirepoix* et Mazères. Il se jette dans l'Ariège près de Cintegabelle.

**HERTEL (Rodolphe DUBÉ, dit François)** ♦ Écrivain canadien d'expression française (Rivière-Ouelle 1905 - Montréal 1985). Jésuite, il fut professeur et, comme écrivain, il toucha à tous les genres : *Leur inquiétude* (1936) expose l'angoisse de ses contemporains ; avec *Pour un ordre personnaliste* (1942) et *Nous ferons l'avenir* (1945), il exprime son dégoût du régionalisme et son aspiration à une culture universelle. On lui doit des romans : *Le Beau Risque* (1939), *Anatole Laplante, curieux homme* (1944). Une crise morale, qu'il analysa dans *Un Canadien errant* (1953), le poussa à abandonner l'état ecclésiastique et il se fixa à Paris de 1949 à 1967. Son œuvre poétique, où l'on sent parfois l'influence de François Villon, est abondante : *Les Voix de mon rêve* (1934) ; *Strophes et Catastrophes* (1943) ; *Cosmos* (1945). Les poèmes écrits en France, *Quatorze* (1948), *Mes naufrages* (1951), *Jeux de mer et de soleil* (1951), *Poèmes européens* (1961), sont souvent empreints de la nostalgie de l'exilé. Il est aussi l'auteur d'essais : *Méditations philosophiques* (1963), *Vers une sagesse* (1965).

**HERTEN** ♦ V. d'Allemagne (Rhénanie-du-Nord-Westphalie), dans la Ruhr. 64 619 hab. Centre minier.

**HERTFORD** ➛ ÉTYM. anc. en vieil angl. *Herutford, Hertforde* «le gué *(ford)* aux cerfs (*heorot* ou *heort*)» ♦ V. d'Angleterre, ch.-l. du Hertfordshire, sur la Lea, au N. de Londres. 22 000 hab. Château où fut emprisonné Jean le Bon.

**HERTFORDSHIRE** ➛ ÉTYM. de *Hertford** et angl. *shire* «comté» ♦ Comté du S. de l'Angleterre, au N. de Londres. 1 634 km². 980 000 hab. CH.-L. : Hertford. Jadis terre agricole, le comté est de plus en plus soumis à la pression foncière de l'aggl. londonienne, moteur de sa croissance actuelle.

**HERTOGENBOSCH ('S)** → **Bois-le-Duc**

**HERTWIG (Oskar)** ♦ Biologiste allemand (Friedberg, Hesse 1849 - Berlin 1922). Il étudia le mécanisme de la division cellulaire et montra que la fécondation résulte de l'union des noyaux des gamètes mâle et femelle. ♦ **Richard Hertwig.** Biologiste allemand (Friedberg 1850 - Schlederloh, près de Munich 1937). Frère du précédent. Ses recherches portèrent principalement sur la cytologie des protozoaires.

**HERTZ (Heinrich)** ♦ Physicien allemand (Hambourg 1857 - Bonn 1894). Après avoir conçu son résonateur et son oscillateur, il produisit les ondes électromagnétiques *(ondes hertziennes)* et montra qu'elles suivent les mêmes lois que la lumière (1888), découverte qui confirma définitivement la théorie électromagnétique de Maxwell*. Il observa également l'effet photoélectrique et découvrit le pouvoir pénétrant des électrons. ➛ ÉTYM. Ce nom allemand est une variante de *Herz* «cœur».

**HERTZ (Gustav)** ♦ Physicien allemand (Hambourg 1887 - Berlin-Est 1975), neveu de H. Hertz. Auteur de recherches en physique atomique, avec J. Franck*, il réalisa en 1913 une expérience de bombardement d'atomes d'une vapeur raréfiée par des électrons d'énergie réglable, prouvant directement que, au niveau subatomique, l'énergie ne peut être absorbée que par quantités discrètes et que chaque absorption d'énergie s'accompagne de l'émission d'une radiation de fréquence déterminée. Cette expérience, connue comme *expérience de Franck et Hertz,* permit de préciser la notion de niveau d'énergie et confirma la théorie atomique de N. Bohr*. [Prix Nobel de phys. 1925, avec J. Franck]

**HERTZSPRUNG (Ejnar)** ♦ Astronome danois (Fredericksberg, près de Copenhague 1873 - Tølløse 1967). Il découvrit l'existence de deux types d'étoiles de magnitudes absolues très différentes qu'il nomma «géantes» et «naines» (1905, 1907). Cette constatation, faite indépendamment de H. N. Russell*, conduisit ensuite les deux astronomes à élaborer en 1913 un diagramme, dit de Hertzsprung-Russell, ou encore H-R, qui permet de classer les étoiles en fonction de leur type spectral et de leur magnitude, et qui constitue toujours l'outil essentiel d'étude des étoiles.

**HÉRULES** n. m. pl. ➛ ÉTYM. de l'anc. nordique *iarl* «homme ; noble» ♦ Peuple germanique originaire de Scandinavie établi v. 250 à l'embouchure du Rhin et sur les bords de la mer Noire. Les Hérules des bords de la mer Noire furent soumis au IVe s. par les Ostrogoths, puis par les Huns. Après la mort d'Attila (453), ils fondèrent un empire sur le bas Danube puis, sous Odoacre, conquirent l'Italie et mirent fin à l'empire d'Occident (476). Vaincus par Théodoric* le Grand, ils furent chassés d'Italie (493).

**HERVE** ♦ V. de Belgique (Région wallonne), prov. de Liège, arr. de Verviers, sur le *plateau d'Herve* (315 m). 16 740 hab. Église (tour romane du XIIIe s.). ▪ Herbages et vergers. Indus. agroalimentaire (fromages, sirop). Indus. de la fibre de verre dans le parc industriel de Battice.

**HERVÉ (Florimond RONGER, dit)** ♦ Compositeur français (Houdain, Pas-de-Calais 1825 - Paris 1892). Une fantaisie malicieuse et débridée caractérise ses opérettes dont plusieurs furent longtemps populaires : *L'Œil crevé* (1867), *Le Petit Faust* (1869), *Mam'zelle Nitouche* (1883).

**HERVIEU (Paul)** ♦ Auteur dramatique et écrivain français (Neuilly-sur-Seine 1857 - Paris 1915). Peintre impitoyable des gens du monde, il écrivit des études de mœurs pessimistes, comme *Peints par eux-mêmes* (1893), avant de manifester au théâtre son tempérament de moraliste dans des drames du couple et de la famille qui abordent, avec une grande sobriété de moyens, des problèmes sociaux (*Les Tenailles*, 1895 ; *La Loi de l'homme*, 1897) ou passionnels (*L'Énigme*, 1901 ; *La Course du flambeau*, 1901). [Acad. fr. 1900] ➝ ÉTYM. *Hervieu* vient de *Hervé*, du breton *haerviu* « actif au combat ».

**HERWEGH (Georg)** ♦ Poète allemand (Stuttgart 1817 - Baden-Baden 1875). La poésie fut pour lui une arme politique, révolutionnaire, un appel à la liberté dont il chanta les héros (Winkelried, Hutten). Réfugié en Suisse (1839), il y commença la publication des *Poésies d'un vivant* (*Gedichte eines Lebendigen*, 1841 - 1844) qui connurent un grand succès en Allemagne où il revint en 1842. À nouveau exilé à Paris, il y rencontra Marx et A. Ruge, et lors de la révolution démocratique de 1848, dirigea en Souabe un corps franc qui fut battu. Installé en Suisse, il écrivit notamment le *Chant de la Confédération générale des travailleurs* (1863) qui appelle les travailleurs à la grève générale. ➝ **Lassalle.**

**HERZBERG (Gerhard)** ♦ Physico-chimiste canadien d'origine allemande (Hambourg 1904 - Ottawa 1999). Dès l'élaboration de la mécanique quantique, dans les années 1920, il l'appliqua à l'étude spectroscopique des molécules et obtint d'importants résultats, notamment en ce qui concerne les états électroniques des molécules en relation avec leur réactivité ainsi que leur structure vibrationnelle. Se tournant ensuite vers les applications de la chimie à l'astronomie, il mit au point des techniques d'étude des radicaux libres dont il identifia une trentaine, contribuant ainsi à la connaissance de l'atmosphère des planètes, des comètes et de l'espace interstellaire. [Prix Nobel de chim. 1971]

**HERZÉGOVINE** n. f. ➝ ÉTYM. de *herceg*, titre pris par le voïvode Vuckčić ♦ Partie méridionale de la Bosnie*-Herzégovine. Elle présente un relief de plateaux calcaires et de poliés karstiques (Karst*). On y pratique l'élevage ovin. V. PRINC. : Mostar. ▮ **Histoire** La province fut incluse dans l'Empire ottoman en 1482 et son histoire se confond dès lors avec celle de la Bosnie.

**HERZEN** ou **GUERTSEN (Aleksandr Ivanovitch)** ♦ Philosophe, critique littéraire et écrivain russe également connu sous le pseudonyme d'Iskander (Moscou 1812 - Paris 1870). Parti de l'idéalisme hégélien, il se tourna vers le matérialisme et fut en Russie un des représentants de la « gauche hégélienne ». Exilé en raison de ses positions politiques, il fit paraître avec Ogarev* une revue antitsariste, *L'Étoile polaire* (1855 - 1868, Londres-Genève), puis *La Cloche* (revue politique et littéraire) [1857 - 1867, Londres-Genève]. Il expose dans ses œuvres un socialisme utopique à tendance slavophile (*Sur le développement des idées révolutionnaires en Russie*, 1851 ; *Le Peuple russe et le Socialisme*, 1855). Il est également l'auteur d'œuvres littéraires à caractère politique, d'un roman, *À qui la faute ?* (1845 - 1846), de divers essais en allemand, réunis en un volume (*De l'autre rive*, 1851) et une autobiographie (*Passé et pensée*, 1855 - 1868).

**HERZL (Theodor)** ♦ Écrivain juif d'origine hongroise (Pest 1860 - Edlach, Autriche 1904). Correspondant du plus important quotidien viennois (*Neue Freie Presse*) à Paris, il assista à la vague d'antisémitisme suscitée par l'affaire Dreyfus. Cette expérience le persuada de l'impossibilité d'une réelle assimilation des Juifs. Afin d'apporter « une solution moderne à la question juive », il publia *L'État des Juifs* (*Der Judenstaat*, 1896). Il n'était pas le premier à affirmer l'existence d'une nation juive et la nécessité pour celle-ci de retrouver une patrie, mais il fut le fondateur du sionisme*, dont il réunit le premier congrès à Bâle (août 1897). Ce congrès constitua l'Organisation sioniste mondiale, qu'il présida jusqu'à sa mort. Malgré le peu d'enthousiasme qu'il rencontra chez ses coreligionnaires, il multiplia les démarches diplomatiques pour obtenir l'appui officiel nécessaire à l'établissement d'un foyer national juif en Palestine. Ainsi, Herzl rencontra, mais sans résultat probant, le sultan Abdülhamid (la Palestine était sous domination ottomane), puis le kaiser Guillaume II. Il noua aussi les premiers liens avec la Grande-Bretagne. Peu après le pogrom de Kichinev (1903), Herzl, indécis sur la localisation du futur État juif, proposa, à l'instigation de la Grande-Bretagne, d'affecter l'Ouganda aux Juifs ; mais cette solution fut rejetée par le VII$^{e}$ congrès (1905). Herzl, qui avait publié un roman d'anticipation sur la vie en Palestine, *Terre ancienne-Terre nouvelle* (1902), peut être considéré comme le promoteur de l'État d'Israël. ➝ ÉTYM. Ce nom allemand vient de *Herz* « cœur » et du suffixe diminutif *-el*.

**HERZLIYA** ➝ ÉTYM. d'après le nom de Theodor *Herzl* ♦ V. d'Israël, située au N. de Tel-Aviv, à proximité de la mer, dans la plaine de Saron*. 84 100 hab. ▪ Fondée en 1924, la ville est devenue un centre intellectuel et une station balnéaire. Indus. cinématographique.

**HERZOG (Haim)** ♦ Général et homme d'État israélien (Belfast 1918 - en Israël 1997). Fils du grand rabbin de Palestine (1936 - 1948), il fut actif dans les rangs de la Haganah* avant de servir dans l'armée israélienne jusqu'en 1962. Candidat du parti travailliste, il fut élu président de l'État d'Israël par la Knesset à deux reprises (1983 et 1988).

**HERZOG (Maurice)** ♦ Alpiniste et explorateur français (Lyon 1919). Il atteignit avec Lachenal le sommet de l'Annapurna* (Himalaya, 3 juin 1950). Il fut haut-commissaire puis secrétaire d'État à la Jeunesse et aux Sports (1958 - 1966).

**HERZOG (Werner STIPETIC, dit Werner)** ♦ Cinéaste allemand (Sachrang, Bavière 1942). Ses dons de visionnaire, joints à une certaine poésie de l'absurde, apparurent dans *Signes de vie* (1967), s'épanouirent dans *Aguirre, la colère de Dieu* (tourné en Amazonie, 1972) et dans *L'Énigme de Kaspar Hauser*, émouvant portrait d'un inadapté (1974), se figèrent dans le remake glacé de *Nosferatu, fantôme de la nuit* (1979) et tournèrent au procédé dans *Fitzcarraldo* (1982). *Ennemis intimes* (1998) livre la violence de ses rapports avec son acteur fétiche, Klaus Kinski. Il a également signé des mises en scène d'opéra (*Fidelio*, 1999).

**HESBAYE** n. f. – en néerl. ***Haspengouw*** ♦ Région de Belgique s'étendant de la partie E. des bas plateaux limoneux (alt. 100 - 200 m, maximum de 220 m) au plateau d'Hingeon sur la crête qui domine la vallée de la Meuse. Elle est arrosée par la Mehaigne et le Geer. La Hesbaye sèche au sol limoneux sur substratum de craie est le domaine de la grande culture (céréales, betterave à sucre). C'est une région peu industrialisée, où dominent les indus. agroalimentaires. Le rebord S. de la Hesbaye est atteint par la périurbanisation liégeoise, il est traversé par l'autoroute de Wallonie et accueille l'aéroport de Liège-Bierset. Au N., l'alt. diminue vers les vallées du Démer et de ses affl. ; la craie disparaît pour faire place à l'argile, la couche de limon s'amincit : c'est la Hesbaye humide du Sud-Limbourg, aux cultures fruitières du pays de Sint-Truiden.

**HESDIN (JACQUEMART DE)** ➝ **Jacquemart de Hesdin**

**HESDIN** [edɛ̃] [62140] ➝ ÉTYM. probablt de l'anc. germ. *husi-duna* « abri pour les animaux et les gens » ♦ Ch.-l. de cant. du Pas-de-Calais, arr. de Montreuil-sur-Mer, sur la Canche. 2 686 hab. (aggl. 7 450) *(Hesdinois)*. Hôtel de ville du XVII$^{e}$ s. (bretèche). Église des XVI$^{e}$ - XVII$^{e}$ s. (portail Renaissance ; mobilier baroque). ▮ **Histoire** La ville fut fondée par Charles Quint en 1554. ▪ Au N., forêt de Hesdin (1 020 ha).

**HESHEN** ou **HO CHEN** ♦ Ministre chinois d'origine mandchoue (1750 - 1799), favori de l'empereur Qianlong*. Vice-roi puis ministre tout-puissant, il profita de sa situation pour corrompre le gouvernement et amasser une fortune colossale durant ses 20 années de pouvoir. Ses exactions constituent l'une des causes de la décadence de l'empire des Qing*. Il fut arrêté cinq jours après la mort de Qianlong et fut condamné au suicide par l'empereur Jiaqing.

**HÉSIODE** ➝ ÉTYM. en gr. ***Hêsiodos*** « qui lance » ♦ Poète grec (Ascra, Béotie –VIII$^{e}$ - –VII$^{e}$ s.). Pasteur sur les pentes de l'Hélikon*, il devint poète par une impulsion morale et didactique. Ainsi, *Les Travaux* et les Jours*, contenant quelques faits autobiographiques, sont destinés à son frère prodigue Persès qui lui intenta un procès pour le spolier de sa part d'héritage. D'autre part, sa poétique est énoncée dans les préliminaires de *La Théogonie** où les Muses renoncent à leurs « mensonges » pour le charger de dire des « vérités ». On lui attribua aussi *Le Bouclier d'Héraclès*, poème apocryphe dont les 54 premiers vers seulement seraient empruntés à un des poèmes perdus qu'on lui attribuait. Mais on a établi l'existence d'une école poétique béotienne d'où proviennent certaines de ces œuvres. ▪ Si Hésiode imita la langue et la technique d'Homère, sa poésie est aux antipodes de l'épopée homérique. Paysan continental, il se détourne avec mépris des exploits guerriers et des fictions des navigateurs, agréments d'une civilisation raffinée. Prophète de la « race de fer » qu'il fait succéder à la « race des héros », il dénonce la rapacité des rois, l'injustice et la guerre, et veut y remédier par des recommandations de piété et de labeur. Esprit positif, il essaie d'ordonner les mythes, l'évolution humaine et les travaux quotidiens, pour en dégager une idée morale : la supériorité de la justice sur la démesure. Son œuvre constitue un document sur les modes de production et les croyances archaïques mais aussi sur la pensée grecque à son origine. Cette poésie, souvent empreinte d'une humeur pessimiste et maussade, est animée par un vif sentiment de la nature. Virgile l'imita dans *Les Géorgiques**.

**Hésiode.** Marbre. Musée du Capitole, Rome. *Phot. © Giraudon*

**HÉSIONE** – en gr. ***Hêsionê*** ♦ Princesse légendaire de Troie*, fille de Laomédon*. Offerte en pâture à un monstre marin, pour expier le parjure de son père, elle est délivrée par Héraclès*. Comme le roi lui refuse le prix convenu, Héraclès prend la ville et donne la main d'Hésione à son compagnon Télamon*, qui a d'elle un fils, Teucer*. Hésione rachète la vie de son jeune frère Podarcès ou Priam*.

**HESNARD** [ɛnaʀ] **(Angelo)** ♦ Psychiatre français (Pontivy 1886 - Rochefort 1969). Il contribua à faire connaître en France la théorie et la méthode psychanalytiques de S. Freud et pratiqua lui-même une « psychanalyse ouverte », s'appuyant sur les recherches biologiques, psychologiques, linguistiques (*La Psychanalyse des névroses et des psychoses*, en collab. avec E. Régis*, 1912 ; *L'Univers morbide de la faute*, 1949 ; *Les Phobies et la Névrose phobique*).

**HESPÉRIDES** n. f. pl. ➝ ÉTYM. du gr. *hesperos* « du soir » ♦ « Nymphes du Couchant », au nombre de trois, qui gardaient, avec l'aide d'un dragon, le jardin des dieux, aux limites occidentales de la Terre, où poussaient les arbres donnant les célèbres *pommes d'or*. Héraclès* ravit ces fruits divins, soit seul, soit avec l'aide d'Atlas*, qu'il remplace dans sa tâche en soutenant sur ses épaules la voûte céleste.

**HESPÉRIDES** n. f. pl. ➝ ÉTYM. du n. des nymphes (→ Hespérides) ♦ Îles mythiques que les géographes anciens situaient au large de la côte O. de l'Afrique. On a tenté de les identifier aux Canaries ou aux îles du Cap-Vert.

**HESPÉRIE** – en gr. *Hesperia* ♦ Nom par lequel les Grecs désignaient l'Italie, située au couchant *(hespera)*, et les Latins l'Espagne.

**HESS (Moses)** ♦ Écrivain politique et philosophe allemand (Bonn 1812 - Paris 1875). Sa *Triarchie européenne* (1841) affirme la nécessité du lien entre la philosophie allemande et le socialisme français. Il collabora avec K. Marx à la rédaction de la *Gazette rhénane* (1842) et à la *Nouvelle Gazette* à Bruxelles (1845), fut un des membres fondateurs de la Ligue des communistes, mais s'en sépara en 1848. Il devint alors un précurseur du sionisme en préconisant l'implantation de colons juifs en Palestine.

**HESS (Walter Rudolf)** ♦ Physiologiste suisse (Frauenfeld 1881 - Zurich 1973). Auteur de travaux sur le traitement des affections du système nerveux et sur la neurochirurgie. [Prix Nobel de physiol. ou méd. 1949, avec A. Moniz]

**HESS (Victor Franz)** ♦ Physicien américain d'origine autrichienne (Waldstein, Styrie 1883 - New York 1964). Il affirma l'origine extraterrestre, pressentie par C. T. R. Wilson*, du rayonnement dont il étudia les propriétés ionisantes lors d'une série d'ascensions en ballon (1912) et qui, en 1926, reçut le nom de rayonnement cosmique. [Prix Nobel de phys. 1936, avec C. Anderson*]

**HESS (Rudolf)** ♦ Homme politique allemand (Alexandrie 1894 - Berlin 1987). Ami de la première heure de Hitler, il fut choisi par lui comme deuxième successeur (après Göring) et devint en 1939 membre du Conseil de la défense du Reich. Pensant pouvoir conclure avec la Grande-Bretagne une alliance contre la Russie, il partit seul pour l'Écosse (1941), mais fut incarcéré par les Britanniques. Traduit devant le tribunal de Nuremberg (1945), il fut jugé partiellement irresponsable en raison de son état mental et condamné à la prison à vie. ➝ ÉTYM. Ce nom signifie « originaire de la Hesse ».

**HESS (Harry Hammond)** ♦ Géologue américain (New York 1906 - Woods Hole, Massachusetts 1969). Il fut l'auteur de la théorie de l'expansion des fonds océaniques (1962) qui reprend l'idée de la dérive des continents de A. Wegener*. D'après cette théorie, les fonds océaniques se comportent comme des tapis roulants apparaissant au niveau des dorsales et s'enfonçant dans les fosses de subduction.

**HESSE (Ludwig Otto)** ♦ Mathématicien allemand (Königsberg 1811 - Munich 1874). Il fut l'auteur de travaux sur la théorie des formes algébriques et sur la théorie des invariants qu'il appliqua en géométrie analytique, à l'étude des courbes du troisième ordre et à certaines singularités.

**HESSE (Hermann)** ♦ Écrivain suisse d'origine et de langue allemandes (Calw, Wurtemberg 1877 - Montagnola, Tessin 1962). Élevé dans un milieu de missionnaires protestants et destiné lui-même au pastorat, il se révolta dans son adolescence contre le piétisme de ses parents, s'enfuit du séminaire de Maulbronn et exerça plusieurs métiers (horloger, libraire) avant de se consacrer à la littérature. Le thème central de ses premiers romans est la solitude : solitude d'un écrivain qui, déçu par la vie parisienne et la civilisation occidentale, revient dans son village natal de Suisse et trouve, dans une communion avec la nature et une vie de charité, paix et consolation (*Peter Camenzind*, 1904, « roman de formation »), solitude de l'enfance brimée par l'autorité des parents et des maîtres (*L'Ornière, Unterm Rad*, 1906), solitude de l'homme mal marié (*Rosshalde*, transposition symbolique de l'échec du mariage de Hesse, 1914). Esprit tourmenté, animé par une profonde nostalgie d'évasion, Hesse partit pour les Indes (1911). Tout en restant au fond de lui-même attaché au protestantisme, ce bon connaisseur des philosophies et religions de l'Inde et de la Chine vit dans l'Orient moins une réalité géographique que « patrie et jeunesse de l'âme », qu'évoqueront son roman *Siddharta* (1922), qui s'inspire de la mythologie hindoue, et *Le Voyage en Orient* (1932). Établi en Suisse, dont il obtint la nationalité en 1923, il affirma des positions pacifistes et libérales au début des hostilités de 1914 - 1918 ; mais cette guerre et des problèmes personnels provoquèrent en lui une grave crise psychologique et morale qui l'amena à entreprendre une cure psychanalytique avec un disciple de C. G. Jung. Enrichies de cette expérience, les œuvres qu'il écrivit alors expriment les conflits, les contradictions intérieures de l'homme et tentent d'y apporter une solution : opposition et réconciliation du divin et du démoniaque dans *Demian. Histoire de la jeunesse d'Emil Sinclair* (1919), de l'animalité et de la spiritualité dans l'âme de Harry Haller, héros du roman *Le Loup des steppes* (dont bien des aspects sont proches du surréalisme, 1927), de la vie contemplative et de la passion ou de l'esprit de rébellion dans *Narcisse et Goldmund* (1930). Roman d'anticipation ou utopie romantique, *Le Jeu* des perles de verre* (1943) crée, pour la dépasser, l'image d'une cité idéale où règne une aristocratie de l'esprit. Car, pour Hesse qui assista à la décadence et à l'effondrement du monde occidental et de ses valeurs, ni la civilisation technique ni une culture purement intellectuelle ne peuvent apporter une réponse satisfaisante à la quête spirituelle de l'homme dans sa réalité individuelle unique, à « la recherche d'une unité cachée de l'univers et de l'esprit humain ». [Prix Nobel de littér. 1946]

**HESSE** n. f. ➝ ÉTYM. en all. *Hessen* ; de *Hatti* (ou *Hassi*), n. de tribu germanique, du vx haut all. *huota* « chapeau » (allus. à la coiffure des hommes) ♦ Région historique d'Allemagne s'étendant d'O. en E. entre le massif schisteux rhénan et le Thüringer Wald, et du N. au S. entre la vallée du Diemel et celle du Neckar.

**❚ HISTOIRE** Occupée primitivement par les Chattes*, la Hesse fut envahie par les Francs dès le VIII^e^ s. et évangélisée (saint Boniface* y fonda le monastère de Fulda en 720). Elle appartint ensuite à la Franconie* puis à la Thuringe*, avant de devenir un margraviat indépendant sous Henri dit l'Enfant (1264). Elle connut son apogée au XVI^e^ s., avec Philippe* I^er^ le Magnanime, mais fut divisée à la fin du XVI^e^ s. **❚ Hesse-Kassel ou Hesse électorale** À partir du XVII^e^ s., cet État tira ses principales ressources de la vente des mercenaires. Frédéric de Hesse-Kassel, mari de la sœur de Charles* XII, devint roi de Suède sous le nom de Frédéric* I^er^, mais laissa sa principauté à son frère, qui seconda brillamment la Prusse lors de la guerre de Sept* Ans. Les Hesse-Cassel reçurent la dignité électorale en 1803, et furent chassés par Napoléon (la Hesse fut alors incorporée dans le royaume de Westphalie et résista à l'occupation française). Ayant pris parti pour l'Autriche, la Hesse fut annexée par la Prusse (1866) et entra en 1868 dans la principauté de Hesse-Nassau. **❚ Hesse-Darmstadt** Elle fut ravagée pendant la guerre de Trente Ans. Allié de Napoléon, membre de la Confédération* du Rhin, Louis X changea son titre de landgrave contre celui de grand-duc. Il prit ensuite parti contre la France, ce qui lui permit de conserver d'importants territoires. S'étant rangée aux côtés de l'Autriche contre la Prusse, la Hesse dut entrer dans la Confédération* d'Allemagne du Nord. Elle adopta une constitution démocratique en 1919. **❚ Hesse-Hombourg** Issue de la Hesse-Darmstadt en 1624, elle comprenait Hombourg et Meissen et fut annexée par la Hesse-Darmstadt en 1806, puis par la Prusse en 1866. **❚ Hesse-Nassau** Prov. créée en 1868 par la réunion de la Hesse-Kassel, de la Hesse-Hombourg, de Nassau et de Francfort-sur-le-Main.

**Hesse.** Vignoble. Oestrich-Winkel. *Phot. ©M.I. Walker-Explorer*

**HESSE** n. f. – en all. *Hessen* ♦ État (Land) de la République fédérale d'Allemagne. → **Allemagne** (carte). Il a été formé en 1945 par la réunion de la province prussienne de Hesse-Nassau et de l'ancien Land de Hesse. 21 114 km$^2$. 6 080 000 hab. CAP. : Wiesbaden. Le Land est divisé en 3 régences ou *Regierungsbezirke* (Darmstadt, Giessen et Kassel) et 26 cercles ou *Kreise*.

**❚ GÉOGRAPHIE** La Hesse est un pays très contrasté et compartimenté. Sa structure géologique est caractérisée par l'entrecroisement de failles majeures, la présence de massifs anciens (le Massif schisteux rhénan, et plus spécialement le Taunus à l'O., celui de la Forêt de Thuringe à l'E. et l'Odenwald au S.), mais aussi de tables de grès bousculées, d'épanchements volcaniques (Vogelsberg ; Rhön, 950 m, le point le plus élevé du Land), et enfin de fossés d'effondrement (couloir de Hesse, Vetteravie, bassin de Francfort). Rien d'étonnant dès lors au complexe partage des eaux entre les bassins du Rhin (la Lahn, le Main et son affl. la Kinzig), et de la Weser (la Fulda grossie de l'Eder).

▮ **ÉCONOMIE** La forêt couvre les hautes terres (au total 40 % de la superficie) ; l'agriculture est donc généralement médiocre. Elle constitue souvent pour la population une activité à temps partiel. Les bassins et les vallées permettent des cultures fruitières et maraîchères (Vetteravie), voire des vignes (Rheingau). Quelques gisements de potasse et de lignite sont exploités près de Bad* Hersfeld. Mais l'atout industriel majeur reste le trafic fluvial sur le Rhin et le Main inférieur, engendrant des activités industrielles (chimie [Höchst] à Francfort, pneumatiques à Hanau, automobiles à Rüsselsheim). Kassel possède des industries mécaniques et Darmstadt a des activités de technologie spatiale et informatique. Le rôle commercial historique de Francfort*-sur-le-Main et sa position très exactement centrale dans la RFA de 1949 en a fait non seulement la place financière de l'État fédéral, mais le carrefour majeur du pays. Pendant 40 ans, la proximité du rideau de fer a imposé un axe ferroviaire reliant Hambourg à Munich à travers ce haut et rude pays. Kassel et Fulda bénéficient de leur position sur la ligne de train à grande vitesse (ICE). Aux universités de Francfort, Giessen et Marburg s'est ajoutée celle, technique, de Darmstadt. Les stations thermales sont très nombreuses dans le Taunus (Bad* Homburg von der Höhe) et le Waldeck, de même que les parcs régionaux. Majoritairement protestante, la Hesse est traditionnellement un fief social-démocrate, assorti d'une forte présence des Verts à Francfort.

**HESTIA** ◆ **ÉTYM.** gr. «foyer» ♦ Déesse grecque du foyer, fille aînée de Cronos* et de Rhéa*, identifiée avec la Vesta des Romains. Vierge, impassible et immuable, elle incarne la stabilité religieuse et sociale, la continuité de la civilisation.

**HETIAN, HO-T'IEN** ou **KHOTAN** ♦ V. et oasis de Chine (Xinjiang), dans la vallée du Tarim. 101 750 hab., dont 84 % sont ouïgours. Vestiges de monastères bouddhiques (Dandan-Viliq, Rawak) des VII^e - IX^e s., dans la région. ▪ Sériciculture et indus. textile (soie, coton). Melons. Artisanat (tapis, jade). ▮ **Histoire** Étape importante sur l'une des routes de la soie. Marco Polo* la visita en 1275.

**HETTANGE-GRANDE** [57330] ◆ **ÉTYM.** anc. *Hettinga*, du germ. *Hatto*, n. de pers., et suff. *-ing* ♦ Comm. de la Moselle, arr. de Thionville-Est. 6 356 hab. *(Hettangeois)*.

**HETZEL (Pierre-Jules)** ♦ Éditeur et écrivain français (Chartres 1814 - Monte-Carlo 1886). S'il publia des romans sous le pseudonyme de P.-J. Stahl (*Morale familière*, 1868 ; *Histoire d'un âne et de deux jeunes filles*, 1874 ; *Maroussia*, 1878 ; *Les Quatre Filles du docteur Marsch*, 1880), Hetzel est surtout resté célèbre comme éditeur. Entré comme commis en 1836 chez l'éditeur Paulin, il fonda en association avec celui-ci une maison d'édition l'année suivante. Devenu, en 1848, chef de cabinet de Lamartine aux Affaires étrangères puis de La Bastide à la Marine et aux Affaires étrangères, il dut partir en exil à Bruxelles après le coup d'État de Napoléon III (1851). C'est lui notamment qui fit paraître le pamphlet de Victor Hugo, *Napoléon le Petit* (1852). Rentré à Paris en 1860, il fonda la *Bibliothèque illustrée des familles* qui devint en 1864 la *Bibliothèque d'éducation et de récréation*. La même année paraissait le premier numéro du *Magasin d'éducation et de récréation* pour lequel Hetzel, Jean Macé* et Jules Verne* reçurent une médaille de l'Académie française en 1867. Outre la quasi-totalité des œuvres de J. Verne, Hetzel publia Stendhal, Sand, Zola mais aussi les *Contes* de Perrault, illustrés par Gustave Doré. ◆ **ÉTYM.** *Hetzel* vient du nom de personne germanique *Hetzelo*, diminutif de *Hetzo* (de *haid* «lande»).

**HEULE** n. f. – en néerl. ***Heulebeek*** ♦ Riv. de Belgique (22 km), affl. de la Lys. Elle prend sa source à Passendale, arrose Ledegem et Courtrai.

**HEURES** n. f. pl. – en gr. ***Hôrai*** ♦ Divinités de l'ordre dans la société et, selon la tradition la plus connue, de l'ordre dans la nature, représentant les saisons ou le cycle de la végétation. Ce sont trois filles de Zeus* et de Thémis*, nommées *Eunomia* (l'Ordre des bonnes lois), *Dikê* (la Justice) et *Eirênè* (la Paix) ou, chez les Athéniens, Thallô, Auxô et Carpô (noms dérivés d'abstractions : la poussée, la croissance, la fructification). Elles figurent parmi les compagnes de Dionysos, d'Aphrodite et des Muses et, parfois, comme servantes d'Héra ou d'Hélios. Dans la tradition tardive, elles sont associées aux heures du jour et leur nombre est porté à douze.

**HEURES DE ROHAN (MAÎTRE DES)** ♦ On désigne sous ce nom l'auteur des 65 enluminures du manuscrit dit des *Grandes Heures de Rohan* (v. 1420), où s'affirme un talent original. Cet artiste, probablement d'origine flamande, semble s'être formé dans les ateliers parisiens. Peu préoccupé par les recherches figuratives contemporaines, il resta attaché au mode de présentation médiéval, soumettant tous les éléments de la composition à une volonté expressive tragique et profondément mystique.

**HEUSDEN-ZOLDER** ♦ Comm. de Belgique (Région flamande), prov. de Limbourg, arr. de Hasselt. 31 017 hab. Anc. charbonnage, le plus grand de Belgique. Ermitage de Zolder (1673) ; château de Terlamer (fin du XVIII^e s.), non loin du circuit automobile dit de Zolder. Église-halle gothique de Zolder (XV^e s.). Musée du Folklore. ▪ Élevage de moutons. Construc. métalliques. Commerce du bois.

**HEUSS (Theodor)** ♦ Homme d'État allemand (Brackhenheim, Wurtemberg 1884 - Stuttgart 1963). Rédacteur de la revue libérale *Die Hilfe* (1905 à 1912), il fut, à partir de 1924, deux fois représentant du Parti démocrate au Reichstag. Après la guerre, il prit la tête de la *Freie Demokratische Partei* (FDP) et fut le premier président de la RFA (1949 - 1959). ◆ **ÉTYM.** Ce nom de famille vient du moyen haut allemand *hiuße* «vif, effronté».

**HEUYER (Georges)** ♦ Médecin français (Pacy-sur-Eure 1884 - Paris 1977). Il s'est surtout préoccupé de médecine sociale (enfance abandonnée, délinquance, orientation professionnelle). On lui doit les premières études scientifiques concernant la schizophrénie.

**HÈVE** (cap de la) ♦ Cap crayeux sur la Manche au N. de l'estuaire de la Seine. 100 m d'altitude. Phare.

**HEVESY DE HEVES (Georg)** ♦ Chimiste suédois d'origine hongroise (Budapest 1885 - Fribourg-en-Brisgau 1966). Remarquant qu'il n'existe aucune différence de propriétés entre les isotopes, il fut le premier à imaginer l'emploi des isotopes radioactifs comme traceurs, notamment en biologie ; il isola le hafnium (avec D. Coster, 1923) et montra que le samarium est radioactif (1932) ; en analyse chimique des minéraux, il conçut une méthode de recherche rapide des éléments par spectroscopie de fluorescence des rayons X (1932). [Prix Nobel de chim. 1943]

**HEWISH (Antony)** ♦ Radioastronome britannique (Fowey 1924). Interprétant l'enregistrement des signaux radio périodiques très réguliers obtenus par hasard par son étudiante, J. Bell, il contribua à la découverte des pulsars (1967). [Prix Nobel de phys. 1974, avec M. Ryle*]

**HEYDRICH (Reinhard)** ♦ Officier et policier allemand (Halle 1904 - Prague 1942). Membre du parti nazi, capitaine de la SS dès 1934, il fut chargé par Himmler* d'organiser le service de la Sécurité (SD) au sein de la SS. À ce titre, il créa les services de la Gestapo*. Général de la police, il organisa des massacres collectifs de Juifs d'URSS et dirigea la conférence de Wannsee qui décida de la «solution finale». Chef du Protectorat de Bohême-Moravie (1941), il fut abattu à Prague par des patriotes tchèques. Les SS se vengèrent par le massacre du village de Lidice*.

**HEYDUK (Adolf)** ♦ Poète tchèque (Rychmburk, près de Skuteč 1835 - Písek 1923). Ami de Jan Neruda, il chanta l'amour, la nature et la liberté, dans des recueils inspirés de la poésie populaire, notamment d'origine slovaque : *Poésies* (1859 - 1865), *Chansons* (1884), *Ritournelles* (1902).

**HEYM (Georg)** ♦ Poète lyrique allemand (Hirschberg, Silésie 1887 - Berlin 1912). Tout en étant écrits dans une forme rigoureuse qui doit beaucoup à Stefan George*, ses poèmes évoquent un univers cauchemardesque de violence, de souffrance, de mort, par quoi ils se rattachent au mouvement expressionniste (*Le Jour éternel*, 1911 ; *Le Voleur*, 1912, nouvelles ou poèmes en prose ; *Umbra vitae*, recueil de vers posth.).

**HEYMANS (Gerardus)** ♦ Philosophe et psychologue néerlandais (1857 - 1930). Utilisant la méthode des questionnaires, il établit (avec Wiersma) une classification des caractères qui repose sur la distinction de trois facteurs psychiques : émotivité, activité, primarité (ou secondarité). La combinaison de ces facteurs donne huit types psychologiques : amorphe [n-E, n-A, P], apathique [n-E, n-A, S], sanguin [n-E, A, P], flegmatique [n-E, A, S], nerveux [E, n-A, P], sentimental [E, n-A, S], colérique [E, A, P], passionné [E, A, S]. Cette classification fut reprise en France par G. Berger* et Le* Senne.

**HEYMANS (Cornelius)** ♦ Médecin et pharmacologue belge (Gand 1892 - Knokke-le-Zoute 1968). Ses travaux sur le métabolisme des fonctions respiratoires et circulatoires lui ont permis de mettre en évidence le rôle des sinus et de l'aorte dans la régulation de la respiration. [Prix Nobel de physiol. ou méd. 1938]

**HEYRIEUX** [38540] ◆ **ÉTYM.** anc. *Ariacum*, du lat. *Arius*, n. de pers., et suff. *-acum* ♦ Ch.-l. de cant. de l'Isère, arr. de Vienne. 4 163 hab.

**HEYROVSKÝ (Jaroslav)** ♦ Chimiste tchèque (Prague 1890 - *id.* 1967). Il mit au point, en 1922, la polarographie, nouvelle méthode instrumentale d'analyse chimique fondée sur la mesure, dans l'électrolyse, des variations du courant en fonction de la différence de potentiel entre les électrodes. Elle permet la caractérisation et des dosages très fins des substances réductibles ou oxydables par l'électrolyse. [Prix Nobel de chim. 1959]

**HEYSE (Paul Johann Ludwig VON)** ♦ Écrivain allemand (Berlin 1830 - Munich 1914). Auteur fécond qui s'est essayé dans les genres littéraires les plus variés : tragédies à caractère historique, poèmes, romans, il a surtout réussi dans la nouvelle (*Arrabiata*, 1854), «récit aimable, qui fuit l'analyse et la subtilité, genre libertin et sceptique destiné à distraire une société oisive» (C. David). Auteur de traductions de poètes italiens (en particulier Leopardi). [Prix Nobel de littér. 1910]

**HEYTING (Arend)** ♦ Logicien néerlandais (Amsterdam 1898 - Lugano 1980). Sa logique «intuitionniste» est une tentative de formalisation des règles du raisonnement admises comme valables par le mathématicien Brouwer*, qui refusait d'assimiler les mathématiques à la logique. Cette logique est dite «affaiblie» dans la mesure où elle abandonne certains axiomes du calcul logique classique. Il a écrit, notamment, *Les Fondements des mathématiques* (1935), *Intuitionnisme, une introduction* (1956).

**HEYWOOD (Thomas)** ♦ Auteur dramatique anglais (v. 1570 - Londres 1641). Acteur de la troupe de P. Henslowe, il écrivit plus de 200 pièces dont une trentaine seulement nous sont connues, parmi lesquelles : *Une femme tuée par la douceur* (*A Woman Killed with Kindness*, 1603 ?), sorte de drame larmoyant. Il collabora avec Rowley*.

**Hezbollah** ➝ ÉTYM. «parti d'Allah» ♦ Mouvement chiite libanais pro-iranien, fondé après l'invasion israélienne du Liban en 1982. Le Hezbollah prône l'instauration d'une République islamique sur le modèle khomeinyste. Son chef spirituel est Cheikh Mohammad Hussein Fadlallah et il est dirigé depuis 1992 par Hassan Nasrallah. Le gouvernement libanais n'a pas réussi pas à désarmer le Hezbollah qui a concentré le gros de ses troupes dans le sud du Liban où il a mené une guérilla contre Israël qui, même après son retrait en 2000, occupe toujours le territoire libano-syrien des fermes de Chebaa, sur les hauteurs du Golan. Le 12 juillet 2006, la capture de deux soldats israéliens par le Hezbollah a suscité la réaction immédiate d Israël qui a déclenché des opérations militaires sur le Liban (➝ **Liban**). À la fin de l'année, de graves troubles interconfessionnels ont dégénéré en une crise politique qui a pris fin en mai 2008 avec l'élection à la présidence de la République de M. Sleimane (chrétien maronite) suivie de la victoire de S. Hariri* aux législatives en 2009.

**HICKS (sir John Richard)** ♦ Économiste britannique (Leamington Spa, Warwickshire 1904 - Blockley 1989). Il est l'auteur d'importants travaux qui ont contribué à renouveler la théorie de la valeur et des prix, l'analyse mathématique des fluctuations économiques et de leur amplitude (*Valeur et Capital*, 1934-1938 ; *Contributions à la théorie du cycle des affaires*, 1956). [Prix Nobel de sc. éco. 1972]

**HIDALGO** n. m. ➝ ÉTYM. du n. de Miguel *Hidalgo** y Costilla ♦ État du Mexique central, sur les hauts plateaux arides en bordure de la sierra Madre orientale. 20 813 km$^2$. 2 345 514 hab. CAP. : Pachuca*. ▪ Importants gisements miniers (or, argent, cuivre, plomb, antimoine, mercure). ▪ Site toltèque de Tula*.

**HIDALGO Y COSTILLA (Miguel)** ♦ Prêtre mexicain (Corralejos 1753 - Chihuahua 1811). En 1810, il proclama l'indépendance de sa patrie, prit les armes et marcha sur Mexico. Arrêté, il fut fusillé. Ce fut le point de départ d'une révolution nationale et sociale (➝ **Morelos y Pavón**).

**HIDDEN PEAK** ou **GASHERBRUM I** ♦ Sommet du Karakoram, aux confins de la Chine et du Pakistan. 8 068 m. Il fut l'objectif de la première expédition française d'alpinisme dirigée par Henri de Ségogne en 1936, qui échoua dans sa tentative. Il ne fut gravi qu'en 1958 par une expédition américaine dirigée par N. Clinch.

**HIDEYOSHI** ♦ Homme de guerre et homme d'État japonais (Nakamura 1536 - Fushimi 1598). Né dans une famille pauvre de la province d'Owari, dans l'est du Japon, il fit ses premières armes sous des noms différents avant de se mettre au service d'Oda* Nobunaga dont il devint l'un des meilleurs généraux. Ce n'est qu'en 1562 qu'il prit le nom de Hideyoshi. Il conquit pour le compte de Nobunaga un grand nombre de fiefs et de châteaux et, à la mort de son maître (1582), il prit la succession de celui-ci, s'alliant avec un autre général de Nobunaga, Tokugawa* Ieyasu, après s'être un temps opposé à lui. Devenu tout-puissant, il obligea ses vassaux à lui élever le gigantesque château d'Ōsaka*. L'empereur le nomma kanpaku (régent) et lui octroya le patronyme de Toyotomi. Il continua néanmoins ses conquêtes, afin d'unifier le Japon et de pacifier le peuple. Son objectif presque atteint (il n'osait pas encore s'opposer à Ieyasu qui possédait d'immenses fiefs dans le Nord-Est, ni aux puissants daimyos de Kyūshū), il conçut le désir insensé de conquérir la Chine. Pour ce faire, dès 1592, il envahit la Corée qui montra peu de résistance. Mais les Chinois, outrés de la prétention de Hideyoshi, envoyèrent des troupes qui repoussèrent bientôt les Japonais, malgré l'héroïsme de ceux-ci. Hideyoshi, qui montrait des signes de dérangement mental, s'éteignit alors que ses troupes se voyaient obligées de quitter la Corée, en 1598. Deux ans après, Tokugawa* Ieyasu, nommé tuteur du fils de Hideyoshi, le jeune Hideyori, devenait le maître incontesté du Japon.

**HIEI ZAN** n. m. ➝ ÉTYM. jap. «montagne froide» ♦ Montagne sacrée du Japon (845 m), située au N.-E. de Kyōto. Un grand monastère y fut érigé en 806 par le religieux bouddhiste Dengyo* Daishi (Saichō) à son retour de Chine. Ce monastère abrita bientôt quelque 3 000 moines turbulents qui provoquaient sans cesse des troubles. Ne pouvant en avoir raison politiquement, Oda* Nobunaga, en 1571, détruisit les temples et massacra tous les moines qui s'y trouvaient. Quelques bâtiments furent par la suite reconstruits, mais la montagne sacrée ne recouvra jamais sa prospérité. Elle demeure cependant un des hauts lieux du Japon et est encore très vénérée.

**HIÉRAPOLIS** ♦ Anc. ville d'Asie Mineure (Phrygie) près de Laodicée. Fondée par Eumène* II (–II$^e$ s.), elle passa aux Romains (–133). Détruite par un tremblement de terre et reconstruite, elle fut très prospère aux II$^e$ et III$^e$ s. Saint Philippe* (l'apôtre) y fut crucifié v. 80. Importants vestiges romains et byzantins à l'actuelle *Pamukkale*, centre touristique fameux pour la beauté de son paysage et pour ses cascades.

**HIÉROCLÈS** ♦ Philosophe grec néoplatonicien (Alexandrie V$^e$ s.). Après avoir étudié à Athènes auprès de Plutarque d'Athènes, il fut persécuté à Constantinople pour son attachement au paganisme. Il fut condamné à l'exil mais revint plus tard à Alexandrie où il continua à enseigner et écrivit des *Commentaires sur les Vers dorés de Pythagore* et un *Traité sur la Providence et le Destin*.

**HIÉRON I$^{er}$** ➝ ÉTYM. du gr. *hieros* «sacré» ♦ (mort v. –466). Tyran de Syracuse (–478 - –466), frère et successeur de Gélon*. Il étendit sa domination sur toute la Sicile et battit les Étrusques à Cumes. Grand mécène, il rassembla à sa cour les meilleurs écrivains grecs.

**HIÉRON II le Jeune** ♦ (Syracuse v. –306 - –215). Roi de Syracuse (–265 - –215). Stratège vainqueur des Mamertins (–269), il fut proclamé roi en –265. Allié des Carthaginois pendant la première guerre punique, assiégé dans Syracuse, il fit la paix avec les Romains et assura une grande prospérité à sa patrie entre les deux premières guerres puniques (–241 - –218). Archimède*, parent de Hiéron, contribua à la fortification de la ville et à sa défense, pendant quatre ans, lors du deuxième siège romain.

**HIERRO** (île de) ➝ ÉTYM. esp. «île de Fer» ♦ La plus occidentale et la plus méridionale des îles Canaries*. 10 558 hab. CH.-L. : Valverde (4 914 hab.). Une assemblée de mathématiciens nommée par Louis XIII en 1634 fixa comme méridien d'origine celui de l'île de Fer. Cette décision fut adoptée aux XVII$^e$ et XVIII$^e$ s. par la plupart des nations d'Europe.

**HIGASHIŌSAKA** ➝ ÉTYM. jap. «Ōsaka de l'Est» ♦ V. du Japon (Honshū), formée de la fusion de Fuse, Kawachi et Hirakata. 513 821 hab.

**HIGHLANDS** n. f. pl. ➝ ÉTYM. angl. «hautes terres» ♦ Régions montagneuses d'Écosse au N. des Lowlands, terres désertes où seul un élevage extensif arrive à subsister. Les conditions climatiques (neige et pluie en hiver, temps frais en été) en font une des régions les plus rudes de Grande-Bretagne. Les montagnes, qui culminent à 1 343 m au Ben Nevis, sont taillées dans les gneiss et roches cristallines du Précambrien. Le volcanisme et les grandes cassures comme celle du Glen More sont d'âge tertiaire. L'érosion glaciaire a dégagé de profondes vallées dont les lacs sont un des principaux attraits touristiques (loch Ness, loch Lomond). Elles se prolongent en mer par de nombreux fjords (les firths). Seules ces vallées sont encore peuplées. Ailleurs, les landes et les tourbières forment des paysages désolés. Le reboisement en conifères altère parfois ces étendues désertes. Les rivages sont localement parsemés de petits villages de pêcheurs-éleveurs, les *crofters*. Au S. du Glen More, les monts Grampians sont la principale région touristique d'Écosse. ♦ ***Highland*** District d'Écosse. 25 659 km$^2$. 208 914 hab. CH.-L. : Inverness. Elle connaît la plus faible densité de population de la Grande-Bretagne et probablement de l'Union européenne. Seule Inverness bénéficie, comme toute la façade E. de l'Écosse, des retombées de l'exploitation du pétrole en mer du Nord.

**Highlands.** Le Loch Tummel. *Phot. © Arch. Nathan*

**HIGHSMITH (Patricia)** ➝ ÉTYM. n. de ses parents adoptifs ♦ Romancière américaine (Fort Worth, Texas 1921 - Locarno 1995). Élevée à New York, elle résida en Europe à partir des années 1960 et devint dès ses premiers livres (*L'Inconnu du Nord-Express*, 1950) l'un des auteurs de romans policiers les plus célèbres du monde. Elle créa en 1955 le personnage de Ripley, qui traverse un grand nombre de ses livres (*Monsieur Ripley*, 1955 ; *Ripley s'amuse*, *Sur les pas de Ripley*, *Ripley entre deux eaux*). Elle-même caractérise ainsi ce qui distingue ses romans et ses nouvelles : «Les principaux personnages sont souvent chez moi les coupables et les meurtriers, aussi mes livres n'ont-ils nul mystère ; au contraire, mon principal propos est la clarté et, si possible, une explication du comportement criminel. »

**HIGHTOWER (Rosella)** ♦ Danseuse américaine d'origine indienne (Ardmore, Oklahoma 1920 - Cannes 2008). Elle appartint à diverses troupes (Ballet russe de Monte-Carlo, Ballet Théâtre, Ballet Markova-Dolin), avant de se joindre à la compagnie du Grand Ballet du marquis de Cuevas où elle connut une gloire internationale, en qualité de danseuse étoile. Ses interprétations *(Giselle, Le Lac des Cygnes, Rondo Capriccioso, Les Sylphides)* ont mis en valeur sa technique et le brio de son jeu.

**HIGUCHI Natsuko,** dite **Ichiyō** ♦ Femme de lettres japonaise (Tōkyō 1872 - *id.* 1896). Autodidacte et morte trop jeune pour avoir eu le temps de laisser une œuvre majeure, Higuchi marqua néanmoins son époque par le lyrisme de son style, notamment dans son *Journal* intime (tenu de 1893 à 1896), composé de 40 volumes, dégagé de toute influence occidentale. Œuv. princ. : *Qui est le plus grand ?* (*Takekurabes*, 1895), *Jûsanya* («La 13e Nuit», 1896).

**HIIUMAA** – en suéd. ***Dagö*** ♦ Île d'Estonie, dans la mer Baltique, au N. de Saaremaa. Pêcheries. Élevage.

**HIJĀZ** → **Hedjaz**

**HİKMET (Nazim)** ♦ Poète et auteur dramatique turc (Salonique 1902 - Moscou 1963). Au début de sa carrière, il fut connu par ses poèmes patriotiques écrits dans un mètre syllabique qu'il abandonna à la suite de l'influence des futuristes russes. Aussi introduisit-il dans la poésie turque la technique du vers libre. Élargissant le champ de la thématique poétique, il utilisa une écriture provocante, comportant des images et des associations inattendues, destinées à agir contre les séquelles de la poésie traditionnelle. Plus tard, il écrivit ses épopées sur Bedreddin (leader religieux révolutionnaire d'Anatolie au XVe s.) et sur la guerre de libération nationale dans un style plus conventionnel. Ses drames, écrits dans une vigoureuse prose, sont essentiellement inspirés du marxisme. Ses poèmes furent traduits en français par Hasan Gureh : *Paysages humains* (1942 - 1950), *Poèmes* (1951), *C'est un dur métier que l'exil* (1957), *Paris, ma rose* (1961). ➝ ÉTYM. Ce nom turc signifie «sagesse, savoir».

**HILAIRE** (saint) ➝ ÉTYM. en lat. *Hilarius*, de *hilaris* «de bonne humeur» ♦ Père et docteur de l'Église latine (Poitiers v. 315 - v. 367). Évêque de Poitiers v. 350, il lutta contre l'arianisme*, ce qui le fit exiler en Phrygie (356 - 360). Œuv. princ. : *Sur la Trinité* (12 livres), *Traité des mystères*, des hymnes. ▪ Fête le 13 janv.

**HILAIRE** (saint) ♦ 46e pape (de 461 à 468), Sarde. Il institua des conciles gaulois annuels sous la direction de l'archevêque d'Arles (origine du primat des Gaules). ▪ Fête le 28 fév.

**HILALIENS** ou **BANŪ HILĀL** n. m. pl. ♦ Tribu arabe établie à l'origine au S. de l'Arabie, puis en Égypte, et qui fut envoyée par le calife fatimide al-Mustanṣir (IXe s.) pour envahir la partie orientale de l'Afrique du N. où les dirigeants zirides* se libérèrent de sa tutelle et réinstaurèrent le sunnisme (→ **sunnites**). La tradition historique arabe impute à cette tribu nombre de massacres et de destructions. Cette expédition inspira de nombreux poèmes et romans chevaleresques.

**HILARION** (saint) ♦ Selon saint Jérôme, ermite (près de Gaza 290 - 371), disciple de saint Antoine et fondateur des premiers monastères palestiniens. ▪ Fête le 21 oct.

**HILBERT (David)** ♦ Mathématicien allemand (Königsberg 1862 - Göttingen 1943). Il fut l'un des mathématiciens les plus marquants du premier tiers du XXe s. Dans un mémoire capital publié en 1890, il énonça les lois fondamentales de la théorie des invariants et jeta les bases de la théorie des idéaux de polynômes dont le rôle est essentiel en géométrie algébrique et en algèbre moderne ; auteur d'un important rapport sur la théorie des corps de nombres algébriques en 1897, il introduisit les espaces dits de Hilbert, qui jouent un rôle fondamental dans le formalisme de la mécanique quantique (où l'état d'un système physique est représenté par un vecteur de cet espace). Cependant, sa préoccupation essentielle fut l'axiomatisation des mathématiques. Il élabora, dès 1899, une construction axiomatique complète de la géométrie et voulut ensuite arriver à une axiomatisation de toutes les mathématiques, une théorie où tous les concepts et même les démonstrations seraient des constituants formels introduits sous forme d'axiomes et de règles de déduction, afin de fonder un édifice non contradictoire et une nouvelle discipline, la métamathématique. Le théorème d'incomplétude de Gödel* (1931) démontra l'impossibilité de ce projet, mais le programme de Hilbert avait permis de préciser les fondements des mathématiques (→ **Principia Mathematica**) et de jeter les bases de la théorie de la démonstration ; il exerça une influence considérable sur toutes les mathématiques ultérieures. ➝ ÉTYM. *Hilbert* vient du germanique *Hillberht*, de *hill* (sens inconnu) et *berht* «brillant, célèbre».

**HILBERT (Jaroslav)** ♦ Auteur dramatique tchèque (Louny 1871 - Prague 1936). Il donna un nouvel essor au théâtre tchèque avec des pièces telles que *La Faute* (1896), *Le Poing* (1898), sur le problème de la foi, *Falkenštein*, tragédie historique, et *Un nid sous l'orage* (1916) qui évoque les milieux bourgeois.

**HILDEBERT DE LAVARDIN** ♦ (Lavardin, près du Mans 1056 - Tours 1133). Évêque du Mans (1096), archevêque de Tours (1125), auteur de sermons, de vies de saints, de poèmes : *Physiologus*, bestiaire symbolique ; *Lamentatio peccatricis animae ; Par tibi Roma* et *Dum simulachra mihi*, panégyriques de Rome, païenne et chrétienne.

**HILDEBRAND** → **Grégoire VII**

**HILDEBRAND (Bruno)** ♦ Économiste et statisticien allemand (Naumburg an der Saale 1812 - Iéna 1878). Fondateur des *Jahrbücher für Nationalökonomie und Statistik* (1863), il fut un des représentants de l'école historique allemande qui s'est efforcée d'établir une science économique à partir d'une étude des faits historiques, de l'évolution des institutions (*L'Économie politique du présent et de l'avenir*, 1848). → **Roscher, Schmoller.** ➝ ÉTYM. Ce nom de famille vient du germanique *hild* «bataille» et *brand* «bouclier».

**HILDEBRAND (Adolf VON)** ♦ Sculpteur allemand (Marburg 1847 - Munich 1921). Il vécut en Italie entre 1872 et 1897 et se lia avec le peintre Hans von Marées. Admirateur de la statuaire antique, il s'inspira notamment des principes du style sévère grec et s'opposa aux tendances naturalistes alors en vogue. Il construisait avec clarté les masses, recherchant l'équilibre des formes et exécuta des statues isolées, des bustes et des reliefs (la fontaine de Wittelsbach à Munich, 1891 - 1894). En 1893, il publia *Le Problème de la forme dans l'art plastique* qui influença un esthéticien comme Wölfflin.

**HILDEBRANDT (Johann Lukas VON)** ♦ Architecte, décorateur et ingénieur autrichien (Gênes 1668 - Vienne 1745). Il se forma auprès de C. Fontana* et fit des études d'ingénieur militaire, fonction dans laquelle il s'établit à Vienne vers 1696. Il s'y affirma à la suite de Fischer von Erlach comme le plus important représentant du baroque* autrichien. Influencé par l'art de Guarini* (église Saint-Laurent à Gabel), il fut aussi profondément marqué, dans ses bâtiments civils, par l'architecture française de l'époque de Louis XIV. Son œuvre abondante contribua à propager le baroque autrichien en Europe centrale. Il avait le goût de la grandeur, agençant avec majesté les façades à pilastres, juxtaposant différentes formes de toits (dômes à pans coupés, coupoles, etc.), et de la décoration fastueuse. C'est d'après ses dessins que furent élevés de 1714 à 1721 les deux bâtiments du palais viennois du Belvédère. Il donna aussi les plans de l'immense abbaye de Gottweig et du château de Mirabell à Salzburg (1721 - 1727).

**HILDEGARDE** (sainte) ➝ ÉTYM. en all. *Hildegard*, du germ. *hild* «bataille» et *gart* «pique» ♦ Mystique et bénédictine (Bermersheim, près d'Alzey 1098 - Rupertsberg, près de Bingen 1179). Fondatrice des monastères de Rupertsberg (1147) et d'Eibingen (1165), elle a laissé, entre autres, un ouvrage mystique en latin, *Sci vias* («Connais les chemins», 1141 - 1151). ▪ Fête le 17 sept.

**HILDESHEIM** ♦ V. d'Allemagne (Basse-Saxe), au N. du Harz, sur l'Innerste, affl. de la Leine. 103 990 hab. Église Saint-Michel (XIe - XIIIe s.), Godehardkirche (XIIIe s.), cathédrale (XIe s.) avec un cloître roman, anc. abbaye bénédictine. ▪ Port fluvial relié au Mittellandkanal. Centre industriel (autoradios).

**HILFERDING (Franz VAN WEWEN)** ♦ Danseur et chorégraphe autrichien (Vienne 1710 - *id.* 1768). Artiste raffiné, réformateur de l'art de la danse, il fut le créateur du ballet-pantomime. Caractérisées par le vérisme de l'action, par le naturel du jeu des interprètes, ses créations s'inspirèrent davantage des règles de l'art dramatique que de celles de la danse. Successivement maître de ballet à Vienne, Dresde, Stuttgart et Saint-Pétersbourg, il a appliqué ses conceptions à la réalisation du *Britannicus* de Racine (1740) et de l'*Alzire* de Voltaire, avant de créer ses grands ballets-pantomimes, *Psyché*, *Pygmalion* (1752), *La Victoire de Flore sur Borée* (1760), *Olympiade* (pour le couronnement de l'impératrice Catherine II, 1762), *Apollon et Daphné* (1764).

**HILFERDING (Rudolf)** ♦ Homme politique allemand d'origine autrichienne (Vienne 1877 - Paris 1941). Social-démocrate, membre de la IIe Internationale, il publia *Le Capital financier* (1910), ouvrage qui, malgré «une certaine tendance à concilier le marxisme et l'opportunisme [...], constitue une analyse théorique éminemment précieuse de la phase la plus récente du développement du capitalisme» (Lénine : *L'Impérialisme*, stade suprême du capitalisme*). Il devint avec Kautsky* un des principaux représentants de la politique réformiste et opportuniste du parti social-démocrate indépendant, et fut député au Reichstag (1924) et ministre des Finances (1923, 1928 - 1929). Lors de l'arrivée de Hitler au pouvoir, il se réfugia à Zurich, puis à Paris où, arrêté par la Gestapo, il se serait suicidé.

**HILL (David Octavius)** ♦ Peintre et photographe écossais (Perth 1802 - Édimbourg 1890). Il demanda en 1843 l'aide de Robert Adamson, auteur de calotypes (négatifs photographiques sur papiers semi-transparents) pour la réalisation d'une vaste peinture représentant les nouveaux membres de l'Église libre d'Écosse. Il réalisa avec lui près de 1 800 clichés représentant les personnalités de la Société d'Édimbourg, les visiteurs de l'Académie, des paysages, et des photographies de pêcheurs et de gens de New Haven.

**HILL (George William)** ♦ Astronome américain (New York 1838 - West Nyack, New York 1914). Auteur de travaux sur les mouvements de Jupiter, de Saturne, de la Lune pour laquelle il introduisit des axes de références mobiles (1877), il étudia la variation des éléments des orbites planétaires, le mouvement d'un système de points matériels dans un champ de pesanteur ; par ses travaux sur le problème restreint des trois corps (→ **Poincaré [Henri]**), il contribua au développement de la théorie des perturbations.

**HILL (Archibald Vivian)** ♦ Physiologiste britannique (Bristol 1886 - Cambridge 1977). Il étudia le mécanisme de la contraction musculaire et parvint à des mesures extrêmement précises de l'énergie libérée par le muscle sous forme de chaleur et de travail. [Prix Nobel de physiol. ou méd. 1922, avec O. Meyerhof*]

**HILL (Geoffrey)** ♦ Poète britannique (Bromsgrove, Worcestershire 1932). Cinq livres de poèmes publiés de 1959 *(For the Unfallen)* à 1984 *(The Mistery of the Charity of Charles Péguy)* suffisent à le placer au premier rang des poètes anglais contemporains. Son œuvre recourt volontiers à l'anachronisme, jouant sur de grandes analogies historiques qui placent la modernité dans une lumière inédite, comme les sonnets de *King Log* (1968). Depuis *Tenebrae* (1978), il s'affirme également comme un grand poète religieux, nourri de Blake, de Péguy et des mystiques anglais du XVII^e^ s. *(Scènes avec arlequins,* 1998).

**HILLA** ♦ V. d'Irak, ch.-l. de la prov. de Babil (Babylone), située en basse Mésopotamie, au S. de Bagdad, sur le Chatt al-Hilla, l'une des branches de l'Euphrate qui alimente de nombreux canaux d'irrigation. 350 000 hab. La ville est proche des ruines de Babylone. Station sur la voie ferrée qui relie la Turquie au golfe Arabo-Persique via Bagdad.

**HILLARY (sir Edmund Percival)** ♦ Alpiniste et explorateur néo-zélandais (Auckland 1919 - *id.* 2008). Il atteignit le sommet de l'Everest en 1953, avec le sherpa Tenzing* Norgay. Puis il participa au raid du pôle Sud (Antarctique 1957 - 1958) et entreprit une expédition scientifique au Népal (1960 - 1961).

**HILLEL l'Ancien** ← ÉTYM. de l'hébr. *hâlal* «louer» ♦ Docteur juif pharisien (né à Babylone v. –75), «prince» du sanhédrin *(nasi)* pendant une vingtaine d'années vers le début de l'ère chrétienne. Il renouvela l'herméneutique, interprétant la Loi dans un sens libéral. L'école ou «maison» de Hillel *(Bet Hillel)* s'opposa à celle de Shammai*, jusque vers la fin du Ier s.

**HILLEL II** ♦ Docteur juif (330 - 365), «prince» du sanhédrin *(nasi)*. Il renonça à fixer les fêtes et promulgua un calendrier fixe, ce qui marque la fin de toute autorité centrale chez les juifs.

**HILLER (Johann Adam)** ♦ Compositeur allemand (Wendisch Ossig 1728 - Leipzig 1804). Animateur fécond de la vie musicale à Leipzig, il fonda en 1781 et dirigea jusqu'en 1785 les concerts du Gewandhaus, et fut cantor à l'église Saint-Thomas de 1789 à 1800. Il est l'auteur d'un grand nombre de lieder, chorals, arrangements et il créa presque de toutes pièces le *Singspiel* allemand.

**HILLERØD** ♦ V. du Danemark, au N. de l'île de Sjælland, municipalité du Hovedstaden. 28 941 hab. À proximité, château de Frederiksborg*. ▪ Distilleries, conserveries, mécanique, électronique.

**HILLIARD (Nicholas)** ♦ Peintre miniaturiste et orfèvre anglais (Exeter, Devonshire 1547 - Londres 1619). Fils d'un orfèvre, il semble avoir débuté comme miniaturiste vers 1560 *(Autoportrait)*. Vers 1577, il séjourna en France où il fréquenta notamment Ronsard et travailla au service du duc d'Alençon. Peintre de la reine Élisabeth, il fut, à partir de 1583 - 1584, le seul habilité à reproduire les traits de la souveraine et en 1603, à l'avènement de Jacques Ier, conserva son titre de peintre de la cour. Il énonça les principes de son art dans un traité, *L'Art de la miniature,* et exécuta des portraits de jeunes hommes élégants et graciles et des visages féminins d'une grande finesse. La fraîcheur de ses coloris souvent acides, un sentiment original et délicat de la nature font de lui l'un des rares peintres notables de l'époque élisabéthaine. Il eut pour élève Isaac Olivier.

Nicholas **Hilliard.**
*Portrait d'un inconnu.*
Victoria and Albert Museum, Londres.
*Phot. © Arch. Rencontre*

**HILLION** [22120] ♦ Comm. des Côtes-d'Armor, arr. de Saint-Brieuc. 3 786 hab.

**HILVERSUM** ← ÉTYM. anc. *Hilfercem,* néerl. «la demeure (*-um,* réduction de *heem*) de Hilfert (n. de pers.)» ♦ V. des Pays-Bas (Hollande-Septentrionale), grande banlieue résidentielle d'Amsterdam, dans les landes et les bois du Gooi. 83 669 hab. ▪ Construc. électriques. Stations de radiodiffusion (cinq) et de télévision des Pays-Bas.

**HIMACHAL PRADESH** ♦ État de l'Inde, entièrement inclus dans l'Himalaya. 55 673 km². 6 077 900 hab. LANGUES : hindi, pahari. CAP. : Simla. Les sommets dépassent 6 000 m et encadrent de profondes vallées (Sutlej). Culture de l'orge et du maïs dans les vallées et sur les versants. Grand complexe hydroélectrique de Bakhra Nangal. Stations climatiques d'altitude et monuments bouddhiques. L'ouverture au tourisme de la haute chaîne est récente.

**HIMALAYA** ← ÉTYM. sanskr. «séjour *(alayas)* des neiges *(hima-)*» ♦ Chaîne de montagnes, la plus haute du monde, partagée entre l'Inde, la Chine, le Pakistan et deux États tampons indépendants : le Népal et le Bhoutan. Près de 3 000 km de long et 250 km de large. On distingue, du N. au S., le *Haut Himalaya,* avec plus de 100 sommets supérieurs à 7 000 m, le «Moyen Pays» avec de profondes vallées et des bassins séparés par des sommets de 3 à 4 000 m, le Mahabharat Lek où ils dépassent de nouveau 6 000 m, et enfin les Siwaliks, série de chaînons plus modestes en bordure de la plaine du Gange. Le Haut Himalaya dépasse 8 000 m dans le Népal oriental, où se trouve le point culminant du globe (Everest, 8 850 m). La chaîne est très dissymétrique, puisqu'elle est bordée au N. par les hauts reliefs tibétains (plus de 4 000 m), alors qu'au S. on peut passer en 150 km des plus hauts sommets à la plaine du Gange. L'ensemble a été formé à la suite de la collision de la «plaque indienne» (Gondwana) et de la «plaque tibétaine» à la fin de l'ère tertiaire. Des roches cristallines anciennes et des sédiments ont été impliqués dans les plissements résultant de cette collision. Le soulèvement est encore en cours, ce qui explique les altitudes exceptionnelles. Les populations sont en partie proches par leurs origines de celles du Tibet, et le bouddhisme y est solidement implanté. Elles vivent de l'agriculture dans les vallées et sur les versants souvent aménagés en terrasses (riz dans les parties les plus basses, mais surtout maïs, orge, arbres fruitiers). La déforestation est préoccupante dans certaines régions. L'élevage (yacks, chèvres, moutons) et le commerce caravanier entre l'Inde et la Chine dominent dans les régions les plus hautes. Les conflits frontaliers sont chroniques, notamment entre l'Inde, le Pakistan et la Chine. La plupart des grands sommets ont été conquis par des expéditions venues du monde entier (Annapurna par l'équipe de Maurice Herzog, 1950 ; Everest par celle d'Edmund Hillary*, 1953) et sont maintenant régulièrement gravis. La beauté des paysages et les monastères bouddhiques attirent de nombreux touristes (trekking), bien que certaines régions soient interdites ou d'accès limité en raison de considérations stratégiques ou de la volonté du gouvernement népalais de protéger l'environnement.

**Himalaya.** *Phot. © Charles Lénars*

**HIMEJI** ♦ V. du Japon (Honshū), préf. de Hyōgo, sur la mer Intérieure. 482 304 hab. La ville est surtout connue pour son château dit «du héron blanc» en raison de ses murs d'une blancheur immaculée, élevé en 1608, et comportant un très beau donjon à sept étages. ▪ Indus. textiles florissantes. Aciéries, caoutchouc.

**HIMÈRE** – en gr. ***Himera*** ♦ Anc. ville de Sicile fondée par des Grecs de Messine* en –648. Soumise aux tyrans d'Agrigente, elle fut prise et détruite en –409 par les Carthaginois qui se vengèrent d'une ancienne défaite en massacrant la population. ▪ Ruines de temple dorique.

**HIMES (Chester)** ♦ Écrivain américain (Jefferson City 1909 - Alicante 1984). Dans *La Croisade de Lee Gordon* (1947), il dénonce les problèmes raciaux au sein des luttes ouvrières. *La Fin d'un primitif* (1955) montre les amours impossibles d'un Noir et d'une Blanche. *La Reine des pommes* (*The Five Cornered Square,* 1958) inaugure une série de romans policiers qui mettent en scène, de façon cocasse et impitoyable, deux policiers noirs, Ed Cercueil et Fossoyeur Jones, aux prises avec la faune de Harlem.

## hindouisme

n. m. ♦ L'une des plus importantes religions du monde par le nombre de ses adeptes (environ 85 % des habitants de l'Inde sont hindouistes), l'une des plus dynamiques et l'une des plus anciennes. Le terme actuellement utilisé de *hindouisme* fut formé au début du XIXe siècle pour désigner ce que l'on appelait auparavant *religions et coutumes de l'Inde*. Un hindou éduqué parlera volontiers, en évoquant ses convictions religieuses, de *Sanātana Dharma* «l'ordre éternel et naturel des choses», avec pour corollaire un très fort enracinement de l'hindouisme dans la nature et le cosmos. **Localisation** L'hindouisme a une très puissante composante nationale et géographique. On naît hindou et on le reste jusqu'à sa mort. On ne peut le devenir par conversion. L'hindouisme s'exporte donc difficilement, même s'il a laissé des traces dans certaines zones de l'Asie du Sud-Est (Cambodge angkorien, Bali) et s'il existe des communautés hindoues en Europe. **Origines** Religion dénuée de fondateur historique, l'hindouisme est issu de la combinaison de l'apport de la religion védique introduite dès le début du –IIe millénaire par les peuplades indo-aryennes et d'un fond de croyances et de cultes autochtones beaucoup plus mouvant, mais très riche. Cette fusion s'est opérée dans le courant du –Ier millénaire, en parallèle avec l'apparition de courants plus philosophiques et de spéculations métaphysiques quasi inexistantes dans le védisme. On a créé le terme de *brahmanisme* — aussi utilisé, encore aujourd'hui, comme un simple synonyme de *hindouisme* — pour désigner cette phase qui assure une forme de jonction entre la religion védique et l'hindouisme des débuts de l'ère chrétienne. Sur cette base, l'hindouisme n'a cessé de se transformer, donnant naissance à des mouvements d'une grande diversité, à tel point que l'on peut parler d'«hindouismes». **Les dieux** Derrière une apparente multiplicité de divinités, l'hindouisme comporte une puissante composante monothéiste. Le Divin, impersonnel, non nommé, s'appréhende par la «triple forme» (très exacte traduction du terme sanskrit *Trimūrti**) de Brahmā, Vishnou, Shiva correspondant respectivement aux fonctions cosmiques fondamentales de création, de protection et de destruction. Chaque «dieu» de l'hindouisme correspond à une facette d'un Divin unique. De même pour les «déesses» qui correspondent aux facettes du pôle féminin de ce même Divin. **Les lieux de culte et de pèlerinage** Des milliers de temples sont aujourd'hui éparpillés sur la terre indienne. On peut pourtant être un parfait hindou, en effectuant scrupuleusement les rituels tant quotidiens que plus spécifiques à la maison, sans se rendre au temple. Cependant, la plupart des hindous y vont au moins une fois par semaine. Le temple hindou comporte des parties largement ouvertes au plus grand nombre, mais l'espace le plus sacré n'est accessible qu'aux brahmanes officiants. Il est donc réduit en surface. C'est là que l'image de culte reçoit les marques de vénération. Les fidèles, tenus à l'écart, ne peuvent l'apercevoir qu'un court moment. Les lieux de pèlerinage sont nombreux en Inde, notamment les fleuves sacrés (→ **Gange**), lieux consacrés par un lien avec une divinité ou un héros des Épopées et la pratique du pèlerinage occupe une place importante dans la vie d'un hindou. **Les textes** Les textes sacrés de l'hindouisme sont nombreux. En premier lieu, les Veda*, qui correspondent à la religion amenée par les envahisseurs indo-aryens, et restent, aujourd'hui encore, les Écritures de référence, même pour ceux qui ne comprennent plus le sanskrit archaïque dans lequel elles sont rédigées. Aux Veda, s'ajoutent d'autres textes, les uns riches en récits mythologiques — les grandes épopées Mahābhārata* et Rāmāyana*, les purāna* — les autres au contraire multipliant les développements métaphysiques et philosophiques, les Upanishad* par exemple. **La vie quotidienne** L'hindouisme modèle la société : le système des castes constitue un cadre auquel nul ne peut échapper. Il est en grande partie fondé sur le concept «pur/impur» par rapport à une activité professionnelle traditionnelle. L'hindouisme organise aussi la vie de l'homme : la journée, l'existence de la naissance à la mort, sont jalonnées de rites plus ou moins complexes qui visent à mettre l'individu en accord avec l'ordre social et cosmique. Par sa conduite quotidienne, l'hindou orthodoxe s'efforce d'accomplir au mieux ce pourquoi il est sur terre, dans la condition au sein de laquelle il est né, et d'apporter ainsi sa pierre à l'édifice cosmique. L'hindou se perçoit comme prisonnier du cycle des naissances et des morts (samsāra) et nourrit l'espoir, ce qui dicte aussi ses pratiques religieuses, d'échapper un jour définitivement à ce cycle. **L'hindouisme aujourd'hui** L'hindouisme est aujourd'hui traversé par des courants contradictoires. Les uns, nourris par la montée parallèle de l'intégrisme musulman, prônent un hindouisme radical sectaire et violent, les autres au contraire, poursuivent la voie déjà ouverte par certains penseurs hindous du XIXe s., d'un hindouisme tolérant, insistant sur l'unicité du Divin au-delà de tous les particularismes religieux.

**HIMIKO** ♦ Nom d'une reine japonaise du début du IIIe s. qui aurait eu des pouvoirs chamaniques. Elle est citée par les chroniques chinoises comme régnant sur une centaine de «pays» ou provinces. On ignore encore son identité exacte.

**HIMILCON** ♦ Navigateur carthaginois (v. –450). Il longea les côtes de l'Europe occidentale, atteignit les Cornouailles et peut-être l'Irlande. Son voyage semble avoir été entrepris dans le but d'attirer vers Gadès le commerce du plomb et de l'étain.

**HIMMLER (Heinrich)** ♦ Homme politique allemand (Munich 1900 - Lunebourg 1945). Il participa au putsch nationaliste de Munich en 1923. Entré peu après dans la SS, il fut remarqué par Hitler qui le nomma *Reichsführer* (1929). Il organisa ce corps d'élite sur la base d'une stricte sélection raciale et d'une fidélité absolue au régime. En 1934 il devint le chef de la Gestapo* et joua un rôle décisif dans la liquidation de Röhm*, chef des SA (sections d'assaut). Dès lors à la tête de toutes les forces de répression, il fit régner la terreur et fut l'organisateur méthodique des camps d'extermination. Nommé ministre de l'Intérieur en 1943, il accrut encore ses pouvoirs par la répression du complot du 20 juillet 1944. En 1945 le Führer, ayant appris qu'il avait pris contact avec les Alliés par l'intermédiaire du comte Bernadotte, le démit de ses fonctions. Arrêté par les Britanniques, il s'empoisonna. ➝ **ÉTYM.** Le nom de famille *Himmler* vient d'un nom de lieu, de l'allemand *Himmel* «ciel» (allusion à un site agréable ou fertile).

**HINAULT (Bernard)** ♦ Coureur cycliste français (Yffiniac, Côtes-d'Armor 1954). Il gagna aussi bien des courses à étapes, dont cinq Tours de France (1978, 1979, 1981, 1982, 1985), que des épreuves d'un jour (Championnat du monde professionnel, 1980) ou des classiques telles que Paris-Roubaix (1981), le Tour de Lombardie (1979, 1984) ou la Flèche wallonne (1979, 1983).

**Hīnayāna** n. m. ➝ **ÉTYM.** «petit véhicule» ♦ Nom un peu méprisant donné par les tenants du Mahāyāna* bouddhique à l'ensemble des sectes et écoles du bouddhisme du Sud. → **bouddhisme.**

**Hinckley Point** ♦ Importante centrale nucléaire d'Angleterre, près de Dungeness (Kent).

**HINCMAR** ♦ (v. 806 - Épernay 882). Archevêque de Reims en 845, il affronta de nombreuses querelles, contre les «clercs d'Ebbon*,» son prédécesseur déposé, contre l'évêque Rothade de Soissons dont Nicolas* Ier lui imposa la réintégration (865), contre son neveu Hincmar de Laon qui fut déposé (871). Conseiller de Charles le Chauve, il le sacra roi de Lorraine (869). Théologien, il fit condamner Gottschalk* (849) et écrivit de nombreux ouvrages dont le *De una et non trina Deitate*.

**HINDEMITH (Paul)** ♦ Compositeur et théoricien allemand (Hanau 1895 - Francfort-sur-le-Main 1963). Chef d'orchestre à l'opéra de Francfort (1915), il fit connaître ses premières œuvres, de caractère révolutionnaire, aux festivals de Donaueschingen et de Baden-Baden (1922 - 1929). Professeur de composition à Berlin (1927), il quitta l'Allemagne dès l'arrivée des nazis au pouvoir et se fixa un peu plus tard aux États-Unis (1940). Professeur à l'université Yale, il ne revint en Europe qu'en 1951. Marquée d'abord par l'influence de Schoenberg*, son œuvre acquit très tôt un style personnel, de caractère plus mélodique et de structure polyphonique, où se reconnaît l'influence de J. S. Bach. Recherchant la dissonance, elle fonde son harmonie sur les résonances harmoniques naturelles et se convertit spontanément en musique pure, justifiant les théories de Hanslick*. Bien loin de mériter le reproche d'intellectualisme qui lui fut parfois adressé, elle est riche de sensualité, de couleur et d'émotion. Hindemith a composé dans tous les genres : opéra (*Cardillac*, 1926, nouvelle version 1952 ; *Mathis le peintre*, 1934) ; ballet (*Nobilissima visione*, 1938 ; *Hérodiade*, 1944) ; musique symphonique (*Métamorphoses symphoniques*, 1943 ; *Harmonie du monde*, 1951). Il écrivit encore des concertos pour divers instruments, une abondante musique de chambre (quatuors à cordes, sonates), des lieder (*Das Marienleben*, sur des poèmes de R. M. Rilke, 1923). Altiste de qualité, Hindemith fit partie avec son frère Rudolf, violoncelliste, du quatuor Amar. Théoricien de la musique, il a publié *Unterweisung im Tonsatz* (1937, 1939, 1970), *A Composer's World* (1952) et *J. S. Bach, ein verpflichtendes Erbe* (1953).

**HINDENBURG (Paul von Beneckendorff und von)** ♦ Maréchal et homme d'État allemand (Posen 1847 - Neudeck, Prusse-Orientale 1934). Général à la retraite, il fut rappelé en août 1914 pour enrayer l'invasion russe. Il vainquit Samsonov à Tannenberg* (27 - 30 août) et Rennenkampf aux lacs Mazures (sept.), reçut le commandement de tout le front oriental (nov.), dirigea les campagnes victorieuses de 1915 en Pologne et en Lituanie. Il succéda à Falkenhayn* comme chef du grand état-major général (27 août 1916) et obtint le commandement unique des forces allemandes et autrichiennes (6 sept. 1916). Il exerça alors une influence prépondérante non seulement sur la conduite de la guerre, mais sur la politique, imposant ses vues à Guillaume II, provoquant la démission de Bethmann*-Hollweg (juil. 1917), puis le renvoi du secrétaire d'État aux Affaires étrangères von Kühlmann (juil. 1918), leur attitude lui sem-

**Hindouisme.** *Ganesha entouré de deux femmes, miniature extraite du Bhâgavata Purâna,* XVIIIe s. Bibliothèque nationale de France, Paris.
*Bis/Phot. Hubert Josse © Archives Larbor*

blant trop conciliante vis-à-vis de l'ennemi. Après les victoires de Foch*, il fut à l'origine de la première demande d'armistice allemande (3 oct. 1918) et, lors de la démission de Ludendorff* (son principal collaborateur depuis 1914), il resta en fonction, son prestige assurant la cohésion de l'armée dans la défaite. Élu à la présidence de l'État en 1925 et réélu en 1932, il appela Hitler* à la chancellerie (1933). → **Guerre mondiale (Première), Allemagne, nazisme.** ➝ ÉTYM. Ce nom allemand signifie «le château *(Burg)* des biches *(Hinde)*».

**HINDOUSTAN** ou **HINDUSTAN** n. m. ♦ Ancien nom persan du subcontinent indien, et plus particulièrement de la région indo-gangétique.

**HINDŪ KUSH** n. m. ➝ ÉTYM. du persan *Hindu-koh* «la montagne *(koh)* de l'Inde» [l'étym. «le tueur *(kus)* d'Indiens *(hindu-)*» car beaucoup d'esclaves emmenés d'Inde au Turkestan seraient morts de froid en traversant la montagne, est une étym. populaire] ♦ Système montagneux du N.-E. de l'Afghanistan et du N.-O. du Pakistan, limité à l'E. par le Karakoram*, au N. par le Pamir et à l'O. par le Kōh-é Bābā. Constitué de plusieurs chaînes accolées, orientées S.-O.-N.-E., qui se relaient sur une longueur de près de 800 km et une largeur d'env. 350 km, il culmine à 7 690 m au Tirich Mir (Chitral*) et sépare les bassins hydrographiques de l'Amou-Daria* et de l'Indus*. Son versant S.-E. reçoit les précipitations de la mousson indienne et porte de belles forêts de chênes et de conifères jusqu'à 3 300 m. Le reste de la montagne est steppique. Les glaciers y couvrent env. 6 200 km².

**HINE (Lewis)** ♦ Photographe et sociologue américain (Oshkosh, Wisconsin 1874 - Hastings-on-Hudson, New York 1940). Adepte du réalisme social, il photographia en 1905 les conditions de vie des immigrants débarqués à Ellis Island, New York. Il réalisa entre 1906 et 1914 une série de photographies sur les enfants au travail, qui fut à l'origine de réformes dans la législation. Il photographia au début des années 1930 la construction de l'Empire State Building.

**HINES (Earl dit «Fatha»)** ♦ Pianiste et chef d'orchestre de jazz américain (Duquesne, Pennsylvanie 1903 - Oakland, Californie 1983). Créateur vers 1927 du *trumpet piano style*, en rupture avec les conceptions Nouvelle*-Orléans ou *stride* qui prévalaient alors, il a eu une influence considérable sur une grande partie des pianistes qui lui ont succédé. Princ. enregistrements : *West End Blues* (avec Louis Armstrong, 1928), *Boogie Woogie on St. Louis Blues* (1940).

**HINGGAN LING** ou **KHINGAN** n. m. ♦ Massif montagneux de Chine. ▪ Le Da Hinggan ling (Grand Hinggan), culminant à 2 035 m, sépare les steppes de la Mongolie-Intérieure de la plaine de l'Ouest, de la Mandchourie et de la réserve forestière du Heilongjiang. De nombreux cours d'eau y prennent leur source. ▪ Le Xiao Hinggan ling (Petit Hinggan), dans le Heilongjiang, peu élevé, est traversé par le Nen jiang, affl. du Songhua jiang.

**HINSHELWOOD (sir Cyril Norman)** ♦ Chimiste britannique (Londres 1897 - *id.* 1967). Auteur de recherches sur la cinétique chimique, il perfectionna l'hypothèse des collisions de Lindemann (1922), montrant qu'il est possible de décomposer les réactions entre les molécules simples en trois étapes distinctes : l'activation (par collisions intermoléculaires), la réaction elle-même et la désactivation. Il étudia également les relations entre la cinétique des réactions en solution et la structure des réactifs. [Prix Nobel de chim. 1956, avec N. N. Semionov*]

**HINTIKKA (Jaakko)** ♦ Philosophe finlandais (Helsinki 1929). Bien qu'il soit surtout connu comme logicien, son œuvre n'est ni étroitement technique ni enfermée dans un seul domaine. Il a conduit une grande partie de sa carrière aux États-Unis. Ses livres sont des recueils d'articles portant notamment sur la technique des «formes normales de distribution» : cette technique lui a permis de renouveler la théorie de l'information qui voudrait que les vérités en logique soient des tautologies. Il a remis en cause la distinction kantienne entre jugements synthétiques et jugements analytiques. À l'opposé du philosophe américain Quine*, dont il rejette le naturalisme, il ne considère pas qu'une «chose-en-soi» existe en dehors de la pensée. Une partie de son entreprise a consisté en une réinterprétation de la logique d'Aristote. Œuv. princ. : *Knowledge and Belief* (1962), *Models for Modalities* (1969), *Aristotle on Modality and Determinism* (1977).

**HIONG-NOU** → **Xiongnu**

**HIPPARQUE** ➝ ÉTYM. en gr. ***Hipparkhos***, de *hippos* «cheval» et *arkhos* «qui conduit» ♦ Tyran d'Athènes (de -527 à -514), fils de Pisistrate*. Il gouverna conjointement avec son frère Hippias* mais, selon Thucydide, fut simple figurant du pouvoir. Ami des lettres, il accueillit à sa cour Anacréon* et constitua une grande bibliothèque. Il fit surtout recueillir les poèmes d'Homère*. Il fut assassiné par Harmodios* et Aristogiton* en -514.

**HIPPARQUE** – en gr. ***Hipparkhos*** ♦ Astronome et mathématicien grec (-IIe s.). Observateur plus précis et plus méthodique que tous ses prédécesseurs, il conçut un procédé trigonométrique basé sur le calcul des cordes pour obtenir une expression mathématique des observations astronomiques : il introduisit en Grèce la division babylonienne du cercle en 360 degrés, de chaque degré en 60 minutes et de chaque minute en 60 secondes ; le diamètre étant divisé en 120 «parties», il calcula la valeur des cordes par rapport à ces parties du diamètre. Il réalisa le premier véritable catalogue d'étoiles, déterminant les positions d'environ 800 étoiles et attribuant à chacune d'elles une grandeur déterminée selon sa luminosité. Auteur d'une théorie des excentriques et des épicycles pour expliquer les mouvements des planètes et l'inégalité des saisons, il découvrit surtout la précession des équinoxes. En géographie, il poursuivit dans la voie mathématique indiquée par Ératosthène* et introduisit notamment l'emploi systématique des coordonnées (parallèles et méridiens). Il inventa également une dioptre et un astrolabe.

**HIPPIAS** ♦ (mort en -490). Tyran d'Athènes (-527 - -510). Fils aîné de Pisistrate*, gouvernant conjointement avec son frère Hipparque*, il assuma effectivement tout le pouvoir. Il continua d'abord la politique conciliante de son père, assurant la prospérité et le rayonnement culturel d'Athènes. Mais la menace perse, de plus en plus imminente, et les progressions de Sparte sous Cléomène Ier ranimaient l'opposition, et l'assassinat d'Hipparque en -514 (→ **Harmodios, Aristogiton**) poussa Hippias à la répression. L'opposition des Alcméonides (→ **Clisthène**) eut recours à Cléomène qui envahit l'Attique. Assiégé dans l'Acropole, Hippias dut se rendre. Exilé à Lampsaque, puis à Sardes, à la cour de Darios, il le suivit dans son expédition contre la Grèce et combattit à Marathon dans les rangs perses. Il périt pendant la retraite perse, probablement à Lemnos.

**HIPPIAS D'ÉLIS** ♦ Sophiste grec (Élis, ouest du Péloponnèse ? - v. -343). Interlocuteur de Socrate* dans deux dialogues dePlaton* qui portent son nom et dans les *Mémorables* de Xénophon*. Hippias, aux dires de Platon, conjuguait, comme Gorgias* et Prodicos*, son activité privée de sophiste et celle d'ambassadeur de sa cité. Bien que, dans l'Antiquité, il ait eu la réputation d'avoir beaucoup écrit et sur de nombreux domaines, nous n'avons conservé de lui que quelques fragments et sa doctrine est connue principalement par les critiques que lui adresse Platon. Certains spécialistes ont voulu cependant voir dans Hippias le premier historien de la philosophie, l'inventeur de la doxographie, mais aussi le premier théoricien du droit naturel et du cosmopolitisme.

**HIPPOCRATE** – en gr. ***Hippokratês*** ♦ Médecin grec (Cos, v. -460 - Lárissa, Thessalie, v. -377). Sans doute fils d'un prêtre d'Asclépios (Esculape), il étudia avec Démocrite et Gorgias, voyagea dans toute la Grèce et l'Asie Mineure avant de se fixer à Cos. Initiateur de l'observation clinique, il préconisait, en thérapeutique, des traitements simples (préférant laisser agir la nature) ; il pratiqua la chirurgie (une des parties les plus avancées de la médecine en Grèce). Sa physiologie repose tout entière sur la théorie des humeurs (sang, lymphe, bile jaune et bile noire), dont dérive celle des tempéraments : leur équilibre (ou bonne proportion) constitue la santé, l'excès ou le défaut de l'une d'entre elles entraînant la maladie. Les écrits dits *hippocratiques* (le *Corpus*) sont constitués d'une soixantaine de traités (dont les plus connus sont : *Traité du pronostic* ; des *fractures* ; des *luxations* ; des *airs, des eaux et des lieux* ; *Aphorismes*) rédigés en ionien et comprenant l'essentiel de la production médicale des -Ve et -IVe s. Ces traités, s'ils ne sont certainement pas tous écrits par Hippocrate, appartiennent du moins à la même école. On peut faire une place particulière au texte du *Serment* que prêtaient alors les futurs médecins et dont nous avons gardé la tradition.

**HIPPOCRATE DE CHIOS** – en gr. ***Hippokratês*** ♦ Mathématicien grec (–Ve s.). Auteur d'*Éléments,* précurseur d'Euclide*, épris de synthèse et d'organisation systématique des mathématiques, il étudia notamment les problèmes de la quadrature du cercle, ce qui l'amena à s'occuper des lunules, figures en forme de croissant, et de la duplication du cube qu'il fut le premier à ramener au problème de la moyenne proportionnelle.

**HIPPOCRÈNE** ◆ ÉTYM. en gr. ***Hippou krênê*** «la fontaine du cheval» ♦ Source qui jaillit d'un rocher sur l'Hélikon*, là où le cheval ailé Pégase* frappa de son sabot. Les Muses* s'y réunissaient et les poètes puisaient de son eau qui passait pour favoriser l'inspiration poétique.

**HIPPOLYTE** – en gr. ***Hippolutê*** ♦ Reine des Amazones*, fille d'Arès. Héraclès*, obligé de conquérir sa ceinture, la tua au cours d'un combat provoqué par une machination de Héra.

**HIPPOLYTE** ◆ ÉTYM. en gr. ***Hippolutos*** «qui délie *(luô)* les chevaux *(hippos)*» ♦ Fils de Thésée* et d'une Amazone ; personnage des tragédies *Hippolyte* porte-couronne* d'Euripide, *Phèdre** de Racine et de *Hippolyte* et Aricie* de Rameau.

**HIPPOLYTE DE ROME** (saint) ♦ Écrivain ecclésiastique grec (170 - après 235). Prêtre romain, disciple de saint Irénée*, il serait entré en conflit avec le pape Zéphyrin* et aurait même été le premier antipape, refusant l'élection de Calixte* ; déporté en Sardaigne avec Pontien* (235), il se serait réconcilié avec lui. On lui attribue des œuvres exégétiques (notamment sur des livres de la Bible et un *Syntagma* contre les hérésies), que nous connaissons par des fragments grecs ou des versions. On en a fait aussi l'auteur d'un *Elenchos contre toutes les hérésies* (appelé aussi *Philosophoumena*), découvert en 1851 et attribué à Origène* par les manuscrits ; mais l'œuvre semble être d'un auteur différent et l'identification de ce «Pseudo-Hippolyte» avec un Josipe qui aurait été l'antipape (assimilé par erreur avec un évêque «oriental» qui serait Hippolyte) demeure contestée. En 1551, on découvrit près de Rome la statue mutilée d'une personne assise sur un trône où figurent des inscriptions en grec semblant correspondre aux œuvres d'Hippolyte. Restaurée et placée depuis à l'entrée de la bibliothèque Vaticane, la «statue d'Hippolyte» représenterait en fait la philosophe épicurienne Themista de Lampsaque : les inscriptions du IIIe s. auraient été rajoutées sur le monument du IIe s. ▪ Fête le 13 août.

**Hippolyte et Aricie** ♦ Tragédie lyrique en 5 actes de J.-P. Rameau* (livret de Simon-Joseph Pellegrin), représentée en 1733. Le livret, littérairement médiocre, réduisait *Phèdre* de Racine, mais offrait à Rameau une grande variété de situations théâtrales. Le compositeur développa l'importance de la partie orchestrale (d'où les réticences du public, au début) : derrière une forme générale traditionnelle, héritée de Lully et Campra, le nouvel équilibre entre les voix, la mélodie et les instruments et l'enrichissement harmonique font de l'œuvre une étape essentielle dans l'élaboration de l'opéra moderne. La puissance rythmique et la sensibilité mélodique propres à Rameau lui confèrent un charme inépuisable.

**Hippolyte porte-couronne** – en gr. ***Hippolutos stephanêphoros*** ♦ Tragédie d'Euripide* (–428) qui a inspiré la *Phèdre** de Racine. Adorateur d'Artémis, le jeune et chaste Hippolyte, beau-fils de Phèdre, est insensible à la passion que lui voue la reine, épouse de Thésée*. Son orgueilleuse indifférence est ressentie par Aphrodite, déesse de l'Amour, comme une offense qu'elle doit châtier. Phèdre va se donner la mort, mais auparavant elle aura calomnieusement accusé Hippolyte d'avoir tenté de lui faire violence. Frappé par la malédiction de Thésée, son père, Hippolyte meurt à son tour, mais il a reçu, avant de mourir, le secours d'Artémis qui a révélé la vérité à Thésée.

**HIPPOMÈNE** – en gr. ***Hippomenês*** → Atalante

**HIPPONAX D'ÉPHÈSE** ♦ Poète grec (–VIe s.). Fuyant la tyrannie, il dut s'exiler à Clazomènes où il vécut dans la misère. Les courts fragments conservés de ses satires acharnées révèlent la force de son réalisme, surtout dans l'évocation de la vie et du langage de la pègre qui l'entourait.

**HIPPONE** – en lat. ***Hippo Regius*** ♦ Anc. ville de Numidie, sur la Méditerranée (auj. ruines près d'Annaba). Colonie carthaginoise, puis romaine, elle fut illustrée par saint Augustin*, son évêque de 395 à 430 ; assiégée sans succès par les Vandales (430 - 431), cédée à eux (442), elle fut détruite par les Arabes (VIIe s.).

**HIRABAYASHI Taiko** ♦ Femme de lettres japonaise (Nagano 1905 - Tōkyō 1972). Anarchiste, elle subit plusieurs années d'emprisonnement à partir de 1937, lorsque le parti militariste accentua la répression contre les intellectuels. Elle est l'auteur de *La Dérision* (1927), *Une femme comme ça* (1946, sur son expérience de la misère physique et morale), *Kuroi nendai* («L'Âge noir», 1950).

**HIRADO** ♦ Petite île de la côte occidentale de Kyūshū (Japon), dans laquelle fut installé, au milieu du XVIe s., le premier port japonais ouvert aux étrangers. Env. 70 000 hab. ▪ Le port de Hirado (38 389 hab.) exporte du poisson, de la porcelaine et du bois. ▪ **Histoire** Ouvert aux Portugais v. 1550, le port fut fermé en 1641 aux navigateurs étrangers qui ne purent plus aborder qu'à Deshima*.

**HIRAKATA** ♦ V. du Japon formant avec Fuse et Kawachi l'agglomération de Higashiōsaka*.

**HIRAM Ier** ◆ ÉTYM. en hébr. *Hîrâm*, de *'aḥîrâm* «mon frère est élevé» ♦ Roi de Tyr (de –969 à –935), allié de Salomon à qui il envoya des matériaux pour la construction du Temple (I Rois, V).

**HIRATA Atsutane** ♦ Penseur et érudit japonais (Akita 1776 - *id.* 1843), l'un des chefs de file du mouvement nationaliste de renaissance du Shintō. Instigateur, parmi d'autres, de la notion de dévotion absolue à la maison impériale, il rencontra l'hostilité du shogunat qui, en 1841, lui interdit de publier ses œuvres. Celles-ci consistent principalement en écrits philosophiques et en études historiques qui eurent un grand retentissement et contribuèrent grandement à la naissance du culte de l'empereur et de l'esprit national des Japonais. Son explication de l'histoire ancienne *(Koshiden)* en 32 volumes est reconnue comme un monument d'érudition sur le Japon.

**HIRN (Gustave Adolphe)** ♦ Industriel et physicien français (Logelbach, Haut-Rhin 1815 - Colmar 1890). Auteur de recherches sur la vitesse limite des gaz (1839), sur les transformations travail-chaleur (il fit une nouvelle détermination de l'équivalent), sur les ventilateurs (1845), sur les méthodes d'essai des moteurs thermiques, on lui doit la réalisation de machines à vapeur pour lesquelles il mit au point la méthode de surchauffe (1855). ◆ ÉTYM. *Hirn* vient du vieux haut allemand *hurna* «terre dans un lieu humide» ou de *hore* «bourbier».

**HIROHITO** ◆ ÉTYM. du jap. *hiro* «abondant, riche» et *hito* «humanité, charité» ♦ Nom personnel du 124e empereur du Japon (Tōkyō 1901 - *id.* 1989). Initiateur de l'ère Shōwa, c'est-à-dire «de brillante harmonie» ; il fut nommé *Shōwa Tennō* après sa mort. Régent sous le règne de son père Taishō Tennō en 1921, après un voyage en Europe, il lui succéda sur le trône impérial en 1926. En 1924, il avait épousé la princesse Kuni Nagako. Il signa en 1941 la déclaration de guerre de son pays contre la Grande-Bretagne et les Pays-Bas, bientôt suivie de l'attaque de la flotte américaine à Pearl* Harbor (7 déc. 1941). Toutefois, sa responsabilité dans la guerre de 1941 - 1945 n'a jamais été formellement déterminée, ses pouvoirs étant alors fortement limités par les dirigeants militaristes du gouvernement. Cependant, il couvrit de son autorité leur politique impérialiste et expansionniste. En 1945, après le bombardement atomique d'Hiroshima et de Nagasaki, il fit pression sur le cabinet de guerre pour mettre fin aux hostilités. Il dut alors signer la déclaration de Potsdam et abdiquer une partie de ses prérogatives. Biologiste et botaniste, Hirohito fut plus homme d'études qu'homme politique. Son fils Akihito* lui a succédé.

**HIRONAKA Heisuke** ♦ Mathématicien américain d'origine japonaise (Yoshiu 1931). Spécialiste de la géométrie algébrique, il obtint des résultats importants concernant les singularités des courbes. [Médaille Fields 1970]

**HIROSHIGE** ou **ANDŌ HIROSHIGE** ♦ Peintre et graveur japonais (Edo 1797 - *id.* 1858) célèbre pour ses estampes de style *ukiyoe* représentant principalement des paysages (il en réalisa plus de 5 000 entre les années 1818 et 1858), parmi lesquelles ses «53 étapes du Tōkaidō» et ses «100 aspects d'Edo» lui ont valu une réputation internationale. Il est considéré comme l'un des meilleurs graveurs japonais d'*ukiyoe*, à l'égal de Hokusai*.

**HIROSHIMA** ◆ ÉTYM. jap. «la grande *(hiro)* île *(shima)*» ♦ V. du Japon (Honshū), ch.-l. de préf. et port important sur la mer Intérieure, autrefois base navale militaire. 1 154 391 hab. ▪ **Histoire** Le 6 août 1945, une forteresse volante américaine largua la première bombe atomique sur la ville, qui comptait alors 250 000 hab., et qui fut totalement détruite, le nombre des victimes s'élevant à plus de 130 000 dont 80 000 tués. Elle fut reconstruite après la Deuxième Guerre

**Hiroshima.** Le Dôme atomique, ancien hall de l'Exposition industrielle.
*Phot. © Charles Lénars*

mondiale, sous la direction de Tange* Kenzo, et est maintenant l'un des ports les plus vastes et les plus modernes du Japon. Cependant, son développement est gêné par les montagnes avoisinantes. ▪ Centre indus. : construc. mécaniques (véhicules), chantiers navals. Univ., jumelée à celle d'Honolulu.

**Hiroshima mon amour** ♦ Film français d'Alain Resnais* (1959) sur un scénario original de Marguerite Duras*, avec Emmanuelle Riva et Eiji Okada. Une actrice française et un architecte japonais vivent une brève et fulgurante histoire d'amour à Hiroshima, qui porte encore les stigmates de l'horreur nucléaire. Alain Resnais, à qui avait été commandé un simple documentaire sur les séquelles de la bombe atomique, eut l'idée de l'intégrer à une fiction romanesque dont il confia l'articulation à Marguerite Duras. Il réussit la gageure d'unifier l'hécatombe d'un peuple et la tendresse d'un couple. Il y ajoute une maîtrise rare du flash-back (l'héroïne, obsédée par un amour de jeunesse avec un soldat allemand pendant l'Occupation, revient constamment sur son passé) et la touche finale d'un montage envoûtant. Cette structure «éclatée» a provoqué un choc salutaire et contribué à l'avènement de la Nouvelle* Vague.

**HIRSON** [02500] ← ÉTYM. anc. *Iricio*, probablt du lat. *ericius* «hérisson» ♦ Ch.-l. de cant. de l'Aisne, arr. de Vervins, sur l'Oise. 10 337 hab. (aggl. 11 229) *(Hirsonnais)*. Nœud ferroviaire. Centre indus. ▮ **Histoire** Forteresse des seigneurs de Guise au XI^e s. Charte communale dès 1156.

**HIRST (Damien)** ♦ Artiste britannique (Bristol 1965). Durant sa période «blanche», il fait des installations de «maisons de verre» (morgues du XIX^e siècle) et de cabinets de curiosité (*I Wanna Be Me*, cabinet contenant de vieux flacons de médicaments, 1990 - 1991 ; *Sometimes I Avoid People*, cabinet renfermant des instruments cliniques de respiration artificielle, 1991). Toujours fasciné par l'histoire naturelle, il met en scène des animaux morts dans des cages de verre remplies de formol qui sont en fait une métaphore de la vie humaine (*Away from the Flock*, avec un agneau, 1994 ; *The Physical Impossibility of Death in the Mind of Someone Living*, avec un requin ; *Le Veau d'or*, 2007). *For the Love of God* (2007) est la reproduction en platine d'un crâne humain entièrement recouvert de diamants qui renoue singulièrement avec la tradition des vanités.

**HIRSZFELD (Ludwik)** ♦ Sérologiste et microbiologiste polonais (Varsovie 1884 - Wrocław 1954). Fondateur d'un institut d'immunologie et de thérapie expérimentale à Wrocław, il fit, en collaboration avec sa femme, des recherches sur l'hérédité des groupes sanguins et sur la pathologie de la grossesse.

**HISARLIK** → Hissarlik

**HISHIKAWA** ♦ Nom de plusieurs artistes peintres japonais et d'une école de peinture fondée par Hishikawa Moronobu (v. 1618 - 1694), spécialisés dans les estampes de style *ukiyoe*. Parmi les plus célèbres représentants de cette école figurent Moronobu, son fils Morofusa, Waō et Moroshige.

**HISPANIE** n. f. – en lat. ***Hispania*** ♦ Nom donné par les Romains à la péninsule Ibérique (il est à l'origine du mot *Espagne*). Elle était divisée sous Auguste en *Hispanie citérieure* (Tarraconaise) et *Hispanie ultérieure* (Bétique et Lusitanie).

**HISPANIOLA** ← ÉTYM. lat. «l'Espagnole» ♦ Transcription latine de *La Española*, nom donné par C. Colomb à l'île d'Haïti. Plus tard, les Espagnols adoptèrent le nom de Santo Domingo et les Français celui de Saint-Domingue pour leurs colonies respectives. Ces deux pays devinrent la République dominicaine et la république d'Haïti.

**hispano-américaine** (guerre) ♦ Conflit qui opposa en 1898 les États-Unis à l'Espagne en lutte contre ses colonies révoltées de Cuba et des Philippines. L'intervention des États-Unis fut provoquée par l'explosion du cuirassé américain *Maine* en rade de La Havane (1898). La flotte espagnole fut complètement détruite. Le traité de Paris (déc. 1898) consacra la fin de l'empire colonial espagnol : Cuba devint indépendante ; les Philippines, Porto Rico et l'île de Guam furent annexées par les États-Unis.

**HISSARLIK** ou **HISARLIK** ♦ Village de Turquie, près de l'entrée du détroit des Dardanelles, où se trouverait le site de Troie.

**Histadrout** n. f. ← ÉTYM. hébr. «association» ou «organisation» ♦ Fédération générale du travail, principale centrale syndicale d'Israël. Créée à Haïfa en déc. 1920, la Histadrout eut pour rôle de défendre les travailleurs juifs en Palestine (**→ Israël**), d'assurer la formation d'une classe ouvrière juive par le développement de l'agriculture et de l'industrie et par la mise en place de services sociaux adéquats. La Histadrout, où sont représentés tous les partis politiques non religieux, mais où le Mapaï* (devenu Parti travailliste d'Israël) est néanmoins majoritaire, est non seulement un syndicat qui regroupe 90 % des travailleurs israéliens et assure une grande partie des services sociaux du pays, mais l'un des plus grands propriétaires et employeurs d'Israël. Ses entreprises, nombreuses et puissantes, ont connu de graves difficultés économiques dans les années 1980.

**Histoire contemporaine** ♦ Série romanesque d'Anatole France*, composée de quatre volumes : *L'Orme du mail*, 1897 ; *Le Mannequin d'osier*, 1898 ; *L'Anneau d'améthyste*, 1899 ; *Monsieur Bergeret à Paris*, 1901. Sur le thème de la petite ville de province et de ses intrigues, A. France rédige une satire de la société française à l'époque de l'affaire Dreyfus*. Le récit s'ordonne autour de la figure de Monsieur Bergeret, esprit socratique qui professe que les hommes sont «médiocrement bons et médiocrement mauvais», mais aime à philosopher. Au fil de ces conversations, se dessine un tableau des mœurs politiques, de plus en plus pessimiste alors même que l'auteur persiste à affirmer ses convictions socialistes.

**Histoire de France** ♦ Œuv. de J. Michelet*, publiée en deux périodes (1833 - 1844 et 1855 - 1867). L'auteur y vise «une résurrection intégrale de la vie du passé».

**Histoire** ou **Légende de la vraie croix** ♦ Cycle de fresques peintes par Piero* della Francesca dans la chapelle du chœur de la basilique Saint-François à Arezzo entre 1452 et 1458 (ou au plus tard 1466). Fondé sur la *Légende dorée*, le cycle comporte les épisodes suivants : *La Mort d'Adam* (lunette dr.), *L'Adoration du bois de la croix et la Rencontre de Salomon et de la reine de Saba* (registre sup. dr.), *Le Transport du bois de la croix* (paroi du fond, h., dr.), *Le Songe de Constantin* ( *id.*, bas, dr.), *La Victoire de Constantin sur Maxence* (registre inf. dr.), *Le Supplice du juif* (paroi du fond, h., g.), *L'Invention et le Miracle de la vraie croix* (registre sup. g.), *Le Combat d'Héraclius et de Chosroès* (registre inf. g.), *La Restitution de la croix* (lunette g.), ainsi qu'une *Annonciation* (symétrique du *Songe de Constantin*), deux figures de prophètes et quelques autres figures décoratives. Si le thème est traditionnel dans les églises franciscaines, son traitement paraît refléter un des grands enjeux politiques de l'époque, la réconciliation de l'Église romaine et de l'Église d'Orient, souhaitée par les commanditaires, les Bacci, d'Arezzo. Picturalement, après l'influence florentine, notamment celle de Masaccio, visible encore dans les premiers panneaux exécutés (ceux des lunettes supérieures), l'ensemble montre les conquêtes les plus décisives de Piero : choix de la couleur claire et de la luminosité, sérénité des attitudes et des expressions, organisation magistrale de l'espace et primauté accordée à la lisibilité, recherche exceptionnelle de clair-obscur dans *Le Songe de Constantin*. L'état inquiétant de ces fresques a conduit à un important «Projet Piero della Francesca» (1990) visant à assurer leur conservation.

**Histoire de la vraie croix.** La Rencontre de Salomon et de la reine de Saba (3,36 × 7,47 m), détail. Fresque de Piero della Francesca. Église Saint-François, Arezzo. *Phot. © Arch. Smeets*

**Histoire du luth** – en chin. ***Pipaji*** ♦ Pièce dramatique chinoise de Gao Ming (1301 - 1371), sur le thème de la piété filiale et de la fidélité. Pièce maîtresse du théâtre du Sud sous la dynastie Yuan*, au style concis et au rythme lent, *Histoire du luth* est considérée comme une pièce importante du répertoire chinois.

L'**Histoire du soldat** ♦ Spectacle lu, joué et dansé d'Igor Stravinski* sur un livret en français de C. F. Ramuz (Lausanne, 28 sept. 1918, direction Ernest Ansermet). Cette œuvre, dont l'argument est tiré du répertoire russe de tradition orale, est la première de Stravinski à intégrer des éléments de jazz, et son influence, en particulier sur le groupe des Six, fut considérable.

**Histoire naturelle** ♦ Ouvrage scientifique de Buffon* rédigé à partir de 1744 en collaboration avec Daubenton*, l'abbé Bexon, Faujas* de Saint-Fond, Guéneau de Montbéliard, Guyton* de Morveau, etc., qui englobe l'ensemble du monde minéral et animal (à l'exclusion des invertébrés) et qui comprend en particulier l'*Histoire de la Terre*. 36 tomes parurent du vivant de Buffon, ainsi que *Les Époques de la nature*, supplément comportant le développement de son système de géologie. Les derniers volumes furent publiés par Lacépède* de 1788 à 1804.

**Histoires** – en lat. ***Historiae*** ♦ Ouvrage en 12 livres de Tacite* sur l'histoire romaine, de la mort de Néron* à celle de Domitien* (69 - 96). Il ne reste que les quatre premiers livres et le début du cinquième.

**Histoires extraordinaires** – en angl. ***Tales of the Grotesque and Arabesque*** ♦ Recueil de nouvelles de E. Poe* (1840), publié en France à partir de 1848 dans une traduction de Baudelaire. Cette œuvre, suivie de *Nouvelles histoires extraordinaires* (*Tales*, 1845), influença notamment Villiers de L'Isle-Adam, Mallarmé et Valéry. Ces contes fantastiques sont souvent inspirés par la science du XIX$^{e}$ s. ou par l'étude des phénomènes paranormaux. De savantes énigmes policières résolues par une logique paradoxale alternent avec des textes plus étranges, où Poe est presque l'un des précurseurs du surréalisme.

**Histoires naturelles** ♦ Recueil de Jules Renard* (1896). Dans ce bestiaire présenté sous forme de courtes fables, l'auteur mêle subtilement ironie, observations précises et interprétations poétiques du comportement des animaux. Il travailla à cet ouvrage dès 1864 et l'augmenta jusqu'à sa mort (1910). Toulouse-Lautrec illustra une des éditions (1899) tandis que Ravel* y puisa la matière de cinq mélodies (*Le Paon, Le Grillon, Le Cygne, Le Martin-Pêcheur, La Pintade*) [1906 - 1907].

**HITCHCOCK** (sir **Alfred**) ♦ Cinéaste américain d'origine britannique (Londres 1899 - Hollywood 1980). Considéré comme le maître du «suspense» policier, il a fondé sa réputation sur des œuvres d'une facture achevée, où le dosage subtil d'angoisse et d'humour, l'art de nouer et de dénouer les fils enchevêtrés de l'intrigue, de suggérer pour émouvoir, de susciter alternativement l'effroi et le sourire, sont portés à leur plus haut degré d'efficacité. Préoccupé de psychologie et de vérité humaine, il ne cessa de mener le jeu du conteur avec une fascinante virtuosité. D'une œuvre extrêmement abondante, se détachent : en Grande-Bretagne, *Chantage* (1929), *Les 39 Marches* (1935) et *Une femme disparaît* (1938) ; aux États-Unis, *Rebecca* (1940), *Soupçons* (1941), *L'Ombre d'un doute* (1943), *Les Enchaînés* (1946), *La Corde* (1948), *L'Inconnu* du Nord-Express* (1951), *Fenêtre sur cour* (1954), *Sueurs froides* (1958), *La Mort* aux trousses* (1959), *Psychose** (1960), *Les Oiseaux* (1963). Son dernier film est *Complot de famille* (1975). → **ÉTYM.** Le nom anglais *Hitchcock* vient du verbe *to hitch* «sautiller» et de *cock* «coq».

Alfred **Hitchcock.** *Phot. © Coll. Rui Nogueira*

**HITCHINGS** (**George H.**) ♦ Biochimiste américain (Hoquiam, Washington 1905 - 1998). Ses recherches, effectuées en grande partie avec G. Elion*, portèrent sur les composés bloquant la synthèse des acides nucléiques et aboutirent à la mise au point de plusieurs médicaments, dont l'allopurinol (employé contre la goutte), l'azathioprine (utilisée lors des greffes d'organes), le purinéthiol (élément du traitement de la leucémie). [Prix Nobel de physiol. ou méd. 1988, avec James Black* et G. Elion]

**HITLER** (**Adolf**) ♦ Homme d'État allemand d'origine autrichienne (Braunau am Inn 1889 - Berlin 1945). ▌**La jeunesse** Né en Autriche près de la frontière bavaroise, dans une famille de paysans et de petits fonctionnaires (son père était douanier), il fut orphelin à l'âge de 14 ans. Élevé par sa mère, il profita d'une maladie pour terminer une scolarité très médiocre, sans diplôme, à 16 ans. Il vécut alors de 1905 à 1908 les «années les plus heureuses de [sa] vie» à Vienne et surtout à Linz, dans l'«oisiveté d'une existence confortable», avec l'espoir d'une carrière artistique pourtant compromise par deux échecs à l'Académie viennoise des beaux-arts (1907 - 1908). Après la mort de sa mère (déc. 1908), il passa cinq années de misère et de vagabondage à Vienne, occupant ses journées à la lecture lorsqu'il n'était pas obligé, pour subsister, d'effectuer toutes sortes de petits travaux. ▌**La Première Guerre mondiale** C'est à cette époque qu'il prit conscience de la faiblesse de la monarchie austro-hongroise, de l'acuité du problème des nationalités dans l'empire, et qu'il découvrit sa haine des sociaux-démocrates et des juifs, que le climat antisémite de Vienne ne fit qu'encourager. Le 3 août 1914, après la déclaration de guerre, Hitler s'engagea dans l'armée bavaroise ; il fut blessé à deux reprises ; sa conduite lui valut la Croix de Fer. ▌**Les débuts de l'action politique et la création du parti national-socialiste** Refusant la défaite allemande et la signature de l'armistice du 11 nov. 1918, il se lança dans l'action politique : dans la capitale bavaroise en proie aux troubles révolutionnaires de l'après-guerre (→ **Munich**), il fut nommé instructeur politique auprès d'un régiment, ce qui lui permit de manifester ses talents oratoires. Ayant assisté par hasard, le 12 sept. 1919, à la réunion d'un groupuscule ultranationaliste, le parti ouvrier allemand, il s'y intéressa et le prit en main avec l'aide du capitaine Röhm*. Excellent propagandiste, Hitler, tirant profit de la tension politique dans laquelle vivait la Bavière depuis la fin de la guerre, dota son parti, devenu le «parti national-socialiste des ouvriers allemands» en 1920, d'un programme nationaliste et démagogique. → **nazisme.** Il énonçait ses idées au cours de meetings, entouré de son état-major (→ **Göring, Hess, Rosenberg**) avec une éloquence persuasive, d'autant plus «convaincante» qu'elle s'appuyait sur la «terreur spirituelle et physique» (Hitler) que firent régner les SA* à partir de 1920. ▌**Le putsch de Munich et la rédaction de «Mein Kampf»** Voulant profiter du mécontentement créé par l'occupation de la Ruhr*, il organisa, avec l'appui du général Ludendorff*, le putsch de Munich (→ **Munich**) les 8 et 9 nov. 1923, qui fut un échec total mais qui lui permit, au cours du procès qui suivit son arrestation, de faire connaître son nom et ses idées dans toute l'Allemagne. Pendant son incarcération (fév.-déc. 1924), il rédigea le début de *Mein* Kampf*, ouvrage dans lequel il exposait l'«Ordre nouveau» qu'il entendait imposer à l'Europe. De sa sortie de prison à la crise* économique de 1929, Hitler et le nazisme furent oubliés par les Allemands, plus soucieux de leur prospérité retrouvée que de politique. Loin de perdre espoir, malgré une interdiction de parler en public pour deux ans, Hitler trouva des capitaux, réorganisa le parti nazi, créa les SS* et, n'oubliant pas les leçons du putsch manqué de Munich, se prépara à conquérir le pouvoir sans coup de force. C'est la crise économique qui lui servit de tremplin en jetant des millions de chômeurs et de petits rentiers ruinés vers les partis extrêmes (107 députés nazis élus au Reichstag en 1930), tandis qu'avec une habileté machiavélique il amenait l'armée et les puissances financières et industrielles à ses vues. Ayant obtenu la nationalité allemande, il pensait tenir tous les atouts en main pour accéder au pouvoir ; il décida alors de se présenter à l'élection présidentielle de 1932, contre le maréchal Hindenburg* qui l'emporta de six millions de voix sur Hitler au 2$^{e}$ tour. ▌**La prise du pouvoir** Après un an d'intrigues ministérielles (Brüning*, von Papen*, Schleicher) et de sordides négociations dans lesquelles tous les partis politiques allemands furent compromis, Hitler devint chancelier le 30 janv. 1933. Dès lors, il établit une dictature personnelle et totalitaire par étapes successives : en mars 1933, après la dissolution du parti communiste (→ **Reichstag**), il reçut pour quatre ans les pleins pouvoirs des députés du Reichstag par un vote où seuls les sociaux-démocrates s'étaient opposés ; en avr. 1933, la Gestapo* fut créée («Hitler était maintenant la loi» [Göring, mai 1933]) et entreprenait le programme d'épuration raciale exposé dans *Mein Kampf* ; en juin 1933, il proclama le parti nazi unique, et nomma des gouverneurs qui lui étaient favorables dans chaque Land allemand ; au sein même de son parti, il réduisit toute opposition, n'hésitant pas à supprimer Röhm, l'ami de la première heure, pendant la «Nuit des longs couteaux» (30 juin 1934), ce qui lui assurait la fidélité de l'armée traditionnelle tandis que, dans le même temps, les catholiques étaient rassurés par le concordat signé avec Rome. ▌**Le Führer** À la mort de Hindenburg (1934), l'Allemagne muselée était prête à ratifier, avec 90 % de oui, le plébiscite qui nommait Hitler à la fois président et chancelier du Reich : devenu officiellement le *Führer* («chef, guide»), maître absolu, il annonçait à ses concitoyens qu'il exigeait de gros sacrifices («des canons plutôt que du beurre»), mais qu'il les libérerait du *Diktat* de Versailles. → **Versailles (traité de).** Peu préoccupé de politique intérieure, il fut pourtant totalement responsable de l'«Ordre nouveau» qui s'affirma progressivement sur l'Allemagne et qui touchait chaque individu à travers les organisations de jeunesse, l'enseignement, la culture, le parti et l'antisémitisme* (les premiers camps de concentration datent de 1933). Cet ordre s'établit aussi à travers le dirigisme économique : un ambitieux programme de réarmement et de grands travaux résolut le problème du chômage dès 1936 et valut à Hitler l'attachement des masses populaires fascinées par son indéniable rayonnement et son intuition des mots qu'elles attendaient. Jouant de ses accès de colère frénétiques, il exerçait son «magnétisme», non seulement sur les foules, mais aussi sur ses interlocuteurs, dont les moins sensibles ne furent pas les diplomates étrangers : avec un cynisme et un mépris total de l'individu, il manœuvra à son gré, dès 1933, la politique européenne. Ses agressions de plus en plus ouvertes furent encouragées par la passivité des démocraties qui, partisans d'une politique d'«apaisement», s'inclinaient devant le fait accompli (remilitarisation de la Rhénanie*). ▌**La Deuxième Guerre mondiale et la chute** Prenant en personne, en 1938, le commandement des forces armées, il prépara et exécuta avec minutie son plan d'élargissement de l'«espace vital» allemand (→ **Anschluss ; Sudètes ; Munich (accords de)**), qui, après l'invasion de la Pologne le 1$^{er}$ sept. 1939, entraîna l'Europe dans la Deuxième Guerre* mondiale. Au fur et à mesure de ses conquêtes

(Pologne, Danemark, Norvège, France), Hitler établit en Europe, comme il l'avait fait en Allemagne, l'« Ordre nouveau » qui devait favoriser la domination de la « race germanique » par la « collaboration » politique, les remaniements territoriaux, le pillage économique et artistique et l'extermination des éléments jugés indésirables dans les camps de concentration. Lorsque, à partir de 1942, l'équilibre des forces commença à se rompre au profit des Alliés, Hitler, dont le sentiment d'infaillibilité s'était accru au rythme des victoires, s'acharna avec obstination sur des objectifs inaccessibles, comme ce fut le cas à Stalingrad (→ **Stalingrad**) et accumula les erreurs stratégiques. Tandis que son équilibre mental se dégradait, il échappa à plusieurs attentats organisés par ses plus proches collaborateurs, qu'il élimina impitoyablement. → **Beck (Ludwig), Canaris (Wilhelm), Stauffenberg (Claus von).** Dans les derniers mois de la guerre, comme il espérait encore un miracle des armes nouvelles (bombe atomique), il jeta l'Allemagne tout entière dans la guerre, sans aucun respect pour la vie de ses concitoyens : « La perte de cette guerre sera la perte du peuple allemand » (Hitler). À partir du mois de nov. 1944, il se réfugia dans le *Bunker* souterrain de la chancellerie de Berlin. C'est de là qu'il dirigea les ultimes opérations militaires sur le Rhin et dans la Ruhr, et qu'il attendit l'arrivée des troupes alliées. Il se suicida le 30 avr., sans doute avec sa maîtresse Eva Braun qu'il venait d'épouser, après avoir désigné comme successeur Göring* puis l'amiral Dönitz*. ➝ ÉTYM. *Hitler* est une variante de *Hüttler,* de l'allemand *Hüttle* « petite cabane » (peut avoir désigné un homme vivant près d'une cabane ; en Bavière, désignait un charpentier).

**HITTITES** n. m. pl. ➝ ÉTYM. dans les textes cunéiformes et la Bible : ***Hatti ;*** p.-ê. de *Hou t'u* « Prince de la Terre », du n. du dieu mythologique commun à la Chine et à l'Inde ♦ Peuple de l'Anatolie centrale, résultant de la fusion d'autochtones (*protohittites* → **Hattis**) et d'une aristocratie guerrière indo-européenne arrivée au début du –II$^{e}$ millénaire. Au –XVI$^{e}$ s., un premier empire hittite fut assez puissant pour intervenir en Syrie du Nord (Alep), lutter contre les Hourrites et réussir, sous Moursil I$^{er}$, un raid contre Babylone (–1530). Après une période d'anarchie et de guerres avec le Mitanni*, la puissance hittite culmina, aux –XIV$^{e}$ - –XIII$^{e}$ s., sous Souppiloulioum a*, Moursil* II, Mouwatalli*, Hattousil* III. Néanmoins les luttes menées contre les Égyptiens (bataille de Qadesh v. –1296, → **Ramsès II**), contre les montagnards Gasgas au N., contre les Ahhijawa (Achéens ?) au S.-O., enfin contre les Assyriens, affaiblirent l'empire hittite. Il disparut à la fin du –XIII$^{e}$ s., probablement détruit par les Peuples* de la Mer. Des principautés hittites survécurent en Syrie. ▪ Les Hittites formaient une société féodale, militaire et religieuse, où le roi était aussi juge et grand prêtre. Noblesse guerrière, propriétaires terriens et paysans, artisans, esclaves constituaient les classes sociales, dont les rapports étaient régis par un code de lois. L'agriculture formait la base de l'économie mais la richesse provenait de l'exploitation minière (cuivre, plomb, argent, fer) ; la métallurgie du fer, l'usage du cheval et du char de guerre assurèrent la suprématie hittite. La religion était dominée par un couple de divinités solaires (sanctuaire d'Arinna), avec des influences hourrites* (Teshub et Hepa). Archéologie → **Hattousas.**

**Hittites.** Double statue du dieu Hadad et de la déesse Ishtar, découverte au tell Halaf. Musée archéologique, Alep. *Phot. © Dagli Orti*

**HITTORF (Johann Wilhelm)** ♦ Physicien allemand (Bonn 1824 - Münster 1914). Auteur de recherches sur la migration des ions dans les liquides, il précisa les lois de ce mouvement en 1853 ; élève de Plücker*, il reprit et développa les expériences de son maître sur les rayons cathodiques (1869).

**HITTORFF (Jacques Ignace)** ♦ Architecte et archéologue rhénan, naturalisé français (Cologne 1792 - Paris 1867). Élève de Percier*, il étudia, en Sicile, l'architecture antique et démontra, contrairement à l'opinion de plusieurs archéologues, que les temples grecs étaient polychromes. Il appliqua ce principe de décoration au cirque d'Été des Champs-Élysées et au cirque d'Hiver (1841). Il construisit, avec son beau-père Lepère, l'église Saint-Vincent-de-Paul (1830 - 1834), en s'inspirant des basiliques romano-byzantines. Utilisant un répertoire de formes néoclassiques (façade de la gare du Nord, 1861 - 1868) il eut aussi le goût des matériaux modernes (hall à structure métallique de la gare du Nord). [Acad. des bx-arts 1853]

**HJELMSLEV (Louis)** ♦ Linguiste danois (Copenhague 1899 - *id.* 1965). Élève du comparatiste Holger Pedersen, il suivit à Paris les cours de Meillet* (1926 - 1927) et fonda avec Viggo Brøndal le cercle linguistique de Copenhague en 1931. C'est là, notamment avec un collègue danois, H. Uldall, que Hjelmslev définit ses conceptions de la « glossématique », théorie générale et structurale du langage : *Prolégomènes à une théorie du langage* (1943), *Sproget* (*Le Langage,* trad. fr. 1966). Ses œuvres antérieures (*Principes de grammaire générale,* 1928 ; *La Catégorie des cas,* 1935-1937) ont été éclipsées par ses articles théoriques (regroupés dans *Essais linguistiques,* 1959) qui développent, rendent plus rigoureuses et prolongent les idées de F. de Saussure*. Hjelmslev y oppose le plan de l'expression et celui du contenu, la substance de chacun étant organisée selon une forme, et distingue, dans la langue, une structure abstraite (schéma), des usages (ou normes) et des manifestations observables (correspondant à la « parole » de Saussure). Reformulant les apports de Saussure et du structuralisme de l'école de Prague (→ **Jakobson [Roman], Troubetskoï [Nicolas]**), Hjelmslev et ses disciples ont proposé une linguistique immanente. En outre, ce théoricien influent (sur A. Martinet notamment) peut être considéré comme le précurseur d'une sémantique scientifique.

**HJØRRING** ♦ V. du Danemark, municipalité du Jutland-du-Nord. 24 813 hab. Indus. alimentaires et métallurgiques.

**Hman-nan Yazawin** ➝ ÉTYM. « Chronique du palais de verre » ♦ Ouvrage historique birman, compilé en 1829, sur l'ordre du roi Bagyidaw, d'après plusieurs chroniques anciennes maintenant perdues et retraçant l'histoire, plus ou moins légendaire, de la Birmanie et des royaumes qui s'y succédèrent, des origines à 1752. Peu valable du point de vue historique, il constitue néanmoins un précieux document sur l'ancienne Birmanie.

**HÔ** n. m. pl. ♦ Pirates vietnamiens et chinois qui opérèrent, vers la fin du XIX$^{e}$ s., au Tonkin et au Laos. Ils provenaient de restes de l'armée chinoise des Taiping* (→ **Hong Xiuquan**), débandée après sa défaite de 1864. Leurs chefs, tour à tour, combattirent les troupes françaises de l'amiral Courbet ou s'allièrent à eux, mais se soumirent finalement en 1890. On les connaît également sous le nom de « Pavillons noirs ».

**HÒA BÌNH** ♦ V. du Viêtnam (Nord), ch.-l. de prov. 87 873 hab. La ville est construite sur un site stratégique, tête de pont entre le delta et la haute région du Sông Đà (rivière Noire), et à proximité du grand barrage hydroélectrique russo-vietnamien du même nom. ▪ Important marché régional. ▮ **Histoire** En fév. 1952, les Français y furent contraints, à la suite d'une bataille, d'abandonner leur position face aux forces vietnamiennes. ♦ ***Culture de Hòa Bình*** Culture mésolithique caractérisée par une industrie lithique (ex. : les Sumatralithes) répandue dans presque toute la péninsule indochinoise. On y trouve peu de céramique, mais une poterie à décor grossier « au panier » dite « hoabinhnienne » dans l'étage immédiatement supérieur.

**HOÀNG Cao Khải** ♦ Écrivain vietnamien (prov. de Hà Tĩnh 1850 - Hanoi 1933). Vice-roi du Tonkin en 1890, auteur d'ouvrages historiques et moralisateurs à tendance confucéenne.

**HOÀNG Trừng** ou **HOÀNG Trừu** ♦ Mandarin et lettré vietnamien (1467 - ?). Au service de l'empereur Lê Hiến Tông (1497 - 1504), auteur de poèmes délicats en chinois et d'un ouvrage en vers, le *Nghĩa sĩ truyện* « Histoire d'un défenseur de la bonne cause » dans lequel il exalta le sentiment national par le biais de l'histoire de son grand-père, Nguyễn Biểu, suicidé en 1413 après avoir, selon la tradition, festoyé avec l'ennemi chinois dans un banquet-défi où figurait un plat fait d'une tête humaine, et insulté sans réserve l'envahisseur.

**Hoa Tiên Truyện** ➝ ÉTYM. « La Lettre fleurie » ♦ Roman en vers *nôm* (écriture démotique composée par les lettrés vietnamiens à partir du XIII$^{e}$ s. en utilisant le matériel graphique des caractères chinois pour écrire la langue nationale) de Nguyễn Huy Tự (XVIII$^{e}$ s.), tiré d'un célèbre roman chinois. Il a été réadapté en *quốc-ngữ* (écriture vietnamienne employant l'alphabet latin) en 1916. Il est écrit dans une langue très pure mais quelque peu précieuse.

**HOBART** ♦ V. d'Australie ; cap. de l'État de Tasmanie, au S.-E. de l'île. Elle occupe un site d'une grande beauté au pied du mont Wellington, sur l'estuaire de la Derwent. 205 566 hab. Univ. ▪ Port. Exportation de fruits (pommes), papier, cuir et peau, bois et laine. Métall. et chimie (superphosphates). Indus. alimentaires et textiles. Papeteries.

**HOBBEMA (Meindert)** ♦ Peintre et dessinateur hollandais (Amsterdam 1638 - *id.* 1709). Il se consacra au paysage et subit fortement l'influence de J. Van Ruysdael*. Il s'attacha à enregistrer les aspects pittoresques de la campagne (châteaux, moulins, ruines, chaumières) avec un esprit plus analytique et moins lyrique que son maître. Il créa quelques audacieuses compositions telle la célèbre *Allée de Middelharnis* mais reprit souvent les mêmes thèmes, sans les renouveler. Il aimait évoquer les pâturages et la terre grasse de son pays. Répartissant avec habileté les éclairages, il chercha plutôt à souligner la netteté des formes qu'à suggérer la fusion des éléments (terre et eau) par la lumière *(Coup de lumière à travers les nuages)*.

**HOBBES (Thomas)** ♦ Philosophe anglais (Westport, Malmesbury 1588 - Hardwick 1679). Après des études à Oxford, il devint précepteur du fils de W. Cavendish et lui resta attaché toute sa vie. Il rencontra Galilée en Italie et Mersenne en France où il séjourna de 1640 à 1651, craignant d'être suspecté en Angleterre pour ses opinions royalistes. Il est l'auteur d'un *De cive* (1642), du *Léviathan** (1651) et d'un *De corpore* (1655). Son matérialisme mécaniste (étude du mouvement des corps) se rapproche d'un phénoménisme ; Hobbes propose en effet une théorie associationniste de la perception et de la connaissance. Son empirisme se double d'un utilitarisme moral et s'achève dans une philosophie politique dont la nouveauté consista à associer la notion de contrat social à celle de pouvoir absolu. À l'état de nature les hommes sont en proie à la vanité, à la jalousie et chacun d'entre eux a toujours assez de force pour en tuer un autre. Il s'agit donc d'une guerre de tous contre tous. Le contrat social permet l'apparition d'un souverain (au sens de détenteur du pouvoir) qui assurera aux hommes la survie. Mais ce souverain n'est pas un despote : certains biens, comme la vie, sont inaliénables. Tirant les leçons de la guerre civile en Angleterre, Hobbes s'oppose au dualisme entre pouvoir politique et Église, comme celui qui existe dans les pays catholiques. Sa théorie de l'état de nature et du contrat a été largement reprise par Spinoza*, mais Rousseau* l'a critiqué, car selon lui, Hobbes attribuerait à l'homme présocial des passions et des comportements sociaux. Par certains aspects sa métaphysique la rapproche du nominalisme*. ➝ ÉTYM. *Hobbes* est l'abréviation de l'anglais *Hobbeson* «fils *(son)* de Hobbe (diminutif de *Robert*)».

**HOBSON (John Atkinson)** ➝ ÉTYM. → Hobbes ♦ Économiste britannique (Derby 1858 - Hampstead 1940). Membre du parti libéral puis du Labour Party (1914), il s'est montré l'adversaire du marginalisme (→ **Menger**) dans son étude sur les crises économiques, qu'il explique par la sous-consommation, et dans son analyse de l'impérialisme qui fut utilisée par Lénine dans *L'Impérialisme, stade suprême du capitalisme*. Œuv. princ. : *Le Problème du chômage* (1895), *L'Impérialisme* (1902).

**HOCEIMA (AL-)** – en esp. ***Alhucemas*** ♦ V. du Maroc, ch.-l. de prov., sur la Méditerranée, au pied du versant N. du Rif. 55 357 hab. Centre touristique. Aéroport international.

**HOCHE (Lazare Louis)** ♦ Général français (Versailles 1768 - Wetzlar 1797). Entré dans les gardes françaises en 1784, il fut nommé général de division et commandant en chef de l'armée de Moselle (1793). Après un échec devant les troupes du duc de Brunswick à Kaiserslautern (28 - 30 nov. 1793), il reprit l'offensive, battit les Autrichiens près de Woerth, réoccupa les lignes de Wissembourg, débloqua Landau (28 déc. 1793) et pénétra dans Spire. Dénoncé comme suspect par son rival Pichegru, il fut emprisonné peu après jusqu'au 9 Thermidor an II (27 juil. 1794). Ayant repris son commandement (sept. 1794), il fut chargé par la Convention thermidorienne de la pacification des régions de l'Ouest (→ **Chouannerie, Vendée**) et lutta avec succès contre les émigrés royalistes, débarqués à Quiberon avec l'appui des Britanniques (juin-juil. 1795). Placé à la tête de l'expédition d'Irlande (déc. 1796), il échoua du fait de la tempête. Après la victoire de Neuwied (17 avr. 1797, près de Cologne), il fut nommé ministre de la Guerre (juil. 1797), puis reprit son commandement à la tête de l'armée d'Allemagne, mais mourut peu après. ➝ ÉTYM. *Hoche* vient peut-être de l'ancien français *hochier* «jouer aux dés ; secouer».

**HOCHELAGA** ➝ ÉTYM. mohawk «on y passe notre hiver» ♦ Village indien qui se trouvait sur le site où fut fondé Montréal*, sur les bords du Saint-Laurent. Jacques Cartier le visita en 1535.

**HOCHHUTH (Rolf)** ♦ Auteur dramatique allemand (Eschwege, Hesse 1931). En portant à la scène les personnages d'une histoire récente, dans *Le Vicaire* (1964) – dont *Amen* (2002) de Costa*-Gavras est l'adaptation cinématographique – qui avait pour sujet la responsabilité du Vatican dans l'extermination des Juifs par les nazis et *Les Soldats* (1967) qui traitait de la responsabilité de Churchill dans la Deuxième Guerre mondiale, il a suscité un vaste mouvement de curiosité et un profond scandale.

**HỒ CHÍ MINH (NGUYEN TẤT THÀNH, dit NGUYEN ÁI QUỐC** «Nguyen le patriote» puis) ➝ ÉTYM. vietnamien «celui qui *(chí)* apporte les lumières *(minh)*» (→ aussi Lucifer) ♦ Homme d'État vietnamien (Nghệ An 1890 - Hanoi 1969), fondateur de la République populaire du Viêtnam. Après avoir étudié à Huê, il se rendit en France en 1911, et se lança dès 1917 dans l'activité politique et patriotique. Jeune nationaliste, il espéra en vain que le congrès de Versailles (1919) appliquerait le principe du droit des peuples à disposer d'eux-mêmes aux pays colonisés. Cet échec le poussa vers des solutions radicales et l'amena au léninisme. Après le congrès de Tours (1920), il milita dans les rangs du Parti communiste français. Il se rendit en Union soviétique à la fin de 1923, à Canton en 1924, puis de nouveau en URSS et en Europe occidentale en 1927, et revint militer en Thaïlande en 1928. À Hong Kong, il fut arrêté par la police secrète britannique en 1931, et il rentra au pays en 1941 après avoir séjourné en URSS (1936 - 1937). Il établit son quartier de résistance à Pắc Pó

Hồ Chí Minh en 1972.
*Phot. © Marc Riboud/ Magnum*

(prov. de Cao Bằng), puis repartit bientôt en Chine où il se fit arrêter. Il ne prit qu'en 1942 le nom de *Hồ Chí Minh*. Il avait fondé en 1931 le Parti communiste vietnamien qui devint peu après le Parti communiste indochinois, puis en 1941 le Front du Viêt-minh, qui combattit les Japonais et les Français. → **Viêt-minh.** En 1945, il fut élu président du gouvernement provisoire, et le 2 sept. il lut la déclaration d'Indépendance sur la place Ba Đình, à Hanoi, avant de devenir président de la République en 1946. Il signa le 6 mars 1946 avec Jean Sainteny des accords qui auraient pu éviter le conflit. Il dirigea le Viêt-minh jusqu'à la retraite française, après la bataille de Điện* Biên Phủ. Élu président de la République démocratique du Viêtnam en 1954 après l'armistice de Genève, il s'opposa à la politique américaine au Viêtnam du Sud et au régime de Saigon, tentant de réunifier le pays selon les principes socialistes, puis organisant la résistance aux attaques aériennes américaines. Il a laissé des écrits et des poésies révélant sa pensée politique et son idéal de vie.

**HỒ CHÍ MINH-VILLE** ➝ ÉTYM. «la ville de Hồ* Chí Minh» – anc. ***Saigon*** ♦ V. du Viêtnam (Sud), située à 80 km de la mer, sur la *rivière de Saigon*, un affl. du Đồng Nai. 3 200 000 hab. (la cité-province du même nom compte 4 000 000 hab.). ▪ Métropole économique à l'activité foisonnante, où toutes les branches de l'artisanat, de l'industrie et des services sont représentées, en incluant la grande zone industrielle de Saigon-Biên Hòa. Port important. L'anc. ville chinoise de Cholon* (Chợ Lớn), qui constitue deux de ses arr., est toujours économiquement active. Aéroport international (Tân Sơn Nhất). ▮ **Histoire** La ville fut fondée au XVIe s., à l'emplacement d'un poste de douane. Prise en 1859 par les Français, elle fut reconstruite à l'européenne à partir de 1880 (centre historique). Elle était la cap. de la république du Viêtnam du Sud. Elle reçut le nom de Hồ Chí Minh-Ville le 2 juil. 1976.

**HOCHKIRCH** ♦ Loc. d'Allemagne (Saxe). Frédéric* II y fut vaincu par les Autrichiens commandés par Daun (1758).

**HÖCHST** ou **HOECHST** ♦ Quartier occidental de Francfort-sur-le-Main (Hesse). Important centre d'indus. chimiques et siège de la société Hoechst, l'une des premières firmes chimiques d'Allemagne, produisant une gamme très variée de produits (colorants, produits pharmaceutiques, matières plastiques, engrais, et, plus récemment, dérivés du pétrole).

**HÖCHSTÄDT** ♦ Loc. d'Allemagne (Bavière), sur le Danube, au N.-O. d'Augsbourg. 6 707 hab. ▮ **Histoire** Victoire de Villars* sur les Autrichiens en 1703. Victoire du Prince Eugène* et de Marlborough* sur les Français et les Bavarois en 1704 (appelée «bataille de Blenheim» par les Anglais). Victoire de Moreau* sur les Autrichiens en 1800.

**HOCKETT (Charles Francis)** ♦ Linguiste américain (Columbus, Ohio 1916 - New York 2000). Il a été, avec Z. Harris*, l'un des grands représentants de l'école distributionnelle américaine. Très soucieux de formalisation, il a proposé dans *A Course in Modern Linguistics* (1958) un procédé d'analyse formelle de la phrase en «constituants immédiats», représenté graphiquement sous forme de «boîtes» enchâssées. Ce souci de formalisation se retrouve dans tous ses travaux, qui portent essentiellement sur la phonologie (*Manual of Phonology*, 1955) et sur la poétique.

**HOCKNEY (David)** ♦ Peintre britannique (Bradford 1937). Son condisciple Kitaj l'incita à dépasser l'abstraction qui était alors son style pour s'orienter vers une imagerie autobiographique. Rattaché au pop* art malgré ses dénégations, il lui emprunta ses couleurs vives, sa technique en aplat, et surtout une fausse naïveté, camouflant à peine sa critique des milieux riches et oisifs dans lesquels il évoluait. Installé à Los Angeles depuis 1963, il en représente le décor, les piscines (*Two Boys in a Pool*, 1965 ; *A Bigger Splash*, 1967) puis le paysage californien (*Nickols Canyon*, 1980 ; *A Bigger Grand Canyon*, 1988 composé de soixante toiles juxtaposées). Il a réalisé une série de toiles aux couleurs chaudes sur sa région natale, le Yorkshire (*A Year in the Yorkshire*, dont *The Road Across the Wolds*, 1997). Contrairement aux artistes du pop art, il ne fait pas appel aux objets de la société de consommation mais exerce, grâce à son talent de dessinateur, un humour, une dérision subtils par la mise en valeur de certains détails, dans une atmosphère toujours froide ou figée.

**HOCQUART (Gilles)** ♦ Administrateur français (Mortagne 1694 - *id.* 1783). Intendant de la Nouvelle-France (Canada) de 1731 à 1748, il contribua à la mise en valeur du pays ainsi qu'à son exploration.

**HODEÏDA** – en ar. ***al-Ḥudayda*** ♦ V. du Yémen sur la mer Rouge. 409 994 hab. Port d'exportation. Commerce du café (→ **Moka**) et des dattes.

**HODGKIN (Dorothy CROWFOOT,** Mrs.**)** ♦ Chimiste britannique (Le Caire 1910 - Shipston-on-Stour, Warwickshire 1994). Elle établit, par diffraction de rayons X, la structure de plusieurs substances dont la pénicilline (1947) et la vitamine B12 (1956). [Prix Nobel de chim. 1964]

**HODGKIN (Alan Lloyd)** ♦ Neurobiologiste britannique (Banbury, Oxfordshire 1914 - Cambridge 1998). Ses travaux, effectués en général en collaboration avec A. F. Huxley, concernent les cellules et les fibres nerveuses. Ensemble, ils découvrirent les mécanismes ioniques responsables de l'excitation et de l'inhibition de la membrane synaptique, élucidant ainsi le phénomène de la transmission de l'influx nerveux. [Prix Nobel de physiol. ou méd. 1963, avec J. Eccles et A. F. Huxley]

**HODGSKIN (Thomas)** ♦ Économiste britannique (1787 - 1869). Bien qu'il n'ait pas été l'adversaire de la propriété privée et qu'il ait refusé l'intervention de l'État en matière économique, il a mis en question l'existence des propriétaires fonciers et des capitalistes dans ses ouvrages (*Le Travail défendu contre les prétentions du capital*, 1825 ; *Économie politique populaire*, 1827).

**HODJA (Enver)** → **Hoxha (Enver)**

**HODJVĪRI** ♦ Philosophe persan (XIe s.). Son *Dévoilement des choses cachées* est un des textes fondamentaux de la doctrine du soufisme*.

**HODLER (Ferdinand)** ♦ Peintre, dessinateur et sculpteur suisse (Bern 1853 - Genève 1918). À partir de 1872, Barthélemy Menn, disciple d'Ingres et ami de Corot*, le conseilla et lui donna des cours. Ses premiers tableaux reflètent l'influence de Corot, mais il affirma ensuite sa personnalité dans des portraits aigus, des paysages construits rigoureusement et de grandes décorations murales de caractère symbolique : *La Nuit* (1890), *Les Las de vivre, Les Âmes déçues* et *Eurythmie* (1891 - 1895), *Le Jour* (1900), œuvres d'une composition puissamment rythmée au dessin acéré et stylisé. Ses préoccupations idéalistes et sociales en font un représentant du symbolisme, son sens dramatique annonçant l'expressionnisme.

**HÓDMEZŐVÁSÁRHELY** ♦ V. de Hongrie, aux environs de Szeged. 49 382 hab. Important marché agricole. Construc. mécaniques. Tuileries. Indus. textile.

**HODNA** (plaine ou bassin du) ♦ Région d'Algérie, dépression des Hauts Plateaux au pied des monts des Ouled Naïl et du Zab, dominée au N.-E. par les *monts du Hodna* (1 869 m) qui la séparent de la plaine de Sétif, occupée au centre par le *chott el-Hodna*. Région chaude et aride parcourue par des pasteurs semi-nomades et leurs troupeaux.

**HOËDIC** [56170] • ÉTYM. en bret. *Edig*, du vx bret. *het-* «longueur» [et non pas dimin. de *houad* «petit canard»] ♦ Comm. du Morbihan, arr. de Lorient, formée par une île de l'Atlantique (2,5 km sur 1 km), au large de Quiberon. 117 hab. *(Hoëdicais)*. Tourisme estival.

**HOEI** → **Huy**

David **Hockney.** *Scène familiale.* Musée des Arts décoratifs, Paris.
*Phot. © Documentation du MNAMGP, Paris/Béatrice Hatala*

**HOEILAART** ♦ Comm. de Belgique (Région flamande), prov. du Brabant flamand, arr. de Halle-Vilvoorde, sur l'IJsse (affl. de la Dyle). 10 040 hab. La ville est séparée d'Overijse par l'autoroute Bruxelles-Namur et sa partie O. est couverte par la forêt de Soignes. ▪ Viticulture sous verre, fondée par Félix Sohie (1841 - 1929). À Groenendaal, musée de la Forêt et arboretum (4 000 espèces exotiques). Hippodrome.

**HOEL (Sigurd)** ♦ Romancier et critique littéraire norvégien (Nord-Odal 1890 - Oslo 1960). Impressionné par la guerre de 1914 - 1918, emporté par une nouvelle foi révolutionnaire, il se rallia au groupe marxiste de la revue *Mot Dag*. Par ailleurs il subit les influences de Freud* et de la psychanalyse. Il introduisit, en Norvège, une technique et un style nouveaux dans ses romans (*Pêcheurs au soleil d'été*, 1927 ; *Une journée d'octobre*, 1931 ; *Sesam, sesam*, 1938) qui sont autant de satires féroces ou plaisantes de la jeunesse moderne, de la bourgeoisie ou de la vie littéraire. Il fit enfin, dans son roman *Rendez-vous près de la borne milliaire* (1947), une profonde étude psychologique du nazi et du collaborateur. ▪ Par son esprit moderne et européen, il eut une grande influence sur la jeunesse et sur la littérature moderne en Norvège.

**HŒNHEIM** [67800] • ÉTYM. germ. «le haut *(hoh)* village *(heim)*» ♦ Comm. du Bas-Rhin, arr. de Strasbourg-Campagne, dans la banl. N. de Strasbourg. 10 726 hab.

**HŒRDT** [67720] • ÉTYM. p.-ê. pl. du germ. *herd* «foyer» ♦ Comm. du Bas-Rhin, arr. de Strasbourg. 4 123 hab.

**HOESELT** ♦ Comm. de Belgique (Région flamande), prov. de Limbourg, arr. de Tongres, sur le Démer. 9 343 hab. Château des Vieux-Joncs, anc. commanderie des chevaliers de l'ordre Teutonique fondée au XIIIe s. et où séjournèrent Louis XIV et Louis XV. ▪ Cultures fruitières. Construc. métalliques.

**HOF** ♦ V. d'Allemagne (Bavière), en Haute-Franconie, sur la Saale, entre les massifs du Frankenwald* et du Fichtelgebirge*. 47 803 hab. Centre d'indus. textile longtemps relégué dans un angle mort de l'ancienne RFA, comptant sur la reprise du trafic sur l'autoroute Munich-Berlin pour assurer sa diversification.

**HOFER (Andreas)** ♦ Héros national tyrolien (Sankt Leonhard 1767 - Mantoue 1810). Ancien aubergiste, il dirigea la lutte contre les Bavarois après le rattachement du Tyrol à la Bavière (1809). Soutenu par les Autrichiens, il vainquit les Bavarois au mont Isel (mai 1809) et occupa Innsbruck. Mais il ne put s'opposer aux Français, qui occupèrent le Tyrol à la suite de l'armistice de Znaim (juil. 1809), et mourut fusillé par les Italiens le 20 fév. 1810.

**HØFFDING (Harald)** ♦ Philosophe danois (Copenhague 1843 - *id.* 1931). Auteur d'une *Esquisse d'une psychologie fondée sur l'expérience* (1882, trad. fr. 1908) fondée sur le parallélisme psychophysiologique, il a exposé une doctrine à la fois positiviste et critique, tendant vers un relativisme philosophique (*Relativité philosophique*, trad. fr. 1924).

**HOFFMAN (Dustin)** ♦ Acteur américain (Los Angeles 1937). Avec un physique banal et des rôles de personnages au destin souvent malheureux, il redéfinit l'image du héros à l'écran. L'acteur, qui a reçu deux oscars (en 1980 et en 1987), commença sa carrière avec *Le Lauréat* (1967), puis fut le boiteux malsain de *Macadam Cow-Boy* (1969) et l'Indien d'adoption de *Little Big Man* (1970). Suivirent *Les Chiens de paille* (1971), *Papillon* (1973), *Les Hommes du président* (sur le Watergate, 1975), *Marathon Man* (1976), *Tootsie* (1982) et *Rain Man* (sur l'autisme, 1988).

**HOFFMANN (Friedrich)** ♦ Médecin et chimiste allemand (Halle 1660 - *id.* 1742). Chimiste, il identifia et isola la magnésie. Médecin (il soigna Frédéric-Guillaume de Prusse), il fut l'un des premiers théoriciens de la physiologie et eut une grande influence sur ses contemporains. Il croyait que l'organisme était gouverné par la tension et le relâchement des fibres ainsi que par l'«éther nerveux».

**HOFFMANN (Ernst Theodor Wilhelm** dit **Ernst Theodor Amadeus)** ♦ Écrivain et compositeur allemand (Königsberg 1776 - Berlin 1822). Doué d'une imagination qu'il jugeait lui-même «excentrique», il se consacra à une intense activité artistique, tant musicale (pièces pour piano, musique de chambre, opéra *Ondine*, sur un livret de La* Motte-Fouqué, créé à Berlin en 1816) que littéraire (*Les Élixirs du diable*, 1816 ; *Les Contes des frères Sérapion**, 1819 - 1821 ; *La Princesse Brambilla*, 1821 ; *Le Chat Murr*, 1821-1822). Il rédigea aussi des critiques musicales, consacrant en particulier de remarquables articles à Beethoven. Son œuvre «électrique» (Guerne), où les figures les plus fantastiques s'insinuent sans cesse dans la vie réelle, inspira bien des musiciens (les *Kreisleriana* de Schumann ; le *Casse*-Noisette* de Tchaïkovski ; *Les Contes* d'Hoffmann* d'Offenbach) et des écrivains. • ÉTYM. Le nom de famille allemand *Hoffmann* signifie «fermier» [propriétaire de sa terre], du moyen haut allemand *hof* «ferme» ou «homme *(mann)* de cour *(hof)*».

**HOFFMANN (Josef)** ♦ Architecte et décorateur autrichien (Pirnitz, auj. Brtnice, Moravie 1870 - Vienne 1956). Fidèle disciple d'Otto Wagner*, il fut l'un des fondateurs de la Sécession de Vienne en 1897. Il s'intéressa aux métiers d'art et créa en 1903, avec Koloman Moser, les *Wiener Werkstätte*, ateliers artisanaux qui acquirent rapidement une grande renommée. Dès 1901, il construisit quatre villas aux volumes cubiques ; il édifia ensuite le sanatorium du Pukersdorf (1903), au style dépouillé et rationnel. Son œuvre la plus célèbre, le palais Stoclet à Bruxelles, qu'il aménagea avec la collaboration de Klimt* pour les décorations intérieures, est à la fois rationnelle et raffinée dans l'agencement des volumes, le choix du décor et l'emploi des matériaux luxueux. Il n'abandonna pas toute référence au néoclassicisme et révéla des tendances symbolistes. En 1924 - 1925, il construisit une série de maisons populaires d'un sobre géométrisme. → **Art nouveau.**

**HOFFMANN (Roald)** ♦ Chimiste américain d'origine polonaise (Złoczów 1937). Auteur de travaux sur la structure des composés organométalliques, il est surtout connu pour l'élucidation de certaines réactions chimiques, appelées jusqu'alors «sans mécanismes», car leur explication échappait aux considérations électrostatiques et stériques. C'est en appliquant la méthode des «orbitales frontières» de K. Fukui* qu'il parvint, avec R. B. Woodward* à établir les règles de sélection (*règles de Woodward-Hoffmann*, 1965) qui permettent de prévoir et d'étudier les réactions entre les grosses molécules. [Prix Nobel de chim. 1981, avec K. Fukui]

**HOFFMANN VON FALLERSLEBEN (August Heinrich HOFFMANN, dit)** ♦ Poète et philologue allemand (Fallersleben, Lunebourg 1798 - Korvey, Westphalie 1874). Patriote, convaincu de l'unité spirituelle des Allemands, il fut nommé bibliothécaire puis professeur à Breslau (1823) mais dut quitter l'enseignement après la publication de ses *Chants apolitiques* (*Unpolitische Lieder*, 1840 - 1841), à caractère libéral et surtout satirique. Fondateur des *Annales de Weimar pour la langue et la littérature allemandes* (1854), bibliothécaire du grand-duc de Ratibor (1860), il a laissé un recueil de 37 *Lieder pour la Jeune Allemagne* (1841 - 1850) ainsi qu'un chant patriotique qui est devenu l'hymne national allemand.

**HOFMANNSTHAL (Hugo VON)** ♦ Poète et auteur dramatique autrichien (Vienne 1874 - Rodaun, près de Vienne 1929). À ses plus hauts moments, son œuvre poétique est une interrogation sur le sens de la vie et du monde, d'où naissent un pathétique et une ironie qui en font la grandeur. Son théâtre est lyrique et métaphysique : *La Mort du Titien* (1892), *Le Fou et la Mort* (1893), *L'Aventurier et la Cantatrice* (1899) ou adapté des grands classiques grecs (*Alceste ; Œdipe ; Électre*) ou encore inspiré des mystères du Moyen Âge (*Jedermann*, 1911) ou de Calderón : *Le Grand Théâtre du monde* (1922). Hofmannsthal a écrit aussi des récits en prose (*Andréas*, inachevé et publié en 1932), et a composé le livret de plusieurs opéras de Richard Strauss* dont *Le Chevalier* à la rose* (1911), *Ariane* à Naxos* (1912 - 1916), *La Femme sans ombre* (1919).

**HOFOUF, HOFUF** ou **HUFUF** ♦ V. d'Arabie saoudite, dans le Hassa, près du golfe Arabo-Persique, dans l'oasis du même nom. 287 841 hab. Centre commercial des produits de l'oasis (céréales, fruits et légumes, dattes). Artisanat (travail du cuir, tissus). Cimenterie. Près de la ville, gisements de pétrole. Hofouf est desservie par la voie ferrée Riyad-Dammān.

**HOFSTADTER (Robert)** ♦ Physicien américain (New York 1915 - Stanford 1990). Spécialiste de physique nucléaire, il établit, par des expériences de bombardement des noyaux par les électrons, que la charge du proton n'est pas ponctuelle et se répartit de façon non homogène ; il précisa ensuite la répartition de la charge des noyaux plus lourds. [Prix Nobel de phys. 1961, avec R. Mössbauer*]

**HOFSTADTER (Douglas)** ♦ Mathématicien américain (New York 1945), fils de Robert Hoftstadter*. Ses travaux concernent des sujets très divers : la physique, l'épistémologie, et surtout l'informatique. Il est l'auteur de *Gödel, Escher, Bach* (1979), ouvrage de vulgarisation scientifique et de réflexion, dans lequel il établit des liens entre les différentes activités créatrices, notamment les mathématiques, les arts plastiques et la musique.

**HOGARTH (William)** ♦ Peintre, graveur et dessinateur britannique (Londres 1697 - *id.* 1764). À l'âge de quinze ans, il travailla comme apprenti graveur chez un orfèvre et, à partir de 1721, s'installa à son compte, illustrant notamment *L'Âne d'or* d'Apulée et *Hudibras* de S. Butler. Vers 1720, il s'initia à la peinture en étudiant à l'académie de Saint-Martin's Lane et sans doute chez le peintre d'histoire J. Thornhill auquel il vouait une grande admiration. L'un de ses premiers tableaux, qui représentait une scène de *L'Opéra du gueux* de J. Gay, devint très populaire (1729). À la même époque, il épousa la fille de Thornhill, représenta alors des scènes de mœurs (*Le Mariage de S. Beckingham et de M. Cox*, 1729), des portraits et particulièrement des portraits de groupe situés dans un cadre familier (*conversation's pieces*) ; l'acuité de sa vision, son art d'animer les visages s'y affirment déjà avec éclat. Mais c'est comme graveur satirique qu'il acquit la célébrité après avoir publié *Mascarades et Opéras* (1724) où il ridiculisait les modes venues de l'étranger. Il donna plusieurs séries de planches d'après des modèles peints : *La Carrière de la prostituée* (*A Harlot's Progress*, 1732), *La Carrière du roué* (*A Rake's Progress*), *La Conversation moderne* (*A Midnight Modern Conversation*, 1733 - 1738) ; *Mariage à la mode* (1745), *Les Quatre Âges de la cruauté* (1751), *Élections* (1754). Dans ces œuvres à «sujet moderne et moral», il fit preuve d'un humour féroce, critiquant avec virulence les mœurs de ses

William **Hogarth.** *Gin Lane*, 1751, gravure. Bibliothèque nationale de France, Paris. *Phot. © Lauros-Giraudon*

contemporains, l'hypocrisie religieuse, la corruption politique. Admirateur de Swift, Pope et aussi Shakespeare, il fut l'ami de Fielding* dont il partageait les conceptions politiques libérales et chargea ses œuvres d'un contenu didactique (*Travail et paresse*, en angl. *Industry and Idleness*, 1747). Il subit l'influence des peintures de genre hollandaises, de l'imagerie populaire et créa un nouveau genre à forme narrative. Il s'inspira du théâtre de l'époque, de l'art du mime, non seulement dans le choix de ses sujets, mais aussi dans ses mises en page, dans le choix des gestes caractéristiques, des expressions. Il eut l'ambition de devenir un peintre d'histoire (*La Piscine de Bethsaïda ; Le Bon Samaritain*, 1734 - 1736), fut nommé peintre du roi en 1757, mais n'obtint jamais la consécration dans ce domaine. Il écrivit un ouvrage théorique, *Analyse de la beauté* (1753), et entreprit son autobiographie. Les portraits qu'il exécuta d'une touche large, peu empâtée, sont d'une grande vivacité d'expression (*Mr. et Mrs. Garrick ; La Marchande de crevettes*). Par sa forte personnalité, il ouvrit la voie à l'école anglaise. ◆ ÉTYM. *Hogarth* est probablement une variante de *Hoggard* «marchand de cochons», du moyen haut allemand *hog* «cochon» et *her, hard* «bouvier» ou est un nom de lieu (de *garth* «enceinte»).

**HOGARTH (Burne)** ♦ Dessinateur américain (Chicago 1911 - Paris 1996). Il succéda à Foster* dans l'adaptation de *Tarzan** en bandes dessinées et imposa un style dynamique et décoratif qui le fit qualifier de «Michel-Ange de la bande dessinée».

**HOGGAR** ◆ ÉTYM. en berbère *Ahaggar* «noble», n. d'une tribu touareg ♦ Massif cristallin du Sahara central (Algérie), situé sur le tropique du Cancer, qui se prolonge sur la presque totalité de son pourtour par des plateaux de grès ou tassilis dont les plus importants se trouvent à l'E. (tassili des Ajjers) et au S.-O. Il est peuplé par des Touaregs*. Point culminant au Tahat (2 918 m), piton du massif volcanique qui domine Tamanrasset. Minerais aurifères.

**HOHENLINDEN** ♦ Loc. d'Allemagne (Bavière). 2 500 hab. **Histoire** Le 3 déc. 1800, Moreau* y remporta une victoire sur les Autrichiens commandés par l'archiduc Jean ; cette victoire fut suivie de la paix de Lunéville*.

**HOHENLOHE (Friedrich Ludwig),** prince **DE HOHENLOHE-INGELFINGEN** ♦ Général prussien (Ingelfingen 1746 - Slawenwitz, Silésie 1818). À la tête des troupes prussiennes, il fut écrasé par les troupes napoléoniennes à Iéna* le 14 oct. 1806.

**HOHENLOHE (Chlodwig),** prince **DE HOHENLOHE-SCHILLINGSFÜRST** ♦ Homme politique allemand (Rotenburg an der Fulda 1819 - Ragaz, Suisse 1901). Premier ministre de Bavière (1866 - 1870), il favorisa l'unité allemande sous la domination de la Prusse. Il fut ensuite ambassadeur d'Allemagne à Paris (1874 - 1885), puis gouverneur d'Alsace-Lorraine (1885 - 1894), et sut, dans ces deux cas, montrer de grandes qualités de conciliateur. Nommé chancelier à la suite de Caprivi* (1894 - 1900), il établit le Code civil, développa les possessions coloniales allemandes en Chine et améliora sa puissance militaire, en particulier la marine. Son libéralisme l'opposa à Guillaume II, et Bülow* lui succéda. Il a laissé des *Mémoires* (1906).

**Hohenschwangau** ♦ Château néogothique que Maximilien* II de Bavière fit construire en 1832 au pied des Alpes de Haute-Bavière, au bord de l'Alpsee, près de la ville de Füssen. Louis II*, son fils, y apporta une décoration en harmonie avec la musique de Wagner et surveilla de là les travaux de son autre château, Neuschwanstein*.

**HOHENSTAUFEN** ou **STAUFEN** ♦ Famille impériale allemande qui tire son nom du château de *Hohenstaufen* en Souabe, détruit lors de la guerre des Paysans* (1525). Le premier membre important de la famille fut FRÉDÉRIC L'ANCIEN (mort en 1105) qui construisit le château v. 1080 et reçut les duchés de Souabe et de Franconie de l'empereur Henri* IV en 1079. Ses deux fils FRÉDÉRIC II LE BORGNE (1090 - 1147) et CONRAD furent régents de l'Empire lors du séjour d'Henri* V en Italie (1116). À la mort d'Henri V (1125), Frédéric le Borgne fut écarté de l'Empire et combattit Henri* X le Superbe, de la famille des Welfen. Ainsi commença la lutte entre les guelfes* et les gibelins (les Hohenstaufen étant seigneurs de Waiblingen). Conrad fut élu empereur en 1138 (→ **Conrad III**). La famille des Hohenstaufen donna dès lors plusieurs empereurs à l'Allemagne. → **Frédéric Ier Barberousse, Henri VI, Philippe Ier de Souabe, Frédéric II, Conrad IV.** Elle s'éteignit avec CONRADIN* (Conrad V) en 1268. Le désordre à la mort de Frédéric II fut cause du Grand Interrègne* (1250 - 1273).

**HOHENZOLLERN** ♦ Famille allemande qui tire son nom du château de Hohenzollern, près de Sigmaringen, en Souabe. FRÉDÉRIC III DE HOHENZOLLERN (1139 - 1201) augmenta par mariage ses biens du burgraviat de Nuremberg (1191), mais ses fils FRÉDÉRIC et CONRAD se partagèrent leur héritage en 1227, d'où la division de la famille en une ligne de Souabe et une ligne de Franconie. La *ligne de Souabe* se partagea en deux branches en 1576 : la branche de Hohenzollern-Hechingen et la branche de Hohenzollern-Sigmaringen qui cédèrent leur principauté à la Prusse en 1849. L'un des membres de la seconde branche fut roi de Roumanie en 1881 (→ **Carol Ier**). La ligne de Franconie augmenta son patrimoine de Bayreuth et de Kulmbach puis d'Ansbach aux XIIIe et XIVe s. Frédéric VI reçut de l'empereur Sigismond la marche de Brandebourg et Prusse (1415).

**HOHHOT** ou **HUHHOT** – en chin. *Huhehaote* ou *Hou-ho-hao-t'ö* ♦ V. de Chine, cap. de la Mongolie-Intérieure. 1 020 152 hab. Indus. électrique, électronique, mécanique et textile (laine).

**HOHL (Ludwig)** ♦ Écrivain suisse de langue allemande (Netstal 1904 - Genève 1980). Fils de pasteur, tardivement révélé, il est considéré aujourd'hui comme l'un des auteurs les plus importants de la Suisse contemporaine. Autodidacte, il a écrit des essais philosophiques sous forme d'aphorismes (*Nuances et détails,* 1939 ; *Notices ou la Réconciliation sans précipitation,* 1944 - 1945) et des récits (*Chemin de nuit,* 1943 ; *Voyage en montagne,* 1970).

**HOHNECK** n. m. ➝ ÉTYM. du germ. *ecke* «montagne anguleuse» et *hoh* «élevé» ♦ Sommet des Vosges (1 363 m) dominant le col de la Schlucht. Sports d'hiver.

**HŌITSU (SAKAI Hōitsu, dit)** ♦ Peintre japonais (Edo, auj. Tōkyō 1761 - *id.* 1828). Membre de l'école de Kōrin* Ogata, il étudia les techniques des Kanō*, celles de l'ukiyoe et des écoles chinoises. Il est cependant plus renommé en tant que critique d'art (ouvrages sur le style de Kōrin et de son école).

**HOJEDA** ou **OJEDA (Alonso DE)** ♦ Navigateur et conquistador espagnol (Cuenca, Nouvelle-Castille, v. 1465 - Hispaniola, auj. Haïti 1515). Compagnon de C. Colomb lors de son second voyage (1493 - 1496), il explora Haïti où il découvrit le gisement aurifère de Cibao. En 1499, il entreprit avec Juan de la Cosa* et Amerigo Vespucci* une expédition le long de la côte orientale de l'Amérique du Sud (en particulier le Brésil), et atteignit en 1501 le Venezuela* («petite Venise»), terre qu'il nomma ainsi en raison des habitations lacustres des habitants de Maracaibo.

**HŌJŌ** ♦ Famille seigneuriale japonaise d'ascendance Taira* qui, de 1200 à 1333, dirigea en tant que *shikken* (régents des shoguns) le bakufu de Kamakura. Neuf *shikken* Hōjō se succédèrent pendant cette période. ♦ **HŌJŌ Tokimasa** (1138 - 1215). Allié de Minamoto* no Yoritomo dont il était le beau-père. Gouverneur de Kyōto* en 1185, il devint le premier *shikken* du bakufu de Kamakura* après la mort (1199) de Yoritomo. Il fut cependant exilé en 1205 pour avoir comploté contre le shogun Sanetomo. ♦ **HŌJŌ Tokimune** (1251 - 1284). Il fut le grand artisan de la défense contre les invasions mongoles de 1274 et 1281. ♦ **HŌJŌ Takatoki** (1303 - 1333). Il vit la chute du bakufu de Kamakura et l'incendie de la ville shogunale. Il se suicida avec ses derniers fidèles en 1333.

**Hōjōki** ➝ ÉTYM. jap. «Souvenirs de ma cabane de dix pieds carrés» ♦ Petit opuscule japonais de réflexions philosophiques, œuvre de Kamo no Chōmei (1154 - 1216), composé en 1212 en un style très élégant, reflétant l'état d'âme bouddhique de l'époque.

**HOKKAIDŌ** ➝ ÉTYM. jap. «province *(dō)* de la mer *(kai)* du Nord *(hōku)*» ♦ Île la plus septentrionale de l'archipel du Japon, reliée à Honshū par un tunnel ferroviaire sous le détroit de Tsugaru*, et formant une préfecture du Japon. 78 521 km². 5 628 000 hab. Plusieurs arcs montagneux peu élevés la traversent, jalonnés de volcans (mont Asahi, 2 290 m). La présence d'un courant froid, l'Oya-shio*, rend le climat rude, sibérien. L'île ne fut colonisée par les Japonais du Honshū qu'à partir de la fin du XIXe s. Cette île, domaine des populations Aïnus*, n'était que fort peu peuplée jusqu'à cette époque. Des experts américains planifièrent son développement : les villes furent élevées sur des plans géométriques. L'agriculture, pratiquée dans les plaines de l'O. (maïs, blé, un peu de riz), demeure la principale richesse avec celle de l'élevage (chevaux). Quelques mines de charbon. Pêche active (harengs, saumons) et fort développement du tourisme.

**HOKUSAI (NAKAJIMA Tetsujirō,** dit **Katsushika Hokusai** ou**)** ♦ Peintre japonais (Edo, auj. Tōkyō 1760 - *id.* 1849). Il fut célèbre pour la qualité de ses illustrations xylographiques d'ouvrages (env. 35 000 planches), en particulier l'*Encyclopédie du dessin,* la *Manga* en 15 vol. ; et pour ses estampes ukiyoe, telles les *36 vues du mont Fuji.* Virtuose du dessin et d'une très grande exigence esthétique, il explora de nombreux styles et techniques, chaque fois sous un nom différent (celui de Hokusai apparut en 1797). Outre la concurrence de Hiroshige*, son refus de se rattacher à une école et ses audaces lui valurent l'hostilité de nombreux artistes. Aussi finit-il sa vie dans la pauvreté, mais toujours passionné, se surnommant lui-même le «vieillard fou de dessin». Son œuvre exerça une influence décisive sur Degas*.

**Hokusai.** *Autoportrait.* Musée Guimet, Paris.
*Phot. © Nimatallah/Ricciarini*

**HŎ Kyun** ou **HEO Gyun** ♦ Écrivain coréen (1569 - 1618). Il est l'auteur de *La Vie de Hong Kildong,* premier roman écrit en langue coréenne pure, les œuvres antérieures étant jusqu'alors rédigées en chinois.

**HOLAN (Vladimír)** ♦ Poète tchèque (Prague 1905 - *id.* 1980). D'abord influencé par le poétisme tchèque mais surtout par le Russe Khlebnikov* (*Fragment,* 1933), il dédia plusieurs compositions à l'armée de libération (*Reconnaissance à l'Armée rouge,* 1945). Victime de l'appareil d'État, qui de 1948 à sa mort l'honora et le brima tour à tour, il élabora alors une œuvre aux accents visionnaires qui élimina progressivement toute trace événementielle : *Mozartiana* (1963), *Douleur* (1965), *Une nuit avec Hamlet* (1965), *Une nuit avec Ophélie* (1973), *Avant-dernier* et *Adieu ?* (1968 - 1977). Le travail rigoureux sur la langue est marqué par son impressionnante œuvre de traduction (y compris du persan et du chinois).

**HOLAPPA (Pentti Vihtori)** ♦ Poète, romancier et journaliste finlandais d'expression finnoise (Ylikiiminki 1927). Après des vers d'une solennité un peu affectée comme *Le Bouffon dans la galerie des Glaces* (1950) et *Le Fils de la terre* (1953), il passa à une analyse plus simple et pénétrante de l'âme humaine dans le recueil *Regardez vos yeux* (1959). Ses romans, *Plomb* (1961), *Les Qualités de l'héritier* (1963), et ses nouvelles (*Métamorphoses,* 1959) font éclater la structure traditionnelle du récit par l'introduction d'éléments irréels.

**HOLBACH** [ɔlbak] **(Paul Henri,** baron **D')** ♦ Philosophe français (Heidelsheim, Palatinat 1723 - Paris 1789). Collaborateur de l'*Encyclopédie*,* il exposa, dans son *Système de la nature* (1770), publié sous un pseudonyme, un matérialisme mécaniste et athée. Il est également l'auteur d'ouvrages antireligieux (*Le Christianisme dévoilé,* 1767). Son salon fut un des plus célèbres de l'époque : il y recevait Rousseau ou Diderot. Il s'opposa au dualisme cartésien et au christianisme en proposant un matérialisme radical qui se réclamait du rationalisme. Il insista sur la nécessité de la moralité en politique (*Éthocratie, ou le Gouvernement fondé sur la morale,* 1776). ➝ ÉTYM. Ce nom de famille allemand vient d'un nom de lieu et signifie «ruisseau *(Bach)* creux *(hohl)*».

**HOLBÆK** ♦ V. du Danemark, ch.-l. de dép., municipalité du Sjælland, au fond du Holbækfjord. 25 622 hab. École des beaux-arts. ▪ Port. Station balnéaire. Pêche. Indus. mécanique, emballage.

**HOLBEIN (Hans),** dit **HOLBEIN l'Ancien** ♦ Peintre et dessinateur allemand (Augsbourg v. 1465 - Issenheim 1524). Il se forma à Ulm, visita probablement les Pays-Bas, puis dirigea à Augsbourg un atelier produisant de nombreux retables : la brutalité des expressions, certaines formes convulsives s'inscrivent dans la tradition stylistique germanique et font de Holbein un représentant caractéristique du gothique tardif (*La Passion grise*, v. 1495 - 1500). À la fin de sa vie, il adopta certains éléments du répertoire formel italien et agença avec plus de rigueur des formes calmes (*La Fontaine de Jouvence*, 1519). Il peignit des portraits d'une facture assez sèche, mais ses crayons à la pointe d'argent, qu'on a souvent attribués à son fils, révèlent son acuité de vision et la grande précision de son trait. ➝ ÉTYM. *Holbein* vient de l'allemand *hohl* «creux, vide» et *Bein* «jambe» (surnom de quelqu'un qui a les jambes arquées).

**Holbein l'Ancien.** *Sainte Élisabeth,* détail d'un panneau de l'autel du Saint-Sauveur. Alte Pinakothek, Munich. *Phot. © Carlo Bevilacqua/Ricciarini*

**HOLBEIN (Hans),** dit **HOLBEIN le Jeune** ♦ Peintre, dessinateur et graveur allemand (Augsbourg 1497 - Londres 1543). Fils d'Holbein* l'Ancien. Formé probablement auprès de son père, il se trouvait à Bâle dès 1515 et plusieurs imprimeurs, dont Frobenius, le chargèrent de réaliser des illustrations, vignettes et frontispices (*Danse macabre*, 1515). Les rapides croquis dessinés en marge de l'*Éloge de la folie* d'Érasme le firent connaître du milieu humaniste, et ses premiers portraits lui valurent la faveur des notables, bourgeois et commerçants de la cité (*Portrait de Jacob Meyer*, 1516). En 1517, il fut chargé de la décoration de la maison du bourgmestre Jacob Van Hertenstein, et probablement entreprit-il à cette époque un voyage dans le N. de l'Italie. Inscrit à la guilde de Bâle en 1519, il participa à la décoration de la salle du Grand Conseil de l'hôtel de ville (1521), puis décora la façade de la maison *Zum Tanz* (1530) dont les croquis sont conservés. Les effets de perspective en trompe-l'œil, les rythmes animés dénotent l'assimilation des conceptions spatiales italiennes et certaines tendances maniéristes. Des œuvres religieuses, telles que la *Vierge de Solothurm* (1521) ou la *Madone du bourgmestre Meyer* (1526 - 1530), se distinguent par l'ampleur de la composition et la sérénité de l'expression, et dénotent une influence de Léonard de Vinci. Le saisissant *Christ mort* (1521, probablement la prédelle d'un retable disparu) est traité avec une précision impitoyable et morbide. Au cours d'un voyage en France, Holbein découvrit probablement les dessins minutieux et fermes de Clouet. En 1523, il se lia avec Érasme, et fit de lui un portrait où apparaît aussi bien sa maîtrise stylistique qu'un rare sens de l'observation psychologique. Sur ses conseils, il quitta Bâle où régnait un climat d'incertitude, les représentants de la Réforme tendant en effet à imposer le refus des images sacrées ; il se rendit en Angleterre (v. 1526) et eut comme protecteur Thomas More. Il peignit alors de nombreux portraits présentant souvent ses modèles à mi-corps, entourés de leurs instruments de travail ou

**Holbein le Jeune.** *William Warham* (82 × 66 cm). Musée du Louvre, Paris. *Phot. © Nimatallah/Ricciarini*

d'objets symbolisant leur fonction ; il fit preuve d'un sens aigu de la caractérisation, et, dans ses mises en page, insista sur l'aspect linéaire, tout en rendant avec finesse le modelé (*L'Archevêque de Canterbury ; L'Astronome Nicolaus Kratzer*, 1528). Revenu en Suisse, il eut du mal à obtenir des commandes, et retourna en Angleterre en 1532. Il travailla d'abord pour les riches marchands allemands (*Portrait d'Herman Wedigh ; Le Marchand Gisze*, 1532), puis devint le peintre du roi Henri VIII. Mettant ses talents d'observateur impartial au service de la cour, il réalisa alors *Les Ambassadeurs** (1533) et les portraits de *Thomas Cromwell* (1534), *Sir Richard Southwell* (1536), *Christine de Danemark* (1538), *Anne de Clèves* (v. 1540), *Les Enfants d'Henri VII*. Il mourut emporté par la peste, au faîte de sa réputation. ▪ Il eut une passion presque exclusive pour le visage humain, et l'observa avec une sévère probité. Subordonnant son goût du détail à une vision synthétique, il élabora un style d'une grande fermeté, et sut intégrer les apports nordiques et italiens. Héritier à certains égards de Dürer*, avec lequel il partagea un certain idéal de «vérité scientifique», il est apparu comme le dernier grand représentant de la Renaissance allemande.

**HOLBERG (Ludvig,** baron**)** ♦ Écrivain danois d'origine norvégienne (Bergen 1684 - Copenhague 1754). Né à une époque où la Norvège et le Danemark étaient unis en un seul royaume, Holberg fut considéré comme le «père de la littérature dano-norvégienne», rédigeant toute son œuvre en danois. Après des voyages en France et en Italie, il écrivit entre 1722 et 1727 de nombreuses comédies inspirées de Molière et qui sont encore jouées aujourd'hui. Dans la plupart il décrivit avec liberté et hardiesse la petite bourgeoisie de Copenhague. Ainsi, *Erasmus Montanus* est la satire du jeune pédant universitaire, *Jean de France* la satire de la mode francophile, *La Chambre de l'accouchée* un tableau de genre, et *Jeppe de la montagne*, sa comédie la plus célèbre, raconte les malheurs d'un paysan. Par ailleurs, passionné par la vie de l'État et les progrès de la civilisation, il écrivit de 1732 à 1735 une *Histoire du royaume de Danemark*, puis une *Histoire de l'Église*, et enfin *Le Voyage de Nils Klim* (1741), dont le héros voyage du pays idéal au pays des Singes, ce qui permet à Holberg de faire une satire virulente de la société de son époque. À la fin de sa vie, il écrivit des *Pensées morales* (1744) et 5 volumes d'*Épîtres* (1748 - 1754) qui évoquent le ton des *Essais* de Montaigne. À travers toute l'œuvre de Holberg perce son désir d'éduquer le peuple, de moraliser avec le sourire. Il voulut aussi rendre la langue «plus parfaite» et contribua largement à l'enrichir et à l'assouplir.

**HÖLDERLIN (Friedrich)** ♦ Poète allemand (Lauffen, Wurtemberg 1770 - Tübingen 1843). Condisciple de Hegel* (au séminaire protestant de Tübingen), il s'enthousiasma comme lui pour la Révolution française, exaltant dans ses poèmes de jeunesse (1789 - 1794) les grands idéaux humains (liberté, beauté) et exprimant déjà son culte pour la Grèce antique. Précepteur à Francfort (1795 - 1798), il y vécut un amour partagé avec la mère de ses élèves (Suzanne Gontard), qu'il invoqua sous le nom de Diotima dans des poèmes et dans son roman *Hyperion* (ou *l'Ermite de Grèce*) achevé en 1799, après leur séparation. À la souffrance de la rupture se mêle celle que provoque en lui la situation culturelle de l'Allemagne. Mais, s'il dit sa douleur ou s'il évoque avec nostalgie le monde harmonieux de la Grèce antique, il chante aussi la joie et l'espoir de voir l'Allemagne réincarner cet idéal. C'est la communion avec la Nature, l'Éther, le Soleil et la Terre ainsi que les saisons qui donnent à sa poésie son rythme essentiel. Tels sont les thèmes de ses odes, hymnes et élégies. Jusque dans la folie où il sombra peu à peu (dès 1804), Hölderlin resta le poète de l'innocence pour qui «poématiser» est «l'occupation la plus innocente de toutes». Dans le registre théâtral, il entreprit une tragédie, *La Mort d'Empédocle* (1798 - 1799, inachevée), et traduisit l'*Œdipe roi* et l'*Antigone* de Sophocle, qu'il accompagna d'importantes *Remarques* (1804). ➝ ÉTYM. Ce nom de famille vient d'un nom de lieu qui signifie «petit buisson de sureau», du haut allemand *holder* «sureau» et suffixe diminutif *-lin (-lein)*.

**HOLGUÍN** ♦ V. de Cuba, ch.-l. de la prov. de Holguín (1 034 371 hab.), située dans la partie orientale de l'île de Cuba. 331 580 hab. Centre commercial important au cœur des plantations de canne à sucre et des zones d'élevage.

**HOLIDAY (Eleanora HOLIDAY dite Billie)** ou **Lady Day** ♦ Chanteuse de jazz noire américaine (Baltimore 1915 - New York 1959). Elle atteignit la célébrité en enregistrant avec Teddy Wilson* et des solistes de l'orchestre de Count Basie* (dont elle fut la chanteuse en 1937), notamment Lester Young*. À son répertoire, souvent plus proche de la variété que du jazz, elle conféra une tonalité acidulée, souvent désespérée, musicalement très originale. Elle joua aux côtés de Louis Armstrong* dans le film de Biberman *New Orleans* (1946) et publia son autobiographie *Lady Sings the Blues* (1957). Princ. enregistrements : *Billie's Blues* (1936), *Strange Fruit*, chanson contre le racisme (1939), *My Old Flame* (1944), *Do You Know What It Means to Miss New Orleans ?* (1946).

**HOLKAR** n. m. pl. ♦ Dynastie de chefs mahrata* de l'Inde occidentale, fondée à Indore* en 1733 et qui régna jusqu'en 1893.

**HOLLAND (John Philip)** ♦ Ingénieur américain d'origine irlandaise (Liscannor, Irlande 1840 - Newark, New Jersey 1914). Inventeur du submersible, en même temps que Laubeuf*.

**HOLLAND** ➝ **Lincolnshire**

**HOLLANDE (François)** ♦ Homme politique français (Rouen 1954). Député (1988 - 1993 ; 1997 -) et maire de Tulle (2001), il a succédé à Lionel Jospin comme Premier secrétaire du Parti socialiste (1997 - 2008).

**HOLLANDE** n. f. ➝ ÉTYM. moy. néerl. «le pays *(land)* du [ou des] bois *(holt)*» [l'étym. «le pays creux *(hol)*» est populaire] ♦ Province qui tint le rôle le plus important lors de l'unification politique des Pays*-Bas. Elle a été divisée en deux en 1840. ➝ **Hollande-Méridionale, Hollande-Septentrionale.** ▪ Hollande est parfois utilisé improprement pour désigner les Pays-Bas.

**Hollande** (guerre de) ♦ Conflit (1672 - 1679) qui opposa la France et les Provinces*-Unies, puis qui s'étendit à la plupart des grandes puissances européennes, coalisées contre Louis XIV. Cette guerre entreprise par la France avait pour but de briser la puissance économique hollandaise qui se manifestait par la guerre des tarifs douaniers, et de se venger des Provinces-Unies, instigatrices de la Triple-Alliance* qui empêcha les Français, lors de la guerre de Dévolution*, d'exploiter complètement leur succès militaire. Après avoir isolé les Provinces-Unies sur le plan diplomatique (➝ **Lionne [Hugues de]**), les Français, commandés par Turenne* et Condé*, passèrent le Rhin et envahirent la Hollande (juin 1672). Mais les Hollandais ouvrirent les digues et noyèrent le pays, arrêtant ainsi l'avance française. Surtout, ils portèrent au stathoudérat Guillaume* III (juil. 1673) qui réussit à unir contre la France l'Autriche, l'Espagne et l'électeur de Brandebourg (août 1673). Abandonnée par l'Angleterre, la France, attaquée sur plusieurs fronts, parvint cependant à repousser les assauts des coalisés : Condé occupa la Franche-Comté (mai-juin 1674) et une partie des Flandres (1674 - 1678), Turenne repoussa les Impériaux en Alsace (1674) et Duquesne* battit la flotte hollandaise en Méditerranée (1675 - 1676). La guerre de Hollande s'acheva par les traités de Nimègue* (1678 - 1679) qui donnèrent à la France la Franche-Comté et plusieurs villes des Pays-Bas espagnols (Valenciennes, Cambrai et Maubeuge).

**HOLLANDE-MÉRIDIONALE** – en néerl. ***Zuidholland*** ♦ Prov. des Pays-Bas. ➝ **Pays-Bas** (carte). 2 905 km². 3 455 097 hab. CH.-L. : La Haye*. Abritée par un cordon de dunes, la Hollande-Méridionale est formée d'une plaine (paysage de canaux et de moulins à vent) et d'un archipel constitué par les ramifications du Lek, du Waal et de la Meuse. ▪ Le littoral constitue une zone résidentielle et balnéaire (Katwijk aan Zee, Scheveningen). L'intérieur des terres est voué à l'horticulture (Lisse, Westland). Fruits et légumes (tomates, concombres, raisin). Élevage bovin. Produc. de fromage (gouda). L'industrie est centralisée autour de Rotterdam. Métall. Chantiers navals. Raffineries (Pernis et Europoort). Indus. chimiques (Vlaardingen, Rozenburg, Botlek). Les activités tertiaires se sont fortement développées dans la conurbation Rotterdam-La Haye.

**HOLLANDE-SEPTENTRIONALE** – en néerl. ***Noordholland*** ♦ Prov. des Pays-Bas. ➝ **Pays-Bas** (carte). 2 668 km². 2 613 070 hab. CH.-L. : Haarlem*. Située presque entièrement au-dessous du niveau de la mer, la Hollande-Septentrionale est protégée par ses digues et ses dunes et sillonnée de nombreux canaux. Amsterdam* se trouve au cœur du pays, reliée à la mer par le canal de la mer du Nord. ▪ Élevage ovin (Texel) et bovin. Prod. de fromage (edam), de légumes ; horticulture. Vergers. Industries (chimie, sidérurgie) le long du canal de la mer du Nord. Commerce de gros, services aux entreprises.

**HOLLANDIA** ➝ **Jayapura**

**HOLLERITH (Hermann)** ♦ Statisticien américain (Buffalo 1860 - Washington 1929). Inventeur des machines statistiques à cartes perforées, il en réalisa les premiers exemplaires (qui furent utilisés pour le recensement américain en 1890) et fonda en 1896 la Tabulating Machine Corporation (devenue IBM). ➝ **Bull (Frederik).**

**HOLLEY (Robert)** ♦ Biochimiste américain (Urbana, Illinois 1922 - Los Gatos, Californie 1993). Il réussit la première détermination de la séquence complète des bases de l'ARN de transfert en travaillant sur l'ARN de l'alamine dans la levure. [Prix Nobel de physiol. ou méd. 1968, avec H. Khorana* et M. Nirenberg*]

**HOLLIGER (Heinz)** ♦ Compositeur et hautboïste suisse (Langenthal 1939). Élève de P. Boulez, d'abord connu comme instrumentiste (de nombreux musiciens contemporains ont écrit pour lui), il a composé pour des formations (*Doppel-Herzkanon*, 1962, pour soprano, hautbois d'amour et célesta ; *Der magische Tänzer*, 1967, opéra ; *Cardiophonie*, 1970, pour un instrument à vent). Citons encore un quatuor à cordes (1973), *Scardanelli-Zyklus* pour flûte, chœur, orchestre et bande (1985), *What Where*, opéra de chambre sur un texte de S. Beckett (1989).

**HOLLÝ (Jan)** ♦ Poète slovaque (Borský Svátý Mikuláš 1785 - Dobra Voda 1849). Il adopta la langue littéraire slovaque telle que ses contemporains Jósef Bajza et Anton Bernolák l'avaient définie, dans une trilogie épique et romantique à la gloire du premier empire slave : *Svatopluk* (1833), *Cyrille et Méthode* (1836), *Le Slave* (1839).

**HOLLYWOOD** ➝ ÉTYM. angl. «le bois *(wood)* de houx *(holly)*» ♦ Quartier de la ville de Los Angeles, à proximité des villes de West Hollywood et de Beverly* Hills. Principal centre de l'industrie cinématographique et de la télévision aux États-Unis.

**Hollywood.** L'entrée des studios Paramount reconstitués pour le film de B. Wilder *Sunset Boulevard*. *Phot. © Coll. de Selva/Tapabor*

**HOLLYWOOD** ♦ V. des États-Unis (Floride), dans la zone urbaine de Fort* Lauderdale. 122 000 hab.

**HOLMES (Oliver Wendell)** ♦ Médecin et écrivain américain (Cambridge, Massachusetts 1809 - Boston 1894). Il reconnut le caractère contagieux de la fièvre puerpérale, et fut un des premiers à pratiquer la méthode antiseptique. Il est par ailleurs l'auteur de poèmes élégiaques, de causeries en prose et de romans dirigés en particulier contre le puritanisme (*Elsie Venner*, 1861 ; *L'Ange gardien*, 1867).

**HOLMES (Arthur)** ♦ Géologue britannique (Hebburn 1890 - Putney 1965). On lui doit une méthode de datation des roches anciennes et de l'origine de la Terre par analyse isotopique des minerais de plomb (1947). ➝ ÉTYM. *Holmes* est le nom d'une personne qui vit près d'un massif de houx (moyen anglais *holm* «houx») ou le nom d'une personne qui vit dans une île, spécialement près d'un endroit marécageux.

**HOLON** ♦ V. d'Israël, dans la banl. S. de Tel-Aviv. 167 100 hab. Indus. textiles.

**HOLOPHERNE** ou **OLOPHERNE** – en grec ***Holophernês*** ♦ Personnage du livre de Judith*. Il porte un nom perse et dirige les troupes de Nabuchodonosor*, roi de Babylone censé régner sur les Assyriens. Il est séduit, enivré et décapité par Judith.

**HOLST (Gustav Theodore)** ♦ Compositeur britannique (Cheltenham 1874 - Londres 1934). Il fut d'abord très influencé par Wagner, puis par Stravinski, tandis que ses études du sanskrit et de la musique ancienne anglaise le conduisaient à utiliser dans nombre de ses œuvres les modes orientaux et les rythmes irréguliers caractéristiques de la musique élisabéthaine (*Rig Veda*, pour chœur et orchestre, 1903 ; *The Planets*, suite pour orchestre, 1916 ; *The Hymn of Jesus*, 1917). ➝ ÉTYM. Ce nom germanique signifie «locataire *(säte)* d'un bois *(holt)*».

**HOLSTEBRO** ♦ V. du Danemark, municipalité du Jutland central, sur la Stora. 31 955 hab. Ville de garnison. ▪ Brasseries, conserveries, manufacture de tabac, commerce de bétail. Indus. mécanique, meubles. ▪ À proximité, institut de pisciculture.

**HOLSTEIN (Friedrich VON)** ♦ Diplomate allemand (Schwedt 1837 - Berlin 1909). Conseiller de Hohenlohe* en politique étrangère, il était hostile à toute expansion coloniale et au traité de réassurance germano-russe de Bismarck* dont il favorisa la chute (1887).

**HOLSTEIN** n. m. ➝ ÉTYM. anc. *Holtsati* «les habitants des bois», du bas all. *sati, sate* «habitants» et *holt* «bois» ♦ Anc. État d'Allemagne, situé dans la partie S. de l'actuel Schleswig-Holstein. Les Saxons* et les Slaves obodrites* se disputèrent sa possession du Vᵉ au XIIᵉ s., mais les Obodrites l'emportèrent un moment grâce à l'appui de Charlemagne*. Le duc de Saxe en fit un comté en faveur d'Adolphe Iᵉʳ de Schaumburg*, dont la dynastie garda le pouvoir et mena la lutte contre les Slaves, puis contre les Danois, auxquels Gérard III le Grand enleva le Schleswig (1304), étendant son pouvoir jusqu'au N. du Jutland. Adolphe VIII, comte d'Holstein et duc de Schleswig, dernier représentant de la maison de Schaumburg, céda ses possessions à Christian* Iᵉʳ d'Oldenbourg, roi de Danemark, mais celles-ci restèrent indépendantes. Le Holstein devint en 1474 un duché du Saint-Empire. ➝ **Schleswig-Holstein, Duchés (guerre des).**

**HÖLTY (Ludwig Heinrich Christoph)** ♦ Poète allemand (Mariensee 1748 - Hanovre 1776). Ami de G. A. Bürger* avec qui il collabora quelque temps à *L'Almanach des muses*, il a exprimé dans un lyrisme musical et nostalgique le caractère tragique de la destinée humaine ; l'inspiration de ses *Poésies* (1782) a parfois incité à les comparer aux *Nuits* de Young.

**HOLWECK (Fernand)** ♦ Physicien français (Paris 1890 - *id.* 1941). Auteur en 1923 de travaux sur les rayons X dont il établit la continuité avec l'ultraviolet. Il conçut une pompe à vide moléculaire et, avec P. Lejay*, un pendule à lame oscillante pour la mesure du champ de pesanteur (1930).

**HOLYHEAD** ♦ Port du pays de Galles dans l'île de Holyhead séparée d'Anglesey par un étroit chenal. 11 500 hab. Terminal ferry pour l'Irlande. Station balnéaire.

**HOLZ (Arno)** ♦ Écrivain allemand (Rastenbourg 1863 - Berlin 1929). Auteur d'une sorte de manifeste naturaliste, *Le Livre du temps* (1885), il composa avec J. Schlaf* (dont il se sépara ensuite) plusieurs œuvres «expérimentales», des nouvelles (*Papa Hamlet*, 1889), un drame (*La Famille Selicke*, 1890), critiqua les écrivains de son temps dans une comédie (*Les Social-Aristocrates*, 1896) et un poème satirique, *Ferblanterie* (1902, en particulier contre Stefan George*). Mais, il s'éloigna de ses premières positions dans ses dernières pièces (*Éclipse de soleil*, 1908, dont le héros est à la recherche d'«une idée à laquelle il puisse croire»). Quant à sa tentative de rénovation du lyrisme par l'introduction du rythme libre, elle aboutit à «un curieux monstre burlesque et emphatique» (C. David) où l'auteur cultive un étrange délire verbal (*Phantasus*, 1898-1925).

**HOMAIS** ♦ Un des personnages de *Madame* Bovary*, de G. Flaubert. Pharmacien de village qui affecte un anticléricalisme voltairien et a des prétentions à la science, M. Homais double sa suffisance d'une forte dose de calcul. Type parfaitement individualisé, il personnifie aussi la petite bourgeoisie dont Flaubert fustige les «idées reçues».

**HOMBOURG-HAUT** [57470] ➝ ÉTYM. anc. *Hoëmborc*, du germ. *hoh* «haut» et *burg* «ville fortifiée» ♦ Comm. de la Moselle, arr. de Forbach. 9 486 hab. *(Hombourgeois)*. Église du XIIIᵉ s., anc. collégiale.

**HOMBURG** ➝ **Bad Homburg vor der Höhe**

**HOME (sir Alexander Frederic DOUGLAS)** ➝ **Douglas-Home**

**HOMÉCOURT** [54310] ➝ ÉTYM. «domaine (bas lat. *curtis*) d'Hamo (n. de pers. germ.)» ♦ Ch.-l. de cant. de la Meurthe-et-Moselle, arr. de Briey, sur l'Orne. 6 817 hab. *(Homécourtois)*.

**HOMÈRE** ➝ ÉTYM. en gr. *Homêros* «otage» ou «aveugle» ♦ Poète à qui on attribue l'*Iliade** et l'*Odyssée**, premiers monuments de la littérature grecque. Selon Hérodote*, le plus ancien de ses biographes, il serait né près de Smyrne (Ionie) au –IXᵉ s. Chios* et six autres villes se disputèrent l'honneur de lui avoir donné le jour. D'après la tradition, sa mère était éolienne. Il aurait dirigé une école de rhétorique, puis voyagé dans tout le monde méditerranéen, séjournant à Ithaque*, Colophon*, Cumes (Éolie) et Chios. Il serait mort dans l'île d'Ios*. Vieillard aveugle, très respecté, il récitait ses épopées devant des auditeurs venus de toute la Grèce. ▪ On lui attribua jadis les *Hymnes homériques*, compositions épiques adressées à des dieux, la *Batrachomyomachie* (guerre entre les grenouilles et les rats), parodie burlesque de l'*Iliade*, et d'autres œuvres perdues. Il est admis aujourd'hui que ces poèmes sont bien postérieurs. ▪ Les *Homérides* de Chios, qui prétendaient descendre d'Homère, constituaient une confrérie d'aèdes qui gardaient probablement des textes des récits homériques. ▪ Les *épopées homériques*, très populaires dès le –VIIᵉ s., furent la bible des Grecs païens. Hésiode* et d'autres poètes du –VIIIᵉ s. imitèrent sa langue et sa technique. Au –VIᵉ s. Pisistrate*, ou son fils Hipparque*, chargea une commission d'établir le texte des deux poèmes, jusqu'alors transmis oralement. Les savants alexandrins (➝ **Aristarque de Samothrace, Aristophane de Byzance**) donnèrent une édition critique (–IIᵉ s.), essayant de débarrasser le texte original d'interpolations et divisèrent chacune des deux épopées en 24 chants. L'école de Pergame* restitua les vers et les épisodes interpolés et c'est cette édition qui est parvenue en Occident grâce à l'érudit byzantin Chalcocondyle* (première édition imprimée à Florence en 1488). Pour Platon, Homère «a fait l'éducation de la Grèce». Son génie rarement contesté (➝ **Zoïle**) émerveilla à la fois les savants et les gens simples. Virgile* l'imita et Dante* le qualifia de «Seigneur du chant». La littérature et la philologie moderne se réfèrent souvent à lui (parmi les traducteurs français, ➝ **Dacier, Houdar de La Motte, Bérard**). La découverte par Villoison*, à Venise (1781), d'un manuscrit de l'*Iliade* contenant des notes d'Aristarque et d'autres critiques alexandrins donna une impulsion nouvelle aux études homériques. La *question homérique*, une des grandes querelles littéraires, posée à la fin du XVIIᵉ s. et restée depuis ouverte, mit en doute l'existence d'un poète unique pour les deux épopées ou même pour chacune d'elles (➝ **Aubignac (abbé d'), Vico**) allant jusqu'à l'idée «des œuvres anonymes du génie populaire». ➝ **Wolf (Friedrich)**. Les hypothèses les plus fréquentes sont d'une part celle d'un poète très ancien, auteur d'un noyau primitif que les aèdes postérieurs amplifièrent et d'autre part celle d'un poète tardif qui aurait transcrit les apports disparates de la tradition. Les progrès archéologiques, historiques et linguistiques de la fin du XIXᵉ s. ont permis de rejeter la thèse extrême de la création populaire et celle d'une épopée d'époque préhellénique et barbare, mais l'existence d'un poète unique n'est plus admise. ➝ **Anciens et des Modernes (querelle des).**

**Homère.** Marbre. Musée du Capitole, Rome.
*Phot. © Nimatallah/Ricciarini*

**Home Rule** n. m. ♦ Terme anglais désignant l'autonomie (de *home*, chez-soi et *rule*, pouvoir, gouvernement) revendiquée par les Irlandais entre 1870 et 1914. Reprenant la démarche de O'Connell*, qui demandait le rappel de l'Union, le Home Rule Party, d'abord dirigé par Isaac Butt, puis par Parnell*, devint très puissant aux Communes (obstruction parlementaire, arbitrage entre les partis) et fut renforcé par l'agitation du pays. Le projet de Home Rule déposé par Gladstone*, gagné à la cause irlandaise, fut rejeté en 1886 par les Communes, un autre le fut en 1892 par les Lords et le Home Rule ne fut voté qu'en 1912. Il ne correspondait plus alors aux aspirations du pays, qui désirait l'indépendance, et provoqua d'autre part une violente réaction de l'Ulster, qui en fut finalement exclu. L'insurrection de 1916 devait aboutir à l'indépendance en 1921. ➝ **Irlande.**

**Homme (musée de l')** ♦ Musée d'ethnographie, d'anthropologie et de préhistoire installé à Paris dans le palais de Chaillot depuis 1937. Il regroupe les collections d'ethnologie et de préhistoire de l'ancien musée d'Ethnographie (palais du Trocadéro) et du Muséum national d'histoire naturelle, dont il dépend administrativement.

L'**Homme de marbre** et L'**Homme de fer** ♦ Diptyque cinématographique polonais d'Andrzej Wajda* (1977 et 1981), avec Jerzy Radziwiłowicz, Krystyna Janda. Dans *L'Homme de marbre*, une réalisatrice de télévision, désireuse de rendre hommage à un héros obscur du stakhanovisme, met au jour les tares d'un régime corrompu. Enfant terrible du cinéma polonais, Wajda ne craint pas de secouer ici l'apathie d'un corps social miné par des années de totalitarisme. Afin de bien marquer son refus des compromis, l'auteur donnera une suite : *L'Homme de fer*, qui s'ouvre par un reportage à chaud sur la grève des chantiers navals à Gdańsk.

L'**Homme invisible** – en angl. ***The Invisible Man*** ♦ Roman de H. G. Wells* (1897). Un jeune étudiant en physique découvre le moyen de se rendre invisible ; mais cette expérience ne lui réserve que des inconvénients (les vêtements qu'il porte ou la nourriture qu'il absorbe ne sont pas invisibles). Pris au piège, incapable de vivre normalement, il sombre dans la délinquance et finit lynché par la foule.

L'**Homme qui rit** ♦ Roman de Victor Hugo* (1869). Gwynplaine est défiguré par un rictus qui le fait surnommer «l'homme qui rit». Il sauve une jeune fille, Déa, du froid de la neige. Celle-ci, toutefois, perd la vue. Ils sont tous deux recueillis par un vagabond généreux, Ursus, qui fonde avec eux une troupe théâtrale. Mais Gwynplaine, qui est en fait le baron Clancharlie, est reconnu dans ses droits. Il défend les pauvres à la Chambre des lords, dans un discours si émouvant qu'il se met à pleurer. Les lords rient devant ce spectacle. Furieux et désespéré, Gwynplaine veut retrouver Déa. Mais celle-ci meurt et Gwynplaine se suicide. Outre la valeur sociale de ce livre qui multiplie les transpositions autobiographiques, il faut retenir la violence des évocations qui en font un chef-d'œuvre baroque.

L'**Homme sans qualités** – en all. ***Der Mann ohne Eigenschaften*** ♦ Œuvre maîtresse de R. Musil*, inachevée, dont les deux premières parties (I. *Une manière d'introduction*, II. *Toujours la même histoire*), furent publiées en 1930, la troisième (III. *Vers le règne millénaire, ou les Criminels*) en 1932, et les chapitres inédits, fragments et notes diverses en 1952 seulement. Ce roman qui devait avoir pour titre *L'Espion* ou *L'Autre* est une entreprise de démystification du monde (en particulier de l'Autriche du début du XX^e^ s.) ainsi qu'une mise en question de la possibilité d'écrire un roman, où l'ironie s'achève sur une interrogation religieuse : «Mon roman est un livre religieux du point de vue de l'incroyant.»

Les **Hommes de bonne volonté** ♦ Cycle romanesque de Jules Romains* (1932 - 1946) qui dresse en 27 volumes le tableau de l'évolution du monde dans le premier tiers du XX^e^ s. (1908 - 1933). Les romans rendent compte des différents espoirs ou menaces qui pesèrent sur cette période (bolchevisme, fascisme...) mais aussi des élans artistiques (surréalisme) ou des progrès de la science. L'ensemble est lié par une idée de l'homme qui repose avant tout sur le sentiment de la collectivité. Princ. titres : *Le 6 Octobre* (1932), *Éros de Paris* (1932), *Montée des périls* (1935), *Le Drapeau noir* (1937), *Verdun* (1938), *Naissance de la bande* (1944), *Le 7 Octobre* (1946).

**HOMOLLE (Théophile)** ♦ Archéologue et administrateur français (Paris 1848 - *id.* 1925). Il assuma la direction des fouilles de Délos. Directeur de l'École française d'Athènes (1890), il entreprit les fouilles de Delphes (1892 - 1903).

**HOMS** – en ar. ***Ḥimṣ*** ♦ V. de Syrie occidentale, ch.-l. de gouvernorat, au pied de l'Anti-Liban, sur l'Oronte. 729 657 hab. Centre commercial d'une riche région agricole (céréales, fruits). La construction d'un barrage sur l'Oronte qui utilise le *lac d'Homs* a étendu la surface des terres irriguées et permis la culture du coton et de la betterave sucrière. Centre indus. prospère. Indus. textiles, alimentaires (sucreries) et chimiques ; travail du cuir. Raffinerie des pétroles du Karatchōk. **Histoire → Émèse.**

**HONDŌ** → Honshū

**HONDSCHOOTE** [ɔ̃dskɔt] [59122] ➝ **ÉTYM.** anc. *Hundescote*, probablt du germ. *Hundo*, n. de pers., et *schott* «clôture» ♦ Ch.-l. de cant. du Nord, arr. de Dunkerque, près de la frontière belge. 3 815 hab. *(Hondschootois)*. Petite ville typiquement flamande : église-halle et hôtel de ville du XVI^e^ s. **Histoire** À la tête de l'armée du Nord, Houchard y remporta une victoire sur les troupes coalisées, commandées par le duc d'York (6 - 8 sept. 1793) ; cette victoire permit de débloquer Dunkerque.

## HONDURAS

[ɔ̃dyʀas] n. m. – off. ***république du Honduras*** ➝ **ÉTYM.** de l'esp. *hondura* «profondeur» [allus. aux eaux profondes qui bordaient les côtes découvertes par les explorateurs] ♦ Pays d'Amérique centrale. 112 088 km². 6 535 344 hab. *(Honduriens)*. LANGUES : espagnol (off.), langues indiennes, anglais. POPULATION : métis, Amérindiens, Blancs d'origine espagnole. RELIGIONS : catholiques en majorité ; protestants (en augmentation). MONNAIE : lempira. CAPITALE : Tegucigalpa*. RÉGIME : présidentiel. Le pays est divisé en 18 départements auxquels s'ajoute le District central de Tegucigalpa.

**GÉOGRAPHIE** Le Honduras n'a qu'une étroite façade sur le Pacifique, mais s'ouvre largement au N. sur la mer des Antilles (700 km de côte). Cette région, composée d'un littoral bas et marécageux et de plaines chaudes et humides, est la plus moderne du pays. C'est aussi la moins peuplée (10 % de la pop. pour 45 % du territoire). De grandes compagnies fruitières y pratiquent la monoculture du bananier (vallée de l'Ulúa). Elles ont installé un réseau de routes et de voies ferrées, qui font défaut dans le S., et qui aboutissent aux principaux ports d'exportation (La Ceiba, Puerto Cortés). L'État a favorisé la création de zones franches industrielles pour attirer les capitaux étrangers. Le reste du pays est composé de zones montagneuses dominées par des volcans (cerro Selaque : 2 000 m), couvertes de forêts, qui bénéficient d'un climat tempéré. C'est le Honduras colonial, tourné vers les mines (or, argent, cuivre, plomb, zinc, fer et antimoine), l'élevage et l'agriculture vivrière. On y trouve l'anc. capitale, Comayagua, et la nouvelle, Tegucigalpa.

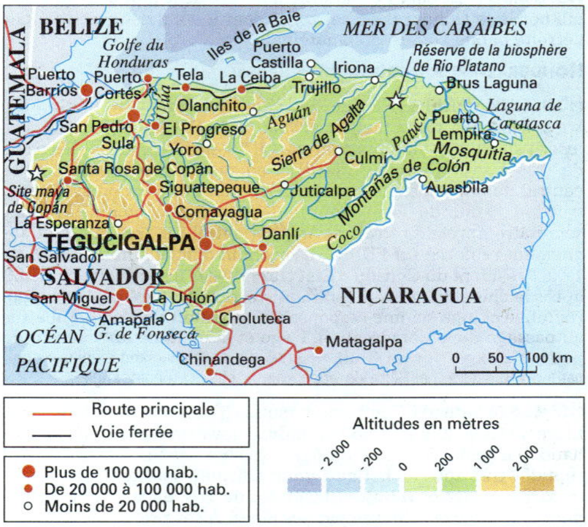


Honduras.

**Société** Peuplé essentiellement de métis, le Honduras compte quelques groupes indigènes isolés (Tolupanes de la Montaña de la Flor). Une forte croissance démographique a appauvri une population vivant essentiellement de l'agriculture. La réforme agraire, mise en place au début des années 1970, a permis d'atténuer les tensions sociales en ouvrant à la colonisation les terres vides du N.-E. Après la victoire des sandinistes au Nicaragua* (1979), le Honduras est devenu une base avancée des États-Unis en Amérique centrale (bases aériennes, manœuvres conjointes permanentes, centres de formation antiguérilla). La défaite des sandinistes aux élections de 1990 a entraîné une chute de l'aide militaire nord-américaine, qui occupait une place essentielle dans l'économie hondurienne. Très dépendant de l'extérieur (le service de la dette représente 40 % des exportations), le Honduras reste l'un des pays les plus pauvres d'Amérique latine et a été très affecté par la crise mondiale en 2009 (inflation, chômage).

Honduras | Productions en 2008

| Produits | Quantités | Rang |
|---|---|---|
| Bananes | 910 000 t | 19^e^ |
| Café | 200 000 t | 10^e^ |
| Canne à sucre | 5 900 000 t | |
| Maïs | 610 000 t | |
| Bovins (têtes) | 2 600 000 | |

**HISTOIRE** L'O. de l'actuel Honduras appartenait à la sphère culturelle maya, comme le montrent les ruines de Copán*, situées près de la frontière guatémaltèque ; le site fut abandonné vers 900. La côte septentrionale fut abordée en 1502 par Colomb qui lui donna le nom de *Hondura*. Le pays fut exploré par Cristobal de Olíd, Hernán Cortés* et Pedro de Alvarado* à partir de 1524. En 1537, une révolte indienne menée par Lempira, chef des Lencas, mit en péril l'œuvre récente des conquérants. Assassiné en 1538, le chef indien devint un héros national, dont le nom fut donné à la monnaie hondurienne. Rattaché à la capitainerie générale du Guatemala* en 1539, le Honduras commença à se peupler avec la découverte des mines d'or et d'argent de Comayagua. Indépendant en 1821, il fit partie de l'empire mexicain d'Iturbide (1821 - 1823), puis des Provinces-Unies d'Amérique centrale. En 1839, il accéda au rang d'État souverain. Le poids des caciques locaux maintint un état de guerre civile permanent jusqu'au milieu du XX^e^ s. (159 soulèvements armés entre 1900 et 1933). De nombreux litiges frontaliers opposent le pays à ses voisins, notamment le Salvador («guerre du football» en 1969) et le Nicaragua (sur la délimitation de la zone de souveraineté maritime dans le golfe de Fonseca sur la côte Pacifique et dans la mer des Caraïbes). Les civils revinrent au pouvoir en 1981 et les gouvernements du Parti national et du Parti libéral se succèdent depuis lors sans interruption constitutionnelle. La lutte contre la pauvreté et contre la criminalité spectaculaire de bandes armées reste non résolue. Le président Manuel Zelaya, élu en 2005, libéral proche de son homologue vénézuélien Hugo Chávez, fut renversé en 2009 par un coup d'État militaire. Après une période de confusion politique, Porfirio Lobo, conservateur du Parti national, a remporté la présidentielle en décembre ; cependant le pays reste largement divisé.

---

**HONDURAS** (golfe du) ♦ Profonde échancrure de la mer des Caraïbes, qui borde le Honduras et Belize, et dont le fond est constitué par l'étroite bande côtière du Guatemala.

**HONDURAS-BRITANNIQUE** n. m. → **Belize**

**HONECKER (Erich)** ♦ Homme politique allemand (Neunkirchen-Wiebelskirchen 1912 - Santiago, Chili 1994). Fils de mineur sarrois, inscrit au parti communiste en 1929, il fut emprisonné par les nazis de 1935 à 1945. Député de la RDA en 1949, secrétaire du comité central du Parti socialiste unifié (SED) en 1958, il ordonna la construction du mur de Berlin (août 1961). En mai 1971, nommé Premier secrétaire après le retrait de W. Ulbricht, il fut l'artisan d'un alignement renforcé sur l'URSS. Il reconnut officiellement la RFA en 1972. Président du Conseil d'État (1978 - 1989), il se réfugia en URSS après la chute du pouvoir communiste, puis fut livré à l'Allemagne réunifiée et jugé comme responsable de la mort des fugitifs abattus au passage de la démarcation. L'âge et la maladie lui valurent de pouvoir s'expatrier au Chili. ◆ ÉTYM. Ce nom allemand signifie «originaire du Honeck», peut-être de *hoch* «haut» et *Ecke* «coin, angle».

**HONEGGER (Arthur)** ♦ Compositeur suisse (Le Havre 1892 - Paris 1955). Élève de C. M. Widor et de V. d'Indy, il devait, avec son ami D. Milhaud, participer à la fondation du «groupe des Six*» (1920) dont il répudia très tôt l'esthétique pour affirmer son goût des architectures musicales robustes, inspirées de J.-S. Bach, et d'une polyphonie complexe, rénovée par ses aînés. À ses premières œuvres, des mélodies (sur des poèmes de Cocteau, Apollinaire et P. Fort), succédèrent des pièces de musique de chambre (sonates, quatuors) ou pour orchestre (*Pastorale d'été*, 1920), des poèmes symphoniques (*Pacific 231*, 1923 ; *Rugby*, 1928) et un oratorio, *Le Roi* David* (1921), par lequel le musicien renouait avec la grande tradition de l'oratorio biblique, abandonnée depuis Haendel, Haydn et Mendelssohn. Dans ce genre, il allait renouveler l'expression théâtrale, recherchant la fusion entre la musique, la parole et l'action. Il y parvint dans une suite d'œuvres d'inspiration tour à tour religieuse et profane, dont la force et le souffle furent remarqués. Ce sont *Judith* (1925), *Phaedre* (1926), *Antigone* (1927), et surtout *Jeanne au bûcher* (1935) et *La Danse des morts* (1938), ces deux dernières sur des textes de P. Claudel. Une même richesse orchestrale se retrouve dans ses 5 symphonies, la n° 3 étant la célèbre *Symphonie* liturgique* (1946) ; la dernière, dite *Di tre re* (1950), constituant son testament musical, d'une bouleversante émotion. On doit encore à Honegger une opérette, *Les Aventures du roi Pausole* (1930), et un opéra, *L'Aiglon*, en collaboration avec J. Ibert (1937), de la musique de chambre, de scène, de ballet, de film, et une *Cantate de Noël* (1953) qui devait s'intégrer dans une *Passion* qu'il ne put achever. Assimilant aux cadres classiques les conquêtes modernes et l'expression romantique, Honegger a voulu dédier aux hommes de son temps une œuvre musicale qui fût à la mesure de leurs rêves et de leur angoisse. Blessée par la barbarie du monde moderne et le destin tragique de la liberté, sa ferveur prit, sur la fin, l'accent du désespoir. On en retrouve les échos dans ses dernières œuvres, dans son recueil de critiques *Incantation aux fossiles* (1948) et dans une sorte d'autobiographie, *Je suis compositeur* (1951). ◆ ÉTYM. *Honegger* est une autre forme de *Honecker**.

**HŌNEN SHŌNIN** → **Genkū**

**HONFLEUR** [14600] ◆ ÉTYM. p.-ê. du germ. *Hun(o)*, n. de pers., et du vx norrois *floth* (altéré en *-fleur*) «golfe» ♦ Ch.-l. de cant. du Calvados, arr. de Lisieux, sur l'estuaire de la Seine. 8 178 hab. (aggl. 9 756) (*Honfleurais*). Église en bois Sainte-Catherine (XV^e s.), clocher séparé. Lieutenance (XVI^e s.). Porte de Caen (XVI^e s.), seul vestige des remparts. Greniers à sel (XVII^e s.). Maisons (XVI^e - XVII^e s.). Musée de la Marine. Musée d'Art populaire. Musée Eugène-Boudin : peintures et dessins de l'artiste ; œuvres de peintres ayant travaillé dans la région (R. Dufy, A. Marquet, O. Friesz, J. Villon), œuvres de l'école de la Ferme Saint-Siméon (C. Monet, J. B. Jongkind, L. A. Dubourg, A. F. Cals, etc.) ; œuvres des XIX^e - XX^e s. ▪ La ville est reliée au Havre par le pont de Normandie*. Port de pêche. Tourisme. ▮ **Histoire** Honfleur eut un rôle commercial important au Moyen Âge, qui déclina après la fondation du Havre. Duquesne créa le Vieux-Bassin du port au XVII^e s. De nombreux marins partirent de Honfleur vers l'Amérique, l'Afrique, l'Inde. → **Champlain.**

**HÒNG GAI, HÒN GAY** ou **HON KAY** ♦ V. du Viêtnam (Nord), ch.-l. de prov., sur la baie d'Along, au N. de Haiphong. 129 394 hab. Port charbonnier. Grand marché. Indus. manufacturière. Production de charbon et d'énergie électrique à proximité.

**HỒNG HÀ** → **Sông Hồng**

**HONG KONG** ◆ ÉTYM. en chin. ***Xianggang*** ou ***Hsiang-kiang*** «le fleuve *(kiang)* parfumé *(siang)*» ♦ Région administrative spéciale (RAS) de la République populaire de Chine, au S. du continent chinois. 1 068 km². 6 864 346 hab. 6 427 hab./km². MONNAIE : dollar de Hong Kong. Outre de petites îles, le territoire est formé de l'***île de Hong Kong*** et des Nouveaux Territoires ***(New Territories)*** comprenant essentiellement une partie continentale, où se trouvent l'agglomération de Kowloon et l'aérodrome international ainsi que les principaux reliefs (Tai Mo shan, 957 m) et l'île de Lan Tao. Dans l'île de Hong-Kong se trouvent la capitale régionale, Victoria (au N.), et le port d'Aberdeen (au S.). Un nouveau quartier de plus d'une centaine d'hectares est en construction sur le continent, au nord de l'île de Hong Kong où se situe le centre historique, économique et culturel de la ville. ▮ **Économie** L'île dépend des importations pour presque tous ses besoins, eau douce comprise (qui vient de Chine continentale par oléoduc). Grâce au statut d'entrepôt et de port franc, Hong Kong est la 11^e puissance commerciale du monde. 94 % des exportations sont des biens produits ailleurs et réexportés. Les exportations de biens électroniques et de textiles sont dirigées vers la Chine (47 % des exportations), les États-Unis, l'UE. La mutation la plus spectaculaire consiste depuis les années 1990 dans le passage d'une économie manufacturière à une économie de services. La production manufacturière se déplace sur le continent (prov. voisine du Guangdong), avec des capitaux et un encadrement hong-kongais, et provoque un début d'intégration économique du Sud. ▮ **Histoire** L'île de Hong Kong avait été cédée à la Grande-Bretagne par le traité de Nankin, 1842, Kowloon par la convention de Pékin, 1861, et les Nouveaux Territoires par la convention de Pékin, 1898. → **Opium (guerres de l')**. En vertu de la déclaration conjointe des gouvernements chinois et britannique de 1984, Hong Kong est redevenue chinoise le 1^er juillet 1997. Il est prévu qu'elle conserve un régime capitaliste et garde pendant 50 ans une grande autonomie exécutive et législative mais Pékin a imposé son contrôle sur les institutions de la RAS. D'une part, un homme d'affaire favorable au régime chinois, Tung Chee-hwa, a été désigné au poste de premier chef de l'exécutif. D'autre part, Pékin, qui avait consenti en 1990 à respecter la *Basic Law*, Constitution prévoyant le vote au suffrage universel d'une assemblée législative en 1998, a manipulé les modes d'élection et les organes concernés afin d'orienter les résultats. La réintégration au sein de la Chine continentale n'a pas créé de bouleversements en 1997. D'imposantes manifestations (2003 à 2006), la démission du chef de l'exécutif Tung Chee Hwa (2005) remplacé par Donald Tsang Yam-kuen, plus populaire mais pas davantage démocrate que ses prédécesseurs, ont fini par accélérer l'instauration des droits civils, prévue par la *Basic Law* à partir de 2047. La Chine continentale a concédé en 2007 qu'elle instaurerait l'élection directe du chef de l'exécutif en 2017 puis de l'assemblée législative, mais sans aménager véritablement le suffrage universel.

**Hong Kong.** Le port d'Aberdeen. *Phot. de Selva/Tapabor*

**Hongloumeng** → **Rêve dans le pavillon rouge (Le)**

**Hongmen** ♦ Société secrète chinoise faisant partie de la «Triade», vaste ensemble de sociétés secrètes à buts sociopolitiques qui furent, à partir du milieu du XVII^e s. et jusqu'en 1949, responsables de nombreux soulèvements populaires. Elle donna naissance à de multiples autres sociétés secrètes dont les buts n'étaient pas toujours aussi avouables et qui jouèrent un rôle non négligeable dans les luttes pour le pouvoir en Chine à l'époque de Jiang* Jieshi (Chiang Kai-shek). Officiellement, ces sociétés ont disparu en 1949 avec l'avènement du régime populaire.

## HONGRIE

**▮** n. f. – off. ***république de Hongrie*** ➜ **ÉTYM.** en hongr. ***Magyar Köztársaság***, en slave *Ugr* (n. de peuple), en turc *Onogur* «les dix tribus» ♦ Pays d'Europe centrale. 93 030 km². 10 198 315 hab. (*Hongrois* ou *Magyars*). **LANGUE** : hongrois (non indo-européenne ; appartenant au groupe finno-ougrien). **RELIGIONS** : catholiques, 67 % ; protestants, 25 % ; sans appartenance et autres, 8 %. **MONNAIE** : forint. **CAPITALE** : Budapest. **RÉGIME** : démocratie parlementaire. La Hongrie est divisée en 19 comitats, 20 comitats urbains et une ville-capitale.

### GÉOGRAPHIE

**▮ 3 RÉGIONS NATURELLES** L'ensemble du territoire est de faible altitude, le plus haut sommet dépasse 1 000 m. On peut distinguer trois régions naturelles : la *dorsale hongroise* qui s'étend sur 400 km de l'O. au N.-E. De grandes failles la fractionnent en une série de massifs avec des épanchements volcaniques et des sources thermales. Successivement d'O. en E., monts Bakony (709 m), massif du Vértes, de Pilis, de Börzsöny (939 m), Mátra (Kékes 1 014 m, point culminant du pays), Bükk, Zemplén. Cette région montagneuse s'oppose aux régions de plaine que l'on divise en deux ensembles : la Transdanubie et la Grande Plaine, Alföld. La Transdanubie, formée des régions situées à l'O. du Danube, comprend les dernières pentes des Alpes à la frontière autrichienne, couvertes de forêts et de pâturages, les monts Mecsek au S. du pays, plantés de vergers, et des plaines : Kisalföld, au N.-O. du pays, limoneuses et fertiles, Mezöföld vouées aux céréales. À l'E. du Danube s'étend la Grande Plaine. Sur les terres sablonneuses d'interfluve entre Danube et Tisa, on cultive le blé, le maïs et la betterave à sucre. Le Kiskunság était autrefois domaine des sables mouvants, aujourd'hui fixés par des acacias, des arbres fruitiers et des vignes. À l'E. de la Tisa, au S.-E. de la capitale, s'étend le Nagykunság, la plus importante région céréalière ; au N.-E., l'Hortobágy, est une steppe aride *(puszta)*, autrefois domaine de l'élevage extensif, terre des haras et des bouviers : les pâturages, grâce à l'irrigation, ont été améliorés.

**▮ LE CLIMAT** Située au centre de l'Europe, la Hongrie jouit d'un climat tempéré de nuance continentale, avec des amplitudes thermiques assez marquées (– 1° à – 3° en janv., 19° à 23° en juil.) et des précipitations orageuses pendant la saison chaude (moyenne annuelle env. 600 mm). La richesse en eaux de surface (près de 150 000 km²) et en eaux souterraines est due à la situation du pays dans la cuvette hydrologique du Danube moyen. À partir du XIXe s., le drainage et la régularisation de l'écoulement des eaux ont été les aménagements majeurs du territoire. Néanmoins, les précipitations diminuant d'O. en E., certaines parties de la Grande Plaine souffrent de la sécheresse. ➜ **Danube, Tisa, Balaton, Neusiedl.**

### ÉCONOMIE

Avec la réouverture à l'O., la Hongrie a retrouvé les orientations historiques qui ont façonné son territoire : une diffusion d'O. en E. des niveaux de développement et de vie, une relation économique et culturelle importante avec l'Autriche et l'Allemagne. Jusqu'à la Première Guerre mondiale, la Hongrie était essentiellement agricole, fournissant du blé au reste de l'Empire austro-hongrois. Le sol était partagé en grandes propriétés pratiquant l'élevage extensif et la culture des céréales. L'entre-deux-guerres a été marqué par le développement d'industries extractives et alimentaires, mises en place dès la fin du XIXe s. Après la Deuxième Guerre mondiale, lourde en destructions et en pertes humaines, la Hongrie qui faisait partie du camp des vaincus dut s'aligner sur le modèle soviétique des nationalisations, de la collectivisation agraire et de la planification généralisée des activités. Les excès de cette politique conduisirent à l'insurrection de 1956, puis à une réorganisation à l'intérieur du système communiste. De la réforme économique mise en place en 1968 est issu un fonctionnement beaucoup plus souple des activités et des institutions, favorable à une meilleure productivité, à une certaine insertion sur le marché mondial et surtout à une élévation du niveau de vie (rôle de la «seconde économie» parallèle à l'économie étatisée, importante surtout dans les familles rurales). Autant d'atouts et d'expériences qui ont pu jouer en faveur de la Hongrie à l'heure de la difficile transition postcom-

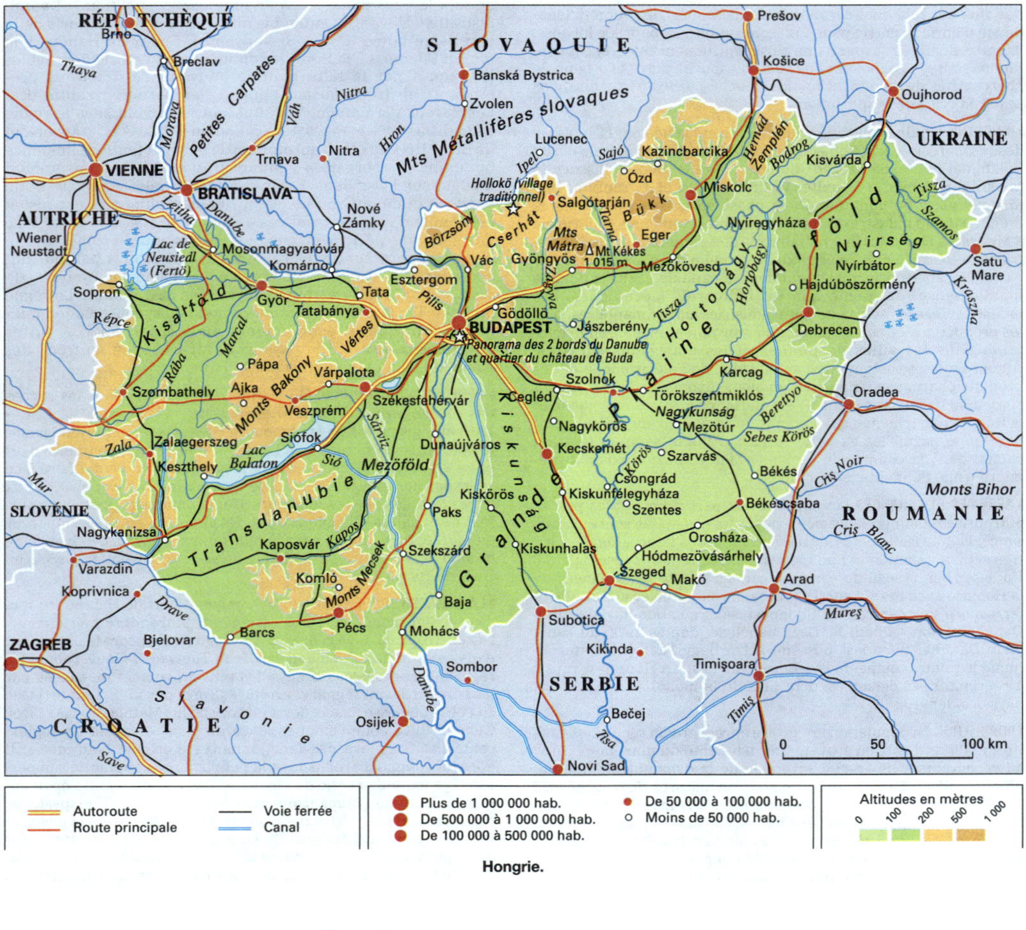

Hongrie.

Hongrie ▮ Productions en 2008

| Produits | Quantités | Rang |
|---|---|---|
| ▮ Agriculture | | |
| Betteraves à sucre (2009) | 708 000 t | 19e |
| Blé (2009) | 4 400 000 t | |
| Maïs | 8 500 000 t | 12e |
| Orge | 1 400 000 t | |
| Paprika, épices | 80 000 t | 7e |
| Pommes de terre (2009) | 540 000 t | |
| Vin (2009) | 3 200 000 hl | |
| Ovins (têtes) | 1 400 000 | |
| Porcins (têtes) | 4 000 000 | |
| ▮ Mines et énergie | | |
| Bauxite | 530 000 t | |
| Énergie nucléaire | 15 TWh | 20e |
| Gaz naturel | 2 700 000 000 m³ | |
| Houille | 9 500 000 t | |

muniste et des privatisations. Après les mesures draconiennes prises en 1995 et 1996, la croissance reprit momentanément (4,5 % en 2006) mais l'écart entre riches et pauvres subsiste et le déficit budgétaire s'est creusé (6,2 % du PIB en 2007). La crise financière internationale partie des États-Unis (2008) a provoqué un fort ralentissement de l'économie hongroise (secteurs automobile, électronique, immobilier), un affaiblissement de la monnaie et une augmentation du chômage (près de 8 % début 2009). La Hongrie est devenue membre de l'OCDE en 1996, de l'Otan en 1999 et de l'Union européenne en 2004.

**▮ AGRICULTURE** La puissance de l'économie agricole et sa capacité exportatrice caractérisent la Hongrie, membre du groupe de Cairns (pays exportateurs de céréales). Les conditions naturelles sont dans l'ensemble favorables, comme en témoigne la grande agriculture mécanisée sur les immenses plaines dont les rendements sont excellents pour les cultures (65 % de terre arable, 15 % de prairies et pâturages). Les vignobles (de cru sur les collines de Tokaj, ou de masse sur les dunes du Kiskunság et qui produisent des vins de table dont certains sont renommés), les vergers (eau-de-vie d'abricot) participent aux exportations. Le paprika, lui aussi exporté, donne sa saveur à une cuisine justement célèbre. Les conditions sont plus difficiles pour l'élevage (bovin, porc, à l'origine de charcuteries de qualité, et volaille) touché par les réorganisations et par la crise des exportations.

**▮ INDUSTRIE** L'industrialisation hongroise a été gênée par la faiblesse des ressources énergétiques : gaz naturel, un peu de pétrole (O. du Balaton et région de Szeged), lignite et houille (Pécs et district de Miskolc). Hormis la bauxite, le manganèse et l'uranium, elle manque aussi de minerais. Or la phase socialiste a porté sur la création d'une industrie lourde, en énormes combinats (sidérurgie à Miskolc, à Dunaújváros ; métallurgie de l'aluminium dans les districts de Veszprém et Fejér ; industries chimiques à Borsod, Tatabánya), localisée principalement dans la capitale et sur la dorsale montagneuse, de même que les industries mécaniques. Les industries légères et le textile, les industries agroalimentaires, puis les productions de sous-traitance sont installées en couronne lointaine dans les villes de plaines et les bourgades agraires. Aujourd'hui les secteurs de l'automobile, de l'électronique et des produits pharmaceutiques sont en pleine expansion et constituent l'essentiel des exportations. C'est en Hongrie, après la Pologne et la République tchèque, que l'apport de capital étranger est le plus développé parmi les ex-pays de l'Est (Alitalia avec un tiers du capital dans la compagnie aérienne Malev ; Suzuki pour la première usine de montage automobile).

**▮ SERVICES ET ÉCHANGES** Les services aux particuliers et les petites entreprises commerciales, peu exigeantes en capital, sont en croissance. Le tourisme, doté de chaînes hôtelières internationales, est très actif, notamment à Budapest et dans la région du lac Balaton. Un assez bon réseau de communications facilite les échanges de la Hongrie avec l'extérieur. Les réseaux routier (avec autoroute) et ferroviaire sont centrés sur Budapest. La circulation fluviale sur le Danube et son affluent la Tisza bénéficie, depuis 1992, du canal Main-Danube. Budapest possède à Férihegy l'aéroport international le mieux équipé de l'ex-Europe de l'Est. La Hongrie a réussi à réorienter ses échanges, dont plus de la moitié se fait avec les pays occidentaux.

**▮ POPULATION** La population hongroise enregistre un recul d'effectifs (10,2 millions d'hab. en 2001, 10,7 en 1981, date du maximum ; 10,37 au recensement de 1990). L'inversion de la dynamique démographique relève d'abord d'un mouvement naturel devenu négatif (natalité : 10 ‰, mortalité : 13 ‰ en 2008) : le retour à la hausse de la mortalité propre aux anciens pays socialistes s'ajoute à la chute de la natalité, générale dans les pays industrialisés, et à une certaine émigration à l'étranger, sensible depuis 1989. Restée rurale jusqu'en 1944, la Hongrie poursuit son urbanisation : 50 % en 1977, 66 % en 2008, au profit de villes petites et moyennes (50 000 à 200 000 hab.) ou de la capitale. Hors la région de Budapest, celle de Nyíregyháza et les aires urbaines, le niveau des densités est très modéré dans ce pays de plaine (30 à 70 hab./km²) et les contrastes régionaux sont réduits. Cette dissymétrie est à la fois une chance pour la Hongrie, qui par la taille et les fonctions complexes de sa métropole peut jouer un rôle attractif croissant au plan international, et une source interne de difficultés et de tensions entre la capitale et la province qui ressent à ses dépens le déséquilibre. Les tendances actuelles du développement territorial avantagent les régions occidentales au contact de l'Autriche et accentuent le retard manifeste des régions orientales essentiellement agricoles.

## HISTOIRE

**▮ LES ORIGINES** Le territoire de l'actuelle Hongrie est occupé depuis le Néolithique. Illyriens, Thraces et Celtes s'y sont installés. À la fin du –Ier s., les Romains soumirent les Celtes de Transdanubie et créèrent la province romaine de Pannonie* (9). Autour des camps militaires se développèrent des grandes villes : Aquincum (Buda), Savaria (Szombathely), Sopianae (Pécs). Par la suite, les Romains conquirent les régions à l'E. du Danube et organisèrent la province de Dacie*. La domination romaine dura jusqu'aux invasions barbares du IVe s. Du Ve au IXe s., les Huns, les Ostrogoths et les Avars s'installèrent en Hongrie.

**▮ LES HONGROIS** D'après la tradition, les Hongrois occupèrent le pays en 896. Ils appartiennent à la famille des peuples finno-ougriens établis entre le versant occidental de l'Oural et la moyenne Volga. Poussés par les Petchenègues, ils s'installèrent entre le Dniepr et le Dniestr et choisirent pour chef des 7 tribus hongroises Árpád*, chef de la tribu magyare. À la fin du IXe s., les Hongrois essaimèrent à l'abri des Carpates dans les plaines du moyen Danube. De là, les cavaliers hongrois partirent en raids de pillage vers les pays occidentaux (première moitié du Xe s.). Ces incursions furent arrêtées par la défaite de Lechfeld (955) infligée par Othon* le Grand.

**▮ SOUS LES ÁRPÁD (970 - 1301) ▮ La christianisation** Le prince Géza (2e moitié du Xe s.) entreprit l'organisation d'un État hongrois en favorisant le christianisme. Son fils Étienne* Ier, premier roi couronné (1000), soutenu par la papauté, organisa l'Église hongroise et dota le pays d'une nouvelle organisation politique et administrative. L'évangélisation permit l'introduction des arts de la chrétienté latine (*Codex* Szelepchényi, *Codex* de Hahót). À la mort d'Étienne Ier, la Hongrie connut un demi-siècle de troubles provoqués par la lutte pour le pouvoir, les différents prétendants au trône faisant appel à l'empereur byzantin et à l'empereur germanique. La situation se rétablit sous le règne de Ladislas* Ier (1077 - 1095), de Coloman Ier (1095 - 1116) et surtout de Béla* III (1172 - 1196) qui élimina de façon définitive l'influence byzantine. Il réorganisa l'administration du pays en prenant modèle sur l'Occident. Extension territoriale (conquête de la Slavonie et de la Croatie), essor démographique et expansion économique caractérisent cette époque. **▮ Les troubles du XIIIe s.** Le XIIIe s. fut une période de troubles : luttes pour le trône, révolte des seigneurs contre le roi André* II (1205 - 1235), qui dut accorder la Bulle d'or (1222), et surtout invasion des Tatars (1241 - 1242), qui défirent les troupes royales en 1241 à Muhi. Le règne de Béla* IV (1235 - 1270) fut une période de reconstruction militaire, politique et économique, mais à sa mort les luttes intestines ravagèrent le pays jusqu'à l'accession au trône des Anjou de Naples, soutenus par le pape.

**▮ RENFORCEMENT DU POUVOIR CENTRAL (1308 - 1437)** Sous les règnes des rois angevins, Charles*-Robert (1308 - 1342), Louis* Ier (1342 - 1382) et Sigismond* de Luxembourg (1387 - 1437), gendre de Louis, le pouvoir royal se renforça, l'économie se développa (mines d'or) et les villes connurent un rapide essor. Sigismond eut à faire face à l'expansion turque (défaite de la croisade à Nicopolis) et aux ligues formées par les seigneurs. Cependant, il se préoccupa surtout des affaires allemandes (roi des Romains en 1411, empereur en 1433) et de la lutte contre le mouvement hussite. L'influence de ce mouvement entraîna d'ailleurs un vaste soulèvement paysan en Hongrie (1436).

**▮ LA MENACE TURQUE (1437 - 1526)** Lorsque Albert de Habsbourg succéda à Sigismond, les Turcs étaient sur la frontière méridionale. La guerre qui éclata à la mort d'Albert affaiblit encore le pays. C'est dans cette situation qu'apparut Jean Hunyadi*. Gouverneur des régions méridionales du pays, les plus gravement menacées par les Turcs, il devint régent et arrêta les Turcs devant Belgrade (1456). La petite noblesse fit accéder au trône son fils Mathias* (1458 - 1490). Celui-ci lutta pour l'indépendance du pays, organisa un régime centralisé, employa des fonctionnaires d'origine bourgeoise. Il apparut comme un roi juste et le peuple forgea autour de son personnage toute une série de légendes. Durant son règne s'épanouirent en Hongrie l'humanisme et la Renaissance. → **Budapest.** Les règnes de Ladislas* VI et de Louis* II (1490 - 1526) virent la destruction de l'œuvre de Mathias Ier. La grande jacquerie de 1514, conduite par György Dozsa, amena une vaste répression et l'aggravation du sort des paysans. En 1521, les Turcs prirent d'importantes fortifications à la frontière S. du pays. Le 29 août 1526, l'armée hongroise fut écrasée à Mohács par Süleyman II. Les Turcs gagnèrent Buda, mirent la ville à sac, puis quittèrent le pays.

**LA HONGRIE DIVISÉE (1526 - 1711)** Le pays fut divisé d'abord en deux ; Ferdinand* de Habsbourg régnait sur la moitié occidentale, et Jean* Ier Zapolya régnait sur la moitié orientale. À partir de 1541, la Cisdanubie tomba entre les mains des Turcs ; le fils de Jean Ier Zapolya, Jean Sigismond, régna sur la Transylvanie. Pour se défendre contre les incursions turques, on construisit des châteaux forts et une lutte de 150 ans commença, au cours de laquelle s'illustrèrent des héros hongrois devenus légendaires (István Dobó, Zrinyi). Dans la première moitié du XVIIe s., la Transylvanie fut le soutien de l'indépendance hongroise, mais elle perdit son importance politique et les Habsbourg refoulèrent les Turcs de plus en plus affaiblis. L'absolutisme impérial remplaça pour les Hongrois l'occupation turque. Au début du XVIIIe s., une guerre d'indépendance contre les Habsbourg éclata, conduite par Ferenc II Rákóczi* : ses troupes de *kouroutz* combattirent de 1703 à 1711 les *iabanz* des Autrichiens. **La religion** Divisée politiquement, la Hongrie le fut aussi sur un plan religieux. Son adhésion à la Réforme, qui avait favorisé le développement de la langue et de la littérature magyares (traduction de la Bible par Károlyi et poésie de B. Balassi*), fut vite contrecarrée par les Habsbourg qui imposèrent la Contre-Réforme et un retour à la langue latine dans les milieux aristocratiques.

**LA DOMINATION AUTRICHIENNE (1711 - 1848)** Après l'échec de Rákóczi, sous les règnes de Charles* III (1711 - 1740) et de Marie*-Thérèse (1740 - 1780), la Hongrie devint une semi-colonie. Elle fournit à bas prix les denrées alimentaires à l'Autriche et lui acheta ses produits industriels (les produits étrangers étant taxés de forts droits de douane). Des colons allemands furent installés en Hongrie centrale. Les organes gouvernementaux hongrois n'avaient plus qu'une indépendance nominale. Les concessions faites à Vienne furent payées par une reconnaissance des privilèges des nobles. Tout semblait favoriser une intégration complète de la Hongrie à l'empire des Habsbourg. Joseph II (1780 - 1790) la tenta. L'allemand fut proclamé langue officielle (1785), des districts furent créés se superposant aux comitats, l'union douanière complète entre l'Autriche et la Hongrie fut réalisée ; mais Joseph II ne se fit pas couronner roi de Hongrie et ne convoqua pas le Parlement. Le système échoua. L'opposition des nobles traduisait certes leurs craintes de voir leurs intérêts lésés (abolition du servage), mais elle avait également un caractère national. De 1790 à 1840, la Hongrie ne connut pas de modification politique importante. La noblesse, effrayée par la Révolution française, se rapprocha des Habsbourg. Le seul mouvement de résistance fut celui des «jacobins de Hongrie» qui formèrent une société secrète pour l'indépendance nationale et les transformations sociales. Sept d'entre eux furent exécutés en mai 1795. Sur le plan culturel, les Lumières ne connurent qu'une faible diffusion (G. Bessenyei*), l'effort portant plutôt sur la restauration de la littérature magyare (Kazinczy*) et de ses potentialités lyriques (M. Csokonai* Vitéz, K. Kisfaludy*). L'alliance avec l'Autriche fut maintenue pendant toutes les guerres menées contre la France révolutionnaire et la France impériale. Mais, dès le retour de la paix, le gouvernement de Vienne revint à ses procédés autoritaires : non-convocation du Parlement, censure, police sévère. La situation politique était encore aggravée par les difficultés économiques. En l'absence d'une bourgeoisie, ce fut la moyenne noblesse qui essaya de réaliser des améliorations : ce fut l'ère des réformes. Les idées d'István Széchenyi* (1791 - 1860) en faveur d'un renouveau économique et social jouèrent un grand rôle ainsi que celles, plus «extrémistes», de Kossuth*, qui liait progrès économique et indépendance nationale. Les idées nationalistes que les écrivains M. Vörösmarty*, L. Eötvös, S. Petőfi* et J. Arany* contribuèrent à exalter prirent une particulière ampleur à partir de 1840.

**DE LA RÉVOLUTION AU COMPROMIS (1848 - 1867)** **L'autonomie de la Hongrie** Le 15 mars 1848, sous l'effet des mouvements révolutionnaires de Paris et de Vienne, éclata la révolution dont les chefs furent Kossuth* et le poète Petőfi. Celui-ci élabora un programme en 12 points qui fut acclamé par le peuple. Les divisions des dirigeants, la politique de Vienne qui utilisa le mécontentement des Croates et des Serbes contre la Hongrie amenèrent Kossuth à prendre une position de plus en plus radicale. Il forma d'abord une armée nationale (Honvéd). Le nouveau roi François-Joseph (1848 - 1916) ayant envoyé le maréchal Windischgrätz en Hongrie, le gouvernement dut évacuer Pest et proclama le 14 avr. 1848 l'indépendance de la Hongrie et la déchéance des Habsbourg. **La monarchie austro-hongroise** Vienne obtint l'aide du tsar et parvint à écraser les armées hongroises (Világos, août 1849). La révolution fut suivie d'une vaste répression : toute indépendance et toutes libertés furent supprimées. Cependant les résistances à l'intérieur de l'empire, les défaites (1859, en Italie ; Königgraetz, contre la Prusse) poussèrent l'Autriche au compromis. En 1867 fut créée la monarchie austro-hongroise : l'Autriche et la Hongrie eurent des gouvernements et des parlements séparés, mais ils avaient un même roi et les Affaires étrangères étaient réglées en commun. François-Joseph nomma un Premier ministre hongrois, Gyula Andrássy. → **Autriche.**

**LA HONGRIE DE 1867 À LA PREMIÈRE GUERRE MONDIALE** Le nouvel État dualiste eut à faire face durant toute son existence à deux graves problèmes : celui des nationalités minoritaires opprimées et celui des réformes sociales et des libertés. La fin du XIXe s. fut marquée par l'afflux des capitaux étrangers en Hongrie. Le réseau ferroviaire tripla de 1869 à 1873, les exploitations agricoles se modernisèrent. Les industries alimentaires et mécaniques se développèrent. Cependant, durant cette période, les problèmes sociaux devinrent plus aigus : le mouvement syndical connut un vif essor, les grèves et les manifestations se multiplièrent, tandis que l'agitation paysanne grandissait (grève des ouvriers agricoles, 1898 ; grève des moissonneurs). La question des nationalités opprimées devint de plus en plus aiguë (Roumains, Slovaques, Croates, Serbes). Le gouvernement réagit par une politique de magyarisation à outrance. En 1914, la Hongrie était un pays essentiellement agricole, dirigé par la grande noblesse terrienne et affaibli par la résistance de minorités nationales. La littérature se fit d'abord l'écho de ces bouleversements (I. Madách*, Z. Kemeny*, M. Jókai*, K. Mikszáth*, G. Csiky*) puis s'engagea dans des formes d'expression plus modernes (E. Ady*, M. Babits*, D. Kosztolányi*), à l'instar de la musique où B. Bartók* et Z. Kodály* parachevèrent les innovations de F. Liszt*. **La Première Guerre mondiale** La Hongrie prit part à la Première Guerre* mondiale, entraînée par les liens qui l'unissaient à l'Autriche. Elle subit de graves pertes en hommes et en matériel. En 1917, comme dans les autres pays, la lassitude et l'exaspération se firent sentir.

**Hongrie.** Le palais du Parlement sur les rives du Danube, à Budapest. *Phot. © Pictor/AFP*

**DE 1918 À 1945** **La République** En oct. 1918 éclata une révolution bourgeoise sous la conduite de Mihály Károlyi. Celui-ci proclama la république. Cependant les groupes révolutionnaires s'organisaient. Le 21 mars, le parti social-démocrate et le parti communiste hongrois fusionnèrent en un «parti socialiste de Hongrie» qui prit le pouvoir et proclama la République hongroise des Conseils sous la direction de Béla Kun*. Ce gouvernement prit de très nombreuses mesures économiques et sociales, favorisa les avant-gardes artistiques et intellectuelles (L. Moholy*-Nagy, G. Lukács*), mais ne put résoudre la question agraire. De plus, il eut à lutter contre des forces internes et surtout externes : Roumains et Tchèques, soutenus par l'Entente. Le 3 août 1919, les Roumains occupèrent Budapest. **Le gouvernement Horthy** Le 1er mars 1920, l'amiral Horthy*, qui avait formé un gouvernement réactionnaire pendant la République des Conseils, fut proclamé régent de Hongrie. Le traité de Trianon fut signé le 4 juin 1920 : deux tiers de son territoire étaient enlevés à la Hongrie, la population passa de 20 855 000 à 7 615 000 habitants. 3 500 000 Hongrois vivaient hors du pays. La révision de ce traité considéré comme injuste et le retour des anciens territoires devinrent pour les Hongrois le but essentiel de la politique entre les deux guerres. Les oppositions au régime Horthy subsistèrent : légitimistes et surtout ouvriers, malgré la Terreur blanche qui suivit l'échec de la République des Conseils. Le parti communiste fut reconstitué en 1924. Le problème des paysans ne fut pas résolu par l'incomplète réforme agraire votée en 1920. La crise économique mondiale de 1928 - 1933 sévit en Hongrie, aggravant les antagonismes sociaux. **Le rapprochement avec l'Allemagne** La Hongrie se rapprocha de l'Allemagne économiquement, puis idéologiquement, surtout après l'Anschluss*. Elle espérait des avantages territoriaux partiellement satisfaits par les accords de Munich (distr. méridionaux de la Slovaquie) et les arbitrages de Vienne (N. de la Transylvanie). Ayant adhéré au pacte anti-Komintern, elle entra en guerre en 1941. Hitler fit occuper le pays, qui tentait un rapprochement avec les Alliés le 19 mars 1944 et, après avoir destitué l'amiral Horthy, le remplaça par Szálasi*. Les troupes de l'Armée rouge entrèrent en Hongrie en oct. 1944, prirent Budapest après une dure bataille le 13 fév. 1945 et chassèrent les Allemands le 4 avr. 1945.

**DE 1945 À 1989** **La république populaire** Depuis le 11 déc. 1944 s'était formé à Debrecen un premier gouvernement provisoire présidé par Dalnoki Miklós. Dès janv. 1945, il avait conclu un armistice avec les Soviétiques. Le 15 mars, il vota la réforme agraire. Les premières élections (nov. 1945) assurèrent la majorité au parti des petits propriétaires et, le 1er fév. 1946, la Hongrie devint une république. En 1946, les mines, les industries lourdes, les banques furent nationalisées. Le parti communiste, sous l'impulsion de son secrétaire général M. Rákosi*, réussit progressivement à éliminer les autres forces politiques. En août 1949, la Constitution de la République populaire hongroise fut votée. Le 1er plan quinquennal qui avait pour objectif l'industrialisation du pays et l'instauration de nouvelles structures agricoles fut mis en place le 1er janv. 1950. La politique d'industrialisation à outrance et la dictature du stalinien Rákosi furent contestées au sein même du PC, en 1953. **D'Imre Nagy à l'intervention soviétique** Les mesures de «déstalinisation» furent incomplètes et n'empêchèrent pas le développement d'une opposition, en particulier chez les intellectuels et les étudiants. Celle-ci aboutit au mouvement insurrectionnel d'oct. 1956. Imre Nagy* fut appelé à la présidence du Conseil. Il obtint des concessions de la part des Soviétiques ainsi que le retrait des troupes stationnées en Hongrie. Mais il parut débordé par l'ampleur de l'insurrection, à Budapest et en province. Il abolit le système du parti unique (13 oct.), réclama la neutralité pour la Hongrie et le retrait du pacte de Varsovie (1er nov.). À ce moment, les troupes soviétiques revinrent en Hongrie et occupèrent Budapest (1er-4 nov.) ; Imre Nagy se réfugia à l'ambassade de Yougoslavie, et J. Kádár* annonça la création d'un mouvement hongrois révolutionnaire paysan, ouvrier, s'installa au Parlement et justifia l'intervention soviétique. La révolte («événements de Budapest») et sa répression marquèrent un tournant important dans la vie politique de la Hongrie. Après deux années d'autoritarisme répressif (exécution d'Imre Nagy, 1958), le régime se libéralisa, tant sur le plan politique (amnistie, ouverture des frontières) que sur le plan économique (essor du secteur privé, instauration d'un prix de marché, introduction de l'impôt sur le revenu et de la TVA).

**LA QUATRIÈME RÉPUBLIQUE** En 1989, le parti communiste, transformé en parti socialiste, abandonna les principes du centralisme démocratique ainsi que la dictature du prolétariat, et la IVe République, remplaçant la république populaire instaurée en 1949, fut proclamée le 23 oct. 1989. Les élections législatives de mars-avr. 1990 furent remportées par le Forum démocratique hongrois (centre droit). Au regard des difficultés relatives à la période de transition, le parti socialiste (MSZP) retrouva le pouvoir de 1994 à 1998 puis à nouveau à partir de 2002 et gouverne depuis avec des coalitions relativement fragiles formées avec les libéraux de l'Alliance démocrate libre. La majorité socialiste a été reconduite en 2006 avec Ferenc Gyurcsany au poste de Premier ministre, puis en 2009 avec Gordon Bajnai à la tête de la même coalition. Il doit poursuivre la politique d'austérité dictée par une économie qui était déjà en crise avant la tempête financière de 2008.

**HONG Shen** ou **HONG Chen** ♦ Homme de théâtre et cinéaste chinois (Jiangsu 1893 - 1955). Après des études à Pékin et à Harvard, il adhéra au mouvement populaire chinois et écrivit des pièces ayant le patriotisme pour sujet principal. Il mit en scène, en 1931, le premier film parlant chinois, *Mudan*.

**HONG Xiuquan** ou **HONG Sieou-ts'iuan** ♦ Réformateur religieux chinois (Guangdong 1813 - Nankin 1864). Colporteur, il fonda en 1836 la secte des «adorateurs de Dieu» d'inspiration chrétienne et se proclama en 1851 «roi du ciel». Il prit la tête du mouvement révolutionnaire des Taiping* qui mit la Chine à feu et à sang pendant plus de dix ans et qui fut abattu par les troupes impériales des Qing en 1864. Assiégé dans Nankin dont il avait fait sa capitale, il se suicida. Ses troupes, pourchassées, se réfugièrent au Tonkin où elles formèrent une grande partie des Hō*.

**HONGZE HU** ou **HONG-TSÖ-HOU** n. m. ♦ Lac de Chine (Jiangsu). Long de 120 km et large de 40, il sert de déversoir au Huai* he.

**HONIARA** → ÉTYM. de *Naghoniara* «lieu du vent de l'Est» ou «face aux alizés de l'Est», *ara* étant le n. des alizés de l'Est et du Sud-Est ♦ Cap. des îles Salomon, établie sur la côte N.-E. de l'île de Guadalcanal. 59 060 hab. Siège de la Haute Commission du Pacifique occidental (Western Pacific High Commission).

**HONOLULU** → ÉTYM. polynésien «la rade *(hono)* calme *(lulu)*» ♦ V. des États-Unis, cap. de l'État de Hawaii, sur la côte S. de l'île d'Oahu. 371 657 hab. dont 70 % d'origine asiatique (aggl. 876 156). Ville moderne, dans un cadre tropical et pittoresque, jouissant d'un climat tempéré (moyennes mensuelles de 23 à 24 °C), Honolulu est une des escales les plus fréquentées du Pacifique et un centre touristique important. Siège de l'université d'Hawaii. ■ À l'O. de la ville se trouve la base de Pearl* Harbor.

**HONORAT** (saint) ♦ (en Gaule belgique v. 350 - 430). Fondateur v. 400, dans une des îles de Lérins (depuis : Saint-Honorat), d'un monastère appelé à un grand rayonnement aux VIe - VIIe s. Archevêque d'Arles en 427. ■ Fête le 16 janv.

**HONORIUS** – en lat. ***Flavius Honorius*** ♦ (Constantinople 384 - Ravenne 423). Premier empereur d'Occident (395 - 423). Second fils de Théodose* Ier, il avait onze ans quand il hérita, à la mort de son père, de l'empire d'Occident, tandis que son frère Arcadius* recevait l'empire d'Orient. Honorius laissa d'abord le pouvoir au Vandale Stilicon* qui contint pendant quelque temps la poussée des Barbares et écrasa Alaric* à Pollenza (403) ; mais, influencé par les intrigants, Honorius laissa assassiner Stilicon (408), et en 410 Alaric dévastait Rome. La mort d'Alaric et l'avènement de Constance* III, qui partagea le pouvoir avec Honorius, parurent rétablir l'équilibre. Mais à la mort de Constance III, Honorius ne put repousser les nouvelles invasions barbares. Il laissa un empire diminué de la majeure partie de la Gaule et de l'Espagne à son successeur Valentinien* III. → ÉTYM. *Honorius* vient du latin *honor* «honneur».

**HONORIUS Ier** ♦ 70e pape (de 625 à 638). Campanien. Jugeant oiseuse la question des deux «énergies» du Christ, il donna son appui au parti monothélète. Il fut désavoué par ses successeurs et anathématisé au concile de Constantinople* (680 - 681). → **monothélètes.**

**HONORIUS II [Cadalus Pallavicinus]** ♦ (près de Vérone v. 1009 - 1072). Antipape (1061 - 1072). Évêque de Parme (1044), il fut le candidat impérial contre Alexandre* II, prit Rome en 1062 mais dut regagner son évêché.

**HONORIUS II [Lambert SCANNABECCHI]** ♦ 161e pape (de 1124 à 1130), de Modène. Cardinal-évêque d'Ostie (1117), il négocia le concordat de Worms (1122). Il favorisa l'élection de Lothaire III (1125) et dut accorder les Pouilles à Roger de Sicile (1128) aux dépens de Bohémond.

**HONORIUS III [Cencio SAVELLI]** ♦ 175e pape (de 1216 à 1227). Romain. Il continua l'œuvre d'Innocent* III, couronna Frédéric II (1220), lutta contre les cathares*.

**HONORIUS IV [Giacomo SAVELLI]** ♦ (Rome v. 1210 - *id.* 1287). 188e pape (1285 - 1287).

**HONSHŪ** → ÉTYM. graphie angl. de *Hondo*, jap. «région *(do)* principale *(hon)*» ♦ La plus grande des îles du Japon. Longue de 1 400 km et d'une superficie de 230 822 km², elle forme un arc de cercle orienté du N.-E. au S.-O. dont le creux correspond à la limite orientale de la mer du Japon. Elle est prolongée au N. par l'île de Hokkaidō et au S.-O. par celle de Kyūshū. La petite île de Shikoku* (au S. de Honshū) détermine avec elle la mer Intérieure japonaise, parsemée d'îlots. 100 000 000 hab. L'île est divisée en 7 régions et 34 préfectures. Son climat varie selon la latitude et l'altitude, car elle est parcourue par une dorsale montagneuse de type alpin dépassant 3 000 m. Point culminant au Fuji* Yama (3 776 m). **Économie** Le riz est la culture principale, avec celles du blé, des agrumes, du thé et du mûrier (vers à soie). Le N. de l'île possède quelques élevages (bœufs et chevaux). Les côtes du Pacifique et de la mer Intérieure sont parsemées de grandes villes industrielles qui tendent à se réunir en un cordon de conurbations groupant la moitié de la population japonaise, alors que les parties montagneuses de l'île, arides, sont presque totalement inhabitées. Les côtes, très découpées, abritent d'excellents ports. → **Tōkyō, Yokohama, Nagoya, Ōsaka, Kōbe, Hiroshima.** Près du lac Biwa*, fosse d'effondrement coupant l'île dans sa partie méridionale, se trouve la ville de Kyōto*, ancienne capitale et cœur du Japon historique. Honshū est relié à Kyūshū et à Hokkaidō par des tunnels sous-marins.

**HONTHORST (Gerrit VAN)** dit en fr. **Gérard de la Nuit** ♦ Peintre, dessinateur et graveur hollandais (Utrecht 1590 - *id.* 1656). Il fut élève de Bloemaert* et résida à Rome vers 1610 - 1620 ; suiveur du Caravage*, il adopta ses effets d'éclairages violemment contrastés, lui emprunta ses compositions à mi-corps, ses types populaires *(L'Entremetteuse)*, choisissant des thèmes identiques qu'il infléchit souvent dans un sens pittoresque et déclamatoire (scènes de cabaret, de concert). Il traita aussi des sujets religieux et son goût pour les scènes nocturnes lui valut son surnom. Revenu à Utrecht, il évolua vers une manière plus claire et intégra l'apport caravagesque aux traditions de la peinture de genre hollandaise, héritées du maniérisme. De 1637 à 1652, au service des princes d'Orange, il réalisa des portraits où apparaissent un souci d'expressivité et un sens de l'apparat.

**Honvéd** n. m. → ÉTYM. hongr. «défense de la patrie» ♦ Nom de l'armée hongroise depuis 1848. Le Honvéd lutta en 1848 - 1849 pour sauvegarder l'indépendance de la Hongrie. → **Autriche.** Les armées hongroises nées à la suite des traités de Trianon (1920) et de Paris (1947) reçurent la même appellation.

**HOOCH** ou **HOOGH (Pieter DE)** → **De Hooch (Pieter)**

**HOOFT (Pieter Corneliszoon)** ♦ Historien et poète hollandais (Amsterdam 1581 - La Haye 1647). Féru de Sénèque et de Tacite, dont

John Lee **Hooker.**
*Phot. © Franck Driggs/Archive Photo*

il traduisit deux fois l'œuvre complète, Hooft s'inspira des Latins : *Warenar* (1616) transpose dans l'Amsterdam du XVII$^{e}$ s. *La Marmite* de Plaute ; *Geeraerdt van Velsen,* tragédie écrite en 1613 et tirée d'un chant populaire historique, rappelle le théâtre de Sénèque. On lui doit encore de nombreux poèmes et drames pastoraux, dont *Granida* (1605), une *Vie d'Henri IV de France* (1618) qui lui valut un titre nobiliaire, et une *Histoire des Pays-Bas* (vingt vol. en 1642, sept posth. en 1654). ➝ ÉTYM. *Hooft* est une forme ancienne du néerlandais *hoofd* «tête».

**HOOGHLY** ou **HŪGHLĪ** ♦ Branche occidentale du delta du Gange, d'env. 250 km de longueur, formée de la réunion de deux autres branches primaires. Elle arrose Calcutta* et sa banlieue industrielle, et se jette dans le golfe du Bengale à Diamond Harbour où elle mesure près de 16 km de largeur.

**HOOGSTRATEN** ♦ Comm. de Belgique (Région flamande), prov. d'Anvers, arr. de Turnhout. 18 905 hab. Église Sainte-Catherine (stalles et vitraux du XVI$^{e}$ s.), reconstruite après 1944. ▪ Culture de fraises et de tomates (station expérimentale de Meerle) commercialisées à la criée d'Hoogstraten. Indus. agroalimentaire.

**HOOKE (Robert)** ♦ Savant anglais (Freshwater, île de Wight 1635 - Londres 1703). Esprit universel, il participa à l'essor des disciplines scientifiques de son temps et construisit de nombreux appareils. Ses polémiques avec Newton*, dont il fut l'émule et l'adversaire, contribuèrent au développement des théories scientifiques, notamment dans le domaine de l'optique mathématique ; on doit à Hooke en particulier des recherches sur les interférences, les colorations des lames minces et l'hypothèse des vibrations transversales. Mais surtout, il énonça la loi de proportionnalité entre les petites déformations élastiques et les efforts qui les produisent *(loi de Hooke)* ; il fut le premier à envisager l'emploi d'un pendule pour la mesure de l'accélération de la pesanteur. Grâce à ses recherches à l'aide d'un microscope (qu'il construisit lui-même), il peut être considéré comme le créateur de l'anatomie comparée des végétaux fossiles et vivants, et comme un précurseur de la théorie transformiste ; on lui doit notamment les premières observations sur le tissu cellulaire. Auteur d'une théorie de la respiration et de la combustion faisant agir le «nitre aérien», il effectua aussi des observations sur le Soleil et les planètes. On appelle *joint de Hooke* le double joint de Cardan* pour la transmission des rotations. ➝ ÉTYM. Ce nom de famille vient de l'anglais *hook* «croc, crochet».

**HOOKER** (sir **Joseph**) ♦ Botaniste et explorateur britannique (Halesworth 1817 - Sunningdale, près de Londres 1911). Il participa à de nombreuses expéditions scientifiques dans l'Antarctique, l'Inde, le Tibet. Auteur d'une classification des plantes, il se fit le défenseur de la théorie de l'évolution de Darwin*.

Gerrit van **Honthorst.** *Saint Pierre reniant le Christ.*
Musée des Beaux-Arts, Rennes. *Phot. © Arch. Smeets*

**HOOKER (John Lee)** ♦ Guitariste et chanteur de blues américain (Clarksdale, Mississippi 1917 - San Francisco 2001). Mêlant boogies enlevés *(Boogie Chillen)* et blues lents *(Shake it Baby),* il devint à partir de 1950, grâce à son rythme lancinant aisément reconnaissable et à son style simple qu'il sut adapter à la guitare électrique, une véritable légende vivante du blues.

**HOORN** ♦ V. des Pays-Bas (Hollande-Septentrionale), sur l'anc. Zuiderzee. 68 174 hab. Ville historique (bâtiments des XVI$^{e}$ et XVII$^{e}$ s.). ▪ Aggl. satellite d'Amsterdam. Port de plaisance. Ville touristique et commerçante.

**HOORNE** ou **HORNES (Philippe II DE MONTMORENCY,** comte **DE)** ♦ Homme politique et général hollandais (Nevele 1518 - Bruxelles 1568). Fils de Joseph de Montmorency et d'Anne d'Egmont, il fut adopté par le comte de Hoorne, second mari de sa mère. Il servit Charles* Quint et s'illustra à Saint*-Quentin (1557) et à Gravelines (1558). Ses liens avec Guillaume* le Taciturne le firent exécuter en même temps que le comte d'Egmont*.

**HOOVER (Herbert Clark)** ♦ Homme d'État américain (West Branch, Iowa 1874 - New York 1964), 31$^{e}$ président des États-Unis. Après avoir poursuivi une carrière d'ingénieur qui le mena dans plusieurs pays, il fut chargé de répartir l'aide alimentaire américaine à l'Europe pendant et après la Première Guerre mondiale. Ministre du Commerce (1921 - 1924), républicain modéré, il fut élu à la Maison-Blanche en 1928. Très confiant dans le libéralisme américain, il entreprit la réalisation d'un grand programme de développement économique et social ; mais il se heurta à l'ampleur de la crise* économique de 1929, que des mesures trop timides ne purent résoudre (*Federal Farm Board,* 1930 ; *Reconstruction Finance Corporation,* 1932). Les démocrates l'emportèrent à l'élection présidentielle de 1932. → **Roosevelt (Franklin Delano).** Lorsque la crise s'étendit à l'Europe, le moratoire Hoover (1931) puis la conférence de Lausanne* (juil. 1932) mirent fin à la question des réparations ; mais le refus de la cessation du paiement des dettes de guerre des Européens envers les Américains entraîna une vive tension internationale et renforça la position isolationniste des États-Unis, position que H. Hoover soutint contre la politique de Roosevelt. ➝ ÉTYM. Le nom anglais *Hoover* vient de l'allemand *Huber* «fermier, propriétaire», de *Hube, Hufe* «champ».

**HOOVER (John Edgar)** ♦ Haut fonctionnaire américain (Washington 1895 - *id.* 1972). Il fut directeur du Bureau of Investigation (qui devint le Federal* Bureau of Investigation en 1935), de 1924 à sa mort.

**Hoover** (barrage) – en angl. ***Hoover Dam,*** anc. ***Boulder Dam*** ♦ Barrage situé sur le Colorado* (États-Unis), à la frontière du Nevada et de l'Arizona. L'un des plus importants du monde ; sa retenue permet d'irriguer 800 000 ha et d'approvisionner en eau plusieurs villes (dont Los Angeles).

**HOPE (Thomas Charles)** ♦ Chimiste britannique (Édimbourg 1766 - *id.* 1844). Il découvrit avec M. Klaproth* la strontiane (1792) et expérimenta sur la densité de l'eau (1805), montrant qu'elle est maximale à 4 °C.

**HOPIS** n. m. pl. → **Pueblos**

**HÔPITAL (L')** [57490] ➝ ÉTYM. anc. *Spiettal,* du lat. *hospitale* «maison où l'on reçoit des hôtes» ♦ Comm. de la Moselle, arr. de Forbach. 5 990 hab. (aggl. 9 726) *(Spitellois).* Elle fait partie de l'agglomération de Carling.

**HOPKINS (Gerard Manley)** ♦ Poète britannique (Stratford, Essex 1844 - Dublin 1889). À Oxford, Newman lui fit abjurer le protestantisme. Après avoir été novice chez les jésuites (il fut ordonné en 1874), il enseigna le grec à l'université de Dublin. Il fut marqué par sa lecture de Duns* Scot et par les théories médiévales sur le langage. Ses poèmes, dont le nombre dépasse à peine la cinquantaine et qui ne parurent qu'en 1918, sont en général brefs et leur symbolisme relie la tradition chrétienne aux mythes universels. *Epitalamion, L'Écho d'or, The Wind-Hover* («Le Faucon»), *Le Naufrage du Deutschland,* figurent parmi les plus inspirés. Sa poésie tente de mettre au jour une langue nouvelle par le travail rigoureux d'une syntaxe complexe et par le jeu des allitérations. Ses *Lettres* et ses *Carnets* furent publiés en 1937. Il fut de ceux qui influencèrent fortement la poésie anglaise d'après 1920. ➝ ÉTYM. *Hopkins* vient du nom médiéval anglais *Hobb* et suffixe *-kin.*

**HOPKINS** (sir **Frederick Gowland)** ♦ Biochimiste britannique (Eastbourne 1861 - Cambridge 1947). Il fut le premier à appliquer la chimie à l'étude des organismes vivants. Sa vision de la cellule, une sorte d'usine chimique, fut tout à fait révolutionnaire à l'époque. S'étant intéressé aux problèmes de la nutrition, il montra que les aliments ne doivent pas apporter uniquement de l'énergie, mais également des protéines. Il découvrit le tryptophane, un acide aminé indispensable à la nutrition (1901) et, en 1906 et 1912, les vitamines de la croissance. [Prix Nobel de physiol. ou méd. 1929]

**HOPKINS (Harry Lloyd)** ♦ Homme politique américain (Sioux City, Iowa 1890 - New York 1946). Conseiller personnel de F. D. Roosevelt*, il fut l'un des principaux artisans du New* Deal, notamment en ce qui concerne les questions sociales, puis prépara la conférence internationale de Potsdam*.

**HOPKINS (Sam, dit Lightnin')** ♦ Guitariste et chanteur de blues américain (Leona, Texas 1912 - Houston 1982). Issu du blues rural texan, porte-parole avant-guerre de la communauté noire du Sud grâce à des chansons acerbes et humoristiques (*Tim Moore's Farm*), il fut redécouvert avec la mode du *blues revival* dans les années 1960. Sa voix grave et son jeu rapide (d'où son surnom) lui assurèrent la consécration (*Lonesome Dog Blues*).

**HOPKINS** (sir **Anthony**) ♦ Comédien britannique (Port Talbot 1937). Il intégra la troupe du National Theatre à Londres en 1965 et joua les grands rôles shakespeariens (Lear, Macbeth) avec Laurence Olivier. Il commença ensuite sa carrière cinématographique avec *Un lion en hiver* (1968). Après *Elephant Man* (1980), il obtint un Oscar pour son interprétation fascinante d'un cannibale psychopathe dans *Le Silence des agneaux* (1991). On le retrouve élégant et troublant dans les films de James Ivory : *Retour à Howard's End* (1992), *Les Vestiges du jour* (1993) et *Surviving Picasso* (1996).

**HOPPER (Edward)** ♦ Peintre américain (Nyack, New York 1882 - New York 1967). Il représenta avec une précision glacée et volontairement impersonnelle les petites villes américaines et les scènes les plus banales de la vie urbaine qu'il fait baigner dans une lumière crue donnant souvent une impression de malaise (*Maison près du chemin de fer*, 1925 ; *Tôt le dimanche matin*, 1930 ; *Second étage au soleil*, 1960). Son tableau *Nighthawks* (« Les Rôdeurs nocturnes », 1942) montre avec acuité la solitude de personnes prises dans un univers qui, bien que décrit avec un réalisme qui fait de Hopper un précurseur du pop* art, transmet aussi une forte impression d'étrangeté, à la manière des paysages des régionalistes américains (Grant Wood*).

Edward **Hopper.** *Chambre à Brooklyn* (41 × 51 cm).
The Museum of Fine Arts, Boston. *Phot. © Lauros-Giraudon*

**HỒ Quí Ly [LÊ Quí Ly]** ♦ (Thanh Hóa 1336 - Nankin 1407 ?). Souverain vietnamien qui régna de 1400 à 1401, fondant l'éphémère dynastie des Hồ. Importante par ses innovations culturelles économiques et sociales, celle-ci ne compta que deux souverains. Anc. ministre des empereurs Trần*, il fit étrangler le dernier d'entre eux, dont il força l'héritier à abdiquer en sa faveur. Son fils Hồ Hán Thương lui succéda presque aussitôt, mais il garda le pouvoir. Les troupes chinoises les capturèrent tous les deux et les déportèrent en Chine où il moururent. Grand lettré, Hồ Quí Ly était un poète et un érudit. Il préconisa l'utilisation de l'écriture *nôm* (→ **Hoa Tiên Truyện**) pour transcrire la langue nationale.

**HORA (Josef)** ♦ Poète tchèque (Dobříni 1891 - Prague 1945). Issu d'une famille de paysans, il fut d'abord marqué par l'atmosphère de la poésie décadente (*Arbres en fleur*, 1920), puis passa au militantisme socialiste (*Cœur et tumulte du monde*, 1922). Mais il quitta le parti communiste dès 1929 et cultiva le souvenir de la poésie romantique (*Ta voix*, 1930 ; *Variation sur Mácha**, du nom du grand poète du XIXe s.).

**HORACE** – en lat. ***Quintus Horatius Flaccus*** → ÉTYM. *Horace* : de *Horatia*, n. de famille, p.-ê. de *Foretii*, n. de peuple ou du gr. *horatos* « visible » ou de *Hora*, déesse romaine ♦ Poète latin (Venouse –65 - –8). Fils d'un affranchi aisé, il fut instruit par les meilleurs maîtres à Venouse, à Rome, puis à Athènes. Il s'y lia avec Brutus*, le meurtrier de César*, et combattit à ses côtés à Philippes (–42). Après la défaite, il revint à Rome où il vécut obscurément, composant des vers lyriques (*Épodes*) où il déplorait les malheurs de sa patrie. En –39, Virgile*, qu'il connut sans doute dans les cercles épicuriens, le présenta à Mécène*. En –33, il reçut de ce dernier une villa près de Tibur (→ **Tivoli**) où il passa la plus grande partie de son temps, refusant parfois de revenir à Rome. Auguste* chercha en vain à se l'attacher comme secrétaire. ▪ Dans les *Satires* et les *Épîtres*, Horace reprit les thèmes de Lucilius* : réflexions sur les mœurs du temps, sur les problèmes de la vie morale, sur la nature de la poésie (*Art* poétique*, une des dernières *Épîtres* qui forme à elle seule un véritable traité). Épicurien, il insista sur la simplicité rustique comme l'une des conditions du bonheur. Disciple des Alexandrins dans les *Odes**, il tenta de transposer à Rome la poésie de Pindare*, recherchant la perfection de la forme. Il s'inspira d'une des intuitions essentielles de l'épicurisme : le *carpe diem* (« cueille le jour ») en quoi l'on résume souvent sa sagesse, la rendant courte et vulgaire. Il s'agissait moins, en fait, de chercher le plaisir que de le découvrir dans le seul fait de vivre. C'est ainsi qu'il chante le loisir (*otium*) qui est aussi la paix de l'esprit et de l'âme, la liberté intérieure. ▪ Poète de l'amour, de la vie rustique, poète national aussi (hymne pour les jeux séculaires), il a su accorder fantaisie et bon sens dans une œuvre qui a fait de lui le modèle de l'équilibre et de la mesure.

**Horace** ♦ Tragédie de Pierre Corneille* (1640). En reprenant le récit de Tite-Live sur les trois Horaces*, Corneille met en évidence la valeur politique de l'intrigue. Après avoir rendu compte, devant le roi, du meurtre de sa sœur Camille, Horace est défendu par l'éloquent plaidoyer de son père, le vieil Horace : il est ainsi absous de son crime. Ce pardon royal confirme le sens de l'héroïsme cornélien, qui place la raison d'État au-dessus des lois morales ou divines. « C'est aux rois, c'est aux grands, c'est aux esprits bien faits / À voir la vertu pleine en ses moindres effets ; / C'est d'eux seuls qu'on reçoit la véritable gloire ; / Eux seuls des vrais héros assurent la mémoire. »

**HORACES** ♦ (–VIIe s.). Nom de trois frères romains qui, lors de la guerre entre Rome et Albe* sous le règne de Tullus* Hostilius, furent désignés comme champions de Rome contre les trois Curiaces, champions d'Albe. Ses deux frères ayant été tués, le troisième Horace feignit de fuir et tua séparément les trois Curiaces. De retour à Rome, il tua sa sœur Camille* qui lui reprochait la mort de son fiancé Curiace. Il fut condamné à mort, mais le peuple l'acquitta et son père l'obligea à passer sous le joug.

**HORATIUS COCLES** → ÉTYM. en lat. ***Publius Horatius Cocles*** « le Borgne » ♦ Héros légendaire romain (–VIe s.) qui, durant la guerre contre Porsenna*, aurait défendu seul le pont Sublicius.

**HORBOURG-WIHR** [68180] → ÉTYM. *Horbourg* : du germ. *Horo*, n. de pers., et *burg* « lieu fortifié » ♦ Comm. du Haut-Rhin, arr. de Colmar, au confluent de la Thur et de l'Ill. 5 060 hab.

**HORDE D'OR** n. f. – en mongol ***Altin Ordu*** ♦ Nom du khanat échu à Batū*, petit-fils de Gengis* Khān, après la mort de son père Jōchi* (1227). Il s'étendait au N. de la mer Noire et de la Caspienne et est aussi connu sous le nom de *khanat de Qiptchak*. Les invasions de Tamerlan ruinèrent l'empire qui se divisa en un grand nombre de khanats sur le territoire russe et bulgare. Le dernier de ceux-ci, établi en Crimée, fut annexé en 1783.

**HOREB** → ÉTYM. en hébr. *ḥôrébh* « désolé » ♦ Nom d'une montagne non identifiée où le Deutéronome* localise des événements que l'Exode* place au Sinaï*.

**HOREMHEB** ♦ Dernier pharaon de la XVIIIe dynastie (de –1343 à –1314). Chef des armées de Toutankhamon*, il usurpa le trône à la mort de ce dernier avec l'aide des prêtres d'Amon*, reconquit la Palestine et acheva de restaurer l'ordre ébranlé par les réformes d'Akhnaton* (Aménophis IV).

**HORGEN** ♦ V. de Suisse (cant. de Zurich), sur la rive S. du lac de Zurich, au pied du Zimmerberg. 18 074 hab. Indus. mécanique et textile.

**HORKHEIMER (Max)** ♦ Sociologue et philosophe allemand (Stuttgart 1895 - Nuremberg 1973). Figure dominante de l'Institut de recherches sociales qu'il dirigea (→ **Francfort (école de)**), il étudia *Les Débuts de la philosophie bourgeoise de l'histoire : Hegel et le problème de la métaphysique* (1931). En 1933, il s'exila aux États-Unis où il publia avec Adorno* *La Dialectique de la raison* (1947). Il retourna en Allemagne en 1948, puis aux États-Unis, avant de se fixer en Suisse. C'est lui qui a introduit la formule « théorie critique » en 1937 : elle implique sur le plan méthodologique la combinaison d'apports scientifiques (psychologie, sociologie) et d'une exigence conceptuelle venue de la philosophie. Cette perspective débouche aussi sur la critique de la société industrielle, de la culture de masse et des différentes formes d'oppression.

Le **Horla** ♦ Recueil de 14 contes de Maupassant* (1887). Parmi ces récits, « Le Horla » décrit, sous la forme d'un journal à la première personne, les hallucinations d'un homme qui devient progressivement l'esclave d'un être surnaturel ; celui-ci, le Horla, invisible et impalpable, impose peu à peu à sa victime sa propre volonté et l'accule au suicide. Autre récit où la maîtrise de Maupassant s'affirme par le contraste entre la limpidité de l'expression et la terreur devant le surnaturel, « L'Auberge » évoque un jeune montagnard suisse, gardien d'une auberge, qu'une trop longue solitude rend fou.

**HORLIVKA** – anc. ***Gorlovka*** ♦ V. d'Ukraine, dans le Donbass. 279 061 hab. Centre houiller et sidérurgique. Usine de matières plastiques et de fibres chimiques. Construc. mécaniques. Matériel minier.

**HÖRMANDER (Lars)** ♦ Mathématicien suédois (Mjällby 1931). Il fonda la théorie des opérateurs différentiels linéaires, essentielle dans la théorie des équations aux dérivées partielles. [Médaille Fields 1962]

**HORME (L')** [42152] ➝ ÉTYM. «l'orme» ♦ Comm. de la Loire, arr. de Saint-Étienne, sur le Gier. 4 639 hab. *(Hormois)*.

**HORMISDAS** (saint) ♦ 52e pape (de 514 à 523), de Frosinone. Son *Formulaire*, accepté par l'empereur Justin et les évêques d'Orient (519), mit fin au schisme «monophysite» d'Acace (➝ **Félix III**), mais provoqua la rupture avec Théodoric. ▪ Fête le 6 août.

**HORMUZ** (île et détroit d') ➝ **Ormuz**

**HORN (Gustaf)**, comte **DE BJÖRNEBORG** ♦ Général suédois (Örbyhus, Upland 1592 - Skara 1657). Il fut l'un des meilleurs généraux de Gustave* II Adolphe. Après Lützen*, il tenta de rejoindre Bernard* de Saxe-Weimar et fut fait prisonnier à Nördlingen*. Il prit le commandement de l'armée suédoise en 1653.

**HORN (Arvid Bernard,** comte **DE)** ♦ Homme politique suédois (Vuorentaka, Finlande 1664 - Ekebyholm 1742). Il contribua à l'avènement de Frédéric* Ier, dont il fut le Premier ministre (1720 - 1738). Chef du parti des Bonnets*, favorables à la stabilité et à l'accord avec la Russie et la Grande-Bretagne, il fut chassé par le parti des Chapeaux.

**HORN** (cap) ➝ ÉTYM. de *Hoorn**, où naquit Willem Schouten qui franchit le cap en 1616 ♦ Cap situé aux confins du Chili et de la Terre de Feu argentine et nom d'un îlot de la Terre de Feu marquant le point le plus austral de l'Amérique du Sud. C'est une route de navigation entre les océans Atlantique et Pacifique.

**Horn.** Le passage du cap Horn. *Phot. © Caputo-Novak/Sipa Press*

**HORN** (îles de) ➝ **Wallis et Futuna (îles) ; Futuna et Alofi**

**HORNEMANN (Friedrich Konrad)** ♦ Explorateur allemand (Hildesheim 1772 - Bokani, Nigeria 1801). Après avoir appris l'arabe, il se rendit, déguisé en marchand musulman, au Fezzan (1798 - 1800), visita Siouah et Mourzouk et fut le premier Européen à pénétrer au Bornou. Le récit de son voyage, qu'il envoya à l'African Society de Londres, compte parmi les premières informations que nous possédons sur ces régions et leurs populations (*Voyage dans l'Afrique septentrionale depuis Le Caire jusqu'à Mourzouk*, 1803).

**HORNES** ➝ **Hoorne**

**HORNEY (Karen)** ♦ Psychanalyste américaine d'origine allemande (Hambourg 1885 - New York 1952). Sa théorie sur l'origine des névroses fait une place importante non seulement aux conflits de la première enfance, mais aux conditions sociales et culturelles dans lesquelles vit l'être humain (*Les Voies nouvelles de la psychanalyse ; La Personnalité névrotique de notre temps*, 1950).

**HOROWITZ (Vladimir)** ♦ Pianiste américain d'origine russe (Kiev 1904 - New York 1989). Il se révéla rapidement l'un des meilleurs virtuoses et l'un des plus grands interprètes contemporains, s'illustrant surtout par ses interprétations de Chopin, Liszt, et dans le répertoire russe (Tchaïkovski, Rachmaninov). ➝ ÉTYM. *Horowitz* vient de *Horovice*, nom d'une ville de Bohême.

**HORSENS** ♦ V. du Danemark, municipalité du Jutland central, sur le Horsensfjord. 50 983 hab. Monastère et église (XIIIe s.). ▪ Centre indus. : textiles, mécanique, appareillage électrique. Port de pêche. Carrefour ferroviaire entre Frederikshavn, Silkeborg et l'Allemagne.

**HORTA (Victor)** ♦ Architecte et décorateur belge (Gand 1861 - Bruxelles 1947). Réagissant contre l'architecture et le décor académiques, il fut avec Henry Van* de Velde le principal créateur du style Art nouveau. Il construisit et créa le décor intérieur de l'hôtel Tassel (1893), puis de l'hôtel Solvay à Bruxelles où apparaissent les éléments caractéristiques de son style : emploi du fer, du verre et de matériaux colorés, structure apparente, plan original, goût de la dissymétrie, des formes incurvées et création d'un décor végétal exubérant et onduleux aux formes dites en «coup de fouet». Ses prétentions fonctionnalistes, son souci d'intégrer le décor à la structure l'amenèrent à diminuer l'importance du décor floral au profit de la structure et à préférer les lignes droites. Ainsi, avec la maison du peuple (1896 - 1900), il se révèle l'un des pionniers de l'architecture moderne. Plus tard, dans le palais des Beaux-Arts (1922 - 1928), construit en béton, il manifeste des tendances plus classiques.

**HORTA (José Ramos)** ➝ **Ramos-Horta**

**HORTENSE DE BEAUHARNAIS** ➝ **Beauharnais**

**HORTENSIUS HORTALUS** – en lat. ***Quintus Hortensius Hortalus*** ♦ Orateur romain (–114 - –50). Orateur attitré du parti conservateur, il plaida contre Cicéron* à partir de –70, puis avec lui après –63.

**HORTHY DE NAGYBÁNYA (Miklós)** ♦ Homme politique hongrois (Kenderes 1868 - Estoril, Portugal 1957). Issu d'une famille de noblesse calviniste, il fit ses études à l'académie navale de Fiume (auj. Rijeka). Aide de camp de l'empereur François-Joseph (1909), il se distingua à la bataille navale d'Otrante (1917). En 1918, il fut nommé contre-amiral et devint le commandant en chef de la flotte austro-hongroise. Après la guerre il fut appelé au ministère de la Guerre dans le gouvernement contre-révolutionnaire de Szeged (opposé à Béla Kun*). Il entra à Budapest en nov. 1919 à la tête de l'armée contre-révolutionnaire. Le 1er mars 1920 il fut nommé régent de Hongrie par l'Assemblée nationale. À deux reprises, il s'opposa aux tentatives de restauration impériale de Charles Ier de Habsbourg (1921). Il joua d'abord un rôle effacé sous le gouvernement du comte Bethlen* (1922 - 1931) puis s'affirma progressivement comme dictateur. Le rapprochement qu'il opéra avec l'Italie fasciste et l'Allemagne de Hitler valut des avantages territoriaux à la Hongrie. Au début de la Deuxième Guerre mondiale, Horthy chercha à préserver la neutralité de son pays. Ce fut en vain ; la Hongrie entra en guerre contre l'URSS en juin 1941 et Horthy dut, en mars 1944, accepter l'occupation de son pays par les troupes allemandes. Lorsque, devant l'avance des troupes soviétiques, il tenta de négocier un armistice séparé, il fut arrêté par les SS de Skorzeny et emmené en Allemagne. À la fin de la guerre il se réfugia au Portugal (1949) où il mourut.

**HORUS** – en égypt. ***Hor*** ♦ Dieu égyptien représenté sous la forme d'un faucon ou d'un homme à tête de faucon. Initialement, Horus était un grand dieu du Ciel dont les yeux figuraient le soleil et la lune ; il devenait aussi parfois lui-même le soleil et était honoré comme tel à Edfou*. Très vite considéré comme le dieu royal par excellence, il devint le pharaon lui-même (ce dernier portait toujours comme premier nom celui d'Horus par lequel il s'identifiait au dieu). À la Ve dynastie (v. –2425), le culte d'Osiris* s'étant étendu à toute l'Égypte, Horus fut introduit dans le cycle osirien : le pharaon défunt avait été identifié à Osiris, le pharaon vivant était une incarnation d'Horus. Ce dernier devint donc le fils d'Osiris et d'Isis* (le petit Harpocrate*), en lutte incessante contre son oncle Seth* qui tentait de le déposséder. Le système de la famille patrilinéaire et de la légitimité monarchique s'articula ainsi au mythe de la résurrection d'Osiris. Horus fut identifié par les Grecs à Apollon*.

**HORVAT (Frank)** ♦ Photographe italien (Abbazia [auj. Opatija, Croatie], 1928). Il est l'auteur d'une œuvre difficilement reconnaissable par le public tant il a varié de styles dans sa carrière. Photographe de mode dans les années 1950 *(Elle, Vogue)*, il imposa des photos de mannequins, non pas dans des poses figées, mais dans des scènes de la vie quotidienne et des attitudes naturelles. Photographe de reportage, il parcourut le monde pour de grands magazines *(Life, Revue)*. Il publia aussi des œuvres personnelles : *Entre Vues* (1990), série d'entretiens avec des photographes dont Edouard Boubat*, Helmut Newton*, Sarah Moon, Josef Koudelka* ou Robert Doisneau* ; *Le Bestiaire d'Horvat* (1994), «images mentales» d'animaux ; *Vraies semblances* (1983), portraits de femmes inspirés de tableaux célèbres ; *Chimères* (1995), à partir d'images numériques ; *1999, A Daily Report* (2000), agenda photographique.

**HORVÁTH (Mihály)** ♦ Historien et homme politique hongrois (Szentes 1809 - Karlsbad 1878). Ayant participé au soulèvement de 1848, il dut s'exiler après avoir été ministre de la Hongrie indépendante (1849). De retour en Hongrie, il fut élu député en 1866, et publia de nombreux ouvrages sur la révolution de 1848. ➝ ÉTYM. Ce nom hongrois signifie «croate».

**HORVÁTH (Ödön von)** ♦ Écrivain autrichien d'origine hongroise (Rijeka 1901 - Paris 1938). Parmi ses 17 pièces de théâtre, *Histoires de la forêt viennoise* (1931) dénonce l'étroitesse d'esprit de la petite bourgeoisie viennoise, alors que sourd la peste brune. D'autres pièces évoquent l'Allemagne de Weimar : *Sladek* (1929), *La Nuit italienne* (1931). Il a aussi écrit des romans : *Jeunesse sans dieu* (1938), *Un enfant de notre époque* (1938).

**HORVITZ (H. Robert)** ♦ Biologiste américain (Chicago 1947). Dès 1986, il découvrit et caractérisa les gènes qui commandent la mort cellulaire programmée (apoptose). La compréhension de ce processus, qui permet le maintien d'un nombre approprié de cellules dans l'organisme, ouvre la voie à l'étude des mécanismes du cancer, des maladies neurovégétatives, du sida. [Prix Nobel de physiol. ou méd. 2002, avec S. Brenner* et J. Sulston*]

**Hōryūji** ♦ Célèbre temple bouddhique japonais situé au S. de la ville de Nara*, fondé en 607 par le prince Shōtoku*, composé de plusieurs bâtiments qui sont les constructions en bois les plus anciennes du monde. Malheureusement, le Kondō (salle principale) contenant d'admirables peintures murales fut presque entièrement détruit par un incendie en 1949. Il a depuis été restauré. La pagode, à cinq étages de toits, contient des statuettes en terre de même époque.

**Horyuji.** Ungyo, le « gardien à la bouche fermée » du temple Horyuji, à Nara. *Phot. © Pierre Yu/Shutterstock*

**HOSIUS** → Hozjusz

**HOSPITALET DE LLOBREGAT (L')** ♦ Banl. indus. de Barcelone. 251 848 hab. Indus. métallurgiques, chimiques et textiles.

**HOSPITALET-PRÈS-L'ANDORRE (L')** [09390] ← ÉTYM. anc. *Ospital Sainte-Suzanne*, nommé en l'honneur de *Suzanne* d'Enveigt, seigneur du lieu, qui y aurait érigé un petit hôpital ♦ Comm. de l'Ariège, arr. de Foix, sur l'Ariège. 166 hab. *(Hospitalois)*. Centre de sports d'hiver. ▪ Aux environs, centrale hydroélectrique utilisant les eaux de l'Ariège et de l'étang de Lanoux.

**Hospitaliers de Saint-Jean-de-Jérusalem** ♦ Ordre fondé en 1113 en Palestine par Gérard Tenque pour soigner et protéger les pèlerins qui se rendaient en Palestine. Gouvernés par un grand maître, les hospitaliers faisaient vœu de chasteté, d'obéissance et de pauvreté. Ils ne devinrent un ordre militaire que vers 1140, sans toutefois perdre leur rôle hospitalier. Après la perte de la Terre sainte (prise de Saint-Jean-d'Acre, 1291), ils s'installèrent à Chypre (1291), puis conquirent l'île de Rhodes en 1309 (on les nomme parfois «chevaliers de Rhodes»). Après la prise de Rhodes par Soliman le Magnifique en 1522, leur grand maître Villiers de L'Isle-Adam demanda au pape Clément VII un nouvel asile pour l'ordre et, en 1530, Charles Quint leur céda l'île de Malte*. Ils prirent alors le nom de «chevaliers de Malte». Ils continuèrent à lutter contre les Turcs qu'ils repoussèrent en 1565 et s'illustrèrent à la victoire de Lépante (1571). L'ordre demeura à Malte jusqu'à la prise de l'île par Bonaparte en 1798. Son siège est actuellement à Rome.

**HOSSEGOR** ♦ Station balnéaire et climatique des Landes (comm. de Soorts-Hossegor), près de l'étang ou lac d'Hossegor, sur la côte atlantique.

**HOSSEIN (Robert)** ♦ Acteur et metteur en scène français (Paris 1927). Après des débuts précoces dans les théâtres de la rive gauche et au cinéma, il dirigea le Théâtre populaire de Reims (1971 - 1978) puis se spécialisa dans de grands spectacles, élaborés à partir de personnages ou d'événements héroïques (*Potemkine*, 1977 ; *Un homme nommé Jésus*, 1987, *L'Homme qui a dit non*, 1998), de faits divers (*L'Affaire du courrier de Lyon*) ou de textes célèbres (*Les Misérables*).

**HOSTOVSKÝ (Egon)** ♦ Écrivain tchèque (Hronov 1908 - Milburn, New Jersey, États-Unis 1973). Issu d'une famille juive, lié à Stefan Zweig* (dont il traduisit certaines œuvres), il travailla, après une courte carrière de rédacteur, pour les services diplomatiques français et américains (il émigra en Amérique dès 1949). Autour du thème de l'assimilation des juifs dans la société (*Le Cas du professeur Körner*, 1932 ; *Maison sans maître*, 1937) ou des émigrés (*Étranger cherche appartement*, 1947 ; *Les Aventures littéraires d'un écrivain tchèque à l'étranger*, 1986), Hostovský élabora une œuvre riche qui fut mise à l'index dans son propre pays.

**Hôtel de Ville** ♦ Monument de Paris, siège de la municipalité parisienne et de la préfecture du département de la Seine. Situé sur la place du même nom (appelée «place de Grève*» jusqu'en 1806), il fut le théâtre privilégié des grandes heures de l'histoire de Paris. Édifié sous François Ier par le Boccador* dans le style italien (1533 - 1551) et achevé en 1628, il occupait l'emplacement choisi par Étienne Marcel* (en 1357) pour établir la municipalité parisienne. Agrandi par Bonaparte, puis par Louis-Philippe, l'Hôtel de Ville fut incendié en 1871, puis reconstruit (de 1872 à 1882) par Ballu* et Deperthes qui s'inspirèrent du style Renaissance de l'édifice primitif.

**Hôtel-Dieu** ♦ Hôpital de Paris. Construit de 1165 à 1260 près de Notre-Dame de Paris (au S. du parvis), l'ancien Hôtel-Dieu fut incendié en 1772, reconstruit sur le même emplacement, puis démoli sous le Second Empire. Un nouvel Hôtel-Dieu, bâti de 1868 à 1878 par Diet, l'a remplacé, sur le côté septentrional du parvis.

**Hôtel du Nord** ♦ Film français de Marcel Carné* (1938), d'après le roman d'Eugène Dabit*. Le petit hôtel du quai de Jemmapes (reconstruit en studio par A. Trauner) devient le rond-point d'un destin narquois, propice aux uns, funeste aux autres. Le maître-mot pour définir ce microcosme est «atmosphère», prononcé par Arletty (la tapineuse au franc-parler) lors d'une scène mémorable avec Louis Jouvet, que leur a ciselée le dialoguiste Henri Jeanson.

**HOTMAN, HOTMANUS ou HOTEMANUS (François),** sieur **DE VILLIERS SAINT-PAUL** ♦ Jurisconsulte français (Paris 1524 - Bâle 1590). D'une famille originaire de Silésie, il adhéra à la Réforme, voyagea et enseigna dans l'Empire germanique et en Suisse. Auteur d'un *De statu primitivae Ecclesiae* (1553), il est surtout connu pour son ouvrage *Franco-Gallia seu Tractatus isagogicus de regimine regum Galliae* (1573), où, s'opposant à l'absolutisme royal, il fut un des premiers à affirmer l'idée de souveraineté de la nation. ♦ **Antoine Hotman** (v. 1525 - 1596). Frère du précédent, il fut au contraire un ardent défenseur de la Ligue, soutint le cardinal de Bourbon contre Henri IV, auquel il finit par se rallier, et laissa notamment un *Traité des droits et libertés de l'Église gallicane*.

**HOTTENTOT(S)** n. m. (pl.) ← ÉTYM. néerl. «bégayeur» [la langue à clics des indigènes était perçue comme un bégayement inintelligible par les Boers Afrikaanders] ♦ Peuple de pasteurs nomades habitant l'O. de l'Afrique* du Sud et la Namibie*. Ils seraient originaires du N.-E. de l'Afrique australe et se seraient mélangés avec les Bochimans à partir du début du IIe millénaire. Leur nom de Hottentots, terme péjoratif donné par les Boers et les Hollandais, signifie «bornés, stupides ou bredouilleurs». Ils portent des noms de clans qui sont autant de sous-groupes linguistiques (nama, korana, gona). Leur langue, divisée en quatre grands groupes, fait partie du groupe linguistique khoïsan, mais diffère des langues des Bochimans. Sous la pression des Ngunis et des Sothos, populations bantoues qui volaient femmes et bétail, beaucoup sont devenus les serviteurs des Boers* et les ont aidés à repousser les Bochimans. La vie en commun entre Boers et Hottentots, notamment par l'intermédiaire des femmes hottentotes, a donné naissance aux métis Griquas et aux Bastaards de Rehovot, la langue née de cette étroite cohabitation étant à l'origine de l'afrikaans. C'est par crainte de ce métissage que les Blancs ont déclenché les premières mesures d'apartheid au début du XXe siècle.

**HOTTINGUER** ♦ Famille d'hommes d'affaires protestants d'origine suisse. ♦ **Conrad Jean Hottinguer** (Zurich 1761 - Paris 1841). Fondateur d'une banque à Paris en 1798, membre du conseil de régence de la Banque de France (1810) et baron d'Empire (1810). Ses descendants furent régents de la Banque de France jusqu'en 1936, développèrent la banque familiale qui joua un rôle prépondérant dans le financement des compagnies d'assurances et de chemin de fer sous la monarchie de Juillet, et créèrent la banque de l'Union parisienne (1904). ← ÉTYM. *Hottinguer* signifie «originaire d'Hottingen [commune de Zurich, Suisse]».

**HOUASSE (Michel-Ange)** ♦ Peintre et dessinateur français (Paris 1680 - Arpajon 1730). Fils du peintre RENÉ ANTOINE HOUASSE (Paris 1645 - *id.* 1710), il travailla à partir de 1715 à la cour d'Espagne et peignit des compositions religieuses, des scènes mythologiques, des portraits *(L'Infant Philippe-Pierre)*, des scènes de genre *(Le Jeu de colin-maillard)* et des paysages empreints d'une lumière subtile représentant les environs de Madrid. Il exerça une certaine influence sur les premières œuvres de Goya*.

**HOUAT** ◆ **ÉTYM.** en lat. *Siata*, étym. incertaine [l'étym. du bret. *houad* «canard» (allus. à la forme de l'île) semble fausse] ♦ → **Île-d'Houat**

**HOUCHARD (Jean Nicolas)** ♦ Général français (Forbach 1738 - Paris 1793). À la tête de l'armée du Nord, il battit les troupes coalisées à Hondschoote* (6 - 8 sept. 1793). Il fut néanmoins accusé d'avoir ménagé l'ennemi dont il aurait pu bloquer la retraite, fut condamné à mort par le Tribunal révolutionnaire et guillotiné.

**HOU Che** → **Hu Shi**

**HOUCHES (LES)** [74310] ♦ Comm. de la Haute-Savoie, arr. de Bonneville, sur l'Arve. 2 706 hab. *(Houchards)*. Station d'été et de sports d'hiver (1 008 - 1 900 m).

**HOUDAIN** [62150] ◆ **ÉTYM.** anc. *Husdinium*, du germ. *Hudiso*, n. de pers., et suff. germ. *-ing* ou de *hurdinja*, de *hurd* «clayonnage» ♦ Ch.-l. de cant. du Pas-de-Calais, arr. de Béthune, banl. S. de Bruay-en-Artois. 7 771 hab. *(Houdinois)*.

**HOUDAN** [78550] ◆ **ÉTYM.** anc. *Hosdenc*, probablt du germ. *Husido*, n. de pers. et suff. *-ing* ♦ Ch.-l. de cant. des Yvelines, arr. de Mantes-la-Jolie. 3 112 hab. (aggl. 3 824) *(Houdanais)*. Église (XVe et XVIe s., portail du XVIIe s.). Donjon (XIIe s.) ; maisons anc. à pans de bois. ▪ Marché. ▪ Le bourg a donné son nom à une race de poules.

**HOUDAR DE LA MOTTE (Antoine LAMOTTE-HOUDAR, dit Antoine)** ♦ Poète dramatique français (Paris 1672 - *id.* 1731). Il est l'auteur de comédies et tragédies, dont *Inés de Castro* (1723). À l'origine de la seconde querelle des Anciens* et des Modernes avec son adaptation de l'*Iliade**, il répondit aux protestations en vers de Mme Dacier* par ses *Réflexions sur la critique* (1715), avant de se soumettre à l'arbitrage de Fénelon*. Ses *Réflexions sur la tragédie* (1730) appellent à l'abandon des unités et à l'utilisation de la prose dans la tragédie.

**HOUDETOT (Élisabeth DE LA LIVE DE BELLEGARDE, comtesse D')** ♦ Dame française (Paris 1730 - *id.* 1813). Belle-sœur de Mme d'Épinay*, brouillée avec son mari, elle eut, avec le poète Saint*-Lambert, une liaison qui dura de 1753 à la mort de ce dernier. Elle inspira à J.-J. Rousseau*, lors de son séjour à l'Ermitage (1756 - 1757), une vive passion : comme Julie, l'héroïne de *La Nouvelle* Héloïse*, elle avait «l'esprit très naturel et très agréable, la gaîté, l'étourderie et la naïveté». Rousseau évoque dans *Les Confessions** l'exaltation d'une soirée qu'ils passèrent ensemble dans «l'entretien le plus vif et le plus tendre» (livre IX).

**HOUDIN (ROBERT-)** → **Robert-Houdin (Jean-Eugène)**

**HOUDON (Jean Antoine)** ♦ Sculpteur français (Versailles 1741 - Paris 1828). Il étudia dans l'atelier de R. M. Slodtz* et fut aussi conseillé par Pigalle*. Il obtint le prix de Rome en 1761 et séjourna en Italie de 1764 à 1768, s'intéressant à la sculpture antique mais aussi à celle de la Renaissance. Il étudia avec passion l'anatomie *(Écorché*, 1767) et réalisa un *Saint Bruno* qui établit sa réputation. De retour à Paris, il exécuta d'élégantes statues mythologiques et allégoriques qui témoignent de son sens de la grâce et de la mesure *(Diane* en marbre, 1780, achetée par Catherine II ; *L'Hiver*, dite aussi *La Frileuse*, 1783 ; *L'Été*, 1785). Psychologue pénétrant, il observait scrupuleusement ses modèles, cherchant à exprimer leur personnalité profonde et captant les expressions sans effet ostentatoire, avec un modelé souple et délicat obtenu le plus souvent en modelant l'argile (terre cuite) : *Diderot* (1771), *Sophie Arnould* (1775), *Les Enfants Brongniart* (1777), *Franklin* (1778), *Rousseau* (1779), *Voltaire* «drapé à l'antique» (1781), *Washington* (1785). ▪ *Illustration :* → **Voltaire.** ◆ **ÉTYM.** Ce nom de famille vient du germanique *hold* «serviable».

**HOUDRY (Eugène)** ♦ Ingénieur américain d'origine française (Domont 1892 - Upper Darby, Pennsylvanie 1962). Il inventa en 1936 le craquage catalytique qui permit d'améliorer la qualité des carburants obtenus.

**HOUELLEBECQ (Michel THOMAS dit Michel)** ♦ Écrivain français (La Réunion 1958). En 1985, il publie ses premiers poèmes dans la *Nouvelle Revue de Paris*, puis, en 1991 la biographie de Howard P. Lovecraft, *Contre le monde, contre la vie* et *Rester vivant*. Depuis, romans et poèmes alternent : *La Poursuite du bonheur* (poèmes, 1992), *Extension du domaine de la lutte* (roman, 1994), *Le Sens du combat* (poèmes, 1996), *Renaissance* (poèmes, 1999), *Plateforme* (roman, 2001) et *La Possibilité d'une île* (2005), roman d'anticipation sur la hantise du vieillissement. En lutte contre le politiquement correct et déçu de la médiocrité des hommes, Houellebecq impose un style cynique et froid. Perçu comme un roman provocateur et pornographique, *Les Particules élémentaires* (1998) lui a valu une renommée internationale.

**HOUFFALIZE** ♦ V. de Belgique (Région wallonne), prov. de Luxembourg, arr. de Bastogne, sur l'Ourthe orientale. 4 802 hab. Église Sainte-Catherine du XIIIe s. (sinistrée lors de l'offensive von Rundstedt, comme 400 bâtiments et maisons, le 6 janv. 1945, elle a été restaurée). Château de Tavigny (style Louis XIII). À Nadrin, belvédère des Six Ourthes. ▪ Tourisme.

**HOUGHTON (Daniel)** ♦ Explorateur irlandais (v. 1740 - 1791). Il entreprit, pour le compte de l'African Society de Londres, une expédition (1790) qui devait le mener jusqu'à Tombouctou par le cours du Niger ; mais il n'atteignit que la Falémé et fut vraisemblablement tué par les indigènes Bambaras. Son projet fut repris par M. Park*.

**Hougue (La)** ♦ Fort à l'entrée de la rade du même nom, sur la côte E. du Cotentin, comm. de Saint-Vaast-la-Hougue. Une partie de l'escadre française commandée par Tourville y fut surprise et détruite par une flotte anglo-hollandaise bien supérieure en nombre, dirigée par Russell ; les Français s'y étaient réfugiés après une lutte acharnée au large de Barfleur (1692). Loin d'être un désastre, cette perte provoqua cependant le désintérêt de la France pour la marine.

**HOUHAN** → **Han**

**HOU Hsiao-hsien** ♦ Cinéaste taiwanais (Meixian, 1947). Originaire de Canton, sa famille s'installa à Taiwan en 1948. L'insularité, la liberté, la quête de l'identité forment le fil conducteur des films, pour la plupart autobiographiques, de ce chef de file de la nouvelle vague du cinéma taiwanais. *Les Garçons de Feng-kuei* (1984), où un adolescent délinquant découvre le cinéma, *Un temps pour vivre, un temps pour mourir* (1985), *La Cité des douleurs* (1989), *Le Maître de marionnettes* (1993), *Adieu le Sud, adieu* (1996), *Les Fleurs de Shanghai* (1998), *Millenium Mambo* (2001), *Three times* (2005), *Le Voyage du ballon rouge* (2008).

**HOUILLES** [78800] ◆ **ÉTYM.** anc. *Hullium*, p.-ê. de l'anc. fr. *holle* «hauteur» ou du germ. *Hodilus*, n. de pers. ♦ Ch.-l. de cant. des Yvelines, arr. de Saint-Germain-en-Laye. 29 634 hab. *(Ovillois)*.

**HOUJIN** n. m. pl. ♦ Dynastie chinoise fondée par Shi Jingtang (892 - 942), avec l'aide militaire des Khitans*, en réaction contre la cession de 16 préfectures de la Chine septentrionale. Les Jin postérieurs régnèrent sur la Chine de 936 à 946.

**HOULÉ** (lac) n. m. ♦ Lac du N. d'Israël, qui délimite la haute Galilée à l'E., et que traverse le Jourdain. La *vallée du Houlé*, marécageuse, fut dès 1934 l'objet de travaux d'assèchement, faisant quasiment disparaître le lac qui a été transformé en réserve naturelle. ▪ Cultures de céréales, de maïs et de riz ; culture intensive de fleurs (glaïeuls) pour l'exportation.

**HOULGATE** [14510] ◆ **ÉTYM.** scand. «profond *(holl)* passage *(gate)*» ♦ Comm. du Calvados, arr. de Lisieux, sur la Manche. 1 832 hab. *(Houlgatais)*. Station balnéaire.

**HOULME (LE)** [76770] ◆ **ÉTYM.** du lat. *ulmus* «orme» ou de la langue d'oïl *homme* «portion de prairie entourée d'eau» ♦ Comm. de la Seine-Maritime, banl. N.-O. de Rouen. 4 397 hab. *(Houlmois)*.

**HOU-NAN** → **Hunan**

**HOUNSFIELD (sir Godfrey Newbold)** ♦ Ingénieur britannique (Newark 1919 - Kingston upon Thames 2004). Il est l'inventeur du scanner, appareil de radiographie qui permet de visualiser des coupes anatomiques de tous les niveaux du corps. [Prix Nobel de physiol. ou méd. 1979, avec A. Cormack*]

**HOU-PEI** → **Hubei**

**HOUPHOUËT-BOIGNY (Félix)** ♦ Homme politique ivoirien (Yamoussoukro 1905 - *id.* 1993). Il fonda en 1946 le Rassemblement démocratique africain et occupa, en France, plusieurs postes ministériels sous la IVe République. Premier ministre ivoirien en 1959, il fut le principal créateur du Conseil de l'Entente et devint président de la République de Côte d'Ivoire en 1960. Il s'est maintenu au pouvoir jusqu'à sa mort, malgré une opposition de plus en plus forte, notamment à la suite de l'édification en 1990 de la grandiose cathédrale de Yamoussoukro.

**HOUPLIN-ANCOISNE** [59263] ◆ **ÉTYM.** du germ. *Huppilo*, n. de pers., et suff. *-inum* ou var. de la langue d'oïl *aumlin* «houblon», avec attraction de *houppe* ♦ Comm. du Nord, arr. de Lille. 3 631 hab.

**HOUPLINES** [59116] ◆ **ÉTYM.** → Houplin*-Ancoisne ♦ Comm. du Nord, arr. de Lille, banl. d'Armentières, sur la Lys. 7 907 hab. *(Houplinois)*.

**HOURGHADA** ou **HURGHADA** – en ar. *al-Ghurdagah* ♦ Port de la côte de la mer Rouge, en territoire égyptien. 160 746 hab. Station océanographique. Gisement de pétrole exploité depuis 1911.

**HOURRITES** ou **HURRITES** n. m. pl. ♦ Peuple asiatique de l'Antiquité, installé en haute Mésopotamie (cours supérieur du Tigre) dès le -IIIe millénaire. Il forma, dans les premiers siècles du -IIe millénaire, plusieurs royaumes, mal connus, en Syrie septentrionale et jusqu'en Palestine, reçut l'apport des cavaliers aryens envahisseurs et constitua l'empire du Mitanni* (-XVe s.). Divinités : Teshub, dieu de l'orage, et son épouse Hépa. ▪ L'art hourrite, parent de l'art mésopotamien, s'en distingue par une certaine rudesse ; la civilisation influa sur celle des Hittites.

**HOURTIN** [33990] ♦ Comm. de la Gironde, arr. de Lesparre-Médoc, près du lac (ou étang) d'Hourtin-Carcans (6 000 ha). 2 324 hab. *(Hourtinais)*. Phares. ▪ Station estivale. Installations sportives. Base de plaisance à Hourtin-Port.

**HOUSSAY (Bernardo Alberto)** ♦ Médecin argentin (Buenos Aires 1887 - *id.* 1971). Sa découverte du rôle de l'hormone du lobe hypophysaire antérieur dans le métabolisme du sucre constitue une contribution fondamentale à la compréhension du diabète. [Prix Nobel de physiol. ou méd. 1947]

**HOUSSAYE (Arsène HOUSSET, dit Arsène)** ♦ Écrivain français (Bruyères-et-Montbérault, Aisne 1815 - Paris 1896). Lié à Gautier*, Nerval* et Baudelaire*, il est connu pour son activité de critique d'art (*Galerie de portraits du XVIIIe siècle*, 1844 ; *Histoire de la peinture flamande et hollandaise*, 1846). Administrateur de la Comédie-Française (1849 - 1856), il défendit le répertoire romantique. ▪ ÉTYM. *Houssaye* et *Housset* signifient « lieu planté de houx ».

**HOUSTON** ▪ ÉTYM. nommée en l'honneur de Samuel *Houston*, premier président de la république du Texas ♦ V. des États-Unis (Texas), dans la plaine côtière, à env. 80 km du golfe du Mexique, auquel elle est reliée par un canal (Houston Ship Channel) aménagé dans la baie de Galveston. 1 953 631 hab. dont 28 % de Noirs et 28 % d'Hispaniques (zone urbaine 4 669 571 avec Galveston et Brazoria). Musée (un bâtiment par Mies van der Rohe). Stade célèbre (« Astrodome »). Centre de la Nasa à Nassau Bay. Capitale mondiale du pétrole et centre industriel important : chimie du pétrole, du soufre (la pétrochimie représente 40 % de celle des États-Unis), indus. navale, aérospatiale ; métallurgie, électronique. Centre commercial : pétrole, coton, riz. 4e port des États-Unis. ▌**Histoire** La ville fut la capitale de la république du Texas (1827 - 1839).

**HOUTHALEN-HELCHTEREN** ♦ Comm. de Belgique (Région flamande), prov. de Limbourg, arr. de Maaseik. 30 050 hab. Église (tour et chœur du XVe s.). ▪ Tourisme (parcs de loisirs). Anc. charbonnages.

**HOUZHU** ou **HEOU TCHOU** ♦ Titre posthume du dernier empereur, Li Yu (937 - 978), de la dynastie chinoise des Tang du Sud (Nantang, 937 - 975). Fait prisonnier en 975 par les Song, il mourut en captivité, probablement empoisonné. Il fut poète, prosateur, musicien, peintre, calligraphe, et ses œuvres, écrites en captivité, révèlent une grande sensibilité.

**HOVAS** → **Mérinas**

**HOVE** ♦ Comm. de Belgique (Région flamande), prov. et arr. d'Anvers (banl. S.-E.). 8 298 hab. Châteaux. ▪ Cultures maraîchères.

**HOVE** ♦ V. d'Angleterre (East Sussex, district de Brighton and Hove), faub. occidental de Brighton. 75 000 hab. Station balnéaire sur la Manche.

**HOVELACQUE (Abel)** ♦ Linguiste et anthropologue français (Paris 1843 - *id.* 1896). Directeur de la *Revue de linguistique et de philologie comparées*, professeur d'anthropologie linguistique à l'École d'anthropologie (→ **Broca**) dont il fonda la revue (1891), il est l'auteur d'une *Grammaire de la langue zende* (1868), de *Mélanges de linguistique et d'anthropologie* (1880).

**HOWARD** ♦ Famille noble anglaise. ♦ **John Howard,** 1er duc **de Norfolk** (1430 - 1485). Lors de la guerre des Deux*-Roses, il prit parti pour les York contre Édouard V de Lancastre et fut nommé duc de Norfolk par Richard III d'York. ♦ **Thomas Howard,** 2e duc **de Norfolk** (1443 - 1524). Fils du précédent. Il fut lord-chancelier d'Henri VII (1501) et battit les Écossais à Flodden (1513). ♦ **Thomas Howard,** 3e duc **de Norfolk** (1473 - 1554). Fils du précédent, oncle de Catherine* Howard et d'Anne* Boleyn, il présida le tribunal qui condamna cette dernière, après avoir favorisé son mariage. Il réprima le « Pèlerinage* de grâce, » mais resta catholique. L'exécution de Catherine provoqua sa chute et sa condamnation à mort. ♦ **Thomas Howard,** 4e duc **de Norfolk** (1536 - 1572). Petit-fils du précédent. D'abord favori d'Élisabeth*, il entra en rivalité avec Robert Dudley*. Son projet de délivrer Marie* Stuart le fit emprisonner, et il fut décapité pour avoir pris part à un complot avec l'Espagne. ▪ ÉTYM. Ce nom de famille vient du vieil anglais *hayweard* « gardien *(weard)* du foin *(hay)* ».

**HOWE (Richard,** 1er comte**)** ♦ Amiral britannique (Londres 1726 - *id.* 1799). Il commanda la flotte dans la guerre d'Indépendance américaine (1776 - 1778), réussit à ravitailler Gibraltar (1782) et devint premier lord de l'Amirauté (1783 - 1788). Vice-amiral d'Angleterre en 1792, il commanda la flotte de la Manche et défit la flotte française devant Ouessant (1er juin 1794). ♦ **William,** 5e vicomte **Howe** (Londres 1729 - Plymouth 1814). Général britannique. Frère du précédent. Il commanda l'armée britannique dans la guerre d'Indépendance américaine (1775), prit New York (1776) et vainquit Washington à Brandywine (1776). Après la capitulation de Saratoga, il envoya sa démission, car il se disait mal soutenu par le ministère.

**HOWELLS (William Dean)** ♦ Écrivain américain (Martins Ferry, Ohio 1837 - New York 1920). Journaliste politique et critique littéraire, il se fit le champion du réalisme américain, observation méticuleuse du banal quotidien, non dénué de moralisme conventionnel. Surnommé le « doyen des lettres américaines », Howells milita contre l'industrialisation et pour un socialisme chrétien. Il fut l'ami ou le mentor d'écrivains tels que Norris*, Garland*, Stephen Crane* et Mark Twain*. Œuv. princ. : *The Rise of Silas Lapham* (1885) ; *A Hazard of New Fortunes* (1890) ; *A Traveller from Altruria* (1894), roman utopique et satirique.

**HOWRAH** ou **HAORA** ♦ V. de l'Inde, intégrée à l'aggl. de Calcutta (Bengale-Occidental), sur la rive g. du Hooghly. 1 008 704 hab. La ville est un terminal ferroviaire, ce qui a favorisé son développement industriel. Le pont de Howrah, construit en 1912, a longtemps été le seul à relier les deux parties de l'agglomération et a battu des records d'encombrement.

**HOXHA** parfois francisé en **HODJA (Enver)** ♦ Homme d'État albanais (Gjirokastër 1908 - Tirana 1985). Étudiant en Belgique et en France, il adhéra au parti communiste. De retour dans son pays, il contribua à organiser la résistance contre les forces de l'Axe, devint chef du Front de libération nationale et participa à la fondation du Parti communiste d'Albanie (1941), nommé Parti du travail d'Albanie à partir de 1948. Commandant en chef de l'armée albanaise et président du gouvernement provisoire, il devint président du Conseil (après les élections de 1945) et chef de la République populaire albanaise (fondée en 1946). En 1954, il abandonna les fonctions de chef de gouvernement et de l'État, mais continua à diriger le Parti du travail comme secrétaire général. Il fut le maître de l'Albanie pendant tout l'après-guerre, et l'artisan de la rupture avec l'URSS (1961), du rapprochement avec la Chine et de la rupture avec celle-ci (1978). ▪ ÉTYM. *Hoxha* est la forme albanaise du turc *hoca* « savant coranique ».

**HOYLE** (sir **Fred**) ♦ Astronome et mathématicien britannique (Bingley, Yorkshire 1915 - Bournemouth 2001). Il étudia la théorie de la gravitation, jeta les bases de l'explication de la formation des éléments dans les étoiles par la nucléosynthèse. Il est cependant surtout connu par sa théorie cosmologique, élaborée vers 1940 avec T. Gold et H. Bondi, dite de « l'univers stationnaire », selon laquelle l'univers présente le même aspect en tout lieu et à tout instant, la diminution de la densité due à l'expansion étant compensée par une création continue de matière. Ce modèle fut éliminé définitivement par la découverte du rayonnement fossile par Penzias* et Wilson. Fred Hoyle est l'auteur de nombreux ouvrages de vulgarisation et de science-fiction.

**HOYMILLE** [59492] ♦ Comm. du Nord, arr. de Dunkerque. 3 097 hab.

**HOYSALA** ♦ Dynastie hindoue du Mysore (Dekkan, Inde), fondée au XIe s. à Halebid (antique Dōrasamudrā), qui dura jusque vers 1327. Elle fut abattue par les troupes musulmanes qui envahirent le Dekkan à cette époque. Elle est surtout célèbre grâce aux admirables temples hindous aux sculptures raffinées qu'elle laissa dans de nombreux villages du Mysore et qui comptent parmi les plus belles réalisations de la statuaire de l'Inde.

**HOZIER (Pierre D')** seigneur **DE LA GARDE** ♦ Généalogiste français (Marseille 1592 - Paris 1660). Auteur d'une *Généalogie des principales familles de France* (150 volumes dont les manuscrits sont à la Bibliothèque nationale de France), il collabora avec Renaudot* à la fondation de la *Gazette de France*.

**HOZJUSZ (Stanisław)** ou **Stanislaus Hosius** ♦ Prélat et écrivain polonais (Cracovie 1504 - Capranica, près de Rome 1579). Cardinal, adversaire farouche de la Réforme, il écrivit en latin une *Confession de la foi chrétienne catholique* (1553).

**HRABAL (Bohumil)** ♦ Écrivain tchèque (Brno 1914 - Prague 1997). Il débuta tardivement avec une série de nouvelles, *Perles au fond* (1964) à l'esthétique novatrice. D'un réalisme plus classique, *Trains étroitement surveillés* (1965) fut adapté au cinéma. Hrabal procède par collages littéraires, technique héritée de l'école du surréalisme tchèque : dans *Vends maison où je ne veux plus vivre* (1965), *Moi qui ai servi le roi d'Angleterre* (1979), et surtout *Une trop bruyante solitude* (1979), fable saisissante sur la censure, il associe des visions colorées à des situations directement empruntées à l'histoire tragique de son pays. Il utilise une superbe langue à la grammaire aléatoire qui trouve son apothéose dans *Tendre barbare* (1981), hommage au peintre V. Boudnik, ou *Les Noces dans la maison*, trilogie autobiographique. Son art « baroque plébéien », selon le mot de Milan Kundera*, en fit l'écrivain tchèque le plus inventif depuis la guerre.

**HRADEC KRÁLOVÉ** – en all. ***Königgrätz*** ♦ V. de la République tchèque, au confluent de l'Elbe et de l'Orlice. Ville principale de la Bohême orientale. 94 255 hab. Cathédrale gothique du Saint-Esprit (1307, restaurée). Église baroque Notre-Dame (1654 - 1666). ▪ Située à l'intérieur du Polabí*, riche région agricole, la ville est un carrefour routier, un centre commercial et industriel : indus. alimentaire (sucreries, distilleries) et textile ; construc. mécaniques (machines agricoles) ; manufactures d'instruments de musique. ▪ À proximité, Sadowa*.

**HRAOUI (Elias)** ♦ Homme d'État libanais (Zahlé 1926 - Beyrouth 2006). Chrétien maronite, élu député en 1972, ministre des Travaux publics (1980 - 1982), il fut président de la République (1989 - 1998) et signa un traité d'alliance avec la Syrie.

**HRAZDAN** n. m. – anc. ***Razdan*** ou ***Zanga*** ♦ Riv. d'Arménie (146 km). Émissaire du lac Sevan, elle arrose Erevan avant de se jeter dans l'Araxe. Son cours alimente plusieurs centrales hydroélectriques.

**HRISTOV (Kiril)** ♦ Poète bulgare (Stara Zagora 1875 - Sofia 1944). Il chanta le plaisir charnel dans des vers d'une grande perfection formelle : *Chansons et Soupirs* (1896), *Frissons* (1897).

**HROTSVIT, HROTSVITHA** ou **ROSWITHA VON GANDERSHEIM** ♦ Première poète allemande dont nous connaissions le nom (v. 935 - apr. 975). Issue de l'aristocratie saxonne, elle fut nonne au couvent de Gandersheim sous Othon I$^{er}$. Son œuvre, écrite en latin, comprend des légendes (dialogues en prose rythmée) et des récits historiques sous forme de poèmes, en l'honneur d'Othon I$^{er}$ *(Gesta Oddonis)* et sur l'origine du couvent de Gandersheim *(Primodia coenobii Gandershemensis)*.

**HSINBYUSHIN** ♦ (1736 - 1776). Roi de Birmanie (1763 - 1776). Il fit de la ville d'Ava sa capitale et repeupla la cité détruite avec des prisonniers de guerre capturés lors de sa conquête du Manipur. Mécène, il fit traduire de nombreux ouvrages du sanskrit et du pali. En 1767, il envahit le Siam et prit la capitale, Āyuthyā*, après un long siège. Il la détruisit de fond en comble. Attaqué par les Chinois sur ses frontières du nord, il put cependant les repousser. Il fut le premier roi qui réussit à faire l'unité de la Birmanie. Son fils Singu lui succéda à sa mort.

**HSINCHU** ou **XINZHU** ♦ V. de l'île de Taiwan, ch.-l. de distr. 399 035 hab. Centre agricole. Indus. de haute technologie.

**HSINYING** ou **XINYING** ♦ V. de l'île de Taiwan*, ch.-l. du distr. de Tainan*. 78 985 hab. Centre indus. (alimentation, papeterie, cimenterie, chimie) et agricole (thé).

**HUACHIPATO** ♦ Centre sidérurgique du Chili, proche de Concepción, sur la baie de San Vicente.

**HUA Guofeng** ou **HOUA Kouo-fong** ♦ Homme politique chinois (dans le Shanxi 1920 - Pékin 2008). Il adhéra au Parti communiste chinois en 1938 et participa à la guerre contre le Japon puis à la guerre civile. Il fut remarqué par Mao* Zedong comme dirigeant local (Hunan) pour son succès dans l'organisation des pèlerinages au village natal du président. Il prit parti très tôt pour Mao contre Lin* Biao, ce qui lui permit d'accéder à une carrière gouvernementale en 1971. Nommé Premier ministre par intérim à la mort de Zhou Enlai en 1976, il fut l'un des artisans de la lutte contre la Bande des quatre. Disgracié en 1980, il céda son poste à Zhao* Ziyang et fut exclu du bureau politique en 1982. ➝ ÉTYM. Ce nom vient du chinois *huá* «élégant ; briller», *guó* «pays» et *fēng* «pointe d'épée».

**HUAI HE** ou **HOUAI-HO** n. f. ♦ Fl. de l'E. de la Chine (Henan et Anhui), tributaire de la mer Jaune (1 000 km). Son bassin de drainage s'étend sur 269 150 km² entre le Chang jiang et le Huang he. Son régime a été régularisé grâce à la construction de barrages et de canaux de dérivation. Le Hongze hu, auquel il est relié par un canal, lui sert de déversoir.

**HUAINAN** ou **HOUAI-NAN** ♦ V. de Chine (Anhui), sur la Huai he. 1 062 430 hab. Perles de culture. Plantes médicinales.

**HUAIYIN** ou **HOUAI-YIN** – jusqu'en 1983 ***Qingjiang*** ou ***Ts'ing-kiang*** ♦ V. de Chine (Jiangsu), sur le Grand Canal. 842 628 hab. Port. Nœud de communications. Indus. alimentaire (céréales ; alcool de céréales) et textile. Machines agricoles. Réserves de sel gemme estimées à 400 milliards de t.

**HUAMBO** – anc. ***Nova Lisboa*** ♦ V. de l'Angola en pays ovimbundu. Peut-être 62 000 hab. Centre admin. La ville a beaucoup souffert de la guerre civile en 1993.

**HUANCAYO** ♦ V. du Pérou, cap. du dép. de Junín, à 3 200 m d'alt., dans les Andes centrales sur le río Mantaro. 101 917 hab. (aggl. 323 054). Marché agricole et centre régional relié à Lima par la route et le rail.

**HUANGDI** ou **HOUANG-TI** ➝ ÉTYM. chin. «Empereur jaune» ♦ Empereur légendaire de la Chine, l'un des trois Grands Ancêtres de la culture chinoise (avec Fuxi* et Shengnong). Souverain mythique, chef du clan Youxiong (de son nom Xuanyuan), il aurait battu les tribus miaos de Chi You, leur chef, fondant ainsi la dynastie chinoise. On lui attribue l'invention de la roue et des armures, la poterie et le perfectionnement des travaux agricoles. Sa femme aurait enseigné la sériciculture. Considéré comme le patron des taoïstes et des forgerons, il serait monté au ciel chevauchant un dragon.

**HUANGFU Mi** ou **HOUANG-FOU Mi** ♦ Lettré et médecin chinois (215 - 282). Auteur de nombreux ouvrages (poésie, prose, récitatifs, biographies), dont un important traité d'acupuncture.

**HUANG Gongwang** ou **HOUANG Kong-wang** ♦ Peintre, poète et musicien chinois (Changshou 1269 - 1354). Considéré comme le plus important peintre de paysages de la dynastie des Yüan*, il est l'auteur d'un traité sur l'art paysagiste *(Shanshuijue)*.

**HUANG HE** ou **HOUANG-HO** n. m. ➝ ÉTYM. chin. «fleuve *(hé)* jaune *(huáng)*» [allus. à la couleur des limons charriés par le fleuve] ♦ Fl. de la Chine du N.-E. (5 464 km). Né dans les Bayan Khara (Kunlun shan, prov. du Qinghai) à env. 4 500 m d'altitude, il draine un bassin de 752 443 km² et se jette dans le golfe du Bohai, au N. de la prov. du Shandong. De régime très irrégulier (1 500 m³/s en moyenne, pouvant atteindre 20 000 m³/s en période de crue), il charrie une grande quantité d'alluvions, d'où son nom de «fleuve Jaune». Lorsque les digues se rompent, toute la plaine est inondée et le fleuve change de cours et d'embouchure. En 1938, les troupes nationalistes dynamitèrent les digues pour retarder l'invasion japonaise, faisant 12 millions de sinistrés. Après 1949, de nombreux projets d'aménagement (plan de 1955) ont permis d'établir d'importants barrages (Liujiaxia, Sanmenxia, Qingtongxia).

**HUANGPU** ou **HOUANG-P'OU** ♦ Petit fl. de Chine (Jiangsu), sur le bord duquel se trouve la ville de Shanghai et son célèbre Bund (quartier occidental). Il se jette dans l'estuaire du Chang jiang.

**HUANGPU** ou **HOUANG-P'OU** – en angl. ***Whampoa*** ♦ V. de Chine (Guangdong), sur la *rivière des Perles* (Zhu* jiang), et à 15 km en aval de Canton, dont elle constitue un quartier. Port. Important trafic international. Complexe pétrochimique. ▪ **Histoire** Le *traité de Whampoa*, signé entre la Chine et la France en 1844, rendit la ville célèbre. La saisie du navire chinois *Arrow*, battant pavillon britannique, dans le port de Huangpu, servit de prétexte à la reprise des hostilités de la deuxième guerre de l'Opium*. ▪ L'académie militaire de Whampoa fut fondée en mai 1924 par Sun* Yat-sen avec l'aide des Soviétiques pour former les cadres de l'armée nationaliste. Elle fut dirigée par Jiang Jieshi (Chiang Kai-shek) puis par Zhou Enlai (Chou En-lai).

**HUANG Quan** ou **HOUANG Ts'iuan** ♦ Peintre chinois (Chengdu 903 - 965). Artiste de l'Académie impériale de peinture dont il était l'administrateur, il se spécialisa dans la représentation d'oiseaux, de personnages et d'animaux.

**HUANG SHAN** ou **HOUANG-CHAN** ➝ ÉTYM. chin. «montagne jaune» ♦ Montagne de Chine (Anhui) culminant à 1 864 m au pic du Lotus (Lianhua feng). Ses paysages sont toujours une source d'inspiration pour les artistes chinois. Important centre touristique.

**HUANGSHI** ou **HOUANG-CHE** ♦ V. de Chine (Hubei). 653 722 hab. Métallurgie (fer, cuivre). Cimenterie (1 million de t par an).

**HUANG Tingjian** ou **HOUANG T'ing-kien** ♦ Fonctionnaire impérial chinois (dans le Jiangxi 1045 - 1105). Poète au style recherché, c'est aussi l'un des plus grands calligraphes de la dynastie Song*. Il mourut en exil.

**HUANG Xing** ou **HOUANG Hing** ♦ Général chinois (1873 - 1916). Chef de «l'Union jurée» des révolutionnaires anti-mandchous responsables de la chute de la dynastie Qing (1911), il fut membre fondateur du Guomindang*.

**HUANG Zhen** ou **HOUANG Tchen** ♦ Homme politique chinois (Anhui 1908 - 1989). Assistant de Mao* Zedong de 1927 à 1935, il fut plusieurs fois ambassadeur de Chine populaire, en particulier à Paris (1964).

**HUANG Zongxi** ou **HOUANG Tsong-hi** ♦ Érudit chinois (1610 - 1695). Il fut l'un des plus importants penseurs du début de la dynastie Qing. Loyaliste Ming*, opposant déterminé aux Mandchous (lutte armée au Zhejiang*), il dut renoncer à son action en 1649. Il consacra le reste de sa vie à ses travaux littéraires et philosophiques, dont le célèbre *Traité sur les doctrines des lettrés de la dynastie des Ming*.

**HUARI** ♦ Nom d'un empire établi au Pérou, dans le bassin du río Montaro, du VII$^{e}$ au XI$^{e}$ s., peu après la disparition des cultures régionales. Le site archéologique de Huari, la capitale, couvre près de 8 km² et comprend des édifices rectangulaires et des monolithes sculptés.

**HUASCARÁN** ➝ ÉTYM. du n. de *Huascar*, fils de l'Inca Huayna Cápac ♦ Sommet le plus haut du Pérou (6 768 m), dans la cordillère Blanche au centre du pays. La vallée d'Huaraz est une base de départ pour les ascensions (andinisme) dans la cordillère Blanche. À la suite d'un séisme en 1970, une partie de la calotte glaciaire s'est détachée et a provoqué l'ensevelissement de la ville d'Huaraz.

**HUA Tuo** ou **HOUA T'o** ♦ Célèbre médecin et chirurgien chinois (mil. du II$^{e}$ s. - v. 220). Patron des chirurgiens de Chine. Il aurait un des premiers réalisé des trépanations, des greffes d'organes, des laparotomies et des résections intestinales sous anesthésie en utilisant les propriétés du chanvre indien (haschisch). Il aurait été assassiné par Cao* Cao.

**HUAXTÈQUES** n. m. pl. – en esp. ***Huaxtecos*** ♦ Peuple de langue maya qui s'établit dans l'ancien Mexique au N. du pays totonaque, sur la côte du golfe du Mexique (État de Veracruz). La culture huaxtèque, dont les premières traces remontent à l'époque postclassique (X$^{e}$ s.), s'achève aux XIV$^{e}$ et XV$^{e}$ s. et se caractérise alors par des marques d'influence aztèque* reconnaissables dans l'architecture, la sculpture (stèles de pierres sculptées de bas-reliefs mythologiques) et la céramique.

**HUBBLE (Edwin Powell)** ♦ Astronome américain (Marshfield, Missouri 1889 - San Marino, Californie 1953). Ses observations, en particulier sur la nébuleuse M 31 d'Andromède, lui permirent d'établir, en 1924, l'existence de galaxies autres que la Voie* lactée ; il élabora une classification des galaxies d'après leur forme. Il est l'un des auteurs de la théorie de l'expansion de l'univers : il remarqua que la lumière des galaxies est d'autant plus rouge qu'elles sont plus éloignées et interpréta d'après l'effet Doppler*-Fizeau ce «décalage vers le rouge» comme le résultat de leur éloignement constant à une vitesse proportionnelle à leur distance (1929).

**Hubble** ♦ Télescope spatial américain. Mis en orbite en 1990, il devrait rester opérationnel jusqu'en 2013 grâce à des missions de maintenance en espace. Il est doté d'un miroir de 2,4 m de diamètre. Les centaines de milliers d'images envoyées par Hubble contribuent à préciser notre représentation de l'Univers. Il a découvert des galaxies datant de 13 milliards d'années, les plus anciennes connues.

**HUBEI** ou **HOU-PEI** n. m. ➝ ÉTYM. chin. «nord *(bei)* du lac *(hú)* [au nord du Dongting* Hu]» ♦ Prov. du centre de la Chine. → **Chine** (carte). 185 900 km$^2$. 59 508 870 hab. CAP. : Wuhan. Surnommée la «province aux mille lacs» pour son réseau de lacs (dont le Liangzi hu et le Hong hu, déversoirs du Chang* jiang) et de cours d'eau. Site touristique des Trois* Gorges près de Yichang*. Wudang shan est un important centre du taoïsme. ▪ Riz, blé, colza. Coton, ramie, laque. Aquaculture et pisciculture. Fer, cuivre, phosphate, manganèse, gypse, sel gemme, graphite, marbre. Complexe sidérurgique (Daye). Centre indus. (Wuhan). Centrale hydraulique sur le Chang jiang (Gezhouba).

**HUBEL (David H.)** ♦ Neurophysiologiste américain d'origine canadienne (Windsor, Ontario 1926). Ses recherches, effectuées en collaboration avec T. Wiesel, portent sur les mécanismes du codage de l'image dans le cerveau. Ils découvrirent, en particulier, l'organisation du cortex en feuillets, dont chacun correspond à une caractéristique de l'image. [Prix Nobel de physiol. ou méd. 1981, avec T. Wiesel et R. Sperry*]

**HUBER (Louis, dit Aloysius)** ♦ Agitateur français (Wasselonne, Bas-Rhin 1815 - Autun 1865). Déporté après avoir participé à un complot contre Louis-Philippe (1838), il fut libéré lors de la révolution de 1848. Mêlé à l'insurrection du 15 mai* 1848, il fut impliqué dans la journée du 13 juin* 1849 à la suite de laquelle il fut condamné à la détention.

**HUBER (Klaus)** ♦ Compositeur suisse (Berne 1924). Professeur de composition à Fribourg-en-Brisgau, où il a eu comme élève Brian Ferneyhough*, il a écrit notamment *Tenebrae* pour grand orchestre (1967), *...inwendig voller Figur...* pour chœur, haut-parleurs, bande et orchestre (1971) pour le cinquième centenaire d'Albrecht Dürer, l'oratorio *Erniedrigt-Geknechtet-Verlassen-Verachtet* (1981), *Spes contra spem* pour chanteurs, acteurs et orchestre (1989).

**HUBER (Robert)** ♦ Chimiste allemand (Munich 1937). → **Michel (H.)**. [Prix Nobel de chim. 1988, avec J. Deisenhofer et H. Michel]

**HUBERT** (saint) ♦ Évêque de Tongres, Maastricht et Liège (mort à Liège en 727). Il est le héros d'une légende inspirée de celle de saint Eustache : lors d'une partie de chasse en Austrasie lui apparut un crucifix entre les bois d'un cerf. Patron des chasseurs. ▪ Fête le 3 nov.

**Hubertsburg** (traité de) ♦ Traité signé par l'Autriche, la Prusse et la Saxe, pour mettre fin à la guerre de Succession* d'Autriche (1763). L'Autriche renonçait à la Silésie qui passait à la Prusse, et celle-ci rendait son électorat à Auguste* III de Saxe.

**HUBLI-DHARWAR** ♦ V. de l'Inde (Karnataka), sur le plateau du Dekkan. 786 018 hab. Indus. textiles et chimiques.

**HUC (Régis Évariste)** ♦ Lazariste français (Caylus, Tarn-et-Garonne 1813 - Paris 1860). Il visita la Mongolie, le Tibet et la Chine, et fut l'un des premiers Européens à pénétrer dans la ville de Lhassa (*Souvenirs d'un voyage dans la Tartarie et le Thibet pendant les années 1844, 1845 et 1846*, 1850 ; *L'Empire chinois*, 1854). ➝ ÉTYM. *Huc* a la même étymologie que *Hugo**.

**HUCH (Ricarda)** ♦ Femme de lettres allemande (Brunswick 1864 - Schönberg, Taunus 1947). Après des poèmes et des romans d'inspiration néoromantique (*Les Souvenirs de Ludolf Ursleu*, 1892 qui, avant les *Buddenbrook* de T. Mann, décrit la décadence d'une famille ; *La Rue du triomphe*, 1901 ; *Vita somnium breve*, 1902), elle consacra des ouvrages à la vie et à l'œuvre de grands révolutionnaires : Garibaldi (*Combat autour de Rome*, 1907), Bakounine (*Le Dernier Été*, 1910). Avec *La Grande Guerre en Allemagne* (1912 - 1914), histoire de la guerre de Trente Ans, elle donna son ouvrage le plus populaire. Ses derniers écrits enfin traduisent son intérêt pour les questions religieuses (*Signification de l'Écriture sainte*, 1919).

**HUCHEL (Peter)** ♦ Poète lyrique allemand (Berlin 1903 - Staufen, Bade 1981). Longtemps rédacteur en chef d'une des meilleures revues littéraires de l'Allemagne de l'Ouest, *Sinn und Form*, il a composé plusieurs recueils de poèmes lyriques (*Poésies*, 1948-1949), où les heurts, les contradictions de la réalité et de l'être humain sont exprimés dans une forme rigoureuse et où il opposa à un profond sentiment de solitude son attachement à la vie des campagnes du Brandebourg.

**HUDDERSFIELD** ♦ V. d'Angleterre (West Yorkshire), sur les contreforts des Pennines, au S.-O. de Leeds. 133 000 hab. Aux industries lainières à l'origine de la croissance de la ville s'ajoutent maintenant des industries mécaniques.

**HUDSON (Henry)** ♦ Navigateur anglais (v. 1550 - en mer 1611). Tour à tour au service de la Compagnie des marchands anglais et des Provinces-Unies, il fit plusieurs expéditions afin de découvrir un passage maritime vers les Indes et la Chine par les mers arctiques. En 1607, il atteignit le Spitzberg, après avoir longé le Groenland, en 1608 la Nouvelle-Zemble *(Novaïa Zemlia)*. En 1609, parti en direction de l'Amérique du Nord, il découvrit le fleuve qui porte son nom et en remonta le cours jusqu'à Albany. Enfin, en 1610, il parvint au détroit et à la baie auxquels on a également donné son nom. À la suite d'une révolte de son équipage, il fut abandonné en mer. Le récit de ses voyages a été publié en 1859 par la Hakluyt Society.

**HUDSON** (baie d') ♦ Vaste mer intérieure du N.-E. du Canada, formée par l'océan Atlantique et séparant l'île de Baffin du Canada continental (dans ce sens large, elle inclut le bassin et le détroit de Foxe*, la baie d'Ungava* et le détroit d'Hudson). ▪ *Stricto sensu*, partie S. de ce golfe, bordée à l'O. par les Territoires du Nord-Ouest et le Manitoba, au S. par l'Ontario et à l'E. par le Québec. Elle est parsemée d'îles (dont la plus grande, l'île Southampton, la sépare au N. du bassin de Foxe) et prolongée au S. par la baie James*. Parmi les établissements de ses rives (centres miniers au N.-O. : Chesterfield Inlet, Rankin Inlet [nickel] ; postes de commerce pour les trappeurs), se trouve le port de Churchill* (Manitoba). ▪ La baie est prise par les glaces de janv. à mai ; elle n'est navigable que de juin ou juil. à oct.

**Hudson.** Le sud de la baie d'Hudson. *Phot. © Nino Cirani/Ricciarini*

**Hudson (Compagnie de la baie d')** – en angl. ***Hudson's Bay Company*** ♦ Compagnie commerciale créée par les Anglais en 1688 pour le négoce des fourrures avec les Indiens, autour de la baie d'Hudson. Charles II lui donna sa charte en 1670. La compagnie développa rapidement ses activités, mais ne parvint pas à trouver le passage du Nord*-Ouest entre la baie et le Pacifique. À partir de 1787 elle fut en butte à la concurrence de la Compagnie du Nord*-Ouest, fondée à Montréal. Après de violentes oppositions, les deux sociétés s'unirent en une compagnie (1821), détenant un monopole commercial et des droits territoriaux sur le Labrador, l'Ungava, les actuels Territoires du Nord-Ouest. Le gouvernement canadien racheta ses droits en 1869.

**HUDSON** n. m. ➝ ÉTYM. du n. du navigateur Henry *Hudson** ♦ Fl. des États-Unis (env. 500 km). Il prend naissance dans plusieurs petits lacs de l'État de New York, dans les Adirondacks, coule dans la direction générale du S.-E., rejoint la dépression N.-S. qui prend, à partir de Hudson Falls, le nom de *vallée de l'Hudson*, et coule vers le S., arrosant Albany et se jetant dans la baie de New York, après avoir longé Yonkers, le Bronx et enfin Manhattan, et sur l'autre rive, le New Jersey (Jersey City). Princ. affl. (rive g.) → **Mohawk.** La navigation fluviale est très importante, l'Hudson reliant New York aux canaux venant des Grands Lacs. ▮ **Histoire** L'Hudson fut découvert par Verrazano et exploré par Henry Hudson* (1609). Le premier bateau à vapeur américain y navigua en 1807. → **Fulton.**

**HUE (Robert)** ♦ Homme politique français (Cormeilles-en-Parisis 1946). Membre du Parti communiste français depuis 1962, maire de Montigny-lès-Cormeilles (1977), il entra au comité central en 1987 puis au bureau politique en 1990 avant de succéder à G. Marchais à la tête du parti comme secrétaire général (1994 - 2001) puis président (2001 - 2003). Il fut député de 1997 à 2002 puis sénateur (2004). Candidat à l'élection présidentielle, il obtint 8,69 % des voix en 1995 et 3,39 % en 2002. ➝ ÉTYM. *Hue* a la même étymologie que *Hugo**.

**HUẾ** ← ÉTYM. V. ci-dessous ♦ V. du Viêtnam (Centre), sur le Sông Hương, à 10 km de la mer. 260 000 hab. La ville historique et les anciens quartiers commerçants se trouvent sur la rive N., les quartiers modernes sur la rive S. ■ Indus. agroalimentaires et textiles. Tourisme. Port de pêche. ▮ Histoire Huế, qui tire son nom du mot *Hóa*, de Thuân Hóa, division administrative créée sous les Trần et les Lê aux XIVe - XVe s., fut la capitale des seigneurs Nguyễn*. Elle devint la cap. du pays entier quand Gia* Long monta sur le trône en 1802. Elle fut partiellement contrôlée par les Français en 1883. La cité impériale, édifiée au cours du XIXe s., fut en partie détruite lors des batailles de 1885, et surtout en 1947 et fut encore endommagée en 1968. Les mesures d'urgence prises pour sauvegarder la cité des empereurs d'Annam ont été interrompues à plusieurs reprises. ■ La cuisine de Huế, sa musique, ses chants témoignent d'un art de vivre raffiné dans un site empreint d'une poétique austérité.

**HUELGOAT** [ɥɛlgwat] [29218] ← ÉTYM. du bret. *uhel* «haut» et *coat* «bois» ♦ Ch.-l. de cant. du Finistère, arr. de Châteaulin, près de la forêt de Huelgoat (chaos de rochers). 1 687 hab. *(Huelgoatains)*. Église et chapelle Notre-Dame-des-Cieux, de style gothique flamboyant. ■ Tourisme. Pêche (étang de Huelgoat).

**HUELVA** ← ÉTYM. p.-ê. du lat. *Onuba* d'orig. punique ♦ V. d'Espagne (Andalousie), ch.-l. de prov., au confluent du río Tinto et de l'Odiel. 146 173 hab. Port minier et centre indus. (extraction et exportation de cuivre). Pêche.

**HUESCA** ♦ V. d'Espagne (Aragon), ch.-l. de prov., au fond d'une dépression, la *plaine de Huesca*. 49 819 hab. Cathédrale du XIIIe s., univ. fondée en 1354. ▮ Histoire C'est l'anc. *Osca* romaine dont Sertorius* fit un moment sa capitale.

**HUET (Pierre Daniel)** ♦ Prélat et érudit français (Caen 1630 - Paris 1721). Sous-précepteur du Dauphin (1670), évêque d'Avranches (1692 - 1699), auteur de nombreux ouvrages sur les sciences physiques, la géographie et la navigation, les langues sémitiques, les classiques latins qu'il publia *ad usum Delphini*, la philosophie (contre Descartes), la théologie (tendance fidéiste). Les *Huetiana* (posth. 1722) sont un recueil de ses pensées. *L'Épître à Huet* de La Fontaine lui est dédiée.

**HUET (Paul)** ♦ Peintre et graveur français (Paris 1803 - *id.* 1869). Élève de Guérin* et de Gros*, il travailla en plein air dans le parc de Saint-Cloud, dans l'île Seguin, en Normandie. Il connut Bonington et se lia avec Delacroix à partir de 1822, et avec Michelet qui l'admira beaucoup. Représentant caractéristique du paysage romantique, il peignit avec prédilection les forêts, les orages et les vagues déferlantes (*L'Inondation à Saint-Cloud*, 1855). ← ÉTYM. *Huet* a la même étymologie que *Hugo**.

**HU Feng** ou **HOU Fong (ZHANG Gufei** ou **TCHANG Kou-fei**, dit**)** ♦ Écrivain chinois (dans le Hubei 1903 - Pékin 1985). Communiste et député, il protesta en 1954 contre le sectarisme du parti à l'égard des artistes. Une campagne orchestrée en 1955 par le ministre de la Culture, Mao* Dun, entraîna son arrestation, puis sa disparition. La campagne se prolongea par la persécution des écrivains qui refusaient de s'inféoder au parti.

**HUFUF** → Hofouf

**HUGGINS (sir William)** ♦ Astronome britannique (Stoke Newington 1824 - Londres 1910). Il utilisa la spectroscopie pour étudier la composition chimique des étoiles et fut le premier à y déceler la présence d'un élément inconnu (identifié plus tard comme l'hélium) ; il détermina ainsi la nature gazeuse de certaines nébuleuses (1864), et, ayant observé l'effet Doppler*-Fizeau, en déduisit la vitesse radiale de Sirius (1868). ← ÉTYM. *Huggins* a la même étymologie que *Hugues**.

**HUGGINS (Charles Brenton)** ♦ Chirurgien américain (Halifax 1901 - Chicago 1997). Il découvrit le traitement hormonal du cancer de la prostate. [Prix Nobel de physiol. ou méd. 1966, avec P. Rous*]

**HUGHES (David Edward)** ♦ Ingénieur américain d'origine britannique (Londres 1831 - *id.* 1900). Inventeur (1854) d'un appareil télégraphique imprimeur *(appareil Hughes)*, il imagina en 1877 le microphone à charbon et à contacts solides, qui remplaça le microphone peu pratique de A. G. Bell* ; on lui doit également une balance d'induction et différents autres travaux sur le magnétisme. ← ÉTYM. *Hughes* a la même étymologie que *Hugues**.

**HUGHES (James Mercer,** dit **Langston)** ♦ Poète noir américain (Joplin, Missouri 1902 - New York 1967). Découvert en 1928 par Vachel Lindsay*, il est l'auteur de dix recueils de poèmes, de deux recueils de nouvelles et d'une autobiographie. Son œuvre, influencée par les rythmes du jazz (*Ask Your Mama*, 1961), est fortement marquée par le militantisme politique et combat la discrimination raciale (*The Panther and the Lash*, 1967). Il édita des anthologies du folklore noir américain, écrivit pour Kurt Weill* le livret de *Street Scene* et fut, avant la Deuxième Guerre mondiale, correspondant de divers journaux en Union soviétique, au Japon et en Espagne où il témoigna de son engagement en faveur de la démocratie.

**HUGHES (Howard Robard)** ♦ Homme d'affaires américain (Houston, Texas 1905 - en avion entre Acapulco et Houston 1976). Fondateur d'une firme de construction aéronautique, la Hughes Aircraft Corporation, et d'une compagnie aérienne, la TWA, il créa le fameux appareil *Constellation*. Il fut aussi un excellent pilote, battant plusieurs records du monde de vitesse et réalisant un tour du monde sans escale en 1938 (3 j, 19 h et 14 mn). Il s'intéressa également au cinéma et produisit de nombreux films : *Hell's Angels* (1930), *Scarface** (1932). Il fabriqua des canons et des avions lors de la Deuxième Guerre mondiale, puis revint au cinéma et fut propriétaire de la compagnie RKO de 1948 à 1955. À partir de 1950, neurasthénique, il mena une vie de reclus.

**HUGHES (Ted)** ♦ Poète britannique (Mytholmroyd, Yorkshire 1930 - dans le Devon 1998). Célèbre dès *The Hawk in the Rain* (1957) et *Lupercal* (1960), qui le placent d'emblée à l'opposé des poètes du «Mouvement» comme Larkin*, il se définissait lui-même comme un «créateur de mythes» *(mythmaker)* et a consacré une bonne partie de son œuvre à célébrer la violence et la sauvagerie du monde animal, dont l'homme se croit hypocritement affranchi. Les poèmes de *Corbeau* (1970 - 1971) répètent les mythes de la Création sur un mode ironique et ceux de *Cave Birds* (1978) décryptent dans l'univers naturel les images d'une religiosité primitive encore intacte. La densité de ses vers et l'abondance des jeux verbaux situent son art dans la lignée de Hopkins*. Ses recueils *Remains of Elmet* ; *Moortown* (1979), *River* (1983), *Wolfwatching* (1990), ainsi que le long poème narratif *Gaudete* (1977), davantage tournés vers l'humain, protestent contre tout ce qui asservit l'homme et le dépossède de lui-même. Ted Hughes a été marié avec la poète américaine S. Plath dont il a édité les œuvres en 1965, après le suicide de celle-ci. Il a été nommé poète lauréat en 1984.

**HŪGHLĪ** → Hooghly

**HUGO (Victor)** ♦ Écrivain français (Besançon 1802 - Paris 1885). Fils d'un général de Napoléon, il le suivit, ainsi que ses frères et sa mère, en Italie et en Espagne, puis de retour à Paris, s'adonna aux lettres («Je veux être Chateaubriand ou rien»). Il épousa Adèle Foucher et donna *Odes* et Ballades** (1822 - 1828) où il se voulait encore conciliateur entre le classicisme et le romantisme. ▮ Le chef de file du romantisme Dès la Préface de *Cromwell** (1827), il apparut comme le théoricien et le chef de l'école romantique, et l'animateur du Cénacle*. Il défendit, dans la préface des *Orientales** (1829), le principe de la liberté dans l'art, prétexte de la fameuse bataille littéraire qui accueillit la représentation d'*Hernani** (1830), tandis que ses préoccupations sociales et humanitaires se manifestent dès *Le Dernier* Jour d'un condamné* (1829). Rêvant d'être désormais pour son siècle un «écho sonore» des préoccupations morales et politiques aussi bien que littéraires, il publia successivement quatre recueils lyriques où se manifeste déjà son ambition d'une

Victor **Hugo**. *Gavroche à 11 ans*. Maison de Victor Hugo, Paris.
*BIS/Phot. Leonard de Selva © Archives Larbor*

poésie de la totalité (*Les Feuilles* d'automne*, 1831 ; *Les Chants* du crépuscule*, 1835 ; *Les Voix* intérieures*, 1837 ; *Les Rayons* et les Ombres*, 1840), parallèlement à un roman (*Notre*-Dame de Paris*, 1831) et à plusieurs drames (*Marion* de Lorme*, 1831 ; *Lucrèce* Borgia*, 1833 ; *Ruy* Blas*, 1838). ▮ **L'opposant politique** L'insuccès des *Burgraves** (1843) et, surtout, la mort de sa fille Léopoldine (1843) le détournèrent pour un temps de la création littéraire au profit de l'activité politique : devenu partisan d'une démocratie libérale et humanitaire, député en 1848, il s'exila après le coup d'État du 2 décembre 1851 et fit paraître *Les Châtiments** (1853), recueil satirique dirigé contre Napoléon III, auquel succédèrent les «Mémoires d'une âme» que sont *Les Contemplations** (1856). De 1859 à 1883 parut une vaste peinture de la lutte du bien et du mal, *La Légende* des siècles*. L'épopée humaine prit la forme du roman avec *Les Misérables** (1862), puis *Les Travailleurs* de la mer* (1866), *L'Homme* qui rit* (1869) et *Quatrevingt*-treize* (1874). Revenu d'exil en 1870, Hugo évoqua le siège de Paris et la Commune dans les poèmes de *L'Année terrible* (1872) avant de retrouver l'inspiration charmante des *Chansons des rues et des bois* (1859 - 1865) dans le populaire recueil *L'Art d'être grand-père* (1877), ou d'illustrer son talent satirique, dramatique, lyrique et épique dans les poésies des *Quatre Vents de l'esprit* (1881). ▮ **La mort** Il mourut en 1885 et la République lui fit des obsèques nationales. Il repose depuis lors au Panthéon. Après sa mort parurent de grands poèmes comme *La Fin de Satan* (1886) et *Dieu* (1891), ainsi que de nombreux textes en vers et en prose, partie restée longtemps inédite d'une œuvre considérable et variée. ▮ **Le poète** Orgueilleusement et généreusement convaincu qu'il est investi d'une mission humanitaire et religieuse, Hugo est persuadé que «l'art d'à présent ne doit plus chercher seulement le Beau, mais encore le Bien». La conviction que «le génie est un sacerdoce» apparaît clairement dans son œuvre poétique : d'abord témoin, puisqu'il reflète en ses chants «tout ce que l'âme rêve et tout ce que le monde chante, bégaie ou dit dans l'ombre», le poète est surtout le guide qui peut mener l'homme à la vérité «car le Mot c'est le Verbe, et le Verbe c'est Dieu». Défiant la parole, puisque «les mots sont les passants mystérieux de l'âme», il recourt à tous les moyens d'une rhétorique complexe, où les images confèrent à la réalité un aspect fantastique et l'ouvrent sur le «vaste et magnifique équilibre» du cosmos. ▮ **Le dessinateur** Cette imagination visionnaire s'est également exprimée par le dessin qui illustre et parfois même devance l'écriture ; autodidacte improvisant sa matière (encre, lavis, découpages et collages) et sa technique (plume, grattoir, dessin automatique), V. Hugo a excellé notamment à «fixer des vertiges» et des états de «rêverie presque inconsciente» en des paysages imaginaires et tourmentés où domine l'«aspect crépusculaire, obstrué, noir, hideux». [Acad. fr. 1841] ◆ **ÉTYM.** Ce nom de famille vient du germanique *hug* «intelligence» (→ aussi Huc, Hue, Huet, Huggins, Hughes, Hugues).

**HUGUES** (saint) dit **Hugues le Grand** ou **Hugues de Cluny** ◆ **ÉTYM.** *Hugues* : du germ. *Hugo*, n. de pers., de *hug* «intelligence» (→ aussi Huc, Hue, Huet, Huggins, Hughes, Hugo) ♦ (Semur-en-Brionnais 1024 - Cluny 1109). Abbé de Cluny* de 1049 à 1109, il fut responsable de la très grande extension de l'ordre (de 65 à env. 1 200 maisons), fit construire la grande église de Cluny (1088), fut conseiller du pape Grégoire VII et assista à Canossa*. ▪ Fête le 29 avr.

**HUGUES** ♦ (mort à Arles en 948 ?). Roi d'Italie (926 - 948 ?). Gouverneur de Provence sous Louis l'Aveugle, empereur d'Occident puis maître du royaume de Provence à la mort de ce dernier (928), il s'entendit avec Rodolphe* II de Bourgogne, lui cédant la Provence et se faisant couronner roi d'Italie. À sa mort, la Provence et la Bourgogne furent réunies en un royaume de Bourgogne-Provence.

**HUGUES le Grand** ou **le Blanc** ou **l'Abbé** ♦ Comte de Paris et duc de France (v. 897 - Dourdan 956). Fils de Robert* Ier. Surnommé le «Faiseur de rois», il arrangea l'élection au trône de son beau-frère Raoul* de Bourgogne (923) puis celle du Carolingien Louis* IV d'Outre-Mer (936) et du fils de ce dernier, Lothaire* (954). Il augmenta la puissance de sa famille en se faisant payer son soutien par une partie du duché de Bourgogne (938), par la ville de Laon (945), par le duché d'Aquitaine et le reste de la Bourgogne (956). Il fut le véritable maître du royaume. ▪ Père d'Hugues* Capet.

**HUGUES Ier CAPET** ♦ (v. 941 - Les Juifs, près de Chartres 996). Duc de France, puis roi de France (987 - 996). Fils d'Hugues* le Grand, il fonda la dynastie des *Capétiens** en se faisant élire roi par l'assemblée des Grands, au détriment de Charles de Lorraine, oncle du dernier roi (Louis V), grâce à l'appui de l'évêque de Reims Adalbéron* et du conseiller de ce dernier, Gerbert (le futur pape Sylvestre II). Il lutta contre son compétiteur et favorisa l'Église. Dès 987, il assura l'avenir de sa dynastie en faisant élire et sacrer son fils. → **Robert II le Pieux.**

**HUGUES Ier le Grand** ♦ (1057 - Tarse, Turquie 1101). Comte de Vermandois par son mariage avec Adélaïde, héritière du Vermandois (1080 - 1101). Il fut l'un des chefs de la première croisade* et participa aux prises de Nicée et d'Antioche.

**HUGUES (Hugues Clovis, dit Clovis)** ♦ Homme politique et poète français (Ménerbes, Vaucluse 1851 - Paris 1907). Garçon de bureau au journal *Le Peuple* de Marseille dans lequel furent publiés ses premiers poèmes, il participa activement à la Commune de Marseille (22 mars-4 avr. 1871) et fut condamné à la prison. À partir de 1881, il fut plusieurs fois élu comme député socialiste. Œuv. princ. : *Poèmes de prison* (1875), *Les Jours de combat*, recueil de poèmes (1883).

**HUGUES (Victor)** ♦ Homme politique français (Marseille 1764 - Guyane française 1826). Il séjourna pendant sa jeunesse à Saint-Domingue. Agent révolutionnaire, il appliqua la politique de la Terreur à Rochefort puis à Brest. Commissaire délégué par la Convention en 1794, il reconquit la Guadeloupe sur les Anglais. En 1799 il fut nommé «agent» du Directoire en Guyane puis confirmé gouverneur par le Consulat. Il y travailla au rétablissement de l'esclavage. Hugues est l'un des principaux personnages du roman historique de A. Carpentier *Le Siècle des lumières*.

**HUGUES DE PAYNS** ou **DE PAINS** ♦ (château de Payns, près de Troyes, v. 1070 - en Palestine 1136). Il participa à la première croisade et fonda l'ordre des Templiers*, approuvé par le concile de Troyes (1128).

**HUGUES DE SAINT-VICTOR** ♦ Théologien et philosophe français (Ypres - Paris 1141). Il voulut défendre dans son monastère l'éducation humaniste, tout en la maintenant au rang de servante de la théologie. C'est le problème qu'il aborde dans les *Commentaria in hierarchiam caelestem* (où il distingue la philosophie mondaine et la théologie divine) et dans l'*Eruditio didascalica*.

**HUGUES VON TRIMBERG** ♦ Poète allemand (fin du XIIIe s. - déb. du XIVe s.). Sur le thème des péchés capitaux, il a composé un poème de près de 25 000 vers, *Der Renner* («Le Coursier», entre 1300 et 1313), qui, outre ses intentions moralisatrices, se veut aussi encyclopédique.

**HUGUET (Jaime)** ♦ Peintre catalan (Valls v. 1415 - Barcelone 1492). Il travailla à Barcelone à partir de 1448 et y dirigea un important atelier. La conjonction d'influences italiennes (ombriennes et siennoises) et flamandes (notamment dans le rendu naturaliste des visages, modelés avec vigueur) et d'un sens décoratif très prononcé issu de l'esthétique du gothique international (caractère abstrait du décor ressortant sur des fonds d'or gaufrés ou estampés) concourent à la création d'un style original, incisif et raffiné, où dominent les couleurs claires et vives (*Triptyque de saint Georges*, v. 1448 ; des *Revendorès*, 1456 ; des *saints Abdon et Senén*, 1459 - 1460).

**HUHHOT** → **Hohhot**

**HUI** ou **HOUEI** n. m. pl. ♦ Peuple musulman chinois, formant l'une des 56 ethnies composant la Chine, la 3e en importance des 55 ethnies minoritaires (8 603 000 en 1990). Principalement réparti dans la République autonome Hui de Ningxia* et au sein des prov. de Gansu et du Henan.

**HUIDOBRO (Vicente)** ♦ Poète et prosateur chilien (Santiago 1893 - *id.* 1948). Il arriva à Paris en 1916 et se lia aux principaux mouvements de l'avant-garde. Il devint, avec le poète français Pierre Reverdy*, le fondateur du mouvement «créationniste» selon lequel la poésie ne doit pas imiter la nature, mais se convertir en une création autonome : «Faire un poème comme la nature fait un arbre.» Il définit ses recueils comme de «belles péripéties esthétiques». Œuv. princ. : *Horizon carré* (1917), *Altazor* (1934).

**HUINENG** ou **HOUEI NENG** ♦ Moine bouddhiste chinois (638 - 713), fondateur de l'école du Sud du bouddhisme chan* qui prône l'illumination instantanée (théorie subitiste). Son enseignement fut recueilli dans un ouvrage intitulé *Doctrine des trésors de la loi* (*Fabao tanjing* ou *Liuzhu tanjing*) qui devint l'un des canons du chan. Huineng est particulièrement honoré au Japon.

**Huis clos** ♦ Pièce en un acte de Sartre* (1944). Condamnés pour l'éternité à partager l'intimité d'une sordide chambre d'hôtel, une femme du monde infanticide, une lesbienne meurtrière et un intellectuel révolutionnaire, fusillé dans de mystérieuses circonstances, découvrent qu'ils sont en enfer par le seul pouvoir du regard que chacun d'eux jette sur les autres («L'enfer, c'est les autres»).

**HUISNE** [ɥin] n. f. ♦ Riv. du Perche (130 km), affl. de la Sarthe. Née dans l'Orne, elle traverse l'Eure-et-Loir sur quelques kilomètres, et pénètre dans la Sarthe où elle conflue au Mans.

**Huit et demi** – en it. *Otto e mezzo* ♦ Film italien de Federico Fellini* (1963), avec Marcello Mastroianni, Claudia Cardinale, Anouk Aimée. Il s'agit du huitième film «et demi» de Fellini, ses deux courts métrages comptant pour une moitié. Un metteur en scène, *alter ego* de l'auteur, voit son inspiration bloquée par des souvenirs d'enfance, des déboires conjugaux, des fantasmes sexuels ; au terme d'une thérapie agitée, il conviera ses amis et collaborateurs (réels ou fictifs) à une folle farandole... Cette «mise en abyme» de la création filmique est tour à tour foisonnante et limpide, et Fellini s'y confirme comme le génial ordonnateur des fêtes de l'imaginaire.

**HUIXIAN** ou **HOUEI-SIEN** ♦ Site archéologique de Chine (Henan). Des sépultures Shang* et Han* ont livré des figurines, des bronzes et un ensemble de 19 chars.

**Huizong.** *Femmes de cour préparant la soie fraîchement tissée* (37 x 145,3 cm), début XIIè s., détail. Museum of Fine Arts, Boston. *BIS/Phot. Coll. © Archives Larbor*

**HUIYUAN** ou **HOUEI YUAN** ♦ Moine bouddhiste et philosophe chinois (334 - 416), fondateur en 402 de la secte des « Adorateurs du Bouddha Amitābha*, » appelée aussi « Terre pure du Paradis de l'Ouest », ou encore la secte « du Lotus » ou « du Lotus Blanc ».

**HUIZONG** ou **HOUEI TSONG** ♦ Titre posthume de l'empereur Zhao Ji (1082 - 1135) de la dynastie chinoise des Song* du Nord. Piètre monarque, il régna de 1100 à 1126, mais fut un collectionneur-esthète exceptionnel, un excellent peintre de fleurs et d'oiseaux, un calligraphe de talent, un grand amateur d'art et un passionné de jardins. Battu par les Jin*, puis fait prisonnier avec son fils Zhao Huan (empereur Qinzong) en faveur de qui il avait abdiqué, tous deux furent emmenés en 1127 dans le N. du pays où ils moururent en captivité (1135 et 1161). Le 9e fils de Huizong (Zhao Gou, empereur Haozong) accéda au pouvoir la même année et perpétua la dynastie sous l'appellation de Song* du Sud.

**HU Jintao** ♦ Homme d'État chinois (Jixi, Anhui 1941). Premier dirigeant chinois formé après la révolution de 1949, ce membre de la « 4e génération », remarqué par Deng* Xiaoping, entra en politique pendant la Révolution* culturelle. Formé à l'université pékinoise de Qinghua, il fit sa carrière essentiellement dans les provinces périphériques pauvres du Gansu et du Guizhou, et au Tibet où il mena une politique efficace d'alternance de répression et de concessions. Il introduisit les notions d'économie de marché et de bonne gouvernance dans la formation idéologique à l'école des cadres du parti communiste qu'il dirigea au début des années 1990. Il succéda à Jiang* Zemin au secrétariat général du Parti communiste chinois en 2002 et à la présidence de la République en 2003.

**Huks** n. m. pl. ◆ ÉTYM. abrév. angl. de ***Hukbalahap,*** elle-même abrév. du philippin ***Hukbo ng Bayan laban sa Hapon*** « Armée du Pays contre le Japon » ♦ Mouvement de résistance philippin organisé par les communistes contre l'occupant japonais au cours de la Deuxième Guerre mondiale. À la libération, il se tourna contre l'oligarchie philippine. La reddition de son chef, Luis Taruc, en 1954 sembla mettre fin à son activité, mais il réapparut en 1968. Après la chute de F. Marcos (1986), ce mouvement prit le nom de New People's Army (NPA), avatar du parti communiste dont le chef, José Maria Sison, est réfugié aux Pays-Bas, et que F. Ramos a proposé de légaliser.

**HŪLĀGŪ** ♦ Khan mongol (v. 1217 - 1265) qui régna à partir de 1256 sur la Perse, étant ainsi le premier « ilkhān ». Il était le petit-fils de Gengis* Khān et le frère du grand khan Möngke* et de Kūbilaï* Khān. Il conquit la Perse, la Mésopotamie et prit Bagdad en 1258 où il fit exécuter le calife Musta'ṣim* bi-Llāh, mais fut battu par les mamelouks de Syrie en 1260. Il mourut en Azerbaïdjan et son fils Abaqa lui succéda sur le trône de Perse.

**HULIN (Pierre Augustin,** comte) ♦ Général français (Genève 1758 - Paris 1841). Nommé capitaine de la garde nationale de Paris après s'être distingué au cours de la prise de la Bastille, il fut emprisonné pour modérantisme sous la Terreur. Libéré après le 9 Thermidor, il accompagna Bonaparte en Italie, fit partie de la garde consulaire. Général (1803), il participa au conseil de guerre lors de la condamnation du duc d'Enghien (*Explications au sujet du jugement du duc d'Enghien,* 1833). Gouverneur de Vienne (1805), puis de Berlin (1806 - 1807), il réussit à faire échouer la conspiration de Malet* contre Napoléon Ier (1812).

**HULL (Cordell)** ♦ Homme politique américain (Overton, Tennessee 1871 - Bethesda, Maryland 1955). Représentant démocrate, sénateur en 1931, nommé secrétaire d'État par F. D. Roosevelt* (1933 - 1944), il favorisa l'entente alliée jusqu'à la fin de la guerre (**→ Guerre mondiale [Deuxième]**), et fut l'un des créateurs de l'Organisation* des Nations unies. [Prix Nobel de la paix 1945]

**HULL (Albert Wallace)** ♦ Ingénieur et physicien américain (Southington, Connecticut 1880 - Schenectady, État de New York 1966). Inventeur de la tétrode (tube à quatre électrodes) avec Schottky* (1916), réalisateur du premier magnétron (diode où le courant est commandé par un champ magnétique, 1921), il effectua également des recherches sur la structure des cristaux par la diffraction des rayons X.

**HULL (Clark Leonard)** ♦ Psychologue américain (Akron, New York 1884 - New Haven, Connecticut 1952). Behavioriste, il étudia surtout les mécanismes de l'apprentissage et contribua à l'emploi d'une formalisation mathématique en psychologie expérimentale. Il a donné un exposé formalisé de ses recherches : *Principles of Behavior* (1943), *Behavior System* (1952).

**HULL** ◆ ÉTYM. du nom d'un district du Yorkshire ♦ Anc. v. du Canada (Québec), fusionnée dans Gatineau*.

**HULL → Kingston-upon-Hull**

**HULLUCH** [62410] ◆ ÉTYM. p.-ê. du n. de dieu gaulois *Olludius,* devenu n. de pers. ♦ Comm. du Pas-de-Calais, arr. de Lens. 2 971 hab.

**HULSE (Russell A.)** ♦ Physicien américain (New York 1950). Il découvrit en 1974 un pulsar binaire (couple formé d'une étoile à neutrons et d'un autre astre, également très dense, en rotation l'un autour de l'autre) dont les émissions radio, extrêmement régulières en principe, présentaient de légères variations. Comme le montrèrent les calculs effectués par J. Taylor et Hulse, ce comportement correspond très exactement aux prévisions de la relativité générale qui postule dans ce cas l'émission d'ondes gravitationnelles, trop faibles pour pouvoir être détectées directement. Cette preuve de leur existence constitue l'une des confirmations expérimentales les plus spectaculaires de la théorie d'Einstein*. **→ A. Hewish.** [Prix Nobel de phys. 1993, avec J. Taylor]

**Humain trop humain** – en all. ***Menschliches allzu menschliches*** ♦ Ouvrage philosophique de Nietzsche* (1878). « Intelligent, froid, parfois dur et ironique », il constitue la première critique radicale de l'idéalisme : « Là où vous voyez de l'idéal, je ne vois que des choses humaines, des choses, hélas ! trop humaines. » L'idée même de progrès conduit Nietzsche à estimer, dans ce livre assez amer, que les jugements présents de l'homme sont méprisables au regard de ses jugements à venir.

l'**Humanité** ♦ Quotidien français fondé par J. Jaurès* en 1904, organe du parti socialiste* (SFIO) jusqu'au congrès de Tours (1920), puis, son principal actionnaire (Z. Camélinat*) s'étant rallié à la majorité communiste, celui du Parti communiste* français. Dirigé par Marcel Cachin*, avec pour rédacteur en chef P. Vaillant*-Couturier, le journal fut suspendu en 1939, mais parut clandestinement sous l'Occupation jusqu'en août 1944. Devenu en 1999 journal communiste (et non plus du PCF), *L'Humanité* connaît une perte d'audience qui l'a contraint en 2001 à s'ouvrir au capital privé.

**HUMANN (Jean Georges)** ♦ Homme politique français (Strasbourg 1780 - Paris 1842). Négociant à Strasbourg, il fut élu député en 1820, fit partie du groupe des « doctrinaires ». Ministre des Finances lors de la monarchie de Juillet (1832 - 1836), il chercha à organiser le système fiscal dans le but de « faire rendre à l'impôt tout ce qu'il peut rendre », politique qui suscita des troubles graves dans certaines régions.

**HUMĀYŪN** ♦ Sultan moghol de Delhi d'origine afghane (Kaboul 1508 - Delhi 1556). Il succéda en 1530 à son père Bābur. Après avoir battu le souverain musulman du Gujarat, il fut chassé de l'Inde du Nord par le sultan afghan du Bihar, Cher* Chāh Sūrī, en 1540. Aidé par le chah de Perse, Humāyūn réussit à reconquérir Delhi en 1555. Son fils Akbar* étant trop jeune pour lui succéder à sa mort, ce fut Cher Chāh Sūrī qui monta sur le trône. ▪ Le tombeau de Humāyūn à Delhi est l'un des plus beaux monuments musulmans de l'Inde du Nord.

**HUMBER** n. f. ♦ Estuaire commun à l'Ouse, à la Trent, au Don et à la Derwent, sur la mer du Nord. Très fréquenté par le trafic des ports de Kingston upon Hull, Grimsby et Immingham.

**HUMBERSIDE** ▸ ÉTYM. angl. «la région (*side* côté) près de la Humber*» ♦ Anc. comté d'Angleterre, sur la mer du Nord.

**HUMBERT Ier aux Blanches Mains** ♦ (v. 985 - v. 1048). Premier comte de Savoie (v. 1027 - 1048). Il aurait reçu de Rodolphe III, roi de Bourgogne, la Savoie et la Maurienne (v. 1027), de Conrad, empereur germanique, une partie du Faucigny, le Bas-Chablais et le Val d'Aoste, qui lui permirent de fonder la maison de Savoie (1034). ♦ **HUMBERT II le Renforcé** (mort en 1103). Comte de Savoie (1080 - 1103). Il acquit la Tarentaise, le Vaud, le Haut-Chablais et le marquisat de Suse. ♦ **HUMBERT III le Saint** (mort en 1189). Comte de Savoie (1148 - 1189). Il se rangea aux côtés du pape Alexandre III contre Frédéric Ier Barberousse, et ses États furent envahis par les Impériaux et Suse brûlée en 1174. Il reprit Turin (1175), mais ses États furent à nouveau envahis en 1187. ▸ ÉTYM. Ce nom vient du germanique *Hunberht*, du vieux norrois *hunn* «ours» ou de *Huni* (nom de peuple) «géant» et *berht* «fameux, illustre».

**HUMBERT II** ♦ (1313 - Clermont 1355). Dernier dauphin du Viennois (1333 - 1349). Il fonda le conseil delphinal (1336), futur parlement du Dauphiné, l'université de Grenoble (1330) et la Chambre des comptes (1340). Après avoir vendu en 1343 le Dauphiné au roi de France Philippe VI, il devint dominicain (1349) et fut patriarche d'Alexandrie (1351) puis administrateur de l'archevêché de Reims (1352).

**HUMBERT Ier** ♦ (Turin 1844 - Monza 1900). Roi d'Italie (1878 - 1900). Fils et successeur du roi Victor-Emmanuel II, il encouragea, tout en restant dans les limites de la royauté constitutionnelle, le «transformisme» politique pour arrêter les progrès du socialisme dans le pays. Il fut assassiné par l'anarchiste Bresci.

**HUMBERT II** ♦ (Racconigi 1904 - Genève 1983). Roi d'Italie. Petit-fils d'Humbert Ier, fils de Victor-Emmanuel III, il fut hostile à la politique de Mussolini*. Devenu roi à l'abdication de son père (9 mai 1946), il s'inclina devant le référendum constitutionnel du 2 juin 1946 favorable à la république et se retira au Portugal.

**HUMBOLDT (Wilhelm VON)** ♦ Érudit, philologue, philosophe du langage et diplomate allemand (Potsdam 1767 - château de Tegel, près de Berlin 1835). Il étudia deux ans à Paris (1797 - 1799), puis séjourna au Pays basque pour en étudier la langue. Menant de front l'étude de langues aussi variées que le sanskrit, le chinois, le hongrois, le birman, le japonais, des langues amérindiennes (Mexique) et une brillante carrière diplomatique (ambassadeur de Prusse à Rome, Vienne, Londres), il fut aussi le fondateur de l'université de Berlin (1810). Ministre en 1818, il dut démissionner en 1819. À travers de nombreux travaux (*Lettre à M. Abel Remusat sur la nature des formes grammaticales... et le génie de la langue chinoise*) et des traductions, il chercha à promouvoir une anthropologie comparée. Philosophiquement proche de Hegel, W. von Humboldt voit dans le langage «l'organe qui forme la pensée» et une *energeia* («force, dynamisme»). Son influence, faible après sa mort, s'exerça à nouveau au XXe s. (Croce, Cassirer, puis Chomsky). L'une de ses œuvres majeures est *Sur la différence de structure des langues humaines et son influence sur le développement intellectuel de l'humanité* (1820). → **Steinthal.** ▸ ÉTYM. *Humboldt* vient du germanique *Hunibald*, nom de personne, du vieux norrois *hunn* «ours» et du germanique *bald* «audacieux».

**HUMBOLDT (Alexander, baron VON)** ♦ Naturaliste et voyageur allemand (Berlin 1769 - Potsdam 1859). Frère de W. von Humboldt*. Il explora l'Amérique avec Bonpland* (*Voyage aux régions équinoxiales du Nouveau Continent fait de 1799 à 1804*) et entreprit un voyage en Asie pour le compte de Nicolas Ier de Russie (*Fragments de géologie et de climatologie asiatiques*, 1832). Il contribua ainsi aux progrès de la climatologie, de l'océanographie et de la géologie. Il collabora avec Gay*-Lussac pour l'étude des gaz. Il est également l'auteur du célèbre *Kosmos. Essai d'une description physique du monde.*

**Humboldt** (courant de) ♦ Courant froid du Pacifique, qui affecte le littoral chilien et péruvien et tempère le climat tropical de cette région dont la température moyenne annuelle ne dépasse pas 20 °C.

**HUME (David)** ♦ Philosophe britannique (Édimbourg 1711 - *id.* 1776). Il s'occupa de commerce avant de faire un premier séjour en France (1734 - 1737) où il rédigea son *Traité de la nature humaine* (publ. 1739). De retour en Angleterre, il devint secrétaire du général de Saint-Clair, qu'il accompagna en mission à Vienne et Turin, puis bibliothécaire de l'ordre des avocats d'Édimbourg. Il séjourna à Paris (1763 - 1766) comme secrétaire d'ambassade (il y rencontra Rousseau qui l'accompagna en Angleterre, mais avec qui il se brouilla). Il fut ensuite sous-secrétaire d'État à Londres avant de se retirer à Édimbourg (1769). Œuv. princ. : *Essais philosophiques* (ou *Enquêtes*) *sur l'entendement humain* (1748), *Enquêtes sur les principes de la morale* (1751), *Discours politiques* (1752), *Histoire naturelle de la religion* (1757), *Dialogues sur la religion naturelle* (publ. 1779), *Histoire de la Grande-Bretagne* (1754, 1756, 1759). ▪ Sa philosophie est une critique du rationalisme dogmatique des métaphysiciens du XVIIe s. Empiriste, il considère que nos idées sont des «copies» (ou représentations) d'impressions sensibles et que toutes nos connaissances se réduisent à des relations entre des idées. Ainsi, selon lui, l'imagination et l'habitude expliquent notre croyance en une réalité extérieure à nous, en l'ordre causal des phénomènes naturels, en l'identité du moi (ou de la substance pensante). Son empirisme phénoméniste, doublé chez lui d'une critique de la théologie naturelle et du rationalisme moral, conduit au scepticisme. ▸ ÉTYM. *Hume* vient de *Home*, nom d'une baronnie en Écosse, du vieux norvégien *holm* «colline».

**HUME (John)** ♦ Homme politique d'Irlande du Nord (Derry, Irlande du Nord 1937). Il devint chef du Parti travailliste d'Irlande du Nord, le SDLP (*Social Democratic and Labour Party*, parti catholique nationaliste modéré) en 1979 et fut élu député au Parlement européen la même année. En 1993, il entama des pourparlers avec Gerry Adams, leader du Sinn Féin, et les premiers ministres britanniques et irlandais, qui aboutirent à l'accord de paix signé à Belfast en avril 1998. [Prix Nobel de la Paix 1998, avec D. Trimble*]

**HUMMEL (Johann Nepomuk)** ♦ Compositeur et pianiste allemand (Presbourg 1778 - Weimar 1837). Élève de Mozart, de Clementi et de Salieri, pianiste virtuose, il fit une brillante carrière en Europe. Il succéda à J. Haydn dans certaines fonctions à la cour du prince Esterházy (1804 - 1811), puis il fut maître de chapelle à Stuttgart et enfin à Weimar. Il eut une influence pédagogique considérable et compta parmi ses élèves Czerny et Thalberg. Son style d'interprétation a influencé Chopin et Liszt. Son œuvre comprend des pièces pour piano, de la musique de chambre, des opéras, des ballets et de la musique religieuse.

**HUMPERDINCK (Engelbert)** ♦ Compositeur allemand (Siegburg 1854 - Neustrelitz 1921). Il fut professeur aux conservatoires de Barcelone, Cologne et Berlin. Collaborateur de Wagner à Bayreuth (1880 - 1882), il subit son influence. Son œuvre comprend de la musique symphonique, de la musique de scène, chorale, des mélodies et 3 opéras dont *Hänsel und Gretel* (1893), d'une fraîche inspiration populaire.

**HUMPHREY (Doris)** ♦ Danseuse, chorégraphe et chef d'école américaine (Oak Park, Illinois 1895 - New York 1958). Ses recherches dans le domaine de la danse, inspirées d'une analyse méthodique du rythme humain, sont à l'origine des chorégraphies qu'elle composa pour sa propre compagnie (*Dances of Women ; The Shakers ; Race of Life ; Day on Earth*). Après la dissolution de sa troupe, elle collabora avec José Limón.

**HUNALD** ou **HUNAUD** ♦ (mort à Rome v. 756). Duc d'Aquitaine (735 - 745). Il fit la guerre à Charles Martel, mais fut vaincu par Carloman et par Pépin en 742 et 745. Il abdiqua en faveur de son fils Waïfre et fut tué dans les rangs lombards.

**HUNAN** ou **HOU-NAN** n. m. ▸ ÉTYM. chin. «sud (*nán*) du lac (*hú*) [au sud du Dongting* Hu]» ♦ Prov. du S. de la Chine. → **Chine** (carte). 210 000 km². 63 274 173 hab. CAP. : Changsha. Agriculture, notamment en terrasse : riz, colza, canne à sucre. Coton, ramie et thé (1er et 2e producteur du pays), tabac. Élevage porcin. Aquaculture et pisciculture. Antimoine (1er producteur mondial, Xikuangshan), tungstène, bismuth, réalgar, plomb, zinc, mercure, graphite. Indus. des métaux non ferreux. Indus. mécanique.

**ḤUNAYN IBN ISḤĀQ** ♦ Traducteur arabe (al-Ḥira 809 - Bagdad 873). Chrétien issu de la tribu arabe des Ibādī, il succéda à la direction de la Bayt al-Hikma («Maison de la Sagesse»), école fondée à Bagdad (832) par le calife abbasside* al-Ma'mūn*, à son maître Yaḥyā ibn Māsāwah (mort en 857). Il traduisit en arabe plusieurs textes grecs scientifiques (Galien notamment) et philosophiques, le plus souvent à partir de manuscrits syriaques. Son fils Isḥāq (mort en 910) et son neveu Ḥubaych ibn al-Ḥasan furent eux aussi de grands traducteurs. Leurs travaux contribuèrent à la diffusion du savoir grec dans le monde arabo-musulman. Assimilée, adaptée et enrichie par les philosophes et savants d'expression arabe, une partie de la pensée grecque fut transmise à l'Occident médiéval à travers les travaux de l'école des traducteurs de Tolède (XIIe s.).

**HUNDERTWASSER (Friedrich STOWASSER, dit Fritz)** ♦ Peintre autrichien (Vienne 1928 - à bord du *Queen Elizabeth* 2000). Dans son œuvre où la spirale et les rehauts d'or et d'argent rappellent l'art de Klimt*, il intégra des éléments figuratifs ou abstraits, avec une intention symbolique. Il inventa à partir de 1955 la théorie du transautomatisme, se plaçant sous l'empire des pulsions religieuses amenant le spectateur vers un autre monde. À partir de 1969, il signa «Friedensreich Hundertwasser», le premier terme signifiant ce «royaume de la paix» où il cherchait à introduire le spectateur, loin de la corruption moderne. Également architecte, il construisit à Vienne la Hundertwasserhaus (1983 - 1985), maison à la fois insolite et fantastique (lignes ondoyantes, couleurs criardes, arbres sur les toits, décor enfantin et féerique).

**HUNEDOARA** ♦ V. de Roumanie occidentale, en Transylvanie, distr. de Hunedoara. 71 207 hab. Citadelle du XVe s. ▪ Important centre industriel : indus. du cuir, confection, sidérurgie.

**HƯNG ĐẠO ĐẠI VƯƠNG** titre de **TRẦN QUỐC TUẤN** ♦ (Tức Mặc 1226 - Vạn Kiếp 1300). Prince et général vietnamien, neveu de l'empereur TRẦN THÁI TÔN (1225 - 1258). Il réussit par deux fois à repousser les invasions mongoles et laissa des ouvrages sur l'art militaire dont le célèbre *Binh Thư Yếu Lược* («Précis des techniques militaires»). Vénéré comme génie, il est devenu l'un des héros nationaux vietnamiens.

**HŬNGNAM** ♦ V. de la Corée du Nord, près de la mer du Japon. 130 000 hab. Engrais chimiques. Métall. Fibres artificielles.

**HUNINGUE** [68330] ➝ ÉTYM. du germ. *Huno*, n. de pers., et suff. *-ingen* ♦ Ch.-l. de cant. du Haut-Rhin, arr. de Mulhouse, sur le Rhin. 6 097 hab. *(Huninguois)*. Point de départ du canal de Huningue reliant le canal du Rhône au Rhin. Port fluvial. ▮ **Histoire** La ville fut fortifiée par Vauban (1679 - 1681). En 1815, le général J. Barbanègre, avec 135 hommes, résista pendant trois mois aux 30 000 Autrichiens de l'archiduc Jean.

**HUNS** n. m. pl. ♦ Nom donné à des peuples asiatiques turco-mongols, probablement de langue turque, et en particulier à une branche occidentale des Xiongnu. Les Huns occidentaux établis au Ier s. entre le lac Balkhach et la mer d'Aral, peut-être au N. du Caucase au IIe s., franchirent la Volga puis le Don v. 370, provoquant ainsi les Grandes Invasions*. Après avoir soumis les Alains*, les Hérules*, les Ostrogoths*, chassé les Wisigoths* au S. du Danube et vaincu les Gépides*, ils s'installèrent vers 405 dans la cuvette danubienne, l'actuelle Hongrie. La grande invasion de 406 partit de là vers la Gaule. Certains détruisirent le royaume des Burgondes* sur le Main (v. 437), d'autres pillèrent l'empire d'Orient, imposant tribut à Théodose* II. Unifiés par Attila* en un vaste empire allant du haut Danube au Dniepr (v. 434), ils envahirent les Balkans et menacèrent Constantinople (448). Ils gagnèrent ensuite la Gaule où ils furent vaincus aux champs Catalauniques* (451). Après avoir pillé l'Italie du Nord, ils se retirèrent (453). La mort subite d'Attila (453) précipita la dislocation de son empire, les peuples soumis reprirent leur indépendance et les Huns gagnèrent pour la plupart les pays du nord de la mer Noire. Certains s'intégrèrent à d'autres peuples, dont les Bulgares. ♦ ***Les Huns hephthalites*** Venus d'Asie centrale (➝ **Yüeh-chih**), ils occupèrent v. 420 - 425 la Sogdiane et la Bactriane d'où ils attaquèrent la Perse sassanide ; ils furent vaincus vers 560 par Khosrō Ier. D'autres Hephthalites pillèrent le Gandhara où ils ruinèrent la civilisation gréco-bouddhique (2e moitié du Ve s.). Au début du VIe s., ils conquirent le bassin de l'Indus et pillèrent le N. de l'Inde ; ils furent vaincus vers 530.

**HUN SEN** ♦ Homme politique cambodgien (Peam Koh Smar, prov. Kompong Cham 1952). Ayant adhéré dès 1965 au Mouvement communiste, il combattit parmi les Khmers rouges puis se réfugia au Viêtnam et participa à la chute de Pol Pot en 1979. Ministre des Affaires étrangères du gouvernement de Phnom Penh dès cette date, il devint chef du gouvernement en 1985. Il a conservé cette fonction depuis lors, la partageant, en qualité de «second» Premier ministre, avec Norodom Ranariddh, après les élections de 1993 et jusqu'à la crise de 1997. Chef du Parti du peuple cambodgien (PPC), il est resté l'«homme fort» du Cambodge.

**HUNSRÜCK** n. m. ♦ Massif montagneux d'Allemagne occidentale appartenant à l'ensemble schisteux rhénan dont il constitue la partie sud-occidentale, à l'intérieur du quadrilatère formé par la Moselle au N., le Rhin à l'E., la Nahe au S. et la Sarre à l'O. Région de hautes landes désolées, coupées de gorges et couvertes de bois. Point culminant à 818 m, à l'O. d'Idar-Oberstein.

**HUNT (James Henry Leigh)** ♦ Journaliste et poète britannique (Southgate, Middlesex 1784 - Putney, auj. dans Londres 1859). Fils d'un ecclésiastique, il fit ses études à Christ's Hospital et fonda avec son frère John *The Examiner*, où il attaqua le régent («un Adonis trop gras»), ce qui lui valut 2 ans de prison (1813 - 1815). Sa poésie (*Les Fastes des poètes*, 1814 ; *L'Histoire des Rimini*, 1816 ; *Feuillage*, 1818 ; réunis dans *Poèmes narratifs*, 1832), à cause d'une certaine liberté de vocabulaire, fut qualifiée d'argotique («the Cockney School of Poetry»). Dans *The Indicator* (1819 - 1821), que Hunt éditait, parurent ses meilleurs essais. Il se rendit en Italie avec sa nombreuse famille et y fonda *Le Libéral* (1822 - 1823), avec Byron, dont l'entourage aristocratique n'admit pas Hunt (*Lord Byron et quelques-uns de ses contemporains*, 1825). Ami des trois grands romantiques Shelley*, Keats* et Byron*, il leur permit de se rencontrer. Carlyle apprécia son *Autobiographie* (1850), qu'il comparait à celle de Boswell*, et Dickens l'évoqua dans *Bleak House* (Harold Skimpel). ➝ ÉTYM. *Hunt* vient du vieil anglais *hunta* «chasseur».

**HUNT (William Holman)** ♦ Peintre britannique (Londres 1827 - *id.* 1910). D'abord employé de bureau, il se consacra à la peinture en 1843 et rencontra Millais* en 1844. Il fonda avec lui et Rossetti* la «confrérie» des préraphaélites. Admirateur de Keats et de Ruskin*, il considérait l'art comme une religion, croyait à sa fonction sociale et vouait à la Nature une admiration respectueuse. Il voyagea à Paris et en Belgique en compagnie de Rossetti (1849), plusieurs fois en Italie et surtout en Palestine. Il peignit des thèmes empruntés aux XIVe et XVe s. italiens (*Claudio et Isabella*, 1850), des allégories modernes (*Le Réveil de la conscience*, 1853) et des sujets religieux (*Le Bouc émissaire*, 1855). Dans ses compositions aux couleurs claires et intenses, parfois discordantes, les détails sont peints avec un réalisme méticuleux et en même temps chargés de symbolisme moral. En 1905, il publia *Le Préraphaélisme et la confrérie préraphaélite*.

William Holman **Hunt**. *Le Réveil de la conscience* (86,2 x 55,9 cm),1853. Tate Gallery, Londres. *BIS/Phot. Eileen Tweedy © Archives Larbor*

**HUNT (R. Timothy)** ♦ Biologiste britannique (Neston in the Wirral, Merseyside 1943). Il découvrit, vers 1980, les cyclines, protéines qui régulent l'action des kinases lors d'un cycle cellulaire (➝ **Nurse**), ainsi que leur mode d'action. [Prix Nobel de physiologie ou médecine 2001, avec L. H. Hartwell* et P. M. Nurse]

**HUNTER (William)** ♦ Médecin britannique (Long Calderwood, Écosse 1718 - Londres 1783). Chirurgien et professeur d'anatomie à l'Académie royale des arts, il est l'auteur du célèbre traité *Anatomy of the Gravid Uterus* (1774). ♦ **John Hunter.** Chirurgien britannique (1728 - 1793), frère du précédent. Il fit ouvrir à Londres un musée anatomique ; considéré comme le créateur de la pathologie expérimentale en Angleterre, chef d'école, il est un des tout premiers chirurgiens modernes.

**HUNTINGDON** ♦ V. d'Angleterre (Cambridgeshire), sur l'Ouse, au N.-O. de Cambridge. 145 000 hab.

**HUNTSVILLE** ♦ V. des États-Unis (Alabama). 158 216 hab. dont 24 % de Noirs (zone urbaine 342 276). Indus. Centre aérospatial.

**HUNTZIGER (Charles)** ♦ Général français (Lesneven 1880 - près du Vigan 1941). Commandant des troupes françaises du Levant à Beyrouth (1933) puis membre du Conseil supérieur de la guerre (1938), il fut nommé à la tête de la IIe armée, puis du IVe groupe d'armées au début de la Deuxième Guerre mondiale. Choisi par Pétain pour présider la délégation chargée de négocier et de signer après la défaite de 1940 les armistices avec l'Allemagne (Rethondes*, 22 juin 1940) et l'Italie, il fut ensuite ministre de la Guerre dans le gouvernement de Vichy (1940).

**HUNYADI (Jean ou János)** ♦ Homme de guerre hongrois (Transylvanie v. 1387 - Semlin 1456). Il appartenait à une famille de petite noblesse de Transylvanie. Il se distingua dans la lutte contre les Turcs, reconquérant une grande partie des Balkans (1440 - 1444), mais la campagne vers les côtes de la mer Noire fut un échec (Varna, 1444). En 1446, il fut désigné comme régent de Ladislas* V. Battu par les Turcs à Kosovo (1448), il mit en état de défense les forteresses du S. et de l'E. du pays. Ayant résigné ses fonctions de régent (1453), il soutint la candidature de Ladislas V au trône. Hunyadi défendit victorieusement Belgrade attaqué par les Turcs de Mehmet* II (1456), contre-attaqua et les repoussa jusqu'en Bulgarie. Un de ses fils, Mathias* Corvin, fut élu roi de Hongrie.

**HUNZA** n. m. ♦ District du Pakistan, entre le Karakoram et l'Hindū Kush. La vallée qui lui a donné son nom est suivie par une route conduisant au Xinjiang sous contrôle chinois, par la passe de Kunjerab, à plus de 5 000 m. Les habitants ont la réputation de jouir d'une longévité exceptionnelle.

**HUON** (îles) → **Nouvelle-Calédonie**

**HUON DE BORDEAUX** ♦ Personnage de la chanson de geste française qui porte son nom (v. 1250) et qui fait partie de la *Geste du Roi*. ▪ Huon, qui a tué sans le connaître le fils de l'empereur, Charlot, se voit imposer de rudes épreuves par Charlemagne*. Le héros obtient son pardon et la main d'Esclarmonde, avec l'aide du nain Aubéron (→ **Obéron**).

**HUPPERT (Isabelle)** ♦ Comédienne française (Paris 1953). Jouant d'une palette extrêmement large, elle a interprété des femmes à la psychologie complexe aussi bien bourgeoises qu'ouvrières ou encore froides meurtrières. Devenue très tôt l'actrice fétiche de Claude Chabrol (*Violette Nozière*, 1978 ; *La Cérémonie*, 1995), elle a tourné plus de 70 films dont *Sauve qui peut (la vie)* (Godard, 1979), *Loulou* (Pialat, 1980), *Coup de torchon* (Tavernier, 1981) ou *La Pianiste* (Haneke, 2001). Au théâtre, elle interpréta merveilleusement *Orlando* (1993) et *Quartett* (2006) montés par Bob Wilson, *Médée* (2000) et *Hedda Gabler* (2005).

**HUREPOIX** n. m. ♦ Région de l'Île-de-France coïncidant approximativement avec le dép. de l'Essonne. Elle est constituée à l'O. par un plateau calcaire meuliérisé entaillé par l'Yvette, au S. par un plateau crayeux bocager. À l'E., des plaines limoneuses parsemées de buttes gréseuses, drainées par la Seine et l'Essonne, sont le domaine de la grande culture.

**HURIEL** [03380] → ÉTYM. du germ. *Uro*, n. de pers., et suff. *-iacum* (*Hurié* prononcé localement *Huriel*) ♦ Ch.-l. de cant. de l'Allier*, arr. de Montluçon*. 2 377 hab. (*Huriélois*). Église romane Notre-Dame (XII^e s.). Restes d'un anc. château (donjon carré du XII^e s., tours rondes du XV^e s.).

**HURON** (lac) → ÉTYM. du n. des *Hurons** ♦ Un des Grands* Lacs nord-américains, à la frontière entre Canada (Ontario) et États-Unis (Michigan), communiquant au N.-O. avec le lac Supérieur par la riv. Sainte-Marie, au S.-O. avec le lac Michigan par le détroit de Mackinac, au S. avec le lac Saint-Clair* par la riv. Saint-Clair. 59 500 km². Navigation active en été. Il comprend au N.-E. une vaste baie (Georgian Bay) et à l'O. la baie de Saginaw.

**HURONS** n. m. pl. → ÉTYM. «ceux qui ont une hure [une tête hérissée]», n. donné par les Français ♦ Peuple amérindien du Canada, de langue et de culture iroquoiennes. Au XVII^e s. ils vivaient entre le lac Huron et le lac Ontario. Les Hurons furent les premiers alliés des Français entre 1616 et 1648, détenant le quasi-monopole du commerce de la fourrure au détriment des Iroquois. Disséminés par les maladies et les raids iroquois, ils abandonnèrent leur pays en 1649 et beaucoup se réfugièrent chez les Algonquins, un petit nombre s'établissant dans le village de Lorette, près de Québec. Leurs descendants y vivent toujours, retrouvent leur culture et se nomment eux-mêmes *Hurons-Wendat*.

**HURRITES** → **Hourrites**

**HURTADO DE MENDOZA (Diego)** → ÉTYM. *Hurtado*, de l'esp. *hurtar* «voler, dérober» ♦ Diplomate et écrivain espagnol (Grenade 1503 - Madrid 1575). Passionné de livres et de manuscrits, il fut le type du grand seigneur érudit de la Renaissance. Son œuvre principale, *La Guerre de Grenade* (publ. 1627), est d'une rare objectivité. Il est l'un des auteurs présumés du *Lazarillo* de Tormes*.

**HURWICZ (Leonid)** ♦ Économiste américain d'origine russe (Moscou 1917 - Minneapolis 2008), initiateur de la théorie des mécanismes d'incitation, *Mechanism design theory*, qui a pour objet de déterminer quelles sont les institutions — de marché, mixtes ou publiques — les plus efficaces sur le comportement des agents pour une interaction optimale dans une économie où la source fondamentale du pouvoir de marché est l'information. En posant notamment la question de la nécessité de l'intervention de l'État et éventuellement de sa forme, Hurwicz a contribué à la reprise en compte de l'analyse économique des institutions, laissée en retrait au milieu du XX^e siècle. [Prix Nobel d'écon. 2007 avec Eric Maskin* et Roger Myerson*].

**HURWITZ (Adolf)** ♦ Mathématicien allemand (Hildesheim 1859 - Zurich 1919). Il se spécialisa dans la théorie des fonctions et surtout la théorie des nombres. Il étudia, entre autres, les polynômes qui portent son nom, et dont toutes les racines ont la partie réelle négative.

**HUS (Jan)** → ÉTYM. de *Husinec* (son lieu de naissance) ♦ Réformateur religieux tchèque (Husinec, Bohême, v. 1371 - Constance 1415). Prêtre, doyen de la faculté de théologie puis recteur de l'université de Prague, il fut influencé par les idées de Wyclif*, et prononça des sermons contre les erreurs du catholicisme. Excommunié une première fois en 1411, il prit position contre l'antipape Jean* XXIII. Après une nouvelle excommunication (1412), il fut cité au concile de Constance (1414). Il s'y rendit avec un sauf-conduit de l'empereur Sigismond, mais fut condamné et brûlé vif. Ses disciples (→ **hussites**) le considérèrent comme un patriote et un martyr de la foi. Il a contribué à fixer la langue littéraire tchèque. ▪ Princ. œuvres (en tchèque et en latin) : *Questio de indulgentiis* (1412), *Explication de la foi* (1412), *De Ecclesia* (1413), *Explication des Saints Évangiles* (1413), *De la simonie* (1413).

**HUSÁK (Gustáv)** ♦ Homme politique tchécoslovaque (Bratislava 1913 - *id.* 1991). Résistant slovaque (1944), il accéda à des fonctions importantes dans le parti communiste (1945 - 1950) mais en fut exclu en 1950 pour «nationalisme bourgeois» et condamné à la prison à vie (1954). Libéré (1960), puis réhabilité (1963), il joua un rôle ambigu, en 1968, au moment du Printemps de Prague. Se ralliant finalement à la «normalisation» de la Tchécoslovaquie, il prit la tête du parti communiste à la place de Dubček* et devint président de la République (1975 - 1989).

**ḤUSAYN (Ṭāha)** → **Ṭāha Ḥusayn**

**ḤUSAYN CHĀH** ♦ Roi musulman du Bengale (Inde) qui régna pacifiquement de 1493 à 1519. Il orna sa capitale, Gaur, de monuments et tenta de créer une religion syncrétique indo-islamique qu'il nomma Satyapīr. Son fils aîné, Nusrat Chāh, fut élu pour lui succéder à sa mort. Il est vénéré par de nombreux musulmans et hindous.

**HU Shi** ou **HOU Che** ♦ Philosophe et écrivain chinois (Shanghai 1891 - Taipei 1962). Formé aux États-Unis, il participa en 1917 à la première revue de littérature moderne, *Xin Qingnian*, aux côtés de Chen* Duxiu et parvint à faire adopter en littérature l'usage de la langue populaire (*baihua*). Fidèle de Jiang Jieshi (Chiang Kai-shek), il s'exila à Taiwan en 1949 et acheva sa carrière comme ambassadeur de la République nationaliste à Washington jusqu'en 1958, puis comme académicien.

**Le Hussard sur le toit** ♦ Roman de Jean Giono* (1951). Alors qu'une épidémie de choléra frappe la Provence sous le règne de Louis-Philippe, Angelo, un colonel de hussards qui a entrepris de soigner les malades, est obligé de se réfugier sur les toits de Manosque : on le prend pour un empoisonneur. Il doit donc fuir avec Pauline de Théus qu'il sauve de la mort avant de regagner l'Italie. L'œuvre marque un tournant dans l'écriture de Giono qui se rapproche du dépouillement stendhalien.

**HUSSEIN** → ÉTYM. en ar. *Ḥusayn*, dimin. de *Hassan** ♦ Second fils d'Ali* et de Fatima*. → **Hassan et Hussein.**

**HUSSEIN IBN HUSSEIN** ou **ḤUSAYN IBN ḤUSAYN** ♦ (Smyrne v. 1773 - Alessandria 1838). Bey d'Alger (1818 - 1830). Il continua la guerre de course en Méditerranée, passant outre aux décisions du congrès d'Aix-la-Chapelle. Il réclama vainement à la France le paiement des livraisons de grain effectuées par l'Algérie pendant le Consulat et l'Empire, et les relations avec la France, déjà tendues, s'aggravèrent avec la capture de deux navires romains par des corsaires d'Alger. Hussein, irrité par la plainte portée par le consul à son encontre, le frappa de son éventail (1827) et refusa de présenter des excuses ; l'incident servit de prétexte à l'intervention française. Hussein capitula le 5 juil. 1830 devant les troupes débarquées à Sidi-Ferruch le 14 juin et dut s'exiler en Italie.

**HUSSEIN** ou **ḤUSAYN IBN TALĀL** ♦ Roi de Jordanie (Amman 1935 - *id.* 1999). Petit-fils de ʿAbd Allāh, fondateur de la monarchie hachémite de Jordanie, il devint roi à l'âge de 17 ans après que son père le roi Talal fut jugé inapte à gouverner (août 1952). Il n'exercera cependant le pouvoir qu'un an plus tard, à sa majorité, dans un contexte difficile (conflit israélo-arabe, montée du nassérisme et guerre froide). Le jeune roi, formé à l'école britannique, fut accusé par d'autres gouvernements arabes d'adopter une politique pro-occidentale. Après la guerre israélo-arabe de juin 1967, qui se solda par l'occupation des territoires palestiniens de son royaume (Cisjordanie), la montée en puissance des mouvements de guérilla palestiniens, majoritairement hostiles au souverain, conduisirent à une véritable guerre civile (1970 - 1971) qui aboutit à la liquidation de toute présence armée palestinienne en Jordanie («septembre noir»). Hussein se réconcilia avec l'OLP lors du sommet arabe de Rabat de 1974. Partisan d'un règlement négocié de la question palestinienne, il condamna néanmoins les accords de Camp* David

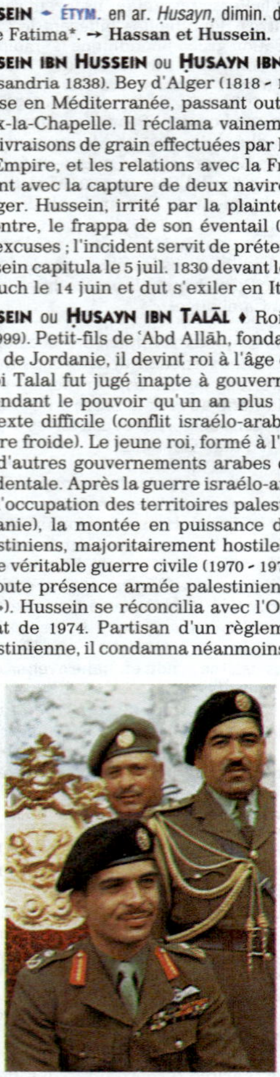

**Hussein** de Jordanie.
*Phot. © Fred Mayer/Magnum*

(1978). Un projet de fédération jordano-palestinienne, entériné en 1983 par les instances dirigeantes palestiniennes, demeura lettre morte et le roi renonça le 31 juil. 1988 à toute revendication sur la Cisjordanie après le déclenchement de l'intifada palestinienne. Il s'efforça vainement de régler la crise du Golfe, provoquée par l'invasion irakienne du Koweït (1990 - 1991). Il signa cependant en oct. 1994 un traité de paix avec Israël. Gravement malade, Hussein procéda en janv. 1999 à d'importants changements constitutionnels, écartant son frère Hassan de la succession et nommant son fils aîné, Abdallah, prince héritier. Ce dernier accéda au trône quelques jours après sa mort.

**HUSSEIN (Saddam)** ➝ ÉTYM. *Hussein*, dimin. de *Hassan** et *Saddam*, en ar. *Çaddâm* «qui repousse l'ennemi» ♦ Homme d'État irakien (Tikrit 1937 - Bagdad 2006). Musulman sunnite, il adhéra en 1957 au parti Baas. Impliqué dans un complot contre le général Kassem en oct. 1959, il s'exila en Syrie et en Égypte. Il rentra à Bagdad en 1963 à l'issue du coup d'État du général Aref*, mais, lorsque le Baas fut écarté du pouvoir, il fut emprisonné (1964 - 1966). Après le coup d'État baassiste de 1968 qui porta au pouvoir le général Hassan al-Bakr, il devint vice-président du Conseil de commandement de la révolution (CCR, 1969), entreprit l'élimination de ses principaux rivaux et l'encadrement de l'armée par le parti Baas. Il hérita de toutes les charges du président al-Bakr (chef de l'État, secrétaire général du Baas et président du CCR) après la démission de ce dernier (16 juil. 1979). Il accéléra alors la réorientation de l'Irak dans le camp modéré arabe, renforçant les alliances avec l'Égypte et la Jordanie. En sept. 1980, il entra en guerre contre l'Iran de Khomeiny qui voulait exporter sa révolution islamique vers l'Irak. De cette guerre, l'Irak sortit exsangue. Le 2 août 1990, Saddam Hussein envahit le Koweït, provoquant une formidable coalition internationale contre son pays. Défait militairement, mis au ban des nations, il réussit à se maintenir au pouvoir au prix d'une sanglante répression contre les chiites et les Kurdes. → **Golfe (guerre du).** Soupçonné de dissimuler des armes de destruction massive, il donna aux États-Unis le motif d'une guerre qu'ils engagèrent avec la Grande-Bretagne en mars 2003, et fut capturé par les Américains en décembre. Il fut condamné à mort par le Haut Tribunal pénal irakien en nov. 2006 et pendu moins de deux mois plus tard.

**HUSSEIN DEY** ♦ V. d'Algérie, incorporée au Grand Alger, entre la baie d'Alger et les collines du Sahel. 53 859 hab. Faub. indus. Jardin d'essai.

**HUSSEIN IBN ALI** ♦ (v. 1856 - Amman 1931). Cheikh de La Mecque, puis roi du Hedjaz* (1916 - 1924). Considéré comme descendant de la famille des Hachémites*, il dirigea avec l'appui de la Grande-Bretagne le mouvement panarabe du Proche-Orient. Lors de la Première Guerre mondiale, il prit part à la lutte contre les troupes turco-allemandes. Devenu souverain (malik) du Hedjaz, il fut battu par ibn Séoud qui prit La Mecque (1919) et l'obligea à abdiquer. Ses fils furent respectivement roi hachémite d'Irak (→ **Fayçal Ier**) et émir de Transjordanie, puis roi hachémite de Jordanie (→ **'Abd Allāh**).

**HUSSEIN KAMAL PACHA** ♦ Sultan d'Égypte (Le Caire 1853 - *id.* 1917). Second fils d'Ismaïl* Pacha, il fut président de l'Assemblée législative (1909). Il remplaça son neveu 'Abbās II déposé en 1914 par les Britanniques et maintint l'Égypte dans l'état de neutralité pendant la Première Guerre mondiale.

**HUSSERL (Edmund)** ♦ Philosophe allemand (Prossnitz, auj. Prostějov, Moravie 1859 - Fribourg-en-Brisgau 1938). Après des études scientifiques, notamment de mathématiques, il rencontra F. Brentano* qui eut sur lui une grande influence. Professeur à Halle (jusqu'en 1906), à Göttingen (1906 - 1916) et à Fribourg-en-Brisgau (jusqu'en 1936 où il fut rayé de la liste des professeurs en raison de son ascendance juive), il publia successivement *Les Recherches logiques* (1900), *La Philosophie comme science rigoureuse* (1910), *Idées directrices pour une phénoménologie pure et une philosophie phénoménologique* (1913), *Logique* formelle et Logique transcendantale* (1929), *La Crise des sciences européennes et la phénoménologie transcendantale* (1936). ▪ Contre le psychologisme qui assimile les lois de la pensée logique aux faits psychiques empiriques, Husserl se proposa de délimiter le domaine de la logique pure, de construire la théorie générale des systèmes déductifs formels. Travail préparatoire à cette tâche, la méthode phénoménologique est une manière «de revenir des discours et opinions aux choses mêmes», de décrire et non d'expliquer les actes de pensée par lesquels nous atteignons les objets logiques, ou de perception, de saisir les significations idéales ou essences pures dans une intuition originaire *(Wesenschau)*. Préliminaire à toute science empirique, la science «eidétique» (ontologie de la nature) s'achève par une ontologie formelle (science de l'essence d'objet en général) ou logique pure *(mathesis universalis)*. Si la constitution d'une telle logique n'a cessé de préoccuper Husserl, sa réflexion s'est cependant davantage orientée ensuite vers le problème de la corrélation du sujet et de l'objet dans l'acte de la connaissance, passant ainsi d'un certain réalisme eidétique à un idéalisme transcendantal. Plus radicale que le doute cartésien, la réduction phénoménologique consiste à mettre entre parenthèses l'attitude naturelle, naïve, de la conscience affirmant spontanément l'existence du monde, et à isoler le donné naturel, contingent (le monde extérieur et le moi empirique) du moi pur, du sujet ou ego transcendantal. Modèle de toute évidence originaire et nécessaire, la conscience pure se découvre ainsi comme «intentionnalité» (→ **Brentano**), source de toute signification, puissance constituante de l'objet ; son analyse eidétique permet d'en préciser les modalités (conscience percevante, imageante, etc.). Insistant sur l'expérience fondamentale et originale que le sujet a d'autrui et faisant de l'intersubjectivité le fondement même de l'objectivité du monde, Husserl évita le solipsisme où risquait de conduire l'idéalisme transcendantal. C'est vers une sociologie culturelle que s'achemina sa réflexion. L'influence de la phénoménologie fut considérable. → **Berger (Gaston), Heidegger, Jaspers (Karl), Merleau-Ponty, Ricœur, Sartre, Scheler.** ➝ ÉTYM. Ce nom vient du tchèque *husa* «oie», du haut allemand *hussen* «chasser».

## hussites

n. m. pl. ♦ Adeptes de Jan Hus*. L'exécution de celui-ci provoqua chez eux un soulèvement national et religieux. Ils exigèrent la liberté de sermon, la communion sous les deux espèces, le retour à l'Église primitive et la punition des péchés mortels par les autorités civiles. Le refus que leur opposa l'empereur Sigismond* entraîna le pays dans la guerre. À la suite des défaites des troupes du cardinal Cesarini, un compromis (*compactata*, 1433) fut signé, par lequel l'Église autorisait les hussites à communier sous les deux espèces. Seuls les «modérés» ou «praguois» l'acceptèrent ; les «radicaux» ou «taborites» (de Tábor, en Bohême du Sud) poursuivirent la lutte mais furent battus à Lipany (1434) et la diète de Jihlava (Iihlava) confirma le compromis de 1433 ; Sigismond devint roi de Bohême (1436). Parmi les hussites, certains revinrent au catholicisme, d'autres subirent au XVIe s. l'influence du luthéranisme*, et quelques taborites constituèrent l'association des Frères moraves, restaurée (au XVIIIe s.) par le comte von Zinzendorf* (→ **piétisme**).

**HUSTON (John)** ♦ Cinéaste américain (Nevada, Missouri 1906 - Middletown, Rhode Island 1987). Boxeur, acteur, puis journaliste, il fut scénariste avant de se consacrer à la mise en scène. Bien loin d'être une méditation pessimiste sur la vanité de toute action, le meilleur de son œuvre célèbre la vertu de l'effort et la grandeur de l'homme, isolé dans sa lutte contre les forces qui le dépassent. Réal. princ. : *Le Faucon* maltais* (1941), *Le Trésor* de la Sierra Madre* (1948), *Key* Largo* (1948), *Quand la ville dort* (*The Asphalt Jungle*, 1950), *La Charge victorieuse* (*The Red Badge of Courage*, 1951), *The African Queen* (1952), *Les Désaxés** (*The Misfits*, 1961), *Fat City* (1972), *Au*-dessous du volcan* (1984), *Gens* de Dublin* (1987).

John **Huston**. *The African Queen*, 1952. Horizon Pictures, Romulus Film. *BIS/Phot. British Film Institute © Coll. Archives Larbor*

**HUSTON (Nancy)** ♦ Romancière canadienne d'expression anglaise et française (Calgary 1953). Elle s'installa en France en 1973 et milita dans le mouvement féministe MLF. Son œuvre est nourrie de son enfance marquée par l'absence de sa mère, de son exil, de sa maternité et de la transmission familiale ainsi que de sa passion pour la musique. Depuis 1980, elle publie régulièrement des romans dont la plupart ont été couronnés : *Les Variations Goldberg* (1981) ; *Cantique des plaines* (1993) ; *La Virevolte* (1994) ; *Instruments des ténèbres* (1996) ; *L'Empreinte de l'ange* (1999) ; *Lignes de faille* (2006, prix Femina).

**HUSUM** ♦ V. d'Allemagne (Schleswig-Holstein), 22 049 hab. Château du XVIe s. Musée de la Frise du Nord et point de départ de la visite des *Hallingen* (marais maritimes). Petit port de pêche sur la mer du Nord. ▪ Important marché agricole.

**HUTCHESON (Francis)** ♦ Philosophe britannique (Drumalig, Irlande du Nord 1694 - Glasgow 1746). Professeur à l'université de Glasgow, il eut Adam Smith* pour élève. Dans ses ouvrages (*Recherches sur* *l'origine des idées que nous avons de la beauté et de la vertu,* 1725 ; *System of Moral Philosophy,* 1755), il développa en la systématisant la morale du sentiment de Shaftesbury*.

**HUTCHINSON (sir Jonathan)** ♦ Chirurgien britannique (Selby, Yorkshire 1828 - Haslemere, Surrey 1913). Il donna la description du syndrome de la syphilis congénitale (coexistence de malformations dentaires, lésions oculaires et auriculaires ou *triade de Hutchinson*). ➝ ÉTYM. Ce nom anglais signifie «fils *(son)* de Hutchin, diminutif de *Hugh* Hugues».

**HUTT** → **Wellington**

**HUTTEN (Ulrich VON)** ♦ Chevalier et humaniste allemand (château de Steckelberg, près de Fulda 1488 - île d'Ufenau, lac de Zurich 1523). Il mena une vie de voyages et d'études, rencontra Érasme*, prit position pour Reuchlin* dans la querelle qui l'opposait aux dominicains (*Epistolae obscurorum virorum,* v. 1517), se passionna pour les idées de la Réforme et ne ménagea pas ses critiques contre le clergé et les princes. Il s'exila après la défaite de la révolte des chevaliers qu'il avait dirigée.

**HUTTON (James)** ♦ Chimiste et géologue britannique (Édimbourg, Écosse 1726 - *id.* 1797). Il fut le premier à introduire en géologie la notion de l'évolution dans le temps ; il reconnut l'action de l'érosion et des forces orogéniques dans la formation de la Terre, fonda les coupures géologiques sur les observations stratigraphiques et développa des théories sur l'origine de différentes roches en tenant compte de la pression et de la chaleur.

**HUXLEY (Thomas Henry)** ♦ Naturaliste britannique (Ealing, Middlesex 1825 - Eastbourne 1895). Défenseur de la théorie de l'évolution de Darwin*, il s'attacha principalement au problème de l'origine de l'espèce humaine (*La Place de l'homme dans la nature,* 1863).

**HUXLEY (sir Julian Sorell)** ♦ Biologiste britannique (Londres 1887 - *id.* 1975), petit-fils de T. H. Huxley. Il fut le premier directeur général de l'Unesco (1946 - 1948). Ses travaux de biologie portèrent sur les théories de l'évolution et la génétique.

**HUXLEY (Aldous)** ♦ Poète, journaliste et romancier britannique (Godalming, Surrey 1894 - Los Angeles, Californie 1963). Petit-fils du savant Thomas Huxley et parent de Matthew Arnold, Aldous Huxley fit ses études à Eton et à Oxford. Il avait vingt-cinq ans quand il collabora à l'*Athenaeum* et publia ses premiers vers (*La Défaite de la jeunesse,* 1918 ; *Leda,* 1920). Mais c'est par le roman qu'il exprima une vision du monde ironique et critique, où l'humanisme et la culture sont menacés par ceux mêmes qui sont chargés de les défendre. *Jaune de chrome* (*Crome Yellow,* 1921) est une évocation sceptique, et d'un comique paradoxal, de la société cosmopolite et blasée des années 1920 ; *Antic Hay* (1923), une satire malicieuse des coteries littéraires bohèmes. *Contrepoint* (*Point Counter Point,* 1928) est de la même veine satirique, d'une intelligence aiguë. *Le Meilleur* des mondes* (*Brave New World,* 1932) donne de l'avenir une vision pessimiste (en contraste avec l'optimisme de H. G. Wells) et constitue une satire très forte de l'américanisation du monde, comme du culte positiviste de la science. *La Paix des profondeurs* (*Eyeless in Gaza,* 1936) est une critique explicite du monde moderne. Les préoccupations morales de Huxley l'amenèrent à s'intéresser à la philosophie orientale : *Jouvence* (*After Many a Summer,* 1939), *La Philosophie éternelle* (1945). Huxley laisse une œuvre où l'esprit et l'humour sont servis par une prose claire et simple ; en outre, il représente un moment de la crise intellectuelle bourgeoise. D. H. Lawrence, qui «n'aimait pas ses livres [...], admirait en eux une sorte de courage désespéré dans le refus et la répudiation». ➝ ÉTYM. Ce nom de famille vient d'un nom de lieu, peut-être du vieil anglais *hux* «ignominie (lieu inhospitalier)» et *ley* «bois sacré».

Aldous **Huxley** en 1954.
*Phot. © Lipnitzki/Roger-Viollet*

**HUXLEY (sir Andrew Fielding)** ♦ Neurobiologiste britannique (Londres 1917). Demi-frère d'Aldous Huxley*. → **Hodgkin.** [Prix Nobel de physiol. ou méd. 1963, avec J. Eccles et A. Hodgkin]

**HUY** – en néerl. ***Hoei*** ♦ V. de Belgique (Région wallonne), prov. de Liège, ch.-l. d'arr., sur la Meuse, au confluent du Hoyoux. 20 232 hab. La ville est célèbre pour ses «quatre merveilles» : *li pontia* (le pont), *li rondia* (la rose de la collégiale, XIe s.), *li bassinia* (la fontaine de la Grand-Place, XVe s.), et *li chestia* (le château-citadelle, 1818). Église Saint-Mengold (XIIIe - XVIe s.). Couvent des Frères mineurs (1620 ; musée). Abbaye du Neufmoustier, fondée par Pierre l'Ermite en 1101. Tour d'Oultremont (XVIe s.). Pont suspendu de Ben-Ahin. ▪ Travail de l'étain (stainiers) depuis le VIIe s. ; fonderie. Centrale nucléaire de Tihange. Activités tertiaires.

**HU Yaobang** ou **HOU Yao-pang** ♦ Homme politique chinois (dans le Hunan 1915 - Pékin 1989). Ayant rejoint les communistes en 1933, Hu participa à la Longue* Marche. En 1949, il administra le Sichuan sous le contrôle de Deng* Xiaoping, puis devint secrétaire de la Ligue de la jeunesse. Un temps écarté du pouvoir pendant la Révolution* culturelle, il réapparut à des postes de direction et soutint les réformes économiques de Deng. Après la démission forcée de Hua* Guofeng en 1981, il dirigea le parti communiste. Mais, accusé de laxisme face aux manifestations étudiantes de 1986, il dut démissionner. Il fut réélu triomphalement par le parti en 1987. Ses obsèques, le 22 avr. 1989, le firent apparaître comme l'incarnation du libéralisme et devinrent le prétexte des premières grandes manifestations sur la place Tianan men.

**HUYGENS (Christiaan)** ♦ Physicien, mathématicien et astronome néerlandais (La Haye 1629 - *id.* 1695). S'il étudie en Hollande, c'est à Paris, où il séjourna de 1665 à 1680, qu'il réalisa ses principaux travaux. Il est l'auteur du premier exposé complet de calcul des probabilités (*De ratiociniis in ludo aleae,* 1656) immédiatement après sa création par Pascal* et Fermat*. On lui doit également le premier grand traité de dynamique (*Horologium oscillatorium,* 1673) dans lequel on trouve la notion de force centrifuge, l'étude du mouvement circulaire, de l'accélération de la pesanteur et de ses variations à la surface de la Terre, la théorie du centre d'oscillation, le principe de la conservation des forces vives, des lois du choc élastique des corps, la définition du moment d'inertie et la détermination exacte de l'intensité de la pesanteur à l'aide du pendule, l'étude du pendule conique, la cycloïde considérée comme courbe tautochrone et la théorie du pendule cycloïdal, la théorie de la développée d'une courbe et du centre de courbure, enfin la découverte de l'horloge à balancier et du mécanisme à échappement. En astronomie, il comprit l'intérêt présenté par l'emploi d'un oculaire convergent pour les lunettes et put ainsi découvrir autour de Saturne ce qu'il prit pour un anneau unique (1656), la rotation de Mars et la nébuleuse d'Orion. Auteur, en 1678, d'une théorie ondulatoire de la lumière (*Traité de la lumière,* 1690), il imagina (contrairement à Newton* qui développa une conception corpusculaire) des oscillations longitudinales selon le sens de propagation et put donner une explication complète de la réflexion, de la réfraction et de la double réfraction, établissant dans ce dernier cas la loi de propagation du rayon «extraordinaire». Il élabora une théorie de la propagation de la lumière, toujours très utile, dans laquelle il considère chaque point atteint par la vibration comme une source de vibrations secondaires. [Acad. sc. 1666] ➝ ÉTYM. *Huygens* vient de *Huyghe,* forme flamande de *Hugues** (avec *s* du génitif de filiation).

**HUYGHE (René)** ♦ Historien d'art français (Arras 1906 - Paris 1997). Il obtint la chaire de psychologie des arts plastiques au Collège de France en 1950, après une carrière administrative au musée du Louvre, où il avait introduit de nouveaux principes de muséographie. Dans ses ouvrages, *Cézanne* (1936), *Les Contemporains* (1939), *Le Dessin français au XIXe s.* (1948), *Le Carnet de Paul Gauguin* (1952), *Degas* (1954), *Dialogue avec le visible* (1955), *L'Art et l'Âme* (1961), *Delacroix ou le Combat solitaire* (1964), *Les Puissances de l'image* (1965), *Sens et Destin de l'art* (1967), *La Relève du réel* (1974), il cherche à montrer que la vision artistique dépend de la société, de la pensée religieuse et philosophique, ainsi que du mode de vie. Il a dirigé des revues, *Amour de l'Art, Quadrige,* et un ouvrage de synthèse, *L'Art et l'Homme* (1958 - 1961). [Acad. fr. 1960]

**HUYSMANS** [ɥismɑ̃s] **(Georges Charles, dit Joris-Karl)** ♦ Écrivain français (Paris 1848 - *id.* 1907). «Hollandais putréfié de parisianisme», Huysmans, après une «jeunesse d'humiliation et de panne», poursuivit une carrière de fonctionnaire durant trente ans. Après le recueil de poèmes en prose, *Le Drageoir aux épices* (1874), il publia un article sur *L'Assommoir* et un roman, *Les Sœurs Vatard* (1879), qui lui valurent l'amitié de Zola. Il collabora au recueil collectif *Les Soirées* de Médan* (1880). Puis il peignit des existences ternes et une vie quotidienne dérisoire dans *En ménage* (1881) et *À vau-l'eau* (1882). Déjà apparaissent son pessimisme et son dégoût devant un monde moderne composé «de sacripants et d'imbéciles», ainsi que son tempérament «artiste». *À rebours* (1884) rompt nettement avec l'esthétique naturaliste : les «tendances vers l'artifice» du héros, Des Esseintes, sont, «au fond, des élans vers un idéal». Un autre personnage, Durtal (*Là-Bas,* 1891), exprime aussi l'évolution que connaît Huysmans ; cette étape satanique, où se mêlent occultisme et sensualité, précède la conversion à la foi chrétienne (*La Cathédrale,* 1898 et *L'Oblat,* 1903) à laquelle l'ont amené les préoccupations esthétiques : l'écrivain, en effet, vint au catholicisme (*En route*, 1895), attiré par «l'art qu'il avait fondé», comme il avait été séduit par le talent des impressionnistes (Degas*, Monet*, Pissarro*, Odilon Redon*) dont il se fit le défenseur dans *L'Art moderne* (1883). Au terme d'une difficile évolution, Huysmans cherche à «atteindre les en-deçà et les après», à faire un «naturalisme spiritualiste» tout en gardant, par son goût du détail cru, des termes rares et de la brutalité véhémente du style, «la langue étoffée et nerveuse du réalisme». [Acad. Goncourt 1897] ➝ ÉTYM. Ce nom flamand signifie «homme *(man)* de maison *(huis)*» (➝ aussi Haussmann).

**HUYSMANS (Camille)** ♦ Homme politique belge (Bilzen, Limbourg 1871 - Anvers 1968). Secrétaire de l'Internationale socialiste de 1905 à 1922, il se rallia durant la Première Guerre mondiale à la majorité socialiste soutenant la politique d'union sacrée, mais organisa en 1917 le congrès de la paix de Stockholm afin de renouer les relations entre les socialistes des pays belligérants. Hostile au mouvement communiste, ministre des Sciences et des Arts (1925 - 1926), il dirigea un gouvernement socialiste (1946 - 1947) et fut ministre de l'Instruction publique (1946 - 1949).

**HVAR** ♦ Île de Croatie (archipel dalmate). 296 km$^2$. 4 138 hab. Tourisme, pêche.

**HVIEZDOSLAV (Pavol ORSZÁGH, dit)** ♦ Poète slovaque (Horní Kubín, près de Žilina 1849 - Dolní Kubín 1921). Disciple de Sládkovič*, il fut un poète lyrique dans *Rameaux* (1885 - 1887 - 1895), *Psaumes et Hymnes* (1885) et *Sonnets sanglants* (1919). Il écrivit aussi des poèmes épiques : *La Femme du forestier* (1886) dans lequel il chante la nature et le peuple slovaque, *Ežo Vlkolinský* (1890) et *Gábor Vlkolinský* (1899).

**HWANG Chini** ou **HWANG Jin-i** ♦ Courtisane et poète coréenne (Gaesŏng v. 1506 - 1544). Auteur de nombreuses poésies de style Sijo, elle est considérée comme la plus grande poète de Corée.

**HWANG Hyŏn** ou **HWANG Hyeon** ♦ Historien coréen (Gwan'gyang 1855 - 1910). Auteur de l'*Histoire de la fin de Chosŏn [1864 - 1910]*, qui ne put être publiée qu'en 1955, il s'empoisonna pour protester contre l'occupation japonaise.

**hwarang**

n. m. pl. ♦ En Corée, dans le royaume de Silla* (–57 - 935), groupes de jeunes gens de l'aristocratie qui formaient une sorte de chevalerie au service du pays. Lettrés, ces jeunes hommes et femmes comptèrent de nombreux poètes dans leurs rangs. Ils contribuèrent à donner son éclat à la dynastie et à répandre la civilisation chinoise et bouddhique dans la péninsule.

**HYACINTHE (Jacek ODROWAZ, saint)** ➝ ÉTYM. du gr. *huakinthos* «jacinthe» ♦ Religieux polonais (Kamień, Silésie 1185 - Cracovie 1257). Chanoine, puis dominicain, il implanta son ordre en Pologne, en Ukraine et dans les pays scandinaves. Canonisé en 1594. ▪ Fête le 17 août.

**Hyakuninisshu** ➝ ÉTYM. «Cent poèmes de cent auteurs» ♦ Anthologie poétique japonaise compilée vers 1235 par Fujiwara* no Sadaie pour décorer les panneaux mobiles des cloisons de sa résidence. Cette collection de poèmes est à l'origine du jeu qui se joue traditionnellement encore de nos jours au Japon au premier jour de l'an, et sert de modèle de calligraphie. Tout Japonais instruit doit les connaître par cœur.

**HYBLA** ♦ Nom de 3 villes de la Sicile anc. ♦ ***Hybla Major*** (près de l'actuelle Melilli). Fondée par les Sicules*, elle fut abandonnée par ces derniers au profit des Mégariens qui établirent sur son emplacement Mégara* Hyblea. La ville était célèbre pour son miel. On a retrouvé à quelques kilomètres d'anciennes tombes sicules. ♦ ***Hybla Minor ou Geleatis*** Elle est sans doute représentée par l'actuelle Paterno, sur les pentes méridionales de l'Etna. ♦ ***Hybla Heraea*** Elle se situait à l'emplacement de l'actuelle Raguse.

**HYDASPES** ➝ **Jhelam**

**HYDE DE NEUVILLE (Jean Guillaume, baron)** ♦ Homme politique français (La Charité-sur-Loire 1776 - Paris 1857). Agent des Bourbons sous la Révolution, il prit part au mouvement royaliste dans le Berry (1796) puis, après le coup d'État du 18 Brumaire (1799), s'efforça de persuader Bonaparte de rétablir la monarchie. Accusé d'avoir participé au complot de la «machine infernale» (1800 - 1801), il vécut en Suisse puis aux États-Unis jusqu'à la Restauration qui le fit ambassadeur, puis ministre de la Marine. Il fut l'un des porte-parole de la légitimité après la révolution de 1830. Ses *Mémoires et Souvenirs*, publiés en 1888 - 1890, sont des documents précieux.

**HYDE PARK** ♦ Parc du West End de Londres.

**HYDERABAD** ♦ V. de l'Inde, capitale de l'Andhra Pradesh. 5 533 640 hab. Anc. capitale du plus puissant des États musulmans de l'Inde du S. qui portait son nom, intégrée à l'Union indienne en 1947 et divisée en 1956. La partie méridionale de l'agglomération conserve son rôle de centre de culture islamique (tours de Char Minar, mosquées, palais). D'importantes industries modernes du secteur public ont été installées dans l'agglomération (machines-outils, construc. mécaniques et électriques, aéronautique). L'ancien «cantonnement» britannique de Secunderabad est l'un des plus étendus de l'Inde.

**HYDERABAD** ♦ V. du Pakistan (on précise souvent Hyderabad du Sind pour la distinguer de son homonyme indien). 1 166 894 hab. Située à l'entrée du delta de l'Indus, elle subit la concurrence de Karachi. Indus. textiles et chimiques. Marché du coton.

**HYDRA** ♦ Île grecque de la mer Égée, dans la grande banlieue d'Athènes, rattachée au nome d'Attique*, presque inculte. 50 km$^2$. 2 354 hab. CH.-L. : Hydra. Centre touristique. ▮ **Histoire** Refuge des Grecs et des Albanais du Péloponnèse fuyant l'oppression turque, elle devint au XVIII$^e$ s. une base de pirates ; de grandes fortunes ainsi formées furent sacrifiées lors de la guerre de l'Indépendance (1821) pour soutenir la lutte en mer. Hydra fut le principal port de guerre de la Grèce insurgée. ➝ **Miaoulis.**

**HYDRE DE LERNE** n. f. – en gr. ***Lernaia Hudra*** ♦ Monstre fabuleux qui ravageait l'Argolide. Née de Typhon* et d'Échidna*, elle est représentée comme un serpent à plusieurs têtes (leur nombre varie selon les versions). Héraclès*, obligé de la tuer, constate que chaque tête coupée repousse immédiatement ; il doit alors utiliser des flèches enflammées ou faire brûler chaque blessure par son neveu Iolaos. Il enterre la tête centrale, immortelle, sous un énorme rocher. Selon une interprétation évhémériste, le monstre symbolise le marais de Lerne, alimenté par plusieurs sources, qu'Héraclès dut assécher.

**HYÈRES** [83400] ➝ ÉTYM. anc. *Eyras*, du lat. *area* «espace découvert» [désigne ici les salins qui bordent le littoral] ♦ Ch.-l. de cant. du Var, arr. de Toulon, à 4 km de la mer. 51 417 hab. *(Hyérois)*. Églises Saint-Louis du XIII$^e$ s. et Saint-Paul des XII$^e$ et XV$^e$ s. (ex-voto du XVII$^e$ s.). Anc. commanderie des Templiers (XII$^e$ s.). Restes d'une enceinte fortifiée. Ruines d'un château (XIII$^e$ s.). Musée : archéologie ; histoire naturelle ; beaux-arts. Jardins Olbins-Riquier (flores tropicale et équatoriale). Lycée agricole régional. Régiment d'artillerie. ▪ Centre héliomarin. Primeurs. Fruits. Viticulture. ▪ La rade d'Hyères s'étend entre la presqu'île de Giens et le cap Bénat ; station balnéaire d'Hyères-Plage. Marais salants.

**HYÈRES** (îles d') – anc. ***îles d'Or*** ♦ Petit archipel d'îles détachées de la chaîne des Maures qui ferme au S. la rade d'Hyères ; ce sont d'O. en E. : Porquerolles*, Port*-Cros, l'île du Levant*.

**HYGIE** n. f. ➝ ÉTYM. en gr. ***Hugieia*** «bonne santé» ♦ Personnification de la santé. La légende a fait d'elle une fille d'Asclépios*.

**HYGIN** (saint) ♦ 9$^e$ pape (de 136 à 140). Selon la tradition, Athénien et philosophe, martyr (?). ▪ Fête le 11 janv.

**HYKSOS** n. m. pl. ➝ ÉTYM. de l'égypt. *Heqa-khase* «chefs d'un pays étranger» ♦ Nom donné par Manéthon* à des envahisseurs asiatiques venus de l'E., qui dominèrent l'Égypte de –1785 à –1580. Ils fondèrent un royaume dans le N. du pays et établirent leur capitale à Avaris (➝ **Tanis**). Leur civilisation heurta violemment les traditions égyptiennes. Ils apportaient avec eux une partie des techniques indo-européennes, et notamment l'usage du char de guerre attelé de chevaux. Ils furent responsables de la pénétration des divinités asiatiques dans le pays et, adorateurs de Seth* qu'ils avaient assimilé à Baal, provoquèrent une haine farouche chez les Égyptiens. Réfugiés à Thèbes où ils avaient formé une monarchie, les pharaons entreprirent bientôt une guerre de reconquête. En –1600, Kamôsis* chassa les Hyksos de la moyenne Égypte, et reprit Memphis. Les envahisseurs furent définitivement expulsés du Delta puis du S. de la Palestine en –1580 par Amosis*, fondateur de la XVIII$^e$ dynastie. Ils disparurent ensuite de l'histoire.

**HYLLOS** ♦ Fils d'Héraclès* et de Déjanire*. Chef des descendants immédiats du héros, il aurait mené les premières tentatives pour le retour des Héraclides* dans le Péloponnèse. La tradition dorienne fait de lui le héros éponyme d'une tribu des Doriens.

**HYMÉNÉE** – en gr. ***Humenaios*** ♦ Personnification, originairement, du chant nuptial, puis divinité qui préside au mariage. On le représentait comme un jeune homme d'une rare beauté, fils d'Apollon et d'une muse, ou de Dionysos* et d'Aphrodite*, et on lui attribuait de nombreuses légendes expliquant l'invocation de son nom dans le cortège nuptial.

**HYMETTE** (mont) – en gr. mod. ***Hymittos*** ♦ Montagne de Grèce (Attique), au S.-E. d'Athènes*, séparant les plaines d'Attique et de la Mésogée. 1 026 m. Vestiges d'un temple de Zeus et d'un autel. Aéroport international Vénizélos. ▪ L'Hymette est renommée pour son miel et ses carrières de marbre.

Les **Hymnes** ♦ Poésies (en alexandrins et décasyllabes) de Ronsard*, publiées en 2 livres (1555 - 1556) et inspirées des hymnes de Callimaque* et de Théocrite*. Ces poèmes mêlent l'inspiration chrétienne à l'érudition mythologique («Hymne à la mort»). Ronsard compléta ses *Hymnes* au gré des multiples rééditions jusqu'en 1584.

**Hymnes à la nuit** – en all. ***Hymnen an die Nacht*** ♦ Cycle de poèmes de Novalis* (publ. 1800). Après la mort en 1797 de sa fiancée Sophie von Kühn, Novalis opéra un renversement des perspectives, faisant de la vie terrestre, le «jour», une apparence, et de la «nuit» (mystère, au-delà), la réalité. Si le Jour peut être beau, la Nuit est l'élément créateur et salvateur, la Mère de toutes choses. Ces poèmes en vers et en prose ont eu une immense influence sur la littérature et la pensée allemandes (→ **Tristan et Isolde**).

**HYPATIE** – en gr. ***Hupatia*** ♦ Philosophe et mathématicienne grecque (Alexandrie 370 - *id.* 415). Fille de Théon d'Alexandrie, elle fit ses études de sciences, de philosophie et d'éloquence à Athènes, avant de revenir se fixer à Alexandrie où elle ouvrit une école. Elle y commentait Platon et Aristote ainsi que les œuvres de grands mathématiciens : Diophante, les *Sections coniques* d'Apollonios de Perga, les *Tables* de Ptolémée. Elle mourut massacrée par la foule excitée contre elle par des moines.

**HYPÉRIDE** – en gr. ***Hupereidês*** ♦ Orateur athénien (–389 - –322). Élève d'Isocrate*, il s'attacha pourtant à Démosthène* qu'il dépassa en intransigeance dans la lutte contre le parti macédonien. Après l'échec du soulèvement contre Antipatros*, il fut mis à mort. Parmi les discours qui nous sont parvenus, le plus brillant est l'*Oraison funèbre*, dédiée aux Athéniens tombés lors de la guerre lamiaque. Dans l'Antiquité, on lui prêtait une célèbre plaidoirie pour l'hétaïre Phryné*. Considéré à son époque comme presque égal à Démosthène, il a de grandes qualités, dont la vigueur, l'aisance, l'ironie mordante ainsi que l'atticisme pur ne sont pas les moindres.

**HYPÉRION** ♦ L'un des Titans de la légende grecque, père d'Hélios*, de Séléné* et d'Éos*. – Héros du roman homonyme de F. Höderlin* et d'un poème de Keats*.

**HYPERMNESTRE** – en gr. ***Hupermnêstra*** ♦ Une des Danaïdes*.

**HYPPOLITE (Jean)** ♦ Philosophe français (Jonzac 1907 - Paris 1968). Il fut en France le principal promoteur du renouveau des études hégéliennes (*Introduction à la philosophie de l'histoire de Hegel*, 1948 ; *Logique et Existence*, 1953 ; *Études sur Marx et Hegel*, 1955). L'influence de son enseignement, tant comme professeur de première supérieure et d'Université qu'au Collège de France a été décisive sur de nombreux philosophes, dont Michel Foucault*.

**HYRCAN Iᵉʳ** ou **JEAN HYRCAN** ♦ Grand prêtre et prince juif asmonéen, fils de Simon Maccabée*. Il régna de –135 à –105, dut se soumettre à Antiochos* VII mais, après la mort de celui-ci, reprit le pouvoir sur la Samarie et l'Idumée. Il établit un gouvernement de type hellénistique, appuyé sur les sadducéens. Père d'Aristobule* Iᵉʳ.

## hyperréalisme

n. m. ♦ Mouvement artistique apparu vers 1960 aux États-Unis, où il est connu sous les termes de *photographic realism* ou *superrealism*. Dans la mouvance du pop* art, les tableaux hyperréalistes, aux couleurs saturées et brillantes, imitent la technique précise de gros plans photographiques ou de reportages neutres, qui ne prendraient pas en compte les nuances psychologiques des personnalités. Les portraits, photographiés par les artistes eux-mêmes ou tirés de revues, ont souvent un aspect froid, morbide (Chuck Close, Don Eddy, Richard Estes). En sculpture, John De Andrea et Duane Hanson travaillent à partir de moulages, représentant le corps humain dans sa banalité la plus crue. En adhérant au réel tout en manipulant habilement certains détails, les hyperréalistes amènent le spectateur à une réflexion sur la notion même de réalité.

**HYRCAN II** ♦ (–110 - –30). Grand prêtre juif asmonéen, de –76 à –67 puis de –63 à –40 ; ethnarque des Juifs de –47 à –41. Fils d'Alexandre* Jannée et d'Alexandra*. Il n'exerça guère le pouvoir : la royauté resta d'abord aux mains de sa mère ; à la mort de celle-ci, le trône fut usurpé par son frère Aristobule* II (–67) ; l'appui qu'il obtint de Pompée (prise de Jérusalem, –63) puis de César (–47) ne fit que donner le pouvoir aux Romains (Antipatros, Hérode*). Il fut renversé par Antigonos* (–40) et plus tard mis à mort.

**HYRCANIE** n. f. ♦ Région de l'Asie ancienne, située au S.-E. de la mer Caspienne, qui fit partie de la Médie, puis de l'Empire perse.

**HYRY (Antti Kalevi)** ♦ Romancier et nouvelliste finlandais d'expression finnoise (Kuivaniemi 1931). Il contribua à renouveler la prose après 1950 avec Holappa* et Meri*. Il se fit l'observateur méticuleux de petits faits quotidiens dans des récits (*Description d'un voyage en train*, 1958 ; *Creuser un puits*, 1962) et le roman (*Le Bord du monde*, 1967), introduisant discrètement dans ses textes des touches d'humour et des réactions individuelles de ses personnages.

**HYSTASPE** – en gr. ***Hustaspês***, en vieux perse ***Vichtaspa*** ♦ Satrape de Parthie (–VIᵉ s.), père de Darios Iᵉʳ.

# I

**IABLONOVYÏ** (monts) • ÉTYM. russe «monts des pommiers» ♦ Chaîne montagneuse de Sibérie, au S.-O. des monts Stanovoï et à l'E. du lac Baïkal. Env. 650 km de longueur. Alt. max. : 1 680 m.

**IACOPO DA LENTINI** → **Jacopo da Lentini**

**IACOPO DELLA QUERCIA** → **Jacopo della Quercia**

**IACOPONE DA TODI** → **Jacopone da Todi**

**IAGO** • ÉTYM. esp. «Jacques» ♦ Personnage de l'*Othello** de Shakespeare (1603). C'est dans l'œuvre de Giovanni Batista Giraldi Cinzio qu'il apparaît pour la première fois. Bien que Shakespeare ait motivé le comportement de son personnage par la vengeance et la jalousie, il n'en demeure pas moins le génie du mal et de la domination. Il fait tuer par Othello, son instrument, l'innocente Desdémone*. ▪ Verdi* avait songé à intituler *Iago* son opéra *Otello* (1887) dont le livret, dû à Boito*, accentue singulièrement le rôle de ce personnage.

**IAHVÉ** → **Yahvé**

**IAKOUTES** ou **YAKOUTES** n. m. pl. • ÉTYM. du iakoute *yeko, yekot* «étranger» ou *yaka* «rivage» ♦ Peuple sibérien venu de l'Occident vers les rives N. du lac Baïkal au XV^e s. D'origine turque, ils peuplèrent la Sibérie orientale des rives de la Lena à l'océan Arctique, et se mongolisèrent progressivement.

**IAKOUTIE** n. f. → **Sakha (république de)**

**IAKOUTSK** ou **YAKOUTSK** • ÉTYM. de *Iakoutes** et suff. *-sk* qui désigne une ville ♦ V. de Russie, cap. de la rép. de Sakha, sur la rive g. de la Lena. 209 500 hab. Univ. (créée en 1956). Indus. du bois, du cuir et indus. alimentaire. ▌**Histoire** La ville, fondée en 1632, fut d'abord un centre de commerce des fourrures. Au XIX^e s., des condamnés politiques y furent déportés.

**IALOMIŢA** n. f. ♦ Riv. de Roumanie (414 km), affl. rive g. du Danube. Née dans les Alpes de Transylvanie, elle reçoit la Prahova et irrigue la plaine du Bărăgan (Valachie).

**Iambes** ♦ Satire lyrique qu'André Chénier* composa dans sa prison, avant de monter à l'échafaud (1794, publ. 1819). Abandonnant l'imitation antique, il se répand en sarcasmes vengeurs contre les «bourreaux barbouilleurs de lois» de la Terreur et, en cent vers martelés et véhéments, revendique la «Justice» et la «Vérité».

**IAPYGIE** n. f. – en gr. ***Iapugia*** et en lat. ***Iapygia*** ♦ Région de l'Italie anc. dans l'Apulie, formant l'extrémité orientale de la péninsule Ita-

**Iago.** Placido Domingo (Otello) et Justino Diaz (Iago) dans le film *Otello* de Zeffirelli, 1986. *Phot. © Fabian Cevallos /Corbis Sygma*

lique (auj. en Calabre*). Peuplée au –Ve s. par un groupe ethnique originaire d'Illyrie*, les Iapyges, qui eut pour centre Tarente*, elle fut plus tard occupée par les Grecs et désignait souvent dans l'Antiquité toute l'Apulie grecque.

**IAROSLAVL** ➝ ÉTYM. du n. de *Iaroslav** Vladimirovitch ♦ V. de Russie, ch.-l. de région, sur la Volga (rive d.). 613 200 hab. Cathédrale de la Transfiguration-du-Sauveur (fresques du XVIe s.). Église du prophète Élie (iconostase du XVIIe s.). Église de la Nativité-du-Christ de 1644 (croix en fer forgé du XVIIIe s.). Église Saint-Jean-le-Précurseur des XVIIe - XVIIIe s. (décor de céramique, de peinture et de motifs en brique). Port fluvial. Carrefour ferroviaire. Centre indus. important, à proximité de la région indus. centrale. Raffinerie de pétrole. Combinat de caoutchouc synthétique, pneumatiques. Indus. textile, automobile, métallurgique et chimique. ▮ **Histoire** Fondée en 1010 - 1026 par Iaroslav Vladimirovitch, la ville, après avoir fait partie de la principauté de Rostov, se rendit indépendante en 1252, puis accepta la suzeraineté des grands-ducs de Moscou en 1463. Centre commercial important dès le XVIe s., elle fut la première métropole du textile de Russie au XVIIIe s.

**IAROSLAV VLADIMIROVITCH le Sage** ➝ ÉTYM. *Iaroslav* : du russe *irayï* «fervent» ou *iara* «printemps» et *slava* «gloire» ; *Vladimirovitch* : du russe *vlad'* «puissance» et *mir* «paix» ou «monde» ♦ (978 - Vyssogrod 1054). Prince de Novgorod (1015) et grand-prince de Kiev (1019 - 1054). Fils de Vladimir* Ier, il vainquit son frère Sviatopolk, s'établit à Kiev en 1019 et devint souverain unique (1036) à la mort de son frère Mstislav, avec qui il avait partagé le pays. Sous l'impulsion de Iaroslav, l'empire de Kiev, à l'apogée de sa puissance, s'étendait jusqu'à la Baltique. Kiev, embellie de somptueux monuments (cathédrale Sainte-Sophie, Kievo-Petcherskaïa Lavra), était considérée comme la deuxième ville de l'Europe (après Constantinople), et l'empire, allié de nombreux souverains européens par le mariage des enfants de Iaroslav (dont Anne, épouse du roi de France Henri* Ier), un des plus puissants États d'Europe. Premier législateur des Russes (code de justice), Iaroslav instaura un droit de succession qui plongea le pays dans de continuelles luttes fratricides, précipitant la dislocation de l'État.

**IAŞI** ➝ ÉTYM. autrefois francisé en ***Jassy*** ♦ V. de Roumanie, en Moldavie, ch.-l. de distr., sur le Bahlui, affl. du Prout. 315 214 hab. Important centre culturel depuis le XVIe s. (univ.), la ville est riche en monuments religieux du XVIIe s. : églises des Trois-Hiérarques, de Golia ; monastères fortifiés de Cetăţuia et de Galaţa. ▪ Indus. pharmaceutique, textile, alimentaire, métallurgique, mécanique et électrotechnique. ▮ **Histoire** Mentionnée dès 1408, Iaşi fut la capitale de la Moldavie jusqu'à la réunion de celle-ci avec la Valachie (1859). Le *traité de Jassy* (1792), qui mit fin à la guerre turco-russe (1787 - 1792), donnait à la Russie la Crimée et le littoral de la mer Noire jusqu'au Dniestr. Le gouvernement roumain y eut son siège lors de l'occupation de Bucarest par les troupes allemandes (1917 - 1918).

**IAXARTE** ➝ **Syr-Daria**

**IAZYGES** n. m. pl. ♦ Peuple sarmate établi au –Ier s. en Russie méridionale puis entre les Carpates et le Danube. Les Iazyges, refoulés par les Alains* (50), envahirent la Pannonie* et furent soumis par Marc* Aurèle en 175 avec les Quades* et les Marcomans*.

**IAZYKOV (Nikolaï Mikhaïlovitch)** ♦ Poète russe (Simbirsk 1803 - Moscou 1846). De sa joyeuse vie estudiantine à Dorpat il a laissé des poésies dans le genre anacréontique. Puis, toujours habile à manier les mots, il écrivit des poèmes d'une grande force verbale : *La Muse* (1823), *Le Serment* (1825), *Le Nageur* (1830), *Une cascade* (1830), *Au Rhin* (1840). Gogol a dit de lui : «Il est maître de sa langue comme un Arabe de son fougueux coursier.»

**IBADAN** ➝ ÉTYM. du yorouba *ibàdòn* «la lisière (de la plaine) herbeuse» ou de *Oke Ibadan*, déesse mère qui serait à l'origine de la fondation de la ville ♦ V. du Nigeria, cap. de l'État d'Oyo, ville-champignon développée par la présence britannique. 1 361 000 hab. Univ. ▪ Centre admin., commercial et agricole au cœur de la région du cacao. Indus. alimentaires. Manufacture de tabac.

**ibadites**

n. m. pl. ♦ Membres d'une secte kharijite dont le nom vient de 'Abd Allāh ibn Ibād, docteur musulman de la fin du VIIe s. ➝ **kharijites.**

**IBAGUÉ** ♦ V. de Colombie, cap. du dép. de Tolima, dans la cordillère centrale des Andes, à 1 320 m d'alt. 495 246 hab. Centre commercial de la région caféière.

**IBÁÑEZ (BLASCO)** ➝ **Blasco Ibáñez**

**IBÁÑEZ DE IBERO (Carlos)** marquis **DE MULHACÉN** ♦ Général et géophysicien espagnol (Barcelone 1825 - Nice 1891). Il fit des travaux de topographie en Espagne et participa avec F. Perrier* au rattachement géodésique de l'Afrique du Nord à l'Europe.

**IBÁRRURI (Dolorès)** dite **la Pasionaria** ♦ Militante espagnole (Gallarta, Biscaye 1895 - Madrid 1989). Député aux Cortes en 1936, membre des instances dirigeantes du parti communiste, elle manifesta une fidélité sans faille à l'égard des positions défendues par l'URSS. Prônant la lutte à outrance contre les nationalistes pendant la guerre civile, elle fut un remarquable orateur, galvanisant la résistance républicaine. Réfugiée en URSS après la chute de la République espagnole, elle ne revint dans son pays qu'en 1977. ➝ ÉTYM. Ce nom de famille vient d'un nom de lieu, du basque *ibár* «vallée, vallon» et *uri* «pluie».

**IBB** ♦ V. du Yémen, au N. de Taïz. 212 992 hab.

**IBÈRES** n. m. pl. ➝ ÉTYM. du lat. *Iberus* «Èbre*» ♦ Peuple établi dans une partie de l'Espagne à l'époque de la conquête romaine. Peut-être descendants d'un des Peuples* de la Mer, les Ibères s'installèrent en Europe occidentale, sans doute à l'époque néolithique, des îles Britanniques à l'Italie (➝ **Sicanes**) et à l'Espagne. Le centre de leur civilisation fut la région d'Almería* (Andalousie). De là, ils s'étendirent vers la vallée de l'Èbre* et l'Aquitaine*. Le mélange des races, à la suite de l'invasion des Celtes* (v. –500), donna naissance au peuple des Celtibères*.

**IBÉRIQUE** (péninsule) ➝ ÉTYM. du n. des *Ibères** ♦ Partie S.-O. de l'Europe, partagée entre le Portugal à l'O. et l'Espagne à l'E. ➝ **Espagne, Portugal.**

**IBÉRIQUE** (chaîne ou cordillère) ♦ Chaîne montagneuse de l'Espagne centrale, longue de 1 400 km orientée N.-O.-S.-E. et séparant le bassin de l'Èbre du plateau de Castille. Elle est formée des sierras de la Demanda (2 262 m), de Urbión (2 228 m) et del Moncayo (2 316 m).

**IBERT (Jacques)** ♦ Compositeur français (Paris 1890 - *id.* 1962). Lauréat du concours de Rome (1919), il rapporta d'un long périple en Méditerranée des œuvres remarquables par la solidité de leur construction (*Ballade de la geôle de Reading*, 1920 ; *Persée et Andromède*, opéra, 1921) et par la fraîcheur de leurs coloris (*Escales*, 1922). La même élégance d'écriture et un grand souci de clarté se retrouvent dans une œuvre qui, à l'exception de la musique religieuse, a abordé tous les genres : l'opéra bouffe (*Angélique*, 1926 ; *Le Roi d'Yvetot*, 1927), l'opérette (*Les Petites Cardinal*, 1938) et l'opéra (*L'Aiglon*, 1937), ces deux derniers ouvrages en collaboration avec A. Honegger ; le ballet (*Diane de Poitiers*, 1934 ; *Le Chevalier errant*, 1936 ; *Les Amours de Jupiter*, 1947). On doit encore à J. Ibert des œuvres de musique de chambre (*Sonatine, Trois Pièces brèves* pour quintette, *Quatuor à cordes*), de scène et de film, ainsi que des mélodies. Il fut directeur de la villa Médicis (1936 - 1940 ; 1946 - 1960). [Acad. des bx-arts 1957] ➝ ÉTYM. *Ibert* vient du germanique *Idberht*, peut-être du vieil islandais *idh* «travail» et *berht* «illustre».

**IBERVILLE (Pierre LE MOYNE D')** ➝ **Le Moyne d'Iberville**

**IBIZA** ➝ ÉTYM. en catalan ***Eivissa*** ; du punique *ybšm*, de *y* «île», devenu *Ebusus* en lat. ♦ La plus occidentale des 3 grandes îles de l'archipel espagnol des Baléares. 572 km². 117 698 hab. L'île vit de cultures méditerranéennes et surtout de tourisme. Marais salants.

**Ibiza.** La vieille ville et la cathédrale. *Phot. © P. Desclos/Scope*

**IBIZA** – en catalan ***Eivissa*** ♦ V. d'Espagne (Baléares) dans l'île d'Ibiza. 44 819 hab. Cathédrale du XIIIe s. Autour de la citadelle du XVIe s., la vieille ville a conservé son caractère médiéval. ▪ Station balnéaire.

**IBN ABĪ ZAR' AL-FĀSĪ** ♦ Historien arabe (mort après 1324). Il écrivit une *Histoire des dynasties du Maghreb et de la ville de Fès* (jusqu'en 1324).

**IBN AL-ATHĪR (Majd al-Dīn)** ♦ Écrivain arabe (1149 - Mossoul 1210). Son *Kitāb al-Nihaya* («Livre de l'Ultime») est un dictionnaire qui explique les termes obscurs des *hadith**. Il écrivit aussi un dictionnaire des noms de famille, *Kitāb al-murassa*.

**IBN AL-ATHĪR (Abū al-Ḥasan)** ♦ Historien arabe (1160 - Mossoul 1234). Son ouvrage principal est *Al-Kāmil, fi al-tārkh* («Le Parfait dans l'histoire»). *Usud al-ghaba* («Les Lions de la forêt») est un recensement de 7 500 compagnons *(sāhib)* du Prophète.

**IBN AL-ATHĪR (Ḍiyā' al-Dīn)** ♦ Critique littéraire arabe (1163 - Bagdad 1239). Il est l'auteur d'un livre de rhétorique, *Kitāb al- mathal* («Le Livre de l'exemple»).

**IBN AL-FĀRIḌ (Charaf al-Dīn Abū Ḥafṣ)** ♦ Poète arabe (Le Caire 1182 ? - *id.* 1235), considéré comme le plus grand poète arabe du mysticisme soufi (→ **soufisme**). Il abandonna ses études de droit et se réfugia aux monts Muqattam pour y mener en solitaire une vie religieuse. Son poème le plus célèbre est le *Nadhm al-sulūk* («Composition des conduites») où, en 761 couplets répétant la même rime, il développe le thème du désir mystique de s'assimiler à l'esprit de Mahomet*, première projection de l'éternelle sagesse divine. ➝ ÉTYM. Ce nom arabe vient de *ibn* «fils de» et *farīd* «unique, inimitable».

**IBN AL-HAYTHAM (Abū 'Alī Muḥammad ibn al-Ḥasan),** dit aussi **Alhazen** ♦ Mathématicien, physicien et philosophe arabe (Bassora 965 - Le Caire 1039). Auteur de nombreux traités scientifiques, dont un *Traité d'optique* qui donne une description exacte de l'œil et analyse le phénomène des réfractions atmosphériques. Il obtint ses résultats les plus importants dans le domaine de la géométrie. Il élabora également en astronomie un système pseudo-ptolémaïque de neuf orbes homocentriques, qui permettait une bonne explication des mouvements des planètes, mais en même temps ouvrait la voie à la cosmologie des neuf ou dix «cieux» concentriques, très prisée au Moyen Âge.

**IBN AL-KHATĪB (Lisān al-Dīn Muḥammad)** ♦ Historien et homme politique arabe (Grenade 1313 - Fès 1375). Auteur d'une *Histoire de Grenade* et d'une *Histoire des souverains du Maghreb*, c'est l'un des plus grands écrivains arabes de Grenade.

**IBN AL-WARDĪ (Zayn al-Dīn)** ♦ Écrivain arabe (Ma'arat al-Nu'mān 1290 - Alep 1349). Il écrivit des poésies, un traité historique ainsi que des commentaires philosophiques et juridiques.

**IBN 'ARABĪ (Muḥyī al-Dīn Abū 'Abd Allāh Muḥammad ibn 'Alī ibn Muḥammad al-Ḥātimī)** ♦ Philosophe, théosophe et mystique musulman (Murcie 1165 - Damas 1241). Reconnu dans la tradition soufie (→ **soufisme**) comme le plus grand maître *(al-Shaykh al-akbar)*, Ibn 'Arabī, sans prêcher le monisme intégral qu'on lui a reproché (et qu'ont adopté certains de ses successeurs tels qu'Ibn Sab'in), théorise, sans la nommer, l'Unicité de l'Être. Célébrant l'infinité des théophanies, il reconnaît à travers son expérience le visage de Dieu, l'empreinte divine en toute forme et en toute image. Le monde s'offre à l'homme comme la célébration perpétuelle de la présence divine. Sans chercher à attenter à la Loi islamique, réfutant la posture de révolte d'un Ḥallāj*, Ibn 'Arabī admet cependant l'équivalence de toutes les croyances religieuses. La variété des doctrines, la multiplicité des lois, la spécificité des rituels ne constituent que des formalisations particulières destinées à verbaliser l'ardeur divine qui habite l'homme. Situant l'expérience religieuse en dehors de la mesure morale, en dehors du partage entre le châtiment et la récompense, amené de ce fait à nier l'existence des Enfers comme séjour, sinon provisoire, considérant que le Paradis accueillera, pour l'éternité, tout être, Ibn 'Arabī fut souvent combattu par les théologiens sunnites, notamment le Syrien Ibn Taymiya (XIIIe s.). Doué d'une énergie spirituelle exceptionnelle, il se donne la capacité de convoquer les prophètes lors des «présences imaginales». Réfutant l'accusation d'hérésie, Ibn 'Arabī se considère néanmoins l'équivalent des Envoyés de Dieu tout en admettant que la Loi est parachevée par Mahomet, le sceau des prophètes. Si l'homme ne peut plus être dépositaire d'une Loi nouvelle, il peut toutefois retrouver la même proximité avec Dieu. Outre des accents et références néoplatoniciens, la méthode d'Ibn 'Arabī présente des recoupements avec le taoïsme, surtout dans sa théorisation du coït cosmique, de la solidarité des pôles féminin et masculin ainsi que de l'union des contraires appliquée à la grande question divine, vacillant entre l'anthropomorphisme et la transcendance pure. Ibn 'Arabī considère que chacune de ces deux postures, l'interdit de représentation ainsi que la légitimité idôlatrique, mérite d'être expérimentée selon ses normes et ses exigences propres. D'ailleurs ce genre d'expérimentation, ontologique et esthétique, de l'expression divine est rapporté dans son *divan*, «L'Interprète des ardents désirs» *(Turjumān al-achwāq)*. L'auteur y intériorise aussi bien des figures bibliques ou christiques que coraniques. Ces poèmes sont inspirés par une femme persane rencontrée à La Mecque, sorte de préfiguration de Béatrice, tandis que ses *Fuṣūṣ al-ḥikam* («Les Gemmes de la sagesse») analysent les diverses expériences éprouvées par les prophètes par le truchement du Verbe. Cette démarche, soumise à une lecture très hardie et personnelle du Coran, est un prétexte pour élaborer une théorie sophistiquée concernant la scène de la représentation : vision, forme, image, signe, imagination, tels sont les concepts majeurs ici éclairés. Quant à ses vastes *Futūḥāt Makkīya* («Conquêtes spirituelles»), elles constituent la plus complète somme encyclopédique du soufisme ; c'est une œuvre polymorphe où sont exposés les termes techniques destinés à rapporter l'expérience, le symbolisme des rituels islamiques, des fragments d'autobiographie spirituelle, une vision eschatologique qui aurait inspiré les milieux ésotériques du christianisme occidental, des paysages métaphysiques propres à abriter la hiérarchie créatrice, des notations psychiques d'une tranchante vérité. Ibn 'Arabī a été admirablement illustré par les lyriques persans. Sa théorie constitue une des composantes du syncrétisme propre à l'école métaphysique d'Iran. Il a inspiré maints glossateurs arabes dont l'émir algérien Abd el-Kader qui fut son premier éditeur. ➝ ÉTYM. *Ibn 'Arabī* signifie «fils de *(ibn)* l'Arabe *('Arabī)*».

**IBN BĀJĀ** ou **BĀJJĀ (Abū Bakr Muḥammad ibn Yaḥyā ibn al-Saygh),** connu sous le nom de **Avempace** ♦ Philosophe et médecin arabo-islamique (Saragosse fin XIe s. - Fès 1138). Il exerça la médecine à Séville, Grenade puis Fès, où il mourut vraisemblablement empoisonné. Il est l'auteur de commentaires d'Aristote et surtout du *Guide* (ou *Régime) du solitaire (Tadbīr al-mūtawaḥḥid)* où il décrit et analyse les degrés de l'élévation de l'homme vers Dieu.

**IBN BAṬṬŪṬA (Abū 'Abd Allāh Muḥammad ibn 'Abd Allāh)** ♦ Géographe et historien arabe (Tanger 1304 - Fès 1377). Grand «voyageur de l'islam», il a fait rédiger par son secrétaire Ibn Juzay son *Rihla* (relation ou journal), où il décrit les contrées qu'il a traversées (Arabie, Asie Mineure, Ukraine, Kazakhstan, Khorassan, Inde, îles Maldives, Chine, Espagne, Sahara, Soudan) et les mœurs de leurs habitants. Même s'il décrit aussi des contrées qu'il n'a pas visitées et si ses récits contiennent quelques erreurs, son *Rihla* constitue une source précieuse de renseignements géographiques et historiques.

**IBN CHUHAYD** ♦ Poète arabe (mort en 1034) de la cour des princes de Cordoue. Il écrivit une épître où il décrit la visite des poètes et écrivains conduits par un poète antéislamique dans des régions habitées par les djinns. Ce cadre imaginaire lui permet de réaliser un pamphlet littéraire en émettant une opinion personnelle sur les écrivains et leurs mérites.

**IBN DURAYD (Abū Bakr Muḥammad ibn al-Ḥasan)** ♦ Écrivain arabe (Bassora 837 - Bagdad 934). Il rédigea le premier dictionnaire arabe depuis celui d'al-Khalīl : le *Jamhara fi al-lugha*. Dans son *Kitāb al-ichtiqāq*, il procéda à une analyse d'étymologie arabe sur les noms des tribus. Son recueil de nouvelles, où l'histoire et la légende sont combinées dans une prose assonancée au style emphatique, préfigure le genre du *maqāmā*.

**IBN FAḌLĀN (Aḥmad)** ♦ Voyageur et géographe arabe d'Irak, du Xe s.. Il fit partie d'une ambassade envoyée par le calife de Bagdad (921) ; celle-ci atteignit l'embouchure de la Volga. Ibn Faḍlān fut ainsi l'un des premiers au Moyen Âge à décrire la Bulgarie et la Russie, et les mœurs de leurs habitants (*Risāla*, relation ou rapport de voyage).

**IBN GABIROL (Salomon ibn Gabirol** ou **Gebirol** ou **Gobrol,** connu aussi sous le nom de **Avicebron)** ♦ Philosophe juif (Málaga v. 1020 - Valence v. 1058). Sa philosophie mystique, d'inspiration néoplatonicienne nous est connue par son œuvre *Source de Vie (Fons Vitae)* écrite primitivement en arabe et traduite en latin par Dominique Gondisalvi* au XIIIe s.

**IBN HAJJĀJ** ♦ Poète arabe (mort vers 1000). Il composa plusieurs panégyriques et satires. Mais il est surtout célèbre comme poète libertin s'exprimant dans la langue des truands.

**IBN ḤANBAL (Aḥmad ibn Muḥammad)** ♦ Théologien arabo-musulman (Bagdad 780 - *id.* 855). Rejetant tout raisonnement et toute recherche personnelle *(al-ijtihād)* en matière religieuse, il prônait l'acceptation et la fidélité à la tradition *(naql)*. Il fut emprisonné quand la théorie des mutazilites* fut déclarée doctrine officielle. Sous al-Mutawakkil* (IXe s.), il acquit une célébrité posthume qui fit de lui le fondateur de l'un des quatre rites de l'islām orthodoxe (hanbalisme).

**IBN ḤAWQAL** ♦ Voyageur arabe (Isibe 920 - 988). Ayant voyagé partout dans le monde musulman, il présenta une enquête très approfondie sur les itinéraires, les hôtelleries, l'état industriel et agricole, le climat, les sectes, les religions et l'état moral de chaque région *(De la configuration de la Terre)*.

**IBN ḤAZM (Abū Muḥammad 'Alī)** ♦ Théologien, philosophe et poète arabe (Cordoue 993 - Badajoz 1064). Ses sympathies pour les Omeyades* lui valurent tour à tour d'occuper de hauts postes politiques et d'être contraint à l'exil et même emprisonné. Ayant abandonné la politique, il s'adonna à la théologie et au droit ; mais ses opinions attirèrent les soupçons et l'hostilité des théologiens «orthodoxes» qui lui interdirent d'enseigner à la grande mosquée de Cordoue et firent publiquement brûler ses livres à Séville. De ses œuvres, il ne reste que quelques traités, une *Histoire des idées religieuses [Kitāb al-fiṣal]* et un traité de psychologie amoureuse *Le Collier de la colombe (Ṭawq al-ḥamāma)* ou *De l'amour et des amants*.

**IBN ISḤĀQ (Muḥammad)** ♦ Historien arabe (mort v. 768). Il écrivit la source la plus importante sur la biographie du prophète Mahomet*, *Kitāb Sīrat Rasūl Allāh* («Livre de la vie de l'Envoyé de Dieu»). Critiquant cet ouvrage, les écrivains arabes ont douté de l'exactitude des faits qui y sont rapportés.

**IBN JUBAYR (Abū al-Ḥusayn)** ♦ Voyageur arabe d'Espagne (Valence 1145 - 1217). Il étudia à Grenade et devint secrétaire du gouverneur almohade* de cette ville. En 1183 - 1185, il fit son premier pèlerinage à La Mecque en passant par Alexandrie, longeant le Nil et traversant la mer Rouge. Il retourna en Espagne par l'Irak, la Syrie et la Sicile. Ses notes de voyages sont une des plus importantes sources d'information sur le monde musulman de la fin du XIIe s.

**IBN KHALDOUN** → ÉTYM. en ar. ***Abū Zayd 'Abd al-Raḥmān ibn Muḥammad ibn Khaldūn*** «éternel, immortel» ♦ Historien et philosophe arabe (Tunis 1332 - Le Caire 1406). Il vécut d'abord en Andalousie et en Afrique du Nord. Ses missions politiques au service du sultan hafside (Abū Isḥāq II), puis marinide (Abū Inan) lui valurent bien des péripéties. Après le meurtre de son frère (Yahya), il se rendit en Égypte où il devint grand qadi malikite du Caire (trois fois nommé puis démis). Il voyagea en Palestine, rencontra Tamerlan à Damas (1401). Son œuvre principale, *Kitāb al-'ibar* («Livre des considérations sur l'histoire des Arabes, des Persans et des Berbères»), est précédée d'une «introduction» *(Muqaddima)* qui fait d'Ibn Khaldoun non seulement un historien soucieux de définir les méthodes de sa science, mais aussi un précurseur de la sociologie et un philosophe de l'histoire. Dans la *Muqaddima*, Ibn Khaldoun fixe sa méthodologie : «L'histoire n'est, en apparence, que le récit des événements politiques des États et des circonstances du lointain passé.» Mais, «vue de l'intérieur, l'histoire a un autre sens. Elle consiste à méditer, à s'efforcer d'accéder à la vérité, à expliquer avec finesse les causes et les origines des faits [...] L'histoire prend donc racine dans la philosophie.»

**IBN KHALLIKĀN (Chams al-Dīn Aḥmad ibn Muḥammad)** ♦ Écrivain arabe (Irbil, Kurdistan 1211 - Damas 1282). Il étudia le droit à Mossoul, Alep et Damas, et fut nommé *qādi* (juge) au Caire et à Damas. Il composa un important dictionnaire biographique, *Wafayāt al-a'yān*, comprenant tous les personnages célèbres de l'histoire arabo-musulmane, excepté Mahomet, ses compagnons et les califes, sur qui une littérature abondante existait déjà.

**IBN KHURDĀDHBA (Abū al-Qāsim 'Ubayd Allāh ibn 'Abd Allāh,** connu sous le nom de) ♦ Géographe musulman d'origine persane, du IXe s. (mort av. 885). Son ouvrage porte le titre *Les Routes et les Royaumes (al-Masālik wa al-Mamālik)*, souvent repris après lui. Divisé en 7 parties, il comporte un exposé de théories cosmographiques (sans doute reprises de Ptolémée), une description de Bagdad et des itinéraires de l'Orient, de l'Occident, du Nord et de l'Arabie.

**IBN MASARRA (Muḥammad ibn 'Abd Allāh)** ♦ Philosophe musulman (Cordoue 883 - près de Cordoue 931). Soupçonné d'athéisme, il quitta l'Espagne, se rendit entre autres à La Mecque et Médine avant de revenir à Cordoue. Sa philosophie, exposée dans *Kitāb al-tafsīra* («Livre de l'explication pénétrante»), accorde une place importante à l'idée néoplatonicienne d'émanation à partir du Principe premier. On a parfois noté chez lui l'influence d'Empédocle* et de la gnose de Priscillien*.

**IBN MISJAḤ** ♦ Musicien arabe de la seconde moitié du VIIe s. Esclave noir, né à La Mecque, il subit l'influence persane et syrienne, et renouvela l'art musical. Ibn Surayj et Ibn Muhriz furent ses continuateurs.

**IBN MISKAWAYH (Abū 'Alī Aḥmad ibn Muḥammad ibn Ya'qūb)** ♦ Historien et moraliste arabe (mort v. 1030). Il écrivit *L'Expérience des nations* où il tire un enseignement moral des faits historiques. Son ouvrage la *Réforme des mœurs* est un traité de maximes inspiré des pensées grecque, hindoue et persane.

**IBN MUQAFFA' ('Abd Allāh)** ♦ Écrivain arabe (v. 721 - Bassora 757). D'origine persane, converti à l'islam, accusé d'être resté manichéen *(Zindiq)*, il fut exécuté en 757. Il fut un grand traducteur d'œuvres persanes en arabe, notamment des *Fables* de Bidpay* à travers un texte pahlavi, sous le titre de *Kalila wa Dimna*. Cette traduction fait d'Ibn Muqaffa' un des premiers grands prosateurs arabes.

**IBN NADĪM** ♦ Écrivain arabe (Xe s.). Fils d'un libraire de Bagdad, il composa un catalogue biobibliographique (*Fihrist*, 987) important pour la période classique de la pensée arabe. Cet ouvrage réunit tous les grands auteurs arabes et persans d'expression arabe. Chaque matière est traitée dans un chapitre autonome : grammaire et philologie, traditions (Hadīth*), généalogie et chroniques, poésie, scolastique, jurisprudence, philosophie, mathématiques, géométrie, astronomie, mécanique, légendes et fables, sciences occultes et prestidigitation, mythes et religions non islamiques. Ce document fournit de précieuses informations sur les ouvrages disparus.

**IBN QUTAYBA (Abū Muḥammad 'Abd Allāh)** ♦ Écrivain arabe (Kūfa 828 - Bagdad v. 899), philologue, théologien et historien. Son *Adab al-kātib* («Manuel du secrétaire») est un abrégé de l'usage de l'arabe. Dans son *Kitāb al-chi'r wa al-chu'arā'* («Livre de la poésie et des poètes»), il expose les règles de la critique illustrées par des exemples. Dans *'Uyūn al-akhbar* («Les Sources de l'information»), il traite de diverses qualités morales telles que l'autorité, la noblesse, le courage, l'éloquence, l'amitié, éclairées par des proverbes, des exemples historiques et des citations poétiques. Son *Kitāb al-Ma'ārif* («Livre des connaissances») est un ouvrage historique. Dans ses écrits théologiques, il prône une doctrine orthodoxe qui se fonde sur le Hadīth* comme unique source d'autorité dans la jurisprudence islamique.

**IBN ROCHD** → Averroès

**IBN RUSTIH (Abū 'Alī Aḥmad ibn 'Umar,** connu sous le nom de) ♦ Savant musulman d'origine persane, du IXe s. (mort après 903). Auteur d'une encyclopédie, *Les Bijoux précieux (al-A'lāq an-nafīsa)*, dont seule la dernière partie traitant de cosmographie et de géographie nous est parvenue.

**IBN SÉOUD** – en ar. ***'Abd al-'Azīz ibn Sa'ūd*** ♦ Homme d'État et chef de guerre arabe (Riyad 1887 - *id.* 1953). Fondateur de l'actuel royaume d'Arabie Saoudite. Sultan du Nedjd (1902 - 1932), puis roi d'Arabie Saoudite (1932 - 1953). Succédant à son père 'Abd al-Raḥmān comme émir du Nedjd en 1902, il reprit la capitale Riyad aux Banū Rachīd, et organisa les districts de la région en installant dans des colonies agricoles les membres de la confrérie wahhabite des *Ikhwān* («Frères») parmi lesquels il recrutait son armée. Après avoir détruit la puissance des Banū Rachīd, il attaqua le chérif de La Mecque, Hussein, qu'il chassa (1924). Il soumit ainsi le Hedjaz (1926) et fonda le royaume d'Arabie Saoudite dont il fut le premier roi. Grâce à l'exploitation des gisements pétroliers par des sociétés américaines, il devint l'un des hommes les plus riches du monde. Son fils Séoud, désigné comme héritier dès 1932, lui succéda en 1953.

**IBN SÉOUD** – en ar. ***Sa'ūd ibn 'Abd al-Azīz*** ♦ (Koweït 1902 - Athènes 1969). Roi d'Arabie Saoudite (1953 - 1964), fils et successeur d'Ibn* Séoud. Il procéda à quelques réformes dans le domaine de l'éducation et de la santé. En politique étrangère, il continua l'action de son père, fondée sur l'alliance avec les États-Unis et la suspicion envers le monde communiste. Il délégua ses pouvoirs à son frère Fayçal auquel il dut finalement céder son trône en 1964. Il vécut de 1965 à sa mort en exil à Athènes.

**IBN SINĀ** → Avicenne

**IBN TACHFINE (Youssouf)** – en ar. ***Yūsuf ibn Tāchfīn*** ♦ Premier souverain almoravide* ( ? - 1106). Il fonda Marrakech en 1062, conquit le Maroc et le Maghreb central jusqu'à Alger. À l'appel d'al-Mu'tamid de Séville, il combattit victorieusement les chrétiens. → **Almoravides.**

**IBN TAYMIYA** ♦ Docteur hanbalite* (mort en 1328). Il écrivit un traité de droit public. Il fut persécuté quand il essaya de mobiliser les Damasquins contre l'occupation mongole. Il combattit violemment les Acharites* et les mystiques.

**IBN TUFAYL (Abū Bakr Muḥammad ibn 'Abd al-Mālik)** connu au Moyen Âge sous le nom de **Abubacer** ♦ Savant et philosophe arabe (Cadix déb. XIIe s. - Marrakech 1185). Contemporain et ami d'Averroès, il avait comme lui une culture encyclopédique. Après avoir été secrétaire du gouverneur de Grenade, il fut le vizir et le médecin, en même temps que l'ami, du souverain almohade Abū Ya'qūb Yūsuf au Maroc. Il est surtout célèbre par son roman philosophique d'inspiration parfois avicennienne *Ḥayy ibn Yaqẓān* (en lat. *Philosophus autodidactus*).

**IBN ṬŪLŪN (Aḥmad)** ♦ Fondateur de la dynastie des Tulunides* d'Égypte (835 - Antioche 884). Fils d'un esclave turc, il obtint du calife abbasside* la direction de la province égyptienne. Il étendit son pouvoir sur la Syrie et la Tripolitaine et se libéra de la tutelle du calife grâce à la puissance de son armée composée d'esclaves turcs

**Ibn Ṭūlūn.** Mosquée d'Ibn Ṭūlūn, Le Caire.
*BIS/Phot. Sonneville © Archives Larbor*

et noirs. Investissant en Égypte même les sommes habituellement destinées au trésor de Bagdad, il ouvrit une période de grand essor économique et culturel. Il construisit à Fustāt (le vieux Caire) une des plus belles mosquées de la ville, qui porte toujours son nom.

**IBN TŪMART (Muḥammad)** ♦ Mahdi des Almohades (Idjlien-Warrhan, Maroc, entre 1077 et 1087 - 1130). → **Almohades.**

**IBN WĀṢIL (Jamāl al-Dīn Muḥammad)** ♦ Savant musulman (Hamāh 1207 - *id.* 1298). Appelé au Caire par Baybars*, il fut envoyé en ambassade en Sicile auprès de Manfred, fils de Roger* II. Il rédigea pour lui un *Traité de logique* et écrivit une *Histoire des Ayyubides** ainsi qu'une relation de son ambassade.

**IBN YĀSĪN ('Abd Allāh)** ♦ Chef spirituel des Almoravides (mort en 1059). → **Almoravides.**

**IBN YŪNUS ('Alī ibn 'Abd al-Raḥmān)** ♦ Astronome arabe (Le Caire v. 979 - *id.* 1009). Auteur d'observations sur le Soleil, la Lune et les planètes, il prépara des *Tables hakimites* (1007) demeurées très longtemps en usage et qui servirent pour l'établissement des grandes *Tables Alphonsines** (1252).

**IBN ZAYDŪN (Abū al-Walid Aḥmad)** ♦ Poète arabe d'Espagne (Cordoue 1003 - Séville 1071). Issu d'une illustre famille, il est surtout connu par ses poèmes d'amour désespéré, adressés, de sa prison, à Wallada, fille d'un calife omeyade et poète.

**IBO(S)** n. m. (pl.) ♦ Peuple formant la majorité de la population du Nigeria oriental (Biafra). Animistes ou chrétiens, les Ibos ne constituent pas une société à pouvoir centralisé. Chassés autrefois comme esclaves, ils se sont émancipés avec la colonisation et adaptés au monde moderne. Ils ont vainement tenté de former un État indépendant. → **Biafra.**

**IBRAHIM Ier [Ibrāhīm ibn al-Aghlab]** ♦ Gouverneur de l'Afrique du Nord et fondateur de la dynastie des Aghlabides* (mort à Kairouan en 812).

**IBRĀHĪM** ♦ Forme arabe d'*Abraham.*

**IBRĀHĪM 'ĀDIL SHĀH** ♦ Sultan musulman indien de Bijapur qui régna de 1535 à 1557. Il vainquit une coalition des autres États musulmans du Dekkan en s'alliant avec l'empire hindou de Vijayanagar*.

**IBRĀHĪM LŌDĪ** ♦ Sultan de Delhi (Inde) qui régna de 1517 à 1526. Il fut le dernier souverain afghan de Delhi de la dynastie Lōdī*, et fut battu par Bābur* à Panipat en 1526.

**IBRAHIM PACHA** ▸ ÉTYM. en ar. *Ibrāhīm* «Abraham» et *bāsā* «pacha» ♦ Vice-roi d'Égypte et chef militaire (Cavalla 1789 - Le Caire 1848). Deuxième fils de Méhémet* Ali. Très vite, il se distingua dans le domaine militaire en réorganisant l'armée égyptienne. En 1811, il écrasa les mamelouks en Haute-Égypte et l'emporta sur les wahhabites. De 1824 à 1827, il prit part, toujours pour le compte de la Sublime Porte, à la campagne de Grèce et de Crète. Ambitieux, il ne tarda pas à entrer en conflit avec la puissance tutélaire ottomane. En 1831, il envahit la Palestine et la Syrie et un an plus tard, infligea trois sévères défaites à l'armée ottomane. Il fut stoppé dans son avance vers Constantinople par les pressions diplomatiques franco-britanniques et dut signer la paix de Kutayeh (14 mai 1833). Profitant d'une révolte druze contre le gouverneur de Syrie, les Turcs rouvrirent les hostilités. Ibrahim Pacha défit les Turcs lors de la bataille de Nizib (1839) mais fut une fois de plus privé de ses bénéfices par les puissances occidentales qui l'obligèrent militairement à évacuer la Syrie (1840). Il se consacra alors à l'administration intérieure de l'Égypte et devint vice-roi à la mort de son père en 1848. Il mourut deux mois après.

**IBRĀHĪM QUTB SHĀH** ♦ Sultan musulman indien de Golconde* (Inde) qui régna de 1550 à 1580. Il embellit sa capitale et, en 1565, allié aux autres royaumes musulmans du Dekkan, abattit la puissance de l'empire hindou de Vijayanagar*.

**IBSEN (Henrik)** ♦ Poète et auteur dramatique norvégien (Skien 1828 - Christiania 1906). Une enfance et une adolescence difficiles, dues à la pauvreté de ses parents, donnèrent à Ibsen le goût de la révolte et l'amour de la liberté. Dès 1848, il publia des poèmes dédiés aux peuples asservis, et en 1850 parut sa première pièce, un drame historique sur le même thème : *Catilina.* Après quelques drames qui n'ont pas retenu l'attention, il écrivit en 1856 une charmante comédie, *La Fête à Solhaug* ; suivirent en 1857 un drame psychologique *Madame Inger de Østraat* et enfin en 1863 le célèbre drame historique *Les Prétendants à la couronne,* dont l'action se déroule dans la Norvège du XIIIe s. déchirée par les guerres civiles. En 1864, l'armée prussienne écrasa le Danemark abandonné par la Suède et la Norvège, et Ibsen, furieux et honteux devant cette défaite, lui qui avait toujours proclamé l'unité des trois pays scandinaves, quitta la Norvège pour n'y revenir qu'en 1891. C'est à Rome qu'il écrivit alors ses deux plus grandes pièces, des drames vengeurs : *Brand** (1866) et *Peer* Gynt* (1867), ce dernier étant la contrepartie ironique du premier. En 1873, il rédigea son dernier drame historique et philosophique sur Julien l'Apostat : *Empereur et Galiléen.* Puis, sous l'influence de Brandes* qui agitait les esprits par ses idées radicales, il se mit

Henrik **Ibsen.** *Ibsen accorde une audience au critique William Archer,* par Max Beerbohm,1904. Coll. particulière.
*Phot. © Sally Chappell © Archives Larbor*

à écrire des pièces à thèse, «soumettant les problèmes à la discussion». Ainsi parurent successivement *Les Soutiens de la société* (1877) où il veut briser les liens dont la société entrave l'individu, *Maison* de poupée* (1879) où il traite les thèmes de l'égoïsme masculin et de la libération de la femme, *Les Revenants* (1882) où il attaque avec violence le conformisme et les traditions, *Un ennemi du peuple* (1882) où il met en scène un homme isolé face aux intérêts d'une communauté. Peu à peu, Ibsen se découragea et son intransigeance devint pitié et sa morale mysticisme dans *Le Canard* sauvage* (1884). Puis son pessimisme prit le dessus avec *Rosmersholm* (1886), *La Dame de la mer* (1888), *Hedda* Gabler* (1890), *Solness le Constructeur* (1892), *Le Petit Eyolf* (1894), *John Gabriel Borkman* (1894), jusqu'à sa dernière pièce : *Quand nous nous réveillerons d'entre les morts* (1899), dans laquelle il demande : «Que verrons-nous alors ?» et répond : «Que nous n'avons jamais vécu.» Théâtre d'idées, théâtre d'action, l'œuvre d'Ibsen a fait de lui le plus grand dramaturge norvégien. ▸ ÉTYM. Ce nom norvégien signifie «fils (*sen* [autre forme de *søn*]) de Jacques *(Ib [Jep, Jakob])*».

**IBUSE Masuji** ♦ Écrivain japonais (Fukuyama, préf. de Hiroshima 1898 - Tōkyō 1993). Formé à la littérature française, Ibuse marqua son époque dès sa première nouvelle (*La Salamandre,* 1923) par son style fantastique et son utilisation de la langue populaire. Auteur d'œuvres courtes et de ton léger, il connut un regain d'intérêt avec *Pluie noire* (1965), qui met en scène une famille prise sous le bombardement d'Hiroshima. Cette œuvre de fiction, fondée sur des témoignages et un journal intime, tire sa force de l'absence de jugement, de sa retenue et de l'humour de certains passages. Son adaptation au cinéma par Imamura* Shohei a connu un succès international.

**IBYCOS** – en gr. *Ibukos* ♦ Poète et musicien grec (Rhegion, Calabre –VIe s.). Disciple de Stésichore* dont il imita la langue et les mètres, il composa des hymnes épiques et lyriques, vivant ensuite à la cour de Polycrate, tyran de Samos, il y écrivit des panégyriques, œuvres de courtisan, qui contiennent cependant des moments de passion amoureuse ou d'évocation de la nature. Il nous reste de lui une centaine de vers.

**ICA** ♦ V. du Pérou au bord de l'océan Pacifique au S. de Lima. 117 365 hab. (aggl. 219 856). Centre viticole. ▮ **Département de Ica** 21 328 km$^2$. 711 932 hab. Zone irriguée le long du río Ica. Fameuses lignes de Nazca*.

**ICARE** – en gr. *Ikaros* ♦ Fils de Dédale*, enfermé avec lui dans le Labyrinthe par Minos. Évadé avec son père grâce aux ailes que celui-ci fabrique, il vole imprudemment si près du Soleil que la cire attachant les ailes sur ses épaules fond. Il tombe alors et s'abîme dans la mer qui, depuis, porte son nom.

**ICARIE** n. f. – en gr. *Ikaria* ♦ Île grecque de la mer Égée, à l'O. de Samos*, avec laquelle elle forme le nome de Samos. 255 km$^2$. 8 821 hab. CH.-L. : Agios Kirikos, sur la côte S. ▪ Sources radioactives. Thermes romains. Selon la tradition, Icare, s'étant noyé près de ses côtes, donna son nom à la mer qui entoure l'île et à l'île elle-même.

**ICAZA CORONEL (Jorge)** ♦ Écrivain équatorien (Quito 1906 - *id.* 1978). Il est un des représentants de l'«indigénisme». Ses romans, *Huasipungo* (1934), *Sangs mêlés* (1936), décrivent la misère des Indiens opprimés par la cupidité des Blancs.

**ICHIKAWA Jun** → **Ishikawa Jun**

**ICHIKAWA Kon** ♦ Cinéaste japonais (Uji 1915 - Ise 2008). On connaît mal les films d'animation, mélodrames et comédies échevelées qu'il tourna en série jusqu'à 1955. Ce sont deux films de guerre d'un âpre réalisme, *La Harpe de Birmanie* (1956) et *Feux dans la plaine* (1959), qui le révélèrent en Occident. Suivirent l'insolite *Étrange obsession* (1959) et le film officiel des Jeux olympiques de 1964, *Tokyo Olympiades.* Il réalisa *Doraheita* (2001) sur un scénario coécrit en 1969 avec A. Kurosawa*, M. Kobayashi* et K. Kinoshita.

**ICHIM** n. m. ♦ Riv. du Kazakhstan et de la Sibérie, affl. (rive g.) de l'Irtych. 2 450 km. Il arrose la steppe du même nom et les villes de Tselinograd, Petropavlovsk et Ichim.

**ICONION** ou **ICONIUM** → Konya

**iconoclastes**

n. m. pl. ♦ Chrétiens byzantins (VIII^e^ - IX^e^ s.) opposés à toute représentation figurée, jugée idolâtrique, du Christ, de la Vierge, des saints. La crise iconoclaste ou *querelle des Images* connut deux phases : 726 - 787 et 815 - 843. La première débuta avec l'adhésion officielle (726) de Léon* III l'Isaurien à l'iconoclasme et son édit de persécution (730) : déposition du patriarche Germain, exils, mises à mort ; elle culmina sous Constantin* V Copronyme («synode acéphale», 754) et ne s'éteignit qu'avec l'impératrice Irène (synode de 766) et le II^e^ concile de Nicée* (787) qui déclara les iconoclastes hérétiques. La crise reprit en 815 (concile de Sainte-Sophie) avec les empereurs Léon V et Théophile ; un synode y mit fin (Constantinople, 843). Les iconoclastes furent surtout les empereurs, l'épiscopat byzantin, l'armée ; leurs adversaires (*iconodules* ou *iconolâtres*), surtout les moines, saint Jean* Damascène, saint Théodore* le Studite, la papauté. **→ Grégoire II, Grégoire III, Paul I^er^, Étienne III, Adrien I^er^.**

**ICTINOS** ♦ Architecte grec qui travailla à Athènes à l'époque de Périclès* (2^e^ moitié du –V^e^ s.). Originaire du Péloponnèse, il fut peut-être l'élève de Libon d'Élée. Connu pour la reconstruction du Télestérion (salle d'initiation aux mystères) d'Éleusis, il travailla avec Callicratès* à la construction du Parthénon* (–447 - –438) et conçut les plans de l'Odéon de Périclès. On lui attribue le temple d'Apollon Épicourios à Bassae* de Phigalie (v. –440). Modelant le Parthénon conformément à la conception plastique de Phidias*, Ictinos sut répondre aux problèmes de construction, d'optique, d'intégration du décor, etc., et n'hésita pas à mélanger des éléments d'ordre divers (dorique et ionique). Le sens de l'harmonie, de l'équilibre entre la finesse et la puissance n'est pas la moindre de ses qualités.

**IDA** n. m. ♦ Chaîne des montagnes d'Asie Mineure (Mysie) limitant au S. et au S.-E. la plaine de Troie et la Troade*. La légende homérique plaçait sur le mont Ida le jugement de Pâris, l'enlèvement de Ganymède, le séjour des dieux qui s'intéressaient à l'affrontement entre Achéens et Troyens. Le Scamandre* y prenait ses sources. Auj. Kaz Dağı (1 774 m).

**IDA** ou **ÍDI** ♦ Montagne de Crète*, qui atteint 2 456 m. Vestige d'un autel devant la grotte dite *Idaion Antron* au Psiloritis («haute montagne»), point culminant de l'île. ▪ Dans la mythologie, l'Ida est liée aux légendes relatives à la naissance et à l'enfance de Zeus*.

**IDAHO** n. m. ← ÉTYM. du mot indien *idahoe* «pierre précieuse des montagnes» [allus. aux gisements d'or et d'argent du pays] ♦ État du N.-O. des États-Unis. → **États-Unis** (carte). 216 413 km². 1 293 953 hab. CAP. : Boise. ▮ **Géographie** La plus grande partie de l'État est située dans la zone hydrographique de la rivière Columbia et de son affluent, la Snake River. L'Idaho est constitué par une série de formations montagneuses dont les plus importantes sont les Clearwater Mountains, les Salmon River Mountains qui dessinent un arc de cercle dans le centre de l'État, les Lost River Mountains avec le pic Borah (3 859 m) et la Lemhi Range. Au S., la large vallée de la Snake River, constituée par des formations volcaniques (lave) et des fonds de lacs, est parcourue de profonds canyons. L'État fédéral possède 64 % de la superficie de l'État. ▮ **Économie** Elle est fondée sur les richesses minérales, notamment l'argent (1^er^ producteur des États-Unis, principalement à Cœur d'Alene, dans le N.-O. de l'État), le bois et son industrie, l'agriculture (céréales, pommes de terre renommées, betteraves, etc.). Les industries alimentaires (sucreries) et chimiques (phosphates) se développent. Le centre nucléaire d'Arco a été fondé après la Deuxième Guerre mondiale. Le tourisme est une ressource importante. ▮ **Histoire** Explorée par Lewis et Clark (1805), la région ne connut pas d'établissement permanent avant 1860 (Franklin). L'Idaho devint en 1890 le 43^e^ État de l'Union, après avoir reçu une vague d'immigration due à la découverte des mines d'or (1860 - 1862). Malgré une vive résistance, les Indiens, combattus avec acharnement, furent exterminés ou réduits à merci (1877 - 1879).

**ʿĪd al-Adhā** ou **ʿId al-Kebir** ← ÉTYM. ar. «grande fête» ♦ Fête musulmane du Sacrifice, célébrée pendant que se déroule le hajj. Elle commémore le sacrifice d'un bélier par Abraham, comme substitut de son fils (Coran 37, 100-112).

**ʿId al-Fitr** ♦ Fête musulmane de la rupture du jeûne, qui dure trois jours. Elle est marquée par une prière commune et une aumône spéciale.

**IDALION** ♦ Anc. ville de Chypre. Fondée par les Achéens, puis colonisée par les Phéniciens, elle fut consacrée à Aphrodite*. D'après la légende, Adonis* fut tué par un sanglier près de la ville.

**IDAR-OBERSTEIN** ♦ V. d'Allemagne (Rhénanie-Palatinat), au pied du Hunsrück, de part et d'autre de la Nabe. 31 791 hab. Château en ruine ; église du XI^e^ s. ▪ Centre de la taille des pierres précieuses, de la bijouterie et de l'orfèvrerie.

L'**Idéologie allemande** – en all. ***Deutsche Ideologie*** ♦ Cet ouvrage, rédigé par Marx* et Engels* en 1846 et publié en URSS en 1932, est la «critique de la philosophie allemande la plus récente dans la personne de ses représentants Feuerbach*, B. Bauer* et Stirner* et du socialisme allemand dans celle de ses différents prophètes». Marx et Engels y exposent les bases fondamentales du matérialisme historique, affirmant que la production des idées est déterminée par l'activité matérielle des hommes et que les pensées dominantes d'une époque sont celles de la classe économiquement dominante, l'expression idéale de sa domination.

**idéologues**

♦ Groupe de philosophes français de la fin du XVIII^e^ s. et du début du XIX^e^ s. **(→ Cabanis, Destutt de Tracy, Volney).** Délaissant la métaphysique au profit des sciences de l'homme, ils poursuivirent la tradition de l'analyse psychologique de Condillac*, mais la modifièrent en la rattachant à la physiologie. Dans leurs études sur la formation des idées générales et de leurs relations, ils accordèrent une place importante à l'analyse du langage, à la grammaire et à la logique. Soucieux des applications pratiques de leurs idées, certains contribuèrent activement à la réforme de l'instruction publique après la Terreur. Ce mouvement intellectuel fut éclipsé en France par le succès de l'éclectisme spiritualiste **(→ Cousin [Victor])** lors de la Restauration, mais connut un certain succès auprès des milieux libéraux à l'étranger (aux États-Unis, le président Jefferson ; en Italie, des philosophes et juristes comme Delfico*, Gioia*, Romagnosi* et Soave).

**IDFŪ** → **Edfou**

L'**Idiot** ♦ Roman de Dostoïevski* (1868). Le héros, le prince Mychkine, est un être absolument pur à l'image du Christ. Sa simplicité et sa sincérité frôlent l'idiotie, il est de plus épileptique comme l'était Dostoïevski lui-même. La profonde et réelle compassion qu'il éprouve, soit pour la belle Nastasia, soit pour le terrible Rogojine, a fait dire à Romano Guardini que dans *L'Idiot* se manifestait la «formidable intensité religieuse» du monde de Dostoïevski.

**IDISTAVISO** ♦ Plaine de la Germanie ancienne bordant les rives de la Weser où Arminius*, chef des Chérusques, fut vaincu par Germanicus* en 16.

**IDJIL** (kedia d') ← ÉTYM. «montagne de fer» ♦ Massif de l'O. du Sahara (Mauritanie), proche de la frontière du Sahara occidental. F'Derik se situe au pied de son versant O. et Zouerate au N. Important gisement de minerai de fer. ▪ À l'ouest, la *Sebkha d'Idjil* est un vaste dépôt de sel exploité par les Maures dans l'échange traditionnel sel/mil avec les populations de la savane.

**IDOMÉNÉE** ← ÉTYM. en gr. *Idomeneus* ; du n. d'une colline ♦ Roi légendaire de Crète* à l'ère achéenne, petit-fils de Minos et l'un des principaux héros de *L'Iliade**. *L'Odyssée* lui réserve un retour heureux, mais il en est autrement dans une tradition posthomérique : ayant juré à Poséidon de sacrifier la première personne qu'il rencontrerait à son retour, il immole son fils, venu le premier pour l'accueillir. Banni par les Crétois horrifiés, il se réfugie en Calabre.

**Idoménée, roi de Crète** ♦ *Opera seria* en 3 actes de W. A. Mozart* sur un livret de G. B. Varesco inspiré de celui de Danchet mis en musique par Campra en 1712 (Munich, 29 janv. 1781). Cette œuvre en italien fut le premier grand succès de Mozart (qui participa activement à la rédaction du livret) à la scène.

**IDRIS I^er^** ♦ Fondateur de la dynastie des Idrissides*, à l'O. du Maghreb (mort à Oulili-Volubilis, près de Meknès 792). Il fut empoisonné par un émissaire de Haroun* al-Rachid. → **Idrissides.**

**IDRIS I^er^** [**Muḥammad Idrīs al-Mahdī al-Sanūsī**] ♦ Roi de Libye (Jaghbūb 1890 - Le Caire 1983). Petit-fils du fondateur de la confrérie des Senoussis, Muḥammad ibn ʿAlī al-Sanūsī, il s'exila au Caire en 1922 pendant la colonisation italienne et se rangea aux côtés des forces alliées durant la Deuxième Guerre mondiale. Proclamé roi en 1950, il mena une politique résolument proaméricaine. Il fut renversé, le 1^er^ sept. 1969, par un coup d'État militaire dirigé par Kadhafi alors qu'il se trouvait en Turquie. Il se réfugia une nouvelle fois au Caire.

**IDRĪS** (**Yūsuf**) ♦ Écrivain égyptien (al-Baryum, Ménoufieh 1927 - Le Caire 1991). Ses nouvelles (*Les Nuits les moins chères*, 1956 ; *La République de Farahat*, 1956 ; *Le Langage de la douleur*, 1971) sont inspirées par son expérience de médecin et sa compassion pour le petit peuple égyptien des villes et des campagnes.

**IDRĪSĪ** ou **EDRISI** (**Abū ʿAbd Allāh Muḥammad al-Ḥammūdī**, connu sous le nom d' **AL-**) ♦ Géographe arabe (Ceuta v. 1100 - Ceuta ou Sicile ? v. 1166). Après des études à Cordoue, des voyages en Afrique du Nord, en Asie Mineure, en Espagne et en France, il fut appelé en Sicile par le roi Roger II pour lequel il réalisa une mappemonde en argent connue par des copies et comportant les sept zones de latitude, ou climats, et la position des continents et des mers dans la tradition de Ptolémée ; il rédigea ensuite un vaste ouvrage de géographie : *Divertissement de celui qui désire parcourir le monde*.

**IDRISSIDES** n. m. pl. ♦ Dynastie arabe (788 - 974), se réclamant de Ali*, fondée au Maroc par Idris* Ier après sa participation à la révolte de son neveu Ḥusayn (786). Défait, il quitta l'Arabie et gagna l'Afrique du Nord où il fut accueilli par une tribu berbère du Maroc (788). Reconnu comme imam, il soumit plusieurs tribus juives et païennes ; ensuite, il s'empara de Tlemcen (789). Il fonda la première ville de Fès*, sur la rive d. de l'oued Fès. Son fils posthume, Idris II (mort en 828), s'y installa et y bâtit une ville nouvelle sur l'autre rive. Il mata une révolte à Tlemcen et réprima le mouvement des kharijites. Après sa mort, le royaume (partagé entre ses fils, livré aux guerres civiles, convoité par les Omeyades* d'Espagne et les Fatimides*) s'effrita.

**IDRON-OUSSE-SENDETS** [64320] ♦ Comm. des Pyrénées-Atlantiques, banl. E. de Pau. 5 154 hab.

**IDRUS** ♦ Poète indonésien (Padang 1921 - Jakarta 1979). Représentant d'un important mouvement littéraire javanais après la dernière guerre, il est l'auteur de courtes nouvelles, des *Notes souterraines* (1946) et de livres de réflexions et de voyage (*De l'Ave Maria à l'autre route vers Rome*).

**IDUMÉE** n. f. ♦ Nom anc. du pays d'Édom* au S. de la Judée (époque hellénistique et romaine).

**IDUMÉENS** n. m. pl. ♦ Habitants de l'Idumée. → **Édomites.**

**Idylles** ♦ Titre collectif de 30 poèmes de Théocrite (près de 2 000 vers), réunis après la mort de l'auteur. Ces compositions revêtent les formes des petits genres de la poésie alexandrine. Les *Idylles bucoliques* reproduisent des dialogues, des chansons, des défis poétiques de bergers, où sont illustrés la vie rustique, l'aspect de la nature et les légendes pastorales. Dans les *mimes* dramatiques ou lyriques, la vie urbaine, scènes de la rue, aventures et passions des petites gens, fournissent les sujets. *La Petite Épopée* puise dans la mythologie en faisant des héros et des dieux des personnages familiers. Poèmes d'amour, hymnes et éloges y ont aussi leur part. La langue des deux premiers genres est le dorien, égayé de particularités locales. Dans les poèmes d'amour, l'éolien évoque le lyrisme lesbien, tandis que dans les contes épiques abondent des expressions d'ionien homérique.

**IEKATERINBOURG** ◆ ÉTYM. du n. de *Catherine** Ire et germ. *burg* « forteresse », de 1924 à 1991 ***Sverdlovsk*** ♦ V. de Russie, ch.-l. de région de Sverdlovsk, à l'E. de l'Oural, dans la vallée de l'Isset. 1 293 000 hab. Centre culturel (universités). Importantes industries sidérurgique, mécanique, chimique et alimentaire. Centre minier. Nœud ferroviaire. ▮ **Histoire** La ville fut fondée en 1723 sous Pierre le Grand. Nicolas II y fut massacré avec sa famille par les bolcheviks en 1918.

**IEKATERINODAR** → **Krasnodar**

**IEKATERINOSLAV** → **Dnipropetrovsk**

**IELISAVETGRAD** → **Kirovohrad**

**IELISAVETPOL** → **Gandja**

**IÉNA** ◆ ÉTYM. en all. ***Jena*** ; p.-ê. d'un dialecte moy. haut all. *jān* « ligne, rangée [plants de vigne] » ♦ V. d'Allemagne (Thuringe), sur la Saale. 102 700 hab. Importante univ. fondée en 1558 où enseignèrent Fichte, Hegel, Schelling, Schlegel et Schiller. ▪ Matériel de précision (optique, autrefois fabriques d'appareils photographiques Zeiss), produits pharmaceutiques. ▮ **Histoire** Victoire remportée le 14 oct. 1806 par Napoléon sur les Prussiens commandés par le prince de Hohenlohe. Le même jour, Davout* écrasait les troupes de Brunswick à Auerstedt. Ces victoires ouvrirent la route de Berlin que Napoléon atteignit le 27 oct.

**IENIKALE** → **Kertch**

**IENISSEÏ** n. m. ◆ ÉTYM. du samoyède *enets* ou *ienets* « homme » (les tribus nomades employaient ce n. pour se désigner et pour nommer le fleuve) ♦ Fl. de Russie, en Sibérie. 3 487 km. Formé par la confluence du *Grand Ienisseï* (Bii-Khem, né en Mongolie dans les monts Saïan, 330 km) et du *Petit Ienisseï* (Ka-Khem), il arrose la rép. de Touva, puis le territoire de Krasnoïarsk et les villes de Minoussinsk, Krasnoïarsk, Ienisseïsk, Igarka et Doudinka et se jette dans l'océan Arctique (mer de Kara). Ses princ. affl. sont l'Angara, la Touba, les deux Toungouska (rive d.) ; l'Abakan, l'Ielogouï et le Touroukhan (rive g.). Large de 10 à 20 km dans son cours inférieur, il est navigable jusqu'à la ville de Minoussinsk (sur 3 300 km), de mai à oct. Pêche. Centrale hydroélectrique à 35 km de Krasnoïarsk.

**IEPER** → **Ypres**

**IERMAK TIMOFEÏEVITCH** ♦ Hetman des Cosaques du Don (mort en 1584 ou 1585). Après avoir dirigé plusieurs expéditions de brigandage dans la région de la mer Caspienne, il entreprit la conquête de la Sibérie contre un des plus puissants princes tartares (Koutchoulou), s'empara de Sibir sur le bas Irtych (1580 - 1581) et remit ces possessions à Ivan* IV (le Terrible), étendant ainsi la Russie de l'Oural à l'Irtych. Mais il finit par être vaincu par les Tartares (l'écrivain Khomiakov* en fit le héros aventurier d'une de ses tragédies).

**IEVTOUCHENKO (Ievgueni Aleksandrovitch)** → **Evtouchenko**

**IF** ♦ Îlot calcaire dans la Méditerranée en face de Marseille. Enceinte du XVIIe s. autour d'un château du XVIe s. qui fut, un temps, une prison d'État. Le château d'If fut rendu célèbre par le roman d'A. Dumas, *Le Comte de Monte-Cristo*.

**IFE** ou **IFÉ** ◆ ÉTYM. de *Illifé* « la maison *(illé)* d'Ifé » ou « la maison du noyau de palme » ♦ V. du Nigeria (État d'Oyo). 210 000 hab. Cap. religieuse des Yoroubas, qui connut son apogée au XIIIe s., puis fut éclipsée par Oyo (→ **Bénin**). L'art d'Ife est un art de cour découvert en 1910 par Leo Frobenius*. Il représente souvent des têtes d'*onis* (rois) en « bronze » (alliage cuivre-zinc-plomb). Les premières fouilles scientifiques furent entreprises en 1949 sur des sites riches en pavements et en céramiques funéraires.

**Ife.** Tête couronnée d'un oni (24 cm).
Museum of Ife Antiquities, Nigeria.
*BIS/Phot. © Archives Larbor*

**IFFLAND (August Wilhelm)** ♦ Acteur et directeur de théâtre allemand (Hanovre 1759 - Berlin 1814). Son œuvre d'auteur dramatique est moins à retenir que le rôle important qu'il a joué, à la tête du Théâtre national de Berlin, en faveur du drame bourgeois et des œuvres de Schiller et de Goethe.

**IFNI** (enclave ou territoire d') ◆ ÉTYM. du berbère *asif* (pl. *isaffen*) « rivière ; eau » ♦ Territoire marocain, anc. enclave espagnole dans le S. du Maroc, peuplé de Berbères. Concédée en 1860 à l'Espagne, concession entérinée par la Convention franco-espagnole de Fès en 1912, elle devint en 1959 une « province espagnole d'Afrique » avant d'être rétrocédée au Maroc en 1969.

**IFORAS** ou **IFOGHAS** (adrar des) ♦ Massif cristallin des confins du Sahara, dans le N.-E. du Mali, peuplé par des Touaregs en partie sédentarisés. CAP. : Kidal. Élevage dans les vallées.

**Ifremer** n. m. [Institut français de recherche pour l'exploitation de la mer] ♦ Établissement public français créé en 1984 par fusion du Cnexo (Centre national pour l'exploitation des océans) et de l'Institut scientifique et technique des pêches maritimes. Il emploie env. 1 200 personnes dans 6 centres (Issy-les-Moulineaux, Boulogne-sur-Mer, Brest, Nantes, La Seyne, Tahiti). Ses activités portent principalement sur la pêche, l'aquaculture, le suivi du milieu marin (pollution), l'exploitation des ressources minérales (nodules polymétalliques).

**IFRĪQIYA** n. f. ♦ Anc. nom arabe de la Tunisie, de la Tripolitaine (Libye) et de l'Algérie orientale.

**IFS** [14123] ◆ ÉTYM. anc. *Iz*, du gaul. *Iccius*, n. de pers. ♦ Comm. du Calvados, banlieue S. de Caen. 9 208 hab.

**IGARKA** ♦ V. de Russie, en Sibérie. Port fluvial sur l'Ienisseï en déclin. Env. 15 000 hab.

**IGHIL IZAN** ➝ ÉTYM. berbère «la crête des mouches» – anc. *Relizane* ♦ V. d'Algérie, ch.-l. de wilaya, dans la plaine de l'oued Mina, au pied du versant O. de l'Ouarsenis. 83 864 hab. Centre agricole.

**IGLS** ♦ Village autrichien, à 6 km au S. d'Innsbruck (Tyrol). Station de sports d'hiver où se déroulèrent quelques épreuves des jeux Olympiques d'hiver en 1964.

**IGN** n. m. → **Institut géographique national**

**IGNACE** (saint) ♦ (fin I$^{er}$ s. - déb. II$^{e}$ s.). Père apostolique, traditionnellement le deuxième évêque d'Antioche. Il aurait subi le martyre à Rome sous Trajan. On lui attribue sept *Lettres* à différentes communautés chrétiennes. ▪ Fête le 17 oct. ➝ ÉTYM. *Ignace* vient du latin *Ignatius,* qu'on rapproche de manière douteuse de *ignis* «feu».

**IGNACE** (saint) ♦ (Constantinople 797 - *id.* 877). Patriarche de Constantinople en 847 - 858 et 867 - 877. Moine intransigeant, il fut en rivalité avec Photios* au profit de qui il dut démissionner (858) mais qu'il fit condamner au IV$^{e}$ concile de Constantinople* (869 - 870). ▪ Fête le 23 oct.

**IGNACE DE LOYOLA** (saint) **[Iñigo LOPEZ DE LOYOLA]** ➝ ÉTYM. *Ignace** et *Loyola,* n. du château du Pays basque espagnol où il est né (basque *loi* «boue» et *-ola,* suff. de lieu) ♦ Fondateur de la Compagnie de Jésus (Azpeitia, Pays basque espagnol 1491 ? - Rome 1556). Gentilhomme blessé au siège de Pampelune (1521), il se convertit, fit retraite à Montserrat puis à Manresa où il connut l'expérience mystique et accomplit le pèlerinage de Jérusalem (1523). Au retour, il se consacra à l'apostolat et entreprit des études en Espagne puis à Paris (1528 - 1534). C'est là qu'il groupa ses premiers disciples : Pierre Favre, François* Xavier, Diego Laínez, Alfonso Salmerón, Nicolás de Bobadilla, Simón Rodriguez. À Montmartre, le 15 août 1534, tous les sept prononcèrent des vœux de pauvreté, de chasteté et d'apostolat en Terre sainte ou, en cas d'impossibilité, ailleurs, à la disposition du pape. C'est ce qui se produisit. Après leur ordination (Venise, 1537), la guerre entre Venise et le Sultan amena Paul III à les utiliser en Italie. Leur libre association devint alors la Compagnie de Jésus* (approuvée en 1540). Ignace, élu préposé général (1541), se consacra à l'organisation et au développement de son ordre, dont il rédigea les *Constitutions.* Ses *Exercices* spirituels,* entrepris dès sa retraite à Manresa, demeurent la base de la spiritualité des jésuites. Ignace de Loyola a été canonisé en 1622. ▪ Fête le 31 juil.

**IGNARRO (Louis J.)** ♦ Pharmacologue américain (New York 1941). [Prix Nobel de physiol. ou méd. 1998, avec R. Furchgott* et F. Murad*]

**IGNY** [91430] ➝ ÉTYM. anc. *Ini,* du lat. *Igneus,* n. de pers., et suff. *-acum* ♦ Comm. de l'Essonne, arr. de Palaiseau, sur la Bièvre. 9 381 hab. *(Ignissois).* École d'horticulture.

**IGOR** ➝ ÉTYM. du vx russe *Ingvar,* du vx norv. «guerrier d'Ing (dieu scandinave de la fertilité et de la prospérité)» ♦ (Novgorod v. 875 - Iskorost 945). Prince de Kiev* (912 - 945), fils présumé de Riourik* et successeur d'Oleg* le Sage dont il serait le gendre par son mariage avec Olga*. Il attaqua Constantinople (941) et conclut avec l'Empire byzantin un traité commercial avantageux (945) mais fut tué la même année au cours d'une expédition contre la tribu des Drevlianes.

**IGOROTS** n. m. pl. ♦ Nom donné à plusieurs sociétés traditionnelles habitant la cordillère centrale du nord de Luçon (Philippines). Anc. chasseurs de têtes, célèbres pour leurs rizières en terrasses.

**IGUAÇU** (rio) en portugais ou **IGUAZÚ** (río) en espagnol n. m. ➝ ÉTYM. guarani «grandes eaux» ♦ Riv. du Brésil (1 100 km). Il prend sa source près de Curitiba, coule d'E. en O. dans l'État du Paraná puis forme la frontière entre le Brésil et l'Argentine (prov. de Misiones). Il descend ensuite des canyons et forme plus de 250 chutes qui se déversent dans le fleuve Paraná. Les chutes d'Iguaçu ont suscité la création de deux pôles touristiques : Foz de Iguaçu du côté brésilien, et Puerto Iguazú du côté argentin.

**Iguaçu.** Les chutes. *Phot. © Arch. Nathan/Sonneville*

**IHARA Saikaku** ♦ Poète et écrivain japonais (Ōsaka 1642 - *id.* 1693), riche marchand d'Ōsaka, fondateur d'une école de littérature populaire qui connut un très grand succès mais sombra dans la pornographie. Ses ouvrages les plus connus sont *Un homme amoureux de l'amour, Vie d'une amie de la volupté, Contes d'amour des samouraïs.* ➝ ÉTYM. *Ihara* vient du japonais *i* «bien», *hara* «champ, place» et *Saikaku,* de *sai* «ouest» et *kaku* «grue (oiseau)».

**II Naosuke** ♦ Homme d'État japonais (1815 - Tōkyō 1860). Partisan de l'ouverture du Japon à l'étranger et signataire des traités passés en 1858 avec les États-Unis, la Grande-Bretagne et la France, il fut assassiné par des samouraïs xénophobes.

**IJ** (golfe de l') ♦ Golfe des Pays-Bas, situé au S.-O. de l'IJsselmeer* et relié à la mer par le canal de la mer du Nord. Débouché du port d'Amsterdam jusqu'au XIX$^{e}$ s.

**IJEVSK** ♦ V. de Russie, cap. de l'Oudmourtie, à l'O. de l'Oural. 632 100 hab. Centre indus. (métall., construc. mécaniques, automobiles, traitement du bois).

**IJMUIDEN** ♦ Port des Pays-Bas, avant-port d'Amsterdam, sur le canal de la mer du Nord, faisant partie de la commune de Velsen*. ▪ Pêche hauturière et côtière. Conserveries et usines de salaison. Sidérurgie et métall. lourde. Indus. chimiques et papeteries. Station balnéaire. ▮ **Histoire** Les anciennes écluses d'IJmuiden (écluses du Sud) furent construites en même temps que le canal de la mer du Nord (1865 - 1876). L'écluse du Milieu fut entreprise en 1888, et l'écluse du Nord en 1919.

**IJSSEL** n. f. ➝ ÉTYM. du germ. *Īsalō,* rac. hydronym. ♦ Riv. des Pays-Bas (116 km), formée par un bras du Rhin. Elle arrose Deventer et Zwolle, se termine par un delta et se jette dans l'IJsselmeer entre le polder du Nord-Est et celui de Flevoland-Oriental. ▪ Tourisme nautique.

**IJSSELMEER** n. m. ou lac d'**IJSSEL** ♦ Lac d'eau douce des Pays-Bas, aménagé en 1932. Séparé de la mer des Wadden* par une digue, il occupe une partie de l'ancien Zuiderzee*. Un système d'écluses fait varier son niveau. ▪ Pêche (anguilles). Tourisme nautique.

**IKARIA** → **Icarie**

**IKEDA Hayato** ♦ Homme politique japonais (Tōkyō 1899 - Hiroshima 1965), artisan de l'expansion économique du Japon. Il succéda comme Premier ministre à Kishi* Nobusuke en 1960, mais démissionna en 1964 pour raison de santé et fut remplacé par Satō* Eisaku.

**IKE NO TAIGA** ♦ Peintre japonais (Kyōto 1723 - *id.* 1776), calligraphe et poète réputé, célèbre pour ses paysages et figures.

**IKERE-EKITI** ♦ V. du Nigeria, au S.-E. d'Oshogbo. 149 472 hab.

**IKHCHIDITES** n. m. pl. ♦ Dynastie égyptienne (935 - 969). Fondée par Muḥammad ibn Ṭughj, cette dynastie faiblit dès la mort de son fondateur (946). Celui-ci fut considéré comme un usurpateur, bien qu'il eût rétabli en Égypte l'ordre abbasside et mené la lutte contre les Hamdanides*.

**Ikkō-ikki** n. m. ➝ ÉTYM. jap. «Ligue de ceux qui n'ont qu'une seule idée» ♦ Mouvement insurrectionnel religieux des partisans du Jōdoshinshū* qui ensanglantèrent le centre du Japon entre 1474 et 1580. Il fut finalement vaincu par Tokugawa* Ieyasu lors de la prise de la citadelle d'Ōsaka* (1615).

**ILA ORANGUN** ♦ V. du Nigeria occidental (État d'Osun) au N.-E. d'Oshogbo. 90 000 hab. Grand marché du cacao et du tabac.

**ILDEFONSE** (saint) ♦ (Tolède 606/607 - 667). Archevêque de Tolède (657), auteur du *De virginitate sanctae Mariae.* ▪ Fête le 23 janv.

L'**Île au trésor** – en angl. ***Treasure Island*** ♦ Roman d'aventures de R. L. Stevenson* (1883). L'intrigue se déroule au XVIII$^{e}$ s. et a pour héros principaux Jim Hawkins et John Silver. Le premier, audacieux, honnête et jeune, est un personnage pivot de l'œuvre de Stevenson : il reparaît notamment sous le nom de Dick Shelton dans *La Flèche noire.* L'innocence de Jim s'oppose à la mentalité complexe du forban, John Silver, qui ne connaît que la loi du plus fort et réussira, même vaincu, à s'approprier une partie du trésor. *L'Île au trésor* est un classique du roman d'aventures.

**ÎLE-AUX-MOINES** [56780] ➝ ÉTYM. l'île fut offerte en 854 par Erispoë, roi de Bretagne, aux moines de l'abbaye de Redon qui la cultivèrent ♦ Comm. du Morbihan, arr. de Vannes, formée par l'île aux Moines. 610 hab. *(Îlois).* L'île, la plus grande du golfe du Morbihan (7 km de long), est un lieu de séjour balnéaire. Ostréiculture. ▪ Au S., dolmens de Boglieux et de Penhap.

**ÎLE-BOUCHARD (L')** [37220] ➝ ÉTYM. du n. de *Bouchard de l'Isle* qui fit élever un château fort au X$^{e}$ s. dans une île de la Vienne ♦ Ch.-l. de cant. de l'Indre-et-Loire, arr. de Chinon, sur la Vienne. 1 764 hab. *(Bouchardais).* Anc. priorale Saint-Léonard du XI$^{e}$ s. (chapiteaux historiés). Église Saint-Gilles des XI$^{e}$, XII$^{e}$ et XV$^{e}$ s. (portails romans). Église Saint-Maurice (clocher hexagonal de 1480 ; cathèdre du déb. du XVI$^{e}$ s.).

**ÎLE-D'AIX** [-ɛks] [17123] ♦ Comm. de la Charente-Maritime, arr. de Rochefort, formée par l'île d'Aix. 186 hab. Musée Napoléon. Musée africain : ethnographie, zoologie. ▪ Tourisme. Cultures maraîchères et fruitières. ▪ **Histoire** C'est à l'île d'Aix que Napoléon passa ses derniers jours en terre française avant d'embarquer sur le *Bellerophon*, qui devait le conduire en Angleterre (juil. 1815). Ben* Bella fut détenu de 1956 à 1962 au fort Liédot, au N. de l'île.

**ÎLE-DE-BATZ** [-ba] [29253] ♦ Comm. du Finistère, arr. de Morlaix, formée par une île de la Manche, en face de Roscoff (4 km sur 1 km). 575 hab. *(Batziens)*. ▪ Tourisme. Cultures maraîchères. Récolte du goémon.

**ÎLE-DE-BRÉHAT** [22870] ♦ Comm. des Côtes-d'Armor, arr. de Saint-Brieuc, formant une île de la Manche à 2 km de la pointe de l'Arcouest, près de Paimpol. 421 hab. *(Bréhatins)*. L'île (3,5 km sur 1,5 km) se compose, en fait, de deux îles réunies au XVIIIe s. par un pont dû à Vauban. ▪ Site touristique.

**ÎLE-DE-FRANCE** n. f. ▪ ÉTYM. on appelait souvent *île* au Moyen Âge une région plus ou moins encadrée par des rivières ♦ Région historique de la France, située au centre du Bassin parisien, approximativement limitée par la Seine, l'Oise, l'Aisne et la Marne (d'où son nom d'*île*). Elle englobait tous les départements actuels de la région parisienne et une partie des départements de l'Oise, de l'Aisne et de la Marne. ▪ Le rôle historique de l'Île-de-France est important à tous égards. Elle a été le berceau de la monarchie capétienne (→ **Capétiens**). Le dialecte qui y était parlé *(français)* l'emporta sur les dialectes voisins et devint la langue du royaume de France. L'art gothique* y a pris naissance (→ **Paris, Saint-Denis, Laon, Beauvais, Noyon, Meaux, Soissons**) et de nombreuses demeures royales y furent édifiées, parmi lesquelles Versailles* et Fontainebleau*.

**ÎLE-DE-FRANCE** n. f. ♦ Région administrative française comptant 8 dép. : Paris, Seine-et-Marne, Yvelines, Essonne, Hauts-de-Seine, Seine-Saint-Denis, Val-de-Marne, Val-d'Oise. Plus petite que l'Île-de-France historique. 12 010 km² (2,2 % du territoire, 20e rang). 10 952 011 hab. (18,8 %, 1er rang). *(Franciliens)*. 28 % du PIB (1er r.). CH.-L. : Paris.

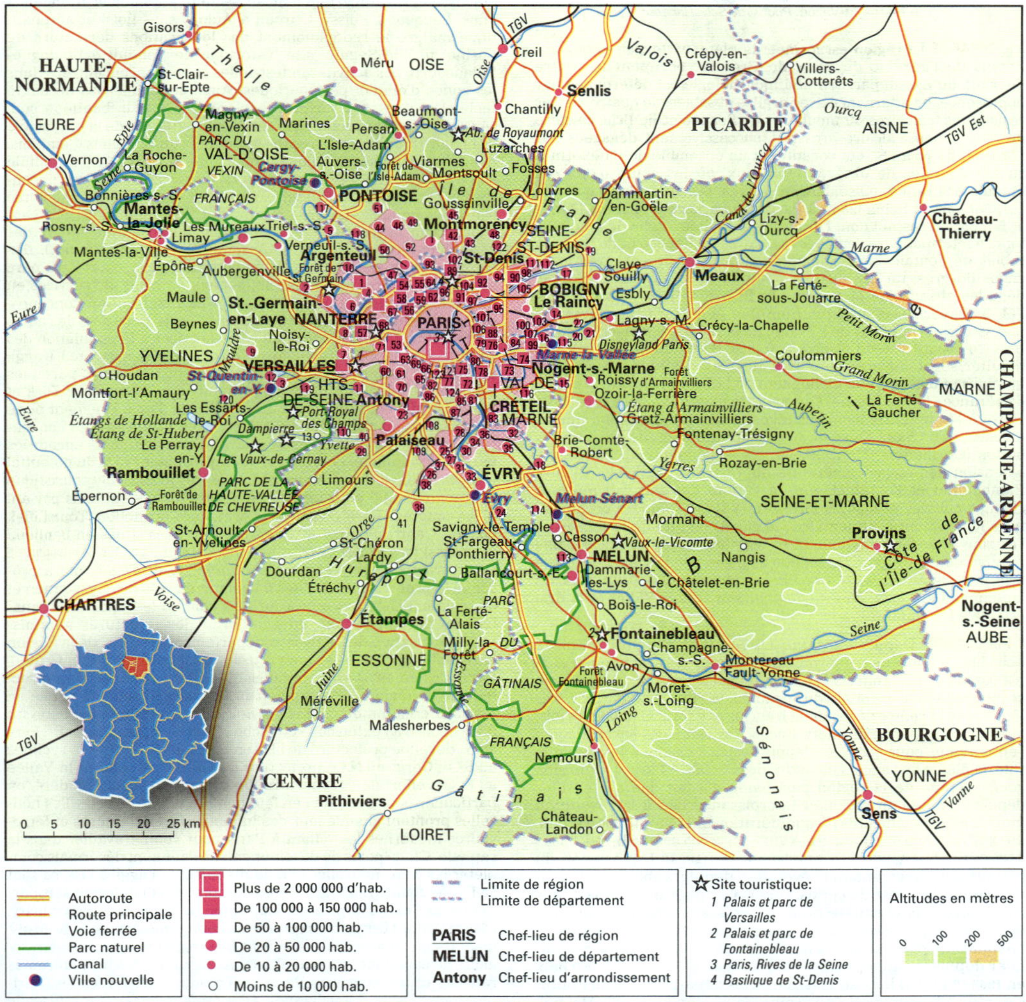


1 Sartrouville
2 Poissy
3 Trappes
4 Houilles
5 Conflans-Ste-Honorine
6 Chatou
7 Le Chesnay
8 La Celle-St-Cloud
9 Plaisir
10 Maisons-Laffitte
11 Vélizy-Villacoublay
12 Élancourt
13 St-Rémy-lès-Chevreuse
14 Chelles
15 Pontault-Combault
16 Champs-sur-Marne
17 Villeparisis
18 Combs-la-Ville
19 Mitry-Mory
20 Noisiel
21 Torcy
22 Vaires-sur-Marne
23 Massy
24 Corbeil-Essonnes
25 Savigny-sur-Orge
26 Ste-Geneviève-des-Bois
27 Viry-Châtillon
28 Athis-Mons
29 Les Ulis
30 Draveil
31 Grigny
32 Yerres
33 Ris-Orangis
34 Vigneux-sur-Seine
35 Brunoy
36 Montgeron
37 Morsang-sur-Orge
38 St-Michel-sur-Orge
39 Brétigny-sur-Orge
40 Orsay
41 Arpajon
42 Sarcelles
43 Garges-lès-Gonesse
44 Franconville
45 Villiers-le-Bel
46 Ermont
47 Bezons
48 Gonesse
49 Eaubonne
50 Sannois
51 Taverny
52 St-Gratien
53 Boulogne-Billancourt
54 Colombes
55 Asnières-sur-Seine
56 Neuilly-sur-Seine
57 Rueil-Malmaison
58 Courbevoie
59 Levallois-Perret
60 Meudon
61 Clamart
62 Clichy
63 Issy-les-Moulineaux
64 Gennevilliers
65 Bagneux
66 Montrouge
67 Puteaux
68 Suresnes
69 Malakoff
70 Châtenay-Malabry
71 St-Cloud
72 Vitry-sur-Seine
73 St-Maur-des-Fossés
74 Champigny-sur-Marne
75 Ivry-sur-Seine
76 Fontenay-sous-Bois
77 Villejuif
78 Maisons-Alfort
79 Vincennes
80 Alfortville
81 Choisy-le-Roi
82 L'Haÿ-les-Roses
83 Villeneuve-St-Georges
84 Le Perreux-sur-Marne
85 Thiais
86 Fresnes
87 Orly
88 Montreuil
89 Saint-Denis
90 Aulnay-sous-Bois
91 Aubervilliers
92 Drancy
93 Épinay-sur-Seine
94 Le Blanc-Mesnil
95 Bondy
96 Saint-Ouen
97 Pantin
98 Sevran
99 Noisy-le-Grand
100 Rosny-sous-Bois
101 Noisy-le-Sec
102 Stains
103 Gagny
104 La Courneuve
105 Livry-Gargan
106 Bagnolet
107 Neuilly-sur-Marne
108 Chilly-Mazarin
109 Longjumeau
110 Gif-sur-Yvette
111 Villepinte
112 Tremblay-en-France
113 Le Mée-sur-Seine
114 Moissy-Cramayel
115 Lognes
116 Sucy-en-Brie
117 Cergy-Pontoise
118 Herblay
119 Montigny-le-Bretonneux
120 Maurepas
121 Le Kremlin-Bicêtre
122 Deuil-la-Barre
123 Arcueil
124 Villeneuve-le-Roi

**Île-de-France.**

**Île-de-France.** Les Arènes de Picasso, de Manolo Núñez, à Marne-la-Vallée. *Phot. © de Selva/Tapabor*

**▮ GÉOGRAPHIE** La région est formée de plateaux tertiaires qui, au-dessus de l'auréole de craie du Crétacé, occupent le centre déprimé du Bassin parisien*. Sa morphologie est déterminée par la présence, en alternance avec argiles et sables, de quatre assises résistantes (calcaires ou meulières de Beauce et de Brie, calcaire de Saint-Ouen, calcaire grossier), successivement dégagées par l'érosion du N. au S., qui constituent un ensemble de plateformes subhorizontales de différents niveaux, où les cours d'eau ont entaillé des vallées (Oise, Marne, Yerres, Essonne, Orge) qui convergent vers la Seine (25 m à Paris). Le passage de l'une à l'autre se fait par un ressaut dont l'importance est liée à celle de la couche tendre intermédiaire : entre les calcaires de Beauce et de Brie, les sables de Fontainebleau, épais de 60 m, constituent, avec leurs chaos de grès, un des attraits naturels de la région. Uniforme, dénudée et sèche, la plateforme de Beauce (150 m) se prolonge à l'O. à travers les Yvelines humides et pittoresques (vallées encaissées et ramifiées de l'Yvette, de la Bièvre). La plateforme de Brie (80 - 90 m) s'étend jusqu'à la falaise d'Île-de-France : calcaire meuliérisé et marnes sous-jacentes lui valent des paysages humides et boisés qui la distinguent de la Beauce. Au N., la plaine de «France» (entre Marne, Ourcq et Oise) et le Vexin français (de l'Oise à l'Epte) correspondent respectivement aux affleurements du calcaire de Saint-Ouen et du calcaire grossier : de nombreuses buttes (Cormeilles, Montmorency) y témoignent de l'ancienne extension des étages supérieurs du Tertiaire. De L'Isle-Adam à Rambouillet et Fontainebleau, la variété des sols fait alterner champs cultivés et massifs forestiers. **▮ Climat** Tempéré océanique mais légèrement continentalisé, le climat de l'Île-de-France est à l'origine d'un temps nébuleux et variable. Paris bénéficie d'une relative douceur liée à la chaleur dégagée par la ville. Les hivers sont plus rigoureux au N. et à l'E. Les pluies (620 mm/an, max. en automne et été, min. en fév.) augmentent vers le Valois et la Brie orientale (700 mm/an).

**▮ POPULATION** Depuis l'antique Lutèce (qui comptait près de 6 000 hab. à l'époque gallo-romaine), le foyer d'attraction parisien n'a cessé de voir croître sa population par immigration, nationale et internationale. Capitale du royaume, la ville s'est affirmée très tôt comme le centre décisionnel français et a franchi plusieurs fois, au cours des quinze derniers siècles, les remparts successifs qui l'entouraient pour occuper, depuis l'espace originel de l'île de la Cité, la plaine de l'ancien méandre de la Seine → **Paris.** L'extension géographique de la région parisienne n'a fait que s'intensifier depuis le milieu du XIXe s. et la croissance liée à la révolution industrielle (la ville puis l'agglomération ont compté 300 000 hab. au XVIe s. ; 500 000 hab. au XVIIIe s. ; 2 000 000 hab. en 1860 ; 8 500 000 hab. en 1962 et 9 644 000 hab. en 1999). L'expansion du bâti urbain a accompagné l'évolution démographique, selon un mouvement orienté du centre vers la périphérie, en deux ondes successives : la première de forte croissance, la seconde marquée par une baisse due au desserrement des activités et de l'habitat. La population de la ville de Paris a tendance à diminuer depuis les années 1920 (2 900 000 hab. en 1921 ; 2 600 000 hab. en 1968 ; 2 148 000 hab. en 1999). Les trois départements de Petite-Couronne (Hauts-de-Seine, Seine-Saint-Denis, Val-de-Marne), qui se sont développés vigoureusement jusqu'aux années 1970, connaissent à leur tour un certain desserrement, même si leur population croît encore légèrement (+ 2,1 % pour les 3 dép. entre 1982 et 1990). La croissance récente (entre 1982 et 1990) est le fait des départements de grande banlieue : + 21,5 % en Seine-et-Marne ; + 14 % dans le Val-d'Oise ; + 9,8 % dans l'Essonne et + 9,3 % dans les Yvelines. Ce phénomène de croissance périphérique correspond dans l'ensemble aux variations du marché immobilier (plus cher au centre qu'en grande banlieue) et a été favorisé par la qualité des transports routiers et ferroviaires qui rendent possibles des déplacements quotidiens domicile-travail de plus en plus lointains (25 millions de déplacements par jour). La périphérie continue de croître à un rythme d'au moins 0,5 % par an.

**▮ ÉCONOMIE ▮ Agriculture** Elle ne représente plus que 0,15 % de l'emploi régional (France : 2 %), mais avec d'importantes variations selon l'urbanisation des zones (10 % dans le Vexin). Elle assure une production annuelle de 1,2 milliards d'euros en valeur, dont 91 % pour les cultures : blé (1,9 million de t), dont la moitié est destinée à la meunerie, orge. Les grandes exploitations (surface agricole utilisée moyenne de 130 ha), intensives, mécanisées, et parfaitement intégrées au complexe agroalimentaire (dont le marché de Rungis, le plus grand du monde), assurent aux agriculteurs un revenu brut par exploitation (RBE) largement supérieur à la moyenne nationale. **▮ Industrie** Ce secteur a connu son plus fort développement au tournant du siècle (entre 1890 et 1910) et est alors devenu la plus forte concentration économique nationale. Auj. relativement sous-représenté (15,1 % de l'emploi régional) par rapport à l'ensemble du pays (20,7 %), il reste en valeur absolue le premier foyer de l'industrie française avec 16 % de l'emploi français, dont 400 000 dans l'agroalimentaire en 2007 (1er rang), 25 000 dans les indus. électriques et électroniques (2e rang) et 44 000 dans les indus. mécaniques. Tous les types d'activité sont représentés mais les plus gros établissements appartiennent au secteur automobile (Renault à Flins, Peugeot à Poissy, Citroën à Aulnay-sous-Bois) et aéronautique malgré le redéploiement des localisations (fermeture de l'usine de l'île Seguin, site historique de Renault à Boulogne-Billancourt). Les activités industrielles se sont reconcentrées dans les zones d'emploi périphériques. Ainsi, les industries de haute technologie se sont surtout développées dans la banlieue sud. **▮ Activités tertiaires** Le secteur des services, avec 84,6 % de la pop. active régionale (France : 77 %) représentant près de 4 millions d'emplois, domine l'activité économique francilienne et française. La capitale (90 % des emplois y concernent le tertiaire) est le lieu de concentration privilégié des sièges de sociétés, des institutions financières (40 % des emplois du tertiaire en 2008), des administrations centrales (dont la présidence de la République, les ministères), des assemblées représentatives (Assemblée nationale, Sénat), des commerces et de l'édition. L'inadaptation et la cherté du parc immobilier ont permis le développement de zones de services en banlieue : services aux entreprises à La Défense, qui concentre bureaux et sièges sociaux, et à Villepinte-Paris-Nord près de l'aéroport de Roissy-Charles de Gaulle ; ou services à la population des centres commerciaux régionaux (Vélizy, Rosny II, Évry, etc.). L'aggl. parisienne, avec 45 millions de $m^2$ de bureaux, se range parmi les grandes métropoles économiques du monde : Tōkyō, New York et Londres ; elle constitue aussi un grand pôle d'enseignement et de recherche (tant publique que privée) avec 17 universités concentrant 600 000 étudiants (plus du quart du total national), encadrées par des enseignants-chercheurs qui représentent 40 % du potentiel français. L'agglomération est enfin un très grand pôle touristique (1er rang mondial pour le nombre de visiteurs [27 millions par an] et les congrès). Paris constitue la principale attraction (Tour Eiffel, Louvre, Centre Pompidou), mais certains sites situés en banlieue sont aussi très visités (Versailles, Disneyland Paris). **▮ Développement** La croissance rapide et parfois anarchique de l'aggl., qui a provoqué la prolifération de cités à l'habitat en voie de dégradation et où sévissent chômage et insécurité, a conduit les autorités à canaliser le développement en améliorant les structures administratives (création des nouveaux départements en 1964, de la Région parisienne en 1966, division en trois académies de Paris, Créteil, Versailles en 1971) et en organisant la croissance (schéma directeur de la Région parisienne en 1965 ; nouveau schéma publié en 1994). La création de cinq *villes nouvelles* en grande banlieue fut une réponse à l'extension «en tache d'huile» : Sénart au S.-E. ; Évry au S., devenue préfecture de l'Essonne ; Saint-Quentin-en-Yvelines au S.O. ; Cergy au N.O., préfecture du Val-d'Oise ; Marne-la-Vallée à l'E. Cet effort de déconcentration connaît un succès modéré, en particulier pour l'emploi : en fait, nombre d'hab. de ces villes nouvelles profitent chaque jour des infrastructures routières et ferroviaires modernes les reliant à Paris pour venir travailler dans la capitale. Cinq «pôles de développement» viennent désormais compléter les villes nouvelles afin de rééquilibrer l'aggl. à l'E. : ce sont La Plaine-Saint-Denis, la Défense-Nanterre, la plateforme aéroportuaire de Roissy, le pôle de Charenton, la zone de Saclay-Massy. **▮ Communications** Les infrastructures de communication, nombreuses, modernes et diversifiées, assurent à la région une position stratégique de carrefour national et international. Toutes les autoroutes radiales convergent vers Paris, qu'entourent trois rocades (Périphérique ; A86 et Francilienne) ; elles tentent de canaliser un trafic en constante augmentation, amenant le réseau au bord de l'asphyxie. Le réseau ferroviaire, lui aussi disposé en étoile, combine un trafic national et international, grâce aux six grandes gares parisiennes (du Nord, de l'Est, de Lyon, d'Austerlitz, de Montparnasse, de Saint-Lazare), avec un trafic régional quotidien très important (SNCF, RER, RATP). En 2008, les deux aéroports franciliens (Roissy-Charles-de-Gaulle et Orly) ont accueilli 87 millions de passagers (2/3 du trafic français) et ont traité 2 200 000 t de fret. Les développements vont dans le sens d'un désengorgement de la capitale et d'une meilleure interconnexion entre les différents moyens de transport (arrêt du TGV à Roissy). L'importance du trafic est telle qu'un troisième aéroport devra être construit mais au-delà des limites de la région. Le patrimoine monumental de la région est révélateur de la longue et foisonnante histoire régionale

(→ **Paris**) mais aussi nationale avec les châteaux d'Île-de-France (Versailles, Fontainebleau, Vaux-le-Vicomte, Écouen). ▮ **Urbanisation** Le réseau urbain régional se résume à la seule aggl. parisienne qui, outre Paris, recèle 28 communes de plus de 50 000 hab. Les autres aggl. régionales (Melun, Meaux), largement dépendantes de leur puissante voisine, en sont des satellites, anciennes cités autonomes devenues villes-dortoirs, et auj. réinvesties par les entreprises souhaitant bénéficier des structures urbaines sans supporter des coûts trop élevés. La région Île-de-France doit être considérée à l'échelle européenne où elle s'affirme, avec celle de Londres, comme l'une des deux métropoles majeures de l'Union européenne. Sa position relativement centrale, son poids démographique, sa capacité économique et financière sont autant d'atouts pour qu'elle continue à affirmer son dynamisme, dans un espace supranational.

**ÎLE-DE-SEIN** [29162] ♦ Comm. du Finistère, arr. de Quimper, formée par une île de l'Atlantique (Sein), face à la pointe du Raz. 242 hab. *(Sénans)*. D'une superficie de 56 ha, l'île vit essentiellement de la pêche. Port de plaisance. Musée. ▮ **Histoire** En 1940, presque tous les hommes valides de l'île rejoignirent le général de Gaulle en Angleterre après son appel du 18 juin.

**ÎLE-D'HOUAT** [-wat] [56170] ♦ Comm. du Morbihan, arr. de Lorient, formée par l'île d'Houat, au large de Quiberon, à l'E. de Belle-Île. 335 hab. *(Houatais)*. L'île, longue de 5 km, large de 1,2 à 1,5 km, a une superficie de 293 ha. Quelques monuments mégalithiques. ▪ Pêche (crustacés). Navigation de plaisance.

**ÎLE-D'YEU (L')** [85350] ♦ Ch.-l. de cant. de la Vendée, arr. des Sables-d'Olonne, formé par l'île d'Yeu. 4 788 hab. *(Ogiens)*. L'île, longue de 10 km, large de 4 km, est limitée au S. par une côte rocheuse pittoresque. Au N., Port-Joinville est l'un des premiers ports thoniers de France. Ruines d'un château du XI^e^ s., remanié au XVI^e^ s. ▪ Pêche (crustacés). Conserveries. Station balnéaire et touristique. ▪ P. Pétain, incarcéré dans l'île, au fort de la Pierre-Levée, de 1945 à 1951, y fut inhumé.

**ÎLE-MOLÈNE** [29259] ♦ Comm. du Finistère, arr. de Brest, formée par l'île Molène, entre Ouessant et la pointe Saint-Mathieu. 264 hab. Réserve naturelle d'Iroise.

**ÎLE-ROUSSE (L')** [20220] ♦ Ch.-l. de cant. de la Haute-Corse, arr. de Calvi, sur la côte N.-O. 2 774 hab. *(Île-Roussiens)*. Port et centre touristique. ▮ **Histoire** P. Paoli fonda le port d'Isola Rossa en 1758.

**ÎLE-SAINT-DENIS (L')** [93450] ➝ ÉTYM. l'île se composait de 3 îlots distincts possédés par l'abbaye de Saint-Denis, qui les a unis peu à peu les uns aux autres ♦ Comm. de la Seine-Saint-Denis, arr. de Saint-Denis, dans une île de la Seine, entre Villeneuve-la-Garenne et Saint-Denis. 6 810 hab. *(Ilodionysiens)*. Entrepôts. Batellerie. Parc départemental.

**ILESHA** ♦ V. du Nigeria. 138 321 hab. Cacao.

**ILF** ♦ Pseudonyme de deux romanciers soviétiques, ILIA ARNOLDOVITCH FAÏNZILBERG (Odessa 1897 - Moscou 1937), et IEVGUENI PETROVITCH KATAÏEV, dit PETROV (Odessa 1903 - Sébastopol 1942). Ils critiquèrent avec humour les « constructeurs du monde nouveau » dans deux romans *Les Douze Chaises* (1928) et *Le Veau d'or* (1931), tableau de la vie quotidienne des Soviétiques au cours des années 1920. *L'Amérique sans étages* (1935) est le compte rendu, plein d'humour et de tristesse, d'un voyage. *Les Carnets* d'Ilf furent publiés en 1939.

**ILHÉUS** ♦ V. et port du Brésil (État de Bahia). 162 000 hab. Exportation de cacao.

**ILI** n. m. – en chin. ***Yili*** ♦ Riv. de Chine et du Kazakhstan (env. 1 400 km avec le Tekes). Formé de la confluence du Tekes et du Kunghes dans les monts Tian shan, en Chine, il arrose le Kazakhstan et rejoint le lac Balkhach par un vaste delta. ♦ ***Traité de l'Ili*** Par ce traité (24 fév. 1881), la Russie restitua à la Chine les territoires (haute vallée de l'Ili) cédés à l'Empire russe lors du traité du 14 nov. 1860 signé à la suite de la convention de Pékin (→ **Opium (guerres de l')**) entre Yixin* et le général Ignatiev.

L'**Iliade** ➝ ÉTYM. en gr. ***Ilias*** « d'Ilion » (c.-à-d. Troie) ♦ Épopée grecque attribuée à Homère*, comme *L'Odyssée** ; composée de 15 537 vers et divisée en 24 chants, elle raconte un épisode de la guerre de Troie* (ou Ilion). Achille*, outragé par Agamemnon* (→ **Briséis, Chryséis**), se retire des combats. Les Troyens, encouragés, infligent une défaite aux Achéens* qui se sauvent dans leurs vaisseaux. Devant le péril de l'armée, Achille accepte de prêter ses armes à Patrocle*, qui les revêt, repousse les Troyens mais est tué par Hector*. Pour venger son ami, Achille se rend au combat, refoule les ennemis dans leur ville et tue Hector. Le vieux Priam* vient réclamer le cadavre de son fils et Achille, pris de pitié, le lui rend. Sur ce thème principal se greffent les épisodes les plus variés : combats singuliers où s'illustrent les héros (→ **Ajax, Diomède, Énée, Idoménée, Ménélas, Pâris, Stentor, Ulysse**), délibérations et interventions divines, tumultueux conseils guerriers et disputes, songes et devins (→ **Calchas**), scènes émouvantes comme les adieux d'Hector et d'Andromaque (→ **Astyanax**), le deuil des Troyens (→ **Hécube, Cassandre**) et l'apparition d'Hélène sur les remparts, scènes et personnages comiques (→ **Thersite**), description des objets (notamment celle du bouclier d'Achille), des cérémonies, des divertissements, etc. ▪ *L'Iliade*, premier chef-d'œuvre de la littérature grecque, forgea la conception de l'épopée pour les Grecs et les Latins (→ **Énéide (L')**), mais aussi pour les Modernes. Son merveilleux fut le premier reflet de l'humanisation du monde divin dans la pensée grecque. Qu'elle soit ou non l'œuvre d'un auteur unique, elle constitue avec *L'Odyssée* l'une des sources où toutes les époques de la civilisation européenne ont puisé. Écrite vers le début du -VIII^e^ s., presque 4 siècles après les événements qu'elle relate, elle révèle une tradition permettant déjà l'utilisation d'une langue littéraire artificielle (mélange d'ionien et d'éolien), une technique élaborée (l'hexamètre dactylique) et un style personnel.

**ILIESCU (Ion)** ♦ Homme d'État roumain (Olteniţa 1930). Membre de l'appareil du parti communiste, il fut premier secrétaire de diverses structures régionales du PC (Iaşi). Exclu du Comité central en 1984 en raison de ses divergences avec N. Ceauşescu, il devint, lors du renversement de ce dernier, président du conseil du Front de salut national. Il fut président de la République de 1990 à 1996, puis, en tant que leader du Parti social-démocrate, de 2000 à 2004. ➝ ÉTYM. Ce nom roumain signifie « fils *(-escu)* d'Élie ».

**ILION** → **Troie**

**ILIOUCHINE (Sergueï Vladimirovitch)** ♦ Ingénieur soviétique (Dialialevo, prov. de Vologda 1894 - Moscou 1977). Il mit au point plusieurs planeurs d'initiation au vol à voile et, en 1936, construisit le bimoteur avec lequel furent établis différents records d'altitude, et qui effectua les traversées Moscou-Vladivostok et Moscou-île de Miskoï. Une version militaire de cet avion fut utilisée pendant la Deuxième Guerre mondiale pour le bombardement à distance. ➝ ÉTYM. Ce nom russe vient de *Ilyuša [Ilioucha]*, diminutif de *Ilya*, forme russe de *Élie*.

**ILISSOS** ♦ Petite riv. de Grèce, en Attique (18 km), auj. recouverte par l'aggl. athénienne. Née dans l'Hymette, elle rejoignait le Céphise.

**ILITHYE** – en gr. ***Eileithuia*** ♦ Déesse de l'enfantement, fille de Zeus* et d'Héra*. Elle aide les femmes en couches, mais est aussi un instrument des vengeances de sa mère. Il lui arrive ainsi d'empêcher la délivrance de Léto ou de retarder celle d'Alcmène. → **Héraclès.**

**ILL** n. m. ➝ ÉTYM. d'une rac. hydronym. prélatine *al-* ou *el-* ♦ Riv. d'Alsace, affl. du Rhin (208 km). L'Ill prend sa source dans le Jura et traverse Altkirch, Mulhouse, Colmar, Sélestat et Strasbourg.

**ILL** n. m. ou f. ♦ Riv. d'Autriche (Vorarlberg), affl. du Rhin (rive d.), descendant du massif de la Silvretta. La basse vallée de l'Ill porte le nom de Walgau ; c'est une région peuplée et industrielle. Sa haute vallée forme le Montafon (usines hydroélectriques : Obervermunt, Vermunt, Rodund).

**ILLAMPU** n. m. ♦ Sommet de Bolivie, le plus élevé de la cordillère andine orientale. Il domine le lac Titicaca (6 362 m).

**ILLE** n. f. ♦ Riv. de Bretagne, confluant avec la Vilaine à Rennes (45 km). ▪ Le canal d'Ille-et-Rance (85 km) part de Rennes et se termine en aval de Dinan.

**ILLE-ET-VILAINE** n. f. ***[35]*** ➝ ÉTYM. du n. des deux riv. ♦ Dép. de l'O. de la France, région Bretagne. 6 775 km². 867 533 hab. CH.-L. : Rennes. CH.-L. D'ARR. : Fougères, Redon, Saint-Malo. Cour d'appel : Rennes. Académie : Rennes. → **Bretagne.**

**ILLE-SUR-TÊT** [66130] ➝ ÉTYM. probablt de l'aquit. *ili* « ville » et *Têt** ♦ Comm. des Pyrénées-Orientales, arr. de Prades, dans le Conflent. 4 993 hab. *(Illois)*. Centre d'Art sacré dans l'anc. hospice Saint-Jacques.

**ILLICH (Ivan)** ♦ Philosophe autrichien de langue anglaise (Vienne 1926 - Brême 2002). Ordonné prêtre, il enseigna à Porto Rico puis s'installa à Cuernavaca (Mexique) et reprit l'état laïque. De *Libérer l'avenir* (1971) à *ABC, alphabétisation de l'esprit populaire* (1990), il mena une réflexion critique sur les grandes mutations sociales et culturelles contemporaines. Son livre le plus célèbre, *La Convivialité* (1973), a suscité un large débat sur la transformation des rapports sociaux.

**ILLIERS-COMBRAY** – anc. ***Illiers*** [28120] ➝ ÉTYM. du lat. *Ilius*, n. de pers. ♦ Ch.-l. de cant. de l'Eure-et-Loir, arr. de Chartres, sur la rive g. du Loir. 3 226 hab. *(Islériens)*. La ville d'Illiers servit de modèle à M. Proust pour le Combray d'*À la recherche du temps perdu*. En hommage à la mémoire de l'écrivain, elle prit le nom d'Illiers-Combray en 1971. Petit musée. ▪ Marché.

**ILLIMANI** n. m. ♦ Sommet de Bolivie, dans la cordillère andine orientale, il domine le site de La Paz (6 402 m).

**ILLINOIS** n. m. ➝ ÉTYM. de l'algonquin *illini* ou *illiniwek* « guerriers ; hommes supérieurs » ♦ État du centre des États-Unis. → **États-Unis** (carte). 146 756 km². 12 419 293 hab. dont 15 % de Noirs. CAP. : Springfield. ▮ **Géographie** L'État est situé dans la région de la Prairie, il forme un plan incliné vers le S.-O. et est drainé par la rivière Illinois et par les affluents de la Wabash et de l'Ohio. ▮ **Économie** L'agriculture est très prospère (notamment les céréales : maïs). L'industrie (métall., indus. alimentaires) est surtout représentée à Chicago et dans les principaux centres ferroviaires. L'exploitation du charbon alimente les centrales thermiques de l'E. **Histoire** Explorée par Marquette et Joliet, puis par Cavelier de La Salle, la région fut cédée par la France à la Grande-Bretagne en 1763 (traité de Paris). Inclus dans l'Indiana en 1800, territoire en 1809, l'Illinois devint le 21e État de l'Union en 1818.

**ILLKIRCH-GRAFFENSTADEN** [67400] ← ÉTYM. *Illkirch,* de *Ill* (la riv.) et du germ. *kirche* «église» ♦ Ch.-l. de cant. du Bas-Rhin, arr. de Strasbourg-Campagne, banlieue S. de Strasbourg, sur l'Ill et le canal du Rhône au Rhin. 23 815 hab. *(Illkirchois).*

**Illuminations** ♦ Recueil de poèmes en prose d'Arthur Rimbaud* (1886). Si la critique contemporaine pense que la plupart des textes furent écrits entre 1873 et 1875, elle n'exclut pas la possibilité de faire commencer la rédaction dès 1871. Le titre, apparu pour la première fois en 1878 dans une lettre de Verlaine, est sans doute de Rimbaud lui-même qui aurait joué sur le sens du mot anglais signifiant «enluminure». Rimbaud aurait songé à lui ajouter le sous-titre *Painted Plates* («Gravures coloriées»). Le nombre et la disposition de la cinquantaine de poèmes qui composent l'ouvrage varient selon les éditions, bien que l'on retienne le plus souvent l'ordre suggéré par Félix Fénéon en 1886. Qu'ils soient antérieurs, comme on le pensait autrefois, ou postérieurs à *Une saison* en enfer,* les poèmes de ce livre ont suscité de multiples interprétations contradictoires et, finalement, bien inférieures à la force évocatrice de pages comme «Aube», «Being Beauteous», «Enfance», «H» ou «Métropolitain». Rimbaud a lui-même souligné la multiplicité radicale de sens en écrivant à la fin du poème «Parade» : «J'ai seul la clef de cette parade sauvage.» Benjamin Britten* a composé *Les Illuminations* (1940), partition pour voix de soprano ou de ténor et orchestre à cordes qui retient neuf poèmes de l'ouvrage.

L'**Illusion comique** ♦ Tragicomédie ou féerie en 5 actes et en vers de P. Corneille* (1636). Clindor, fils prodigue, a quitté son vieux père pour mener une vie d'aventure : le vieillard par ses prières obtient d'un magicien qu'il le fasse assister à la vie de ce fils vagabond. On voit ainsi Clindor, valet du capitan Matamore et son rival heureux en amour, enlever après plusieurs péripéties la jeune fille en question ; on le retrouve vêtu en grand seigneur, se faisant poignarder par un mari jaloux, puis, ressuscité, se partageant de l'argent avec ses compagnons. Le vieillard comprend alors que son fils s'est fait comédien. Le théâtre dans le théâtre, la mise en abyme, la conflagration des thèmes et des genres (pastorale, comédie, tragi-comédie, tragédie) font de cet «étrange monstre» qu'est *L'Illusion comique* un modèle de baroquisme.

**Illusions perdues** ♦ Roman de Balzac* en 3 parties (*Deux poètes,* 1837 ; *Un grand homme de province à Paris,* 1839 ; *Ève et David,* 1843), qui fait partie des *Scènes de la vie de province* de *La Comédie* humaine.* L'œuvre présente une satire féroce du monde de l'édition et de la presse à travers la peinture des déchéances du héros, Lucien de Rubempré, entraîné par sa faiblesse et sa vanité aux pires compromissions. Dans la première partie sont présentées les «illusions» de David Séchard, imprimeur à Angoulême, qui désire révolutionner l'industrie de la papeterie, et de son beau-frère, Lucien Chardon, intelligent et séduisant poète, rêvant de conquérir la gloire littéraire à Paris. La deuxième partie évoque la tentation que connaît Lucien Chardon devenu Lucien de Rubempré, sous l'influence de Lousteau, journaliste taré ; ayant compromis son talent dans des journaux politiques, honni, ruiné, il retourne à Angoulême. Le dernier récit annonce un autre roman, *Splendeurs* et Misères des courtisanes.* «Acte de courage» par une critique sociale sans indulgence, cette œuvre reflète les préoccupations de Balzac en matière de morale sociale et politique.

L'**Illustration** ♦ Hebdomadaire illustré français publié de 1843 à 1944. Fondée par A. Paulin, *L'Illustration* dut son succès à la qualité de ses méthodes d'impression (elle fut la première à publier des instantanés en 1891), à la richesse de ses informations et à la collaboration de journalistes réputés (A. Daudet, A. Tardieu, etc.). Journal de la bourgeoisie républicaine, il s'opposa aux monarchistes lors de l'instauration de la IIIe République, puis évolua durant l'entre-deux-guerres vers la droite, se montrant hostile au Front populaire.

**Illustre-Théâtre** (l') ♦ Troupe de comédiens fondée en 1643 par Jean-Baptiste Poquelin (qui prit à cette occasion le nom de Molière*) et ses amis, les Béjart*. L'insuccès de l'entreprise et l'emprisonnement de Molière pour dettes (1645) déterminèrent les comédiens à quitter Paris pour la province où ils devaient se produire pendant treize ans.

**ILLYÉS (Gyula)** ♦ Écrivain hongrois (Felsorácegrespuszta 1902 - Budapest 1983). Il quitta son pays après l'échec de la République des Conseils ; à Paris, il se lia avec les surréalistes. Dès 1925, Babits* en fit le rédacteur de la revue *Occident*.* Il sympathisa avec les idées communistes, puis s'attacha au mouvement des écrivains populistes, partisans d'une troisième voie (*Peuple de la Puszta,* 1934 ; *Les Huns à Paris,* 1946). Les collectivisations des années 1950 le firent d'abord croire au régime assurant la montée de la paysannerie, puis il exprima sa déception dans des drames (*Le Favori,* 1963 ; *Les Purs,* 1971) et dans sa poésie (*Une phrase sur la tyrannie,* 1956). Dans sa dernière période, son lyrisme devint plus modulé, musical et mythique *(La Maîtrise du temps).* ← ÉTYM. *Illyés* est une variante de *Illès,* forme hongroise de *Élie.*

**ILLYRIE** n. f. ♦ Anc. nom de la partie septentrionale des Balkans* qui comprenait la Croatie*, la Dalmatie*, la Bosnie*-Herzégovine et l'Albanie actuelles. **Histoire** Occupée primitivement par les Vénètes au N. et les Iapyges au S., l'Illyrie fut colonisée par les Grecs au –VIIe s. et devint province romaine en –27. Profondément romanisée (ce furent des empereurs illyriens qui dirigèrent l'Empire au IIIe s. : Aurélien*, Dioclétien* et Constantin*), elle passa au VIIe s. sous la domination slave.

**ILLZACH** [68110] ← ÉTYM. du germ. *Hilto,* n. de pers., et suff. *-iacum* ♦ Ch.-l. de cant. du Haut-Rhin, banlieue N. de Mulhouse. 14 947 hab. *(Illzachois).*

**ILMEN** (lac) ♦ Lac de Russie, au S. de Novgorod. Sa surface varie de 730 à 2 100 km², selon l'époque. Le Volkhov y prend sa source et déverse ses eaux dans le lac Ladoga.

**Il ne faut jurer de rien** ♦ «Proverbe» en 3 actes d'Alfred de Musset* (publié en 1836, créé en 1848), ou comment un jeune libertin qui veut mettre une jeune fille à l'épreuve de la fidélité tombe réellement amoureux d'elle et l'épouse. Sur un mode léger et alerte, la pièce met en scène le conflit cher à Musset du libertinage et de l'amour.

**ILOILO CITY** ♦ V. des Philippines, ch.-l. de Western Visayas, dans l'île de Panay. 365 820 hab. Deux récoltes de riz par an. Pêche, pisciculture. Tissus en fibre d'ananas. Mobilier.

**ILORIN** ← ÉTYM. yorouba «ville des éléphants» ♦ V. du Nigeria, cap. de l'État du Kwara. 572 178 hab. Centre commercial. Manufacture de tabac. Indus. alimentaires. Élevage. ▪ Création d'un émirat peul en 1831. → **Sokoto.**

**ILTUTMICH** ♦ Sultan turc de Delhi de 1211 à 1236, successeur de son beau-père Quṭb al-Dīn Aibak. Il combattit les Mongols dans le N. et fit de grandes conquêtes en Inde. Il fut reconnu par le calife de Bagdad et embellit de monuments les villes de Delhi et d'Ajmer.

**'IMĀD AL-DĪN AL-IṢFAHĀNĪ** ♦ Écrivain arabe (Ispahan 1125 - Damas 1201). Il rédigea dans un style emphatique une biographie apologétique de Saladin*. Il écrivit aussi une histoire des Seldjoukides* ainsi qu'une anthologie poétique.

## imagistes

n. m. pl. ♦ Groupe de poètes anglais et américains dont le programme, formulé par Ezra Pound* en 1912, vise notamment à rapprocher le poème de la sculpture et à privilégier la force des images par rapport à la musicalité pure des vers. Richard Aldington, Hilda Doolittle* et F. S. Flint furent les fondateurs du mouvement dont Amy Lowell* prit la tête en 1914 lorsque Pound se tourna vers le «vorticisme». A. Lowell fit notamment publier quatre anthologies *(Some Imagists)* entre 1914 et 1917. T. S. Eliot*, Marianne Moore*, Wallace Stevens*, D. H. Lawrence* ou Conrad Aiken* en subirent fortement l'influence.

**Imakagami** ← ÉTYM. jap. «Miroir du temps présent» ♦ Chronique historique japonaise rédigée en 1170, faisant suite à l'*Ōkagami* et couvrant la période allant de 1026 à 1170.

**IMAMURA Shohei** ♦ Cinéaste japonais (Tōkyō 1926 - *id.* 2006). Assistant d'Ozu, scénariste à la Nikkatsu, il réalisa à partir de 1958 une série de films sobrement naturalistes. Il prôna la libération sexuelle dans *La Femme insecte* (1963), puis se tourna vers le documentaire. *La Ballade de Narayama,* remake d'un film à succès de Kinoshita Keisuke (1958), reçut la Palme d'or au festival de Cannes en 1983, ainsi que *L'Anguille* en 1997. *Kanzo Sensei* (1998) donne une vision orientale de la Deuxième Guerre mondiale.

**IMATRA** ♦ V. du S.-E. de la Finlande, sur la rive d. du Vuoski, reliant le lac Saimaa* au lac Ladoga* (Russie). 29 155 hab. La ville, détruite par les Allemands pendant la Deuxième Guerre mondiale, a été reconstruite sur les plans d'A. Aalto* (1947 - 1948). Centre industriel depuis la construction d'un barrage sur les rapides du Vuoski *(chutes d'Imatra)* : une centrale hydroélectrique fournit en énergie les usines locales. Indus. métallurgique (traitement des minerais d'Outokumpu), indus. du bois (scieries, cellulose, papier) et indus. chimique.

**IMBĀBA** → **Embabeh**

**ÍMBROS** → **Gökçeada**

**IMÉRINA** ou **ÉMIRNE** n. m. ♦ Partie du plateau central de Madagascar, très élevé, où se situe Antananarivo. La région est peuplée par les Merinas. ▪ Rizières. Cultures vivrières.

**IMHOTEP** ← ÉTYM. égypt. «celui qui vient en paix» ♦ Architecte égyptien (–2800). Ministre du pharaon Djoser*, il construisit à Saqqara* la première pyramide à degrés. Grand prêtre d'Héliopolis*, médecin et sage, il fut plus tard adoré comme un dieu, fils de Ptah* lui-même, et assimilé par les Grecs à Asclépios*.

## impressionnisme

n. m. ♦ Mouvement artistique apparu en France dans les années 1860 - 1865. À la suite des recherches de Turner*, des aquarellistes anglais, des peintres de l'école de Barbizon*, de Corot* et de Courbet*, un groupe de peintres de l'Académie suisse, souhaitant échapper aux contraintes de la peinture d'atelier et du «Salon», seule possibilité de reconnaissance officielle, décidèrent de peindre «sur le motif» leur vision spontanée de la nature. Prenant exemple sur Manet*, dont le tableau *Le Déjeuner* sur l'herbe* fit scandale au Salon des Refusés de 1863, Monet*, Pissarro*, Sisley* s'opposèrent aux normes officielles et avec une vingtaine d'autres peintres dont Renoir*, Cézanne*, Guillaumin*, Degas*, Berthe Morisot* formèrent une «Société anonyme» qui exposa 165 toiles en 1874 dans l'ancien atelier de Nadar, à Paris. Les œuvres provoquèrent l'hilarité du public, qui les considéra comme bâclées, inachevées, et le journaliste du *Charivari*, Louis Leroy, s'inspirant du tableau de Monet *Impression, soleil levant* (1872), qualifia leur style d'«impressionniste». Malgré leur diversité ces peintres firent essentiellement porter leurs recherches sur l'observation de la nature (l'eau, les fleurs et les nuages) dans sa vérité, changeant selon la lumière, et sur la division de la touche rendant les éléments naturels, et même les objets, dans toutes leurs nuances, sans effet de masse autre que celui du mélange optique des couleurs reconstitué par l'œil du spectateur. Marqués par le japonisme, Manet, Monet, Degas utilisèrent la diagonale et remplirent tout l'espace du tableau à la verticale. Les impressionnistes furent amenés à supprimer les artifices du cerne, du clair-obscur et de la perspective linéaire au profit de la vision subjective de l'artiste et de l'autonomie de l'œuvre d'art, préceptes qui deviendront fondamentaux dans l'œuvre de Cézanne et dans presque tout l'art du XX$^e$ s. Le chimiste Chevreul* et le peintre Seurat* systématisèrent les principes découverts de façon intuitive par les impressionnistes. Monet appliqua ses théories aux édifices (*La Gare Saint-Lazare*, 1877 ; *La Cathédrale de Rouen*, 1892 - 1904), peints en série, selon les changements de lumière sur la pierre. Malgré des débuts misérables, la mort de Manet en 1883 et la disparition du groupe, certains impressionnistes furent reconnus à la fin de leur vie ; ainsi Monet, ayant légué ses *Nymphéas** à l'État en 1922, obtint un lieu d'accueil prestigieux, l'Orangerie des Tuileries, où l'installation permanente de ses œuvres fut inaugurée en 1927.

L'**Imitation de Jésus-Christ** ♦ Ouvrage de piété et de spiritualité du XV$^e$ s., en latin (4 livres sans doute isolés à l'origine : *Conseils utiles pour la vie spirituelle, Conseils pour la vie intérieure, De la consolation intérieure, Dévote exhortation à la sainte communion*). Lié au courant de la *devotio moderna*, il semble issu des Frères de la Vie commune (→ **Groote [Geert]**) et est généralement attribué à Thomas* a Kempis. Il fut traduit par Corneille (en vers) et par Lamennais.

**IMMELMANN (Max)** ♦ Officier aviateur allemand (Dresde 1890 - dans le Pas-de-Calais 1916). L'un des as de la chasse allemande durant la Première Guerre mondiale, il fut abattu sur le front britannique. Une figure d'acrobatie aérienne porte son nom (demi-looping vertical suivi d'un demi-tonneau).

**IMMERMANN (Karl Lebrecht)** ♦ Écrivain allemand (Magdeburg, Saxe 1796 - Düsseldorf, Prusse 1840). Après des études de droit à l'université de Halle, interrompues par la campagne contre Napoléon I$^{er}$ (1814 - 1815), il fit une carrière judiciaire tout en publiant ses œuvres dont la plus connue est : *Les Aventures du baron de Münchhausen* (1838 - 1839). Cette œuvre, qui reprend le thème traité par Rudolf Raspe et par G. Bürger au XVIII$^e$ s., contient un récit rustique qui annonce le passage du romantisme au réalisme.

L'**Immoraliste** ♦ Récit d'André Gide* (1902). Michel, qui a retrouvé la santé dans un premier voyage en Afrique du Nord, y entraîne son épouse, Marceline. Mais celle-ci tombe malade et Michel, s'éveillant à une sensualité qui le conduit à rejeter la morale bourgeoise, préfère la laisser mourir. L'œuvre reprend les thèmes principaux des écrits de Gide : homosexualité, échec du couple. Plus «morale» que ne le suppose son titre, elle est en fait une interrogation sur les limites du culte de l'indépendance.

**IMOLA** ➔ ÉTYM. p.-ê. du n. d'un anc. quartier de la v. ♦ V. d'Italie, en Émilie-Romagne (prov. de Bologne), sur un affl. du Reno. 64 348 hab. Palais Sersanti, construit par Giorgio Fiorentino, en 1482 ; palais communal du XVIII$^e$ s. Un musée renferme des collections préhistorique et romaine ainsi que des fresques du XV$^e$ s. et des peintures de l'école émilienne (XV$^e$ - XVIII$^e$ s.). Circuit automobile. ▪ Indus. de la faïence et de la soie. ▮ **Histoire** Fondée à l'époque de Sylla (*Forum Cornelii*), elle passa aux Visconti (1424) puis à Sixte IV, à Catherine Sforza, à César Borgia (1499) et finalement aux États pontificaux en 1503.

**IMPERATRIZ** ♦ V. du Brésil (État du Maranhão). 275 000 hab. La ville connaît, depuis les opérations de développement en Amazonie, l'une des plus fortes croissances du pays.

**Imhotep** (13 x 4,4 x 9,7 cm).
Musée du Louvre, Paris.
*Phot. © Giraudon*

**IMPERIA** ♦ V. d'Italie, ch.-l. de prov., en Ligurie, sur la côte O. du golfe de Gênes, non loin de San Remo. 39 458 hab. Grand centre de villégiature de la Riviera du Ponant.

L'**Impérialisme, stade suprême du capitalisme** ♦ Œuvre de Lénine* (1916). Dépassant les analyses d'Hilferding* et de J. A. Hobson*, et critiquant violemment l'opportunisme de Kautsky*, Lénine étudie les caractéristiques économiques et politiques de l'impérialisme, «stade monopoliste du capitalisme» : concentration de la production et du capital ; fusion du capital bancaire et industriel ; exportation accrue des capitaux ; formation d'unions internationales monopolistes de capitalistes et partage du monde entre ces trusts internationaux après son partage territorial entre les pays capitalistes. «Accentuant la crise du capitalisme, ce système sert ainsi, écrit Lénine, de prélude à la révolution socialiste du prolétariat.»

**IMPHAL** ♦ V. de l'Inde. Cap. de l'État du Manipur. 245 967 hab. C'est la seule ville d'une région montagneuse et isolée, aux confins de l'Inde et de la Birmanie, ce qui lui confère une importance stratégique.

**IMPHY** [58160] ➔ ÉTYM. anc. *de Amfiaco*, du lat. *Amphius*, n. de pers., et suff. *-acum* ♦ Ch.-l. de cant. de la Nièvre, arr. de Nevers, au confluent de la Loire et de l'Ixeure. 4 015 hab. (aggl. 5 542) (*Imphycois*). Aciérie (aciers spéciaux).

**Importants** (cabale des) ♦ Cabale menée par une faction politique, composée essentiellement de victimes de Richelieu, qui espérèrent prendre leur revanche à la mort de Louis XIII, en éliminant Mazarin pour le remplacer par Châteauneuf, ancien garde des Sceaux (1643). Mazarin l'emporta, fit enfermer à Vincennes le duc de Beaufort* et exila en province les principaux membres de la cabale. Ceux-ci prirent bientôt part à la Fronde*.

L'**Impromptu de Versailles** ♦ Comédie en un acte et en prose de Molière* (1663). À l'occasion de la dernière répétition d'un impromptu qui doit être joué devant le roi, Molière prodigue ses conseils à ses comédiens et répond aux attaques de ses adversaires, courtisans, critiques et rivaux, au lendemain de la querelle de *L'École* des femmes* (1662).

**IMRU' AL-QAYS** ♦ Poète arabe antéislamique (mort à Ancyre, auj. Ankara, entre 530 et 540). Prince de la tribu de Kinda en Arabie centrale, il fut évincé du pouvoir par son père en raison de son amour pour une fille d'une tribu voisine (les Banū Udhra) et mena une vie errante, de campement en campement, à travers l'Asie Mineure jusqu'à Constantinople où il fut reçu par Justinien. Son père ayant été tué lors d'un combat, il se mit en devoir de le venger. Lui-même serait mort empoisonné. Ce prince-poète fixa, dit-on, les règles de la poésie arabe, donnant le modèle du poème appelé *qasida* et particulièrement de son prologue érotique (*nasīb*), évocation mélancolique de la bien-aimée. Il a su chanter ses amours avec une sensualité touchant parfois à l'indécence, mais aussi les exploits guerriers de la tribu, son chameau ou son cheval. Un de ses poèmes, écrit en vers longs (*Tawīl*), a été classé parmi les *Mu'allaqāt*.

**INACHOS** – en gr. *Inakhos* ♦ Roi légendaire d'Argos, ou dieu-fleuve de l'Argolide, fils d'Océan et de Téthys. Selon la tradition argienne, il vivait avant la race humaine. On lui attribuait la paternité d'Io et parfois d'Argos, de Pelasgos et de Mycènes.

**INARI** ➔ ÉTYM. du jap. *ina* «riz» et *nina* «porter» ♦ Au Japon, divinité du riz et des céréales, représentée (rarement) par un vieillard portant une gerbe de riz (dans le culte shintō) et souvent confondue avec l'animal-messager de celui-ci, le renard (*kitsune*) qui orne l'entrée des sanctuaires du dieu.

**INARI** (lac) ♦ Lac de Finlande, en Laponie, relié à l'océan Arctique par le Paatsjoki. 1 102 km$^2$. 3 000 îles. Il baigne les villes d'Inari et de Virtaniemi.

**INBER (Vera Mikhaïlovna)** ♦ Poète et conteuse soviétique (Odessa 1890 - Moscou 1972). Elle écrivit de nombreux recueils de poésies, *Le Vin triste* (1914), *La Joie amère* (1917), *Au fils qui n'est pas* (1927), et un roman autobiographique, *Une place au soleil* (1928). Pendant la guerre, elle évoqua les souffrances du peuple de Leningrad sous le blocus dans son poème *Le Méridien de Poulkovo* (1941 - 1943) et dans son *Journal de Leningrad* (1946). Après la guerre, elle écrivit notamment une comédie en vers, *Le Chemin sur l'eau* (1948), un récit autobiographique pour enfants, *Quand j'étais petite* (1954), et un recueil de poésies *L'Enquête du temps* (1971).

**INCARNATION (MARIE DE L')** → Marie de l'Incarnation

**INCAS** n. m. pl. ◆ ÉTYM. du quechua «chefs, seigneurs» ♦ Nom des souverains d'un peuple du Pérou (vallée de Cuzco*), dont l'empire domina cette région du milieu du XVe s. à 1532 (le nom d'Incas est également donné à la population de cet empire). L'origine de la dynastie remonterait au XIIe s. Entre son fondateur légendaire, Manco* Cápac, et l'Inca Viracocha (XVe s.), sept empereurs se seraient succédé. Après avoir été menacé par deux tribus andines, le royaume inca, grâce à Pachacuti Yupanqui (1438 - 1471) et à son successeur, Túpac Yupanqui (1471 - 1493), connut une expansion rapide. Huayna Cápac (1493 - 1528) la compléta, notamment dans l'actuel Équateur ; mais la rivalité de ses deux fils, Huascar et Atahualpa*, et la guerre civile qui en résulta, fit de l'État une proie facile pour les Espagnols de Pizarro* (1532). ▪ L'expansion inca se fit à la fois par la conquête armée et par le jeu d'alliances avec les tribus voisines ; elle aboutit à l'intégration et au rassemblement d'innombrables ethnies dispersées sur le territoire andin. Les Incas appuyèrent leur hégémonie en imposant le quechua comme langue unique et en rendant obligatoire le culte du Dieu-Soleil. Ils construisirent un important réseau routier et urbanistique, avec des capitales régionales abritant des édifices administratifs et religieux, et réalisèrent les grands travaux nécessaires à la mise en culture des zones montagneuses. Cette gestion planifiée de l'empire allait de pair avec le maintien des pouvoirs et de l'autonomie des chefs locaux et avec le respect des cultures et des croyances des ethnies soumises. L'art inca est surtout remarquable par l'architecture monumentale (Cuzco*, Machu* Picchu), par l'orfèvrerie (ornements, figurines et objets d'apparat en or et en argent) et par le tissage. La pensée philosophique inca s'articule autour du concept de mortalité (momification, inhumation, tombes à puits). La question de l'existence d'un système d'écriture reste posée, mais les Incas disposaient d'un objet mnémotechnique, les *quipu*, constitué d'un rayon de fines cordes, dont le nombre de nœuds et la couleur permettaient d'enregistrer les données administratives (populations, tributs, stocks alimentaires) et historiques.

**INCE (Thomas Harper)** ♦ Réalisateur et producteur américain de cinéma (Newport 1882 - près d'Hollywood 1924). D'abord acteur de théâtre, il vint tôt au cinéma (1906), puis à la mise en scène, activité où son génie créateur allait s'affirmer avec la même force que celui de D. W. Griffith*, son contemporain. Constituant des équipes de réalisateurs, il répartissait puis supervisait les tâches, apportant à l'élaboration du film une science intuitive du découpage et du montage, techniques qui constituèrent après lui les fondements de la

**Incas.** Machu Picchu. © *PhotoDisc*

dramaturgie du cinéma. Il peut être considéré comme le véritable inventeur du western. À partir de 1918, il assura la production de ses propres films. Réal. princ. : *La Guerre des plaines* (1911), *Le Dernier Combat du lieutenant* (*Custer's Last Fight*, 1912), *Le Désastre* (*The Battle of Gettysburg*, 1913), *Civilisation* (1916), *Pour sauver sa race* (*The Aryan*, 1916).

**INCH'ŎN** ou **INCHEON** – anc. ***Chemulpo*** ♦ V. de Corée du Sud, formant une prov., sur la mer de Chine, à 35 km à l'O. de Séoul à laquelle elle est reliée par voie ferrée. 2 531 280 hab. Port ouvert au commerce international (depuis 1876). Aciéries, indus. lourdes, raffinage du pétrole.

L'**Inconnu du Nord-Express** – en angl. ***Strangers on a Train*** ♦ Film américain d'Alfred Hitchcock* (1951), avec Farley Granger, Robert Walker (adapt. par R. Chandler d'un roman de P. Highsmith). Un joueur de tennis, en instance de divorce, est abordé dans un train par un inconnu qui lui propose de le débarrasser de sa femme en échange du meurtre de son propre père... De cet échafaudage machiavélique Hitchcock a tiré un classique du *suspense* policier.

## INDE

▮ n. f. – off. ***République de l'Inde ; Bhārat*** ◆ ÉTYM. de *Indus**, en angl. ***India*** ♦ Pays d'Asie méridionale. 3 287 263 km$^2$. 1 028 610 328 hab. *(Indiens)*. LANGUES : 2 langues officielles pour la Fédération (hindi et anglais), chaque État ayant une ou plusieurs langues officielles. RELIGIONS : hindous 85 %, musulmans 11 %, sikhs, parsis, jaïns et chrétiens. MONNAIE : roupie indienne. CAPITALE : New Delhi. RÉGIME : démocratie parlementaire. L'Union indienne comprend 28 États (Andhra Pradesh, Arunachal Pradesh, Assam, Bengale-Occidental, Bihar, Chhattisgarh, Goa, Gujarat, Haryana, Himachal Pradesh, Jammu-et-Cachemire, Jharkhand, Karnataka, Kerala, Madhya Pradesh, Maharashtra, Manipur, Meghalaya, Mizoram, Nagaland, Orissa, Panjab, Rajasthan, Sikkim, Tamil Nadu, Tripura, Uttar Pradesh, Uttaranchal ou Uttarakhand) et 7 Territoires de l'Union (îles Andaman-et-Nicobar ; Chandigarh ; Dadra-et-Nagar-Haveli ; Daman-et-Diu ; Delhi ; Lakshadweep ; Pondichéry).

### GÉOGRAPHIE

L'Inde est bordée au N. par les chaînes himalayennes, mais son territoire ne pénètre profondément dans les montagnes qu'au N.-O. et au N.-E. si bien que le pays est surtout formé de plaines, de plateaux et de moyennes montagnes : plaines du sillon indo-gangétique longeant l'Himalaya et des deltas qui bordent le golfe du Bengale, plateaux de la péninsule (Dekkan), entrecoupés de moyennes montagnes, comme les Ghâts Occidentaux dominant la mer d'Oman ou les reliefs E.-O. des monts Vindhya et Satpura. Cette disposition résulte de la collision entre la «plaque indienne»

**Inde.** Vue générale de Bombay. *Phot.* © *Boutin/Explorer*

**Inde.**

formée de terrains cristallins et la «plaque euro-asiatique» ; c'est au contact de ces deux plaques que se sont formés la chaîne himalayenne et le sillon indo-gangétique. Le climat est régi par le cycle des moussons asiatiques : à une saison sèche qui dure de nov. à mai et se termine par une période très chaude, succède une saison des pluies de juin à oct. due aux apports d'air humide par la mousson d'été. Ces pluies sont inégalement distribuées : très fortes le long de la côte O. de la péninsule et au N.-E., elles sont plus faibles au centre de la péninsule et surtout au N.-O. Elles présentent des inégalités interannuelles lourdes de conséquences pour l'agriculture, malgré le développement de l'irrigation. Des tempêtes tropicales catastrophiques peuvent survenir en automne dans les régions orientales.

## ÉCONOMIE

L'économie indienne connaît une forte croissance annuelle et devrait se hisser parmi les quatre premières mondiales d'ici une vingtaine d'années. Elle a été d'environ 6 % à partir du milieu des années 1990 puis 9 % en 2005, 9,4 % en 2006, 9,1 % en 2007 et s'est maintenue à 7 % en 2008 et en 2009 malgré la crise financière mondiale. L'économie est planifiée et fortement étatisée. Un important secteur public a été créé pour l'aménagement des infrastructures et la production de biens d'équipement. Le secteur privé est contrôlé, le commerce extérieur et les investissements sont réglementés. Depuis les années 1980, cependant, ces contrôles ont été atténués, ce qui a d'ailleurs entraîné un accroissement de l'endettement extérieur.

## POPULATION

Depuis l'indépendance, le pays a fait face à une augmentation de la population qui garde un rythme élevé, mais la croissance a été insuffisante pour mettre fin à la pauvreté de masse qui reste un caractère majeur de l'Inde ; toutefois la classe moyenne se développe. Bien qu'officiellement aboli, le système des castes (héréditaires) propre à l'hindouisme*, largement majoritaire, régit toujours la société. Au sein des cinq grandes castes, plus de 2 000 sous-castes sont recensées. La plus basse couche de la société est hors-caste et constituée de 170 millions de *dalits* (les «brisés») considérés comme impurs et autrefois appelés «intouchables», terme aboli en 1950 par la Constitution, victimes de discrimination et auxquels l'accès à la terre continue d'être refusé.

**AGRICULTURE** Elle occupe plus de 50 % de la population, et fournit environ 18 % du PIB. Grâce au développement de l'irrigation, de l'utilisation des engrais et des semences améliorées, la production agricole a plus que doublé et a augmenté un peu plus vite que la population depuis 1950. Cette «révolution verte» a été rendue possible grâce à la naissance d'une paysannerie moyenne favorisée par les réformes agraires des années 1950 ; mais ces réformes, très prudentes, n'ont pas modifié le sort tragique des très petits exploitants et des paysans sans terres, appartenant en général aux castes inférieures. Les systèmes de cultures sont organisés autour de trois céréales dominantes, auxquelles s'associent des légumes secs, des oléagineux comme les arachides et le sésame, et des cultures commerciales comme le coton et la canne à sucre. Le système du riz domine dans les régions les plus pluvieuses (côtes E. et O., basse plaine du Gange), celui du blé dans le N., tandis que l'association millet-arachide caractérise les régions plus sèches du centre et du N.-O. L'élevage est étroitement associé à la culture, un troupeau bovin très important fournit force de travail et lait. Les plantations de thé, de café et d'hévéas sont localisées dans les bordures himalayennes et les parties méridionales des Ghâts Occidentaux.

**INDUSTRIE** L'Inde s'est dotée d'une industrie diversifiée et puissante grâce au développement des infrastructures par le secteur public et à l'activité de grands groupes industriels. Il existe une symbiose étroite entre les usines et des myriades de petits ateliers. Si les grands comptoirs coloniaux de Bombay, Calcutta et Madras et les régions minières du N.-E. gardent une place prépondérante, de nouvelles régions industrielles se sont développées, notamment autour de Delhi et dans le S., tandis que les grandes villes de l'intérieur sont devenues des centres industriels. Cette croissance se traduit dans l'évolution du commerce extérieur. De pays exportateur de produits primaires agricoles, l'Inde est passée en 30 ans au rang de fournisseur de biens industriels (machines, tissus et vêtements, diamants taillés). À partir des années 1990, le gouvernement a engagé une série de réformes libérales qui ont permis à l'Inde de se spécialiser dans la haute technologie (informatique, micro-informatique, télématique, assistance comptable) jusqu'à devenir le 1er fournisseur mondial de logiciels (Bangalore). Elle domine également l'industrie pharmaceutique (Hyderabad) et le secteur de l'aérospatiale est en plein développement. Les importations de céréales ont été peu à peu remplacées par les achats de biens d'équipement et de produits de consommation durable et surtout de produits pétroliers, en augmentation constante. La balance des paiements est déficitaire, et l'Inde a recours aux aides extérieures.

Inde ▮ Productions en 2008

| Produits | Quantités | Rang |
|---|---|---|
| ▮ Agriculture | | |
| Arachides | 9 000 000 t | 2e |
| Bananes | 21 000 000 t | 1er |
| Blé (2009) | 90 000 000 t | 2e |
| Café | 320 000 t | 6e |
| Canne à sucre | 340 000 000 t | 2e |
| Caoutchouc | 850 000 t | 4e |
| Coton fibre | 5 000 000 t | 2e |
| Jute | 1 600 000 t | 1er |
| Maïs (2009) | 19 000 000 t | 6e |
| Mangues | 12 000 000 t | 1er |
| Manioc | 8 400 000 t | 8e |
| Millet | 1 200 000 t | 1er |
| Noix de coco | 1 100 000 t | 3e |
| Oranges | 3 900 000 t | 4e |
| Pommes de terre | 23 000 000 t | 3e |
| Riz | 145 000 000 t | 2e |
| Soie | 17 000 t | 2e |
| Soja (graines) | 10 000 000 t | 5e |
| Sorgho | 7 200 000 t | 3e |
| Sucre | 28 000 000 t | 1er |
| Tabac | 530 000 t | 3e |
| Thé | 940 000 t | 2e |
| Bovins (têtes) | 180 000 000 | 2e |
| Buffles (têtes) [2005] | 98 000 000 | 1er |
| Ovins (têtes) | 65 000 000 | 3e |
| Porcins (têtes) | 14 000 000 | 12e |
| Pêche | 7 000 000 t | 3e |
| ▮ Mines et énergie | | |
| Bauxite | 20 000 000 t | |
| Chrome | 4 000 000 t | 2e |
| Énergie nucléaire | 16 TWh | 20e |
| Fer | 200 000 000 t | 4e |
| Gaz naturel | 31 000 000 000 $m^3$ | |
| Houille | 510 000 000 t | 3e |
| Hydroélectricité | 125 TWh | 7e |
| Pétrole | 36 000 000 t | |

## HISTOIRE

**La civilisation de l'Indus** L'Inde, dont la population s'est constituée par plusieurs apports ethniques, Dravidiens et Proto-Indo-Européens, entre dans l'histoire avec la civilisation dite de l'Indus* (–2500 - –1500). **Les invasions indo-européennes** La destruction de cette civilisation a peut-être été achevée par les envahisseurs indo-européens qui introduisirent la langue védique et auxquels on doit la rédaction des *Veda** et l'émergence du brahmanisme. Au –VIe s., l'Inde du N.-O. se trouva sous la domination perse (Darios Ier). Alexandre le Grand parvint dans la vallée de l'Indus en –326, mais ne poursuivit pas son avance, se contentant de laisser des gouverneurs ou satrapes. Protecteur du bouddhisme, le roi du Bihar, Ashoka (–273 - –237), agrandit son royaume. Il fit construire les premiers stûpas de Sarnath* et Sanchi*. À sa mort, l'Inde gangétique était gouvernée par deux dynasties : celle des Śunga et celle de Kānva. Sous la poussée indo-scythe, les Kānva disparurent au Ier s. On distingue ensuite trois principaux foyers artistiques : Gandhara* au N.-O., Mathura* au N. et Amaravati au S.-E. Dans le Dekkan régnaient les rois Andhra des Sātakarnī. **Les Guptas** Au IIIe s., la dynastie nationale des Guptas imposa sa domination sur tout le N. de l'Inde. Les souverains guptas (Chandragupta Ier, 320 - 335) conservèrent leur autorité jusqu'au début du VIe s., mais furent abattus par les incursions des Huns hephtalites. Un vassal des Guptas, le roi Harṣa, continua au début du VIIe s. la grande tradition des Guptas. À cette époque, des royaumes se constituèrent dans l'Inde du S., et la dynastie des Pallava domina la région. L'Inde, divisée entre les royaumes du N. (Pāla, Sena) et ceux du S. (Rāṣṭrakūṭa, Chola de Tanjore), vit se succéder des souverains qui luttaient entre eux pour l'hégémonie. De nombreux styles locaux se diversifièrent (Chandela*, Chalukya*, Hoysala*). **Les invasions musulmanes** Les invasions musulmanes commencèrent vers la fin du Xe s. À partir de l'an 1000, Mahmud de Ghazni entreprit la conquête du Panjab. L'Inde du Nord fut soumise après la victoire de Mohammad Ghōri, en 1192, sur l'armée rajput de Prithvi Rāj : les musulmans deviennent alors maîtres du N.-E. du pays. La période de 1206 à 1526 est celle des sultanats de Delhi (dynasties des Esclaves, des Khalji, des Tughluq), et des débuts de l'art indo-musulman, synthèse des traditions indiennes et iraniennes. **L'invasion mongole** En 1398 - 1399, Tamerlan envahit le Panjab et ruina Delhi. Le sultanat de Delhi, affaibli, perdit un grand nombre de ses États vassaux musulmans, qui se rendirent indépendants. Bābur, un prince turc, à la suite de la victoire de Panipat (1526) et de la prise de Delhi, fonda l'Empire moghol. Ses descendants, Humāyūn, puis Akbar (1556 - 1605), en repoussèrent les limites (Bengale, 1576 ; Orissa, 1592). Ils furent les protecteurs d'un art florissant (Agra*, Fatehpur* Sikri). Les règnes de Shāh Jahān, puis d'Aurangzeb (1658 - 1707), virent l'apogée de l'Empire (conquêtes au Dekkan) et de son art (architecture monumentale à Bijapur*, Agra*, Delhi*, Shrinagar* ; miniatures dans le Gujarat, le Rajasthan et le Panjab ; tapis au Cachemire ; armes précieuses ; damasquinage, marqueterie). Puis l'empire se morcela de nouveau en États indépendants. **Les comptoirs et la colonisation** À partir de la prise de Goa par Albuquerque en 1510, l'Inde devint un champ de rivalités pour les pays occidentaux qui y installèrent des comptoirs : Portugais, Hollandais (Kochi), Français (Pondichéry, Chandernagor), Danois et Britanniques (Bombay, Calcutta, Madras). Français et Britanniques entrèrent en lutte afin d'obtenir des concessions territoriales. Après le traité de Paris (1763), les Français ne conservèrent que cinq comptoirs. Warren Hastings, succédant à Clive de Plassey, fut nommé gouverneur du Bengale (1772 - 1785),

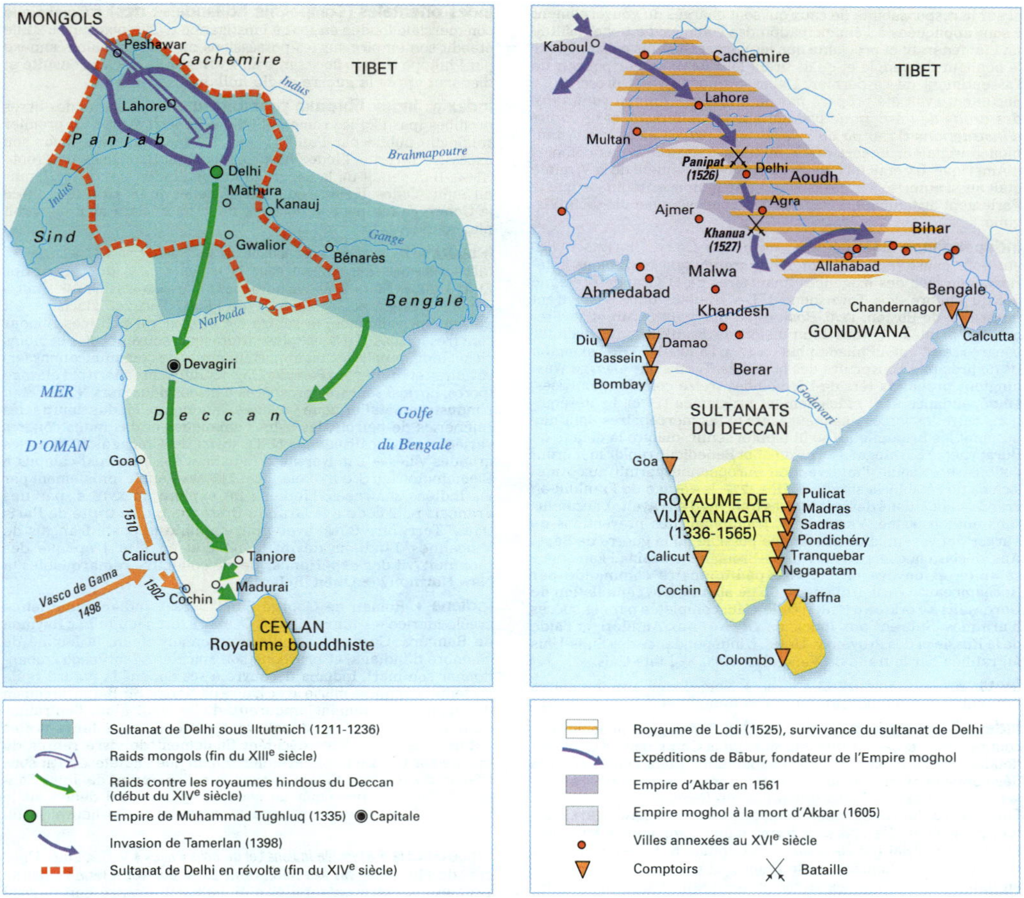


**Inde.** L'Inde du sultanat de Delhi à la mort d'Akbar.

et l'entreprise de colonisation britannique devint systématique avec lord Richard Colley Wellesley* (1798 - 1805). La dernière résistance indienne, celle de la confédération des Marathes*, fut brisée en 1818. En 1857, les Britanniques durent affronter une révolte des cipayes* (soldats indigènes). La chute de l'Empire moghol étant proclamée (1858), la Compagnie des Indes fut remplacée par l'armée régulière britannique (lord Canning). **▮ Le nationalisme indien** Le nationalisme indien se réveilla sous l'action de Ram Mohan Roy (1774 - 1833), et prit une grande ampleur grâce au Mahatma Gandhi* (1869 - 1948) ; celui-ci lança en 1942 son mot d'ordre *quit India* («abandonnez l'Inde»), et obtint en 1944 quelques concessions de la part des Britanniques qui, après des négociations, acceptèrent l'indépendance. **▮ L'indépendance** Le 15 août 1947, l'indépendance de l'Union indienne fut proclamée au prix d'une sécession d'une partie du pays qui forma l'État islamique du Pakistan. **▮ De 1947 à nos jours** Depuis l'indépendance, à la différence de bien des pays du tiers-monde, l'Inde a connu une stabilité institutionnelle certaine ; «la plus grande démocratie du monde» a fonctionné régulièrement, en dépit des crises et des violences, et aucun coup d'État n'a eu lieu. Le parti du Congrès national indien, issu des luttes pour l'indépendance, a pu concilier les intérêts des industriels, des paysans riches et de la bureaucratie. Sa domination a été nette jusqu'en 1977 avec pour premiers ministres Jawaharlal Nehru* (mort en 1964), puis sa fille Indira Gandhi*, malgré des guerres avec le Pakistan (1964 et 1970) et la Chine (1962). Après 1977, l'aggravation des conflits intercommunautaires (émeutes racistes en Assam*, mouvement séparatiste sikh* au Panjab) et l'usure du parti dominant ont favorisé l'alternance de gouvernements congressistes et de coalitions centristes hétérogènes et peu durables. Après le gouvernement du Janata (Front du peuple), dirigé par Morarji Desai de 1977 à 1980, le pouvoir revint au Congrès jusqu'en 1989 avec Indira Gandhi, assassinée en 1984 par des sikhs, puis avec son fils Rajiv prônant un développement libéral. En 1991, il fut lui-même assassiné tandis que son parti retrouvait le pouvoir. Au lendemain de la destruction de la mosquée d'Ayodhya* en 1992, on assista à une montée d'intégrismes religieux et la situation politique fut dominée par l'instabilité gouvernementale. Le Bharatiya Janata Party (BJP), mouvement nationaliste hindou, qui dirigea le pays de 1998 à 2004 puis perdit son hégémonie, pratiqua une politique en faveur des classes moyennes urbaines et fit procéder à plusieurs essais nucléaires, entraînant une dégradation des relations avec la Chine et avec le Pakistan, pays avec lequel on dénombre de nombreux incidents de frontières, dans la région du Cachemire, et surtout une série d'attentats meurtriers conduits simultanément à Bombay en nov. 2008 imputés à un groupe islamiste pakistanais. Manmohan Singh, économiste sikh du parti du Congrès, occupe les fonctions de Premier ministre à la tête d'un gouvernement de coalition depuis 2004. Cette même année, la côte est du pays a été frappée par le tsunami qui a dévasté le pourtour du golfe du Bengale. En 2009, une députée issue des *dalits*, la plus basse couche de la société, a accédé pour la première fois à la présidence du Parlement.

**INDE** (Établissements français dans l') ♦ Territoires indiens qui furent sous contrôle français jusqu'en 1954 et qui comprenaient surtout des ports (Pondichéry* [1674], Karikal* [1738], Chandernagor* [1686], Yanaon, auj. Yanam* [1759], Mahé* [1721]) et des comptoirs à Balassar, Kasimbazar, Yugdia, Dacca, Patna, Masulipatnam (1670), Calicut et Surat (1668). Les principaux gouverneurs résidant dans la capitale, Pondichéry, furent Dupleix (de 1742 à 1754) et Lally-Tollendal (de 1755 à 1761). Ces territoires constituèrent l'enjeu d'une âpre lutte entre les Britanniques et les Français au XVIIIe s. Cédés aux Britanniques, ils furent restitués à la France après le traité de Versailles (1783). À partir de 1848, ils furent directement administrés par l'État et représentés par un député et un sénateur. À partir de 1939, ils furent administrés par un commissaire de la République. Chandernagor fut rendue à l'Inde en 1951 et les autres établissements en 1954.

**Indépendance (déclaration d')** ♦ Document historique (1776) de la proclamation d'indépendance des treize colonies britanniques d'Amérique rédigé par Thomas Jefferson* et revu par Benjamin Franklin*. Les théories de Locke sur l'égalité et la liberté politiques et sur la responsabilité de ceux qui sont chargés du gouvernement y sont appliquées à l'émancipation des colonies. Le texte institue un État fédératif et proclame que les gouvernements existent pour le bonheur du peuple et qu'ils tirent leur force et leur pouvoir de l'assentiment de ce dernier. L'abus d'autorité y est proscrit. Ce document avait été préparé par deux autres : *Aperçu sommaire des droits de l'Amérique britannique* (→ **Jefferson**), et un *Projet d'instructions* (1774) où on relevait que 160 000 électeurs britanniques réglaient le sort des 4 millions d'habitants des colonies d'Amérique. Il y était dit encore que le gouvernement de la Virginie était aussi autorisé à imposer ses lois au peuple britannique que le Parlement britannique à imposer les siennes au peuple de la Virginie.

**Indépendance américaine** (guerre de l') ♦ Ce conflit (1775 - 1782) eut pour cause le mécontentement grandissant des colons américains en face des exigences financières de la Grande-Bretagne (loi du Timbre, lois Townshend*). Les troubles qui s'ensuivirent (massacre de Boston, 1770, *Boston tea party*, 1773) furent sévèrement réprimés et, sous l'impulsion de Franklin*, un premier congrès se réunit à Philadelphie en 1774. La fusillade de Lexington (1775) précipita l'ouverture des hostilités. Tandis que George Washington* prenait la tête de l'armée des treize colonies insurgées, l'indépendance était officiellement proclamée (1776). Le déséquilibre entre les forces des *insurgents* et les mercenaires dont disposaient les Britanniques se fit bientôt sentir, malgré la défaite de Burgoyne*, à Saratoga*. Cornwallis* et Benedict Arnold* menèrent l'offensive et seule l'intervention européenne permit aux Américains de rétablir la situation. Dès 1777, le voyage de Franklin en France avait amené des volontaires français (La* Fayette), accueillis sans enthousiasme. Vergennes*, triomphant des préventions de Turgot*, et voyant là une revanche possible de la guerre de Sept* Ans, déclara la guerre à la Grande-Bretagne, entraîna l'Espagne à sa suite, et envoya un corps expéditionnaire commandé par Rochambeau* (1780). L'offensive finale aboutit à la capitulation de Cornwallis à Yorktown (1781) ; celle-ci fut complétée par des succès maritimes (Suffren* aux Indes, de Grasse* aux Antilles), et l'aide de la Russie et des Provinces-Unies. L'indépendance des États-Unis fut ratifiée par le traité de Versailles (1783). → **États-Unis.**

**INDES** (empire des) ou **INDES** n. f. pl. ♦ Nom donné aux territoires britanniques de l'Inde (1877 - 1947). → **Inde.**

**Indes (Compagnie française des)** ♦ Compagnie financière et commerciale, créée en 1719 à la suite de la Compagnie d'Occident (fondée par Law* en 1717 pour l'exploitation de la Louisiane et le développement du Canada) et par fusion de cette dernière avec les compagnies des Indes orientales, du Sénégal et de la Chine. Elle disparut lors de l'écroulement du système de Law (1721), mais fut reconstituée dès 1722 sous forme d'une compagnie à but purement commercial qui se réserva l'exploitation du Sénégal, de la Guinée, des îles Bourbon et de France, et des territoires français en Inde, à l'exclusion des terres du Nouveau Monde. Malgré des opérations fructueuses réalisées par Dupleix et La Bourdonnais contre la Compagnie anglaise, elle perdit son monopole en 1769. Recréée par Louis XVI en 1785 sous le nom de Nouvelle Compagnie des Indes, elle fut définitivement supprimée sous la Convention (1793 - 1794), liquidation qui donna lieu à un scandale où furent mêlés des révolutionnaires (Fabre* d'Églantine, Chabot*, Danton*).

Les **Indes galantes** ♦ Opéra-ballet de Rameau, livret de Fuzelier (1735). L'ouvrage comprend un prologue et 4 entrées *(Le Turc généreux, Les Incas du Pérou, La Fête des fleurs, Les Sauvages)* dont chacune développe une intrigue amoureuse, dans le cadre d'un Orient de féerie ou des « Indes » occidentales.

**Indes occidentales** ♦ Nom donné à partir du XV$^{e}$ s. à l'Amérique (→ **Colomb**).

**Indes occidentales (Compagnie française des)** ♦ Société commerciale à privilèges, instituée par Colbert en 1664, et qui reçut la propriété des possessions françaises en Atlantique (Afrique et Nouveau Monde) et le monopole du commerce, notamment du sucre, avec l'Amérique. La concurrence hollandaise et une mauvaise gestion entraînèrent sa dissolution en 1674.

**Indes occidentales (Compagnie hollandaise des)** ♦ Compagnie commerciale fondée en 1621. Née au fort de la guerre hispano-hollandaise, elle fut d'abord une entreprise de pillage des possessions espagnoles et portugaises, mais passa bientôt à la conquête et à la colonisation (fondation de la Nouvelle-Hollande et de La Nouvelle-Amsterdam, plus tard New York). Ayant perdu peu à peu ses acquisitions, elle se consacra à la traite des Noirs, avant de disparaître en 1792.

**Indes orientales** ♦ Ancien nom de l'Asie du Sud-Est, comprenant le sous-continent indien, la péninsule chinoise et les îles de l'océan Indien dont l'Indonésie et les Philippines.

**Indes orientales (Compagnie française des)** ♦ Société commerciale à privilèges instituée, en 1664, par Colbert pour l'exploitation du commerce fait avec les pays d'Orient (Inde et Chine) et le Sénégal. Elle reçut en don l'île de Madagascar (à laquelle elle renonça en 1668) et installa son siège à Pondichéry à partir de 1686. Elle abandonna le commerce avec la Chine en 1698. En 1712, elle perdit ses privilèges qui furent repris en 1719 par la Compagnie française des Indes*.

**Indes orientales (Compagnie hollandaise des)** ♦ Compagnie commerciale fondée en 1602 à l'instigation d'Oldenbarnevelt*. Elle étendit son empire sur les possessions du Portugal, alors annexé par Philippe II. Très florissante au XVII$^{e}$ s., elle déclina ensuite et disparut après la guerre anglo-hollandaise, en 1798.

**Index** ou **Index librorum prohibitorum** ♦ Catalogue des livres prohibés [par l'Église romaine] (cf. *Le Robert*). Après un premier catalogue publié par Paul* IV en 1557 puis supprimé pour son excessive sévérité, l'Index fut promulgué par le concile de Trente (1564). Il dépendit de la congrégation de l'Index (1571 - 1917), puis du Saint*-Office. Il eut 32 éditions officielles de 1564 à 1948 ; en 1966 la Congrégation pour la doctrine de la foi déclara qu'il ne serait plus réédité.

**INDIANA** n. m. ← **ÉTYM.** ainsi nommé par les Français en 1702 à cause des tribus indiennes qui vivaient dans la région ♦ État du centre des États-Unis. → **États-Unis** (carte). 94 153 km$^2$. 6 080 495 hab. CAP. : Indianapolis. ▮ **Géographie** La partie N. de l'État, d'origine glaciaire, est doucement vallonnée, le centre est en général plat (ces régions sont très fertiles). Le S. est plus pittoresque, souvent boisé et moins riche. Indianapolis est un important nœud de communications ferroviaires et routières. ▮ **Économie** L'agriculture céréalière et l'élevage (porcs, bovins) sont très prospères dans les deux tiers N. de l'État. L'industrie métallurgique (acieries, laminoirs), l'indus. lourde, les raffineries de pétrole, les usines chimiques et des indus. légères variées sont localisées au N.-O. (près de Chicago) et dans les grandes villes. ▪ L'université d'Indiana a son principal campus à Bloomington (au S. d'Indianapolis). ▮ **Histoire** Peuplé initialement par les Indiens shawnees, l'Indiana fut exploré au XVII$^{e}$ s. par des Français puis cédé à la Grande-Bretagne par le traité de Paris (1763). Territoire (1783) avec pour capitale le poste français de Vincennes, l'Indiana devint le 19$^{e}$ État en 1816. L'époque des pionniers vit des expériences de vie collective remarquables (à New Harmony → **Owen [Robert]**).

**Indiana** ♦ Roman de George Sand* (1832). Indiana, une jeune créole mariée à l'autoritaire M. Delmare, est séduite par Raymon de Ramière. Ce dernier a d'abord conquis Noun, la femme de chambre d'Indiana, et provoqué son suicide. Allant jusqu'à abandonner son mari, Indiana découvre à ses dépens la nature veule du séducteur qui se marie avec Laure de Nangy. Sir Ralph, le cousin d'Indiana, secrètement amoureux d'elle, veut alors l'entraîner dans le suicide. Mais, découvrant mutuellement leurs vraies natures, les deux êtres décident finalement de vivre retirés du monde sur l'île Bourbon. Premier roman que l'auteur écrivit sous le nom de « George Sand » et sans la collaboration de Jules Sandeau*, *Indiana* provoqua un scandale parce qu'il dénonçait le mariage. Sainte-Beuve critiqua sévèrement la fin heureuse du livre.

**INDIANAPOLIS** ← **ÉTYM.** de *Indiana** et gr. *polis* « ville » ♦ V. des États-Unis, cap. de l'Indiana. 791 926 hab., dont 23 % de Noirs (zone urbaine 1 607 486). Centre universitaire et culturel. Centre commercial (grains, bétail) et industriel (sous-traitance automobile et pharmaceutique) important. Célèbres courses d'automobiles.

**INDIEN** (océan) – anc. ***mer des Indes*** ♦ Nom donné à la région limitée au N. par l'Inde, le Pakistan et l'Iran, à l'O. par la péninsule Arabique et l'Afrique, à l'E. par la péninsule malaise (Birmanie, Thaïlande, Malaisie), les îles de la Sonde de l'Indonésie et l'Australie, au S. par l'océan Antarctique. Une séparation conventionnelle entre l'océan Indien et l'océan Atlantique est déterminée par la longitude du cap des Aiguilles*, et avec l'océan Pacifique par la longitude de l'île de Tasmanie*. C'est le troisième océan du monde par sa superficie (env. 75 millions de km$^2$, y compris les mers ou golfes adjacents : mer d'Oman*, golfe du Bengale, mer d'Andaman*, mer de Timor*). Deux mers bordières communiquent avec lui : la mer Rouge* par le détroit de Bab* el-Mandeb, et le golfe Arabo*-Persique par le détroit d'Ormuz*. L'océan Indien est divisé en deux parties allant de l'Inde à l'Antarctique selon une dorsale centrale qui détermine le bassin australo-indien, où se

Océan **Indien.**
L'océan au large de Trincomalee (Sri Lanka).
*Phot. © Fred Mayer/Magnum*

situent les fosses les plus profondes (7 000 m au S. des îles de la Sonde). Sa profondeur moyenne est de 3 900 m. Les îles y sont très nombreuses, surtout dans le S. : Madagascar* (la plus importante), la Réunion*, l'île Maurice* et les Comores*.

**INDIEN** (Territoire britannique de l'océan) ♦ Possessions britanniques, formant une colonie membre du Commonwealth (archipel des Chagos, dont Diego Garcia). Elles dépendaient anciennement des îles Seychelles et de l'île Maurice qui les revendiquent. 450 km². Pas de population permanente.

**INDIENS** ou **AMÉRINDIENS** n. m. pl. ♦ Nom donné aux descendants des premiers occupants du continent américain autrefois nommé «Indes occidentales». Arrivés il y a environ 40 000 ans, venant de Sibérie par le détroit de Béring, alors à sec à cause des glaciations, ils peuplèrent progressivement tout le continent, qui n'abritait encore aucun être humain. La diversité des milieux naturels et des moyens mis en œuvre pour s'y adapter amena ces populations de chasseurs nomades à développer des cultures très variées. ■ **Amérique du Nord** On distingue plusieurs aires culturelles au moment de l'arrivée des Européens. La côte nord-occidentale du Canada où les Haidas* et les Kwakiutls*, sédentaires et pêcheurs, vivaient en société hiérarchisée, organisée autour de manifestations religieuses et profanes. Les Plaines, où les Sioux*, les Cheyennes*, les Comanches*, les Mandans*, les Pawnees* développèrent des sociétés nomades ou sédentaires, sans pouvoir centralisé et à forte connotation guerrière. Le Sud-Est, où les Natchez*, les Creeks*, les Cherokees* vivaient en sociétés sédentaires fortement hiérarchisées. Le Nord-Est, où les chasseurs nomades du Labrador et du nord des Grands Lacs, Assiniboines*, Montagnais*, Ottawas*, Micmacs*, entretenaient des relations commerciales avec les Hurons* et les Iroquois*, sédentaires et politiquement organisés en confédérations. Le Sud-Ouest, où les Pueblos*, agriculteurs sédentaires, vivaient en société théocratique et avaient accepté le voisinage des Navajos* et des Apaches*, venus du Nord. Le seul animal domestique était le chien ; les Européens introduisirent le cheval, les moutons dans le S.-O. et les poules. Les maladies européennes décimèrent en quelques décennies les populations. Dès la fin du XVIIe s., des traités contraignirent les Indiens à renoncer à leurs territoires, et au début du XIXe s., les peuples vivant à l'E. du Mississippi furent pour la plupart déportés vers le Territoire indien (actuel Oklahoma) et placés sous l'autorité du Bureau des affaires indiennes. Les guerres indiennes ne s'achevèrent qu'à la fin du siècle, avec la soumission des Apaches, des Navajos et des Sioux. En 1887 une loi de morcellement des terres indiennes fut adoptée aux États-Unis pour dissoudre le cadre tribal et assimiler les Indiens, et, en 1924, le Congrès accorda la citoyenneté américaine à tous les Indiens. Depuis 1950, les revendications indiennes sont de mieux en mieux entendues (des territoires sacrés, des droits de pêche et de chasse ont été rendus et des indemnisations versées), mais la plupart des problèmes restent encore sans solution. ■ **Mésoamérique** Cette partie du continent vit l'émergence de civilisations variées ; certaines, dotées de structures politiques et économiques complexes, édifièrent d'importants centres urbains (→ **Kaminaljuyu, Mitla, Monte Albán, Tajín (El), Tikal, Tulum, Uxmal, La Venta**). Elles disposaient de calendriers et d'écritures pictographiques et pratiquaient des

**Indiens.** L'Amérique indienne.

**Indiens.** Masque représentant un oiseau de proie, Indiens kwakiutls. National Museum of Man, Ottawa. *Phot. © Musée de l'Homme, Paris.*

religions polythéistes élaborées (→ **Aztèques, Huaxtèques, Mayas, Mixtèques, Olmèques, Tarasques, Toltèques, Zapotèques**). Les descendants de ces peuples, fortement métissés, ont donné naissance à une culture mixte hispano-indienne. ▮ **Amérique du Sud** Les civilisations qui s'y développèrent furent très différentes selon les régions et les climats. Avant le contact avec les Européens, le Bassin amazonien et les Guyanes ont abrité des cultures complexes encore mal connues (Marajo, Santarém). Actuellement, les peuples amazoniens, chasseurs, cueilleurs et agriculteurs, sont en lutte contre la déforestation intensive et l'exploitation minière (→ **Arawaks, Caribes, Guaranis, Jivaros**). ▪ Dans les Andes et sur la côte pacifique, les populations sédentaires et agricoles ont développé des civilisations dotées de structures religieuses, sociales et politiques complexes et érigé d'impressionnantes métropoles (→ **Chavín de Huantar, Chancay, Chanchán, Chimú, Huari, Incas, Machu Picchu, Mochicas, Nazca, San Agustín, Tiahuanaco**). Actuellement les populations des Andes vivent de l'agriculture et de l'élevage. Elles ont été christianisées, mais ont conservé une grande part de leurs anciennes religions. → **Aymaras, Mapuches, Quechuas.**

**INDIGUIRKA** n. f. ♦ Riv. de Russie, en Sibérie extrême-orientale. 1 726 km. Formée par la confluence des riv. Khastakh et Taryn-Iourakh dans les monts de Verkhoïansk, elle arrose la rép. de Sakha* et se jette dans l'océan Arctique, en formant un grand delta. Elle est navigable jusqu'à sa confluence avec la Moma, de mai à oct.

**INDOCHINE** n. f. ♦ Nom géographique de la péninsule du S.-E. asiatique située entre l'Inde et la Chine et comprenant la Birmanie, le Laos, la Thaïlande, le Cambodge, le Viêtnam et la partie continentale de la Malaisie (péninsule malaise). ▮ **Histoire** L'Indochine ou péninsule Indochinoise fut peuplée très tôt. Des cultures préhistoriques s'y succédèrent sans interruption (ắc* Sơn, Hòa* Bình, Đông* Sơn). Des vagues de migration s'y répandirent, refoulant à chaque fois les habitants vers les hauteurs. Il en résulta une coexistence de civilisations fort contrastées et des différences de densité dans la répartition géographique des diverses ethnies : les ethnies majoritaires (Viêts, Thaïs, Khmers, Birmans) occupant principalement les plaines et les ethnies minoritaires, vivant d'essartage, les régions élevées. Les influences des civilisations indienne et chinoise ont chacune leur aire : les pays de la Birmanie au Cambodge étant indianisés et le Viêtnam sinisé. ♦ ***Guerre d'Indochine*** → **Viêtnam.**

**INDOCHINE FRANÇAISE** ou **UNION INDOCHINOISE** ♦ Nom donné en 1887 aux pays du Sud-Est asiatique sous protectorat français ou colonisés par la France, comprenant d'abord les trois parties du Viêtnam (Cochinchine*, Annam*, Tonkin*) et le Cambodge, puis le Laos à partir de 1893 et le territoire de Guangzhouwan après 1900. Les expéditions de protection des missionnaires envoyées par Napoléon III furent à l'origine de ces conquêtes. Tourane (auj. Danang) fut prise en 1858 puis Saigon et toute la Cochinchine. Le protectorat du Cambodge, alors disputé par le Siam (→ **Thaïlande**), fut établi peu après. La France conquit ensuite le Tonkin, au prix d'un conflit avec la Chine (1882 - 1885). L'Indochine française disparut après les accords d'indépendance des différents pays (1949 - 1950). → **Viêtnam.**

## INDONÉSIE

▮ n. f. – off. ***république d'Indonésie*** ➔ ÉTYM. n. formé sur le gr. *nesos* « île », donné en raison de la situation géographique des îles par rapport à l'Océan Indien ♦ Pays de l'Asie du Sud-Est formé d'un archipel en majeure partie volcanique, dont les îles principales sont Java, Sumatra, Kalimantan (nom indonésien de l'île de Bornéo, que l'Indonésie possède en grande partie), Célèbes, la Papouasie occidentale (partie indonésienne de l'île de Nouvelle-Guinée). 1 919 444 $km^2$. Env. 250 000 000 hab. *(Indonésiens)*. LANGUES : indonésien et plus de 530 langues locales dont la plus importante est le javanais. POPULATION : plus de 500 groupes ethniques parlant majoritairement des langues malayo-polynésiennes. Javanais* (un tiers de la pop.), Sundanais*, Malais*, Madurais*, Bugis*, Balinais*, Banjars*, Sasak, Makassar, Acihais, Bataks*, Minangkabaus, Papous et Chinois. RELIGIONS : musulmans (87 %), chrétiens, bouddhistes, hindouistes et animistes. L'athéisme est interdit, l'enseignement religieux, obligatoire. MONNAIE : roupie. CAPITALE : Jakarta. RÉGIME : présidentiel. L'Indonésie est constituée de 33 provinces.

**▮ GÉOGRAPHIE** Bornéo et les îles plus petites de Bangka et Belitung constituent les principales parties émergées d'un socle ancien à topographie accidentée. L'arc de la Sonde comporte, quant à lui, un arc externe qui s'étend au large de la côte O. de Sumatra à Timor, Seram et Buru. L'arc interne comprend Sumatra, Java, Bali et les petites îles de la Sonde. **▮ Le climat** Le climat de l'Indonésie est caractérisé par trois grands régimes. Une zone très humide avec une courte saison sèche non prévisible correspond à la région équatoriale (Sumatra, Bornéo, Célèbes, Papouasie occidentale). Une zone humide avec saison sèche de 6 mois environ couvre Java et Bali. La zone de climat semi-aride est constituée par les petites îles de la Sonde situées à l'E. de Java.

**▮ ÉCONOMIE** Depuis 2000, l'Indonésie a renoué avec une croissance mise à mal par la crise monétaire des années 1997 - 1999. Cette bonne santé est due aux ressources pétrolières et à une bonne gestion de l'économie qui, comme dans la plupart des pays émergents, a résisté à la tempête financière de 2008-2009 même si la croissance s'en est trouvée ralentie (près de 6 % en 2008). Le pays est parvenu à contrôler son taux de croissance démographique grâce à une politique de limitation des naissances : le taux d'accroissement naturel est désormais de 1,3 %. L'alphabétisation a fait d'immenses progrès : en 2007, 91 % des enfants indonésiens étaient passés par l'école primaire. L'agriculture occupe 40 % de la population. Les régions forestières sont vouées aux cultures sur brûlis, les régions à fortes densités de population (Java, Bali), à la culture du riz, associée parfois à celles du maïs, du soja et de l'arachide. Tabac, hévéas, palmiers à huile, cocotiers, cacao, épices sont cultivés au sein d'exploitations familiales ou de vastes plantations industrielles. La chute des prix du pétrole au début des années 1980 a conduit l'Indonésie, qui s'est engagée dans l'exploitation du gaz naturel, à entreprendre une réorientation de son économie. On assiste depuis lors à un désengagement de l'État qui favorise le développement de l'entreprise privée : secteur bancaire et industries légères, en particulier le textile, la confection et le papier. L'industrie reste néanmoins concentrée essentiellement à Java. À la suite de l'interdiction d'exportation du bois brut, l'Indonésie est devenue le premier producteur mondial de contreplaqué et le premier exportateur de rotin. Mais le pays souffre de la concurrence du Viêtnam et de la Chine en ce qui concerne la main-d'œuvre employée dans les manufactures et le chômage atteint 9 % (2008). L'industrie du tourisme est en nette progression ainsi que les exportations non pétrolières (chaussures, confection, biens électriques).

**▮ HISTOIRE ▮ La préhistoire et l'Antiquité** L'île de Java, au cœur de l'Indonésie, a livré des fossiles d'*Homo erectus* vieux de plus d'un million d'années. Mais la population moderne de l'Indonésie est issue pour l'essentiel des peuples mongoloïdes qui amorcèrent leur migration depuis l'île de Taiwan il y a env. 5 000 ans. Parlant des langues austronésiennes (dont dérive l'indonésien), ils peuplèrent ainsi les archipels philippin, indonésien et la péninsule malaise. Peuples marins et riziculteurs, ils amenèrent ces deux traditions techniques qui marqueront toute l'histoire de la région. Le développement de la riziculture humide suivit vraisemblablement l'apparition du fer, vers –500 et permit, à Bali et à Java, riches de leurs sédiments volcaniques, une densification considérable de la population. Mais les premiers petits États du monde malais paraissent bien être nés sur les côtes et avoir été engendrés par la participation des populations locales au grand commerce maritime. Entrés de ce fait en contact avec la civilisation indienne, ces États en adopteront à partir des IV^e^ - V^e^ s. les grands traits de civilisation : écritures, religions (bouddhisme et hindouisme), arts et modes de gouvernement. **▮ Les premiers royaumes** Le premier des grands États indianisés d'Indonésie, Śrīvijaya, formé dans le S. de Sumatra au VII^e^ s., fondera sa prospérité sur le contrôle des échanges entre l'océan Indien et la mer de Chine. L'exploitation agricole des plaines fertiles du centre de Java fit la richesse du premier royaume de Mataram (VIII^e^ - XI^e^ s.), qui laissera à la postérité les grands monuments religieux de Borobudur (bouddhiste) et de

**Indonésie ▮ Productions en 2008**

| Produits | Quantités | Rang |
|---|---|---|
| **▮ Agriculture** | | |
| Arachides | 770 000 t | 5e |
| Bananes | 5 400 000 t | 6e |
| Cacao | 600 000 t | 3e |
| Café | 670 000 t | 3e |
| Canne à sucre | 26 000 000 t | 9e |
| Cannelle | 60 000 t | 1er |
| Caoutchouc | 2 700 000 t | 2e |
| Huile de palme | 16 000 000 t | 2e |
| Maïs (2009) | 17 000 000 t | 8e |
| Manioc (2009) | 22 000 000 t | 3e |
| Noix de coco | 19 000 000 t | 1er |
| Poivre | 75 000 t | 3e |
| Riz (2009) | 62 000 000 t | 3e |
| Soja (graines) (2009) | 920 000 t | 9e |
| Tabac | 165 000 t | 6e |
| Thé | 130 000 t | 6e |
| Bovins (têtes) | 11 500 000 | |
| Ovins (têtes) | 10 000 000 | |
| Porcins (têtes) | 6 800 000 | |
| Pêche | 5 600 000 t | 4e |
| **▮ Mines et énergie** | | |
| Bauxite | 1 500 000 t | |
| Cuivre | 800 000 t | 6e |
| Étain | 100 000 t | 2e |
| Gaz naturel | 70 000 000 000 m$^3$ | 10e |
| Houille | 230 000 000 t | 7e |
| Nickel | 150 000 t | 4e |
| Or | 90 t | 8e |
| Pétrole | 49 000 000 t | 21e |

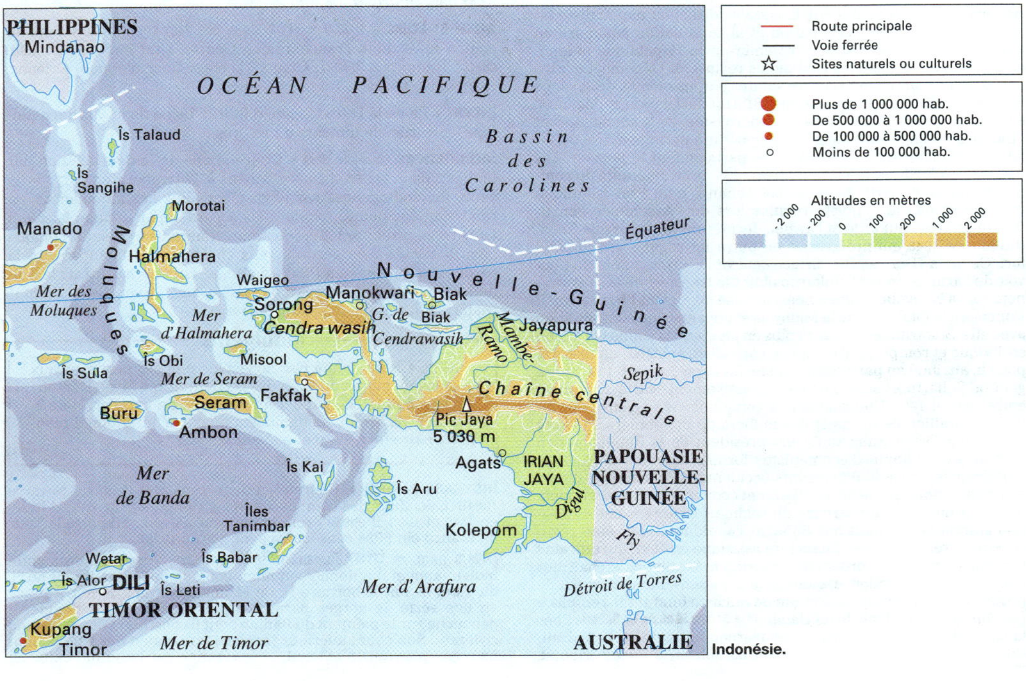

Indonésie.

Prambanan (hindouiste). À partir du X$^{e}$ s., le centre de gravité politique et économique de l'archipel passa dans l'E. de Java, d'où l'on pouvait contrôler les routes maritimes menant vers les îles aux épices de l'E. indonésien (Moluques) et un riche arrière-pays agricole. C'est là que fut fondé l'État de Majapahit*. C'est aussi à cette époque qu'apparurent à Sumatra les premiers États portuaires convertis à l'islam. ▮ **La montée de l'islam** La nouvelle religion, introduite dans l'archipel par des marchands musulmans indiens et chinois, y connut de grands succès. Alors même qu'après la prise de Malacca en 1511 les Portugais installaient leurs factoreries dans divers ports de la région, l'islam continua de s'étendre. Portées par la croissance mondiale des échanges des XV$^{e}$ - XVII$^{e}$ s., les villes marchandes d'Indonésie se transformèrent en autant de sultanats prospères (Aceh, Banten, Demak, Makassar, etc.). Le deuxième royaume de Mataram, islamique, fut fondé à Java. Son souverain Sultan Agung résista à l'implantation de la Compagnie hollandaise des Indes orientales (la VOC) qui avait fondé en 1619 à Java sa capitale Batavia*. ▮ **La colonisation néerlandaise** Les monopoles commerciaux imposés par la force (en particulier sur les épices des Moluques) firent sa prospérité et celle des Pays-Bas, qui prirent le contrôle direct de l'archipel à sa dissolution en 1799 et continuèrent au XIX$^{e}$ s. d'exploiter les richesses de Java avec le système dit des «cultures forcées» (indigo, tabac, canne à sucre). Ils parachevèrent la conquête coloniale de l'archipel au début du XX$^{e}$ s. tout en étendant les grandes plantations privées d'hévéa. ▮ **Le nationalisme** Le premier mouvement nationaliste indonésien est né en 1908, avec le Budi Utomo, mouvement javanais formé par des étudiants. Mais le Sarekat Islam (1912) fut la grande organisation anticoloniale dont l'influence s'exerça au-delà de Java. À la suite de la répression des émeutes de 1926 - 1927, Sukarno* fonda le Parti

**Indonésie.** Rizières en terrasses à Bali.
*BIS/Phot. Sonneville © Archives Nathan*

nationaliste indonésien (PNI). En 1933, le dirigeant nationaliste fut exilé à Flores. Après l'occupation et la capitulation japonaise en 1945, Sukarno et M. Hatta* proclamèrent la République indonésienne à Jakarta mais les Hollandais revinrent. Le combat contre l'occupant fut proclamé «guerre sainte» par les ulémas de Java. La République fédérale indonésienne (RIS) fut déclarée le 27 déc. 1949. ▮ **Le régime de Sukarno** Dès 1950, le fédéralisme était abandonné et l'Indonésie s'engageait dans une démocratie parlementaire où les forces nationalistes et islamiques se partageaient le pouvoir. Les premières élections de 1955 montrèrent la force montante du communisme, le 4$^{e}$ parti du pays. Les tenants d'un État islamique n'obtinrent pas la majorité requise lors de l'Assemblée constituante en 1959 : Sukarno et l'armée décidèrent le retour à la Constitution de 1945 qui préconisait en outre un régime présidentiel fort. Ce fut la «Démocratie dirigée» qui vit l'accroissement du pouvoir de l'armée. En 1963, Sukarno obtint le transfert de la souveraineté sur la Nouvelle-Guinée néerlandaise qui devint l'Irian Jaya. Il s'opposa à la fondation de la Malaysia et engagea une confrontation avec elle. Sukarno se tourna de plus en plus vers la Chine et l'Union soviétique et rompit avec le monde capitaliste et l'ONU en 1965. Un putsch, attribué au parti communiste, fut écrasé en oct. 1965 par le général Suharto, et Sukarno fut progressivement écarté du pouvoir entre 1966 et 1968. Une chasse aux communistes s'ensuivit faisant un demi-million de morts et des milliers de prisonniers. ▮ **L'arrivée au pouvoir de Suharto** Suharto fut élu président de la République en 1968 et, avec l'appui d'économistes formés dans les universités américaines, et l'aide d'emprunts occidentaux et japonais, il concentra les efforts sur le développement économique. La corruption, le népotisme et l'autoritarisme du régime suscitèrent une opposition grandissante tandis que Suharto, candidat unique, était régulièrement réélu. La crise financière asiatique en 1997, qui entraîna l'Indonésie dans une profonde récession et révéla les archaïsmes politiques et économiques, plongea le pays dans un mouvement de protestation qui précipita la chute de Suharto (mai 1998), remplacé par son vice-président, Jusuf Habibie*. ▮ **Depuis la chute de Suharto** Sous la conduite du FMI, le nouveau gouvernement entama la libéralisation de l'économie. Il fut contraint de quitter le Timor oriental, annexé en 1975 par les Indonésiens (→ **Timor oriental**). Le président de la République élu en 1999, Abdurrahman* Wahid, très critiqué pour la répression menée à l'encontre des mouvements indépendantistes des prov. d'Aceh* et de l'Irian Jaya (rebaptisé Papouasie* occidentale) et pour son incapacité à régler les conflits à Kalimantan, aux Moluques et à Célèbes, fut destitué au bout d'un an. Mégawati* Sukarnoputri lui succéda. Elle mena une véritable guerre aux indépendantistes d'Aceh et fut confrontée à la montée du terrorisme islamiste (attentat de Bali* en oct. 2002) et à la multiplication des conflits religieux et ethniques ainsi qu'à une forte corruption. Elle fut battue à la présidentielle de 2004 par Susilo Bambang Yudhoyono qui se retrouva aux prises avec la catastrophe humaine et économique due au tsunami de déc. 2004 faisant plus de 220 000 victimes dans les îles indonésiennes. Les dégradations climatiques se sont poursuivies en 2005 et 2006 avec plusieurs séismes (Java) et des inondations (Jakarta). Un accord de paix avec le Mouvement Aceh libre fut signé en 2005, mettant fin à un conflit de trente ans, et une loi d'autonomie fut votée en 2006. En 2009, le président modéré Yudhoyono a été investi pour un second mandat ; il est soutenu par une large coalition représentant les trois quarts du Parlement, résultat d'un bilan honorable où figurent le rétablissement de la paix civile et l'apaisement des tensions religieuses.

**INDORE** ♦ V. de l'Inde (Madhya Pradesh). 1 639 044 hab. Ville la plus importante de l'État. Sa situation sur l'axe qui relie Bombay à Agra et Delhi a favorisé son développement industriel. Anc. cap. de la dynastie des Holkar.

**INDRA** ➝ ÉTYM. sanskr. «le meilleur» ♦ Anc. divinité de l'Inde, présidant, à l'époque védique, à la foudre et à la guerre. Considéré comme le «roi des dieux», il représente l'énergie motrice de tous les êtres et est symbolisé par la pluie. Il incarne la puissance mâle. Il est toujours âgé de vingt-cinq ans. Son lieu d'élection est l'Est et son animal-support un éléphant à trois têtes.

**INDRAVARMAN** ♦ Roi du Champa* (centre du Viêtnam) attesté de 787 à 801. Il aurait repoussé un raid de pillards (peut-être des Javanais) et envoyé en 793 une ambassade en Chine. De nombreux souverains du Champa portèrent ce nom.

**INDRE** ➝ ÉTYM. p.-ê. du frq. *anger* «prairie, campagne herbeuse» ♦ Riv. du sud du Bassin parisien (265 km), affl. de la Loire (rive g.). Née sur les premières pentes du Massif central, elle draine la Champagne berrichonne et la Touraine, avant de confluer en amont de Chouzé-sur-Loire.

**INDRE** n. f. *[36]* ➝ ÉTYM. du n. de la riv. ♦ Dép. du centre-ouest de la France, région Centre. 6 791 km$^2$. 231 139 hab. CH.-L. : Châteauroux. CH.-L. D'ARR. : Le Blanc, La Châtre, Issoudun. Cour d'appel : Bourges. Académie : Orléans-Tours. → **Centre.**

**INDRE** [44610] ♦ Comm. de la Loire-Atlantique, arr. de Nantes. 3 643 hab. *(Indrais).*

**INDRE-ET-LOIRE** n. f. *[37]* ➝ ÉTYM. du n. des deux cours d'eau ♦ Dép. du centre-ouest de la France, région Centre. 6 127 km$^2$. 554 003 hab. CH.-L. : Tours. CH.-L. D'ARR. : Chinon, Loches. Cour d'appel : Orléans. Académie : Orléans-Tours. → **Centre.**

**INDRET** ♦ Île de la Loire (comm. d'Indre). Usine de la Marine nationale (construc. de moteurs de navires).

**Indulgences** (querelle des) ♦ Querelle née de la dénonciation par Luther*, dans les 95 thèses affichées à Wittenberg en 1517, de la vente des indulgences par l'Église romaine. Les indulgences, ou rémission des peines temporelles accordée par le pape faisaient l'objet d'un trafic par les prédicateurs itinérants (→ **Tetzel**). Lorsque Léon X décida d'en accorder aux chrétiens qui financeraient la reconstruction de Saint-Pierre de Rome, Luther en contesta la validité. Ce fut le point de départ de la Réforme*. Le concile de Trente* réaffirma la validité des indulgences (1563).

**indulgents**

n. m. pl. ♦ Nom donné par Robespierre et ses partisans aux anciens membres du Club des cordeliers, qui, avec Danton* et Desmoulins*, demandèrent dès la fin de 1793 l'arrêt de la Terreur. Ils furent condamnés à mort par le Tribunal révolutionnaire (avr. 1794) et exécutés.

**INDURAIN (Miguel)** ♦ Coureur cycliste espagnol (Villava, Navarre 1964). Spécialiste des courses à étapes, vainqueur du Tour d'Italie en 1992 et 1993, il est le premier coureur à avoir remporté le Tour de France cinq fois consécutives (de 1991 à 1995).

**INDUS** n. m. ➝ ÉTYM. du sanskr. *sindhu* «fleuve, mer» ♦ Fl. du monde indien, auquel il a donné son nom. Long de 3 180 km, il naît au S. du Tibet et suit la bordure N. de l'Himalaya avant de le traverser en une série de gorges parmi les plus profondes du monde. Il débouche sur le piémont du Panjab dont il constitue l'une des «cinq rivières». Son cours inférieur traverse une région désertique où il ne reçoit plus aucun affluent, et se termine par un grand delta. Le barrage de Tarbela au sortir des montagnes retient un immense lac-réservoir, tandis que celui de Sukkur sur le cours inférieur a permis le développement de la culture du coton dans le désert. ▪ L'Indus a vu naître sur ses rives une civilisation ancienne (–2500 - –1500), qui a disparu peut-être en raison des divagations du fleuve. → **Harappa, Mohenjo-Daro.**

**INDUTIOMARE** – en lat. ***Indutiomarus*** ♦ Chef des Trévires* (mort en –54) qui organisa la résistance contre Rome.

**INDY (Vincent D')** ♦ Compositeur français (Paris 1851 - *id.* 1931). Issu d'une famille de hobereaux musiciens, d'origine cévenole, que fréquentaient Berlioz et Rossini, il a lui-même connu Liszt et Wagner. Élève de Lavignac et de C. Franck à Paris, il conçut très tôt une fervente admiration pour le génie musical allemand et surtout pour Wagner dont *L'Anneau du Nibelung* lui fut révélé à Bayreuth (1876). Ses activités d'organiste et d'animateur de la Société nationale de musique, l'action qu'il entreprit pour soutenir l'œuvre de Wagner à Paris et celle des jeunes musiciens (dont Debussy), un peu plus tard, à Bruxelles, ne le détournèrent point de la composition. De cette première époque de sa carrière datent les ouvertures de *Wallenstein*, trilogie, d'après Schiller (1873 - 1879), le *Chant de la cloche*, légende dramatique, d'après Schiller (1883), le *Poème des montagnes*, pour piano (1883), la *Symphonie sur un chant montagnard français*, dite *Cévenole* (1886), un *Trio* pour piano, clarinette et violoncelle (1887), un premier *Quatuor* pour instruments à cordes (1890) et un opéra, *Fervaal* (1895), œuvre puissante où l'influence de Wagner est sensible. Reconnu bientôt comme un maître de l'école française, devenu un chef d'orchestre réputé, il exerça sa vocation pédagogique en assurant à la Schola cantorum un cours de composition (1896). Dans cette maison dont il fut le fondateur avec Ch. Bordes et A. Guilmant, il devait inscrire au programme de ses concerts, non seulement Monteverdi, Bach, Rameau, Gluck et Beethoven, mais encore Dukas, Roussel, Debussy et Ravel. Cet éclectisme joint à une maîtrise parfaite du métier, acquise sous l'influence des solides disciplines grégorienne et palestrinienne, permit à d'Indy de former de nombreux musiciens épris à leur tour de rigueur et d'exigence (A. Roussel, Albeniz, de Falla, A. Honegger, G. Auric et E. Satie). Après un second *Quatuor* à cordes (1895) et *Istar*, variations symphoniques (1896), d'Indy allait donner quelques-unes de ses œuvres maîtresses. Ce furent *L'Étranger*, drame symbolique d'après Ibsen (1898 - 1901), d'une grande richesse thématique, une deuxième *Symphonie* (1902), deux *Sonates*, l'une pour violon et piano (1903), l'autre pour piano seul (1907) et enfin *La Légende de saint Christophe*, opéra (1920), son œuvre la plus achevée par la générosité du lyrisme et l'équilibre de la construction. Bien qu'un grand nombre de thèmes développés par d'Indy fussent d'origine germanique, il a constamment affirmé son attachement à la terre natale par une large utilisation du folklore français (*Fantaisie sur de vieux airs français*, 1888 ; *Jour d'été à la montagne*, pour orchestre, 1907 ; *Chansons populaires du Vivarais*, 1892-1930). Avec un même bonheur, il a célébré les sites méditerranéens (*Poème des rivages*, 1921 ; *Diptyque méditerranéen*, pour orchestre, 1926). Personnalité complexe à la fois traditionaliste et novateur, d'Indy respecte l'architecture tonale mais il a souvent recours à des harmonies audacieuses. Maître du contrepoint, il l'est aussi, par la richesse et la diversité, de la polyphonie. Paysagiste, créateur plus volontaire que contemplatif, d'Indy est avant tout un esprit religieux fortement marqué par le dogme catholique. Son *Traité de composition musicale* est l'œuvre d'un artiste et d'un croyant.

**INÉS DE CASTRO** ♦ Héroïne espagnole (v. 1320 - Coimbra 1355). Elle se rendit au Portugal avec la suite de Constance de Castille, mariée à l'infant Pierre de Portugal. Ce dernier, après la mort de sa femme, épousa secrètement Inés en 1354. Le roi Alphonse* IV, père de Pierre, apprenant ce mariage, fit assassiner Inés. Devenu roi à son tour, Pierre fit périr les meurtriers de la jeune femme, et fit construire pour elle à Alcobaça* un tombeau qui est un des chefs-d'œuvre de l'art médiéval portugais. ▪ Cet épisode a inspiré poètes et écrivains dont Camoens*, Vélez* de Guevara et H. de Montherlant* *(La Reine morte)*.

**INGEBORG** ou **INGEBURGE** → **Isambour**

**INGEGNERI (Marcantonio)** ♦ Compositeur italien (Vérone v. 1547 - Crémone 1592). Maître de chapelle à Crémone (1581) il eut Monteverdi pour élève. Son œuvre comprend des compositions religieuses (messes à 5 et 8 voix ; *Sacrae cantiones*, de 7 à 16 voix ; *Responseria* pour les offices de la Semaine sainte ; motets) et profanes (madrigaux à 4, 5 et 6 voix). Il est considéré comme l'un des maîtres de l'école vénitienne au XVI$^e$ s., tant pour la subtilité mélodique que pour la puissance expressive de son œuvre musicale.

**INGELMUNSTER** ♦ Comm. de Belgique (Région flamande), prov. de Flandre-Occidentale, arr. de Roeselare, sur la Mandel et le canal Lys-Roeselare. 10 646 hab. ▪ Construc. métalliques. Textile. Chaussures.

**INGEMANN (Bernhard Severin)** ♦ Écrivain danois (Thorkildstrup 1789 - Sorø 1862). D'abord romantique dans le goût flamboyant (*Les Êtres sous terre*, 1817), il s'orienta vers l'évocation du passé danois, sous l'influence de Walter Scott*, avec de grands romans historiques comme *Valdemar le Victorieux* (1826) ou *Otto de Danemark* (1836). Son poème épique *Ogier le Danois* (1837) s'inspire de ballades médiévales. Une inspiration religieuse d'une belle sérénité se fait jour dans ses *Sept cantiques du soir* (1838).

**INGENHOUSZ (Jan)** ♦ Médecin et physicien néerlandais (Breda 1730 - Bowood, Wiltshire 1799). Indépendamment de Priestley*, il étudia la chimie du carbone et montra le rôle de la lumière dans la fixation de cet élément par les végétaux, à partir du gaz carbonique de l'air (1780). En 1789, il expérimenta la conductibilité thermique des métaux.

**L'Ingénu** ♦ Conte satirique de Voltaire* (1767), qui illustre le mythe du «bon sauvage». Né Huron, transporté en Europe et surnommé l'Ingénu, car «il dit toujours naïvement ce qu'il pense et [...] il fait ce qu'il veut», le héros, par ses étonnements candides et son bon sens, dénonce successivement les préjugés provinciaux, les vices de la cour de Louis XIV et l'inanité des querelles religieuses. Dans cette suite de croquis, parfois caricaturaux, s'exercent la verve du conteur et son ton satirique.

**INGERSHEIM** [68040] ➔ ÉTYM. du germ. *Aungis*, n. de pers., et *heim* «village» ♦ Comm. du Haut-Rhin, arr. de Ribeauvillé, sur la Fecht. 4 170 hab.

**INGHELBRECHT (Désiré Émile)** ♦ Chef d'orchestre et compositeur français (Paris 1880 - *id.* 1965). Ami de Debussy, il fut directeur de la musique au théâtre des Champs-Élysées (1913), chef d'orchestre à l'Opéra-Comique (1924) puis fonda l'orchestre national de la Radiodiffusion française (1934). Interprète subtil de la pensée debussyste, il composa dans des genres très divers (musique symphonique, religieuse, de chambre, ballet, mélodies, pièces pour piano, opérettes). Essayiste et mémorialiste, il publia des ouvrages d'un style incisif. ➔ ÉTYM. *Inghelbrecht* est la forme alsacienne du germanique *Ingilhard*, de *ingil-*, évoquant le peuple des Inguaecones de la presqu'île du Jutland.

**INGOLSTADT** ♦ V. d'Allemagne (Bavière), sur le Danube, à mi-chemin sur la route Munich-Nuremberg. 122 804 hab. ▪ Vestiges de fortifications des XIV$^e$ - XV$^e$ s. ; église gothique de type halle (XV$^e$ - XVI$^e$ s.) ; chapelle rococo (déb. XVIII$^e$ s.) due aux frères Asam*. ▪ Important centre de raffinage du pétrole et point d'arrivée de deux oléoducs (l'un venant de Trieste, l'autre de Gênes). Indus. mécaniques (machines automobiles) et textiles. ▮ **Histoire** La ville fut aux XV$^e$ - XVI$^e$ s. un centre intellectuel très actif (univ., 1472 - 1800 ; collège de jésuites, 1555) et prit une part importante à la Contre-Réforme. Jusqu'au XIX$^e$ s., Ingolstadt fut une importante place forte.

**INGOUCHIE** n. f. (république d') ♦ République de la fédération de Russie. → **Russie** (tableau des divisions admin.). 2 700 km$^2$, 468 900 hab. dont 70 000 réfugiés tchétchènes. LANGUES : ingouche, russe. CAP. : Magas. 19 000 hab. Ses frontières et son territoire sont contestés par la république d'Ossétie du Nord. ▮ **Histoire** Les Ingouches font partie des peuples caucasiens convertis tardivement à l'islam. En 1943, Staline décida la déportation massive de la population de la République tchétchène-ingouche (réhabilitée en 1957). La Tchétchénie déclara son indépendance en 1991 mais l'Ingouchie préféra rester au sein de la Russie. En 1992, un conflit interethnique chassa les Ingouches du district de Prigorodny qui demeure intégré à l'Ossétie. De nombreux réfugiés tchétchènes ont afflué en 1999 dont certains rebelles. Le président pro-russe Ziazikov (2002 - 2008) mena une politique de répression sanglante sans distinction ; il plaça la république sous le contrôle du FSB (ex-KGB) et la décréta «zone d'opération terroriste». D. Medvedev le remplaça en 2008 par Iounous-Bek Evkourov afin de faire cesser la spirale de la violence, mais une guérilla islamiste coordonne de nombreux attentats dans le Daguestan, en Tchétchénie et en Ingouchie pour la création d'un «émirat du Caucase».

**INGRAM (Reginald Ingram Montgomery HITCHCOCK, dit Rex)** ♦ Cinéaste américain (Dublin 1893 - Los Angeles 1950). Il fut l'un des maîtres de la superproduction exotique, genre dont raffola Hollywood et qu'il para d'enjolivures insolites : *Les Quatre Cavaliers de l'Apocalypse* (1921), *Le Prisonnier de Zenda* (1922), *Scaramouche* (1923). Venu s'installer en France, il tourna dans les studios de la Victorine *Mare Nostrum* (1926) et *Le Jardin d'Allah* (1927), puis abandonna le cinéma à l'arrivée du parlant.

**INGRÉ** [45140] ➔ ÉTYM. du germ. *Ingarius*, n. de pers., et suff. *-iacum* ♦ Ch.-l. de cant. du Loiret, arr. d'Orléans. 7 450 hab.

**INGRES (Jean Auguste Dominique)** ♦ Peintre et dessinateur français (Montauban 1780 - Paris 1867). Son père, sculpteur ornemaniste, l'aida à développer son talent précoce. Il suivit des cours de musique (qui lui permirent plus tard de se délasser par le proverbial *violon d'Ingres*) et étudia à l'académie de Toulouse. En 1797, il devint à Paris l'élève de David* et obtint en 1801 le prix de Rome.

Il ne fut envoyé en Italie qu'en 1806 et exécuta entre-temps plusieurs portraits (*Mlle Rivière*, 1805 ; *Mme Aymon*, 1806 ; *Napoléon Ier sur le trône impérial*, 1806) qui furent critiqués au Salon. Il décida de ne revenir à Paris que lorsqu'il serait reconnu sans équivoque. Pensionnaire de la villa Médicis à Rome, il s'enthousiasma pour Raphaël et, ayant déjà admiré le contour épuré de Flaxman*, il étudia le dessin des vases grecs. Dans les œuvres qu'il produisit alors, portraits (*Mme Devauçay*, 1807 ; *Granet*, 1807), sujets mythologiques (*Œdipe et le Sphinx*, 1808), nus et paysages, s'affirment déjà les principes stylistiques qui régissent toute son œuvre : observation précise des modèles, goût du détail exact, vérité expressive des portraits et en même temps, besoin de dépasser le rendu « réaliste » par un souci de la forme qui l'amène à styliser son dessin, à donner à son modelé un aspect lisse et uniforme, à recourir à des déformations. Il mettait ainsi en évidence la prééminence de la ligne et créait une structure souple où domine l'arabesque. Cette recherche de style, d'équilibre dans la composition est manifeste dans une œuvre comme la *Baigneuse* dite *de Valpinçon*, 1808. Ses envois, notamment *Jupiter et Thétis*, 1811, étant toujours mal reçus à Paris, il décida de rester à Rome. Pour vivre, il fit de nombreux dessins à la mine de plomb dont l'élégance délicate et l'acuité con-

Dominique **Ingres**. *Portrait de Mme de Senones* (106 x 84 cm), 1814. Musée des Beaux-Arts, Nantes. *BIS/Phot. L. Joubert © Archives Larbor*

tribuèrent à affirmer sa réputation de dessinateur ; il peignit aussi de nombreux portraits (*Mme de Senones*) et des nus (*Grande Odalisque**, 1814). Le choix de ses thèmes manifeste des affinités avec les préromantiques : inspiration littéraire (*Les Songes d'Ossian*, 1813, exécutés pour Napoléon), sujets empruntés à l'histoire pittoresque du Moyen Âge et de la Renaissance (*Henri IV et ses enfants*, 1819). Avec le *Vœu de Louis XIII* (1824), imité de Raphaël, il obtint un brillant succès, revint à Paris, fut nommé membre de l'Institut et ouvrit un atelier qui allait devenir célèbre. Il se posa alors face aux partisans du romantisme comme le défenseur de la tradition néoclassique, prôna la copie des antiques, le culte du dessin et se voulut le continuateur de David (*L'Apothéose d'Homère*, 1827). De nouveau critiqué à Paris pour son *Martyre de saint Symphorien* (1834), il demanda et obtint le poste de directeur à l'Académie de France à Rome ; ainsi, de 1834 à 1841, il se consacra à ses élèves. Il suivit un moment la mode orientaliste (*L'Odalisque à l'esclave*, 1839). Après l'accueil triomphal fait à sa *Stratonice* (1840), il se fixa à Paris, fut comblé d'honneurs, reçut des commandes officielles (vingt-cinq cartons pour les vitraux de la chapelle de Dreux), exécuta de brillants portraits (*Mme Moitessier*) et de nombreux nus (*La Source*, 1856 ; *Le Bain* turc*, 1863). ▪ Bien qu'il se soit voulu un continuateur et qu'il ait en effet contribué à enraciner le conservatisme, il sut, dans ses œuvres les plus personnelles (portraits et nus), inventer des formules plastiques dans le domaine du dessin comme de la couleur où il recherche les harmonies rares et les teintes franches. ➝ ÉTYM. *Ingres* est peut-être une variante de l'ancien français *haingre* ou *heingre* « maigre, décharné ».

**INGRIE** n. f. ♦ Anc. dénomination d'une partie de la Finlande, comprise entre le golfe de Finlande, la Narva, le lac Peïpous* et le Volkhov*, et habitée par les *Inghers* finnois. Conquise par les Russes au XIIIe s., puis par les Suédois (1617), reconquise par Pierre* le Grand (1702), et annexée à la Russie au traité de Nystad* (1721), elle fut incorporée en 1785 au gouvernement de Saint-Pétersbourg.

**INGWILLER** [67340] ➝ ÉTYM. « domaine (bas lat. *villare*) d'*Ingo* (n. de pers.) » ♦ Comm. du Bas-Rhin, arr. de Saverne. 3 847 hab. (aggl. 4 352).

**ININI** n. m. ♦ Riv. de la Guyane française, affl. du Maroni. ▪ Anc. division admin. de la Guyane qui forme auj. l'arr. de Saint-Laurent-du-Maroni.

**INKERMAN** ♦ Faub. de Sébastopol, en Crimée. Théâtre d'une sanglante bataille remportée par les Franco-Britanniques (5 nov. 1854) sur les Russes de Menchikov*, durant la guerre de Crimée*. Canrobert* et lord Raglan* s'y distinguèrent, mais la victoire fut assurée par Bosquet*.

**INLE** (lac) ♦ Lac de Birmanie situé dans la partie méridionale du plateau shan. Sa superficie varie de 100 km² (saison sèche) à 155 km² (saison des pluies). Les Inthas (« fils du lac ») ont construit leurs villages sur ses berges ou sur des îles flottantes, où ils pratiquent la pêche, l'agriculture, les cultures maraîchères et le tissage. Monastère bouddhique flottant.

**INN** n. m. ♦ Riv. de Suisse, d'Autriche et d'Allemagne (525 km), affl. du Danube (rive d.). L'Inn prend sa source dans le petit lac Lughino, dans les Alpes des Grisons*, en Suisse, où il forme l'Engadine* jusqu'à la frontière autrichienne. Il arrose les villes de Samedan, Sils-Maria, Silvaplana et Saint-Moritz en Suisse, Innsbruck* en Autriche et Rosenheim en Allemagne, puis sert de frontière entre l'Autriche et l'Allemagne jusqu'à sa confluence avec le Danube à Passau*. Nombreuses installations hydroélectriques : Rattenberg, Braunau, Ering.

**INNOCENT Ier** (saint) ♦ 40e pape (de 401 à 417), d'Albano (Latium). Il subit le sac de Rome par Alaric (410) et condamna l'hérésie de Pélage*. ▪ Fête le 28 juil. ➝ ÉTYM. Ce nom vient du latin *Innocentius* « innocent, sans faute ».

**INNOCENT II** [**Gregorio PAPARESCHI**] ♦ 162e pape (de 1130 à 1143), Romain. Face à l'antipape Anaclet* II, il se réfugia en France, obtint l'appui de saint Bernard* et de plusieurs souverains (concile de Reims, 1131), rentra à Rome avec l'aide de Lothaire* III qu'il couronna empereur (1133). Mais la lutte continua contre Roger* II de Sicile qui l'emporta (traité de Miniano, 25 juil. 1139). ➝ **Victor IV.** Innocent II avait réuni le IIe concile du Latran* (avr. 1139).

**INNOCENT III** [**Lando FRANGIPANE DI SEZZE**] ♦ Antipape (de 1179 à sa mort en 1180) contre Alexandre* III, qui le fit enfermer.

**INNOCENT III** [**Giovanni LOTARIO,** comte **DI SEGNI**] ♦ (Anagni 1160 - Pérouse 1216). 174e pape (1198 - 1216). Théologien et juriste, élu à 37 ans, il fut le plus puissant des papes du Moyen Âge, proclamant non seulement l'indépendance mais la suprématie du Saint Siège par rapport aux souverains. À Rome, il sut se concilier le peuple, le Sénat et les féodaux. En Italie, il imposa son autorité sur les États de l'Église, son influence sur les Deux-Siciles (minorité du futur Frédéric II, son pupille) et sur le Nord (reconstitution de la Ligue lombarde, création d'une Ligue toscane). En Allemagne, il profita de la vacance du trône impérial après la mort d'Henri VI (1197). Il approuva l'élection d'Othon* IV contre Philippe de Souabe, le couronna (1209) mais l'excommunia (1210) après l'occupation de la Toscane et le fit remplacer par Frédéric* II (1212). Othon fut vaincu par les alliés du pape (Bouvines*, 1214). En France, il prit parti, comme Célestin* III, pour Isambour* (Ingeburge) répudiée par Philippe* Auguste, jeta l'interdit sur le royaume (1200) et finit par triompher (1213). En Angleterre, Jean* sans Terre, cédant à l'excommunication, s'avoua son vassal (1213). Mais Innocent III condamna la Grande Charte* (1215) dirigée à la fois contre le pouvoir du roi et celui du pape. En Espagne, il organisa l'alliance qui aboutit à la victoire de Las Navas de Tolosa (1212) sur les Arabes. ➝ **Reconquista.** Contre les musulmans, il fit prêcher la quatrième croisade* qui dégénéra et aboutit à la prise de Constantinople (1204). Contre l'hérésie albigeoise (➝ **albigeois, cathares**), il recommanda d'abord la prédication (➝ **Dominique [saint]**), mais, après l'assassinat de son légat Pierre de Castelnau* (1208), il provoqua la croisade (1209) ; celle-ci aussi dégénéra (➝ **Montfort [Simon IV de]**) et il dut multiplier les appels à la modération. Du point de vue religieux, il encouragea saint Dominique* (sans toutefois reconnaître son ordre, pour raison d'opportunité) et saint François* d'Assise. Il réunit le IVe concile du Latran* (1215).

**INNOCENT IV** [**Sinibaldo FIESCHI**] ♦ (Gênes v. 1195 - Naples 1254). 178e pape (1243 - 1254). Il poussa à l'extrême les doctrines d'Innocent* III sur la suprématie pontificale. Devant l'agitation, il résida le plus souvent hors de Rome, notamment à Lyon où il réunit le XIII$^e$ concile œcuménique en 1245 (→ **Lyon (conciles de)**) qui prononça la déchéance de Frédéric* II. Il lutta encore contre Conrad* IV à qui il opposa Guillaume de Hollande (→ **Interrègne (Grand)**), et contre Manfred*, bâtard de Frédéric II et roi de Sicile.

**INNOCENT V** (bienheureux) **[Pierre DE TARENTAISE]** ♦ (Champagny, Savoie v. 1225 - Rome 1276). 183$^e$ pape, cinq mois en 1276. Dominicain, il avait été archevêque de Lyon (1272) et cardinal-évêque d'Ostie (1273).

**INNOCENT VI [Étienne AUBERT]** ♦ (Bessac-en-Corrèze - Avignon 1362). 197$^e$ pape (1352 - 1362) en Avignon. Il accepta puis dénonça une constitution limitative imposée d'abord par le conclave, peut-être poussé par la cour de France ; mit un frein au luxe de ses prédécesseurs, renvoya Cola di Rienzo à Rome contre le tyran Baroncelli (1354), fit pacifier l'Italie par le cardinal Albornoz mais renonça à retourner à Rome. Il protesta contre la Bulle* d'or de Charles* IV (1356).

**INNOCENT VII [Cosimo MIGLIORATI]** ♦ (Sulmone 1336 - Rome 1406). 202$^e$ pape (1404 - 1406), à l'époque du grand schisme d'Occident. → **schisme.**

**INNOCENT VIII [Giovanni Battista CYBO]** ♦ (Gênes 1432 - Rome 1492). 211$^e$ pape (1484 - 1492), ancien cardinal-évêque de San Lorenzo in Lucina. Il mena une vie dissipée, pratiqua le népotisme et la vente des bénéfices, se fit construire le Belvédère* du Vatican. Il contraignit Ferdinand* d'Aragon, comme roi de Naples, à lui payer tribut (1486). Il lutta contre l'hérésie des vaudois.

**INNOCENT IX [Giovanni Antonio FACCHINETTI]** ♦ (Bologne 1519 - Rome 1591). 228$^e$ pape, du 29 oct. au 30 déc. 1591.

**INNOCENT X [Giambattista PAMPHILI]** ♦ (Rome 1574 - *id.* 1655). 234$^e$ pape (1644 - 1655). Il enquêta sur les malversations des frères Barberini, neveux d'Urbain VIII, qui s'enfuirent en France où Mazarin les défendit ; prétendit annuler les clauses religieuses des traités de Westphalie* (bref *Zelus domus Dei*, 1648) ; condamna les cinq propositions tirées de l'*Augustinus** de Jansénius* (bulle *Cum occasione*, 1653).

**INNOCENT XI** (bienheureux) **[Benedetto ODESCALCHI]** ♦ (Côme 1611 - Rome 1689). 238$^e$ pape (1676 - 1689). Il condamna le laxisme et le probabilisme des jésuites (1679 - 1680) et le quiétisme de Molinos* (1685 - 1687). Il se heurta à Louis* XIV et au gallicanisme : à la suite de l'assemblée générale extraordinaire du clergé français (oct. 1681 - mars 1682), il condamna tous les édits relatifs au droit de régale (→ **Régale (affaire de la)**), refusa l'investiture canonique aux anciens membres de l'assemblée que Louis XIV désignait comme évêques, rédigea sans le promulguer (→ **Alexandre VIII**) le bref condamnant la *Déclaration* du clergé de France*. Dans l'affaire des franchises du quartier de l'ambassade de France à Rome, il excommunia l'ambassadeur Lavardin (1688), ce qui détermina la mainmise de Louis XIV sur Avignon. Ces conflits ne s'apaisèrent que sous Innocent* XII.

**INNOCENT XII [Antonio PIGNATELLI]** ♦ (Spinazzola, Basilicate 1615 - Rome 1700). 240$^e$ pape (1691 - 1700), ancien archevêque de Naples. En 1693, il reçut de Louis* XIV, de Bossuet et de 16 évêques en instance d'investiture canonique l'abandon de la *Déclaration* du clergé de France.* → **Régale (affaire de la).** Il condamna les *Maximes des saints* de Fénelon*, qui se soumit (1699).

**INNOCENT XIII [Michelangelo DEI CONTI]** ♦ (Rome 1655 - *id.* 1724). 242$^e$ pape (1721 - 1724). Il subit l'influence française, nomma Dubois* cardinal (1721), mais ne retira pas la bulle *Unigenitus** comme l'espérait la Régence.

**Innocents** (les saints) ♦ Selon l'Évangile de Matthieu (II, 16), enfants juifs mis à mort par ordre d'Hérode* le Grand désireux d'empêcher la royauté du Messie*. L'événement est présenté comme accomplissant la prophétie de *Jérémie*, XXXI, 15. La piété chrétienne les a considérés comme des martyrs dès le II$^e$ s. ▪ Fête le 28 déc.

**Innocents** (cimetière, marché et fontaine des) ♦ Monuments de Paris. Dans l'anc. quartier des Halles, le cimetière, entouré de galeries à charniers, s'étendit de 1186 à 1786 puis fut remplacé par un marché (1786 - 1855), enfin par un square. ▪ La fontaine, édifiée en 1550 par Pierre Lescot*, à l'angle de l'église des Innocents, et sculptée par Jean Goujon* (décor mythologique et ordres antiques), fut conservée, après la destruction de l'église en 1788, et un quatrième côté sculpté par Pajou* fut ajouté. Si les bas-reliefs, représentant tritons et néréides, sont aujourd'hui au Louvre, la fontaine conserve, entre les pilastres corinthiens qui flanquent les arcades, ses harmonieuses naïades.

**INNSBRUCK** ▸ ÉTYM. all. «pont *(Brücke)* sur l'Inn*» ♦ V. d'Autriche, cap. du Tyrol*, située sur l'Inn*, près de l'embouchure de la Sile, dans un beau site. 113 457 hab. Station touristique et de sports d'hiver, siège des jeux Olympiques d'hiver (1964, 1976). La ville conserve de nombreux monuments (XV$^e$ - XVIII$^e$ s.) : arc de triomphe de 1765, Landhaus (XVIII$^e$ s.), Goldenes Dachl («petit toit d'or») du XV$^e$ s., église paroissiale Saint-Jacques de style baroque, Hofburg (XVI$^e$ s., remanié au XVIII$^e$ s. en style rococo). La Maria-Theresenstrasse, rue commerçante, est bordée de maisons du XVII$^e$ s. ▌Histoire *Veldidena*, colonie romaine, acquit de l'importance comme place commerciale sur la route du Brenner au XI$^e$ s. Le comte Otto I$^{er}$ d'Andechs entoura la ville de remparts et y construisit une forteresse. La ville se développa après la réunion du Tyrol à l'Autriche en 1363 et, en 1420, Innsbruck devint la capitale du Tyrol. L'empereur Maximilien aimait particulièrement la ville ; il y épousa sa seconde femme Blanca Maria Sforza, y fit construire le Goldenes Dachl et un tombeau (où il ne fut pas enterré). Charles Quint s'y installa pour surveiller le concile de Trente et faillit y être pris par les protestants de Maurice de Saxe. En 1703, Innsbruck résista aux Français. Lorsque la paix de Presbourg donna le Tyrol à la Bavière, Innsbruck se révolta à l'appel d'Andreas Hofer. Les Tyroliens furent vaincus, mais le traité de Paris* (1814) rendit le Tyrol et Innsbruck à l'Autriche. Avec les chemins de fer, au XIX$^e$ s., le tourisme se développa au point de devenir la principale activité de la ville.

**INO** ♦ Fille de Cadmos* et d'Harmonie*, seconde femme d'Athamas*. Instigatrice du sacrifice de ses beaux-enfants Phrixos* et Hellé, elle devient nourrice de Dionysos*, fils de sa sœur Sémélé* et attire la vengeance d'Héra* : les deux époux, frappés de folie, tuent leurs propres enfants. Ino se précipite dans la mer avec le cadavre de son fils cadet. Elle devient alors une divinité marine sous le nom de *Leucothea* («la déesse blanche»).

**İNÖNÜ (İsmet Pacha,** dit **İsmet)** ▸ ÉTYM. du n. de la victoire d'İnönü (V. ci-dessous) ♦ Officier de l'armée turque et homme d'État (İzmir 1884 - Ankara 1973). Général commandant un corps d'armée en Palestine (1915 - 1918), il retourna à İstanbul après la défaite et rejoignit plus tard le Mouvement de libération nationale dirigé par Mustafa* Kemal en Anatolie centrale. Après l'occupation grecque de l'O. de l'Anatolie, il fut nommé commandant du front et fut le principal artisan de la victoire d'İnönü qui permit aux Turcs d'expulser les Grecs d'Anatolie (1921 ; d'où le nom qu'il reçut l'autorisation de porter en 1934). Nommé ministre des Affaires étrangères (1922), il représenta la Turquie à la conférence de Lausanne. Quand Mustafa Kemal devint président de la République (oct. 1923), İsmet occupa le poste de Premier ministre (jusqu'en 1937). À la mort de Mustafa Kemal (1938) il fut élu président (réélu en 1943 et en 1946). Il sut maintenir son pays neutre pendant la Deuxième Guerre mondiale. Avant de quitter le pouvoir en 1950, il dirigea l'opposition parlementaire, à la tête du «parti républicain du peuple». Après avoir remporté les élections de 1961, il redevint Premier ministre mais, en 1965, perdit de nouveau les élections au profit du «parti démocrate». Il se retira de la vie politique en 1972.

**INOUE Yasushi** ♦ Journaliste et écrivain japonais (Hokkaidō 1907 - Tōkyō 1991), dont les œuvres sont empreintes d'une grande poésie (*Le Fusil de chasse, Ryōjū*, 1949 ; *Les Chemins du désert, Tonkō*, 1959 ; *Histoire de ma mère, Waga haha no ki*, 1977, autobiographie). Elles furent souvent traduites à l'étranger. ▸ ÉTYM. Ce nom japonais signifie «au-dessus *(ue)* du puits *(i)*» (*no* est une particule de liaison).

**INOWROCŁAW** ♦ V. de Pologne, voïvodie de Couïavie-Poméranie. 76 666 hab. Station thermale. Centre commercial et indus. (machines agricoles, exploitations de sel).

**Inquisition** n. f. ♦ Organisme judiciaire ecclésiastique, permanent mais distinct de l'Ordinaire, créé par la papauté pour lutter contre l'hérésie. Elle fut active surtout du XIII$^e$ au XVI$^e$ s. dans l'Europe chrétienne (sauf en Angleterre) et dans les colonies espagnoles. Établie contre les cathares* (→ **albigeois**), vaudois* et patarins*, elle officia ensuite contre les autres hérésies, contre les sorciers et, en Espagne et au Portugal, contre les juifs et musulmans convertis et relaps (marranes, morisques). Certains princes l'utilisèrent à des fins politiques : Philippe le Bel contre les Templiers, le duc d'Albe en Flandre. ▌Histoire L'Inquisition est l'aboutissement de nombreuses mesures (recherche de l'hérésie confiée aux évêques par les conciles de Vérone, 1184, et du Latran, 1215 ; décrets impériaux de Frédéric II, 1220, 1224), mais on s'accorde à dater son origine de 1229 (traité de Paris et concile de Toulouse codifiant les procédures). Grégoire IX l'organisa (constitution de 1231) et la confia aux dominicains (1232 - 1233). L'intransigeance, parfois la férocité des inquisiteurs suscitèrent la résistance des populations, voire des évêques mécontents des empiétements sur leurs prérogatives, ainsi que des rappels à l'ordre des papes. En France, l'Inquisition bénéficia de l'appui royal, mais son importance décrut, dès la fin du XIV$^e$ s., au profit de la Sorbonne et des parlements ; elle disparut au XVIII$^e$ s. En Espagne, une Nouvelle Inquisition fut créée en 1478 - 1484. → **Saint-Office (tribunal du), Torquemada.** En 1542, l'Inquisition fut réorganisée par la création à Rome de la Congrégation de la Suprême Inquisition sous

**Inquisition.** *L'Agitateur du Languedoc*, tableau de J. -P. Laurens, 1887, représentant le moine franciscain Bernard Délicieux, dénonciateur virulent des abus de l'Inquisition. Musée des Augustins, Toulouse. *Phot. © René Gabriel Ojeda-Thierry Le Mage/RMN*

l'impulsion de Jean-Pierre Carafa (futur Paul IV) ; cet organisme, primitivement établi contre le protestantisme (→ **Contre-Réforme**), s'occupa de toutes les questions d'hérésie, de schisme, et depuis 1917, de l'Index ; connu sous le nom de Congrégation du Saint-Office (1908), il fut réformé par Paul VI et devint la Congrégation pour la doctrine de la foi (1965). **Procédure et peines** La tournée inquisitoriale, arrivant dans un foyer d'hérésie ou de sorcellerie, laissait un *temps de grâce* durant lequel ceux qui abjuraient spontanément étaient réconciliés moyennant une pénitence légère. Puis l'enquête commençait, sur dénonciations (secrètes, pour éviter les représailles). Des interrogatoires codifiés amenaient les aveux, précisaient le degré de culpabilité. La mise à la question fut autorisée par Innocent IV en 1252. Les sentences étaient proclamées lors d'un «sermon général» (l'*auto da fé* espagnol). Les peines étaient le port de signes infamants, la flagellation, l'obligation de pèlerinage, la prison, la confiscation des biens ; ceux qui refusaient d'abjurer ou qui se rétractaient étaient livrés au bras séculier qui les punissait de mort (bûcher). Un code de procédure fut rédigé par Raimond de Peñafort (v. 1235), un *Manuel* de l'Inquisiteur par Bernard Gui (achevé v. 1323), des *Instructions* par Torquemada (1484 - 1498). **Inquisiteurs célèbres** Robert le Bougre, ancien cathare, pour la France sauf le Languedoc (1235) ; Guillaume Arnaud pour le Midi ; Conrad de Marbourg, contre les «lucifériens» en Allemagne (1227) ; Bernard Gui pour le Toulousain (1307) ; Jean* de Capistran (1426) contre les fraticelles* et en Bohême, contre les hussites ; Henri Institor et Jakob Sprenger en Allemagne, auteurs du *Maillet des sorcières*, 1486 ; Torquemada*, en Espagne (1482) ; le cardinal Jiménez* de Cisneros (1507) ; Antonio Ghislieri, grand inquisiteur en 1558, futur Pie* V.

**Inra** n. m. → **Institut national de la recherche agronomique**

**INRI** ♦ Acronyme de *Iesus Nazarenus Rex Iudaeorum* («Jésus le Nazaréen, roi des Juifs»), texte latin de l'inscription portée par le «titre» (gr. *titlos*, lat. *titulus*), planchette fixée sur la croix de Jésus : l'évangile de Jean (19, 19) est le seul à donner un texte aussi long et à préciser qu'il fut écrit «en hébreu, en latin et en grec». Ces initiales figurent fréquemment sur les tableaux représentant la crucifixion, ou sur les crucifix.

**In Salah** ◆ ÉTYM. p.-ê. de l'ar. *'ayn* «source» et *çalāḥ* «piété» ♦ Oasis du Sahara algérien (wilaya de Tamanrasset), dans le Tidikelt. 20 300 hab. Au S.-E. se situe le djebel Berga.

**Insee** n. m. → **Institut national de la statistique et des études économiques**

**Inserm** n. m. → **Institut national de la santé et de la recherche médicale**

L'**Inspiration du poète** ♦ Tableau de Poussin* (musée du Louvre, Paris). Un poète écrit sous l'inspiration d'Apollon et de la muse Calliope. Les livres qui l'entourent évoquent les trois grandes épopées classiques : *L'Énéide, L'Iliade, L'Odyssée.* Non daté, ce tableau fut d'abord classé parmi les œuvres tardives de l'artiste. Toutefois, les figures dignes de la Renaissance, le chaud coloris vénitien et la facture qui évoque le classicisme du XVIe s. correspondent plutôt au début de la carrière de Poussin.

**Institut** (palais de l') ♦ Monument de Paris, sur la rive g. de la Seine, dans l'axe de la cour Carrée du Louvre. Édifié (sur l'emplacement de la tour de Nesle*) pour abriter le collège des Quatre-Nations (fondation posthume de Mazarin, 1661), le palais fut construit par Le* Vau, puis par Lambert et d'Orbay* (1673 à 1677). Disposées en un vaste hémicycle, deux ailes incurvées que terminent des pavillons carrés encadrent la chapelle de style jésuite, surmontée d'un dôme (au plan intérieur elliptique ; dans le vestibule, tombeau de Mazarin, par Coysevox*, 1689 - 1693). Le palais abrite actuellement la bibliothèque Mazarine* ; il est le siège, depuis 1805, de l'Institut* de France.

**Institut catholique de Paris** ♦ Il fut fondé en 1876 par Mgr d'Hulst, conformément à la loi du 12 juil. 1875 sur les établissements libres, en remplacement de l'école des Carmes. D'abord Université catholique, il prit son titre actuel en 1880, le terme d'université n'étant plus applicable qu'aux établissements d'État. Il est dirigé par un recteur, contrôlé par une assemblée d'évêques que représente une commission présidée par l'archevêque de Paris, chancelier de l'Institut. Il est composé de facultés où sont enseignées les matières traditionnelles (droit, lettres, langues, philosophie, théologie, sciences). Des études plus spécialisées peuvent être poursuivies dans les instituts et écoles annexes. Les statuts de l'Institut ont été ratifiés par le Saint-Siège en 1936. La loi du 18 juin 1941 a reconnu son utilité publique.

**Institut de France** ♦ Fondé en 1795, il se compose des cinq Académies : française (1634), des inscriptions et belles-lettres (1663), des sciences (1666), des beaux-arts (1816), des sciences morales et politiques (1795). Ses séances se tiennent dans le palais de l'Institut*. → **Académie.**

**L'Inspiration du poète.** Tableau de Poussin (1,83 x 2,13 m) non daté. Musée du Louvre, Paris. *BIS/Phot. Hubert Josse © Archives Larbor*

**Institut de recherche et de coordination acoustique/musique** [Ircam] ♦ Organisme de recherche, de création et de diffusion musicales créé en 1974 dans le cadre du Centre Georges-Pompidou à Paris, dirigé jusqu'au 31 déc. 1991 par Pierre Boulez*, et depuis par Laurent Bayle avec comme directeur artistique Risto Nieminen. En 1976 lui a été associé l'Ensemble InterContemporain, formé de 31 solistes et présidé par Pierre Boulez avec comme directeurs musicaux Michel Tabachnik (1976 - 1977), Peter Eötvös (1979 - 1991) et David Robertson (1992). L'Ircam se veut à la fois un institut de recherche (sur les apports de l'informatique et de l'acoustique à la problématique musicale), un institut de création (production d'œuvres et organisation de manifestations) et un institut de pédagogie (transmission des connaissances vers les communautés musicales et scientifiques). L'Ensemble InterContemporain n'est pas l'orchestre de l'Ircam, mais leur collaboration est étroite. Parmi les œuvres élaborées à l'Ircam : *La Variation ajoutée* de Gilbert Amy (1984), *Aéroformes* de François Bayle (1984), *Antara* de George Benjamin (1987), *Chemins V* de Luciano Berio (1980), *Répons* de Pierre Boulez (1981 - 1984), *Introitus* de James Dillon (1990), *Le Livre des morts égyptiens* de Pierre Henry (1990), *Arcus* de York Höller (1978), *Congruences* de Michael Jarrell (1989), *Ur* (1986) et *Joy* (1990) de Magnus Lindberg, *Valis* de Tod Machover (1987), *Zeitlauf* (1983), *Jupiter* (1987), *Pluton* (1988), *La Partition du ciel et de l'enfer* (1989) et *Neptune* (1991) de Philippe Manoury, *Désintégrations* de Tristan Murail (1983), *Lichtung* d'Emanuel Nunes (1992), *Incandescent Serene* d'Horatiu Radulescu (1982), *Amers* de Kaija Saariaho (1992), *Kathinkas Gesang als Luzifers Requiem* de Karlheinz Stockhausen (1985).

**Institut du monde arabe** [IMA] ♦ Fondation, située le long de la Seine, à Paris, créée en 1987. Sa vocation est de faire connaître et rayonner la culture arabe en France et de «créer un pont entre le monde arabo-musulman et les Occidentaux». La construction de verre et d'acier conçue par Jean Nouvel allie modernité et tradition, notamment à travers les 240 moucharabiehs du musée (façade sud), dont les diaphragmes s'ouvrent et se ferment à chaque changement d'heure.

**Institutes** ♦ Exposé du droit romain effectué en 533 sur l'ordre de l'empereur Justinien* Ier, modernisant les *Institutiones* rédigées par Gaius en 143. Divisé en 4 livres, l'ouvrage traite du droit des personnes, du droit des biens, du droit des obligations et de la procédure dont le système est considérablement modifié par rapport aux *Institutiones* de Gaius. Les *Institutes* avaient force de loi, et leur application fut rendue obligatoire en Italie par la pragmatique sanction de 554.

**Institut géographique national** [IGN] ♦ Établissement public français, fondé en 1940, dont la mission consiste à réaliser et à tenir à jour la carte de France et à constituer les bases de données géographiques de référence du territoire national. Créé en 1940, l'IGN est issu de l'ancien Service géographique des Armées. Il possède 6 centres interrégionaux de production et 17 agences régionales ainsi qu'une unité de production et de traitement d'images spatiales, une filiale d'exportation et un service de documentation international. L'École nationale des sciences géographiques, attachée à l'IGN, forme 200 élèves par an.

L'**Institution de la religion chrétienne** ♦ Ouvrage qui expose les principes de la théologie de Calvin*. Il fut écrit en latin et édité en 1536, puis réédité en français en 1541.

**Institut national de la recherche agronomique** [Inra] ♦ Établissement public scientifique et technique français, fondé en 1946. Sa mission est de «parfaire et exploiter la connaissance du monde vivant au service de l'agriculture, de l'alimentation et de l'environnement rural de l'homme».

**Institut national de la santé et de la recherche médicale** [Inserm] ♦ Établissement public scientifique et technologique français, fondé en 1964. Il a pour mission «la connaissance et l'amélioration de la santé de l'homme» et dispose de 254 laboratoires de recherche répartis dans toute la France.

**Institut national de la statistique et des études économiques** [Insee] ♦ Organisme public français fondé en 1946. Il a pris la suite de la Direction de la statistique générale qui avait fusionné avec différents organismes. L'Insee est chargé de mener à bien des études démographiques et économiques, études lui permettant d'établir des statistiques et de faire de la prospective. Il procède ainsi au recensement de la population, établit la pyramide des salaires, calcule le revenu des ménages et l'indice du coût de la construction. Il est chargé enfin d'effectuer des synthèses pour différents ministères (commerce extérieur, agriculture, finances).

**Institut Pasteur** → **Pasteur (Institut)**

**INSULINDE** n. f. ▸ ÉTYM. n. créé par Multatuli* à partir du lat. *insulae* «îles» et de *Indonésie* ♦ Nom géographique donné à l'archipel du Sud-Est asiatique, comprenant les îles de l'Indonésie (Sumatra, Java, Madura, Bali, les petites îles de la Sonde, les Moluques, Célèbes, Bornéo) et des Philippines, ainsi que la presqu'île de Malacca.

**intelligence (De l')** ♦ Ouvrage de Taine* (1870). S'appuyant sur des recherches en physiologie, en pathologie, en linguistique, cette œuvre développe, contre la philosophie spiritualiste, une théorie sensualiste et associationniste des fonctions mentales, proche de celle de Hume, de Condillac ou de J. S. Mill.

**Intelligence Service** ♦ Service britannique de renseignements concernant la politique, la diplomatie, l'économie et l'armée, et qui est chargé du contre-espionnage. En temps de guerre, il lui revient de découvrir et de neutraliser les activités ennemies qui pourraient nuire à la bonne marche des opérations militaires et diplomatiques. Son organisation est autonome, l'Intelligence Service ne dépendant que du Premier ministre.

**INTÉRIEURE** (mer) → **Seto Naikai**

**INTERLAKEN** ▸ ÉTYM. alémanique «entre les lacs» ♦ V. de Suisse (cant. de Berne), entre le lac de Thoune à l'O. et le lac de Brienz à l'E. sur le cône alluvial de la Lutschine. 5 119 hab. (aggl. 21 442). Station estivale.

**Internationale** n. f. ♦ Nom donné aux organisations des partis ouvriers, ayant comme but la transformation des sociétés capitalistes en sociétés socialistes, et l'unification de celles-ci dans une fédération mondiale. Babeuf*, qui anima la conspiration des Égaux* en 1795, et Marx* et Engels* qui fondèrent la Ligue communiste à Londres (1847 - 1852), furent les précurseurs de cette idée internationaliste. ♦ ***Ire Internationale (Association internationale des travailleurs)*** Elle fut créée à Londres le 28 sept. 1864. Ses adhérents proudhoniens, blanquistes et positivistes anglais adoptèrent la plupart des idées de Karl Marx, qui rédigea l'adresse inaugurale. Au congrès de Lausanne (1867), l'Internationale fut rejointe par les anarchistes de Bakounine*. Exclus au congrès de La Haye (1872), ces derniers fondèrent une Internationale anarchiste, qui tint son dernier congrès en 1881. À cause de répressions policières, l'Internationale de Marx fut obligée de transférer son siège à New York. Elle fut dissoute en 1876. ♦ ***IIe Internationale*** Elle fut fondée par les partis socialistes et sociaux-démocrates de l'Europe au congrès de Paris (juil. 1889). Tout en réaffirmant la doctrine marxiste de la lutte des classes, elle se prononça pour la république parlementaire et contre la dictature du prolétariat que préconisait Lénine*. Après le déclenchement de la Première Guerre mondiale, les leaders socialistes (à l'exception des Russes et des Serbes) votèrent les crédits militaires demandés par les gouvernements bourgeois. Les socialistes «internationalistes» convoquèrent alors les conférences de Zimmerwald (sept. 1915) et de Kienthal (avr. 1916), en Suisse, où ils critiquèrent la majorité «socialiste-chauvine» et demandèrent la signature d'une paix «sans annexion et sans indemnisation». Mais la minorité socialiste se divisait elle aussi entre le «centre» de Karl Kautsky* et la «gauche» de Lénine, qui lança un appel en faveur de la «transformation de la guerre capitaliste en guerre civile». En fév. 1919, peu avant la scission de la IIIe Internationale, les sociaux-démocrates de droite convoquèrent une conférence à Berne, puis un congrès à Genève (juil. 1920). Cette «Internationale de Berne» fut rejointe au congrès de Hambourg (1923) par l'«Internationale de Vienne», fondée par les socialistes centristes en 1921 et appelée parfois «Internationale 2 1/2». Ayant cessé ses activités en 1939, la IIe Internationale, appelée désormais Internationale socialiste, fut reconstituée au congrès de Francfort (1951). ♦ ***IIIe Internationale (ou Komintern)*** Elle fut fondée par Lénine au congrès de Moscou (mars 1919). Se voulant l'héritière des meilleures traditions internationalistes et la force directrice du mouvement révolutionnaire mondial, elle fut dominée par le Parti communiste russe qui imposa ses vues et sa stratégie à l'ensemble des partis communistes. Zinoviev*, son premier président (1919 - 1926), fut remplacé par Boukharine* (1926 - 1929), puis par Molotov*, Manouilski et Otto Kuusinen. Au cours de la Deuxième Guerre mondiale, étant devenue un obstacle aux rapports entre l'URSS et ses Alliés, la IIIe Internationale fut dissoute par Staline (15 mai 1943). ♦ ***IVe Internationale*** Elle fut fondée sur l'initiative de Trotski* en 1938. Elle coordonna l'action des partis communistes dissidents (antistaliniens), et tenta de réanimer la révolution mondiale trahie, selon Trotski, par les dirigeants soviétiques.

L'**Internationale** ♦ Hymne révolutionnaire international (poème d'Eugène Pottier*, musique de Pierre Degeyter, 1871), exécuté pour la première fois à la fête des travailleurs de Lille (1888). Ce fut l'hymne national soviétique jusqu'à la Deuxième Guerre mondiale et il est demeuré l'hymne international des partis socialistes et communistes.

**Internet** n. m. ♦ Réseau informatique permettant l'interconnexion entre les ordinateurs du monde entier, par l'intermédiaire du réseau téléphonique. Créé en 1969 pour les besoins de la Défense américaine, il a connu un développement considérable grâce au courrier électronique (e.mail) et au World Wide Web (réseau multimédia, littéralement toile d'araignée mondiale).

**Les 188 États membres d'Interpol en 2010**

| | | | | | |
|---|---|---|---|---|---|
| Afghanistan | Burkina Faso | Fidji | Laos | Norvège | Singapour |
| Afrique du Sud | Burundi | Finlande | Lesotho | Nouvelle-Zélande | Slovaquie |
| Albanie | Cambodge | France | Lettonie | Oman | Slovénie |
| Algérie | Cameroun | Gabon | Liban | Ouganda | Somalie |
| Allemagne | Canada | Gambie | Liberia | Ouzbékistan | Soudan |
| Andorre | Cap-Vert | Géorgie | Libye | Pakistan | Sri Lanka |
| Angola | Centrafricaine (République) | Ghana | Liechtenstein | Panamá | Suède |
| Antigua-et-Barbuda | Chili | Grèce | Lituanie | Papouasie-Nouvelle Guinée | Suisse |
| Antilles néerlandaises | Chine | Grenade | Luxembourg | Paraguay | Suriname |
| Arabie Saoudite | Chypre | Guatemala | Macédoine | Pays-Bas | Swaziland |
| Argentine | Colombie | Guinée | Madagascar | Pérou | Syrie |
| Arménie | Comores | Guinée-Bissau | Malaisie | Philippines | Tadjikistan |
| Aruba | Congo (République du) | Guinée-Équatoriale | Malawi | Pologne | Tanzanie |
| Australie | Congo (République démocratique du) | Guyane | Maldives | Portugal | Tchad |
| Autriche | Corée (République de) | Haïti | Mali | Qatar | Tchèque (République) |
| Azerbaïdjan | Costa Rica | Honduras | Malte | Roumanie | Thaïlande |
| Bahamas | Côte d'Ivoire | Hongrie | Maroc | Royaume-Uni | Timor oriental |
| Bahreïn | Croatie | Inde | Marshall (îles) | Russie | Togo |
| Bangladesh | Cuba | Indonésie | Maurice | Rwanda | Tonga |
| Barbade | Danemark | Irak | Mauritanie | Sainte-Lucie | Trinité-et-Tobago |
| Belgique | Djibouti | Iran | Mexique | Saint-Kitts-et-Nevis | Tunisie |
| Belize | Dominicaine (République) | Irlande | Moldavie | Saint-Marin | Turkménistan |
| Bénin | Dominique | Islande | Monaco | Saint-Vincent et les Grenadines | Turquie |
| Bhoutan | Égypte | Israël | Mongolie | Salvador (El) | Ukraine |
| Biélorussie | Émirats arabes unis | Italie | Monténégro | Samoa | Uruguay |
| Birmanie | Équateur | Jamaïque | Mozambique | São Tomé-et-Principe | Vatican |
| Bolivie | Érythrée | Japon | Namibie | Sénégal | Venezuela |
| Bosnie-Herzégovine | Espagne | Jordanie | Nauru | Serbie | Viêtnam |
| Botswana | Estonie | Kazakhstan | Népal | Seychelles | Yémen |
| Brésil | États-Unis | Kenya | Nicaragua | Sierra Leone | Zambie |
| Brunei | Éthiopie | Kirghizstan | Niger | | Zimbabwe |
| Bulgarie | | Koweït | Nigeria | | |

**Interpol** n. m. ♦ Adresse télégraphique devenue l'appellation courante de l'Organisation internationale de police criminelle (OIPC). Ce corps a été constitué en 1923 en Europe pour instaurer la coopération des polices criminelles. Le premier siège d'Interpol fut créé à Vienne (Autriche), et l'organisation s'installa définitivement en France après la Deuxième Guerre mondiale : son siège est à Lyon depuis 1989. Elle groupait 19 pays en 1946, 55 en 1955 ; 188 pays en font partie en 2010. Sa constitution fut ratifiée en 1956. Interpol touche trois sortes de criminels : ceux qui opèrent dans plusieurs pays (tels les trafiquants de drogue), ceux dont les crimes affectent d'autres pays que celui où ils opèrent (faux-monnayeurs), enfin ceux qui, après avoir commis leur crime dans un pays, se réfugient dans un pays étranger.

L'**Interprétation des rêves** – en all. ***Die Traumdeutung*** ♦ Ouvrage de Freud* publié en 1900, traduit en français en 1926. Le rêve a une fonction : en permettant la satisfaction hallucinatoire d'un désir, il est le «gardien du sommeil». Ce désir ne peut être connu qu'après un travail de déchiffrage : le rêve dans son contenu manifeste est analogue à un rébus, dont les images semblent absurdes avant d'être lues comme des sons et de former un énoncé doté de sens. Celui-ci est le contenu latent. Il ne peut être déchiffré en fonction d'une grammaire universelle (type clef des songes), mais suppose une interprétation d'éléments spécifiques au rêveur. Le texte de Freud multiplie les exemples, souvent empruntés à son expérience propre, qui lui permettent d'illustrer sa construction conceptuelle des processus psychiques et de soutenir la thèse d'une pensée inconsciente (formule qui peut sembler paradoxale), objet d'un refoulement. L'interprétation du rêve montre que le sujet ne coïncide pas avec lui-même et qu'il existe une pensée qui ne se pense pas elle-même. Ainsi en prenant au sérieux le rêve, activité psychique fugace et marginale, Freud a engagé une nouvelle conception du psychisme, démontrant l'existence d'une réalité psychique, tout aussi importante que la réalité matérielle.

**Interrègne (Grand)** n. m. ♦ Période de l'histoire de l'empire d'Allemagne qui s'écoula entre la mort de Frédéric* II (1250) et l'élection de Rodolphe* Ier de Habsbourg (1273). Durant cette période, des empereurs tentèrent de s'imposer. → **Guillaume de Hollande, Richard de Cornouailles, Alphonse X de Castille.**

**Intifada** n. f. → ÉTYM. ar. «soulèvement» ♦ Mouvement populaire (appelé aussi «guerre des pierres») déclenché en déc. 1987 par les Palestiniens des territoires occupés contre la présence militaire israélienne. Au prix de nombreuses victimes, l'Intifada a finalement conduit l'OLP et Israël à signer en sept. 1993 une déclaration de principe sur l'autonomie des territoires occupés («Gaza et Jéricho d'abord», mai 1994 ; Accord intérimaire sur la Cisjordanie et Gaza, sept. 1995). Plusieurs composantes de l'OLP, dont le Fatah, ont déclenché une deuxième Intifada, à l'automne 2000, avec comme objectif la déclaration de l'indépendance.

**Intolérance** ♦ Film américain de David Wark Griffith* (1916). L'œuvre la plus ambitieuse de Griffith, et l'un des sommets du cinéma muet. La charpente est constituée d'événements se déroulant à des époques disparates : la chute de Babylone, la crucifixion de Jésus, le massacre de la Saint-Barthélemy et une sanglante répression policière dans l'Amérique contemporaine. À travers les lieux et les âges, c'est le même règne de l'injustice et de la haine. Présenté en 1916, alors que les États-Unis s'apprêtaient à entrer en guerre, cet hymne à la fraternité universelle, tourné avec des moyens ambitieux, fut un désastre commercial.

**Introduction à la vie dévote** ♦ Ouvrage en français de saint François* de Sales, publié en 1608 et très augmenté en 1619. L'auteur exhorte à l'amour de Dieu (dévotion) une âme chrétienne vivant dans le monde (Philothée, «l'amie de Dieu»), dans un style agréable et pur qui fit le succès de l'ouvrage (40 éditions du vivant de l'auteur).

**Introduction à l'étude de la médecine expérimentale** ♦ Ouvrage de C. Bernard* (1865). Destiné à être une préface aux *Principes de médecine expérimentale* (inachevés), l'ouvrage est une analyse des règles et des démarches de la méthode expérimentale en biologie, science déterministe qui est régie par les lois générales et universelles.

**INUIT(S)** n. m. (pl.) → ÉTYM. langue locale «les hommes», au sing. ***inuk*** ♦ Peuple des terres arctiques et subarctiques, longtemps appelé du nom amérindien d'Eskimos*, disséminé sur les côtes du Groenland*, sauf au N. (50 000 hab.) ; au Canada, dans les Territoires du Nord-Ouest*, du Nunavut*, du Nouveau-Québec, du Labrador* (30 000 hab.) ; en Alaska* (35 000 hab.) ; en Sibérie orientale et dans les deux îles du détroit de Béring* (1 500 hab.). On y inclut quel-

**Inuits.** Enfant en Alaska.
*Phot. © Nino Cirani/Ricciarini*

quefois les habitants des îles Aléoutiennes* et de quelques îles du golfe d'Alaska. On distingue trois groupes linguistiques au sein desquels les différents dialectes, fort éloignés les uns des autres, sont cependant compréhensibles : l'inupik, parlé du Groenland à l'O. de l'Arctique canadien, le yupik de l'Alaska à la Sibérie orientale, l'aleut, un autre groupe moins important des îles Aléoutiennes. Plus ou moins métissés selon l'importance des relations entretenues avec les Blancs, les Inuits sont issus d'une population de l'Alaska originaire d'Asie (Tchoukotka) qui s'est dispersée vers l'E. au Ier millénaire et dont la fragmentation accentuée par l'espace et les conditions de vie, a abouti à la différenciation d'une langue autrefois unique. Ils vivaient traditionnellement de chasse et de pêche (caribous, ours, bœufs musqués, marmottes, phoques, morses, baleines dans certaines régions). Durant l'hiver, plusieurs familles se réunissaient en communauté, puis se dispersaient au printemps. Leurs habitations différaient selon les régions et les saisons : maisons de bois isolées par de la tourbe, ou en pierres recouvertes de peaux de phoques, tentes de peaux, igloos durant l'hiver sur la banquise. Leur religion est fondée sur la croyance dans les forces surnaturelles inhérentes aux phénomènes physiques, l'esprit des animaux abattus (l'ours polaire notamment), et une divinité féminine régnant sur les animaux marins. Bien que christianisés, les Inuits restent encore attachés au chamanisme traditionnel. Regroupés depuis 1977 au sein de la Conférence des Inuits du Cercle polaire (IPCC), ils ont entrepris de faire valoir leurs droits politiques et culturels : autonomie en 1979 et retrait du Kalaallit Nunaat (Groenland) de la CEE en 1982 ; accord, en 1975, avec le Canada sur le grand projet hydroélectrique de la baie James* au Nunavik (Nouveau-Québec) et, en 1991, sur le Nunavut* (une partie des Territoires du Nord-Ouest, autonome depuis 1999) ; recouvrement, en 1971, d'un dixième de la propriété de l'Alaska ; représentation des Inuits sibériens au sein des «peuples autonomes du Nord», reconnue par la Russie en 1990. En 2008, les Inuits du Groenland ont adopté par référendum un nouveau statut d'autonomie élargie et acquis le droit à l'autodétermination et la reconnaissance en tant que peuple distinct des Danois, dont ils restent néanmoins dépendants sur le plan financier.

**Invalides** (hôtel des) ♦ Ensemble monumental situé à Paris, qui fut conçu par Louis XIV (1670) pour abriter les soldats blessés à son service. Sur les plans de Libéral Bruant*, on construisit (1670 à 1676) un quadrilatère de 450 m de long sur 390 m de large, renfermant six cours principales (dont la cour d'honneur, ceinte de deux étages à arcades) et offrant une façade de 210 m de long, flanquée de deux pavillons. L'ensemble s'ouvre par un portail central dominé par un bas-relief imposant (Louis XIV à cheval). Grandiose et sobre, l'hôtel fut achevé par Jules Hardouin-Mansart* auquel on doit notamment le dôme doré (1679 à 1706) qui fut adjoint à l'église Saint-Louis et domine la vaste esplanade (dessinée par Robert de Cotte*, de 1704 à 1720) s'étendant jusqu'à la Seine. Sous sa coupole ont été placées les cendres de Napoléon* Ier (tombeau par Visconti*, 1842). L'hôtel des Invalides, qui renferme de nombreuses sépultures de grands soldats, abrite le musée de l'Armée (dont l'Historial Charles de Gaulle).

**Invalides.** Le dôme.
*Phot. © Stephen Finn /Shutterstock*

**Invasions (Grandes)** ♦ Nom donné aux migrations des peuples barbares*, en majorité germaniques, qui, fuyant devant les Huns*, pénétrèrent dans l'Empire romain sous le règne de Valens* (v. 375). Après le franchissement du Rhin (406), la prise de Rome (410), les Barbares détruisirent l'Empire romain d'Occident (476) et établirent à sa place aux Ve et VIe s. des États politiques où coexistèrent et parfois fusionnèrent les sociétés barbare et romaine. → **Alains, Alamans, Angles, Avars, Burgondes, Francs, Germains, Hérules, Jutes, Lombards, Ostrogoths, Saxons, Suèves, Vandales, Wisigoths.**

**INVERNESS** → ÉTYM. du gaél. *Inbhir-nis* «embouchure *(inbhir)* du Ness *(Nis)* [riv. qui se jette dans le Moray Firth]» ♦ V. d'Écosse, ch.-l. du Highland, au fond du Moray Firth, au débouché de la dépression de Glen More. 40 000 hab. Principale ville du N. de l'Écosse. Son éloignement des principaux centres du S. lui vaut une fonction commerciale et administrative. Centre touristique important. Industrie (matériel pétrolier, agroalimentaire).

**Investitures** (querelle des) ♦ Conflit qui opposa l'Église aux souverains temporels, notamment à l'empereur germanique, aux Xe et XIIe s., à propos de l'investiture des abbés et des évêques. Depuis le IXe s. en effet, l'investiture était conférée par le prince (laïc), la consécration ecclésiastique n'étant plus qu'une formalité. Elle s'accompagnait d'un bénéfice ou fief dont le titulaire était soumis au lien de vassalité. En outre, du point de vue religieux, il se trouvait souvent coupable de simonie (bénéfice acquis à prix d'argent) et de «nicolaïsme» (il vivait en seigneur féodal, avec femme et enfants). Un mouvement d'émancipation et de réforme (réforme dite *grégorienne*) fut le fait des moines de Cluny*, de Pierre* Damien, du cardinal Humbert de Lorraine (son ouvrage *Contre les simoniaques,* 1057, situait la cause du mal dans les investitures laïques), des papes Léon* IX, Nicolas* II et surtout de Grégoire* VII. Sous son pontificat, la crise devint aiguë (décrets de 1074 et 1075 ; affaire de Canossa*, 1077 ; prise de Rome par Henri IV et installation de l'antipape Clément* III, 1083 - 1084). Ni Urbain* II, ni Pascal* II (concile de Rome, 1116) ne purent la résoudre. Il fallut la distinction, reprise d'Yves* de Chartres par Calixte* II, entre investitures temporelle et spirituelle, pour parvenir au concordat de Worms* (1122) que ratifia le concile du Latran* (1123) : l'empire abandonnait l'investiture spirituelle par la crosse et l'anneau et s'engageait à respecter la liberté des élections épiscopales et pontificales.

**INZINZAC-LOCHRIST** [56650] → ÉTYM. anc. *Disinsac,* du lat. *Disentius,* n. de pers., et suff. *-acum* et *Lochrist,* du bret. *lok* «ermitage» et Jésus-*Christ* ♦ Comm. du Morbihan, arr. de Lorient. 5 395 hab.

**Io** → ÉTYM. p.-ê. «lune» (dialecte d'Argos) ♦ Jeune prêtresse d'Héra* à Argos, fille ou descendante d'Inachos*. Zeus* s'unit à elle et, pour détourner les soupçons de son épouse Héra, la transforme en génisse. Héra, avertie, exige qu'on lui consacre la génisse et la confie à la garde d'Argus* dont les yeux multiples ne se fermaient que par moitié. Sur l'ordre de Zeus, Hermès réussit à endormir le gardien et le tue, délivrant Io, mais Héra se venge encore : elle lui envoie un taon qui s'attache à ses flancs et la rend furieuse. La génisse, affolée, traverse la Grèce, passe le Bosphore («passage de la vache») et arrive en Égypte où elle met au monde Épaphos. P[illegible] elle reprend sa forme première et règne en Égypte, identifiée [illegible] Isis.

**IOANNINA** ou **JANNINA** ♦ V. de Grèce, cap. de l'Épire, sur la rive [illegible] du lac d'Ioannina, ch.-l. du nome de Ioannina. Env. 65 000 hab. Archevêché. Univ. Citadelle et mosquée du XVIIe s. transformée en musée. ▪ Centre commercial et de services pour tout le N.-O. de la Grèce. **Histoire** Ville médiévale (Xe s. ?), elle fut prise par les Normands (XIe s.). Première capitale du despotat byzantin d'Épire (1204), occupée par les Serbes (1345), puis par les musulmans (1431), elle était le siège de l'un des trois pachas d'Épire. Sous Ali* Pacha de Tepelenë, Ioannina devint la capitale d'un État rebelle dans l'Empire ottoman. Attaquée en 1820 par les troupes du sultan, la ville fut prise après 15 mois de siège. Elle fut rattachée à la Grèce en 1913.

**IOCHKAR-OLA** – jusqu'en 1919 ***Tsarevokokchaïsk,*** de 1919 à 1927 ***Krasnokokchaïsk*** ♦ V. de Russie, cap. de la république des Maris*. 256 800 hab. Construc. mécaniques. Traitement du bois. Indus. alimentaire.

**IŌJIMA** – anc. ***Iwō-Jima*** ♦ Île du Pacifique appartenant au Japon, du groupe des îles Kazan, au S. des îles Ogasawara*. **Histoire** Cette île, très petite, fut l'objet d'âpres combats en fév. 1945 et fut défendue jusqu'au dernier homme par les Japonais assiégés par les Américains, à qui elle servit de base pour bombarder le Japon.

**IOLCOS** ♦ Anc. ville de Thessalie. → **Éson, Jason, Médée, Pélias.**

**IOLE** – en gr. ***Iolê*** ♦ Princesse légendaire d'Œchalie (Thessalie). Elle était promise par son père au vainqueur d'un concours de tir à l'arc, qui fut gagné par Héraclès*. Mais le roi, craignant une nouvelle crise de folie meurtrière du héros, la lui refuse. Héraclès prend alors par la force la ville et emmène Iole captive. Jalouse de Iole, Déjanire*, la femme d'Héraclès, donne au héros la tunique fatale de Nessos et provoque sa mort. → **Héraclès.**

**ION** ♦ Héros éponyme des Ioniens, fils d'Apollon* et de Créüse*, petit-fils d'Hellen par son père adoptif Xouthos* et d'Érechthée par sa mère. Ses descendants et ceux d'Achaios*, son demi-frère, se disputèrent le nord du Péloponnèse ; Ion lui-même défendit Athènes où il régna. ▪ Dans la tragédie d'Euripide*, *Ion,* le héros est le fils d'Apollon* et de Créüse qui l'expose dans une corbeille. Créüse épouse plus tard Xouthos, mais leur union reste stérile. Sur le conseil de l'oracle de Delphes, ils adoptent alors l'enfant qui se trouvait dans le temple d'Apollon et que Créüse finit par reconnaître en voyant la corbeille conservée par la prêtresse.

**IONA** ♦ Petite île des Hébrides au large de l'île de Mull (Écosse). Saint Colomba y fonda son premier monastère au VIe s. Ruines médiévales monastiques et épiscopales.

**IONESCO (Eugène)** ♦ Auteur dramatique français (Slatina, Roumanie 1909 - Paris 1994). Né d'un père roumain et d'une mère française, il fut élevé en France jusqu'à l'âge de treize ans. En Roumanie, où il séjourna jusqu'en 1938, il acheva ses études et devint professeur de français. Il revint alors en France et s'y fixa. Sa première pièce, *La Cantatrice* chauve* (1950), parodie du théâtre de boulevard, fait éclater la dérision du genre par le mépris vigoureux dont elle témoigne pour la logique de l'action, la vérité psychologique des personnages, la rigueur du langage. Il en sera de même pour les suivantes, où le comique naît de l'absurde et engendre le désespoir : *Les Chaises** (1952), *Victimes du devoir* (1953), *Amédée ou Comment s'en débarrasser* (1954). Une angoisse rendue plus tragique par l'évidence du néant humain devant la souffrance (*Tueur sans gages*, 1959), le fanatisme idéologique (*Rhinocéros*, 1958), la mort (*Le roi se meurt*, 1962) inspirent les œuvres d'une seconde période. Développant les thèmes d'une inquiétude métaphysique fondamentale, substituant de plus en plus les symboles aux personnages, et recourant aux artifices les plus prestigieux de la féerie et du décor, ainsi apparaissent les nouvelles œuvres de Ionesco : *Le Piéton de l'air* (1963), *La Soif et la Faim* (1966), *Jeux de massacre* (1970). Venu au roman avec *Le Solitaire* (1973), et au cinéma avec *La Vase* (1972 ; tirée d'une nouvelle publ. en 1956), Ionesco a donné avec les deux tomes de *Journal en miettes* (1967 - 1968) les clés de son univers intérieur et de ses obsessions, l'ennui, l'enlisement, la mort. [Acad. fr. 1970] → ÉTYM. *Ionesco* vient du roumain *Ionescu* «fils de (suff. *-escu*) Jean (*Ion*)».

Eugène **Ionesco.**
*Phot. © Louis Monier*

**IONIE** n. f. – en gr. *Iônia* ♦ Anc. nom de la partie centrale du littoral de l'Asie Mineure sur la mer Égée au S. de l'Éolide*, entre Phocée au N. et Milet au S. L'Ionie, qui comprenait aussi les îles avoisinantes Chios et Samos, fut colonisée après l'invasion dorienne de la Grèce* par des Ioniens venus principalement de l'Attique. Une ligue religieuse rassemblait à Panionion, au cap Mycale*, douze cités ioniennes («Dodécapole») : Milet*, Éphèse*, Phocée*, Clazomènes*, Colophon*, Priène*, Téos*, Chios*, Samos*, Érythrée, Myonte et Lébédos. Smyrne (auj. İzmir*), cité primitivement éolienne, s'y joignit plus tard. → **Claros, Magnésie du Méandre.** L'Ionie, très prospère déjà à l'aube des temps historiques, aux confins de l'hellénisme et de l'Orient, s'offrit à l'interpénétration des deux civilisations et apporta une contribution considérable à la culture grecque : les bases de la pensée scientifique et philosophique avec son école naturaliste illustrée notamment par Héraclite*, Thalès*, Anaximandre*, Anaximène*, la poésie homérique et une littérature importante, un ordre architectural (ionique) et d'autres réalisations artistiques. D'autre part, l'expansion des cités grecques vers l'intérieur du pays se heurta à la puissance lydienne et l'Ionie, orientée vers le commerce, amorça un large mouvement de colonisation (–VIe s.) étendu du Pont-Euxin à la Méditerranée occidentale. Tributaire des rois de la Lydie* (v. –560), puis soumise aux Perses (–546), l'Ionie se révolta à l'instigation des tyrans de Milet (–499) et reçut l'aide d'Athènes*. → **médiques (guerres).** Indépendante après la victoire grecque de –480, elle participa à la formation de la ligue de Délos, mais elle tomba sous la domination athénienne. Cédées par les Spartiates aux Perses (–386), les cités ioniennes, à l'exception de Milet, offrirent leur loyauté à Alexandre le Grand en –334. Elles passèrent d'Antigonos à Lysimaque* (–301), puis furent disputées entre Séleucides*, Lagides* et Pergame*. Léguées par le dernier roi de Pergame aux Romains (–133), elles firent partie de la province d'Asie, puis de l'Empire byzantin.

**Ionie.** Le théâtre romain d'Éphèse. *Phot. © Hashim Pudiyapura/Shutterstock*

**IONIENNE** (mer) ♦ Partie de la Méditerranée comprise entre l'Italie (Calabre et Sicile) à l'O., l'Albanie méridionale et la Grèce à l'E. Profondeur max. 5 121 m. La mer Ionienne localise fréquemment des dépressions atmosphériques qui provoquent d'abondantes précipitations sur ses rives balkaniques.

**IONIENNES** (îles) ♦ Archipel de la mer Ionienne qui borde les côtes O. de la Grèce, appelé aussi Heptanèse («sept îles»). Princ. îles : Corfou*, Céphalonie*, Zante*, Leucade*, Ithaque*. Les îles Ioniennes forment l'une des 13 régions de la Grèce, divisée en 4 nomes (2 307 km², env. 200 000 hab.). ▪ **Histoire** Détachées de l'Empire byzantin par les rois normands de la Sicile et de Naples (XIe - XIIe s.), les îles Ioniennes furent achetées ou conquises par les Vénitiens (XIVe - XVe s.). Les Français les occupèrent de 1797 à 1799 (traité de Campoformio), mais durent les abandonner aux Russes qui créèrent la république de l'Heptanèse sous la suzeraineté ottomane (1800 - 1807). Rendues à la France par le traité de Tilsit, elles furent ensuite occupées par les Britanniques et formèrent en 1815 un État sous le protectorat de la Grande-Bretagne qui, à la suite de longues luttes populaires, dut les céder à la Grèce en 1864.

**IONIENS** n. m. pl. – en gr. *Iônes* ♦ Peuple indo-européen venu du N. qui envahit la Grèce au début du –IIe millénaire. Considérés comme les premiers Grecs (précédant les Achéens), les Ioniens se fixèrent notamment en Béotie et en Attique* ou fusionnèrent avec les Pélasges*. Refoulés par la poussée dorienne (–XIIe s.) en Attique et dans le N. du Péloponnèse, ils passèrent dans l'Eubée et les Cyclades, puis ils colonisèrent la côte lydienne de l'Asie* Mineure qui prit le nom d'Ionie* et créèrent les premiers comptoirs en Italie du Sud (→ **Grande Grèce**). Par les grands mouvements de colonisation (–VIIe - –VIe s.) de nombreuses cités ioniennes furent fondées sur les rivages du N. de la mer Égée, de la Propontide, de la mer Noire et de la Méditerranée occidentale (Marseille, Emporium). Le rôle des Ioniens dans la culture grecque fut prépondérant. → **Ionie.** L'Ionie est la patrie d'Homère, des premiers philosophes ; le dialecte ionien est la langue de la majeure partie de la littérature grecque et l'attique (forme d'ionien) devint à l'époque hellénistique la seule langue grecque écrite. Cette contribution aboutit à l'épanouissement culturel d'Athènes, considérée comme la métropole du monde ionien, et à l'éclat du classicisme (–Ve s.).

**ioniens**

n. m. pl. ♦ Philosophes et savants de l'école d'Ionie* (–VIe - –Ve s.), auteurs de cosmogonies matérialistes qui tentent d'expliquer l'univers à partir d'un principe premier (ou *archê*), généralement un des quatre éléments (eau, air, terre, feu). → **Thalès de Milet, Anaximandre, Anaximène, Héraclite, Anaxagore, Archélaos de Milet.**

**IORGA (Nicolae)** ♦ Homme politique et historien roumain (Botoșani 1871 - Strejnicu, près de Sinaia 1940). L'un des fondateurs du Parti national démocrate (1907), il fut président du Conseil et ministre de l'Instruction publique en 1931 - 1932. Directeur de nombreuses revues historiques, il créa des universités et écrivit en différentes langues un nombre impressionnant d'ouvrages et d'articles d'histoire et d'érudition, ainsi qu'une quarantaine de drames et une œuvre poétique. Il fut assassiné par la Garde de Fer en 1940. Œuv. princ. : *Notes et extraits pour servir à l'histoire des Croisades* (1899 - 1916), *Histoire de l'art roumain ancien* (1922), *Essai de synthèse de l'histoire de l'humanité* (1935).

**IOS** ♦ Île grecque de la mer Égée (Cyclades), au S. de Paros. 1 659 hab. ▪ La tradition y localise le tombeau d'Homère. La mère du poète serait native d'Ios.

**IOSSÉLIANI (Otar)** ♦ Réalisateur géorgien résidant en France (Tbilissi 1934). Son langage artistique sobre, où l'image et le son priment sur les dialogues, mêlé d'ironie, s'exprime sur des sujets contemporains. Objet de la censure du régime soviétique, il est aussi critique à l'encontre du moule imposé aux réalisateurs occidentaux. *Les Favoris de la lune*, 1983 ; *La Chasse aux papillons*, 1992 ; *Adieu, plancher des vaches*, 1999 ; *Jardins en automne*, 2006.

**IOUJNO-SAKHALINSK** – jusqu'en 1946 ***Toïokhara*** ♦ V. de Russie, ch.-l. de la région de Sakhaline, dans le S. de l'île de Sakhaline. 174 400 hab. Réparation de locomotives, de wagons. Conserveries de poissons. Nœud ferroviaire.

**IOWA** [ajɔwa] n. m. ➔ ÉTYM. de *Iowa*, n. de riv., du n. de la tribu indienne *Iowa* ou *Otas* «les assoupis ; les somnolents» ♦ État du centre des États-Unis. ➔ **États-Unis** (carte). 145 791 km². 2 926 324 hab. CAP. : Des Moines. ▌**Géographie** La majeure partie de l'État est formée par la prairie ; quelques collines s'élèvent au S.-E. et au N.-O. Les deux tiers E. sont drainés par des tributaires du Mississippi, l'O. par des tributaires du Missouri. Le climat est continental. ▌**Économie** État d'agriculture et d'élevage, l'Iowa est le 1er des États-Unis pour l'élevage des porcs et le 2e pour les bovins. Il est également en bonne position pour ses volailles et ses produits laitiers. Les principales cultures sont le maïs (1er producteur), le soja, l'avoine. L'État possède des indus. lourdes (charbon, métall. de l'aluminium), des indus. légères (électronique) et des indus. alimentaires. ▌**Histoire** Peuplée initialement d'Indiens iowas, traversée par Jolliet et Marquette, la région fit partie de l'immense territoire de la Louisiane et fut vendue par Napoléon aux États-Unis en 1803. La guerre contre les Indiens d'Aigle Noir s'acheva par la victoire des Blancs en 1832 (H. Atkinson). L'Iowa devint en 1846 le 29e État de l'Union et fut nordiste pendant la guerre de Sécession.

**IPATINGA** ♦ V. du Brésil (État du Minas Gerais). 270 000 hab. Mines de fer et complexe sidérurgique le plus moderne du pays.

**IPHICRATE** – en gr. ***Iphikratês*** ♦ Général athénien (v. -415 - -353). Il forma le corps des *peltastes* (fantassins légers) qu'il opposa avec succès à la phalange spartiate. Après ses victoires lors de la guerre de Corinthe, il passa au service des Perses dans la campagne contre l'Égypte révoltée (-374). Reprenant ensuite la lutte athénienne contre les Spartiates, il remporta de nouvelles victoires, mais il évita de se battre contre Épaminondas (-369). Commandant de la flotte avec Charès pendant la guerre sociale, il refusa d'attaquer Byzance ; destitué par Charès et accusé de corruption, il se retira en Thrace où il mourut.

**IPHIGÉNIE** ➔ ÉTYM. en gr. ***Iphigeneia***, de *iphi* «avec force» et *genos* «race» ♦ Fille d'Agamemnon* et de Clytemnestre*, sœur d'Oreste* et d'Électre*. Sa légende évolue surtout avec les deux tragédies d'Euripide dont elle est le centre. ➔ **Iphigénie à Aulis.**

**Iphigénie** ou **Iphigénie en Aulide** ♦ Tragédie en 5 actes de Racine* (1674). S'inspirant des données de la tragédie d'Euripide, Racine y introduit le personnage d'Ériphile, captive d'Achille devenue amoureuse de son vainqueur et rivale d'Iphigénie. Aux dieux qui demandent de voir sacrifier une fille du sang d'Hélène, Iphigénie s'apprête à donner sa vie. Mais le devin Calchas révèle qu'Ériphile est fille d'Hélène et que c'est elle qui doit périr. Devançant l'heure de son sacrifice, Ériphile se tue.

**Iphigénie à Aulis** – en gr. ***Iphigeneia hê en Aulidi*** ♦ Tragédie d'Euripide* (-405). Réunis à Aulis* pour s'embarquer vers Troie, les Grecs n'ont pu partir, empêchés par des vents défavorables. Ils apprennent du devin Calchas que les dieux ne consentiront à leur départ que si Agamemnon, leur chef, accepte de sacrifier à Artémis sa fille Iphigénie. Le roi s'y résout et mande la jeune fille au camp sous le prétexte de la marier à Achille. Hésitant, il se ravise soudain et donne un contrordre que Ménélas surprend. Arrivées au camp, Clytemnestre et Iphigénie découvrent la vérité tandis qu'Achille, mis au courant des projets meurtriers du roi, promet son aide à Clytemnestre. Par respect pour les dieux, Agamemnon se montre insensible aux prières comme aux menaces. Iphigénie accepte alors son sacrifice, mais Artémis la sauvera de la mort en lui substituant une biche. Dans cette tragédie de l'abnégation, Euripide a élevé une protestation discrète contre le monde anachronique et barbare de la légende, sans toutefois renoncer à une apologie du patriotisme grec, incarné dans Iphigénie.

**Iphigénie en Tauride** – en gr. ***Iphigeneia hê en Taurois*** ♦ Tragédie d'Euripide* (v. -414). Devenue prêtresse de la sanglante déesse Artémis, et sujette du roi Thoas, Iphigénie doit donner la mort à tout étranger qui s'est aventuré en Tauride. Sur le point d'ordonner le sacrifice de deux de ces visiteurs téméraires, elle reconnaît en l'un d'eux son frère Oreste* qu'accompagne Pylade. Trompant la surveillance de Thoas, elle s'enfuit avec eux.

**Iphigénie en Tauride** – en all. ***Iphigenie auf Tauris*** ♦ Tragédie de Goethe* (1787). Emprunté à Euripide, le sujet de cette pièce, d'une facture toute classique, met en valeur la générosité d'Iphigénie et sa noblesse d'âme.

**IPIN** ➔ **Yibin**

**IPOH** ♦ V. de la Fédération de Malaisie, cap. de l'État de Perak, sur le fleuve Kinta. 566 211 hab. Centre minier (étain). Indus. métallurgiques, mécaniques, électroniques et du caoutchouc.

**IPOUSTÉGUY (Jean Robert)** ♦ Sculpteur français (Dun-sur-Meuse, Meuse 1920 - *id.* 2006). D'abord peintre (fresques de l'église Saint-Jacques de Montrouge), il vint à la sculpture vers 1949 avec des formes géométriques d'inspiration abstraite, puis élabora peu à peu une œuvre d'un réalisme baroque et hallucinatoire, où dominent des formes humaines meurtries et convulsées, érigées au milieu d'éléments disparates, avec un grand souci d'ampleur monumentale et d'expressivité (*Ecbatane*, 1965 ; *Discours sur Misra*, 1965 ; *La Mort du père*, 1968 ; *Le Mangeur de gardiens*, 1970). Il remporta en 1964 le Bright Award de la Biennale de Venise. Travaillant sur l'objet isolé de son contexte, il exécuta des natures mortes en bronze à la patine polychrome. Il réalisa en 1977 une œuvre pour l'hôpital du Val-de-Grâce à Paris, *Sculpteur*, puis, en 1978, un bronze monumental exposé sur le parvis du palais des Congrès à Berlin.

**IPPEN SHŌNIN** ♦ Religieux bouddhiste japonais (1239 - 1289) itinérant et mystique qui parcourait les campagnes en prêchant les vertus du nom du bouddha Amida* (Amitābha*). Sa vie donna lieu à de nombreuses légendes populaires.

**IPSOS** ♦ Bourg d'Asie Mineure (Phrygie), célèbre pour la bataille qui opposa Antigonos* Monophthalmos et son fils Démétrios* Poliorcète aux autres diadoques d'Alexandre le Grand : Séleucos*, Ptolémée*, Lysimaque*, Cassandre* (-301). La défaite et la mort d'Antigonos eurent pour résultat le démembrement définitif de l'empire d'Alexandre et la création de quatre monarchies hellénistiques : Macédoine (et Grèce), Thrace, Syrie et Égypte. ➔ **Pont.**

**IPSWICH** ♦ V. d'Australie (Queensland), à l'O. de Brisbane, à laquelle elle est reliée par voie ferrée et par voie d'eau. 143 649 hab. Centre du gisement houiller du Moreton. Indus. textiles (laine). Matériel ferroviaire.

**IPSWICH** ➔ ÉTYM. anc. *Gipeswic* «port ou centre de commerce (vieil angl. *wic*) d'un homme appelé *Gip*'» ♦ V. d'Angleterre, ch.-l. du Suffolk, sur la mer du Nord. 117 074 hab. Port situé au fond de l'estuaire de l'Orwell. Machines agricoles. Maisons anciennes.

**IQALUIT** ➔ ÉTYM. inuktituk «lieu où il y a du poisson» – anc. ***Frobisher Bay*** ♦ V. du Canada, cap. du Nunavut, au fond de la *baie de Frosbisher*, au S.-E. de l'île de Baffin. 6 184 hab. Comptoir de la Compagnie de la baie d'Hudson dans un village inuit.

**IQBĀL (Muḥammad)** ♦ Philosophe et poète indien (Sialkot 1873 - Lahore 1938). De religion musulmane, il écrivit en urdū, persan et anglais de très nombreux poèmes et des œuvres politiques et philosophiques qui sont à l'origine de l'idée du Pakistan. Parmi ses œuvres, les plus importantes sont d'ordre religieux et philosophique : *Les Secrets du non-moi, Le Glaive de Moïse, Message de l'Orient, Livre de l'éternité.*

**IQUIQUE** ♦ V. du Chili, cap. de la région admin. de Tarapacá. 226 000 hab. Port de pêche (farine de poisson) ; indus. mécanique ; matériel de transport. Anc. centre d'exploitation du nitrate et du guano.

**IQUITOS** ♦ V. du Pérou, cap. du dép. de Loreto, au N. de la région amazonienne, sur le cours supérieur de l'Amazone, appelé Marañón au Pérou. 153 939 hab. (aggl. 370 962). Ultime étape de la navigation maritime sur l'Amazone, c'est l'une des rares villes de cette importance accessible uniquement par bateau et par avion. Carrefour commercial. Indus. (bois, caoutchouc, raffinerie de pétrole). Exportation de pétrole et de bois vers le Brésil.

**IRA** – [Irish Republican Army] ♦ Organisation nationaliste irlandaise qui mène la lutte pour l'unité et l'indépendance de l'Irlande*. Née en 1919 dans la guérilla qui aboutit à la création de la République indépendante de l'Eire (Irlande du Sud), elle reprit en 1949 la lutte en Irlande* du Nord (Ulster). L'action de l'IRA prit le plus souvent la forme d'attentats contre les troupes et les autorités britanniques. Une scission s'est produite en 1969 au sein de l'IRA. Les *Officials*, proches du *Sinn* Féin*, d'orientation marxiste, prônent la solidarité entre catholiques et protestants, donnant la priorité à la réforme sociale pour la création d'une République des travailleurs des 32 comtés. Les *Provisionals* ou *Provos* accordent la priorité à la lutte armée pour la réunification immédiate des deux Irlandes. Cependant, après 25 ans de conflit, l'IRA annonça en août 1994 une «complète cessation de la violence» afin de permettre au Sinn Féin d'ouvrir des négociations avec Londres au sujet de l'avenir de l'Ulster. Un accord de paix put ainsi être signé par le Sinn Féin et les partis unionistes à Belfast en avril 1998. Mais certains membres opposés à l'accord du Vendredi saint se constituèrent en factions comme les groupes radicaux du Continuity IRA et de l'IRA véritable (Real IRA) qui poursuivirent la lutte armée (attentat d'Omagh en août 1998). En juillet 2005, l'IRA ordonna à ses militants de mettre fin à la lutte armée ; en sept. le démantèlement de son arsenal fut annoncé par la Commission du désarmement créée par les gouvernements britannique et iralandais. ➔ **Irlande du Nord.**

## IRAK OU IRAQ

▮ n. m. – off. ***république d'Irak*** ➜ **ÉTYM.** p.-ê. de l'ar. *iraq* «terrain bas, côté» ou d'un n. iran. antérieur ; en ar. *'Irāq* ♦ Pays d'Asie occidentale. 440 000 km² (de 435 000 à 448 000 selon la délimitation de la zone neutre que l'Irak partage avec l'Arabie Saoudite depuis 1922). 27 475 200 hab. *(Irakiens)*. LANGUES : arabe (off.), kurde, turc. POPULATION : Arabes, 73 % ; Kurdes, 22 % ; Turkmènes ; Arméniens. RELIGIONS : musulmans 95 % (sunnites 42 %, chiites 53 %), chrétiens 3 %. MONNAIE : dinar irakien. CAPITALE : Bagdad. RÉGIME : présidentiel.

### GÉOGRAPHIE

Le territoire est dominé par la plaine alluviale de la Mésopotamie (cœur historique et démographique du pays), comprise entre le Tigre et l'Euphrate qui s'étalent dans la plaine marécageuse de la basse Mésopotamie avant de former un delta commun, le Chatt al-Arab, qui se jette dans le golfe Arabo-Persique et dont l'embouchure est encombrée de lagunes. La violence des crues a conduit à la construction de barrages qui détournent le surplus d'eau vers des réservoirs naturels (lac de Habbāniya) ou artificiels (dépression de Tharthār, de Dibis), ainsi que vers les canaux d'irrigation qui relient les deux fleuves et mettent désormais terres et villes à l'abri des inondations. La plaine de la Mésopotamie est bordée à l'E. et au N.-E. par les pentes montagneuses du Taurus turc, du Kurdistan méridional et du Zagros iranien. Le N. est occupé par le plateau de la Djésireh et le S. par le désert Arabique qui fait suite au plateau steppique de la Chamiya. ▮ **Le climat** Le climat de la plaine mésopotamienne, l'une des plus chaudes du monde, fait place à un climat plus continental au N., où les températures s'abaissent en altitude dans les montagnes du Kurdistan et où les pluies sont relativement abondantes. Dans le S., le climat est sec et aride, les pluies n'excèdent pas 150 mm par an et en été la zone est balayée par des tempêtes de sable.

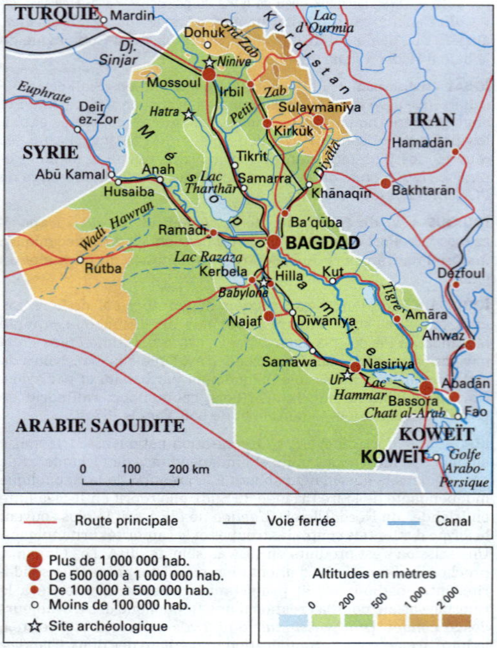


**Irak.**

### ÉCONOMIE

▮ **La reconstruction** Les trois guerres que le pays a connues en vingt-cinq ans ont laissé l'économie irakienne dans un état critique et dépendante de l'aide internationale et des investissements des entreprises étrangères qui restent limités en raison du climat d'insécurité (sauf dans le Kurdistan irakien). La population, dont un tiers est sans emploi, connaît de graves problèmes alimentaires et d'approvisionnement en eau. La quasi-totalité de l'infrastructure de production et des moyens de transport fut détruite lors de la guerre du Golfe* (1991). Durant la période qui suivit, un programme actif de reconstruction fut mis en œuvre mais un embargo international (1991 - 2003) gela les échanges, notamment les exportations de pétrole et l'approvisionnement en denrées alimentaires. Le pays survécut grâce à d'importantes réserves en devises et en or et à l'importation illicite de produits venant de Jordanie et des pays voisins. ▮ **L'agriculture** Il n'eut d'autre choix que de développer également le secteur agricole. L'agriculture occupe 20 % de la population active et constitue 8 % environ du PIB. Les terres arables représentent 73 000 ha dont 32 % sont irrigués. Les régions les plus propices à l'agriculture se situent au N. (Croissant* fertile), au centre et en basse Mésopotamie, et permettent la production de produits variés suffisants pour la consommation interne. Les céréales sont cultivées au N., le tabac dans la région d'Irbil, les plantes légumineuses et les fruits dans la région de Kirkūk et de Mossoul, le coton et les plantes oléagineuses dans la vallée des fleuves (province de Bagdad notamment), le riz et les champs d'agrumes en basse Mésopotamie. Les dattes des vallées et du delta sont presque exclusivement réservées à l'exportation. L'élevage (ovins, caprins, bovins) reste important, notamment dans les montagnes du Kurdistan où le pâturage abonde (marché de fourrure à Amadiya, dans la province kurde) et cela malgré les destructions massives de troupeaux ordonnées par Saddam Hussein de 1987 à 1989. La zone aride du S. ne se prête quant à elle qu'à un maigre élevage (moutons, dromadaires). ▮ **Le pétrole et le gaz** Le pétrole reste la grande richesse du pays. Les principaux champs pétrolifères sont ceux de Kirkūk, de la région de Bassora et de Khānaqin où l'on produit également du gaz. L'Irak possède 10 % des réserves mondiales de pétrole. Le secteur pétrolier est détenu par l'État. L'Iraq Petroleum Company, fondée en 1927 par la Grande-Bretagne, a été nationalisée en 1972. Des oléoducs acheminent le brut dans les dix raffineries du pays. À partir de 1996, l'Irak fut autorisé par l'ONU à vendre pour 4 milliards de dollars par an de pétrole. Depuis l'intervention des États-Unis, en 2003, des contrats d'exploitation ont été accordés à des entreprises étrangères, notamment américaines. Les réserves de gaz sont estimées à 2 690 milliards de m³ (gisement à Kirkūk). ▮ **Les minerais** Les autres minerais sont le soufre, extrait dans la région de Mossoul et dont une partie est exportée, et les phosphates dont l'exploitation a débuté au début des années 1980. ▮ **L'industrie et l'énergie** Néanmoins, l'Irak est l'un des pays les plus industrialisés du monde arabe. Outre l'industrie pétrochimique, on trouve des cimenteries (Mossoul, Kirkūk, Bagdad, Hilla), des sucreries (Mossoul, Kerbela), des huileries (Bagdad, Mossoul, Sulaymāniya), des salines (Kirkūk), de la sidérurgie (Zubayr). L'expansion industrielle a conduit à une forte demande en électricité. Pour pallier ces besoins, la France avait livré une centrale nucléaire civile (Tammouz) qui fut mise hors d'usage par les bombardements israéliens (1981). L'énergie électrique est fournie par des centrales thermiques mais ne peut satisfaire les besoins du pays.

### HISTOIRE

▮ **La conquête arabo-islamique** L'ancienne Mésopotamie, l'un des berceaux de la civilisation où se succédèrent de nombreuses dynasties (Sumer, Larsa et Isin, Amorites, Kassites, Assyriens, Babyloniens, Perses, Achéménides, Séleucides, Parthes et Romains, Sassanides et Byzantins), prit le nom d'Irāq al-'Arabī lors de la conquête arabo-islamique (VIIe s.). Vainqueurs à al-Qādisiya, les Arabes fondèrent les places fortes de Kūfa (638) et Bassora. Sous les Omeyades (661 - 750), plusieurs révoltes théologico-politiques éclatèrent en Irak (révolte de Kūfa et de Kerbela, qui donna naissance au chiisme duodécimain **I➜ Hassan et HusseinI**, révolte alide à Kūfa, 739 - 740, révolte kharijite, 749). En 750, le pouvoir passa aux califes abbassides qui fondèrent Bagdad (cap. de l'Irak, 762). Durant cette période (en particulier sous le règne d'Haroun al-Rachid, 786 - 809), l'Irak fut l'un des centres les plus brillants de la vie économique, politique, culturelle et religieuse de l'islam. Toutefois, dès le milieu du IXe s., l'influence abbasside déclina progressivement tandis que le pays était secoué par des révoltes intérieures (révolte zanj, 868 - 883, chiite, qarmate entre 890 et 907) et passait sous la tutelle de la dynastie perse des Buyides (945 - 1055), puis turque des Seldjoukides (1055 - 1198). La dynastie abbasside prit fin lors de la conquête mongole (Hūlāgū Khān, 1258). ▮ **La domination ottomane** Après une tentative de restauration menée par les Jalayrides, le pays fut à nouveau vaincu et dévasté par les Mongols de Tamerlan (1387 - 1401). En 1534, l'Irak passa sous domination ottomane (Süleyman), bien qu'encore disputé entre les Turcs et les Perses safavides. Province la plus excentrique de l'Empire ottoman, le pays connut à cette époque des mouvements de rébellion divers (Kurdes, Bédouins, opposition entre musulmans chiites et sunnites). Au XVIIe s., les villes de Bagdad et de Bassora s'affranchirent quelque temps de l'autorité du pouvoir central ; puis le gouvernement passa aux mamelouks de Bagdad de 1707 à 1831, date à laquelle le sultan Mahmud II, pour maintenir l'ordre dans le pays, fit rétablir l'autorité centrale de Constantinople. Pendant toute la période de la domination ottomane, le pays fut laissé à l'abandon et la Mésopotamie, si prospère pendant l'Antiquité, se trouva livrée aux razzias des tribus bédouines. **L'occupation britannique** Dès le XIXe s., les puissances occidentales (France, Grande-Bretagne, Allemagne) commencèrent à s'intéresser à cette région, comme d'ailleurs à l'ensemble du Proche-Orient. Lors de la Première Guerre mondiale, les victoires britanniques (prise de Bagdad, Kirkūk, Mossoul, 1917 - 1918 et armistice de Moudros imposé à la Turquie) marquèrent le démantèlement de l'Empire ottoman et parallèlement la renaissance du nationalisme panarabe. **Le royaume et l'indépendance** La Grande-Bretagne obtint en 1920 un mandat sur l'Irak et intronisa en 1921 l'émir Fayçal Ier (1921 - 1933) qui avait été chassé de Syrie par les troupes françaises. La monarchie constitutionnelle devint formellement indépendante en 1932

**Irak.** Mosquée d'Alkazimayn à Bagdad, période abbasside. *Phot. © Dagli Orti*

après avoir signé en 1930 un traité d'alliance avec la Grande-Bretagne qui garda ses bases militaires et son droit de regard sur les affaires importantes. La période qui précéda la Deuxième Guerre mondiale fut caractérisée sur le plan économique par l'importance croissante du pétrole et l'institution de la grande propriété terrienne, tandis que sur le plan politique se développait un puissant courant nationaliste antibritannique. Porté au pouvoir à la faveur d'un coup d'État militaire nationaliste, Rachīd 'Alī al-Kylani (1941) chercha à s'allier avec les forces de l'Axe pour soustraire le pays à la domination britannique. Mais il fut chassé par l'intervention britannique et Abd Allah, oncle de Fayçal II (1939 - 1958) et régent, renoua avec la politique de collaboration avec la Grande-Bretagne nonobstant la montée du mouvement nationaliste et antimonarchique. En 1948, des manifestations populaires empêchèrent le Premier ministre, Nouri es-Saïd, homme fort du régime, de signer un nouveau traité avec la Grande-Bretagne. Ce mouvement s'amplifia avec la première guerre israélo-arabe, l'arrivée au pouvoir de Nasser (1952) et la crise de Suez (1956). Le roi Fayçal II et Nouri es-Saïd prirent la tête de la coalition arabe pro-occidentale ; l'Irak signa le pacte de Bagdad (1955), alliance inspirée par les États-Unis dans le cadre de leur stratégie d'encerclement de l'URSS et, pour contrer la République arabe unie (RAU : Égypte et Syrie, 1958), s'allia avec la monarchie hachémite de Jordanie pour former une Fédération arabe. **Le coup d'État de Kassem** Le 14 juil. 1958, un groupe de 200 officiers dirigé par le général Kassem renversa la monarchie (le roi, le régent et Nouri es-Saïd furent assassinés) et instaura la république. Le nouveau régime mit fin au pacte de Bagdad et à la Fédération arabe, se rapprocha de l'URSS et de l'Égypte, et procéda à des réformes économiques. Mais très vite, le général Kassem exerça une dictature. **La République démocratique** Il fut renversé le 8 fév. 1963 par un coup d'État sanglant fomenté par la partie radicale du Baas qui porta le général Abd al-Salem Aref au pouvoir. Mais, dès nov. 1963, Aref se débarrassa de ses alliés baasistes et, en 1964, une nouvelle Constitution proclama l'Irak «République démocratique et socialiste», alliée politique de la RAU. Il dut faire face au problème kurde (amnistie de 1966) et procéda à une nouvelle épuration anticommuniste. Après la mort accidentelle du maréchal Aref (1966), son frère, le général Abd al-Rahman Aref, le remplaça mais fut à son tour renversé (1968) par un coup d'État baasiste dirigé par le général Ahmad Hassan al-Bakr. **La radicalisation du régime** Dès lors le régime se radicalisa. En 1972, un traité d'amitié fut signé avec l'URSS et peu après les communistes faisaient leur entrée au gouvernement. La même année, le Baas, voulant se donner les moyens d'une modernisation du pays, nationalisa l'Iraq Petroleum Company. En 1973, les baasistes et les communistes scellèrent une alliance au sein du Front national progressiste. Le régime promulgua en 1970 une loi accordant une large autonomie aux Kurdes, insuffisante pour mettre fin à la guérilla, qui fut écrasée en 1975 après la signature d'un accord avec l'Iran, qui s'engagea à ne plus soutenir la rébellion kurde en échange d'une reconnaissance de ses prétentions territoriales. **L'arrivée au pouvoir de Saddam Hussein** En 1979, al-Bakr abandonna toutes ses fonctions à la tête de l'État et du parti Baas au numéro deux du régime, Saddam Hussein. Ce dernier amorça un rapprochement diplomatique avec les monarchies du Golfe et l'Europe occidentale. Il rompit l'alliance avec le parti communiste et procéda à des purges sanglantes au sein du parti Baas. **La guerre contre l'Iran et la guerre du Golfe** Se sentant menacé par la «révolution islamique» qui ne cachait pas son intention de renverser le régime baasiste «laïc et athée» en comptant sur le soutien des chiites d'Irak, il attaqua l'Iran (1980) déclenchant une guerre qui devait faire entre 500 000 et 1 million de morts. Le cessez-le-feu intervint en juil. 1988. Sorti exsangue de cette guerre, mais surarmé, l'Irak devint une force régionale à la fois redoutable et fragile économiquement. Le Koweït* continuant à dépasser son quota de production pétrolière et mettant ainsi en péril le rétablissement de l'économie irakienne, Saddam Hussein le fit envahir en août 1990. → **Golfe (guerre du).** Toutes les négociations ayant échoué, le Conseil de sécurité de l'ONU autorisa le recours à la force et la guerre déclenchée par les Alliés aboutit à la libération du Koweït. **La chute de Saddam Hussein** Mais les problèmes à l'origine de ce conflit restèrent intacts. La question kurde ne fut pas résolue et ni les défections de hauts dirigeants ni l'embargo décrété par l'ONU ne permirent la démocratisation du régime. Le problème du désarmement restant entier, les États-Unis et la Grande-Bretagne déclenchèrent, en déc. 1998, l'opération militaire «Renard du désert», qui divisa la communauté internationale. Fort de son succès contre les talibans en Afghanistan (2001), le président Bush, pour lequel l'Irak présentait un intérêt géostratégique et économique (pétrole) et figurait parmi les pays de «l'axe du mal», décida d'une intervention armée pour abattre la dictature de Saddam Hussein et détruire les armes de destruction massive que celui-ci était supposé détenir. Après avoir formé, avec plusieurs nations dont la Grande-Bretagne, une coalition à laquelle refusèrent de participer la France, l'Allemagne et la Russie, les Américains, qui n'obtinrent pas de mandat de l'ONU, envahirent l'Irak en mars 2003. Au terme d'une brève campagne militaire, ils prirent Bagdad le 9 avril et nommèrent un administrateur américain pour le pays. Mais la situation se dégrada avec la multiplication des attentats terroristes contre les soldats de la coalition et les Irakiens au service du gouvernement intérimaire.

**Irak.** Mise à bas de la statue de Saddam Hussein à Bagdad. *Phot. © Laurent Rebours/AP/SIPA*

Les Américains capturèrent Saddam Hussein en déc. 2003 et transférèrent la souveraineté aux Irakiens le 30 juin 2004. **L'après-Saddam** Dans un contexte de plus en plus violent, marqué notamment par le siège de Falloujah*, des élections eurent lieu en janvier 2005. Elles virent la victoire de la liste chiite, parrainée par l'ayatollah Ali Sistani, qui devança celle des Kurdes, tandis que la forte minorité sunnite, au pouvoir sous Saddam Hussein, boycottait les urnes. Une alliance entre chiites et Kurdes amena la nomination du Kurde Jalal Talabani à la présidence de la République et du chiite Ibrahim Al-Jaafari au poste de Premier ministre, remplacé en avril 2006 par Nouri Al-Maliki. Le principal ennemi à l'instauration de la démocratie, Abou Moussab Al-Zarkaoui, chef d'al-Qaida en Irak et auteur de nombreux assassinats, fut abattu par une attaque aérienne américaine en juin 2006. Saddam Hussein fut exécuté par pendaison en déc. 2006 tandis que le pays était en proie à des violences intercommunautaires après l'attentat de la guérilla sunnite contre le sanctuaire chiite de la mosquée dorée de Samarra. La lutte entre sunnites radicaux et chiites radicaux — dont ceux se réclamant de Moqtada al-Sadr, hostile à l'intervention américaine et écarté du pouvoir — gagna la population et força le déplacement d'env. 3 millions de personnes dans d'autres régions ou en Syrie et en Jordanie. Un apaisement est observé depuis 2007 et les élections provinciales de janv. 2009 ont conforté la coalition de l'État de droit menée par Nouri Al-Maliki. Selon la décision du nouveau président américain B. Obama, les forces de combat américaines doivent se retirer entre 2009 et 2011.

## IRAN

▮ n. m. – off. ***République islamique d'Iran*** ◆ ÉTYM. de l'indo-eur. *Ayryānā Vaejo* «l'origine des Aryens» ♦ Pays d'Asie occidentale. 1 648 000 km². 70 472 846 hab. *(Iraniens)* dont plusieurs millions d'Azéris, Kurdes, Lurs, Guilacs, Baloutches, Turkmènes, Arabes et 1 200 000 nomades. LANGUE : persan. RELIGION : islam chiite duodécimain (80 %). MONNAIE : rial. CAPITALE : Téhéran. RÉGIME : présidentiel. L'Iran est divisé en 30 provinces *(ostān)*.

### GÉOGRAPHIE

La majeure partie de l'Iran est constituée par un haut plateau enserré par deux arcs montagneux. L'un comprend au N.-O. le massif d'Azerbaïdjan, au N. le massif de l'Elbourz bordant la plaine côtière de la Caspienne, et prolongé au N.-E. par les chaînes du Khorassan*. L'autre est formé à l'O. par le Zagros*, bouclier montagneux de 1 800 km (plus de 4 000 m) peu accessible, isolant la plaine du Khouzistan du plateau iranien et des bassins du Fārs. Le plateau iranien, d'une altitude moyenne de 1 300 m, est jalonné de dépressions. Les *kavirs*, anciens lacs asséchés, forment d'immenses étendues de terre salée désertiques (le Dacht-é Kavir au N., succession de bassins séparés par des collines, le Dacht-é Lut au S.-E., encore plus désolé et sans végétation, à l'exception de rares oasis). S'étendant au pied de montagnes aux versants humides, les plaines extérieures, aux précipitations plus abondantes, offrent un paysage de terres fertiles (quand elles sont bien irriguées comme dans le Khouzistan) et de végétation verdoyante (provinces caspiennes dont les forêts, protégées par l'Elbourz, sont parmi les moins dégradées du territoire). Plaines irriguées, vallées montagnardes arrosées et plateau aride à l'intérieur ont imposé dès l'Antiquité la cohabitation de deux communautés aux modes de vie différents (éleveurs nomades et paysans sédentaires autour des zones irriguées), dont l'évolution des rapports a commandé l'histoire du pays et de la société. ▮ **Le climat** La présence des chaînes de montagnes périphériques explique l'aridité du climat, de type continental. Les précipitations dépassent rarement 250 mm/an, sauf près de la Caspienne (1 300 mm à Racht). Les étés sont chauds, parfois torrides, les hivers très froids. L'amplitude thermique peut être considérable (entre –20° et +40° à Ispahan).

### ÉCONOMIE

Les événements politiques de la fin du XX^e^ siècle (révolution, embargo américain, guerre avec l'Irak) avaient laissé l'économie affaiblie. Cependant, le taux de la croissance iranienne s'est maintenu entre 5 et 7 % de 2000 à 2009, année où la crise financière mondiale s'est répercutée sur les recettes pétrolières. Par ailleurs, l'économie souffre d'un manque de dynamisme dû à une centralisation extrême et à l'interdiction de

Iran.

Iran ▮ Productions en 2008

| Produits | Quantités | Rang |
|---|---|---|
| ▮ Agriculture | | |
| Abricots | 280 000 t | 2e |
| Betteraves à sucre | 5 300 000 t | 14e |
| Blé | 7 000 000 t | |
| Canne à sucre | 5 600 000 t | |
| Dattes | 1 000 000 t | 3e |
| Oranges | 2 300 000 t | 8e |
| Orge | 2 000 000 t | 14e |
| Pistaches | 230 000 t | 1er |
| Pommes | 2 600 000 t | 4e |
| Pommes de terre | 5 200 000 t | 13e |
| Raisin | 3 000 000 t | 7e |
| Riz | 2 400 000 t | 18e |
| Soie | 600 t | 5e |
| Tomates | 5 000 000 t | 7e |
| Bovins (têtes) | 7 600 000 | |
| Caprins (têtes) | 27 000 000 | |
| Ovins (têtes) | 53 000 000 | 4e |
| ▮ Mines et énergie | | |
| Argent | 25 t | |
| Bauxite | 500 000 t | |
| Cuivre | 210 000 t | 14e |
| Fer | 32 000 000 t | 10e |
| Gaz naturel | 112 000 000 000 m³ | 4e |
| Pétrole | 210 000 000 t | 4e |
| Zinc | 160 000 t | |

tout investissement étranger. **▮ Agriculture** L'agriculture et l'élevage constituent 11 % du PIB et emploient 23 % de la main-d'œuvre. La surface agricole occupe plus de 10 % du territoire (env. 16 872 000 ha). Elle comprend 2/3 de surfaces irriguées par de grands aménagements hydrauliques récents et par les techniques traditionnelles de canalisation, les *qānats* (galeries captant l'eau des nappes souterraines) et 1/3 de surfaces non irriguées où la production est très pauvre. Se concentrant pour l'essentiel, depuis la réforme agraire commencée en 1962 et accélérée par la révolution, dans les petites et moyennes propriétés, la production agricole est basée sur les cultures céréalières (blé, orge, riz), fruitières (dattes, pistaches, amandes, agrumes) et industrielles (betterave et canne à sucre, thé, coton, tabac). L'élevage (ovins, caprins, bovins) assure une partie de la consommation de viande. Mais le pays est loin d'avoir atteint l'autosuffisance alimentaire. L'explosion du commerce illicite de caviar dans les pays bordant la mer Caspienne a entraîné l'instauration de quotas d'exportation. **▮ Hydrocarbures** Le pétrole, aux mains de l'État, reste la principale richesse du pays, assurant, avec le gaz, un quart du PIB et 90 % des exportations. Fournissant 5,2 % de la production mondiale, l'Iran détient 14 % des réserves connues de gaz naturel et 9,3 % de celles de pétrole dans le monde. La plupart des gisements (les plus anciens de la région du golfe Arabo-Persique) se trouvent dans sa partie occidentale (piémont du Zagros et plaine du Khouzistan) et sur le plateau continental dans le golfe Arabo-Persique. Ces gisements, dont l'exploitation était le monopole de l'Anglo-Iranian Oil Company, furent nationalisés par Mossadegh* en 1951. Après la chute de ce dernier en 1953, l'exploitation fut confiée jusqu'à la révolution à un consortium de compagnies britanniques, américaines, néerlandaises et françaises. Cependant la NIOC (société nationale de pétrole iranien), née de la nationalisation, ne cessa d'accroître ses activités. Tout un réseau d'oléoducs, de raffineries et de gazoducs assure l'approvisionnement à l'intérieur et conduit la production destinée à l'exportation vers les terminaux de l'île de Kharg et des ports du golfe Arabo-Persique. **▮ Industrie** Avec les mines, elle constitue 44 % du PIB et emploie 30 % de la main-d'œuvre. L'artisanat traditionnel reste très actif (célèbres tapis, soieries, cotonnades). L'industrie moderne s'est développée dès les années 1920 surtout dans le textile et l'alimentaire. Grâce au pétrole (raffinerie) et à la pétrochimie, un décollage industriel s'amorça au début des années 1970 mais a été arrêté par la Révolution et la guerre irano-irakienne. La production sidérurgique est en plein essor. **▮ Communications** Le réseau routier comprend plus de 22 000 km de routes principales asphaltées. Le réseau ferré, avec notamment le Transiranien reliant le golfe Arabo-Persique à Téhéran puis à la mer Caspienne, reste limité malgré plusieurs prolongements de lignes déjà réalisés (Transcaucasien) ou en projet (liaison avec le Transcaspien). L'infrastructure portuaire, très endommagée par la guerre à l'E., s'est développée à Bouchir et à Bandar Abbas vers le centre et l'O. du golfe Arabo-Persique. **▮ Commerce** Les exportations, en dehors du pétrole et du gaz, sont constituées par des tapis, des fruits secs, des minerais, des peaux et certains produits industriels. Les importations consistent en produits manufacturés (machines, matériel de transport) et en produits alimentaires. Le Japon, la Chine et l'Union européenne (surtout l'Allemagne) fournissent plus de 60 % des importations et achètent près de 66 % des exportations iraniennes.

## HISTOIRE

**▮ L'Iran antique et préislamique** L'Iran pré- et protohistorique est connu par plusieurs sites dont les principaux sont Tepe Sialk*, Hasanlū*, Suse*, Tchogha*-Zanbil et Yahyā* Tepe. Au –IIe millénaire, tandis que l'Élam* développait une civilisation en rapport avec celle de Babylonie, des envahisseurs indo-européens donnèrent son nom à l'immense plateau iranien où ils s'établirent. L'art de ces peuples nomades ou semi-nomades, influencé par les bronzes du Loristan*, est bien représenté par l'art scythe*. Au –IXe s., les tribus mèdes et perses sont mentionnées pour la première fois dans des textes assyriens, par référence aux régions où elles s'étaient fixées : Madai au S.-E., Pārsuā à l'O. et au S.-O. du lac d'Ourmia. ***▮ L'Empire perse jusqu'à la conquête d'Alexandre*** Les Mèdes* constituèrent le premier royaume (–612 - –550) proprement iranien, unifiant, autour d'Ecbatane*, sous le règne de Cyaxare*, l'O. du plateau iranien et le N. de la Mésopotamie. Passé sous la domination d'une dynastie perse (**→ Achéménides**) à la suite de la révolte de Cyrus* II le Grand (–556 - –550), cet empire devint, grâce aux conquêtes de Cyrus II, de Cambyse* II et de Darios* Ier, l'ensemble le plus vaste de toute l'Antiquité. De l'Indus à la Méditerranée, comprenant même l'Égypte, l'Asie Mineure et la Thrace, il était alors divisé en une vingtaine de satrapies gouvernées, chacune, par un administrateur civil et un commandant militaire. Les diverses capitales (Pasargades*, Persépolis*, Ecbatane*, Suse*, Sardes*) étaient reliées par des routes royales ; un système de messagers et de relais assurait les communications. La religion officielle était le mazdéisme*, mais chaque peuple conservait ses dieux. Une monnaie d'or, la « monnaie de *Darios* » ou *darique*, symbolisa la puissance économique de l'empire, de même que les réalisations architecturales de Suse, de Persépolis ou de Naqch*-é Rustam soulignèrent la richesse de la civilisation achéménide. Mais, déjà affaibli par la disparité des peuples et l'étendue même qui le constituaient, l'empire déclina au lendemain des guerres médiques*, marquées par la victoire des Grecs (paix de Callias, –449), en proie aux crises successorales et aux menées des satrapes. Aussi, lorsque la Macédoine s'affirma, se montra-t-il incapable de résister aux coups de Philippe* et surtout d'Alexandre* qui le conquit en quelques années, mettant ainsi fin au règne des Achéménides (incendie de Persépolis, –330). ***▮ Les Séleucides et les Arsacides*** Après la mort d'Alexandre (–323) et au cours des querelles de sa succession, la Perse revint finalement à Séleucos* (–301) et à ses successeurs (**→ Séleucides**) qui diffusèrent la culture hellénistique jusqu'à l'E. de l'Iran. Mais dès le –IIIe s., la puissance des Séleucides fut battue en brèche par celle des Parthes*, qui fondèrent une nouvelle dynastie (**→ Arsacides**) dont les possessions s'étendirent peu à peu. En –141, le titre impérial fut rétabli par Mithridate* Ier, conquérant de l'Iran, de la Perside, de la Babylonie. L'Empire parthe, qui choisit Ctésiphon* comme capitale, s'opposa à Rome en une sanglante rivalité de trois siècles dont l'enjeu fut la domination de la Mésopotamie, de l'Anatolie et du Caucase et atteignit son apogée sous Orode* II (–55 - –37). ***▮ Les Sassanides*** Les Arsacides, première dynastie issue des Iraniens du N., cédèrent la place à une autre lignée issue des tribus perses du S. se disant les descendants des Achéménides, celle des Sassanides*. L'empire fondé (224 - 226) par Ardacher* connut son apogée culturelle sous Khosrō* Ier (531 - 579) et sa plus grande extension territoriale sous Khosrō* II (590 - 628), celui-ci ayant momentanément reconstitué l'équivalent de l'empire achéménide. Les quatre siècles du règne des Sassanides, qui eurent pour capitales Ctésiphon, Suse et Gundechahpour, furent une période d'épanouissement pour la civilisation iranienne. Le Grand Roi, entouré d'un rituel impressionnant, gouvernait assisté d'un général en chef à la tête des armées et d'un grand vizir à la tête des fonctionnaires. L'État tirait sa force d'une vigoureuse centralisation administrative (des provinces moins indépendantes avaient remplacé les anciennes satrapies) et s'appuyait sur une puissante religion d'État très hiérarchisée, le mazdéisme* réorganisé, durci par la fixation de ses traditions sacrées orales en textes consignés dans l'*Avesta**. Les Sassanides, contrairement aux Achéménides et aux Parthes, abandonnèrent la tradition de tolérance religieuse, réprimant les religions nouvelles : le manichéisme* au IIIe s. (**→ Mani**), le christianisme, dont l'Église en Iran, la première à se constituer en Église indépendante (424), fut plus tard appelée « nestorienne » (**→ Nestorius**) et le mazdakisme de –500 à –550 (**→ Mazdak**). La société sassanide était divisée en quatre classes : prêtres ou « mages », guerriers, scribes, artisans et paysans. Un système de courriers royaux avait été reconstitué comme sous les Achéménides. Les arts connurent un rayonnement remarquable : palais royaux, avec voûtes et coupoles ; bas-reliefs et orfèvrerie à sujets animaliers. Avec le développement du moyen perse ou pahlavi comme langue officielle et littéraire, apparaissent les plus anciens textes iraniens connus (hors l'*Avesta* et les inscriptions achéménides) : de la littérature religieuse, avec le *Denkārd*, précieuse encyclopédie du mazdéisme, ou le *Bundahichn*, récit cosmologique, mais aussi de littérature profane (*Livre des exploits d'Ardachêr, Livre des rois* connu seulement à travers Firdoussi*). Défendant la vieille culture de l'Asie antérieure, l'Empire sassanide dut lutter à ses frontières occidentales

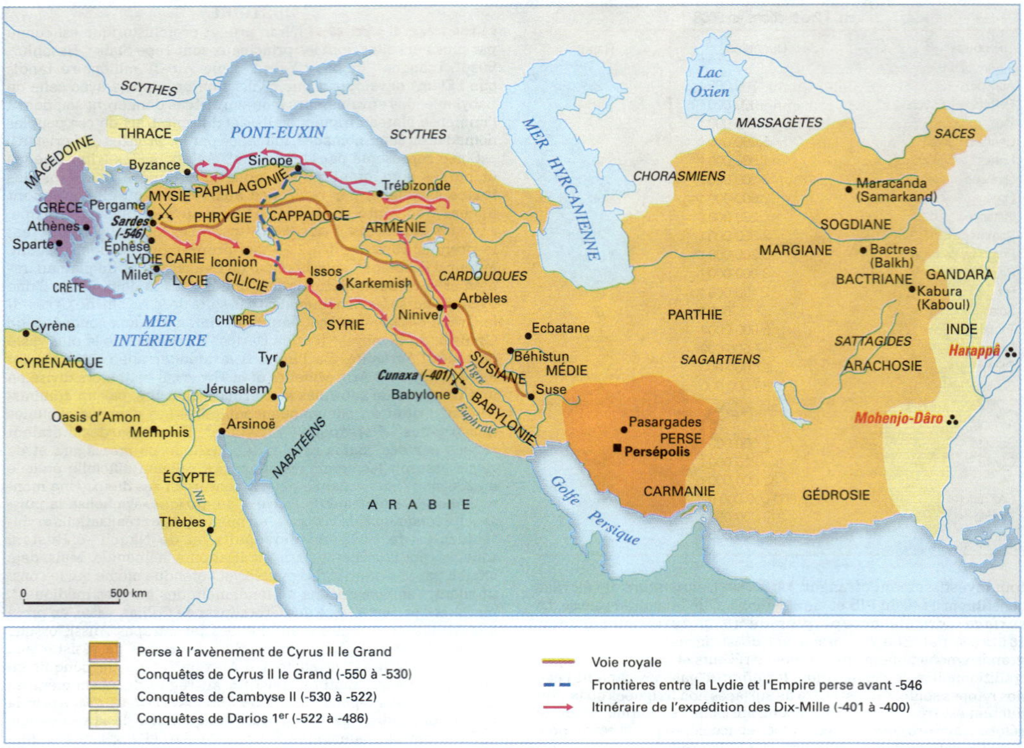


**Iran.** L'Empire perse.

contre la domination romaine, héritant de la rivalité romano-parthe avec les mêmes enjeux (→ **Arménie, Mésopotamie**) et, à ses frontières septentrionales, contre le monde nomade, notamment les Huns apparus au début du V<sup></sup>e s. Mais, affaibli par des guerres interminables et le dépérissement d'un État miné par toute une série de révoltes et de contestations internes, il succomba, en moins de dix ans (633 - 642), aux assauts des Arabes qui ouvrirent les portes de l'Iran à la religion musulmane. ▮ **La domination arabe, turque et mongole** ▮ ***Les Omeyades et les Abbassides*** Après les défaites des armées sassanides à al-Qādisya (637) et à Nehavend (642) sous le califat d'Omar* et la mort de Yadgard III, l'Iran adopta rapidement et sans heurts l'islam et joua un rôle primordial dans l'évolution de la culture islamique, jusqu'alors essentiellement arabe. Sous le califat d'Ali* (656 - 661), les régions de Mésopotamie et d'Iran se trouvèrent aux côtés de ce dernier dans la grande discorde qui l'opposa à Mu'āwiya*, marquant ainsi le début d'une évolution religieuse qui fera de ces pays une terre d'adoption du chiisme*. Sur le plan économique, la féodalité locale conserva ses possessions, moyennant tribut, sous les Omeyades. Le Khorassan cependant s'opposa au califat et contribua à son renversement par les Abbassides* (750) qui prirent Bagdad comme capitale et adoptèrent des modes de vie et de gouvernement proches de celles des Sassanides, qui influencèrent également leur épanouissement culturel. ▮ ***Le rôle des dynasties locales*** Cependant dès le IXe s. l'affaiblissement du califat favorisa l'émergence de dynasties locales en Iran oriental : Tahirides* du Khorassan (821 - 873), Saffarides* du Sīstān (873 - 900), puis Samanides* de Transoxiane (874 - 999) qui, annexant en outre le Mazandéran et la Médie, réussirent à reconstituer un empire iranien s'étendant du golfe Arabo-Persique jusqu'à l'Inde avec Boukhara et Samarkand comme capitales. Plus à l'O. les Buyides* (932 - 1055), en réunifiant l'Iran occidental et en occupant Bagdad, imposèrent leur suzeraineté aux Abbassides. Cette période, troublée par les rivalités entre les dynasties locales, fut cependant marquée par un renouveau culturel considérable (développement de la langue persane avec l'apparition des plus grands poètes de l'école de Khorassan, Firdoussi*, Roudaki). ▮ ***Les Ghaznavides et les Seldjoukides*** L'émigration des tribus turques (VIIIe - Xe s.) en Iran et leur rôle croissant dans l'organisation militaire samanide entraînèrent l'essor des Ghaznavides* (→ **Alptegīn, Mahmud de Ghazni**) en Afghanistan (962) et en Iran, et surtout des Seldjoukides : ils renversèrent les Buyides et Toghrul-Bey, leur chef, entra à Bagdad (1055), restaurant le calife abbasside aux côtés de qui il gouverna. Reconstituant pendant le XIe s. l'Empire perse, de l'Afghanistan à la Méditerranée, les Seldjoukides, sunnites, se firent les défenseurs de l'orthodoxie religieuse musulmane contre les chiites. Cet empire, administré sous la direction de leurs vizirs persans et notamment de Nizām al-Mulk, perdit son unité politique à la mort de celui-ci et de son souverain Mālik Chāh (1092). Le dernier sultanat seldjoukide d'Iran disparut en 1194 (→ **Seldjoukides**). Mais les normes de gouvernement et les méthodes d'administration léguées par les Seldjoukides créèrent une culture turco-iranienne qui survécut près de mille ans en Iran. ▮ ***Les Mongols*** Au XIIIe s. (1221 - 1222), les Mongols envahirent le pays. Gengis* Khān eut surtout un rôle de conquérant destructeur et c'est Hūlāgū* Khān qui régna sur l'Iran et la Mésopotamie, renversant les Abbassides à Bagdad (1258). Les khans mongols d'Iran (ilkhans) adoptèrent l'islam vers la fin du XIIIe s., mais ne purent maintenir l'unité du pays, qui, au XIVe s., était partagé entre plusieurs dynasties provinciales. L'invasion de Tamerlan (1381 - 1387) fut encore plus destructrice. Cependant les Timurides*, qui se maintinrent en Iran jusqu'en 1517 et par la suite en Inde, favorisèrent au XVe s. une renaissance culturelle en Iran oriental, alors que l'O. du pays, dépeuplé et misérable, était à la merci des tribus turkmènes et de leurs rivalités (confédération de hordes, dites du «Mouton-Noir» et du «Mouton-Blanc»), favorisant notamment le développement du nomadisme. ▮ **Les Safavides (1502 - 1736)** .À la tête de tribus d'Azerbaïdjan et d'Anatolie orientale, Ismā'īl* Ier fonda un État chiite, s'appuyant sur le nationalisme iranien et unifiant l'Iran, une partie du Caucase et l'Irak contre les deux puissances sunnites, ottomane à l'O. et ouzbek à l'E. Le successeur d'Ismā'īl, Tahmāsp Ier (1524 - 1576), battu par les Ottomans, dut abandonner l'Irak, les lieux saints chiites et même pour un certain temps sa capitale Tabriz*. La dynastie safavide atteignit son apogée sous le règne d'Abbas Ier*, qui refoula les Ottomans de la Mésopotamie, les Portugais du golfe Arabo-Persique et les Ouzbeks au-delà de l'Amou-Daria. Abbas Ier réorganisa l'armée et l'administration, développa le commerce et choisit Ispahan* comme capitale. ▮ ***Le déclin*** Mais l'Iran safavide déclina au XVIIe s., perdant définitivement le contrôle de l'Irak ; son influence culturelle cependant fut forte sur l'Inde moghole et l'Empire ottoman et même sur l'Europe (voyages de Tavernier et de Chardin ; vogue de la Perse dont témoignent *Les Lettres persanes* de Montesquieu). L'adoption du chiisme comme religion officielle renforça le particularisme iranien face au reste du monde musulman, mais engendra en même temps des germes de dissension à l'intérieur de l'État. La révolte des tribus sunnites afghanes et la mise à sac d'Ispahan en 1722 mirent fin à la domination safavide. **▮ De Nâdêr Chāh à la Première Guerre mondiale ▮ *Nâdêr Chāh et les Zends*** Sur les ruines de l'État safavide, se constitua l'empire de Nādir **(→ Nâdêr Châh)**, qui chassa les Afghans, déposa l'héritier safavide et se fit couronner chah en 1736. Mais son empire était le produit d'une dictature personnelle et son œuvre ne lui survécut pas. Le pays fut livré à des guerres dévastatrices entre dynasties rivales, dont celle éphémère des Zends, fondée par Karim Khān (1749 - 1779) et éliminée par un chef de tribu turkmène, Āghā* Muḥammad. ***▮ Les Kadjars*** Réussissant à réunifier le pays, ce dernier se fit couronner à Téhéran (1794), fondant ainsi la dernière dynastie d'origine tribale du pays : les Kadjars*. Ces luttes affaiblirent définitivement l'État iranien et ouvrirent la voie à la pénétration des influences occidentales notamment celle de la Russie au N. et de la Grande-Bretagne à l'E., qui imposa son hégémonie dans le golfe Arabo-Persique. Attaqué par les Russes en 1803, Fath ʿAlī Chāh (1797 - 1834), malgré le traité de Finkenstein (mai 1807) qui lui apportait le soutien de Napoléon Ier, fut vaincu (1813 : abandon de la Géorgie ; 1828 : perte de l'Arménie). Son successeur Muḥammad Chāh (1834 - 1848) se heurta aux Britanniques et perdit l'Afghanistan. Sous le règne de Nāser* al-Dīn (1848 - 1896), les tentatives de modernisation, comme celle de Mīrzā Taghi Khān, échouèrent face à la sclérose de la société et au despotisme de la monarchie qui s'opposait à toute velléité de réforme (répression du mouvement babiste). Ainsi la perte des territoires s'accompagna d'un affaiblissement de la souveraineté de l'État, d'un appauvrissement de la population et de l'endettement du pays qui fut divisé par l'accord russo-britannique de 1907 en deux zones d'influence. Mais une révolution nationaliste et libérale avait éclaté en 1906, contraignant Muzaffar al-Dīn (1896 - 1907) à promulguer une Constitution. Son successeur Muḥammad ʿAlī Mīrzā (1907 - 1909), soutenu par les Russes, bombarda le nouveau Parlement (Madjlis) mais, battu par les forces constitutionnalistes, il fut obligé d'abdiquer en faveur de son fils Aḥmad Chāh (1909 - 1925). La découverte et l'exploitation croissante du pétrole pendant la Première Guerre mondiale changèrent la nature de l'importance stratégique de l'Iran. **▮ Les Pahlevi ▮ *Rizā Chāh*** Le renforcement des positions économiques étrangères, surtout britanniques (la Grande-Bretagne tenta d'établir au lendemain du conflit un régime de protectorat), joint à l'autocratisme des derniers Kadjars, déclencha plusieurs complots nationalistes ou libéraux dont celui de Rizā Khān (24 fév. 1921) qui aboutit à l'instauration de la dynastie des Pahlevi*. Couronné le 12 déc. 1925 **(→ Rizā Chāh)**, Rizā Khān entama un processus de modernisation (infrastructure routière et ferroviaire, télécommunications, enseignement, nouveau statut pour la femme, nouvelle dénomination de la Perse, devenue Iran en 1935) et instaura un pouvoir autoritaire et centralisé, qui réprima aussi bien les centres de pouvoir traditionnel (tribus, hiérarchie religieuse), que les forces politiques modernes (interdiction du parti communiste iranien [Toudeh] en 1931). Pendant la Deuxième Guerre mondiale, la menace allemande sur le Caucase et la nécessité d'établir une voie de ravitaillement vers l'Union soviétique par le golfe Arabo-Persique poussèrent les Alliés à occuper l'Iran (sept. 1941). Rizā Chāh fut obligé d'abdiquer en faveur de son fils Muḥammad Rizā (sept. 1941).

**Iran.** La mosquée du Sheikh Loftollah à Ispahan.
*Phot. © Andrea Jemolo/akg-images*

***▮ Muḥammad Rizā*** Britanniques et Soviétiques (qui tentèrent d'étendre leur influence en favorisant les mouvements séparatistes au Kurdistan et en Azerbaïdjan) durent se retirer en 1946, alors que la présence américaine, devenant de plus en plus déterminante, s'exerça dans le cadre du renforcement des forces armées. Comme l'extraction pétrolière s'accélérait, plusieurs députés, membres du Front national dirigé par Mossadegh*, s'opposèrent aux nouveaux accords avec l'Anglo-Iranian Oil Company (1949). Après l'assassinat du Premier ministre Razmārā, le Parlement vota la nationalisation du pétrole (mars 1951) et sa confiance à Mossadegh comme Premier ministre (avr. 1951). Mais le blocus britannique, le boycottage des compagnies pétrolières et la dégradation économique qui s'ensuivit amenèrent une partie de l'armée, les grands propriétaires fonciers et les clients des Anglo-Saxons à s'opposer à Mossadegh, qui fut renversé par un coup d'État fomenté par la CIA (août 1953). Le nouveau pouvoir pourchassa les nationalistes et les communistes et supprima les libertés constitutionnelles. Un accord pétrolier fut conclu avec un Consortium international. La persistance d'une situation économique inquiétante, en dépit de l'aide américaine, et le développement de l'opposition qui réclamait le retour à l'application de la Constitution, obligèrent le chah à accepter des réformes. ***▮ La révolution blanche*** Il entreprit, à partir de 1963, sa «révolution blanche», destinée à distribuer des terres, à promouvoir l'instruction et à émanciper les femmes, ce qui provoqua l'hostilité des traditionalistes. Mais il refusa toute concession sur le plan politique, réprima la contestation religieuse et renforça même son pouvoir absolu, grâce à sa police politique. Le retrait britannique à l'E. de Suez (1971), l'augmentation des revenus pétroliers (1973) et l'encouragement américain incitèrent le chah à se lancer dans d'ambitieux projets de transformations sociales et économiques du pays et, en s'appuyant sur un important appui militaire, à faire de l'Iran la principale puissance de la région. **▮ La Révolution islamique ▮ *Le départ du chah et le retour de Khomeiny*** Le développement rapide de nouvelles forces socioéconomiques dans une société où toute expression critique était bannie engendra une situation révolutionnaire. Les émeutes antigouvernementales atteignirent une telle violence en 1978 que le chah dut quitter l'Iran (janv. 1979). L'ayatollah Khomeiny*, qui dirigeait ce mouvement depuis la France, rentra en Iran après 15 ans d'exil, désigna un Conseil de la Révolution et nomma Mehdi Bazargan* Premier ministre. ***▮ La République islamique et la guerre civile*** La République islamique fut proclamée à l'issue d'un référendum (1er avr. 1979). Mais le projet de constitution de cette République, entraînant l'éclatement de l'unanimité révolutionnaire, vit s'opposer une partie du clergé organisée autour du Parti républicain islamique, favorable à l'avènement d'un régime théocratique ainsi qu'à l'application littérale d'un islam rigoriste, et l'intelligentsia qui, divisée, fut incapable de protéger les libertés acquises par la révolution. Le nouveau régime eut alors à faire face aux rébellions du Kurdistan* et du Khouzistan*, qui se transformèrent en guerre civile. Née avec la prise en otage des membres de l'ambassade américaine à Téhéran (4 nov. 1979), la grave crise entre l'Iran et les États-Unis, qui dura jusqu'en janv. 1981, et l'attaque de l'Iran par les troupes de l'Irak* (sept. 1980) créèrent les conditions d'une radicalisation de la révolution. Les religieux khomeinistes contrôlèrent alors, notamment après la destitution du premier président élu Bani* Sadr (janv. 1980 - juin 1981), l'ensemble des institutions de l'État, placé sous la tutelle d'un Guide désigné à vie par un conclave de religieux. Réservant tout le pouvoir judiciaire au clergé, chargé d'appliquer la loi islamique *(charia)* qui instaure d'importantes restrictions aux libertés individuelles et réglemente strictement la vie privée, économique et sociale, les religieux imposèrent leur modèle à la société iranienne. ***▮ L'après-Khomeiny*** Après le conflit très meurtrier avec l'Irak (1988), la mort de Khomeiny (1989) entraîna la désignation d'Ali Khamenei* comme Guide de la Révolution et l'élection d'Ali Akbar Rafsandjani* à la présidence de la République, dont une réforme constitutionnelle renforça les pouvoirs. Une opposition se fit jour entre les conservateurs et les modernistes. Ces derniers remportèrent une victoire importante, avec l'élection à la présidence de la République de l'un des leurs, Mohammad Khatami (mai 1997). Cependant les conservateurs revinrent en force à partir de 2004 en remportant les législatives puis, l'année suivante, l'élection présidentielle avec Mahmoud Ahmadinejad. Sa présidence s'accompagna d'une aggravation de l'isolement diplomatique du pays déjà classé dans l'«axe du mal» par l'administration Bush. Depuis 2002, l'Iran mène un programme nucléaire qui alarme la communauté internationale. Son refus réitéré de suspendre ses activités et de faire preuve de transparence lui a coûté plusieurs sanctions du Conseil de sécurité des Nations unies entre 2006 et 2008. L'installation d'un nouveau site d'enrichissement d'uranium à Qom* a été dénoncée en 2009 par les puissances occidentales qui, reconnaissant le droit de l'Iran au nucléaire civil, ont estimé que la taille et la configuration des sites ne correspondaient pas à un programme pacifique. Les relations avec l'Occident sont également tendues en raison des déclarations de M. Ahmadinejad en faveur de la destruction de l'État d'Israël, de la suspicion de financement du terrorisme et de la dégradation incessante des droits de l'homme à l'intérieur du pays. En juin 2009, le président Ahmadinejad a été réélu avec plus de 60 % des voix au premier tour malgré ce bilan assez lourd et des rivaux ayant suscité une forte mobilisation, notamment de la jeunesse iranienne des grandes villes. L'opposition a attribué sa victoire à la fraude électorale. Des manifestations, d'une ampleur jamais vue en trente ans de République islamique et qui allèrent jusqu'à diviser le camp conservateur, ont été violemment réprimées mais le mécontentement populaire reste perceptible.

**IRAPUATO** ♦ V. du Mexique (État de Guanajuato). 342 561 hab. Centre commercial et industriel.

**IRAQ** → **Irak**

**IRAZÚ** n. m. ♦ Volcan du Costa Rica (3 432 m), à l'E. de San* José. Ses émissions de cendres en 1963 - 1965 causèrent des nuisances prolongées dans la région.

**IRBID** ♦ V. de Jordanie, ch.-l. du mouhafaza d'Ajlun, au N.-O. du pays, dans la vallée du Jourdain et à proximité de la frontière syrienne. 250 645 hab. Marché agricole (céréales). La ville abrite de nombreux réfugiés palestiniens.

**Ircam** n. m. → **Institut de recherche et de coordination acoustique/musique**

**IRELAND (John)** ♦ Prélat catholique américain (Danesforth, près de Kilkenny, Irlande 1838 - Saint Paul, Minnesota 1918). Archevêque de Saint Paul (1888), il fut l'instigateur de l'*américanisme*, tâchant de concilier le catholicisme et le libéralisme américain sans toutefois tomber dans les excès qui furent condamnés (→ **Léon XIII**). En 1892, Léon XIII le chargea d'une tournée en France où il appela les catholiques au «ralliement» à la République. N'ayant pu empêcher la guerre hispano-américaine (1898), il prit part aux négociations qui suivirent sur les Philippines.

**IRELAND (John Nicholson)** ♦ Compositeur britannique (Bowdon, Cheshire 1879 - Washington, Sussex 1962). Élève de Stanford, il fut marqué par l'influence de Brahms, Debussy, Ravel et Stravinski. Excellent représentant de la tradition anglaise, il a composé de la musique symphonique *(London Ouverture)*, un oratorio *(These Things Shall Be)*, des œuvres pour piano (concertos, sonates), des ouvertures, de la musique d'orgue, des mélodies. Son style se caractérise par la clarté et une délicate poésie.

**IRELAND (David)** ♦ Romancier australien (Lakemba, Nouvelle-Galles du Sud 1927). Son œuvre, par la technique du récit fragmenté, cherche à refléter le chaos de la société urbaine et décrit avec obstination l'univers industriel aliénant de son adolescence, près de Sydney. *The Chantic Bird* (1968), *The Unknown Industrial Prisoner* (1971), *The Glass Canoe* (1971), *Burn* (1974), *A Woman of the Future* (1979), *City of Women* (1981), *The Chosen* (1997).

**IRÈNE** ➝ ÉTYM. en gr. *Eirênê* «la paix» ♦ (Athènes v. 752 - Lesbos 803). Impératrice d'Orient (797 - 802). Épouse de Léon* IV, régente après la mort de celui-ci (780), elle réunit en 787 le concile de Nicée qui rétablit le culte des images (→ **iconoclastes**). Contrainte de se retirer à la majorité de son fils Constantin* VI, elle intrigua contre lui, réussit à le détrôner et lui fit crever les yeux (797). Le gouvernement d'Irène, laquelle prit le titre masculin de *basileus* (empereur), fut catastrophique pour l'empire, qui devint tributaire d'Haroun al-Rachid (798). Poursuivant toutefois le rêve de rétablir l'unité avec l'Occident par un mariage avec Charlemagne, elle fut détrônée par un coup d'État et exilée à Lesbos. L'Église orthodoxe l'a reconnue comme sainte.

**IRÉNÉE** (saint) ➝ ÉTYM. en gr. *Eirênaios* «pacifique» ♦ Père et docteur de l'Église (Asie Mineure v. 130 - Lyon v. 208). Prêtre, puis évêque de Lyon après saint Pothin (177), il mourut probablement martyr. Auteur d'une *Réfutation de la fausse gnose* (connue par une version latine : *Adversus haereses*, 5 livres) et d'une *Démonstration de l'enseignement apostolique*, il opposa aux gnostiques une théologie de l'Église centrée sur la transmission de la Tradition à travers la succession des évêques, et une théologie de l'histoire conduisant l'humanité de la Création à la fin des temps dans la perspective unifiante de l'«économie divine». ▪ Fête le 28 juin.

**Irgoun** n. m. **Irgoun Zvaï Leoumi** ou **Tsvaï Leumi** ♦ Organisation extrémiste juive fondée en Palestine (1935) par David Rasiel et Abraham Stern, qui s'en sépara peu après pour former le groupe Stern*. Politiquement inspirés par le sionisme révisionniste, nationaliste d'extrême droite, les membres de l'Irgoun ripostèrent à la politique britannique, qui restreignait l'immigration juive en Palestine en organisant l'immigration illégale et en s'opposant dès cette époque de façon de plus en plus violente à la puissance mandataire. Au lendemain de la Deuxième Guerre mondiale, toutes les organisations paramilitaires juives (groupe Stern, Haganah*) participèrent à l'action terroriste. L'Irgoun, qui prit part activement à la résistance juive à la Grande-Bretagne, se signala aussi par des actes de terrorisme dirigés contre la population arabe de Palestine (massacre des habitants du village de Deir Yassin, avr. 1948, qui fut réprouvé par l'Agence juive et la Haganah). Après la proclamation de l'indépendance de l'État d'Israël (14 mai 1948), l'Irgoun fut dissous à la suite de l'assassinat du médiateur de l'ONU, le comte Folke Bernadotte (sept. 1948), et ses membres furent intégrés à l'armée israélienne.

**IRIAN JAYA BARAT** - anc. *Papua Barat* (Papouasie occidentale) ♦ Prov. d'Indonésie créée en 2003 sur la partie péninsulaire et insulaire de l'extrême ouest de la Papouasie. 56 515 km². 800 000 hab. Cap. Manokwari.

**IRIARTE (Tomás DE)** ♦ Écrivain et compositeur espagnol (Orotava, Tenerife, Canaries 1750 - Madrid 1791). Ardent défenseur des théories néoclassiques, il est l'auteur d'un poème satirique, les *Littérateurs en carême* (1773), d'une traduction de l'*Art poétique* d'Horace, et d'un recueil de fables (*Fabulas literarias*, 1782), qui présente la particularité d'être en même temps un manifeste littéraire. Directeur du *Mercure historique et littéraire*, il eut une influence certaine sur les milieux littéraires madrilènes. Iriarte a également donné des comédies originales ou traduites du français et est l'auteur de plusieurs pièces musicales. ➝ ÉTYM. Ce nom vient du basque *iri* «village [domaine]».

**IRIBE (Paul)** ♦ Caricaturiste et décorateur français (Angoulême 1883 - Menton 1935). Après avoir débuté à *L'Assiette* au beurre*, il fonda en 1905 *Le Témoin*, où il s'affirma comme l'un des plus importants graphistes du début du XXᵉ s., grâce notamment à son sens de la mise en page et son utilisation originale de la typographie. Outre des affiches (*Les Vins Nicolas*, 1930 - 1932), il mit son art au service de la mode (*Les Robes de Paul Poiret racontées par Iribe*, 1908), et créa des bijoux, des meubles ainsi que des costumes et des décors de théâtre et de cinéma.

**IRIGNY** [69540] ➝ ÉTYM. anc. *Iriniaco*, du lat. *Irenaeus*, n. de pers., et suff. *-acum* ♦ Ch.-l. de cant. du Rhône, sur le Rhône. 8 330 hab. Indus. automobile.

**IRIS** ♦ Divinité grecque préolympienne qui personnifie l'arc-en-ciel et, en général, le chemin entre le Ciel et la Terre. Devenue la messagère des Olympiens, elle est surtout attachée au service d'Héra. On la représente ailée, tenant dans une main le bâton du héraut.

**IRISH (Cornell George HOPLEY-WOOLRICH, dit William)** ♦ Romancier américain (New York 1903 - *id.* 1968). Ses premiers romans semblaient faire de lui l'héritier du romantisme désespéré de Scott Fitzgerald*, mais c'est au genre policier qu'il se consacra à partir de 1934, avec un immense succès. Une des caractéristiques les plus constantes de son art est de placer le meurtre à la fin du récit et non au début, et d'agencer ainsi le suspens dramatique autour d'une victime qui court à sa perte sans comprendre le danger qui la menace. Œuvres princ. : *La mariée était en noir* (1940), *L'Heure blafarde* (1944), *La Sirène du Mississippi* (1947), *J'ai épousé une ombre* (1949). La plupart ont été adaptées au cinéma.

**IRKOUTSK** ➝ ÉTYM. de *Irkout*, n. de riv. (aïnou «le grand coude») et suff. *-sk* qui désigne une ville ♦ V. de Russie, ch.-l. de région, en Sibérie orientale, sur l'Angara, au S.-O. du lac Baïkal. 593 400 hab. Centre culturel (univ. fondée en 1918). Indus. métallurgique, mécanique et alimentaire. Traitement du bois. ▪ Aux environs, grande centrale hydroélectrique sur l'Angara (4 milliards de kWh par an). Au N.-O. de la ville, bassin houiller d'Irkoutsk (37 500 km²) exploité depuis 1896. ▪ La ville fut fondée en 1661.

**IRLANDE** n. f. ➝ ÉTYM. en angl. *Ireland*, de l'irl. *Eire** et *land* «pays» ♦ La plus occidentale des îles Britanniques, séparée de la Grande-Bretagne par le canal Saint George et la mer d'Irlande. 84 000 km². 5 602 603 hab. *(Irlandais)*. LANGUES : anglais, irlandais (gaélique d'Irlande). RELIGIONS : sauf dans la région de Dublin où les protestants représentent près de 5 % de la population, les citoyens de la république sont d'obédience catholique tandis que les presbytériens et les anglicans sont dominants en Irlande du Nord. Depuis 1922, l'Irlande est divisée entre la république d'Irlande et les six comtés d'Ulster (Irlande du Nord) qui forment avec la Grande-Bretagne le Royaume-Uni. Historiquement, l'Irlande était divisée en quatre provinces (Ulster, Connacht, Leinster, Munster) et 32 comtés. Six d'entre eux, à majorité protestante, ont refusé l'indépendance de l'île et la république. L'organisation spatiale des deux pays est profondément marquée par les séquelles d'une occupation anglaise de près de huit siècles qui a contribué au déséquilibre entre l'E. et l'O. de l'île, par les conséquences de l'indépendance et de la partition de 1921, et par le traumatisme démographique de la terrible famine de 1845 - 1850. En 1845, l'Irlande comptait 8 000 000 hab. L'exode rural, dû à la pauvreté et aux suites de la grande famine, s'est transformé en une tradition d'émigration vers les États-Unis et la Grande-Bretagne, et plus récemment vers l'Europe continentale. Mais cette tendance s'infléchit avec l'essor que connaît l'économie depuis les années 1990 : l'Irlande attire des immigrés du monde entier, phénomène inouï pour cette ancienne terre d'émigration. Sociologiquement, le S., très marqué par le catholicisme, fut longtemps considéré plus conservateur que le N., refusant par exemple l'avortement (référendum de 1992) et n'ayant accepté le divorce qu'au référendum de 1995. On a pu penser que ce conservatisme en matière de législation sociale freinait le rapprochement entre les deux parties de l'île mais la laïcité semble gagner du terrain dans le S., grâce au nouveau contexte économique et social, et à l'image de l'Église fortement ternie par une série de scandales. Les niveaux de vie sont comparables dans les deux pays bien qu'ayant été inférieurs, jusqu'à assez récemment, à ceux des autres États de l'Europe du Nord. La domination anglaise, quelle qu'en fût la forme légale, a mis l'île en situation d'espace dominé, politiquement et économiquement. Le choix de Dublin comme capitale, de par sa position face à l'Angleterre et son ouverture sur la plaine centrale, a entraîné le déséquilibre majeur de l'espace irlandais, accentué au XIX$^e$ s. par le développement de l'industrie lourde à Belfast.

**▮ HISTOIRE ▮ La préhistoire et l'Antiquité** Peuplée depuis la préhistoire, atteinte par la civilisation mégalithique venue de Méditerranée, l'île fut envahie au -IV$^e$ s. par les Gaëls *(Gaedhils)*, population celte apparentée aux Bretons de la grande île voisine **(→ Grande-Bretagne)**. Ils subjuguèrent les Pictes du N. et les Erainn du S. (qui donnèrent leur nom à l'*Eire*, Irlande). Époque mal connue, dont la légende donne une transcription mythique et où les Celtes (leur religion dirigée par les druides, leur culture [écriture *ogham*], leur organisation en tribus ou clans *[tuatha]* regroupés sous l'autorité de rois provinciaux, leurs coutumes [traces de matriarcat]) forgèrent la personnalité du pays. Cinq, puis sept royaumes (V$^e$ s.), plus ou moins unis sous l'égide d'un «roi suprême» *(Ard Ri)* au pouvoir assez théorique, partageaient l'île. Au V$^e$ s., les Gaëls s'installèrent aussi en Écosse, fondant un royaume *Scot* **(→ Écosse)**. **▮ La christianisation** La christianisation provoqua une floraison de monastères (Aran, Mór, Clonard, Clonmacnois, et autres) ; elle fut notamment le fait de saint Patrick* (mort en 461) et de nombreux fondateurs, dont saint Colomba*, convertisseur de l'Écosse. Du VI$^e$ au VIII$^e$ s., l'Irlande connut un prestige intellectuel unique en Europe : saint Finnian à Clonard, les monastères d'Armagh, de Slane éduquaient le monde occidental ; Alcuin y alla étudier. Scot* Érigène («originaire d'Érin»), Fergal, Dicuil incarnaient le rayonnement d'une culture, tandis que des missionnaires irlandais essaimaient (saint Fursa à Péronne ; saint Fiacre* près de Meaux ; saint Kilian à Würzburg ; saint Colomban* à Luxeuil, Reichenau, Bobbio). L'art irlandais de l'enluminure (livres de Durrow, de Lindisfarne, de Kells*), abstrait et symbolique, restera inégalé. La littérature était florissante : sagas (divisées en cycle mythologique, cycle des rois et cycle d'Ulster), poésie des *filid* (prophètes, conteurs), relayés à partir du XII$^e$ s. par les bardes (cycle Fenian ou ossianique). **▮ Vikings et Gaëls** À partir de 795, les Scandinaves (Danes, en réalité surtout des Norvégiens) envahirent et pillèrent l'île. Vers 830, un chef viking s'établit à Armagh. La résistance fut sporadique et peu organisée. Le IX$^e$ s. vit la fondation des premières villes par les Vikings (Dublin, 841 ; Wicklow, Waterford, Cork, Limerick), et des relations, malgré les violences réciproques, rapprochèrent les deux races, les Scandinaves dominant militairement. Le roi «danois» de Dublin (Olaf) fut pourtant battu par un roi gaël (Moelsechlainn II) à la bataille de Tara (980). La lutte entre le roi scandinave de Limerick, Ivar, et deux seigneurs gaëls, Mahan et Brian, se termina par la victoire du dernier (976). Brian élimina d'autres rois, revendiqua la royauté suprême et l'emporta en 1002. Mais douze ans plus tard, rassemblés par sa femme répudiée, Gormflaith, le roi de Leinster (frère de Gormflaith) et celui de Dublin (fils de son premier mariage avec Olaf) appelèrent les Scandinaves à leur aide et attaquèrent Brian (Dublin, 1014). Ce dernier fut tué, mais les Danes furent écrasés : leur domination avait pris fin. Les sept royaumes étaient de nouveau séparés, avec comme rois suprêmes les fils de Brian (O'Brien) jusqu'en 1103, puis les O'Connor (Turloch [1106 - 1156], Rory). **▮ Les Normands et la soumission à l'Angleterre** En 1166, Dermot MacMurrough, roi de Leinster, personnage cultivé et violent, fut chassé par le roi de Breffni, O'Rourke, dont il avait enlevé la femme. Dermot alla chercher secours auprès d'Henri II d'Angleterre. Il leva des hommes de guerre normands, notamment au pays de Galles. Après deux échecs, ceux-ci, conduits par Richard Strongbow, comte de Pembroke, débarquèrent victorieusement en Irlande, prenant Waterford et Dublin. Après la mort de Dermot, Richard se soumit à Henri II. La féodalité normande (Hugues de Lacy, justicier d'Irlande, député du roi d'Angleterre, Strongbow, Fitzgerald, Jean de Courcy, puis après 1185 les compagnons du prince Jean, fils du roi) se partagea le pays, partage facilité par l'avance technique des Normands et les divisions internes des Irlandais, malgré quelques tentatives d'unité (Brian O'Neill ; le roi de Norvège Haakon, 1263 ; Édouard Brice, venu d'Écosse au début du XIV$^e$ s.). **▮ Les statuts de Kilkenny** À cette époque, les seigneurs normands se gaélisaient peu ou prou ; les *statuts de Kilkenny* (1367), par leurs mesures ségrégationnistes, tentèrent d'enrayer l'assimilation. L'Irlande était alors dominée par les Fitzgerald, les Butler («bouteillers», issus du Normand Thiébaud Gautier), les Burke (du Bourg ou de Burgo). Ces derniers disparurent au XIV$^e$ s., gaélisés en MacWilliam. Les Butler, comtes d'Ormond, restèrent fidèles au roi d'Angleterre. Les Fitzgerald de Desmond et ceux de Kildare finirent par régner comme des princes gaëls, quasi indépendants par rapport au roi d'Angleterre. **▮ Le souverain anglais roi d'Irlande** Henri VII tenta bien de remplacer Gerald le Grand (Garret Mór) comme lord-député d'Irlande par Edward Poynings, un pur Anglais, mais il dut céder en 1496. Les Fitzgerald de Kildare ne furent éliminés que par Henri VIII, qui emprisonna Gerald le Jeune (1534) et battit son fils Thomas (Silken Thomas). En 1541, Henri VIII devint roi d'Irlande, sans pouvoir toutefois imposer la Réforme au peuple. Les tentatives d'indépendance, gaéliques (Shane O'Neill, tué en 1567) ou normandes (les Fitzgerald de Desmond : mort de Fitzmaurice, 1579 ; dévastation de Munster par John Perrot et mort de Gerald, 1583), furent écrasées. Seul l'Ulster, avec Hugh O'Neill, aidé par Hugh O'Donnell «le Rouge», résistait ; mais, malgré de nombreuses victoires et son habileté, mal soutenu par les Espagnols venus en renfort, O'Neill, après une guerre terrible (1594 - 1603), fut vaincu par les armées de Mountjoy à Kinsale, se soumit et s'exila (il mourut à Rome en 1616). **▮ L'anglicisation** Sous Jacques I$^{er}$ et Charles I$^{er}$, la politique d'anglicanisation se poursuivit. À la suite d'une révolte au Derry, les propriétaires irlandais furent chassés d'Ulster et remplacés par des Anglais (1601 - 1611) : catholiques, protestants dissidents (presbytériens) et anglicans étaient ainsi mis en présence **(→ Ulster)**. Après l'élimination de Wentworth, comte de Strafford (1639), qui avait cherché à utiliser l'Irlande contre le parlement de Londres, la violente révolte de 1641 (Dublin et Ulster) et le massacre des colons anglais déclenchèrent une nouvelle période de violences. Londres vota l'*Adventurer's Act* (1642) qui organisait le financement des répressions et des exactions. La Confédération de Kilkenny (oct. 1642) fut la réplique irlandaise ; Owen Roe remporta une victoire à Benburb (1646) et Charles I$^{er}$ offrit une paix honorable ; Ormond, grand seigneur protestant, hésitait entre les intérêts de l'Irlande, du roi et des parlementaires. Après une période de confusion, Cromwell envahit le pays (Drogheda, 1649) et tenta d'expulser la plupart des possédants, leur laissant le Connacht comme une sorte de réserve. La restauration **(→ Charles II)** vit le retour d'Ormond comme lord-lieutenant, menant, bien qu'anglican, une politique favorable aux catholiques, pour soutenir la cause royale. **▮ Une colonie anglaise** Économiquement, l'Irlande devenait une colonie de l'Angleterre. Sous Jacques II, le pays eut un lord-lieutenant catholique, Richard Talbot, duc de Tyrconnell ; après la révolution anglaise de 1688, le roi et Tyrconnell, soutenus par les Français de Lauzun* et de P. Sarsfield, furent battus par Guillaume d'Orange aidé par les huguenots français de Schomberg (bataille de la Boyne*). Malgré le traité de Limerick, signé par Guillaume, et qui consacrait les mesures prises par le Parlement irlandais de 1688, la politique anticatholique (lois pénales) se durcit dans la période suivante. L'Irlande gaélique ne survivait qu'au fond des campagnes, et les paysans, exploités, misérables, étaient presque seuls à conserver leurs traditions ; l'île était si anglicanisée que ses défenseurs mêmes, tel Swift*, parlaient surtout au nom d'une Irlande assimilée aux mœurs anglaises. **▮ Le XVIII$^e$ s.** Au XVIII$^e$ s., sous les Hanovre, l'île fut gouvernée par des prélats anglicans (Boulter, Stone) représentant le cabinet de Londres (Acte déclaratoire de 1719, selon lequel les lois votées à Londres s'appliquaient en Irlande) ; les catholiques étaient divisés et affaiblis ; le parlement de Dublin ne représentait qu'une infime minorité de possédants protestants. Sous George III (1760) et son vice-roi Townshend (1767), la situation évolua : l'Angleterre avait besoin de l'Irlande, devait y lever une armée par crainte de la France ; le Parlement, animé par A. Flood et Grattan, s'éveillait. En 1782 - 1783 (convention de Dungannon), l'Acte de 1719 étant révoqué à Londres, l'Irlande devint une «nation protestante» libre. Mais son Parlement restait peu représentatif et, malgré une brève période de prospérité, les vrais problèmes subsistaient : Pitt se trouvait face à deux Parlements indépendants, représentant des intérêts opposés. Au N., presbytériens (apparition de l'ordre d'Orange) et catholiques s'affrontaient ; le Parlement, reflet de la classe des anglicans privilégiés, leva une armée à sa dévotion, et fit écraser et désarmer l'Ulster. Wolfe Tone, patriote et révolutionnaire, convainquit la France d'intervenir. Mais une première expédition de Hoche échoua, une autre flotte française fut vaincue (1798), les insurrections populaires furent écrasées et le Français Humbert, débarquant trop tard, fut battu par Cornwallis, qui devint vice-roi. **▮ L'Union** Pitt parvint à imposer son projet d'union, malgré la résistance du parlement de Dublin, pourtant servile, et celle du peuple, réduit par l'occupation militaire (1799) ; interprétée par les intérêts anglicans, l'Union se traduisit par une véritable colonisation de l'Irlande, garantie par une police nombreuse (créée par Peel). La population rurale, passée de 4 à plus de 8 millions entre 1800 et 1845, était affamée et misérable. Mais cette masse catholique, représentée par Daniel O'Connell* qui fonda l'Association catholique (1823) et fut élu député en 1828, fit pourtant céder Wellington, qui craignait une nouvelle révolte. O'Connell tenta de canaliser les forces populaires, réunissant des foules immenses mais voulant à tout prix éviter les violences ; il dut en 1843 céder devant la résolution de Wellington (meeting de Clontarf). La terrible famine de 1845 - 1847, causée par la maladie de la pomme de terre s'ajoutant à une situation économique d'exploitation coloniale, de misère et de surpopulation, entraîna, par mort ou émigration, une baisse de population de deux millions de personnes. Le gaélique, parlé par les plus pauvres, recula encore devant l'anglais ; les propriétaires ruinés furent remplacés par des spéculateurs anglais. Le parti de la Jeune Irlande, journalistes (*La Nation*, 1842) et poètes, tenta alors de soulever le Munster, sans effet : O'Brien, Mitchel, Gavan Duffy furent condamnés et déportés. ▮ **Le renouveau gaélique** Devant l'injustice, à peine atténuée sous Gladstone, de nouvelles forces se levaient ; la défaite des Fenians (1867) n'effaçait pas la renaissance d'un patriotisme gaël. Par des moyens légaux, les chefs irlandais, Butt, puis surtout Parnell*, engageaient une lutte parlementaire efficace, tandis que la population menait la vie dure aux propriétaires. Gladstone accorda en 1881 une loi sur le fermage et les grands propriétaires acceptèrent un transfert partiel des terres par rachat (1891) ; le même Gladstone tenta de faire voter un *Home* Rule*, mais fut battu à deux reprises (1886 et 1892). Entre-temps, Parnell était mort. Avec une amélioration des conditions rurales et une politique d'enseignement, l'Irlande connut alors un renouveau gaélique représenté par la renaissance littéraire (Yeats*, Synge*), par la Ligue de Douglas Hyde, puis par Arthur Griffith et son Sinn* Féin («Nous seuls») préconisant l'autonomie. ▮ **La partition de l'île** Asquith, malgré l'opposition de la Chambre des lords, parvint à faire voter un projet de *Home Rule* (1914), mais l'Ulster presbytérien, gagné par l'orangisme, refusa de s'incliner et, mené par sir Edward Carson, s'insurgea. Divisée quant à l'attitude à prendre pendant la guerre, l'Irlande catholique suivit en général Redmond, loyaliste. Mais Patrick Pearse, Connolly et quelques autres tentèrent un soulèvement à Pâques 1916. Il échoua, mais lord French dut renoncer à faire appliquer la conscription. Après les élections, le parlement irlandais proclama la république d'Irlande, avec pour président De* Valera, prisonnier en Angleterre. Lloyd George fit amender le *Home Rule* : l'île fut partagée en deux, les 26 comtés du Sud accédant à l'autogouvernement (traité de déc. 1921). → **Irlande (république d'), Irlande du Nord.**

**IRLANDE** (mer d') ♦ Bras de mer entre l'Irlande et la Grande-Bretagne, communiquant avec l'Atlantique par le canal du Nord et le canal Saint* George. Nombreuses lignes de ferries. Prospection pétrolière en cours.

Irlande.

## IRLANDE

▮ n. f. – off. ***république*** ou ***État libre d'Irlande***, en gaél. ***Poblacht nah-Éireann*** ♦ État occupant la majeure partie de l'île d'Irlande. 70 280 km². 4 239 848 hab. *(Irlandais)*. LANGUES : anglais, irlandais (gaélique d'Irlande), connu par un million de personnes, en recul, surtout parlé dans les Gaeltachts. RELIGIONS : catholique, 93 % ; forte minorité protestante à Dublin. MONNAIE : euro. CAPITALE : Dublin. La république d'Irlande regroupe les anciennes provinces du Connacht, de Leinster et de Munster, ainsi que 3 des 9 comtés d'Ulster (Cavan, Donegal et Monaghan).

▮ **GÉOGRAPHIE** Au centre s'étend une vaste dépression, la plaine centrale, où l'empreinte glaciaire s'est marquée par des collines dissymétriques ou *drumlins*, des rides de sable ou de gravier (les *os* ou *eskers*), des tourbières ou *bogs* (→ **Allen**) et des lacs intérieurs ou *loughs* (→ **Allen, Corrib, Derg, Ree**). La plaine centrale est bordée de petits massifs ; à l'E., les monts Wicklow*, au S. de Dublin et culminant à 924 m au Lugnaquilla ; à l'O., les monts de Connemara* (Connacht) ; au S.-O., les monts de Kerry, les plus élevés, culminant à 1 038 m au Carrantuohill. Les monts de Donegal, de Leitrim et de Sligo au N.-O., ceux de Waterford au S.-E. ne sont que de hautes collines. Les côtes sont presque partout découpées, surtout au S.-O. (Kerry), et entaillées de profondes baies (Donegal, Clew, Galway, Dingle, Dublin, Sligo). Le climat, doux et très pluvieux (2 jours de pluie sur 3), favorise les pâturages et a valu à l'Irlande le surnom de Verte Érin.

▮ **ÉCONOMIE** L'évolution démographique s'est modifiée en raison de la baisse du taux de fécondité qui tend à s'aligner sur ceux des autres pays européens. L'Irlande est traditionnellement une terre d'émigration : encore en 1983 une grave récession obligea des milliers de ressortissants en quête d'emploi à quitter l'île. Cette situation s'est inversée grâce au boom économique des années 1990-2000 avec le retour de nombreux Irlandais mais aussi avec l'arrivée d'immigrés notamment du Nigeria et de Roumanie. Durant cette période, le développement a été tel que le pays a été surnommé «le Tigre celte». Ce dynamisme a résulté en grande partie de l'implantation d'entreprises américaines et européennes (informatique, industries de pointe) attirées par la basse fiscalité et bénéficiant de subventions européennes, et de la formation d'une jeune génération hautement qualifiée. Mais la crise américaine des subprimes et l'éclatement de la crise financière mondiale en 2008 ont provoqué un resserrement du crédit, la montée du chômage et l'enlisement du secteur du bâtiment, accompagnés d'une chute des exportations et de la consommation : l'Irlande, premier pays touché à l'intérieur de la zone euro, a enregistré une baisse de son PIB et elle est entrée en récession dès la fin de l'année. Dublin concentre l'essentiel des pouvoirs politiques et économiques. Regroupant un tiers de la population, son poids permet d'évoquer «Dublin et le désert irlandais». ▮ **Agriculture** Située sur la façade O. d'un continent, l'Irlande est frappée de plein fouet par les dépressions océaniques amenant pluie et humidité alors que l'E. de l'île est moins arrosé. Ce n'est que dans le S. que le sol permet une agriculture céréalière. Ailleurs l'humidité du sol et le drainage médiocre favorisent un élevage plus ou moins extensif. Les reliefs qui entourent la plaine centrale accentuent encore la quantité d'eau (plus de 1 500 mm à Valentia). La position occidentale de l'Irlande et son insularité en font un espace périphérique de l'Europe dont les structures spatiales sont fortement influencées par la proximité de la Grande-Bretagne. Si les abbayes médiévales furent des foyers économiques et culturels, ce sont les Scandinaves qui ont fondé les principales villes, localisées en fond de baies sur le littoral. Les petites bourgades de la plaine centrale jalonnent les axes qui convergent vers Dublin et bénéficient des retombées de la décentralisation dublinoise. Elles encadrent un monde agricole qui occupe 82 % de la surface du pays et qui contribue directement à presque 6 % de l'emploi et à 4 % du PIB. L'agriculture procure de nombreux emplois indirects dans les secteurs des services (l'agroalimentaire représente près du quart des exportations). Dans les comtés du S., les organisations agricoles et le mouvement coopératif fondé au XIXe s. par le clergé catholique ont créé une agriculture compétitive, avec une spécialisation accrue pour le lait et la viande. Plus au N. et surtout dans l'O. du pays, seule une agriculture résiduelle extensive permet à un milieu rural très subventionné de résister aux conséquences du célibat et de l'exode rural. ▮ **Tourisme** Le tourisme permet un développement de certaines régions du Kerry et du Connemara, mais les conditions climatiques ne compensent pas toujours la beauté des paysages de l'O., hérités des glaciations quaternaires et battus par des vents qui empêchent la croissance de l'arbre et limitent l'habitat à des alt. inférieures à 150 m. ▮ **Industrie** L'industrie est concentrée essentiellement dans la région de Dublin, de Cork et vers

Irlande ▮ Productions en 2008

| Produits | Quantités | Rang |
|---|---|---|
| ▮ Agriculture | | |
| Avoine | 110 000 t | |
| Blé | 950 000 t | |
| Orge | 1 200 000 t | |
| Bovins (têtes) | 5 930 000 | |
| Ovins (têtes) | 3 500 000 | |
| Porcins (têtes) | 1 600 000 | |
| Pêche | 260 000 t | |
| ▮ Mines et énergie | | |
| Gaz naturel | 500 000 000 m³ | |
| Plomb | 62 000 t | 7e |
| Zinc | 430 000 t | 7e |

**Irlande.** Comté de Mayo. *Phot. © Kellie Diane Stewart /Shutterstock*

Limerick et Shannon. À la fin des années 1990, l'Irlande est devenue un centre d'activités en informatique, dans les technologies de l'information, dans l'industrie paramédicale et agroalimentaire, et a bénéficié de nombreux investissements étrangers grâce à sa politique fiscale. Cependant, plusieurs entreprises informatiques ont commencé à délocaliser dès 2009 : le chômage est en forte augmentation depuis lors.

**▮ HISTOIRE ▮ L'État libre** L'État libre d'Irlande, comprenant les 26 comtés de l'Irlande du Sud, fut reconnu par la Grande-Bretagne le 6 déc. 1921 (→ **Irlande**). Mais une partie du Sinn* Féin et de l'IRA refusait le rattachement des 6 comtés d'Ulster au Royaume-Uni : guérillas et contre-guérillas entre police irlandaise et patriotes ensanglantèrent le pays. A. Griffith remplaça à la présidence De Valera, hostile aux conditions du traité de 1921. M. Collins, chef du gouvernement provisoire, fut tué lors de la guerre civile. Modéré et conciliant à l'égard de Londres, W. Cosgrave, qui créa un parti conservateur (futur Fine Gael) et dirigea le gouvernement de 1922 à 1932, fut en butte à l'opposition de De Valera, qui fonda le Fianna Fail, regroupant les partisans de la lutte armée, et qui l'emporta en 1932. **▮ La république** Utilisant les difficultés internes de l'Angleterre (crise de succession : 1936), l'Irlande cessa de reconnaître la souveraineté du roi et De Valera fit voter en 1937 une constitution républicaine ; la *république d'Irlande*, reconnue par la Grande-Bretagne. Elle resta membre du Commonwealth jusqu'en 1949. Après le gouvernement conservateur de John Costello (1948 - 1951), De Valera reprit le pouvoir, qui revint aux conservateurs en 1954. En 1957, le Fianna Fail de De Valera l'emporta de nouveau ; en 1959, De Valera, en raison de son âge, laissa le gouvernement à Sean F. Lemass et devint président de la République. Erskine Childers succéda à De Valera en 1973 ; ensuite ce furent Cearbhall O'Dalaigh (1974), Patrick Hillery (1976), Mary Robinson* (1990), Mary McAleese* (1997). Depuis 1957, le Premier ministre est un membre du Fianna Fail (E. De Valera, 1957 - 1959 ; S. F. Lemass, 1959 - 1966 ; J. Lynch*, 1966 - 1973, puis 1977 - 1979 ; Ch. Haughey, 1979 - 1981 ; 1982 ; 1987 - 1992 ; A. Reynolds, 1992 - 1994 ; Bertie Ahern*, 1997 - 2008 ; Brian Cowen depuis 2008), à l'exception de L. Cosgrave* (1973 - 1977), de G. Fitzgerald* (1981 - 1982 ; nov. 1982 - 1987) et de J. Bruton (1994 - 1997) du Fine Gael. En oct. 2009, les Irlandais, en pleine récession économique après des années de forte croissance, ont répondu oui à 67 % au traité de Lisbonne qu'ils avaient rejeté au référendum de 2008. → aussi **Irlande du Nord.**

**Irlande.** Château sur la côte ouest. *Phot. © David Fink /Shutterstock*

**IRLANDE DU NORD** n. f. – en angl. ***Northern Ireland*** ♦ Partie de l'Irlande appartenant au Royaume-Uni de Grande-Bretagne et d'Irlande du Nord et formée de 6 des 9 comtés d'Ulster (Antrim, Armagh, Derry, Down, Fermanagh, Tyrone). 14 121 km². 1 685 267 hab. LANGUE : anglais. RELIGIONS : protestante ; forte minorité catholique (plus de 40 %). CAP. : Belfast.

**▮ GÉOGRAPHIE** Le relief se présente comme une vaste dépression correspondant au prolongement de la zone écossaise des Lowlands et dont le centre est occupé par le lough Neagh (396 km²). Elle est relevée sur ses bords par de petits massifs primaires : monts Mourne (850 m) au S.-E., monts Sperrin (678 m) au S.-O., et plateau d'Antrim au N.-E. se prolongeant dans la mer par la spectaculaire Chaussée des Géants. Les côtes sont largement échancrées (loughs Foyle et de Belfast).

**▮ ÉCONOMIE** Elle est fragilisée par l'éloignement, l'insularité et les troubles politiques. Le chômage atteint 50 % dans certains quartiers de Belfast, ruinés par la crise de l'indus. métallurgique et de la construction navale. L'état de guerre civile qui règne entre les deux communautés, accentué par les ultras de l'IRA* (Irish Republican Army) et des brigades orangistes, recouvre plus de disparités économiques et politiques que d'oppositions religieuses. Les catholiques ne sont nombreux qu'à proximité de la frontière avec la république d'Irlande et dans certains ghettos urbains de Belfast et de Londonderry. La population et l'organisation urbaine y sont plus denses qu'au S. L'élevage est dominant dans les *glens* d'Antrim*, alors que la partie occidentale des six comtés est en recul économique et démographique. Le littoral essaie de retrouver un second souffle grâce au tourisme (Chaussée des Géants, Bangor, monts Mourne). Les autres villes ont un rôle négligeable par rapport à Belfast, vers laquelle converge le réseau routier, et qui concentre l'essentiel des activités. Les villes nouvelles de son agglomération ainsi que la ville universitaire de Coleraine parviennent à limiter les effets de la crise.

**▮ HISTOIRE** Le traité du 6 déc. 1921 reconnaissait à l'Irlande du Nord le plein statut de dominion. Très vite, la minorité catholique nationaliste et irlandaise fut politiquement et économiquement tenue à l'écart par une majorité protestante descendant en majorité des colons anglais et écossais. **▮ La violence** Une campagne pour les «droits civiques» (Londonderry, oct. 1968) entraîna par contrecoup le réveil de l'extrémisme protestant (Ian Paisley*). Un nouveau gouvernement (major Chichester Clark) ne parvint pas à rétablir le calme. En juil. 1969, les manifestations anticatholiques de l'ordre d'Orange dégénérèrent en bagarres, puis en émeutes (août). Le gouvernement de Londres, prenant en charge la police, tenta de promouvoir des réformes. Mais Paisley fut élu, et la militante catholique Bernadette Devlin, député au parlement de Londres, était arrêtée en juin 1970 ; de nouveaux combats éclatèrent, auxquels l'armée républicaine clandestine (IRA) d'Irlande prêta son appui. La suppression de l'autonomie de l'Irlande du Nord par Londres (1972), les mesures de police (internements préventifs), l'action de l'armée britannique, les actes terroristes commis par l'IRA (assassinat de lord Mountbatten* en 1979, attentat contre l'hôtel où se tenait le congrès du parti conservateur en 1984) ainsi que par les extrémistes protestants (attentat contre B. Devlin en 1981) entretinrent les haines et la peur. **▮ Vers la paix ?** Toutefois, l'appel conjoint lancé par Londres et Dublin (déc. 1993) proposant au Sinn Féin de participer à des négociations à condition que cesse l'action terroriste de l'IRA, l'annonce par cette dernière (août 1994) puis par les milices protestantes (sept.) d'une cessation de la violence, parurent ouvrir la voie à une solution politique du conflit. Malgré l'hostilité des partis unionistes et plusieurs ruptures des cessez-le-feu par les forces paramilitaires républicaines et loyalistes, un accord de paix fut signé à Belfast, en avril 1998. Parrainé par les Premiers ministres britannique et irlandais, et approuvé par le Sinn Féin et plusieurs partis unionistes, celui-ci aboutit à l'élection d'un parlement en partie autonome en Irlande du Nord. Le gouvernement biconfessionnel, dirigé par David Trimble* du Parti démocratique unioniste (DUP), fut suspendu plusieurs fois jusqu'à sa dissolution en avr. 2003 en raison des dissensions entre les deux communautés. Toute négociation fut rendue impossible en raison de la montée, de part et d'autre, de partis hostiles au processus de paix lors d'élections en 2003 et 2005. Il fallut attendre l'accord du 26 mars 2007 puis mai, pour voir ressusciter l'Assemblée d'Irlande du Nord. Faute de voir la province tomber définitivement sous la coupe de Londres (mesure annoncée par Tony Blair), le révérend Paisley, conforté par la décision de l'IRA de désarmer, accepta de devenir Premier ministre d'un gouvernement de coalition. Le poste de vice-Premier ministre revint au catholique Martin McGuinness, ancien chef d'état-major de l'IRA. Le numéro deux du DUP et ministre des Finances sortant, Peter Robinson, succéda à Ian Paisley en 2008. → aussi **IRA.**

**Iroha** ♦ Poème japonais du IXᵉ s. (attribué à Kūkai* [Kōbō Daishi]), réalisé avec toutes les syllabes de la langue japonaise (48) et dont l'ordre sert depuis cette époque à la numérotation. *I-Ro-Ha* signifie donc l'ordre 1-2-3...

**IROISE** (mer d') ➝ **ÉTYM.** en bret. *Ervoas*, de *boass* «abîme, gouffre» avec préfixe intensif *er-* ♦ Bras de mer de la côte occidentale de Bretagne, entre les îles d'Ouessant et de Sein, sur lequel s'ouvrent la rade de Brest et la baie de Douarnenez. Ce bras de mer est parsemé d'écueils. Parc naturel marin.

**IROQUOIS** n. m. pl. ➝ ÉTYM. probablt de l'algonquin *iroqu* «les vrais serpents» ♦ Nom donné à six groupes indiens d'Amérique du Nord de langue iroquoienne originaires de la région du lac Champlain et du S. des lacs Erié et Ontario : Cayugas, Mohawks*, Oneidas, Onondagas, Senecas, Tuscaroras (de langue et de culture proches de celles des Hurons). Agriculteurs et sédentaires, les Iroquois vivaient dans de grandes maisons de rondins couvertes d'écorce. La Ligue (ou Confédération) iroquoise fut créée en 1570 sous le nom de Ligue des cinq nations. Redoutables guerriers, alliés aux Anglais contre les Français, ils supplantèrent les Hurons et les Algonquins dans le commerce de la fourrure et devinrent au XVIII^e s. le peuple indien le plus puissant du N.-E. de l'Amérique. En 1779, G. Washington envoya une armée pour les réduire et ils durent céder la quasi-totalité de leurs terres. Ils vivent actuellement dans des réserves dans l'État de New York et au Canada. Parmi les plus politisés des peuples indiens, ils s'opposent encore fréquemment au monde blanc, comme lors des événements d'Oka (près de Montréal), en 1990.

**IRRAWADDY** n. m. – off. depuis 1989 ***Ayeyarwaddy*** ➝ ÉTYM. en sanskr. *Irāvāti* «[fleuve] rafraîchissant», de *irā* «réconfort, rafraîchissement» et *-vant-* qui marque la possession ♦ Fl. princ. de Birmanie (env. 1 800 km), formé de la réunion, à 40 km au N. de Myitkyina, des deux riv. yunnanaises Mali et Nmaï (en birman Mékha et Malikha). Profondément encaissé dans son cours supérieur, il devient navigable à partir de Bhamo et arrose la grande plaine rizicole birmane. À Sagaing, en aval de Mandalay, il forme un coude où il quitte son cours N.-S. pour couler vers l'O. sur 150 km env. Sur ses rives se développa la civilisation birmane et naquirent les grandes villes de Birmanie : Prome (Hmawza), Pagan, Ava, Amarapura, Rangoon. Il reçoit le Chindwin à l'O. de Mandalay, le Shweli, la Mu et le Myitnge et se jette dans le golfe du Bengale par un immense delta à neuf bras de 280 km de large, qui avance de 50 m par an.

**irrédentisme**

n. m. ♦ Mouvement politique italien réclamant, après 1870, l'annexion de l'Italie *irredenta,* encore soumise à la domination autrichienne, puis de l'ensemble des terres «italiennes». Lié à l'Associazione in pro dell'Italia irredenta (1878), puis au comité Trente et Trieste et à la société Dante Alighieri, l'irrédentisme connut une nouvelle impulsion au début du XX^e s. avec D'Annunzio*. Il provoqua des troubles à Trieste (1913) et fut l'un des facteurs de la rupture de la Triplice* et de l'entrée en guerre de l'Italie aux côtés de la France en 1915. Le traité secret de Londres (1915) n'ayant pas été respecté, l'irrédentisme prit un nouvel essor (occupation de Fiume par D'Annunzio) et favorisa l'avènement du fascisme qui reprit ses revendications, essentiellement contre la France (Nice, la Savoie, la Corse, la Tunisie), mais ne put obtenir satisfaction de Hitler en 1940.

**IRTYCH** n. m. ➝ ÉTYM. du turc *Ärtis,* de la rac. *ir* «couler» ♦ Riv. de Russie, affl. (rive g.) de l'Ob. (4 248 km). Issu de l'Altaï en Chine (où il porte le nom d'Irtych noir), il arrose les steppes du Kazakhstan (où il commence à être navigable), les régions d'Omsk et de Tioumen (Russie) et les villes d'Öskemen (centrale hydroélectrique), Semeï, Pavlodar, Omsk, Tobolsk. Il reçoit les eaux de l'Ichim, de l'Om et du Tobol.

**IRÚN** ♦ V. espagnole (Provinces basques), prov. de Guipúzcoa, sur la rive g. de la Bidassoa, à la frontière française, face à Hendaye. 60 416 hab.

**IRVING (Washington)** ♦ Essayiste et historien américain (New York 1783 - Sunnyside, Tarrytown, New York 1859). Grâce à ses frères William et Peter, directeurs de *Salmagundi,* il collabora en 1806 à cette petite revue fantaisiste et commença son *Histoire de New York par Knickerbocker* (1809). Il voulait ridiculiser l'érudition pédante des historiens de l'époque par des étymologies cocasses (il y fait dériver *Manhattan* de *Man's Hat,* chapeau d'homme, car les femmes indiennes portaient des chapeaux d'homme) et des anecdotes plaisantes. Diedrick Knickerbocker demeure le représentant symbolique des premiers habitants de New York. S'étant rendu à Liverpool après la guerre d'Indépendance, Irving resta dix-sept ans en Angleterre où il écrivit *Le Livre d'esquisses* publié avec un égal succès à New York et à Londres en 1820. Il s'inspirait d'observations psychologiques : *Le Cœur brisé ;* de la vie anglaise : *Noël ;* d'anciennes légendes : *Rip Van Winkle,* récit d'une fraîche poésie où un garçon fantasque, mari d'une virago acariâtre, va chasser dans la montagne et y fait un somme de vingt ans ; sa femme étant morte, sa fille l'héberge et il peut enfin vivre. Nommé attaché d'ambassade en Espagne, W. Irving renouvela son style avec *Histoire de la vie et des voyages de Christophe Colomb* (1828), *Chronique de la conquête de Grenade* (1829), *Contes de l'Alhambra* (1831). ➝ ÉTYM. *Irving* vient du vieil anglais «rivière verte, rivière fraîche» (nom de lieux).

**IRVING (John Winslow)** ♦ Romancier américain (Exeter, New Hampshire 1942). Son œuvre, qui gomme les frontières entre le sérieux et le comique et se voue à l'éloge obstiné de la liberté, a su séduire un vaste public à travers le monde : *Liberté pour les ours !* (1968), *Le Monde selon Garp* (1978), *Hôtel New Hampshire* (1981), *L'Œuvre de Dieu, la part du Diable* (1985, porté à l'écran), *Une prière pour Owen* (1989), *Une veuve de papier* (1999) en sont les principaux titres. Il a publié son autobiographie, *La Petite Amie imaginaire* en 1996. L'absence du père est l'un des thèmes majeurs des romans d'Irving, lui-même n'ayant jamais connu le sien (*Je te retrouverai,* 2006).

**IRZYKOWSKI (Karol)** ♦ Écrivain et critique polonais (Błaszowa 1873 - Żyrardów 1944). Après avoir écrit des nouvelles, poèmes, aphorismes et un roman réaliste *Pałuba* (1903) où il analyse «scientifiquement», à la manière de Zola, les caractères de ses héros, il rédigea des essais dont *Frédéric Hebbel comme poète de la nécessité* (1907) et *La Dixième Muse* (1924), sur le cinéma. Dans *La Lutte pour le contenu* (1929), il critique vivement la théorie de la «forme pure» imposée par Witkiewicz*.

**ĪSĀ** ♦ Forme arabe de *Jésus.*

**ISAAC** ➝ ÉTYM. hébr. «il a ri» ♦ Patriarche biblique (Genèse, XXI - XXVIII). Fils miraculeux d'Abraham et de Sarah âgés, il hérite de la promesse faite par Yahvé à son père. Pour répondre à sa mise à l'épreuve, son père n'hésite pas à vouloir le sacrifier, mais Yahvé lui substitue finalement un bélier. Époux de Rébecca, père d'Ésaü* et de Jacob*.

**ISAAC I^er COMNÈNE** ♦ (v. 1005 - Stoudios 1061). Empereur byzantin (1057 - 1059). Général, il se distingua dans les guerres contre les Turcs. Promu par le parti aristocratique et militaire, il renversa Michel* VI. Il voulut assainir les finances de l'État et décentraliser l'administration, mais l'hostilité du clergé et de la bureaucratie l'obligea à abdiquer en faveur de son ministre Constantin Doukas. Il passa le reste de sa vie enfermé dans un couvent et laissa un livre de commentaires sur Homère.

**ISAAC II ANGE** – en lat. ***Isaac Angelus*** ♦ (v. 1155 - 1204). Empereur byzantin (1185 - 1195 et 1203 - 1204). Il renversa Andronic* I^er à un moment de graves périls extérieurs. Sa politique fiscale, écrasant les faibles, révolta les Bulgares, les Serbes et les Valaques et lui valut de sévères défaites. Sa politique extérieure ne fit qu'accélérer l'effondrement de l'Empire. Détrôné par son frère Alexis* III, qui lui fit crever les yeux, il fut rétabli par les Vénitiens après la prise de Constantinople par les croisés (1203). Régnant avec son fils Alexis* IV, il fut de nouveau renversé et périt avec lui six mois plus tard.

**ISAAC (Henricus)** ou **Heinrich Isaak** ♦ Compositeur franco-flamand (Flandre v. 1450 - Florence 1517). D'abord au service de Laurent de Médicis à Florence, il fut compositeur de la cour impériale, sous Maximilien I^er (1494). Il est l'auteur de messes chantées à l'unisson ou en polyphonie et souvent inspirées de mélodies profanes, de motets et de nombreuses chansons sur des textes allemands, italiens, français et flamands. Son œuvre établit la synthèse des styles flamand, italien et germanique.

**ISAAC (Jules)** ♦ Historien français (Rennes 1877 - Aix-en-Provence 1963). On lui doit d'importants travaux sur *Jésus et Israël* (1948) et sur *La Genèse de l'antisémitisme* (1956), ainsi que des manuels scolaires (en collaboration avec A. Malet).

**ISAAC JOGUES** (saint) ♦ Jésuite et missionnaire français (Orléans 1607 - Ossernenon, Canada 1646). Apôtre des Hurons, martyrisé par les Iroquois en 1642, il survécut et, après quelques mois en France, retourna au Canada où il fut finalement massacré par les Iroquois. ▪ Fête le 19 oct. → **Canada (martyrs du).**

**ISAACS (Jorge)** ♦ Poète colombien (Cali 1837 - Ibagén 1895), auteur d'une idylle romantique et émouvante inspirée de Paul* et Virginie, *Maria* (1867) que de nombreux critiques considèrent comme le roman sud-américain le plus important du XIX^e s.

**ISABEAU DE BAVIÈRE** ♦ (Munich 1371 - Paris 1435). Reine de France (1385 - 1422). Fille du duc de Bavière Étienne II, elle épousa Charles VI. Après la démence du roi (1392), elle dirigea le Conseil de régence, favorisant Louis d'Orléans* au détriment de Jean* sans Peur, provoquant ainsi la querelle des armagnacs et des bourguignons. Quittant l'alliance des armagnacs, elle s'allia aux bourguignons et aux Anglais et se fit la complice du traité de Troyes* (1420). → **Charles VI.** Son rôle politique se termine à la mort de Charles VI.

**ISABELA** – anc. *Basilan City* ♦ V. des Philippines, dans l'île de Basilan (332 828 hab.), au S. de Mindanao. 73 032 hab. Café, coprah, latex.

**ISABELLE I^re la Catholique** ♦ (Madrigal de las Altas Torres 1451 - Medina del Campo 1504). Reine de Castille (1474 - 1504). Fille de Jean* II, roi de Castille, et d'Isabelle de Portugal, elle épousa en 1469 Ferdinand* d'Aragon et devint reine de Castille en 1474 à la mort de son frère Henri IV (roi de 1454 à 1474). L'union des deux royaumes, base de la puissance espagnole, fut ainsi scellée. Néanmoins, Isabelle tint à préserver l'autonomie de la Castille. Elle se battit victorieusement contre Alphonse* V de Portugal qui avait envahi la Castille

(1479) et encouragea le premier voyage de Colomb* en Amérique. L'Inquisition* fut établie dans le royaume en 1478, les juifs de Castille furent expulsés en 1492 et, en 1494, le couple royal reçut du pape le titre de *Rois Catholiques* en hommage à sa politique religieuse (→ **Ferdinand II d'Aragon**). Isabelle eut pour héritière sa fille, Jeanne* la Folle, mais Ferdinand exerça en fait le pouvoir après sa mort, en tant que régent de Castille. ➝ ÉTYM. Le nom espagnol *Isabel* est une déformation de *Élisabeth**.

**ISABELLE II (Marie-Louise, dite)** ♦ (Madrid 1830 - Paris 1904). Reine d'Espagne (1833 - 1868). Fille de Ferdinand* VII et de Marie*-Christine de Bourbon-Sicile, elle succéda à son père en 1833, en vertu de la pragmatique sanction qui avait aboli la loi salique ; elle écartait ainsi du trône son oncle, don Carlos*. Elle fut placée sous la régence de sa mère et sous celle d'Espartero*. Son gouvernement personnel commença après le soulèvement de 1854 et avec la nouvelle constitution libérale. Deux hommes alternèrent au pouvoir, Narváez* et O'Donnell* ; ce dernier dut faire face à une double agitation, carliste* dans le Nord et républicaine en Catalogne, mais regagna quelque prestige par les expéditions du Maroc (1860) et du Mexique (1861). L'influence de la camarilla toute-puissante d'Isabelle finit par mécontenter l'opinion publique et l'armée. Après l'insurrection sanglante de 1866, le général Prim* prit la tête d'un soulèvement qui chassa la reine (1868). Les difficultés pour trouver un roi eurent une incidence sur l'origine de la guerre de 1870. → **Espagne.**

**ISABELLE D'ANGOULÊME** ♦ Comtesse d'Angoulême et reine d'Angleterre (1186 - Fontevrault 1246). Elle épousa Jean* sans Terre (1200), puis Hugues X de Lusignan (1220), faisant ainsi passer le comté d'Angoulême à la maison de Lusignan. Elle participa à la révolte féodale de 1242 contre Louis IX.

**ISABELLE D'ANJOU** ♦ (1169 - 1205). Reine de Jérusalem et de Chypre (1192 - 1205). Fille d'Amaury I$^{er}$ de Jérusalem. Elle épousa Onfroi IV, sire de Toron, Conrad* de Montferrat, seigneur de Tyr, Henri de Champagne, puis le roi de Chypre Amaury* II de Lusignan. Sa fille Marie de Montferrat épousa Jean* de Brienne.

**ISABELLE D'ARAGON** ♦ Reine de France (1247 - Cosenza, Calabre 1271). Fille de Jacques I$^{er}$ d'Aragon, elle épousa Philippe* III le Hardi (1262) et fut la mère de Philippe IV le Bel.

**ISABELLE DE FRANCE** (bienheureuse) ♦ Religieuse française (Paris 1225 - Longchamp 1270). Fille de Louis* VIII et de Blanche de Castille, sœur de Saint Louis, elle témoigna dès son plus jeune âge d'une pieuse dilection à l'endroit de l'ordre franciscain. Ayant refusé d'épouser Conrad, fils de Frédéric II, elle se retira au monastère des clarisses de Longchamp, qu'elle avait fondé en 1259. Elle fut béatifiée en 1521.

**ISABELLE DE FRANCE** ♦ Reine d'Angleterre (Paris v. 1295 - Hertford, près de Londres 1358). Fille de Philippe* IV le Bel, elle épousa Édouard* II (1308) qu'elle contraignit à abdiquer avec l'aide de Roger de Mortimer* (1327). Après l'avoir fait assassiner, elle exerça la régence. Son fils Édouard* III la fit arrêter (1330) et la garda prisonnière jusqu'à sa mort.

**ISABELLE DE HAINAUT** ♦ Reine de France (Lille 1170 - 1190). Fille de Baudouin* V, comte de Hainaut, elle épousa Philippe* Auguste (1180). Mère de Louis* VIII.

**ISABEY (Jean-Baptiste)** ♦ Peintre, miniaturiste, dessinateur et aquarelliste français (Nancy 1767 - Paris 1855). Élève du miniaturiste Dumont, puis de David, il acquit la notoriété en exécutant les portraits des principaux membres de l'Assemblée constituante et celui de Bonaparte. Il s'occupa du dessin des uniformes et des costumes de la cour et organisa les fêtes de l'Empire. Il garda ses charges officielles sous la Restauration et le Second Empire. Par ses portraits délicats et cependant solidement construits, il est l'un des derniers représentants de l'art de la miniature.

**ISABEY (Eugène)** ♦ Peintre, aquarelliste, lithographe et dessinateur français (Paris 1804 - Montévrain, près de Lagny 1886). Fils de Jean-Baptiste Isabey*. Il est l'auteur de tableaux d'histoire et de genre, de paysages, surtout de marines, qui révèlent une conception romantique de la nature. Il subit l'influence de Bonington et alla travailler en Normandie. Vers la fin de sa vie, ses marines aquarellées ou lithographiées, d'une facture plus directe et plus libre, annoncent l'impressionnisme. ➝ ÉTYM. *Isabey* est une variante de *Isabelle.*

**ISAÏE** ou **ÉSAÏE** ➝ ÉTYM. en hébr. *Yesha'yâhû* «Yâhû est délivrance» (les protestants transcrivent Ésaïe, comme la Bible grecque [Ēsaias]) ♦ Prophète biblique, notable judéen qui exerça un ministère de prophète à Jérusalem entre env. −740 et −701, dénonçant l'injustice des puissants et surtout l'imprudence d'une politique royale qui, contre le péril assyrien, comptait sur ses propres forces (coalition avec les royaumes voisins) et non sur la puissance de Dieu. ♦ ***Le «Livre d'Isaïe»*** Livre de la Bible, le premier des Grands Prophètes*, traditionnellement attribué à Isaïe lui-même. 66 chapitres, censés reprendre les oracles du prophète, mais où l'on distingue trois ensembles (et deux ou trois auteurs). Un *Proto-Isaïe* (chap. 1-39) contient des oracles menaçants, mais aussi l'annonce d'un souverain consolateur (prophétie de l'Emmanuel) et messianique (arbre de Jessé). Un *Deutéro-Isaïe* (chap. 40-55), plus apaisé, se présente comme «livre de la consolation d'Israël» par l'envoi de Cyrus, qualifié de «messie» (oint). Un *Trito-Isaïe* (chap. 56-66) évoque l'universalité de Jérusalem, tous les peuples de la terre se regroupant à Sion*.

**ISAMBERT (François)** ♦ Magistrat et homme politique français (Aunay-sous-Auneau, Eure-et-Loir 1792 - Paris 1857). Avocat libéral sous la Restauration, député sous la monarchie de Juillet, il siégea également à l'Assemblée constituante (1848), où il soutint Cavaignac contre les socialistes. Auteur d'un *Recueil des anciennes lois françaises depuis 420 jusqu'à la Révolution de 1789* (1822 - 1833). ➝ ÉTYM. *Isambert* vient du germanique *isan* «fer» et *berht* «brillant».

**ISAMBOUR, INGEBORG** ou **INGEBURGE DE DANEMARK** ♦ Reine de France (v. 1176 - Essonnes 1236). Fille du roi Valdemar I$^{er}$, elle épousa Philippe* Auguste qui la répudia dès le lendemain du mariage (1193), feignit de la reprendre pour se réconcilier avec la papauté (1200), mais ne le fit véritablement qu'en 1213.

**ISAR** n. m. ♦ Riv. du S. de l'Allemagne (352 km), affl. rive d. du Danube. Elle naît en Autriche (Préalpes de Bavière), draine le plateau bavarois et arrose Munich, Freising et Landshut ; dotée de nombreuses centrales hydroélectriques.

**ISAURE (Clémence)** ➝ ÉTYM. de *Isaura*, cap. de l'Isaurie* ♦ Personnage légendaire qui aurait fondé ou restauré les Jeux floraux de Toulouse au XIV$^e$ s. (→ **Jeux floraux**). Le nom de Clémence n'apparaît dans les textes qu'à la fin du XV$^e$ s. comme l'un des qualificatifs de la Vierge *(Clemensa)* sous la protection de laquelle étaient placés les Jeux. À partir de là fut créé le personnage de Clémence Isaure (Isaure étant le nom d'un comte légendaire de Toulouse mentionné dans une ballade en 1549). Pour accréditer cette légende, on transporta en 1557 au Capitole de Toulouse une statue de Clémence Isaure que l'on disait dater du XIV$^e$ s. Elle se trouve actuellement à l'hôtel d'Assézat.

**ISAURIE** n. f. ➝ ÉTYM. en lat. ***Isauria***, de *Aurarum* «relatif à l'or» ♦ Anc. région de l'Asie Mineure limitée au S. par la Cilicie*, au N. par la Lycaonie* et dont la cap. était *Isaura* (auj. Semba). Elle fut en partie soumise par Rome au –I$^{er}$ s. et s'étendit par la suite vers l'E. et le S.-E.

**ISBERGUES** [62330] ➝ ÉTYM. du germ. *Iduberga*, n. de femme ♦ Comm. du Pas-de-Calais, arr. de Béthune, sur le canal d'Aire. 9 836 hab. (aggl. 12 093). *(Isberguois)*. Église du XV$^e$ s. (châsse de sainte Isbergue ; pèlerinage).

**ISCARIOTE** ou **ISCARIOTH** ➝ ÉTYM. sens obscur : hébr. «homme (du village) de Karioth» ; araméen «homme de mensonge» ou déformation de «sicaire» ♦ Surnom de Judas*, dans les Évangiles.

**ISCHGL** ♦ Village d'Autriche, situé dans la vallée de la Trisanna (affl. de l'Inn), au S. de Sankt-Anton (Tyrol). 1 489 hab. Station de sports d'hiver (téléphérique de l'Idalpe jusqu'à 2 763 m).

**ISCHIA** ♦ Île italienne d'origine volcanique en Campanie (prov. de Naples), dans la mer Tyrrhénienne, à l'O. de la baie de Naples. 46,4 km$^2$. 17 633 hab. Cultures fruitières et florales (iris). Importante activité touristique et thermale.

**ISE** ♦ V. du Japon (Honshū), préf. de Mie, sur la baie d'Ise, dans la péninsule de Shima. 97 777 hab. La ville est célèbre pour ses deux sanctuaires shintoïstes, dédiés l'un au kami solaire Amaterasu ōmikami, l'autre au kami de cuisine Toyouke ōmikami. D'un style très ancien, ils sont traditionnellement reconstruits tous les vingt ans. Ces sanctuaires se trouvent situés à peu de distance de la bourgade, dans un paysage forestier remarquable. Ce site est un lieu de pèlerinage très populaire.

**ISÉE** – en gr. ***Isaios*** ♦ Orateur grec (probablement Chalcis, Eubée v. -420 - v. -340). Maître de rhétorique (il aurait formé Démosthène) et avocat d'affaires. Les onze plaidoyers que nous possédons de lui, d'une remarquable qualité de style, concernent des affaires d'héritage et sont intéressants comme documents sur le droit athénien.

**ISENGRIN** → **Ysengrin**

**ISEO** ou **SEBINO** (lac d') ♦ Lac italien d'origine glaciaire, en Lombardie, traversé par l'Oglio*. 63,5 km$^2$. En son centre se dresse le monte Isola (599 m). Les eaux du lac sont poissonneuses.

**ISERAN** (col de l') ➝ ÉTYM. du n. de l'*Isère** ♦ Col des Alpes françaises (Savoie) à 2 764 m, entre les sources de l'Arc et de l'Isère ; il est franchi par la route des Grandes Alpes.

**ISÈRE** n. f. ➝ ÉTYM. du lat. *Isara*, du pré-indo-eur. *°is-ara* «rapide, tumultueux» ♦ Riv. des Alpes, affl. du Rhône (290 km). Elle prend sa source au mont Iseran, parcourt le Val de Tignes, la Tarentaise et traverse Bourg-Saint-Maurice, Moûtiers, Albertville (où elle reçoit l'Arly) ; elle parcourt ensuite la Combe de Savoie, où elle reçoit l'Arc, coule dans le Grésivaudan, reçoit le Drac à Grenoble, traverse ensuite les Préalpes par la cluse de Voreppe, passe à Romans, à Bourg-de-Péage et conflue au N. de Valence. De cours très irrégulier, l'Isère alimente de nombreux barrages et centrales hydroélectriques.

**ISÈRE** n. f. *[38]* ◆ **ÉTYM.** du n. de la riv. ♦ Dép. du S.-E. de la France, région Rhône-Alpes. 7 431 $km^2$. 1 094 006 hab. CH.-L. : Grenoble. CH.-L. D'ARR. : La Tour-du-Pin, Vienne. Cour d'appel : Grenoble. Académie : Grenoble. → **Rhône-Alpes.**

**ISERLOHN** ♦ V. d'Allemagne (Rhénanie-du-Nord-Westphalie), sur le versant N. du Sauerland, au S.-E. de Dortmund. 100 771 hab. Métallurgie (cottes de mailles dès le Moyen Âge).

**ISEULT** ou **ISEUT la Blonde** ♦ Héroïne légendaire du Moyen Âge, présente dès la fin du XII$^e$ s. dans les récits du *Cycle breton.* ▪ Dans le roman de *Tristan* et Iseult,* on la voit déchirée entre sa passion fatale pour Tristan et sa loyauté envers son époux, le roi Marc.

**ISHERWOOD (Christopher William BRADSHAW-ISHERWOOD, dit Christopher)** ♦ Écrivain américain d'origine britannique (High Lane, Cheshire 1904 - Santa Monica 1986). Proche de W. H. Auden* avec lequel il écrivit trois pièces de théâtre et le journal d'un voyage en Chine en 1939, il se fit connaître par ses romans sur l'Allemagne où il fit de fréquents séjours avant la guerre, notamment *M. Norris change de train* (1935) et le célèbre *Adieu à Berlin* (1939). Il émigra aux États-Unis en 1939 et prit en 1946 la nationalité américaine. *Le Monde au crépuscule* (1954) marque un tournant dans son écriture. L'évocation du passé de l'avant-guerre cosmopolite, de Londres à Vienne, fournit la matière de *La Violette du Prater* (1945) et de *Rencontre au bord du fleuve* (1967). À partir de *Un homme au singulier*, il ne fait plus mystère de son homosexualité, longuement analysée dans son autobiographie, *Le Lion et son ombre.* Ses derniers livres révèlent un intérêt de plus en plus fort pour la spiritualité hindoue sans pour autant le détourner d'une lutte qui fut celle de toute une vie, en faveur de la démocratie et de la liberté dans le monde. Il fut longtemps employé comme scénariste à la MGM, et on lui doit les scripts de *La Proie du mort* (1941) et de *Diane de Poitiers* (1955). ◆ **ÉTYM.** Ce nom de famille vient d'un nom de lieu dans le Lancashire.

**ISHIHARA Shintarō** ♦ Écrivain et homme politique japonais (Kōbe 1932) classé parmi les «sensualistes», dont les romans, surtout *La Saison du soleil* (1955), eurent une grande influence sur la jeunesse dorée de l'après-guerre au Japon. Libéral démocrate puis nationaliste, il publie en 1989 un brûlot contre les États-Unis, *Le Japon qui peut dire non.* Il est gouverneur de Tōkyō depuis 1999.

**ISHIKAWA Jun** ♦ Écrivain japonais (Tōkyō 1899 - *id.* 1987). Professeur de français congédié en raison de ses engagements politiques, traducteur de Molière et surtout de Gide, Ishikawa est entré tardivement en littérature avec *Le Boddhisatva de la Grande Pitié* (1937). Il a marqué par la puissance de son inspiration et la richesse de son style, ainsi que par sa constante liberté d'esprit, qui lui valut les foudres de la censure d'avant-guerre : *Le Chant de Mars* (1938) ; *Jésus dans les décombres* (1946) ; *Le Faucon* (1953) ; *Vies d'excentriques de toutes les provinces* (1957). ◆ **ÉTYM.** Ce nom japonais signifie «rivière pierreuse», de *shi* «pierre» et *kawa* «rivière».

**ISHIKAWA Kon** → **Ichikawa Kon**

**ISHTAR** ◆ **ÉTYM.** en phénicien ***Ashtart***, en gr. ***Astartê*** ; du vx perse *Ištar*, de *stara* «étoile, planète Vénus» ♦ Dans les religions anc. de l'Asie antérieure, déesse de la fécondité et des combats, fille d'Anu* ou de Sin* ; elle représente l'étoile du matin. Elle intervient dans le mythe de Gilgamesh* ; celui de la descente d'Ishtar aux Enfers montre le dépérissement de toute vie pendant son absence ; on lui attribue de multiples aventures amoureuses (→ **Tammuz**). Elle correspond à la déesse sumérienne Inanna, reçut un culte à Babylone, en Assyrie, en Syrie (où elle devint la Grande Déesse), en Phénicie et même chez les israélites (la Bible profère des reproches répétés à ce sujet) et, dans le syncrétisme antique, fut assimilée à l'Aphrodite* grecque. ♦ ***Porte d'Ishtar*** → **Babylone.**

**ISIDORE DE SÉVILLE** (saint) ♦ Évêque de Séville et savant prélat (Carthagène v. 570 - Séville 636). Organisateur de l'Église d'Espagne, il défendit la religion chrétienne contre l'intrusion de la philosophie et de la culture païenne, n'en retenant que ce qui est utilisable pour la foi. Il est l'auteur d'une *Regula monachorum* et surtout d'un ouvrage encyclopédique *Etymologiæ* où il ébauche une classification des connaissances en arts libéraux, sciences morales, naturelles, agriculture et arts manuels. ▪ Fête le 4 avr. ◆ **ÉTYM.** *Isidore* vient du grec *Isidôros* «don d'Isis».

**ISIGNY-LE-BUAT** [50540] ♦ Ch.-l. de cant. de la Manche, arr. d'Avranches. 3 050 hab.

**ISIGNY-SUR-MER** [14230] ◆ **ÉTYM.** du lat. *Isinius*, n. de pers. gallo-rom. ♦ Ch.-l. de cant. du Calvados, arr. de Bayeux, sur l'Aure, près de son confluent avec la Vire. 2 920 hab. *(Isignais).* Indus. laitière (beurre et confiserie réputés). Marché agricole.

**ISIN** ♦ Cité sumérienne, en basse Mésopotamie. La dynastie d'Isin, d'origine amorite (sémitique), fut fondée par Ishbi-Irra v. –1955 et, après la chute de la III$^e$ dynastie d'Ur*, domina Sumer* en rivalité avec celle de Larsa*, qui la vassalisa v. –1730.

**ISIS** ◆ **ÉTYM.** nom gr. de ***Esi*** «celle qui est sur le trône» c'est-à-dire «la reine» ♦ Divinité égyptienne représentée sous l'aspect d'une femme seule ou allaitant Horus* et (plus tard) identifiée à Hathor* portant

**Isidore de Séville.** Miniature du *Miroir historial* de Vincent de Beauvais, XV$^e$ s.
Musée Condé, Chantilly. *Phot.* © *Lauros-Giraudon*

les cornes de la déesse-vache. D'origine mal connue, elle était peut-être honorée seule primitivement ; elle entra dans la mythologie comme sœur et femme d'Osiris* et mère d'Horus. Son rôle dans la légende osirienne commence après la mort de son époux : c'est elle qui a retrouvé le corps d'Osiris et, avec l'aide d'Anubis*, lui a rendu le souffle vital. Elle fut considérée d'abord comme la grande magicienne, celle dont le pouvoir dépassait celui des autres dieux et même de Rê*, le dieu-soleil (puisqu'elle réussit à connaître son nom caché), pouvoir qui lui avait permis de ressusciter Osiris, et était invoquée pour cette raison contre les maladies. C'est à partir du Nouvel Empire seulement qu'elle fut adorée comme la Mère universelle et devint la déesse la plus populaire. Son culte prit une importance considérable ; passionnel, puisqu'il proposait aux fidèles de suivre la déesse dans sa quête d'Osiris mort et ressuscité, il était aussi salvateur puisqu'il leur offrait le sort d'Osiris par la participation aux mystères, le consentement aux sacrifices et à la pénitence et la foi dans la puissance d'Isis, Mère consolatrice. Il répondait ainsi à l'inquiétude morale grandissante des individus en apportant une solution aux problèmes de la survie dans l'au-delà. La religion isiaque gagna la Grèce, Rome (Caligula fit élever un temple à Isis sur le Capitole en 38) puis tout l'empire et ne céda la place qu'au christianisme.

**ISKANDAR MUDA** ♦ Sultan d'Aceh (pointe N. de Sumatra), de 1607 à 1636. Instaurant une sorte de monopole du commerce du poivre, il agrandit ses États et attaqua en vain Melaka, alors aux mains des Portugais, en 1629. Il étendit son influence sur une grande partie de la péninsule malaise et fut le véritable créateur du sultanat d'Aceh, qui devint un des centres les plus brillants de la culture malaise. Ses hauts faits sont relatés dans la *Chronique d'Aceh.*

**ISKANDER (Fazil)** ♦ Écrivain abkhaze (Soukhoumi 1929 - New York 1990). Auteur de contes philosophiques satiriques (*Les Lapins et les boas*, 1982 ; *Le Buffle Front large*) et de nouvelles dans lesquels il dénonce par l'humour le régime soviétique : «Le rire possède une qualité modeste, sans doute, mais indiscutable : il est toujours vrai.» Le recueil *Sandro de Tchéguem* (1977) est un savoureux témoignage du quotidien dans son Abkhazie natale.

**İSKENDERUN** ◆ **ÉTYM.** déformation ar. de *Alexandre*, anc. ***Alexandrette*** ♦ V. de Turquie, sur le *golfe d'İskenderun*, près de la frontière syrienne. 177 294 hab. Port important. Indus. sidérurgique. ▮ **Histoire** Fondée par Alexandre le Grand peu après sa victoire d'Issos, la ville resta de faible importance durant l'Antiquité. Conquise par les Arabes dès le VII$^e$ s., elle passa successivement aux mains des Byzantins (968), des croisés fondateurs de la principauté d'Antioche (1097), des mamelouks (1268) et des Ottomans (1515). Le *sandjak d'Alexandrette* fut rattaché en 1920 à la Syrie sous mandat français, avant d'être réuni à la Turquie en 1939 sous le nom de Hatay.

**ISKER** ou **ISKĂR** n. m. – anc. ***Oescus*** ♦ Riv. de Bulgarie (300 km), affl. rive d. du Danube. Issue du massif du Rila, elle arrose Samokov et passe près de Sofia. Un grand barrage utilise ses eaux pour l'irrigation.

**ISLAMABAD** ◆ **ÉTYM.** ourdou «ville de l'islam», de l'ar. *islām* «islam» et de l'iran. *ābād* «habité» ♦ Cap. du Pakistan, située au pied de l'Himalaya. 529 180 hab. Ville nouvelle construite à proximité de Rawalpindi, pour remplacer Karachi comme capitale du Pakistan en 1967. Elle constitue un district fédéral et a surtout une fonction politique et administrative.

## islam

n. m. ➝ ÉTYM. mot arabe souvent répété dans le Coran signifiant « l'acte de se remettre à Dieu » ♦ Nom de la religion prêchée par Mahomet*. Celui qui y adhère est appelé « musulman » (en arabe, *muslim*, pl. *muslimūn*). Il y aurait aujourd'hui dans le monde entre 700 millions et 1 milliard de musulmans, selon les estimations. **▮ La doctrine** L'islam est fondé sur le Coran, parole de Dieu confirmant les autres Livres révélés, et sur la *sunna*, paroles et actes du prophète Mahomet, agent de révélation et le dernier de la série des messagers de Dieu qui commence par Adam et inclut, entre autres, Abraham, Moïse et Jésus (considéré comme un prophète parmi d'autres). Rejetant absolument la trinité chrétienne, la religion islamique est rigoureusement monothéiste et insiste sur l'unicité et la transcendance divine. Tout en appelant à croire en Dieu, aux anges, aux Livres révélés, aux prophètes et au jour du Jugement, l'islam se présente comme l'aboutissement universel des monothéismes spécifiques qui l'ont précédé et comme le système qui atteint l'« unification religieuse » *(tawhīd al-dīn)*. Dans l'islam, le péché originel et la déchéance de la nature humaine sont exclus ; chaque homme a deux anges gardiens qui écrivent toutes ses bonnes et mauvaises actions ; au jour du Jugement dernier, il se présentera devant Dieu avec le livre de ses actes. Les problèmes de la prédestination et du libre arbitre sont négligés dans le Coran et la sunna. Ils furent posés plus tard dans la théologie islamique et divisèrent les docteurs entre qadarites* (ceux qui limitent le « décret divin » : *qadar*) et jabarites* (partisans de la toute-puissance divine). **▮ Les cinq piliers** L'islam n'est pas seulement un système dogmatique, il intervient dans toutes les activités des croyants *(mu'minūn)*. Mais la base culturelle repose sur cinq règles fondamentales, appelées les « cinq piliers » *(arkān)* et admises par presque tous les musulmans, par-delà les schismes, les sectes et les rites. 1) L'acte d'adhésion à l'islam s'annonce par la récitation de la profession de foi *(shahāda)* : « J'atteste qu'il n'y a de dieu que Dieu et que Mahomet est l'Envoyé [le prophète] de Dieu. » 2) Les cinq prières quotidiennes précédées obligatoirement d'ablutions ponctuent la journée du croyant. La prière publique du vendredi est précédée d'un sermon prononcé par l'*imam* (directeur de la prière) du haut d'une chaire *(minbar)*. Toutes les prières, dirigées vers la Kaaba* (sanctuaire de La Mecque), donnent lieu à des récitations coraniques et rituelles ordonnées autour d'une répétition de positions formant une succession d'unités *(Rak'ā)*. La tradition a établi que chaque unité commence par la récitation de la *fātiha* (la « liminaire ») à la suite de laquelle on prononce, en certaines unités, des passages du Coran librement choisis. À l'occasion des deux fêtes de l'*īd*, celle qui est célébrée juste après le mois de Ramadan* *('īd* al-fitr)* et celle qui couronne le pèlerinage et commémore le sacrifice d'Abraham *('īd* al-Adhā)*, les musulmans prononcent une prière spéciale le matin. 3) La *zakāt* (mot dérivé d'une racine syriaque et qui signifie « purifier ») est une taxe obligatoire payée en espèces ou en nature et destinée à alimenter les fonds du secours mutuel. Il est aussi conseillé de pratiquer la charité *(sadaqa)*. 4) Le jeûne absolu *(çawn)* au mois de Ramadan (9e mois lunaire) doit être respecté tous les jours, de l'aube au crépuscule. 5) Le pèlerinage *(hajj*)* à La Mecque est obligatoire pour qui en est capable (économiquement et physiquement). Les premières cérémonies s'effectuent individuellement à partir des premiers jours du 10e mois ; elles consistent principalement à déambuler sept fois autour de la Kaaba* et à circuler sept fois entre le mont Safā et le mont Mzrwā. Les cérémonies collectives, commençant le 9 *dhū al-Hijja* (12e mois), consistent en une station de tous les pèlerins dans une vallée désertique devant le mont Arafat entre midi et le coucher du soleil et un séjour à Minā, à quelques kilomètres de La Mecque, où ont lieu des sacrifices de bétail. En d'autres moments de l'année, il est méritoire de réaliser le « petit pèlerinage » *('umra)* qui ne peut cependant se substituer au *hajj*. **▮ La vie quotidienne** À côté de ces règles fondamentales, il existe une abondante législation (fondée sur le Coran et la sunna, complétée par le consensus des savants, *ijmā'*, l'intérêt commun, *istislāh*...) qui organise la vie du croyant et règle ses droits et ses obligations dans les domaines militaire, économique, social, politique, domestique, individuel, hygiénique et moral **(➝ Coran, Mahomet, Allah, Hadīth, sunnites, chiisme)**.

## ISLANDE

▮ n. f. – off. ***république d'Islande*** ➝ ÉTYM. en isl. ***Ísland*** « pays de glace » ♦ Pays insulaire du N. de l'océan Atlantique. 102 828 km². 313 376 hab. *(Islandais)*. LANGUE : islandais. RELIGION : luthérienne. MONNAIE : couronne islandaise. CAPITALE : Reykjavík. RÉGIME : parlementaire.

**▮ GÉOGRAPHIE** Malgré sa latitude élevée, le pays jouit d'un climat adouci par les influences atlantiques (températures moyennes à peine inférieures à 0 °C en hiver et de 10 à 11 °C en été). Grande île produite par la superposition d'un point chaud sur la dorsale de l'Atlantique nord, l'Islande est essentiellement de composition basaltique. Les volcans (Hekla*, Laki*, Krafla où une dizaine d'éruptions ont eu lieu entre 1975 et 1984) sont surtout concentrés dans le centre est de l'île. Ils produisent des sources d'eau chaude qui constituent une ressource économique considérable. La majorité des terres sont incultes, 11 % sont occupées par les laves, 12 % par les glaciers. Pour une superficie correspondant au cinquième de celle de la France, l'Islande est très peu peuplée et 58 % de sa population est concentrée dans la région de Reykjavík (Akureyri, la 2e ville du pays, n'a que 14 000 habitants).

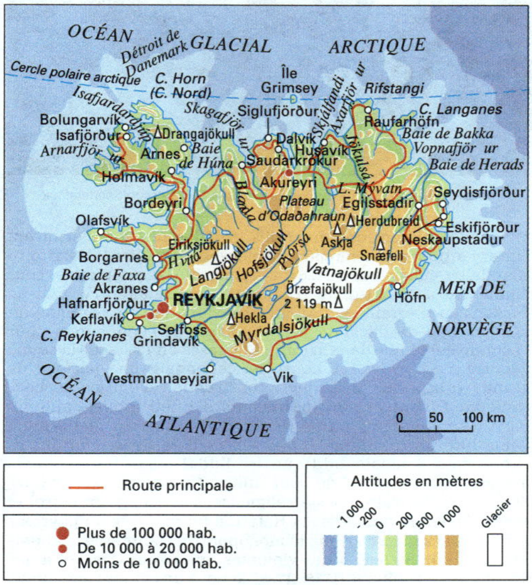


**Islande.**

**▮ ÉCONOMIE** La pêche (cabillaud, crevettes ; le hareng, surexploité, a perdu de son importance) joue un rôle primordial dans l'économie du pays qui dispose d'une flotte d'un millier de navires. Elle occupe directement 5,1 % des actifs et 6,4 % par l'intermédiaire de l'industrie des produits de la pêche (séchage, congélation, conserverie, fabrication d'huile et de farine). L'aquaculture du cabillaud se développe. Le reste de l'industrie emploie 13 % des actifs (aluminium, indus. mécanique, imprimerie). Le développement industriel du pays est limité par l'étroitesse du territoire habité et par l'éloignement d'autres marchés. Les petites entreprises dominent largement et les grandes firmes sont très peu nombreuses. Les ressources hydroélectriques sont importantes et l'énergie géothermique assure une grande partie du système de chauffage individuel. L'agriculture est limitée par les contraintes naturelles : 20 % de la superficie du pays est consacrée aux pâturages, 1 % seulement aux cultures. De ce fait, la production animalière prédomine (moutons, qui fournissent une grande part des exportations, vaches) et la production laitière suffit à la consommation du pays. **▮ Les échanges** L'Islande possède une compagnie aérienne d'importance internationale, Icelandair, qui assure des liaisons avec les États-Unis (Chicago, New York), les pays scandinaves (Oslo, Stockholm, Copenhague), ainsi qu'avec Londres, Paris et Luxembourg. Les échanges internationaux jouent d'ailleurs un grand rôle dans l'économie. Les produits de la pêche représentent encore 50 % des exportations en 2007 (90 % en 1960), l'aluminium 19 %. Le pays importe des biens de consommation, des équipements de transport, de la construction mécanique, du pétrole et des denrées alimentaires. Sa balance des paiements est négative. 17 % des échanges se font avec les pays de l'AELE (Suède), 70 % avec l'Union européenne (Grande-Bretagne, Allemagne, Pays-Bas) et 10 % avec les États-Unis. Comme les autres pays du Norden*, l'Islande bénéficie d'un niveau de vie moyen élevé et bien réparti dans l'ensemble de la population.

**▮ HISTOIRE** Découverte au VIIIe s. par des moines irlandais, l'Islande fut exploitée et colonisée à partir de 865 par des pionniers norvégiens qui suscitèrent un vaste mouvement d'immigration parmi l'aristocratie de leur pays. Elle était peuplée au Xe s. de 30 000 à 40 000 habitants. Les colons constituèrent vers 930 une sorte d'État républicain dirigé par une assemblée aristocratique, l'*Althing*, et vers l'an 1000 apparurent les premiers missionnaires chrétiens. **▮ La domination norvégienne puis danoise** Aux XIIe et

**Islande.** Geysers à Thingvellir. *Phot. © Árni Björnsson/Shutterstock*

XIIIe s., les dissensions entre les grandes familles permirent l'intervention de la monarchie norvégienne sur le territoire islandais : entre 1262 et 1264, l'Islande dut se soumettre, sous l'influence de l'Église, au roi de Norvège Haakon IV, tout en gardant une certaine autonomie. L'occupation norvégienne fut une période de décadence tant sociale qu'économique pour l'Islande qui tomba dans la misère et passa en 1380 sous la coupe danoise. Le Moyen Âge constitua cependant une période de grande prospérité artistique : construction d'églises en bois, confection d'*antependia* (parements d'autel) brodés, enluminure de manuscrits *(Livre de Flotöy)* et surtout élaboration d'une littérature originale. Celle-ci peut se diviser en quatre catégories : poésie eddique (→ **Edda**), scaldique (poésie magique, funéraire ou de cour utilisant un mètre particulier), littérature cléricale (poésie religieuse, science, grammaire) et sagas. Au cours du XVIe s., la Réforme fut imposée au pays par le Danemark qui s'attribua le monopole du commerce islandais (1602), ce qui, associé à des violentes épidémies (1707) et à des éruptions volcaniques (1765 - 1783), acheva de ruiner l'économie. Quelques efforts isolés, notamment les réformes administratives entreprises par le roi Frédéric V, restèrent décevants. Pourtant, au XIXe s., le statut politique progressa avec le rétablissement de l'*Althing* par le roi Christian VIII. ▮ **L'indépendance** L'autonomie obtenue en 1904 et complétée par l'Acte d'union en 1918 ne fut définitive qu'avec la Deuxième Guerre mondiale qui laissa en 1940 l'Islande isolée : le 17 juin 1944, elle devenait, après plébiscite, une république indépendante. En 1948, l'Islande intégrait l'OCDE et, en 1949, elle entrait dans l'Otan, tout en manifestant son aversion contre toute «occupation» étrangère de quelque nature que ce soit : depuis les années 1960, son neutralisme s'accentue tant sur le plan politique qu'économique (problème des importations de poissons ; retrait d'une partie des troupes américaines en 1960). Avec le plus vieux parlement du monde, une législation sociale très avancée et une industrie gênée par l'exiguïté territoriale, l'Islande garde une civilisation originale tout en s'ouvrant sur l'Union européenne puisqu'elle est membre de l'espace Schengen*. Après K. Eldjárn (1968 - 1980), V. Finnbogadóttir* (1980 - 1996) puis O. Ragnar Grimsson (depuis 1996) se sont succédé à la présidence de la République. La crise financière mondiale surajoutée à la surchauffe de l'économie observée depuis 2006 a plongé le pays dans la faillite : dette extérieure égale à 532 % du PIB en 2007, inflation, chômage, endettement des ménages, emprunts interbancaires ont débouché sur la nationalisation des trois banques du pays et sur un vaste mouvement social qui a mis fin à près de vingt ans de gouvernement conservateur en faisant chuter la coalition de centre droit alors au pouvoir, remplacée en 2009 par une coalition de centre gauche. Celle-ci a rapidement pris la décision de déposer une candidature à l'UE.

---

**ISLAY** ♦ Île au S.-O. de l'Écosse appartenant aux Inner Hebrides. 600 km². 4 500 hab. Tourisme. Whisky pur malt.

**ISLE** [il] n. f. ♦ Riv. du S.-O. de la France, affl. de la Dordogne (235 km). Elle naît dans les monts du Limousin, traverse Périgueux et conflue à Libourne.

**ISLE** [87170] ♦ Comm. de la Haute-Vienne, banlieue S.-O. de Limoges. 7 691 hab.

**ISLE-ADAM (L')** [iladɑ̃] [95290] ← **ÉTYM.** doit son n. à un château fort bâti sur une île au milieu de l'Oise par le comte *Adam*, seigneur de Villiers ♦ Ch.-l. de cant. du Val-d'Oise, arr. de Pontoise, sur l'Oise. 11 163 hab. *(Adamois)*. Église Saint-Martin des XVe - XVIe s. (portail Renaissance ; chaire de 1560 ; stalles du XVIe s.). Vestiges du château des Bourbon-Conti. Pavillon chinois de Cassan. ▪ Centre résidentiel. Plage aménagée. Forêt domaniale de L'Isle-Adam (1 500 ha).

**ISLE-D'ABEAU (L')** [38080] ♦ Comm. de l'Isère. 12 024 hab. *(Lilots)*.

**ISLE-D'ESPAGNAC (L')** [16340] ♦ Comm. de la Charente, banl. E. d'Angoulême. 4 921 hab.

**ISLE-JOURDAIN (L')** [32600] ← **ÉTYM.** du n. de *Jourdain de Lisle*, seigneur de la ville au XIIe s. ♦ Ch.-l. de cant. du Gers, arr. d'Auch, sur la Save. 5 560 hab. *(Lislois)*.

**ISLE-SUR-LA-SORGUE (L')** [84800] ♦ Ch.-l. de cant. du Vaucluse, arr. d'Avignon, sur la Sorgue. 16 971 hab. *(Islois)*. Église des XIVe et XVIIe s., belle décoration intérieure du XVIIe s. Hôpital du XVIIe s. ▪ Anc. filatures. Tourisme.

**ISLE-SUR-LE-DOUBS (L')** [25250] ♦ Ch.-l. de cant. du Doubs, arr. de Montbéliard, sur le Doubs. 3 305 hab. (aggl. 3 717) *(Islois)*.

**ISLY** (oued) n. m. ♦ Riv. du Maroc, sous-affl. de la Tafna (Algérie) qui naît près de la frontière algérienne et passe à l'O. d'Oujda. ▮ **Histoire** Après la perte de sa smala, l'émir Abd el-Kader passa au Maroc et gagna à sa cause le sultan ʿAbd al-Raḥmān. La France déclara la guerre au Maroc (déb. août 1844) et le général Bugeaud, à la tête des forces françaises, battit les troupes marocaines commandées par le fils du sultan, Mūlāy Muḥammad, sur l'Isly (14 août 1844). La bataille de l'Isly fut suivie de la signature du traité de Tanger.

**ISMAËL** ← **ÉTYM.** en ar. *Ismāʿīl*, en hébr. *Yishmāʿēl* «Dieu a entendu» ♦ Personnage biblique (Genèse, XVI, XXI). Fils d'Abraham* et d'Agar*, renvoyé dans le désert avec sa mère après la naissance d'Isaac. Ancêtre des Bédouins d'Arabie, selon la Bible et le Coran.

**ISMĀʿĪL** ♦ Septième imam des ismaïliens* (mort en 762). Fils du sixième imam Jaʿfar al-Sādiq, il devait lui succéder mais fut déshérité par son père au profit de son frère Mūsā al-Kāzim. Il a donné son nom aux ismaïliens.

**ISMĀʿĪL Ier** ♦ Chah de Perse (Ardebil 1487 - *id.* 1524). Issu d'une famille illustre, il groupe autour de lui plusieurs tribus chiites et prit le titre de chah de Perse en 1501, après avoir conquis l'Azerbaïdjan. En 1510, maître de la Perse, de l'Arménie et de l'Irak, il se fit le propagateur du chiisme* reconnu comme religion nationale. Mis en échec en 1514 à Tchaldirān par le sultan ottoman Sélim* Ier, il réclama en vain contre ce dernier l'aide de Charles Quint. Il est le fondateur de la dynastie des Safavides*.

**ISMĀʿĪL II** ♦ Chah de Perse de la dynastie safavide (mort à Qazvīn en 1578). Il fut emprisonné par son père pendant 20 ans. Après avoir chassé du trône son frère (1576), il fit massacrer tous les princes de sa famille, pour éviter une contre-révolution. Il mourut sans doute empoisonné.

**ISMAÏLIA** ← **ÉTYM.** en ar. *al-Ismāʿīliya* ; nommée en l'honneur d'*Ismaïl* Pacha ♦ V. d'Égypte, au bord du lac Timsah, sur le canal de Suez*. 300 449 hab. La ville fut créée en 1863 pour être le siège de la Compagnie du canal de Suez. Port pétrolier. Terminal gazier.

**ISMAÏL PACHA** ou **ISMĀʿĪL PACHA** ♦ (Le Caire 1830 - Constantinople 1895). Khédive d'Égypte (1863 - 1879). Second fils d'Ibrahim Pacha, il dirigea plusieurs missions diplomatiques en Europe sous le règne de son oncle Saïd* Pacha. Il commanda ensuite l'armée d'occupation au Soudan où il réprima une révolte (1861). Il reçut du sultan de Constantinople le titre de khédive en contrepartie de l'augmentation du tribut annuel (1866). Il accéléra la modernisation de l'Égypte en la dotant d'une administration des postes, en réorganisant l'enseignement, en développant l'industrie du sucre. Il inaugura le canal de Suez* en 1869. Il entreprit de grands travaux d'urbanisme. Mais il n'arriva pas à freiner l'augmentation de la dette extérieure, et fut obligé de vendre à la Grande-Bretagne ses actions de la Compagnie du canal de Suez (1875), suspendant ensuite le paiement des intérêts de ses dettes (1876). Les pays européens réagirent et imposèrent à Ismaïl un contrôle financier franco-britannique (1878). Lors de la crise nationaliste ouverte par Arabi* Pacha, il tenta de reprendre son indépendance. Il échoua et se retira à Constantinople.

**ISMÈNE** – en gr. *Ismênê* ♦ Sœur d'Antigone*, d'Étéocle* et de Polynice*, née comme eux de l'inceste d'Œdipe et de Jocaste. Dans l'*Antigone* de Sophocle, à l'opposé de sa sœur, Ismène n'ose pas transgresser l'ordre de Créon qui interdisait toute sépulture à Polynice.

**ISNARD (Maximin)** ♦ Homme politique français (Grasse 1755 - *id.* 1825). Parfumeur, il fut élu député à l'Assemblée législative puis à la Convention, où il vota la mort du roi. Bien que girondin*, il ne fut pas décrété d'accusation avec les autres chefs de la Gironde (31 mai - 2 juin 1793) et réussit à se cacher sous la Terreur. Après la chute de Robespierre, il fit partie du Conseil des Cinq-Cents (jusqu'en mai 1797), puis fut chargé de l'administration du Var et fait baron d'Empire (1813). Il se rallia ensuite à Louis XVIII. ← **ÉTYM.** *Isnard* vient du nom de personne germanique *Isanhard*, de *isan* «fer» et *hard* «brave».

**ISOCRATE** ← **ÉTYM.** en gr. *Isokratês* «qui a une puissance égale», de *isos* «égal» et *kratos* «force» ♦ Orateur athénien (dème d'Erchia, Attique −436 - *id.* −338). Élève de Gorgias, il fut aussi auditeur de Socrate

## ismaïliens ou ismaéliens

n. m. pl. ♦ Membres d'une secte chiite extrémiste qui, à l'opposé de la majorité des chiites, admet Ismā'īl comme septième et dernier imam. Désigné à la succession, puis désavoué par son père Ja'far al-Sādiq, Ismā'īl mourut en 762. Certains chiites, qui lui restèrent fidèles et qui doutèrent de sa mort, s'organisèrent en secte clandestine. Ils chargèrent leurs propagandistes *(dā'ī)* de recruter des adhérents. Ceux-ci commençaient par suivre un cycle d'initiations au terme duquel le maître adoptait son disciple. Historiquement, les ismaïliens se manifestèrent en trois mouvements distincts. En premier lieu les Qarmates* syro-mésopotamiens contribuèrent à l'affaiblissement du califat abbasside* en ravageant la Syrie (901 - 906). Puis, passant du Yémen au Maghreb, les Fatimides* fondèrent un califat (912) ; plus tard, certains de leurs partisans constituèrent la secte des druzes* ; d'autres formèrent celle des nizaris dont le groupe le plus important fut organisé par les Assassins*. Enfin, les Qarmates* du Bahreïn se séparèrent des Fatimides et les combattirent. ▪ L'originalité de la base doctrinale commune à tous ces groupes réside dans l'adoption de l'ésotérisme (*al-Bātin* : «le caché») et le rejet de l'exotérisme (*al-Dhāhir* : «l'apparent»). Plusieurs de leurs principes sont empruntés aux écrits des Frères* de la pureté *(Ikhwān al-Safā)* ou Amis fidèles, qui élaborèrent un système philosophique inspiré du néoplatonisme et destiné à régir les actes de leurs disciples et à éduquer leurs âmes. Suivant un parallélisme entre macrocosme et microcosme, les ismaïliens adaptèrent la notion de l'émanation divine du monde à l'échelle humaine : aux sept «parleurs» (Adam, Noé, Abraham, Moïse, Jésus, Mahomet et le Mahdī) correspondent sept «silencieux», interprètes des parleurs, Ali* étant l'interprète de Mahomet. Ce dernier n'est plus le «sceau des prophètes» puisque le Mahdī* surpassera son œuvre. Les textes des parleurs sont couverts de voiles qu'il faut déchirer pour découvrir leur vérité cachée : la Loi *(charia)* n'a qu'une valeur transitoire ; le Coran* n'importe que par son sens interne qui nécessite une interprétation allégorique poussée à l'extrême. Imitant le syncrétisme des Frères de la pureté, les ismaïliens dépassent le dogme musulman en reconnaissant la vérité relative de toute religion permettant une interprétation symbolique.

Logographe rival de Lysias*, il abandonna la rhétorique judiciaire, qu'il jugeait peu digne d'un esprit supérieur. Parmi ses élèves, citons Hypéride*, Lycurgue*, Théopompe* et Xénophon*. Il se laissa mourir de faim, dit-on, peu après la défaite de Chéronée, devant la faillite de ses idées politiques d'union grecque sous Philippe. ▪ À part quelques discours judiciaires, une *Lettre à Philippe* et les éloges d'*Évagoras* et de *Nicoclès*, son œuvre appartient à l'éloquence d'apparat. Ses discours, toujours fictifs, destinés à servir de modèles à ses élèves, constituent des programmes politiques ou des manifestes idéologiques. Dans le *Panégyrique*, son chef-d'œuvre, et le *Discours sur la paix*, il prêche l'entente panhellénique contre les Barbares, tantôt en démontrant la prépondérance d'Athènes et de Sparte, tantôt en cherchant un chef en la personne de Philippe de Macédoine ou d'autres *hégémons*. Dans son *Aréopagitique*, il traite des affaires intérieures de sa patrie. Sa conception de l'éloquence, annoncée d'abord dans le *Discours contre les sophistes*, où il condamne le dilettantisme et la frivolité de la sophistique, est développée dans le *Traité sur l'échange (Antidosis)* : contre une dialectique qui se perd dans les sphères de l'idéal, celle de Platon, il propose l'éloquence comme action positive et immédiate, comme discipline morale et comme fondement de l'éducation et de la vie civique. Dans l'art oratoire, dominé alors par le style antithétique de Gorgias, Isocrate apporte la longue période savamment cadencée qui resta le modèle de la rhétorique académique.

**ISONZO** n. m. – en slovène ***Soča*** ♦ Fl. né en Slovénie*, dans les Alpes juliennes 138 km. Son cours inférieur est situé en Italie. Après avoir formé un delta, il se jette dans le golfe de Trieste. ▮ **Histoire** Dès leur entrée dans la Première Guerre mondiale (mai 1915, face aux Austro-Hongrois), les Italiens occupèrent le cours du fleuve, sauf Gorizia, prise seulement après la cinquième attaque, le 9 août 1916. En août 1917, la onzième bataille de l'Isonzo permit aux Italiens de conquérir le plateau de la Bainsizza (→ **Karst**) et le massif de l'Hermada. En octobre 1917, le haut Isonzo vit le désastre des Italiens à Caporetto.

**ISOU** (**Isidore GOLDSTEIN,** dit **Isidore**) ➝ **ÉTYM.** son pseudonyme vient du diminutif de son prénom qu'employait sa mère ♦ Poète français d'origine roumaine (Botoşani, Roumanie 1925 - Paris 2007). Son nom est essentiellement lié au lettrisme (rebaptisé créatique) qu'il théorisa, dès son arrivée à Paris (1945), dans le manifeste *La Dictature lettriste* (1946) ainsi que dans *Introduction à une nouvelle poésie et à une nouvelle musique* (1946) et *Essai sur la définition et le bouleversement total de la prose et du roman* (1950). S'appuyant sur un ancêtre aussi célèbre qu'éloigné dans le temps, Aristophane, Isou voulut donner au langage sa force primitive, en permettant à la lettre de trouver un sens indépendant du mot et lié à la matière sonore. Isou s'est aussi fait connaître par sa réalisation d'un film, *Traité de bave et d'éternité* (1950, avec J. Cocteau) et un roman érotique : *Initiation à la haute volupté* (1960).

**ISOZAKI Arata** ♦ Architecte et théoricien japonais (Oita, Kyūshū 1931). Il fit partie du cabinet de Tange* Kenzō avant de créer le sien propre (1963). Il a imaginé en 1960 un système de noyau articulé repris plus tard par Tange. Son style des années 1960 se caractérise par ses liens avec le «métabolisme» (Bibliothèque préfectorale d'Oita) et un certain maniérisme. Le Musée préfectoral des beaux-arts de Gumma est construit sur une structure antirationnelle fondée sur le cube comme «métaphore de la culture», dans lequel sont intégrés des emprunts à la Sécession de Vienne, à Marcel Duchamp* et à Archigram. Isozaki Arata a construit en 1983 le Musée d'art contemporain de Los Angeles sur les mêmes principes, puis, en 1992, le Palau d'Esports Sant Jordi pour les jeux Olympiques de Barcelone.

**ISPAHAN** ou **ISFAHAN** ➝ **ÉTYM.** mède «le pays *(dānam)* des chevaux *(aspa-)*» ou du persan *spahān* «armées» ♦ V. d'Iran, ch.-l. de prov., sur le Zand-é rūd, à 1 530 m d'alt. 1 602 110 hab. *(Isfahanis)*. La ville compte plus de 130 palais, mosquées, bains, et, malgré l'essor architectural moderne, l'Ispahan seldjoukide (XIe - XIIe s.) et safavide (XVe - XVIIIe s.) a été conservée. Bazar. Ponts anc. Tchehel-Sotoun (pavillon aux Quarante-Colonnes) et medersa de la Mère du Chah. Située au S.-O. d'une vaste oasis produisant blé, orge, tabac, melons, coton, vignes et spécialisée dans l'élevage du mouton, Ispahan est un centre industriel (raffinerie, textile, construc. mécanique, etc.). Artisanat traditionnel (célèbres tapis, ciselage du cuivre et de l'argent) pratiqué dans des bazars spécialisés. Cité caravanière sur la route de la Soie, la ville a gardé ses traditions commerçantes. Centre administratif, universitaire et touristique. ▮ **Histoire** Peuplée dès l'époque achéménide (-550 - -331), la plaine d'Ispahan était utilisée comme lieu de rassemblement des armées sassanides. La ville, siège de l'archevêché nestorien (IIIe - VIIe s.), était composée de deux agglomérations (Djey, la Cité Ronde, construite au -Ve s., et Yahoudiyeh, la ville juive, plus ancienne) qui fusionnèrent après la conquête arabe (v. 640). Gouvernée par les Buyides à partir de 935, centre commercial (célèbre pour ses tissus de soie et de coton) et culturel, Ispahan devint la capitale de l'Empire seldjoukide* dès 1051 et connut alors sa première splendeur architecturale. Ruinée durant la période mongole (XIIe s.), incendiée par Tamerlan en 1386, elle fut choisie comme capitale en 1589 par Abbas* Ier le Grand, qui conçut un vaste plan d'urbanisme de sa ville grâce auquel elle fut surnommée la «Moitié du Monde». Ses successeurs contribuèrent encore à l'embellissement de la ville. Mise à sac par les Afghans ghalzāi (1722), négligée sous les Zends (1750 - 1794) et les Kadjars (1794 - 1925), elle tomba en déclin. Dès 1930 un vaste plan de restauration d'Ispahan débuta avec la coopération d'archéologues et d'architectes français et italiens.

**ISPARTA** ♦ V. de Turquie, ch.-l. de prov., en Anatolie occidentale, dans une petite plaine intérieure du Taurus occidental, 184 735 hab. Centre de la culture de la rose en Turquie, fabriques d'essence de rose, industries agro-alimentaires et des matériaux de construction. Important centre de commerce du tapis. Faculté d'ingénierie.

**ISRAËL** ➝ **ÉTYM.** en hébr. *Yisrâ'êl*, «El* s'est montré fort» (apparaît comme nom de personne à Ugarit* au -XIVe s.) ♦ ▮ **Le surnom de Jacob** La Bible en fait le surnom de Jacob* après le combat au cours duquel ce dernier se montra «fort contre Elohim*» : «fils d'Israël» ou «Israël» est le nom que portent les descendants du patriarche. À partir du XIXe s., certaines traductions de la Bible rendent «fils d'Israël» par «Israélite» *(Yisre'êlî)* qui n'apparaît pratiquement jamais dans le texte hébreu et demeure très rare dans les versions grecque *(Israêlitês)* et latine *(Israhelita)* de la Bible ; il devient plus fréquent dans les textes tardifs (deutérocanoniques*). ▮ **Le peuple** L'Israël ancien ne serait pas mieux connu que ses voisins s'il ne nous avait transmis son livre sacré, la Bible* : on trouve dans ce recueil des récits d'allure historique mais dont le propos est théologique et dont la réalité est difficile à établir. C'est notamment le cas pour l'histoire traditionnelle des «Hébreux*» dont les épisodes fondateurs ne sont pas confirmés (séjour en Égypte, Exode) ou sont contestés par l'archéologie (conquête de Canaan). D'un point de vue profane, «Israël» apparaît pour la première fois au début du -XIIIe siècle : relatant une expédition contre les Libyens, la stèle de Merenptah* glorifie le pharaon d'avoir «pacifié» des régions ou des villes dans Canaan et détruit un groupe ethnique, Israël. Cette entité ou une autre de même nom ne réapparaît dans l'histoire que quelques siècles plus tard. Cette nouvelle apparition s'inscrit dans la crise qui affecta la région de Canaan* au -XIIe siècle : le territoire disputé par des grandes puissances (Égypte, Babylone, Hittites*) et qui subit le choc des Peuples* de la Mer se redistribue, de part et d'autre du Jourdain, entre des populations de langue «cananéenne» (Phéniciens*, qui se replient sur la côte, Israélites, Moabites*, Ammonites*, Édomites*) confrontées à des Araméens*, des Philistins*, des

Hourrites* et des Arabes*. À partir de –1200 (âge du fer) se constituent des entités nationales et politiques qui demeurent mal connues : pour Israël, la Bible affirme au –X$^{e}$ siècle l'établissement d'une monarchie unifiée (Saül*, David*, Salomon*) recouvrant deux entités dont la séparation constituera les royaumes d'Israël (au nord) et de Juda (au sud) ; cette unification ne semble pas confirmée par les fouilles : la Bible (Livres des Rois*) en fait d'ailleurs une «parenthèse», théologiquement interprétée en termes de fidélité entre une communauté dont elle ne dissimule pas les tensions (les fils d'Israël) et son dieu national (Yahvé*). De fait, le clivage entre le nord (Sichem) et le sud (Jérusalem) est attesté antérieurement (lettres de Tell el-Amarna, –XIV$^{e}$ s.). Dans ces conditions, la spécificité de l'Israël ancien est difficile à appréhender : en dehors de la Bible, le seul document «littéraire» ancien (la stèle du roi Moabite Mesha, dernier tiers du –IX$^{e}$ s.) nous fait connaître un royaume voisin et rival de langue très proche. La Bible, pour sa part, ne dissimule pas les tendances polythéistes des fils d'Israël, non plus que le réalisme de souverains «locaux» qui tentent d'accéder à un rang «régional» en profitant des faiblesses de leurs puissants «protecteurs» : c'est notamment le cas pour la première dynastie qui domine le royaume du nord, celle des Omrides — Achab*, le fils du fondateur Omri*, demeure un modèle d'impiété pour avoir fait alliance avec les Phéniciens, épousé la fille du roi de Sidon*, Jézabel* et avoir favorisé le culte de son Ba'al au détriment de celui de Yahvé. ▮ **Le royaume d'Israël** En fait, Omri créa le royaume d'Israël, qui fut toujours plus puissant que celui de Juda qu'il semble avoir dominé ; mais après avoir plus ou moins contrebalancé l'influence de son voisin araméen, ce royaume fut finalement victime de la puissance assyrienne : dès lors, Juda se développe, sans doute en bénéficiant d'un apport de réfugiés nordistes, et Israël disparaît du texte sacré. La Bible, qui continue à retracer l'histoire des fils d'Israël expose le point de vue des Judéens. Celui des habitants du royaume du nord n'apparaît sans doute qu'imparfaitement dans celui du groupe minoritaire des samaritains*. Le royaume d'Israël (princ. rois : → **Jéroboam, Basha, Éla, Omri, Achab, Ochozias, Joram, Jéhu, Joachaz, Joas, Jéroboam II, Osée**) eut pour capitale Samarie*. Après sa destruction par les Assyriens (–722), une partie de la population fut déportée, mais la Bible n'évoque pas le retour de leur exil : dix des douze tribus d'Israël se retrouvent dès lors «perdues» dans l'Histoire sainte. Dans l'Histoire profane, la région prit le nom de Samarie et devint une province babylonienne en –612 ; sous la domination perse, puis lagide, et enfin séleucide, elle demeura plus importante que la province de Judée*, qui lui fut un temps annexée avant de retrouver son indépendance ; l'une et l'autre constituent une partie de ce qui est désormais la Syrie. Attaquée en –111 par Jean Hyrcan, qui rase la capitale et le temple du mont Garizim en –108, la Samarie restera sous le contrôle des Asmonéens*, puis sous celui d'Hérode. Mais à cette époque, même si «Israël» est presque reconstitué dans sa souveraineté, «les fils d'Israël» ne sont plus depuis longtemps géographiquement confinés à la Palestine. ▮ **La religion** La religion d'Israël n'est pas le judaïsme* : en témoignerait dans la Bible, avant même le durable attrait du culte de Baal* pour le peuple (et la curieuse facilité d'Aaron*, frère de Moïse*, et de Jéroboam, premier roi d'Israël, à dresser devant lui des veaux d'or), la multiplicité des noms divins. Cette dernière suffit à rappeler, si nécessaire, que le peuple élu est un peuple comme les autres. La notion d'«alliance» n'implique pas davantage le monothéisme que celle d'un dieu supérieur aux autres n'est équivalente à celle d'un dieu unique. Cela semble confirmé par les témoignages que les papyrus d'Éléphantine nous ont laissés sur la religion des colons juifs en Égypte au –V$^{e}$ s. : ces derniers honorent Yahô, et se soucient même de reconstruire son sanctuaire ; l'anthroponymie témoigne que ce dieu est le dieu national de ces Judéens, mais ces derniers semblent honorer aussi d'autres dieux et déesses «cananéens» (Béthel) et peut-être même une compagne de Yahô, la déesse Anathyahô. Les premiers témoignages des auteurs païens sur les descendants des «Hébreux» témoignent d'un comportement paradoxal et semblent supposer un exclusivisme religieux qui ne semble pas contestable au –III$^{e}$ s. : toutes les communautés «israélites» que nous connaissons (les samaritains et les différents partis juifs des sadducéens*, pharisiens*, esséniens* et zélotes*) sont farouchement monothéistes, mais nous ne savons pas comment cette théologie, sans doute élaborée au temple de Jérusalem, s'est imposée : le déroulement de la «crise maccabéenne» fait apparaître en tout cas une population de Judée très divisée. L'idéal religieux de la théocratie, dont Flavius Josèphe* revendique la paternité pour ses compatriotes et coreligionnaires, a moins résisté à l'épreuve des faits d'un pouvoir combinant la royauté et le sacerdoce qu'il ne s'était accommodé d'une situation antérieure où le pouvoir politique était contrôlé par un «étranger» plutôt indifférent aux questions proprement religieuses. ▮ **Les tribus d'Israël** → **Jacob.**

## ISRAËL

▮ – off. ***État d'Israël*** ◆ **ÉTYM.** du n. d'*Israël*, surnom de Jacob ◆ Pays du Proche-Orient. 20 770 km$^2$. 7 116 700 hab. *(Israéliens)*. LANGUES : hébreu et arabe (off.), nombreuses langues parlées. RELIGIONS : judaïsme, minorités musulmanes et chrétiennes. MONNAIE : shekel. CAPITALE : capitale historique, politique et culturelle : Tel-Aviv-Jaffa ; capitale fixée par l'État d'Israël (mais non reconnue par la communauté internationale) : Jérusalem. RÉGIME : démocratie parlementaire.

### GÉOGRAPHIE

Le pays est étiré en longueur (450 km du N. au S.) ; sa largeur varie de 112 km au maximum à hauteur de Beersheba à seulement 14 km au N. de Herzliya. On peut le diviser en 4 régions naturelles. Le littoral méditerranéen, bordé de plages et de dunes de sable et terminé à l'extrême N. par le promontoire rocheux de Rosh Hanikra au pied du mont Carmel, est constitué, du N. au S., par les plaines de Zabulon, de Saron et de Judée séparées par des cours d'eau. Une arête montagneuse centrale prolonge, à travers la Palestine, la chaîne du Liban. Elle est formée des chaînes de Galilée, de Samarie et de Judée (point culminant : le mont Meiron, 1 208 m). À l'E. se trouve la dépression de Ghor sur laquelle s'incline le plateau montagneux et où s'étendent le lac de Tibériade, la vallée du Jourdain et la mer Morte. Au S., le désert du Néguev couvre à lui seul la moitié du pays. Les territoires occupés en 1967 correspondent au plateau du Golan (1 150 km$^2$) et à la Cisjordanie (5 600 km$^2$).

### POPULATION

La population israélienne est juive à plus de 80 %, les minorités étant musulmane (14 %), chrétienne (2,4 %) et druze (1,7 %). Le pays a connu un bouleversement démographique tout à fait remarquable puisque la population juive est passée de 56 000 dans la Palestine de 1918 à 4,7 millions en 1998. Cette croissance est surtout le résultat d'une immigration continue depuis la fin du XIX$^{e}$ s. Si jusqu'en 1948 les immigrants venaient majoritairement d'Europe (Russie, Pologne, Allemagne), de la création de l'État à la guerre des Six Jours ils étaient essentiellement issus des pays musulmans (1948 - 1951 : Irak, Yémen, Turquie ; 1955 - 1957 : Maroc, Tunisie ; 1961 - 1964 : Maroc). L'arrivée de ces 700 000 Juifs séfarades a été à l'origine de tensions ethniques avec les Juifs originaires d'Europe (ashkénazes) qui avaient construit le pays. Une importante immigration juive d'URSS s'est dirigée vers Israël entre 1971 et 1979 (137 000) puis depuis 1989 (1 200 000). La population juive en Israël représente aujourd'hui le tiers de la population juive mondiale. La population arabe, qui est passée de 156 000 à 850 000 (sans compter Jérusalem-Est), est concentrée en Galilée, dans le Triangle et dans le nord du Néguev. Les 80 000 druzes habitent le mont Carmel et le Golan. La région la plus densément peuplée est la plaine côtière de Haïfa à Ashqelon. ▮ **La société israélienne** La société israélienne est traversée par trois lignes de fracture. D'une part, un «écart ethnique», lentement comblé, persiste entre immigrants ashkénazes et séfarades, les seconds ayant un niveau socio-économique inférieur aux premiers. D'autre part, les rapports entre les Israéliens laïcs et la forte minorité d'Israéliens religieux (30 % de la population) sont parfois tendus, ces derniers souhaitant que la place du judaïsme dans la société soit affirmée avec force. Enfin, la coexistence entre citoyens juifs et arabes pose de graves problèmes, Israël se définissant comme un État juif alors même que les Arabes israéliens éprouvent de plus en plus une communauté de destin avec les autres Palestiniens et sont les premières victimes d'une pauvreté qui ne cesse d'augmenter. Après la deuxième Intifada, en 2001, qui avait eu des répercussions sur la croissance économique, le PIB avait de nouveau progressé avec régularité (env. 5 % par an) jusqu'à la moitié de l'année 2008. Le pays a subi les retombées de la crise internationale (resserrement du crédit, baisse de la consommation et des exportations) jusqu'en 2010.

### ÉCONOMIE

▮ **Agriculture** Les zones peuplées sont celles où règne un climat méditerranéen, avec une végétation riche en arbres et en fleurs. L'intérieur du pays est plus sec et le Néguev est aride. Les cours d'eau sont peu nombreux, insuffisants pour assurer le développement agricole requis. Pour utiliser au mieux les ressources disponibles, les planificateurs israéliens ont développé une politique d'aménagement hydraulique, l'eau du lac de Tibériade étant amenée vers le S. par un réseau de canalisations et de canaux. Si la population rurale est de 450 000 personnes, seules 62 000 sont employées dans le secteur agricole, essentiellement dans des exploitations collectives : *kibboutzim, moshavim ovedim* (villages coopératifs) et *moshavim shitoufiim* (combinaison entre les principes collectivistes et coopératifs). Depuis 1948, la surface cultivée a quasiment triplé. L'élevage fournit les principaux produits agricoles (vaches,

**Israël.**

poulets, dindes). Les régions agricoles sont la plaine côtière et la vallée de Jezréel (agrumes, fruits, coton, betteraves sucrières), la région montagneuse de Galilée (cultures sèches, olivier, élevage extensif) et le Néguev qui a été particulièrement mis en valeur depuis les années 1970 (légumes et cultures de plein champ). Israël se spécialise dans certaines productions comme les agrumes et les autres fruits ou les cultures d'hiver, qui facilitent l'intégration du pays dans les circuits commerciaux internationaux (surtout avec l'Union européenne). L'agriculture a perdu beaucoup de son importance dans l'économie israélienne : alors que, en 1949, 64 % des exportations étaient d'origine agricole, cette part est aujourd'hui tombée à 6 %. **Industrie** Bien que le pays soit pauvre en ressources naturelles, il a connu un développement industriel remarquable. La découverte de petits gisements de pétrole (Ashqelon) et de gaz (Rosh Zohar) n'empêche pas Israël de dépendre à 90 % de l'extérieur pour son énergie (pétrole d'Égypte, de Norvège et du Mexique), ses seules richesses minérales se trouvant au voisinage de la mer Morte (potasse, brome) et dans le Néguev (cuivre, phosphates). La production industrielle représente 30 % du PIB et plus de 90 % des exportations sont de nature industrielle. Les secteurs industriels les plus importants sont la taille des diamants, l'alimentation, le textile, la métallurgie, les produits chimiques, les machines, l'équipement électrique, l'aéronautique et l'électronique. L'industrie reste concentrée sur la côte (le district de Tel-Aviv regroupe à lui seul 41 % des établissements industriels). Elle relève à 95 % du secteur privé, le reste appartenant à l'État et surtout à la Histadrout* (puissante centrale syndicale) qui, par l'intermédiaire de la Hevrat Ovdim (Société des travailleurs), gère, avec de plus en plus de difficultés, tout un conglomérat industriel et financier : Koor, Solel Boneh (construction), Bank Hapoalim, Hasneh (assurances). **Commerce extérieur** La balance commerciale reste déficitaire depuis 1948 même si le taux de couverture des importations par les exportations s'est constamment amélioré. Israël achète surtout du pétrole, des matières premières, des produits finis et semi-finis et exporte des produits alimentaires (agrumes, légumes d'hiver), des diamants, du textile, des produits chimiques et de l'équipement électronique et électrique. Les exportations se font surtout vers l'Union européenne (33 %) et les États-Unis (30 %). Le tourisme, qui constitue un apport de devises non négligeable, est en recul depuis 2004. Il contribue fortement à réduire le déficit de la balance des paiements. Israël est le premier destinataire de l'aide américaine. **Communications** Le pays dispose d'un beau réseau routier et ferroviaire. Du fait de son isolement politique, l'essentiel des liaisons avec l'extérieur se fait par voie aérienne et maritime.

## HISTOIRE

**La création de l'État d'Israël** Pour l'histoire anc. → **Hébreux, Israël, Juda (royaume de), Palestine.** L'indépendance d'Israël a été proclamée le 14 mai 1948 par les membres du Conseil national représentant le peuple juif sous la présidence de David Ben* Gourion, et a été immédiatement reconnue (*de jure* ou *de facto*) par diverses grandes puissances. Cet État est l'aboutissement de l'immigration juive en Palestine* qui débuta à la fin du XIXe s. et s'organisa avec la création, par T. Herzl*, du sionisme (**→ sionisme, Palestine**). C'est l'assemblée générale des Nations unies qui décida (nov. 1947) le partage du pays en deux États : un État arabe de 11 500 km² et un État juif de 14 100 km². Cette décision, rejetée par les États arabes (Le Caire, déc. 1947), entraîna une extension de l'affrontement entre les deux communautés de Palestine, tandis que la Grande-Bretagne confirmait la fin de son mandat pour le 15 mai 1948 et que l'exode de la population arabe palestinienne était déjà amorcé. **La première guerre israélo-arabe** La proclamation de l'indépendance d'Israël fut immédiatement suivie du premier conflit israélo*-arabe, qui opposa Israël à l'Égypte, l'Irak, la Jordanie, le Liban, la Syrie. Le jeune État conquit alors de nouveaux territoires et sa superficie fut portée à 20 770 km², mais il n'obtint pas la paix en dépit des armistices signés en 1949. La décision de l'ONU concernant la réintégration des réfugiés palestiniens dans leurs foyers ou leur indemnisation n'a jamais été appliquée. **Une démocratie membre de l'ONU** Devenu membre de l'ONU comme État souverain (1949), Israël se définit dès lors comme une «démocratie parlementaire fondée sur la liberté et la responsabilité gouvernementale», et dont l'autorité suprême réside dans la *Knesset** (Assemblée). La Knesset promulgua des lois fondamentales de l'État, qui tiennent lieu de Constitution. En dépit du socialisme des mouvements sionistes pionniers (Mapaï*, Histadrout*, kibboutz), Israël s'orienta vers l'économie de marché et se rapprocha des grandes puissances occidentales, notamment des États-Unis dont l'aide lui permit de maintenir un niveau de vie moyen supérieur à

**Israël.** Le mur des Lamentations à Jérusalem. *Phot. © Rex Features*

**Israël.** Israël biblique.

celui des pays arabes. **Les gouvernements successifs** La vie politique a été dominée jusqu'en 1977 par le Mapaï et le Parti travailliste (Ben Gourion, Lévi Eshkol, Golda Meir, Yitzhak Rabin) puis, jusqu'en 1984, par le Likoud emmené par Menahem Begin puis par Yitzhak Shamir. Entre 1984 et 1990 le pays fut dirigé par un gouvernement d'union nationale réunissant les deux grandes formations, puis par un gouvernement de droite qui céda le pouvoir au Parti travailliste après sa victoire aux élections législatives en 1992, Y. Rabin succédant à Y. Shamir. Après son assassinat (nov. 1995) par un extrémiste israélien, Shimon Peres le remplaça. Cependant les élections législatives de 1996 ramenèrent au pouvoir un gouvernement de droite, dirigé par le Likoud de Benjamin Nétanyahou*, qui fut élu (pour la première fois au suffrage universel) au poste de Premier ministre. La défaite de celui-ci, auquel succéda le travailliste Ehud Barak* aux législatives de mai 1999, révéla les profondes divisions au sein de la société israélienne. E. Barak fut également confronté à une rivalité de pouvoir avec l'armée israélienne, celle-ci le trouvant trop modéré, et se montra incapable d'en assurer le contrôle. La crise politique et l'enlisement du processus de paix avec les Palestiniens le conduisirent à démissionner, provoquant ainsi en fév. 2001 des élections anticipées, remportées par le Likoud. A. Sharon lui succéda. La situation se dégrada considérablement, marquée par les attentats-suicides palestiniens et la répression israélienne. Mais l'arrivée de Mahmoud Abbas à la présidence de l'Autorité palestinienne, succédant à Arafat en 2005, permit l'instauration d'un cessez-le-feu, après quatre ans d'Intifada. Durant l'été, A. Sharon mit en œuvre le démantèlement des colonies israéliennes de Gaza, loin d'un désengagement total des territoires occupés ; la contrepartie au renoncement à ce territoire d'un moindre intérêt était le renforcement de l'emprise israélienne sur la Cisjordanie et sur Jérusalem où les quartiers de colonisation n'ont cessé de s'étendre. Toutefois, face à l'hostilité de son parti à tout retrait, il créa un parti centriste, Kadima*, mais il fut victime d'un accident cérébral en janv. 2006 et la direction du pays fut désormais assurée par l'ancien vice-Premier ministre Ehud Olmert*. Celui-ci commanda de nouvelles interventions dans les territoires occupés, suscitées par l'élection du Hamas aux législatives palestiniennes et par le conflit au Liban*. À l'intérieur, une grave crise de confiance s'installa. Plusieurs membres du gouvernement, objets de scandales, durent se retirer et E. Olmert lui-même, éclaboussé par des affaires de corruption, dut démissionner en sept. 2008. Entretemps, Shimon Peres avait été élu à la présidence de l'État (2007) et chargea, sans succès, la ministre des Affaires étrangères et leader de Kadima depuis sept. 2008, Tzipi Livni*, de former un gouvernement. E. Olmert fut maintenu dans ses fonctions jusqu'à la tenue de législatives anticipées et lança en décembre une lourde offensive militaire sur la bande de Gaza tenue par le Hamas. → **israélo-arabe** (conflit). Tzipi Livni arriva en tête aux élections de février 2009 mais l'extrême droite, forte de son score, se retrouva en position d'arbitre et, grâce à un jeu d'alliances, le Likoud, ancien parti de Sharon désormais dirigé par Benyamin Nétanyahou, remporta finalement la victoire. La coalition formée par le Premier ministre B. Nétanyahou est alors la plus fortement ancrée à droite qu'Israël ait jamais connue. **Les relations avec l'extérieur** L'État d'Israël a vu son existence au Proche-Orient contestée dès l'origine par ses voisins arabes avec lesquels il entra en conflit à cinq reprises. La paix avec l'Égypte en 1979 constitua la première brèche dans cet ostracisme. L'isolement d'Israël contraignit ses dirigeants à chercher des appuis à l'extérieur, en particulier pour obtenir des armes (France jusqu'en 1967, puis États-Unis). Rejeté par de nombreux pays du tiers-monde dans les années 1970, l'État hébreu a renoué depuis avec la plupart des nations d'Afrique et d'Asie, ainsi qu'avec la Russie et les anciennes démocraties populaires d'Europe de l'Est ; des relations officielles ont même été établies avec le Vatican. Toutefois, la pérennité et la sécurité de l'État d'Israël sont liées à la résolution de la question palestinienne pour laquelle un processus par étapes a débuté : accord de reconnaissance mutuelle entre Israël et l'OLP, 9 et 10 sept. 1993 ; signature à Washington par Y. Rabin et Y. Arafat d'une Déclaration de principes sur l'autonomie des territoires occupés (en commençant par Gaza et Jéricho), 13 sept. 1993, dont les modalités de la mise en application furent ratifiées au Caire (4 mai 1994). → **Gaza.** Ces accords ouvrirent la voie à la signature d'un traité de paix entre Israël et la Jordanie (26 oct. 1994) ; des relations diplomatiques furent établies avec quelques pays arabes (Maroc, Oman, Qatar). Plusieurs accords furent encore signés par la suite entre Israël et l'Autorité palestinienne mais ne furent jamais appliqués en totalité (Washington le 28 sept. 1995 par Arafat et Rabin, Wye Plantation le 23 oct. 1998, Charm El-Cheikh le 4 sept. 1999). Le 20 déc. 2002, un plan de paix international pour le Proche-Orient fut décidé avec l'adoption de la « feuille de route » par le Quartet (États-Unis, Union européenne, Russie et Nations unies). Les discussions furent suspendues après l'offensive sur la bande de Gaza en déc. 2008. → **israélo-arabe** (conflit).

**israélo-arabe** (conflit) ♦ Conflit qui a opposé depuis 1948 l'État d'Israël* aux États arabes du Proche-Orient. Son origine réside dans l'immigration juive en Palestine*, qui provoqua un antagonisme croissant non seulement entre Juifs et Arabes palestiniens, mais aussi entre la politique sioniste et le mouvement nationaliste arabe, qui s'était développé dès la fin de l'Empire ottoman. **La première guerre israélo-arabe** Elle fut la conséquence de la décision du partage de la Palestine en deux États par l'ONU (nov. 1947). Refusée par le sommet des États arabes (Le Caire, déc. 1947), cette décision entraîna d'abord une guerre civile judéo-arabe, puis l'offensive des États arabes (Égypte, Jordanie, Irak, Liban, Syrie) après la proclamation de l'indépendance de l'État d'Israël (14 mai 1948). Attaqué sur tous les fronts (en Galilée par les forces syriennes, à Jérusalem et dans sa région par la Légion arabe du roi Abd Allah, sous le commandement du général britannique Glubb Pacha, dans le S. par les troupes égyptiennes), Israël, ayant reçu l'aide de volontaires étrangers, tenta de résister. Après une première trêve imposée par l'ONU (11 juin 1948), Israël passa à la contre-offensive (juil. 1948) sur les fronts de Galilée et de Jérusalem. Une seconde trêve intervint de juillet à octobre, au terme de laquelle Israël lança une nouvelle offensive contre l'Égypte (occupation progressive du Néguev*, fin 1948) et contre la Syrie (occupation de la haute Galilée). Après ces victoires israéliennes, l'armistice fut signé par l'Égypte, le Liban, la Jordanie et la Syrie, l'Irak refusant de négocier. L'État d'Israël, par rapport au plan de l'ONU, passait de 14 100 km² à 20 770 km². Le problème le plus grave fut celui des 700 000 Arabes qui fuirent la Palestine durant le conflit. Ces réfugiés se virent reconnaître par l'ONU le droit au retour (réintégration dans leurs foyers ou, à défaut, indemnisation). De nombreux incidents de frontière, dus surtout aux tentatives de réfugiés pour revenir chez eux, marquèrent les années 1949 - 1956. **La deuxième guerre israélo-arabe** Elle opposa Israël à l'Égypte. Menacé par un isolement croissant (conclusion de pactes militaires interarabes, blocus du golfe d'Eilat), Israël choisit d'intervenir contre l'Égypte le 29 oct. 1956 en accord avec la Grande-Bretagne et la France qui voulaient faire échec à la nationalisation du canal de Suez décidée par Nasser en juillet. Les Israéliens, sous le commandement du général Moshé Dayan*, parvinrent à occuper l'ensemble de la péninsule de Suez, mais furent contraints de s'en retirer sous la pression des Soviétiques et des Américains qui avaient déjà obtenu l'arrêt de l'intervention franco-britannique au début de novembre. Des forces d'urgence des Nations unies furent stationnées au Sinaï jusqu'en mai 1967 pour surveiller la frontière égypto-israélienne et garantir la liberté de navigation dans le golfe d'Eilat. **La troisième**

**guerre israélo-arabe (guerre des Six Jours)** La période suivante fut marquée en Israël par une grave crise économique et sociale (1965 - 1966), en Syrie par le coup d'État de l'aile gauche du Baas*, qui, en favorisant l'action des fedayins palestiniens, fut considéré comme une menace par Israël, enfin chez les Palestiniens par le développement d'une résistance armée (création de l'OLP, 1964). Aux actions des commandos, le gouvernement israélien riposta par des opérations préventives (Jordanie, nov. 1966). En avril 1967, de violents accrochages se produisirent entre forces israéliennes et syriennes. L'Égypte réagit par plusieurs mesures, exigeant le retrait du Sinaï des forces de l'ONU, fermant le détroit de Tiran* à la navigation israélienne (22 mai 1967), signant avec la Jordanie puis avec l'Irak des accords militaires (30 mai, 4 juin). Le 5 juin, le gouvernement israélien déclenchait les hostilités, et, après avoir détruit au sol la quasi-totalité de l'aviation égyptienne, les forces israéliennes, sous le commandement du général Rabin*, s'assuraient en six jours (5 - 10 juin) la victoire sur tous les fronts (égyptien, jordanien, syrien). Le 10 juin, quand intervint le cessez-le-feu demandé par le Conseil de sécurité de l'ONU, elles occupaient le Sinaï*, Gaza*, la Cisjordanie*, la partie arabe de Jérusalem* et les hauteurs du Golan*. L'URSS et les démocraties populaires rompirent alors leurs relations avec Israël, dont l'«agression» avait été dénoncée par de Gaulle. L'ONU adopta en novembre 1967 la résolution 242 affirmant la nécessité du retrait des forces israéliennes des territoires occupés, la reconnaissance de la souveraineté et de l'intégrité territoriale de chaque État de la région, la garantie de la navigation sur les voies d'eau internationales, le règlement du problème des réfugiés palestiniens et la création de zones démilitarisées. ▮ **La quatrième guerre israélo-arabe (guerre du Kippour)** Les années 1969 - 1970 avaient été marquées par la «guerre d'usure» le long du canal de Suez (duels d'artillerie, raids de l'aviation israélienne en Égypte) qui prit fin grâce à l'entremise américaine en août 1970. La persistance de l'impasse politique poussa l'Égypte à lancer avec la Syrie une violente attaque-surprise contre l'État hébreu le 6 oct. 1973 (jour du Kippour). D'abord sur la défensive, Israël parvint à repousser ses adversaires. En 1974, Israël conclut deux accords de désengagement avec l'Égypte d'abord, puis avec la Syrie. Un nouvel accord intérimaire (oct. 1975) entre Israël et l'Égypte ouvrit la voie à la visite historique du président Sadate* à Jérusalem (nov. 1977), aux accords de Camp* David (sept. 1978) et au traité de paix israélo-égyptien (mars 1979) qui permit à l'Égypte de récupérer la totalité du Sinaï (avr. 1982). La normalisation des relations avec le plus grand des États arabes (qui fut ostracisé par ses pairs de la Ligue arabe jusqu'en 1989) allait relancer le problème palestinien. ▮ **La cinquième guerre israélo-arabe** Les organisations de combattants palestiniens (fedayins) qui prirent le contrôle de l'OLP en 1969 se lancèrent dans une «lutte armée» contre Israël qui passa par le recours au terrorisme (détournements d'avions, attentats). Elles constituèrent au Liban de véritables bases militaires qu'Israël tenta de détruire en lançant le 6 juin 1982 une offensive qui le conduisit jusqu'à Beyrouth. Si les combattants de l'OLP furent provisoirement chassés du Liban (août 1982), Israël dut affronter une résistance chiite très déterminée qui le contraignit à quitter le pays en 1985 sans être parvenu à normaliser ses relations diplomatiques avec le Liban. Cette guerre qui, pour la première fois, mit directement aux prises Israéliens et Palestiniens, plaça la question palestinienne sur le devant de la scène. ▮ **Les intifadas** La Cisjordanie et Gaza, occupés en 1967, devinrent le nouveau point de cristallisation du nationalisme palestinien avec le déclenchement en déc. 1987 d'un soulèvement populaire *(Intifada*)*. Le 15 nov. 1988, l'OLP adopta la «déclaration d'indépendance de l'État de Palestine» et reconnut implicitement Israël. Le choix de cette ligne diplomatique facilita la mise en œuvre de négociations israélo-arabes et aboutit à la reconnaissance mutuelle entre Israël et l'OLP (sept. 1993) et la mise en place d'une autorité nationale palestinienne (mai 1994, sept. 1995). En oct. 1994, un traité de paix fut signé entre Israël et la Jordanie. En sept. 1995, Israël et l'OLP signèrent un second accord intérimaire israélo-palestinien (accord de Tabaa) prévoyant l'extension de l'autonomie en Cisjordanie. L'accord de Wye Plantation sur le statut définitif des territoires occupés fut signé en 1998. Ce processus, très fragile, quasiment arrêté après les attentats islamistes du Hamas et la victoire électorale de B. Netanyahou, qui gela l'accord de Wye Plantation en 1999, fut repris par E. Barak. Celui-ci relança le processus de paix y compris avec le Liban et la Syrie. En mai 2000, Israël se retira du Liban après deux décennies d'occupation. En sept. 2000, alors que de nouvelles négociations israélo-palestiniennes, conduites par E. Barak et Y. Arafat, marquaient le pas à Camp David (juil. 2000), la visite d'A. Sharon, chef du Likoud, sur l'esplanade des Mosquées (Mont du Temple) à Jérusalem déclencha une seconde Intifada. Les négociations échouèrent définitivement à Tabaa en janv. 2001. Avec l'arrivée d'A. Sharon* au pouvoir, l'État d'Israël durcit sa position à l'égard des Palestiniens (opérations militaires en Cisjordanie en mars 2002, à Gaza en oct. 2004), d'autant qu'après les attentats du 11 sept. 2001 aux États-Unis, A. Sharon assimila ses interventions à la lutte contre le terrorisme. Il poursuivit une politique de colonisation et prit la décision de construire en Cisjordanie un mur de séparation avec Israël. Le gouvernement israélien refusa de négocier avec Arafat. Le chef de l'OLP fut consigné dans son quartier général de Ramallah de déc. 2001 jusqu'à nov. 2004, date de son départ pour Paris où il décéda. ▮ **L'après-Arafat** Malgré la «feuille de route» définie par le «Quatuor» (ONU, États-Unis, Union européenne, Russie), l'activité de colonisation ne fut pas suspendue, notamment en Cisjordanie. En rupture avec les orientations politiques israéliennes et palestiniennes, un plan de paix non officiel fut signé à l'initiative de Y. Belin et de A. Rabbo («plan de Genève», 1er déc. 2003). À la disparition d'Arafat, remplacé par Mahmoud Abbas à la tête de l'Autorité palestinienne (élu en janv. 2005), Ariel Sharon accepta un sommet israélo-palestinien à Charm el-Cheikh (Égypte) au cours duquel un cessez-le-feu fut instauré. En août, il fit procéder à un retrait des colons juifs de la bande de Gaza tout en conservant le contrôle total sur les points de passage, les côtes et l'espace aérien. Le désengagement unilatéral de cette région permit de geler le processus de paix et de fortifier les colonies en Cisjordanie

Conflit **israélo-arabe.** Rabin, Clinton et Arafat à Washington, le 13 septembre 1993.
*Phot. © Georges Merillon/Gamma*

et dans Jérusalem-Est. L'impossibilité d'une quelconque entente entre l'État hébreu et l'OLP sur la création d'un État palestinien favorisa l'émergence du Hamas*, mouvement de la résistance islamique hostile aux négociations avec Israël, sur lequel les voix se déplacèrent aux législatives palestiniennes de janvier 2006. Répondant à l'élection d'un mouvement islamiste ne reconnaissant pas son existence, Israël allégua la lutte contre le terrorisme et intervint en Cisjordanie et à Gaza pour y arrêter des dirigeants du Hamas. À la frontière libanaise, la guérilla opposant le Hezbollah à Israël en raison de l'occupation du plateau du Golan dégénéra en un nouveau conflit en juillet 2006. Tsahal bombarda le Sud Liban et ne put empêcher le bombardement du nord d'Israël. Le processus de négociations de paix parvint à être relancé en nov. 2007 à la Conférence d'Annapolis réunissant E. Olmert et M. Abbas. Cependant, dans le sud d'Israël la situation restait extrêmement tendue en raison des roquettes tirées par le Hamas depuis la bande de Gaza en riposte au blocus sévère infligé aux Palestiniens depuis son arrivée au pouvoir. Face à ce qu'Israël qualifie de terrorisme, E. Olmert lança le 27 déc. 2008 l'offensive militaire «Plomb durci» qui fit 1200 morts palestiniens, laissa le territoire en grande partie détruit, et cessa le 18 janvier 2009 sous la pression internationale. La construction du mur entre la Cisjordanie et Jérusalem-Est où se sont accélérées les constructions israéliennes reste un handicap majeur dans le processus de paix, de même que la poursuite de la colonisation.

**ISS (International Space Station)** ♦ Station spatiale internationale, dont la mission est notamment l'exploration à long terme de l'espace. Seize pays y participent : Allemagne, Belgique, Brésil, Canada, Danemark, Espagne, États-Unis, France, Grande-Bretagne, Italie, Japon, Norvège, Pays-Bas, Russie, Suède, Suisse. En orbite à 400 km de la Terre, elle est en construction jusqu'en 2011 grâce à l'ajout de nouveaux éléments. Le premier équipage de 3 personnes est arrivé le 2 nov. 2000. À terme, la station spatiale doit abriter 7 personnes en permanence. Le laboratoire expérimental européen Colombus a été amarré à la station début 2008.

**ISSACHAR** ◆ **ÉTYM.** en hébr. *Yissâkâr,* de *sâkar* «recevoir un salaire» ♦ Personnage biblique (Genèse, XXX, 18). Fils de Jacob et de Léa. Ancêtre éponyme d'une des tribus d'Israël.

**ISSA Kobayashi** ♦ Peintre japonais (1763 - 1827) de style très personnel et célèbre poète de haiku, disciple de Bashō*.

**ISSARLÈS** [isaʀlɛs] [07470] ◆ **ÉTYM.** «(vicairie) du petit essart», de l'occit. *issart* «terre défrichée», suff. dimin. *-el* et adjectival *-ès* ♦ Comm. de l'Ardèche, arr. de Largentière. 166 hab. Située au N.-O. d'un lac volcanique qui alimente en partie la centrale hydroélectrique de Montpezat. ▪ À l'O. du lac, Le Lac-d'Issarlès (261 hab.), station touristique.

**ISSENHEIM** [68500] ◆ **ÉTYM.** anc. *Ysenheim,* du germ. *Iso,* n. de pers., et *heim* «village» ♦ Comm. du Haut-Rhin, arr. de Guebwiller. 3 296 hab.

*(Issenheimois).* Restes du cloître du couvent des Antonites (autel en bois sculpté ; polyptyque de Matthias Grünewald, auj. au musée de Colmar).

**ISSIGEAC** [24560] ➝ ÉTYM. du lat. *Iccidius,* n. de pers. gallo-rom., et suff. *-acum* ♦ Ch.-l. de cant. de la Dordogne, arr. de Bergerac. 617 hab. *(Issigeacois).* Église du XVIe s., château du XVIIe s.

**ISSOIRE** [63500] ➝ ÉTYM. anc. en gaul. *Iciodorensium* «marché *(duron)* d'Iccios (n. de pers.)» ♦ Ch.-l. d'arr. du Puy-de-Dôme, près de l'Allier. 13 773 hab. (aggl. 14 548) *(Issoiriens).* Anc. abbatiale bénédictine Saint-Austremoine (XIIe s.), spécimen de l'art roman auvergnat (abusivement restaurée au XIXe s.) : chapiteaux historiés ; fresque du XVe s. *(Jugement dernier)* ; crypte. ▪ École nationale technique des sous-officiers de l'armée de terre. Indus. métallurgique (transformation de l'aluminium et d'alliages légers ; presse hydraulique). ▌**Histoire** La ville s'appelait *Iciodorum* à l'époque gauloise. Saint Austremoine y fut martyrisé au IIIe s. Elle fut capitale du dauphiné d'Auvergne au Ve s. En 1577, lors des guerres de Religion, elle souffrit du siège du duc d'Anjou.

**ISSOS** ♦ Anc. ville d'Asie Mineure (Cilicie), dans le *golfe d'Issos.* Dans la plaine du même nom se livra en –333 la bataille décisive qui opposa Alexandre* le Grand à Darios* III Codoman. La victoire d'Alexandre lui permit la conquête de la Perse. Septime Sévère y battit Pescenius Niger (194) et Héraclius y vainquit Khosrō II.

**ISSOUDUN** [36100] ➝ ÉTYM. anc. *Uxellodunum,* du gaul. *uxellos* «élevé» et *dunon* «forteresse» ♦ Ch.-l. d'arr. de l'Indre. 13 685 hab. *(Issoldunois).* ▪ Donjon (fin du XIIe s.), construit par Richard Cœur de Lion. Église Saint-Cyr (verrière des XIVe - XVe s.). Anc. hôtel-Dieu Saint-Roch (XIIe - XVIe s.), auj. transformé en musée : vestiges d'architecture et de sculptures gallo-romaines ; chapelle ornée de deux arbres de Jessé (XVe s.) ; meubles, verreries, faïences de Nevers dans l'apothicairerie. ▪ Mégisserie ; maroquinerie.

**IS-SUR-TILLE** [21120] ➝ ÉTYM. anc. *Icium,* du gaul. *Iccius,* n. de pers. ou de la rac. gaul. hydronym. *°ik-* ♦ Ch.-l. de cant. de la Côte-d'Or, arr. de Dijon, dans le Dijonnais. 3 926 hab. (aggl. 5 358). *(Issois).*

**ISSYK-KÖL** ➝ Yssyk-Köl

**ISSY-LES-MOULINEAUX** [92130] ➝ ÉTYM. *Issy,* anc. *de Issiaco,* du lat. *Iccius,* n. de pers., et suff. *-acum* et *Moulineaux,* dimin. de *moulin* ♦ Ch.-l. de cant. des Hauts-de-Seine, arr. de Boulogne-Billancourt, sur la Seine. 52 647 hab. *(Isséens).* École supérieure de théologie catholique. ▪ Centre tertiaire. Centre national d'études des télécommunications. Institut supérieur international de commerce. Produits chimiques et pharmaceutiques. ▪ L'aérodrome, haut lieu de l'aviation depuis 1907 (➝ **Farman**), est devenu, en 1956, l'héliport de Paris.

**İSTANBUL** [istɑ̃bul] ➝ ÉTYM. p.-ê. corruption turque des mots gr. *eis tên polin* «vers la ville», anc. ***Byzance*** puis ***Constantinople*** ♦ V. de Turquie, ch.-l. de prov., au débouché du Bosphore dans la mer de Marmara, à cheval sur l'Europe et l'Asie, 1re ville du pays. 10 757 327 hab. *(Stambouliotes* ou *Istanbuliotes).* ▌**Les quartiers de la ville** Sa situation de carrefour entre la mer Noire et la mer de Marmara, les Balkans et l'Asie Mineure a déterminé son développement : les premiers quartiers (vieil İstanbul, appelé parfois *Stamboul)* furent érigés sur la péninsule qui s'étend au S. de la Corne* d'Or, jusqu'à l'enceinte édifiée par Justinien au VIe s. De larges percées y ont été pratiquées à partir des années 1930. Le quartier de Beyoğlu, au N. de la Corne d'Or, réunissant les anciens faubourgs de Galata et de Péra fondés par les Génois, est devenu le centre de la ville moderne sous la République. Sur la rive asiatique du Bosphore, le quartier d'Üsküdar (Scutari) s'adosse aux collines de Çamlıca. Au-delà de ces trois noyaux anciens, l'aggl. s'est étendue considérablement sur la façade de la Marmara, jusqu'à Yeşilköy (anc. San* Stefano, aéroport international Atatürk à 23 km du centre) sur la rive européenne et jusqu'à la limite de la prov. de Kocaeli sur la rive asiatique, et a absorbé les anciens villages de villégiature des deux rives du Bosphore, désormais reliées par deux ponts suspendus. ▌**Les monuments** Les plus beaux monuments de la ville sont concentrés dans les quartiers byzantins et ottomans de Stamboul : la basilique Sainte-Sophie, dédiée à la Sagesse divine par l'empereur Constantin en 325, incendiée à plusieurs reprises puis rebâtie par l'empereur Justinien à la fin du VIe s., convertie en mosquée par Mehmet II et transformée en musée par Atatürk en 1935 ; la citerne byzantine de Yerebatan Sarayı et les vestiges de l'Hippodrome construit en 203 par Septime Sévère et achevé par Constantin ; la *Kahriye Camii* (église Saint-Sauveur in Chora, fin VIe s., restaurée au XIVe s.) ; le palais de Topkapı, résidence des sultans ; les mosquées Süleymaniye (de Soliman* le Magnifique 1550 - 1557) et de Rustem Paşa, œuvres de Sinan*, et la mosquée du sultan Ahmed* (1609 - 1616) dite Mosquée bleue. Nombreux musées (de l'Antiquité, des Arts islamiques, d'Art moderne). Parmi les monuments des autres parties de la ville, le sanctuaire et le cimetière d'Eyüp en amont de la Corne d'Or, la tour de Galata, le palais de Dolmabahçe et la citadelle de Rumeli Hisarı sur la rive européenne du Bosphore, les palais de Beylerbeyi et Küçüksu et les mosquées d'Üsküdar* sur sa rive asiatique. ▌**L'économie** Bien qu'elle ne soit plus la cap. politique, İstanbul reste la cap. économique de la Turquie : elle concentre le tiers de la production industrielle (petite métall., indus. chimique, matériel électrique, chantiers navals, tabac, indus. alim., cuir, textile, édition) et le quart de l'activité commerciale de tout le pays, dont une partie rassemblée dans le Grand Bazar et le Bazar égyptien, de plus en plus tournés vers une très importante clientèle touristique. Son port, avec son annexe du golfe d'İzmit*, est le premier du pays (28,4 millions de t en 1989). Centre des lettres et des arts, İstanbul accueille dans ses sept universités (d'İstanbul, Technique d'İstanbul, de Yıldız, de la Marmara, Mimar Sinan, du Bosphore et de Galatasaray) le tiers des étudiants turcs.

▌**HISTOIRE** ▌**İstanbul, capitale** ➝ **Byzance, Constantinople.** Prise par les Turcs le 29 mai 1453, Constantinople, sous le nouveau nom d'İstanbul, devint le siège du gouvernement ottoman. Elle fut repeuplée systématiquement par les sultans et connut un nouvel essor (de 50 000 hab. environ au déb. du XVe s., elle passa à plus de 500 000 au milieu du XVIe s.). Les églises furent transformées en mosquées, de nouveaux monuments bâtis. Aux XVIIIe et XIXe s., les sultans durent faire face aux visées russes sur les Détroits*. ▌**Après la Première Guerre mondiale** La ville fut occupée par les Alliés de 1918 à 1923, puis perdit son rôle de capitale, celle-ci étant transférée à Ankara*. La composition de la population fut alors bouleversée : la politique nationaliste du nouveau gouvernement dirigé par Mustafa* Kemal provoqua l'exode des chrétiens grecs et arméniens et des israélites, et un afflux de Turcs venus d'Anatolie. Après un certain déclin, la croissance démographique et spatiale a repris à un rythme accéléré, encadrée depuis 1984 par la muni-

**Istanbul.** La Mosquée bleue.
© *PhotoDisc*

cipalité du Grand İstanbul, subdivisée en 28 arrondissements. Les périphéries est et ouest de l'aggl. ont été sévèrement touchées par le séisme d'août 1999.

**ISTEMI** ♦ Khan des Turcs de la fraction des T'u-kiue (v. 552 - 575) qui régna sur les Turcs occidentaux. Il s'allia avec le roi de Perse Anūshirvān et, se retournant contre celui-ci, envoya une ambassade à Constantinople afin de conclure une alliance avec les Byzantins contre la Perse.

**Isthmiques (jeux)** – en gr. *Isthmia* ♦ Fête panhellénique qui était célébrée sur l'isthme de Corinthe*, dans l'enceinte sacrée de Poséidon *Isthmios*. Leur origine remonte à l'époque préhistorique : le fondateur en serait Sisyphe ou Poséidon, ou encore, selon la version attique, Thésée. D'abord festival ionien, les jeux Isthmiques devinrent à partir de –582 l'une des quatre grandes fêtes nationales, la deuxième en importance après les jeux Olympiques. Célébrés tous les deux ans, les Jeux comprenaient des concours gymniques, des courses de chevaux et de chars, des régates et des concours musicaux (de poésie lyrique et de chant). Pindare a glorifié les vainqueurs dans une de ses *Épinicies (Isthmiques)*. Alexandre le Grand y fut nommé général de tous les Grecs (–336) et Flaminius y proclama l'indépendance de la Grèce (–196). Les Jeux furent supprimés par Hadrien v. 130.

**Istiqlāl** n. m. ♦ Parti nationaliste marocain créé en 1937. Dirigé par 'Allāl al-Fāsī*, professeur à l'université al-Qarawiyīn de Fès, ce parti mena une agitation politique pour l'indépendance qui aboutit à la déportation de son chef (1938). L'Istiqlāl publia en 1944 le *Manifeste pour l'indépendance* et fut soutenu par la suite par le sultan Mohammed V. Ce parti organisa ensuite les émeutes de Casablanca (déc. 1952) et l'insurrection de Fès (sept. 1953 - mars 1954). Après le retour de Mohammed V et l'acquisition de l'indépendance (1956), 'Allāl al-Fāsī revendiqua une partie du Sahara occupée par la France et la Mauritanie. En 1958, l'Istiqlāl fut appelé à former un gouvernement. L'année suivante, le parti éclata ; l'aile droite dirigée par 'Allāl al-Fāsī et Balafrej conserva le nom du parti, tandis que l'aile gauche dirigée par Ben* Barka s'organisa en parti autonome (Union nationale des forces populaires, UNFP), après avoir acquis le soutien du syndicat (UMT) dirigé par Ben Seddik. En 1963, sous le règne d'Hassan II, l'Istiqlāl fut écarté du pouvoir au profit de «gouvernements du Palais». De 1992 à 1998, il s'est allié aux 4 principaux partis de l'opposition (USFP, UNFP, OADP et PPS) pour former un bloc démocratique et fait partie de la coalition au pouvoir depuis 1998.

**ISTOMINA (Avdotia)** ♦ Danseuse russe (Saint-Pétersbourg 1799 - *id.* 1848). Élève de Didelot, elle débuta dans *Acis et Galatée*, ballet de son maître (1815). Danseuse d'élévation, elle se distingua autant par sa virtuosité que par une grâce incomparable. Son existence mouvementée a inspiré A. Pouchkine.

**ISTRATI (Panaït)** ♦ Écrivain roumain (Brăila 1884 - Bucarest 1935). D'abord partisan de la révolution d'Octobre, il prit vite conscience des atrocités du système soviétique (*Vers l'autre flamme : après seize mois en URSS*, 1929). Après une vie vagabonde (il publiera des récits de voyage, *La Méditerranée*, 1934), il fut remarqué pour ses premiers romans, écrits en français (*Présentation des Haïdoucs*, 1925) ; son œuvre s'inspire de la société des Balkans en mutation (*Codine*, 1926 ; *Les Chardons du Baragan*, 1928). Errant, enthousiaste en politique, auteur de proses volontiers lyriques et pleines de héros au grand cœur, il fait un peu figure de romantique égaré au XX$^{e}$ s.

**ISTRES** [13800] – anc. *Ystro* ♦ Ch.-l. d'arr. des Bouches-du-Rhône, entre l'étang de Berre* et l'étang de l'Olivier. 38 993 hab. *(Istréens)*. Musée : histoire locale (préhistoire, archéologie sous-marine). ▪ Élément de la ville nouvelle de Rives-de-l'Étang-de-Berre. Base aérienne de l'école de l'armée de l'air.

**ISTRIA** ♦ V. antique fondée au –VII$^{e}$ s. par des colons grecs de Milet sur les bords du lac Sinoe, près de l'actuelle Constantza*. C'est la plus ancienne des cités pontiques du littoral roumain. Jusqu'au –III$^{e}$ s., Istria fut, avec Tomis, l'un des plus grands centres culturels et économiques de la région du Danube. Son port, très actif, était en relation avec la Grèce et les cités grecques d'Asie Mineure. Au –I$^{er}$ s., la ville tomba sous la domination romaine et connut alors un regain de prospérité. Ravagée par les Goths en 248, elle fut reconstruite au V$^{e}$ s., puis désertée par ses habitants vers 630.

**ISTRIE** n. f. ♦ Presqu'île de l'Adriatique, entre le golfe de Trieste et le golfe du Kvarner. 3 500 km$^{2}$. 310 000 hab. La Croatie en possède la plus grande partie avec le port de Pula, la Slovénie détient le nord avec celui de Koper. On distingue d'O. en E. : l'Istrie rouge, bas plateau couvert de terra rossa voué aux cultures méditerranéennes ; l'Istrie grise du flysch, plus humide ; l'Istrie blanche, formée de chaînons calcaires, domaine du mouton. Bauxite à Raša. ▮ **Histoire** Annexée par Rome en –177, elle fut occupée dès le V$^{e}$ s. par les Wisigoths, les Huns, les Ostrogoths, les Slovènes et les Lombards. Conquise par Venise à partir du XI$^{e}$ s., elle lui fut enlevée en 1797 par l'Autriche, qui dut la céder à Napoléon en 1805 mais la récupéra en 1815. Le traité de Rapallo (1920) la donna à l'Italie, mais elle fut attribuée à la Yougoslavie à l'issue de la Deuxième Guerre mondiale (traité de Paris, 10 fév. 1947), ce qui entraîna l'émigration de la plupart des Italiens.

**ITAGAKI Taisuke** ♦ Homme politique japonais (Kōchi 1837 - Tōkyō 1919). Il participa à la restauration de l'empereur Meiji et fonda le premier parti politique du Japon, de tendance libérale, le Jiyūtō, dont il fut président en 1881. Il fut plusieurs fois ministre, notamment en 1896 et 1898.

## ITALIE

▮ n. f. – off. ***République italienne*** ; en it. ***Italia*** ▪ ÉTYM. étym. incert. [les étym. du gr. *italos* «taureau» ou du lat. *vitulus* «veau» sont populaires] ; à l'origine *Italia* désignait seulement une région du sud du pays ♦ Pays d'Europe méridionale, comprenant une partie des Alpes occidentales, la plaine du Pô et une longue péninsule ainsi que les îles de Sicile et de Sardaigne. 301 230 km$^{2}$. 56 995 744 hab. *(Italiens)*. LANGUES : italien (off.), allemand, slovène, latin, français, albanais, occitan. RELIGION : catholicisme. MONNAIE : euro. CAPITALE : Rome. RÉGIME : démocratie parlementaire. Elle compte 20 régions, divisées en 103 provinces. Territoires indépendants : république de Saint*-Marin, cité du Vatican*.

### GÉOGRAPHIE

L'Italie est terre de contraste : au Sud riche et prospère dans l'Antiquité, maintenant en retard, s'opposent les riches plaines du Nord, autrefois peuplées de Barbares ; au temps du miracle économique ont succédé le doute, puis la crise. Le relief est le premier élément du dualisme italien. ▮ **Le Nord : la plaine du Pô** Au N., la plaine du Pô est un vaste fossé remblayé. Aux piémonts, encombrés de dépôts morainiques, succèdent de hautes terrasses perméables, d'où surgissent des sources en ligne, les *fontanili*, puis des basses terres, sur lesquelles le Pô serpente entre des digues toujours plus hautes. ▮ **L'Ouest : les Alpes** À l'O., les Alpes cristallines culminent au Viso (3 841 m), au Grand Paradis (4 061 m) et au mont Blanc (4 810 m). Des chaînes préalpines calcaires s'épaississent à l'E. dans les Dolomites. L'intense travail des glaciers a façonné des cols, élargi des trouées, qu'empruntent les réseaux de communication. ▮ **La péninsule** Dans la péninsule, l'organisation des reliefs est inversée ; les montagnes forment l'épine dorsale : partout, l'Apennin est une barrière centrale, un véritable obstacle aux communications. Mais à cette organisation relativement simple du relief correspond une très grande variété des paysages. Ces entités naturelles que sont les massifs alpins ou les bassins internes de l'Apennin forment encore des «pays» gérés par une capitale provinciale. Volcans et tremblements de terre illustrent l'instabilité des reliefs italiens. Près de 5 000 séismes ont été recensés depuis le début de l'ère chrétienne. Le plus meurtrier, celui du 28 décembre 1908 à Messine, a fait plus de 100 000 victimes. Les franes, glissements en masse des terrains, gênent plus la circulation que ne le fait l'altitude.

▮ **CLIMAT ET VÉGÉTATION** La péninsule s'allonge sur 10° en latitude. Cet étirement provoque, de la frontière suisse à la Sicile, l'augmentation des températures et la baisse des précipitations. Mais, à latitude et altitude égales, la façade adriatique, abritée, est moins arrosée que le littoral tyrrhénien. Ce double gradient, N.-S. et E.-O., combiné à l'altitude fait naître trois régions climatiques : les climats de montagne ceinturent la plaine du Pô et suivent les sommets des Apennins ; la plaine padane, froide et humide en hiver, chaude et orageuse en été, est semi-continentale ; les climats méditerranéens, avec la relative douceur des hivers, la chaleur des étés et la faiblesse des précipitations, sont souvent capricieux. Partout le bilan de l'eau provoque des difficultés : les pluies d'hiver stagnent dans les bassins intérieurs et les basses plaines, alors que la sécheresse estivale impose d'irriguer les cultures. Le couvert végétal appartient aux domaines alpin et méditerranéen. En montagne, l'étagement de la végétation est perturbé par l'action des hommes : les forêts de chênes pubescents sont concurrencées par les châtaigneraies nourricières. En domaine méditerranéen, la diversité est plus grande : la forêt de chênes-lièges couvre encore quelques promontoires et les formes dégradées (garrigues et maquis) occupent de vastes terroirs. Mais cette richesse biologique est menacée : les pasteurs ont privilégié certaines plantes, éliminant par le feu des espèces moins prisées ; sur les rivages, les fortes concentrations touristiques font reculer les pinèdes. Afin de lutter contre cet appauvrissement, parcs nationaux et régionaux vont couvrir environ 10 % du territoire.

### POPULATION

L'Italie, qui compte moins de 57 millions d'habitants, subit un renversement de tendance démographique. L'ère des «mammas»,

*1* Art rupestre du Valcamonica
*2* Église et couvent dominicain de Santa Maria delle Grazie avec "La Cène" de Léonard de Vinci à Milan
*3* Centre historique de Florence
*4* Venise et sa lagune
*5* Piazza del Duomo à Pise
*6* Centre historique de San Gimignano
*7* Rome et St Siège : Centre historique de Rome, Saint Siège (Vatican) et Saint-Paul-hors-les-Murs
*8* Pompei

**Italie.**

d'une forte natalité compensée par l'émigration, est close. Le déclin est réel. Les départs ont cessé et le pays devient une terre d'accueil pour les immigrés qui acceptent des postes de travail sous-qualifié. Sud et Nord convergent désormais sur le plan démographique : les variations régionales des taux de natalité ou de mortalité ont perdu de leur ampleur. Cette homogénéisation des comportements démographiques est l'œuvre de l'urbanisation. Les nouvelles disparités opposent auj. les littoraux attractifs et l'intérieur qui partout se vide, les agglomérations toujours plus étendues et les campagnes désertifiées. Après l'engourdissement des XVII^e et XVIII^e s., la ville italienne a repris toute son importance au XX^e siècle. Habiter au centre de la cité reste une priorité des élites et nulle part ces centres ne sont désertés le soir. Le réseau urbain italien est bicéphale, et l'écart entre Rome, ville du tertiaire, des pouvoirs politiques et religieux, dépourvue d'industries, et Milan, capitale économique, tend à se réduire. Trois mégalopoles sont en voie de formation : RONA (Rome-Naples), de Turin à Venise, et sur le littoral franco-italien, de Gênes à Marseille en passant par Nice.

## ÉCONOMIE

L'économie italienne, qui reposait principalement sur l'agriculture avant la Deuxième Guerre mondiale, a connu un taux de croissance élevé pendant les années 1950-1960. Cependant, elle a décliné à partir des années 1970, avec un pic négatif en 1975, jusqu'à devenir l'une des moins performantes de la zone euro au début du

**Italie** ▮ Les divisions administratives

| Régions | Superficie (en km²) | Population | Chef-lieu | Provinces |
|---|---|---|---|---|
| Abruzzes | 10 794 | 1 262 392 | L'Aquila | L'Aquila, Chieti, Pescara, Teramo |
| Basilicate | 9 992 | 597 768 | Potenza | Matera, Potenza |
| Calabre | 15 080 | 2 011 466 | Catanzaro | Catanzaro, Cosenza, Crotone, Reggio di Calabria, Vibo Valentia |
| Campanie | 13 595 | 5 701 931 | Naples | Avellino, Bénévent, Caserte, Naples, Salerne |
| Émilie-Romagne | 22 123 | 3 983 346 | Bologne | Bologne, Ferrare, Forli, Modène, Parme, Plaisance, Ravenne, Reggio nell'Emilia, Rimini |
| Frioul-Vénétie-Julienne | 7 846 | 1 183 764 | Trieste | Gorizia, Pordenone, Trieste, Udine |
| Latium | 17 203 | 5 112 413 | Rome | Frosinone, Latina, Rieti, Rome, Viterbe |
| Ligurie | 5 416 | 1 571 783 | Gênes | Gênes, Imperia, La Spezia, Savone |
| Lombardie | 23 856 | 9 032 554 | Milan | Bergame, Brescia, Côme, Crémone, Lecco, Lodi, Mantoue, Milan, Pavie, Sondrio, Varèse |
| Marches | 9 694 | 1 470 581 | Ancône | Ancône, Ascoli Piceno, Macerata, Pesaro-et-Urbino |
| Molise | 4 438 | 320 601 | Campobasso | Campobasso, Isernia |
| Ombrie | 8 456 | 825 826 | Pérouse | Pérouse, Terni |
| Piémont | 25 400 | 4 214 677 | Turin | Alessandria, Asti, Biella, Cuneo, Novare, Turin, Verbano-Cusio-Ossola, Verceil |
| Pouilles | 19 347 | 4 020 707 | Bari | Bari, Brindisi, Foggia, Lecce, Tarente |
| Sardaigne | 24 090 | 1 631 880 | Cagliari | Cagliari, Nuoro, Oristano, Sassari |
| Sicile | 25 708 | 4 968 991 | Palerme | Agrigente, Caltanissetta, Catane, Enna, Messine, Palerme, Raguse, Syracuse, Trapani |
| Toscane | 22 992 | 3 497 806 | Florence | Arezzo, Florence, Grosseto, Livourne, Lucques, Massa-Carrare, Pise, Pistoia, Prato, Sienne |
| Trentin-Haut-Adige | 13 613 | 940 016 | Trente | Bolzano, Trente |
| Vallée d'Aoste | 3 262 | 119 548 | Aoste | Aoste |
| Vénétie | 18 364 | 4 527 694 | Venise | Belluno, Padoue, Rovigo, Trévise, Venise, Vérone, Vicence |

XXIe siècle. Cette tendance résulte en particulier de la dimension trop réduite des entreprises, de la détérioration de la productivité, du faible contenu technologique de la production et du poids de la bureaucratie auxquels s'ajoutent une dette publique grandissante et le clivage entre un Nord, prospère, et un Sud en difficulté, par ailleurs gangréné par la mafia. Une légère reprise de la croissance a été enregistrée en 2006 (près de 2 %) et 2007 (1,5 %) mais l'Italie a été touchée par l'ampleur de la crise internationale dès l'année suivante.

▮ **AGRICULTURE** Une agriculture européenne de marché, notamment biologique, remplace l'agriculture vivrière. Dès l'Antiquité, la Sicile a été un grenier à blé. Le Sud était alors riche, ce qui montre que le déterminisme ne suffit pas à expliquer son retard actuel. Pendant des siècles, le mélange, sur les mêmes terroirs, des céréales, des cultures irriguées, de la vigne, de l'olivier et de l'élevage itinérant, forma la *coltura promiscua* méditerranéenne. Les grandes batailles pour la bonification et la culture du blé, puis la mise en place de la politique agricole européenne commune ont fait surgir une agriculture de marché : dans la plaine du Pô, la betterave, le colza, le tournesol et, plus récemment, le soja ont remplacé les rizières ; sur la Riviera ligure, le paysage des serres a envahi les terrasses ; en Italie centrale, vergers modernes et élevages porcins, appartenant à un réseau de coopératives, traduisent aussi l'ampleur des changements. Enfin, en Sicile, l'exploitation des agrumes se voit concurrencée par l'extension effrénée des vignobles irrigués.

▮ **INDUSTRIE** Les atouts industriels du pays sont rares. Les matières premières et les sources d'énergie sont dispersées. Le potentiel industriel de l'Italie a longtemps résidé dans ses hommes et dans un taux d'épargne exceptionnel. Si une longue tradition artisanale a facilité la floraison des PME, cette qualité des hommes concerne aussi les grandes firmes : le renouveau de la Fiat, par exemple a été l'œuvre d'une famille, les Agnelli. Bien que l'Italie possède quelques industries lourdes (la sidérurgie sur l'eau des grands complexes de Naples, Gênes et Tarente lui assure le deuxième rang en Europe [2008]), c'est d'abord une ruche d'industries de biens de consommation : l'automobile, la machine-outil, l'agroalimentaire, le textile, l'électronique restent ses points forts malgré de nombreuses faillites en 2003 et 2004. Les groupes nationalisés (ENI, IRI) ont été privatisés. Quatre types de localisations se dégagent : les sites en front de mer révèlent le rôle grandissant des échanges, les grands complexes portuaires de l'Italie du Nord étant toutefois concurrencés par les «cathédrales édifiées dans le désert» (Bari, Tarente) ; les localisations urbaines concernent les grandes métropoles padanes que sont Turin et Milan, autour desquelles environ 80 districts industriels juxtaposent des petites entreprises très dynamiques tournées vers les marchés extérieurs : les complexes de Prato (textile, en perte de vitesse depuis 2000) en Toscane, de Biella (mécanique automobile, industrie lainière) dans le Piémont illustrent ce type de localisation ; en descendant vers le S., le travail au noir se généralise, alimentant une économie souterraine ; enfin, certaines localisations plus traditionnelles dépendent de la présence de matières premières. Bien qu'atténué, le retard industriel du Mezzogiorno n'est toujours pas comblé.

▮ **COMMUNICATIONS** L'automobile est reine. Les liaisons autoroutières assurent l'essentiel du trafic des marchandises et des passagers. Cependant, les grandes villes sont paralysées et les premières lignes de métro, par exemple celles de Milan, se révèlent insuffisantes. Les autres moyens de transport manquent d'efficacité ; les aéroports sont enclavés (Gênes) ou subissent les inconvénients du brouillard (Milan-Linate) ; la lenteur des trains, leurs retards habituels ne sont pas des légendes mais une navrante réalité. Quelques projets de lignes à grande vitesse, comme Milan-Rome (le tronçon Milan-Bologne fonctionne depuis 2009), Milan-Gênes et Turin-Venise, ne font pas oublier que l'Italie est le pays industrialisé ayant le taux le plus bas de marchandises transportées par fer.

▮ **ACTIVITÉS TERTIAIRES** Le secteur tertiaire, qui emploie 65 % des actifs et fournit près de 72 % du PIB, est en croissance rapide. L'ensemble de ce secteur comprend des activités bancaires et de services aux entreprises très compétitives, mais aussi nombre de petits métiers. Ce second volet traduit à la fois un état de sous-développement endémique et l'importance des initiatives personnelles et des relations humaines dans la société italienne. ▮ **Le tourisme** Dans le secteur tertiaire, le tourisme occupe une place de choix : au «voyage en Italie» des aristocrates ont succédé les invasions estivales. Le marché, qui concerne les Allemands pour près de la moitié, est très segmenté : le tourisme culturel et urbain attire plus de 40 % des visiteurs, les activités balnéaires drainant des flux moins importants, mais correspondant à des séjours plus longs, la montagne avec ses stations de ski, la région des lacs préalpins et les stations thermales attirant un troisième grand flux. Le nombre de touristes diminue rapidement en allant vers le S., où ne parviennent que les plus aventureux et ceux à qui leurs

**Italie** ▮ Productions en 2008

| Produits | Quantités | Rang |
|---|---|---|
| ▮ Agriculture | | |
| Abricots | 210 000 t | 4e |
| Betteraves à sucre | 4 300 000 t | 7e |
| Blé (2009) | 7 100 000 t | 18e |
| Huile d'olive | 550 000 t | 2e |
| Kiwis | 470 000 t | 1er |
| Maïs | 9 500 000 t | 9e |
| Olives | 3 500 000 t | 1er |
| Oranges (2009) | 2 480 000 t | 5e |
| Pêches | 1 100 000 t | 2e |
| Poires | 840 000 t | 2e |
| Pommes de terre (2009) | 1 700 000 t | |
| Raisin | 8 500 000 t | 1er |
| Riz | 1 400 000 t | |
| Soja (graines) | 500 000 t | 14e |
| Tabac | 100 000 t | 9e |
| Tomates (2009) | 6 400 000 t | 4e |
| Vin | 49 600 000 hl | 1er |
| Bovins (têtes) | 6 000 000 | |
| Ovins (têtes) | 8 000 000 | |
| Porcins (têtes) | 9 200 000 | 18e |
| ▮ Énergie | | |
| Gaz naturel | 9 000 000 000 m³ | |
| Hydroélectricité | 39 TWh | |
| Pétrole | 5 800 000 t | |

capacités financières permettent de longs déplacements. Les grandes migrations touristiques animent les Alpes en toute saison, tandis que les littoraux ligure, toscan et adriatique attirent les foules en été. Dans l'intérieur, le grand axe des villes touristiques qui unit Venise à Rome, en passant par Florence et Sienne, constitue le premier foyer mondial de tourisme culturel. Depuis le début des années 1990, toutefois, les flux de visiteurs tendent à diminuer en raison de la dégradation de l'environnement balnéaire et des prix trop élevés pratiqués par les hôteliers. **▮ L'Italie dans l'Europe** L'Italie reste cependant le premier bénéficiaire de la construction européenne : son agriculture déverse ses productions dans toutes les grandes métropoles de l'Europe du Nord, les entreprises privées, la Fiat ou Olivetti, et les grandes firmes étatiques occupent au niveau européen des rangs enviables ; enfin, le tourisme de masse continue à fournir des devises qui, si elles ne parviennent pas à équilibrer des finances publiques mal gérées, ont évité la banqueroute. La gravité des crises, plus morales qu'économiques, ne doit pas masquer une forte croissance dont sont privés les terroirs intérieurs de l'Italie méridionale.

## HISTOIRE

**▮ LE HAUT MOYEN ÂGE ▮ Les Ostrogoths** La chute de l'Empire romain d'Occident (pour la période antérieure → **Rome**) marqua pour l'Italie le commencement d'une période sombre : le coup d'État d'Odoacre* (476) maintenait cependant l'unité du pays, qui formait un royaume placé sous la lointaine autorité de l'empereur d'Orient. Cette domination fut renforcée sous l'Ostrogoth* Théodoric, qui renversa Odoacre en 493. Les luttes religieuses entre ariens barbares et catholiques permirent à l'empereur Justinien*, aidé de Bélisaire* et de Narsès*, de vaincre les Ostrogoths en 553 et de reconstituer l'unité de son empire. **▮ Les Lombards et la papauté** L'invasion lombarde qui se produisit dans le nord (568) créa bientôt une nouvelle division qui allait subsister douze siècles : au royaume de Longobardie (plaine du Pô, Toscane, Ombrie, intérieur de l'Italie méridionale) s'opposèrent les régions conservées par les Byzantins (Rome, Ravenne et le S. du pays). → **Byzance.** Le N. et le S. subirent dès lors des destinées différentes. Après avoir refusé la civilisation romaine, les Lombards s'en étaient rapprochés au VIII$^e$ s. et se convertirent au christianisme. Ils furent pourtant arrêtés dans la conquête du pays par la puissance croissante de la papauté, émancipée de la tutelle de Constantinople ; l'alliance de celle-ci avec les Carolingiens (→ **Carolingiens**) provoqua leur perte et la formation des États de l'Église. → **Église (États de l').** Le S. de la péninsule restait soumis à la domination byzantine et le contact avec l'Orient permit à l'Italie de conserver une civilisation encore urbaine, plus avancée que dans le reste de l'Europe, et de jouer un rôle important dans la renaissance carolingienne. **▮ La domination germanique** Passée au IX$^e$ s. sous l'autorité officielle des rois de Germanie, elle devint en fait la proie de la féodalité et du morcellement, renforcés par les nouvelles vagues d'invasion (Arabes en Sicile, Hongrie dans le N.) tandis que la papauté perdait son prestige et devenait l'enjeu de la rivalité des familles romaines. L'Italie connut alors un lent redressement qui devait aboutir à l'avènement de la Renaissance. En 951, Othon* I$^{er}$ le Grand prit le titre de roi d'Italie avant de se faire couronner empereur par le pape (962).

**▮ DU XI$^e$ AU XV$^e$ S. ▮ Les conflits avec la papauté** La domination germanique qui tenta de s'exercer sur l'Italie du Nord et surtout sur la papauté, jusqu'au XIII$^e$ s., dégénéra rapidement en conflit entre le Sacerdoce et l'empire (→ **Allemagne**), avec la querelle des Investitures*, puis la lutte entre guelfes* et gibelins, adversaires et partisans de l'empereur à l'intérieur même du pays. **▮ L'émancipation des communes** Facteurs de division, ces troubles permirent aussi l'émancipation des « communes », qui étaient aux mains de la bourgeoisie et qui prirent en Italie une extension extraordinaire. Ce mouvement ne se produisit que dans le N., le S. ayant vu à la même époque la formation d'un royaume autoritaire (→ **Naples (royaume de)**) sous la domination des Normands, auxquels succédèrent les Hohenstaufen (XII$^e$ s.), la maison d'Anjou, puis celle d'Aragon (XV$^e$ s.). Les villes bénéficièrent de la renaissance des échanges à partir du XI$^e$ s. et ceux-ci furent encore favorisés par les croisades* : d'où l'expansion des ports (Venise, Gênes, Pise, Naples) ou même des cités intérieures, qui assuraient la distribution des produits (banques, industries, notamment l'indus. textile). **▮ Art, culture et religion** Cette prospérité économique se traduisit aussi sur le plan architectural. Des premières constructions romanes (baptistère de Florence*, cathédrale de Pise*, église Saint-Zénon à Vérone*) aux derniers édifices religieux gothiques (cathédrales de Sienne* et de Milan*), en passant par le style lombard (Côme, Milan, Pavie), celui plus orné de Sicile (cathédrales de Monreale et de Cefalù) et l'architecture civile florentine (Bargello, Palazzo Vecchio → **Florence**), l'Italie affirma sa vocation artistique. À côté de l'architecte Arnolfo* di Cambio et du sculpteur Giovanni* Pisano, ce furent surtout les peintres Cavallini*, Cimabue*, Duccio* et Giotto* qui ouvrirent la voie à l'art de la Renaissance. Au XIV$^e$ s., Dante*, Pétrarque* et Boccace* fixèrent la langue et donnèrent à la littérature italienne ses lettres de noblesse. Du XII$^e$ au XIV$^e$ s.,

**Italie.** Vallée d'Aoste, le château de Sarre. *Phot. © E. Vandeville/Gamma*

l'Italie connut aussi une période d'intense activité religieuse. Alors que les théologiens (Pierre* Lombard, Bonaventure*, Thomas* d'Aquin) fondaient la scolastique, des réformateurs religieux et des mystiques décrièrent les excès de la papauté (Joachim* de Flore, François* d'Assise, Catherine* de Sienne). **▮ La prospérité** Après un moment difficile, marqué par l'échec des papes face aux prétentions des souverains (Anagni*), puis leur exil en Avignon, l'Italie exerça au XIV$^e$ s. une véritable domination économique sur l'Europe, dont elle assurait tout le commerce et où ses banquiers intervenaient dans la vie politique (ils soutinrent la guerre de Cent Ans, par exemple). Cette activité était complétée par une grande richesse agricole et la formation précoce d'une paysannerie libre. Cependant, la concurrence économique, jointe à la rivalité des guelfes et des gibelins, amena des conflits entre les cités (campanilisme) et la naissance d'un nationalisme étroit. Au milieu des troubles, les structures politiques évoluèrent, les communes durent faire place à des « seigneuries », le pouvoir passant à une seule famille et à sa clientèle (ainsi Milan aux Visconti*, Ferrare aux Este*, Vérone aux Della Scala, Rimini aux Malatesta*, Mantoue aux Gonzague*). **▮ Les princes et la Renaissance italienne** Les luttes intérieures s'exaspérèrent par la suite et prirent un caractère social, et aux seigneuries elles-mêmes se substitua au XV$^e$ s. le régime des « princes », véritables tyrans, dont l'exemple le plus révélateur est sans doute la famille des Médicis*, mécènes fastueux, qui conduisirent Florence à son apogée. L'action des princes eut en effet pour conséquence d'accroître la puissance d'un certain nombre de cités qui dominèrent la péninsule (Milan*, Naples*, Venise*, Florence* et les États de l'Église), mais entre lesquelles s'établit un certain équilibre qui arrêta l'unification. Dans leur lutte, ils eurent davantage recours à une diplomatie complexe ou à la violence individuelle et au crime plutôt qu'à la guerre, malgré l'emploi des condottieri. Un autre aspect de leur action fut l'extraordinaire épanouissement de la Renaissance italienne, qui allait être diffusée à travers toute l'Europe grâce aux guerres d'Italie. → **Renaissance.** Ce vaste mouvement qui marqua le passage d'une atmosphère chrétienne à une sensibilité humaniste, les artistes étant de plus en plus attirés par l'Antiquité et la découverte de l'homme, toucha tous les domaines : l'architecture (Brunelleschi*, Alberti*, A. et B. Rossellino*, Giuliano* et Benedetto* da Maiano), la sculpture (Ghiberti*, Donatello*, Luca Della* Robbia, Verrocchio*), la peinture (Masaccio*, Fra Angelico*, Dominico* Veneziano, les Lippi*, Gozzoli*, Botticelli*, Paolo Uccello*, Piero* della Francesca, Mantegna*, Tura*, les Bellini*, Antonello* de Messine, Crivelli*). Tout comme l'art du Quattrocento, l'humanisme fleurit surtout à Florence (→ **Ficin (Marsile), Pic de La Mirandole, Politien**) qui fut aussi le théâtre de troubles politico-religieux (→ **Savonarole**). Valla, lui, enseigna à Rome qui devint, sous l'impulsion des papes, le principal foyer artistique du début du XVI$^e$ s. (→ **Bramante, le Vignole, Michel-Ange, Léonard de Vinci, Raphaël, Signorelli, le Pérugin, Pinturicchio**). Même si Florence resta un centre actif (→ **Cellini, Andrea del Sarto**), c'est surtout la Vénétie qui prit une importance considérable au cours du XVI$^e$ s. grâce à l'architecture palladienne (→ **Palladio**) et à l'école vénitienne de peinture (→ **Venise**). La littérature demeura florissante tout au long du XVI$^e$ s. (l'Arioste*, le Tasse*, l'Arétin*) ; Machiavel* inaugura la philosophie politique moderne et Vasari* rédigea le premier ouvrage d'histoire de l'art. Pendant ce temps, la commedia* dell'arte battait son plein.

**▮ DU XVI$^e$ AU XVIII$^e$ S. ▮ La domination espagnole** Le déséquilibre entre son morcellement et l'unité nationale de ses voisins, joint à l'attirance qu'elle exerçait par sa richesse et sa civilisation, allait faire de l'Italie l'enjeu de la rivalité des autres puissances et la soumettre jusqu'au XIX$^e$ s. à la domination étrangère. Les guerres d'Italie

(→ **Italie (guerres d')**) se soldèrent par l'échec des tentatives françaises (la France devait encore intervenir en Italie lors de la guerre de Trente* Ans et des guerres de Louis XIV) et amenèrent la domination espagnole, qui devait se poursuivre pendant tout le XVIe s. et une partie du XVIIe s. S'il assura au pays la paix et la stabilité, le pouvoir espagnol devait amener une régression sur le plan économique. Un arrêt fut donné à la Renaissance et à l'humanisme parle rétablissement de l'Inquisition et le triomphe de la Contre*-Réforme (seules conservèrent leur indépendance la Savoie, Venise et Gênes). Galilée et Giordano Bruno furent condamnés par l'Inquisition. **Les arts plastiques** Tout comme la science et la philosophie, l'art fut placé au service de l'Église. Ainsi, alors qu'en réaction contre le maniérisme (Bronzino*, Pontormo*, Rossi*, Beccafumi*, le Corrège*, le Parmesan*, Jules* Romain), les Carrache* (→ **Bologne**) d'une part, Caravage* et ses disciples (O. et A. Gentileschi*, Caracciolo*, J. de Ribera*, Strozzi*) d'autre part, se firent les promoteurs du réalisme autour de 1600, l'esthétique de la Contre-Réforme ne tarda pas à s'imposer au XVIIe s. Sous l'empire des jésuites, la peinture (Giordano*, Lanfranco*), l'architecture et la sculpture (Maderno*, Pierre* de Cortone, Borromini* et surtout le Bernin*) prirent un aspect fastueux et théâtral. **La musique** Le baroque influença aussi le domaine musical. Après que Palestrina* eut réformé la musique religieuse au XVIe s., l'opéra naquit avec Monteverdi*, auteur d'*Orfeo* (1607), suivi sur un mode plus léger par Pergolèse*, Cimarosa* et Paisiello* au XVIIIe s. Corelli*, promoteur des *concerti grossi*, fut à l'origine d'une véritable école musicale que prolongèrent Scarlatti* et Vivaldi*. **L'économie** La fiscalité et les monopoles espagnols ne purent qu'affaiblir une économie déjà éprouvée : l'afflux de l'or américain et l'inflation qui en résulta touchèrent gravement les banquiers ; les Turcs fermèrent la Méditerranée orientale, l'Allemagne se trouva ruinée par la guerre de Trente Ans, et le commerce italien déclina. **La domination autrichienne** La guerre de Succession* d'Espagne fit passer l'Italie des Habsbourg d'Espagne aux Habsbourg d'Autriche (1713) qui y affermirent leur position au cours du XVIIIe s. (acquisition de la Toscane), malgré les tentatives d'Élisabeth* Farnèse. Celle-ci obtint pour l'Espagne le royaume de Naples, Parme, Plaisance et Guastalla, tandis que le royaume de Savoie s'agrandit de la Sardaigne. Alors que les fastes de Venise inspiraient encore de nombreux peintres (G. B. Tiepolo*, Canaletto*, Guardi*, Longhi*) et écrivains (Gozzi*, Goldoni*, Casanova*), que certains artistes furent attirés par le fantastique (Magnasco*, Piranèse*) ou le néoclassicisme (Canova*), les Lumières (→ **Alfieri, Foscolo**) atteignirent l'Italie (en particulier Milan sous Marie-Thérèse, Naples sous Charles III, Florence sous Léopold). Liées en partie à la diffusion de la pensée de Vico, elles devaient favoriser le réveil du sentiment national et l'idée d'unité politique.

**L'ITALIE PENDANT LA RÉVOLUTION FRANÇAISE ET L'EMPIRE NAPOLÉONIEN** **La première coalition** Dès 1789, la Révolution française gagna la sympathie de la bourgeoisie et des milieux libéraux italiens, mais suscita la méfiance puis l'hostilité des souverains qui craignaient la contagion des idées révolutionnaires. À la suite de l'annexion du Comtat venaissin par la Constituante (1791), puis de Nice et de la Savoie par la Convention (1793), le royaume de Naples, la papauté et les princes italiens rejoignirent le royaume de Piémont-Sardaigne et les souverains européens dans la première coalition* ; cependant, leur participation militaire fut, dans l'ensemble, extrêmement réduite. Les victoires remportées lors de la campagne d'Italie de 1796 - 1797 (→ **Italie (campagne d')**) permirent au général Bonaparte et aux libéraux italiens, après le traité de Campoformio*, de mettre fin à l'Ancien Régime dans l'ensemble de la péninsule : les Républiques cisalpine* (Lombardie, duchés de Modène et de Reggio, Romagne, Bologne et Ferrare) et ligurienne (Gênes) reçurent des institutions comparables à celles de la France (1797) ; en revanche, la Vénétie était livrée à l'Autriche. Après la déportation du pape Pie VI, la République romaine fut proclamée (1798) ; le départ du roi Ferdinand de Naples permit aux Français d'instaurer la République parthénopéenne* (1799). **La deuxième coalition** La deuxième coalition* chassa provisoirement les Français de l'Italie, jusqu'à ce que les victoires du Premier consul lors de la campagne d'Italie de 1800 (→ **Italie (campagne d')**) les rétablissent par le traité de Lunéville (9 fév. 1801). **La mainmise de Bonaparte sur l'Italie** Dès lors, au fur et à mesure de ses conquêtes, Napoléon faisait passer l'Italie tout entière sous sa domination. Au gré des circonstances, il annexait certains territoires transformés en départements français (Piémont, 1802 ; République ligurienne, 1805 ; États de l'Église, 1809), tandis que le reste de la péninsule devenait le terrain d'essai du «système familial» : il fut lui-même sacré roi d'Italie en 1805 (anc. République cisalpine, Vénétie et Trentin) ; sa sœur Élisa (→ **Bonaparte**) devint grande-duchesse de Toscane (1809) et son frère Joseph fut nommé roi de Naples en 1806 avant d'être remplacé par Murat* en 1808. Malgré les exactions des occupants (lourdeur des impôts, pillage des œuvres d'art, conscription), la domination impériale sur l'Italie eut des résultats positifs : la centralisation administrative, l'unification des lois et de la langue ainsi que l'abolition de la féodalité et des anciens cadres sociaux, bien qu'elles n'aient pas résisté à l'écroulement de l'Empire, avaient préparé le réveil national.

**Italie.** Fontaine de Trevi de Niccolò Salvi, à Rome.
*Phot. © Pippa West /Shutterstock*

**LE RISORGIMENTO** **Le réveil national** L'Italie sortait du congrès de Vienne* (1815) aussi divisée qu'avant la Révolution ; l'Autriche y était plus forte que jamais, installée dans le royaume lombard-vénitien, en Istrie, en Dalmatie, dans le Trentin et indirectement en Toscane, à Modène et à Parme. Le royaume de Piémont (Piémont, Sardaigne, Savoie et Nice) recevait l'ancienne république de Gênes, Murat était chassé du royaume de Naples par le retour des Bourbons. L'Ancien Régime rétabli, l'Italie n'était plus, selon Metternich*, qu'une «expression géographique». Face à l'absolutisme, un mouvement libéral se développa à partir de 1820 parmi les cadres de l'administration et de l'armée sous forme de sociétés secrètes dont la principale fut la *carbonaria* (→ **carbonarisme**). Elle fut à l'origine des insurrections libérales de 1820 à Naples et dans le Piémont, et de 1831 en Romagne, à Parme et Modène, insurrections violemment réprimées par les Autrichiens, à la demande des souverains italiens. D'abord libérale, l'agitation prit un caractère national sous l'influence des écrivains (→ **Manzoni, Leopardi**) du *Risorgimento* («résurrection»). Elle gagna les classes moyennes puis les masses populaires grâce à l'action de G. Mazzini*, fondateur du mouvement Jeune-Italie (1833). **Les révolutions de 1848** Le pape Pie* IX inaugura une ère de concessions libérales par l'octroi d'une constitution au début de l'année 1848, suivie de plus ou moins bon gré par les souverains de Toscane et de Naples, puis après l'insurrection parisienne (→ **révolution de février 1848**) par Charles*-Albert, roi de Piémont (14 mars 1848). Devant la violence du soulèvement populaire dans toute l'Italie en février 1848, Charles-Albert prit la tête de l'armée d'Indépendance composée de Piémontais, de Pontificaux, de Toscans, de Modénois, de Parmesans et de Lombards (→ **Garibaldi**), mais, malgré quelques succès, il ne put venir à bout des troupes bien entraînées de Radetzky* (défaite de Custozza*, juil. 1848) et dut évacuer le Milanais. **Garibaldi** Devant la poussée républicaine et démocratique (proclamation de la république à Rome par Mazzini et Garibaldi en fév. 1849), les souverains italiens prirent peur et revinrent sur leurs concessions ; quant à Charles-Albert, désireux de reprendre la direction du mouvement national, il se fit battre définitivement par les troupes autrichiennes à Novare (23 mars 1849) : la réaction autrichienne triomphait sur la péninsule.

**FORMATION DU ROYAUME D'ITALIE** Le Piémont, seule royauté constitutionnelle, demeurait, sous l'influence du roi Victor*-Emmanuel II et de son ministre Cavour*, l'unique espoir des patriotes italiens, espoir qui eût été vain sans l'aide diplomatique et militaire que Napoléon III apporta à la cause italienne : les victoires franco-sardes de Magenta* et de Solferino* (juin 1859) chassèrent les Autrichiens de Lombardie. → **Italie (campagne d')**. Après l'armistice de Villafranca*, considéré comme une trahison française, des mouvements révolutionnaires obligèrent Napoléon III à accepter la réunion au Piémont de l'Italie centrale (mars 1860). L'annexion du royaume de Naples fut réalisée par Garibaldi et les Mille* (nov. 1860), qui s'effacèrent devant le souverain piémontais couronné roi d'Italie à Turin le 27 avr. 1861. La défaite autrichienne de Sadowa* (1866) rendit définitivement la Vénétie aux Italiens, mais ils durent attendre la chute de l'Empire français (4 sept. 1870) pour entrer dans Rome, qui devint la capitale du royaume le 2 oct. 1870. Après un combat symbolique, Pie IX se retira dans le palais du Vatican, où il se considéra comme prisonnier. La «question romaine» resta en suspens jusqu'aux accords du Latran* (1929).

**LA MONARCHIE PARLEMENTAIRE** **Les difficultés** «L'Italie est faite, maintenant il faut faire des Italiens» (D'Azeglio). En effet, les particula-

**Italie.** L'achèvement de l'unité italienne.

rismes locaux subsistaient, entretenus par la force des traditions et l'indifférence politique de la population exclue du droit de vote (suffrage censitaire restreint et interdiction papale). Après l'enthousiasme des combats, il fallait faire face aux problèmes matériels (poussée démographique, misère du monde rural, rareté des matières premières industrielles). Entre les deux grandes tendances, la «droite historique», héritière de Cavour et qui resta au pouvoir jusqu'en 1876 (→ **Depretis**) et la gauche, soucieuse d'élargir le suffrage, le gouvernement, encouragé par le roi Humbert* Ier, préconisait le «transformisme» pour combattre le socialisme. Avec Crispi*, l'Italie se lança dans une politique coloniale coûteuse (→ **Érythrée, Éthiopie**) qui rendit plus aiguës les difficultés économiques (déficit budgétaire et dépréciation de la monnaie) ; l'agitation révolutionnaire et anarchiste reprit avec la baisse des salaires et le chômage dans les principales villes (cent morts à Milan en mai 1898). Malgré les quelques progrès économiques et sociaux réalisés par la «dictature parlementaire» de Giolitti* (1903 - 1914), la misère ne diminuait pas ; les grèves étaient de plus en plus fréquentes et politisées ; les socialistes, avec Mussolini, éliminaient les réformistes de leur parti, tandis que les échecs coloniaux (mis à part l'annexion de la Libye en 1912) donnaient des arguments aux nationalistes exaspérés par la question des «terres irrédentes» (Trentin et Istrie). ▮ **La Première Guerre mondiale** C'est ce courant nationaliste qui poussa le gouvernement libéral de Salandra* dans la guerre aux côtés des Alliés (mai 1915), dans l'espoir d'enlever aux Autrichiens les «terres irrédentes» en cas de victoire (→ **Guerre mondiale [Première]**). La déception fut grande lorsque, après les traités de Saint-Germain-en-Laye (1919) et de Rapallo* (1920), l'Italie se vit refuser la Dalmatie et Fiume, dont G. D'Annunzio s'empara en 1919. Le mécontentement nationaliste, le chômage et la crise économique profitèrent aux partis extrêmes (grèves et occupations d'usines par les socialistes ; fondation des Faisceaux italiens du combat de Mussolini en 1919 [→ **fascisme**]), et, après la tentative de Giolitti* pour rétablir l'ordre, les gouvernements furent trop faibles pour empêcher la montée du fascisme. Le début du XXe s. connut une grande effervescence culturelle qui fut partiellement récupérée par le régime fasciste. → **futurisme.**

▮ **L'ITALIE MUSSOLINIENNE** ▮ **L'arrivée au pouvoir de Mussolini** La «marche sur Rome» des Chemises noires (27 oct. 1922) conduisit Mussolini au pouvoir, avec l'accord du roi Victor*-Emmanuel III (30 oct. 1922). Jusqu'à l'assassinat du socialiste Matteotti* (1924) qui avait dénoncé les méthodes fascistes, la façade parlementaire fut respectée (quatre fascistes sur les quatorze ministres). ▮ **La dictature fasciste** Mais, en 1925, les «lois fascistissimes» organisèrent la dictature (→ **Mussolini, fascisme**). Les réalisations intérieures (législation sociale, grands travaux, disparition du chômage, accords du Latran* avec le pape) et la politique de collaboration internationale (accords avec la Yougoslavie, 1924 ; adhésion à la SDN, au pacte Briand-Kellogg, 1928 ; front de Stresa avec la Grande-Bretagne et la France, avr. 1935) lui assurèrent une large adhésion des masses populaires. Cette adhésion fut renforcée par le soutien apporté par les hommes politiques étrangers (→ **Churchill**), notamment par Hitler sur lequel Mussolini exerça une influence modératrice (envoi de troupes au col du Brenner après l'assassinat du chancelier Dollfuss*, 1934 ; conférence de Munich*, 1938). Ce ne fut qu'à partir de l'affaire d'Éthiopie, dont Victor-Emmanuel III devint empereur, que Mussolini rompit avec les démocraties occidentales par la signature du pacte Antikomintern (Allemagne, Japon, Italie, 6 nov. 1937). ▮ **La Deuxième Guerre mondiale** Après avoir envahi l'Albanie (7 avr. 1939), l'Italie entra dans la Deuxième Guerre mondiale aux côtés de l'Allemagne le 10 juin 1940 (→ **Guerre mondiale [Deuxième]**). L'exécution de Mussolini (28 avr. 1945) signa la fin de l'Italie fasciste à laquelle la monarchie, compromise par vingt années de collaboration, ne put survivre : Victor-Emmanuel III abdiqua, le 9 mai 1946, en faveur de son fils Humbert* II, qui s'exila à la suite d'un référendum favorable à la République le 2 juin 1946.

▮ **LA RÉPUBLIQUE ITALIENNE** ▮ **Le redressement** Après un traité de paix assez dur signé en 1947 (abandon de Fiume, de la Dalmatie et des colonies africaines), l'Italie, sortie ruinée de la guerre, effectua un redressement spectaculaire que l'on a pu comparer au «miracle» allemand, grâce aux efforts de toute la population et à l'aide apportée par le plan Marshall*. Cet essor bénéficia, par la suite, de son entrée dans le Marché commun (→ **De Gasperi**) notamment dans le secteur industriel, tandis que l'agriculture marquait un certain retard. → **Mezzogiorno.** ▮ **La Démocratie chrétienne et les coalitions** Dans les années 1970, l'économie fut touchée par une crise de croissance que les difficultés sociales et la chute de la lire rendirent plus aiguë. La Démocratie chrétienne devait s'appuyer, pour rester au gouvernement, tantôt sur la droite (→ **Segni**), tantôt sur la gauche socialiste (→ **Nenni ; Saragat ; Fanfani ; Moro**), voire communiste

(→ **Berlinguer**). Tandis que la vie politique italienne restait caractérisée par l'instabilité ministérielle, le pays était le théâtre de nombreux attentats et enlèvements revendiqués par l'organisation terroriste des Brigades rouges (enlèvement et assassinat d'A. Moro en 1978). En 1978, un socialiste (A. Pertini*) accéda à la présidence de la République. Au pouvoir sans interruption depuis 1945, la Démocratie chrétienne dut cependant, à la suite d'une lente mais continue érosion électorale, accepter de constituer des gouvernements de coalition avec plusieurs partis de centre-gauche et dirigés entre autres par un républicain (G. Spadolini, 1981 - 1982), un socialiste (B. Craxi*, 1983 - 1987) et des démocrates chrétiens (A. Fanfani, G. Goria, C. De* Mita, G. Andreotti*). Plusieurs scandales politico-financiers à la fin des années 1980 ainsi que le rôle occulte de la Mafia* au sein de l'État entraînèrent une grave crise de régime et une profonde transformation du paysage politique. **L'effondrement de la Démocratie chrétienne** Cette transformation se caractérisa par l'effondrement de la Démocratie chrétienne (qui se scinda en plusieurs formations de centre-droit et de centre-gauche), et par l'apparition de ligues, dont la puissante Ligue du Nord de U. Bossi, réclamant la création d'un État fédéral et le renforcement des pouvoirs des régions (principalement de la Lombardie), au détriment de la solidarité nationale (en particulier avec le sud). **L'alternance politique** Une réforme du mode de scrutin fut approuvée par un référendum en 1993 et, après l'élection en 1992 à la présidence de la République de O. Scalfaro*, succédant à F. Cossiga* (1985 - 1992), un gouvernement de large coalition fut formé par C. Ciampi. Les législatives anticipées de 1994 virent la victoire d'une coalition de partis de l'extrême droite (Forza Italia, Ligue du Nord, Alliance nationale) dirigée par S. Berlusconi*. Mais des divisions au sein de sa majorité le contraignirent à démissionner en déc. L. Dini lui succéda jusqu'aux élections anticipées d'avril 1996 qui portèrent au pouvoir une coalition de centre-gauche, l'Olivier, dirigée par R. Prodi* et comprenant des membres de l'aile gauche de l'ancienne Démocratie chrétienne et les ex-communistes du PDS (pour la première fois au gouvernement). Un plan de réformes permit à l'Italie de remplir les critères de Maastricht. Une crise au sein de la majorité entraîna le remplacement de R. Prodi en 1998 par M. D'Alema, premier ex-communiste à diriger un gouvernement en Europe occidentale, tandis qu'en mai 1999 C. Ciampi était élu président de la République. Les élections régionales d'avril 2000 marquèrent le recul de la coalition de l'Olivier et le retour politique de S. Berlusconi, allié à l'extrême droite. Menant une coalition baptisée Maison des Libertés, celui-ci remporta les législatives, et devint président du Conseil en juin 2001. Sa politique ultra-libérale ne tarda pas à provoquer de nombreux mouvements sociaux. En réaction, Giorgio Napolitano, du parti des Démocrates de gauche, héritier du PCI, fut élu à la présidence de la République en mai 2006 tandis que Romano Prodi reprenait les rênes de la présidence du Conseil (jusqu'en janv. 2008) à la faveur du rassemblement de tous les partis allant du centre à la gauche radicale, l'Unione. Mais cette coalition ne put s'entendre sur la question du maintien des troupes italiennes en Afghanistan et sur la politique étrangère et des législatives anticipées redonnèrent le pouvoir à la droite et à S. Berlusconi. Son programme comportait un durcissement de la politique de l'immigration et fut soutenu par l'extrême droite, la Ligue du Nord et l'Alliance nationale. En 2009, cette dernière fusionna pour former un nouveau parti dirigé par S. Berlusconi, Peuple de la liberté (Il Popolo della Liberta), avec Forza Italia qu'il avait créé en 1993.

---

**Italie (guerres d')** ♦ Terme employé pour désigner les expéditions qui eurent lieu en Italie entre 1494 et 1559. Dans un premier temps, elles opposèrent le roi de France, qui voulait faire valoir ses droits sur l'héritage du royaume de Naples, puis du Milanais, au roi d'Aragon et au pape (→ **Charles VIII, Louis XII, François Ier**), les villes italiennes prenant position pour l'un ou l'autre camp. Le conflit s'élargit ensuite et l'Italie devint le théâtre de la lutte entre la France et la maison d'Autriche, lutte à laquelle vint se mêler l'Angleterre (→ **François Ier, Henri II, Charles Quint**). Par le traité du Cateau*-Cambrésis (1559), la France abandonnait l'Italie qui passait sous la domination des Habsbourg. Ces guerres ont marqué la fin de l'indépendance de l'Italie, mais elles permirent à sa civilisation de se répandre à travers l'Europe.

**Italie (campagne d')** – 1796 - 1797 ♦ Ensemble des opérations militaires conduites par le général Bonaparte en Italie en 1796 et 1797 : envoyé par Carnot* pour retenir en Italie une partie de l'armée autrichienne, Bonaparte réussit à imposer son autorité sur toute l'armée française d'Italie composée de 38 000 hommes mal vêtus et mal nourris. Une offensive fulgurante obligea le Piémont à signer l'armistice de Cherasco* (avr. 1796), tandis que par les victoires de Lodi* (10 mai 1796), Milan (15 mai 1796), Arcole* (nov. 1796), puis Rivoli* (janv. 1797) Bonaparte préparait la capitulation des Autrichiens à Mantoue (2 fév. 1797). Après l'occupation de Venise et les préliminaires de Leoben* (18 avr. 1797), il signa sans aucun mandat du Directoire le traité de Campoformio* avec le représentant de l'empereur François* II.

**Italie (campagne d')** – 1800 ♦ Ensemble des opérations militaires menées en Italie par le Premier consul Bonaparte contre les Autrichiens, vainqueurs dans toute la péninsule après la deuxième coalition*. À la tête de son armée, après le passage du col du Grand Saint-Bernard, Bonaparte entra dans Milan le 2 juin 1800 et remporta, avec l'appui de l'armée du général Desaix*, la bataille de Marengo* (juin 1800). Évacuant le Piémont, la Lombardie et la Ligurie, les Autrichiens, après une nouvelle défaite contre l'armée du général Moreau* à Hohenlinden* (3 déc. 1800), durent signer la paix de Lunéville* (1801).

**Italie (campagne d')** – 1859 ♦ Les relations diplomatiques entre l'Autriche et les États sardes se dégradèrent après l'arrivée au pouvoir du roi Victor*-Emmanuel II (1849) et la nomination du ministre Cavour* (1852). Après son intervention en Crimée (1855) aux côtés des Britanniques et des Français contre les Russes, le Piémont fut autorisé à participer au congrès de Paris* (1856) où la question de l'unité italienne fut abordée. L'entrevue secrète de Plombières* (1858) entre Napoléon* III et Cavour aboutit à la signature du traité d'alliance franco-sarde de Turin* (26 janv. 1859). Cavour ayant repoussé un ultimatum de l'Autriche au Piémont (déb. avr. 1859), les forces autrichiennes sous le commandement de Gyulai* envahirent le N. de l'Italie par le Tessin, pendant que les armées françaises pénétraient dans le Piémont par le Mont-Cenis, le Mont-Genèvre et Gênes. Successivement battu à Montebello, Palestro, Turbigo et Magenta* (4 juin 1859) par les troupes franco-sardes, Gyulai remit son commandement à l'empereur François-Joseph, vaincu à son tour à Solferino* (24 juin). Impressionné par les lourdes pertes subies par l'armée française et craignant également une intervention de la Prusse, Napoléon III s'empressa de signer avec l'Autriche les préliminaires de Villafranca* (juil. 1859) qui, suivis des traités de Zurich* (nov. 1859), déçurent ses alliés italiens : en effet, le Piémont obtenait la Lombardie, mais la Vénétie restait autrichienne.

**Italie (campagnes d')** – 1943 - 1945 → **Guerre mondiale (Deuxième)**

**ITALIOTES** ou **ITALIQUES** n. m. pl. ♦ Population de l'Italie anc., de langue indo-européenne, subdivisée en deux groupes : les Osco-Ombriens et les Latins (Éques*, Volsques*, Herniques*, Marses*, Samnites*, Sabins*).

**ITARD (Jean Marie Gaspard)** ♦ Médecin français (Oraison, Basses-Alpes 1774 - Paris 1838). Un des pionniers de l'endocrinologie (1799 - 1800), il est surtout connu pour son travail de rééducation des enfants sourds-muets.

**ITCHŌ Hanabusa** ♦ Peintre japonais (1652 - 1724) originaire d'Ōsaka et élève de Kanō* Yasunobu. Exilé à cause de ses dessins satiriques en 1698, il revint à Edo en 1710. Ses œuvres, dégagées de l'influence formaliste de l'école des Kanō, reflètent l'esprit des bourgeois des villes de la fin du XVIIIe s. au Japon.

**ITHAQUE** – en gr. mod. ***Ithaki*** ♦ Une des îles Ioniennes (Grèce), au N.-E. de Céphalonie*, avec laquelle elle forme le nome de Céphalonie. 96 $km^2$. 1 747 hab. CH.-L. : Ithaque. ▪ Vignobles, oliviers. **Histoire** Identifiée traditionnellement avec l'Ithaque de *L'Odyssée**, patrie d'Ulysse*, l'île aurait été le centre d'un royaume maritime comprenant Céphalonie, Zante et les îlots avoisinants. Homère y aurait séjourné. Des auteurs modernes estiment que les descriptions de *L'Odyssée* se rapporteraient mieux à l'île de Leucade.

**ITHOME** (mont) – en gr. mod. ***Ithômi*** ♦ Montagne de Grèce en Messénie, célèbre pour la résistance que les Messéniens y opposèrent aux Lacédémoniens lors de la première guerre de Messénie*. La prise de l'Ithome en –724 mit fin à cette guerre. Messène, la nouvelle cap. de Messénie, fut bâtie en –371 sur le flanc S.-O. de l'Ithome.

**ITI** → **Oeta**

**Itihāsa** ▸ ÉTYM. sanskr. «Il était une fois...» ♦ Titre générique d'ouvrages védiques rédigés en sanskrit et comprenant de nombreuses sortes de textes : *Purāṇa* (anciens commentaires), *Itivritta* (histoires), *Ākhyayika* (contes), *Dharmaśāstra* (recueils de lois).

**ITŌ Hirobumi** ♦ Homme politique japonais (Tsukari 1841 - Harbin 1909). Il signa avec la Chine le traité de Tianjin en 1885, puis celui de Shimonoseki (1895) terminant la guerre sino-japonaise. Résident général en Corée (1905 - 1909), il imposa à ce pays un «traité de protection». Il fut assassiné en gare de Harbin (Mandchourie) par un patriote coréen.

**ITŌ Hitoshi**, dit **Sei** ♦ Homme de lettres japonais (Hokkaidō 1905 - Tōkyō 1969). Outre la traduction d'œuvres anglo-saxonnes (J. Joyce, D. H. Lawrence), Itō a produit un important travail théorique sur le roman, familiarisant les auteurs avec les recherches et réflexions occidentales d'après-guerre : *Chōsetsu no hōhō* («La Méthode du roman», 1948).

**ITŌ Jinsai** ♦ Philosophe japonais (1627 - 1705), fondateur d'une école confucianiste libérée de l'académisme chinois. Il eut une grande influence sur la littérature historique et philosophique.

**ITON** n. m. – ÉTYM. d'une rac. précelt. obsc. (à rapprocher de *Epte**) ♦ Riv. de Normandie (118 km), affl. de l'Eure. Née dans le Perche, elle traverse Damville, Évreux et conflue en aval de cette ville.

**Itsukushima** ♦ Petite île du Japon, sur la côte du Honshū*, dans la baie d'Hiroshima*, un des plus célèbres paysages du Japon, où se trouve le fameux sanctuaire de Miyajima* fondé au VIIe s. par le clan des Taira* et signalé par un *torii* placé entre l'île et la côte.

**ITTEN (Johannes)** ♦ Peintre suisse (près de Thoune 1888 - Zurich 1967). Il étudia à l'Académie de peinture de Stuttgart (1913 - 1916), puis fit à Vienne la rencontre de Gropius* avec qui il collabora. Directeur du cours préliminaire du Bauhaus* (1919 - 1923), il élabora une pédagogie originale fondée sur la spontanéité créatrice, associée à la connaissance intime des matériaux et de la couleur. Il enseigna ensuite jusqu'en 1954 dans différentes villes européennes (Zurich, Berlin, Krefeld). Son œuvre picturale, qu'il poursuivit parallèlement, est basée sur une structure géométrique (quadrillage) rappelant R. Delaunay et P. Mondrian. Ses théories sur les formes et la couleur ainsi que l'essentiel de son enseignement ont été publiés dans *L'Art de la couleur* (1961) et *Mon cours préliminaire au Bauhaus* (1963).

**ITTEVILLE** [91760] – ÉTYM. «domaine (lat. *villa*) d'Itto (n. de pers. germ.)» ♦ Comm. de l'Essonne, arr. d'Étampes. 5 354 hab.

**ITURBIDE (Agustín DE)** ♦ Homme politique mexicain (Valladolid, auj. Morelia, Mexique 1783 - Padilla 1824). Général dans l'armée espagnole, il fut chargé de négocier avec les insurgés nationalistes ; devenu très populaire il se fit proclamer empereur du Mexique (1822), mais son cléricalisme et sa mauvaise gestion financière lui valurent d'être renversé en 1823 par Santa* Anna. Rentré d'exil en secret, il fut arrêté et fusillé en 1824. – ÉTYM. Le basque *iturbide* signifie «chemin *(-bide)* vers la source [ou fontaine] *(iturri)*».

**ITURÉE** n. f. – en gr. *Itouraia* ♦ Région montagneuse au N.-E. de la Palestine qui, dans l'Antiquité, était peuplée d'Arabes guerriers réputés pour leur habileté à l'arc. Elle fut soumise par Aristobule Ier avant qu'Auguste ne la donne à Hérode le Grand, qui la transmit à son fils, Hérode Philippe. Elle fut ensuite incorporée à la province romaine de Syrie, après avoir appartenu successivement à Agrippa Ier et Agrippa II.

**ITZCOATL** ♦ Quatrième souverain aztèque (1427 - 1440), qui établit la puissance de son empire. → **Aztèques**.

**ITZEHOE** ♦ V. d'Allemagne (Schleswig-Holstein), sur la Stör, près de l'estuaire de l'Elbe. 34 081 hab. Église Saint-Laurent (XVIIe s.). Nœud ferroviaire et petit centre indus. ▮ **Histoire** Fondée en 810 par Charlemagne, c'est la plus ancienne ville du Holstein*, dont elle fut la capitale de 1227 à 1864.

**IULE** → **Ascagne**

**IVAJLO** ♦ (mort en 1280). Ancien porcher, il prit la tête d'un soulèvement paysan bulgare contre les Mongols, les Byzantins et les boyards, et tua le roi Constantin Asen en 1277. Il se fit alors proclamer tsar de Bulgarie, mais fut assassiné peu après par Jean IV Asen III.

**IVAN Ier Danilovitch** surnommé **Kalita** «sac d'argent, escarcelle» – ÉTYM. *Ivan* : du slavon *Iornn*, en lat. *Johannes* «Jean» ♦ (v. 1304 - Moscou v. 1341). Grand-prince de Moscou (1325 - 1340) et de Vladimir (1328 - 1340). Fils de Daniel* Nevski, il régna sous la suzeraineté de la Horde d'Or, imposa sa tutelle aux principautés de Tver, Riazan et Novgorod et fut le véritable fondateur de la puissance moscovite, symbolisée par l'établissement du métropolite de Russie à Moscou en 1328. Son fils Siméon* le Superbe lui succéda après son entrée dans les ordres en 1340.

**IVAN II Ivanovitch le Doux** ♦ (1326 - 1359). Grand-prince de Moscou et de Vladimir (1353 - 1359). Fils d'Ivan Ier Danilovitch, il succéda à son frère Siméon* le Superbe et poursuivit la politique de ses prédécesseurs, grâce à l'aide du métropolite Alexis*. À sa mort, son fils Dimitri IV fut écarté du trône jusqu'en 1362 par Dimitri III, prince de Souzdal.

**IVAN III Vassilievitch le Grand** ♦ (Moscou 1440 - *id.* 1505). Grand-prince de Moscou et de toute la Russie (1462 - 1505). Fils et successeur de Vassili* II, il réunit à l'État moscovite Iaroslavl (1471), Rostov (1474), Novgorod (1478) et Tver (1485) et mit fin à la suzeraineté mongole (1480). Son règne fut une étape importante de la création de l'État russe unifié. Marié en secondes noces à Sophie Paléologue, nièce du dernier empereur byzantin (1472), il adopta les idées byzantines sur l'autocratie impériale et fit de Moscou la troisième Rome orthodoxe.

**IVAN IV le Terrible** – en russe *Groznyï* ♦ (Kolomenskoïe 1530 - Moscou 1584). Grand-prince puis tsar de Russie (1533 - 1584). Fils de Vassili* III auquel il succéda à l'âge de trois ans, sous la régence de sa mère, Hélène Glinsky (1533 - 1538), il passa à la mort de celle-ci sous la tutelle d'un conseil de boyards, dont les luttes intestines ruinèrent le pays. Formé par le métropolite Macaire* à l'idée d'une autocratie d'origine divine, il inaugura son règne personnel à l'âge de seize ans et prit le titre de *tsar (caesar)* en 1547. Les premières années de son règne furent prospères (1547 - 1560). Il entreprit une vaste réorganisation administrative, législative (code de lois, 1550), religieuse (1551) et militaire (création du corps des Streltsy*). Refoulant les Tatars, il assura l'accès de la Volga à la Russie, en annexant les khanats de Kazan (1552) et d'Astrakhan (1556). En 1558, Ivan IV s'engagea dans la guerre russo-livonienne, qui lui assura un débouché sur la Baltique après l'occupation de la Livonie et de l'Estonie (1558 : prise de Narva* et Dorpat, auj. Tartu*), mais il se heurta à la coalition de la Suède, de la Pologne et de la Lituanie et dut abandonner ses conquêtes (1583) à la suite des campagnes victorieuses (1578 - 1580 - 1581) d'Étienne* Báthory. À l'intérieur, devant l'opposition des boyards à propos de la guerre de Livonie et la multiplication des intrigues et des révoltes, il déclencha, dès 1560, un régime de terreur contre l'aristocratie des boyards. En 1564, il quitta sa capitale et y revint par surprise, se faisant plébisciter par le peuple. Puis il constitua l'*opritchina* (réserve), sorte d'apanage exclusif du souverain, qui divisa le pays en deux parties. La première (quelques quartiers de Moscou, 27 villes et 18 districts) dépendait directement du tsar et était administrée par sa police personnelle, les *opritchiniki* ; la seconde, la *zemchtchina* («terre, pays»), était administrée par les représentants de l'ancien régime. Ces réformes furent suivies de nouvelles répressions qui firent des milliers de victimes parmi les boyards et les paysans et entraînèrent une grave crise sociale et politique qui dura jusqu'à l'avènement du premier Romanov (1613). Ivan IV, qui avait tué son fils aîné dans un accès de fureur en 1581, laissa deux fils, Fedor* Ier et Dimitri V. Intelligent et fin politique, il était d'une méfiance maladive et finit son règne dans le déséquilibre mental. Il fut cependant le «premier souverain moderne de la Russie» (A. Fichelle). ▪ Ivan le Terrible a inspiré un film à Eisenstein (1942 - 1946, mus. de Prokofiev).

**IVAN V Alekseïevitch** ♦ (Moscou 1666 - *id.* 1696). Tsar de Russie (1682 - 1689). Fils d'Alexis* Ier, physiquement et mentalement débile, il fut imposé comme premier tsar par les Streltsy*, à la mort de son frère Fedor* III. Son demi-frère cadet Pierre (le futur Pierre le Grand) était proclamé second tsar sous la régence de leur sœur Sophie. La fille d'Ivan V, Anna Ivanovna, devint impératrice en 1730.

**IVAN VI Antonovitch** ♦ (Saint-Pétersbourg 1740 - Schlusselburg 1764). Tsar de Russie (1740 - 1741). Petit-neveu de l'impératrice Anna* Ivanovna qui l'adopta et le désigna comme son successeur, il fut proclamé tsar à l'âge de deux mois, sous la tutelle de Biron, favori d'Anna. Renversé par un coup d'État (déc. 1741) au profit d'Élisabeth* Petrovna et emprisonné dans la forteresse de Schlusselburg* (1756), il fut assassiné sous le règne de Catherine* II.

**Ivanhoé** – en angl. *Ivanhoe* ♦ Roman historique de W. Scott* (1819). L'auteur s'y inspire de l'hostilité entre Saxons et Normands sous le règne de Richard Ier. Wilfrid Ivanhoé est le symbole de la loyauté envers Richard Cœur de Lion, qu'il accompagne à la croisade et qu'il seconde dans sa lutte contre Jean sans Terre. Riche en personnages typés et pittoresques, *Ivanhoé* est, avec *Quentin* Durward*, à l'origine de la vogue du roman historique.

**IVANO-FRANKIVSK**, – jusqu'en 1945 *Stanisławów*, jusqu'en 1962 *Stanislav*, de 1963 à 1995 *Ivano-Frankovsk* ♦ V. d'Ukraine, ch.-l. de région sur la Bystritsa (affl. du Dniestr). 219 479 hab. Évêché. Équipement agricole. Indus. alimentaire. De nouveaux gisements de pétrole et de gaz naturel sont exploités dans la région. ▮ **Histoire** Fondée en 1662, polonaise jusqu'en 1772, la ville a suivi l'histoire de la Galicie* orientale et fut annexée à l'URSS en 1945.

**IVANOV (Lev Ivanovitch)** ♦ Danseur et chorégraphe russe (Moscou 1834 - Saint-Pétersbourg 1901). Partenaire de Fanny Ellsler, il collabora avec J. Perrot, M. Petipa et E. Cecchetti. Devenu second maître de ballet à Saint-Pétersbourg (1882), il signa de nombreuses chorégraphies, notamment celles de *La Forêt enchantée* (1887), *La Flûte magique* (1893), *La Fille du mikado* (1897). Il est aussi l'auteur, quoique ces œuvres soient attribuées à Petipa, du ballet *Casse-Noisette* et d'une grande partie du *Lac des cygnes* (1895). – ÉTYM. Ce nom russe signifie «de Jean».

**IVANOV (Viatcheslav Ivanovitch)** ♦ Poète, philosophe et critique littéraire russe (Moscou 1866 - Rome 1949). Grand érudit, il fut le chef de file des symbolistes de Saint-Pétersbourg, réunissant régulièrement dans sa «Tour» poètes et modernistes. Il fut un passionné de l'Antiquité et subit en même temps l'influence de Nietzsche et de Soloviev*. Il est l'auteur de recueils poétiques à l'écriture savante : *Étoiles pilotes* (1903), *Cor ardens* (2 vol., 1911), *Sonnets d'hiver* (1922) qui marqua son retour à Moscou après la Révolution, puis *Sonnets romains* (1936). Deux volumes de prose, *Sous les étoiles* (1909) et *Sillons et Lisières* (1916), exposent ses idées sur la vocation mystique et religieuse de la poésie. Il vécut en Italie à partir de 1924.

**IVANOV (Gueorgui Vladimirovitch)** ♦ Écrivain russe (Kovno 1894 - Hyères 1958). Disciple d'A. Akhmatova, il subit ensuite de multiples influences. Remarqué par Brioussov pour son recueil *Embarquement pour Cythère* (1912) suivi de *Gynécée* (1914), il attira l'attention de Goumilev, devint membre de l'atelier des acméistes, la

Guilde des poètes, et publia *Monument de gloire* (1915), *La Bruyère* (1916). Après la Révolution, il traduisit des poètes étrangers et fit paraître les recueils *Jardins* (1921), *Les Roses* (1931). Installé à Paris en 1923, il y publia un *Portrait sans ressemblance* (1950) où il atteint sa pleine maturité. On lui doit également des souvenirs (*Les Hivers de Pétersbourg*, 1928), des nouvelles (*La Désagrégation de l'atome*, 1938) et un *Journal intime* (1958).

**IVANOV (Vsevolod Viatcheslavovitch)** ♦ Écrivain soviétique (Lebiajie, gouv. de Semipalatinsk 1895 - Moscou 1963). Il appartint au groupe des Frères* Sérapion et écrivit principalement des romans sur la guerre civile en Asie : *Les Partisans* (1921), *Le Train blindé n° 14-69* (1922) qui, adapté au théâtre par l'auteur et monté par Stanislavski* (1927), connut un grand succès.

**IVANOVO** ➝ ÉTYM. du n. de *Ivan** IV le Terrible, anc. ***Ivanovo-Voznessensk*** ♦ V. de Russie, ch.-l. de région du même nom, dans la région indus. centrale, au N.-E. de Moscou. 432 200 hab. (70 000 hab. fin XIXe s.). Important centre de l'indus. cotonnière, relié par voie ferrée à son avant-port Kinechma. Indus. mécanique (équipement du textile) et alimentaire. ▮ **Histoire** Durant la révolution de 1905, la ville fut le théâtre d'une importante grève générale sous l'impulsion des bolcheviks. En cette occasion aurait été créé le premier soviet de représentants ouvriers, embryon du futur pouvoir soviétique.

**IVENS (Joris)** ♦ Cinéaste néerlandais (Nimègue 1898 - Paris 1989). Attentif à la peine des hommes et surtout à leurs luttes et à leurs espoirs, il a été, à travers le monde, le témoin fraternel des opprimés au cours des grandes crises, grèves, guerres et révolutions qui l'ont bouleversé depuis les années 1930. Maître du documentaire politique, dans une perspective marxiste, il est le meilleur successeur de Flaherty par la ferveur et la poésie qui se dégagent de son œuvre. Réal. princ. : *Zuyderzee* (1930), *Borinage* (1933), *Terre d'Espagne* (1937), *Le Chant des fleuves* (1955), *La Seine a rencontré Paris* (1958), *Le Peuple et ses fusils* (1969), *Comment Yu-Kong déplaça les montagnes* (1976), *Une histoire de vent* (1989).

Joris **Ivens.** Ivens avec les cinéastes chinois de *Comment Yu-Kong déplaça les montagnes.*
*Phot. © Coll. Cahiers du Cinéma*

**IVES (Charles)** ♦ Compositeur et organiste américain (Danbury, Connecticut 1874 - New York 1954). Autodidacte, il fut un précurseur de Stravinski, de Bartók et de Hába dans les domaines de l'atonalité, de la polyrythmie et de la technique du quart de ton. Il a laissé des symphonies, de la musique de chambre, et plus de 100 mélodies inspirées des chansons populaires américaines.

**IVOI (Paul DELEUTRE, dit Paul D')** ♦ Écrivain français (Paris 1856 - *id.* 1915). Auteur du célèbre roman populaire *Les Cinq Sous de Lavarède* (1894), il écrivit de nombreux romans d'aventures (*Le Sergent Simplet*, 1895 ; *Le Docteur Mystère*, 1899) qui parurent en feuilletons dans les journaux et remportèrent un immense succès. Il écrivit aussi pour le théâtre (*Le Mari de ma femme*, 1887 ; *Le Tigre de la rue Tronchet*, 1888).

**IVORY** (sir **James**) ♦ Cinéaste américain (Berkeley 1928). Fasciné par l'Inde, il y réalisa un chef-d'œuvre sur le croisement des civilisations, *Shakespeare Wallah* (1965), suivi par *Le Gourou* (1969). *Les Européens* (1979), *Les Bostoniennes* (1983) et *La Coupe d'or* (2000) sont tirés de romans d'Henry James. Il a également réalisé *Quartet* (1981), *Chaleur et Poussière* (1983), *Chambre avec vue* (1985), *Maurice* (1990), sur l'homosexualité, *Retour à Howards End* (1992), ces trois derniers d'après E. M. Forster*, *Les Vestiges du jour* (1993). Ses films, d'un raffinement esthétique parfois proche de l'académisme, s'attaquent pour beaucoup aux conventions et à la pudibonderie de la société britannique traditionnelle. ➝ ÉTYM. *Ivory* vient du nom de *Ivry**-la-Bataille.

**IVRÉE** – en it. ***Ivrea*** ♦ V. d'Italie, dans le Piémont (prov. de Turin), sur la Doire Baltée, dans un grand amphithéâtre morainique. 23 536 hab. ▪ V. industrielle (fibres textiles artificielles), machines de bureau. Tourisme d'affaires. ▮ **Histoire** Fondée par Marius v. –100, elle fut la capitale d'un duché lombard (VIIIe s.) puis d'un marquisat (IXe - XIIe s.). Elle fut donnée aux comtes de Savoie en 1248 et, importante position stratégique, fut souvent prise par les Français (1641, 1704, 1796 et 1800). Elle fut le chef-lieu du département de la Doire (jusqu'en 1814).

**IVRY-LA-BATAILLE** [27540] ➝ ÉTYM. anc. *castrum Ibreicense*, du lat. *Eburius*, n. de pers. gallo-rom., et suff. *-acum* et *Bataille* (V. ci-dessous) ♦ Comm. de l'Eure, arr. d'Évreux. 2 639 hab. (aggl. 4 361) *(Ivryens)*. Église Renaissance (portail attribué à P. Delorme). ▮ **Histoire** Victoire d'Henri de Navarre sur les troupes de la Ligue commandées par le duc de Mayenne, le 14 mars 1590.

**IVRY-SUR-SEINE** [94200] ➝ ÉTYM. anc. *Ivriacum*, du gaul. *eburos* « if » [lieu planté d'ifs] ou de *Eburius*, n. de pers. ♦ Ch.-l. de cant. du Val-de-Marne, arr. de Créteil, sur la Seine. 50 972 hab. *(Ivryens)*. Église Saint-Pierre-Saint-Paul (XIIIe, XVIe et XVIIe s.) ; fort d'Ivry. ▪ Centre indus.

**IWASZKIEWICZ (Jarosław)** dit aussi **Eleuter** ♦ Écrivain polonais (Kalnik, près de Kiev 1894 - Varsovie 1980). Il écrivit ses premiers poèmes à Kiev même (1914). Il fut cofondateur, à Varsovie en 1918, de la revue d'avant-garde *Skamander*. Traducteur de Valéry, individualiste sensible et virtuose du vers, il publia des poèmes lyriques (*Huitains*, 1919 ; *Retour en Europe*, 1931 ; *Été 1932*, 1933), et se détourna de la sensibilité de la « Jeune Pologne » pour retrouver une certaine tradition narrative nationale, notamment avec la trilogie *Gloire et honneur* (1956 - 1962). Le roman historique *Mère Jeanne des Anges* (écrit en 1942, publ. en polonais 1947) met en scène les possédées de Loudun, sujet que reprit en 1952 Aldous Huxley dans *Les Diables de Loudun*. Il écrivit aussi des nouvelles (*Les Demoiselles de Wilko*, 1933, fut porté à l'écran par Wajda).

**IWO** ♦ V. du Nigeria (État d'Osun). 261 600 hab. Cacao.

**IWŌ-JIMA** ➝ Iōjima

**IWUY** [59141] ➝ ÉTYM. du lat. *Eburius*, n. de pers. gallo-rom., et suff. *-acos* (avec attraction de la langue d'oïl *ewi* « abreuvoir ») ♦ Comm. du Nord, arr. de Cambrai. 3 306 hab.

**IXELLES** – en néerl. ***Elsene*** ♦ Comm. de Belgique (Région de Bruxelles-Capitale), divisée en deux parties par l'avenue Louise (Bruxelles). 78 088 hab. Abbaye cistercienne de la Cambre, fondée en 1197 (église du XIVe s., cloître du XVIIe s.), abritant l'Institut supérieur d'architecture et l'Institut géographique national. Musée communal (peinture des écoles belge, française, anglaise ; estampes japonaises). Campus de la Plaine (Univ. libre de Bruxelles). ▪ Activités tertiaires (commerces).

**IXION** ♦ Roi légendaire des Lapithes* en Thessalie, père de Pirithoos*. Rendu coupable de meurtre et de parjure, il est purifié par Zeus qui s'apitoie sur sa détresse. Il est même invité sur l'Olympe où il consomme le nectar et l'ambroisie, devenant ainsi immortel. Mais, sans aucun scrupule, il essaie de séduire Héra*. Or, il s'unit à une nuée que Zeus façonne à l'image de sa femme. De cette union illusoire naissent les Centaures*. Condamné pour son ingratitude, Ixion est lié à une roue enflammée qui tourne éternellement dans le Tartare.

**IZABAL** (lac) ♦ Lac du Guatemala (589 km$^2$) situé au S.-E. du pays en amont de Livingstone et relié à la mer par le río Dulce (36 km). À l'époque coloniale, les navires espagnols l'utilisaient comme voie d'accès vers l'intérieur des terres, protégée des pirates par la forteresse de San Felipe (1652).

**IZALCO** n. m. ♦ Cône éruptif du Salvador, apparu en 1770, sur le flanc S. du volcan complexe de Santa Ana (2 365 m). D'une activité quasi continue jusqu'en 1966, il a été surnommé le *Phare du Pacifique* et a atteint une hauteur relative d'env. 650 m.

**IZANAGI-IZANAMI** ➝ ÉTYM. du jap. *izanagi* « celui qui invite » et *izanami* « celle qui est invitée » ♦ Couple de génies célestes du panthéon japonais, frère et sœur qui, selon la mythologie shintoïste, auraient été les créateurs des îles du Japon.

**IZEGEM** ♦ V. de Belgique (Région flamande), prov. de Flandre-Occidentale, arr. de Roeselare, sur la Mandel et le canal Lys-Roeselare. 26 484 hab. Musée national des chaussures et des brosses. Indus. alimentaire (huilerie). Fabrique de meubles. Chaussures et textile.

**IZETBEGOVIĆ (Alija)** ♦ Homme d'État bosniaque (Bosanski Šamac, Bosnie 1925 - Sarajevo 2003). Dirigeant du Parti de l'action démocratique (SDA), le principal parti musulman, il fut élu en 1990 président de la République de Bosnie-Herzégovine dont il déclara l'indépendance (1992), contribuant au déclenchement de la guerre. Pendant le conflit, il s'opposa à la partition ethnique du pays. Signataire des accords de paix de Dayton (1995), il prit la tête de la présidence tricéphale du pays après les élections législatives de 1996 dont les trois partis nationalistes (serbes, croates et musulmans) sortirent vainqueurs. Il quitta ses fonctions en 2000 et fut inculpé par l'entité serbe de Bosnie de génocide et de crimes de guerre en 2001.

**IZIEU** [01300] ➝ ÉTYM. anc. *Isiacus*, du lat. *Itius*, n. de pers. gallo-rom., et suff. *-acum* ♦ Comm. de l'Ain, arr. de Belley, dans le Bugey. 178 hab. Musée mémorial en souvenir des 44 enfants et 7 adultes juifs arrêtés par la Gestapo le 6 avr. 1944 et déportés (50 furent exterminés à Auschwitz et à Reval).

**IZIS** (**Israëlis Bidermanas,** dit) ♦ Photographe français d'origine russe (Marijampole, Lituanie 1911 - Paris 1980). Arrivé à Paris en 1930, il fut reporter à Paris-Match de 1949 à 1969. Photographiant la réalité avec «le plus de simplicité possible», il sut déceler la poésie de scènes ordinaires (fêtes foraines et petits bals de quartier surtout), sans jamais sacrifier au pittoresque. Il publia *Grand Bal de printemps* (1951) et *Le Cirque* (1965) avec J. Prévert, *Paradis terrestre* avec Colette (1953) et *Paris des poètes* (1977).

**Izis.** *Parade pour la Femme-crocodile*, 1959.
*Phot. © Izis*

**IZMAÏL** – anc. en roumain ***Ismail*** ♦ V. d'Ukraine, sur la branche Kilia du delta du Danube. 81 241 hab. Port fluvial. Pêcheries. Conserveries. ▮ **Histoire** Prise par les Turcs à la fin du XV^e s., la ville, devenue une puissante forteresse, fut enlevée par Souvarov (1790) et accordée aux Russes par le traité de Bucarest (1812). Remise à la Moldavie (1856), reprise par la Russie (1878), elle fut annexée à la Roumanie (1919) puis de nouveau occupée par les Soviétiques (1940) avant d'être annexée en 1944.

**İZMİR** ← **ÉTYM.** anc. ***Smyrne,*** en gr. ***Smurnê*** ou ***Smurna,*** p.-ê. équivalent de *murrha* «myrrhe» ♦ V. de Turquie, ch.-l. de prov., en Asie Mineure, au fond du golfe de Smyrne (mer Égée). 2 606 294 hab. *(Smyrniotes)*. Vestiges hellénistiques et romains ; musée archéologique. ▪ Siège des univ. de l'Égée et du 9-Septembre. ▪ Port. Métropole commerciale de la région égéenne dont elle exporte les prod. agricoles (coton, tabac, figues et raisins secs «de Smyrne») et deuxième centre industriel du pays (indus. agroalimentaires, textile, indus. mécanique et chimique, cimenterie). Plaque tournante du tourisme sur le littoral turc de la mer Égée. ▮ **Histoire** Habitée dès le –III^e millénaire, Smyrne fut colonisée au –XI^e s. par des Éoliens venus de Lesbos et fit partie de l'Éolide*. Elle se vantait d'avoir donné le jour à Homère. Peuplée par les Ioniens au –IX^e s., elle prospéra vite et participa à la confédération de l'Ionie*, mais fut détruite v. –600 par les Lydiens, puis se releva lentement et devint une des premières villes d'Anatolie à l'époque hellénistique. Disputée entre les Séleucides et les Attalides de Pergame, elle connut une nouvelle période de prospérité sous les Romains (–27) qui dura jusqu'aux invasions arabes. Passée des Byzantins aux Seldjoukides (1076), puis aux Turcs (1330), aux chevaliers francs de Rhodes (1344) et à Tamerlan (1402), elle fut rattachée à l'Empire ottoman en 1424. ▪ La ville moderne fut occupée en 1919 par la Grèce à qui le traité de Sèvres* (1920) confiait l'administration de la région, mais, après la défaite grecque en Anatolie, elle fut prise en 1922 par la Turquie, à qui le traité de Lausanne* l'attribua. Les quartiers détruits par des incendies au cours de la guerre de libération laissèrent la place à un vaste parc des expositions.

**İZMİT** – anc. ***Nicomédie*** ♦ V. de Turquie, sur le golfe d'İzmit (mer de Marmara), ch.-l. de la prov. de Kocaeli. 248 424 hab. Ruines d'une forteresse byzantine. Premier port de Turquie en tant qu'annexe du port d'İstanbul pour les trafics lourds (hydrocarbures, minéraux). Raffinerie de pétrole, indus. chimique et alimentaire, papeteries. ▮ **Histoire** Nicomédie, capitale de la Bithynie*, fut fondée par Nicomède* I^er en –264. Résidence impériale de Dioclétien, puis de Constantin le Grand, elle fut une des plus belles villes de l'Empire romain d'Orient au début de l'ère chrétienne, avant d'être ravagée par plusieurs séismes aux IV^e et V^e s. puis au XVIII^e s. İzmit a été à nouveau l'épicentre d'un très grave séisme en août 1999 (plus de 15 000 morts).

**IZNIK** → Nicée.

**IZOARD** (col de l') ← **ÉTYM.** anc. *Ysoart,* n. de pers. ♦ Col des Hautes-Alpes (2 360 m) qui fait communiquer le Briançonnais et le Queyras.

**IZON** [33450] ← **ÉTYM.** du germ. *Iso,* n. de pers. ♦ Comm. de la Gironde, arr. de Libourne, sur la Gironde. 3 958 hab. Viticulture.

**IZU** (archipel d') ♦ Petit archipel volcanique du Japon au S.-E. de Tōkyō, sur le 33^e parallèle, comprenant sept îles aux volcans actifs. Elles sont renommées pour leurs fleurs de camélia. Faible population de pêcheurs.

**IZUMI SHIKIBU** ♦ Femme de lettres japonaise, dame de cour de l'impératrice Fujiwara no Akiko (998 - 1074) et célèbre auteur de l'*Izumi Shikibu nikki,* journal intime de sa liaison avec un prince impérial, qui constitue l'un des plus anciens chefs-d'œuvre littéraires du Japon.

**IZUMO** ♦ V. de la côte occidentale du Japon (Honshū), préf. de Shimane. 146 307 hab. Son ancien sanctuaire, dédié à Ōkuninushi, probablement fondé au VI^e s., est l'objet de nombreux pèlerinages annuels. C'est, après Ise*, un des lieux les plus sacrés du Japon.

Les **Izvestia** ← **ÉTYM.** russe «Les Nouvelles» ♦ Quotidien russe fondé en 1917 à Petrograd. D'abord organe des soviets, des ouvriers et des soldats, il devint en 1918 celui du Présidium du Soviet suprême. Grâce à son soutien à la politique de réformes menée par Gorbatchev, il connut une forte augmentation du nombre de ses lecteurs (10 800 000 en 1990), qu'il perdit en partie au lendemain de l'effondrement du régime communiste (4 000 000 en 1992, 846 000 en 1997).

# J

**JABALPUR** ou **JUBBULPORE** – ÉTYM. de l'hindi *Jabal*, n. de pers., et *pur* «ville» ♦ V. de l'Inde (Madhya Pradesh). 1 117 200 hab. Située au croisement de la voie E.-O. qui suit le fl. Narbada et d'un axe reliant le Gange moyen à Bombay, elle est devenue un important centre commercial et industriel.

**JABÈS (Edmond)** ♦ Écrivain français (Le Caire 1912 - Paris 1991). Contraint de quitter l'Égypte à cause de ses origines juives, E. Jabès s'est établi en France en 1957 et a adopté la nationalité française en 1967. La double expérience de l'exil («Le Livre est à l'exilé ce que l'univers est à Dieu») et de la judéité («Être juif, [c'est être né] d'une séparation que les siècles ont creusée. [...]. Être juif, c'est donc être au centre d'une essentielle interrogation») inspire une œuvre qui échappe à toute définition : ni poèmes, ni romans, ni essais, *Le Livre des questions* (7 vol., 1963 - 1973), *Le Livre des ressemblances* (3 vol., 1976 - 1980), *Le Livre des limites* (4 vol., 1982 - 1986) et *Un étranger avec, sous le bras, un livre de petit format* (1989) se veulent «l'approche ou le prolongement d'un livre entrevu». À l'image de M. Blanchot dont il était l'ami, E. Jabès livre une parole dédiée au silence, à l'absence. «Écrire serait, peut-être, révéler à soi-même le mot au seuil de la mort.» Son œuvre poétique a été réunie dans le recueil *Le Seuil Le Sable* (1990).

**JĀBIR IBN ḤAYYĀN** ♦ Médecin, philosophe, alchimiste arabo-islamique, d'origine iranienne (VIII^e s. - Tūs, Khorassan 804). Il est considéré comme l'auteur de nombreux traités, documents essentiels de la philosophie hermétiste en islam chiite, donnant une interprétation symbolique et ésotérique de la nature. ▪ En fait, la personnalité de Jābir, latinisé en Geber au déb. du XIV^e s. après la traduction du corpus (*La Recherche de la perfection*, la *Somme du parfait magistère*, l'*Invention de la vérité* et le *Livre des fourneaux*), semble recouvrir un groupe d'auteurs du IX^e s., de la secte des ismaïliens. L'alchimiste Jābir ibn Ḥayyān aurait laissé son nom à un vaste ensemble (plus de 2 000 ouvrages), qui, outre des vues symboliques fondées notamment sur la numérologie, contient le plus vaste ensemble théorique de l'alchimie avant le XVI^e s. et exerça une immense influence sur les théories chimiques jusqu'au XVIII^e s.

**JABLONEC NAD NISOU** – anc. en all. ***Gablonz an der Neisse*** ♦ V. de la République tchèque, en Bohême septentrionale, sur la Neisse. 44 822 hab. Porcelaines. Bijoux de verre. Indus. mécaniques (machines destinées à l'indus. textile).

**JABOTINSKY (Vladimir Zeev)** ♦ Dirigeant sioniste (Odessa 1880 - Camp Betar, près de Hunter, État de New York 1940). Partisan d'une politique très activiste, il fut à l'origine de la naissance de la droite

**Jaca.** Le monastère de San Juan de la Peña. *Phot. © Atlantide Phototravel/Corbis*

sioniste avec la création, dans les années 1920, du mouvement de jeunesse Betar et de l'Union des sionistes-révisionnistes, ancêtre du Hérout*. Jabotinsky s'opposa à la fois aux Britanniques et aux sionistes socialistes, accusés de pactiser avec la puissance mandataire.

**JACA** ♦ V. d'Espagne (Aragon), prov. de Huesca, sur le río Aragón* (rive g.). 12 759 hab. Restes de fortifications romaines. Cathédrale romane, l'une des plus anciennes d'Espagne (1040 - 1063), remaniée au cours des siècles. Anc. palais royal. Église del Carmen (fin XVII^e^ s.) ; église de Santo Domingo, avec quelques vestiges du XI^e^ s. À proximité, Peña de Oroel (1 769 m) où se trouve la Virgén de la Cueya, à l'entrée d'une grotte où, selon la tradition, trois cents gentilshommes proclamèrent en 724 l'indépendance chrétienne, fondant le *royaume de Sobrarbe*. Monastère de San Juan de la Peña, sur la cime du mont Pano (1 115 m), église avec une façade baroque (1693 - 1705), anc. couvent de style clunisien (XI^e^ - XII^e^ s.), restes d'un cloître roman (XII^e^ s.) ; ruines de la forteresse de Pano, centre de la résistance aragonaise à l'invasion musulmane. ▪ Marché montagnard. Villégiature estivale. Cours d'été de l'univ. de Saragosse et résidence d'étudiants. ▮ **Histoire** Vers 760, le gouverneur maure de Huesca vint attaquer Jaca mais le roi Iñigo et le comte Aznar repoussèrent les Maures ; la ville devint la capitale du royaume de Sobrarbe*, les rois d'Aragon la pourvurent de nombreux privilèges. C'est à Jaca que se produisit le soulèvement militaire de décembre 1930, prélude à l'instauration de la république espagnole en 1931.

**JACCOTTET (Philippe)** ♦ Poète suisse d'expression française (Moudon, cant. de Vaud 1925). Traducteur de Leopardi, de Rilke, de Musil, de Hölderlin, prosateur dans *Paysages avec figures absentes* (1970), Jaccottet est essentiellement le poète de l'insaisissable, de l'indicible, qui cultive un registre assourdi, discret et dense (*L'Effraie*, 1953 ; *Airs*, 1967). Jeu avec la lumière, avec les eaux vives, avec la pluie et son «étrange abri [...] d'ombres brillantes», «espèce de suspens vibrant et sourdement sonore», sa poésie est élan vers un rayonnement infini, ambition, au-delà des limites imposées par la durée et la mort, de métamorphoser la matière en lumière diffuse et frémissante. Œuv. princ. : *Chant d'en-bas* (1974), *À la lumière d'hiver* (1977), *Pensées sous les nuages* (1983), *La Semaison, carnets 1954 - 1979* (1984), *Une transaction secrète, essais* (1987), *Cahier de verdure* (1990), *Requiem* (1991). ➔ **ÉTYM.** *Jaccottet* a la même étymologie que *Jacques**.

**JACK L'ÉVENTREUR** – en angl. ***Jack the Ripper*** ♦ Criminel, auteur de plusieurs meurtres de prostituées dans le quartier de Whitechapel à Londres en 1888. La sauvagerie de ses crimes et le mystère entourant son identité (il ne fut jamais arrêté) lui valurent de devenir l'un des plus célèbres criminels de tous les temps.

**JACKSON (Andrew)** ♦ Homme d'État américain (Waxhaw, Caroline 1767 - Hermitage, près de Nashville, Tennessee 1845), 7^e^ président des États-Unis (1829 - 1837). Issu d'une famille d'immigrants, ayant lui-même été pionnier dans l'Ouest, il prit part dès l'âge de treize ans à la guerre d'Indépendance*. Représentant et sénateur du Tennessee (1797 - 1798), il brilla dans la guerre de 1812 (victoire de La Nouvelle-Orléans), puis contre les Indiens séminoles en Floride. Il devint gouverneur, puis sénateur de cet État, et jouit dans l'Ouest d'une immense popularité. Son élection à la présidence comme candidat démocrate marqua une rupture dans la vie politique américaine : son origine, sa personnalité autoritaire, sa volonté expansionniste et isolationniste, son réalisme tranchèrent avec l'idéalisme jeffersonien. Son parti s'empara alors de tous les postes, conformément au *spoil system* (système des dépouilles), déjà utilisé par Jefferson*, mais il sut montrer une grande souplesse entre les exigences des industriels de l'Est et celles de la Caroline du Sud, qui menaçait de faire sécession à propos du libre-échange. Le compromis, qui fut signé en 1832, préservait l'intégrité de l'Union, mais réservait une réduction progressive des tarifs douaniers. Il fit élire à la présidence son vice-président, Van* Buren, ce qui lui permit de garder une grande influence et de marquer toute cette période («ère de Jackson»). ➔ **ÉTYM.** Ce nom anglais signifie «fils *(son)* de Jean (*Jack*, forme familière de *John*)».

**JACKSON (John Hughlings)** ♦ Neurologue britannique (Green Hammerton, Yorkshire 1835 - Londres 1911). L'un des fondateurs de la neurologie, il étudia particulièrement l'épilepsie motrice unilatérale et l'aphasie. Considérant le système nerveux comme une intégration hiérarchique de niveaux d'évolution, il vit dans les maladies mentales une dissolution progressive des fonctions psychiques, commençant par leurs formes supérieures.

**JACKSON (Frederick George)** ♦ Explorateur britannique (Denstone, Staffordshire 1860 - Londres 1938). Il entreprit plusieurs expéditions dans les régions arctiques, au Groenland (1888), dans la partie occidentale de l'archipel François-Joseph (1894 - 1897), où il retrouva Nansen*.

**JACKSON (Mahalia)** ♦ Chanteuse de spirituals américaine (La Nouvelle-Orléans 1911 - Chicago 1972). Remarquable interprète de chants religieux noirs (spirituals et gospels), elle acquit une renommée internationale à partir de 1939. Bien que sa voix, grave et bien timbrée, s'apparentât à celle de Bessie Smith* et que sa technique vocale fût très proche de celle des chanteuses de blues, elle n'incorpora jamais de thèmes de jazz dans son répertoire toujours exclusivement religieux. Princ. enregistrements : *I'm Glad Salvation is Free* (1950), *In the Upper Room* (1952), *When the Saints Go Marching in* (1954).

**JACKSON (Milt)** ♦ Vibraphoniste, pianiste et compositeur de jazz américain (Detroit 1923 - New York 1999). Découvert par Dizzy Gillespie* en 1945 à Detroit, il entra dans son orchestre et gagna New York. En 1953, il devint membre du Modern* Jazz Quartet et y demeura jusqu'à sa première dissolution (1974), pour s'y retrouver lors de la reconstitution du groupe en 1984. Utilisant très souvent le vibraphone sans vibrateur, il obtient une sonorité nette et concise, caractéristique d'un jeu qui veut s'inspirer à la fois du blues, du gospel et du be-bop. Princ. enregistrements : *Vendome* (1952), *Django* (1954), *Nature Boy* (1985).

**JACKSON** ➔ **ÉTYM.** du n. d'Andrew *Jackson** ♦ V. des États-Unis, cap. du Mississippi. 184 256 hab. dont 55 % de Noirs (zone urbaine : 440 801). Hôtel de ville de 1883. ▪ Industries : verre, tuiles, textile, électronique. Indus. alimentaires. ▮ **Histoire** La ville fut prise par Grant en 1863 et endommagée par ses troupes. Son développement économique date de la découverte de gaz naturel avant 1930.

**JACKSONVILLE** ➔ **ÉTYM.** du n. d'Andrew *Jackson** ♦ V. des États-Unis (Floride). 735 617 hab. dont 25 % de Noirs (zone urbaine : 1 100 491). Université. ▪ Port. Centre financier et commercial. Ville balnéaire. ▪ Base aéronavale aux environs.

**JACOB** ➔ **ÉTYM.** en hébr. *Ya'aqôbh*, sans doute abrév. de *ya'qub'él* «Dieu a soutenu», mis en relation avec *'âqébh* «talon» et *'âqabh* «tromper» ♦ Patriarche biblique, fils d'Isaac* et de Rébecca*, frère d'Ésaü à qui il achète son droit d'aînesse. Époux de Léa* et de Rachel*. Surnommé Israël après la lutte avec Dieu (ou «combat avec l'ange», Genèse, XXXII), il est l'ancêtre éponyme des «Fils d'Israël», qu'il fait descendre en Égypte à l'appel de Joseph*. Avant de mourir, il fait jurer à Joseph de l'enterrer en Canaan. Dans la Bible, et notamment chez les prophètes, Jacob demeure synonyme d'Israël, les formulations étant souvent doubles («maison de Jacob, maison d'Israël» au début du livre de Jérémie) ; l'identification du dieu d'Israël passe par le rappel des patriarches, «Dieu d'Abraham, d'Isaac et de Jacob». ▮ **Les douze fils de Jacob** Jacob est le père de douze fils : Ruben*, Siméon*, Lévi*, Juda*, Issachar*, Zabulon*, Benjamin*, Dan*, Nephtali*, Gad*, Asher*, Joseph*. Ils sont les ancêtres supposés des douze tribus d'Israël, éponymes dans la plupart des cas, mais la «maison» de Zabulon a été assimilée à celle d'Issachar et celle de Joseph est représentée par ses descendants Éphraïm* et Manassé*. Les douze tribus sont donc : Juda, Siméon, Ruben, Gad, Manassé, Lévi, Issachar, Benjamin, Nephtali, Dan, Éphraïm et Asher. Le partage de la «Terre promise» se fait théoriquement entre ces douze entités, mais le territoire de Lévi consiste en des villes sacerdotales, cités lévitiques dont six sont des «villes de refuge» où les meurtriers involontaires échappent à la vengeance du sang. ♦ ***Échelle de Jacob*** Jacob voit en songe une échelle où les anges montent et descendent, tandis que Dieu bénit sa descendance (Genèse, XXVIII).

**JACOB (Georges)** ♦ Ébéniste français (Cheny 1739 - Paris 1814). Menuisier en sièges, il exécuta une grande variété de meubles. S'il commença à travailler dans le style rocaille à la mode sous Louis XV, il fut ensuite l'un des plus brillants représentants du style Louis XVI puis Directoire. Il exécuta des meubles en acajou massif ou plaqué aux lignes sobres et orthogonales, décorés de bronzes et d'incrustations polychromes. En 1796, il céda à ses fils GEORGES L'AÎNÉ (Paris 1768 - *id.* 1803) et FRANÇOIS HONORÉ (Paris 1770 - *id.* 1841) son atelier et fonda en 1803 la firme Jacob-Desmalter qui devint le principal fournisseur de l'Empereur et réalisa des modèles de Percier* et de Fontaine*. Sous Louis XVIII, la firme reçut encore des commandes du duc de Berry pour le palais de l'Élysée.

**JACOB (Max)** ♦ Poète français (Quimper 1876 - camp d'internement de Drancy 1944). Israélite né en Bretagne, il mena d'abord une existence de bohème, dans le Montmartre des premières années du siècle, en compagnie de Picasso, Carco, Salmon et Dorgelès. À la suite d'une «apparition» du Christ (1909), il se convertit au catholicisme et choisit de se retirer quelques années plus tard (1921) à l'abbaye de Saint-Benoît-sur-Loire, retraite à laquelle il devait demeurer fidèle, à l'exception d'un retour passager à Paris (1927) et de quelques voyages à l'étranger. C'est à Saint-Benoît-sur-Loire qu'il fut arrêté en 1944 par la Gestapo et transféré à Drancy où il devait mourir dans une exemplaire sérénité. ▪ Une fantaisie parodique, qui s'alimente aux sources du rêve et s'exprime dans un langage aux trouvailles cocasses et riches d'imprévu, caractérise ses premières œuvres, bien avant la naissance du surréalisme. *Le Cornet à dés*, recueil de poèmes en prose, paru en 1917, illustre une manière où le caprice verbal ne parvient jamais à masquer la confidence d'un esprit tourmenté de mystères et d'un cœur déchiré par ses propres contradictions. Toujours teintée d'humour, mais imprégnée aussi d'un mysticisme fervent, sa poésie tend à fixer l'éphémère et à dépouiller êtres et choses de leur apparence. Avec une aisance et une liberté souvent ravissantes, elle y parvient par le recours à la chanson populaire et au poème en forme de prière. D'une œuvre abondante dont la totalité n'a pas encore été publiée, et qui est à la fois celle d'un romancier et d'un poète, il convient de détacher : *Saint Matorel* (1911 - 1914, réuni en volume

Max **Jacob.** Portrait par Modigliani (73 × 60 cm). Coll. part., Paris. *Phot. © Arch. Rencontre*

en 1936), *Les Œuvres burlesques et mystiques de frère Matorel, mort au couvent de Barcelone* (1912), *Le Laboratoire central* (1921), *Sacrifice impérial* (1929), *Ballades* (1938), ainsi que des recueils posthumes : *Derniers poèmes en vers et en prose* (1945), *Méditations religieuses* (1947), *Poèmes de Morven le Gaélique* (1953). ▪ Max Jacob a également laissé de nombreux dessins. *Illustration :* → **Apollinaire.**

**JACOB (Maxime)** ♦ Compositeur français (Bordeaux 1906 - En-Calcat 1977). Ami de D. Milhaud, il participa à la fondation de l'école d'Arcueil (1923). Converti au catholicisme, il entra en religion au monastère d'En-Calcat (1929), sous le nom de dom Clément, et se consacra dès lors à la musique religieuse. Son œuvre comprend de la musique symphonique, pour piano, pour chœur, des mélodies et un opéra comique, *Blaise le Savetier* (livret de Sedaine).

**JACOB (François)** ♦ Médecin et biochimiste français (Nancy 1920). Ses recherches, commencées dans le laboratoire de A. Lwoff*, furent consacrées principalement à la génétique des bactéries et des virus bactériens. Son travail avec J. Monod* sur le transfert d'information et sur les mécanismes de régulation dans la cellule bactérienne aboutit à la proposition, puis à la démonstration de l'existence de l'ARN messager (molécule qui constitue une étape intermédiaire dans la traduction de l'information contenue dans un gène), et à l'introduction des notions d'opéron (unité de transcription) et d'allostérie (un mode d'inhibition de l'activité d'une enzyme). Ses derniers travaux portent sur l'embryologie des mammifères. Il est également l'auteur d'une histoire de l'hérédité, *La Logique du vivant* (1970). [Prix Nobel de physiol. ou méd. 1965, avec A. Lwoff et J. Monod ; Acad. sc. 1976 ; Acad. fr. 1996]

**JACOBI (Friedrich Heinrich)** ♦ Philosophe allemand (Düsseldorf 1743 - Munich 1819). Représentant du fidéisme, il opposa un sentimentalisme religieux aux systèmes rationalistes (tout particulièrement au panthéisme de Spinoza, de Lessing* et de Kant*). Œuv. princ. : *Sur la doctrine de Spinoza ; Sur l'entreprise du criticisme d'amener la raison à l'intelligence,* 1801 ; *Lettres à Mendelssohn.* ➜ **ÉTYM.** *Jacobi* a la même étymologie que *Jacques**.

**JACOBI (Carl Gustav)** ♦ Mathématicien allemand (Potsdam 1804 - Berlin 1851). Auteur de nombreux travaux d'analyse, il étudia surtout, en même temps qu'Abel*, les fonctions elliptiques ; ils imaginèrent, indépendamment, de réaliser l'inversion de l'intégrale elliptique et découvrirent la double périodicité de la fonction obtenue. Jacobi établit une théorie des fonctions elliptiques possédant trois fonctions fondamentales exprimées grâce à des séries d'exponentielles (fonctions $\theta$) qu'il publia en 1829 et, d'autre part, fit progresser la nouvelle branche de l'analyse ouverte par le théorème d'Abel (fonctions abéliennes) → **Weierstrass ;** il aboutit à l'étude des fonctions hyperelliptiques. Il étudia également les méthodes d'intégration des équations différentielles ou aux dérivées partielles. En algèbre, il précisa les principes de la théorie générale des déterminants appelés désormais jacobiens. En mécanique, il compléta le formalisme mathématique d'Hamilton*, achevant ainsi l'élaboration de l'outil formel de la mécanique analytique, et donna une forme nouvelle au principe de moindre action, fondamental en mécanique. Par ailleurs, ses travaux sur la réduction du système d'équations différentielles auquel conduit le problème des trois corps (1844) contribuèrent au progrès de la mécanique céleste théorique. [Acad. sc. 1846]

**jacobins (Club des)** ♦ Société révolutionnaire créée sous le nom de Club breton par Lanjuinais* et Le* Chapelier (Versailles, 1789). Installée à Paris, en même temps que l'Assemblée constituante (oct. 1789), elle prit le nom de Société des amis de la Constitution et tint ses réunions au réfectoire du couvent des dominicains appelés jacobins de la rue Saint-Honoré (d'où le nom de *jacobins*).

**jacobites**

n. m. pl. ♦ Membres de l'Église syrienne (monophysite*) fondée par Jacques* Baradée.

**jacobites**

n. m. pl. ♦ Nom donné après la révolution anglaise de 1688 aux partisans de Jacques* II, puis de son fils Jacques* Édouard Stuart.

D'abord de tendance relativement modérée, elle compta parmi ses membres des hommes politiques d'opinions assez différentes (Barnave, Duport, La Fayette, Lameth, Mirabeau, Sieyès, Talleyrand, mais aussi Brissot, Robespierre). Après la fuite du roi à Varennes et l'affaire du Champ*-de-Mars (17 juil. 1791), le club se scinda : les modérés (Barnave, La Fayette) constituèrent alors le Club des feuillants*. Avec ceux qui s'étaient déclarés pour la déchéance de Louis XVI (Brissot, Pétion, Robespierre), le Club des jacobins, qui prit alors le nom de Société des amis de la Liberté et de l'Égalité, s'orienta vers des positions républicaines et la plupart de ses représentants constituèrent l'aile gauche de l'Assemblée* législative. La plupart des girondins quittèrent le Club après les massacres de septembre 1792 ; lorsqu'ils furent éliminés de la Convention (2 juin 1793), le Club des jacobins devint l'organe directeur de la Montagne, l'âme du gouvernement révolutionnaire (dictature *jacobine*). Fermé lors de la réaction thermidorienne, il fut reconstitué à plusieurs reprises, mais sans grand succès, sous le Directoire (Club du Panthéon ou Société des amis de la République de Lebris 1795 - 1796, Société des amis de la Liberté et de l'Égalité de Prieur de la Marne, 1799) et définitivement dissous en 1799.

**JACOBS (Edgar-Pierre, dit E. P.)** ♦ Dessinateur belge (Bruxelles 1904 - Lasne, Brabant 1987). Auteur d'une série de bandes dessinées d'aventures et de science-fiction au graphisme réaliste et à la technique narrative élaborée, *Blake et Mortimer.*

**JACOBS (René)** ♦ Haute-contre et chef d'orchestre belge (Gand 1946). Il étudia la philologie et, comme chanteur, se spécialisa vite dans le répertoire baroque, tant français (Charpentier) qu'allemand (Buxtehude, Bach) et italien (Monteverdi, Cavalli). Il s'est consacré ensuite surtout à sa carrière de chef (essentiellement opéras et oratorios des XVII$^{e}$ et XVIII$^{e}$ s.).

**JACOBSEN (Jens Peter)** ♦ Écrivain danois (Thisted 1847 - *id.* 1885). Il fut le plus important des porte-parole de la nouvelle littérature lancée par G. Brandes* et dite de « la percée moderne ». Il lança, avec la longue nouvelle *Mogens* (1872), le naturalisme littéraire au Danemark à travers ses théories déterministes et athées. Son grand roman historique, *Madame Marie Grubbe* (1876), et surtout le semi-autobiographique *Niels Lyhne* (1880), qui fait le portrait de l'homme fin de siècle, imposèrent un type d'écriture d'une parfaite précision. Tuberculeux, la fin de sa vie sera assombrie, comme il ressort de *Chants de guerre* que Schoenberg mit en musique (*Gurrelieder,* 1911). Il composa également des *Poésies* (1886) d'une délicatesse extrême qu'il n'a pas voulu révéler de son vivant. ➜ **ÉTYM.** Ce nom danois signifie « fils *(sen)* de Jacob ».

**JACOBSEN (Arne)** ♦ Architecte danois (Copenhague 1902 - *id.* 1971). Influencé par l'architecture fonctionnelle des années 1930 (Le Corbusier, Asplund*, avec qui il fut lié), il tenta de concilier dans ses réalisations (ensemble résidentiel à Klampenborg, 1960 ; usines à Ålborg, 1957, et à Ballerupt, 1960 - 1961) les techniques modernes héritées de Mies* van der Rohe et les procédés artisanaux traditionnels. Parmi ses réalisations les plus réussies citons le St Catherine's College d'Oxford (1960) et l'ambassade du Danemark à Londres (1970). Comme Aalto*, il prôna l'idée du « design total », qui influença Utzon*. Il créa un style de décoration intérieure ascétique mais léger, visible dans l'aérogare de la SAS à Copenhague (1960).

**JACOBSEN (Robert)** ♦ Sculpteur danois (Copenhague 1912 - Egtved 1993). Autodidacte, influencé par Arp*, il sculpta le bois, puis la pierre. Fixé à Paris à partir de 1947, il travailla surtout le fer qu'il martelait en tiges et en plaques, auxquelles il intégrait des matériaux de rebut. Parallèlement à ses sculptures abstraites, il réalisa entre 1949 et 1957 des figurines (*Les Poupées*) à partir de débris de ferraille. En 1966, il obtint, avec Étienne*-Martin, le prix de sculpture de la Biennale de Venise.

**JACOPO DA LENTINI** ♦ Poète italien (Lentini v. 1210 - v. 1260). Protégé par l'empereur Frédéric II, il est considéré comme le chef de file de l'école sicilienne et l'inventeur du sonnet.

**JACOPO DELLA QUERCIA (Jacopo di Pietro d'Agnolo, dit)** ♦ Sculpteur italien (Quercia Grossa v. 1370 - Sienne ou Bologne 1438). Il est l'auteur du tombeau d'Ilaria del Carretto à Lucques, de l'original de la *Fonte Gaia* et d'une partie du baptistère San Giovanni de Sienne, ainsi que du portail central de San Petronio à Bologne. Il échappe au gothique, encore présent dans son œuvre, par une puissance et un mouvement qui annoncent Michel-Ange.

**JACOPONE DA TODI (Iacopo DE' BENEDETTI, dit)** ♦ Poète italien (Todi 1230 - Collazone, Todi 1306). Se repentant d'une vie dissipée, après la mort de sa femme, il se fit franciscain (1278). Pour s'être élevé contre l'autorité papale et avoir comploté avec les Colonna, il resta en prison jusqu'à la mort de Boniface VIII (1303). Il composa les *Laudes* (louanges religieuses et dramatiques) où il relate son expérience mystique et dénonça la corruption ecclésiastique avec des tons vigoureux et grotesques. On lui attribue le *Stabat mater,* écrit en latin populaire, qui suscita de nombreuses compositions musicales (Josquin des Prés, Palestrina, Pergolèse, Rossini).

**JACOU** [34830] → **ÉTYM.** du germ. *Jacco,* n. de pers. ♦ Comm. de l'Hérault, arr. de Montpellier. 4 757 hab.

**JACQUARD (Joseph Marie)** ♦ Mécanicien français (Lyon 1752 - Oullins, Rhône 1834). Perfectionnant le métier à tisser automatique de Vaucanson* en lui adjoignant un dispositif à cartons perforés, il mit au point la *mécanique Jacquard,* encore utilisée, permettant à un seul ouvrier (au lieu de plusieurs auparavant) d'obtenir simplement la reproduction de motifs très compliqués. → **ÉTYM.** Ce nom de famille a la même étymologie que *Jacques**.

**JACQUARD (Albert)** ♦ Généticien français (Lyon 1925). Spécialiste de la génétique des populations, il est l'auteur de nombreux ouvrages scientifiques, de réflexion ou de vulgarisation, notamment *Éloge de la différence* (1978) et *La Légende de la vie* (1997).

**JACQUELINE DE BAVIÈRE** ♦ Duchesse de Bavière (Le Quesnoy 1401 - Teilingen 1436). Fille de Guillaume VI de Bavière et de Marguerite de Bourgogne, elle épousa Jean IV de Brabant (1418) puis le duc de Gloucester, oncle d'Henri VI d'Angleterre (1422). Elle avait hérité de son père le Hainaut, la Hollande, la Zélande et la Frise (1417), mais dut en nommer gouverneur Philippe* III le Bon et promettre de ne plus se remarier. Lorsqu'elle eut rompu son serment, le duc de Bourgogne s'empara de ses États (1428 - 1432).

**JACQUEMART DE HESDIN** [edẽ] ♦ Enlumineur français (connu de 1384 à 1410 - 1411). Il travailla pour le duc Jean de Berry. Il imita le graphisme de Jean Pucelle*, subit aussi l'influence italienne, notamment dans ses tentatives d'approfondissement de l'espace. Le caractère linéaire, pittoresque et anecdotique de ses œuvres, sa prédilection pour les arabesques raffinées sont caractéristiques du style gothique international. Il est l'auteur des *Très Belles Heures du duc de Berry,* v. 1402 ; des *Grandes Heures du duc de Berry,* v. 1409 ; on lui attribue aussi les *Petites Heures du duc de Berry.*

**JACQUEMONT (Victor)** ♦ Botaniste et voyageur français (Paris 1801 - Bombay 1832). Après avoir visité l'Amérique du Nord, il fit un voyage aux Indes (1828 - 1832). Outre la *Relation de son voyage dans l'Inde* (publiée par le gouvernement, 1836 - 1844), il a laissé une abondante *Correspondance avec sa famille* (1834) et des *Lettres à Stendhal* (publiées en 1933). D'une grande liberté de ton, les textes de Jacquemont révèlent une attitude envers l'écriture qui le rapproche de son ami Stendhal et de Mérimée.

**Jacquerie** n. f. ♦ Soulèvement de paysans (ou *jacques*) dans le Beauvaisis (1358). Les jacques s'attaquèrent aux nobles et pillèrent les châteaux, sous le règne de Jean* II. Soutenus un temps par Étienne Marcel*, ils furent écrasés par une armée de nobles conduits par le roi de Navarre Charles* II le Mauvais.

**Jacquerie.** *Les Jacques sont taillés en pièces et jetés dans la Marne par Gaston de Foix en 1358,* extrait des *Chroniques* de Jean Froissart, XVe s. Bibliothèque nationale de France, Paris. *BIS/Phot. © Coll. Archives Larbor*

## JACQUES

→ **ÉTYM.** forme populaire de *Jacobus,* lui-même latinisation de l'hébr. *ya'qub'él* «Jacob» («Dieu a soutenu»). → aussi Cotin, Coton, Jaccottet, Jacquard, Jacobi, Jacquinot, Jammes, Quinet ♦ Nom de plusieurs personnages, classés selon les rubriques suivantes : saints, Angleterre, Aragon, Écosse.

### SAINTS

**JACQUES** (saint) dit **le Majeur** ♦ Fils de Zébédée, frère de Jean*, l'un des douze apôtres, décapité sur ordre d'Hérode Agrippa Ier d'après les Actes* des Apôtres. La tradition en fit l'évangélisateur de l'Espagne : ses restes seraient revenus à Saint-Jacques-de-Compostelle après sa mort à Jérusalem. ♦ ***Les «Actes de Jacques»*** (grec, IIe s.) sont apocryphes*. ▪ Fête le 25 juil.

**JACQUES** (saint) dit **le Juste** ou **le Mineur** ♦ Fils de Clopas et frère de Jude*, il est le plus souvent confondu avec Jacques fils d'Alphée, un des douze apôtres*. Contrairement à la tradition grecque (et à saint Jérôme), la tradition latine l'identifie à «Jacques frère du Seigneur», dit le Juste, chef de l'Église de Jérusalem, mort lapidé en 62, et auquel est attribuée l'Épître de Jacques (canonique). ♦ ***L'«Épître de Jacques»*** Livre du Nouveau Testament*. 5 chapitres. L'épître est signée d'un «Jacques serviteur de Dieu et du Seigneur Jésus-Christ» et adressée aux «douze tribus de la Dispersion [Diasporal». On en retient surtout l'affirmation que la foi, sans les «œuvres», est morte, ce qui semble contredire la doctrine paulinienne de la «justification par la foi» (→ **Romains [Épître aux]**). ▪ Parfois attribué à Jacques le Majeur, le récit apocryphe intitulé Nativité de Marie est qualifié de Protévangile de Jacques depuis son édition par Guillaume Postel au XVIe s. (ce «premier évangile» est consacré à la période antérieure aux évangiles canoniques). Témoin privilégié de la vie de Jésus, Jacques le Juste ou le Mineur est aussi crédité d'Actes et d'Apocalypses également apocryphes*. ▪ Fête le 3 mai.

### ANGLETERRE

**JACQUES Ier STUART** ♦ (Édimbourg 1566 - Theobalds Park 1625). Roi d'Écosse sous le nom de Jacques VI (1567 - 1625) et roi d'Angleterre (1603 - 1625). Fils de Marie* Stuart et de Darnley*. Il s'aliéna l'opinion par son attitude envers ses favoris (dont Buckingham*) et son attachement à l'absolutisme. La Conspiration* des poudres lui permit de renforcer sa lutte contre catholiques et protestants.

**JACQUES II** ♦ (Londres 1633 - Saint-Germain-en-Laye 1701). Roi d'Angleterre, d'Irlande et d'Écosse (sous le nom de Jacques VII) de 1685 à 1688. Fils de Charles* Ier, il succéda à son frère Charles* II. Duc d'York depuis 1643, il se distingua sous le règne de son frère comme grand amiral et enleva aux Hollandais La Nouvelle-Amsterdam. Sa conversion au catholicisme et son mariage avec une princesse catholique lui valurent l'hostilité des whigs* qui le compromirent dans l'affaire Titus Oates* (1678) et tentèrent de l'écarter de la succession au trône. Devenu roi, il écrasa la rébellion de Monmouth*, mais s'aliéna l'opinion par ses maladresses. La naissance de son fils provoqua la révolution, et Guillaume* d'Orange, son gendre, l'obligea à s'enfuir en France (1688). Sa tentative pour se rétablir en Irlande fut un échec (la Boyne*, 1690).

**JACQUES ÉDOUARD STUART** dit **le Prétendant** ou **le Chevalier de Saint-George** ♦ (Londres 1688 - Rome 1766). Fils de Jacques* II, il fut reconnu roi par Louis XIV sous le nom de Jacques III. Il combattit pour la France à Malplaquet, mais échoua dans ses tentatives pour reprendre le trône des Stuarts. Il se réfugia en Italie après la paix d'Utrecht*.

### ARAGON

**JACQUES Ier le Conquérant** ♦ (Montpellier v. 1208 - Valence 1276). Roi d'Aragon (1213 - 1276), fils de Pierre* II. Il conquit les Baléares, les royaumes de Valence et de Murcie et Ceuta. Il renonça par le traité de Corbeil (1258) à toute prétention outre-Pyrénées (sauf Montpellier). Habile politique, il fut aussi un lettré et écrivit la chronique de son règne.

**JACQUES II le Juste** ♦ (Valence v. 1264 - Barcelone 1327). Roi d'Aragon (1291 - 1327) et de Sicile (1285 - 1295). Il scella par une union personnelle les liens de la Catalogne et de Valence avec l'Aragon (1319) et confirma les privilèges des Aragonais.

### ÉCOSSE

**JACQUES** ♦ Nom de plusieurs rois d'Écosse. ♦ **JACQUES Ier** (Dunfermline 1394 - Perth 1437). Roi d'Écosse (1406 - 1437). Fils de Robert* III, il resta prisonnier des Anglais de 1406 à 1424. Il rétablit l'ordre et châtia les chefs de la noblesse. Il mourut assassiné. ♦ **JACQUES II** (Holyrood 1430 - Roxburgh 1460). Roi d'Écosse (1437 - 1460). Fils du précédent. Il soutint les Lancastre lors de la guerre des Deux*-Roses. ♦ **JACQUES III** (1452 - Sanchieburn, près de Bannockburn 1488). Roi d'Écosse (1460 - 1488). Fils du précédent. Il fut tué lors d'une révolte des nobles commandés par son fils Jacques IV. ♦ **JACQUES IV** (1472 - Flodden 1513). Roi d'Écosse (1488 - 1513). Fils du précédent. Après son avènement, il écrasa la révolte nobiliaire qu'il avait lui-même commandée contre son père. Son mariage avec Marguerite Tudor, fille d'Henri* VII (1502), fut à l'origine des droits des Stuarts* sur la couronne d'Angleterre. Mais ses relations avec Henri* VIII s'envenimèrent et il fut tué en lui livrant bataille à Flodden. ♦ **JACQUES V** (Linlithgow 1512 - Falkland 1542). Roi d'Écosse (1513 - 1542). Fils du précédent, auquel il succéda. Il élimina le parti proanglais et s'allia avec la France : il épousa la fille de François Ier, Madeleine de France, puis Marie* de Guise, qui lui donna une fille,

Marie* Stuart. Vaincu par l'Angleterre (Solway Moss), il mourut peu après. ♦ **JACQUES VI** → **Jacques Ier Stuart.** ♦ **JACQUES VII** → **Jacques II.**

---

**JACQUES BARADÉE** → ÉTYM. en syriaque ***Baradaï*** «guenille» ♦ Fondateur de l'Église syrienne monophysite, dite *jacobite* d'après son nom (Tella - mort près de Péluse 578). Moine à Constantinople, il adhéra au monophysisme alors persécuté, fut consacré secrètement évêque d'Édesse (542 - 543) et parcourut la Syrie déguisé en mendiant (d'où son surnom), ordonnant un clergé et organisant l'Église monophysite qui existe encore. → **monophysites.**

**JACQUES DE VITRY** ♦ Historien et prédicateur français (Vitry-sur-Seine v. 1175 - Rome 1240). Il fut l'un des principaux prédicateurs de la croisade contre les albigeois. Il est l'auteur d'une *Historia orientalis seu Hierosolymitana*, important document sur l'histoire des croisades.

**JACQUES DE VORAGINE** (bienheureux) **[Iacopo DA VARAZZE** dit en fr.**]** ♦ Dominicain italien (Gênes v. 1228-1230 - *id.* 1298). Provincial de son ordre pour la Lombardie (1267), archevêque de Gênes (1292), il contribua à apaiser les luttes entre guelfes et gibelins. Il est surtout l'auteur de la *Légende dorée (Legenda aurea)*, vies de saints où abondent le légendaire et le merveilleux, et qui fut le plus célèbre recueil hagiographique du Moyen Âge.

**Jacques le Fataliste et son maître** ♦ Roman de Diderot* (publié dans la *Correspondance littéraire*, 1778 - 1780, puis en vol., 1796) dont le réalisme et la composition laissent apparaître l'influence de Sterne*. Cette conversation à bâtons rompus à propos des amours de Jacques est sans cesse interrompue par des anecdotes, qui sont autant de brefs romans, et des considérations sur l'art ou l'inéluctable enchaînement des effets et des causes. Car les deux personnages, le maître qui se sent libre, et Jacques, déterministe (pour avoir lu Spinoza), sont de simples marionnettes exprimant les idées de Diderot sur le problème de la liberté («J'enrage d'être empêtré d'une diable de philosophie que mon esprit ne peut s'empêcher d'approuver, ni mon cœur de démentir.») Cette argumentation qui s'efforce de ne pas «confondre le volontaire avec le libre» est insérée dans un dialogue plein d'alacrité et de truculence.

**Jacques Vingtras** ♦ Trilogie romanesque et largement autobiographique de Jules Vallès*, qui se compose de 3 volumes (*L'Enfant*, 1879 ; *Le Bachelier*, 1881 ; *L'Insurgé*, posth. 1886) et qu'il commença à écrire en 1876 pendant son exil à Londres. *L'Enfant* retrace l'absurdité et la cruauté de l'éducation de Jacques dans un collège nantais. Arrivé à Paris, le héros narrateur s'oppose, dans *Le Bachelier*, au coup d'État de Napoléon III et au pouvoir du Second Empire. Cet esprit de révolte le conduit à prendre fait et cause pour la Commune de Paris dans *L'Insurgé*. L'œuvre s'achève par la fuite de Jacques qui échappe de justesse au peloton d'exécution.

**JACQUINOT (Charles Hector)** ♦ Amiral français (Nevers 1796 - Toulon 1879). Compagnon de Dumont* d'Urville lors de son voyage autour du monde (1837 - 1840), il prit part à l'expédition du Pirée (1855). → ÉTYM. *Jacquinot* a la même étymologie que *Jacques**.

**Jacquou le Croquant** ♦ Roman d'Eugène Le Roy (1899). Le héros, descendant des derniers serfs du Périgord, cherche à venger son père, condamné aux galères, sa mère, morte d'épuisement, et sa fiancée qui s'est suicidée. Avec l'aide de sa bande, il prend et incendie le château de ses maîtres, faisant ainsi disparaître plusieurs siècles d'inégalités. Écrite à la première personne, l'œuvre, qui est à la fois un roman d'aventures et un roman historique, dresse le tableau de la paysannerie au début du XIXe s. dans un style enjoué qui fit son succès.

**JADE** (golfe du) – en all. ***Jadebusen*** ♦ Golfe de la côte allemande de la mer du Nord (au N. d'Oldenbourg), relié à l'estuaire de l'Ems (golfe du Dollart) par un canal transversal (canal Jade-Ems), de Wilhelmshaven à Emden.

**JADIDA (EL-)** → ÉTYM. en ar. ***al-Jadīda*** «la Neuve», anc. ***Mazagan***, du n. de la tribu banu *Mazg'anna*, anc. hab. de la région ♦ V. du Maroc, ch.-l. de prov., sur l'Atlantique, au N. du cap Blanc et au S. de l'embouchure de l'Oum Er-Rebia. 144 440 hab. Port. Station balnéaire. Industrie du poisson. ▪ Nombreux vestiges (anc. citadelle) datant de l'occupation portugaise (1502 - 1769).

**JADOTVILLE** → **Likasi**

**JÆGER (Hans Henrik)** ♦ Romancier norvégien (Drammen 1854 - Tostrupgården 1910). Il fut célèbre par le scandale que créa son roman sur l'amour libre : *La Bohème de Christiania* (1885) et qui devait, en partie, susciter *La Faim** de Knut Hamsun.

**JAÉN** → ÉTYM. en lat. ***Auringis***, altération de *Gaienum*, de *Gaius*, n. de pers. ♦ V. d'Espagne méridionale (Andalousie), ch.-l. de prov., sur un affl. du Guadalquivir. 116 393 hab. Cathédrale du XVIe s. Anc. fort mauresque. Centre commercial (olives).

**JAFFA** → ÉTYM. en hébr. *Yâphô* ou *Yaphô* «la Belle» ♦ Anc. v. d'Israël construite sur un promontoire qui domine la Méditerranée. Presque entièrement désertée par ses habitants en 1948, elle a été rattachée la même année à Tel-Aviv. ▪ Indus. textile et métallurgique. Centrale thermique. ▮ **Histoire** Fondée à une date reculée, elle fut prise successivement par les Égyptiens (-1465), les Philistins, les Hébreux (elle fut le port de Jérusalem sous Salomon), les Assyriens, les Grecs et les Juifs (Judas Maccabée). Elle devint une base de pirates et fut démantelée par Vespasien. Évêché depuis le règne de Constantin, elle fut prise par les Arabes (636), puis par les croisés (1098). Elle devint alors le siège d'un comté franc, et Saint Louis fortifia la ville. Après une période de décadence, Jaffa reprit une importance économique au XVIIe s. Bonaparte l'assiégea et la prit (1799), mais la peste décima ses troupes (cf. le tableau de Gros, *Les Pestiférés de Jaffa*). La ville redevint égyptienne, fut prise par les Britanniques qui la remirent aux Turcs (1840) ; l'armée d'Allenby s'en empara en 1917. La ville fut très éprouvée en 1948, lors de la première guerre israélo-arabe.

**JAFFNA** → ÉTYM. p.-ê. de l'hébr. *yafe* «beau» ♦ V. de Sri Lanka. Env. 160 000 hab. Située sur une péninsule qui porte son nom et à proximité des côtes indiennes, elle contrôle le détroit de Palk. Les Portugais puis les Hollandais en firent la capitale de leurs possessions ceylanaises au XVIIe s. Peuplée surtout de Tamouls originaires de l'Inde, elle est au centre des conflits entre ceux-ci et les Cinghalais.

**JAGANNĀTH** ou **JAGGERNAUT** → ÉTYM. sanskr. «le Seigneur *(nātha)* du monde *(jagat)*» ♦ Incarnation du dieu hindou Vishnou* en tant que seigneur de l'univers, représenté au grand temple de Puri (Orissa, Inde) par une grossière statue de bois peinte en noir, blanc et jaune. De grandioses processions de chars sculptés ont lieu chaque année à Puri lors des grandes fêtes religieuses et ont aidé à propager la popularité de cette divinité. Ses adorateurs se livraient jadis à des gestes fanatiques : certains se faisaient lacérer les chairs, d'autres se jetaient sous les roues des chars. Le temple de ce nom, strictement interdit aux non-hindous, élevé vers l'an 1100, est l'un des plus beaux de l'Inde. D'innombrables sculptures décorent ses murs extérieurs.

**JAGELLON** ♦ Ancienne dynastie lituanienne qui doit son nom à Ladislas* II Jagellon, grand prince de Lituanie*, devenu roi de Pologne par son mariage avec Hedwige* en 1386. Ses successeurs régnèrent en Pologne* jusqu'en 1572 (→ **Ladislas III, Casimir IV, Jean Ier Albert, Alexandre Ier, Sigismond Ier, Sigismond II**), en Hongrie* de 1440 à 1444 et de 1490 à 1526 (→ **Ladislas II, Ladislas VI, Louis II**) et en Bohême* de 1471 à 1526 (→ **Ladislas VI et Louis II**). ▪ La célèbre famille Czartoryski*, qui s'illustra en Pologne dès le XVIIe s., descendait des Jagellons en ligne directe.

**JAGGERNAUT** → **Jagannāth**

**JAHĀNGĪR** ♦ Grand Moghol* des Indes (Fatehpur-Sikri 1569 - Cachemire 1627). Il succéda en 1605 sur le trône d'Agra* à son père Akbar*, tenta d'agrandir les États de celui-ci dans le N. de l'Inde, mais fut vaincu par un de ses généraux et emmené prisonnier au Cachemire où il mourut en 1627, laissant le trône à son troisième fils Khurram qui lui succéda sous le nom de Shāh* Jahān. Souverain lettré et tolérant, il accueillit à sa cour des jésuites portugais et des ambassades anglaises. Il a laissé des «Mémoires» rédigés en persan.

**JĀHIZ ('Amr ibn Bahr al-)** ♦ Écrivain arabe (Bassora v. 780 - *id.* 869). Un des premiers grands prosateurs arabes. Il vivait à Bassora où il étudia la théologie, le droit et la littérature. Ses conceptions religieuses se rattachent au mutazilisme* (interprétation rationaliste de l'islam). Il écrivit un traité de rhétorique *(Kitāb al-Bayān wa al-tabyīn)*, *Le Livre des avares (Kitāb al-Bukhalā)*, *Le Livre des animaux (Kitāb al-Hayawān)* qui est, en dépit de son titre, un traité philologique plutôt que zoologique. Il est l'auteur de nombreux autres textes, certains sans doute apocryphes (*Kitāb al-Tāj* «livre de la Couronne»). Dans ses livres, les informations de valeur scientifique alternent, dans un style digressif, avec les anecdotes et les strophes en vers. En combinant des principes de la tradition arabe avec des données de la pensée grecque, il apporta les bases de la culture arabo-musulmane.

**JAHN (Friedrich Ludwig)** ♦ Pédagogue prussien (Lanz, Brandebourg 1778 - Freyburg an der Unstrut 1852). Ardent patriote, définissant dans son livre *Deutsches Volkstum* (1810), une «nationalité» allemande fondée sur la culture et la langue, il pensait que les activités sportives renforçaient le caractère des enfants ainsi que leur patriotisme et fonda, à partir de 1811, le mouvement des *Turnvereine* (sociétés de gymnastique). Combattant dans l'armée de Lützow en 1813, puis emprisonné de 1819 à 1825 à cause de son nationalisme, il fut membre du parlement de Francfort en 1848.

**JAHNN (Hans Henny)** ♦ Romancier et dramaturge allemand (Hambourg 1894 - *id.* 1959). Esprit indépendant, il quitta l'Allemagne pour la Norvège en raison de ses positions pacifistes (1915) et émigra à nouveau vers la Suisse, puis le Danemark, lors de l'avènement du national-socialisme. Facteur d'orgues, organiste et musicographe, il redécouvrit la musique pour orgue de l'époque baroque. Écrivain, il a laissé, outre des drames (*Médée*, 1926), une œuvre romanesque où transparaissent, sous forme symbolique, ses propres expériences (*Perrudja*, 1929 ; *Le Fleuve sans rivages* ; *Le Navire de bois*, 1937 ; *Le Récit de G. A. Horn*, 1949).

**JAHVÉ** → **Iahvé**

**JAIME** (don) ♦ Prince de Madrid (Vevey 1870 - Paris 1931). Fils de don Carlos, il participa à la campagne de Chine (1900) et devint le chef du parti carliste en 1909.

**jaïnisme**

n. m. ➝ ÉTYM. de l'hindi *jaina*, de *Jina** ♦ Religion hindoue fondée au –VIe s. en Inde dans le Bihar* par un contemporain du Bouddha*, Vardhamāna, considéré par les adeptes de cette religion comme leur 24e prophète (→ **Jina**). Cette religion, relativement ascétique, pratique activement l'*ahimsā* ou respect absolu de tous les êtres vivants, et prêche une pureté absolue des mœurs. La «délivrance» des liens qui enchaînent l'individu à la ronde des réincarnations successives ne peut, selon sa philosophie, être obtenue que par la connaissance des textes, des causes, et par une foi intense et une bonne conduite. Cette dernière ne peut être obtenue que par une vie monastique. Les *jaïna* ne reconnaissent pratiquement aucune divinité suprême, mais révèrent leurs 24 prophètes ou *tirthānkara*. Cette religion joua un rôle très important dans l'Inde ancienne, mais n'est plus pratiquée actuellement que par 5 ou 6 millions de fidèles, principalement dans le Bihar* et l'O. de l'Inde.

**JAIPĀL** → Jayapāla

**JAIPUR, JAYPUR** ou **JAYPOUR** ➝ ÉTYM. hindi «la ville *(pur)* de Jai* (Singh II)» ♦ V. de l'Inde, cap. de l'État du Rajasthan. 2 324 319 hab. Fonctions commerciales et artisanales (orfèvrerie, pierres précieuses), petite industrie textile et mécanique. Créée au XVIIIe s. par le maharajah Jai Singh II, elle est célèbre pour son observatoire astronomique et ses palais de grès rose.

**Jaipur.** © *PhotoDisc*

**JAI SINGH II** ♦ Chef rājput (1699 - 1743) du Rajasthan* et fondateur, en 1728, de la ville de Jaipur*. Astronome réputé, il créa de nombreux observatoires en Inde du Nord et inventa de nouveaux instruments d'observation qu'il fit réaliser en pierre et marbre, entre autres à Delhi*, Jaipur*, Bénarès*, Mathura* et Ujjain*, et publia des tables astronomiques d'une remarquable précision.

**JAKARTA** ➝ ÉTYM. de *Jacatra* (ou *Jacatara*), nom malais d'une localité javanaise qu'une expédition néerlandaise occupa au début du XVIIe s. ou du sanskr. *jaya-* «victoire» et *krta* «fait, produit» ; anc. en fr. ***Djakarta***, anc. ***Batavia*** ♦ Cap. de l'Indonésie, sur la côte N.-O. de l'île de Java, formant un district métropolitain. 611 km$^2$. 8 384 853 hab. *(Jakartanais)*. Jakarta et sa région urbaine, désignée par l'acronyme Jabotabek *(Jakarta Bogor Tangerang Bekasi)*, comptent 21 134 000 hab. La croissance démographique est de 3,8 % par an (2 % d'augmentation naturelle, et 1,8 % due à l'immigration). C'est le plus grand port du pays (→ **Tanjung Priok**). Aéroport international (Sukarno-Hatta). Premier centre indus. d'Indonésie (zone indus. de Pulo Gadung). Indus. de l'automobile, textiles, chimiques, pneumatiques, pharmaceutiques, alimentaires ; papier ; électronique ; indus. de transformation. ▮ **Histoire** Batavia est l'ancienne Jayakerta, où régnait le prince Wijayakrama, un vassal de Banten. Les Hollandais en firent le quartier général de la Compagnie hollandaise des Indes orientales (VOC) en 1619. Le commerce avec la Hollande enrichit la ville aux XVIIe et XVIIIe s. En 1628 et 1629, Sultan Agung, le souverain de Mataram (Java central), tenta sans succès de conquérir Batavia. Quelque 10 000 Chinois y furent massacrés en 1740, dans un conflit avec la VOC. Ce sont les Japonais qui renommèrent Batavia Jakarta après 1942. L'indépendance y fut proclamée en 1945.

**JAKOBSON (Roman)** ♦ Linguiste américain d'origine russe (Moscou 1896 - Boston, Massachusetts 1982). Après des études à Moscou, où il fonda un cercle linguistique et rencontra le mouvement de rénovation de la théorie littéraire connu sous le nom de *formalisme*, il fut fortement influencé par Troubetskoï. Il enseigna en Tchécoslovaquie et, de 1928 à 1938, anima avec Troubetskoï* le Cercle linguistique de Prague. En 1939, fuyant les nazis, il se réfugia en Scandinavie, puis (1941) aux États-Unis (New York, où il prit contact avec Lévi*-Strauss ; Harvard, 1949). Fondateur avec Troubetskoï de la *phonologie*, dont il a développé les principes (analyse des phonèmes en matrices de traits pertinents élémentaires et théoriques) avec l'un des principaux représentants de l'école générative, Morris Halle (*Fundamentals of Language*, 1956), Jakobson est l'auteur de très nombreux travaux dans tous les domaines de la linguistique (dont les articles de *Essais de linguistique générale*, I et II) et de la théorie littéraire. Son activité interdisciplinaire (anthropologie, folklore, psychanalyse, théorie de l'information) lui a permis de proposer nombre d'hypothèses et de modèles stimulants. Sa pensée a influencé notamment celle de N. Chomsky*.

**JAKOBSON (August)** ♦ Romancier estonien (Riaema 1904 - Tallinn 1963). Il a été l'auteur le plus représentatif du réalisme socialiste orthodoxe. *Le Village des pauvres pêcheurs* (1927), *Les Estoniens éternels* (1937 - 1940) sont des romans sur l'histoire de l'Estonie.

**JALĀLĀBĀD** ou **DJALĀLĀBĀD** ➝ ÉTYM. «la ville (de l'iran. *ābād* "habité") de Jalāl al-Din Akbar*» ♦ V. d'Afghanistan, sur le Kabūl rūd, important centre de transit vers le Pakistan. 96 000 hab. Ch.-l. de la prov. de Nangrahār. ▮ **Histoire** Fondée par Akbar* en 1570, elle devint à la fin du XIXe s. la résidence d'hiver des souverains afghans.

**JALĀL AL-DĪN RŪMĪ** ou **DJALĀLADDIN RŪMĪ** ♦ Poète persan (Balkh 1207 - Konya 1273). Chantre de l'amour mystique et fondateur de l'ordre soufi des Mawlawi, plus connu sous le nom de derviches tourneurs, son œuvre maîtresse, le *Mathnawi-é ma'nawi*, est un monument de la poésie persane qui s'affranchit des règles de la métrique classique.

**JALAPA** ou **JALAPA ENRÍQUEZ** ➝ ÉTYM. *Jalapa* : p.-ê. nahuatl «le lieu *(pa)* de l'eau *(a)* et du sel *(xalli)*» ♦ V. du Mexique central, cap. de l'État côtier de Veracruz, sur le versant E. de la sierra Madre orientale. 387 879 hab. Important parc archéologique et musée de l'État de Veracruz (arts précolombiens). ▪ Indus. alimentaires et textiles. Manufacture de tabac.

**JALGAON** ♦ V. de l'Inde (Maharashtra). 368 579 hab. Ancienne capitale de la région du Khandesh, sur le fleuve Tapti. Marché et industrie du coton.

**JALISCO** n. m. ♦ État du Mexique central traversé par la sierra Madre occidentale et qui s'étend du Pacifique au plateau de l'intérieur. 80 836 km$^2$. 6 752 113 hab. CAP. : Guadalajara*. Le lac de Chapala* se trouve à sa frontière S. Cultures diverses. Élevage sur le plateau (bovins, ovins, porcins). Gisements miniers (fer, plomb, cuivre). Indus. chimiques.

**JALLAIS** [49510] ➝ ÉTYM. anc. *Jalesicus*, du lat. *Gallus*, n. de pers. gallo-rom., et suff. prélatin *-iscum* ♦ Comm. du Maine-et-Loire, arr. de Cholet. 3 153 hab.

La **Jalousie** ♦ Roman d'Alain Robbe*-Grillet (1957). Un narrateur enquête sur la possible infidélité de A. que l'on suppose être sa femme. Le décor renvoie à une Afrique imaginaire et indéterminée, et tous les personnages évoluent sous le regard paranoïaque du narrateur qui plonge le récit dans une sorte de délire obsessionnel. Avec *Les Gommes* (1953), *La Jalousie* est le roman le plus représentatif de l'œuvre du promoteur du Nouveau* Roman que fut Robbe-Grillet.

La **Jalousie du barbouillé** ♦ Farce de Molière*. Adaptation d'un canevas de la commedia dell'arte, la pièce montre les déboires d'un ivrogne berné par sa femme et abusé par un docteur emphatique et grotesque. On retrouve plusieurs de ces situations dans *Le Médecin* malgré lui* et dans *George* Dandin*.

**JALOUX (Edmond)** ♦ Écrivain français (Marseille 1878 - Lutry, Suisse 1949). Très représentatif de la «critique de curiosité», il écrivit de très nombreux articles (réunis pour l'essentiel dans *L'Esprit des livres*, 1923) qui prouvent son libéralisme artistique. Ouvert également aux littératures étrangères, notamment anglo-saxonnes, il publia des essais sur *R. M. Rilke* (1927) et *Goethe* (1933). Ses romans, souvent consacrés à l'analyse de l'amour, témoignent d'un subtil sens du mystère et de l'inconscient (*Le reste est silence*, 1909 ; *La Balance faussée*, 1932). [Acad. fr. 1936]

**JAMAÏQUE**

▮ n. f. ➝ ÉTYM. en angl. ***Jamaica*** ; de l'arawak *Xamaica* «pays des sources» ♦ Pays des Grandes Antilles* occupant une île de 10 991 km$^2$, située à 150 km au S. de Cuba et à 190 km à l'O. de l'île d'Haïti dont elle est séparée par le détroit de la Jamaïque. 2 607 632 hab. *(Jamaïcains)*. LANGUE : anglais (off.), créole. POPULATION : Noirs en majorité. RELIGION : christianisme. MONNAIE : dollar de la Jamaïque. CAPITALE : Kingston. RÉGIME : parlementaire.

▮ **GÉOGRAPHIE** L'île est montagneuse. La chaîne des Blue Mountains (Montagnes Bleues) culmine à 2 256 m d'alt. au N.-E. de Kingston. Des plateaux ont été disséqués par l'érosion pour donner un remarquable paysage karstique *(Cockpit Country)* ou, au contraire, ont retenu des poches de bauxite. Le climat est tropical à deux saisons. Le versant N. de l'île, plus ouvert aux alizés, est plus arrosé que le versant S. La végétation, luxuriante au N., xérophytique au S., reflète cette opposition. ▪ L'économie, autrefois très dépendante des produits tropicaux (sucre, cacao), s'appuie plutôt aujourd'hui sur les secteurs des mines et du tourisme. Cependant la banane, produite au N. dans la région de Port Antonio, est exportée en Grande-Bretagne où elle a un marché protégé. La Jamaïque est le 6e producteur mondial de bauxite (15 millions de t en 2008). Une partie est transformée sur place en alumine (3 millions de t). À Kingston des manufactures fournissent de l'habillement et des pièces électroniques dans le cadre d'une sous-traitance internationale. Le tourisme, dont les origines remontent à l'époque victorienne, est florissant sur la côte N. de l'île qui compte de belles plages. La dette du pays rapportée au nombre de ses habitants est une des plus élevées du monde et les traits de pauvreté sont encore très manifestes. L'autre problème majeur est le trafic de cocaïne entre la Colombie et les États-Unis.

▮ **HISTOIRE** Découverte par Colomb en 1494, l'île est restée espagnole de la conquête jusqu'en 1655, date d'une expédition anglaise victorieuse. Les Anglais firent de la Jamaïque une colonie très productive dans le cadre du système de plantation esclavagiste. Malgré révoltes et émeutes, la Grande-Bretagne conserva la colonie jusqu'en 1958. La Fédération des Indes-Occidentales qui regroupait plusieurs pays et territoires anciennement colonisés par les Britanniques fut un échec et la Jamaïque obtint sa pleine indépendance en 1962. Depuis cette date elle est gouvernée démocratiquement selon un système parlementaire. Les deux principaux partis, qui sont le People's National Party et le Jamaica Labour Party, alternent au pouvoir.

---

**JĀMAL AL-DĪN AL-AFGHĀNI** ou **DJĀMALADDIN AL-AFGHĀNI** ♦ Homme politique persan (Asadābād 1838 - Constantinople 1897). Cet idéologue tire son surnom d'un séjour à Kaboul comme conseiller de l'émir (1866 - 1869). Il mena une carrière très internationale dans tout le Moyen-Orient et en Inde, entrecoupée par des expulsions dues à son violent anti-impérialisme britannique, à son réformisme et à son panislamisme. Ses idées eurent une profonde influence sur les mouvements politiques musulmans du XXe s.

**JAMBI** ♦ Prov. d'Indonésie, au centre E. de l'île de Sumatra. 48 800 km². 2 400 940 hab. CAP. : Jambi (410 400 hab.). Grande région pétrolière. Un oléoduc rejoint Palembang. ▮ **Histoire** Jambi fut le site du royaume de Malayu* (VIIe s.), qui après avoir été vassal de Srivijaya, retrouva son autonomie (XIIe s.). Au XVIIe s., se développa un sultanat musulman qui se soumit à l'autorité hollandaise en 1834.

**JAMBLIQUE** – en gr. ***Iamblikhos*** ♦ Écrivain grec d'origine syrienne (v. 125). Il écrivit un roman en trente-cinq livres, *Les Babyloniques*, dont il reste quelques citations.

**JAMBLIQUE** – en gr. ***Iamblikhos*** ♦ Philosophe néoplatonicien (Chalcis, Cœlésyrie v. 245 - 320). Disciple de Porphyre*, il ouvrit une école de philosophie à Apamée (Syrie). Il est probable qu'il fut initié aux doctrines ésotériques des Égyptiens et des Chaldéens, et chez lui le néoplatonisme* devient une religion opposée au christianisme : dans ses *Oracles chaldaïques* et son *Traité des mystères*, il introduit en particulier la notion de théurgie. Jamblique se présentait aussi comme un néopythagoricien et rédigea une *Vie de Pythagore*. Il écrivit en outre de nombreux commentaires, perdus pour la plupart, sur les dialogues de Platon et les traités d'Aristote. Son influence sur la métaphysique de l'école néoplatonicienne d'Athènes fut considérable et les aspects les plus techniques de sa pensée absorbés par les néoplatoniciens ultérieurs (Plutarque d'Athènes, Syrianus, Proclus, Damascius).

**JAMBOL, YAMBOL** ou **YAMBOLI** ♦ V. de Bulgarie sur la Tundža, ch.-l. de région. 82 656 hab. Indus. alimentaire et textile.

**JAMBYL** → Taraz

**JAMES (Thomas)** ♦ Navigateur anglais du XVIIe s. qui, en 1631, explora la baie d'Hudson. On a donné le nom de *baie James* à la partie méridionale de cette dernière.

**JAMES (William)** ♦ Philosophe américain (New York 1842 - Chocorua, New Hampshire 1910). Docteur en médecine, il chercha à faire de la psychologie une science naturelle, positive (*Principes de psychologie*, 1891). Le même souci du concret se retrouve dans sa volonté de ne pas dissocier la pensée de la pratique et de considérer la réussite et l'utilité comme critères de vérité, qu'il s'agisse de l'expérience religieuse ou de la connaissance scientifique. Ainsi la vérification expérimentale tournée vers l'action et la croyance vitale, la satisfaction des besoins profonds de l'être humain sont les deux caractéristiques du pragmatisme de W. James (*Les Variétés de l'expérience religieuse*, 1902 ; *Le Pragmatisme*, 1907).

**JAMES (Henry)** ♦ Romancier et critique américain naturalisé britannique en 1915 (New York 1843 - Londres 1916). D'ascendance irlandaise, issu d'une bourgeoisie riche, Henry James reçut comme son frère William James* une éducation éclectique et choisie, faisant en Europe de nombreux voyages. Il s'y imprégna de culture européenne, lisant surtout Balzac, Mérimée, Flaubert, George Eliot et George Sand. Il préféra cependant donner un décor américain à ses premiers écrits, des nouvelles publiées dans le *Continental Monthly* (1864), la *North American Review*, l'*Atlantic Monthly* (1865). C'est Hawthorne*, parmi ses compatriotes, qui eut une influence décisive sur lui. Américain de tempérament mais Européen d'esprit, il fut toujours partagé entre ces deux tendances. Ce problème est évoqué dans *Roderick Hudson* (1874), histoire du succès et de la chute d'un sculpteur américain installé à Rome. À Paris, James apprit de Tourgueniev l'importance prépondérante du personnage par rapport à l'intrigue. Technicien du roman (ses préfaces, composées de 1907 à 1909, marquent le tournant de l'esthétique romanesque), James fut le premier à reconnaître la valeur du point de vue et l'importance de ses variations dans la fiction. Dans *Ce que savait Maisie* (1897), il applique son principe de «l'unité de vision» : le lecteur ne peut savoir que «ce que savait Maisie», enfant victime d'un divorce. C'est à Paris qu'il mit la dernière main à *L'Américain* (1877), puis il s'établit à Londres où il écrivit le meilleur de son œuvre. Une série d'études sur la femme américaine dans un milieu européen fut inaugurée par *Daisy Miller* (1878). L'héroïne de *Un portrait de femme* (1881), roman dans lequel l'Europe est fustigée, est libre de faire ce qu'elle veut, mais sa volonté même est déterminée, idée fondamentale de la psychologie selon James. L'auteur oppose également l'innocence américaine à la sophistication européenne dans *Les Européens* (1878) et *Washington Square* (1880), qualifiés d'«histoires internationales». Les problèmes du féminisme et de l'anarchisme sont soulevés dans *Les Bostoniens* (1885) et *La Princesse Casamassima* (1886). James s'intéressa à l'art dramatique (*La Muse tragique*, 1889), mais ses pièces n'eurent pas de succès, si ce n'est l'un de ses romans inachevés (*The Sense of the Past*), adapté au théâtre (*Berkeley Square*) après sa mort. Le procédé théâtral lui servit cependant dans l'écriture d'un certain nombre de romans : *L'Autre Maison* (1896), *Les Dépouilles de Poynton* (*The Spoils of Poynton*, 1896), *Dans la cage* (1898). C'est à la même époque (1898) que parut *Le Tour d'écrou*, texte majeur de la littérature fantastique. Mais l'on considère souvent que le sommet de l'œuvre de James tient en 3 romans : *Les Ambassadeurs** (1903) où la civilisation est définie comme «la tradition ininterrompue de culture que l'Europe occidentale hérita du monde antique», *La Coupe d'or* (1904) dont les analyses psychologiques subtiles font pressentir Proust et *Les Ailes* de la colombe* (1902) dont l'intérêt réside dans l'analyse extrêmement poussée des motifs qui font agir l'héroïne, dominée par une volonté extérieure. Avec Henry James, le roman devient une œuvre de culture exigeant une participation du lecteur qui va loin au-delà d'une identification avec les personnages ; son milieu est le temps conçu comme une durée bergsonienne et son art élaboré inaugure le courant illustré par Joseph Conrad, James Joyce et Virginia Woolf. ➝ **ÉTYM.** *James* est la forme anglaise de *Jacques**.

**JAMES (Jesse)** ♦ Bandit américain (près de Kearney, Missouri 1847 - Saint Joseph, Missouri 1882). Membre de l'armée sudiste, il connut la célébrité en commettant, au lendemain de la guerre de Sécession, de multiples attaques de banques et de trains postaux. Symbole de la revanche des gens du Sud sur les vainqueurs nordistes, le «Brigand bien-aimé» mourut assassiné.

**Jesse James** entouré des membres de son gang.
*Phot. © Bettemann/Corbis*

**JAMES** (baie) ➝ **ÉTYM.** en angl. ***James Bay***, ainsi nommée en l'honneur de Thomas *James** ♦ Baie du Canada, prolongeant au S. la baie d'Hudson* et située entre les prov. d'Ontario, à l'O., et de Québec, à l'E. ▪ Un projet d'aménagement hydroélectrique de la Grande Rivière et de l'ensemble de la baie James, dont le potentiel a été évalué à près de 16 000 000 kW, a vu le jour à la fin des années 1950. Les travaux ont débuté en 1972. En 1975 fut signée la convention de la baie James et du Nord québécois qui définit les droits des Crees et des Inuits.

**JAMES BOND** ♦ Personnage créé par Ian Fleming* en 1953 dans le roman *Casino Royale*. James Bond, dit 007, agent secret britannique, est le héros de 13 romans d'espionnage. Incarné à l'écran principalement par Sean Connery*, il doit sa popularité aux stéréotypes d'un imaginaire simpliste. Sa lutte contre l'Union soviétique, représentante moderne des «forces du mal», reflète les peurs collectives de la guerre froide.

**JAMESON** (sir **Leander Starr**) ♦ Médecin et homme politique britannique (Édimbourg 1853 - Londres 1917). Venu en Afrique du Sud en

1878, il se lia avec Cecil Rhodes*. Lors d'une agitation des Uitlanders dans le Transvaal, il tenta un raid pour renverser Kruger* (1895), mais échoua. Remis aux autorités britanniques, il fut condamné à quelques mois de prison. Il fut ensuite Premier ministre du Cap (1904 - 1908) et chef du parti des majoritaires unionistes (1909 - 1912).

**JAMESTOWN** ➝ ÉTYM. angl. « la ville *(town)* de Jacques* (le futur Jacques* Ier Stuart) » ♦ V. des États-Unis (Virginie), dans une île de la James River. C'est le site du premier établissement permanent anglais en Amérique (14 mai 1607).

**JĀMĪ** ou **DJAMI** ♦ Écrivain persan (Jām, Khorassan 1414 - Herāt 1492). Il fut d'une grande fécondité et sut maîtriser tous les genres littéraires tant en prose qu'en poésie. Il rédigea un recueil d'anecdotes (le *Bahāristan*), un recueil de biographies et une série d'ouvrages philologiques et religieux. En poésie, il est considéré comme le dernier grand poète de l'époque classique. Il laissa trois divans et cinq *masnavis*, poèmes didactiques proches de ceux de Nizāmī*.

**JAMĪL** ♦ Poète arabe (VIIe s.). Toute sa poésie illustre l'amour impossible qu'il portait à Buthayna. Premier poète de l'amour courtois (fondé sur le respect et la fidélité) illustrant un idéalisme érotique, il serait l'inventeur du personnage du « détracteur » souvent présent chez les troubadours occitans. Ce couple fut l'objet d'un roman populaire dont l'existence est attestée dès le Xe s.

**JAMMES** [ʒams] **(Francis)** ♦ Écrivain français (Tournay, Hautes-Pyrénées 1868 - Hasparren 1938). Inséparable du Béarn où il est né et du Pays basque où il devait se fixer (1921), son œuvre a bénéficié à ses débuts du suffrage de Mallarmé et d'André Gide. Sa vertu principale, la simplicité, est l'expression d'un accord parfait du sentiment et d'un langage qui atteint à l'extrême transparence pour exprimer l'humble réalité des êtres et des choses. Dès son premier recueil, *De l'Angélus de l'aube à l'Angélus du soir* (1898), il affirme son indifférence à l'égard de tout souci de forme et de métrique, utilisant le vers libre pour développer les thèmes qui ne cesseront plus d'alimenter sa poésie, la nature, l'enfance, les jeunes filles, l'exotisme, la mort. Le même lyrisme voilé et fervent se retrouve encore dans *Le Deuil des primevères* (1901) et *Le Triomphe de la vie* (1902) ainsi que dans des romans imprégnés d'une délicate mélancolie (*Clara d'Ellébeuse*, 1899 ; *Almaïde d'Étremont*, 1901). Cependant, l'amitié militante de Paul Claudel inspira au poète un retour au catholicisme (*Clairières dans le ciel*, 1906, où il se soumet à la loi de l'alexandrin ; *Les Géorgiques chrétiennes*, 1911 - 1912, poème en sept chants qui célèbrent la geste d'une famille paysanne ; *Les Quatrains*, 1923 - 1925). Il devint, avec les années, une manière de patriarche rustique, sachant manifester, parfois avec véhémence, son hostilité aux courants nouveaux de la poésie (*De tout temps à jamais*, 1935). Jammes a entretenu une correspondance qui a été publiée (avec Colette, 1945 ; Albert Samain, 1946 ; Valery Larbaud, 1947 ; André Gide, 1948). ➝ ÉTYM. *Jammes* est la forme béarnaise du prénom *Jacques**.

**JAMMU** ♦ V. de l'Inde (Jammu-et-Cachemire). 607 642 hab. Située en bordure de l'Himalaya, elle est au centre de la région la plus peuplée de l'État, dont elle contrôle l'entrée par la vallée de la Chenab, mais son développement est freiné par la proximité de la frontière indo-pakistanaise, ligne de cessez-le-feu imposée par l'ONU en 1949 et dont le tracé est périodiquement remis en question par les deux pays.

**JAMMU-ET-CACHEMIRE** ♦ État de l'Inde. 220 000 km². 10 143 700 hab. LANGUES : kashmiri, dogri, gojri, ourdou, pahari. CAP. : Shrinagar et Jammu. Une ligne de cessez-le-feu imposée par l'ONU en 1949 le sépare de la province pakistanaise du Cachemire. Les vallées et les bassins sont fertiles, avec des cultures de riz d'été dans les plus bas, de l'orge, du maïs et des arbres fruitiers dans les zones plus élevées. L'élevage transhumant de chèvres, de yacks et de moutons utilise les alpages des hautes chaînes. Peu d'industries, artisanat important (tissus de laine fine, servant à fabriquer les célèbres châles). Le tourisme a connu un grand essor, périodiquement mis à mal par les troubles politiques et les guérillas. La révolte contre l'administration indienne a fait 37 000 morts de 1989 à 2002.

**JAMNA** → Yamuna

**JAMNAGAR** ♦ V. de l'Inde (Gujarat), en bordure du golfe de Kuch, dans la péninsule sèche du Kathiawar. 558 462 hab. Industrie chimique liée à l'exploitation du sel.

**JAMNIA** → Yavné

**JAMOIS (Marguerite)** ♦ Actrice française (Paris 1901 - *id.* 1964). Après avoir travaillé sous la direction de Gaston Baty (*Phèdre, Lorenzaccio, Crime et Châtiment*), elle dirigea le théâtre Montparnasse et mit en scène *Hedda Gabler, Le deuil sied à Électre*.

**JAMSHEDPUR** ♦ V. de l'Inde (Jharkhand). 1 101 804 hab. Fondée en 1907 dans une région peu peuplée, à proximité de mines de fer et de charbon par un industriel de Bombay, Jamshed Tata qui lui a donné son nom, c'est un des premiers centres sidérurgiques de l'Inde. Univ.

**JAMYN (Amadis)** ♦ Érudit et poète français (Chaource v. 1540 - *id.* 1593). Élève de Dorat* et de Turnèbe*, il fut le secrétaire et le disciple préféré de Ronsard et collabora notamment à la présentation de *La Franciade**. Le recueil de ses *Œuvres poétiques* (1575) renferme des poèmes d'une mélancolie charmante. Il sera augmenté jusqu'en 1584, notamment avec les *XXVI sonnets du deuil de Cléophon* (1578).

**JANÁČEK (Leoš)** ♦ Compositeur tchèque (Hukvaldy, Moravie 1854 - Ostrava 1928). D'abord instituteur à Brno, il étudia ensuite la composition musicale à Prague, Leipzig et Vienne. À son retour en Moravie, il fonda une école d'organistes et devint directeur du conservatoire de Brno. Longtemps méconnu, il acquit brusquement la célébrité en 1916 avec la représentation à Prague de son opéra *Jenufa* (écrit en 1904) dont l'originalité d'écriture, fondée sur l'étude du langage parlé, comporte une grande liberté harmonique et rythmique ainsi que de fréquents emprunts au folklore morave. Dans la même veine rigoureuse et colorée, il a composé plusieurs opéras (*La Petite Renarde rusée*, 1923 ; *De la maison des morts*, d'après Dostoïevski, 1928), des œuvres chorales (*Messe glagolitique*, 1926), des poèmes symphoniques (*Tarass Boulba*, 1918) une *Sinfonietta* (1926) et de la musique de chambre, dont deux importants quatuors à cordes (1923 - 1925 et 1928). Avec F. Bartõs, il a publié un recueil de *Chants populaires moraves*.

**JANCSÓ (Miklós)** ♦ Cinéaste hongrois (Vác 1921). Ses films se ressentent du contexte politique difficile dans lequel ils ont été élaborés. Tous profondément ancrés dans l'histoire, récente ou plus ancienne, ils ne cessent de dénoncer la répression des aspirations populaires par le pouvoir, dans un style très dépouillé, la caméra suivant lentement les évolutions des personnages dans les amples paysages d'Europe centrale (*Cantate*, 1963 ; *Les Sans*-Espoir*, 1965 ; *Rouges et Blancs*, 1967 ; *Psaume rouge*, 1971). Il a réalisé en 1974 un film-ballet, *Pour Électre*. ➝ ÉTYM. *Jancsó* est le diminutif hongrois de *Jean*.

**Jane Eyre** ♦ Roman de Charlotte Brontë* (1847), publié sous le pseudonyme de Currer Bell. Élevée dans un orphelinat, Jane Eyre devient la gouvernante de la famille Rochester et gagne l'estime du maître de maison. Au moment où elle va l'épouser, elle découvre qu'il est déjà marié et cache son épouse, devenue folle. Refusant de fuir avec Rochester, Jane Eyre désemparée est recueillie par un pasteur qui, à son tour, s'éprend d'elle. C'est pourtant Rochester qu'elle décidera d'épouser, lorsqu'elle apprendra que celui-ci a perdu la vue en tentant, en vain, de sauver sa femme d'un incendie allumé par celle-ci. Roman fondé sur le pathétique et les retournements de situation spectaculaires, *Jane Eyre* reste un des grands classiques du roman anglais.

**JANEQUIN (Clément)** ♦ Compositeur français (Châtellerault v. 1485 - Paris 1558). Protégé de François de Gondi, du cardinal de Lorraine et de François de Guise, compositeur ordinaire du roi Henri II, il mena néanmoins une existence tourmentée par la pauvreté. L'essentiel de son œuvre tient dans les 275 chansons à 3, 4 et 5 voix qui furent publiées à partir de 1520. Maître incontesté de la chanson profane, il en a adopté tous les genres (lyrique, narratif, érotique) et développé surtout son goût pour l'évocation imitative de la nature et la transposition théâtrale. Polyphoniste accompli, poète plein de délicatesse, il a illustré la « chanson parisienne ». (*La Guerre*, dite *La Bataille* de Marignan* ; *Le Chant des oiseaux, Les Cris de Paris, La Chasse, Le Caquet des femmes* lui valurent une célébrité européenne.) Ses œuvres religieuses (motets, messes, psaumes, chansons spirituelles) ne nous sont pas parvenues. ➝ ÉTYM. Ce nom signifie « Petit Jean », du flamand *Janken*, diminutif de *Jan*.

**JANET (Paul)** ♦ Philosophe français (Paris 1823 - *id.* 1899). Dans la tradition de l'éclectisme spiritualiste de V. Cousin, il fit de la réflexion sur soi le moyen d'atteindre les réalités métaphysiques (*La Morale*, 1874 ; *Psychologie et Métaphysique*, 1897).

**JANET (Pierre)** ♦ Neurologue et psychologue français (Paris 1859 - *id.* 1947), neveu de Paul Janet. Il poursuivit dans ses premiers travaux les recherches de son maître Charcot* sur l'hypnotisme et l'hystérie (*L'Automatisme psychologique*, 1889 ; *L'État mental des hystériques*, 1893). Fondateur avec G. Dumas du *Journal de psychologie normale et pathologique* (1904), il publia *Les Obsessions et la Psychasthénie* (1903), *Médications psychologiques* (1919), *L'Évolution de la mémoire et la notion de temps* (1928), *L'Intelligence avant le langage* (1936). Faisant de la psychologie la science des « conduites » humaines, il s'attacha principalement à l'étude de la pathologie mentale ; et il formula (après Th. Ribot*) une conception génétique et hiérarchique des tendances et fonctions de la personnalité, d'après laquelle les maladies mentales consistent dans une atteinte des conduites supérieures qui se caractérisent par une action efficace sur le réel (fonction du réel, du présent), et dans la libération des automatismes psychiques, des formes inférieures de l'activité.

**JANEVSKI (Slavko)** ♦ Écrivain macédonien (Skopje 1920 - *id.* 2000). Poète (*Poèmes*, 1948), conteur (*La Rue*, 1950) et romancier (*La Colère et la Douleur*, 1964), il a contribué à donner un nouvel essor à la langue et à la littérature macédoniennes.

**JANICULE** n. m. – en lat. ***Janiculum*** ➝ ÉTYM. de *Janus** ♦ Ensemble de collines de Rome s'étendant sur la rive droite du Tibre et comprenant le Janicule actuel et les *Montes Vaticani* (→ **Vatican**). Il ne fut jamais intégré dans la ville, mais seulement occupé par l'agglomération à une date tardive.

**JANIN (Jules)** ♦ Écrivain français (Saint-Étienne 1804 - Paris 1874). Journaliste et romancier, il assura la chronique dramatique au *Journal des débats*, de 1836 à sa mort. Favorable au théâtre romantique, il témoigna dans ses feuilletons d'un esprit souvent plus brillant que profond. [Acad. fr. 1870]

## janissaires

n. m. pl. - ÉTYM. en turc ***Yeni Çeri*** «nouvelle troupe» ♦ Infanterie régulière de l'armée ottomane utilisée du XIV^e^ au XIX^e^ s. Fondé sous le règne de Murat* I^er^ (1359 - 1389), ce corps de mercenaires était composé d'enfants chrétiens, enlevés à leurs familles, puis élevés dans la religion musulmane et devant se consacrer pour la vie au métier des armes. Cantonnés à Bursa, les janissaires formaient une infanterie redoutable et disciplinée. Ce corps déclina à la suite des réformes de recrutement introduites par Mehmet IV (1648 - 1687). Pendant tout le XVIII^e^ s., les janissaires constituèrent une force politique décisive, faisant et défaisant les sultans. Et quand Mahmud* II (1808 - 1839) décida de moderniser son armée, les janissaires se mutinèrent ; mais à la suite des défaites subies en Moldavie, Serbie et Grèce, il les fit massacrer (1826) et put ainsi abolir l'institution.

**JANKÉLÉVITCH (Vladimir)** ♦ Philosophe français (Bourges 1903 - Paris 1985). Fils du traducteur de Freud et de Hegel, nourri de culture grecque, juive, chrétienne et russe, il a développé une pensée qui a pu déconcerter par la diversité de ses images, de ses références et sembler parfois aussi insaisissable que les thèmes du «je-ne-sais-quoi» et du «presque-rien» chers à ce philosophe. Marqué par Bergson* et refusant tout substantialisme, il conduisit une réflexion métaphysique, éthique, esthétique toujours attentive au problème existentiel de la durée et de l'instant. Outre ses œuvres philosophiques, *La Mauvaise Conscience* (1933), *L'Ironie ou la Bonne Conscience* (1936), *Le Mal* (1947), *Philosophie première* (1954), *La Mort* (1966), *Le Pardon* (1967), *Penser la mort ?* (posth. 1994), il a publié de nombreux ouvrages sur la musique (*Gabriel Fauré, ses mélodies, son esthétique*, 1938 ; *Maurice Ravel*, 1939 ; *Debussy et le mystère*, 1949 ; *La Musique et l'Ineffable*, 1961). Spécialiste de philosophie allemande au début de sa carrière, il refusa tout contact intellectuel avec l'Allemagne à la suite du nazisme et de l'absence de demande de pardon de la part des Allemands. Sa notoriété fut élargie par la réédition d'un grand nombre de ses ouvrages (*L'Aventure, l'ennui, le sérieux*, 1976 ; *Le Je-ne-sais-quoi et le Presque-rien*, 1981), dont les moins techniques ont connu un succès dépassant le cadre des seuls spécialistes (*Quelque part dans l'inachevé*, entretiens avec Béatrice Berlowitz, 1978). - ÉTYM. *Jankélévitch* est le diminutif de *Yankev*, de l'hébreu *Ya'aqôbh* «Jacob».

**JAN MAYEN** ♦ Île montagneuse (2 277 m) et volcanique de l'océan Arctique, à l'E. du Groenland. 372 km². Découverte par Hudson* en 1608, elle fut intégrée à la Norvège en 1929. Station de radio, poste météorologique depuis 1921.

**JANNINA** → **Ioannina**

**JANNIOT (Alfred)** ♦ Sculpteur français (Paris 1889 - *id.* 1969). Il a cherché à renouer avec la tradition classique, particulièrement celle de la sculpture grecque, et a traité la figure humaine avec un souci de l'architecture et de l'équilibre des masses, en adoptant souvent des formes aux schémas simples, des volumes solides. Il est notamment l'auteur du bas-relief du musée de la France d'outre-mer (1931) où apparaît une recherche de pittoresque. Il a aussi réalisé des panneaux sculptés pour la façade du Musée national d'art moderne à Paris (1937) et le bas-relief du mémorial du Mont-Valérien (1960).

**JANSÉNIUS (Cornelius JANSEN, dit)** - ÉTYM. forme latinisée de son nom, néerl. «fils *(sen)* de Jean *(Jan)*» ♦ Théologien néerlandais (Acquoy, près de Leerdam, Hollande 1585 - Ypres 1638). Après des études aux Pays-Bas, il fit à Paris (1609) la connaissance de J. Duvergier* de Hauranne, abbé de Saint-Cyran, avec qui il se retira près de Bayonne (1611 - 1616) pour étudier les Pères et les écrivains ecclésiastiques. Retourné à Louvain, il fut reçu docteur en théologie (1617) ; successivement directeur de séminaire (1617 - 1624), envoyé de Louvain en Espagne lors de la querelle des universités contre les jésuites (1624 et 1626), régent (1628), professeur d'Écriture sainte (1630), recteur de l'université de Louvain où il fonda la bibliothèque, il devint, en 1636, évêque d'Ypres, ville où il mourut de la peste. Il soutint des controverses contre les protestants (1630 - 1631), contre la politique de la France (Richelieu) alliée aux protestants hollandais (*Mars gallicus*, 1635). Il demeure avant tout célèbre comme l'auteur de l'*Augustinus**, rédigé à partir de 1628 et publié après sa mort en 1640. Dans cet ouvrage, il tendait à restaurer la doctrine de saint Augustin sur la grâce et la prédestination, doctrine que la théologie des jésuites (Lessius, Molina*) adoucissait pour faire place au libre arbitre et aux mérites de l'homme. → **jansénisme.**

**JANSKY (Karl Guthe)** ♦ Ingénieur américain (Norman, Oklahoma 1905 - Red Bank, New Jersey 1950). Il fit la première observation radioastronomique, en détectant par hasard (à l'occasion d'études de télécommunications), un rayonnement hertzien provenant du centre de notre Galaxie* (1931).

## jansénisme

n. m. ♦ Doctrine chrétienne issue de la pensée de Jansénius*. Déjà le XVI^e^ s. avait connu des querelles sur la grâce ; malgré la condamnation de Baïus (1567), Louvain était resté un foyer d'augustinisme ; de l'autre côté, l'ouvrage de Molina (*Concordia [...]*, 1588) avait provoqué de violentes réactions et les jésuites avaient failli être condamnés après la réunion d'une commission de théologiens (*Congregatio de auxiliis*, 1598 - 1607). L'interdiction faite par Rome de rien publier sur ces matières (1611 et 1625) n'enraya pas la querelle, de plus en plus chargée de significations politiques. En France, le parti dévot, en relation avec Jansénius, s'attira la haine de Richelieu (disgrâce de Bérulle* ; emprisonnement de Saint*-Cyran, 1638) ; mais Saint-Cyran avait gagné des disciples, notamment les Arnauld* : la mère Angélique, réformatrice de Port-Royal, et son frère Antoine (le Grand Arnauld). La publication de l'*Augustinus* de Jansénius relança la bataille. Les jésuites en obtinrent la condamnation par l'Inquisition (1641) puis par la bulle *In eminenti* (1642 → **Urbain VIII**), cependant qu'Arnauld portait ses attaques sur des terrains annexes (la fréquente communion, le laxisme des casuistes). En 1653, la bulle *Cum occasione* (→ **Innocent X**) condamna cinq propositions attribuées à Jansénius ; Arnauld reconnut les propositions comme hérétiques (question de droit), mais nia qu'elles figurassent, avec ce sens, dans Jansénius (question de fait). La bulle *Ad sacram* d'Alexandre VII (1656) trancha contre lui et acheva la condamnation romaine des jansénistes que n'avait pu sauver la contre-attaque de Pascal (*Les Provinciales**, 1656 - 1657). Cependant les jansénistes formaient un parti hostile à l'absolutisme. Louis XIV entreprit de s'assurer leur soumission en faisant signer un formulaire reconnaissant toutes les condamnations (1661). En 1664, des mesures vexatoires furent prises contre les religieuses de Port-Royal qui refusèrent de signer un tel formulaire, même après la bulle *Regiminis apostolici* (1665 → **Alexandre VII**). L'affaire aboutissait à une impasse et les nécessités politiques amenèrent le roi à rechercher un compromis ; ce fut la «paix clémentine» (1669 → **Clément IX**). Lors de l'affaire de la Régale*, les jansénistes furent du côté du Saint-Siège contre le roi et, les persécutions contre Port-Royal ayant repris en 1679, Arnauld s'exila ainsi que Nicole* (celui-ci revint en 1683 et abandonna le jansénisme). Les controverses se poursuivirent ; en 1705, la bulle *Vineam domini* condamna le «silence respectueux» dont les jansénistes usaient à l'égard des textes qui les avaient condamnés. Les dernières religieuses de Port-Royal refusèrent de s'incliner, ce qui amena leur expulsion (1709) et la destruction de l'abbaye (1711). Depuis la mort d'Arnauld (1694), le chef du parti janséniste était Quesnel*. Sa condamnation par la bulle *Unigenitus* Dei Filius* (1713) divisa le clergé français en «acceptants» et en «appelants» (qui en appelaient à un concile général, tenu pour supérieur au pape) si bien que, pour maîtriser l'agitation, la bulle *Unigenitus* fut érigée en loi d'État (1730). Un rebondissement équivoque se produisit avec les convulsionnaires du cimetière Saint-Médard, où des «miracles» s'opéraient sur la tombe du diacre Pâris*, ancien appelant. Le jansénisme se poursuivit au XVIII^e^ s., devenu gallican et parlementaire, et contribua à la suppression de la Compagnie de Jésus* ; il accepta généralement la constitution civile du clergé, mais lutta contre l'irréligion révolutionnaire. ▪ Une petite Église janséniste, fondée à Utrecht en 1724, subsiste aujourd'hui aux Pays-Bas.

**JANSSEN (Jules)** ♦ Astronome et physicien français (Paris 1824 - Meudon 1907). Fondateur de l'Observatoire d'astrophysique installé à Montmartre (1876) puis transféré à Meudon (1877), il découvrit l'origine tellurique (due à l'atmosphère terrestre) de certaines raies du spectre solaire (1862). Durant l'éclipse de 1868, en même temps que Lockyer*, il observa le spectre des protubérances solaires sur lequel il distingua une raie non identifiée et conclut à l'existence d'un élément alors inconnu sur la Terre, l'hélium (→ **Ramsay**) ; tous deux mirent alors au point, indépendamment, une méthode d'observation hors des éclipses. Janssen utilisa la technique de la chronophotographie pour étudier le passage de Vénus devant le Soleil (1874), obtint l'une des premières photographies de comète (1881) et réalisa d'importants travaux au sommet du mont Blanc sur l'absorption des raies telluriques par l'atmosphère terrestre (1887). [Acad. sc. 1873] - ÉTYM. *Janssen* signifie «fils de Jean» (→ aussi Johnson).

**JANTRA** ou **YANTRA** n. f. ♦ Riv. de Bulgarie (150 km). Affl. rive d. du Danube. Née dans le Balkan, au col de Šipka, elle arrose Veliko-Tărnovo et Gabrovo.

**JANUS** - ÉTYM. V. ci-dessous ♦ Dieu italique et romain, représenté avec deux visages opposés. Son origine et sa nature sont obscures.

C'est une des plus anciennes et des plus importantes divinités du panthéon romain. Il possédait même une certaine prééminence sur Jupiter* (l'origine de leurs deux noms est apparentée à la même racine). Il s'agit sans doute d'un «démon du passage» d'origine indo-européenne et d'une façon générale d'un dieu initial (dieu des «commencements»). Ses légendes sont uniquement romaines. Il aurait abordé en Italie où il aurait fondé une ville sur la colline qui prit de lui le nom de *Janicule*. Il aurait accueilli Saturne chassé de Grèce par Jupiter (→ **Cronos**) et civilisé les premiers habitants du Latium. À Rome, il est gardien des «portes» *(januae)*. Son temple possède deux entrées fermées en temps de paix ; elles restent ouvertes en temps de guerre pour que le dieu puisse se porter au secours des Romains. Il ouvre et ferme l'année : le mois de janvier, *Januarius*, lui est consacré.

**JANVIER** (saint) – en lat. ***Januarius*** ♦ Évêque et martyr, patron de Naples. Son culte est attesté dès 432. Il peut s'agir d'un évêque de Bénévent qui aurait souffert sous Dioclétien (305) ou lors de la persécution arienne (IVe s.). ▪ Fête le 19 sept. ♦ ***Miracle de saint Janvier*** Dans la cathédrale de Naples, une ampoule contient une substance rouge qui se liquéfie lors de cérémonies très populaires (en mai, septembre et décembre). Cette substance passe pour du sang de saint Janvier. Le «prodige» est attesté depuis 1389. ◂ **ÉTYM.** *Janvier* est le surnom d'un enfant trouvé (ou baptisé) en janvier (→ aussi Davout, Février, Juin).

**JANZÉ** [35150] ◂ **ÉTYM.** du lat. *Genitius*, n. de pers. gallo-rom., et suff. *-acum* ♦ Ch.-l. de cant. de l'Ille-et-Vilaine, arr. de Rennes. 5 364 hab. *(Janzéens)*.

**JAPET** – en gr. ***Iapetos*** ♦ L'un des Titans* de la légende grecque. Il épouse l'océanide Clyméné* et donne naissance à quatre fils : Atlas*, Prométhée*, Épiméthée* et Ménœtios.

**JAPHET** ◂ **ÉTYM.** en hébr. *Yèphèth* «que Dieu rende large» ♦ Patriarche biblique, fils de Noé*. Ancêtre, selon la Bible, des peuples d'Asie Mineure et de Scythie (Genèse, X).

## JAPON

▮ n. m. ◂ **ÉTYM.** en jap. ***Nihon*** ; emprunté au chin. *Jih pun* «[pays du] soleil *(jih)* levant *(pun*, littéralt "origine")» ♦ Pays d'Asie (Extrême-Orient), formé par un chapelet d'îles et d'îlots, orienté S.-O.-N.-E., et s'étendant sur env. 2 500 km. 377 765 km². 127 768 000 hab. (estimation 2007) *(Japonais)*. RELIGIONS : shintō, bouddhisme (la pratique cumulée des deux religions est courante) ; 1 100 000 chrétiens. LANGUES : japonais. MONNAIE : yen. CAPITALE : Tōkyō. RÉGIME : monarchie parlementaire.

### GÉOGRAPHIE

Le Japon est un arc insulaire produit par la subduction de la plaque Pacifique sous la mer du Japon (au N. des îles Izu), et par celle de la plaque Philippine sous la mer de Chine orientale (Kyūshū et îles Ryūkyū). Les montagnes (souvent des volcans, dont une quarantaine ont fait preuve d'activité dans les derniers siècles) couvrent les trois quarts de la surface du pays. Deux ensembles montagneux peuvent être distingués : l'un à l'O., près de la mer du Japon, l'autre à l'E., plus jeune et souvent coupé de dépressions. Ils se rejoignent au S. de Honshū* pour former le massif des monts Hida («Alpes japonaises»), dont les sommets dépassent souvent 3 000 m. Les plaines, agrémentées quelquefois d'un lac (Kansai, Kantō), ne mesurent que quelques dizaines de km². La côte occidentale, plate et régulière (dunes de Tottori), s'oppose à celle du Pacifique indentée de baies (comme celle de Tōkyō) et de presqu'îles (telle Izu). Les grands centres de la vie urbaine et économique sont implantés le long de baies marécageuses (Nagoya, Ōsaka). Le pays est sujet à de nombreux cataclysmes naturels (éruptions volcaniques, tremblements de terre, glissements de terrain, typhons). ▮ **Climat** Deux courants marins exercent une influence sur le climat : l'Oyashio, courant froid, formé d'eaux polaires, longe le N.-E. du Japon jusqu'à la latitude de Sendai* ; le Kuroshio, né entre Taiwan et les Philippines, se divise en deux branches au S. de Kyūshū*. Des typhons se déversent deux fois par an sur l'archipel : «pluie des prunes» (mi-juin-mi-juillet) et pluie de septembre. La carte des températures montre des caractères continentaux accusés, cependant tempérés par des microclimats dus au fractionnement du relief.

### ÉCONOMIE

▮ **Agriculture** ▮ ***La forêt*** Elle occupe 68 % du sol nippon et se présente sous diverses formes là où les fortes pentes n'ont pu être transformées en rizières : une forêt de conifères semblable à celle de la Corée du Nord se développe au N. et à l'E. de Hokkaidō* et dans le Tōhoku (N. de Honshū). Elle se transforme plus au S. en une forêt de type tempéré. Les espèces subtropicales (magnolia, camélia et camphrier) apparaissent à partir de Kyūshū. Le bambou nain *(sasa)* remplace d'anciennes forêts écobuées. ▮ ***Les cultures*** Malgré les assèchements et les terrains gagnés sur la mer, l'agriculture n'occupe que 5 millions d'ha., dont la moitié en rizières. Le blé, l'orge et l'avoine (au N. de l'archipel) déclinent. Les légumes sont souvent cultivés autour des rizières, par manque de place. Canne à sucre et thé dans le S. L'élevage, peu prospère en raison du manque de pâturages, se cantonne dans la région d'Hokkaidō et du N. de Honshū. ▮ **Pêche** C'est une ressource essentielle. La pêche en haute mer subit la concurrence et le durcissement de la réglementation internationale, tandis que la pêche côtière connaît une modernisation rapide. ▮ **Industrie** La ceinture industrielle du Japon (1 000 km) s'allonge du N. de Tōkyō jusqu'à Shimonoseki, créant une mégalopole. Important en grande quantité les matières insuffisantes sur son sol, le Japon reste cependant l'un des trois principaux producteurs mondiaux d'acier. Les chocs pétroliers et la concurrence des nouveaux pays industrialisés d'Asie ont tout de même entraîné une restructuration profonde de la production (abandon du secteur aluminium, des chantiers navals). Les efforts ont porté sur les productions à forte valeur ajoutée : matériels électriques, optiques, de précision et industries chimiques. Les disponibilités financières ont permis la «délocalisation» des unités de production à l'étranger : automobiles (États-Unis, nord de l'Europe), machines-outils, électronique (Asie du Sud-Est). Les deux façades maritimes de Honshū offrent un grand contraste : le Japon de «l'endroit» (Omote Nihon) s'étendant sur la côte Pacifique concentre l'essentiel de la population, la grande industrie et les capitaux ; en revanche, le Japon de «l'envers» (mer du Japon) compte peu de grandes villes (300 000 hab. au max.) et l'industrialisation y est très faible. Des essais pour freiner le surpeuplement ont été tentés. Une politique de dénatalité existait à l'époque du gouvernement shogunal (jusqu'en 1868) et s'est poursuivie au point que le renouvellement de la population n'est plus assuré et que le recours au travail immigré est de plus en plus nécessaire. ▮ **Commerce** Bénéficiaire seulement depuis 1981, le commerce extérieur du Japon a acquis, depuis, l'image d'une redoutable machine de guerre (3e puissance commerciale) et lui a valu d'être la cible d'une levée protectionniste tant aux États-Unis que dans l'Union européenne. Mais le cours trop élevé du yen depuis 1995 a pénalisé les exportations. Le Japon dépend fortement des importations de matières premières (43 % des imp.) et de produits industriels qu'il ne fabrique plus (42 %). Pour financer la spécialisation de la production qui nuit à son autosuffisance, le Japon est contraint d'exporter (env. 18 % du PNB) : automobiles (1er prod. mondial), acier, électromécanique, etc., et capitaux (investissements, délocalisations). Principaux partenaires : États-Unis (env. 23 % des exp. et 20 % des imp.), Chine (13 % des exp. et 21 % des imp.), Corée du Sud, Taiwan. Face à la vulnérabilité du lien avec les États-Unis qui ne se privent pas d'exercer des pressions politiques, le Japon a entrepris avec succès de diversifier ses flux : il est devenu le 2e importateur et le 3e marché pour les exportations de l'Union européenne. L'énorme masse de capitaux dégagés par la balance commerciale excédentaire fait du Japon le premier banquier du monde, mais plus prêteur qu'investisseur. ▮ **Communications** Le réseau ferré (privatisé en 1987) et routier reste surtout périphérique en raison du relief montagneux. Les transports commerciaux se font plutôt par voie maritime (ports de Yokohama*, Tōkyō*, Chiba*, Kawasaki*). Aéroports internationaux à Tōkyō et Ōsaka*. Le tourisme est en plein essor.

**Japon ▮ Productions en 2008**

| Produits | Quantités | Rang |
|---|---|---|
| ▮ Agriculture | | |
| Betteraves à sucre | 4 200 000 t | 16e |
| Blé | 840 000 t | |
| Canne à sucre | 1 400 000 t | |
| Pommes de terre | 2 800 000 t | |
| Riz | 11 000 000 t | 10e |
| Soie | 500 t | 10e |
| Thé | 95 000 t | 8e |
| Bovins (têtes) | 4 300 000 | |
| Porcins (têtes) | 9 500 000 | 16e |
| Pêche | 5 500 000 t | 5e |
| ▮ Mines et énergie | | |
| Argent | 6 t | |
| Cadmium | 1 500 t | 3e |
| Énergie nucléaire | 320 TWh | 3e |
| Houille | 1 400 000 t | |
| Hydroélectricité | 70 TWh | 9e |
| Nickel | 29 000 t | 14e |
| Zinc | 70 000 t | |

### HISTOIRE

▮ ***La préhistoire et l'Antiquité*** Les fouilles archéologiques conduites dans l'archipel japonais n'ont encore mis en évidence qu'une période mésolithique. La période néolithique (culture Jōmon, -5000 - -300) semble apparaître dans Honshū. À l'époque Yayoi (-300 - 300), parallèlement à l'introduction de la riziculture, se développa l'usage des métaux (bronze et fer) apportés du continent. Les populations Yayoi, installées à Kyūshū, pénétrèrent dans Honshū et refoulèrent la culture Jōmon au N. de cette île. Japon et Corée du

**Japon.**

Sud semblent être alors un seul royaume. Plusieurs clans se partagèrent le Japon et, finalement, celui du Yamato (région de Nara) obtint la suprématie ; en 552, les rois demeuraient à Asuka (S. de Nara). Le Japon entra en relation avec la Chine par la Corée (territoire nippon du Mimana). Après des envois successifs de sûtra (textes bouddhiques), de statues bouddhiques (538, 552), par des ambassades coréennes, le bouddhisme s'imposa et le prince Shōtoku en devint un fervent adepte. ▮ ***La période de Nara et l'ère de Heian*** La période de Nara, du nom du siège de la nouvelle capitale (Heijōkyō, 645 - 794), vit la sinisation progressive du Japon : réforme de l'ère Taika, administration et plan des villes calqués sur le modèle chinois des Tang (618 - 907). Les moines bouddhistes s'immisçant dans les affaires politiques, l'empereur décida alors de quitter Nara, centre religieux du pays, pour édifier une nouvelle capitale à Heiankyō (auj. Kyōto) ; ainsi s'ouvre l'ère de Heian (794 - 1185), historiquement divisée en deux périodes : Kōnin et Jōgan (794 - 894) et Fujiwara (894 - 1185). Durant cette dernière, le clan Fujiwara, ayant gagné en importance en raison de ses richesses et de ses alliances familiales avec les souverains, dirigea de fait le Japon. Alors qu'aux époques Kōnin et Jōgan le Japon restait fortement influencé par la Chine, au X$^{e}$ s. il commença à prendre conscience de son individualité et créa une culture proprement nationale : les syllabaires *(hiragana, katakana)* s'ajoutèrent aux caractères chinois exclusivement employés jusque-là, et favorisèrent l'essor d'une littérature japonaise (*Genji* monogatari* de Murasaki* Shikibu, *Notes de chevet* de Sei* Shōganon). La rivalité

**Japon.** Le Heian Jingu Shrine à Kyōto. © *PhotoDisc*

de deux clans à la cour de Heian, celui des Taira* et celui des Minamoto*, se termina, après deux guerres (1156, 1160), par la création d'un État féodal et d'un shogunat (bakufu). **La période de Kamakura** Minamoto no Yoritomo, maître du pays, prit le titre de généralissime (shogun) et s'installa à Kamakura (S. de Tōkyō). L'empereur, privé de tout pouvoir effectif et ne conservant que le rang de chef religieux, continuait de résider à Kyōto. Des régents Hōjō*, d'une famille de souche Taira*, dirigèrent le shogunat après la mort de Yoritomo. La classe militaire, représentée par les samouraïs, favorisa une nouvelle secte bouddhique, le zen*, introduite de Chine au XII^e^ s. Deux tentatives d'invasion mongole contre le Japon échouèrent en 1274 et 1281 ; les envahisseurs furent repoussés *in extremis* grâce à l'arrivée providentielle d'un typhon *(kamikaze)*. **La période de Nanbokuchō et la période de Muromachi** L'empereur Go Daigo mit alors fin au shogunat en s'emparant de Kamakura en 1333 avec l'aide d'un Minamoto, Ashikaga* Takauji. Mais celui-ci, à son tour, attaqua l'empereur et, le forçant à s'enfuir, installa sur le trône (à Kyōto) un autre empereur, provoquant ainsi une guerre civile dite des «Deux-Cours» (Nanbokuchō). Le gouvernement shogunal des Ashikaga s'établit dans un quartier de Kyōto (Muromachi) en 1378. L'empire mal dirigé sombra de nouveau dans la guerre civile (1467). Les seigneurs féodaux, les daimyos, essayèrent de reconstituer à leur profit l'unité régionale, puis nationale. Le Japon reprit contact avec l'Empire du Milieu et commerça avec les pays d'Asie. **La période de Momoyama** La période dite «de Momoyama» (1573 - 1603) vit se succéder trois dictateurs : en 1568, le daimyo de la région de Nagoya, Oda* Nobunaga, commença le processus de réunification du Japon et exila le dernier shogun Ashikaga. Après l'assassinat de Nobunaga (1582), un de ses généraux, Hideyoshi*, s'empara du pouvoir et édifia sa forteresse à Ōsaka. **La période d'Edo** Il échoua dans son entreprise de conquête de la Corée, et Tokugawa* Ieyasu, vassal d'Hideyoshi, lui succéda en 1615, commandant le pays à partir de son château d'Edo (auj. Tōkyō). L'époque d'Edo (1615 - 1868) fut une période de grande stabilité et de prospérité qui vit l'ascension de la classe marchande. Alors que Ieyasu, prenant le titre de shogun, résidait à Edo, l'empereur restait sous surveillance à Kyōto. À cette époque, les Européens firent leur apparition au Japon : à l'époque Momoyama, Portugais et missionnaires (François Xavier) avaient débarqué dans les ports de Kyūshū (Nagasaki*). Les daimyos Nobunaga et Hideyoshi avaient toléré la nouvelle religion. Mais, avec les Tokugawa*, la politique du Japon devint moins tolérante. Seuls les Hollandais et les Chinois furent autorisés à tenir comptoir à Nagasaki. Le Japon se ferma progressivement, à partir de 1639. Deux siècles plus tard, en 1853, une escadre américaine conduite par le commodore Perry jeta l'ancre dans le port d'Edo et fit accepter par les autorités nippones une note demandant l'ouverture du Japon au commerce occidental. Le 31 mars 1854, il signait le traité de Kanagawa : les étrangers obtinrent le droit de débarquer dans plusieurs ports et de se rendre à Ōsaka et Edo. L'empereur fut remis sur le trône et le shogun obligé de démissionner en 1867. **L'ère Meiji** En 1868, l'ère Meiji («gouvernement éclairé») débuta par l'installation de l'empereur Mutsuhito* et de sa cour à Edo, rebaptisée Tōkyō. Se mettant à l'école de l'Occident, le Japon accueillit savants et techniciens du monde entier et tenta de rattraper son retard technologique. Devenu une puissance militaire, l'empire du Soleil-Levant partit à la conquête de la Chine en 1894 et obtint la cession de Taiwan. Les Japonais s'opposèrent alors aux Russes et acquirent, après la bataille navale de Tsushima*, le S. de Sakhaline et surtout Port-Arthur, avec la péninsule de Liaodong* (1905). La Corée devint colonie nippone en 1910. **De 1910 à 1945** Pendant la Première Guerre mondiale, le Japon s'appropria certaines îles du Pacifique et obtint des avantages économiques en Chine. L'occidentalisation du Japon s'accentua durant l'entre-deux-guerres. À la suite de la crise économique de 1929, le pays suivit une politique expansionniste, qu'expliquent en partie le besoin de matières premières et les problèmes de surpopulation. En 1931, l'armée japonaise déferla sur la Mandchourie (constitution de l'État du Mandchoukouo en 1932). Un nouvel incident, provoqué délibérément par le Japon, éclata à Pékin (1937). La Chine résista, mais dut finalement reculer devant la poussée japonaise. Allié de l'Allemagne et de l'Italie (1936 - 1937), le Japon s'assura, malgré Vichy, le contrôle de l'Indochine française. L'attaque de Pearl* Harbor (7 déc. 1941) eut pour effet principal de décider les Américains à participer à la Deuxième Guerre mondiale aux côtés des Alliés. Les Japonais s'emparèrent des Philippines, de Hong-Kong, de Singapour, de la Birmanie, des Indes néerlandaises. Après de terribles combats, les bombes atomiques américaines lâchées sur les villes de Hiroshima* (6 août 1945) et de Nagasaki (9 août) obligèrent les Japonais à signer un armistice le 2 sept. 1945, à bord du cuirassé *Missouri*. Les Alliés conclurent la paix avec le Japon, dont le territoire se restreignit aux quatre îles principales (1951). **La reconstruction et les relations extérieures** Depuis 1946 (à l'exception de dix mois dans l'opposition en 1993 - 1994, puis de la participation à un gouvernement de gauche de 1994 à 1996), le Parti libéral démocrate (PLD) est resté au pouvoir (Yoshida*, Hatoyama*, Kishi*, Ikeda*, Satō*, Tanaka*, Miki*, Fukuda, Ohira, Suzuki, Nakasone*, Takeshita*, Uno, Kaifu*, Miyazawa*, Hashimoto, Mori, Koizumi). Après une épuration très relative du parti militaire sous MacArthur* et la démocratisation plus réussie de la vie publique, le Japon de Yoshida trouva la voie de la réconciliation avec les États-Unis. Tenant compte du rôle de rempart contre le communisme en Asie joué par le Japon et de la relance économique (commandes massives des États-Unis pendant la guerre de Corée), le traité de San Francisco (1951) mit fin à l'occupation et entérina le retour à l'équilibre. En 1955, le Japon adhéra au Gatt* et l'ère de la croissance (env. 7 % par an) commença en 1956. La renaissance d'un marché de consommation intérieure et la réconciliation avec des pays occupés pendant la guerre (Indonésie) donnèrent un nouvel élan au pays, amplifié par le «plan de doublement du revenu national» (1960) d'Ikeda. Le Japon dépassa alors les 10 % de croissance annuelle (jusqu'en 1970), grâce à l'investissement massif dans les équipements industriels et les activités de production et à une politique de bas salaires. Sur le plan international, le Japon connut la consécration avec son entrée à l'ONU (1956), conclut des accords commerciaux avec l'URSS (1957) et la Chine (1962) et entra à l'OCDE. **La croissance** À partir de 1965, les salaires augmentèrent (env. 7 % par an) et le marché de consommation intérieure devint un moteur de la croissance, cependant que la propension japonaise à l'épargne permettait aux banques d'alimenter l'investissement industriel. La demande croissant, les besoins en matières premières s'accrurent. Dans un pays quasiment sans ressources, les exportations devinrent vitales. Sous Sato puis sous Tanaka, la croissance continua, mais son rythme effréné provoqua des dérapages : inflation (1965) ; pollution (empoisonnement au mercure des villageois de Minamata, jugé en 1972) ; malaise social incarné dans les émeutes étudiantes (1968), le suicide de Mishima* et les attentats d'extrême gauche (1972). Sur le plan international, en revanche, les succès furent remarquables grâce à la normalisation des relations avec la Corée (1965) et avec la Chine (1972), et la restitution des îles Ogasawara*, Okinawa* et Ryūkyū*. Mais en 1973, Tanaka dut affronter le choc pétrolier et un scandale majeur. L'année suivante, le PNB régressa pour la première fois depuis la guerre. Une réforme économique sans précédent fut alors mise en chantier, qui portait sur l'énergie (pétrole, nucléaire civil), la productivité, la recherche et le redéploiement des exportations en faveur d'une trentaine de produits sélec-

**Japon.** L'hôtel de ville de Tōkyō par Tange Kenzō.
*Phot. © Nacivet/Explorer*

tionnés. Le taux de croissance ne dépassa plus les 4 % l'an, mais l'effort général permit au Japon de mieux affronter le second choc pétrolier en 1979. Cependant, des perturbations sociales agitèrent le pays. La violence des émeutes autour du site de l'aéroport de Narita* en 1978 en fut le symbole. Sous la direction libérale de Nakasone* (privatisations, désendettement de l'État), le Japon des années 1980 engrangea les bénéfices de l'effort soutenu pendant la décennie précédente. Les industries du savoir, la finance (1er banquier mondial en 1985) et le tertiaire devinrent les moteurs de la croissance. Les excédents commerciaux, en particulier avec les États-Unis, entraînèrent des frictions internationales, mais n'ont jamais cessé. Le Japon, seconde puissance économique mondiale, est un géant aux pieds d'argile.

**▮ DEPUIS 1989 : L'ÈRE HEISEI** Passée l'euphorie de la fin de l'ère Hirohito*, la grave crise économique des années 1990 et la crise financière asiatique de 1997 - 1999 ont révélé de profonds archaïsmes dans la société ainsi que les inadéquations des structures politiques et économiques. Sur le plan social, le désenchantement de la population est manifeste, à travers l'emprise des sectes (attentats au gaz sarin de la secte Aum, 1995), le chômage, la crise de consommation, les votes de protestation en faveur de candidats hétérodoxes. Sur le plan politique, la puissance publique manifeste épisodiquement son incapacité par les retards dans l'attitude à adopter, pendant la guerre du Golfe (1991) ou lors du tremblement de terre de Kôbe (1995) entre autres. Le multipartisme et les traditions entretiennent le fossé entre la population, et des partis désunis, écrasés par le parti libéral démocrate (PLD). **▮ Scandales et faillites** Cette incompréhension conduit la classe politique à effectuer des choix contestables : depuis les réformes institutionnelles de 1993 jusqu'à l'arrivée de Junichiro Koizumi* (2001 - 2006), les Premiers ministres se sont succédé à une forte cadence. Les politiques de relance successives, fondées sur les dépenses publiques et la réduction des taxes, ont été un échec. S'y sont ajoutés les traumatismes d'une décennie de scandales et de faillites spectaculaires (Daiichi, Sanyo, Yamaichi, 1997 ; assurances Chiyoda, Kyoei, 2000) et de chômage endémique, qui ont ébranlé le concept d'emploi à vie propre au système des grandes entreprises japonaises et atteint le moral de la population. Koizumi est parvenu à mettre fin à cette spirale de la crise grâce à des réformes structurelles (plafonnement de la dette publique, assainissement du système bancaire, privatisation de services publics). Les faillites ont favorisé l'implantation de méthodes modernes de management, souvent inspirées des firmes étrangères appelées à la rescousse (Renault dans le cas de Nissan, 1999 ; AIG dans celui de Chiyoda, 2000). **▮ Le Japon aujourd'hui** Le départ à la retraite de la génération du baby-boom, entamé en 2005 pour atteindre un pic en 2007, a permis aux jeunes générations de retrouver le chemin du plein emploi. L'économie japonaise a renoué avec la reprise entre 2002 et 2008, grâce à l'implantation outre-mer (le Japon, premier pourvoyeur d'aide au développement en Asie depuis 1992) et du *boom* de l'économie chinoise. Mais le Premier ministre Shinzo Abe* n'a pas su faire fructifier l'héritage de Koizumi. Son successeur, Yasuo Fukuda* (2007-2008) n'a pas restauré la confiance des voisins inquiets de l'alignement du Japon sur la politique antiterroriste américaine. Le Premier ministre Taro Aso* (2008-2009) a été confronté à la crise financière mondiale, qui a entraîné le parti libéral démocrate dans son pire échec électoral. Le tout jeune parti démocrate du Japon (PDJ), de centre gauche, et le Premier ministre Yukio Hatoyama ont bénéficié de la défiance publique.

---

**JAPON** (mer du) – en jap. ***Nihon-Kai*** ♦ Mer presque fermée s'étendant entre les îles du Japon, la Corée et la côte orientale de Sibérie. Elle s'ouvre sur la mer d'Okhotsk* au N. par le détroit de Tartarie* et à l'E. par le détroit de Lapérouse (ou Soya-kaiko), sur l'océan Pacifique par le détroit de Tsugaru (entre les îles de Honshū* et de Hokkaidō*) et le détroit de Shimonoseki (entre les îles de Honshū et de Kyūshū*), enfin sur la mer de Chine orientale par le détroit de Corée (ou de Tsushima). Relativement profonde (de 2 000 à 3 000 m), elle semble être le résultat d'un effondrement. Ses eaux, où se heurtent des courants froids et chauds, sont très poissonneuses. Sa partie N. est parfois gelée pendant l'hiver, permettant un passage facile de Sibérie à Sakhaline. Orientée N.-N.E.-S.-S.O., elle s'étend de 53° à 43° de latitude N. et de 128° à 142° de longitude E.

**Japon (martyrs du)** ♦ Nom donné à six franciscains espagnols, trois jésuites japonais (dont Paul Miki) et dix-sept laïques japonais crucifiés près de Nagasaki en 1597, canonisés en 1862. ▪ Fête le 6 fév.

**JAPURÁ** n. m. (rio) ou río **CAQUETÁ** n. m. ♦ Riv. du Brésil et de Colombie (1 945 km), affl. du cours supérieur (rive g.) de l'Amazone, qui conflue avec le Solimões à la hauteur de la ville de Tefé.

**JAQUE (CHRISTIAN-)** → Christian-Jaque

**JAQUES-DALCROZE (Émile)** ♦ Pédagogue et compositeur suisse (Vienne 1865 - Genève 1950). Élève de Delibes et de Fauré à Paris, puis de Fuchs et de Bruckner, à Vienne, il créa la «gymnastique rythmique» qui tend à harmoniser les mouvements du corps, les impulsions psychiques et la musique. Auteur d'opéras, de pièces de musique de chambre et chorale, il publia des recueils de chansons populaires de la Suisse romande et des écrits théoriques.

**JARAÏ(S)** n. m. (pl.) – en vietnamien ***Gia Rai*** ♦ Ethnie montagnarde du Sud indochinois (principalement région de Plaÿ Cu), d'origine ancienne et dont la langue, qui appartient à la famille austronésienne, a subi les influences de la langue cham.

Le **Jardin des délices terrestres** ♦ Triptyque de Jérôme Bosch* (non daté, peut-être 1503 - 1504, musée du Prado, Madrid). Entre «Le Paradis» à gauche et «L'Enfer» à droite, le panneau central, appelé lui aussi «Le Jardin des délices terrestres», a pour thème les jouissances sensuelles. Au centre, la cavalcade de la luxure s'inscrit autour de la fontaine de jouvence ; au fond, dans le labyrinthe de la volupté, flotte le globe de la fontaine de l'adultère ; l'œuf constitue le centre géométrique du tableau. Cette scène énigmatique a fait l'objet de multiples interprétations faisant référence tantôt à l'alchimie, à cause de la métamorphose et de la dénaturation des formes, tantôt à la symbolique du diable ou encore à la psychanalyse.

Le **Jardin des délices terrestres.** Tableau de Jérôme Bosch, panneau central (220 × 195 cm). Musée du Prado, Madrid. *Phot. © Dagli Orti*

**JARGEAU** [45150] ➝ ÉTYM. du lat. *Gargilius*, n. de pers. gallo-rom., et gaul. *ialo* «clairière» ♦ Ch.-l. de cant. du Loiret, arr. d'Orléans, sur la Loire. 3 979 hab. (aggl. 8 331) *(Gergoliens)*. ▮ **Histoire** Jeanne d'Arc y vainquit les Anglais le 12 juin 1429.

**JARI** n. m. (rio) ♦ Riv. du Brésil (560 km), affl. du cours inférieur (rive g.) de l'Amazone, formant limite entre les États du Pará et de l'Amapa. Il a donné son nom à une gigantesque exploitation agricole créée en 1969 à l'initiative d'un homme d'affaires américain, Daniel Ludwig, et destinée à la mise en valeur agropastorale hautement mécanisée du milieu amazonien. Plantations d'espèces à croissance rapide, usine de pâte à papier, culture à grande échelle de riz, élevage bovin de races sélectionnées.

**JARĪR** ♦ Poète arabe (mort v. 728). Il introduisit dans une de ses odes où il glorifie l'islam la piété religieuse en poésie. Il est surtout célèbre par ses satires parsemées de violentes injures ainsi que par ses panégyriques d'al-Hajjāj, gouverneur omeyade de l'Irak.

**JARMUSCH (Jim)** ♦ Cinéaste américain (Akron, Ohio, 1953). L'un des rares metteurs en scène issus du mouvement underground qui ait franchi sans heurt le cap du cinéma commercial, en y maintenant des partis pris esthétiques originaux (image souvent en noir et blanc, longs plans-séquences, intrigue minimale) où se ressent l'influence de la nouvelle vague française : *Stranger Than Paradise* (1984), *Down by Law* (1985), *Mystery Train* (1989), *Dead Man* (1995), *Ghost Dog* (1999) et *Broken Flowers* (2005) sont autant de récits ludiques et désenchantés, teintés d'un humour très personnel.

**JARNAC (Guy DE CHABOT, baron DE)** ♦ Gentilhomme français (1505 - apr. 1572). Dans un duel resté célèbre (1547), il allait être vaincu lorsqu'il frappa son adversaire François de Vivonne (La* Châtaigneraie) au jarret d'un coup inattendu mais loyal (d'où l'expression : *un coup de Jarnac*). Le duel eut lieu en présence d'Henri II et de toute la cour.

**JARNAC** [16200] ➝ ÉTYM. anc. *Agannagum*, du germ. latinisé *Agarnus*, n. de pers., et suff. *-acum* ♦ Ch.-l. de cant. de la Charente, arr. de Cognac, sur la rive d. de la Charente. 4 659 hab. *(Jarnacais)*. Anc. abbatiale des XIe et XIIIe s. ▪ Distilleries. Important centre de commercialisation du cognac. ▮ **Histoire** Le 13 mars 1569, le futur Henri III, alors duc d'Anjou, remporta une importante victoire sur les troupes protestantes du prince de Condé, qui fut tué au cours de la bataille.

**JARNY** [54800] ➝ ÉTYM. anc. *Garniacum*, du lat. *Garinius*, n. de pers., et suff. *-acum* ♦ Comm. de Meurthe-et-Moselle, arr. de Briey. 8 377 hab. (aggl. 12 457) *(Jarnysiens)*. Anc. mines de fer.

**JAROUSSKY (Philippe)** ♦ Contre-ténor français (Sartrouville 1978). Ses études musicales commencèrent par le violon et le piano mais il s'imposa sur la scène lyrique en tant que contre-ténor. Il a particulièrement interprété le répertoire de sopraniste, c'est-à-dire la voix de castrat la plus aiguë (répertoire italien pour castrat, Monteverdi et Vivaldi, ainsi que Haendel et Bach).

**JARRE (Maurice)** ♦ Compositeur français (Lyon 1924 - Los Angeles 2009). Élève de A. Honegger, il a surtout écrit de la musique de scène pour les principaux spectacles de J. Vilar au Théâtre national populaire, et de la musique de film *(Lawrence d'Arabie, Le Docteur Jivago)*. Son fils JEAN-MICHEL JARRE (Lyon 1948) a produit de nombreux spectacles de sons, couleurs, lumières et images. ➝ ÉTYM. *Jarre* vient probablement d'un nom de lieu, du prélatin *garric* «chêne».

**JARRELL (Michael)** ♦ Compositeur suisse (Genève 1958). Élève de Klaus Huber à Fribourg, il noua en 1986 ses premiers contacts avec l'Ircam. En 1991, il devint compositeur résident à l'Orchestre national de Lyon. Il a écrit, entre autres, l'opéra de chambre *Dérives* (1980 - 1985), *Instantanés* pour grand orchestre (1986), *Essaims-Cribles* pour clarinette basse et ensemble (1987), *Congruences* pour flûte-MIDI, hautbois, ensemble et live-electronic (1989, 2e version 1991), le ballet *Harold et Maud* (1991), *Des nuages et des brouillards* pour harpe, piano, percussions et orchestre à cordes (1992), *Cassandre*, mélodrame pour une comédienne (1994).

**JARRES** (plaine des) ♦ Nom donné au Laos à la région du plateau de Xieng Khouang. De grandes urnes en pierre (de 1 à 3 mètres de hauteur) y subsistent, dont la fonction (sans doute funéraire) et la datation (aux alentours du début de l'ère chrétienne) demeurent incertaines.

**Jarretière (Très noble ordre de la)** – en angl. ***The Most Noble Order of the Garter*** ♦ Ordre de chevalerie anglais fondé par Édouard III entre 1346 et 1348. Selon la tradition, la comtesse de Salisbury, maîtresse d'Édouard III, laissa tomber sa jarretière lors d'un bal de la cour. Le roi la ramassa vivement et la rendit à la comtesse ; devant les plaisanteries des courtisans, il s'écria : «Honni [honi] soit qui mal y pense» (devise de l'ordre). Il promit à sa favorite de faire de ce ruban bleu un insigne si prestigieux que les courtisans les plus fiers s'estimeraient trop heureux de le porter. L'ordre a pour grand maître le souverain et comprend, outre le prince de Galles, 24 chevaliers choisis dans la plus haute noblesse. Il est parfois conféré à des personnalités étrangères.

**JARRETT (Keith)** ♦ Musicien de jazz américain (Allentown, Pennsylvanie 1945). Artiste polyvalent (flûtiste, organiste, guitariste, batteur, saxophoniste, vibraphoniste), il est surtout connu comme pianiste et devint l'un des Jazz Messengers d'Art Blakey* (1965). Préférant le piano à ses dérivés électroniques, il s'exprime dans un style qui tente de relier le jazz-gospel à l'avant-garde et excelle dans l'art de l'improvisation. Princ. enregistrements : *Facing You* (album, 1972), *Stella by Starlight* (1985).

**JARRIE** [38560] ➝ ÉTYM. franco-prov. «terre inculte» ♦ Comm. de l'Isère, arr. de Grenoble. 4 009 hab.

**JARRY (Alfred)** ♦ Écrivain français (Laval 1873 - Paris 1907). Dès 1888, à Rennes, il mettait en œuvre, par le moyen de comédies pour marionnettes, le personnage du père Ubu* qui allait tenir une grande place dans l'histoire littéraire comme dans la vie de son inventeur. Ce personnage apparut dans ses premières œuvres, *Les Minutes de sable mémorial* (poèmes, 1894), *César-Antechrist* (scènes héraldiques, 1895), et devint le centre d'une geste théâtrale dont la virulence et la cocasserie d'origine «potache» eurent un effet de rupture indéniable : *Ubu Roi* (première représentation houleuse le 10 déc. 1896), *Ubu enchaîné* (1900), *Ubu sur la Butte* (réduction d'*Ubu Roi* en deux actes pour marionnettes ; représenté en 1901), *Ubu cocu* (posth. 1944), à quoi s'ajoutent les deux *Almanachs du père Ubu* (1899 et 1901). La dramaturgie de Jarry, exposée dans son article *De l'inutilité du théâtre au théâtre* (1896), se caractérise par la schématisation des caractères, des actions, du décor et par le refus du réalisme et de la psychologie. Elle précède ainsi les tendances du théâtre au XXe s. et inspira en partie les recherches de A. Artaud* (qui fonda un théâtre Alfred-Jarry). Cependant l'envahissante personnalité d'Ubu créa, vis-à-vis de l'œuvre proprement littéraire de Jarry, une équivoque que l'intérêt superficiel des surréalistes ne dissipa point. En quelques années d'une vie «paroxystique», Jarry produisit une œuvre dense, d'un abord parfois difficile, où les splendeurs de l'imagination et les mythologies les plus personnelles s'expriment dans une langue complexe, jouant sur les significations multiples des images et des mots. À côté de chroniques «pataphysiques», réunies sous le titre *La Chandelle verte* (posth. 1969) et de pièces de théâtre «mirlitonesques», on citera : *Les Jours et les Nuits* (1897), quête du double et désertion de la réalité, dans la folie ; *L'Amour absolu* (1899), quête de la mère à travers une imagerie paradoxalement chrétienne ; *Messaline, roman de l'ancienne Rome* (1901) et, symétrique, *Le Surmâle, roman moderne* (1902), envisageant des excès érotiques, l'un dans une réinvention du passé, l'autre dans un futur d'anticipation ; *Gestes et Opinions du docteur Faustroll, pataphysicien* (posth. 1911), exposant cette «science des solutions imaginaires» qui est la clef de l'œuvre de Jarry et que perpétue le Collège de 'Pataphysique (fondé en 1948). ➝ ÉTYM. *Jarry* est le nom d'un domaine planté de chênes, de l'occitan *garric* «chêne».

Alfred **Jarry** en 1898. Phot. © *Harlingue/Roger-Viollet*

**JARUZELSKI (Wojciech)** ♦ Homme d'État et général polonais (Kurów 1923). Ministre de la Défense en 1968, premier secrétaire du parti ouvrier unifié (POUP) en oct. 1981, il prit la tête du Conseil militaire de salut national et fit proclamer, le 13 déc. 1981, l'«état de guerre» pour contrecarrer les activités et la popularité grandissante du syndicat Solidarité — ce pour quoi il a été inculpé en 2007. En 1988, l'impuissance de la répression et la dégradation sociale et économique du pays le contraignirent à accepter de négocier avec Solidarité afin de définir les nouveaux équilibres du pouvoir. Élu président de la République (juil. 1989) tandis que s'installait un gouvernement formé par Solidarité, il écourta son mandat et fut remplacé par L. Wałęsa (fin 1990). Depuis 2007, plusieurs procès sont instruits contre lui pour actes criminels envers la nation polonaise.

**JARVILLE-LA-MALGRANGE** [54140] ➝ ÉTYM. *Jarville* «domaine (lat. *villa*) de Garo (n. de pers. germ.)» ♦ Ch.-l. de cant. de la Meurthe-et-Moselle, arr. de Nancy. 9 746 hab. *(Jarvillois)*. Musée du Fer.

**JASIEŃSKI (Bruno)** ♦ Poète polonais (Klimontów 1901 - près de Vladivostok 1939). Futuriste, il tenta, avec son premier recueil *La Botte dans la boutonnière* (1921), de choquer à tout prix le bourgeois, mais, dans son long poème *Le Chant de la faim* (1922) et dans *La*

*Terre à gauche* (1924), il se révolta contre l'injustice sociale. Après l'insurrection des ouvriers à Cracovie, il écrivit *La Marche des insurgés de Cracovie* (1924). Émigré à Paris, il publia dans *l'Humanité* son roman réaliste socialiste *Je brûle Paris* (1928) où il évoque la future révolution socialiste. Il gagna l'URSS en 1929, y écrivit en russe, fut arrêté en 1937, périt durant sa déportation, et ne fut réhabilité qu'en 1956.

**JASĪM AL-DĪN** ou **JASĪM UDDĪN** ♦ Poète et écrivain indien (Bengale 1903 - Dacca 1976) d'expression bengali et de foi musulmane. Ses œuvres, très nombreuses, ont connu un grand succès populaire. Plusieurs de ses romans furent traduits en anglais (*Gipsy Wharf, The Field,* entre autres).

**JASMIN (Jacques BOÉ, dit)** ♦ Poète français de langue d'oc (Agen 1798 - *id.* 1864). Il voulut faire renaître la littérature occitane et publia des poèmes gascons qui eurent un grand succès auprès de la critique parisienne. Son œuvre est réunie sous le titre *Las Papillotos,* «Les Papillotes» (1835, 1842, 1851, 1863).

**JASON** – en gr. *Iasôn* ♦ Fils d'Éson*, roi mythique d'Iolcos (Thessalie) détrôné par Pélias*, Jason est élevé par le centaure Chiron*. Devenu adulte, il revient à Iolcos et se présente devant le roi portant une seule sandale, parce qu'il avait perdu l'autre en traversant un torrent. Or un oracle avait averti Pélias de «se méfier de l'homme à l'unique sandale». Il pose alors à Jason une condition pour lui rendre le royaume : lui apporter la Toison* d'or. Jason part en Colchide* sur le navire *Argo* avec les principaux héros grecs, les Argonautes*. Il en revient avec le précieux trophée et marié avec Médée*, qui, peu après, provoque la mort de Pélias. Chassés alors d'Iolcos, les deux époux se réfugient à Corinthe*. Après dix ans, Jason répudie Médée et lui annonce son mariage avec Créüse*, fille du roi Créon*, attirant l'atroce vengeance de la magicienne.

**JASPAR (Henri)** ♦ Homme politique belge (Schaerbeek, Bruxelles 1870 - Uccle, Bruxelles 1939). Chef du parti catholique, il occupa plusieurs fonctions ministérielles avant de devenir président du Conseil (1926 - 1931). Il fit entrer la Belgique dans la SDN et s'efforça de stabiliser le franc belge et d'apaiser l'agitation flamande.

**JASPER** (parc national de) ♦ Parc national du Canada (Alberta), dans les Rocheuses. 10 900 km². Tourisme.

**JASPERS (Karl)** ♦ Psychologue et philosophe allemand (Oldenburg 1883 - Bâle 1969). Il se fit connaître par des travaux de psychiatrie et de psychologie où il introduisit la méthode compréhensive, s'inspirant de Dilthey et de la phénoménologie de Husserl* (*Psychopathologie générale,* 1913 ; *Psychologie des conceptions du monde,* 1919). Il se consacra ensuite à la philosophie, publiant *Situation spirituelle de notre époque* (1931), *Philosophie* (1932), *Introduction à la philosophie, La Foi philosophique, Origine et sens de l'histoire, Les Grands Philosophes* (1957). Spirituellement proche de Nietzsche et surtout de Kierkegaard, son existentialisme a pour point de départ une analyse critique du savoir objectif, la constatation de ses limites et de l'impossibilité d'une ontologie rationnelle. Philosopher, c'est ainsi pour l'homme prendre conscience de son existence par rapport au monde où il doit sans cesse engager sa liberté, et aux autres avec qui il tente de communiquer. Les situations limites (la souffrance, l'échec, la mort), en lui dévoilant sa finitude, lui font aussi découvrir l'exigence d'une transcendance (l'Être, l'Englobant) dont il lui appartient de lire, d'interpréter le langage (les signes et les chiffres), décidant ainsi du sens (ou du non-sens) de son existence, de son histoire. Au-delà de tout dogme, de toute autorité établie, la foi philosophique qu'affirme K. Jaspers est exigence de clarté, de rationalité et fondement d'une éthique nouvelle. Elle éclaire ses prises de position morales et politiques : son opposition au national-socialisme, son analyse de *La Culpabilité allemande,* au lendemain de la guerre (1946), son ouvrage sur *La Bombe atomique et l'avenir de l'humanité.* ➔ ÉTYM. Ce nom a la même étymologie que *Gaspard**.

**JASSANS-RIOTTIER** [01480] ➔ ÉTYM. *Jassans* du germ. *Gaszo,* n. de pers., et suff. *-ing* et *Riottier* (anc. *Redorterio*), du lat. *retorta* «branche souple» ♦ Comm. de l'Ain, arr. de Bourg-en-Bresse. 5 338 hab.

**JASSET (Victorin Hippolyte)** ♦ Cinéaste français (Fumay 1862 - Paris 1913). L'œuvre de ce pionnier de l'art muet est aux trois quarts perdue, mais ce qui en reste suffit à témoigner d'une forte personnalité, égale à celle de Louis Feuillade, qu'il précéda dans la fabrication de films à épisodes, au large retentissement populaire : série des *Nick Carter* (1908 - 1909), des *Zigomar* (1911 - 1913), *Protéa* (1913).

**JASSY** → **Iași**

**JASTRUN (Mieczysław)** ♦ Poète polonais (Korolówka 1903 - Varsovie 1983). Soucieux d'être «responsable devant l'histoire», il fut tour à tour influencé par le symbolisme (*Rencontre dans le temps,* 1929 ; *Une autre jeunesse,* 1933 ; *Des faits encore récents,* 1935) et le réalisme (*Le Ruisseau et le Silence,* 1937 ; *L'Année féconde,* 1950 ; *Les Couleurs de la terre,* 1951 ; *Poèmes sur la langue polonaise,* 1952). Il publia des traductions de Rimbaud, d'Éluard, d'Aragon, de Pasternak et de Rilke. Il est également l'auteur de romans biographiques sur *Mickiewicz** (1949), Słowacki (*La Rencontre avec Salomé,* 1951) et Kochanowski* (*Le Poète et le Courtisan,* 1954).

**JASWANT SINGH** ♦ Rajah du Marwar (Inde occidentale) qui régna de 1657 à 1678 et fut au service d'Aurangzeb*. Après avoir trahi Dārā Shikoh, il fut impliqué dans une autre trahison (au profit de Shivaji*, le chef des Mahratis révoltés contre les Moghols) et déporté en Afghanistan où il mourut au cours d'un combat.

**JAT** n. m. pl. ♦ Groupes de paysans indiens de la région de Mathura* (moyen Gange) qui, à la suite de la destruction de leur temple par les musulmans, se révoltèrent de nombreuses fois à partir de 1669 contre Aurangzeb*, allant jusqu'à violer, en 1691, la tombe d'Akbar*. Ils ne purent être définitivement vaincus qu'en 1772.

**Jātaka** n. m. pl. ♦ Ensemble de contes bouddhiques indiens rédigés en pali et racontant les épisodes des vies antérieures du Bouddha*. Ce célèbre recueil ne comporte pas moins de 547 histoires, dont les plus anciennes peuvent remonter au –IIIᵉ s. Ces textes, traduits dans toutes les langues des pays bouddhistes d'Asie, ont été d'une grande importance au point de vue littéraire et artistique, en fournissant, à de nombreux pays, thèmes de représentations et sujets moraux et philosophiques.

**JAUBERT (Maurice)** ♦ Compositeur français (Nice 1900 - Azerailles-sur-Moselle 1940). Une spontanéité chaleureuse et le goût de la clarté caractérisent son œuvre à laquelle une mort au combat pendant la guerre mit fin prématurément. Il a laissé des ouvrages symphoniques (*Le Jour,* 1931 ; *Suite française,* 1935 ; *Jeanne d'Arc,* d'après Ch. Péguy, 1937 ; *Concert flamand,* 1938), de la musique de chambre et des mélodies. Ses partitions de musique de scène (*Tessa, La guerre de Troie n'aura pas lieu*) et de films (*Quatorze-Juillet, Drôle de drame, Carnet de bal, Le Quai des brumes*) sont des chefs-d'œuvre du genre. ➔ ÉTYM. *Jaubert* vient du nom de personne germanique *Gautberht,* de *gaut-* «goth» et *berht* «illustre».

**JAUCOURT (Louis,** chevalier **DE)** ♦ Érudit français (Paris 1704 - Compiègne 1779), auteur d'une *Histoire de la vie et des œuvres de Leibniz* (1734), et collaborateur de Diderot pour l'*Encyclopédie**.

**JAUCOURT (François ARNAIL,** comte **DE)** ♦ Homme politique français (Tournan-en-Brie 1757 - Presles, Seine-et-Marne 1852). Député à l'Assemblée législative (1791), il siégea avec les monarchistes constitutionnels, fut emprisonné après le 10 août 1792, mais, libéré peu après, il émigra jusqu'au 9 Thermidor an II (27 juil. 1794). Rallié à Bonaparte après le 18 Brumaire, il présida le Tribunat, fut membre du Sénat et intendant de la maison de Joseph Bonaparte. Membre du gouvernement provisoire en 1814, il se rallia à Louis XVIII qu'il rejoignit à Gand et qui le nomma ministre de la Marine après Waterloo (1815).

**JAUFRÉ RUDEL** prince **DE BLAYE** ♦ Troubadour français (XIIᵉ s.). Sa vie est mal connue. Il semble qu'il soit né en 1130 et mort en 1170. Il partit en croisade en 1147. Son amour pour la comtesse de Tripoli est vite devenu légendaire : il inspira Pétrarque*, Uhland*, Heine*, Swinburne*, Carducci* et E. Rostand*.

**JAULIN (Robert)** ♦ Ethnologue français (Le Cannet 1928 - Gros-Rouvre, près de Montfort-l'Amaury 1996). Son ouvrage *La Paix blanche : introduction à l'ethnocide* (1970) lui valut une forte notoriété. Ultérieurement, il travailla sur le monde musulman : dans *Géomancie et Islam* (1991), il s'intéressa aux visées culturelles et à la pensée politique du prophétisme monothéiste.

**JAUNAY-CLAN** [86130] ➔ ÉTYM. anc. *vicum Gallinacum,* du lat. *Gallinus,* n. de pers., et suff. *-acum* ♦ Comm. de la Vienne, arr. de Poitiers, sur le Clain. 5 636 hab. Parc du Futuroscope*.

**JAUNE** (mer) ♦ Mer adjacente à la mer de Chine orientale, entre la côte chinoise au N. de Shanghai et la côte orientale de Corée (380 000 km²). Relativement peu profonde (prof. moy. : 44 m ; max. : 140 m), elle est progressivement comblée par les alluvions du Huang* he. Elle se termine au N.-O. par le golfe du Bohai.

**JAUNE** (fleuve) → **Huang he**

**JAUNPUR** ♦ V. de l'Inde (Uttar Pradesh), dans la plaine du Gange. 159 996 hab. ▮ **Histoire** La ville fut fondée en 1360 par des sultans de Delhi et fut la cap. d'un État musulman au XVᵉ s., dont il reste plusieurs vestiges monumentaux.

**JAURÉGUIBERRY (Jean Bernard)** ♦ Amiral français (Bayonne 1815 - Paris 1887). Il servit en Crimée, en Cochinchine et en Chine, puis fut nommé gouverneur du Sénégal. Membre du gouvernement de la Défense nationale (1870), il combattit ensuite sous les ordres de Chanzy. Il fut deux fois ministre de la Marine de la IIIᵉ République (1879 - 1880, 1882 - 1883). ➔ ÉTYM. Ce nom basque signifie «le nouveau (*berri*) manoir (*jauregui*)».

**JAURÈS (Jean)** ♦ Homme politique, philosophe et historien français (Castres, Tarn 1859 - Paris 1914). Professeur de philosophie à Albi, puis à l'université de Toulouse, il fut élu député (centre gauche) du Tarn (1885). Battu aux élections de 1889, il revint à l'enseignement et prépara ses thèses : *De la réalité du monde sensible ; Les Origines du socialisme allemand chez Luther, Kant, Fichte, Hegel* (1891). Député socialiste de Carmaux (1893), il adhéra au Parti

Jean **Jaurès.** © *Roger-Viollet*

ouvrier français et lutta pour l'unité du mouvement socialiste. En 1898, il prit position pour la reconnaissance de l'innocence de Dreyfus (*Preuves*, 1898). Il défendit contre J. Guesde* la participation du socialiste A. Millerand au gouvernement Waldeck-Rousseau (1899) ; il se plia cependant à la décision du congrès socialiste d'Amsterdam (1904), où la tendance guesdiste l'emporta. Mais après que l'unité du mouvement socialiste fut réalisée grâce à la constitution de la SFIO (1905), le guesdisme devint minoritaire et les idées de Jaurès dominèrent désormais le socialisme français. Fondateur de *l'Humanité** (1904), Jaurès mena, comme parlementaire, les grandes batailles socialistes : lois pour l'enseignement laïc, lois ouvrières. Violemment opposé à la politique colonialiste (il fut le premier parlementaire à s'interroger sur l'absence de droits des populations arabo-musulmanes en Algérie) et à la guerre, il fut assassiné par un nationaliste, R. Villain, le 31 juil. 1914, à la veille du début de la Première Guerre mondiale. Si Jaurès adopta le matérialisme économique et la théorie de l'antagonisme des classes de Karl Marx, son socialisme fut libéral et démocratique. Sans écarter totalement la possibilité pour le prolétariat de «recourir à la force insurrectionnelle», il crut en une évolution révolutionnaire d'une démocratie républicaine en une démocratie socialiste par le renforcement de la classe ouvrière. Cependant, il n'était pas partisan de la dictature du prolétariat. Son internationalisme et son pacifisme (assorti du souhait d'une «armée nouvelle») sont liés à un patriotisme démocratique (*Action socialiste*, 1899 ; *Études socialistes*, 1901 ; *Histoire socialiste de la Révolution française*, ouvrage publié sous sa direction de 1901 à 1908). En 1924, ses cendres ont été transférées au Panthéon. ◆ **ÉTYM.** *Jaurès* signifie «originaire de Jaure [commune de Dordogne]», du latin *Gabrus*, nom de personne (du gaulois *gabro* «chèvre»).

**JAVA** ◆ **ÉTYM.** en indon. ***Jawa***, du sanskr. *Yavadvīpa* «l'île de l'orge (ou du millet)» [p.-ê. allus. à l'éparpillement d'îles] ♦ Île d'Indonésie, faisant partie de l'arc volcanique de la Sonde. → **Indonésie** (carte). 132 186 $km^2$ (longue de 1 000 km et large de 190 km au maximum). 120 429 331 hab. L'île connaît l'une des plus fortes densités rurales du monde (900 hab/$km^2$) et regroupe 60 % de la population de l'Indonésie sur 6,88 % du territoire national. Elle est composée de trois grands groupes, soit d'O. en E., les Sundanais, les Javanais et les Madurais. Les résultats du contrôle des naissances, le programme de transmigration (transfert des populations vers les régions moins peuplées) et l'urbanisation ont permis d'alléger sensiblement la pression des hommes sur les campagnes. L'urbanisation, ancienne, a pris un essor considérable depuis les années 1950 (38 millions d'urbains en 1990). L'île comprend 5 provinces : Jawa Barat (37 997 $km^2$, CAP. : Bandung) ; Jawa Tengah (34 206 $km^2$, CAP. : Semarang), la prov. à statut spécial de Yogyakarta, dirigée par un sultan (3 169 $km^2$), Jawa Timur (comprenant Madura, 47 922 $km^2$, CAP. : Surabaya) et le district métropolitain de Jakarta (611 $km^2$). Les volcans sont très actifs (mont Merapi à Java-Centre, 2 914 m ; le Tangkubanperahu à Java-Ouest, 2 076 m). L'éruption du Krakatau* en 1883 a été une véritable catastrophe. Le mont Galunggung a été très actif dans les années 1980. Le climat semi-humide a une saison sèche marquée. 70 % du territoire est cultivé et l'agriculture intensive est dominée par la riziculture irriguée. Java, aux dépens des autres régions, concentre l'essentiel des investissements nationaux et étrangers. Un transbordeur relie Java à Bali par Banyuwangi, et un autre à Sumatra par Merak. Les grands ports sont Tanjung Priok à Jakarta, Tanjung Perak à Surabaya et Semarang. ▮ **Histoire** Java a été le centre de plusieurs grands royaumes, dont celui de Majapahit* (hindouiste, XIII$^e$ - XVI$^e$ s.) et de Mataram (islamique, XVI$^e$ s.).

**JAVA** (mer de) ♦ Mer située au centre de l'archipel indonésien. → **Indonésie** (carte). Sa profondeur est de 200 m en moyenne. Elle constitue une sorte de «Méditerranée» autour de laquelle sont regroupés les régions économiquement les plus actives et le tiers de la population de l'Indonésie.

**JAVANAIS** ♦ Peuple indonésien de langue malayo-polynésienne (env. 60 500 000 pers.) habitant le centre et l'E. de l'île de Java. La culture javanaise actuelle, dont on trouve l'expression la plus raffinée dans les principautés du centre de Java (Yogyakarta* et Surakarta), a su combiner l'héritage austronésien commun aux peuples d'Indonésie et les apports successifs de l'indianisation et de l'islamisation ; elle se manifeste aussi bien à travers les arts traditionnels (musique, danse, théâtre, théâtre d'ombres) et l'artisanat d'art (orfèvrerie, batik) que dans les œuvres de création contemporaine. La population villageoise vit essentiellement de la riziculture, mais la terre manque, ce qui favorise une forte émigration.

**JAVARI** ou **YAVARI** ♦ Riv. du Pérou (1 000 km) affl. rive d. de l'Amazone qui forme frontière entre le Pérou et le Brésil.

**JAVOROV (Pejo KRAČOLOV, dit Pejo)** ♦ Poète bulgare (Čirpan 1877 - Sofia 1914). Disciple de Penčo Slavejkov*, il poussa jusqu'à la virtuosité sa maîtrise formelle du vers dans des poèmes symbolistes sur l'amour et la mort : *Poésies* (1901), *Insomnies* (1907), *Derrière les ombres des nuages* (1910).

**JAWLENSKY (Alexeï VON)** ♦ Peintre et dessinateur russe (Torschok 1864 - Wiesbaden 1941). Il abandonna pour la peinture une carrière d'officier et s'installa en 1896 à Munich, où il compléta sa formation artistique et se lia avec Kandinsky*. Il rencontra Hodler, puis Matisse en 1905 au cours d'un séjour en France. Il fonda ensuite avec Kandinsky la «Neue Künstlervereinigung» (NKV, 1909) et les œuvres qu'il réalisa entre 1905 et 1913 offrent des affinités avec celles des Fauves : la couleur y est étalée par larges nappes intenses et tend à perdre sa fonction descriptive pour devenir le moyen d'expression privilégié de la subjectivité de l'artiste ; l'espace est à peine approfondi et le dessin simplifié prend un aspect schématique. Jawlensky eut aussi tendance à cerner certaines parties de ses figures d'un épais trait foncé ; s'il ne participa pas à la formation du Cavalier* bleu, il n'en resta pas moins très proche de Kandinsky (*Paysage de Murnau*, 1912), distribuant les masses colorées d'une touche large posée souvent en diagonale. Il n'abandonna cependant jamais la figuration et, hanté par des préoccupations spiritualistes, s'inspira de la peinture byzantine (*Figures mystiques*, 1917). Il peignit de nombreuses têtes féminines à l'aspect souvent hiératique. Il résida en Suisse de 1914 à 1921, puis à Wiesbaden. Par le caractère mystique et lyrique de son inspiration, son art se rattache à l'expressionnisme allemand, mais il se rapproche souvent de Matisse par l'élégance et la puissance synthétique du trait.

**JAWORZNO** ♦ V. de Pologne, voïvodie de Silésie, située à l'E. du bassin houiller de haute Silésie. 95 617 hab. Indus. chimique et charbonnages.

**JAY (John)** ♦ Homme politique et diplomate américain (New York 1745 - Bedford, État de New York 1829). Secrétaire d'État de 1784 à 1789, puis président de la Cour suprême fédérale, il négocia avec l'Angleterre le traité de commerce et de navigation qui porte son nom (19 nov. 1794).

**JAYADEVA** ◆ **ÉTYM.** du sanskr. *jaya* «conquérant» et *deva* «dieu» ♦ Poète indien (v. 1150 - v. 1210) de la cour du roi Lakṣmanadeva du Bengale, fervent du culte de Krishna* et auteur de la *Gītā*-Govinda*, poème célébrant Krishna en termes d'une ardente dévotion.

**JAYA HARIVARMAN** ♦ Nom de rois du Champa* qui se succédèrent de 1147 à v. 1166 sur le trône de Panduranga (Phan-Rang). ♦ **JAYA HARIVARMAN I$^{er}$.** Il demeura célèbre pour avoir battu les Khmers* et repris son ancienne capitale Vijaya (v. 1149). ♦ **JAYA HARIVARMAN II.** Fils du précédent. Il succéda à son père en 1166 mais fut presque aussitôt évincé du trône par un rival qui prit le nom de Jaya* Indravarman IV.

**JAYA INDRAVARMAN** ♦ Nom de six rois du Champa*, qui régnèrent à Indrapura, puis à Vijaya entre 959 et 1285 (de 1203 à 1223 le Champa fut une province khmère). Le plus célèbre fut Indravarman IV (de 1166 à 1190) qui évinça Jaya Harivarman II et réussit, en remontant le Mékong, à surprendre la ville d'Angkor et à la piller (1177), tuant le roi usurpateur Tribhuvanadityavarman. Battu, il fut fait prisonnier par le roi khmer Jayavarman VII en 1190. Relâché, il fut tué au combat en 1192 par un prince cham qui avait pris sa place.

**JAYAPĀLA** ou **JAIPĀL** ♦ Roi indien de Kaboul* v. la fin du X$^e$ s. Chassé d'Afghanistan par le Turc Sabuktigīn en 991, il se réfugia au Panjab* où il organisa une confédération de rajahs locaux afin de faire obstacle aux raids de pillage de Sabuktigīn. Il fut cependant vaincu en 1001 par le successeur de celui-ci, Mahmud* de Ghazni, et fait prisonnier avec toute sa famille. Sa résistance héroïque fit le sujet de nombreuses gestes épiques indiennes.

**JAYAPURA** – anc. ***Hollandia***, puis ***Sukarnopura*** puis ***Djajapura*** ♦ V. d'Indonésie, cap. de la prov. de Papouasie* (Papua), située sur la côte N. du territoire. 130 287 hab. Port important pour l'Indonésie orientale.

**JAYA SIMHAVARMAN** ♦ Nom de cinq rois du Champa* qui régnèrent de façon discontinue entre 898 à 1400. Ils s'opposèrent constamment aux entreprises des Vietnamiens qui tentaient de descendre vers le S. en suivant les côtes. Finalement repoussés en 1400, ils durent abandonner à ces derniers les provinces situées au N. du col des Nuages.

**JAYAVARMAN** ♦ Nom de règne de huit souverains du Cambodge qui régnèrent dans la prov. de Kompong Thom, puis à Roluos et enfin à Angkor*. ♦ **JAYAVARMAN II** (v. 790 - v. 835). Il étendit ses conquêtes depuis le S.-E. du Cambodge actuel (Prei Veng) jusqu'à Vat Phu au N. et à la région d'Angkor. Il se proclama «empereur du monde» en 802 et institua le culte du *devarāja* («dieu-roi»), fondant ainsi l'Empire khmer. ♦ **JAYAVARMAN IV** (928 - 941). Il fut d'abord roi de Koh* Ker, il maintint la capitale dans cette ville et en fit la cap. impériale. ♦ **JAYAVARMAN VII.** Il fut le dernier grand roi d'Angkor (de 1181 à v. 1218). Il vainquit les Chams. Il édifia une capitale entourée de murailles (Angkor* Thom, et son temple, le Bayon*). Fervent bouddhiste, il entretint une centaine d'hôpitaux et de gîtes d'étapes, fit tracer des routes, construire des ponts. Ses nombreuses guerres, surtout contre le Champa*, qu'il annexa, et son acharnement à édifier des monuments ont sans doute contribué à affaiblir l'empire, dont la décadence s'accéléra après sa disparition. ➝ **ÉTYM.** Ce nom signifie «qui a la victoire pour protection».

**JAYAWIJAYA** ou **JAYA** – anc. ***Carstensz*** (mont) ♦ Principal sommet (4 884 m) de la province d'Irian* Jaya (Nouvelle-Guinée occidentale) en Indonésie, ainsi que de l'ensemble Asie du Sud-Est/Pacifique.

**JAZY (Michel)** ♦ Athlète français (Oignies, 1936). Fils de mineur polonais, deuxième du 1 500 m olympique à Rome (1960), il fut plusieurs fois champion de France (800 m, 1 500 m, 5 000 m) et d'Europe (1 500 m, 5 000 m).

**JBAÏL** ♦ V. portuaire du Liban, située entre Beyrouth et Tripoli, sur le site de l'anc. Byblos* (nom grec de *Gebal*). 100 000 hab. Tourisme.

**JDANOV (Andreï Aleksandrovitch)** ♦ Théoricien et homme politique soviétique (Marioupol, Ukraine 1896 - Moscou 1948). Bolchevik en 1915, membre du comité central du Parti communiste d'URSS en 1927, il joua un rôle politique de plus en plus important à partir des procès de Moscou (1937). Nommé troisième secrétaire du parti en 1946, il fut l'un des principaux défenseurs de l'orthodoxie stalinienne non seulement dans les domaines économique, social et politique, mais aussi littéraire, philosophique et artistique où il fut le théoricien du réalisme* socialiste (*Sur la littérature, la philosophie et la musique*, 1947, trad. fr. 1950). Il contribua à la création du Kominform (1947). ➝ **ÉTYM.** Ce nom vient du russe *jdanyï* «attendu».

**JDANOV** ➝ **Marioupol**

## JEAN

➝ **ÉTYM.** de l'hébr. *Yôḥânân* «Yâh(wèh) a fait grâce» [angl. *John ;* all. *Johann(es) ;* it. *Giovanni ;* esp. *Juan, Ibán ;* catalan *Joan ;* port. *João ;* roum. *Io(a)n ;* néerl. *Jan ;* polon. *Jan*] ♦ Nom de plusieurs personnages classés selon les rubriques suivantes : saint ; papes ; Angleterre ; Bohême ; Bourgogne ; Bretagne ; Bulgarie ; Empire byzantin ; Castille et León ; Danemark ; France ; Hongrie ; Luxembourg ; Navarre et Aragon ; Empire latin d'Orient ; Pologne ; Portugal ; Saxe ; Suède.

### SAINT

**JEAN** (saint) ♦ Un des douze apôtres*, fils de Zébédée et frère de Jacques (le Majeur). Identifié comme «le disciple que Jésus aimait» de l'Évangile de Jean, témoin de la Transfiguration et de la Passion du Christ, il reçoit la garde de Marie et accompagne Pierre au tombeau vide au matin de Pâques. La tradition le fait mourir à Éphèse, après avoir été relégué à Patmos où il aurait écrit l'Apocalypse* ; elle lui attribue le quatrième Évangile* et les trois épîtres qui portent son nom. ♦ ***Épîtres de Jean*** Livres du Nouveau Testament, en grec : Première Épître (5 chapitres), Deuxième (1 chapitre) et Troisième (1 chapitre). On connaît en outre des Actes de Jean et des Actes de Jean par Prochore, une Apocalypse apocryphe et un Livre secret (Apocryphon) de Jean découvert à Nag Hammadi, tous textes apocryphes mais qui reflètent sans doute la sensibilité de courants johanniques. ▪ Fête le 27 déc.

### PAPES

**JEAN I$^{er}$** (saint) ♦ (Tusculum - Ravenne 526). 53$^e$ pape (523 - 526), martyr. Contraint par Théodoric* de se rendre à Constantinople pour intercéder en faveur des ariens, il couronna l'empereur Justin (525), mais n'accomplit pas toute sa mission. Théodoric le jeta en prison, où il mourut. ▪ Fête le 18 mai.

**JEAN II [Mercurius]** ♦ 56$^e$ pape (de 532 à 535), Romain. Porteur d'un nom païen, il inaugura l'usage, pour les papes, de prendre un nouveau nom à leur avènement.

**JEAN III [Catelinus]** ♦ 61$^e$ pape (de 561 à 574), Romain.

**JEAN IV** ♦ 72$^e$ pape (de 640 à 642), de Zara (Dalmatie). Il renouvela l'anathème du pape Séverin* contre l'*Ecthèse*. ➝ **monothélètes.**

**JEAN V** ♦ 82$^e$ pape (de 685 à 686), d'Antioche.

**JEAN VI** ♦ 85$^e$ pape (de 701 à 705), Grec.

**JEAN VII** ♦ 86$^e$ pape (de 705 à 707), Grec.

**JEAN VIII** ♦ 107$^e$ pape (de 872 à 882), Romain. Il combattit les Sarrasins, couronna empereur Charles le Chauve de préférence à Louis le Germanique (875), reconnut Photios*, accepta Charles le Gros comme empereur (881). Il mourut assassiné.

**JEAN IX** ♦ (Tibur, auj. Tivoli 840 - Rome 900). 116$^e$ pape (898 - 900).

**JEAN X** ♦ (Tossignano 860 - Rome 928). 122$^e$ pape (914 - 928), ancien évêque de Bologne et archevêque de Ravenne (905). Il organisa, contre les Sarrasins, une ligue italienne présidée par Bérenger de Frioul qu'il couronna empereur (915) ; mais il dut combattre personnellement. Il fut emprisonné et assassiné par la «patrice» Marozia. ➝ **Pornocratie.**

**JEAN XI** ♦ 125$^e$ pape (de 931 à 935), Romain. Fils de Serge* III et de Marozia, il subit la domination de sa mère puis de son demi-frère Albéric II. Il favorisa les réformes d'Odon* de Cluny. ➝ **Pornocratie.**

**JEAN XII [Octavien]** ♦ (Rome 937 - 964). 130$^e$ pape (955 - 963). Fils d'Albéric II (➝ **Pornocratie**), il passe pour le plus indigne des papes. Contre Bérenger II d'Ivrée, il fit appel à Othon le Grand qu'il couronna à Rome (962), mais il fit aussitôt volte-face. Othon revint en force, le fit déposer pour ses débauches et remplacer par Léon* VIII. Pourtant il reprit Rome (déb. 964) ; il fut assassiné alors qu'Othon se préparait à intervenir de nouveau.

**JEAN XIII** ♦ 132$^e$ pape (de 965 à 972), Romain. Fils de Théodora la Jeune (➝ **Pornocratie**), il fut élu grâce à Othon I$^{er}$. Il sacra Othon II, associé à l'empire (967), encouragea les réformes clunisiennes (➝ **Cluny**) et réorganisa l'Église d'Allemagne.

**JEAN XIV [Pietro Canepanova]** ♦ 135$^e$ pape (de 983 à 984). Ancien évêque de Pavie et chancelier d'Othon II, il fut, après la mort de celui-ci, emprisonné par l'antipape Boniface* VII et sans doute assassiné.

**JEAN XV** ♦ 136$^e$ pape (de 985 à 996), Romain. Il fit signer la première «trêve de Dieu» entre Ethelred d'Angleterre et Richard de Normandie. Son pontificat est mal connu.

**JEAN XVI [Johannes Philagathus]** ♦ (mort à Fulda 1013). Grec de Calabre, archevêque de Plaisance, antipape en 997 - 998 contre Grégoire* V. Malgré le pardon du pape et d'Othon III, il fut aveuglé et mutilé par la foule.

**JEAN XVII [Siccon]** ♦ 139$^e$ pape, du 13 juin au 7 déc. 1003. Romain.

**JEAN XVIII [Fasano]** ♦ 140$^e$ pape (de 1003 à 1009). Romain.

**JEAN XIX [Romanus,** des comtes **DE TUSCULUM]** ♦ 143$^e$ pape (de 1024 à 1032), frère et successeur de Benoît VIII sous le pontificat de qui il avait exercé, laïc, le pouvoir temporel. Il couronna l'empereur Conrad II (1027).

**JEAN XXI [Pierre de Julien** ou **Pierre d'Espagne]** ♦ (Lisbonne v. 1220 - Viterbe 1277). 185$^e$ pape (1276 - 1277). Médecin, philosophe et logicien, il fut archevêque de Braga (1272) et cardinal-évêque de Frascati (1273) avant d'être élu pape. Il réconcilia Philippe le Hardi et Alphonse X de Castille.

**JEAN XXII [Jacques DUÈSE** ou **D'OSSA]** ♦ (Cahors 1245 - Avignon 1334). 194$^e$ pape (1316 - 1334), ancien cardinal (1312) et évêque de Porto (1313). Deuxième pape d'Avignon, il organisa la curie dans cette ville, renouvelant le système financier. Il s'opposa à Louis de Bavière qui nomma, à Rome, l'antipape Nicolas* V (1328). Il condamna les hérésies des «spirituels» franciscains, des bégards et béguines, de maître Eckhart*. Il suscita l'opposition des théologiens Marsile* de Padoue et Jean de Jandun (auteurs du *Defensor pacis*), ainsi que de Guillaume* d'Occam, groupés autour de Louis de Bavière.

**JEAN XXIII [Baldassare COSSA]** ♦ (Naples v. 1370 - Florence 1419). Antipape (1410 - 1415). Cardinal (1402), il domina le concile de Pise* (1409), fit élire Alexandre* V et lui succéda. Sous la pression de Sigismond* de Luxembourg, empereur germanique, il convoqua le concile de Constance* (1414) pour réduire le grand schisme d'Occident (➝ **schisme**), mais fut déposé par cette assemblée. Il devint cardinal-évêque de Frascati en 1419.

**JEAN XXIII [Angelo Giuseppe RONCALLI]** ♦ (Sotto il Monte, près de Bergame 1881 - Rome 1963). 259$^e$ pape (1958 - 1963), ancien nonce à Paris (1944), cardinal et patriarche de Venise (1953). Son pontificat fut principalement consacré à la préparation du II$^e$ concile du Vatican*, annoncé le 25 janv. 1959 et inauguré le 11 oct. 1962. Ses encycliques *Mater et magistra* (1961) sur la question sociale et *Pacem in terris* (1963) adressée au monde, même non catholique, eurent un vaste retentissement. Il demeure le pape qui voulut et inaugura l'*aggiornamento* de l'Église, c'est-à-dire sa mise à jour, afin de l'adapter au monde actuel. Il fut béatifié en 2000.

### ANGLETERRE

**JEAN sans Terre** ♦ (Oxford 1167 - château de Newark, Nottinghamshire 1216). Roi d'Angleterre (1199 - 1216). Avec l'aide du roi de France Philippe* Auguste, il avait comploté contre son père Henri* II puis contre son frère Richard* Cœur de Lion à qui il succéda au détriment de son neveu Arthur* I$^{er}$ de Bretagne. Mais Philippe Auguste le fit citer devant la cour des pairs de France (1202) pour l'enlèvement d'Isabelle* d'Angoulême, et il fut condamné par défaut à la perte de ses fiefs français (Normandie, Anjou, Maine, Touraine, Poitou). C'est alors qu'il reçut le surnom de «sans Terre». Philippe Auguste commença la conquête de la Normandie et confia à Arthur celle des autres fiefs. L'assassinat d'Arthur par Jean sans Terre (1203) provoqua le soulèvement et la perte de la Bretagne. En 1206, Jean ne conservait en France que l'Aquitaine et le Poitou. Il se brouilla avec le Saint Siège au sujet du titulaire de l'archevêché de Canterbury (le pape tenant pour Langton*) ; Innocent III jeta l'interdit sur le royaume (1208), l'excommunia (1209) et autorisa Philippe Auguste à conquérir l'Angleterre (1213). Devant l'opposition croissante de ses sujets, Jean sans Terre se réconcilia avec le Saint Siège et accepta de devenir son vassal (1213). Après le démantèlement de la coalition qu'il avait suscitée contre la France (il fut battu à La Roche-aux-Moines près d'Angers tandis que ses alliés, notamment l'empereur Othon IV, l'étaient à Bouvines* en 1214), il se heurta à la révolte des barons d'Angleterre qui le forcèrent à accepter la Grande Charte* (1215). Comme il s'était soustrait à ses engagements, les barons élirent roi le futur Louis* VIII de France, qui débarqua en Angleterre (1216). Seule la mort de Jean sans Terre sauva la dynastie ; son fils Henri* III lui succéda.

### BOHÊME

**JEAN Ier DE LUXEMBOURG** dit **l'Aveugle** ♦ (1296 - Crécy 1346). Roi de Bohême (1310 - 1346). Fils de l'empereur germanique Henri* VII, il épousa Élisabeth, la dernière des Přemyslides. Il réunit à la Bohême la Moravie et la Silésie. Il soutint Louis IV de Bavière contre Frédéric le Beau de Habsbourg, participant à la bataille de Mühldorf (1322), puis le roi de France contre les Flamands (1328) et les Teutoniques (1329). Roi chevaleresque, il mourut à la bataille de Crécy à laquelle, bien qu'aveugle, il participa du côté français. Père de l'empereur Charles* IV et de Bonne* de Luxembourg.

### BOURGOGNE

**JEAN sans Peur** ♦ (Dijon 1371 - Montereau 1419). Duc de Bourgogne (1404 - 1419), fils de Philippe II le Hardi. Lors de la démence de Charles* VI, il disputa le pouvoir à Louis d'Orléans* et le fit assassiner (1407), provoquant ainsi la guerre civile. → **armagnacs, bourguignons.** Chef des bourguignons, soutenu par l'université et une partie de la bourgeoisie, il ne réussit pas à canaliser le mouvement (→ **cabochiens**) et fut chassé de Paris (1413). Il s'allia aux Anglais, puis tenta de se réconcilier avec le dauphin (le futur Charles VII), mais fut assassiné lors de leur entrevue au pont de Montereau par un partisan du dauphin. Père de Philippe* III le Bon.

### BRETAGNE

**JEAN** ♦ Nom de plusieurs ducs de Bretagne. ♦ **JEAN Ier le Roux** (1217 - 1286). Duc de Bretagne (1237 - 1286). Fils de Pierre* Ier Mauclerc. ♦ **JEAN II** (1239 - Lyon 1305). Duc de Bretagne (1286 - 1305). Fils de Jean Ier. ♦ **JEAN III le Bon** (Châteauceaux 1286 - Caen 1341). Duc de Bretagne (1312 - 1341). Fils d'Arthur II, il désigna pour héritière sa nièce Jeanne* de Penthièvre. ♦ **JEAN de Montfort.** → **Jean de Montfort.** ♦ **JEAN IV le Vaillant** (v. 1340 - Nantes 1399). Duc de Bretagne (1365 - 1399). Fils de Jean de Montfort, il vainquit et tua Charles* de Blois à Auray (1364). Après s'être allié à l'Angleterre et avoir vu ses terres confisquées (1368), il revint à l'alliance avec la France (1381). ♦ **JEAN V le Sage** (château de l'Hermine 1389 - château de la Touche, près de Nantes 1442). Duc de Bretagne (1399 - 1442). Fils de Jean IV, il favorisa les armagnacs puis les bourguignons et participa à la Praguerie (1440).

### BULGARIE

**JEAN ASEN** ♦ Nom de plusieurs tsars de Bulgarie. ♦ **JEAN Ier ASEN** (mort en 1196). Tsar de Bulgarie (1186 - 1196). Il se révolta contre l'empereur byzantin Isaac II Ange et battit les troupes impériales en Thrace en 1187 puis en 1196. ♦ **JEAN II ASEN,** dit **Kaloyan** «le beau Jean» (mort à Thessalonique en 1207). Tsar de Bulgarie (1197 - 1207). Sous son règne, le royaume bulgare s'agrandit de Belgrade à Varna, sur la mer Noire. Il battit et fit prisonnier Baudouin Ier à Andrinople (1205), puis s'empara de la Thrace. ♦ **JEAN III ASEN II** (1218 - 1241). Tsar de Bulgarie (1218 - 1241). Il pratiqua une politique matrimoniale en mariant ses filles au roi de Serbie, à Manuel Ange et à Jean Lascaris. Il fit des conquêtes en Albanie, en Serbie, en Macédoine et en Épire.

### EMPIRE BYZANTIN

**JEAN Ier TZIMISKÈS** ♦ (Hiérapolis, Arménie 925 - Constantinople 976). Empereur byzantin (969 - 976). Général, il se distingua dans les guerres asiatiques. Amant de l'impératrice Théophano, il conspira avec celle-ci et assassina l'empereur Nicéphore* II Phocas. Il bannit alors sa maîtresse et épousa la princesse Théodora. Il combattit les Russes et annexa la Bulgarie orientale (970), puis il reconquit sur les Arabes presque toute la Palestine. Il mourut empoisonné par son successeur Basile* II.

**JEAN II COMNÈNE** ♦ (1088 - Taurus 1143). Empereur byzantin (1118 - 1143), fils et successeur d'Alexis Ier, surnommé «le plus grand des Comnènes». Sa politique agraire lui assurant la paix intérieure, il se consacra à la consolidation de l'empire. Par sa victoire décisive sur les Petchenègues (1122) et par ses interventions diplomatiques et militaires au N., il rétablit la domination byzantine dans les Balkans. Il reprit ensuite aux Turcs une partie de l'Asie Mineure et imposa un temps la suzeraineté byzantine sur les Francs en Syrie. Pour limiter le monopole vénitien du commerce oriental, il favorisa les Génois et les Pisans. Il construisit le monastère de Pantocrator (Constantinople).

L'empereur **Jean II Comnène,** en tenue de cérémonie, remet à la Vierge un sac d'or. Mosaïque, Sainte-Sophie, Istanbul.
*Phot. © G. Tomsich © Archives Larbor*

**JEAN III DOUKAS VATATZÈS** ♦ (Didymotique, Thrace 1193 - Nymphaion 1254). Empereur byzantin de Nicée* (1222 - 1254). Successeur de Théodore* Ier, habile diplomate et stratège, il enleva aux Latins leurs possessions asiatiques et plusieurs îles. Avec l'appui provisoire des Bulgares il assiégea sans succès Constantinople (1235). Il réussit à reconquérir la Thrace et la Macédoine, préparant ainsi la reconstitution de l'Empire byzantin de Constantinople.

**JEAN IV DOUKAS LASCARIS** ♦ (v. 1250 - après 1261). Empereur byzantin de Nicée* (1258 - 1261). Fils et successeur de Théodore II, mineur à la mort de celui-ci, il fut renversé, emprisonné et aveuglé par son régent Michel* VIII Paléologue.

**JEAN V PALÉOLOGUE** ♦ (1332 - 1391). Empereur byzantin (1341 - 1391). Fils d'Andronic III, mineur à la mort de ce dernier (→ **Jean VI Cantacuzène**), il ne put ensuite empêcher les Turcs d'établir leur capitale à Andrinople (1365). L'union religieuse avec Rome (1369) et le traité avec Venise (1371), signés par son ambassadeur Démétrios Chrysoloras*, ne lui assurèrent pas l'aide de l'Occident. Renversé par son fils Andronic* IV aidé par les Génois (1376), il fut rétabli trois ans plus tard par le sultan Murat et reconnut la tutelle turque.

**JEAN VI CANTACUZÈNE** ♦ (Constantinople v. 1292 - Mistra 1383). Empereur byzantin (1347 - 1354). Régent de Jean* V Paléologue, destitué par la tutrice Anne de Savoie (1341), il souleva contre elle une partie de l'armée. Avec l'aide des Turcs et des Slaves, il s'empara de Constantinople (1347) et se fit reconnaître empereur principal. Les progressions des Serbes, des Turcs et des Génois, la révolte des zélotes de Thessalonique et les luttes religieuses épuisaient l'empire. Jean V le força alors à abdiquer en 1354. Il se retira au mont Athos, puis à Mistra où il mourut. Il a laissé d'importants mémoires historiques sur la période 1320 - 1356 et des ouvrages apologétiques de l'hésychasme.

**JEAN VII PALÉOLOGUE** ♦ (v. 1366 - mont Athos v. 1420). Empereur byzantin (1390 et 1399 - 1402). Révolté contre son grand-père Jean V et aidé par le sultan Bayazid Ier, il s'empara de Constantinople (1390), mais fut chassé par son oncle Manuel* II. Pendant l'absence de celui-ci (il s'était rendu en Occident, en quête d'aide contre les Turcs assiégeant Constantinople), Jean occupa le trône. Chassé de nouveau par Manuel après la défaite de Bayazid, il se proclama empereur à Thessalonique.

**JEAN VIII PALÉOLOGUE** ♦ (1390 - Constantinople 1448). Empereur byzantin (1425 - 1448). Fils de Manuel* II, coempereur en 1421, il partagea avec ses frères les restes de l'empire amputé par les Turcs. Devant le péril que courait la capitale, il négocia avec le pape Eugène IV la soumission de l'Église grecque, espérant l'aide de l'Occident. Suivi de 700 prélats et théologues, dont Bessarion*, il assista au concile de Ferrare-Florence et conclut l'union des deux Églises (1439). Mais l'aide obtenue fut symbolique et l'union se heurta à la vive réaction du peuple fanatisé par les moines. Après la défaite des croisés à Varna (1444), l'empire se limitait effectivement à l'enceinte de Constantinople. Le successeur de Jean VIII, Constantin* XI, fut le dernier empereur de Constantinople.

### CASTILLE ET LEÓN

**JEAN I^er^** ♦ (Epila 1358 - Alcalá de Henares 1390). Roi de Castille et de León (1379 - 1390). Époux de Béatrix de Portugal, il chercha vainement à conquérir le royaume de sa femme et fut vaincu à Aljubarrota par Jean* Ier de Portugal (1385).

**JEAN II** ♦ (Toro 1405 - Valladolid 1454). Roi de Castille et de León (1406 - 1454). Il eut souvent à lutter contre une noblesse turbulente. Son règne vit l'essor de la littérature castillane. Père d'Isabelle* Ire la Catholique.

### DANEMARK

**JEAN Ier DE DANEMARK** ♦ (Ålborg 1455 - *id.* 1513). Roi de Danemark (1481 - 1513), roi de Norvège (1483 - 1513) et roi de Suède (sous le nom de Jean II, 1497 - 1501). La Suède se révolta contre lui, et sa femme Christine de Saxe fut chassée de Stockholm (1501).

### FRANCE

**JEAN Ier le Posthume** ♦ (Paris 15-19 nov. 1316). Roi de France et de Navarre. Fils posthume de Louis* X, il ne vécut que 5 jours. Son oncle Philippe* V le Long lui succéda.

**JEAN II le Bon** ♦ (château du Gué de Maulny, près du Mans 1319 - Londres 1364). Roi de France (1350 - 1364). Fils de Philippe* VI de Valois, il épousa Bonne* de Luxembourg, puis Jeanne* de Boulogne. Pour faire face aux dépenses de la cour, il recourut aux dévaluations. Il maria sa fille, en 1353, au roi de Navarre, Charles* II le Mauvais. Ce dernier assassina Charles d'Espagne, conseiller du roi. L'arrestation de Charles II le Mauvais déclencha une guerre navarraise (1356). Cependant, les hostilités avec l'Angleterre avaient repris en Guyenne et en Languedoc. Le fils d'Édouard* III, Édouard*, prince de Galles, vainquit et captura Jean II à Poitiers (1356). Le fils de ce dernier (le dauphin Charles V) assura la régence pendant sa captivité, réprimant la Jacquerie* et la révolte d'Étienne Marcel*. Le Dauphin consentit à signer le traité de Brétigny* et à payer la rançon de trois millions d'écus d'or exigés pour libérer le roi. Cependant Jean II, ayant appris que l'un des otages livrés aux Anglais, son fils Louis d'Anjou, s'était échappé, fidèle à sa parole, retourna à Londres (1363) où il mourut. Il avait créé l'ordre de l'Étoile* et constitué des apanages pour ses fils, donnant l'Anjou à Louis, le Berry, l'Auvergne et le Poitou à Jean et la Bourgogne à Philippe* II le Hardi.

### HONGRIE

**JEAN Ier ZÁPOLYA** ♦ (Szepsvár 1487 - Szászsebes 1540). Roi de Hongrie (1526 - 1540). Voïvode de Transylvanie, il écrasa une révolte paysanne. Il fut élu par la petite noblesse roi de Hongrie à Székesfehérvár (10 nov. 1526), alors que Ferdinand* Ier de Habsbourg était élu par la haute noblesse à Presbourg (déc. 1526). Pour lutter contre son compétiteur, il n'hésita pas à s'allier aux Turcs et prêta hommage au sultan Soliman* II. Au traité de Nagyvárad (1538), les deux rois se reconnurent mutuellement. Jean Zápolya régna sur la partie orientale. D'après le traité, la couronne devait revenir, à sa mort, à Ferdinand Ier ou à ses descendants, mais Jean Ier s'efforça par la suite de la transmettre à son fils, Jean* Sigismond.

**JEAN SIGISMOND** ♦ (Buda 1540 - Alba Iulia 1571). Roi de Hongrie (1540 - 1571), fils de Jean* Ier Zápolya. Il gouverna la Transylvanie grâce au soutien des Turcs qui obligèrent Ferdinand Ier à accepter le maintien de la division du pays malgré le traité de Nagyvárad. Jean Sigismond reconnut Maximilien* II d'Autriche pour seul roi de Hongrie (1564), mais conserva la Transylvanie.

### LUXEMBOURG

**JEAN DE LUXEMBOURG** ♦ Grand-duc de Luxembourg (Berg, cant. de Mersch 1921). Il appartient à la dynastie des Nassau-Weilburg qui a accédé au trône en 1890 à la mort de Guillaume II → **Luxembourg (grand-duché de).** Sa mère, la grande-duchesse Charlotte, abdiqua en sa faveur en 1964. Il régna jusqu'en 2000 et abdiqua en faveur de son fils Henri*.

### NAVARRE ET ARAGON

**JEAN II** ♦ (Medina del Campo 1398 - Barcelone 1479). Roi de Navarre (1425 - 1479) et d'Aragon (1458 - 1479). Fils de Ferdinand* Ier le Juste, il devint roi de Navarre par son mariage (1425). Roi d'Aragon à la mort de son frère Alphonse* V le Grand, il fit face à l'insurrection des Catalans, et pour obtenir l'aide de Louis XI lui céda le Roussillon et la Cerdagne (1462). Il eut pour successeur son fils Ferdinand (→ **Ferdinand II**) qu'il maria à Isabelle* la Catholique (1469).

### EMPIRE LATIN D'ORIENT

**JEAN DE BRIENNE** ♦ Roi de Jérusalem et empereur latin d'Orient (v. 1144 - Constantinople 1237). Il devint roi de Jérusalem* par son mariage avec Marie, fille de Conrad de Montferrat (1209). Il mena la cinquième croisade* avec André* II de Hongrie (1217 - 1221). En 1229, il exerça la régence de Baudouin* II de Constantinople, fut couronné empereur en 1231 et défendit l'empire contre les Grecs et les Bulgares.

### POLOGNE

**JEAN Ier ALBERT** ♦ (Cracovie 1459 - Toruń 1501). Roi de Pologne (1492 - 1501). Fils et successeur de Casimir* IV Jagellon.

**JEAN II CASIMIR ou CASIMIR V** ♦ (Cracovie 1609 - Nevers 1672). Roi de Pologne (1648 - 1668). Fils de Sigismond* III, cardinal sécularisé, il succéda à son frère Ladislas* IV et fut le dernier des Vasa de Pologne. Il abdiqua en 1668, après avoir signé les désastreux traités d'Oliwa* (1660) et d'Androussovo* (1667).

**JEAN III SOBIESKI** ♦ (Olesko, Galicie 1629 - Wilanów 1696). Roi de Pologne* (1674 - 1696). Général, il se distingua dans les guerres successives contre les Suédois, les Cosaques, les Tatars et les Turcs qu'il écrasa à Khotine* en 1673. Élu roi de Pologne (1674) après la mort de Michel* Wiesniowiecki, il défit encore les Turcs à Żurawno* (1676) puis à Kahlenberg (1683) lors du siège de Vienne*, mais signa avec la Russie le désastreux traité de Moscou* (1686). Auguste* II, électeur de Saxe, lui succéda.

### PORTUGAL

**JEAN Ier le Grand** ♦ (Lisbonne 1357 - *id.* 1433). Roi de Portugal (1385 - 1433). Quand il succéda à son frère naturel Ferdinand* Ier, il était grand maître de l'ordre militaire d'Aviz*. C'est lui qui fit du Portugal une puissance de premier rang. Vainqueur des Castillans à Aljubarrota (1385), il se tourna contre les Maures d'Afrique et s'empara de Ceuta, première conquête portugaise en Afrique (1415). Il encouragea les voyages maritimes de son fils Henri* le Navigateur et conclut (1386) avec l'Angleterre une alliance toujours en vigueur.

**JEAN II le Parfait** ♦ (Lisbonne 1455 - Alvor 1495). Roi de Portugal (1481 - 1495). Fils d'Alphonse* V, il s'appuya sur les Cortes et sur le peuple pour réduire la noblesse à l'obéissance. C'est sous son règne que Bartolomeu Dias* doubla le cap de Bonne-Espérance (1488) et que fut signé le traité de Tordesillas* (1494) qui partageait le Nouveau Monde entre l'Espagne et le Portugal.

**JEAN III le Pieux** ♦ (Lisbonne 1502 - *id.* 1557). Roi de Portugal (1521 - 1557). Fils de Manuel* Ier, il établit l'Inquisition au Portugal (1526), appela les jésuites, et leur laissa le monopole de l'éducation. Il favorisa les expéditions maritimes (Macao, Japon) et la colonisation du Brésil*.

**JEAN IV le Fortuné** ♦ (Vila Viçosa 1604 - Lisbonne 1656). Roi de Portugal (1640 - 1656). Fils de Théodore II, duc de Bragance, il descendait du roi Jean Ier. Appuyé par Richelieu, il suscita en 1640 une révolution qui arracha le Portugal à la domination castillane et le proclama roi avec l'accord des Cortes. Il devint ainsi le fondateur de la dynastie de Bragance*. Il accomplit de nombreuses réformes intérieures et reconquit sur les Hollandais le Brésil et l'Angola.

**JEAN V le Magnanime** ♦ (Lisbonne 1689 - *id.* 1750). Roi de Portugal (1706 - 1750). Fils de Pierre II, il épousa Marie-Anne d'Autriche, prit le parti des Habsbourg dans la guerre de Succession d'Espagne, et, battu par les Français à Almança (1707), dut consentir à la paix d'Utrecht (1713). → **Utrecht (traités d').** Protecteur des lettres et des sciences, il fonda une académie d'histoire.

**JEAN VI le Clément** ♦ (Lisbonne 1767 - *id.* 1826). Roi de Portugal (1816 - 1826). Fils de Pierre III et de la reine Marie* Ire de Bragance, dont il assura la régence jusqu'en 1816, il dut s'enfuir au Brésil devant les troupes de Napoléon (1807). Il y régna comme empereur jusqu'en 1815, et, à la mort de sa mère, prit le titre de roi de Portugal (mais il ne revint dans son pays qu'en 1821). Sous son règne, le Brésil* se déclara indépendant, donnant la couronne au fils de Jean VI, Pierre* Ier (1822).

### SAXE

**JEAN-FRÉDÉRIC le Magnanime** ♦ Électeur de Saxe (Torgau 1503 - Weimar 1554). Il fut, avec Philippe de Hesse, un des chefs de la ligue de Schmalkalden*. Vaincu à Mühlberg*, il fut fait prisonnier et perdit l'électorat et une partie de ses biens. Emprisonné par Maurice de Saxe, il fut libéré lors du traité de Passau* (1552).

### SUÈDE

**JEAN II** ♦ Roi de Suède. → **Jean Ier de Danemark.**

**JEAN III VASA** ♦ (Stegeborg 1537 - Stockholm 1592). Roi de Suède (1569 - 1592). Deuxième fils de Gustave* Ier Vasa. Son attirance pour le catholicisme lui valut l'hostilité de son frère Éric* XIV qu'il fit déposer (1568). Il termina la guerre contre le Danemark, gagna sur la Russie la Carélie et l'Ingrie, et fit nommer son fils Sigismond* roi de Pologne. Ses tentatives pour rétablir le catholicisme échouèrent.

---

**JEAN (le prêtre)** ♦ Souverain légendaire dont le nom signalé au pape Eugène III (Prestre Jehan) apparaît en 1145 et que l'on croyait régner au-delà de l'Arménie et la Perse. Il aurait eu pour croyance le nestorianisme. Ce mythe inspira de nombreuses fictions poétiques du Moyen Âge. Le prêtre Jean fut aussi évoqué par Marco Polo. Une tradition plus récente, qui le place en Éthiopie, est due surtout aux voyageurs portugais qui, dès le début du XVIe s., donnèrent ce nom au négus. Cette légende a sa source dans l'existence d'un souverain d'Asie centrale dont le titre était *wang-khan* («roi-prêtre»).

**JEAN II,** baron **DE MONTMORENCY,** seigneur **DE NIVELLE** ♦ (1402 - 1477). Fidèle à Louis XI, il tenta de détacher son fils aîné de l'alliance avec Charles le Téméraire. Celui-ci n'ayant pas obéi à son appel, il le déshérita et l'aurait maudit. On a voulu expliquer ainsi la locution : «c'est le chien [terme d'injure] de Jean de Nivelle, il fuit quand on l'appelle», mais l'explication est très probablement postérieure.

**JEAN-BAPTISTE** (saint) ou **le Baptiste** ♦ (mort v. 28). Fils du prêtre Zacharie* et d'Élisabeth* (parente de sainte Marie), il se retire dans le désert et baptise les foules dans le Jourdain en annonçant la venue imminente du royaume des cieux. Les Évangiles*, qui gomment peut-être les tensions qu'il put y avoir entre ses disciples et ceux de Jésus, le présentent comme le «précurseur» de Jésus qu'il baptise et qu'il reconnaît comme le Messie, et auquel certains de ses propres disciples s'attachent. Son activité, mentionnée par Flavius Josèphe*, lui vaut d'être arrêté par Hérode* Antipas, puis décapité à la demande de Salomé*, conseillée par sa mère Hérodiade*. En dehors de la tradition chrétienne, Jean-Baptiste est le dernier prophète des mandéens*. ▪ Fête le 24 juin ; la mort de saint Jean-Baptiste est commémorée le 29 août.

**Jean-Baptiste.** *Saint Jean-Baptiste dans le désert,* par Philippe de Champaigne (131 x 98 cm), v. 1675. Musée de Grenoble. *BIS/© Archives Larbor*

**JEAN-BAPTISTE DE LA SALLE** (saint) ♦ Prêtre français (Reims 1651 - Saint-Sever, faubourg de Rouen 1719). Il organisa, à Reims (1679) puis à Paris (1688) et en province, une association qui devint (1694) la congrégation des frères des Écoles chrétiennes. ▪ Fête le 7 avr.

**JEAN BODEL** ♦ Trouvère d'Arras (mort en 1210). Il eut une activité poétique variée, écrivant une chanson de geste, *Les Saisnes* (Saxons) ; une œuvre dramatique, *Jeu* de saint Nicolas* (v. 1200) ; des poèmes lyriques et probablement des fabliaux *(Brunain, la vache au prestre)*. Il est l'auteur d'un inoubliable *Congé* (1202), poème en quarante stances où il adresse ses adieux de lépreux à ses amis.

**JEAN BON SAINT-ANDRÉ** (**André JEANBON,** dit) ♦ Homme politique français (Montauban 1749 - Mayence 1813). Député montagnard à la Convention, membre du Comité* de salut public (juil. 1793) où, avec Prieur* de la Marne, il contribua à l'organisation de la marine militaire, il ne prit pas une part active à la chute de Robespierre, mais paraît en avoir approuvé les conséquences. Consul général de France à Alger (1795) puis à Smyrne (1798) sous le Directoire, il fut nommé commissaire général des départements de la rive gauche du Rhin, puis préfet par Bonaparte (1801 - 1802).

**JEAN BOSCO** (saint) ♦ Prêtre italien (Castelnuovo d'Asti, Piémont 1815 - Turin 1888). Dès 1842, il s'occupa de catéchiser et d'éduquer les enfants d'un faubourg populaire de Turin ; il développa son action en fondant la Société de Saint-François-de-Sales ou «salésiens» (approuvée en 1869) et l'Institut des Filles de Marie-Auxiliatrice ou «salésiennes». Il eut en outre une célébrité de thaumaturge. ▪ Fête le 31 janv.

**JEAN CASSIEN** (saint) ♦ (v. 355 - Marseille v. 432-435). Moine à Bethléem et en Thébaïde, puis diacre de saint Jean Chrysostome à Constantinople (v. 400 - 404), il fonda deux monastères d'hommes à Marseille (v. 415) et un de femmes aux environs. Auteur, en latin, des *Institutions cénobitiques* et des *Conférences des Anciens.* ▪ Fête le 23 juil.

**Jean-Christophe** ♦ Roman cyclique de Romain Rolland* (10 volumes, de 1904 à 1912) qui eut un succès considérable et inaugura le genre du «roman-fleuve» *L'Aube* (1904), *Le Matin* (1905), *L'Adolescent* (1905), *La Révolte* (1906), *La Foire sur la place* (1908), *Antoinette* (1908), *Dans la maison* (1909), *Les Amies* (1910), *Le Buisson ardent* (1911), *La Nouvelle Journée* (1912) décrivent la formation du musicien Jean-Christophe qui découvre l'amitié et l'amour en même temps qu'il s'initie à son art. Sollicité par toutes les passions et toutes les idéologies qui traversent le début du XXe s., le héros représente aussi les idées généreuses de l'auteur, désireux, en réalisant l'harmonie des contraires, de communier avec la vie universelle. Si certains aspects de cette œuvre ont vieilli, bien des pages témoignent d'un puissant souffle lyrique.

**JEAN CHRYSOSTOME** (saint) ➝ **ÉTYM.** *Chrysostome :* gr. «Bouche d'or» ♦ Docteur et Père de l'Église (Antioche v. 349 - en Cappadoce 407). Prêtre d'Antioche ayant pratiqué la vie ascétique, il devint célèbre par sa prédication, d'où son surnom, et fut nommé patriarche de Constantinople (398). Il organisa là des œuvres hospitalières et ne ménagea ni le luxe du haut clergé ni l'adultère de l'impératrice, ce qui lui valut d'être déposé (conciliabule du Chêne, 403), rappelé à la suite d'une émeute populaire, enfin exilé de nouveau (404). Il mourut en gagnant, à pied, son lieu d'exil caucasien. Son œuvre comporte des traités ascétiques *(Parallèle d'un roi et d'un moine)*, des *Catéchèses baptismales,* et un très grand nombre d'*Homélies* caractéristiques de l'exégèse de l'école d'Antioche, à la fois littérale et philologique. ▪ Fête le 13 sept.

**JEAN CLIMAQUE** (saint) ➝ **ÉTYM.** en gr. ***Klimakos*** «de l'Échelle» ♦ (v. 579 - v. 649). Moine, ermite puis higoumène du monastère du Sinaï, auteur de *L'Échelle du Paradis,* traité de spiritualité qui lui valut son surnom. ▪ Fête le 30 mars.

**JEAN DAMASCÈNE** (saint) ♦ Docteur et Père de l'Église grecque (Damas fin du VIIe s. - Saint-Sabas près de Jérusalem v. 749). Tout en usant de la dialectique et en défendant les vérités philosophiques contre le scepticisme, il affirme néanmoins qu'elles ne sont l'une et l'autre que les servantes de la théologie, dans son ouvrage *Source de la connaissance.* Il combattit également l'hérésie iconoclaste.

**JEAN DE BRÉBEUF** (saint) ♦ Jésuite et missionnaire français (Condé-sur-Vire, Normandie 1593 - Saint-Louis, Canada 1649). Débarqué au Canada en 1625, il traduisit un catéchisme en «langage canadais» et fut l'apôtre des Hurons. Il fut martyrisé par les Iroquois en même temps que Gabriel* Lalemant. ▪ Fête le 19 oct. → **Canada (martyrs du).**

**JEAN DE CAPISTRAN** (saint) ♦ Frère mineur et prédicateur italien (Capistrano 1386 - Villacum, auj. Ilok, Croatie 1456). Prêtre (v. 1425), inquisiteur (1426), général des Frères mineurs «de l'observance» (1447), il lutta contre les fraticelles* et travailla à la réforme de son ordre. Légat pour l'Autriche, l'Allemagne, la Pologne, la Bohême, il lutta contre les hussites, prêcha la croisade contre les Turcs, fut un des artisans de leur défaite devant Belgrade (1456). ▪ Fête le 23 oct.

**JEAN DE CHELLES** ♦ Maître d'œuvre et sculpteur français du XIIIe s. Une inscription mentionne qu'il dirigeait les travaux à Notre-Dame de Paris en 1257. On lui doit notamment l'agrandissement du transept sud et l'on admet qu'il conçut le type de façade latérale avec rose de vastes proportions, reposant sur une structure audacieusement ajourée et qui servit de modèle à de nombreux édifices. L'élégance, la légèreté et la richesse décorative de l'ensemble sont caractéristiques du gothique rayonnant. Pierre de Montreuil termina son œuvre, et Pierre de Chelles, probablement apparenté à Jean de Chelles, édifia sans doute les chapelles latérales du chœur et de l'abside (1296 - 1310) ; il travailla aussi au portail nord jusqu'en 1320 et eut pour successeur Jean Davy.

**JEAN DE DIEU** (saint) – en port. ***João Cidade*** ♦ Religieux portugais (Montemor-o-Novo, Portugal 1495 - Grenade 1550). Berger, puis soldat, il se convertit, organisa une œuvre de lectures pieuses à Gibraltar puis à Grenade. Là il prit l'habit religieux, se dévoua aux malades et fonda l'ordre des Frères hospitaliers. ▪ Fête le 8 mars.

**JEAN DE GAND,** duc **DE LANCASTRE** ♦ Prince anglais (Gand 1340 - Londres 1399). Fils d'Édouard* III. Il participa à la guerre de Cent Ans et mena deux expéditions malheureuses en France (1373 et 1378). Il assura le gouvernement réel de l'Angleterre à la fin du règne d'Édouard III et au début du règne de Richard* II. Père de Jean et d'Henri de Beaufort* et père d'Henri* IV.

**JEAN DE GARLANDE** ♦ Théoricien de la musique du XIIIe s. On a souvent supposé que ce nom désignait deux auteurs différents, à cause de l'intervalle qui sépare la publication de leurs écrits. Le premier, dit JEAN DE GARLANDE l'Aîné (autour de 1240), aurait écrit le *De musica mensurabili positio* et le *De musica mensurabili,* les plus anciens traités introduisant la notion de mesure dans la notation musicale. Le second, dit JEAN DE GARLANDE le Jeune (autour de 1300), aurait écrit l'*Optima introductio,* ouvrage qui annonce l'*Ars Nova* de Philippe* de Vitry.

**JEAN DE LA CROIX** (saint) **[Juan de Yepes]** ♦ Carme et mystique espagnol (Fontiveros, Vieille-Castille 1542 - couvent d'Úbeda 1591). Après sainte Thérèse, rencontrée en 1567, il fut l'âme de la réforme des carmels espagnols, participa aux premières fondations des carmes déchaussés (à Duruelo, Macera, Pastraña) et à la réforme du couvent de l'Incarnation d'Ávila dont sainte Thérèse* était prieure. Le conflit avec les carmes «mitigés» éclata en 1577 ; il fut enfermé à Tolède. C'est dans son réduit qu'il écrivit quelques-uns de ses poèmes. Évadé en 1578, il continua réforme et fondations, occupant d'importantes charges chez les carmes déchaussés (recteur du collège de Baeza, 1579 ; prieur à Grenade, 1582 ; à Ségovie, 1585). Mais du sein même de la réforme vint encore l'opposition : réduit à l'état de simple moine (1591), il mourut en butte à d'incessantes persécutions. Ses quatre traités mystiques sont des commentaires de ses poèmes : *La Montée du mont Carmel, La Nuit obscure* (tous deux sur le même poème), *Le Cantique spirituel, La Vive Flamme d'amour.* Ils enseignent à trouver Dieu au fond de la «nuit obscure» de l'âme, au fond du *nada* («rien»). Ses poèmes, chefs-d'œuvre du Siècle d'or espagnol, mêlent l'idéal médiéval et l'idéal renaissant, les réminiscences populaires et l'élan de foi le plus exalté. Ils retracent un itinéraire mystique où l'intimité amoureuse avec Dieu est exprimée dans un style lyrique sensuel, dont les symboles et les allégories rappellent (de manière souvent audacieuse) les émotions de l'amour humain. Docteur de l'Église. ▪ Fête le 14 déc.

**Jean de la Croix.**
*Saint Jean de la Croix,* peinture anonyme du XVIIe s. Coll. du Carmel, Beaune. *Phot. © Dagli Orti*

**JEAN DE LALANDE** (saint) → **Canada (martyrs du)**

**JEAN DE LEYDE (Jan Beukels, dit)** ♦ Réformateur religieux hollandais (Leyde 1509 - Münster 1536). Il fut le chef des anabaptistes de la ville de Münster où il fit admettre le principe de la communauté des biens ainsi que la polygamie. Assiégée par les troupes de son évêque, Münster résista quelque temps avant de se rendre. Quant à Jean de Leyde, il mourut après avoir subi d'affreuses tortures.

**JEAN DE MATHA** (saint) ♦ Fondateur de l'ordre des trinitaires (Faucon, près de Barcelonnette 1160 - Rome 1213). Prêtre et docteur en théologie à Paris, il fonda avec Félix de Valois l'ordre de la Très-Sainte Trinité pour la rédemption des captifs, qui racheta des prisonniers chrétiens aux musulmans du Maroc et de Tunisie. ▪ Fête le 8 fév.

**JEAN DE MEUNG** ou **DE MEUN (Jean Chopinel, dit)** ♦ Érudit et poète français (Meung-sur-Loire 1250 - Paris v. 1305), qui traduisit Boèce*. Il écrivit des poèmes et rédigea, en près de 20 000 octosyllabes, la seconde partie du *Roman* de la Rose* dont la philosophie, qui célèbre la nature et la raison, annonce les humanistes du XVIe s.

**JEAN DE MONTFORT** ♦ (1293 - Hennebont 1345). Duc de Bretagne. Fils du duc Arthur II de Bretagne et de Yolande de Dreux, comtesse de Montfort-l'Amaury. À la mort de son frère consanguin, Jean III le Bon, il se dressa contre Charles de Blois désigné comme héritier de Bretagne, et s'empara du duché (1341). C'est alors qu'ayant été déchu par le roi de France Philippe VI, il fut capturé sous les murs de Nantes par les troupes royales conduites par le duc de Normandie, fils du roi. Fait prisonnier dans la tour du Louvre (1343), il réussit à s'en échapper (1345). Ayant prêté serment d'allégeance à Édouard III d'Angleterre, il devait mourir peu après dans Hennebont* assiégé. Père de Jean IV le Vaillant. → **Succession de Bretagne (guerre de).**

**JEAN DE SAINT-THOMAS (Jean Poinsot,** en rel.) ♦ Théologien portugais (Lisbonne 1589 - Fraga, Aragon 1644). Entré chez les dominicains de Madrid en 1612, il fut professeur de théologie à Alcalá de 1613 à 1643, date à laquelle il fut nommé confesseur de Philippe IV. Grand admirateur de saint Thomas* d'Aquin, il est l'auteur de commentaires sur sa philosophie.

**JEAN DE SALISBURY** ♦ Philosophe scolastique (Salisbury 1115 - Chartres 1180). Il fut évêque de Chartres et ami de Thomas* Becket dont il écrivit la *Vie*. Il est aussi l'auteur d'un traité de logique, le *Metalogicus.*

**JEAN DE TEPL** ou **DE SAAZ** ♦ Écrivain de langue allemande (Tepl, Bohême, 2de moitié du XIVe s. - Prague 1414 ou 1415). Directeur d'école, secrétaire de la ville et notaire à Saaz, il écrivit à la mort de sa femme une œuvre intitulée *Le Laboureur de Bohême* (1401), dialogue entre la Mort et l'auteur («un laboureur... à qui la plume fait fonction de charrue»), qui annonce par son style et son esprit l'humanisme de la Renaissance.

**JEAN D'UDINE** → **Giovanni da Udine**

**JEAN EUDES** (saint) ♦ Prêtre français (Ri, près d'Argentan 1601 - Caen 1680). Oratorien, il multiplia les missions en Normandie, mais fut exclu de l'Oratoire lorsqu'il fonda le séminaire de Caen (1643). Il organisa la Société des prêtres de Jésus-et-Marie (eudistes) pour gérer des séminaires et l'institut du Bon-Pasteur pour relever les prostituées. ▪ Fête le 19 août.

**JEAN FISHER** (saint) ♦ Homme d'Église et humaniste anglais (Beverley v. 1469 - Londres 1535). Ami d'Érasme, chancelier de l'université de Cambridge et évêque de Rochester (1504). Il refusa de prêter les serments reconnaissant le mariage d'Henri VIII avec Anne Boleyn et la position de ce roi à la tête de l'Église d'Angleterre : il fut exécuté quelque temps avant Thomas More* et canonisé en même temps que lui en 1955. ▪ Fête le 22 juin.

**JEAN-FRANÇOIS RÉGIS** (saint) ♦ Jésuite français (Fontcouverte, diocèse de Narbonne 1597 - Lalouvesc, Vivarais 1640). Il convertit des calvinistes et évangélisa dans les monts du Vivarais, du Velay (notamment au Puy), du Forez* : pèlerinage sur sa tombe à Lalouvesc. ▪ Fête le 16 juin.

**JEAN HYRCAN** → **Hyrcan Ier**

**JEAN ITALOS** ou **JEAN HYPATOS** ♦ Philosophe hérésiarque grec (Calabre XIe s). Sa doctrine fut influencée par les théories d'Aristote* et du néoplatonisme. → **Jamblique.** Il fut anathématisé en 1082.

**JEANMAIRE (Renée,** dite **Zizi)** ♦ Danseuse et chanteuse française de music-hall (Paris 1924). Transfuge de l'Opéra (1945), elle fut, en qualité de danseuse étoile des Ballets de Paris, de Roland Petit (1949), l'interprète brillante et spirituelle de *Carmen, La Croqueuse de diamants, La Rose des vents.* Engagée par Hollywood, elle parut dans plusieurs films à succès *(Hans Christian Andersen, Folies-Bergère)* avant de commencer au music-hall une carrière de chanteuse, à l'Alhambra d'abord, puis au Casino de Paris dont elle assuma la direction avec son mari R. Petit.

**JEAN-MARIE BAPTISTE VIANNEY** (saint) ♦ Prêtre français (Dardilly, près de Lyon 1786 - Ars 1859). Curé d'Ars, diocèse de Belley, en 1817, il y restaura la pratique du christianisme, fonda l'œuvre de la Providence pour les fillettes pauvres, vécut dans l'ascèse et attira les foules par son charisme de confesseur. Canonisé en 1925, il avait de son vivant la réputation d'un saint. ▪ Fête le 4 août.

**JEANNE** (la papesse) ♦ Selon la légende (XIIIe s.), une Anglaise, née à Mayence et vivant à Rome sous l'habit monastique d'homme, aurait obtenu le titre de pape par supercherie à la mort de Léon IV (855) et aurait siégé deux ans. En fait, il ne s'écoula que quelques semaines entre la mort de Léon IV et la consécration de Benoît III.

**JEANNE Ire D'ANJOU** ♦ (Naples 1326 - Aversa 1382). Reine de Naples, comtesse de Provence et de Forcalquier (1343 - 1382). Elle succéda à son grand-père Robert* d'Anjou. Elle fut accusée d'avoir fait assassiner son mari André de Hongrie et, sous la menace du frère de ce dernier, Louis, roi de Hongrie, dut se réfugier en Provence (1347). Innocentée par le pape Clément VI, elle lui vendit Avignon. À la mort de son deuxième mari Louis* de Tarente, elle se remaria avec Jacques III, roi de Majorque (1362). Elle désigna comme héritier Charles* III de Duras en 1370, mais ce dernier s'inquiéta de son remariage avec Othon de Brunswick (1375). De plus, Jeanne, ayant pris parti pour le pape d'Avignon Clément VII, s'aliéna le pape de Rome Urbain VI qui donna l'investiture de son royaume à Charles de Duras. Ce dernier conquit le royaume de Naples et la fit étrangler. Son personnage inspira à Mistral une tragédie (1890). ♦ **JEANNE II** (Naples 1371 - *id.* 1435). Reine de Naples (1414 - 1435). Fille de Charles* III de Duras, elle succéda à son frère Ladislas*. Elle reconnut comme héritier Alphonse* V, roi d'Aragon (1421), qui lui fit la guerre. Elle désigna alors comme héritier Louis* III d'Anjou puis René* Ier le Bon, mais, à sa mort, Alphonse V réussit à conquérir le royaume de Naples.

**JEANNE III D'ALBRET** ♦ (Pau 1528 - Paris 1572). Reine de Navarre (1555 - 1572), fille d'Henri II d'Albret, roi de Navarre, et de Marguerite* de Valois. Après l'annulation de son premier mariage avec le duc de Clèves, elle épousa Antoine de Bourbon (1548). Elle veilla avec intelligence et énergie à préserver l'indépendance de son royaume, auquel elle imposa le calvinisme (1567), secourut ses coreligionnaires (elle défendit La Rochelle, 1568) et mourut peu avant le mariage de son fils, le futur Henri* IV, avec Marguerite* de Valois, sœur de Charles* IX.

**JEANNE D'ARC** (sainte) ♦ Héroïne française (Domrémy, auj. Domrémy-la-Pucelle v. 1412 - Rouen 1431). D'une famille de paysans, elle fut élevée au village de Domrémy, en Lorraine. Selon son témoignage, elle entendit à treize ans des voix surnaturelles (saint Michel, sainte Catherine et sainte Marguerite) qui lui ordonnaient de délivrer la France alors occupée en majeure partie par les Anglais soutenus par les bourguignons, lors de la guerre de Cent* Ans. Dès

1428, elle essaya de convaincre Robert de Baudricourt* de lui fournir une escorte pour rejoindre Charles* VII à Chinon. Elle ne put partir qu'en 1429, lors du siège d'Orléans. Ayant reconnu le roi qui était dissimulé parmi l'assemblée des courtisans, elle réussit à le persuader de la réalité de sa mission et à se faire confier une armée. Elle délivra Orléans que défendaient Suffolk* et Talbot* (mai 1429), succès qui rendit confiance aux troupes. Après la victoire de Patay* sur Talbot* (juin 1429), elle prit Auxerre, Troyes, Châlons, s'ouvrant ainsi la route de Reims. Elle fit sacrer le roi à Reims, cérémonie qui confirmait sa légitimité (juil. 1429). En tentant de prendre Paris, Jeanne fut blessée à la porte Saint-Honoré (sept. 1429), puis, après s'être repliée, échoua devant La Charité-sur-Loire. Après avoir pris Compiègne, elle fut capturée par les bourguignons lors d'une sortie et vendue par Jean de Luxembourg-Ligny (→ **Saint-Pol (comtes de)**) aux Anglais (mai 1430). Elle fut jugée à Rouen comme hérétique et comme sorcière par un tribunal ecclésiastique présidé par l'évêque de Beauvais Pierre Cauchon*. Elle se défendit avec simplicité et courage et maintint que ses voix ne l'avaient pas trompée. Ayant toutefois, dans un instant de trouble, accepté d'abjurer, elle se rétracta, fut déclarée relapse et condamnée à être remise au bras séculier et à être brûlée vive (29 mai 1431). Ce ne fut qu'en 1450 que Charles VII, qui n'avait rien tenté pour la sauver, fit procéder à une enquête (→ **Estouteville, Longueuil**) qui aboutit à un procès de réhabilitation (1456). Elle fut béatifiée en 1909 et canonisée en 1920. ▪ Fête le 8 mai. ▪ Elle inspira de nombreuses œuvres littéraires, cinématographiques, musicales et artistiques (Audiberti, Péguy, Dreyer, DeMille, Preminger, Rossellini, Bresson, Rivette, Schiller, Shaw, Verdi, Claudel et Honegger).

**JEANNE DE BOULOGNE** ♦ Reine de France (1326 - 1361). Fille de Guillaume XII, comte d'Auvergne et de Boulogne, elle épousa le futur Jean* II (1350).

**JEANNE DE BOURGOGNE** ♦ Reine de France (v. 1292 - Roye, près de Montdidier 1329). Fille d'Othon IV, comte de Bourgogne, elle épousa le futur Philippe* V (1307). Elle fut accusée d'adultère, mais fut pardonnée par son mari. Elle mourut de la peste noire.

**JEANNE DE BOURGOGNE** ♦ Reine de France (1293 - 1348). Fille de Robert II de Bourgogne, elle épousa le futur Philippe* VI (1313). ▪ Mère de Jean* II le Bon.

**JEANNE DE CHANTAL** (sainte) **[Jeanne-Françoise FRÉMIOT]** ← ÉTYM. *Chantal* : n. de lieu en Saône-et-Loire (autre forme de Cantal) ♦ Religieuse française (Dijon 1572 - Moulins 1641). Elle épousa Christophe de Rabutin, baron de Chantal. Veuve en 1601, elle se plaça sous la direction de saint François de Sales (1604) et, avec lui, fonda à Annecy la Visitation Sainte-Marie (1610) qui devint l'ordre de la Visitation, avec clôture et vœux solennels (1619) et essaima dans toute la France. Elle fut canonisée en 1767. ▪ Fête le 21 août. ▪ Grand-mère de M$^{me}$ de Sévigné.

**JEANNE DE FLANDRE** ♦ (morte en 1374). Femme de Jean* IV de Monfort (1329), elle lutta lors de la captivité de son mari contre Charles* de Blois et Jeanne* de Penthièvre. → **Succession de Bretagne (guerre de).**

**JEANNE DE FRANCE** ou **DE VALOIS** (sainte) ♦ (1464 - Bourges 1505). Fille de Louis XI et de Charlotte de Savoie, mariée dès 1476 à Louis d'Orléans, futur Louis XII. Contrefaite, elle fut répudiée à l'avènement de son mari (1498), se retira à Bourges et y fonda l'ordre de l'Annonciade (1501). Elle fut canonisée en 1951. ▪ Fête le 4 fév.

**JEANNE I$^{re}$ DE NAVARRE** ♦ Reine de France et de Navarre (Bar-sur-Seine 1273 - Vincennes 1305). Fille d'Henri I$^{er}$ le Gros, roi de Navarre et comte de Champagne, elle épousa le futur Philippe* IV le Bel (1284). Mère de Louis X, Philippe V, Charles IV de France. Grand-mère de Jeanne* II de Navarre.

**JEANNE II DE NAVARRE** ♦ (1311 - Conflans 1349). Reine de Navarre (1328 - 1349). Fille du roi de France Louis* X et de Marguerite* de Bourgogne, elle ne fut pas reconnue reine de France en 1317, mais fut reconnue reine de Navarre en 1328. Mère de Charles* II le Mauvais, roi de Navarre.

**JEANNE III DE NAVARRE** → **Jeanne III d'Albret**

**JEANNE DE PENTHIÈVRE** ♦ (1319 - 1384). Duchesse de Bretagne (1319 - 1365). Nièce de Jean* III de Bretagne et femme de Charles* de Blois (1337). Sa désignation comme héritière du duché de Bretagne déclencha la guerre de Succession* de Bretagne. Elle renonça au duché (traité de Guérande, 1365) en faveur de Jean* IV, fils de Jean* de Montfort.

**JEANNE DES ANGES (Jeanne DE BELCIER, en rel.)** ♦ Prieure des ursulines de Loudun (Cozes, Saintonge 1602 - Loudun 1665). Elle manifesta, de 1632 à 1637, des troubles, interprétés comme une possession diabolique, qui se communiquèrent à ses moniales. Elle en accusa le prêtre Urbain Grandier*, mais les troubles ne cessèrent pas avec l'exécution de celui-ci (1634). Plus tard, se prétendant miraculée, elle accomplit un pèlerinage triomphal à Annecy (1638).

**JEANNE GREY** ♦ Dame anglaise (Bradgate 1537 - Londres 1554). Arrière-petite-fille d'Henri VII par sa mère, elle avait reçu une instruction remarquable. Elle faillit épouser Édouard VI et fut mariée au fils de Dudley*. Celui-ci, qui représentait le parti protestant, convainquit Édouard VI de désigner Jeanne comme héritière. Elle fut en effet reconnue, bien contre son gré (1553). Marie Tudor ayant cependant fait triompher ses droits, Jeanne et son mari furent exécutés.

**JEANNE la Folle** ♦ (Tolède 1479 - Tordesillas 1555). Reine de Castille (1504 - 1555). Fille de Ferdinand* II d'Aragon et d'Isabelle* la Catholique, elle épousa Philippe* le Beau (1496) et partagea avec lui le trône de Castille à la mort de sa mère. Elle était déjà neurasthénique et son mari tenta d'en profiter pour l'écarter du pouvoir. Elle devint totalement démente lorsqu'il mourut et se retira au château de Tordesillas. La régence fut assurée par Ferdinand d'Aragon qui devait lui restituer le pouvoir si elle recouvrait la raison. Charles* Quint, son fils, devint roi à la même condition. Les comuneros* essayèrent vainement de se servir d'elle contre son fils (1520).

**JEANNE SEYMOUR** ♦ (Wolf Hall v. 1509 - Hampton Court 1537). Reine d'Angleterre, troisième femme d'Henri* VIII, elle mourut peu après la naissance du futur Édouard* VI.

**JEANNIN (Pierre)** dit **le Président Jeannin** ♦ Magistrat français (Autun 1540 - Paris 1623). Il incita à la modération lors de la Saint*-Barthélemy, mais se rallia à la Ligue* et conseilla Mayenne*, avant de rejoindre finalement Henri* IV. Il fut chargé de plusieurs missions diplomatiques (traité de Lyon, 1601 ; trêve de douze ans entre l'Espagne et les Provinces-Unies, 1609). Marie* de Médicis le nomma surintendant des Finances (1616). Ses *Négociations* firent longtemps autorité.

**JEANNINE** (lac) ♦ Lac du Canada (N.-E. du Québec), près duquel un gisement de minerai de fer est exploité par une société que contrôle l'US Steel et qui a construit sa ville (Gagnon) et son chemin de fer aboutissant au Saint-Laurent. → **Port-Cartier.**

**JEAN-PAUL** → **Richter (Johann Paul Friedrich, dit Jean-Paul)**

**JEAN-PAUL I$^{er}$ [Albino LUCIANI]** ♦ (Forno di Canale 1912 - Rome 1978). 261$^{e}$ pape (août-sept. 1978). Vicaire général du diocèse de Belluno en 1947, il publia *Catechesi in briciole* («le Catéchisme en miettes»). Évêque de Vittorio Veneto (1958), patriarche de Venise (1969), il devint cardinal en 1973. Successeur de Paul VI, il ne régna que trente-trois jours.

**JEAN-PAUL II [Karol WOJTYŁA]** ♦ (Wadowice 1920 - Rome 2005). 262$^{e}$ pape, élu en oct. 1978. Évêque auxiliaire de Cracovie (1958), puis archevêque de cette ville (1964), il participa au concile Vatican II. Élu pape à la mort de Jean*-Paul I$^{er}$, il fut le premier souverain pontife polonais de l'histoire de l'Église et le premier pape non italien depuis le pontificat d'Adrien* VI (1522 - 1523). Promoteur d'un humanisme chrétien fondé sur la personne du Christ (encyclique *Redemptor hominis*, 1979), il a mis l'accent sur la défense des droits de l'homme au nom de la doctrine sociale de l'Église (*Laborem exercens*, 1981 ; *Sollicitudo rei socialis*, 1987 ; *Centesimus annus*, 1991). Critiquant certaines «déviations» de la morale moderne, il a affirmé les positions doctrinales de l'Église (*Veritatis splendor*, 1993) et s'est élevé avec vigueur contre l'avortement et la contraception. Un nouveau Code de droit canon (1983) et un Catéchisme de l'Église catholique (1992) ont été publiés sous son pontificat. Victime d'un attentat en 1981, il a multiplié néanmoins les voyages pastoraux au cours desquels il devait appeler avec force à une «nouvelle évangélisation» (Saint-Domingue, 1992). Son rôle a été notable dans l'effondrement des régimes communistes de l'Europe de l'Est. Engageant une «repentance» pour l'attitude de l'Église pendant la Shoah, il effectua un voyage historique à Jérusalem en 2000. Son procès en béatification s'est ouvert en 2005.

**Jean-Paul II.**
*Phot. © Lochon/Gamma*

**JEANS** (sir **James Hopwood**) ♦ Astronome, mathématicien et physicien britannique (Londres 1877 - Dorking, Surrey 1946). Il élabora une théorie cosmogonique dite catastrophique (totalement abandonnée aujourd'hui) supposant la fragmentation de filaments de matière arrachés au Soleil par des forces de marée. Il s'intéressa également au rayonnement du corps noir (dont il essaya en vain, de même que Rayleigh*, d'interpréter le spectre ; ces résultats furent à l'origine de l'hypothèse des quanta de Planck*).

**JEANSON Henri** ♦ Dialoguiste, scénariste et journaliste français (Paris 1900 - Équemauville 1970). Journaliste polémiste (notamment au *Canard enchaîné*), il eut des prises de position courageuses, servies par des jeux de mots et des formules à l'emporte-pièce. Mais sa renommée vint de son métier de dialoguiste pour la plupart des metteurs en scène français entre les années 1930 et 1960 : Alexandre Korda (*La Dame de chez Maxim's*, 1933), Julien Duvivier (*Pépé le Moko*, 1937 : «t'es pas une femme, t'es un régime» ; *Un carnet de bal*, 1937), Marc Allégret (*Entrée des artistes*, 1938 : «Amoureuse, ce n'est pas un métier»), Marcel Carné (*Hôtel du Nord*, 1938 : «Oh, t'as pas toujours été aussi fatalitaire !»), Henri Verneuil (*La Vache et le prisonnier*, 1959), Christian-Jaque (*La Tulipe noire*, 1963), Gilles Grangier (*L'Homme à la Buick*, 1966). Il préféra le dialogue au scénario («le style est dans les dialogues, le scénariste n'étant jamais qu'un brodeur d'histoires») et usa d'un français populaire, spirituel et brillant, dans un texte écrit en fonction du phrasé de chaque acteur. On lui décerna en 1954 le titre de Satrape du Collège de 'Pataphysique.

**JEAN VALJEAN** ♦ Personnage central du roman de Victor Hugo* *Les Misérables** (1862). Hors-la-loi capable de reconquérir sa noblesse morale, il symbolise la conscience qui se libère de l'asservissement et de l'humiliation.

**JÉBUSÉENS** n. m. pl. ♦ Peuplade préisraélite de Canaan, sur qui David* conquit Jérusalem (II Samuel, V, 6-9).

**JEC** n. f. → **Jeunesse étudiante chrétienne**

**JECKER (Jean-Baptiste)** ♦ Financier français d'origine suisse (Porrentruy 1810 - Paris 1871). Employé à la banque Hottinguer à Paris (1831), il rejoignit son frère au Mexique, où il fonda une grande banque, ainsi que des entreprises minières. Le président mexicain Miramón lui confia la conversion de la dette intérieure du Mexique ; son successeur, Juárez, ayant refusé de reconnaître ces clauses, Jecker, qui s'était fait naturaliser français (1862), tenta d'intéresser le gouvernement impérial et plus particulièrement Morny* à cette question des dettes. Ce fut un des mobiles de l'expédition du Mexique (1862 - 1867). → **Mexique (guerre du).**

**JEFFERS (John Robinson)** ♦ Poète américain (Pittsburgh, Pennsylvanie 1887 - Carmel, Californie 1962). Californien nourri de culture grecque, misanthrope et enclin à une vision tragique, voire apocalyptique, de l'univers, il a écrit des poèmes mystiques violents, aux confins de l'inhumanité, où l'inceste joue un rôle symbolique (*Tamar and Other Poems*, 1924). Ce matérialiste sans compromis, qui ne voyait de vraie beauté que dans l'abolition de l'homme et le retour à la nature sauvage, a su brillamment adapter en 1946 la *Médée* d'Euripide.

**JEFFERSON (Thomas)** ♦ Écrivain politique et homme d'État américain (Shadwell, Albemarle County, Virginie 1743 - Monticello, Virginie 1826). 3e président des États-Unis. Le rapport qu'il rédigea en 1774, *Aperçu sommaire des droits de l'Amérique britannique*, où il écrivait : «Notre émigration dans ce pays ne donne pas plus de droits sur nous à l'Angleterre que l'émigration des Saxons et des Danois ne pouvait en conférer aux gouverneurs de ces pays sur l'Angleterre», valut à son auteur, en Grande-Bretagne, la proscription et, en Amérique, la gloire de rédiger la *Déclaration* d'indépendance* (1776) qui est, en partie, la transcription de cet écrit. Il fut membre du Congrès continental, gouverneur de Virginie : ses *Observations sur l'État de Virginie* (1784 - 1785), d'un libéralisme humanitaire, répondent à une enquête du gouvernement français. Son projet prévoyant l'abolition de l'esclavage à partir de 1800 date de la même époque. En mission à Paris avec Franklin et Adams, il proposa aux dirigeants du tiers état, en juin 1789, un compromis entre le roi et la nation. Président des États-Unis de 1801 à 1809, il fit preuve d'habileté lors de l'acquisition de la Louisiane et eut le mérite d'éviter à son peuple la guerre qui ensanglantait l'Europe. Son œuvre architecturale (ce fut un disciple de Palladio) est parmi les plus remarquables de la période néoclassique. Mais c'est surtout son idéalisme humanitaire qui exerça une profonde influence, notamment sur Whitman et Thoreau*. Il laissa une autobiographie (1784). ◆ ÉTYM. Ce nom anglais signifie «fils *(son)* de Geoffroi».

**JEFFERSON CITY** ♦ V. des États-Unis, cap. du Missouri, sur le Missouri. 39 636 hab. Centre commercial d'une importante région agricole. Indus. du livre, de la chaussure et du vêtement.

**JEFFREYS (George, 1er baron)** ♦ Homme politique anglais (Acton Park 1645 - Londres 1689). Jacques* II le nomma lord chancelier (1685). Il se montra particulièrement inique et cruel lors des Assises sanglantes qui jugèrent les partisans de Monmouth*. Il mourut à la Tour de Londres.

**Jehan de Paris (Roman de)** ♦ Roman anonyme en prose (XVe s.) qui est probablement une transposition des amours de Charles VIII et d'Anne de Bretagne. Le roi de France se rend incognito en Espagne et se fait aimer de l'infante qui lui est promise, ridiculisant par son aristocratique élégance le roi d'Angleterre, prétendant âgé.

**Jehan de Saintré (Le Petit)** ♦ Roman de mœurs et traité pédagogique en prose d'Antoine de La* Sale (1456), qui reprend le thème de la rivalité du clerc et du chevalier et peint la victoire du réalisme sur les exaltations de l'amour courtois. C'est un texte clé dans l'histoire littéraire, qui prélude au roman moderne par l'abandon du symbolisme littéraire.

**JEHOL** → **Re he**

**JÉHORAM** → **Joram**

**JÉHOVAH** ♦ Barbarisme obtenu par la lecture des consonnes du tétragramme sacré YHWH (*Yahweh* → **Iahvé**) et des voyelles d'*Adonaï**, «mon Seigneur», qui l'accompagnent toujours pour rappeler qu'il faut dire *Adonaï*.

**JÉHU** ◆ ÉTYM. de l'hébr. *Yéhû'*, probablt «Yâh(wèh), c'est lui *(hû')*» ♦ Roi d'Israël (v. –842 - –813). Il massacra toute la maison d'Achab*, Joram*, Jézabel* et extermina les prêtres du Baal. Récit biblique : II Rois, IX-X.

**JELAČIĆ VON BUŽIM (Josip, comte)** ♦ Général croate (Peterwardein, auj. Petrovaradin 1801 - Zagreb 1859). Il servit dans l'armée impériale, puis reprit en 1848 la tête des troupes en Croatie, Slavonie et en Dalmatie et fut nommé ban de ces régions par l'empereur qui utilisait le mécontentement des minorités. Il contribua avec ses armées à l'écrasement de la révolution hongroise menée par Kossuth* et combattue par Windischgrätz.

**JELENIA GÓRA** ♦ V. de Pologne du S.-O., voïvodie de Basse-Silésie, située au pied des Krkonoše. 86 503 hab. Centre d'indus. chimique, métallurgique, électrotechnique et textile.

**JELGAVA** – anc. en russe ***Mitava***, en all. ***Mitau*** ♦ V. de Lettonie, sur le Lieloupe. 75 000 hab. Indus. textile et alimentaire. Construc. mécaniques. Centrale thermique. ■ **Histoire** Capitale de la Courlande* de 1562 à 1795, la ville abrite l'ancienne résidence des ducs de Courlande où le comte de Provence (futur Louis* XVIII) habita de 1798 à 1801, puis de 1804 à 1807.

**JELIABOV (Andreï Ivanovitch)** ♦ Révolutionnaire russe (Nicolaïevok, Crimée 1850 - Saint-Pétersbourg 1881), l'un des chefs de la Volonté du Peuple (→ **narodniki**). Il organisa une série d'attentats qui aboutirent à l'assassinat d'Alexandre* II (1er mars 1881). Arrêté, il fut pendu.

**JELINEK (Elfriede)** ♦ Romancière et dramaturge autrichienne (Mürzzuschlag, Styrie 1946). Ses romans (*Les Amantes*, 1975 ; *Les Exclus*, 1980 ; *La Pianiste*, 1983 ; *Lust*, 1989 ; *Avidité*, 2000) et pièces de théâtre (*Ce qui arriva quand Nora quitta son mari*, 1982 [où elle imagine une suite à *Maison de poupée* d'Ibsen] ; *Sportstück*, 1998), d'une grande violence verbale, connurent très vite le succès. Écrivain engagé, en lutte contre l'oubli de l'histoire austro-germanique, féministe, elle se situe dans la lignée des grands satiristes viennois dénonçant l'absurdité des clichés et la dangerosité du poids de la société. [Prix Nobel de littér. 2004]

**JELLICOE (John Rushworth, 1er comte)** ♦ Amiral britannique (Southampton 1859 - Londres 1935). Spécialiste de l'artillerie navale, il commanda la Grande Flotte dans la mer du Nord lors de la Première Guerre mondiale (1914 - 1916), notamment lors de la bataille du Jutland*. Premier lord de l'Amirauté (1916 - 1917), il fut ensuite gouverneur de la Nouvelle-Zélande (1920).

**JÉLYOTTE (Pierre GRICHON, dit Pierre)** ♦ Ténor et compositeur français (Lasseube, près d'Oloron-Sainte-Marie 1713 - Oloron-Sainte-Marie 1797). Classé haute-contre, il participa à la création d'*Hippolyte et Aricie* et des *Indes galantes* de Rameau, et chanta plus de cent rôles de Lully, Campra, Destouches, Jean-Jacques Rousseau. Qualifié de «plus grand chanteur de l'Europe», il quitta la scène en pleine gloire (1755).

**JEMAPPES** – anc. ***Jemmapes*** ♦ Anc. comm. de Belgique, rattachée à Mons*. ■ **Histoire** La victoire remportée le 6 nov. 1792 par les Français, commandés par Dumouriez* (dont le duc de Chartres [futur Louis-Philippe] était l'aide de camp), sur les Autrichiens, commandés par le duc de Saxe-Teschen, aboutit à l'annexion de la Belgique à la France (de 1792 à 1793, puis, après la victoire de Fleurus* en 1794, de 1795 à 1815).

**JEMEPPE-SUR-SAMBRE** ♦ Comm. de Belgique (Région wallonne), prov. et arr. de Namur, au confluent de la Sambre et de l'Orneau. 18 056 hab. Fermes et châteaux. ■ Indus. chimique (Solvay). Verrerie. Carrière. ■ Des squelettes humains, présentant les caractéristiques de l'homme de Neandertal*, ont été découverts en 1886 dans une grotte de Spy.

**JEMULPO** → **Inch'ŏn**

**JENDOUBA** – en ar. ***Jundubāh***, anc. ***Souk el-Arba*** ♦ V. de Tunisie septentrionale, ch.-l. de gouvernorat, sur la rive d. de la Medjerda, dans une vaste plaine, au N.-O. de l'antique *Bulla Regia* (vestiges importants). 43 997 hab. Cultures céréalières.

**JENKO (Simon)** ♦ Poète et conteur slovène (Podreca, Kranj 1835 - Kranj 1869). Tour à tour élégiaque et patriotique, il est l'auteur de l'hymne national slovène : *En avant ! drapeau slovène* (1860).

**JENNER (Edward)** ♦ Médecin britannique (Berkeley, Gloucestershire 1749 - *id.* 1823). Il découvrit après plusieurs années d'observation et de recherches le moyen d'immuniser l'homme contre la variole par inoculation de la vaccine (1796). ➝ ÉTYM. Ce nom vient du vieil anglais *Ginnur, Gynnour*, de l'ancien français *engigneor (enginior)* «constructeur de machines».

**JENSEN (Johannes Vilhelm)** ♦ Écrivain danois (Farsø, Jutland 1873 - *id.* 1950). Après de nombreux romans, dont les plus connus sont *Les Danois* (1896) et *La Chute du roi* (1900), il écrivit *Le Long Voyage* (six volumes, 1908 - 1921). Cette extraordinaire fresque épique a pour dessein d'exalter, à travers une affabulation complaisante et plus ou moins historique, les Goths (Germains ou Anglo-Saxons) en lesquels il voit le fer de lance de l'évolution de l'humanité, de la préhistoire à la découverte de l'Amérique. Moins didactiques et d'un art plus achevé, ses nouvelles, *Les Histoires de Himmerland* (trois volumes, 1898 - 1910), évoquent sa province natale, berceau de la race «gothique». Son premier recueil de poèmes inaugura en 1906 une ère nouvelle dans le domaine de la poésie danoise. [Prix Nobel de littér. 1944] ➝ ÉTYM. Ce nom de famille danois signifie «fils *(sen)* de Jean».

**JENSEN (Hans Daniel)** ♦ Physicien allemand (Hambourg 1907 - Heidelberg 1973). Il est l'auteur, avec Otto Haxel et Hans Suess, d'une théorie relative à la structure du noyau de l'atome qui serait formé de couches superposées (1950). [Prix Nobel de phys. 1963, avec M. Goeppert*-Mayer et E. Wigner*]

**JEPHTÉ** ➝ ÉTYM. en hébr. *Yiphtâh* «il a ouvert» ♦ Juge d'Israël (Juges, XI), vainqueur des Ammonites. *La fille de Jephté* : mise à mort par son père qui avait fait vœu de sacrifier la première personne rencontrée à son retour s'il obtenait la victoire.

**JÉRÉMIE** ➝ ÉTYM. en hébr. *Yirmyâhû* «Yâh(wèh) élève» ♦ Personnage de la Bible. De famille sacerdotale, il reçut le don de prophétie en –627, lutta contre l'idolâtrie et s'attacha à démontrer qu'il était vain de résister à Babylone et de compter sur le soutien de l'Égypte : Dieu ne garantissait même pas la pérennité d'un Temple dévoyé. Après la chute de Jérusalem, il fut entraîné malgré lui en Égypte où il mourut. Ses prophéties, consignées par son secrétaire Baruch*, constitueraient le livre de Jérémie ; les Septante et la Vulgate lui attribuent aussi les Lamentations*. ♦ ***Le «Livre de Jérémie»*** Livre de la Bible, le deuxième des Grands Prophètes*. 52 chapitres d'oracles, mais aussi de textes d'allure personnelle ( ➝ **Lamentations [Livre des]**) et biographiques du prophète. Le livre, dont la tradition textuelle est complexe, évoque même une première mise par écrit des prophéties et la destruction de ce rouleau par le roi Joaqim. ♦ ***La «Lettre de Jérémie»*** Livre deutérocanonique* (la Vulgate en fait le dernier chapitre du livre de Baruch). 72 versets et un prologue. Sans doute composé en hébreu au –IVe s., le texte est une démonstration de l'inanité des dieux de Babylone et de l'immoralité du culte qui leur est rendu. ♦ ***Les «Paralipomènes de Jérémie»*** Les Paralipomènes (gr. «choses omises»), apocryphes*, 9 chapitres écrits en grec au début du IIe s. romancent le retour de l'Exil ; un chrétien a rajouté une finale qui fait annoncer au prophète la venue du Christ, qu'il préfigure. L'œuvre est connue en éthiopien sous le titre de Reste des paroles de Baruch*.

**Jérémie (Lamentations de)** ➝ **Lamentations (Livre des)**

**JEREZ DE LA FRONTERA** – anc. *Xeres* ♦ V. d'Espagne (Andalousie), prov. de Cadix. 202 687 hab. Grand centre vinicole de renommée mondiale, produisant des vins blancs fruités et sucrés appelés *xérès* en fr., *sherry* en angl. Ces vins proviennent de toute l'Andalousie et sont traités dans de grands chais *(bodegas)*.

**JÉRICHO** [ʒeʀiko] ➝ ÉTYM. en ar. *Arīhā*, en hébr. *Yerihô*, sémitique *yrh* «la lune» ♦ V. de Cisjordanie située à 10 km au N. de la mer Morte, dans la vallée du Jourdain. 18 346 hab. ▪ Gisements de phosphates dans la plaine. Tourisme. ▮ **Histoire** Le site de «la plus vieille ville du monde» est occupé depuis le 9e millénaire. Les fouilles entreprises dès 1867 ont mis au jour les traces d'installations successives : maisons circulaires et haute tour de pierre remontant à env. –8000, maisons de briques crues, outils polis, crânes surmoulés d'argile du 7e millénaire, tombes et remparts du bronze ancien et du bronze moyen. Au S.-O. de la ville anc., ont été retrouvés les vestiges du palais qu'y fit bâtir Hérode* Ier le Grand. ▪ Située dans les territoires palestiniens, Jéricho a été la première ville rendue à l'Autorité palestinienne en 1994, puis, après avoir été réoccupée par Israël, en 2005. ♦ ***Trompettes de Jéricho*** Selon la Bible (Livre de Josué*), Jéricho fut la première ville conquise par les fils d'Israël en Canaan* : les murailles de la ville se seraient effondrées, au bout de sept jours de processions, après que les prêtres eurent sonné de la trompe et le peuple poussé son cri de guerre. En fait, la ville fut plusieurs fois détruite, mais ne possédait pas de fortifications à l'époque supposée de la conquête.

**JERNE (Niels Kai)** ♦ Médecin danois (Londres 1911 - Castillon-du-Gard, Gard 1994). Il est l'auteur de théories fondamentales concernant les mécanismes immunitaires ; il montra la spécialisation des lymphocytes, dont chacun ne produit qu'un seul type d'anticorps, spécifique d'un antigène. [Prix Nobel de physiol. ou méd. 1984, avec G. Köhler et C. Milstein*]

**JÉROBOAM Ier** ➝ ÉTYM. en hébr. *Yârob'âm* «que le peuple *('âm)* s'accroisse *(râbhab)*» ♦ Premier roi d'Israël* (de –931 à –910) qu'il fonda contre Roboam* (royaume du Nord).

**JÉROBOAM II** ♦ Roi d'Israël (de v. –780 à –740), fils de Joas*. Il reconquit tout le territoire que les Araméens avaient pris à ses pères (II Rois, XIV, 23).

**JEROME (Jerome KLAPKA dit Jerome K.)** ♦ Romancier, acteur dramatique et journaliste britannique (Walsall 1859 - Northampton 1927). Après avoir été employé au chemin de fer, journaliste, maître d'école et comédien, il fit paraître un récit, *Sur la scène* (1888), fruit de son expérience théâtrale. Son humour apparaît surtout dans *Pensées paresseuses d'un paresseux* (1889) et le célèbre *Trois hommes dans un bateau* (1889), roman burlesque dont la gaieté communicative est fondée sur une observation très fine de la psychologie sociale anglaise, non sans la présence de traits conventionnels qui expliquent l'immense succès du livre à l'étranger. Il fonda l'hebdomadaire *To-day* (1893 - 1897) et (avec R. Barr et G. B. Burgin) une revue mensuelle illustrée, *The Idler* (1892 - 1897). Au théâtre, il fit représenter *Barbara* (1886) et *Le Locataire du troisième sur cour* (1908). Un roman *(Paul Kelver*, 1902) et une autobiographie *(Ma vie et mon époque*, 1926) éclairent la personnalité de Jerome.

**JÉRÔME** (saint) ➝ ÉTYM. en lat. ***Eusebius Hieronymus***, du gr. ***Hieronumos*** «saint *(hieros)* nom *(onumos)*» ♦ Père et docteur de l'Église (Stridon, Dalmatie v. 347 - Bethléem 420). Il fit à Rome de solides études qui lui donnèrent le goût durable de la littérature classique (c'est-à-dire païenne) et renonça, à Trêves, à une carrière de fonctionnaire. En 374, il se fit moine dans le désert de Chalcis (Syrie), apprit le grec et s'initia à l'hébreu. Devenu prêtre, il suivit en 377 à Antioche l'enseignement d'Apollinaire de Laodicée, à Constantinople, en 379, celui de Grégoire* de Nazianze et traduisit quelques œuvres d'Origène*. Revenu à Rome, il fut le secrétaire du pape Damase* Ier (382) et se lia avec de grandes dames romaines (Marcella et Paula) qui lui permirent de mener ses travaux sans soucis matériels : les exigences de la communauté dont il était le directeur spirituel l'orientèrent définitivement vers l'exégèse. À la mort de Damase (385), suivi de Paula, il quitta Rome pour l'Orient, écouta à Alexandrie les leçons de Didyme l'Aveugle et s'installa à Bethléem* (386). Profitant des ressources de la bibliothèque d'Origène et d'Eusèbe* de Césarée, il se lança dans une vaste entreprise de traduction de la Bible : après avoir entrepris de réviser les traductions faites sur le texte grec des Septante*, il décida finalement d'en revenir à la «vérité de l'hébreu», et traduisit l'Ancien Testament de 392 à 405. Cette traduction deviendra la Vulgate*. Son œuvre comprend en outre de nombreux commentaires bibliques, d'autres travaux d'érudition (il continua la *Chronique* d'Eusèbe et tira de son *Histoire ecclésiastique* un compendieux *De viris illustribus*), des hagiographies (*Vies* d'anachorètes), des traités polémiques (un *Contre Jovinien* fut souvent cité au Moyen Âge comme une très misogyne apologie de la vie monastique et de la virginité) et des lettres (près de 150) qui sont parfois des traités. ▪ Fête le 30 sept.

**JÉRÔME DE PRAGUE** ♦ Réformateur tchèque (Prague v. 1360-1370 - Constance 1416). Disciple de Wyclif*, il répandit ses doctrines à l'université de Prague. Ami de Jan Hus*, il se rendit avec lui au concile de Constance (1415) et fut brûlé comme hérétique.

**JERSEY** (île de) ➝ ÉTYM. p.-ê. anc. scand. «l'île *(ey)* de terre *(jarth* ou *jorth)*» ♦ La plus grande et la plus méridionale des îles Anglo-Normandes. 116 km². 85 000 hab. CH.-L. : Saint-Hélier. Le bailliage de Jersey est dirigé par une assemblée élue, et reconnaît la suzeraineté de la reine d'Angleterre. Bordée de hautes falaises au N. et de plages de sable au S., Jersey est un grand centre touristique de la Manche (près d'un million de visiteurs par an). L'île est reliée à Saint-Malo et à la Grande-Bretagne par voies maritime et aérienne. L'élevage laitier et les fleurs destinés au marché britannique sont à la base d'une agriculture de bon rendement. Mais ce sont les activités financières, dues à une législation particulière, qui font de Jersey, comme des autres îles Anglo-Normandes, un paradis fiscal, siège de nombreuses sociétés britanniques et européennes. Victor Hugo y séjourna en exil en 1852 - 1855, avant de gagner Guernesey.

**JERSEY CITY** ♦ V. des États-Unis (New Jersey) sur une péninsule bordée à l'E. par l'Hudson, en face de Manhattan. 240 055 hab. dont 30 % de Noirs et 24 % d'Hispaniques. Indus. du papier. Indus. chimique. Construction de locomotives.

**JERUSALEM (Johann Friedrich Wilhelm)** ♦ Théologien protestant allemand (Osnabrück 1709 - 1789). L'œuvre de ce conseiller au consistoire de Brunswick s'inscrit dans la ligne du christianisme libéral qui, influencé par le déisme de certains penseurs anglais (Locke), caractérisa une partie de la théologie allemande du Siècle des lumières. Il publia *Considérations sur les vérités principales de la religion* (1768 - 1779).

**JÉRUSALEM** ➝ ÉTYM. en hébr. *Yerûshâlayîm*, en akkadien *Urusalim*, p.-ê. «la ville *(uru)* de la paix *(shâlêm)*» ou «la ville du dieu Shalem [dieu de la paix]» ou «fondation (de *yârâh* "jeter") de la paix ou du dieu Shalem», en ar. ***al-Quds*** «la Sainte» ♦ Cap. de l'État d'Israël et v. de Palestine, cap. de la Judée, édifiée à 800 m d'altitude à la limite de la Cisjordanie, composée de la ville moderne (à population juive) et de la vieille ville et de ses faubourgs (à population surtout musulmane). 733 300 hab.

**Jérusalem.** Le mur des Lamentations et le Dôme du Rocher. © *PhotoDisc*

Chef-lieu du district de Jérusalem, la ville moderne est depuis 1949 la capitale déclarée de l'État d'Israël en dépit de la contestation absolue de ce titre par les États arabes. En 1980, Jérusalem a été proclamée «capitale éternelle» par la Knesset. C'est dans la vieille ville, dont les murs datent de l'époque ottomane, que se trouve la plupart des Lieux saints et des vestiges du passé. Les collectivités religieuses y ont chacune leur quartier. Le quartier chrétien (N.-O.) s'étend autour du Saint*-Sépulcre. Le quartier musulman (N.-E.) l'avoisine et près de lui s'élèvent, à l'emplacement du Temple de Jérusalem, le Dôme du Rocher (improprement appelée mosquée d'Omar) et la mosquée al-Aqsa. Le mur des Lamentations (mur occidental du Temple, son seul vestige) est mitoyen de ce rocher et du quartier juif (S.-E.) qui monte vers le quartier arménien (S.-O.) situé entre la porte de Sion* et la tour de David. La variété des synagogues, églises, mosquées reflète aussi la diversité des communautés juives (ashkénazes, séfarades), chrétiennes (grecs catholiques, grecs orthodoxes, catholiques romains, maronites, protestants, arméniens), musulmanes et druzes. ▪ Centre administratif et religieux (univ. hébraïque, centre d'études talmudiques). Quelques industries (indus. alimentaires, textiles, chimiques, mécaniques, bâtiment). Centrale thermoélectrique. Importante activité touristique, en partie liée aux pèlerinages chrétiens. ▮ **Histoire** Construite dès l'époque cananéenne et occupée par les Jébuséens* au –IIe millénaire, la ville fut conquise sur les Jébuséens par David* qui en fit la capitale du peuple hébreu vers –1000. Centre du judaïsme, elle vit la construction (→ **Salomon**) et la destruction du premier (v. –969 - –586) et du second Temple (–515 - 70), fut conquise par les Romains (→ **Titus**), connut la prédication et la mort de Jésus* et, prise en 637 par les Arabes, devint une ville sainte de l'islam. C'est du haut du rocher du mont Moriah que Mahomet se serait, selon la tradition, élevé dans le ciel. Conquise en 1099 par les croisés de Godefroi* de Bouillon (→ **Jérusalem (royaume latin de)**), reprise par Saladin*, dévastée par les Mongols (v. 1250) puis dominée par les mamelouks et les Ottomans, elle tomba en décadence. C'est en 1922 qu'elle devint la capitale de la Palestine sous mandat britannique, après avoir été conquise par le corps expéditionnaire d'Allenby*. En vertu du plan de partage de l'ONU de 1947, la ville aurait dû être internationalisée à cause de son importance pour les trois monothéismes. Le premier conflit israélo-arabe de 1948 amena toutefois la division de Jérusalem par un mur et des barbelés en un secteur est, jordanien, et un secteur ouest, israélien. Les Jordaniens interdirent alors l'accès aux Lieux saints à tous les Israéliens (juifs, chrétiens et musulmans). En 1967, les Israéliens occupèrent la vieille ville et procédèrent à une réunification qui ne fut pas reconnue par la communauté internationale. Pour rendre ce fait irréversible, ils construisirent, dans l'anc. secteur jordanien, de nouveaux quartiers où habitent env. 200 000 Juifs, proclamant la ville capitale indivisible et éternelle de l'État d'Israël. Un mur a été construit (2005) entre la ville et la Cisjordanie, isolant les Palestiniens de Jérusalem-Est où se poursuit la construction de logements destinés aux colons. La question de Jérusalem reste un obstacle majeur à une paix définitive entre Israéliens et Palestiniens.

**JÉRUSALEM** (Royaume latin de) ♦ État fondé après la prise de Jérusalem (1099), lors de la première croisade. Godefroi* de Bouillon, qui refusa le titre de roi, prit celui d'«avoué du Saint-Sépulcre». Son frère Baudouin* Ier (1100 - 1118) lui succéda. Les autres rois furent Baudouin* II (1118 - 1131), Foulques* d'Anjou (1131 - 1143), Baudouin* III (1143 - 1163), Amaury* Ier (1163 - 1174), Baudouin* IV, le roi lépreux (1174 - 1185), Baudouin* V (1185 - 1186) puis la reine Sibylle* et son mari Gui de Lusignan* (1186 - 1192). Saladin reprit Jérusalem en 1187 et les croisés perdirent Acre et Tyr en 1291. ▪ Ce royaume fut du type féodal, régi par les Assises de Jérusalem. Le roi, choisi par la haute cour, régnait sur Jérusalem, mais aussi moralement sur d'autres fiefs, le comté d'Édesse, les principautés d'Antioche et de Tibériade, le comté de Tripoli. Le royaume était défendu aux frontières par les ordres militaires (Templiers, Hospitaliers de Saint-Jean-de-Jérusalem, ordre Teutonique).

La **Jérusalem délivrée** – en it. ***Gerusalemme liberata*** ♦ Poème en 20 chants du Tasse*, dédié à Alphonse II d'Este. Achevée en 1575, la *Jérusalem* fut commencée une quinzaine d'années plus tôt et publiée, à l'insu de son auteur, en 1580. En raison de ses scrupules pathologiques et des attaques dont il fut la cible, le Tasse récrivit entièrement son poème, qui devint *La Jérusalem conquise* (1593). ▪ À partir d'une trame historique fournie par la première croisade, le Tasse anime les figures «héroïques» de : Renaud*, ancêtre fabuleux des Este, sorte d'Hercule chrétien asservi un moment dans les plaisirs de l'amour ; Armide*, la magicienne séductrice qui «d'ennemie devient amante» ; le malheureux Tancrède, dont le cœur est «encombré» par l'image amoureuse de Clorinde*, la guerrière sarrasine, qu'il tuera finalement sans le savoir en combat singulier (épisode mis en musique par Monteverdi dans *Il Combattimento di Tancredi e Clorinda*) ; Herminie, amoureuse de Tancrède, qui ne l'aime pas ; Dudon, Olinde et Sophronie, Pierre l'Ermite, Soliman. Par la variété de sa langue et de sa poétique, et par la *gravitas* existentielle et idéologique de son poème, sa «mélancolie», le Tasse signait le passage de la Renaissance à un maniérisme annonciateur des vertiges du baroque. *La Jérusalem délivrée* devait jusqu'au XIXe s. susciter en Europe nombre de variations littéraires, picturales et musicales.

**JESENÍKY** n. m. pl. ♦ Chaîne de montagnes, en République tchèque, formant la partie E. des monts des Sudètes* et culminant à 1 491 m.

**JESPERSEN (Otto)** ♦ Linguiste danois (Randers 1860 - Copenhague 1943). Il fut l'élève de V. Thomsen et s'intéressa à la fois aux problèmes de la pédagogie des langues et à la théorie linguistique (critique du concept de loi phonétique absolue). D'abord attaché à l'étude des langues romanes, il vint à l'anglais sous l'influence du linguiste Henry Sweet. Auteur d'un grand traité de phonétique (1897 - 1899), de deux ouvrages de linguistique générale (*Le Langage*, 1922 ; *La Philosophie de la grammaire*, 1924) et d'une très importante grammaire d[illegible] la langue anglaise, *A Modern English Grammar on Historical* [illegible]*nciples* (1909 - 1942), Jespersen, malgré l'accent mis sur la manif[illegible]tation au détriment du système formel abstrait (ce qui lui fit mé[illegible]nnaître Saussure), peut être considéré comme un précurseur d[illegible] linguistique moderne. ➝ ÉTYM. Ce nom danois signifie «fils *(sen)* de [illegible]sper [même origine que *Gaspard*]».

**JESSÉ** ou **ISAÏ** – en hébr. *Y*[illegible]*y* ♦ Père de David, petit-fils de Booz*, originaire de Bethléem. ♦ [illegible]***rbre de Jessé*** Image messianique du livre d'Isaïe*, souvent représe[illegible]e dans l'iconographie chrétienne pour illustrer la généalogie du [illegible]rist, «fils de David» pour les chrétiens.

**JESSELTON** → **Kota Kina**[illegible]

**JÉSUITES** → **Jésus (compa**[illegible]**ie de)**

**JÉSUS** ➝ ÉTYM. en hébr. *Yé*[illegible]*a'* «Yâh(wèh), sauve !» ♦ Fondateur de la religion chrétienne, pou[illegible]quelle il est le Christ : *Jésus-Christ*, le

Messie, Fils de Dieu. Sa vie pose des problèmes d'historicité controversés ; elle est connue essentiellement à travers les Évangiles* qui en donnent une image imprécise, parfois contradictoire et déjà très élaborée, selon les perspectives théologiques et hagiographiques des premières générations chrétiennes. Les computations fondées sur les Évangiles* fixent généralement sa naissance en 4 - 5 avant l'ère qui porte son nom, sa vie publique et sa mort en 28 - 29 de cette ère. ▪ **Principaux épisodes évangéliques** La conception virginale de Jésus par Marie*, fiancée de Joseph* ; sa naissance à Bethléem* (Nativité*) ; la fuite en Égypte pour échapper au massacre des nouveau-nés ordonné par Hérode (→ **Innocents [les saints]**) ; sa jeunesse à Nazareth ; sa discussion avec les docteurs du Temple à l'âge de douze ans ; son baptême par Jean-Baptiste vers l'âge de trente ans ; sa retraite au désert et sa tentation par le diable ; sa prédication en Galilée (sermon sur la montagne, miracles, paraboles) et le choix de ses douze disciples (→ **apôtres**) ; la Transfiguration (→ **Thabor**), l'entrée à Jérusalem, la conspiration des Juifs et la trahison de Judas* ; le dernier repas (Cène) et l'institution de l'eucharistie ; la veillée à Gethsémani* ; son arrestation, sa comparution devant Caïphe et sa condamnation à mort ; sa comparution devant Pilate* qui l'abandonne (→ **Barabbas**) ; la dérision et la flagellation ; sa crucifixion le jour ou la veille de la pâque juive ; sa mise au tombeau, trouvé vide le troisième jour ; ses apparitions aux disciples d'Emmaüs* et aux Apôtres, retournés en Galilée, à qui il confie la prédication du christianisme ; son ascension au ciel. ▪ **Son enseignement** Il porte principalement sur : l'annonce du Royaume de Dieu, royaume non «charnel» comme celui des prophètes juifs, mais spirituel et signifiant, pour le présent, une transformation intérieure *(metanoia)*, pour le futur, l'espérance d'une immortalité bienheureuse ; le salut par la foi en sa nature de fils de Dieu envoyé pour le rachat de l'humanité pécheresse ; l'amour comme source unique des relations entre les hommes et Dieu et des hommes entre eux (charité). → **Christ.**

**Jésus (Compagnie de)** – en lat. ***Societas Jesu*** [SJ] ♦ Ordre de clercs réguliers (jésuites, cf. Le Robert) fondé en 1534 par Ignace* de Loyola et approuvé par le pape en 1540. Les membres prononcent des vœux de pauvreté, de chasteté, d'obéissance, spécialement au pape. L'ordre, fortement hiérarchisé en «assistances» et en «provinces», est organisé militairement ; il est dirigé par un préposé général, élu à vie par la Congrégation générale (à laquelle il reste soumis). Son but principal est l'apostolat «pour la plus grande gloire de Dieu» (en lat. *Ad majorem Dei gloriam*, devise de l'ordre). Les nécessités de l'apostolat l'amenèrent à développer l'enseignement dont il fit une de ses spécialités (première université à Gandie, 1547 [→ **François Borgia**] collège romain, fondé par Ignace de Loyola, 1551 [→ **Grégoire XIII**]). L'histoire des jésuites peut se diviser en trois périodes : 1) L'ancienne Compagnie, sous Ignace de Loyola et ses successeurs, D. Laínez (1558 - 1565), François* Borgia (1565 - 1572), Everard Mercurian (1573 - 1580), Claudio Aquaviva* (1581 - 1615), Mutio Vitelleschi (1615 - 1645), connut son âge d'or et fut le meilleur instrument de la réforme catholique. → **Contre-Réforme.** Elle développa les missions en pays protestant (sir Edmund Rich), en Extrême-Orient (→ **François Xavier**), en Amérique (→ **Paraguay, Canada [martyrs du]**). Elle soutint des controverses théologiques (molinisme [→ **Molina**] ; contre Molinos* ; contre le jansénisme* [→ **Jansénius**] ; probabilisme [→ **Innocent XI**] ; contre le gallicanisme). 2) L'implication de la Compagnie dans la haute politique lui suscita des hostilités qui provoquèrent sa suppression d'abord au Portugal (1759), en France (1764), en Espagne (1767), puis sa suppression totale en 1773. → **Clément XIV.** 3) La nouvelle Compagnie fut rétablie par Pie VII dès son retour à Rome (1814). Elle connut diverses tribulations, au XIXe s., dans la plupart des pays d'Europe, dues aux conflits entre les forces conservatrices (auxquelles on l'assimilait) et des mouvements progressistes. Son inféodation à Rome (ultramontanisme) continua à lui être reprochée ; à diverses reprises l'enseignement lui fut interdit. Mais elle se développa, notamment en Amérique. ▪ Principale église des jésuites : → **Gesù.** ▪ Jésuites célèbres : → **Arrupe, Bourdaloue, Charlevoix, Clavius, Coton, Daniélou, Fonseca, François Borgia, Gabriel Lalemant, Gracián y Morales, Jean de Brébeuf, Isaac Jogues, Jean-François Régis, La Chaise, Le Tellier, Louis de Gonzague, Lubac (H. de), Marquette, Molina, Rahner (K.), Rapin, Ricci (L.), Robert Bellarmin, Suárez, Teilhard de Chardin.**

**Jésus (Vie de)** ♦ Ouvrage d'Ernest Renan* (1863), le premier volume de l'*Histoire des origines du christianisme*, œuvre monumentale par laquelle l'auteur cherche à «reconstituer un système psychologique tel que le lecteur moderne puisse se donner une idée claire et rationnelle des grands phénomènes religieux». Utilisant les Évangiles comme des documents, Renan propose l'image du Christ dégagée de tout surnaturel pour mieux souligner le «caractère exceptionnel de son œuvre». L'ouvrage fut vivement contesté dans sa prétention à la rigueur scientifique, mais il connut un succès considérable.

**JÉTHRO** – ÉTYM. en hébr. *Yithrô*, de *yètèr* «abondance» ♦ Personnage biblique, prêtre de Madian. Père de Séphorah (Çippora) qu'épouse Moïse*. On l'appelle aussi Réuel ou Hobab.

**JETTE** – en néerl. ***Sint-Pieters-Jette*** ♦ Comm. de Belgique (Région de Bruxelles-Capitale). 43 564 hab. Indus. diversifiées. Hôpital universitaire (Univ. libre de Bruxelles).

Le **Jeu d'Adam** ♦ Drame semi-liturgique du Moyen Âge (v. 1165), composé de 942 vers en dialecte normand. Trilogie inspirée par le dogme de l'Incarnation *(Tentation, péché, châtiment d'Ève et d'Adam ; Meurtre d'Abel par Caïn ; Procession des prophètes du Christ)*. Par la force dramatique de ses dialogues, la grâce de ses vers, la richesse de ses indications de mise en scène, *Le Jeu d'Adam* constitue la plus remarquable des œuvres du genre.

Le **Jeu de la feuillée** ♦ Comédie d'Adam* de la Halle (v. 1276) composée en dialecte picard. Avant de quitter Arras, l'auteur accable de traits satiriques, outre sa femme et son père, quelques-uns des habitants de la ville. Attendues pour la Saint-Jean d'été, trois fées viennent prendre place sous une tonnelle *(feuillée)*. Habile mélange de satire bourgeoise, de lyrisme et de fantaisie poétique, cette œuvre est l'une des plus originales du théâtre comique au Moyen Âge.

Le **Jeu de l'amour et du hasard** ♦ Comédie de Marivaux* en 3 actes et en prose (1730). Dans le dessein de mieux connaître le fiancé qu'Orgon, son père, lui destine, Silvia fait avec Lisette, sa femme de chambre, l'échange de ses vêtements et de son identité. Avec la même intention, Dorante revêt la livrée de son valet Arlequin. Sous leurs habits d'emprunt, les deux jeunes gens s'éprennent l'un de l'autre, non sans en éprouver une secrète surprise. Dorante fait à Silvia l'aveu de son stratagème, mais la jeune fille, excitant sa jalousie, avec la souriante complicité de son frère Mario, parvient à se faire épouser comme femme de chambre. En même temps, Lisette et Arlequin vivent une semblable aventure, fondée elle aussi sur la même ambiguïté.

**Jeu de paume (serment du)** ♦ Après les menaces du roi (influencé par la cour) de casser les délibérations du tiers état et la fermeture de la salle des Menus-Plaisirs où se réunissaient les états* généraux, les députés du tiers état se réunirent dans la salle du Jeu de paume ; c'est là que, sur une proposition de Mounier*, ils prêtèrent, le 20 juin 1789, à la suite de leur président Bailly*, le serment solennel «de ne jamais se séparer et de se rassembler partout où les circonstances l'exigeront jusqu'à ce que la constitution du royaume soit établie et affermie sur des fondements solides». La scène a été représentée par David.

**Jeu-de-paume** (musée du) ♦ Salle d'exposition temporaire d'art contemporain installée à Paris dans l'ancien Jeu de paume du palais des Tuileries (ouverte en 1992). Avant l'ouverture du musée d'Orsay* les tableaux impressionnistes des collections nationales y étaient présentés.

**Jeunes-turcs.**
Enver Pacha. *BIS/Phot. © Coll. Archives Larbor*

Le **Jeu de Robin et Marion** ♦ Pastorale dramatique d'Adam* de la Halle, composée à Naples pour la cour de Charles d'Anjou (v. 1284). Courtisée par un chevalier, la bergère Marion éconduit le galant et se livre, en compagnie de ses amis les bergers et de son amoureux Robin, aux gracieux ébats d'un repas champêtre. Enrichi de «refrains» musicaux d'une exquise fraîcheur d'inspiration, cet ouvrage est considéré comme le lointain précurseur de l'opéra-comique français.

**Jeu de saint Nicolas** ♦ Œuvre dramatique de Jean* Bodel, une des premières (v. 1202) qui soit située entre le «miracle» et la représentation profane. Écrit principalement en octosyllabes dans un dialecte artésien-picard, ce poème mêle la louange du saint à l'évocation de l'Orient des croisades.

Le **Jeu des perles de verre** – en all. ***Das Glasperlenspiel*** ♦ Dernier roman de H. Hesse* (1943), qui eut un grand retentissement après la Deuxième Guerre mondiale. Langue universelle qui aurait été pressentie par les pythagoriciens, les anciens Chinois, les humanistes de la Renaissance et les romantiques allemands (Novalis) et qui permettrait de réconcilier la science, l'art et la religion, ce *Jeu des perles de verre* est une discipline purement intellectuelle pratiquée par une élite dans la cité de «Castalie», dont H. Hesse situe l'existence au XXIII^e s. Celle-ci est un ordre strictement hiérarchisé dont les membres ont renoncé au mariage et à la vie du siècle. L'œuvre est centrée sur la vie du *magister ludi*, Joseph Knecht (Joseph «Valet» ou «Serviteur»). Après avoir compris l'opposition irréductible entre le monde réel et la cité parfaite mais figée, celui-ci abandonne ses fonctions pour devenir précepteur d'un jeune garçon, «appelé par une obligation inconnue qui est la mort». Sa mort, par noyade, au lever du soleil, apparaît comme le symbole de l'unité retrouvée entre l'homme et le cosmos.

**JEUMONT** [59460] → ÉTYM. anc. *Jovis Mons*, lat. «mont de Jupiter» ♦ Comm. du Nord, arr. d'Avesnes-sur-Helpe, à la frontière belge. 10 775 hab. *(Jeumontois)*. Centre ferroviaire et industriel.

## Jeune-Allemagne

– en all. ***Junges Deutschland*** ♦ Nom sous lequel on a désigné (par analogie à la Jeune-Italie de Mazzini) un groupe d'écrivains allemands dont firent partie Gutzkow*, Laube*, Mundt*, Wienbarg* et, pendant quelque temps, Börne et Heine. Né vers les années 1830, ce mouvement se caractérisa sur les plans littéraire et politique par une opposition libérale bourgeoise, à caractère révolutionnaire et francophile, au conservatisme. Anticlérical, affichant volontiers un certain immoralisme, prêchant en particulier l'«émancipation de la chair», il fut condamné par la diète fédérale de Francfort (1835). La plupart des œuvres de la Jeune-Allemagne furent alors interdites.

La **Jeune Captive** ♦ Ode qu'A. Chénier* composa dans sa prison en l'honneur d'Aimée de Coigny, promise comme lui à l'échafaud (la «jeune captive» devait cependant échapper à la mort). Cette ode, la dernière œuvre du poète, échappe à la rhétorique par l'harmonie des vers où la jeune femme exprime son horreur devant la mort cruelle et prématurée qui l'attend ou chante son amour de la vie. Le poème fut publié après sa mort par les soins de Marie-Joseph Chénier* en 1794.

## Jeune-Irlande

– en angl. ***Young Ireland*** ♦ Mouvement révolutionnaire irlandais, dont le nom était inspiré de la Jeune-Italie de Mazzini. Née v. 1840, ouverte aux protestants, elle avait pour journal *La Nation* et regroupait sous la direction de Mitchel et d'O'Brien* les partisans de l'indépendance et de la reconquête du sol, qui rejetaient l'action parlementaire (contrairement à O'Connell*) et donnaient la priorité aux manifestations populaires, et même à la violence, quand la famine aggrava la situation. Encouragée par les révolutions de 1848, elle organisa des insurrections qui avortèrent (Ballingarry, Tipperary) et ses chefs furent déportés.

## Jeune-Italie

– en it. ***Giovine Italia*** ♦ Société secrète créée en 1831 à l'instigation de G. Mazzini*. Elle visait à obtenir la libération de l'Italie, puis son unification par une République démocratique et déiste. De 1837 à 1844, les membres de Jeune-Italie multiplièrent les tentatives d'insurrection, mais, privilégiant les aspirations politiques sur les revendications sociales, ils ne purent rallier les masses paysannes. Marqué par un certain romantisme, ce mouvement fut néanmoins une étape importante dans l'affirmation du nationalisme italien.

**Jeunesse agricole chrétienne** [JAC] → **Mouvement rural de la jeunesse chrétienne**

**Jeunesse étudiante chrétienne** [JEC] ♦ Mouvement d'Action catholique créé en 1929 et qui regroupe étudiants et étudiantes (JECF).

**Jeunesse ouvrière chrétienne** [JOC] et **Jeunesse ouvrière chrétienne féminine** [JOCF] ♦ Mouvement d'Action catholique destiné au milieu ouvrier. Fondée en Belgique par l'abbé Cardijn (1925), la JOC se développa dans la banlieue parisienne, grâce à l'abbé Guérin. Elle joue un rôle de formation pour de nombreux militants ouvriers (syndicalistes, politiques).

## jeunes-turcs

n. m. pl. ♦ Adeptes du mouvement de la Jeune-Turquie, comité formé par Midhat Pacha (1868) pour réformer les institutions ottomanes. Lors des insurrections serbe et bulgare, il renversa successivement les sultans Abdülaziz* et Murat* V (1876) et fit accéder au trône Abdülhamid II qui proclama une nouvelle constitution (déc. 1876), garantissant les libertés d'expression et de réunion. Mais le sultan ajourna la constitution et exerça le pouvoir absolu (janv. 1878). Midhat Pacha fut exilé en Arabie (1881), puis assassiné (1883). Plus tard, les jeunes-turcs constituèrent le comité «Union et Progrès» (1894) qui provoqua des soulèvements militaires, obligeant le sultan à rétablir la Constitution de 1876 (1908). Mais, devant la mauvaise volonté du sultan, le comité, appuyé par la garnison de Salonique, renversa Abdülhamid II et proclama Mehmet V sultan (1909). Ils assassinèrent ensuite le grand vizir Chevket (1913) et instituèrent le triumvirat Enver*-Djamal*-Talaat* qui entraîna l'Empire ottoman dans la guerre mondiale aux côtés de l'Allemagne. Après la défaite, ils durent se retirer et laisser le terrain libre aux partisans de Mustafa* Kemal. ▪ L'expression *jeune-turc* désignant les éléments révolutionnaires d'un parti vient de ce mouvement.

**Jeux** ♦ Poème dansé pour orchestre de Claude Debussy*, destiné aux Ballets russes de Serge de Diaghilev (Paris, 15 mai 1913). L'œuvre, qui traite de jeux amoureux et sportifs sur un court de tennis, du crépuscule à la nuit, resta longtemps négligée. Son importance fut soulignée après 1945 par Pierre Boulez et les compositeurs de l'école «postwebernienne».

**Jeux floraux** ♦ Nom donné à un concours poétique annuel (dénommé à l'origine *Consistori del Gay Saber* «Consistoire du Gai Savoir») institué à Toulouse en 1323 par sept troubadours désireux de maintenir l'existence de la culture occitane menacée par la défaite des albigeois. Une violette d'or était décernée au vainqueur. Vers la fin du XV^e s. la légende attribua à Clémence Isaure* la fondation de ces jeux. En 1694 la compagnie fut érigée en académie des Jeux floraux par lettre patente de Louis XIV. Elle subsiste encore aujourd'hui et couronne les œuvres poétiques en langue française et en occitan ainsi que ce qui concerne l'histoire méridionale.

**Jeux interdits** ♦ Film français de René Clément* (1952), d'après le roman de François Boyer *Les Jeux inconnus*, avec Brigitte Fossey, Georges Poujouly. Juin 1940 : tandis que sur les routes de France les convois de l'exode sont massacrés, deux enfants jouent à la mort «pour de rire». Le film mêle les horreurs de la guerre, le jardin secret de l'enfance et la farce paysanne. Son unité paradoxale est due, pour une large part, au charme de Brigitte Fossey (alors âgée de 5 ans), et au lancinant accompagnement de guitare de Narciso Yepes.

**Jeux interdits.** Brigitte Fossey, Georges Poujouly et Lucien Hubert dans le film de René Clément, 1952.
*BIS/Phot. ©Robert Tomatis, A. Garimond/Coll. Archives Larbor*

**Jeux Olympiques** → **Olympiques (jeux)**

**JEVONS (William Stanley)** ♦ Économiste et logicien britannique (Liverpool 1835 - Bexhill, près de Hastings 1882). C'est en étudiant le problème de la fixation des tarifs du chemin de fer qu'il fut amené à formuler, en même temps que C. Menger* et L. Walras*, une théorie de la valeur fondée sur le degré final d'utilité d'un bien (ou utilité marginale) ainsi que de la répartition des revenus (principe de la productivité marginale du capital). Il vit dans ces positions un moyen de prouver la supériorité du libéralisme sur le socialisme (*La Théorie de l'économie politique*, 1871 ; *Les Relations de l'État et du monde du travail*, 1882). En logique, il précisa l'apport de Boole*.

**JÉZABEL** ◆ ÉTYM. en hébr. *Îzèbhèl*, de *zâbhal* «être exalté» ♦ (–IXe s.). Princesse tyrienne, épouse d'Achab*, roi d'Israël. Mère d'Ochozias* et de Joram* d'Israël, et d'Athalie. Despotique et idolâtre, elle s'attira la vindicte du prophète Élie* et fut assassinée par défenestration sur l'ordre de Jéhu*. Récit biblique : I Rois, XVI-XXI ; II Rois, IX.

**JEZQAZGHAN** – anc. *Djezkazgan* ♦ V. du Kazakhstan, ch.-l. de région. 90 000 hab. Extraction et métallurgie du cuivre.

**JEZRÉEL** (plaine de) ou plaine d'**ESDRELON** ♦ Plaine d'Israël, bordant la basse Galilée, depuis Haïfa jusqu'au Jourdain. Elle est séparée de la Samarie par une ligne montagneuse aboutissant au promontoire rocheux du mont Carmel. Les marécages en ont été asséchés. Les terres artificiellement irriguées permettent toutes les cultures. Le premier kibboutz *(Ein Harod)* fut créé dans cette vallée en 1921.

**JHANG-MAGHIANA** ♦ V. du Pakistan, sur la Chenab (Panjab). 293 366 hab. Marché d'une région irriguée. Industries du textile et du cuir.

**JHANSI** ♦ V. de l'Inde (Uttar Pradesh). 420 665 hab. Centre ferroviaire au contact de la plaine du Gange et de la péninsule.

**JHARKHAND** ♦ État de l'Inde situé dans le N.E. du pays. 79 700 km². 26 945 829 hab. CAP. : Ranchi.

**JHELAM** ou **JHELUM** n. m. ♦ Riv. (725 km) de l'Inde et du Pakistan. Née dans la partie indienne de la vallée du Cachemire, elle constitue une partie de la frontière entre l'État indien de Jammu-et-Cachemire et le district pakistanais du Cachemire, avant d'arroser Shrinagar et le lac Wular. À la sortie de l'Himalaya, elle constitue une des «cinq rivières» du Panjab, et ses eaux rejoignent l'Indus par l'intermédiaire de la Chenab.

**JIAMUSI** ou **KIA-MOU-SSEU** ♦ V. de Chine (Heilongjiang), au confluent du Heilong jiang, du Songhua jiang et de l'Oussouri. 624 598 hab. Forêt. Soja, blé, maïs.

**JIANG Jieshi, Tsiang Kiai-che, Chiang Kai-shek** ou **Tchang Kaï-chek** ♦ Maréchal et homme d'État chinois (Ningbo 1886 - Taipei 1975). Après des études militaires à Tōkyō, il joignit en 1911 le parti de Sun* Yat-sen, dont il devint le beau-frère. Sun l'envoya en URSS (1923) puis lui confia l'académie militaire de Huangpu*. Il organisa l'armée du Guomindang*, reconquit une partie de la Chine (Expédition du nord-Beifa, 1926) et établit le gouv. nationaliste à Nankin (1928). Après la guerre contre le Japon et la guerre civile contre les communistes, il dut s'enfuir à Taiwan* où il dirigea la République nationaliste. À sa mort, son fils Jiang Jingguo lui succéda jusqu'en 1988. Son épouse Song* Meiling joua un rôle politique considérable (→ **Chine**).

**JIANG Jingguo** ou **KIANG King-kouo** ♦ Homme d'État taiwanais (dans le Zhejiang 1910 - Taipei, Taiwan 1988). Fils aîné de Jiang* Jieshi, il devint Premier ministre en 1972, président du Guomindang* à la mort de son père (1975) et fut président de la République de 1978 à sa mort. Très populaire parce qu'attentif au développement économique et à l'amélioration du niveau de vie, il prit l'initiative de libéraliser le régime politique, de rajeunir l'encadrement dirigeant et d'autoriser tant les partis d'opposition que les visites familiales en Chine communiste (1987).

**JIANG Qing** ou **KIANG K'ing** ♦ Femme politique chinoise (dans le Shandong 1913 - Yangzhou 1991). D'origine modeste, Jiang mena à partir de 1933 une carrière médiocre d'actrice à Shanghai. En 1937, elle rejoignit les communistes et devint la compagne puis la 4e épouse de Mao* Zedong, en dépit de l'hostilité du bureau politique, qui lui imposa de se tenir à l'écart de la vie publique. Elle commença à jouer un rôle actif en 1965 lorsqu'elle prit la tête du Groupe de la Révolution* culturelle avec Chen* Boda (→ **Bande des quatre**), et régla ses comptes avec ses anciens adversaires. Elle incarna la tendance radicale au sein du Parti communiste chinois et fut condamnée à mort en janv. 1981. Mais la sentence ne fut pas exécutée.

**JIANGSU** ou **KIANG-SOU** ◆ ÉTYM. chin. «fleuve *(jiāng)* ressuscité *(su)*» ♦ Prov. de l'E. de la Chine, sur la mer de Chine orientale. → **Chine** (carte). 102 600 km². 73 043 577 hab. dont 99,82 % de Han*. CAP. : Nankin. Agriculture (culture intensive) : riz, blé, soja, oléagineux. Thé, tabac. Coton, soie. Pêche, aquaculture et pisciculture. Élevage porcin et de canards. Important centre d'indus. légères, premier centre textile (coton et soie). Matériel électronique. Chimie. Phosphate.

**JIANGXI** ou **KIANG-SI** n. m. ◆ ÉTYM. chin. «l'ouest *(xī)* du fleuve *(jiāng)*» ♦ Prov. du S. de la Chine. → **Chine** (carte). 167 000 km². 40 397 598 hab. CAP. : Nanchang. Agriculture : riz (à 96 %), soja, pomme de terre, oléagineux. Canne à sucre, agrumes. Coton, jute, tabac. Aquaculture et pisciculture (Poyang* hu). Terres rares, uranium, cuivre, tungstène, tantale, niobium. Kaolin (Jindezhen*). Charbon. Réserves naturelles.

**JIANGZE** ou **KIANG-TSÖ** – en tibétain *Gyanzê* ♦ V. de Chine (Tibet), dans le district du même nom, dans la haute vallée du Brahmapoutre. 55 865 hab. Monastère Baiju. ▪ Céréales («grenier à grains» du Tibet). Tapis. ▪ Anc. étape sur la route Sikkim-Bhoutan-Inde. Cap. aux XIVe et XVe s. d'un vaste empire.

**JIANG Zemin** ou **KIANG Tsö-min** ♦ Homme d'État chinois (Yangzhou, près de Shanghai 1926). Technocrate formé à Moscou, il occupa des postes dans l'industrie, mais connut une éclipse durant la Révolution* culturelle. Son goût pour les réformes le fit remarquer par Deng* Xiaoping et il fut nommé maire de Shanghai en 1985. Lors des manifestations étudiantes de 1989, il contribua à l'adoption de la solution militaire, puis fut nommé secrétaire général du Parti communiste chinois (1989 - 2002). Président de la République (1993 - 2003), il a conservé le pouvoir réel jusqu'en 2004 en tant que Président de la Commission des affaires militaires du Comité central du parti. En dépit de l'absence de base populaire et d'un opportunisme qui lui a été reproché par ses pairs, il a su s'imposer comme le continuateur de la modernisation de la Chine par Deng Xiaoping.

**JIAO Bingzhen** ou **KIAO Ping-tchen** ♦ Peintre et astronome chinois (actif sous Kangxi*). Artiste de l'Académie impériale de peinture, il apprit les techniques de la perspective occidentale, certainement au contact des missionnaires jésuites du tribunal d'Astronomie. Il se spécialisa dans l'exécution de portraits, de personnages et d'éléments d'architecture.

**JIAOZHOU** ou **KIAO-TCHEOU** ♦ V. de Chine (Shandong). 289 436 hab. Activités commerciales. Indus. légère, mécanique et chimique. ▌**Histoire** Elle fut «territoire à bail» de l'Allemagne de 1898 à 1914, et occupée par les Japonais de 1914 à 1922.

**JIAXING** ou **KIA-HING** ♦ V. de Chine (Zhejiang), sur le Grand Canal. 451 443 hab. Cité lacustre. ▪ Céréales. Soieries et filatures. Papeterie. Centrale thermonucléaire Qinshan (300 000 kW en 1990).

**JIA Yi** ou **KIA Yi** ♦ Homme de lettres chinois (–200 - –168), conseiller de l'empereur Wendi des Han. Auteur de textes politico-philosophiques et d'essais confucéens, il fut aussi le premier à composer des *fu* inspirés des *Chants* de Chu*.

**JIAYUGUAN** ou **KIA-YU-KOUAN** ♦ V. de Chine (Gansu), à l'extrémité occidentale de la Grande Muraille*. 136 465 hab. Vaste nécropole des Wei et des Jin (peintures murales).

**JIEN** ♦ Religieux bouddhiste japonais (v. 1147 - 1225) ; fils d'un régent Fujiwara* et aumônier de l'empereur. On lui attribua la paternité du *Gukanshō*, un célèbre ouvrage historique, ainsi que de nombreux poèmes pessimistes.

**JIHAD** → **Djihad**

**JIJÉ (Joseph GILLAIN,** dit d'après ses initiales**)** ♦ Dessinateur et scénariste belge de bandes dessinées (Gedinne 1914 - Draveil 1980). Après la création de *Jean Valhardi* (1941) sur un scénario de Jean Dolsy, puis de *Jerry Spring* (1954 - 1978), le «marshall» qui parcourt l'Ouest américain en compagnie de Pancho son fidèle compagnon, il s'imposa très vite comme le père du réalisme dans la bande dessinée, et devint le maître de nombreux dessinateurs.

**JIJEL** – anc. *Djidjelli* ♦ V. d'Algérie, ch.-l. de wilaya, sur la côte de la Kabylie des Babors. 69 274 hab. Port. Pêche. Indus. et exportation de liège. Vignobles. Station balnéaire. Site de la grotte dite «Merveilleuse».

**JILIN, KI-LIN** ou **KIRIN** ◆ ÉTYM. du chin. *jí* «bonheur» et *lín* «forêt» ♦ Prov. du N.-E. de la Chine. → **Chine** (carte). 187 400 km². 26 802 191 hab. dont 30 ethnies minoritaires chinoises. CAP. : Changchun. Forêt (38 % du territoire), une des plus importantes réserves de bois du pays (680 millions de m³) ; production de bois et de papier. Céréales, soja, oléagineux. Tabac, jute. Élevage porcin et ovin. Ginseng (8 % de l'exportation du pays). Or, nickel, houille. Aciérie.

**JILOLO** → **Halmahera**

**JILONG** → **Keelung**

**JIMÉNEZ (Juan Ramón)** ♦ Poète espagnol (Moguer, Huelva 1881 - Porto Rico 1958). Toute sa vie fut vouée à la poésie qu'il considérait comme une «religion immanente», sans credo absolu. Sa première période poétique est fortement marquée par Rubén Darío* et le symbolisme (*Âmes de violette, Nymphéas*, 1900). Dans ses œuvres ultérieures (*Sonetos espirituales*, 1917), son lyrisme ouvre un monde intérieur d'une grande richesse ; le langage tend vers la sobriété, la concision et l'exactitude : «Intelligence, donne-moi le nom exact des choses», s'écrie alors le poète. En 1916, il publia *Journal d'un poète nouveau marié*, peinture passionnée et impitoyable d'un voyage aux États-Unis. Ses derniers poèmes, plus métaphysiques, sont consacrés à la rencontre avec ce dieu impersonnel et tant recherché : *Dieu désiré et désirant*, 1949. Parmi les œuvres en prose, il faut citer le récit célèbre *Platero et moi* (1914), où un âne participe aux joies esthétiques du poète. Jiménez exerça une influence considérable sur les poètes ultérieurs. Dès 1936, il avait quitté l'Espagne sans vouloir prendre aucun parti dans la guerre civile qui déchirait son pays. [Prix Nobel de littér. 1956] ◆ ÉTYM. Ce nom espagnol vient du prénom *Jimeno* et suff. de filiation *-ez*.

**JIMÉNEZ DE CISNEROS (Francisco)** ♦ Prélat espagnol (Torrelaguna, Castille 1436 - Roa 1517). Franciscain de la stricte observance à

Tolède, provincial de son ordre (1494), il devint archevêque de Tolède (1495), cardinal (1507), grand inquisiteur de Castille (1507), régent d'Aragon à la mort de Ferdinand II (1516). Il imposa de vigoureuses réformes aux monastères et au clergé séculier et, pour lutter contre l'ignorance religieuse, fonda l'université d'Alcalá (1498) où il fit enseigner la théologie, le grec, l'hébreu par des savants de Salamanque et de Paris (il invita même Érasme) ; il commanda l'édition de la «Bible d'Alcalá*.» Dès 1499, il avait agi durement contre les Maures, obtenant une pragmatique royale qui les contraignit à la conversion ou à l'exil (1502) ; mais sa nomination comme grand inquisiteur marque une réaction contre les excès de ses prédécesseurs. Il a inspiré *Le Cardinal d'Espagne* à Montherlant.

**JIMMU TENNO** → ÉTYM. du jap. *jimmu* «guerrier divin» (de *jin* «dieu» et *mu* «chevalerie») et *tennō* «empereur» ♦ Nom posthume du premier empereur qui, selon la tradition, aurait fondé le Japon en –660. Il était descendant à la 5e génération d'Amaterasu*. Selon les historiens modernes, il aurait vécu probablement entre –63 et –1.

**JIN** ou **TSIN** ♦ Nom de plusieurs dynasties de Chine, du IIIe s. au Xe s. On distingue les *Jin occidentaux* (265 - 316) et les *Jin orientaux* (317 - 420), ainsi que les *Jin postérieurs* (936 - 946). ▪ Nom de la dynastie d'origine Jürchet* qui battit les Liao et les Song du Nord pour régner sur la Chine du Nord de 1115 à 1234. Ils furent renversés par les Mongols (dynastie Yuan).

**JINA** → ÉTYM. sanskr. «vainqueur du mal» ♦ Titre donné au fondateur de la religion jaïna (→ **jaïnisme**), Vardhamāna, ainsi qu'au Bouddha* et à ses «émanations» correspondant aux cinq «orients» de l'espace bouddhique et hypostasiant solidairement cinq attributs du Bouddha. On les appelle également Tathāgata.

**JINAN** ou **TSI-NAN** ♦ V. de Chine, cap. de la prov. de Shandong. 2 795 070 hab. Daming hu (lac de 47 ha). Nœud ferroviaire. Construc. automobiles. Machines-outils. Chimie. Cimenterie. Coton, arachides.

**JINASENA** ♦ Théologien indien jaïna du IXe s., auteur de traités religieux écrits en sanskrit, de poèmes épiques et d'une histoire traditionnelle.

**JINGDEZHEN** ou **KING-TÖ-TCHEN** ♦ V. de Chine (Jiangxi). 401 730 hab. La ville, située au centre d'une région riche en kaolin, est célèbre pour sa production de céramiques depuis l'époque des Han*. La porcelaine y fut créée au XIe s. et acquit une grande renommée (musée). ▪ Indus. mécanique et électrique. Manufacture de porcelaine. Tourisme.

**JING Hao** ou **KING Hao** ♦ Peintre, lettré, calligraphe et théoricien chinois (v. 901 - v. 960). Grand maître du paysage, dont l'influence fut considérable, il est l'auteur d'un *Traité sur les techniques du pinceau*.

**JINGŪ KŌGŌ** ♦ Impératrice japonaise qui régna probablement v. 200 - 269 et qui se rendit célèbre pour avoir conquis le S. de la Corée (royaume du Mimana). Selon la tradition, elle fut l'épouse de l'empereur Chūai Tennō et la mère de l'empereur Ōjin* Tennō.

**JINJA** ♦ V. de l'Ouganda, sur la rive septentrionale du lac Victoria. Plus de 50 000 hab. Raffinerie de cuivre. Aciérie. Indus. alimentaires et textiles. Centrale d'Owen Falls en aval, sur le Nil Victoria.

**JINMEN** → **Quemoy**

**JINNĀH (Muḥammad 'Alī)** ♦ Homme d'État pakistanais (Bombay 1876 - Karachi 1948). À la tête de la Ligue musulmane à partir de 1940, il fut le promoteur de l'État pakistanais dont il devint le chef en 1947. Liaqat Alī Khān lui succéda en 1948.

**JINNAMPO** ou **NAMPO** ♦ V. de Corée du N., à l'embouchure du fleuve Taedong et avant-port de la cap. Pyongyang*. Env. 130 000 hab. Il fut ouvert au commerce extérieur en 1897. Indus. sidérurgique et chimique, chantiers navals. Le port exporte du fer, du cuivre, du lignite. C'est également un port de pêche et de transit, où arrivent et d'où partent les lignes régulières en liaison avec la Chine.

**Jinpingmei** → ÉTYM. chin. «Prunus en fiole d'or» ♦ Roman chinois anonyme écrit vers 1619. Il doit sa célébrité non seulement aux scènes érotiques mais encore à sa qualité de premier roman de mœurs de la littérature chinoise et à ses descriptions réalistes d'un milieu bourgeois (apothicaire) de province en 1114 - 1118 (fin des Song du Nord).

**JINZHOU** ou **KIN-TCHEOU** ♦ V. de Chine (Liaoning). 776 628 hab. Nœud ferroviaire et routier (port en création). Arrivée de l'oléoduc et du gazoduc desservant une importante centrale thermique. Pétrochimie.

**JIPPENSHA Ikku** ♦ Écrivain japonais (Shizuoka 1766 - Tōkyō 1831), auteur de nombreux romans populaires et de livrets kabuki. Parmi ses ouvrages, le plus connu est *Hizakurige* («Voyage à pied sur la route du Tōkaidō»), roman humoristique publié en feuilleton à partir de 1802.

**JIRÁSEK (Alois)** ♦ Écrivain tchèque (Hronov, près de Náchod 1851 - Prague 1930). Profondément patriote et nationaliste, il voulut vulgariser l'histoire tchèque dans des romans solidement documentés, sur l'époque hussite (*Parmi les courants*, 1890 ; *Contre tous*, 1893), sur la défaite de la Montagne Blanche (*Les Ténèbres*, 1913), ou sur l'époque du réveil national (*F. L. Věk*, 1888 - 1906). Mais il reste surtout populaire par les *Vieilles légendes tchèques* qu'il recueillit et rédigea dans un style patriotique.

**JITOMIR** → **Jytomyr**

**JIU** n. m. ♦ Riv. de Roumanie (349 km), affl. rive g. du Danube. Issue des Alpes de Transylvanie (bassin de lignite de Petroşani), elle débouche en Valachie, passe près de Craiova et rejoint le Danube. ▪ À Târgu-Jiu, ensemble monumental (1937) de C. Brancusi.

**JIVARO(S)** n. m. (pl.) ♦ Nom donné aux Shuars et aux Ashuars, peuples indiens d'Équateur, vivant dans la forêt amazonienne, au pied du versant oriental des Andes. Peuple guerrier, les Jivaros coupaient la tête de leurs ennemis ; réduites après dessèchement à l'aide de pierres chauffées, ces têtes étaient portées comme des trophées *(tsontsas)*.

**JIXI** ou **KI-SI** ♦ V. de Chine (Heilongjiang). 829 931 hab. Centre minier : réserves de charbon et de houille grasse estimées à 6,6 milliards de t (prod. annuelle : 25 millions de t).

**JÑĀNDEV** ou **JÑĀNADEVA** ♦ Poète indien de la fin du XIIIe s. et théologien qui écrivit en marāthī de nombreux chants dévotionnels et paraphrasa le texte de la *Bhagavad*-gītā* dans sa *Jnāneśvarī*, long poème en 9 000 strophes, v. 1290, devenu très populaire en Inde.

**JOAB** → ÉTYM. en hébr. *Yô'âbh* «Yâh(wèh) est père» ♦ (–Xe s.). Neveu, compagnon, puis général en chef de David*. Meurtrier d'Abner* et d'Amasa. Meurtrier d'Absalon* révolté. Assassiné sur ordre de Salomon. Récit biblique : *passim* de II Samuel, II, à I Rois, II.

**JOACHAZ** [ʒɔakaz] → ÉTYM. en hébr. *Yehô'âḥâz* ou *Yô'âḥâz* «Yâh(wèh) saisit» ♦ Roi d'Israël (de v. –813 à –796), fils de Jéhu*. Son règne fut dominé par la pression syrienne.

**JOACHAZ** ♦ Roi de Juda (3 mois v. –609), détrôné par le pharaon Néchao au profit de son frère Joachim* (II Rois, XXIII, 31).

**JOACHIM** ♦ Nom royal d'Éliaquim, roi de Juda (de –609 à –598), soumis au pharaon Néchao (II Rois, XXIII, 34). → ÉTYM. Le nom hébreu *Yehôyâqîm* signifie «Yâh(wèh) met debout».

**JOACHIM** [ʒɔakɛ̃] (saint) ♦ Dans les Évangiles apocryphes et la tradition chrétienne, époux d'Anne* et père de la Vierge Marie*. ▪ Fête le 26 juillet.

**JOACHIM DE FLORE** ♦ Mystique italien (Celico, près de Cosenza, Calabre, entre 1130 et 1145 - San Giovanni in Fiore 1202). Abbé cistercien de Corazzo, il fonda la congrégation érémitique «de Flore» (approuvée en 1196, disparue au XVIe s.). Sa doctrine, exprimée notamment dans sa *Concorde des deux Testaments*, distinguait dans l'histoire humaine l'âge du Père (de la Loi, de la matière, de l'Ancien Testament), l'âge du Fils (de la Foi, de l'Église doctrinale) et un âge de l'Esprit, à venir, celui où une Église entièrement monacale gouvernerait l'humanité convertie à la pauvreté évangélique. Ces idées furent vulgarisées par l'*Introduction à l'Évangile éternel* de Gérard de Borgo San Donnino (1254), puis furent reprises par les mouvements franciscains non conformistes des XIIIe - XIVe s. (spirituels, fraticelles*). Ceux-ci identifièrent leur ordre à celui des Justes, annoncé par Joachim de Flore, et luttèrent ainsi contre l'Église établie ; l'année 1260, considérée comme l'avènement de l'âge nouveau, amena en Italie et en Allemagne des processions de flagellants et autres manifestations, continuées jusqu'en 1262.

**JOACHIN** – en hébr. ***Yehôyâkhîn*** ♦ Roi de Juda (3 mois, –598 - –597), fils de Joachim*. Renversé par Nabuchodonosor lors de la première prise de Jérusalem (II Rois, XXIV, 6-17).

**JOAD** ou **JEHOYADA** ♦ Grand prêtre juif (–IXe s.). Sa femme Josabeth* sauva Joas* du massacre ordonné par Athalie*. Il le fit élever en secret et le proclama roi, ordonnant le meurtre d'Athalie. Récit biblique : II Rois, XI.

**JOANNE (Adolphe)** ♦ Voyageur, géographe et écrivain français (Dijon 1813 - Paris 1881). Célèbre pour ses *Itinéraires (Guides Joanne)*, contenant des renseignements archéologiques, historiques, touristiques, il publia un *Dictionnaire des communes de France* (avec une introduction d'E. Reclus, 1864) qui, sous la direction de son fils Paul, devint le *Dictionnaire géographique et administratif de la France* (1891 - 1902).

**JOÃO PESSOA** – anc. ***Paraíba*** ♦ V. du Brésil, cap. de l'État du Paraíba, 598 000 hab. Fondée en 1585 à l'embouchure du Paraíba. Ville universitaire située dans la zone d'influence de Recife.

**JOAS** ♦ Roi de Juda (de –834 à –796). Fils d'Ochozias*, sauvé du massacre ordonné par Athalie*, grâce à Josabeth*. Joad* le fit monter sur le trône. Récit biblique : II Rois, XI-XII. Il est appelé Éliacin dans l'*Athalie* de Racine. → ÉTYM. Le nom hébreu *Yehô'âsh* ou *Yô'âsh* signifie «Yâh(wèh) a donné (ou est fort)».

**JOAS** ♦ Roi d'Israël (v. –796 - –780) (II Rois, XIII-XIV).

**JOB** ◆ ÉTYM. en hébr. *'Iyôbh*, p.-ê. de *'âyabh* «être persécuté» ♦ Personnage biblique, qui apparaît dans le livre d'Ézéchiel* comme une figure de juste, avec Noé* et Danel (→ **Daniel**), mais dont l'existence a été très tôt contestée par certains rabbins. ♦ ***Le «Livre de Job»*** Livre de la Bible, l'un des Écrits*, traditionnellement attribué à Moïse*. 42 chapitres mettent en scène un homme pieux que, sur le conseil de Satan, Dieu décide d'éprouver en le dépouillant de tous ses biens, en faisant mourir ses enfants et en portant atteinte à sa santé. Ses amis tentent de convaincre Job que, s'il est ainsi «frappé», c'est parce qu'il est coupable. Job reste cependant fidèle à Dieu qui, après lui avoir rappelé sa puissance, le rétablit dans un état de fortune encore plus grand.

**Job (Livre de)** ♦ Un des livres poétiques et sapientiaux de la Bible. Il pose, à travers le récit des épreuves et de la fidélité de Job, le problème de la souffrance du juste. Ouvrage postérieur à l'exil (-Vᵉ s.).

**JOBOURG** (nez de) ♦ Cap du Cotentin sur la Manche ; c'est un long promontoire escarpé.

**JOBS (Steven Paul)** ♦ Informaticien américain (San Francisco 1955). Fondateur, avec Wozniak*, de la société Apple (1976), il est à l'origine de la «révolution» micro-informatique des années 1980.

**JOC** n. f. → **Jeunesse ouvrière chrétienne**

**JOCASTE** – en gr. ***Iokastê*** ♦ Sœur de Créon*, elle épousa Laïos*, roi de Thèbes*, dont elle eut un fils, Œdipe*. La Pythie avait annoncé aux époux que, si leur naissait un fils, celui-ci tuerait son père et épouserait sa mère. La prédiction se réalisa. L'inceste découvert, Jocaste se pendit. Le personnage apparaît dans deux tragédies, l'une de Sophocle, l'autre d'Euripide.

**Jocelyn** ♦ Poème de 8 000 vers de Lamartine* (1836), qui devait être le dernier épisode des *Visions*, vaste épopée mystique destinée à montrer l'âme humaine s'élevant à Dieu par la souffrance librement consentie (→ **Chute d'un ange (La)**). Ce «journal trouvé chez un curé de campagne» évoque, sous la figure de Jocelyn, l'aventure spirituelle de l'abbé Dumont, précepteur de Lamartine, renonçant à son amour pour Laurence afin de se consacrer aux hommes et à Dieu. Cet hymne à l'espérance et à la bonté manifeste les préoccupations sociales de l'auteur qui exprime sa foi en la progression de la «caravane humaine». Les paysages alpestres, transposés de ses souvenirs, sont prétexte à des descriptions plus musicales que pittoresques.

**JOCHANAN BEN NAPPACHA** ♦ Docteur juif (Sepphoris v. 180 - Tibériade v. 279). Il fonda l'académie rabbinique de Tibériade. Ses enseignements sont à la base du Talmud* palestinien.

**JOCHANAN BEN ZAKKAI** → **Yohanan ben Zakkai**

**JŌCHŌ** ♦ Sculpteur japonais et religieux bouddhiste (mort à Kyōto en 1057). Il inaugura dans son atelier une sorte de division du travail permettant d'œuvrer plus rapidement. Il créa des guildes de sculpteurs spécialisés dans les sujets religieux. Son œuvre la plus célèbre est celle du grand bouddha Amida*, en bois laqué et doré, qui est au temple du Byōdōin à Uji, près de Kyōto, datée de v. 1053. → **Unkei, Tankei.**

**JOCHUM (Eugen)** ♦ Chef d'orchestre allemand (Babenhausen, Souabe 1902 - Munich 1987). Grand interprète de Bach, de Mozart, il a largement contribué à la diffusion des œuvres de Bruckner.

La **Joconde** ◆ ÉTYM. de l'it. *Giocondo* (V. ci-dessous), du lat. *jocondus*, forme tardive de *jucundus* «plaisant, agréable» ♦ Tableau de Léonard* de Vinci (v. 1503 - 1505, peut-être achevé ultérieurement). Portrait présumé de la Florentine Monna («madame») Lisa, épouse du marquis del Giocondo, cette œuvre a suscité de nombreuses interprétations, quant à la personne représentée et quant à une éventuelle signification symbolique. Dans cette œuvre énigmatique, Léonard a développé toute sa science du modelé, du clair-obscur et des différents types de perspective en même temps qu'il propose un nouveau type de paysage (paysage irréel noyé dans les brumes, fait de plans étagés) et de portrait, où le modèle, en léger *contraposto*, n'est plus coupé à la taille, mais se détache sur un paysage et s'inscrit dans un cadre spatial bien défini (une loggia). Admirée dès son exécution et copiée notamment par Raphaël, l'œuvre fut acquise par François Iᵉʳ.

**JOCRISSE** ◆ ÉTYM. du moyen fr. *joquerus* «homme mou, sans force, niais» ♦ Personnage de théâtre, type de ridicule berné. Au XVIIIᵉ s., une pièce de Dorvigny, *Le Désespoir de Jocrisse*, lui valut la célébrité.

**JODELET (Julien BEDEAU, dit)** ♦ Comédien français (v. 1590 - Paris 1660). Avec son visage enfariné et barbu, il obtint la faveur du public des théâtres du Marais et de l'Hôtel de Bourgogne avant d'entrer dans la troupe de Molière. Il fut l'interprète de Corneille (*Le Menteur*, 1643), de Scarron (*Jodelet ou le Valet maître*, 1645) et de Molière (*Les Précieuses ridicules*, 1659).

**JODELLE (Étienne)** ♦ Poète et auteur dramatique français (Paris 1532 - *id.* 1573). Auteur, à vingt ans, de la première tragédie classique française, *Cléopâtre captive* (1553), représentée devant Henri II, il fut salué par Ronsard comme le créateur du théâtre humaniste, conçu selon la tradition léguée par Sénèque et, à ce titre, il fut admis dans le groupe des sept poètes de la Pléiade*. Il composa d'autres tragédies (*Didon se sacrifiant*) dont aucune ne connut le succès, et sa brusque disgrâce (1560) devait entraîner son déclin. Pour Jodelle, l'objet de la tragédie est de proposer une leçon morale, celle d'une sagesse inspirée par le danger des passions. Rompant avec la tradition burlesque du Moyen Âge, il est aussi l'auteur de comédies : *Eugène* (1552) et *La Rencontre* (1556, œuvre perdue). ◆ ÉTYM. *Jodelle* vient du nom de personne germanique *Gaudilo*, hypocoristique de *Gaud*.

**JODHPUR** ◆ ÉTYM. hindi «la ville (*pur*) de Jodha (le roi Rao *Jodha*)» ♦ V. de l'Inde (Rajasthan). 856 034 hab. Important centre commercial et administratif en bordure du désert de Thar. La ville fut la capitale de l'un des nombreux États rājputs. Elle a donné son nom au pantalon de cheval serré du genou à la cheville, inspiré de la tenue des Rājputs.

**JODL (Alfred)** ♦ Général allemand (Würzburg 1890 - Nuremberg 1946). Homme de confiance de Hitler, il fut ministre de la Défense intérieure du IIIᵉ Reich (1935) puis, sous les ordres de Keitel*, chef du bureau des opérations de l'OKW* (1938). Dans ce poste il assura le succès militaire de l'Anschluss* (1938 → **Autriche**) puis exerça une influence prépondérante sur l'exécution de la stratégie allemande durant la Deuxième Guerre mondiale. Chef d'état-major de Dönitz* en mai 1945, il signa la capitulation allemande à Reims (7 mai). Condamné à mort par le tribunal de Nuremberg, il fut pendu.

**Jōdoshinshū** n. m. ◆ ÉTYM. jap. «la Vraie Secte Jōdo» ♦ Secte bouddhique piétiste japonaise, fondée par Shinran* en 1272 et comprenant actuellement env. 20 millions de fidèles.

**Jōdoshū** ou **Jōdo** n. m. ◆ ÉTYM. jap. «Secte de la Terre pure» ♦ Secte bouddhique japonaise piétiste, fondée par Genkū* en 1174, qui repose sur le culte d'Amida*. La simplicité de sa doctrine permit au bouddhisme de se répandre dans les couches populaires japonaises. Elle compte env. 4 500 000 fidèles.

**JOËL** ◆ ÉTYM. en hébr. *Yô'él* «Yâh(wèh) est Dieu» ♦ Personnage biblique, qui, suivant la tradition, semble avoir exercé son ministère dans le royaume de Juda, au temps du roi Manassé*. ♦ ***Le «Livre de Joël»*** Livre de la Bible, un des Petits Prophètes*. 4 chapitres évoquent le fléau constitué par une invasion de sauterelles, puis, après la pénitence du peuple (marquée par un jeûne et des lamentations), la

La **Joconde.** Tableau de Léonard de Vinci (77 × 53 cm). Musée du Louvre, Paris. *Phot. © R.G. Ojeda-RMN*

restauration par Yahvé de l'abondance initiale, préalable au jugement des peuples dans la vallée de Josaphat* et à la prospérité finale de Juda et de sa capitale.

**JOENSUU** ♦ V. de Finlande, à l'embouchure du Pielisjoki dans le lac Pyhäselkä. Ch.-l. du comté de Pohjois-Karjala. 57 977 hab. Carrefour ferroviaire et routier. Centre culturel important. Musée de la Carélie. ▪ Port. Centre d'exportation du bois. Des centrales hydroélectriques alimentent ses industries (scieries, fabriques de contreplaqué et de bobines). ▪ À proximité, mines de cuivre d'Outokumpu.

**JŒUF** [54240] ← ÉTYM. de la langue d'oïl *juef* «juif» ♦ Comm. de la Meurthe-et-Moselle, arr. de Briey, sur l'Orne. 7 453 hab. *(Joviciens)*. Aciérie.

**JOFFRE (Joseph Jacques Césaire)** ♦ Maréchal de France (Rivesaltes 1852 - Paris 1931). Sorti de Polytechnique comme officier du génie, il servit au Tonkin, au Soudan et à Madagascar et fut promu général de brigade (1902). Chef d'état-major général de l'armée et vice-président du Conseil supérieur de la guerre (1911), il fut l'instigateur d'un plan de mobilisation prévoyant «l'offensive à tout prix» en cas de guerre (plan XVII). Commandant en chef des armées du Nord et du Nord-Est au début de la Première Guerre mondiale, il minimisa la menace de l'aile droite de l'armée allemande, et, après avoir perdu la bataille des frontières (14 - 24 août 1914), ordonna le repli stratégique des troupes (au nord de Paris). Après l'appui de Gallieni*, il contre-attaqua l'ennemi et remporta la première victoire de la Marne (5 - 12 sept. 1914, → **Marne [batailles de la]**), puis contribua à arrêter la «course à la mer» des forces allemandes. Commandant en chef des armées françaises (1915), il se vit de plus en plus critiqué par les milieux politiques, surtout après la bataille de la Somme (1916) dont les résultats furent jugés insuffisants, et fut remplacé par Nivelle. Élevé à la dignité de maréchal de France, il fut chargé d'une mission en Amérique (1917). Outre un ouvrage sur *La Préparation de la guerre et la conduite des opérations 1914-1915* (1920), il a laissé ses *Mémoires* (publ. 1932). [Acad. fr. 1918] ← ÉTYM. *Joffre* est la forme limousine de *Geoffroi**.

**JOGJAKARTA** → **Yogyakarta**

**JOGUES** (saint **ISAAC**) → **Isaac Jogues**

**JOHANNÈS** ou **YOHANNÈS IV** – en fr. **JEAN IV** ♦ (v. 1832 - Metemma 1889). Empereur d'Éthiopie (1872 - 1889) successeur de Théodoros* II. Il fut tué par les troupes soudanaises du Mahdī*.

**JOHANNESBURG** ← ÉTYM. afrikaans «la bourgade *(burg)* de Jean *(Johannes)*», n. donné par le président Kruger* en l'honneur de *Johannes* Rissik et Christian *Johannes* Joubert, personnalités du Transvaal ♦ V. d'Afrique du Sud, cap. de la prov. de Gauteng, centre indus. du pays et du Witwatersrand, sur les pentes S. du Rand. 3 225 000 hab. (métropole). Le centre administratif et commercial possède des bâtiments importants du XIXe et du XXe s. Parcs. Pont suspendu Nelson-Mandela (284 m de long). C'est la plus grande ville du pays. ▪ Hauts fourneaux et aciéries. Indus. mécanique, textile et aéronautique. ▪ À partir de 1932, on installa près de Johannesburg plusieurs quartiers *(townships)* réservés aux populations noire, métisse ou asiatique (Indiens), dont le «complexe» de Soweto. ▮ **Histoire** Créée sur les terrains aurifères découverts en 1886, la ville se développa rapidement ; en 1903, elle dépassait 100 000 habitants. C'est à Johannesburg, devenu le plus grand centre du pays, que le problème des relations entre Boers et immigrés récents *(Uitlanders)* s'est posé avec le plus d'acuité.

**JOHANNOT (Tony)** ♦ Graveur, dessinateur et peintre d'histoire français (Offenbach 1803 - Paris 1852). Il travailla souvent avec ses deux frères CHARLES JOHANNOT (1798 - 1825) et ALFRED JOHANNOT (1800 - 1837) et fut avec Nanteuil* le plus brillant des illustrateurs romantiques. Auteur d'une multitude de vignettes où se retrouvent les principaux éléments du style troubadour, il inaugura le principe des illustrations dans le texte, ayant recours à la technique alors délaissée de la gravure sur bois (*Le Diable boiteux, Don Quichotte*, 1836).

**JOHANNSEN (Wilhelm Ludwig)** ♦ Botaniste et généticien danois (Copenhague 1857 - *id.* 1927). On lui doit la définition des notions fondamentales de la génétique : celle de gène support matériel des caractères héréditaires qui ne constituent plus un tout indivisible, et la distinction entre génotype et phénotype. ← ÉTYM. Ce nom danois signifie «fils *(sen)* de Jean».

**JOHN** (sir **Reginald Kenneth DWIGHT**, dit **Elton**) ♦ Compositeur, interprète et pianiste britannique (Pinner, Middlesex 1947). Personnage excentrique aux milliers de paires de lunettes, il est une figure emblématique de la musique pop internationale (*Your Song, Nikita, Don't Go Breaking My Heart, Sacrifice, Goodbye Yellow Brick Road*, etc.).

**JOHN BULL** ← ÉTYM. angl. «Jean Taureau» ♦ Personnage créé par J. Arbuthnot* pour représenter le peuple anglais dans ses pamphlets satiriques : *Histoire de John Bull* (1712). Popularisé par le journal humoristique *The Punch* au XIXe s., il est devenu la personnification du peuple anglais avec son costume traditionnel.

**Johnny Guitare** ♦ Film américain de Nicholas Ray* (1954), avec Joan Crawford, Sterling Hayden. Dans l'Ouest américain, un pistolero gratteur de guitare, une tenancière de saloon, une amoureuse hystérique, des éleveurs en colère, une bande de pilleurs de banques et quelques comparses s'affrontent. Tous ces éléments du western traditionnel sont transcendés par un souci d'approfondissement des caractères, une noblesse de ton, une élégance formelle, un flamboiement baroque (surtout dans la couleur, rutilante à force de crudité), qui dénotent derrière la caméra un tempérament de poète. Le film évoque la parabole politique, la chanson de geste et l'épithalame.

**JOHNS (Jasper)** ♦ Peintre, sculpteur, lithographe, graveur américain (Augusta, Géorgie 1930). Bien que classé dans le courant du pop* art, du Hard Edge et du minimalisme, il a suivi une voie personnelle en peignant à la cire dès 1955 des drapeaux (*Three Flags*, 1958), des cibles, des chiffres et des lettres dont il a fait ses propres emblèmes. Jouant sur l'illusionnisme, il créa également des petites sculptures en bronze peint, reproductions d'objets ordinaires, ou suspendit dans ses tableaux des moulages de fragments de corps humain. Dans les années 1960, il reproduisit avec une certaine ironie des cartes des États-Unis, et créa des lithographies et des gravures. En 1964, son tableau *According to What ?* est une référence au *Tu m'* de Marcel Duchamp*. Par la suite, il devint autocritique tout en conservant la même gamme réduite de signes géométriques et de hachures, dans lesquels il introduit le corps humain (*Tantric Details*, 1980 - 1981 ; *Mirror's Edge*, 1992).

Jasper **Johns**. *Drapeau sur fond blanc avec collage*. Coll. de l'artiste.
*Phot. © Documentation du MNAMGP, Paris/Béatrice Hatala*

**JOHNSON (Samuel)** ♦ Moraliste, critique et lexicographe britannique (Lichfield, Staffordshire 1709 - Londres 1784). Fils d'un libraire, il fit ses études à Oxford, fonda une école où il eut Garrick* pour élève et rédigea des comptes rendus parlementaires pour le *Gentleman's Magazine* (1741 - 1744). Il édita des périodiques : *The Rambler* (1750), *The Idler* (1758) et mena à bien son *Dictionnaire de la langue anglaise* (1747 - 1755). Cette œuvre, qui est à la source de la lexicographie moderne, y proposait un modèle d'anglais littéraire et tentait une description sélective de l'usage. Dès lors, Johnson (qu'on appela Dr Johnson) fut considéré comme le censeur de l'Angleterre littéraire. Son portrait par Reynolds* est demeuré célèbre et Boswell* nota au jour le jour les détails de sa vie et de sa conversation. Ses poèmes et ses essais eurent moins de succès : Juvénal lui sert de modèle dans une satire, *Londres*, à l'imitation de Pope*. *La Vanité des souhaits humains*, 1749, est empreint du même pessimisme. Sa tragédie, *Irène*, fut une tentative honorable mais sans lendemain, malgré le talent de Garrick qui l'interprétait. Une dernière entreprise encyclopédique (*Vies des poètes anglais les plus célèbres*, 1779-1780) clôtura la vie d'une figure majeure de la critique. ← ÉTYM. Ce nom anglais signifie «fils *(son)* de Jean *(John)*» (→ aussi Ivanov, Janssen).

**JOHNSON (Andrew)** ♦ Homme d'État américain (Raleigh, Caroline du Sud 1808 - Carter County, Tennessee 1875), 17e président des États-Unis (1865 - 1869). Ancien tailleur, il devint gouverneur puis sénateur du Tennessee (1853 - 1862) et se rallia aux républicains et à Lincoln* au moment de la guerre de Sécession*, bien qu'il fût lui-même démocrate. Vice-président, il succéda à Lincoln quand celui-ci fut assassiné (1865). Sa résistance à l'égalité politique des Noirs entraîna l'opposition du Congrès et du Parti républicain, encore aggravée quand il tenta d'écarter Stanton. Il fut traduit en jugement devant le Sénat et acquitté (1868). C'est sous sa présidence que le territoire de l'Alaska fut acheté.

**JOHNSON (James P.)** ♦ Pianiste et compositeur de jazz américain (New Brunswick, New Jersey 1894 - New York 1955). Ayant bénéficié d'une formation classique, il fut influencé par le ragtime et devint l'un des musiciens les plus représentatifs du piano *stride* florissant à Harlem au début des années 1920. Soliste remarquable, il fut également un excellent accompagnateur de chanteuses de blues comme Bessie Smith et Ethel Waters. Son disciple le plus connu est Fats Waller, mais se rattachent à divers titres à son influence Duke

Ellington, Count Basie, Art Tatum, Cliff Jackson, Errol Garner, Joe Turner. Princ. enregistrements : *Carolina Shout* (1921), *Preaching the Blues* (avec Bessie Smith, 1927), *Riffs* (1929).

**JOHNSON (Eyvind)** ♦ Écrivain suédois (Svartbjörnsbyn, Norrland 1900 - Stockholm 1976). D'origine modeste, il exerça divers métiers, puis voyagea beaucoup avant de publier en 1924 son premier recueil de nouvelles. Ses romans, qui utilisent les techniques modernes de la narration et les ressources nouvelles de l'écriture, sont toujours en prise directe sur la réalité historique de son temps. *Le Roman d'Olof* (1934 - 1937) est un triptyque autobiographique et répond exactement aux impératifs que s'étaient fixés, vers 1930, les écrivains prolétaires*. Son engagement contre le nazisme se révèle dans *Krilon* (1941 - 1943). *Heureux Ulysse* (1946), qui raconte sur un ton naturaliste *L'Odyssée*, marqua sa consécration. Des sujets historiques lui permirent ensuite d'évoquer les problèmes actuels de la répression politique (*De roses et de feu*, 1949) ; et *Hansnådestid* (« Au temps de sa grâce », 1960). [Prix Nobel de littér. 1974, avec H. Martinson*]

**JOHNSON (Philip C.)** ♦ Architecte américain (Cleveland 1906 - New Canaan, Connecticut 2005). Il fut en 1932 le commissaire de l'exposition The International Style : Architecture Since 1922 (musée d'Art moderne de New York) puis l'élève de M. Breuer* à l'université Harvard. Grand admirateur de Mies* van der Rohe, il se fit le champion de l'architecture de verre et d'acier (« maison de verre », New Canaan, Connecticut, 1949 ; immeuble Seagram à New York, avec Mies van der Rohe, 1957 - 1958) avant d'évoluer vers un néoclassicisme modernisé (New York State Theater, 1964). [Prix Pritzker 1979]

**JOHNSON (Lyndon Baines)** ♦ Homme d'État américain (Stonewall, Gillespie County, Texas 1908 - Austin, Texas 1973), 36e président des États-Unis (1963 - 1969). Entré au Sénat en 1949, il devint en 1953 le chef du Parti démocrate*, lequel fut majoritaire au Sénat de 1955 à 1961 grâce à la discipline de vote qu'il imposa. Il fit accepter à l'administration républicaine des réformes sociales (sécurité sociale, intégration raciale) mais, malgré une certaine popularité, dut s'effacer devant J. F. Kennedy* à l'élection présidentielle de nov. 1960. Choisi par ce dernier comme vice-président, il lui succéda le 22 nov. 1963, et fut réélu en nov. 1964. Continuant la politique intérieure de Kennedy qu'il avait lui-même préconisée en tant que sénateur, il dut faire face au problème noir et rencontra l'hostilité d'une grande partie de l'opinion américaine pour sa politique d'« escalade » au Viêtnam*. Il renonça à se présenter aux élections de 1968 et se retira de la vie politique.

**JOHNSON (Daniel)** ♦ Homme politique canadien (Danville, Québec 1915 - Manicouagan 1968). Avocat, député en 1946, il fut nommé ministre des Ressources hydrauliques (1958 - 1960) dans le cabinet de M. Duplessis*. Chef de l'Union nationale en 1961, il exposa sa pensée politique dans *Égalité ou Indépendance* (1965). Favorable à l'« émancipation constitutionnelle de la nation canadienne française », il devint Premier ministre du Québec en 1966. Il se félicita des déclarations du général de Gaulle en faveur d'un Québec moins dépendant d'Ottawa (1967). ♦ **Daniel Johnson** (Montréal 1944). Fils du précédent. Il succéda à Robert Bourassa* à la tête du Parti libéral du Québec (PLQ) (1993 - 1998) et dans ses fonctions de Premier ministre du Québec de janv. à sept. 1994. ♦ **Pierre Marc Johnson** (Montréal 1946). Frère du précédent. Il succéda à René Lévesque* à la tête du Parti québécois (PQ) de 1985 à 1988 et comme Premier ministre du Québec* d'oct. à déc. 1985.

**JOHNSON (Uwe)** ♦ Écrivain allemand (Cammin, Poméranie 1934 - Sheerness, Kent 1984). Passé à Berlin-Ouest en 1959, il se lia avec le Groupe* 47. Dans ses romans (*Conjectures sur Jacob, Mutmassungen uber Jakob*, 1959 ; *L'Impossible Biographie, Das dritte Buch über Achim*, 1961) il a voulu être un narrateur neutre, se contentant d'enregistrer la réalité sans porter de jugement de valeur. Son œuvre principale est un roman en 4 volumes : *Une année dans la vie de Gesine Cresspahl* (*Jahrestage*, 1971 - 1983). Il a laissé des œuvres autobiographiques : *L'Accidenté* (1982) ; *Le Romancier des deux Allemagnes* (*Frankfurter Vorlesungen*, 1980).

**JOHNSON-SIRLEAF (Ellen)** ♦ Femme d'État libérienne (Monrovia 1939). Issue de l'élite américano-libérienne au pouvoir entre 1847 et 1980, elle fut ministre des Finances de W. Tolbert* puis jetée en prison lors du coup d'État de Samuel Doe. Pendant la guerre civile, elle soutint le chef de guerre Charles Taylor puis s'opposa à lui à la présidentielle de 1997. En 2005, elle sortit victorieuse de l'élection présidentielle contre George Weah.

**JOHNSTON (Joseph Eggleston)** ♦ Général américain (Cherry Grove, Virginie 1807 - Washington 1891). Il prit part à la guerre du Mexique (1847). Pendant la guerre de Sécession*, il combattit brillamment dans les rangs sudistes (Bull Run, Vicksburg), commanda en chef les confédérés de Caroline du Sud mais dut capituler devant Sherman (1865) à Durham's Station (Caroline du Nord). ➝ ÉTYM. Ce nom vient du vieil anglais et signifie « ville *(tūn)* de Jean *(John)* ».

**JO-HO** → Re he

**JOHOR** n. m. – off. *Johor Darul Takzim* ♦ État de la Fédération de Malaisie, situé à la pointe S. de la péninsule Malaise et relié à Singapour par une chaussée. 18 986 km². 2 721 900 hab. CAPITALE : Johor Bahru. Exploitation forestière. Minerais de bauxite et de manganèse. Cultures d'ananas et de poivriers ; plantations d'hévéas, de palmiers à huile et de cocotiers. Pêche. Tourisme (complexe balnéaire de Desaru, parc national d'Endau-Rompin, dernier refuge du rhinocéros en Malaisie). ▮ **Histoire** Le sultan de Melaka vint s'installer à Johor après la conquête de sa ville par les Portugais en 1511 ; plus tard, la capitale fut fixée dans l'archipel de Riau. En 1824 un traité entre les Néerlandais et les Britanniques plaça dans la zone d'influence des premiers Riau et dans celle des seconds le reste de Johor. Le nouvel État de Johor connut une croissance remarquable et en 1885 le Temenggung Abu Bakar prenait le titre de sultan. Protectorat britannique en 1914, Johor se joignit en 1947 à la fédération de Malaisie.

**JOHOR BAHRU** ➝ ÉTYM. « Nouvelle Johor » ♦ V. de la Fédération de Malaisie, cap. de l'État de Johor, sur le détroit de Singapour. 384 613 hab. Univ. Musée royal de l'ancien palais. ▪ Indus. métallurgique, électronique, textile, alimentaire et du caoutchouc. Aéroport international de Senai.

**JOIGNY** [89300] ➝ ÉTYM. anc. *Jauniacus*, du lat. *Jovinus*, n. de pers., et suff. *-acum* ou de la rac. oronym. gaul. *°iug* « hauteur » ♦ Ch.-l. de cant. de l'Yonne, arr. d'Auxerre, sur l'Yonne, au N. de l'Auxerrois. 10 032 hab. *(Joviniens)*. V. anc. (maisons des XVe et XVIe s.) étagée en amphithéâtre sur un coteau viticole (côte Saint-Jacques et verger-Martin). Porte du Bois (XIIe s.), seul vestige d'une enceinte médiévale. Église Saint-Jean du XVIe s. (Saint-Sépulcre du XVe s. ; boiseries Louis XV). Église Saint-Thibault (1490 - 1529), gothique et Renaissance (nombreuses œuvres d'art, dont une Vierge en pierre peinte du XIVe s.). ▮ **Histoire** La ville, d'origine romaine *(Joviniacum)*, fut au Moyen Âge le siège d'un comté vassal des comtes de Champagne. Le comté devint plus tard la possession des familles de La Trémoille, de Gondi, de Villeroi. En 1940, la ville a souffert des bombardements.

**JOINVILLE (Jean DE)** ♦ Chroniqueur français (1225 - 1317). Sénéchal de Champagne, il participa à la septième croisade (1248) dirigée par Louis* IX (Saint Louis) qui lui accorda sa confiance. Il servit la mémoire du roi disparu, dans son récit parfois hagiographique, écrit avec franchise et bonhomie entre 1272 et 1309, et connu sous différents titres : *Mémoires* ou *Histoire* ou *Vie de Saint Louis*.

**JOINVILLE (François Ferdinand Philippe D'ORLÉANS, prince DE)** ♦ Troisième fils de Louis*-Philippe (Neuilly-sur-Seine 1818 - Paris 1900). Capitaine de vaisseau, il fut chargé en 1840 de rapporter de Sainte-Hélène les restes de Napoléon Ier. Il dirigea l'expédition contre le Maroc (août 1844, Tanger, Mogador) et acquit une certaine popularité en prenant position contre la politique de Guizot. Exilé en Grande-Bretagne (1848), puis aux États-Unis, il revint en France en 1870 et se battit contre la Prusse. Élu à l'Assemblée nationale en 1871, il fut réintégré dans son grade de vice-amiral en 1872.

**JOINVILLE** ♦ V. du Brésil (État du Santa Catarina). 346 000 hab. Indus. textile et mécanique.

**JOINVILLE** [52300] ➝ ÉTYM. anc. en lat. *Junvilla* « domaine *(villa)* de Juvinus (n. de pers.) » ♦ Ch.-l. de cant. de la Haute-Marne, arr. de Saint-Dizier, sur la Marne. 4 380 hab. *(Joinvillois)*. Château du Grand-Jardin, édifié par Claude de Lorraine en 1546. Église Notre-Dame des XIIe - XIIIe s., restaurée au XVIe s. (Saint-Sépulcre du XVIe s.).

**JOINVILLE-LE-PONT** [94340] ➝ ÉTYM. anc. *La Branche du Pont-de-Saint-Maur* ; du n. du prince de *Joinville** (en 1831) ♦ Ch.-l. de cant. du Val-de-Marne, arr. de Nogent-sur-Marne, sur la Marne. 17 117 hab. *(Joinvillais)*. Indus. du cinéma (studios). Lunettes. Centre de canotage.

**JÓKAI (Mór)** ♦ Écrivain hongrois (Komárom 1825 - Budapest 1904). Il naquit dans une famille puritaine et calviniste et fut un ami de jeunesse de Petőfi*. Après des études de droit, il se lança dans la littérature et le journalisme en prenant la direction de *Életképek*. Il prit part à la révolution de 1848 et participa à la vie politique, d'abord comme membre de l'Assemblée nationale, puis de la Chambre haute. Écrivain fécond, il publia son premier roman à vingt ans *(Jours ouvrables)* et ne cessa de produire jusqu'à la fin de sa vie, faisant paraître une centaine de romans et nouvelles historiques (*Âge d'or en Transylvanie*, 1852 ; *Le Monde turc en Hongrie*, 1855), ou traitant de sujets contemporains (*Un nouveau seigneur*, 1863 ; *Un nabab hongrois*, 1853 ; *Kárpáthy Zoltán*, 1854 ; *Diamants noirs*, 1870 ; *L'Homme en or*, 1872). Toutes ses œuvres sont pleines de gentillesse, d'humour et d'optimisme, le réel s'y mêlant à l'irréel de façon intime.

**JOLAS (Betsy)** ♦ Compositrice française (Paris 1926). Elle étudia aux États-Unis, puis à Paris avec D. Milhaud et O. Messiaen. Admiratrice des polyphonistes du XVIe s. (R. de Lassus*, Josquin* des Prés), elle accorde dans son œuvre une grande importance aux recherches vocales (*L'Œil égaré*, cantate d'après V. Hugo, 1961 ; *Sonate à 12* pour 12 voix solistes, 1970), ainsi qu'à l'écriture et aux formes instrumentales (*Points d'aube* pour alto et 13 instruments à vent, 1968 ; *Musique d'hiver* pour orgue et petit orchestre, 1971 ; *Well Met* pour 12 cordes, 1973 ; *Stances* pour piano et orchestre, 1978 ; *Liring Ballade* pour baryton et orchestre, 1980 ; *Le Cyclope*, opéra pour enfants, 1986 ; *Trio à cordes*, 1991).

**JOLIET** ou **JOLLIET (Louis)** ♦ Explorateur français (Québec 1645 - Joliette ou Anticosti 1700). Élève des jésuites à Québec, il reçut les ordres mineurs, puis vint à Paris étudier la cosmographie. De retour au Canada (1668), il se livra au commerce des fourrures, explora la région des Grands Lacs dont il prit possession au nom du roi de France et, avec J. Marquette*, les cours du Wisconsin, du Mississippi (fleuve Colbert) et de l'Illinois (1672). Après avoir obtenu la seigneurie d'Anticosti (1680) et avoir été nommé hydrographe du roi (1688), il explora encore la région du Labrador (1694) puis enseigna l'hydrographie à Québec.

**JOLIETTE** ♦ V. du Canada (Québec), au N.-E. de Montréal. 19 044 hab. (zone urbaine : 43 595 hab.). Centre indus. (papeterie, aciérie, confection). Culture du tabac.

**JOLIOT-CURIE (Irène)** ➝ ÉTYM. de *Joliot*, dimin. de *joli* et *Curie** ♦ Physicienne française (Paris 1897 - *id.* 1956), fille de P. et M. Curie*. Elle effectua la majorité de ses recherches en collaboration avec son mari, Frédéric Joliot*-Curie. Poursuivant les travaux commencés avec sa mère, elle s'intéressa surtout à la radioactivité et contribua à la naissance de la physique nucléaire. En étudiant le rayonnement très pénétrant du polonium découvert par Bothe* et Becker, les Joliot-Curie observèrent qu'il était capable d'éjecter les protons de la cible ; l'interprétation de ce résultat, et donc la découverte du neutron, revient cependant à J. Chadwick*. Leurs expériences suivantes mirent en évidence pour la première fois, mais sans qu'ils s'en rendent compte, le positon (électron positif). On leur doit en revanche la découverte fondamentale de la radioactivité artificielle (1934) : le bombardement des atomes stables (azote, phosphore, silicium) par les particules $\alpha$ transforme ces atomes en isotopes n'existant pas dans la nature, radioactifs, et émetteurs de positons (radioactivité $\beta^+$). Ils donnèrent encore, en même temps que Frisch* et Hahn*, une interprétation de la fission de l'uranium. Sous-secrétaire d'État à la Recherche scientifique (1936), directrice de l'Institut du radium (1946), Irène Joliot-Curie fut membre du Commissariat* à l'énergie atomique (CEA) et participa à la construction de la première pile atomique française. [Prix Nobel de chim. 1935, avec F. Joliot-Curie]

Irène et Frédéric **Joliot-Curie** vers 1944.
*Phot. © Henri Cartier-Bresson/Magnum*

**JOLIOT-CURIE (Frédéric)** ♦ Physicien français (Paris 1900 - *id.* 1958). C'est avec sa femme, Irène Joliot*-Curie, qu'il effectua ses travaux les plus importants : l'étude du rayonnement $\alpha$ et, surtout, la découverte de la radioactivité artificielle et la production de nouveaux isotopes, émetteurs du rayonnement $\beta^+$, qu'ils avaient découvert ensemble ainsi que l'interprétation de la fission ; il montra alors, avec Halban* et Kowarski*, la possibilité de la réaction en chaîne et de l'utilisation de l'énergie libérée. Ses travaux scientifiques furent toujours accompagnés d'une intense activité sociale et politique. Membre de divers comités et associations pour la paix et la démocratie, il fit acheter par la France, à la Norvège, au début de la guerre, le stock mondial d'eau lourde (nécessaire pour la production d'énergie atomique) et le fit transférer en Angleterre ; il participa à la Résistance, adhéra au Parti communiste français. Premier haut-commissaire au Commissariat* à l'énergie atomique, il dirigea la construction de *Zoé*, la première pile atomique française (1945). Relevé de ses fonctions, en 1950, en raison de ses positions politiques, il se consacra à ses activités d'enseignant et de chercheur et à la présidence du Conseil mondial de la Paix. [Prix Nobel de chim. 1935, avec I. Joliot-Curie ; Acad. sc. 1943]

**JOLIVET (André)** ♦ Compositeur et chef d'orchestre français (Paris 1905 - *id.* 1974). Élève d'Edgar Varèse, il participa à la fondation du groupe Jeune-France (1936). Sous l'influence du dodécaphonisme, il entreprit d'abord de rendre à la musique le pouvoir magique de ses origines, dans une suite d'œuvres à sujets incantatoires, d'une fascinante violence (*Mana*, pour piano, 1935 ; *Cinq Incantations* pour flûte, 1938 ; *Cosmogonie*, pour orchestre, 1938 ; *Cinq Danses rituelles*, 1939). Il revint progressivement au style modal avec des ouvrages d'un lyrisme généreux et d'une écriture plus dense (*Trois Complaintes du soldat*, 1940 ; *Poèmes intimes*, 1944). Une dernière phase devait apporter la synthèse de toutes ces influences. Le ballet *Guignol et Pandore* (1943), *La Sonate pour piano* (1945), le *Concerto pour ondes Martenot* (1947) révèlent le souci chez le musicien d'utiliser de nouvelles sonorités instrumentales. *L'Épithalame* confère une fonction originale à la voix humaine (1953). Ces recherches formelles se retrouvent encore dans la *Sonate pour flûte* (1958) et la *Deuxième Symphonie* (1959). ➝ ÉTYM. Ce nom est un diminutif de *joli*.

**JOMARD (Edme François)** ♦ Ingénieur, géographe et archéologue français (Versailles 1777 - Paris 1862). Membre de la commission scientifique et de l'Institut d'Égypte (1799 - 1801), il a donné une *Description de l'Égypte*. Il fut l'un des fondateurs de la Société de géographie de Paris (1821) et du département des Cartes et des Plans de la Bibliothèque nationale. Il entreprit un recueil des cartes anciennes (*Monuments de la géographie*).

**JOMELLI** ou **JOMMELLI (Niccolò)** ♦ Compositeur italien (Aversa 1714 - Naples 1774). Rapidement célèbre en Italie, il devint maître de chapelle à Saint-Pierre de Rome, puis à la cour de Stuttgart. Un voyage à Vienne lui avait permis de collaborer avec Métastase*. Auteur d'une soixantaine d'opéras, Jomelli a réalisé une synthèse entre la tradition italienne de l'*opera seria*, le théâtre lyrique français et la technique instrumentale allemande. Son œuvre se caractérise par l'usage du récitatif accompagné, l'élégance de l'écriture, la variété des situations dramatiques. Vers la fin de sa vie, il se consacra à la musique de chambre et à la musique sacrée. Sa dernière œuvre fut son célèbre *Miserere*.

**JOMINI (Antoine Henri,** baron **DE)** ♦ Général et écrivain suisse (Payerne, Vaud 1779 - Paris 1869). Il servit dans l'armée napoléonienne, avant de passer dans le camp de la Russie (1813). Il commanda l'armée russe contre les Turcs (1828 - 1829) et fonda l'académie militaire de Saint-Pétersbourg. Auteur d'ouvrages militaires, dans lesquels il accorda une grande importance à la logistique, il fut, avec Clausewitz*, l'un des théoriciens de la pensée militaire moderne. Œuv. princ. : *Histoire critique et militaire des guerres de la Révolution* (1819 - 1824) ; *Vie politique et militaire de Napoléon* (1827) ; *Précis de l'art de la guerre* (1830).

**JŌMON** ♦ Période de la préhistoire du Japon, allant du –VI$^{e}$ millénaire à –300 et caractérisée par une poterie décorée de reliefs et d'impressions de cordes. C'est une période d'évolution du Mésolithique au Néolithique. Elle se prolongea dans le N. du Japon jusque v. le X$^{e}$ s.

**JONAGE** [69330] ➝ ÉTYM. anc. *Johannages*, du lat. *Johannes* « Jean », et suff. *-aticum* ♦ Comm. du Rhône, arr. de Lyon. 5 363 hab.

**JONAS** ➝ ÉTYM. en hébr. *Yônâh* « colombe » ♦ Personnage biblique, prophète en Israël sous le règne de Jéroboam* II. ♦ ***Le « Livre de Jonas »*** Livre de la Bible (Prophètes*). 4 chapitres reprennent le nom du personnage du –VIII$^{e}$ s. pour en faire un prophète obligé par Dieu à prêcher à Ninive. Outre la puissance de Dieu qui fait séjourner Jonas pendant trois jours dans le ventre du grand poisson (la « baleine ») qui l'a avalé, l'histoire manifeste sa bienveillance (la ville pécheresse est sauvée par le repentir de ses habitants). Le livre est lu à la fête du Yom Kippour*.

**JONAS (Hans)** ♦ Philosophe allemand (Mönchengladbach 1903 - New-York 1993). Il étudia la philosophie, la théologie et l'histoire de l'art, fut l'élève de Husserl et de Heidegger et soutint en 1928 une thèse sur la religion gnostique (*La Religion gnostique : le message du Dieu étranger et les débuts du christianisme*, 1958). Il émigra en Israël après 1933 puis, dans les années 1950, au Canada. En 1966, il publia en anglais le *Phénomène de la vie. Vers une biologie philosophique*, où il cherchait à restituer les liens entre l'homme et la nature, perdus depuis Descartes. Jonas montre que les problèmes théoriques auxquels l'homme se confronte (les rapports de la liberté et de la nécessité, de l'autonomie et de l'hétéronomie, de l'absolu et de la finitude) se retrouvent dans les formes vivantes les plus élémentaires. Ni positiviste, ni vitaliste, Jonas recherche la permanence de la vie du monde organique aux formes les plus hautes de l'esprit humain. En 1979 parut en allemand *Le Principe responsabilité*, où Jonas entendait développer une éthique adéquate à la civilisation technologique contemporaine. Il montre que l'agir technologique moderne pose, de par sa puissance et son ampleur, un problème que les éthiques traditionnelles (caractérisées par la simultanéité et la réciprocité) ne peuvent résoudre : il produit des effets à long terme (risques écologiques, sanitaires, climatiques). L'éthique de l'avenir doit donc incorporer un schéma temporel nouveau et substituer à l'idée de simultanéité celle de responsabilité envers les générations futures : « Agis de façon que les effets de ton action soient compatibles avec la permanence d'une vie authentiquement humaine sur terre. » Son œuvre a inspiré le « principe de précaution » imposé dans le droit positif français ainsi que l'inclusion de la Charte de l'environnement dans la Constitution de la V$^{e}$ République.

**JONASZ (Michel)** ♦ Pianiste, compositeur et interprète français (Drancy 1947). Passionné de jazz et de rhythm and blues, il débuta avec des chansons nostalgiques (*Dites-moi* ou *Les Vacances au bord de la mer* en 1974) puis s'affirma dans les années 1980 comme l'un des chanteurs français les plus «swing» de sa génération avec *La Boîte de jazz, Du blues, du blues, du blues* et son spectacle *La Fabuleuse Histoire de Mister Swing*.

**JONATHAN** ➝ ÉTYM. en hébr. *Yônâthân* «Yâh(wèh) a donné» ♦ Fils de Saül* (-XIe s.), vainqueur des Philistins, ami de David* (I Samuel, XIII-XX).

**JONATHAN (Joseph Leabua)** ♦ Homme politique du Lesotho (district de Leribe 1914 - Pretoria 1987). Fondateur du Basutoland National Party (1959), Premier ministre du Lesotho indépendant en 1966, il mit en résidence surveillée le souverain Moshoeshoe II. Il annula les élections de 1970, gagnées par l'opposition, suspendit la Constitution et décréta l'état d'urgence. En 1973, il rétablit le multipartisme, mais nomma lui-même les membres de l'opposition. Il fut déposé par le général Lekanya (1986).

**JONCS** (plaine des) – en vietnamien ***Đồng Tháp Mười*** ♦ Grande plaine marécageuse du S. du Viêtnam, à l'O.-S.-O. de Hồ Chí Minh-Ville, dans la prov. de Đồng Tháp. Arrosée par d'innombrables cours d'eau du réseau du Mékong, elle est formée d'alluvions récentes et couverte d'une jungle épaisse. La circulation y est difficile à la saison des crues (sept.-nov.). ▪ Culture de riz flottant. Forêt d'arrière-mangrove. Pêche. Les travaux de bonification des terres alunées, entrepris sous la colonisation, ont été poursuivis : grâce au canal de Hồng Ngự, la partie occidentale est, depuis 1987, une terre rizicole. Il en est de même de l'effort de reforestation, de développement des cultures secondaires et de la pisciculture.

**JONES (Inigo)** ♦ Architecte, décorateur et dessinateur anglais (Londres 1573 - *id.* 1652). Sa formation est mal connue ; il débuta probablement comme peintre et dessinateur ; il séjourna ensuite en Italie vers 1603 puis travailla pour le roi Christian IV de Danemark. À partir de 1605 environ, il réalisa en Angleterre de nombreux décors et costumes de théâtre et divers systèmes de machinerie, puis se consacra surtout à l'architecture et devint, en 1610, surintendant des bâtiments du prince Henry et en 1615 du roi Charles Ier. En 1613, il accompagna en Italie le comte d'Arundel, annota les recueils de Palladio* et fit la connaissance de Scamozzi*. Ses deux principales réalisations, la maison de la Reine à Greenwich (1615 - 1619) et la salle des Banquets de Whitehall (1619 - 1622), attestent l'assimilation des styles de Serlio*, Vignole*, Palladio* et Scamozzi, avec un esprit dénué de maniérisme et une tendance marquée à la sobriété décorative et au dépouillement qui tranche avec le style Tudor, encore vivace à l'époque. Il édifia aussi l'église Saint-Paul (détruite en 1795), la place de Covent Garden, premier exemple de ce type de réalisation à Londres (1631 - 1638), la chapelle de la Reine au palais Saint-James (1623 - 1627) et restaura la cathédrale Saint*-Paul (1633 - 1640, qui fut détruite par l'incendie de 1666). Il joua un rôle essentiel dans l'élaboration d'une architecture classique anglaise originale, en s'affirmant comme l'initiateur du palladianisme qui allait se développer surtout à partir de 1715. ➝ ÉTYM. *Jones* a la même étymologie que *Johnson**.

**JONES** (sir **William**) ♦ Orientaliste et juriste britannique (Londres 1746 - Calcutta 1794). Fondateur de la Société asiatique (1784), il fut l'un des initiateurs des études orientales et particulièrement du sanskritisme. Il a publié un *Traité sur la poésie orientale* (1770), une *Grammaire persane* (1771), des traductions de poésies arabes préislamiques *(Mu'allaqāt)*, des *Lois de Manou* (1794).

**JONES (Ernest)** ♦ Médecin et psychanalyste britannique (Gowerton, pays de Galles 1879 - Londres 1958). Auteur d'un important ouvrage sur *La Vie et l'Œuvre de Sigmund Freud** (1953 - 1958), dont il fut le premier disciple en Grande-Bretagne, il a accordé dans ses travaux une place privilégiée aux conflits psychologiques des toutes premières années de l'enfance.

**JONES (James)** ♦ Romancier américain (Robinson, Illinois 1921 - Southampton, État de New York 1977). Il est connu par un roman décrivant les expériences d'un jeune militaire de carrière, *Tant qu'il y aura des hommes* (*From Here to Eternity*, 1951), qui «obtint surtout, par sa franchise brutale et sa vitalité débordante, un succès de scandale» (John Brown).

**JONES (Elvin)** ♦ Batteur et compositeur de jazz américain (Pontiac, Michigan 1927 - Englewood, New Jersey 2004). Il débuta à Detroit en 1949 avant de se faire remarquer au festival de Newport de 1955 en compagnie de Charlie Mingus*. Il joua ensuite à New York avec divers groupes et devint membre du quartette de John Coltrane* (1960 - 1965). Il créa par la suite divers groupes avec lesquels il participa à de nombreuses tournées en Europe et au Japon, tout en jouant fréquemment dans les écoles, les hôpitaux et les prisons. Princ. enregistrements : avec John Coltrane, *Liberia* (1960), *Africa* (1961) ; avec Art Pepper, *Caravan* (1977).

**JONES (Allen)** ♦ Peintre et sculpteur britannique (Southampton 1937). Après un voyage aux États-Unis, en 1964, il abandonna ses recherches formelles sur les signes et le mouvement pour le pop art, qu'il interpréta de manière personnelle, accentuant le fétichisme, le sadomasochisme, la sensualité des images publicitaires et mettant en évidence les jambes ou le corps de ses personnages, aux visages effacés (*Perfect Match*, 1966 - 1967 ; *Waitress*, 1972). Il montre une certaine fascination pour la danse et l'hermaphrodisme dans *Spanish Dancers* (1982).

**JONES (Vaughan F. R.)** ♦ Mathématicien néo-zélandais (Gisborne, Nouvelle-Zélande 1952). Ses travaux révélèrent des liens inattendus entre la théorie des algèbres d'opérateurs et la théorie des nœuds. En particulier, l'utilisation de nouveaux invariants polynomiaux lui permit d'affiner substantiellement la classification mathématique des nœuds. [Médaille Fields 1990]

**JONGEN (Joseph)** ♦ Compositeur belge (Liège 1873 - Sart-lès-Spa 1953). Ami de Fauré, il travailla avec V. d'Indy et dirigea le conservatoire de Bruxelles (1925 - 1939). Il a composé dans les genres les plus divers (symphonies, poèmes symphoniques, concertos, musique religieuse, de chambre et vocale, mélodies). ♦ **Léon Jongen** (Liège 1884 - Bruxelles 1969). Frère du précédent. Il lui succéda à la direction du conservatoire de Bruxelles (1939). On lui doit de la musique de théâtre, de chambre, des pièces pour piano, des chœurs et des mélodies.

**JONGKIND (Johan Barthold)** ♦ Peintre et aquarelliste néerlandais (Lattrop 1819 - Grenoble 1891). Admirateur de Ruysdael et de Van Goyen, il fut aidé et conseillé par Isabey* et vint à Paris en 1846 où il rencontra Corot, Rousseau, Diaz. Il alla peindre en Normandie, notamment à Honfleur avec Boudin et Courbet. Il peignit des scènes quotidiennes et surtout des paysages, notamment à l'aquarelle, où il sut rendre les effets d'atmosphère, les jeux mouvants de la lumière avec une palette transparente et claire (*Couchant sur la Meuse*, 1866). Il est considéré comme l'un des précurseurs de l'impressionnisme.

**JÖNKÖPING** ♦ V. de Suède méridionale, ch.-l. de comté, à l'extrémité S. du lac Vättern. 112 194 hab. Hôtel de ville (XVIIe s.), parc municipal, musées. ▪ Port. Carrefour routier. Ancien centre de l'indus. des allumettes. Papeteries, indus. textile, tanneries, verreries. ▮ **Histoire** Pour éviter qu'elle ne tombe aux mains des Danois, les habitants de Jönköping brûlèrent leur ville en 1612. La paix entre la Suède et le Danemark y fut signée en 1809.

**JONQUÈRES D'ORIOLA (Pierre)** ♦ Cavalier français (Corneilla-del-Vercol, Pyrénées-Orientales 1920). Il remporta le concours de jumping aux jeux Olympiques d'Helsinki (1952) et à ceux de Tōkyō (1964).

**JONQUIÈRE** ♦ Anc. v. du Canada (Québec), fusionnée dans Saguenay*. Indus. du bois, du papier et de l'aluminium.

**JONQUIÈRES (Ernest DE FAUQUE DE)** ♦ Amiral et mathématicien français (Carpentras 1820 - Mouans-Sartoux, près de Grasse 1901). Chef d'état-major en Cochinchine, il fut également un disciple de Chasles* et l'auteur d'importants travaux en géométrie analytique. [Acad. sc. 1884]

**JONQUIÈRES** [84150] ➝ ÉTYM. pl. de l'occit. *jonquièra* «endroit où pousse le jonc» ♦ Comm. du Vaucluse, arr. d'Avignon. 3 926 hab.

**JONSON (Benjamin, dit Ben)** ♦ Auteur dramatique anglais (Westminster 1572 - Londres 1637). Son premier succès au théâtre du Globe (*Chacun dans son caractère*, 1598 suivi de *Chacun hors de son caractère*, 1599) le classa d'emblée parmi les pairs de Shakespeare. Pour la cour de Jacques Ier, il composa des ballets, des divertissements et des «masques», simples arguments scéniques qui sont prétextes à de vastes déploiements de mise en scène. Mais le meilleur de son œuvre tient en quatre comédies ; leur force satirique ainsi que la concision et l'élégance du style en font, avec celles de Shakespeare, les chefs-d'œuvre du théâtre élisabéthain : *Volpone* ou le Renard* (1605), *Épicène ou la Femme silencieuse* (1609), *L'Alchimiste* (1610), *La Foire de la Saint-Barthélemy* (1614). Il collabora avec Chapman et Marston (*Eastward Ho !*, 1605), et avec J. Fletcher.

**JONTE** n. f. ♦ Riv. du Massif central (40 km). Née dans le massif de l'Aigoual, elle creuse, entre le causse Méjean et le causse Noir, de pittoresques gorges, avant de se jeter dans le Tarn à Peyreleau.

**JONZAC** [17500] ➝ ÉTYM. anc. *Joenzacus*, du lat. *Juentius* (var. de *Juventius* [de *juventus* «jeunesse»]), n. de pers. ♦ Ch.-l. d'arr. de la Charente-Maritime, sur la Seugne. 3 817 hab. (aggl. 4 962). *(Jonzacais)*. Château fortifié du XVe s. Anc. couvent des Carmes fondé en 1505, restauré au XVIIe s. ▪ Eaux-de-vie (cognac) et pineau des Charentes. Produits laitiers (beurre). Station thermale.

**JOOSS (Kurt)** ♦ Danseur et chorégraphe allemand (Wasseralfingen, Wurtemberg 1901 - Heilbronn 1979). Il fut l'élève, puis l'assistant de Rudolf von Laban* avant d'être nommé régisseur de la chorégraphie à Münster puis à l'Opéra d'Essen (1930). Le succès qu'il rencontra à Paris avec le ballet *La Table verte* (1932) consacra sa compagnie des Ballets Jooss. Inspirées par l'esthétique de Laban, les conceptions de K. Jooss reposent sur la recherche d'un rythme fondé sur l'harmonie du corps humain, la danse et le mime prenant le pas sur la musique, le décor et le costume. Ses chorégraphies les plus fameuses, *Un bal dans le vieux Vienne* (1932), *Perséphone* (musique de Stravinski, 1934), *Pandora* (1944), sont marquées par un extrême dépouillement.

**JOPLIN (Scott)** ♦ Pianiste et compositeur américain de ragtime (Texarkana, Texas 1868 - New York 1917). Il est le plus célèbre des musiciens de ce style tant par le nombre de ses compositions que par la richesse de leurs mélodies. Il présenta sans succès à New York deux opéras mêlant ragtime et musique européenne : *A Guest of Honour* (1903) et *Treemonisha* (1915). Mort avant la popularisation du disque, il n'a laissé aucun enregistrement hormis des rouleaux perforés pour pianos mécaniques *(piano rolls)*. Plusieurs de ses ragtimes sont devenus des thèmes de jazz traditionnel. Princ. compositions : *Maple Leaf Rag* (1899), *The Entertainer* (1902), *The Ragtime Dance* (1906).

**JOPLIN (Janis)** ♦ Chanteuse américaine (Port Arthur, Texas 1943 - Los Angeles 1970). Marquée par le blues texan, elle contribua à l'éclosion dans les années 1960 du rock californien. L'énergie et la sensibilité de son chant lui valurent de devenir la première vedette féminine du rock. Elle mourut d'une overdose d'héroïne en 1970.

**JORAM** ➝ ÉTYM. en hébr. *Yôrâm* «Yâh(wèh) est élevé» ♦ Roi d'Israël (de –851 à –842), fils d'Achab* et de Jézabel*, tué par Jéhu* (II Rois, III).

**JORAM** ♦ Roi de Juda (de –847 à –842). Son mariage avec Athalie* scella son alliance avec Israël (II Rois, VIII, 16 *sqq*).

**JORASSES (GRANDES)** ➝ ÉTYM. → Jura ♦ Sommets du massif du Mont-Blanc à la frontière italienne ; point culminant à 4 208 m.

**JORAT** n. m. (massif du) ♦ Petit massif molassique, partie sud-occidentale du plateau suisse (Vaud) dominant le lac Léman au N.-E. de Lausanne. Alt. 929 m. Le versant S. est couvert de riches vignobles, les autres versants d'épaisses forêts de résineux.

**JORDAENS (Jacob)** ♦ Peintre, dessinateur et graveur flamand (Anvers 1593 - *id.* 1678). Formé auprès du peintre maniériste Van Noort et inscrit à la gilde d'Anvers en 1615, il peignit quelques portraits très sobres *(La Famille du peintre)*, réalisa des cartons de tapisserie *(Les Grands Chevaux)*, des décorations et tableaux traitant des sujets religieux *(Les Quatre Évangélistes)*, mythologiques et allégoriques *(La Fécondité)*. Son réalisme, qui s'inscrit dans la tradition flamande, dérive en partie des maniéristes Beuckelaer, Hemessen et Aertsen*, mais reflète aussi des influences italiennes, notamment celle du Caravage* auquel il emprunta un clair-obscur tranchant avec netteté des formes lisses et sculpturales. Sous l'influence de Rubens* dont il devint le collaborateur à partir de 1630, il assouplit sa technique picturale, s'attacha à rendre les reflets tout en conservant son goût pour les couleurs rutilantes. Après la mort de Rubens, il reçut d'importantes commandes *(Histoire de Psyché*, pour le palais de Greenwich, 1647 ; trente-six tableaux pour Christine de Suède, 1648 - 1649 [disparus] ; *Le Triomphe de Frédéric-Henri*, 1651-1652) et même des commandes religieuses, malgré son adhésion au protestantisme. Ses compositions denses souvent surchargées, la sensualité qui se dégage des formes généreuses et des visages fortement typés n'évitent pas toujours la lourdeur et l'emphase, mais expriment un lyrisme truculent qui s'épanouit particulièrement dans les scènes mythologiques *(Le Sommeil d'Antiope)* et des scènes populaires d'une vitalité parfois triviale, empreintes d'un certain souci moraliste *(Les jeunes piaillent, les vieux chantent, le roi boit !)*. Son œuvre représente un baroque spécifiquement flamand. ➝ ÉTYM. *Jordaens* est la forme flamande de *Jourdain** (d'abord un prénom, qui s'est répandu à la suite des croisades).

**JORDAN (Camille)** ♦ Homme politique français (Lyon 1771 - Paris 1821). Royaliste constitutionnel, il émigra en Suisse après l'insurrection royaliste de Lyon (1793) à laquelle il participa. Rentré en France en 1796, il fut membre du Conseil des Cinq-Cents (1797), mais proscrit après le coup d'État du 18 Fructidor an V (4 sept. 1797), comme représentant du club de Clichy*. Il fut député sous la Restauration (1816). ➝ ÉTYM. Ce nom de famille vient du nom du *Jourdain**.

**JORDAN (Alexis)** ♦ Botaniste français (Lyon 1814 - *id.* 1897). Des travaux méthodiques de culture d'une espèce de crucifères lui permirent de découvrir près de deux cents variétés ou espèces élémentaires (appelées depuis «jordanons»). ♦ **Camille Jordan.** Mathématicien français (Lyon 1838 - Paris 1922). Petit-fils du précédent. Il compléta les recherches de Galois* et donna notamment la solution définitive du problème de la résolution d'une équation par radicaux, introduisant des concepts nouveaux tels que l'homomorphisme et le groupe quotient. Il approfondit également les notions introduites par Cantor* du rapprochement entre les continus arithmétiques et géométriques et donna une définition très générale d'une courbe, très importante en topologie et à la base de la géométrie finie. On lui doit encore, entre autres, des études des équations différentielles et un exposé complet de la géométrie euclidienne à *n* dimensions par des méthodes analytiques. [Acad. sc. 1881]

**JORDAN (Pascual)** ♦ Physicien allemand (Hanovre 1902 - *id.* 1980). Il fut avec Max Born* l'un des fondateurs de la mécanique quantique sous sa forme matricielle. Ce fut aussi lui qui élabora la méthode mathématique dite de la «seconde quantification», très utile en physique des particules. Ses recherches concernent également la cosmologie, l'astrophysique et la biophysique.

**JORDAN (Michael)** ♦ Joueur de basket-ball américain (New York 1963). Avec son équipe des Chicago Bulls, il remporta 6 titres de champion des États-Unis. Considéré comme le meilleur basketteur de tous les temps, Michael «Air» Jordan gagna aussi deux médailles d'or aux jeux Olympiques (1984 et 1992).

## JORDANIE

▮ n. f. – off. ***Royaume hachémite de Jordanie*** ➝ ÉTYM. du n. du *Jourdain** ♦ Pays du Proche-Orient. 92 000 km². Plus de 6 millions d'hab. en 2010 *(Jordaniens)*. LANGUE : arabe. RELIGIONS : musulmans (sunnite 90 % ; minorité druze), chrétiens (8 %). MONNAIE : dinar jordanien. CAPITALE : Amman. RÉGIME : monarchie parlementaire. Le pays est divisé en 12 mouhafaza (gouvernorats).

▮ **GÉOGRAPHIE** La Jordanie est constituée essentiellement d'un plateau désertique faisant suite au désert de Syrie. Dotée d'un climat méditerranéen, la partie N.-O. arrosée par les affluents du Jourdain est plus propice à l'agriculture.

▮ **POPULATION** Le taux d'accroissement élevé (2,4 % en 2008) est renforcé par les apports migratoires (les Palestiniens représentaient 60 % de la pop. en 2002 ; 400 000 Jordaniens expulsés du Koweït après la guerre du Golfe ; 700 000 Irakiens depuis la guerre en Irak). À côté d'une population sédentaire concentrée à Amman, dans les grandes villes et dans la vallée du Jourdain, le désert reste le territoire de tribus semi-sédentaires ou nomades (Bédouins), vivant à l'E. de la ligne Damas-Maan. Ce sont eux qui fournissent les éléments les plus sûrs de l'armée.

▮ **ÉCONOMIE** ▮ **L'agriculture** Depuis sa création, le royaume hachémite a subsisté grâce aux aides étrangères (États-Unis, Europe, pétromonarchies du Golfe et autres pays arabes) devenues vitales depuis la guerre de 1967. Avec la perte de la Cisjordanie, la Jordanie a, en effet, été amputée de ses terres les plus fertiles et privée des ressources générées par l'attrait des villes saintes (Jérusalem et Bethléem). Les terres cultivables ne représentent que 6 % de la superficie du pays. L'insuffisance des pluies et le morcellement extrême de la propriété sont autant d'obstacles à l'extension de la culture. Les meilleures terres sont situées en bordure du Jourdain, mais le problème posé par l'utilisation des eaux du fleuve ne pourra être véritablement réglé qu'avec la conclusion d'une paix durable dans le conflit israélo*-arabe. → **Jourdain.** Les céréales sont cultivées presque exclusivement sur les hauts plateaux. Les cultures de la vallée du Jourdain (tomates, concombres, agrumes, melons) sont principalement exportées (notamment vers les pays du Golfe).
▮ **Les mines** La Jordanie, avec des réserves estimées à 1,5 milliard de t, est le troisième exportateur de phosphates du monde. Les mines sont situées au nord du pays (al-Hasa, Wadi al-Abyad, Rusaifa) et dans le S., à Shadiya. Le royaume est également riche en potasse

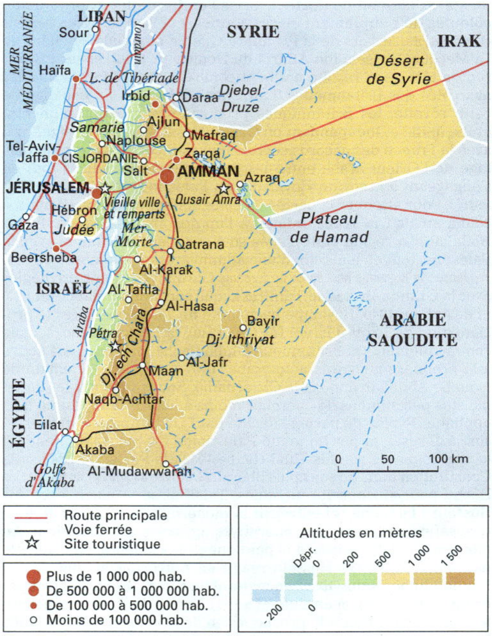


**Jordanie.**

**Jordanie.** Cultures irriguées dans le désert de Wadi Rum.
*Phot. © Yann Arthus-Bertrand/Corbis*

exploitée depuis 1932. La Jordanie recèle également du cuivre (vallée des wadis Araba et al-Hasa), du manganèse (Batra et al-Hasa), du soufre (al-Hasa) et du fer (au N.-O.). En revanche, elle possède très peu d'hydrocarbures, ce qui alourdit considérablement le montant des importations. ▮ **L'industrie** Le secteur industriel est dominé par le textile et l'habillement, viennent ensuite les conserveries de fruits et légumes, la raffinerie d'huile et la savonnerie. Zarqa possède la raffinerie de pétrole du pays. Un gazoduc partant d'Égypte dessert Akaba. Le gouvernement encourage le développement des investissements privés (chimie).

▮ **HISTOIRE** ▮ **Des Hébreux à la prise de Pétra par les Romains** L'histoire antique de la Jordanie est intimement liée à l'histoire biblique et ne peut être dissociée de celle de la Palestine. À partir de –1500, des tribus hébraïques commencèrent à s'installer dans la région. Le roi David réunit Juda à Israël et Jérusalem devint la capitale d'un grand État palestinien (–XIe s.). La région fut conquise par les Assyriens (–IXe s.), puis par les Babyloniens. Les Nabatéens, d'origine arabe, établirent un royaume avec Pétra pour capitale. Ce fut ensuite la domination grecque (–IVe s.) puis romaine (Ier s.), laquelle mit fin au royaume nabatéen avec la prise de Pétra (106). ▮ **La domination musulmane** La Jordanie passa sous le contrôle des Perses sassanides, des Byzantins avant d'être conquise par les Arabes (634), lors de la bataille de Yarmouk. Dépendante des califes omeyades puis abbassides, elle fut conquise par les croisés (royaume latin de Jérusalem, 1118 - 1187). Saladin rétablit le contrôle des musulmans sur la région avec la prise de Jérusalem (1187). Après la chute du califat de Bagdad, les mamelouks d'Égypte prirent le contrôle de la Jordanie avant que celle-ci ne fasse partie, pour plus de quatre siècles, de l'Empire ottoman* (XVIe s.). À la fin du XIXe s., la Sublime Porte favorisa l'émigration en Jordanie de colonies de peuplement circassiennes. ▮ **La Première Guerre mondiale et la Transjordanie** Lors de la Première Guerre mondiale, le chérif de La Mecque, Hussein ibn Ali (roi du Hedjaz en 1916), et ses fils prirent la tête de la révolte arabe et combattirent les forces turques aux côtés des Britanniques (Lawrence* d'Arabie). En échange de cette révolte, les Britanniques promirent la création d'un État arabe unifié et indépendant en Orient. Parallèlement ils signèrent avec la France des accords secrets (Sykes-Picot) prévoyant le partage de l'Orient arabe entre les deux puissances alliées tout en s'engageant à créer un «foyer juif en Palestine» (déclaration Balfour*). Pour atténuer la portée de cette double «trahison», Londres confia en 1921 la Transjordanie à l'un des fils de Hussein, l'émir Abdallah. La région était placée sous mandat britannique avec la Palestine, tout en jouissant d'une administration autonome. ▮ **L'indépendance : le Royaume hachémite de Jordanie** Gardant des liens privilégiés avec la Grande-Bretagne, l'émirat acquit son indépendance en 1946 et devint, en 1949, Royaume hachémite de Jordanie. Après la proclamation de l'État d'Israël (14 mai 1948), la Légion arabe, sous le commandement du Britannique Glubb Pacha, prit une part active à la première guerre israélo-arabe (1948 - 1949) au lendemain de laquelle Abdallah annexa la Cisjordanie. Soupçonné par les nationalistes palestiniens de chercher moins à libérer la Palestine qu'à appliquer le plan de partage décidé par l'ONU, Abdallah fut assassiné à Jérusalem par un jeune Palestinien (20 juil. 1951). Pendant le bref règne de son fils Talal (1951 - 1952), le Parlement révisa la Constitution dans un sens plus libéral. ▮ **L'arrivée au pouvoir du roi Hussein** Déchu pour «incapacité mentale», Talal laissa la place à son fils Hussein*. Le jeune roi entreprit la modernisation du pays (industrialisation, création de coopératives agricoles, scolarisation). Au mouvement d'opposition à la politique pro-occidentale qui agita le pays de 1954 à 1956, Hussein réagit en renvoyant le chef de son armée, Glubb Pacha (1956), en mettant fin à la présence des troupes britanniques (1958) et en signant avec l'Égypte de Nasser un accord militaire (1956). Puis à la proclamation de l'Union syro-égyptienne (1958) le roi répliqua par la constitution d'une fédération hachémite regroupant la Jordanie et l'Irak. ▮ **Les rapports avec les Palestiniens** Les nombreux incidents frontaliers entre la Jordanie et Israël, liés à l'essor de l'action palestinienne, accrurent les difficultés du régime jordanien. Après la guerre de juin 1967, à laquelle le roi participa in extremis (→ **israélo-arabe [conflit]**), la Cisjordanie fut occupée par Israël. Cette perte ne fit qu'aggraver la tension entre le pouvoir et les Palestiniens. En septembre 1970 («Septembre noir»), une violente épreuve de force opposa les organisations palestiniennes aux troupes royales ; elle se solda, un an plus tard, par l'élimination en Jordanie de toute présence de la résistance palestinienne. Si cette confrontation renforça apparemment le trône du jeune souverain, elle contribua à isoler son pays (de nombreux pays arabes rompirent les relations diplomatiques) et à accentuer le caractère autoritaire du régime (formation du parti unique d'Union nationale de Jordanie, 1971). ▮ **La reconnaissance de l'OLP** Les relations avec les pays arabes s'améliorèrent à partir de 1974, lorsque Hussein s'accorda à reconnaître, à l'instar de ses pairs arabes réunis en sommet à Rabat, l'OLP comme unique représentant du peuple palestinien. La Jordanie manifesta son opposition aux accords de Camp* David (1978) mais refusa de se placer d'emblée dans le camp des opposants inconditionnels à la politique égyptienne. ▮ **Le soutien à l'Irak** Dans le conflit entre l'Irak et l'Iran (1980 - 1988), elle soutint l'Irak. Lorsque l'Intifada* éclata, Hussein, afin de couper court à toute suspicion quant à ses visées sur la rive occidentale du Jourdain, rompit tous liens administratifs avec la Cisjordanie (1988). Pendant la crise du Golfe (1990 - 1992), la Jordanie, tout en condamnant l'invasion du Koweït par l'Irak, refusa de participer à la coalition militaire anti-irakienne. Les effets de cette crise et l'embargo imposé à l'Irak, l'un des principaux partenaires commerciaux de la Jordanie, eurent des conséquences néfastes sur l'économie qui s'est cependant redressée après la fin du conflit. ▮ **La paix avec Israël** Après la signature de l'accord entre l'OLP et Israël (sept. 1993), que Hussein critiqua au nom d'un règlement global du problème, la Jordanie entama des négociations avec Israël qui aboutirent à la signature d'un traité de paix en 1994 entraînant une amélioration des relations avec l'Arabie saoudite et le Koweït, une prise de distance vis-à-vis du régime irakien et une détérioration du climat politique intérieur (oppositions intégriste et nationaliste). ▮ **L'après-Hussein** Abdallah, fils et successeur de Hussein en 1999, est confronté à une situation délicate puisqu'il soutient officiellement les États-Unis, devenus un client important du royaume, et doit ménager une population majoritairement palestinienne condamnant le soutien des Américains à Israël, la guerre contre l'Irak en 2003 et la défiance occidentale envers l'Iran.

---

**JORDANUS NEMORARIUS** ♦ Mathématicien allemand (1re moitié du XIIIe s.). Identifié parfois à Jordanus Teutonicus ou Jordanus de Saxonia, général des dominicains, il introduisit l'usage des lettres pour représenter les nombres arbitraires sans aboutir toutefois à un véritable calcul littéral (*L'Algorithme démontré ; Des nombres donnés)* ; on lui doit encore des traités de géométrie, un traité de physique *(Des poids)* et des écrits sur l'astronomie de Ptolémée* dans lesquels il établit le théorème fondamental de la projection stéréographique.

**JØRGENSEN (Johannes)** ♦ Écrivain danois (Svendborg 1866 - *id.* 1956). Il débuta par des recueils poétiques (*Vers,* 1887) marqués par les vues de la «percée moderne» danoise. Puis il s'orienta vers le symbolisme français dont il défendit les principes dans la revue qu'il fonda, *La Tour* (1893 et *sq.*). Mais c'est sa conversion au catholicisme qui décida de son œuvre majeure. Elle détermina à la fois des ouvrages de polémique qui n'ont rien perdu de leur actualité (*Le Jour du Jugement,* 1897) et de splendides biographies comme celles de *Saint François d'Assise* (1907) ou de *Sainte Catherine de Sienne* (1915).

**JORN (Asger Oluf JØRGENSEN, dit Asger)** ♦ Peintre danois (Vejrum 1914 - Århus 1973). Il anima un groupe abstrait, pratiquant une peinture violemment expressionniste. L'un des promoteurs du groupe Cobra* (1948 - 1951), il fonda à Paris l'Internationale situationniste en 1955. Il exposa en 1962 des chromos surchargés de signes (*Défigurations)*. L'essentiel de son œuvre relève de l'expressionnisme abstrait et utilise un répertoire de formes issues de thèmes décoratifs propres aux anciennes civilisations nordiques.

**JOS** ♦ V. du Nigeria, cap. de l'État du Plateau. 622 873 hab. Indus. textile. Métall. de l'étain.

**JOSABETH** ♦ (–IXe s.). Fille de Joram* de Juda, femme de Joad*. Elle sauva Joas* du massacre ordonné par Athalie* (II Rois, XI).

**JOSAPHAT** → ÉTYM. en hébr. *Yehôshâphât* «Yahû juge» ♦ Roi de Juda (de –869 à –848), allié d'Israël (I Rois, XXII ; II Rois, III).

**JOSAPHAT** (vallée de) ♦ Lieu de la Résurrection des morts, selon la prophétie biblique de Joël, IV, 2. Traditionnellement, on l'identifie avec la vallée du Cédron, près de Jérusalem, où juifs et musulmans ont établi des cimetières.

**JOSEPH** → ÉTYM. en hébr. *Yôsèph* «que Yâh(wèh) ajoute» ♦ Personnage biblique (Genèse, XXXVII-L). Fils de Jacob* et de Rachel*. Ses frères, jaloux, le vendent. En Égypte, il devient intendant de Putiphar*, puis ministre du pharaon, dont il interprète les songes (les sept vaches grasses et les sept vaches maigres). Il installe Jacob et toute sa famille dans ce pays. → **Hébreux, Israël.** La tribu de Joseph est représentée par ses fils Éphraïm* et Manassé*.

**JOSEPH** (saint) ♦ Dans l'Évangile (Matthieu, I et II ; Luc, II), époux de Marie*, père nourricier de Jésus*. ▪ Fête le 19 mars et (saint Joseph artisan) le 1er mai.

**JOSEPH (François Joseph LE CLERC DU TREMBLAY, dit le Père)** ♦ Capucin français (Paris 1577 - Rueil 1638). Fils d'un président du Parlement et de Marie de La Fayette. Il entra dans les ordres après un brillant passage à l'armée et à la cour (1599). Il prêcha des missions, se consacra à la conversion des protestants, et devint (1624) le collaborateur intime de Richelieu (d'où son surnom d'*Éminence grise*). Il s'occupa surtout de politique étrangère et eut une influence déterminante dans la lutte contre les Habsbourg.

**JOSEPH Ier** ♦ (Vienne 1678 - *id.* 1711). Empereur germanique (1705 - 1711), roi de Hongrie (1687), roi des Romains (1690), archiduc d'Autriche. Fils de Léopold* Ier, il poursuivit sa lutte contre la France, soutenant son frère l'archiduc Charles*, et il remporta, grâce au Prince Eugène*, de brillantes victoires. Il écrasa en Hongrie la révolte de Ferenc Rákóczi*.

**JOSEPH II** ♦ (Vienne 1741 - *id.* 1790). Empereur germanique (1765 - 1790). Fils aîné de François* Ier et de Marie-Thérèse, déjà roi des Romains depuis 1764, il fut élu empereur à la mort de son père, mais partagea le pouvoir avec sa mère (→ **Marie-Thérèse**), et dut la laisser gouverner. Il voyagea alors à travers l'Europe, visi tant la Hongrie, le pays des Sudètes, l'Italie, la Galicie, enfin Paris, où il rendit visite à sa sœur Marie*-Antoinette, en 1777, et rencontrant Catherine* II et Frédéric* II. Grand admirateur de ce souverain acquis aux «Lumières», il fut le type même du despote éclairé, mais l'antithèse de Marie-Thérèse par son esprit systématique. Il entreprit de faire de ses possessions un État moderne, centralisé et germanique. Sur le plan social, sa réforme s'attaqua aux classes privilégiées (le servage et la corvée furent abolis, un impôt foncier unique envisagé). Quant à sa politique anticléricale, elle est restée célèbre sous le nom de *joséphisme :* un édit de tolérance fut promulgué (1781), le mariage civil établi (1783), tandis que l'autorité pontificale était rejetée, hormis en matière de dogme, la moitié des couvents sécularisés et le clergé séculier fonctionnarisé. La visite du pape Pie* VI échoua devant l'inflexibilité de l'empereur et l'hostilité de Kaunitz*. L'administration fut totalement refondue et réorganisée sur le modèle français ; on imposa la langue allemande, et la suppression des barrières douanières favorisa l'essor de l'économie. Mais ces mesures heurtèrent de front les privilèges, les particularismes locaux et le sentiment religieux et soulevèrent un mécontentement général, particulièrement grave aux Pays-Bas autrichiens (Belgique) où éclata la révolution brabançonne (→ **Van der Noot**), et en Hongrie qui refusa de soutenir l'empereur dans sa politique étrangère. Celui-ci fut obligé de revenir sur un grand nombre de ses mesures. L'Autriche avait en effet subi des revers : son désir d'accroître son influence en Allemagne avait été tenu en échec par Frédéric II qui forma la ligue des Princes *(Fürstenbund) ;* celle-ci contraignit Joseph à renoncer à annexer la Bavière en échange des Pays-Bas (1785). D'autre part, son alliance avec la Russie l'entraîna dans une guerre contre les Turcs (1788) qui provoqua l'invasion de son territoire. Quand Joseph II mourut, il laissait ses États dans une situation critique.

**JOSEPH Ier** ♦ (Lisbonne 1714 - *id.* 1777). Roi de Portugal (1750 - 1777). Fils de Jean* V, il abandonna le gouvernement à son ministre Pombal* et, malade, dut céder la régence à sa femme (1776). Sous son règne, les jésuites furent expulsés du Portugal (1759), et Lisbonne fut reconstruite après le tremblement de terre de 1755.

**JOSEPH BONAPARTE** → **Bonaparte**

**JOSEPH D'ARIMATHIE** (saint) ♦ Dans les Évangiles (Marc, XV, 42 - 46, et parallèles), notable juif, disciple de Jésus, qui obtint de Pilate l'autorisation d'ensevelir son corps après la Passion. ▪ Fête le 17 mars.

**JOSEPH DE COPERTINO** (saint) **[Giuseppe DESA]** ♦ Franciscain conventuel et mystique italien (Copertino, Pouilles 1603 - Osimo, Ancône 1663). L'extraordinaire faiblesse de son intelligence et ses extases publiques avec lévitation ont fait de lui (non sans ironie) le patron des candidats aux examens et des aviateurs. ▪ Fête le 18 sept.

**JOSÈPHE (Flavius)** ♦ Historien juif (Jérusalem v. 38 - Rome v. 100). D'une famille sacerdotale, gagné aux idées pharisiennes, il dirigea en Galilée la révolte juive contre Rome en 66. Assiégé à Jotapata, il échappa, en y renonçant, au suicide décidé avec ses compagnons et se rendit à Vespasien auquel, selon ses dires, il prédit l'empire ; c'est du côté romain qu'il assista à la ruine de Jérusalem. Affranchi par son protecteur, dont il prit le nom (Flavius), il le suivit à Rome où il rédigea ses ouvrages. Outre un *Contre Apion,* où il prend la défense du peuple juif et en exalte la civilisation, il composa une *Guerre des juifs,* où il relate le conflit dont il fut partie prenante, et des *Antiquités juives,* ambitieuse histoire des Juifs depuis la création jusqu'au commencement de cette guerre. Témoin irremplaçable, mais souvent suspect, décrié, de son vivant, par les Juifs pour sa traîtrise (il défend son point de vue «réaliste» dans son *Autobiographie*), Josèphe a surtout été en faveur chez les chrétiens (mais une version juive de son œuvre, le *Yosippon,* a été faite au Xe siècle) : ses *Antiquités* ont permis de combler les lacunes de l'histoire sainte ; on y trouve en outre une mention du Christ (le *testimonium flavianum,* «témoignage de Flavius») dont l'authenticité ou l'intégrité ont été vivement discutées, dans la mesure où sa qualité de messie y est évoquée... par un Juif.

**JOSÉPHINE [Marie-Josèphe Rose TASCHER DE LA PAGERIE]** ♦ Impératrice des Français (Trois-Îlets, Martinique 1763 - Malmaison 1814). Mariée en 1779 au vicomte Alexandre de Beauharnais*, qui mourut sur l'échafaud en 1794, elle en eut deux enfants : Eugène et Hortense. En 1795, par l'intermédiaire de Barras*, elle rencontra Bonaparte, qu'elle épousa le 9 mars 1796. Très épris de sa femme, Napoléon subit fortement son influence. Elle fut couronnée impératrice (1804), mais n'ayant pu donner d'héritier à Napoléon, elle fut répudiée en 1809. Elle se retira à Malmaison, entretenant une correspondance suivie avec l'Empereur.

**Joséphine.** *Portrait (inachevé) de l'impératrice Joséphine*, par Prud'hon (74 x 60 cm), non daté. Musée national des Châteaux de Malmaison et de Bois-Préaut, Rueil-Malmaison.
*BIS/Phot. Hubert Josse © Archives Larbor*

**joséphisme** n. m. → **Joseph II**

**JOSEPHSON (Brian David)** ♦ Physicien britannique (Cardiff 1940). Ses recherches sur les supraconducteurs ont abouti à la mise en évidence de l'*effet Josephson continu* (le courant ne passe plus, par effet tunnel, dans un circuit composé de deux éléments de supraconducteur séparés d'une distance infinitésimale) et de l'*effet Josephson alternatif* (dans ce même circuit, si l'on dépasse la valeur limite du courant, une différence de potentiel apparaît entre les deux éléments de supraconducteur, ainsi qu'un rayonnement de très haute fréquence). [Prix Nobel de phys. 1973, avec L. Esaki* et I. Giaever*]

**JOSETSU** ♦ Peintre et religieux bouddhiste japonais d'origine chinoise, du début du XVe s., créateur d'une école de lavis à l'encre de Chine introduisant au Japon les styles chinois des dynasties Song* et Yuan*. Il fut un paysagiste renommé.

**JOSIAS** ♦ Roi de Juda (de -640 à -609), fils d'Amon*. Instigateur d'une importante réforme religieuse, consécutive à la découverte dans le Temple d'une «Loi», reflétée dans le Deutéronome* (-622 - -621). Vaincu et tué à Megiddo* par le pharaon Néchao. Récit biblique : II Rois, XXII - XXIII.

**JOSŎN** → **Chosŏn**

Lionel **Jospin** en 1997.
*Phot. © D. Nivière/Sipa Press*

**JOSPIN (Lionel)** ♦ Homme politique français (Meudon 1937). Premier secrétaire du Parti socialiste de 1981 à 1987 et de 1995 à 1997, il fut ministre de l'Éducation nationale de 1988 à 1992. Candidat à l'élection présidentielle de 1995, il obtint 47,36 % des voix contre 52,64 % à Jacques Chirac. Lors de la victoire de la gauche aux législatives anticipées de juin 1997, il devint Premier ministre tandis que débutait une période de cohabitation avec le président Chirac. À la tête d'un gouvernement de coalition comprenant notamment des communistes et un écologiste, L. Jospin accomplit plusieurs réformes sociales (réduction de la semaine de travail à 35 h, PACS) tout en poursuivant la modernisation de l'économie (privatisations) afin de l'adapter à la mondialisation. Battu au 1er tour de la présidentielle de 2002, il s'est officiellement retiré de la vie politique. → **France.** ⇁ ÉTYM. *Jospin* est l'hypocoristique du prénom *Josse.*

**JOSQUIN DES PRÉS** – en lat. ***Josquinus Pratensis*** ♦ Compositeur franco-flamand (Beaurevoir, Picardie v. 1440 - Condé-sur-l'Escaut 1521). Chantre de la chapelle de la cour à Milan (1459), puis de la chapelle pontificale à Rome (1486), il séjourna en France, à la cour de Louis XII (1501), et se mit ensuite au service du duc Hercule Ier de Ferrare (1503). Il mourut prieur de l'église Notre-Dame à Condé. Désigné de son vivant sous le nom de «Prince de la musique», il a exercé une influence considérable sur l'évolution de l'art religieux, ses messes servant de modèle à tous les compositeurs durant près d'un siècle. D'abord tournée vers la tradition médiévale, son écriture révèle de grandes audaces dans les répétitions d'un même thème, la ligne de la mélodie, et une remarquable habileté dans l'harmonisation de la musique instrumentale et le traitement des voix, chacune d'elles conservant sa ligne mélodique. Son œuvre, considérable (32 messes, 70 motets, 80 chansons), comporte quelques-uns des chefs-d'œuvre de l'art sacré (messe *Hercules dux Ferrariae*, première messe *L'Homme armé*, messe *Pange lingua*, *Miserere*). S'il doit à l'Italie son goût pour le lyrisme mélodique, la recherche de l'émotion et la clarté de l'écriture, il est avant tout un maître du contrepoint selon l'école flamande, et l'un des plus grands polyphonistes français.

**JOSSELIN** [56120] ⇁ ÉTYM. anc. *Goscelinus castellum*, de *Josselin*, fils de Guéthenoc, qui bâtit le château au XIe s. ♦ Ch.-l. de cant. du Morbihan, arr. de Pontivy, sur l'Oust. 2 419 hab. *(Josselinais)*. Église Notre-Dame-du-Roncier (XIIe - XVIe s.), anc. chapelle du château (tombeau d'O. de Clisson* et de Marguerite de Rohan). Le château, construit au XIe s., détruit au XIIe s., a été reconstruit au XIVe s. par O. de Clisson puis de 1490 à 1505 par Jean II de Rohan (façade flamboyante ; musée de poupées dans les anc. écuries). Maisons anc. et chapelle Sainte-Croix (nef du XIe s.) dans le quartier Sainte-Croix. ▪ Salaisons. Cosmétique. Cartonnerie.

**JOSUÉ** ⇁ ÉTYM. en hébr. *Yehôshua'* «Yâh(wèh), sauve !» ♦ Personnage biblique, fils de Noun. Compagnon et homme de confiance de Moïse*, qui en fait son successeur pour entrer en Canaan* car il n'a pas douté de Dieu. ♦ ***Le «Livre de Josué»*** Livre de la Bible, le premier des Prophètes*, traditionnellement attribué à son héros. 24 chapitres racontent la conquête rapide de Canaan, grâce aux miracles accomplis avec l'aide de Dieu (chute de Jéricho*, arrêt du soleil lors de la bataille de Gabaon*), puis le partage du territoire entre les tribus. Pour les exégètes, la partie la plus ancienne du texte, sans valeur historique, pourrait dater de Josias* : Josué, homme du nord (de la tribu d'Éphraïm), aurait servi à légitimer les prétentions du royaume de Juda* sur Israël* face à l'Assyrie.

**JOTUNHEIM** n. m. ♦ Massif montagneux du S.-O. de la Norvège, au-dessus du Sognefjord, culminant au Galdhøpiggen (2 470 m, point le plus élevé de Scandinavie).

**JOUARRE** [77640] ⇁ ÉTYM. anc. *Jotrum, Jodrum* (altér. de *Diodurum*) «Place des dieux», du gaul. *divos* «divin» et *duron* «place, marché» ♦ Comm. de Seine-et-Marne, arr. de Meaux, dominant le Petit Morin. 3 415 hab. *(Jotranciens)*. Anc. abbaye bénédictine fondée au VIIe s., dont il subsiste les cryptes Saint-Paul et Saint-Ébrégésile, autrefois chapelles souterraines (sarcophages sculptés et chapiteaux des VIIe et VIIIe s.). Église paroissiale des XVe - XVIe s. ; vitraux en partie du XVIe s. (châsses des XIIe et XIIIe s.).

**JOUARS-PONTCHARTRAIN** [78760] ⇁ ÉTYM. *Jouarre* (→ Jouarre) et *Pontchartrain* «pont de Chartres» ♦ Comm. des Yvelines, arr. de Rambouillet. 4 569 hab.

**JOUBERT (Joseph)** ♦ Moraliste français (Montignac, Limousin 1754 - Villeneuve-sur-Yonne 1824). Ami de Fontanes et lié avec Chateaubriand, c'était un fin causeur dont les jugements, sur l'homme et sur la littérature, furent réunis sous le titre de *Pensées, essais, maximes* (posth. 1838). Ses *Carnets* (1842 - 1936) et sa *Correspondance* (1849) sont également remarquables par la clarté de la réflexion et du style. ⇁ ÉTYM. Ce nom de famille vient de *Jaubert*, du germanique *Gautberht*, nom de personne, de *gaut-* «goth» et *berht* «illustre».

**JOUBERT (Barthélemy Catherine)** ♦ Général français (Pont-de-Vaux, Bresse 1769 - Novi 1799). Volontaire de l'Ain (1791), général de brigade (1795), puis de division (1796), il participa brillamment avec Bonaparte à la campagne d'Italie. Général en chef des armées de Hollande, de Mayence puis d'Italie (oct. 1798), il occupa le Piémont, mais démissionna peu après, en raison de son opposition à l'activité des commissaires civils du Directoire. Ayant repris son commandement (été 1799), il fut tué au début de la bataille de Novi (15 août 1799) où ses troupes furent battues par l'armée russe, sous le commandement de Souvorov. Sieyès*, qui avait pensé l'utiliser pour fomenter un coup d'État contre le Directoire, devait choisir Bonaparte à sa place.

**JOUBERT (Petrus Jacobus)** ♦ Général boer d'Afrique du Sud (colonie du Cap 1831 - Pretoria 1900). Sa famille, d'origine provençale, avait émigré en Afrique du Sud après la révocation de l'édit de Nantes. Quand les Britanniques eurent annexé le Transvaal, il fit partie du triumvirat qui organisa la résistance, avec Kruger* et Marthinus Pretorius*. Commandant en chef des Boers, il battit les Britanniques à Majuba Hills (fév. 1881). En 1899, il commanda les forces réunies de l'Orange et du Transvaal.

**JOUÉ-LÈS-TOURS** [37300] ⇁ ÉTYM. anc. *Gaudiacus*, du lat. *Gaudius*, n. de pers. gallo-rom. [du lat. *gaudium* «joie»], et suff. *-acum* ♦ Ch.-l. de cant. de l'Indre-et-Loire, arr. et banlieue S.-O. de Tours. 36 517 hab. *(Jocondiens)*.

Les **Joueurs de cartes** ♦ Tableau de Cézanne*. (Huile sur toile, vers 1890 - 1895.) Ce tableau fait partie d'une série inspirée des *Joueurs de cartes* de Le* Nain. Cézanne a pris pour modèles des paysans, patients et calmes, qualités nécessaires à la lente élaboration de ses œuvres. Il transcende la trivialité du sujet, sans faire jouer l'aspect décoratif des cartes, à peine visibles, dans cette composition rigoureuse, dont les lignes de force sont les bras des deux joueurs, et qui atteint à une solennité classique, intemporelle. Cézanne ne représente pas ces paysans dans une optique sociale, mais en tant que matériau pictural.

**JOUFFROY (Théodore)** ♦ Philosophe français (Les Pontets, Doubs 1796 - Paris 1842). Il fit connaître en France la philosophie écossaise par ses traductions de Stewart et de Reid. Représentant de l'éclectisme, il aborda des questions aussi diverses que le *Problème de la destinée humaine* (1830) ou le statut scientifique de la psychologie (*Légitimité de la distinction de la psychologie et de la physiologie*, 1838). On lui doit également un *Cours de droit naturel* (1834 - 1835) et un *Cours d'esthétique* (1843). ⇁ ÉTYM. *Jouffroy* est une variante de *Geoffroy* (→ Geoffroi*).

**JOUFFROY D'ABBANS (Claude François,** marquis **DE)** ♦ Ingénieur français (Roches-sur-Rognon, Champagne 1751 - Paris 1832). Réalisateur du premier bateau à vapeur ayant effectivement navigué (1776). En 1780, après avoir perfectionné son bateau de 46 m de long, il fit une spectaculaire démonstration publique, remontant la Saône ; souhaitant fonder une compagnie pour exploiter son invention, il aurait dû renouveler son expérience sur la Seine, mais ne put y parvenir faute de moyens financiers ; découragé, il se retira aux Invalides où il mourut du choléra.

**JOUGNE** [25370] ⇁ ÉTYM. probablt du lat. *Jovinius*, n. de pers. ♦ Comm. du Doubs, arr. de Pontarlier, au-dessus de la Jougnena, près de la frontière suisse. 1 198 hab. *(Jougnards)*. Chapelle du début du XIIe s. ▪ Station d'été et de sports d'hiver à 1 010 m d'altitude. → **Métabief.**

**JOUGUET (Émile)** ♦ Mathématicien français (Bessèges, Gard 1871 - Montpellier 1943). Spécialiste de mécanique des fluides, il étudia particulièrement les applications de la thermodynamique à ce domaine et établit une théorie hydrodynamique de la détonation. [Acad. sc. 1930]

**JOUHANDEAU (Marcel)** ♦ Écrivain français (Guéret 1888 - Rueil-Malmaison 1979). Après s'être cru destiné à la prêtrise, il passa sa licence de lettres et vint professer à Paris. Bien qu'il ait détruit, en 1914, ses premiers essais littéraires, Jouhandeau a produit une œuvre abondante, qui s'organise autour de trois grands thèmes : les autres, soi-même, Dieu. Analyse impitoyable de la condition conjugale, les *Chroniques maritales* (1935 ; complétées en 1938) sont le constat, souvent cynique, toujours lucide, des difficiles rapports de l'auteur et de sa femme Élise (la danseuse Caryathis, épousée en 1929). Second portrait de femme, objectif mais tendre, *L'École des filles* (1961) est consacrée à Céline, la fillette adoptée. D'autres personnages, qui peuplèrent l'enfance et l'adolescence de Jouhandeau, sont évoqués dans une suite de chroniques, transposition de la vie provinciale à Guéret : commencés avec *La Jeunesse de Théophile* (1921), «histoire ironique et mystique», poursuivis avec *Les Pincengrain* (1924), *Monsieur Godeau intime* (1926), *Prudence Hautechaume* (1927) et *Monsieur Godeau marié* (1933), ces récits se sont complétés de *Chaminadour I, II, III* (1934, 1936, 1941) et du *Mémorial* (1948 - 1972). Série de portraits réalistes et d'anecdotes cruelles contées en un style nerveux, généralement abstrait, cet «arbre de visages» illustre une croyance mystique. Pour Jouhandeau, Chaminadour, ville imaginaire, est le lieu «où passe l'échelle de Jacob, en Enfer implantée et s'élevant [...] jusqu'à l'Éternel». Dès lors, ces notations sagaces de la réalité quotidienne, reprises dans *Réflexion sur la vieillesse et la mort* (1956) et dans les vingt-huit *Journaliers* (1961 - 1982), servent à démêler le bien du mal. S'appuyant sur cette dialectique particulière (le vice [pour lui, l'amour des garçons] confirmant notre essence surnaturelle), Jouhandeau poursuit son dialogue tourmenté avec Dieu dans des essais moraux qui le montrent hanté par l'Éternité au fond même du péché («Dieu est présent dans l'Enfer avec moi») : l'*Algèbre des*

Les **Joueurs de cartes.** Tableau de Cézanne (47,5 x 57 cm), 1890. Musée d'Orsay, Paris.
*BIS/Phot. © Archives Larbor*

*valeurs morales* (1935), *De l'abjection* (1939), *L'Éloge de la volupté* (1951), les *Carnets de l'écrivain* (1957), qui manifestent une hardiesse exempte de préjugé, complètent une œuvre taxée parfois de complaisance narcissique, mais riche d'analyses profondes de la nature humaine. ➝ ÉTYM. *Jouhandeau* est un diminutif de *Jouve*, forme régionale de *Jean*.

**JOUHAUX (Léon)** ♦ Syndicaliste français (Paris 1879 - *id.* 1954). Ouvrier allumettier, il adhéra à la CGT* dont il fut secrétaire général de 1909 à 1947. Collaborateur du journal *La Bataille syndicaliste*, il se rallia à l'Union sacrée au début de la Première Guerre mondiale et prit position contre la révolution bolchevique. Lors de la scission de la CGT (1921 ; formation de la CGTU de tendance communiste), il en conserva la direction et poursuivit son activité syndicale après la réunification des deux mouvements (congrès de Toulouse, 1936). Mis en résidence surveillée par le gouvernement de Vichy, livré aux Allemands et déporté en 1943, Jouhaux partagea, après la guerre, les fonctions de secrétaire général de la CGT avec Benoît Frachon* et fut vice-président de la Fédération syndicale mondiale (1945 - 1948) et président du Conseil économique. En 1948, il se sépara de la CGT et fut un des fondateurs de la CGT*-FO dont il prit la présidence. [Prix Nobel de la paix 1951] ➝ ÉTYM. *Jouhaux* vient du nom de personne germanique *Gautwald*, de *gaut-* «goth» et *waldan* «gouverner».

**JOUKOV (Gueorgui Konstantinovitch)** ♦ Maréchal soviétique (prov. de Kalouga 1896 - Moscou 1974). Il fut d'abord ouvrier d'usine, puis sous-officier dans l'armée impériale. Il devint membre du Parti bolchevik en 1919 et prit part à la guerre civile. Diplômé de l'académie militaire Frounze (1931), conseiller du gouvernement républicain en Espagne (1937 - 1938), puis commandant en URSS de détachements blindés, il participa aux opérations contre les Japonais dans la région de l'Amour (1938 - 1939) et à la guerre russo-finlandaise (1939 - 1940). En fév. 1941, il devint chef d'état-major de l'Armée rouge, vice-commissaire à la Défense et membre suppléant du bureau politique. Pendant la Deuxième Guerre mondiale, il dirigea la défense de Moscou (oct. 1941), puis la contre-offensive à Stalingrad (fin 1942). En janv. 1943, il obligea les Allemands à abandonner le siège de Leningrad. Promu maréchal (1943), il assuma le commandement de la Ire armée ukrainienne (mars 1944), lança une grande offensive vers les Carpates et franchit la frontière tchécoslovaque le 8 avr. Dirigeant ensuite la Ire armée biélorusse, il arriva dans les faubourgs de Varsovie* le 1er août 1944. Les patriotes polonais se soulevèrent alors, mais Joukov, sur l'ordre de Staline, n'entra dans la ville que le 17 janv. 1945, ce qui laissa aux Allemands le temps d'écraser l'insurrection. Ayant occupé Berlin (2 mai 1945), Joukov signa au nom de l'URSS l'acte de capitulation des forces allemandes. Commandant de la zone soviétique d'occupation en Allemagne (1945 - 1946), puis de la région militaire d'Odessa (1947), il devint après la mort de Staline ministre adjoint (1953), puis ministre de la Défense (1955). En 1957, il fut remplacé par Malinovski* et exclu du praesidium ainsi que du comité central du Parti communiste. ➝ ÉTYM. Ce nom vient du russe *juk* «scarabée».

**JOUKOVSKI (Vassili Andreïevitch)** ♦ Poète russe (distr. de Michenskoïe 1783 - Baden-Baden 1852). Il fut chargé de l'éducation du futur Alexandre II à qui il apprit le respect de la loi. Précurseur et ami de Pouchkine*, il travailla surtout à des adaptations et traductions de romantiques allemands et anglais (*La Pucelle d'Orléans*, trad. de Schiller). Sa traduction la plus importante reste celle de *L'Odyssée* (1847) d'Homère* d'après une traduction juxtalinéaire allemande.

**JOUKOVSKI (Nikolaï Iegorovitch)** ♦ Aérodynamicien russe (Orekhovo 1847 - Moscou 1921). Auteur de travaux fondamentaux d'aérodynamique et d'hydrodynamique, il réalisa le premier tunnel aérodynamique (1902). Il établit une théorie qui permet d'obtenir une assez bonne approximation de la portance des profils d'aile.

**JOULE (James Prescott)** ♦ Physicien britannique (Salford 1818 - Sale 1889). Après avoir énoncé, en 1841, les lois sur le dégagement de chaleur produit par le passage d'un courant électrique dans un conducteur *(effet Joule)*, il réalisa des expériences célèbres (1843 - 1850) dans lesquelles on transforme le travail en chaleur en utilisant le frottement de l'eau sur elle-même : il put ainsi mettre en évidence la proportionnalité entre le dégagement de chaleur et le travail fourni et détermina l'équivalent mécanique de la calorie. → **Mayer.** Auteur de recherches sur les détentes des gaz, il découvrit la *loi de Joule* (1845) selon laquelle l'énergie interne d'un gaz parfait ne dépend que de sa température et l'*effet Joule-Thomson** (1852). Il calcula également la vitesse moyenne des molécules gazeuses. Son nom fut donné à l'unité d'énergie (ou de travail) dans le système international. ➝ ÉTYM. *Joule* est la variante anglaise de *Joël.*

**JOUMBLATT** ou **JOUMBLAT (Kamal)** ♦ Homme politique druze libanais (Moukhtara, dans le Chouf 1917 - près de Baaklin, dans le Chouf 1977). Fondateur en 1949 du Parti socialiste progressiste (PSP), il participa en 1952 à la chute du président Bichara al-Khoury, puis, en 1958, à celle de son successeur Camille Chamoun. Il s'allia plus tard à Fouad Chehab avant de se retourner contre lui. Après la défaite arabe de 1967, il prit fait et cause pour la résistance palestinienne et se rangea aux côtés de l'OLP contre l'armée libanaise en 1973. Lorsque éclata la guerre civile en 1975, il présidait le Mouvement nationaliste libanais, coalition de partis de gauche, allié à l'OLP. Fermement hostile à la présence syrienne, Kamal Joumblatt fut assassiné sur ordre de Damas le 16 mars 1977. ♦ **Walid Joumblatt** (Beyrouth 1949). Fils du précédent. Il succéda à son père à la tête du PSP en 1977 et, en 1980, fut élu président du Mouvement national. En tant qu'allié de la Syrie dans l'objectif de préserver «le pays druze», au cours des combats de 1983 et 1985 qui opposèrent les druzes aux phalangistes dans la montagne du Chouf, il contraignit à l'exode des dizaines de milliers de chrétiens. Il fut ministre chargé des personnes déplacées de 1993 à 1999. En

2004, il opéra un revirement et se rallia à l'opposition contre la Syrie qui se retira du Liban en 2005. Il fut membre du gouvernement de juillet 2008 à août 2009 date de son retrait de la coalition pro-occidentale. → **Liban.**

**JOUQUES** [13490] ➝ ÉTYM. de l'occit. *jouquié* «juchoir» ♦ Comm. des Bouches-du-Rhône, arr. d'Aix-en-Provence. 3 321 hab. À proximité, centrale hydroélectrique, sur une dérivation de la Durance.

**JOURDAIN (Frantz)** ♦ Architecte, écrivain et critique français d'origine belge (Anvers 1847 - Paris 1935). Il écrivit de nombreux textes défendant l'Art nouveau et notamment le principe de la synthèse des arts. En 1903, il fonda avec Ivanhoé Rambosson le Salon d'automne. Dans les magasins de la Samaritaine (1905), il utilisa le verre, la céramique vernissée, une ossature métallique légère et un décor floral exubérant dont le style parut tellement caractéristique qu'il fut appelé «style Samar». ♦ **Francis Jourdain** (Paris 1876 - *id.* 1958). Fils du précédent. Après avoir décoré dans le style Art nouveau le théâtre de Loïe Fuller (1900), il réagit contre cette esthétique en créant des modèles plus dépouillés et fonctionnels. Il a publié des souvenirs et diverses monographies *(Utrillo, Bonnard).*

**JOURDAIN** n. m. ➝ ÉTYM. de l'hébr. *yardén,* de *yârad* «descendre» [probablt allus. à la pente du fleuve] ♦ Fl. du Proche-Orient qui prend sa source dans l'Hermon (Liban-Syrie), traverse le lac Houlé, gagne le lac de Tibériade en longeant la Syrie, puis coule dans son cours supérieur sur plus de 300 km entre la Jordanie et Israël, du lac de Tibériade à la mer Morte, en empruntant la dépression de Ghor. C'est le seul fleuve important de la région et sa vallée est la plus profonde du monde. L'utilisation des eaux du Jourdain et de ses affluents (principalement le Yarmuk) fait l'objet de contentieux entre la Jordanie, la Syrie et Israël. Un plan d'utilisation des eaux du fleuve (plan Johnson, 1955) n'a pu être mis en place et la guerre des Six Jours (1967) a mis fin aux projets des pays arabes de détourner ses eaux supérieures. Les travaux d'aménagement réalisés par Israël et contestés par ses voisins permettent l'irrigation de la Galilée, du Ghor occidental et du désert du Néguev. Le barrage de Tibériade alimente la centrale électrique édifiée au confluent du Yarmuk et du Jourdain, et régularise le cours du fleuve. Végétation tropicale dans la vallée, entre les pentes forestières des hauteurs palestiniennes et celles du djebel Ajlun jordanien. Les terres qu'arrosent les cours moyen et supérieur du fleuve produisent des céréales (orge), des légumes et des fruits (raisins, figues, bananes). –Le Jourdain et ses affluents restent un obstacle majeur à la conclusion d'une paix syro-israélienne. ▮ **Histoire** Dans la Bible, le Jourdain est le fleuve par excellence. Les Hébreux le traversent à pied sec pour entrer en Canaan (Josué, III). C'est dans ses eaux que Jean-Baptiste immerge et que Jésus reçoit le baptême (Marc, I et parallèles).

**JOURDAN (Matthieu Jouve),** dit **Jourdan Coupe-Tête** ♦ Révolutionnaire français (Saint-Just, près du Puy 1749 - Paris 1794). Après avoir participé aux premières journées révolutionnaires à Paris (1789), il entra dans la garde nationale à Avignon et se signala dans la région du Vaucluse par les excès qu'il commit à l'époque de la Terreur (massacre de la Glacière à Avignon, 16 et 17 oct. 1791). Il fut traduit devant le Tribunal révolutionnaire et guillotiné.

**JOURDAN (Jean-Baptiste,** comte) ♦ Maréchal de France (Limoges 1762 - Paris 1833). Il fit la guerre d'Indépendance américaine à 16 ans. Partisan de la Révolution, lieutenant-colonel des volontaires en oct. 1791, général en 1793, il se distingua à Hondschoote* (sept. 1793) et, à la tête des armées du Nord, fut vainqueur à Wattignies* (16 oct. 1793) avec L. Carnot ; destitué en janv. 1794 pour avoir refusé de faire la campagne d'hiver, il fut rappelé en mars 1794 et remporta la bataille de Fleurus* (26 juin 1794) qui ouvrit la Belgique aux Français. Vaincu à plusieurs reprises en 1795 et 1796, il fut remplacé par Hoche*. Membre du Conseil des Cinq*-Cents (1797), il est l'auteur de la loi Jourdan sur la conscription (1798). Hostile au 18 Brumaire*, il fut laissé par Napoléon sans commandement important, ambassadeur dans la République cisalpine*. Fait maréchal (1804), il fut gouverneur de Naples et conseiller militaire auprès de Joseph Bonaparte (1806). Wellington le battit à Vittoria (21 juin 1813). Il se rallia aux Bourbons et Louis XVIII le fit comte (1816) et pair de France (1819). Il fut gouverneur des Invalides à partir de 1830. Il a laissé des *Mémoires militaires de la guerre d'Espagne.* ➝ ÉTYM. *Jourdan* vient de *Jourdain**.

**JOURDE (François)** ♦ Révolutionnaire français (Chassagne, Puy-de-Dôme 1843 - Nice 1893). Comptable dans une banque, il fut membre du Comité central de la garde nationale et délégué de la Commune de Paris aux Finances (1871). Déporté en Nouvelle-Calédonie (1872), il s'en évada avec Rochefort* en 1874.

**Jour de fête** ♦ Film français de et avec Jacques Tati* (1949). Dans un petit village de l'Indre, qui se prépare pour sa fête annuelle, un facteur farfelu provoque par son zèle intempestif une joyeuse perturbation. Ce premier long métrage de J. Tati contrastait, sous le signe d'un aimable amateurisme, avec les clichés du vaudeville filmé. L'intrusion du burlesque visuel dans le documentaire rural provoqua un effet de choc, permettant à l'auteur d'édifier sur ces bases fragiles un univers comique très personnel. Le film fut tourné en couleurs selon un procédé nouveau, le Thomson Color, qui se révéla commercialement inexploitable.

Le **Journal des débats** ♦ Quotidien français qui fut fondé en 1789, où furent publiés les débats de l'Assemblée nationale constituante. Acquis par les frères Bertin* après le 18 Brumaire, il devint le *Journal de l'Empire* sous Napoléon I^er^. Organe des libéraux sous la Restauration, il exprima la tendance orléaniste sous la monarchie de Juillet, puis fut à nouveau un des journaux de l'opposition libérale sous le Second Empire. Tribune des républicains conservateurs sous la III^e^ République, il fut peu à peu supplanté par *Le Temps* et cessa de paraître en 1944.

**Journal d'un curé de campagne** ♦ Roman de G. Bernanos* (1936). Suite de confidences reflétant la vie et les pensées d'un jeune prêtre, le *Journal* évoque la situation d'un être à la pureté émouvante, dans sa lutte spirituelle pour amener au salut les consciences troublées ou orgueilleuses qui l'entourent. Lui-même en proie à une véritable agonie physique, aux doutes et aux angoisses, humilié et rayonnant de sainteté, le curé d'Ambricourt apparaît comme une figure exemplaire dans l'œuvre de Bernanos. Robert Bresson adapta le roman au cinéma (1951).

**Journal. Mémoire de la vie littéraire** ♦ Journal tenu depuis 1851 par les deux frères Goncourt*, publié en partie (neuf volumes) par Edmond entre 1887 et 1896 (éd. complète, 1956 - 1958). Recueil de leurs souvenirs personnels et relation de tout ce qu'ils virent et entendirent, le *Journal* des Goncourt est une source précieuse de renseignements sur la vie littéraire et artistique française à la fin du XIX^e^ s. Ces notes courtes, incisives, où s'expriment le pessimisme et la sensibilité presque maladive des deux frères, furent aussi, pour eux, un réservoir de «documents humains», utile à la préparation de leurs ouvrages.

**Journal officiel de la République française** [JO] ♦ Organe officiel de la République française, qui comporte l'édition des lois et décrets, des débats parlementaires, des documents de l'Assemblée nationale et du Sénat, du Conseil économique et social, des documents administratifs. Succédant en 1848 au *Moniteur universel,* il prit le titre de *Journal officiel de l'Empire* à partir du 2 déc. 1852, redevint *Journal officiel de la République* en sept. 1870, puis *Journal officiel de l'État français* sous le gouvernement de Vichy (1940 - 1944).

**JOUVE (Pierre Jean)** ♦ Poète et romancier français (Arras 1887 - Paris 1976). Inspirée par les aspects tragiques de la condition humaine, fortement influencée par la psychanalyse et par la pensée des mystiques chrétiens, son œuvre développe, sur le mode d'une vision souvent apocalyptique, une thématique qu'éclaire le texte *Inconscient, spiritualité et catastrophe* (1933) : à une sexualité coupable liée au péché (symboles insistants : le crachat, la sueur, le sang, le sperme) répondent l'angoisse mystique et la postulation vers Dieu (le Cerf, le Cygne), mouvement ascendant toujours menacé par la force de destruction, par l'instinct de mort. Aux poèmes de *Sueur de sang* (1933 - 1935), *Gloire* (1942), *La Vierge de Paris* (1944 - 1946), *Ode* (1950), dont la forme torturée, essentiellement tragique, évoque l'étouffement dans les ténèbres, ont succédé des recueils (*Diadème,* 1949 ; *Langue,* 1952 ; *Mélodrame,* 1957 ; *Moires,* 1962 ; *Ténèbre,* 1965) dont les images, marquées par l'esprit du Tao, traduisent l'élan du poète vers une lumière, qui se dérobe pourtant encore : «La vie [...] demeure, quoi qu'on fasse, absolument cruelle, absolument énigmatique.» Conduits avec une «orageuse précipitation» (J. Starobinski), les romans de P. J. Jouve présentent des «natures privilégiées» chez lesquelles «le plus bas [...] rejoint instantanément le plus haut», la catastrophe passionnelle précédant le «mouvement spirituel» (même s'il est précaire, comme dans *Paulina 1880,* 1925, ou dans *Le Monde désert,* 1927). Œuvre double, *Aventure de Catherine Crachat* éclaire ce qui est narré dans *Hécate* (1928) par *Vagadu* (1931), «tragédie du cœur de Catherine», clarification progressive par l'expérience psychanalytique d'une sexualité coupable. Présentée également comme un diptyque, *La Scène capitale* (1935) groupe deux récits distincts mais qui offrent le même thème, l'union de l'Éros et de la mort. P. J. Jouve a également publié plusieurs essais inspirés par la musique (*Le Don Juan de Mozart,* 1942 ; *Wozzeck ou le Nouvel Opéra,* 1953, écrit en collaboration avec Michel Fano) et l'art (*Tombeau de Baudelaire,* 1942 ; *Défense et Illustration,* 1943). ➝ ÉTYM. *Jouve* vient de l'occitan *jove* «jeune».

**JOUVENEL** → **Juvénal**

**JOUVENET (Jean-Baptiste)** ♦ Peintre, décorateur et dessinateur français (Rouen 1644 - Paris 1717). Issu d'une famille de peintres, il fut l'élève de son père Laurent Jouvenet, puis se rendit à Paris vers 1661. Il exécuta quelques travaux décoratifs pour Le* Brun, travaillant notamment pour Versailles à partir de 1671 (salon de Mars) et devint membre de l'Académie en 1675. Il réalisa plusieurs décorations peintes pour des hôtels parisiens (disparues) vers 1673 - 1674, participa ensuite à la décoration du Grand Trianon, 1694 - 1695, du parlement de Rennes, 1694 - 1695, de la chapelle des Invalides, 1704 - 1705, et de celle de Versailles (1709) mais s'affirma surtout comme un peintre religieux (*La Descente de croix,* 1697, quatre tableaux destinés à Saint-Martin-des-Champs) ; agençant avec ampleur ses compositions, il eut parfois le goût des effets théâtraux, des éclairages contrastés, des volumes modelés avec

Pierre Jean **Jouve.** Portrait par Henri Le Fauconnier (81 x 100,5 cm), 1909. MNAMGP, Paris.
*BIS/Phot. Luc Joubert © Archives Larbor*

vigueur, des gestes emphatiques. Ses œuvres attestent la connaissance de Rubens* tout en révélant une certaine influence de Poussin* dans le choix de sa gamme chromatique, une tendance à clarifier la composition et à retenir l'expression *(Messe du chanoine Delaporte).*

**JOUVET (Louis)** ♦ Homme de théâtre français (Crozon 1887 - Paris 1951). Ses véritables débuts eurent lieu dans la troupe du Vieux-Colombier, constituée par Jacques Copeau* (1913). Il devint directeur de la Comédie des Champs-Élysées en 1924. Son premier grand succès fut *Knock* (1923), de Jules Romains*, dont il devait créer un peu plus tard *Donogoo* (1930). Des difficultés similaires et un commun refus de la commercialisation du théâtre inspirèrent à Louis Jouvet et à son ami Charles Dullin* de constituer avec Georges Pitoëff* et Gaston Baty* le «Cartel des quatre» (1926). La création du *Siegfried* de Jean Giraudoux* (1928) fut l'événement majeur de la carrière théâtrale de Louis Jouvet. Elle préludait à onze années d'une collaboration féconde, Jouvet assurant, d'*Amphitryon 38* (1929) à *Ondine* (1939), la mise en scène de quelques-uns des grands textes dramatiques de l'époque. Installé à l'Athénée (1934), il devait y connaître l'un de ses plus grands succès avec *L'École des femmes,* de Molière (1936). Marqué par la création d'un ouvrage posthume de Giraudoux, *La Folle de Chaillot* (1945), son retour en France après la guerre devait être suivi de deux audacieuses mises en scène de Molière : *Dom Juan* (1947) et *Tartuffe* (1950). Professeur au Conservatoire, conférencier, essayiste, Louis Jouvet fit aussi une belle carrière au cinéma : *Topaze* (1933) ; *Les Bas-Fonds* (1937) ; *Drôle de drame* (1937) ; *Hôtel du Nord* (1938) ; *Entrée des artistes* (1938) ; *Volpone* (1939) ; *Quai des Orfèvres* (1947). ➝ ÉTYM. Ce nom de famille vient de l'occitan *jove* «jeune».

**JOUVET (Michel)** ♦ Neurophysiologiste français (Lons-le-Saunier 1925). Ses travaux concernent la neurophysiologie et la régulation du sommeil, ainsi que la fonction de l'activité onirique. [Acad. sc. 1977]

**JOUX** (fort de) ♦ Anc. château bâti au Xe s. par les seigneurs de Joux, situé à 940 m au-dessus de la rive d. du Doubs. Il commande la cluse où les routes de Neuchâtel et de Lausanne se rencontrent. Il fut sans cesse adapté aux nouvelles exigences militaires ; transformé par Vauban en 1690, il servit de prison d'État. → **Toussaint-Louverture.**

**JOUX** (vallée de) ➝ ÉTYM. → Jura ♦ Partie suisse de la haute vallée de l'Orbe (Vaud), longue de 24 km, orientée du S.-O. au N.-E. depuis les Rousses jusqu'au Pont, bordée à l'O. par la chaîne du mont Risoux et à l'E. par celle du mont Tendre. Elle a son point le plus bas aux *lacs de Joux* et *de Brenet* (1 008 m d'alt.). ▪ Grande vallée industrielle : horlogerie, lapidairerie, fromagerie.

**JOUY-EN-JOSAS** [78350] ➝ ÉTYM. *Jouy* «domaine de Gaudius (n. de pers.)», du lat. *gaudius* «joie», et *Josas* du lat. *Gaudiacensis* «pays de Jouy (n. de pers.)» également de *gaudius* «joie» ♦ Comm. des Yvelines, arr. de Versailles, sur la Bièvre. 7 946 hab. *(Jovaciens).* Oberkampf* y créa en 1759 la manufacture d'indiennes (toiles imprimées) connues sous le nom de *toiles de Jouy.* Musée Oberkampf. Église des XIIIe et XVIe s. (Vierge en bois polychrome du XIIe s., la *Diège*). Musée Léon-Blum installé dans la propriété où il vécut jusqu'à sa mort. Tombeau de A. Calmette. ▪ École des hautes études commerciales (HEC). Institut national de la recherche agronomique (INRA). Centre national de recherches zootechniques.

**JOUY-LE-MOUTIER** [95000] ➝ ÉTYM. *Jouy* «domaine de Gaudius (n. de pers.)», du lat. *gaudius* «joie», et *Moutier,* du lat. *monasterium* «monastère» ♦ Ch.-l. de cant. du Val-d'Oise, arr. de Pontoise. 17 804 hab. Église (clocher roman du XIIe s.). ▪ Élément de la ville nouvelle de Cergy*-Pontoise.

**JOVE (Paolo Giovio,** en fr. **Paul)** ♦ Historien et humaniste italien (Côme 1483 - Florence 1552). Il étudia la médecine, puis se consacra à l'histoire. Devenu ecclésiastique, il fut protégé par les papes Léon X, Adrien VI et Clément VII, qui le nomma évêque de Nocera. Il publia plusieurs ouvrages historiques dont les plus importants sont *Historiarum sui temporis ab anno 1494 ad annum 1547 libri XLV* (relatant les principaux événements de l'Italie, de 1494 à 1547), ainsi que les *Elogia doctorum vivorum* (biographies d'hommes illustres contemporains).

**JOVELLANOS (Gaspar Melchor DE)** ♦ Essayiste, poète et auteur dramatique espagnol (Gijón 1744 - Puerto de Vega 1811). Sous l'influence des Encyclopédistes et des idéologues français il tenta de réformer la société espagnole et tout d'abord le système d'enseignement pour lequel il préconisa l'introduction des langues vivantes, des sciences et de la linguistique. Son *Rapport sur la loi agraire* (1795) fut un point de départ des réformes agraires du XIXe s. ; il s'attaqua aux privilèges et son libéralisme lui valut la réputation de révolutionnaire et des exils successifs.

**JOVIEN** – en lat. ***Flavius Claudius Jovianus*** ♦ (Singidunum, Mésie 331 - Dadastana, Bithynie 364). Empereur romain (363 - 364). Chef de la garde, il fut proclamé empereur par les légions d'Illyrie à la mort de Julien* l'Apostat. Il dut abandonner aux Perses l'Arménie et les provinces de Mésopotamie acquises en 297 et rétablit la liberté et l'égalité des cultes.

**JOYCE (James)** ♦ Poète et romancier irlandais (Rathgar, près de Dublin 1882 - Zurich 1941). De vieille famille catholique, James Joyce avait six ans quand on le mit en pension chez les jésuites, dont l'éducation le marqua définitivement. Déçu par la politique nationaliste, il ne se rallia pas au parti de la République irlandaise, mais se tourna vers un cosmopolitisme dont l'écho littéraire est important dans le renouvellement linguistique qu'il allait promouvoir. Ses lectures (Ibsen, Julien l'Apostat, Giordano Bruno) lui firent très tôt perdre la foi. Sous le prétexte d'étudier la médecine en France, il s'installa à Paris (1902) où il découvrit Flaubert, lut Aristote et saint Thomas. Professeur à Dublin, il rencontra Nora Barnacle qui l'accompagna à Zurich, puis à Trieste où il composa les poèmes de *Musique de chambre* (1907), plainte amoureuse sur un mode mineur. Mais la poésie lui semblait un jeu. Il lui fera pourtant une autre concession avec *Dix sous de poèmes* (*Pomes Penyeach,* 1927) dont le titre donne déjà l'exemple des opérations linguistiques qui allaient devenir si importantes dans son œuvre. On y retrouve parfois le désenchantement de la conscience spectatrice, caractéristique de *Dedalus, portrait de l'artiste par lui-même* (*The Portrait of the Artist as a Young Man,* 1916), roman autobiographique inspiré par les souffrances d'une Irlande à laquelle l'écrivain s'identifiait. Outre son amitié pour le Triestin Italo Svevo*, Joyce s'acquit la sympathie d'Ezra Pound*, Aldington, T. S. Eliot*. L'intervention de ses élèves (il enseignait l'anglais) lui permit à la déclaration de guerre (1914) de se rendre en pays neutre (Zurich). C'est en 1914 que parut *Gens* de Dublin (Dubliners),* recueil de nouvelles réalistes «dont l'objectivité naît d'un examen attentif de l'univers intérieur» (Valery Larbaud) et que les éditeurs jugèrent subversif. À Paris, son ultime patrie d'adoption (1920), Joyce rencontra trois femmes, Adrienne Monnier, Sylvia Beach et Margaret Anderson, grâce auxquelles *Ulysse (Ulysses)* en 1922, «sa cathédrale de prose», sera édité malgré la censure anglo-saxonne. → **Ulysse.** Joyce s'attaqua alors à un livre dont il tint le titre secret jusqu'à sa parution, le désignant «œuvre en cours» *(work in progress) :* commencé en 1922, *Finnegans* Wake* ne parut qu'en 1939. Sur le thème du sommeil, cette œuvre clôt le cycle joycien, alors qu'*Ulysse* était un récit diurne, qui se terminait au seuil de la nuit. Pour appréhender cette réalité de l'au-delà de la conscience, Joyce devait mettre en œuvre des moyens linguistiques originaux. Comme Rabelais, il a utilisé les éléments de nombreuses langues et de toutes les variétés d'anglais, créant une écriture en métamorphose permanente. Joyce, par une nouvelle utilisation du langage, aspirait à «recréer le monde, en le délivrant de ce poids qu'est la vieille notion du Temps» (Roland Purnal) et une vision du monde, universelle, se dégage de ses livres, qui n'en font qu'un : «Tout un monde dans une coquille de noix.» ➝ ÉTYM. *Joyce* est une déformation de *Jodok* (ou *Judok*), du latin *Judocus,* saint breton du VIe s.

James **Joyce.** British Council, Londres.
*BIS/Phot. © Coll. Archives Larbor*

**JOYEUSE (Anne,** duc **DE)** ➝ ÉTYM. du n. de son lieu de naissance ♦ Amiral de France (Joyeuse, Vivarais 1561 - Coutras 1587). Favori d'Henri* III qui le couvrit d'honneurs, il fut chargé de combattre les calvinistes en Guyenne et fut tué à la bataille de Coutras*. ♦ **François de Joyeuse.**

Cardinal (1562 - Avignon 1615). Frère du précédent, il négocia la réconciliation d'Henri* IV et du Saint-Siège, sacra Marie* de Médicis et Louis* XIII et présida les états généraux de 1614. ♦ **Henri,** duc **de Joyeuse** (Paris 1567 - Rivoli 1608). Frère des précédents. Il se fit capucin à la mort de sa femme, Catherine de La Valette, puis revint dans le monde, commanda les armées de la Ligue* dans le Languedoc (1592), et Henri IV, auquel il avait fait tardivement sa soumission, l'en nomma gouverneur, en même temps que maréchal de France. Il retourna chez les capucins en 1599.

Les **Joyeuses Commères de Windsor** – en angl. ***The Merry Wives of Windsor*** ♦ Comédie en 5 actes de W. Shakespeare* (v. 1599). Sir John Falstaff*, personnage bouffon de *Henri IV* et de *Henri V*, drames historiques à peu près contemporains de cette joyeuse comédie, apparaît aux prises avec deux bourgeoises dont il est amoureux. Mystifié par elles, cruellement berné, mais toujours sûr de soi, il se voit également harcelé dans une forêt par la population de Windsor qui a pris le parti des deux jeunes et plaisantes dames. La pièce s'achève dans une sorte d'apothéose où se conjuguent le comique le plus échevelé et la féerie.

**JÓZSEF (Attila)** ♦ Poète hongrois (Budapest 1905 - Balatonszárszó 1937). Dès son enfance, il connut la misère. Orphelin à quatorze ans, il travailla à Budapest, s'inscrivant bientôt à l'université de Szeged, puis voyagea en France et en Autriche. Défenseur des libertés démocratiques et de l'humanisme, il fonda, avec Pál Ignotus et Ferenc Fejtö, une revue littéraire et politique, *Argument* (*Szép Szó*, 1936 - 1938). S'intéressant à Freud autant qu'à Marx, József voulut concilier les deux, ce qui lui valut de nombreuses inimitiés chez les communistes. Quoique exclu du parti en 1934, il continua à être considéré comme le poète officiel du régime. Son œuvre poétique, dense et classique (à l'exception de quelques pièces teintées de surréalisme), traduit la souffrance et le désespoir modernes : *Ce n'est pas moi qui crie*, 1924 ; *Nuit de faubourg*, 1932 ; *Danse de l'ours*, 1934 ; *Ça fait très mal*, 1936. Ombrageux, révolté, il sombra dans le déséquilibre et se suicida.

**JUAN** (golfe) ➝ **ÉTYM.** anc. rade de *Gourjan* ou *Gourjean, Gour Jouan*, p.-ê. de l'occit. *gour* «rivière» ♦ Golfe des Alpes-Maritimes situé entre Antibes et Cannes. ➝ **Golfe-Juan.**

**JUAN CARLOS Ier** ♦ (Rome 1938). Roi d'Espagne depuis 1975. Fils du comte de Barcelone Juan de Borbón y Battenberg et de María de Borbón y Orleáns, petit-fils d'Alphonse XIII. Son installation en 1961 au palais de la Zarzuela symbolisa sa position de successeur probable de Franco. Il prêta serment devant le Caudillo et les Cortes en juil. 1969, devenant ainsi «prince d'Espagne» et futur roi puis capitaine général des forces armées en 1975. Lorsque Franco mourut, il fut proclamé roi (nov. 1975) et engagea la transition vers la démocratie. En faisant échouer une tentative de coup d'État militaire en 1981 et en respectant le résultat des élections qui portèrent les socialistes au pouvoir, il est devenu le garant de la stabilité des institutions et le symbole du processus de modernisation et de démocratisation de l'Espagne qui permit de tourner la page du franquisme. ➝ **Espagne.**

**JUAN D'AUTRICHE** (don) ♦ Prince espagnol (Ratisbonne 1545 - Bouges, près de Namur 1578). Fils naturel de Charles* Quint et de Barbe Blomberg, il fut élevé en Espagne et reconnu par Philippe* II comme son demi-frère. Il avait déjà maté une révolte des Morisques à Grenade (1569 - 1570) quand il remporta la victoire de Lépante* (1571) à la tête de la flotte chrétienne. Philippe II, jaloux, l'arrêta dans ses entreprises, mais lui permit encore de prendre Tunis (1573) et le nomma gouverneur général des Pays-Bas (1576). À son arrivée, il dut faire face à l'hostilité des catholiques et des calvinistes. Forcé d'accepter l'Édit perpétuel (1577) qui proposait le retrait des troupes espagnoles si les provinces du Nord revenaient au catholicisme, il se retira au S. des Pays-Bas. Mais cette politique de pacification ayant échoué, il reprit les armes avec l'aide d'Alexandre* Farnèse, et écrasa l'armée des états généraux à Gembloux (1578). Il mourut la même année, peut-être empoisonné.

**JUAN DE FUCA** (détroit de) ♦ Détroit formé par le Pacifique entre l'île de Vancouver (Canada) et le massif du Mont-Olympus (États-Unis, Washington), et faisant communiquer le Puget* Sound avec la mer libre. Il porte le nom d'un navigateur grec au service des Espagnols, qui le découvrit en 1592.

**JUAN FERNÁNDEZ** (îles) ♦ Archipel volcanique du Chili, dans le Pacifique Sud, à 600 km au large au S. de Valparaíso. Env. 600 hab. Port de pêche (homards). ▮ **Histoire** Ces îles furent découvertes par le marin espagnol J. Fernández en 1574. C'est dans l'une d'entre elles que devait séjourner seul, durant plusieurs années, le marin anglais Alexander Selkirk*, dont Daniel De* Foe s'inspira pour écrire le livre *Robinson* Crusoé*. Une des îles a été baptisée Robinson* Crusoe et une autre Alejandro Selkirk.

**JUAN JOSÉ D'AUTRICHE** (don) ♦ Prince espagnol (Madrid 1629 - *id.* 1679). Fils naturel de Philippe* IV, il devint vice-roi des Pays-Bas

## judaïsme

n. m. ♦ Le judaïsme est à proprement parler la religion des Juifs*, mais la religion des Juifs est la religion d'Israël au sens large du terme et il n'y a pas de mot pour qualifier la religion du royaume d'Israël au sens strict du terme : la seule communauté qui en revendique l'héritage est celle des samaritains*, qui se rattache à Moïse* et dont le texte sacré est une Torah* qui est substantiellement la même que celle des Juifs. Samaritanisme et judaïsme post-exilique peuvent donc être considérés comme des variantes d'une même religion. ▮ **Histoire du judaïsme** L'histoire de cette religion est difficile à établir dans la mesure où le récit qui nous en est parvenu ne cadre pas avec ce que nous connaissons de l'histoire des hommes qui la pratiquaient : si la monarchie de David et Salomon n'est pas confirmée par les découvertes archéologiques, la réalité du Temple qu'ils ont édifié échappe à l'analyse. Le schéma biblique est celui d'une alliance renouvelée entre un Dieu unique (Yahvé*-Élohim*), créateur et soucieux de sa création, et le témoin privilégié de cette création, l'homme : alliance avec Noé* ; alliance avec Abraham* et promesse d'une terre, Canaan* ; alliance avec Moïse et l'ensemble du peuple qui descend d'Abraham : constitué en nation, pourvu d'une législation qu'il a ratifiée, ce peuple est installé dans la terre qui lui est rendue. La logique religieuse de l'Alliance veut que ce peuple soit «à part» ; la logique humaine de l'histoire veut que ce peuple soit comme tous les autres peuples : c'est ainsi que les Fils d'Israël se donnent un roi qui installe dans une ville (Jérusalem), puis dans une demeure (le Temple) la présence d'un Dieu qui accompagnait le peuple dans ses errances (l'Arche d'alliance). Grâce à Dieu, David* et Salomon* portent au plus haut la puissance d'Israël ; à cause de leurs faiblesses, le royaume se divise en deux : capitales concurrentes, lieux de culte concurrents pour un même Dieu ; à son tour, l'impiété des rois d'Israël et de Juda causera la perte de ces royaumes et un Exil où (suivant les prophètes) Dieu n'hésitera pas à suivre son peuple. ▮ **Israël et Juda** Le judaïsme d'Israël, tel que nous le représente le samaritanisme, prend acte de la défaveur divine et espère en sa fin ; le judaïsme de Juda, suivant le récit des livres de la Bible en dehors de la Torah (Prophètes*), reconnaît deux exceptions dans la série des rois de Juda : Ézéchias*, qui semble éliminer les sanctuaires concurrents du Temple et des idoles païennes et mosaïstes (le serpent d'airain) ; et Josias*, qui reprend cette politique après la découverte dans le Temple de Jérusalem, par son grand-prêtre, d'un «Livre de la Loi» (généralement identifié au Deutéronome*) dont lecture est faite devant le peuple : ce dernier renouvelle donc l'Alliance. C'est à un tel renouvellement, consécutif à une nouvelle lecture (et à une reconstruction du Temple), qu'aboutit l'action des réformateurs Esdras* et Néhémie*... deux siècles après la date supposée des rois pieux (–VIIe s.), cinq siècles après celle des rois grands (–Xe s.), huit siècles après Moïse (– XIIIe s.) et treize siècles après Abraham pour les chronologies les plus aventureuses. Esdras apparaît en pleine histoire (époque perse), aussi est-il généralement crédité de l'institution du judaïsme proprement dit. ▮ **Après le –IIIe s.** À l'époque historique beaucoup de juifs vivent hors de Palestine, la Bible est traduite en grec, des communautés s'affrontent et le Temple récemment reconstruit sera finalement détruit. ▮ **Depuis le IIe s.** Au IIe s. de notre ère, c'est un nouveau judaïsme qui se met en place — le Temple détruit, les sacrifices définitivement interrompus (le sacrifice demeure chez les samaritains), le personnel sacré (prêtres et lévites) perd sa fonction ; l'enseignement et la prière sont pris en charge par l'institution synagogale. ▮ **Les pratiques** La profession de foi juive est le *Shema**. Cinq grandes solennités : la Pâque *(Pessah*)*, les Semaines *(Shavouot*)*, les Tabernacles *(Soukkot*)* [ces trois «fêtes du pèlerinage» commémorant respectivement la sortie d'Égypte, la révélation de la Loi sur le Sinaï, le séjour au désert], le Nouvel An (*Rosh* ha-Shanah*, célébrant la Création), le Grand Pardon (*Yom Kippour** ou jour des Expiations, journée de jeûne et de pénitence). Il s'y ajoute la fête des Sorts *(Pourim*)*, fête joyeuse où on lit le Livre d'Esther*, celle de la Dédicace *(Hanoukkah*)* célébrant les victoires de Judas Maccabée* et la nouvelle dédicace du Temple, et des jours de jeûne dont le *9 ab* qui commémore la destruction des deux temples. Les fêtes ainsi que le samedi *(shabbat)* sont jours de repos obligatoire. Il y a normalement trois offices quotidiens (*chahrit*, *minhat* et *arbit*), auxquels s'ajoutent *mousaf* les shabbats, jours de fête et 1er du mois liturgique et, en outre, *neïlah* pour le Yom Kippour. Observances et interdits individuels sont consignés dans le Talmud. ▪ Principaux docteurs ou penseurs juifs : ➝ **Abrabanel, Akiba ben Joseph, Albo (Joseph), Asher ben Yechiel, Bahya ibn Paquda, Buber (Martin), Caro (Joseph), Crescas (Hasdai), Gamaliel, Halevi (Judah), Hillel l'Ancien, Hillel II, Ibn Gabirol, Jochanan ben Nappacha, Judah le Prince, Louria (Isaac), Maïmonide (Moïse), Mendelssohn (Moses), Philon d'Alexandrie, Rashi, Saadia ben Joseph, Shammai, Siméon bar Yohai, Yohanan ben Zakkai.** ▪ Ésotérisme juif ➝ **Kabbale.**

en 1656 et subit la défaite des Dunes* (1658). Il intrigua contre la reine mère, pendant la minorité de Charles* II, dont il devint par la suite ministre.

**JUAN-LES-PINS** ← ÉTYM. de *Juan** (golfe) ♦ Station balnéaire et hivernale renommée de la Côte d'Azur (comm. d'Antibes), sur le cap d'Antibes.

**JUAN Y SANTACILIA (Jorge)** ♦ Marin et géodésien espagnol (Novelda 1713 - Madrid 1773). Chef d'escadre des armées navales, fondateur de l'observatoire astronomique de Cadix, il participa à l'expédition de La* Condamine au Pérou. Il est l'auteur d'ouvrages de géographie et de technique navale.

**JUÁREZ (Benito)** ♦ Homme politique mexicain (près d'Oaxaca 1806 - Mexico 1872). Avocat d'origine indienne, libéral, il fut gouverneur de l'État d'Oaxaca* et devint président de la République en 1858. Sa politique anticléricale et sa décision de suspendre les dettes extérieures provoquèrent l'intervention de Napoléon III. Quand Maximilien* d'Autriche devint empereur du Mexique (1864), Juárez se replia dans le Nord d'où il mena la guérilla. Il captura Maximilien qui fut fusillé et rentra à Mexico où il garda la présidence jusqu'à sa mort.

**JUBA Ier** ♦ (mort à Thapsus –46). Roi de Numidie* (v. –50 - –46). Fils et successeur de Hiempsal. Partisan de Pompée* pendant la guerre civile, il fut vaincu par César* à Thapsus* (–46) et se donna la mort. ♦ **JUBA II** (v. –52 - v. –23). Fils du précédent. Emmené très jeune comme captif à Rome, il fut élevé par César*. Auguste* lui fit épouser Cléopâtre Séléné, fille d'Antoine* et de Cléopâtre*, et lui donna un royaume composé des deux Mauritanies et d'une partie de la Gétulie. Il écrivit en grec des ouvrages d'histoire et d'archéologie.

**JUBBULPORE** → **Jabalpur**

**Jubilés (Livre des)** ou **Petite Genèse** ♦ Apocryphe biblique (original hébreu inconnu, –IIe s. ; versions éthiopienne, latine). Révélation, à Moïse, de l'histoire sacrée du peuple juif, divisée en périodes jubilaires (quarante-neuf années).

**JUBY** (cap) ♦ Promontoire de la côte atlantique du S.-O. du Maroc, au N. de Tarfaya.

**JÚCAR** n. m. ♦ Fl. d'Espagne orientale (506 km). Né dans les Montes Universales, il traverse la Mancha, irrigue Cuenca, Alcira* et se jette dans le golfe de Valence.

**JUDA** ♦ Personnage biblique, fils de Jacob et de Léa. Ancêtre éponyme d'une des tribus d'Israël.

**JUDA** ← ÉTYM. à rapprocher de l'ar. *wahd* «terrain encaissé, ravin» ♦ Région montagneuse de Palestine, entre Bethléem et Hébron. C'est la région de David*, natif de Bethléem*, qui selon la Bible reçoit en héritage la royauté de Saül* : après avoir régné 7 ans et demi sur Juda, il règne 33 ans sur «tout Israël et sur Juda» ; après lui, son fils Salomon règne 40 ans sur «tout Israël», mais à sa mort, les deux entités se séparent en deux royaumes qui seront souvent ennemis. Toutefois, les rois de Juda auraient été de lignée davidique, alors que plusieurs dynasties se succédèrent en Israël. ▮ **Le royaume de Juda** Théoriquement constitué de deux tribus (Juda et Benjamin), le *royaume de Juda* fut toujours plus pauvre et moins puissant que son voisin. L'archéologie atteste de son développement à la fin du –VIIIe s., ce qui laisse supposer qu'il a été renforcé par une partie des «Israélites» du nord après la prise de Samarie (–722). Parmi les souverains qui se succédèrent (→ **Roboam, Abiam, Asa, Josaphat, Joram, Ochozias, Athalie, Joas, Azariah, Achaz, Ézéchias, Manassé, Amon, Josias, Joachim, Sédécias**), seuls Ézéchias et Josias trouvèrent grâce aux yeux de Dieu, suivant la Bible. Après sa destruction par Nabuchodonosor (–587), le royaume de Juda devient la province de Judée*.

**JUDAH le Prince** ou **le Rabbi** ♦ Docteur et chef politique juif (seconde moitié du IIe s.-déb. IIIe s.), «prince» *(nasi)* du sanhédrin de Galilée sous la domination romaine. Il releva l'éclat de cette charge, usa de ses relations avec l'empereur (Marc Aurèle) pour améliorer le sort des Juifs et, surtout, fut le principal rédacteur, ou ordonnateur, de la Mishnah*.

**JUDAS L'ISCARIOTE** ou **L'ISCARIOTH** ← ÉTYM. *Iscariote* : de l'hébr. *Ish Qeriyôth* «l'homme de Karioth» (surnom donné aussi à son père) ♦ Un des douze Apôtres, remplacé par Matthias après sa mort. Les Évangiles en font celui qui trahit Jésus pour de l'argent, puis se suicide par désespoir. Judas cristallise son image négative dans la tradition chrétienne et l'antisémitisme mais fascine artistes et romanciers par le mystère d'une trahison nécessaire pour une théologie qui veut que les hommes soient sauvés par la mort du Christ. ♦ ***L'«Évangile de Judas»*** Texte gnostique (grec, IIe s.), attribué par les hérésiologues à des «caïnites», retrouvé en copte vers 1980 dans un manuscrit (le «codex Tchacos»). Il met en valeur l'action providentielle de l'apôtre dont Jésus aurait parachevé l'initiation avant sa nécessaire «trahison».

**JUDAS MACCABÉE** → **Maccabée**

**JUDD (Donald)** ♦ Sculpteur américain (Excelsior Springs, Missouri 1928 - New York 1994). Après diverses tentatives pour marquer son refus de l'art européen, il publia en 1965 son texte *Specific Objects,* dans lequel il résuma l'optique minimaliste ; il se fit dès lors le défenseur de l'art holistique (ou non-relationnel), bannissant la sentimentalité et la spontanéité gestuelle. Il commença alors à créer ses propres sculptures, réalisées de façon industrielle et constituées de boîtes, en métal ou en bois bruts ou peints, juxtaposées. Selon la rigueur d'une logique réductionniste, il les expose sur le sol ou les accroche au mur à intervalles réguliers, pour créer un effet visuel puissant mais neutre, rompant avec la tradition européenne (*Sans titre,* 1989).

**JUDE** (saint) ou **JUDAS** ♦ Un des douze Apôtres, surnommé Thaddée. Les textes veillent à ce qu'on ne le confonde pas avec son homonyme Judas, mais la tradition le confond avec un Jude «frère du Seigneur», et avec l'auteur de l'épître de Jude (canonique). La légende, qui en a fait parfois l'époux des noces de Cana*, lui fait évangéliser diverses régions du Proche-Orient, jusqu'à la Perse ou à l'Arménie. ♦ ***L'«Épître de Jude»*** Livre du Nouveau Testament* (l'une des épîtres* catholiques. → **Bible**), est un texte court (25 versets) qui stigmatise la doctrine et la conduite de faux docteurs. L'auteur se présente comme «frère de Jacques», mais évoque les apôtres comme étant du passé. ▪ Fête le 28 oct.

**JUDÉE** n. f. ← ÉTYM. → Juda (royaume de) ♦ Région de Palestine (→ **Cisjordanie**), située au S. de la Samarie et comprise entre la mer Morte et la Méditerranée. Elle fait partie des territoires annexés par la Jordanie de 1948 à 1967 et administrés par Israël après la guerre des Six Jours. Elle est, avec la Samarie, concernée par la mise en place de l'autonomie palestinienne prévue par l'accord intérimaire de sept. 1995 (→ **Cisjordanie**). Aride en bordure de la mer Morte *(désert de Judée),* elle possède une plaine littorale fertile (céréales, figuiers, oliviers, orangers, vigne). ♦ ***Province de Judée*** Elle est dominée par Jérusalem, sa capitale, au pied de laquelle coule le Cédron*. ▮ **Histoire** Après la chute du royaume de Juda* (–587), son territoire subit les dominations babylonienne, puis perse, lagide et séleucide. Redevenue royaume sous les Asmonéens*, la Judée tomba sous protectorat romain en –63 (→ **Hérode Ier le Grand, Archélaos**) et finit par être annexée à titre de province procuratorienne (→ **Pilate**), avec Césarée Maritime pour capitale. → **Hérode Agrippa Ier, Hérode Agrippa II.** Les deux «guerres juives», nées des révoltes de 66 et 132 (→ **Bar Kokhba**) eurent des conséquences dramatiques pour la population : le Temple fut rasé en 70, et la ville de Jérusalem débaptisée et interdite aux Juifs après 132. Dans le même temps, une révolte durement réprimée des Juifs d'Égypte entre 115 et 117 aboutit à la disparition du judaïsme alexandrin.

**JUDÉE** (monts de) n. m. pl. ♦ Chaîne de l'arête montagneuse centrale de la Palestine (État d'Israël). Elle fait suite aux monts de la Samarie centrale et est dominée par la ville de Jérusalem.

**Jude l'Obscur** – en angl. ***Jude the Obscure*** ♦ Roman de Thomas Hardy* (1895). Jude Fawley exerce le métier de maçon et, épris de culture, souhaite s'élever au-dessus de sa condition. Mais sa nature sensuelle est une fatalité qui l'en empêchera : deux femmes successivement causeront sa ruine morale et matérielle. Le pessimisme extrême de ce roman tient moins à la vision négative de la sexualité qu'au fait que les deux femmes conduisent Jude aux mêmes égarements, alors que l'une au moins est un personnage remarquable. Le fatalisme de Hardy est d'autant plus saisissant qu'il ne verse jamais dans la caricature.

## judéo-chrétiens

n. m. pl. ♦ Chrétiens qui demeurent attachés aux pratiques religieuses du judaïsme. Les premiers chrétiens étaient tous d'origine juive. Certains d'entre eux étaient de langue grecque, mais tous demeuraient des juifs pratiquants. La prédication de l'évangile posa rapidement la question des convertis d'origine païenne : fallait-il leur imposer les pratiques juives, notamment la circoncision ? L'évolution théologique de saint Paul l'amena à définir que ce n'était pas nécessaire, et sa position, d'abord vivement combattue par l'église de Jérusalem (saint Pierre et surtout saint Jacques), devint majoritaire. Au IIe s., les chrétiens qui continuaient de «judaïser» furent rejetés par les juifs ; tolérés par les autres communautés chrétiennes, certains d'entre eux devinrent hétérodoxes : les hérésiologues du IVe s. distinguent en leur sein des *nazaréens*,* qui reconnaissent que Jésus est le Messie, et des *ébionites* qui ne reconnaissent pas sa divinité, et sont donc hérétiques. Souvent qualifiés d'«Hébreux», les membres de ces communautés faisaient usage d'un Évangile propre qui aurait été la première version (en hébreu ou en araméen) de l'évangile selon Matthieu : les fragments connus de divers apocryphes (Évangile des nazaréens, en araméen, IIe s. ; Évangile des Hébreux et Évangile des ébionites, en grec, IIe s.) ne confirment pas cette hypothèse. Théologiquement, ceux que l'on regroupe sous le nom de «judéo-chrétiens» sont à l'opposé des gnostiques ; leur sensibilité, qui demeure hostile à saint Paul, apparaît dans le *Roman pseudo-clémentin* (→ **Clément Ier**).

**Le Jugement dernier.** Fresque de Michel-Ange (13,70 × 12,20 m). Chapelle Sixtine, Vatican. *Phot. A. Bracchetti/P. Zigrossi © Nippon Television Network Corporation. Tōkyō. 1996.*

**Judex** ♦ Film français de Louis Feuillade* (1917), en 12 épisodes dont *L'Ombre mystérieuse, L'Expiation, La Meute fantastique, Le Secret de la tombe*. Avec *Fantômas** et *Les Vampires** il reste le grand classique du ciné-roman à épisodes. L'histoire a beau accumuler les poncifs du mélodrame, le héros (un justicier masqué) arborer toute la panoplie des vieux feuilletons, les auteurs (Arthur Bernède et Louis Feuillade) tirer à la ligne sans vergogne (ils en firent une suite : *La Nouvelle Mission de Judex*, 1918), le charme opère toujours. Deux nouvelles versions furent tournées en cinéma parlant, l'une en 1933 par Maurice Champreux (gendre de L. Feuillade), l'autre, en 1964, par Georges Franju.

**JUDITH** ➔ ÉTYM. en hébr. *Yehûdîth* «juive» ♦ Personnage biblique, héroïne du Livre de Judith, livre deutérocanonique* (➔ **Bible**). 16 chapitres racontent la ruse de Judith, jeune veuve qui séduit Holopherne*, général de Nabuchodonosor*, et profite de son ivresse pour lui couper la tête : la puissance de Yahvé* permet ensuite à son petit peuple de battre la formidable armée assyrienne à Béthulie. Sans doute composé en hébreu au –Ier s., ce roman est une relecture des épisodes héroïques de l'histoire d'Israël et une mise à distance de l'histoire asmonéenne dont il est contemporain.

**JUDITH DE BAVIÈRE** ♦ (v. 800 - Tours 843). Seconde femme de Louis* le Pieux et mère de Charles* le Chauve, elle écarta de la succession les fils que Louis le Pieux avait eus d'un premier lit, et qui se révoltèrent en 833.

**Jugement dernier** ♦ Jugement que le Christ réservera aux vivants et aux morts ressuscités quand viendra la fin du monde. Les sources de la représentation de ce thème sont l'Apocalypse de Jean et l'évangile selon Matthieu (XXV, 31-46). L'iconographie traditionnelle présente une composition en registres superposés mettant en scène de bas en haut la résurrection des morts, la pesée des âmes, la séparation des élus et des damnés (les premiers se dirigent vers le paradis [à gauche pour le spectateur], les seconds vers l'enfer [à droite]) et le Christ-juge. Les quelques modifications qui apparaissent au cours des siècles concernent surtout la représentation de l'enfer et s'inspirent de la *Légende dorée* de Jacques* de Voragine, de *La Divine* Comédie* de Dante et des mystères destinés au théâtre. Le thème sculpté du Jugement dernier occupe de préférence le tympan du portail central de la façade occidentale des églises, mais on le trouve également sur les chaires à prêcher et les tombeaux. Les fresques ou les mosaïques occupent le plus souvent le revers de cette même façade occidentale. Le thème du Jugement dernier, par son caractère édifiant et justicier, trouve aussi place dans les hôtels de ville et dans les tribunaux. Exemples : sculptures romanes des tympans de Vézelay, Beaulieu, Autun, Moissac et sculptures gothiques de Chartres, Laon, Bourges, Reims, Amiens, Paris, chaire de Nicola Pisano* (baptistère de Pise), peintures de Pietro Cavallini* (Sainte-Cécile, Rome), Orcagna* (Santa Maria Novella, Florence), Van* Eyck (Metropolitan Museum, New York), Van* der Weyden (Hospices, Beaune), Martin Schongauer* (cathédrale de Brisach), Lucas* de Leyde (Leyde), Michel*-Ange (chapelle Sixtine, Rome), le Tintoret* (Palais des Doges, Venise), Rubens* (Alte Pinakothek, Munich). ♦ ***Le Jugement dernier*** Fresque de Michel-Ange (1536 - 1541, chapelle Sixtine*, Vatican) commandée par le pape de la Contre-Réforme, Paul III. Cette œuvre renouvelle complètement l'iconographie du Jugement dernier. Michel-Ange a abandonné la composition traditionnelle en registres superposés et fait tournoyer quatre cents personnages, tous nus à l'origine (des draperies pudibondes furent ajoutées quelques années plus tard sur certaines figures), autour de la figure centrale du Christ, sans avoir recours à la perspective. À gauche, les élus montent au Ciel, comme aspirés ; à droite, les damnés tombent en Enfer. Le Christ, habituellement assis sur son trône, se tient debout, en Dieu vengeur qui s'apprête à lancer la foudre, évoquant les figures antiques des dieux mythologiques. L'impression de mouvement qui se dégage de l'œuvre lui confère un caractère fortement dramatique, qui annonce une ère nouvelle en peinture. La restauration des fresques de la chapelle Sixtine dans les années 1980 - 1990 a rendu aux couleurs de Michel-Ange une vivacité et un éclat insoupçonnés, dont l'audace annonce déjà la palette maniériste.

**Juges** n. m. pl. – en hébr. ***Shophetîm*** ♦ Titre donné dans la Bible à douze personnages (dont une femme) qui reçoivent de Dieu le pouvoir de «juger» Israël, ce qui ne veut pas dire exercer la justice (seule Déborah semble le faire) : la fonction de juge étant attribuée à Yahvé* lui-même, il s'agit plutôt d'une délégation de son pouvoir préalable à l'instauration de la royauté. Leur histoire est exposée dans le Livre des Juges. ♦ ***Le «Livre des Juges»*** Livre de la Bible, le deuxième des Prophètes*, traditionnellement attribué à Samuel*. 21 chapitres évoquent la vie des tribus d'Israël en Canaan entre la mort de Josué* et l'établissement de la monarchie : le peuple pèche en adorant les Baals, Dieu le livre à ses ennemis, puis suscite un sauveur. Certains juges sauvent effectivement les fils d'Israël en luttant contre leurs ennemis (Madianites, Ammonites*, Philistins*). les principaux sont Déborah*, Gédéon*, Jephté* et Samson*. En dehors du livre des Juges, la fonction est encore attribuée au prêtre de Silo*, Éli, et à son successeur Samuel.

**JUGLAR (Clément)** ♦ Économiste français (Paris 1819 - *id.* 1905). Dans son ouvrage *Des crises commerciales et de leur retour périodique en France, en Angleterre et aux États-Unis* (1862), il donne une des premières analyses précises du cycle économique, en mettant l'accent sur la relative régularité du retour des crises. → ÉTYM. *Juglar* vient de l'ancien français *Jogleor* «jongleur».

**JUGURTHA** → ÉTYM. du berbère *agùr* «dominer, dépasser en hauteur» ♦ (Rome v. –160 - *id.* v. –104). Roi de Numidie (–118 - –105). Fils illégitime de Mastanabal, ce dernier étant le plus jeune fils de Masinissa*, il reçut en partage avec ses cousins Hiempsal et Adherbal* le royaume de son oncle Micipsa*. Impatient de régner, il fit tuer Hiempsal, et Adherbal dut s'enfuir ; mais Rome rétablit ce dernier sur le trône et lui confia la Numidie orientale avec Cirta* comme capitale. Désireux de reconstituer l'antique royaume de Masinissa, Jugurtha prit Cirta et y massacra Adherbal ainsi que les négociants romains réfugiés dans la ville (–112). Rome lui déclara alors la guerre (–111). Longtemps il tint les légions en échec en corrompant les chefs romains. Après deux ans d'hésitations la guerre reprit et Metellus* battit Jugurtha à Vaga (–109), puis au Muthul. Mais la bataille n'était pas décisive. Sylla*, questeur de Marius*, réussit alors à entraîner Bocchus* à trahir Jugurtha et à le livrer aux Romains (–105). Jugurtha, emmené à Rome, fut jeté en prison et y mourut de faim.

Le **Juif errant** ♦ Roman d'Eugène Sue* (1844 - 1845, 10 vol.). Violemment anticlérical, ce roman-feuilleton s'articule autour de deux personnages mystérieux, le Juif et la Juive errants, qui s'efforcent de défendre une famille persécutée contre les perfidies de la Compagnie de Jésus, désireuse de capter un héritage. Accueilli avec faveur par une grande partie de l'opinion publique, l'ouvrage correspondait également, en raison des revendications sociales qu'il énonçait (avec les mêmes ambiguïtés que *Les Mystères* de Paris*), à l'idéologie humanitaire dont les mouvements révolutionnaires de 1848 devaient être l'aboutissement.

**JUILLAN** [65290] → ÉTYM. du lat. *Julianus*, de *Julius*, n. de pers. ♦ Comm. des Hautes-Pyrénées, banlieue S.-O. de Tarbes. 3 506 hab.

**juillet 1789** (journée du 14) → **Bastille (prise de la)**

**juillet 1830** (journées des 27, 28 et 29) → **Révolution de juillet 1830**

**Juillet** (colonne de) → **Bastille (la)**

**Juillet** (monarchie de) → **monarchie de Juillet**

**JUILLY** [77230] → ÉTYM. anc. *Juliacum*, du lat. *Julius*, n. de pers., et suff. *-acum* ♦ Comm. de la Seine-et-Marne, arr. de Meaux. 1 448 hab. (*Juliaciens*). Collège fondé par les oratoriens en 1638, où est inhumé P. de Bérulle*.

**JUIN (Alphonse)** ♦ Maréchal de France (Bône, auj. Annaba 1888 - Paris 1967). Fils de gendarme, il sortit major de Saint-Cyr en 1911 et servit au Maroc (1912 - 1914). Il fut blessé pendant la Première Guerre mondiale. Nommé au cabinet militaire de Lyautey, il fit la campagne du Rif en 1924 et contribua à la «pacification» du Maroc. Professeur de tactique générale à l'École supérieure de guerre, puis chef d'état-major du général Noguès, commandant en chef le théâtre d'opérations en Afrique du Nord (1936 - 1939), il prit en 1940 le commandement de la 15e division motorisée qui se distingua à Gembloux* et à Lille. Fait prisonnier, il fut libéré en juin 1941 et succéda au général Weygand à la tête des forces françaises d'Afrique du Nord (nov. 1941). Après le débarquement allié (8 nov. 1942), il commanda le détachement d'armée française qui arrêta les forces de l'Axe en Tunisie et contribua à l'anéantissement de l'Afrikakorps. Promu commandant en chef du corps expéditionnaire français en Italie (1943), il intervint avec succès dans la tentative de débordement de Cassino par l'est (victoire du Belvédère, fév. 1944) et imposa aux Alliés son plan pour l'offensive de printemps, marquée par la victoire du Garigliano qui ouvrit la route de Rome (5 juin 1944), puis celle de Sienne (juil. 1944). Chef d'état-major général de la Défense nationale, puis résident général au Maroc (1947 - 1951), il fut ensuite inspecteur général des forces armées (1951 - 1955) et commandant interallié du secteur Centre-Europe (1951 - 1956). Élevé à la dignité de maréchal de France en 1952, il s'opposa à la politique algérienne du général de Gaulle. Ses *Mémoires* ont été publiés en 1959 - 1960. [Acad. fr. 1952] → ÉTYM. *Juin* signifie «enfant trouvé ou baptisé en juin» (→ aussi Davout, Février, Janvier).

### juifs

n. m. pl. → ÉTYM. en hébr. ***Yehûdî***, «de Juda, Judéen» ; d'après Flavius Josèphe*, les membres de la tribu de Juda*, rentrés les premiers à Jérusalem après l'Exil à Babylone, en profitèrent pour donner leur nom au pays ♦ **Dans la Bible** Nom donné depuis l'Exil aux descendants des Hébreux* («Juifs» en tant que peuple, «juifs» en tant que pratiquant le judaïsme), mais «Hébreux» n'est pas un nom de peuple. Selon la Bible*, la mort de Salomon* marqua la fin de l'union des «fils d'Israël» : les tribus se séparèrent en deux royaumes, Israël* et Juda*, dont les relations furent souvent conflictuelles. La Torah* proprement dite (Pentateuque) est considérée comme Parole de Dieu par les samaritains* aussi bien que par les juifs : les deux communautés revendiquent l'héritage d'Israël, mais le livre sacré qui nous est parvenu, la Bible dans son ensemble, est celui des «Judéens» : il nous donne leur point de vue (parfois polémique) sur la restauration religieuse qui suivit le retour de Babylone, et les livres «historiques» de la Bible ne vont pas au-delà. **Les témoignages extérieurs à la Bible** Les auteurs non juifs qui, dans un contexte hellénistique, tentent de comprendre la spécificité de ce qui leur apparaît d'abord comme un peuple de philosophes, puis comme une nation singulière, ne parlent que des Juifs (gr. *Ioudaioi*, lat. *Judaei*). C'est en tant que Juifs que les mercenaires d'Éléphantine*, au –Ve siècle, demandent de l'aide pour reconstruire leur temple, ce sont également les Juifs que glorifie, au –IIe siècle, la *Lettre d'Aristée* (→ **Septante**), et ce sont encore les *Antiquités juives* et la *Guerre des Juifs* qu'entreprend de relater Flavius Josèphe* au Ier siècle. Dans ce contexte, le «judaïsme» est la religion nationale des Juifs (→ **Judaïsme**) : on ne connaît pas d'autre nom pour cet ensemble de croyances et de pratiques, même dans les textes qui glorifient les «Hébreux» (Quatrième Livre des Maccabées, apocryphe). **Judéens, Juifs et Israélites** Cette religion attire des convertis qui sont eux-mêmes qualifiés de «Juifs». Convertis ou non, beaucoup vivent d'ailleurs en dehors de la Judée, petit territoire où le religieux et le politique sont intriqués au point d'en faire une «théocratie» (mot créé par Josèphe) : la dynastie asmonéenne combine les fonctions du grand-prêtre et du roi dans la personne d'un «prince des Juifs», et le culte est centralisé à Jérusalem. Mais les mêmes asmonéens* étendront brièvement leur domination sur «Israël», et c'est un tel Israël que s'efforcera de faire renaître Bar* Kokhba : la conséquence en sera la destruction du Temple (en 70), puis (après 135) l'interdiction aux Juifs de leur ville sainte, que certains d'entre eux (les pharisiens) avaient d'ailleurs abandonnée (→ **Yohanan ben Zakkaï**). Toute indépendance s'avérant impossible, Judéens et convertis seront désormais des «Juifs» en exil jusqu'à la création du moderne Israël, «État juif», en 1948. Au XIXe siècle, pour combattre l'antisémitisme, on prit l'habitude de remplacer «juif» par «israélite» ; exceptionnel dans la Bible et assez rare dans les textes grecs et latins, le mot «Israélite» est employé dans certaines traductions concurremment avec «fils d'Israël».

**JUIN (Hubert LOESCHER, dit Hubert)** ♦ Écrivain belge d'expression française (Athus 1926 - Paris 1987). Né dans un milieu rural, il vécut ensuite à Paris et séjourna dans les pays de l'Est. Critique littéraire et historien de la littérature (*Écrivains de l'avant-siècle*, 1972 ; *Victor Hugo*, 1984), Hubert Juin se souvint de sa Gaume natale dans des romans autobiographiques qui décrivent avec concision l'âpreté des campagnes (*Les Bavards*, 1956 ; puis les cinq romans du cycle *Les Hameaux*, 1958-1968).

**juin 1792** (journée du 20) ♦ Journée révolutionnaire qui fut organisée par les girondins pour l'anniversaire du serment du Jeu de paume et au cours de laquelle les émeutiers, menés par Fournier, Legendre* et Santerre*, se dirigèrent vers l'Assemblée et le château des Tuileries. Elle fut motivée par le refus du roi de sanctionner les décrets sur la déportation des prêtres réfractaires (27 mai), sur la formation d'un camp de 20 000 gardes nationaux sous Paris (8 juin) et par le renvoi des ministres brissotins (girondins), remplacés par des feuillants. Louis XVI accepta de coiffer le bonnet rouge et de boire à la santé de la nation ; mais, heurté dans ses convictions religieuses, il maintint son veto.

**juin 1832** (journées des 5 et 6) ♦ Première insurrection républicaine sous la monarchie de Juillet. Elle débuta à l'occasion des obsèques du général Lamarque*, député de l'opposition, et s'acheva par une violente répression ; les insurgés qui s'étaient retranchés rue du Cloître-Saint-Merri (ou Merry) furent en grande partie massacrés par la garde nationale. L'épisode a été immortalisé par Hugo dans *Les Misérables*.

**juin 1848** (journées du 23 au 26) ♦ Journées insurrectionnelles consécutives à la fermeture des Ateliers* nationaux (21 juin). Les manifestations, dont le mot d'ordre était «du travail et du pain», tournèrent rapidement à l'émeute. La Commission exécutive se démit de ses fonctions, et le ministre de la Guerre, le général Cavaignac*, investi des pleins pouvoirs, fit appel à l'armée (Magnan*) et à la garde nationale pour mater le mouvement insurrectionnel. Ces journées sanglantes (plus de 4 000 morts du côté des insurgés et plus de 1 500 du côté des forces de l'ordre) furent suivies d'une répression brutale (arrestations et déportations) qui accentua l'opposition entre le prolétariat et le mouvement socialiste, d'une part, les républicains modérés et les conservateurs, d'autre part ; ceux-ci se regroupèrent peu après dans le parti de l'Ordre*.

**juin 1849** (journée du 13) ♦ Manifestation organisée par les députés montagnards* (Ledru*-Rollin) après la victoire du parti de l'Ordre aux élections de l'Assemblée législative (mai 1849) et la décision d'envoyer des forces françaises contre la République romaine (expédition de Rome*) pour rétablir l'autorité temporelle du pape. La manifestation se déroula de la place du Château-d'Eau au palais Bourbon (où elle se transforma en véritable insurrection), tandis qu'un groupe de députés tentait de former un gouvernement provisoire au Conservatoire des arts et métiers. Réprimée par les forces de l'ordre, cette insurrection fut suivie de l'arrestation de plusieurs députés montagnards.

Les **Juives** ♦ Tragédie biblique avec chœurs de Robert Garnier* (1583). Après l'échec de la révolte menée par Sédécias, le peuple juif a été conduit en captivité à Babylone par Nabuchodonosor. Annoncées par le prophète, ses épreuves sont l'effet de la volonté de Dieu qui a abandonné son peuple. En dépit de ses supplications, il verra Sédécias condamné à assister au spectacle du supplice de ses fils et de ses compagnons, avant d'être rendu aveugle. Du stoïcisme du héros se dégage une leçon d'espérance. Avec *Les Juives*, le théâtre de la Renaissance a atteint son plus haut degré de perfection.

**JUIZ DE FORA** ♦ V. du Brésil (État du Minas Gerais). 385 700 hab. Indus. textiles.

**JUJUY** ou **SAN SALVADOR DE JUJUY** ♦ V. d'Argentine, cap. de prov. 238 000 hab. Fondée en 1593. ♦ ***Province de Jujuy*** → **Argentine** (carte). 53 219 km². 612 000 hab. Hauts plateaux et versants des Andes. Frontière avec le Chili et la Bolivie. Zone très aride. Cultures tropicales dans les périmètres irrigués : canne à sucre, coton, tabac, agrumes et primeurs. ▪ Site de Quebrada de Humahuaca (gorge encaissée).

**JULES Ier** (saint) ♦ 35e pape (de 337 à 352). Romain. Il accueillit Athanase* d'Alexandrie chassé par les ariens et lutta contre l'arianisme (synode de Rome, 340). Sous son pontificat, le concile de Sardique, auj. Sofia (343), convoqué par l'empereur Constant, réintégra Athanase d'Alexandrie et Marcel d'Ancyre et établit juridiquement la primauté de Rome sur les autres Églises. ▪ Fête le 12 avril.

**JULES II [Giuliano DELLA ROVERE]** ♦ (près de Savone 1443 - Rome 1513). 214e pape, de 1503 à 1513, neveu de Sixte IV, ancien archevêque d'Avignon (1474), légat en France (1480 - 1484), cardinal d'Ostie, surnommé «le Terrible» pour sa rudesse et son énergie. Successeur de Pie III, il restaura l'autorité du Saint Siège face à la noblesse italienne, réduisit les factions romaines (Colonna*, Orsini*), emprisonna César Borgia* (1504). Il s'allia à Louis* XII de France contre Venise dans la ligue de Cambrai* (1508) puis, après Agnadel* (1509), à Venise contre Louis XII dans la Sainte Ligue : les Français l'emportaient quand la mort de Gaston* de Foix devant Ravenne* (1512) les contraignit à la retraite. Contre le conciliabule de Pise (1511 - 1512) où Louis XII avait prétendu le faire déposer, il jeta l'interdit sur la France et réunit le concile du Latran* (1512). Mécène et bâtisseur, il adopta le plan de Bramante pour la reconstruction de Saint*-Pierre de Rome, groupa des collections d'antiques au Vatican* *(Apollon du Belvédère, Laocoon)*, fit travailler Raphaël* (chambres du Vatican), le Pérugin, Signorelli, Michel*-Ange (son tombeau, voûtes de la Sixtine).

**JULES III [Giovan Maria DE' CIOCCHI DEL MONTE]** ♦ (Rome 1487 - *id.* 1555). 219e pape, de 1550 à 1555, ancien légat pontifical au concile de Trente*. Il réunit de nouveau ce concile (1551 - 1552), mais le suspendit sous prétexte de l'invasion de Maurice* de Saxe (protestant) au Tyrol. Il fut l'allié de Charles* Quint contre Henri* II de France et les protestants.

**Jules César** – en angl. ***The Tragedy of Julius Caesar*** ♦ Tragédie en 5 actes de W. Shakespeare* (1599). Inspirée des *Vies* de Plutarque*, la pièce décrit la vaine rébellion de Brutus* et de Cassius contre la fatalité historique qui achemine Rome sur la voie du pouvoir absolu. Quand il devine les vrais mobiles qui ont poussé les conjurés, ses complices, à assassiner César, Brutus se donne la mort.

**Jules et Jim** ♦ Film français de François Truffaut* (1962), avec Jeanne Moreau, Oskar Werner, Henri Serre. C'est par hasard que Truffaut découvrit le roman d'Henri-Pierre Roché, qui le frappa par sa modernité, de ton et de thème. On retrouve dans le film, admirablement cerné par une caméra espiègle, inspirée, le trio angélique formé par Jules, Catherine et Jim. Pas le moindre soupçon de grivoiserie dans ce ménage à trois, mais le pur élan du cœur.

**JULES ROMAIN (Giulio PIPPI DE' JANNUZZI,** dit en it. **Giulio Romano** et en fr.) ♦ Peintre et architecte italien (Rome 1492 ou 1499 - Mantoue 1546). Disciple favori de Raphaël*, il travailla aux loges du Vatican, d'après les cartons du maître. Obligé de quitter Rome à la suite d'une affaire de gravures libertines, il s'installa auprès de Frédéric de Gonzague, à Mantoue (1524). C'est là qu'il passa la plus grande partie de sa carrière. La ville lui doit une grande part de son ordonnance actuelle, du fait de sa charge de préfet des Eaux et des Édifices ; le dessin primitif de la cathédrale lui est également dû. Son chef-d'œuvre, qui devait marquer l'architecture italienne contemporaine, fut le palais du Tè (1524 - 1530). Variant le style des sept façades (quatre sur la cour intérieure, trois extérieures) de l'austérité à la grâce et au maniérisme caractérisé, variant les thèmes décoratifs des appartements (thèmes amoureux dans ceux du N.-E. en hommage à Isabelle d'Este, la maîtresse de Frédéric de Gonzague ; thèmes guerriers dans ceux du S.-E., en hommage à l'empereur Charles Quint, à qui Frédéric devait son titre ducal), il sut à la fois se montrer l'héritier de Raphaël et de Michel-Ange et innover avec virtuosité. Artiste extrêmement fécond, génie curieux, typique de la seconde Renaissance, il est l'auteur de nombreux tableaux d'autel, de cartons de tapisserie, de dessins d'architecture, de relevés de monuments antiques. Le Primatice* qui fut son collaborateur, puis Véronèse* et Rubens* qui travaillèrent à Mantoue, subirent l'empreinte de son art grandiose et tourmenté.

**JULIA** (gens) ♦ Famille patricienne romaine à laquelle appartenait César* et qui prétendait descendre d'Iule*, fils d'Énée*, et donc de Vénus*.

**JULIA (Gaston)** ♦ Mathématicien français (Sidi Bel-Abbès, Algérie 1893 - Paris 1978). Auteur de travaux en théorie des nombres, en géométrie et en analyse (théorie des fonctions et calcul fonctionnel) il acquit une célébrité posthume dans les années 1980, grâce à l'introduction de l'ensemble de B. Mandelbrot* qui dérive de l'*ensemble de Julia* (dont l'idée remonte au début du XXe siècle). [Acad. sc. 1934]

**JULIACA** ♦ V. du Pérou, sur la voie ferrée Puno-Cuzco dans les Andes. 216 716 hab. Gros marché agricole.

**JULIA DOMNA** ♦ Impératrice romaine d'origine syrienne (Émèse v. 158 - Antioche 217). Femme de Septime* Sévère et mère de Geta* et de Caracalla*, elle prit une part prépondérante au gouvernement.

**JULIA MAESA** ♦ Sœur de l'impératrice Julia Domna (morte v. 226). Grand-mère d'Élagabal* et de Sévère* Alexandre. À la mort de Caracalla elle poussa l'armée d'Orient à proclamer empereur Élagabal qu'elle força ensuite à adopter son cousin Sévère Alexandre. Sous le règne des deux empereurs, elle tint un rôle déterminant dans le gouvernement (elle reçut le titre d'*augusta*).

**JULIANA (Louise Emma Marie Wilhelmine)** ♦ (La Haye 1909 - Palais de Soestdijk, Baarn 2004). Reine des Pays-Bas (1948 - 1980). Fille de la reine Wilhelmine, elle épousa en 1937 le prince Bernard* de Lippe-Biesterfeld et accéda au trône en 1948. Elle abdiqua en faveur de sa fille Beatrix* Ire en 1980.

**JULIE** – en lat. ***Julia*** ♦ Fille d'Auguste (Ottaviano –39 - Rhegium, auj. Reggio di Calabria 14). Son père lui fit épouser d'abord son neveu Marcellus (–25), puis, à la mort de ce dernier, Agrippa* (–22) dont elle eut deux fils. De nouveau veuve en –12, elle fut mariée par sa belle-mère Livie* au fils de celle-ci, Tibère* (–11). Bannie par Auguste pour son inconduite, elle fut exilée dans l'île de Pandateria* (–2) puis à Rhegium où elle mourut.

**JULIE** (sainte) ♦ Vierge et martyre (ve s. ?) honorée en Corse. ▪ Fête le 22 mai.

**JULIEN** dit **l'Apostat** – en lat. ***Flavius Claudius Julianus*** ♦ (Constantinople 331 - Mésopotamie 363). Empereur romain (361 - 363). Neveu de Constantin* Ier le Grand, il échappa au massacre de sa famille dont Constance* II fut un des responsables. Il fut cependant éloigné de la cour et passa sa jeunesse dans les livres, s'initiant aux doctrines des philosophes néoplatoniciens. En 355, son cousin Constance II le nomma césar et le préposa à la préfecture des Gaules. Le jeune prince philosophe se révéla alors un excellent chef d'armée ; il écrasa les Alamans à Strasbourg (357) et se vit proclamé empereur par ses soldats (360). La mort de Constance II le laissa seul maître de l'empire. Au règne étouffant de son prédécesseur, Julien fit succéder un gouvernement plus libéral qui marqua un retour à la tolérance religieuse, ce qui favorisa la recrudescence du paganisme. L'empereur lui-même, après avoir rejeté le christianisme, se fit le restaurateur de la religion païenne, dressant contre l'Église une Église païenne avec un clergé dont il était la tête, servant un culte solaire. Il mourut en 363 en combattant les Perses. Il laissa de nom-

**Jules Romain.** Plafond de la salle de Psyché. Palais du Tè, Mantoue. *Phot. © Dagli Orti*

breux écrits parmi lesquels un traité antichrétien *Adversus christianos* qui nous est connu par la réfutation qu'en fit Cyrille* d'Alexandrie.

**JULIÉNAS** [ʒyljenas] [69840] ← ÉTYM. du lat. *Julianus*, de *Julius*, n. de pers. ♦ Comm. du Rhône, arr. de Villefranche-sur-Saône, dans le Beaujolais. 792 hab. *(Juliénatons)*. Viticulture (juliénas, grand cru de beaujolais).

**JULIEN DE BRIOUDE** (saint) ♦ Soldat romain martyr (décollation) en 304 près de Brioude, selon Grégoire de Tours. ▪ Fête le 28 août.

**JULIEN D'ÉCLANE** – en lat. ***Julianus Eclanensis*** ♦ Hérésiarque italien (v. 380 - v. 445), évêque d'Eclanum, en Campanie (416). Défenseur du pélagianisme (→ **Pélage**), il fut déposé et se réfugia en Orient. Il fut le principal adversaire de saint Augustin* après la mort de Pélage. Auteur de 8 livres *A Florus*.

**JULIEN DE TOLÈDE** (saint) ♦ (Tolède v. 642 - *id.* 690). Archevêque de Tolède en 680, auteur du *Prognosticon*, sur le destin de l'âme après la mort.

**JULIEN l'Hospitalier** (saint) ♦ Personnage légendaire du XIII^e s., dont l'histoire, vulgarisée par la *Légende dorée*, inspira un des *Trois* Contes* de Flaubert. Julien, chasseur forcené, reçoit d'un cerf la prédiction qu'il tuera son père et sa mère. Il fuit, mais, un jour, tue ses parents par méprise. En expiation, il se fait passeur au bord d'un fleuve. Le Christ, sous l'apparence d'un lépreux, lui apporte son pardon.

**JULIENNE DE NORWICH** – en angl. ***Julian of Norwich***, ou parfois ***Dame Juliana*** ♦ Mystique anglaise (Norwich 1342 - Carrow apr. 1416). Après une maladie, elle eut des visions du Christ et de la Vierge (1373). Ses *Révélations* en donnent un récit bref et un commentaire plus long, écrits ou dictés à vingt ou trente ans d'intervalle. Elle finit sa vie comme recluse à Carrow.

**JULIEN SOREL** ♦ Héros du roman de Stendhal*, *Le Rouge* et le Noir* (1830), véritable «enfant du siècle», exalté par la Révolution et les conquêtes de Napoléon, mais né trop tard et déçu par la médiocrité bourgeoise de la Restauration. Pauvre mais instruit, ambitieux et perpétuellement humilié, toujours tendu pour faire reconnaître sa valeur, il s'efforce de rester lucide dans l'action comme dans la passion.

**Julie ou la Nouvelle Héloïse** → **Nouvelle Héloïse (Julie ou la)**

**JULIERS** – en all. ***Jülich*** ♦ V. d'Allemagne (Rhénanie-du-Nord-Westphalie), au N.-E. d'Aix-la-Chapelle. 33 772 hab. Centre de recherches nucléaires. ▮ **Histoire** Fondée par César qui lui donna son nom *(Juliacum)*, la ville devint au XI^e s. le centre d'un comté, puis d'un duché (1356) qui fut rattaché avec Berg* au duché de Clèves (1423). La disparition du dernier duc de Clèves, mort sans héritier, provoqua des querelles entre les protestants, l'empereur et le roi de France Henri IV, qui revendiquaient Juliers (guerre de Succession de Juliers, 1609). La ville et le duché furent finalement attribués au Neubourg (traité de Xanten, 1614), puis passèrent à la Bavière (1777). Elle fut sous l'Empire le chef-lieu du département français de la Röer et fut en 1815 rattachée à la Prusse.

**JULIO-CLAUDIENNE** (dynastie) ♦ Nom donné à la dynastie d'empereurs romains fondée par Auguste* à laquelle appartiennent Auguste, Tibère*, Caligula*, Claude* et Néron*. Ils descendaient en effet soit de la gens *Julia**, par Auguste, soit de la gens *Claudia* par le premier mariage de Livie*, femme d'Auguste, avec Tiberius Claudius Nero, soit d'unions par mariage avec ces deux branches.

**JULIUS NEPOS** ♦ (mort à Salone en 480). Empereur romain d'Occident (474 - 475), détrôné par Oreste*.

**JULLIAN (Camille)** ♦ Historien français (Marseille 1859 - Paris 1933), auteur de recherches historiques sur la Gaule et sa civilisation : *Histoire de la Gaule* (1907 - 1928) ; *De la Gaule à la France* (1922). [Acad. fr. 1924]

**JULLOUVILLE** [50610] ← ÉTYM. «ville d'Armand Jullou (promoteur de la fin du XIX^e s.)» ♦ Comm. de la Manche, arr. d'Avranches. 2 409 hab. *(Jullouvillais)*. Station balnéaire.

**JULLUNDUR** ou **JALHANDAR** ♦ V. de l'Inde (Panjab). 741 744 hab. La prospérité de la région et l'équipement hydroélectrique ont permis le développement d'industries diversifiées.

**JUMIÈGES** [76480] ← ÉTYM. anc. *Gemedico*, de *Gemmeticum*, p.-ê. n. de pers. avec suff. *-eticum* ♦ Comm. de la Seine-Maritime, arr. de Rouen, sur la Seine. 1 714 hab. *(Jumiégeois)*. D'une abbaye fondée en 654 subsistent les ruines d'une remarquable église abbatiale du XI^e s., les ruines de l'église Saint-Pierre des X^e et XII^e s., la salle capitulaire

**Jungfrau.**
*Phot. © HPP/Chris Pancewicz/Imagestate/GHFP*

(XIIe s.), le logis abbatial (XVIIe s.). Dans l'église paroissiale (XIe - XIIe s. et XVIe s.), œuvres provenant de l'abbaye (retables et vitraux).

**JUMILHAC-LE-GRAND** [24630] ➝ ÉTYM. du lat. *Gemellius*, n. de pers. gallo-rom., et suff. *-acum* ♦ Ch.-l. de cant. de la Dordogne, arr. de Nontron. 1 213 hab. *(Jumilhacois)*. Château des XIIIe, XIVe et XVIIe s., couronné d'une multitude de toitures diverses.

**JUMRUKČAL** → Botev

**JUNA BAHĀDŪR RANA** ♦ Homme politique népalais (1816 - 1877). Premier ministre du Népal de 1846 à 1877, il réforma l'administration du pays et battit le Tibet en 1854 - 1855. Il fut un fidèle allié des Britanniques lors de la sanglante révolte des cipayes de 1857. Son titre devint héréditaire et devait rester à la famille Rana jusqu'après 1945.

**JUNEAU** ♦ V. des États-Unis, cap. de l'Alaska. 30 371 hab. Centre administratif, accessible uniquement par air et par mer.

**JUNG (Carl Gustav)** ♦ Psychiatre et psychologue suisse (Kesswil, Turgovie 1875 - Küsnacht, près de Zurich 1961). Disciple de S. Freud* à partir de 1906, il s'en sépara en 1913 après avoir publié *Métamorphoses et Symboles de la libido* (1912, devenu *Métamorphoses de l'âme et ses symboles*, 1944). Refusant en effet d'attribuer à la libido un caractère exclusivement sexuel, Jung y voit une énergie vitale, primordiale et universelle, dont l'orientation vers le monde extérieur ou la vie intérieure permet de distinguer deux types psychologiques fondamentaux : l'extraverti et l'introverti (*Types psychologiques*, 1921) [↦ **Rorschach**]. L'idée la plus originale de la théorie de Jung est certainement celle d'inconscient collectif. Fonds commun de toute l'humanité, celui-ci est structuré par des «archétypes» (ceux des parents, de l'*animus* et de l'*anima*), schèmes éternels de l'expérience humaine, qui s'expriment dans les images symboliques collectives (mythes, religions, folklore, contes populaires), ainsi que dans les œuvres d'art, les rêves individuels et les symptômes névrotiques. Rejoignant l'alchimie, dont elle prétend déchiffrer les énigmes, la psychologie analytique (ou psychologie des profondeurs) de Jung est une tentative pour atteindre ce fonds commun qui constitue l'unité de l'individu, de l'espèce et du cosmos (*Dialectique du moi et de l'inconscient*, 1928 ; *L'Homme à la découverte de son âme*, 1943 ; *Psychologie et Alchimie*, 1944). ➝ ÉTYM. Ce nom allemand signifie «jeune».

**JÜNGER (Ernst)** ♦ Écrivain allemand (Heidelberg 1895 - Wilflingen, Souabe 1998). À 17 ans, il s'enfuit de chez lui et, engagé dans la Légion étrangère française, partit pour l'Afrique où il connut, comme il le dira dans *Jeux africains* (1936), «la splendide anarchie de la vie». Revenu en Allemagne, il participa à la Première Guerre mondiale, puis donna dans différents ouvrages *Orages d'acier* (1920), *La Guerre notre mère* (*Der Kampf als inneres Erlebnis*, 1922), *Le Feu et le Sang* (1926) une dangereuse justification de la guerre, qu'en esthète il considérait comme une fin en soi, une «unité magique de l'esprit et du sang». Venu ensuite à la politique, il participa quelque temps au mouvement du «national-bolchevisme» d'E. Niekisch. Sans être explicitement hitlériens, ses écrits de cette époque, *Le Cœur aventureux* (1929), *La Mobilisation totale* (1931), *L'Ouvrier* (1931), en faisant l'apologie du machinisme et de la révolution nationale, servirent les débuts du nazisme, que Jünger devait ensuite condamner dans plusieurs ouvrages : *Sur les falaises de marbre* (1939 ; trad. fr. 1942), *La Paix* (1941 - 1943), son *Journal* (4 vol., 1940 - 1948), et *Héliopolis* (1949). Personnalité partagée « entre instinct et conscience, entre contemplation et action, entre ivresse et ascèse» (J. Rausch), E. Jünger, auquel furent souvent reprochés ses ambiguïtés et ses paradoxes, revint dans ses dernières œuvres vers un anarchisme aristocratique et solitaire, affirmant le rôle de l'individu face aux dictatures, à l'influence des masses (*Traité du rebelle, Der Waldgang*, 1951), condamnant la civilisation technique qu'il avait jadis louée (*Le Livre du sablier*, 1954). Il publia aussi des récits autobiographiques (*Chasses subtiles*, 1967) et des essais (*Approches, drogue et ivresse*, 1970 ; *Le Lance-pierres*, 1973 ; *Eumeswill*, 1977 ; *Les Ciseaux*, 1990).

**JUNGFRAU** n. f. ➝ ÉTYM. all. «la jeune fille» ♦ Sommet des Alpes bernoises (Suisse) dominant la vallée de Lauterbrunnen au-dessus d'Interlaken. 4 158 m. Il sépare les cantons de Berne et du Valais. La voie ferrée la plus haute d'Europe joint la Petite Scheidegg au Jungfraujoch (3 455 m). Un observatoire a été construit au sommet. Ski d'été. ▪ La première ascension de la Jungfrau fut effectuée en 1811 par J. R. et H. Meyer, par la face est.

**JUNGMANN (Josef)** ♦ Professeur et théoricien littéraire tchèque (Hudlice 1773 - Prague 1847). Influencé par le romantisme allemand (Herder), il contribua à l'élaboration de la langue poétique tchèque par des traductions dont celle d'*Atala* de Chateaubriand* (1805) et celle du *Paradis perdu* de Milton* (1811). Puis, après une *Histoire de la littérature tchèque* (1825), il rédigea un très remarquable *Dictionnaire tchèque-allemand* (1839). Il appartient avec Dobrovský* à la génération d'érudits pour qui le tchèque est d'abord un objet scientifique ; mais, par sa description de la langue, il posa les fondements du réveil littéraire et du «renouveau national» tchèque.

**JUNG-STILLING (Johann Heinrich JUNG, dit)** ♦ Écrivain allemand (Grund, près de Nassau 1740 - Karlsruhe 1817). Fils de paysans, élevé dans une religiosité piétiste qui s'exprime à travers son œuvre, il fut autodidacte avant d'entreprendre des études de médecine à Strasbourg ; il y fréquenta Herder et Goethe, qui publia la première partie de son autobiographie *Heinrich Stillings Jugend* (1777). À ses souvenirs d'enfance, remplis d'observations précises sur la vie familiale dans les campagnes de son temps, firent suite les récits de ses années d'adolescence et de voyage (*Stillings Jünglingsjahre* et *Stillings Wanderschaft*, 1778). Très populaire en Allemagne du Sud où il contribua à maintenir le piétisme, cet ouvrage s'inscrit, par sa sensibilité, dans la ligne du Sturm* und Drang.

**JUNI (Juan DE)** ♦ Sculpteur espagnol d'origine française (Joigny 1507 - Valladolid 1577). Il est probable qu'il séjourna en Italie avant de se rendre en Espagne. À León, Valladolid, Salamanque et Ségovie, il exécuta de nombreux groupes en terre cuite et surtout des retables et des statues en bois polychrome où prévaut la recherche de l'expression pathétique (*La Vierge tenant le corps du Christ mort*). Il insiste sur les détails horribles, les gestes tourmentés, les mimiques contractées, mais l'extrême animation de ses premières œuvres s'atténue quelque peu à partir de 1560 (*Mise au tombeau* de la cathédrale de Ségovie). Son art, en partie tributaire de Sluter* et de Jacopo della Quercia, reflète aussi l'influence du maniérisme (poses instables et sinueuses). Exprimant un mysticisme exalté et morbide, il fut avec Berruguete* l'un des plus brillants représentants de la sculpture hispanique.

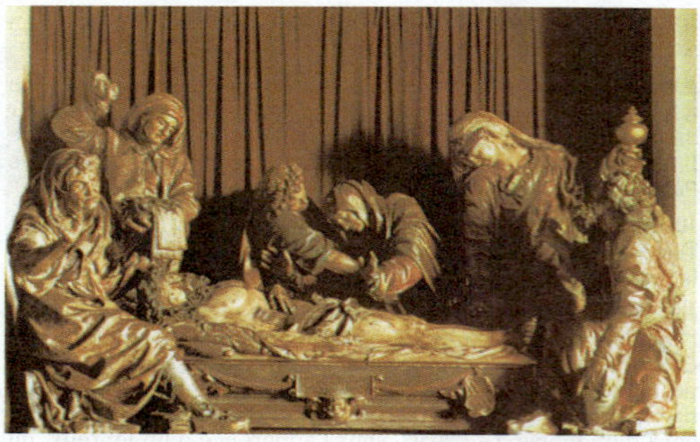

Juan de **Juni**. *Mise au tombeau*. Musée de Valladolid.
*Phot. © Arch. Rencontre*

**Junimea** ➝ ÉTYM. roumain «la Jeunesse» ♦ Société littéraire roumaine fondée en 1863 à Iaşi par Titu Liviu Maiorescu*. Sa tribune fut la revue *Convorbiri Literare* («Causeries littéraires»). En quête de la véritable langue roumaine, notamment par l'intermédiaire de la poésie populaire, elle joua un rôle fondamental dans l'élaboration théorique du renouveau littéraire roumain et fut fréquentée par les «grands classiques», Eminescu*, Creangă*, Caragiale*. À la fin du XIXe s., elle devint, à Bucarest, un parti politique (néoconservateur).

**JUNÍN** ♦ V. d'Argentine (prov. de Buenos Aires), située sur le río Salado. 84 000 hab. Marché agricole.

**JUNÍN** ♦ Bourgade du Pérou, dans les Andes centrales, à 4 000 m d'alt., au N. du dép. de Junín. ▮ **Histoire** Victoire de Bolívar sur les Espagnols en 1824 (→ **Pérou**). ♦ ***Département de Junín*** 44 197 km$^2$, 1 232 611 hab. Ch.-l. : Huancayo*.

**JUNKERS (Hugo)** ♦ Industriel allemand (Rheydt 1859 - Gauting, près de Munich 1935). Inventeur du moteur à piston double, il étudia la compressibilité des gaz et des moteurs à huile lourde. Après avoir réalisé un tunnel aérodynamique (1912), il se consacra à l'aéronautique et construisit le premier avion entièrement métallique (remplaçant l'acier, le bois et la toile par le duralumin) ainsi que de nombreux appareils militaires.

**JUNON** – en lat. *Juno* ♦ Déesse de la nature féminine dans la religion romaine, assimilée à l'Héra grecque. → **Héra.** Divinité primordiale avec Jupiter*, dont elle est considérée comme l'épouse, Junon était déjà honorée chez les Italiques et les Étrusques. À l'origine et dans la tradition romaine, elle est investie de tous les caractères de la féminité (fonctions matrimoniale, génitale) et figure dans la triade capitoline (Jupiter-Junon-Minerve). Elle jouait un rôle très important dans la civilisation romaine (chaque femme a sa *Juno* équivalant au *Genius* de l'homme). Elle y était adorée sous des formes multiples : *Juno Moneta* (« celle qui avertit ») qui possédait un sanctuaire sur la Citadelle, ou *Juno Caelestis* en Afrique. Le mois de juin *(Junius)* lui était consacré.

**JUNOT (Andoche),** duc **D'ABRANTÈS** ♦ Général français (Bussy-le-Grand, Bourgogne 1771 - Montbard, Côte-d'Or 1813). Bonaparte le remarqua au siège de Toulon (1793), en fit son aide de camp (1794) et l'emmena en Égypte. Général de division (1801), gouverneur de Paris (1804), ambassadeur à Lisbonne (1805), il était commandant de l'armée de Portugal en 1807 ; il remporta une victoire à Abrantès, entra à Lisbonne en novembre, mais, battu par Wellesley à Vimeiro (août 1808), il dut signer la capitulation de Sintra* (30 août 1808). Il fit ensuite la guerre en Espagne, participa à la campagne de Russie. Il était gouverneur des Provinces Illyriennes (1813) quand il fut frappé de folie. Il revint dans sa famille et se suicida peu après.

**JUNOT (Laure PERMON, M$^{me}$),** duchesse **D'ABRANTÈS** ♦ Épouse du général Junot (Montpellier 1784 - Paris 1838). Elle a laissé des *Mémoires* ou *Souvenirs historiques sur Napoléon* (1831 - 1835).

**JUNTE** → **Giunta**

**JUPÉON** → **Xu Beihong**

**JUPITER** ♦ Dieu italique et romain assimilé au Zeus* des Grecs. Principale divinité du panthéon romain, Jupiter apparaît comme le dieu du ciel, de la lumière diurne et des éléments (météorologie, foudre, tonnerre). Même investi de tous les mythes relatifs à Zeus, il n'en resta pas moins le dieu de Rome par excellence et prit une importance politique de plus en plus considérable. Il règne sur le Capitole qui lui est consacré et y est honoré sous l'épithète d'Optimus Maximus. Sous la République c'est à lui que le consul, à son entrée en charge, présente ses offrandes ; c'est à lui que s'adresse le triomphe, il est le garant de la fidélité aux traités et préside aux relations internationales. Les empereurs, quand ils ne se veulent pas incarnation directe du dieu, se placent toujours sous sa protection. Caligula s'attribua même le surnom d'Optimus Maximus. Jupiter était invoqué sous plusieurs noms : Stator (celui qui arrête), Feretrius (celui qui frappe), Elicius (celui qui fait descendre la foudre).

**JUPITER** n. m. ♦ La plus grosse des planètes du Système solaire, la cinquième dans l'ordre croissant des distances au Soleil* (778,3 millions de km en moyenne, soit 5,2 fois la distance moyenne Terre-Soleil). Très brillante, elle fut une des planètes les plus observées : les missions spatiales *Pioneer* 10* et *11* (1973 et 1974), *Voyager* 1* et 2 (1979) et *Galileo* (1996) apportèrent des renseignements nouveaux. Son diamètre vaut environ 11 fois celui de la Terre*, alors que sa masse, 319 fois celle de notre planète, représente 2,5 fois la somme des masses de toutes les planètes, d'où l'importance des perturbations que Jupiter exerce sur les mouvements d'autres astres. Sa densité (1,3), 4 fois inférieure à celle de la Terre, suggère que Jupiter est composé essentiellement d'hydrogène et d'hélium. Il fait le tour du Soleil en 11 ans, 10 mois et 17 jours, et tourne sur lui-même en 9 h 50 min environ, cette rotation rapide entraînant un aplatissement de 6,2 %. Son atmosphère serait composée de 82 % d'hydrogène et de 17 % d'hélium et, en très faibles quantités, de méthane, d'ammoniac, d'éthane, d'acétylène et de phosphine. Les nuages seraient constitués d'ammoniac solide et d'hydrosulfure d'ammonium ; une grande tache rouge, découverte en 1644 par R. Hooke*, de dimensions comprises entre 28 000 et 40 000 km et dont la nature est restée longtemps mystérieuse, est un énorme tourbillon atmosphérique. Jupiter rayonne deux fois plus d'énergie qu'il n'en reçoit du Soleil ; on suppose que la source interne de chaleur a pour origine la séparation gravitationnelle de l'hydrogène et de l'hélium. La présence de bandes claires et sombres est due aux zones de températures différentes, pouvant être comparées aux cyclones et anticyclones terrestres. Un rayonnement radioélectrique puissant serait, pour les longueurs d'onde les plus courtes, d'origine thermique, alors que les longueurs d'onde décimétriques et décamétriques ne peuvent être expliquées que par la présence de particules énergétiques autour de la planète et par un champ magnétique très intense. Celui-ci, environ 10 fois plus fort que le champ terrestre, est incliné d'environ 11° par rapport à l'axe de rotation de la planète. Enfin, *Voyager* découvrit autour de Jupiter plusieurs très fins anneaux de matière dont le principal serait constitué de poussières et de glace. Parmi les 63 satellites, 4 furent découverts par Galilée* : Io (avec une activité volcanique intense), Europe (dont la surface est couverte de glace), Ganymède et Callisto (les plus grands).

**JUPPÉ (Alain)** ♦ Homme politique français (Mont-de-Marsan 1945). Inspecteur des finances (1973), président du RPR* (1994 - 1997), il fut ministre du Budget (1986 - 1988) du gouvernement Chirac lors de la première cohabitation. Ministre des Affaires étrangères (1993 - 1995) du gouvernement Balladur*, il joua un rôle diplomatique actif dans les négociations internationales sur le conflit en Bosnie. En 1995, il fut nommé Premier ministre par Jacques Chirac* (mai), et élu maire de Bordeaux (juin). Il mena une politique d'austérité et se heurta à un mouvement de contestation sociale (nov.-déc. 1995) et à une impopularité grandissante. Il démissionna après la défaite de la droite aux législatives anticipées de juin 1997. Il présida l'UMP* de sa création en 2002 jusqu'à 2004. À cette date, il quitta la mairie de Bordeaux — qu'il retrouva en 2006 — après une condamnation à un an d'inéligibilité pour « prise illégale d'intérêt » dans le dossier des emplois fictifs du RPR. N'ayant pas été réélu député en juin 2007, il démissionna du premier gouvernement Fillon où il occupait depuis un mois les fonctions de ministre d'État, ministre de l'Écologie, du Développement et de l'Aménagement durables. Il a dirigé avec M. Rocard* une commission pour la mise en place de l'emprunt national lancé par N. Sarkozy en 2010. ➝ **ÉTYM.** Ce nom de famille vient de l'ancien français *juper*, variante *jupper*, issu d'une racine onomatopéique *jup* « crier » (surnom de braillard).

**JURA** n. m. ➝ **ÉTYM.** probablt celt. « hauteur boisée » ♦ Système montagneux d'Europe s'étendant en arc de cercle entre le Rhône et le Rhin sur 230 km de long et 61 km de large. Il se situe principalement en France et en Suisse et se prolonge au-delà du Rhin en Allemagne par les Jura souabe et franconien. Il doit sa formation au soulèvement des Alpes qui a plissé et disloqué les sédiments accumulés au Secondaire (calcaires jurassiques) donnant deux types de paysages caractéristiques : à l'O., des plateaux calcaires de relief karstique *(Jura tabulaire)*, à l'E., une chaîne plissée très régulièrement *(Jura plissé)*. Le *Jura français* comprend les dép. du Doubs, de l'Ain et du Jura et recouvre la circonscription d'action régionale de Franche*-Comté. Il est constitué à l'O. par une série de plateaux qui s'élèvent en gradins entre 500 et 1 000 m, au-dessus de la vallée de la Saône (plateaux de Champagnole, de Moirans, de Poligny). Ces plateaux sont eux-mêmes bordés par une corniche accidentée (Revermont* au S., Vignoble plus au N.) et compartimentés par de courtes vallées aux parois verticales, les *reculées*, ou par des plis isolés (chaîne du Lomont* au N.). L'E. est constitué par des chaînons parallèles *(monts)* séparés par des *vals* et coupés par des *cluses*. Princ. sommets : Crêt de la Neige (1 720 m), Reculet (1 718 m), Grand Crêt d'Eau (1 621 m), Grand-Colombier (1 531 m), Mont-du-Chat (1 483 m) en France ; Dôle (1 677 m), mont Tendre (1 679 m), Chasseron (1 607 m) en Suisse. Le Jura est arrosé par la Loue*, l'Ain*, la Bienne* et le Doubs* dont le cours supérieur forme au N. la frontière entre *Jura français* et *Jura suisse* et *Jura bernois* (→ **Berne**). Le versant suisse domine le Plateau (« Mittelland ») jusqu'au confluent de l'Aar et du Rhin. Le Jura franco-suisse est une zone de forêts et d'élevage. Le climat y est rude et humide. Les principales ressources économiques sont la culture de la vigne dans le Jura méridional, la fabrication du fromage (comté en France, gruyère en Suisse) et l'indus. du bois. Les centres d'artisanat sont devenus des centres d'indus. spécialisées : horlogerie, lunetterie, lapidairerie, indus. des pipes, indus. des plastiques. L'abondance de l'énergie hydroélectrique a favorisé le développement de nouvelles indus. (textiles, aciers spéciaux, métallurgie). Le tourisme y est très actif → **Franche-Comté, Suisse.** ▪ En Allemagne, le *Jura souabe* (Schwäbische Alb) et le *Jura franconien* (Fränkische Alb) prolongent le Jura suisse au N.-E. entre les cours supérieurs du Danube et du Main. → **Souabe-Franconie.**

**JURA** n. m. [39] ➝ **ÉTYM.** du n. de la chaîne ♦ Dép. de l'E. de la France, région Franche-Comté. 4 999 km$^2$. 250 857 hab. CH.-L. : Lons-le-Saunier. CH.-L. D'ARR. : Dole, Saint-Claude. Cour d'appel : Besançon. Académie : Besançon. → **Franche-Comté.**

**JURA** ♦ Île du S.-O. de l'Écosse. 378 km$^2$. 380 hab. Pêche, élevage, whisky.

**JURA** (canton du) ♦ Canton du N.-O. de la Suisse, créé en 1978. 836 km$^2$. 69 292 hab. *(Jurassiens)*, de langue française et en majorité de religion catholique. CH.-L. : Delémont. L'élevage est la principale ressource agricole du Jura, qui est également un canton industriel, lié à l'horlogerie notamment. ▮ **Histoire** Le Jura historique (canton du Jura et Jura bernois [→ **Berne**]) échut à l'évêché de Bâle dès le X$^e$ - XI$^e$ s., qui en fit un État féodal. La Réforme chassa les évêques de Bâle, qui s'installèrent à Porrentruy, et menèrent la Contre-Réforme dans leurs terres ; ils ne la gagnèrent que dans le Nord (actuel cant. du Jura). Allié à la Confédération, le territoire fut annexé en entier à la France en 1798 (dép. du Mont-Terrible).

En 1815, il échut à Berne, en compensation pour cette dernière de la perte des pays de Vaud et d'Argovie. En 1947, un incident linguistique cristallisa un sentiment séparatiste dans le Jura historique, spécialement dans le Nord catholique, qui aboutit en 1974 - 1975 à la partition du Jura historique en deux entités à peu près égales. Le Nord catholique obtint la séparation et la création du canton du Jura en 1979, le Sud protestant resta avec Berne.

**JURANÇON** [64110] ◆ **ÉTYM.** du lat. *Geroncius*, n. de pers. gallo-rom., et suff. *-onem* ♦ Comm. des Pyrénées-Atlantiques, banl. S.-O. de Pau, sur le gave de Pau. 7 378 hab. *(Jurançonnais)*. Viticulture (jurançon sec et moelleux).

**JÜRCHETS** ou **JÜRCHENS** n. m. pl. – en chin. ***Nüzhen*** ♦ Peuple toungouze de Mandchourie appelé Mohe sous les Tang, puis Nüzhen à l'époque des Wudai. En 1115, leur chef Wanyan Akouta (règne de 1115 à 1123) unifia les tribus et fonda la dynastie Jin* (d'Or) dans le N. de la Chine. Les Jürchets vainquirent les Khitans* en 1125, prirent la capitale des Song du Nord, Kaifeng, en 1127, mais furent vaincus par les Mongols en 1234. Ils revinrent au XVII<sup>e</sup> s. avec Nurhaci* et la dynastie des Qing.

**JURČIČ (Josip)** ♦ Écrivain slovène (Muljava 1844 - Ljubljana 1881). Il est surtout célèbre pour ses romans historiques qui témoignent de l'influence de W. Scott : *Jurij Kozjak* (1864), *Le Dixième Frère* (1866), *La Belle Vida* (1877), *Le Saint et le Maître* (1886).

**JURIEN DE LA GRAVIÈRE (Pierre Roch)** ♦ Amiral français (Gannat, 1772 - Paris 1849). Il lutta victorieusement contre les Britanniques aux Sables-d'Olonne (1809) ; rallié à Louis XVIII qui le fit vicomte, il fut nommé vice-amiral (1831) et pair de France (1832) sous la monarchie de Juillet. ♦ **Jean Edmond Jurien de La Gravière.** Amiral français (Brest 1812 - Paris 1892). Fils du précédent. Après avoir participé à la guerre de Crimée et à l'expédition du Mexique, il fut nommé aide de camp de Napoléon III (1864), puis commandant d'une escadre en Méditerranée (1870). Directeur des Cartes et Plans de la marine en 1871, il a laissé de nombreux ouvrages sur l'histoire de la marine (*Guerres maritimes sous la République et l'Empire*, 1864). [Acad. sc. 1866 ; Acad. fr. 1888]

**JURIEU (Pierre)** ♦ Pasteur calviniste français (Mer, près de Blois 1637 - Rotterdam 1713). Professeur à l'académie protestante de Sedan (1674) puis, à la fermeture de celle-ci (1681), à Rotterdam, il soutint des polémiques contre Arnauld* (*Apologie pour la morale des réformés*, 1675), contre Bossuet* (*Préservatif contre le changement de religion*, 1680), contre Maimbourg. Il fut conseiller de Guillaume d'Orange, agent de l'Angleterre, et, après la révocation de l'édit de Nantes, l'âme de la résistance calviniste à Louis XIV (*Lettres pastorales aux fidèles de France qui gémissent sous la captivité de Babylone*, 1686 - 1689).

**JURIN (James)** ♦ Médecin britannique (Londres 1684 - *id.* 1750). Il est l'auteur de la loi qui porte son nom et qui donne la hauteur d'ascension des liquides dans les tubes capillaires en fonction de leur rayon.

**JURUÁ** n. m. (rio) ♦ Riv. du Brésil (2 782 km), affl. (rive d.) du cours supérieur de l'Amazone. Né au Pérou, le Juruá traverse les États d'Acre et d'Amazonas, et conflue avec le Solimões.

**JUSSIEU** ♦ Famille de botanistes et médecins français. ♦ **Antoine de Jussieu** (Lyon 1686 - Paris 1758). Médecin et professeur au Jardin du roi (auj. Muséum national d'histoire naturelle), auteur d'un *Traité des vertus des plantes*. [Acad. sc. 1715] ♦ **Bernard de Jussieu** (Lyon 1699 - Paris 1777). Frère du précédent. Démonstrateur au Jardin du roi, il apporta d'Angleterre deux cèdres du Liban, en 1734, dont l'un subsiste toujours au Jardin des plantes, à Paris. [Acad. sc. 1739] ♦ **Joseph de Jussieu** (Lyon 1704 - Paris 1779). Frère des précédents. Botaniste et voyageur, il visita l'Amérique du Sud, accompagna La* Condamine et introduisit en Europe plusieurs variétés de plantes ornementales. ♦ **Antoine Laurent de Jussieu** (Lyon 1748 - Paris 1836). Neveu des précédents. Botaniste français, professeur au Jardin du roi puis directeur du Muséum, il donna un exposé des principes servant de base à la méthode naturelle de la classification des plantes (*Genera plantarum secundum ordines naturales disposita*, 1788). [Acad. sc. 1795] ♦ **Adrien de Jussieu** (Paris 1797 - *id.* 1853). Fils d'Antoine Laurent. Botaniste, célèbre par un ouvrage sur les *Embryons monocotylédonés*. [Acad. sc. 1831] ◆ **ÉTYM.** Le nom de famille *Jussieu* vient peut-être de l'occitan *jusieu* « juif ».

Antoine Laurent de **Jussieu.** Médaillon, par David d'Angers. Bibliothèque nationale de France, Paris. *Phot. © Giraudon*

**JUSTE** ♦ Nom français d'une famille de sculpteurs d'origine florentine issue de Giusto Betti. ♦ **Antoine Juste** (Corbignano 1479 - Tours 1519). Il se fixa en France en 1504 et réalisa notamment les statues d'albâtre des douze apôtres pour la chapelle du cardinal d'Amboise au château de Gaillon (1508 - 1509) et les bas-reliefs du mausolée de Louis XII et d'Anne de Bretagne destiné à la basilique de Saint-Denis. ♦ **Jean I<sup>er</sup> Juste** (San Martino, Florence 1485 - Tours 1549). Établi à Tours en 1513, il collabora avec son frère Antoine au mausolée de Louis XII, sculptant les figures royales agenouillées, d'une conception sobre et apaisée, et les figures dramatiques des gisants, traitées avec un réalisme sans concession. Par son agencement et le caractère de son décor, ce mausolée fut le premier tombeau monumental de la Renaissance française. ♦ **Juste de Juste** (Tours 1505 - *id.* 1559). Fils d'Antoine et neveu de Jean I<sup>er</sup>. Collaborateur de ces deux derniers, il exécuta les statues des *Vertus* et des *Apôtres* du mausolée de Louis XII. Nommé en 1529 sculpteur de François I<sup>er</sup>, il participa en 1533 à la décoration de la Grande Galerie du château de Fontainebleau*. ♦ **Jean II Juste** (Tours 1510 - *id.* 1579). Fils de Jean I<sup>er</sup>. Il fut le seul collaborateur de son père et réalisa seul plusieurs tombeaux, notamment celui de Guy d'Espinay. ■ Les Juste contribuèrent à propager en France le vocabulaire ornemental et la conception monumentale de la Renaissance italienne.

**JUSTIN** (saint) ♦ Apologiste chrétien de langue grecque (Flavia Neapolis, auj. Naplouse, v. 100 - Rome v. 165). Après avoir pratiqué la philosophie païenne, il se convertit et mourut martyr (décapité). Il est l'auteur du *Dialogue avec Tryphon* (polémique avec un juif) et de deux *Apologies*. ■ Fête le 1<sup>er</sup> juin.

**JUSTIN** – en lat. ***Marcus Junianus Justinus*** ♦ Historien latin (II<sup>e</sup> s.). Il est l'auteur d'une *Histoire universelle* en 44 livres, résumé des *Histoires philippiques* de Trogue Pompée.

**JUSTIN I<sup>er</sup>** ♦ (Bederiana, Illyrie, v. 450 - Constantinople 527). Empereur d'Orient (518 - 527). Partisan de l'orthodoxie, il se rapprocha de la papauté et persécuta les monophysites. Dans le but de détacher les sujets catholiques de Théodoric* le Grand, il persécuta également les ariens. Il associa au trône son neveu Justinien* (527).

**JUSTIN II** ♦ (mort en 578). Empereur d'Orient (565 - 578). Neveu et successeur de Justinien* I<sup>er</sup> dont il s'efforça de maintenir l'œuvre, il ne parvint cependant pas à s'opposer à l'invasion des Lombards en Italie (568), ni à l'établissement des Slaves en Illyrie et dut acheter la paix aux Avars (574) [→ **Byzance**]. En 572, il reprit la guerre contre les Perses. Mentalement diminué et sous l'influence absolue de l'impératrice Sophie, il adopta le général Tibère* Constantin et l'associa au trône avec le titre de César.

**JUSTINE** (sainte) ♦ Vierge et martyre vénérée à Padoue. Elle aurait été victime de la persécution de Néron (64) ou de celle de Maxence (302). ■ Fête le 7 oct.

**Justine ou les Malheurs de la vertu** ♦ Roman du marquis de Sade* (1791), issu d'une première version intitulée *Les Infortunes de la vertu*, écrite en 1787 à la Bastille (publ. 1930). Racontant avec une froide objectivité les aventures de la vertueuse Justine soumise à tous les sévices mais résistant à la corruption, ce « roman-feuilleton génial » (Maurice Heine) exalte des personnages exempts de toute crainte religieuse et assurés de l'impunité absolue par leur rang, leurs richesses ou le secret dont ils s'entourent ; ils soumettent leurs victimes, désormais « mortes au monde », à toutes les violences sexuelles et aux tortures les plus raffinées au cours d'orgies où ils cherchent inlassablement à assouvir des désirs que Sade justifie en de longues dissertations idéologiques. Pour lui, la nature tolère le triomphe de la « Société des amis du crime ». Une troisième version fut publiée en 1797 sous le titre *La Nouvelle Justine ou les Malheurs de la vertu, suivie de l'histoire de Juliette, sa sœur*. Plus connu sous le titre *Juliette ou les Prospérités du vice*, ce nouveau récit démythifie toutes les valeurs en faisant du monde le « théâtre des cruautés » de Juliette.

**JUSTINIEN I<sup>er</sup>** ◆ **ÉTYM.** en lat. ***Flavius Petrus Sabbatius Justinianus***, de *Justinus* « Justin » et suff. d'appartenance *-anus* ♦ (Tauresium, Illyrie 482 - Constantinople 565). Empereur romain d'Orient (527 - 565). Neveu et principal collaborateur de Justin* I<sup>er</sup>, il fut associé à l'Empire en 527 et lui succéda dans la même année. Monarque orgueilleux à tendances despotiques, il était imbu du concept de l'unité romaine. D'une vaste culture classique, doué d'une extraordinaire puissance de travail, mais de caractère faible, il subit diverses influences ; celle de l'impératrice Théodora*, associée au trône dès 527, fut le plus souvent positive. Son règne marqua le dernier grand effort pour la reconstitution de l'Empire romain dans son intégrité territoriale, mais aussi dans son unité institutionnelle et ecclésiastique. Au profit de sa politique occidentale, Justinien se hâta d'abord de liquider la guerre perse, concluant la paix avec Khosrō* I<sup>er</sup> (532).

**Justinien,** *l'évêque Maximien et la cour,* VI$^{e}$ s., Basilique San Vitale, Ravenne. *BIS/Phot. Scala © Archives Larbor*

Ensuite, par une série de campagnes victorieuses, menées par ses généraux Bélisaire* et Narsès*, il reprit aux Vandales* (→ **Gelimer**) presque toute l'Afrique du Nord (533), aux Ostrogoths* (→ **Vitigès, Totila**) l'Italie (535, 552) et aux Wisigoths* l'Andalousie (550 - 554). La Méditerranée devint «lac romain», mais l'Empire n'était guère solide. La guerre perse reprit en 540 (→ **Khosrō**) et la trêve ne fut achetée qu'en 562 au prix d'un lourd tribut. Les invasions des Huns et des Slaves dans les Balkans devenaient de plus en plus dangereuses. Diplomate habile, Justinien sut parfois exploiter la naïveté des chefs barbares, en leur prodiguant des titres honorifiques et des accueils fastueux dans la capitale ; l'évangélisation des pays danubiens et l'enracinement de l'influence byzantine en étaient favorisés. Mais il ne put soutenir la pression barbare qu'en payant des tributs et en multipliant les fortifications qui couvrirent ainsi tout point stratégique de l'Empire. Beaucoup plus brillante et solide fut l'action culturelle de Justinien, marquant le premier éclat de la civilisation byzantine : dans l'architecture et l'art de la mosaïque, l'édification des grands monuments de Constantinople*, dont Sainte*-Sophie (→ **Anthémios de Tralles**), de Ravenne* (San Vitale), de Salonique*, de Chalcédoine* ; dans la vie intellectuelle, l'essor des lettres (hymnographie, littérature ascétique) et de l'histoire (→ **Procope**). L'héritage le plus glorieux légué par Justinien est peut-être son œuvre législative, élaborée par ses jurisconsultes Tribonien* et Théophile* (Code justinien, *Institutes*, Digeste* ou *Pandectes*). Cette œuvre, évolution du droit romain, reste le fondement du droit civil moderne. Mais ses réformes administratives et sa politique sociale, visant les grands seigneurs terriens au profit de la classe moyenne, furent compromises par sa fiscalité, destinée à subvenir aux énormes charges des campagnes militaires, des constructions et du faste impérial. La sédition de Nika* (→ **bleus et verts**) et le massacre du peuple de Constantinople (532) accusent la contradiction fondamentale de la politique justinienne. Son intervention dans les affaires religieuses ne fut pas heureuse. Complaisante d'abord envers le pape et dressée contre les hérétiques (ariens, monophysites), elle aboutit à l'adoption du monophysisme et provoqua un nouveau schisme (→ **Vigile, Pélage I$^{er}$**). Le grand essor du monachisme enfin, qui devait prendre des dimensions étouffantes pour la vie économique et politique de l'Empire, débuta sous l'égide de Justinien et de Théodora. Ses erreurs et, surtout, l'échec de sa politique occidentale épuisant les ressources économiques et humaines pour l'utopie que fut la reconstitution de l'Empire romain ne sauraient faire oublier les grandes réalisations de son gouvernement qui valut au VI$^{e}$ s. de recevoir le nom de «siècle de Justinien».

**JUSTINIEN II Rhinotmète** → ÉTYM. «nez coupé» ♦ (669 - Sinope 711). Empereur byzantin (685 - 695 et 705 - 711), fils et successeur de Constantin IV et le dernier de la dynastie des Héraclides. Il partagea avec les Arabes, auxquels il payait tribut, le condominium sur Chypre, l'Arménie et la Géorgie et pratiqua une politique de repeuplement des régions désertées par des déportations massives. Mais la nouvelle invasion arabe en Géorgie (692) et en Afrique du Nord (depuis 693) et le mécontentement de larges couches de la population écrasées sous les impôts provoquèrent une révolte. Détrôné, ayant eu le nez coupé, et exilé en Chersonèse, il intrigua et s'assura l'aide des Bulgares qui le rétablirent sur le trône en 705. Il fit tuer Tibère* III et déclencha une cruelle répression qui provoqua une nouvelle révolte, au cours de laquelle il fut tué.

**JUTES** ♦ Peuple germanique établi dans le S. du Jutland. Une partie émigra en Grande-Bretagne au V$^{e}$ s. et fonda le royaume du Kent*.

**JUTLAND** n. m. → ÉTYM. en danois ***Jylland***; germ. «le pays *(land)* des Jutes*» ♦ Péninsule formant la partie continentale du Danemark et incluant, au sens large, la prov. allemande du Schleswig*-Holstein. Politiquement, la limite S. du Jutland est déterminée par le fjord de Flensburg. Le Jutland est baigné à l'O. par la mer du Nord, au N.-O. par le Skagerrak, au N.-E. par le Kattegat et à l'E. par la Baltique*. Il forme 3 régions danoises : le Jutland du Nord (*Nordjylland.* 7 927 km$^2$ ; 576 972 hab. CH.-L. : Ålborg), le Jutland central (*Midtjylland.* 13 142 km$^2$ ; 127 428 hab. Ch.-l. : Viborg) et le Danemark-du-Sud (*Syddanmark.* 12 191 km$^2$ ; 1 189 817 hab. Ch.-l. : Vejle). Le relief du pays, formé principalement de plaines sableuses aux nombreux lacs, rend l'agriculture difficile. Élevage, pêche. Tourisme. Indus. alimentaire, métallurgique et mécanique. ♦ ***Bataille navale du Jutland*** Le 31 mai 1916 et pendant la nuit jusqu'au 1$^{er}$ juin, la Grande Flotte britannique de l'amiral Jellicoe* s'opposa à la flotte allemande de haute mer de l'amiral von Scheer. Les Allemands réussirent à regagner leurs bases avec des pertes légèrement inférieures à celles de leurs adversaires, ce qui constituait un notable succès, mais les Britanniques n'en restèrent pas moins maîtres de la mer du Nord et continuèrent à interdire toute sortie aux escadres allemandes.

**JUVĀNĪ ('Alā' al-Dīn)** ♦ Historien persan (1225 - 1283). Protégé par la dynastie mongole, il devint gouverneur de Bagdad où il entretint une cour riche en savants et en hommes de lettres. Il écrivit l'*Histoire du conquérant de l'univers* (1260) qui raconte les exploits de Gengis Khan et de ses successeurs. Malgré un style artificiel et enflé, cet ouvrage comporte des témoignages historiques authentiques.

**JUVARA** ou **JUVARRA (Filippo)** ♦ Architecte, dessinateur, graveur et décorateur italien (Messine 1676 - Madrid 1736). Après des débuts comme graveur et décorateur de théâtre, il devint à Rome l'élève de Carlo Fontana* et fut nommé architecte du roi Victor-Amédée II de Savoie (1715). Architecte fertile et imaginatif, il construisit notamment la basilique et le monastère de Superga (1717 - 1731) dont le style se rattache à la tradition romaine du XVII$^{e}$ s. par l'ampleur et la massiveté des formes et l'emploi d'éléments classiques. Au château Stupinigi, près de Turin, 1729, il élabora un style original par son plan, son rythme spatial et son décor d'esprit rococo. Il donna aussi les plans grandioses et sobres du palais royal de Madrid, où il insistait particulièrement sur les horizontales, qui furent ensuite réduits et modifiés par Sacchetti.

**JUVÉNAL** → ÉTYM. en lat. ***Decimus Junius Juvenalis,*** de *juvenis* «jeune» ♦ Poète satirique latin (Aquinum, Campanie, v. 55 - v. 140). Auteur de seize *Satires* dans lesquelles il poursuivit avec une violence passionnée les vices de son époque, opposant à la Rome de son temps, dissolue et cosmopolite, la Rome traditionnelle, forte et pure, telle que l'ont exaltée Cicéron* et Tite*-Live.

**JUVÉNAL** ou **JOUVENEL DES URSINS (Jean)** ♦ Magistrat français (Troyes v. 1350 - Poitiers 1431). Prévôt des marchands de Paris (1388), il s'opposa aux bourguignons et contribua à faire donner la régence à Isabeau de Bavière (1408). ♦ **Jean Juvénal** (Paris 1388 - Reims 1473). Fils du précédent. Archevêque de Reims (1449), il participa à la révision du procès de Jeanne d'Arc (1456). Auteur d'une *Chronique de Charles VI.* ♦ **Guillaume Juvénal.** Magistrat et homme de guerre (Paris 1401 - *id.* 1472). Frère du précédent. Chancelier de France (1445), il ouvrit les états généraux de Tours (1468) sous Louis XI. ♦ **Jacques Juvénal** (mort en 1457). Frère du précédent. Prélat. Ce fut lui qui commanda le missel de Juvénal, orné de miniatures.

**Juvénal des Ursins.** *Guillaume Juvénal des Ursins* par Jean Fouquet (93 x 73,2 cm). Musée du Louvre, Paris. *Phot. © Arch. Smeets*

**JUVIGNAC** [34990] ← ÉTYM. anc. *Juviniacum*, p.-ê. du lat. *Juvinius*, n. de pers., et suff. *-acum* ♦ Comm. de l'Hérault, banl. O. de Montpellier. 5 592 hab.

**JUVISY-SUR-ORGE** [91260] ← ÉTYM. anc. *Gevisiacum*, p.-ê. du lat. *Gervasius*, n. de pers., et suff. *-acum* ♦ Ch.-l. de cant. de l'Essonne, arr. de Palaiseau, près du confluent de l'Orge et de la Seine. 11 937 hab. *(Juvisiens)*. Pont des Belles-Fontaines (1728) attribué à Gabriel. Observatoire créé par C. Flammarion en 1882. ▪ Centre ferroviaire.

**JUVONEN (Helvi Inkeri)** ♦ Poète finlandaise d'expression finnoise (Iisalmi 1919 - Helsinki 1959). Avant Anhava*, Haavikko* et Manner*, elle chercha dans des recueils de forme souvent traditionnelle, *L'Arbre nain* (1949), *Au jour le jour* (1954), *Fond de roche* (1955), à renouveler des thèmes lyriques. Elle exprime l'isolement de l'individu, découvre le reflet de l'univers dans les choses les plus petites et se penche avec compréhension et humour sur les animaux. Elle traduisit et commenta Emily Dickinson*.

**JUZIERS** [78820] ← ÉTYM. anc. *Gisiacensis*, du germ. *Giso*, n. de pers., et suff. *-iacum* ♦ Comm. des Yvelines, arr. de Mantes-la-Jolie, sur la Seine. 3 370 hab.

**JYLLAND** n. m. → Jutland

**JYTOMYR** – anc. ***Jitomir*** ♦ V. d'Ukraine, ch.l. de région, à l'O. de Kiev, en Volhynie. 277 875 hab. Marché agricole. Indus. mécanique et électronique. Textile (lin). ▮ **Histoire** Capitale d'une principauté indépendante de Volhynie, la ville passa ensuite sous la suzeraineté de la Pologne et fut annexée par la Russie en 1778. Elle fut de 1941 à 1943 l'enjeu de plusieurs batailles entre Allemands et Soviétiques.

**JYVÄSKYLÄ** ♦ V. de Finlande, sur la rive N.-O. du lac Païjänne. 85 402 hab. Univ. (en 1958). École supérieure pédagogique. ▪ Centre commercial et indus. du bois (scieries, meubles, papeteries, allumettes), métallurgie, indus. mécanique, dans un environnement remarquablement préservé. Manufacture d'armes.

# K

**K2** → Dapsang

**KAABA** ou **AL-KA'BA** n. f. ◆ ÉTYM. mot ar. désignant toute construction de forme cubique ♦ Édifice cubique se trouvant au centre de la mosquée sacrée de La Mecque. Dans l'angle oriental est scellée la Pierre noire, vers laquelle se tournent les musulmans pour prier. Lors du pèlerinage annuel, ils effectuent sept fois le tour de la Kaaba, baisant à chaque passage la Pierre noire. Selon le Coran, la Kaaba est d'origine abrahamique. L'édifice actuel, construit en pierre grise, date de la fin du VII$^{e}$ s. et a subi diverses restaurations.

**KABALEVSKI (Dmitri Borissovitch)** ♦ Compositeur russe (Saint-Pétersbourg 1904 - Moscou 1987). Caractérisée par la clarté de l'écriture et la grâce de la mélodie, souvent empruntée au folklore russe, son œuvre comprend des opéras (*Colas Breugnon,* d'après R. Rolland, 1937 ; *La Famille Tarass,* 1950), quatre symphonies, des suites d'orchestre, des concertos pour piano, violon, violoncelle, de la musique vocale, de scène et de film. Il a été professeur de composition au conservatoire de Moscou.

**KABARDES** n. m. pl. ◆ ÉTYM. du russe *karbarda* «loutre», de l'ossète *k'aef* «poisson» et *urd* «loutre» ♦ Peuple du Caucase du Nord, appartenant au groupe tcherkesse, pratiquant l'élevage et l'agriculture. Ils furent convertis à l'islam lors de la domination turque. Soumis aux Russes (1774), ils vivent aujourd'hui dans la république de Kabardino*-Balkarie.

**KABARDINO-BALKARIE** n. f. – off. ***république de Kabardino-Balkarie,*** en russe ***Kabardino-Balkarskaïa Respoublika*** ◆ ÉTYM. de *Kabardes** et *Balkars,* n. de peuples ♦ République de la fédération de Russie. → **Russie** (carte et tableau des divisions admin.). 12 500 km$^{2}$. 900 500 hab. (*Kabardes* et *Balkars*). LANGUES : kabarde, balkar, russe. POPULATION : Kabardes, 48 % ; Russes, 31 % ; Balkars, 9 % ; Ukrainiens. RELIGIONS : orthodoxes, musulmans. CAPITALE : Naltchik. La Kabardino-Balkarie est divisée en 8 districts. ▪ Le N.-E. du pays est occupé par une steppe ; le S.-O. par les montagnes du Grand Caucase. L'activité agricole est surtout représentée par l'élevage bovin et ovin. On cultive le blé, le maïs, les légumes et la vigne. Indus. mécanique (construc. d'équipement pour l'indus. pétrolière, machines agricoles). Centrale hydroélectrique à Baksan. ▮ **Histoire** Dès 1774, la région fit partie de l'empire russe. En nov. 1918, le régime soviétique y fut instauré. Après la guerre civile fut créée la région autonome de *Kabardie* (janv. 1922) qui engloba en 1936 la *Balkarie* et devint une République socialiste soviétique autonome. Elle proclama sa souverai-

**Kaaba.** Les pèlerins pendant le ḥajj. *Phot.© Kazuyoshi Nomachi/Corbis*

neté en 1991, comme république membre de la fédération de Russie. Certains nationalistes exigent une scission entre la Kabardinie et la Balkarie.

**Kabbale** n. f. ← ÉTYM. en hébr. *Qabbālāh* «tradition» ♦ Courant ésotérique et mystique du judaïsme manifeste dans l'Antiquité avec le livre d'*Hénoch**. Les deux enseignements les plus importants sont intitulés *maaseh Beréchit* («l'œuvre de Création») et *maaseh Merkavah* («l'œuvre du Char»). Les principaux ouvrages théosophiques sont le *Sefer* Yetsirah*, le *Sefer ha-Bahir* («Livre de la clarté», XIIe s.), rédigé en Provence, et le *Zohar** (v. 1300). Fondée sur des interprétations symboliques du texte biblique et des lettres qui le composent, la Kabbale représente le versant «intellectuel» de la mystique juive. I. Louria* en renouvela l'enseignement. Une interprétation hérétique en fut donnée par Sabbataï Zevi*.

**KABILA (Laurent-Désiré)** ♦ Homme d'État du Congo-Kinshasa (Moba, Katanga 1939 - Kinshasa 2001). D'origine luba, il rejoignit les maquis lumumbistes dans les années 1960. En 1996, il prit la tête des Tutsis banyamulenge du Kivu, soutenus par le Rwanda et l'Ouganda, et renversa le régime de Mobutu (mai 1997). Il fut assassiné en janv. 2001. ♦ **Joseph Kabila** (né en 1971). Fils du précédent. Homme d'État du Congo-Kinshasa. Il fut proclamé président de la République à la mort de son père (2001). Son élection en 2006 se fit, pour la première fois dans le pays, au suffrage universel.

**KABĪR** ♦ Sage musulman indien (Bénarès v. 1440 - Gorakhpur v. 1518). Simple tisserand, il élabora une philosophie mystique originale qui inspira Nānak* le fondateur du sikhisme. Il était illettré, et ce furent ses disciples qui recueillirent ses paroles et ses chants. Ces derniers formèrent le *Bījak* (écrit en hindi archaïque) et nombre d'entre eux furent incorporés plus tard dans le livre sacré des sikhs*, l'*Ādi-granth*. Kabīr était hostile à toute révélation. Il prêchait l'union et la concorde.

**KABOUL** ou **KABŪL** ← ÉTYM. probablt du n. *Kābul* rūd* ♦ Cap. de l'Afghanistan, située dans un bassin intra-montagnard à 1 800 m d'alt. 2 678 000 hab. C'est la principale ville universitaire et industrielle (textile, construction mécanique, cuir, plastique) du pays. ▮ Histoire Kaboul est l'anc. *Kaboura* des Grecs. Longtemps siège d'une principauté de second ordre, elle fut promue capitale de l'Afghanistan en 1775. Aux mains des talibans depuis 1996, la ville a été reconquise en nov. 2001 par les forces de l'Alliance du Nord aidées par les bombardements américains (→ **États-Unis**).

**KĀBUL RŪD** n. m. ♦ Riv. d'Afghanistan (env. 500 km), qui arrose Kaboul et Jalālābād*. Né vers 3 700 m d'alt. dans le massif du Kōh*-é Bābā, le Kābul rūd se jette dans l'Indus* à Attock (Pakistan). Sa partie terminale est navigable. Un escalier de 4 barrages hydroélectriques a été édifié à l'aval de Kaboul*.

**KABWE** – anc. ***Broken Hill*** ♦ V. de Zambie, centre routier et ferroviaire. 180 000 hab. Important centre minier : zinc et plomb à haute teneur. ▮ Histoire En 1921, on y a découvert le crâne de l'«Homme de Rhodésie» (Paléolithique supérieur).

**KABYLES** n. m. pl. ← ÉTYM. de l'ar. *qabā'ilī* «tribu», pl. de *qabīla* ♦ Population montagnarde d'origine berbère, plus ou moins arabisée, habitant la Kabylie et parlant un idiome berbère, le *kabyle*, en particulier en Grande Kabylie et dans l'O. de la Petite Kabylie (→ **Berbères**). Les Kabyles s'opposèrent à la pénétration française et la Grande Kabylie ne fut pacifiée qu'en 1857. Le décret Crémieux (1871) favorisant les juifs et l'installation des réfugiés alsaciens-lorrains provoqua l'insurrection de mars-oct. 1871. Pendant la guerre d'Algérie (1954 - 1962), les Kabyles furent à la pointe de la lutte contre la présence française. Revendiquant plus de démocratie et d'égalité, les jeunes Kabyles se sont révoltés contre le pouvoir algérien en avril 20001.

**KABYLIE** n. f. ← ÉTYM. en ar. ***Bilād al-Qabā'il*** «Pays des tribus» ♦ Massifs montagneux de l'Algérie, partie de l'Atlas tellien, en bordure de la Méditerranée (→ **Tell**), qui s'étendent de la Mitidja à l'O., à la plaine d'Annaba à l'E. POPULATION : Kabyles. Arboriculture intensive. Artisanat. ♦ ***Grande Kabylie ou Kabylie du Djurdjura*** Elle est limitée au S. et à l'E. par la vallée de la Soummam qui la sépare de la chaîne des Bibans. La chaîne du Djurdjura au S. est la plus élevée. ♦ ***Petite Kabylie ou Kabylie des Babors*** Elle est constituée essentiellement par la chaîne des Babors qui domine le golfe de Bejaïa. 2 004 m au Grand Babor. ♦ ***Kabylie de Collo*** Située au S. et à l'E. du cap Bougaroun, elle est très boisée (1 183 m). ♦ ***Kabylie orientale*** Elle est constituée par le massif de l'Edough et les montagnes entourant la plaine d'Annaba. → **Kabyles.**

**KĀCHĀN** ♦ V. du centre de l'Iran (Ispahan), à la lisière du désert du Kavir et proche du site de Tepe Sialk*. 253 509 hab. Mosquée du Vendredi (XIe - XIIIe s.). La ville est renommée pour ses céramiques (en déclin), ses tapis et son industrie textile.

**KACHCHH** – anc. ***Kutch*** (golfe ou rann de) ♦ Marais salé dont la taille varie selon les saisons, au N.-O. de la péninsule du Kathiawar (Gujarat). Ses bordures sont sableuses et sèches.

**KACHGAR** → **Kashi**

**KACHIN** n. m. ♦ État de Birmanie, occupant tout le N.-O. du pays, à la frontière chinoise. 89 041 km². 1 272 000 hab. *(Kachins)*. CAP. : Myitkyina. Agriculture : riz, canne à sucre. Mines d'or, d'argent, de cuivre ; jade. De souche tibéto-birmane et originaires du Yunnan et du Tibet oriental, les Kachins, animistes, furent faiblement christianisés au XIXe s. Ils se nomment eux-mêmes *Jingpaw*.

**KÁDÁR (János)** ♦ Homme politique hongrois (Fiume 1912 - Budapest 1989). Premier secrétaire du Parti communiste hongrois (1956), il fut placé par les Soviétiques à la tête du gouvernement de son pays (1956 - 1958 ; 1961 - 1965) après l'insurrection de Budapest (1956). Il resta premier secrétaire du PC jusqu'en 1988, date à laquelle il fut nommé au poste honorifique de président du parti avant d'être exclu du comité central (1989). ← ÉTYM. Ce nom hongrois signifie «tonnelier» (de *kád* «cuve») ou vient du serbo-croate *kadar* «capable».

**KADARÉ (Ismaïl)** ♦ Écrivain albanais (Gjirokastër 1936). Après des études de lettres achevées à Moscou, il se lança dans le journalisme, qu'il abandonna après la parution de son roman, *Le Général de l'armée morte* (1963) ; il eut le privilège ambigu de devenir un auteur reconnu au cœur du régime communiste. Ses romans s'inspirent des légendes de son pays (*Avril brisé*, 1980) ou retracent son histoire (*Chronique de la ville de pierre*, 1970 ; *Le Dossier H.*, 1989), ainsi que les relations serbo-albanaises au Kosovo (*L'Année noire ; Le cortège de la noce s'est figé dans la glace*). Il dépeint aussi le monde suffocant de la dictature, par le jeu de métaphores (*Le Palais des rêves*, 1981 ; *La Pyramide*), mais parfois aussi en référence explicite au totalitarisme d'Enver Hoxha* (*Le Grand Hiver*, 1973 ; *Le Concert*, 1988). Kadaré a écrit une quarantaine de romans ainsi que des essais d'esthétique (*Eschyle ou l'éternel perdant*, 1988) ou de politique (*Printemps albanais*, 1991, publié après avoir obtenu l'asile politique en France). ← ÉTYM. *Kadaré* a la même étymologie que *Kádár**.

**KADEN-BANDROWSKI (Juliusz)** ♦ Écrivain polonais (Rzeszów 1885 - Varsovie 1944). Héritier de la veine expressionniste, il écrivit des romans politiques, *Le Général Bartch* (1922) et *Ailes noires* (*Léonora*, 1925 ; *Tadeusz*, 1926) où il évoque la lutte pour le pouvoir entre les partis et les factions à l'époque de Piłsudski. Il prit part à l'insurrection de Varsovie et fut tué en août 1944.

**KADHAFI (Muammar AL-)** ♦ Homme d'État libyen (Syrte 1942). Officier, il arriva au pouvoir en 1969 à la faveur d'un coup d'État militaire pronassérien qui renversa la monarchie représentée par le roi Idris. En 1979, il démissionna de son poste de secrétaire général du Conseil général du peuple (CGP), organe qui avait remplacé en 1976 le Conseil de commandement de la révolution (CCR). Depuis il n'a pas de fonctions officielles. «Guide de la révolution», il reste cependant le seul détenteur du pouvoir. Sa théorie de la «troisième voie» (à mi-chemin du capitalisme et du marxisme) a été consignée dans les trois tomes du *Livre vert* publiés entre 1976 et 1979. Après avoir été le chantre du panarabisme, il se convertit vers la fin des années 1990 au panafricanisme. Depuis les années 2000, Kadhafi s'est tourné vers l'idéologie néolibérale et sa politique s'est assouplie pour briser l'isolement dans lequel l'avait enfermé son soutien supposé à des mouvements terroristes mais son attitude ambiguë et provocatrice reste un handicap dans ses relations avec les pays occidentaux. ← ÉTYM. *Muammar* vient de l'arabe *mu'ammar* «florissant, durable», et *Kadhafi*, de *al qadhāfi* «qui lance».

**KADIEVKA** → **Stakhanov**

**KADIKÖY** → **Chalcédoine**

**KADIMA** ← ÉTYM. hébr. «en avant» ♦ Parti politique israélien centriste fondé par Ariel Sharon* en nov. 2005 pour la poursuite du processus unilatéral de retrait des territoires palestiniens occupés. Il fut dirigé par Ehud Olmert, qui rassembla autour de lui les dirigeants ayant rejoint Ariel Sharon, dont Shimon Peres*, puis par Tzipi Livni à partir de sept. 2008. → **Israël.**

**KADJARS** ou **QĀDJĀRS** n. m. pl. ♦ Dynastie fondée par le chef d'une tribu turkmène, Āghā Muḥammad Chāh, qui régna sur la Perse de 1794 à 1925. Les principaux souverains kadjars furent, outre Āghā Muḥammad, Fath 'Alī Chāh (1797 - 1834), Muḥammad Chāh (1834 - 1848), Nāser* al-Dīn (1848 - 1896), Muzaffar* al-Dīn (1896 - 1906), Muḥammad 'Alī Mirzā (1907 - 1909), Aḥmad Chāh (1909 - 1925). Les Pahlavi succédèrent aux Kadjars. → **Iran.**

**KADPHISES** ♦ Nom de deux souverains de tribus de Yuezhi (Kushans*) venues de Chine et qui s'établirent vers 25 dans le Gandhara* et la haute vallée du Gange, y succédant aux satrapes indoperses. Kadphises II fut battu par les Chinois vers l'an 78.

**KADUNA** ← ÉTYM. du n. de la riv. *Kaduna*, de *kadda* «crocodile» ♦ V. du Nigeria, cap. de l'État de Kaduna. 993 642 hab. Cimenterie. Indus. textiles (coton) et alimentaires.

**KAÉDI** ← ÉTYM. déformation fr. de *Kây Heydii* «le roi Kây a faim» ♦ V. de Mauritanie, sur la rive d. du Sénégal. 35 000 hab. Centre politique du S. Centre zootechnique. Abattoirs frigorifiques et agriculture.

**KAESŎNG** ou **GAESONG** ♦ V. de Corée* du Nord, au N. de Séoul*. 140 000 hab. Deuxième ville du pays, ce fut l'ancienne capitale de l'État du Koryŏ* du Xe au XIVe s. Indus. de la porcelaine.

**KAFIRISTAN** → **Nouristan**

**KAFIR(S)** n. m. (pl.) ♦ Ancien nom donné par les Afghans musulmans aux populations du Nouristan* appelées aujourd'hui Nouristanis. Le nom, qui signifie «infidèle» en persan et en arabe, s'explique par le paganisme qui s'est maintenu dans la région jusqu'en 1896, date de sa conversion forcée à l'islam après incorporation dans l'État afghan. Ces populations (env. 100 000 hab.) parlent une langue indo-aryenne archaïque du groupe darde, le kalācha. Les derniers Kafirs, non encore islamisés, sont les Kalāchs du Chitral* qui parlent une langue indo-aryenne archaïque. En Afrique, *Kāfir* est le nom donné par les musulmans aux animistes, en particulier en Afrique australe. → **Cafrerie.**

**KAFKA (Franz)** ♦ Écrivain tchèque d'expression allemande (Prague 1883 - sanatorium de Kierling, près de Vienne 1924). **▮ Un triple héritage culturel** Issu de la bourgeoisie commerçante juive germanisée, vivant au sein d'une population tchèque sous la domination austro-hongroise, il fut marqué par ce triple héritage culturel. De l'héritage juif, ce «fantôme de judaïsme» dans lequel il avait été élevé, il rejeta d'abord les traditions, mais il découvrit à partir de 1910 la littérature yiddish, la Bible, les textes hassidiques et la langue hébraïque, tout en témoignant également d'un certain intérêt pour le mouvement sioniste, dans lequel l'attirait surtout l'idéal communautaire des premières colonies juives de Palestine. Quant à l'héritage slave, il lut les auteurs russes (notamment Dostoïevski), s'initia aux théories de socialistes et anarchistes tels que Herzen et Kropotkine, fréquenta les milieux de l'avant-garde tchèque. Enfin, il fit toutes ses études en allemand, assimilant l'héritage culturel germanique. Enrichissante, cette situation fut aussi pour Kafka profondément troublante ; elle rendit plus aigu le sentiment de sa différence et presque impossible une véritable intégration dans un des milieux pragois. **▮ La passion de l'écriture** Mais l'existence de Kafka était menacée par une insécurité plus originelle et plus profonde. Cet être de faible constitution physique et psychique, sujet aux maux de tête et aux insomnies bien avant d'être atteint de tuberculose, cet être qui ne put s'affranchir totalement de la tutelle et de l'image paternelles (*Lettre au père*, écrite en 1919 mais jamais envoyée) tenta désespérément de lutter contre tout ce qui pouvait le dominer, l'asservir, mais ce fut au prix d'une solitude de plus en plus complète, d'une rupture toujours plus grande entre son moi intime et le monde indéchiffrable, hostile, les autres. Après des études de droit, Kafka occupa des postes d'employé dans des maisons d'assurances (1908 - 1922) ; mais ce travail de bureaucrate lui pesait ; son existence était ailleurs, tout entière centrée sur sa seule passion, l'écriture. Il lui sacrifia une vie «normale», et, après des années d'hésitations douloureuses, renonça au mariage (un peu comme Kierkegaard, qu'il découvrit en 1913), rompit deux fois ses fiançailles, d'abord avec Felice Bauer (1914 - 1917), puis avec Julie Wohruzek (1919 - 1920), et mit fin à ses relations avec Milena Jesenská-Pollak (traductrice tchèque de ses œuvres). Ce n'est qu'avec Dora Dymant qu'il connut quelques mois de bonheur (1923 - 1924), mais il était déjà condamné par la tuberculose déclarée en 1917. **▮ Une angoisse «kafkaïenne»** Le *Journal* de Kafka (rédigé de 1910 à 1920), son abondante correspondance (en particulier les *Lettres à Felice* et *à Milena*) sont d'une importance décisive pour comprendre ses conflits, ses angoisses et son œuvre elle-même. Entremêlant motifs romanesques et problèmes personnels, les récits et romans de Kafka ont assurément une valeur autobiographique, bien qu'ils ne se laissent pas cerner par une explication psychologique, ni sociologique ou théologique, d'ailleurs. Dans une langue sobre et minutieuse, Kafka a tenté d'éclairer la vie quotidienne, familière, faisant pénétrer le lecteur dans un univers irréel, dont la cohérence absolue donne une angoissante impression de présence, de réalité. Son «fantastique» absurde et cruel rend presque insupportable l'expérience de la dissociation entre l'homme et le monde, de la conscience engluée dans un corps qu'elle ressent comme étranger (thème de la «métamorphose»), de la culpabilité d'autant plus étouffante qu'elle est sans motif objectif et le sentiment de déréliction de l'homme emmuré dans sa solitude face au labyrinthe d'un univers inachevé et à une transcendance qui toujours se dérobe. **▮ L'œuvre** L'œuvre de Kafka, relativement peu connue de son vivant, bannie sous le nazisme, fut redécouverte après la guerre. Elle comprend des récits et des nouvelles : *Description d'un combat* (1906, partiellement publié en 1909) ; *Préparatifs de noces à la campagne* (écrit en 1908) ; *Contemplation* (1908) ; *La Métamorphose** (1912, publ. 1915), *Le Verdict* (1912, 1916) ; *La Colonie pénitentiaire* (1914, 1919) ; *Un médecin de campagne* (1916, 1920) ; *Premier chagrin* (1921) ; *Un champion de jeûne* (1922) ; *Une petite femme* (1923) ; *Le Terrier* (1923) ; *Joséphine la cantatrice* (1924) ; *La Muraille de Chine* (publ. 1931) et trois romans inachevés publiés après la mort de Kafka (et contre sa volonté) par son ami Max Brod* : *Amérique* (1912, publ. 1927) ; *Le Procès** (1914, publ. 1925) ; *Le Château** (1922, publ. 1926). ➝ **ÉTYM.** *Kafka* est l'orthographe allemande du tchèque ou du slovaque *kavka* «choucas».

**KAFR AL-ZAYYĀT** ♦ V. de Basse-Égypte (gouvernorat de Gharbieh), sur le Nil (branche de Rosette). 74 854 hab. Centre indus.

**KAFŪR (Abū al-Misk)** ♦ Gouverneur d'Égypte (mort en 968). Noir abyssin, il fut eunuque au harem de Muḥammad al-Ikhchīd avant de devenir précepteur des enfants de son maître. Militaire habile, il assuma la régence à la mort de Muḥammad (946) et défendit l'Égypte contre les visées des Hamdanides* d'Alep et celles des Fatimides*. À la mort des deux fils de Muḥammad, il fut nommé gouverneur d'Égypte par le calife de Bagdad (966 - 968). Après lui, les Fatimides occupèrent l'Égypte. ▪ Kafūr est célèbre dans la littérature arabe par les panégyriques et surtout les satires qu'écrivit sur lui le fameux poète al-Mutanabbī*.

**KAGAMÉ (Alexis)** ♦ Philosophe et poète rwandais d'expression française (Kiyanza 1912 - Nairobi 1981). Prêtre, devenu professeur d'ethnologie à l'Université nationale du Zaïre, il œuvra pour la sauvegarde des traditions orales de la langue kinyarwanda (*Bref Aperçu de la poésie dynastique au Rwanda*, 1951). *La Divine Pastorale* (1952), *La Naissance de l'univers* (1956) recueillent les cosmogonies et les poèmes des gardeurs de troupeaux. Il publia des essais sur *La Philosophie bantoue et rwandaise de l'Être* (1956) et une *Introduction aux grands genres lyriques de l'ancien Rwanda* (1969). Son œuvre poétique fait largement appel au matériau mythologique rassemblé dans ses travaux.

**KAGEL (Mauricio Raúl)** ♦ Compositeur argentin (Buenos Aires 1931 - Cologne 2008). Il créa en 1954 un orchestre de chambre à Buenos Aires et, en 1956, alla travailler au studio de musique électronique de Cologne. Il a pratiqué les techniques aléatoires (*Transición II*, 1958 ; *Diaphonie*, 1962), fait des essais de théâtre musical (*Sur scène*, 1960 ; *Antithèse, phonophonie, tremens*, 1962 - 1965), s'est livré à des recherches sur les sonorités, parfois violemment critiquées (*Anagrama*, 1957 - 1958 ; *Improvisation ajoutée*, 1961 - 1962 ; *Der Schall*, 1968). Citons encore l'opéra *Staatstheater* (1970), *Die Erschöpfung der Welt* (1981), *Prince Igor, Stravinsky* (1982), *Passion selon Bach* (1985), *Liturgien* (1990).

**KAGERA** n. f. ➝ **ÉTYM.** d'un mot africain «aller en profondeur» ♦ Riv. d'Afrique orientale (400 km) séparant le Rwanda du Burundi et de la Tanzanie, et se jetant dans le lac Victoria. Elle est considérée comme la branche mère du Nil. **▮ Histoire** Nombreux vestiges préhistoriques. L'occupation du «saillant» à l'embouchure de la rivière, par Amin Dada en 1978, provoqua l'intervention de la Tanzanie et la chute du dictateur.

**KAGOSHIMA** ♦ V. du Japon (Kyūshū), ch.-l. de préf., sur la rive O. de la baie de Kagoshima, au S. de l'île. 604 367 hab. Grand centre commercial et universitaire. Indus. de la porcelaine. Chantiers navals. Pêche. **▮ Histoire** François* Xavier y débarqua en 1549 et y fonda la première communauté chrétienne. La ville, propriété du clan Satsuma opposé à l'ouverture du Japon à l'étranger, fut bombardée par la flotte britannique en 1863, incendiée en 1877.

**KAHLO (Frida)** ♦ Peintre mexicaine (Coyoacán, Mexico 1907 - *id.* 1954). Épouse de Diego Rivera*, elle fréquenta les surréalistes. Ses œuvres, très colorées, imprégnées de tradition populaire, s'inspirent également du surréalisme. On lui doit de nombreux autoportraits.

Frida **Kahlo.** *Autoportrait aux cheveux défaits* (61 x 45 cm), 1947. Christie's, New York. *BIS/Phot. © Christie's, New York/ADAGP, 2008.*

**KAHN (Gustave)** ♦ Poète français (Metz 1859 - Paris 1936). Auteur de romans, chroniques littéraires (dont *Symbolistes et Décadents*, 1902) et ouvrages de critique d'art. Fondateur, avec Moréas*, des revues *La Vogue*, puis *Le Symboliste* (1886), il fut le théoricien et l'adepte du vers libre et écrivit plusieurs recueils lyriques : *Les Palais nomades* (1887), *Domaine de fées* (1895), *Le Livre d'images* (1897).

**KAHN (Abraham,** dit **Albert)** ♦ Banquier philanthrope (Marmoutier, Bas-Rhin 1860 - Boulogne-sur-Seine 1940). Issu d'une famille juive alsacienne qui opta pour la nationalité française après 1870, Kahn fit fortune grâce à des opérations boursières. Il créa diverses institutions vouées à la paix dans le monde, fondées sur la connaissance des sociétés étrangères. Outre des publications, il a laissé une collection de photographies en couleur et de films noir et blanc (Les Archives de la planète) et des jardins qui font partie du musée Albert-Kahn, à Boulogne-Billancourt. ➝ ÉTYM. *Kahn* est la variante alsacienne de *Cohen**.

**KAHN (Louis)** ♦ Architecte américain d'origine estonienne (île de Saaremaa 1901 - New York 1974). Considéré comme l'un des représentants majeurs de l'architecture rationaliste, en rupture avec le style de Mies* van der Rohe, il utilisa de préférence le béton brut ou la brique, qui valorisent les effets de masse. Ses réalisations (Galerie d'art de Yale, 1952 - 1954 ; Centre de recherches médicales de l'université de Pennsylvanie à Philadelphie, 1959 - 1962, institut Salk à La Jolla, Californie) manifestent un goût marqué pour le néoclassicisme et les références au passé médiéval (synagogue de Philadelphie), voire à la Rome impériale.

**KAHN (Richard Ferdinand)** baron **DE HAMPSTEAD** ♦ Économiste britannique (Londres 1905 - Cambridge 1989). Son analyse sur *La Relation de l'investissement national au chômage* (1931), qui influença Keynes, marque une étape importante dans la pensée économique. À l'encontre du libéralisme traditionnel, elle met en question l'idée d'une tendance spontanée du système capitaliste vers l'équilibre du marché du travail et affirme la nécessité d'investissements publics pour lutter contre le chômage.

**KAHNEMAN (Daniel)** ♦ Psychologue et mathématicien israélo-américain (Tel-Aviv 1934), initiateur de l'économie expérimentale. Aux confins de la psychologie et de l'économie, ses recherches ont montré comment la décision des individus peut systématiquement s'écarter des prédictions de la théorie économique traditionnelle, introduisant une «variable d'irrationalité» dans les calculs. [Prix Nobel d'écon. 2002 avec V. L. Smith*]

**KAHNWEILER (Daniel-Henry)** ♦ Marchand de tableaux et critique d'art français d'origine allemande (Mannheim 1884 - Paris 1979). Il contribua largement à faire connaître les cubistes et les fauves (Derain, Vlaminck, Picasso, Gris, Léger). Comme critique, on lui doit notamment *Der Weg zum Kubismus* («Vers le cubisme», 1920).

**KAIBARA Ekken** ♦ Philosophe japonais (Kyūshū 1630 - 1714). Médecin de formation, il popularisa les principes néoconfucéens au Japon dans de nombreux écrits (plus de cent) qui influencèrent profondément la vie sociale aux XVIIe et XVIIIe s. au Japon.

**KAIETEUR FALLS** ➝ ÉTYM. «chutes de Kaieteur» ♦ Chutes du Potaro, en Guyana, hautes d'env. 200 m (4 fois les chutes du Niagara).

**KAIFENG** ou **K'AI-FONG** ♦ V. de Chine (Henan), sur le Huang he, que les crues inondèrent plusieurs fois. 578 635 hab. Anc. capitale impériale, notamment sous la dynastie des Song* du Nord, sous le nom de Bianliang ou Bianjing, Kaifeng possède de nombreux monuments historiques : un des plus anc. couvents bouddhiques chinois (Xiangguosi, fondé en 555, reconstruit en 1766), la pagode de Fer (1049), le pavillon des Dragons (reconstruit au XVIIe s.). ▪ Centre commercial et industriel. ▪ Installée depuis le XIIIe s., une communauté juive, qui comptait 70 000 familles en 1489, ne compte plus auj. que 200 personnes.

**KAIFU Toshiki** ♦ Homme politique japonais (Aichi 1931). Premier ministre de 1989 à 1991, il fut très populaire en raison de son image d'honnêteté, après une vague de scandales (→ **Takeshita Noboru**) sans précédent qui ébranla le Parti libéral-démocrate au pouvoir, et par l'efficacité de son intervention pour apaiser l'hostilité des États-Unis face aux exportations japonaises.

**KAILAS (Frans Uuno)** ♦ Poète finlandais d'expression finnoise (Heinola 1901 - Nice 1933). Ses premiers recueils *Le Vent et l'Épi* (1922), *Les Navigateurs* (1925) contiennent des poèmes sensuels et exotiques ainsi que des touches d'humour. Névrosé et tuberculeux, obsédé par l'idée de la culpabilité et de la mort, il exposa ses terreurs dans des poèmes d'inspiration quelquefois expressionniste (*Nu-Pieds*, 1929 ; *Le Sommeil et la Mort*, 1931) et chercha la consolation dans un retour à l'enfance, toujours décevant.

**KAÏNARDJI** → **Kutchuk-Kaïnardji**

**KAINJI** ♦ Barrage hydroélectrique du Nigeria, ouvrage le plus important aménagé sur le Niger* (lac artificiel de 1 295 km$^2$ et de 130 km de long), terminé en 1968.

**KAIROUAN** ➝ ÉTYM. en ar. emprunté au persan ***al-Qayrawān*** ou ***al-Qīrwān*** «place forte» ♦ V. de Tunisie centrale, ch.-l. de gouvernorat, dans une plaine steppique. 117 903 hab. Ville sainte de l'islam. Nombreuses mosquées dont la Grande Mosquée (Djama Sidi Okba, en majeure partie du IXe s.) et la mosquée des Trois-Portes (Djama Tleta Bibane, IXe s.). ▪ Fabrication de tapis. Manufacture de tabac. ▮ **Histoire** Les débuts de Kairouan, fondée en 670 par Okba ibn Nafi, furent difficiles en raison de l'hostilité des Berbères. Elle devint une cité florissante, capitale de l'Ifrīqiya, au IXe s. avec les Aghlabides. Les Fatimides l'abandonnèrent au profit de Mahdia, mais le calife al-Manṣūr, au Xe s., transféra sa capitale à Kairouan. Détruite en 1057 par les tribus arabes des Hilaliens, cité déserte au XVIe s., elle fut relevée au XVIIe s. par la dynastie husseïnite.

Désert du **Kalahari.** *Phot. © Pichugin Dmitry /Shutterstock*

**KAISER (Georg)** ♦ Auteur dramatique allemand (Magdeburg 1878 - Ascona 1945). S'inspirant des sujets que lui proposait une actualité sans cesse renouvelée, influencé par l'expressionnisme, son théâtre se caractérise par un permanent «jeu d'idées» *(Denkspiel)*. Interdit dès 1933 par le national-socialisme, il fuit aux Pays-Bas puis en Suisse. Œuv. princ. : *Les Bourgeois de Calais* (1914), *De l'aube à minuit* (1916), *Le Soldat Tanaka* (1940).

**KAISER (Henry John)** ♦ Industriel américain (Sprout Brook, New York 1882 - Honolulu 1967). Constructeur de routes et autoroutes (1921 - 1930), de barrages géants (1930 - 1938), il fonda en 1939 la première entreprise du monde pour la production de ciment ; il appliqua (1940) la préfabrication à la construction des navires, moyen qui permit, en deux ans, la constitution du tiers de l'effectif qui effectua le débarquement allié en Europe ; il réalisa également les premiers porte-avions préfabriqués (1942). Il se consacra ensuite aux habitations préfabriquées et aux automobiles.

**KAISERSLAUTERN** ➝ ÉTYM. anc. *Lūtra*, du vx haut all. *hlūttar* «(cours d'eau) pur, clair» et *Kaiser* (l'empereur Frédéric Ier Barberousse) ♦ V. d'Allemagne (Rhénanie-Palatinat), à l'O. de Mannheim. 105 831 hab. Centre indus. et de recherche en haute technologie. À proximité se trouve la base américaine de Ramstein, au cœur de la forêt du Palatinat. ▮ **Histoire** L'anc. *Lautern* (mentionnée dès 882) devint ville impériale en 1276. Au cours de la guerre de Trente Ans, elle fut prise successivement par les Espagnols, les Suédois, puis les Impériaux. En 1793, Hoche y fut battu par les Austro-Prussiens. Sous l'Empire, ce fut une sous-préfecture du département français du Mont-Tonnerre.

**KAISERSTUHL** n. m. ➝ ÉTYM. all. «trône de l'empereur» ♦ Petit massif volcanique d'Allemagne (Bade-Wurtemberg) pointant à 556 m au milieu de la plaine de Bade, entre le Rhin et la Forêt-Noire. Vignobles.

**KAJAVA (Viljo Lennart)** ♦ Poète et prosateur finlandais d'expression finnoise (Tampere 1909 - 1998). Militant de gauche avec Turtiainen* et Vala* dans le groupe *Kiila*, il publia avant la guerre les recueils *Les Bâtisseurs* (1935), *Adieu, oiseau migrateur* (1938). Il évoque les émotions humaines dans un style allusif utilisant des images simples prises à la nature dans *Les Mains ailées* (1949), *Chacun d'entre nous* (1954), et manifeste son intérêt pour les opprimés dans *Les Dix Points cardinaux* (1961) et *Les Rêves de l'artisan* (1968). Dans ses nouvelles, *Femmes solitaires* (1950), il élabore une situation psychologique à partir de détails apparemment insignifiants.

**KAKIEMON (SAKAIDA Kakiemon,** dit**)** ♦ Potier de Hizen [anc. prov. du Japon] (1596 - 1666). Il instaura un style japonais (matière transparente, glaçure laiteuse) dégagé des influences chinoise et coréenne mais l'abâtardit de décorations dorées pour répondre aux exigences de la Compagnie hollandaise des Indes orientales. Son surnom caractérise ce style qui influença les productions européennes ultérieures.

**KAKINADA** – anc. ***Cocanada*** ♦ V. de l'Inde (Andhra Pradesh) à la limite N. du delta de la Godavari. 368 672 hab. Port de pêche et petit centre industriel.

**KAKINOMOTO NO HITOMARO** ♦ Poète japonais (v. 665 - v. 710). L'un des cinq grands poètes du *Man'yōshū*, il est parfois considéré comme le kami* (divinité shintoïste) de la poésie. ➝ ÉTYM. *Kakinomoto* vient du japonais *kaki* «dattier», *motto* «racine, origine» et *Hitomaro*, de *hito* «homme», *maro* «je, vous».

**KAKUYŪ** ou **TOBA Sōjō** ♦ Peintre et religieux bouddhiste japonais (1053 - 1114) de noble origine, auteur de dessins humoristiques célèbres *(Chōjūgiga)* et de caricatures d'animaux.

**KALA (EL-)** – anc. *La Calle* ♦ V. d'Algérie (wilaya d'at-Tarf), sur la côte de Kroumirie. 19 515 hab. Port. ▪ Un établissement français y fut fondé au XVIII^e s.

**KALAHARI** (désert du) n. m. ◆ ÉTYM. du mot local *Karri-Karri* «désert» ♦ Cuvette fermée de l'Afrique australe, traversée par le tropique du Capricorne et s'étendant en majeure partie sur le Botswana. Le N. et l'O. de ce désert se caractérisent par l'étendue de marécages saumâtres (dépression de l'Okavango*), le S. présentant des aspects dunaires ; à l'E. se trouve la dépression saumâtre de Makgadikgadi, exploitée pour son sel. Il est plus facilement pénétré que le Sahara par les influences océaniques du S.-O., d'où les écarts thermiques moins accusés et une humidité plus abondante. Le Kalahari est habité par les Bochimans*.

**KALAMATA** ♦ V. de Grèce au S. du Péloponnèse, ch.-l. du nome de Messénie. 45 090 hab. Château des Villehardouin (1208) ; églises byzantines (X^e - XII^e s.). Centre commercial et de services, quelques indus. textiles et agroalimentaires (huile, fruits, légumes). Tissage de la soie. ▮ **Histoire** La ville moderne, bâtie sur l'emplacement de la *Phérae* homérique, prit de l'importance avec l'arrivée des croisés francs (1206) et devint le fief des Villehardouin. Passée successivement aux Florentins et aux Angevins, elle fit ensuite partie du despotat byzantin de Mistra (1425). Les Vénitiens l'enlevèrent aux Turcs (1685 - 1715). Elle fut incendiée par Ibrahim Pacha lors de la guerre d'indépendance de la Grèce (1825) et dévastée par un séisme en 1989.

**KALDOR (Nicholas)** ♦ Économiste britannique (Budapest 1908 - Papworth Everard, Cambridgshire 1986). S'inspirant des travaux de Keynes et de la pensée de Marx, il a élaboré une théorie de la répartition du revenu national qu'il lie à une analyse de la croissance économique (relation entre l'investissement et le taux de profit), tendant ainsi à donner une explication d'ensemble du développement du capitalisme (*Alternative Theories of Distribution*, 1955 - 1956 ; *A Model of Economic Growth*, 1957).

**KALECKI (Michał)** ♦ Économiste polonais (Łódź 1899 - Varsovie 1970). Auteur d'un des premiers modèles mathématiques du cycle des affaires, il a élaboré une théorie de la répartition du revenu national qui, comme celle de Keynes, fait de l'insuffisance de l'investissement la cause du chômage et affirme, contrela thèse néoclassique du marché du travail, qu'«une diminution du salaire réel tend à engendrer une diminution du degré de l'emploi de la capacité de production dans l'économie» (H. Denis). Œuv. princ. : *Études sur la théorie des fluctuations économiques*, 1939 ; *Théorie de la dynamique économique*, 1954.

Le **Kalevala** ♦ Épopée populaire finnoise, qui résulte de la compilation des chants connus par la tradition orale que se fit dicter par les poètes populaires Elias Lönnrot* de 1828 à 1834 (*Laulajat*). Lönnrot groupa ces chants en petits cycles dont il forma un recueil : *Le Kalevala*. Le poème, de 12 000 vers, est diviséen douze chants. ▪ Un premier *Kalevala* parut en 1835, un second en 1849. Toute la poésie traditionnelle de la Finlande y est réunie.

**KALGAN** → **Zhangjiakou**

**KALGOORLIE** ♦ V. d'Australie-Occidentale située à 40 km à l'O. de l'ancienne ville minière de Coolgardie, sur la voie ferrée australienne de l'O., dans une zone au climat aride. 30 196 hab. Kalgoorlie reste le centre administratif pour toutes les activités de la région. Métall. En 1966, on a découvert au S. de la ville l'important gisement de nickel de Kampala. L'or y fut découvert en 1887 - 1888 et la ville devint le centre de la ruée vers l'or ; les gisements commencèrent à décliner en 1903.

**KĀLĪ** ◆ ÉTYM. «la Noire» ♦ Divinité hindoue, forme terrible de la *Devī* ou grande déesse. C'est une des épouses de Shiva*. Surtout vénérée au Bengale, elle est honorée par des sacrifices sanglants.

**KĀLIDĀSA** ◆ ÉTYM. sanskr. *kālidāsa* «serviteur *(dāsa)* de Kālī» ♦ Poète et auteur dramatique indien (IV^e - V^e s.), auteur en sanskrit de pièces de théâtre qui connurent un grand succès jusqu'à nos jours, tels *l'Anneau de Śakuntalā** ou *Le Nuage messager*.

**Kalila et Dimna** ♦ Nom donné dans la tradition arabe, d'après le nom de deux chacals qui introduisent les récits (Karataka et Damanaka dans la version d'origine), à la version du *Pañcatantra**. Due à Abdallah ibn al-Muqaffa (v. 750), elle se base sur la traduction du texte sanskrit en pahlavi par Burzoë (Burzuyeh, vers 570). Ellemême déclinée en plusieurs langues, elle inspira, après les auteurs de fabliaux, La Fontaine qui connut «Pilpay» par une traduction française d'une version persane et une traduction latine de la version grecque.

**KALIMANTAN** ♦ Partie indonésienne de l'île de Bornéo*, comprenant 4 provinces administratives : Kalimantan Timur (Est), 202 440 km², cap. Samarinda* ; Kalimantan Selatan (Sud), 37 660 km², cap. Banjarmasin* ; Kalimantan Tengah (Centre), 152 600 km², cap. Palangka Raya ; Kalimantan Barat (Ouest), 146 760 km², cap. Pontianak*, totalisant à elles quatre 539 460 km² et 10 948 510 hab. Ports : Balikpapan, Samarinda, Pontianak, Banjarmasin. Pétrole, gaz naturel et bois (41,5 millions d'ha de forêts) sont exploités très intensivement. Depuis 1977, exportation de gaz naturel liquéfié. Un conflit interethnique, particulièrement violent en 2001, oppose les Dayaks*, population locale, et les Madurais* implantés massivement dans l'île par Suharto entre 1966 et 1998. → **Indonésie.**

**KALININE (Mikhaïl Ivanovitch)** ♦ Homme politique soviétique (Verkhniaïa Troïtsa, gouv. de Tver 1875 - Moscou 1946). Il participa à la révolution de 1905 - 1907 et fut l'un des fondateurs du journal *Pravda* (1912). Élu président du Comité exécutif central des Soviets et membre du Comité central du parti (1919), puis membre du bureau politique (1926), il devint président du præsidium du Soviet suprême de l'URSS (1938 - 1946), sans exercer une influence personnelle sur la politique soviétique. ◆ ÉTYM. *Kalinine* vient de *Kalinik*, du grec *kallinikos*, de *kalos* «beau» et *nikê* «victoire».

**KALININE** → **Tver**

**KALININGRAD** ◆ ÉTYM. russe «ville *(grad)* de *Kalinine**» – jusqu'en 1946 *Königsberg* ♦ V. de Russie, ch.-l. de région et port sur le Pregolia (125 km), près de son embouchure dans la mer Baltique. 430 300 hab. Univ. (depuis 1544). Construc. navales et mécaniques. Centre de pêche (conserveries). Diverses indus. alimentaires. ▮ **Histoire** → **Königsberg.**

**KALIOUB** – en ar. *Qalyūb* ♦ V. de Basse-Égypte, au N. du Caire (gouvernorat de Kalioubeh). 106 804 hab.

**KALISZ** ◆ ÉTYM. de *Callissia* (V. ci-dessous) ♦ V. de Pologne, voïvodie de Grande-Pologne, sur la Prosna. 108 477 hab. Indus. textile, métallurgique, chimique et alimentaire. ▮ **Histoire** Considérée comme la plus ancienne ville de Pologne, identifiée avec *Callissia* (citée par Pline au I^er s. et par Ptolémée au II^e s.), la ville, située sur la «voie de l'ambre» qui conduisait de l'Empire romain à la Baltique, se développa comme marché et prit un grand essor jusqu'au XVI^e s. Ravagée par les Suédois au XVII^e s., elle fut détruite par les Allemands en 1914, et reconstruite entre 1920 et 1925.

**KALKBRENNER (Friedrich)** ♦ Pianiste allemand (en voyage, entre Kassel et Berlin 1785 - Enghien-les-Bains 1849). Élève de son père, CHRISTIAN KALKBRENNER (1755 - 1806) qui fut maître des chœurs à l'Opéra, il étudia au conservatoire de Paris puis à Vienne où il se lia avec Beethoven et J. Haydn. Associé de Pleyel*, il connut Chopin qui lui dédia son premier concerto. Ami de Liszt et de Schumann, il fit une brillante carrière de virtuose et de professeur. Il a laissé des compositions et une méthode pour piano.

**KALKHANA** ♦ Historien indien du Cachemire*, fils d'un ministre, et auteur, au XII^e s., d'une histoire importante de sa région, la *Rājataranginī*.

**KALKHU** ♦ V. de l'anc. Assyrie, cap. d'Assurnazirpal* II. → **Nimrud.**

**KALLAS (Aino)** ♦ Écrivain finlandais d'expression finnoise (Viipuri 1878 - Helsinki 1956). Elle a longtemps vécu en Estonie puis en Grande-Bretagne. Elle écrivit de superbes romans inspirés directement par son peuple (*Le Prêtre de Reig*, 1926 ; et surtout *La Fiancée du loup*, 1928). Les catastrophes personnelles que lui valut la Deuxième Guerre mondiale lui inspirèrent les poèmes déchirants de *Sur le bûcher* (1945).

**KALMAR** ou **CALMAR** ◆ ÉTYM. vx suéd. «le lieu des tas de pierres» ♦ V. de Suède méridionale, ch.-l. de comté, sur la Baltique, en face de l'île d'Öland. 61 321 hab. Cathédrale (XVII^e s.). Château (XII^e s., plusieurs fois modifié). ▪ Chantiers navals, construc. mécaniques. Indus. du bois. ▮ **Histoire** C'est l'une des plus anciennes villes de Suède, qui a longtemps été la plus grande du pays. En 1397 y fut signée l'*Union de Kalmar* entre le Danemark, la Norvège et la Suède placés sous

**Kalmar.** Le château. *Phot. © Tatiana Edrenkina/Shutterstock*

l'autorité d'Éric de Poméranie (→ Éric XIII). L'union réalisait la politique d'unification scandinave menée par Olov II, Haakon* VI et Marguerite*. Cette union fut brisée par Gustave* I^er^ Vasa en 1523.

**KALMOUKIE** n. f. – off. ***république de Kalmoukie,*** en kalmouk ***Khalmg Tangtch-Kalmykia*** ← ÉTYM. de *Kalmouks** ♦ République de la fédération de Russie. → **Russie** (carte et tableau des divisions admin.). 75 900 km². 292 400 hab. *(Kalmouks).* LANGUES : kalmouk, russe. POPULATION : Kalmouks, 45,3 % ; Russes, 37,2 % ; Darguiniens et Tchétchènes. RELIGION : bouddhiste. CAPITALE : Elista. La Kalmoukie est divisée en 13 districts. ▪ Dans son ensemble, c'est un pays de steppes semi-arides vouées à l'élevage, surtout ovin. Les terres irriguées portent blé et maïs. Pêcheries. Indus. alimentaire. Pétrole, gaz naturel. ▮ **Histoire** Peuple nomade, les Kalmouks furent dominés par les Russes au début du XVII^e s. La plupart d'entre eux émigrèrent en Chine au XVIII^e s. En 1920 fut créée la région autonome de Kalmoukie, mais les Kalmouks continuèrent à nomadiser jusqu'en 1940. Devenue une république socialiste soviétique autonome en 1935, liquidée en 1943 (accusés de collaboration, les Kalmouks furent massivement déportés), la Kalmoukie redevint une région autonome en 1957, puis de nouveau une RSSA en juil. 1958 et une RSS en oct. 1990. Elle a pris le nom de république de Kalmoukie en fév. 1992. → **Kalmouks.**

**KALMOUKS** n. m. pl. ← ÉTYM. en russe *Kalmyki,* du turc *kalimak* «gens désunis» ou du mongol *kalimak* «qui va au-delà de la rive» ♦ Peuple mongol de Sibérie méridionale qui, sous la direction du chef oïrat Toghôn, s'érigea en empire vers 1334. Bien que refoulés par les Mongols de Gengis Khān, ils réussirent à recouvrer leur indépendance au XVII^e s. Ils furent finalement absorbés par les Chinois en 1759. Des groupes ethniques apparentés et de même nom peuplent la Russie entre Don et Volga. → **Kalmoukie.**

**KALMTHOUT** ♦ Comm. de Belgique (Région flamande), prov. et arr. d'Anvers, à la frontière des Pays-Bas. 17 504 hab. Réserve naturelle de dunes et de bruyères ; marais (réserve ornithologique). Musée de l'Apiculture. Arboretum.

**KALMUS (Herbert Thomas)** ♦ Ingénieur et inventeur américain (Chelsea, Massachusetts 1881 - Los Angeles 1963). Fondateur de la société Technicolor (1915), il inventa différentes méthodes de la production de films en couleurs (d'abord bicolore, puis tricolore). Il mit au point son procédé Technicolor en 1934.

**KALOMIRIS (Manolis)** ♦ Compositeur grec (Smyrne 1883 - Athènes 1962). Élève de Grädener et de Mandyczewski à Vienne, il fut professeur à Kharkov puis s'installa en 1910 à Athènes. Il a fondé en 1927 le Conservatoire national d'Athènes dont il a assuré la direction. Ses compositions intègrent à une écriture assez traditionnelle, héritée de Wagner et de Strauss, de nombreux éléments folkloriques. C'est au théâtre qu'il s'est montré le plus original.

**KALOUGA** ← ÉTYM. russe «petite mare, boue» ♦ V. de Russie, ch.-l. de région, sur l'Oka, au S.-O. de Moscou. 335 100 hab. Palais de Marina Mnichek, caractéristique de l'architecture russe du XVII^e s. Carrefour ferroviaire. ▪ Centre indus. d'une région agricole et minière. Indus. houillère, métallurgique et mécanique (turbines). Tanneries. Travail du bois. ▮ **Histoire** Fortifiée par Vassili III au début du XVI^e s., la ville fut le refuge du second faux Dimitri, qui y fut assassiné en 1610.

**KALSOUM (OUM)** → **Oum Kalsoum**

**KALUZA (Theodor)** ♦ Mathématicien allemand (Ratibor, Allemagne, auj. Raciborz, Pologne 1885 - Göttingen 1954). Il proposa, en 1919, une unification de la gravitation et de l'électromagnétisme par l'introduction d'une cinquième dimension de l'espace-temps, idée considérée à l'époque comme un artifice mathématique sans réalité physique → **Klein** (Oscar).

**KALYAN-DOMBIVALI** ♦ V. de l'Inde (Maharashtra). 1 193 266 hab. Elle est intégrée à l'agglomération de Bombay, dont elle constitue l'essentiel de la partie continentale.

**KALYMNOS** ♦ Île grecque du Dodécanèse. 109 km². Env. 16 000 hab. Pêche, éponges.

**KAMA** n. f. ← ÉTYM. de l'oudmourte *kam* «fleuve, rivière» ♦ Riv. de Russie (1 805 km), le plus grand affl. de la Volga (rive g.). Née dans les collines supérieures de l'Oural, elle reçoit les eaux des riv. Vichera, Tchoussovaïa, Belaïa et Oufa (rive g.) et de la Viatka (rive d.) et arrose l'Oudmourtie, la Bachkirie, le Tatarstan et les villes de Solikamsk, Berezniki, Perm, Krasnokamsk et Sarapoul. Centrales hydroélectriques en aval de Perm et à Votkinsk. Navigable jusqu'au village de Kertchevsk, d'avr. à déc.

**KĀMA** ← ÉTYM. sanskr. «amour» ♦ Divinité masculine hindoue de l'amour et du désir charnel. On la représente montée sur un perroquet et tirant avec un arc des flèches de fleurs. Selon la légende, Shiva* l'aurait réduite en cendres.

**KAMAKURA** ♦ V. du Japon (Honshū), préf. de Kanagawa, sur la baie de Sagami, au S.-E. de Tōkyō. 171 158 hab. Station balnéaire et résidentielle. De nombreux temples y sont érigés. Célèbre statue en bronze du grand bouddha (11,5 m de haut, XIII^e s.). Musée d'Art national et musée d'Art moderne. ▮ **Histoire** Fondée vers le VIII^e s., elle devint en 1185 la capitale du gouvernement militaire de Minamoto no Yoritomo et le resta jusqu'à sa destruction en 1333 (époque de Kamakura).

**KAMARAN** ♦ Petit archipel (181 km²) situé dans la mer Rouge, au large des côtes du Yémen qui exerce sa souveraineté sur lui.

**KAMARHATI** ♦ V. de l'Inde (Bengale-Occidental). 314 334 hab. Elle est intégrée à l'agglomération de Calcutta.

**Kāma Sūtra** n. m. ← ÉTYM. «aphorismes sur le désir» ♦ Ouvrage de technique philosophico-érotique indien, attribué à Vātsyāyana (fin IV^e s.).

**KAMECHLIYÉ** ou **QAMICHLY** ♦ V. de Syrie, à la frontière turque. 200 000 hab. Étape sur la ligne ferroviaire qui mène à Mossoul et à Bagdad. Centre commercial. Cultures de coton et de blé. À 100 km à l'E., se situent les plus importantes réserves de pétrole de Syrie (Karatchok).

**KAMEL (Georg Joseph)** dit **Camellus** ♦ Botaniste autrichien (Brno 1661 - Manille 1706). Il étudia les plantes grimpantes des Philippines et introduisit en Europe la rose du Japon, appelée en son honneur *Camellia,* en français camélia.

**KAMENEV (Lev Borissovitch ROSENFELD, dit)** ← ÉTYM. «l'homme de pierre», du russe *kamen'* «pierre» ♦ Homme politique russe (Moscou 1883 - *id.* 1936). Social-démocrate dès 1901, emprisonné de 1902 à 1908, il rejoignit Lénine à Genève, puis dirigea à Saint-Pétersbourg le journal du parti bolchevik la *Pravda.* Partisan de la coalition entre mencheviks et bolcheviks en oct. 1917, il fit partie avec Staline et Zinoviev de la «troïka» qui évinça Trotski (1923), avant de se rapprocher de ce dernier. Il fut condamné à mort et exécuté comme opposant au régime (procès de Moscou, 1935). Il a été réhabilité en 1988.

**KAMENSK-OURALSKI** ♦ V. de Russie, au N. de Tcheliabinsk, au pied de l'Oural. 186 300 hab. Carrefour ferroviaire. Métall. des non-ferreux (aluminium). ▪ Aux environs, centrale thermique.

**KAMERLINGH ONNES (Heike)** ♦ Physicien néerlandais (Groningue 1853 - Leyde 1926). Il créa à Leyde le fameux laboratoire cryogénique (1882), qui détint longtemps le record des températures les plus basses. Fondateur de la physique du froid, Kamerlingh Onnes perfectionna les techniques nécessaires à l'abaissement de la température et parvint en 1908 à liquéfier l'hélium. Étudiant les propriétés de la matière au voisinage du zéro absolu, il découvrit notamment la supraconductivité (1911) : disparition de la résistance électrique de certains corps à très basse température. [Prix Nobel de phys. 1913 ; Acad. sc. 1925]

**KAMIEŃ POMORSKI** ♦ V. de Pologne, voïvodie de Poméranie-Occidentale, sur la lagune de Kamień. 14 423 hab. Cathédrale gothique (XIII^e - XIV^e s.). ▪ Port de pêche. Station thermale.

**Kamikaze** ← ÉTYM. jap. «vent surnaturel» ♦ Nom donné au Japon au typhon qui, en 1274 et en 1281, détruisit la flotte d'invasion mongole sur les côtes du N. de Kyūshū*. ▪ Le nom fut repris par un avion japonais, puis, pendant la Deuxième Guerre mondiale, pour désigner les pilotes d'avions-suicides japonais.

**KAMINALJUYU** ♦ Site archéologique du Guatemala, sur les hautes terres mayas. Constitué de tertres, d'un jeu de balle, de palais à base pyramidale, le site connut un essor considérable au V^e s. Son architecture a été influencée par celle de Teotihuacán*. Il semble avoir été occupé jusqu'au moment de la conquête espagnole.

**KAMLOOPS** ← ÉTYM. le lieu fut nommé par les Indiens Shuswap *Cumcloups* qui signifie «rencontre des eaux» ♦ V. du Canada (Colombie-Britannique), dans le S. de la province. 80 376 hab. (aggl. 92 882). Centre régional d'une zone aride. Indus. du bois, du papier et du pétrole. Tourisme.

**KAMÔSIS** – var. de ***Kamôsé*** ♦ Pharaon de la XVII^e dynastie (v. -1600), roi de Thèbes*. Il chassa les Hyksos* de la Moyenne Égypte et reprit Memphis*.

**KAMPALA** ← ÉTYM. «colline de l'antilope (bantou *Mpala*)» ♦ Cap. de l'Ouganda, sur la rive septentrionale du lac Victoria, reliée par voie ferrée au port de Mombasa (Kenya). 1 998 000 hab. *(Kampalais).* Univ. à Makarere. ▪ Centre commercial.

**KAMPOT** ♦ V. du Cambodge, ch.-l. de la prov. de Kampot (env. 600 000 hab.), sur le golfe du Siam. Avant la guerre, centre de pêche et de commerce, surtout des épices (poivre, cardamome). Le recul de l'insécurité permet la reprise des activités.

**KAMPUCHEA** ← ÉTYM. cambodgien «île d'or» ♦ → **Cambodge**

**KAMTCHADALES** ou **ITELMÈNES** n. m. pl. ← ÉTYM. *Kamtchadales :* p.-ê. corruption du koriak *kontchatchal* «hommes de l'extrême fin [de la terre]» ♦ Nom donné à des populations de Sibérie orientale et peuplant depuis la préhistoire la péninsule du Kamtchatka. On compte env. 2 500 Kamtchadales. Ils parlent une langue paléo-sibérienne.

**KAMTCHATKA** n. m. ⇀ ÉTYM. de *Kamtchadales** ♦ Presqu'île de Russie, située à l'extrémité orientale de la Sibérie et baignée par la mer d'Okhotsk, la mer de Béring et l'océan Pacifique. 370 000 km$^2$. 333 800 hab. Arc insulaire volcanique (plus de 100 volcans dont une vingtaine actifs dans les derniers siècles), le Kamtchatka est montagneux et couvert de forêts. D'une alt. max. de 4 750 m, il est arrosé par de nombreux torrents et rivières, dont la *Kamtchatka* (770 km), et comprend de nombreuses sources d'eaux minérales chaudes et des geysers. Les villes, principalement situées sur les côtes, se consacrent à la pêche, surtout dans la mer d'Okhotsk, et à l'exportation du bois vers la Sibérie. Quelques mines d'or et de charbon. ▪ Le Kamtchatka fut exploré pour la première fois par les Russes à la fin du XVIIe s. (→ **Kamtchadales.**)

**KANAKS** → **Canaques**

**KANAMI Mototsugi** ♦ Littérateur et poète japonais (Nara 1355 - Kyōto 1406) au service du shogun Ashikaga*. Il est l'auteur de nombreuses pièces de théâtre nô et participa à l'élaboration définitive de ce genre de spectacle aristocratique.

**KANANGA** ⇀ ÉTYM. lulua «aimer» – anc. ***Luluabourg*** ♦ V. de la Rép. démocratique du Congo. 720 342 hab. Centre commercial sur le chemin de fer reliant la riv. Kasaï au Katanga. Café, coton.

**KANARIS (Konstantínos)** ♦ Marin et homme politique grec (île de Psara 1790 - Athènes 1877). Fameux pour ses raids audacieux contre les flottes turque et égyptienne, lors de la guerre de l'Indépendance, il remporta les victoires navales de Chios (→ **Miaoulis**) et de Ténédos (1822). Son raid contre la flotte égyptienne dans le port d'Alexandrie échoua au dernier moment à cause des vents contraires. Après la libération de la Grèce, Premier ministre du roi Othon* (1848 - 1849), il se rallia à l'opposition qui déposa le monarque et fut l'un des trois régents (1862 - 1863). Il fut ensuite deux fois Premier ministre (1864 - 1865 et 1877).

**KANAUJ** ♦ V. de l'Inde (Uttar Pradesh), sur le Gange moyen. 71 530 hab. Elle a été la capitale d'États anciens très étendus, notamment celle de la dynastie des Harsha au VIIe s.

**KANCHIPURAM** ou **KANCHI** – anc. ***Conjeevaram*** ♦ V. de l'Inde (Tamil Nadu). 188 349 hab. L'une des sept villes sacrées de l'hindouisme, ancienne capitale de la dynastie des Pallava (VIIe s.), elle possède une centaine de temples, notamment le Kailashanata, l'un des mieux conservés des fleurons de l'architecture dravidienne. La ville est aussi célèbre pour ses saris de soie.

**KANDAHAR** ou **QANDAHĀR** ♦ V. du S. de l'Afghanistan, ch.-l. de prov., située à 1 000 m d'alt. en amont d'une grande oasis irriguée par les eaux de l'Arghandāb. 316 000 hab. Important centre commercial et admin. ; activités indus. modestes (laine, agroalimentaire). ▮ **Histoire** L'occupation humaine du site fut pratiquement ininterrompue du début du –Ier millénaire à la destruction de la ville par Nādêr* Chāh en 1738. Aḥmad* Chāh la reconstruisit à partir de 1761, 8 km plus à l'E., selon un plan régulier, pour en faire la capitale du nouvel État afghan. Elle le resta jusqu'en 1775. En déc. 2001, la chute de Kandahar, dernier bastion des talibans, marqua la fin de leur régime.

**KANDAVU** (île) → **Fidji (îles)**

**KANDEL (Eric R.)** ♦ Neurologue américain d'origine autrichienne (Vienne 1929). Il montra que la formation de la mémoire est due à des modulations du fonctionnement des synapses suite à des réactions chimiques déclenchées par le neurotransmetteur. [Prix Nobel de physiol. ou méd. 2000, avec A. Carlsson* et P. Greengard*]

**KANDERSTEG** ♦ V. de Suisse (cant. de Berne), située dans l'Oberland bernois sur la ligne du Simplon, à la sortie N. du tunnel du Lötschberg. 1 227 hab. Importante station d'été et de sports d'hiver (1200 - 2000 m).

**KANDINSKY (Wassily)** ♦ Peintre, graveur et théoricien d'origine russe naturalisé allemand (1928), puis français [1939] (Moscou 1866 - Neuilly-sur-Seine 1944). À Moscou, il poursuivit des études de droit tout en s'intéressant à la musique et à la peinture. Il apprécia l'art populaire russe au cours d'une mission ethnographique et juridique à Vologda (1889), puis eut en 1895 la révélation des œuvres impressionnistes, admirant particulièrement les *Meules* de Monet. En 1896, il abandonna la carrière juridique pour l'étude de la peinture et s'établit à Munich où il fut sensible aux idées symbolistes et au Jugendstil. ▮ **Du groupe Phalanx au Cavalier bleu** En 1901, il fonda le groupe Phalanx (la Phalange) qui dura trois ans : il fit la connaissance de Klee, puis voyagea en Europe et en Tunisie, séjournant à Paris en 1906. Il revint ensuite à Munich, y demeura jusqu'en 1914, vivant souvent à Murnau. Durant cette période d'intense activité créatrice et de réflexion, il fonda avec Jawlensky le groupe de la Neue Kunstlervereinigung ou NKV (Nouvelle Association des artistes), puis, à la suite de sa rencontre avec Franz Marc, il créa le groupe du Cavalier* bleu qui allait jouer un rôle important dans le développement de l'art moderne. Il peignit alors des paysages (*Paysages à la tour*, 1908) ou des scènes avec personnages, d'une composition très libre, aux coloris intenses posés d'une touche souvent oblique. Ces œuvres révèlent une interprétation de la nature aux confins du fauvisme et de l'expressionnisme et une tendance à se libérer de la référence au réel. Dans plusieurs œuvres faisant partie des *Improvisations, Impressions* et *Compositions* s'affirme l'abandon de tout objet ou figure identifiable, et l'on a pu considérer une aquarelle datée de 1910 comme l'une des premières œuvres délibérément abstraites. → **abstrait (art).** Présentant des taches colorées et un graphisme nerveux, tourmenté, ces œuvres sont agencées selon des lignes de force diagonales engendrant un effet dynamique ; la liberté, l'irrégularité semblent procéder d'un geste impulsif, aussi a-t-on reconnu ces œuvres comme les premiers exemples de l'abstraction lyrique. À la même époque, Kandinsky écrivait *Du spirituel dans l'art* (1910, publ. 1911) : s'opposant à une conception purement formaliste de l'art et prônant un art non figuratif qui traduise plastiquement l'intériorité de l'artiste, il soulignait la valeur symbolique des couleurs et des formes, susceptibles de véhiculer des émotions sans le recours à la description. ▮ **Le retour en Russie** Revenu en Russie en 1914, il allait jouer après la révolution un rôle important d'organisateur et d'animateur : en 1919 il fonda le musée de la Culture picturale, en 1921 l'Académie des sciences artistiques et, à partir de 1920, il enseigna à l'université de Moscou. Mais le dogmatisme qui tendait à s'imposer l'incita à revenir en Allemagne. ▮ **Le Bauhaus** Il enseigna au Bauhaus* de 1922 à 1933 et publia en 1926 *Point et ligne par rapport à la surface* où sont énoncés les principes de son enseignement. Durant cette période, sous l'influence du suprématisme* et du constructivisme*, il eut tendance à géométriser les formes, à donner à ses compositions un aspect plus construit (*Dans le carré noir*, 1923). Il procédait à une analyse plus méthodique des éléments formels, méditant sur le pouvoir expressif de certaines formes simples (triangle, point, carré et surtout cercle), recherchant les effets de tension, de contraste, de rythme, les agencements d'une complexité croissante, tout en laissant une large place à la fantaisie. ▮ **L'un des grands maîtres de l'art abstrait** Après son installation à Neuilly (1933), ses coloris prirent souvent un aspect brillant, exalté, et les motifs aux lignes serpentines, à l'apparence organique et végétale, se multiplièrent ; parfois distribués sur une surface compartimentée, ils ressemblèrent à des signes hiéroglyphiques (*Succession*, 1935). Créateur et théoricien à la fois lucide et passionné, il resta attaché aux fondements mystiques de l'art. Défendant toute sa vie l'art non figuratif, il parvint à élargir le champ jusqu'alors assigné à l'expression picturale et a tenté dans son œuvre de concilier la spontanéité de l'impulsion créatrice et l'analyse rationnelle des éléments formels. Il s'est imposé comme l'un des grands maîtres de l'art abstrait.

Wassily **Kandinsky.** *Ligne angulaire.* Galerie d'Art moderne, Rome.
*Phot. © Carlo Bevilacqua/Ricciarini*

**KANDLA** ♦ V. de l'Inde (Gujarat). Port sur le golfe de Kachchh, intégré à l'agglomération de Gandhidham.

**KANDY** ⇀ ÉTYM. du cinghalais *candi* «montagne» ♦ V. de Sri Lanka, dans la zone montagneuse du S.-O. de l'île. 109 043 hab. La ville est entourée de plantations de thé. Université. Jardin botanique (Peradanyia). C'est un lieu sacré du bouddhisme, avec le temple de la Dent du Bouddha. ▮ **Histoire** Capitale du royaume cinghalais de Kandy, indépendant jusqu'au XIXe s., alors que les côtes étaient depuis longtemps colonisées.

**Kanō Eitoku.** *Pin et Aigle.*
Académie d'Art, Tōkyō.
*Phot. © Arch. Smeets*

**KANE (Hamidou)** ♦ Écrivain sénégalais d'expression française (Matam 1928). Fonctionnaire international (il a dirigé les services de l'Unicef à Abidjan), Hamidou Kane s'est attaché à décrire la condition africaine dans *L'Aventure ambiguë* (1961) où le «métissage culturel» que connaît un jeune Noir, partagé entre les valeurs de «l'islam noir» et celles de l'Occident, est vécu tragiquement. En des dialogues volontiers métaphysiques, l'écrivain souligne qu'«il n'y a pas une tête lucide entre deux termes d'un choix. Il y a une nature étrange, en détresse de n'être pas deux».

**KANEM** n. m. → ÉTYM. probablt corruption de *keunoum* ou *konoum*, de *ounoum* «sud» (le *k* sert à former le substantif) ♦ Région du Tchad, au N. et à l'E. du lac Tchad. 392 000 hab. ▮ **Histoire** Le royaume, fondé par les Toubous v. 800, fut islamisé au XIe s. Il s'étendit jusqu'au Fezzan* et à Bilma (Niger), et, au XIIIe s. sur le Bornou, qui devait l'englober (XVIe s.).

**KANEYOSHI YOSHIDA** → **Kenkō Hōshi**

**KANGCHENJUNGA** → ÉTYM. du tibét. *kangĉendzonga* «les cinq trésors des neiges» ♦ Sommet de l'Himalaya, dans le Sikkim, à la frontière du Népal (8 586 m), vaincu en 1955 par une équipe d'alpinistes britanniques.

**KANGDE** ou **K'ANG-TÖ** ♦ Nom de règne de Puyi* (de 1932 à 1945).

**KANGRA** n. m. ♦ Région du N.-O. de l'Inde, au N. de Shrinagar*, connue surtout par l'école de miniatures qui s'y développa à partir de la fin du XVIIIe s. et qui subit une forte influence occidentale. Un tremblement de terre ruina les ateliers de peinture en 1905.

**KANGXI** ou **K'ANG-HI** → ÉTYM. chin. «harmonie paisible» ♦ (Pékin 1654 - *id.* 1722). Nom de règne (1662 - 1722) de l'empereur de Chine Aisin Juerno Xuanye, de la dynastie des Qing. Il poursuivit l'unification du pays en écrasant les derniers loyalistes Ming* et la révolte des gouverneurs des marches frontalières (1673 - 1681). Puis il fit la conquête de l'île de Taiwan* (1683), s'opposa à l'expansionnisme de la Russie tsariste (traité de Nertchinsk, 1689), réprima la rébellion des Djoungars (1687 - 1720), inspecta à six reprises le S. du pays et dirigea les travaux de digues sur le Huang he. Empereur lettré, il commanda des dictionnaires et anthologies *(Mingshi, Gujin tushu jichen, Kangxi zidian)*. Prince tolérant, il accueillit les missionnaires jésuites à sa cour (F. Verbiest*, J. A. Schall* von Bell) et permit la propagation du christianisme. Son règne (61 ans), le plus long de l'histoire de Chine, n'est pas sans rappeler celui de son contemporain Louis XIV, avec lequel il correspondait.

**KANG Youwei** ou **K'ANG Yeou-wei** ♦ Homme politique et écrivain chinois (Canton 1858 - Pékin 1927). Il s'opposa violemment à la politique de l'impératrice-régente Cixi (Ts'eu-hi) et fut obligé de s'exiler. Revenu en Chine après la chute des Qing, il écrivit de nombreux ouvrages philosophiques qui le firent surnommer «le J.-J. Rousseau chinois». Ses idées devaient avoir une grande influence sur la nouvelle génération.

**KANISHKA** ou **KANIṢKA** ♦ Souverain kushan du Ghandhara entre le dernier quart du Ier s. et le 1er quart du IIe s. Il conquit la plaine du Gange jusqu'au Bihar, atteignit les bords de la mer d'Aral. Il fixa sa capitale à Mathura, et se convertit au bouddhisme.

**KANKAN** → ÉTYM. de *Ba-Kankan* «fortin sur le fleuve» ♦ V. de Guinée, dans l'E. du pays. Env. 90 000 hab. Commerce de diamants. Indus. alimentaires (rizeries). Briqueteries. Scieries.

**KANNIYA KUMARI** → ÉTYM. «cap de la déesse» – anc. ***cap Comorin*** ♦ Extrémité méridionale de la péninsule indienne. Lieu de pèlerinage très fréquenté.

**KANO** → ÉTYM. probablt du n. du fondateur d'un anc. royaume ♦ V. du N. du Nigeria, cap. de l'État de Kano. 2 167 000 hab. Remparts, mosquée. Grand centre commercial musulman (artisanat). Arachides. Indus. du cuir et textiles. Cimenterie. ▮ **Histoire** Ancienne capitale du premier des sept royaumes haoussas*, annexée au XIXe s. par les Peuls* qui en firent une de leurs capitales. → **Sokoto.**

**KANŌ** ♦ École japonaise de peinture créée au milieu du XVe s. à Kyōto par Kanō Masanobu. Ses membres appartenaient à l'académie soutenue par les shoguns, cependant que les peintres de l'académie concurrente de Tosa* l'étaient par l'empereur. L'école kanō joua un rôle important dans le raffinement du goût de la caste militaire qui dirigeait le Japon. De nombreux peintres l'illustrèrent et donnèrent naissance à des écoles subsidiaires jusqu'au XXe s. Ces peintres portent tous le nom de leur atelier. ♦ **KANŌ MASANOBU** (1434 - 1530). Actif à Kyōto de 1454 à 1490, il s'essaya dans tous les domaines et fut le premier peintre laïc à réaliser le lavis monochrome, jusque-là réservé aux moines zen. ♦ **KANŌ EITOKU** (Yamashiro 1543 - Kyōto 1590). Il est considéré comme le meilleur peintre de son époque et le plus représentatif de la période de Momoyama. Il œuvra pour Oda* Nobunaga et Toyotomi Hideyoshi* et décora leurs châteaux. ♦ **KANŌ TANYŪ** (1602 - 1674). Il succéda à son père Kanō Takanobu et à son grand-père Kanō Eitoku au service des Tokugawa. Il est le créateur d'un style figuratif à dominante de pins et d'oiseaux.

**KANPUR** → ÉTYM. anc. ***Cawnpore,*** à rapprocher du sanskr. *Krsnapuram* «la ville *(puram)* de Krishna» ♦ V. de l'Inde (Uttar Pradesh), sur le Gange. 2 626 918 hab. À la différence des autres villes de la plaine du Gange, la ville fut une création coloniale : camp militaire, puis centre industriel (matériel ferroviaire, coton). C'est là que commença la révolte des cipayes de 1857.

**KANSAI** → **Kinki**

**KANSAS** n. m. → ÉTYM. du n. de la tribu indienne *Kanza* «vent chargé de fumée» ou «vent du sud» ♦ Riv. des États-Unis (274 km), affl. rive d. du Missouri. Elle prend sa source au pied des Rocheuses et se jette dans le Missouri à Kansas City après avoir traversé le Kansas.

**KANSAS** n. m. → ÉTYM. du n. de la riv. ♦ État du centre des États-Unis → **États-Unis** (carte). 213 095 $km^2$. 2 688 418 hab. CAP. : Topeka. ▮ **Géographie** L'État se trouve dans la zone de transition entre la prairie et les hautes plaines et s'élève graduellement d'E. en O. ; la majeure partie est plate, mais cette monotonie est rompue dans plusieurs régions (Flint Hills, Smoky Hills). L'État est drainé au N. par le Kansas et ses affluents, au S.-O. par l'Arkansas et ses affluents, au S.-E. par un système tributaire de l'Arkansas. Le climat est continental. ▮ **Économie** État agricole, où plus de 30 % de la population vit dans des fermes, le Kansas est le 1er État pour le blé ; il produit aussi du sorgho, du maïs, de l'avoine, de l'alfa, des pommes de terre ; l'élevage des bovins y est également pratiqué à grande échelle. Son sous-sol recèle d'importantes richesses minérales : pétrole, gaz naturel. Ses indus. sont variées : raffineries, matériel de transport, indus. alimentaires (minoteries), machines, imprimerie, indus. chimiques (engrais), verre. ▮ **Histoire** Parcourue par Francisco de Coronado (1541), puis par les Français (déb. XVIIIe s.), la région fut vendue par Napoléon avec la Louisiane aux États-Unis en 1803. Terre indienne, plusieurs fois traversée par les Blancs, le Kansas commença à s'organiser après 1850 (territoire du Kansas-Nebraska, 1854) et devint le 34e État de l'Union en 1861. L'État souffrit des guérillas sudistes pendant la guerre de Sécession. Le développement des chemins de fer fut le signal de la prospérité du Kansas.

**KANSAS CITY** ♦ Centre urbain des États-Unis, formé par deux villes portant ce nom, situées de part et d'autre de la riv. Missouri. ♦ ***Kansas City, Missouri*** 441 607 hab (zone urbaine 1 776 062). La ville est un centre culturel important : univ. du Missouri, riche bibliothèque, musées (art chinois, Renaissance italienne). Elle fut un centre majeur pour la musique de jazz vers 1930. Centre commercial et de transports (ch. de fer, lignes aériennes, oléoducs), centre bancaire ; la ville possède d'immenses parcs à bétail et silos à céréales. Indus. alimentaires : viande, minoteries. Montages d'automobiles ; indus. chimiques et pharmaceutiques. ♦ ***Kansas City, Kansas*** 146 880 hab. La ville est située sur la principale route venant de l'E. Centre de communications. Ses nombreuses industries relèvent de la zone urbaine.

**KANT (Emmanuel)** ♦ Philosophe allemand (Königsberg 1724 - *id.* 1804). Après des études de théologie, de philosophie et de sciences, il gagna sa vie comme précepteur (1746 - 1755), puis enseigna à l'université de Königsberg. Ses premiers ouvrages traitent de physique, d'astronomie (*Histoire universelle de la nature et théorie du ciel*, 1755, précédant Laplace) et de philosophie. La lecture des philosophes anglais (Shaftesbury*, Hume*) et de Rousseau* contribua à sa critique du rationalisme de C. Wolff*. Plusieurs thèmes de la *Dissertation de 1770 (De la forme et des principes du monde sensible et du monde intelligible)* annoncent déjà la philosophie critique ou transcendantale (criticisme). Celle-ci est la détermination des conditions *a priori* : de la connaissance (théorie) [*Critique* de la raison pure* (1781), *Premiers principes métaphysiques de la science de la nature* (1786)] ; de la morale (pratique) [*Fondement* de la métaphysique des mœurs* (1785), *Critique* de la raison pratique* (1788), *La Religion dans les limites de la simple raison* (1793), *Métaphysique des mœurs* (1797)] ; du jugement esthétique et téléologique [*Critique* de la faculté de juger* (1790)]. ▪ La métaphysique traditionnelle peut-elle prétendre au titre de science ? Répondre à cette question exige une analyse critique du pouvoir et des limites de la raison humaine indépendamment de l'expérience. Contre les empiristes (Hume), Kant cherche à fonder en droit les mathématiques et la physique, en déterminant les conditions *a priori* de la perception des objets : l'espace et le temps, intuitions pures, formes *a priori* de la sensibilité *(Esthétique transcendantale)*, et celles de leur connaissance par l'entendement qui unifie la diversité des intuitions sensibles grâce aux catégories et principes *a priori* [causalité] *(Analytique transcendantale)*. Mais, contre le rationalisme dogmatique (Leibniz, Wolff), il montre que la raison s'enferre dans des contradictions inévitables dès qu'elle prétend s'élever au-dessus de toute expérience possible et faire des idées de l'âme, du monde et de Dieu les objets de prétendues sciences rationnelles *(Dialectiques transcendantales)*. Ainsi notre connaissance se limite aux phénomènes naturels tels qu'ils sont déterminés par les lois de l'entendement (idéalisme critique). Inconnaissables, les choses en soi ont néanmoins une signification pratique. En effet, l'impératif « catégorique », donné dans la conscience commune de la moralité, a pour fondement la liberté, « autonomie de la volonté » par rapport aux inclinations naturelles vers le bonheur. La loi universelle émanant de la raison pratique est le principe (pur) de l'acte moral et en détermine l'objet (Bien moral) et la fin : l'homme comme être raisonnable. Exigence ultime de la raison pratique, la croyance en l'immortalité de l'âme et en l'existence de Dieu, réintroduite par Kant sous la forme de « postulats », garantit l'accord futur entre le bonheur et la vertu et ouvre la voie à une théologie morale. Avec l'analyse du jugement esthétique et téléologique, Kant tente d'unifier la philosophie théorique et pratique. Le beau implique (selon lui) l'unité de nos facultés représentatives (sensibilité, imagination, entendement) et est, avec le sublime, « symbole du Bien moral ». Quant à la finalité, elle constitue un principe subjectif *(a priori)* du jugement dans sa réflexion sur la nature dont certaines productions (les êtres vivants et leur organisation) semblent l'exiger. Ainsi peut être affirmée l'analogie entre nature et raison, résumée par la formule : « Le ciel étoilé au-dessus de ma tête et la loi morale en moi. » → **kantisme, Fichte, Schelling, Hegel.** ◆ ÉTYM. Ce nom vient de l'allemand *Kante* « bord, lisière ».

**KANTARA (EL-)** ♦ V. d'Algérie (wilaya de Biskra) dans l'O. des Aurès, célèbre pour ses gorges, « portes du désert », qui ouvrent sur une belle oasis de 100 000 arbres. 6 824 hab.

**KANTARA (EL-)** ou **AL-QANTARA** ♦ Localité d'Égypte nord-orientale, sur le canal de Suez, entre Port-Saïd et Ismaïlia. Ancienne station sur la route des caravanes.

## kantisme

n. m. ♦ Dès le vivant de Kant, les discussions sur sa philosophie furent nombreuses, opposant commentateurs (Schmid, Jakob, Tittel et Beck) et adversaires (Reinhold*, Weishaupt, Maimon, Schulze*, Bardili*, Jacobi*, Herder*), et préparèrent les systèmes philosophiques des postkantiens : Fichte*, Schelling* et Hegel*. ♦ ***Néokantisme*** Mouvement philosophique préconisant le retour au criticisme de Kant (d'où le nom de *néocriticisme*), qui se développa en Allemagne vers 1860 (→ **Lange [Friedrich Albert], Liebmann**). École logique de Marburg : → **Cohen [Hermann], Natorp, Cassirer.** École axiologique de Bade (→ **Windelband, Rickert, Troeltsch**). École relativiste (→ **Simmel**), en France (→ **Renouvier**), en Italie, au Danemark (→ **Høffding**).

**KANTOR (Tadeusz)** ♦ Metteur en scène, peintre et sculpteur polonais (Wielopole, Cracovie 1915 - *id.* 1990). Il fonda en 1944 un théâtre expérimental à Cracovie puis, en 1955, le Cricot 2. Après avoir mis en scène des pièces de Witkiewicz* (*La Poule d'eau*, 1967) exprimant l'errance dans un monde sans repères ni signification, il créa des spectacles dans lesquels il intervenait, à la manière d'un chef d'orchestre, dans des situations et avec des personnages

Tadeusz **Kantor.** Une scène de *Qu'ils crèvent, les artistes*. *Phot. © Bernand*

récurrents, des mannequins et des acteurs, pour un théâtre de « l'amour et de la mort », imprégné de la guerre où se mêlaient l'ironie, le réalisme fragmenté et l'absurde (*La Classe morte*, 1975 ; *Wielopole-Wielopole*, 1980 ; *Qu'ils crèvent, les artistes*, 1985 ; *Aujourd'hui, c'est mon anniversaire*, 1990).

**KANTOROVITCH (Leonid Vitalevitch)** ♦ Économiste soviétique (Saint-Pétersbourg 1912 - Moscou 1986), auteur de travaux consacrés au problème de l'utilisation optimale des moyens de production et de la répartition des investissements dans l'économie socialiste (*Méthodes mathématiques d'organisation et planification de la production*, 1939 ; *Calcul économique et utilisation optimale des ressources*, 1960, trad. fr. 1963). [Prix Nobel de sc. éco. 1975]

**KAO (Charles Kuen)** ♦ Physicien britannique et américain d'origine chinoise (Shanghai 1933). Il découvrit, en 1966, que le verre fabriqué à partir de quartz et de silice extrêmement purs permet la transmission du signal sur longue distance avec très peu d'atténuation. Cette découverte ouvrit la voie à la technologie de la transmission par fibre optique qui est à la base du transfert de l'information actuel (téléphone, Internet, etc.). [Prix Nobel de phys. 2009, avec W. S. Boyle* et G. E. Smith*]

**KAOHSIUNG** ou **GAOXIONG** ♦ V. de l'île de Taiwan, ch.-l. de district. 1 520 555 hab. Deuxième port de l'île. Indus. chimique et pétrochimique, cimenterie, aciérie et métall., indus. mécanique, chantiers navals. Zone franche industrielle.

**KAOLACK** ◆ ÉTYM. en ouolof *Na nu dem kaw Lakka-ga* « au-delà de l'endroit sinistré [un ancien village incendié] » ♦ V. du Sénégal, sur le Saloum*, à proximité de son delta. Env. 150 000 hab. Port exportateur d'arachides. Huileries.

**KAPELA** n. f. ♦ Massif montagneux de Croatie, appartenant aux Alpes dinariques ; il domine l'Adriatique au N.-O. du Velebit*.

**KAPELLEN** ♦ Comm. de Belgique (Région flamande), prov. et arr. d'Anvers, à la frontière des Pays-Bas (localité transfrontalière de Putte). 26 104 hab. Indus. alimentaire (conserves de fruits). Instruments d'optique. Comm. résidentielle (banl. N. d'Anvers).

**KAPILA** ♦ Sage indien probablement mythique, considéré comme une incarnation du dieu Vishnou*. Il aurait enseigné aux hommes la science des nombres et la philosophie du Sāmkhya*.

**KAPILAVASTU** ♦ Anc. cité du N. de l'Inde (actuellement au S. du Népal) et cap. d'un clan des Shakyas*, où naquit le Bouddha*, en –543. Ses vestiges furent découverts en 1895 près du village de Rumindei.

**KĀPISSĀ** → **Begrām**

**KAPITSA (Piotr Leonidovitch)** ♦ Physicien soviétique (Kronstadt 1894 - Moscou 1984). Ses premiers travaux, effectués dans le laboratoire de Rutherford* à Cambridge, portèrent sur la création de champs magnétiques intenses en vue d'obtenir des températures très élevées pour les réactions nucléaires (ses résultats de 1924 ne furent dépassés qu'en 1956). Il étudia ensuite les très basses températures et, en particulier, les propriétés magnétiques des corps, et découvrit le phénomène de la superfluidité (disparition de la viscosité d'un liquide au-dessous d'une température critique) ; on lui doit l'invention d'un appareil permettant la liquéfaction de l'hydrogène et de l'hélium. À partir de 1963, ses recherches portèrent sur la fusion thermonucléaire contrôlée (notamment le chauffage du plasma par le laser). [Prix Nobel de phys. 1978]

**KAPLAN (Viktor)** ♦ Ingénieur autrichien (Mürzzuschlag, Styrie 1876 - Unterach 1934). Inventeur d'une turbine-hélice hydraulique *(turbine Kaplan)*, particulièrement adaptée aux chutes très basses et dont le pas variable permet de conserver au mieux le rendement quand la hauteur de la chute varie. ◆ ÉTYM. Ce nom allemand signifie « aumônier ».

**KAPNIST (Vassili Vassilievitch)** ♦ Poète et auteur dramatique russe écrivant en russe et en français (Oboukhovka, près de Mirgorod 1758 - *id.* 1823). Dans son *Ode sur le servage* (1783, éd. 1806), il se prononça contre la servitude imposée aux paysans ukrainiens sous le règne de Catherine II. Sa comédie *La Chicane* (présentée en

1798 et interdite par la censure un peu plus tard), satire de la concussion et de l'arbitraire judiciaire, fut la source première du *Revizor* de Gogol*.

**KAPOOR (Anish)** ♦ Sculpteur britannique (Bombay 1954). Héritier de l'Arte* Povera et du minimalisme, il s'intéressa à la concavité et la convexité. Il créa des formes biomorphiques posées au sol et saupoudrées de pigments purs qui évoquent le tantrisme hindou. Vers la fin des années 1980, il sculpta de grands blocs de pierre percés de trous mystérieux et de miroirs en métal poli, voulant «transformer la masse en intensité et apaiser à l'extrême leur intériorité. Ce sont des vides, des ciels contenus à l'intérieur du sol». On lui doit *Marsyas*, gigantesque tubulure rouge, formée de deux arches asymétriques en fuseau terminées par trois anneaux en acier, qui occupe le Turbine Hall de la Tate Modern à Londres (2002). Il travailla également la cire, avec un résultat à mi-chemin entre la peinture et la sculpture (canon projetant des boulets de cire rouge sur un mur de *Shooting in the Corner*, 2009).

**KAPOSVÁR** ♦ V. de Hongrie, ch.-l. du comitat de Somogy, dans le S.-O. du pays. 68 697 hab. Centre ferroviaire. Indus. textile.

**KAPP (Wolfgang)** ♦ Homme politique allemand (New York 1858 - Leipzig 1922). Ardent nationaliste, il s'opposa violemment à tout projet d'une paix de compromis pendant la Première Guerre mondiale. Refusant le régime de la république de Weimar, il mit au point, avec le général Lüttwitz et l'appui de la «brigade baltique» du capitaine Ehrard, le coup d'État de Berlin (mars 1920) qui échoua devant l'opposition de la population berlinoise en grève, après le départ du président Ebert*.

**KAPPEL** ou **CAPPEL** ♦ Localité de Suisse (cant. de Zurich), au S. de Zurich. ♦ ***Paix de Kappel (1529)*** Elle mit fin à la première guerre entre Zwingli* et les catholiques. Au terme de ce traité, chaque canton était souverain en matière religieuse. ♦ ***Bataille de Kappel (1531)*** Ce fut une défaite de Zwingli qui y trouva la mort. Elle consacra la division religieuse de la Suisse, mais arrêta momentanément l'expansion de la Réforme*.

**KAPROW (Allan)** ♦ Artiste américain (Atlantic City 1927 - Encinitas, Californie 2006). Élève de Meyer Schapiro, il s'opposa à l'idéalisme de l'expressionnisme abstrait en utilisant les objets de la société de consommation pour réaliser, dans la ligne du junk art, des environnements (par accumulations) et des *happenings*, terme dont il est le créateur (v. 1958). Dans les années 1960, les artistes de Fluxus*, du pop* art, de Gutaï au Japon, Beuys* en Allemagne, choisirent souvent le happening comme mode d'expression.

**KAPTEYN (Jacobus Cornelius)** ♦ Astronome néerlandais (Barneveld 1851 - Amsterdam 1922). On lui doit la première observation systématique des étoiles du ciel austral et le projet (1906) de l'étude approfondie de 250 petites régions du ciel uniformément réparties *(Selected Areas)*, afin d'en déduire, par des méthodes statistiques, des renseignements concernant la structure galactique. 250 000 étoiles furent cataloguées selon cette méthode. Il étudia également le mouvement propre des étoiles et découvrit l'existence de deux courants principaux d'étoiles dans l'univers.

**KAPUAS** n. m. ♦ Fl. de Bornéo, en Indonésie (1 369 km). Il se jette dans le détroit de Karimata, formant un delta où se trouve située la ville de Pontianak*.

**KAPUAS HULU** ♦ Chaîne montagneuse du N.-O. de l'île de Bornéo, formant la frontière entre Kalimantan Barat (Indonésie) et Sarawak (Malaisie), culminant à 1 767 m (mont Lawit).

**KAPUNI** ♦ Gisement de gaz naturel de la Nouvelle-Zélande, dans l'île du Nord, au S. de New Plymouth. Il alimente la turbine d'Auckland.

**KAPURTHALA** ♦ V. de l'Inde (Panjab). 84 361 hab. Ancienne capitale d'un État princier dont les maharajahs étaient renommés pour leur richesse et leurs équipées en Europe dans les années 1920.

**KARA** (mer de) → ÉTYM. dialecte finnois «coupure, entaille» ♦ Mer bordière de l'océan Arctique, au N. de la Russie, entre les archipels de Novaïa Zemlia et de Severnaïa Zemlia. D'une superficie de 883 km², recevant les eaux de l'Ienisseï, de l'Ob (tributaires des golfes du même nom), de la Piassina et de la Kara, elle comprend notamment l'île Blanche, les îles de Dickson, de l'Institut arctique et de la Solitude. Couverte de glaces pendant la majeure partie de l'année, elle se dégage à la fin de l'été et constitue alors une partie de la voie maritime du Nord. Ports princ. : Igarka (à 673 km de l'embouchure de l'Ienisseï), Dickson, Novyï Port. Pêche dans les golfes.

**KARABAGH (HAUT-)** ♦ Région autonome, située dans le Petit Caucase et faisant partie de l'Azerbaïdjan. 4 400 km². 192 000 hab. POPULATION : Arméniens, 77 % ; Azéris, 21 %. CAP. : Stepanakert (58 000 hab.). Céréales, vignes, légumes. Élevage ovin. Indus. alimentaire. Moulinage de la soie. Traitement du bois. Matériel de construc. Artisanat de tapis. Station hydro-électrique sur le Terter, à Madaguiz. ▪ Depuis 1988, les Arméniens du Haut-Karabagh (en arménien : Artsakh) réclament son rattachement à l'Arménie, ce qui a provoqué un conflit armé et sanglant entre les deux républiques. → **Arménie.**

**KARA-BOGAZ GOL** n. m. ♦ Golfe presque fermé de la mer Caspienne, dans le Turkménistan. De faible prof. (4 à 7 m) et soumis à une intense évaporation, il est aujourd'hui pratiquement asséché (18 300 km² en 1930). Sur ses rives désertiques sont installées des usines traitant le sel. On l'avait fermé par une digue (1980) que l'on détruisit ensuite pour rétablir l'équilibre écologique.

**KARABÜK** ♦ V. de Turquie, ch.-l. de prov., au N. d'Ankara, sur l'Araç. 105 159 hab. Située près du bassin houiller de Zonguldak, elle est l'un des principaux centres sidérurgiques de Turquie. Indus. chimique (acide sulfurique).

**KARACA OĞLAN** ♦ Poète populaire turc (mort en 1679). Il vécut parmi les tribus nomades d'Anatolie et écrivit des poèmes profanes et sensuels s'attachant à la peinture de sujets concrets.

**KARACHI** → ÉTYM. probablt de *Kulachi*, n. d'une tribu baloutche ♦ V. du Pakistan, cap. de la province du Sind. 9 269 265 hab. Création coloniale britannique (1838), Karachi a été le port principal du N.-O. du monde indien avant l'indépendance. Elle fut la capitale du Pakistan de 1947 à 1967 et reste sa capitale économique. Ses activités portuaires ont permis la création de nombreuses industries (sidérurgie, raffineries, indus. chimiques). Par son dynamisme, la ville a attiré des populations d'origines très variées, notamment des montagnards de l'O. et des Bangladeshi. De très graves conflits ont opposé ces différents groupes dans les années 1980. L'équipement urbain n'a pas suivi le rythme de la croissance de la ville.

**Karachi.** Un jardin. *Phot. © Picou/Asie-Photo*

**KARADŽIĆ (Vuk Stefanović)** ♦ Écrivain serbe (Tršić, Serbie 1787 - Vienne 1864). Fils de paysan, autodidacte, il consacra sa vie à la mise en forme du serbe littéraire. En 1814, il publia un abrégé grammatical de la langue parlée et, en 1818, la première édition du *Dictionnaire serbe*. Parallèlement à ses efforts pour épurer la langue du vieux slavon, il adapta l'alphabet cyrillique à la phonétique du serbe et recueillit les œuvres de la littérature orale serbe dans des *Contes* (1821), des *Proverbes* (1836) et des *Chants lyriques et héroïques* (1823 - 1833 ; 1841 - 1866). Auteur d'écrits ethnographiques et historiques (*La Révolution serbe*, 1828), il traduisit le Nouveau Testament en langue vulgaire. → ÉTYM. Ce nom vient du turc *kara* «noir» et le suffixe serbe *-ié*.

**KARAFUTO** ♦ Anc. nom japonais de la partie méridionale de l'île de Sakhaline*, occupée en 1905. Les Soviétiques la reprirent après la défaite du Japon en 1945.

**KARAGANDA** → **Qaraghandy**

**KARAGEORGES** ou **KARADJORDJE (Djorgje Petrovitch)** ♦ Homme politique serbe, fondateur de la dynastie des Karageorgévitch (Viševac, près de Kragujevac 1752 - Radovanje, près de Smederevo 1817). Il mena la révolte contre les Turcs (1804), entra à Belgrade (1806) et fut élu chef des Serbes (1808). Abandonné par le tsar de Russie (1813), il se réfugia à l'étranger, en revint en 1817 et fut assassiné sur l'ordre de Miloch* Obrénovitch.

**KARAGEORGÉVITCH** ou **KARADJORDJEVIĆ (Alexandre)** ♦ Homme politique serbe (Topola 1806 - Temesvár 1885). Fils de Karageorges. Il revint en Serbie à la chute de Miloch Obrénovitch et fut élu prince des Serbes en 1842. Il maintint de bons rapports avec l'Autriche et la Turquie, obtint la garantie internationale en faveur de la Serbie en 1856. Son despotisme lui fit beaucoup d'ennemis et, en 1858, il fut acculé à renoncer au pouvoir. ▪ Père de Pierre* Ier. ♦ **Paul Karageorgévitch** (Saint-Pétersbourg 1893 - Neuilly 1976). Cousin d'Alexandre* Ier, il assura la régence de la Yougoslavie pendant la minorité de Pierre II (1934 - 1941). Dictateur, il imposa à la Yougoslavie une nouvelle organisation fédérale. Il dut accepter d'adhérer au pacte tripartite, mais fut renversé et laissa la place au roi Pierre* II. ♦ **Alexandre Karageorgévitch.** → **Alexandre Ier Karageorgévitch.**

**KARAGHEUZ** ou **KARAGEUZ** → ÉTYM. du turc *Kara Göz* «œil noir» ♦ Personnage central du théâtre d'ombres des pays méditerranéens, originaire de Constantinople. Jovial, menteur, voleur, obscène, jouissant d'une scandaleuse impunité, il déchaîne les rires du public par sa verve inépuisable dans les épisodes burlesques de farces traditionnelles dont les variantes se répandirent en Turquie, en Syrie, au Liban et en Égypte, ainsi qu'en Afrique du Nord. Il a donné son nom au spectacle qu'il anime.

**KARAISKAKIS (Ghiorghos)** ♦ Héros de l'indépendance grecque (Agrapha 1780 - Athènes 1827). Il défendit Missolonghi en 1822 - 1823 et battit plusieurs fois les Turcs en Grèce centrale. Accusé de trahison par Mavrocordatos*, il fut acquitté. Il fut tué (peut-être assassiné) lors du combat avec les Turcs qui assiégeaient Athènes.

**KARAJAN (Herbert VON)** ♦ Chef d'orchestre autrichien (Salzbourg 1908 - *id.* 1989). Élève de Schalk, à Vienne, il fut directeur de l'opéra d'Aix-la-Chapelle (1935) puis chef d'orchestre à l'opéra de Berlin (1937). Successeur de Furtwängler à la tête de l'orchestre philharmonique de Berlin (1955 - 1989), il fut directeur musical de l'opéra de Vienne (1956 - 1964) et du festival de Salzbourg (1956 - 1960). Marquée par l'exigence et la ferveur, la qualité de ses interprétations lui valut une réputation internationale. ➔ ÉTYM. *Karajan* est l'abréviation du nom d'origine grecque *Karayannis*, du turc *kara* «noir» et du grec *Yannis* «Jean».

**KARAK (AL-)** ♦ V. de Jordanie, ch.-l. de mouhafaza, située sur le plateau de Moab à l'E. de la mer Morte. 20 280 hab. La ville fut dans l'Antiquité la capitale des Moabites et une position retranchée au temps des croisades (château des croisés).

**KARAKALPAKIE** n. f. ou **KARAKALPAKSTAN** n. m. ♦ République de l'Ouzbékistan. → **Ouzbékistan** (carte). 164 900 km². 1 245 000 hab. *(Karakalpaks)*. LANGUE : karakalpak. POPULATION : Karakalpaks, 32 % ; Kazakhs, 26 %. RELIGION : musulmans sunnites. CAPITALE : Noukous. La Karakalpakie est divisée en 15 districts. ▪ Réserves de phosphorites, talc, graphite et sel. Culture du coton. Sériciculture. Élevage ovin. Indus. métal. et alimentaire. La région subit de plein fouet les conséquences de l'assèchement de la mer d'Aral (dépopulation, désertification). ▮ **Histoire** Aux XIV$^e$ - XVI$^e$ s., les Karakalpaks se trouvaient sous la domination des khanats de Boukhara et du Khorezm. Conquise par les Djoungars (1723), annexée par la Russie (1873), la Karakalpakie fut partagée après la révolution d'Octobre entre la rép. socialiste soviétique du Turkestan et la rép. soviétique populaire du Khorezm. Région autonome du Kazakhstan en 1925, elle fut une rép. soviétique socialiste autonome au sein de la RSS de Russie (20 mars 1932), puis au sein de l'Ouzbékistan (5 déc. 1936) et devint une république en 1992.

**KARAKALPAKS** n. m. pl. ♦ Peuple turc de la région de Khiva (Asie centrale), appelé autrefois «Bonnets noirs», dont le territoire fut annexé en 1873 par la Russie (424 000 ressortissants en 1989). Il est fixé dans une république autonome au S. de la mer d'Aral (Ouzbékistan).

**KARAKORAM** ou **QARAQORAM** n. m. ➔ ÉTYM. «chaîne noire», du turc *kara* «noir» et *korum* «montagne rocheuse» ♦ Chaîne montagneuse du nord du monde indien, aux confins de la Chine et du Pakistan. Séparée de l'Himalaya proprement dit par la haute vallée de l'Indus, la chaîne abrite le second sommet du monde (mont Dapsang ou K2) et de nombreux pics de plus de 8 000 m (plus nombreux encore que ceux recensés au Népal). La latitude a favorisé le développement de très grands glaciers.

**KARAKOROM** ou **QARAQORUM** ♦ Anc. cap. de l'Empire mongol, créée en 1235 par Ögödei* sur la rive d. du fl. Orkhon, actuellement près d'Erdeninbu, en Mongolie. Il n'en reste plus guère que des ruines. Elle fut abandonnée par Kūbilaï* Khān au profit de Khānbalik (Pékin).

**KARAKOUM** ou **QARAQUM** n. m. ➔ ÉTYM. «sables noirs» ♦ Désert sablonneux du Turkménistan, à l'O. de l'Amou-Daria (env. 350 000 km²). Le canal du Karakoum (1 100 km) permet d'irriguer 600 000 ha. Pâturages. Culture du coton, de fruits et de légumes.

**KARAMAN** – anc. ***Larende*** ♦ V. de Turquie, ch.-l. de prov., en Anatolie centrale. 122 809 hab. Citadelle du XII$^e$ s., mosquées et hammams anciens. ▪ Centre de commerce. ▮ **Histoire** Conquise par Perdiccas*, lieutenant d'Alexandre le Grand, *Larende* fut durant la période byzantine une forteresse défendant l'accès au plateau anatolien, mais tomba dès le début du XII$^e$ s. aux mains des Turcs. Disputée entre les Danismendides et les Seldjoukides de Konya, elle fut momentanément occupée par Frédéric* I$^{er}$ Barberousse en 1190 puis par le roi de Cilicie Léon II en 1210 - 1216. Les émirs turcomans Karamanoğlu s'y installèrent alors, lui donnant leur nom (Karaman), et en firent la capitale de la plus puissante des principautés issues du démembrement du royaume seldjoukide, intégrée tardivement à l'Empire ottoman (1466).

**KARAMÉ (Rachid)** ♦ Homme politique libanais (Tripoli 1921 - 1987). Musulman sunnite modéré, député de Tripoli, il fut dix fois Premier ministre. Il se rallia au réformisme de Chehab et mena une politique prudente et d'équilibre. Favorable à une «concertation entre l'État et la résistance palestinienne», il refusa de prendre part à la guerre civile déclenchée en 1975 puis se posa en médiateur entre les différents chefs de guerre, position qui l'amena à diriger en 1975 et en 1984 un gouvernement d'union nationale. Proche des Syriens, il trouva la mort en juin 1987 dans l'explosion d'un hélicoptère de l'armée libanaise qui le ramenait de Tripoli à Beyrouth.

**KARAMOJA** n. m. ♦ Prov. de l'Ouganda. En 1979 - 1980, la sécheresse et le vol des troupeaux par l'armée en fuite d'Amin Dada décimèrent les Karamojongs, pasteurs nomades de langue nilotique, se nourrissant du lait et du sang de leurs bêtes.

**KARAMZIN (Nikolaï Mikhaïlovitch)** ♦ Poète, romancier et historien russe (Mikhaïlovka, gouv. de Simbirsk 1766 - Saint-Pétersbourg 1826). Il a donné naissance au russe littéraire moderne en abandonnant le slavon. Sa nouvelle sentimentale *La Pauvre Lise* (1792) connut un grand succès. L'œuvre la plus importante qu'il ait écrite est l'*Histoire de l'État russe* (12 volumes ; 1816 - 1829).

**KARASLAVOV (Georgi)** ♦ Écrivain bulgare (Debăr, près de Părvomaj 1904 - Sofia 1980). Ses romans, *Imbéciles* (1938), *La Belle-fille* (1942), *Des hommes comme les autres* (1957), décrivent avec réalisme la vie campagnarde dans la Bulgarie d'avant 1942.

**KARATCHAÏEVO-TCHERKESSIE** n. f. – off. ***république de Karatchaïevo-Tcherkessie*** ♦ République de la fédération de Russie. → **Russie** (carte et tableau des divisions admin.). 14 100 km². 439 700 hab. (*Karatchaïs* et *Tcherkesses*). LANGUES : karatchaï, tcherkesse, russe. POPULATION : Karatchaïs, 31 % ; Tcherkesses, 10 % ; Russes, 42 %. RELIGIONS : musulmans, orthodoxes. CAPITALE : Tcherkessk. La république de Karatchaïevo-Tcherkessie est divisée en 8 districts. ▪ La montagne (Elbrouz*) est le domaine de l'élevage et du tourisme (station de Donbaï) alors que les piémonts sont voués à la polyculture. Pétrochimie. Indus. mécanique et alimentaire. ▮ **Histoire** Turquisés et islamisés au XI$^e$ s., les Karatchaïs firent partie des peuples déportés en 1943 en Asie centrale, et leur région autonome fut dissoute. Les Tcherkesses sont des Caucasiens islamisés tardivement (XVI$^e$ s.). En 1957, Karatchaïs et Tcherkesses furent réunis dans une même région autonome devenue république en 1991. Certains nationalistes exigent la scission de la république.

**KARATCHŌK** ♦ Gisement pétrolier de Syrie, à l'extrême N.-E. Acheminement du pétrole vers le Liban et les ports syriens de Tartous et de Bāniyās.

**KARAVELOV (Ljuben)** ♦ Écrivain bulgare (Koprivštica 1837 - Ruse 1879). Après des études à Moscou, il revint en Bulgarie en 1869, où il collabora aux journaux *La Liberté* et *L'Indépendance*, siégea au Comité central révolutionnaire de Bucarest et défendit l'idée d'une fédération des peuples balkaniques. Créateur de la nouvelle bulgare, il s'y fit remarquer par la finesse de son observation et la qualité de son style : *Le Martyr* (1870), *L'Enfant gâté* (1875), *Les Bulgares du temps jadis*.

**KARAWANKEN** n. f. pl. – en slovène ***Karavanke*** ♦ Massif des Alpes orientales, entre les vallées de la Save* et de la Drave*, à la frontière austro-slovène, culminant à 2 558 m.

**KARCHI** ♦ V. d'Ouzbékistan, ch.-l. de la région de Kachkadaria, sur la riv. du même nom. 197 600 hab. Indus. textile et alimentaire.

**KARDEC (Léon Hippolyte RIVAIL, dit Allan)** ♦ Occultiste français (Lyon 1804 - Paris 1869). Dans l'espoir d'unifier les croyances au sein d'une religion «digne du Créateur», il élabora la doctrine du spiritisme, fondée sur l'idée de la réincarnation. Directeur de la *Revue spirite*, il publia notamment *Le Livre des esprits* (1857) et *Le Livre des médiums* (1861).

**KARDELJ (Edvard)** ♦ Homme politique yougoslave (Ljubljana 1910 - *id.* 1979). Membre du PC clandestin, il fut ensuite l'un des organisateurs de l'armée nationale de libération. Il devint vice-président du Conseil yougoslave en 1945 et occupa de hautes fonctions jusqu'à sa mort. Théoricien du socialisme autogestionnaire, il fut l'un des inspirateurs de la Constitution de 1974.

**KARDINER (Abram)** ♦ Psychanalyste et ethnologue américain (New York 1891 - Easton, Connecticut 1981). Psychiatre, acquis à la psychanalyse, il s'orienta vers l'ethnologie. En collaboration avec R. Linton*, il formula sa théorie de la «personnalité de base», type moyen de personnalité, caractérisant les individus d'une société, déterminé par les institutions primaires (organisation familiale, système de subsistance, d'éducation) et s'exprimant dans les institutions secondaires [mythes, religion] (*The Individual and his Society*, 1939 ; *The Psychological Frontiers of Society*, 1945, avec R. Linton). L'œuvre de Kardiner a contribué à rapprocher la psychanalyse et l'anthropologie culturelle (*Introduction à l'ethnologie*, 1961 ; trad. fr. 1966).

**KĂRDŽALI, KIRDZALI** ou **KÜRDZALI** ♦ V. de Bulgarie méridionale, ch.-l. de région, sur l'Arda, au pied du Rhodope. 69 830 hab. (en majorité de nationalité turque). Raffinage du plomb et du zinc. La région produit du tabac, commercialisé à Kărdžali.

**KAREN** n. m. ♦ État de Birmanie, occupant la partie orientale du Ténassérim. 30 393 km². 1 489 000 hab. *(Karens)*. CAP. : Pa-an. Agriculture (riz, canne à sucre). ▪ Forêts de tecks et d'hévéas. ▪ D'origine tibéto-birmane, les Karens sont des agriculteurs, semi-nomades, convertis au christianisme. Opposés au pouvoir central depuis le XIX$^e$ s., ils sont, depuis l'indépendance du pays (1948), en état d'insurrection permanente.

**KARIBA** (lac) ♦ Lac artificiel créé sur le Zambèze* en aval des chutes Victoria, grâce à la construction du barrage du même nom. Il est long de 250 km et sa capacité est d'env. 110 milliards de m³. Équipement hydroélectrique qui alimente le Zimbabwe et la Zambie. Importante activité de pêcheries sur ses rives.

**KARIKAL** ♦ V. de l'Inde, sur la côte du delta de la Cauvery. 74 333 hab. Ancien comptoir français (jusqu'en 1954), la ville conserve le statut de Territoire de l'Union, administré à partir de Pondichéry. Petit port de pêche.

**KARKEMISH** ♦ Anc. ville de haute Syrie (auj. Jarabulus), sur la rive d. de l'Euphrate, contrôlant le gué sur l'itinéraire de la Mésopotamie vers la Syro-Palestine et l'Égypte en évitant le désert. Elle fut conquise par les Hittites (→ **Souppilonlioumа**) et resta une principauté hittite même après la chute de l'empire (→ **Hittites**). Sargon* II l'annexa à l'Assyrie (-717). Nabuchodonosor* II y vainquit Néchao II (-605) et l'annexa. Des fouilles y ont mis au jour la citadelle à double enceinte.

**KARKONOSZE** → Krkonoše

**KARLE (Jerome)** ♦ Chimiste américain (New York 1918). → **Hauptman.** [Prix Nobel de chim. 1985, avec H. Hauptman]

**KARLFELDT (Erik Axel)** ♦ Poète suédois (Karlbo, Folkärna, en Dalécarlie 1864 - Stockholm 1931). Il se rendit célèbre par ses chants populaires et régionalistes (de Dalécarlie, sa province) : *Chansons de la forêt et de l'amour* (1895) et surtout *Chansons de Fridolin* (1898) ou *Jardin de Fridolin* (1901) où il transpose, en poésie, les célèbres peintures murales (dalmålningar) de Dalécarlie sur des motifs naïfs bibliques pleins d'humour et de réalisme paysan. En 1912, il devint le secrétaire perpétuel du comité Nobel pour les prix littéraires et refusa, à ce titre, d'accepter en 1920 le prix Nobel. Celui-ci lui fut attribué à titre posthume en 1931.

**KARLI** ♦ Site archéologique de l'Inde* (Maharashtra). Il est constitué d'un ensemble de sanctuaires bouddhiques creusés dans la falaise au -Ier s.

**KARL-MARX-STADT** → Chemnitz

**KARLOFF (Charles Edward PRATT, dit Boris)** ♦ Acteur de cinéma américain d'origine britannique (Dulwich 1887 - Londres 1969). Il conquit la célébrité en interprétant magistralement le personnage du monstre dans *Frankenstein* (1931) et *La Fiancée de Frankenstein* (1935) de J. Whale. Il tourna surtout dans des films fantastiques ou d'épouvante.

**KARLOVAC** ♦ V. de Croatie, au S.-O. de Zagreb, sur la Kupa. 39 395 hab. Forteresse. Églises et palais baroques. ▪ Industrie textile.

**KARLOVY VARY** – anc. en all. ***Karlsbad*** ♦ V. de la République tchèque, en Bohême occidentale, au confluent de l'Ohře et de la Teplá. 50 691 hab. Cathédrale baroque due à K. I. Dientzenhofer. ▪ Importante station thermale fondée par Charles IV. Porcelaine, cristalleries. Indus. du cuir. Indus. alimentaire.

**KARLOWITZ** – en serbe ***Sremski Karlovci*** ♦ Localité de Serbie (Voïvodine), sur le Danube. 8 839 hab. En 1699, un traité y fut signé, par lequel la Turquie, vaincue par la Sainte-Ligue, céda la Podolie et l'Ukraine occidentale à la Pologne, Azov à la Russie, la Dalmatie et la Morée à Venise, la Transylvanie et la plus grande partie de la Hongrie à l'Autriche.

**KARLSBAD** – auj. ***Karlovy Vary*** ♦ → Karlovy Vary ♦ ***Congrès de Karlsbad*** Congrès qui réunit en août 1819 les représentants des États allemands sous la présidence de Metternich*, afin de résoudre les problèmes posés par l'agitation libérale. Des mesures répressives furent adoptées : création d'une commission fédérale chargée d'enquêter sur les agissements subversifs, censure de la presse, surveillance des universités. La ville était, avant la Deuxième Guerre mondiale, l'un des principaux centres de peuplement des Allemands des Sudètes*.

**KARLSKOGA** ♦ V. de Suède centrale. 27 500 hab. Église (XVIIe s.). ▪ Mines de fer. Métallurgie. Construc. mécaniques ; matériel de défense ; indus. du bois.

**KARLSKRONA** ♦ V. de Suède, au S.-E. du pays, sur la Baltique. Ch.-l. du comté de Blekinge. 61 844 hab. Musée de la Marine. ▪ Port militaire et port de pêche. Centre de services. Indus. mécaniques et agroalimentaires.

**KARLSRUHE** ➡ **ÉTYM.** all. «repos *(Ruhe)* de Charles *(Karl)*», du n. de *Karl* Wilhelm von Bade-Durlach, qui fit construire à l'origine à cet endroit un rendez-vous de chasse ♦ V. d'Allemagne (Bade-Wurtemberg) et anc. cap. du grand-duché de Bade, sur le Rhin, à l'extrémité N. de la Forêt-Noire. 275 629 hab. Bâtie au début du XVIIIe s. par les margraves de Bade-Durlach, la ville s'organise en éventail autour du château grand-ducal et est pourvue de nombreux espaces verts. ▪ Grâce à sa situation privilégiée et à la première université technique d'Allemagne (1825), c'est un important centre industriel, doté d'un grand port fluvial, spécialisé dans les constructions mécaniques (machines, pneumatiques, cosmétiques, raffinage du pétrole) et les nanotechnologies. Point d'arrivée de l'oléoduc de Marseille-Lavéra. Centre de physique nucléaire. ▪ Tribunal constitutionnel fédéral.

**KARLSTAD** ♦ V. de Suède, sur le lac Vänern. Ch.-l. du comté de Värmland. 82 878 hab. Port. Carrefour ferroviaire et routier. Centre indus. : aciéries, indus. du bois (pâte à papier, allumettes). ▮ **Histoire** En 1905 y furent établies les clauses de séparation de la Suède et de la Norvège.

**KARLSTADT (Andreas BODENSTEIN, dit)** ♦ Réformateur allemand (Karlstadt v. 1480 - Bâle 1541). Professeur à Wittenberg, il fut un des premiers disciples de Luther*, participa à la dispute de Leipzig (1519, → **Eck**) et, lors de la retraite de Luther à la Wartburg, prit à Wittenberg des initiatives radicales qui amenèrent sa brouille avec celui-ci et son exil en Suisse. → **Réforme.**

**KĀRMAL (Babrak)** ♦ Homme politique afghan (Kaboul 1929 - Moscou 1996). Il fut l'un des fondateurs du parti communiste Khalq (1965), puis de sa branche dissidente du Partcham (1967). Vice-président du Conseil révolutionnaire et vice-Premier ministre après la révolution d'avr. 1978, limogé en juil. 1978 et réinstallé au pouvoir en déc. 1979 à la suite de l'intervention soviétique, il fut remplacé en 1986 par Najībullāh*.

**KÁRMÁN (Theodore VON)** ♦ Ingénieur américain d'origine hongroise (Budapest 1881 - Aix-la-Chapelle 1963). Spécialiste de l'aéronautique, il étudia notamment les théories de mécanique des fluides (mouvement tourbillonnaire, turbulence), les théories de l'élasticité et de la résistance des matériaux. Il fut membre de plusieurs organisations internationales pour la coopération dans le domaine de l'aéronautique. [Acad. sc. 1955]

**KARNAK** ➡ **ÉTYM.** en égypt. ***Ipet-isut*** ou ***Eptesowe*** «le lieu choisi», auj. ***al-Karnak***, ar. dialectal «village fortifié» ♦ Village de Haute-Égypte (province de Qinā) qui a donné son nom à la partie N. des ruines de l'ancienne Thèbes* situées sur la rive droite du Nil, la partie S. étant connue sous le nom de Louksor*. Les ruines de Karnak forment l'un des sites archéologiques les plus importants du monde. Elles couvrent une surface considérable bien qu'il ne reste rien des maisons, des palais et des jardins qui entouraient les temples. Ceux-ci forment trois grands ensembles séparés, entourés chacun d'une enceinte : du N. au S., l'enceinte de Montou, l'enceinte d'Amon* et l'enceinte de Mout reliée au temple d'Amon par une allée de sphinx qui menait ensuite au temple de Louksor. Le temple d'Amon proprement dit se compose de plusieurs édifices construits

**Karnak.** Temple d'Amon, l'hypostyle (XIXe dynastie, vers -1250).
*Phot. © E. Lessing/akg-images*

à des périodes différentes. De l'édifice originel de la XIIe dynastie il ne reste aucune trace. L'ensemble actuel date en majeure partie des XVIIIe, XIXe et XXe dynasties (–XVIe - –XIIIe s.). La construction fut entreprise par Aménophis* Ier et poursuivie par Thoutmôsis* Ier qui entoura le temple d'une enceinte et l'accrut d'un vestibule hypostyle. La reine Hatchepsout* y éleva deux obélisques. Très agrandi par Thoutmôsis* III, le temple reçut diverses adjonctions sous les successeurs de ce dernier (parmi lesquels Aménophis* III). La partie la plus célèbre est la grande salle hypostyle édifiée au début de la XIXe dynastie par Ramsès* Ier et Horemheb* et décorée sous Séthi* Ier et Ramsès* II. Toujours à l'intérieur de l'enceinte d'Amon se trouvent, au N. du grand temple, le temple de Ptah* et Hathor* (édifice du Moyen Empire reconstruit par Hatchepsout et Thoutmôsis III) et, au S., le très beau temple dédié à Khonsou* par Ramsès* III. L'ensemble des temples de Karnak est menacé par l'élévation du niveau du Nil due à la construction de plusieurs barrages.

**KARNATAKA** ➝ ÉTYM. anc. ***Mysore*** ou ***Maisur*** «terre noire» ♦ État de l'Inde. 191 773 km². 52 850 562 hab. LANGUE : kannada (off.). CAP. : Bangalore. Constitué essentiellement par des plateaux, il englobe aussi une partie des Ghâts de l'Ouest et possède une façade maritime sur la mer d'Oman. La médiocrité des sols et la sécheresse des plateaux entravent les progrès de l'agriculture. Des ressources minérales (fer, or) ont favorisé son industrialisation. De plus les investissements du secteur public ont fait de Bangalore l'une des villes les plus modernes de l'Inde.

**KÁROLYI DE NAGYKÁROLY (Mihály)** ♦ Homme politique hongrois (Budapest 1875 - Vence, Alpes-Maritimes 1955). Député libéral, hostile à l'Allemagne pendant la guerre, il prit position en 1918 pour l'indépendance de son pays. Nommé président de la République (janv. 1919), il fut renversé par Béla Kun* (mars 1919). Il fut ambassadeur à Paris (1947 - 1949).

**KAROUN** (lac) ➝ ÉTYM. en ar. ***Birkat al-Qarūn,*** devenu ***Birkat al-Kūrūn*** «le lac des Cornes» ♦ Lac de Haute-Égypte, dans le Fayoum. 600 km². Il s'étend de l'E. à l'O. et est situé à 44 m au-dessous du niveau marin. **Histoire** L'anc. lac Moeris occupait jadis presque toute la surface de l'actuel Fayoum (*Pa-yôm :* «la mer»). Quelques terres formaient la ville de Shedit (➝ **Médinet el-Fayoum**), lieu de pêche et de chasse des pharaons de l'Ancien Empire. Asséché en partie par Amménémès III (le légendaire Moeris) qui pratiqua dans le Fayoum d'importants travaux d'irrigation, le lac fut ramené à ses proportions actuelles par Ptolémée II Philadelphe. Après une grande période de prospérité, la région fut abandonnée au IIIe s. La divinité locale était Sobek.

**KARPAS** ➝ Carpas

**KARPATES** ➝ Carpates

**KARPIŃSKI (Franciszek)** ♦ Poète et critique polonais (Hołosków 1741 - Chrorowszczyźna 1825). Représentant du courant «sentimental», il écrivit des idylles (*La Tristesse du printemps ; Le Papillon ; L'Alouette* et *Laure et Philon*). Il est également auteur de comédies (*La Redevance* et *Alcesta*), d'une tragédie historique *(Boleslaw III)* et d'écrits théoriques défendant les thèses du sentimentalisme.

**KARPOV (Anatoli Ievguenievitch)** ♦ Joueur d'échecs russe (Zlatooust, Oural 1951). S'appuyant sur un jeu défensif rigoureux, inspiré des méthodes de Botvinnik, il fut champion du monde d'échecs pendant dix ans (1975 - 1985), avant de s'incliner face à Kasparov*. ➝ ÉTYM. *Karpov* vient du prénom russe *Karp* (du grec *karpos* «fruit») ou du surnom *Karp* «carpe».

**KARR (Alphonse)** ♦ Journaliste et écrivain français (Paris 1808 - Saint-Raphaël 1890). D'abord professeur, il se tourna vers le journalisme et devint, en 1839, directeur du *Figaro*. Son roman le plus célèbre a pour titre *Sous les tilleuls* (1832). Retiré sur la Côte d'Azur après le coup d'État de 1851, Alphonse Karr s'y livra à sa passion, l'horticulture, tout en composant de nouveaux romans et des œuvres dramatiques qui eurent peu de succès.

**KARRER (Paul)** ♦ Chimiste suisse (Moscou 1889 - Zurich 1971). Auteur de recherches en chimie organique et en biochimie, il est surtout connu pour ses travaux sur les vitamines. Ses études des pigments végétaux, en particulier des caroténoïdes, l'amenèrent à découvrir la structure de la vitamine A. On lui doit l'élucidation de la spécificité d'action d'une vitamine, la découverte et la synthèse de la vitamine B2, des travaux concernant les vitamines C, E et K. [Prix Nobel de chim. 1937, avec W. Haworth*]

**KARROO** ou **KAROO** n. m. ♦ Plateaux intérieurs semi-arides de l'Afrique du Sud. Ce sont des formations sédimentaires de schistes et de grès (fin Primaire, début Secondaire) qui s'étagent en gradins depuis l'Orange et le Transvaal jusqu'au S. de la province du Cap. ➝ **Nieuweveld (monts)**.

**KARS** ♦ V. de Turquie, ch.-l. de prov., dans l'anc. Arménie (alt. 1 775 m). 76 992 hab. La ville est dominée par une citadelle (XIIe s.). Église des Saints-Apôtres (Xe s.), transformée en musée. ▪ Centre commercial et administratif et ville de garnison. **Histoire** Kars, importante ville arménienne, fut le siège de la dynastie bagratide au début du Xe s. Sous Ashot III, la capitale fut transférée à Ani*. Kars redevint cependant la cap. de l'Arménie du S. quelques années plus tard. Au XIe s., elle devint successivement possession seldjoukide, géorgienne et ottomane. Conquise par les Russes en 1878, elle ne revint à la Turquie qu'en 1920 (traité de Moscou).

**KARSAVINA (Tamara)** ♦ Danseuse britannique d'origine russe (Saint-Pétersbourg 1885 - Beaconsfield 1978). Ayant rejoint la troupe de Diaghilev, elle fut consacrée, dès la première saison des Ballets russes à Paris (1909) comme la plus sensible et la plus prestigieuse des ballerines classiques du début du XXe siècle. Interprète de M. Fokine* *(Le Pavillon d'Armide, Le Prince Igor, Les Sylphides, Schéhérazade, Petrouchka, Le Spectre de la rose, L'Oiseau de feu, Daphnis et Chloé)*, puis de L. Massine* *(La Boutique fantasque, Le Tricorne)*, elle triompha à l'Opéra de Paris *(Giselle)*, à Covent Garden, et au Théâtre-Impérial de Saint-Pétersbourg. Fixée à Londres en 1917, elle fit ses adieux à la scène en 1926.

**KARSH (Yousuf)** ♦ Photographe canadien d'origine arménienne (Mardin 1908 - Boston 2002). Réputé pour ses portraits d'hommes d'État, il acquit une renommée internationale avec celui de Winston Churchill, en couverture de *Life* en 1941. Il exécuta également de nombreux portraits d'artistes et de savants. Il fit sienne la conception du portrait selon laquelle la pose, les gestes et les mimiques révèlent l'individualité du modèle.

**KARST** n. m. – en it. ***Carso,*** en slovène ***Kras,*** en serbo-croate ***Krš*** ♦ Région naturelle de Slovénie, formée de plateaux calcaires, caractérisée par une importante circulation souterraine des eaux (gouffres, grottes, résurgences) et par la fréquence des dépressions fermées, dont les plus petites, les dolines (quelques dizaines de mètres de diamètre), sont dues à la dissolution de la roche et les plus grandes, les poliés (quelques dizaines de kilomètres de long au maximum), sont liées à la tectonique. C'est un milieu ingrat, où les hauteurs servent à l'élevage ovin tandis que les poliés sont cultivables après drainage. Le mot *karst* est devenu un nom commun qui désigne les milieux de ce type dans le monde entier. **Histoire** Lors de la Première Guerre mondiale, le front du Karst vit l'affrontement des troupes italiennes et austro-hongroises. Les premières attaques italiennes donnèrent de faibles résultats (18 juil. et 18 oct. 1915). L'offensive du 4 août 1916 aboutit, le 9, à la prise de Gorizia. En mai 1917, les Italiens progressèrent vers Trieste et le plateau de Bainsizza, mais ils abandonnèrent la région en oct., après Caporetto*. Ils la réoccupèrent en août 1918.

**KART** n. m. ♦ Dynastie afghane qui régna de 1245 à 1389 depuis Herāt* sur un territoire proche de l'Afghanistan actuel. D'abord vassale des souverains mongols de Perse, elle devint ensuite indépendante. En 1381 Tamerlan* prit Herāt mais y maintint son souverain comme vassal jusqu'en 1389, date de l'incorporation de la ville et de ses dépendances dans l'Empire timuride*.

**KĀRTTIKEYA** ou **SKANDA** ♦ Divinité hindoue de la guerre et de la planète Mars, fils de Shiva* et de Pārvatī*. Il est surtout adoré dans le S. de l'Inde où on le représente monté sur un paon. Il est également appelé, dans le Tamil Nadu, du nom de Muruga.

**Kārttikeya.** Statuettes. National Museum, Karachi. *Phot. © Arch. Smeets*

**KĀRUN** n. m. ♦ Fleuve d'Iran (829 km), prenant sa source dans le Zagros* (au Zard-é Kōh, 4 655 m), traversant la plaine du Khouzistan* pour se jeter dans le Chatt* al-Arab. C'est le seul fleuve iranien navigable. Un barrage détourne une partie de ses eaux dans le Zayandeh rūd.

**KARVINÁ** ♦ V. de la République tchèque, située sur le gisement houiller de Silésie* tchèque. 63 445 hab. Karviná fait partie de la conurbation industrielle d'Ostrava (indus. métallurgique et mécanique).

**KARZAÏ (Hamid)** ♦ Homme d'État afghan d'origine pashtoune (Kandahar 1957). Réfugié au Pakistan pendant l'invasion de l'Afghanistan par les Soviétiques, proche de l'ex-roi Zāhêr Chāh, il fut nommé vice-ministre des Affaires étrangères après leur départ (1989 - 1994). Après la chute du régime taliban, les États-Unis* décidèrent de le promouvoir comme futur président. Il dirigea le gouvernement intérimaire afghan (2002) jusqu'en oct. 2004 où il fut élu à la présidence. Toujours soutenu par les pays occidentaux, il remporta à nouveau la présidentielle de 2009 mais avec une légitimité de plus en plus précaire.

**KASAÏ** ou **KASSAÏ** n. m. ♦ Riv. d'Afrique centrale (1 940 km), affl. rive g. du Congo*, qui reçoit de nombreuses rivières venues du Katanga et de l'Angola. Il se nomme également Kwa près de son confluent avec le Congo, en aval de Kinshasa. La navigation par le Congo et le Kasaï entre Kinshasa et Ilebo (Port-Francqui), terminus du chemin de fer du Katanga, joue un rôle économique important. ♦ *Kasaï* Région de la Rép. démocratique du Congo divisée en deux provinces, orientale et occidentale, où se situent les principaux gisements diamantifères.

**KASCHNITZ (Marie-Luise)** ♦ Femme de lettres allemande (Karlsruhe 1901 - Rome 1974). Influencée par Trakl et Hölderlin, elle écrivit des poèmes (*Nouveaux Poèmes*, 1957 ; *Ton silence, ma voix*, 1962) traversés par un désir d'humanisme, mais aussi des nouvelles (*Ombres allongées*, 1964) et des textes autobiographiques. Elle obtint le prix Büchner en 1955. Elle fit de nombreux voyages en Europe, particulièrement dans les pays méditerranéens, dont on retrouve les impressions, les paysages et les mythes dans ses récits. Ses écrits font montre d'une grande sensibilité, marquée par une sourde inquiétude, mais sans désespoir. Elle dépeint un monde où amour et avenir existent et où il faut lutter contre le mal.

**KĀSHĀN** → Kāchān

**KASHI** ou **KAXGAR** ou **KACHGAR** ♦ V. de Chine, au Xinjiang, dans une oasis sur la bordure O. du bassin du Tarim. 189 266 hab. À l'extrémité O. de la Chine, c'était une importante étape sur la route de la Soie. Céréales et fruits. Élevage. Artisanat.

**KASHMIR** → Cachemire

**KAŚIA** → Kuśinagara

**KASPAROV (Garry WEINSTEIN, dit Garry)** ← ÉTYM. de *Kasparova*, n. de jeune fille de sa mère ♦ Joueur d'échecs russe (Bakou 1963). Surnommé le «tigre de Bakou», il devint champion du monde en 1985 en battant A. Karpov* et le resta jusqu'en 2000. Il est considéré comme l'un des plus grands joueurs d'échecs de tous les temps grâce à un jeu offensif fondé sur l'invention et la surprise. Par ailleurs, il s'est engagé en politique contre le président Poutine avec le mouvement L'Autre Russie qui l'a désigné comme candidat aux législatives de 2007 — mais victime de tracas judiciaires, il dut se retirer — et à la présidentielle de 2008 contre Medvedev.

**KASPROWICZ (Jan)** ♦ Poète polonais (Szymborze 1860 - Poronin 1926). Représentant du mouvement «Jeune Pologne», il publia *Christ* (1890), *La Fin du monde* (1891), *Anima lacrimans* (1894) et *Hymnes* (1902), où, après avoir fustigé l'injustice sociale, il exprima sa révolte prométhéenne contre Dieu, qui «a créé le mal». Dans *Les Instants* (1911), le sentiment de révolte s'apaise. Ayant retrouvé la sérénité au contact des humbles habitants des montagnes, il écrivit *Le Livre des pauvres* (1916) et *Mon monde* (1923). ← ÉTYM. Ce nom polonais vient de *Kaspar* «Gaspard».

**KASSAPA** ♦ Nom de plusieurs rois de Ceylan qui régnèrent du VI^e au X^e s. Le premier d'entre eux, un usurpateur, fit réaliser les remarquables fresques de sa forteresse de Sigirya.

**KASSEL** ← ÉTYM. en fr. *Cassel* ; anc. *Chasalla*, du lat. *castellum* «forteresse» ♦ V. d'Allemagne et anc. cap. de la Hesse, auj. ch.-l. de régence, dans le *bassin de Kassel*, sur les deux rives de la Fulda. 191 652 hab. Château de Wilhelmshöhe, construit au XVIII^e s. en style baroque au milieu d'un beau parc ; galerie de tableaux, riche en œuvres de primitifs flamands et hollandais, et de Rembrandt, Dürer, Cranach. ▪ Située sur un grand axe routier et ferroviaire, Kassel est un centre industriel actif, spécialisé dans la construction mécanique, la chimie, les textiles (jute, rayonne, fibranne), les papeteries, le matériel de précision et les instruments d'optique. ▮ **Histoire** Mentionnée au IX^e s. sous le nom de *Chassala*, la ville obtint une charte au XII^e s. et devint au XIII^e s. résidence des landgraves de Thuringe, puis de Hesse. Occupée par les Français au milieu du XVIII^e s. (guerre de Sept Ans), elle devint au XIX^e s. (1807 - 1813) capitale du royaume de Westphalie, puis passa à la Prusse en 1866.

**KASSEM (Abd al-Karim)** – en ar. *'Abd al-Karīm Qāsim* ♦ Général et homme d'État irakien (Bagdad 1914 - *id.* 1963). Après avoir dirigé le putsch de juil. 1958, au cours duquel le roi Fayçal* II fut assassiné, il devint Premier ministre. Il fut lui-même assassiné au cours du coup d'État de févr. 1963 (→ **Irak**).

**KASSERINE** – en ar. *al-Gaṣrīn* ou *al-Qaṣrayn* ♦ V. de Tunisie, ch.-l. de gouvernorat, en bordure des hautes steppes, au pied E. du djebel Chambi. 76 243 hab. Centre agricole. Usine de transformation de l'alfa en cellulose. ▮ **Histoire** Le *col de Kasserine* fut pris par Rommel en fév. 1943, mais repris quelques jours plus tard par les chars britanniques.

**KASSITES** n. m. pl. ♦ Anc. peuple asiatique du Zagros. Ces montagnards s'infiltrèrent en Babylonie et, après –1530, leur roi Agoum II régna à Babylone*. Ils y introduisirent probablement le cheval et le char de guerre, mais furent assimilés par les Babyloniens. Leur dynastie tomba v. –1160 sous les coups de l'Élam*.

**KASTELORIZO** → Castellorizo

**KASTERLEE** ♦ Comm. de Belgique (Région flamande), prov. d'Anvers, arr. de Turnhout, sur la Petite Nèthe. 17 988 hab. Site touristique renommé de la Campine. Parc récréatif de Lichtaart (Bobbejaanland) ; place triangulaire à Kasterlee et Tielen. ▪ Indus. agroalimentaire.

**KASTLER (Alfred)** ♦ Physicien français (Guebwiller 1902 - Bandol 1984). Spécialiste de la spectroscopie optique et hertzienne ainsi que de l'électronique quantique, il élabora, avec Jean Brossel, en 1950, la méthode dite de pompage optique qui permet l'inversion des populations d'électrons dans l'atome (le nombre d'électrons occupant un état excité devient alors supérieur à celui d'un état «normal»). Ce procédé, à la base du fonctionnement des masers et des lasers, rendit possible leur développement. [Acad. sc. 1964 ; prix Nobel de phys. 1966]

**KÄSTNER (Erich)** ♦ Auteur satirique et romancier allemand (Dresde 1899 - Munich 1974). Collaborateur de journaux de gauche, il critiqua, non sans humour et ironie, la vie de l'Allemagne de son temps, dont un de ses romans (*Fabian, histoire d'un moraliste*, 1930) donne un tableau pessimiste. Auteur de poèmes lyriques (*Cœur sur mesure*, 1928), il est surtout connu pour son roman *Émile et les détectives* (1928) qui fut porté à l'écran.

**KAŚYAPA** ♦ Sage mythique de l'Inde, d'origine divine, à qui la tradition attribue de nombreux hymnes des *Veda**.

**KATAÏEV (Valentin Petrovitch)** ♦ Conteur, romancier et auteur dramatique soviétique (Odessa 1897 - Moscou 1986). Kataïev participa activement à la révolution d'Octobre. En 1922, il vint à Moscou où il commença à publier de nombreux récits humoristiques tels que *Les Couteaux* (1926), *Les Gaspilleurs* (1926), *Les Choses* (1929), et des comédies : *La Voie fleurie* et *La Quadrature du cercle* (1928). En 1932, sous l'influence de Maïakovski* dont il était l'ami intime, Kataïev écrivit un grand roman sur l'édification de Magnitogorsk : *Ô temps, en avant !* À l'approche de la Deuxième Guerre mondiale, il publia un récit patriotique, *Je suis le fils du peuple laborieux* (1937), et, pendant la guerre, fit paraître un cycle de nouvelles de guerre dont *Le Drapeau* (1942), *L'Épouse* (1943), et *Le Fils du régiment* (1945) qui obtint un prix d'État. Son œuvre principale reste une tétralogie sur le thème de la révolution triomphante, dont l'action se passe à Odessa de 1905 à 1945 ; sous le titre *Les Vagues de la mer Noire*, elle rassemble : *La Voile solitaire* (1936), *Pour le pouvoir des soviets* (1948 - 1951), *Le Village dans la steppe* (1956) et *Vent d'hiver* (1960 - 1961). Il publia d'autres récits (*Le Saint Puits*, 1966 ; *L'Herbe de l'oubli*, 1967 ; *Ma couronne de diamants*, 1978). ← ÉTYM. *Kataïev* vient de *Kataï*, surnom d'un homme remuant (du russe *katat* «tournoyer»).

**KATAK** ou **CUTTACK** ♦ V. de l'Inde (Orissa), à la tête du delta de la Mahanadi. 587 637 hab. Commerces et industries (matériel électrique, coton). Première ville de l'Orissa, elle a perdu sa fonction de capitale en 1956.

**KATANGA** n. m. ← ÉTYM. du n. haoussa d'un chef local «murs, bâtiments» ; *Shaba* de 1972 à 1997 ♦ Riche région minière et prov. méridionale de la Rép. démocratique du Congo. POP. : Balubas, Balundas. ▪ Les réserves minérales, très importantes, concernent le cuivre, le cobalt, l'uranium, le zinc, l'étain, le manganèse. Électrométallurgie. ▮ **Histoire** Après l'indépendance (1960), le Katanga tenta une sécession sous la direction de Moïse Tschombé. Celle-ci fut brisée par les forces de l'ONU en janv. 1963.

**KATAR** → Qatar

**KATEB Yacine** ♦ Romancier, poète et auteur dramatique algérien d'expression française (Constantine 1929 - La Tronche, Isère 1989). Issu d'une famille de lettrés, partagé entre son attachement à la culture française qui l'avait nourri et ses convictions de militant nationaliste (il connut la prison dès seize ans pour sa participation aux manifestations du 8 mai 1945 à Sétif), Kateb Yacine composa une œuvre violente, en rupture avec les conventions tant par son contenu émotionnel et politique que par l'éclatement de la narration. Aux poèmes de *Soliloques* (1946) s'ajoutèrent des romans où le récit, amer, voire atroce, des «exactions colonialistes» et l'évocation de la dignité des ancêtres s'organisent autour du personnage de Nedjma, femme aimée, mais aussi figure mythique de l'Algérie (*Nedjma*, 1956 ; *Le Polygone étoilé*, 1966). Les pièces du *Cercle des représailles* (*Le Cadavre encerclé*, *La Poudre d'intelligence*, *Les ancêtres redoublent de férocité*, 1959) ou les séquences théâtrales de *Mohammed, prends ta valise* (1971, en arabe), également inspirées de ce «drame éternisé» du peuple algérien, en universalisent le contenu jusqu'à exprimer le tragique de toute aliénation. ➝ ÉTYM. *Kateb* vient de l'arabe *kātib* «écrivain» et *Yassine,* des lettres *yā* et *sīn* qui ouvrent la 36e sourate du Coran.

**KATHIAWAR** ♦ Péninsule de l'Inde occidentale, en bordure du golfe de Khambhat (Cambay). Formée de terrains cristallins et dotée d'un climat sec, elle est vouée à la culture de l'arachide et des millets. On y trouve les derniers survivants des lions d'Asie.

**KATMANDOU** ou **KATHMANDU** ➝ ÉTYM. en népalais *Kāthmandū,* du sanskr. *Kāṣthamaṇḍapa* «temple *(maṇḍapa)* de bois *(kāṣtha)*» ♦ Cap. de l'État du Népal, à près de 1 500 m d'alt., au centre d'une riche vallée agricole. 671 849 hab. Elle est remarquable pour ses monuments hindous et bouddhiques, qui attirent de nombreux pèlerins. Les réfugiés tibétains lui ont donné, à partir de 1950, un aspect particulier. ▪ Peu d'indus., mais un très vivace artisanat (tapis, bois, ivoire, cuivres, pierres semi-précieuses). Tourisme actif (*trekking* vers les sommets himalayens). ▮ **Histoire** Fondée au VIIIe s., elle devint au XVIIIe s. la métropole du pays.

**KATŌ Komei** ♦ Homme politique japonais (Nagoya 1860 - Tōkyō 1926). Président du Conseil de 1924 à 1926, il fonda le parti libéral et fut le promoteur du suffrage universel au Japon pour les hommes âgés de 25 ans (1925).

**KATONA (József)** ♦ Auteur dramatique hongrois (Kecskemét 1791 - *id.* 1830). Créateur de la tragédie nationale magyare avec *Bánk Bán* (1815), œuvre qui illustre un épisode historique du Moyen Âge hongrois.

**KATOWICE** – de 1953 à 1956 ***Stalinogród*** ♦ V. du S. de la Pologne, ch.-l. de la voïvodie de Silésie. 314 500 hab. Centre indus. et admin.

**KATSINA** ➝ ÉTYM. n. d'un anc. émir de la région ♦ V. du Nigeria (État de Katsina) proche de la frontière du Niger. 306 450 hab. Cette ancienne cité haoussa, née du commerce transsaharien, a perdu de son importance depuis la guerre sainte d'Ousman* dan Fodio au début du XIXe s. Aujourd'hui c'est un grand marché agricole (arachide, bétail, cuir et peaux).

**KATTEGAT** ou **CATTÉGAT** n. m. ➝ ÉTYM. du vx norrois «le passage *(gata)* du vaisseau *(kati)*» (l'étym. «le trou *(gat)* du chat [ou des chats] *(katte, katten)*» est populaire) ♦ Détroit unissant le Skagerrak à la Baltique, entre le Jutland (Danemark) et la Suède.

**KĀTYĀYANA** ♦ Célèbre grammairien indien (–IVe s.), connu pour avoir complété les *sūtra* de Pāṇini*, et écrit de nombreux ouvrages de philosophie et de grammaire sanskrite.

**KATYN** ♦ Localité de Russie, à l'O. de Smolensk. ▮ **Histoire** En avr. 1943, les Allemands découvrirent, près de Katyn, des fosses communes contenant les corps d'env. 4 500 officiers polonais qui avaient été massacrés, selon les Allemands, par les Soviétiques. L'URSS rejeta la responsabilité du crime sur l'Allemagne et rompit les relations diplomatiques avec le gouv. polonais de Londres (➝ **Sikorski**). En 1953, une commission d'enquête américaine conclut que les victimes avaient été massacrées par le NKVD* au printemps 1940, ce qu'a reconnu l'URSS en 1990. Le film de Wajda*, *Katyn* (2007), donne une dimension humaine à cet événement.

**KATZ** (sir **Bernard**) ♦ Biophysicien britannique d'origine allemande (Leipzig 1911 - Londres 2003). Ses recherches concernent le rôle des médiateurs chimiques dans la transmission de l'influx nerveux. Il étudia particulièrement l'acétylcholine, son mode de libération et ses effets sur la membrane synaptique. [Prix Nobel de physiol. ou méd. 1970, avec J. Axelrod* et U. von Euler*]

**KATZ (Elihu)** ♦ Psychosociologue américain (Brooklyn 1926). Spécialiste de la sociologie de l'information, il montra, dans *Personal Influence, The Part Played by People in the Flow of Communication* (avec P. Lazarfeld, 1955), que l'information ne se diffuse ni massivement ni directement mais en deux paliers, par des intermédiaires ou «leaders d'opinion» émanant de groupes dits «primaires».

**KAUDZITES** (les frères) ♦ Écrivains lettons, Reinis (1839 - 1920) et Matiss (1848 - 1926), auteurs d'un célèbre roman réaliste : *Au temps des arpenteurs* (1879).

**KAUFBEUREN** ♦ V. d'Allemagne (Bavière), dans le plateau bavarois, sur la Wertach. 40 952 hab. Nombreux monuments médiévaux (enceinte, églises, maisons). ▪ Centre industriel.

**KAUNAS** – anc. en russe ***Kovno*** ♦ V. de Lituanie, sur le Niémen. 358 111 hab. Centre culturel. ▪ Port. Indus. métallurgique, électromécanique et alimentaire. Centrale hydroélectrique. ▮ **Histoire** Pendant l'occupation polonaise de Vilnius, le gouv. de la Lituanie indépendante fixa son siège à Kaunas (1919 - 1940).

**KAUNDA (Kenneth David)** ♦ Homme d'État zambien (Lubwa 1924). Fondateur du Parti uni de l'indépendance nationale (Unip), qui remporta les élections de 1964, il mena la Rhodésie du Nord à l'indépendance la même année et devint le premier président de la république de Zambie. À la tête du pays le plus urbanisé d'Afrique, Kenneth Kaunda (dit «KK») ne put enrayer la corruption, la dégradation sociale et la contestation du parti unique qu'il avait institué en 1972. En 1990, il fut contraint de légaliser le multipartisme revendiqué par son adversaire Frederick Chiluba qui gagna largement les élections de 1992, l'obligeant à se retirer. Passé dans l'opposition, il fut arrêté en 1997 et relâché en 1998.

**KAUNITZ (Wenzel Anton),** comte, puis prince **VON KAUNITZ-RITTBERG** ♦ Homme politique autrichien (Vienne 1711 - *id.* 1794). Négociateur de la paix d'Aix-la-Chapelle (1748), puis ambassadeur à Paris, il se fit l'artisan du renversement des alliances qu'il paracheva quand il fut chancelier et que la France accepta de se rapprocher de la Prusse et de l'Angleterre (➝ **Sept Ans [guerre de]**). Les victoires prussiennes et la défection de la Russie l'obligèrent à accepter la perte de la Silésie, avec le traité d'Hubertsburg* (1763) ; il chercha alors des compensations en Orient : l'Autriche obtint ainsi la Galicie lors du partage de la Pologne (1772) et une alliance avec les Turcs obligea Catherine* II à la paix de Kutchuk*-Kaïnardji. La même alliance fit entrer par la suite l'Autriche dans une guerre malheureuse (traité de Sistova, 1791) où elle dut renoncer à ses conquêtes. Entre-temps, la guerre de Succession* de Bavière n'avait donné à l'Autriche que l'annexion du district de l'Inn. À l'intérieur, Kaunitz poussa Marie*-Thérèse à une politique de centralisation. Il s'opposa à son catholicisme intransigeant, et ses tendances libérales purent trouver leur épanouissement sous Joseph* II. Il conserva son ascendant sous Léopold* II, mais François* II le contraignit à donner sa démission.

**KAURISMÄKI (Aki)** ♦ Réalisateur et producteur finlandais (Orimattila, sud de la Finlande 1957). Il arriva au cinéma grâce à son frère, Mika, pour lequel il écrivit un scénario et avec qui il a continué à travailler. Il a écrit et réalisé une vingtaine de films qui se caractérisent par leur ton nostalgique, un style minimaliste avec des dialogues de plus en plus épurés, et de multiples références cinématographiques (*Tiens ton foulard Tatiana,* 1994) ou encore une trilogie sur le thème du chômage : *Au loin s'en vont les nuages* (1996), *L'Homme sans passé* (2002), *Les Lumières du faubourg* (2006).

**KAUTSKY (Karl)** ♦ Homme politique allemand (Prague 1854 - Amsterdam 1938). Théoricien du Parti social-démocrate allemand qu'il dirigea avec E. Bernstein* (1880), il fit triompher à Erfurt (1891) la tendance marxiste contre les positions réformistes de ce dernier (➝ **Critique du programme de Gotha**). Auteur de nombreux ouvrages de vulgarisation du marxisme (*La Doctrine économique de Marx,* 1887 ; *La Question agraire,* 1897 ; *Le Marxisme et son critique Bernstein,* 1900), il en donna une interprétation souvent mécaniste et scientiste, substituant à l'idée de révolution celle d'une évolution inévitable vers le socialisme. Il édita la dernière partie du *Capital** de Marx (1905 - 1910). Dirigeant de la IIe Internationale, Kautsky évolua vers le réformisme dès 1910 et finit même par renoncer à la théorie de l'effondrement nécessaire du capitalisme. Ses thèses furent l'objet de critiques de la part de Lénine*. Après avoir fondé le Parti social-démocrate indépendant en 1917 (➝ **Hilferding**), il fut sous-secrétaire d'État aux Affaires étrangères (1918). Lors de l'arrivée au pouvoir de Hitler, il se réfugia en Tchécoslovaquie puis aux Pays-Bas.

**KAVAJË** ou **KAVAJA** ♦ V. d'Albanie, sur la plaine littorale. 28 149 hab.

**KAVALLA** ♦ V. de Grèce (Macédoine), ch.-l. du nome de Kavalla. 58 576 hab. Aqueduc romain. Citadelle byzantine. ▪ Port. Indus. chimique. Tabac en déclin.

**KAVERI, CAVERY** ou **CAUVERY** n. f. ♦ Fl. (760 km) de l'Inde, né dans les Nilgiri, partie la plus élevée des Ghâts de l'O., il traverse le S. de la péninsule d'O. en E. et a construit un grand delta dans le golfe du Bengale. Aménagé par une série de barrages-réservoirs, il fournit de l'énergie et de l'eau d'irrigation à toute sa vallée vouée à la riziculture.

**KAVERINE (Veniamine Aleksandrovitch ZILBER,** dit**)** ♦ Conteur et romancier soviétique (Pskov 1902 - Moscou 1989). Il appartint au groupe des Frères* Sérapion. Après avoir publié des nouvelles fantastiques, il décrivit dans des romans réalistes la vie de Leningrad : *La Fin de la Khaza* (1926), *L'artiste est inconnu* (1934 - 1936). Il écrivit un roman destiné à la jeunesse, *Deux capitaines* (1938 - 1944) ; une trilogie, *Le Livre ouvert* (1949 - 1956) ; un roman sur le thème de l'art, *Devant le miroir* (1971) ; des mémoires, *Dans une vieille maison* (1971) et une trilogie, *Fenêtres illuminées* (1974 - 1976).

**KAWABATA Yasunari** ♦ Écrivain japonais (Ōsaka 1899 - Zushi, près de Yokosuka 1972). Fils d'un médecin, orphelin très jeune, il commença ses activités littéraires en 1920, à l'université de Tōkyō, fondant plusieurs revues (*Shinshichō* «La Pensée nouvelle», *Bungeishunjū* «Les Annales littéraires»). C'est dans un style déjà très travaillé, une prose lyrique en phrases sobres, qu'est écrit son premier chef-d'œuvre, *La Danseuse d'Izu* (1926). Chacun de ses textes fut d'ailleurs longuement remanié avant de paraître en version définitive. Dans le Japon des années 1920, où dominait la littérature prolétarienne et où l'engagement à gauche des écrivains était de rigueur, Kawabata, jeune espoir du Shinkankakuha, «école du néosensationnisme», fait un peu figure d'exception. C'est après la Deuxième Guerre mondiale qu'il publia ses romans les plus marquants : *Pays de neige* (1935 - 1948), *Nuée d'oiseaux blancs* (1949 - 1952), *Le Grondement de la montagne* (1949 - 1954). Obsédé par la solitude et la mort, Kawabata mettait la concision de son style et la profondeur de sa sensibilité au service d'une description tragique, parfois cynique, des sentiments humains. Ses textes le révèlent attaché au Japon traditionnel : *Nuée d'oiseaux blancs* se déroule sur un fond de cérémonie du thé ; *Le Maître ou le Tournoi de go* (1951 - 1952) symbolise, par la défaite du vieux maître Shūsai, la nécessité amère de l'effacement, devant la modernité, des traditions qui faisaient l'essence du Japon. Kawabata se suicida en 1972. [Prix Nobel de littér. 1968] ➝ ÉTYM. *Kawabata* vient du japonais *kawa* «rivière», *hata* «côté» et *Yasunari*, de *yasu* «paix» et *nari* «devenir».

**KAWALEROWICZ (Jerzy)** ♦ Cinéaste polonais (Gwoździec 1922 - Varsovie 2007). Son œuvre témoigne de son goût pour le récit romanesque et d'une remarquable aptitude à créer une atmosphère et à saisir le détail précis et significatif. Ses films les plus importants sont : *Train de nuit* (1959), *Mère Jeanne des Anges* (1961), le péplum *Pharaon* (1966) qui lui permit de déjouer la censure, *L'Auberge du vieux Tag* (1982), *Quo Vadis ?* (2001).

**KAWASAKI** ➝ ÉTYM. du jap. *kawa* «rivière» et *saki* «cap, promontoire» ♦ V. du Japon (Honshū), sur la baie de Tōkyō dont elle constitue une des plus importantes banlieues. 1 327 011 hab. Important centre indus. (aciéries, chimie, céramique).

**KAWATAKE Mokuami** ♦ Auteur de théâtre japonais (Edo, auj. Tōkyō 1816 - *id.* 1893). Kawatake s'inspira du petit monde d'Edo pour peupler ses pièces de théâtre kabuki d'une foule de personnages, voyous, bourgeois, geishas et demi-mondaines, hauts en couleur. Après la révolution de Meiji* Tennō, sa verve s'exerça contre la bourgeoisie moderniste et occidentalisée. Ses pièces sont toujours très populaires.

**KAYAH** n. m. ♦ État de Birmanie. 11 732 km². 266 000 hab. *(Kayahs)*. CAP. : Loikaw. Apparentés aux Karens, les Kayahs se nomment également «Karens rouges».

**KAYES** ➝ ÉTYM. du sarakolé *karé* «bas-fond humide» ou de *kanian* «hautes herbes poussant dans les endroits humides» ♦ V. du Mali, sur la rive g. du haut Sénégal, terminus de la navigation, atteinte pendant la saison des pluies par les péniches venues de Saint-Louis (Sénégal). 51 000 hab. (1 500 000 pour la région). Centre commercial (arachide). Tanneries. Centre d'émigration des Soninkés. ▪ En amont, le fort de Médine où les Français furent assiégés par El-Hadj Omar en 1855.

**KAYSERI** ♦ V. de Turquie, ch.-l de prov., en Anatolie centrale, près du site de l'antique Césarée*. 696 833 hab. Les vieux quartiers du XIXe s. aux ruelles étroites et aux nombreux minarets sont bien conservés. Cité importante à l'époque seldjoukide, la ville possède une citadelle (déb. XIIIe s.), la médersa de Huand (XIIIe s.), transformée en musée archéologique, le *Döner Kümbet* (mausolée, fin XIIIe s.) et plusieurs mosquées. ▪ Indus. textiles. Cimenteries. Raffineries de sucre. Montage d'avions. Manufactures de tapis.

**KAYSERSBERG** [68240] ➝ ÉTYM. germ. «la montagne *(berg)* de l'empereur *(Kaiser)*» ♦ Ch.-l. de cant. du Haut-Rhin, arr. de Ribeauvillé, sur la Weiss. 2 676 hab. (aggl. 6 381) *(Kaysersbergeois)*. Ruines du château dominant la ville. Église des XIIe - XVe s. (retable dû à J. Bongart de Colmar, 1518 ; verrière de P. d'Andlau). Pont fortifié. Hôtel de ville Renaissance. Maisons anc. Maison natale du Dr A. Schweitzer (centre culturel). ▪ Viticulture.

## KAZAKHSTAN

▪ n. m. – off. ***république du Kazakhstan***, en kazakh ***Qazaqstan Respublikasy*** ➝ ÉTYM. «pays (iran. *ostān*) des Kazakhs (du turc *kazak* "libre, indépendant", appliqué aux tribus nomades kirghiz d'Asie centrale)» ♦ Pays d'Europe orientale et d'Asie centrale. 2 717 300 km². 14 168 300 hab. *(Kazakhstanais)*. LANGUES : kazakh, russe. POPULATION : Kazakhs, 53,4 % ; Russes, 30 % ; Ukrainiens, 3,7 % ; Ouzbeks, 2,5 % ; Allemands, 2,4 %. RELIGIONS : musulmans, orthodoxes. MONNAIE : tengue. CAPITALE : Astana. RÉGIME : parlementaire et présidentiel. Le Kazakhstan est divisé en 14 régions dont 2 villes (Almaty et Astana) : Aqmola (CH.-L. : Astana), Aqtöbe, Atyraou, Jambyl (CH.-L. : Taraz), Kazakhstan-Méridional (CH.-L. : Chymkent), Kazakhstan-Occidental (CH.-L. : Oral), Kazakhstan-Oriental (CH.-L. : Öskemen), Kazakhstan-Septentrional (CH.-L. : Petropavl), Manguistaou (CH.-L. : Aktaou), Pavlodar, Qaraghandy, Qostanaï.

▪ **GÉOGRAPHIE** Immense pays plat longtemps voué au pastoralisme nomade, le Kazakhstan dispose de ressources exceptionnelles. Le Nord, vaste seuil steppique de terres noires *(tchernozem)*, a été mis en culture sous Khrouchtchev (campagne des *Terres vierges*) et produit des blés durs de haute qualité et de la viande bovine. En outre, grâce à l'exploitation de gisements de charbon (Qaraghandy, Ekibastouz), de fer (Qostanaï) et de métaux non ferreux (Semeï), c'est la région la plus industrialisée (électricité thermique, métallurgie, construc. mécaniques). Le Centre, constitué de déserts et de steppes sèches, demeure quasiment vide à l'exception de groupes d'éleveurs d'ovins et de quelques sites miniers (cuivre à Jezqazghan) ou scientifiques (cosmodrome de Baïkonour). La partie occidentale, sur le littoral caspien, connaît un intense développement grâce aux hydrocarbures (Atyraou, Tenguiz, Karachaganak, Kashagan et la rég. de Manguistaou), atout majeur du pays, contrôlés majoritairement par l'État et pour lesquels la Russie et la Chine se disputent le partenariat. Cependant l'exploitation sans mesure des ressources naturelles engendre des catastrophes écologiques, dont le dessèchement de la mer d'Aral*. Le Sud est la région la plus densément peuplée avec les piémonts de l'Alatau et la plaine du Syr-Daria parsemés de riches oasis (coton et riz, fruits et légumes, sériciculture). C'est là que se situe l'ancienne capitale, Almaty, et quelques centres miniers comme Jambyl et Chymkent (phosphates) et le plus important des gisements d'uranium du pays (1er producteur mondial depuis 2009). Indépendant, le Kazakhstan tente de se dégager de l'influence russe en s'ouvrant vers de nouveaux partenaires (Chine, Turquie, Asie du Sud-Est et Europe), mais la tâche est difficile en raison de la présence de nombreux russophones, majoritaires dans tout le nord du pays.

▪ **HISTOIRE** Nomades de race turque islamisés, les Kazakhs subirent dès le début du XVIIIe s. la domination de la Russie, qui encouragea l'installation des colons russes et ukrainiens dans leur pays qui faisait alors partie du Turkestan*. Au XIXe s., les Russes occupèrent Ak-Meshet (auj. Qyzylorda) et fondèrent les forteresses d'Akmolinsk (auj. Astana) et de Vernyï (auj. Almaty). En nov. 1917, le chef des Kazakhs, Ali Khan Boukei, demanda l'autonomie du pays et forma un gouvernement nationaliste. L'Armée rouge y vainquit les troupes contre-révolutionnaires russes (1919 - 1920) et occupa le Kazakhstan proclamé République socialiste soviétique (RSS) autonome. En 1924, après la délimitation territoriale de l'Asie centrale (qui fut partagée entre le Kazakhstan, le Kirghizstan*, l'Ouzbékistan*, le Tadjikistan* et

Kazakhstan.

Kazakhstan ▮ Productions en 2008

| Produits | Quantités | Rang |
|---|---|---|
| ▮ Agriculture | | |
| Blé (2009) | 4 500 000 t | 11e |
| Coton fibre | 120 000 t | |
| Orge | 2 000 000 t | |
| Pommes de terre | 2 400 000 t | |
| Ovins (têtes) | 13 000 000 | |
| ▮ Mines et énergie | | |
| Argent | 800 t | 10e |
| Bauxite | 4 900 000 t | 11e |
| Chrome | 3 600 000 t | 3e |
| Cuivre | 460 000 t | 11e |
| Fer | 25 000 000 t | 12e |
| Gaz naturel | 28 000 000 000 m³ | |
| Houille | 115 000 000 t | 10e |
| Or | 10 t | |
| Pétrole | 68 000 000 t | 19e |
| Plomb | 48 000 t | |
| Uranium | 5 300 t | 3e |
| Zinc | 70 000 t | 9e |

le Turkménistan*), les régions de Syr-Daria et de Semiretchie, qui faisaient partie de la RSS autonome du Turkménistan, furent rattachées à la RSS autonome du Kazakhstan. En 1936, le Kazakhstan devint une RSS fédérée d'URSS. Les déplacements d'industries pendant la guerre puis le développement agricole et industriel du Nord provoquèrent un afflux de russophones au point de modifier durablement l'équilibre ethnique. Les émeutes de 1986 et 1989 ont rappelé la fragilité nationale du Kazakhstan. Élu président par le Parlement puis au suffrage universel, en 1991, en 1999 et en 2005, Noursoultan Nazarbaïev* a engagé sa république dans la voie de l'indépendance, votée le 21 déc. 1991. Président autoritaire, il a privilégié la croissance aux réformes démocratiques : il a réussi à maintenir l'équilibre entre ses grands voisins russe et chinois et à relancer l'économie.

**KAZAN (WATANABE Noboru, dit)** ♦ Peintre et poète japonais (Edo 1793 - Mikawa 1841), élève de Bunchō, connu pour avoir introduit au Japon les techniques picturales de l'Occident. Chef de file des partisans de la culture occidentale, il fut persécuté par le gouv. du bakufu, qui refusait d'ouvrir le Japon au monde occidental. Condamné à mort puis à la résidence surveillée, il se suicida.

**KAZAN (Elia KAZANJOGLOUS, dit Elia)** ➝ ÉTYM. abrév. de son n. [turc *kazan* «chaudron»] ♦ Metteur en scène et romancier américain (Constantinople 1909 - New York 2003). Fils d'immigrés turcs, arrivé très jeune aux États-Unis, il s'imposa d'abord au théâtre, travaillant avec Lee Strasberg et participant en 1947 à la création de l'Actors Studio. Plusieurs de ses films dénoncent les plaies de la société américaine (racisme, corruption syndicale) comme *Le Mur invisible* (1947), *Sur les quais* (1954), *Un homme dans la foule* (1957), *Les Visiteurs* (1972) ; d'autres sont de brillantes versions filmées d'œuvres théâtrales, *Un tramway* nommé Désir* (1951), ou romanesques, *À* l'est d'Éden* (1955), *Baby Doll* (1956), *Le Dernier Nabab* (1976) ; d'autres enfin sont purement lyriques, nourris parfois d'éléments autobiographiques : *Le Fleuve sauvage* (1960), *La Fièvre dans le sang* (1961), *America, America* (1963), *L'Arrangement* (1969), tiré de son roman de même titre. Son œuvre romanesque n'est pas moins passionnante : *Les Assassins* (1972), *L'Anatolien* (1982). Dans *Une vie* (1989), il évoque un passé douloureux lié à ses délations pendant le maccarthysme.

**KAZAN** ➝ ÉTYM. tatar «chaudron» ♦ Cap. de la rép. des Tatars (Tatarstan), sur la rive g. de la Volga. 1 105 300 hab. Important centre culturel. Anc. tours du Kremlin (1556 - 1562) dont l'enceinte, remaniée aux XVIIe et XIXe s., entoure la cathédrale de l'Annonciation (XVIe s.) et la tour Sioumbeki (anc. minaret du XVIIe s.). Musée régional : ethnographie, archéologie, art. ▪ Port fluvial, carrefour ferroviaire et grand centre indus. : indus. chimique, métall., textile et alimentaire. Construc. mécaniques. Traitement du bois. Tanneries. ▮ **Histoire** Fondée au XIIIe s., près du site de l'anc. Bolgary (cap. du royaume bulgare de la Volga, du Ve au XIIIe s.), par un des khans de la Horde d'Or, la ville devint la capitale du khanat indépendant de Kazan, qui subsista de 1438 à 1552, avant d'être annexé par Ivan IV le Terrible. Prise et pillée par Pougatchev en 1774, elle prit un nouvel essor à la fin du XIXe s. L'université, fondée en 1804, fut notamment fréquentée par Lobatchevski (qui en devint recteur de 1827 à1846), Balakirev, Tolstoï et Lénine (1887, exclu la même année).

**KAZANLĂK** ou **KĂZANLIK** ♦ V. de Bulgarie, sur un affl. de la Tundža, au cœur de la Vallée des Roses (ou bassin du Kazanlăk). 81 536 hab. Fabrication d'essence de roses.

**KAZANTZAKIS (Nikos)** ♦ Écrivain grec (Candie 1883 - Fribourg-en-Brisgau 1957). Il fut ministre, voyagea dans le monde entier et passa ses dernières années à Antibes. Son œuvre, étendue à tous les genres littéraires, est celle d'un penseur et est empreinte d'un éclectisme qui opère la synthèse des doctrines les plus diverses : socialisme et philosophie hindoue, christianisme et Nietzsche, Bergson et existentialisme. Son angoisse métaphysique s'exprime dans son manifeste *Ascèse* (1928) : Dieu est en péril dans tous les êtres, son salut est en cause à chaque moment, l'acte sauveur se situant au-delà des critères moraux. Partant de là, Kazantzakis chercha dans son *Odyssée* (1938), poème en 33 333 vers, à créer un nouveau mythe, hellénique et universel. Il acquit une célébrité mondiale grâce à ses romans d'après-guerre *(Alexis Zorba, Le Capitaine Michalis, Le Christ recrucifié).*

**KAZBEK** n. m. ➝ ÉTYM. mot local signifiant «noble» [à qui appartiennent les terres], compris par erreur par les Russes comme n. de la montagne – en géorgien ***Mkinvaki*** ♦ Volcan éteint de la partie centrale du Grand Caucase, en Géorgie (5 033 m). Glaciers d'une superficie totale de 135 km². Tourisme.

**KAZINCZY (Ferenc)** ♦ Écrivain hongrois (Érsemlyén 1759 - Széphalom 1831). Après des études de droit, en 1783 il entra dans l'administration. Il travailla à la restauration de la langue et de la littérature magyares, faisant connaître les classiques étrangers par ses traductions de Rousseau, Voltaire, Helvétius, Goethe, Wieland, Molière. Se proclamant «néologue», il prôna la réforme de la langue hongroise dans la revue *Magyar Museum*, puis dans *Orpheus*. Franc-maçon, il participa au complot des «Jacobins hongrois» ; arrêté en 1794, il ne fut relâché qu'en 1801 et se retira de la vie publique, tout en restant le père spirituel et critique des premiers romantiques hongrois.

**KAZVIN** ➝ Qazvin

**KCHESSINSKAÏA (Mathilde)** ♦ Danseuse russe d'origine polonaise (Ligovo, Russie 1872 - Paris 1971). Fille d'un danseur, elle fut élève de l'École impériale de ballet et devint première ballerine en 1895. Influencée par Cecchetti* qui fut son maître, elle interpréta brillamment le répertoire russe classique. En 1911, elle rejoignit la troupe de S. de Diaghilev à Londres et dansa *Le Lac des cygnes* avec Nijinski. Ayant quitté la Russie après la révolution, elle ouvrit une école de danse à Paris.

**KÉA** ou **TZIA** ➝ ÉTYM. dans l'Antiquité ***Kéos*** ♦ Île grecque de la mer Égée (Cyclades), au large du cap Sounion, dans la grande banlieue d'Athènes. 103 km². 1 800 hab.

**KEAN (Edmund)** ♦ Tragédien britannique (Londres 1787 - Richmond 1833). Ses interprétations des personnages shakespeariens (Shylock, Richard III) en firent l'acteur le plus réputé du théâtre anglais à l'époque romantique. Sa vie passionnée inspira une comédie à Alexandre Dumas : *Kean ou Désordre et Génie*, dont J.-P. Sartre fit une adaptation (1953).

**KEATON (Joseph Francis, dit Buster)** ♦ Acteur, scénariste et réalisateur de cinéma américain (Pickway, Kansas 1895 - Hollywood, Californie 1966). Fils d'un couple d'acrobates, il débuta au music-hall dès l'âge de trois ans. Devenu partenaire de Fatty (Roscoe Arbuckle), il parut dans des comédies de Mack Sennett* (1912 - 1918) avant de devenir,

Buster **Keaton.** *Fiancés en folie*, 1925. Buster Keaton Production.
*BIS/Phot. © Coll. Archives Larbor*

avec Charlie Chaplin, la plus grande vedette comique du cinéma muet. L'invention du cinéma parlant, conjuguée à de tragiques revers de fortune, hâta son déclin. Ce n'est que tardivement (1962) que l'on devait découvrir en lui l'un des créateurs les plus originaux de l'art cinématographique. Réalisateur effectif, sinon reconnu, de ses nombreux films, «l'homme qui ne rit jamais» y a imposé un étonnant personnage, riche d'énergie, de détermination et d'élégance morale, sous les apparences de la dérision et de la solitude. Doué d'un génie comique d'une admirable fertilité, il a illustré le combat éternel de l'homme affronté à une réalité hostile qui finit par être dominée par son intelligence. Réal. princ. : *La Maison démontable* (1920), *Les Lois de l'hospitalité* (1923), *La Croisière* du «Navigator»* (1924), *Le Mécano* de la «General»* (1926), *Le Cameraman* (1928), *Cadet d'eau douce* (1928). ➝ ÉTYM. *Keaton* est peut-être une déformation de *Keatson* «fils *(son)* de Keat».

**KEATS (John)** ♦ Poète romantique britannique (Londres 1795 - Rome 1821). Fils d'un palefrenier londonien, orphelin à quinze ans, Keats fut placé en apprentissage auprès d'un chirurgien. Cependant, passionné de poésie (en 1815, il avait composé un sonnet : *Après une première lecture de l'Homère de Chapman*), il fit bientôt partie du cercle littéraire de Leigh Hunt où il rencontra Shelley et Hazlitt et se lia avec Wordsworth et Lamb, mais il resta toute sa vie accablé par la modestie de ses origines sociales, et souffrit de sa petite taille. Ses premiers *Poèmes* (1817) passèrent inaperçus. *Endymion* (1818), poème narratif en quatre livres inspiré de la fable antique, dont le premier vers, «Une chose de beauté est une joie pour toujours», est resté célèbre, fut vivement critiqué. Le *Blackwood Magazine*, notamment, ne vit en Keats qu'un poète sans culture antique. En fait, Keats appréhendait l'antiquité grecque par le cœur et non par l'érudition, sachant prendre le meilleur de Spenser *(La Reine des fées)*, des lyriques du XVIe s., de Shakespeare *(Vénus et Adonis)*, de Marlowe *(Héro et Léandre)* et de Milton. *Hypérion* (1820), poème épique inachevé, voulait donner une contrepartie païenne au *Paradis perdu*. Remaniée, l'œuvre devint *La Chute d'Hypérion* (posth. 1856). Mais c'est à la veille de sa mort que parurent ses pièces les plus abouties : des ballades et des odes. *La Belle Dame sans merci* (1820), au thème médiéval, de même que *La Veille de la Saint-Marc* et *La Veille de la Sainte-Agnès* (1820), scènes médiévales écrites en strophes spensériennes, servirent de modèles aux préraphaélites. *Isabelle, ou le Pot de basilic* (1820), poème narratif en strophes de 8 vers, reprend une histoire tragique du *Décaméron*. Dans *Lamia* (1820) est personnifiée la beauté, magie détruite par la raison (Apollonius) mais comprise par le sentiment (Lycius). C'est également dans le volume de 1820 que parurent les *Odes*, méditations lyriques qui rompent avec la conception néoclassique du genre. L'*Ode à un rossignol*, la plus longue et la plus dramatique, fait du rossignol le symbole de l'art, victorieux de la mort. La supériorité et la pérennité de l'art sont aussi évoquées dans l'*Ode sur une urne grecque*. L'*Ode à Psyché* montre en Keats l'adorateur et le prêtre des divinités païennes. Dans l'*Ode sur la mélancolie*, plus douloureuse, le poète souffre de la joie même tirée de la beauté qui ne peut être que fugitive. Toutefois, dans l'*Ode à l'automne*, plus sereine, Keats découvre que le souvenir de l'homme empêche la beauté d'être vraiment éphémère («La beauté est vérité, la vérité beauté»). Mais le thème platonicien de la beauté éternelle est toujours menacé par le sentiment romantique du temps et de la mort. John Keats cessa d'écrire dès qu'il se sut atteint de tuberculose, sachant aussi qu'il ne pourrait jamais épouser le seul amour de sa vie, Fanny Brawne. Il mourut à Rome où les médecins l'avaient envoyé. Il s'était choisi pour épitaphe : «Ici repose un homme dont le nom était écrit sur de l'eau.» Shelley*, qui devait mourir peu après, célébra sa mémoire dans *Adonaïs*. Les *Lettres* de Keats furent publiées après sa mort. ➝ ÉTYM. Le nom anglais *Keats* signifie «fils de Keat (*kite* "vautour", également "cerf-volant")», surnom d'un homme avide.

John **Keats**. Portrait par Joseph Severn (56,5 x 41,9 cm), 1821. National Portrait Gallery, Londres. *BIS/Phot. J.L. Charmet © Archives Larbor*

**KECSKEMÉT** ♦ V. de Hongrie, ch.-l. du comitat de Bács-Kiskun, à 80 km au S.-E. de Budapest. 107 749 hab. Conserves de fruits. Centre de fabrication du *barack*, célèbre eau-de-vie d'abricot.

**KEDAH** – off. ***Kedah Darul Aman*** ♦ État de Malaisie, au N. de la péninsule malaise. 9 426 km². 1 572 107 hab. CAP. : Alor Setar. L'État est placé sous l'autorité d'un sultan. ▪ Il est essentiellement constitué par une riche plaine littorale, où a été mis en œuvre le programme d'irrigation du fleuve Muda (le plus important de Malaisie). Riziculture, canne à sucre, plantations d'hévéas. Mines d'étain et de tungstène. Pêche (port de Kuala Kedah). Tourisme. ▮ **Histoire** Les vestiges archéologiques de la vallée du Bujang (VIIIe - XIIIe s.) témoignent d'une indianisation remontant au VIIe s. D'abord dans la mouvance de l'empire sumatranais de Srivijaya, puis islamisé au XVe s. à l'époque du sultanat de Melaka*, Kedah passa au XVIIe s. sous l'influence d'Aceh et devint ensuite vassal du royaume de Siam. En 1909, les Thaïs abandonnèrent leur protectorat au bénéfice des Britanniques. En 1947, Kedah se joignit à la fédération de Malaisie.

**KEDIRI** ♦ V. d'Indonésie (Java Timur), ch.-l. de dép., sur le fl. Brantas. 261 300 hab. Grand centre de fabrication de cigarettes aux clous de girofle *(kretek)*. ▮ **Histoire** Entre 1049 et 1222, le royaume de Kediri domina Java avant d'être incorporé dans le royaume de Singasari.

**KEELING** (îles) → **Cocos (îles)**

**KEELUNG** ou **JILONG** ♦ Port de l'île de Taiwan. 390 397 hab. Le plus important port commercial de l'île : chantiers navals, indus. alimentaire, prod. d'engrais. Base militaire.

**KEERBERGEN** ♦ Comm. de Belgique (Région flamande), prov. du Brabant flamand, arr. de Louvain, sur la Dyle. 12 580 hab. Église moderne à l'emplacement de celle du XVIIIe s. Moulin à pivot du XVIIIe s. ▪ Centre récréatif et sportif. Résidences secondaires dans les dunes et les pinèdes.

**KEESOM (Willem Hendrik)** ♦ Physicien néerlandais (île de Texel 1876 - Leyde 1956). Auteur de travaux de thermodynamique avec Kamerlingh* Onnes, il poursuivit les recherches de celui-ci sur les très basses températures, remarquant en particulier les anomalies de la dilatation thermique au voisinage du zéro absolu, et mesura les chaleurs de vaporisation de l'hydrogène et de l'hélium. Il réussit également la solidification de ce dernier (1926) et découvrit qu'à de très basses températures il existe sous deux formes (dont une superfluide).

**KEEWATIN** ♦ District du Canada (Nunavut) entre la baie d'Hudson et le Mackenzie.

**KEF (LE)** ➝ ÉTYM. en ar. *al-Kāf* «rocher, sommet escarpé» ♦ V. de Tunisie septentrionale, ch.-l. de gouvernorat, dans le haut Tell, dominant une vaste plaine. 45 191 hab. Vestiges antiques. Mosquées. ▪ Centre commercial et agricole.

**KEFAR SAVA** ♦ V. d'Israël, située dans la plaine de Saron, au N. de la vallée du Yarkon, entre la Cisjordanie et la mer. 81 300 hab. Centre indus. (textiles, cuir, conserves).

**KEFLAVÍK** ♦ Port d'Islande, au S.-O. de Reykjavík, faisant partie de la ville de Reykjanesbær (13 282 hab.). Aéroport desservant Reykjavík (lignes vers la Scandinavie, la Grande-Bretagne, l'Europe continentale et les États-Unis). Base militaire américaine à proximité.

**KÉGRESSE (Adolphe)** ♦ Ingénieur français (Héricourt 1879 - Croissy-sur-Seine 1943). Spécialiste de l'automobile, il imagina la propulsion par chenilles (1910) utilisée par l'armée russe dès 1914 et adoptée par A. Citroën* pour ses autochenilles de la Croisière noire et de la Croisière jaune.

**KEHL** ♦ V. d'Allemagne (Bade-Wurtemberg), près du confluent du Rhin et de la Kinzig, en face de Strasbourg* à laquelle elle est reliée par un pont. 34 676 hab.

**KEIHIN** n. m. ♦ Immense conurbation japonaise qui réunit les villes de Tōkyō* et de Yokohama*, leurs banlieues, cités indus. et ports et fournissant près de la moitié de la prod. indus. du Japon.

**KEISER (Reinhardt)** ♦ Compositeur allemand (Teuchern v. 1674 - Hambourg 1739). Maître de musique, puis directeur de l'Opéra à Hambourg, il séjourna quelque temps à Stuttgart puis à Copenhague. C'est toutefois à Hambourg que s'écoula la majeure partie de sa carrière. Imitateur de Lully et de Steffani, il a lui-même inspiré Haendel. Ses nombreux opéras, inspirés de la mythologie, de l'histoire ou de thèmes populaires, se caractérisent par l'expressivité du récitatif et la richesse de l'instrumentation. Composés sur des livrets allemands, ils ont fortement contribué à l'évolution de la musique dramatique hambourgeoise, marquant le passage de l'*opera seria* au *Singspiel*. On lui doit en outre de nombreuses pièces de musique sacrée (passions, oratorios, cantates, motets, psaumes) et profane (cantates, musique de chambre). ➝ ÉTYM. *Keiser* est une variante de l'allemand *Kaiser* «empereur».

**KEITA (Modibo)** ♦ Homme d'État malien, issu d'un lignage malinké (Bamako 1915 - *id.* 1977). Député du Soudan à l'Assemblée nationale française en 1956, il entra dans les cabinets de Bourgès-Maunoury (juin 1957) et de Félix Gaillard* (nov. 1957). Il fut nommé président de la Fédération du Mali à sa création en 1959 puis, après l'éclatement de celle-ci, devint président de la république du Mali en 1960. Auteur de la formule du «non-alignement», il constitua l'Union des États de l'Afrique de l'Ouest avec Sékou Touré* (Guinée) et N'Kwame N'Krumah (Ghana). Il fut déposé par un coup d'État militaire en nov. 1968 et passa de dures années de détention à Kidal, dans l'Adrar des Iforas.

**KEITA (Fodeba)** ♦ Poète et homme politique guinéen (Siguiri 1921 - Conakry 1969). Auteur des *Poèmes africains* (1950), du *Maître d'école* (1952), et d'*Aube africaine* (1965), il s'est passionné pour la culture africaine en ce qu'elle a de plus vivant, la danse et le théâtre (il a dirigé la troupe des Ballets africains qu'il a fait connaître dans le monde entier). Participant activement aux côtés de Sékou Touré à l'accession de son pays à l'indépendance, il fut nommé ministre de la Défense nationale et de la Sécurité (1960 - 1965), mais en 1969, S. Touré l'accusa de comploter. Il ne survécut pas à la «diète noire» (suppression de nourriture et de boisson) dans une cellule du sinistre «camp Boiro» à Conakry.

**KEITA (Salifou, dit Salif)** ♦ Chanteur malien (Djoliba, Mali 1949). Issu d'une famille noble, il renoue avec la tradition des griots et se forge une voix singulière, qui le fait surnommer le «Caruso malien». Son style est caractérisé par un mélange de sonorités traditionnelles et d'influences occidentales modernes (jazz et rock). On lui doit notamment *Soro* (blues rock chanté en malinké, 1987), la musique du film *Yeelen* de Souleymane Cissé* (1988), *Ko-Yan* (évocation du sort des immigrés maliens, 1989), *Folon* (pétri de tradition mandingue, 1995), *Moffou* (2001), *M'Bemba* (2005).

**KEITA** ♦ Établissement de Papouasie-Nouvelle-Guinée sur la côte S.-E. de l'île de Bougainville. La zone de Keita recèle un peu d'or. Le riche gisement de cuivre trouvé à Panguna, dans l'arrière-pays (1970) est à l'origine d'une crise séparatiste depuis 1989.

**KEITEL (Wilhelm)** ♦ Maréchal allemand (Helmscherode, Harz 1882 - Nuremberg 1946). Placé à la tête du Wehrmachtsamt (service de coordination des forces armées) en 1934, il devint chef du Commandement suprême des armées (OKW) en 1938. Il signa la capitulation allemande à Berlin (8 mai 1945). Condamné à mort par le tribunal de Nuremberg, il fut pendu. ➝ ÉTYM. *Keitel* vient du haut allemand *kîdel* «coin à fendre le bois» (surnom d'un homme fruste).

**KEKKONEN (Urho Kaleva)** ♦ Homme d'État finlandais (Pielavesi 1900 - Helsinki 1986). Chef de l'Union agraire, il fut ministre de la Justice, de l'Intérieur, Premier ministre (1950 - 1953), puis président de la République de 1956 à 1981.

**KEKULÉ VON STRADONITZ (Friedrich August)** ♦ Chimiste allemand (Darmstadt 1829 - Bonn 1896). Fondateur de la chimie structurale (où, dans la molécule, chaque atome occupe une place déterminée), il introduisit les formules développées en chimie organique et découvrit la tétravalence du carbone (1857) ainsi que l'existence des liaisons non saturées, ce qui permit de rendre compte des propriétés de nombreux composés. Cela l'amena à imaginer, vers 1866, le schéma, devenu classique, du noyau benzénique, une chaîne fermée de six atomes de carbone unis par des liaisons alternativement simples et doubles, et dont partent des chaînes latérales.

**KELANTAN** – off. ***Kelantan Darul Naim*** ♦ État de Malaisie, bordant la mer de Chine. 14 931 km². 1 289 199 hab. CAP. : Kota Bharu. L'État est placé sous l'autorité d'un sultan. Plaines fertiles cultivées en riz, tabac, culture maraîchères. Le reste du pays, montagneux, est couvert de forêts denses. Mines de fer, d'or, de manganèse. Pêche, conserveries de poisson. Tourisme (parc national de Taman Negara, plages). Artisanat (argenterie, soiries, batik). **Histoire** Le sultanat de Kelantan a succédé à un royaume indianisé, mentionné dès le VIe s. Islamisé au XVe s., puis longtemps vassal du Siam, il passa sous protectorat britannique en 1909 et entra en 1947 dans la fédération de Malaisie.

**KELLER (Gottfried)** ♦ Poète et romancier suisse d'expression allemande (Zurich 1819 - *id.* 1890). Ayant obtenu une bourse de voyage de la municipalité de Zurich (1848), il se rendit en Allemagne à Heidelberg, où il fut profondément marqué par l'humanisme athée de Feuerbach, et à Berlin où il séjourna cinq ans. Il y publia un roman d'éducation à caractère autobiographique *Henri le Vert* (1854 - 1855, remanié en 1879 - 1880) et la première partie de ses nouvelles *Les Gens de Seldwyla* (1856 ; 2de partie, 1874), qui eurent un certain succès. Secrétaire du canton de Zurich (1861 - 1876), il fit encore paraître des récits historiques (*Nouvelles zurichoises*, 1878) et un roman (*Martin Salander*, 1886). L'œuvre de Keller marque la transition entre le romantisme et le réalisme qui prend chez lui un ton sarcastique, voire pessimiste. Certains de ses textes se contentent de juxtaposer poésie et réalité, mais d'autres parviennent à les fondre et à dépasser ce qu'on a appelé de façon équivoque le «réalisme poétique».

**KELLERMANN (François Christophe), duc DE VALMY** ♦ Maréchal de France (Strasbourg 1735 - Paris 1820). Officier sous l'Ancien Régime, rallié à la Révolution, il fut nommé lieutenant général en 1792 et remporta la bataille de Valmy* (20 sept. 1792) sous les ordres de Dumouriez*. Il réprima l'insurrection de Lyon en août 1793 ; arrêté comme suspect en nov. 1793, il fut libéré en juil. 1794. Il commanda l'armée des Alpes (1795 - 1797). Maréchal en 1804, sénateur et duc de Valmy en 1808, il se rallia aux Bourbons en 1814 et siégea à la Chambre des pairs. ♦ **François Étienne Kellermann** (Metz 1770 - Paris 1835). Fils du précédent. Il fut l'un des meilleurs officiers de cavalerie de Napoléon ; il s'illustra à Marengo*, signa avec Junot la capitulation de Sintra* (1808), fut blessé à Waterloo. ➝ ÉTYM. Le nom alsacien *Kellermann* signifie «employé au cellier».

**KELLOGG (Frank Billings)** ♦ Diplomate américain (Potsdam, New York 1856 - Saint Paul, Minnesota 1937). De formation juridique, sénateur républicain (1916 - 1923), puis ambassadeur à Londres (1923 - 1925), il fut secrétaire d'État aux Affaires étrangères de Coolidge* (1925 - 1929). Partisan de l'isolationnisme, il fut le principal artisan du pacte Briand-Kellogg. [Prix Nobel de la paix 1929] ♦ ***Pacte Briand-Kellogg*** Pacte signé le 27 août 1928 par lequel cinquante-sept pays condamnèrent la guerre «comme instrument de la politique nationale». Aucune sanction n'étant prévue en cas d'infraction à ce pacte, il fut illusoire.

**KELLS** – en gaél. ***Caenannus Mór*** ♦ V. de la rép. d'Irlande (comté de Meath), sur le Blackwater. 5 248 hab. **Histoire** Centre religieux dès le VIe s., la ville fut le siège d'une abbaye fondée par saint Colomba et d'un centre d'enluminure où fut illustré le *Livre de Kells*, évangéliaire du haut Moyen Âge, actuellement à Trinity College (Dublin).

**KELLY (Eugene CURRAN, dit Gene)** ♦ Acteur, danseur, chorégraphe et cinéaste américain (Pittsburgh 1912 - Los Angeles 1996). Il fut, avec son aîné Fred Astaire, le numéro un de la comédie musicale, sous le règne du producteur Arthur Freed. Films princ. : *Ziegfeld Follies*, 1946 ; *Le Pirate*, 1948 ; *Un jour à New York*, 1949 ; *Un Américain* à Paris*, 1951 ; *Chantons* sous la pluie*, 1952 ; *Beau fixe sur New York*, 1955. Jacques Demy le fit danser dans ses *Demoiselles de Rochefort* (1967).

**KELLY (Ellsworth)** ♦ Peintre et sculpteur américain (Newburgh 1923). Dès son séjour à Paris (1948 - 1954), il transcrivit des formes naturelles en plages monochromes géométriques dans un style qui s'intitula ensuite Hard Edge («limite nette»). De retour aux États-Unis, il magnifia ses formats, assimilables à la sculpture par leur monumentalité, et, écartant l'illusionnisme, limita la représentation à la couleur. Il fractionne parfois le plan de l'œuvre en plusieurs plans colorés (*Yellow Red Curve*, 1972) et arrive à un espace presque tridimensionnel, avec les *Shaped Canvases*, toiles découpées, et avec ses œuvres sur acier présentées librement dans l'espace. ➝ ÉTYM. Ce nom de famille vient du gaélique *ceallach* «querelle».

**KELMIS** ➝ **Calamine (La)**

**KELOWNA** ➝ ÉTYM. mot okanagan (indien) «femelle du grizzly» ♦ V. du Canada (Colombie-Britannique), à l'extrémité N. du lac Okanagan. 106 707 hab. (zone urbaine 162 276). Centre régional de la vallée de l'Okanagan (vergers, vignes). Tourisme.

**KELSEN (Hans)** ♦ Juriste américain d'origine autrichienne (Prague 1881 - Orinda, Californie 1973). Chef de file de l'école autrichienne «normativiste», il a élaboré une théorie du droit (*Théorie pure du droit*, 1934) selon laquelle l'ordre juridique serait fondé sur un ensemble de normes fondamentales hiérarchisées. On lui doit aussi des études de droit international (*The Law of the United Nations*, 1950, commentaire sur la charte de l'ONU) et la Constitution autrichienne de 1920.

**KELSO** ♦ V. d'Écosse (Scottish Borders), au confluent de la Tweed et de la Teviot. 5 000 hab. Vestiges d'une belle abbaye romane fondée en 1128 et qui fut au XIIIe s. une des plus importantes abbayes écossaises. Belle tour surmontant la croisée du transept.

**KELVIN** (lord) ➝ **Thomson (William)**

**KEMAL PACHA ATATÜRK** ➝ **Mustafa Kemal**

**Kemano** ♦ Centrale hydroélectrique du Canada (Colombie-Britannique), alimentant l'usine de Kitimat* au S.-E. de cette ville. Production : 1 000 000 kWh.

**KEMBLE (John Philip)** ♦ Acteur britannique (Prescot 1757 - Lausanne 1823). D'une famille de comédiens qui illustra la scène anglaise, il fut l'un des grands interprètes de Shakespeare au XVIIIe s. (*Hamlet, Macbeth, Coriolan*).

**KEMBS** [68680] ◆ **ÉTYM.** du gaul. *cambo* «courbe» ♦ Comm. du Haut-Rhin, arr. de Mulhouse. 3 739 hab. *(Kembsois)*. Centrale hydroélectrique sur le grand canal d'Alsace.

**KEMENY (Zoltan)** ♦ Sculpteur suisse d'origine hongroise (Banica 1907 - Zurich 1965). Arrivé à Paris en 1930, il y exposa en 1946 des peintures d'inspiration folklorique qui intéressèrent Dubuffet, puis évolua vers la sculpture dans l'esprit de l'art brut. En 1949, Corneille l'introduisit dans le groupe Cobra*. Installé définitivement à Zurich, Kemeny chercha dans les années 1960 à introduire dans ses sculptures la lumière, soit par l'électricité, soit par l'usage de matériaux transparents *(Vitesse involontaire, Jonction de la pensée et du réel)*. Il trouva son style dans ses «sculptures-peintures», reliefs constitués d'éléments sériels tels que des clous, des ressorts, des tuyaux, qu'il maîtrise au point d'exprimer, par eux, sa vision de la nature (*Pacifique*, 1963).

**KEMÉNY (Zsigmond,** baron**)** ♦ Écrivain hongrois (Alvinc 1814 - Pusztakamarás 1875). Issu d'une famille aristocratique de Transylvanie, il participa à la révolution de 1848, puis devint partisan du compromis avec les Habsbourg ; journaliste actif, il dirigea le *Pesti Napló*. En 1868, par suite d'une paralysie progressive, il a abandonné ses activités. Ses romans historiques, *Gyulai Pál* (1847), *La Veuve et sa fille* (1855), *Les Exaltés* (1858), *L'Époque farouche* (1862), reflètent une ambiance tragique ; leurs héros, engagés dans des situations sans issue, sont voués à la destruction.

**KEMEROVO** ◆ **ÉTYM.** n. d'une mine de la région, du turc *kemer* «rive» [près du Tom] – jusqu'en 1932 ***Chtchelgovsk*** ♦ V. de Russie, ch.-l. de région, sur le Tom, en Sibérie occidentale. 485 000 hab. V. indus. de création récente, reliée au Transsibérien et au S. du Kouzbass par voie ferrée. Centrale thermique. Extraction houillère. Grand centre d'indus. chimiques. Construc. mécaniques (équipement minier, machines agricoles).

**KEMI** ◆ **ÉTYM.** finnois «escarpé» ♦ V. de Finlande, près de l'embouchure du Kemijoki, dans le golfe de Botnie. 22 669 hab. Kemi est l'un des plus importants ports exportateurs de bois de Finlande. Indus. du bois (scieries, pâte à papier).

**KEMIJOKI** n. m. ♦ Fl. de Finlande septentrionale (483 km), prenant sa source près de la frontière soviétique et tributaire du golfe de Botnie. Il traverse le Kemijärvi et reçoit le Kitinenjoki et l'Ounasjoki. Il arrose Rovaniemi.

**KEMMEL** (mont) – en néerl. ***Kemmelberg*** ♦ Colline de Belgique (159 m). Point culminant des monts de Flandres* dans la prov. de Flandre-Occidentale. Site touristique.

**KEMPFF (Wilhelm)** ♦ Pianiste allemand (Jüterborg 1895 - Positano, Italie 1991). D'abord organiste, il fut un remarquable improvisateur, avant de faire une carrière internationale de virtuose. Interprète du répertoire classique, il excella dans les œuvres de Beethoven et de Schumann (dont il a publié l'œuvre complète, 1952). Il a composé quatre opéras, deux symphonies, deux concertos, de la musique de chambre et d'orgue. ◆ **ÉTYM.** Le nom allemand *Kempff* vient de *Kampf* «combat».

**KEMPIS (Thomas a)** → **Thomas a Kempis**

**KEMPTEN** ◆ **ÉTYM.** anc. *Cambodunum*, gaul. «la forteresse *(dunum)* du méandre *(cambo)*» ♦ V. d'Allemagne (Bavière), au N. du massif de l'Allgäu, sur l'Iller. 64 542 hab. Monuments disposés autour de la *Residenzplatz* (XVIIIe s.) : Rathaus du XVe s., église gothique. ▪ Centre laitier (beurre, fromages de l'Allgäu). Papeteries. ▮ **Histoire** De fondation romaine *(Cambodunum)*, Kempten eut une importante abbaye bénédictine (VIIIe s.) et devint ville libre impériale en 1289.

**KENADSA** ou **KENADZA** ♦ Localité du Sahara algérien (wilaya de Béchar), au S.-O. de Béchar. 9 832 hab. Bassin houiller à ciel ouvert.

**KENAZ (Yehoshua)** ♦ Écrivain israélien (Petah Tiqwa 1937). Traducteur de Balzac et de Flaubert, il est l'un des grands prosateurs contemporains de langue hébraïque. Dans une œuvre attentive aux microcosmes de la réalité nationale, Kenaz prend à revers l'idéalisme de la première génération des pionniers juifs en désacralisant les idéaux sionistes. Il écrit surtout des romans d'atmosphère : *La Grande Femme des rêves* (1973), sur la cohabitation entre communautés religieuses, *Infiltrations* (1986), sur la guerre, *Le Chemin vers les chats* (1991), *Moment musical* (1995), *Paysage avec trois arbres* (2000).

**KENDAL** ♦ V. d'Angleterre (Cumbria), sur la Kent, à proximité du Lake District. 25 000 hab. Centre touristique. Indus. textile.

**KENDALL (Edward Calvin)** ♦ Chimiste américain (South Norwalk, Connecticut 1886 - Princeton 1972). Il isola en 1915 une hormone thyroïdienne, la thyroxine, mais il est surtout connu pour ses recherches sur les hormones du cortex surrénal qui permirent de grands progrès en thérapeutique hormonale : il isola la déhydrocorticostérone, la corticostérone et la cortisone (1935 - 1936), réalisa la synthèse de la cortisone (avec T. Reichstein*, 1947) et montra en 1949, avec Hench*, l'effet positif observé sur la polyarthrite après injection de cortisone ou d'adénocorticotrophine hypophysaire. [Prix Nobel de physiol. ou méd. 1950, avec P. Hench et T. Reichstein]

**KENDALL (Henry W.)** ♦ Physicien américain (Boston 1926 - Wakulla Springs, Floride 1999). → **Friedman.** [Prix Nobel de phys. 1990, avec J. Friedman et R. Taylor]

**KENDREW (**sir **John Cowdery)** ♦ Biochimiste britannique (Oxford 1917 - Cambridge 1997). Comme M. Perutz* dont il fut le collaborateur, il chercha à déterminer la structure spatiale des macromolécules biologiques par la diffraction des rayons X. En 1955, après dix ans de travail, il établit la première architecture d'une protéine globulaire, la myoglobine, composée de 26 000 atomes. [Prix Nobel de chim. 1962, avec M. Perutz*]

**KENEH** ou **KENA** – en ar. ***Qinā*** ♦ V. de la Haute-Égypte, ch.-l. de gouvernorat, au N. de Louksor, en face de Dendérah. 206 831 hab. Marché agricole, centre artisanal (fabrication de vases et de jarres en terre).

**KENITRA** – anc. ***Port-Lyautey*** ♦ V. du Maroc créée en 1913, prov. de Rabat, à proximité de l'Atlantique, sur l'oued Sebou, au S.-O. de la plaine du Gharb. 359 142 hab. Port artificiel. Importante base aérienne. Industries.

**KENKŌ HŌSHI (YOSHIDA KENKŌ** ou **YOSHIDA KANEYOSHI,** dit **Urabe Kenkō,** en rel.**)** ♦ Religieux bouddhiste et écrivain japonais (Yoshida 1283 - v. 1350), célèbre auteur du *Tsurezuregusa* («Les Herbes de l'ennui»), essai philosophico-social dans lequel il déplore la disparition progressive de la culture raffinée qui était celle de la fin de la période des Fujiwara*, en une langue précieuse et poétique.

**KENNEDY (Margaret)** ♦ Romancière et auteur dramatique britannique (Londres 1896 - Adderbury, Oxfordshire 1967). Son premier roman, *La Nymphe au cœur fidèle* (1924), possède la rigueur d'une intrigue théâtrale et fut d'ailleurs adapté pour la scène anglaise en 1925, puis pour la scène française par Jean Giraudoux* (*Tessa*, 1934). Une autre pièce, *Tu ne m'échapperas jamais* (1934), confirma son talent dramatique. Parmi ses principaux romans, il faut citer *La Fête*, 1950 ; *Lucy Carmichael*, 1951 ; *Pronto* (*Troy Chimneys*, 1953) et *Le Cygne sauvage*, 1957. La précision du style, son raffinement évoquent la culture de la fin de l'ère victorienne.

**KENNEDY (John Fitzgerald)** ♦ Homme d'État américain (Brookline, Massachusetts 1917 - Dallas 1963), 35e président des États-Unis d'Amérique (1961 - 1963). D'une famille irlandaise et catholique fortunée, fils de Joseph Kennedy, ambassadeur à Londres, il fut blessé dans le Pacifique au cours de la Deuxième Guerre mondiale. Élu à la Chambre des représentants dans les rangs des démocrates en 1947, puis sénateur (1952 - 1960), il défendit un programme de réformes sociales et d'intégration raciale. Après une campagne électorale extrêmement active, il fut élu à la présidence des États-Unis en 1960 et s'entoura d'un brillant état-major politique. Parlant d'une «nouvelle frontière» (justice, problèmes raciaux, conquête de l'espace), il s'efforça d'appliquer son programme social et de rendre à l'économie américaine son dynamisme par une gestion plus audacieuse et une ouverture vers le Marché commun européen *(Kennedy Round)*. Favorable à la coexistence pacifique, il rencontra N. Khrouchtchev* à Vienne (juin 1961) à propos du problème de Berlin*, mais réagit avec fermeté pendant la crise de Cuba* (août 1962), obligeant les Russes à retirer les bases de missiles qu'ils avaient installées dans l'île. Partisan de la limitation des armements (traité américano-soviétique de juil. 1963 sur les expériences nucléaires), il inaugura pourtant l'escalade américaine au Viêtnam. Il fut assassiné à Dallas, dans des conditions encore mal éclaircies. ♦ **Robert Francis Kennedy** (Boston 1925 - Los Angeles 1968). Frère du précédent. Attorney général (1961 - 1964), sénateur démocrate, il fut à son tour assassiné, lors des élections primaires en vue de l'investiture démocrate. ◆ **ÉTYM.** *Kennedy* vient de l'irlandais *Cinnéidigh* «tête casquée» (peut-être aussi sobriquet donné à une personne à la tête déformée).

Robert **Kennedy.**
*Phot. © Henriques/Magnum*

John **Kennedy.**
*Phot. © Capa/Magnum*

**KENNEDY (Douglas)** ♦ Écrivain américain (New York 1955). Un voyage à Dublin le poussa à s'y installer et à travailler au National Theatre of Ireland de 1978 à 1983. L'écriture le rapprocha du métier de journaliste qu'il exerça alors à Londres. À partir de 1994 et de la publication de *Piège nuptial* (initialement traduit sous le titre de *Cul de sac*), il acquit une brillante réputation dans le milieu du thriller et du roman noir (*La Poursuite du bonheur*, 2001 ; *Rien ne va plus*, 2002 ; *Une relation dangereuse*, 2003). Son efficacité tient tout à la fois à sa capacité de maintenir le suspense avec originalité, à son sens du rythme, du rebondissement, de l'humour, et à la finesse de l'analyse psychologique de ses personnages.

**KENNEDY** (cap) → **Canaveral (cap)**

**KENNELLY (Arthur Edwin)** ♦ Ingénieur américain d'origine britannique (Bombay 1861 - Boston 1939). Assistant d'Edison*, il émit, en 1902, parallèlement à Heaviside*, l'hypothèse de l'existence dans la haute atmosphère d'une couche électriquement chargée sur laquelle il serait possible de faire se réfléchir les ondes radio afin de transmettre des messages à travers l'Atlantique.

**KENSINGTON AND CHELSEA** ♦ Faubourg *(borough)* résidentiel de Londres, regroupant les deux quartiers. 158 922 hab.

**KENT (William)** ♦ Peintre, architecte et paysagiste britannique (Bridlington 1685 - Londres 1748). D'abord peintre, il fit le voyage de Rome (1709 - 1719) et, de retour à Londres, il peignit de nombreux décors intérieurs (plafonds de Burlington House). Rival de James Thornhill*, il devint l'ébéniste de lord Burlington, réalisant des pièces de mobilier et aussi de l'argenterie. Il n'exerça comme architecte qu'à partir de 1730, dans la ligne du style palladien de lord Burlington et de Colen Campbell* ; il dessina les plans du Quartier des Horseguards de Whitehall, à Londres, qui fut construit ultérieurement, de 1750 à 1759. Il devint célèbre comme paysagiste, créant des jardins qui sont des œuvres d'art à part entière et mettent en valeur, par des arrangements faussement naturels, des ponts, des arches, des statues : Stowe House (1730), Holkham Hall (1734).

**KENT** n. m. ➝ **ÉTYM.** du celt. *canto-* p.-ê. « bord, bordure » (le n. gaul. latinisé *Cantium* désignait la région bordière de la Britannia) ♦ Royaume fondé par les Jutes vers le milieu du Vᵉ s. dans le S.-E. de l'Angleterre. Après le règne du roi Ethelbert (560 - 616), le royaume déclina et fut conquis par Offa, roi de Mercie (785 - 796), puis par Egbert, roi du Wessex, en 825.

**KENT** n. m. ♦ Comté du S.-E. de l'Angleterre. 3 732 km². 1 329 653 hab. CH.-L. : Maidstone. La proximité de Londres a profondément modifié l'aspect de ce comté. Si les Downs sont toujours des terres à moutons et si les dépressions supportent une riche agriculture à forte valeur ajoutée (houblonnières, vergers), la propriété appartient de plus en plus à des citadins qui résident dans le comté et travaillent à Londres. Le littoral aux falaises blanches offre de nombreuses stations balnéaires et, avec Douvres, le premier port de passagers d'Europe. Le Kent sera la région d'Angleterre qui profitera le plus des retombées du lien fixe transmanche. Au N., l'estuaire de la Medway, autour de Rochester, est une annexe industrialo-portuaire de Londres.

**KENTUCKY** n. m. ♦ Riv. de l'E. des États-Unis (410 km), affl. de l'Ohio, née dans le plateau du Cumberland (Appalaches) ; elle coule du S.-E. au N.-O.

**KENTUCKY** n. m. ➝ **ÉTYM.** p.-ê. de l'iroquois *ken take* « prairie » [le lien avec la riv. homonyme n'est pas certain] ♦ État du Centre-Est des États-Unis. → **États-Unis** (carte). 104 623 km². 4 041 769 hab. CAP. : Frankfort. ▮ **Géographie** De l'E. à l'O., le Kentucky présente une zone montagneuse (plateau du Cumberland), puis une pénéplaine entaillée par des rivières orientées du S.-E. au N.-O., et qui s'abaisse progressivement vers l'Ohio. Le S. de l'État recèle de nombreuses dépressions et grottes (dont la célèbre Mammoth Cave). ▮ **Économie** L'agriculture s'est diversifiée. Le tabac reste la production la plus importante avant le maïs, le soja, le blé, la pomme de terre, les fruits et légumes. L'élevage de bovins, chevaux et mulets a permis aux exploitations de se diversifier. Les principales richesses minérales sont l'argile et le charbon. Les indus. sont variées et en développement : tabac (25 % des cigarettes des États-Unis) à Louisville et Lexington, chimie, aluminium (Louisville), indus. alimentaires, du bois, textiles ; distilleries (fabrication, avec du blé, du whisky américain, dit *bourbon*). Siège de la réserve d'or de Fort Knox*. ▮ **Histoire** Exploré au XVIIIᵉ s. par des Français et des Britanniques, le territoire fut parcouru par Daniel Boone (fondation de Boonesboro en 1775). Il fit partie de la Virginie avant de devenir en 1792 le 15ᵉ État de l'Union. Le Kentucky joua un grand rôle dans la guerre anglo-américaine de 1812 - 1814, et en sortit économiquement miné. Pendant la guerre de Sécession, le Kentucky, partiellement esclavagiste, resta cependant dans l'Union et tenta de préserver sa neutralité, sans pouvoir éviter les opérations militaires sur son territoire.

## KENYA

▮ n. m. – off. ***république du Kenya*** ➝ **ÉTYM.** du n. du mont *Kenya*, du kikouyou *kéréñàgá* « celui qui possède la clarté » ou « là où c'est blanc » ou « montagne de la clarté » ♦ Pays de l'Afrique orientale baigné par l'océan Indien. 582 646 km². 39 586 000 hab. *(Kényans)*. LANGUES : anglais et souahéli (off.) ; langues bantoues (kikouyou) ; nilotiques (luo) ; nilo-hamitiques (massaï). POPULATION : Kambas (ou Wakambas), Kikouyous, Luya, Luos, Massaïs, Kalandjins, Gallas, Somalis, Turkanas, Indo-Pakistanais. RELIGIONS : chrétiens, musulmans, animistes. MONNAIE : shilling du Kenya. CAPITALE : Nairobi. RÉGIME : présidentiel.

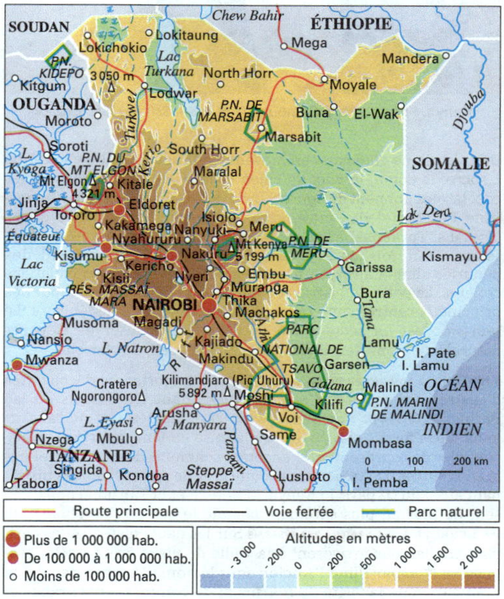


**Kenya.**

▮ **GÉOGRAPHIE** La côte, ourlée de récifs coralliens, comporte de longues plages de sable, des îles (Lamu, Pate) et des baies abritant des ports bien protégés (Mombasa). La plaine côtière se prolonge vers le N. au-delà de l'équateur. Le centre du Kenya est traversé du N. au S. par la grande faille africaine (vallée du Rift) marquée par la dépression du lac Turkana* et une série de petits lacs dont le lac Natron au S. et le lac Victoria aux rives découpées à l'O. Les hauts plateaux culminent, au centre, au mont Elgon (4 321 m) et au mont Kenya (ou Kirinyaga) (5 199 m). Le climat est tropical mais diffère en fonction de l'altitude et de la proximité de l'océan. Si le littoral est soumis à l'influence chaude et humide de la mousson du N.-E., la région du lac Turkana est aride et surchauffée, alors que le climat est tempéré sur les hauts plateaux et près du lac Victoria.

▮ **ÉCONOMIE** Les hauts plateaux volcaniques du Centre assurent la plus grande partie de la production agricole : maïs, mil, sorgho, haricots et patate douce, pour les cultures vivrières ; café, thé et pyrèthre (insecticide végétal), pour les cultures d'exportation.

Kenya ▮ Productions en 2008

| Produits | Quantités | Rang |
|---|---|---|
| **Agriculture** | | |
| Canne à sucre | 5 200 000 t | |
| Coton fibre | 13 000 t | |
| Haricots secs | 420 000 t | 9ᵉ |
| Maïs | 3 000 000 t | |
| Pommes de terre | 800 000 t | |
| Riz | 50 000 t | |
| Thé | 360 000 t | 3ᵉ |
| Bovins (têtes) | 13 000 000 | |
| Ovins (têtes) | 9 500 000 | |

**Kenya.** Fête massaï à Samburu. *Phot. © Jeff Schultes /Shutterstock*

Dans la plaine côtière et en moyenne altitude on cultive la canne à sucre, le coton, la noix de cajou et le sisal ; sur les rivages, les cocoteraies donnent du coprah. L'élevage (gros et petit bétail) constitue l'essentiel des moyens de subsistance des tribus du N. (Somalis, Turkanas) et un appoint pour les agriculteurs des plateaux. Toutefois, la sécheresse entraîne régulièrement des pénuries alimentaires. La pêche est pratiquée par les populations côtières. La petite industrie commence à se développer autour des principaux centres ; une raffinerie a été construite à Mombasa. Le tourisme est un secteur clé de l'économie (réserves et parcs naturels du mont Kenya, de Tsavo, d'Amboseli, de Nairobi).

**▮ HISTOIRE ▮ Le berceau de l'humanité** De très importantes découvertes d'australopithèques ont été effectuées dans les bassins du lac Baringo – *Orrorin tugenensis* 6 000 000 d'années – et du lac Turkana. Elles furent précédées par la mise au jour de primates susceptibles de représenter les ancêtres communs des hommes et des grands singes. De très anciens outillages de pierres taillées provenant aussi de ce pays, le Kenya, l'Éthiopie et la Tanzanie apparaissent de plus en plus sûrement comme le berceau de l'humanité (→ **Leakey**). **▮ Des Bantous aux Massaïs** Sur les hauts plateaux, les agriculteurs bantous arrivèrent à la veille de notre ère. La côte, évoquée au Ier s. par Pline l'Ancien sous le nom d'Azanie, reçut à la même époque la visite de marins et de commerçants arabes et indiens. L'extension de l'islam, à partir du VIIe s., fut marquée par le développement de comptoirs commerciaux à Lamu et à Malindi (immigration de réfugiés persans de Chirāz puis de commerçants arabes) qui participèrent au grand commerce souahéli jusqu'à l'arrivée destructrice de Vasco de Gama en 1497. Les Luos, pasteurs nilotiques, arrivèrent au XVIIIe s., intégrèrent les populations locales, se fixèrent dans le pays ou poursuivirent leur migration vers le S. et l'O. Les Massaïs s'installèrent à la même époque. Traçant des routes commerciales, les marchands souahélis atteignirent le lac Victoria à l'aube du XIXe s. **▮ Les Européens** L'intérieur du pays fut visité par des missionnaires allemands : Johannes Rebmann découvrit le Kilimandjaro, et Ludwig Krapf repéra le mont Kenya (1849). L'influence britannique sur l'intérieur fut reconnue à la conférence de Berlin en 1885, et une concession du sultanat d'Oman sur le littoral fut accordée à la British East African Association en 1887. Un chemin de fer, construit à travers le Kenya pour désenclaver l'Ouganda, atteignit le lac Victoria à Kisumu en 1901. Une partie des ouvriers originaires de l'Inde britannique restèrent sur place. **▮ La colonisation britannique** Trois ans plus tard, le protectorat britannique fut étendu à l'ensemble de l'Afrique orientale, y compris le Kenya ; les hauts plateaux devinrent une colonie européenne de peuplement. En réponse aux usurpations de leurs terres, les Kikouyous et les Wakambas se soulevèrent. En 1920, le territoire devint une colonie de la Couronne qui modéra les appétits européens et permit aux Kikouyous de se grouper en associations (1925). En 1948, le Kenya, l'Ouganda et le Tanganyika mirent en commun certaines de leurs administrations. **▮ Les mouvements indépendantistes** En 1952 éclata la révolte antieuropéenne des Mau*-Mau, une société secrète kikouyou. Elle fut violemment réprimée. Peu à peu deux mouvements indépendantistes se structurèrent : l'un d'origine luo et kikouyou, la Kenya African National Union (Kanu), dirigée par Tom Mboya puis par Jomo Kenyatta* ; l'autre, la Kenya African Democratic Union (Kadu) réunissant les petites tribus opposées à la domination kikouyou. Le droit du Kenya à l'autonomie interne fut reconnu par les Britanniques en 1961. Les élections de 1963 virent le triomphe de la Kanu. Jomo Kenyatta fut nommé Premier ministre. **▮ L'indépendance** À la fin de la même année, le pays accéda à l'indépendance dans le cadre du Commonwealth. À la mort de Kenyatta, en 1978, le vice-président, Daniel Arap Moi*, issu d'une ethnie minoritaire, lui succéda. Un coup d'État fut déjoué en 1982 et le parti unique instauré. L'assassinat d'hommes politiques et les arrestations d'opposants ponctuèrent la vie du pays jusqu'à la restauration du multipartisme en 1991 sous la pression internationale. L'opposition accusa le président Moi d'attiser les conflits communautaires pour assurer sa réélection en 1997. L'opposant Mwai Kibaki, candidat de la Coalition nationale arc-en-ciel (NARC), remporta l'élection présidentielle de 2002, mais n'a pas mis fin à la corruption. En déc. 2007, la dénonciation par l'opposition des fraudes massives qui ont permis la réélection de M. Kibaki face à Raila Odinga du Mouvement démocratique orange (ODM), a provoqué un conflit politique puis très rapidement ethnique qui a plongé le pays dans le chaos. Meurtres et pillages ont été commis entre ethnies, notamment à l'encontre des Kikouyous, d'où est issu le président Kibaki et considérés comme privilégiés, chassés de leurs terres de la Rift Valley. En mars 2008, l'accord intervenu entre le président réélu et contesté Mwai Kibaki et son opposant Raila Odinga, accordant à ce dernier le poste de Premier ministre, a désamorcé la crise post-électorale qui avait fait 1500 morts.

**KENYATTA (Kamau JOHNSTONE, dit Jomo)** ♦ Homme d'État kényan d'origine kikouyou (Nairobi 1893 - Mombasa 1978). Secrétaire général de la Kenya African National Union (Kanu), parti nationaliste groupant les Kikouyous, il fut arrêté par les Britanniques qui l'accusaient de soutenir le mouvement terroriste des Mau*-Mau. Il fut libéré et devint Premier ministre en 1963 puis président de la République de 1964 jusqu'à sa mort (→ **Kenya**). Surnommé le «javelot flamboyant», il avait fait du mot kissouahili *Haraambee !* («En avant !») un slogan destiné à galvaniser les Kényans après le départ de nombreux colons blancs, et à rassembler les différentes communautés. Il est l'auteur d'un ouvrage autobiographique : *Au pied du mont Kenya* (1938).

**KENZAN Ogata** ♦ Peintre japonais (Kyōto 1663 - Edo 1743), frère et disciple de Kōrin* Ogata, maître de la cérémonie du thé, calligraphe et céramiste, qui eut une grande influence sur l'art de son époque. Il écrivit également des poèmes dont il orna ses peintures.

**KÉPHALAS (Constantin) → Céphalas**

**KÉPHAS** ou **CÉPHAS** ◆ ÉTYM. de l'araméen *kêpha* «pierre, roc» ♦ Surnom de l'apôtre Simon (saint Pierre*) dans Jean, I, 42, et dans saint Paul. Ailleurs, ce mot est traduit par le grec *Petros* (lat. *Petrus* ; fr. *Pierre*).

**KEPLER (Johannes)** ♦ Astronome allemand (près de Weil, Wurtemberg 1571 - Ratisbonne 1630). Il fut le fondateur de l'astronomie moderne. Disciple, puis successeur de Tycho Brahé*, alors astronome de Rodolphe II, il utilisa largement la documentation remarquable accumulée par l'astronome danois, notamment en ce qui concerne la planète Mars. Poursuivant ses observations, il arriva à la conclusion que le mouvement circulaire n'était pas compatible avec les faits, que seule une orbite elliptique pouvait expliquer. Il publia ses deux premières lois en 1609 et la troisième, après de nombreux calculs, en 1619. Les lois de Kepler, empiriques, proposaient pour la première fois une description exacte et cohérente du mouvement des corps célestes et ouvrirent la voie à Newton qui en donna

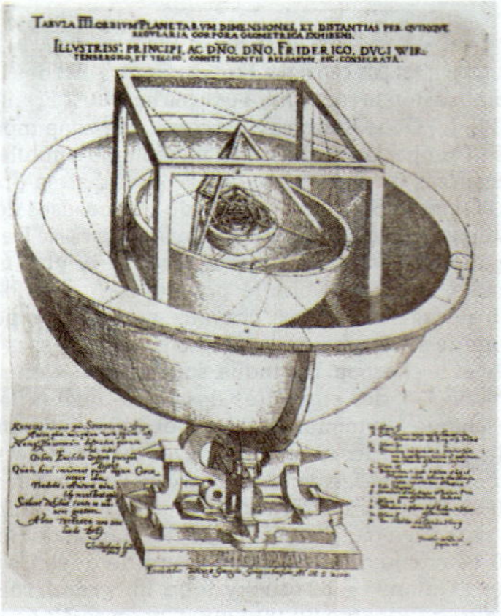

Johannes **Kepler.** Illustration de *Prodomus dissertationum cosmographicarum.* Gravure, 1596. Bibliothèque nationale de France, Paris. *BIS/Phot. © Coll. Archives Larbor*

l'explication. Il fit également des travaux d'optique : il définit le rayon lumineux, expliqua la réflexion de la lumière et montra que la réfraction atmosphérique dévie la lumière de tous les astres indistinctement et jusqu'au zénith. On lui doit également les *Tabulae rudolphinae* (1627) ainsi appelées en hommage à son protecteur, premières éphémérides des planètes calculées sur la base des trois lois. Il prédit enfin le passage de Mercure entre la Terre et le Soleil en 1631, et l'observation qui en fut faite effectivement par Gassendi* confirma en même temps les lois de Kepler et l'hypothèse copernicienne. ♦ ***Lois de Kepler*** Lois expérimentales énoncées par Kepler concernant le mouvement des planètes autour du Soleil. Chaque planète décrit dans le sens direct une ellipse dont le Soleil est un foyer. Les aires balayées par le rayon vecteur allant du centre du Soleil au centre de la planète sont proportionnelles au temps employé à les décrire. Les carrés des temps des révolutions sidérales des planètes sont proportionnels aux cubes des grands axes de leurs orbites. ➝ ÉTYM. Le nom allemand *Kepler* vient de *Kappe* «bonnet, coiffe» (surnom de fabricant de bonnets).

**KEPULAUAN BANGKA BELITUNG** ♦ Prov. d'Indonésie formée des îles de Bangka* et de Belitung au S.-E. de Sumatra. 16 743 km². 887 000 hab. Cap. : Pangkalpinang.

**KERALA** n. m. ♦ État de l'Inde, en bordure de la mer d'Oman. 38 864 km². 31 841 374 hab. LANGUE : malayalam. CAP. : Trivandrum. Les monts des Ghâts portent des forêts et des plantations (thé, hévéas, épices). La plaine côtière est le domaine du riz et des cocotiers et connaît des densités de population très élevées. L'ancienneté des contacts avec l'Ouest explique l'importance de l'islam et plus encore du christianisme. L'un des fiefs du communisme indien, l'État est parmi les plus avancés socialement, avec un taux d'alphabétisation et une espérance de vie des femmes très supérieurs à la moyenne indienne. Il fut formé en 1956 par le groupement des États princiers de Travancore et de Cochin avec des districts de la province de Madras.

**KERBELA** ou **KARBALĀ'** ♦ V. d'Irak, ch.-l. de prov., au S.-O. de Bagdad. 475 000 hab. Marché agricole. Indus. alimentaires (raffinerie de sucre). Haut lieu du chiisme, la ville renferme notamment la sépulture de Hussein, petit-fils d'Ali qui, en 680, fut battu et tué par les armées de Moawiya, calife de Damas. ▪ La ville fut gravement endommagée pendant la guerre du Golfe et lors de la guerre civile qui s'ensuivit (1991).

**KERENSKI (Aleksandr Fedorovitch)** ♦ Homme politique russe (Simbirsk 1881 - New York 1970). Avocat et socialiste, il devint, en mars 1917, ministre de la Justice du gouvernement provisoire du prince Lvov, puis ministre de la Guerre (mai) et remplaça Lvov au poste de Premier ministre (juil.). En sept. 1917, il révoqua le commandant en chef Kornilov*, qui tenta alors un coup d'État militaire. La révolution d'Octobre le chassa du pouvoir. Après diverses péripéties, il émigra en Grande-Bretagne, puis en France et finalement aux États-Unis. Se considérant comme le représentant de l'idéal démocratique, Kerenski fut accusé par les bolcheviks de servir la contre-révolution. Il écrivit *La Révolte de Kornilov, prélude au bolchevisme* (1919), *La Catastrophe* (1927), *La Crucifixion de la liberté* (1934) et des *Mémoires* (1966).

**KERET (Etgar)** ♦ Écrivain et scénariste israélien (Ramat Gan 1967). Qualifiés de «postmodernes» par la critique, ses romans et nouvelles constituent des instantanés de la vie quotidienne en Israël. Par le choix de ses thèmes, Keret a profondément renouvelé la littérature israélienne en prenant ses distances avec les engagements politiques de ses prédécesseurs. Il n'hésite pas à montrer une réalité déroutante et crue : *Pipelines* (1992), *Jetlag* (1998), *La Colo de Kneller* (2001), *Crise d'asthme* (2002), *La Fille sur le frigo* (2009). Ses nouvelles ont inspiré un film d'animation hyperréaliste sur l'absurdité de la vie humaine : *Le Sens de la vie pour 9,99 $* (2009). Il a coréalisé *Les Méduses* avec sa femme, Shira Geffen, (caméra d'or à Cannes 2008).

**KERGUELEN** (îles) ➝ ÉTYM. du n. de *Kerguelen** de Trémarec, anc. ***îles de la Désolation*** ♦ Archipel situé au S. de l'océan Indien, faisant partie des Terres Australes et Antarctiques françaises. Il est formé d'une île principale (la Grande-Terre) d'env. 6 675 km², largement échancrée à l'E. (7 215 km²) et occupée dans sa partie occidentale par un important glacier (Cook) de 50 km de long sur 20 km de large. Cette terre, entourée de 85 petites îles et de 200 îlots (île Castries, îles Howe, îles Nuageuses, île de l'Ouest), a un climat humide, frais en été, doux en hiver. Sa végétation d'herbacées fut en partie détruite par les lapins introduits dans l'île (1874). Sa faune se compose de colonies d'oiseaux de mer, de phoques. ▮ **Histoire** Découvertes par Kerguelen* de Trémarec (1772), reconnues par Cook (1776), les îles Kerguelen servirent de base pour la chasse aux phoques. La France obtint la concession de l'archipel en 1893 et tenta en vain d'y pratiquer culture et élevage. Une station météorologique et scientifique installée sur l'île de la Grande-Terre, à Port-aux-Français (1949), abrite env. 85 membres.

**KERGUELEN DE TRÉMAREC (Yves Joseph DE)** ♦ Navigateur et explorateur français (Landudal, près de Quimper 1734 - Paris 1797). Il a laissé sa *Relation de deux voyages dans les mers australes et des Indes faits de 1771 à 1774* (1785) au cours desquels il découvrit l'île la Fortune et les îles Kerguelen*.

**KERINCI** n. m. ♦ Volcan actif d'Indonésie situé au centre de la chaîne des monts Barisan. C'est le plus haut sommet de Sumatra (3 805 m). Il domine le plateau et le lac du même nom.

**KERKENNAH** ou **KERKENNA** (îles) ♦ Petit archipel de Tunisie, face à Sfax, au N. du golfe de Gabès et appartenant au gouvernorat de Sfax. 15 000 hab. Palmiers. Vignes. Pêche (éponges).

**KERKRADE** ♦ V. des Pays-Bas (Limbourg), à la frontière allemande. 48 769 hab. Abbaye de Rolduc fondée en 1105. Anciennes mines de charbon.

**KERLL (Johann Kaspar)** ♦ Compositeur allemand (Adorf 1627 - Munich 1693). Élève de Carissimi, maître de chapelle à la cour de Munich (1656), il fut à Vienne organiste de la chapelle impériale (1680). Il se distingua aussi bien par ses opéras (dont aucun ne nous est parvenu) que par sa musique religieuse et instrumentale (messes, requiem, sonates). Il eut une influence certaine sur Bach et Haendel qui arrangèrent ou reprirent des fragments de ses œuvres dans leurs compositions.

**KERMA** ♦ Site archéologique du Soudan. Anc. ville de Nubie au sud de la troisième cataracte, qui était le centre du royaume de Coush (–XVIᵉ s.). Les fouilles entreprises depuis 1920 ont permis de mettre au jour d'importants vestiges : temples, sépultures, poteries, gravures rupestres.

**KERMADEC** (îles) ➝ ÉTYM. du n. du commandant Huon de *Kermadec* qui faisait partie de l'expédition qui découvrit ces îles ♦ Petit archipel volcanique de l'océan Pacifique S., situé entre la Nouvelle-Zélande et les îles Fidji, formé de quatre îles qui furent annexées par la Nouvelle-Zélande en 1887. Station météorologique dans l'île Raoul (29 km²). La *fosse des Kermadec*, à l'E. de l'archipel, a 9 427 m de profondeur.

**KERMĀN** ♦ V. d'Iran, ch.-l. de prov. 515 114 hab. Construite à l'époque sassanide, la ville conserve de nombreuses mosquées (Masdjed-é Djomeh, XIVᵉ s. ; Masdjed-é Malik, époque seldjoukide). Bazar Wakil (XVIIᵉ s.). Plus grand centre d'exportation de tapis d'Iran. Indus. textile, fabrique de cotonnades. Centre administratif et universitaire.

**KERMANCHĀH** – anc. *Bakhtarān* de 1979 à 1990 ♦ V. d'Iran, ch.-l. de prov. 794 863 hab. Proche des sites achéménide de Béhistun* et sassanide de Tāq-é Bostān, la ville fut construite par Bahrām V (IVᵉ s.). Centre commercial et admin. Indus. du sucre, du textile, minoterie et importante raffinerie de pétrole. Base aérienne et aéroport civil.

La **Kermesse héroïque** ♦ Film français de Jacques Feyder* (1935), avec Françoise Rosay, L. Jouvet, J. Murat, Alerme, Alfred Adam. Au XVIIᵉ s., une petite cité flamande, qui prépare sa kermesse annuelle, reçoit la visite d'un grand d'Espagne et de son escorte : l'affolement des notables va de pair avec l'accueil cordial de la population. Le film, qui fut un des succès de l'avant-guerre (après avoir suscité l'hostilité du public belge), vaut surtout par la vivacité plaisante du récit et l'habileté de la reconstitution historique, due au décorateur Lazare Meerson et à ses assistants A. Trauner et G. Wakhévitch.

**KERNER (Justinus)** ♦ Écrivain allemand (Ludwigsburg, Wurtemberg 1786 - Weinsberg 1862), représentant de l'école souabe (avec Uhland, Schwab, Mörike). Ses œuvres expriment un lyrisme plein de mélancolie (*Silhouettes de voyage*, 1811 ; *Poésies*, 1826 - 1856 ; *Le Livre d'images souvenirs de mon enfance*, 1849). *La Voyante de Prevorst* (1829) témoigne son intérêt pour les phénomènes tels que l'hypnotisme, le somnambulisme.

**KEROUAC (Jack)** ♦ Romancier américain (Lowell, Massachusetts 1922 - Saint Petersburg, Floride 1969). Issu d'une famille bretonne émigrée au Canada, il exerça divers métiers. Kerouac a donné ses lettres de noblesse au mouvement beatnik (➝ **beat generation**) en littérature avec deux romans, *Sur la route* (*On the Road*, 1957) et surtout *Les Clochards célestes* (*The Dharma Bums*, 1958). Ses héros se tiennent pour battus, n'en font pas mystère et refusent la réussite. Influencé par Céline, Melville, Whitman, Henry Miller, Jean Genet et Dylan Thomas, Kerouac rédigea son œuvre sans souci de construction afin de produire le roman d'un seul jet. Ami intime d'Allen Ginsberg* et de William S. Burroughs*, il a cultivé les drogues douces et le mysticisme zen, glorifié l'errance irresponsable et célébré, contre l'Amérique de son temps, la noblesse du tiers-monde, notamment hispanophone.

**KEROULARIOS (Michel)** ➝ **Cérulaire (Michel)**

**KERRY** ➝ ÉTYM. en gaél. ***Chiarraighe*** «la tribu de Ciar [dans la légende, fils de Fergus, roi d'Ulster]» ♦ Comté du S.-O. de la rép. d'Irlande. CH.-L. :

Tralee. 4 701 km². 139 835 hab. Le relief montagneux (1 038 m au Carrantuohill) est digité en trois péninsules dont les paysages lacustres et les reliefs désolés, proches de l'océan, ont attiré romanciers et cinéastes. Principale région touristique d'Irlande, elle est organisée autour des lacs de Killarney et du *ring of Kerry*.

**KERSAINT (Armand,** comte **DE)** ♦ Marin et homme politique français (Le Havre 1742 - Paris 1793). En 1782, il enleva aux Britanniques leurs établissements du Suriname. Après avoir pris position contre les ordres privilégiés dans son ouvrage *Le Bon Sens* (1789), il siégea à l'Assemblée législative, puis à la Convention où il se spécialisa dans les questions de réformes navales, contribua à la création du Comité de sûreté générale et de la légion des Allobroges (Savoyards). Promu vice-amiral, il démissionna après l'exécution de Louis XVI, fut arrêté et emprisonné à l'Abbaye comme girondin, puis exécuté.

**KERSCHENSTEINER (Georg)** ♦ Pédagogue allemand (Munich 1854 - *id.* 1932). Professeur de mathématiques, il fut l'un des artisans du développement de l'enseignement professionnel en Allemagne, influençant notamment «l'école du travail». Dans ses deux ouvrages *Begriff der Arbeitsschule* (1912) et *Theorie der Bildungsorganisation* (1933), il se montra partisan d'une éducation mêlant études classiques et travail manuel, incluant aussi les activités physiques et le travail en groupe.

**KERTCH** ♦ V. d'Ukraine, en Crimée. 152 564 hab. Port exportant le minerai de fer extrait dans la presqu'île. Métall. Pêcheries. ▪ La *presqu'île de Kertch* est située à l'E. de la Crimée, face à la presqu'île de Taman dont elle est séparée par le *détroit de Kertch* qui fait communiquer la mer d'Azov et la mer Noire. ▮ **Histoire** Fondée par les Milésiens au -VIIᵉ s. *(Panticapée)* sur le Bosphore cimmérien (nom antique du détroit de Kertch), la ville passa sous la domination des rois du Bosphore qui en firent leur capitale (-IVᵉ s.). Mithridate VI Eupator s'y établit et s'y donna la mort (-63). Devenue comptoir génois en 1365, elle fut occupée par les Turcs en 1475. Annexée par la Russie au traité de Kutchuk*-Kaïnardji (1774), prise par l'armée franco-britannique (1855) durant la guerre de Crimée, puis occupée par les Allemands en 1941, elle fut libérée en 1944.

**KERTÉSZ (André)** ♦ Photographe américain d'origine hongroise (Budapest 1894 - New York 1985). Portraitiste et photographe illustrateur, il fut l'un des premiers utilisateurs de l'appareil portatif Leica. Dans la mouvance de l'avant-garde, il utilisa les gros plans, les éclairages contrastés et les prises de vue en plongée. Il réalisa en 1933 ses célèbres *Distorsions*, une série de nus surréalistes exécutés avec un miroir déformant. ➛ **ÉTYM.** Ce nom de famille hongrois signifie «jardinier».

**KERTÉSZ (Imre)** ♦ Écrivain hongrois (Budapest 1929), né au sein d'une famille juive. Son œuvre est marquée par son effroyable expérience des camps de concentration où il fut interné en 1944 à l'âge de quinze ans et qu'il commença à relater dans son chef-d'œuvre *Être sans destin* (1975), roman sur l'holocauste, bouleversant et provocateur, premier volet d'une trilogie complétée par *Le Refus* (1988) et *Kaddish pour l'enfant qui ne naîtra pas* (1990), où le personnage refuse de donner naissance à un enfant dans un monde d'une telle barbarie. Entre roman et théâtre, *Liquidation* (2004) témoigne de la fin de l'époque communiste vécue de Budapest, à travers le testament d'un écrivain. À la fois méditation et retour sur ses souvenirs, *Dossier K* (2009) est un dialogue imaginé non dénué d'humour. [Prix Nobel de littér. 2002]

**KERULEN** n. m. ♦ Fl. de Mongolie orientale (env. 1 250 km) prenant sa source au N. d'Oulan-Bator et se jetant dans l'Hulun nur, à la frontière de Chine (Mongolie-Intérieure). La région qu'il draine est peut-être celle d'origine du peuple mongol.

**KERVIGNAC** [56700] ➛ **ÉTYM.** du bret. *kêr* «maison, village» et de *Guiniec* (ou *Guignac*), n. de pers., à rapprocher du gallois *gwyniog* «douloureux, passionné, furieux» ♦ Comm. du Morbihan, arr. de Lorient. 4 113 hab.

**KESSEL (Joseph)** ♦ Écrivain et journaliste français (Clara, Argentine 1898 - Avernes 1979). Né dans une famille russe d'origine juive il s'engagea dans l'aviation (1916) et fit de la fraternité virile au sein des combats un thème privilégié de son œuvre romanesque. À *L'Équipage* (1923) succéderont *Vents de sable* (1929), *Le Bataillon du ciel* et la biographie de *Mermoz* (1938). Cette littérature de l'action romance souvent la matière de ses grands reportages ; il est curieux du monde qu'il sait évoquer de façon réaliste et vivante : *Fortune carrée* (1955) évoque le Yémen, *Le Lion* (1958) se passe au Kenya. Habile à tracer des fresques historiques (*Tous n'étaient pas des anges*, 1963, sur la Deuxième Guerre mondiale ; *Terre d'amour et de feu*, 1966, sur l'aventure israélienne), J. Kessel se révèle également amateur de mentalités singulières chez un individu (*Belle de jour*, 1929) ou au sein d'une communauté (*Les Cavaliers*, 1967 ; *Vladivostok, les temps sauvages*, 1975). [Acad. fr. 1962] ➛ **ÉTYM.** Ce nom vient de l'allemand et signifie «chaudron».

**KESSELRING (Albert)** ♦ Maréchal allemand (Markstedt 1885 - Bad Nauheim 1960). Chef d'état-major de la Luftwaffe* qu'il avait contribué à créer (1936), il commanda en Pologne (1939), en France (1940), en Russie (1941), en Sicile comme chef du front sud (Méditerranée-Afrique) [1942], en Italie (1943 - 1944). En fév. 1945, il remplaça Rundstedt* comme commandant du front ouest, sans pouvoir empêcher l'invasion alliée en Allemagne. Condamné à mort comme criminel de guerre par un tribunal britannique (1946), il fut gracié puis libéré en 1952.

**KESTEVEN** ➛ **Lincolnshire**

**KETTELER (Wilhelm Emmanuel,** baron **VON)** ♦ Prélat allemand (Harkotten, Westphalie 1811 - Burghausen, Bavière 1877). Entré dans les ordres en 1836, élu au parlement de Francfort (1848), évêque de Mayence (1858), il a formulé et défendu au Reichstag (1871 - 1872) le programme du parti du centre catholique (*Les Catholiques et l'Empire*). Dans ses principaux ouvrages, il a développé les principes d'un christianisme social : intervention de l'État, répartition équitable des impôts, associations ouvrières (*Fondements d'une conception chrétienne de l'État*, 1848 - 1877 ; *La Question sociale et le christianisme*, 1864).

**KETTERLE (Wolfgang)** ♦ Physicien allemand (Heidelberg 1957). Il mit en évidence, indépendamment de C. Wieman* et E. Cornell*, un condensat de Bose-Einstein de dix millions d'atomes de sodium, leur grand nombre permettant des études plus précises de ce nouvel état de la matière. [Prix Nobel de physique 2001, avec E. Cornell et C. Wieman]

**KEW** ♦ Quartier O. de Londres. Célèbres jardins botaniques.

**KEY (Ellen)** ♦ Écrivain suédois (Sundsholm 1849 - Strand 1926). Elle lutta longtemps pour le féminisme mais ne connut une certaine notoriété que vers la fin de sa vie. Elle réclamait la juste reconnaissance des prérogatives de la femme (*Psychologie de la femme et Logique féminine*, 1898). C'est ce qu'elle défendit également dans de remarquables essais (*Phantasmes*, 1898) ou des autobiographies comme *Lignes de vie* (1911 - 1925).

**Key Largo** ♦ Film américain de John Huston* (1948). Dans un hôtel de Floride, coupé du monde extérieur par la tempête, un héros de la Deuxième Guerre mondiale affronte une bande de gangsters. Un «film noir» qui réunit le couple mythique Humphrey Bogart-Lauren Bacall, aux côtés du «méchant» Edward G. Robinson, dans un huis clos qui ne se ressent pas de ses origines théâtrales (une pièce de Maxwell Anderson), et que rehausse un ton picaresque sans égal.

**KEYNES (John Maynard,** 1ᵉʳ baron**)** ♦ Économiste et financier britannique (Cambridge 1883 - Firle, Sussex 1946). Élève de A. Marshall* à Cambridge où il enseigna lui-même l'économie, il fut chargé à plusieurs reprises d'importantes missions par le gouvernement britannique. Délégué à la conférence de la Paix (1919), il démissionna pour marquer son opposition aux dispositions du traité de Versailles exigeant de l'Allemagne vaincue d'importantes réparations et exposa ses raisons dans *Les Conséquences économiques de la paix* (1919). Tenu quelque temps à l'écart des affaires publiques, il manifesta son hostilité à l'égard de la politique déflationniste du gouvernement britannique, tout en formulant des critiques décisives contre les thèses de l'économie politique classique, sur l'équilibre économique et ses mécanismes autorégulateurs. Écrits au lendemain de la crise économique de 1929, alors que sévissait un grave chômage dans les sociétés industrielles, les deux ouvrages principaux de Keynes, le *Traité de la monnaie* (1930) et surtout la *Théorie générale de l'emploi, de l'intérêt et de la monnaie* (1936), visent précisément à expliquer l'existence du sous-emploi. Raisonnant en termes macroéconomiques, les problèmes étant traités en termes de quantités globales (revenu, consommation, épargne, investissements), Keynes voit dans le sous-emploi le résultat d'une insuffisance des dépenses de consommation, d'une baisse de l'efficacité marginale du capital et d'un taux trop élevé de l'intérêt entraînant une baisse des investissements. Aussi, tout en voulant préserver au maximum les principes du libéralisme, Keynes préconisa-t-il une intervention des pouvoirs publics pour assurer le plein emploi par une politique fiscale et monétaire favorisant la propension à consommer (abandon de l'étalon-or remplacé par une monnaie plus souple que l'État peut faire varier ; augmentation des investissements privés et publics). L'influence de Keynes fut considérable, tant sur le plan de l'analyse théorique que sur le plan de la politique économique, monétaire et sociale internationale. Devenu l'économiste officiel de la Grande-Bretagne, il fut nommé sous-gouverneur de la Banque d'Angleterre, élevé à la pairie et chargé d'élaborer un projet de stabilisation internationale des monnaies *(plan Keynes)* ; celui-ci, avec le plan américain opposé *(plan White)*, aboutit, lors de la conférence de Bretton-Woods (1944), à la création du Fonds monétaire international et de la Banque internationale pour la reconstruction et le développement économique. ➛ **ÉTYM.** *Keynes* vient de *Cahaignes*, localité dans l'Eure ou de *Cahaynes*, dans le Calvados.

Khajuraho. Détail du temple. *Phot. © Ch. Boisvieux/Hoa Qui*

**KEYSERLING (Hermann, comte VON)** ♦ Philosophe et écrivain allemand d'origine balte (Könno, Livonie 1880 - Innsbruck 1946). Après avoir voyagé autour du monde (Ceylan, Inde, Chine, Japon, Amérique), il fonda à Darmstadt une «école de la Sagesse» (1920). Concilier la civilisation occidentale, trop intellectualiste, coupée des sources profondes de la vie et tout entière tournée vers la domination matérielle de la nature, et les valeurs spirituelles de la culture d'Orient, restée en revanche trop passive et inefficace, tel lui paraît être le moyen d'atteindre une humanité intégrale. Œuv. princ. : *Relations internes des problèmes culturels de l'Orient et de l'Occident,* 1913 ; *Le Journal de voyage d'un philosophe,* 1919 ; *Analyse spectrale de l'Europe,* 1928 ; *Psychanalyse de l'Amérique,* 1931.

**KEY WEST** ♦ Île des États-Unis (Floride), à l'extrémité d'un arc de cercle de petites îles qui va de la baie de Biscayne à Key Largo, longe la baie de Floride et aboutit à l'archipel des Dry Tortugas. Une route sur pilotis joint la Floride à Key West. ▪ La ville de Key West compte 25 748 hab. Architecture coloniale. ▪ Base aéronavale, école de nageurs de combat. Tourisme.

**KGB** n. m. [Komitet Gossoudarstvennoï Bezopasnosti] – russe «Comité pour la sécurité d'État» ♦ Organisme de la police politique soviétique qui succéda en 1954 au MGB (ministère de la Sécurité d'État, → **NKVD**). Il était spécifiquement chargé des missions de protection politique de l'État soviétique tant à l'intérieur (lutte contre les «dissidents» et contre-espionnage) qu'à l'extérieur (renseignement et protection des frontières). Les troupes frontalières étaient sous sa responsabilité. Par son énorme pouvoir de contrôle (sur les nominations, les autorisations d'emplois, de voyages) et de répression, ce fut l'élément clé du système totalitaire soviétique. En 1991, le KGB fut dissous par B. Eltsine* et remplacé par le FSB (Service fédéral de sécurité) que V. Poutine* dirigea en 1998.

**KHABAROVSK** ← ÉTYM. du n. de Erofeï Pavlovitch *Khabarov,* explorateur russe du XVII$^e$ s. et suff. *-sk* qui désigne une ville ♦ V. de Russie, ch.-l. de territoire, sur l'Amour qui y reçoit l'Oussouri. 582 700 hab. Important carrefour fluvial, ferroviaire et aérien, et grand centre indus. Raffinerie de pétrole. Construc. mécaniques. Matériaux de construc. Indus. alimentaire. Confection. Travail du bois et du cuir. ▮ **Histoire** La ville fut fondée en 1858.

**KHABOUR** ou **KHABUR** n. m. ♦ Riv. de Syrie (400 km env.), affl. de l'Euphrate (rive g.) qui coule dans la Djésireh syrienne. Elle est formée à Hassetché par le confluent de rivières qui descendent notamment du djebel Abdulaziz et du djebel Sindjar à la frontière irakienne.

**KHADĪJA** ♦ Première femme de Mahomet (morte à La Mecque en 619). Riche veuve, elle épousa Mahomet après l'avoir employé comme conducteur de caravanes vers la Syrie. De 15 ans son aînée, elle lui apporta un précieux soutien moral et financier dans ses débuts. Leur fille, Fatima*, devint l'épouse d'Ali*. ← ÉTYM. L'arabe *khadīja* signifie «avorton».

**KHÁI HƯNG (TRẦN Khánh Giư, dit)** ♦ Romancier vietnamien (Hải Dương 1896 - Xuân Trường 1947). Principal écrivain du courant romantique vietnamien. Auteur de romans, de nouvelles, de pièces de théâtre et de contes pour enfants, il exerça une grande influence sur la jeunesse de son pays par ses écrits sentimentaux teintés de taoïsme et de bouddhisme.

**KHAÏR-EDDINE (Mohammed)** ♦ Écrivain marocain d'expression française (Tafraout 1941 - Rabat 1995). Auteur d'un manifeste poétique, *Poésie toute,* il fonda au Maroc les revues *Eaux Vives* puis *Souffles* avant de s'installer en France (1965) et d'y publier son premier roman-poème, *Agadir* (1967), expression d'une révolte toujours présente dans *Corps négatif, Histoire d'un Bon Dieu* (1968), *Le Déterreur* (1973) et *Une odeur de mantèque* (1976) comme dans les poèmes *Soleil arachnide* (1969), *Moi l'aigre* (1970) et *Ce Maroc* (1975). Affirmation véhémente d'appartenance à un pays dont il s'exila, évocation nostalgique de paysages et d'odeurs, l'œuvre de M. Khaïr-Eddine est emportée par un lyrisme déferlant (phrases hachées, ponctuation supprimée, imagerie violemment sensuelle).

**KHAJURAHO** ♦ V. de l'Inde (Madhya Pradesh). 19 282 hab. Cette petite ville a été du IX$^e$ au XIII$^e$ s. la capitale de la dynastie des Chandella, avant de sombrer dans l'oubli jusqu'aux fouilles commencées en 1906. Elles ont remis en valeur 22 temples, maintenant très célèbres par la richesse et la perfection de leurs sculptures. L'interprétation du caractère savamment érotique de certains ensembles suscite bien des discussions.

**KHAKASSIE** n. f. – off. ***république de Khakassie*** ← ÉTYM. de *Kharkasses,* n. de peuple, du russe *ĥakasy,* n. de ce peuple dans sa propre langue, p.-ê. de *karagas,* n. d'une autre tribu ou déform. du n. chinois «kirghiz» ♦ République de la fédération de Russie. → **Russie** (carte et tableau des divisions admin.). 61 900 km$^2$. 546 100 hab. *(Khakasses).* LANGUES : khakasse, russe. POPULATION : Russes, 79 % ; Khakasses, 11 %. RELIGION : orthodoxe. CAPITALE : Abakan. La république de Khakassie est divisée en 8 districts. ▪ Sur les contreforts du Saïan, elle comprend une partie du bassin charbonnier du Kouzbass. Charbonnages, métall., indus. mécanique et alimentaire. ▮ **Histoire** Région fondée en 1930 dans le territoire de Krasnoïarsk, devenue république en 1991.

**KHALED IBN ABD AL-AZIZ** ♦ Roi d'Arabie saoudite (Riyad 1913 - Ta'if 1982). Vice-président du Conseil en 1965, il succéda à son frère Fayçal assassiné en 1975. Lors de la guerre irano-irakienne en 1980, il fut à l'origine de la création du Conseil de Coopération du Golfe (1981), dont l'objectif était de renforcer la sécurité des États membres tout en assurant la protection de leurs intérêts pétroliers. De santé fragile, il déléguait l'essentiel de son pouvoir à son frère Fahd*, alors prince-héritier.

**KHĀLID IBN AL-WALĪD** ♦ Chef arabe (mort à Homs ou Médine 642). Avant de se convertir à l'islam, il fut adversaire et vainqueur du Prophète à Uhud (625). Surnommé le «Sabre de Dieu», il soumit l'Irak en 633 et dirigea les premières conquêtes en Syrie ; il prit Homs dont il fut gouverneur jusqu'à sa destitution par Omar*. ← ÉTYM. Ce nom vient de l'arabe *khālid* «éternel», *ibn* «fils de» et *walīd* «petit, nouveau-né».

**KHALĪL (AL-)** → **Hébron**

**KHALĪL IBN AḤMAD (AL-)** ♦ Philologue arabe (Uman - Bassora v. 791). Il élabora un traité de grammaire qui fait de lui un des plus grands représentants de l'école de Bassora, caractérisée par l'étude de l'arabe du désert, plus pur que le parler des villes. Il codifia les règles de la prosodie arabe et composa le premier dictionnaire arabe, le *Kitāb al'Ayn,* où «il classa les mots selon les lettres de l'alphabet rangées d'après la position des organes qui servent à les articuler», commençant par les gutturales et finissant par les labiales et les semi-voyelles. Il fut le maître de Sībawayh*.

**KHALKIS** → **Chalcis**

**KHAMBHAT** ← ÉTYM. anc. ***Cambay ;*** p.-ê. du sanskr. *skambhas* «pilier, colonne, poteau» ♦ V. de l'Inde (Gujarat). 80 439 hab. Située au fond du golfe qui porte son nom, elle a perdu beaucoup de son importance en raison de l'envasement. ♦ ***Golfe de Khambhat,*** entre la péninsule du Dekkan et celle du Kathiawar. Voie de pénétration vers l'Inde du Nord. Importantes ressources de pétrole (exploitation offshore).

**KHAMENEI (Ali)** ♦ Religieux et homme d'État iranien (Meched 1939). Président de la République (oct. 1982-juin 1989), il fut désigné comme Guide suprême de la Révolution islamique après la mort de Khomeiny.

**KHĀNAQĪN** ♦ Gisement de pétrole irakien, situé à la frontière iranienne et desservi par une route et une ligne de chemin de fer Bagdad-Bakhtarān. 56 000 hab. Raffinerie.

**KHANIA** → **Canée (La)**

**KHANSĀ' (Tumāḍir bint 'Amr AL-)** ♦ Poète arabe de la tribu Sulaym (morte en 645). Avant l'islam, elle composa, sur ses deux frères morts dans une bataille, des élégies (ou thrènes) qui firent d'elle le poète le plus célèbre de son temps. Elle accepta d'adhérer à l'islam avec toute sa tribu.

**KHAQĀNĪ** ♦ Poète persan (Giandja - Tabriz 1199). Outre un important *divan,* son œuvre comprend un *masnavi* qui raconte son voyage à La Mecque («Le Présent des deux Irak»).

**KHARBIN** → **Harbin**

**KHAREZM** → **Khorezm**

**KHAREZMI (AL-)** → **Khuwārizmī (Muḥammad ibn Mūsā al-)**

**KHARG** ♦ Île iranienne du golfe Arabo-Persique, à 40 km de la côte. Le port permet l'accueil de pétroliers d'une capacité de 500 000 t. Presque toute la production de pétrole brut du pays destinée à l'exportation y est acheminée, les ports d'Abadan et de Bandar-Machūr ne pouvant recevoir de gros navires. Raffinerie. Usine pétrochimique.

**KHARGEH** ou **KHARGA** (oasis de) ➝ ÉTYM. en ar. ***al-Wāḥa al-Khārija*** « l'oasis extérieure » ♦ La plus méridionale des oasis d'Égypte, dans le désert libyque, à 150 km du Nil. CH.-L. : Khargeh. 32 000 hab. Longue de 100 km et large de 20 à 50 km, elle vit de la culture des légumes et des fruits. Temple d'Amon, près de l'anc. *Hibis* des Grecs. Nécropole chrétienne. Khargeh est au centre du projet de la Nouvelle Vallée, destiné à mettre en valeur le désert libyque en utilisant les eaux souterraines et concernant les quatre grandes oasis de Khargeh, Dakla, Farafra et Bahariya.

## kharijites

n. m. pl. ➝ ÉTYM. de l'ar. *khawarij*, dérivé de *kharaja* « sortir, se révolter » ♦ Membres du plus anc. mouvement politico-religieux, né en islam à propos de la controverse concernant la légitimité du califat. Pendant la bataille de Siffin (juil. 658) qui devait opposer le gouverneur de la Syrie, Mu'āwiya*, et le cousin du prophète Ali*, calife contesté, les kharijites refusèrent de participer au combat, ce qui força Ali d'accepter la proposition d'arbitrage qui aboutit à la nomination de Mu'āwiya comme calife. Les kharijites s'opposèrent alors à Ali et à Mu'āwiya. Ils insistèrent sur la liberté de choix de tout musulman pour la nomination du calife. Quiconque, « même un esclave noir », pourrait prétendre à être élu calife s'il possédait les qualités religieuses et morales nécessaires. Un calife serait déposé s'il ne remplissait pas correctement sa tâche. Ils se déclaraient opposés aux visées politiques de la famille de Mahomet* et de l'aristocratie arabe. Cette théorie « démocratique » fut suivie par beaucoup de musulmans non arabes, dont les Berbères d'Afrique du Nord, qui résistaient à la domination arabe. Les kharijites étaient réputés pour leur puritanisme et leur fanatisme. Le luxe, le tabac, la musique et le jeu étaient prohibés. Ils recommandaient une interprétation littérale du Coran. Les kharijites survivent encore de nos jours (ils sont connus sous le nom d'ibadites) en Afrique du Nord (Djerba, Ouargla, Mzab), à Oman et Zanzibar et leur nombre est estimé à 500 000.

**KHARKIV** ➝ ÉTYM. en russe ***Kharkov***, du n. de son fondateur (V. ci-dessous) ♦ V. d'Ukraine, ch.-l. de région, sur l'Oudy (affl. du Donets du Nord) à sa confluence avec le Lopan. 1 464 740 hab. Univ. Deuxième ville de l'Ukraine, important carrefour ferroviaire reliant Moscou au Donbass, et grand centre culturel, admin. et indus. Construc. mécaniques. Armements. Indus. chimique, électrochimique, textile et alimentaire. Centrale thermique. Important gisement de gaz au S.-E. de la région (Chebelinka). ▮ **Histoire** Fondée en 1656 par le Cosaque zaporogue Kharkov, la ville, d'abord transformée en forteresse, devint dès le XVIII<sup>e</sup> s. un centre commercial et industriel important. Chef-lieu du gouv. d'Ukraine depuis 1732, première capitale de la République autonome d'Ukraine (1917 - 1934), occupée par les Allemands (avr. 1918), elle fut à partir de 1919 la capitale de la République soviétique créée par Rakoski et opposée au gouv. de Petlioura. Durant la Deuxième Guerre mondiale, âprement disputée entre Allemands et Soviétiques (1941 - 1943), Kharkov, très endommagée, fut libérée par l'Armée rouge en août 1943.

**KHARTOUM** ➝ ÉTYM. en ar. ***Ras-al-Kharṭūm*** « la trompe d'éléphant » (désigne l'étroite langue de terre située entre les deux branches confluentes du fleuve) ♦ Cap. du Soudan, au confluent du Nil Blanc et du Nil Bleu, reliée à Khartoum-Nord (banlieue indus.) par un pont sur le Nil Bleu et à Omdourman par un pont sur le Nil Blanc. 1 400 000 hab. (4 800 000 hab. avec Khartoum-Nord et Omdourman, entités administratives autonomes). *(Khartoumais)*. Univ. Centre commercial. Nœud de communications. Indus. textile, agroalimentaire. Cimenteries. ▮ **Histoire** Camp militaire établi en 1821 par Méhémet Ali, la ville se développa rapidement grâce à sa situation. Mais, prise par les mahdistes qui y tuèrent Gordon (1885), elle fut délaissée au profit d'Omdourman. Reconquise par Kitchener (1898), elle fut reconstruite sur un plan très moderne, devint le siège de l'administration du Soudan anglo-égyptien, puis la capitale de la république du Soudan (1956).

**KHÂ(S)** n. m. (pl.) ♦ Populations montagnardes de la péninsule indochinoise de souche indonésienne. Elles sont composées de nombreuses tribus comprenant environ 450 000 individus et réparties sur les territoires du Laos* et du Cambodge*.

**KHATCHATOURIAN (Aram Ilitch)** ♦ Compositeur arménien soviétique (Tiflis 1903 - Moscou 1978). Marquée très sensiblement par l'influence des folklores arménien et géorgien, imprégnée de la tradition russe du XIX<sup>e</sup> s., son œuvre se caractérise par la vigueur du rythme, souvent inspiré de la danse, et par la richesse de l'orchestration. Elle comprend des ballets (*Gayaneh*, 1942, où figure la fameuse *Danse du sabre*), trois symphonies, des concertos pour piano, pour violon, pour violoncelle, de la musique de chambre, de film, et des mélodies. ➝ ÉTYM. Ce nom arménien vient de *Hac'aturian*, de *hac' dur* « croix ».

**KHATIBI (Abdelkébir)** ♦ Écrivain marocain de langue française (El-Jadida 1938 - Rabat 2009). Son thème de prédilection est l'individu face au dédoublement des cultures. Romancier (*La Mémoire tatouée*, 1971 ; *Le Livre du sang*, 1979), sociologue et sémiologue (*La Blessure du nom propre*, 1974), il est aussi l'auteur d'essais (*L'Art calligraphique arabe*, 1976, *L'Art contemporain arabe*, 2002) et de pièces de théâtre : *La Mort des artistes*, 1963 ; *Le Prophète voilé*, 1973.

**KHAYYĀM ('Umar)** ou **OMAR KHAYAM** ♦ Savant et poète persan (Nichahpour v. 1050 - *id.* v. 1123). De son vivant et pendant longtemps, il fut surtout connu par ses écrits scientifiques et philosophiques où il se révèle comme un disciple d'Avicenne*. Il rédigea un célèbre traité d'algèbre (en arabe) où il classa systématiquement les équations du second et du troisième degré selon leur nombre de termes avant d'essayer de les résoudre. Astronome réputé, il fut appelé par le sultan seldjoukide* Jalāl al-Dīn Mālik Chāh qui le chargea de la réforme du calendrier persan. Ce n'est que plus tard que sa renommée poétique s'imposa car ses poèmes d'un épicurisme pessimiste, sceptiques et souvent blasphématoires, ne furent transmis que discrètement afin d'éviter la répression des autorités islamiques. Sa consécration universelle n'est intervenue qu'au XIX<sup>e</sup> s. après l'adaptation anglaise de ses œuvres par Edward Fitzgerald. Certains historiens contestent une partie de la masse de *robāyat* (quatrains) qui lui sont attribués, ce qui rend l'ensemble de son œuvre poétique difficile à estimer. ➝ ÉTYM. Ce nom de famille vient de l'arabe *khayyama* « camper, bivouaquer ».

**KHAZAR(S)** n. m. (pl.) ♦ Anc. peuple de race turque, établi dans la région de la basse Volga*. Ayant occupé la Crimée* et Kiev au VII<sup>e</sup> s., ils fondèrent un empire qui s'étendait du Boug et du Dniepr jusqu'au fleuve Oural, et au N. jusqu'à la moyenne Volga, à l'Oka et aux sources du Donets. Islamisés et judaïsés dès le VIII<sup>e</sup> s., ils furent convertis au christianisme par saint Cyrille* (860). En 968, Sviatoslav*, grand-duc de Russie, conquit leur forteresse sur le Don, Sarkel. Réduit à la Crimée (appelée alors la *Khazarie*), l'empire des Khazars fut occupé en 1015 par les Byzantins, alliés de Vladimir* I<sup>er</sup>.

**KHENCHELA** ♦ V. d'Algérie (wilaya de Batna), au N.-E. de l'Aurès. 70 640 hab. Élevage, agriculture. Centre commercial.

**KHÉOPS** ou **CHÉOPS** – nom gr. de ***Khnoum-khoufoui*** ♦ Roi d'Égypte (v. -2650). Deuxième pharaon de la IV<sup>e</sup> dynastie (Ancien Empire), il fit construire la grande pyramide de Gizeh*.

**KHÉPHREN** ou **CHÉPHRÈN** – nom gr. de ***Khâfrê*** ♦ Roi d'Égypte de la IV<sup>e</sup> dynastie (v. -2620) [Ancien Empire], fils et successeur de Khéops*. Il fit construire à Gizeh*, au S.-O. de la pyramide de Khéops, une pyramide presque aussi colossale que celle de son père.

**KHÉPRI** ➝ ÉTYM. en égypt. *Kheprer* « scarabée », figure utilisée pour noter le verbe *kheper* « venir à l'existence sous une forme donnée » ♦ Dieu égyptien symbolisé par un scarabée. Il représentait un aspect du démiurge d'Héliopolis, Rê*, « venu de lui-même à l'existence » : le soleil levant. Image de l'éternel retour, le scarabée fut un motif fréquent de la bijouterie égyptienne.

**KHERSON** ➝ ÉTYM. du gr. *khersonêsos* « presqu'île » (➝ aussi Chersonèse) ♦ V. d'Ukraine, ch.-l. de région, sur la rive d. du Dniepr inférieur, à son embouchure dans la mer Noire. 319 278 hab. Complexe de conserveries au centre d'une vaste région agricole. Port. Combinat textile (coton). Construc. navales. Raffinerie de pétrole. ▮ **Histoire** Fondée en 1778 par Potemkine, la ville, destinée à devenir un centre commercial important, fut éclipsée par Nikolaïev, puis Odessa. Elle connaît un nouvel essor et assure auj. le transit du pétrole russe.

**KHÉTI I<sup>er</sup>** ♦ Roi d'Égypte de la VIII<sup>e</sup> dynastie (v. -2222, première période intermédiaire). Premier pharaon d'Héracléopolis.

**KHÉTI III** ♦ Roi d'Égypte de la IX<sup>e</sup> ou X<sup>e</sup> dynastie (v. -2120, première période intermédiaire). Pharaon d'Héracléopolis.

**KHIEU SAMPHAN** ♦ Homme politique cambodgien (Svay Rieng 1931). Étudiant à Montpellier, docteur ès sciences économiques (1958), séduit par le marxisme, il devint secrétaire d'État au Commerce (1962 - 1963) sous l'autorité de Sihanouk, chef de l'État. Déçu, il prit le maquis (1967), puis soutint le prince déchu après le coup d'État de 1970. Dirigeant khmer rouge, il fut nommé chef de l'État du Kampuchea démocratique (avr. 1976). Après l'invasion vietnamienne (janv. 1979), il remplaça Pol* Pot comme Premier ministre dans le maquis, puis entra dans le gouvernement de coalition antivietnamienne de Sihanouk (juin 1982), comme vice-président. Principal représentant des Khmers rouges, il participa aux négociations conduisant à l'accord de Paris (23 oct. 1991), plaçant le Cambodge sous l'autorité de l'ONU. Il mena ensuite une politique hostile à la pacification et à la réconciliation. Toutefois, dernier survivant des chefs khmers rouges, il s'est rallié au gouvernement royal en déc. 1998. Il a été arrêté en 2007 pour être jugé.

**KHILJĪ** ou **KHALJĪ** ♦ Dynasties musulmanes de l'Inde, d'origine turque, qui s'établirent au Bengale à la fin du XII<sup>e</sup> s. Elles fondèrent en 1290 à Delhi* une dynastie indépendante qui y régna jusqu'en 1320. Elle conquit toute l'Inde du Nord et une grande partie du Dekkan* qu'elle contribua à islamiser.

**KHINGAN** → **Hinggan ling**

**KHITAN(S)** ou **QITAN(S)** n. m. (pl.) ♦ Peuple nomade toungouze, originaire des rives occidentales du Liao he (près des monts Hinggan). Au début du Xe s., A* Pao Chi unifia les tribus et prit le titre de khan en fondant la dynastie Khitan, rebaptisée Liao* en 947. Ils furent vaincus par les Jürchets en 1125.

**KHIVA** ♦ V. d'Ouzbékistan, au S. de la mer d'Aral. 40 000 hab. Cap. de l'anc. khanat indépendant de Khiva (fin XVIe s. - 1920), elle a conservé, à l'intérieur d'une double enceinte du XIXe s., plusieurs monuments : mausolée de Pahlava Mahmud, médersas, Grande Mosquée (1788 - 1789), avec des éléments remontant aux Xe, XIIe et XIVe s. → **Khorezm.**

**KHLEBNIKOV (Viktor Vladimirovitch,** dit **Velemir)** ♦ Poète soviétique (Toundoutovo, près d'Astrakhan 1885 - Santalovo, près de Novgorod 1922). Il fut l'un des fondateurs les plus cultivés de l'école futuriste russe. Dans ses poèmes, où il révèle une grande maîtrise du langage, il exprime avec violence ses idées nihilistes et anarchistes : *Conjuration par le rire* (1910), *Ladomir* (1920), *Zanguezi* (1922).

**KHMELNITSKI (Bogdan)** ♦ (Pereïaslav v. 1595 - Tchiguirine 1657). Hetman des Cosaques* zaporogues d'Ukraine (1648 - 1657), il s'insurgea contre les Polonais en 1648. → **Ukraine.** Il chercha à s'allier avec la Russie et signa le pacte de Pereïaslav (1654) dans lequel les Zaporogues reconnaissaient, tout en conservant une large autonomie, la suzeraineté du tsar Alexis Ier, entraînant le rattachement de l'Ukraine à la Russie.

**KHMELNYTSKYÏ** – jusqu'en 1954 ***Proskourov*** ♦ V. d'Ukraine, ch.-l. de prov., sur le Boug Méridional et le plateau de Volhynie-Podolie. 255 902 hab. Indus. alimentaire. Construc. de machines-outils. Confection.

**KHMER(S)** n. m. (pl.) ▸ **ÉTYM.** de *Kambu* (→ Cambodge) ♦ Peuple du Cambodge* d'origine sans doute proto-indochinoise. Présent au Funan*, il bâtit, à partir du VIIe s., des royaumes et l'empire d'Angkor*. → **Jayavarman, Yaśovarman.** Aux XIe et XIIe s., il étendit sa domination sur le Laos, le Champa* et une grande partie de la Thaïlande. → **Sûryavarman.** Refoulé par les Thaïs dès le XIIIe s., il n'a cessé de reculer jusqu'à l'intervention de la France (1863). Il forme toujours la majorité de la population du Cambodge. Appartenant à la famille linguistique môn-khmer, la langue khmère est rectotonale. Mono- ou dissyllabique à l'origine, elle devient plurisyllabique avec les mots savants d'origine étrangère. ♦ ***Khmers rouges*** Nom donné par Norodom Sihanouk aux Cambodgiens adeptes du communisme, soutenus par la Chine. Ils ont dirigé le pays (Kampuchea démocratique) de 1975 à 1979. Les chefs du mouvement, ensuite très affaibli, se sont ralliés au gouvernement royal (1997) mais sont menacés d'un jugement sous contrôle international pour crimes contre l'humanité. → **Cambodge, Khieu Samphan, Pol Pot.**

**Khmers.** *Bouddha protégé par le capuchon du naga à sept têtes* (1,12 m), XIIe s., Thaïlande. Musée national Chanthara Rhasem, Ayuthya.
*BIS/© Archives Larbor*

**KHNOPFF (Fernand)** ♦ Peintre belge (Grembergen-lez-Termonde 1858 - Bruxelles 1921). Élève de Gustave Moreau à Paris, il fut fortement influencé par les préraphaélites et par la poésie symboliste. → **symbolisme.** Ses tableaux sont chargés de références allégoriques et littéraires où la femme apparaît souvent en sphinx (*Des caresses, ou l'Art, ou le Sphinx,* 1896). Il utilisa ensuite la photographie, pour en souligner l'ambiguïté dans la transposition du réel, et annonça le surréalisme.

**KHNOUM** ♦ Dieu égyptien figuré sous la forme d'un homme à tête de bélier à double encornure. Divinité très ancienne, il était, dans la mythologie d'Esna*, le dieu créateur qui avait façonné les êtres sur un tour de potier et transmis le mouvement de son instrument à tous les êtres féminins. À Éléphantine*, il était adoré comme dieu de la cataracte, gardien des sources du Nil. Il devint plus tard dieu-soleil sous la forme de Khnoum-Rê.

**KHODASSEVITCH (Vladimir Felitsianovitch)** ♦ Poète et critique littéraire russe (Moscou 1886 - Paris 1939). Admirateur de Bély*, influencé par Brioussov* et par les acméistes, il ne fut reconnu qu'après la Révolution grâce à ses recueils *Par la voie du grain* (1920) et *La Lyre pesante* (1922), son premier recueil (*Jeunesse,* 1908) étant passé inaperçu. Émigré avec sa femme N. Berberova* en 1922 à Berlin, puis en 1925 à Paris, il publia des articles de critique littéraire dans le journal de l'émigration russe *Renaissance (Vozrojdenie),* un *Recueil de poésies* (1927) dans lequel il condamnait la décadence de l'Europe, une monographie sur Derjavine* (1931) et des essais consacrés à la littérature russe (*Nécropole,* 1939).

**KHODJENT** → **Khoudjand**

**KHOMEINY (Ruhollah)** ♦ Chef religieux (ayatollah) iranien (Khomein, près de Qom 1902 - Téhéran 1989). Formé à l'école traditionnelle du chiisme littéral, à Qom, où il étudia et enseigna pendant plus de quarante ans l'exégèse religieuse, il s'opposa à Muḥammad* Rizā Chāh en 1962. Arrêté puis exilé en 1963 à Najaf* en Irak, il y développa sa doctrine (influencée par les thèses des Frères* musulmans) sur le gouvernement islamique, tout en radicalisant son action politique. Expulsé d'Irak (sept. 1978), il s'installa en France d'où il dirigea la Révolution iranienne jusqu'au départ du chah. Rentré en Iran (fév. 1979), il fonda la République islamique dont il fut jusqu'à sa mort le Guide suprême, décidant des grandes options politiques et religieuses du pays, et imposant notamment l'application stricte de la *charia* à la société iranienne. ▸ **ÉTYM.** Le prénom *Ruhollah* signifie «esprit de Dieu» et *Khomeiny* vient de *Khomein,* son lieu de naissance.

**KHOMEINY CHAHR** – anc. ***Se-Deh*** ♦ V. d'Iran (Ispahan). 223 071 hab. Centre agricole et élevage. Le mausolée de Bābā 'Abd Allāh avec ses célèbres minarets branlants (Minar Djonbān) du XIe s. est à proximité.

**KHOMIAKOV (Alekseï Stepanovitch)** ♦ Écrivain russe (Moscou 1804 - Ivanovskoïe, gouv. de Lipetsk 1860). Principal représentant des slavophiles*, il était attaché à la religion orthodoxe et aux traditions nationales (*À la Russie,* 1854).

**KHONSOU** ♦ Divinité égyptienne figurée sous l'aspect d'un homme à tête de faucon portant sur sa tête le disque solaire, d'un être momifié ou d'un enfant. Dieu lunaire, fils d'Amon* et de Mout, il était adoré à Thèbes* où il possède un temple remarquablement conservé. → **Karnak.** On l'invoquait contre les esprits malfaisants.

**KHORANA (Har Gobind)** ♦ Biochimiste américain d'origine indienne (Raipur 1922). Il parvint à déterminer la séquence de l'ADN gouvernant la synthèse d'un ARN de transfert, sachant que les bases de ces deux acides nucléiques doivent être complémentaires. Il participa aux travaux de M. Nirenberg* sur la détermination du code génétique. [Prix Nobel de physiol. ou méd. 1968, avec R. Holley* et M. Nirenberg]

**KHORASSAN** ou **KHURĀSĀN** n. m. ♦ Région d'Iran, à la frontière du Turkménistan et de l'Afghanistan, divisée en 3 prov. : Khorassan du Sud, Khorassan-et-Razavi, Khorassan du Nord. 315 687 km². 7 041 071 hab. V. princ. : Meched*. La région est formée par le N.-E. du plateau iranien que pénètrent les déserts de Dacht-é Kavir et de Dacht-é Lut. Elle est dominée au N. par le prolongement de l'Elbourz*, les *chaînes du Khorassan.* Irrigué par plusieurs rivières (Atrak, Kachaf rūd, Hari rūd) et un système traditionnel de canalisations souterraines et de puits, le Khorassan est une zone d'agriculture (céréales, betterave à sucre, fruits, coton, tabac, mûrier destiné à l'élevage du ver à soie) et d'élevage (moutons, chèvres). Tissage de tapis ; indus. alimentaire et conserveries. ▮ **Histoire** Le grand Khorassan qui s'étendait jusqu'en Transoxiane fut le berceau des Parthes* dans l'Antiquité.

**KHOREZM, KHAREZM** ou **KHWAREZM** n. m. ♦ Région d'Asie centrale, anc. État sur le cours inférieur de l'Amou-Daria appelée *Choresmia* par les Grecs. Le Khorezm fut envahi par les Mongols au XIIIe s. Conquis par Tamerlan en 1379, puis par les Ouzbeks (1512), qui y fondèrent le *khanat du Kharezm,* il fut nommé khanat de Khiva au XVIIe s., date à laquelle la capitale fut transférée à Khiva. Partie de l'Empire russe dès 1873, le khanat de Khiva fut proclamé République populaire soviétique du Khorezm en avril 1920, puis RSS de Khorezm en 1922. Après la délimitation territoriale de l'Asie centrale en 1924, le Khorezm fut partagé entre l'Ouzbékistan*, le Turkménistan* et la Karakalpakie*.

**KHOR-FAKKAN** ♦ Port de l'émirat de Sharjah, enclavé dans l'émirat de Fujaïrah (Émirats arabes unis) sur le golfe d'Oman. Terminal pétrolier. Pêche.

**KHOROG** ♦ V. du Tadjikistan, ch.-l. de la région autonome du Haut-Badakhchan*, dans la partie O. du Pamir* (alt. 2 200 m). 28 000 hab. Indus. alimentaire.

**KHORRAMĀBĀD** ♦ V. d'Iran, ch.-l. de la prov. du Loristan. 333 945 hab. Centre administratif et agricole.

**KHORRAMCHAHR** ou **KHURRAMCHAHR** ♦ V. d'Iran (Khouzistan), au confluent du Kārun et du Chatt al-Arab. 125 859 hab. Plus grand port commercial d'Iran (avec ses installations modernes reliées au Transiranien) avant la guerre irano-irakienne, la ville, occupée par les forces irakiennes (sept. 1980-mai 1982), fut totalement détruite et désertée par sa population jusqu'à la fin du conflit.

**KHORSABAD** ou **KHURSABĀD** ♦ Site, à env. 15 km au N.-E. de Mossoul (Irak), où furent trouvées les ruines de l'ancienne *Dur-Sharrukīn*, capitale créée de –713 à –707 par Sargon II d'Assyrie et abandonnée peu après sa mort (–705). Fouilles par Botta (1843, inaugurant les fouilles assyriologiques), Victor Place (1851) et l'Institut oriental de Chicago (1930). La ville (300 ha) comportait : une cité administrative, des résidences princières et, dans la citadelle, le palais et un complexe religieux (temple de Nabu, ziggourat). De nombreux bas-reliefs, des génies ailés, rares spécimens de ronde-bosse assyrienne, des archives (notamment une chronologie des rois d'Assyrie) furent mis au jour.

**Khorsabad.** Tributaires mèdes, bas-relief du -VIIIe s. Musée du Louvre, Paris. *Phot. © Nimatallah/Ricciarini*

**KHOSRŌ Ier ANOCHARVAN** – en gr. *Chosroès* ♦ Roi sassanide de Perse (531 - 579). Il fut le plus brillant des souverains sassanides, célèbre autant par sa sagesse que par le raffinement de la civilisation de son temps. En 540, il entreprit la guerre contre Byzance (→ **Bélisaire, Justinien**), prit Antioche, occupa la Lazique ; mais il signa une trêve (555) puis la paix (562) : Justinien lui payait tribut, en échange de quoi il évacuait la Lazique et accordait la liberté de conscience aux chrétiens de son empire. À l'est, il écrasa les Huns hephtalites avec l'aide des T'ou-kiue (563). Au sud, il conquit le Yémen sur le roi d'Aksoum (570). À partir de 571 il dut faire face à une révolte de l'Arménie, aidée par Byzance (→ **Justin II**) ; il fut battu près de Mélitène (575). ▪ Père d'Ormizd* IV. → ÉTYM. Ce nom iranien vient de *hosrō* « grand roi ».

**KHOSRŌ II ABHARVEZ** – en gr. *Chosroès Parviz* ♦ Roi sassanide de Perse, de 590 à 628. Fils d'Ormizd IV, il dut conquérir son trône sur Bahrām Tchobēn, général usurpateur, grâce à l'aide de l'empereur byzantin Maurice* (591) et, en échange, céda des territoires (Dara, Martyropolis, Arménie perse) et se montra tolérant envers les chrétiens. Après la chute de Maurice au profit de Phocas (602), il envahit l'empire byzantin (Syrie, Asie Mineure), poussa jusqu'à Chalcédoine (609), conquit Jérusalem (614) et l'Égypte (618), reconstituant l'empire achéménide. Mais à partir de 622 il dut plier devant la reconquête d'Héraclius* Ier et fut finalement assassiné par son fils Kavādh qui lui succéda et demanda la paix (628).

**KHOTAN** → **Hetian**

**KHOTINE** – en polon. *Choczim* ou *Chocim*, en roum. *Hotin* ♦ V. d'Ukraine, sur le Dniestr. 12 400 hab. ▮ **Histoire** Anc. place forte turque, la ville fut le théâtre de deux victoires polonaises sur les Turcs : celles de Ladislas IV (1621) et de Jean Sobieski (1673). Prise par les Russes en 1739, elle retourna à la Turquie en 1774, puis à la Russie en 1812. De 1918 à 1945, elle fit partie de la Roumanie.

**KHOUDJAND** → ÉTYM. tadjik « belle ville » – de 1936 à 1991 *Leninabad* ♦ V. du Tadjikistan, sur le Syr-Daria, dans la vallée du Fergana. 149 000 hab. Centre de cultures maraîchères et fruitières. Indus. de la soie ; égrenage du coton. Conserves de fruits.

**KHOURIBGA** ♦ V. du Maroc, ch.-l. de prov., sur le plateau des Phosphates. 166 397 hab. Extraction de phosphates (65 % de la production nationale).

**KHOURY (Bichara Khalil EL-)** ♦ Homme d'État libanais (Beyrouth 1890 - Djunija 1964). Maronite, il fut le premier président du Liban indépendant (1943). Réélu en 1948, il abandonna la présidence en 1952. Il fut, avec le sunnite Ryadh Solh, le véritable promoteur du « Pacte national libanais » de 1943, qui réglementa la cohabitation politique entre les différentes communautés.

**KHOUZISTAN** ou **KHŪZISTAN** n. m. → ÉTYM. persan « le pays (*stān*) de Suse* (*Kūzi*) ou des Susiens » ♦ Prov. de l'O. de l'Iran. 66 532 km$^2$. 4 274 979 hab. CH.-L. : Ahwaz. Il forme le prolongement de la plaine de Mésopotamie avec, à l'E., les chaînes du Zagros. Les travaux d'irrigation et la construction des grands barrages (Karkheh, Dez et Kārun) ont permis de développer l'agriculture de la région : palmiers, citronniers, canne à sucre, oléagineux et culture maraîchère. Le Khouzistan détient les principaux gisements de pétrole du pays (Masdjid*-é Sulaiman, Āghā Djāri, Haft-Guel, Lāli). ▮ **Histoire** Grand centre de civilisation sous les dynasties élamite, achéménide, parthe et sassanide (→ **Suse**), le Khouzistan déclina au Moyen Âge. La découverte du pétrole (1902) en fit la province la plus riche et la plus convoitée de l'Iran, notamment lors du conflit anglo-iranien (1950 - 1953). Elle fut le théâtre des plus importantes batailles de la guerre irano-irakienne (1980 - 1988).

**Khovanchtchina** ♦ Opéra (« Drame musical populaire ») en 5 actes de Moussorgski* sur un livret du compositeur et de Vladimir Stassov (1872 - 1880, création posth. Saint-Pétersbourg, 21 fév. 1886). L'œuvre, d'après des événements historiques de la fin du XVIIe s., fut longtemps connue dans l'adaptation de Rimski-Korsakov, désormais remplacée le plus souvent par la réalisation, plus fidèle, de Chostakovitch (Leningrad, 1960).

**KHOY** ♦ V. d'Iran (Azerbaïdjan occidental). 181 465 hab. Centre agricole.

**KHROUCHTCHEV (Nikita Sergueïevitch)** ♦ Homme politique soviétique (Kalinovka, région de Koursk 1894 - Moscou 1971). Ouvrier d'usine et mineur, membre du Parti bolchevik (1918), il fit carrière dans l'appareil et devint membre du Comité central du Parti communiste d'URSS (1934) et du Soviet suprême (1937). Il fut nommé par Staline premier secrétaire du Parti communiste d'Ukraine en 1938. Élu membre du Politburo du PC de l'URSS (1939), il dirigea, à la suite du pacte germano-soviétique, l'opération d'annexion de la Pologne orientale (1939 - 1940). Pendant la Deuxième Guerre mondiale, il organisa des unités de partisans derrière les lignes allemandes en Ukraine, participa à la défense de Stalingrad et fut promu lieutenant général en 1943. De nouveau premier secrétaire du PC d'Ukraine après la libération de Kiev (nov. 1943), il fut rappelé à Moscou (1949) et occupa le poste de premier secrétaire de la région de la capitale. En 1952, il devint membre du Præsidium et du secrétariat du Comité central. Il succéda à Staline (1953), au poste de premier secrétaire du Parti communiste d'URSS et mena une politique de « déstalinisation ». En mars 1958, il devint président du Conseil des ministres, tout en restant premier secrétaire du parti. Sa politique étrangère de coexistence pacifique, le conflit idéologique avec le Parti communiste chinois et surtout l'échec de ses mesures agricoles et industrielles suscitèrent l'opposition d'une partie des dirigeants soviétiques. Son échec dans la crise de Cuba* (1962) lui fut reproché. Il dut quitter ses fonctions en 1964. → ÉTYM. Ce nom de famille vient du russe *hrusc* « hanneton ».

**KHUDJAND** → **Khoudjand**

**Khun Chang Khun Phen** ♦ Poème populaire siamois écrit par le roi Phuttaleutla ou Rāma II (1809 - 1824) et le poète Sunthon* Phu, publié en 1917, racontant les aventures d'un guerrier.

**KHURSABĀD** → **Khorsabad**

**KHUWĀRIZMĪ (Muḥammad ibn Mūsā AL-)** ♦ Mathématicien arabe (Bagdad, fin du VIIIe s. et début du IXe s.). Ses travaux eurent une telle influence au Moyen Âge que son nom, latinisé, a fourni le terme *algorithme*. On lui doit le premier manuel d'arithmétique basé sur le principe de position (v. 830) dans lequel sont exposés la règle de trois et le procédé d'extraction des racines carrées ; auteur du traité d'algèbre de base en langue arabe, il établit également des *Tables astronomiques* dans lesquelles se trouvent les tables de sinus, sans doute les premières du monde arabe.

**KHWAREZM** → **Khorezm**

**KHYBER** ou **KHAIBAR** (passe de) ♦ Défilé entre le Pakistan et l'Afghanistan, dans le massif du Spin* Ghar (ou Safed Koh), situé à 1 080 m d'alt. sur la route reliant Kaboul à Peshawar, lieu naturel de passage de tous les envahisseurs de l'Inde en provenance du Nord-Ouest. Ce défilé est célèbre pour la résistance acharnée qu'y offrirent les Afghans dans leurs luttes contre les Britanniques en 1842.

**KIANG-SI** → **Jiangxi**

**KIANG-SOU** → **Jiangsu**

**KIANTO (Ilmari)** ♦ Romancier et poète finlandais d'expression finnoise (Pulkkila 1874 - Helsinki 1970). Issu d'une longue lignée d'ecclésiastiques, dont un poète, il se déclare athée et polygame, provoquant l'opinion publique par des excentricités, des pamphlets et des confessions comme *Le Journal d'un stagiaire* (1907) ou *Le Psautier d'un libre penseur* (1912). De son œuvre demeurent *Le Trait rouge* (1909) et *Jooseppi de Ryysyranta* (1924), romans qui font de lui l'un des «quatre grands» prosateurs de langue finnoise avec Kilpi*, Lehtonen* et Sillanpää*.

**KIAO-TCHEOU** ou **KIAOCHOW** → Jiaozhou

**KIAROSTAMI (Abbas)** ♦ Cinéaste iranien (Téhéran 1940). Des longs métrages à l'esthétique minimaliste en ont fait le chef de file de la nouvelle vague des cinéastes iraniens : *Où est la maison de mon ami ?* (1987), *Et la vie continue...* (1991), *Au travers des oliviers* (1994), *Le Goût de la cerise* (1997), *Le vent nous emportera* (1999). Sur un mode expérimental, *Shirin* (2008), propose un regard sur la condition de la femme en Iran au travers de plans fixes de spectatrices assistant au récit d'une histoire d'amour.

**KIBI NO MAKIBI** ♦ Ministre et ambassadeur japonais (693 - 775) qui, au retour de ses deux voyages en Chine, aurait rapporté au Japon les arts de la broderie, du jeu de go et des instruments de musique. Il serait également l'inventeur d'un syllabaire adapté à la langue japonaise *(katakana)*.

**KICHINEV** → Chisinau

**KIDD (William, dit le Capitaine)** ♦ Pirate écossais (Greenock, Écosse v. 1645 - Londres 1701). Marin, il se battit contre les Français aux Antilles et sur les côtes de l'Amérique du Nord. En 1695, il fut chargé de combattre la piraterie dans l'océan Indien, mais il se fit pirate lui-même ; il fut ramené en Angleterre et pendu.

**KIDDERMINSTER** ♦ V. d'Angleterre (Worcestershire), sur la Stour. 50 000 hab. Église gothique à tour crénelée. Manufactures de tapis. Construc. mécaniques.

**KIEFER (Anselm)** ♦ Peintre allemand (Donaueschingen 1945). Élève de Beuys, il n'a cessé de s'affronter au passé de l'Allemagne. Cherchant à exorciser les tabous du nazisme, il évoque les héros des mythologies nordiques, le romantisme de Caspar David Friedrich (*Resurrexit*, 1973), mais aussi le romantisme révolutionnaire (*Father, Son and Holy Spirit*, 1973). Dans une continuité logique, son inspiration puise également dans la religion juive et dans l'exploration du cosmos. Il multiplie les techniques, peinture au couteau, sur photographie, inclusion d'objets (*Zim Zum*, 1990), vases brisés (*Shebirat Kelim*, 2000), travail du béton (*Chute d'étoiles*, 2007).

**KIEL** → ÉTYM. d'un dialecte germ. «baie, golfe» ♦ V. d'Allemagne et cap. du Land de Schleswig-Holstein, au fond de la *baie de Kiel*, ouverte sur la mer Baltique et à l'extrémité méridionale du *canal de Kiel*. 233 039 hab. Cette ancienne base navale est devenue un important port de pêche, de commerce (notamment avec la Scandinavie) et de plaisance (régates réputées). L'industrie y a connu un fort développement (chantiers navals, construc. mécaniques, textiles, conserveries). ▮ **Histoire** Fondée au XI$^e$ s., la ville connut un grand essor dès son entrée dans la ligue hanséatique (fin XIII$^e$ s.). En 1773, elle passa au Danemark avant d'être intégrée au Schleswig-Holstein en 1866. Entre les deux guerres mondiales, Kiel fut une importante base navale allemande. La ville fut détruite à 80 % lors de la Deuxième Guerre mondiale. ♦ ***Baie de Kiel*** (Kieler Förde). Elle s'étend sur 17 km et est jalonnée de nombreuses stations balnéaires (Laboe, Falkenstein, Schilksee, Strande). ♦ ***Canal de Kiel*** (Nord-Ostsee Kanal, anc. Kaiser-Wilhelm Kanal). Canal maritime long de 98 km joignant la Baltique (baie de Kiel) à la mer du Nord (estuaire de l'Elbe) ; il fut construit de 1887 à 1895.

**KIELCE** ♦ V. de Pologne, ch.-l. de la voïvodie de la Sainte-Croix, au pied des Łysogóry. 207 188 hab. Cathédrale (XII$^e$ s., remaniée aux XVI$^e$ et XVII$^e$ s.), palais épiscopal (XVII$^e$ s.). ▪ Centre indus. en expansion et important nœud ferroviaire. Indus. métallurgique et chimique. Produits alimentaires.

**KIELLAND (Alexander)** ♦ Romancier et nouvelliste norvégien (Stavanger 1849 - Bergen 1906). Il abandonna son métier d'industriel pour se consacrer, en 1878, à l'écriture. Sa première œuvre marquante fut le roman *Garman et Worse* (1880), dans lequel il critiquait avec humour les travers de son temps. Luttant contre les abus et la morale conventionnelle, il défendit avec esprit les nouvelles idées radicales lancées par Brandes*, prenant ainsi la suite d'Ibsen* et de Bjørnson* avec des romans tels que *Travailleurs* (1881), *Capitaine Worse* (1882), *Fortuna* (1884), *Jacob* (1891).

**KIELMEYER (Karl Friedrich von)** ♦ Naturaliste allemand (Bebenhausen, près de Tübingen 1765 - Stuttgart 1844). Son traité *Sur les rapports des forces organiques entre elles dans la série des êtres organisés* (1793) annonce le transformisme et le fit considérer comme le père de la philosophie naturelle.

**KIENHOLZ (Edward)** ♦ Artiste américain (Fairfield, Washington 1927 - Hope, Idaho 1994). Après une brève phase abstraite, il revint à une figuration réaliste illustrant la tristesse des rapports humains par des environnements occupés par des mannequins souvent grotesques et des objets de la banalité quotidienne. Dans la ligne d'une critique sociale neutre, il se contente de reproduire un bordel de Las Vegas (*Roxy's*, 1961), les intérieurs des classes moyennes américaines (*While Visions of Sugar Plums Danced in their Heads*, 1964) ou le pathétique des hôpitaux psychiatriques qu'il a connus comme infirmier et où les individus perdent leur personnalité (*The State Hospital*, 1966). Avec *Man on his Bed*, il referme l'œuvre sur le spectateur, l'obligeant à voir (et entendre, par le bruitage) une réalité qu'il refuse.

**KIERKEGAARD (Søren Aabye)** ♦ Théologien et penseur danois (Copenhague 1813 - *id.* 1855). D'un caractère mélancolique, il fut élevé par son père dans un protestantisme austère et pessimiste. Les étapes du chemin de la vie décrites dans ses œuvres furent les siennes. Étudiant en théologie, il mena la vie insouciante et mondaine de «l'esthéticien», homme de l'instant, qu'une quête toujours recommencée (celle de Don Juan, de Faust et du Juif errant) voue au désespoir. Ses fiançailles avec R. Olsen firent de lui «l'éthicien», homme de la temporalité (la continuité et la fidélité), qui, dans l'angoisse de sa liberté, choisit entre l'indifférence morale du stade esthétique et l'exigence éthique infinie, le condamnant au remords permanent. Enfin, la rupture de ses fiançailles (1841) marqua chez lui le choix du stade religieux, celui de l'Individu, homme de l'Éternité, conscient de sa faute totale devant Dieu et accomplissant dans la «crainte» et le «tremblement» le saut irrationnel de la foi. Après sa thèse de théologie sur *Le Concept d'ironie* (1841), Kierkegaard publia ses œuvres sous des pseudonymes divers. Œuv. princ. : *Ou bien... Ou bien...*, *Le Journal d'un séducteur*, *Crainte et Tremblement*, 1843 ; *Le Concept d'angoisse*, 1844 ; *Étapes sur le chemin de la vie*, 1845 ; *La Maladie mortelle ou le Concept du désespoir*, 1849 ; *L'École du christianisme*, 1850. ▪ Au système philosophique objectif, universel (celui de Hegel), Kierkegaard oppose la vérité de la subjectivité, l'existence individuelle en proie aux contradictions, à la souffrance, à l'angoisse de la liberté et de la faute. Il s'en prit tout aussi violemment à l'Église-Institution et à la léthargie des chrétiens qui oublient l'authentique «devenir-chrétien», et rappelle sans cesse le scandale et le paradoxe que sont pour la raison l'Homme-Dieu et la Croix. Son influence fut considérable sur les philosophes de l'existence (athées et chrétiens) et sur le renouvellement de la théologie protestante (K. Barth). → ÉTYM. Ce nom danois signifie «cour de l'église [cimetière]», de *kierke*, ancienne forme de *kirke* «église» et *gaard*, ancienne graphie de *gård* «cour».

**KIESINGER (Kurt Georg)** ♦ Homme politique allemand (Ebingen 1904 - Tübingen 1988). Député chrétien-démocrate (CDU), il prit la succession de L. Erhard* en 1966 à la tête d'un gouvernement de coalition (CDU-sociaux-démocrates). Tout en poursuivant la politique d'intégration européenne, il entama alors l'ouverture vers l'Est. Il dut céder la place à Willy Brandt* en 1969.

**KIEŚLOWSKI (Krzysztof)** ♦ Cinéaste polonais (Varsovie 1941 - *id.* 1996). À l'opposé d'un art didactique, tel celui de son compatriote A. Wajda, Kieślowski se tint à une observation empirique, mais lucide, de la vie quotidienne. Son œuvre la plus aboutie est *Le Décalogue* (1988 - 1990), transposition moderne des Dix Commandements, en 10 films. Par la suite, il a donné notamment *La Double Vie de Véronique* (1991), d'un spiritualisme ambigu et fascinant et une trilogie, *Trois couleurs : Bleu ; Blanc ; Rouge* (1993 - 1994).

Krzysztof **Kieślowski.** Une scène du film *La Double Vie de Véronique* avec Irène Jacob. *Phot. © Coll. Christophe L.*

**KIEV** → ÉTYM. en ukr. *Kiiv ;* p.-ê. du n. du prince fondateur de la ville ♦ Cap. de la république d'Ukraine, ch.-l. de région, située sur le Dniepr, près de sa confluence avec la Desna. 2 660 401 hab. *(Kieviens)*. Cathédrale Sainte-Sophie (1017 - 1037) de style byzantin, surmontée de nombreuses coupoles et ornée de fresques et de mosaïques. Église Saint-André (bâtie sur les plans de Rastrelli*, XVIII$^e$ s.). Cathédrale du monastère Saint-Michel (1108, rebâtie au XVIII$^e$ s.). Église diocésaine (1842). Cathédrale Saint-Vladimir. Ruines de la porte d'Or (1037, détruite en 1732). Kievo*-Petcherskaïa Lavra (la Laure de Kiev, le plus ancien monastère de Russie). Univ. (1834). Académie des Sciences. Port fluvial et nœud ferroviaire importants, grand centre culturel, commercial et indus. Cen-

**Kiev.** Cathédrale du monastère Saint-Michel.
*Phot. Jiri Moucka © /Shutterstock*

trale hydroélectrique. Indus. mécanique (aviation, machines-outils, électronique) chimique, textile et alimentaire. Électroménager. **Histoire** Une des plus anciennes villes de Russie, mentionnée dès le début du VII^e s., Kiev, prise par Oleg (successeur de Riourik) en 882, devint la capitale du premier État russe. Le christianisme grec, introduit par Olga, veuve d'Igor (912-945), régente de Kiev (945-964) et mère de Sviatoslav (964-972), y fut imposé par Vladimir I^er (980-1015), considéré comme le véritable fondateur de l'empire de Kiev qui connut son apogée sous le règne de Iaroslav (1019-1054). Devenue un centre culturel, artistique et commercial, siège d'un métropolite, Kiev, où furent construits de remarquables monuments, rivalisa au milieu du siècle avec Constantinople, et fut tenue pour la deuxième capitale du monde européen (→ **Ukraine**). Les luttes intestines qui suivirent la mort de Iaroslav et celle de Vladimir II (1113-1125), conjuguées aux dévastations périodiques des envahisseurs nomades, contribuèrent au déclin de l'empire kiévien. Pillée par Andreï Bogolioubski, en 1169, saccagée par les Coumans en 1203, Kiev fut prise et détruite par les Mongols de Batū Khān en 1240. Conquise en 1361 par le prince lituanien Olgierd et rattachée à la Lituanie, elle fut soumise avec elle à la Pologne par l'union de Lublin (1569), avant d'être rattachée à la Russie par le traité d'Androussovo en 1667. Après la fondation de l'université (où enseigna Tarass Chevtchenko) en 1834, la ville prit un nouvel essor grâce au développement ferroviaire. Théâtre de violents combats entre bolcheviks et nationalistes ukrainiens durant la guerre civile, capitale de la nouvelle République ukrainienne (1917), formée par Petlioura et opposée à la République soviétique d'Ukraine proclamée à Kharkov, elle devint capitale de la république d'Ukraine en 1934. La gestion soviétique de la ville est responsable de la destruction de monuments anciens. Occupée par les Allemands (1941-1943), Kiev fut gravement endommagée.

**Kievo-Petcherskaïa Lavra** – en fr. ***la Laure de Kiev*** ou ***le monastère des Cryptes*** ♦ Le plus anc. monastère de Russie, fondé près de Kiev* sous Iaroslav* le Sage. Foyer de culture et de civilisation, célèbre pour ses catacombes, il fut dévasté par les Allemands en 1941. Aujourd'hui grand musée historique.

**KIGALI** ➝ ÉTYM. du n. du mont Kigali, à côté duquel la v. fut construite (de *ki-*, préfixe bantou et *gali* «large, étendu») ♦ Cap. du Rwanda, située au centre du pays. 603 000 hab. *(Kigalois)*. → **Rwanda.**

**KIHLMAN (Christer Alfred)** ♦ Romancier finlandais d'expression suédoise (Helsinki 1930). Ses romans *Prenez garde, bienheureux !* (1960), *La Mère bleue* (1963), *L'Homme qui trembla*, *Un livre sur l'inessentiel* (1971) choquèrent tout d'abord les lecteurs par le libre traitement des problèmes sexuels et la violence de la critique de la bourgeoisie.

**KIJA** ou **GIJA** ♦ Souverain légendaire de Corée qui, en -1122, aurait fondé le «Pays du Matin calme» (Chosŏn) et promulgué les premières lois coréennes. Il aurait également introduit dans la péninsule l'écriture chinoise, ainsi que la technique de la culture du riz.

**KIKOUYOU(S)** ou **KIKUYU(S)** n. m. (pl.) ♦ Population du Kenya* de langue bantoue, établie autour du mont Kenya. Les Kikouyous, originellement agriculteurs, s'affrontèrent avec les éleveurs Massaïs. → **Mau-Mau.**

**KILBY (Jack St. Clair)** ♦ Ingénieur américain (Jefferson City, Missouri 1923 - Dallas 2005). En 1958, il réalisa – simultanément avec Robert Noyce (1927-1990), mais indépendamment de lui – le circuit intégré (circuit électronique dont tous les composants ainsi que leurs interconnexions sont fabriqués avec un seul matériau qui sert également de support : une fine plaquette de silicium, appelée «puce»). Cette invention ouvrit la voie à la miniaturisation de composants sur laquelle reposent les techniques actuelles de l'informatisation. Kilby est notamment co-inventeur de la calculette de poche (1970). [Prix Nobel de physique 2000, avec J. Alferov* et H. Krœmer*] ➝ ÉTYM. *Kilby* vient de *Cilebi*, probablement du vieil anglais *cild* «enfant» et *tūn* «ville».

**KILDARE** → **Fitzgerald**

**KILDARE** ➝ ÉTYM. en gaél. ***Cill Dara*** «le couvent *(cill)* du chêne *(dara)*» ♦ V. de la rép. d'Irlande, ch.-l. de comté. 7 538 hab. (comté 186 335 hab.). Cathédrale médiévale très restaurée au XIX^e s. Au centre d'une riche région agricole aux nombreux élevages de purs-sangs, Kildare fait partie de la banlieue éloignée de Dublin. Son champ de courses, le Curragh, est l'un des plus célèbres des îles Britanniques.

**KILIMANDJARO** n. m. ➝ ÉTYM. swahili *kilimanjaro*, «petite montagne *(kilima)* de Njaro (dieu du froid)» ou massaï «montagne étincelante» ; auj. ***pic Uhuru*** «liberté» ♦ Massif volcanique de Tanzanie à la frontière du Kenya, point culminant du continent situé en Tanzanie, 5 895 m. Il fut signalé par le missionnaire allemand Johannes Rebmann en 1848 et alloué aux Britanniques à la conférence de Berlin en 1885. La reine Victoria en fit cadeau à son petit-cousin Guillaume II qui l'intégra au Tanganyika. ▪ Tourisme. Alpinisme.

**KI-LIN** → **Jilin**

**KILKENNY** – en gaél. ***Cill Choinnigh*** ♦ V. de la rép. d'Irlande, ch.-l. de comté, sur la Nore. 22 179 hab. (comté 87 558 hab.). Château du XIII^e s. et cathédrale gothique. Centre commercial depuis son origine, suffisamment éloigné de Dublin, Cork et Waterford, Kilkenny fait figure de petite capitale régionale. **Histoire** Kilkenny est au centre d'une région où la colonisation anglaise fut parmi les plus intenses. Les *statuts de Kilkenny* (1366) réglementaient les relations entre les Anglais et les autochtones.

**KILLARNEY** ➝ ÉTYM. en gaél. ***Cill Airne*** «la paroisse *(cill)* des prunelles *(airne)*» ♦ V. de la rép. d'Irlande (comté de Kerry). 13 497 hab. Principal centre touristique de l'O. irlandais, Killarney est connu par ses lacs et ses promenades boisées (ruines de l'abbaye de Muckross et défilé ou *gap of Dunloe*) contrastant avec les tourbières des montagnes avoisinantes.

**KILLY (Jean-Claude)** ♦ Skieur français (Saint-Cloud 1943). Il a remporté les trois titres (descente, slalom spécial et slalom géant) aux jeux Olympiques de Grenoble en 1968, réitérant ainsi l'exploit de Tony Sailer en 1956. Il a présidé en 1991 et en 1992 le comité d'organisation des jeux Olympiques d'hiver d'Albertville.

**KILMARNOCK** ♦ V. d'Écosse, ch.-l. de l'East Ayrshire, dans les Lowlands, au S. de Glasgow. 50 000 hab. Musée Robert Burns. Centre indus.

**KILPATRICK (William Heard)** ♦ Pédagogue américain (White Plains 1871 - New York 1965). S'inspirant des méthodes occupationnelles *(learning by doing)* de J. Dewey*, dont il fut l'un des collaborateurs, il entendit donner à l'expérience une place centrale dans l'enseignement, en la complétant par la notion de travail productif qui devait à la fois valoriser cette expérience et permettre l'épanouissement de la vie sociale au sein de l'école.

**KILPI (Volter Adalbert)** ♦ Romancier et essayiste finlandais d'expression finnoise (Kustavi 1874 - Turku 1939). Il a laissé des essais ou poèmes en prose touffus, d'une forme très personnelle, *Parsifāl* (1902) et *Antinoüs* (1903). Dans ses romans, *Dans la salle d'Alastalo* (1933), *À l'église* (1937), il décrivit dans une langue empreinte d'esthétisme, mais avec réalisme et humour, les propriétaires et armateurs de sa région natale. Il admet ses affinités avec Proust et Joyce. Ainsi *Dans la salle d'Alastalo* décrit une action de six heures et construit à partir des gestes, des paroles, des pensées et des réminiscences des personnages, ainsi que des objets, une image complexe, «plastique», du monde.

**KILPINEN (Yrjö)** ♦ Compositeur finlandais (Helsinki 1892 - *id.* 1959). S'étant surtout consacré à la mélodie, il en composa plus de 700, sur des textes en finnois, en suédois ou en allemand *(Morgenstern Lieder)*, poursuivant brillamment la tradition de Hugo Wolf*.

**Kim** ♦ Roman de R. Kipling* (1901). Un petit orphelin, Kim O'Ha ra, surnommé «l'ami du monde entier», rencontre un lama tibétain à la recherche d'une rivière miraculeuse. Cette quête d'un monde surnaturel va de pair avec la découverte d'un monde mystérieux et réel, où Kim se meut avec aisance. L'éducation de son courage se fait au fur et à mesure des péripéties de sa vie aventureuse et Kim acquiert toute la maîtrise du parfait agent secret tandis que l'assurance du salut est donnée à son ami, le vertueux lama. La réconciliation de la spiritualité orientale et des valeurs du colonialisme britannique caractérise cette œuvre ambiguë.

**KIMBERLEY** ♦ V. d'Afrique du Sud, cap. de la prov. du Cap Nord, reliée par voie ferrée au Cap et à Gaborone (Botswana). 149 667 hab. Grand centre d'extraction du diamant. **Histoire** La découverte d'un gros diamant par un enfant en 1867 déclencha la ruée vers le diamant et le creusement du Big Hole, la plus grande excavation creusée par l'homme. ♦ ***Processus de Kimberley :*** depuis 2003, certification des diamants bruts par des industriels ou des gouvernements attestant que les pierres ne proviennent pas de zones de conflits.

**KIMBERLEY** (district de) ♦ Plateaux peu élevés (200 à 400 m) du N.-O. de l'Australie, au N. de l'Australie-Occidentale. Élevage extensif des bovins. Minerai d'uranium.

**KIM Dae-jung** ♦ Homme d'État sud-coréen (prov. de Cholla 1925 - Séoul 2009). Il s'opposa pendant plus de quarante ans à la dictature militaire, ce qui lui valut d'être emprisonné. Président de la République de Corée (1997 - 2002), ce libéral populiste affronta les puissants conglomérats (chaebŏl) et réussit une réforme en profondeur de l'économie du pays. Sa politique du «rayon de soleil» (réconciliation avec la Corée du Nord) ne fut plus adaptée au contexte international après les attentats du 11 septembre 2001 aux États-Unis mais il reste l'un des artisans de la réconciliation intercoréenne et une délégation nord-coréenne assista à ses obsèques. [Prix Nobel de la paix 2000]

**KIM Daesŏng, KIM Tae Sung** ou **GIM Dae Song** ♦ Architecte et sculpteur coréen (700 - 774), créateur du monastère de Bulgug'sa, inachevé.

**KIM Hongdo** ou **GIM Hong Do** ♦ Peintre coréen (1745 - 1816). Spécialiste des paysages, des portraits, des oiseaux et des fleurs, il est surtout renommé pour ses peintures décrivant avec humour les scènes de la vie quotidienne des gens du peuple.

**KIM Ilsŏng** ou **KIM Il Sung** ou **GIM Il Seong** ➝ ÉTYM. n. emprunté à un combattant de légende dans les premières années de l'occupation de la Corée par le Japon militariste (à partir de 1910) ♦ Homme d'État coréen (Pyongyang 1912 - *id.* 1994). Après avoir organisé en 1943 - 1945 l'armée populaire coréenne contre les Japonais, il devint Premier ministre de la République populaire de Corée du Nord en 1948. Commandant en chef des forces armées nord-coréennes lors de la guerre de Corée de 1950 - 1953, il a été élu chef de l'État en 1972. Il a désigné en 1986 son fils Kim Jong Il pour lui succéder. → **Corée du Nord.**

**KIMNARA(S)** n. m. (pl.) ♦ Êtres mythiques des panthéons brahmaniques et bouddhiques, musiciens célestes, compagnons des Apsaras.

**Kim Vân Kiều** ➝ ÉTYM. vietnamien «Histoire de Kiều» ♦ Célèbre roman en vers vietnamien composé par Nguyễn* Du (1765 - 1820). Inspiré d'une œuvre chinoise antérieure, il est considéré comme le plus grand chef-d'œuvre de la littérature classique vietnamienne.

**KINABALU** (mont) ♦ Montagne de l'île de Bornéo, dans l'État de Sabah (Malaisie orientale). 4 095 m. Sommet le plus élevé de toute l'Asie du Sud-Est, environné par le parc national de Kinabalu.

**KINCK (Hans Ernest)** ♦ Poète et romancier norvégien (Øksfjord, Finnmark 1865 - Oslo 1926). Bourgeois par son père, paysan par sa mère, il se trouva situé entre deux classes et deux cultures. Il exprima son intérêt pour le paysan et sa pitié pour le faible : *Huldre* (1892), *Jeune peuple* (1893). Puis, affirmant la supériorité de l'instinct sur le raisonnement, il décrivit la classe paysanne dans des nouvelles telles que *Les Ailes de la chauve-souris.* Poète de la «mystique populaire», il l'exprima dans des romans, *Herman Ek* (1898), *Madame Anny Prose* (1900) et recueils de nouvelles *(Nuits de printemps).* Mais il critiqua tout autant l'inertie populaire que le fonctionnaire stérile. En 1904, il publia *Émigrants* (sur le problème national norvégien) et *Le Pasteur,* dont le héros est étouffé par le puritanisme. En 1908 parut *Le Maquignon,* sur l'homme nordique, à la fois réaliste et rêveur. De ses voyages en Italie, il garda un profond intérêt pour la Renaissance italienne ainsi qu'en témoignent les drames *Le Dernier Hôte* (1910) et *Vers le carnaval* (1915), et l'étude *Un valet de plume* (1911). Il donna des essais sur la Norvège ou l'Italie : *Le Pilote et la Mer* (1920). Il reprit le thème de la lutte des classes bourgeoise et paysanne dans un roman : *La neige s'effondre* (1918 - 1919).

**Kindertotenlieder** ➝ ÉTYM. all. «Chants pour des enfants morts» ♦ Cycle de 5 lieder avec orchestre de Gustav Mahler* sur des poèmes de Friedrich Rückert* (1901 - 1904, création Vienne, 29 janv. 1905). Rückert, qui avait perdu deux de ses enfants, avait écrit en 1836 428 poèmes sur ce thème. Les cinq sélectionnés par Mahler (qui devait perdre sa fille aînée en 1907) vont du pressentiment à l'acceptation en passant par le désespoir et la révolte. Cités d'avance ou après coup dans les symphonies n° 4, n° 5 et n° 6, les *Kindertotenlieder* occupent chez lui une position centrale.

**KINDĪ (Abū Yūsuf ibn Ichaq AL-)** ♦ Philosophe arabo-islamique (v. 796 - Bagdad v. 873). Il connut la philosophie grecque (spécialement Aristote* et Platon*) par les traductions en arabe qui en étaient faites à l'époque. Il écrivit plusieurs traités dont certains furent traduits en latin au Moyen Âge (*De quinque essentiis ; De intellectu ; Sur la philosophie première* et surtout *De l'âme,* qui part d'une connaissance indirecte de l'ouvrage du même nom d'Aristote). Il n'y a point pour lui d'opposition entre la philosophie et la révélation prophétique. Le courant, à la fois platonicien et aristotélicien, qu'il représentait aboutit à Avicenne*.

**KINDIA** ♦ V. de Guinée, env. 100 000 hab. Bananeraies. Aux environs, institut Pasteur. Station expérimentale des fruits et agrumes. Exploitation de bauxite.

**KINECHMA** ♦ V. de Russie, sur la Volga. 105 000 hab. Port fluvial actif relié par voie ferrée à Ivanovo dont il est l'avant-port. Indus. textile (coton) et chimique.

**KING (Gregory)** ♦ Économiste anglais (Lichfield, Staffordshire 1648 - Londres 1712). Ses études quantitatives, notamment en ce qui concerne les statistiques de population ou de revenus par classes démographiques, en font un lointain précurseur de l'économétrie. ➝ ÉTYM. Ce nom de famille anglais signifie «roi».

**KING (William Parker)** ♦ Marin et hydrographe britannique (île de Norfolk 1793 - Sydney 1856). Il réalisa la carte de la côte australienne et celle du littoral américain du Rio de La Plata à la Terre de Feu.

**KING (Richard)** ♦ Explorateur et ethnographe britannique (v. 1811 - Londres 1876). Membre de l'expédition de Back dans l'Arctique (à la recherche du capitaine Ross), il a publié une étude ethnographique sur les Eskimos (*The Physical and Intellectual Character and Industrial Arts of the Eskimos,* 1844) et fonda en 1842 la Société ethnologique de Londres.

**KING (William Lyon Mackenzie)** ♦ Homme politique canadien (Kitchener, Ontario 1874 - Kingsmere, Québec 1950). Chef du parti libéral en 1919, Premier ministre (1921 - 1930, puis 1935 - 1948), il conduisit avec prudence son pays vers l'émancipation presque complète à l'égard de la Grande-Bretagne, ce qui lui permit de signer en 1935 un important traité de commerce avec les États-Unis. Partisan d'un certain isolationnisme envers l'Europe, il engagea cependant le Canada dans la guerre aux côtés de la Grande-Bretagne (→ **Guerre mondiale [Deuxième]**).

**KING (Ernest Joseph)** ♦ Amiral américain (Lorain, Ohio 1878 - Portsmouth, New Hampshire 1956). Spécialiste des porte-avions, il commanda la flotte américaine de l'Atlantique (1936) puis la totalité des forces navales américaines (1941). Il fut en même temps chef d'état-major de la marine (1942). Son rôle d'organisateur fut fondamental lors de la Deuxième Guerre mondiale.

**KING (Henry)** ♦ Cinéaste américain (Christianburg, Virginie 1888 - Los Angeles 1982). Spécialiste du film historique ou d'aventures à grand spectacle, il a exalté le mythe de l'esprit pionnier et de ses héros sans sacrifier la vérité dans l'observation de la vie quotidienne américaine. Réal. princ. : *David le Tolérant* (1921) ; *L'Incendie de Chicago* (1938) ; *Les Neiges du Kilimandjaro* (1952) et *Le soleil se lève aussi* (1957), d'après Hemingway ; *Bravados* (1958) et *Tendre est la nuit* (1962, d'après Fitzgerald).

**KING (Riley Ben, dit B. B.)** ♦ Chanteur et guitariste américain (Itta Bena, Mississippi 1925). Issu d'une famille noire et pauvre du Sud, présentateur de radio, il connut le succès à partir de 1950 grâce à une musique au confluent du blues et du jazz. Guitariste et showman hors pair, il fut surnommé Blues Boy (B. B.) et contribua à jeter les bases du jeu de guitare électrique.

**KING (Martin Luther)** ♦ Pasteur noir américain (Atlanta 1929 - Memphis 1968). Pasteur baptiste à Montgomery (Alabama), il se fit connaître en 1955 lorsque, à la suite de l'initiative de l'ouvrière noire Rosa Park qui avait refusé de céder sa place à un Blanc dans un autobus, il provoqua le boycottage des autobus municipaux (qui dura 381 jours) pour s'opposer à toute forme de ségrégation raciale. En 1957, il créa la Southern Christian Leadership Conference, recommandant l'action non violente et, en 1963, organisa, pour obtenir une loi sur les droits civiques, une marche sur Washington, au cours de laquelle il prononça un discours resté célèbre sur le

Martin Luther **King.** *I have a dream,* affiche.
*BIS/Phot. Archives Marchand Rieussee. © Coll. archives Larbor*

rêve qu'il faisait d'une nation américaine respectueuse de l'égalité de tous (« I have a dream... »). En 1964, il s'éleva contre la guerre au Viêtnam. Il fut assassiné le 4 avril 1968. [Prix Nobel de la paix 1964]

**KING (Phillip)** ♦ Sculpteur britannique (Tunis 1934). Élève d'Anthony Caro* et assistant de Henry Moore*, utilisant des matériaux aussi divers que l'acier ou la fibre de verre peints en couleurs vives, il cherche, comme les ingénieurs-architectes, à étendre la structure de ses œuvres en jouant de façon ambiguë avec les proportions et l'équilibre.

**KING (Billie Jean)** ♦ Joueuse de tennis américaine (Long Beach 1943). Spécialiste du service-volée, elle remporta en simple douze tournois du Grand Chelem entre 1966 et 1975.

**KING (Stephen)** ♦ Romancier américain (Portland, Maine 1947). Il est l'auteur de nombreux romans à succès, mêlant l'horreur, le surnaturel et le supranormal, *Carrie* (1974), *Shining* (1976), *Misery* (1987), *Sac d'os* (1998).

**KINGERSHEIM** [68260] → ÉTYM. anc. *Cungerisheim*, du germ. *Cungari*, n. de pers. et *heim* « village » ♦ Comm. du Haut-Rhin, arr. de Mulhouse. 11 961 hab.

**King Kong** ♦ Film américain de Merian C. Cooper et Ernest B. Schoedsack (1933). L'un des mythes les plus vivaces du cinéma américain, dont l'initiative revient à une équipe comprenant le romancier populaire Edgar Wallace, les scénaristes Ruth Rose et James Creelman, l'ex-documentariste (devenu producteur) Merian C. Cooper, et l'expert en trucages Willis O'Brien. Il s'agit d'une variation sur le thème de *La Belle et la Bête* (explicitement évoqué dans le dialogue final), avec une incursion du côté des *Voyages de Gulliver* (l'enlèvement du héros par un gorille géant). Les surréalistes ont loué à l'envi cette affabulation puérile et magnifique, qui a donné lieu par la suite à d'autres versions de valeur inégale.

**KINGSLEY (Charles)** ♦ Poète, romancier et historien britannique (Holne, Devonshire 1819 - Eversley, Hampshire 1875). Fils d'un pasteur, il étudia à Cambridge, entra dans les ordres et fut, sa vie durant, ministre anglican dans une paroisse rurale (Eversley). *Les Sermons de village* (1844) abordent directement les questions sociales. Il fit partie d'un groupe de théoriciens du progrès social, les *Christian Socialists*. Ses idées libérales l'opposèrent à J. H. Newman* qui écrivit son *Apologia pro vita sua* pour répondre aux articles polémiques de Kingsley *(Que fait donc le Dr Newman ?)*. *Le Ferment* (1848) est considéré comme son meilleur roman à thèses sociales. Kingsley écrivit aussi un roman historique, *Hypatie ou le Triomphe de la foi* (1851). Quant à son œuvre de conteur, bien que didactique, son style y est alerte et facile. *Les Bébés d'eau*, 1863, connut un succès durable dans le monde anglo-saxon et fut adapté à l'écran par Walt Disney.

**KINGSTON** ♦ V. du Canada (Ontario), sur la rive N. du lac Ontario, au confluent du Saint-Laurent. 117 207 hab. (zone urbaine 152 358 hab.). Queen's University. Cathédrale. Collège militaire. Port actif. Indus. chimiques. Indus. de l'aluminium, locomotives Diesel, navires. Indus. du cuir. Tourisme. ▮ Histoire La ville, fondée en 1783, occupe l'emplacement du fort Frontenac, fondé en 1673 et poste de défense important contre les Iroquois et les Britanniques, détruit par ces derniers en 1758. Elle fut capitale du Canada de 1841 à 1843.

**KINGSTON** → ÉTYM. angl. « la ville *(town)* du roi *(king)* [Guillaume* III d'Orange-Nassau] » ♦ Cap. de la Jamaïque, sur la mer des Caraïbes. L'aire métropolitaine compte 579 137 hab. Principal port d'importation du pays au fond d'une vaste baie. Raffinerie de pétrole. Zone industrielle travaillant pour l'exportation (habillement). Aéroport international de Palisadoes. Siège de l'université des Indes-Occidentales.

**KINGSTON-UPON-HULL** ou **HULL** → ÉTYM. *Hull* : n. de riv. (vx scand. « la profonde » ou celt. « la boueuse ») ♦ V. d'Angleterre, formant un district sur l'estuaire de la Humber. 243 595 hab. Univ. Important port de commerce (bois, pétrole) et de pêche, en liaison ferry avec le Benelux. Les indus. jadis liées au port sont maintenant en rapport avec le pétrole de la mer du Nord (pétrochimie, raffinerie). ▮ Histoire La ville a été gravement bombardée durant la Deuxième Guerre mondiale.

**KINGSTON UPON THAMES** ♦ Faubourg *(borough)* de Londres, ch.-l. du Surrey, en face de Hampton Court. 147 295 hab. Banl. résidentielle au S.-O. de la capitale.

**KINGSTOWN** → Dun Laoghaire

**KING-TÖ-TCHEN** → Jingdezhen

**KINKI** ou **KANSAI** n. m. ♦ Région du centre-ouest de l'île de Honshū (Japon), centrée sur le sud du lac Biwa* et considérée comme le cœur du « vieux Japon ». Elle comprend maintenant cinq préfectures et deux municipalités, celles d'Ōsaka* et de Kyōto*. On l'oppose à la région du centre-est (Kantō).

**KINNERET** (lac de) n. m. ♦ Nom donné par les Israéliens au lac de Tibériade*. Le système de canalisations qui irrigue le Néguev est désigné sous le nom de *Kinneret-Néguev*.

**KINOSHITA Junji** ♦ Auteur dramatique japonais (Tōkyō 1914 - *id.* 2006) et traducteur d'œuvres littéraires occidentales. Parmi ses créations les plus connues, on peut citer *Yûzuru* (« L'Oiseau du crépuscule », 1937 - 1949) et *Shigosen no Matsuri* (« Fête sous le méridien », 1979), fondées sur le folklore et l'histoire.

**KI NO TSURAYUKI** ♦ Poète et calligraphe japonais (v. 883 - v. 945). Cet aristocrate peu élevé dans la hiérarchie des fonctions publiques fut un auteur de carnets intimes et un compilateur d'anthologies poétiques. → **Kokinshū.**

**KINROSS** ♦ Bourgade d'Écosse (Perth and Kinross) sur le Firth of Forth. 2 500 hab. Château où fut emprisonnée Marie Stuart.

**KINSEY (Alfred Charles)** ♦ Zoologiste et médecin américain (Hoboken, New Jersey 1894 - Bloomington, Indiana 1956). Il fonda un institut de recherches sur la sexualité (université d'Indiana) et fit paraître un rapport (dit *rapport Kinsey*), fondé sur la technique des enquêtes par questionnaires, concernant la sexualité humaine : *Le Comportement sexuel de l'homme* (1948) suivi, en 1953, du *Comportement sexuel de la femme*.

**KINSHASA** → ÉTYM. kikongo « le (marché) au sel » [allus. au troc du sel de l'océan Atlantique contre les produits de l'intérieur du pays] – jusqu'en 1966 ***Léopoldville*** ♦ Cap. de la République démocratique du Congo* et zone autonome sur la rive gauche du Pool Malebo. 7 278 000 hab. *(Kinois)*. C'est un grand centre administratif, commercial et industriel (industries alimentaires, brasserie ; tannerie, indus. textiles). Univ. catholique à proximité. ▮ Histoire Mandaté par Léopold II, Stanley installa un dépôt près du village africain de Kitambo et lui donna le nom de Léopoldville. La ville devint capitale de la colonie en 1920 et capitale de l'État indépendant en 1960.

**KIN-TCHEOU** → Jinzhou

**KINTYRE** ou **CANTYRE** ♦ Presqu'île d'Écosse (Strathclyde) se terminant au *mull of Kyntyre*, le lieu d'Écosse le plus proche de l'Irlande.

**KINUGASA Teinosuke** ♦ Cinéaste japonais (Mie 1896 - Kyoto 1982). Il tourna, entre 1920 et 1966, un nombre considérable de films (jusqu'à douze par an), rarement distribués en Occident. On a pu voir *Une page folle* et *Jujiro*, deux films muets marqués par l'influence expressionniste, *La Porte de l'enfer* (1953), aux couleurs chatoyantes (Palme d'or au festival de Cannes), et *Le Héron blanc* (1958).

**KINWUN MINGYI** ♦ Diplomate et homme de lettres birman (Salingyi 1821 - Mandalay 1908), auteur de codes juridiques en vers, d'épîtres et d'un « Journal de voyage en Europe ».

**KIPLING (Rudyard)** ♦ Romancier et poète britannique (Bombay, Inde 1865 - Londres 1936). Issu d'un milieu anglo-indien très cultivé (son père était conservateur du musée de Lahore) Kipling fut mis en pension dès l'âge de sept ans dans une famille de Southsea afin de recevoir une éducation anglaise. Dédaignant l'université, il retourna en Inde (1882) pour devenir journaliste et publier ses premiers poèmes satiriques (*Chants des divers services*, 1886), des nouvelles (*Simples contes des montagnes ; Trois troupiers*, 1888 ; *Blanc et Noir ; L'Histoire des Gadsby ; Sous les déodars ; Le Rickshaw fantôme ; We Willie Winkie*, 1889). Son habileté dans le récit lui valut une renommée immédiate. Il voyagea beaucoup (Chine, Japon, Australie) et c'est en Amérique qu'il s'installa le temps d'écrire *Le Livre* de la jungle*. À son retour en Angleterre (1890), sa vénération pour l'Empire britannique lui inspira les

Rudyard **Kipling.** Portrait par W. Nicholson.
Bibliothèque nationale de France, Paris.
*BIS/Phot. Jeanbor © Coll. Archives Larbor/DR*

*Chansons de la chambrée* (1892) puis *Les Sept Mers* (1896) et *Cinq nations* (1905). Kipling n'en garda pas moins l'indépendance intellectuelle qui lui permit d'être impartial lors de la guerre des Boers. Son enfance à Bombay lui donna l'idée de *Kim** (1901) et ses expériences américaines et maritimes lui suggérèrent l'épopée naïve de *Capitaines courageux* (1897). Outre les nouvelles de *La Tâche quotidienne* (1898), des récits comme *Les Bâtisseurs de ponts, Le Chat maltais* ou *Guillaume le Conquérant,* il écrivit, en souvenir de son enfant mort tragiquement, *Les Histoires comme ça pour les enfants* (1902), *Puck, lutin de la colline* (1906), *Récompenses et Fées* (1910) ainsi qu'une *Histoire d'Angleterre pour les écoliers* (1911). Une autobiographie inachevée, *Quelque chose de moi-même* (posth. 1937) n'a fait qu'ajouter à la noblesse morale du message accordé aux valeurs mythiques de la nature sauvage, de l'énergie, du désintéressement et aux aspects exaltants de l'aventure impérialiste. Centrée sur le thème de l'éducation morale et des vertus quasi militaires, la morale de Kipling s'est exprimée en vers moins convaincants que ses récits. Le poème *If* (si) est toutefois célèbre : «Si tu peux voir détruire l'ouvrage de ta vie et sans dire un seul mot te mettre à rebâtir [...] tu seras un homme, mon fils.» [Prix Nobel de littér. 1907] ➝ **ÉTYM.** *Kipling* est un nom de lieu, du vieil anglais *°Cyppel,* nom de personne.

**KIPPING (Frederic Stanley)** ♦ Chimiste britannique (Manchester 1863 - Criccieth, pays de Galles 1949). Il étudia la stéréochimie, mais il est surtout connu pour la découverte des silicones.

**Kippour (Yom)** ➝ **ÉTYM.** hébr. «jour du Pardon» ♦ Fête juive. Jour consacré au repentir et au jeûne, dix jours après Rosh ha-Shanah, Kippour est destiné à demander le pardon pour les transgressions des commandements divins, mais non pour les torts causés à autrui.

**Kippour** (guerre du) → **israélo-arabe (conflit)**

**KIRCHER (Athanasius)** ♦ Jésuite, orientaliste et savant allemand (Geisa, près de Fulda 1601 - Rome 1680). Dès 1628, il projeta de déchiffrer les hiéroglyphes ; mais ses traductions, influencées par les théories d'Horapollon, sont fantaisistes et furent même qualifiées «d'absurdités» et «d'effronteries inouïes». Par contre, ses travaux sur la langue copte, qui doivent beaucoup à ceux de Pietro Della Valle, constituèrent longtemps la base des études linguistiques coptes et furent connus de Champollion* (*Lingua aegyptiaca restituta,* publié à Rome, 1643). Kircher a publié en outre des ouvrages scientifiques sur l'aimant, l'acoustique, la lumière (*Ars magna lucis et umbrae in mundi,* 1645, ouvrage dans lequel il exposa les principes de la lanterne magique dont il paraît avoir été l'inventeur). Il diffusa les connaissances des jésuites sur le Chine avec son livre *China illustrata* (1667).

**KIRCHHOFF (Gustav Robert)** ♦ Physicien allemand (Königsberg 1824 - Berlin 1887). Son œuvre, très vaste, concerne plusieurs domaines de la physique. En électricité, on lui doit les formules générales des courants dérivés : la loi des nœuds et la loi des mailles. Il établit la théorie générale du passage de l'électricité dans les conducteurs à trois dimensions (1848) et identifia la tension électroscopique au potentiel électrostatique ; en 1857, il résolut le problème de la propagation d'un signal électrique le long d'un fil télégraphique de section circulaire, établissant dans ce cas particulier l'équation dite «des télégraphistes». Il fut, avec Bunsen*, l'un des fondateurs de l'analyse spectrale. Ils découvrirent que les raies contenues dans le spectre d'un élément chimique caractérisent cet élément sans équivoque, ce qui leur permit de découvrir deux éléments nouveaux : le césium et le rubidium, et d'expliquer le phénomène de «renversement des raies», que tous deux avaient découvert, ainsi que les raies de Fraunhofer* dans le spectre solaire, montrant que chaque raie est due à la présence d'un élément donné et réciproquement. On lui doit également le concept de corps noir (qui absorbe totalement les radiations qu'il reçoit), dont l'importance devint capitale par la suite. ➝ **ÉTYM.** Ce nom allemand signifie «cimetière» [«cour *(Hof)* de l'église *(Kirche)*»] (surnom de fossoyeur).

**KIRCHNER (Ernst Ludwig)** ♦ Peintre et graveur allemand (Aschaffenburg, Bavière 1880 - Frauenkirch, Grisons 1938). Après des études d'architecture à Dresde, il étudia le dessin et la peinture à Munich et fonda en 1905 le groupement artistique Die Brücke* qui visait à réunir ceux «qui restituaient de manière directe et authentique l'impulsion qui les contraignait à créer». Admirant les xylographies allemandes du XVe s. et la sculpture africaine et océanienne, et refusant la peinture traditionnelle, il réalisa d'abord des œuvres qui procédaient du divisionnisme et reflétaient l'emprise de Van Gogh. Proche des Fauves, il évolua vers une facture plus large, traitant la figure humaine d'une façon schématique et employant des couleurs violentes (*Autoportrait avec modèle,* 1907). Son chromatisme devint délibérément irréaliste (*Nu bleu couché au chapeau de paille,* 1908) et ses formes abruptes furent soulignées par un épais cerne anguleux. Installé à Berlin en 1911, il réalisa des scènes de rue et de cabaret où s'affirment une vision âpre du monde et le sens de la critique sociale (*Cinq femmes dans la rue,* 1911). Il subit alors l'influence indirecte du cubisme, sans oublier la leçon de Matisse* (*Femme aux seins nus, au chapeau,* 1911). Établi en Suisse en 1917, il réalisa alors des paysages et des scènes paysannes allégoriques aux aplats

Ernst Ludwig **Kirchner.** *L'Artiste et son modèle* (150 x 100 cm). Kunsthalle, Hambourg. *BIS/Phot. Ralph Kleinhempel © Archives Larbor © by Dr. Wolfgang et Ingeborg Henze-Ketterer, Wichtrach/Bern*

sinueux et de tonalités plus claires. Vers 1930, il subit momentanément l'influence de Picasso. Ses œuvres furent confisquées par les nazis (1937). Il se suicida en 1938, laissant, outre ses œuvres picturales, des sculptures inspirées par l'art africain et une importante série de gravures, qui font de lui l'un des principaux représentants de l'expressionnisme allemand. ➝ **ÉTYM.** Ce nom vient du moyen haut allemand *kirchenaere* «sacristain».

**KIRGHIZ** n. m. pl. ➝ **ÉTYM.** du turc *kir* «steppe, désert» et *gis* «errant, nomade» ♦ Peuple turc d'Asie centrale, fortement mongolisé et tardivement islamisé (env. 2 800 000 individus) peuplant le Kirghizstan dans la partie septentrionale des monts Tian shan et l'oasis du Fergana. Ce furent longtemps des pasteurs nomades. De nombreux Kirghiz (env. 150 000) vivent dans le Turkestan chinois.

## KIRGHIZSTAN, KIRGHIZISTAN ou KIRGHIZIE

▮ n. m. ou n. f. – off. ***République kirghize*** ➝ **ÉTYM.** iran. «pays *(stān)* des Kirghiz*» ♦ Pays d'Asie centrale. 198 500 km². 5 218 900 hab. *(Kirghizes).* LANGUES : kirghiz, russe. POPULATION : Kirghiz, 64,9 % ; Ouzbeks, 13,8 % ; Russes, 12,5 % ; Dounganes, Ukrainiens et Ouïgours. RELIGION : musulmans, orthodoxes. MONNAIE : som. CAPITALE : Bichkek. RÉGIME : présidentiel et parlementaire. Le Kirghizstan englobe sept régions plus la ville capitale de Bichkek. Batken (17 000 km² ; 397 900 hab.) ; Djalal-Abad (33 700 km² ; 904 400 hab.) ; Naryn (45 200 km² ; 259 200 hab.) ; Och (29 200 km² ; 1 223 600 hab.) ; Talas (11 400 km² ; 208 000 hab.) ; Tchū (20 200 km² ; 802 000 hab.) ; Yssyk-Kōl (CH.-L. : Karakol 43 100 km² ; 429 900 hab.).

▮ **GÉOGRAPHIE** Pays de montagnes (alt. moy. supérieure à 3 000 m), le Kirghizstan comprend la partie occidentale du Tian shan (pic Pobedy ou de la Victoire, 7 439 m) et la partie N.-E. du Pamir Alaï. Les hautes plaines et plateaux constituent de riches pâturages où les éleveurs kirghiz gardent l'été leur cheptel de chevaux, de bovins et surtout d'ovins (3,5 millions de têtes). Parsemées de nombreux lacs dont l'Yssyk-Köl, ces hautes montagnes (plus de 6 500 km² de glaciers) très arrosées constituent un château d'eau donnant naissance à des rivières dont les plus importantes (Naryn, Tchou, Talas) alimentent la mer d'Aral ou le lac Balkhach. Des centrales hydroélectriques (la plus puissante est celle de Toktogoul sur le Naryn, 1 200 MWt) permettent au Kirghizstan d'exporter de l'électricité en Asie centrale. Ces eaux irriguent les plaines et bassins du piémont, Tchou et Talas au N. (cultures de betterave, tabac, céréales et primeurs) et surtout la partie orientale du Fergana (coton, muriers à soie). La majorité des agriculteurs sont ouzbeks, ce qui entraîne des conflits d'attribution des terres (affrontements à Och en 1990). Le Kirghizstan compte beaucoup sur l'exportation de ses richesses minières (or, étain, mercure, uranium, houille) pour financer la modernisation de son industrie employant surtout une main-d'œuvre russe : métall. non ferreuse, textile (coton, laine et soie), agroalimentaire et travail du cuir. La

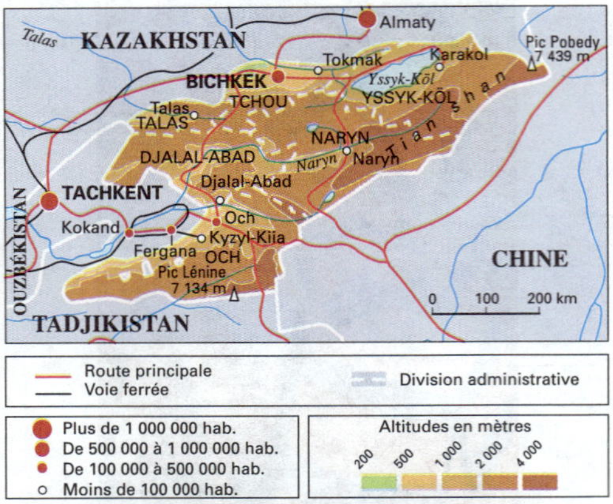


**Kirghizstan.**

population reste majoritairement pauvre et le pays souffre de l'enclavement, du trafic de drogue venant d'Afghanistan, des conflits communautaristes et de la corruption.

**HISTOIRE** Conquise par les Mongols au XIIIe s., puis par les Djoungars (XVIIe - XVIIIe s.) et les khans de Kokand* au début du XIXe s., la Kirghizie fut annexée par la Russie en 1870 et fit partie du Turkestan. Une révolte des Kirghiz contre les Russes fut durement réprimée (1916), ainsi que leur résistance de guérilla contre le régime soviétique, instauré en 1918. Jusqu'en 1924, le Kirghizstan faisait partie de la République socialiste soviétique du Turkestan. Après la détermination territoriale des rép. du Turkestan, de Boukhara et du Khorezm (qui furent partagées entre le Kazakhstan, l'Ouzbékistan, le Turkménistan, le Tadjikistan et le Kirghizstan), ce dernier devint une région autonome (1924), puis une RSS autonome (1928) au sein de la République socialiste fédérative de Russie (1936). Des affrontements meurtriers entre Kirghiz et Ouzbeks ont eu lieu en 1990. Devenu indépendant en 1991, le Kirghizstan tente de consolider son autonomie en se rapprochant de nouveaux partenaires (États-Unis, Turquie). De plus en plus autoritaire, le président Askar Akaev fut renversé en 2005 par la «révolution des tulipes». Les tensions politiques persistantes ont conduit le président K. Bakiev à proposer dans un premier temps un rééquilibrage des pouvoirs mais il a à nouveau durci le ton pour permettre à son parti de remporter les législatives de 2007 et pour obtenir un deuxième mandat en 2009.

## KIRIBATI

**I** – off. ***république des Kiribati*** ← **ÉTYM.** gilbertien «Gilbert» ♦ État du centre de l'océan Pacifique s'étendant de part et d'autre de l'équateur sur près de 5 000 000 km². formé de trois groupes d'atolls coralliens (16 îles Gilbert, 8 îles Phoenix, 11 îles de la Ligne, dont 2 inhabitées) et d'une île volcanique (Banaba ou Océan). 717,1 km². 92 533 hab. *(Kiribatiens)*. **LANGUES** : anglais (off.), gilbertien (dialectes insulaires). **POPULATION** : Micronésiens. **RELIGIONS** : catholiques, protestants. **MONNAIE** : dollar australien. **CAPITALE** : Tarawa. **RÉGIME** : démocratie parlementaire. À l'exception de l'île Banaba, petit atoll surélevé de 5 km² fait de corail et de phosphate, les archipels sont des îles basses, constituées d'atolls encerclant des lagons et couverts d'une végétation enchevêtrée et de cocotiers sur les rivages. Les îles Phoenix et la partie méridionale des îles Gilbert sont soumises à des périodes de sécheresse. Depuis l'épuisement du gisement de phosphate de l'île Banaba, exploité de 1900 à 1980, le coprah est la principale exportation suivi des algues destinées à l'agroalimentaire.

**HISTOIRE** Nikunau fut découverte en 1765 par J. Byron* ; les autres îles Gilbert, par les capitaines Gilbert et J. Marshall en 1788. Certaines îles Phoenix furent aperçues par des navigateurs espagnols et les autres furent découvertes au début du XIXe s. L'île Christmas (auj. Kiritimati), une des îles de la Ligne, aperçue par Hernando de Grijalva en 1537, fut relevée par J. Cook* en 1777. Les autres îles de la Ligne furent découvertes en 1798 par E. Fanning et devinrent possessions britanniques. → **Gilbert et Ellice.** Indépendants en 1979 sous le nom de Kiribati, ces archipels, sans autres revenus que la location des droits de pêche et le coprah, vivent essentiellement de l'aide internationale.

**KIRIKKALE** ♦ V. de Turquie, en Anatolie centrale, ch.-l. de prov. 192 257 hab. Centre d'industries lourdes (raffinerie de pétrole).

**KIRIN** → **Jilin**

**KIRK (Hans)** ♦ Écrivain danois (Hadsund 1898 - Copenhague 1962). Il débuta par un des rares exemples de «romans collectifs» réussis, *Les Pêcheurs* (1928) dont le «personnage» principal est le groupe des pêcheurs d'un petit village. Ensuite, sa production évolua vers un communisme militant, qui n'hésite pas à faire du Christ le premier communiste (*Le Fils de la colère*, 1950). Le reste de son œuvre, à laquelle on ne peut refuser la sincérité, demeure marqué par une certaine violence satirique et partisane.

**KIRKCALDY** ♦ V. d'Écosse (Fife), sur le Firth of Forth. 52 000 hab. Petit pôle industriel (lin, mécanique). Station balnéaire.

**KIRKCUDBRIGHT** ♦ Petit centre touristique d'Écosse (Dumfries and Galloway). Ruines d'un château (fin XVIe s.).

**KIRKE** (les frères) ♦ Navigateurs britanniques qui s'emparèrent de Québec et obligèrent S. Champlain* à capituler (1629).

**KIRKLARELİ** ♦ V. de Turquie d'Europe (Thrace orientale), ch.-l. de prov. 59 970 hab. La ville conserve plusieurs sanctuaires de style ottoman (mosquée de Hızır Bey, déb. XVe s.). ▪ Centre commercial (produits agricoles, beurre et fromage).

**KIRKPATRICK (Ralph)** ♦ Claveciniste et musicologue américain (Leominster, Massachusetts 1911 - Guilford, Connecticut 1984). Spécialiste de Domenico Scarlatti, il publia une étude sur ce compositeur (1953, trad. fr. 1982), attachant son nom à une nouvelle classification de ses sonates.

**KIRKŪK** ♦ V. d'Irak du Nord, ch.-l. de la prov. d'al-Tamin, au pied du Kurdistan méridional, entre Mossoul et Bagdad. 600 000 hab. Ville mixte (Kurdes, Arabes, Turkmènes et Assyriens), Kirkūk est revendiquée par les Kurdes mais ne fait pas partie de la région autonome kurde. ▪ Marché agricole des produits du Kurdistan (céréales, fruits). Indus. diverses (bois, cimenterie, saline). Raffinerie du pétrole sur le premier gisement du pays (découvert en 1927), relié par oléoduc et par gazoduc (dérivés du pétrole) à Ceyhan (Turquie). L'oléoduc reliant Kirkūk à Tripoli (Liban) via Bāniyās (Syrie) a été fermé en 1982. Plusieurs puits de pétrole ont été incendiés lors des combats entre l'armée irakienne et les rebelles kurdes en 1991.

**KIROV (Sergueï Mironovitch KOSTRIKOV, dit)** ♦ Homme politique russe (gouvernement de Viatka 1886 - Leningrad 1934). Ouvrier, il adhéra à la fraction bolchevique du Parti ouvrier social-démocrate russe. Membre du Comité central du parti communiste d'URSS (1923), il entra au Politburo en 1930 et au secrétariat en 1934. Son assassinat qui eut lieu dans des circonstances obscures, fut pour Staline le prétexte du déclenchement de la première grande épuration des opposants au régime.

**KIROV** ← **ÉTYM.** du n. de Sergueï *Kirov**, né dans la région ; ***Viatka*** jusqu'en 1934 ♦ V. de Russie, ch.-l. de région, sur la Viatka (affl. de la Kama), au centre d'une zone agricole et forestière. 457 400 hab. Carrefour ferroviaire. Marché de céréales. Centrale thermique. Indus. métallurgique (matériel ferroviaire), textile, alimentaire. Scieries. Tanneries. Travail du cuir. **Histoire** Fondée au XIIe s., Viatka fut tout d'abord le centre de colonisation de tout le bassin de la Viatka, puis servit de lieu de déportation jusqu'à la révolution.

**KIROVABAD** → **Gandja**

**KIROVAKAN** → **Vanadzor**

**KIROVOHRAD** – anc. ***Ielisavetgrad*** ♦ V. d'Ukraine, ch.-l. de région, au N. de Kherson, sur l'Ingoul (affl. du Boug Méridional), au centre d'une riche région agricole (céréales, betterave à sucre). 248 367 hab. Indus. alimentaire. Machines agricoles.

**KIRUNA** ♦ V. du N. de la de Suède. 23 258 hab. Établie près de riches gisements ferreux (60 % du minerai suédois), la ville est reliée par voie ferrée à Narvik. Les affaissements de terrain dus à l'extraction minière ont conduit, à partir de 2008, au déménagement de la ville à cinq kilomètres au nord-ouest. Région de tourisme.

**KIŠ (Danilo)** ♦ Écrivain serbe (Subotica 1935 - Paris 1989). Il traduisit de nombreux écrivains français dont Baudelaire, Lautréamont, Verlaine, Prévert et Queneau. Œuvre de jeunesse, *La Mansarde* (1962) est une suite poético-ironique sur la bohème, dans les dures conditions de vie de la Yougoslavie des années 1950, thème poursuivi dans une trilogie romanesque autobiographique (*Jardin, cendre*, 1965 ; *Chagrins précoces*, 1969 ; *Sablier*, 1972), où l'auteur, s'appuyant avec une obsession du détail sur de multiples documents, lettres, mémoires, dictionnaires, photographies, s'efforce d'arracher de l'oubli le sort des Juifs de la plaine danubienne à l'époque de Hitler et de Staline. Dans *Un tombeau pour Boris Davidovitch* (1976), recueil de nouvelles, et *Encyclopédie des morts* (1983), inspirés des mêmes thèmes (l'enfermement stalinien, les camps, les liquidations), la recherche documentaire rejoint la fiction tandis que la juxtaposition des faits et des légendes rappelle Borges ou Nabokov. ← **ÉTYM.** Ce nom de famille hongrois signifie «petit».

**KISANGANI** ← **ÉTYM.** kiswahili «dans *[ni]* l'île *[kĩsanga]*» – anc. ***Stanleyville*** ♦ V. de la Rép. démocratique du Congo*, sur la rive d. du Congo, au terminus de la navigabilité du fl. depuis Kinshasa. 683 000 hab. Cap. de la prov. du Haut-Zaïre.

**KISFALUDY (Sándor)** ♦ Poète hongrois (Sümeg 1772 - *id.* 1844), issu d'une famille noble. Militaire, il prit part à la guerre contre la France et fut fait prisonnier à Draguignan ; il adressa des poèmes à Caroline d'Esclapon, Française cultivée, puis, retiré sur ses terres, il écrivit des poèmes d'amour de style pétrarquiste, *Cycle des amours malheureuses* (publ. 1801), *Amours heureuses* (1807).

**KISFALUDY (Károly)** ♦ Écrivain hongrois (Tét 1788 - Pest 1830). Frère de Sándor Kisfaludy. Il fut militaire de 1804 à 1811, puis rompit avec son milieu et mena une vie de bohème, d'abord à Vienne où il pratiqua la peinture ; il revint à Pest en 1817. En 1819, il publia *Les Tartares en Hongrie*, drame historique et patriotique. Ses drames suivants, *Stibor* (1818 - 1819), *Irène* (1820) expriment ses sentiments libéraux et témoignent d'une prise de conscience des problèmes sociaux. Plusieurs de ses comédies (*Les Galants*, 1817 ; *Déceptions*, 1828) sont encore actuellement au répertoire. Kisfaludy fonda *Aurora* (fin 1821), almanach littéraire dans lequel écrivirent la plupart des romantiques hongrois tel Vörösmarty* et qui orienta la vie littéraire du pays.

**KISH** ♦ Anc. cité de Mésopotamie près de Babylone. Elle détint la royauté en Sumer à une date incertaine, avant la Ire dynastie d'Ur* (–IIIe millénaire), et conserva son importance au cours de toute l'histoire mésopotamienne.

**KISHI Nobusuke** ♦ Homme d'État japonais (Yamaguchi 1896 - Tōkyō 1987). Il réorganisa au profit de son pays l'économie de la Mandchourie occupée et de la Chine du Nord. Sa participation à l'effort de guerre lui valut trois ans de prison pendant l'occupation américaine. Premier ministre du Japon (comme, plus tard, son frère Satō* Eisaku) de 1957 à 1960, il s'opposa à l'accord de défense signé par son pays avec les États-Unis et fut obligé de démissionner. Il fut remplacé par Ikeda* Hayato.

**KISHON (Ferenc HOFFMANN, dit Ephraïm)** ♦ Écrivain et scénariste israélien (Budapest 1924 - Tel-Aviv 2005). Rescapé des camps nazis, il est l'auteur d'une œuvre aux accents satiriques qui s'en prend aux institutions politiques (théâtre : *Son nom le précède*, 1952) et qui témoigne simultanément de la condition de vie des nouveaux immigrants (cinéma : *Sallah Shabati*, 1964).

**KISLING (Moïse)** ♦ Peintre et dessinateur français d'origine polonaise (Cracovie 1891 - Sanary-sur-Mer 1953). Arrivé en France en 1910, il se lia avec M. Jacob, Picasso, Gris, Chagall, Soutine et devint l'un des représentants de l'école de Paris ainsi qu'une des figures célèbres de Montparnasse. Après avoir subi l'influence de Cézanne et de Derain, il adopta une facture lisse, des tons brillants et représenta des nus et portraits féminins ainsi que des enfants à l'expression nostalgique ou douloureuse, s'inspirant du canon adopté par son ami Modigliani*, mais restant plus fidèle au réalisme traditionnel (aspect léché du modelé). Il représenta ensuite de nombreuses personnalités parisiennes.

**KISSINGER (Henry Alfred)** ♦ Homme politique américain d'origine allemande (Fürth, Bavière 1923). Fuyant le régime nazi, il s'expatria en 1938 avec sa famille et acquit la citoyenneté américaine. Professeur de sciences politiques à Harvard, il fut appelé en déc. 1968 par R. Nixon comme conseiller à la présidence en matière de sécurité nationale. À partir de 1969, il joua un rôle de tout premier plan dans les négociations pour la paix au Viêtnam et dans le rapprochement des États-Unis avec la Chine populaire et l'URSS. Ministre-secrétaire d'État dès 1973, il conserva ce poste sous la présidence de Gerald Ford* (1974 - 1976). Il est l'objet, depuis 2001, de plaintes de la part de familles d'opposants aux dictatures militaires en Amérique latine (Bolivie, Brésil, Paraguay, Uruguay, Argentine, Chili). Il est soupçonné d'autre part d'avoir retardé les accords de paix avec le Viêtnam jusqu'à l'élection de R. Nixon (1968). [Prix Nobel de la paix, 1973]. ➝ ÉTYM. Ce nom de famille vient d'un nom de lieu en Franconie ou de *Kissing* en Bavière [*kis(s)* évoque un marais].

**KITĀKYŪSHŪ** ➝ ÉTYM. jap. «Kyūshū du Nord» ♦ V. du Japon (Kyūshū), préf. de Fukuoka, créée en 1963 par la réunion de Moji, Tobata, Yawata, Kokura et Wakamatsu. 993 525 hab. Elle comprend le plus grand centre sidérurgique du monde (Yawata) et le plus grand port artificiel d'Asie. Un tunnel sous le détroit de Shimonoseki relie Kitākyūshū à l'île de Honshū, ainsi qu'un pont suspendu de plus de 2 km de longueur.

**KITANO Takeshi** ♦ Acteur et cinéaste japonais (Tokyo 1947). Star de la télévision, acteur (*Furyo* d'Oshima, 1983), ce spécialiste des yakusas (son père, prénommé Kikujiro, était proche de la mafia japonaise) devint l'un des maîtres du polar asiatique (*Sonatine*, 1993 ; *Hana-Bi*, 1997). Après un grave accident qui lui laissa une hémiplégie faciale, il aborda la peinture et l'écriture. S'essayant à tous les genres, il passe alternativement du cinéma violent et sanglant à l'onirisme et à la poésie, notamment avec *L'Été de Kikujiro* (1999), touchant road movie d'un enfant et d'un homme à travers le Japon et *Achille et la tortue* (2008), sur l'art du peintre.

**KITCHENER (Horatio Herbert)** 1er comte DE KHARTOUM ET D'ASPELL ♦ Maréchal britannique (près de Listowell, Irlande 1850 - au large des Orcades 1916). Après avoir combattu volontairement aux côtés de la France en 1870, il fut envoyé en Égypte (1883) où il ne put sauver Gordon*. Il parvint cependant ensuite à reconquérir le Soudan (1898), après avoir écrasé la révolte du Madhī. Son arrivée à Fachoda mit fin à l'expédition de Marchand* et aux ambi tions françaises. ➝ **Fachoda.** Remplaçant Roberts lors de la guerre des Boers* (1900 - 1902), il se montra particulièrement impitoyable (camps d'internement pour les femmes et les enfants, incendie de fermes). Il prit ensuite la tête des forces britanniques en Inde et revint en Égypte. Il y accomplit de nombreuses réformes et préparait la déposition du khédive, avec lequel il était entré en conflit, quand éclata la Première Guerre mondiale. Ministre de la Guerre en 1914, il réorganisa les armées britanniques, mobilisa l'industrie et fit appel aux engagements volontaires. Son navire fut coulé, alors qu'il était en mission en Russie.

**KITCHENER** ➝ ÉTYM. la ville fut nommée en l'honneur du maréchal *Kitchener** – anc. *Berlin* ♦ V. du Canada (Ontario), entre London et Toronto. 204 668 hab. (zone urbaine : 451 235 hab.). Centre commercial et financier, dans l'une des régions les plus peuplées du Canada. Indus. du conditionnement de la viande ; boissons. Indus. du cuir ; meubles. La ville est incluse dans le triangle technologique canadien (Cambridge-Kitchener-Guelph) qui rassemble de très nombreuses entreprises de haute technologie. Universités.

**KITIMAT** ♦ V. du Canada (Colombie-Britannique), à l'embouchure du fleuve Kitimat, au fond du chenal de Douglas. 8 987 hab. Importante usine d'aluminium et alimentée par la centrale de Kemano*. Centre touristique (fjord, pêche).

**KITWE-NKANA** ♦ V. de Zambie, la plus importante du *Copper Belt*. Env. 500 000 hab. Indus. métallurgiques et chimiques, liées aux mines de cuivre.

**KITZBÜHEL** ♦ V. d'Autriche (Tyrol), dans les *Alpes* de Kitzbühel. 8 571 hab. Station de sports d'hiver très fréquentée. Petite ville pittoresque aux nombreuses maisons à pignons de style tyrolien, ornées de fresques de couleurs vives.

**KIVI (Aleksis STENVALL, dit Aleksis)** ➝ ÉTYM. finnois «pierre» (adaptation de *Stenvall* «remblai de pierres») ♦ Poète, romancier et auteur dramatique finlandais de langue finnoise (Palojoki, province d'Uusimaa 1834 - Tuusula 1872). D'origine très modeste, il eut des débuts difficiles, mais connut en 1860 le succès avec sa tragédie en vers, *Kullervo*, inspirée du *Kalevala* de Lönnrot*. En 1864, il publia une comédie, *Les Cordonniers de la lande*, décrivant avec humour les mœurs du peuple. Après son drame *Léa* (1869), il écrivit «un roman touffu, à la fois roman de mœurs, d'aventures, satirique, épique», *Les Sept Frères* (1870 ; trad. fr. 1926), classique de la littérature finlandaise. Incompris, il sombra dans la folie.

**KIVU** ➝ ÉTYM. du n. du lac ♦ Région orientale de la Rép. démocratique du Congo subdivisée en trois sous-régions : le Sud-Kivu (cap. : Bukavu), le Nord-Kivu (cap. : Goma) et le Maniema (Kindu). 6 728 000 hab. Cap. : Bukavu. Elle est limitée, à l'E. par l'Ouganda, le Rwanda et le Burundi. La frontière est marquée par le lac Édouard, les volcans Birunga, le lac Kivu, la rivière Ruzizi et le lac Tanganyika. C'est une riche région agricole (thé, café) et touristique (parcs nationaux) qui s'élève en pente douce jusqu'à la crête Congo-Nil. ❚ **Histoire** Des pasteurs tutsis se sont installés dans la région lors des conquêtes rwandaises au XIXe siècle. En 1994, la crise rwandaise provoqua un afflux de réfugiés hutus dont plus de 200 000 furent victimes de massacres à la suite de la rébellion qui chassa Mobutu du pouvoir (1997). Au cours de la décennie suivante, l'intervention directe ou par milices interposées de l'Ouganda et du Rwanda pour exploiter les minerais du Nord-Kivu comme le coltran (tantalite), entraîna des massacres et des crimes de toutes sortes ainsi que des déplacements de populations de grande ampleur. La situation n'a cessé de se dégrader en particulier fin 2008. ➝ **Congo** (République démocratique du).

**KIVU** (lac) ➝ ÉTYM. du kinyarwanda *kivo* «lac» ♦ Lac d'Afrique centrale, situé au S. du lac Édouard et formant frontière entre la Rép. démocratique du Congo et le Rwanda. 2 650 km². Le lac Kivu faisait partie du bassin du Nil, mais des accidents volcaniques ayant bouché son déversoir, ses eaux durent se frayer une nouvelle voie d'évacuation, la riv. Ruzizi, vers le lac Tanganyika et le bassin du Congo. L'île d'Ijwi, au centre du lac, appartenait autrefois au Rwanda qui la revendique. Du gaz méthane compressé dans les basses eaux du lac est en cours d'exploitation.

**KIYONOBU** ou **TORII KIYONOBU** ♦ Peintre japonais (1664 - 1729), illustrateur et graveur d'estampes, influencé par les écoles Kanō* et Tosa*. Il réalisa des affiches pour le théâtre kabuki.

**KI-ZERBO (Joseph)** ♦ Historien et homme politique burkinabé de langue française (Toma, Burkina Faso 1922 - Ouagadougou 2006). Fondateur du Mouvement de libération nationale (1958), il eut un rôle actif dans la démission du premier président de la République de Haute-Volta en 1966. Il fut élu député en 1970 mais le régime le contraignit à l'exil de 1983 à 1992. À son retour, il s'investit dans la campagne pour faire la lumière sur l'assassinat du journaliste Norbert Zongo. Président de l'Association des historiens africains, il rédigea une première *Histoire de l'Afrique noire* qui fit date (1972) et participa à la rédaction de l'*Histoire générale de l'Afrique* (Unesco, 1991).

**KIZIL IRMAK** n. m. ➝ ÉTYM. turc «fleuve *[irmak]* Rouge *[kizil]*» – anc. ***Halys*** ♦ Le plus long fleuve de Turquie (1 355 km), prenant sa source en Anatolie septentrionale. Il coule d'abord vers le S.-O., traverse la Cappadoce, puis décrit une large boucle en direction du nord, franchit par des gorges profondes les chaînes pontiques et se jette dans la mer Noire par un petit delta très plat (plaine de Bafra). Barrages hydroélectriques à Hırfanlı (400 millions de kWh), Kesikköprü (250 millions de kWh) et Altınkaya (1,6 milliard de kWh).

**KLABUND (Alfred HENSCHKE, dit)** ♦ Poète et romancier allemand (Crossen-sur-l'Oder, auj. Krosno 1891 - Davos 1928). Ses poèmes, ses romans (réunis sous le titre *Romans de la passion* en 1950) expriment un lyrisme proche tour à tour de Villon et de Heine, un humour et une ironie sous lesquels perce le désespoir. Familiarisé avec la littérature chinoise, il donna également une transposition d'un drame chinois, *Le Cercle de craie* (1925), dont devait s'inspirer B. Brecht dans *Le Cercle de craie caucasien*.

**KLADNO** ♦ V. de la République tchèque. 69 076 hab. Indus. sidérurgique (gisement de houille).

**KLAGENFURT** ➝ ÉTYM. all. «le gué *(Furt)* aux plaintes *(Klage)*» ♦ V. d'Autriche, cap. de la Carinthie, située au S. du pays, près du lac de Wörth. 90 145 hab. Centre touristique, possédant plusieurs monuments : fontaine du Dragon (XVII^e^ s.). Landhaus (fin XVI^e^ s.), Alter Platz avec un palais du XVI^e^ s. ▪ Indus. du bois. ▌**Histoire** Colonie celte, puis romaine, la ville ne fut qu'une modeste localité jusqu'en 1518, date à laquelle, par décret de Maximilien I^er^, elle devint siège de l'armée des États provinciaux puis capitale de Carinthie. Elle fut occupée trois fois par les Français, et Napoléon fit abattre ses fortifications du XVI^e^ s.

**KLAGES (Ludwig)** ♦ Philosophe et psychologue allemand (Hanovre 1872 - Kilchberg, près de Zurich 1956). Affirmant que l'activité «parasitaire» de l'esprit (l'intelligence, le pouvoir technique) a rompu le rythme naturel de la vie de l'âme et rendu l'homme étranger au cosmos, sa philosophie néoromantique donne une vision pessimiste du destin de la civilisation occidentale *(L'Esprit comme adversaire de l'âme)*. Il fut également un éminent psychologue et un des fondateurs de la graphologie scientifique (*Principes de caractérologie*, 1910 ; *Écriture et Caractère*, 1917).

**KLAÏPDA** ➝ ÉTYM. lituanien «la plaine *[peda]* ouverte *[°klai]*» – jusqu'en 1923 ***Memel*** ♦ V. de Lituanie*, sur la mer Baltique. 185 936 hab. Chantiers navals (construc. de chalutiers congélateurs). Sa flotte de pêche sillonne la Baltique et l'Atlantique. Indus. textile. ▌**Histoire** Fondée par les chevaliers Teutoniques en 1252, la ville fut disputée entre Prussiens, Lituaniens, Polonais et Suédois jusqu'au XVII^e^ s. Enlevée à l'Allemagne en 1919, elle forma avec ses environs un territoire administré par la France (1920 - 1923) qui fut occupé par les Lituaniens (1923). Annexée par l'Allemagne en 1939, elle passa à l'URSS en 1945.

**KLANG** ♦ V. de la Fédération de Malaisie (Selangor), sur le fleuve du même nom, à 8 km en amont de Port Klang. 563 173 hab. Indus. métallurgique (fonderie d'étain), chimique et du caoutchouc.

**KLAPROTH (Martin Heinrich)** ♦ Chimiste et minéralogiste allemand (Wernigerode 1743 - Berlin 1817). Fondateur de l'analyse minérale quantitative, il montra l'identité de composition chimique de l'aragonite et de la calcite (1788) et découvrit le zirconium (1789), l'uranium (1789), la strontiane (1792) et le cérium (1803).

**KLAPROTH (Heinrich Julius)** ♦ Orientaliste allemand (Berlin 1783 - Paris 1835). Il est l'auteur de travaux sur les peuples du Caucase (*Reise in den Kaukasus und nach Georgien*, 1812-1814) et leurs langues (*Asia polyglotta nebst Sprachatlas*, 1823).

**KLARSFELD (Serge)** ♦ Historien et avocat fançais (Bucarest 1935). Fils de déporté, il a consacré sa vie à un travail d'archiviste pour recenser les victimes de la Shoah en France, ainsi qu'à la traque des anciens nazis et de leurs complices. Président de l'Association des fils et filles de déportés de France qu'il a fondée en 1979, il retrouva, avec l'aide de sa femme Beate, elle-même allemande, plusieurs dignitaires nazis, dont Kurt Lischka (chef de la Gestapo en France) et Klaus Barbie. Il a notamment publié *La Shoah en France* (1983 - 2001).

**KLASEN (Peter)** ♦ Peintre allemand (Lübeck 1935). Formé aux Beaux-Arts de Berlin, il se rapprocha de la peinture d'avant-garde, devint l'ami de Baselitz et l'un des pionniers de la figuration narrative. Installé en France dans les années 1960, il a créé une œuvre paradoxale qui croise le bon et le mauvais goût, l'agréable et le répugnant. Ses sources d'inspiration sont la ville, l'image morcelée du corps féminin, les objets de consommation et le thème de l'enfermement (grilles, barrières, étiquettes sur des plaques métalliques, sur des portes de camions et de wagons) : un univers inquiétant contrastant avec des aplats de couleurs lumineuses.

**KLAU (Christoph)** ➝ **Clavius**

**KLAUS (Václav)** ♦ Homme politique tchèque (Prague 1941). Premier ministre de la République tchèque en 1992 issu des rangs des conservateurs de droite, il négocia avec la Slovaquie les conditions de la partition de la Tchécoslovaquie en deux États indépendants (1993). Père de la transition économique de son pays vers l'économie de marché, il entreprit de nombreuses réformes libérales mais dut démissionner en décembre 1997. Il a été élu en 2003 pour succéder à V. Havel à la présidence de la République et n'a cessé de déclarer son euroscepticisme.

**KLEBE (Giselher)** ♦ Compositeur allemand (Mannheim 1925 - Detmold 2009). Fixé à Berlin depuis 1947, il travailla avec B. Blacher*. Ses œuvres l'inscrivent dans la tradition postsérielle (*Symphonie pour 42 cordes*, 1951). On lui doit aussi des sonates (pour deux pianos, pour clavecin) et des opéras (*Les Brigands*, 1957 ; *Le Meurtre de César*, 1959 ; *Le Retour de Chlestakov*, 2008).

**KLÉBER (Jean-Baptiste)** ♦ Général français (Strasbourg 1753 - Le Caire 1800). Officier dans l'armée autrichienne, après avoir suivi les cours de l'académie militaire de Munich (1776 - 1782), il revint en France et exerça la profession d'architecte. À la tête d'un bataillon de volontaires alsaciens en 1792, il s'illustra en défendant Mayence (1793) et fut nommé général. Il combattit en Vendée, remporta la victoire de Savenay (déc. 1793) mais, officier de métier formé à l'allemande, s'opposa aux sans-culottes. Il se distingua à la bataille de Fleurus* (juin 1794) et prit Maastricht (sept. 1794). À la suite d'un différend avec Jourdan*, il démissionna en 1796. En 1798, il partit pour l'Égypte avec Bonaparte, fut blessé à Alexandrie, remporta une victoire sur les Turcs au mont Thabor (avr. 1799). Bonaparte quitta l'Égypte, laissant à Kléber le commandement en chef (août 1799) ; il signa avec les Britanniques la convention d'évacuation d'El-Arich (24 janv. 1800) qui fut rompue, remporta encore sur les Turcs la victoire d'Héliopolis (20 mars), reprit Le Caire en avril, mais fut assassiné. ➝ ÉTYM. Ce nom d'Alsace-Lorraine est une variante de *Kleiber* «maçon».

**KLEE (Paul)** ♦ Peintre, graveur et écrivain suisse (Münchenbuchsee, près de Berne 1879 - Muralto-Locarno 1940). Il étudia la peinture à l'Académie des beaux-arts de Munich où travaillait aussi Kandinsky. En 1902, après un voyage en Italie, il s'intéressa à l'art byzantin et rompit avec l'académisme. Il admira Van Gogh et, en 1909, eut la révélation de Cézanne, «le maître par excellence». En 1911, il se lia avec F. Marc, A. Macke et Kandinsky et participa à la seconde exposition du Cavalier* bleu. En 1912, il se rendit à Paris où il fut surtout impressionné par Delaunay dont il traduisit un article : *Sur la lumière* (*Der Sturm*, 1913). En 1914, un voyage en Tunisie joua pour lui un rôle décisif ; il nota alors : «La couleur et moi ne faisons plus qu'un, je suis peintre.» Durant la guerre, il fit la connaissance de Rilke, puis revint à Munich et, en 1920, devint professeur au Bauhaus* (jusqu'en 1930). Affranchi de la figuration conventionnelle et ayant assimilé les innovations opérées par les divers mouvements d'avant-garde, il apprécia l'un des premiers les qualités expressives et plastiques des dessins d'enfants et de malades mentaux. Il nota que le processus créatif dépendait en grande partie de l'inconscient et voulut tirer parti du hasard, pratiquant une forme de dessin automatique. Les surréalistes le considérèrent comme un précurseur et furent les premiers à le faire connaître en France. Inépuisable créateur de formes, il voulait «pénétrer l'intérieur et non refléter la surface» et manifesta dès ses premières aquarelles des dons remarquables de coloriste ; distribuant des couleurs transparentes et subtiles selon des rectangles, des carrés, des triangles ou des bandes d'aspect irrégulier, il organise un espace imaginaire où apparaissent souvent des motifs empruntés à la réalité, mais traités schématiquement (soleil, lune, étoile, montagne, arbres, fleurs, animaux, personnages, visages). Son art de suggérer, de créer un climat onirique apparaît dans ses compositions fantastiques d'éléments disparates (*Villa R.*, 1919 ; *17 IRR*, 1923) aussi bien que dans les œuvres où il recourt à un langage plastique strictement abstrait (série des *Carrés magiques*, à partir de 1922 ; *Éros*, 1923 ; *Variation, motif progressif*, 1927). Klee multiplia les investigations d'ordre technique et formel mêlant huile, aquarelle, *tempera*, plâtre, peinture à la colle et utilisant des supports de textures variées (jute, toile à trame apparente, carton, papier d'emballage). À l'époque où il enseignait au Bauhaus notamment, il procéda à une sorte d'analyse systématique des moyens picturaux, n'hésitant pas à les réduire à l'extrême. Ainsi, il créa des formes à partir de mêmes éléments simples : lignes droites, brisées, griffonnées, en zigzag, en bâtonnets, sinueuses, concentriques ou parallèles. Il développa aussi des recherches d'ordre spatial, perspectif et rythmique, à partir de lignes, de plans colorés, de taches ou de points de couleur. Vers 1937 - 1938, établi en Suisse, il adopta des formats plus grands et créa ses idéogrammes imaginaires tracés d'un trait noir et épais (*Signes noirs*, 1938). Écrivain et théoricien (*Journal*, publié en 1957 ; *L'Art moderne*, 1924 ; *Carnets d'esquisses pédagogiques*, 1925), il fut toujours soucieux de se définir par rapport à la nature. Il a déployé dans son œuvre une liberté et une puissance inventive en accord avec le but qu'il a défini dans une formule devenue célèbre : «L'art ne reproduit pas le visible, il rend visible.» ➝ ÉTYM. Ce nom allemand signifie «trèfle».

**KLEENE (Stephen Cole)** ♦ Logicien américain (Hartford, Connecticut 1909 - Madison 1994). Il a notamment travaillé sur la théorie des fonctions récursives (*Logique mathématique*, 1967).

**KLEIBER (Erich)** ♦ Chef d'orchestre autrichien (Vienne 1890 - Zurich 1956). Quittant l'Allemagne avec la montée du nazisme, il mena une vie errante, se fixant momentanément en Argentine. Il créa de nombreuses œuvres contemporaines (*Wozzeck*, de Berg), et dirigea de la musique romantique allemande. Son fils CARLOS KLEIBER (Berlin 1930 - Slovénie 2004) était aussi chef d'orchestre.

**KLEIN (Felix)** ♦ Mathématicien allemand (Düsseldorf 1849 - Göttingen 1925). Il fut le chef de l'école mathématique allemande. Il étudia notamment l'équation différentielle hypergéométrique, les fonctions elliptiques dont principalement la fonction modulaire, les fonctions abéliennes. Son *Programme d'Erlangen* (1872) est une synthèse structurale très ample dans laquelle, chaque géométrie étant la théorie des invariants d'un groupe de transformations particulier, les deux courants, «synthétique» et «analytique», de la recherche géométrique apparaissent comme deux voies convergentes ; en 1884, il établit les liens étroits unissant l'étude des fonctions modulaires, la théorie de l'équation du cinquième degré et celle des groupes de symétrie de l'icosaèdre régulier. ♦ ***Vase ou bouteille de Klein*** Exemple de surface à une seule face et sans bord, donné par Klein en 1882. ➝ ÉTYM. Ce nom de famille allemand signifie «petit».

**KLEIN (Melanie)** ♦ Psychanalyste britannique d'origine autrichienne (Vienne 1882 - Londres 1960). Formée par S. Ferenczi* et K. Abraham*, elle se spécialisa dans la psychanalyse des enfants. Sa thérapeutique, fondée sur la possibilité (niée par Anna Freud*) d'une névrose de transfert chez l'enfant, est liée à une conception originale du psychisme infantile, qui affirme la précocité de l'élaboration du sur-moi et du conflit œdipien, la dualité des pulsions (libidinales et agressives) dans la relation de l'enfant aux objets pulsionnels, en particulier au sein maternel, et l'importance des mécanismes de projection et d'introjection dans le processus d'identification de soi (*Essais de psychanalyse*, 1921-1945 ; *La Psychanalyse des enfants*, 1932 ; *Envie et Gratitude*, 1957).

**KLEIN (Oscar Benjamin)** ♦ Physicien suédois (Mörby 1894 - Stockholm 1977). L'un des pionniers de la mécanique quantique, il est l'auteur, notamment, de l'équation d'onde relativiste dite «de Klein-Gordon» (1926). Vers 1923, il élabora, indépendamment de Kaluza*, une théorie de relativité à cinq dimensions (dite «de Kaluza-Klein»), où la dernière dimension est périodique («enroulée»).

**KLEIN (Lawrence Robert)** ♦ Économiste américain (Omaha 1920). Auteur d'un essai sur *La Révolution keynésienne*, il a construit des modèles économétriques de conjoncture qu'il a appliqués à l'analyse de la politique économique. [Prix Nobel d'écon. 1980]

**KLEIN (Yves)** ♦ Peintre français (Nice 1928 - Paris 1962). Dès le début de sa carrière, il tenta d'imposer une vision absolutiste de la couleur, créant des surfaces parfaitement monochromes (1946) pour aboutir à l'exclusion de toute autre couleur que le bleu (1957). Il décora ainsi par d'immenses panneaux outre-mer l'opéra de Gelsenkirchen, y ajoutant des reliefs de même teinte, constitués par des éponges stratifiées. La recherche de solutions extrêmes (exposition aux murs nus de 1958), le goût d'un symbolisme élémentaire et la volonté de provocation le conduisirent successivement aux empreintes de modèles nus féminins enduits de bleu (*Anthropométries*, 1958 - 1960), qui firent scandale, à des œuvres où les éléments naturels, pluie et vent, collaborent (*Cosmogonies*, 1960), à des *Peintures de feu* obtenues par combustion de cartons à l'amiante, enfin à des moulages de plâtre pris sur des êtres vivants (*Portrait d'Arman*, 1962, le seul terminé). Théoricien de la couleur pure et absolue, du vide, de l'air, du feu, Klein a tenté de dépasser le concept hérité d'*art* par la requête d'une symbolique universelle intégrant l'homme au cosmos (*Dépassement de la problématique de l'art*, 1959).

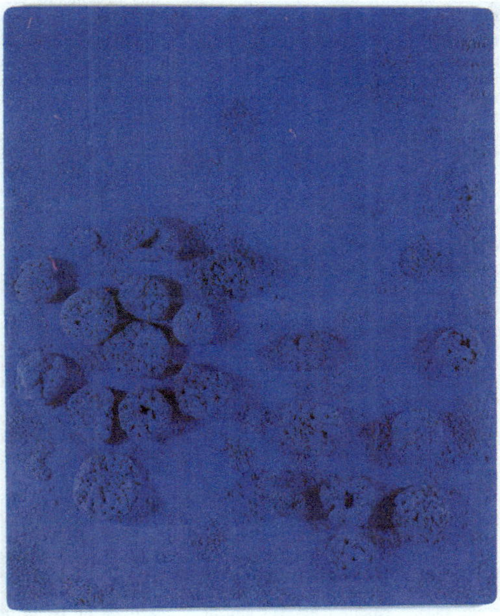

Yves **Klein.** Do-Do-Do (RE 16), 1960. Pigment pur et résine synthétique, éponges naturelles, cailloux, montés sur panneau (199 × 165 × 18 cm). Coll. privée. *© ADAGP, Banque d'images, Paris 2007*

**KLEIN (William)** ♦ Photographe et cinéaste américain (New York 1928). Peintre, il réalisa en 1953 une série de photographies abstraites destinées à une adaptation murale. Avec son livre *New York* (1956), il s'autorisa de nouvelles audaces esthétiques : contrastes agressifs, flous et bougés. Il travailla pour *Vogue* jusqu'en 1965. Il réalisa des films pour le cinéma (*Qui êtes-vous Polly Magoo ?*, 1966 ; *Babilée 91*, 1992 sur Jean Babilée), la télévision et la publicité. Il vit à Paris.

**KLEIST (Ewald Christian VON)** ♦ Poète allemand (Zeblin, Poméranie 1715 - Francfort-sur-l'Oder 1759). Auteur de poèmes légers dont l'idylle *Le Printemps* (1749), Kleist, qui était l'ami de Gleim, Nicolaï, Lessing (à qui il a inspiré le personnage du major Tellheim dans *Minna von Barnhelm*), laissa également des poèmes guerriers en l'honneur de l'armée de Frédéric de Prusse dans laquelle il servit comme officier d'infanterie. Il fut mortellement blessé à la bataille de Kunersdorf. ➝ ÉTYM. *Kleist* est une déformation de l'allemand *kleinste* «le plus petit».

**KLEIST (Heinrich VON)** ♦ Auteur dramatique et écrivain allemand (Francfort-sur-l'Oder 1777 - Wannsee 1811). Issu d'une famille d'officiers, il abandonna très tôt la carrière des armes (1799). La découverte des œuvres de Kant et de Rousseau, la rencontre de Goethe et de Schiller (1803) encouragèrent sa tendance à l'audace intellectuelle et à l'irrationnel. En collaboration avec Goethe, il écrivit une comédie, *La Cruche cassée* (1803). Représentée en 1808 et remaniée par Goethe, la pièce fut un échec. Elle avait été précédée en 1807 par une sorte de divertissement, *Amphitryon*. Voué peu à peu à mener une existence errante, il fut toujours en quête de la sérénité, et son drame personnel allait se nourrir du drame d'une Allemagne occupée qui n'avait pas encore détruit ses structures féodales. Plus désastreuse encore dans ses effets immédiats fut l'incompréhension des contemporains à l'égard d'un génie aussi intransigeant que passionné. Aussi, la carrière de Kleist apparaît-elle comme jalonnée d'échecs. À peine achevé, il détruit le manuscrit de son drame le plus ambitieux, *Robert Guiscard, duc des Normands* (1807), dont il reconstitua plus tard, de mémoire, un fragment. Avec une tragédie, *Penthésilée* (1808), où l'interprétation du mythe grec conduit à une célébration exaltée de l'instinct sexuel, avec un drame, *Catherine de Heilbronn* (1810), œuvre étrange, tout imprégnée d'un merveilleux proprement médiéval, qui ne connut qu'un demi-succès, deux drames d'inspiration patriotique, *La Bataille d'Hermann* (1808) et *Le Prince* de Hombourg* (1810), qui ne purent être représentés, se clôt le cycle de la production dramatique de Kleist. À la même époque, Kleist publia des nouvelles remarquables par la modernité ainsi que par la concision du ton et parmi lesquelles se détachent *La Marquise d'O* et *Histoire de Michel Kohlhaas*, récit dans lequel un maquignon du XVI^e s. se révolte devant l'injustice pour se faire justice lui-même. L'insuccès, la maladie, la misère devaient enfin le conduire à la mort qu'il se donna avec sa jeune compagne Henriette Vogel.

**KLEIST (Paul Ewald VON)** ♦ Maréchal allemand (Braunfels, Hesse 1881 - Vladimir, URSS 1954). Il fut l'un des créateurs des blindés allemands, combattit en Pologne en 1939 et commanda en France lors de la percée des Ardennes* (1940). Il prit Belgrade en 1941, combattit devant Stalingrad (1942), commanda un groupe d'armées en Ukraine (1944), mais, ayant dû se replier, fut relevé de son commandement. Prisonnier des Britanniques en 1945, il fut livré aux Yougoslaves puis (1949) aux Soviétiques.

**KLEMM (Gustave Friedrich)** ♦ Anthropologue allemand (Chemnitz, Saxe 1802 - Dresde 1867). Il a dégagé des relations de voyage une documentation ethnographique à partir de laquelle il a tenté de reconstituer l'histoire culturelle générale de l'humanité, distinguant des sociétés de type actif (capables de novations) et de type passif (soumises à la tradition) et formulant la première théorie évolutionniste de la civilisation (*Allgemeine Kulturgeschichte der Menschheit*, 1843).

**KLEMPERER (Victor)** ♦ Historien de la littérature et linguiste d'expression allemande (Gorzów Wielkopolski 1881 - Dresde 1960). On lui doit une description détaillée de la langue nazie dont la finesse et l'acuité font de lui l'un des précurseurs de l'analyse du discours politique. Ses observations ont été consignées dans un journal rédigé pendant la période de la Deuxième Guerre mondiale dont ont été extraites les pages les plus marquantes sous le titre : *L. T. I., la langue du Troisième Reich* (1947). En France, cette œuvre importante a influencé la réflexion de J.-P. Faye*.

**KLEMPERER (Otto)** ♦ Chef d'orchestre allemand (Breslau 1885 - Zurich 1973). Chargé de la direction musicale des opéras de Prague, Hambourg et Berlin, il émigra aux États-Unis (1933) et poursuivit sa carrière en Europe après 1945. Remarquable interprète des grands classiques allemands, il dirigea aussi en première audition de nombreuses œuvres de musique moderne.

**KLENZE (Leo VON)** ♦ Architecte allemand (Bockenem, près de Hildesheim 1784 - Munich 1864). Formé à Berlin, puis à Paris auprès de Percier et de Durand, il se rendit en Italie en 1805 et voyagea en Grèce en 1823 - 1824. Chargé par Louis Ier de Bavière de vastes travaux à Munich, il se montra un fervent adepte du néoclassicisme, s'inspirant résolument de l'art grec classique jusqu'à tomber dans le pastiche. Il édifia notamment la Glyptothèque (1816 - 1834) et l'anc. Pinacothèque (1826 - 1836) à Munich et surtout, près de Ratisbonne, le Walhalla (1830 - 1842), monument à la gloire du génie et des héros allemands, en forme de temple grec. Il se montra plus éclectique dans la Ruhmeshalle (1843 - 1853) d'inspiration Renaissance. Le tsar Nicolas Ier le chargea du Nouvel Ermitage à Saint-Pétersbourg (1840 - 1852).

**KLEVE** → Clèves

**KLÍMA (Ivan)** ♦ Écrivain tchèque (Prague 1931). Après avoir passé trois ans de son enfance au camp de concentration de Terezín, Klíma choisit à partir des années 1960 la résistance intellectuelle à la dictature politique, puis la dissidence déclarée. Son œuvre littéraire se situe pourtant dans une prose romanesque classique, influencée par Karel Čapek* dont il a écrit la biographie (*Un jour formidable*, nouvelles, 1960 ; *Un été d'amour*, 1979 ; *Amour et ordure*, 1988 ; *Amants d'un jour, amants d'une nuit* [trad. 2002]).

**KLIMT (Gustav)** ♦ Peintre et décorateur autrichien (Vienne 1862 - *id.* 1918). Fils d'orfèvre, il débuta par de grandes décorations d'un style académique et de tendance naturaliste. De 1894 à 1902, il réalisa les allégories de la *Philosophie*, la *Médecine* et la *Jurisprudence* ; ces œuvres, très mal reçues par les tenants du goût officiel, dénotent l'influence du graphisme de Toorop* et des mises en pages asymétriques des estampes japonaises ; elles révèlent l'abandon de la description et de la perspective illusionniste au profit d'un espace sans profondeur dont les plans sont définis par des lignes irrégulières sinueuses où l'agencement et le caractère des figures sont en rapport avec leur fonction symbolique. En 1897, il fonda et dirigea la «Sécession» viennoise qui s'opposait à l'art traditionnel et propageait l'Art nouveau en Autriche. Il développa son style monumental et décoratif dans la frise destinée à la présentation du *Beethoven* de Max Klinger* dans le hall de la Sécession. Il travailla dans les ateliers de Josef Hoffman* et exécuta les deux céramiques de l'hôtel Stoclet à Bruxelles (*Le Baiser*, 1907 - 1908). Il peignit des paysages au chromatisme raffiné, de nombreux portraits féminins (*Mme Adèle Bloch-Bauer)*, des figures symboliques aux tons éclatants et recherchés (*Danaé*, 1905 - 1906). Si son graphisme sinueux, les recherches d'effets précieux (verres colorés, émaux, métaux, fonds dorés) et son symbolisme raffiné, souvent érotique, s'inscrivent dans la ligne de l'Art nouveau, l'imagination déployée dans l'invention de motifs à caractère décoratif et surtout l'audace de leur agencement préfigurent des partis pris formels que développeront le collage et la peinture abstraite. ➝ ÉTYM. Ce nom est l'équivalent tchèque de *Clément*.

Gustav **Klimt.** *Le Baiser* (1,80 x 1,80 m), 1907-1908. Österreichische Galerie, Vienne. *BIS/Phot. © Photostudio Otto/Archives Larbor*

**KLINE (Franz)** ♦ Peintre américain (Wilkes Barre, Pennsylvanie 1910 - New York 1962). D'abord peintre figuratif sans grande originalité et dessinateur humoristique pour subsister, il élabora patiemment une vision plus épurée et dynamique, aboutissant vers 1950 à l'abstraction. Peignant sur de grands formats, il donna au geste spontané une importance croissante (tendance de l'action painting, avec De* Kooning et Pollock*), créant des compositions en noir, organisées par de puissantes formes linéaires brisées. En 1957, il revint à la couleur, ajoutant à sa vision, fondée sur des rapports de surface et de masse, les oppositions chromatiques.

Franz **Kline.** *Sans titre* (127 x 99 cm), 1952. Menil Collection, Houston. *BIS/ © Archives Larbor © ADAGP 2008, Paris*

**KLINEBERG (Otto)** ♦ Sociologue canadien (Québec 1899 - 1992). Auteur de *Race et Psychologie* (Unesco, 1951), *États de tension et Compréhension internationale* (1952), il est un des principaux représentants de la psychosociologie américaine. Il a contribué aux travaux sur la notion de «personnalité de base».

**KLINEFELTER (Harry F.)** ♦ Médecin américain (Baltimore 1912 - 1990). Il décrivit, en 1942, le syndrome qui porte son nom, dû à des aberrations chromosomiques. Observé chez des hommes jeunes, il est caractérisé par le développement des seins, une atrophie des testicules et l'absence de formation des spermatozoïdes.

**KLINGER (Friedrich Maximilian VON)** ♦ Auteur dramatique et écrivain allemand (Francfort-sur-le-Main 1752 - Dorpat 1831). Le titre de sa pièce, *Sturm und Drang* («Tempête et Passions», 1776), donna son nom au mouvement intellectuel et artistique qui rallia, contre le classicisme et l'ordre établi, poètes et écrivains allemands, à la fin du XVIIIe s. Si l'importance historique du drame de Klinger n'est pas contestable, la faiblesse de son style et de sa psychologie, les complications et les bizarreries de son intrigue en font une œuvre d'une médiocre valeur artistique. Le même élan désordonné vers la liberté caractérise encore ses autres œuvres dramatiques, *Othon* (1775), *Les Jumeaux* (1776), et son roman, *Vie, exploits et descente aux Enfers de Faust* (1791).

**KLINGER (Max)** ♦ Peintre, graveur, dessinateur et sculpteur allemand (Leipzig 1857 - Gross-Jena, près de Naumburg 1920). Ses dessins «*Séries sur le thème du Christ*» et «*Fantaisies sur la découverte d'un gant*» (1878) dénotent une imagination insolite, de caractère fantastique, qui déplut à ses contemporains, mais fit plus tard l'admiration de G. De* Chirico et des surréalistes. Il réalisa dans la même veine *Ève et le Futur ; Une vie ; De la mort.* Il rêvait d'un art total et peignait des allégories d'une naïveté morbide et d'une facture académique (*Le Jugement de Pâris*, 1887) qui témoignent de son tempérament idéaliste et mystique. Il s'adonna à la sculpture polychrome (statue chryséléphantine de *Beethoven*, 1902) et projeta un monument colossal à *R. Wagner*.

**KLINGSOR (Léon LECLÈRE, dit Tristan)** ➝ ÉTYM. du n. de deux héros de la légende allemande ♦ Poète français (La Chapelle-aux-Pots, Oise 1874 - Paris 1966). Un lyrisme voilé, habile à transposer le réel et à illustrer, dans une forme claire, les grands thèmes de la poésie populaire, caractérise son œuvre, riche de diversité et de fantaisie (*Schéhérazade*, 1903 ; *Poèmes de Bohême*, 1921 ; *Le Tambour voilé*, 1960). Critique d'art, cet ami de Vuillard* et de Ravel* a exprimé avec bonheur les élans d'une délicate sensibilité.

**KLIOUNE (Ivan Vassilievitch KLIOUNKOV, dit Ivan)** ♦ Artiste russe (Bolchie Gorki 1873 - Moscou 1943). Élève de Machkov et de Malevitch*, il a suivi fidèlement l'évolution de ce dernier après avoir subi, comme beaucoup d'autres artistes de l'avant-garde russe, l'influence de Picasso* et des cubistes (*Le Musicien*, 1916). Il exposa ses premières toiles suprématistes à l'exposition «0,10» à Petrograd (1915) et publia *L'Art de la couleur* (1919).

**KLITZING (Klaus VON)** ♦ Physicien allemand (Schroda, auj. Środa, Pologne 1943). Il découvrit, en 1983, la quantification de l'*effet Hall** (plus précisément, de la résistance électrique due à cet effet) et relia ce phénomène à deux constantes universelles, la constante de Planck* et la charge de l'électron. [Prix Nobel de phys. 1985]

**KLOBB (Jean François Arsène)** ♦ Officier français (Ribeauvillé 1857 - Dankori 1899). Envoyé au Soudan (1891 - 1892) où il créa les premières unités méharistes, il fut chargé de destituer Chanoine* et Voulet* par lesquels il fut assassiné.

**KLONDIKE** n. m. ♦ Riv. du Canada (env. 150 km), affl. du Yukon. ▮ **Histoire** La découverte de riches gisements d'or en 1896 déclencha une véritable ruée et une activité intense, jusque vers 1906. → **Dawson.**

**KLOPSTOCK (Friedrich Gottlieb)** ♦ Poète et auteur dramatique allemand (Quedlinburg, Harz 1724 - Hambourg 1803). Sa *Messiade* (1748 - 1777), poème épique chrétien dont l'exaltation lyrique et le mysticisme s'accordaient avec la ferveur piétiste de l'époque, lui valut une renommée considérable que confirmèrent ses *Odes* où il rompait avec le style maniéré, conventionnel de l'anacréontisme. Outre des tragédies bibliques (*Salomon*, 1764 ; *David*, 1772), il composa des «bardits pour la scène allemande» (*La Bataille d'Arminius, Arminius et les Princes, La Mort d'Arminius*, 1767 - 1787) qui ne connurent pas un grand succès, mais contribuèrent à marquer un retour aux sources germaniques et l'affirmation de l'originalité nationale. Klopstock sut cependant rester cosmopolite et, comme tant d'écrivains et philosophes allemands, salua la Révolution française et devint citoyen d'honneur de la République (1792), mais condamna les excès de la Terreur. ➝ **ÉTYM.** Ce nom de famille vient du bas allemand *kloppen* «frapper, battre» et de *stoc* «souche».

**KLOSSOWSKI (Pierre)** ♦ Écrivain et artiste français (Paris 1905 - *id.* 2001). Frère du peintre Balthus*. Traducteur de grand talent (en particulier de Suétone et de Virgile, mais aussi de Hölderlin en collaboration avec Pierre Jean Jouve*), essayiste (*Sade mon prochain*, 1974 ; *Nietzsche et le Cercle vicieux*, 1969), P. Klossowski a composé des fictions romanesques qui suscitent le malaise et l'angoisse. *La Vocation suspendue* (1950) est un roman hermétique où la lutte entre deux courants opposés de la religion catholique masque le projet autobiographique. Les aventures sexuelles de Roberte, d'Octave son mari et du neveu Antoine, publiées dans la trilogie *Les Lois de l'hospitalité* (*La Révocation de l'édit de Nantes*, 1959 ; *Roberte ce soir*, 1953 ; *Le Souffleur*, 1960), donnent lieu à des visions où se mêlent le réel et l'imaginaire. Les figures apparaissent et se métamorphosent dans un univers dramatique ; l'expression violente du désir détruit les interdits et les tabous. Après *Le Bain de Diane* (1956), variation érotique sur le mythe d'Actéon, et *Le Baphomet* (1965), récit complexe et marqué par la perversité, Klossowski s'est tourné vers le dessin, faisant de nouveau apparaître Roberte dans un univers où s'affrontent érotisme et mysticisme.

**KLOSTERS** ♦ Loc. de Suisse (Grisons), dans le Prätigau, sur les rives de la Landquart, affl. du Rhin. 4 031 hab. Station d'été et de sports d'hiver très fréquentée (1 250 m).

**KLOSTER ZEVEN** ♦ Loc. d'Allemagne (Basse-Saxe), près de Stade. ▪ On y signa la capitulation des Anglo-Hanovriens, obtenue par le duc de Richelieu* à la tête des Français (1757). Mais George* II refusa de ratifier les engagements pris par Cumberland*.

**KLUCK (Alexander VON)** ♦ Général allemand (Münster 1846 - Berlin 1934). Commandant la Ire armée en 1914, il mena l'aile marchante allemande mais, ayant franchi la Marne malgré les ordres de Moltke, il prêta le flanc à la contre-attaque de Maunoury et fut vaincu. → **Marne (batailles de la).**

**KLUCKOHN (Clyde)** ♦ Ethnologue américain (Le Mars, Iowa 1905 - Santa Fe 1960). Il s'est intéressé en particulier aux Navajos. Dans son étude sur le concept de culture, il a distingué la notion de modèles de comportement (*behavioral patterns*) et celle de règles de conduite (*normative patterns*) et a noté l'écart entre les deux, particulièrement dans les sociétés en transformation.

**KLUG (Aaron)** ♦ Chimiste britannique d'origine sud-africaine (Zelvas, Lituanie 1926). Il élabora lui-même les procédés théoriques et expérimentaux qui lui permirent d'élucider la structure de plusieurs macromolécules biologiques. Il formula, vers 1962, le principe de la quasi-équivalence concernant les interactions spécifiques qui ne respectent pas les règles de symétrie et permettent de rendre compte de la structure et de l'assemblage d'objets multimoléculaires ; en microscopie électronique, il mit au point une technique de traitement des images et de reconstitution en trois dimensions des projections bidimensionnelles. Il put ainsi décrire, entre autres, la structure du virus de la mosaïque du tabac, de l'ARN de transfert et de la chromatine, la morphogenèse des virus, l'organisation du matériel génétique dans le noyau cellulaire. [Prix Nobel de chim. 1982]

**KLUGE (Hans Günther VON)** ♦ Maréchal allemand (Poznań 1882 - près de Metz 1944). Il commanda en Pologne (1939), en France (1940), en Russie où il se distingua devant Moscou (1941). Lors de l'offensive alliée en Normandie, il remplaça Rundstedt* au commandement du front de l'Ouest (juil. 1944), mais ne reprit Mortain que pour le perdre bientôt après. Ayant laissé deviner son approbation au complot du 20 juil. 1944 contre Hitler (→ **Beck [Ludwig], Canaris, Stauffenberg**), il craignit d'être arrêté et se suicida (18 août).

**KNAPP (Georg Friedrich)** ♦ Économiste et juriste allemand (Giessen 1842 - Darmstadt 1926). Il est surtout connu pour sa *Théorie étatique de la monnaie* (1905), qui, à l'encontre des thèses économiques classiques, «fit de l'État le véritable créateur de la valeur de la monnaie» (Piettre). ➝ **ÉTYM.** Ce nom de famille vient du moyen haut allemand *knappe* désignant un jeune seigneur voulant devenir chevalier, puis un jeune homme employé comme domestique.

**KNAPPERTSBUSCH (Hans)** ♦ Chef d'orchestre allemand (Eberfeld 1888 - Munich 1965). Il se voua presque exclusivement à Wagner, dont il fut un interprète inspiré, lyrique, mais à qui l'on a pu reprocher le défaut de précision.

**Knesset** ou **Knesseth** n. f. ➝ **ÉTYM.** hébr. «assemblée» ♦ Parlement israélien à chambre unique, composé de cent vingt membres élus pour quatre ans au suffrage universel et constituant l'autorité législative suprême. La Knesset élit le président de l'État d'Israël*, approuve le budget annuel, contrôle la politique du gouvernement qui doit obtenir son approbation et est responsable devant elle. → **Israël.**

**KNIASEFF (Boris)** ♦ Danseur et pédagogue russe (Saint-Pétersbourg 1900 - Paris 1975). Ayant quitté la Russie, il fut maître de ballet à l'Opéra-Comique de Paris de 1932 à 1934. En 1937, il ouvrit une école dans laquelle il enseignait son système de la «barre à terre». En 1953, il s'était installé en Suisse.

**KNOBELSDORFF** ou **KNOBELSDORF (Georg Wenzeslaus VON)** ♦ Architecte, décorateur et peintre allemand (Kuckädel, près de Crossen 1699 - Berlin 1753). D'abord officier, il se consacra ensuite à la peinture et à l'architecture, poursuivant sa formation en France et en Italie. Devenu l'ami du futur Frédéric II, il reçut la charge d'intendant des bâtiments et collabora à la plupart des grands travaux, malgré les divergences et les controverses qui éclatèrent entre lui et son protecteur. La part exacte qui lui revient est difficile à préciser dans les travaux d'aménagement, de transformation ou de construction. À Berlin, il édifia l'aile neuve du palais de Charlottenburg (1740 - 1743). Il transforma aussi le château de Monbijou, participa largement à l'édification du château de Sans-Souci à Potsdam (1745 - 1747) et se montra un brillant adepte du style rococo, se révélant plus proche de l'esprit néoclassique à l'opéra de Berlin (1741 - 1743), où il subit l'influence du palladianisme. ➝ **ÉTYM.** Ce nom de famille allemand signifie «le village *(Dorf)* du producteur d'ail (*Knobel*, variante de *Knoblauch*)».

**KNOB LAKE** ♦ Gisement de fer du Canada, situé au Labrador*, relié par voie ferrée à Sept*-Îles, et près duquel a été construite la ville de Schefferville*.

**Knock ou le Triomphe de la médecine** ♦ Pièce satirique en 3 actes de Jules Romains* présentée pour la première fois en 1923. Knock, nouveau médecin installé dans un petit village, après avoir donné des consultations gratuites, persuade tous les habitants qu'ils sont malades et s'attire ainsi toute la clientèle : «Tout homme bien portant est un malade qui s'ignore.» Satire de la crédulité humaine et de l'exploitation qui en est faite au nom de la science, cette comédie doit à son ton molièresque et à l'habileté de sa construction un succès durable. Elle a été portée à l'écran (1933). Louis Jouvet en fut l'inoubliable interprète.

**Knock.** Une scène du film avec Louis Jouvet.
*Phot. © Coll. Rui Nogueira*

**KNOKKE-HEIST** ➝ **ÉTYM.** *Knokke* : néerl. «amas de limon formant une butte» ♦ Comm. de Belgique (Région flamande), prov. de Flandre-Occidentale, arr. de Bruges, sur la mer du Nord, à l'E. du port de Zeebrugge. 34 132 hab. Élégante station balnéaire inaugurée par Léopold II en 1891 (Knokke-sur-Mer, Knokke-le-Zoute et Albert-Plage) le long d'une plage de 10 km, des polders du S. de la comm. à la réserve naturelle du Zwin* au N. Casino d'Albert-Plage.

**KNOLLES** ou **KNOLLYS** (sir **Robert**) ♦ Homme de guerre anglais qui se rendit célèbre pendant la guerre de Cent Ans (v. 1317 ou 1325 - Scunthorpe 1406 ou 1407). Après avoir participé à la guerre de Succession de Bretagne et au combat des Trente (1351), il suivit le Prince Noir en Castille (1367 - 1369).

**KNOWLES (William S.)** ♦ Chimiste américain (Tawnton, Massachusetts 1917). Il découvrit, en 1968, un procédé de catalyse favorisant, dans les réactions d'hydrogénation, la synthèse de l'une des deux formes chirales d'une molécule. En effet, alors qu'un grand nombre de molécules existent sous les deux formes (comme les deux mains, elles ne sont pas superposables) impossibles à séparer par des procédés chimiques, dans l'organisme vivant, l'une des deux peut avoir des effets nocifs, l'autre bénéfiques. Cette découverte fut rapidement appliquée pour la production notamment de L-dopa, médicament utilisé dans le traitement de la maladie de Parkinson (→ **Carlsson**). [Prix Nobel de chimie 2001, avec R. Noyori* et K. B. Sharpless*]

**KNOX (John)** ♦ Réformateur religieux écossais (près de Haddington 1505 ou 1513 - Édimbourg 1572). Prêtre, il passa à la Réforme (1546) ; il fut prédicateur en Angleterre. Mais à l'avènement de Marie* Tudor, il dut s'exiler en France, puis à Genève où il se lia avec Calvin* et fit la traduction anglaise de la «Bible de Genève». De retour en Écosse (1559), il y fonda le presbytérianisme, écrivit la *Confessio Scotica* et contribua au *Book of Discipline*.

**Knox (fort)** ♦ Zone militaire située aux États-Unis (Kentucky) au S. de Louisville. Elle abrite la principale réserve d'or fédérale.

**KNOXVILLE** ◆ **ÉTYM.** ainsi nommée en l'honneur du général Henry *Knox*, héros de la guerre d'Indépendance ♦ V. des États-Unis (Tennessee) dans les Appalaches. 173 890 hab. (zone urbaine 687 249). Université du Tennessee. Centre agricole et indus. (marbre, tabac, indus. alimentaires, etc.). ▮ **Histoire** C'est là que fut créée en 1930 la Tennessee Valley Authority (→ **Tennessee**). Oak* Ridge est à proximité.

**KNUD** ou **KNUT** → **Canut**

**KNUTANGE** [57240] ◆ **ÉTYM.** anc. *Knutingen*, du germ. *Knut*, n. de pers., et suff. *-ing* ♦ Comm. de la Moselle, arr. de Thionville-Ouest. 3 632 hab. *(Knutangeois)*.

**KOBAYASHI Makoto** ♦ Physicien japonais (Nagoya 1944). En 1973, il formula, avec Maskawa* Toshihide, le modèle permettant de rendre compte des violations de symétrie de particules élémentaires observées expérimentalement. Leur hypothèse de l'existence d'au moins trois familles de quarks fut confirmée par expérience au cours des vingt années suivantes. [Prix Nobel de physique 2008 avec Maskawa* Toshihide et Y. Nambu*]

**KOBAYASHI Masaki** ♦ Cinéaste japonais (Otaru 1916 - Tōkyō 1996). Deux de ses films connurent un grand succès en Europe : *Harakiri* (1963), démystification de rites samouraïs, et *Kwaidan* (1964), somptueuse fresque en quatre volets, de style fantastique. Il faut citer aussi *La Condition de l'homme* (1959 - 1961), trilogie sur la guerre de Mandchourie, dont la durée de projection dépasse neuf heures.

**KOBAYASHI Takiji** ♦ Écrivain japonais (Akita 1903 - Tōkyō 1933), auteur de *Kanikōsen* («Le Bateau-Usine», 1929) dont un célèbre film fut tiré. Marxiste et opposé politiquement aux visées expansionnistes du Japon, il fut arrêté et assassiné.

**KŌBE** ◆ **ÉTYM.** jap. «maison *(he)* de dieu *(kō* ou *kami)*» ♦ V. du Japon (Honshū), ch.-l. de la préf. de Hyōgo, sur la baie d'Ōsaka*. Elle forme avec Ōsaka une conurbation industrielle très importante. 1 525 393 hab. Univ. renommée. En partie détruite par les bombardements, Kōbe fut reconstruite entièrement après 1945. La ville connut un grave tremblement de terre en janv. 1995. Métall., sidérurgie, indus. navales et aéronautiques, chimiques (caoutchouc), textiles et alimentaires. Le port (le deuxième du pays), établi en eau profonde (sur la mer Intérieure), peut recevoir des cargos de fort tonnage. Une île artificielle a doublé le nombre de jetées. Desservie par un monorail, elle est également le site du parc d'attractions de Portopia.

**KOBLENZ** → **Coblence**

**KŌBŌ DAISHI** → **Kūkai**

**KOCH (Joseph Anton)** ♦ Peintre autrichien (Obergibeln 1768 - Rome 1839). Il séjourna en France, en Suisse, en Italie, où il se lia avec Carstens* et Thorvaldsen*. Après trois ans passés à Vienne (1812 - 1815), il participa avec les nazaréens à la décoration de la villa Massimi. Influencé par la peinture italienne de la Renaissance et par les paysagistes classiques (Poussin, le Lorrain), il exécuta des paysages mythologiques où s'affirme un sens monumental de la composition. Il exécuta aussi des paysages montagneux, peints avec une méticulosité naïve. ◆ **ÉTYM.** Le nom allemand *Koch* signifie «cuisinier».

**KOCH (Robert)** ♦ Médecin allemand (Clausthal, Hanovre 1843 - Baden-Baden 1910). Connu surtout pour sa découverte du bacille de la tuberculose, qui porte son nom (1882), et de la tuberculine (qui, sans être un remède efficace contre la maladie, reste un moyen de son dépistage), Koch découvrit également l'agent microbien du choléra, étudia le paludisme et la maladie du sommeil, et mit au point des méthodes prophylactiques de lutte contre les épidémies. [Prix Nobel de physiol. ou méd. 1905]

**KOCHANOWSKI (Jan)** ♦ Poète polonais (Sycyna 1530 - Lublin 1584). Il étudia à Cracovie, Königsberg et Padoue. Catholique et humaniste, il fut le fondateur de la poésie nationale polonaise. Influencé par Horace et par la Bible (il traduisit les *Psaumes* en vers), il forgea un langage précis et écrivit des suppliques en vers : *La Concorde* (1562), *Le Satyre ou l'Homme sauvage* (1563). Il est aussi l'auteur d'un poème épique *L'Étendard ou le Serment prussien* (1569) et d'une tragédie, *Le Renvoi des ambassadeurs grecs* (1578). Celle-ci met en œuvre un épisode de *L'Iliade* et peut s'interpréter comme un avertissement à l'adresse d'une société prête à glisser dans la décadence.

**KÖCHEL (Ludwig VON)** ♦ Musicographe autrichien (Stein, Basse-Autriche 1800 - Vienne 1877). Botaniste et minéralogiste réputé, il entreprit de nombreux voyages en Europe avant de se consacrer à la musicographie. Il est surtout célèbre par son catalogue chronologique et thématique des œuvres de Mozart (*Chronologisch-thematisches Verzeichnis sämtlicher Tonwerke*, 1862). Les œuvres de Mozart sont depuis lors désignées par le numéro qui leur fut attribué par Köchel (K. 488, par ex.), dont le catalogue a cependant été plusieurs fois révisé (principalement en 1937 par Alfred Einstein, puis en 1964). Köchel a également dressé un catalogue des œuvres de Johann Joseph Fux* (1872).

**KOCHER (Theodor Emil)** ♦ Chirurgien suisse (Berne 1841 - *id.* 1917). Auteur de travaux sur la physiologie, la pathologie et la chirurgie de la glande thyroïde (il découvrit notamment le rôle de l'iode), il fut également spécialiste de la réduction des fractures de l'épaule, de la chirurgie de l'estomac, de la vésicule biliaire et du cerveau. [Prix Nobel de physiol. ou méd. 1909]

**KOCHI** – anc. ***Cochin*** ♦ V. de l'Inde (Kerala) sur la mer d'Oman. 1 355 406 hab. L'agglomération est construite autour des lagunes littorales. L'activité portuaire (exportation des produits des plantations du Kerala : fibres de cocotiers, épices, thé et caoutchouc) a favorisé le développement industriel. ▮ **Histoire** Kochi est un ancien comptoir portugais installé par Vasco de Gama dès 1502 et où séjourna saint François Xavier. Il passa sous le contrôle des Hollandais puis des Anglais en 1643.

**KOCHNO (Boris)** ♦ Homme de théâtre français, d'origine russe (Moscou 1904 - Paris 1990). Secrétaire privé, puis conseiller artistique de S. de Diaghilev* (1921 - 1929), il participa aux réalisations de la dernière période des Ballets russes, composant les arguments et les livrets de nombreux ballets (*Les Fâcheux, Zéphire et Flore, Les Matelots, La Chatte*). Il fut le collaborateur des Ballets de Monte-Carlo (1932) et des Ballets 1933 de G. Balanchine. Avec Christian Bérard*, il participa à la fondation des Ballets des Champs-Élysées (1945 - 1950) et signa le livret des *Forains*, ballet de R. Petit, musique d'H. Sauguet, l'un des plus grands succès de cette compagnie.

**KOCHOWSKI (Wespazjan)** ♦ Poète polonais (Gaj 1633 - Cracovie 1700). Représentant de la poésie polonaise baroque, il écrivit une *Psalmodie polonaise* (1695), suite de poèmes en prose, modelés sur les Psaumes, dans laquelle il décrivit comment le roi Jean Sobieski, au service duquel il remplissait les fonctions d'annaliste officiel, délivra Vienne (1683).

**KOČIĆ (Petar)** ♦ Écrivain et homme politique serbe (Stričići, près de Banja Luka 1876 - Belgrade 1916). Il décrivit la vie difficile des paysans de Bosnie, maltraités et exploités par les Autrichiens, dans une comédie (*Le Blaireau devant le tribunal*, 1904), et dans des nouvelles (*Sur et sous la montagne*, 1905 ; *Les Plaintes de Zmijanje*, 1910). Il créa un type de paysan rusé et intelligent qui dupe les autorités autrichiennes et qui fait parfois songer à Chveik*.

**KOCK (Paul DE)** ♦ Écrivain français (Passy 1793 - Paris 1871). Auteur de drames, d'opéras-comiques, de vaudevilles, de contes et de chansons, il connut un succès prodigieux avec des récits qui s'apparentent aux romans-feuilletons populaires : *Georgette* (1820), *Gustave ou le Mauvais Sujet* (1821), *Mon voisin Raymond* (1823), *Monsieur Dupont ou la Jeune Fille et sa bonne* (1824) et *La Pucelle de Belleville* (1834).

**KODAIRA Kunihiko** ♦ Mathématicien japonais (Tōkyō 1915 - id. 1997). Ses travaux les plus importants portent sur les intégrales harmoniques et leurs applications aux variétés algébriques. [Médaille Fields 1954]

**KODÁLY (Zoltán)** ♦ Compositeur hongrois (Kecskemét 1882 - Budapest 1967). Tour à tour professeur de théorie musicale, critique, lecteur d'université, chef d'orchestre, il a joué un rôle de premier plan dans le renouveau de la musique hongroise. Folkloriste, il entreprit avec son ami B. Bartók* de fécondes recherches dans le domaine de la musique populaire (1905). L'œuvre future des deux musiciens devait s'en trouver fortement imprégnée. À la même époque, un court séjour à Paris (1907) lui offrit la révélation de la musique de Debussy, dont l'influence fut déterminante pour lui. Demeurée néanmoins fidèle à la tradition romantique, son œuvre établit la synthèse d'éléments divers : folklore hongrois, harmonies modales, procédés impressionnistes, construction classique. Elle se répartit en deux périodes. La première, consacrée aux œuvres instrumentales, à la musique de chambre et aux mélodies (quatuor à cordes ; sonate pour violoncelle et piano, 1909 ; duo pour violon et violoncelle, 1910 ; deux sonates pour violoncelle ; *Mélodies tardives*) ; le *Psalmus hungaricus*, page violente et passionnée (1923), clôt cette première période. La seconde est illustrée par des opéras (*Háry János*, 1926 ; *Czinka Panna*, 1948), des œuvres de musique religieuse (*Te Deum*, 1936 ; *Missa Brevis*, 1944) et surtout par des œuvres chorales d'inspiration folklorique par lesquelles il s'affirme dans ce genre comme le compositeur le plus inspiré du XX$^e$ s. (*Tableaux de la région de Marva*, 1931 ; *Chants de Karad*, 1934 ; *Hymne à saint Étienne*, 1938 ; *L'Appel de Zrinyi*, 1955). Interprétées par les plus grands ensembles, certaines des œuvres de cette période connaîtront une gloire universelle (*Danses de Marosszék*, 1930 ; *Danses de Galánta*, 1933). Pédagogue de grande valeur, Kodály a su accorder une particulière importance à l'initiation musicale de la jeunesse de son pays.

**KŌDA Rohan** ♦ Écrivain japonais (Tōkyō 1867 - Ichikawa 1947) influencé par les classiques chinois et empreint de mysticisme. Son œuvre la plus célèbre est peut-être son *Gojūnotō* («Pagode à 5 étages», 1891 - 1892). Il écrivit également des essais marquants et des œuvres historiques telle *Renkaki* («Une série de documents», 1940).

**KODOK** – anc. ***Fachoda*** ♦ V. du Soudan*, sur la rive d. du Nil Blanc, au N.-E. du Bahr* el-Ghazal. ▮ **Histoire** → **Fachoda.**

**KŒCHLIN** [kɛklɛ̃] **(Jacques)** ♦ Homme politique français (Mulhouse 1776 - Paris 1834). Maire de Mulhouse et député, il adhéra à la charbonnerie, et, avec son frère NICOLAS KŒCHLIN (Wesserling 1781 - Mulhouse 1852), député de 1830 à 1841 et commissaire du gouvernement provisoire pour le Haut-Rhin (1848), prit part à la conspiration de Belfort* (1$^{er}$ janv. 1822). ♦ **André Kœchlin.** Industriel français (Mulhouse 1789 - Paris 1875). Cousin des précédents. Il contribua à la création de la Société alsacienne de constructions mécaniques (1872) qui, avec la construction de machines textiles, donna un essor considérable à l'industrie textile en Alsace (tissage du coton). Directeur de l'entreprise Dolfuss-Mieg et Cie, il fut l'un des instigateurs de la création des premières cités ouvrières à Mulhouse. ➝ **ÉTYM.** Ce nom alsacien vient de l'allemand *Koch* «cuisinier».

**KŒCHLIN** [kɛklɛ̃] **(Charles)** ♦ Compositeur français (Paris 1867 - Le Canadel 1950). Élève de l'École polytechnique, il entra au Conservatoire (1889) où il eut pour maîtres Massenet et Fauré. Il demeura attaché à la tradition sans renoncer néanmoins à des recherches d'une féconde hardiesse dans les domaines de la tonalité et du contrepoint. Parfois touffue dans sa complexité polyphonique, son œuvre allie une sensibilité d'essence romantique à une rigueur de construction toute classique. Elle comprend de la musique symphonique (*La Nuit de Walpurgis classique*, 1907 ; *Le Livre de la jungle*, 1939), des pièces de musique de chambre (sonatines, quatuors à cordes, sonates), de nombreuses mélodies (*Rondels*, de Banville ; *Shéhérazade*, de T. Klingsor), des œuvres pour chœurs et orchestre et des poèmes chorégraphiques. Éminent pédagogue, il enseigna aux États-Unis (1918 - 1928), fut le conseiller du groupe des Six et compta parmi ses élèves F. Poulenc et H. Sauguet.

Charles **Kœchlin** en 1948.
*Phot. © Lipnitzki/Roger-Viollet*

**KOEKELBERG** ♦ Comm. de Belgique (Région de Bruxelles-Capitale), dans la banl. N.-O. de Bruxelles. 18 541 hab. Parc Élisabeth, face à la basilique du Sacré-Cœur partagée avec Ganshoren. ▪ Indus. alimentaire.

**KŒNIG (Marie Pierre)** ♦ Général français (Caen 1898 - Paris 1970). Volontaire en 1917, il entra à Saint-Maixent après la Première Guerre mondiale. Capitaine en 1939, il fit partie du corps expéditionnaire en Norvège, puis, ramené en Grande-Bretagne, il se rallia au général de Gaulle (1940). À la tête d'une brigade des Forces françaises libres, il résista aux troupes italiennes, puis allemandes à Bir* Hakeim. Nommé commandant des Forces* françaises de l'intérieur (1944), puis gouverneur militaire de Paris après la libération de la capitale (août 1944), il commanda ensuite la zone française d'occupation en Allemagne (1945 - 1949). Il fut vice-président du Conseil supérieur de la guerre (1950) avant d'entrer dans la vie politique ; député du Rassemblement du peuple français RPF (1951, 1956), il fut ministre de la Défense nationale (1954 - 1955). ▪ Maréchal à titre posthume (1984). ➝ **ÉTYM.** Ce nom allemand signifie «roi» (employé comme sobriquet).

**KŒNIGS (Gabriel)** ♦ Mathématicien français (Toulouse 1858 - Paris 1931). Disciple de G. Darboux*, il compléta son œuvre, étudiant notamment la géométrie réglée, la cinématique et les mécanismes. Ayant fondé un laboratoire de mécanique, il se consacra plus spécialement à la thermodynamique, à l'étude des moteurs et des méthodes d'essais. [Acad. sc. 1918]

**KOERING (René)** ♦ Compositeur français (Andlau 1940). Il a écrit notamment les opéras *La Lune vague* (Rennes, 1983) et *La Marche de Radetzky* (Strasbourg, 1988).

**KOESTLER (Arthur)** ♦ Écrivain britannique d'origine hongroise (Budapest 1905 - Londres 1983). Avant la Deuxième Guerre mondiale, il travailla en Palestine et voyagea en Europe, ce qui le fit changer deux fois de moyen d'expression : «Du hongrois à l'allemand à l'âge de dix-sept ans, de l'allemand à l'anglais à trente-cinq ans». *Le Zéro et l'Infini* (1940), roman qui relate les procès de Moscou, lui valut notoriété en Europe occidentale et en Amérique du Nord. Excommuniste, Koestler pose le problème de la confusion intellectuelle et morale née de la guerre idéologique dans *Croisade sans croix* (1943) et *Les hommes ont soif* (1951) ; il évoque la période où il était membre du Parti dans *Une flèche dans l'azur* (1951), *L'Écriture invisible* (1954). Dans *Le Testament espagnol* (1938), il avait relaté son emprisonnement et sa condamnation à mort pendant la révolution espagnole. ▪ Dans ses essais, la réflexion politique sur les difficultés de la révolution sociale et les dangers du totalitarisme technocratique (*Le Yoghi et le Commissaire*, 1945 ; *Promesse et Réalisation*, 1952) cède en partie le pas aux problèmes philosophiques. ➝ **ÉTYM.** *Koestler* est la forme anglaise de l'allemand *Köstler*, du haut allemand *kost* «ravitaillement».

**KOETSU Honnami (KOETSU Taga, dit)** ♦ Peintre japonais (1558 - 1637). La plupart de ses œuvres ont disparu, mais la renommée et le talent de Koetsu nous sont connus par l'influence qu'il a exercée sur des peintres japonais tels que Korin, Sotatsu, Hoitsu. Malgré la prépondérance de l'art chinois au Japon, Koetsu sut créer son style personnel en peinture et surtout en calligraphie, en assimilant la technique du peintre chinois Wang Hi-Che et des Japonais de l'époque Heian, Kukai et Michikaze.

**KOFFKA (Kurt)** ♦ Psychologue américain d'origine allemande (Berlin 1886 - Northampton 1941). Avec Köhler* et Wertheimer*, il élabora la Gestalttheorie* (ou psychologie de la forme) qui, à la suite des travaux d'Ehrenfels*, s'efforça de mettre en évidence la primauté de la structure (ou forme) des faits psychiques par rapport aux éléments qui la composent. Outre ses recherches sur la structuration du champ perceptif, il a étudié les formes du comportement de l'organisme dans ses rapports avec son milieu environnant. Il y eut sur ce problème un rapprochement entre la psychologie de la forme et la psychologie du comportement (*Principles of Gestaltpsychology*, 1935).

**KOGĂLNICEANU (Mihail)** ♦ Écrivain et homme politique roumain (Iaşi 1817 - Paris 1891). Il fonda la revue *Dacia literară* («la Dacie littéraire», 1840), élaborant un programme de littérature spécifiquement roumaine, historique et folklorique, et participa à la création du théâtre de Iaşi. → **Alecsandri, Negruzzi.** Il participa au mouvement de 1848 dont l'échec le contraignit à l'exil. Revenu en Moldavie, il fonda l'Étoile du Danube (1855), intervint, comme membre du *Divan ad hoc*, en faveur de l'union avec la Valachie (1857) et de l'élection d'Alexandre Cuza* dont il fut le Premier ministre jusqu'en 1866. Lors de la guerre d'Indépendance, il fut ministre des Affaires étrangères (1877) et participa au congrès de Berlin (1878). Auteur, en français, de *Esquisse sur l'histoire, les mœurs, et la langue des Cizains* (c.-à-d. des Tziganes) et de *Histoire de la Valachie, de la Moldavie et des Valaques transdanubiens*.

**KØGE** ♦ V. du Danemark, municipalité du Sjælland dans l'île de Sjælland, au S.-O. de Copenhague. 32 780 hab. V. anc. : maisons de style Renaissance, hôtel de ville (1530 env.). ▪ Station balnéaire. Construc. mécaniques, indus. du bois, chimie.

**KOGURYŎ** ou **GOGURYEO** n. m. ♦ Ancien royaume coréen fondé en –37 et dont les vingt-huit souverains régnèrent jusqu'en 666 dans le N. de la péninsule coréenne. Il fut finalement conquis et absorbé par le royaume de Silla*.

**KŌH-É BĀBĀ** n. m. ♦ Chaîne de montagnes de l'Afghanistan central, entre l'Hindū* Kush et le Firūzkōh*, qui culmine à 5 143 m au S. du bassin de Bāmyān*.

**Koh-i Nor** n. m. ♦ Nom donné à un diamant de 800 carats, trouvé en Inde et ayant appartenu aux Grands Moghols*. Il fut offert à la reine Victoria et fait maintenant partie des joyaux de la couronne d'Angleterre. Son poids, après la taille, est de 279 carats.

**KOH KER** ♦ Cap. d'un petit royaume de l'anc. Cambodge, au N.-E. d'Angkor. Jayavarman* IV y résida de 921 à 941 et en fit sa cap. impériale, de préférence à Angkor. Abandonnée en 944, elle conserve les ruines de monuments de style colossal.

**KOHL (Helmut)** ♦ Homme politique allemand (Ludwigshafen 1930). Membre dès l'âge de 17 ans du parti CDU dans sa ville natale, député à la Diète de Rhénanie-Palatinat en 1959, ministre-président de ce Land (1969), il devint président de la CDU en 1973. À la fin de la coalition socialo-libérale de H. Schmidt* en 1982, il devint chancelier, à la tête de la coalition CDU-FDP. Souvent présenté par ses détracteurs comme indécis, surnommé le «géant noir» du Palatinat en raison de sa taille et de son attachement au catholicisme, il se montra très efficace en proposant dès nov. 1989 un plan d'unification des deux Allemagnes et en obtenant de la RDA des élections libres (mars 1990), dont le succès alla à la CDU. Il put ainsi sceller l'unification monétaire (juil. 1990) puis politique (oct. 1990). Partisan de l'Europe communautaire et de l'alliance franco-allemande, il a été réélu chancelier en 1991 et 1994, mais il s'est révélé incapable de résoudre la crise économique qui a secoué l'Allemagne dans son ensemble, et spécialement l'ex-RDA. Les nouveaux Länder ont ainsi connu un taux de chômage de plus de 18 %, dépassant très largement celui de l'Allemagne de l'Ouest. Helmut Kohl a alors été de plus en plus perçu comme le chancelier de la «désunion des Allemands», ce qui explique la lourde défaite subie par son parti aux élections législatives de 1998. ➝ ÉTYM. *Kohl* vient du vieil allemand *kôl* «chou» (surnom de cultivateur ou de marchand de choux).

Helmut **Kohl**.
*Phot. © Patrick Piel/Gamma*

**KÖHLER (Wolfgang)** ♦ Psychologue allemand (Reval, auj. Tallinn 1887 - Enfield 1967). Fondateur avec Koffka* et Wertheimer* de la Gestalttheorie (ou psychologie de la forme), il étudia les lois de structuration du champ perceptif, affirmant l'isomorphie entre les domaines physique, physiologique et psychique. Dans son étude sur l'intelligence des singes supérieurs, il mit en évidence un type d'apprentissage par intuition, ou organisation d'une structure, au cours duquel l'animal découvre brusquement (sans essais ni erreurs) la solution du problème posé (*L'Intelligence chez les singes supérieurs*, 1917). Enfin, il crut pouvoir affirmer la conformité innée entre la structure perceptive (visuelle) et la morphologie des mots. → **Guillaume [Paul].**

**KÖHLER (Georg J. F.)** ♦ Médecin allemand (Munich 1946 - *id.* 1995). [Prix Nobel de physiol. ou méd. 1984, avec N. Jerne* et C. Milstein*]

**KOHLRAUSCH (Rudolf Hermann)** ♦ Physicien allemand (Göttingen 1809 - Erlangen 1858). Il définit la résistivité et détermina la tension électroscopique avec un électromètre (1848), puis, en 1855, il mesura avec W. Weber* le rapport de l'unité électromagnétique à l'unité électrostatique de charge électrique, et obtint une valeur égale à la vitesse de la lumière (aux erreurs d'expérience près).

**KOHLRAUSCH (Friedrich)** ♦ Physicien allemand (Rinteln 1840 - Marburg 1910), fils de Rudolf Hermann Kohlrausch. Il mesura la conductivité des électrolytes en fonction de leur concentration à l'aide du *pont de Kohlrausch* (1874), et en déduisit les valeurs réelles des mobilités des ions (1876 - 1879). → **Arrhenius, Hittorf.**

**KOHN (Walter)** ♦ Physicien américain d'origine autrichienne (Vienne 1923). En 1964, il montra que l'énergie totale d'une molécule, et donc ses propriétés, peuvent être déduites de la densité de ses électrons en chaque point de l'espace. La théorie de Kohn permet la détermination de la géométrie de grosses molécules ainsi qu'une description du déroulement des réactions chimiques là où les calculs exacts, d'après l'équation de Schrödinger* appliquée séparément à chaque électron, ne sont pas possibles. [Prix Nobel de chimie 1998, avec J. Pople*]

**KOHOUT (Pavel)** ♦ Auteur dramatique tchèque (Prague 1928). Issu des milieux officiels, il s'illustra avec quelques pièces à succès (*Adieu tristesse*, 1956), puis se rapprocha des cercles contestataires des années soixante. Signataire de la Charte 77, il s'installa à Vienne en 1978. *Extraits du journal d'un contre-révolutionnaire*, 1969, *L'Homme qui marchait au plafond*, 1970, *L'Heure étoilée du meurtrier*, 1995. ➝ ÉTYM. *Kohout* a la même étymologie que *Kokoschka**.

**KOIVISTO (Mauno Henrik)** ♦ Homme d'État finlandais (Turku 1923). Social-démocrate, il a été Premier ministre (1968 - 1970, 1979 - 1982) puis président de la République (1982 - 1994).

**KOIZUMI Junichiro** ♦ Homme politique japonais (Yokosuka, préf. de Kanagawa, 1942). Premier ministre de 2001 à 2006, atypique, autoritaire et séduisant, il joua de son aisance médiatique et sut balayer les résistances à ses réformes, y compris au sein du tout puissant parti libéral démocrate (PLD) auquel il appartenait (envoi des troupes en Irak en 2003, remilitarisation du Japon, assainissement de l'économie).

**KOJÈVE (Aleksandr KOJEVNIKOV, dit Alexandre)** ♦ Philosophe français d'origine russe (Moscou 1901 - Paris 1968). Après des études en Allemagne, il suppléa Koyré* à l'École pratique des hautes études et organisa une série de cours sur Hegel*, jusqu'en 1939, suivis notamment par R. Aron*, G. Bataille* et J. Lacan*. Il insista sur le thème de la fin de l'histoire et mit en valeur le thème du désir dans *La Phénoménologie de l'esprit*. Un de ses auditeurs célèbres, R. Queneau*, mit en forme et publia son cours (*Introduction à la lecture de Hegel*, 1947).

**Kojiki** ➝ ÉTYM. jap. «Récit des choses anciennes» ♦ Titre du plus ancien livre historique du Japon, rédigé en 712 sous la dictée d'un certain Hiyeda no Hare. Il contient l'histoire mythologique du pays et de brefs comptes rendus sur les règnes des premiers souverains du Japon, ainsi que quelques poésies anciennes. Il fut complété en 720 par un ouvrage plus considérable, le *Nihongi**.

**KOKAND** ♦ V. d'Ouzbékistan, dans la partie O. de la vallée du Fergana. 192 500 hab. Nœud ferroviaire. Indus. chimique, mécanique, alimentaire, textile (coton, soie). ♦ ***Khanat de Kokand*** Fondé par les Ouzbeks dans la vallée du Fergana (XVIII^e^ s.), il englobait, au début du XIX^e^ s., le Kirghizstan. Vassal de l'Empire russe dès 1868, le khanat de Kokand fut rattaché au gouvernement du Turkestan en 1876.

**KÖKCHETAV** ♦ V. du Kazakhstan, ch.-l. de région. 123 400 hab. Indus. mécanique et chimique.

**Kokinshū** ➝ ÉTYM. jap. «Recueil de poésies anciennes et nouvelles» ♦ Vaste anthologie poétique japonaise, la première des 21 anthologies impériales, composée au X^e^ s. sur l'ordre de l'empereur Daigo (898 - 930). Elle est accompagnée d'une introduction critique de Ki* no Tsurayuki.

**KOKKOS (Yannis)** ♦ Scénographe grec (Athènes 1944). Exilé politique en France en 1963, auteur de plus de cent scénographies, il a travaillé notamment avec Jacques Lassalle* (*Remagen, Tartuffe, Les Estivants*) et surtout avec Antoine Vitez* dont il a été le collaborateur de 1981 à 1990 (*Électre, Lucrèce Borgia, Le Soulier de satin, Faust, La Mouette, La Vie de Galilée*). Il travaille selon des techniques nourries du cadrage cinématographique, sur l'image qu'anime et que projette l'acteur sur les lieux et les situations. Il est également metteur en scène de théâtre (*La Princesse blanche*, 1990 ; *Iphigénie*, 1992) et d'opéra (*Boris Godounov, Zelmira, Norma, La Clémence de Titus*).

**KOKOSCHKA (Oskar)** ♦ Peintre, dessinateur, graveur et écrivain autrichien (Pöchlarn 1886 - Villeneuve, Suisse 1980). Marqué par le *Jugendstil* lors de sa formation à Vienne (entre 1905 et 1909), il s'établit ensuite à Berlin où il fréquenta les milieux littéraires, picturaux et musicaux d'avant-garde, réunis autour de la revue *Der Sturm*. Il écrivit des poèmes et des drames, *L'Assassin, espoir des femmes* (1907), *Le Buisson ardent* (1911), dans lesquels la violence verbale va de pair avec des libertés syntaxiques. Il réalisa à cette époque une série de portraits où se révèlent le caractère lyrique et angoissé de son approche et en même temps la volonté d'exprimer la psychologie profonde de ses modèles en recourant à des déformations volontaires, à des attitudes expressives (*Le poète Dirsztay*, 1910). Il eut d'abord tendance à user d'un graphisme insistant, puis évolua vers une facture plus vivement colorée et plus grasse (*Le Tourbillon des vents*, 1914). Professeur à Dresde de 1919 à 1924, il s'installa ensuite à Vienne (1931), à Prague (de 1934 à 1938) puis à Londres (jusqu'en 1954) et en Suisse. Il ramena de ses divers voyages en Europe et en Orient d'amples vues de villes pleines d'animation et aux reflets de lumière éclatants et continua à réaliser des portraits et scènes allégoriques d'une touche large, parfois tourbillonnante. Il s'est imposé comme l'un des représentants les plus caractéristiques de l'expressionnisme. ➝ ÉTYM. *Kokoschka* est le diminutif du tchèque *Kochetov* «coq» (surnom).

**KOKSIJDE** → **Coxyde**

**KOLA** (presqu'île de) ♦ Péninsule de Russie, dans la région de Mourmansk. Env. 100 000 km². Couverte de toundra au N. et de taïga au S., elle est montagneuse dans sa majeure partie (massifs de Khibiny et Lovozer à l'O., alt. maximale 1 191 m). Minerais d'apatites et de nickel. Sur la côte N., le port de Mourmansk.

**KOLAŘ (Jiří)** ♦ Poète et artiste tchèque (Protivin 1914 - Prague 2002). Menuisier, il exerça comme son contemporain Hrabal* toutes sortes de métiers ; il fit ses débuts littéraires dans les années 1940 (*Les Jours de l'année*, 1946). Emprisonné à cause du manuscrit *Le Foie de Prométhée*, journal des années 1950 - 1951, auquel il faut ajouter *Témoin oculaire*, il connut la vie troublée des écrivains réduits au silence, émigra à Paris et revint dans son pays après la chute du régime communiste. Il se détourna peu à peu de la production littéraire pour se consacrer aux collages à base de textes et d'images imprimés qui l'ont rendu célèbre.

**KOLAR GOLD FIELDS** ♦ V. de l'Inde (Karnataka). 113 299 hab. Agglomération née, comme son nom l'indique, sur les plus importantes mines d'or de l'Inde. Or filonien exploité par puits, dans les roches du socle péninsulaire.

**KOLAROVGRAD** → **Šumen**

**KOLAS (Konstantine Mikhaïlovitch MITSKEVITCH, dit Iakoub)** ♦ Poète et romancier biélorusse (près de Minsk 1882 - Minsk 1956). Il fut, avec Koupala*, le fondateur d'une langue littéraire biélorusse. Dans ses premiers vers, publiés à partir de 1906, il chanta avec mélancolie la misère de son pays : *Pays natal, Chants de deuil* (1910). En 1923 parut *Dans le fin fond du Polessie*, la première partie de sa trilogie *À la croisée des chemins* (1954), qui révéla ses dons de paysagiste. Puis il se consacra à une littérature plus engagée, avec des thèmes comme celui de la collectivisation (*Sur les espaces de la servitude, Nous l'emporterons*), ou celui du rattachement des territoires de la Pologne orientale (*La Cabane du pêcheur*, 1947).

**KÖLCSEY (Ferenc)** ♦ Poète hongrois (Szödemeter 1790 - Cseke 1838). Il fit des études de droit et entra dans le cercle de Kazinczy* qu'il défendit dans ses critiques littéraires contre les «orthologues», ennemis de la réforme du langage. Désapprouvant l'imitation que constitue la traduction, il se sépara de Kazinczy, prôna l'originalité littéraire et l'indépendance politique en s'inscrivant ainsi dans la vague du romantisme d'Europe centrale. En 1823, il composa l'*Hymnus* qui, mis en musique par Ferenc Erkel (1844), devint l'hymne national hongrois. De 1832 à 1835, Kölcsey participa à la Diète où il mit ses talents d'orateur au service des idées libérales. Son *Deuxième chant de Zrínyi*, vision de la mort de la nation magyare, et son testament spirituel (*Parainesis*, 1837) révèlent en lui un philosophe et un patriote. Il fut l'un des fondateurs de la critique littéraire en Hongrie.

**KOLDEWEY (Karl)** ♦ Explorateur allemand (Bücken, Hanovre 1837 - Hambourg 1908). En 1868, il explora la côte orientale du Groenland et aborda au Svalbard (Spitzberg) et, lors d'une seconde expédition, découvrit le Franz-Josef Fjord (1869 - 1870).

**KOLDEWEY (Robert)** ♦ Archéologue allemand (Blankenburg 1855 - Berlin 1925). Après des travaux d'archéologie grecque à Assos, Lesbos, Neandreia, et en Italie du Sud, il fut de 1899 à 1917 le directeur de la mission allemande en Mésopotamie et l'auteur des fouilles de Babylone* et de Borsippa. Il inaugura les techniques de fouille modernes et de grande envergure.

**KOLDING** ♦ V. du Danemark, au fond d'un fjord du Jutland oriental, en face de la Fionie. 55 045 hab. Ruines d'un château édifié en 1248. ▪ Port de commerce, indus. agroalimentaire.

**KOLÉA** ♦ V. d'Algérie (wilaya de Tipasa), dans les collines du Sahel d'Alger. 36 790 hab. Cultures maraîchères. Vignobles.

**KOLHAPUR** ♦ V. de l'Inde (Maharashtra), sur le plateau du Dekkan, près des Ghâts. 497 554 hab. Industrie mécanique diversifiée.

**KOLL (EL-)** – anc. ***Collo*** ♦ V. d'Algérie (wilaya de Skikda), sur la côte de la *Kabylie de Collo*, au S.-E. du cap Bougaroun. 24 450 hab. Petit port de pêche. Traitement et exportation de liège.

**KOLLÁR (Ján)** ♦ Poète slovaque de langue tchèque (Mošovce 1793 - Vienne 1852). Il contribua à l'essor du panslavisme tchèque par des essais et un recueil de 645 sonnets : *La Fille de Slava* (1824 - 1852), évoquant les souffrances des peuples slaves. Il laissa en outre un recueil de *Chansons populaires slovaques* (1835).

**KOLLAR (François)** ♦ Photographe français d'origine slovaque (1904 - Créteil 1979). Éclectique, il travailla aussi bien pour la mode et la publicité (*Vogue*) que pour le reportage. De 1931 à 1934, il réalisa une enquête documentaire qui fit l'objet de la publication *La France travaille*. À travers quelque 1400 clichés, ce photographe humaniste marqué par le modernisme du Bauhaus a apporté un regard unique sur les hommes et les femmes au travail dans la France de l'entre-deux-guerres.

**KOŁŁĄTAJ (Hugo)** ♦ Homme politique et écrivain polonais (Dederkały 1750 - Varsovie 1812). Chanoine, il fut recteur de l'université de Cracovie (1782). Partisan du progrès et du jacobinisme, coauteur de la Constitution du 3 mai 1791, il écrivit dans une langue rénovée des ouvrages historiques et politiques : *Quelques lettres d'un anonyme* (1788), *Le Droit politique du peuple polonais* (*Prawo polityczne narodu polskiego*, 1790), *De la proclamation et de l'anéantissement de la Constitution du 3 mai 1791* (1793). Il prit part à l'insurrection de Kościuszko (1794) et fut emprisonné par les Autrichiens puis par les Russes.

**KÖLLIKER (Rudolf Albert VON)** ♦ Biologiste suisse (Zurich 1817 - Würzburg 1905). Ses recherches portèrent sur les organismes et les tissus à l'échelle microscopique.

**KOLLONTAÏ (Aleksandra Mikhaïlovna)**, née **DOMONTOVITCH** ♦ Révolutionnaire russe (Saint-Pétersbourg 1872 - Moscou 1952). Membre du parti bolchevik depuis 1915, elle participa à la révolution de 1917 et devint commissaire à l'Assistance publique puis (1920) responsable du secteur féminin. Proche des «communistes de gauche» (1918) et de l'opposition ouvrière (1920 - 1922), elle fut la première femme diplomate, en poste en Norvège, au Mexique et en Suède. On lui doit plusieurs ouvrages : *Les Fondements sociaux de la condition féminine* (1909), *La Famille et l'État communiste* (1919).

**KOLMOGOROV (Andreï Nikolaïevitch)** ♦ Mathématicien russe (Tambov 1903 - Moscou 1987). L'un des fondateurs de la théorie axiomatique des probabilités et des processus markoviens (→ **Markov**), qu'il rattacha à la théorie de l'intégration. Ses travaux trouvent d'importantes applications en physique (étude des phénomènes désordonnés, notamment). [Acad. sc. 1966]

**KÖLN** → **Cologne**

**KOLOMAN** ♦ (v. 1070 - 1116). Roi de Hongrie (1095 - 1116), fils de Géza* Ier. Il acheva la conquête de la Croatie et prit le titre de roi de Croatie. Il imposa son protectorat à la Dalmatie, ce qui donna au royaume un débouché maritime. À l'intérieur, il limita le pouvoir des nobles, améliora l'administration et édicta de nombreuses

Oskar **Kokoschka.**
*Les Ponts de l'Elbe*, 1923.
Musée Folkwang, Essen.
*BIS/Phot. © Archives Nathan*
*© ADAGP 2008, Paris*

lois (lois de Koloman). Père d'Étienne* II qui dut abdiquer en faveur de Béla II, à qui Koloman avait fait crever les yeux. ➝ ÉTYM. Ce nom turc signifie « reste », de *kalmak* « rester ».

**KOLOMBANGARA** ♦ Île de la chaîne occidentale des îles Salomon*.

**KOLOMENSKOÏE** ♦ Anc. village, au S.-O. de Moscou, auj. aménagé en musée d'architecture de plein air. Domaine des tsars (XVe - XVIIe s.). Remarquable église de l'Ascension (1532) de forme pyramidale. Église Saint-Jean-le-Précurseur (1547), clocher Saint-Georges. Musée d'icônes.

**KOLOMNA** ♦ V. de Russie, port au confluent de la Moskova et de l'Oka, au S.-E. de Moscou, dans la région indus. centrale. 150 100 hab. Ruines du Kremlin (1533). ▪ Indus. métallurgique. Construc. mécaniques (motrices Diesel, machines-outils pour l'indus. textile).

**KÖLREUTER (Joseph Gottlieb)** ♦ Botaniste allemand (Sulz 1733 - Karlsruhe 1806). Ses travaux d'hybridation méthodique en font un précurseur de la génétique.

**KOLTCHAK (Aleksandr Vassilievitch)** ♦ Amiral et homme politique russe (Saint-Pétersbourg 1874 - Irkoutsk 1920). Commandant de la flotte de la mer Noire en 1916, il démissionna après la révolution de février 1917 et, passant par les États-Unis, il gagna la Sibérie où il devint le chef des forces contre-révolutionnaires, instaurant la dictature militaire. ➝ **Omsk.** Soutenue par les Alliés, son armée occupa la Sibérie, l'Oural et la région de la Volga (1919), mais fut battue par les bolcheviks (mai 1919-janv. 1920) qui exécutèrent Koltchak le 7 fév. 1920.

**KOLTÈS (Bernard-Marie)** ♦ Auteur dramatique français (Metz 1948 - Paris 1989). Sa collaboration avec P. Chéreau* lui a permis de développer une œuvre dramatique que caractérise en premier lieu le refus de toute « littérature », de toute rhétorique. Le commerce des hommes comme échange, combat ou passion constitue le tissu même de ses pièces. Œuv. princ. : *Combat de nègre et de chiens* (1979), *Quai Ouest* (1986), *Dans la solitude des champs de coton* (1987), *Le Retour au désert* (1988), *Roberto Zucco* (posth. 1990).

**KOLTSOV (Alekseï Vassilievitch)** ♦ Poète russe (Voronej 1809 - *id.* 1842). Il passa sa jeunesse dans les steppes du Don, accompagnant son père, marchand de bétail en gros ; autodidacte, il fut nourri de chansons populaires. Ses premiers poèmes se rattachent à l'école pouchkinienne *(Le Rossignol)*. Puis il s'orienta vers la poésie populaire, tantôt lyrique, chantant l'amour et la liberté *(La Mal Aimée, Le Temps de l'amour)*, tantôt réaliste, décrivant la nature et la vie du paysan *(Le Faucheur, La Récolte, Le Chant du laboureur)*. Il écrivit aussi quelques poèmes philosophiques *(Méditations, Doumy)*.

**KOLWEZI** ➝ ÉTYM. n. de riv., altération de *Korwezi* « rivière qui traverse la ville » ♦ V. de la Rép. démocratique du Congo*, au Katanga. Plus de 80 000 hab. Prod. de cuivre. ▪ Opération aéroportée franco-belge en 1978. ➝ **Katanga.**

**KOLYMA** n. f. ➝ ÉTYM. p.-ê. du n. d'une tribu ♦ Fleuve de Russie, en Sibérie orientale (2 129 km), qui a donné son nom à une région. Née de la confluence des riv. Koulou et Aïan-Iouriakh, elle se jette dans l'océan Arctique (mer de Sibérie orientale) après avoir reçu les eaux des riv. Iassatchnaïa, Ojoguina (rive g.), Balyguytchan, Korkodon, Omolon (rive d.). Elle est navigable de mai à oct., jusqu'à sa confluence avec la Bokhaptchi. Son cours supérieur recèle des gisements aurifères importants. ▪ Durant la période stalinienne, furent aménagés dans la région de nombreux camps de travail où périrent des centaines de milliers de Soviétiques.

**KOLYMA** (monts) ♦ Système de chaînes montagneuses de Russie s'étendant sur 1 300 km en Sibérie extrême-orientale, au N. des monts Djougdjour, entre le bassin de la Kolyma et le bassin des rivières qui se déversent dans la mer d'Okhotsk. Point culminant, 1 962 m.

**KOMÁRNO** ♦ V. de Slovaquie, sur le Danube, près de sa confluence avec le Ván, reliée par un pont à la ville hongroise de Komárom. 37 366 hab. Ruines d'un camp romain et de fortifications bâties au XVIe s. contre les Turcs. Églises (fin XVIIIe s.). ▪ Port fluvial. Chantiers navals. ▮ **Histoire** La ville fut détruite par deux tremblements de terre (1767 et 1783).

**Komintern** - [Kommounistitcheski Internatsional] ♦ IIIe Internationale communiste fondée en mars 1919 par Lénine*, dissoute en 1943 par Staline. ➝ **Internationale.**

**KOMIS** (république des) ➝ ÉTYM. n. de peuple « les hommes » ♦ République de la fédération de Russie, à une centaine de kilomètres au-delà du cercle polaire. ➝ **Russie** (carte et tableau des divisions admin.). 415 000 km². 1 019 000 hab. (*Komis* ou *Zyrianes*). LANGUES : komi, russe. POPULATION : Komis, 23 % ; Russes, 57 % ; Ukrainiens et Biélorusses, 10 %. RELIGION : orthodoxe. CAPITALE : Syktyvkar. La république des Komis est divisée en 16 districts. ▪ Gisements de houille (bassin de Vorkouta), de pétrole (bassin de Petchora) et de gaz. L'activité agricole est surtout représentée par l'élevage bovin (et l'élevage des rennes au N.). On y cultive les céréales, les pommes de terre et les légumes. Indus. pétrolières. Traitement du bois. ▮ **Histoire** La région des Komis fit partie de l'État russe dès la fin du XIVe s. En mars 1918, le régime soviétique y fut instauré. Disputée entre les bolcheviks et les Russes blancs (1919 - 1920), la contrée devint une région autonome de la République socialiste fédérative soviétique de Russie en 1921, une République socialiste soviétique autonome en 1936 et se proclama République autonome en 1990.

**KOMMISSAREVSKAÏA (Vera Fedorovna)** ♦ Actrice et directrice de théâtre russe (Saint-Pétersbourg 1864 - Tachkent 1910). Après une carrière d'actrice, marquée entre autres par la création de *La Mouette** de Tchekhov (1896), elle travailla avec Stanislavski*. Elle fonda le Théâtre dramatique de Saint-Pétersbourg (1904) où elle accueillit Meyerhold* (1904 - 1909).

**KOMMOUNARSK** ➝ **Perevalsk**

**KOMODO** ♦ Île d'Indonésie, située entre les îles Sumbawa et Flores. Connue surtout pour abriter une race de varans de plus de 3 m de long surnommés « dragons de Komodo » (il en resterait 4 000). Réserve naturelle depuis 1978.

**KOM OMBO** ou **KAWN UMBŪ** - anc. ***Ombos*** ♦ V. d'Égypte, au N. d'Assouan, au centre d'un bassin fertilisé par le pompage des eaux du Nil. 71 623 hab. Centre administratif et industriel (minoteries, sucreries). Industrie chimique. Marché. ▮ **Histoire** De l'anc. cité, il reste un très beau temple de l'époque ptolémaïque reconstruit sur un sanctuaire datant de Thoutmôsis III. Bâti sur une colline surplombant le Nil, il a l'aspect, rare en Égypte, d'une sorte d'acropole. Il est construit selon le plan classique des temples ptolémaïques mais présente la particularité d'être double (dédoublement du sanctuaire et de toutes les portes et passages qui y mènent) parce qu'il était consacré au culte simultané de deux divinités : Sobek le crocodile, et Haroéris (« Horus le grand ») à tête de faucon.

**KOMOTINI** ➝ **Comotini**

**KOMPONG CHAM** ♦ V. du S.-E. du Cambodge, traversée par le Mékong. Env. 64 000 hab. Ch.-l. de la prov. de Kompong Cham (env. 1 700 000 hab.). Riziculture riche et plantations d'hévéas. La région et les petites usines de pneumatiques et de textiles ont été ravagées par la guerre. La production reprend lentement. Un pont sur le Mékong a été inauguré en 2008.

**KOMPONG SOM** ➝ **Sihanoukville**

**KOMSOMOLSK-SUR-AMOUR** ♦ V. de Russie, sur la rive g. de l'Amour, en Extrême-Orient. 281 000 hab. Centre culturel et technique, et centre indus. important. Port fluvial. Sidérurgie. Construc. mécaniques (machines agricoles) et navales. Centrale thermique. Raffinerie de pétrole. Conserveries de poisson. Indus. du bois. Confection. ▮ **Histoire** La ville fut fondée en 1932 par de jeunes *komsomols* d'où elle tient son nom.

**KONAKRY** ➝ **Conakry**

**KONAR** ou **KUNAR** n. m. ♦ Riv. d'Afghanistan (462 km), affl. du Kābul rūd, dont la vallée donne accès au Nouristan* et au Chitral*.

**KONĀRAK** ♦ Site anc. de l'Inde (Orissa), au bord de la mer, non loin de la ville sainte de Puri*, célèbre pour sa grande pagode dédiée au Soleil (Sūrya) et ornée de milliers de sculptures ayant trait au culte solaire, à la danse et à l'amour, exécutées dans un grès dur (XIVe s.).

**KONCHALOVSKI (Andreï)** ➝ **Mikhalkov-Konchalovski (Andreï)**

**KONDOZ** ou **KUNDUZ** n. m. ♦ V. d'Afghanistan, ch.-l. de prov., à 400 m d'alt. 95 000 hab. ▮ **Histoire** Capitale d'un émirat ouzbek du XVIIe au XIXe s., elle devint au XXe s. la métropole cotonnière de l'Afghanistan.

**KONDRATIEFF (Nikolaï Dmitrievitch)** ♦ Économiste russe (1892 - 1930). Ses travaux ont mis en valeur l'existence de cycles de longue durée (25 ans) durant lesquels des phases de hausse et de baisse des prix ont alterné dans les pays capitalistes, depuis le XVIIIe s. *(cycles de Kondratieff)*. Il disparut au goulag. ➝ ÉTYM. Ce nom de famille vient du prénom russe *Kondrati*, du grec *Kodratos* (du latin *quadratus* « carré ») [confondu avec Konrad].

**KONIEV (Ivan Stepanovitch)** ♦ Maréchal soviétique (Lodeino, Viatka, auj. Kirov 1897 - Moscou 1973). Membre du PC en 1918 et commissaire politique, il commanda une armée en 1941, à Smolensk et devant Moscou. À la tête du premier front d'Ukraine (1943), il prit Kharkov (23 août 1943) et mena de concert avec Joukov* l'offensive en direction des Carpates (à partir du 15 mars 1944). Il conquit Lvov et Cracovie, participa à l'encerclement de Berlin, fit sa jonction avec Joukov le 22 avril 1945 et avec les Américains de Patton* le 25 avril et conquit la Bohême. ➝ **Guerre mondiale (Deuxième).** Après la guerre, il fut commandant des forces soviétiques en Autriche (1945), puis des forces terrestres d'URSS (1946), ministre adjoint de la Défense (1950 - 1955), commandant des forces du pacte de Varsovie (1956 - 1960), puis des forces soviétiques en Allemagne de l'Est (1961). En 1953, il présida le tribunal qui condamna Beria.

**KÖNIGSBERG** ◆ ÉTYM. trad. all. du moy. haut all. *Kungisbergh* « mont royal » (en l'honneur d'Ottokar II) – auj. ***Kaliningrad*** ♦ V. de l'anc. Prusse*-Orientale, située au N.-O. d'Eylau, auj. en Russie. → **Kaliningrad.** ▮ **Histoire** La ville, qui s'est développée autour d'une forteresse fondée par l'ordre Teutonique (1255), sous l'impulsion du roi de Bohême Ottokar II, reçut, dès 1286, une charte urbaine et devint membre de la ligue hanséatique en 1340. Résidence de l'ordre Teutonique en 1457, puis capitale du nouveau duché de Prusse en 1525, elle fut dotée d'une université (1544) où plus tard devait enseigner Kant. L'électeur de Brandebourg, Frédéric III, s'y fit couronner roi de Prusse (1701) sous le nom de Frédéric I$^{er}$. Occupée par les Russes (1757 - 1762) durant la guerre de Sept Ans, puis par les Français (1807) pendant les guerres napoléoniennes (→ **Murat, Soult**), puissante place forte au XIX$^{e}$ s., Königsberg fut bombardée (1944) et les Soviétiques s'en emparèrent en avril 1945 après de violents combats. Attribuée à l'URSS, lors des accords de Potsdam, la ville fut rebaptisée Kaliningrad en 1946.

**KÖNIGSHÜTTE** → **Chorzów**

**KÖNIGSMARK (Hans Christopher,** comte **VON)** ♦ Général suédois d'origine allemande (Kötzlin 1600 - Stockholm 1663). Il combattit aux côtés de Wrangel* et de Turenne* et s'empara de Prague (1648). ♦ **Philipp** ou **Filipp Christoph,** comte **von Königsmark** (Stade 1665 - Hanovre 1694). Petit-fils du précédent. Soupçonné de vouloir enlever Sophie Dorothée, femme du futur George* I$^{er}$, dont il était l'amant, il fut assassiné. ♦ **Aurora** comtesse **von Königsmark** (Stade 1662 - Quedlinburg 1728). Sœur du précédent. Elle devint la maîtresse d'Auguste II de Saxe, roi de Pologne, et en eut un fils, le futur maréchal de Saxe.

**KONIKA (Faik)** ♦ Homme de lettres albanais (Konika, dans l'Épire grec 1875 - Boston 1943). Il fit aux côtés de Fan Noli* une carrière diplomatique et journalistique : il fonda notamment *Albania,* journal nationaliste édité à Bruxelles, puis *Dielli* (« Le Soleil »), organe de la société des Albanais d'Amérique. Ses écrits satiriques, notamment *Docteur Aiguille* (1924), le rendirent populaire, mais le ton avec lequel il fustigea les velléités sociales de ses compatriotes (*À l'ombre des palmiers,* 1924) lui valut d'être interdit dans son pays après la Deuxième Guerre mondiale.

**KONIN** ♦ V. de Pologne, voïvodie de Grande-Pologne, sur la Warta. 80 195 hab. Importants gisements de lignite. Centrales thermoélectriques (Konin, Adamów-Pątnów). Fonderie d'aluminium.

**KONINCK** ou **KONING (Philips)** ♦ Peintre hollandais (Amsterdam 1619 - *id.* 1688). Il se forma auprès de son frère aîné Jacob, peignit des portraits, des scènes d'histoire et de genre mais s'affirma surtout comme paysagiste. Subissant l'influence de Seghers* et de Rembrandt*, il représenta selon une vue plongeante d'amples panoramas dans lesquels le ciel nuageux occupe la majeure partie de la composition et où le site, réduit souvent à quelques bandes étroites de terre, est animé par le jeu contrasté de l'éclairage.

**KONITZ (Lee)** ♦ Saxophoniste américain (Chicago 1927). Saxophoniste alto, il possède une sonorité limpide et transparente, dénuée de vibrato, qui s'affranchit des règles du be-bop et annonce le jazz cool. Dirigeant ses propres orchestres, il a multiplié les rencontres et privilégié les duos : *Wow* (avec Warne Wash, 1959), *Motion* (Elvin Jones*, 1961), *Satori* (Martial Solal*, 1974), *Toot Sweet* (Michel Petrucciani*, 1982) et composé ses propres œuvres de jazz, affirmant son goût pour de nouvelles formes musicales lorsqu'il participe avec Lennie Tristano à *Intuition,* la première tentative d'improvisation totalement libre dans l'histoire du jazz (atonale et « sans matériel thématique initial »).

**KÖNIZ** ♦ V. de Suisse (cant. de Berne), dans la banl. S. de Berne. 37 226 hab. Église (X$^{e}$ - XIII$^{e}$ s.) avec des fresques du XIV$^{e}$ s.

**KONKAN** n. m. ♦ Région de l'Inde. Bas plateau côtier étroit entre les Ghâts et la mer, s'étendant du sud de Bombay à Goa. Les sols rocheux et la faiblesse du réseau de communication freinent son développement.

**KONKOURÉ** n. m. ♦ Riv. de Guinée (260 km), née dans le Fouta*-Djalon, le plus important d'une multitude de cours d'eau, les « Rivières* du Sud. » Grand barrage hydroélectrique. → **Fria.**

**KONOE Fumimaro** ♦ Prince impérial japonais (Kyōto 1891 - Tōkyō 1945). Président du Conseil de 1937 à 1939 et de 1940 à 1941, il signa en 1940 le pacte tripartite avec Berlin et Rome. Il se suicida pour échapper à son arrestation comme criminel de guerre.

**KONOPNICKA (Maria)** ♦ Poète polonaise (Suwałki 1842 - Lvov 1910). Elle exprima ses idées démocratiques dans des poèmes comme *Credo, Les Jours de chagrin* et *Tristesse,* qui furent publiés en 1881. Son *Livre de chants historiques* (1905) évoque la vie misérable des paysans. Dans *Monsieur Balcer au Brésil,* poème épique publié peu avant sa mort, elle affirme que le peuple polonais s'insurgera un jour contre l'oppression tsariste.

**KONRAD VON HOHENBURG,** dit **der Püller** ♦ Chevalier et poète alsacien (2$^{de}$ moitié du XIII$^{e}$ s.). Il prit sans doute part à une croisade et combattit avec le roi Rodolphe I$^{er}$ de Habsbourg contre Ottokar II de Bohême (1276 - 1278). Dans ses poèmes, il a chanté son amour pour sa bien-aimée et sa nostalgie de l'Alsace.

**KONSTANTINOVKA** ♦ V. d'Ukraine, dans le Donbass. 88 833 hab. Indus. chimique (superphosphates) et sidérurgique. Métall. du zinc.

**KONTARSKY (Aloys** et **Alfons)** ♦ Pianistes allemands (Iserlohn 1931 et 1932). Jouant souvent en duo, ces deux frères se sont largement consacrés à la musique contemporaine. Ils ont créé ensemble *Mantra* de Stockhausen (Donaueschingen, 1970). En 1966, à Darmstadt, Aloys donna le premier l'intégrale des *Klavierstücke I* à *XI,* du même compositeur, et les enregistra peu après.

**KONTICH** ♦ Comm. de Belgique (Région flamande), prov. et arr. d'Anvers (banl. S.). 20 243 hab. Cultures maraîchères sous verre. Brasserie. Indus. chimique. Taille du diamant.

**KONTSEVICH (Maxim)** ♦ Mathématicien russe (Klimki, Russie 1964), vivant en France depuis 1995. Ses travaux les plus importants concernent les concepts mathématiques issus de la physique (théorie des cordes, gravitation quantique) ainsi que la théorie des nœuds (→ **Witten**). [Médaille Fields 1998 ; Acad. sc. 2002]

***Konungsskuggsjá*** ◆ ÉTYM. norv. « Miroir du roi » ♦ Ouvrage norvégien (v. 1250). Il relève de la littérature dite de « miroirs » *(specula)* où sont énumérés et justifiés les droits et les devoirs de représentants de toutes les catégories sociales possibles. L'intérêt du *Konungsskuggsjá* vient de ce que le texte, conçu comme un dialogue entre un père et son fils, déborde largement le cadre du genre pour se livrer à toutes sortes de considérations géographiques, sociales ou politiques qui proposent un tableau intéressant de la culture scandinave ancienne.

**KONWICKI (Tadeusz)** ♦ Écrivain et cinéaste polonais (Nowa Wilejka, près de Vilnius 1926). Figure majeure de la prose polonaise de l'après-guerre, il a dépeint un monde parfois onirique, souvent angoissant (*La Clef des songes contemporains,* 1963 ; *Chronique des événements amoureux,* 1974), victime des séquelles de la guerre et de la répression qui la suivit (*Le Complexe polonais,* 1977 ; *La Petite Apocalypse,* 1979 ; *Fleuve souterrain, oiseaux de nuit,* 1985, *Roman de gare,* 1992).

**KONYA** – anc. en gr. ***Iconion*** ♦ V. de Turquie, en Asie Mineure, sur le plateau anatolien (alt. 1 026 m), ch.-l. de prov. 967 055 hab. Nombreux monuments du XIII$^{e}$ s. : couvent des derviches tourneurs et tombeau de Mawlanā, mosquées, médersa de Karatav (musée de céramique) et d'Ince Minare (musée de sculpture). Siège de l'université de Selçuk. Centre industriel (textile et agroalimentaire) et commercial. ▮ **Histoire** La première agglomération remonte aux Phrygiens. Ravagée par les Cimmériens au –VII$^{e}$ s., passée aux mains des Lydiens puis des Perses (fin du –VI$^{e}$ s.), elle fut hellénisée sous les Séleucides (–III$^{e}$ s.) et fit ensuite partie du royaume de Pergame. Léguée aux Romains (–133), elle devint la capitale de la Pisidie, puis de la Lycaonie*. Embellie par les empereurs romains, elle reçut la visite de saint Paul et fut un centre du christianisme primitif. De la fin du XI$^{e}$ s. au milieu du XIII$^{e}$ s., Konya fut la capitale du sultanat seldjoukide de Rum, à part deux brèves occupations par les croisés. Le poète et mystique Jalāl* al-Dīn Rūmī, surnommé Mawlanā, y fonda au XIII$^{e}$ s. l'ordre des derviches tourneurs.

**Konya.** Médersa Ince Minare, art seldjoukide du XIII$^{e}$ s.
*Phot. © Carlo Bevilacqua/Ricciarini*

**KOOLHAAS (Rem)** ♦ Architecte et urbaniste néerlandais (Rotterdam 1944). Il constate, notamment dans *SMLXL* (1995) qu'il signe avec le graphiste Bruce Mau, que le développement réfléchi de la ville a échappé aux architectes, contraints de s'adapter aux exigences techniques et commerciales. Il a notamment réalisé le Théâtre national de la danse de La Haye (1987), le musée Kunsthal Rotterdam (1992), Euralille et Lille-Grand-Palais (1992), le musée Guggenheim à Las Vegas (2000), la Casa da Musica à Porto (2005), le siège d'une télévision chinoise à Pékin (2008) dont la forme en trapèze l'a fait surnommer « le pantalon ». [Prix Pritzker 2000]

**KOONING (Willem DE)** → **De Kooning (Willem)**

**KOONS (Jeff)** ♦ Artiste plasticien américain (York, Pennsylvanie 1955). Après avoir étudié à l'Art Institute of Chicago et travaillé comme courtier en matières premières à Wall Street, il se fit remarquer par des sculptures kitsch, marquées par le mouvement Dada, Marcel Duchamp et Andy Warhol. Ses œuvres monumentales aux couleurs vives sont inspirées de la publicité et de la société de consommation : des aspirateurs dans des boîtes de plexiglas (série *Equilibrium*, 1985) ; des jouets *(Statuary)*, lapins ou chiens faits de ballons gonflables noués (*Balloon Dog*, 1994-2000) ; des sculptures comme celles de Michael Jackson et de la Panthère Rose ; des moulages de trains en acier inoxydable remplis de whisky (*Luxury Degradation*, 1986) ; de luxuriants bouquets de fleurs à connotation sexuelle. Il s'est également mis en scène dans des œuvres à la limite de la pornographie (*Made in Heaven*, 1989-1991). Une partie de ses sculptures (*Hanging Heart*, cœur rouge suspendu, 1994-2006) a été exposée en 2008 au château de Versailles.

Jeff **Koons.** *Balloon Dog* (red) (3,08 × 3,66 × 1,15 m), série «Célébration», acier inoxydable. *© Jeff Koons. Courtesy Galerie Jérôme de Noirmont, Paris*

**KOOPMANS (Tjalling Charles)** ♦ Économiste américain ('s Graveland, Hollande-Septentrionale 1910 - Yale-New Haven 1985). Il contribua à l'analyse de l'utilisation optimale de ressources limitées, ainsi qu'aux méthodes économétriques. [Prix Nobel de sc. éco. 1975, avec L. Kantorovitch*]

**KOPA (Raymond KOPASZEWSKI, dit Raymond)** ♦ Footballeur français (Nœux-les-Mines 1931). Meneur de jeu de l'équipe de France dans les années 1950, il remporta quatre fois le championnat de France avec l'équipe de Reims (il marqua 18 buts en 45 sélections). Il fut deux fois champion d'Espagne et trois fois vainqueur de la Coupe des clubs champions européens avec le Real Madrid. Sa participation à la coupe du monde en Suède lui valut le titre de meilleur joueur de la Coupe du monde 1958.

**KOPER** – en croate ***Kopar***, en it. ***Capo d'Istria*** ♦ V. de Slovénie, sur la côte N.-O. de l'Istrie. 23 765 hab. Cathédrale et palais gothique et Renaissance. Port de pêche et de commerce.

**KOPIT (Arthur)** ♦ Auteur dramatique et metteur en scène américain (New York 1937). Marquée par la double influence de Labiche et de Ionesco, sa comédie *Oh 'pa, pauvre 'pa, maman t'a pendu dans le placard, et moi j'en ai le cafard* (1961) constitue, sur le mode de l'humour noir, une dénonciation du matriarcat, tout autant qu'une satire des abus de la richesse. Il est devenu l'un des maîtres de la farce satirique contemporaine (*Chamber Music*, 1962 ; *Indians*, 1969 ; *Wings*, 1978 ; *The Road to Nirvana*, 1993). On lui doit le livret de la comédie musicale *Nine* (1982).

**KOPITAR (Jernej)** ♦ Philologue slovène (Repnje, Slovénie 1780 - Vienne 1844). Il publia en 1808 la première grammaire scientifique du slovène : *Grammaire de la langue slave de Carniole, de Carinthie et de Styrie*.

**KÖPPEN (Vladimir Petrovitch KEPPEN, dit en all. Wladimir)** ♦ Géographe et météorologue allemand d'origine russe (Saint-Pétersbourg 1846 - Graz 1940). Directeur de l'observatoire maritime de Hambourg, il s'est surtout intéressé à la climatologie.

**KOPPERS (Wilhelm)** ♦ Missionnaire catholique et ethnographe allemand (Menzelen 1886 - Vienne 1961). Missionnaire en Terre de Feu (1921 - 1922), puis en Inde (1938 - 1939), il enseigna l'ethnologie à Vienne et fut un des représentants de l'école «cyclo-culturelle» diffusionniste. → **Graebner, Schmidt (Wilhelm).** Il a publié *Völker und Kulturen* (avec W. Schmidt, 1924).

**KÖPRÜLÜ** ♦ Famille turque d'origine albanaise, dont cinq membres furent grands vizirs de l'Empire ottoman (1656 - 1710). ♦ **Mehmet Köprülü** (Rudnik, Albanie 1575 ? - Andrinople 1661). Fondateur de la famille Köprülü, il fut à partir de 1648 successivement gouverneur de Konya, Trébizonde et Damas. En 1656, il accepta le poste de grand vizir à condition que le sultan ne s'oppose pas à ses décrets. À cette date, l'autorité du sultan était menacée par les intrigues de palais, les rébellions de l'armée à Constantinople, les révoltes dans les provinces et les attaques des Vénitiens sur les côtes de l'Anatolie et même dans les Dardanelles. Aussi Mehmet entreprit-il de redresser la situation : il exila les oulémas dont il se méfiait, mit à mort 4 000 soldats insubordonnés avant de s'attaquer aux Vénitiens qu'il expulsa des Dardanelles. Il occupa aussi Lemnos et Tenedos (1657) et réprima des révoltes en Anatolie, en Syrie et en Égypte. ♦ **Fazil Ahmet Pacha Köprülü** (Vezir-Köprü, Anatolie 1635 - près d'Andrinople 1676). Fils aîné de Mehmet. Succédant à son père au poste de grand vizir, il envahit la Hongrie et mena une expédition contre la Crète, où l'autorité ottomane fut établie en 1669. En 1672 il reprit la guerre contre la Pologne, et le roi polonais Michael fut obligé de céder une partie de l'Ukraine et Kamenets à la Turquie. Ainsi Ahmet rétablit-il la puissance de l'Empire ottoman. Il favorisa les arts et les sciences et fonda une bibliothèque qui existe toujours. ♦ **Fazil Mustafa Pacha Köprülü** (Vezi-Köprü 1637 - près de Belgrade 1691). Second fils de Mehmet. En 1687 il prit part à la mutinerie qui aboutit à l'abdication de Mehmet* IV et fut nommé grand vizir par le sultan Süleyman II (1689). Continuant l'œuvre de ses prédécesseurs, il mena une campagne victorieuse en Hongrie, reconquit Belgrade (1690), mais fut tué dans une bataille contre les Impériaux (Slankamen, 1691). ♦ **Huseyin Pacha Köprülü** (1644 - 1702). Fils de Hasan, le plus jeune fils de Mehmet. Après avoir servi comme gouverneur dans plusieurs villes, il fut nommé grand amiral de la flotte turque et reconquit Chios sur les Vénitiens (1696). Il fut nommé grand vizir quand il était gouverneur de Belgrade (1697) et fut renvoyé par le sultan en sept. 1702. ♦ **Numan Pacha Köprülü** (Constantinople 1670 - 1719). Fils aîné de Fazil Mustafa. Après avoir participé à une expédition contre les Autrichiens (1696), il épousa la fille du sultan Mustafa II, et fut nommé grand vizir (1710). Il dut démissionner quelques semaines plus tard à la suite de son refus de rompre le traité de paix avec la Russie.

**KÖPRÜLÜ (Mehmet Fuad)** ♦ Historien et homme d'État turc (İstanbul 1890 - *id.* 1966). Issu de la fameuse famille des vizirs du XVIIe s., il passa de la poésie à l'histoire de la littérature turque, écrivant des articles pour l'*Encyclopédie de l'Islam* et *Les Origines de l'Empire ottoman* (1935). Membre fondateur du parti démocrate, il fut ministre des Affaires étrangères (1950 - 1957).

**KORAB** ou **KORABI** n. m. ♦ Point culminant (2 764 m) des Alpes dinariques, à la frontière albano-macédonienne.

**KORAÏCHITES** → **Qoraychites**

**KORAÏS (Adamantios)** → **Coraïs (Adamantios)**

**KORAT** n. m. ♦ Plateau de la Thaïlande orientale, limité au N.-E. par le Mékong* et à l'O. par la plaine du Menam Chao Phraya, relevant anciennement de l'empire d'Angkor (XIIe - XIIIe s.) puis du royaume lao du *Lao Xang* (XIVe s.). Forêts claires (bois de teck) et cultures indus. surtout (maïs, tabac, coton, hévéa). ▪ Anc. nom de la ville de Nakhon Ratchasima.

**KORÇË** ou **KORÇA** ♦ V. d'Albanie méridionale. Ch.-l. de distr. 58 911 hab. Centre industriel au cœur d'une riche plaine alluviale vouée à la culture du blé et de la betterave sucrière. Mines de lignite à proximité.

**KORČULA** – en it. ***Corzula***, en fr. ***Kortchoula*** ♦ Île de Croatie (archipel dalmate). 268 km$^2$. 16 182 hab. Tourisme.

**KORCZAK (Henryk GOLDSZMIT, dit Janusz)** ♦ Pédagogue polonais (Varsovie v. 1878 - Treblinka 1942), inspirateur de la Convention internationale sur les droits de l'enfant. Médecin, s'appuyant sur des méthodes responsabilisant l'enfant, il fonda en 1909 un orphelinat dans le quartier juif de Varsovie. Il écrivit pour les enfants deux romans sur l'histoire du *Roi Mathias Ier* et créa *La Petite Revue* en 1926. Durant la Deuxième Guerre mondiale, il refusa d'abandonner les enfants et mourut avec eux en déportation.

**KORDA (Sándor Laszlo KELLNER, devenu sir Alexander)** → **ÉTYM.** pseud. (pris en 1919), tiré de la phrase latine *sursum corda* «élevons nos cœurs» ♦ Réalisateur et producteur de cinéma britannique d'origine hongroise (Pusztaturpaszto, Hongrie 1893 - Londres 1956). Il réalisa en Europe et aux États-Unis de nombreux films : *Marius* (1931), *La Vie privée d'Henry VIII* (1932), *Lady Hamilton* (1940) puis, producteur, contribua à la renaissance du cinéma britannique en faisant appel à quelques-uns des meilleurs cinéastes (Pabst, Feyder, Clair). Ses frères, ZOLTAN KORDA (1895 - 1961) et VINCENT KORDA (1896 - 1979), ont à leur actif quelques films importants, dont *Les Quatre Plumes blanches* (1939), réalisé par Zoltan Korda, décors de Vincent Korda.

**KORDOFAN** ou **KURDŪFAN** ➝ ÉTYM. de *Kordu* «homme» ♦ Région du Soudan comprise entre les plateaux du Darfour et la vallée du Nil. Élevage (chameaux, bovins, ovins). Forte production de gomme arabique. Prospection d'uranium. → **Obeïd (El-).** ▮ **Histoire** Gouverné par les Toundjours animistes, le Kordofan fut islamisé à partir du XIV$^e$ s., passa sous la suzeraineté du Darfour puis fut conquis par les Égyptiens (1820). Le Mahdī* s'en empara en 1883.

**KORIAK(S)** n. m. (pl.) ➝ ÉTYM. russe «les gens des rennes», de *kora* (ou *chora*) «renne» ♦ Peuple du N.-E. de la Sibérie et de la presqu'île du Kamtchatka*, d'origine paléo-sibérienne, composé de chasseurs et de pêcheurs. Il est en voie de disparition.

**KŌRIN OGATA** ♦ Peintre japonais (Kyōto 1661 - *id.* 1716), fondateur d'une école de style décoratif aux couleurs vives. Il fut un calligraphe et un laqueur de talent. Ses œuvres furent imitées par ses nombreux disciples. Il était le frère de Kenzan*.

**KORN (Arthur)** ♦ Physicien américain d'origine allemande (Breslau 1870 - Jersey City, New Jersey 1945). Auteur des premières pratiques de phototélégraphie, il effectua ses premières démonstrations à Paris en 1903.

**KORNBERG (Arthur)** ♦ Biologiste américain (New York 1918 - Stanford, Californie 2007). Il découvrit, puis fabriqua l'enzyme responsable de la synthèse de l'ADN, l'ADN polymérase. Ses travaux et ceux de S. Ochoa* y Albornoz montrèrent qu'il était possible de synthétiser des acides désoxyribonucléique et ribonucléique et jouèrent un rôle important dans le décryptage du code génétique. [Prix Nobel de physiol. ou méd. 1959, avec S. Ochoa]

**KORNBERG (Roger D.)** ♦ Biochimiste américain (Saint Louis, Missouri 1947), fils d'Arthur Kornberg. Ses travaux permirent d'élucider la façon dont l'information des gènes est copiée et ensuite transférée vers les parties des cellules qui produisent des protéines. Il identifia l'ARN polymérase (la plus grosse protéine dont la structure a été décrite), l'enzyme qui permet de fabriquer l'ARN à partir de l'ADN et réussit, en 2001, à produire des images du processus en cours au niveau moléculaire. [Prix Nobel de chimie 2006]

**KORNEÏTCHOUK (Aleksandr Ievdokimovitch)** ♦ Auteur dramatique ukrainien (Khristinovka, gouv. de Kiev 1905 - Kiev 1972). Ses pièces relèvent du réalisme socialiste. *La Mémoire du cœur* (1969), considéré comme son chef-d'œuvre, a introduit le thème du héros négatif dans la littérature soviétique.

**KÖRNER (Karl Theodor)** ♦ Poète allemand (Dresde 1791 - Gadebusch Schwerin 1813). Auteur de comédies et de drames, au succès éphémère, et de chants patriotiques (*Lyre et Épée*, publié en 1814), sans originalité mais non sans sincérité dans leur exaltation, il dut sa célébrité à son destin. Engagé volontaire dans un corps franc lors de la guerre d'indépendance contre les armées de Napoléon I$^{er}$, il fut tué dans une escarmouche.

**KORNET EL-SAOUDA** ou **QORNET EL-SAOUDA** ♦ Point culminant de la chaîne du Liban (*djebel Liban*). 3 083 mètres.

**KORNFELD (Paul)** ♦ Écrivain tchèque d'expression allemande (Prague 1889 - Łódź 1942). Il appartenait au cercle des poètes de Prague avec Werfel*, Kafka*, Max Brod*. De 1910 à 1933, il vécut en Allemagne. D'origine israélite, il gagna Prague pour tenter d'échapper aux nazis mais il fut arrêté et déporté en 1941. De l'expressionnisme exacerbé de ses premières années, il évolua vers un style plus simple. Œuv. princ. : *Blanche* (roman, posth. 1957), *Die Verführung* («La Séduction», théâtre, 1916), *Kilian oder die gelbe Rose* («Kilian ou la Rose jaune», théâtre, 1926).

**KORNILOV (Lavr Gueorguievitch)** ♦ Général russe (Oust-Kamenogorsk 1870 - près de Iekaterinodar, auj. Krasnodar 1918). Fils d'un officier de cosaques, il prit part à la guerre russo-japonaise, puis occupa le poste d'attaché militaire à Pékin (1907 - 1911). Commandant d'un corps d'armée pendant la Première Guerre mondiale, il fut nommé par le gouvernement provisoire commandant en chef (août 1917). Révoqué peu après (9 sept.), il tenta de renverser Kerenski*. Arrêté, il fut libéré avec Denikine* par Doukhonine, le dernier généralissime de l'armée impériale russe. Ayant organisé l'«armée volontaire» anticommuniste du Don, Kornilov en assuma le commandement et assiégea la ville de Iekaterinodar. C'est là qu'il fut tué par un obus (avril 1918).

**KORO** (île) → **Fidji (îles)**

**Köroğlu** (récits de) ♦ Œuvre turque fixée à partir du XVI$^e$ s., attribuée à un écrivain en partie mythique, Köroğlu (le «fils de l'aveugle»), et redécouverte par le courant littéraire novateur du XIX$^e$ s. Ces récits racontent les exploits d'un «bandit d'honneur» qui participa à l'insurrection des Djelāli, dans un style inspiré de celui des *āchik* («amoureux»), poètes populaires errants de la Turquie ottomane.

**KOROLENKO (Vladimir Galaktionovitch)** ♦ Écrivain russe (Jitomir 1853 - Poltava 1921). Son œuvre exprime sa foi dans la bonté naturelle de l'homme qui, selon cet adepte de J.-J. Rousseau, ne peut être mauvais que s'il est corrompu par la société. Dans *Le Songe de Makar* (1883), récit écrit après un exil en Sibérie (1879 - 1884), il plaide pour un pauvre Iakoute, jouet de fonctionnaires impitoyables. Dans *Le Musicien aveugle* (1886), il décrit poétiquement un monde imaginaire. Enfin, avec *Histoire de mon contemporain* (1906 - 1921, posth. 1922) il raconte avec sérénité et humour ses souvenirs sur la Pologne, la Sibérie et la Russie. ➝ ÉTYM. Ce nom russe vient de *korol'* «roi» avec la finale ukrainienne *-enko*.

**KOROLEV (Sergueï Pavlovitch)** ♦ Ingénieur soviétique (Jitomir, Ukraine 1906 - Moscou 1966). Spécialiste de fusées, de missiles et de vaisseaux spatiaux, il construisit les premiers missiles balistiques intercontinentaux soviétiques et la fusée qui plaça sur orbite le premier satellite artificiel *Spoutnik** (1957).

**KOROLIEV** → **Kaliningrad**

**Körös** → **Criş**

**KORSAKOV (Sergueï Sergueïevitch)** ♦ Neurologue russe (1854 - 1900). Il décrivit la psychose d'origine alcoolique, caractérisée par des troubles de la mémoire, associés à une polynévrite (*syndrome de Korsakov*). ➝ ÉTYM. *Korsakov* vient du prénom russe *Korsak* «renard de la steppe» (emprunté au turc).

**KORSCH (Karl)** ♦ Philosophe allemand (Tostedt 1886 - Belmont, Massachusetts 1961). Proche du courant spartakiste fondé par Rosa Luxemburg*, membre du parti communiste allemand, il en fut exclu en 1926. Il quitta l'Allemagne en 1934 et s'installa aux États-Unis en 1938. Son ouvrage *Marxisme et Philosophie* (1923) cherche à cerner la rupture entre la philosophie de Marx et la philosophie allemande, notamment celle de Hegel*. Korsch mit l'accent sur la «praxis» plus que sur le déterminisme qui caractérise la vision orthodoxe du marxisme de la période stalinienne. Il est aussi l'auteur d'un *Karl Marx* (trad. fr., 1938). Avec Paul Mattick, H. Gorter* et A. Pannekoek, Korsch représente un courant radical, opposé très tôt à l'«impérialisme rouge» et au stalinisme, tout en se réclamant du marxisme révolutionnaire.

**KORSØR** ♦ V. du Danemark, sur la côte O. de l'île de Sjælland. 14 850 hab. Terminus du ferry-boat de Nyborg et liaison avec Kiel. Construc. mécaniques, matières plastiques.

**KORTRIJK** → **Courtrai**

**KORYŎ** ou **GORYEO** n. m. ♦ Royaume coréen qui succéda à celui de Silla* en 918 et dura jusqu'en 1392, date à laquelle il fut déplacé par les empereurs Yi*. Il eut trente-quatre souverains.

**KOS** ♦ Île de Grèce (Dodécanèse). 20 350 hab. CH.-L. : Kos. 14 692 hab. Temple d'Esculape (Asclépieion) et monuments médiévaux. ▪ Tourisme, vins, légumes, tabac. ▮ **Histoire** Envahie par les Doriens*, elle fit partie de l'Hexapole. Entraînée dans la Confédération maritime d'Athènes, elle fut l'alliée des Romains. Fameuse pour ses vins, ses baumes et ses tissus transparents, elle doit surtout sa célébrité à son école médicale (→ **Hippocrate**).

**KOŚCIUSZKO** (mont) ➝ ÉTYM. du n. de Tadeusz *Kościuszko** [le comte polonais Strzelecki ayant fait l'ascension de ce mont le nomma ainsi car l'aspect de la montagne lui évoquait le tumulus élevé à Cracovie sur la tombe du patriote] ♦ Point culminant de l'Australie (2 228 m), situé dans les Alpes australiennes.

**KOŚCIUSZKO (Tadeusz Andrzej Bonawentura)** ♦ Officier et patriote polonais (Mereczowszczyzna 1746 - Soleure 1817). Combattant volontaire lors de la guerre de l'Indépendance américaine (1776 - 1783), il se joignit dès son retour en Pologne (1784) aux troupes polonaises en lutte contre les Russes. Investi du commandement militaire de l'insurrection de Cracovie* (1794), il remporta d'abord de brillants succès, chassa les Prussiens et les Russes de Varsovie*, mais fut battu et fait prisonnier à Maciejowice* (1794). Libéré en 1796, il s'installa peu après à Paris, puis en Suisse, et continua de lutter pour la restauration de son pays. ➝ ÉTYM. *Kościuszko* est le diminutif polonais du prénom *Constantin**.

**KOSHIBA Masatoshi** ♦ Physicien japonais (Toyohashi, Aichi 1926). Les résultats fournis en 1998 par son détecteur de neutrinos mettent en évidence l'oscillation des neutrinos (changement spontané de la nature de ces particules dont il existe trois variétés ou «saveurs» → **Lederman**). Ce phénomène implique la masse non nulle des neutrinos, fait essentiel pour la physique des particules. [Prix Nobel de phys. 2002 avec R. Davis* et R. Giacconi*]

**KOŠICE** – en hongr. ***Kassa***, en all. ***Kaschau*** ➝ ÉTYM. du slovaque *Koša*, n. de pers. ou de *koša* «clairière» ♦ V. de Slovaquie, sur l'Hornád, ville principale de la Slovaquie orientale. 236 093 hab. Univ. Cathédrale gothique Sainte-Élisabeth (fin XIV$^e$ s.), chapelle Saint-Michel (déb. XIV$^e$ s.), église des Dominicains (XIV$^e$ s., reconstruite en style baroque en 1700), la maison Levoča (XV$^e$ s., restaurée). ▪ Carrefour ferroviaire et routier au centre d'une cuvette, c'est un marché agricole et un grand centre industriel : indus. sidérurgique, construc. mécaniques, cimenteries, imprimeries, indus. textile. ▮ **Histoire** Première ville de Tchécoslovaquie libérée par l'armée soviétique en 1945, Košice fut un temps le siège du gouvernement national. Le *programme gouvernemental de Košice*, signé le 5 avr. 1945, proclama la renaissance de l'indépendance et de l'unité de la Tchécoslovaquie.

**KOSKENNIEMI (Veikko Antero)** ♦ Poète et critique finlandais d'expression finnoise (Turku 1885 - *id.* 1962). Membre de l'Académie de Finlande, il se révéla un maître du sonnet et de l'élégie dans ses *Poèmes* (1906), *Élégies* (1917), *Le Feu et la Cendre* (1936), *Les Ailes de l'automne* (1949). Il consacra d'intéressantes études à *Juhani Aho** (1921) et à *Aleksis Kivi** (1934).

**KOSMA (Joszef,** devenu **Joseph)** ♦ Compositeur français, d'origine hongroise (Budapest 1905 - La Roche-Guyon 1969). Marqué par H. Eisler, il vint à Paris (1933) où il se lia avec Prévert. Ses mélodies composées sur des poèmes de Prévert *(Les Feuilles mortes)*, Desnos, Aragon, Sartre et Queneau *(Si tu t'imagines)*, ainsi que ses partitions de musique de film (*Les Enfants du paradis*, avec M. Thiriet*, *Les Portes de la nuit*) comptent au nombre de ses plus brillantes réussites. Il est aussi l'auteur de ballets *(Baptiste)*, de cantates et d'oratorios (*Les Canuts*, 1958).

## KOSOVO

▮ n. m. – en albanais ***Kosovë*** ou ***Kosova*** ♦ Pays des Balkans, formé des plaines du Kosovo* Polje et de la Metohija* et de leur bordure montagneuse. 10 910 km². 2 100 000 hab. (*Kosovars* ou *Kossoviens*). CAP. : Priština. V. PRINC. : Prizren, Peć. MONNAIE : euro. LANGUES : albanais, serbe (off.), bosniaque, turc.

▮ **GÉOGRAPHIE** La région a longtemps conservé une vie rurale archaïque, avec les dernières communautés familiales d'Europe. L'agriculture, gênée par le surpeuplement agraire et le sous-équipement, est surtout céréalière. L'artisanat traditionnel (tapis, filigranes) est actif. L'industrie lourde a été développée dans le cadre de la Yougoslavie socialiste, à partir de ressources naturelles importantes : plomb et zinc de Kosovska Mitrovica et métallurgie non ferreuse, lignite d'Obilić, centrales thermoélectriques et chimie. S'y ajoutent les industries textile et agroalimentaire. Ce développement a été insuffisant pour satisfaire les besoins d'une population qui a presque triplé depuis 1945

▮ **HISTOIRE** Le Kosovo fut, au XIVe s., le centre de l'empire serbe **(→ Étienne IX Douchan)**, avec les monastères de Dečani et de Gračanica et la patriarchie de Peć. En 1389, les Serbes y furent défaits par les Ottomans. Au cours de leur longue domination, les Turcs favorisèrent les Albanais islamisés aux dépens des Serbes, dont une partie émigra vers la Hongrie à l'issue de la première guerre austro-turque (1689). C'est contre leur gré que les Albanais furent inclus dans la Serbie (1912), puis dans la Yougoslavie. Dès qu'ils revendiquèrent en 1981 une république

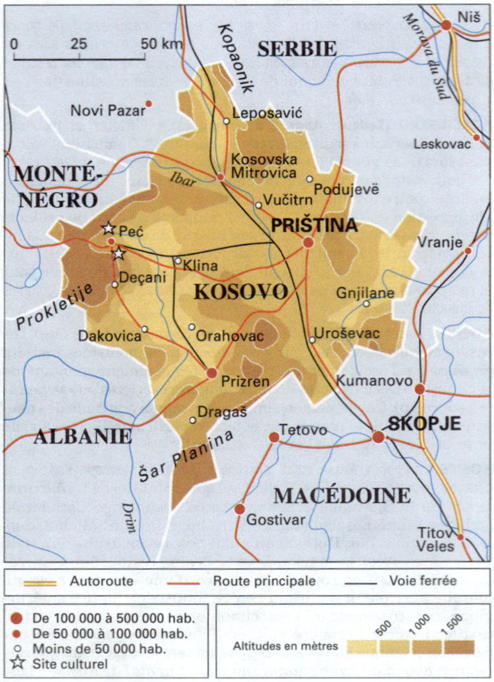


Kosovo.

fédérée, ils subirent une sévère répression et leurs relations avec les Serbes locaux se dégradèrent. Le gouvernement serbe supprima en 1989 l'autonomie de la province, puis instaura un régime discriminatoire. Les Albanais proclamèrent alors en oct. 1991, lors de la décomposition de la Yougoslavie, une République indépendante du Kosovo ayant pour président Ibrahim Rugova. Mais leur action non violente échoua : les grandes puissances les ignorèrent lors des négociations de Dayton, limitées à la Bosnie. Dès lors eurent lieu des attentats revendiqués par l'Armée de libération du Kosovo (UÇK). En 1998, des combats opposèrent celle-ci aux forces serbes, qui se livrèrent à une répression disproportionnée. Craignant pour la stabilité régionale, les puissances occidentales tentèrent d'imposer à la Yougoslavie le retour à l'autonomie du Kosovo, assorti d'une présence militaire internationale. Sur son refus, elles la contraignirent à cette solution au terme de 78 jours de bombardements par l'Otan sur tout son territoire (mars-juin 1999). Pendant cette crise, la Serbie expulsa 700 000 Kosovars albanais vers l'Albanie et la Macédoine, mais dut finalement subir leur retour et l'exode de la moitié des Serbes du Kosovo. La région fut ensuite administrée par l'ONU qui tenta de normaliser la situation et de promouvoir une autonomie dans le cadre de la Yougoslavie alors que les Albanais voulaient l'indépendance. Première « guerre morale » ou nouvelle manifestation d'impérialisme, opposant droit d'ingérence humanitaire et souveraineté des États, la guerre du Kosovo a suscité d'intenses controverses. En mars 2002, le Kosovo fut reconnu province autonome sous contrôle international, avec pour premier président élu Ibrahim Rugova, auquel succéda après son décès en 2006 le leader modéré des Kosovars albanais, Fatmir Sedj Sejdiu. Fin 2005, l'ONU lança des pourparlers internationaux en vue de définir le statut définitif du Kosovo, que la Serbie, soutenue par la Russie, souhaitait conserver. Mais au lendemain de l'élection présidentielle en Serbie de février 2008, les Kosovars albanais, majoritaires dans cette province, ont proclamé unilatéralement l'indépendance du Kosovo. Ce nouvel État est toutefois fragile. Sa gestion reste supervisée par l'Union européenne et par les Nations unies. Il doit faire face à une contestation forte de sa cohésion territoriale. En effet, bien que ce soit constitutionnellement un État démocratique et laïque, garantissant les droits et les libertés des minorités vivant sur son territoire, les Serbes du Kosovo refusent de reconnaître l'indépendance de la province et, dans les circonscriptions où ils sont majoritaires, ils vivent virtuellement en Serbie, utilisant comme monnaie le dinar serbe, consommant les produits serbes et se plaçant sous la tutelle de l'administration de Belgrade. Au niveau international, la situation est également incertaine : fin 2009, la déclaration unilatérale d'indépendance du Kosovo n'était reconnue que par 65 États. De plus, du fait de l'opposition notamment de la Russie, les portes de l'ONU et du Conseil de l'Europe lui sont fermées.

**KOSOVO POLJE** n. m. ← ÉTYM. serbe « champ *(polje)* de merles *(kos)* » – en albanais ***Fusha e Kosovës*** ♦ Plaine du Kosovo*. Exploitation de lignite. Kosovo Polje est aussi le nom d'un faubourg industriel de Priština, la cap. du Kosovo, avec un gros combinat agroalimentaire. ▮ **Histoire** Une bataille entre Turcs et Serbes (1389) y mit fin à l'indépendance de la Serbie.

**KOSSEL (Albrecht)** ♦ Physiologiste et chimiste allemand (Rostock 1853 - Heidelberg 1927). Auteur des premiers travaux sur les nucléoprotéines (1882 - 1897) et les albuminoïdes, il découvrit une source directe d'urée (1904). [Prix Nobel de physiol. ou méd. 1910]

**KOSSEL (Walther)** ♦ Chimiste allemand (Berlin 1888 - Tübingen 1956), fils de A. Kossel. Il interpréta la formule de Moseley* concernant la relation entre le spectre des rayons X et le numéro atomique de l'atome qui l'émet (1916), et fut l'un des créateurs de la théorie de l'électrovalence, expliquant la stabilité des gaz rares par la présence de l'octet d'électrons sur leur dernière couche et la liaison des atomes par des doublets électroniques.

**KOSSOU** ♦ Barrage de Côte d'Ivoire, sur le Bandama Rouge, inauguré en 1972. Sa construction a nécessité le départ de 100 000 personnes et l'inondation de 20 000 ha de plantations. Il mesure 57 m de haut et 1 500 m de large. La retenue atteint 1 750 km² et la centrale a une puissance de 175 000 kW.

**KOSSUTH (Lajos)** ♦ Homme politique hongrois (Monok 1802 - Turin 1894). Né dans une famille de la petite noblesse luthérienne, il fit des études d'avocat. Dans ses *Chroniques de la Diète*, il relatait les débats de l'Assemblée (1832 - 1836), au cours desquels toutes les mesures progressistes votées par la Chambre basse furent rejetées par la Chambre haute. Kossuth fut condamné à cinq ans de prison en 1837, mais fut libéré en 1840. En 1841, il fonda le *Pesti Hirlap* dans lequel il ne cessait de proclamer la nécessité de réformes sociales et de l'indépendance nationale. Ses vues radicales l'éloignaient de Széchenyi*, réformateur plus modéré. Devant le refus de Ferdinand V d'accepter une protection douanière pour l'industrie hongroise, il fonda la Ligue pour la protection de l'industrie, qui s'élargit en mouvement politique de résistance à Vienne. Chef du parti de l'opposition, il joua un rôle important lors de la révolution de 1848. Il porta lui-même les revendications hongroises à Vienne et les fit accepter par l'empereur. Il devint ensuite ministre des Finances du gouvernement indépendant hongrois. Lors de la rupture avec l'Autriche, dont il fut l'un des artisans, il devint président de la commission de la Défense de la patrie. Il organisa une armée nationale, mais François*-Joseph envoya le maréchal Windischgrätz en Hongrie et la commission dut se replier à Debrecen. Là furent votées l'indépendance de la Hongrie et la déchéance des Habsbourg, sur une proposition de Kossuth, qui devint gouverneur du pays. Cependant des oppositions s'élevaient, notamment de la part des minorités nationales, et l'aide apportée par l'armée russe aux Autrichiens plaça la Hongrie dans une situation désespérée. Kossuth démissionna en août 1849. Il dut s'exiler en Turquie, en Angleterre, puis au Piémont. ➝ ÉTYM. Ce nom hongrois signifie «chemin *(út)* du bélier *(kos)*».

**KOSSYGUINE (Alekseï Nikolaïevitch)** ♦ Homme politique soviétique (Saint-Pétersbourg 1904 - Moscou 1980). Il exerça plusieurs ministères économiques de 1948 à 1954, fit partie du Politburo (1948 - 1952), dirigea le Gosplan en 1959 et devint vice-président du Conseil des ministres de l'URSS (1960). Le 14 oct. 1964, il succéda à Khrouchtchev à la présidence du Conseil de l'URSS. Ses positions prudentes concernant le Proche-Orient et l'intervention américaine au Viêtnam facilitèrent la politique de coexistence pacifique avec les États-Unis, inaugurée par Khrouchtchev. À l'intérieur, il affirma sa volonté de développer et d'amplifier les réformes économiques amorcées depuis 1960. ➝ ÉTYM. *Kossyguine* vient du surnom *Kosyga* (du russe *kosoi* «tordu»).

**KOSTENKI** ♦ Site archéologique russe composé de plusieurs gisements s'étendant sur 10 km sur la rive droite du Don (Voronej). L'occupation la plus importante, datée entre −24 000 et −21 000, comprend de grandes structures d'habitat complexes (cabanes en os de mammouths) et un art mobilier très riche (statuettes féminines en ivoire et en calcaire).

**KOSTERLITZ (Hans)** ♦ Pharmacologue britannique d'origine allemande (Berlin 1903 - 1996). Il découvrit, en 1975, avec J. Hughes, les enképhalines, substances naturelles présentes dans le cerveau et jouant un rôle analogue à celui de la morphine.

**KOSTROMA** ♦ V. de Russie, ch.-l. de région, sur la rive g. de la Volga, à son confluent avec la Kostroma, au N.-E. de Moscou. 279 400 hab. Cathédrale de l'Assomption (1250). ▪ Port fluvial. Indus. textile (lin). Construc. mécaniques. ▮ **Histoire** Fondée par les princes de Souzdal, la ville fut la capitale d'une principauté indépendante qui fut annexée par Ivan III au XVe s. Michel III Fedorovitch, premier Romanov, fut élevé aux environs dans le monastère d'Ipatiev.

**KOŠTUNICA (Vojislav)** ♦ Homme d'État serbe (Belgrade 1944). De convictions anticommuniste et nationaliste, il adhéra au Parti démocrate (DS) et fut élu au Parlement serbe (1990 - 1997). Il fit scission en 1992 pour fonder le Parti démocratique de Serbie (DSS) dont il est président. Candidat de l'Opposition démocratique serbe (DOS), il battit S. Milošević et devint président de la Yougoslavie (2000 - 2003), puis président du Parlement et Premier ministre de Serbie (2004 - 2008).

**KOSUTH (Joseph)** ♦ Artiste américain (Toledo, Ohio 1945). L'un des principaux théoriciens de l'art conceptuel* (*Art After Philosophy*, 1969), membre du groupe Art and Language, il applique à l'art les recherches de la sémiologie et de la linguistique, l'œuvre d'art devant se vérifier à la manière d'une équation mathématique et se définir elle-même. Les *Proto-Investigations* de 1965 montrent dans *One and Three Chairs* une chaise banale, sa photographie exposée sur le mur, et la définition d'une chaise prise dans un dictionnaire ; ces trois éléments suggèrent, par leur association, un autre concept de chaise. En 1972, ces objets disparaissent dans *The Ninth Investigation, Proposition 13* pour ne laisser place qu'à un texte d'analyse. En 2006, il installe des livres empilés *(Du phénomène de la bibliothèque)* surmontés d'images de bibliothèques et de citations. Il utilise le néon pour créer des scènes lumineuses depuis le début de sa carrière (comme au Louvre en 2010 avec «Ni apparence ni illusion») .

**KOSZALIN** ♦ V. de Pologne du N.-E., voïvodie de Poméranie-Occidentale. 107 693 hab. Centre indus. (indus. alimentaire, bois).

**KOSZTOLÁNYI (Dezsö)** ♦ Écrivain hongrois (Szabadka, auj. Subotica 1885 - Budapest 1936). D'abord journaliste, il devint célèbre avec *Les Plaintes du pauvre petit enfant* (1910). Ces poèmes, tout comme ceux qu'il publia par la suite (*Magie*, 1912 ; *Pavot*, 1916 ; *Pain et Vin*, 1920 ; *Les Plaintes de l'homme triste*, 1924 ; *Comptes ultimes*, 1935), sont délicats et empreints de nostalgie. Ses romans, dont *Anna Édes* (1926), et ses nouvelles (*Cornelius Esti*, 1933) sont d'une sensibilité et d'une pureté de langue rares. Il fut le traducteur de Wilde, Shakespeare et de la poésie orientale. Pour Kosztolányi, l'écrivain, l'*homo aestheticus*, était avant tout le gardien de la beauté et de la civilisation.

**KOTA BHARU** ♦ V. de la Fédération de Malaisie, cap. de l'État de Kelantan, sur la mer de Chine. 233 673 hab. Palais des audiences, mosquée d'État. Musée royal. ▪ Industries mécaniques et textiles. Port de pêche.

**KOTAH** ♦ V. de l'Inde (Rajasthan). 704 731 hab. Elle profite du développement du réseau d'irrigation le long de la riv. Chambal. Centrale nucléaire du barrage de Ranatratap Sagar.

**KOTA KINABALU** – anc. ***Jesselton*** ♦ V. de la Fédération de Malaisie, cap. de l'État de Sabah, sur la côte N.-O. de Bornéo. 354 153 hab. Musée d'État. Grande Mosquée moderne. Village lacustre. ▪ Indus. du bois et du caoutchouc. Port de pêche, de commerce et de passagers.

**KOTARBIŃSKI (Tadeusz)** ♦ Philosophe et logicien polonais (Varsovie 1886 - *id.* 1981). Représentant de l'école logique analytique polonaise (école de Varsovie ➝ **Łukasiewicz, Leśniewski, Tarski**), il a affirmé la nécessité d'une étude des aspects pragmatiques du langage, et non seulement de ses aspects syntaxiques ou sémantiques. Il a publié également des *Leçons sur l'histoire de la logique* (trad. fr., 1964).

**KÖTHEN** ♦ V. d'Allemagne (Saxe-Anhalt), sur la Zeithe. 29 519 hab. Métall. lourde et construc. mécaniques.

**KOTKA** ♦ V. de Finlande, à l'embouchure du Kymijoki, dans le golfe de Finlande. Ch.-l. du comté de Kymi. 54 679 hab. Fondée en 1878, Kotka s'est développée grâce à sa situation (drainage des bois sur le Kymijoki). ▪ 1er port d'exportation de Finlande (produits du bois). Centre indus. : bois, construc. mécaniques.

**KOTOHIRA** ♦ V. du Japon (Shikoku), préf. de Kagawa. Env. 12 000 hab. Son sanctuaire shintoïste, le Kompira san, est l'un des lieux de pèlerinage les plus fréquentés du Japon.

**KOTOR** – en it. ***Cattaro*** ♦ V. du Monténégro sur le littoral adriatique, au fond des *bouches de Kotor*. 422 947 hab. Cathédrale romane. Vieilles demeures. ▪ Port.Centre touristique, pêche.

**KOTOR** ou **CATTARO** (bouches de) – en monténégrin ***Boka Kotorska*** ♦ Golfe profond et très découpé s'ouvrant sur l'Adriatique au S. de la Dalmatie* (Monténégro), composé de plusieurs baies reliées entre elles par des canaux naturels (baie de Tivat, baie de Risan, golfe de Kotor) et dominé par les montagnes de l'Orjen (1 985 m) et du Lovćen. La pêche y est active dans les ports de Kotor, Tivat, Risan et Prčanj. Autrefois la «marine de Kotor» était une base stratégique et navale de premier plan, mais son activité s'est progressivement réduite à l'exportation du bois et de la bauxite. Tivat possède un aéroport.

**KOTSIOUBINSKI (Mikhaïl Mikhaïlovitch)** ♦ Nouvelliste ukrainien (Vinnitsa 1864 - Tchernigov 1913). Le folklore tient une place importante dans ses premières œuvres (*Pour le bien général*, 1895 ; *La Sorcière*, 1898 ; *Dans les chaînes de Satan*, 1899). Son grand roman impressionniste *Fata Morgana* (1904 - 1910) évoque les préoccupations politiques et sociales de l'Ukraine.

**KOTT (Jan)** ♦ Écrivain, poète et critique polonais (Varsovie 1914 - 2001). Traducteur du théâtre de J.-P. Sartre, enseignant aux États-Unis à partir de 1966, il est l'auteur d'un ouvrage d'exégèse shakespearienne (*Shakespeare, notre contemporain*, 1962) et d'essais sur la tragédie grecque (*Manger les dieux*, 1973) et sur Kantor *(Kaddish, Pages sur Tadeusz Kantor)*.

**KOTZEBUE (August VON)** ♦ Auteur dramatique allemand (Weimar 1761 - Mannheim 1819). Lors d'un séjour en Russie, il fut intendant au théâtre allemand de Saint-Pétersbourg. Rentré en Allemagne (1795), il dirigea les théâtres de Vienne et de Weimar jusqu'en 1801. Hostile à Napoléon et aux libéraux allemands, il accepta de devenir dans son pays l'espion du tsar Alexandre. Cette activité lui valut d'être assassiné par l'étudiant K. L. Sand (1819). De son théâtre, abondant et riche en intrigues ingénieuses, deux œuvres ont survécu : *Misanthropie et Repentir* (1789), sorte de comédie larmoyante, et *La Petite Ville allemande* (1801), amusante comédie satirique.

**KOTZEBUE (Otto VON)**, dit en russe **Otto Ievstafevitch KOTSEBOU** ♦ Navigateur russe d'origine allemande (Reval 1787 - *id.* 1846). Fils de l'écrivain A. von Kotzebue*. Après une expédition au Japon (1803 - 1806), il entreprit un voyage autour du monde à la recherche d'un passage maritime de l'océan Arctique au Pacifique (1815), puis l'exploration de l'océan Pacifique (1823 - 1826).

**KOUANG-TCHEOU** ➝ **Canton**

**KOUAN-TONG** ➝ **Guandong**

**KOUBAN** n. m. ➝ ÉTYM. tatar «limite au midi» – anc. ***Hypanis*** ♦ Fl. de Russie, dans le Caucase du Nord (870 km). Né dans les glaciers de l'Elbrouz, il arrose Armavir et Krasnodar, et se déverse dans la mer d'Azov, au N. de la presqu'île de Taman. Navigable jusqu'à la ville de Ladojskaïa, il est très poissonneux. Le bassin du Kouban est une riche région agricole (céréales, tournesol, riz).

**KOUCHNER (Bernard)** ♦ Médecin et homme politique français (Avignon 1939), l'un des fondateurs en 1971 de Médecins* sans frontières (MSF) et de Médecins du monde (1980). Secrétaire d'État à l'Action humanitaire (1988 - 1992), puis ministre de la Santé et de l'Action humanitaire (1992 - 1993) et député européen socialiste (1994 - 1997), il défend l'idée d'un «droit d'ingérence humanitaire» pour venir en aide aux populations victimes des guerres et des famines. Secrétaire d'État (1997 - 1999) puis ministre délégué à la Santé (2001 - 2002), il fut le haut représentant de l'ONU au Kosovo en 1999 et 2000. Ancien ministre de la gauche socialiste, il a néanmoins été nommé au ministère des Affaires étrangères et européennes en 2007 dans le gouvernement composé après la victoire de N. Sarkozy à la présidence de la République.

**KOUDELKA (Josef)** ♦ Photographe français d'origine tchèque (Boskovice, Moravie 1938). Ingénieur aéronautique, il se tourne vers la photographie, s'intéressant notamment à la vie des Gitans, aux fêtes religieuses et aux représentations théâtrales. En 1968, il obtient le prix Robert Capa en photographiant le printemps de Prague et l'invasion soviétique. Il s'exile en 1970 d'abord en Grande-Bretagne, où il entre à l'agence Magnum, puis en France. Surnommé par Breton «L'œil sauvage», cet adepte du noir et blanc et de l'appareil panoramique donne à voir des scènes théâtralisées, avec des thèmes de prédilection comme le voyage et l'exil. Il a contribué à une étude de la Datar sur le paysage urbain et rural en France et, retourné en Tchécoslovaquie en 1990, il témoigne de son intérêt pour l'environnement et les ravages causés par l'industrialisation.

**KOUFRA** ➔ ÉTYM. en ar. ***Qufra***, en it. ***Cufra***; p.-ê. de l'ar. *Qafr* «désert» ♦ Groupe d'oasis du Sahara libyen au S. de la Cyrénaïque, proche de la frontière égyptienne, sur la bordure occidentale du grand erg libyque (↦ **Libyque [désert]**), dont le centre principal est El-Giof (20 000 $km^2$). Koufra est inclus dans le projet de la Grande Rivière artificielle. → **Libye.** En mars 1941, la prise de Koufra par des troupes en majorité africaines commandées par Leclerc fut la première victoire significative de la France libre.

**KOUÏBYCHEV** → **Samara**

**KOULECHOV (Lev Vladimirovitch)** ♦ Cinéaste soviétique (Tambov 1899 - Moscou 1970). Opérateur pour l'Armée rouge, puis professeur à l'Institut du cinéma, il fonda le «Laboratoire expérimental», école de recherches techniques et esthétiques du cinéma, dont l'influence fut considérable sur la formation des réalisateurs soviétiques, dont Eisenstein et Poudovkine. Réal. princ. : *Dura lex* ou *Selon la loi* (1926), sorte de «western» soviétique.

**KOULIKORO** ➔ ÉTYM. mandé «ville sous la montagne» ♦ V. du Mali, en aval de Bamako, sur la rive g. du Niger. Plus de 20 000 hab. Huileries (arachides) et savonneries.

**KOUMASSI** ➔ ÉTYM. en angl. ***Kumasi***; p.-ê. «arbre vivant» ♦ V. du Ghana, en pays achanti. Plus de 400 000 hab. Grand centre du cacao. V. commerciale, minière (or) et indus. (textile, cuir). Ancien. cap. des Achantis (XVIII$^e$ s.).

**KOUPALA (Ivan Dominikovitch LOUTSEVITCH, dit Ianka)** ♦ Poète biélorusse (Radochkovitchi, gouv. de Vilnius 1882 - Moscou 1942). Il fut le créateur avec Kolas* de la langue littéraire biélorusse. En 1908 parut son premier recueil de poésies, *Pipeau*, qui évoque la misère de son peuple. À partir de 1922 il célébra l'avènement du socialisme dans ses poèmes : *Les Aiglons, Le Village qui s'en va, Au bord de la rivière Oressa*, et dans ses recueils de vers : *Salut à toi Moscou, Trois aigles, À cœur ouvert*. Avec *Et dans la Vistule un noyé nage*, il exprime sa souffrance de voir la Biélorussie occidentale sous l'autorité de la Pologne.

**KOUPRINE (Aleksandr Ivanovitch)** ♦ Écrivain russe (Narovtchat, gouv. de Penza 1870 - Moscou 1938). Influencé par sa jeunesse d'officier, il écrivit un premier récit, *Le Duel* (1905), qui raconte la vie déprimante d'une petite ville de garnison. *Gambrinus* (1907), qui décrit l'agitation d'un grand port de la mer Noire, et *La Fosse* (1909 - 1915), qui dépeint avec un réalisme émouvant la vie des prostituées, lui donnèrent une certaine popularité. *Le Bracelet de grenats* (1911), narrant l'amour romantique d'un employé de bureau pour une dame de la haute société, est une de ses meilleures œuvres, influencée par Tourgueniev*. Émigré à Paris après 1917, il regagna la Russie en 1937. ▪ Disciple de Gorki, Kouprine est un écrivain réaliste. L'action de ses récits est souvent interrompue par de longs raisonnements sur le sens de la vie.

Aleksandr **Kouprine.**
*Phot. © APN*

**KOU Qianzhi** ou **KEOU K'ien-tche** ♦ Moine taoïste chinois (365 - 448) qui se proclama «prêtre céleste» en 415, réforma les communautés taoïstes (↦ **Zhang Daoling**) et édicta de nouvelles règles. Il sut profiter des sympathies de l'empereur Wudi (Wei du Nord) pour évincer le bouddhisme et imposer le taoïsme.

**KOURA** – en géorgien ***Mtkvari*** n. f. ♦ Fl. du Sud-Caucase (1 364 km). Né au S. du Petit Caucase en Turquie, il traverse la Géorgie où il arrose Gori, Tbilissi*, Roustavi, avant de pénétrer en Azerbaïdjan où il irrigue une vaste plaine. Il se jette dans la mer Caspienne, après sa confluence avec l'Araxe. Principale voie fluviale du Sud-Caucase, la Koura fournit de l'énergie électrique (Minguetchaour) et irrigue une zone consacrée à la culture du coton. Pêche dans le cours inférieur.

**KOURGAN** ➔ ÉTYM. du russe *kurgan* «tumulus» [allus. à sa situation près d'un grand tertre] ♦ V. de Russie, ch.-l. de région, en Sibérie occidentale, sur le Tobol. 345 700 hab. Indus. mécanique (machines agricoles) et alimentaire. Nœud ferroviaire.

**KOURILES** n. f. pl. ♦ Archipel de Russie, entre la presqu'île du Kamtchatka et Hokkaidō, dans la partie N.-O. de l'océan Pacifique et au S. de la mer d'Okhotsk. Constitué d'une trentaine d'îles dont les plus importantes sont Itouroup (6 725 $km^2$), Kounachir (1 550 $km^2$), Paramouchir (2 042 $km^2$) et Ouroup, l'archipel, d'une superficie totale de 15 600 $km^2$, d'une altitude moyenne de 500 à 1 000 m, maximale de 2 339 m, possède une centaine de volcans dont 39 sont actifs. Il est bordé au S.-E. par la *fosse des Kouriles*, une des plus profondes du globe (10 542 m). ▪ En 1945, le Japon dut rétrocéder l'archipel (dont le nom japonais est Chishima-Rettō) mais il réclame toujours ces «territoires du Nord», en particulier les quatre îles méridionales qui n'avaient jamais été russes.

**KOUROPATKINE (Alekseï Nikolaïevitch)** ♦ Général russe (Chemchourino, gouv. de Pskov 1848 - *id.* 1925). Il servit au Turkestan et devint ministre de la Guerre en 1898.Commandant en chef de l'armée russe en Mandchourie, puis généralissime (fin 1904) pendant la guerre russo-japonaise, il dut démissionner après sa défaite à Moukden (mars 1905). Durant la Première Guerre mondiale, il commanda le front du Nord. Nommé gouverneur général du Turkestan (juil. 1916-avr. 1917), Kouropatkine se retira dans son village natal après l'abdication de Nicolas II (mars 1917).

**KOURO-SHIVO** → **Kuroshio**

**KOUROU** n. m. ♦ Fl. côtier de la Guyane française, tributaire de l'Atlantique. C'est entre les embouchures du Kourou et du Sinnamary* que fut installée, en 1966, une base expérimentale française de lancement de fusées.

**KOUROU** [97310] ♦ Ch.-l. de cant. de la Guyane française. 19 107 hab. Site expérimental et de lancement du Centre national d'études spatiales (↦ **Ariane**).

**KOUROUMA (Ahmadou)** ♦ Écrivain ivoirien (près de Boundiali, Côte-d'Ivoire 1927 - Lyon 2003). Après quatre années dans l'armée française (il fut tirailleur en Indochine de 1950 à 1954), il fit des études de mathématiques en France. Ses romans, écrits dans un français mêlé de particularités et de tours stylistiques propres au malinké, dénoncent les dégâts de la colonisation et les dérives des régimes politiques qui suivirent le départ des colons (*Soleil des indépendances*, 1970), et notamment les outrances des juntes militaires (*En attendant le vote des bêtes sauvages*, 1998). *Allah n'est pas obligé* (prix Renaudot 2000), odyssée d'un enfant-soldat, évoque les luttes fratricides de Sierra Leone et du Liberia. ➔ ÉTYM. Ce nom malinké signifie «guerrier».

**KOURSK** ➔ ÉTYM. du n. de la riv. *Kour*, p.-ê. du finnois *kourou* «le sillon profond» et suff. *-sk* qui désigne une ville ♦ V. de Russie, ch.-l. de région, sur la Seïm (748 km). 412 600 hab. Indus. métallurgique, mécanique, chimique et alimentaire. Verrerie. Exploitation d'un très important gisement de fer qui fut repéré par l'«anomalie magnétique de Koursk». ▮ **Histoire** Prise par les Allemands (nov. 1941), Koursk fut reprise par l'Armée rouge le 8 fév. 1943. En juil. 1943, les Allemands tentèrent vainement de réduire le *saillant de Koursk* formé par l'avance soviétique.

**KOUSSEVITZKY (Sergueï Aleksandrovitch, devenu Serge)** ♦ Chef d'orchestre américain, d'origine russe (Vychni-Volotchek 1874 - Boston 1951). D'abord contrebassiste virtuose, il appartint à la société philharmonique de Moscou. Éditeur en Russie des œuvres de Prokofiev et de Stravinski, il quitta son pays à la Révolution. Il se fixa aux États-Unis où, à la tête de l'Orchestre symphonique de Boston (1924 - 1949), il joua un rôle de pionnier dans l'évolution du mouvement musical américain.

**Koutaieh, KÜTAHYA** ou **KUTAIEH** (traité de) ♦ Traité signé avec la médiation de la France en mai 1833 par le sultan Mahmud II et le pacha Méhémet Ali qui reçut la Syrie.

**KOUTAÏSSI** ♦ V. de Géorgie, sur le Rioni. 189 700 hab. Cathédrale construite par Bagrat III en 975 ou 1003 (motifs sculptés ; chapiteaux). ▪ Aux environs, ruines restaurées de l'anc. monastère de Guélati, siège d'une importante académie religieuse aux XIIe et XIIIe s. (remarquable mosaïque du XIIe s. ; fresques des XVIe et XVIIe s.). Deuxième centre indus. de la Géorgie. Indus. alimentaire, textile (soie), chimique et mécanique (automobiles, tracteurs). Combinat du cuir.

**KOUTOUZOV (Mikhaïl Ilarionovitch GOLENICHTCHEV)** ♦ Feld-maréchal russe (Saint-Pétersbourg 1745 - Bunzlau, auj. Bolesławiec, Pologne 1813). Fils d'un général de Pierre le Grand, il participa pendant le règne de Catherine II à la guerre de Pologne (1764 - 1769), puis aux guerres russo-turques. Blessé à la tête en 1774, il perdit l'œil droit. Promu général-major (1784), il se distingua au siège d'Otchakov où il fut de nouveau blessé gravement (1788). Ambassadeur à Constantinople et à Berlin, gouverneur de Finlande et de Lituanie (1793 - 1798), il fut disgracié en 1802. Nommé commandant de l'armée russe par Alexandre* Ier, il battit les Français à Dürrenstein le 11 nov. 1805. Accusé par le tsar d'être responsable de la défaite d'Austerlitz* qu'il avait prévue, il fut écarté des opérations et nommé gouverneur de Kiev (1806), puis de Vilna (1809). En 1811 - 1812, il battit les Turcs et signa le traité avantageux de Bucarest (mai 1812), qui lui valut le titre de comte. Après la pénétration des troupes napoléoniennes en Russie, il reçut le titre de prince, et succéda à Barclay* de Tolly comme commandant suprême. Évitant au début d'affronter Napoléon, il livra bataille à Borodino*, sur la Moskova, fut battu (7 sept. 1812) et abandonna Moscou. La guérilla des Russes et la rigueur de l'hiver obligèrent Napoléon à se retirer de Moscou (19 oct. 1812). Koutouzov, poursuivant les Français en retraite, battit Ney et Davout à Smolensk (17 nov.), puis attaqua sur la Bérézina*.

**KOUZBASS** n. m. → ÉTYM. abrév. des mots russes ***Kouznetski Basseïn*** « bassin de Kouznetsk [de *kouznets* "forgeron"] » ♦ L'un des plus grands bassins houillers de Russie, région de Kemerovo, dans la vallée du Tom, en Sibérie occidentale. Exploité dès 1721, il fournit 154 millions de t par an. Les réserves jusqu'à 600 m sont estimées à 114 milliards de t. Minerais de fer, métaux non ferreux, or. V. PRINC. : Novokouznetsk, Bielovo, Kemerovo, Kisselevsk, Ossinniki, Leninsk-Kouznetski, Prokopievsk.

**KOUZMINE (Mikhaïl Alekseïevitch)** ♦ Poète et romancier russe (Iaroslavl 1875 - Leningrad 1936). Appartenant au groupe des symbolistes, il fut un esthète pur et un mystique puis se rapprocha de l'acméisme*. Son meilleur recueil de vers est le premier : *Chants alexandrins* (1908). En prose, il écrivit une nouvelle d'aventures dans un style affecté : *La Vie merveilleuse de Joseph Balsamo Cagliostro* (1919), un roman *Les Navigateurs* (1915).

**KOVAČIĆ (Ante)** ♦ Écrivain croate (Marija Gorica 1854 - Stenjevec 1889). Ses romans (*L'Amour de la baronne*, 1877 ; *L'Archiviste*, 1888) et ses nouvelles (*La Secte Ladanj*, 1880) sont une critique acerbe et réaliste de la bourgeoisie et de la paysannerie croates.

**KOVAČIĆ (Ivan Goran)** ♦ Poète, conteur et essayiste croate (Lukovdol 1913 - Vrbnica, Foca 1943). Traducteur de Shelley, Keats et Rimbaud, auteur de nouvelles (*Jours de colère*, 1936), il est connu pour *La Fosse commune* (1944), œuvre lyrique puissante et poignante sur la dernière guerre. Il fut tué par les Oustachis.

**KOVALEVSKAÏA (Sofia Vassilievna)** ♦ Mathématicienne russe (Moscou 1850 - Stockholm 1891). Élève de Weierstrass*, elle travailla surtout sur les équations aux dérivées partielles qu'elle étudia du point de vue analytique (en 1875, elle établit de nouveau et plus simplement les résultats de Cauchy* concernant l'existence des solutions de ces équations). Lauréate en 1888 de l'Académie des sciences pour un mémoire sur le mouvement d'un solide ayant un point fixe, elle s'intéressait également à la littérature et écrivit plusieurs romans.

Sofia **Kovalevskaïa**.
*Phot. © APN*

**KOVNO** → Kaunas

**KOVROV** ♦ V. de Russie, région de Vladimir, sur la Kliazma. 155 600 hab. Indus. textile et alimentaire. Usine d'excavateurs.

**KOWALSKI (Piotr)** ♦ Artiste français d'origine polonaise (Lvov 1927 - Paris 2004). Il a créé des œuvres qui mettent en évidence les rapports de l'énergie à la matière, en faisant appel aux matériaux les plus divers et aux techniques les plus complexes (l'électronique, l'acoustique, l'holographie). En permettant au spectateur de percevoir des phénomènes parfois invisibles tels que la transformation des gaz ou l'évolution du temps, il fait aussi œuvre poétique (*Time Machine*, 1981). Il a réalisé plusieurs œuvres monumentales dont la Place des Degrés sous les tours IBM à la Défense. → ÉTYM. Ce nom polonais signifie « forgeron » (→ aussi Fabre).

**KOWARSKI (Lew)** ♦ Physicien français d'origine russe (Saint-Pétersbourg 1907 - Genève 1979). Auteur de recherches sur les réactions en chaîne, il découvrit avec F. Joliot*-Curie et Halban* l'émission des neutrons lors de la fission de l'uranium. En juin 1940, avec Halban, il emporta en Angleterre le stock mondial d'eau lourde (nécessaire à la fabrication d'une bombe atomique), afin de le soustraire aux Allemands. Il participa à la construction de la première (1948) et de la deuxième (1952) pile française, ainsi qu'à la création du Cern*. On lui doit également des études de cristallographie physique.

## KOWEÏT OU KUWAIT

▮ n. m. – off. ***État du Koweït*** → ÉTYM. de l'ar. *al-kuwayt*, dimin. de *kūt*, désignant, dans un dialecte du sud de l'Irak et de l'est de la péninsule Arabique, une maison construite en forme de fort, bordée de petites habitations et entourée d'eau ♦ Pays de la péninsule Arabique. → **Arabie** (carte). 17 818 km$^2$ (dont une zone neutre de 5 500 km$^2$ qui sépare l'émirat de l'Arabie saoudite et a fait l'objet d'un partage administratif entre les deux États en 1970). 2 213 403 hab. *(Koweïtiens)*. LANGUE : arabe. RELIGION : musulmans (sunnites, 70 % ; chiites, 30 %). MONNAIE : dinar koweïtien. CAPITALE : Koweït. RÉGIME : monarchie parlementaire.

▮ **GÉOGRAPHIE** Face aux 130 km de côtes s'échelonnent de petites îles dont celle de Faylaka à l'embouchure de la baie du Koweït. Le territoire est uniformément plat et de caractère désertique, avec quelques oasis. Le climat est très chaud et sec, sans aucun cours d'eau. L'essentiel de l'eau potable provient du dessalement de l'eau de mer. La population totale (résidents étrangers compris) a diminué de moitié après la guerre du Golfe en raison de la politique d'expulsion des travailleurs étrangers (essentiellement Palestiniens et Jordaniens) après la libération de l'émirat. Il existe au Koweït des citoyens sans nationalité, les Bidoun, Koweïtiens d'origine bédouine, dont le nombre s'élèverait à 70 000 (contre 200 000 avant la guerre).

▮ **ÉCONOMIE** Elle repose principalement sur deux sources de revenus : le pétrole (près de 50 % du PIB) et les investissements extérieurs. Si l'émirat a rapidement retrouvé son niveau de production pétrolière d'avant-guerre (130 millions de t en 2006, 138 millions en 2008), il a puisé largement dans ses avoirs extérieurs pour financer l'effort de guerre et la reconstruction. Le programme de privatisation visant à résorber le déficit budgétaire se poursuit. L'exploitation du gaz naturel découvert dans le N. du pays a démarré fin 2007.

▮ **HISTOIRE** ▮ **De la dépendance ottomane à la domination britannique** La famille al-Sabah, qui gouverne encore le pays, s'est installée à Koweït, alors territoire irakien dépendant de la province ottomane de Bassora, en 1756. L'émir de Koweït signa en 1899 (sans en référer à l'Empire ottoman dont il dépendait) un traité de protectorat avec la Grande-Bretagne. Une convention anglo-turque signée en 1913, mais jamais ratifiée, reconnut la tutelle britannique sur la « province » du Koweït. Peu après, les Britanniques obtinrent l'exclusivité des concessions pétrolières. Après l'effondrement de l'Empire ottoman et la fin de la Première Guerre mondiale, le Koweït et l'Irak passèrent sous domination britannique. Le Koweït devint un protectorat sans que ses frontières avec l'Irak et l'Arabie saoudite soient définitivement tracées. Les troupes d'Ibn Séoud, alors sultan du Nedjd, attaquèrent le Koweït, qui fut sauvé de l'annexion par l'intervention militaire britannique (1919 - 1920). En 1922, les Britanniques définirent les frontières du Koweït avec ses deux voisins saoudien et irakien. L'Arabie saoudite continua cependant de harceler le Koweït jusqu'en 1940, date à laquelle la frontière fut garantie sous l'égide britannique. L'Irak, qui se considérait comme l'héritier de l'Empire ottoman, refusa d'admettre ces frontières et ses premières revendications officielles demandant le « retour du Koweït à l'Irak » datent de 1937 - 1938 quand furent découvertes les réserves pétrolières de l'émirat. Depuis, tous les régimes qui se sont succédé à Bagdad ont revendiqué ce territoire. ▮ **L'indépendance** Le 19 juin 1961, la Grande-Bretagne proclama l'indépendance du Koweït. L'Irak du général Kassem réagit en massant des troupes aux frontières et en déclarant le Koweït « 19e province irakienne ». Mais l'arrivée de troupes britanniques et de contingents de la Ligue arabe eurent un

**Koweït.** Puits de pétrole en feu pendant la guerre du Golfe, en 1991.
*Phot. © Hires-G. Mérillon/Gamma*

effet dissuasif. La chute du général Kassem mit fin à la tension (1963). La même année, le Koweït fut admis à l'ONU après la levée du veto soviétique. Il fut le premier pays du Golfe à instaurer une vie parlementaire avec l'élection d'une Chambre des députés, qui devait cependant être dissoute en 1976. L'émir Sabbah al-Salem al-Sabbah, souverain de 1967 à 1977, mena une politique de neutralité et de soutien financier aux pays arabes. À sa mort c'est son cousin, le cheikh Jaber al-Ahmad al-Sabbah, qui lui succéda. ▮ **La guerre Iran-Irak** Lorsque la guerre irano-irakienne éclata, le Koweït, menacé par la vague khomeiniste, prit résolument parti pour l'Irak, lui accordant un soutien financier et des facilités logistiques. De plus, le Koweït et l'Arabie saoudite vendirent pour le compte de l'Irak 310 000 barils par jour de pétrole extrait des zones neutres. Cette politique lui valut l'hostilité de l'Iran, qui multiplia les tentatives de déstabilisation (attentats, bombardements des installations pétrolières). Le régime décida de restaurer le Parlement (1981), mais celui-ci, ne ménageant pas ses critiques envers la famille régnante lors du krach financier de la Bourse du Souk al-Manakh (1982), fut de nouveau renvoyé en 1986. Devant la recrudescence des attaques iraniennes contre les pétroliers koweïtiens, le Koweït obtint la protection de la marine américaine (1987). La tension s'apaisa après l'accord de cessez-le-feu entre l'Irak et l'Iran (1988). ▮ **La guerre du Golfe** À partir de 1989, l'opposition se fit de plus en plus vive pour réclamer le retour à la vie parlementaire. L'Irak, sorti exsangue de la guerre, demanda l'annulation de ses dettes «de sang». Le Koweït refusa, exigeant au préalable le règlement du contentieux frontalier. En outre, il dépassa ses quotas de production pétrolière, provoquant un effondrement des prix. Ce bras de fer politico-économique conduisit l'Irak à envahir l'émirat le 2 août 1990 et à l'annexer. Cette agression fut condamnée par l'ONU et, le 17 janv. 1991, une coalition internationale déclencha l'offensive militaire (→ **Golfe (guerre du)**). Le Koweït fut libéré le 26 fév. 1991. La commission spéciale, mise en place par le Conseil de sécurité de l'ONU (avr. 1991), décida le 16 avr. 1992 de déplacer de quelque 600 m, au profit de l'émirat, la frontière terrestre irako-koweïtienne longue de 200 km. Le Koweït récupéra ainsi plusieurs puits de pétrole du champ de Roumeila (le plus grand d'Irak) et une partie de la ville portuaire d'Oum Qasr. Néanmoins la guerre a déstabilisé le pays, dépossédé de la plus grande partie de ses avoirs étrangers. Pour faire face à la menace irakienne, le gouvernement a signé des accords d'assistance militaire avec les principales puissances occidentales. ▮ **Depuis 2003** La guerre en Irak (2003), doublée de la montée de l'intégrisme (de nombreux dirigeants d'al-Qaida sont koweïtiens) entrave la politique de l'émirat. Le pays a également traversé une grave crise politique avec une lutte de succession au trône. À la mort de l'émir, son demi-frère le cheikh Sabbah al-Ahmad al-Sabbah lui succéda tandis que le prince héritier était écarté. Les femmes obtinrent le droit de vote et le droit d'éligibilité en 2005 et sont entrées au Parlement en 2009.

---

**KOWEÏT** ou **KUWAIT CITY** ♦ Cap. du Koweït sur le golfe Arabo-Persique, à l'entrée d'une profonde baie fermée par l'île de Faylaka. 32 403 hab. Jusque dans les années 1950, la ville, fondée au XVIII<sup>e</sup> s. par des Bédouins venus de l'intérieur, vivait de la pêche aux perles et des activités commerciales de son port. La révolution pétrolière l'a transformée en une véritable métropole, aux infrastructures modernes. L'urbanisation s'est accélérée. Avant la guerre du Golfe (1990 - 1991), l'agglomération de Koweït regroupait près de 2 millions de personnes : elle a perdu près de la moitié de sa population avec l'expulsion, notamment, de 400 000 Palestiniens et Jordaniens après la libération. Des oléoducs la relient aux gisements de pétrole du N. et du S. Indus. pétrochimiques, cimenteries.

**KOWLOON** ♦ Presqu'île faisant partie du territoire de Hong* Kong et faisant face à Victoria, sur le continent. Aéroport. Port principal de Hong-Kong. ▪ Kowloon fut cédée à la Grande-Bretagne en 1861.

**KOXINGA** ♦ Déformation occidentale du titre chinois Guoxingye (le Seigneur au nom impérial) du corsaire sino-japonais Zheng Chenggong (Hirado 1624 - Taiwan 1662). Loyaliste Ming, il lutta de 1645 à 1660 contre les Mandchous. Après l'échec du siège de Nankin* en 1658, il se replia sur l'île de Taiwan alors occupée par les Hollandais, qu'il parvint à chasser en enlevant les forts de Zelandia et de Provintia (1662).

**KŌYA SAN** n. m. ♦ Montagne sacrée du Japon, située au S. de la ville de Nara* et sur laquelle furent établis par le moine Kūkai*, à partir de 816, de très nombreux monastères bouddhiques qui abritèrent jusqu'à 90 000 religieux. Cette montagne où se trouvent des pagodes et des monuments anciens est encore très fréquentée par les pèlerins.

**KŌYA SHŌNIN** ♦ Prince impérial japonais (903 - 972) qui, devenu religieux bouddhiste, éleva des temples, construisit des ponts et ouvrit des routes. Il prêchait en chantant et en dansant dans les villages.

**KOYRÉ (Alexandre)** ♦ Philosophe français d'origine russe (Taganrog 1892 - Paris 1964). Il fut en Allemagne l'élève de Husserl* et de Hilbert* puis, à Paris, celui de Bergson* et de Léon Brunschvicg*. Mais son œuvre de philosophe des sciences, qu'il poursuivit dans le cadre de l'École pratique des hautes études, est profondément originale. Il cherche à reconstruire le contexte intellectuel qui permet l'émergence de nouveaux concepts et de nouvelles doctrines scientifiques. Son ouvrage le plus connu, *Du monde clos à l'univers infini* (1957), analyse la substitution dans la pensée scientifique moderne d'un univers illimité à un cosmos hiérarchisé et infini, forgeant ainsi une nouvelle conception de la raison. Ses travaux sont proches de ceux de Bachelard*, Canguilhem* et M. Foucault* (*Études galiléennes*, 1940 ; *Études newtonniennes*, 1964).

**KOZHIKODE** – anc. ***Calicut*** ♦ V. de l'Inde (Kerala). 880 168 hab. Visitée en 1487 par Covilhã et en 1498 par Vasco de Gama, Kozhikode devint un comptoir portugais, puis hollandais (l'un des plus importants de la côte S.-O.), avant de passer sous domination britannique en 1792. Ses étoffes de coton furent célèbres (calicot).

**KOZINTSEV (Grigori Mikhaïlovitch)** ♦ Cinéaste russe (Kiev 1905 - Leningrad 1973). Créateur, avec Leonid Trauberg, de la FEKS (Fabrique de l'acteur excentrique), laboratoire de recherche soviétique qui préconisait un jeu outré et parodique. Ces théories furent appliquées dans *La Nouvelle Babylone* (1929), évocation caricaturale de la Commune de Paris. Par la suite, Kozintsev se rangea sous la bannière du «réalisme socialiste» et termina sa carrière par de solides adaptations théâtrales (*Hamlet*, 1964 ; *Le Roi Lear*, 1971).

**KPALIMÉ** ou **PALIMÉ** ♦ V. du Togo, située dans le massif de l'Avatimé. 71 400 hab. Kpalimé est au centre de la région agricole développée par les Allemands au début du XX<sup>e</sup> siècle. Cacao, café, huile de palme. Tourisme.

**KRA** ♦ Isthme de la presqu'île de Malacca, entre le golfe de Siam et la mer d'Andaman (océan Indien). Large de 60 km et montagneux, il fut dès avant l'ère chrétienne un lieu de transbordement, raccourcissant de plusieurs milliers de kilomètres la route maritime entre océan Indien et mer de Chine et permettant d'éviter les aléas du passage par le détroit de Malacca.

**KRAAINEM** – en fr. ***Crainhem*** ♦ Comm. de Belgique (Région flamande), prov. du Brabant flamand, arr. de Halle-Vilvoorde (comm. à facilités pour la «minorité» francophone, en réalité nettement majoritaire). 13 105 hab. Église (tour romane, chœur du XVI<sup>e</sup> s., nef de 1770). Cimetière juif. ▪ Comm. essentiellement résidentielle, traversée par le «ring» autoroutier de Bruxelles.

**KRACAUER (Siegfried)** ♦ Sociologue, journaliste et romancier allemand (Francfort-sur-le-Main 1889 - New York 1966). Ami de W. Benjamin, T. W. Adorno dont il fut l'enseignant, ou E. Bloch, figure de proue de la gauche intellectuelle au temps de Weimar, il rendit compte, dans ses articles au *Frankfürter Zeitung*, des effets de la modernité et de la massification de la société, qu'il étudia à travers les nouveaux phénomènes culturels et esthétiques : roman policier, cinéma, photographie, spectacles de variétés... avec un art du fragment refusant toute conception totalisante (*Roman policier*, 1925 ; *L'Ornement de la masse*, 1927 ; *Employés*, 1929 ; *Jacques Offenbach ou le Secret du Second Empire*, 1937). Il se réfugia en France (1933) puis aux États-Unis (1941) où il publia *De Caligari à Hitler, une histoire psychologique du film allemand* (1947) afin d'étudier «les dispositions psychologiques profondes qui prédominaient en Allemagne de 1918 à 1933» en relation avec l'arrivée du régime nazi.

**Krach de 1929** → **crise économique de 1929**

**KRAEPELIN (Émile)** ♦ Psychiatre allemand (Neustrelitz 1855 - Munich 1926). Cherchant à introduire en psychiatrie la rigueur des sciences naturelles, il classa les psychoses en deux grands groupes en fonction de leur évolution et de leur stade terminal, distinguant d'une part la psychose maniaco-dépressive évoluant par phases et curable, d'autre part la démence précoce, dans laquelle il regroupa la catatonie, l'hébéphrénie, la démence paranoïde et qu'il estima incurable (distinction souvent critiquée). Il est l'auteur d'un *Traité de psychiatrie*, 1<sup>re</sup> éd., 1883.

**KRAFFT (Adam)** ♦ Sculpteur allemand (Nuremberg v. 1460 - Schwabach v. 1508). Il est l'auteur des plaques funéraires des Schreyer (église Saint-Sebald à Nuremberg, 1493), des Pergenstörferr et des Rebeck (1498 et 1500 ; église Notre-Dame), des Landaw (église Saint-Gilles, 1503) et du tabernacle de l'église Saint-Laurent, 1493. Son style, qui procède en partie de Sluter, révèle un souci d'expressivité propre au gothique tardif (prédilection pour les motifs décoratifs luxuriants, les draperies tumultueuses, les poses contournées). Il évolua vers un art plus mesuré et monumental (chemin de croix du cimetière Saint-Jean, 1505 - 1508, Musée germanique, Nuremberg).

**KRAFFT-EBING (Richard VON)** ♦ Médecin allemand (Mannheim 1840 - Graz 1902). Il s'est consacré à l'étude des maladies mentales, plus particulièrement aux perversions sexuelles et à leurs incidences médico-légales (*Psychopathia sexualis,* 1886).

**KRAG (Wilhelm Andreas)** ♦ Poète, romancier et auteur dramatique norvégien (Kristiansand 1871 - Ny Hellesund 1933). À travers une œuvre abondante et variée perce sa joie de vivre, son amour pour son pays et son talent d'humoriste : *Chants du Sud* (1893) et *Chants du Vestland* (1898), poèmes, *Le Commandant Knarren et ses amis* (1906) roman.

**KRAGUJEVAC** ♦ V. de Serbie, située sur la Lepenica, affl. de la Morava. 175 182 hab. Automobiles. ▪ Cap. de la Serbie de 1818 à 1839.

**KRAICHGAU** n. m. ♦ Région d'Allemagne (Bade-Wurtemberg). Entre les massifs hercyniens de l'Odenwald au N. et de la Forêt-Noire au S., l'extrémité occidentale du bassin franco-souabe offre les campagnes céréalières d'un bon pays (Gau) entre Bruchsal et Heilbronn.

**KRAJINA** n. f. ➔ ÉTYM. croate, serbe et slovène «confins ; frontière» ♦ Nom de plusieurs régions de l'ex-Yougoslavie, notamment en Serbie de l'Est (Krajina du Timok) et en Slovénie (Bela Krajina). En Croatie, la Krajina de Knin correspond à une partie des anciens Confins militaires austro-hongrois, où l'administration impériale installa aux XVII$^{e}$ - XVIII$^{e}$ s. des réfugiés serbes venus de l'Empire ottoman, faisant d'eux des paysans-soldats chargés de surveiller la frontière. Après la proclamation de l'indépendance croate (juin 1991), à laquelle ils étaient hostiles, les Serbes, majoritaires dans cette région, s'en sont rendus maîtres au prix d'une guerre où l'armée fédérale leur a prêté main-forte, et en ont fait une république (janv. 1992). Le déploiement d'une force d'interposition des Nations unies aboutit alors à une paix armée, mais sans donner de solution au problème politique. L'armée croate a repris la Krajina en août 1995, provoquant un exode massif des Serbes locaux vers la Serbie. La reconnaissance mutuelle de la Serbie-et-Monténégro et de la Croatie confirme à cette dernière la possession de la Krajina et permet un retour partiel des Serbes. Il existe aussi une Krajina de Bosnie, en partie incluse dans la République serbe autoproclamée en avr. 1992 en Bosnie-Herzégovine et reconnue par les accords de Dayton (nov. 1995) comme une composante de celle-ci.

**KRAKATAU** n. m. ➔ ÉTYM. du malais *rakata* «fendre, fissurer» ♦ Îlot volcanique d'Indonésie (813 m), situé entre Java et Sumatra, dans le détroit de la Sonde. Son éruption majeure de 1883, causa la destruction des deux tiers de l'île, un tsunami et plus de 36 000 victimes ; les explosions furent entendues jusqu'à 5 000 km de distance. Depuis 1927, un nouveau cône appelé Anak Krakatau («enfant du Krakatau») a émergé et se développe.

**KRAKÓW** → **Cracovie**

**KRÁL (Fraňo)** ♦ Écrivain slovaque (Barton, Ohio 1903 - Bratislava 1955). Militant communiste, il fut le fondateur de la littérature réaliste-socialiste slovaque avec ses romans : *La Voie barrée* (1935), *Rencontre* (1937), *Pour une vie meilleure,* et avec ses recueils poétiques : *De la nuit à l'aube* (1945), *Sur la voie printanière* (1952).

**KRAMATORSK** ♦ V. d'Ukraine, dans le Donbass. 174 892 hab. Sidérurgie, métall. de transformation.

**KRAMER (Stanley)** ♦ Producteur et cinéaste américain (New York 1913 - Los Angeles 2001). Dans les années 1950, il produisit des films empreints d'un humanisme généreux qui tranchait avec la standardisation hollywoodienne : *C'étaient des hommes,* 1950 ; *Le train sifflera trois fois,* 1952 ; *L'Équipée sauvage,* 1953. Passant ensuite à la réalisation, il s'en tint à ce registre, non sans une certaine lourdeur (*Jugement à Nuremberg,* 1961 ; *Un monde fou, fou, fou,* 1963 ; *La Théorie des dominos,* 1977).

**KRANJČEVIĆ (Silvije Strahimir)** ♦ Poète croate (Senj, sur l'Adriatique 1865 - Sarajevo 1908). Romantique, révolté contre la domination austro-hongroise, il exprima dans ses vers souvent sarcastiques la douleur de l'homme opprimé (*Poèmes,* 1908).

**KRANJEC (Miško)** ♦ Conteur et romancier slovène (Velika Polana, Lendava 1908 - 1983). Il exprima dans des nouvelles et de nombreux romans toute la sympathie qu'il éprouvait pour la rude vie des campagnards : *Les Paysans* (1932), *Le Bonheur au village* (1933), *Histoire de braves gens* (1940), *Le Chant des montagnes* (1946), *La Vallée* (1957).

**KRAPF (Johann Ludwig)** ♦ Missionnaire allemand (Derendingen, près de Tübingen 1810 - Korntal 1881). Lors de ses séjours en Afrique orientale, il découvrit le mont Kenya (1849) et étudia l'extension des dialectes bantous dans cette région africaine (*Voyages dans l'Afrique orientale,* 1858 ; *Dictionnaire de la langue swaheli,* ou souahéli, 1882).

**KRASICKI (Ignacy)** ♦ Poète polonais (Dubiecko 1735 - Berlin 1801). Prince-évêque de Warmie à 32 ans, chapelain de la cour et ami du roi Stanislas-Auguste, représentant de la poésie des Lumières en Pologne, il débuta avec le poème héroïcomique *La Souriade* («Guerre des souris», 1775). L'un des premiers, il écrivit un roman d'éducation : *Les Aventures de Monsieur Nicolas* (1776). Dans ses poèmes satiriques *Monachomachia ou la Guerre des moines* (1778) et *Antymonachomachia* (1780), il s'en prit à l'ignorance des moines. Ses *Satires* (1779), où il railla les vices de son époque, et ses *Fables* (1779) et *Fables nouvelles* (1802), d'un souriant pessimisme, constituent son plus grand titre de gloire.

**KRASIŃSKI (Zygmunt,** comte**)** ♦ Écrivain polonais (Paris 1812 - *id.* 1859). Fils d'un général d'Empire, il fut envoyé par son père en Suisse, puis il se fixa à Rome. Ayant publié sous le pseudonyme de «Poète anonyme de la Pologne» son premier roman *Agaj-Han* (1833), il écrivit son œuvre maîtresse, *La Comédie non divine* (1835), drame romantique et social où il évoque le soulèvement des canuts de Lyon. Son drame *Irydion* (1836), évoquant la décadence de Rome, médite sur les déchirements inhérents à l'engagement et constitue le sommet de la poésie romantique polonaise. Il laissa aussi *La Confession de Napoléon* (1830) et *Vision des esprits des siècles* (1831 - 1833), écrits en français, ainsi qu'une volumineuse correspondance en polonais et en français.

**KRASKO (Jan BOTTO,** dit **Ivan)** ♦ Poète slovaque (Lukovist 1876 - Prieštany 1958). Il écrivit deux recueils de vers symbolistes : *Nox et Solitudo* (1909) et *Vers* (1912), empreints tantôt de pessimisme, tantôt d'un profond sentiment religieux.

**KRASNODAR** ➔ ÉTYM. «don (persan *dar*) des Rouges (russe *krasnyï*)» (probablt en l'honneur de l'Armée Rouge qui prit la v. en 1920) – jusqu'en 1920 ***Iekaterinodar*** ♦ V. de Russie, ch.-l. de territoire, sur le Kouban. 644 800 hab. Indus. mécanique (machines agricoles, outils, matériel roulant), pétrolière, chimique et alimentaire. Nœud ferroviaire. Centrale thermique. ▪ **Histoire** La ville fut fondée en 1792 par Catherine II la Grande qui lui donna son nom. Elle devint le siège des Cosaques du Kouban.

**KRASNOÏARSK** ➔ ÉTYM. du russe *krasnyï* «rouge» (allus. à la couleur rouge des marnes du site), du turc *yar* «rive abrupte» et suff. *-sk* qui désigne une ville ♦ V. de Russie, ch.-l. de territoire, sur l'Ienisseï, en Sibérie méridionale. 911 700 hab. Centre culturel et indus. desservi par le Transsibérien. Indus. mécanique, chimique et alimentaire. Traitement du bois. Chantier naval. Centrale hydroélectrique à 35 km.

**KRASZEWSKI (Józef Ignacy)** dit aussi **Bogdan BOLESŁAWITA** ♦ Écrivain polonais (Varsovie 1812 - Genève 1887). Rédacteur à la *Gazeta Codzienna,* il dut s'exiler à Dresde après 1863. Poète, publiciste, archéologue, historien, mais surtout romancier influencé par les écrivains français. Œuv. princ. : *Le Poète et le Monde* (1839), *Ulana* (1843), *Au temps de Sigismond* (1846), *Sphinx* (1847), *La Comtesse Cosel* (1847), *La Chaumière au bout du village* (1853), *Roman sans titre* (1855), *Brühl* (1874). ➔ ÉTYM. *Kraszewski* vient du polonais *krasz* «sol brun-rouge» avec le suffixe possessif *-ew* et le suffixe *-ski* (nom d'une personne qui vit dans un lieu où le sol est brun rougeâtre [contenant du grès rouge]).

**KRATIÉ** ♦ V. du Cambodge, sur le Mékong, et ch.-l. de la prov. de Kratié (env. 320 000 hab.). Elle exerça une certaine importance dans l'histoire du pays.

**KRAUS (Karl)** ♦ Écrivain autrichien (Gitschin 1874 - Vienne 1936). Proche de certains poètes expressionnistes (E. Lasker*-Schüler, G. Trakl*) qu'il soutint d'ailleurs, il fonda en 1899 la revue *Die Fackel* («Le Flambeau») où, pendant de nombreuses années, il se fit le juge impitoyable de la vie sociale, politique et culturelle de l'Autriche. Polémiste au style tranchant, dont la satire était redoutée, il a laissé plusieurs volumes de vers, d'aphorismes, de traductions, de drames. Pacifiste, il écrivit un drame contre la guerre : *Les Derniers Jours de l'humanité* (1918), et, plus tard, un violent réquisitoire contre le national-socialisme : *La Troisième Nuit de Walpurgis* (qui ne fut publiée qu'en 1952). ➔ ÉTYM. Ce nom désigne celui qui a les cheveux crépus *(kraus).*

**KRAVTCHOUK (Leonid Makarovitch)** ♦ Homme d'État ukrainien (Veliki Jytyn, Volhynie 1934). Membre du Parti communiste soviétique (1958), il occupa à partir de 1970 divers postes à la direction du Parti communiste ukrainien. Responsable à l'idéologie (1989), il rallia les nationalistes modérés et devint le premier président de l'Ukraine indépendante, élu au suffrage universel (1991 - 1994).

**KREBS (Arthur Constantin)** ♦ Officier et ingénieur français (Vesoul 1850 - Quimperlé 1935). Collaborateur de Charles Renard*, il participa en 1884 au premier voyage aérien en circuit fermé à bord du dirigeable *La France*. Il élabora ensuite le moteur à propulsion du premier sous-marin électrique français, *Le Gymnote* (1888), fournit les plans du premier compas gyroscopique (1889), réorganisa totalement le service incendie de la ville de Paris (organisation qui est toujours en vigueur), créa l'embrayage électromagnétique (1895) et ne cessa alors d'améliorer les moteurs d'automobiles (direction par volant incliné, 1897 ; carburateur automatique, 1903 ; hélice à pas variable, 1907).

**KREBS (sir Hans Adolf)** ♦ Biochimiste britannique d'origine allemande (Hildesheim 1900 - Oxford 1981). Auteur de travaux sur le métabolisme des glucides, il montra, dès 1937, que l'apport d'énergie à la cellule s'effectue par une série d'oxydations et de réductions, le cycle tricarboxylique (cycle de Krebs). [Prix Nobel de physiol. ou méd. 1953, avec F. A. Lipmann*] ➝ ÉTYM. Ce nom allemand signifie «écrevisse» (surnom d'un marchand d'écrevisses ou d'un homme lent).

**KREBS (Edwin G.)** ♦ Médecin américain (Lansig, Iowa 1918 - 2009 ). → Fischer. [Prix Nobel de physiol. ou méd. 1992, avec E. Fischer]

**KREFELD** ➝ ÉTYM. vx haut all. «le champ *(feld)* aux corbeaux *(cregin)*» ♦ V. de l'Allemagne (Rhénanie-du-Nord-Westphalie), sur la rive g. du Rhin, à proximité du bassin de la Ruhr*. 239 900 hab. Centre indus. (princ. centre allemand de soieries, velours et rubans ; métall.). ▮ Histoire Le comte de Clermont y fut défait par le prince de Brunswick (23 juin 1758).

**KREISKY (Bruno)** ♦ Homme politique autrichien (Vienne 1911 - *id.* 1990). Issu de la bourgeoisie juive de Vienne, tôt engagé dans le socialisme, plusieurs fois interné par les nazis, il dut émigrer en Suède. Ministre des Affaires étrangères de 1959 à 1966, il fut l'artisan de la neutralité de son pays et de son rapprochement avec la CEE. Chancelier de 1970 à 1983, il contribua à faire de l'Autriche une nation démocratique moderne.

**KREISLER (Fritz)** ♦ Violoniste et compositeur français d'origine autrichienne, (Vienne 1875 - New York 1962). Il a composé, pour son instrument, des pages d'une grâce charmante *(Tambourin chinois, Caprice viennois)* et publié, sous le nom de «*Transcriptions de manuscrits anciens*», des pastiches dont il est l'auteur.

**KREJCA (Otomar)** ♦ Acteur et metteur en scène tchèque (Skysov 1921 - Prague 2009). Après avoir été acteur au théâtre D. 46 de Burian, il devint directeur artistique du Théâtre national de Prague (1956) où il fit entre autres une mise en scène remarquée de *La Mouette** (1960). En 1965, en réaction à l'inertie administrative, il fonda avec Karel Kraus une scène d'avant-garde, le Divadloza Branov («Théâtre derrière la porte»). Contraint à l'exil après 1968, il vint travailler en Allemagne, en France et en Belgique. De retour en Tchécoslovaquie, il dirigea le théâtre national de Prague jusqu'en 2002. Très attentif au texte et aux personnages, il s'inscrit dans la ligne de Stanislavski*.

**KREMENTCHOUK** ♦ V. d'Ukraine, port fluvial sur le Dniepr. 231 202 hab. Centrale hydroélectrique. Indus. alimentaire, métallurgique et mécanique. Raffinerie de pétrole. ▪ Des gisements de minerai de fer ont été découverts en 1928 dans la région.

**KREMER** → Mercator

**KREMIKOVCI** ♦ Localité de Bulgarie occidentale, près de Sofia, où a été installé un important complexe sidérurgique sur une mine de fer. Indus. chimiques.

**Le Kremlin** de Moscou, vu de la place Rouge.
*Phot. © Arch. Nathan/Sonneville*

**KREMLIN-BICÊTRE (LE)** [94270] ➝ ÉTYM. du n. de l'enseigne du cabaret «Au sergent du *Kremlin*» (allus. à la campagne de Russie de Napoléon) et de *Bicêtre** ♦ Ch.-l. de cant. du Val-de-Marne, arr. de l'Haÿ-les-Roses. 23 724 hab. *(Kremlinois)*. Ancien hospice de Bicêtre* (hôpital et centre hospitalier universitaire).

**KRENEK (Ernst)** ♦ Compositeur américain d'origine autrichienne (Vienne 1900 - Palm Springs, Californie 1991). Son œuvre révèle les influences les plus diverses, successivement marquée par l'atonalité (3 premières symphonies), le jazz *(Jonny spielt auf*, 1927, opéra qui connut un brillant succès) et le dodécaphonisme *(Charles Quint [Karl V]*, 1934, opéra créé à Prague en 1938). Ayant émigré aux États-Unis (1938), il poursuivit ses recherches dans le domaine de la musique électronique *(Oratorio de la Pentecôte)*. On lui doit encore de nombreux opéras, des concertos et des œuvres de musique de chambre. Il eut une activité pédagogique importante à l'université de Los Angeles, où il étudia le chant grégorien et la polyphonie de la Renaissance.

**kremlin**

n. m. ➝ ÉTYM. en russe ***Kreml*** ou ***Kremnik*** «citadelle» – jusqu'au XIV^e^ s. ***detinets*** ♦ Partie centrale et fortifiée des anciennes villes russes (Pskov, Kolomna, Toula, Nijni-Novgorod, Kazan, Smolensk et Moscou). ♦ ***Le Kremlin de Moscou*** Situé entre la place Rouge et la Moskova, il fut entouré d'une muraille en bois (1156), puis en pierre blanche (1367), et ensuite en brique (1485 - 1495). Les tours furent achevées au XVII^e^ s. Dans son enceinte (28 ha) se trouvent plusieurs monuments historiques : les cathédrales de l'Annonciation (1484 - 1489), de l'archange Michel (1505 - 1509) et de la Dormition, œuvre de l'architecte Fieravanti ; le clocher «Ivan le Grand» (1505 - 1508, complété en 1600), le palais Terem (1635 - 1636), l'Arsenal (1702 - 1736), l'édifice du Sénat (1776 - 1787, où siège auj. le gouvernement russe) et le Grand Palais du Kremlin (1838 - 1849). En 1932 - 1934 fut construit le théâtre du Kremlin, et en 1961 le palais des Congrès. Résidence des tsars jusqu'au règne de Pierre le Grand, le Kremlin est auj. celle du président de Russie et le siège du gouvernement. Son nom symbolise le pouvoir central russe.

**KRETSCHMER (Ernst)** ♦ Psychiatre allemand (Wüstenrot, Wurtemberg 1888 - Tübingen 1964). Il constata l'existence d'une corrélation entre la structure morphologique des individus et le genre de maladie mentale qui les affecte. Telle est la base de sa typologie morphopsychologique qui distingue quatre types fondamentaux : pycnique-cyclothymique (avec prédisposition à la psychose maniaco-dépressive), leptosome (asthénique), schizothyme (avec prédisposition à la schizophrénie) et athlétique-visqueux (avec prédisposition à l'épilepsie). Il est l'auteur de *La Structure du corps et le Caractère*, 1921.

**KRETZER (Max)** ♦ Romancier allemand (Posen 1854 - Berlin 1941). Ancien ouvrier d'usine, il a laissé des romans «sociaux» qui rappellent Zola et surtout Dickens : *Meister Timpe*, 1888, contre le machinisme ; *Le Visage du Christ*, 1897.

**KREUDER (Ernst)** ♦ Écrivain allemand (Zeitz, Anhalt 1903 - Darmstadt 1972). Représentatives du «réalisme magique» dans la littérature allemande, ses œuvres, influencées par celles du romantique Jean-Paul, mêlent sans cesse humour, satire et imagination *(La Nuit du prisonnier*, 1939 ; *La Société du grenier*, 1946 ; *Les Introuvables*, 1948).

**KREUTZBERG (Harald)** ♦ Danseur, chorégraphe et mime allemand (Liberec 1902 - Gümlingen, près de Berne 1968). Il dansa à Hanovre en 1922, puis à l'opéra de Berlin en 1924. Il devint célèbre en interprétant *Turandot*. Personnage au crâne rasé, il mena ensuite une carrière de danseur expressionniste, interprétant ses propres œuvres. Il ouvrit une école à Berne en 1955.

**KREUTZER (Rodolphe)** ♦ Violoniste et compositeur français (Versailles 1766 - Genève 1831). Musicien très précoce, il devint professeur de violon au Conservatoire (1795 - 1825) et maître de la chapelle royale (1815 - 1827). De son œuvre abondante, il convient de retenir des opéras-comiques *(Lodoiska*, 1791 ; *Paul et Virginie*, 1791) et les *40 Études ou Caprices pour violon seul* (1807), ouvrage théorique pour l'enseignement du violon. Beethoven* lui dédia sa *Sonate pour violon et piano* opus 47, dite *Sonate à Kreutzer* (1803). Il ne la joua jamais.

**KREUTZWALD (Friedrich Reïnkhold)** ♦ Écrivain estonien (près de Rakveré 1803 - Tartu 1882). Auteur de nombreux recueils de contes et de poèmes contemplatifs qui firent de lui la conscience poétique du réveil national. *Le Fils de Kalev* (1857 - 1861) marqua la naissance de l'esprit national au XIX^e^ s. C'est une vaste épopée, écrite sous forme de chanson à base d'assonances, et dont les thèmes reprennent ceux des contes populaires.

**KREUZLINGEN** ♦ V. de Suisse (Thurgovie), sur le lac de Constance, contiguë à la ville de Constance dont elle forme le faubourg méridional. 17 878 hab. (aggl. 24 978). Église (XVII^e^ s.). ▪ Aluminium ; indus. textile.

**KREVÉ-MICKEVIČIUS (Vincas)** ♦ Auteur dramatique lituanien (Soubartonis, près de Varena 1882 - Philadelphie 1954). Attaché au thème de la destinée nationale, il voulut dans ses pièces situer l'individu par rapport à la communauté nationale *(Jarunas, prince de la Dainava*, 1911 ; *Skirgaïla*, 1922). En 1945 il émigra aux États-Unis.

**KRIEGER (Johann Philipp)** ♦ Compositeur et organiste allemand (Nuremberg v. 1649 - Weissenfels 1725). Maître de chapelle à la cour de Bayreuth, il a composé une œuvre abondante dont une faible partie seulement nous est parvenue : quelques airs de ses opéras, des pièces de musique de chambre, et surtout près de quatre-vingts concerts spirituels, motets et cantates qui eurent une influence sur J.-S. Bach. ♦ **Johann Krieger** (Nuremberg 1651 - Zittau 1735). Frère du précédent auquel il succéda à Bayreuth comme organiste. Il a composé des pièces de musique religieuse. ◆ ÉTYM. *Krieger* vient du moyen haut allemand *kriec* «querelle» et désigne un combattant ou un homme batailleur.

**KRIEGHOFF (Cornelius)** ♦ Peintre canadien d'origine néerlandaise (Amsterdam 1815 - Chicago 1872). Il a peint essentiellement des paysages de neige, d'étendues d'eau ou de montagnes, des animaux et des scènes de la vie quotidienne des «Canadiens français» qu'il a traités dans des tons de rouge, roux, ocre et brun.

**KRIENS** ♦ V. de Suisse (cant. de Lucerne), au S.-O. de Lucerne, au pied du mont Pilate. 25 348 hab. Indus. mécanique et textile.

**KRIPS (Josef)** ♦ Chef d'orchestre autrichien (Vienne 1902 - Genève 1974). Directeur de l'opéra de Vienne, puis de l'orchestre symphonique de Londres (1950 - 1954), il continua sa carrière aux États-Unis. Héritier de la tradition autrichienne, dirigeant des interprétations d'une grande clarté et d'un grand équilibre, il consacra une grande partie de son activité à Mozart.

**KRISHNA, KRIṢṆA** ou **KṚṢṆA** ◆ ÉTYM. sanskr. «noir, sombre» ♦ Une des grandes divinités de l'Inde brahmanique, considérée comme étant la huitième incarnation du dieu Vishnou*. Les légendes entourant sa vie ont fait l'objet d'innombrables textes épiques et religieux. C'est le «berger d'amour» aux multiples noms qui inspire à ses fidèles une adoration mystique. Il incarnerait peut-être une divinité pré-aryenne.

**Krishna.** Peinture du temple de Minakshi, à Madurai, XVIe s.
*Phot. © Arch. Nathan/Sonneville*

**KRISHNA** n. f. ♦ Fl. de l'Inde (1 280 km) prenant sa source dans les Ghâts de l'Ouest et se jetant dans le golfe du Bengale, dans un delta proche de celui de la Godavari. Le barrage de Nagarjunasagar sur le cours inférieur, à l'origine de l'un des plus grands lacs artificiels du monde, a permis le perfectionnement de l'irrigation dans le delta et la production d'hydroélectricité.

**KRISHNAMURTI** ◆ ÉTYM. hindi «incarnation *(mūrti)* de Krishna *(Kṛṣṇa)*» ♦ Philosophe indien (près de Madras 1895 - Ojai, Californie 1986). Adopté par Annie Besant qui l'emmena en Angleterre, il devint le chef d'une secte théosophique qu'il décida de dissoudre en 1929. Par des tournées de conférences et des écrits, il se consacra à l'enseignement d'une nouvelle philosophie du réel.

**KRISTENSEN (Tom)** ♦ Écrivain danois (Londres 1893 - Svendborg 1974). Poète à l'écriture élégante (*Rêves de pirates*, 1920) brutalement affronté à l'apocalypse des temps modernes qu'il essaie d'exorciser (*Miracles*, 1922), il chercha, dans des poèmes ou des romans, à conjurer les malheurs qu'un destin hostile fait peser sur l'être humain. Son chef-d'œuvre, le roman *Ravages* (1930), tente de lutter contre la manie d'autodestruction de notre temps. Il fut une sorte de directeur de conscience de sa génération dans son pays (*L'Arabesque de la vie*, 1921).

**KRISTIANSAND** ♦ V. de Norvège, à l'extrême S. du pays, sur le Skagerrak. Ch.-l. du comté de Vest-Agder. 76 540 hab. Port de pêche et de transport international. Indus. mécanique (équipement des plateformes pétrolières).

**KRISTIANSTAD** ◆ ÉTYM. norv. «la ville *(stad)* de Christian (Christian* IV qui fonda la v. en 1614)» ♦ V. de Suède méridionale, ch.-l. de comté, à l'E. de la Scanie, sur l'Helgeån. 91 314 hab. V. de garnison. Indus. textiles et mécaniques.

**KRISTIANSUND** ♦ V. de la côte O. de Norvège, située sur trois petites îles, au S.-O. de Trondheim. 16 951 hab. ▪ Port de pêche. Exportation de morue séchée, conserveries et surgélation (poisson). Indus. mécanique (équipement des plateformes pétrolières).

**KRITANAGARA** ♦ Roi de Java, de la dynastie de Singhâsari, qui régna de 1254 à 1292. Il conquit la plus grande partie de Java, les îles de Bali* et de Madura* et étendit son influence sur celle de Sumatra*, envoyant des expéditions contre les royaumes de la péninsule malaise. Il fut un des plus grands souverains de Java*.

**KRIVINE (Alain)** ♦ Homme politique français (Paris 1941). Exclu du Parti communiste en 1966 pour ses prises de position trotskistes, il fonda la Ligue communiste révolutionnaire (LCR) au lendemain de mai* 68. Il en resta l'un des porte-parole jusqu'à sa dissolution en 2009. Allié avec Lutte ouvrière d'Arlette Laguiller*, il fut député européen de 1999 à 2004. Il participa, avec O. Besancenot*, à la création du Nouveau Parti anticapitaliste (NPA) dont il est membre.

**KRIVOÏ-ROG** → Kryvyï Rih

**KRK** – en it. ***Veglia*** ♦ Île de Croatie (archipel dalmate), dans le golfe du Kvarner. 462 $km^2$. 17 860 hab. Monuments anciens. Tourisme, port pétrolier à Omišalj.

**KRKONOŠE** n. m. ◆ ÉTYM. tchèque «mont des Géants» – en polon. ***Karkonosze***, en all. ***Riesengebirge*** ♦ Massif le plus élevé de la Bohême*, situé au N.-E. du pays et constituant une partie de la frontière entre la République tchèque et la Pologne. Il culmine au Sněžka (1 602 m).

**KRLEŽA (Miroslav)** ♦ Écrivain croate (Zagreb 1893 - *id.* 1981). Influencé par l'idéologie marxiste et par l'expressionnisme allemand, il sut se forger une personnalité littéraire originale. Auteur fécond, il s'est distingué dans presque tous les genres : parmi ses œuvres lyriques, *Les Ballades de Petrica Kerempuh* (1936), écrites en dialecte kajkavien, sont un chef-d'œuvre de la poésie croate. Ses nouvelles et ses romans abordent le problème du déracinement et de l'individualisme dans une civilisation en déclin (*Le Retour de Philippe Latinovicz*, 1932) ou dénoncent de façon satirique la politique, le nationalisme (*Banquet en Blithuanie*, 1938 ; *Les Drapeaux*, 1968). Caricatural, son théâtre est une peinture critique de la société austro-hongroise avant 1918 puis de la bourgeoisie et de l'aristocratie croates entre les deux guerres : *Golgotha* (1922), *Le Loup* (1923), *Adam et Ève* (1925), *Messieurs Glembaev* (1929), *Léda* (1930). Vice-président de l'Académie yougoslave des sciences et des arts, il a dirigé les travaux de l'*Encyclopédie* yougoslave et fut rédacteur en chef de revues littéraires : *La République des lettres* (1923 - 1927), *Danas* (1934), *Pečat* (1939 - 1940).

**KROEBER (Alfred Louis)** ♦ Ethnologue et anthropologue américain (Hoboken, New Jersey 1876 - Paris 1960). Auteur de travaux sur les Indiens d'Amérique du Nord, il a proposé une conception de l'anthropologie fondée sur les relations interpersonnelles. Il a publié *Handbook of the Indians of California*, 1925 ; *Cultural and Natural Areas of Native North America*, 1939 ; *Anthropology*, 1948.

**KRŒMER (Herbert)** ♦ Physicien américain d'origine allemande (Weimar 1928). Il proposa, dès 1957, l'utilisation dans les composants électroniques des structures semi-conductrices en couches, dites «hétérostructures». En 1963, il découvrit, indépendamment de J. Alferov*, le principe de laser à semi-conducteurs, point de départ de l'électronique rapide (utilisée notamment dans les télécommunications par satellite et dans la téléphonie mobile) et de l'optoélectronique. [Prix Nobel de physique 2000, avec J. Alferov et J. Kilby*]

**KROG (Helge)** ♦ Auteur dramatique et essayiste norvégien (Christiania, auj. Oslo 1889 - Oslo 1962). Il s'allia au groupe marxiste de la revue *Mot Dag* et fut un polémiste attaquant tous les préjugés. Il critiqua avec esprit la société dans ses pièces (*Le Grand Nous*, 1919 ; *Jarlshus*, 1923). Il se révéla féministe romantique dans *En chemin* (1931), *Départ* (1936). Enfin, après avoir participé à la propagande antinazie, il publia en 1946 un pamphlet dirigé contre la grande industrie : *Sixième colonne ?*

**KROGH (August)** ♦ Physiologiste danois (Grenå, Jutland 1874 - Copenhague 1949). Ses travaux portèrent sur le mécanisme réglant la circulation des capillaires et le rôle de ces derniers. [Prix Nobel de physiol. ou méd. 1920]

**KRÓLEWSKA HUTA** → Chorzów

**Kröller-Müller (Rijksmuseum)** ♦ Musée royal néerlandais, situé à Otterlo. Il contient de nombreuses œuvres modernes (peintures, dessins, sculptures), notamment un très important ensemble de Van Gogh, réunies par madame Kröller-Müller et données aux Pays-Bas en 1935. Le bâtiment qui les abrite fut conçu par l'architecte belge H. Van de Velde.

**KROMĚŘÍŽ** ♦ V. de la République tchèque, sur la Morava, en Moravie. 29 038 hab. Château baroque des archevêques d'Olomouc (1664 - 1695, restauré en 1752), contenant une galerie de tableaux, une bibliothèque et un musée historique. Cathédrale gothique Saint-Maurice (1260). Église baroque Saint-Jean.

**KRONECKER (Leopold)** ♦ Mathématicien allemand (Liegnitz, auj. Legnica, Silésie 1823 - Berlin 1891). Auteur de travaux en théorie des nombres (emploi des fonctions elliptiques, étude des congruences et des formes quadratiques), il participa à l'élaboration de la théorie des corps de nombres algébriques. Le symbole qui porte son nom permet de condenser considérablement l'écriture de certaines formules.

**KRONOS** → Cronos

**KRONSTADT** ◆ ÉTYM. all. «la ville *(Stadt)* de la couronne *(Krone)*» ♦ V. et base navale de Russie, située dans l'île de Kotline, au fond du golfe de Finlande et à l'O. de Saint-Pétersbourg. 45 000 hab. **Histoire** L'île, où Pierre le Grand fit édifier en 1703 la forteresse de Kronchlot (futur Kronstadt) pour défendre l'accès de Saint-Pétersbourg du côté de la mer Baltique, devint un port commercial et militaire important jusqu'à la construction du canal maritime de 30 km qui permit aux navires de fort tonnage d'accéder à Saint-Pétersbourg. Principale station de la flotte russe de la Baltique, elle fut le théâtre de soulèvements de soldats et de marins lors du mouvement décabriste (1825) et durant la révolution de 1905 - 1906 (réprimés par Witte*). En 1917, les marins de Kronstadt, appuyés par le croiseur *Aurora*, attaquèrent le gouvernement de Kerenski*. En mars 1921, Trotski réprima violemment une nouvelle mutinerie dirigée contre le pouvoir soviétique. Durant la Deuxième Guerre mondiale, les fortifications de Kronstadt jouèrent un rôle essentiel dans la défense de Leningrad.

**KROPOTKINE (Petr Alekseïevitch,** prince) ♦ Révolutionnaire et anarchiste russe (Moscou 1842 - Dmitrov 1921). Après une vie d'officier et d'explorateur en Sibérie, puis de savant à Petrograd, il adhéra au mouvement révolutionnaire russe. À la suite d'un premier voyage en Suisse (1872), il fut arrêté en Russie, mais réussit à s'enfuir (1876) et se fixa dans le Jura suisse, où, avec P. Brousse*, il fonda une société secrète de tendance anarchiste (1877). À Genève (1879), il publia le journal *Le Révolté* où il exposa les grands thèmes de la pensée anarchiste (*Paroles d'un révolté*, 1885). Expulsé de Suisse, il s'installa en Savoie, mais fut arrêté et condamné à la prison (procès de Lyon, 1883). Libéré (1886), il s'installa en Angleterre jusqu'en 1917, date de son retour en Russie sous Kerenski. Ses écrits anarchistes (*Les Bases scientifiques de l'anarchie* ; *L'Anarchie future*, 1887) abordent en particulier les questions économiques (*Champs, usines et ateliers*, publié à Paris en 1910), éthiques (*L'Entraide*, 1906 ; *L'Éthique*, inachevée) et, enfin, historiques. Les mémoires de ce «prince anarchiste», dont l'influence fut considérable sur bien des mouvements (Espagne, URSS), furent publiés sous le titre *Autour d'une vie*. ◆ ÉTYM. *Kropotkine* vient du surnom russe *Krapotka* (de *krapotat* «s'affairer») qui évoque une personne travailleuse (surnom donné à un de ses ancêtres au XVe s.).

**KROTO** (sir **Harold W.**) ♦ Astrophysicien et chimiste britannique (Wisbech 1939). Il découvrit, en 1985, avec R. Curl et R. Smalley, une molécule de carbone composée de 60 atomes en forme de boule, appelée fullerène en hommage au constructeur R. Fuller*. En quantités macroscopiques, la molécule ne fut synthétisée qu'en 1990 par W. Krätschmer et D. Huffman. Les fullerènes et les nanotubes (autres molécules de carbone découvertes depuis) promettent des applications très variées (écrans absorbants, lubrifiants, etc.) [Prix Nobel de chimie 1996, avec R. Curl et R. Smalley].

**KROUMIRIE** n. f. ♦ Région montagneuse de l'Algérie orientale et de la Tunisie septentrionale, comprise entre la vallée de la basse Medjerda au S. et la plaine d'Annaba, la côte méditerranéenne et les monts Mogods au N. Elle s'étend à l'E. jusqu'au golfe de Bizerte. Région très arrosée (chênes verts, chênes-lièges), habitée par des pasteurs sédentarisés, les Kroumirs.

**KROU(S)** ou **KRU(S)** n. m. (pl.) ◆ ÉTYM. p.-ê. de *Kraoh*, n. de tribu ♦ Population du S. de l'Afrique occidentale vivant de part et d'autre de la frontière séparant la Côte d'Ivoire du Liberia. L'initiation au *poro* (intégration de l'individu à la société) fait intervenir des masques de bois abritant les esprits des ancêtres chargés de surveiller les jeunes initiés. Les Krous travaillent généralement comme manœuvres dans les ports du S.-O. de la Côte d'Ivoire et du Liberia.

**KRÜDENER (Barbara Juliane von VIETINGHOFF,** baronne **VON)** ♦ Femme de lettres et mystique livonienne (Riga 1764 - Karasoubazar, Crimée 1824). Grande voyageuse, elle devint l'amie de Mme de Staël*. Après avoir écrit ses *Pensées* (1802) et un célèbre roman autobiographique, *Valérie* (1803), elle exerça une grande influence religieuse et, indirectement, une influence politique sur le tsar Alexandre* Ier (Sainte-Alliance, 1815).

**KRÚDY (Gyula)** ♦ Écrivain hongrois (Nyíregyháza 1878 - Budapest 1933). Distant, galant, il fut un grand solitaire, et créa dans sa prose une ambiance comparable à celle de Proust. Les voyages intérieurs de son alter ego Sindbad constituent la trame de plusieurs romans ; ses écrits font revivre les ruelles du vieux Buda fin de siècle (*La Diligence rouge*, 1914 ; *La vie est un songe*, 1931).

**KRUGER (Paul)** ♦ Homme d'État sud-africain (Vaalbank, près de Colesberg, colonie du Cap 1825 - Clarens, Suisse 1904). Descendant d'une famille berlinoise, il participa à la fondation du Transvaal* (1852). Lorsque celui-ci fut annexé par le Natal (alors colonie britannique, 1877), il dirigea, avec M. W. Pretorius* et P. J. Joubert*, l'insurrection (1880) qui, après la paix de Pretoria (1881), conduisit à la proclamation de la république du Transvaal dont il fut président (1883, 1888, 1893, 1898). Son hostilité à la collaboration avec les *Uitlanders*, sujets anglais travaillant dans les mines d'or, provoqua le raid de Jameson* contre le Transvaal (1895) qui échoua. Après avoir conclu une alliance avec l'État d'Orange (1899), Kruger déclara la guerre à la Grande-Bretagne (guerre du Transvaal, 1899 - 1902). Il se retira ensuite en Europe. ◆ ÉTYM. Le nom allemand *Krüger* signifie «cabaretier, aubergiste», de *Krug* «cruche».

**KRUGERSDORP** ♦ V. minière d'Afrique du Sud (Gauteng) dans le Witwatersrand. Plus de 100 000 hab. Gisement aurifère.

**KRUGMAN (Paul)** ♦ Économiste américain (Long Island, 1953), connu pour ses tribunes dans le *New York Times*, ses ouvrages de vulgarisation (*La mondialisation n'est pas coupable : vertus et limites du libre-échange* ; *Pourquoi les crises reviennent toujours* ; *L'Amérique que nous voulons*), ses prises de position contre le gouvernement Bush et son anticipation des crises financières en 1997 en Asie et en 2008 aux États-Unis. Il a développé la «nouvelle théorie du commerce international» et formulé dès 1979 le concept de la «concurrence imparfaite». Rompant avec la théorie de Ricardo, il a montré que de nos jours les échanges commerciaux s'effectuent majoritairement entre pays à la technicité similaire, pour des produits de même nature, et non plus sur des critères de complémentarité (agriculture/industrie). La nature des échanges et la localisation des activités économiques résultent grandement des économies d'échelle réalisées. [Prix Nobel d'écon. 2008]

**KRUPA (Gene)** ♦ Batteur et chef d'orchestre de jazz américain (Chicago 1909 - New York 1973). Membre de l'orchestre de Benny Goodman* (1935 - 1938), il fut l'un des premiers batteurs à savoir prendre de longs solos durant les interprétations. Dans les formations qu'il dirigea, ses tempos forcenés, son usage intense des cymbales, son jeu spectaculaire ont fait évoluer le rôle de la batterie. Princ. enregistrements : *Sing Sing Sing* (avec Benny Goodman, 1937), *That Drummer's Band* (1942).

**KRUPP** ♦ Famille d'industriels allemands. ♦ **Alfred Krupp** (Essen 1812 - *id.* 1887) mit au point un type d'acier fondu qui lui permit de couler en une seule pièce un tube de canon lourd (1847) ; il introduisit le procédé Bessemer* sur le continent (1862) et établit l'une des plus puissantes entreprises industrielles de l'époque. ♦ **Bertha Krupp** (Essen 1886 - *id.* 1957). Petite-fille du précédent. Elle épousa le baron GUSTAV VON BOHLEN UND HALBACH (1870 - 1950) ferme soutien du nazisme dès 1933, qui, devenu directeur de l'entreprise, fournit le matériel de la nouvelle armée et de la flotte de guerre allemandes. ♦ **Alfred Krupp von Bohlen und Halbach** (Essen 1907 - *id.* 1967). Fils des précédents. Membre du parti nazi, il fut arrêté en 1945, puis libéré par les Américains, et dirigea la société Krupp jusqu'à sa mort. ◆ ÉTYM. Ce nom allemand vient probablement de *Krüppel* «estropié, boiteux».

**KRUSENSTERN (Ivan Fedorovitch KROUZENCHTERN,** connu sous le nom d'**Adam Johann VON)** ♦ Navigateur russe (Haggud, Estonie 1770 - Ass, près de Reval auj. Tallinn 1846). Il dirigea la première expédition russe de circumnavigation *Voyage autour du monde de 1803 à 1806* (1810 - 1812).

**KRUSENSTJERNA (Agnes VON)** ♦ Romancière suédoise (Växjö 1894 - Stockholm 1940). Son œuvre fut d'abord autobiographique dans *Tony* (1922 - 1926), puis nourrie de psychanalyse dans les deux grands cycles des *Fröknarna von Pahlen* («Les demoiselles de Pahlen», 1930 - 1935) et *Fattigadel* («Noblesse pauvre» 1935 - 1938, inachevé). La rare élégance de son écriture et une exaltation de la vie face aux périls de la prétendue civilisation sauvent du bizarre une œuvre remarquable par sa force de témoignage.

**KRUŠNÉ HORY** → Erzgebirge

**KRUSZWICA** ♦ Loc. de Pologne, voïvodie de Couïavie-Poméranie. Selon la légende, elle serait le berceau de la famille des Piast*, avant la constitution du premier État polonais.

**KRYLOV (Ivan Andreïevitch)** ♦ Fabuliste russe (Moscou 1769 - Saint-Pétersbourg 1844). Après une jeunesse laborieuse, il s'essaya à divers genres littéraires : journaliste satirique (il fut l'éditeur des périodiques *La Poste aux esprits*, 1789, *Le Spectateur*, 1792, *Le Mercure de Saint-Pétersbourg*, 1793), auteur dramatique (*Le Magasin de modes*, 1807 ; *La Leçon aux filles*, 1807). Mais, admirateur de La* Fontaine, il trouva enfin sa voie et écrivit 9 recueils de fables de tendance réaliste et satirique. Écrites dans une riche langue populaire, elles connurent et connaissent encore un large succès.

**KRYVYÏ RIH** – anc. *Krivoï-Rog* ♦ V. d'Ukraine, située au confluent de l'Ingouletz (affl. du Dniepr) et du Saksagan, à l'O. de la boucle du Dniepr. 696 667 hab. Puissant complexe sidérurgique, au centre d'un des plus importants gisements de minerai de fer du monde (env. 100 millions de t de minerai par an), relié par voie ferrée au

Donbass et à la mer Noire (Kherson, Mykolaïv). Indus. métallurgique. Centrale thermique. Construc. mécaniques. **Histoire** Durant la Deuxième Guerre mondiale, la ville, prise par les Allemands en 1941 et assiégée par l'armée de Koniev (oct. 1943), fut libérée en fév. 1944. Les installations industrielles, détruites, furent reconstruites et modernisées.

**KSAR EL-BOUKHARI** – anc. *Boghari* ♦ V. d'Algérie (wilaya de Médéa), située dans la vallée du Chéliff, au contact du Tell et des hauts plateaux. 40 420 hab. Grand marché de troupeaux.

**KSAR EL-KÉBIR** ➝ ÉTYM. en esp. ***Alcazarquivir,*** en ar. ***al-Qaṣr al-Kabīr*** «grand palais» ♦ V. du Maroc septentrional (prov. de Tétouan) située dans l'E. de la plaine du Gharb*, en contact avec le Rif*. 107 380 hab. Important marché rural. **Histoire** En 1578 s'y déroula la bataille dite des «Trois Rois», défaite portugaise, où 'Abd* al-Mālik, le roi Sébastien* de Portugal et un ancien sultan du Maroc rallié aux Portugais périrent sous les coups de l'armée marocaine dirigée par le sultan saadien Aḥmad al-Manṣūr.

**KSAR ES-SOUK** → Er-Rachidia

**KSITIGARBHA** ➝ ÉTYM. «embryon de la Terre» ♦ Divinité du panthéon bouddhique appelée Dizan Pusa en Chine et Jizo Bosatsu au Japon. L'un des 4 principaux bodhisattvas, il aide au salut de toutes les âmes et soulage de toutes les souffrances de la terre.

**KSOUR** (monts des) ♦ Massif montagneux de l'Algérie méridionale, partie la plus occidentale de l'Atlas saharien, limité à l'E. par le djebel Amour. Il domine au djebel Aïssa (2 236 m), point culminant de l'Atlas saharien.

**KUALA LUMPUR** ➝ ÉTYM. malais «embouchure de la rivière *(kuala)* boueuse *(lumpur)*» ♦ Cap. de la Fédération de Malaisie, au confluent des rivières Klang et Gombak. 1 297 526 hab. Le territoire fédéral de la capitale (créé en 1974) couvre 245 km². Siège du Parlement. Centre culturel, industriel et commercial. Univ. Hôtel de ville, édifice Sultan Abdul Samad, avec sa fameuse tour d'horloge, et gare centrale, tous trois de style mauresque ; ancienne mosquée du Vendredi. Tours jumelles Petronas (451,9 m) ; Tour relais des télécommunications, ou KL Tower (230 m). Aéroport international de Sepang. **Histoire** Village de mineurs d'étain en 1860, Kuala Lumpur est devenu en 1896 la capitale des États malais fédérés, en 1947 celle de la Fédération de Malaisie et en 1963 celle de la nouvelle Fédération de Malaisie (ou Malaysia).

**Kuala Lumpur.** Les tours jumelles. *Phot. © Manfred Gottschalk/Hoa Qui*

**KUALA TERENGGANU** ♦ V. de la Fédération de Malaisie, cap. de l'État de Terengganu, sur la mer de Chine. 250 528 hab. Port de pêche.

**KUANTAN** ♦ V. de la Fédération de Malaisie, cap. de l'État de Pahang, sur la mer de Chine. 283 041 hab. Tissages de soieries. Port de pêche, de commerce et de passagers.

**KUBA(S)** ou **BAKOUBA(S)** n. m. (pl.) ➝ ÉTYM. «le peuple de l'éclair» ♦ Peuple de la Rép. démocratique du Congo, de langue bantoue, vivant entre les rivières Kasaï* et Sankuru. Leur art est caractérisé par des décors géométriques (récipients, masques, tissus de raphia [ou velours du Kasaï]) et vise à magnifier la fonction royale.

**KUBELIK (Rafael)** ♦ Chef d'orchestre tchèque (Prague 1914 - Lucerne 1996). Fils du violoniste Jan Kubelik, il dirigea les plus grands orchestres mondiaux, interprétant beaucoup d'œuvres tchèques, mais aussi allemandes (Mendelssohn, Mahler). Il composa des œuvres symphoniques et de la musique pour le théâtre, d'inspiration postromantique.

**KŪBILAÏ KHĀN, KOUBILAÏ KHAN** ou **KUBLAI KHAN** ♦ Chef mongol (1215 - 1294), frère et successeur de Möngke* comme grand khan des Mongols en 1260. Il acheva la conquête de la Chine en renversant les derniers souverains chinois de la dynastie des Song*, se proclama empereur en 1280, fondant la dynastie Yuan*, et fit de Cambaluc* sa capitale, y créant ce que l'on a appelé depuis la «ville tartare» (→ **Pékin**). Il tenta par deux fois (1274 et 1281), sans succès, d'envahir le Japon, et échoua également au Tonkin. Souverain tolérant, il admit à sa cour de nombreux étrangers, des prêtres nestoriens et des lamas tibétains. Marco Polo* devint un fonctionnaire important à son service.

**KUBIN (Alfred)** ♦ Dessinateur et écrivain autrichien (Leitmeritz, Bohême 1877 - Zwickledt, Autriche 1959). Influencé par Goya et Beardsley, puis par Redon, attiré par l'expressionnisme, il élabora une œuvre fantastique, accordée à quelques auteurs de prédilection qu'il illustra, recherchant les thèmes de l'angoisse (Edgar Poe, Dostoïevski, Strindberg, Barbey d'Aurevilly). Après une tentative de suicide en 1896 et une grave dépression en 1903, il révéla dans son œuvre une obsession croissante pour les thèmes de la mort et de la sexualité par des images cauchemardesques dont s'inspirèrent plus tard les surréalistes. Il devint en 1911 membre du Cavalier* bleu et vécut dans un isolement presque total dans sa maison de campagne de Zwickledt. Son roman *L'Autre Côté* (1909) évoque également un univers névrotique.

**KUBITSCHEK DE OLIVEIRA (Juscelino)** ♦ Homme d'État brésilien (Diamantina 1902 - près de Resende 1976). Gouverneur du Minas* Gerais, il devint président de la République en 1955. Soucieux de doter le pays d'une économie forte par une exploitation plus rationnelle des richesses naturelles, il s'attaqua à la construction d'une ville située à l'intérieur, pour modifier l'équilibre géographique du pays. → **Brasília.** J. Quadros* lui succéda (1960).

**KUBRICK (Stanley)** ♦ Cinéaste américain (New York 1928 - Childwickbury, Hertfordshire 1999). Journaliste à *Look,* il tourna d'abord des films d'amateur en 16 mm. C'est avec *Les Sentiers de la gloire* (1957), histoire d'une mutinerie dans l'armée française pendant la guerre de 1914 - 1918, qu'il se fit connaître. Il réalisa ensuite *Spartacus* (1960), *Lolita* (1962), d'après le roman de Nabokov, *Le Docteur Folamour* (1964), satire antimilitariste, *Barry Lyndon* (1975) d'un style plus classique. Avec *2001* : l'Odyssée de l'espace* (1968), puis *Orange* mécanique* (1971) et *Shining* (1980), il mêla de façon spectaculaire le fantastique, la science-fiction et la satire sociale. Il s'attaqua en 1987 à l'enrôlement des «marines» dans le massacre vietnamien dans *Full Metal Jacket.* Son dernier film, *Eyes Wide Shut,* est sorti peu après sa mort.

**KUCHE** ou **KUCHA** ♦ V. de Chine, région autonome de Xinjiang. 73 750 hab. Centre agricole (céréales et coton). Tapis. ▪ À 30 km au S.-O. de la ville, grottes de Tula.

**KUCHING** ♦ V. de la Fédération de Malaisie, cap. de l'État de Sarawak*, port sur le fleuve Sarawak. 152 310 hab. Anc. palais de Charles Brooke, le «rajah blanc». Industries du bois et du caoutchouc.

**KUDO Tetsumi** ♦ Artiste japonais (Ōsaka 1935 - Tōkyō 1990). Associé au mouvement néo-dada, il s'installa à Paris en 1962 et prit part aux expositions de la Figuration narrative. Obsédé par les catastrophes nucléaires, il introduisit dans son œuvre une imagerie macabre (*Votre portrait,* série commencée en 1964 ; *Pollution-cultivation,* 1970 - 1971). Il organisa des happenings et utilisa des fragments de corps humains fidèlement reproduits et de la végétation en décomposition pour exprimer les dangers de la société et l'absence de communication.

**KUGELMANN (Ludwig)** ♦ Médecin et socialiste allemand (Osnabrück 1830 - 1902). Il prit part, comme étudiant, à la révolution de 1848. En relation épistolaire avec K. Marx, il adhéra à la Ire Internationale (1865). S'il contribua à faire connaître *Le Capital* en Allemagne, il resta partisan du réformisme.

**KUHLMANN (Charles Frédéric)** ♦ Chimiste et industriel français (Colmar 1803 - Lille 1881). Il prépara l'acide sulfurique par le procédé de contact, introduisant le phénomène de catalyse dans la chimie industrielle, et découvrit le procédé de fabrication de l'acide nitrique par oxydation catalytique de l'ammoniac. Il fonda plusieurs entreprises industrielles dans le N. de la France.

**KUHN (Adalbert)** ♦ Linguiste et mythologue allemand (Königsberg 1812 - Berlin 1881). Auteur de travaux de grammaire comparée, il étudia également la mythologie indo-européenne et fit de la personnalisation des forces naturelles l'origine de la religion, des premières divinités (théorie naturiste). Œuv. princ. : *Les Premiers Temps de l'histoire des peuples indo-germains* (1845), *L'Origine du feu et de la boisson divine* (1859). ➝ ÉTYM. *Kuhn* est l'hypocoristique de *Konrad.*

**KUHN (Richard)** ♦ Chimiste autrichien (Vienne 1900 - Heidelberg 1967). Auteur de recherches sur les pigments végétaux caroténoïdes et sur les vitamines, il réalisa (indépendamment de Karrer*), la synthèse de la riboflavine (vitamine B2, 1934) et de la vitamine A (1937), établit la structure complète de la vitamine B6 et étudia les vitamines H et K. [Prix Nobel de chimie 1938]

**KUHN (Thomas S.)** ♦ Philosophe américain (Cincinnati 1922 - Cambridge, Massachusetts 1996). Dans *La Structure des révolutions scientifiques* (1962), il proposa un modèle de l'évolution de la science fondé sur le concept de paradigme autour duquel s'articule la «science normale». Une révolution scientifique conduit à un changement de paradigme, c'est-à-dire à un nouveau consensus des spécialistes concernant les théories, les problèmes à résoudre, les critères de choix de solutions, etc.

**KUIJKEN** ♦ Famille d'instrumentistes belges, les trois frères Kuijken figurant parmi les plus remarquables spécialistes de la musique baroque. ♦ **Wieland Kuijken** (Dilbeek 1938), violoncelliste, puis violiste, professeur aux conservatoires de La Haye et de Bruxelles. ♦ **Sigiswald Kuijken** (Dilbeek 1944), violoniste et chef d'orchestre, enseigne le violon baroque à La Haye puis (1993) à Bruxelles. Il a fondé en 1972 l'ensemble de musique ancienne «La petite bande» et dirigé de nombreux enregistrements, de J.-S. Bach notamment. ♦ **Barthold Kuijken** (Dilbeek 1949), flûtiste, se spécialise dans la flûte traversière baroque et l'enseigne au conservatoire de Bruxelles.

**KUIPER (Gerard Pieter)** ♦ Astronome américain d'origine néerlandaise (Harenkarspel 1905 - Mexico 1973). Auteur de travaux sur la physique et l'origine des planètes, il étendit ses recherches spectroscopiques au proche infrarouge. On lui doit la relation permettant de déduire la luminosité totale d'une étoile de sa luminosité dans le visible (1938). Il découvrit le méthane dans Titan (satellite de Saturne, 1945), le cinquième satellite d'Uranus (Miranda, 1948) et le deuxième satellite de Neptune (Néréide, 1949).

**KŪKAI** dit **Kōbō Daishi** ♦ Religieux bouddhiste japonais (Shikoku 774 - Kyōto 835) qui, après un voyage fait en Chine en 804 - 806, fonda la secte du Shingon*. Il créa des écoles populaires et peignit des sujets bouddhiques. On lui attribue l'invention (sinon la diffusion) des caractères syllabiques d'écriture hiragana.

**Ku Klux Klan** n. m. ➝ ÉTYM. p.-ê. du gr. *kuklos* «cercle» et de l'angl. *clan* «groupe familial (en Écosse)» (les fondateurs du 1er rassemblement étaient écossais) ♦ Société secrète américaine. Fondée dans le Tennessee au milieu des troubles qui suivirent la guerre de Sécession*, elle était destinée à détourner les Noirs d'exercer leur droit de vote par l'intimidation (membres vêtus de robes blanches et de cagoules pointues, croix enflammées). Mais bientôt, elle prit une ampleur considérable et son action dégénéra encore. Ses violences amenèrent son interdiction (1877). Un nouveau KKK fut fondé en 1915 à Atlanta par un ancien pasteur méthodiste et prit un caractère puritain, xénophobe et ultranationaliste, l'opposant non seulement aux Noirs, mais aux Juifs et aux catholiques. Il atteignit un million de membres, exerça une influence notable dans les années 1920 - 1930 et redoubla de violence. De nouveau interdit (1928), il perdit de son importance. Il s'est cependant manifesté sporadiquement depuis 1960, en opposition aux mouvements libéraux, pacifistes, antiracistes et à l'évolution des mœurs.

**KUKUČÍN (Matěj BENCÚR, dit Martin)** ♦ Romancier slovaque (Jasenova 1860 - Lipik, Croatie 1928). Médecin de carrière, il fut l'auteur de romans réalistes : *La Maison sur la colline* (1904), *La mère appelle* (1927).

**KULMBACH** ♦ V. du S.-E. de l'Allemagne (Bavière), entre le Main à l'O., le Frankenwald et le Fichtelgebirge à l'E. 27 600 hab. Château de Plassenburg (XVIe s.), anc. résidence des margraves de Brandebourg-Kulmbach. ▪ Bières brunes réputées.

**KÜLPE (Oswald)** ♦ Psychologue et philosophe allemand (Candau, Courlande 1862 - Munich 1915). Élève de W. Wundt, il fut le chef de l'école de Würzburg qui préconisait en psychologie une méthode d'introspection dirigée, ou expérimentale (*Fondements de la psychologie*, 1893). Il est également l'auteur d'un ouvrage sur les *Fondements de l'esthétique* (1921) et de *Conférences sur la logique* (1923).

**KÜLTEPE** ♦ Site archéologique de Turquie au S.-E. d'Ankara, correspondant à l'ancienne *Karum Kanesh*. À côté de la ville indigène s'était établie une importante colonie assyrienne dont l'activité est connue par de nombreuses tablettes écrites en cunéiforme découvertes sur place. La ville fut détruite au début du –XVIIIe s.

**Kulturkampf** n. m. ➝ ÉTYM. all. «combat pour la civilisation» ♦ Terme désignant une série de mesures (1871 - 1878) prises par Bismarck* devant la montée du parti du centre, parti des catholiques mené par Windthorst, qui exerçait une grande influence sur les États du Sud et de l'Ouest, et pouvait présenter une menace pour l'unité de l'empire. Ces mesures visèrent essentiellement l'enseignement catholique (des laïques furent chargés de l'inspection de l'enseignement, et des congrégations, comme celle des jésuites, furent chassées) et l'indépendance du clergé, dont l'État devait contrôler les nominations et assurer la première formation. Les *lois de mai* (1873 - 1875), promulguées avec l'aide de Falk, rencontrèrent une vive résistance (de nombreux ecclésiastiques se firent emprisonner, dont Mgr Ketteler, ou Mgr Ledochowski) et ne firent que renforcer le parti du centre. Le progrès du socialisme décida Bismarck, conformément au désir de l'empereur, à changer de politique et à se rapprocher du Vatican à la faveur de l'avènement de Léon XIII. Le Kulturkampf devait avoir des conséquences sur la politique religieuse de la Suisse et de l'Autriche.

**KUMAMOTO** ♦ V. du Japon (Kyūshū), ch.-l. de préf. 669 603 hab. Grand marché agricole et centre industriel (indus. alimentaire et textile), au pied du volcan Asō*. Célèbre château du XVIe s. Jardin renommé (Suizenji kōen).

**KUMAON** ou **KUMAUN** n. m. ♦ Massif himalayen de l'Inde du Nord et du Népal occidental à leur frontière commune avec le Tibet, dont le point culminant est le Nanda Devi (7 816 m) et où prend naissance le Gange.

**KUMĀRAJĪVA** ♦ Religieux bouddhiste indien (v. 350 - v. 410) qui vécut au Cachemire* et en Chine où il traduisit de nombreux *sūtra* sanskrits, inaugurant une école de traduction de textes qui fut florissante par la suite. Il contribua à populariser le bouddhisme en Chine.

**KUMĀRILA BHAṬṬA** ♦ Philosophe indien hindou du VIIe s., adversaire acharné du bouddhisme. Il commenta le système philosophique de la Mīmāmsā et fut divinisé par les tenants du brahmanisme.

**KUMASI** ou **KUMASSI** → Koumassi

**KUMAZAWA Banzan** ou **Ryōkai** ♦ Professeur d'économie politique japonais (1619 - 1691). Il vécut à Kyōto et ses ouvrages libéraux lui valurent d'être emprisonné. Ses idées furent reprises lors de la restauration du pouvoir impérial en 1868.

**KUMBAKONAM** ♦ V. de l'Inde (Tamil Nadu), dans le delta de la Kaveri. 160 827 hab. Ancienne capitale de la dynastie des Chola. Temples. Grand centre de pèlerinage, qui attire tous les 12 ans des foules importantes.

**KUMIČIĆ (Evgenij)** ♦ Romancier croate (Berseč 1850 - Zagreb 1904). Disciple de Zola, il écrivit des nouvelles et des romans naturalistes : *L'Incident* (1879), *Olga et Lena* (1881), *La Noce* (1883), *L'Orpheline* (1885), *Téodora* (1889) dans lesquels il se fait le défenseur des opprimés et critique le capitalisme. Il a également laissé deux romans historiques sur le peuple croate : *La Conjuration de Zrinjski et de Francopan* (1893) et *La Reine Lepa* (1902).

**KUMMER (Ernst Eduard)** ♦ Mathématicien allemand (Sorau 1810 - Berlin 1893). Auteur de travaux sur les intégrales définies, les séries et les équations différentielles il créa, surtout, le corps des nombres algébriques pour lequel il introduisit des êtres mathématiques nouveaux, les idéaux, qui jouent dans ce corps le rôle du plus grand commun diviseur de l'arithmétique ordinaire.

**KUN (Béla)** ♦ Homme politique hongrois (Szilágycseh 1886 - en URSS 1937). Militant du Parti social-démocrate en Transylvanie, il fut prisonnier de guerre en Russie à partir de 1916 et connut alors Lénine. À son retour en Hongrie, il fonda le Parti communiste hongrois (nov. 1918), et, à la faveur d'une insurrection, s'empara du pouvoir en mars 1919. Il instaura la dictature du prolétariat et, devant la résistance croissante de l'opinion, institua un régime de terreur. Son échec devant l'offensive roumaine le déconsidéra aux yeux de l'armée et des éléments bourgeois qui l'avaient suivi au début par nationalisme. Après la victoire du gouvernement contre-révolutionnaire de Szeged (→ **Horthy de Nagybánya**) et la prise de Budapest par les Roumains, il se réfugia à Vienne, puis en URSS, et milita activement dans la IIIe Internationale. Il fut victime des purges staliniennes, mais sa mémoire fut réhabilitée par Khrouchtchev en 1958.

**KUNCAN** ou **K'OUEN TS'AN (LIU Jieqiu, dit)** ♦ Moine, peintre et calligraphe chinois (1612 - 1692). Loyaliste Ming*, il se fit moine pour marquer son opposition aux Mandchous. Il a peint des paysages de grandes dimensions, d'un style original.

**KUNCKEL** ou **KUNKEL VON LÖWENSTERN (Johann)** ♦ Chimiste allemand (Hütten, près de Rendsburg 1638 - Pernau, Lituanie 1703). Il découvrit l'ammoniac et une méthode de préparation du phosphore.

**KUṆḌALINĪ** ♦ Dans les philosophies tantriques de l'Inde, nom du serpent mythique de Shiva*, qui se trouverait lové au bas de la colonne vertébrale des humains et qu'il faut «éveiller» par des pratiques appartenant au yoga. Il est la source de toute énergie sexuelle et spirituelle.

**KUNDERA (Milan)** ♦ Écrivain français d'origine tchèque (Brno 1929). Il publia des poèmes (*L'Homme, vaste jardin* et *Monologues*, 1957) puis un essai sur l'art du roman, consacré à V. Vančura (1960), une pièce de théâtre (*Le Propriétaire des clefs*, 1962) et une très vivante adaptation de *Jacques* le Fataliste* (*Jacques et son maître*). Ses nouvelles (*Risibles amours*, 1963 - 1968) et son premier roman *La Plaisanterie* (1967), dénonçant la corruption dans son pays et qui eut un grand retentissement, furent suivis d'un autre roman *La vie est ailleurs* (1973). Établi en France depuis 1975, il y publia *La Valse aux adieux* (1976), *Le Livre du rire et de l'oubli* (1979), *L'Insoute-*

František **Kupka.** *Étude pour le langage des verticales* (78 x 63 cm), 1911. Coll. Thyssen-Bornemisza, Madrid.
*BIS/Phot. Luc Joubert © Archives Larbor © Adagp, Paris*

*nable Légèreté de l'être* (1984), *L'Immortalité* (1990) puis, en français, *L'Ignorance* (2003) et des essais sur la littérature, *L'Art du roman* (1986), qui en ont fait l'un des auteurs d'Europe centrale les plus appréciés en Occident.

**KUNDT (August)** ♦ Physicien allemand (Schwerin 1839 - Israelsdorf, près de Lübeck 1894). Auteur de travaux sur les propriétés optiques des métaux, sur la dispersion de la lumière, il mit au point une expérience *(tube de Kundt)* permettant de mettre en évidence les ondes stationnaires dues aux vibrations d'un gaz.

**KUNERSDORF** – auj. ***Kunowice*** ♦ Anc. localité du Brandebourg, auj. en Pologne (voïvodie de Lubusz) à l'E. de Francfort-sur-l'Oder. ▪ Durant la guerre de Sept Ans, Frédéric* II le Grand y fut battu par les Austro-Russes (1759).

**KÜNG (Hans)** ♦ Prêtre et théologien catholique suisse (Sursee, Suisse 1928). Marqué par Karl Barth* auquel il a consacré sa thèse, attentif à l'exigence critique de la modernité, H. Küng a valorisé dans son enseignement à Tübingen et dans une œuvre considérable, écrite en allemand, le message des Écritures et la personne du Christ, au détriment de l'histoire de l'Église et de l'enseignement des papes. Désavoué par Rome en 1979, il a poursuivi une recherche tournée vers l'unité de l'expérience de la foi au-delà des différences religieuses, à l'encontre de tout dogmatisme. Œuv. princ. : *L'Église* (1967), *Être chrétien* (1974), *Dieu existe-t-il ?* (1978), *Le Christianisme et les religions du monde* (1986), *Projet d'éthique planétaire* et *La Paix mondiale par la paix entre les religions* (1991), *Mon Combat pour la liberté* (autobiographie, 2006).

**KUNIYOSHI** ou **UTAGAWA KUNIYOSHI** ♦ Peintre japonais (1797 - 1861) graveur d'estampes ukiyoe, élève de Toyokuni*. Ses paysages sont influencés par la peinture occidentale. Il fut un excellent caricaturiste. Il gagnait sa vie en faisant des tatouages artistiques.

**KUNLUN SHAN** ou **K'OUEN-LOUEN-CHAN** n. m. ♦ Montagne de Chine, séparant le Tibet du Qinghai. Point culminant : Liushi Shan 7 167 m (détrônant l'Ulugh Muztag, 6 973 m dorénavant). De nombreux fleuves y prennent leur source, parmi lesquels les deux principaux fleuves de Chine, le Huang* he et le Chang* jiang.

**KUNMING** ou **K'OUEN-MING** → ÉTYM. chin. «au sud des nuages» – anc. ***Yunnanfu*** ou ***Yun-nan-fou*** ♦ V. de Chine, cap. de la prov. du Yunnan. 2 547 272 hab. Bénéficiant d'un climat exceptionnel, elle est surnommée «ville de l'éternel printemps». Machines-outils. Gisements de phosphore. ▪ À 126 km au S.-E., dans le district de Lünan, remarquable site de la forêt de pierre (27 000 ha). ▮ **Histoire** Anc. cap. du royaume de Dali dès 809. Métropole des princes du Yunnan (1288). C'est la *Jacin* de Marco Polo. Point de départ du chemin de fer du Yunnan et de la route de Birmanie, elle joua un rôle stratégique important pendant la Deuxième Guerre mondiale.

**KUOPIO** ♦ V. de Finlande centrale, sur le lac Kallavesi. Ch.-l. de comté. 91 320 hab. Musée de l'Église orthodoxe. ▪ Ville universitaire, centre commercial et indus. : bois (fabriques d'allumettes et de contreplaqué, scieries), construc. navales, minoterie, construc. mécaniques. Station touristique et centre de sports d'hiver. Port de plaisance.

**KUPANG** ♦ V. d'Indonésie, cap. de la prov. de Nusa Tenggara Timur, au S.-O. de l'île de Timor. 522 780 hab. Port important de l'Indonésie orientale. Élevage de bovins dans l'arrière-pays généralement aride.

**KUPKA (František)** ♦ Peintre et dessinateur tchèque (Opočno, Bohême 1871 - Puteaux 1957). Il se forma à Prague (1888) puis à Vienne (1892) et s'installa à Paris en 1894, exécutant pour vivre dessins de mode, affiches, illustrations de livres et dessins humoristiques. Après s'être intéressé à la peinture divisionniste, il fut sensible à la liberté de facture des fauves (série des *Gigolettes,* 1906 - 1910) puis, stimulé par les premières expériences cubistes, il soumit la figure humaine à un découpage géométrique engendrant des zones vivement colorées. Apollinaire vit dans ses œuvres des affinités avec les préoccupations de Delaunay* et appliqua à la peinture des deux artistes le nom d'«orphisme». Avec ses tableaux de 1910 - 1911 *(Fugue en deux couleurs),* puis de 1912 - 1913 *(Plans verticaux),* il abordait résolument la non-figuration, s'engageant dans une voie personnelle à la recherche d'une création qui soit une peinture pure, dégagée de tout souci d'imitation. Il affirma une volonté constructive : étagement de prismes ou de bandes fortement architecturées et aux rythmes complexes qui, en raison de la large place laissée aux possibilités expressives de la matière, au lyrisme de la couleur, ne tombe jamais dans une géométrie sèche. Il créa aussi des déploiements de masses colorées plus libres et irrégulières, mais qui semblent encore rester en partie tributaires des schèmes décoratifs de l'Art nouveau *(Jugendstil).* Il chercha souvent son inspiration dans la musique et parfois le machinisme (*L'acier travaille,* 1929 - 1932). Il adhéra en 1931 au groupe Abstraction-Création puis à Cercle et Carré. On n'a mis en évidence son rôle de pionnier de l'abstraction qu'après 1945.

**KURATSUKURIBE NO TORI** → **Tori Busshi**

**KURDES** n. m. pl. ♦ Peuple d'Asie occidentale (→ **Kurdistan**) d'origine indo-européenne. Env. 16 millions de personnes (plus de 7 millions en Turquie, près de 6 millions en Iran, plus de 2 millions en Irak, 500 000 en Syrie et 300 000 en Arménie et Azerbaïdjan). La langue kurde appartient au groupe N.-O. des langues iraniennes. Les Kurdes sont en majorité musulmans sunnites, mais d'importantes minorités appartiennent à des sectes hétérodoxes (Alévis, Kızılbaş, Bektąsi, Ahl-e Haqq) ; les Yēzīdī conservent des aspects antéislamiques. Isolé dans les montagnes du Taurus oriental et du Zagros occidental, ce peuple d'agriculteurs et de pasteurs nomades, seminomades ou transhumants a gardé des traditions vivaces et s'est opposé de tout temps à la domination des États qui se partagent son territoire. ▮ **Histoire** La seule dynastie importante d'origine kurde a été celle des Ayyubides*, fondée par Saladin*, qui a régné sur la Syrie et l'Égypte aux XIIe et XIIIe s. En Perse, des groupes kurdes furent installés dans l'Elbourz et le Khorassan par les Safavides* au XVIIe s. Le déplacement de tribus turkmènes vers l'Anatolie occidentale par les Ottomans favorisa l'expansion des Kurdes en Anatolie orientale, où ils entrèrent en conflit avec leurs voisins arméniens et furent utilisés contre eux lors des massacres de 1894 - 1896 et de 1915 - 1916. À la suite de l'effondrement de l'Empire ottoman* après la Première Guerre mondiale, la création d'un Kurdistan indépendant fut prévue par le traité de Sèvres* (1920), mais celui-ci ne fut jamais ratifié. Les soulèvements nationalistes de Shaikh Saïdi Piran en 1925, de l'Ararat en 1929 et de Dersim en 1937 furent écrasés par Mustafa* Kemal Atatürk. Le gouvernement turc a pratiqué depuis une politique d'assimilation systématique. Rizā* Chāh Pahlevi suivit la même politique de répression en Iran. Une république kurde indépendante présidée par Qazi Muhamed vit le jour en 1946 à Mahabad, dans l'Iran occupé par l'URSS et les forces alliées, mais fut écrasée en déc. 1947 par le gouvernement iranien appuyé par les Britanniques. De nombreuses tentatives furent faites pour intégrer les Kurdes dans l'État irakien créé sous mandat britannique après la Première Guerre mondiale. Des soulèvements successifs furent réprimés et le Kurdistan irakien fut bombardé par l'aviation britannique en 1932, 1943 et 1945. Une véritable guerre menée de 1961 à 1970 par le Parti démocratique kurde irakien (PDK) présidé par Mustafa al-Barzani* aboutit à la reconnaissance en 1970 de l'autonomie des Kurdes au sein de l'Irak, mais le traité d'amitié soviéto-irakien de 1972 et la nationalisation du consortium pétrolier IPC relancèrent la guerre civile. Les années 1980 ont vu un regain d'agitation des Kurdes : une longue guerre a opposé la République islamique d'Iran et les autonomistes du Parti démocratique du Kurdistan iranien (PDKI) d'Abdulrahman Ghassemlou, assassiné à Vienne en 1989 au cours des négociations de paix. En Turquie, la reconnaissance tardive de la personnalité kurde par le gouvernement n'a pu enrayer le développement des actions de guérilla du Parti des travailleurs du Kurdistan (PKK), mouvement extrémiste dirigé par Abdullah Öcalan, dans le sud-est du pays. En Irak, la répression par le régime de Saddam Hussein après la guerre du Golfe (1991) provoqua un exode massif de populations kurdes vers la Turquie et l'Iran, une intervention humanitaire internationale et, à partir de 1993, une aggravation du conflit entre l'armée turque et les séparatistes, comme en témoignent l'intervention militaire menée par Ankara contre le PKK en territoire irakien en 1995 ou le rassemblement massif de troupes à la frontière syrienne fin 1998. A. Öcalan, chassé de Syrie, fut arrêté à Nairobi en févr. 1999, condamné à la peine de mort puis à la réclusion à perpétuité sous la pression des gouvernements européens. L'enseignement du kurde est autorisé en Turquie depuis 2002. Le Kurdistan d'Irak a été reconnu autonome en 2003, après la chute de S. Hussein, mais les accrochages avec la Turquie sont fréquents.

**KURDISTAN** ou **KURDISTĀN** n. m. ➝ ÉTYM. «pays des Kurdes» ♦ Région de montagnes et de hauts plateaux d'Asie occidentale, dont la majeure partie se trouve en Turquie, en Iran et en Irak. Elle s'étend des chaînes du Taurus oriental à l'O. au Zagros iranien à l'E. et du mont Ararat au N., aux plaines de Mésopotamie au S. Le climat, différant sensiblement avec l'altitude, se caractérise dans les régions montagneuses par un hiver rude (3 à 6 mois de neige) et dans les plaines du S. par une chaleur torride en été et de fortes pluies de novembre à avril. Les montagnes sont partiellement boisées de chênes. Dans les hautes vallées, on pratique la culture irriguée (riz, maïs, tabac, légumes, arbres fruitiers, peupliers), tandis que dans les grandes plaines et sur les hauts plateaux prédomine la culture du blé et de l'orge. L'élevage nomade ou semi-nomade (ovins, caprins) joue un rôle économique important. Le sous-sol est particulièrement riche : le chrome et le pétrole viennent au premier rang, puis le charbon ; cuivre, fer, or et argent.

**KURIA MURIA** ou **KOURIA MOURIA** (îles) n. f. pl. ♦ Petit archipel de la mer d'Oman 78 $km^2$. Cédé par la Grande-Bretagne à Oman en nov. 1967, il est revendiqué par le Yémen.

**KURNOOL** ♦ V. de l'Inde (Andhra Pradesh) dans une zone sèche du Dekkan. 320 619 hab. Centre régional, cap. de l'Andhra Pradesh de 1953 à 1956.

**KURODA Kiyotaka** ♦ Homme politique japonais (Satsuma 1840 - 1900). Il combattit contre la flotte britannique en 1863, lors du bombardement de Kagoshima*, puis fit partie des révolutionnaires qui renversèrent le bafuku en 1868. Chargé de la colonisation de Hokkaidō*, il fut Premier ministre de 1888 à 1889, succédant à Itō* Hirobumi.

**KUROKI Tamesada** ♦ Général japonais (Satsuma 1844 - Tōkyō 1923). Il commanda en Chine pendant la guerre sino-japonaise de 1895 et vainquit les Russes sur le fleuve Yalu* et à Moukden* pendant la guerre russo-japonaise de 1904 - 1905.

**KUROSAWA Akira** ♦ Cinéaste japonais (Tōkyō 1910 - 1998). Le Japon moderne se trouve au cœur de ses préoccupations, et lorsque *Rashōmon** (1950), qui le rendit célèbre en Occident, fut récompensé en 1951, il manifesta un certain regret, en précisant : «... Je remarquai que j'aurais été plus heureux et que cette récompense aurait eu pour moi plus de signification si elle avait couronné une de mes œuvres qui eût montré quelque chose du Japon contemporain.» ▪ Ses films, *L'Ange ivre* (1948), *Un duel silencieux* (1949) et *Chien enragé* (1949), constituent une fresque du Japon d'après-guerre, tout en poursuivant les traditions du cinéma idéologique et réaliste des années 1930 - 1935. Après *Rashōmon* (1950), Kurosawa réalisa des films remarquables, tels que *L'Idiot*, d'après Dostoïevski (1951), *Vivre* (1952), *Les Sept* Samouraïs* (1954), *Le Château de l'araignée* (1957), *Barberousse*(1965), *Dersou* Ouzala* (1975), *Kagemusha* (1980), *Ran* (1985). Son œuvre, violente, exprime le plus souvent une révolte contre l'injustice sociale ; elle se caractérise par une mise en scène très élaborée, un montage précis et une grande beauté plastique. ➝ ÉTYM. Ce nom japonais signifie «marécage *(sawa)* noir *(kuro)*».

**KUROSHIO** ou **KUROSHIVO** n. m. ➝ ÉTYM. jap. «courant noir» ♦ Nom japonais d'un large courant maritime chaud, venant des îles Philippines et baignant les côtes orientales du Japon. D'une largeur de 75 km et d'une profondeur de 500 m env., il se heurte, dans le N. des îles japonaises, à un courant froid venu des régions polaires, l'Oyashio.

**KURTÁG (György)** ♦ Compositeur hongrois d'origine roumaine (Lugoj, Roumanie 1926). La découverte de l'école de Vienne fut pour lui décisive (*Quatuor à cordes op. 1*, 1959) : son langage est fait de phrases courtes et incisives, d'une rigueur toute webernienne (*Messages de feu Mademoiselle R.V. Troussova op. 17* pour soprano et ensemble de chambre, 1980 ; *Kafka Fragmente* pour soprano et piano, 1986).

**KURTZMAN (Harvey)** ♦ Dessinateur et éditeur américain de bandes dessinées (New York 1924 - *id.*1993). Fondateur des éditions E. C. Comics, il lança le magazine *Mad* où il multiplia les innovations humoristiques. Éditeur essentiel dans l'histoire du genre, il est aussi un excellent auteur et dessinateur de récits satiriques mordants.

**KURYŁOWICZ (Jerzy)** ♦ Linguiste polonais (Stanisławów, auj. Ivano-Frankivsk, Ukraine 1895-Cracovie 1978). Étudiant à Vienne, à Lvov, puis à Paris, où il suivit le cours de linguistique indo-européenne d'A. Meillet* et enfin à Yale, il enseigna ensuite les langues indo-européennes dans diverses universités polonaises. Il contribua à faire de la linguistique comparée une discipline scientifique et à l'orienter dans les voies du structuralisme, comme É. Benveniste*. Princ. ouvrages : *Études indo-européennes* (1935), *L'Apophonie en indo-européen* (1956), *Esquisses linguistiques* (1960), *L'Apophonie en sémitique* (1961).

**KUSAIE** → **Carolines (îles)**

**KUSCH (Polykarp)** ♦ Physicien américain d'origine allemande (Blankenburg, Allemagne 1911 - Dallas 1993). Il détermina le moment magnétique de l'électron avec une très grande précision. Son résultat, légèrement différent des prévisions théoriques, ouvrit la voie à l'élaboration de l'électrodynamique quantique. [Prix Nobel de phys. 1955, avec W. Lamb*]

**KUSHANS** ou **KUṢĀNA** n. m. pl. ♦ Dynastie issue des tribus nomades qui envahirent la Bactriane* à partir de la fin du –II$^e$ s. Elle fonda un vaste et puissant empire qui englobait à son apogée, au début de notre ère, l'Asie moyenne, l'Afghanistan, le Pakistan, l'Inde

Akira **Kurosawa.**
*Les Sept Samouraïs*, 1954.
Prod. Shojiro Mokoki (Toho).
*BIS/Phot. © Coll. Archives Larbor/DR*

du N. et peut-être le Turkestan oriental. Sa capitale d'hiver était à Mathura* et sa capitale d'été à Begrām*. Les Kushans favorisèrent l'essor des échanges internationaux (établissement de la route de la Soie) et l'expansion du bouddhisme. Le déclin s'amorça au IIIe s. avec la perte des possessions périphériques et le repli sur le cœur de l'empire, du Gandhara* à la Bactriane, où le pouvoir kushan se prolongea jusqu'aux invasions sassanides* et hephtalites* du IVe s.

**KUŚINAGARA** ♦ Nom sanskrit du site indien (à Kaśia, dans le Bihar*) où le Bouddha* mourut et où il fut incinéré.

**KÜSNACHT** ♦ V. de Suisse (cant. de Zurich) sur la rive N. du lac de Zurich. 12 895 hab. Église (XIVe s.). ▪ Vignobles.

**KUSSER** ou **COUSSER (Johann Sigismund)** ♦ Compositeur allemand, d'origine hongroise (Pozsony 1660 - Dublin 1727). Il travailla avec Lully, en France (1674 - 1682), puis maître de chapelle au service de plusieurs cours princières d'Allemagne, il acheva sa carrière à la cour de Dublin. Il fut l'un des créateurs de l'opéra hambourgeois, où il introduisit l'« ouverture à la française », et l'un des précurseurs de Haendel* dans le domaine de l'oratorio.

**KUSSMAUL (Adolf)** ♦ Médecin allemand (Graben, près de Karlsruhe 1822 - Heidelberg 1902). Il identifia une affection artérielle, la périartérite noueuse (1873), étudia la paralysie bulbaire progressive et le coma diabétique (1884).

**KÜSSNACHT** ♦ V. de Suisse (cant. de Schwyz) à l'extrémité N.-E. du lac des Quatre-Cantons, au pied du Rigi. 11 682 hab. Station climatique.

**KUSTANAY** → **Qostanaï**

**KUSTURICA** [kusturitsa] **(Emir)** ♦ Cinéaste français d'origine yougoslave (Sarajevo 1955). Titulaire de deux Palmes d'or (1985 et 1995) au Festival de Cannes, Emir Kusturica, très contesté pour ses prises de position ambiguës sur le conflit en Bosnie, débuta avec une chronique intimiste aux accents contestataires, *Te souviens-tu de Dolly Bell ?* (1980). Il a imposé un style débridé, irréaliste, dans *Papa est en voyage d'affaires* (1985), *Le Temps des gitans* (1988), *Arizona Dream* (1992), ambitieuse coproduction internationale, *Underground* (1995), vaste fresque couvrant un demi-siècle d'histoire yougoslave, *Chat noir, Chat blanc* (1998) et *La vie est un miracle* (2004). *Le Temps des Gitans* est également un opéra punk, tiré du film, joué en 2007 à Paris. Sa prédilection pour le baroque l'a fait comparer à Fellini.

**KUSUNOKI Masashige** ♦ Guerrier japonais (1294 - 1336). Il combattit le shogunat des Ashikaga* pour le compte de la dynastie impériale. À la bataille de la Minato gawa, couvert de 11 blessures, il se suicida rituellement en compagnie de son frère Masasue. Il est demeuré le type du héros fidèle à l'empereur.

**KUT** ♦ V. d'Irak, sur la rive g. du Tigre, au S.-E. de Bagdad. Ch.-l. de la prov. de Wasit. 300 000 hab. Le *barrage d'al-Kut* (1937) dérive les eaux de crues du fleuve et irrigue les terres auxquelles la ville doit d'être un marché agricole. Culture du coton dans les environs. Industrie.

**KÜTAHYA** ♦ V. de Turquie, en Anatolie occidentale, au S.-E. de Bursa, ch.-l. de prov. 212 934 hab. Mosquées du XVe s. ▪ Carrefour ferroviaire. Céramique réputée. Raffinerie de sucre. Indus. chimique. ▮ **Histoire** Disputée entre les Byzantins et les Seldjoukides, la ville devint capitale de l'émirat de Germiyan de 1302 à 1428, puis fut intégrée à l'Empire ottoman et rivalisa avec İznik comme centre de fabrication de céramique à partir du XVIe s.

**KUTANI** ♦ Petite cité japonaise (Honshū), préf. d'Ishikawa, au S. de Yamashiro où, à la suite de la découverte de kaolin, s'établirent au XVIIe s. des potiers qui inaugurèrent un style de porcelaine à décor or, rouge et bleu, imité de ceux de la Chine. La porcelaine de Kutani fut réalisée pour l'exportation.

**KUTCH** (golfe ou rann de) → **Kachchh**

**KUTCHUK-KAÏNARDJI** – auj. ***Kainarža*** ♦ Loc. de Bulgarie (Dobroudja) au S.-E. de Silistra. ▮ **Histoire** En 1774, le traité qui mit fin à la première guerre russo-turque (1768 - 1774) y fut signé entre le sultan Abdülhamid* Ier et Catherine* II de Russie. La Russie obtint la partie septentrionale de la mer Noire (Azov, Kertch, l'embouchure du Dniepr, les districts de Kouban et Terek), le droit de libre navigation en mer Noire et dans les Détroits et le protectorat sur les chrétiens orthodoxes de l'Empire ottoman. En outre, la Crimée* fut reconnue indépendante. Le traité, désastreux pour la Turquie, devait ouvrir la question d'Orient*.

**KUTI (Hildegart Ransome KUTI,** dit **Fela Anikulapo)** ♦ Musicien nigérian (Abeokuta 1938 - Lagos 1997). Il est le créateur d'une des formes les plus importantes de la musique africaine moderne : l'afro-beat, mélange de highlife (fusion de musiques européenne et traditionnelle), de free-jazz et de musique soul américaine, avec des cuivres, des rythmes répétitifs proches des transes de la musique yoruba et de longs textes psalmodiés, souvent de violentes diatribes contre le pouvoir en place. Son engagement politique et sa manière de vivre hors normes lui valurent de fréquents séjours en prison. On lui doit notamment : *No Agreement* (1977), *2 000 Blacks* (1980), *Black President* (1981), *Teacher Don't Teach Me Nonsense* (1986), *Music is the Weapon of the Future* ( 1988), *Beast of No Nation* (1989), *ODOO* (1992), *Underground System* (1993).

**KUVERA** ou **KUBERA** ♦ Dieu hindou de la richesse et chef des démons Yakṣa*. Il préside au Nord et aux richesses de la Terre. On le représente comme un homme laid et difforme avec trois jambes, un seul œil et huit dents seulement. À ses côtés se tient une mangouste crachant des pierres précieuses.

**KUZNETS (Simon)** ♦ Économiste américain (Kharkov 1901 - Cambridge, Massachusetts 1985). Ses recherches ont été utilisées par les organisations internationales pour établir leurs systèmes de comptabilité nationale. [Prix Nobel de sc. éco. 1971]

**KVARNER** – en it. ***Quarnaro*** ♦ Golfe de l'Adriatique N., situé entre l'Istrie (à l'O.) et le N. de la Dalmatie (à l'E.), au fond duquel se trouve Rijeka. On distingue : le *Grand Kvarner*, entre l'Istrie et l'île de Cres, et le *Petit Kvarner* entre celle-ci et les îles de Krk, Rab, Pag.

**KWAJALEIN** → **Marshall (archipel ou îles)**

**KWAKIUTL(S)** n. m. (pl.) ♦ Indiens du N.-O. du Canada (île de Vancouver et côte adjacente). Ils vivaient de la pêche, de la chasse, de la cueillette et du commerce avec les groupes voisins. Leur société et leur religion étaient complexes et ils pratiquaient le *potlach*, échange de dons rituels entre groupes alliés. Remarquables sculpteurs sur bois, ils réalisaient des masques « à transformation », qui pouvaient laisser apparaître deux ou trois visages en s'ouvrant et se fermant, et qui étaient portés lors de cérémonies. Une dizaine de groupes kwakiutls vivent actuellement de l'industrie du saumon en Colombie-Britannique.

**KWANGJU** ou **GWANGJU** ♦ V. de Corée du Sud, au S. de Séoul. 1 417 716 hab. Centre indus., commercial (coton) et militaire. Nœud ferroviaire important. ▪ Aux environs, ruines d'une nécropole royale et temples bouddhiques anciens.

**KWÉLÉ(S)** ou **BAKWÉLÉ(S)** n. m. (pl.) ♦ Peuple du Gabon ayant émigré vers l'E. et le Congo. Les Kwélés sont célèbres pour leurs masques funéraires polychromes avec une forte dominante blanche (kaolin) symbolisant les ancêtres. Ces masques plats en forme de cœur avec des yeux en amande ont inspiré les cubistes.

**KYANZITTHA** ♦ Roi de Pagan (Birmanie) de 1084 à 1112. Grand constructeur, il fit élever dans sa capitale de nombreux temples bouddhiques dont le plus célèbre est celui de l'Ānanda (vers 1091). Il envoya des ambassades en Inde et en Chine.

**KYD (Thomas)** ♦ Auteur dramatique anglais (Londres 1558 - *id.* 1594). Ami intime de Marlowe, riche d'une formation humaniste rigoureuse, il traduisit la *Cornélie* de Robert Garnier (1588). Son œuvre la plus réputée, *La Tragédie espagnole* (1589), inspirée du *Thyeste* de Sénèque, a pour thèmes principaux l'horreur et la vengeance et témoigne d'un sens tragique véritable. Les mêmes effets dramatiques créés par la folie et l'hallucination se retrouvent dans *Jeronimo* (1592), sorte de première partie de la *Tragédie espagnole*, et dans *Le Fratricide puni* (1589), prototype du *Hamlet* de Shakespeare. Par la violence de leur atmosphère et la cruauté de leurs personnages, les drames de Kyd peuvent être considérés comme les archétypes du théâtre élisabéthain.

**KYDLAND (Finn E.)** ♦ Économiste norvégien libéral (Ålgård, près de Stavanger 1943). Dès 1977, il mit au point avec Edward C. Prescott*, la théorie anti-keynésienne de l'« incohérence temporelle des politiques économiques » contestant l'efficacité des politiques monétaires sur l'emploi puisque les intentions de l'État sont anticipées par les agents économiques et n'ont plus l'effet escompté. Ils élaborèrent également une théorie des cycles réels grâce à l'analyse des forces économiques responsables des fluctuations économiques. Leurs travaux ont servi de base à la réforme des banques centrales ou des politiques monétaires dans plusieurs pays. [Prix Nobel d'écon. 2004, avec E.C. Prescott]

**KYLE OF LOCHALSH** ♦ V. d'Écosse (Highland). Port (liaison avec l'île de Skye). Centre touristique.

**KYOKUTEI BAKIN** → **Bakin**

**KYŎNGJU** ou **GYEONG JU** ♦ V. de Corée du Sud, dans le S.-E. de la péninsule. 267 872 hab. Mines de charbon. ▪ Nombreux vestiges de monuments et châteaux de l'époque de Silla* (-VIe - Xe s.), dont la ville était la capitale.

**KYONG SŎNG** → **Séoul**

**KYŌTO** ◆ ÉTYM. jap. « la capitale », anc. ***Heiankyō*** « la capitale de la paix » ♦ V. du Japon et anc. cap. du pays, dans le S. de Honshū. 1 474 811 hab. La ville, construite dans une plaine fermée sur trois côtés par des montagnes, est traversée par les rivières Katsura et Kamo, qui se rejoignent en aval pour former la rivière Yodo. Son climat est rude et très contrasté. Semblable aux autres villes japonaises par ses quartiers modernes et industriels (au S.), ville de province aux fonctions essentiellement administratives, Kyōto n'en garde pas moins par ses richesses artistiques et l'intensité de ses activités intellectuelles (universités) un rôle culturel de première importance, trace d'un passé très brillant. L'industrie y est assez peu développée, Ōsaka s'étant attribué ce rôle pour la région. En revanche, l'artisanat (bambou, laque, teintures, objets traditionnels) y est prospère.

**Histoire** *Heiankyō* fut fondée en 794 par l'empereur Kammu (736 - 806) qui tentait d'échapper au pouvoir devenu envahissant des monastères de Nara. La ville fut bâtie en carré suivant le plan de la capitale chinoise des Tang*, Chang'an (Xian*), les temples et sanctuaires étant tous rejetés à l'extérieur de l'enceinte, sur les collines environnantes, ce qui ne les empêcha pas de prospérer. Le développement de la ville, dont le nom de Kyōto se répandit peu à peu, n'a pas effacé ce plan ancien : les avenues de la ville actuelle se coupent toujours à angle droit, et sont numérotées de un à dix à partir du Palais impérial au N., jusqu'à la porte Rashō (Rashōmon) aujourd'hui disparue, au S. La ville, résidence de la cour impériale sans interruption de 794 à 1868, connut des périodes plus ou moins fastes. Jusqu'au XI^e s., les Fujiwara*, régents et membres par alliance de la famille impériale, firent régner à la cour une atmosphère de luxe qui favorisa le développement des arts (→ **Heian**). De cette période date la fondation des temples d'Enryakuji (788 → **Hiei Zan**) et de Kyomizu (989). De cette époque, le seul monument conservé dans son état original est le Byōdōin d'Uji, près de Kyōto. La lutte entre les Taira* et les Minamoto* aboutit à l'établissement en 1185 du siège du *bakufu** à Kamakura*. Jusqu'en 1333, Kyōto, politiquement éclipsée, connut un développement religieux très important (culte d'Amida*, bouddhisme zen*). Les shoguns Ashikaga* rendirent à Kyōto le pouvoir politique en s'installant dans le quartier de Muromachi*, qui donna son nom à la période. La peinture, avec Sesshū*, l'école Kanō*, le théâtre nô, l'art des jardins, la cérémonie du thé prirent alors un essor considérable ; de nombreux temples furent construits (Ryōan ji, célèbre pour ses jardins ; Kinkaku ji, le pavillon d'or ; Ginkaku ji, le pavillon d'argent). La guerre civile d'Ōnin (→ **Ōnin no Ran**) entraîna la destruction quasi complète de Kyōto, qui connut les pillages et le désordre pendant près d'un siècle. Hideyoshi* opéra le redressement économique et artistique de la ville (construction du Nishi Honganji, 1591, puis du Higashi Honganji, 1602). Sous les Tokugawa, alors même que la capitale shogunale était transférée à Edo (Tōkyō) en 1603, furent élevés le palais Nijō, puis les villas impériales de Katsura (1620 - 1624) et Shūgaku in (1654), dont les jardins sont des modèles du genre. Kyōto resta cependant un grand centre économique et culturel, qui dut encore se reconstruire après le terrible incendie de 1788, et parvint à conserver son rôle après le départ de l'empereur pour Tōkyō, en 1869. ♦ ***Protocole de Kyōto*** Accord signé en déc. 1997, portant sur la réduction des émissions de six gaz à effet de serre. Cette réduction devrait être, en 2008 - 2012, de 5 % par rapport au niveau de 1990. Le protocole de Kyōto fit l'objet de nombreuses négociations (prise en compte de la plantation de forêts, achat de droit de polluer aux pays moins industrialisés, pénalités...) lors des conférences de Buenos Aires (1998), Bonn (1999) et La Haye (2000). Le protocole est entré en vigueur en févr. 2005. Les États-Unis restent le dernier grand pays industrialisé à ne pas l'avoir ratifié, G. Bush ayant estimé que son application était pénalisante pour l'économie américaine et que les pays en développement, telles la Chine ou l'Inde, étaient dispensés à tort des objectifs jusqu'en 2012. Seuls les 37 pays industrialisés ayant ratifié le protocole ont été contraints de réduire leurs émissions polluantes sur la période 2008-2012. Les tractations entre États se révèlent lentes et difficiles en raison des divergences d'intérêt et de stade de développement. Le protocole, qui expire en 2012, devrait être relayé par un nouvel engagement international qui n'a pu voir le jour malgré la conférence préparatoire de Bali (déc. 2007) et l'accord de Copenhague* (2009).

**KYPRIANOU (Spyros)** ♦ Homme d'État chypriote (Limassol 1932 - Nicosie 2002). Il défendit la cause de l'indépendance chypriote comme représentant de l'« ethnarque » Makarios* III à Londres (1952 - 1956) puis auprès de l'ONU. Ministre des Affaires étrangères de Chypre de 1960 à 1972, il démissionna pour protester contre les pressions exercées par le régime grec des colonels. Revenu à la diplomatie lors de l'invasion turque de 1974, il succéda à Makarios à la présidence de la République à la mort de celui-ci (1977 - 1988). → **Chypre.**

**KYŪSHŪ** ← ÉTYM. jap. « les neuf *(kyū)* provinces *(shū)* » ♦ Île de l'archipel du Japon, la plus méridionale des 4 principales îles composée de 9 anc. provinces. 35 660 km² (42 780 avec les îles adjacentes). Env. 14 000 000 hab. Elle fut probablement l'une des premières du Japon à recevoir les influences de la Corée et de la Chine. Ses côtes très découpées, ses baies profondes abritent d'excellents ports (Nagasaki*, Kagoshima*). L'île a traditionnellement une vocation agricole, mais d'immenses complexes industriels se sont installés dans le N. (Kitākyūshū*, Fukuoka*). Le S. est volcanique (mont Asō*). La température, très clémente, permet la culture de plantes tropicales (canne à sucre, bananiers). Les fleuves, peu nombreux et courts, y ont un régime saisonnier. Elle comprend actuellement sept préfectures : Fukuoka*, Saga, Nagasaki*, Kumamoto*, Ōita, Miyazaki et Kagoshima*.

**KYZYL** ← ÉTYM. kazakh « rouge » – anc. ***Belotsarsk,*** de 1918 à 1926 ***Khem-Beldyr*** ♦ V. de Russie, cap. de la république de Touva. 104 100 hab. Traitement du cuir et du bois.

**KYZYLKOUM** n. m. ♦ Désert d'Asie centrale (Kazakhstan, Ouzbékistan, Turkménistan), entre l'Amou-Daria et le Syr-Daria à l'E. de la mer d'Aral. D'une superficie d'env. 300 000 km², il comprend des oasis (agriculture et élevage des moutons de race astrakan) et des gisements de gaz.

**KZYL-ORDA** → **Qyzylorda**

# L

**LAAKDAL** ♦ Comm. de Belgique (Région flamande), prov. d'Anvers, arr. de Turnhout, sur le canal Albert. 14 998 hab. Église Sainte-Gertrude de Vorst (XVI^e s.).

**LAALAND** → Lolland

**LAARNE** ♦ Comm. de Belgique (Région flamande), prov. de Flandre-Orientale, arr. de Dendermonde. 11 768 hab. Château féodal (XI^e - XII^e s.). Église-halle Saint-Macaire du XV^e s., reconstruite en 1750. Maison communale construite en 1776. ▪ Indus. textile.

**LAAYOUNE** → Aïun (El-)

**LABADIE (Jean DE)** ♦ Mystique et réformateur protestant français (Bourg, Guyenne 1610 - Altona 1674). Jésuite, puis membre de la congrégation de l'Oratoire, il fut attiré quelque temps par le jansénisme, puis se convertit au calvinisme (Montauban, 1650). Pasteur à Middelburg (1666), il voulut ramener le protestantisme aux formes du christianisme primitif ; mais il fut déposé par le synode général des Pays-Bas en raison des tendances mystiques qu'il afficha. Le «labadisme» survécut néanmoins jusqu'en 1732. ▸ ÉTYM. Ce nom de famille vient de *abadie,* variante méridionale de *abbaye.*

**LABAN** ▸ ÉTYM. hébr. «blanc» ♦ Personnage biblique (Genèse, XXIV ; XXVII - XXXI). Araméen, frère de Rébecca*, père de Léa* et Rachel* qu'il donne en mariage à son neveu Jacob*.

**LABAN (Rudolf VON)** ♦ Pédagogue et théoricien du mouvement autrichien (Bratislava 1879 - Weybridge, Surrey 1958). L'un des plus féconds novateurs dans le domaine de la danse moderne, il fut l'inventeur d'un système de notation chorégraphique *(labanotation).* Commencée en Suisse (1905), son activité de pédagogue connut un rayonnement mondial.

**LABARRAQUE (Antoine Germain)** ♦ Pharmacien français (Oloron 1777 - Paris 1850). Il mit au point une solution d'hypochlorite de sodium ou *liqueur de Labarraque* aux propriétés antiseptiques.

**LA BARRE (Jean-François LEFEBVRE, chevalier DE)** ♦ Gentilhomme français (Abbeville 1747 - *id.* 1766). Accusé de ne s'être pas découvert au passage d'une procession et d'avoir mutilé un crucifix, il fut condamné par le tribunal d'Abbeville à avoir un poing coupé, la langue arrachée et à être brûlé vif. Le parlement de Paris, auquel il en avait appelé, lui accorda d'être décapité avant d'être brûlé. La révision

Eugène **Labiche.** *Un chapeau de paille d'Italie,* 1851. Bibliothèque nationale de France, Paris. *BIS/Phot. Jeanbor © Archives Bordas*

de son procès fut réclamée en vain par Voltaire ; La Barre ne fut réhabilité qu'en 1793, par la Convention. Le XIX^e s. vit en lui une victime de la toute-puissance despotique de l'Église.

**LABARTHE-SUR-LÈZE** [31248] ➝ ÉTYM. de l'occit. *barta* «terrain couvert de broussailles» ♦ Comm. de la Haute-Garonne, arr. de Muret. 4 632 hab.

**Là-bas** ♦ Roman de J.-K. Huysmans* (1891) dans lequel le héros, Durtal, cherche à savoir si le surnaturel existe, «qu'il soit chrétien ou non». Historien accomplissant des recherches sur Gilles de Rais*, il est amené progressivement à la démonologie ; sa maîtresse l'initie aux rites diaboliques. Parallèlement se déroulent, chez Carhaix, sonneur de cloches à Saint-Sulpice, des discussions philosophiques sur la liturgie, la symbolique et l'esthétique chrétiennes. Durtal subit une transformation spirituelle, dont un autre roman de Huysmans, *En route* (1895), fera état.

**LABASTIDE-MURAT** [46240] ♦ Ch.-l. de cant. du Lot, arr. de Gourdon. 690 hab. *(Bastidois)*. Murat en était originaire et y fit construire un château.

**LABAT (Jean-Baptiste)** ♦ Dominicain et voyageur français (Paris 1663 - *id.* 1738). Missionnaire aux Antilles (1693), où il s'opposa aux Anglais, il publia à son retour *Nouveau voyage aux îles de l'Amérique* (1722).

**LABÉ (Louise)** ♦ Poète française (Lyon v. 1524 - Parcieux-en-Dombes 1566), rattachée à l'école lyonnaise. Celle qu'on nomma *la Belle Cordière* (elle était fille et femme de cordier) mena une vie ardente, présida un salon littéraire et composa 3 *Élégies* et 24 *Sonnets* (1555) où la sûreté de la technique s'allie à l'expression sincère de la joie de vivre et du malheur d'aimer («Je vis, je meurs ; je me brûle et me noie»). On lui doit aussi, en prose, un *Débat de Folie et d'Amour* (1555). ➝ ÉTYM. Ce nom de famille vient de «l'abbé», surnom d'une personne pieuse ou de qqn au service d'un abbé.

**LABÉ** ➝ ÉTYM. de *Manga Labé* «le chef Labé» (n. d'un chef) ♦ V. de Guinée dans le Fouta-Djalon, au N.-E. de Conakry. 65 439 hab. C'est le plus grand centre de cette région de montagne au climat bénéfique. Agrumes, marché aux bestiaux.

**LA BÉDOYÈRE (Charles Angélique François HUCHET, comte DE)** ♦ Général français (Paris 1786 - *id.* 1815). Aide de camp de Lannes* en 1808, il se rallia à Napoléon au moment des Cent*-Jours ; il fut arrêté, jugé et fusillé après le retour de Louis XVIII.

**LABERTHONNIÈRE (Lucien)** ♦ Théologien et philosophe français (Chazelet, Indre 1860 - Paris 1932). Oratorien, il dirigea les *Annales de philosophie chrétienne* (1905 - 1913). Doctrine de l'immanence pour laquelle le surnaturel et la grâce répondent à un désir profond de l'homme, sa philosophie religieuse insiste sur le sens pratique, moral, des dogmes théologiques. Attaquée par les thomistes, elle fut condamnée comme «moderniste» par l'encyclique *Pascendi* de Pie X (1907) et ses œuvres (*Essais de philosophie religieuse*, 1903 ; *Le Réalisme chrétien et l'Idéalisme grec*, 1904) mises à l'Index (1907). On lui doit aussi une *Esquisse d'une philosophie personnaliste* (posth. 1942). ➝ **Blondel (Maurice), Le Roy.**

**LABICHE (Eugène)** ♦ Auteur dramatique français (Paris 1815 - *id.* 1888). Observateur minutieux des mœurs, des goûts, des travers et des ridicules de la petite bourgeoisie du Second Empire et des débuts de la III^e République, il a porté à un haut degré de perfection le genre du vaudeville. Créateur de personnages étonnamment vivants, il joint à une science approfondie de la mécanique théâtrale un sens aigu de la caricature. Moraliste sans illusions, il suscite le rire par le tableau qu'il brosse d'une humanité dont les intérêts et les appétits sont les seuls mobiles. De la centaine d'ouvrages qu'il a composés (souvent en collaboration avec Michel Clairville, Gondinet, Augier) quelques-uns figurent parmi les chefs-d'œuvre du théâtre comique français : *Un chapeau de paille d'Italie*, 1851 ; *Le Voyage de M. Perrichon*, 1860 ; *Célimare le Bien-Aimé*, 1863 ; *La Cagnotte*, 1864 ; *Les Trente Millions de Gladiator*, 1875. [Acad. fr. 1880] ➝ ÉTYM. *Labiche* est un surnom pouvant évoquer la douceur de l'animal ou un homme efféminé.

**LABĪD IBN RABĪʿA** ♦ Poète arabe antéislamique converti à l'islam (v. 570 - v. 660). Dans une langue érudite et riche en termes archaïques, il a développé les thèmes traditionnels de la poésie arabe antéislamique, mais a su exprimer aussi ses préoccupations religieuses et un sentiment très vif de la fragilité de l'existence humaine.

**LABIENUS** – en lat. *Titus Labienus* ♦ (v. –98 - Munda –45). Lieutenant de César* en Gaule, il l'abandonna en –50 pour se rallier au parti de Pompée*. Il combattit à Pharsale*, suivit Caton* d'Utique en Afrique et périt à la bataille de Munda* (–45).

**LABISSE (Félix)** ♦ Peintre français (Douai 1905 - Paris 1982). Son œuvre, souvent associée à tort au surréalisme (*La Foudre*, 1952), est centrée sur des représentations érotiques figées de femmes à la fois menaçantes et attirantes. Il a aussi exécuté de nombreux décors de théâtre.

**LA BOÉTIE** [labɔesi] **(Étienne DE)** ♦ Écrivain français (Sarlat 1530 - Germignan 1563). D'une précocité remarquable, il rédigea en 1549 le *Contr'un* aussi appelé *Discours de la servitude volontaire* (publ. 1576), écrit théorique qui dénonce la tyrannie. Un véritable «mariage des âmes» l'unit à Montaigne* qu'il rencontra en 1557. Ce dernier considérait La Boétie comme son maître. Le centre du premier livre des *Essais** fait apparaître, outre des pages bouleversantes sur l'amitié, 29 sonnets de l'ami que Montaigne pleurera plus de trente années. ➝ ÉTYM. Ce nom vient probablement du nom du moulin de la *Boétie* à Sarlat*-la-Canéda.

**LABORDE (Jean Joseph, marquis DE)** ♦ Financier français (Jaca 1724 - Paris 1794). Banquier, il participa au financement de la guerre de Sept Ans et de la guerre d'Indépendance américaine, contribua à la création d'établissements de bienfaisance. Son dévouement à la famille royale le conduisit à la guillotine.

**LABORDE (Alexandre Louis Joseph, comte DE)** ♦ Archéologue et homme politique français (Paris 1774 - *id.* 1842), fils de J. J. de Laborde*. Député libéral sous la Restauration, puis sous la monarchie de Juillet, préfet de la Seine en 1830, puis aide de camp de Louis-Philippe, il a laissé des relations de voyage et des ouvrages d'archéologie. [Acad. inscr. 1813 ; Acad. des sc. morales et polit. 1832] ♦ **Léon, marquis de Laborde.** Archéologue, critique d'art et homme politique français (Paris 1807 - *id.* 1869). Fils du précédent. Après un voyage en Asie Mineure, en Égypte et en Arabie, dont il publia deux relations, il se lança dans les études historiques et la critique d'art. Sénateur en 1868. [Acad. inscr. 1842]

**LABORIT (Henri)** ♦ Médecin français (Hanoi 1914 - Paris 1995). Ses travaux portent sur le système nerveux. Il étudia l'hibernation artificielle, les problèmes du comportement et la psychopharmacologie. Il a introduit l'usage de plusieurs médicaments, dont la chlorpromazine (1951), le chlomethizol (1956), les aspartates (1956). Il est l'auteur de nombreux ouvrages où il fait part de ses réflexions et de ses idées.

**LABOUR (terre de)** ♦ Région d'Italie méridionale, en Campanie, faisant partie de la province de Caserte*.

**LABOURD** n. m. ➝ ÉTYM. de *Lapurdum*, n. lat. de Bayonne* ♦ Anc. prov. du Pays basque* entre l'Adour, la Bidouze et les Pyrénées, dont Ustaritz* était la capitale.

**LA BOURDONNAIS (Bertrand François MAHÉ DE)** ♦ Marin français (Saint-Malo 1699 - Paris 1753). Il se distingua à la prise de Mahé (1725), devint gouverneur des îles de France et Bourbon (1735) et s'y montra un bon administrateur. Ayant formé une escadre lors de la guerre franco-britannique en Inde, il obtint la capitulation de Madras qu'il rendit contre rançon, ce qui le fit accuser de trahison. Il mourut après un séjour de trois ans à la Bastille.

**LA BOURDONNAIS (François Régis DE), comte DE LA BRETÈCHE** ♦ Homme politique français (La Brenne, Anjou 1767 - château de Mésangeau, Maine-et-Loire 1839). Émigré en 1791, il combattit quelque temps dans l'armée du prince de Condé, puis aux côtés des insurgés vendéens. Lors de la Restauration, il siégea comme député ultra à la Chambre introuvable (1815 - 1816) et fut nommé ministre de l'Intérieur dans le cabinet de Polignac (1829).

**LABOUREUR (Jean Émile)** ♦ Graveur et peintre français (Nantes 1877 - Pénestin 1943). Il a réalisé des planches au burin et des illustrations de livres (*La Vie des abeilles* de Maeterlinck, 1930) suivant une technique précise, raffinée, proche, comme ses peintures, du symbolisme*.

**Labour Party** ➝ **travailliste (Parti)**

**LABOV (William)** ♦ Sociolinguiste américain (né en 1927). Il montre par ses travaux que la variation et l'évolution du langage dépendent de facteurs sociaux extérieurs à la langue. Ses enquêtes portent sur les pratiques et les jugements langagiers de l'anglais des États-Unis. *Sociolinguistique. Le parler ordinaire : la langue dans les ghettos noirs de New York.*

**LABRADOR** n. m. ➝ ÉTYM. du n. de João Fernandes *Labrador*, explorateur portugais, dont le surnom était *lavrador* «propriétaire foncier» ♦ Vaste péninsule du bouclier canadien formant l'extrémité N.-E. des terres d'Amérique du Nord, entre la baie d'Hudson à l'O., le détroit d'Hudson et la baie d'Ungava* au N., l'océan Atlantique au N.-E., le détroit de Belle Isle et le golfe du Saint-Laurent, au S. Ainsi définie comme Labrador-Ungava, elle correspond au N. et au N.-E. de la prov. de Québec* et à la partie continentale de la prov. de Terre*-Neuve-et-Labrador. La majeure partie du pays est formée par un plateau de 300 à 700 m d'alt., au relief glaciaire, parsemé d'innombrables lacs (lac Wabush). Une chaîne de montagnes dans l'extrême N. (Torngat) domine une côte à fjords. Le climat est extrêmement rigoureux (une température de – 45 °C n'est pas rare en hiver), très neigeux. Étés brefs, doux et nuageux. Moy. annuelle : – 4,4 °C. ▪ La population inuit est exclusivement côtière, des Indiens algonquins peu nombreux vivant dans l'intérieur. Le développement minier a réuni une population blanche d'env. 35 000 personnes. ▮ **Économie** À part la pêche, la cueillette et la chasse aux fourrures, pratiquées surtout par les Inuits, et une modeste exploitation des forêts, la vie économique était nulle. La découverte d'immenses gisements de minerai de fer (1890), exploitables depuis 1950 grâce aux progrès de la technique, a modifié la situation. Les minerais extraits à Knob Lake, Labrador City et Wabush sont acheminés par rail jusqu'au port de Sept*-Îles (Québec). Hydroélectricité à Twin Falls. Base aérienne à Goose* Bay. L'exploitation minière du Labrador, qui, outre le fer, recèle du nickel, de l'amiante, du cuivre (➝ **Chibougamau**), de l'or et de l'uranium

(Makkovik) en abondance, se poursuit, mais les difficultés d'exploitation et surtout d'expédition sont immenses, en raison du climat. **Histoire** Jean Cabot* explora les côtes du Labrador à la fin du XV$^e$ s., ainsi que Corte* Real, puis M. Frobisher (1576), qui s'avança dans l'intérieur. Les côtes furent fréquentées par des pêcheurs dès le XVI$^e$ s. (→ **Terre-Neuve**) et la Compagnie de la baie d'Hudson établit des comptoirs pour le commerce des fourrures. Possession britannique en 1763, le Labrador devint canadien en 1774.

**LABRIOLA (Antonio)** ♦ Écrivain politique italien (Cassino 1843 - Rome 1904). Professeur de philosophie à Rome, il manifesta son hostilité au libéralisme bourgeois. À l'éclectisme et au réformisme du parti des travailleurs italiens, il opposa la nécessité d'un programme fondé sur les principes marxistes. Philosophie de la praxis, le matérialisme dialectique et historique lui apparaît comme une conception globale du monde et une théorie de l'histoire en même temps que la base scientifique d'une pratique politique révolutionnaire (*Essais sur la conception matérialiste de l'histoire*, 1902). → **Turati.**

**LABRIOLA (Arturo)** ♦ Économiste et homme politique italien (Naples 1873 - *id.* 1959). Fondateur de la revue *Avanguardia socialista* (1902), il fut élu député socialiste indépendant en 1913, avant de s'exiler du fait de son opposition au fascisme. De retour en Italie, il fut réélu député en 1948, puis sénateur. Il est l'auteur de *La Théorie de la valeur de Marx* (1899) et de *La Dictature de la bourgeoisie* (1924).

**LABRIT** [labʀi] [40420] ♦ Ch.-l. de cant. des Landes, arr. de Mont-de-Marsan. 715 hab. *(Labritois).* La ville s'appelait jadis Albret et était la cap. du pays d'Albret*.

**LA BROSSE (Gui DE)** ♦ Médecin et botaniste français (né à Rouen - mort en 1641). Médecin de Louis XIII, il conseilla la création du Jardin du roi, futur Muséum national d'histoire naturelle, dont il prit la direction en 1635.

**LABROUSSE (Ernest)** ♦ Historien français (Barbezieux 1895 - Paris 1988). Sa distinction historiographique entre trois différents temps (longue durée, cycles et variations saisonnières) et son modèle de crise économique propre à l'Ancien Régime (*La Crise de l'économie française à la fin de l'Ancien Régime et au début de la Révolution*, 1944) contribuèrent au développement de l'histoire économique en France.

**LABROUSTE (Henri)** ♦ Architecte français (Paris 1801 - Fontainebleau 1875). Il défendit la doctrine rationaliste élaborée par Durand*. Dans la bibliothèque Sainte-Geneviève (1843 - 1861), il innova en utilisant une structure métallique apparente à l'intérieur, masquée cependant extérieurement par une façade classique sobrement ornée. À la Bibliothèque nationale (1862 - 1866), l'emploi du fer et de la fonte lui permit d'alléger au minimum les supports de la salle de lecture. Dans la mesure où il sut parfois tirer de l'emploi du fer un parti esthétique, il peut être considéré comme un initiateur de l'architecture fonctionnaliste. [Acad. des bx-arts 1867] ◆ **ÉTYM.** *Labrouste* vient de l'ancien français *brost* «jeune pousse d'arbre».

**LABRUGUIÈRE** [81290] ◆ **ÉTYM.** de l'occit. *bruguièra* «champ couvert de bruyères» ♦ Ch.-l. de cant. du Tarn, arr. de Castres, sur le Thoré. 5 488 hab. *(Labruguiérois).* Anc. vicomté qui appartint à la famille de Toulouse-Lautrec.

**LA BRUYÈRE (Jean DE)** ♦ Moraliste français (Paris 1645 - Versailles 1696). Bourgeois parisien auquel une charge d'avocat laissa des loisirs et son indépendance, La Bruyère dut à Bossuet* d'entrer dans la maison de Condé* comme précepteur, puis secrétaire du duc de Bourbon. Dès lors, Paris et Chantilly lui offrirent un champ précieux pour les observations dont procèdent *Les Caractères** (anonymes, 1688 ; puis 9 éditions augmentées). Cette succession de maximes et de portraits, auxquels on donna des clés, connut un succès immense, car La Bruyère, s'écartant de la simplicité concertée de l'esthétique classique, excelle «dans l'art d'attirer l'attention» (Taine) par des remarques incisives enfermées dans des phrases courtes et nerveuses, et par un vocabulaire varié, volontiers réaliste. Il poursuivit son œuvre de critique en prenant parti pour les «Anciens», lors de son élection à l'Académie* française (1693), puis pour Bossuet* dans la querelle au sujet de M$^{me}$ Guyon* *(Dialogues sur le quiétisme).* ◆ **ÉTYM.** Ce nom de famille vient d'un nom de domaine caractérisé par une abondance de bruyères.

**LABUAN** ♦ Petite île de la Fédération de Malaisie, au N.-O. de Bornéo, au large de Sabah. → **Malaisie** (carte). 98 km². 70 517 hab. env. CAP. : Victoria. ▪ Port de commerce (port franc) et de pêche. **Histoire** Intégrée à la Malaisie en 1963, l'île en constitue un territoire fédéral autonome depuis 1984.

**LABYRINTHE** n. m. – en gr. ***Laburinthos*** ♦ Ensemble inextricable de pièces enchevêtrées et de couloirs, le Labyrinthe de Crète* aurait été construit par Dédale* sur l'ordre de Minos* pour enfermer le Minotaure*.

Le **Lac** ♦ Poème de Lamartine* qui appartient au recueil des *Méditations* poétiques* (1820). Écrits en 1817, les seize quatrains de ce texte sont liés à l'amour du poète pour Julie Charles. → **Charles (Jacques Alexandre César).** Devant le lac du Bourget, Lamartine évoque, puis entend la voix de cette femme absente, dans une élégie qui cherche à arrêter le temps («O temps, suspends ton vol !») pour célébrer l'amour («Que tout ce qu'on entend, l'on voit ou l'on respire, / Tout dise : "Ils ont aimé !"»).

**LA CAILLE** (abbé **Nicolas Louis DE**) ♦ Astronome français (Rumigny, Champagne 1713 - Paris 1762). Après des travaux de géodésie et d'acoustique, il contribua à la vérification de la méridienne ; il participa à une expédition au cap de Bonne-Espérance (1750 - 1754) au cours de laquelle il fit un inventaire du ciel austral, relevant 10 000 étoiles jusqu'à la 7$^e$ magnitude ; la comparaison de ses mesures (1751) avec celles effectuées par Lalande* à Berlin permit d'obtenir la première détermination précise de la parallaxe lunaire. Il établit enfin un catalogue de positions précises (400 étoiles brillantes, 1757). [Acad. sc. 1741]

**LA CALPRENÈDE (Gautier DE COSTES DE)** ♦ Écrivain français (Toulgou-en-Périgord v. 1610 - Le Grand-Andely 1663). Il est l'auteur de tragédies (*Le Comte d'Essex*, 1639, qui inspira Thomas Corneille*) et de romans héroïco-galants qu'admirèrent La* Fontaine et M$^{me}$ de Sévigné* : *Cassandre* (1642 - 1660) et *Cléopâtre* (1647 - 1658), fictions historiques dont les personnages, inventés ou non, sont placés dans des situations romanesques (Artaban*, l'amant fier).

**LACAN (Jacques)** ♦ Psychiatre et psychanalyste français (Paris 1901 - *id.* 1981). Venu à la psychanalyse après sa thèse sur *La Psychose paranoïaque dans ses rapports avec la personnalité* (1932), il ouvrit des voies nouvelles à l'étude des psychoses infantiles, son analyse du stade (ou de la phase) du miroir mettant en évidence le rôle médiateur de l'image totale du corps et la signification du corps propre dans la constitution de l'identité du sujet (*Le Stade du miroir comme formateur de la fonction du «je»*, 1936, 1949). Pour Lacan, c'est par la parole (ordre du signifiant) que l'être humain accède à la dialectique de l'inter-subjectivité ; celle-ci est régie non par le simple besoin (physiologique), mais par le désir qui est «désir de l'Autre», c'est-à-dire «désir de faire reconnaître son désir», et dont le phallus est l'objet et le signifiant essentiels. Rapprochant psychanalyse et linguistique, Lacan entend retrouver dans l'inconscient les structures mêmes du langage et interprète en termes de métaphore (refoulement) et de métonymie (déplacement) les symptômes névrotiques. La cure analytique a dès lors pour but de faire retrouver au sujet cette partie du discours qui lui manque «pour rétablir la continuité de son propre discours conscient». Lacan a voulu réaliser un «retour à Freud» ; son œuvre, dont le style hermétique doit beaucoup à Mallarmé, est contestée par de nombreux psychanalystes. Il a dissous l'École freudienne en 1980. Bon nombre de ses travaux sont réunis dans ses *Écrits* (1966), et son séminaire de psychanalyse est en cours de publication. ◆ **ÉTYM.** Le nom de famille *Lacan* vient d'un nom de lieu, du bas latin *calmis* «haut plateau dénudé».

Jacques **Lacan.**
*Phot. © Fouchet/Top*

**LACANAU** [33680] ◆ **ÉTYM.** de l'anc. prov. *canal* «canal» ♦ Comm. de la Gironde, arr. de Bordeaux, sur l'étang de Lacanau (2 000 ha). 3 142 hab. *(Canaulais).* ▪ À 12 km au N.-O., Lacanau-Océan, station balnéaire.

**LACASSAGNE (Antoine Marcellin Bernard)** ♦ Biologiste et radiologue français (Villerest, Loire 1884 - Paris 1971). Il est surtout connu pour ses recherches sur le cancer et la radiothérapie. [Acad. sc. 1949]

**LACAUNE** [81230] ◆ **ÉTYM.** du prov. *cauno* «grotte» ♦ Ch.-l. de cant. du Tarn, arr. de Castres, dans les monts de Lacaune*. 2 914 hab. *(Lacaunais).* Fontaine des Pissaïres (XIV$^e$ s.). ▪ Station climatique et thermale. Ardoisières. Salaisons.

**LACAUNE** (monts de) ♦ Massif cristallin du S. du Massif central (Tarn), culminant au puech de Rascas (1 270 m). En partie englobé dans le parc naturel régional du Haut-Languedoc, il est façonné en plateaux qu'entaillent de profondes vallées et que couvrent forêts et prairies d'élevage (ovins, race de Lacaune).

**LACAZE-DUTHIERS (Henri DE)** ♦ Naturaliste français (Montpezat 1821 - Las-Fons, Dordogne 1901). Fondateur des stations zoologiques maritimes de Roscoff et de Banyuls, il étudia l'anatomie des mollusques. [Acad. sc. 1871]

**LACCADIVES** → **Laquedives**

Le **Lac des cygnes** ♦ Ballet en 4 actes, livret de Beguitchev et Gueltzer, musique de Tchaïkovski. Créé au Théâtre-Impérial de Moscou en 1877, dans une version ne comprenant que le 2$^e$ acte, il fut repris dans son intégralité en 1895 à Saint-Pétersbourg (dans une chorégraphie de Petipa et Ivanov, qui ne respectait pas la conception de Tchaïkovski). La première version authentique fut donc celle de 1953 à Moscou, reprise à l'Opéra de Paris. Ce ballet est au répertoire académique de presque tous les opéras du monde. Noureïev en fit une célèbre reprise à Vienne (1964) ; Neumeïer en proposa une adaptation beaucoup moins traditionnelle (*Illusions Lac des cygnes*, Hambourg, 1976). Siegfried, un jeune prince en passe de choisir une épouse, voit des cygnes se transformer en jeunes femmes, avec parmi elles, Odette, victime jusqu'à son mariage des sortilèges de sa marâtre. Siegfried promet de la sauver, mais, victime d'une méprise, il choisit pour femme le sosie d'Odette et se noie quand il s'aperçoit de son erreur.

**LACÉDÉMONE** → Sparte

**LACENAIRE (Pierre-François)** ♦ Criminel français (Francheville, Rhône 1800 - Paris 1836). Coupable de vols et d'un double assassinat, il fut condamné à mort et guillotiné. Lors de son procès, son sens de la provocation et son goût pour la poésie le rendirent célèbre. Auteur de *Mémoires et Révélations* (1836), il inspira plusieurs écrivains romantiques (Gautier, Hugo) ainsi que J. Prévert et M. Carné pour le film *Les Enfants* du paradis* (1945).

**LACEPÈDE (Bernard Germain Étienne DE LA VILLE-SUR-ILLON, comte DE)** ♦ Naturaliste et écrivain français (Agen 1756 - Épinay-sur-Seine 1825). Il contribua à l'*Histoire* naturelle* de Buffon* (après la mort de ce dernier) avec la rédaction de l'*Histoire générale et particulière des quadrupèdes ovipares et des serpents*, l'*Histoire naturelle des poissons* et l'*Histoire naturelle des cétacés* (1788 - 1804). Président de la Législative, il quitta Paris lors de la Terreur, pour n'y revenir qu'après le 9 Thermidor, occupant alors une chaire au Muséum et de hautes fonctions politiques. Il écrivit une *Histoire générale de l'Europe*. [Acad. sc. 1795]

**LA CHAISE ou LA CHAIZE (François D'AIX DE)** ♦ Jésuite français (château d'Aix, Forez 1624 - Paris 1709). Provincial de son ordre, il fut appelé (1675) par Louis XIV qui en fit son conseiller spirituel et son confesseur. Il s'opposa à la liaison du roi avec Mme de Montespan*, lutta contre les jansénistes, fut gallican modéré dans l'affaire de la Régale ; il ne put empêcher la révocation de l'édit de Nantes. ▪ À Paris, le cimetière de l'Est, dit du Père-Lachaise, est situé sur l'ancienne propriété de campagne des jésuites où Louis XIV lui avait fait installer un séjour. ◆ ÉTYM. Ce nom de famille vient de l'ancien français *chiese*, du latin *casa* «maison».

**LA CHALOTAIS (Louis René DE CARADEUC DE)** ♦ Magistrat français (Rennes 1701 - *id.* 1785). Procureur général au parlement de Rennes, adepte de la philosophie des Lumières, il se rendit célèbre par ses attaques contre les jésuites (*Comptes rendus des Constitutions jésuites*, 1761 - 1762) et par son *Essai d'éducation nationale*, favorable à l'abandon du latin au profit des langues vivantes. En 1764, il prit la tête de l'opposition des parlementaires de Bretagne contre le représentant du roi, le duc d'Aiguillon*, et défendit les droits particuliers de la province. Emprisonné à Saint-Malo (1765) puis exilé à Saintes (1768), il fut rétabli dans sa charge en 1775.

**LA CHÂTAIGNERAIE (François DE VIVONNE, seigneur DE)** ♦ Gentilhomme français (1520 - Saint-Germain-en-Laye 1547). Fils du grand sénéchal de Poitou (André de Vivonne), il se battit en duel avec le baron de Jarnac*, qui eut raison de lui.

**LA CHAUSSÉE (Pierre Claude NIVELLE DE)** ♦ Auteur dramatique français (Paris 1692 - *id.* 1754). Avec la vingtaine de pièces qu'il a composées, où l'éloge de la «vertu» se confond avec celui des sentiments modérés, où famille, mariage et probité s'opposent au désordre moral et à la licence de la noblesse, il apparaît comme le véritable créateur du drame bourgeois. Ses œuvres principales, *Le Préjugé à la mode* (1735), *Mélanide* (1741), *L'École des mères* (1744) et *L'Homme de fortune* (1751), d'un style et d'une versification sans caractère, mais d'une attendrissante sensibilité, lui valurent d'être considéré comme le père de la «comédie larmoyante».

**LACHELIER (Jules)** ♦ Philosophe français (Fontainebleau 1832 - *id.* 1918). Sa philosophie est un idéalisme critique pour lequel «les conditions de l'existence des choses sont les conditions mêmes de la possibilité de la pensée». Ces conditions sont le principe du déterminisme, fondement de l'induction, et celui de finalité qui traduit l'aspiration de la pensée vers la réalité absolue, le bien [Dieu]. Œuv. princ. : *Du fondement de l'induction* (1871), *De la nature du syllogisme* (1871). ◆ ÉTYM. Ce nom signifie «l'achelier», forme normanno-picarde d'*aisselier*, menuisier [fabricant d'*aisseaux*, de planches].

**LACHÉSIS** → Moires

**LACHINE** ♦ Anc. v. du Canada (Québec) fusionnée dans Montréal, dans l'île de Montréal, à l'extrémité supérieure du *canal Lachine* contournant les *rapides de Lachine*.

**LA CIERVA Y CODORNÍU (Juan DE)** ♦ Ingénieur espagnol (Murcie 1896 - Croydon 1936). Inventeur de l'autogire (1923), premier modèle de l'hélicoptère, avec lequel il traversa la Manche (1928).

**LACLOS (Pierre CHODERLOS DE)** ♦ Écrivain français (Amiens 1741 - Tarente 1803). Déçu dans sa carrière d'officier, bien qu'il eût joué un certain rôle durant la Révolution (il fit partie de l'entourage de Philippe Égalité, contribua à la préparation de la bataille de Valmy et participa à la mise au point du «boulet creux»), il écrivit des

Pierre Choderlos de **Laclos.** Portrait par Boilly. Musée national du château, Versailles.
*Phot. © Giraudon*

ouvrages de stratégie, des poésies et un traité sur *L'Éducation des femmes* (1783). Son titre de gloire reste son roman par lettres, *Les Liaisons* dangereuses* (1782), véritable traité du mal, dont la composition, les analyses psychologiques et le style sont d'une grande rigueur. Par cette œuvre, l'influence de Laclos sur la littérature romanesque des XIXe et XXe s. fut et reste immense. ◆ ÉTYM. *Laclos* est probablement une variante de *Leclos* «le clos, la propriété» ; *Choderlos*, variante de *Chauderlot* «chaudronnier».

**LA CONDAMINE (Charles Marie DE)** ♦ Géodésien et naturaliste français (Paris 1701 - *id.* 1774). Il effectua de nombreux voyages dont il rapporta d'intéressantes observations. Il participa avec Bouguer* à l'expédition au Pérou (1735 - 1744), afin de mesurer la longueur d'un arc de méridien de 1 degré. Ce voyage fut également l'occasion de la première description de l'arbre qu'il appela «quinquina» (1738) et de la découverte du caoutchouc. En 1740, il observa, indépendamment de l'Italien Bianconi, que la vitesse de propagation du son dépend de la température. Étudiant un projet de mesure universelle, il proposa de choisir pour unité la longueur du pendule battant la seconde à l'équateur. [Acad. sc. 1735 ; Acad. fr. 1760] ◆ ÉTYM. *La Condamine* vient d'un nom de lieu (désigne un domaine en condominium et par extension une propriété exempte de redevances).

**LACONIE** n. f. ◆ ÉTYM. en gr. mod. ***Lakonía***, p.-ê. de ***Lakôn*** «[les habitants] des terres basses» ♦ Nome de Grèce occupant l'extrémité S.-E. du Péloponnèse entre la Messénie et le Taygète à l'O. et l'Arcadie au N. 94 916 hab. CH.-L. : Sparte*. V. PRINC. : Gythion*, Malvoisie*, Mistra*.

**LACORDAIRE (Henri)** ♦ Prêtre et dominicain français (Recey-sur-Ource, Côte-d'Or 1802 - Sorèze 1861). Il fut aux côtés de Lamennais* et de Montalembert* un des chefs de file du catholicisme libéral, mais il se sépara de Lamennais après la condamnation de *L'Avenir* (1832). Orateur, il fit des conférences au collège Stanislas (1834) et prêcha à Notre-Dame de Paris (1835 - 1836). Il prit l'habit dominicain à Rome (1839), rétablit cet ordre en France (Nancy, 1843), en fut provincial en 1850 - 1854 et 1858 - 1861, acquit et dirigea le collège de Sorèze (Tarn) en 1854. Élu député de Marseille en mars 1848, il milita alors en faveur de la démocratie chrétienne dont il dirigea quelques mois le journal *L'Ère nouvelle* (→ **Ozanam**). [Acad. fr., 1860] ◆ ÉTYM. L'occitan *l'acordaire* signifie «l'accordeur» (nom de métier).

**LACQ** [64170] ◆ ÉTYM. probablt du gaul. *Laccos*, n. de pers. ♦ Comm. des Pyrénées-Atlantiques, arr. de Pau, sur le gave de Pau. 658 hab. (*Lacquois*). Gisement de gaz naturel découvert en 1951 (réserves de 220 milliards de m³) : après avoir dépassé les 7 milliards de m³, la production annuelle de gaz épuré est tombée à 3 milliards de m³ en 1999, car le gisement s'épuise et doit fermer en 2013. Extrait d'une trentaine de puits répartis sur 90 km², le gaz épuré est utilisé à proximité (Artix, Noguères, Pardies, Monein) ou transporté à travers la France par un réseau de gazoducs. Essence, butane, propane et soufre sont récupérés lors de l'épuration du gaz. Le complexe indus. de Lacq fournit du méthanol, de l'acétylène, de l'ammoniac, de l'acide acétique et des matières plastiques. Une «ville nouvelle» fut créée à Mourenx pour loger les travailleurs de Lacq. Le bassin entame sa reconversion dans la chimie verte (production d'éthanol à base de maïs) et la chimie fine (cosmétiques).

**LACRETELLE l'Aîné (Pierre Louis DE LACRETELLE, dit)** ♦ Jurisconsulte français (Metz 1751 - Paris 1824). Avocat puis député feuillant à l'Assemblée législative, il se retira de la vie politique après le 10 août 1792. Membre du Corps législatif (1801 - 1802), hostile à l'Empire, il fut sous la Restauration un des représentants de l'opposition constitutionnelle. Il a laissé des ouvrages de morale et de droit (*Discours sur la multiplicité des lois*, 1778). [Acad. fr. 1803] ♦ **Jean Charles Dominique de Lacretelle, dit Lacretelle le Jeune.** Homme politique et historien français (Metz 1766 - Mâcon 1855). Frère du précédent. Royaliste proscrit en 1795, puis arrêté après le coup d'État du 18 Fructidor an VI (4 sept. 1797), il fut libéré après le 18 Brumaire (1799) et se rallia aux Bourbons. Il est l'auteur d'une *Histoire de France pendant le dix-huitième siècle* et d'une *Histoire de France pendant les guerres de Religion* (1814 - 1816). [Acad. fr. 1811]

**LACRETELLE (Jacques DE)** ♦ Romancier et essayiste français (Cormatin 1888 - Paris 1985). Son œuvre, empreinte d'un pessimisme lucide, s'intéresse avant tout à *L'Âme cachée* (nouvelles, 1925) : après avoir analysé une âme adolescente dans *La Vie inquiète de Jean Hermelin* (semi-autobiographie, 1920), l'écrivain s'est attaché à faire le portrait d'un jeune israélite qui se sent «séparé» dans *Silbermann* (1922). La même séparation hante *La Bonifas* (1925), femme énergique, tentée par l'amour saphique. Enfin le cycle des *Hauts-Ponts* (4 vol., 1932 - 1935), qui retrace la décadence d'une famille noble de Vendée, analyse sur trois générations des passions secrètes et puissantes qui isolent dramatiquement les personnages. [Acad. fr. 1936]

**LACROIX (Sylvestre François)** ♦ Mathématicien français (Paris 1765 - *id.* 1843). Il est surtout connu pour son *Traité du calcul différentiel et du calcul intégral* (1797 - 1798), présentation très complète de l'état de l'analyse au début du XIXe s. [Acad. sc. 1799]

**LACROIX (Alfred)** ♦ Minéralogiste français (Mâcon 1863 - Paris 1948). Il participa à des missions scientifiques en Martinique après l'éruption de la montagne Pelée (1902), puis en Italie après celle du Vésuve (1906) ; ses travaux firent progresser la connaissance du volcanisme et des roches éruptives. On lui doit par ailleurs la découverte de plusieurs minéraux, des recherches sur les météorites. [Acad. sc. 1904]

**LACROIX (Christian)** ♦ Couturier français (Arles 1951). Il travailla chez Hermès et chez Patou avant de créer sa propre maison (1987 -2009). Dans ses créations, il cultive les allusions à la Provence et aux styles les plus divers, populaires ou historiques, qu'il mêle de façon volontiers provocante.

**LACROIX-SAINT-OUEN** [60610] ➝ ÉTYM. de *croix* «carrefour» et saint *Ouen** ♦ Comm. de l'Oise, arr. de Compiègne. 4 233 hab.

**LA CRUZ (Ramón DE)** → **Cruz**

**LAC SALÉ (GRAND)** – en angl. ***Great Salt Lake*** ♦ Marécage salé de l'O. des États-Unis (Utah), dont la superficie (variable) atteint presque 5 000 km². C'est le reste d'un lac de l'époque glaciaire (lac Bonneville). ▪ La surface plane de ses rives a servi de piste pour des essais de vitesse d'engins terrestres. → **Salt Lake City.**

**LACTANCE** en lat. ***Lucius Caecilius Firmianus***, dit **Lactantius** ➝ ÉTYM. de *lactare* «allaiter» ♦ (près de Cirta v. 260 - Trèves v. 325). Rhéteur latin, converti au christianisme v. 300, précepteur de Crispus, fils de l'empereur Constantin. Auteur des *Institutions divines* (apologie chrétienne en 7 livres, dont il donna un *Épitomé*), du *De la mort des persécuteurs* (v. 315), du *De ira Dei*.

**LACTÉE (VOIE)** → **Voie lactée**

**LADAKH** n. m. ♦ Région du Cachemire dont la majeure partie est intégrée à l'État indien du Jammu-et-Cachemire. Elle comprend une haute chaîne (plus de 6 000 m) et la vallée supérieure de l'Indus, au climat sec (effet d'abri du grand Himalaya). La population (Ladakhis) d'origine mongole est bouddhiste ou musulmane. Agriculture médiocre, élevage transhumant, commerce caravanier et tourisme. ▮ **Histoire** Le royaume du Ladakh perdura jusqu'en 1841, date de son annexion par le rajah de Jammu. Dès lors, son histoire se confond avec celle du Jammu*. Conformément à l'accord de cessez-le-feu imposé par l'ONU en 1949, à la suite du conflit indo-pakistanais, le Ladakh fut attribué à l'Inde et le Balistan (partie du grand Ladakh historique) au Pakistan. Depuis 1959, la Chine occupe la zone d'Aksaï Chin au N.-E.

Village du **Ladakh.**
*BIS/Phot. Sonneville © Archives Nathan*

## LADISLAS

➝ ÉTYM. slavon «conquérant *(vlad')* de la gloire *(slava)*» – all. *Ladislaus*, tchèque *Ladislav*, hongr. *László* ♦ Nom de plusieurs personnages, classés selon les rubriques suivantes : Hongrie ; Naples ; Pologne.

### HONGRIE

**LADISLAS Ier ÁRPÁD** (saint) ♦ (Pologne 1040 - Nyitra 1095). Roi de Hongrie (1077 - 1095). Frère de Géza* Ier, il acheva la christianisation de la Hongrie et s'appuya sur les villes, auxquelles il accorda le statut de villes libres. Il mena une lutte victorieuse contre les Petchenègues et les Coumans, conquit la Slavonie et la Croatie, où il fonda l'évêché de Zagreb. ▪ Il fut canonisé par Célestin* III en 1198.

**LADISLAS IV** ♦ (1262 - Köröshegy 1290). Roi de Hongrie (1272 - 1290), fils d'Étienne V. Il dut lutter contre les Coumans et les Tatars, et fut assassiné par les Coumans.

**LADISLAS V** ou **VI le Posthume** ♦ (Komárom v. 1440 - Prague 1457). Fils posthume d'Albert* II de Habsbourg. Roi de Hongrie (1444 - 1457) et roi de Bohême (1453 - 1457) sous le nom de Ladislas Ier. Sous la domination de son oncle, l'empereur Frédéric* III, il se vit imposer, par la noblesse des deux royaumes, deux régents : Georges de Podiébrad pour la Bohême et Jean Hunyadi* pour la Hongrie. Opposé à ce dernier, Ladislas V fit décapiter son fils (1457), et dut alors se réfugier à Prague. Il eut pour successeur Georges* de Podiébrad comme roi de Bohême et Mathias* Corvin comme roi de Hongrie.

**LADISLAS VI** ou **II JAGELLON** ♦ (1456 - Buda 1516). Roi de Hongrie (1490 - 1516) et de Bohême sous le nom de Ladislas (ou Vladislav) II (1471 - 1516). Fils de Casimir* IV Jagellon, roi de Pologne, il fut élu roi de Bohême puis, à la mort de Mathias* Ier Corvin (1490), roi de Hongrie. Il laissa les nobles gouverner ; ceux-ci durent faire face à une révolte paysanne en 1514, ce qui amena la rédaction du *Tripartitum Juris regni Hungariae* où sont établis les privilèges et le pouvoir des nobles. Ladislas VI signa un traité avec l'empereur Maximilien* Ier, prévoyant le mariage de son fils Louis* II avec Marie de Habsbourg et de sa fille Anne avec le futur empereur Ferdinand Ier. Ainsi, si Louis II mourait sans héritier, la couronne de Hongrie reviendrait aux Habsbourg.

### NAPLES

**LADISLAS** ou **LANCELOT le Magnanime** ♦ (1376 - Naples 1414). Roi de Naples (1386 - 1414). Fils de Charles* III de Duras, il dut faire face à son compétiteur Louis* II d'Anjou. Il chercha à conquérir l'Italie et prit même Rome en 1408. Cependant, vaincu par Louis II d'Anjou à Rocca Secca (1411), il se replia. ▪ Il eut pour successeur sa sœur Jeanne* II.

### POLOGNE

**LADISLAS Ier HERMAN** ♦ (1043 - Płock 1102). Duc de Pologne (1079 - 1102). Fils de Casimir* Ier, il succéda à son frère Boleslas* II et combattit en vain l'aristocratie. ▪ Père de Boleslas* III, qui lui succéda.

**LADISLAS II** ♦ (1105 - 1159). Duc de Pologne (1138 - 1146). Fils aîné de Boleslas* III, il tenta de s'emparer des apanages de ses frères puînés, mais fut déposé et remplacé par Boleslas* IV.

**LADISLAS Ier** ou **IV ŁOKIETEK** ou **le Nain** ♦ (1260 - Cracovie 1333). Duc (1289 - 1320) puis roi de Pologne (1320 - 1333). Prince de la dynastie des Piast*, il s'empara de Cracovie* à la mort de Wenceslas* II de Bohême, réussit à s'y faire couronner en 1320, et à réunifier partiellement le pays. ▪ Son fils Casimir* III le Grand paracheva son œuvre.

**LADISLAS II** ou **V JAGELLON** ♦ (v. 1350 - Gródek 1434). Grand-prince de Lituanie (1377 - 1392). Devenu roi de Pologne par son mariage avec Hedwige* en 1386, il se convertit au christianisme, et tenta de réunir la Lituanie et la Pologne. Vainqueur des chevaliers Teutoniques* à Grunwald-Tannenberg* en 1410, il leur imposa la première paix de Thorn*, en 1411. Il restaura l'université de Cracovie* (1400). ▪ Père de Ladislas* III et de Casimir* IV Jagellon.

**LADISLAS III** ou **VI JAGELLON** ♦ (Cracovie 1424 - Varna 1444). Roi de Pologne (1434 - 1444) où il succéda à son père Ladislas* II, et de Hongrie (1440 - 1444), où il succéda à Albert* II de Habsbourg, le fils de celui-ci, Ladislas* V, étant alors trop jeune pour régner. Il fut vaincu par les Turcs à la bataille de Varna* où il mourut.

**LADISLAS IV VASA** ♦ (Cracovie 1595 - Merecz 1648). Roi de Pologne (1632 - 1648). Fils et successeur de Sigismond* III Vasa.

---

**LADOGA** (lac) ➝ ÉTYM. anc. en finnois *Aldoga* (ou *Aaltoka*), probablt de *aalto* «vague» et suff. *-ga* (non déterminé) ♦ Lac de Russie, situé entre la république de Carélie et la région de Leningrad. C'est le plus grand lac d'Europe (17 700 km²). Env. 660 îles. Il reçoit les eaux du lac Onega (par la Svir) et du lac Ilmen (par le Volkhov). La Neva y prend sa source. ▪ Voie de commerce connue depuis le haut Moyen Âge entre la Baltique et Byzance, c'est sur ses eaux gelées que passait la «route de la vie» qui permit d'alimenter Leningrad pendant le siège de 1941 - 1944.

**LADOUMÈGUE (Jules)** ♦ Athlète français (Bordeaux 1906 - Paris 1973). Coureur de demi-fond très populaire, plusieurs fois détenteur du record du monde du mile, du 2 000 et du 3 000 m, il devint vice-champion olympique du 1 500 m en 1928, mais fut disqualifié pour professionnalisme à la veille des jeux Olympiques de 1932. ➝ ÉTYM. *Ladoumègue* vient d'un surnom féminin «la domestique».

**Lady Macbeth de Mzensk** ♦ Opéra en 4 actes et 9 tableaux de D. Chostakovitch* (1930 - 1932) sur un livret du compositeur et de A. Preis, tiré d'une nouvelle de Nikolaï Leskov (Leningrad, 22 janv. 1934). Cette histoire d'adultère et de meurtre en milieu paysan, à l'opposé de tout «réalisme socialiste», déplut à Staline, et l'œuvre disparut de l'affiche en 1936. Une nouvelle version intitulée *Katerina Ismaïlova* fut donnée à Moscou le 8 janv. 1963 ; de nos jours, l'original s'impose à nouveau.

**LAEKEN** ou **LAKEN** ♦ Anc. comm. de Belgique, réunie à Bruxelles en 1921. Parc (160 ha) créé par Léopold II en 1880. Château (1784) où Napoléon signa la déclaration de guerre à la Russie en 1812.

**LAENNEC (René)** ♦ Médecin français (Quimper 1781 - Kerlouanec, Finistère 1826). Il inventa le stéthoscope pour l'auscultation médiate qui lui permit de donner des descriptions détaillées des affections pulmonaires (tuberculose, gangrène, bronchectasie) et cardiaques. Fondateur de l'anatomo-clinique, il étudia en particulier la cirrhose atrophique du foie d'origine alcoolique *(cirrhose de Laennec)*. ➝ ÉTYM. *Laennec* est à rapprocher du vieux breton *lennoc* «habile, savant» et du gallois *lleënog* «lettré».

**LAERNE** → **Laarne**

**LAËRTE** ➝ ÉTYM. en gr. ***Laertês***, de *laos* «peuple» et *eirô* «rassembleur» ♦ Personnage de *L'Odyssée**, roi d'Ithaque et père d'Ulysse*. Rajeuni par Athéna, il aide son fils à repousser les parents des prétendants massacrés.

**LAETOLI** ♦ Site préhistorique de Tanzanie où Mary Leakey découvrit, en 1979, des empreintes de pas d'hominidés datant de 3,7 millions d'années et montrant que les australopithèques avaient acquis la station érigée bipède. → **Lucy, Omo.**

**Lafarge** (affaire) ♦ Célèbre affaire criminelle française (1840). Accusée d'avoir empoisonné son mari à l'arsenic, Marie Lafarge fut condamnée aux travaux forcés à perpétuité en 1840, sur la foi des résultats de l'expertise du docteur Orfila* (qui concluait à l'empoisonnement), pourtant contestés par Raspail*. Graciée en 1852, elle publia deux ouvrages dans lesquels elle proclamait son innocence (*Mémoires*, 1841 ; *Heures de prison*, 1853).

**LAFARGUE (Paul)** ♦ Socialiste français (Santiago de Cuba 1842 - Draveil 1911). Étudiant en médecine, il adhéra au socialisme et fut d'abord disciple de Proudhon. À Londres, il rencontra F. Engels et K. Marx dont il épousa la fille (Laura). Membre de la Ire Internationale, il participa à la Commune, et, après son échec, se rendit en Espagne, au Portugal, puis à Londres où il rencontra J. Guesde*. Avec lui, il adhéra au Parti ouvrier français (1880). Député de Lille (1885 - 1894), il s'opposa à la participation socialiste au gouvernement bourgeois. Auteur de deux pamphlets, *Le Droit à la paresse* (1880) et *La Religion du capital* (1887), il contribua à la diffusion en France du matérialisme dialectique et historique. ➝ ÉTYM. *Lafargue* est la forme méridionale de *la forge*.

**LA FAYETTE (Gilbert MOTIER DE)** ➝ ÉTYM. anc. fr. «la petite forêt de hêtres» ♦ Maréchal de France (v. 1380 - 1462). Il joua un grand rôle auprès de Charles* VII encore dauphin, et combattit les Anglais et les Bourguignons.

**LA FAYETTE (Louise MOTIER DE)** ♦ (1615 - Paris 1665). Fille d'honneur d'Anne d'Autriche, connue pour son esprit et sa beauté, elle fut aimée de Louis XIII, mais Richelieu* l'obligea à entrer au couvent de la Visitation (1637).

**LA FAYETTE** ou **LAFAYETTE (Marie-Madeleine PIOCHE DE LA VERGNE,** comtesse **DE)** ♦ Écrivain français (Paris 1634 - *id.* 1693). Élève de Ménage*, familière des milieux précieux, en particulier de l'hôtel de Rambouillet*, elle s'installa à Paris en 1659, y tint salon, se lia d'amitié avec Mme de Sévigné*, Segrais* (qui collabora, de près ou de loin, à la quasi-totalité de ses œuvres), et fut très intime avec La* Rochefoucauld. On lui doit *La Princesse* de Clèves* (1678), roman psychologique admirable par la densité du style et la finesse de l'analyse, des nouvelles et les *Mémoires de la cour de France pour les années 1688 et 1689* (posth., 1731), rédigés vers la fin de sa vie, quand elle joua un certain rôle diplomatique.

**LA FAYETTE (Marie Joseph Paul Yves Roch Gilbert MOTIER,** marquis **DE)** ♦ Général et homme politique français (Chavaniac, Auvergne 1757 - Paris 1834). Lieutenant (1773), lié avec Franklin, il partit en Amérique pour aider les insurgés (1777) et se joignit aux troupes de Virginie. De retour en France, il contribua à décider le gouvernement à apporter son aide officielle à la guerre d'Indépendance américaine et repartit aussitôt pour l'Amérique (1780) où il fut nommé maréchal de camp (1782). Revenu en Europe, il participa à l'Assemblée des notables de 1787. Franc-maçon, adepte des idées nouvelles, il fut favorable au doublement du tiers état lors de la réunion de l'Assemblée des notables de 1788 et fut élu député de la noblesse aux États généraux (1789). Nommé commandant de la garde nationale après la prise de la Bastille* (le 15 juil. 1789), se considérant comme le Washington d'une démocratie royale, il voulut être l'instrument de la réconciliation du roi et de la Révolution, lors des journées des 5 et 6 octobre* 1789 et de la fête de la Fédération nationale du 14 juillet 1790. S'il joua un rôle politique important dans les débuts de l'Assemblée nationale constituante, il perdit peu à peu sa popularité, surtout en faisant tirer sur les manifestants du Champ*-de-Mars (17 juil. 1791) venus demander la déchéance du roi. Partisan du maintien d'une monarchie libérale, il se sépara alors des jacobins* pour constituer le Club des feuillants* (appelés parfois *fayettistes*). Il poussa le roi à la guerre et fut nommé commandant de l'armée du Centre, puis de l'armée du Nord. Il se prononça contre la suspension de Louis XVI, et,

**La Fayette.** Portrait par Philibert Louis Debucourt, détail. Musée Carnavalet, Paris. *BIS/Phot. Michel Didier © Archives Larbor*

accusé, cessa la lutte contre les Autrichiens (19 août 1792) qui l'internèrent à Magdeburg, puis à Olmütz jusqu'en 1797. Député de la Seine aux Cent*-Jours, il fit partie de ceux qui exigèrent l'abdication de Napoléon Ier. Député de la Sarthe (1818), puis de Meaux (1827), et membre de la Charbonnerie (→ **carbonarisme**), il participa encore à la révolution en 1830. ▪ Il a été fait citoyen d'honneur des États-Unis à titre posthume en 2002.

**LA FERRONNAYS** [lafɛʀɔnɛ] **(Auguste Pierre Marie FERRON,** comte **DE)** ♦ Homme politique français (Saint-Malo 1777 - Rome 1842). Ambassadeur, représentant de la France aux congrès de Troppau (1820), Laibach (1821) et Vérone (1822), il fut ministre des Affaires étrangères dans le cabinet Martignac (1828 - 1829), et tenta d'arbitrer le conflit qui opposa la Grande-Bretagne et la Russie au sujet de la Grèce (1828).

**LA FERTÉ (Henri DE SENNETERRE** ou **SAINT-NECTAIRE,** duc **DE)** ♦ Maréchal de France (Paris 1600 - La Ferté-Saint-Aubin 1681). Il prit part au siège de La Rochelle*, se distingua à Rocroi* et soutint la royauté pendant la Fronde*.

**LAFFEMAS** [lafəma] **(Barthélemy DE),** sieur **DE BEAUSEMBLANT** ♦ Économiste français (Beausemblant, Dauphiné 1545 - Paris v. 1612). Protestant anobli, premier valet d'Henri IV, il contribua au développement de la manufacture de luxe en France et fut nommé contrôleur général du commerce en 1602. Représentant de la doctrine mercantiliste en France, il a notamment rédigé un *Règlement pour dresser les manufactures du royaume* (1597). ♦ **Isaac de Laffemas.** Magistrat (Beausemblant 1584 - Paris 1657). Fils du précédent. Il se distingua par sa sévérité impitoyable lors des procès des nobles rebelles à Richelieu.

**LAFFITE (Jean)** ♦ Pirate français (Port-au-Prince 1792 - Alton, Illinois 1854). Contrebandier, corsaire au service de la France contre les Espagnols (1809 - 1810) puis pirate, il aida les Américains du général A. Jackson* à repousser les Britanniques devant La Nouvelle-Orléans (1814).

**LAFFITTE (Jacques)** ♦ Banquier et homme politique français (Bayonne 1767 - Paris 1844). Il entra comme employé chez le banquier Perrégaux (1788) dont il devint l'associé (1800) puis le successeur (1804). Régent de la Banque de France (1809), il en fut nommé gouverneur par le gouvernement provisoire (1814). Membre de la Chambre des représentants pendant les Cent*-Jours, il siégea comme député libéral (1816, 1827). En 1830, il finança le journal d'opposition *Le National**, et son hôtel fut l'un des principaux foyers de l'insurrection de juillet 1830. Représentant du parti du Mouvement*, il fut appelé par Louis*-Philippe comme ministre sans portefeuille, puis ministre des Finances et président du Conseil (1830). Il pratiqua une politique d'expédients à l'intérieur et aventureuse à l'extérieur, prônant l'intervention en faveur des révolutions européennes (Italie, Pologne) et fut contraint de démissionner en 1831. ➝ ÉTYM. Ce nom occitan vient de *fito* «borne, pierre fichée en terre».

**LAFFORGUE (Laurent)** ♦ Mathématicien français (Antony 1966). En 2000, il démontra une des conjectures proposées en 1967 par le Canadien Robert Langlands, qui relie des propriétés arithmétiques et analytiques de représentations dites automorphes. Le travail de Lafforgue, qui généralise un résultat de V. Drinfeld*, établit des liens étroits entre les branches des mathématiques jusque-là considérées comme indépendantes. [Médaille Fields 2002]

**LAFFREY** [lafʀɛ] [38220] ➝ ÉTYM. p.-ê. du germ. *Leitfrid*, n. de pers. ♦ Comm. de l'Isère, arr. de Grenoble. 311 hab. *(Fredeyards)*. Station estivale au bord du lac de Laffrey. ▮ **Histoire** À son retour de l'île d'Elbe, Napoléon Ier y rencontra, le 7 mars 1815, les soldats envoyés de Grenoble pour l'arrêter et obtint leur ralliement.

**LA FONTAINE (Jean DE)** ♦ Poète français (Château-Thierry 1621 - Paris 1695). Après une jeunesse insouciante de bourgeois de province, il connut, grâce à sa charge de «maître des Eaux et Forêts», des loisirs occupés à fréquenter les salons ou à lire les Modernes et, surtout, les Anciens qu'il prendra pour modèles selon une «imitation originale». Son poème héroïque, inspiré d'Ovide*, *Adonis* (1658), lui ayant assuré la protection de N. Fouquet*, il partagea la vie brillante de Vaux-le-Vicomte*, jusqu'à la chute du surintendant (cf. l'élégie *Aux nymphes de Vaux,* 1661). Accueilli dès lors par la duchesse d'Orléans (1664 - 1672), il connut un éclatant succès avec ses *Contes* et Nouvelles* (1665), récits gracieux et licencieux en «vers irréguliers». Dès 1668 parurent les six premiers livres des *Fables,* que La Fontaine augmenta, sous la protection de Mme de La* Sablière (1673 - 1693), puis de M. et Mme d'Hervart (1693 - 1695), des deuxième (1678 - 1679) et troisième (1694) recueils, attendus par un public fervent qui goûtait cette «ample comédie à cent actes divers» d'où se dégage une morale épicurienne, fondée sur la vision pessimiste de la réalité, que l'on retrouve également dans le roman *Les Amours de Psyché et de Cupidon* (1669). Quant au poète, il apparaît comme épris de perfection et fort habile, par la virtuosité de la versification et la variété de la langue, à conférer un naturel remarquable à ses apologues inspirés d'Ésope*, de Phèdre* et de la sagesse hindoue. → **Fables.** Toujours habile courtisan, mais moins épris de sa liberté, il dota ses dernières fables de réflexions philosophiques et s'adonna à la traduction de psaumes et d'hymnes. [Acad. fr. 1684] ➛ **ÉTYM.** Ce nom vient du nom d'une propriété caractérisée par la présence d'une fontaine (→ aussi Fontanges, Fontenelle).

**LAFONTAINE** (sir **Louis Hippolyte**) ♦ Homme politique canadien (Boucherville, Québec 1807 - Montréal 1864). Il forma en 1842 avec R. Baldwin* un ministère (sous le gouverneur Charles Bagot*). En 1848, le gouverneur Elgin* constitua avec Baldwin et lui le «grand ministère» qui dura jusqu'en 1851 et qui procéda à de nombreuses réformes législatives et judiciaires.

**LAFONTAINE (Henri Marie)** ♦ Jurisconsulte belge (Bruxelles 1854 - *id.* 1943). Représentant du Parti socialiste belge au Sénat (1895), il contribua à la fondation de la Cour de justice internationale et de la revue *La Vie internationale* et fut, à partir de 1907, président du Bureau international de la paix. [Prix Nobel de la paix 1913]

**LA FORCE (Jacques Nompar de Caumont,** duc **de)** ♦ Maréchal de France (1558 - Bergerac 1652). Il fut un des compagnons d'Henri IV et, après sa mort, complota avec Henri de Rohan* avant de faire sa soumission à Louis XIII. Il fit alors campagne en Piémont (prise de Saluces, 1630) et battit les Espagnols à Carignan. ♦ **Henri Nompar de Caumont,** duc **de La Force** (La Force 1582 - *id.* 1678). Second fils de Jacques, filleul de Henri IV. Il combattit Louis XIII (1621 - 1622), puis se soumit. Il devint maréchal de camp en 1638. Pendant la Fronde, il suivit un moment Condé*. ♦ **Antonin Nompar de Caumont,** duc **de La Force** → **Lauzun.** ♦ **Henri Jacques Nompar de Caumont,** duc **de La Force** (La Force 1675 - Paris 1726). Il profita du système de Law* qu'il avait encouragé. [Acad. fr. 1715]

**LAFORGUE (Jules)** ♦ Poète français (Montevideo 1860 - Paris 1887). Après une «jeunesse triste et mal nourrie» à Tarbes, puis à Paris, il subsista difficilement, mais fréquenta les milieux littéraires, se liant notamment avec Charles Cros* et Gustave Kahn*. Devenu, grâce à Paul Bourget*, le lecteur attitré d'Augusta de Prusse (1881 - 1886), il rédigea à Berlin ses *Complaintes* (1885) où, avec une frivolité feinte et ironique, il se propose de «broder des figures charmantes sur la trame de l'universelle illusion.» Puis parut *L'Imitation de Notre-Dame de la Lune* (1886), recueil de poèmes où Laforgue se montre un maître du vers libre, jouant avec bonheur du rapprochement des mètres pairs et impairs. Cachant sous un masque de Pierrot fantaisiste et railleur son désespoir métaphysique (accentué par la lecture de Schopenhauer* et de E. von Hartmann*), J. Laforgue a su traduire son pathétique sentiment de l'éphémère en une prose plaisante et raffinée, dans les contes des *Moralités légendaires* (posth. 1887). ➛ **ÉTYM.** *Laforgue* vient de l'occitan *la forga* «la forge».

**LAFOSSE (Charles de)** ♦ Peintre français (Paris 1636 - *id.* 1716). Il fut l'élève et le protégé de Le* Brun. Lord Montaigu lui confia la décoration de son palais à Londres (1700 - 1701), puis Hardouin*-Mansart le chargea de la décoration peinte du dôme des Invalides à Paris ; il en exécuta la coupole et les pendentifs et travailla aussi au château de Versailles (salon de Diane, d'Apollon). Admirateur de Rubens, il employait des coloris vifs, des formes souples et élégantes, et infléchit la «grande manière» noble et héroïque de Le Brun vers un style plus léger et gracieux qui annonce l'esprit de la peinture du XVIIIe s.

**LA FRESNAYE** [lafʀɛnɛ] **(Roger de)** ♦ Peintre, graveur et sculpteur français (Le Mans 1885 - Grasse 1925). À partir de 1910 il se rapprocha du cubisme et exposa notamment à la Section d'or de 1912. Travaillant par larges plans de couleurs vives, il développa un jeu abstrait de formes colorées équilibrées et fortement architecturées, tout en cherchant à adapter ce nouveau langage plastique à l'expression de sentiments nobles et patriotiques (*L'Artillerie,* 1910 ; *Le Cuirassier,* 1910 - 1911 ; *Jeanne d'Arc,* 1912 ; *La Conquête de l'air,* 1913). Esprit pondéré, il n'abandonna pas complètement l'espace perspectif, évitant l'excès de fragmentation, et représenta des figures massives et stylisées (*L'Homme assis,* 1913 ; *Nature morte,* 1918). Gravement blessé en 1914, il réduisit son activité et revint à une figuration plus traditionnelle, tout en poursuivant des recherches graphiques comme en témoignent ses illustrations de livres.

**LAGACHE (Daniel)** ♦ Médecin et psychanalyste français (Paris 1903 - *id.* 1972). Il est l'auteur d'ouvrages concernant *Les Hallucinations verbales et la Parole* (1934), *La Jalousie amoureuse* (1947), *La Théorie du transfert* (1951), *La Psychanalyse* (1955). Sa méthode thérapeutique est une tentative de synthèse de la technique psychanalytique, des tests de caractère et des données de la psychologie sociale.

**LA GALISSONNIÈRE (Roland Michel Barrin,** marquis **de)** ♦ Marin français (Rochefort 1693 - Nemours 1756). Gouverneur du Canada de 1747 à 1749, il prit ensuite part à la guerre de Succession* d'Espagne en Méditerranée et battit l'amiral britannique Byng*.

**LAGARCE (Jean-Luc)** ♦ Auteur et metteur en scène français (Héricourt 1957 - Paris 1995). De culture protestante, il aborde dans la plupart de ses pièces des situations personnelles sur l'impossibilité de dire ses sentiments, d'exprimer la maladie et la mort à l'intérieur du cercle familial alors qu'il se sait condamné par le sida. *J'étais dans ma maison et j'attendais que la pluie vienne* (1994), *Juste la fin du monde* (1990). *Retour à la citadelle* (1984) et *Les Prétendants* (1989) brossent un tableau satirique du pouvoir nouvellement conquis.

**LA GARDIE (Pontus de)** ♦ Général suédois d'origine française (La Garde, Languedoc v. 1530 - Narva 1585). Il reconquit la Livonie. ♦ **Jacques de La Gardie** (1583 - Stockholm 1652). Fils du précédent. Il prit Kexholm et Novgorod (1611) et fut l'un des tuteurs de la reine Christine. ♦ **Magnus Gabriel de La Gardie** (Revel 1622 - Vänngarn 1686). Petit-fils du précédent. Ambassadeur en France en 1646, membre du Conseil de régence de Charles XI (1660), il allia la Suède à la France (1672). Il fut disgracié sous Charles XI (1680).

**LAGASH** – auj. *Tell al-Hibā,* près de Tello ♦ Cité sumérienne, en Mésopotamie. La reconnaissance du site par De Sarzec (1877) et les fouilles qu'il y mena inaugurèrent les découvertes relatives à Sumer. Sans être jamais une capitale, Lagash fut florissante sous les «premiers *patesi* (gouverneurs)» (Ur-Nanshé ; Eannada, vainqueur de la ville d'Umma et figurant sur la stèle des Vautours ; Entemena ; Uruk-Agina), puis tomba sous la domination d'Akkad (v. –2450) et refleurit sous le *patesi* Goudéa* (v. –2100), devenant alors un foyer artistique remarquable.

**LAGERFELD (Karl)** ♦ Couturier français d'origine allemande (Hambourg 1938). Après un apprentissage commencé à dix-sept ans chez Balmain, il travailla chez Patou, puis comme styliste indépendant, avant d'être appelé à la direction de Chanel en 1983. Il a créé sa propre griffe en 1984.

**LAGERKVIST (Pär)** ♦ Romancier, auteur dramatique et poète suédois (Växjö 1891 - Stockholm 1974). Après s'être préoccupé de théories esthétiques (*Art verbal et Art figuratif,* 1913), il publia *Fer et Hommes* (1915), recueil de nouvelles chargées de toute l'horreur de la guerre, suivi de poèmes aux titres significatifs, *Angoisse* (1916) et *Chaos* (1919). Son recueil de poèmes, *La Route de l'homme heureux* (1921), et son drame *L'Invisible* (1923) marquent un moment de sérénité, alors que l'angoisse reparaît dans les *Contes cruels* (1924) et dans les nouvelles d'*Esprits en lutte.* Effrayé par la montée du nazisme, il écrivit *Le Bourreau* (1933), *L'Homme sans âme* (1936) et *Victoire dans les ténèbres* (1936), où il prit position contre les dictatures. Ses derniers romans, *Le Nain* (1944) et *Barrabas* (1950), ouvrent une série d'œuvres mystiques à sujets bibliques. [Prix Nobel de littér. 1951] ➛ **ÉTYM.** Ce nom suédois signifie «petite branche *(kvist)* de laurier *(lager)*».

**LAGERLÖF (Selma Ottiliana Lovisa)** ♦ Romancière suédoise (Mårbacka, Värmland 1858 - *id.* 1940). Elle publia le roman *La Saga de Gösta Berling* (1890 - 1891), épopée romantique de la province suédoise, des nouvelles, *Les Liens invisibles* (1894), et après des voyages en Italie et au Levant *Les Miracles de l'Antéchrist* (1897) et *Jérusalem* (1901 - 1902). Son *Merveilleux Voyage de Nils Holgersson* (1906), livre de géographie destiné aux enfants, lui apporta une notoriété mondiale. Elle possède un extraordinaire talent de conteuse qu'elle exprime dans de nombreux recueils de nouvelles ou romans brefs et qui l'apparentent directement, quant au style, au Danois Andersen*. [Prix Nobel de littér. 1909] ➛ **ÉTYM.** Le nom de famille suédois *Lagerlöf* signifie «feuille *(löf)* de laurier *(lager)*».

Roger de **La Fresnaye.** *L'Homme assis* (1,31 × 1,62 m). MNAMGP, Paris.
*Phot. © Arch. Smeets*

**LAGHOUAT** ➝ ÉTYM. de l'ar. *ghaout* (pl. *el-aghouat*) «maison entourée de jardins» ou «les jardins» ou berbère «montagne en dents de scie» ♦ Oasis du N. du Sahara algérien, formant une wilaya, au pied de l'Atlas saharien. 25 052 km². 215 067 hab. Centre commercial. Belle palmeraie.

**LAGIDES** n. m. pl. ➝ ÉTYM. gr. «[fils] de Lagos» ♦ Dynastie égyptienne fondée par un général d'Alexandre* le Grand, Ptolémée, fils de Lagos, noble Macédonien. Elle dura de l'avènement de Ptolémée Ier (–323) à la mort de Ptolémée XV (–30). ➝ **Ptolémée ; Arsinoé ; Bérénice.**

**LAGNEAU (Jules)** ♦ Philosophe français (Metz 1851 - Paris 1894). Disciple de Lachelier, formé aussi par la méditation de la philosophie de Spinoza, il a cherché par la pratique de la méthode réflexive à atteindre l'activité de l'esprit universel, au-delà du moi fini, que ce soit dans son analyse de la perception ou dans celle du jugement. Montrant la vanité d'une recherche du moi individuel et égoïste (source de l'erreur et du mal), il a su reconnaître l'insuffisance de la réflexion et «la nécessité d'une action absolue partant du dedans», acte moral par lequel nous atteignons Dieu (principe immanent de la morale). Fondateur avec P. Desjardins de l'*Union pour l'action morale*, il eut une grande influence (*Fragments*, 1898 ; *Écrits réunis par les soins de ses disciples*, 1924). Alain* publia des *Souvenirs concernant Lagneau.*

**LAGNIEU** [01150] ➝ ÉTYM. anc. *Latiniacus*, du lat. *Latinius*, n. de pers., et suff. *-acum* ♦ Ch.-l. de cant. de l'Ain, arr. de Belley, dans le Bugey. 5 882 hab. (aggl. 6 821) *(Lagnolans).*

**LAGNY-SUR-MARNE** [77400] ➝ ÉTYM. ➝ Lagnieu ♦ Ch.-l. de cant. de la Seine-et-Marne, arr. de Torcy, sur la Marne. 19 368 hab. (*Laniaques* ou *Latignaciens*). Anc. abbaye fondée au VIIIe s. Église Saint-Pierre (XIIIe s.), anc. abbatiale dont seul le chœur est achevé. ▪ Centre industriel, élément de la ville nouvelle de Marne-la-Vallée*.

**LAGORD** [17140] ♦ Comm. de la Charente-Maritime, banl. N. de La Rochelle. 6 456 hab.

**LAGOS** ➝ ÉTYM. port. «lagunes» ♦ Anc. cap. du Nigeria et centre économique du pays, sur les bords de la lagune du même nom, reliée par un canal au golfe de Bénin* où se situe le port d'Apapa. 5 856 000 hab. *(Lagotiens).* Centre commercial et indus. Exportation de produits agricoles. La ville, en proie à une croissance incontrôlée (la zone urbaine dépasse 10 millions d'hab.), pose de graves problèmes sociaux et économiques.

**LAGOYA (Alexandre)** ♦ Guitariste français d'origine égyptienne (Alexandrie 1929 - Paris 1999). Disciple de Villa-Lobos, il épousa en 1952 la guitariste française Ida Presti et, jusqu'à la mort de celle-ci en 1967, forma avec elle un célèbre duo.

**LA GRANDIÈRE (Pierre Paul Marie DE)** ♦ Amiral français (Redon 1807 - Quimper 1876). Après avoir exploré le Paraná et l'Uruguay, il prit part à l'expédition du Kamtchatka au cours de la guerre de Crimée (1854 - 1855), puis à la campagne d'Italie (1859). Il fut gouverneur de la Cochinchine.

**LA GRANGE (Charles VARLET, sieur DE)** ♦ Comédien français (Amiens, v. 1639 - Paris 1692). Il appartint à la troupe de Molière où il fit carrière dans l'emploi de jeune premier. Il a laissé un document d'un intérêt capital sur Molière et ses comédiens : *Extrait des recettes et des affaires de la Comédie depuis Pâques de l'année 1659 jusqu'au 1er septembre 1685.*

**LAGRANGE (Joseph Louis, comte DE)** ♦ Mathématicien français (Turin 1736 - Paris 1813). Fondateur à Turin d'une société scientifique (1758) qui deviendra l'Académie des sciences, il succéda en 1766 à Euler* à l'Académie de Frédéric II à Berlin ; en 1787, il accepta l'invitation de Louis XVI et vint se fixer définitivement à Paris. Nommé sénateur et fait comte par Napoléon, il enseigna à l'École normale puis à l'École polytechnique. À côté de son ouvrage principal, la *Mécanique analytique* (1788), il tira de son enseignement la matière de plusieurs ouvrages : *Théorie des fonctions analytiques* (1797), *Traité de la résolution des équations numériques* (1798), *Leçons sur le calcul des fonctions* (1799). Il étudia particulièrement les équations différentielles, les équations aux différentielles totales, le calcul aux différences finies, les équations aux dérivées partielles. En 1762, il conféra un fondement purement analytique aux formules découvertes par Euler pour le calcul des variations et donna, en 1788, un critère permettant de distinguer maximums et minimums ; il s'efforça de fonder l'analyse sur des méthodes algébriques et reconnut l'importance du développement en série de B. Taylor*, introduisant à cette occasion la notation f(x), f'(x), etc., des fonctions dérivées. En théorie des équations algébriques, il s'intéressa particulièrement aux équations de degré supérieur à 4 et, étudiant les fonctions rationnelles des racines, jeta les bases de la future théorie des groupes. Son œuvre la plus importante est la formulation générale, purement algébrique, sans aucune figure, des fondements de la mécanique analytique, la statique et la dynamique. On lui doit des résultats importants en astronomie : il étudia les satellites de Jupiter* et les mouvements des planètes (il introduisit la méthode de la variation des constantes arbitraires pour traiter les perturbations) et l'explication du mouvement de la Lune, en particulier du phénomène de libration (qui rend visible une partie de la face cachée). Son corps repose au Panthéon. [Acad. sc. 1772] ➝ ÉTYM. Ce nom de famille vient de «la grange» (à l'origine lieu où l'on serre les gerbes, puis ferme, métairie).

**LAGRANGE (Albert)**, en rel. frère **Marie Joseph** ♦ Théologien catholique français (Bourg-en-Bresse 1855 - Saint-Maximin-la-Sainte-Baume 1938). Il entra chez les dominicains (1879), fonda l'École pratique d'études bibliques à Jérusalem (1890) puis la *Revue biblique* (1892). Il fut l'un des initiateurs de l'étude critique des textes bibliques : *La Méthode historique, surtout à propos de l'Ancien Testament* (1903), *Études sur les religions sémitiques* (1903), *Introduction à l'étude du Nouveau Testament* (1933 - 1937).

**LAGRANGE (Léo)** ♦ Homme politique français (Bourg-sur-Gironde 1900 - Evergnicourt, Aisne 1940). Député socialiste SFIO (1932 - 1940), sous-secrétaire d'État aux Sports et Loisirs (1936 - 1937, 1938), il fut l'instigateur de nombreuses réformes pour le développement du sport et du tourisme populaires. Il fut tué au combat au début de la Deuxième Guerre mondiale.

**LAGRASSE** [11220] ➝ ÉTYM. du lat. *Crassus*, n. de pers., avec attraction de l'occit. *la gracia* «la grâce» ♦ Ch.-l. de cant. de l'Aude, arr. de Carcassonne, sur la rive d. de l'Orbieu, dans les Corbières. 615 hab. *(Lagrassiens).* Vestiges de remparts, ponts du XIVe s. L'église Saint-Michel (1359 - 1398) renferme sept tableaux de G. M. Crespi *(Les Sept Sacrements)* ainsi qu'une Vierge en bois doré du XIIIe s. Abbaye Sainte-Marie-d'Orbieu fondée à l'époque carolingienne : abbatiale des XIe - XIIIe s., chapelle de l'Abbé (1296) avec pavement de céramique du XIIIe s., clocher (1537), cloître rénové au XVIIIe s.

**LAGRENÉE (Louis Jean François)**, dit **l'Aîné** ♦ Peintre français (Paris 1725 - *id.* 1805). Élève de Carle Van Loo et prix de Rome en 1749, il fut appelé en Russie par Catherine II (1762) et devint premier peintre de la cour, puis directeur de l'académie de Saint-Pétersbourg. Il dirigea ensuite l'académie de France à Rome (1781 à 1787). Auteur de grandes décorations, il représenta des scènes religieuses, mythologiques, historiques et allégoriques. Il chercha à abandonner l'art brillant et gracieux du rococo pour traiter avec une certaine froideur des thèmes plus dramatiques empruntés à Plutarque, Tite-Live, Tacite, annonçant la mode «virile» et antiquisante du néoclassicisme (*Fidélité d'un satrape de Darius*, 1787). ♦ **Jean-Jacques Lagrenée**, dit **le Jeune** (Paris 1739 - *id.* 1821). Frère et élève du précédent. Il suivit ce dernier en Russie, puis se rendit en Italie. Il réalisa de vastes décorations comme *L'Hiver*, destiné à la galerie d'Apollon à Versailles (auj. au Louvre), et aborda aussi des thèmes antiquisants inspirés en partie par Poussin. Il dirigea la manufacture de Sèvres. ➝ ÉTYM. *Lagrenée* est une variante de *agrainé*, «teint au kermès», surnom de teinturier.

**LA GUÊPIÈRE (Pierre Louis Philippe DE)** ♦ Architecte et décorateur français (Paris 1715 - *id.* 1773). Il fut l'élève de J. F. Blondel* et travailla surtout en Allemagne. Les châteaux de Mon repos (1763) et de La Solitude (1763 - 1767) à Stuttgart constituent d'élégants témoignages du rococo français dans la décoration intérieure ; mais à l'extérieur, la clarté de l'agencement, la sobriété des lignes, sont dans l'esprit du style Louis XVI.

**LAGUERRE (Edmond)** ♦ Mathématicien français (Bar-le-Duc 1834 - *id.* 1886). Créateur de la géométrie de direction (où une courbe est considérée comme une trajectoire pouvant être parcourue dans deux sens opposés), il étudia également les équations algébriques, les fractions continues, les formes quadratiques. Il compléta l'œuvre de Poncelet*, étudiant (1853) les transformations des relations entre les angles en propriétés métriques des figures. Des polynômes, rattachés à la série hypergéométrique confluente, portent son nom. [Acad. sc. 1885]

**LAGUILLER (Arlette)** ♦ Femme politique française (Paris 1940). Principale responsable entre 1968 et 2008 du comité central de Lutte* ouvrière (LO), organisation trotskiste née de mai* 68, elle fut en 1974 la première femme candidate à l'élection présidentielle à laquelle elle obtint 2,3 % des voix. Elle se présenta consécutivement aux cinq autres échéances présidentielles : 1981 (2,3 %), 1988 (1,99 %), 1995 (5,3 %), 2002 (5,75 %), 2007 (1,33 %). Fidèle à l'idéologie révolutionnaire marxiste, elle forma une liste commune avec la Ligue* communiste révolutionnaire d'Alain Krivine*, lors des élections européennes de 1999, et fut députée européenne jusqu'en 2004. ➝ ÉTYM. *Laguiller* est la contraction de *l'aguillier*, probablement «fabricant d'aiguilles (ancien français *aguille*)».

**LAGUIOLE** [lajɔl] [12210] ➝ ÉTYM. anc. *La Glazole*, de l'occit. *gleisola* «chapelle, oratoire» ♦ Ch.-l. de cant. de l'Aveyron, arr. de Rodez. 1 235 hab. *(Laguidais).* Église du XVIe s. Principal marché de l'Aubrac (bétail, fromages). Coutellerie.

**LA HARPE** ou **LAHARPE (Jean François DELAHARPE, dit DE)** ♦ Poète dramatique et critique français (Paris 1739 - *id.* 1803). Aucune de ses tragédies (*Warwick*, 1763 ; *Coriolan*, 1784) ne lui a survécu. Si son *Cours de littérature ancienne et moderne* (1799) connut surtout un succès mondain, les variations de sa pensée, qui firent de lui un partisan de la liberté du théâtre (1790), puis un défenseur acharné des règles classiques, après la Révolution, révèlent une personnalité de faible envergure. [Acad. fr. 1776]

**LA HARPE (Amédée Emmanuel François DE)** ♦ Général français d'origine suisse (Château des Uttins, Vaud 1754 - Codogno 1796). Membre d'un

**Lahore.** *Phot. © Nino Cirani/Ricciarini*

régiment suisse au service de la Hollande en 1773, capitaine dans son pays en 1781, il fut condamné à mort par les Bernois, mais s'échappa avant d'être arrêté. Venu en France, où il se rallia à la Révolution, il fut nommé commandant des volontaires de Seine-et-Oise (1791). Il participa comme lieutenant-colonel au siège de Toulon (1793) et, comme général, se distingua au cours de la campagne d'Italie.

**LA HARPE (Frédéric César DE)** ♦ Homme politique suisse (Rolle, Vaud 1754 - Lausanne 1838). Cousin d'Amédée Emmanuel François de La Harpe. Avocat, lecteur de Rousseau et acquis aux idées libérales, il fut contraint de quitter son pays natal lors de la domination bernoise (1782). Précepteur des grands-ducs Alexandre et Constantin à Saint-Pétersbourg (1783 - 1795), il revint dans son pays où il fut accusé de «jacobinisme». Après l'occupation de la Suisse par les armées françaises, il devint l'un des directeurs de la République helvétique (1798 - 1800). Au congrès de Vienne (1814), il réussit à obtenir, grâce au tsar Alexandre I$^{er}$, son ancien élève, la neutralité de la Suisse et l'indépendance de plusieurs cantons (Argovie, Saint-Gall, Tessin, Thurgovie, Vaud). Outre un *Essai sur la Constitution du pays de Vaud* (1796), il a laissé des *Mémoires* (publ. 1864).

**LAHAUTIÈRE (Auguste Richard DE LA HAUTIÈRE, dit Richard)** ♦ Publiciste français (Paris 1813 - Vendôme 1882). Avec Dézamy* et Laponneraye*, il fit partie du groupe communiste néobabouviste (→ **Babeuf**), collabora à plusieurs journaux socialistes (*L'Égalité, L'Intelligence*) et publia *Le Petit Catéchisme de la réforme sociale* (1839).

**LA HIRE (Étienne DE VIGNOLLES, dit)** ♦ Homme de guerre français (Vignolles, Gascogne v. 1390 - Montauban 1443). Compagnon d'armes de Jeanne d'Arc, il participa à la défense d'Orléans et à la victoire de Patay* (1429). Il fut fait prisonnier en tentant de délivrer Jeanne d'Arc à Rouen (1431), s'échappa et remporta par la suite de nombreux succès dans le nord de la France contre les Anglais.

**LA HIRE** ou **LA HYRE (Laurent DE)** ♦ Peintre et dessinateur français (Paris 1606 - *id.* 1656). Fils du peintre Étienne de La Hire, il subit l'influence de Gentileschi* qui séjourna à Paris entre 1623 et 1625. Membre fondateur de l'Académie de peinture et de sculpture (1648), il est l'un des représentants du courant d'atticisme alors en vogue à Paris. Il peignit de nombreux tableaux religieux dans un style assez emphatique qui rappelle celui de Vouet*. Il subit l'influence de Poussin*, se montrant progressivement plus mesuré et équilibrant mieux ses compositions. Il aimait les coloris clairs, les volumes lisses empreints d'une certaine froideur (*Allégorie des arts libéraux*). ◆ ÉTYM. Ce nom vient peut-être de *l'ire* «la colère», surnom d'une personne irascible.

**LA HIRE (Philippe DE)** ♦ Astronome et mathématicien français (Paris 1640 - *id.* 1718), fils du peintre Laurent de La Hire. Intéressé par de nombreuses branches de la science, il fut un disciple de Desargues* et le continuateur de Pascal* en géométrie ; dans son *Traité des coniques*, il énonça de nombreux théorèmes élégamment démontrés, donna tout son développement à la théorie des pôles et polaires, indiqua le lieu du sommet d'un angle droit circonscrit à une conique ; dans sa *Nouvelle Méthode en géométrie pour les sections des superficies coniques cylindriques*, il introduisit une méthode générale des descriptions des coniques dans le plan qui est en fait une transformation par homologie ; il développa encore la théorie des engrenages épicycloïdaux ; il participa également à la réalisation de la carte de France avec Jean Picard* et installa le premier instrument méridien de l'Observatoire de Paris. [Acad. sc. 1678]

**LA HONTAN** ou **LAHONTAN (Louis Armand DE LOM D'ARCE, baron DE)** ♦ Voyageur et écrivain français (près de Salies-de-Béarn 1666 - v. 1715). Il se rendit au Canada (1683) et devint lieutenant du roi à Terre-Neuve (1693). Dans *Dialogue de M. le baron de La Hontan et d'un sauvage de l'Amérique*, il fit l'éloge de la vie primitive (préfigurant ainsi le mythe du «bon sauvage»), tout en critiquant la société et la civilisation occidentales.

**LAHORE** ♦ V. du Pakistan, cap. du Panjab. 5 143 495 hab. De loin la plus importante ville du Panjab. Créée au XI$^{e}$ s., elle devint un grand centre de l'Empire moghol, puis la capitale des sikhs en 1767, mais perdit ce rôle en raison de leur émigration massive en 1945. Second pôle industriel du Pakistan loin derrière Karachi, c'est un haut lieu de la culture islamique, avec la plus grande mosquée du monde, de nombreux monuments de style moghol (fort semblable à celui d'Agra) et le jardin de Shalimar.

**LAHTI** ◆ ÉTYM. finnois «golfe» ♦ V. de Finlande méridionale, près du lac Vesijärvi. 99 308 hab. Musée folklorique. Ville de garnison. ▪ Centre indus. : bois (fabriques de meubles, scieries), textile, outillage mécanique, électrotechnique. Émetteur de radiodiffusion. Station de sports d'hiver.

**LAI (Francis)** ♦ Compositeur français (Nice 1932). Auteur d'une cinquantaine de chansons pour Yves Montand, Édith Piaf, Charles Aznavour, Dalida, Serge Reggiani, il imposa son talent de mélodiste avec *Un homme et une femme* (1968) de Claude Lelouch* dont il devint le compositeur attitré. Faciles à mémoriser, les thèmes originaux et inspirés de ses quelque 150 musiques de film évoluent dans un climat souvent romantique (*Les Uns et les Autres*, 1981). Il a obtenu l'oscar de la meilleure musique pour *Love Story* en 1970.

**LAIBACH** → **Ljubljana**

**LAIGLE** → **Aigle (L')**

**LAIGNEVILLE** [60290] ◆ ÉTYM. anc. lat. *Liniagavilla* «domaine *(villa)* de *Lanius* (ou *Linius*) [n. de pers.]» ♦ Comm. de l'Oise, arr. de Clermont. 3 789 hab.

**LAINÉ (Joseph, vicomte)** ♦ Homme politique français (Bordeaux 1767 - Paris 1835). Membre du Corps législatif en 1808, il fit preuve d'une grande indépendance politique ; ayant pris position en faveur de la paix et de la liberté en 1813, il fut accusé par Napoléon d'être au service de la Grande-Bretagne. Président de la Chambre introuvable (1815 - 1816), il tenta de s'opposer aux mesures réactionnaires des ultras et contribua à faire accepter la dissolution de la Chambre en sept. 1816. Membre des deux cabinets Richelieu (1816 - 1818, 1820 - 1821), pair (1822 - 1830), il désapprouva l'expédition d'Espagne (1823). [Acad. fr. 1816]

**LAING (Ronald David)** ♦ Psychiatre britannique (Glasgow 1927 - Saint-Tropez 1989). Représentant du courant dit «antipsychiatrique», il critiqua la théorie classique de la schizophrénie en mettant l'accent sur les interactions au sein de la famille (*Le Moi divisé*, 1959). Il conçut la folie comme une expérience permettant la disparition du moi social et aliéné, et donc une renaissance (*La Politique de l'expérience*, 1964). Il est coauteur, avec D. Cooper*, de *Raison et Violence* (1964).

**LAÏOS** ♦ Roi légendaire de Thèbes*, fils de Labdacos. Réfugié à la cour de Pélops, il conçoit une passion pour le fils de celui-ci et l'enlève. La pédérastie de Laïos, doublée de l'ingratitude envers son hôte, est à l'origine de la malédiction qui pesa sur le sort des Labdacides («descendants de Labdaco»). En effet, rappelé à Thèbes, Laïos épouse Jocaste* dont il a Œdipe*. Un oracle lui ayant prédit qu'il périrait de la main de son fils, il exposa l'enfant sur le Cithéron. Ce fut le début du drame des Labdacides (Œdipe, Étéocle, Polynice, Antigone, Ismène).

**LAÏS** ♦ Courtisane grecque mentionnée surtout par Athénée (III$^{e}$ s.) dans les *Deipnosophistes*. Les anecdotes qu'on lui rapporte sont chronologiquement incompatibles et ont fait croire à l'existence d'au moins trois Laïs à Corinthe aux -V$^{e}$ et -IV$^{e}$ s. Elle aurait été originaire de Sicile et aurait eu des relations avec Alcibiade, Démosthène, Diogène le Cynique, Aristippe de Cyrène, et aurait été tuée par des femmes de Thessalie, jalouses de sa beauté.

**LAJHTA (László)** ♦ Compositeur et musicien hongrois (Budapest 1892 - *id.* 1963). Élève de d'Indy, ami de Roussel et de Ravel, il fit de nombreux séjours à Paris, assurant néanmoins la succession de Bartók* à la tête du département de la musique au Musée ethnographique de Budapest. Son œuvre comprend un opéra, 3 ballets, de la musique de chambre et religieuse et surtout 9 symphonies. Elle s'inspire de la musique populaire de son pays et de ses contemporains français.

**LA JONQUIÈRE (Pierre Jacques DE TAFFANEL, marquis DE)** ♦ Marin français (château de Lasgraïsses, près de Graulhet 1685 - Québec 1752). Après avoir combattu sous les ordres de Dugay*-Trouin lors de la prise de Rio de Janeiro (1711) et de l'amiral de Court devant Toulon (1744), il fut nommé gouverneur du Canada en 1749.

**LAKANAL (Joseph)** ◆ ÉTYM. de son vrai nom *Lacanal* (de *canal*), il en changea une lettre pour se distinguer de ses frères royalistes ♦ Homme politique français (Serres, comté de Foix 1762 - Paris 1845). Conventionnel, il vota la mort du roi. Président du comité de l'Instruction publique, il contribua à faire adopter plusieurs décrets sur l'instruction publique et l'organisation des écoles (18 nov. 1794). Membre du Conseil des Cinq-Cents (1795 - 1797), commissaire du Directoire (1797), il reprit des fonctions dans l'enseignement sous le Consulat et l'Empire. Proscrit comme régicide (1816), il vécut aux États-Unis jusqu'en 1833.

**LAKATOS (Imre)** ♦ Épistémologue britannique d'origine hongroise (Budapest 1922 - Londres 1974). D'abord communiste, puis opposant dans son pays natal, il se réfugia en Angleterre où il travailla avec K. Popper* dont il chercha à développer certains aspects de la théorie, notamment la notion de réfutabilité (ou falsifiabilité). Il a aussi apporté des enrichissements à la théorie du «programme de recherche scientifique» (*Preuves et Réfutations,* 1976 ; *Science and Epistemology,* 1978).

**LAKE DISTRICT** → ÉTYM. angl. «région des lacs» ♦ Région touristique du N.-O. de l'Angleterre (Cumbria). Les lacs allongés dus à l'érosion glaciaire ont donné leur nom à ce district, chanté par les poètes lakistes*. Stations touristiques célèbres (Windermere, Ambleside). Le Lake District National Park est l'un des plus fréquentés du Royaume-Uni.

**LAKE PLACID** → ÉTYM. angl. «lac tranquille» ♦ Station de sports d'hiver des États-Unis (État de New York). Les jeux Olympiques d'hiver s'y tinrent en 1932 et en 1980.

**LAKE SUCCESS** ♦ Localité à l'E. de l'aggl. de New York, dans l'île de Long Island. Elle fut le siège de l'ONU de 1946 à 1951, date où l'organisation fut transférée à Manhattan.

**LAKHDAR HAMINA (Mohamed)** ♦ Cinéaste algérien (M'sila 1934). Formé à l'Institut de cinéma de Prague, nommé directeur des Actualités algériennes au lendemain de l'indépendance, il tourna des films qui retracent avec fougue l'épopée de la décolonisation : *Le Vent des Aurès* (1966), *Chronique des années de braise* (1975), *La Dernière Image* (1985).

**LAKHDARIA** – en ar. ***al-Akhḍariya***, anc. ***Palestro*** ♦ V. d'Algérie (wilaya de Tizi Ouzou), en Grande Kabylie, au débouché de gorges formées par l'oued Isser. 41 403 hab.

**LAKHMIDES** n. m. pl. ♦ Dynastie arabe vassale des Sassanides* qui dominait une partie de l'Irak (fin du IIIe s.-déb. du VIIe s.). Installés à al-Hirāh (située près de la future Kūfa), les Lakhmides entrèrent souvent en conflit avec Rome puis avec la dynastie voisine des Ghassanides*. Ils disparurent avant la naissance de l'islam.

**LAKHNAU** → **Lucknow**

**LAKI** ou **LAKAGÍGAR** ♦ Fissure volcanique d'Islande dont l'éruption en 1783 a émis le plus grand épanchement basaltique des temps modernes (15 km$^3$). Outre les coulées de lave, un nuage de gaz sulfureux se répandit dans l'atmosphère, détruisant récoltes et bétail, entraînant une famine qui fit 10 000 morts en Islande et sans doute bien davantage dans toute l'Europe.

**lakistes**

n. m. pl. – en angl. ***Lake Poets*** ♦ École poétique anglaise dont les principaux représentants ont été Wordsworth*, Coleridge* et Southey*. La publication par Wordsworth de la *Description du paysage des Lacs,* région où résidèrent ces poètes de 1805 à 1830, est à l'origine de cette dénomination qui fut surtout employée en France. → **Lake District.**

**LAKSHADWEEP** → **Laquedives**

**LAKṢMĪ** → ÉTYM. sanskr. «prospérité, richesse, beauté» ♦ Divinité hindoue de la Fortune, née de l'Océan, et épouse de Vishnou*. C'est un aspect de la déesse-mère, appelée aussi Śri (Heureuse) et Devī.

**LALANDE (Michel Richard DE)** → **Delalande (Michel Richard)**

**LALANDE (Joseph Jérôme LEFRANÇOIS DE)** ♦ Astronome français (Bourg-en-Bresse 1732 - Paris 1807). En 1751, La* Caille se trouvant au Cap et Lalande à Berlin, ils calculèrent la parallaxe lunaire et obtinrent une valeur proche de celle actuellement admise. Il améliora les tables de Halley* (planètes, comètes, 1759) et recueillit (1789 - 1798) les positions de 50 000 étoiles dans son *Histoire céleste française.* [Acad. sc. 1753] → ÉTYM. Ce nom de famille vient d'un nom de domaine situé près d'une lande.

**LALANDE (André)** ♦ Philosophe français (Dijon 1867 - Asnières 1963). Directeur et principal rédacteur du *Vocabulaire technique et critique de la philosophie* (1902 - 1923), il a maintenu, en particulier contre la philosophie évolutionniste (→ **Spencer**), la tradition d'un rationalisme ouvert à l'expérience et distingua ainsi la raison constituée (ensemble de règles fixées à un moment historique donné) et la raison constituante, créatrice de règles et de valeurs. Œuv. princ. : *Théorie de l'induction et de l'expérimentation* (1930), *La Raison et les Normes* (1948).

**LA LAURENCIE (Lionel, comte DE)** ♦ Musicologue français (Nantes 1861 - Paris 1933). Ses recherches érudites font autorité dans le domaine de la musique instrumentale des XVIIe et XVIIIe s. Il a consacré d'importantes études à Rameau, Lully et Campra. Il participa à la fondation de la Société française de musicologie (1917) et dirigea, après Lavignac, la publication de l'*Encyclopédie de la musique et Dictionnaire du Conservatoire.*

**LALEMANT (saint Gabriel)** → **Gabriel Lalemant (saint)**

**LALIBELA** ou **LALIBALA** ♦ V. sainte d'Éthiopie, où la dynastie qui succéda au royaume d'Aksoum transféra la capitale. Elle s'appelait alors Roha, mais reçut ensuite le nom du roi Lalibela (déb. XIIIe s.) qui y fit construire de remarquables églises monolithes. Couvent copte.

**Lalibela.** Églises monolithes. *Phot. © Ostuni-Diamante/Ricciarini*

**LALINDE** [24150] → ÉTYM. du n. de Jean de *la Linde,* sénéchal anglais, qui y fonda une forteresse au XIIIe s. ♦ Ch.-l. de cant. de la Dordogne, arr. de Bergerac, sur la Dordogne. 2 966 hab. (aggl. 3 725) *(Lindois).* Bastide du XIIIe s., restes de remparts.

**LALIQUE (René)** ♦ Joaillier, verrier et décorateur français (Ay, Marne 1860 - Paris 1945). Par ses créations, il contribua au renouvellement de l'art du bijou et s'affirma comme l'un des principaux créateurs de l'Art* nouveau. Mêlant les matières précieuses et semi-précieuses à la recherche de tonalités subtiles, d'effets d'opalescence, il associa dans un esprit symboliste la figure féminine, le décor végétal, les formes de la libellule, du cygne ou du serpent. Il créa de nombreux objets de luxe, fonda sa propre fabrique de verre moulé (1908) produisant vases, services de table, luminaires et ensembles décoratifs. → ÉTYM. *Lalique* vient de l'ancien français *lique,* sorte de bateau (surnom de marin).

René **Lalique.** *Le Baiser* (4,8 cm), 1904-1905.
*BIS/Phot. © Musée des Arts décoratifs, Paris © ADAGP, Paris*

**LALLAING** [lalɛ̃] [59167] → ÉTYM. probablt du germ. *Ladilo,* n. de pers., et suff. *-inus* ♦ Comm. du Nord, arr. de Douai. 6 999 hab. *(Lallinois).*

**LALLA MARNIA** → **Maghnia**

**LALLEMAND (André)** ♦ Astronome français (Cirey 1904 - Paris 1978). Connu surtout pour ses recherches sur les applications de l'effet photoélectrique à l'observation astronomique, il mit au point des photomultiplicateurs ayant un facteur de grossissement de près de cinq cents millions et inventa, avec M. Duchesne, la caméra électronique (1936) d'une sensibilité environ cinquante fois supérieure à celle d'une plaque photographique. [Acad. sc. 1961]

**LALLY (Thomas Arthur, baron DE TOLLENDAL, comte DE)** ♦ Général français d'origine irlandaise (Romans 1702 - Paris 1766). Après s'être distingué dans les guerres de Succession* de Pologne et d'Autriche, et avoir soutenu le prétendant Charles* Édouard Stuart, il fut envoyé en Inde à la tête d'un important corps expéditionnaire. Autoritaire, mal conseillé, il s'aliéna les indigènes et ses propres officiers. Son échec devant Madras (1758) fut suivi de sa reddition à Pondichéry (1761), après une résistance héroïque. Il fut accusé de trahison et condamné à mort. Quelques années après, Voltaire commençait à faire campagne pour sa réhabilitation, et son fils l'obtint de Louis XVI en 1778. ♦ **Trophime Gérard,** marquis **de Lally-Tollendal** (Paris 1751 - *id.* 1830). Fils du précédent. Il s'efforça, avec Voltaire, de réhabiliter la mémoire de son père. Député de la noblesse aux états généraux (1789), il fit partie des monarchiens*. Émigré dès 1790, revenu en France en 1792, il fut emprisonné mais relâché peu après et se retira en Angleterre. Pair sous la Restauration, il siégea à la Chambre haute comme royaliste constitutionnel. [Acad. fr. 1816]

**LALO (Édouard)** ♦ Compositeur français (Lille 1823 - Paris 1892). Romantique attardé, folkloriste épris de couleur, il s'est affirmé par des œuvres d'une grande richesse d'instrumentation et d'une réelle originalité mélodique (*Symphonie* espagnole*, 1873 ; *Rhapsodie norvégienne*, 1881 ; *Concerto russe*, 1883). En dépit d'un échec initial, le ballet *Namouna* (1882) fit sa gloire, ainsi qu'un opéra, *Le Roi d'Ys* (1888) où l'influence wagnérienne est sensible. On lui doit encore des œuvres pour orchestre (*Symphonie en sol mineur*, 1886), des concertos, de la musique de chambre et des mélodies. ➝ **ÉTYM.** Le nom occitan *Lalo* vient de *l'alòdi* « l'alleu » (nom du propriétaire d'une terre en alleu).

**LA LOUBÈRE (Simon DE)** ♦ Diplomate français (Toulouse 1642 - château de La Loubère, Languedoc 1729). Ambassadeur au Siam (1687 - 1688), il publia une *Description du royaume de Siam* (1691). Il contribua à la restauration de l'académie des Jeux* floraux. [Acad. fr. 1693]

**LALOUVESC** [07520] ➝ **ÉTYM.** du gaul. *alauda* « alouette » avec attraction de l'occit. *loubeto* « lieu où il y a des loups » ♦ Comm. de l'Ardèche, arr. de Tournon-sur-Rhône. 494 hab. *(Louvetous)*. Basilique du XIXe s., abritant le tombeau de saint Jean-François Régis (pèlerinages).

**LA LUZERNE (César Guillaume DE)** ♦ Cardinal français (Paris 1738 - *id.* 1821). Évêque de Langres (1770), il prononça l'oraison funèbre de Louis XV (1774). Député du clergé aux États généraux (1789), il manifesta à l'Assemblée nationale constituante son opposition à la Déclaration des droits de l'homme et du citoyen et à la Constitution civile du clergé, et émigra de 1791 à 1814. De retour en France sous la Restauration, il fut nommé ministre d'État, puis cardinal de Langres (1817). Dans son ouvrage, *Considérations sur la Déclaration de l'assemblée du clergé en France en 1682* (1821), il défendit les thèses du gallicanisme.

**LAM (Wifredo)** ♦ Peintre cubain, de père chinois et de mère afro-cubaine (Sagua la Grande 1902 - Paris 1982). Formé à Cuba, puis en Espagne où Goya, mais aussi Jérôme Bosch et Bruegel le fascinèrent, il utilisa les réminiscences de l'art africain pour élaborer un monde onirique et cruel de signes anthropomorphes et zoomorphes. Établi à Paris en 1938, il travailla avec Picasso, puis se lia avec les milieux du surréalisme. Pendant la guerre, il séjourna en Amérique centrale et aux États-Unis, mais par la suite il revint fréquemment en France. Ses toiles présentent des formes schématisées et aiguës, minces et menaçantes.

**LA MALBAIE** → **Malbaie (La)**

**LAMALOU-LES-BAINS** [34240] ➝ **ÉTYM.** p.-ê. du germ. *Amalo*, n. de pers. ♦ Comm. de l'Hérault, arr. de Béziers, au pied des monts de l'Espinouse, sur la rive d. du Bitoulet. 2 156 hab. *(Lamalousiens)*. Station thermale. Centre d'excursions (massif de l'Espinouse et Cévennes). ▪ À l'O., église romane Saint-Pierre-de-Rhèdes (début du XIIe s.).

**LA MARCHE (Olivier DE)** ♦ Poète et chroniqueur français (château de La Marche, Franche-Comté 1426 - Bruxelles 1502). Familier de la cour des ducs de Bourgogne, puis de celle de Louis XI, il a laissé des *Mémoires* sur la période allant de 1435 à 1492, ainsi que des poèmes (*Le Chevalier délibéré*, 1443 ; *Le Parement et le Triomphe des dames d'honneur*, posth. 1510).

**LA MARCK (Guillaume DE)** baron **DE LUMAIN** ♦ (v. 1446 - Maastricht 1485). Surnommé le Sanglier des Ardennes à cause de sa cruauté. Il souleva les Liégeois en faveur de Louis XI contre Charles le Téméraire, mais fut décapité sur l'ordre de Maximilien d'Autriche.

**LAMARCK (Jean-Baptiste DE MONET,** chevalier **DE)** ♦ Naturaliste français (Bazentin, Picardie 1744 - Paris 1829). Il s'occupa de botanique (*La Flore française*, 1778, rééditée sous la direction de Candolle* ; *L'Encyclopédie botanique*) avant d'être nommé professeur à la chaire des animaux sans vertèbres du Muséum (1793). Il publia successivement *Système des animaux sans vertèbres* (1801), *Recherches sur l'organisation des corps vivants* (1802), *Philosophie zoologique* (1809), *Histoire naturelle des animaux sans vertèbres* (1815 - 1822). Il élabora la « première théorie positive de l'évolution des êtres vivants » (J. Rostand). À partir des infusoires, êtres vivants primitifs, apparus, selon lui, par « générations directes ou spontanées », se sont formés progressivement des organismes de plus en plus complexes. Les deux causes principales de ces transformations sont une tendance spontanée de la matière vivante vers le perfectionnement, et l'influence des circonstances extérieures. L'adaptation au milieu, au mode de vie, entraîne une modification des besoins, créant chez l'animal de nouvelles habitudes qui à leur tour engendrent des transformations dans l'organisme (l'usage ou le défaut d'exercice d'un organe entraînant son développement ou, au contraire, son atrophie). Lamarck soutint à tort l'hérédité des caractères acquis, bien que celle-ci n'ait pu être prouvée. Sa théorie (lamarckisme), combattue par Cuvier*, influença fortement Darwin*. [Acad. sc. 1779] ➝ **ÉTYM.** *Lamarck* est une variante de *Lamarque**.

**LA MARCK (Auguste DE)** → **Arenberg (Auguste)**

**LA MARMORA (Alfonso FERRERO DE)** ♦ Général et homme politique italien (Turin 1804 - Florence 1878). Il prit part à la guerre d'indépendance de 1848, arrêta l'insurrection de Gênes (1849) et fut le réorganisateur de l'armée piémontaise. Il prit la tête des forces sardes en Crimée (1855 - 1856), puis pendant la campagne d'Italie en 1859. Après avoir occupé le poste de gouverneur à Naples (1861 - 1864), il devint président du Conseil et ministre des Affaires étrangères (1864 - 1866). Il entraîna son pays dans l'alliance prussienne contre l'Autriche en 1866, et les défaites italiennes amenèrent sa démission.

**LAMARQUE (Maximilien,** comte**)** ♦ Général et homme politique français (Saint-Sever 1770 - Paris 1832). Engagé en 1791, il prit part aux guerres de la Révolution et de l'Empire, où il se distingua. Rallié à Napoléon Ier pendant les Cent-Jours, il fut chargé de réprimer l'insurrection royaliste de Vendée. Exilé lors de la Seconde Restauration (1815), il revint en France dès 1818. Élu député en 1828, il fut un des chefs et principaux orateurs de l'opposition républicaine. Ses obsèques furent l'occasion de la première insurrection républicaine de la monarchie de Juillet. → **juin 1832 (journées de).** ➝ **ÉTYM.** Ce nom de famille vient d'un nom de lieu (*marque* « frontière ou quartier à la limite de la ville ou du village »).

**LAMARTINE (Alphonse DE)** ♦ Poète français (Mâcon 1790 - Paris 1869). Après une jeunesse imprégnée de ferveur religieuse, à Milly*, il découvrit l'Italie (1811), puis revint se mettre au service de Louis XVIII. S'ennuyant, il s'adonna à sa vocation littéraire. Sa rencontre sans lendemain avec Mme Julie Charles (l'Elvire du *Lac**), en 1816, lui inspirera cette « poésie de l'âme » que sont les *Méditations* poétiques* (1820). « Expression d'un cœur qui se berçait de son propre sanglot », ce lyrisme fut pour les jeunes romantiques une « révélation » (Sainte-Beuve). Marié à une Anglaise, nommé représentant de la France auprès du grand-duc de Toscane, à Florence, Lamartine y composa *Les Harmonies* poétiques et religieuses* (1830), véritables « psaumes modernes », puis accomplit un long voyage en Orient, aux Lieux saints, mais la mort de sa fille (cf. *Gethsémani*, 1834) modifia profondément sa foi. Désormais apôtre d'un « christianisme libéral et social » (qu'il représentera à la Chambre des députés de 1833 à 1851), il conçut une vaste « épopée de l'âme » dont parurent deux épisodes, *Jocelyn** (1836) et *La Chute d'un ange* (1838), puis il exprima ses préoccupations humanitaires dans *Les Recueillements poétiques* (1839). Devenu orateur influent et accentuant son opposition à Louis-Philippe, il fit paraître l'*Histoire des girondins* (1847), destinée à donner au peuple « une haute leçon de moralité révolutionnaire, propre à l'instruire et à le contenir à la veille d'une révolution ». L'ouvrage reçut un accueil enthousiaste. 1848 marque l'apogée de la carrière politique de Lamartine (membre du gouvernement provisoire et ministre des Affaires étrangères, en fév.) auquel l'avènement du Second Empire (1851) mit fin. Accablé de dettes, trop pauvre pour s'exiler comme Victor Hugo, trop persuadé de la nocivité du régime impérial pour s'y rallier, il se condamna aux « travaux forcés littéraires » publiant des ouvrages historiques, des romans sociaux et des récits autobiographiques, *Les Confidences* (1849), d'où sera tiré l'épisode de *Graziella** (1852). Dans son *Cours familier de littérature* (1856 - 1869) paraîtra encore le poème élégiaque de *La Vigne et la Maison* (1857). La poésie de Lamartine est surtout remarquable quand elle s'attache, par des rythmes très souples et des harmonies suggestives, à exprimer « les plus intimes et les plus insaisissables nuances du sentiment ». [Acad. fr. 1829] ➝ **ÉTYM.** *Lamartine* vient de *Alamartine* « [le fils] à la Martine » ou « la femme de Martin ».

Alphonse de **Lamartine.** Portrait par Henri Decaisne (2,20 x 1,45 m), 1839. Musée municipal des Ursulines, Mâcon. *BIS/Phot. J. Denave © Archives Larbor*

**LAMB (Charles)** ♦ Essayiste, conteur, poète, dramaturge et critique britannique (Londres 1775 - Edmonton 1834). D'une famille de petite bourgeoisie, il reçut une éducation classique dans une institution de charité, Christ's Hospital, où il se lia avec Coleridge. Sa vie fut assombrie par un drame familial en 1796 : au cours d'une crise de folie, sa sœur, MARY LAMB (Londres 1764 - *id.* 1847) tua leur mère et blessa leur père. Il dut, par la suite, subvenir aux besoins de la famille et surveiller sa sœur d'ailleurs exceptionnellement douée. C'est en collaboration avec elle qu'il écrivit, pour les enfants, *Les Aventures d'Ulysse* (1808), *L'École de Mrs. Leicester* (1809), et, surtout, des *Contes tirés de Shakespeare* (1807) qui devaient paraître anonymement. *Macbeth, Roméo et Juliette,*

*Hamlet* y sont réduits à des récits linéaires, mais gardent leur vigueur. Son anthologie *Spécimens des poètes dramatiques anglais du temps de Shakespeare* (1808) marque une date importante dans la critique romantique. Lamb s'essaya lui-même au drame élisabéthain : *John Woodvil* (1802). Le même romantisme sombre imprègne *L'Histoire de Rosamund Gray* (1798). Noblement résigné comme le héros de cette histoire, Lamb acquit l'humour discret qui caractérise ses *Lettres* à Southey* et à Thomas Manning (1800). Le personnage d'Elia (*Essais d'Elia*, 1823) naquit de l'anagramme de *A lie*, «un mensonge». Cet ouvrage, où l'esprit du XVIII^e^ s. se donne libre cours, réunit les divers aspects de l'essai ; il est aussi bien burlesque *(Complainte sur la décadence des mendiants de la métropole)* que paradoxal *(Sophismes populaires)* ou empreint de sens critique *(Équilibre du vrai génie)*, sans négliger la confidence autobiographique *(Enfants de rêve ; Vieux Chine)*.

**LAMB (Willis Eugene)** ♦ Physicien américain (Los Angeles 1913 - Tucson 2008). Auteur de découvertes par spectroscopie hertzienne sur la structure fine de l'hydrogène (1946 - 1948). Le léger désaccord qu'il constata (de même que Kusch*) entre ses résultats et la théorie de l'époque est à l'origine de l'idée d'électrodynamique quantique. [Prix Nobel de phys. 1955, avec P. Kusch]

**LAMBALLE (Marie-Thérèse Louise DE SAVOIE-CARIGNAN,** princesse **DE)** ♦ (Turin 1749 - Paris 1792). Veuve un an à peine après son mariage, elle devint surintendante de la maison de la reine Marie*-Antoinette (1774), dont elle était l'amie dévouée. Enfermée à la prison de la Force, elle fut tuée lors des massacres de septembre 1792.

**LAMBALLE** [22400] ➝ **ÉTYM.** probablt du vx bret. *lann* «sanctuaire» et *Paul* (saint Pol de Léon ➝ Saint-Pol-de-Léon) ♦ Ch.-l. de cant. des Côtes-d'Armor, arr. de Saint-Brieuc. 10 563 hab. *(Lamballais)*. Collégiale Notre-Dame, romane et gothique (jubé flamboyant). Église Saint-Martin, remaniée aux XV^e^ et XVIII^e^ s. (porche des XI^e^ - XII^e^ s.). Musée du Vieux Lamballe et du Penthièvre. ▪ Important centre commercial (bovins, porcs). Haras national. ▮ **Histoire** La ville fut la cap. du duché de Penthièvre de 1134 à 1420.

**LAMBARÉNÉ** ➝ **ÉTYM.** p.-ê. de *Lambaréni* «essayez pour voir !» (phrase dite par le chef de la tribu des Edongo) ♦ V. du Gabon sur l'Ogooué. Env. 30 000 hab. La ville est célèbre en Europe par son centre médical créé par A. Schweitzer*. ▪ Exploitations forestières.

**LAMBERSART** [59130] ➝ **ÉTYM.** du germ. *Lambert*, n. de pers., et lat. *exsartum* «défrichement» ♦ Comm. du Nord, banl. N.-O. de Lille, sur la Deûle. 28 131 hab. *(Lambersartois)*.

**LAMBERT** ♦ (mort à Marengo en 898). Roi d'Italie (894 - 898). Fils de Guy* II de Spolète, il fut associé dès 892 au trône d'Italie et à la dignité impériale. Prétendant à l'Empire après la mort de son père, il fut supplanté par Arnoul*, roi de Germanie. ➝ **ÉTYM.** *Lambert* vient du nom de personne germanique *Landberht*, de *land* «pays» et *berht* «célèbre».

**LAMBERT (Michel)** ♦ Chanteur et compositeur français (Champigny ou Vivonne, près de Poitiers v. 1610 - Paris 1696). Maître de musique de la Chambre du roi (1661), il devint le beau-père de Lully, avec qui il collabora à la création de nombreux opéras et ballets de cour. Il a composé des airs, au style simple et naturel, ainsi que des «récits» et «dialogues» dont le ton dramatique les apparente à des scènes d'opéra.

**LAMBERT (John)** ♦ Général anglais (Calton, Yorkshire 1619 - île Saint-Nicholas, Plymouth 1684). Il se distingua à Hull en 1643, à Nautwich en 1644 et battit les royalistes à Bradford. En 1648, il vainquit les Écossais à Preston et entra à Édimbourg. Il fit donner le protectorat à Cromwell* (1653) et demanda l'hérédité (1654), mais il s'opposa à ce que Cromwell reçût le titre de roi (1657), et se brouilla avec lui. Il marcha contre Monk, mais fut battu et condamné à l'emprisonnement perpétuel.

**LAMBERT (Anne Thérèse DE MARGUENAT DE COURCELLES,** marquise **DE)** ♦ Femme de lettres française (Paris 1647 - *id.* 1733). Connue pour ses traités de morale (*Avis d'une mère à sa fille*, 1726 ; *Avis d'une mère à son fils*, 1728), elle tint un salon célèbre que fréquentèrent Fénelon*, Fontenelle*, Houdar* de La Motte, Montesquieu* et Marivaux*.

**LAMBERT (Johann Heinrich)** ♦ Mathématicien allemand (Mulhouse 1728 - Berlin 1777). Il retrouva indépendamment l'importante formule d'astronomie cométaire (cas du mouvement parabolique) donnée par Euler* (*théorème de Lambert*, 1761) liant, pour deux positions, l'intervalle de temps, les rayons et la corde. Il eut par ailleurs l'intuition du rôle modeste représenté par la Voie* lactée au cœur de l'univers stellaire. En mathématiques, il démontra l'irrationalité de $\pi$ (1768), étudia les fonctions hyperboliques, participa à l'édification de la trigonométrie sphérique (1770) et donna une série qui porte son nom (1772) ; il s'intéressa aux principes de la perspective (1759, 1774) et aux constructions au moyen de la règle et d'un cercle de rayon constant (1774) et enfin s'interrogea sur la validité du célèbre postulat des parallèles (1786). En physique, il étudia l'ensemble des problèmes liés à la photométrie et en énonça la loi fondamentale (*Photometria*, 1760). On lui doit également une œuvre importante sur la théorie de la connaissance (*Neuer Organon*, 1764 ; *Anlage zur Architectonik*). ♦ ***Projection de Lambert*** Représentation plane de la surface de la Terre, dont l'usage est obligatoire en France pour les cartes topographiques. C'est une projection conique conforme (conservant les angles) où les méridiens sont des droites concourantes et les parallèles des cercles concentriques. Pour corriger les altérations d'échelle dès que l'on s'éloigne du parallèle tangent, le territoire de la France est divisé, pour l'établissement des cartes, en quatre zones centrées sur quatre parallèles différents, l'origine étant le méridien de Paris.

**Lambert** (hôtel) ♦ Hôtel de Paris, à l'E. de l'île Saint*-Louis. Édifiée de 1640 à 1644 sur les plans de Le* Vau, cette élégante demeure fut ornée de peintures décoratives par Le* Brun (voûte de la galerie d'Hercule, 1648) et Le* Sueur (panneaux actuellement au Louvre).

**LAMBESC (Charles Eugène DE LORRAINE,** duc **D'ELBEUF** et prince **DE)** ♦ Maréchal de France (Versailles 1751 - Vienne 1825). Membre d'une branche de la maison de Guise, liée à la famille de Marie-Antoinette, colonel propriétaire du régiment Royal-Allemand, il fit tirer sur la foule aux Tuileries le 12 juil. 1789. Accusé, mais acquitté, il émigra, entra au service de l'armée autrichienne contre la France révolutionnaire (1792) et fut nommé feld-maréchal (1796). Sous la Restauration il devint pair et maréchal de France (1814).

**LAMBESC** [13410] ➝ **ÉTYM.** anc. *de Lambesco*, p.-ê. du prélatin °*lam-* «montagne» et suff. ligure *-escum* ou du germ. *Lambizo*, n. de pers. ♦ Ch.-l. de cant. des Bouches-du-Rhône, arr. d'Aix-en-Provence, au pied O. de la chaîne de la Trévaresse. 7 604 hab. *(Lambescains)*. Église du XVIII^e^ s. (clocher du XIV^e^ s.).

**LAMBÈSE** ➝ **Tazoult**

**LAMBETH** ♦ Faubourg *(borough)* de Londres en face de Westminster. 240 000 hab. Le palais de Lambeth est la résidence de l'archevêque de Canterbury, primat de l'Église anglicane. ▪ Le quartier a donné son nom à une danse londonienne, la *Lambeth Walk*, dansée en France à la fin des années 1930.

**LAMBRES-LEZ-DOUAI** [59552] ➝ **ÉTYM.** p.-ê. du gaul. *Lambrus*, n. de pers. ♦ Comm. du Nord, banl. S. de Douai, sur la Scarpe. 4 911 hab. *(Lambrésiens)*.

**LAMÉ (Gabriel)** ♦ Mathématicien et ingénieur français (Tours 1795 - Paris 1870). Après avoir dirigé, avec Clapeyron*, des travaux de viabilité en Russie (1820), il participa, à son retour en France (1832), à l'établissement des chemins de fer Paris-Saint-Germain et Paris-Versailles. En mathématiques, il contribua à l'essor de la géométrie analytique, introduisant la notation abrégée et les multiplicateurs (*Examen des différentes méthodes pour résoudre les problèmes de géométrie*, 1818). En mécanique analytique, il établit les équations générales de l'élasticité au moyen des éléments caractéristiques de la déformation et des tensions internes (*Leçons sur la théorie mathématique de l'élasticité des corps solides*, 1852). On lui doit encore une équation différentielle importante qu'il rencontra dans un problème de propagation de la chaleur *(équation de Lamé)* et l'introduction des quadriques homofocales comme surfaces coordonnées en géométrie et en physique mathématique. [Acad. sc. 1843] ➝ **ÉTYM.** *Lamé* est une variante de *L'aimé*, de l'ancien français *amé* «aimé».

**LAMECH** ♦ Patriarche biblique (Genèse, IV, 19), polygame, père de Jabel, Jubal et Tubal-Caïn. Selon la Genèse (V, 25 *sqq*), il fut le père de Noé.

**LA MEILLERAYE** [lamɛjʀɛ] **(Charles DE LA PORTE,** duc **DE)** ♦ Maréchal de France (Paris 1602 - *id.* 1664). Cousin germain de Richelieu*, il se distingua pendant la guerre de Trente* Ans (Pas de Suze, 1629-Carignan, 1630), et conquit presque tout le Roussillon sur les Espagnols en 1642.

**LAMENNAIS** ou **LA MENNAIS** [lam(ə)nɛ] **(Félicité Robert DE)** ♦ Écrivain et penseur français (Saint-Malo 1782 - Paris 1854). Entré dans les ordres, il fut d'abord royaliste et ultramontain, développant ses thèses dans son *Essai sur l'indifférence en matière de religion* (1817 - 1823) qui le rendit célèbre ; prônant la subordination du pouvoir temporel au pouvoir spirituel (*De la religion considérée dans ses rapports avec l'ordre politique et social*, 1825), il s'attira, par ses positions tranchées, l'hostilité des catholiques gallicans. En 1830, il fonda avec Lacordaire et Montalembert le journal *L'Avenir** qui instaurait un christianisme libéral (favorable à une séparation de l'Église et de l'État). Après une première condamnation par Rome (1832), Lamennais exprima sa rupture avec l'Église dans *Paroles* d'un croyant* (1834) et dans les *Affaires de Rome* (1836 - 1837). Il s'orienta dès lors vers un humanitarisme démocratique qui s'exprime dans *Le Livre du peuple* (1838), *Le Pays et le Gouvernement* et l'*Esquisse d'une philosophie* (1841 - 1846) où il expose sa conception de Dieu qui doit, selon lui, dominer toute réforme sociale. En 1848, il fut élu représentant du peuple à l'Assemblée constituante et devint directeur du journal *Le Peuple constituant*. ➝ **ÉTYM.** Ce nom breton signifie «la montagne», de *menez* «montagne».

**Lamentations (Livre des)** ♦ Livre de la Bible, un des Écrits* (Cinq* Rouleaux), traditionnellement attribué à Jérémie* (et placé à la suite du Livre de Jérémie par la Bible grecque, latine et syriaque). Le titre hébreu est une exclamation, *'êkhâh* («comment !» ou «hélas !») ; on dit aussi *qînôth*, «déplorations, lamentations». 5 chapitres, correspondant à 5 poèmes (acrostiches pour les 4 premiers) que la critique attribue à des auteurs différents du –VI^e^ au –IV^e^ ou

-IIIe s. Les thèmes sont l'affliction de Jérusalem (Sion), châtiée par Dieu, et celle de ses habitants, dont certains ne peuvent être coupables.

**LAMENTIN** [97129] ♦ Ch.-l. de cant. de la Guadeloupe, arr. de Basse-Terre. 13 434 hab. Distillerie de rhum. Sources thermales.

**LAMENTIN (LE)** [97232] ➔ ÉTYM. du n. du *lamantin* qui occupait autrefois les marais environnants ♦ Ch.-l. de cant. de la Martinique, arr. de Fort-de-France. 35 460 hab. *(Lamentinois)*. Distillerie de rhum. Aéroport international.

**LAMETH (Alexandre Théodore Victor,** comte **DE)** ♦ Général et homme politique français (Paris 1756 - Busagny, près de Pontoise 1854). Il participa à la guerre d'Indépendance américaine. Élu député du Jura à l'Assemblée législative, où il siégea parmi les monarchistes constitutionnels (→ **feuillants**), il se prononça ainsi que ses frères contre la guerre (1792). Général de brigade, il fut destitué en 1793, pour avoir tenté de sauver le roi et émigra jusqu'au 18 Brumaire. ♦ **Charles,** comte **de Lameth.** Général et homme politique français (Paris 1757 - *id.* 1832). Frère du précédent. Après avoir pris part à la guerre d'Indépendance américaine sous les ordres de Rochambeau, il fut élu député de la noblesse de l'Artois aux États généraux (1789) et, au sein de l'Assemblée nationale constituante, prit position en faveur des réformes. Après la fuite du roi, il rejoignit le camp des monarchistes constitutionnels. Général de brigade, il émigra après le 10 août 1792. Revenu en France (18 Brumaire), il servit dans les armées napoléoniennes en Espagne. En 1829, il devint député de Seine-et-Oise. ♦ **Alexandre,** comte **de Lameth.** Général et homme politique français (Paris 1760 - *id.* 1829). Frère des précédents, il participa, comme eux, à la guerre d'Indépendance américaine. Élu député de la noblesse de Péronne aux États généraux (1789), il forma, avec Barnave* et Duport*, le triumvirat qui, au sein de l'Assemblée nationale constituante, prit position en faveur des réformes et s'opposa au pouvoir royal fort (en particulier à Mirabeau). Rallié aux feuillants* après la fuite du roi, et nommé général de brigade, il passa à l'ennemi avec La Fayette (19 août 1792) et fut emprisonné jusqu'en 1797 par les Autrichiens. Rentré en France après le 18 Brumaire, il fut préfet, devint baron d'Empire (1810) puis pair pendant les Cent-Jours. Député libéral sous la Restauration, il a laissé une *Histoire de l'Assemblée constituante* (1829). ➔ ÉTYM. *Lameth* vient de *Lamhytha* «refuge pour les agneaux», du vieil anglais *lamb* «agneau» et *hyth* «refuge»

**LA METTRIE (Julien OFFRAY DE)** ♦ Médecin et philosophe français (Saint-Malo 1709 - Berlin 1751). Ayant été banni de France (1746) et de Hollande (1748) pour ses opinions, il trouva refuge auprès de Frédéric II. Il écrivit plusieurs ouvrages de médecine (*Traité du vertige*, 1737 ; *Observation de médecine pratique*, 1743 ; *Politique de la médecine*, 1746). Matérialiste, il appliqua à l'homme la théorie cartésienne des animaux-machines (*L'Homme-Machine*, 1748).

**LAMI (Eugène)** ♦ Peintre, aquarelliste et graveur français (Paris 1800 - Paris 1890). Élève de Gros*, puis d'Horace Vernet*, il séjourna en Angleterre en compagnie de Bonington*. D'abord auteur de peintures d'histoire et de scènes de bataille, il devint un fidèle chroniqueur de la vie parisienne ; Baudelaire vit en lui «le poète du dandysme officiel».

Eugène **Lami.** *Une barrière*, lithographie parue dans *Voyages en Angleterre*, 1829-1830. Bibliothèque nationale de France, Paris. *BIS/Phot. © Coll. Archives Larbor*

**LAMIA** ♦ V. de Grèce, ch.-l. de la Grèce centrale et du nome de Phtiotide, au-dessus de la vallée du Sperkhios, au fond du golfe de Lamia. Env. 50 000 hab. *(Lamiaques)*. Ruines d'une forteresse franque et catalane sur l'acropole de l'ancienne cité. ▪ Marché agricole (coton), centre industriel. À proximité de Lamia, le défilé des Thermopyles* et Loutra Hypati (station thermale). ▮ **Histoire** Fondation légendaire du fils d'Héraclès, la ville donna son nom à la *guerre lamiaque*, insurrection déclenchée à la mort d'Alexandre le Grand (-323) par Athènes* et suivie par plusieurs cités de la Grèce centrale contre la domination macédonienne. L'armée confédérée, conduite par le général athénien Léosthène, assiégea le vice-roi macédonien Antipatros* dans Lamia, mais Léosthène fut tué et une armée de secours débloqua Antipatros qui, ensuite, remporta la victoire décisive de Crannon* (-322). La répression s'abattit contre le parti antimacédonien d'Athènes : Hypéride* fut mis à mort et Démosthène*, poursuivi par les soldats d'Antipatros, fut emprisonné.

**LAMI'I ÇELEBI (Mahmud)** ♦ Poète turc (mort en 1531). Ses *Letāif* («Anecdotes») rapportent un grand nombre de traditions orales concernant la vie des célébrités passées et présentes.

**LAMOIGNON (Guillaume DE)** ♦ Premier président au parlement de Paris (Paris 1617 - *id.* 1677). Il refusa de présider au procès de Fouquet et se prononça pour une réforme de la législation et de la procédure pénale (arrêtés de Lamoignon parus en 1702), visant à une unification des lois du royaume et à l'instauration d'une justice plus humaine (meilleures garanties à l'accusé). Il protégea les écrivains (dont Boileau). ♦ **Guillaume de Lamoignon** (Paris 1683 - *id.* 1772). Petit-fils du précédent. Chancelier sous Louis XV, il fut le père de Malesherbes*. ♦ **Chrétien François de Lamoignon** (Paris 1735 - Bâville 1789). Neveu du précédent. Garde des Sceaux en 1787, il tenta de réduire les prérogatives des parlements (édits sur le timbre et sur la subvention territoriale), mais ceux-ci obtinrent son renvoi en 1788.

**LAMORICIÈRE (Christophe Louis Léon JUCHAULT DE)** ♦ Général et homme politique français (Nantes 1806 - château de Prouzel, près d'Amiens 1865). Ancien polytechnicien, il prit part à la conquête de l'Algérie, se distingua lors de la prise de Constantine (oct. 1837), de la bataille de l'Isly (août 1844) et reçut, avec le duc d'Aumale, la soumission de l'émir Abd el-Kader (1847). Après la révolution de 1848, il siégea comme républicain modéré à l'Assemblée constituante et fut nommé par Cavaignac ministre de la Guerre. Hostile à Louis Napoléon, il fut incarcéré au fort de Ham après le coup d'État du 2 décembre* 1851, puis banni (1852 - 1857). En 1860, il passa au service du pape, réorganisa les troupes pontificales dont il fut nommé général en chef mais, battu à Castelfidardo* (18 sept.) par les Piémontais, il dut capituler à Ancône.

**LAMORLAYE** [60260] ➔ ÉTYM. anc. *Morlaceas*, du germ. °*morlaca* «marais» avec attraction de *la morée* (langue d'oïl) «le marécage» ♦ Comm. de l'Oise, arr. de Senlis, en bordure de la forêt de Chantilly. 8 101 hab.

**LA MOTHE-HOUDANCOURT (Philippe DE)** ♦ Maréchal de France (1605 - Paris 1657). Il combattit en Catalogne (1641), fut un moment soupçonné de trahison, mais se distingua par sa défense de Barcelone (1652).

**LA MOTHE LE VAYER** [lamɔtləvaje] **(François DE)** ♦ Écrivain et philosophe français (Paris 1588 - *id.* 1672), précepteur de Louis XIV et membre de l'Académie* française (1639). Cultivé et libertin de pensée, il manifesta dans ses écrits, sur les sujets les plus variés, son scepticisme critique (*Cinq dialogues faits à l'imitation des Anciens*, 1631 ; *La Vertu des païens*, 1641).

**LA MOTTE (Jeanne DE VALOIS,** comtesse **DE)** ♦ Aventurière française (Fontette, Languedoc 1756 - Londres 1791). Elle joua un rôle important dans l'affaire du Collier*.

**LAMOTTE-BEUVRON** [41600] ➔ ÉTYM. «hauteur [surmontée d'un château]» et *Beuvron** ♦ Ch.-l. de cant. du Loir-et-Cher, arr. de Romorantin-Lanthenay, en Sologne, sur le Beuvron et le canal de la Sauldre.4 251 hab. *(Lamottois)*.

**LA MOTTE-FOUQUÉ (Friedrich,** baron **DE)** ♦ Auteur dramatique et écrivain allemand (Brandebourg 1777 - Berlin 1843). Descendant de huguenots normands, officier prussien, il participa aux campagnes de 1794 et 1813. Auteur fécond, il a écrit une cinquantaine de pièces, dont les meilleures sont sans doute sa trilogie *Sigurd* (*Der Held des Nordens*, 1806 - 1810). Si l'on a pu lui reprocher un romantisme de style exagérément «troubadour», ses contes, en particulier *Ondine* (1811), dont s'inspira J. Giraudoux, ont pris leur place dans les lettres germaniques.

**LA MOTTE-PICQUET (Toussaint Guillaume,** comte **PICQUET DE LA MOTTE,** dit**)** ♦ Marin français (Rennes 1720 - Brest 1791). Il participa à 28 campagnes de 1737 à 1783. Lors de la guerre d'Indépendance des États-Unis il captura 26 vaisseaux de l'escadre de l'amiral britannique Rodney. Il fut promu lieutenant général des armées navales en 1781.

**LAMOUR (Jean)** ♦ Serrurier et ferronnier d'art français (Nancy 1698 -*id.* 1771). Il réalisa les grilles de la place Stanislas à Nancy. → **Heré de Corny.**

**LAMOURETTE (Antoine Adrien)** ♦ Homme politique français (Frévent, Pas-de-Calais 1742 - Paris 1794). Vicaire général d'Arras, évêque constitutionnel de Rhône-et-Loire (fév. 1791), il fut élu député à l'Assemblée législative où il siégea au centre. Désirant mettre fin aux querelles politiques qui opposaient la droite (les feuillants) et la gauche (jacobins, cordeliers), il prononça un discours pathétique (7 juil. 1792) qui fut suivi d'une embrassade générale, réconciliation éphémère, rendue célèbre sous le nom ironique de *baiser Lamourette*. Il s'opposa aux massacres de septembre* 1792 et fut exécuté lors de la Terreur. ➔ ÉTYM. Ce nom a la même étymologie que *Lamoureux**.

**LAMOUREUX (Charles)** ♦ Violoniste et chef d'orchestre français (Bordeaux 1834 - Paris 1899). Fervent adepte de la musique classique autant que de l'œuvre de Wagner, il fonda les Nouveaux Concerts (1881), association qui, plus tard, devait porter son nom. Il fut le premier à diriger l'audition intégrale du répertoire wagnérien en France. ➝ ÉTYM. *Lamoureux* est le surnom d'un homme amoureux. → aussi Lamourette.

**LAMPANG** ♦ V. de Thaïlande (Nord), sur le Mae Nam Wang. 148 199 hab. Fondée sans doute au VI^e^ s., capitale d'un anc. royaume môn, la vieille ville a conservé son cachet historique. ▪ Plaine fertile (riz, maïs, coton), ceinturée de montagnes. Petites industries : bois, coton, cuir.

**LAMPEDUSA (Giuseppe TOMASI DI)** ♦ Romancier italien (Palerme 1896 - Rome 1957). Le prince de Lampedusa commença à près de soixante ans (1955) son roman sur la vie sicilienne à l'époque du Risorgimento, *Le Guépard** (posth. 1958), qui connut un succès éclatant. Peinture d'une grande beauté formelle d'une «génération malchanceuse, en équilibre instable entre les temps anciens et modernes», le récit illustre le scepticisme fataliste d'aristocrates anachroniques qui, sous le soleil de la Sicile, vivent «dans une immobilité servile, bercée de rêves violents». Lampedusa composa encore quatre nouvelles, réunies dans le recueil *Le Professeur et la Sirène* (*Racconti*, posth. 1961), d'où émerge la nouvelle intitulée *Lighea*.

**LAMPEDUSA** ➝ ÉTYM. déformation de l'anc. gr. *Lopadoussa* «riche en patelles» ♦ Île italienne de la Méditerranée, entre Malte et la Tunisie, rattachée à la Sicile (prov. d'Agrigente). 20,2 km². 5 515 hab. Pêche aux anchois et aux éponges.

**LAMPHUN** ♦ V. de Thaïlande (Nord), ch.-l. de prov., sur le Me-ping. 43 196 hab. Ses artisans sont célèbres pour le travail de l'argent et de la laque et les tissus faits à la main. ▮ **Histoire** Fondée au IX^e^ s. sous le nom de Haripuñjaya, cap. d'un royaume môn, elle résista aux assauts des Khmers et fut conquise par le prince thaï de Chieng Raï, Mang Raï, en 1292 et incorporée dans le royaume du Lan* Na. Elle conserve de beaux monuments de l'époque môme, comme le Wat Phra That Hariphunchaï, datant du IX^e^ s., où l'on peut voir le plus grand gong de bronze du monde.

**LAMPRECHT (Karl)** ♦ Historien allemand (Jessen, Saxe 1856 - Leipzig 1915). Auteur d'études sur l'histoire économique française et allemande du Moyen Âge et d'une importante *Histoire d'Allemagne* (1891 - 1909).

**LAMPSAQUE** – en gr. ***Lampsakos*** ♦ Anc. ville d'Asie Mineure (Mysie) sur les Dardanelles*, face à Gallipoli*. Colonie de Phocée* et de Milet* fondée en –654 à l'emplacement de la primitive *Pityoussa*, elle participa à la révolte des cités ioniennes contre les Perses (–499). Pendant la guerre du Péloponnèse*, elle passa des Athéniens aux Spartiates, puis aux Perses (–405). Elle fut prise par Alexandre le Grand en –334. Centre de culte de Priape*, elle était renommée pour ses vins.

**LAMPUNG** ♦ Prov. d'Indonésie, au S. de Sumatra, sur le détroit de la Sonde. 33 307 km², 6 654 354 hab. CAP. : Bandar Lampung. 90 % des habitants sont des immigrés, venus principalement de Java, dans le cadre de programmes de colonisation agricole («transmigration»), lancés dès la colonisation néerlandaise et poursuivis jusqu'à ce jour par le gouvernement indonésien.

**LAMURE-SUR-AZERGUES** [69870] ➝ ÉTYM. du franco-prov. *mure* «masure, construction tombant en ruine» ♦ Ch.-l. de cant. du Rhône, arr. de Villefranche-sur-Saône, sur l'Azergues. 871 hab. *(Lamuriens)*. Station estivale.

**LAMY (Claude Auguste)** ♦ Chimiste français (Ney, Jura 1820 - Paris 1878). Il isola le thallium (1862).

**LAMY (Étienne)** ♦ Homme politique français (Cize, Jura 1845 - Paris 1919). Il siégea à l'Assemblée nationale (1871), puis à la Chambre des députés (1876 - 1881). Républicain et catholique, il se montra favorable à la politique de «ralliement» de l'Église au régime (1892). Directeur du *Correspondant* (1903 - 1909), il a laissé des ouvrages historiques et politiques. [Acad. fr. 1905]

**LAMY (François Joseph Amédée)** ♦ Officier et explorateur français (Mougins 1858 - Kousseri, Baguirmi 1900). Il prit avec Foureau* la tête de l'escorte militaire qui traversa les régions de la Méditerranée au Tchad (1899 - 1900) à la rencontre des missions E. Gentil* et Voulet*-Chanoine* (qui furent remplacés par Joalland). Il fut tué lors de la dernière offensive des troupes du chef musulman Rabah vaincues à Kousseri. On donna son nom à la ville principale du Tchad, Fort-Lamy (auj. N'Djamena*).

**LANAKEN** ♦ Comm. de Belgique (Région flamande), prov. de Limbourg, arr. de Tongres, sur le canal Albert et le canal de jonction au Zuidwillemsvaart, à la frontière des Pays-Bas. 24 724 hab. Tourisme nautique. Réserve naturelle *De Vallei van de Ziebeek*. Indus. du papier.

**LANARK** ♦ V. d'Écosse (Lanarkshire), dans les Lowlands, sur la Clyde. 8 700 hab. Indus. textile. Tourisme.

**LANCASHIRE** – anc. ***Lancaster*** ➝ ÉTYM. de *Lancaster** et angl. *shire* «comté» ♦ Comté d'Angleterre, au N. de Liverpool et Manchester (ces 2 villes ayant appartenu au comté historique jusqu'en 1974). 3 043 km². 1 134 976 hab. CH.-L. : Preston. Jadis première région industrielle de la Grande-Bretagne, sur l'un des principaux bassins houillers, le comté était dominé par la complémentarité (et la rivalité) de Liverpool et Manchester. Manchester filait le coton importé et Liverpool le redistribuait sous forme de tissus tandis que les villes périphériques étaient spécialisées dans le tissage. Le déclin des activités textiles et de la sidérurgie, la fin de la production houillère, le déplacement des centres de l'industrie britannique vers le S.-E. de l'Angleterre font du Lancashire une région sinistrée où les friches industrielles, un habitat délabré et un taux de chômage élevé sont les éléments du cadre social. Seules les activités chimiques, nées des salines et relayées par la pétrochimie et les corps gras prospèrent (Saint Helens, Ellesmere Port).

Nicolas **Lancret**. *Le Lit de justice tenu au parlement à la majorité de Louis XV (22 février 1723)* [56 × 81,5 cm]. Musée du Louvre, Paris.
*Phot. © Arch. Nathan*

**LANCASTER (sir James)** ♦ Navigateur anglais (Hampshire v. 1555 - Londres 1618). Après s'être rendu à Ceylan et à Sumatra (1591), il dirigea la première expédition de la Compagnie des Indes orientales (1601). Persuadé de l'existence d'un passage maritime au N.-O. de l'Amérique, il a inspiré de nombreux voyages dans ces régions (en particulier celui de Baffin* qui reconnut le détroit séparant l'île Devon et l'île de Baffin et portant le nom de sir James Lancaster). La relation des voyages de Lancaster est contenue dans l'ouvrage de Hakluyt*.

**LANCASTER (Burton STEPHEN, dit Burt)** ♦ Acteur américain (New York 1912 - Los Angeles 1994). Ce comédien bien charpenté fut voué d'abord aux rôles de baroudeur sympathique : *Les Démons de la liberté* (1947), *La Flèche et le Flambeau* (1950), *Le Corsaire rouge* (1952), *Vera Cruz* (1954). *Le Charlatan* (1960) lui permit d'élargir son registre, qui s'épanouit en Europe grâce à Luchino Visconti (*Le Guépard**, 1963 ; *Violence et Passion*, 1975) et à Bernardo Bertolucci (*1900*, 1976). Son unique film en tant que réalisateur fut un western, *L'Homme du Kentucky* (1955).

**LANCASTER** ➝ ÉTYM. anc. en fr. ***Lancastre*** «la fortification (lat. *castrum*) sur la Lune (*Lon* ou *Lan*, n. de riv.)» ♦ V. d'Angleterre (Lancashire), sur l'estuaire de la Lune. 133 914 hab. Château médiéval. Univ.

**LANCASTER** (détroit de) – en angl. ***Lancaster Sound*** ♦ Détroit séparant l'île Devon de l'île de Baffin (Arctique canadien).

**LANCASTRE** (maison de) ♦ Famille noble anglaise fondée en 1267 par Édouard le Croisé, fils d'Henri III, titulaire du comté (puis duché) de Lancastre. ♦ **Henri,** comte, puis 1^er^ duc **de Lancastre** (Grosmont, Monmouthshire v. 1300 - Leicester 1361). Il participa à la bataille de L'Écluse (1340) et à la négociation de Brétigny (1360) au début de la guerre de Cent Ans. Il ne laissa qu'une fille, Blanche, qui transmit le titre à son mari Jean* de Gand (1340 - 1399). ♦ **Henri de Lancastre.** Fils de Jean de Gand. Il détrôna Richard II (→ **Henri IV**). ▪ La maison de Lancastre resta au pouvoir avec ses successeurs Henri* V (1413 - 1422) et Henri* VI (1422 - 1461et 1470 - 1471). Richard d'York* contesta le droit au trône d'Henri VI, déclenchant ainsi la guerre des Deux*-Roses. Le dernier Lancastre, ÉDOUARD, fils d'Henri VI, fut exécuté en 1471. ➝ ÉTYM. Ce nom de famille vient du nom de la ville de *Lancaster**.

**LANCELOT** (dom **Claude**) ♦ Religieux janséniste de Port-Royal et grammairien français (Paris v. 1615 - Quimperlé 1695). L'un des fondateurs des Petites Écoles de Port-Royal, il publia plusieurs *Nouvelles Méthodes* pour apprendre les langues latine (1644), grecque (1655), italienne et espagnole (1660) ainsi qu'un ouvrage sur les racines grecques (*Le Jardin des racines grecques*, 1657). Sa principale contribution à l'étude théorique du langage est sa participation, avec A. Arnauld*, à la *Grammaire générale et raisonnée* ou *Grammaire de Port-Royal* (1660). Après la fermeture des Petites Écoles de Port-Royal (1660), au moment de la persécution contre les jansénistes, Lancelot fut éducateur du duc de Chevreuse et des deux princes de Conti (1669 - 1672), puis se retira à l'abbaye de Saint-Cyran, d'où il fut relégué à l'abbaye de Quimperlé en raison de ses positions religieuses (1680).

**LANCELOT DU LAC** ♦ Personnage du *cycle breton*, un des chevaliers du roi Artus*, élevé par la fée Viviane*. Ses espérances sont contées par Chrétien* de Troyes dans son roman en octosyllabes *Lancelot ou le Chevalier de la charrette* (v. 1170). Devenu ici le type du parfait amant courtois, le héros consent même au déshonneur social pour «servir» sa dame, Guenièvre*, femme du roi Artus. Dans le *Lancelot*, premier roman en prose constitué v. 1225, son fils Galaad* obtient par sa pureté de conquérir le Graal*.

**LAN CHANG** → Laos

**LANÇON-PROVENCE** [13680] → **ÉTYM.** lat. «domaine d'Alentius (n. de pers.)» ou d'une rac. prélatine oronym. *oal-* ♦ Comm. des Bouches-du-Rhône, arr. d'Aix-en-Provence. 6 688 hab.

**LANCRET (Nicolas)** ♦ Peintre et graveur français (Paris 1690 - *id.* 1743). Il étudia dans l'atelier de Gillot*, y rencontra Watteau et imita ses *Fêtes galantes*. Ces sujets perdirent souvent sous son pinceau leur caractère mystérieux et nostalgique et prirent un caractère frivole et pittoresque (*Le Déjeuner de jambon*, 1735). Il multiplia les séries prenant pour thèmes le concert, la danse, les âges de la vie (*Les Quatre Saisons* pour Louis XV au château de la Muette), adoptant souvent des tonalités bleutées. Il peignit aussi des portraits d'actrices, des scènes de mœurs, des scènes libertines et exécuta de nombreux dessins à la sanguine pleins de verve et d'élégance. Il illustra les *Contes* de La Fontaine.

**LANCY** ♦ V. de Suisse (cant. de Genève), dans la banl. S.-O. de Genève. 27 222 hab.

**LANDAIS (Pierre)** ♦ Grand trésorier de Bretagne (Vitré v. 1440 - Nantes 1485). Valet de garde-robe du duc de Bretagne François II, il gagna sa confiance et devint trésorier et receveur général de Bretagne (1460). Il signa des accords commerciaux avec l'Espagne, le Portugal, l'Angleterre, les villes hanséatiques, favorisa l'établissement d'ateliers de soieries et de tapisseries. Il voulut faire le mariage d'Anne, héritière de Bretagne, et du duc d'Orléans, dans le but de réunir la Bretagne au royaume de France, et lui aliéna la noblesse bretonne. Le duc le sacrifia. Accusé de concussion et de meurtre, il fut pendu.

## land art

n. m. ♦ Mouvement artistique qui se développa vers 1967 aux États-Unis avec Robert Smithson*, Dennis Oppenheim*, Christo*, Hamish Fulton*, Walter de Maria, en Grande-Bretagne avec Barry Flanagan*, Richard Long*, en Allemagne avec Reinhard Mucha et Klaus Rinke*. Nécessitant d'immenses étendues mais aussi d'importants moyens financiers, ce fut un phénomène essentiellement américain, mais il connut aussi quelques tentatives en Russie et en France, avec Jean-Gabriel Coignet, Richard Serra* et François Morellet*, qui, proches de l'art in situ, sont néanmoins liés au land art par leur volonté de mettre en question les circuits commerciaux par des œuvres éphémères installées dans des endroits publics. Alors que les lieux ont perdu toute signification symbolique et même religieuse, les artistes du land art mettent en valeur la mémoire, le passé intemporel de lieux choisis pour leur caractère sauvage, et les marquent par des accumulations de pierres, par des traces dans la neige, par des stries.

**LANDAU (Edmund)** ♦ Mathématicien allemand (Berlin 1877 - *id.* 1938). Auteur de travaux sur la théorie analytique des nombres.

**LANDAU (Lev Davidovitch)** ♦ Physicien soviétique (Bakou 1908 - Moscou 1968). Il réalisa d'importants travaux dans pratiquement tous les domaines de la physique théorique. Ses premiers résultats, obtenus souvent en collaboration avec E. M. Lifchitz (avec lequel il écrivit un cours de physique en sept volumes traduit en plusieurs langues), concernent le magnétisme et, en particulier, le ferromagnétisme. Auteur d'une nouvelle théorie des changements de phase de second ordre (sans chaleur latente, 1947), il l'appliqua, avec Ginzburg*, à l'élaboration d'une explication semi-phénoménologique de la supraconductivité. En physique des plasmas, il montra que l'agitation thermique assure non seulement le transport des oscillations, mais produit aussi leur amortissement (1946). Il expliqua les propriétés de l'hélium superfluide dans son modèle où l'hélium est considéré comme un mélange de deux fluides aux propriétés différentes. On lui doit également des travaux sur la théorie des champs, prolongement de la mécanique quantique et de la relativité. [Prix Nobel de phys. 1962] → **ÉTYM.** Ce nom de famille vient du nom de la ville de *Landau**.

**LANDAU** → **ÉTYM.** vx haut all. «terre *(land)* bien arrosée *(au)*» ♦ V. d'Allemagne (Rhénanie-Palatinat), située au pied des monts de la Hardt. 43 205 hab. Églises gothiques (Augustiner Kirche, déb. XV^e^ s. ; Stiftkirche, XIII^e^ s.). Porte *(Deutsches Tor)* restaurée. ▪ Centre commercial d'une région agricole (vins, tabac). Indus. textile et du caoutchouc. ▮ **Histoire** La ville fut libre depuis le début du XIII^e^ s. jusqu'à sa cession à l'évêque de Spire (1324). Elle fut occupée par les troupes françaises en 1633 et 1639, et fut cédée à la France (traité de Westphalie, 1648) qui la perdit, puis la reprit (1679). Vauban la fortifia, mais elle fut prise deux fois par les Impériaux de Louis de Bade (1702, puis 1704). Le traité de Bâle (1714) confirma cependant son appartenance à la France. Après la Révolution, la ville fit partie du dép. du Bas-Rhin. En 1815, elle revint à l'Autriche, puis à la Bavière.

**LANDÉ (Jean-Baptiste)** → Landet

**LANDEN** ♦ Comm. de Belgique (Région flamande), prov. du Brabant flamand, arr. de Louvain, à la frontière linguistique, à la limite de la Hesbaye sèche et de la Hesbaye humide. 14 876 hab. Aux environs, église romane de Wezeren (XII^e^ - XIII^e^ s.) ; villa romaine à Walsbets. ▪ Indus. chimique. Nœud ferroviaire. ▮ **Histoire** Pépin* l'Ancien, dit de Landen, ancêtre des Carolingiens, y naquit.

**LANDER (Alfred Bernhardt STEVNSBORG, dit Harald)** ♦ Danseur et chorégraphe danois naturalisé français (Copenhague 1905 - *id.* 1971). Élève du ballet royal danois, il fit ses débuts en 1925. De 1927 à 1929, il étudia en Russie et aux États-Unis, et devint en 1930 danseur soliste au Théâtre royal de Copenhague. Il créa de très nombreux ballets. En 1952, Maurice Lehmann l'appela à l'Opéra de Paris et, en 1955, il fut nommé directeur de l'École nationale de danse et maître de ballet à l'Opéra de Paris.

**LANDERNEAU** [29800] → **ÉTYM.** en bret. *Landerne* «ermitage, sanctuaire (vx bret. *lann*) de Ternoc (probablt évêque de Léon)» ♦ Ch.-l. de cant. du Finistère, arr. de Brest dans le Léon, sur l'Élorn. 14 281 hab. *(Landernéens)*. Église Saint-Houardon (tour et porche de 1604). Église Saint-Thomas-de-Cantorbéry (clocher-porche du XVI^e^ s. ; sablières sculptées). Pont de Rohan (XVI^e^ s.). Maisons anciennes. ▪ Port sur l'estuaire de l'Élorn (pêche du saumon et de la truite). Marché. Édouard Leclerc y a créé sa première coopérative commerciale. ▪ L'expression «Cela fera du bruit dans Landerneau» vient d'une pièce de théâtre du XIX^e^ s. et n'a pas de rapport direct avec la ville.

**LANDES** n. f. pl. ♦ Région de l'Aquitaine, entre le Bordelais et l'Adour, baignée par l'océan Atlantique, et s'étendant en majeure partie sur le dép. des Landes. C'était une plaine sablonneuse et marécageuse, et son assèchement fut entrepris à la fin du XVIII^e^ s. par N. Brémontier, qui arrêta au moyen de plantations (pins) la progression des dunes vers l'intérieur. Son œuvre fut poursuivie par J. Chambrelent au XIX^e^ s. Les Landes devinrent une des régions forestières les plus riches de France (scieries, papeteries, fabriques de produits résineux). À la suite d'incendies entre 1937 et 1950, la Compagnie d'aménagement des Landes de Gascogne a entrepris les premiers défrichements. En 1970 a été créé le parc naturel régional des Landes de Gascogne (315 300 ha). Ce territoire fragile a été très endommagé par de violentes tempêtes en 1999 et en 2009. ▪ Stations balnéaires le long de la Côte d'Argent (→ **Arcachon, Mimizan, Hossegor, Capbreton**). Centre d'essais des Landes (missiles).

**Landes.** Récolte de la résine sur les pins.
*Phot. © Hétier*

**LANDES** n. f. pl. [40] ♦ Dép. du S.-O. de la France, région Aquitaine. 9 243 km$^2$. 327 334 hab. CH.-L. : Mont-de-Marsan. CH.-L. D'ARR. : Dax. Cour d'appel : Pau. Académie : Bordeaux. → **Aquitaine.**

**LANDET** ou **LANDÉ (Jean-Baptiste)** ♦ Chorégraphe français (mort à Saint-Pétersbourg en 1748). Maître de ballet du roi de Suède en 1727, il devint professeur de danse à la cour de Russie en 1738, où il fut nommé plus tard maître de ballet. Il est le créateur de la danse académique en Russie.

**LANDINI** ou **LANDINO (Francesco)** ♦ Compositeur italien (Fiesole v. 1325 - Florence 1397). Aveugle dès l'enfance, il acquit une grande renommée d'organiste à l'église Saint-Laurent de Florence. Par ses madrigaux, ballades et chansons à deux et trois voix, d'une grande richesse mélodique et harmonique, il fut l'un des maîtres de l'*Ars Nova* florentin.

**LANDINO (Cristoforo)** ♦ Humaniste italien (Florence 1424 - Casentino 1498). Maître de Marsile Ficin et de Laurent de Médicis, il est surtout connu pour ses *Disputationes camaldulenses* (1472 - 1473), dialogues imaginaires sur la vie contemplative et le Bien suprême. On lui doit aussi un célèbre commentaire néoplatonicien de Dante

(*Commento sopra la Commedia*, 1481) destiné à une longue fortune éditoriale. ➝ ÉTYM. *Landino* vient de *Lando*, hypocoristique de l'italien *Rollando, Gerlando* ou *Landolfo*.

**LANDIVISIAU** [29400] ➝ ÉTYM. en bret. *Landivizio* «ermitage, sanctuaire (vx bret. *lann*) de saint Thivisiau (hypocoristique de *Gwiziau*)» ♦ Ch.-l. de cant. du Finistère, arr. de Morlaix, dans le Léon. 8 751 hab. (*Landivisiens*). Église Saint-Thivisiau (porche du XVI^e^ s.). Chapelle Sainte-Anne, ossuaire du XVII^e^ s. (cariatides). Fontaine (XV^e^ s.). ▪ Marché aux bestiaux.

**Landnámabók** ➝ ÉTYM. isl. «Livre de la colonisation» ♦ Ouvrage unique islandais datant du XIII^e^ s. et existant en plusieurs versions. Les auteurs, anonymes, relatent la colonisation de l'île (de 874 à 930) en détaillant les faits et gestes intéressants qui s'attachent aux principaux occupants. Il est possible que ce type d'ouvrage ait donné naissance au genre des sagas islandaises, le *Landnámabók* ne dédaignant pas, à propos de tel ou tel personnage, un petit développement qui, en lui-même, est déjà une saga.

**LANDOLFI (Tommaso)** ♦ Écrivain italien (près de Frosinone 1908 - Rome 1979). Il fit ses débuts en 1937 avec le *Dialogue des plus grands systèmes*. Nourri d'auteurs européens (Rabelais, Gogol, Poe, Kafka), il donna, outre des traductions et des études sur la littérature russe, un bon nombre de récits (*La Muette* ; *La Femme de Gogol*) et de romans (*La Pierre de lune*, 1939 ; *La Bière du pêcheur*, 1953 ; *Sinon la réalité*, 1960 ; *Un amour de notre temps*, 1973) qui, se développant pour la plupart aux confins de l'instinct et de la raison, du rêve et du réel, élaborent, non sans ironie, une sorte de poétique de la peur humaine face au mystère. ➝ ÉTYM. Ce nom vient du germanique *°landa* «territoire» et *wulf* «loup» [courageux comme un loup].

**LANDON** ♦ 121^e^ pape, il régna six mois en 913 - 914, date de sa mort. Sabin. ➝ **Pornocratie.** ➝ ÉTYM. *Landon* vient du nom de personne germanique *Lando* (de *land* «pays»).

**LANDOR (Walter Savage)** ♦ Homme de lettres britannique (Ipsley Court, Warwickshire 1775 - Florence 1864). Admirateur de la Révolution française, il revint déçu d'un voyage en France en 1802 et s'engagea du côté espagnol pour lutter contre la domination napoléonienne. Sa vie agitée fait alterner les fuites devant ses créanciers et son aspiration à une vie de gentilhomme campagnard. Il se lia aux poètes lakistes*, vécut longtemps à Fiesole et à Florence où il connut Robert Browning*. Il doit sa renommée à ses *Conversations imaginaires* (1824 - 1829), dont la prose ample et rythmée fait de lui un classique de la littérature anglaise. La finesse psychologique et l'idéalisme aristocratique de ces entretiens furent notamment loués par W. B. Yeats*.

**LANDOUZY (Louis)** ♦ Médecin français (Reims 1845 - Paris 1917). Ses travaux portèrent sur les maladies nerveuses (atrophie musculaire progressive ou type de Landouzy-Déjerine) et sur le traitement sérothérapique de la syphilis et de la tuberculose. [Acad. sc. 1913]

**LANDOWSKA (Wanda)** ♦ Claveciniste polonaise (Varsovie 1877 - Lakeville, Connecticut 1959). Successivement professeur à la Schola Cantorum (1900), à la Hochschule de Berlin (1913), à Philadelphie et à Bâle, elle revint en France pour se fixer à Saint-Leu-la-Forêt (1925 - 1939), où son cours de musique ancienne connut une réputation internationale. Elle émigra aux États-Unis (1940). Par son enseignement comme par ses concerts et par les œuvres qu'elle suscita parmi les musiciens contemporains (M. de Falla, F. Poulenc), elle a fortement contribué à la renaissance du clavecin.

**LANDOWSKI (Paul)** ♦ Sculpteur français (Paris 1875 - Boulogne-sur-Seine 1961). Prix de Rome en 1900, il fut influencé par Rodin et tenta de conférer à la représentation symbolisante, en honneur dans la sculpture monumentale du XIX^e^ s., une qualité expressive et une énergie qu'il trouva chez ce maître (*Les Fils de Caïn*, 1906 ; *Monument de la Victoire* du chemin des Dames, 1928). Comblé d'honneurs, utilisant quelques caractères de l'art contemporain (schématisation des masses) au service d'une inspiration que l'on a pu juger profondément académique (*Sainte Geneviève*, pont de la Tournelle, Paris, 1928), il est l'auteur de nombreuses commandes officielles, vivement contestées par les tenants de l'art contemporain (*Monument à l'Infanterie*, place du Trocadéro, Paris, 1951 - 1956). ▪ Père de Marcel Landowski.

**LANDOWSKI (Marcel)** ♦ Compositeur français (Pont-l'Abbé 1915 - Paris 1999), fils de Paul Landowski. Il composa des opéras (*Le Rire de Nils Halerius, Le Fou, Le Ventriloque, L'Opéra de poussière, Montségur, La Vieille Maison*), des oratorios, de la musique symphonique (4 symphonies, concertos) et chorale, de la musique de chambre. Directeur de la musique (1966 - 1974), il fut le fondateur de l'Orchestre de Paris (1967). [Acad. des bx-arts 1975]

**LANDRECIES** [59550] ➝ ÉTYM. germ. «domaine de Landarik (n. de pers.)» et suff. *-iacas* ♦ Ch.-l. de cant. du Nord, arr. d'Avesnes-sur-Helpe, dans le Hainaut, sur la Sambre. 3 858 hab. (*Landreciens*). ▮ **Histoire** Anc. place forte acquise définitivement à la France en 1659 et fortifiée par Vauban.

**LANDRI** ♦ (seconde moitié du VI^e^ s.). Leude de Chilpéric, roi de Neustrie, il fut probablement l'amant de la reine Frédégonde et tua Chilpéric à son instigation (584). Maire du palais sous Clotaire II, fils de Chilpéric, il lutta contre Childebert, roi d'Austrasie, et le battit en 593.

**LANDRU (Henri Désiré)** ♦ Criminel français (Paris 1869 - Versailles 1922). Arrêté en 1919 sous l'inculpation d'escroquerie et d'abus de confiance, il fut bientôt accusé du meurtre d'un jeune garçon et de dix femmes, qu'il avait séduites puis étranglées et brûlées dans sa cuisinière. Il nia ces meurtres mais ne put échapper à la guillotine. ➝ ÉTYM. Ce nom vient du nom de personne germanique *Landdrud* (de *land* «pays» et *drud* «ami»).

**LANDRY (Bernard)** ♦ Homme d'État canadien (Saint-Jacques de Montcalm, région de Joliette 1937). Député du Parti québécois (1976 - 1985 et 1994 - 2005), il occupa plusieurs ministères dans le gouvernement de R. Lévesque*. Il revint au pouvoir en 1994 en qualité de ministre et de vice-Premier ministre. Président du Parti québécois de 2001 à 2005, il a été Premier ministre du Québec de mars 2001 à avril 2003.

**LANDSBERGIS (Vytautas)** ♦ Homme d'État et musicologue lituanien (Kaunas 1932). Membre fondateur du mouvement lituanien Sajudis, il devint en 1990 le président du Parlement de Lituanie et se fit le champion de l'indépendance de son pays contre les pressions de Moscou. Il ne put juguler la crise économique, perdit les élections de 1992 et fonda le parti conservateur de Lituanie. À nouveau président du Parlement (1996 - 2000), il fut battu à la présidentielle de 1998. Il a été élu député européen en 2004 et en 2009.

**LAND'S END** ➝ ÉTYM. angl. «fin de la terre» ♦ Pointe granitique au S.-O. de la Grande-Bretagne (Cornouailles). Site touristique.

**LANDSHUT** ♦ V. d'Allemagne méridionale (Bavière), anc. cité ducale et ch.-l. de la régence de Basse-Bavière, sur l'Isar. 62 229 hab. Église gothique Saint-Martin (XIV^e^ - XV^e^ s.), château ducal de Trausnitz (XII^e^ - XVI^e^ s.), palais Renaissance de la Residenz (XVI^e^ s.). Maisons anciennes. ▪ Indus. alimentaires, construc. mécaniques et électriques.

**LANDSKRONA** ♦ V. du S.-E. de la Suède, sur le détroit de l'Øresund. 40 018 hab. Forteresse du XVI^e^ s. ▪ Port. Ville indus. : construc. mécaniques.

**LANDSTEINER (Karl)** ♦ Médecin américain d'origine autrichienne (Vienne 1868 - New York 1943). Fondateur de l'immunologie sanguine, il découvrit l'existence des groupes sanguins A, B et O (1901), puis AB. Il mit ensuite en évidence les facteurs M, N, P et le facteur Rhésus, et fut le premier à remarquer que le sang de chaque personne est unique et peut être identifié par des méthodes sérologiques. Il consacra d'importants travaux à la sérologie générale, à la syphilis et à la poliomyélite. [Prix Nobel de physiol. ou méd. 1930] ➝ ÉTYM. Ce nom vient d'un nom de lieu en Allemagne, de l'allemand *Land* «pays» et *Stein* «pierre».

**Landtag** n. m. ♦ Dans les pays de langue allemande, assemblée parlementaire d'un État régional (Land). L'unification politique sur une base fédérale fit que l'Empire allemand forgé par Bismarck* et perpétué sous Weimar avait son assemblée fédérale, le Reichstag, et que les différents États (la Prusse par ex.) avaient leur Landtag. Supprimés par les nazis qui remirent le pouvoir régional au *Gauleiter*, ils furent recréés en 1946 et 1949 dans les deux républiques allemandes, puis supprimés à nouveau de 1952 à 1990 en RDA (➝ **Allemagne**). Élu tous les 4 ans, le Landtag entérine les lois fédérales mais peut en préciser les modalités et légifère dans les domaines qui ne sont pas de la compétence fédérale. De la même façon, il y a en Autriche une assemblée législative fédérale, le Nationalrat, et un Landtag régional dans chacun des 9 Bundesländer.

**LANESSAN (Jean Marie Antoine DE)** ♦ Naturaliste, médecin et homme politique français (Saint-André-de-Cubzac 1843 - Écouen 1919). Auteur d'ouvrages scientifiques, directeur politique du *Siècle* (1906), il fut plusieurs fois député radical sous la III^e^ République, puis gouverneur général du Tonkin (1891 - 1894), où il contribua au renforcement de la présence française. Il obtint le portefeuille de la Marine dans le cabinet Waldeck-Rousseau (1899 - 1902).

**LANESTER** [lanɛstɛʀ] [56600] ➝ ÉTYM. vx bret. «l'ermitage (*lann*) de l'estuaire [ou de la rivière] (*stêr*)» ♦ Ch.-l. de cant. du Morbihan, banl. N.-O. de Lorient. 21 897 hab. (*Lanestériens*).

**LANEUVEVILLE-DEVANT-NANCY** [54410] ♦ Comm. de la Meurthe-et-Moselle, arr. de Nancy, sur la Meurthe. 5 083 hab. (*Laneuvevillois*).

**LANFRANC** ♦ Prélat anglais d'origine italienne (Pavie v. 1005 - Canterbury 1089). Il enseigna à l'abbaye du Bec, puis devint conseiller de Guillaume* le Conquérant, archevêque de Canterbury (1066) et primat d'Angleterre (1072). Il remplaça les évêques anglo-saxons par des évêques normands et réforma l'Église anglaise.

**LANFRANCO (Giovanni)**, dit en fr. **Lanfranc** ♦ Peintre et graveur italien (Parme 1582 - Rome 1647). Élève d'Agostino Carrache*, il collabora à partir de 1604 à la décoration du palais Farnèse* à Rome. Revenu à Parme en 1610 - 1612, il exécuta de nombreuses décorations dans les églises de la région, qui dénotent l'assimilation des amples compositions du Corrège*. Protégé par le pape Paul V, il s'affirma ensuite comme l'un des premiers représentants du baroque romain par ses vastes décorations où apparaissent de savantes architectures en trompe-l'œil, des envolées de figures mouvementées, présentées avec d'habiles raccourcis (palais Mattei, 1615 ; casino Borghèse, 1616 ; coupole de San Andrea della Valle, 1621 - 1625, commencée par le Dominiquin). Travaillant à Naples de 1633 ou 1634 à 1646, il se lia avec J. de Ribera* et contribua par ses décorations à infléchir le caravagisme vers un illusionnisme baroque (chapelle San Gennaro). ◆ ÉTYM. Le nom italien *Lanfranco* est une variante de *Lanfranchi*, du germanique *land* «pays» et *franc* «libre».

**LANG (Andrew)** ♦ Écrivain et ethnographe britannique (Selkirk 1844 - Banchory, Aberdeenshire 1912). Connu par ses travaux sur le folklore et les mythes (*Coutume et Mythe*, 1884 ; *Mythe, Rituel et Religion*, 1887 ; *La Formation de la religion*, 1898 ; *Magie et Religion*, 1905 ; *Le Secret du totem*, 1905), il tente d'y expliquer la formation de la religion, du surnaturel à partir du milieu naturel (biologique, géographique).

**LANG (Fritz)** ♦ Cinéaste américain d'origine autrichienne (Vienne 1890 - Los Angeles 1976). Scénariste, metteur en scène, il fut un maître du cinéma expressionniste allemand. Dans ses œuvres prédominent les thèmes de la culpabilité, du rachat, de la liberté de l'individu s'affirmant face aux impératifs de la civilisation des temps modernes : *Les Trois Lumières* (1921), *Le Docteur Mabuse* (1922), *Les Nibelungen* (1923 - 1924), *Metropolis** (1927), *M* le Maudit* (1931), *Le Testament du Docteur Mabuse* (1933). Il quitta l'Allemagne à l'avènement du nazisme (1933). Après un bref séjour en France, il se fixa aux États-Unis où il tourna de nombreux films dont *Furie* (1936), *J'ai le droit de vivre* (1937), *La Femme au portrait* (1944), *Le Secret derrière la porte* (1948), *L'Ange des maudits* (*Rancho notorious*, 1952), *Les Contrebandiers de Moonfleet* (1954), *L'Invraisemblable Vérité* (1956). De retour en Allemagne en 1959, il réalisa deux œuvres testamentaires : le diptyque *Le Tigre du Bengale/Le Tombeau hindou* et *Le Diabolique Docteur Mabuse* (1960).

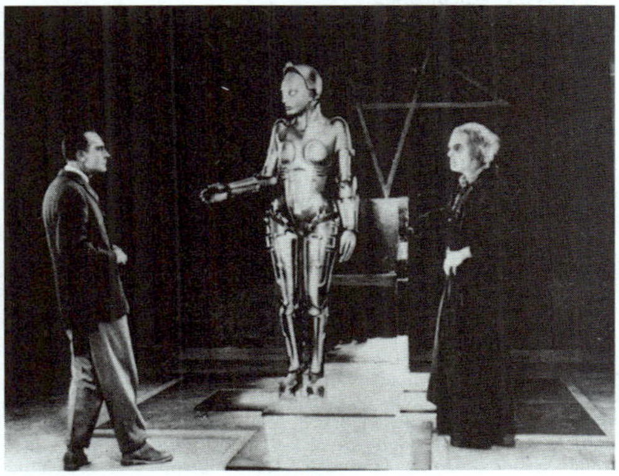

Fritz **Lang**. Une scène du film *Metropolis*. *Phot. © Coll. Rui Nogueira*

**LANG (Jack)** ♦ Juriste et homme politique français (Mirecourt 1939). Directeur du théâtre universitaire de Nancy (où il créa un festival mondial) de 1963 à 1972, député socialiste (1986 - 1988, 1997 - 2000, 2002 -), maire de Blois (1989 - 2001), député européen (1994 - 1997), il a été ministre de la Culture (1981 - 1986 ; 1988 - 1993) et de l'Éducation nationale (1992 - 1993 ; 2000 - 2002). En 2009, il a effectué à la demande du président N. Sarkozy deux missions pour l'établissement de relations diplomatiques à Cuba et en Corée du Nord. Fondateur de la Fête de la musique (1982), il a encouragé toutes les formes de la création, incitant l'État et les régions à passer commande aux artistes. Il a fait adopter des mesures en faveur du livre et du cinéma. ◆ ÉTYM. Ce nom vient de l'allemand et signifie «long» (désignant un homme grand et mince).

**LANGDON (Harry)** ♦ Acteur et cinéaste américain (Councils Bluffs 1884 - Hollywood 1944). Venu du music-hall, ce comique à l'allure insolite de rêveur éveillé et désespérément timide affirma une forte personnalité dans des films qu'il conçut et réalisa avec la collaboration de Frank Capra : *Plein les bottes* (1926), *L'Athlète incomplet* (1926).

**LANGE (Friedrich Albert)** ♦ Écrivain politique et philosophe allemand (Wald, près de Solingen 1828 - Marburg 1875). Partisan de la politique de la social-démocratie (→ **Bebel**) contre l'impérialisme prussien, il vit dans l'éducation de la classe ouvrière la solution à la question sociale (*La Question des travailleurs*, 1865). Néokantien, il donna une interprétation nettement psychologique et phénoméniste du criticisme (*Histoire du matérialisme*, 1866 ; *Études logiques*, 1877).

**LANGE (Christian Lous)** ♦ Jurisconsulte norvégien (Stavanger 1869 - Oslo 1938). Directeur de l'institut Nobel (1901 - 1909), il est l'auteur d'un ouvrage sur *L'Arbitrage international obligatoire* (1914), d'une *Histoire de l'internationalisme* (1919). [Prix Nobel de la paix 1921]

**LANGE (Dorothea)** ♦ Photographe américaine (Hoboken, New Jersey 1895 - Marin County, Californie 1965). De 1934 à 1939, elle exécuta, sous la direction de Roy Stryker, des photographies au sein de la section historique de la Farm Security Administration (FSA), projet gouvernemental créé par le président Roosevelt pour remédier à la crise de 1929. Après les années 1930, elle élargit ses reportages à l'ensemble de la société américaine et collabora, à partir de 1950, à *Life* et à d'autres magazines.

**LANGEAC** [43300] ◆ ÉTYM. anc. de *Langiaco*, du lat. *Langius*, n. de pers., et suff. *-acum* ♦ Ch.-l. de cant. de la Haute-Loire, arr. de Brioude, sur l'Allier. 4 070 hab. (*Langeadois*). Église gothique (stalles et chaire du XVIe s.).

**LANGEAIS** [37130] ◆ ÉTYM. anc. *vico Alingaviensi*, p.-ê. à rapprocher de la rac. gaul. *ling-* (→ aussi Lingons) et suff. *-avus* ♦ Ch.-l. de cant. de l'Indre-et-Loire, arr. de Chinon. 3 865 hab. (*Langeaisiens*). Château du XVIe s., élevé sur une anc. forteresse dont il subsiste un donjon (Xe s.) : mobilier ; cheminées sculptées ; tapisseries des XVe et XVIe s.

**LANGELAND** ◆ ÉTYM. danois «pays long» ♦ Île du Danemark, dans la Baltique, au S.-E. de la Fionie (municipalité du Danemark-du-Sud). 285 km². 13 704 hab. V. PRINC. : Rudkøbing.

**LANGERHANS (Paul)** ♦ Médecin allemand (Berlin 1847 - Funchal, Madère 1888). Il donna la description des amas de cellules glandulaires situés entre les acini du pancréas et sécrétant, entre autres, l'insuline (*îlots de Langerhans*).

**LANGEVIN (Paul)** ♦ Physicien français (Paris 1872 - *id.* 1946). Auteur de recherches sur les gaz ionisés, la biréfringence électrique et magnétique, l'inertie de l'énergie, il donna, en 1905, une théorie électronique complète des phénomènes dia- et paramagnétiques, retrouvant par le calcul les lois découvertes par P. Curie*. Sa théorie du paramagnétisme, fondée sur la mécanique statistique, prévoyait l'apparition de certaines particularités telle la supraconductivité aux très basses températures. Appliquant la théorie de la relativité au problème de la condensation des atomes d'hydrogène en atomes plus complexes (1911), il fournit l'interprétation des écarts à la loi de Prout* et put calculer l'énergie libérée. En 1915, pendant la guerre, il mit au point la technique de production et de réception des ultrasons et leur emploi pour la détection des sous-marins. Il fut un défenseur et un vulgarisateur de la théorie de la relativité ; son nom reste attaché à un «paradoxe» permettant de clarifier les conséquences de cette théorie. Ses cendres ont été transférées au Panthéon en 1948. [Acad. sc. 1934] ◆ ÉTYM. Ce nom de famille vient de *l'Angevin* «originaire de l'Anjou».

**LANGEVIN (André)** ♦ Écrivain canadien d'expression française (Montréal 1927 - Cowansville 2009). Romancier de la solitude, il a publié trois ouvrages où le récit tient moins de place que l'étude des crises de conscience ; dans *Poussière sur la ville* (1953), *Le Temps des hommes* (1955), *Évadé de la nuit* (1957), puis *L'Élan d'Amérique* (1972) et *Une chaîne dans le parc* (1974), les héros (tous orphelins et marqués par un sentiment d'aliénation) sont tourmentés par le problème de la souffrance, qu'ils sont appelés, comme médecin ou comme prêtre, à constater autour d'eux. Incapables dès lors de croire «à la justice de Dieu», ils s'efforcent de «tout ramener sur le plan de l'homme [...]». Romans sombres, les œuvres de Langevin sont servies par un style nerveux et précis.

**LANGGÄSSER (Elisabeth)** ♦ Poète et romancière allemande (Alzey 1899 - Rheinzabern, près de Landau 1950). Ses œuvres, qui décrivent «le déchirement de l'âme humaine entre les "ivresses passagères" de la vie et l'appel de la sainteté» (H. Plard), permettent de la classer parmi les romancières catholiques les plus originales. Outre des recueils de vers (1924, 1935) d'un lyrisme exalté et d'un symbolisme tour à tour sensuel et mystique, elle composa deux romans : *Le Sceau indélébile* (1946) et *Les Argonautes de Brandebourg* (1950).

**LANGHANS (Carl Gotthard)** ♦ Architecte allemand (Landeshut, Silésie 1732 - Grüneiche, près de Breslau 1808). D'abord philologue, il étudia ensuite l'architecture, et fit plusieurs voyages en Italie, en Hollande, en Angleterre et en France. Il travailla à Breslau de 1775 à 1786, puis à Berlin à partir de 1787. L'empreinte du palladianisme est sensible dans ses œuvres du début (palais Hatzfeld), mais ensuite il chercha à s'inspirer directement de l'architecture grecque. Il éleva la porte de Brandebourg (1788 - 1789) à Berlin en adoptant un parti sévère et monumental. Il édifia ensuite le théâtre de Potsdam (1795). Il joua un rôle notable en Allemagne en introduisant le style néoclassique.

**LANGHOFF (Matthias)** ♦ Metteur en scène français d'orig. allemande (Zurich 1941). Il entra au Berliner* Ensemble (1961 - 1993) puis quitta la RDA en 1978 et travailla dans les grands théâtres européens pour des mises en scène irrespectueuses et violentes, matérialistes et visuelles, en écho à la réalité contemporaine : *Le Commerce de pain* de Brecht (1967) ; *Le Prince de Hombourg* de Kleist (1978) ; *Le Roi Lear* (1986), *Richard III* (1995) de Shakespeare et, inspiré de cet auteur, *Hamlet-cabaret* (2008) ; *La Bataille* (1975), *La Mission* (1989) et *Quartett* (2005) de Heiner Müller ; *Le Désir sous les ormes* d'O'Neill ; *Mademoiselle Julie* (1988) et *Danse de mort* (1996) de Strindberg.

**LANGLADE** ♦ Autre désignation de la Petite Miquelon. → **Miquelon.**

**LANGLAIS (Jean)** ♦ Organiste et compositeur français (La Fontenelle, Ille-et-Vilaine 1907 - Paris 1991). Il fut titulaire, à partir de 1945, de l'orgue de Sainte-Clotilde à Paris, tenu avant lui par Franck et Tournemire (*Suite française*, 1948 ; *Hommage à Frescobaldi*, 1951).

**LANGLAND (William)** ♦ Poète anglais (v. 1331 - 1399). Auteur du célèbre poème *Pierre* le Laboureur*.

**LANGLE DE CARY (Fernand DE)** ♦ Général français (Lorient 1849 - Pont-Scorff, Morbihan 1927). Général à la retraite en 1914, il fut rappelé au début de la guerre et commanda la IV$^e$ armée, combattant notamment à Neufchâteau, Ethe, Virton (→ **Ardennes [batailles des]**) avant de battre en retraite (23 août 1914). Il dirigea l'offensive de Champagne* (automne 1915) puis commanda le groupe d'armées du Centre. Il quitta le service actif en 1917.

**LANGLOIS (Henri)** ♦ Cofondateur de la Cinémathèque* française (Smyrne, auj. İzmir 1914 - Paris 1977). Il rassembla, avec G. Franju (1934), un fonds d'une extraordinaire richesse et contribua, par ses encouragements, à l'épanouissement du cinéma français. ➝ ÉTYM. *Langlois* est une variante de *Langlais* « l'Anglais », nom d'immigré ou de personne ayant séjourné en Angleterre.

**LANGMUIR (Irving)** ♦ Physicien et chimiste américain (Brooklyn 1881 - Falmouth 1957). Auteur de la première théorie d'ensemble de l'adsorption des gaz par les solides (1916), il étudia également les films moléculaires à la surface des liquides, phénomène ayant de nombreuses applications en biophysique et en chimie des détergents. Il est aussi l'auteur avec G. N. Lewis* de la théorie de la valence électrochimique et découvrit l'hydrogène atomique (1912) dont l'emploi en chalumeau permit d'obtenir de hautes températures. Ses recherches sur le tungstène aboutirent au développement des lampes à incandescence et des tubes électroniques ; il réalisa également la pompe à condensation à vapeur de mercure (1916). Auteur de travaux sur les gaz ionisés, il montra l'utilité d'électrodes auxiliaires (*sondes de Langmuir*, 1923) et distingua deux sortes de régions dans les décharges (plasmas et gaines, 1932). Parmi ses très nombreux travaux, il faut citer encore la production de fumées de camouflage, de pluies artificielles et le dégivrage d'aéronefs pendant la Deuxième Guerre mondiale. [Prix Nobel de chim. 1932]

**LANGNAU** ♦ V. de Suisse (cant. de Berne), dans l'Emmental. 8 953 hab. Centre de fabrication de fromage. Indus. textile.

**LANGOGNE** [48300] ➝ ÉTYM. anc. *Lingonia*, du gaul. *Lingo* (n. de pers.), et suff. *-ia* ou de *ling-* « sauter » (pour désigner un cours d'eau rapide) ♦ Ch.-l. de cant. de la Lozère, arr. de Mende, sur la rive g. de l'Allier. 3 095 hab. *(Langonais)*. Tours de l'anc. enceinte. Église romane Saint-Gervais-et-Saint-Protais, remaniée aux XV$^e$ et XVII$^e$ s. (façade gothique ; chapiteaux sculptés). Halles (XVIII$^e$ s.). ▪ Station estivale. Marché agricole.

**LANGON** [33210] ➝ ÉTYM. p.-ê. à rapprocher de la rac. gaul. *ling-* (→ Lingons) ♦ Ch.-l. d'arr. de la Gironde, sur la Garonne. 6 168 hab. (aggl. 8 975) *(Langonnais)*. Ville admin. et commerçante (vins du Bordelais). Viticulture (graves).

**LANGREO** ♦ V. d'Espagne (Asturies), prov. d'Oviedo. 45 668 hab. Minerai de fer, houille. Centre sidérurgique.

**LANGRES** [52200] ➝ ÉTYM. anc. *Andemantunnum*, puis *Lingones*, du n. des *Lingons** ♦ Ch.-l. d'arr. de la Haute-Marne, sur le contrefort du plateau de Langres. 9 586 hab. (aggl. 10 893) *(Langrois)*. Évêché. La ville, construite sur une hauteur, possède de nombreux monuments. Cathédrale Sainte-Mammès, édifiée entre 1141 et 1196 (roman bourguignon et gothique). Église Saint-Martin, en partie du XIII$^e$ s. (œuvres d'art). Remparts (reconstruits au XIX$^e$ s.). Maisons Renaissance. Musée du Breuil-de-Saint-Germain : objets d'art (faïences, porcelaine) ; souvenirs de D. Diderot ; histoire de la coutellerie. Musée Saint-Didier : antiquités gallo-romaines ; sculptures du Moyen Âge et de la Renaissance. ▪ Anc. centre de la coutellerie. ▮ **Histoire** *Andematunum* fut le point de départ de la révolte de Sabinus (71). Saint Bénigne y fonda un évêché au III$^e$ siècle.

**LANGRUNE-SUR-MER** [14830] ♦ Comm. du Calvados, arr. de Caen, sur la Manche. 1 706 hab. *(Langrunais)*. Église du XIII$^e$ s. (clocher à deux étages). ▪ Station balnéaire.

**LANG SƠN** ♦ V. du Viêtnam (Nord), près de la frontière chinoise. 52 181 hab. Grand marché frontalier. Cultures maraîchères. Mines de plomb et de zinc à proximité. ▮ **Histoire** Commandant la voie de passage entre la Chine et le Viêtnam, Lạng Sơn fut de tout temps une importante place d'armes. En fév. 1885, la ville fut occupée par le général français de Négrier qui, blessé, dut abandonner le commandement au lieutenant-colonel Herbinger. Celui-ci fit évacuer la place le 28 mars. Connu à Paris, cet échec suscita une vive opposition à la politique coloniale de Jules Ferry, dont le cabinet fut contraint de se retirer (30 mars 1885). Lors de la guerre d'Indochine, Lạng Sơn fut parmi les villes âprement disputées dès le début des hostilités. Lors des incidents frontaliers avec la Chine en 1979, elle joua un rôle décisif.

**LANGTON (Étienne ou Stephen)** ♦ Prélat et théologien anglais (mort à Slindon, Sussex 1228). Cardinal (1206) puis archevêque de Canterbury (1207), il participa à la promulgation de la Grande Charte* imposée à Jean sans Terre (1215).

**LANGUEDOC** n. m. ➝ ÉTYM. d'après la *langue* où l'on dit *oc* « oui », c'est-à-dire l'occitan ♦ Province historique de la France. ▮ **Histoire** L'anc. province du Languedoc (Haut et Bas-Languedoc) s'étendait davantage au N. et à l'O. que la région actuelle, puisqu'elle comprenait, en outre, Toulouse et une partie du Massif central. Elle eut d'abord pour cap. Toulouse, puis deux généralités, Toulouse et Montpellier (XVI$^e$ s.). L'occupation romaine commença dès −120 (Narbonnaise) et devait laisser une empreinte durable sur le pays qui souffrit peu des invasions du V$^e$ s. (Vandales*, Suèves*, puis Wisigoths*, qui en firent un royaume, avant d'être repoussés en Septimanie). Elle fut davantage éprouvée par la conquête arabe et devint sous les Carolingiens la marche défensive de Gothie. Passée au XI$^e$ et au XII$^e$ s. sous l'hégémonie des comtes de Toulouse*, elle ne posséda jamais une réelle unité politique et resta la proie des ambitions des rois d'Aragon et des Capétiens. Mais elle connut à cette époque un remarquable essor économique (commerce maritime, draperie à Montpellier) qui accompagna l'épanouissement de toute une civilisation, en avance sur celle du Nord (architecture romane, droit romain, littérature de « langue d'oc »). L'hérésie cathare, venue d'Orient, rencontra dans le pays un grand succès. Elle devait servir de prétexte à la croisade des albigeois*, en fait guerre du Nord contre le Midi. Particulièrement éprouvé par la guerre de Cent* Ans et ravagé par les Grandes Compagnies*, le Languedoc connut au XVI$^e$ s. des guerres de Religion particulièrement sanglantes. La querelle religieuse ainsi ranimée devait reprendre au XVII$^e$ s., au moment de la révocation de l'édit de Nantes (révolte des camisards*), et se poursuivre sur un plan politique au moment de la Révolution. Au XIX$^e$ s., le Languedoc devint l'un des bastions du radicalisme.

**Languedoc** (canal du) → **Midi (canal du)**

**Languedoc** (parc naturel régional du **Haut-**) ♦ Parc régional créé en 1972. D'une superficie d'environ 140 000 ha, il englobe notamment les monts de l'Espinouse, le Sidobre, une partie de la Montagne Noire et des monts de Lacaune.

**LANGUEDOC-ROUSSILLON** n. m. ♦ Région administrative du S. de la France, comptant 5 dép. : Aude, Gard, Hérault, Lozère, Pyrénées-Orientales. 27 376 km² (5 % du territoire, 8$^e$ rang). 2 295 648 hab. (3,9 %, 11$^e$ rang). 3,2 % du PIB (12$^e$ rang). CH.-L. : Montpellier. Elle correspond aux anciennes provinces du Roussillon et du Languedoc, ce dernier amputé à l'O. et au N.-O.

▮ **GÉOGRAPHIE** La région forme un ensemble disparate, unifié par un climat de type méditerranéen dont la luminosité et la limpidité atmosphérique sont exceptionnelles (record de l'insolation à Montpellier : 369 h en juil.). La violence des vents continentaux (mistral et tramontane), desséchants et froids, troublant par de brusques variations la douceur des hivers (Perpignan : 6,7 °C en janv., Montpellier : 5,6 °C), provoque de fortes amplitudes diurnes. L'été, soumis à l'influence des hautes pressions subtropicales, est chaud et sec (Montpellier : 23,7 °C en juil., record : 42,9 °C). Les pluies interviennent plutôt lors des saisons intermédiaires (automne surtout) et tombent en averses drues et brèves (Montpellier, 752 mm en 90 j. ; Paris, 620 mm en 167 j ; Brest, 800 mm en 200 j). C'est à ces caractéristiques naturelles, relevant du milieu méditerranéen, que la région doit sa physionomie originale, marquée par la présence de l'olivier et d'autres arbres ou arbustes adaptés à la sécheresse (amandier, figuier, mûrier, chêne vert et chêne-liège), par la présence d'un manteau végétal discontinu et par la nudité rocailleuse des pentes, avec des nuances liées au relief et à la nature des sols. Du Roussillon, plaine d'effondrement au rivage rectiligne, ouverte entre Albères (1 256 m) et Corbières (1 230 m), adossée au bloc morcelé des Pyrénées orientales (Carlitte, 2 921 m ; Canigou, 2 784 m), les caractères méditerranéens gagnent la montagne par les vallées et les bassins (Capcir, Cerdagne, Vallespir). Les rivières qui en descendent (Têt, Sègre, Tech) compensent mal la faiblesse des pluies (440 mm/an à Salces) et imposent l'irrigation. À l'est du seuil du Lauragais, le bas Languedoc dessine, entre la plaine maritime et le Rhône, une série de gradins calcaires au relief inégal, domaine des garrigues brûlantes et ventées, venant s'appuyer sur les Cévennes. De l'Espinouse (1 124 m) au mont Lozère (1 699 m), celles-ci reçoivent de fortes pluies méditerranéennes en automne (plus de 2 m à l'Aigoual [1 565 m], avec un maximum de 950 mm en 24 h constituant le record européen) et leur versant est disséqué en gorges profondes par l'écoulement torrentiel des eaux (le débit de l'Ardèche peut passer de 50 à 7 500 m³ en un jour). On retrouve les traits classiques du Massif central en remontant vers le Gévaudan et la Margeride (1 200 - 1 500 m) par les causses Méjean et de Sauveterre et leurs canyons (gorges du Tarn).

▮ **POPULATION** Si la population a crû au XIX$^e$ s. grâce à une industrie et à une agriculture traditionnelles, les structures de celles-ci, inadaptées au monde moderne, ont entraîné un déclin démographique dans la 1$^{re}$ moitié du XX$^e$ s. (− 8,5 %). L'apport de 140 000 rapatriés d'Afrique du Nord dans les années 1960, puis le déve-

**Languedoc-Roussillon.**

loppement soutenu des activités tertiaires ont été à l'origine d'une importante reprise, liée surtout à l'arrivée de jeunes actifs venus d'autres régions. La croissance s'est cependant concentrée dans les dép. littoraux (Hérault, 1968 - 1990 : + 30,5 % ; 1990 - 1999 : + 12,8 %) alors que la montagne a longtemps connu un processus de régression démographique. L'opposition littoral-intérieur continue de s'accentuer.

▮ **ÉCONOMIE** ▮ **Agriculture** Formée à 90 % de cultures, elle est spécialisée en particulier dans la vigne (env. 13 millions hl de vin par an, 30 à 40 % de la prod. nationale), les fruits et les légumes (2e rang) et le blé dur (300 000 t). Elle assure encore 3 % de l'emploi régional (France : 2 %) mais traverse une grave crise viticole liée à la concurrence des pays d'Europe du Sud (arrachage de près de 20 000 ha dans le cadre européen et reconversion dans des crus de qualité). L'élevage ovin (370 000 têtes), surtout concentré dans la Lozère, est également en difficulté et ne permet pas de relever le niveau d'un revenu brut par exploitation inférieur de 40 % à la moyenne nationale. ▮ **Industrie** Ce secteur ne représente que 17 % de l'emploi régional (France : 20 %) et traverse des difficultés (houillères et sidérurgie dans le Gard, textile en Lozère). Certaines branches (informatique à Montpellier, industrie pharmaceutique et chimique, agroalimentaire) se développent, mais dans le cadre de l'essor des activités de service et de recherche autour de la cap. régionale, qui accueille plus de 50 000 étudiants au sein de ses 3 universités (7e rang national). ▮ **Activités tertiaires** Le tourisme estival est devenu une activité essentielle (3e région d'accueil de France, 9 % des nuitées) grâce à la mise en valeur, entreprise en 1964, des plages et des étangs sur 160 km du littoral, aux loisirs écologiques (parc national des Cévennes, parc naturel régional du Haut-Languedoc, gorges du Tarn, Grands Causses) et au patrimoine : monuments antiques de Nîmes, pont du Gard (aqueduc romain à trois niveaux), cités médiévales de Carcassonne et d'Aigues-Mortes, palais des rois de Majorque à Perpignan (XIIIe - XIVe s.), promenade du Peyrou et hôtels des XVIIe et XVIIIe s. à Montpellier. ▪ La région, dont l'image est dynamique et prometteuse, possède pourtant le plus fort taux de chômage de France avec le Nord-Pas-de-Calais (11 % en 2008). **Communications** Les infrastructures de transport situent la région dans un contexte européen, d'une part, sur un axe méditerranéen reliant l'Espagne à l'Italie, et, d'autre part, sur la grande voie méridienne vers l'Europe du N. Le futur TGV Barcelone-Montpellier-Milan, associé à la ligne déjà existante (Montpellier-Paris), valorisera encore cette situation de la région, que desservent 3 aéroports (Montpellier, Nîmes, Perpignan), transportant chaque année 2,5 millions de passagers et 12 000 t de fret. **Urbanisation** Le réseau urbain s'articule autour des trois grandes villes, toutes situées sur l'axe de communication Espagne-vallée du Rhône : Montpellier assume parfaitement son rôle de capitale régionale et entraîne dans son sillage Nîmes et Perpignan, avec pour ambition de donner à la région une dimension internationale, qu'elle n'atteint pas encore face à la puissante Catalogne. D'autres villes : Narbonne et Béziers, centres du commerce viticole, Sète et ses activités portuaires, Lunel, Alès, anc. ville minière en conversion, tentent de s'insérer dans cette dynamique.

**LANGUET (Hubert)** ♦ Diplomate français (Vitteaux, près d'Autun 1518 - Anvers 1581). Protestant, il se réfugia en Allemagne en 1549 et se lia avec Melanchthon*. En 1559, engagé par l'électeur de Saxe, il représenta en France l'union des protestants allemands. À Paris, il échappa à la Saint-Barthélemy. On lui attribue le pamphlet *Vindiciae contra tyrannos*, où il examine les cas où une insurrection est légitime. Ce texte, publié en 1579, eut une grande influence au XVIe s.

**LANGUEUX** [22360] ➝ ÉTYM. en bret. *Langaeg*, du vx bret. «ermitage *(lann)* de saint Kê (auj. *Quay*)» ♦ Ch.-l. de cant. des Côtes-d'Armor, arr. de Saint-Brieuc. 6 248 hab.

**LANGUIDIC** [lɑ̃gidik] [56440] ➝ ÉTYM. vx bret. «ermitage, sanctuaire *(lann)* de saint Kintic (premier patron de la paroisse)» ♦ Comm. du Morbihan, arr. de Lorient. 6 489 hab. *(Languidiciens)*. Chapelle Notre-Dame-des-Fleurs (XVe s.) de style flamboyant.

**LANIEL (Joseph)** ♦ Industriel et homme politique français (Vimoutiers, Orne 1889 - Paris 1975). Membre du Conseil national de la Résistance (1943), député du centre droit de 1945 à 1958, plusieurs fois ministre, il fut appelé à la présidence du Conseil en juin 1953. Son gouvernement dut affronter une importante agitation sociale, le problème de la Communauté européenne de défense, la crise du Maroc et la guerre d'Indochine. La défaite de Điên* Biên Phù en causa la chute (juin 1954). ➝ ÉTYM. *Laniel* est une forme altérée de *Lagnel* «l'agneau».

**LANIER (Sidney)** ♦ Poète, critique et musicien américain (Macon, Géorgie 1842 - Lynn, Caroline du Nord 1881). D'origine huguenote, il fut élevé dans la tradition du vieux Sud par des parents très religieux. Il contracta la tuberculose pendant la guerre civile, qui lui inspira son premier roman *Lis tigrés* (*Tiger-Lilies*, 1867). Ses *Poèmes* (1877) sont élégiaques. Les plus célèbres («La Symphonie» ; «Le Chant de Chattahoochee» ; «Les Marais de Glynn») sont dus à ses dons de musicien (il fut flûtiste solo de l'orchestre de Baltimore).

**LANJUINAIS (Jean Denis,** comte**)** ♦ Homme politique français (Rennes 1753 - Paris 1827). Avocat à Rennes, député du tiers état aux états généraux (1789), il contribua, avec Le* Chapelier, à la création du Club breton, devenu le Club des jacobins* (1789), et participa aux réformes faites par l'Assemblée nationale constituante (constitution civile du clergé, laïcisation de l'état civil). À la Convention, il prit position contre la Montagne et fut proscrit avec les girondins (1793). Lors de la Convention thermidorienne, il travailla à l'élaboration de la Constitution de l'an III (1795). Député d'Ille-et-Vilaine, sénateur (1800), opposé au consulat à vie et à l'Empire, il fut néanmoins fait comte (1808). Partisan de la déchéance de Napoléon Ier, il devint membre de la Chambre des pairs sous la Restauration.

**LANMEUR** [29227] ➝ ÉTYM. vx bret. «grand (*mur* [auj. *meur*]) monastère *(lann)*» ♦ Ch.-l. de cant. du Finistère, arr. de Morlaix, dans le Trégorrois. 2 122 hab. *(Lanmeuriens)*. L'église conserve un clocher du XVIIIe s., un portail roman et une crypte préromane. Dans le cimetière, chapelle Notre-Dame-de-Kernitron.

**LAN NA** n. m. ➝ ÉTYM. «le million de rizières» ♦ Anc. royaume thaï créé en 1292 par le prince de Chiang Raï, Mang Raï. CAP. : Chiang* Maï. Le royaume fut sans cesse en lutte contre ses voisins, surtout les Siamois et les Birmans, et plusieurs fois envahi. Vassal de la Birmanie (fin du XVIe s.), il passa sous la suzeraineté du Siam (XVIIIe s.) et fut absorbé à la fin du XIXe s.

**LANN-BIHOUÉ** ♦ Écart de la comm. de Quéven (Morbihan). Aéroport de Lorient*. Base aéronavale.

**LANNEMEZAN** [65300] ➝ ÉTYM. gasc. «lande *(lane)* du milieu *(meja(na))* [ou "lieu situé au milieu de la lande"]» ♦ Ch.-l. de cant. des Hautes-Pyrénées, arr. de Bagnères-de-Bigorre. 6 137 hab. *(Lannemezannais)*. Électrométallurgie (aluminium) et électrochimie en déclin.

**LANNEMEZAN** (plateau de) ♦ Plateau situé au pied des Pyrénées centrales, limité par la Garonne, la Neste et l'Adour. C'est un vaste cône de déjection d'âge tertiaire, recouvert de grès, de graviers et d'argile. La Save, la Gimone, le Gers, la Baïse y prennent leur source. C'est un pays de landes en cours de reboisement.

**LANNES (Jean),** duc **DE MONTEBELLO** ♦ Maréchal de France (Lectoure, Gers 1769 - Vienne 1809). Enrôlé dans un bataillon de volontaires du Gers en 1792, général de brigade en 1795, il fit la campagne d'Italie et suivit Bonaparte en Égypte. Ayant participé au 18 Brumaire* an VIII, il devint commandant de la garde consulaire. Il contribua à la victoire de Marengo*. Maréchal en 1804, duc de Montebello en 1808, il participa à de nombreuses batailles : Ulm*, Austerlitz*, Iéna*, Eylau*, Friedland*, combattit en Espagne (victoire de Tudela, nov. 1808, siège de Saragosse) ; il fut mortellement blessé à Essling* le 22 mai 1809 et mourut après avoir été amputé des deux jambes. Il était très estimé par Napoléon, qui fit déposer son corps au Panthéon. ➝ ÉTYM. *Lannes* est la forme gasconne de *lande*.

**LANNILIS** [29870] ➝ ÉTYM. vx bret. «église *(iliz)* de l'ermitage *(lann)*» ♦ Ch.-l. de cant. du Finistère, arr. de Brest, dans le Léon. 4 473 hab. *(Lannilisiens)*.

**LANNION** [22300] ➝ ÉTYM. anc. *Lannuon* «ermitage, sanctuaire (vx bret. *lann*) de saint Iudon (de *iud* "seigneur")» ♦ Ch.-l. d'arr. des Côtes-d'Armor, dans le Trégorrois, sur le Léguer. 18 368 hab. (aggl. 20 992) *(Lannionnais)*. Église de Brélévenez (XIIe s., remaniée à l'époque gothique). Maisons des XVe - XVIe s. ▪ Port sur le Léguer. Construc. électroniques. Centre national d'études des télécommunications à proximité de Pleumeur*-Bodou. Indus. agroalimentaire. ▪ Aux environs, chapelle de Kerfons des XVe - XVIe s. (jubé du XVe s.).

**LANNOY (Charles DE)** ♦ Général flamand au service de la maison d'Autriche (Valenciennes 1487 - Gaète 1527). Il servit Maximilien Ier et Charles Quint. Gouverneur de Tournai, puis vice-roi de Naples (1521 - 1524), il prit ensuite le commandement des armées impériales, et fit prisonnier François Ier à la bataille de Pavie* (1525). Il fut l'un des négociateurs du traité de Madrid*.

**LA NOUE (François DE)** surnommé **Bras de Fer** ou **le Bayard huguenot** ♦ Homme de guerre, mémorialiste et écrivain français (Nantes 1531 - Moncontour, Bretagne 1591). Passé à la Réforme, il resta cinq ans prisonnier des Espagnols, méditant ses *Discours politiques et militaires* (1587), composés avec rigueur et écrits avec simplicité. Animé d'un esprit de tolérance, La Noue tire un enseignement moral des événements auxquels il a assisté (XXVIe discours, dit *Mémoires*), se voulant davantage un «grand homme de bien» qu'un «grand homme de guerre» (Henri de Navarre). ➝ ÉTYM. Ce nom de famille vient d'un nom de lieu, *La Noue*, du gaulois *°nauda* «endroit marécageux».

**LANOUX (Armand)** ♦ Romancier, dramaturge, critique et poète français (Paris 1913 - Champs-sur-Marne 1983). Comblé de prix littéraires, il joua un rôle important dans l'institution, assumant le secrétariat de l'Académie Goncourt (1971). Auteur de romans (*La Nef des fous*, 1948 ; *Les Lézards dans l'horloge*, 1956), d'une trilogie romanesque consacrée à ses souvenirs de guerre, *Margot l'Enragée* (*Le Commandant Watrin*, 1956 ; *Le Rendez-vous de Bruges*, 1958 ; *Quand la mer se retire*, 1963, prix Goncourt), d'essais, de biographies (*Bonjour monsieur Zola*, 1954), de poèmes où se font sentir les influences de Verlaine et d'Apollinaire (recueil : *Le Montreur d'ombres*, 1982), il fut aussi adaptateur pour la radio et la télévision. Amoureux de Balzac et de Zola, ce représentant tardif du naturalisme célèbre avant tout le culte de la Vie. [Acad. Goncourt 1969] ➝ ÉTYM. Ce nom de famille est un nom de lieu, de *noue*, du gaulois *°nauda* «prairie humide».

**LANREZAC (Charles Louis Marie)** ♦ Général français (Pointe-à-Pitre, 1852 - Neuilly-sur-Seine 1925). À la tête de la Ve armée en 1914, il livra la bataille de Charleroi (gagnée par les Allemands) et, contraint de se replier sur l'Oise, fit front à Guise*. Remplacé peu après par Franchet* d'Esperey (en raison de sa mésentente avec le feld-maréchal britannique J. French), il publia en 1920 *Le Plan de campagne français et le premier mois de la guerre*, où il fait une critique des vues de Joffre.

**LANSDOWNE (Henry Charles Keith PETTY FITZMAURICE,** 5e marquis **DE)** ♦ Homme politique britannique (Londres 1845 - Newton Anmer 1927). Il fit partie du ministère de Gladstone*, dont il se sépara, désapprouvant sa politique irlandaise (1880). Successivement gouverneur du Canada (1883 - 1888) et vice-roi des Indes (1888 - 1893), il se rallia ensuite au parti libéral unioniste et devint l'un de ses chefs. Ministre de la Guerre, puis des Affaires étrangères (1900 - 1905), il rompit l'isolement de la Grande-Bretagne en concluant avec Delcassé* l'Entente cordiale. Il fit encore partie du cabinet Asquith* et défendit une paix de compromis (1917).

**LANS-EN-VERCORS** [38250] ➝ ÉTYM. anc. *Lanceum*, du lat. *Lancius*, n. de pers. ♦ Comm. de l'Isère, arr. de Grenoble. 2 026 hab. Station d'été et de sports d'hiver (1 020 - 1 985 m). Cures climatiques.

**LANSING** ♦ V. des États-Unis, cap. du Michigan. 127 000 hab. dont 18 % de Noirs (zone urbaine 433 000 avec East Lansing). Le faubourg d'East Lansing est le site de l'université d'État du Michigan. Indus. mécanique (la ville fut un des premiers centres de l'automobile aux États-Unis).

**LANSKOY (André)** ♦ Peintre français d'origine russe (Moscou 1902 - Paris 1976). Formé en Russie, puis à Paris, ami de Soutine, il s'exprima selon une esthétique abstraite et lyrique, mais jamais informelle. Organisées autour d'une dominante chromatique souvent franche et gaie (jaune, rouge) et d'une direction organisatrice fréquemment ascensionnelle, ses toiles utilisent une pâte riche et vigoureusement travaillée pour exprimer un bonheur lyrique et un dynamisme foisonnant (*Moisson*, 1954 ; *Interdiction du sommeil*, 1959 ; *Combat parallèle*, 1972). *La Fiancée en deuil* (1953) parvenait à conférer à la dominante noire la même vitalité.

**LANSLEBOURG-MONT-CENIS** [73480] ➝ ÉTYM. du lat. *Lancius*, n. de pers., et *bourg* ♦ Ch.-l. de cant. de la Savoie, arr. de Saint-Jean-de-Maurienne, sur l'Arc, au pied du col du Mont-Cenis. 640 hab. *(Languerainches)*. Station de sports d'hiver de Val*-Cenis.

**LANSLEVILLARD** [73480] ➝ ÉTYM. du lat. *Lantius*, n. de pers., et du franco-prov. *velar* «hameau» ♦ Comm. de la Savoie, arr. de Saint-Jean-de-Maurienne. 431 hab. *(Villarins)*. Chapelle Saint-Sébastien décorée de peintures murales du XV^e^ s. ▪ Centre d'excursions. Station de sports d'hiver de Val*-Cenis.

**LANSON (Gustave)** ♦ Universitaire et critique littéraire français (Orléans 1857 - Paris 1934). Dans son *Histoire de la littérature française* (1894), ses études sur Bossuet, Boileau, Corneille, Voltaire, *Manuel bibliographique de la littérature française* dont il dirigea la publication (1909 - 1912), il appliqua la méthode historique à l'histoire littéraire, afin de lui donner une base rigoureuse. La critique lansonienne, historique et extérieure, a été considérée par ses adversaires comme responsable d'une certaine sclérose dans les études littéraires.

La **Lanterne** ♦ Pamphlet hebdomadaire contre Napoléon III et le Second Empire, publié par H. Rochefort* (1868 - 1869). Quotidien en 1876, *La Lanterne* devait bientôt refléter l'évolution politique de son fondateur devenu nationaliste et boulangiste. Passée sous la direction d'A. Briand, elle cessa de paraître en 1928, après avoir été un des organes du radical-socialisme.

**LANTON** [33138] ➝ ÉTYM. du gaul. *Lantos*, n. de pers., et suff. *-ionem* ♦ Comm. de la Gironde, arr. de Bordeaux, sur le bassin d'Arcachon. 4 962 hab.

**LANTZ (Walter)** ♦ Producteur américain de dessins animés (New Rochelle 1900 - Los Angeles 1994). D'abord dessinateur, il travailla à la mise à l'écran de *comics* comme Krazy Kat, avant de se spécialiser dans la production : on lui doit le lancement d'Oswald le lapin, d'Andy Panda et, à partir de 1941, de Woody Woodpecker, le pivert au bec ravageur.

**LANÚS** ♦ V. d'Argentine, dans l'agglomération de Buenos Aires. 466 000 hab.

**LANUVIUM** – auj. *Lanuvio* ♦ Anc. ville d'Italie (Latium) dans les monts Albains. Fondée selon la légende par Diomède*, elle fut le centre du culte de Junon Sospita. Ruines. Musée.

**LANVALLAY** [22100] ➝ ÉTYM. vx bret. «ermitage, sanctuaire *(lann)* de saint Balay (p.-ê. *Bachla*)» ♦ Comm. des Côtes-d'Armor, arr. de Dinan. 3 068 hab.

**LANVÉOC** [lanveɔk] [29160] ➝ ÉTYM. vx bret. «ermitage, sanctuaire *(lann)* de saint Maeoc» ♦ Comm. du Finistère, arr. de Châteaulin, au S. de la rade de Brest. 1 876 hab. *(Lanvéociens)*. À Lanvéoc-Poulmic, siège de l'École navale depuis 1945. Base d'hélicoptères de l'aéronautique navale.

**LANVIN (Jeanne)** ♦ Couturière française (Paris 1867 - *id.* 1946). Elle lança la première mode enfantine avant de se spécialiser dans les habits brodés (boléros, robes du soir ou costumes d'académicien). Sa maison, fondée à Paris en 1889, commercialise du prêt-à-porter depuis 1967. ➝ ÉTYM. Ce nom vient du germanique *Landwin*, nom de personne (de *land* «pays» et *win* «ami») ou de *l'envin*, de l'ancien français *enviner* (surnom de buveur).

**LAN XANG** → Laos

**LANZA DEL VASTO (Giuseppe LANZA DI TRABIA-BRANCIFORTE, dit Joseph Jean)** ♦ Penseur et écrivain français d'origine italienne (San Vito dei Normanni, Sicile 1901 - Murcie 1981). Disciple de Gandhi, sans pour autant avoir abandonné la foi catholique, il a tenté de formuler une éthique qui se caractérise par le retour à la nature, le refus de la violence et des servitudes du monde actuel et qui entend rappeler à l'homme les valeurs spirituelles trop oubliées de la civilisation occidentale (*Le Chiffre des choses*, recueil de poèmes paru en 1943 ; *Le Pèlerinage aux sources*, 1944 ; *Principes et préceptes du retour à l'évidence*, 1945 ; *Commentaires sur l'Évangile*, 1951 ; *Approches de la vie intérieure*, 1962 ; *Noé*, 1965). Il a fondé plusieurs communautés, dont celle de l'Arche, dans l'Hérault, pour mettre en pratique sa doctrine.

**LANZAROTE** ➝ ÉTYM. probablt de *Lanzaroto* Malocello, découvreur de l'île ♦ Île volcanique de l'archipel espagnol des Canaries, au N.-E. de Fuerteventura. 973 km². 132 366 hab. La cendre volcanique favorise la culture de la vigne.

**LANZHOU** ou **LAN-TCHEOU** ou **LANCHOW** ♦ V. de Chine, cap. de la prov. du Gansu, sur le Huang* he. 1 914 163 hab. Carrefour de communication. Important centre commercial de Chine du N. Raffinerie de pétrole et indus. pétrochimique. Usine d'enrichissement de l'uranium. Métall., métaux non ferreux. Cuivre, plomb, zinc, or. Quartz. Indus. mécanique et automobile. Cimenterie.

**LANZMANN (Claude)** ♦ Réalisateur français (Bois-Colombes 1925). Pendant plus de dix ans, il a recueilli la parole de tous ceux qui connurent les camps de concentration pendant la Deuxième Guerre mondiale, victimes, bourreaux ou simples témoins. Il a restitué neuf heures de ces témoignages dans un film qui constitue son œuvre majeure : *Shoah* (1985).

**LAO Can** ou **LAO Ts'an (LIU E**, dit) ♦ Écrivain chinois (Tantu, Jilin 1857 - Urumqi, Xinjiang 1909). Personnage éclectique, commerçant puis ingénieur adonné aux techniques occidentales (hydraulique et chemins de fer). Son intégrité lui valut l'exil au Xinjiang (1908). *Voyages d'un vieux décrépit* (1904) décrit la société chinoise à travers les pérégrinations d'un vieux sage.

**LAOCOON** ➝ ÉTYM. gr. *Laokoôn*, de *laos* «peuple» et *koôn*, finale de n. propres ♦ Prêtre d'Apollon* à Troie*. Opposé à l'introduction du cheval de bois dans la ville, il avait proposé de le brûler. Apollon, vengeant un sacrilège de son prêtre (il s'était uni à sa femme devant son autel), envoie alors deux énormes serpents qui enlacent ses deux fils et lui-même alors qu'il tente de leur porter secours. Les Troyens, croyant que ce prodige punit son refus de recevoir le cheval, introduisent celui-ci dans la ville.

**LAODICÉE [-DU-LYCUS]** – en gr. ***Laodikeia hê epi tô Lukô*** ♦ Anc. ville d'Asie Mineure (Phrygie), au confluent du Lycus et du Méandre, près d'Hiérapolis*. Fondée au -III^e^ s. par Antiochos* II, elle fut prise par Mithridate (-88 - -84). Détruite par un tremblement de terre (65) et reconstruite par les Romains, elle devint un des premiers centres du christianisme et un évêché illustré par saint Anatole. Désertée et détruite pendant la guerre entre Byzantins et Seldjoukides (XII^e^ s.), elle fut remplacée par la ville turque de Ladik, l'actuelle Denizli* (XIV^e^ s.). Vestiges de l'époque romaine : stade, théâtre, odéon.

**LAOIS** ou **LAOIGHIS** – en angl. ***Leix*** ♦ Comté rural du centre de la république d'Irlande. 67 059 hab. 1 719 km² CH.-L. : Port Laoise.

**LAO KAY** ou **LÀO CAI** ♦ V. du Viêtnam (Nord), sur le Sông Hồng, dans la prov. de Hoàng Liên Sơn. 36 909 hab. Située près de la frontière de la Chine, la ville a beaucoup souffert des incidents frontaliers (1979). Important nœud de communications vers Hanoi et vers les régions situées le long de Sông Đà. La voie ferrée Hanoi-Lào Kay, le long du Sông Hồng, est vitale pour le transport des produits miniers, dont l'apatite. Les quartiers anciens s'étendent sur la rive g. du fleuve.

**LAOMÉDON** ➝ ÉTYM. du gr. *laos* «peuple» et *medomai* «mesurer, régler» ♦ Roi légendaire de Troie*, fils d'Ilos. Il fait construire les murs de la ville par Apollon et Poséidon*, puis leur refuse le salaire promis. Troie est alors frappée par la peste tandis qu'un monstre marin dévore ses habitants. Pour apaiser les dieux, le roi parjure est obligé par un oracle d'offrir sa fille Hésione* au monstre. Héraclès* tue le monstre et libère la princesse, mais se voit refuser par le roi le prix convenu. Le héros revient avec une armée, prend la ville et tue le roi et ses fils, sauf Priam*.

**LAON** [lɑ̃] [02000] ➝ ÉTYM. anc. *Lugdunum*, gaul. «forteresse *(dunum)* de *Lugus* (dieu gaul.)» (→ aussi Lyon) ♦ Ch.-l. du dép. de l'Aisne, situé sur une butte (181 m) dominant la plaine champenoise. 26 265 hab. (aggl. 27 050) *(Laonnois)*. Cathédrale Notre-Dame, l'une des plus remarquables du premier gothique en France (XII^e^ - XIV^e^ s. ; cloître du XIII^e^ s.). Le rythme accusé de sa façade, l'équilibre majestueux de son élévation intérieure (arcades, galeries, triforium et fenêtres hautes), son vaste chœur de dix travées en font un des plus beaux monuments de la France médiévale. Église Saint-Martin (premier gothique). Palais épiscopal du XIII^e^ s. (auj. palais de justice). Chapelle des Templiers (XII^e^ s.). Musée (archéologie ; peintures des XV^e^, XVII^e^ et XVIII^e^ s.). ▪ Ville administrative avec un petit centre industriel (emballages). ▮ **Histoire** *Laudunum* au Moyen-Âge, Laon fut un siège épiscopal (fondé par saint Remi) au début du VI^e^ s. et resta dominée par ses évêques. Dès le XII^e^ s., ses habitants luttèrent pour obtenir leurs libertés communales (en particulier contre l'évêque Gaudry en 1111), qu'ils perdirent au XIV^e^ s. Place forte militaire au XVI^e^ s., elle subit plusieurs sièges. En 1814, elle se rendit aux Alliés et Blücher la défendit contre Napoléon. En 1870, la capitulation signée, un garde d'artillerie fit sauter la poudrière au moment de l'entrée des Prussiens dans la citadelle ; il y eut 500 victimes.

**LAONNOIS** [lanwa] n. m. ♦ Région du Bassin parisien, située autour de Laon, au pied de la falaise de l'Île-de-France (Aisne). Son sol limoneux se prête aux grandes cultures (céréales, betteraves à sucre).

## LAOS

▮ [laos] n. m. ➝ ÉTYM. du port. *laos*, du thaï *Lao*, n. de la principale ethnie du pays, off. ***République démocratique populaire lao***, en lao ***Lan Xang*** « le million *(lan)* d'éléphants *(xang)* » ♦ Pays de l'Asie du Sud-Est, situé dans la péninsule indochinoise. 236 800 km². Env. 6 000 000 hab. *(Laotiens)*. LANGUES : lao (off.), proche du thaï. POPULATION : elle comprend des Laos, agriculteurs originaires de Chine centrale et méridionale, et des groupes nationaux minoritaires, principalement fixés sur les hauteurs, et qui constituent près de la moitié de la population totale. RELIGION : bouddhisme du Theravāda. MONNAIE : kip. CAPITALE : Vientiane. RÉGIME : république populaire. Le Laos est composé de 18 provinces dont 1 municipalité.

▮ **GÉOGRAPHIE** Le N. du pays est composé de deux massifs montagneux, l'un à l'O., fractionné par les vallées du Mékong et de ses affluents, l'autre à l'E., entrecoupé de plateaux calcaires (2 000 m). Entre ces deux massifs, s'étend le plateau de Xieng Khouang (1 200 - 1 500 m), ouvert au S. sur la plaine de Vientiane. Le S. du Laos est bordé à l'E. par la chaîne de l'Indochine orientale, précédée de plateaux plus ou moins élevés. Le Mékong traverse et borde le Laos sur 1 800 km. La fonte des neiges au Tibet et les pluies de la mousson grossissent ses eaux de juillet à septembre. La forêt couvre la plus grande partie du pays. Le climat tropical de mousson est chaud et humide sauf dans le N. et en altitude (sécheresse relative et températures basses).

▮ **ÉCONOMIE** L'agriculture occupe 75 % de la population (riz et pavot essentiellement, maïs, légumes, tabac, canne à sucre, coton, sériciculture). Les ressources forestières, considérables, sont peu mises en valeur. L'élevage (volailles, porcs) et la pêche fluviale sont importants. Le sous-sol est riche, mais, mis à part pour le cuivre et l'or, peu exploité (étain, fer, plomb, anthracite et pétrole). L'industrie, presque inexistante, est essentiellement agroalimentaire. L'artisanat est surtout d'intérêt local. Les communications sont difficiles : le réseau routier est insuffisant et en mauvais état, il n'y a pas de voies ferrées, mais les aérodromes sont très utilisés (Vientiane, Luang Prabang, Pakse, Seno). Tout en conservant le caractère communiste de son régime, le Laos s'est ouvert économiquement et a adhéré à l'ASEAN en 1997. Le commerce extérieur (avec les pays voisins surtout la Thaïlande, le Japon et les États-Unis) est en nette progression depuis 2006. Le Laos exporte de l'étain, du bois, du café et de l'électricité grâce à la mise en valeur des richesses hydrauliques : le barrage de Nam Theun 2, actuellement mis en service sur un affluent du Mékong, dans le centre du pays,

Laos.

est le plus gros projet de ce type en Asie du Sud-Est. Il importe des produits manufacturés et des produits alimentaires. La Chine contrôle depuis les années 2000 tout un pan de l'économie (investissements, aides, accords). Le tourisme se développe.

▮ **HISTOIRE** ▮ **Le royaume du « Million d'éléphants »** L'histoire du pays avant le XIVe s. est à peine connue. En 1353, Fa* Ngum, avec l'aide du Cambodge, fonda le royaume du Lan Xang, plus étendu que le Laos actuel. En 1563, le roi Setthathirat déplaça sa capitale de Luang Prabang à Vientiane. Durant le XVIe s., le royaume dut combattre longuement contre la Birmanie. ▮ **Les divisions** Après le grand règne de Soulignavongsa (1637 - 1694), les querelles de succession divisèrent le royaume en trois États (Luang Prabang, Vientiane, Champassak), déchirés par les conflits et menacés par les Siamois et les Vietnamiens. En 1827, le Siam, déjà maître du Champassak, annexa le royaume de Vientiane (➝ **Chao Anu**), alors que celui de Xieng Khouang devenait la province vietnamienne du Trân Ninh. La France obtint, par le traité de 1893, l'abandon par le Siam des territoires laotiens de la rive gauche du Mékong (➝ **Thaïlande, Chulalongkorn**) et installa son protectorat. ▮ **L'indépendance** En 1945, ayant renversé l'administration française d'Indochine, les Japonais lui restituèrent (provisoirement) son indépendance. Le mouvement indépendantiste *Lao Issara* fut contraint par la France de se réfugier en Thaïlande en 1946. En 1949, le Laos fut reconnu comme État associé dans l'Union française. Son statut d'indépendance fut consolidé en 1953 et il recouvra sa souveraineté financière fin 1954. À cette date, le Pathet Lao, mouvement procommuniste, contrôla deux provinces du N., le reste du pays étant gouverné par le prince Souvanna Phouma, neutraliste, reconnu par la France et les États-Unis. En 1957, un accord fit entrer Souphanouvong au gouvernement. Autour de 1960, une grave crise opposa les factions communiste, neutraliste et proaméricaine : l'accord de Zurich conclu entre elles (juin 1961) permit de retrouver un gouvernement d'union nationale. La neutralité du Laos fut reconnue par la conférence internationale de Genève (juil. 1962). Dès avril 1964, les conflits reprirent et le Laos fut entraîné dans la seconde guerre d'Indochine. (➝ **Viêtnam.**) Les combats cessèrent en février 1973 (accord de Vientiane). ▮ **La république** En décembre 1975, la royauté fut abolie (➝ **Savang Vatthana**) et la République démocratique populaire lao instaurée, présidée par Souphanouvong et dirigée par Kaysone Phomsavan. La répression sévère contre les opposants provoqua un afflux de réfugiés en Thaïlande. Souphanouvong se retira progressivement à partir de 1986 (décès en 1995). Lui ont succédé : Kaysone Phomvihane (jusqu'à sa mort en 1992), Nouhak Phomsavane (1992 - 1998), Khamtay Siphandone (1998 - 2006) et Choummaly Sayasone depuis 2006. Tous sont issus du parti unique qui dirige le Laos depuis 1975, le Parti populaire révolutionnaire lao, soutenu par le Parti communiste vietnamien et le régime de Hanoi.

**Laos. Le temple Vat Phra Keo, à Vientiane.**
*Phot. © Alistair Michael Thomas/Shutterstock*

**LAO She** ou **LAO Cho** ♦ Dramaturge et romancier chinois (Pékin 1897 - *id.* 1966). Ses personnages et leur langage sont inspirés du petit peuple de Pékin, comme en témoigne son œuvre la plus célèbre, *Le Tireur de pousse*. Il se suicida en 1966 à la suite des persécutions dont il fut l'objet pendant la Révolution culturelle.

**LAO-TSEU** ou **LAOZI** ➝ ÉTYM. du chin. *lăo* « vieux [respectable] » et *zĭ* « fils, enfant » ♦ Philosophe chinois (v. –570 - –490). Sa vie n'est connue que sous la forme mythique. À l'époque Han, le taoïsme s'est constitué en mouvement religieux et spirituel autour du *Daodejing**, dont il serait l'auteur ; ses adeptes préconisent la « non-intervention ». Lao-tseu est censé avoir réapparu au milieu du IIe s. où il joue un rôle de dieu cosmologique fondateur de religion. ➝ **taoïsme.** On considère que Confucius* s'en est inspiré ; la légende lui attribue aussi un rôle dans la naissance du bouddhisme.

**LA PALICE (Jacques DE CHABANNES,** seigneur **DE)** ♦ Maréchal de France (v. 1470 - Pavie 1525). Il fut l'un des plus brillants capitaines de son temps et prit part aux guerres d'Italie sous Charles* VIII, Louis* XII et François* I$^{er}$. Il eut un rôle particulièrement important contre la Sainte Ligue (Ravenne, 1512). Prisonnier à Guinegatte (→ **Enguinegatte**), il s'échappa et se distingua à Marignan* (1515), à La Bicoque* (1522) et au siège de Marseille qu'il fit lever. Il fut tué à Pavie*. ▪ La chanson, composée par ses soldats pour célébrer sa vaillance, se terminait par ces vers : «Un quart d'heure avant sa mort/Il était encore en vie.» Elle est restée célèbre par sa naïveté, qu'on a injustement attribuée à La Palice lui-même (cf. lapalissade, *in Le Robert*).

**LAPALISSE** [03120] → ÉTYM. de l'anc. fr. *palisse* «haie» ♦ Ch.-l. de cant. de l'Allier, arr. de Vichy, sur la Besbre. 3 332 hab. (aggl. 4 141) *(Lapalissois)*. Château Renaissance italienne (XV$^e$ - XVI$^e$ s.), appuyé sur les éléments de l'édifice primitif (XI$^e$ - XIII$^e$ s.) dont il reste les tours et les courtines (tapisseries flamandes). Chapelle gothique. ▪ Carrefour routier.

**LAPALUD** [84840] → ÉTYM. de l'occit. *palut* «marais» ♦ Comm. du Vaucluse, arr. d'Avignon, près du Rhône. 3 267 hab.

**LAPÉROUSE (Jean-François DE GALAUP,** comte **DE)** ♦ Navigateur français (Le Guo, près d'Albi 1741 - île de Vanikoro, Océanie 1788). Entré dans la marine en 1756, il participa à plusieurs campagnes contre les Britanniques (rejoignant la flotte de D'Estaing aux Antilles en 1779, s'emparant de deux forts dans la baie d'Hudson en 1782). En 1785, il partit de Brest pour une expédition de découverte autour du monde avec les navires la *Boussole* et l'*Astrolabe* (commandé par Langle). Par le cap Horn, l'île de Pâques et les îles Sandwich (Hawaii), il atteignit la côte N.-O. de l'Amérique du Nord. Au nord des îles Sandwich, il découvrit ensuite l'île Necker et, par les îles Mariannes, gagna Macao. Après avoir longé les Philippines, il atteignit le Japon et découvrit le détroit séparant les îles de Hokkaidō et de Sakhaline, qui porte aujourd'hui son nom. Il se rendit de là au Kamtchatka. Puis il fit route vers les Samoa où Langle trouva la mort, tué par les indigènes dans l'île Maouna. Par les Tonga, Lapérouse se rendit à Botany Bay (Australie) d'où il écrivit sa dernière lettre (7 fév. 1788). D'Entrecasteaux* entreprit sans succès une expédition à sa recherche en 1791. C'est le capitaine Dillon qui, en 1826, découvrit les vestiges du naufrage de Lapérouse, vraisemblablement tué par les indigènes dans l'île de Vanikoro. Dumont* d'Urville y fut alors envoyé en 1828. (*Voyage de La Pérouse autour du monde publié conformément au décret du 22 avril 1791 et rédigé par Monsieur L. A. Millet-Mureau,* Paris, 1797.) → ÉTYM. Ce nom de famille vient d'un nom de lieu «la pierreuse» (endroit pierreux).

**LAPERRINE (François Henry)** ♦ Général français (Castelnaudary 1860 - au Sahara 1920). Compagnon de Charles de Foucauld, il participa, sous les ordres de Joffre, à des campagnes dans le Sud oranais et au Soudan, commanda le territoire militaire des Oasis (créant les premières compagnies sahariennes, 1902 - 1910). Après la Première Guerre mondiale, il fut rappelé en Afrique du Nord par Lyautey, commanda les territoires sahariens (1917 - 1919) et mourut lors du premier raid aérien entre Alger et l'Afrique noire.

**LAPICQUE (Charles)** ♦ Peintre français (Theizé, Rhône 1898 - Orsay 1988). De formation scientifique, ingénieur (1922 - 1928), il est l'auteur d'une thèse sur l'*Optique de l'œil et la vision des contours* (1938). Dès 1920, il s'adonna à la peinture, avec une liberté et une fantaisie qui le détachent des écoles. D'abord influencé par le cubisme et par l'abstraction (Estève, Bazaine), il en vint à une figuration d'esprit baroque, spontanée et gaie. Sur divers thèmes, il a créé un univers foisonnant de formes distribuées dans un espace à perspectives multiples, où la couleur, souvent fragmentée en petites surfaces, et la distribution originale des tons (les rouges, orangés et jaunes rendant souvent les lointains) dynamisent l'espace (*Marines et Régates,* 1946, 1951 - 1952 ; *Courses hippiques,* 1949, 1951 ; *Venise baroque,* 1954, 1956 ; *Rome antique et chrétienne,* 1957, 1960 ; *Tigres de Chine,* 1960, 1961).

**LAPITA** ♦ Site de Nouvelle-Calédonie qui a donné son nom à une culture préhistorique du Pacifique Sud, marquée par l'apparition, au –II$^e$ millénaire, d'une céramique caractérisée par un décor en pointillé exécuté à l'aide d'un peigne. Seul témoin matériel de la culture polynésienne originelle, elle a accompagné les migrations à travers la Mélanésie des premiers Polynésiens, venus de l'Asie du S.-E., leurs contacts avec ses habitants, et leur installation en Polynésie occidentale (Samoa, Wallis, Tonga).

**LAPITHES** n. m. pl. → ÉTYM. en gr. *Lapithai ;* probablt de la rac. pélasgique *°lep (°lap)* «rocher» («les montagnards») ♦ Peuple semi-légendaire qui habitait les montagnes de Thessalie* après en avoir chassé les Pélasges. Connus surtout par le fameux combat qui les opposa aux Centaures* (→ **Ixion, Pirithoos**), ils se signalent dans d'autres légendes, dont celles de Thésée* et d'Héraclès*. Ce dernier les combat et les chasse de la vallée du Pénée pour le compte d'un roi dorien, son allié, qu'ils avaient dépossédé.

**LAPLACE (Pierre Simon,** marquis **DE)** ♦ Astronome, mathématicien et physicien français (Beaumont-en-Auge, Normandie 1749 - Paris 1827). Entré au Sénat en 1799, il en devint vice-président (1803) et fut nommé comte de l'Empire par Napoléon (1806) ; il se rallia à Louis XVIII, et celui-ci le fit marquis et pair de France. En astronomie, ses travaux les plus importants concernent le mouvement de Saturne et de Jupiter. C'est en décrivant les mouvements célestes qu'il parvint à ses résultats essentiels en mathématiques : il exposa une méthode d'élimination qui l'amena à des remarques sur les déterminants et leur développement en produits de mineurs (1772), traita de l'attraction des ellipsoïdes homogènes (1783), donna la célèbre *équation de Laplace,* vérifiée par le potentiel, dont les solutions (fonctions harmoniques) sont capitales en analyse et en physique mathématique. Il étudia également l'intégration des équations différentielles linéaires par une transformation qui porte son nom. Il élabora des théories fondamentales en calcul des probabilités, en appliquant l'analyse mathématique aux lois du hasard ; on lui doit les classiques recherches sur l'approximation des fonctions des très grands nombres. Auteur, avec Lavoisier*, de mesures calorimétriques relatives aux chaleurs spécifiques et aux réactions chimiques (1782 - 1784), il établit la formule des transformations adiabatiques d'un gaz et élabora une théorie générale de la capillarité ; il énonça encore les deux lois fondamentales de l'électromagnétisme qui portent son nom. En 1796, il publia son *Exposition du système du monde :* il y formula sa célèbre hypothèse cosmogonique selon laquelle le système solaire proviendrait d'une «nébuleuse primitive» entourant un noyau fortement condensé et à température très élevée. L'influence de sa théorie fut considérable. C'est dans sa propriété, près de Paris, que se réunirent, à partir de 1806, plusieurs physiciens et chimistes qui constituèrent la Société d'Arcueil. [Acad. sc. 1773 ; Acad. fr. 1816]

**LAPLANCHE (Jean)** ♦ Psychanalyste français (Paris 1924). Coauteur avec J. B. Pontalis du *Vocabulaire de la psychanalyse* (1967), il a assuré la direction scientifique de la traduction des *Œuvres complètes* de Freud, entamée en 1988.

**LAPOINTE (Boby)** ♦ Auteur-compositeur et interprète français (Pézenas 1922 - Paris 1972). Ce jongleur de mots, maître de la contrepèterie et du calembour, comédien à l'occasion (*Tirez sur le pianiste,* 1960) ne fut reconnu que tardivement par le public. Ses chansons, *Avanie et framboise, Comprend qui peut,* renferment des morceaux de virtuosité verbale et de poésie du non-sens qui évoquent la tradition anglaise.

**LAPONIE** n. f. → ÉTYM. de l'anc. norv. *Lappland* «le pays *(land)* du bout *(lapp)*» (puis *lapp* a été compris comme «Lapon») ♦ Région d'Europe septentrionale couvrant le N. de la Norvège (Finnmark, Troms et Norrland), de la Suède (Norrbotten et Västerbotten) et de la Finlande (Laponie finnoise) et une partie de la Russie, de la frontière norvégienne à la mer Blanche (arr. de Mourmansk). Le territoire lapon n'est pas délimité de façon stricte. Sa limite S. se situe aux alentours du 66$^e$ degré de latitude nord. Les densités de population sont très faibles et les zones les plus rurales tendent à se dépeupler. → **Lapons.** L'O. de la région a un caractère montagneux dû à la présence de la chaîne scandinave, cependant largement érodée en Norvège et fragmentée en fjords et en archipels. La partie E., d'altitude moins élevée, est couverte de lacs et de marais (lac Inari). La végétation se réduit à une maigre toundra (lichens, mousses, bouleaux nains), avec, dans les régions les plus abritées et les moins élevées, des pins et des épicéas. Le climat est rigoureux (– 21,1 °C en janvier, 10,8 °C en juillet à Karesuando) et les cours d'eau sont pris par les glaces de novembre à mai. Pendant six à sept semaines, en hiver, le soleil n'apparaît pas au-dessus de l'horizon. Les principales activités ont été l'exploitation de la forêt (en Laponie finnoise), l'important élevage de rennes, la pêche, l'exploitation des mines (mines de fer au S. de Kirkenes [Norvège], de Kiruna [Suède], de Porkonen [Finlande]) et le tourisme. La région est aujourd'hui en pleine restructuration et le chômage y est important. ▮ **Histoire** La région fut soumise à partir du IX$^e$ s. à la traite des fourrures, menée par les commerçants finnois. Au XVI$^e$ s., elle fut rattachée à la Suède par Gustave* I$^{er}$ Vasa qui y encouragea la colonisation. La Laponie fut partagée entre Suède, Danemark et Russie par traités (1595 ; 1613), les frontières des États actuels ayant été fixées en 1751 (Laponie finlandaise et norvégienne), 1809 (Laponie finlandaise et Russie), 1826 (Laponie norvégienne et Russie). Les Allemands occupèrent la Laponie finlandaise et une partie de la Laponie norvégienne de 1940 à 1945 et détruisirent (notamment par incendie) la plupart des villes lorsque les armées finlandaises et russes reconquirent le pays (1944 - 1945). La reconstruction fut rapide et souvent remarquable sur le plan urbanistique (Rovaniemi).

**LAPONNERAYE** [lapɔnəʀɛ] **(Albert)** ♦ Historien et publiciste français (Tours 1808 - Marseille 1849). Il lutta très jeune pour la cause de la démocratie, publiant une *Déclaration des droits de l'homme et du citoyen* (1832), ouvrant un cours public d'histoire de France où il s'adressa aux ouvriers (*Cours public d'histoire de France de 1789 à 1830,* publié de 1832 à 1838), rédigeant un «journal de la réforme sociale» *(L'Intelligence)*. Dès 1840, il fit partie du groupe communiste néobabouviste (→ **Babeuf**) avec Dézamy* et Lahautière*. Il publia aussi les *Œuvres de Maximilien Robespierre* (1842).

**LAPONS** n. m. pl. ♦ Habitants autochtones de Laponie également appelés Saamis (ou Samis), le terme «Lapon» étant péjoratif. La plupart sont sédentaires (princ. centres : Kemi*, Rovaniemi*, Törnio [Finlande] ; Gällivare*, Jokkmokk, Karesuando, Jukkasjärvi [Suède] ; Karasjok [Norvège]). Les autres pratiquent l'élevage des rennes et sont autorisés à franchir librement les frontières entre

**Lapons.** *Phot. © Alain Rey*

la Finlande, la Norvège et la Suède. La population totale s'élève à env. 50 000 hab. (30 000 en Norvège, 15 000 en Suède, 2 500 en Finlande et 2 000 dans la presqu'île de Kola*). Leur langue est le lapon (de la famille finno-ougrienne) qui se répartit en deux groupes de dialectes (occidental et oriental).

**LA POPELINIÈRE** ou **LA POUPLINIÈRE (Alexandre Jean Joseph LE RICHE DE)** ♦ Financier français (Paris 1692 - Passy 1762). Fermier général, il fut célèbre pour son luxe, ses aventures galantes et la protection qu'il accorda surtout aux musiciens (Rameau, Gossec, Stamitz). On lui attribue des chansons et des ouvrages licencieux.

**LAPPARENT (Albert-Auguste COCHON DE)** ♦ Géologue français (Bourges 1839 - Paris 1908). Il est connu par ses travaux de minéralogie, de géologie et surtout par ses *Leçons de géographie physique* (1896), qui comptent parmi les premiers ouvrages donnant une explication de la genèse des formes géographiques. [Acad. sc. 1897] ♦ **Jacques de Lapparent.** Pétrographe français (Paris 1883 - *id.* 1948). Fils du précédent. Auteur de *Leçons de pétrographie* (1923), il découvrit plusieurs minéraux.

**LAPPEENRANTA** ♦ V. de Finlande, sur la rive S. du lac Saimaa. 59 286 hab. C'est le terminus d'un axe de navigation lacustre N.-S. traversant toute la partie méridionale du pays. ▪ Port. Centre commercial et indus. : indus. du bois, cimenteries, indus. chimiques (acide sulfurique), construc. mécaniques, indus. agroalimentaire. Centre touristique et port de plaisance.

**LAPRADE (Pierre)** ♦ Peintre et graveur français (Narbonne 1875 - Fontenay-aux-Roses 1932). Dans le courant postimpressionniste, il représenta, avec des harmonies claires et brumeuses, un dessin allusif et une facture élégante, des scènes intimistes, des personnages féminins séduisants et des fleurs (*La Femme à l'estampe*, 1904 ? ; *Les Musiciennes*, 1907). Aquarelliste d'une fine sensibilité, il grava aussi des illustrations pour des textes de Verlaine, Valéry, Proust. ➝ ÉTYM. Ce nom occitan vient de *prada* «prés».

**LAPRADE (Albert)** ♦ Architecte français (Buzançais, Indre 1883 - Paris 1978). Auteur du garage Marbeuf (1929, avec Bazin), édifice fonctionnel aux lignes pures, il construisit le musée de la France d'outre-mer (1931) et se consacra surtout à l'architecture industrielle (barrage de Génissiat*, 1939 - 1941 ; centrale de La Bâthie, 1960). Historien de l'architecture, il s'intéressa à la «réhabilitation» de quartiers anciens (le Marais, à Paris).

**LAPTEV** (mer des) ➝ ÉTYM. en russe ***Laptevykh more*** ; du n. de Dmitri et Khariton *Laptev* qui la découvrirent en 1736 - 1742 ♦ Mer bordière de la Russie (océan Arctique), entre la presqu'île de Taïmyr, les îles Severnaïa Zemlia et les îles de Novossibirsk (662 000 km$^{2}$). Profondeur en général inférieure à 50 m, maximale 3 385 m. Elle reçoit les eaux des riv. Khatanga, Anabar, Olenek, Lena et Iana. Pendant la plus grande partie de l'année, elle est couverte de glaces. Port princ. : Tiksi.

**LAPUGNOY** [62122] ➝ ÉTYM. du lat. *pugnus* «poing» et suff. collectif *-eta* (anc. fr. *poignie*, unité de mesure de la terre) ♦ Comm. du Pas-de-Calais, arr. de Béthune. 3 310 hab.

**LAQUEDIVES** ou **LACCADIVE** n. f. pl. (îles) – off. ***Lakshadweep*** ➝ ÉTYM. en prakrit *Lakka-dîva*, du sanskr. *laksa-dvîpa* «qui comprend beaucoup *(laksa)* d'îles *(dvîpa)*» ♦ Groupe d'îles de l'océan Indien, à 200 km au large du Kerala, formant un territoire de l'Union indienne. 32 km$^{2}$. 60 650 hab. CAP. : Kavaratti. L'archipel est formé de 36 îles, dont 10 seulement sont habitées. Minicoy, au S., s'isole du groupe des îles Amindivi plus au N. Population musulmane en partie d'origine arabe, parlant le malayalam. Culture du cocotier et pêche.

**LA QUINTINIE (Jean DE)** ♦ Agronome français (Chabanais, Charente 1626 - Versailles 1688). Il étudia les auteurs anciens, Columelle, Varron et Virgile. Un voyage en Italie accrut ses connaissances et il fut présenté par Colbert à Louis XIV qui le nomma directeur des jardins fruitiers et potagers des maisons royales. Il créa le verger de Versailles puis ceux de la plupart des grands châteaux : Chantilly, Vaux, Sceaux et Rambouillet. Auteur des *Instructions pour les jardins fruitiers et potagers* (1690).

**LARA** ♦ Ancienne famille de Castille, connue essentiellement par la légende des *Infants de Lara*, rapportée dans la chronique d'Alphonse X, qui inspira notamment La Cueva et Lope de Vega. Vers la fin du X$^{e}$ s., Gonzalez Gustios, seigneur de Lara, aurait été livré par son beau-frère au calife de Cordoue, al-Manṣūr, tandis que ses sept fils étaient massacrés. Mais leur mort devait être vengée par le huitième fils, que leur père eut de la fille du calife.

**LARACHE** ➝ ÉTYM. déformation par les Espagnols de l'ar. *Al-Araïch** ♦ → Araïch (Al-)

**LARAGNE-MONTÉGLIN** [05300] ➝ ÉTYM. *Laragne*, du n. d'une auberge *(L'araignée)* et *Montéglin*, du lat. *mons* «mont» et *aquilinus* «d'aigle» ♦ Ch.-l. de cant. des Hautes-Alpes, arr. de Gap, sur le Buëch. 3 296 hab. (*Laragnais*).

**LARBAA** – anc. ***El-Arbaa*** ♦ V. d'Algérie (wilaya d'El-Boulaida) située dans la Mitidja. 54 719 hab. Vignes. Agrumes. Tabac.

**LARBAA NAÏT IRATHEN** – anc. ***Fort-National*** ♦ V. d'Algérie (wilaya de Tizi Ouzou), au centre de la Grande Kabylie. 28 101 hab.

**LARBAUD (Valery)** ♦ Écrivain français (Vichy 1881 - *id.* 1957). Il effectua, à partir de 1898, de longs voyages en Europe, devenant, à l'image de son héros Barnabooth, un homme «dont l'horizon s'étend bien au-delà de sa ville ; qui connaît le monde et sa diversité». Devenu aphasique en 1935, il finit sa vie paralysé. En 1911, il avait fait paraître un délicat «roman d'adolescence», *Fermina Márquez*, où se trouvaient déjà les thèmes que *A. O. Barnabooth. Ses œuvres complètes, c'est-à-dire un conte, ses poésies et son journal intime* (1913) et les nouvelles d'*Amants, heureux amants* (1920 - 1924) allaient illustrer : les charmes ambigus de l'amour, la tentation de la rupture et du retour à la solitude, le sentiment nostalgique de la fuite du temps (*Enfantines*, 1918). En 1924, Valery Larbaud se consacra à la critique et à la traduction (*Ce vice impuni, la lecture*, 1925 et 1941), faisant connaître la littérature hispano-américaine, puis, notamment, Whitman, S. Butler et James Joyce (il contribua à la traduction d'*Ulysse*, ouvrage auquel il avait emprunté la forme du «monologue intérieur»). Il réunit l'ensemble de ses essais et de ses notes de voyages dans *Jaune, bleu, blanc* (1928) et *Aux couleurs de Rome* (1938), recueils où, alliant le lyrisme à l'analyse, il relate avec l'aristocratique simplicité de son style des méditations éveillées par le souvenir d'un être ou d'un lieu. ➝ ÉTYM. *Larbaud* est une variante de *L'Arbaud*, forme occitane du germanique *Haribald*, de *hari* «armée» et *bald* «audacieux».

**LARCHANT** [77760] ➝ ÉTYM. langue d'oïl «large *(larc)* champ» ♦ Comm. de la Seine-et-Marne, arr. de Fontainebleau. 695 hab. (*Liricantois* ou *Lyricantois*). Église gothique Saint-Mathurin (célèbre pèlerinage) des XII$^{e}$ - XV$^{e}$ s. (portail du Jugement dernier, XIII$^{e}$ s.).

**LARCHE** (col de), parfois col de l'**ARGENTIÈRE** ou col de la **MADELEINE** – en it. ***Argentera*** ➝ ÉTYM. *Larche* : «l'arche», emploi métaphorique pour la courbe du sommet ♦ Col alpin séparant la France (Barcelonnette) de l'Italie (Coni) et emprunté par une route. 1 991 mètres.

**LARDERA (Berto)** ♦ Sculpteur français d'origine italienne (La Spezia 1911 - Paris 1989). Après diverses recherches, il proposa à partir de 1944 des «sculptures à deux dimensions», formées de surfaces planes, souvent triangulaires (*Miracle*, 1946). À partir de 1949, il rétablit la troisième dimension, organisant l'espace par des intersections de plans métalliques perpendiculaires ou obliques, découpés en créneaux ou en franges, parfois évidés par des formes simples (*Occasion dramatique, Rythmes, Étoile du Maryland*). Il réalisa en 1950 une sculpture pour la maison Lange de Mies* van der Rohe à Krefeld, puis des constructions en trois dimensions, abstraites et poétiques, ou expressives (*Slancio temerario*, 1958).

**LARDERELLO** ♦ Localité italienne, en Toscane (prov. de Pise), comm. de Pomarance. Centre industriel. Les vapeurs naturelles issues du sous-sol sont utilisées par trois centrales géothermiques pour produire de l'énergie électrique. Production et traitement de l'ammoniaque et du borax.

**LARDNER (Ringgold WILMER, dit Ring)** ♦ Journaliste et écrivain américain (Niles, Michigan 1885 - East Hampton, New York 1933). Spécialisé dans le reportage sportif, et surtout celui du baseball, il fit paraître des nouvelles humoristiques, caustiques, en américain vulgaire : *You Know Me, Al* (1916), où éclate la naïveté prétentieuse du héros ; «Some Like Them Cold», dans *How to Write Short Stories* (1924), est resté célèbre. *Gullible's Travels* (1917) est une satire des parvenus.

**LARDY** [91510] ➝ ÉTYM. anc. *Larzacium*, du lat. *Laritius*, n. de pers., et suff. *-acum* ♦ Comm. de l'Essonne, arr. d'Étampes. 4 375 hab. (aggl. 8 030). Bourg résidentiel. Centre d'essais de l'indus. automobile.

**LAREDO** ♦ V. d'Espagne (Cantabrie), sur le golfe de Gascogne. 12 835 hab. Station balnéaire. Pêche. ▪ Maisons anciennes. Palais du XVI$^{e}$ s. Église (XIII$^{e}$ s. au XVI$^{e}$ s., sacristie du XVIII$^{e}$ s.).

**LA RENAUDIE (Godefroi DE BARRI,** seigneur **DE)** ♦ Gentilhomme français calviniste (mort à Amboise 1560). Il fut mis par Condé* à la tête de la conjuration d'Amboise* et, sur la trahison d'un de ses amis, fut tué au moment où il allait mettre son entreprise à exécution.

**LARES** n. m. pl. ♦ Dieux romains représentés sous l'aspect d'adolescents tenant dans leur main une corne d'abondance. À l'origine divinités de la fécondité, ils sont chargés de veiller sur les carrefours *(lares compitales)* et de protéger les foyers domestiques *(lares familiares)*. Ils ne possèdent pas de mythe proprement dit. Ils sont souvent associés aux Pénates*.

**LA RÉVELLIÈRE-LÉPEAUX (Louis Marie DE)** ♦ Homme politique français (Montaigu, Vendée 1753 - Paris 1824). Acquis aux idées révolutionnaires, il fut élu aux États généraux, siégea à l'Assemblée nationale constituante, puis à la Convention (1792) où il vota la mort du roi, mais se montra hostile à la proscription des girondins. Obligé de se cacher sous la Terreur, il fit partie de la Convention thermidorienne, dont il n'adopta pas les excès, et durant laquelle il lutta contre les royalistes. Membre du Directoire, il fut l'un des artisans du coup d'État du 18 Fructidor, mais dut donner sa démission après le 30 Prairial (juin 1799). Il se retira de la vie politique après le coup d'État du 18 Brumaire.

**LA REYNIE (Gabriel Nicolas DE)** ♦ Premier lieutenant général de police de Paris en 1667 (Limoges 1625 - Paris 1709). Il fut l'un des organisateurs de la police, assainit Paris en améliorant l'hygiène et la sécurité, anéantit la cour des Miracles et fut le président de la Chambre ardente instituée pour instruire l'affaire des Poisons* (1680).

**LARGENTIÈRE** [07110] ➜ **ÉTYM.** de l'occit. *argentièro* «lieu où on trouve [ou travaille] de l'argent» ♦ Ch.-l. d'arr. de l'Ardèche, sur la Ligne. 1 942 hab. *(Largentièrois)*. Église du XIII^e s. (abside à trois pans, flèche néogothique), château du XV^e s., porte de Récollets du XV^e s. ▪ Moulinage de la soie.

**LARGILLIÈRE** ou **LARGILLIERRE (Nicolas DE)** ♦ Peintre et dessinateur français (Paris 1656 - *id.* 1746). Il se forma à Anvers, puis devint à Londres à partir de 1674 l'aide du peintre Lely*. Vers 1680, il se fixa à Paris et fut soutenu par Le* Brun. Auteur de peintures religieuses *(Érection de la croix)* et de natures mortes, il fut surtout un portraitiste très apprécié par sa riche clientèle bourgeoise. Habile et raffiné coloriste, il hérita des Flamands son goût pour les couleurs chaudes et sut rendre par de subtils glacis les reflets des tissus, la fraîcheur des carnations. Il s'intéressait au caractère individuel plus qu'au type, mais préférait fixer ses personnages dans une attitude sereine (*La Belle Strasbourgeoise*, 1703 ; *Portrait du peintre avec sa famille*, vers 1715).

**LARGO CABALLERO (Francisco)** ♦ Homme politique espagnol (Madrid 1869 - Paris 1946). Conseiller d'État sous Primo de Rivera, il contribua à l'instauration de la république (1931) durant laquelle il fut ministre du Travail. D'abord réformiste, il devint socialiste révolutionnaire après la grève des Asturies (1934). Il fut président du Conseil et ministre de la Guerre du 5 sept. 1936 au 15 mai 1937, et s'exila lors de la victoire de Franco.

**LARIBOISIÈRE (Jean-Ambroise BASTON,** comte **DE)** ♦ Général français (Fougères 1759 - Königsberg 1812). Il se distingua au cours des campagnes napoléoniennes (Austerlitz 1805, Iéna 1806, Dantzig, Friedland, en Espagne 1808, Essling et Wagram 1809, la Moskova 1812) et mourut d'épuisement à la fin de la retraite de Russie. ♦ **Honoré-Charles Baston,** comte **de Lariboisière.** Homme politique français (Fougères 1788 - Paris 1868). Fils du précédent. Ancien élève de l'École polytechnique, il servit dans la Grande Armée (1809 - 1812). Chambellan de Napoléon I^er, qui le prit comme officier d'ordonnance pendant les Cent-Jours, il fut député (1828, 1830). Favorable à la révolution de Juillet 1830, il vota ensuite avec les conservateurs à la Chambre des pairs. Député à l'Assemblée législative (1849), rallié à la politique du prince-président Louis Napoléon Bonaparte, il siégea ensuite comme sénateur. ▪ Sa femme, ÉLISA ROY (1794 - 1851), fonda en 1846 l'*hôpital Lariboisière*, rue Ambroise-Paré à Paris.

**LARIONOV (Mikhaïl Fedorovitch,** dit **Michel)** ♦ Peintre et décorateur français d'origine russe (Tiraspol, gouv. d'Odessa 1881 - Fontenay-aux-Roses 1964). Il fut parmi les premiers animateurs de l'avant-garde en Russie ; il se lia avec Malevitch*, eut pour élève Tatline et fonda en 1910 le groupement du Valet de carreau puis, en 1912, la Queue d'âne, élaborant avec sa compagne N. Gontcharova*, dès 1909 - 1910, les fondements du «rayonnisme», dont il écrivit le manifeste en 1912 (publié à Moscou en 1913). Se montrant essentiellement attentif aux possibilités expressives de la couleur affranchie de sa fonction descriptive, il fut l'un des pionniers de la peinture non figurative : «La peinture, tout en gardant le stimulant de la vie réelle, pouvait devenir elle-même», a-t-il écrit. Soucieux d'exprimer le phénomène lumineux, il peignit des œuvres constituées de stries colorées de direction verticale ou s'entrecroisant en diagonale (*Les Chats*, 1909 ; *Rayonnisme*, 1911). Dans de nombreux tableaux, il resta cependant fidèle à une figuration stylisée, caractérisée par la liberté de la facture et une expression souvent naïve. Il s'installa à Paris en 1914, consacrant une grande part de son activité à des décors pour les Ballets russes et s'intéressant aussi à la mise en scène et à la chorégraphie (*Soleil de nuit*, 1915 ; *Renard*, 1922).

**LARISSA** ♦ V. de Grèce sur le Pénée, ch.-l. de Thessalie, dans la plaine occidentale. Env. 135 000 hab. ▪ Marché agricole (coton, céréales, tabac). Centre industriel (textiles). ▮ **Histoire** Centre des Pélasges* au -II^e millénaire, Larissa («citadelle»), envahie par les Doriens, devint le fief de l'aristocratie rurale et militaire des Aleuades qui dirigea la Confédération thessalienne au -VI^e s. Alliée aux Perses en -480, aux côtés d'Athènes pendant la guerre du Péloponnèse, Larissa, refusant l'hégémonie des tyrans de Phères (-IV^e s.), fit appel à Philippe* II de Macédoine (-344) qui imposa sa propre hégémonie sur la Thessalie. La ville fut de nouveau à la tête de la Confédération thessalienne réorganisée par les Romains (-196). Elle passa des Byzantins au royaume de la Grande Valachie (XII^e s.), puis au despotat byzantin d'Épire (XIII^e s.) et fut occupée par les Turcs de 1389 à 1881, puis devint grecque.

**LARISTAN** ou **LĀRISTĀN** n. m. ♦ Région montagneuse d'Iran, dans le S.-E. de la prov. du Fārs, en bordure du golfe Arabo-Persique. Le climat est marqué par de très grosses chaleurs en été, accompagnées d'une forte humidité sur la côte marécageuse. Culture de céréales, d'arbres fruitiers (palmiers, citronniers) ; élevage de moutons. V. PRINC. : Lār. ▮ **Histoire** Le Laristan resta un royaume indépendant jusqu'au début du XVII^e s. où il fut annexé à la Perse par Abbas I^er le Grand.

**LARIVEY (Pierre DE)** ♦ Auteur dramatique et traducteur français (Troyes, v. 1540 - *id.*, v. 1619). Fils d'un marchand florentin émigré, il fut chanoine de Saint-Étienne de Troyes. Outre ses traductions de Piccolomini et de l'Arétin (*L'Humanité de Jésus-Christ*, 1604), c'est surtout par ses imitations et transpositions du théâtre comique italien qu'il a joué un rôle non négligeable dans la littérature française. Écrites en prose, ces libres traductions conservent la franchise et l'alacrité des œuvres originales par l'ingéniosité de l'intrigue et la vivacité du style. Œuv. princ. : *La Veuve, Les Esprits, Le Morfondu* (1579).

**LARKIN (James)** ♦ Syndicaliste irlandais (Liverpool 1876 - Dublin 1947). Né en Angleterre de parents émigrés irlandais, il travailla comme docker et fonda avec J. Connolly* l'ITGWU *(Irish Transport and General Workers Union)* à Dublin en 1908. En 1913, il organisa avec Connolly la grève générale de Dublin qui se solda par un échec. Il partit alors pour les États-Unis mais, pro-soviétique, fut déporté. De retour en Irlande, exclu de l'ITGWU, il fut élu deux fois député travailliste.

**LARKIN (Philip)** ♦ Poète britannique (Coventry 1922 - Kingston-upon-Hull 1985). Il est avec Thom Gunn* et Kingsley Amis* l'un des principaux représentants de l'école du «Mouvement». La renommée lui vint en 1955 avec les poèmes de *The Less Deceived*, confirmée avec *The Whitsun Weddings* (1964) et *High Windows* (1974). La forme classique de ses poèmes ne tolère aucun épanchement sentimental. Son œuvre est une description impitoyable du quotidien, saisi dans toute sa morosité, non sans l'ironie désespérée d'un homme qui disait avoir eu sa première expérience sexuelle à quarante ans. Se plaçant lui-même en marge des milieux artistiques, il refusa toujours de quitter Hull, la grande ville ouvrière où il fut bibliothécaire de 1955 à sa mort. ➜ **ÉTYM.** *Larkin* vient d'un nom anglais médiéval, formé sur le diminutif de *Lawrence* et le suffixe *-kin*.

**LARMOR** (sir **Joseph)** ♦ Physicien britannique (Magheragall, comté d'Antrim 1857 - Holywood, Irlande 1942). Il étudia les équations de la thermodynamique et contribua surtout au développement de la théorie des électrons : il introduisit l'hypothèse d'une structure atomique des charges (1894) et établit un théorème sur la *précession de Larmor* concernant le mouvement des électrons atomiques dans un champ magnétique.

**LARMOR-PLAGE** [56260] ♦ Comm. du Morbihan, arr. de Lorient, à l'entrée de la rade de Lorient. 8 470 hab. *(Larmoriens)*. Église du XII^e s., remaniée jusqu'au XVIII^e s. (porche flamboyant ; retables). ▪ C'est la station balnéaire de Lorient.

**LARNAKA** ➜ **ÉTYM.** du gr. *larnax* «tombeau», anc. ***Citíon*** ♦ V. de Chypre, ch.-l. du district de Larnaka, sur la côte S.-E. de l'île. 46 666 hab. (aggl. 115 268). Tombeau de saint Lazare dont la ville tire son nom. Elle fut au Moyen Âge la rivale de Famagouste. ▪ Aéroport international.

**LARNE** ♦ V. d'Irlande du Nord (comté d'Antrim). 30 382 hab. Ferry pour Stanraer en Écosse. Station balnéaire à 35 km de Belfast. Constructions mécaniques et électriques. ▮ **Histoire** Robert Bruce y débarqua en 1315 afin de chasser les Anglais d'Irlande.

**LA ROCHE (Mazo DE)** → **De La Roche (Mazo)**

**LA ROCHEFOUCAULD (François,** duc **DE)** ♦ Écrivain moraliste français (Paris 1613 - *id.* 1680). Destiné à la carrière des armes, où sa bravoure fut manifeste, il se mêla, avec la duchesse de Chevreuse et M^lle de Hautefort, aux intrigues contre Richelieu, ce qui lui valut d'être embastillé (1637), puis exilé sur ses terres du Poitou. En 1648, épris de la duchesse de Longueville, il participa à la Fronde des princes hostiles à Mazarin ; gravement blessé en 1652 (aux côtés de Condé), il abandonna les entreprises guerrières et les complots politiques pour se rallier au roi (ses *Mémoires*, 1662, sont précieux pour connaître la période 1624 - 1652). Rentré en grâce, il commença une carrière de mondain, à la cour comme dans les salons de la marquise de Sablé* et de M^me de La* Fayette. Sa vieillesse fut assombrie par une douloureuse maladie qu'accompagnait une demi-cécité et par des deuils (mort de son fils en 1672) qui l'affectèrent cruellement. Mélancolique, d'une réserve courtoise, il aimait avant tout la « conversation des honnêtes gens » où apparaissaient sa clairvoyance et son goût de l'analyse psychologique. Commencées vraisemblablement en 1658, ses *Maximes** (1664) firent scandale par l'absence totale d'illusions qu'elles révélaient, selon une vision résolument pessimiste de l'homme. Ces maximes dénonçaient les motivations égoïstes des passions, des sentiments ou des relations sociales (« Nos vertus ne sont le plus souvent que des vices déguisés »). Dans les quatre éditions qui se succédèrent du vivant de l'auteur (jusqu'à celle de 1678) apparaissent l'évolution de son analyse et, surtout, le travail du style, exigeant dans la recherche d'un tour dense capable de mettre en relief une pensée austère où prime avant tout le devoir de lucidité, à la fois qualité intellectuelle et vertu morale. ➝ ÉTYM. *La Rochefoucauld* est un nom de lieu en Charente, du latin *Rupes Fulcaudi*, de *rupes* « roche [forteresse] » et *Fulcaudus*, nom de personne.

**LA ROCHEFOUCAULD-DOUDEAUVILLE (Ambroise Polycarpe,** duc **DE)** ♦ Homme politique français (Paris 1765 - *id.* 1841). Émigré à l'époque de la Révolution, il revint en France sous le Consulat, mais, royaliste, ne cessa de refuser ses services à Napoléon Ier et vécut dans la retraite jusqu'à la Restauration. Membre de la Chambre des pairs, où il vota généralement avec la droite, il devint ministre de la Maison du roi en 1824. C'est à cette époque qu'il fit acheter par Charles X le domaine de Grignon*, afin d'y créer une école d'agriculture.

**LA ROCHEFOUCAULD-LIANCOURT (François Alexandre,** duc **DE)** ♦ Philanthrope français (La Roche-Guyon 1747 - Paris 1827). Il créa sur ses terres une ferme modèle où il tenta d'appliquer les méthodes d'agronomie qu'il avait étudiées lors d'un voyage en Angleterre (1769). À la même époque il fonda l'École des enfants de la Patrie, future École des arts et métiers de Châlons. Député de la noblesse aux États généraux (1789), il présenta devant l'Assemblée nationale des rapports sur l'état des hôpitaux publics, sur la mendicité. Il soutint les libertés individuelles. Émigré en Angleterre, puis aux États-Unis après le 10 août 1792, il rentra en France en 1799 et fut député pendant les Cent-Jours. Pair de France sous la Restauration, membre du Conseil des hospices (1816), il fut déchu de ses fonctions en raison de ses opinions libérales (1825). Il a écrit *L'État des pauvres en Angleterre* (1800), *Le Bonheur du peuple, almanach à l'usage de tout le monde* (1819). [Acad. sc. 1821]

**La Rochefoucauld-Liancourt.** Portrait par A. Devéria (70 × 57 cm). Musée national du château, Versailles. *Phot. © Hubert Josse*

**LA ROCHEJAQUELEIN** ♦ Famille noble vendéenne remontant au XIIIe s., dont plusieurs représentants se sont illustrés dans la guerre de Vendée*, lors de la Révolution. ♦ **Henri du Vergier,** comte **de La Rochejaquelein** (château de la Durbellière, près de Châtillon-sur-Sèvre 1772 - Nuaillé, Maine-et-Loire 1794). Membre de la garde constitutionnelle de Louis XVI jusqu'en 1792, il fut, dès le mois de mars 1793, un des principaux chefs de l'insurrection vendéenne. Après les défaites vendéennes de Cholet, du Mans et de Savenay, il tenta de continuer la lutte, mais fut tué par un Bleu. ♦ **Louis du Vergier,** marquis **de La Rochejaquelein** (Saint-Aubin-de-Baubigné, Deux-Sèvres 1777 - Les Mathes, près des Sables-d'Olonne 1815). Frère du précédent. Émigré peu après le début de la Révolution, il servit dans l'armée du prince de Condé, puis dans l'armée britannique à Saint-Domingue. Rentré en France en 1801, il fut nommé maréchal de camp et commandant des grenadiers de la garde royale lors de la Première Restauration (1814). Il fut tué alors qu'il avait tenté de prendre la tête de l'insurrection en Vendée pendant les Cent-Jours.

**LAROCHE-MIGENNES** ➝ Migennes

**LA ROCQUE (François,** comte **DE)** ♦ Officier et homme politique français (Lorient 1885 - Paris 1946). Une brillante carrière militaire lui valut d'être, en 1918, le plus jeune commandant de l'armée française. Il s'en retira en 1928, avec le grade de colonel, pour se consacrer à la politique. En 1931, il fut élu président des Croix*-de-Feu. Après la dissolution des ligues, en 1936, il fonda le Parti social français (PSF). D'abord favorable à Pétain en 1940, il prit position contre la politique de collaboration, fut arrêté et déporté en Allemagne. Son action dans la Résistance ne fut officiellement reconnue qu'en 1961. ➝ ÉTYM. *Rocque* est le forme picarde de *roche*.

**LAROQUE (Pierre)** ♦ Juriste français (Paris 1907 - *id.* 1997). Spécialiste du droit du travail, il prit part au plan de réforme qui donna à la Sécurité sociale sa structure actuelle (1945) et présida la section sociale du Conseil d'État (1964 - 1980).

**LAROQUE-D'OLMES** [09600] ➝ ÉTYM. occit. *ròca* « roche ; château fort » et *olme* « orme » ♦ Comm. de l'Ariège, arr. de Pamiers, sur le Touyre. 2 657 hab. *(Laroquais)*. Vestiges romains. Restes de fortifications. Église reconstruite au XIVe s.

**LA ROUËRIE** [laʀuəʀi] **(Armand Taffin,** marquis **DE)** ♦ Gentilhomme français (près de Rennes 1756 - près de Lamballe 1793). Après avoir participé à la guerre d'Indépendance américaine sous le nom de *comte Armand*, il tenta de soulever la Bretagne, l'Anjou et le Poitou contre les forces révolutionnaires dès 1789, prit contact avec les frères de Louis XVI à Coblence (1791). Menacé d'arrestation par l'Assemblée législative, il se cacha au château de la Guyomarais où il mourut, ayant en grande partie contribué à la formation et au développement de la Chouannerie*.

**LAROUSSE (Pierre)** ♦ Pédagogue, encyclopédiste et éditeur français (Toucy 1817 - Paris 1875). Directeur d'école, il publia une série d'ouvrages pédagogiques destinés à renouveler l'apprentissage de la langue maternelle (*Traité complet d'analyse grammaticale*, 1850 ; *Jardin des racines grecques*, 1858 et *latines*, 1860 ; etc.). En 1852, il fonda une maison d'édition avec Augustin Boyer, la Librairie Larousse, qui se développa rapidement. Son œuvre majeure fut le *Grand Dictionnaire universel du XIXe siècle* (paru en fascicules de 1864 à 1876), recueil encyclopédique qui fit appel à de nombreux collaborateurs et qui joint une énorme masse d'érudition à une liberté d'esprit souvent déconcertante. ➝ ÉTYM. *Larousse* signifie « (le fils à) la rousse » (surnom).

**LARRA (Mariano José DE)** ♦ Écrivain espagnol (Madrid 1809 - *id.* 1837). Journaliste à la mode, Larra fut un romantique dans la vie (il se suicida par amour à vingt-huit ans), mais ses idées littéraires et son style restèrent classiques. Il écrivit pourtant un drame romantique, *Macias*. Dans sa *Collection d'articles dramatiques, littéraires, politiques et de coutumes*, il se montre ironique et pessimiste et sa vision des maux de l'Espagne est juste et claire.

**LARRETA (Rodríguez DE LARRETA,** dit **Enrique)** ♦ Romancier, poète et essayiste argentin (Buenos Aires 1873 - *id.* 1961). Il est l'auteur de *La Gloire de Don Ramiro* (1908). Fidèle adepte de la « science du détail », il retrace dans ce roman historique une vie de l'époque de Philippe II, dont l'action se situe à Ávila, patrie de sainte Thérèse. Il y utilise l'idéal chevaleresque. Larreta fut ministre de la République argentine à Paris de 1910 à 1918.

**LARREY (Dominique Jean,** baron**)** ♦ Chirurgien militaire français (Beaudéan, près de Bagnères-de-Bigorre 1766 - Lyon 1842). Il accompagna Napoléon pendant toutes ses campagnes jusqu'à Waterloo, puis fut professeur au Val-de-Grâce. Il laissa de nombreux ouvrages sur l'état de la médecine. On lui doit l'invention de plusieurs procédés chirurgicaux (extraction des projectiles de la poitrine, perfectionnement de l'opération de l'hydrocèle, notamment). [Acad. sc. 1829] ♦ **Hippolyte Larrey** (Paris 1808 - *id.* 1895). Fils du précédent. Il fut chirurgien consultant de Napoléon III. [Acad. sc. 1867]

**LARSA** ♦ Anc. cité de Basse-Mésopotamie. Le royaume de Larsa, sous une dynastie d'origine élamite, rivalisa avec celui d'Isin* au début du –IIe millénaire et l'emporta v. –1730. ➝ **Sumer, Élam.**

**LARSEN (Søren Absalon)** ♦ Physicien danois (Nørre Aby 1871 - Gentofte, près de Copenhague 1957). Il découvrit l'effet qui porte son nom, phénomène d'auto-oscillation parasite dans les systèmes de reproduction sonore. ➝ ÉTYM. Ce nom danois signifie « fils *(sen)* de Lars [Laurent]. »

**LARTET (Édouard)** ♦ Géologue et paléontologue français (Castelnau-Barbarens, Gers 1801 - Seissan, Gers 1871). En 1837, il découvrit dans un gisement du Miocène (Tertiaire), à Sansan (Gers), un fossile de singe anthropomorphe, le pliopithèque. Il entreprit vers 1868 l'exploration des grottes du Périgord et donna une des premières chronologies paléontologiques de l'homme fossile.

**LARTIGUE (Jacques Henri)** ♦ Peintre et photographe français (Courbevoie 1894 - Nice 1986). Dilettante cherchant dans la photographie le moyen de fixer ses instants de bonheur, il représenta essentiellement le milieu grand bourgeois et les exploits de ses proches : courses automobiles, aventures aériennes, situations ludiques ou mondaines. Ses photographies de femmes distinguées au bois de Boulogne constituent une savoureuse chronique de la Belle Époque. La publication en 1966 de l'*Album de famille* fit connaître son œuvre dans le monde entier. ➝ ÉTYM. *Lartigue* est le nom d'une terre défrichée par brûlis, du prélatin aquitain *artica* « friche ».

**LA RUE (Pierre DE)** ♦ Compositeur franco-flamand (Tournai v. 1460 - Courtrai 1518). Il a composé une trentaine de messes, autant de motets, sept magnificat et une quarantaine de chansons profanes. Contemporain de Josquin* des Prés, il est l'un des grands représentants du style contrapuntique néerlandais, original en ce qu'il semble n'avoir subi aucune influence italienne. Excellent polyphoniste, il utilisa fréquemment dans ses messes la technique du canon.

**LARZAC** (causse du) ➝ ÉTYM. probablt du lat. *Larcius* (ou *Lartius*), n. de pers., et suff. *-acum* ♦ Le plus grand causse du S. du Massif central ; il s'étend sur environ 1 000 km² à une altitude allant de 560 à 920 m. Il se termine au S. par les monts de la Séranne. C'est un territoire rocailleux, desséché et pittoresque, aux nombreux avens avec, par endroits, des dépressions argileuses. Élevage extensif des brebis. ▪ Le causse abrite (depuis 1903) un camp militaire, dont l'extension (de 3 000 à 17 000 ha), sujet de contestation des agriculteurs menacés d'expropriation et des défenseurs de l'environnement, n'est plus envisagée.

**LA SABLIÈRE (Marguerite HESSEIN,** M^me^ **DE)** ♦ Femme de lettres française (Paris 1636 - *id.* 1693). Dotée d'une solide instruction et vivant assez librement, séparée très tôt de son mari, elle tint un salon brillant où se réunissait la société lettrée de son temps. Elle fut, à partir de 1672 et pendant vingt ans, la protectrice très attentive de La Fontaine, qui lui dédia deux *Discours* (l'un sur l'âme des animaux, l'autre à l'occasion de son élection à l'Académie, en 1684). Ayant abjuré le protestantisme, elle se retira (1678) aux Incurables, prenant pour directeur de conscience l'abbé de Rancé*. Elle a laissé des *Lettres*.

**LA SALE (Antoine DE)** ♦ Conteur français (Provence v. 1386 - v. 1462). Il fut précepteur de Jean d'Anjou auquel il dédia son œuvre en prose, *Le Petit Jehan* de Saintré* (1456), roman de mœurs et traité pédagogique. Il séjourna aussi à la cour de Bourgogne.

**LA SALLE** (saint **Jean-Baptiste DE**) ➝ **Jean-Baptiste de La Salle (saint)**

**LASALLE (Antoine Charles Louis,** comte **DE)** ♦ Général français (Metz 1775 - Wagram 1809). Aide de camp de Kellermann, il se distingua à Rivoli (1797), et lors des campagnes d'Égypte (1799), de Prusse (1806), d'Espagne (1809) et d'Autriche et fut tué à la bataille de Wagram.

**LASCARIS** ou **LASKARIS** ♦ Famille byzantine qui donna les empereurs de Nicée* : Théodore* Ier Lascaris (de 1208 à 1222), Théodore* II Doukas Lascaris (de 1254 à 1258) et Jean* IV Doukas Lascaris (de 1258 à 1261). À la même famille appartient l'érudit Jean André Lascaris (➝ **Lascaris [Jean André]**).

**LASCARIS** ou **LASKARIS (Jean André)** ♦ Érudit grec (Constantinople v. 1445 - Rome 1534). Après la prise de Constantinople par les Turcs, il se réfugia en Italie. À l'instigation de son protecteur Laurent Ier de Médicis, il fit deux voyages en Grèce et rapporta un grand nombre de manuscrits anciens. À Paris, il fut le maître de Guillaume Budé.

**LAS CASAS** (fray **Bartolomé DE**) ♦ Religieux et écrivain espagnol (Séville 1470 - Madrid 1566). Prêtre à Cuba (1512), dominicain (1522), il devint évêque de Chiapa au Mexique (1543). Il s'occupa beaucoup des Indiens et fonda même une colonie agricole pour eux. Il écrivit une monumentale *Histoire des Indes*, mais doit sa célébrité à sa *Très Brève Relation de la destruction des Indes* (1542) destinée à l'empereur Charles Quint. Cette défense des Indiens et la description de leurs souffrances soulevèrent des polémiques considérables en Europe et furent à l'origine des «nouvelles lois» qui les protégeaient. L'ouvrage, qui manque de nuances et contient des inexactitudes, est cependant d'une grande générosité.

**LAS CASES (Emmanuel,** comte **DE)** ♦ Écrivain français (château de Las Cases, près de Revel 1766 - Passy 1842). Émigré pendant la Révolution, il revint en France au moment du Consulat ; il publia un *Atlas historique, chronologique et géographique* (1803 - 1804). Napoléon le fit chambellan et comte d'Empire (1810). Après la première abdication de Napoléon (1814), Las Cases gagna l'Angleterre et revint en France pendant les Cent*-Jours. Il accompagna Napoléon à Sainte-Hélène, resta auprès de lui dix-huit mois, pendant lesquels il nota les propos de l'Empereur ; il les publia en 1823 sous le nom de *Mémorial* de Sainte-Hélène*. Cette œuvre contribua à diffuser la légende napoléonienne. S'étant plaint du gouverneur de l'île, Hudson Lowe, il fut déporté en novembre 1816 au Cap ; il s'établit ensuite en Allemagne et en Belgique et ne rentra en France qu'en 1821, après la mort de Napoléon. Élu député de Saint-Denis en 1831, après la révolution de Juillet, il siégea à l'extrême gauche de la Chambre. ➝ ÉTYM. Ce nom occitan signifie «les maisons».

**LASCAUX** (grotte de) ➝ ÉTYM. p.-ê. occit. «les *(las)* souches *(caus)*» (désignant un lieu de défrichement) ♦ Grotte ornée de Dordogne (comm. de Montignac). Découverte en 1940, étudiée notamment par l'abbé Breuil* et par l'abbé Glory, elle fut rapidement reconnue comme chef-d'œuvre de l'art paléolithique*, classée monument historique, puis ouverte au public en 1948. Les visiteurs trop nombreux modifièrent l'équilibre interne de la grotte qui dut être fermée en 1963. Une réplique fidèle, Lascaux II, a été réalisée à proximité. ▪ Les peintures pariétales de Lascaux lui ont valu le nom de «chapelle Sixtine de la préhistoire». Elles montrent de grands bovidés, taureaux et vaches (jusqu'à 5 m de long), des bisons, des chevaux, des cerfs, des bouquetins et de nombreux signes. La grotte présente également de très nombreuses figures gravées. Dans ce que l'on appelle aujourd'hui le «puits», une scène représente un homme renversé, chargé par un bison qui perd ses entrailles. Des lampes, des sagaies et des éléments de parure ont été trouvés au pied de la paroi ainsi que des restes d'échafaudages, des restes de matières colorantes ayant servi à peindre et des pierres ayant servi à graver. L'ornementation de Lascaux a été réalisée par des Magdaléniens*, peut-être à des fins initiatiques, sur une période de cinq cents ans, entre -15 000 et -14 500. Stylistiquement, cet art représente une période d'apogée où concourent l'acuité de l'observation animalière et la sûreté des moyens artistiques (suggestion de la perspective dans les membres des animaux, exploitation des reliefs de la roche).

**Lascaux. La frise des Aurochs dans la rotonde, 15 000 ans av. J.-C.**
*BIS/Phot. C. Roux © Archives Larbor*

**LASÈGUE (Charles Ernest)** ♦ Médecin français (Paris 1816 - *id.* 1883). Il est surtout connu par ses recherches sur les maladies mentales, en particulier sur le délire de persécution à évolution systématique (*maladie de Lasègue*, 1852), sur le délire alcoolique, l'hystérie *(syndrome de Lasègue)*.

**LASHIO** ♦ V. du N.-E. de la Birmanie. 88 590 hab. Gros marché agricole et artisanal, terminus de la voie ferrée de Mandalay et point de départ de la célèbre *route de Birmanie* qui permit, pendant la Deuxième Guerre mondiale, de ravitailler la Chine.

**LASHLEY (Karl Spencer)** ♦ Neuropsychologue américain (Davis, Virginie 1890 - Poitiers 1958). Behavioriste, il fit des recherches sur les bases neurophysiologiques des fonctions sensorielles.

**LASK (Emil)** ♦ Philosophe allemand (Wadowice, près de Cracovie 1875 - dans les Carpates, sur le front de Russie 1915). Il tenta de faire une synthèse entre les positions de la philosophie critique (➝ **kantisme**) et celles de la phénoménologie.

**LASKER-SCHÜLER (Else)** ♦ Poète allemande (Wuppertal-Elberfeld 1869 - Jérusalem 1945). Considérée par certains de ses contemporains (G. Benn, K. Kraus*) comme une des plus grandes lyriques allemandes, elle a écrit deux drames (*Die Wupper*, 1909 ; *Arthur Aronymus*, 1932), des récits (*Mon cœur*, 1912 ; *Le Malik*, 1919) et surtout des recueils de poèmes qui, par leur forme libre et leurs images souvent audacieuses, se rattachent à l'expressionnisme. Elle y évoqua ses aventures sentimentales, ses passions et y exprima aussi son attachement à ses origines juives et ses aspirations religieuses (*Ballades hébraïques*, 1913 ; *Mon piano bleu*, 1943).

**LASKINE (Lily)** ♦ Harpiste française (Paris 1893 - *id.* 1988). Elle donna son premier concert à l'âge de douze ans et, au cours de sa longue carrière, défendit brillamment la musique française (Debussy, Ravel, Ibert, Milhaud). Elle enseigna au Conservatoire de 1948 à 1958, formant de nombreux élèves, dont Marielle Nordmann.

**LASNIER (Rina)** ♦ Poète canadienne d'expression française (Saint-Grégoire d'Iberville, 1915 - Saint-Jean-sur-le-Richelieu 1997). Imprégnée d'un mysticisme exigeant, l'œuvre de R. Lasnier a marqué la littérature québécoise des années 1940 et 1950. Sa poésie exalte l'émotion religieuse avec une grande discrétion de ton, en des strophes visiblement inspirées des versets de Péguy et de Claudel, où elle a recours à des images issues de la symbolique biblique (*Madones canadiennes*, 1944).

**LASSALLE (Ferdinand)** ♦ Homme politique allemand (Breslau, auj. Wrocław 1825 - Genève 1864). Démocrate radical et socialiste, connaissant Proudhon et Marx, il participa au mouvement révolutionnaire à Düsseldorf (1848 - 1849) et fut emprisonné. Fondateur de l'Association générale des travailleurs allemands (1863), il s'orienta vers un socialisme réformiste, à tendance nationaliste et féodale, qui influença le programme de coalition critiqué par Marx et Engels (la *Critique* du programme de Gotha*, 1875 - 1891). Il énonça la «loi d'airain des salaires», selon laquelle le salaire est réduit au strict minimum vital par le coût de production. Lassalle mourut en duel. Œuvres princ. : *La Philosophie d'Héraclite l'obscur*, 1858 ; *La*

*Guerre d'Italie et la Mission de la Prusse*, 1859 ; *Capital et Travail*, 1862. ➝ ÉTYM. *Lasalle* est la francisation de *Lossal*, de *Loslau*, nom allemand de la ville de *Wodisław Śląski*, en Silésie.

**LASSALLE (Jacques)** ♦ Auteur et metteur en scène français (Clermont-Ferrand 1936). Fondateur du Studio-Théâtre de Vitry (1967), directeur du Théâtre national de Strasbourg (1983 - 1990), administrateur général de la Comédie-Française (1990 - 1993). Il a écrit des pièces qui traitent du monde contemporain *(Un couple pour l'hiver, Le Soleil entre les arbres)* puis s'est consacré à la mise en scène d'auteurs actuels (Kroetz, Kundera, Vinaver) et classiques, surtout Goldoni, Molière, Marivaux. Il manifeste une grande attention au texte, un travail scénique sobre et subtil, ouvert à l'humanité du personnage, sensible aux acteurs.

**LASSUS** [lasys] **(Roland DE)** – en it. ***Orlando di Lasso*** ♦ Compositeur franco-flamand (Mons v. 1532 - Munich 1594). Génie précoce, il quitta très tôt son pays pour l'Italie (1545). Il séjourna à Palerme, Milan, Naples et Rome où il exerça quelque temps les fonctions de maître de chapelle à Saint-Jean-de-Latran (1553). C'est à Munich, au service du duc de Bavière, dont il devint le maître de chapelle (1556), qu'il se fixa jusqu'à sa mort, non sans entreprendre plusieurs voyages en Europe, particulièrement en Italie où il rencontra Palestrina et eut G. Gabrieli pour élève. Il connut les plus grands honneurs et bénéficia, de son vivant, d'une réputation incontestée. ▪ D'inspiration européenne, l'œuvre de Lassus est très abondante (plus de 2 000 compositions). Elle comprend des villanelles, moresques et madrigaux italiens, des lieder polyphoniques allemands, des chansons françaises (Marot, du Bellay, Ronsard) et, dans le domaine de la musique religieuse, 53 messes, 180 magnificat, des passions, des lamentations et surtout plus de 1 000 motets. C'est dans le motet que Lassus a donné toute la mesure de son génie. Ses motets à 2 et 3 voix, fidèles à la tradition contrapuntique, ont une pureté et une simplicité linéaire qui évoquent Palestrina*. S'il emploie encore le style imitatif dans ses motets à 5 et 6 voix, la recherche des sonorités et des effets de masse, la souplesse des voix et les passages harmoniques y bouleversent la conception polyphonique qui était restée inchangée depuis le Moyen Âge. Ce style harmonique, le raffinement sonore dû aux modulations, les oppositions ou groupements divers des voix (emploi de 2 ou 3 chœurs) donnent à ses motets de 6 à 12 voix une ampleur et une magnificence jamais atteintes. Foisonnante de nouveauté, riche d'une verve inventive et d'un accent très personnel, la musique de Lassus a concouru à la rénovation de la foi catholique en Allemagne après l'ébranlement de la Réforme. Elle a établi avec bonheur la synthèse de l'art flamand et de la musique italienne, en plein essor à la fin du siècle, et pour cela rayonné à travers toute l'Europe. ▪ Deux des fils de Lassus, FERDINAND LASSUS (mort à Munich 1609) et RODOLPHE LASSUS (mort à Munich 1625) furent ses élèves. Ils ont composé de la musique religieuse et publié un recueil de motets (1604).

**LASSUS (Jean-Baptiste)** ♦ Architecte français (Paris 1807 - Vichy 1857). Il restaura la Sainte-Chapelle et l'église Saint-Séverin à Paris et construisit aussi des églises néogothiques.

**LASSWELL (Harold Dwight)** ♦ Sociologue américain (Donneleson, Illinois 1902 - New York 1978). Spécialiste de sociologie politique, il a tenté de montrer, dans une optique behavioriste, l'importance des communications de masse dans les rapports sociaux, à travers la question : « Qui dit quoi, par quel canal, à qui et avec quel effet ? » Il s'intéressa en particulier aux mécanismes du pouvoir : *Politique : qui obtient quoi, quand, comment ?* (*Politics : Who Gets What, When, How ?*, 1936) et assigna à la science politique le rôle de « combattre les grandes crises de notre époque ».

**LASTIC (Jean BOMPAR DE)** ♦ (Lastic 1371 - Rhodes 1454). Grand maître de l'ordre de Saint-Jean-de-Jérusalem (1437). Il repoussa les attaques du sultan d'Égypte (1440 et 1444).

**LASTOURS** [11600] ➝ ÉTYM. de l'occit. *tor, torre* « donjon ; château fort » ♦ Comm. de l'Aude, arr. de Carcassonne, située sur une colline au S. de la Montagne* Noire. 163 hab. *(Lastouriens)*. Ruines des quatre châteaux de Lastours (XII^e et XIII^e s.) qui commandaient le Cabardès*. ▪ À proximité mines de Salsigne et Villonière (or, cuivre, bismuth).

**LA SUZE (Henriette DE COLIGNY, comtesse DE)** ♦ Femme de lettres française (Paris 1618 - *id.* 1673). Elle composa des poèmes dans le goût précieux, notamment en collaboration avec Madeleine de Scudéry* et Pellisson* ; ses œuvres se trouvent dans plusieurs recueils dits *La Suze-Pellisson*, publiés entre 1664 et 1725.

**LAS VEGAS** ➝ ÉTYM. esp. « les prés » ♦ V. des États-Unis (Nevada) 478 434 hab. (zone urbaine 1 563 282). La population s'est accrue de 85 % de 1990 à 2000. Grand centre touristique, ville du jeu aux États-Unis, Las Vegas est devenu une capitale du spectacle de variétés. ▪ L'énergie hydroélectrique du barrage Hoover (sur le Colorado) a permis de développer l'industrie du magnésium dans la région. Au N.-O., zone militaire utilisée pour les expériences atomiques. Centre de la NASA à Jackan Flats. ▮ **Histoire** La ville fut fondée par des mormons, attirés par les eaux artésiennes qui font croître les seuls prés de cette vallée aride. Elle se développa avec la construction d'une ligne de chemin de fer, puis avec celle du Boulder Dam (1928). Sa prospérité actuelle vient des jeux de hasard, légalisés en 1931 dans le Nevada.

**LĀT (AL-)** ➝ ÉTYM. p.-ê. de *latta* « mélanger, pétrir » ou du n. de la déesse *al-Ilāha* ♦ Déesse du Soleil, adorée par les Arabes avant l'islam ; elle forme avec al-Manāt* et al-'Uzzā la triade qoraychite.

**LA TAILLE (Jean DE)** ♦ Poète dramatique français (Bondaroy, près de Pithiviers v. 1540 - apr. 1607). Auteur de deux tragédies, *Saül le Furieux* (1572) et *La Famine ou les Gabéonites* (1574), il y introduisit des débats idéologiques sans renoncer à frapper les sens par des récits horribles. Dans son *Art de la tragédie*, préface à *Saül*, il expose la règle des trois unités qu'il croit déduire d'Aristote mais doit à Horace et qui fondera la tragédie classique (➝ **Mairet**).

**LATAKIEH** ➝ **Lattaquié**

**LATÉCOÈRE (Pierre)** ♦ Industriel français (Bagnères-de-Bigorre 1883 - Paris 1943). Constructeur des avions Salmson pour l'armée pendant la Première Guerre mondiale, il établit une liaison aérienne reliant la France à Dakar avec prolongation sur le Brésil. ➝ ÉTYM. Ce nom de famille vient du gascon *técoère* « monticule ».

**LATHAM (Hubert)** ♦ Aviateur français (Paris 1883 - Fort-Archambault 1912). Après avoir appris seul, en 1909, à piloter le monoplan *Antoinette*, il détint les records français de durée (1 h 7 mn) et d'altitude (300 m puis 1 000 m en 1910).

**LATIMER (Hugh)** ♦ Prélat et théologien anglais (Thurcaston, Leicestershire, v. 1485 - Oxford 1555). Par ses prédications, il contribua pour une large part aux réformes religieuses anglaises du XVI^e s. Il fit ses études à Cambridge, où il fut ordonné prêtre. Sous l'influence de Thomas Bilney, il se convertit au protestantisme. Soupçonné d'hérésie, Latimer fut appelé à comparaître en 1527 devant le cardinal Thomas Wolsey, qui le destitua de ses fonctions ecclésiastiques, en lui laissant toutefois la liberté de prêcher. En 1530, les signes avant-coureurs d'une rupture avec Rome s'étant fait jour, il put prêcher le carême devant Henri VIII. Il obtint alors la charge honorifique de chapelain du roi, et lorsque la rupture avec la papauté fut consommée, après le divorce et l'excommunication d'Henri VIII, en 1533, il compta au nombre de ses conseillers religieux les plus écoutés. Élevé, grâce à la faveur de Thomas Cromwell, à la dignité d'évêque de Worcester, il prit violemment position contre les injustices sociales et contre certaines pratiques catholiques. Mais en 1539, il refusa de souscrire à l'acte des Six Articles et dut abandonner son siège épiscopal. Il semble qu'il ait eu alors à connaître les rigueurs de plusieurs emprisonnements à la tour de Londres. À l'avènement d'Édouard VI, il fut remis en liberté et ses prédications énergiques le firent apparaître comme l'un des chefs de file de la Réforme anglaise, en même temps qu'elles le désignaient comme l'une des premières victimes de la restauration catholique : peu après l'avènement de Marie Tudor, il fut arrêté et condamné au bûcher, après un long procès en hérésie. Il fut brûlé à Oxford avec son ami Nicolas Ridley.

**LATINA** ♦ V. d'Italie, ch.-l. de prov., dans le Latium, dans les marais Pontins. 107 898 hab. Indus. mécaniques, textiles et alimentaires. Centre tertiaire. Centrale nucléaire. ▮ **Histoire** La ville de *Littoria* fut créée en 1932 par Mussolini pour être le centre commercial et administratif des marais Pontins en cours d'assèchement. Elle prit son nom actuel en 1945.

**LATINI (Brunetto)** ♦ Écrivain italien (Florence v. 1220 - *id.* v. 1294). Maître idéal de Dante (qui lui rendit hommage), il traduisit le premier Cicéron et composa diverses œuvres didactiques comme sa *Rhétorique* et le *Favolello*, épître en vers sur l'amitié. Partisan des guelfes, il fut banni par les gibelins et vécut en France, de 1260 à 1266 ; il y composa en langue d'oïl *Li Livres dou Tresor*, sorte d'encyclopédie des connaissances de l'époque qu'il résuma en partie dans son poème italien *Il Tesoretto*, où, sous la conduite d'Ovide, il accomplit un itinéraire allégorique (nature, vertu et amour).

**LATINS** n. m. pl. ♦ Nom donné aux habitants du Latium*.

**LATINUS** ♦ Roi des Aborigènes (premiers habitants du Latium) et héros éponyme des Latins selon la tradition romaine. Sa légende a été rattachée au cycle troyen lors de la constitution du mythe des origines de Rome. Selon Virgile (*Énéide*, liv. VII à XII), Énée* est accueilli en Italie par Latinus, roi de Lavinium, qui lui donne en mariage sa fille Lavinia. Cette union symbolisait la synthèse entre les éléments italiques et les éléments orientaux dans la formation du peuple latin.

**LATIUM** [lasjɔm] n. m. – en it. ***Lazio*** ♦ Région d'Italie ➝ **Italie** (carte). 17 203 km². 5 112 413 hab. *(Latins)*. CH.-L. : Rome. Elle comprend les provinces de Frosinone, Latina, Rieti, Rome et Viterbe. ▮ **Géographie** Très diversifié, le Latium constitue plutôt un regroupement hétérogène de provinces autour de Rome qu'une unité géographique cohérente. Il comprend : le bassin latin proprement dit, s'étendant des collines de Viterbe et de Veiano à Terracina et constitué d'une grande cuvette ; la campagne romaine, située entre le lac de Bracciano et le Monte Cavo, que suivent au S. les marais Pontins, bonifiés de 1928 à 1932, puis après la Deuxième Guerre mondiale. À l'E., se dressent les premiers contreforts des Abruzzes : monts Sabins, Sibillini, Prenestini. Du N.-O. au S.-E. s'étendent de hautes collines volcaniques (monts Volsini, Cimini, Albains, Lepini). L'économie est essentiellement fondée sur les activités de direction politique et financière, sur la fonction de capitale. Les grandes propriétés ont été divisées en petites exploitations. Mais la *coltura promiscua* (culture mixte) a laissé la place aux productions imposées par le marché urbain (cultures maraîchères et élevage laitier). Moteur de l'économie du Latium, région urbaine modelée par la capitale italienne, la fonction politique a assuré le développement d'une industrialisation urbaine centrée sur les biens de consommation (mécanique, indus. pharmaceutique, confection, cinéma) et dirigée par les grandes firmes détenues par l'État. Cette fonction de capitale d'un empire ancien et de la chrétienté est aussi à l'origine de l'essor touristique de la région. **Histoire** Peuplé au -IIe millénaire par les Latins, le Latium subit d'abord au -VIe s. la domination étrusque (chute de Tarquin* le Superbe, dernier roi étrusque de Rome, en -509). Puis, pour lutter contre les Étrusques*, les Èques* et les Volsques* (Coriolan*), les habitants du Latium formèrent au -Ve s. la Ligue latine qui comprenait trente cités dont Albe, Tusculum, Préneste, Fidènes, Lanuvium et sur lesquelles Rome n'avait pas encore la suprématie. Après la première guerre samnite (-343 - -341), Rome entra en lutte contre les Latins qu'elle soumit définitivement en -338 et qui devinrent alors citoyens romains. → **Rome.**

## latomies

n. f. pl. → ÉTYM. du gr. *latomiai* « carrière de pierres » ♦ Carrières de pierres servant de prison, dans l'Antiquité. Le mot est surtout utilisé pour désigner les *Latomies* de Syracuse, carrières à ciel ouvert où les Athéniens furent enfermés après l'échec de l'expédition de Sicile en -413 (→ **Syracuse, Péloponnèse**). Verrès* y emprisonna plus tard des citoyens romains.

**LATONE** - en lat. *Latona* ♦ Nom donné à la Léto* grecque dans la mythologie romaine.

**LATOUCHE (Hyacinthe THABAUD DE LATOUCHE,** dit **Henri DE)** ♦ Écrivain français (La Châtre 1785 - Châtenay-Malabry 1851). Auteur de comédies, dont *Selmour* (1811) et *Le Tour de faveur* (1818), il écrivit également des romans où il s'essayait aux motifs de la littérature romantique naissante (notamment dans *Fragoletta,* 1829). Ses recueils de poésies (*Adieux,* 1843, *Les Agrestes,* 1844) sont aussi d'inspiration romantique. Directeur de revues et de journaux (*Le Mercure du XIXe siècle* et *Le Figaro*), il y servit la cause de la nouvelle école, aida aux débuts de George Sand et fut surtout le premier éditeur des poésies d'André Chénier (en 1819). → ÉTYM. *Latouche* vient de l'ancien français *toche, tosche* « boqueteau ».

**LATOUCHE-TRÉVILLE (Louis René Madeleine LE VASSOR,** comte **DE)** ♦ Amiral français (Rochefort 1745 - Toulon 1804). Il prit part à la guerre d'Indépendance américaine, et fut fait prisonnier (1782). Contre-amiral en 1792, il fut emprisonné sous la Terreur, mais participa à l'expédition de Saint-Domingue (prise de Port-au-Prince, 1802).

**LA TOUR (Georges DE)** ♦ Peintre français (Vic-sur-Seille 1593 - Lunéville 1652). Longtemps oublié, il a suscité un regain d'intérêt v. 1900 et a été mieux connu grâce aux travaux d'Hermann Voss (publiés en 1915). Néanmoins, bien des points de sa biographie restent obscurs et la chronologie de ses œuvres est hypothétique. Issu d'une famille de boulangers, il reçut peut-être une formation à Nancy ou à Lunéville, et sans doute connut-il l'œuvre de J. Bellange et du luministe Le Clerc. L'influence très nette du caravagisme sur son œuvre a fait supposer, v. 1610 - 1616, un voyage soit en Italie, soit aux Pays-Bas, où il aurait subi l'ascendant de l'école d'Utrecht. Par son mariage en 1617 à Lunéville avec Diane Le Nerf, fille de l'argentier du duc Henri II de Lorraine, il acquit une position sociale élevée. Il devint en 1620 peintre de la ville de Lunéville. En 1639, il se rendit à Paris : Louis XIII, ayant admiré son *Saint Sébastien pleuré par Irène,* lui donna le titre de peintre ordinaire du roi tandis que de grands collectionneurs acquéraient de ses œuvres. Ses « nuits », notamment, furent très appréciées. Plusieurs détails de sa vie laissent supposer une personnalité opportuniste et sans pitié, en contradiction avec l'esprit religieux qui imprègne la plupart de ses œuvres. Ses scènes profanes ou scènes de genre sont en général présentées sous un éclairage diurne (*Les Mangeurs de pois,* sans doute sa plus ancienne œuvre connue, Berlin ; *Rixe de musiciens,* v. 1625 - 1630, Malibu ; *Le Tricheur à l'as de trèfle,* v. 1625 - 1630, Fort Worth ; *La Diseuse de bonne aventure,* v. 1632 - 1635, New York ; *Le Tricheur* à l'as de carreau,* v. 1635, Louvre) ; elles se caractérisent par une composition très méditée, la dureté des volumes finement modelés ou lisses, et l'extrême acuité psychologique (rapports entre les gestes très mesurés, le réseau complexe des regards offert au spectateur). Dans ses tableaux de thème ou d'esprit religieux (les quatre *Madeleine ; Saint Joseph charpentier,* v. 1638 - 1643, Louvre ; *L'Adoration des bergers,* apr. 1640, Louvre ; *L'Apparition de l'ange à saint Joseph,* v. 1640 - 1645, Nantes ; *Le Nouveau-Né,* v. 1640 - 1650, Rennes), il exploite avec une rare maîtrise les possibilités expressives de l'éclairage nocturne (la source lumineuse provenant le plus souvent d'une bougie). Créant des formes de plus en plus abstraites, simplifiées, sculpturales, et contribuant à l'extrême concentration de l'expression, le plus souvent recueillie et sereine, rarement dramatique,

Georges de **La Tour.** *Job raillé par sa femme* (145 x 97 cm). Musée départemental des Vosges, Épinal. *BIS/Phot. H. Josse © Archives Larbor*

s'inscrivant dans le courant du caravagisme européen, il a cependant fait preuve d'une forte personnalité en donnant une interprétation originale du luminisme et du « réalisme » et en accordant à la lumière une valeur non pas seulement constructive mais mystique.

**LA TOUR (Maurice Quentin DELATOUR,** dit **Quentin DE)** ♦ Pastelliste, peintre et dessinateur français (Saint-Quentin 1704 - *id.* 1788). Il se rendit à Paris en 1722 et étudia dans l'atelier du peintre de natures mortes J. Spoede. Il adopta la technique du pastel qu'avait lancée R. Carriera, perfectionna son dessin auprès de L. de Boullongne* et Restout* et fut agréé par l'Académie en 1737. Il devint rapidement célèbre et s'affirma comme le plus grand pastelliste de son siècle. Il multiplia les portraits des personnages de la cour, de l'aristocratie et de la grande bourgeoisie (*Louis XV,* 1748 ; *Le Maréchal de Saxe,* 1748 ; *Le Dauphin*) ainsi que du monde des arts et des lettres (*D'Alembert, J.-J. Rousseau, Mademoiselle Fel*). En s'attachant à de grandes compositions, il voulut montrer que le pastel était digne de concurrencer la peinture (*Le Président des Rieux,* 1741 ; *Mme de Pompadour,* 1755). Remarquable physionomiste, il excella surtout à rendre les expressions éphémères, les poses naturelles (*L'Auteur qui rit, Marie Leszczyńska,* 1747 ?) et chercha en même temps à capter la personnalité profonde et à rendre compte de l'état social de ses modèles. Il légua une grande partie de son œuvre à sa ville natale, Saint-Quentin.

**LA TOUR D'AUVERGNE** ♦ Famille française originaire du château de la Tour d'Auvergne, à l'O. d'Issoire. Elle remonte au XIIIe s. Ses membres les plus illustres furent le duc de Bouillon* et Turenne*.

**LA TOUR D'AUVERGNE (Théophile Malo CORRET DE)** ♦ Officier français (Carhaix, Finistère 1743 - Oberhausen, Rhénanie-Westphalie 1800). Engagé dans le régiment de Bretagne, il servit dans les armées révolutionnaires de Savoie et des Pyrénées occidentales. Ayant pris sa retraite (1797), il étudia le celtique sous la direction de l'archéologue Le Brigant, puis se réengagea à la place du fils de ce dernier. Il fut tué à l'armée du Rhin, peu après avoir été nommé « Premier grenadier de la République » par Bonaparte. Ses cendres ont été transférées au Panthéon en 1889.

**LA TOUR DU PIN** ♦ Famille française originaire du château de La Tour, dans l'Isère, devenue souveraine du Dauphiné lors du mariage d'Humbert avec Anne, héritière de cette région. Elle embrassa le parti protestant lors des guerres de Religion. RENÉ DE LA TOUR DU PIN-GOUVERNET (1543 - 1619) puis son fils HECTOR DE LA TOUR DU PIN-MONTAUBAN (1585 - 1630) furent de brillants chefs militaires calvinistes. RENÉ DE LA TOUR DU PIN-MONTAUBAN (1620 - 1687) se distingua au service des Impériaux à la bataille du Saint*-Gothard.

**LA TOUR DU PIN (René,** marquis **DE)** ♦ Sociologue français (Arrancy, près de Laon 1834 - Lausanne 1924). Fondateur et animateur des cercles d'ouvriers catholiques, il fut un des principaux représentants du catholicisme* social en France, cherchant à faire de l'idéal chrétien la base d'un régime corporatif et représentatif (*Les Phases du mouvement social chrétien,* 1897 ; *Vers un ordre social chrétien,* 1907).

**LA TOUR DU PIN (Patrice DE)** ♦ Poète français (Paris 1911 - *id.* 1975). Au dessein plus théologique que poétique, son œuvre, manière de journal intime, est celle d'un mystique épris d'absolu, d'un solitaire qui aspire à la plus ample communion humaine dans l'attente d'un dieu retrouvé. Repoussant les prestiges du verbe et de l'image et cependant lourdement chargée de symboles, situant le sacré ailleurs que dans le poème, elle n'exprime de révolte qu'à l'égard d'une «pesanteur qui fait échec à la grâce», jusqu'à ce que se dégage pour le poète la signification cachée du monde, qui est esprit. Princ. recueils : *La Quête de joie* (1933), *La Vie recluse en poésie* (1938), *La Genèse* (1945), *Le Jeu du seul* (1946), *Une somme de poésie* (1946), *Le Second Jeu* (1959), *Lettre aux confidents* (1960), *Une lutte pour la vie* (1971).

**LA TOUR MAUBOURG (Marie Charles César Florimond DE FAY,** comte **DE)** ♦ Général français (Grenoble 1757 - Paris 1831). Député de la noblesse du Puy aux États généraux (1789), il adopta des positions libérales. Après la fuite du roi à Varennes (20 - 21 juin 1791), il fut chargé de le ramener à Paris. Général de brigade en 1792, il passa, avec La Fayette, aux Autrichiens (19 - 20 août 1792) qui l'emprisonnèrent jusqu'en 1797. Rallié à Bonaparte, il fut sénateur (1806) et commandant militaire de Cherbourg. Pair de France, après s'être rallié aux Bourbons (1814), il fut rayé de la liste des membres de la Chambre haute jusqu'en 1819, en raison de son attitude favorable à Napoléon Ier, lors des Cent-Jours.

**Latran** n. m. – en it. *Laterano* ♦ Site et ensemble architectural de Rome, possession de l'État du Vatican. Ancien palais des Laterani confisqué par Néron (67), donné à l'Église par Constantin, résidence des papes de 313 à 1304, siège des services pontificaux jusqu'à Nicolas V qui les transféra au Vatican*. Le palais du Latran, ensemble complexe comportant appartements, *aula* des conciles, bibliothèque, monastères, fut incendié en 1308, laissé à l'abandon lors du séjour en Avignon, démoli et rebâti par Fontana sous Sixte Quint. La basilique Saint-Jean-de-Latran (San Giovanni in Laterano) fut fondée par Constantin et dédiée au Saint-Sauveur avant de l'être aux saints Jean-Baptiste et Jean l'Évangéliste ; elle est la cathédrale de Rome ; son aspect actuel est baroque (Borromini, 1646 - 1649 ; façade de A. Galilei, 1735). Dans un bâtiment aujourd'hui séparé se trouvent la Scala sancta (Escalier saint) et le Sancta sanctorum, ancienne chapelle privée des papes.

**Latran** (conciles du) ♦ Cinq conciles œcuméniques se sont déroulés au Latran. ♦ ***Latran I*** 9e concile œcuménique, réuni en 1123 par le pape Calixte II. Il ratifia le concordat de Worms (1122) entre le pape et l'empereur au sujet de l'investiture laïque des évêques. ♦ ***Latran II*** 10e concile œcuménique, réuni en 1139 par le pape Innocent II pour liquider le schisme d'Anaclet II, antipape de 1130 à 1138. ♦ ***Latran III*** 11e concile œcuménique, réuni en 1179 par le pape Alexandre III. Il ratifia la paix de Venise (1177) entre le pape et l'empereur, qui avait soutenu les antipapes Victorien IV, Pascal III et Calixte III, et liquida les séquelles du schisme. Il anathématisa les cathares. ♦ ***Latran IV*** 12e concile œcuménique, réuni en 1215 par le pape Innocent III. Il légiféra dans presque tous les domaines de la vie religieuse : communion pascale, confession annuelle, vêtement des clercs, bans de mariage. ♦ ***Latran V*** 18e concile œcuménique, convoqué en 1512 par le pape Jules II pour faire pièce au concile de Pise réuni par Louis XII, roi de France ; il se prolongea sous le pontificat de Léon X, jusqu'en 1517. Il régla des questions de politique italienne, approuva le concordat de Bologne (1516) entre le pape et François Ier et tenta quelques réformes ecclésiastiques, sans toutefois aborder les vrais problèmes que devait mettre en évidence la Réforme protestante.

**Latran** (accords du) ♦ Traité signé le 11 février 1929 au palais du Latran entre le Saint-Siège (cardinal Gasparri*, secrétaire d'État) et l'Italie (Mussolini) pour régler la question romaine, pendante depuis 1870. Ces accords constituaient l'État de la cité du Vatican soumis à la seule autorité du pape, élaboraient une convention financière et un concordat entre les deux puissances. Le pape renonçait à ses droits sur Rome et les anciens États de l'Église. L'Italie reconnaissait des privilèges à l'Église catholique et un traitement aux curés, comme officiers d'état civil. Approuvés par le Parlement italien (mai-juin), les accords furent ratifiés le 15 juin 1929 au Vatican par les mêmes plénipotentiaires et confirmés par le parlement républicain, après la chute du fascisme.

**LATREILLE (Pierre-André)** ♦ Prêtre et naturaliste français (Brive-la-Gaillarde 1762 - Paris 1833). Il est l'auteur d'un *Précis des caractères génériques des insectes disposés dans un ordre naturel* (1796) où, appliquant la méthode naturelle de Jussieu*, il apparaît comme un des fondateurs de l'entomologie. Il collabora au traité sur *Le Règne animal* de Cuvier*.

**LA TRÉMOILLE** [latʀemuj] ♦ Famille noble du Poitou. ♦ **Georges de La Trémoille** (v. 1382-1388 - Sully-sur-Loire 1446). Grand chambellan de Charles* VII (1427), il chercha à écarter Jeanne d'Arc. Tombé en disgrâce, il participa à la Praguerie* (1440). ♦ **Louis II de La Trémoille,** vicomte **de Thouars,** prince **de Talmont** (Thouars 1460 - Pavie 1525). Il prit la tête des troupes royales qui réprimèrent la Guerre* folle et fut vainqueur à Saint*-Aubin-du-Cormier (1488). Il prit ensuite une part brillante aux guerres d'Italie (Fornoue*, Agnadel*, Novare*, Marignan*) et fut tué à Pavie*. ♦ **Claude de La Trémoille,** prince **de Thouars** (Thouars 1566 - 1604). Il servit sous Henri de Condé et Henri IV. ➝ **ÉTYM.** Ce nom de famille vient d'un nom de lieu *La Trémouille* (du latin *tremulus* «peuplier tremble»).

**LATRESNE** [33360] ♦ Comm. de la Gironde, arr. de Bordeaux. 3 195 hab. Viticulture (premières côtes-de-bordeaux).

**LATTAQUIÉ** ou **LATAKIEH** – en ar. *al-Lādhiqiya*, anc. *Laodicée* ➝ **ÉTYM.** de *Laodikē*, mère de Séleucos* Ier Nicator ♦ V. de Syrie, sur la Méditerranée, au N. de Tripoli. Ch.-l. de gouvernorat. 420 000 hab. C'est une ville en expansion, dont l'activité bénéficie des ressources agricoles de la région. Indus. alimentaire (huileries) et textile (coton) ; manufacture de tabac. Le port exporte notamment les céréales de la Djésireh. La province, délimitée par le djebel Ansariya où coule l'Oronte, est riche en oliviers et en vignes, et habitée par la communauté musulmane des Alaouites. Gisements de chrome dans le S.

**LATTES** [34970] ➝ **ÉTYM.** anc. *Lattara*, p.-ê. du lat. *latera* «brique» ♦ Comm. de l'Hérault, arr. de Montpellier. 13 768 hab. *(Lattois).* Des fouilles archéologiques (1963) ont mis au jour le site de *Lattara*, actif port de commerce du –VIe s. au IIe s., alimentant notamment *Sextantio* (Montpellier) et l'arrière-pays. Musée et centre de documentation archéologique.

**LATTRE DE TASSIGNY (Jean-Marie Gabriel DE)** ♦ Maréchal de France (Mouilleron-en-Pareds, Vendée 1889 - Paris 1952). Nommé général en 1939, il commanda, en mai-juin 1940, la 14e division d'infanterie qui se distingua à Rethel. En novembre 1942, à Montpellier où il commandait la 17e division militaire dans l'armée de l'armistice, il tenta de prendre le maquis lorsque les Allemands envahirent la zone libre, mais il fut désavoué par le gouvernement de Vichy et interné. Il s'évada, gagna Alger (sept. 1943) et, à la tête de la Ire armée française, participa au débarquement allié en Provence (Saint-Tropez, 16 août 1944). Il libéra Toulon, Marseille, Lyon, Dijon, l'Alsace, franchit le Rhin et prit Karlsruhe, Fribourg, Stuttgart, Ulm, Constance. Le 8 mai 1945, il reçut pour la France la capitulation allemande à Berlin. → **Guerre mondiale (Deuxième).** De 1950 à 1952, il fut haut-commissaire et commandant en chef en Indochine. La dignité de maréchal de France lui fut conférée à titre posthume en 1952.

**LATTUADA (Alberto)** ♦ Cinéaste italien (Milan 1914 - près de Rome 2005). Il a exercé une action militante en faveur du cinéma, participant à la fondation de la cinémathèque de Milan (1940) et organisant la création de ciné-clubs. L'inspiration du meilleur de son œuvre est d'un lyrique sans optimisme. D'abord néoréaliste, *Le Moulin du Pô* (1949), *Les Feux du music-hall* (1950, avec Fellini), elle a évolué vers un réalisme fantastique avec *Le Manteau* (1952, d'après Gogol) et la poésie épique avec *La Tempête* (1958), accordant souvent à l'érotisme une place privilégiée : *La Pensionnaire* (1953), *Les Adolescentes* (1960), *La Novice* (1960). En 1970, il réalisa une farce aigre-douce : *Venez donc prendre le café chez nous.*

**LATUDE (Jean Henri,** dit **Masers DE)** ♦ Aventurier français (Montagnac 1725 - Paris 1805). Accusé d'intrigues contre Mme de Pompadour*, il fut emprisonné pendant trente-cinq ans, à Vincennes, à la Bastille, à Charenton et à Bicêtre, et fit de nombreuses tentatives d'évasion qui échouèrent toutes. Il fut libéré en 1784.

**LAU** (îles) → **Fidji (îles)**

**LAUBARDEMONT (Jean MARTIN DE)** ♦ Magistrat français (Bordeaux v. 1590 - Paris 1653). Conseiller d'État dévoué à Richelieu*, il lui servit à perdre Urbain Grandier*, Cinq*-Mars et de Thou*.

**LAUBE (Heinrich)** ♦ Journaliste et écrivain allemand (Sprottau, Silésie 1806 - Vienne 1884). Directeur à Leipzig du *Zeitung für die elegante Welt* («Gazette du monde élégant», 1833), il en fit l'organe du protestantisme libéral et du mouvement Jeune*-Allemagne, dont il défendit les idées dans ses œuvres. Auteur de romans, de *Nouvelles de voyage* (1840, pastiche des *Reisebilder* de Heine), il écrivit également des pièces de théâtre, dont la plus connue, *Les Élèves de l'académie Charles* (1846), est une évocation de la jeunesse de Schiller. Devenu directeur du Burgtheater à Vienne (1849), il publia encore un cycle romanesque sur la guerre de Trente Ans (*La Guerre allemande,* 1863-1866).

**LAUBEUF (Maxime)** ♦ Ingénieur français (Poissy 1864 - Cannes 1939). Inventeur du submersible le *Narval*, ancêtre du sous-marin moderne, qu'il construisit en 1899. [Acad. sc. 1920]

**LAUD (William)** ♦ Prélat anglais (Reading 1573 - Londres 1645). Fils d'un maître tailleur, il dut à la faveur de Charles* Ier de devenir archevêque de Canterbury en 1633. Dans son désir d'imposer à tous une même liturgie anglicane, proche du catholicisme, il réprima puritains et presbytériens et provoqua une révolte. Il fut arrêté en 1640 et Charles Ier dut le laisser exécuter.

**LAUDERDALE (John MAITLAND,** 2e comte et duc **DE)** ♦ Homme politique écossais (Lethington 1616 - Tunbridge 1682). Covenantaire, il assista à l'assemblée de Westminster (1643) et à la capitulation de Charles Ier (1647). Bientôt après, il passa au parti royaliste, tenta de mettre Charles II sur le trône, mais fut pris à Worcester (1651) et resta neuf ans en prison. Monk le libéra, et à la Restauration il fut l'un des membres de la Cabale. Gouverneur de l'Écosse en 1669, il persécuta durement les covenantaires, et dut se retirer en 1680.

**LAUDON** ou **LOUDON (Gideon Ernst,** baron **VON)** ♦ Feld-maréchal autrichien (Tootzen, Livonie, auj. Tootsi, Estonie 1717 - Neutschein, auj. Nový Jičín, Moravie 1790). Sa famille, originaire d'Écosse, avait servi successivement la Russie et l'Autriche. Lui-même après s'être proposé à Frédéric* II, servit Marie-Thérèse, et remporta notamment contre la Prusse les victoires de Domstadt et de Kunersdorf* (1759), mais fut vaincu à Liegnits (1760). Commandant en chef de l'armée contre les Turcs (1788), il leur prit Belgrade (1789).

**LAUDONNIÈRE (René DE)** ♦ Colonisateur français du XVIe s. Il fut chargé par l'amiral de Coligny* de fonder en Amérique du Nord une colonie pour les protestants persécutés et s'établit vers 1562 en Floride et en Caroline. Mais malgré les renforts amenés par J. Ribault*, il fut vaincu par les Espagnols (1565) sous le commandement de Menéndez de Avilés qui fit massacrer la plupart des protestants.

**LAUDUN** [30290] ▪ ÉTYM. du lat. *Laucus*, n. de pers. ♦ Comm. du Gard, arr. de Nîmes, située en contrebas du plateau de Laudun dit «camp de César». 5 127 hab. *(Laudunois)*. Port sur le Rhône et zone industrielle à l'Ardoise.

**LAUE (Max VON)** ♦ Physicien allemand (Pfaffendorf 1879 - Berlin 1960). Auteur des premières expériences de diffraction des rayons X par les cristaux (1912), qui permirent de prouver la nature électromagnétique des rayonnements, d'en déterminer les longueurs d'ondes et de montrer que les cristaux sont constitués d'un arrangement régulier des atomes dans l'espace. [Prix Nobel de phys. 1914]

**LAUENBURG** n. m. ▪ ÉTYM. germ. «la ville fortifiée *(burg)* sur le Labe (n. slave de l'Elbe*)» ♦ Anc. État d'Allemagne, situé sur l'Elbe inférieure et actuellement compris dans le Schleswig*-Holstein. Il fut d'abord occupé par des Slaves, puis germanisé au XIIe s. : comté de Ratzeburg, appartenant aux Ascaniens*, il devint duché de Saxe-Lauenburg et passa au Hanovre en 1689. Sous l'occupation française (1803 - 1813), il fit partie du département des Bouches-de-l'Elbe et passa ensuite successivement au Hanovre, à la Prusse et au Danemark. Il fut annexé par la Prusse en 1865.

**LAUFON** n. m. ♦ District suisse (canton de Bâle-Campagne), entre Delémont et Bâle. 15 000 hab. Autrefois inclus dans le cant. de Berne, ce district de langue allemande, mais faisant partie du Jura historique, vota en 1989 pour son rattachement au demi-canton de Bâle-Campagne, vote ratifié au niveau fédéral en 1993.

**LAUGHLIN (Robert B.)** ♦ Physicien américain (Visalia, Californie 1950). Après avoir expliqué l'effet Hall quantique **(→ Klitzing)** par la quantification des rayons des électrons résultant de l'action d'un champ magnétique, il parvint, en 1983, à interpréter l'effet Hall quantique fractionnaire découvert par H. Störmer* et D. Tsui. D'après sa théorie, le phénomène résulte d'un comportement collectif de tous les électrons qui forment un nouveau type de fluide quantique bidimensionnel, caractérisé par la présence des «quasi-particules» de charge électrique fractionnaire. [Prix Nobel de phys. 1998, avec H. Störmer et D. Tsui]

**LAUGHTON (Charles)** ♦ Acteur et cinéaste américain d'orig. britannique (Scarborough 1899 - Los Angeles 1962). L'une des «rondeurs» les plus célèbres du théâtre et du cinéma anglo-saxons, cachant sous une bonhomie de façade un fond de cynisme que surent exploiter Cecil B. DeMille (Néron dans *Le Signe de la croix*, 1932), Alexander Korda (*La Vie privée d'Henri VIII*, 1933), Frank Lloyd (le capitaine des *Révoltés du «Bounty,»* 1935), Alfred Hitchcock (l'avocat du *Procès Paradine*, 1948), Otto Preminger (le sénateur de *Tempête à Washington*, 1962). En 1955, il réalisa (sans l'interpréter) un film inclassable : *La Nuit* du chasseur*.

**LAUGIER (André)** ♦ Chimiste et minéralogiste français (Lisieux 1770 - Paris 1832). Il imagina des procédés pour isoler le cobalt, le titane, le cérium, l'osmium.

**LAUNAGUET** [31140] ▪ ÉTYM. dimin. de *Launac*, n. d'une comm. de Haute-Garonne ♦ Comm. de la Haute-Garonne, arr. de Toulouse. 5 086 hab.

**LAUNAY (Bernard JORDAN DE)** ♦ Gentilhomme français (Paris 1740 - *id.* 1789). Fils du gouverneur de la Bastille, il succéda à son père en 1776. Ayant refusé de livrer des armes pour la milice bourgeoise et le peuple, et ayant même, croit-on, ordonné de tirer sur la délégation de parlementaires qui venaient le trouver, il fut massacré après la prise de la Bastille* (14 juil. 1789) par les révolutionnaires.

**LAUNCESTON** ♦ V. d'Australie (Tasmanie) située sur la côte N. (détroit de Bass), au fond d'un profond estuaire. 103 325 hab. Port. Exportation de produits agricoles, laine, bois, textiles et de produits industriels (aluminium). Commerce actif avec le continent. Indus. diverses.

**LAURAGAIS** ou **LAURAGUAIS** n. m. ▪ ÉTYM. en occit. *Lauraguès*, de *Laurac*, n. d'une comm. de l'Ardèche (du gaul. *Laurus*, n. de pers., et suff. *-ès*) ♦ Région du S. de la France, en lisière du Massif central, dans le S.-E. aquitain. De la prédominance des «terreforts» argileux sur les calcaires résulte une topographie ondulée et monotone (basses collines) ; les vallées larges furent facilement ouvertes dans la molasse par de faibles rivières (l'Hers*-Mort). Pays de polyculture et d'élevage (moutons). Une percée, dite seuil de Naurouze*, relie l'Atlantique à la Méditerranée. ▮ **Histoire** Le pays (pays de *Laurac*, localité et maison militaires connues au XIe s.) appartint au domaine des comtes de Carcassonne et des comtes de Barcelone. Il passa aux rois d'Aragon, puis aux vicomtes de Béziers avant de revenir au roi de France, Louis IX, en 1258. Érigé en comté par Louis XI (1478), il fut donné à Bertrand de La Tour d'Auvergne et Catherine de Médicis en fut l'héritière. Au XVIIIe s., il appartint aux Villars-Brancas *(ducs de Lauragais)*.

**LAURANA (Luciano)** ♦ Architecte italien d'origine dalmate (Zara, Dalmatie, v. 1420 - Pesaro 1479). Il aurait rencontré Alberti* à Mantoue en 1465 avant d'aménager à Urbino un nouvel ensemble dans le palais médiéval du duc Federigo di Montefeltro. Il édifia ainsi trois étages de loggias très éclairées entre les deux tours anciennes de la façade donnant sur la campagne. Son œuvre principale est la cour intérieure qu'il édifia dans ce palais : l'une des plus achevées du XVe s. italien, cette cour est entourée par un portique aux arcades soutenues par des colonnes composites ; des pilastres corinthiens rythment le mur en brique du premier étage ; des inscriptions latines occupant les frises des deux entablements renforcent les lignes horizontales. Claire et harmonieuse, cette cour met en pratique les principes de la beauté géométrique recommandés par Piero* della Francesca.

**LAURANA (Francesco)** ♦ Sculpteur italien d'origine dalmate (Vrana, Dalmatie, v. 1430 - Avignon v. 1502). Il décora à Naples l'arc triomphal du Castel Nuovo pour Alphonse V d'Aragon (1453). Invité par le roi René d'Anjou, il résida en Provence de 1461 à 1466 et y introduisit les principes de l'art italien. Après un séjour en Sicile (1467 - 1472), il retourna en France et y réalisa un *Portement de croix* (Avignon) dans un style pathétique. On lui attribue aussi le gisant de Jean de Cossa (Tarascon) et le tombeau de Charles IV d'Anjou (Le Mans). Ses œuvres les plus originales sont une série de bustes produits entre 1472 et 1487 (bustes de *Battista Sforza*, Florence ; de *Béatrice d'Aragon*, New York ; d'*Isabelle d'Aragon*, Vienne).

Francesco **Laurana.** Buste d'Éléonore d'Aragon (50,8 cm). Musée national, Palerme.
*Phot. © Arch. Smeets*

**LAURASIE** → Pangée

**LAURE** ♦ Dame provençale à laquelle est consacré le *Canzoniere** de Pétrarque*. C'était probablement la fille du seigneur de Noves, née en 1308 et mariée en 1325 à Hugues de Sade. Le poète la rencontra en l'église d'Avignon le 6 février 1327. Éloigné de sa dame, dont il apprit la mort dans une épidémie de peste noire, en 1348, Pétrarque devait évoquer, suivant une reconstruction savante, les divers moments de son amour, «contemplation amoureuse» à laquelle succéda un chant de douleur sur la mort de celle qui prit dès lors une valeur symbolique.

**LAUREL (Arthur Stanley JEFFERSON, dit Stan)** ♦ Acteur américain d'origine britannique (Ulverston, Lancashire 1890 - Santa Monica, Californie 1965). Il débuta au music-hall avant d'entreprendre une carrière au cinéma. La rencontre d'Oliver Hardy* (1926) allait lui permettre de former avec lui le plus fameux tandem comique de l'histoire du cinéma. Déchaînant les catastrophes, la légèreté poétique de Laurel, en s'opposant à la logique de Hardy, fit merveille dans de très nombreux films où s'épanouit un comique à l'état pur, riche en trouvailles, et dont les plus grandes réussites sont dans le court et le moyen métrage de leur première période. Princ. films : *V'là la Flotte* (1928), *The Battle of the Century* (1928), *Jour de vacances* (1929), *Les Deux Légionnaires* (1931), *Les Sans-Soucis* (1932), *Fra Diavolo* (1933), *Têtes de pioche* (1938).

**LAURENCE (Margaret)** ♦ Romancière canadienne d'expression anglaise (Neepawa, Manitoba 1926 - Lakefield, Ontario 1987). Elle acquit la notoriété avec son roman *L'Ange de pierre* (1964) qui met en scène la nonagénaire Hagar Shipley, héroïne emblématique de l'œuvre de M. Laurence, ainsi que la ville symbolique de Manawaka, espèce d'amalgame des petites villes de l'Ouest canadien, qui réapparaîtra dans trois romans postérieurs, à la manière du comté de Yoknapatawpha de William Faulkner. Au cœur de chaque histoire on retrouve l'affirmation de la liberté et la découverte de l'identité d'une femme. Influencée par Sinclair Ross, elle s'intéressait moins au réalisme social qu'à la complexité de l'individu. Elle milita dans les mouvements pacifistes.

**LAURENCIN (Marie)** ♦ Peintre et poète française (Paris 1885 - *id.* 1956). Elle publia des poèmes sous le nom de Louis Lalanne et fit la connaissance d'Apollinaire* dont elle fut, de 1907 à 1912, la muse et la compagne. Fréquentant les artistes du Bateau-Lavoir, elle peignit notamment *Apollinaire et ses amis*. Apollinaire la classa parmi les peintres cubistes et elle figurait à leurs expositions, mais ses peintures procèdent plutôt d'une stylisation décorative. Elles révèlent par leur trait schématisé et leur expression «naïve» l'intérêt qu'on portait alors au Douanier Rousseau. Utilisant des couleurs fluides et suaves, elle eut une prédilection pour les figures féminines allongées et gracieuses et n'évita pas la répétition. Outre des décors de ballets (*Les Biches* de Poulenc, 1924), elle réalisa de nombreuses illustrations de livres (Gide, Lewis Carroll). ➝ ÉTYM. *Laurencin* est l'hypocoristique de *Laurent**.

**LAURENS (Henri)** ♦ Sculpteur, peintre et graveur français (Paris 1885 - *id.* 1954). Fils d'ouvrier, il devint apprenti dans un atelier de décoration, puis travailla à des édifices comme sculpteur d'ornements. Poursuivant seul sa formation artistique, il noua avec Braque une solide amitié ; à partir de 1911, il fit aussi la connaissance de Léger et de Picasso. Sous l'influence du cubisme synthétique, il se montra un brillant adepte du «papier collé» en créant de rigoureux et sobres agencements linéaires de caractère non figuratif. Il réalisa aussi des constructions et des bas-reliefs en métal, bois et plâtre polychrome, s'appliquant, comme Archipenko* et Lipchitz*, à adapter à l'espace tridimensionnel les partis pris cubistes. De 1917 à 1932 env., il réalisa des sculptures en terre cuite, bronze ou pierre dans lesquelles la figure humaine sert de prétexte à un jeu de volumes sectionnés et qui rappellent parfois les types de personnages créés par Picasso. Vers 1927, se dégageant quelque peu des schémas cubistes, ses volumes perdirent leur aspect massif, statique et angulaire et acquirent plus de souplesse et de rondeur ; à partir de 1932, le thème de la femme prévalut ; les formes plus aisément identifiables prirent, sous l'influence de Maillol, un aspect épanoui, d'une robuste sensualité (série des *Femmes couchées ; Ondines*, 1932 ; *Sirènes*, 1937). À partir de 1939, il communiqua aux masses une tension et un élan empreints de lyrisme par des rythmes sinueux, le renflement des volumes et une interprétation très libre de la forme humaine (*La Grande Musicienne*, 1938 ; *Amphion*, 1948).

**LAURENT** (saint) ♦ Selon la tradition dont saint Ambroise est le premier témoin (*De officiis ministrorum*), diacre romain d'origine espagnole (qui serait né v. 210 à Huesca). Lors de la persécution de 258, sommé de livrer les trésors de l'Église, il aurait montré de pauvres infirmes ; il aurait alors subi le supplice du gril. ▪ Fête le 10 août. ➝ ÉTYM. Ce nom vient du latin *laurus* «laurier».

**LAURENT DE MÉDICIS** dit **Laurent le Magnifique** ➝ **Médicis**

**LAURENT JUSTINIEN** (saint) – en it. ***Lorenzo Giustiniani*** ♦ (Venise 1381 - *id.* 1455). Religieux ascétique vénitien, chanoine de San Giorgio in Alga et évêque de Castello (1433), premier patriarche de Venise (1455). Auteur des *Degrés de la perfection*. ▪ Fête le 5 septembre.

**LAURENT (Auguste)** ♦ Chimiste français (La Folie, Haute-Saône 1807 - Paris 1853). Il découvrit les imides, la dulcite et, avec Dumas, l'anthracène (1832). Étudiant les phénomènes de substitution, il aboutit à sa théorie des «noyaux» (1836) équivalente à celle des «types» de Dumas, mais poussée plus loin ; enfin, protagoniste de la notation atomique, il précisa en 1846 les notions introduites par C. Gerhardt*.

**LAURENT (Jacques)** ♦ Écrivain français (Paris 1919 - *id.* 2000). Prolifique auteur, dès 1947, d'une série de romans populaires à grand tirage (*Caroline chérie*) sous le pseudonyme de Cecil Saint-Laurent, Jacques Laurent publia en 1948 *Les Corps tranquilles*, suivis en 1954 de son «post-scriptum romanesque», *Le Petit Canard* ; œuvres insolites qui, s'inscrivant dans la postérité du roman psychologique français, témoignaient cependant de préoccupations littéraires proches de celles des tenants du Nouveau Roman. Directeur de l'hebdomadaire *Arts* de 1954 à 1959, il écrivit pendant cette période plusieurs libelles qui raillaient l'existentialisme et la «littérature qui pense». Dans *Paul et Jean-Paul* (1951), il feignait de tenir Jean-Paul (Sartre) pour le disciple de Paul (Bourget). Son œuvre romanesque comprend également *Les Bêtises* (1971, prix Goncourt), *Les Dimanches de Mademoiselle Beaunon* (1982), *Le Dormeur debout* (1986). Parmi ses essais on peut retenir *Roman du roman* (1977) ou *Le Miroir aux livres* (1990). [Acad. fr. 1986]

**LAURENTIDES** n. f. pl. ➝ ÉTYM. du n. de saint *Laurent* (la région fut découverte le jour de sa fête) ♦ Région de collines du Canada (Québec), entre le Saguenay et le Saint-Maurice, correspondant à la bordure méridionale du Bouclier canadien. Érodées par la glaciation, les Laurentides présentent des collines arrondies (culminant à 928 m : mont Tremblant) et de nombreux lacs. Forêts. Indus. du bois et installations hydroélectriques. Parc national de 8 500 km². Tourisme actif ; la partie située au N. de Montréal est riche en résidences et en hôtels. Sports d'hiver.

**Laurentienne** (bibliothèque) ♦ Bibliothèque bâtie par Michel-Ange (1524 - 1526 et 1530 - 1534) dans le couvent San Lorenzo (d'où elle tire son nom) à Florence, pour le pape Clément VII (Médicis). Elle ne fut achevée, selon les plans de Michel-Ange, qu'à la fin du XIXe s. Elle était destinée à accueillir les collections des Médicis (manuscrits anc. et Renaissance, livres).

**LAURIER** (sir **Wilfrid**) ♦ Homme politique canadien (Saint-Lin, Québec 1841 - Ottawa 1919). Chef du Parti libéral (1887), il fut le premier Canadien français à exercer les fonctions de Premier ministre fédéral (1896 - 1911). Il préserva l'autonomie du Canada, mais resserra ses liens avec la Grande-Bretagne, lui accordant des tarifs douaniers préférentiels et lui envoyant des troupes pendant la guerre des Boers*. Son projet de libre-échange avec les États-Unis l'obligea à quitter le gouvernement (1911). Il avait contribué à l'essor du pays, notamment en facilitant l'immigration et en établissant la voie ferrée du Grand Trunk (1904).

**LAURION** – en gr. mod. ***Lavrio*** ♦ V. de Grèce sur la côte S.-E. de l'Attique. 10 551 hab. Port. Mines de plomb argentifère (zinc, manganèse, plomb, argent) en déclin. ▮ **Histoire** Connues probablement dès le –Xe s. et intensivement exploitées après la découverte en –484 du riche filon de Maronée (auj. Kamariza), les mines de Laurion procurèrent à Athènes les fonds pour la construction de sa force navale (➝ **Thémistocle**) et constituèrent la base financière de l'impérialisme athénien. La cité confiait l'exploitation à des concessionnaires qui réalisaient de grosses fortunes. Les vingt mille esclaves travaillant aux mines désertèrent vers la fin du –Ve s., profitant des incursions spartiates dans l'Attique. L'exploitation, réorganisée après –350, et abandonnée progressivement à partir du –IIe s., ne fut reprise qu'en 1860.

**LAURISTON (Alexandre Jacques Bernard LAW,** marquis **DE)** ♦ Maréchal de France (Pondichéry 1768 - Paris 1828). Il était le petit-neveu de J. Law*. Élève en même temps que Bonaparte à l'école de Brienne, il fut son aide de camp en Italie (1800). Il participa ensuite à plusieurs missions diplomatiques. Il combattit en Espagne et en Autriche (Wagram, 1809). Ambassadeur en Russie (1811 - 1812), il fut fait prisonnier à Leipzig (1813). Rallié aux Bourbons (1814), il fut fait pair, puis marquis (1817). Il fit partie de l'expédition d'Espagne en 1823 et s'empara de Pampelune.

**LAUSANNE** ➝ ÉTYM. probablt du prélatin °*lausa* «pierre plate, ardoise» et *-onna* «rivière» ♦ V. de Suisse, ch.-l. du cant. de Vaud, sur la rive d. du lac Léman au pied du Jorat. 118 049 hab. (aggl. 310 154) (*Lausannois*). Université. Musées. La ville, construite sur trois collines séparées par les dépressions où coulaient autrefois le Flon et la Louve, s'étage entre 400 et 700 m. Les différents niveaux sont reliés par des ponts (Grand Pont, pont Chauderon, pont Bessières). Principaux quartiers : Saint-François, la Palud, la Cité, la Gare et Ouchy, port de Lausanne. Belle cathédrale gothique (XIIe s.), église Saint-François (XIIIe s.), château Saint-Maire (XIVe s.). ▪ Bien que moins importante que Genève, Lausanne, de par sa position géographique, constitue le centre de la Suisse romande : elle abrite l'une des deux écoles polytechniques fédérales du pays et est le siège du Tribunal fédéral, la cour suprême suisse. L'essor de Lausanne est relativement récent (il date du XIXe s.), et coïncide avec l'octroi à la ville d'un pouvoir politique (centre cantonal) qui lui avait fait défaut auparavant. Ville aux prises avec son site, adossée aux contreforts du Jorat, cette «belle paysanne qui a fait ses humanités» (J. Villard-Gilles) s'étale d'O. en E. sur une quinzaine de kilomètres. L'O. industriel et ouvrier, autour de Renens*, bien situé par rapport aux voies de communications (carrefour autoroutier, gares de triage), connaît un dynamisme économique et culturel très marqué (Béjart Ballet Lausanne). Le centre administratif et commercial pose néanmoins des problèmes de restructuration et d'urbanisme encore non résolus. L'E. de l'aggl., autour de Pully*, siège des beaux quartiers exposés au S., affirme sa fonction résidentielle. Lausanne est le siège du Comité international olympique, mais certains jugent la ville plus «provinciale» que les centres névralgiques de Suisse que sont Bâle, Genève et Zurich, un peu à l'image de Berne qui, d'ailleurs, domina la ville et le canton durant deux siècles et demi. Située à proximité des centres touristiques historiques que sont Montreux, Villars, Gstaad, elle profite de sa situation sur le lac Léman et accueille de nombreux touristes. Son industrie est diversifiée : mécanique de précision, indus. chimique et alimentaire. ▮ **Histoire** C'est dans l'anc. *Lausanium* ou *Lausonna* romaine que Marius (ou saint Maire) d'Aventicum installa le siège de son évêché. La ville fut gouvernée par ses évêques jusqu'en 1536, date à laquelle elle fut prise par les Bernois et réunie au canton de Berne avec tout le canton de Vaud. Le pays de Vaud n'acquit son indépendance qu'en 1798 et Lausanne devint chef-lieu du canton en 1803. ♦ ***Traité de Lausanne***

Conclu le 24 juil. 1923, entre les puissances signataires du traité de Sèvres*, rendu caduc par les victoires de Mustafa* Kemal sur la Grèce. La Turquie récupérait la partie orientale de la Thrace. Imbros, Tenedos et la région de Smyrne ; les populations grecques d'Asie Mineure et turques de Grèce seraient échangées. Les capitulations étaient abolies (elles avaient été rétablies par le traité de Sèvres). Les Détroits étaient démilitarisés, mais la Turquie se réservait d'en interdire le passage à ses ennemis, en cas de guerre. ♦ ***Conférence de Lausanne*** (9 juil. 1932). Elle marquait la fin des réparations de guerre. ♦ ***École de Lausanne ou école mathématique*** École économique de l'équilibre général à laquelle appartenaient L. Walras* et V. Pareto*, professeurs à l'université de Lausanne.

**LAUSSEDAT (Aimé)** ♦ Officier et savant français (Moulins 1819 - Paris 1907). Il imagina d'utiliser la chambre claire pour lever les plans, inventa la phototopographie et réalisa des instruments d'astronomie. [Acad. sc. 1894] ➝ **ÉTYM.** *Laussedat* désigne une terre en friche (*ausedat* en occitan médiéval).

**LAUTARET** (col du) ➝ **ÉTYM.** lat. «petit (dimin. *-ittum*) autel *(altare)*» ♦ Col routier des Alpes (Hautes-Alpes), 2 057 m, au N. du massif du Pelvoux, qui relie l'Oisans au Briançonnais. Ce passage était déjà fréquenté par les Romains. Jardin alpin (plantes du monde entier) et chalet-laboratoire de recherche.

**LAUTER** n. f. ♦ Riv. d'Alsace, affl. du Rhin rive g. (82 km). Elle sert de frontière entre la France et l'Allemagne de Wissembourg à son confluent.

**LAUTERBRUNNEN** ♦ V. de Suisse (cant. de Berne) dans la vallée de la Lütschine. 2 834 hab. Station climatique (800 m).

**LAUTERBUR (Paul C.)** ♦ Chimiste américain (Sydney, Ohio 1929 - Urbana, Illinois 2007). Il découvrit, en 1973, une méthode d'obtention d'images bidimensionnelles grâce à la résonance magnétique nucléaire (➝ **Purcell [E. M.]**). L'imagerie par résonance magnétique (IRM) est l'unique technique permettant de rendre compte de certaines structures anatomiques et de la teneur en eau des organes. [Prix Nobel de physiol. ou méd. 2003 avec P. Mansfield*]

**LAUTNER (John)** ♦ Architecte américain (Marquette, Michigan 1911 - Los Angeles 1994). Formé chez Frank Lloyd Wright*, soucieux de la relation de l'homme à l'espace et de l'espace à la nature, il est l'auteur de somptueuses villas que le cinéma hollywoodien s'est souvent appropriées : la *Chemosphère* (sorte de vaisseau spatial construit sur une pente à 45° où l'on accède par un funiculaire et où fut tourné un *James Bond*) ; la *Elrod House* à Palm Springs en Californie (vue dans *Body Double* de Brian De Palma).

John **Lautner.** *Chemosphere House*, Californie.
*Phot. © Alan Weintraub/ Phot.12.com/Alamy*

**LAUTNER (Georges)** ♦ Cinéaste et scénariste français (Nice 1926). *Les Tontons flingueurs* (1963), *Des pissenlits par la racine* (1963), *Les Barbouzes* (1964), *Le Pacha* (1967) sont le fruit de son travail avec Michel Audiard*. *Flic ou voyou* (1978), *Le Guignolo* (1979), *Le Professionnel* (1981), *Joyeuses Pâques* (1984), films dans lesquels joue Jean-Paul Belmondo, comptent parmi les plus gros succès cinématographiques des années 1980.

**LAUTRÉAMONT (Isidore DUCASSE, dit le comte DE)** ➝ **ÉTYM.** d'après le n. d'un roman d'Eugène Sue publié en 1838, *Latréaumont* ♦ Écrivain français (Montevideo 1846 - Paris 1870). On ne sait quasiment rien de lui sinon que, fils d'un diplomate, il fit ses études au lycée de Tarbes et dut préparer Polytechnique à Paris. En 1868 parut le premier des *Chants* de Maldoror*, anonyme ; en 1869, les cinq suivants, signés du comte de Lautréamont, passèrent inaperçus. Après avoir placé sous le titre paradoxal de *Poésies* deux fragments en prose (1870) I. Ducasse mourut, de façon restée mystérieuse, à 24 ans. Cette «poésie de révolte» servie par un langage d'une violence concertée fut exaltée d'abord par les symbolistes puis par les surréalistes ; A. Breton y vit «la revanche de l'irrationnel, l'affirmation des forces obscures, l'explosion volcanique de nappes souterraines incandescentes». La critique lucide du langage poétique et l'utilisation des fantasmes de l'inconscient font de Lautréamont un précurseur de la révolution littéraire du XX$^e$ s.

**LAUTREC (Odet DE FOIX, vicomte DE)** ♦ Maréchal de France (1485 - Naples 1528). Il suivit Louis* XII en Italie, fut gouverneur du Milanais (1526) et en fut chassé pour sa cruauté. Battu à La Bicoque* (1522), il tenta d'empêcher la bataille de Pavie* (1525), dont il tira vengeance en 1527 en pillant la ville. Il mourut au siège de Naples. Sa carrière avait été facilitée par sa sœur, la comtesse de Châteaubriant, maîtresse de François I$^{er}$.

**LAUZUN (Antonin NOMPAR DE CAUMONT, comte puis duc DE)** ♦ Maréchal de France (Lauzun 1633 - Paris 1723). Courtisan ambitieux et sans scrupules, il fut d'abord favori de Louis XIV, mais ses impertinences lui valurent un séjour à la Bastille. Il parvint à épouser secrètement la Grande Mademoiselle, cousine germaine du roi (1681), après un emprisonnement de neuf ans à Pignerol. Passé en Angleterre, il assista à la révolution de 1688, fut chargé de conduire la reine et le prince de Galles en France, et combattit à la Boyne*. Il eut pour seconde femme la belle-sœur de Saint-Simon. ♦ **Armand Louis de Gontaut**, duc **de Biron** et **de Lauzun** ➝ **Biron (Armand Louis).**

**Lauzun** (hôtel de) ♦ Hôtel de Paris, à l'E. de l'île Saint*-Louis. Édifiée par Le* Vau, de 1656 à 1658, cette demeure fut habitée par le duc de Lauzun de 1682 à 1684. Baudelaire (1845) et Th. Gautier (1848) y logèrent. C'est, depuis 1928, la propriété de la Ville de Paris. Sobre d'architecture, l'hôtel de Lauzun possède une somptueuse décoration intérieure où peintures et sculptures sont étroitement unies (plafonds de Le* Sueur et Le* Brun ; toiles de Sébastien Bourdon*).

**LAVAL** (bienheureux **François-Xavier DE MONTMORENCY-**) ♦ Prélat français (Montigny-sur-Avre, Île-de-France 1623 - Québec 1708). Arrivé au Québec en 1659, il fut le premier évêque de la Nouvelle-France (1674 - 1688), dont il organisa le clergé (séminaire de Québec, 1663 ; paroisses, congrégations). Il combattit le commerce d'alcool fait avec les Indiens.

**LAVAL (Pierre)** ♦ Homme politique français (Châteldon, Puy-de-Dôme 1883 - Fresnes 1945). Avocat, député socialiste (1914 - 1919), il fut d'abord partisan de la paix, puis se rapprocha de Clemenceau. Maire d'Aubervilliers (1923 - 1940), il fut réélu à la Chambre des députés sous l'étiquette socialiste indépendant (1924 - 1927), puis entra au Sénat (1927 - 1940). Plusieurs fois ministre, il présida le Conseil (janv. 1931-janv. 1932 ; juin 1935-janv. 1936). Son deuxième ministère tenta de remédier par décrets-lois à la crise économique et financière par une politique de déflation qui n'assura ni la reprise économique ni l'équilibre du budget et suscita de vifs mécontentements, en particulier chez les forces de gauche qui se regroupèrent (➝ **Front populaire**). La politique extérieure de Laval ne devait pas le rendre plus populaire (pacte d'assistance mutuelle avec l'URSS et surtout traité de Rome et conférence de Stresa avec l'Italie, qui conduisit la France d'abord à s'opposer aux sanctions de la SDN contre l'agression italienne en Éthiopie, puis à les voter). Contraint de démissionner fin janvier 1936, Laval revint au pouvoir après la défaite de 1940. Ministre d'État de Pétain, il obtint du Parlement la révision de la Constitution (qui mit fin à la III$^e$ République). Vice-président du gouvernement de Vichy, il engagea la France dans la politique de collaboration et prépara l'entrevue Pétain-Hitler (Montoire, oct. 1940). Son attitude lui valut l'hostilité des ministres ; remplacé par Darlan* (1941), il fut arrêté mais libéré peu après sur l'intervention d'Abetz. Rappelé au gouvernement à la demande des Allemands (avr. 1942), il cumula les portefeuilles de l'Intérieur, de l'Information et des Affaires étrangères. Il déclara «souhaiter la victoire de l'Allemagne». Il institua la Relève et, après l'échec de celle-ci, le STO (Service du travail obligatoire), puis cautionna la Milice, créée pour combattre la Résistance. Après avoir rejoint les membres du gouvernement de Vichy transféré à Belfort, puis à Sigmaringen (lors de la victoire des forces alliées), Laval gagna l'Autriche, puis l'Espagne (mai 1945), dont il fut expulsé. De retour en Autriche, il fut arrêté à Innsbruck par les Américains qui le livrèrent aux autorités françaises. Il fut condamné à mort et fusillé. ➝ **ÉTYM.** Ce nom vient du latin *vallis* «vallon».

**LAVAL** ♦ V. du Canada (Québec) dans l'aggl. de Montréal. 368 709 hab. Elle a été formée en 1965 par la réunion des municipalités de l'île Jésus (au N.-O. de l'île de Montréal). Centre résidentiel.

**LAVAL** [53000] ➝ **ÉTYM.** anc. *Vallis Guidonis, Laval Guyon* «la vallée de Guion (n. de pers.)» ♦ Ch.-l. du dép. de la Mayenne, sur la Mayenne. 50 947 hab. (aggl. 57 820) *(Lavallois)*. Évêché. Pont fortifié (XIII$^e$ s.). Vestiges de remparts (porte Beucheresse du XIV$^e$ s. : tour Renaise du XV$^e$ s.). Le Vieux Château, surtout des XIII$^e$ et XV$^e$ s. (crypte romane ; donjon avec charpente du XII$^e$ s.), abrite un musée d'art naïf en souvenir du Douanier Rousseau*, né à Laval. Cathédrale Notre-Dame-de-la-Trinité, en partie romane (tapisseries d'Aubusson). À la périphérie, églises Notre-Dame-d'Avesnières (chevet roman ; flèche de style gothico-Renaissance) et Notre-Dame-du-Pritz (fresques du XI$^e$ s. ; calendrier du XIII$^e$ s.). Château neuf, de style Renaissance (auj. palais de justice). Maisons et hôtels anc. Musée des Sciences. ▪ Centre industriel : agroalimentaire et sécurité alimentaire ; accessoires automobiles ; électronique ; électricité ; transports.

Antenne universitaire. ▮ **Histoire** La baronnie de Laval, qui fut érigée en comté en 1429, appartint aux Montmorency, aux Montfort et aux Coligny. La ville fut, pendant la période révolutionnaire, l'un des principaux foyers de l'insurrection vendéenne, et de violents combats se déroulèrent entre blancs et bleus, dans ses murs et aux environs, en 1793.

**LA VALETTE (Jean PARISOT DE)** ♦ Grand maître de l'ordre de Malte (1494 - Malte 1568). Élu grand maître en 1557, il défendit victorieusement l'île de Malte contre Soliman le Magnifique et ses 40 000 hommes pendant quatre mois (1565). Il fonda en 1566 la ville qui prit son nom.

**LA VALETTE (Bernard DE NOGARET, duc D'ÉPERNON et DE)** ♦ Gentilhomme français (Angoulême 1592 - Paris 1661). Il réprima la révolte des Croquants (1637) et joua un rôle trouble au siège de Fontarabie. Il se rendit ensuite très impopulaire comme gouverneur de Bourgogne et de Guyenne. ♦ **Louis de Nogaret d'Épernon,** cardinal **de La Valette** (Angoulême 1593 - Rivoli 1639). Frère du précédent. Il fut surnommé le «cardinal valet» pour son attachement à Richelieu.

**LA VALETTE** – en angl. *Valletta* ➝ ÉTYM. du n. de Jean Parisot de *La* Valette* ♦ Cap. de Malte sur la côte N.-E. de l'île. 6 300 hab. Cathédrale Saint-Jean (XVI^e s.). Palais du grand maître de l'ordre des chevaliers de Malte, auj. partagé entre le gouvernement général et la Chambre des représentants. ▪ Base navale britannique jusqu'en 1979. Appareillage électronique. Indus. textile. ▮ **Histoire** La ville fut construite après le grand siège de 1565 (➝ **Malte** [île de]) et prit le nom de Jean Parisot de La* Valette. Elle devint la capitale de l'île en 1570.

**LA VALLIÈRE (Louise Françoise DE LA BAUME LE BLANC, duchesse DE)** ♦ Dame française (Tours 1644 - Paris 1710). fille d'honneur d'Henriette*-Anne d'Angleterre, elle devint favorite de Louis XIV. Ceux de ses enfants qui survécurent furent légitimés : Anne de Bourbon, dite M^lle de Blois et future princesse de Conti, et le comte de Vermandois. Elle termina sa vie au carmel où elle se retira en 1674.

**LAVANDOU (LE)** [83980] ➝ ÉTYM. du prov. *lavadou* «lavoir» ♦ Comm. du Var, arr. de Toulon. 5 449 hab. (aggl. 11 773) *(Lavandourains).* Station balnéaire. Petit port de pêche et de plaisance. Service de bateaux pour les îles d'Hyères.

**LAVARDIN (Jean DE BEAUMANOIR, marquis DE)** ♦ Maréchal de France (Lavardin 1551 - Paris 1614). Élevé dans le protestantisme avec Henri de Navarre, il se fit catholique après la Saint-Barthélemy et devint l'un des plus cruels adversaires de ses anciens coreligionnaires. Il commanda les catholiques à la bataille de Coutras* (1587), prit parti pour la Ligue* (1589), et Henri IV étant devenu roi de France il se rallia, fut fait maréchal de France et gouverneur du Maine. Il se trouvait dans le carrosse d'Henri IV lorsque celui-ci fut assassiné. ♦ **Henri Charles de Beaumanoir,** marquis **de Lavardin** (1644 - Paris 1701). Arrière-petit-fils du précédent. Il fut ambassadeur extraordinaire à Rome lors du différend de Louis XIV et du pape Innocent IX au sujet des franchises ; il occupa le quartier de l'ambassade de France (1687) et fut excommunié.

**LAVARDIN** [41800] ➝ ÉTYM. du lat. *Laberitius*, n. de pers., et suff. *-inus* ♦ Comm. du Loir-et-Cher, arr. de Vendôme. 262 hab. *(Lavardinois).* Ruines d'un château fort des XII^e - XV^e s. (donjon du XI^e s. ; triple enceinte), démantelé par Henri IV. Pont du XIII^e s. Église romane Saint-Genest (peintures murales du XII^e au XVI^e s.). Maisons Renaissance.

**LA VARENDE (Jean MALLARD, comte DE)** ♦ Écrivain français (Chamblac, Eure 1887 - Paris 1959). S'étant fait connaître par une série d'histoires normandes, *Pays d'Ouche* (1934), il composa ensuite un grand nombre de romans à la gloire d'une Normandie catholique et royaliste (*Nez-de-Cuir, gentilhomme d'amour,* 1937 ; *Les Manants du roi,* 1938 ; *Le Centaure de Dieu,* 1939). Ces récits, à la composition orgueilleusement «bousculée», offrent un style vif jusqu'à la brutalité, d'une originalité incontestable.

**LAVATER (Johann Kaspar)** ♦ Écrivain, penseur et théologien suisse d'expression allemande (Zurich 1741 - *id.* 1801). «Homme unique en son genre» (Goethe), il a exprimé dans sa vie et son œuvre les contradictions de la pensée allemande, alors partagée entre le rationalisme de l'Aufklärung et l'exaltation de la sensibilité du Sturm* und Drang. En dépit de quelques essais poétiques (*Hymnes religieux, Chants helvétiques,* 1767) influencés par J. J. Bodmer et Klopstock, il fut surtout théologien et n'hésita pas à faire du prosélytisme, ce qui l'éloigna un peu de son ami Goethe. Parmi ses œuvres, la plus célèbre, quoiqu'elle fût vivement critiquée par Lichtenberg*, est assurément sa *Physiognomonie* (*Physiognomische Fragmente zur Beförderung der Menschenkenntnis und Menschenliebe,* 1775 - 1778), art de découvrir le caractère en déchiffrant les traits du visage, qui connut une très grande vogue. D'abord favorable à la Révolution française, Lavater s'opposa au régime politique institué en Suisse par les Français. Déporté à Bâle, il fut tué à son retour à Zurich lors de l'entrée des troupes françaises dans la ville.

**LA VAUGUYON** [lavogɥijɔ̃] **(Antoine Paul Jacques DE QUÉLEN DE CAUSSADE, duc DE)** ♦ Homme de guerre français (Tonneins 1706 - Versailles 1772). Après s'être illustré dans les Pays-Bas, il devint gouverneur du duc de Bourgogne, petit-fils de Louis XV, puis de ses frères. ♦ **Paul-François de La Vauguyon** (Paris 1746 - 1828). Fils du précédent. Il fut ministre des Affaires étrangères (1789), puis émigra.

**LA VAULX (comte Henry DE)** ♦ Aéronaute français (Bierville, Seine-Maritime 1870 - Hackensack, Meadows, près de Jersey City, New Jersey 1930). Après avoir tenu l'air pendant vingt-quatre heures au cours d'une ascension en ballon libre (1898), il fonda l'Aéro-Club de France (1898), entreprit de nombreux vols en ballon sphérique et créa, en 1906, la Fédération aéronautique internationale.

**LAVAUR** [81500] ➝ ÉTYM. de l'occit. *vaur* «ravin, fondrière» ♦ Ch.-l. de cant. du Tarn, arr. de Castres, sur l'Agout. 8 537 hab. (aggl. 9 772) *(Vauréens).* Anc. cathédrale Saint-Alain du XIII^e s. (riche mobilier). Musée du Pays vaurais. ▪ Confection. Vergers. Conserves de fruits. Coopérative céréalière. Stations de radiodiffusion. ▮ **Histoire** Une grande partie des Vauréens fut massacrée au XIII^e s. par Simon de Montfort*. Lavaur devint un comté au XV^e s. (Jean de Foix). Évêché de 1318 à 1790.

**LAVEDAN (Henri)** ♦ Écrivain français (Orléans 1859 - Vichy 1940). Romancier (*Le Nouveau Jeu,* 1892) et auteur dramatique (*Le Vieux Marcheur,* 1899 ; *Le Marquis de Priola,* 1902 ; *Le Duel,* 1905), il a été le peintre complaisant de la société parisienne de son temps. Il écrivit le scénario de *L'Assassinat du duc de Guise* (1908). [Acad. fr. 1898]

**LAVEDAN** n. m. ♦ Région du S.-O. de la France, qui s'étend dans la haute vallée du gave de Pau (S.-O. du dép. des Hautes-Pyrénées). ➝ **Pau (gave de).**

**LAVELANET** [09300] ➝ ÉTYM. anc. *de Avelaneto,* du lat. *avellana* «noisette» et suff. collectif *-etum* ♦ Ch.-l. de cant. de l'Ariège, arr. de Foix, sur le Touyre. 6 872 hab. (aggl. 7 628) *(Lavelanétiens).* Indus. textile.

**LAVELLE (Louis)** ♦ Philosophe français (Saint-Martin-de-Villeréal, Lot-et-Garonne 1883 - Parranquet, Lot-et-Garonne 1951). Philosophe spiritualiste, il fonda avec Le* Senne la collection *Philosophie de l'esprit.* Dépassant l'angoisse existentielle de la subjectivité qui s'isole (*L'Erreur de Narcisse,* 1939), il fit de la participation à l'être l'acte pur, «l'expérience initiale [...] par laquelle le moi constitue l'existence qui lui est propre», tout en affirmant la transcendance divine, et considéra l'actualisation des valeurs que l'homme porte en lui comme le but de la vie morale (*La Dialectique de l'éternel présent : De l'être,* 1927 ; *De l'acte,* 1937 ; *Du temps et de l'éternité,* 1945 ; *De l'âme,* 1951 ; *Traité des valeurs,* 1951-1955). ➝ ÉTYM. *Lavelle* vient du nom de lieu *La Velle,* du latin *villa* «domaine ; village».

**LAVELLI (Jorge)** ♦ Metteur en scène français d'origine argentine (Buenos Aires 1931). Établi en France depuis 1960, il a imposé un style scénique très personnel, centrant ses choix sur des auteurs modernes : *Le Mariage,* de Gombrowicz ; *Le Concile d'amour,* de Panizza ; *Comédies barbares,* de Ramón del Valle Inclán. Il dirigea le Théâtre national de la Colline à Paris de 1987 à 1997. À partir de 1975, il s'est également tourné vers la mise en scène d'opéras : *Idoménée,* de Mozart ; *Faust,* de Gounod ; *Pelléas et Mélisande,* de Debussy ; *L'Enfant et les sortilèges,* de Ravel.

**LAVENTIE** [62840] ♦ Ch.-l. de cant. du Pas-de-Calais, arr. de Béthune, en Flandre. 4 383 hab. *(Laventinois).*

**LAVÉRA** ♦ Port des Bouches-du-Rhône, comm. de Martigues, sur le golfe de Fos au débouché du canal de Caronte. C'est le plus grand port pétrolier français ; il reçoit 65 millions de tonnes de brut par an. Le pétrole est conduit par oléoducs soit vers les raffineries de l'étang de Berre, soit vers les ports rhénans ; il est également raffiné sur place. Usines pétrochimiques ; traitement du gaz liquéfié.

**LAVERAN (Alphonse)** ♦ Bactériologiste français (Paris 1845 - *id.* 1922). Médecin militaire, puis attaché à l'Institut Pasteur, il découvrit l'hématozoaire du paludisme et fit des recherches sur les protozoaires pathogènes. [Acad. sc. 1901 ; prix Nobel de physiol. ou méd. 1907]

**LA VÉRENDRYE (Pierre GAULTIER DE VARENNES DE)** ♦ Explorateur français du Canada (Trois-Rivières 1685 - Montréal 1749). De 1731 à 1743, il explora l'intérieur du pays, du lac Supérieur aux montagnes Rocheuses qu'atteignirent ses fils Louis-Joseph et François.

**LA VIEUVILLE (Charles, marquis DE)** ♦ Homme politique français (Paris v. 1582 - *id.* 1653). Surintendant des Finances (1623), il fit entrer Richelieu au Conseil (1624). Écarté, accusé de malversations, il fut enfermé au château d'Amboise (1624 - 1625), mais s'en évada et obtint la permission de rentrer en France en 1628. Il conspira contre Richelieu et s'enfuit à Bruxelles (1631). Après la mort du cardinal, il revint en France et obtint de Mazarin la direction des Finances (1649) ainsi que le titre de duc et pair.

**LAVIGERIE (Charles Martial)** ♦ Prélat français (Bayonne 1825 - Alger 1892). Professeur d'histoire ecclésiastique à la Sorbonne, directeur de l'œuvre des Écoles d'Orient en Syrie, il fut nommé évêque de Nancy (1863) puis archevêque d'Alger en 1867. Désireux d'évangéliser les populations d'Afrique du Nord et d'Afrique noire, il fonda la société des Pères blancs (1868), puis celle des Sœurs missionnaires d'Afrique (1869). Chef de l'Église d'Afrique, cardinal (1882), il devint également administrateur apostolique de la Tunisie (1884), après l'établissement du protectorat français dans ce pays (réunion de l'archidiocèse de Carthage au siège d'Alger), sans cesser de poursuivre son œuvre missionnaire et sa lutte contre l'esclavage (conférence antiesclavagiste de Bruxelles, 1889). En 1890, à la demande du pape Léon XIII, il prononça le fameux «toast d'Alger» en faveur du ralliement de l'Église à la République. ➝ ÉTYM. Ce nom de famille vient du bas latin *vicaria* «viguerie».

**LA VILLEMARQUÉ (Théodore Claude Henri HERSART, vicomte DE)** ♦ Érudit français (Quimperlé 1815 - Keransker-en-Nézou, près de Quimperlé 1895). Entre 1833 et 1838, il recueillit de nombreux chants et contes bretons, qu'il publia sous le titre de *Barzaz Breiz* (1838), accompagnés d'une traduction française, révélant ainsi et sauvegardant le patrimoine culturel populaire breton.

**LAVINIUM** – auj. ***Pratica di Mare*** ♦ Anc. ville d'Italie (Latium) fondée, selon la légende, par Énée* en l'honneur de sa femme Lavinia.

**LAVISSE (Ernest)** ♦ Historien français (Le Nouvion-en-Thiérache 1842 - Paris 1922). Auteur d'ouvrages sur l'histoire de la Prusse, en particulier sur Frédéric le Grand, il dirigea la publication de l'*Histoire générale du IVe s. à nos jours* (avec Rambaud, 1893 - 1900), *Histoire de France...* (1903 - 1911), *Histoire de la France contemporaine...* (1921 - 1922), ouvrages qui, à l'égal de ses nombreux manuels scolaires, occupèrent longtemps une position dominante dans l'enseignement de l'histoire de France. [Acad. fr. 1892]

**LAVOISIER (Antoine Laurent DE)** ♦ Chimiste français (Paris 1743 - *id.* 1794). Après un *Mémoire sur le meilleur système d'éclairage de Paris*, il participa à un bail de la Ferme générale et à tous les autres baux jusqu'à la Révolution. En 1775, nommé régisseur des poudres et salpêtres, il alla habiter à l'Arsenal qui devint, avec l'installation de son laboratoire, l'un des centres scientifiques les plus réputés d'Europe. Compris dans la proscription des fermiers généraux pendant la Terreur, il fut condamné et guillotiné. Créateur de la chimie moderne, il introduisit une expérimentation rigoureuse par l'usage systématique de la balance et le principe de conservation de la masse et des éléments chimiques *(principe de Lavoisier)*. Bien que sa distinction des éléments constituant l'air atmosphérique (oxygène et azote) ait eu lieu après les travaux de Priestley*, il fut le premier, par ses interprétations, à faire progresser les conceptions théoriques de la chimie. Il découvrit le rôle de l'oxygène dans la combustion et, ensuite, dans la formation des chaux métalliques, il étudia la formation des acides phosphorique, sulfurique et nitrique, ainsi que la composition du gaz carbonique, et plaça l'oxygène au centre de son système (chimie pneumatique) ; il montra que la transformation des métaux en oxydes et des métalloïdes en acides était due à une combinaison du corps brûlé avec l'oxygène. En 1777, il commença à exposer sa théorie des acides. Il découvrit également la composition de l'eau (1783). À partir de ce moment, il réfuta définitivement la doctrine du phlogistique (fluide imaginaire assurant la combustion). Auteur, avec Laplace*, des premières mesures calorimétriques, il établit avec Guyton* de Morveau, Fourcroy* et Berthollet* une nouvelle nomenclature chimique rationnelle, fondée sur la notion moderne d'élément chimique (1787). Dans son *Traité élémentaire de chimie* (1789), il donna le premier tableau d'ensemble de la chimie devenue une science. S'intéressant également à la chimie physiologique, il entreprit l'étude expérimentale de toutes les fonctions de l'organisme animal : il montra que la respiration se ramène à une combustion assurée par l'inspiration de l'oxygène de l'air, découvrit l'hémoglobine et l'origine de la chaleur animale qu'il attribua à des combustions organiques portant sur l'hydrogène et le carbone puis, enfin, commença des travaux sur la digestion. [Acad. sc. 1768] ➝ ÉTYM. *L'avoisié* «le rusé» vient de l'ancien français *vezié* «rusé, habile» (croisé avec *avisé*).

**LAVONGAÏ** (île) ➝ ÉTYM. anc. en angl. ***New Hanover*** et en all. ***Neuhannover*** «Nouveau-Hanovre» ♦ Île de Papouasie-Nouvelle-Guinée, dans l'archipel Bismarck*, située à l'O. de la Nouvelle-Irlande. 1 190 km².

**LAVREINCE le Jeune (Niklas LAFRENSEN, dit Nicolas)** ♦ Peintre et dessinateur suédois (Stockholm 1737 - *id.* 1807). Fils du miniaturiste Lafrensen l'Aîné, il débuta aussi comme miniaturiste et portraitiste et se rendit à Paris en 1767. Il y fit la connaissance de Boucher et de son gendre Beaudoin. Devenu membre de l'Académie royale de Suède (1773), puis peintre du roi, il séjourna de nouveau à Paris de 1774 à 1791. Il acquit une grande renommée en représentant à la gouache des scènes galantes souvent très lestes et peintes avec raffinement, d'un trait souple et léger *(La Comparaison)*.

**LA VRILLIÈRE (Louis PHÉLYPEAUX, duc DE)** ♦ Homme d'État français (Paris 1705 - *id.* 1777). Il succéda à son père, Louis Phélypeaux, marquis de La Vrillière (1672 - Paris 1725), comme secrétaire d'État à la maison du roi (1725 - 1775). Chancelier de la reine (1749) puis ministre d'État (1751), il fut fait duc en 1770 par Louis XVI, qui le disgracia cependant en 1775. L'hôtel de La Vrillière à Paris, construit par Mansart au XVIIe s., abrite aujourd'hui la Banque de France.

**LAVROV (Petr Lavrovitch)** ♦ Révolutionnaire et philosophe russe (Melekhovo, Pskov 1823 - Paris 1900). Arrêté et déporté, il publia (sous le pseudonyme de Mirtov) les *Lettres historiques*, qui furent considérées comme «l'évangile du socialisme non marxiste». Ayant réussi à s'évader, il gagna Paris (1870) où il sympathisa avec la Commune. En Suisse, où il fonda la revue socialiste *En avant* (1873 - 1876), à Londres et à Paris, il poursuivit son activité de militant révolutionnaire. Membre du comité de rédaction de la revue d'anthropologie (fondée par Broca), et influencé par les théories de Feuerbach, Stuart Mill et Spencer, il élabora un système philosophique auquel il donna le nom d'anthropologisme *(Essai de l'histoire de la pensée)*.

**LAW** [las] ou [lo] **(John)** ♦ Financier écossais (Édimbourg 1671 - Venise 1729). Après avoir étudié les systèmes financiers et bancaires de divers pays d'Europe, il publia ses *Considérations sur le numéraire et le commerce* (1705). Estimant que l'État est responsable de la richesse d'un pays, il préconisa la création d'une banque d'État, d'un système de crédit et la circulation de papier-monnaie. C'est en France, sous la Régence, qu'il mit ses idées en application. Il commença par fonder une banque privée (1716) qui eut le droit d'émettre des billets, puis la Compagnie d'Occident (1717), enfin (pour rembourser la dette publique et malgré l'opposition des fermiers généraux) un «système» unissant la Banque, la Compagnie et l'État, qui eut le contrôle du commerce extérieur (Mississippi, Chine, Indes) et des grandes entreprises du royaume. Le crédit public et le commerce furent ainsi provisoirement ranimés et le «système» imité dans d'autres pays d'Europe. Mais l'imprudence des émissions, la fièvre de la spéculation (dont le centre était à Paris, rue Quincampoix) et les agissements de ses ennemis (les frères Pâris) finirent par provoquer la banqueroute, et Law, qui était devenu surintendant des Finances, dut s'enfuir (1720). Le souvenir de cet échec devait peser lourdement sur l'évolution de la vie financière en France. ➝ ÉTYM. *Law* est le diminutif de *Lawrence* ou vient du moyen anglais *hlāw* «colline» (surnom de quelqu'un qui vit près d'une colline) ; en France, la prononciation *las* provient d'une mauvaise interprétation de sa signature, le *w* étant lu *ss*.

**LAWFELD** – auj. ***Laaffelt*** ♦ Village de Belgique (Limbourg), près de Maastricht. ▮ **Histoire** Le maréchal de Saxe, à la tête des Français, y vainquit le duc de Cumberland* (1747).

**LAWRENCE** (sir **Thomas**) ♦ Portraitiste britannique (Bristol 1769 - Londres 1830). Fils d'un aubergiste, il manifesta un talent précoce et entra en 1786 à l'Académie royale. Il acquit la notoriété en exposant en 1790 les portraits de la reine Charlotte et de Miss Faren. Après la mort de Reynolds*, il devint le peintre du roi et le portraitiste préféré de l'aristocratie anglaise. Il fut chargé d'exécuter les portraits des principaux personnages qui contribuèrent à la défaite de Napoléon. Son style se caractérise par une exécution brillante, des coloris éclatants. Il apparaît comme le continuateur de Reynolds par l'élégance et la grâce de ses portraits, tout en témoignant d'une sensibilité parfois dramatique, aux accents romantiques, et d'une plus grande liberté de facture. ➝ ÉTYM. Ce nom vient du moyen anglais et de l'ancien français *Lorens, Laurent*, du nom de saint *Laurent**.

**LAWRENCE (David Herbert)** ♦ Poète et romancier britannique (Eastwood, Nottinghamshire 1885 - Vence 1930). Fils d'un mineur et d'une mère poète et professeur, Lawrence fut initié par elle à l'art dès son enfance et décida très tôt de se consacrer à la littérature (*Le Paon blanc*, 1911 ; *Poèmes d'amour et autres*, 1913). Mais l'importance qu'il accorde à l'érotisme, fondement de sa philosophie de la vie, le fit interdire dès 1915 avec la parution de *L'Arc-en-ciel* qui examinait les rapports amoureux de trois familles. De même *L'Amant* de lady Chatterley* (1928), son œuvre la plus connue, fait l'apologie de l'amour physique en réaction contre l'intellectualisme. Ce roman causa un tel scandale que D. H. Lawrence dut le défendre dans *Pornographie et Obscénité* (1929) et «*À propos de l'Amant de lady Chatterley*» (1930). Tuberculeux, poursuivi par la haine des bien-pensants en Angleterre, Lawrence chercha refuge à l'étranger. Il fit de nombreux voyages (*Crépuscule en Italie*, 1916), et c'est en Italie qu'il conçut ses *Poèmes* de 1922, *La Mer et la Sardaigne* (1921), *Femmes amoureuses* (1921) et *La Fille perdue* (1921). Il écrivit *Kangourou* (1923) en Australie et *Le Serpent à plumes* (*The Plumed Serpent-Quetzalcoatl*, 1926) au Nouveau-Mexique (il vécut à Taos). A. Huxley, qui fut son ami, le compara à Pascal : tous deux s'étaient élevés contre le «divertissement», mais pour Lawrence, celui-ci est représenté par la spiritualité et le travail, jugé comme une «luxure d'oisiveté, la plus grande paresse, la véritable quiétude». Ces idées sont reflétées dans sa correspondance, publiée en 1932. Lawrence est l'auteur de plusieurs autres romans importants (*Amants et Fils*, 1913 ; *L'Amazone fugitive*, 1928 ; *L'Homme qui était mort*, 1931). Il avait quarante-cinq ans lorsque la tuberculose l'emporta.

**LAWRENCE (Thomas Edward) dit Lawrence d'Arabie** ♦ Officier et écrivain britannique (Tremadoc, Carnarvonshire, pays de Galles 1888 - Bovington, Dorset 1935). D'origine anglo-irlandaise, peut-être fils adultérin de sir Thomas Robert Tighe Chapman, T. E. Lawrence fit ses études à Oxford, apprit l'arabe et vécut en Syrie et en Mésopotamie (1910 - 1914). Organisateur de la révolte des tribus arabes contre la puissance ottomane, le colonel Lawrence fut le principal artisan de la victoire britannique contre les Turcs commandés par l'Allemand Falkenhayn (Damas, 1918). Quand, à la conférence de Versailles, le pacte anglo-arabe fut renié, Lawrence renonça sans pension à son grade. Son œuvre principale, *Les Sept Piliers de la sagesse* (1926), est un document essentiel sur la sensibilité de l'aventurier contemporain, où le héros s'explique ainsi : «Le hasard [...] m'avait donné une place dans la révolte arabe [...] m'offrant ainsi une chance en littérature, l'art-sans-technique.» Refusant une

Lawrence d'**Arabie** vers 1916. *Phot. ©akg-images*

gloire littéraire qu'il jugeait démesurée, et déçu par l'opposition française qui contraignit l'émir Fayçal à quitter la Syrie (1920), Lawrence s'engagea, en 1922, sous un nom d'emprunt (John Hume Ross) comme simple soldat dans l'aviation. On lui doit aussi des *Lettres* (posth., 1938), une traduction de *L'Odyssée* et deux livres, *Les Châteaux des croisés* (posth., 1936) et *La Matrice* (posth., 1955), fruit de son expérience à la RAF. Un accident de motocyclette causa sa mort.

**LAWRENCE (Ernest Orlando)** ♦ Physicien américain (Canton, Dakota du Sud 1901 - Palo Alto, Californie 1958). Auteur de recherches sur l'effet photoélectrique, l'émission thermo-ionique et la physique biologique, il fut surtout l'inventeur et le constructeur du cyclotron, qui permet d'atteindre la même énergie qu'un accélérateur de particules linéaire, avec une différence de potentiel très inférieure. Le premier cyclotron, de quelques centimètres de diamètre, fut réalisé en 1930. Les améliorations successives permirent d'obtenir des radio-isotopes dès 1932, essentiellement pour l'usage médical (l'iode, par ex.). L'élément 103 fut appelé *lawrencium* en honneur de Lawrence. [Prix Nobel de phys. 1939]

**LAX (Peter D.)** ♦ Mathématicien américain d'origine hongroise (Budapest 1926). Ses travaux, qui réunissent les mathématiques pures et appliquées, traitent des aspects très divers des équations différentielles partielles, depuis la théorie et le calcul des solutions, jusqu'aux applications, notamment en informatique. Parmi ses nombreuses contributions, on peut citer la théorie de la dispersion, travail qui concerne aussi bien la mécanique des fluides, la mécanique quantique que la théorie des nombres, ou l'établissement des conditions nécessaires pour obtenir une approximation numérique valide à la solution d'une équation différentielle. [Prix Abel 2005].

**LAXNESS (Halldór GUÐJÓNSSON, dit Halldór Kiljan)** ♦ Écrivain islandais (Laxness, près de Reykjavík 1902 - *id.* 1998). Après une longue période de recherches et un séjour au Luxembourg, il se convertit au catholicisme, puis se rétracta avec *Le Grand Tisserand de Cachemire* (1927), devint socialiste à la Upton Sinclair*, passa au communisme jusqu'à ce qu'il visite l'URSS. Il donna des études de mœurs de la vie islandaise (*Salka Valka*, 1931 - 1932), et finit par redécouvrir la grandeur de son petit peuple dont il exalta le vouloir-vivre (*Gens indépendants*, 1931 ; son chef-d'œuvre *La Cloche d'Islande*, 1943 - 1946) et le sens de la culture poétique (*Lumière du monde*, 1937 - 1941). Il vilipendiera la mainmise américaine sur son pays, avec *La Station atomique* (1948), fustigera l'idéal guerrier dans *La Saga des fiers-à-bras* (1952) pour revenir à des romans plus ironiques et dégagés comme *Ùa ou Chrétiens du glacier* (1968). Sa verve, marque de son style, se sera exercée avec un égal bonheur dans tous les domaines possibles. [Prix Nobel de littér. 1955] ➝ ÉTYM. Ce nom vient de l'islandais *lax* «saumon» et *ness* «presqu'île».

**LAXOU** [laksu] [54520] ♦ Ch.-l. de cant. de Meurthe-et-Moselle, banlieue S.-O. de Nancy. 15 288 hab. *(Laxoviens)*.

**LAY** n. m. ♦ Fl. côtier de la Vendée (125 km) qui traverse le Marais poitevin avant de se jeter dans l'Atlantique.

**LAYAMON** ou **LAWEMAN** ♦ Poète anglais (fin du XII^e^ s., début du XIII^e^ s.). Prêtre natif d'Arley Kings, Worcestershire, il laissa deux manuscrits (parfois très différents) d'un même poème, l'un des premiers rédigés en moyen anglais : *Brut*, adapté de *Li Romans de Brut* (1155) de Wace. Layamon y délaisse les raffinements de son modèle au profit de descriptions de meurtres et de violence. Il conte les légendes du roi Lear et de Cymbeline que reprendra Shakespeare*. Bien que d'origine saxonne, Layamon prend parti pour les Bretons contre les oppresseurs saxons, témoignant ainsi de la fusion des deux peuples au XIII^e^ s.

**LAYE (Camara)** ♦ Écrivain guinéen (Kouroussa, Guinée 1928 - Dakar 1980). Son premier roman *L'Enfant noir* (1953), évoquait son enfance dans une communauté villageoise maléké. Il écrivit ensuite *Le Regard du roi* (1954), récit, d'une quête initiatique transfigurée par l'apparition d'une présence divine, et *Dramouss* (1966), roman à clés dénonçant le régime dictatorial de Sékou Touré. On lui doit également un recueil de contes de griots relatant la genèse du Mali, *Le Maître de la parole* (1978).

**LAZARE** (saint) ➝ ÉTYM. de l'hébr. *Él'âzâr* «Dieu a aidé» (➝ aussi Éléazar) ♦ Dans l'Évangile de Jean, XI, 1-44, ami de Jésus, frère de Marthe* et de Marie* de Béthanie ; Jésus le ressuscite. La légende le fait miraculeusement débarquer à Marseille dont il devient le premier évêque et où il subit le martyre. ▪ Fête le 17 déc.

**LAZARE** ♦ Nom du pauvre ulcéreux assis à la porte du mauvais riche, dans la parabole de Luc, XVI, 19-31.

**LAZAREFF (Pierre)** ♦ Journaliste français (Paris 1907 - Neuilly-sur-Seine 1972). Reporter au *Soir* puis à *Paris-Midi* (1927), il devint directeur de *Paris-Soir* en 1931 puis rejoignit après 1940 le War Information Office aux États-Unis, dont il fut le chef des services français. Rentré en France, il dirigea *France-Soir* de 1944 à sa mort, et contribua au renouveau de la presse française de l'après-guerre. Il produisit également pour la télévision, de 1959 à 1968, le magazine d'actualités *Cinq colonnes à la une*.

**LAZAREVIĆ (Laza)** ♦ Conteur serbe (Šabac 1851 - Belgrade 1890). Sobres et concis, ses contes célèbrent la vie provinciale traditionaliste serbe en réaction contre l'influence occidentale : *Avec père pour la première fois aux matines* (1879), *L'Icône de l'école* (1880), *Au puits* (1881), *Werther* (1891), *L'Allemande* (1898).

**Lazarillo de Tormes (Vie de)** – en esp. ***La vida de Lazarillo de Tormes y de sus fortunas y adversidades*** ♦ Roman picaresque espagnol, le premier du genre, paru probablement en 1554 et d'auteur inconnu (parfois attribué à Hurtado* de Mendoza). C'est un récit autobiographique qui dépeint le type de l'antihéros (picaro) sans idéal, animé du seul souci de vivre au jour le jour sans trop se préoccuper de la valeur morale des moyens dont il use. Il donne une vision amère et désenchantée de la vie en Espagne au Siècle d'or. Ce genre de roman, d'un réalisme parfois cruel mais non dénué d'humour, inspira de nombreux auteurs.

**lazaristes**

n. m. pl. ♦ Membres de la Congrégation des Prêtres de la Mission fondée en 1625 par saint Vincent* de Paul. Installés en 1632 dans l'ancienne léproserie du prieuré Saint-Lazare (d'où leur nom) à Paris, les lazaristes se consacrèrent à l'évangélisation des campagnes et à la direction des séminaires. On en compte aujourd'hui environ 4 000 dans le monde.

**LÁZARO CÁRDENAS** ♦ V. portuaire et indus. du Mexique (État de Michoacán). 74 884 hab. Créée de toutes pièces, à partir de 1975, sur la côte du Pacifique à l'embouchure du río Balsas, la ville s'est développée au rythme de la sidérurgie liée aux gisements de fer voisins (capitaux d'État et japonais). Terminal de conteneurs. Assemblage automobile.

**LAZARSFELD (Paul Felix)** ♦ Sociologue et statisticien américain d'origine autrichienne (Vienne 1901 - New York 1976). Il s'est efforcé de définir les concepts fondamentaux des sciences sociales, dont il a formulé les principes méthodologiques et qu'il a orientés dans le sens de la formalisation mathématique. Il a mis au point une technique mathématique complexe pour l'étude des composantes d'une attitude (*Analyse de la structure latente*, 1959). Son principal ouvrage, *The Language of Social Research* (avec Morris Rosenberg, 1955), a été traduit et adapté en français par R. Boudon sous le titre *Le Vocabulaire des sciences sociales*, *L'Analyse empirique de la causalité*, *L'Analyse des processus sociaux* (3 vol.).

**LAZZARI (Constantino)** ♦ Homme politique italien (Crémone 1857 - Rome 1927). Il contribua à la fondation du parti socialiste italien. D'abord centriste, il donna son soutien à l'État soviétique et participa aux travaux de la III^e^ Internationale (Komintern).

**LAZZARI (Silvio)** ♦ Compositeur français d'origine autrichienne (Bozen, Tyrol 1857 - Suresnes 1944). Élève de Gounod et de César Franck, il a laissé une œuvre marquée d'un généreux lyrisme. On en retiendra trois opéras : *La Lépreuse* (1912), *Le Sauteriot* (1917), *La Tour de feu* (1928), une symphonie et des pièces de musique de chambre.

**LÊ** ➝ ÉTYM. vietnamien «poirier» ♦ Nom de deux dynasties vietnamiennes, celle des Lê antérieurs qui dura de 980 à 1010, et celle que fonda Lê* Lợi, après avoir repoussé les Chinois des Ming en 1428 (Lê postérieurs). Cette dernière régna effectivement de 1428 à 1527, puis fut renversée par la dynastie des Mạc (qui régnèrent jusqu'en 1592). Rétablie sur le trône en 1592 avec l'aide des Nguyễn* et des Trịnh*, la dynastie des Lê n'exerça plus qu'un pouvoir théorique jusqu'en 1786 et s'éteignit en 1788. ➝ **Viêtnam.**

**LÉA** ou **LIA** ➝ ÉTYM. hébr. «vache sauvage» ♦ Pers. biblique (Genèse, XXIX, 16). Fille de Laban* qui la fait épouser à Jacob*, par ruse, avant Rachel*.

**LEACH (Edmund Ronald)** ♦ Anthropologue britannique (Sidmouth, Devon 1910 - Cambridge 1989). Personnalité centrale de l'anthropologie, il a longtemps enseigné à Cambridge. Dans son œuvre maîtresse, *Le Système politique des hautes terres de Birmanie* (1954), il remet en question l'idée d'un équilibre dans les systèmes sociaux présupposée par l'anthropologie, et montre qu'à l'inverse c'est l'instabilité due aux rivalités pour le pouvoir qui s'observe dans la réalité et que les rapports entre les individus ne sont rien d'autre que des droits et des obligations des uns envers les autres. Difficilement classable, mais de tendance structuraliste, il s'est opposé à Radcliffe*-Brown et à ses successeurs mais aussi à Claude Lévi*-Strauss.

**LEACOCK (Stephen)** ♦ Écrivain canadien d'expression anglaise (Swanmore, Hampshire 1869 - Toronto 1944). Venu au Canada à l'âge de 6 ans, il fit ses études à l'université de Chicago et devint en 1903 professeur d'économie et de science politique à Montréal. Ses croquis humoristiques, parsemés de situations saugrenues, de jeux de mots, d'ironie, ont à peine vieilli. Ses *Sunshine Sketches of a Little Town* (1912) caricaturent les prétentions des citoyens de la petite ville fictive de Mariposa.

**LEAHY (William Daniel)** ♦ Amiral américain (Hampton, Iowa 1875 - Bethesda, Maryland 1959). Ancien chef d'état-major de la marine (1937 - 1939) et, après sa retraite, gouverneur de Porto Rico, il fut l'ambassadeur des États-Unis auprès du gouvernement de Vichy (1940 - 1942). Il fut rappelé comme chef d'état-major particulier de Roosevelt puis de Truman (1942 - 1949) et joua un rôle important dans l'élaboration de la stratégie alliée.

**LEAKEY (Louis Seymour Bazett)** ♦ Paléontologue et préhistorien britannique (Kabete, Kenya 1903 - Londres 1972). Il entreprit d'importantes fouilles au Kenya et en Tanzanie et découvrit, en 1959, le zinjanthrope, australopithèque datant de 1,8 million d'années env. et, en 1960, l'*Homo habilis,* le plus ancien représentant du genre *Homo* (2 millions d'années). Sa femme Mary, son fils Richard et sa petite-fille Louise poursuivirent ses travaux à Olduvai*, à Laetoli* et tout autour du lac Turkana. Il a publié *The Stone Age Cultures of Kenya,* 1931 ; *Olduvai Gorge,* 1965.

**LEAMINGTON SPA** ou **ROYAL LEAMINGTON SPA** ♦ Station thermale d'Angleterre (Warwickshire), dans la banlieue de Warwick, célèbre dès le XIX$^{e}$ s.

**LEAN (David)** ♦ Cinéaste britannique (Croydon 1908 - Londres 1991). Coréalisateur, avec Noel Coward, de films de guerre, il adapta avec succès au cinéma deux œuvres de cet auteur : *L'esprit s'amuse* (1944) et *Brève* rencontre* (1945) ainsi que des romans de Dickens : *Les Grandes Espérances* (1946). Il remporta de grands succès avec *Le Pont de la rivière Kwaï* (1957), *Lawrence d'Arabie* (1962) et *Le Docteur Jivago* (1965). ➝ ÉTYM. Ce nom anglais signifie « maigre ».

**LÉANDRE** (saint) ♦ (Carthagène début du VI$^{e}$ s. - Séville v. 600). Moine, archevêque de Séville (v. 579), il fit abjurer l'arianisme à Recarède I$^{er}$ et organisa l'Église hispano-wisigothique (concile de Tolède, 589). Frère aîné de saint Isidore de Séville. ▪ Fête le 27 fév. ➝ ÉTYM. *Léandre* vient du grec *Leandros,* de *leôs (laos)* « peuple » et *anêr* « homme ».

**LÉAU** → **Zoutleeuw**

**LÉAUTAUD (Paul)** ♦ Écrivain français (Paris 1872 - La Vallée-aux-Loups, Châtenay-Malabry 1956). Abandonné par sa mère, il connut une enfance malheureuse et gagna sa vie à seize ans. Mais, entré dès 1895 au *Mercure de France,* il tint le secrétariat de rédaction de 1908 à 1940, faisant paraître une anthologie en trois volumes, *Poètes d'aujourd'hui* (1900, augmentée en 1908 et 1929). Parallèlement chroniqueur dramatique, il réunit ses articles dans *Le Théâtre de Maurice Boissard* (1907 - 1943). Avaient déjà paru *Le Petit Ami* (1903), évocation émue ou caustique de son enfance et de son adolescence, et *In Memoriam* (1905), récit parfois cruel de la mort de son père. Le cynisme allié à la cocasserie, le détachement à l'émotion se retrouvent dans les récits de *Passe-Temps* (t. I, 1929 ; t. II, 1964) et surtout dans le *Journal littéraire* publié de 1954 à 1966 ; volontiers sarcastique, frondeur par haine du conformisme, Léautaud s'y montre d'une grande indépendance dans ses jugements, recherchant un style incisif ou savoureux et cette allure primesautière caractéristique des *Entretiens avec Robert Mallet* (1951), dialogues radiophoniques qui lui apportèrent la notoriété. ➝ ÉTYM. *Léautaud* vient du nom de personne germanique *Liutwald* (de *°leud* « peuple » et *waldan* « gouverner »).

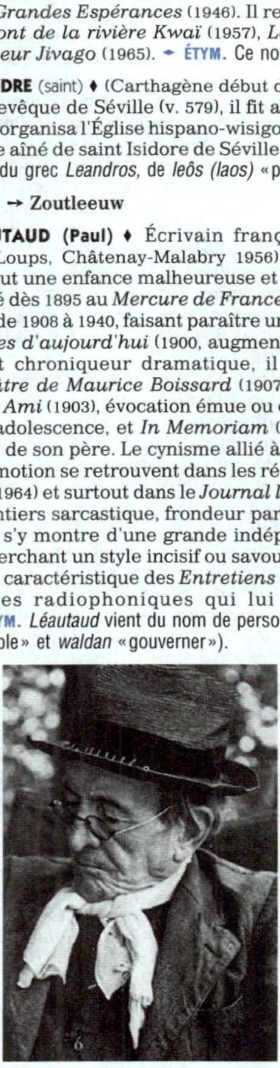

Paul **Léautaud** en 1951.
*Phot. © Henri Cartier-Bresson/ Magnum*

**LÉAUTÉ (Henry)** ♦ Ingénieur et mathématicien français (Belize, Honduras-Britannique 1847 - Paris 1916). Spécialiste de la mécanique appliquée, il s'attacha particulièrement aux transmissions à distance et à la régulation du mouvement des machines. [Acad. sc. 1890]

**LEAVITT (Henrietta Swan)** ♦ Astronome américaine (Lancaster, Massachusetts 1868 - Cambridge, Massachusetts 1921). Elle découvrit, en 1912, en observant les céphéides du Petit Nuage de Magellan, une relation numérique simple entre leur période et leur magnitude absolue moyenne. Cette loi, confirmée par H. Shapley*, permet la détermination de la distance d'amas stellaires et de galaxies d'après la mesure de la période des céphéides qui s'y trouvent.

**LEBAS** ou **LE BAS (Philippe François Joseph)** ♦ Homme politique français (Frévent, Artois 1765 - Paris 1794). Député montagnard du Pas-de-Calais à la Convention et membre du Comité* de sûreté générale, il fut envoyé comme représentant en mission aux armées de Sambre-et-Meuse et du Rhin (1793 - 1794). Arrêté en même temps que Robespierre* le 9 Thermidor (27 juil. 1794), il se suicida à l'Hôtel de Ville.

**LE BAS (Hippolyte)** ♦ Architecte français (Paris 1782 - *id.* 1867). Élève de Vaudoyer* et de Percier*, il fut fidèle au style néoclassique et construisit la prison de la Roquette et Notre-Dame-de-Lorette à Paris (1824 - 1836).

**LEBAUDY (Paul)** ♦ Industriel français (Enghien 1858 - Rosny-sur-Seine, Seine-et-Oise 1937). Avec son frère Pierre, il consacra une grande partie de sa fortune à la construction de dirigeables dont le premier dirigeable militaire (le *Jaune,* 1902) et le premier dirigeable anglais *(Morning Post)* avec lequel il effectua la première traversée de la Manche (1910). → **Zeppelin (Ferdinand, comte von).** ➝ ÉTYM. *Lebaudy* signifie « le réjoui », de l'ancien français *baud* « joyeux ».

**LEBBEKE** ♦ Comm. de Belgique (Région flamande), prov. de Flandre-Orientale, arr. de Dendermonde, sur la rive d. de la Dendre. 17 643 hab. Cultures maraîchères sous verre. Brasserie. À Wieze, fêtes de la Bière.

**LEBEAU (Joseph)** ♦ Homme politique belge (Huy 1794 - *id.* 1865). Avocat et journaliste au *Politique,* journal de Liège, il contribua à l'union des catholiques et des libéraux (sa propre tendance) qui préparaient la révolution de 1830. Au Congrès national, il s'opposa à la fixation autoritaire des frontières de la Belgique par la conférence de Londres. Il devint ministre des Affaires étrangères en 1831 et proposa Léopold de Saxe-Cobourg-Gotha comme roi des Belges. → **Léopold I$^{er}$.** Il dut signer le traité abandonnant les Bouches-de-l'Escaut aux Pays-Bas. Il fut président du Conseil en 1840 - 1841.

**LEBEL (Nicolas)** ♦ Officier français (Saint-Mihiel 1838 - Vitré 1891). Il participa à la réalisation du fusil à répétition qui porte son nom (1886) et qui, plusieurs fois amélioré, fut utilisé jusqu'à la Deuxième Guerre mondiale.

**LE BEL (Achille)** ♦ Chimiste français (Pechelbronn 1847 - Paris 1930). Il développa la notion de structure, introduisant le concept de carbone asymétrique (1874) dans les composés optiquement actifs (indépendamment de Van't* Hoff), jetant ainsi les bases de la stéréochimie. [Acad. sc. 1929]

**LEBESGUE (Henri)** ♦ Mathématicien français (Beauvais 1875 - Paris 1941). Il s'intéressa surtout à la théorie des fonctions de variables réelles ; après avoir défini la mesure d'un ensemble linéaire, introduit la notion de fonction mesurable, il définit l'*intégrale de Lebesgue* (1902) qui, plus générale que celle de Riemann*, s'applique même aux fonctions qui ne sont pas continues « presque partout » et qui est très utilisée en analyse fonctionnelle et en calcul des probabilités. [Acad. sc. 1922] ➝ ÉTYM. Ce nom de famille signifie « le bègue » (surnom).

**LEBLANC (Nicolas)** ♦ Chimiste français (Ivoy-le-Pré, Berry 1742 - Saint-Denis 1806). Inventeur (1790) d'un procédé de préparation du carbonate de sodium (soude), il permit l'essor d'une industrie chimique minérale.

**LEBLANC (Maurice)** ♦ Journaliste et écrivain français (Rouen 1864 - Perpignan 1941). Auteur de nombreux romans psychologiques, M. Leblanc connut un succès considérable avec son premier roman d'aventures : *Arsène* Lupin, gentleman-cambrioleur* (1907). Dans ce récit apparaissait le personnage séduisant autour duquel allaient s'organiser une cinquantaine de volumes dont les intrigues habiles étaient soutenues par un style très animé : *Arsène Lupin contre Herlock Sholmès* (1908) ; *L'Aiguille creuse* (1909) ; *813* (1910) ; *Le Bouchon de cristal* (1912) ; *Les Confidences d'Arsène Lupin* (1913) ; *Les Dents du tigre* (1921). L'imagination extrême dans les situations, le sens du mystère et de la terreur, le caractère protéiforme du héros confèrent aux récits de Leblanc, par-delà une vivacité facile, une poésie insolite. ➝ ÉTYM. *Leblanc* est le surnom d'une personne aux cheveux blancs ou à la peau très blanche (→ aussi Weismann, Weiss, White, Whitman).

**LEBŒUF (Edmond)** ♦ Maréchal de France (Paris 1809 - Moncel-en-Trun, Orne 1888). Sorti de Polytechnique comme officier d'artillerie, il se distingua lors de la campagne d'Italie (1859). Il fut ministre de la Guerre dans le cabinet É. Ollivier* à la fin du Second Empire (janv. 1870). Major général de l'armée au moment de la déclaration de la guerre franco-allemande (1870), il témoigna d'une trop grande confiance dans les forces françaises et, après leurs premières défaites, fut relevé de ses fonctions. Commandant du 3ᵉ corps, il fut fait prisonnier peu après à Metz.

**LEBON (Philippe)** ♦ Ingénieur et chimiste français (Brachay, Champagne 1769 - Paris 1804). Il étudia, dès 1797, l'emploi du gaz dégagé lors de la distillation du bois, pour l'éclairage et le chauffage ; il fit breveter son appareil, la thermolampe, en 1799. Il établit également un projet de moteur à gaz avec pompes d'alimentation et inflammation par une machine électrique (1801). ➝ ÉTYM. *Lebon* est le surnom d'un homme brave.

**LE BON (Gustave)** ♦ Médecin et sociologue français (Nogent-le-Rotrou 1841 - Paris 1931). Auteur de travaux sur *La Civilisation des Arabes* (1884), *Les Civilisations de l'Inde* (1887), il est surtout connu comme le vulgarisateur en France des notions de psychologie collective (*Les Lois psychologiques de l'évolution des peuples*, 1894 ; *Psychologie des foules*, 1895).

**LEBOURG (Albert)** ♦ Peintre français (Montfort-sur-Risle, Eure 1849 - Rouen 1928). Après des études d'architecte, il enseigna le dessin à Alger et y pratiqua la peinture (1872). Dès 1875, il adopta dans ses œuvres un style assez libre utilisant des couleurs franches, une palette claire et une touche carrée, posée avec la brosse plate, pour traduire l'intense lumière algérienne. À partir de 1877, il vécut à Paris et peignit des paysages d'Île-de-France et de Normandie, d'un calme équilibre, baignés par une lumière douce et aux compositions apaisantes (prépondérance des horizontales). Il commença à exposer en 1883 et, l'année suivante, voyagea et séjourna en Auvergne, notamment à Pont-du-Château, où il peignit de nombreuses toiles (*Pont-du-Château en automne* et *La Neige en Auvergne*, 1886). De 1886 à 1895, il peignit de nouveau en Île-de-France (*La Seine à Bougival*, *Le Bas-Meudon*), en Normandie, et se rendit ensuite aux Pays-Bas, en Belgique, en Grande-Bretagne, où il admira Constable, et en Suisse. Après 1905, La Rochelle, Paris, Rouen et ses environs constituèrent ses principaux motifs. En 1921, une attaque le laissa paralysé. Il avait connu Sisley, puis Monet (1892) et Degas, et admiré tous les impressionnistes sans faire partie du mouvement. Partageant spontanément leurs goûts et ayant élaboré seul une technique proche (couleurs pures, large touche, liberté de facture), il fut un paysagiste sensible, spontané, souvent capable de transmettre la qualité des lieux et de la lumière.

Albert **Lebourg.** *Notre-Dame de Paris par temps de neige.*
Musée des Beaux-Arts, Lille. *Phot. © Arch. Smeets*

**LEBOVICI (Serge)** ♦ Médecin et psychanalyste français (Paris 1915 - Marvejols 2000). Expert de l'OMS dès 1961, ancien directeur de l'Institut de psychanalyse, il se spécialisa en psychiatrie et psychanalyse infantiles et en psychothérapie de groupe (*Un cas de psychose infantile*, 1960 ; *Le Nourrisson, la mère et le psychanalyste*, 1983 ; *Psychopathologie du bébé*, 1989).

**LE BRAS (Gabriel)** [bʀaz] ♦ Juriste français et historien du droit (Paimpol 1891 - Paris 1970). Ses travaux portent sur le droit canonique, l'histoire et la sociologie religieuses. Princ. ouvrages : *Prolégomènes à l'histoire du droit et des institutions de l'Église en Occident*, 1955 ; *Études de sociologie religieuse*, 1955-1956. ➝ ÉTYM. Ce nom breton signifie « grand ».

**LE BRIX (Joseph)** ♦ Officier et aviateur français (Baden, Morbihan 1899 - près d'Oufa, Bachkirie 1931). Après un tour du monde aérien réalisé avec Costes* (Paris - Rio de Janeiro-San Francisco - Tōkyō - Paris), il détint huit records mondiaux dont celui de distance et de durée en circuit fermé (10 372 km, 1931). Il mourut au cours de la tentative de liaison Paris - Tōkyō sans escale.

**LE BRUN (Charles)** ♦ Peintre, décorateur, ornemaniste et théoricien français (Paris 1619 - *id.* 1690). Formé auprès de son père qui était sculpteur, il entra dans l'atelier de Simon Vouet* et grâce à la protection du chancelier Séguier, dont il exécuta un brillant portrait, il se rendit à Rome en 1642 ; s'intéressant aux monuments antiques, il fut sensible aux conceptions de Poussin, mais subit aussi l'influence des Bolonais, particulièrement des Carrache, et admira Pierre de Cortone. En France, en 1646, il réalisa des œuvres reli-

Charles **Le Brun.** *Le Chancelier Séguier* (2,95 x 3,57 m).
Musée du Louvre, Paris. *BIS/Phot. Guiley-Lagache © Archives Larbor*

gieuses et des commandes officielles, travailla avec Le Sueur à l'hôtel Lambert (1649) et joua un rôle prépondérant dans la constitution de l'Académie royale de peinture et de sculpture (il en devint secrétaire en 1661, puis directeur en 1683). Soutenu par Mazarin puis par Colbert, il devint premier peintre du roi en 1662, puis directeur de la manufacture des Gobelins et du mobilier royal, fournissant de multiples cartons de tapisseries, notamment la célèbre suite de l'*Histoire d'Alexandre*, ainsi que l'*Histoire du roi*, et les *Maisons royales*, donnant aussi des modèles d'ornement, d'ébénisterie et d'orfèvrerie. Après avoir réalisé un plafond au Louvre, il fut chargé de décorer le château de Vaux*-le-Vicomte (1658 - 1661). Il y conçut des appartements fastueux où une large place est faite à l'allégorie et où se mêlent décor peint et stuc doré, des modèles de sculptures pour les jardins de Le Nôtre et des cartons de tapisseries. Il exerça un pouvoir grandissant sur la direction et l'organisation des beaux-arts, en s'appuyant sur l'Académie, puis sur l'Académie de France à Rome, fondée en 1666. Il chercha à imposer des règles strictes fondées sur l'imitation de l'antique, de Raphaël et de Poussin, cherchant à hiérarchiser les arts et à en codifier les moyens (*Traité de la physionomie de l'homme comparée à celle des animaux*) et prenant parti dans la querelle des « rubénistes » et des « poussinistes » pour ces derniers, bien que nombre de ses œuvres peintes soient plutôt tributaires de Rubens et du baroque romain (*Batailles d'Alexandre*). Répondant aux visées de Louis XIV, il fit de Versailles* un hymne à la gloire du souverain et le symbole de la monarchie absolue : son goût du faste et de l'apparat se révèle dans les spectaculaires décors de l'escalier des Ambassadeurs (1674 - 1678), de la galerie des Glaces (1678 - 1684) et du salon de la Guerre (1684 - 1687). Il contribua à donner à l'ensemble une unité stylistique (qui a fait parler d'« art versaillais »), grâce à son sens de l'organisation, à l'autorité qu'il exerçait sur les artistes, et en fournissant des directives et de multiples modèles. Il eut le goût de l'effet, du mouvement, fit preuve dans le maniement de l'allégorie d'un talent narratif et oratoire en même temps que d'un grand sens décoratif et voulut instaurer un style spécifiquement français (création d'un « ordre français » : pilastres du salon de la Guerre) en soumettant l'ensemble à une volonté de mesure, de clarté et de rigueur grandiose. Il contribua par sa création versaillaise à donner un rayonnement européen à l'art français. Il travailla aussi à la galerie d'Apollon (au Louvre), à Marly, mais se vit un peu éclipser à l'avènement de Louvois, qui protégeait Mignard*. ➝ ÉTYM. *Lebrun* est le surnom d'une personne brune (➝ aussi Brown, Bruno, Moreno).

**LEBRUN (Charles François)** duc **DE PLAISANCE** ♦ Homme politique français (Saint-Sauveur-Lendelin, Normandie 1739 - Sainte-Mesme, Seine-et-Oise 1824). Inspecteur des domaines de la Couronne, secrétaire de Maupeou*, membre du Conseil des Cinq*-Cents, il fut choisi par Bonaparte comme troisième consul après le 18 Brumaire* an VIII. Il créa la Cour des comptes et fut nommé en 1810 lieutenant général en Hollande, puis gouverneur général. Pendant les Cent*-Jours, Napoléon le fit grand maître de l'Université.

**LEBRUN (Albert)** ♦ Homme d'État français (Mercy-le-Haut, Meurthe-et-Moselle 1871 - Paris 1950). Ancien élève de Polytechnique, ingénieur des Mines, il siégea à la Chambre des députés (1900) avec la gauche démocratique et fut nommé ministre des Colonies (1911 - 1914), puis du Blocus et des Régions libérées (1917 - 1920). Président du Sénat (1931), il fut élu président de la IIIᵉ République (1932 - 1940) et se retira après l'armistice et la formation du gouvernement de Vichy (juillet 1940). Arrêté par les Allemands, il fut déporté (1944 - 1945).

**LEBRUN-TONDU (Pierre Henri Hélène Marie)** ♦ Homme politique français (Noyon v. 1763 - Paris 1793). Lié au groupe girondin, il entra dans les bureaux des Relations extérieures (1791) grâce à Dumouriez, fut nommé ministre des Affaires étrangères après le 10 août 1792 et dirigea les négociations avec la Prusse après Valmy (sept. 1792). Il fut arrêté avec les girondins, condamné en juin 1793 et exécuté.

**LECANUET (Jean)** ♦ Homme politique français (Rouen 1920 - Neuilly-sur-Seine 1993). Il participa à la Résistance, représenta de longues années la Seine-Maritime à l'Assemblée nationale ou au Sénat et fut maire de Rouen de 1968 à sa mort. Démocrate-chrétien, il présida le MRP (1963 - 1965), créa le Centre démocrate (1966) et présida le Centre des démocrates sociaux (CDS), puis l'UDF (1978 - 1988). Candidat à la présidence de la République, il contribua à mettre en ballottage le général de Gaulle (1965). Il fut ministre pendant le septennat de Giscard d'Estaing. ➝ **ÉTYM.** Ce nom de famille vient de *Canu*, variante de *chenu* «qui a les cheveux blanchis par l'âge».

**LE CARRÉ (David John MOORE CORNWELL, dit John)** ➝ **ÉTYM.** la légende veut qu'il ait vu ce nom sur l'enseigne d'un magasin de chaussures en attendant le bus à Londres ♦ Écrivain britannique (Poole, Dorset 1931). Après des études à Eton où il enseigna l'allemand et le français, il fut agent des services secrets britanniques en Allemagne au début des années 1960. De *L'Espion qui venait du froid* (1963) à *La Maison Russie* (1989) et à *L'Appel du mort* (1990), ses romans d'espionnage ont le plus souvent reflété les relations Est-Ouest jusqu'à la fin de l'empire soviétique. *Les Gens de Smiley* (1980) est considéré comme son meilleur ouvrage. L'après-11 Septembre lui a fourni la matière d'*Un homme très recherché* (2008). Ses thrillers, au contenu idéologique, ont également servi la cause de l'altermondialisation : *La Constance du jardinier* (2000), sur les agissements d'une multinationale pharmaceutique en Afrique, *Une amitié absolue* (2003), *Le Chant de la mission* (2006).

**LECCE** ♦ V. d'Italie, ch.-l. de prov., dans les Pouilles (terre d'Otrante). 83 303 hab. Bel ensemble de monuments baroques (XVI$^e$ - XVII$^e$ s.) : basilique Santa Croce ; cathédrale, campanile et palais de la piazza del Duomo. Musée provincial (archéologie ; céramiques). Ruines romaines (amphithéâtre). ▪ Centre commercial et industriel : indus. alimentaire et mécanique (Fiat) ; manufacture de tabac. Centre tertiaire. Tourisme d'affaires. ▮ **Histoire** Surnommée «l'Athènes des Pouilles» sous le pouvoir des Normands (XI$^e$ s.), Lecce devint un comté avant d'être intégrée au royaume de Naples (1463).

**LECCO** ♦ V. d'Italie, en Lombardie, ch.-l. de prov., sur la branche S.-E. du lac de Côme *(lago di Lecco)*. 45 501 hab. Sidérurgie. Indus. mécanique. Tourisme.

**LECH** n. m. ♦ Riv. d'Allemagne et d'Autriche (267 km), affl. rive d. du Danube. Né dans le Vorarlberg (Autriche), le Lech traverse Augsbourg*. Sa vallée alpine se trouve en Autriche. En Allemagne, deux importantes centrales hydroélectriques sont construites sur son cours. ▮ **Histoire** En 1632, Tilly* y trouva la mort en voulant empêcher Gustave* II Adolphe de le franchir et lui laissa la victoire.

**LE CHAPELIER (Isaac René Guy)** ♦ Homme politique français (Rennes 1754 - Paris 1794). Avocat à Rennes, député du tiers état aux états généraux (1789), il fonda, avec Lanjuinais*, le Club breton qui devint le Club des jacobins* (1789). Il participa aux réformes votées par l'Assemblée nationale constituante, en particulier par une proposition votée le 14 juin 1791 limitant les droits d'association et qui constitua l'une des bases fondamentales du capitalisme libéral *(loi Le Chapelier)*. Parti en Angleterre en 1792, Le Chapelier fut condamné à son retour en 1794 et exécuté comme émigré.

**LE CHATELIER (Henry)** ♦ Chimiste et métallurgiste français (Paris 1850 - Miribel-les-Échelles, Isère 1936). Auteur des premières recherches sur la structure des métaux et des alliages, il est le créateur de l'analyse thermique (il inventa le thermocouple platine-rhodium pour la mesure des températures élevées) et de la métallographie microscopique. On lui doit également les lois de déplacement des équilibres physico-chimiques en fonction des paramètres physiques (indépendamment de Gibbs*). Il s'intéressa en outre à la doctrine de F. W. Taylor* qu'il diffusa en France. [Acad. sc. 1907]

**LÉCHÈRE (LA)** [73260] ➝ **ÉTYM.** p.-ê. de l'anc. fr. *lesche* «laîche [plante des marais]» ♦ Comm. de la Savoie, arr. d'Albertville, sur l'Isère. 1 774 hab. *(Lécherains)*. Station thermale.

**LECH-OBERLECH** ♦ Station d'été et de sports d'hiver de l'O. de l'Autriche (Vorarlberg) dans le *val du Lech* (altitude : 1 500 à 2 500 mètres).

**LECLAIR (Jean-Marie) dit l'Aîné** ♦ Compositeur et violoniste français (Lyon 1697 - Paris 1764). Il fut d'abord danseur et chorégraphe avant d'entreprendre une éclatante carrière de virtuose, en débutant au Concert spirituel (1728). Au cours de ses voyages en France et à l'étranger, il acquit la célébrité, tant par l'incomparable brio de son jeu que par la qualité de ses compositions, sonates et concertos, qui établissent la synthèse de l'art italien et français. Son opéra, *Scylla et Glaucus* (1746), s'apparente aux opéras de Rameau. Véritable fondateur de l'école française de violon, il a également contribué à l'élaboration de la symphonie préclassique en France. Il mourut assassiné.

**LECLANCHÉ (Georges)** ♦ Ingénieur français (Paris 1839 - *id.* 1882). Inventeur, en 1866, de la pile électrique qui porte son nom, comportant du chlorure d'ammonium comme électrolyte et du bioxyde de manganèse comme dépolarisant. ➝ **ÉTYM.** *Leclanché* est une variante de l'ancien français *esclenchier* et signifie «le gaucher».

**LECLERC (Jean-Baptiste)** ♦ Homme politique français (Angers 1756 - Chalonnes-sur-Loire 1826). Député à l'Assemblée nationale constituante, il fut également élu à la Convention (1792) où il donna sa démission après la chute des girondins (2 juin 1793). Emprisonné sous la Terreur, il siégea au Conseil des Cinq-Cents (1795) et contribua à la création du Conservatoire de musique (1795). Après avoir présidé le Corps législatif (1799), il se retira de la vie politique en 1802, et quitta la France au début de la Restauration. ➝ **ÉTYM.** «Le clerc» est le surnom d'un secrétaire ou d'un homme instruit.

**LECLERC (Charles Victor Emmanuel)** ♦ Général français (Pontoise 1772 - Saint-Domingue 1802). Il se lia avec Bonaparte au siège de Toulon en 1793, l'accompagna dans les campagnes d'Italie et d'Égypte, épousa Pauline Bonaparte* en 1797, et participa au 18 Brumaire* an VIII. Il commanda l'expédition française de Saint-Domingue en 1802 et y mourut, victime de la fièvre jaune, après avoir obtenu la soumission de Toussaint-Louverture.

**LECLERC (Philippe Marie DE HAUTECLOCQUE, dit)** ♦ Maréchal de France (Belloy-Saint-Léonard, Somme 1902 - près de Colomb-Béchar 1947). Deux fois prisonnier et évadé en mai-juin 1940, il rejoignit de Gaulle à Londres et devint gouverneur du Cameroun qui se rallia à la France libre grâce à son action (1940). Commandant militaire de l'A-ÉF, il partit du Tchad avec une colonne des Forces françaises libres et conquit Koufra sur les Italiens (mars 1941) ; c'est encore du Tchad qu'il partit en décembre 1942 pour rejoindre Montgomery* à Tripoli (2 févr. 1943). Il participa alors à la campagne de Tunisie puis, en 1944, au débarquement allié en Normandie. Entré dans Paris à la tête de la 2$^e$ division blindée, il reçut la capitulation de la garnison allemande. ➝ **Choltitz (Dietrich von).** Il libéra Strasbourg le 23 novembre 1944 et emmena ses troupes en Bavière jusqu'à Berchtesgaden. ➝ **Guerre mondiale (Deuxième).** Commandant supérieur des forces françaises en Indochine (1945), il reçut, pour la France, la capitulation du Japon. Il devint ensuite inspecteur des forces d'Afrique du Nord (1946) et mourut dans un accident d'avion. La dignité de maréchal de France lui fut conférée à titre posthume en 1952.

**LECLERC (Félix)** ♦ Chanteur et compositeur canadien (La Tuque, Québec 1914 - île d'Orléans, Québec 1988). Il renouvela la chanson québécoise en français et surtout ouvrit la voie à une nouvelle chanson, toujours proche de ses origines populaires, mais désormais consciente des problèmes spécifiques du Québec. Il a écrit des contes, des fables et des romans.

**LE CLÉZIO (Jean-Marie Gustave dit J.-M. G.)** ♦ Romancier français (Nice 1940). De père britannique et de mère française, il a travaillé aux universités de Bristol et de Londres. Révélé par son roman *Le Procès-Verbal* (1963), Le Clézio a publié plusieurs recueils de nouvelles, *La Fièvre* (1965), et d'autres récits (*Le Déluge*, 1966 ; *Terra amata*, 1967 ; *Le Livre des fuites*, 1969) où il recourt à une technique très libre (collages, substitutions de personnes, textes raturés, etc.) et à un ton très personnel (exactitude minutieuse des descriptions ou métaphores de visionnaire) pour exprimer avant tout l'«aventure d'être vivant». À l'image de son premier héros, «désespéré ontologique», ses personnages sont habités par une hantise de la mort qui les pousse à une errance constante. Acte de rébellion contre la société technocratique (*La Guerre*, 1970 ; *Les Géants*, 1973), contre la civilisation occidentale (*Haï*, 1971 ; *Les Prophéties de Chilam Balam*, 1976 ; *Désert*, 1980), l'œuvre se veut l'expression

**Jean-Marie G. Le Clézio, en 1988.**
*Phot. © Sophie Bassouls/Corbis Sygma*

de «*L'Extase matérielle*» (titre d'un essai, 1967) : «Il faut se contenter de regarder, avidement, de tous ses yeux» un monde présent dans chacun de ses phénomènes, de l'infiniment grand à l'infiniment petit (cf. *Le Procès-Verbal*). «L'écriture, l'écriture seule, qui tâtonne avec ses mots, qui cherche et décrit avec minutie, avec profondeur, qui s'agrippe, qui travaille la réalité sans complaisance.» Le Clézio a également publié un essai, *Le Rêve mexicain* (1988). Ses romans *Le Chercheur d'or* (1985, suivi du *Journal du Chercheur d'or*, 1986), *Voyage à Rodrigues* (1986) et *La Quarantaine* (1995), qui évoquent les aventures de son grand-père maternel, donnent la clé de sa quête intérieure. Sa fascination pour le cinéma, perceptible dans ses romans, est révélée dans *La Magie du cinéma* (essai, 1987) et *Ballaciner* (2007). [Prix Nobel de littér. 2008] ➔ ÉTYM. Ce nom de famille vient du breton *kleiz* «gauche» ou de *kloz* «fosse» (allusion à des sites gardant des restes de retranchements brittoniques trouvés par les immigrants venus s'installer en Bretagne).

**LÉCLUSE** ou **LESCLUSE (Charles DE)** latinisé en **Clusius** ♦ Botaniste français (Arras 1526 - Leyde 1609). Professeur de botanique à Leyde, il est l'auteur de descriptions très détaillées de plusieurs centaines de végétaux ainsi que de leur classification ; il fut le premier à cultiver en Europe la pomme de terre importée du Pérou.

**LECOCQ (Charles)** ♦ Compositeur français (Paris 1832 - *id.* 1918). Un style alerte, une écriture élégante et spirituelle caractérisent la cinquantaine d'opérettes dont il est l'auteur. Certaines d'entre elles, véritables chefs-d'œuvre du genre, sont demeurées longtemps populaires : *La Fille de Madame Angot* (1872), *Giroflé-Girofla* (1874), *La Petite Mariée* (1875), *Le Petit Duc* (1878), *Le Cœur et la Main* (1882). ➔ ÉTYM. *Lecocq* est le surnom d'un homme fier, beau parleur (→ aussi Hahn, Kohout).

**LECOIN (Louis)** ♦ Militant anarcho-syndicaliste (Saint-Amand-Montrond, Cher 1881 - Les Pavillons-sous-Bois 1971). Secrétaire de l'Union anarchiste (1912), il collabora au *Libertaire*, journal de Sébastien Faure. Profondément pacifiste, il lança en 1916 le tract «Imposons la paix» qui lui valut d'être emprisonné. Il fut l'un des principaux animateurs de la campagne pour la libération de Sacco et Vanzetti et prit aussi la défense de Durruti, Makhno et Berneri, menacés d'extradition. En 1936, il fonda le Comité pour l'Espagne libre, publia en 1939 le tract «Paix immédiate» et fut incarcéré. Il obtint en 1962, après vingt-trois jours de grève de la faim, le vote du statut des objecteurs de conscience puis se consacra à la lutte pour le désarmement. Il a écrit *De prison en prison* (1947) et *Le Cours d'une vie* (1965).

**LECOMTE (Louis)** ♦ Jésuite français (Bordeaux 1656 - *id.* 1729). Il fit partie de l'équipe des mathématiciens envoyés en mission en Chine par Louis XIV (1685). Il fut ensuite mêlé à la querelle des Rites et son ouvrage *Nouveaux Mémoires sur l'état présent de la Chine* (1696 - 1701), où il affirmait que les Chinois ont eu la révélation du vrai Dieu, fut censuré et condamné au feu par la faculté de théologie de Paris et par Rome.

La **Leçon d'anatomie du docteur Nicolaes Tulp** ♦ Tableau de Rembrandt* (1632), peint un an après son installation à Amsterdam et destiné à décorer une salle d'anatomie. Portraitiste très apprécié de la bourgeoisie amstellodamoise (il réalisa plus de trente portraits entre 1632 et 1633), Rembrandt s'attaque ici au genre du portrait collectif qui connaît alors un grand développement aux Pays-Bas. Renonçant à la disposition statique habituelle, Rembrandt renouvelle le genre grâce à sa composition oblique, à son sens de l'observation, à sa recherche de la psychologie des modèles, à l'intensité des regards, à son sens de la couleur et des éclairages subtils.

**LECONTE DE LISLE (Charles Marie LECONTE, dit)** ➔ ÉTYM. *Leconte* : de *comte* utilisé comme sobriquet ; *de Lisle* : «de l'île [de la Réunion]» ♦ Poète français (Saint-Paul, île de la Réunion 1818 - près de Louveciennes 1894). Après une adolescence à la Réunion, qui lui laissa une empreinte ineffaçable, il voyagea aux Indes et aux îles de la Sonde. Fixé en France, il se passionna pour les idées démocratiques et fouriéristes et publia des poèmes (comme *Niobé*) où les mythes héroïques de la Grèce portent des messages humanitaires. Mais, déçu par l'échec de la révolution de 1848 et l'avènement du Second Empire, il quitta la politique pour «la contemplation sereine des formes divines», évoquant le passé légendaire ou des rêves exotiques dans les *Poèmes* antiques* (1852), puis les *Poèmes* barbares* (1862). Nommé, après 1870, bibliothécaire au Sénat, il traduisit Homère*, composa les *Poèmes tragiques* (1884, auxquels est associé le drame *Les Érinnyes*, sur une musique de Massenet*, 1873), et enfin le recueil des *Derniers poèmes* (posth., 1895). Chef de file de l'école parnassienne, Leconte de Lisle préconise une poésie «objective» qui réalise l'union de la science et de l'art. Vouée à la beauté, indépendamment de la vérité, de l'utilité et de la morale, cette œuvre n'est cependant pas impassible ; quand il symbolise en des images sereines ou farouches les civilisations passées et les grands mythes religieux, Leconte de Lisle laisse apparaître une inquiétude métaphysique qui colore de pessimisme cette poésie à la beauté régulière. [Acad. fr. 1886]

**LE COQ (Robert)** ♦ Prélat français (Montdidier v. 1310 - Calahorra, Vieille-Castille 1368). Évêque de Laon (1351), il fut avec Étienne Marcel* l'un des chefs de l'opposition aux états généraux de 1355 et 1356. Après l'échec du mouvement parisien, il s'exila et suivit Charles le Mauvais en Navarre.

**LECOQ DE BOISBAUDRAN (Paul Émile, dit François)** ♦ Chimiste français (Cognac 1838 - Paris 1912). Il découvrit le gallium (en analysant spectroscopiquement une blende, 1875) et le samarium (1878).

**LE CORBUSIER (Charles-Édouard JEANNERET, dit)** ➔ ÉTYM. de *Lecorbézier*, n. d'un cousin de la famille Jeanneret ♦ Architecte, urbaniste, peintre et théoricien français d'origine suisse (La Chaux-de-Fonds 1887 - Roquebrune-Cap-Martin 1965). ▮ **Les principes de base** Après avoir étudié la peinture, puis l'architecture à l'école d'art de La Chaux-de-Fonds, il réalisa en 1905 sa première maison où s'affirme un parti moderniste non dénué d'un certain maniérisme stylistique. De 1907 à 1911, il voyagea en Europe, en Afrique du Nord et dans les Balkans, rencontrant la plupart des architectes novateurs de l'époque (stage chez A. Perret*, puis chez P. Behrens*). Établi à Paris en 1917, il publia avec Ozenfant* *Après le cubisme* (1918), manifeste du purisme, mouvement pictural s'inspirant de l'esthétique fonctionnelle des machines, qui prônait le recours à des formes essentielles, établies suivant des plans verticaux, et la recherche d'un équilibre structurel dans les compositions. Il collabora à la revue *L'Esprit nouveau* et publia *Vers une architecture* (1923), *L'Art décoratif aujourd'hui*, *Urbanisme* (1925), où étaient

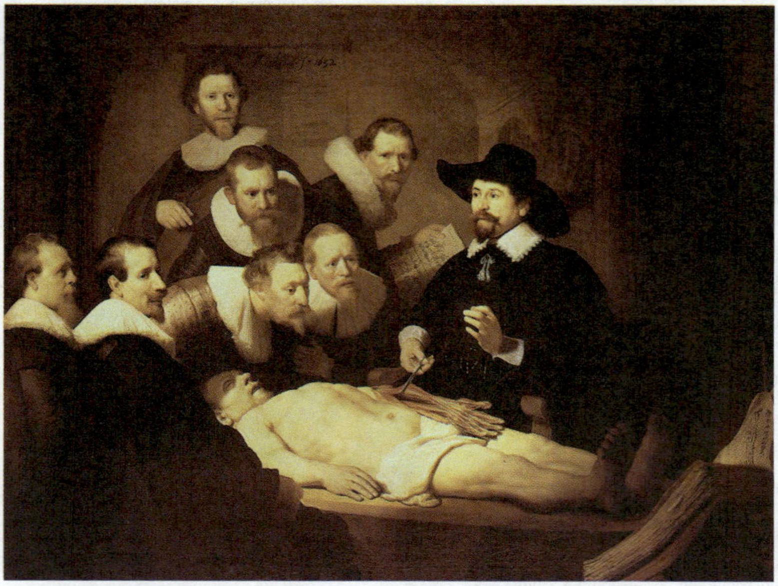

La **Leçon d'anatomie du docteur Nicolaes Tulp.**
Tableau de Rembrandt (1,70 x 2,17 m), 1632.
Mauritshuis, La Haye.
*BIS/Phot. Scala © Archives Larbor*

**Le Corbusier.** La Villa Savoye à Poissy, 1931.
*BIS/Phot. © Archives Bordas © F.L.C./ADAGP, Paris 2008*

énoncés les principes qui allaient servir de base à son œuvre architecturale. **Le style international** Défendant la standardisation et la préfabrication des éléments, il conçut le projet Dom-ino (1914), prototype d'une structure et d'un plancher portants en béton armé, suivi par le projet de la maison Citrohan (1922) et la réalisation du pavillon de *L'Esprit nouveau* à l'exposition de 1925, avec lequel il s'imposait comme l'un des créateurs du style dit international (adoption de principes strictement fonctionnels et de formes géométriques, simples et dépouillées [orthogonales]). Dans les maisons particulières qu'il réalisait alors (maison Ozenfant, 1922 ; Raoul Laroche et Jeanneret à Auteuil, 1923 ; et particulièrement la villa Stein à Garches, 1927, ainsi que la villa Savoye à Poissy, 1931), il cherchait à appliquer les principes de la «machine à habiter» : recours à une ossature sur pilotis, libérant le sol, façade libre (abandon de la symétrie et de la frontalité) ; fenêtre en bandeau et à armature métallique, plan libre grâce à l'abandon du mur portant, toit-terrasse. **L'aménagement du territoire** Il porta sa réflexion sur les problèmes posés par l'urbanisme et l'habitat collectif en établissant le projet de la *Ville contemporaine de trois millions d'habitants* (1922), réalisa la *cité-jardin* de Bordeaux-Pessac (1925) et proposa le plan Voisin pour Paris (1925), suivi par les projets d'urbanisme d'Alger (1930), Buenos Aires, Anvers (1933), qui ne furent pas réalisés. Il formula des propositions concernant l'aménagement du territoire et définit sa conception de l'habitat (*La Ville radieuse*, 1935 ; *Quand les cathédrales étaient blanches*, 1937 ; *Les Trois Établissements humains*, 1945 ; *Manière de penser l'urbanisme*, 1946). Il milita dès 1928 au sein des CIAM (Congrès internationaux d'architecture moderne) et inspira largement la *Charte d'Athènes* (1943), proposant la séparation des fonctions dans les grandes métropoles, des «immeubles-villas» (zones résidentielles) et des «super-gratte-ciel» dégageant des espaces verts et des voies de circulation séparées. Il édifia, en 1932, l'immeuble Clarté, puis le pavillon suisse de la Cité universitaire, où il souligna les qualités plastiques des matériaux (béton brut de décoffrage des piliers). La cité-refuge de l'Armée du salut (1933), le Bureau central des coopératives d'URSS à Moscou (1930) et, avec Niemeyer et Costa, le ministère de la Culture à Rio de Janeiro (1936 - 1943) participent des mêmes préoccupations. **Le «Modulor»** Après la guerre, Le Corbusier chercha à appliquer le *Modulor*, système de proportions qu'il établit entre 1942 et 1948 et édifia notamment les Unités d'habitation de Marseille (Cité radieuse, 1947 - 1952), Nantes-Rezé (1953 - 1955), Briey-en-Forêt (1955 - 1960). Il conçut aussi le plan directeur de Chandigarh*, y édifiant le Capitole (1951 - 1956), le palais de justice (1958), le secrétariat où s'affirment des effets plastiques et d'insistants jeux de lumière et d'ombre (large emploi des pare-soleil). Sa tendance à accentuer le caractère plastique des formes culmine avec la réalisation de la chapelle Notre-Dame-du-Haut de Ronchamp (1953), dont les formes complexes et infléchies présentent l'aspect d'une sculpture, et avec le couvent de Notre-Dame-de-la-Tourette (1957 - 1959) où il multiplia les détails, créant des articulations et des décrochements singuliers. **Un maître de l'architecture moderne** Par ses écrits, par l'école qu'il fonda à Paris comme par ses réalisations, où il passa de l'utilisation rationnelle des structures en béton armé à l'exploitation de ses possibilités architectoniques et plastiques, Le Corbusier s'est imposé comme l'un des maîtres de l'architecture moderne.

**LECOURBE (Claude Jacques,** comte**)** ♦ Général français (Besançon 1759 - Belfort 1815). Il se distingua au cours des batailles de Fleurus, Hondschoote, Wattignies (1794), pendant la retraite de Mayence (1795), puis facilita la victoire de Masséna à Zurich en freinant l'avance de Souvorov dans les gorges du Saint-Gothard (1799). Disgracié après le procès de Moreau (1801), il fut rappelé par Louis XVIII (1814), mais, lors des Cent-Jours, il se rallia à Napoléon Ier. ➔ ÉTYM. «Le courbe» est le surnom d'une personne voûtée.

**LECOUVREUR (Adrienne)** ♦ Comédienne française, sociétaire de la Comédie-Française (Damery, près d'Épernay 1692 - Paris 1730). Durant sa brève existence, elle interpréta avec succès Corneille, Racine, Voltaire. Elle inspira une pièce à Scribe* et Legouvé (*Adrienne Lecouvreur*, 1849).

**LE COZ (Claude)** ♦ Prélat français (Plonévez-Porzay, Bretagne 1740 - Villevieux, Jura 1815). Évêque constitutionnel de Rennes (1791), il fut élu député à l'Assemblée législative, où il siégea au centre, fut emprisonné sous la Terreur et libéré en 1795. ➔ ÉTYM. Ce nom vient du breton *kozh* «vieux» [allusion au fait de s'être marié ou d'avoir eu des enfants tardivement].

**LECQUES (LES)** ♦ Station balnéaire du Var (comm. de Saint-Cyr-sur-Mer). Musée de Tauroentum, établi sur les fondations d'une villa romaine (mosaïques du Ier s., fragments de fresques). ▪ Viticulture (bandol).

**LECTOURE** [32700] ➔ ÉTYM. probablt gaul. «rempart *(rate)* blanc *(lact-)*» ♦ Ch.-l. de cant. du Gers, arr. de Condom, près du Gers. 3 933 hab. (*Lectourois*). Enceinte du XVIe s. Anc. cathédrale de style gothique méridional des XIIe - XIIIe s. (riche mobilier). L'anc. évêché contient un musée : coll. d'autels tauroboliques découverts en 1540 ; paléontologie et préhistoire ; archéologie gallo-romaine et mérovingienne. ▪ Station thermale. **Histoire** Cap. des Lactorates à l'époque gauloise, elle devint au XIVe s. possession des comtes d'Armagnac et fut leur capitale. La ville fut le théâtre de combats pendant les guerres de Religion.

**LECZINSKY** → Leszczyński

**LÉDA** ♦ Princesse légendaire d'Étolie, épouse de Tyndare*. Selon la version la plus répandue, elle a de lui Clytemnestre* et Castor*, tandis que Pollux et Hélène* naissent de son union avec Zeus* métamorphosé en cygne ou de l'œuf de Némésis* confié à Léda. D'après une autre version, Léda, unie avec Zeus-cygne, pond deux œufs d'où sortent deux couples de jumeaux : Clytemnestre et Castor, Hélène et Pollux.

**LE DAIN** ou **LE DAIM (Olivier NECKER,** dit **Olivier)** ♦ Homme politique français (Thielt, Flandre - Paris 1484). Barbier de Louis* XI dont il capta la confiance, il remplit diverses missions diplomatiques. Haï pour les richesses qu'il avait accumulées, il fut pendu sous la régence d'Anne de Beaujeu.

**LE DANTEC (Félix)** ♦ Biologiste français (Plougastel-Daoulas 1869 - Paris 1917). Attaché à l'Institut Pasteur, il fut envoyé au Laos (1889 - 1890) et au Brésil pour y étudier la fièvre jaune. Défenseur de la théorie transformiste de Lamarck*, il élabora à partir de sa conception de l'usage et du non-usage des organes la notion d'assimilation fonctionnelle. Il est l'auteur de nombreux ouvrages sur la philosophie de la vie, l'évolution (*La Matière vivante*, 1895 ; *Théorie nouvelle de la vie*, 1896 ; *Évolution individuelle et Hérédité*, 1898 ; *Lamarckiens et Darwiniens*, 1900 ; *La Science de la vie*, 1912). ➔ ÉTYM. *Le Dantec* signifie probablement «personne ayant toutes ses dents», du breton *dantec*, adjectif formé sur *dant* «dent» [allusion à la chute fréquente des dents due à la mauvaise alimentation et au manque de soins].

**LEDE** ♦ Comm. de Belgique (Région flamande), prov. de Flandre-Orientale, arr. d'Aalst. 17 195 hab. Constructions en grès lédien (anc. exploitations). ▪ Indus. textile.

**LEDERBERG (Joshua)** ♦ Biologiste américain (Montclair, New Jersey 1925 - New York 2008). Il découvrit, avec E. Tatum*, la recombinaison sexuelle chez les bactéries. Il mit ensuite en évidence le transfert d'informations génétiques entre les bactéries par les virus bactériophages. Ses travaux eurent une grande influence sur ceux de F. Jacob* et de J. Monod*. [Prix Nobel de physiol. ou méd. 1958, avec G. W. Beadle* et E. Tatum]

**LEDERMAN (Leon)** ♦ Physicien américain (Buffalo, New York 1922). Avec M. Schwartz et J. Steinberger il réalisa, en 1962, l'expérience montrant l'existence d'au moins deux types de neutrinos, le neutrino électronique et le neutrino muonique. [Prix Nobel de phys. 1988, avec M. Schwartz et J. Steinberger]

**LEDOUX (Claude Nicolas)** ♦ Architecte et dessinateur français (Dormans, Champagne 1736 - Paris 1806). Il étudia dans l'atelier de J. F. Blondel* et dans celui de L. F. Trouart grâce auquel il obtint ses premières commandes (1754 - 1764). De 1762 à 1774, il se consacra essentiellement à l'architecture privée. Excepté l'hôtel d'Hallwyl (1766), la plupart des hôtels particuliers qu'il édifia furent détruits lors des diverses rénovations urbanistiques de Paris. Pour Mme du Barry qui fut sa protectrice, il édifia un pavillon à Louveciennes et des écuries à Versailles (1771 - 1772). Il réalisa aussi le château de Bénouville, près de Caen. En 1774, il commença à construire le vaste ensemble des salines d'Arc*-et-Senans et entreprit en 1785 les barrières de Paris, édifices monumentaux destinés à la perception de l'octroi et dans lesquels il fit un large usage du motif de la rotonde ; ces constructions impopulaires furent en partie détruites pendant la Révolution. Ledoux conçut aussi le théâtre de Besançon, où il innova en éliminant les loges et en reléguant le parterre au fond de la salle, permettant pour la première fois au public d'être assis. Incarcéré pendant la Révolution, il se consacra à la rédaction de son texte théorique *L'Architecture considérée sous le rapport de l'art, des mœurs et de la législation*, publié en 1804, accompagné d'une série de projets utopiques. Personnalité imaginative, il fit évoluer le style Louis XVI, élégant et mesuré, dans le sens de la grandeur monumentale. Il multiplia les raffinements et les trouvailles décoratives, chercha des effets pittoresques et en même temps interpréta librement les ordres gréco-romains, particulièrement le dorique grec, en marquant une prédilection grandissante pour les volumes simplifiés, les murs nus, les arêtes vives, les effets de masses. Son plan radioconcentrique de ville idéale à Arc-et-Senans ainsi que ses projets de monuments dénotent un sens du grandiose et un goût prononcé pour les formes symbolisant la destination spécifique de chaque édifice.

**LEDRU (Nicolas Philippe) dit Comus** ♦ Physicien français (Paris 1731 - *id.* 1807). Il montra dans toute l'Europe des expériences de physique amusantes qui lui valurent une grande notoriété.

**LEDRU-ROLLIN (Alexandre Auguste LEDRU, dit)** ♦ Homme politique français (Paris 1807 - Fontenay-aux-Roses 1874). Avocat, il combattit le régime de la monarchie de Juillet et prit la défense des journalistes condamnés après les insurrections républicaines. Élu député (1841), il siégea à l'extrême gauche avec les radicaux, fonda le journal *La Réforme*, auquel collabora L. Blanc*, et, lors de la campagne des Banquets (1847 - 1848), se fit le partisan d'une république démocratique et sociale. Ministre de l'Intérieur dans le gouvernement provisoire après la révolution* de février 1848, puis membre de la Commission exécutive, il fut exclu du pouvoir après l'insurrection de juin 1848. Candidat malheureux à la présidence de la République (déc. 1848), mais élu à l'Assemblée législative (mai 1849), il fut le principal instigateur de la journée du 13 juin* 1849, qui échoua. Ayant réussi à gagner l'Angleterre, Ledru-Rollin y prit contact avec les révolutionnaires européens Kossuth, Mazzini et Ruge. Revenu en France (1871), il fut élu à l'Assemblée nationale, mais refusa de siéger ; il fut de nouveau élu et siégea en 1874. On lui doit *Du paupérisme dans les campagnes*, 1847 ; *Décadence de l'Angleterre*, 1850.

**LEDUC (Ozias)** ♦ Peintre canadien (Saint-Hilaire 1864 - Saint-Hyacinthe 1955). Il peignit des natures mortes, des paysages symbolistes et de nombreux portraits mais se consacra essentiellement à l'art religieux avec la réalisation du décor peint d'une trentaine d'églises et de chapelles, dont les plus remarquables sont ceux de l'église Notre-Dame-de-la-Présentation à Shawinigan (1942 - 1955), de l'église Saint-Hilaire et de la chapelle de l'Archevêché de Sherbrooke.

**LÊ Đức Thọ** ♦ Homme politique vietnamien (Nam Hà 1912 - Hanoi 1990). Il participa à la fondation du Viêt-minh (1941) et fut membre du comité central du Parti communiste indochinois. Négociateur avec H. Kissinger des accords de Paris sur le Viêtnam, il refusa le prix Nobel de la paix qui lui avait été décerné conjointement avec celui-ci en 1973.

**LEE (Robert Edward)** ♦ Général américain (Stratford House, Virginie 1807 - Lexington, Virginie 1870). Sorti de West Point, il prit une part brillante à la guerre du Mexique (1845 - 1848), puis commanda West Point. Non sans hésitations, il fit sécession en 1860, seconda Jefferson Davis*, et devint commandant de l'armée de Virginie du Nord. Il fut le meilleur stratège de la guerre. Après une série de victoires (Richmond, Fredericksburg, Chancellorsville), il marcha sur Washington mais fut arrêté à Gettysburg*. Devenu général en chef des armées du Sud, il défendit longtemps Richmond*, mais dut se rendre (1865) à Appomattox*. ➝ ÉTYM. Ce nom de famille vient du vieil anglais *leah* «bois, clairière».

**LEE (Stanley Martin LIEBER, dit Stan)** ♦ Scénariste de bandes dessinées et de films d'action américain (New York 1922). Ses comics ont fait le succès mondial des éditions Marvel dont il fut directeur de la publication. Il inventa un nouveau genre : celui des héros aux superpouvoirs (*les 4 Fantastiques*, 1961 ; *Hulk*, 1962 ; *X-men*, 1963 ; *Iron Man*, 1970 ; *Spiderman*, 1977), tous repris à la télévision ou au cinéma.

**LEE (Tsung Dao)** ♦ Physicien américain d'origine chinoise (Shanghai 1926). Afin d'expliquer le comportement surprenant de certaines particules lors de la désintégration β, il émit, avec Chen Ning Yang, l'hypothèse, vérifiée expérimentalement par C. S. Wu*, de la violation de la parité par l'interaction nucléaire faible responsable du phénomène. La non-conservation de la parité (certaines particules ne sont pas «superposables à leur image dans le miroir») joue un rôle fondamental dans les théories des interactions. [Prix Nobel de phys. 1957, avec Chen Ning Yang]

**LEE (David M.)** ♦ Physicien américain (Rye, New York 1931). Avec R. Richardson et D. Osheroff, il découvrit, en 1972, que l'isotope 3 de l'hélium devient superfluide à deux millièmes de degré au-dessus du zéro absolu. Le mécanisme étant différent de celui responsable de la superfluidité de l'hélium 4, mise en évidence par P. Kapitsa*, cette découverte ouvre la voie à un nouveau champ de recherches. [Prix Nobel de phys. 1996, avec D. Osheroff et R. Richardson]

**LEE (Yuan T.)** ♦ Chimiste américain d'origine chinoise (Hsinchu, Taiwan 1936). Collaborateur de D. Herschbach* depuis 1968, il étudie également les réactions unimoléculaires où une molécule excitée se dissocie en différents fragments, eux-mêmes excitésou ionisés. Il parvint, en 1986, à réaliser une photodissociation sélective (dans laquelle la préparation de l'état excité permet de choisir la liaison à rompre). [Prix Nobel de chimie 1986, avec D. Herschbach et J. Polanyi*]

**LEEDS** ➝ ÉTYM. anc. *Lādenses*, celt. «le peuple qui vit près de la rivière tumultueuse» ♦ V. d'Angleterre (West Yorkshire), sur l'Aire. 715 404 hab. C'est l'une des deux principales villes de la laine avec sa voisine Bradford. Malgré son rang de 4e ville d'Angleterre par sa population, son rayonnement comme capitale régionale est concurrencé par Sheffield, Newcastle, Bradford, et surtout Manchester. Au textile, à la confection et à leurs indus. annexes se sont ajoutées des indus. chimiques et mécaniques.

**LEE Kuan Yew** ♦ Homme d'État singapourien, d'origine chinoise (Singapour 1923). Leader, d'abord socialisant, du parti d'Action populaire et Premier ministre de Singapour de 1959 à 1990, il conduisit sa cité-État à l'indépendance et la lança ensuite avec succès, mais non sans un certain autoritarisme, dans la voie du développement. ♦ **LEE Hsien Loong** (Singapour 1952). Fils du précédent. Premier ministre de Singapour depuis 2004.

**LEENHARDT (Maurice)** ♦ Missionnaire protestant et ethnographe français (Montauban 1878 - Paris 1954). Missionnaire aux îles Loyauté et en Nouvelle-Calédonie, où il séjourna pendant vingt ans, il réunit une importante documentation sur la vie, la langue, les mœurs et coutumes, les mythes et croyances des Canaques. Analysant à travers les mythes la mentalité primitive des Mélanésiens et montrant sa transformation au contact de la civilisation moderne, Leenhardt a cherché à mettre en évidence la coexistence des deux types de pensée, mythique et rationnelle, et à dépasser l'opposition entre peuples archaïques et civilisés. Il a écrit *Documents néo-calédoniens*, 1932 ; *Langues et dialectes d'Austro-Mélanésie*, 1946 ; *Gens de la Grande Terre*, 1937 ; *Do Kamo*, 1947.

**LEENHARDT (Roger)** ♦ Cinéaste français (Paris 1903 - *id.* 1985). Fin lettré de culture protestante, Roger Leenhardt produisit ou réalisa un grand nombre de documentaires, à caractère pédagogique, consacrés à des écrivains (Hugo, Rousseau, Mauriac), à des peintres (Daumier, Renoir) ou à d'autres domaines de la culture (*Naissance du cinéma*, 1946). Il tourna peu dans la fiction (*Les Dernières Vacances*, 1948), mais son influence fut déterminante sur l'éclosion de la nouvelle vague.

**LEERS** [59115] ➝ ÉTYM. p.-ê. du germ. *lari* «espace inculte» ♦ Comm. du Nord, arr. de Lille, sur la frontière belge. 9 651 hab. Indus. du caoutchouc.

**LEEUWARDEN** ➝ ÉTYM. en frison ***Ljouwert*** ; p.-ê. néerl. «la petite colline *(wert, werd)* de Lino (n. de pers.)» ♦ V. des Pays-Bas, ch.-l. de la Frise. 92 342 hab. (aggl. 159 848). Tour gothique ; hôtel particulier du XVIIe s. ; Fries Museum (Musée régional frison). Aux env. château du XVIe s. ▪ Centre frison de l'indus. laitière. Indus. chimique et mécanique. Appareillage électrique. Matières plastiques. Métallurgie. ▮ **Histoire** La ville se développa à partir du XIIe s., lorsque les trois tertres d'origine situés en bordure de l'ancienne Middelzee asséchée furent fortifiés. Capitale de la Frise après 1504, elle fut la résidence des stathouders, du duc de Saxe, puis de Charles Quint. Après l'indépendance des Provinces-Unies, les descendants de Jean de Nassau, frère de Guillaume le Taciturne, s'y installèrent.

**LEEUWENHOEK (Antonie VAN)** ➝ Van Leeuwenhoek

**LEEUW-SAINT-PIERRE** ➝ Sint-Pieters-Leeuw

**LEEWARD ISLANDS** ➝ Sous-le-Vent (îles)

**LE FAUCONNIER (Henri)** ♦ Peintre français (Hesdin, Pas-de-Calais 1881 - Paris 1946). Il s'intéressa successivement aux nabis*, peignant avec eux des paysages de Bretagne, au fauvisme*, puis après sa rencontre de Gleizes, Picasso et Metzinger, au cubisme*, qu'il interpréta de façon libre, sans réelle mise en question de la figure ni de la perspective. Son tableau *L'Abondance* (1910 - 1911) a été l'un des plus fréquemment exposés en Europe avant la Première Guerre mondiale. Il rompit avec le cubisme pour devenir expressionniste, tout en enseignant en 1912 à l'Académie de la Palette, avec Chagall et Gromaire pour élèves. Bloqué aux Pays-Bas en 1914, il y resta jusqu'en 1920, y étudia le gothique flamand et eut, paradoxalement, une certaine influence sur les jeunes peintres belges et néerlandais (dont Gustave De* Smet). À son retour en France, il reprit le style réaliste de ses débuts.

**LEFEBVRE (François Joseph)** ♦ Maréchal et pair de France (Rouffach, Haut-Rhin 1755 - Paris 1820). Entré dans les gardes françaises en 1773, puis dans la garde nationale parisienne au début de la Révolution, il fut nommé général de division (1794) et se distingua à Fleurus*. Commandant de la division militaire de Paris, il apporta son appui à Bonaparte pour le coup d'État du 18 Brumaire* an VIII, devint sénateur (1800), maréchal d'Empire (1804) et participa aux différentes campagnes de l'Empereur ; il contribua à la victoire d'Iéna (1806), assiégea Dantzig (1807, siège victorieux qui lui valut le titre de *duc de Dantzig*), prit part aux guerres d'Espagne, d'Autriche, de Russie et aux combats lors de la campagne de France. Rallié aux Bourbons (1814) qui l'élevèrent à la pairie, puis à Napoléon aux Cent-Jours, il ne fut ensuite réintégré dans la Chambre des pairs qu'en 1819. ▪ Il avait épousé en 1783 Catherine Hubscher, blanchisseuse de son régiment, que V. Sardou popularisa dans *Madame Sans-Gêne* (1893). ➝ ÉTYM. *Lefebvre* vient du latin *faber* «ouvrier, forgeron, artisan» (➝ aussi Fabre, Fabry, Faure, Fauré, Favre, Febvre, Lefèvre, Kowalski, Le Goff, Schmidt, Schmitt, Smith).

**LEFEBVRE (Georges)** ♦ Historien français (Lille 1874 - Boulogne-Billancourt 1959). Ses travaux sur l'histoire agraire, qui révélèrent la spécificité du mouvement paysan durant la Révolution (*Paysans du Nord pendant la Révolution française*, 1924), et sur l'étude des mentalités (*La Grande Peur de 1789*, 1932) ont permis un important renouvellement de l'historiographie de la Révolution française.

**LEFEBVRE (Henri)** ♦ Philosophe et sociologue français (Hagetmau, Landes 1901 - Pau 1991). Rallié au marxisme (1930), il fut l'un des théoriciens du Parti communiste français jusqu'à son exclusion en 1958. Mais il s'en rapprocha à nouveau par la suite. Le marxisme lui apparaît comme le dépassement de la philosophie vers la praxis révolutionnaire prolétarienne. Lefebvre étudia les structures de la société contemporaine, «société bureaucratique de consommation dirigée». Selon lui, «l'aliénation par l'idéologie bourgeoise» ne pourra être combattue que par une révolution culturelle permanente. (*La Conscience mystifiée*, 1936 ; *Lénine*, 1957 ; *La Somme et le Reste*, 1959). Ses travaux ultérieurs manifestent une grande diversité d'objet bien qu'il ne s'éloigne guère de ses engagements initiaux, aussi bien par son intérêt pour la sociologie de la vie quotidienne (*Critique de la vie quotidienne*, 1947 - 1981) que par son point de vue marxiste (*La Révolution urbaine*, 1970 ; *La Proclamation de la Commune*, 1965 ; *De l'État*, 1976 - 1978), tout en se montrant éloigné d'un Althusser* (*Contre l'idéologie structuraliste*, 1975 ; *Le Retour de la dialectique*, 1988).

**LEFEBVRE (Marcel)** ♦ Évêque schismatique français (Tourcoing 1905 - Martigny, Valais 1991). Entré chez les Pères du Saint-Esprit, il fut longtemps missionnaire au Gabon avant de devenir le premier archevêque de Dakar (1948 - 1962). Hostile aux orientations du concile Vatican II, il ouvrit en 1970 un séminaire traditionaliste à Écône (Suisse), dénonça en 1974 le «néomodernisme» et le «néoprotestantisme» de Rome, ordonna des prêtres malgré l'interdiction romaine. Plusieurs années de négociations discrètes ne purent empêcher la rupture lorsqu'il consacra quatre évêques en 1988, transformant ainsi son mouvement de protestation en un schisme. Il mourut excommunié, laissant une communauté de rite traditionnel d'environ 250 prêtres, six séminaires, et une petite centaine de milliers de fidèles.

**LEFEBVRE-DESNOUETTES (Charles, comte)** ♦ Général français (Paris 1773 - en mer, au large de l'Irlande 1822). Aide de camp du Premier consul, puis écuyer de Napoléon Ier et commandant des chasseurs de la Garde impériale, il fut fait comte d'Empire. Il se distingua à Bautzen (1813), puis lors de la campagne de France. Il fut un des premiers à se rallier à l'Empereur pendant les Cent-Jours et prit part aux batailles de Fleurus et de Waterloo. Condamné à mort lors de la seconde Restauration, il réussit à passer aux États-Unis. Ayant obtenu de Louis XVIII l'autorisation de rentrer en France, il périt sur l'*Albion*, qui fit naufrage.

**LEFÈVRE (René)** ♦ Aviateur français (Vénizel, Aisne 1903 - Paris 1972). Il traversa l'Atlantique Nord avec Assollant* et Lotti (13 juin 1929), établit l'aviation commerciale à Madagascar (1931 - 1938), créant la liaison régulière Tananarive-Broken Hill (Rhodésie) et le réseau intérieur malgache. ◆ ÉTYM. *Lefèvre* vient du latin *faber* «forgeron» (→ aussi Fabre).

**LEFÈVRE (Théo)** ♦ Homme politique belge (Gand 1914 - Bruxelles 1973). Président du parti chrétien social, Premier ministre en 1961, il forma, avec P. H. Spaak* au ministère des Affaires étrangères, un gouvernement d'union des socialistes et des sociaux-chrétiens. Il fut battu par les libéraux lors des élections de mai 1965.

**LEFÈVRE D'ÉTAPLES (Jacques)** latinisé en **Fabri** ou **Faber Stapulensis** ♦ Théologien et humaniste français (Étaples, Picardie v. 1450 - Nérac, Aquitaine 1537). Il enseigna la philosophie à Paris. Nommé vicaire de l'évêque de Meaux, il créa dans cette ville un groupe qui travailla à la réforme du clergé et à la vulgarisation de l'Écriture. Le «cénacle de Meaux» fut dispersé en raison de ses sympathies pour les idées de Luther* et Lefèvre d'Étaples se réfugia quelque temps à Strasbourg, avant d'être rappelé auprès de François* Ier pour être précepteur de ses enfants. Il se retira à Nérac (1530) auprès de Marguerite* de Navarre. On lui doit une des premières traductions françaises de la Bible et celle d'œuvres d'Aristote*, des *Commentaires sur les épîtres de saint Paul* et *sur les quatre Évangiles*.

**LEFFRINCKOUCKE** [59495] ◆ ÉTYM. du germ. *Leodfrid (Ledfrid)*, n. de pers., et suff. *-inga* et flam. *houcke* «terrain en forme de coin» ♦ Comm. du Nord, banl. N.-E. de Dunkerque. 4 949 hab.

**LE FLÔ (Adolphe Charles)** ♦ Général français (Lesneven, Finistère 1804 - Néchoat, près de Morlaix 1887). Après avoir servi en Algérie, il fut nommé ministre plénipotentiaire en Russie. Député à l'Assemblée constituante (avr. 1848), il prit position contre le président Louis Napoléon Bonaparte et fut banni quelque temps après le coup d'État du 2 décembre 1851. Ministre de la Guerre dans le gouvernement de la Défense nationale, après la chute de l'Empire (4 sept. 1870 - fév. 1871), il fut ensuite ambassadeur à Saint-Pétersbourg (1871 - 1879).

**LEFOREST** [ləfɔʀɛ] [62790] ◆ ÉTYM. «la forêt» ♦ Ch.-l. de cant. du Pas-de-Calais, arr. de Lens. 6 746 hab. (*Leforestois*).

**LE FORT (Gertrud VON)** ♦ Femme de lettres allemande (Minden 1876 - Oberstdorf, Bavière 1971). Descendante de huguenots, elle se convertit au catholicisme en 1926. D'inspiration religieuse, ses œuvres s'attachent à montrer les voies mystérieuses de la grâce (*Le Voile ou le Suaire de Véronique*, 1928 ; *Le Pape issu du ghetto*, 1930 ; *La Dernière pour l'échafaud*, 1931, que G. Bernanos* adapta dans *Dialogues des carmélites*). G. von Le Fort écrivit également des poèmes (*Hymnes à l'Église*) et des nouvelles (*La Fille de Farinata*, 1950).

**LEFORT (Claude)** ♦ Philosophe français (Paris 1924). D'abord marxiste, il engagea une critique radicale de l'URSS notamment dans la revue *Socialisme ou Barbarie*, qu'il anima avec Castoriadis*. Mais il s'éloigna du marxisme et, au-delà de l'analyse de la bureaucratie (*Éléments d'une critique de la bureaucratie*, 1971), montra que la démocratie n'est pas seulement l'octroi de droits formels, mais qu'elle possède une valeur intrinsèque (*L'Invention démocratique : les limites de la domination totalitaire*, 1981). L'idée de révolution est elle-même à interroger. Son ouvrage de réflexion (*Un homme en trop*, 1976) sur *L'Archipel* du Goulag* de Soljenitsyne*, contribua à amplifier l'écho du texte de l'écrivain russe. On lui doit également *La complication* (1999), sur le système communiste. Claude Lefort apparaît comme l'un des principaux critiques du totalitarisme. La thèse qu'il a consacrée à Machiavel* (*Le Travail de l'œuvre. Machiavel*, 1972) est un ouvrage de référence sur cet auteur et sur l'écriture politique. ◆ ÉTYM. Ce nom de famille est le surnom d'un homme fort.

**LEFRANC DE POMPIGNAN** → Pompignan

**LEFSCHETZ (Solomon)** ♦ Mathématicien américain d'origine russe (Moscou 1884 - Princeton 1972). Ses travaux portent sur la topologie algébrique, sur les équations différentielles et sur les systèmes dynamiques. [Acad. sc. 1963]

**LEFUEL (Hector)** ♦ Architecte français (Versailles 1810 - Paris 1881). De 1854 à 1857, il poursuivit les travaux de raccordement du Louvre aux Tuileries en modifiant les plans de L. T. J. Visconti* ; il en alourdit notamment la décoration avec des motifs empruntés à la Renaissance et au XVIIe s. Il reconstruisit ensuite les pavillons des guichets du Carrousel et le pavillon de Marsan en utilisant une décoration chargée et éclectique.

**LE GAC (Jean)** ♦ Artiste français (Tamaris, près d'Alès 1936). Il mêle dans ses compositions ses réflexions sur sa propre histoire, sur l'histoire de l'art, sur ses lectures (Henry James, Raymond Roussel, le Nouveau Roman). Séries énigmatiques d'images juxtaposées, soit dessinées, soit photographiées, souvent enrichies de textes dont le héros est «le peintre», les œuvres de Le Gac demandent à être déchiffrées comme la relation entre le réel et l'art.

Le **Légataire universel** ♦ Comédie en 5 actes et en vers, de Regnard* (1708). Vieillard obstiné et d'humeur fantasque, Géronte se refuse à léguer à son neveu Éraste la fortune qui serait utile au jeune homme pour son établissement avec Isabelle. Il entend en distraire une partie au bénéfice d'un autre neveu et d'une autre nièce. En se déguisant, Crispin, valet d'Éraste, réussit à se faire passer aux yeux de Géronte pour les rivaux de son maître et à lui en imposer l'idée la plus déplaisante. Alors que Géronte vient de tomber en syncope sans avoir rédigé son testament, Crispin, prenant son apparence, dicte aux notaires un faux testament favorable à Éraste. Mais Géronte revient à lui, et c'est un jeu pour Crispin de le persuader que sa léthargie, en altérant sa mémoire, peut seule expliquer des dispositions si surprenantes («C'est votre léthargie») ; Géronte finit par s'en convaincre.

**LEGAZPI (Miguel LÓPEZ DE)** → López de Legazpi (Miguel)

**LEGÉ** [44650] ◆ ÉTYM. anc. *de Legiaco*, du lat. *Laevius*, n. de pers., et suff. *-acum* ♦ Ch.-l. de cant. de la Loire-Atlantique, arr. de Nantes. 3 586 hab. (*Legéens*). ▮ **Histoire** Ce fut le quartier général de Charette pendant plusieurs mois de 1793.

**LÈGE-CAP FERRET** [33950] ◆ ÉTYM. du lat. *Laevius*, n. de pers., et *Cap*-Ferret* ♦ Comm. de la Gironde, arr. d'Arcachon. 6 307 hab. (*Légeois* ou *Ferret-Capiens*).

La **Légende des siècles** ♦ Recueil de poèmes de Victor Hugo*, paru en trois séries (1859 - 1877, refondues en 1883). Conçus comme de «petites épopées», ces poèmes narratifs peignent l'ascension de l'humanité, guidée par «le grand fil mystérieux du labyrinthe humain, le Progrès». Ainsi se trouve défini ce qui unit les nombreux et très divers tableaux composant *La Légende des siècles ;* aux pièces «D'Ève à Jésus», d'inspiration surtout biblique («Booz endormi»), succède l'évocation de l'Antiquité gréco-latine ; dans «Les Chevaliers errants», Hugo consacre de nombreux poèmes au Moyen Âge de l'islam et de l'Occident («Eviradnus» ; «L'Aigle du casque»), avant de donner une vision manichéenne de la Renaissance avec «La Rose de l'infante». «Le Satyre» exalte l'essor de l'esprit humain de même que, dans «Les Temps présents», le double poème mythique «Pleine Mer-Plein Ciel». La vision s'achève, «Hors des temps», avec «La Trompette du Jugement». Ces tableaux, où l'érudition historique est maniée avec une désinvolture volontaire mais où dominent les valeurs morales, le remords et le pardon («La Conscience»), sont donc de vastes symboles de l'«épanouissement du genre humain de siècle en siècle». Prodigieux d'invention verbale, ils manifestent surtout, par leurs images saisissantes et la présence continuelle du surnaturel, le génie épique de leur auteur.

La **Légende dorée** → **Jacques de Voragine**

**LEGENDRE (Adrien Marie)** ♦ Mathématicien français (Paris 1752 - *id.* 1833). Chargé par la Convention de travaux géodésiques, il approfondit l'étude de la trigonométrie ; il donna une méthode de calcul de l'aire d'un triangle sphérique et étudia les lignes géodésiques ; dans ses *Éléments de géométrie* (1794), d'un intérêt historique par son retour à l'antique, il démontra notamment l'incommensurabilité de $\pi$ (déjà connue), et celle de $\pi^2$ ; sa *Théorie des nombres* (1798), demeurée classique, contient de remarquables résultats dont la loi de réciprocité des résidus quadratiques ; en 1806, il exposa la méthode des moindres carrés (sans connaître les travaux de Gauss*). Dans son ouvrage le plus important, le *Traité des fonctions elliptiques et des intégrales eulériennes* (1825), il montra que les intégrales elliptiques peuvent toujours être réduites à trois formes et calcula des tables numériques étendues. → **Abel, Jacobi.** C'est dans le mémoire sur la *Figure des planètes* (1782) qu'il introduisit les polynômes qui portent son nom. [Acad. sc. 1783] ◆ ÉTYM. Ce nom de famille désigne celui qui a hérité de la maison de son beau-père.

**LEGENDRE (Louis)** ♦ Homme politique français (Versailles 1752 - Paris 1797). Boucher à Paris, acquis aux idées révolutionnaires, il participa à la prise de la Bastille (14 juil. 1789), puis aux journées révolutionnaires des 5 et 6 octobre 1789. Membre du Club des jacobins et de celui des cordeliers, il contribua à inspirer la pétition exigeant la déchéance du roi qui fut portée au Champ-de-Mars (17 juil. 1791), et, durant la journée du 20 juin* 1792, prit la tête (avec Santerre et Fournier) du mouvement révolutionnaire. Député de la Montagne à la Convention, il vota la mort du roi. Après avoir fait partie du Comité* de sûreté générale, il se sépara de Danton, puis s'opposa à Robespierre, et passa ouvertement à la réaction lors de la Convention thermidorienne, fermant lui-même le Club des jacobins et réprimant l'insurrection du 1er Prairial (20 mai 1795).

**LÉGER** (saint) ◆ ÉTYM. en lat. ***Leodegarius*** ; du germ. *Leodgari*, de *°leod-* (*°leud*) « peuple » et *-gari* « prêt [au combat] » ♦ (En Neustrie v. 616 - près de Sarcinium, auj. Saint-Léger, Pas-de-Calais v. 677). Abbé de Saint-Maixent (Poitou), puis évêque d'Autun (v. 663) à l'appel de la reine sainte Bathilde, il se heurta au maire du palais Ébroïn. Assiégé dans Autun, il se livra, fut torturé, déposé et finalement assassiné. Après la mort d'Ébroïn, il fut déclaré martyr et son culte se développa (à Autun, Brogne, Poitiers). ▪ Fête le 2 oct. ♦ ***La Vie de saint Léger*** Poème de 240 vers assonancés et groupés en sixains ; c'est l'un des premiers textes littéraires en langue romane. Elle semble avoir été écrite à Autun v. 950 - 1000.

**LÉGER (Fernand)** ♦ Peintre français (Argentan 1881 - Gif-sur-Yvette 1955). Dessinateur dans un bureau d'architecte à Caen à partir de 1897, il entra ensuite aux Arts décoratifs de Paris. Ses premiers tableaux procèdent de l'impressionnisme, puis dénotent l'emprise de Matisse et des Fauves. Il subit ensuite l'attraction de Cézanne et, installé à partir de 1908 à la Ruche, il fit la connaissance de Modigliani, Delaunay, Apollinaire, Max Jacob, Reverdy, et participa à partir de 1910 aux expositions des cubistes. Semblant avoir fait sienne la formule de Cézanne « traiter la nature par le cube, la sphère et le cylindre », il morcela géométriquement l'espace en insistant avec vigueur sur les volumes (*Nus dans la forêt*, 1910) et affirma l'originalité de sa vision avec *La Noce, Les Fumées dans les toits, Paris par la fenêtre*, puis dans *La Femme en bleu*, 1912, *L'Escalier*, 1914. Il accordait au dessin un rôle prépondérant et créait des effets rythmiques par articulation de plans aux couleurs plus vives. Il exposa à la Section d'or (1912) et vers 1913, aborda la non-figuration avec la série des *Contrastes de formes*, élaborées à partir de formes courbes et angulaires rapprochées, juxtaposées ou s'interpénétrant. Le choc provoqué par la Première Guerre mondiale modifia son inspiration ; il emprunta alors au monde de la mécanique et de la machine de nombreux motifs : rouages, hélices, moteurs, bielles, tubulures, donnant aux formes un aspect métallique et à la figure humaine l'apparence d'un robot (*Les Fumeurs ; La Partie de cartes*, 1918). Il traita les figures d'une façon impersonnelle, les stylisant d'une façon qui rappelle le Douanier Rousseau et utilisant des détails anecdotiques (*Le Mécanicien*, 1920). Il donnait alors aux volumes un aspect lisse, utilisant des aplats de couleurs primaires, brillantes et cernant les formes d'un trait noir et épais. Ses compositions fortement architecturées devinrent plus statiques (*Le Grand Déjeuner ; La Lecture*, 1921), l'objet et la forme humaine acquérant ainsi une valeur allégorique et un caractère monumental. Vers 1924, soucieux d'intégrer la peinture à l'architecture, il créa des décorations murales strictement abstraites. Puis, avec la série des *Objets dans l'espace*, ses formes, toujours massives, devinrent plus souples ; il agença des objets et motifs disparates, selon un esprit qui dénote l'influence indirecte du surréalisme (*La Joconde aux clés*). À Marseille en 1940, puis aux États-Unis, il réalisa des suites de tableaux sur un même thème : *Les Plongeurs* (1940 - 1946), *Adieu New York, Les Cyclistes*, puis, à son retour en France, la série des *Constructeurs* (1950), *Parties de campagne, La Grande Parade*, 1954, *L'Hymne à la joie* : robustes allégories du travail et de la vie populaire où le dessin prédomine et ne coïncide plus avec les plans de couleurs. Outre le film *Ballet mécanique* (1924), des décors de théâtre, il conçut aussi des vitraux (église d'Audincourt), des mosaïques (église d'Assy), des panneaux de céramique, des cartons de tapisserie ainsi que des lithographies (*Le Cirque*). Créateur d'une ima-

Fernand **Léger.** *Le Mécanicien* (116 x 88,8 cm ), 1920. National Gallery of Canada, Ottawa. *BIS/Phot. © Archives Nathan © ADAGP, Paris 2008*

gerie vigoureuse qui privilégie le fait humain et social, il imposa une vision personnelle et optimiste, excluant volontairement les subtilités, les effets raffinés au profit d'une expression d'apparence directe, voire brutale, qui se fonde en fait sur une maîtrise graphique et une capacité d'invention plastique puissantes. ▪ Le musée Fernand-Léger a été ouvert à Biot en 1960. ◆ ÉTYM. Ce nom de famille vient du nom de saint *Léger**.

**LEGGETT (Anthony J.)** ♦ Physicien américano-britannique (Londres 1938). Il formula la théorie expliquant la superfluidité de l'hélium 3 découverte en 1972 (→ **Lee [D. M.]**). Fondée sur la formation de paires d'atomes analogues aux paires d'électrons de la théorie BCS (→ **Bardeen**), cette théorie, qui montre l'existence de trois phases de l'hélium superfluide, trouve des applications dans d'autres domaines de la physique, notamment l'étude du chaos. [Prix Nobel de phys. 2003 avec. A. Abrikosov* et V. Ginzburg*]

**Légion arabe** ♦ Organisation militaire créée en 1921 à l'instigation de la Grande-Bretagne pour assurer la défense de l'émirat de Transjordanie. Commandée à partir de 1939 par J. B. Glubb* (Glubb Pacha), elle intervint en Irak contre Rachid Ali al-Gailani (1941), puis prit part à la première guerre israélo-arabe (1948 - 1949). Après le renvoi de Glubb Pacha par le roi Hussein, la Légion arabe continua de constituer la base de l'armée royale jordanienne.

**Légion d'honneur** ♦ Ordre institué le 19 mai 1802 par Bonaparte, dans le dessein de récompenser les services militaires et civils. Le Premier consul était à la tête de l'ordre. Un décret du 11 juillet 1804 institua une décoration nationale de la Légion d'honneur. Celle-ci comporte actuellement cinq classes : chevalier, officier, commandeur (grades), grand officier, grand-croix (dignités). Le président de la République française en est le grand maître.

**Légion étrangère** ♦ Formation militaire française dont les membres sont en grande partie recrutés parmi les étrangers. C'est en mars 1831 que Louis-Philippe créa officiellement par un décret la Légion étrangère. Celle-ci, réformée en 1839, a pris part aux principales opérations d'outre-mer (Mexique, Levant, Indochine, Afrique du Nord), en particulier en Algérie, ses services communs étant stationnés à Sidi Bel-Abbès jusqu'en 1962. Depuis cette date, ils sont installés à Aubagne.

**LEGNANO** ♦ V. d'Italie, en Lombardie (prov. de Milan) sur l'Olona. 53 797 hab. Satellite industriel de Milan : indus. textile (coton), métall. ▮ **Histoire** En 1176, Frédéric Barberousse y fut vaincu par les Milanais.

**LEGNICA** ♦ V. de Pologne, voïvodie de Basse-Silésie. 105 186 hab. Indus. textile et métallurgique. ▮ **Histoire** Rendue célèbre par la bataille de Wahlstatt, livrée dans les environs par Henri le Pieux, duc de Silésie, contre les Mongols (1241), la ville devint la capitale d'un duché indépendant de 1248 à 1675. Rattachée à la Prusse en 1742, elle fut le théâtre de la victoire de Frédéric II le Grand sur les Autrichiens.

**légitimistes**

n. m. pl. ♦ Nom donné après la révolution de 1830 aux partisans de la branche aînée des Bourbons et de son dernier descendant, le comte de Chambord. Ils prirent position contre la monarchie de Juillet (tentatives d'insurrection de la duchesse de Berry* en 1832), puis contre le Second Empire. Représentés à l'Assemblée nationale (1871), ils s'entendirent avec les orléanistes pour rétablir sur le trône Henri de Chambord*, mais l'intransigeance de ce dernier fit échouer le projet (1873).

**LE GOFF (Jacques)** ♦ Historien français (Toulon 1924). Président de l'École des hautes études en sciences sociales (1972 - 1977), il est l'auteur de nombreux ouvrages sur le Moyen Âge, mêlant méthode quantitative, anthropologie historique et histoire des mentalités. L'un des chefs de file de la nouvelle histoire, il défend l'idée d'une histoire totale «où la civilisation matérielle et la culture s'interpénètrent au sein de l'analyse socioéconomique des sociétés». Il a publié *La Civilisation de l'Occident médiéval* (1964), *Pour un autre Moyen Âge, Temps, travail et culture en Occident* (1978), *La Naissance du purgatoire* (1981), *L'Imaginaire médiéval* (1985), *Saint-Louis* (1996). ➝ ÉTYM. Le nom breton *Le Goff* signifie «forgeron» (➝ aussi Fabre).

**LEGOUVÉ (Ernest)** ♦ Écrivain français (Paris 1807 - *id.* 1903). Poète et romancier, il connut le succès au théâtre avec *Adrienne Lecouvreur* (en collaboration avec Scribe, 1849, mis en musique par Francesco Cilea, 1902) et *Bataille de dames* (1851). [Acad. fr. 1855]

**LEGRAND (Michel)** ♦ Compositeur, pianiste, chef d'orchestre et arrangeur de jazz français (Paris 1932). Ayant reçu une formation classique, il commença en 1952 en écrivant des arrangements pour l'orchestre à cordes accompagnant Dizzy Gillespie*, puis, en 1958, pour une séance d'enregistrement avec Miles Davis*, John Coltrane*, Bill Evans*. Il travailla également dans la chanson, comme chanteur et comme compositeur, et écrivit les partitions des films musicaux de J. Demy* (*Les Parapluies de Cherbourg, Les Demoiselles de Rochefort, Peau-d'Âne*). Exerçant en France et aux États-Unis, il a obtenu en 1968 un oscar à Hollywood pour sa musique du film *L'Affaire Thomas Crown*. ➝ ÉTYM. *Legrand* est le surnom d'un homme grand (➝ aussi De Hooch, Grandier, Le Bras, Nagy).

**LE GRAY (Gustave)** ♦ Photographe français (Villiers-le-Bel 1820 - Le Caire 1884). Il fut l'un des fondateurs de la Société héliographique (1851) encourageant les perfectionnements techniques de la photographie et inventa lui-même plusieurs procédés dont le négatif papier ciré sec qu'il utilisa en 1851 alors qu'il travaillait pour la Commission des monuments historiques. Il est resté célèbre pour ses vues de la forêt de Fontainebleau (vers 1855) et ses marines (Normandie, Méditerranée, Bretagne, 1856 - 1858) pour lesquelles il utilisa le négatif sur verre au collodion. Grâce à la réduction du temps de pose, il put saisir les ciels changeants et transparents et le mouvement compact de la mer. Il combina également deux négatifs, l'un pour les nuages, l'autre pour l'eau, ces deux éléments requérant un temps de pose différent. Après la faillite de son studio parisien un temps très fréquenté (Victor Cousin, Alexandre Dumas, Napoléon Bonaparte), Le Gray s'installa en Égypte (1860).

**LEGRENZI (Giovanni)** ♦ Compositeur italien (Clusone, Bergame 1626 - Venise 1690). Maître de chapelle à la cour de Ferrare puis à Venise, il a composé de la musique religieuse (messes, motets, psaumes, litanies et sonates qui conjuguent pour la première fois les deux genres : sonate d'église et sonate de chambre). De son œuvre de musique profane, il convient de retenir une vingtaine d'opéras héroïco-comiques, d'une grande richesse d'orchestration. Il compta Lotti et Pollarolo parmi ses élèves.

**LEGROS (Pierre)** ♦ Sculpteur français (Chartres 1629 - Paris 1714). Élève de Sarazin*, il participa à la décoration sculptée des jardins de Versailles, exécutant notamment *L'Eau* à la fontaine du Point-du-Jour et la *Vénus de Richelieu*, au Tapis-Vert, aux formes amples et calmes, ainsi qu'un *Ésope* à l'expression pleine de vivacité. Il fut l'un des représentants du style classique qui s'élabora à Versailles et travailla aussi aux reliefs de la porte Saint-Martin. ♦ **Pierre II Legros** (Paris 1666 - Rome 1719). Fils du précédent, il se fixa à Rome où il exécuta de nombreuses œuvres pour les jésuites (*Stanislas Kustka, Saint François-Xavier, La Religion triomphant de l'hérésie*) dans un style baroque directement issu de la tradition berninesque. ➝ ÉTYM. Ce nom de famille est le surnom d'un homme gros.

**LÉGUEVIN** [31490] ➝ ÉTYM. p.-ê. du germ. *Leobinus*, n. de pers. ♦ Ch.-l. de cant. de la Haute-Garonne, arr. de Toulouse. 6 172 hab.

**LEHÁR (Franz)** ♦ Compositeur autrichien d'origine hongroise (Komárom 1870 - Bad Ischl 1948). Il fut d'abord chef d'orchestre militaire à Trieste, Budapest et Vienne avant de se consacrer à l'opérette. Outre *La Veuve* joyeuse* (1905), qui obtint un prodigieux succès, il est l'auteur d'une trentaine d'opérettes dont *Le Comte de Luxembourg* (1908), *Frasquita* (1922), *Paganini* (1925), *Le Tsarévitch* (1926), *Le Pays du sourire* (1929).

**LEHMANN (Lotte)** ♦ Soprano américaine d'origine allemande (Perleberg 1885 - Santa Barbara, Californie 1976). Attachée durant de longues années à l'Opéra de Vienne, puis au Metropolitan Opera de New York, elle excella dans les grands rôles du répertoire lyrique. ➝ ÉTYM. *Lehmann* vient du moyen haut allemand *lêhenman* «vassal (ou bailleur d'un terrain)».

**LEHMANN (Rosamond Nina)** ♦ Romancière britannique (Bourne End, Buckinghamshire 1901 - Londres 1990). Elle s'inspira de la vie des jeunes étudiantes anglaises pour peindre l'éveil d'une personnalité dans *Poussière* (1927). Mystère, rêve et sentiment de la nature sont les caractères dominants de l'*Invitation à la valse* (1932) et d'*Une note de musique* (1934). *Intempéries* (1936) met en scène un type de femme résignée. *La Ballade et la Source* (1944), histoire tragique de trois générations, est contée par une fillette, procédé qui permet, malgré la noirceur des thèmes, de sauver la poésie et la magie de l'enfance.

**LEHN (Jean-Marie)** ♦ Chimiste français (Rosheim, Bas-Rhin 1939), professeur au Collège de France depuis 1979. Il fut conduit, en étudiant les mécanismes de la reconnaissance moléculaire, à fabriquer des molécules creuses, inexistantes dans la nature, dont la forme est adaptée à des substrats spécifiques. Ces recherches l'amenèrent progressivement à définir un domaine nouveau : la chimie supramoléculaire, c'est-à-dire la chimie des liaisons entre les édifices moléculaires entiers ou entre ions et molécules. [Acad. sc. 1985 ; prix Nobel de chim. 1987, avec D. Cram* et C. Pedersen*]

**LÉHON** [22100] ➝ ÉTYM. probablt de *Léon*, n. de pers. ♦ Comm. des Côtes-d'Armor, arr. de Dinan, sur la Rance. 3 103 hab. Prieuré de Saint-Magloire des XIIe - XIIIe s., restauré au XIXe s.

**LE HOUX (Jean)** ♦ Avocat et poète français (Vire v. 1551 - *id.* v. 1616). Il remania les *Vaux de Vire*, composés par son compatriote O. Basselin*, et les publia dans un recueil de ses propres chansons, le *Livre des chants nouveaux du Vau de Vire* (v. 1576).

**LEHTONEN (Joel)** ♦ Romancier, nouvelliste et poète finlandais d'expression finnoise (Sääminki 1881 - Helsinki 1934). Romantique à ses débuts, dans le roman *Mataleena* (1905), il admira Kilpi* et Gorki*, critiqua ensuite cette attitude et décrivit avec humour et compassion, dans un style naturaliste, les habitants de sa région natale dans le roman *Une fois en été* (1917). Le roman *La Combe aux mauvaises herbes* (1920 ; trad. fr. 1961) décrit, en plus de cinq cents pages, les événements d'une journée d'été. Lehtonen introduit souvent les questions politiques et sociales dans ses ouvrages, critique violemment la corruption morale et les tendances antidémocratiques du temps dans *Les Opprimés* (1923), *L'Homme rouge* (1925) et *La Lutte des puissances spirituelles* (1933).

**LEIBER (Fritz)** ♦ Romancier américain (Chicago 1910 - 1992). Converti à l'épiscopalisme, il devint pasteur mais se détourna rapidement du culte pour reprendre ses études et se consacrer à l'écriture. Sa passion des échecs lui suggéra plusieurs nouvelles dont la première, *Le Jeu de l'initié* (1934), lui valut l'estime de Lovecraft*. Les nouvelles du *Cycle des épées* et des romans comme *À l'aube des ténèbres* (1943) prennent position en faveur de la magie contre l'exactitude illusoire de la pensée scientifique. Son *Cycle de la guerre modificatrice*, inauguré en 1958, est plus conforme aux lois de la science-fiction traditionnelle. F. Leiber s'est aussi servi de son art pour prendre position contre le conservatisme américain (*Un spectre hante le Texas*, 1968). Il résuma son itinéraire spirituel dans une autobiographie, *Notre-Dame de Ténèbres* (1977).

**LEIBL (Wilhelm)** ♦ Peintre allemand (Cologne 1844 - Würzburg 1900). S'opposant vigoureusement à l'idéalisme de ses maîtres, il se voulut réaliste, à l'exemple de Courbet* dont il fit la connaissance au cours d'un séjour à Paris en 1869. Il trouva aussi une source d'inspiration dans la peinture de genre hollandaise du XVIIe s. et affirma sa maîtrise avec une œuvre comme *La Cocotte* (1869). Séjournant à Munich de 1870 à 1873, puis à la campagne, il aborda des sujets naturalistes, particulièrement des figures et des scènes paysannes. Il tomba souvent dans l'illustration anecdotique.

**LEIBNIZ (Gottfried Wilhelm)** ♦ Philosophe et savant allemand (Leipzig 1646 - Hanovre 1716). ▮ **Les études** Très jeune, il apprit le grec, le latin, lut les auteurs anciens, s'initia à la théologie, à la logique et à la philosophie scolastiques, avant de découvrir vers l'âge de quinze ans les œuvres de Bacon, Galilée, Descartes. À Leipzig, il soutint une thèse philosophique sur le principe d'individuation (1663) ; à Iéna, il étudia les mathématiques et écrivit son *De arte combinatoria* (1666 ; première formulation de sa logique) ; enfin, il obtint le grade de docteur en droit à Altdorf (1666). À Nuremberg, où il s'était affilié à la confrérie des Rose-Croix, il rencontra le baron de Boyneburg (conseiller de l'électeur de Mayence) qui l'introduisit dans la vie publique et les affaires politiques. ▮ **Paris** En 1672, il se rendit à Paris pour une mission diplomatique (décider Louis XIV à faire la conquête de l'Égypte). Il y séjourna jusqu'en 1676 (à part un voyage à Londres en 1673), rencontra plusieurs savants (Huygens, Boyle) ; lut les travaux mathématiques de Pascal* ; inventa lui-même une machine à calculer et fit surtout, en même temps que

Newton*, la découverte du calcul différentiel et intégral : en ayant dégagé les principes, il créa une notation excellente, exposa l'algorithme correspondant, identifia le problème inverse des tangentes au problème de l'intégration et donna une interprétation géométrique de la dérivée d'une fonction ; avec Jean Bernoulli*, il dégagea la notion abstraite de fonction. ▮ **Hanovre** Il accepta le poste de bibliothécaire à Hanovre et s'y rendit en passant par la Hollande où il rencontra Spinoza (1676). À part quelques voyages, et tout en suivant la vie politique du Hanovre et de l'Europe, il consacra le reste de sa vie à la rédaction de ses œuvres principales : mathématiques (*Nova methodus pro maximis et minimis*, 1684) ; théologiques (*Systema theologicum*, v. 1686, où, luthérien, il proposa une solution au problème de la réunification des Églises qu'il avait abordé avec Pellisson et Bossuet) ; historiques et juridiques (*De notionibus juris et justitiae*, 1693) ; logiques et philosophiques (notamment *Discours de métaphysique*, v. 1685 ; *Vom Nutzen der Vernunftkunst oder Logik*, 1696 ; *Nouveaux Essais sur l'entendement humain*, contre Locke*, 1704 ; *Essais de théodicée*, 1710 ; *La Monadologie*, 1714 ; *Correspondance avec Clarke*, 1715 - 1716). ▮ **Le philosophe** Le caractère encyclopédique de la culture de Leibniz («Je ne méprise presque rien») et son éclectisme n'empêchent pas l'unité de sa philosophie, «expression la plus complète et la plus systématique du rationalisme intellectualiste» (Couturat). Sa connaissance de la logique d'Aristote, ses études sur les langues et sa formation de mathématicien permettent de comprendre le projet de la «caractéristique universelle», dont le but était de représenter les idées simples et leurs relations (ou combinaisons) par un système de notations et de règles qui devait réduire les opérations logiques à une sorte de calcul. Sa caractéristique, à la fois langue philosophique universelle et logique algorithmique, fait de lui un précurseur de la logique symbolique. Sa conception de la substance s'est modifiée progressivement, du mécanisme géométrique de Descartes* au dynamisme, puis au monadisme. Selon *La Monadologie**, l'univers est formé d'une hiérarchie de «monades», créations ou émanations de Dieu (Monade des monades), entre lesquelles n'existe aucune influence réelle, mais une «harmonie préétablie» (chaque monade est le miroir de l'univers entier, et tous les points de vue s'entre-expriment). ▮ **L'«innéisme virtuel»** Sur la question de l'origine de nos connaissances, Leibniz tenta de dépasser la théorie des idées innées (innéisme) de Descartes et l'empirisme de Locke avec sa théorie de l'«innéisme virtuel» («Rien n'est dans l'entendement qui ne fut d'abord dans les sens, si ce n'est l'entendement lui-même»). Il réduisit les principes de nos raisonnements à ceux de contradiction (possibilité logique) et de raison suffisante (possibilité d'existence). Leibniz témoigne d'un rationalisme spiritualiste et optimiste : la vertu est pour lui la tendance naturelle de notre être vers le bien (ou la perfection) éclairée par la Raison. → **Wolff (Christian).**

**LEIBOWITZ (René)** ♦ Compositeur français d'origine polonaise (Varsovie 1913 - Paris 1972). Il reçut en Autriche l'enseignement de Webern*. Musicologue et chef d'orchestre, il fut le théoricien le plus intransigeant du dodécaphonisme schoenbergien, marquant de son influence P. Boulez, S. Nigg, H. W. Henze. Son œuvre comprend de la musique de chambre, symphonique, vocale, ainsi que deux opéras. Il a publié *A. Schoenberg et son école* (1946), *Introduction à la musique de douze tons* (1949), *L'Évolution de la musique de Bach à Schoenberg* (1952), *Histoire de l'opéra* (1957), *Schoenberg* (1969), *Le Compositeur et son double* (1971), *Les Fantômes de l'Opéra* (posth., 1973). ◆ ÉTYM. Ce nom de famille vient de l'hébreu *leyb* «lion».

**LEICESTER** → **Dudley**

**LEICESTER** ◆ ÉTYM. anc. en vieil angl. *Ligera ceaster* «ville fortifiée *(ceaster)* sur la Ligera [anc. n. de la Soar]» ou «ville fortifiée des Ligore (n. de peuple)» ♦ V. d'Angleterre, ch.-l. du Leicestershire, sur la Soar, affl. de la Trent, dans les Midlands, à l'E. de Birmingham. 279 923 hab. Ancienne ville romaine, puis danoise, Leicester a conservé de l'époque romaine les vestiges d'un mur (Jewry Wall), et possède plusieurs églises médiévales : Saint Nicholas (VII^e s., chœur du XIII^e s.), Saint Mary de Castro (XII^e s.), cathédrale gothique. Ruines d'un château et d'une abbaye du XII^e s. où mourut le cardinal Wolsey*. Univ. Centre industriel (matériel ferroviaire, bonneterie, électromécanique). Son rôle régional est freiné par Birmingham et Nottingham.

**LEICESTERSHIRE** ◆ ÉTYM. de *Leicester** et angl. *shire* «comté» ♦ Comté d'Angleterre dans la plaine des Midlands. 2 553 km². 609 579 hab. CH.-L. : Leicester.

**LEIF** ou **LEIV ERIKSSON** dit **l'Heureux** ♦ Explorateur norvégien (en Islande v. 970 - au Groenland v. 1021). Fils d'Erik* le Rouge, il se rendit au Groenland et en Norvège. Il aurait découvert l'Amérique en l'an 1000.

**LEINE** n. f. ♦ Riv. d'Allemagne, affl. rive g. de l'Aller* (281 km). Sa vallée constitue une importante région industrielle (elle traverse le principal gisement de potasse d'Allemagne) entre Göttingen* et Hanovre*.

**LEINO (Armas Eino Leopold LÖNNBOHM, dit Eino)** ♦ Poète, romancier, dramaturge et essayiste finlandais d'expression finnoise (Paltamo 1878 - Tuusula 1926). Il est l'auteur de nombreux recueils de poèmes lyriques et épiques de forme moderne ou empruntée à l'ancienne poésie finnoise, dont *Mirages* (1902), *Chants sacrés* (I, 1903 ; II, 1916), *La Nuit d'hiver* (1905), *Le Gel* (1908), *Bellérophon* (1919), exprimant des mythes universels ou des problèmes humains à travers des personnages mythiques ou légendaires.

**LEINSTER** n. m. ◆ ÉTYM. en gaél. ***An Laighean,*** de *laighe* «lance» et suff. d'orig. norm. *-ster* (à rapprocher du fr. *terre*) ♦ Prov. orientale de la rép. d'Irlande comprenant douze comtés (Carlow, Dublin, Kildare, Kilkenny, Laois [Laoighis], Longford, Louth, Meath, Offaly, Westmeath, Wexford et Wicklow). 19 633 km². 2 295 123 hab. CH.-L. : Dublin. Région agricole située dans la zone d'influence directe de Dublin. Le réseau urbain, disposé en auréole selon les principaux axes qui convergent vers la capitale, bénéficie des retombées économiques de la croissance dublinoise. Nombreuses indus. agroalimentaires. ▮ **Histoire** Le Leinster fut jusqu'en 1171 un royaume, avant d'être conquis par les Anglo-Normands qui s'installèrent dans le *Pale*, autour de Dublin, et dans la région de Kilkenny*.

**LEIPZIG** ◆ ÉTYM. «village des tilleuls», corruption all. du n. slavon *Lipsk* (ou *Lipzk*), de *lipa* «tilleul» ♦ V. d'Allemagne (Saxe), dans une plaine située au confl. de l'Elster* Blanche, de la Pleisse et de la Parthe. 497 531 hab. Importante université. Églises gothiques Saint-Thomas (où J.-S. Bach fut *cantor* de 1723 à 1750) et Saint-Nicolas (XVI^e s.). Hôtel de ville (1558). ▪ Sa situation exceptionnelle au contact de la grande plaine du N. et de l'Allemagne moyenne a été à l'origine de sa vocation commerciale. Ses foires, célèbres depuis le Moyen Âge, ont conservé leur prestige et comptent parmi les grandes manifestations commerciales d'Europe. Cela en a fait un carrefour ferroviaire majeur, auquel s'est ajoutée l'autoroute Munich-Berlin. Centre industriel actif (meubles ; pianos ; constr. mécan., automobile, optique, édition et arts graphiques), mais la ville souffre de la confrontation avec l'O. de l'Allemagne. Elle a perdu son rôle de ch.-l. d'un district de RDA et dépend administrativement de Dresde. Mais son université et divers centres de recherches préparent l'avenir. Leipzig possède un opéra, un conservatoire de musique et de remarquables orchestres. ▮ **Histoire** *Lipzk*, anc. village de pêcheurs slave, fut fondé au XI^e s., obtint une charte et échut au XII^e s. aux margraves de Meissen. La ville acquit rapidement une grande importance commerciale grâce à ses célèbres foires où s'échangeaient fourrures et livres, et fut dotée par l'empereur Maximilien de privilèges économiques importants. L'université, fondée en 1409 par des étudiants de Prague, fut un haut lieu de la Réforme en Allemagne. Luther, Leibnitz, Fichte, Goethe, Klopstock, Richter et Schelling y enseignèrent. Leipzig passa en 1485 à la ligne Albertine de la maison de Saxe, puis adopta la Réforme en 1539. Elle fut plusieurs fois assiégée au cours de la guerre de Trente Ans. D'importantes batailles (Breitenfeld, Lützen*) se livrèrent aux environs. La bataille des Nations (Völkerslacht), qui se déroula du 16 au 19 octobre 1813 autour de Leipzig entre Napoléon et les Alliés (Autrichiens, Prussiens, Russes et Suédois), se solda par la défaite des troupes françaises qui durent reculer en deçà du Rhin. Particulièrement meurtrière, elle fut marquée par la perte de plus de 100 000 hommes (60 000 du côté français et 55 000 du côté des Alliés). Monument commémoratif. ▪ La ferveur protestante de Leipzig a su par le *sermon* et la *procession du lundi* ébranler le régime de la RDA en 1988 - 1989 et préparer ainsi la chute du mur de Berlin.

**LEIPZIG (le cantor de)** → **Bach (Jean-Sébastien)**

**LEIRIS (Michel)** ♦ Ethnologue et écrivain français (Paris 1901 - Saint-Hilaire, Essonne 1990). Après avoir participé au mouvement surréaliste (faisant des poèmes de *Simulacre*, 1925, et *Le Point cardinal*, 1927, des instruments de recherche onirique), Michel Leiris a mené de front, à partir de 1930, une œuvre littéraire de caractère autobiographique et une œuvre d'ethnologue (*L'Afrique fantôme*, 1934), activités fondues en «une unique recherche d'ordre humaniste». Dans l'essai *De la littérature considérée comme une tauroma-*

Michel **Leiris** devant son portrait peint par Francis Bacon.
*BIS/Phot. Patrice Pascal © Archives Larbor*

*chie* (1935), l'écriture est assimilée à une cérémonie, «recherche pratique» d'une vérité intérieure, qui a ses règles et connaît des risques (l'aveu compromet l'écrivain, et l'exploration inquisitrice est menée jusqu'à la mort morale). *L'Âge d'homme* (1939) et les poèmes de *Haut-Mal* (1943) sont des confessions psychanalytiques, les «procès-verbaux, dit l'auteur, d'observations ou d'expériences que je confronte ici pour en tirer les lois d'où se dégagera finalement [...] la règle d'or que je devrais (ou aurais dû) choisir pour présider à mon jeu». Ainsi les quatre volumes de *La Règle* du jeu* sont-ils sa tentative pour prendre conscience de la «goutte de vérité». Avec la même rigueur expérimentale et la même volonté de plier la narration à l'essentiel, l'écrivain entreprend de «traiter pratiquement le langage comme s'il était un moyen de révélation» (*Biffures*, 1948), analyse sa mythologie personnelle et l'interprète au sein des mythes collectifs (*Fourbis*, 1955) avant d'affirmer, malgré une défaite partielle, sa foi en la vertu libératrice de la prise de conscience (*Fibrilles*, 1966). *Frêle Bruit* (1976) a souligné la vanité de l'entreprise : «une règle d'or qui serait en même temps art poétique et savoir-vivre» est impossible à trouver ; reste ce «frêle bruit», victoire sur le vide, le silence. Le *Journal* (posth. 1992) est un complément indispensable pour comprendre l'élaboration de *La Règle du jeu*.

**LEITH** ♦ Faub. d'Édimbourg, sur la rive S. du Firth of Forth, rattaché depuis 1920 à la capitale écossaise. 90 000 hab. env. Installations portuaires, construc. navales ; indus. nouvelles (→ **Édimbourg**).

**LEITHA** n. f. – en hongr. ***Lajta*** ♦ Riv. d'Europe centrale (180 km). Née en Autriche, près du col du Semmering*, elle coule ensuite en Hongrie et se jette dans un bras du Danube (rive d.). Elle séparait autrefois l'empire d'Autriche-Hongrie en *Cisleithanie* (Autriche) et *Transleithanie* (Hongrie).

**LEITRIM** – en gaél. ***Liathdroma*** ♦ Comté de la rép. d'Irlande. 1 525 km². 28 950 hab. C'est le comté le moins peuplé du pays. Élevage pauvre sur sols médiocres. Paysages de tourbières et de *drumlins* dus à une désorganisation glaciaire du réseau hydrographique.

**LEIX** → Laois

**LEJAY (Pierre)** ♦ Physicien français (La Seyne 1898 - en mer 1958). Jésuite, auteur de travaux sur la physique de l'ionosphère et sur le champ de pesanteur, il mit au point avec Holweck* un pendule oscillant dans le vide pour la détermination de la forme de la Terre par la mesure de la pesanteur. [Acad. sc. 1946]

**LE JEUNE (Claude)** ♦ Compositeur français (Valenciennes v. 1530 - Paris 1600). Il fit partie de l'Académie de poésie et de musique fondée en 1570 par J. A. de Baïf* et vouée à l'expérience de la musique mesurée «à l'antique», fut maître de musique du duc d'Anjou, frère d'Henri III (1582), puis entra sans doute au service du duc de Bouillon. Sa «profession de foy» hostile à la Ligue l'obligea à quitter Paris et à se réfugier à La Rochelle. En 1595, il devint compositeur ordinaire de la chambre d'Henri IV. Il a écrit des psaumes, deux livres de mélanges, des airs, de nombreuses chansons et des motets. Son œuvre, d'un langage harmonique original, est surtout remarquable par sa rythmique. Il a su tirer le meilleur parti de la musique mesurée. En faisant éclater le cadre de la chanson profane traditionnelle, il a profondément marqué les débuts de l'air de cour et, de la sorte, préparé la naissance de l'opéra.

**LEJEUNE (Jérôme)** ♦ Médecin et généticien français (Montrouge 1926 - Paris 1994). Auteur de travaux sur l'action des rayonnements ionisants sur les aberrations chromosomiques chez l'homme, il découvrit, en collaboration avec R. Turpin*, la trisomie 21, responsable du mongolisme. [Acad. des sc. morales et polit. 1982]
→ ÉTYM. *Lejeune* est le surnom d'un homme jeune (→ aussi Jung, Young).

**LEK** n. m. ♦ Branche N. du Rhin inférieur, aux Pays-Bas, entre Wijk-bij-Duurstede et Krimpen (en amont de Rotterdam).

**LEKAIN (Henri Louis CAIN, dit)** ♦ Comédien français, sociétaire de la Comédie-Française (Paris 1729 - *id.* 1778). Soucieux de naturel dans la déclamation et de vérité dans la mise en scène, il obtint en 1759 la suppression des banquettes qui, depuis le XVIIe s., encombraient la scène.

**LEKEU (Guillaume)** ♦ Compositeur belge (Heusy, près de Verviers 1870 - Angers 1894). Élève de C. Frank et de V. d'Indy, il fréquenta très jeune le cénacle de Mallarmé. Interrompue par une mort prématurée, son œuvre comprend des pages d'une grande richesse mélodique, où s'exprime une sensibilité fougueuse et passionnée. On en retiendra la *Sonate* pour violon et piano (1892), un *Adagio* pour orchestre à cordes, des études symphoniques pour orchestre, de la musique de chambre et des mélodies.

**LÊ Lợi** ♦ Souverain vietnamien, fondateur de la dynastie des Lê postérieurs (Lam Sơn 1385 - Đông Kinh, auj. Hanoi 1433). Il combattit les Chinois de 1418 à 1428 ; vainqueur, il devint empereur sous le nom de Lê Thái Tổ (1428 - 1433), et redonna à son pays celui de Đại Việt, utilisé sous les Lý. Il réorganisa l'administration, tout en prônant une application plus stricte des valeurs confucéennes.

**LELOIR (Luis Federico)** ♦ Biochimiste argentin d'origine française (Paris 1906 - 1987). Il élucida le mécanisme de la biosynthèse des hydrates de carbone en supposant l'existence d'une nouvelle substance qu'il isola, décrivit et appela nucléotide-ose. Il découvrit ensuite ses autres fonctions, ainsi que celles de substances analogues appelées donneurs, nécessaires à l'interconversion des oses (monosaccharides) ; il étudia et synthétisa le glycogène. [Prix Nobel de chimie 1970]

**LE LORRAIN** ou **LELORRAIN (Robert)** ♦ Sculpteur français (Paris 1668 - *id.* 1743). Élève de Girardon*, il travailla à Versailles, à Marly et à Paris où il décora la façade de l'hôtel Rohan-Soubise (*Les Chevaux du Soleil à l'abreuvoir*, vers 1740). Dans cette œuvre, comme dans ses statues mythologiques, l'influence baroque est tempérée par un sens personnel de l'élégance des formes et de la délicatesse du modelé.

**LELOUCH (Claude)** ♦ Cinéaste français (Paris 1937). Il écrit, réalise, monte et produit lui-même ses films, ce qui lui vaut un statut d'auteur complet, à la manière de la nouvelle vague. En même temps, il cherche à toucher le grand public par des histoires souvent manichéistes : *Un homme et une femme* (1966), *Vivre pour vivre* (1967), *Le Bon et les Méchants* (1976), *Les Uns et les Autres* (1981), *Itinéraire d'un enfant gâté* (1988), *Tout ça... pour ça !* (1993).
→ ÉTYM. Ce nom vient de l'arabe *el alouch* «agneau», sobriquet.

**LELY (Pieter VAN DER FAES, devenu sir Peter)** ♦ Peintre anglais d'origine néerlandaise (Soest, en Westphalie 1618 - Londres 1680). Formé à Haarlem et reçu maître de la guilde en 1637, il se fixa en Angleterre vers 1642, se consacra surtout au portrait et obtint rapidement la faveur de la cour (*Charles Ier avec le duc d'York*, 1647). Il imita le style de Van* Dyck et subit aussi l'influence de Rubens (mise en scène quelque peu déclamatoire, goût du mouvement). Sous Cromwell, il évolua vers une plus grande sobriété (*Portrait de Cromwell*), puis devint en 1661 le peintre de Charles II. L'ampleur de sa facture et sa virtuosité technique s'affirment dans la série de portraits des amiraux anglais, dite *Greenwich Flagmen*, tandis que la suite des *Windsor Beauties*, tout en exprimant une grâce sensuelle assez personnelle, n'évite ni la répétition ni la flatterie, mais atteste une facture souple, rapide et un chromatisme brillant dont les portraitistes anglais des XVIIIe et XIXe s. allaient tirer la leçon.

**LELYSTAD** ♦ V. nouvelle des Pays-Bas, ch.-l. du Flevoland*. 72 252 hab.

**LEM (Stanisław)** ♦ Écrivain polonais (Lvov 1921 - Cracovie 2006), auteur d'une œuvre de science-fiction importante (des romans : *Retour des étoiles*, 1961 ; *Solaris*, 1961, porté à l'écran par A. Tarkowski* ; *Fiasco*, 1986 ; des nouvelles : *Le Bréviaire des robots*, 1961 ; *La Cybériade*, 1965) ; les thèmes du progrès y font l'objet d'une réflexion philosophique que l'on retrouve dans ses ouvrages critiques (*Théorie du cas*, 1968 ; *Fantastique et Futurologie*, 1970).

**LE MAIRE (Jakob)** ♦ Navigateur hollandais (Anvers 1585 - en mer 1616). Après avoir franchi le détroit de Magellan, il découvrit celui qui devait porter son nom, entre la Terre de Feu et les îles de Los Estados (1615 - 1616).

**LEMAIRE DE BELGES (Jean)** ♦ Poète et chroniqueur français (Bavay, Hainaut 1473 - v. 1525), historiographe d'Anne de Bretagne. Son œuvre capitale, en prose, *Les Illustrations de Gaule et singularités de Troye* (1509 - 1513), présente l'histoire mythologique et érudite des peuples d'Europe. Ses œuvres poétiques, de circonstance (nombreuses «déplorations»), utilisent encore la technique des grands rhétoriqueurs, mais annoncent les recherches de la Pléiade* (*Concorde des deux langages*, 1513).

**LEMAISTRE** ou **LE MAÎTRE (Antoine)** ♦ Avocat français (Paris 1608 - Port-Royal-des-Champs 1658), petit-fils d'Antoine Arnauld* le père. Il fut le premier des solitaires de Port*-Royal (1637), d'abord auprès du monastère de Paris, puis aux Champs. Auteur d'une *Apologie de Saint-Cyran* (1642) et de vies de saints.

**LEMAISTRE** ou **LE MAÎTRE DE SACY (Isaac)** ♦ Prêtre français (Paris 1613 - Pomponne 1684), frère puîné d'Antoine Lemaistre*. Il fut l'un des solitaires de Port*-Royal, devint le directeur de conscience des religieuses, de son aîné, de Pascal (avec qui il eut l'*Entretien sur Épictète et Montaigne*, rapporté par N. Fontaine*). Il fut embastillé comme janséniste en 1666 - 1668. Il collabora à la traduction du *Nouveau Testament de Mons* et, à partir de 1672, traduisit la Bible d'après la Vulgate, travail qui fut achevé par d'autres après sa mort et demeura longtemps classique.

**LEMAITRE (Jules)** ♦ Écrivain français (Vennecy, Loiret 1853 - *id.* 1914). Universitaire, il s'imposa rapidement comme chroniqueur littéraire et critique dramatique. On lui doit les 8 volumes d'essais *Les Contemporains* (1886 - 1919) ainsi que les 9 volumes d'*Impressions de théâtre* (1888 - 1920). Antidreyfusard, il dirigea la Ligue de la patrie française. [Acad. fr. 1895]

**LEMAÎTRE (Antoine Louis Prosper, dit Frédérick)** ♦ Acteur français (Le Havre 1800 - Paris 1876). Dès ses débuts, dans le rôle de Robert Macaire (*L'Auberge des Adrets*, 1823) et jusqu'à la fin de sa carrière (1864), il fut au Boulevard l'interprète du mélodrame (*Trente ans ou la Vie d'un joueur*), du drame romantique (*Lucrèce Borgia*, *Ruy Blas*) et du théâtre shakespearien (*Hamlet*, *Falstaff*).

**LEMAÎTRE (abbé Georges Henri)** ♦ Astrophysicien et mathématicien belge (Charleroi 1894 - Louvain 1966). Pionnier de la cosmologie dynamique, il fut un des premiers à imaginer l'univers en expansion (1927) à partir de ce qu'il appela l'«atome primitif». → **Friedmann, Sitter (de).**

**LEMAN (Gérard)** ♦ Général belge (Liège 1851 - *id.* 1920). En 1914, il défendit Liège contre l'invasion allemande ; le dernier fort tomba le 17 août. Blessé, fait prisonnier, il symbolisa la résistance des Belges et fut anobli avec le titre de comte.

**LÉMAN** (lac) ou, notamment du XVIe au XVIIIe s., lac de **GENÈVE** – en all. ***Genfersee*** ♦ Lac d'Europe, situé au S.-O. de la Suisse et au N. du département de la Haute-Savoie en France. La rive N. appartient à la Suisse, une partie de la rive S. à la France. Alt. 372 m, longueur 72 km, surface 582 km² dont 348 en Suisse et 234 en France. Alimenté par le Rhône qui y pénètre à l'extrémité E. entre Villeneuve et Saint-Gingolph et en sort à l'extrémité O. à Genève, il reçoit la Drance (française) au S., la Venoge et la Veveyse au N. La barre de Promenthoux ou de Nernier divise le lac en deux parties à la hauteur de Nyon : le *Grand Lac* à l'E. et le *Petit Lac* à l'O. (bassin de Genève). Les bords du Léman sont un important lieu de villégiature.

**LEMBERG** → Lvov

**LEMELIN (Roger)** ♦ Écrivain canadien d'expression française (Québec 1919 - *id.* 1992). Son œuvre comprend un recueil de nouvelles, *Fantaisies sur les péchés capitaux* (1949), et des romans : *Au pied de la pente douce* (1944), *Les Plouffe* (1948), *Pierre le Magnifique* (1952), *Le Crime d'Ovide Plouffe* (1982). Prenant pour cadre de ses intrigues touffues les quartiers populaires de Québec, R. Lemelin, en un style où tout est mouvement et traits satiriques, donne des descriptions pleines de verve de foules, de collectivités : s'en détachent des personnages animés d'une vie intense, représentatifs de diverses convictions politiques (notamment du nationalisme anti-anglais) ou de catégories sociales.

**LEMERCIER (Jacques)** ♦ Architecte, dessinateur, sculpteur et graveur français (Pontoise v. 1585 - Paris 1654). Issu d'une famille d'architectes, il se rendit à Rome en 1607, devint en 1618 premier architecte de Louis XIII et en 1624 architecte du Louvre. Il travailla à l'église du Val-de-Grâce, commencée par F. Mansart*, à celle de l'Oratoire, donna les plans de l'église Saint-Roch à Paris. Il est l'auteur du pavillon de l'Horloge au Louvre (à partir de 1624), dont l'abondant décor sculpté est dû en partie à J. Sarazin*, et des ailes O. et N.-E. de la cour Carrée, traitées dans un esprit proche de celui de Lescot*. Il traça les plans de la ville de Richelieu* (Indre-et-Loire, entreprise en 1631) et construisit à proximité l'immense château (auj. détruit) de Richelieu ; à Paris, il édifia le palais Cardinal (1629 - 1636 ; devenu le Palais-Royal, reconstruit en grande partie à la fin du XVIIIe s.). Dans l'église à dôme de la Sorbonne (1635 - 1642), il transposa les formes italiennes avec un esprit de mesure et de rigueur qui le font considérer comme l'un des initiateurs du classicisme français.

Jacques **Lemercier** devant la chapelle de la Sorbonne. Portrait par Philippe de Champaigne (97 × 75 cm). Musée national du château, Versailles. *Phot.* © *Giraudon*

**LEMERCIER (Népomucène)** ♦ Écrivain et auteur dramatique français (Paris 1771 - *id.* 1840). Il s'exerça d'abord dans la poésie épique (*L'Atlantide*, 1812) puis tragique (*Charlemagne*, 1816). Son *Christophe Colomb* (1809), où il tenta de se passer de l'unité de lieu, suscita quelque scandale mais il resta hostile au drame romantique. Auteur d'une comédie historique (*Pinto*, 1798) il a publié un *Cours analytique de littérature générale* (1817).

**LÉMERY (Nicolas)** ♦ Apothicaire et chimiste français (Rouen 1645 - Paris 1715). Il publia un *Cours de chimie* (1675), un dictionnaire des drogues et une *Pharmacopée universelle* (1697). Le mélange de limaille de fer et de soufre est encore appelé *volcan de Léméry*. [Acad. sc. 1699]

**LEMIEUX (Jean-Paul)** ♦ Peintre canadien (Québec 1904 - id. 1990). D'abord critique sociale teintée d'humour, sa peinture évolue après un voyage en Europe, en 1955, vers le dépouillement. Frappé, à son retour, par l'austérité et l'immensité de la plaine québécoise, il compose des toiles à dominante horizontale qui en ont fait le peintre des paysages du Grand Nord canadien. Ses personnages, figés, empreints de nostalgie, qui n'échangent aucun regard lorsqu'ils sont en groupe, rendent compte de la solitude de l'être humain.

**LEMNOS** – en gr. mod. ***Límnos*** ♦ Île grecque de la mer Égée, entre la côte turque et la Chalcidique, rattachée au nome de Lesbos. 476 km². Env. 17 500 hab. CH.-L. : Myrina (ou Kastro). 4 500 hab. Citadelle vénitienne ; musée archéologique. Île volcanique, Lemnos possède des vallées fertiles : arbres fruitiers, vignes, élevage. Sur la côte N.-E., ruines d'Héphaïstia. **▮ Histoire** Habitée par les Pélasges dès la plus haute Antiquité, l'île est liée à un grand nombre de légendes témoignant de ses relations avec le continent. Marché d'esclaves au –VIe s., elle fut occupée par Miltiade*. Soumise aux Macédoniens, puis aux Romains, elle fit partie de l'Empire byzantin. Disputée par les Vénitiens et les Génois, elle resta sous l'occupation turque de 1478 à 1920.

**LEMOINE (Jean)** ♦ Cardinal français (Crécy-en-Ponthieu v. 1250 - Avignon 1313). Nommé légat en France par Boniface VIII, il y fonda le collège qui porta son nom.

**LE MOITURIER (Pierre Antoine),** dit parfois **maître Anthoinet** ♦ Sculpteur français (Avignon v. 1425 - v. 1500). Élève de son oncle Jacques Morel, il subit surtout l'influence de Sluter* (traitement vigoureux des formes et goût du détail réaliste), mais adopta une expression plus apaisée et solennelle. Il travailla sans doute au portail de Saint-Antoine (Isère), fut aussi chargé d'un retable pour Saint-Pierre d'Avignon et, à la demande de Philippe le Bon, acheva de 1466 à 1469 le tombeau de Jean sans Peur auquel avait travaillé Jean de la Huerta d'après les modèles de Sluter et de Claus de Werve pour le tombeau de Philippe le Hardi. On lui attribue parfois le tombeau de Philippe Pot (entre 1477 et 1483) et la statue, en orant, de Thomas de Plaine.

**LE MONNIER (Pierre Charles)** ♦ Astronome français (Paris 1715 - Herils, Calvados 1799). Il participa à l'expédition en Laponie (1736 - 1737) dirigée par Maupertuis* pour mesurer un arc de méridien ; le résultat confirma la théorie de Newton* concernant l'aplatissement du globe terrestre aux pôles. [Acad. sc. 1741]

**LEMONNIER (Camille)** ♦ Écrivain belge d'expression française (Ixelles 1844 - Bruxelles 1913). Chef de file des écrivains qui, à partir de 1880, contribuèrent à la «renaissance» des lettres belges, il fut un des principaux collaborateurs de *La Jeune Belgique* (1881 - 1897), aux côtés d'Eekhoud*, de Rodenbach*, de Verhaeren* et de Maeterlinck*. Il subit l'influence de l'école naturaliste française et donna, dans ses romans, des peintures, d'un réalisme saisissant, du monde paysan avec *Le Mâle* (1881), de la misère ouvrière avec *Happe-Chair* (1886) et de la société bourgeoise dans *La Fin des bourgeois* (1892). Son violent pamphlet contre la guerre, *Les Charniers* (1881), traduit un idéalisme qui allait s'exprimer de façon plus sereine dans *Adam et Ève* (1899), *Au cœur frais de la forêt* (1900) et surtout *Le Droit au bonheur* (1904) où sa prose se fait véritablement lyrique. Il sut également célébrer son terroir dans *Nos Flamands* (1869) et *La Belgique* (1888) et affirmer ses qualités de critique d'art dans de nombreuses études, notamment sur *Gustave Courbet et ses œuvres* (1878). ◆ **ÉTYM.** *Lemonnier* est la forme dialectale de *Le Meunier* (nom de métier) ou de l'ancien français *monier* «changeur».

**LÉMOVICES** n. m. pl. ◆ **ÉTYM.** lat. *Lemovices* «ceux qui vainquent avec l'orme» [probablt le bois dont étaient faits les lances et les arcs], du gaul. *lemo* «orme» et *-uices* «qui vainquent» (→ aussi Limoges, Limousin) ♦ Anc. peuple gaulois établi dans l'actuel Limousin dont la cap. était *Augustoritum* appelée plus tard *Lemovices* (Limoges*). À l'époque romaine, leur territoire fut compris dans l'Aquitaine* Ire.

**LEMOYNE** ou **LEMOINE (François)** ♦ Peintre, dessinateur et décorateur français (Paris 1688 - *id.* 1737). Il exécuta des scènes mythologiques, des tableaux de genre et des scènes galantes, mais fut surtout l'un des grands décorateurs de l'époque : il travailla à Saint-Thomas-d'Aquin et Saint-Sulpice à Paris, reçut la commande du salon d'Hercule au château de Versailles (1732 - 1736). Dans cette œuvre, qui lui valut la notoriété, il opta pour les couleurs claires et vives et agença avec art ses figures gracieuses en une composition ample et aérée aux habiles trompe-l'œil. Il fut nommé premier peintre du roi en 1736.

**LEMOYNE (Jean-Baptiste)** ♦ Sculpteur français (Paris 1704 - *id.* 1778). Fils et élève de JEAN-LOUIS LEMOYNE (Paris 1665 - *id.* 1755), il fut reçu académicien en 1738 et devint le sculpteur attitré de Louis XV, dont il a laissé plusieurs bustes. Il s'attacha à fixer l'expression fugitive des attitudes et sut évoquer le mouvement. Ses bustes les plus célèbres sont ceux de *Réaumur* (1751), de *Noël-Nicolas Coypel*, de *Montesquieu* (1760), d'*Hélène d'Egmont* (1767), de *Mlle Clairon* et *Mlle Dangeville*. ▪ Pajou fut son élève et fit son buste.

**LE MOYNE D'IBERVILLE (Pierre)** ♦ Navigateur et gouverneur français (Ville-Marie, auj. Montréal 1661 - La Havane 1706). Fils d'un colon français originaire de Dieppe, il participa à la lutte contre les Anglais sur la baie d'Hudson, en Acadie et à Terre-Neuve (1686 - 1697). Surnommé le Cid canadien, il fonda la Louisiane (1702) dont il fut le premier gouverneur. ♦ **Jean-Baptiste Le Moyne de Bienville** (Ville-Marie, auj. Montréal 1680 - Paris 1768). Frère du précédent, auquel il succéda comme gouverneur de la Louisiane de 1713 à 1717, de 1717 à 1726 et de 1733 à 1743, mais fut disgracié pour n'avoir pas suffisamment mis en valeur les ressources du pays. ♦ **Antoine Le Moyne de Châteauguay** (Ville-Marie, auj. Montréal 1683 - Rochefort 1747). Frère des précédents, gouverneur de la Guyane de 1737 à 1744, il participa ensuite à la défense de Louisbourg (Acadie) contre les Britanniques (1745).

**LEMPA** n. m. (río) ♦ Fl. d'Amérique centrale. Il prend sa source sur les reliefs volcaniques du Honduras, traverse le Salvador dans le sens N.-S. et se jette dans le Pacifique. Il alimente 4 centrales hydroélectriques.

**LEMPDES** [63370] ➝ **ÉTYM.** anc. *Lemate*, du gaul. *lemo* «orme» et suff. prélatin *-ate* ou de *lindon* «étang» ♦ Comm. du Puy-de-Dôme, banlieue E. de Clermont-Ferrand. 8 401 hab.

**LE MUET (Pierre)** ♦ Architecte français (Dijon 1591 - Paris 1669). Architecte de Marie de Médicis, de Louis XIII et d'Anne d'Autriche, travaillant aux grands chantiers alors en cours à Paris, il participa à l'achèvement de l'église du Val-de-Grâce commencée par F. Mansart* et continuée par Lemercier*, collabora avec Le* Vau à la Salpêtrière et donna les plans de l'église Notre-Dame-des-Victoires. Il édifia aussi à Paris l'hôtel d'Avaux où il employa l'ordre colossal et brisa le comble des toits à grands rampants. Il publia en 1623 *Manière de bien bâtir pour toutes sortes de personnes*, ouvrage qui constitue l'un des jalons de la période de formation de l'architecture classique française.

**LÉMURES** n. m. pl. ♦ Esprits des morts, dans la religion romaine. Pour éviter leur retour, on les conjurait aux *Lemuria* (9, 11 et 13 mai) en leur offrant des fèves noires. → **Mânes.**

**LENA** n. f. ➝ **ÉTYM.** p.-ê. d'un dialecte toungouze *yelyuyon* «rivière» ♦ Fl. de Russie, en Sibérie centrale (4 400 km). Née dans la chaîne des monts Baïkal, dominant la rive O. du lac Baïkal, elle se dirige vers le N.-E., arrose la rép. de Sakha jusqu'à Iakoutsk, puis longe les monts de Verkhoïansk et se jette dans l'océan Arctique (mer des Laptev). Gelée pendant une grande partie de l'année, c'est cependant une grande voie navigable en aval d'Oust-Koust sur la voie de chemin de fer du Bam*. Riche en poisson.

**LE NAIN (Antoine, Louis et Mathieu)** ♦ Peintres français du XVIIe s. Redécouverts par Champfleury, ces trois frères, qui signaient seulement de leur nom de famille, ont fait à partir du XIXe s. l'objet de nombreuses recherches. Paul Jamot (v. 1929) a proposé de distinguer leur manière respective et leur a attribué une production propre, alors que l'on considérait auparavant qu'ils travaillaient en commun. Malgré les évidentes différences de facture, bien des attributions apparaissent cependant hypothétiques et les données biographiques sont assez pauvres : fils d'un sergent royal au bailliage, originaire de Laon, ils reçurent durant un an l'enseignement d'un «peintre étranger» probablement flamand. En 1629, on les trouve établis à Paris et Antoine est maître peintre à Saint-Germain-des-Prés. Leur atelier acquit alors rapidement une certaine renommée et ils exécutèrent des commandes pour les échevins de la Ville de Paris, ainsi que pour les Petits-Augustins *(La Nativité)*. Ils réalisèrent des portraits *(Anne d'Autriche)* et quelques sujets mythologiques *(Vénus dans la forge de Vulcain)*. Ils produisirent surtout deux sortes de tableaux qui firent leur renommée (et leur valurent, au XIXe s., la dénomination de «peintres de la réalité»), des portraits collectifs, des scènes de garde qui s'inscrivent dans le courant caravagesque et qu'on attribue généralement à Mathieu *(Corps de garde ; Joueurs de trictrac)* et surtout des scènes où figurent des paysans, qui sont comme une adaptation spécifiquement française des «bambochades» italiennes et nordiques. Elles se caractérisent par la vigueur expressive des types, le statisme des attitudes, un sentiment plus sévère que pittoresque d'où émane une impression de calme et de grandeur et une mise en place souvent gauche. *La Réunion de famille* (1692), *Le Bénédicité* sont probablement dus à Antoine, tandis que les scènes les plus originales, d'une facture sobre, où dominent les nuances de gris et de bruns, sont attribuées à Louis : représentant parfois des scènes paysannes situées à l'extérieur (*La Charrette ou le Retour de la fenaison*, 1641), elles attestent une approche sensible de la nature dénuée des conventions habituelles (effet de plein air).

**LENARD (Philipp)** ♦ Physicien allemand (Presbourg 1862 - Messelhausen, Bade-Wurtemberg 1947). Auteur de travaux sur l'effet photoélectrique, il découvrit que l'énergie des électrons émis ne dépend pas de l'intensité de la lumière. Il fut l'un des premiers à soutenir la nature corpusculaire des rayons cathodiques, établit qu'ils sont capables de traverser une feuille mince d'aluminium et découvrit leur pouvoir ionisant. [Prix Nobel de phys. 1905]

**LENAU (Nikolaus NIEMBSCH VON STREHLENAU, dit Nikolaus)** ♦ Poète autrichien (Csátad, Hongrie 1802 - Oberdöbling 1850). Poète de la mélancolie avec le *Chant des joncs* (1832), il est l'auteur de poèmes dramatiques (*Faust*, 1836 ; *Savonarole*, 1838 ; *Don Juan*, 1844). Il finit ses jours dans la folie.

**LENCLOÎTRE** [86140] ➝ **ÉTYM.** de l'anc. fr. *encloître* «couvent» ♦ Ch.-l. de cant. de la Vienne, arr. de Châtellerault. 2 253 hab. *(Lencloîtrais)*. Église romane du XIIe s., remaniée au XVe s. ; vestiges d'un couvent et d'une chapelle gothique. ▪ Marché agricole.

**LENCLOS (Anne, dite Ninon DE)** ♦ Dame française (Paris 1616 - *id.* 1706). Cultivée, de mœurs libres (elle eut pour amants Coligny, le Grand Condé, le marquis d'Estrées), appréciée par Mme de Maintenon, Mme de La Sablière et Mme de La Fayette, elle réunit dans son salon une société spirituelle qui faisait, comme elle, profession de libertinage, dans les mœurs (en disciple d'Épicure) et les idées (en lectrice de Montaigne). Amie de Saint-Évremond à qui sont adressées ses *Lettres* (publiées en 1886), elle fit le lien entre le courant sceptique du XVIIe s. et le mouvement philosophique du XVIIIe s. ➝ **ÉTYM.** Ce nom de famille est une variante de *L'enclos*, nom de propriété.

**Le Nain.** *Famille de paysans dans un intérieur.* Peinture à l'huile (1,13 × 1,59 m). Musée du Louvre, Paris. *BIS/© Archives Larbor*

**LENDL (Ivan)** ♦ Joueur de tennis américain d'origine tchèque (Ostrava 1960). Pratiquant un jeu de fond de court solide et offensif, il s'est imposé par sa rigueur dans la préparation physique et par son analyse méthodique du jeu de ses adversaires. Il a remporté 94 titres, dont 8 dans des tournois du Grand Chelem, entre 1980 et 1994.

**L'ENFANT (Pierre Charles)** ♦ Architecte et ingénieur franco-américain (Paris 1754 - dans le Maryland 1825). Élève de l'Académie royale de peinture depuis 1771, il s'engagea dans l'armée révolutionnaire américaine en 1776. Il fut promu major du Génie en 1783. Après un séjour à Paris et la rénovation de l'hôtel de ville de New York, il fut engagé par G. Washington pour préparer les plans de la nouvelle capitale fédérale (1791) ; il fut renvoyé en 1792 pour avoir bravé divers intérêts privés, mais ses plans furent dans l'ensemble respectés. → **Washington.** Mal rémunéré pour son travail, il mourut dans la misère.

**LENGLEN (Suzanne)** ♦ Championne de tennis française (Paris 1899 - *id.* 1938). La plus grande joueuse de tennis de son temps qui remporta les championnats du monde en «simple dames» de 1919 à 1923 ainsi qu'en 1925 et 1926, elle fut, à quinze ans, championne du monde du «double-mixte» (1914), exploit renouvelé de 1920 à 1923 et en 1925.

**LENINABAD** → **Khoudjand**

**LENINAKAN** → **Gumri**

**LÉNINE (Vladimir Ilitch OULIANOV, dit)** ◆ ÉTYM. probablt du n. de la *Lena** ♦ Homme politique et théoricien révolutionnaire russe (Simbirsk, auj. Oulianovsk 1870 - Gorki, près de Moscou 1924). ▮ **Les premières théories** Militant révolutionnaire, membre de cercles marxistes, fondateur de l'Union de lutte pour la libération de la classe ouvrière (Saint-Pétersbourg, 1895), il commença par critiquer, après Plekhanov*, le subjectivisme idéaliste de la doctrine des populistes, lui opposant l'idée d'une union des ouvriers et des paysans en vue du combat révolutionnaire (*Ce que sont les amis du peuple,* 1894) et une étude marxiste sur *Le Développement du capitalisme en Russie* (publié en 1899). Après avoir passé trois ans en résidence surveillée en Sibérie (1897 - 1900), il s'installa à Genève, où il créa avec Plekhanov le premier journal marxiste russe, *Iskra* («L'Étincelle», 1900). Pour lutter contre l'économisme des «marxistes légaux» (Martynov*, P. Strouve*), qui limitait l'action de la classe ouvrière à des revendications économiques et exaltait la spontanéité des masses, il formula sa première théorie d'un *Parti marxiste,* de son organisation et de son rôle d'élément directeur dans le combat politique révolutionnaire du prolétariat (*Que faire ?,* 1902). Chef de la majorité bolchevique du Parti ouvrier social-démocrate russe (1903), il fit voter dans son programme la nécessité de la révolution socialiste et de la dictature du prolétariat contre l'opportunisme des mencheviks. → **Martov** (cf. *Un pas en avant, deux pas en arrière,* 1904). L'initiative historique des masses lors de la révolution de 1905, durant laquelle il rentra en Russie, fut pour Lénine l'occasion d'une réflexion approfondie sur les principes d'organisation du Parti et sur la tactique révolutionnaire ; contre les mencheviks, alliés de la bourgeoisie, il affirma que le prolétariat devait garder le contrôle de la révolution démocratique bourgeoise, tout en combattant pour la réalisation de la démocratie prolétarienne (*Deux tactiques de la social-démocratie dans la révolution démocratique,* 1905). ▮ **L'exil** Exilé lors de la réaction de Stolypine* (1907), Lénine dénonça le renouveau de l'idéalisme philosophique qu'elle suscita et réaffirma les principes fondamentaux du marxisme qu'il approfondit par l'analyse critique de la dialectique hégélienne (*Matérialisme* et Empiriocriticisme,* 1909 ; *Cahiers philosophiques,* 1915). Par ailleurs, sa lutte contre le révisionnisme aboutit à la formation du Parti bolchevik indépendant et de son journal la *Pravda* (1912). Lors de la Première Guerre mondiale, il appliqua la dialectique matérialiste à l'étude du problème des nationalités (*Du droit des nations à l'autodétermination,* 1915) et du développement des contradictions du capitalisme à sa phase monopoliste (*L'Impérialisme*, stade suprême du capitalisme,* 1916) ; constatant l'inégalité de son développement dans les divers pays, il conclut à la possibilité d'une victoire de la révolution socialiste en un seul pays (contrairement à la thèse de la révolution universelle) ; il donna pour mot d'ordre au Parti bolchevik «la transformation de la guerre impérialiste en guerre civile» (*Le Programme militaire de la révolution prolétarienne,* 1916). ▮ **Le retour en Russie** Revenu en Russie après la révolution* de février 1917, il exposa le programme de lutte pour le passage de la révolution démocratique à la révolution socialiste (*Thèses d'avril*) et la théorie marxiste de l'État et de la dictature du prolétariat (*L'État* et la Révolution,* 1917). Organisateur de l'insurrection des forces révolutionnaires (oct. 1917 [→ **révolution d'octobre 1917**]), il fit adopter par le IIe congrès des soviets (nuit du 26 oct.) le décret sur la paix (Brest-Litovsk, mars 1918), celui sur la terre, abolissant le droit de propriété des grands propriétaires fonciers, et fut élu président du Conseil des commissaires du peuple. ▮ **La construction du socialisme soviétique** Jusqu'à sa mort, il se consacra aux premières étapes de la construction du socialisme sur le plan économique (→ **NEP**), politique (création de la IIIe Internationale : Komintern, 1919 ; union des peuples soviétiques en un seul État : URSS, 1922), militaire et culturel. Il ne cessa de lutter contre ce qu'il appela les dangers de l'opportunisme révisionniste (*La Révolution prolétarienne et le renégat Kautsky,* 1918), ceux du gauchisme* sectaire et dogmatique (*Le Gauchisme, maladie infantile du communisme,* 1920) et de la bureaucratie, pressentant les conflits futurs entre les principaux chefs du Comité central du Parti, Staline*, Trotski* (*Testament politique*). ▮ **Le père du marxisme-léninisme** Polémiste brillant, Lénine renouvela profondément par ses analyses économiques, sociales et politiques de la Russie, la théorie marxiste, donnant ainsi naissance au marxisme-léninisme (→ **marxisme**). Le parti bolchevique qu'il avait conçu, fortement discipliné et centralisé, allait servir de modèle au développement des différents partis communistes à travers le monde (→ **communisme**), mais ses idées se transformèrent vite, sous Staline, en un corpus de recettes figées et de citations obligatoires.

**Lénine.** Affiche de propagande communiste avec (de gauche à droite) Marx, Engels, Lénine et Staline, 1953. Musée d'histoire contemporaine, BDIC, Université de Paris. *BIS/Phot. Michel Didier © Archives Larbor*

**LÉNINE** (pic) – anc. pic *Kaufmann* ♦ Sommet du Pamir, dans les monts du Transalaï, aux confins du Tadjikistan et du Kirghizstan. 7 134 m. Il fut gravi pour la première fois en 1928.

**LENINGRAD** ◆ ÉTYM. russe «la ville *(grad)* de Lénine*» → **Saint-Pétersbourg**

**LENNOX (Matthew STUART ou STEWART, 4e comte DE)** ♦ Gentilhomme écossais (Dunbarton Castle 1516 - 1571). Il était l'un des chefs du parti catholique et fit épouser son fils Darnley* par Marie* Stuart. Après la mort de Darnley, il se révolta contre la reine et fut tué. ◆ ÉTYM. Ce nom de famille s'écrivait anciennement *Leuenaichs, Levenax* ; il vient probablement du gaélique *leamhar* «arme» avec le suffixe de lieu *-ach.*

**LENOIR (Alexandre)** ♦ Archéologue français (Paris 1761 - *id.* 1839). Lors de la Révolution française, il réunit à Paris des monuments que la suppression des couvents menaçait de destruction et fut conservateur du dépôt des Petits-Augustins, qui devint en 1796 le musée des Monuments français, puis du musée privé de Joséphine Bonaparte. Œuv. princ. : *Musée des monuments de France,* 1804 ; *Histoire des arts en France, prouvée par les monuments,* 1810. ◆ ÉTYM. *Lenoir* est le surnom d'un homme au teint sombre ou aux cheveux noirs (→ aussi Black, Nègre, Noiret, Schwarz).

**LENOIR (Étienne)** ♦ Ingénieur français d'origine wallonne (Mussy-la-Ville, Luxembourg 1822 - La Varenne-Saint-Hilaire 1900). Il réalisa le premier moteur à explosion.

**LENOIR-DUFRESNE (Joseph)** ♦ Industriel français (Alençon 1768 - Paris 1806). Il introduisit en France, avec F. Richard*, la filature du coton au moyen de la *mule-jenny* alors utilisée en Angleterre. → **Crompton.**

**Lénore** ♦ Ballade de G. A. Bürger* (1770), œuvre typique du Sturm* und Drang, qui eut un succès considérable et est restée très populaire en Allemagne. Alors que l'armée de Frédéric revient de guerre, Lénore, «rêveuse et délaissée, appelle en vain le baiser du retour» ; son fiancé, Wilhelm, ne paraît pas : se révoltant alors contre Dieu qui «n'a pris aucun soin de son bonheur», elle implore la mort. Dans sa fièvre, elle voit apparaître Wilhelm qui, dans une folle chevauchée, l'emmène dans la nuit, en compagnie des spectres, jusqu'au cimetière ; là, le manteau du cavalier se déchire, faisant place à «un blanc squelette assis sur son coursier», armé d'une faux menaçante et tenant dans sa main le fatal sablier.

**LENOT (Jacques)** ♦ Compositeur français (Saint-Jean d'Angély 1945). Autodidacte, influencé par Bussotti et Boulez, il poursuit en solitaire sa quête d'un univers sonore personnel. Élaboré à partir du fait sériel agrandi et orienté vers l'abstraction, son style au lyrisme souvent brutal et dramatique s'affirme dans une production importante consacrée au piano, *Agalma* (2008), *Minutiae* avec environnement informatique (2009), l'orgue (trois *Livres,* 1982 - 1995), la voix (*Le Tombeau de Henri Ledroit,* 1988), la musique de chambre (six quatuors à cordes 1997 - 2008), des pages pour petits ensembles instrumentaux ou orchestre (*Abrupts Jeux d'ailes,* pour alto et cordes, 2008) et un opéra (*J'étais dans ma maison et j'attendais que la pluie vienne,* 2007).

**LE NÔTRE (André)** ♦ Jardinier français (Paris 1613 - *id.* 1700). Fils du premier jardinier du roi aux Tuileries, il étudia dans l'atelier de Vouet et probablement aussi auprès de Mansart. Succédant à son père en 1637, il devint ensuite jardinier du roi (1645), puis contrôleur des bâtiments royaux. Il redessina, en 1649, les jardins des Tuileries puis, grâce à Fouquet, donna sa mesure avec le parc de Vaux*-le-Vicomte (terminé en 1661) : l'agencement des éléments traditionnels s'y trouvait repensé avec une science et une harmonie nouvelles qui l'imposèrent comme le créateur du jardin dit *à la française*. La création du parc de Versailles* lui permit de développer ses conceptions avec une ampleur et un faste s'accordant au dessein de Louis XIV. Soumettant la nature à une stricte discipline, il conçut un plan général rectiligne et symétrique ayant pour centre le château à partir duquel se développe une large perspective axiale qui elle-même détermine des perspectives convergentes. La répartition des terrasses, parterres de broderie, bosquets et charmilles, terre-pleins et allées, est établie selon des déclivités et retraits peu accentués, un rôle essentiel étant assigné à l'eau (eaux jaillissantes et eaux plates des bassins et des larges canaux qui réfléchissent la lumière et engendrent de savants effets de perspective), cette stricte ordonnance étant à la fois soulignée et assouplie par les multiples vases monumentaux et statues qui l'animent. Il travailla aussi à Clagny (près de Versailles), Marly, Meudon, Saint-Cloud, Sceaux, Choisy, Maintenon, Dampierre et reçut de nombreuses commandes de l'étranger. Son sens de la mesure dans le maniement de proportions monumentales, l'art avec lequel il suggérerait un effet de perspective « illimitée », ouverte à partir de formes géométriques et symétriques, l'ont fait considérer comme l'incarnation même du classicisme français. ➝ ÉTYM. Ce surnom signifiait probablement « de chez nous ».

**LENOTRE (Théodore GOSSELIN, dit G.)** ♦ Historien français (Richemont 1855 - Paris 1935). Journaliste au *Temps* (1898), il se spécialisa dans l'étude de l'histoire anecdotique, en particulier celle de la Révolution française, domaine où il acquit la notoriété auprès d'un large public. Œuv. princ. : *Les Quartiers de Paris pendant la Révolution*, 1896 ; *Captivité et mort de Marie-Antoinette*, 1897 ; *Vieilles maisons, vieux papiers*, 1900 - 1909 ; *Louis XVII et l'énigme du Temple*, 1920. [Acad. fr. 1932]

**LENS** [lɑ̃s] [62300] ➝ ÉTYM. p.-ê. lat. « terre de Lannus (n. de pers.) » ♦ Ch.-l. d'arr. du Pas-de-Calais, sur la Deûle. 36 206 hab. (aggl. 319 626) *(Lensois)*. Anc. houillère. Construc. automobiles. Câbles. Agroalimentaire. Pôle scientifique de l'université d'Artois. Une antenne du musée du Louvre (ouverture prévue en 2012) est construite sur le site d'une anc. fosse du bassin minier. ▮ **Histoire** Ancienne place forte, où le Grand Condé remporta une victoire sur les Impériaux (1648).

**LENTILLY** [69210] ➝ ÉTYM. du lat. *Lentilius*, n. de pers. gallo-rom., et suff. *-acum* ou du gaul. *°lanu* « plaine » ♦ Comm. du Rhône, arr. de Lyon. 4 719 hab.

**LENTINI (IACOPO DA)** → **Jacopo da Lentini**

**LENTINI** – anc. en gr. ***Leontinoi***, puis en lat. ***Leontini*** ♦ V. d'Italie, en Sicile (prov. de Syracuse) près du lac du même nom. 24 748 hab. ▮ **Histoire** Fondée par des Grecs de Naxos, ce fut la patrie d'Euclide et de Gorgias. Elle fut prise par les Romains en –214 et détruite par un séisme en 1693.

**LENZ (Jakob Michael Reinhold)** ♦ Poète et auteur dramatique allemand (Sesswegen, Livonie 1751 - Moscou 1792). Hôte de Goethe à Weimar (1776), il fut l'un des pionniers du Sturm* und Drang. Transposant ses propres expériences dans ses œuvres : *Le Précepteur* (1774) et *Les Soldats* (1776), il y dénonce les structures et les mœurs d'une société encore médiévale, au détriment de ceux qu'elle exclut. Après une vie errante et assez misérable, il sombra dans la folie alors qu'il séjournait en Alsace chez le pasteur Oberlin (1778). Génie proche du sien, G. Büchner* a relaté le fait dans sa nouvelle *Lenz* (inachevée).

**LENZ (Heinrich Friedrich Emil)** ♦ Physicien russe (Dorpat auj. Tartu, Estonie 1804 - Rome 1865). Il énonça en 1834 la loi qualitative d'après laquelle les courants induits tendent à s'opposer à l'action qui leur a donné naissance *(loi de Lenz)*.

**LENZ (Siegfried)** ♦ Écrivain allemand (Lyck, Prusse-Orientale, auj. Pologne 1926). Déserteur de la marine allemande pendant la guerre, il se dissimula au Danemark et revint en 1948 vivre à Hambourg. Il fait partie du groupe d'écrivains qui soutinrent le SPD* aux élections de 1965 et 1972. Sa Mazurie natale, les paysages et les habitants du N. de l'Europe, la Deuxième Guerre mondiale forment les thèmes de son œuvre. Son roman le plus connu est *La Leçon d'allemand* (1968) : un policier allemand, qui a pour témoin son jeune fils révolté, interdit à un peintre d'exercer son art.

**LENZERHEIDE** – en romanche ***Planüra*** ♦ Localité de Suisse (Grisons) au S. de Coire, sur la commune de Vaz-Obervaz. Station d'été et de sports d'hiver (1 480 m).

**LEOBEN** ♦ V. d'Autriche (Styrie), sur la Mur. 25 802 hab. École des mines autrichienne. Église Maria Wassen (gothique). ▪ Indus. métall. La proximité de la mine de fer d'Eisenerz* a donné naissance à l'usine sidérurgique de Donawitz (usine Vœst) où fut mis au point le procédé de l'acier à l'oxygène, dit Linz-Donawitz, vers 1950. ▮ **Histoire** Leoben fut dès le Moyen Âge un centre commercial et le centre de l'industrie métallurgique styrienne. ▪ Bonaparte y signa avec l'archiduc Charles les préliminaires de la paix de Campoformio*, le 18 avr. 1797.

**LÉOCHARÈS** – en gr. ***Leôkharês*** ♦ Sculpteur grec (Athènes ? –IVe s.). Outre sa collaboration à la décoration du mausolée d'Halicarnasse* aux côtés de Scopas*, on sait qu'il sculpta le groupe en bronze commémorant la chasse d'Alexandre à Delphes ainsi que de nombreuses effigies divines, dont le classicisme épuré et la sensualité discrète témoignent du renouvellement artistique de l'époque. ▪ *Illustration :* → **Apollon.**

**LÉOGNAN** [33850] ➝ ÉTYM. du lat. *Leonius*, n. de pers., et suff. *-anum* ♦ Comm. de la Gironde, banl. S. de Bordeaux. 8 269 hab. Viticulture (pessac-léognan).

**LÉON** (pays de) ➝ ÉTYM. du celt. *Lug*, n. d'un dieu ou du lat. *legionem* « légion » [désignant une localité proche d'un cantonnement romain] ♦ Région côtière du N.-O. de la Bretagne (Finistère) entre Morlaix et le goulet de Brest*. C'est un pays de riches cultures. Landerneau* en est l'ancienne capitale. → **Saint-Pol-de-Léon.**

**LEÓN** n. m. ➝ ÉTYM. en fr. ***Léon***, du n. de la v. ♦ Région historique du N.-O. de l'Espagne, limitée au N. par les monts Cantabriques, au S. par l'Estrémadure, à l'O. par le Portugal et à l'E. par la Vieille-Castille et s'étendant sur la portion occidentale de la Meseta. Elle forme avec une partie de la Castille* la communauté autonome de Castilla-León. Le plateau de la Meseta*, bordé à l'O. par les *montañas de León* dirigées du N. au S. et par la Cordillère centrale *(sierra de Gata)*, est nivelé de *páramos* (tables calcaires) et entaillé par les vallées du réseau du Douro. Les plateaux vivent de l'élevage (moutons, porcs et taureaux de combat) associé à la culture du blé (Tierra del pan, autour de Zamora). Les cultures maraîchères et fruitières sont répandues dans le Bierzo (région de Ponferrada) et la Tierra del pan. L'aménagement hydroélectrique du Douro, l'énergie thermique produite par la centrale de Compostilla (près de Ponferrada), l'extraction du fer de Monferrada et l'exploitation de la houille de la Robla (monts Cantabriques) sont les premiers efforts d'industrialisation de la région et prennent le relais de l'industrie textile, en déclin. Ponferrada doit devenir le centre de cette renaissance économique encore timide. ▮ **Histoire** Le *royaume de León* s'organisa autour de la ville de León, au Xe s. Il fut d'abord réuni à la Galice et aux Asturies, puis à la Castille* en 1230.

**LEÓN** ➝ ÉTYM. du lat. *Legio Septima*, n. de la légion qui occupait la v. ♦ V. d'Espagne du N.-O. (Castilla-León), ch.-l. de prov. 135 059 hab. Cathédrale gothique remarquable (XIIIe - XVe s.) ; abbaye San Isidoro, romane (XIe - XIIe s.) avec le panthéon royal orné de peintures romanes ; monastère San Marcos, anc. commanderie de Saint-Jacques (XIIe, reconstruite XVIe s., art plateresque). ▪ Centre indus. (textiles). ▮ **Histoire** L'ancienne *Legio Septima* romaine fut fondée par Galba en 68, puis envahie par les Wisigoths, avant de l'être par les Maures d'al-Manṣūr. Elle fut conquise au Xe s. par les rois des Asturies* qui en firent leur capitale.

**LEÓN** ♦ V. du Mexique central (État de Guanajuato) dans une plaine fertile. 1 137 465 hab. Centre commercial. Indus. du cuir et de la chaussure.

**LEÓN** ♦ V. du Nicaragua, ch.-l. de dép. au N.-O. du lac de Managua. 174 051 hab. Anc. cap. du pays (jusqu'en 1857). Nombreuses églises coloniales. Ruines du vieux León, fondé en 1524 et détruit en 1610 par un séisme. Siège de la première université du Nicaragua (1812), c'est une ville culturelle réputée libérale, qui a soutenu activement le mouvement sandiniste dans les années 1970 - 1980. → **Nicaragua.**

**LÉON Ier le Grand** (saint) ♦ 45e pape (de 440 à 461). Toscan ; docteur de l'Église. Il lutta contre le manichéisme, le pélagianisme, le priscillianisme. → **Mani, Pélage, Priscillien.** Contre Eutychès* il précisa l'orthodoxie christologique dans le *Tome à Flavien ;* mais le synode qu'il appela « brigandage d'Éphèse » (449) ayant prétendu l'excommunier, il provoqua le concile de Chalcédoine* (451) qui adopta les formules du *Tome*. En 452, il convainquit Attila de se retirer d'Italie. De Genséric, qui pilla Rome en 455, il n'obtint que la vie sauve pour les habitants et le respect des églises. Il rénova la liturgie : le *Sacramentaire léonien* (postérieur, v. 550) en conserve la trace. Auteur de *Sermons*. ▪ Fête le 10 nov. ➝ ÉTYM. *Léon* vient du grec *leôn* « lion » (symbole de force et d'autorité).

**LÉON II** (saint) ♦ 80e pape (de 682 à 683), Sicilien. ▪ Fête le 3 juil.

**LÉON III** (saint) ♦ (Rome 750 - *id.* 816). 96e pape (795 - 816). Attaqué (25 avr. 799) et emprisonné par des sbires à la solde d'une faction romaine, il se réfugia à Paderborn auprès de Charlemagne, regagna Rome et y couronna l'empereur (Noël 800). Il accepta le *filioque** comme vérité de foi mais jugea inopportun de l'inscrire dans la liturgie (810). ▪ Fête le 12 juin.

**LÉON IV** (saint) ♦ 103e pape (de 847 à 855), Romain. Il fortifia Rome contre les Sarrasins (*cité léonine*, → **Vatican**), sacra l'empereur Louis II (850) mais résista aux immixtions impériales dans les affaires romaines. ▪ Fête le 17 juil.

**LÉON V** ♦ 118e pape (de juil. à sept. 903), d'Ardée (Latium). Emprisonné et étranglé par Christophe*, antipape.

**LÉON VI** ♦ 123e pape (de mai à déc. 928), Romain. → **Pornocratie.**

**LÉON VII** ♦ 126e pape (de 936 à 939), Romain. Il subit l'influence d'Odon* de Cluny qu'il reçut en 936 et 938. → **Pornocratie.**

**LÉON VIII** ♦ 131e pape (de 963 à 965), Romain. Laïc imposé par Othon Ier après la déposition de Jean* XII, il fut en rivalité avec Benoît* V. Il figure à l'*Annuaire pontifical*, mais sa légitimité est discutée.

**LÉON IX** (saint) **[Brunon D'EGUISHEIM-DAGSBURG]** ♦ (Eguisheim, Alsace 1002 - Rome 1054). 150e pape (de 1049 à 1054). Chapelain de Conrad II, évêque de Toul (1026), il s'attacha comme conseiller le moine Hildebrand (→ **Grégoire VII**), entreprit des réformes dont il vérifia l'application en voyageant à travers l'Europe (conciles de Pavie, Mayence, Reims contre la simonie, 1049), condamna Bérenger* de Tours qui niait la présence réelle (1050), lutta en Italie du Sud contre les Normands de Robert Guiscard, mais fut fait prisonnier (1053), répondit fermement aux provocations de Michel Cérulaire* qu'après sa mort ses légats à Constantinople excommunièrent, provoquant le schisme* d'Orient (1054). ▪ Fête le 19 avr.

**LÉON X [Jean DE MÉDICIS]** ♦ (Florence 1475 - Rome 1521). 215e pape (1513 - 1521). Fils de Laurent le Magnifique (→ **Médicis**), il reçut une éducation humaniste (Ange Politien* fut son précepteur) et resta un homme de cour fastueux, protecteur des lettrés (Bembo*, Sadolet*, Paul Jove*, Jean Lascaris*) et des artistes (il confia à Raphaël* la direction des travaux du Vatican et la réalisation des Loges ; il commanda à Michel*-Ange la façade de San Lorenzo et les tombeaux des Médicis à Florence). Il signa le concordat* de Bologne avec François Ier (1516), mit fin au concile du Latran* (1517) sans réaliser de véritable réforme ecclésiastique. En 1514, il avait renouvelé les indulgences concédées par Jules II pour financer la reconstruction de Saint-Pierre ; Luther* s'y attaqua dans ses «thèses» de 1517 ; le pape le condamna par la bulle *Exsurge, domine* (15 juin 1520) que celui-ci brûla publiquement le 10 déc. suivant : le schisme était consommé. → **Réforme.**

**LÉON XI [Alexandre DE MÉDICIS]** ♦ (Florence 1535 - Rome 1605). 230e pape (du 1er au 27 avril 1605). Comme légat en France, il avait travaillé à la réconciliation d'Henri* IV avec l'Église et à la paix avec l'Espagne (1595 - 1598). → **Clément VIII.**

**LÉON XII [Annibale SERMATTEI DELLA GENGA]** ♦ (Genga, Ancône 1760 - Rome 1829). 250e pape (1823 - 1829), surnommé «le pape de la Sainte-Alliance». Son élection marqua la victoire du parti conservateur contre la politique libérale de Pie* VII et de Consalvi*. Il lutta contre le carbonarisme.

**LÉON XIII [Gioacchino PECCI]** ♦ (Carpineto Romano 1810 - Rome 1903). 254e pape (1878 - 1903), ancien archevêque de Pérouse (1846), cardinal (1853) et camerlingue (1877). Sauf en Italie, où, n'admettant pas la perte de Rome et du pouvoir temporel, il interdit aux catholiques de participer à la vie politique, il adopta une attitude conciliante : en Allemagne, il obtint la fin du *Kulturkampf* (1886) ; en France, il recommanda aux catholiques le «ralliement» au gouvernement républicain pourtant anticlérical (toast du cardinal Lavigerie à Alger, 1890 ; encyclique *Inter sollicitudines*, 1892 → **Ireland [John]**) ; en Angleterre, il favorisa le mouvement d'union anglo-catholique de lord Halifax, mais n'alla pas jusqu'à reconnaître la validité des ordinations anglicanes (1896). Il œuvra surtout dans le domaine intellectuel et doctrinal et publia de nombreuses encycliques, notamment *Aeterni patris* (1879), restaurant le thomisme comme base de la philosophie chrétienne (→ **Mercier, Garrigou-Lagrange**) ; *Arcanum* (1880) sur la famille chrétienne et contre le divorce ; *Immortale Dei* (1885) sur l'Église, les États et les libertés ; et surtout *Rerum novarum* (1891) qui aborde la question ouvrière, réfute le socialisme et jette les bases d'un catholicisme social. Cette encyclique avait été précédée d'enquêtes et d'initiatives dans le domaine social qui valurent à Léon XIII le surnom de «pape des ouvriers».

**LÉON Ier** ♦ Empereur d'Orient (de 457 à sa mort en 474). Monté sur le trône par la faveur du patrice goth Aspar, il subit d'abord son pouvoir. Ayant imposé Anthémius* comme empereur d'Occident (467), il organisa avec lui une campagne désastreuse contre les Vandales en Afrique (468). Appuyé sur les mercenaires isauriens (→ **Zénon**), il se débarrassa des milices germaniques et fit assassiner Aspar (471). → **byzantin (Empire).**

**LÉON III l'Isaurien** ♦ (Germanicie, Commagène, v. 675 - Constantinople 741). Empereur byzantin (717 - 740), fondateur de la dynastie isaurienne. Stratège du thème (division militaire) anatolique, révolté contre Théodose* III et proclamé empereur, il défendit avec succès Constantinople assiégée par les Arabes (717 - 718), puis les écrasa à Akroïnon (740) libérant l'Asie* Mineure. Il continua la politique de réorganisation provinciale et administrative des Héraclides et publia l'*Écloga* (740), choix et adaptation du droit justinien. Rallié aux iconoclastes*, il inaugura la querelle des Images (726), lourde de conséquences pour l'unité intérieure et pour les relations avec l'Occident. Son fils Constantin V continua sa politique religieuse.

**LÉON IV le Khazar** ♦ (749 - 780). Empereur byzantin (775 - 780), fils de Constantin* V et de sa première femme, une princesse khazare. Il fut un iconoclaste modéré, sous l'influence de sa femme Irène*. Son fils Constantin* VI lui succéda.

**LÉON V l'Arménien** ♦ Empereur byzantin (de 813 à sa mort en 820). Stratège du thème (ou division militaire) anatolique, distingué déjà sous Nicéphore* Ier, il fut porté au trône par une révolte militaire et iconoclaste qui détrôna Michel* Ier. Il repoussa l'assaut bulgare contre Constantinople (813) et conclut la paix après sa victoire de Messembria (817). Renouvelant la querelle des Images (→ **iconoclastes**), il déposa le patriarche Nicéphore* et persécuta les iconodules. Il fut assassiné dans Sainte-Sophie, la nuit de Noël.

**LÉON VI le Sage** ♦ (866 - 912). Empereur byzantin (886 - 912). Fils et successeur de Basile* Ier, attiré par la poésie, la rhétorique et l'astrologie plutôt que par la politique et la guerre, il abandonna le pouvoir à des courtisans. Profitant de sa faiblesse, les Arabes s'emparèrent de la Sicile et de Thessalonique (904) et les Bulgares lui infligèrent une sévère défaite en 897. Il compléta l'œuvre législative de son père en publiant *Les Basiliques** et un grand nombre de *novelles*, édits renforçant le pouvoir impérial contre celui du Sénat et des municipalités. Il laissa des poésies religieuses, l'oraison funèbre de son père, des homélies et un traité de tactique. Ses quatre mariages attirèrent la désapprobation de l'Église (question de la *tétragamie*). Son fils Constantin* VII lui succéda.

**LÉON l'Africain** ◆ **ÉTYM.** de son n. ar. *al-Ḥasan ibn Muhammad al-Fāsī* ♦ Érudit et géographe arabe (Grenade v. 1483 - Tunis, après 1554). Il vécut à Fès, puis voyagea et séjourna en Afrique, à Constantinople, au Caire, en Tunisie. Il y fut capturé, vendu à Rome comme esclave, et passa au service du pape Léon X. Libéré, converti au christianisme, il fut appelé Giovanni Leo. Écrite v. 1526, sa *Description de l'Afrique* fut publiée en italien (1550).

**LÉONARD (Nicolas Germain)** ♦ Écrivain français (Basse-Terre, Guadeloupe 1744 - Nantes 1793). Après l'échec d'un premier amour, il écrivit des romans sentimentaux (*La Nouvelle Clémentine*, 1774 ; *Lettres de deux amants habitant Lyon*, 1783), en partie autobiographiques, des *Idylles morales* (1766) et des *Idylles et poésies champêtres* (1782) dont les accents élégiaques illustrent l'époque préromantique.

**LÉONARD** ou **LIÉNARD DE NOBLAT** (saint) ♦ Ermite français du VIe s. Il serait mort en 559. Converti au catholicisme en même temps que Clovis, il se retira dans le Limousin où il fonda un monastère appelé depuis lors *Saint-Léonard-de-Noblat*. Patron des prisonniers. ◆ **ÉTYM.** *Léonard* vient du germanique *Leonhard*, du latin *leo* «lion» et germanique *hard* «dur, fort».

**LÉONARD DE PISE** → **Fibonacci (Leonardo)**

**LÉONARD DE VINCI** – en it. *Leonardo da Vinci* ♦ Peintre, architecte, sculpteur, ingénieur et théoricien italien (Vinci 1452 - Le Clos-Lucé, près d'Amboise 1519). ▮ **L'atelier de Verrocchio** Initié à la peinture, à la sculpture et à l'art décoratif dans l'atelier de Verrocchio* à partir de 1469, Léonard affirma ses talents de peintre dès 1470, si toutefois on admet sa participation à la *Madone Dreyfus* (Washington) et à l'*Annonciation* (Offices) exécutées dans l'atelier ou l'entourage du maître. Ses premières œuvres autonomes semblent être la *Madone à l'œillet* (v. 1473, Munich) et le *Portrait de Ginevra de' Benci* (v. 1475, Washington) tandis qu'on le voit encore retravailler *Le Baptême du Christ* de Verrocchio où il fournit notamment une solution magistrale pour l'ange de gauche (av. 1480, Offices). ▮ **Une vie au service des princes** Se considérant v. 1480 comme «homme universel», il mit son savoir au service des princes : il travailla successivement pour Ludovic le More à Milan (1482 - 1499), pour l'éphémère République florentine (1500 - 1506), pour les princes français qui chassèrent de Milan son ancien protecteur Ludovic (1506 - 1512), enfin pour François Ier, roi de France (1515 - 1519) après un séjour à Rome (1513 - 1515) où dominaient en maîtres Raphaël* et Michel*-Ange. ▮ **L'homme de science** Les princes se l'attachèrent surtout en tant qu'ingénieur militaire et organisateur de fêtes. En effet, le sens de l'observation de Léonard, fondé sur une démarche analytique tenant compte des jeux des forces et cherchant à résoudre des problèmes de dynamique, lui permit de perfectionner diverses machines industrielles (textiles) ainsi que des engins militaires et des appareils à déplacer ou soulever des fardeaux. Cette pratique technicienne est l'aboutissement d'une conception de la nature dérivant de la théorie des éléments et de l'analogie entre microcosme et macrocosme («la nature n'est qu'un être vivant gigantesque»), et c'est dans ce cadre de pensée qu'il faut situer les étonnantes anticipations de Léonard dont ses manuscrits et ses dessins gardent la trace (machine volante, appareil de plongée sous-marine). ▮ **L'application du savoir à la peinture** Cependant, Léonard cherchait surtout à élaborer une science du «visible» et de sa représentation, et il intégrait ses conclusions scientifiques à la peinture, lieu idéal vers lequel convergent toutes les branches du savoir. Pour lui, la peinture comporte trois aspects : pictural, graphique, spéculatif. Dans le domaine strictement pictural, il expérimenta des matières nouvelles qui ne résistèrent pas toujours au temps (altération extrême de *La Cène**, 1495 - 1497, réfectoire de Santa Maria delle Grazie, Milan). Des études graphiques comportant des notes et des pensées précèdent chaque tableau ; les études pour *Léda*, par exemple (disparue ; connue par des copies anciennes), sont accompagnées de pensées philosophiques sur le mystère de la conception ; des dessins de l'organisme féminin sont l'occasion de développements biologiques ; les dessins de fleurs et ceux de chevelures et visages indiquent un sens passionné de l'observation

**Léonard de Vinci.** *La Vierge, l'Enfant Jésus et sainte Anne* (1,68 × 1,30 m). Musée du Louvre, Paris. *Phot. © H. Josse © Arch. Larbor*

scientifique, très visible aussi dans l'anatomie du *Saint Jérôme* (v. 1480 - 1482 ou plus tard, Pinacothèque vaticane). **▮ De la théorie à la pratique** Dès 1490, Léonard superposa à son activité picturale une profonde réflexion théorique rassemblée en vue d'un *Traité de la peinture* (fragments, publ. 1651). Ce rapport de la théorie à la pratique est visible dans chacune de ses œuvres qui s'attache à résoudre un problème particulier. Dans sa *Vierge* aux rochers* (1483 - 1486, Louvre ; réplique achevée en 1506 - 1508, Londres, National Gallery), tout en renouvelant le thème iconographique par la rencontre des deux enfants, Jésus et Jean-Baptiste, annonçant symboliquement la Passion (ce qui justifie la physionomie troublée de la Vierge), il trouva une judicieuse solution à deux problèmes posés par les peintres florentins de l'époque : le souci de symétrie et l'organisation serrée des personnages sont résolus par l'invention de la composition pyramidante et par l'affinement du contour par le *sfumato* qui noie le dessin dans l'air vaporeux. Malgré les résistances à ces nouveautés (dont la plus fameuse est celle de Michel-Ange), l'art de peindre est ainsi muni de nouvelles possibilités dès les années 1500. Car le *sfumato*, tout en cherchant à rendre l'enveloppe atmosphérique humide et vaporeuse, en organisant les lointains par une modulation des valeurs, permet de relier intimement les personnages au paysage (*La Joconde**, 1503-1507, Louvre ; *La Vierge*, l'Enfant Jésus et sainte Anne*, v. 1510 - 1513, inachevé, Louvre). Et si la *Cène* de Milan s'attache à animer par le geste une composition stable, l'*Adoration des Mages* (1481, inachevé, Offices) comme la *Bataille d'Anghiari* (1503), dont il ne reste que des dessins partiels, cherchent à stabiliser une composition mouvementée où les formes s'enchevêtrent. **▮ Les portraits** Par ailleurs, Léonard renouvela l'art du portrait (surtout féminin) en fixant une puissante présence physique (*Portrait de femme*, dit à tort *La Belle Ferronnière*, v. 1495 - 1500, Louvre ; carton pour le portrait d'Isabelle d'Este, v. 1499 - 1500, Louvre ; *La Joconde*) parfois soutenue par une connotation symbolique (*La Dame à l'hermine [Cecilia Gallerani]*, v. 1488 - 1490, Cracovie). **▮ Les paysages** Dans son traitement des paysages, il allia la précision descriptive (on a identifié certains sites qu'il a dessinés) à l'évocation cosmique et au flou des lointains bleus, justifiés théoriquement par la place qu'occupe l'eau dans la dialectique des éléments (*Vierge aux rochers, La Joconde, Sainte Anne*). **▮ Les dessins architecturaux et sculpturaux** Les qualités graphiques de Léonard l'aidèrent aussi à contribuer au développement architectural ; outre les discussions sur les partis à prendre pour l'achèvement de la cathédrale de Milan, il laissa d'importants dessins sur le plan centré (croix grecque inscrite dans un cercle ou un carré). Par deux fois, il eut aussi à réfléchir sur les problèmes du mouvement et de l'équilibre propre aux statues monumentales équestres, sans jamais atteindre le stade de la réalisation, même s'il s'en approcha (études pour la statue équestre de Francesco Sforza : 1482 - 1493 ; études pour le monument de Trivulce, condottiere au service de Louis XII, 1506). Certains de ces dessins sculpturaux annoncent la statue équestre baroque (le *Constantin*, du Bernin*).

**LEONCAVALLO (Ruggero)** ♦ Compositeur italien (Naples 1858 - Montecatini 1919). Il connut un succès mondial avec son opéra *Paillasse* (*I Pagliacci*, 1892), dont, malgré la construction en abyme, le pathétique vériste semble aujourd'hui passablement démodé.

**LEONE (Giovanni)** ♦ Homme d'État italien (Naples 1908 - Rome 2001). Il fut Premier ministre d'un gouvernement d'attente qui s'appuyait sur la démocratie-chrétienne (1968) et président de la République (1971 - 1978).

**LEONE (Sergio)** ♦ Cinéaste italien (Rome 1929 - *id.* 1989). Fils du metteur en scène Roberto Roberti (d'où le pseudonyme sous lequel il signa ses premiers films, Bob Robertson), il lança le genre du western italien (appelé par dérision «western spaghetti»), avec la fameuse trilogie (qui révéla Clint Eastwood) *Pour une poignée de dollars* (1964), *Et pour quelques dollars de plus* (1965), *Le Bon, la Brute et le Truand* (1966). Délaissant la parodie, il tourna ensuite une autre trilogie, à caractère franchement épique : *Il était une fois dans l'Ouest* (1968), *Il était une fois la révolution* (1971) et *Il était une fois en Amérique* (1984).

**LEONHARDT (Gustav)** ♦ Claveciniste, organiste, chef d'orchestre et musicologue néerlandais (Graveland 1928). Après des études de musique à Bâle, il est nommé professeur à l'Académie de musique de Vienne (1952), puis au Conservatoire d'Amsterdam (1955), ainsi qu'à l'université de Harvard (1969). Spécialiste de J.-S. Bach, il enregistre de nombreux disques, dirigeant avec Nikolaus Harnoncourt* l'intégrale des cantates sacrées. Il a publié une étude sur *l'Art* de la fugue*.

**LEONI (Leone)** ♦ Sculpteur italien (Menaggio, près de Côme 1509 - Milan 1590). D'abord médailleur et orfèvre, il devint le sculpteur favori de Charles Quint. Ses bronzes monumentaux montrent l'influence de Michel-Ange et de Sansovino et son sens de l'expression le fit exceller dans le portrait : *Philippe II* (1553, Prado), *Vincent Gonzague en guerrier antique* (Sabbioneta), *Charles Quint en armure* (Madrid), *Marie de Hongrie* (1564, Madrid). Il est l'auteur du grand tombeau de Jean-Jacques de Médicis à la cathédrale de Milan (1560 - 1563). ♦ **Pompeo Leoni** (Pavie v. 1533 - Madrid 1608). Fils et élève du précédent, il travailla pour Philippe II (groupes monumentaux de Charles Quint et Philippe II dans la chapelle de l'Escorial).

**LÉONIDAS Ier** ♦ (mort aux Thermopyles –480). Roi de Sparte, successeur de son demi-frère Cléomène* Ier probablement en –490. Chargé de défendre le défilé des Thermopyles* avec un petit contingent grec contre l'armée de Xerxès*, il lui opposa une farouche résistance (–480). Devant la supériorité écrasante de l'ennemi, il congédia la plus grande partie de ses troupes et il se sacrifia avec ses trois cents hoplites spartiates, causant des pertes considérables aux Perses. Ce sacrifice, illustré par des monuments, épigrammes (→ **Simonide de Céos**) et textes historiques, contribua à la grande réputation de civisme et de la discipline des Spartiates. ◆ ÉTYM. *Léonidas* vient du grec *leôn* «lion».

**LÉONIDAS II** ♦ (v. –315 - –236). Roi de Sparte (v. –243 - –236), élevé à la cour de Séleucos* Ier. Ayant combattu les réformes de son associé Agis* IV, il fut déposé par lui, mais il réussit à reprendre son trône (–240) et fit mettre à mort Agis.

**LEONTIEF (Wassily)** ♦ Économiste américain d'origine russe (Saint-Pétersbourg 1906 - New York 1999). Ses travaux ont porté sur l'analyse interindustrielle qui est utilisée aujourd'hui pour la planification et l'étude de la croissance. [Prix Nobel d'écon. 1973]

**LEONTIEV (Konstantin Nikolaïevitch)** ♦ Philosophe et conteur russe (Koudinovo, gouv. de Kalouga 1831 - Zagorsk 1891). Médecin puis moine, il fut attiré par l'amour que les slavophiles* portaient à l'originalité de la vie russe. Il écrivit une comédie, *Le Mariage d'amour* (1851), qu'il soumit à Tourgueniev*, un roman, *Podlipki* (1861), et exposa son idée d'une civilisation individuelle se suffisant à elle-même dans *L'Orient, la Russie et le Slavisme* (1885 - 1886). Réactionnaire et nationaliste, il voulait «congeler la Russie afin de l'empêcher de pourrir». Selon lui l'influence de l'Occident athéiste et démocratique détruisait la beauté d'une société complexe. Méprisant la morale conventionnelle, il a été surnommé le Nietzsche* russe. Critique littéraire, il fit une étude *Sur les romans de Tolstoï, analyse, style et atmosphère* (1890).

**LEOPARDI (Giacomo**, comte**)** ♦ Écrivain italien (Recanati 1798 - Naples 1837). Fils d'un gentilhomme amateur de belles-lettres et d'une mère glaciale et bigote, il s'enferma très tôt dans la bibliothèque paternelle où il apprit seul le grec et l'hébreu ; il y ruina aussi précocement sa santé. Traductions et compilations (*Essai sur les erreurs populaires des Anciens*, 1815) illustrent cette adolescence érudite (il donne déjà de remarquables travaux de philologie) ainsi que le mélange de rationalisme et d'amour pour les «fables antiques», qui ne cessera d'irriguer son œuvre. Sa «conversion» à la poésie (1816) fut suivie en 1818 - 1819 par une «conversion philosophique» au matérialisme et au «pessimisme historique» qui, dans le sillage de Rousseau, découvre une fracture irréparable entre la nature heureuse et la civilisation, privée des illusions vitales. Exprimée dans les premiers *Canti**, cette position s'accentuera par la reconnaissance que la «poésie d'imagination», exaltée dans le *Discours d'un Italien sur la poésie romantique*, est devenue impossible : à la modernité n'appartient plus que la «poésie sentimentale». C'est la période des «idylles» *(L'Infini, Le Soir du jour de fête, À la Lune)* et d'une spéculation intense enregistrée dans le *Zibaldone*, prodigieux journal intellectuel tenu jusqu'en 1832 (1re éd., 1898 - 1900). En 1823, Leopardi rentra désenchanté d'un séjour à Rome, son premier voyage. L'année suivante, il rédigea presque d'un jet la majorité des *Operette morali* où, à travers de rapides allégories et dans une prose d'un classicisme étincelant, il donna la quintessence d'un pessimisme devenu «cosmique». De lui-même, il écrivit à cette époque : «Je suis [...] un sépulcre ambulant, qui porte au fond de lui un homme mort.» S'arrachant au palais familial de Recanati, sa santé toujours plus délabrée, il séjourna à Milan, Bologne, Ravenne, Florence (où il fit la connaissance de Manzoni et, plus tard, de Stendhal) et à Pise, où le peu de paix qu'il goûta réveilla en lui la poésie : c'est le *Risorgimento**. En 1829, il composa à Recanati les grands poèmes de la maturité, et, l'année suivante, quitta définitivement sa famille. En 1831 parut la première édition des *Canti**, dédiée à ses «amis de Toscane», qui l'avaient aidé à subsister. Peu de temps auparavant avait commencé son *sodalizio* («Amitié») avec A. Ranieri, personnalité ambiguë, auprès duquel il vivra désormais. Les deux amis s'installèrent à Naples en 1833. Parallèlement aux grands chants (à la 2e éd., 1835, ne manquent plus que *Le Coucher de la lune* et *Le Genêt*), la pensée de Leopardi se cristallisa alors en œuvres plus acérées, lancées contre la société (les *Pensées*), contre *Les Nouveaux Croyants* et, plus généralement, contre l'optimisme libéral (*La Palinodie* et le troublant poème héroï-comique *Les Paralipomènes à la Batrachomyomachie*). Il mourut en 1837, épuisé par une vie de souffrances. Estimée depuis longtemps en Allemagne pour son versant philologique, son œuvre poétique et morale allait susciter l'admiration enthousiaste de Schopenhauer et de Nietzsche. En France, Sainte-Beuve le révéla en 1844 dans *La Revue des Deux Mondes*. ➝ **ÉTYM.** Ce nom vient de l'italien *leopardo* «léopard».

**LÉOPOLD Ier** ♦ (Vienne 1640 - *id.* 1705). Archiduc d'Autriche, roi de Hongrie (1655 - 1705), et de Bohême (1656 - 1705), empereur germanique (1658 - 1705). Lorsqu'il succéda à son père Ferdinand* III, il dut immédiatement lutter contre les Turcs qu'il repoussa grâce à la victoire de Montecuccoli* à Saint*-Gotthard (1664). Le soulèvement de la Hongrie entraîna une nouvelle agression turque et Vienne, assiégée, ne fut sauvée que grâce à l'intervention de Jean* III Sobieski. La contre-offensive, menée par de grands généraux comme Charles de Lorraine et le Prince Eugène (→ **Eugène de Savoie-Carignan**), aboutit à la paix de Karlowitz* (1699). Léopold fut moins heureux dans ses guerres contre Louis* XIV ; il dut signer la paix de Nimègue* (1679), celle de Ryswick (1697) et mourut au cours de la guerre de Succession* d'Espagne. Cultivé, d'une grande piété, il avait fait de ses possessions un État centralisé autour de Vienne et sut encourager la vie intellectuelle (il protégea Leibniz*). ➝ **ÉTYM.** *Léopold* vient du germanique *Leotbold*, variante *Leotbald*, de *°leud* «peuple» et *bald* «audacieux».

**LÉOPOLD II** ♦ (Vienne 1747 - *id.* 1792). Grand-duc de Toscane (1765 - 1790), empereur germanique (1790 - 1792), roi de Bohême et de Hongrie. Second fils de François Ier et de Marie-Thérèse, il succéda à son frère Joseph II à la tête de l'Empire. Il avait d'abord été grand-duc de Toscane (sous le nom de Léopold Ier) et s'y était comporté en despote éclairé, très libéral. Les difficultés dans lesquelles il trouva l'Autriche expliquent qu'il ait dû renoncer à une grande partie des réformes de son frère. Il réussit ainsi à soumettre les Pays-Bas (1790), puis Liège (1791), à apaiser la Hongrie et à terminer la guerre contre les Turcs (paix de Sistova, 1791). Face à la Révolution française, il conserva une attitude très prudente, bien qu'il fût le frère de Marie-Antoinette et malgré la déclaration de Pillnitz* (1791), et la guerre ne fut déclarée que par son successeur, son fils François* II.

**LÉOPOLD Ier DE HABSBOURG** ♦ (v. 1290 - Strasbourg 1326). Duc d'Autriche (1308 - 1326). Fils d'Albert Ier, empereur germanique, il fut vaincu au Morgarten* par les confédérés suisses, défaite qui assura aux Suisses leur indépendance définitive (1315).

**LÉOPOLD III DE HABSBOURG** ♦ (1351 - Sempach 1386). Duc d'Autriche (1365 - 1386). Il acquit des Habsbourg Fribourg-en-Brisgau (1368), Trieste (1382) et une partie du Vorarlberg et fut vaincu et tué par les Suisses à la bataille de Sempach. → **Winkelried (Arnold de).**

**LÉOPOLD Ier DE SAXE-COBOURG** ♦ (Cobourg 1790 - Laeken, Bruxelles 1865). Roi des Belges (1831 - 1865). Prince de Saxe-Cobourg, il servit dans l'armée russe et combattit Napoléon. Après 1815, naturalisé britannique, il épousa (1816) l'héritière du trône d'Angleterre, Charlotte, qui mourut en 1817. Le Congrès belge, réuni en 1830, l'élut roi des Belges sur proposition de Joseph Lebeau*, le 4 juin 1831. Il influa sur le Congrès de Londres pour aboutir à un règlement favorable à la Belgique. Peu après son arrivée, il défendit la Belgique contre l'attaque hollandaise et acquit rapidement une grande popularité. En 1832, il épousa Louise-Marie d'Orléans, fille aînée de Louis-Philippe. Utilisant son influence personnelle et ses relations familiales, il protégea la Belgique contre les ambitions de la Prusse et de la France et intervint en outre en politique internationale pour le maintien de la paix en Europe. À l'intérieur, il favorisa l'union des catholiques et des libéraux. ▪ Père de Léopold* II, de Philippe, comte de Flandre, et de Charlotte* (future impératrice du Mexique).

**LÉOPOLD II** ♦ (Bruxelles 1835 - Laeken, Bruxelles 1909). Roi des Belges (1865 - 1909). Fils de Léopold* Ier. Il poursuivit la politique de son père, contrecarrant les ambitions de Napoléon III (1866 - 1869). En 1853, il épousa Marie-Henriette d'Autriche, mais cette union fut malheureuse et la vie privée du roi défraya la chronique. Ambitieux et autoritaire, il parvint à donner à son pays le rang de puissance européenne et coloniale. La Belgique devint une nation prospère (essor industriel et commercial) et militairement forte (notamment après 1890, le danger d'un conflit devenant évident). Son action dans la politique coloniale de l'Europe en Afrique fut déterminante. Il fonda l'Association internationale africaine, chargea Stanley* d'explorer le Congo et y créa un «État indépendant» dont le congrès de Berlin le reconnut comme souverain (1885). Il légua par testament (1889 ; accepté par la Chambre belge en 1908) son royaume du Congo à la Belgique, donnant ainsi à son pays une place notable dans les rangs des nations impérialistes. → **Congo (Rép. démocratique du).**

**LÉOPOLD III** ♦ (Bruxelles 1901 - *id.* 1983). Roi des Belges (1934 - 1951). Fils d'Albert* Ier, il épousa la princesse Astrid* de Suède en 1926, devint roi à la mort de son père (1934) et perdit sa femme en 1935. Devant la menace de conflit, il réaffirma la neutralité de la Belgique en 1936. Lorsque l'Allemagne envahit son pays (10 mai 1940), il dirigea en personne les opérations ; ayant accepté le plan allié de retrait sur l'Escaut, qui livrait une partie de son territoire à l'ennemi, il dut peu après déposer les armes (28 mai 1940) devant la disproportion écrasante des forces. Cette décision fut contestée. Léopold III fut gardé par les Allemands dans son château de Laeken et refusa toute collaboration avec eux. Son mariage en 1941 avec Liliane Baels, qu'il titra princesse de Réthy, fut jugé déplacé au regard des épreuves que traversait le pays. En 1944, il fut emmené en Allemagne avec ses fils (les futurs rois Baudouin Ier et Albert II). Il fut libéré par les Alliés en mai 1945, mais en Belgique, les socialistes et les libéraux, critiquant son attitude de 1940, manifestèrent leur hostilité au souverain. Celui-ci se retira en Suisse et le prince Charles, son frère, accepta la régence. En 1950, un plébiscite lui redonna le pouvoir, et il revint à Bruxelles pour se trouver devant de graves difficultés intérieures. Léopold III nomma son fils Baudouin «prince royal» (août 1950) et abdiqua en sa faveur en juil. 1951.

**LÉOPOLDVILLE** → **Kinshasa**

**LÉOTARD (François)** ♦ Homme politique français (Cannes 1942). Maire de Fréjus (1977 - 1997), député (1978 - 2001), président du Parti républicain (1982 - 1990 ; 1995 - 1997) et de l'UDF (1996 - 1998), il fut ministre de la Culture et de la Communication (1986 - 1988) dans le premier gouvernement de cohabitation et fit voter la privatisation de TF1*. Il fut ministre de la Défense dans le gouvernement Balladur* (1993 - 1995). Il a été représentant spécial de l'UE en Macédoine* en 2001. ➝ **ÉTYM.** Ce nom de famille vient du nom de personne germanique *Leodhard*, de *°leud* «peuple» et *hard* «dur, fort» (→ aussi Liotard, Lyotard).

**LÉOTYCHIDE** – en gr. ***Leôtukhidas*** ♦ (mort à Tégée –469). Roi de Sparte (–491 - –469). Conjointement avec Cléomène* Ier, il commanda avec le stratège athénien Xanthippos* la flotte alliée grecque qui remporta sur les Perses la victoire de Mycale* (–479). → **médiques (guerres).** Condamné plus tard pour corruption, il mourut en exil.

**LÉOVIGILD** ♦ Roi des Wisigoths (v. 568 - Tolède 586), frère de Liuva* Ier. Il conquit le royaume des Suèves*, tenta de faire l'unité en imposant l'arianisme et persécuta les catholiques, tuant même l'un de ses fils, Herménégild, coupable de catholicisme.

**LEPAGE (Robert)** ♦ Comédien et dramaturge canadien (Québec 1957). Après *Circulations* (1984) et *La Trilogie des Dragons* (1985, nouvelle version en 2003), il fonde en 1994 la compagnie Ex Machina réunissant comédiens, chanteurs d'opéra, marionnettistes, acrobates, musiciens... et monte *Les Sept Branches de la rivière Ota*, sur Hiroshima. Parmi ses mises en scène figurent *La Casa azul* (2001), pièce sur Frida Kahlo, *La Face cachée de la Lune* (2000) qu'il adapte ensuite au cinéma, ou encore des spectacles rock et des opéras : *Erwartung* de Shoenberg, *Le Château de Barbe-Bleue* de Bartók et *Buskers Opera* (d'après *L'Opéra du Gueux* de J. Gay).

**LÉPANTE** – auj. ***Naupacte*** ♦ Anc. ville de Grèce. Fortifiée par les Vénitiens (1417 - 1699), la ville résista longtemps aux Turcs. C'est au large de la ville qu'eut lieu la *bataille de Lépante* (1571). La flotte chrétienne de la Sainte Ligue (Espagne, Venise, Saint-Siège), sous le commandement de don Juan* d'Autriche, mit en déroute la flotte turque d'Ali Pacha. Cette victoire, qui mettait fin à la légende de l'invincibilité ottomane, n'eut pas de conséquences positives immédiates.

**LEPAUTRE (Jean)** ♦ Dessinateur, graveur et ornemaniste français (Paris 1618 - *id.* 1682). Il publia de nombreux recueils de gravures : planches d'architecture et de décorations où se déploie une imagination fougueuse et pleine de fantaisie. Il fut aussi un habile chroniqueur *(Le Sacre de Louis XIV)* et contribua par la variété et la richesse de ses motifs ornementaux à l'élaboration du style

Antoine **Lepautre.** *Coupe de la chapelle du couvent de Port-Royal de Paris.* Bibliothèque nationale de France, Paris. *Phot. © Cauboue*

Louis XIV. ♦ **Antoine Lepautre.** Architecte et décorateur français (Paris 1621 - *id.* 1691). Frère du précédent, il édifia la chapelle du couvent de Port-Royal à Paris (la Maternité) en adoptant un parti sobre et monumental (ordre colossal), dont l'esprit s'accorde avec la rigueur janséniste. Il devint l'architecte du duc d'Orléans, exécuta des travaux pour le parc et le château de Saint-Cloud et manifesta son tempérament baroque dans l'hôtel de Beauvais (1654) à Paris, au décor animé et en fort relief.

**LE PELETIER** ou **LEPELETIER DE SAINT-FARGEAU (Louis-Michel)** ♦ Homme politique français (Paris 1760 - *id.* 1793). Député de la noblesse aux états généraux (1789), rallié parmi les premiers au tiers état, réélu à la Convention (1792), il vota pour la mort du roi ; assassiné le lendemain (20 janv. 1793) par un royaliste, l'ancien garde du corps Pâris, il fut placé au rang de «martyr de la liberté», comme Marat, lors de la Convention montagnarde. ♦ **Ferdinand Louis Le Peletier de Saint-Fargeau.** Homme politique français (Paris 1767 - *id.* 1837). Frère du précédent, partisan des idées révolutionnaires, membre du Club des jacobins, il fut impliqué dans la conspiration de Babeuf* (1796) puis dans l'attentat de la rue Saint-Nicaise (1800), après lequel il fut interné à l'île de Ré, puis exilé en Suisse (1803).

**LE PEN (Jean-Marie)** ♦ Homme politique français (La Trinité-sur-Mer 1928). Député poujadiste puis indépendant (1956 ; 1958 - 1962 ; 1986 - 1988), il est président du Front* national depuis 1972. Il a été candidat à l'élection présidentielle de 1974 (à laquelle il obtint 0,75 % des voix), 1988 (14,38 %), 1995 (15 %), 2002 (16,86 %) et 2007 (10,44 %). Député européen à partir de 1984, il fut déchu de son mandat en 2003 et réélu en 2004 et en 2009. ▪ **ÉTYM.** Ce nom vient du breton et signifie «chef», «tête» ou «source».

**LEPÈRE (Auguste Louis)** ♦ Graveur français (Paris 1849 - Domme 1918). Il remit à l'honneur la peinture sur bois, qui redevint un moyen d'expression artistique à part entière, et non plus seulement de reproduction. Il collabora à de nombreux magazines *(Le Monde illustré)* et illustra des auteurs tels que Huysmans.

**LE PICHON (Xavier)** ♦ Géophysicien français (Quinhon, Viêtnam 1937), professeur au Collège de France depuis 1986. Il collabora avec J. Morgan* à la formulation de la théorie de la tectonique des plaques. [Acad. sc. 1985]

**LÉPIDE** – en lat. ***Marcus Aemilius Lepidus*** ♦ Homme politique romain (–Ier s.). Partisan de Sylla* puis de Pompée*, consul en –78, il tenta de rétablir à son profit la dictature de Sylla et fut vaincu par Pompée (–77).

**LÉPIDE** – en lat. ***Marcus Aemilius Lepidus*** ♦ Homme politique romain (mort à Ciceii –13). Ancien maître de la cavalerie de César*, il forma avec Octave (→ **Auguste**) et Antoine* le 2e triumvirat (27 nov. –43) et reçut l'Espagne, la Gaule narbonnaise puis l'Afrique ; mais Octave lui enleva progressivement tout pouvoir.

**LÉPINE (Stanislas)** ♦ Paysagiste français (Caen 1835 - Paris 1892). Élève de Corot*, il peignit avec une gamme raffinée des vues de Paris et des paysages (rives de fleuve) solidement construits et où apparaissent une sensibilité à l'atmosphère et un sens de la lumière qui, dans une certaine mesure, annoncent l'impressionnisme.

**LÉPINE (Louis)** ♦ Administrateur français (Lyon 1846 - Paris 1933). Préfet de police (1893 - 1897, 1899 - 1912), il organisa la réglementation de la circulation et créa les brigades cyclistes pour accroître l'efficacité de la police parisienne. Il institua à partir de 1902 les expositions annuelles organisées par l'Association des inventeurs et fabricants français *(concours Lépine)*.

**LÉPINE (Pierre)** ♦ Médecin français (Lyon 1901 - Paris 1989). Spécialiste de virologie, il étudia particulièrement les virus de la rage et de l'encéphalite. Il mit au point, indépendamment de J. Salk*, un vaccin contre la poliomyélite. [Acad. sc. 1961]

**LE PLAY (Frédéric)** ♦ Ingénieur, économiste et sociologue français (La Rivière-Saint-Sauveur, Calvados 1806 - Paris 1882). Polytechnicien, il devint conseiller d'État (1855), sénateur (1867 - 1870) et créa la Société d'économie sociale (1856). Initiateur de la méthode monographique en sociologie, il fut le principal représentant du catholicisme social de tendance conservatrice et traditionaliste, cherchant à réformer la société en restaurant l'autorité des propriétaires, des patrons et des pères de famille. Ses idées influencèrent directement le mouvement social patronal (paternalisme) de la seconde moitié du XIXe s. Œuv. princ. : *Les Ouvriers européens,* 1855 ; *La Réforme sociale en France,* 1864.

**LE PRIEUR (Yves)** ♦ Officier de marine et inventeur français (Lorient 1885 - Nice 1963). Il effectua le premier vol officiel en Extrême-Orient (Tōkyō, 9 déc. 1909) à bord d'un planeur remorqué par une automobile. Inventeur d'un correcteur de route pour avion (navigraphe) utilisé pour la première traversée aérienne du Sahara (1925) et du procédé de décor cinématographique de la transparence (1928), il est surtout connu pour avoir conçu le premier scaphandre autonome pratique (1926) et sa deuxième version à détendeur automatique, adoptée par la Marine nationale en 1935. → **Cousteau.**

**LEPRINCE DE BEAUMONT (Jeanne-Marie)** ♦ Femme de lettres française (Rouen 1711 - Annecy 1780). Elle vécut en Angleterre (1745 à 1760) comme éducatrice et y publia *Le Nouveau Magasin français,* recueil littéraire et scientifique destiné à la jeunesse. Elle reste surtout célèbre par ses contes, groupés dans *Le Magasin des enfants* (1757, où figure *La Belle et la Bête*), *Le Magasin des adolescents* (1760) et *Le Magasin des pauvres* (1768).

**LEPRINCE-RINGUET (Louis)** ♦ Physicien français (Alès 1901 - Paris 2000). Auteur de recherches sur les rayons cosmiques, il détermina la masse de plusieurs types de mésons et participa à la découverte des hypérons (particules de la famille des baryons, d'étrangeté non nulle). [Acad. sc. 1949 ; Acad. fr. 1966]

Louis **Leprince-Ringuet.** *BIS/Phot. DR. © Coll. Archives Larbor*

**LEPSIUS (Karl Richard)** ♦ Égyptologue allemand (Naumburg 1810 - Berlin 1884). Après une formation philologique ; il se consacra à l'égyptologie. Il s'intéressa particulièrement aux textes funéraires et publia en 1842 une étude fondamentale sur *Le Livre* des morts.* Au cours d'un voyage en Égypte, il découvrit le «décret de Canope», inscription trilingue qui confirmait les résultats obtenus par Champollion*. Il est l'auteur de *Monuments d'Égypte et d'Éthiopie* (1849 - 1859).

**LEPTIS MAGNA** – auj. ***Lebda*** ♦ V. antique de Tripolitaine* (Libye) sur la côte méditerranéenne, à l'E. de Tripoli. Fondée par les Phéniciens, elle tomba sous la domination de Carthage puis de Rome. Elle eut un rôle commercial considérable. ▪ Ruines romaines importantes.

**LÊ QUÍ ĐÔN** ♦ Homme politique et érudit vietnamien (Thái Bình 1726 - Nghệ An 1784). Son œuvre encyclopédique, d'expression vietnamienne et chinoise, révèle sa sensibilité, son vaste savoir ainsi que de remarquables dons d'observation.

**LEQUIER (Jules)** ♦ Philosophe français (Quintin 1814 - Plérin, près de Saint-Brieuc 1862), chez ce précurseur du néocriticisme en France (→ **Renouvier**) le problème de la liberté humaine répond à une préoccupation profondément chrétienne (*Recherche d'une première vérité,* publ. 1865).

**LÊ QUÍ LY** → Hồ Quí Ly

**LERAY (Jean)** ♦ Mathématicien français (Nantes 1906 - La Baule 1998). Auteur de travaux de topologie algébrique, il créa la technique des suites spectrales et la notion fondamentale de faisceau. Il étudia surtout les équations aux dérivées partielles qui l'amenèrent à mettre en évidence la nécessité de considérer des «solutions» qui ne soient pas des fonctions dérivables au sens usuel. [Acad. sc. 1953]

**LERICHE (René)** ♦ Chirurgien français (Roanne 1879 - Cassis 1955). Spécialiste de la chirurgie du sympathique, il a étudié les maladies artérielles ainsi que la physiologie normale et pathologique des tissus osseux. Il s'est également attaché à analyser en médecin le phénomène de la douleur, les rapports entre la santé et la maladie. [Acad. sc. 1945]

**LE RICOLAIS (Robert)** ♦ Ingénieur et architecte français (La Roche-sur-Yon 1894 - Paris 1977). D'abord ingénieur hydraulicien, il mit au point des éléments constructifs rigides, légers et résistants (brevet des tôles composées, 1934 - 1935). Il s'intéressa aux problèmes posés par les «structures spatiales» constituées d'éléments modulaires identiques, préfabriqués, d'un montage simple et susceptibles de couvrir de vastes surfaces à portées ininterrompues. Il étudia les structures réticulées, élabora des charpentes métalliques tridimensionnelles, puis conçut des structures combinées à partir de réseaux de câbles d'acier, de treillis tubulaires et de matériaux tressés. Auteur notamment d'un hangar à Clairvivre (Dordogne, 1958), de la charpente de l'église Saint-Wandrille à Belleville-en-Caux (1959) et d'un hangar à Yaoundé (1948 - 1950), il s'établit aux États-Unis en 1951.

**LÉRIDA** → **Lleida**

**LÉRINS** [leʀɛ̃s] (îles de) ◆ ÉTYM. de l'anc. n. de Saint-Honorat, *Lerinus*, de *Lero*, n. d'une divinité ♦ Îles de la Côte d'Azur (Alpes-Maritimes), au large de Cannes. Les principales sont, au N., l'île Sainte-Marguerite (longueur 3 km ; largeur 900 m environ ; anc. château, auj. musée de la Mer ; prisons dans lesquelles fut enfermé le Masque* de fer) ; au S., l'île Saint-Honorat (longueur 1 500 m ; largeur 400 m ; anc. monastère fortifié). ▪ Tourisme. ▮ **Histoire** Vers 400, saint Honorat y fonda une communauté ascétique, germe d'un monastère qui rayonna surtout aux Vᵉ - VIᵉ s. avec les saints Hilaire d'Arles, Vincent de Lérins, Loup de Troyes, Césaire d'Arles. Soumis à la règle bénédictine (660), détruit par les Sarrasins, le monastère, au terme d'une longue décadence, fut vendu à la Révolution. Rendu au culte (1859), il appartient depuis 1869 aux cisterciens de la congrégation de Sénanque*.

**LERMA (Francisco GÓMEZ DE SANDOVAL Y ROJAS,** comte puis duc **DE)** ♦ Homme politique espagnol (1553 - Valladolid 1625). Favori et ministre de Philippe* III, il gouverna en fait l'Espagne de 1598 à 1618. Sa politique extérieure fut pacifique, mais, à l'intérieur, il se préoccupa surtout d'échafauder une fortune scandaleuse, favorisée par l'expulsion des musulmans espagnols (morisques*). Il fut supplanté par son propre fils, le duc d'Uceda (Lesage* l'a dépeint dans *Gil Blas*).

**LERMA** (rio) n. m. ♦ Fl. du Mexique, né près de Toluca, dans le centre du pays, et qui se jette dans le Pacifique (24 km). Il prend parfois le nom de *Santiago* en aval du lac de Chapala. Les prélèvements sur ses sources alimentent la ville de Mexico.

**LERMONTOV (Mikhaïl Iourievitch)** ♦ Poète et romancier russe (Moscou 1814 - Piatigorsk, Caucase 1841). Romantique, il subit surtout l'influence de Byron*. De sa jeunesse, il faut retenir deux envolées lyriques : *La Voile* et *L'Ange* (1831). Plus tard, indigné par la mort absurde de Pouchkine*, il écrivit le poème *La Mort du poète* (1837) qui le rendit célèbre, tout en lui valant d'être exilé au Caucase. Il exprima alors dans ses poèmes la solitude angoissante dans laquelle il se trouvait et la difficulté qu'il avait à s'adapter au monde, méprisant trop le «troupeau humain» (*Le Démon*, 1839, *Le Novice [Mtsyri]*, 1839). Il écrivit aussi des poèmes épiques (*Borodino*, *Le Chant du marchand Kalachnikov*) et réalistes (*Le Testament*, *Valerik*). *Un héros de notre temps* (1839 - 1840) est le premier roman psychologique écrit en Russie. Provoqué en duel par le commandant Martynov, Lermontov fut tué. ◆ ÉTYM. *Lermontov* est la russification de *Learmont*, nom d'origine écossaise.

**LERNE** – en gr. mod. *Lérni* ♦ Marais au fond du golfe d'Argolide (Péloponnèse) en Grèce, célèbre par la légende de l'hydre tuée par Héraclès. Les eaux souterraines du haut plateau de Mantinée y jaillissent. ▪ Site d'une agglomération préhistorique fortifiée ; vestiges néolithiques et mycéniens.

**LERNET-HOLENIA (Alexander LERNET, dit)** ♦ Écrivain autrichien (Vienne 1897 - 1976). S'il partage avec Leo Perutz* le goût des intrigues vertigineuses, son œuvre respire davantage le sentiment de désagrégation de l'ère postmoderne. On citera : *J'étais Jack Mortimer* (1933), qui emprunte sa forme au roman policier ; *Le Baron Bagge* (1936), bâti sur un troublant décalage onirique ; son fantastique *Mars en bélier* (1941), qui s'inspire de l'invasion de la Pologne en 1939, et *Le Comte Luna* (1955) où l'intrigue complexe a pour arrière-plan une Autriche dépossédée de son histoire par le nazisme.

**LEROI-GOURHAN (André)** ♦ Ethnologue et préhistorien français (Paris 1911 - *id.* 1986). Renouvelant la méthodologie de l'investigation archéologique par ses fouilles à Arcy*-sur-Cure (1946 - 1963) et à Pincevent* (1964 - 1985), il a mis l'accent sur la nécessité d'une étude globale des lieux de fouille qui permet d'améliorer la connaissance que l'on peut avoir des modes de vie et de pensée de l'homme préhistorique. Dénonçant les dangers des analogies ethnologiques, il s'est attaché à présenter une méthode d'explication technologique (*Milieux et Techniques*, 1945 ; *Le Geste et la Parole*, 1964 - 1965). Il a par ailleurs proposé une interprétation de l'art préhistorique en termes de symboles sexuels (*Préhistoire de l'art occidental*, 1965). Professeur au Collège de France (1969 - 1982).

**LEROI JONES (Everett)** ♦ Poète, auteur dramatique et romancier américain (Newark 1934), il se fit appeler Amiri Baraka à partir de 1972. Noir, champion de la négritude la plus intransigeante, LeRoi Jones s'est d'abord fait connaître comme poète. Il voulait faire de la poésie, techniquement explosive, avec «tout ce qu'on peut arracher aux ordures de la vie». L'affrontement sexuel entre le Noir et la Blanche de *L'Esclave* (1964) symbolise la fatalité raciste qui domine et écrase le Noir comme le Blanc. Dans son essai *Le Peuple du blues* (1963), il s'efforce de montrer le passage du blues, «la plus fidèle imitation de la voix humaine», au jazz, chant d'espoir.

**LEROUX (Pierre)** ♦ Philosophe, publiciste et homme politique français (Bercy 1797 - Paris 1871). Admis à l'École polytechnique, il dut renoncer à poursuivre ses études en raison de difficultés matérielles. Maçon, puis typographe, il devint collaborateur du journal *Le Globe* (1824), qui, en grande partie sous son influence, fut bientôt le porte-parole du saint-simonisme (→ **Saint-Simon**). Dès 1831 en effet, P. Leroux s'était rallié au groupe des saint-simoniens, mais lors de la querelle qui opposa Enfantin à Bazard, il prit le parti de ce dernier. Apôtre de la solidarité humaine, il exposa, dans son principal ouvrage (*De l'humanité, de son principe et de son avenir, où se trouve exposée la vraie définition de la religion* [...], 1840), les grands principes de son socialisme à caractère religieux. En collaboration avec G. Sand*, dont il était devenu l'ami, et de Louis Viardot, il fonda *La Revue indépendante* (1841). Pour appliquer ses idées égalitaires, il créa en 1845 une imprimerie à Boussac (Creuse), où il fit paraître *La Revue sociale*. Lors de la révolution de 1848, il y proclama la république et y fut nommé maire. Député à l'Assemblée constituante (1848), réélu à l'Assemblée législative (1849), il siégea avec l'extrême gauche (la Montagne). Le coup d'État du 2 décembre 1851 le contraignit à l'exil en Angleterre, puis à Jersey. Rentré en France (1869), il ne se mêla plus directement à la vie politique. Il a laissé plusieurs ouvrages politiques parmi lesquels *Sept discours sur la situation actuelle de la société et de l'esprit humain* (1841), *De l'humanité, solution pacifique du problème du prolétariat* (1848), *Projet d'une constitution démocratique et sociale* (1848), et un grand poème socialiste, *La Grève de Samarez* (1863 - 1864).

**LEROUX (Gaston)** ♦ Romancier français (Paris 1868 - Nice 1927). Il collabora à divers journaux (dont *Le Matin*), avant de mettre au point un personnage de journaliste-détective amateur capable de dénouer les situations les plus mystérieuses, Rouletabille. D'une perspicacité exceptionnelle, son héros s'entend à utiliser «le bon bout de la raison», pour résoudre les énigmes policières présentées dans *Le Mystère de la chambre jaune* (1907), *Le Parfum de la dame en noir* (1908), *Le Fantôme de l'Opéra* (1910), *Rouletabille chez le tsar* (1913). Le goût de la mystification s'y exprime par les substitutions et les transformations les plus abracadabrantes. Au cycle de *Rouletabille*, succéda le cycle de *Chéri-Bibi*, qui développe les aventures inquiétantes d'un évadé de Cayenne, hors-la-loi au grand cœur qu'accable la société (*Les Cages flottantes*, 1913 ; *Chéri-Bibi et Cécily*, 1913 ; *Fatalitas*, 1919 ; *Palas et Chéri-Bibi*, 1919 ; *Le Coup d'État de Chéri-Bibi*, 1926). Les exploits de ces deux héros furent souvent portés à l'écran. ◆ ÉTYM. *Leroux* est le surnom d'un homme aux cheveux roux.

**LE ROY (Pierre)** ♦ Horloger français (Paris 1717 - Viry 1785). Maître des horlogers de Paris (1737), il est à l'origine de la chronométrie moderne. Ayant publié le premier ses documents, il semble avoir découvert, avant Berthoud*, l'isochronisme du spiral (1769).

**LE ROY (Édouard)** ♦ Mathématicien et philosophe français (Paris 1870 - *id.* 1954). Hostile au scientisme, il a proposé une conception nominaliste du savoir scientifique, destiné selon lui à des fins pratiques. Influencé par la pensée de Bergson*, il a voulu subordonner l'idée au réel et le réel à l'action. Il a critiqué la théologie traditionnelle et insisté sur le caractère éthique des dogmes ; son ouvrage *Dogme et Critique* (1907) fut directement visé par l'encyclique *Pascendi* du pape Pie X comme «moderniste» (1907). → **Laberthonnière, Blondel (Maurice).** [Acad. fr. 1945]

**LEROY (Mervyn)** ♦ Cinéaste américain (San Francisco 1900 - Beverly Hills 1987). D'une production importante (plus de 80 films) et inégale, émergent quelques belles réussites, dans le domaine du film policier à implications sociales : *Le Petit César* (1930), *Je suis un évadé* (1932), *La ville gronde* (1937), *Mauvaise graine* (1956). ◆ ÉTYM. «Le roi» est le surnom du vainqueur d'une compétition ou est un sobriquet (→ aussi King, Kœnig, Le Roy, Rey, Roy, Wang).

**LEROY-BEAULIEU (Paul)** ♦ Économiste français (Saumur 1843 - Paris 1916). Il fut un des principaux représentants de l'école libérale et fonda *L'Économiste français* (1873). Il est l'auteur, notamment, de *La Répartition des richesses* (1896).

**LE ROY LADURIE (Emmanuel)** ♦ Historien français (Les Moutiers-en-Cinglais, Calvados 1929). Professeur au Collège de France (1973 - 1999), administrateur général de la Bibliothèque nationale (1987 - 1994), il est l'un des principaux représentants de la «nouvelle histoire» (→ **Annales [école des]**). Sensible aux phénomènes de très lente évolution, parlant même «d'histoire immobile», il a associé dans ses travaux la recherche d'une structure globale à une volonté d'histoire totalisante (*Paysans du Languedoc*, 1966). Il a exploré ainsi de nouveaux domaines jusqu'alors négligés par les historiens, telle la climatologie (*Histoire du climat depuis l'an mil*, 1967 ; *Histoire humaine et comparée du climat en Occident*, 2004) et a rendu accessibles au grand public les enjeux de l'anthropologie historique (*Montaillou, village occitan, de 1294 à 1324*, 1975 ; *Le Carnaval de Romans*, 1980).

**LÉRY (Jean DE)** ♦ Voyageur français (La Margelle, Léry, Bourgogne, v. 1534 - L'Isle-près-Montrichet, pays de Vaud, v. 1613). Protestant réfugié à Genève, il fit un voyage au Brésil ; il en donna la description et étudia la vie, les mœurs et coutumes des populations indigènes (Tupinambas) dans son *Histoire d'un voyage fait en la terre du Brésil* (1578).

**LESAGE (Alain René)** ♦ Romancier et auteur dramatique français (Sarzeau, Bretagne 1668 - Boulogne-sur-Mer 1747). Avocat sans fortune, puis écrivain professionnel, il se fit le traducteur des dramaturges espagnols avant de connaître le succès avec *Crispin*, rival de son maître* (1707), comédie inspirée de Hurtado* de Mendoza, puis avec un roman de mœurs, *Le Diable* boiteux* (1707). Il donna ensuite l'*Histoire de Gil* Blas de Santillane*, œuvre réaliste (1715 - 1735) qui manifestait le talent de psychologue et la justesse du style alerte de Lesage. Au théâtre, après le scandale provoqué par *Turcaret* ou le Financier* (1709), il se consacra au théâtre de la Foire pour lequel il écrivit 95 pièces, inventant notamment la pièce à écriteaux et le vaudeville. Original par ses attaques extrêmement audacieuses contre tous les rangs de la société de la Régence, brossant avec réalisme une vivante galerie de types humains, Lesage écrivait « avec facilité, avec un don de récit et de mise en scène qui était son talent propre » (Sainte-Beuve).

**LESAGE (Jean)** ♦ Homme politique canadien (Montréal 1912 - Québec 1980). Député libéral, il fut Premier ministre du Québec de 1960 à 1966 et préconisa un réformisme hardi (la « révolution tranquille »).

**LESBIE** – en lat. ***Lesbia*** ♦ Nom poétique donné par Catulle* à sa maîtresse Clodia, femme du proconsul de Cisalpine Q. Metellus Ceder (en -62 et -61) ; il la comparait ainsi implicitement à Sappho*, la poète et l'amoureuse de Lesbos*.

**LESBOS** ou **MYTILÈNE** – en gr. mod. ***Lésvos*** ➔ ÉTYM. p.-ê. du hittite *lapza* ♦ L'une des grandes îles grecques, proches de la côte turque (golfe d'Edremit). 1 630 $km^2$. Env. 90 000 hab. *(Lesbiens)*. Elle forme, avec les îles de Lemnos* et d'Agios Efstratios, le nome de Lesbos. CH.-L. : Mytilène, port sur la côte E. L'île, échancrée par deux baies profondes aux entrées étroites (Géras au S.-E. et Kalloni au S.-O.), est montagneuse avec des plaines fertiles (vastes oliveraies, vignobles, fruits et tabac). Extraction de marbre et de minerais (magnésie). Pêche (sardines). ▪ Forêt pétrifiée près de Sygri.

**▮ Histoire** Le premier habitat dans l'île, attesté par les fouilles (Thermi), remonte au début de l'âge du bronze (-3400). Des vestiges de l'époque mycénienne ont également été découverts. Peuplée par les Éoliens* (-XIe s.) qui fondèrent ensuite Smyrne, ainsi que de nombreuses colonies en Troade et en Thrace, Lesbos fut le centre de l'Éolide. Elle devint, dès le -VIIe s., le foyer de la civilisation éolienne, illustrée par les grands poètes lyriques et les musiciens Sappho*, Alcée*, Terpandre*, Arion*. ➔ **Pittacos, Théophraste, Longus.** Au bout de longues luttes intestines, Mytilène imposa v. -600 son autorité sur les autres cités de l'île à l'exception de Méthymne (auj. Molyvos). Ces cités connurent une grande prospérité (-VIe - -Ve s.) qui favorisa l'enracinement de la tradition culturelle et des mœurs réputées libres de ses habitants. L'émancipation des femmes de Lesbos, raillée surtout par la comédie attique, leur conféra une réputation particulière (d'où le terme *lesbienne* désignant la femme homosexuelle). Soumise aux Perses après l'invasion de la Lydie (-546), Lesbos fut membre de la ligue de Délos* (-476). Révoltée contre l'Empire athénien en -428, elle fut durement punie. ➔ **Athènes.** L'histoire ultérieure de l'île est une longue suite de dominations : celle des Macédoniens, de Mithridate VI du Pont, des Romains, des Byzantins, des Seldjoukides, des Vénitiens, des Francs. Cédée par les Byzantins à la famille génoise de Cateluzzi (1355), elle fut conquise par les Turcs en 1462 et resta sous la domination ottomane jusqu'en 1912.

**LESCAR** [64230] ➔ ÉTYM. anc. *Lascurris*, probablt précelt., p.-ê. même rac. que l'esp. *lasca* « pierre plate » et suff. basque *-uri* « eau » ♦ Ch.-l. de cant. des Pyrénées-Atlantiques, banl. N.-O. de Pau. 8 191 hab. *(Lescariens)*. Anc. cathédrale romane du XIIe s., restaurée aux XVIIe et XIXe s. (chapiteaux historiés ; mosaïque du XIIe s.). Vestiges de fortifications et ruines du château de l'Esquirette (XIVe s.). **▮ Histoire** Anc. *Beneharnum*, ville romaine importante qui donna son nom au Béarn.

**LESCARBOT (Marc)** ♦ Avocat, écrivain et voyageur français (Vervins v. 1570 - entre 1630 et 1634). Après un voyage en Acadie (Canada, 1606 - 1607), il a publié la première *Histoire de la Nouvelle-France* (1609).

**LESCOT (Pierre)** ♦ Architecte et peintre français (Paris 1515 - *id.* 1578). Issu d'une riche famille de robe, il étudia l'architecture et les mathématiques, entretint ensuite des relations avec les humanistes et les poètes et obtint très jeune la faveur de la cour. Il édifia le jubé de Saint-Germain-l'Auxerrois (1541 - 1544), auquel collabora, pour la sculpture, Jean Goujon*. Il est surtout célèbre pour avoir conçu à la demande de François Ier le « nouveau » Louvre*, dont il poursuivit les travaux sous Henri II (aile S.-O. de la cour Carrée jusqu'en 1556). Cette œuvre atteste une parfaite assimilation des principes et des motifs ornementaux italiens issus de l'Antiquité, en même temps que la volonté d'adapter ces modèles aux traditions françaises, concourant ainsi à la formation d'un style original, caractéristique de la Renaissance française. On lui attribue

Pierre **Lescot**. Façade du pavillon de l'Horloge, dans la cour Carrée du Louvre. *Phot. © Dagli Orti*

aussi, en collaboration avec Goujon*, la fontaine des Innocents et l'hôtel de Ligneris (Carnavalet). ➔ ÉTYM. *Lescot* est la contraction de *l'Escot, le Scot* « l'Écossais » (surnom d'émigré).

**LESCUN (Thomas DE FOIX, seigneur DE)** ♦ Maréchal de France (mort à Milan en 1525). Maréchal de France en 1515, il prit Novare (1522), participa aux batailles de La Bicoque et de Pavie (1525) et mourut de ses blessures.

**LESCURE (Louis Marie DE SALGUES, marquis DE)** ♦ Chef vendéen (Paris 1766 - près de Fougères 1793). Émigré peu après le début de la Révolution, il revint en France où il fut emprisonné après la journée du 10 août 1792 ; délivré par les Vendéens, dont il devint un des principaux chefs, il contribua à la prise de Fontenay et de Saumur, mais fut mortellement blessé alors qu'il se dirigeait vers Cholet. Sa femme épousa en secondes noces Louis du Vergier de La Rochejaquelein.

**LESCURE-D'ALBIGEOIS** [81380] ➔ ÉTYM. de l'occit. *escura* « grange, petite ferme » ♦ Comm. du Tarn, arr. d'Albi, sur le Tarn. 3 660 hab. Anc. église priorale Saint-Michel des XIe - XIIe s. (corniche ; chapiteaux historiés).

**LESDIGUIÈRES (François DE BONNE, duc DE)** ♦ Connétable de France (Saint-Bonnet, Dauphiné 1543 - Valence 1626). Il avait commencé une carrière de magistrat quand il s'engagea comme simple soldat dans l'armée huguenote. Son ascension fut rapide et il prit la tête des protestants du Dauphiné dès 1577. Nommé par Henri IV lieutenant général des armées de Piémont, de Savoie et de Dauphiné, il s'empara de Grenoble et défit le duc de Savoie (Esparron, 1591 ; Beauvoisin, 1592). Il contribua au relèvement économique du Dauphiné (reconstruction des routes, établissement des foires) ainsi qu'à la restauration de l'autorité royale dans la région. Il resta fidèle à Louis XIII, combattit à Saint-Jean-d'Angély et à Montauban, et fut fait connétable de France.

**LE SENNE (René)** ♦ Philosophe français (Elbeuf 1882 - Paris 1954). Fondateur avec L. Lavelle* de la collection « Philosophie de l'esprit », il a développé un rationalisme spiritualiste et moral, faisant de la contradiction (des obstacles) le principe de la vie morale et de l'absolu la source de toutes les valeurs. Œuv. princ. : *Introduction à la philosophie* (1925), *Obstacle et Valeur* (1934), *Traité de morale générale* (1942). Il contribua aussi au développement de la caractérologie (*Traité de caractérologie*, 1945).

**LESHAN** ou **LÖ-CHAN** ♦ V. de Chine (Sichuan). 459 507 hab. Bouddha monumental (71 m), statue réalisée sous la dynastie Tang.

**LÉSIGNY** [77150] ➔ ÉTYM. du lat. *Licinius*, n. de pers., et suff. *-acum* ♦ Comm. de la Seine-et-Marne, arr. de Melun. 7 647 hab. *(Lésigniens)*.

**LESKIEN (August)** ♦ Linguiste allemand (Kiel 1840 - Leipzig 1916), spécialiste des langues slaves anciennes (*Handbuch der altbulgarischen Sprache*, 2e éd., 1886) et des langues baltes. Élève de Schleicher*, il appartenait à l'école des néogrammairiens.

**LESKOV (Nikolaï Semenovitch)** ♦ Écrivain russe (Gorokhovo, gouv. d'Orel 1831 - Saint-Pétersbourg 1895). Orphelin sans fortune à seize ans, il dut travailler pour vivre et sa connaissance de la vie russe est due à son expérience personnelle. Ses récits, peu conventionnels, ne furent pas appréciés par les critiques de son époque et son talent d'écrivain ne fut reconnu qu'au XXe s. En 1862, il devint journaliste et se fit remarquer par un article dirigé contre les étudiants nihilistes. Les deux romans qu'il écrivit alors, *Pas d'issue* (1864) et *À couteaux tirés* (1870 - 1871), firent de lui un ennemi des radicaux, un réactionnaire. À la même époque il écrivit une suite de récits réalistes comme *Lady* Macbeth du district de Mzensk* (1865), dont Chostakovitch* tira un opéra. En 1872 parut une chronique sur la vie ecclésiastique, *Gens d'Église*, considérée comme sa meilleure œuvre et qui, en faisant de lui un défenseur de l'orthodoxie, lui allia les conservateurs. Puis vinrent d'autres récits : *Le Pèlerin enchanté* (1873), *L'Ange scellé* (1873), *Le Forgeron gaucher* (1881), *Contes de Noël* (1886) dans lesquels Leskov se montre un narrateur captivant.

**LESLIE** ou **LESLEY (John)** ♦ Prélat et homme politique écossais (Kingussie 1526 - abbaye de Guirtenburg, près de Bruxelles 1596). Zélé catholique, il fut l'ambassadeur de Marie Stuart auprès d'Élisabeth I$^{re}$ (1569). Emprisonné sous prétexte qu'il avait favorisé les projets de mariage de Marie avec le duc de Norfolk. Libéré en 1573, il continua d'intercéder en faveur de Marie Stuart. Il fut nommé évêque de Coutances. Il écrivit une histoire de l'Écosse (1578). ➝ ÉTYM. Ce nom de famille vient du nom de lieu *Lesslyn,* probablement du gaélique *leascelyn* «jardin de houx».

**LEŚMIAN (Bolesław)** ♦ Poète polonais (Varsovie 1878 - *id.* 1937). Héritier de l'école symboliste (*Le Jardin des adieux,* 1912), il contribua à renouveler les formes d'expression de la poésie (*Le Pré,* 1920 ; *Le Conte du bois,* 1938) et eut une influence durable sur les écrivains d'après-guerre.

**LESNEVEN** [lɛsnəvɛ̃] [29260] ➝ ÉTYM. du vx bret. *lis (les)* «château» et *Néven,* n. de saint ♦ Ch.-l. de cant. du Finistère, arr. de Brest, dans le Léon. 6 348 hab. (aggl. 9 458) *(Lesneviens).* Maisons des XVII$^{e}$ et XVIII$^{e}$ s. L'anc. chapelle du couvent des Ursulines (1680) abrite le musée du Léon. ▪ Centre commercial. Nœud routier.

**LEŚNIEWSKI (Stanisław)** ♦ Philosophe et logicien polonais (1886 - 1939). Élève de J. Łukasiewicz*, représentant de l'école logique analytique de Pologne (école de Varsovie), il a tenté d'élaborer une théorie générale des objets visant la création d'un système logique original qui servirait de fondement aux mathématiques.

## LESOTHO

▮ n. m. – off. ***royaume du Lesotho*** ➝ ÉTYM. anc. ***Basutoland*** «pays des Sothos.» ♦ Pays d'Afrique australe enclavé dans l'Afrique* du Sud. 30 355 km$^{2}$. 2 032 000 hab. *(Lesothiens).* POPULATION : Sothos. LANGUES : anglais, sotho. RELIGION : christianisme. MONNAIE : loti. CAPITALE : Maseru. RÉGIME : monarchie constitutionnelle.

▮ **GÉOGRAPHIE** Le Lesotho est un pays entièrement montagneux, d'une altitude moyenne de 1 500 m qui occupe le rebord du Drakensberg*. Il bénéficie d'un climat tempéré, chaud en été, froid en hiver, avec des chutes de neige. C'est le château d'eau de l'Afrique du Sud et de nombreuses rivières y prennent leur source, dont le fleuve Orange. Le ravinement est important et menace les rares terres cultivables. La population vit essentiellement d'agriculture et d'élevage. Le maïs, le blé, le sorgho, l'avoine et les haricots constituent les productions vivrières, cultivées sur les parties les plus basses et dans les vallées. L'élevage est pratiqué sur les hauts plateaux et ses produits fournissent la plus grande partie des ventes à l'étranger (laine, mohair et couvertures, bétail, peaux et cuirs).

Lesotho.

Deux mines de diamant sont désormais exploitées. Le grand barrage du *Highland Water Project,* alimentent l'Afrique du Sud en eau, et l'industrie textile (qui a pâti de la concurrence chinoise) sont les sources essentielles des revenus du pays.

▮ **HISTOIRE** Au XIX$^{e}$ s., les hauts plateaux ont servi de refuge aux éleveurs Sothos cherchant à échapper à la pression des populations de la région, tant africaines (Zoulous) qu'européennes (Boers). Le roi Moshoeshoe I$^{er}$ regroupa les clans Sothos sur le mont Thaba Putsoa (3 096 m) et, en 1868, sollicita la protection de la Grande-Bretagne contre les Boers qui s'étaient emparés des plaines. Le territoire, devenu le Basutoland, put conserver son autonomie malgré les tentatives d'annexion de l'Afrique du Sud. Il accéda à l'indépendance en 1966 sous le nom de Lesotho et devint membre du Commonwealth, avec le roi Moshoeshoe II à sa tête et le chef Leabua Jonathan comme Premier ministre. Ce dernier fut renversé par un coup d'État militaire en 1986 et remplacé par le général Metsing Lekhanya. En 1990, l'armée déposa le souverain et nomma le fils de ce dernier roi (Letsie III), à sa place. La libéralisation en Afrique du Sud a permis un essor du processus de démocratisation, qui a abouti à la tenue d'élections pluralistes (avr. 1993) à la suite desquelles Ntsu Mohhele est devenu Premier ministre. Le parti du Congrès du Lesotho pour la démocratie (LCD) remporta les élections de 1998 et le vice-président, Pakalitha Mosisili, fut nommé Premier ministre. Ces élections furent contestées et une mutinerie de jeunes officiers fut jugulée par l'intervention des pays de la région (SADC) à la demande du pouvoir. Le LCD remporta également les élections de 2005 et de 2007 après la dissolution de l'Assemblée nationale par le roi Letsie III en raison de la répartition contestée des sièges électoraux. En avril 2009, le Premier ministre P. Mosisili échappa à un attentat.

**LESPARRE-MÉDOC** [33340] ➝ ÉTYM. anc. *Sparram,* de l'anc. prov. *esparra* «poutre» et *Médoc** ♦ Ch.-l. d'arr. de la Gironde. 4 855 hab. (aggl. 6 770). *(Lesparrains).* Vestiges d'un château fort, donjon carré du XIV$^{e}$ s. ▪ Commerce des vins du Médoc.

**LESPINASSE (Julie DE)** ♦ Femme de lettres française (Lyon 1732 - Paris 1776). Après avoir assisté M$^{me}$ du Deffand*, elle tint elle-même un salon où se réunirent notamment d'Alembert*, Condillac* et Condorcet*. Sa correspondance laisse apparaître une sensibilité déjà romantique (*Lettres à Guibert,* posth., 1809). ➝ ÉTYM. Le nom de famille *Lespinasse* signifie «endroit planté d'arbustes épineux» ; il est formé sur le latin *spina* «épine» avec le suffixe augmentatif *-acia.*

**LESPUGUE** [31350] ➝ ÉTYM. du gasc. *espugo* «grotte, abri sous roche» ♦ Comm. de la Haute-Garonne, arr. de Saint-Gaudens. 83 hab. Grotte préhistorique des Rideaux célèbre par la découverte en 1922, dans un niveau datant du Gravettien*, d'une statuette féminine sculptée dans l'ivoire de mammouth, connue sous le nom de «Vénus» de Lespugue.

**LESQUIN** [59810] ➝ ÉTYM. p.-ê. du germ. *Alekinus,* n. de pers. ♦ Comm. du Nord, banlieue S.-E. de Lille. 6 010 hab. ▪ Aéroport de Lille.

**LESSART (Claude Antoine Nicolas WALDEC DE)** ♦ Homme politique français (1741 - Versailles 1792). Ami de Necker, grâce auquel il fut nommé contrôleur général des Finances (1790), il fut ensuite ministre des Contributions, puis des Affaires étrangères (1791). Hostile à la déclaration de guerre à l'Autriche (1792), il fut accusé de trahison par les girondins et tué lors des massacres de sept. 1792.

**LESSAY** [50430] ➝ ÉTYM. de l'anc. fr. *essai* (du lat. tardif *exaquium*) «canal d'écoulement, conduit d'eau» ou du gaul. *Lascius,* n. de pers., et suff. *-acum* ♦ Ch.-l. de cant. de la Manche, arr. de Coutances, sur l'Ay. 1 763 hab. *(Lessayais).* Restes d'une abbaye bénédictine fondée en 1056 : abbatiale, restaurée entre 1945 et 1957 (voûtes d'ogives du IX$^{e}$ s.).

**LESSE** n. f. ♦ Rivière de Belgique (84 km). Elle prend sa source au plateau de Recogne, dans le massif ardennais, descend dans la dépression de Fagne-Famenne, passe près de Redu, devient souterraine au gouffre de Belvaux (entrée des grottes de Han*). Elle reçoit la Lomme, passe à Lessive et se jette dans la Meuse à Dinant. ▪ Activités touristiques.

**LESSEPS** [lesɛps] **(Ferdinand Marie,** vicomte **DE)** ♦ Diplomate et administrateur français (Versailles 1805 - La Chênaie, près de Guilly, Indre 1894). Fils de Mathieu Maximilien Prosper, comte de Lesseps, diplomate en Égypte, il débuta lui-même dans la carrière diplomatique au Caire puis à Alexandrie (1833 - 1838) où il se lia avec le prince héritier Saïd et s'intéressa au projet des saint-simoniens concernant le percement d'un canal entre la mer Méditerranée et la mer Rouge. Ministre plénipotentiaire à Madrid (1848 - 1849), puis chargé, auprès d'Oudinot, des négociations entre le pape et la République romaine (1849), il fut disgracié en raison des initiatives trop personnelles qu'il prit dans cette affaire et se retira au château de La Chênaie. Rappelé en Égypte après l'arrivée au pouvoir de Saïd (1854), il créa, en dépit de l'opposition des Britanniques, la Compagnie universelle du canal maritime de Suez, après avoir obtenu l'acte de concession pour le monopole et la jouissance du canal pour une durée de 99 ans. L'inauguration du canal de Suez* eut lieu en 1869 en la présence de l'impératrice Eugénie. F. de Lesseps, auquel le succès de cette entreprise ouvrit les portes de l'Académie des sciences (1873), puis de l'Académie française (1884), devait fonder en 1880 une société pour le percement de l'isthme de Panamá. Après la faillite de la Compagnie en 1889 (→ **Panamá [affaire de]**), F. de Lesseps et son fils furent condamnés à cinq ans de prison et 3 000 francs d'amende, condamnation qui fut annulée par la Cour de cassation. F. de Lesseps, dont la santé mentale s'était gravement détériorée après la faillite de la société, devait d'ailleurs mourir sans connaître sa condamnation. ◆ ÉTYM. Ce nom de famille (anciennement *L'Esseps*) vient de l'occitan *seps* « haies ».

**LESSINES** – en néerl. ***Lessen*** ♦ V. de Belgique (Région wallonne), prov. de Hainaut, arr. de Soignies, sur la Dendre, à la frontière linguistique. 18 025 hab. Église Saint-Pierre, endommagée pendant la Deuxième Guerre mondiale, restaurée en 1952. Hôpital Notre-Dame-à-la-Rose (XVI^e^ - XVII^e^ s.). Église Saint-Martin-de-Deux-Acren (gothique, tour romane). ▪ Carrières de porphyre (concassé). Indus. diversifiées.

**LESSING (Gotthold Ephraim)** ♦ Écrivain et auteur dramatique allemand (Kamenz, Saxe 1729 - Brunswick 1781). Fils d'un pasteur, il étudia les langues anciennes et le français à l'« école des princes » de Meissen, puis, à Leipzig, la théologie qu'il abandonna bientôt pour la poésie et le théâtre. Ses premières pièces, en particulier *Les Juifs* (*Die Juden*, 1749), annoncent déjà par leur réalisme le drame bourgeois, illustré en 1755 par la pièce *Miss Sara Sampson*. En effet, si le dramaturge a une mission sociale à remplir, il se doit d'exprimer les aspirations sociales de la classe bourgeoise allemande. Inhumaine, aristocratique, la tragédie française ne peut plus être considérée comme un modèle par les dramaturges allemands, comme le voulait Gottsched* contre qui Lessing dirigea ses critiques, tout en cherchant à définir une nouvelle conception du théâtre et de l'art dans les *Lettres sur la littérature* (1759 - 1765) dirigées par C. F. Nicolaï* et dans *Laokoon* (1766), ouvrage d'esthétique sur les rapports de la poésie et de la peinture, dont seule la première partie (sur la poésie) fut achevée. Traducteur depuis 1760 des œuvres de Diderot dont il était l'admirateur, Lessing fut nommé conseiller au théâtre national de Hambourg (1767). C'est là qu'il publia *Minna von Barnhelm* (1767), ainsi que la *Dramaturgie* de Hambourg* (1767 - 1769) ; cette suite d'écrits théoriques reprend la critique des règles de la tragédie française et, tout en saluant la *Poétique* d'Aristote, exalte surtout le génie de Shakespeare. Cependant, Lessing demeure encore fidèle au réalisme de Diderot, voire aux règles du classicisme, dans *Emilia Galotti* (1772), drame bourgeois qui développe la critique d'un monde social révolu. Dans ses derniers ouvrages, son drame *Nathan le Sage* (1779), apologie de la tolérance, et 2 écrits philosophiques, *Les Dialogues maçonniques* (1778 - 1780) et *L'Éducation du genre humain* (1780), Lessing affirme sa foi dans le perfectionnement moral de l'humanité ; et, s'inspirant de l'œuvre de H. S. Reimarus* qu'il avait publiée en 1774, il y expose un déisme rationaliste, qui fut violemment critiqué par Jacobi*, mais annonce à maints égards l'idéalisme postkantien (Fichte, Schelling et surtout Hegel). Esprit logique autant que passionné, Lessing exerça une influence considérable sur la formation d'un idéal national dans les lettres allemandes. ◆ ÉTYM. *Lessing* vient du slave *Lesnik* « garde forestier ».

**LESSING (Doris)** ♦ Romancière britannique (Kermanchāh, auj. Bakhtarān 1919). Élevée en Rhodésie, elle y résida jusqu'à son installation en Angleterre (1949). Son militantisme communiste se traduisit d'abord par un réalisme sociopolitique : *L'herbe chante* (1950) étudie la destruction physique et mentale de la femme d'un fermier blanc de Rhodésie, victime des fausses valeurs de la vie coloniale. Martha Quest, l'héroïne des *Enfants de la violence* (cycle de cinq romans, 1952 - 1959), recherche l'indépendance sociale, politique et sexuelle en même temps que la cohérence intérieure. Avec *Le Carnet d'or* (1962), roman d'un roman en train de s'écrire, Doris Lessing affronte à travers son double, Anna Wulf, l'éclatement d'un Moi illusoire mais entrevoit la régénération de ses forces psychiques ; ce livre marque sa rupture avec le communisme après l'intervention soviétique en Hongrie de 1956 et doit beaucoup à la psychanalyse. Ses œuvres plus récentes poursuivent cette destruction de la subjectivité occidentale, aux limites du fantastique (*Le Cinquième Enfant*, 1988 ; *Canopus dans Argo*, « chronique cosmique », 5 vol., 1979 - 1983). Le premier volume de ses mémoires, *Dans ma peau*, est paru en 1994, suivi de *La Marche dans l'ombre* (2001), *Le Rêve le plus doux* (2004) et *Alfred et Emily*, vie imaginaire de ses parents (2008). [Prix Nobel de littér. 2007]

Doris **Lessing,** en 2000.
*Phot. © Elder Neville /Corbis Sygma*

**L'ESTOILE (Pierre de)** ♦ Chroniqueur français (Paris v. 1545 - *id.* 1611). Il tint un *Journal* sur les règnes de Henri III et de Henri IV (1574 - 1611).

**L'ESTOILE (Claude de)** ♦ Poète français (Paris 1597 - *id.* 1652), fils de Pierre de L'Estoile*, protégé par Richelieu* et ami de Colletet* et de Malville, il écrivit des poèmes à la forme rigoureuse (*Recueil des plus beaux vers*, 1626) auxquels s'ajoutent des œuvres dramatiques, dont la comédie réaliste *L'Intrigue des filous*.

**LESTREM** [62136] ◆ ÉTYM. « marché (gaul. *magos*) de la route (lat. *strata*) » ♦ Comm. du Pas-de-Calais, arr. de Béthune. 3 789 hab.

**LESTRYGONS** n. m. pl. – en gr. ***Laistrugones*** ♦ Peuple de géants inhospitaliers et anthropophages, dans *L'Odyssée**. Ils détruisent les vaisseaux des compagnons d'Ulysse* en lançant contre eux des rochers, tandis que le héros s'échappe de justesse avec son navire. On identifie le port des Lestrygons avec la ville de Formia* dans le Latium.

**LE SUEUR (Eustache)** ♦ Peintre, dessinateur et décorateur français (Paris 1617 - *id.* 1655). Élève préféré de Vouet*, il imita d'abord le style de son maître puis s'affirma avec le cycle de la *Vie de saint Bruno* (1644 à 1648) : compositions apaisées, agencées avec sobriété et baignées d'une lumière claire et diffuse où le canon étiré des personnages apparaît comme une réminiscence de l'école de Fontainebleau. Il réalisa aussi une partie des décorations mythologiques et allégoriques de l'hôtel Lambert, qui présentent des affinités avec l'art mesuré de Poussin* (*Les Muses*, 1644). Membre fondateur de l'Académie royale (1648), auteur de décorations profanes (travaux du Louvre de 1652 à 1654), il se consacra surtout à des œuvres religieuses (*Agar et l'ange*), où s'expriment une spiritualité pleine de retenue (*Portement de croix*), une tendance croissante à employer un décor dépouillé des tons amortis (*Messe de saint Martin*). Fondateur du courant nommé aujourd'hui « atticisme », il manifeste dans son art le refus de tout effet déclamatoire, la recherche d'une élégance discrète, témoignage d'une sensibilité personnelle. ◆ ÉTYM. Ce nom signifie « le cordonnier » ; du latin *sutor*, de *suere* « coudre » (→ aussi Sabatier, Schumann).

Eustache **Le Sueur.** *Clio, Euterpe et Thalie* (1,30 x 1,30 m), 1646-1647. Musée du Louvre, Paris. *BIS/Phot. © Archives Larbor*

**LESUEUR (Jean François)** ♦ Compositeur français (Ducrat-Plessiel, près d'Abbeville 1760 - Paris 1837). Il se consacra d'abord à la musique religieuse et institua à Notre-Dame de Paris un groupe orchestral et choral dont le succès fut considérable (1777 - 1787). Il se tourna ensuite vers le théâtre, composant plusieurs opéras (*La Caverne*, 1793 ; *Paul et Virginie*, 1794 ; *Ossian ou les Bardes*, 1804) dont la réussite lui valut, sous l'Empire, les plus hautes distinctions. Devenu membre de l'Institut (1815), il put, par de nouvelles œuvres (messes, oratorios, motets, pièces de circonstance), illustrer sa conception de la musique, art d'imitation dont le style dramatique et descriptif doit, selon lui, établir la synthèse de la rigueur française, du charme italien et de la grandeur germanique. L'influence de Lesueur s'est exercée durablement sur de nombreux musiciens, dont Berlioz et Gounod, qui furent ses élèves, ainsi que Liszt, à ses débuts à Paris.

**LESUR (DANIEL-)** → **Daniel-Lesur**

**LESZCZYŃSKI** ♦ Grande famille polonaise, d'origine tchèque, installée en Pologne* dès le X^e^ s., notamment en Posnanie, et dont les membres les plus connus sont Stanislas* I^er^ Leszczyński et sa fille Marie* Leszczyńska, reine de France. ◆ ÉTYM. Ce nom vient du nom de lieu *Leszczno*, du polonais *leszczyna* « noisetier » et du suffixe *-ski* « originaire de ».

**LE TELLIER (Michel)** ♦ Homme politique français (Paris 1603 - *id.* 1685). Il avait déjà été chargé avec Séguier* et O. Talon* de réprimer la révolte de Normandie (1639), mais il dut son élévation à Mazarin. Devenu secrétaire d'État à la Guerre et ministre d'État (1643), également chargé de missions diplomatiques, il joua un rôle dans les négociations de la paix de Rueil. → **Rueil-Malmaison.** Véritable fondateur de l'armée monarchique, il prépara l'œuvre de son fils aîné, Louvois*, auquel il laissa son secrétariat pour devenir chancelier (1677). Il garda une importante activité politique jusqu'à sa mort et fut l'un des artisans de la révocation de l'édit de Nantes. Bossuet prononça son oraison funèbre. ➝ ÉTYM. En ancien français le *telier* est «le tisseur de toiles», du latin *tela* «toile».

**LE TELLIER (Michel)** ♦ Jésuite français (près de Vire 1643 - La Flèche 1719). Confesseur de Louis XIV après le père La* Chaise (1709). Il poussa le roi aux mesures contre les protestants et contre les jansénistes (destruction de Port*-Royal des Champs, obtention de la bulle *Unigenitus* Dei Filius*).

**LETERME (Yves)** ♦ Homme politique belge (Wervik 1960). De père wallon et de mère flamande, il entra au CVP (Parti populaire chrétien) devenu CD&V (Parti démocrate chrétien flamand) en 2001 et il en prit la direction en 2003. Il devint ministre-président de la Région flamande après la victoire de son parti aux élections régionales de 2004. Alliés au Parti indépendantiste flamand, les chrétiens-démocrates remportèrent les législatives fédérales de juin 2007 mais Yves Leterme échoua à former une coalition gouvernementale, les francophones redoutant un éclatement du royaume en cas de concessions trop importantes. Ce désaccord profond inaugura une période de crise politique. Y. Leterme fut nommé vice-Premier ministre et ministre du Budget, de la Mobilité, des Réformes institutionnelles et de la mer du Nord dans un gouvernement transitoire. Ce n'est qu'en mars 2008 qu'il prit ses fonctions de Premier ministre. Un nouvel échec le conduisit à donner sa démission, refusée par Albert II en juillet et finalement acceptée en décembre à la suite de sa mise en cause dans un scandale financier. Malgré ses positions jugées radicales sur l'autonomie de la Flandre, il reprit le poste de Premier ministre laissé vacant par H. Van* Rompuy en nov. 2009.

**LÊ Thái Tông** ♦ Souverain vietnamien de la dynastie des Lê postérieurs, de son vrai nom Lê Nguyễn Long (Lam Sơn 1423 - Bắc Ninh 1442). Fils et successeur de Lê* Lợi, il régna de 1434 à 1442 et réorganisa le système de recrutement des mandarins par concours déjà mis au point par Hồ* Quí Ly. Sa mort brutale, qui passa pour un assassinat, entraîna une série de condamnations (➝ **Nguyễn Trãi**).

**LÊ Thánh Tông** ♦ Souverain vietnamien de la dynastie des Lê postérieurs, de son vrai nom Lê Tư Thành (Đông Kinh, auj. Hanoi 1442 - *id.* 1497). Roi de 1460 à 1497, il réforma profondément l'administration, fit rédiger le code de Hồng Đứ et guerroya contre le Laos et le Champa, dont il prit la capitale, Vijaya, et dont il conquit les territoires situés au N. du cap Varella (campagne de 1471). Lettré et poète, il créa le groupe littéraire Tao Đàn et laissa des poèmes en chinois et en langue nationale. Son règne, stable, connut un grand développement intellectuel. Il réhabilita Nguyễn Trãi* en 1464 et ordonna des recherches pour sauver de la destruction l'œuvre du grand lettré, compagnon de résistance de son grand-père Lê* Lợi.

**LETHBRIDGE** ♦ V. du Canada (Alberta). 74 637 hab. (aggl. 95 196). Université. Centre minier (charbons bitumineux). Agriculture dans une région semi-aride (irrigation). Indus. alimentaires.

**LÉTHÉ** ♦ Divinité grecque conçue à l'époque classique comme une abstraction («l'Oubli»). Un fleuve séparant le Tartare des champs Élysées portait son nom. Les âmes des morts buvaient de ses eaux pour oublier les circonstances de leur vie. De même, les âmes destinées à une nouvelle existence terrestre y buvaient pour perdre tout souvenir de la mort.

**LÉTO** ♦ Descendante des Titans, aimée de Zeus* et devenue par lui mère des jumeaux Apollon* et Artémis*. Elle était appelée *Latone* par les Romains. Persécutée par Héra*, elle ne trouve asile en aucun pays pour mettre au monde ses enfants. Ortygie, une île désolée et errante comme elle, l'accueille enfin au moment de l'accouchement. Les douleurs de l'enfantement durent neuf jours au bout desquels Ilithye*, la déesse préposée, consent finalement à y assister, et l'infortunée peut être délivrée. En récompense, Ortygie est fixée au fond de la mer par quatre colonnes et son sol devient fécond ; elle prend alors le nom de Délos* («la Brillante») en commémoration de la naissance d'Apollon, dieu de la lumière. ➝ **Niobé, Python.**

**LETOURNEUR (Louis François)** ♦ Homme politique français (Granville 1751 - Laeken, Belgique 1817). Officier du génie, il fut élu à l'Assemblée législative (1791), puis à la Convention (1792). Membre du Comité de salut public, puis du Comité militaire, il fut envoyé comme représentant en mission. Membre du Conseil des Anciens, directeur (1795-juin 1797), envoyé comme général de brigade à Lille pour négocier avec l'émissaire britannique Malmesbury, puis rappelé au sein du Directoire* après le coup d'État du 18 Fructidor an V (4 sept. 1797), il fut nommé préfet en 1800. Proscrit comme régicide (1816), il mourut peu après son exil. ➝ ÉTYM. Ce nom est celui du «tourneur sur bois», nom de métier.

## LETTONIE

n. f. – off. ***république de Lettonie*** ➝ ÉTYM. en letton ***Latvijas Republika*** ou ***Latvija***, d'une rac. *lat-* «boueux, bourbeux» [pays de dépressions marécageuses] ♦ L'un des trois pays baltes. 64 500 $km^2$. 2 375 300 hab. (estim. 1999 : 2 290 100 hab.) *(Lettons)*. LANGUES : letton (off.), russe. POPULATION : Lettons, 59 % ; Russes, 30 % ; Biélorusses, 4 %. RELIGION : protestante. MONNAIE : lats. CAPITALE : Riga. RÉGIME : démocratie parlementaire. La Lettonie est divisée en 26 districts.

**GÉOGRAPHIE** Pays de collines (ne dépassant pas 311 m) et de dépressions lacustres ou marécageuses, la Lettonie ne dispose d'aucune ressource naturelle autre qu'agricole, à l'exception de l'utilisation hydroélectrique du principal fleuve, la Daugava. ➝ **Dvina Occidentale.** **L'agriculture** Bénéficiant d'un climat océanique modéré, l'agriculture profite au mieux de sols assez pauvres sur des terrains morainiques laissés par la glaciation et qu'il faut drainer et amender (la forêt de pins et de bouleaux occupe un tiers du territoire). On y pratique des cultures céréalières et fourragères, support d'un élevage bovin (produits laitiers) et porcin qui reste la $1^{re}$ production agricole. **L'industrie** La richesse réelle du pays est dans sa situation maritime, qui a fait de ses ports (Riga, Ventspils, Liepaja) des lieux privilégiés de transit entre la Russie et l'Europe. On y a développé (dès le $XIX^e$ s. à Riga) des indus. de transformation (mécanique de précision, électronique, chimie) liées aux terminaux portuaires. Mais l'équipement obsolète des entreprises, la navigation portuaire marchande et l'industrie chimique sont responsables d'un grave problème de pollution de l'air et de l'eau. La période de transition à l'économie de marché et l'adaptation à la concurrence a été difficile, mais, dans les années 2000, la croissance a été soutenue et a affiché en 2006 le plus fort taux des pays de l'Union européenne : 11,9 %. Cependant elle a généré la mise en place d'un secteur bancaire surdimensionné en regard de la taille du pays (accueillant de nombreux capitaux russes) et de l'industrie, un essor considérable du crédit et une inflation record qui a durablement retardé l'adoption de l'euro. Frappée par la crise internationale, cette économie en surchauffe est entrée en récession dès 2008. La Lettonie reste extrêmement dépendante de la Russie pour l'approvisionnement énergétique mais les relations, tendues depuis l'indépendance, pourraient connaître une détente (signature d'un traité frontalier en 2007). Depuis l'entrée de la Lettonie dans l'Union européenne l'émigration vers les pays d'Europe de l'Ouest est considérable.

**HISTOIRE** **Jusqu'en 1918** Au $X^e$ s., les tribus des Zemgales, des Kourches et des *Lives* (ancêtres des Lettons) empruntèrent le christianisme orthodoxe à la Russie de Kiev. Le catholicisme y pénétra au $XII^e$ s. (fondation de l'évêché de Livonie*, 1199). L'ordre Teutonique, fusionné avec les chevaliers Porte-Glaive (1237), fut écrasé en 1242 par Alexandre Nevski sur les glaces du lac Peïpous mais, vers la fin du $XIII^e$ s., il parvint à conquérir le pays, qui suivit dès lors les destinées de la Livonie. Au $XVI^e$ s., les paysans lettons devinrent les serfs des conquérants. Vers le milieu du $XVI^e$ s., la Réforme fut introduite en Lettonie. Après la dissolution de la branche livonienne de l'ordre Teutonique (1561), le pays fut partagé entre la Pologne et la Suède, puis annexé à la Russie (la Livonie au traité de Nystad, en 1721, et la Courlande en 1795). Au début du $XIX^e$ s., le servage fut aboli, et après 1861 le réveil national (marqué par la poésie d'Auseklis) fit échouer la politique de russification d'Alexandre III. Au cours de la Première Guerre mondiale, malgré les protestations de l'opinion progressiste, les Allemands s'emparèrent d'une grande partie du pays. Après la révolution d'Octobre (à laquelle le romancier A. Upits prit une part active) le régime soviétique fut instauré dans les régions non occupées du pays (nov. 1917), mais, en mars 1918, l'URSS céda la Lettonie à l'Allemagne, au

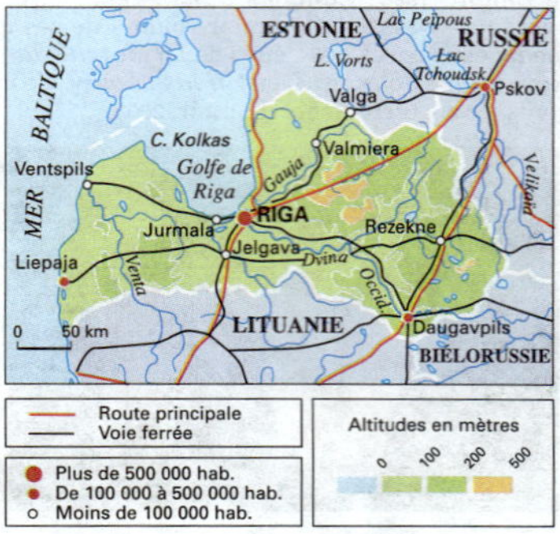


Lettonie.

traité de Brest*-Litovsk. **L'annexion par l'URSS** En nov. 1918 un Conseil national proclama l'indépendance, et la nouvelle république fut reconnue par l'URSS au traité de Riga (11 août 1920). Le coup d'État du leader agrarien, le général Karlis Ulmanis mit fin à la vie parlementaire (1934). Envahie par l'Armée rouge en juin 1940, la Lettonie fut annexée à l'URSS (3 août 1940) : Ulmanis et 35 000 Lettons furent déportés en Sibérie. Réoccupée par les Allemands (1941), la Lettonie fut incorporée de nouveau à l'URSS en 1944. **L'indépendance** Le 4 mai 1990, le gouvernement proclama l'indépendance du pays, assortie d'une période transitoire. De violents heurts survenus entre le gouvernement et les forces spéciales soviétiques (janv. 1991) renforcèrent la volonté d'indépendance (référendum du 3 mars 1991). À la faveur du coup d'État contre M. Gorbatchev, la Lettonie proclama son indépendance le 21 août 1991. Les problèmes posés par le sort de la minorité russe et la nécessité de réformes économiques ont permis à la Voie lettone, parti libéral dirigé par d'anciens communistes, de remporter les législatives de 1993. Si ses résultats se dégradèrent aux élections ultérieures, ce parti demeura jusqu'en 2002 dans la coalition au pouvoir. G. Ulmanis (petit-neveu du général Ulmanis) fut élu chef de l'État par le Parlement en 1993. Il fut remplacé par Vaira Vike-Freiberga (1999 - 2007) qui sut s'imposer comme une autorité morale malgré le pouvoir limité du président, après être parvenue à faire entrer la Lettonie dans l'Union européenne et dans l'OTAN en 2004, puis par Valdis Zatlers élu en 2007. Le pays est dirigé depuis 2000 par de fragiles coalitions de centre droit ; cette instabilité politique s'est aggravée à partir de 2008 en raison des mouvements sociaux répondant aux mesures d'austérité imposées par la crise qui a précipité l'économie au bord de la faillite.

---

**LETTOW-VORBECK (Paul VON)** ♦ Général allemand (Sarrelouis 1870 - Hambourg 1964). Après avoir servi en Chine (1900 - 1901) et dans le Sud-Ouest africain, il devint commandant des armées de l'Afrique*-Orientale allemande. Malgré la disproportion des effectifs, il défendit cette colonie contre les troupes alliées (Britanniques, Belges, Portugais) pendant toute la Première Guerre mondiale. De retour en Allemagne, il participa au putsch de mars 1920 à Berlin (→ **Kapp**) et dut quitter l'armée. Il a publié des mémoires (*Meine Erinnerungen aus Ostafrika,* 1920).

**Lettre à d'Alembert sur les spectacles** ♦ Œuvre de Jean-Jacques Rousseau* (1758) qui constitue une réponse à l'article «Genève» de l'*Encyclopédie,* où d'Alembert critiquait l'intolérance en matière de théâtre. Dans une première partie, Rousseau dénonce la tragédie dont les héros sont des criminels et des anormaux, comme la comédie, qui rend le vice aimable et ridiculise la vertu. La seconde partie du discours développe une dénonciation du théâtre, facteur d'immoralité. Rousseau y préconise les distractions simples du peuple ou les fêtes patriotiques inspirées de Lacédémone. *La Lettre à d'Alembert* indigna Voltaire* et consomma la rupture de Rousseau avec Diderot et les Encyclopédistes.

La **Lettre écarlate** – en angl. ***The Scarlet Letter*** ♦ Roman de Nathaniel Hawthorne* (1850). Dans le Boston puritain du XVII^e s., Hester Prynne a fauté et eu un enfant. Elle est condamnée à porter sur ses habits la lettre A, comme adultère. Son vieux mari, que l'on croyait perdu en mer, réapparaît et découvre que le père est un jeune ecclésiastique, Arthur Dimmesdale. Il va dès lors le miner, en faisant agir sur lui «sa malignité secrète». Hester convainc Arthur de fuir avec elle et leur fille, mais il rendra l'âme après avoir avoué sa faute. Cette œuvre noire est considérée comme le chef-d'œuvre de Hawthorne et comme le premier grand roman de la tradition américaine. ♦ ***La Lettre écarlate*** Film américain de Victor Sjöström* (1926), avec Lillian Gish, Lars Hanson. Sjöström a retenu l'essentiel de la trame romanesque : un tableau acide du puritanisme, l'amour fou d'un homme d'Église pour une fille du peuple, la nature victime des rigueurs de l'ordre moral. Les images de son film ont la luminosité des tableaux de maîtres flamands, et Lillian Gish campe une Hester Prynne bouleversante.

**Lettres à Lucilius** ♦ L'œuvre la plus connue de Sénèque*, correspondance écrite après la dernière disgrâce du philosophe (62). Dans les 124 lettres qui ont été conservées, on retrouve toutes les notions morales du stoïcisme, identité de la vertu et du bonheur, autonomie du sage par rapport à toutes les choses extérieures, impassibilité à l'égard de la mort.

Les **Lettres de mon moulin** ♦ Recueil de contes d'Alphonse Daudet* (1866). De cette trentaine de lettres que l'auteur dit avoir écrites d'un vieux moulin provençal, près d'Arles, se détachent *La Chèvre de monsieur Seguin* et *Le Sous-Préfet aux champs,* au climat discrètement poétique, tandis que *L'Élixir du révérend père Gaucher* ou *La Mule du pape* permettent à Daudet de camper des personnages truculents auxquels son humour confère leur relief. Son style, sobrement pittoresque, «fait voir, fait vivre et fait plaisir» (Thibaudet).

**Lettres persanes** ♦ Roman par lettres, de Montesquieu* (publ. sans nom d'auteur, 1721), où s'expriment les surprises de deux Persans voyageant en Europe. Bâti sur une structure romanesque (intrigues de sérail) qui illustre l'inefficacité du despotisme opposé à l'utopie vertueuse de l'apologue des Troglodytes (lettres 11 et 14), cet ouvrage est surtout célèbre par une satire spirituelle de la civilisation occidentale : aux portraits mordants de divers types de la société parisienne (lettres 48 et 72) succèdent la critique des institutions politiques (lettres 37 et 80) et des considérations parfois hardies sur la religion (lettres 29 et 47). Ce tableau très vivant et alerte des mœurs de l'époque, souvent profond dans ses vues sociologiques, connut un succès éclatant et contribua à imposer le procédé, cher aux philosophes du XVIII^e s., «qui consiste à se feindre étranger à la société où l'on vit» (R. Caillois) pour mieux la critiquer.

**Lettres philosophiques sur l'Angleterre** ou **Lettres anglaises** ♦ Ouvrage polémique (1734) où Voltaire* livre la conclusion de ses observations faites en Angleterre : il vante la tolérance religieuse, la politique libérale de cette nation, qui sait également faire preuve de «la considération due aux gens de lettres». Dans deux lettres supplémentaires, proprement philosophiques (1737), Voltaire oppose à Pascal* son optimisme rationaliste et humaniste. Cet ouvrage, qui fut brûlé et contraignit Voltaire à l'exil en Lorraine, est avant tout une œuvre satirique qui, en une prose ironique et éloquente, ne souligne la puissance économique et politique de l'Angleterre que pour mieux combattre le catholicisme français.

**Lettres portugaises** ♦ Roman par lettres de Guilleragues* (1669). Attribué jusqu'en 1926 à Mariana Alcoforado, la religieuse portugaise supposée être l'auteur des cinq lettres, cet ouvrage passionné, où les illusions de l'amour sont analysées avec un désespoir lucide qui annonce la précision de M^me de La Fayette, recueillit un succès qui ne s'est pas démenti.

**Lettre sur les aveugles à l'usage de ceux qui voient** ♦ Opuscule de Diderot* (1749), écrit à propos de l'opération par laquelle Réaumur* rendit la vue à un aveugle-né. L'expérience ayant montré que la perception visuelle de la profondeur n'était pas innée, Diderot en vint à affirmer que toute connaissance vient des sens (→ **Condillac**) et à professer un matérialisme athée. Quant à l'ordre du monde, à supposer qu'il nous apparaisse parfait, il ne peut être une preuve de l'existence de Dieu.

**Lettre sur les occupations de l'Académie** ♦ Ouvrage de Fénelon* (posth., 1716) dont le vrai titre, *Réflexions sur la grammaire, la rhétorique, la poétique,...,* propose un plan de travail aux académiciens. Dans cette œuvre, écrite en 1714, Fénelon reste fidèle aux principes classiques, affirmant que «tout homme doit toujours parler humainement», mais se montre conciliant à propos de la *querelle des Anciens* et des Modernes* : il prône une esthétique nouvelle en mettant le goût au-dessus des règles, car «peindre, c'est rendre l'effet sensible».

**LEU** (saint) → **Loup (saint)**

**LEUCADE** – en gr. mod. ***Lefkada*** ou ***Lefkas*** ♦ L'une des îles Ioniennes (Grèce), formant avec les îlots voisins le nome de Leucade. Env. 23 000 hab. CH.-L. : Leucade ou Sainte-Maure (la Santa Mavra des Vénitiens). 6 500 hab. Leucade est, en réalité, une presqu'île montagneuse (1 158 m) rattachée au continent par une lagune que perce un chenal. ▪ Olives et vins. ▪ Une barrière de forts vénitiens et turcs le long de la lagune protégeait l'île. Ruines mycéniennes à Nydri ; restes d'un temple d'Apollon sur le cap Leucatas ou Doukato. Selon la tradition, les amants malheureux se jetaient du haut de cette falaise *(saut de Leucade).* → **Sappho, Artémise I^re.** On a identifié Leucade avec l'Ithaque homérique.

**LEUCATE** [11370] ← ÉTYM. du gr. *leukos* «blanc» ♦ Comm. de l'Aude, arr. de Narbonne, au N. de l'*étang de Leucate.* 2 732 hab. *(Leucatois).* De part et d'autre du *grau de Leucate,* s'étend l'ensemble touristique de Leucate-Barcarès comprenant les plages de Leucate et de Barcarès, et les stations balnéaires de Port-Leucate et de Port-Barcarès (Pyrénées-Orientales). ♦ ***Étang de Leucate ou de Salses*** (10 000 ha), alimenté par les deux sources salées de Salses, il communique avec la Méditerranée par des graus.

**LEUCES** ou **LEUQUES** n. m. pl. ← ÉTYM. en lat. ***Leuci*** «les brillants, les fulgurants», du gaul. *leucos-* «clair, brillant» ♦ Peuple de la Gaule issu des Cimbres*, établi en Lorraine autour de *Tullum* (Toul*) et *Nasium* (Nancy*). Il fut compris dans la Belgique I^re.

**LEUCIPPE** ← ÉTYM. en gr. ***Leukippos*** «qui a des chevaux blancs», de *leukos* «blanc» et *hippos* «cheval» ♦ Philosophe grec (mil. du –V^e s.). Il est traditionnellement considéré comme le fondateur de la théorie atomiste selon laquelle l'univers est composé d'atomes et de vide (atomes en nombre infini, tous de même substance et homogènes, indestructibles et inaltérables), même s'il est bien difficile à distinguer doctrinalement de son élève Démocrite*. Selon toute vraisemblance, Leucippe a jeté les bases de l'atomisme, en réponse au défi que présentait la philosophie éléatique de Parménide*, Zénon* et Mélissos* (l'être est un et immuable), mais c'est à l'esprit encyclopédique de Démocrite qu'il revient d'en avoir développé tous les détails.

**LEUCOFAO** ou **LATOFAO** ♦ Ancienne localité située en Soissonnais ou près de Chaumont. ▪ Victoire de Frédégonde* sur Brunehaut* (596) et d'Ébroïn* sur Pépin* de Herstal (680).

**LEUCOPETRA** ♦ Localité de Grèce près de Corinthe, illustrée par la victoire que les Romains y remportèrent (-146) sur la Ligue achéenne*. Corinthe* fut ensuite dévastée par Mummius* et la Grèce réduite en province romaine.

**LEUCOTHÉA** → Ino

**LEUCTRES** – en gr. *Leuktra* ♦ Anc. ville de Grèce (Béotie). Les Thébains commandés par Épaminondas* y infligèrent à Sparte* une sévère défaite (-371) qui ruina son prestige militaire et donna l'hégémonie du monde grec à Thèbes*.

**LEUQUES** → Leuces

**LEUTHEN** – auj. *Lutynia* ♦ Localité de Pologne*, située à l'O. de Wrocław, en Silésie. ▪ Célèbre par la victoire de Frédéric* II le Grand sur les Autrichiens (1757).

**LEUVEN** → Louvain

**LEUZE-EN-HAINAUT** ♦ V. de Belgique (Région wallonne), prov. de Hainaut, arr. de Tournai, sur la Dendre occidentale. 13 300 hab. Église Saint-Pierre (classique). ▪ Indus. textile (bonneterie, habillement) et alimentaires (brasseries, transformation de la pomme de terre). Bâtiment et travaux publics.

**LEVALLOIS-PERRET** [92300] ➝ **ÉTYM.** du n. de deux propriétaires, Nicolas-Eugène *Levallois* et Jean-Jacques *Perret* ♦ Ch.-l. de cant. des Hauts-de-Seine, arr. de Nanterre, au N.-O. de Paris. 54 700 hab. (*Levalloisiens*). Comm. résidentielle à fonction tertiaire dominante (sièges sociaux). Produits pharmaceutiques. Électricité. Transports. ♦ ***Levallois*** n. m. Nom donné à de grands éclats de silex ovales découverts à la fin du XIXe s. dans les carrières de Levallois-Perret. Ces éclats étaient obtenus par une méthode perfectionnée de débitage de la pierre, inventée au cours du Paléolithique* inférieur et abondamment utilisée en Europe, en Afrique et en Asie pendant le Paléolithique moyen.

**Levant (États latins du)** ♦ Ensemble des États créés par les croisés dans le Proche-Orient de 1098 à 1109 : comté d'Édesse (1098 - 1144), principauté d'Antioche (1098 - 1268), royaume latin de Jérusalem (1099 - 1291) et comté de Tripoli (1109 - 1289). Plus tard, Richard Cœur de Lion conquit l'île de Chypre (royaume de Chypre 1191 - 1489).

**LEVANT** n. m. – en esp. ***Levante*** ♦ Frange côtière de l'Espagne orientale, prolongée au N.-E. par la Catalogne*, encastrée entre la Méditerranée au S. et la cordillère Bétique* au N. Elle s'étend sur la partie sud-orientale de la Meseta* et sur les plaines côtières et correspond aux quatre provinces de Castellón de la Plana, de Valence, d'Alicante et de Murcie. On peut opposer l'intérieur montagneux, formé de l'extrémité orientale de la chaîne Bétique au S., et du prolongement des monts Ibériques au N., aux plaines côtières, tantôt très étroites (région du cap de la Nao, au S.), tantôt larges (*huerta* de Valence, Murcie). La côte est dominée par les hauts caps de Gata, de Palos et de la Nao. Le Levant est le domaine de l'agriculture irriguée pratiquée sur des terres très morcelées. La *huerta* de Valence et la région de Murcie ont une importante activité agricole. On cultive des oranges (Valence, Castellón, Elche) et des primeurs, mais aussi des céréales, du riz (Valence). Les collines sont plantées d'oliviers. Les villes vivent surtout de l'exportation des produits agricoles. Alicante exporte les primeurs de Murcie, El Grao des oranges, Gandía les primeurs de sa région. L'industrie est encore peu développée : conserveries à Murcie, industries textiles et papeteries à Valence et, surtout, industries chimiques à Carthagène. ▮ **Histoire** → **Valence.**

**LEVANT** (île du) ➝ **ÉTYM.** nommée ainsi en raison de sa position géographique ♦ Une des îles d'Hyères dans la Méditerranée, d'une superficie de 996 ha. Une partie de l'île est occupée par une station d'essais de la Marine (missiles). La petite station d'Héliopolis est un centre du naturisme.

**LEVASSEUR** ♦ Famille de sculpteurs québécois du XVIIIe s. Leur atelier familial réalisa de nombreuses commandes pour l'Église, dans un style inspiré par les œuvres baroques françaises. Le plus remarquable, NOËL LEVASSEUR (Québec 1680 - *id.* 1740), est l'auteur du tabernacle de l'Hôpital général (1722), ainsi que de la chaire et du retable de la chapelle des Ursulines de Québec. ➝ **ÉTYM.** *Levasseur* est «le vassal», de l'ancien français *vasseor* (→ aussi Levassor).

**LEVASSOR (Émile)** ♦ Ingénieur et industriel français (Marolles-en-Hurepoix 1844 - 1897). Associé à René Panhard*, il créa en France l'industrie des moteurs d'automobiles. Avec Armand Peugeot*, il fut le premier à produire de façon industrielle des voitures équipées de moteurs à pétrole, donnant ainsi naissance à l'industrie automobile française. ➝ **ÉTYM.** *Levassor* a la même étymologie que *Levasseur**.

**LE VAU (Louis)** ♦ Architecte et décorateur français (Paris 1612 - *id.* 1670). Fils d'un architecte, il travailla souvent en collaboration avec son frère FRANÇOIS LE VAU et éleva à Paris des hôtels particuliers qui établirent sa réputation, notamment l'hôtel dit de Lauzun (1656) et l'hôtel Lambert (v. 1660) au plan ingénieux, bien adapté au site, grâce auquel il s'affirma comme l'un des maîtres de l'architecture classique civile par son sens du monumental et la sobriété des partis. Il construisit également le pavillon du

Louis **Le Vau.** Vue du Trianon de porcelaine, par Antoine Aveline, gravure (XVIIe s.). Château de Versailles. *Phot. © G. Blot/RMN*

château de Meudon, du château du Raincy avec au centre une avancée semi-circulaire dont il reprit le principe dans le célèbre château de Vaux*-le-Vicomte construit pour Fouquet et qui attira la jalousie de Louis XIV. Dans cette œuvre, deux tendances opposées apparaissent : l'influence des partis issus du baroque romain (statues monumentales, fronton et coupole du pavillon central), juxtaposés à des éléments hérités de la tradition (hauts toits à la française). Il fut nommé premier architecte du roi, travailla à Vincennes (1654 - 1667), manifesta un souci grandissant de monumentalité et de régularité, redessina au Louvre la façade sur la Seine puis fournit les plans du collège des Quatre-Nations (l'Institut de France, 1662 - 1670) dont la façade incurvée s'inspire du baroque G. Rainaldi. À Versailles, après avoir exécuté quelques travaux d'extension et d'aménagement au château de Louis XIII (à partir de 1667), élevé la première orangerie (1667) et le pittoresque Trianon de porcelaine (détruit à partir de 1668), il fut chargé par Louis XIV d'édifier la façade sur le jardin du nouveau palais ; il y adopta le toit en terrasse, une série d'ouvertures régulières scandées par des avant-corps en légère saillie, avec au centre une terrasse en retrait (plus tard modifiée par J. Hardouin-Mansart). La volonté de grandeur et de simplicité qui présidait à l'ensemble, la rigueur des masses et des effets rythmiques constituent l'un des principaux points de départ du classicisme français.

**LEVERKUSEN** ➝ **ÉTYM.** du n. de Carl *Leverkus*, chef d'une entreprise de produits chimiques, qui contribua au développement de la ville (appelée jusque-là *Wilsdorf*) ♦ V. d'Allemagne (Rhénanie-du-Nord-Westphalie), sur le Rhin. 162 105 hab. Elle est l'une des grandes villes-usines créées en Allemagne à la fin du XIXe s. Quittant leur siège de Wuppertal*-Elberfeld, les colorants Bayer s'y installèrent. La chimie s'est diversifiée : pharmacie (aspirine), phytosanitaires, film photographique (Agfa), textiles synthétiques (Dralon).

**LE VERRIER (Urbain)** ♦ Astronome français (Saint-Lô 1811 - Paris 1877). Le désaccord des premières tables d'Uranus avec les observations le conduisit à supposer l'existence d'une masse inconnue perturbant le mouvement ; il détermina ainsi (indépendamment de J. Adams*) les éléments de l'orbite de la planète que J. G. Galle* découvrit (1846) à l'endroit que Le Verrier lui avait indiqué : Neptune. Il fut député (1849), sénateur (1852), directeur de l'Observatoire (1854). On lui doit une révision des tables des mouvements planétaires. [Acad. sc. 1846] ➝ **ÉTYM.** Ce nom de famille désigne le «fabricant de verres ; vitrier».

**LEVERTIN (Oscar Ivar)** ♦ Écrivain suédois (Gryt, près de Norrköping 1862 - Stockholm 1906). Critique littéraire et dramatique du *Svenska Dagbladet*, il figura, avec Heidenstam*, dans la polémique antinaturaliste de la fin du siècle. Son recueil de poèmes *Légendes et Chansons* (1891) témoigne d'une longue familiarité avec la pensée de la mort. Il écrivit aussi un roman, *Les Maîtres d'Österas* (1900), et un essai sur Selma Lagerlöf. En 1912 - 1916, parurent les 3 tomes d'une *Histoire de la littérature française*.

**LÈVES** [28300] ➝ **ÉTYM.** du gaul. *leuca* «lieue» (sur la voie romaine de Chartres à Dreux) ♦ Comm. de l'Eure-et-Loir, banl. N. de Chartres. 4 308 hab.

**LÉVESQUE (René)** ♦ Homme politique canadien (Campbellton, Nouveau-Brunswick 1922 - Montréal 1987). Journaliste, puis député (1960 - 1970), ministre libéral du Québec (1960 - 1966), il fonda en 1968 le Parti québécois (PQ), de tendance indépendantiste, et fut élu Premier ministre (péquiste) du Québec en 1976. Son projet de «souveraineté-association» fut repoussé par les Québécois lors du référendum de mai 1980. En avr. 1981, R. Lévesque remporta les élections provinciales mais, renonçant à préconiser l'indépendance totale du Québec, il dut démissionner de la présidence de son parti et de son poste de Premier ministre en 1985. ➝ **ÉTYM.** *Lévesque* vient de «l'évêque», surnom d'un homme pieux ou «qui appartient à l'évêque».

**LÉVEZOU** ou **LÉVÉZOU** n. m. ♦ Plateau cristallin du Massif central, entre le Tarn, le Viaur et l'Aveyron. Culminant à 1 155 m au Puech del Pal, il est couvert de landes. ▪ Tourisme. Hydroélectricité.

**LEVI (Beppo)** ♦ Mathématicien italien (Turin 1875 - Rosario, Argentine 1961). Spécialiste de la géométrie algébrique, il étudia l'existence des points singuliers des variétés à deux dimensions (surfaces).

**LEVI (Paul)** ♦ Homme politique allemand (Hechingen 1883 - Francfort-sur-le-Main 1930). Chef du Parti communiste allemand à la mort de K. Liebknecht, il devint membre de la gauche du Parti social-démocrate allemand (1922).

**LEVI (Carlo)** ♦ Écrivain et peintre italien (Turin 1902 - Rome 1975). Antifasciste déclaré, il fut «confiné» en Lucanie ; il tira de ce séjour une émouvante chronique romanesque, *Le Christ s'est arrêté à Eboli* (1945), où la lucidité ethnologique s'allie à la générosité du style. Cette œuvre domine toute sa production, qu'il s'agisse de fictions autobiographiques (*La Montre*, 1950), d'essais (*La Peur de la liberté*, 1946) ou de reportages romancés (*Le futur a un cœur antique*, 1956 ; *Tout le miel est fini*, 1964).

**LEVI (Primo)** ♦ Écrivain italien (Turin 1919 - *id.* 1987). C'est de l'indicible épreuve des camps de concentration (l'incommunicabilité de l'expérience répond à l'incommunicabilité entre bourreaux et victimes) qu'il tira son premier livre, *Si c'est un homme* (1947), œuvre d'une grandeur désolée, que suivirent bien plus tard *La Trêve* (1963), où Levi décrit son retour stupéfié à la vie, les récits d'*Histoires naturelles* (1966, publiés sous pseudonyme), puis *Le Système périodique* (1975), analyse de la formation morale d'un jeune chimiste juif, et *La Clef à molette* (1978). Il revint aux thèmes de la guerre et du monde juif dans *Maintenant ou jamais* (1982), puis dans *Les Naufragés et les Rescapés* (1986). P. Levi s'exprima encore par la poésie (*Osteria di Brema*, 1975 ; *Ad ora incerta*, 1984) et par l'essai (*L'altrui mestiere*, 1985). Il se donna la mort.

**LÉVI** ➝ ÉTYM. en hébr. *Léwî*, p.-ê. de l'amorite *lwy* «entourer» ou de *lâwâh* «unir» ♦ Personnage biblique (Genèse, XXIX, 34). Fils de Jacob* et de Léa*, ancêtre éponyme d'une des tribus d'Israël qui n'eut pas de territoire mais où se recrutaient les prêtres et les lévites.

**LÉVI** ♦ Nom de saint Matthieu* dans Marc, II, 14, et Luc, V, 27.

**LÉVI (Alphonse Louis CONSTANT, dit Éliphas)** ♦ Écrivain français (Paris 1810 - *id.* 1875). Prêtre et professeur de théologie, il fut partagé entre des aspirations mystiques (*L'Assomption de la femme ou le Livre de l'amour*, 1841 ; *La Mère de Dieu*, 1844) et des positions révolutionnaires, anarchisantes (*La Bible de la liberté*, 1841 ; *La Voix de la famine*, 1846). Il renonça à l'état ecclésiastique et se livra à des travaux d'occultisme et de spiritisme qu'il publia dans ses *Œuvres de philosophie occulte* (1860 - 1865).

**LÉVI (Sylvain)** ♦ Orientaliste français (Paris 1883 - *id.* 1935). Spécialiste de l'Inde et du Népal, il est l'auteur d'un *Dictionnaire du bouddhisme d'après les sources chinoises ou japonaises* entrepris à Tōkyō (1928 - 1929), en collab. avec le Japonais Takakusu Junjiro. Avec A. Meillet, il étudia les textes tokhariens.

**LÉVIATHAN** ♦ Monstre marin mentionné dans la Bible et dans les poèmes mythologiques d'Ougarit. Sa description dans Job, XL, 25 *sqq.* évoque le crocodile égyptien.

Le **Léviathan** ♦ Ouvrage de T. Hobbes* (1651) publié sous le titre *Léviathan ou la matière, la forme et la puissance d'un État ecclésiastique*, où il expose ses théories philosophiques et politiques : sensualisme, utilitarisme et despotisme. Si l'état de nature est celui de la guerre permanente *(homo homini lupus)*, l'instinct de conservation (ou la crainte de la mort violente) conduit les hommes au pacte (ou contrat) social par lequel ils renoncent à leurs droits naturels et les transfèrent à la société. Seul un pouvoir absolu peut en garantir l'exécution.

**LEVI-CIVITA (Tullio)** ♦ Mathématicien italien (Padoue 1873 - Rome 1941). Auteur de travaux en théorie des nombres, en analyse, en mécanique analytique, en mécanique des milieux continus et en mécanique céleste, il est surtout l'inventeur, avec Ricci*-Curbastro, du calcul tensoriel, d'une importance capitale dans le calcul différentiel (en physique notamment). Il introduisit la notion du transport parallèle, permettant de définir le parallélisme dans l'espace de Riemann*. [Acad. sc. 1938]

**LEVI-MONTALCINI (Rita)** ♦ Biologiste italienne (Turin 1909). Elle travailla longtemps aux États-Unis. En 1958, elle découvrit le facteur de croissance nerveux (NGF), substance nécessaire au développement normal du système nerveux. Le NGF fut le premier facteur de croissance mis en évidence ; depuis, plusieurs autres molécules agissant sur la croissance et la différenciation des cellules furent découvertes. [Prix Nobel de physiol. ou méd. 1986, avec S. Cohen*]

**LEVINAS (Emmanuel)** ♦ Philosophe français (Kaunas 1905 - Paris 1995). Sa philosophie de l'existence est marquée par l'influence de la phénoménologie de Husserl et la philosophie de Heidegger qu'il a contribué à faire connaître en France (*La Théorie de l'intuition dans la phénoménologie de Husserl*, 1930 ; *De l'existence à l'existant*, 1947 ; *Le Temps et l'Autre*, 1948 ; *En découvrant l'existence avec Husserl et Heidegger*, 1949 ; *Totalité et Infini*, 1961). Sa réflexion sur Autrui, et en particulier sur la trace de Dieu sur le visage d'Autrui, a eu une influence importante sur la philosophie française (*Humanisme de l'autre homme*, 1972). Sa connaissance de la Bible lui a permis de rédiger ses *Lectures talmudiques* (1968 et 1977) qui, avec *Difficile liberté* (1963), ont contribué au développement de la pensée philosophico-théologique juive en France.

**LEVINE (David)** ♦ Dessinateur américain (New York 1926 - *id.* 2009). Héritier des caricaturistes du XIXe s. il a réalisé pour les journaux des portraits d'hommes politiques, où d'énormes têtes posées sur des corps minuscules amplifient les traits et les volumes interprétables psychologiquement.

**LÉVIS** ♦ Famille française, originaire de Lévis-Saint-Nom, près de Chevreuse, et connue depuis le XIIe s. Elle forma plusieurs branches, Lautrec, Ventadour, la plus importante étant celle de Mirepoix. ▪ L'aîné portait le titre de maréchal de la Foi, en souvenir de GUI DE LÉVIS (mort en 1230) qui combattit les albigeois. ♦ **François Gaston,** duc **de Lévis** (Ajac 1720 - Arras 1787). Maréchal de France, il remplaça Montcalm* au Canada. Après avoir tenté de prendre Québec contre James Murray*, il dut capituler à Montréal (1760).

**LÉVIS** ♦ V. du Canada (Québec), dans la banl. de Québec, sur le Saint-Laurent. 130 006 hab. Centre indus. et commercial.

**LÉVIS-MIREPOIX (Antoine Pierre Marie,** duc **DE)** ➝ ÉTYM. de *Lévis*-Saint-Nom, comm. des Yvelines et de *Mirepoix** [comm. de l'Ariège ; la famille Lévis reçut le fief de Mirepoix lors des croisades] ♦ Historien français (Léran, Ariège 1884 - Lavelanet 1981). Auteur de souvenirs de guerre, d'un roman et de plusieurs études historiques : *François Ier* (1931), *Philippe Auguste* (1940), *Philippe le Bel* (1942), *La France de la Renaissance* (1947), *Les Guerres de Religion* (1949). [Acad. fr. 1953]

**LÉVI-STRAUSS (Claude)** ♦ Anthropologue français (Bruxelles 1908 - Paris 2009). Venu à l'ethnologie après des études de philosophie, il a raconté dans *Tristes tropiques* (1955) la naissance de sa vocation d'ethnologue et sa première expédition chez les Indiens du Brésil (décrite aussi dans *La Vie familiale et sociale des Indiens Nambikwara*, 1948). Après avoir enseigné à São Paulo et aux États-Unis, il fut nommé professeur d'anthropologie sociale au Collège de France (1959). S'opposant à l'évolutionnisme unilinéaire de L. H. Morgan* et au fonctionnalisme de Malinowski et de Radcliffe*-Brown, il voulut donner à l'ethnologie une nouvelle méthodologie. Toute société étant fondée sur la communication, cette science doit, selon lui, tirer ses enseignements non seulement des formes les plus modernes de la linguistique, comme la phonologie et la linguistique structurale (➝ **structuralisme, Troubetskoï, Jakobson**), mais aussi des recherches physiques et mathématiques portant sur les faits de communication. Partant d'une observation et d'une description minutieuses des relations sociales, l'ethnologue établit à partir de celles-ci des modèles formels capables de mettre en évidence la structure des sociétés ; ces modèles doivent être construits de telle sorte que leur fonctionnement (règles de transformations) puisse rendre compte de tous les phénomènes observés. Lévi-Strauss appliqua d'abord cette méthode à l'étude

Claude **Lévi-Strauss** en 1973.
*Phot. © Haley/Sipa Press*

des *Structures élémentaires de la parenté* (1949), cherchant à expliquer la prohibition de l'inceste comme moyen positif d'assurer la communication et l'échange des femmes, marquant la différence entre nature et culture, et saisissant l'émergence de la pensée symbolique. Étendant sa méthode à l'étude des superstructures d'une société, il renouvela la conception du totémisme (*Le Totémisme aujourd'hui*, 1962) et a analysé *La Pensée* sauvage* (1962), montrant, contre la notion de mentalité primitive «pré-logique» (➝ **Lévy-Bruhl**), qu'elle est guidée par une logique rigoureuse, classificatrice. Puis, il s'attacha à expliciter la structure et la signification de mythes relatifs au domaine de la nourriture préparée, montrant qu'ils sont construits sur des systèmes d'oppositions : *Le Cru et le Cuit* (1964), *Du miel aux cendres* (1967), *L'Origine des manières de table* (1968), *L'Homme nu* (1971). Il avait entrepris en 1958 de rassembler ses articles sous le titre en forme de manifeste : *Anthropologie* structurale*, dont un 2e tome est paru en 1973. Il continua la publication de ses recueils avec *Le Regard éloigné* (1983), *La Potière jalouse* (1985). Dans *Histoire de lynx* (1991), il s'interroge notamment sur la crise que subit l'Occident et affirme l'exigence de lier nécessité et contrainte contre les illusions de la valeur du spontanéisme. *Regarder, écouter, lire* (1993) est une réflexion sur les arts (peinture, musique, littérature). [Acad. fr. 1973]

**LEVITA (Elie)** ♦ Grammairien et lexicographe de la langue hébraïque (Neustadt 1468 - Venise 1549). Également appelé Elie Bahur ou Elie Ashkenazi («l'Allemand»), il passa presque toute sa vie en Italie où il enseigna l'hébreu à un grand nombre d'humanistes chrétiens qui ensuite diffusèrent ce savoir dans toute l'Europe grâce à des traductions latines de ses œuvres. Il est le premier philologue à avoir souligné le caractère posttalmudique de la vocalisation hébraïque, ce qui entraîna une longue polémique. Il a également fondé la lexicographie du yiddish et traduit dans cette langue les Psaumes ainsi qu'une adaptation italienne d'un roman de la Table ronde, *Bovo d'Antona*, célèbre en yiddish sous le nom de *Bove Bukh*.

**Lévitique** n. m. ➝ ÉTYM. en gr. *leuitikon* «ce qui relève des lévites (le culte)» ♦ Livre de la Bible, le troisième du Pentateuque* traditionnellement attribué à Moïse*. Son titre hébreu est *Wayiqrâ*, «Et [Yahvé] appela». Sous la forme d'instructions données par Dieu à Moïse au Sinaï, 27 chapitres détaillent les procédures des sacrifices et du sacerdoce, les règles de pureté et les cas de souillure et tout ce qui codifie la vie religieuse (fêtes, comme le Yom Kippour*, calendrier, sabbat et année sabbatique...).

**LEVITSKI (Dmitri Grigorievitch)** ♦ Peintre russe (Kiev 1735 - Saint-Pétersbourg 1822). Élève de Lagrenée* à l'académie de Saint-Pétersbourg, il fut surtout marqué par le portraitiste français Tocqué*, puis par A. Roslin*. Sachant combiner virtuosité technique et rigueur de l'observation psychologique, il exécuta des portraits pleins de vivacité (*Diderot*, 1773 ; *Demidov*), parfois gracieux et spirituels (série des pensionnaires de l'institut Smolny, 1775 - 1776). Devenu peintre de la cour en 1780, il représenta plusieurs fois Catherine II et fut chargé des portraits des chevaliers de l'ordre de Saint-Vladimir. À partir de 1790 environ, il tomba en défaveur et se vit préférer des portraitistes étrangers. La critique russe contemporaine, en revanche, le place très haut.

**LEVROUX** [36110] ➝ ÉTYM. anc. *vicus leprosus* «léproserie» ou du lat. *lepor* «lièvre» et suff. *-osum* ♦ Ch.-l. de cant. de l'Indre, arr. de Châteauroux. 2 914 hab. *(Levrousains)*. Collégiale Saint-Sylvain des XII^e^ - XIII^e^ s. (stalles du XV^e^ s.). Porte de Champagne (1435 - 1506), seul vestige de l'enceinte. Maisons des XV^e^ et XVI^e^ s., dont une maison de bois (XV^e^ s.), construite pour Catherine de Médicis. ▪ Fromage de chèvre. Mégisserie. Parcheminerie.

**LEVY (Maurice)** ♦ Mathématicien et ingénieur français (Ribeauvillé 1838 - Paris 1910). Auteur de travaux sur les matériaux (élasticité, résistance), il étudia particulièrement l'application de la théorie de l'élasticité au cas des systèmes articulés et perfectionna notablement la statique graphique. [Acad. sc. 1883]

**LÉVY (Paul)** ♦ Mathématicien français (Paris 1886 - *id.* 1971). Il est l'auteur de recherches en analyse, en mécanique et sur l'analyse fonctionnelle. On lui doit d'importants travaux en calcul des probabilités ; il montra toute la puissance de la fonction caractéristique d'une loi de probabilité et introduisit la fonction de concentration dans les problèmes de convergence. [Acad. sc. 1964]

**LÉVY (Bernard-Henri)** ♦ Écrivain et penseur français (Beni Saf 1948). D'abord correspondant pour le journal *Combat*, il fut le principal animateur et éditeur d'un groupe de penseurs issus de mai 68 refusant le marxisme, les «nouveaux philosophes» [avec André Glucksmann*] (*La Barbarie à visage humain*, 1977). Personnage médiatique, «BHL» s'est positionné sur la scène publique internationale contre le barbarisme et l'intégrisme. Il a rendu compte de ses nombreux déplacements (Afghanistan, Bosnie, Kosovo, Rwanda, Darfour, Pakistan, Israël, Géorgie...) dans la presse ou dans ses ouvrages (*Bosna !*, 1994 ; *Qui a tué Daniel Pearl ?*, 2003). Socialiste, il a défendu une refondation du PS après la défaite à la présidentielle de 2002. Il a su faire partager son admiration pour des écrivains dont il revendique l'héritage : *Les Derniers Jours de Charles Baudelaire* (1988) ; *Le Siècle de Sartre* (2000).

**LÉVY-BRUHL (Lucien)** ♦ Sociologue français (Paris 1857 - *id.* 1939). Après des travaux de philosophie (*L'Idée de responsabilité*, 1885), il publia un ouvrage sur *La Morale et la Science des mœurs* (1903) où, critiquant les morales théoriques, il leur opposa un relativisme sociologique, une «science des mœurs» ; après avoir analysé la morale des «peuples primitifs», il en étudia la vie mentale et religieuse (*Les Fonctions mentales dans les sociétés inférieures*, 1910 ; *La Mentalité primitive*, 1922 ; *La Mythologie primitive*, 1935 ; *L'Expérience mystique et les Symboles chez les primitifs*, 1938). L'opposition qu'établit Lévy-Bruhl entre la pensée rationnelle, objective, et la mentalité prélogique et mystique (fondée sur le principe de participation et ignorant celui de contradiction) fut l'objet de maintes discussions et de critiques. Lui-même fut amené à la nuancer dans ses *Cahiers*, qui parurent en 1949 ; il affirma alors que la pensée mystique est présente dans tout esprit humain, quoique plus facile à observer chez les primitifs.

**LEWENHAUPT (Adam Ludvig,** comte**)** ♦ Général suédois (Copenhague 1659 - Moscou 1719). Il vainquit les Russes à Jakolstadt (1704) et à Gemauerthof (1705), ce qui lui valut d'être nommé gouverneur de Riga (1706). Pierre le Grand lui infligea un terrible désastre à Liesnaïa, en Ukraine (9 oct. 1708). Il commanda l'infanterie suédoise à Poltava (1709) mais fut battu, dirigea la retraite, fut forcé de signer la capitulation du Borysthène et resta prisonnier des Russes jusqu'à sa mort. ♦ **Karl Emil,** comte **Lewenhaupt** (Stockholm 1692 - *id.* 1743). Cousin du précédent, il fut l'un des chefs de la faction des «chapeaux» et fut élu maréchal de la diète de Suède en 1734 et 1740. Il contribua à faire déclarer la guerre à la Russie (1741) et commanda l'armée envoyée en Finlande (1742). Vaincu, il fut jugé et décapité.

**LEWES (George Henry)** ♦ Philosophe britannique (Londres 1817 - *id.* 1878). Il contribua à faire connaître en Angleterre la philosophie positive d'A. Comte. Partisan de l'évolutionnisme, il chercha à résoudre le problème des rapports de l'organisme et de la conscience, y voyant deux aspects d'une même réalité (*Problèmes de la vie et de l'esprit*, 1874 - 1879). On lui doit également une *Vie de Goethe* (1855).

**LEWES** ♦ V. d'Angleterre, ch.-l. de l'East Sussex, sur l'Ouse, près de Brighton. 92 187 hab. Château fort et demeures médiévales. ▮ **Histoire** Simon de Montfort et les barons révoltés y vainquirent Henri III (1264).

**LEWIN (Kurt)** ♦ Psychologue et sociologue américain d'origine allemande (Mogilno, auj. en Pologne 1890 - Newton, Massachusetts 1947). Influencé par le gestaltisme, ou psychologie de la forme (➝ **Gestalttheorie, Koffka, Köhler, Wertheimer**), il a élaboré une théorie originale du champ psychologique fondée sur la topologie et qui permet de mettre en évidence l'interdépendance structurelle et dynamique de la personne et du milieu environnant (*Une théorie dynamique de la personnalité*, 1935 ; *Principes de psychologie topologique*, 1936). Il applique sa conception du champ à la science sociale avec son étude de la dynamique des groupes, qui unit la méthode expérimentale et la méthode mathématique (*Les Frontières dans les dynamiques de groupe*, 1947 ; *En résolvant les conflits sociaux*, 1948 ; *Théorie du champ dans la science sociale*, 1951).

**LEWIS (Matthew Gregory)** ♦ Romancier, auteur dramatique et poète britannique (Londres 1775 - en mer, au retour des Antilles 1818). Après des études à Oxford, il devint attaché d'ambassade à La Haye (1794) où il écrivit le roman *Le Moine* (1795), plus tard «raconté» en français par A. Artaud (1934), qui contient la ballade du «Preux Alonzo et (de) la belle Imogine». Cette œuvre, inspirée des romans noirs d'Ann Radcliffe* et des drames de Schiller, fit scandale. On identifia en effet Lewis (surnommé Monk Lewis, «le moine Lewis») à son héros Ambrosio, moine qui fait un pacte avec le diable. Sa sexualité et son satanisme en font un criminel dans la lignée de Melmoth* et, comme pour ce dernier, l'œuvre fut exaltée par les surréalistes. Pour le théâtre, Lewis adapta Heinrich Zschokke (*Le Bandit de Venise*, 1804) et écrivit *Le Spectre du château* (1796), drame sanglant et mouvementé. On lui doit encore des *Contes terrifiants* (1799) qui inspirèrent W. Scott*, et le *Journal d'un propriétaire antillais* (posth. 1834) qui relate son voyage dans les Indes occidentales, où son père avait fait fortune. ➝ ÉTYM. *Lewis* est la forme anglaise de *Louis**.

**LEWIS (Gilbert Newton)** ♦ Physicien et chimiste américain (Weymouth 1875 - Berkeley 1946). Après avoir introduit la notion d'activité d'un constituant d'un mélange, il développa la théorie de la liaison chimique (1913) fondée sur la formation des doublets d'électrons. Il appliqua les lois de la thermodynamique à l'étude des équilibres chimiques et conçut, dès 1923, une théorie acide-base, dont il acheva la mise au point en 1938, et dans laquelle tout accepteur d'électrons est un acide et tout donneur d'électrons est une base.

**LEWIS (John Llewellyn)** ♦ Syndicaliste américain (Lucas, Iowa 1880 - Washington 1969). Militant dès son plus jeune âge, il devint président de l'United Mine Workers of America (UMWA, 1920), puis de l'American Federation of Labor (AFL), créa, en 1935, le Committee for Industrial Organizations, qui se détacha de l'AFL pour devenir le Congress of Industrial Organizations (CIO). Partisan de la démocratie industrielle et de l'action syndicale directe (grèves, occupation d'usines), il quitta le CIO (1942) avec l'organisation des mineurs dont il conserva la présidence jusqu'en 1960.

**LEWIS (Clarence Irving)** ♦ Logicien américain (Stoneham, Massachusetts 1883 - Cambridge, Massachusetts 1964). Il définit l'implication stricte (jonction apodictique entre deux propositions), et la distingua de l'implication logistique (ou matérielle [Russell], simple liaison assertorique entre deux propositions qui conduisait à certains paradoxes). Il introduisit aussi la notion modale du possible, formulant par là les bases des logiques modales ultérieures. Il tenta par ailleurs de lier une logique formalisée à une conception pragmatique de l'épistémologie. Œuv. princ. : *Logique symbolique* (avec H. Langford, 1932), *A Survey of Symbolic Logic* (1918).

**LEWIS (Percy Wyndham)** ♦ Peintre, écrivain et critique britannique (baie de Fundy, Maine 1884 - Londres 1957). Cherchant à ébranler la tradition académique qui régnait dans la peinture anglaise et voulant que les peintres prennent en considération la civilisation industrielle, il fonda en 1912 - 1913 le vorticisme et devint le rédacteur en chef de la revue *Blast* («Conflagration», 1914), organe du mouvement qui groupait tous les artistes avides de changement. Il fut stimulé par la liberté prise par les cubistes vis-à-vis de la réalité sensible et il chercha, comme les futuristes, à exprimer la vitesse et le mouvement de l'ère machiniste. Il peignit dès 1913 des œuvres non figuratives à partir de formes aux couleurs froides et aux lignes nettes, présentant un aspect métallique, se succédant et s'imbriquant selon des rythmes verticaux (*Composition*, 1913). Il aborda le portrait d'une façon personnelle (*T. S. Eliot, J. Joyce, Edith Sitwell*, 1923 - 1935). Dans ses scènes figuratives, il fractionna l'espace verticalement (*La Reddition de Barcelone*). Il publia plusieurs romans (*Tarr*, 1918 ; *The Revenge for Love*, 1937) ainsi que des ouvrages polémiques et théoriques *The Apes of God* («Les Singes de Dieu», 1930) ; *Time and Western Man* («Le Temps et l'Homme occidental», 1927).

**LEWIS (Sinclair)** ♦ Romancier américain (Sank Center, Minnesota 1885 - Rome 1951). Après des études à l'université Yale, il travailla dans diverses maisons d'édition et collabora au *Saturday Evening Post* et au *Cosmopolitan*. Dans la lignée de Sherwood Anderson*, illustrateur du Nouveau Réalisme, il créa deux des mythes les plus typiques de la littérature américaine moderne : *Babbitt* (1922), «Yankee standard avec son âme et ses préjugés taylorisés» (Paul Morand), et *Main Street* (1920). *It Can't Happen Here* (1935) dénonce le danger fasciste aux États-Unis, et *Kingsblood Royal* (1947) le racisme national. Sinclair Lewis utilisa la même veine critique dans *Elmer Gantry* (1927), satire des faux prédicateurs, *Dodsworth* (1929), roman sur l'Américain en Europe (adapté au théâtre, 1935), et surtout *Arrowsmith* (1925) où il narre les déboires d'un savant dont on exploite les découvertes par un commerce malhonnête. Ami et protégé de H. L. Mencken*, Lewis fut le premier romancier américain à recevoir le prix Nobel. Libertaire, patriote, mais sensible aux ridicules et aux faiblesses de son pays, il a excellé à reproduire la langue quotidienne populaire et les détails de la vie américaine pendant les années 1920 - 1930. Nostalgique de la culture du siècle précédent, il a fait porter sa satire sur les restrictions que la société, notamment par l'autorité, apporte à la liberté de chacun. Selon Mark Schorer, son biographe, il a montré «la stupidité qu'il y a à refuser d'être libre dans un pays libre». [Prix Nobel de littér. 1930]

**LEWIS (Louis Francis Zenon, dit George)** ♦ Clarinettiste de jazz américain (La Nouvelle-Orléans 1900 - *id.* 1968). Il est considéré comme le musicien le plus représentatif du New Orleans Revival. → **Nouvelle-Orléans (La)**. Grâce à une discographie abondante quoique inégale, il a très largement contribué, à partir des années 1940, à la popularisation d'un style qui n'avait pas encore été enregistré. Son jeu est l'exemple le plus authentique que nous possédons du jazz collectif des origines. Princ. enregistrements : *Climax Rag* (1943), *Burgundy Street Blues* (1953).

**LEWIS (Cecil DAY)** → **Day Lewis (Cecil)**

**LEWIS (Oscar)** ♦ Anthropologue américain (New York 1914 - *id.* 1970). Il s'est intéressé aux minorités ethniques, sur lesquelles il a écrit plusieurs livres dont le plus connu est *Les Enfants de Sanchez, autobiographie d'une famille mexicaine* (1961).

**LEWIS (sir William Arthur)** ♦ Économiste britannique originaire des Antilles (Castries, Sainte-Lucie 1915 - La Barbade 1991). Spécialiste du développement, il s'est intéressé aux problèmes de la croissance des pays pauvres, insistant particulièrement sur les facteurs humains et institutionnels. [Prix Nobel de sc. écon. 1979, avec T. Schultz*]

**LEWIS (Edward B.)** ♦ Biologiste américain (Wilkes-Barre, Pensylvanie 1918, Pasadena 2004). Étudiant les mutations génétiques chez la mouche du vinaigre (*Drosophilia melanogaster*), il découvrit, vers 1970, les gènes dits homéotiques, responsables du développement de différents segments de l'embryon. [Prix Nobel de physiol. ou méd. 1995, avec C. Nuesslein*-Volhard et E. Wieschaus]

**LEWIS (Joseph LEVITCH, dit Jerry)** ♦ Acteur et metteur en scène américain (Newark 1926). Après des débuts laborieux comme partenaire de Dean Martin, il se révéla tout à coup, grâce à Frank Tashlin et surtout à son propre talent de metteur en scène, comme un des grands rénovateurs du burlesque américain, digne héritier de Chaplin et des Marx Brothers, avec *Le Dingue du palace* (1960), *Le Zinzin d'Hollywood* (1961), *Dr Jerry et Mr Love* (1963). On le retrouva, dans des rôles dramatiques, avec *La Valse des pantins* (1982) et *Arizona Dream* (1992).

**LEWIS (David Kellog)** ♦ Philosophe analytique américain (Oberlin, Ohio 1941 - Princeton 2001). Célèbre pour sa théorie du réalisme modal, il s'est consacré autant à la philosophie du langage qu'à celle de l'esprit, autant à la métaphysique qu'à l'épistémologie et à la logique. Son ouvrage principal, *Counterfactuals* (1973), est consacré à l'analyse de la signification qu'il faut donner aux propositions conditionnelles irréelles (Si X était..., alors Y serait...). Il y recourt à la sémantique des mondes possibles, montrant qu'un tel énoncé signifie que dans certains mondes possibles, si X est vrai, Y l'est aussi. Il développe cette théorie dans un autre ouvrage postérieur (*On the Plurality of Worlds*, 1986) où il soutient qu'il existe un nombre infini d'univers parallèles au nôtre, ayant chacun leur propre causalité et qui jouent le rôle d'autant de mondes possibles dans l'analyse de la nécessité et de la possibilité.

**LEWIS (Carlton MCHINLEY, dit Carl)** ♦ Athlète américain (Birmingham, Alabama 1961). Athlète complet, il égala l'exploit de J. Owens* aux jeux Olympiques de Los Angeles (1984) en remportant les épreuves du 100 m, du 200 m, du 4 × 100 m et du saut en longueur. Plusieurs fois champion du monde, il gagna deux médailles d'or à Séoul en 1988 (100 m et longueur) et deux autres à Barcelone en 1992 (4 × 100 m et longueur).

**LEWIS** (île) ♦ Île d'Écosse, la plus vaste et la plus septentrionale des Outer Hebrides. 18 000 hab. CAP. : Stornoway. Élevage, pêche.

**LEWITT (Sol)** ♦ Sculpteur et dessinateur américain (Hartford, Connecticut 1928 - Chester, Connecticut 2007). D'abord graphiste chez l'architecte Pei, il réalisa à partir de 1962 ses premières peintures marquées par l'influence du Bauhaus et du constructivisme (*Part Pieces (Open Cubes) in Form of a Cross*, 1966), puis des sculptures qui sont des projections de formes géométriques élémentaires telles que le cube dans l'espace (*5 Part Pieces (Open Cubes) in Form of a Cross*, 1966 - 1969). En 1968, il enterra un cube de métal dans le sol de la maison Visser aux Pays-Bas, n'en conservant qu'une trace photographique, et fit exécuter par des assistants ses premiers *Wall Drawings*, dessins muraux en étoiles ou pyramides tronquées, destinés à disparaître après l'exposition. Au confluent de l'art minimal et de l'art conceptuel*, il publia deux manifestes (1967 et 1969), affirmant notamment : «L'œuvre d'art est une idée, et pas un objet.»

**LEXINGTON** ♦ V. des États-Unis (Kentucky). 260 512 hab. (zone urbaine 479 198 avec Fayette). Siège de l'université du Kentucky. Grand centre commercial pour le tabac et les chevaux de course, au centre de la région d'élevage dite *Blue Grass* («herbe bleue»). Indus. (machines à écrire électriques ; électronique ; distilleries de bourbon). **❙ Histoire** Fondée en 1779, la ville devint un centre intellectuel et mérita le surnom d'«Athènes de l'Ouest».

**LEXINGTON** ♦ V. des États-Unis (Massachusetts) au N.-O. de Boston. 30 355 hab. **❙ Histoire** Lieu de la première bataille de la guerre d'Indépendance américaine le 19 avr. 1775.

**LEYDE (JEAN DE)** → **Jean de Leyde**

**LEYDE** – en néerl. ***Leiden*** ; ➛ ÉTYM. anc. *Lugdunum Batavorum*, d'étym. incert. (le rapprochement avec *Lyon* est fautif) ♦ V. des Pays-Bas (Hollande-Méridionale) sur le Vieux-Rhin. 117 485 hab. (aggl. 389 688). Leyde est célèbre par son université et a conservé de son passé de nombreux monuments. Église Saint-Pierre, gothique. Rapenburg (XVII$^e$ - XVIII$^e$ s.). Citadelle (*Burcht*) élevée vers 830. Musée du Lakenhal. Rijksmuseum van Oudheden (sculptures égyptiennes). ▪ Indus. du livre. Indus. textiles et alimentaires. Métallurgie. **❙ Histoire** Leyde fut fondée au IX$^e$ s. L'indus. du drap, introduite par les tisserands d'Ypres réfugiés lors de la peste de 1347, est à l'origine de la prospérité de la ville. Après sa résistance au siège espagnol (1574), la ville fut récompensée par la fondation d'une université (1575). Lors de l'occupation française (1793), elle fut ch.-l. d'arr. des Bouches-de-la-Meuse. Depuis le XVIII$^e$ s., la ville est un centre mondial d'imprimerie. → **Elzévir.**

**LEYGUES** [lɛjg] ou [lɛg] **(Georges)** ♦ Homme politique français (Villeneuve-sur-Lot 1857 - Saint-Cloud 1933). Républicain de gauche à la Chambre des députés (1885), il fut ministre de l'Instruction publique (1894, 1898 - 1899), de l'Intérieur (1895), des Colonies (1906), de la Marine (1917 - 1920). Président du Conseil (sept. 1920-janv. 1921), il reprit le portefeuille de la Marine (nov. 1925-fév. 1930, juin 1932 - 1933) et contribua à la réorganisation de la flotte de guerre.

**LEYRE** ou **EYRE** n. f. ➛ ÉTYM. p.-ê. même orig. que *Loire** ♦ Riv. des Landes (80 km), qui se jette dans le bassin d'Arcachon, après avoir traversé le parc naturel régional des Landes de Gascogne.

**LEYS (Pierre RYCKMANS, dit Simon)** ♦ Écrivain belge d'expression française (Bruxelles 1935). Sinologue, il enseigna le chinois et vécut en Chine durant la Révolution culturelle qu'il fut l'un des premiers à dénoncer dans un essai, *Les Habits neufs du président Mao* (1971), puis dans *Ombres chinoises* (1974). Après un premier roman, sorte de conte philosophique, *La Mort de Napoléon* (1986), il laissa libre cours à sa passion de la mer confortée par son expérience de jeune marin dans *Les Naufragés du Batavia* (2003, récit d'un naufrage survenu au XVII$^e$ s.), d'une grande érudition, et *Le Bonheur des petits poissons* (2008). *L'Ange et le Cachalot* (essai, 1998) réunit des textes sur la littérature, la traduction et la calligraphie chinoises ; *Protée et autres essais* (2001) aborde les littératures française et espagnole. [Acad. royale de langue et de litt. françaises de Belgique 1990]

**LEYSIN** ♦ V. de Suisse (Vaud) au N.-E. d'Aigle. 3 439 hab. Importante station d'été et de sports d'hiver (1 250 - 2 175 m).

**LEYTE** ♦ Île des Philippines (Visayas), reliée à Samar par le pont San Juanico. 7 215 km². 1 956 496 hab. La flotte japonaise y fut en majeure partie détruite par celle des États-Unis lors d'une bataille aéronavale (oct. 1944).

**LEZAMA LIMA (José)** ♦ Écrivain cubain (1910 - campement de Columbia 1976). Après *La Mort de Narcisse* (1937), long poème lyrique qui consacre ses débuts, il fonda diverses revues dont *Origines* (1944 - 1958), qui est l'une des revues capitales de la culture hispano-américaine. La publication de son roman *Paradiso* (1967), caractérisé par son invention verbale et construit sur d'inépuisables plans de signification, a fait découvrir sa production antérieure, univers poétique d'une rigoureuse cohérence. Il a laissé un roman inachevé, *Oppiano Licaro* (1977).

**LÉZARD** n. m. – en lat. *Lacerta* ♦ Petite constellation boréale, entre celle du Cygne* et celle d'Andromède*, composée d'étoiles peu brillantes.

**LEZENNES** [59260] ← ÉTYM. du lat. *Licinius*, n. de pers. ♦ Comm. du Nord, arr. de Lille. 3 350 hab.

**LÉZIGNAN-CORBIÈRES** [11200] ← ÉTYM. anc. *Lisinianus*, du lat. *Licinius*, n. de pers., et suff. *-anum* ♦ Ch.-l. de cant. de l'Aude, arr. de Narbonne, adossé aux reliefs des Corbières. 8 266 hab. *(Lézignanais)*. Centre vinicole (vins des Corbières).

**LEZOUX** [63190] ← ÉTYM. anc. *in vicaria Lodosense*, du lat. *lutosum (solum)* «(sol) boueux» ♦ Ch.-l. de cant. du Puy-de-Dôme, arr. de Thiers. 4 957 hab. *(Lézoviens)*. Beffroi du XVe s. ▮ **Histoire** C'était à l'époque gallo-romaine un centre très important de céramique (musée).

**LHASSA** ou **LHASA** ← ÉTYM. tibét. «pays *(sa)* du dieu *(lha)* [Bouddha]» ♦ V. de Chine, cap. du Tibet, à 3 650 m d'alt. sur le Lhassa he, affl. du Yalu Zangbo (nom tibétain du Brahmapoutre). 171 719 hab. La ville était le siège du dalaï-lama, jusqu'à sa fuite en Inde. Nombreux monuments historiques : le Jokhang, grand temple (aux éléments architecturaux tibétains, chinois, népalais et indiens) élevé, selon la tradition, par l'épouse chinoise de Songtsen* Gambo ; le palais-montagne du Potala* (XVIIe s.) ; le Norbulinka, édifié en 1755, résidence d'été du dalaï-lama. La v. est reliée à Golmud* par voie ferrée depuis 2006. ▪ Aux environs, monastères de Drepung, Sera (1419 ; fresques Ming), Gandan.

**L'HERBIER (Marcel)** ♦ Cinéaste français (Paris 1888 - *id.* 1979). Esprit curieux de recherche et qui voulut assigner au cinéma une fonction humaniste, il a tenu un rôle important dans l'évolution de cet art, au lendemain de la Première Guerre mondiale. Réal. princ. : *Eldorado* (1921), *L'Inhumaine* (1924), *Feu Mathias Pascal* (1925), *Forfaiture** (1937), *La Nuit fantastique* (1942). Fondateur de l'Idhec (Institut des hautes études cinématographiques, 1943).

**L'HERMITE (TRISTAN)** → Tristan l'Hermite

**LHERMITTE (Jean)** ♦ Médecin français (Mont-Saint-Père, Aisne 1877 - Paris 1959), auteur de travaux de neurologie et de psychiatrie.

**LHOMOND** (abbé **Charles François**) ♦ Grammairien et érudit français (Chaulnes, Picardie 1727 - Paris 1794). Il se consacra à l'enseignement et laissa plusieurs ouvrages de grammaire, d'histoire romaine et d'histoire sainte, qui furent longtemps utilisés en France (*De* viris illustribus urbis Romae*, v. 1775 ; *Éléments de grammaire latine*, 1779 ; *Epitome historiae sacrae*, 1784). Ayant refusé de prêter serment à la constitution civile du clergé, l'abbé Lhomond fut incarcéré (1792), mais libéré peu après sur l'intervention de son ancien élève Tallien. ← ÉTYM. Ce nom de famille vient du nom germanique *Hlodmund*, de *hlod* «renommée» et *mund* «protection».

**L'HOSPITAL** [lopital] **(Michel DE)** ♦ Homme politique français (Aigueperse, Puy-de-Dôme, v. 1504 - Bélesbat 1573). Il fit ses études à Padoue, son père ayant suivi le connétable de Bourbon* en exil. Chancelier particulier de Marguerite* de Navarre, il protégea les poètes de la Pléiade et composa lui-même des poèmes latins. Conseiller au Parlement, président de la Chambre des comptes, puis chancelier de France (1560), il poursuivit une double action de réforme administrative et d'apaisement en matière religieuse. L'édit de Romorantin (1560) arrêta l'installation de l'Inquisition en France, le colloque de Poissy* tenta d'amener catholiques et protestants à un compromis, l'ordonnance d'Orléans qui suivit les états généraux (1560 - 1561) accorda la liberté de culte aux réformés, dans certaines limites, et commença la réforme administrative poursuivie par les ordonnances de Roussillon (1564) et de Moulins* (1566). Si sa réforme administrative réussit, Michel de L'Hospital connut un échec total sur le plan de la conciliation : l'ordonnance d'Orléans eut pour conséquence directe le massacre de Wassy* (1562) qui ouvrit les guerres de Religion*. Impuissant, il se retira en 1568 et faillit être victime de la Saint*-Barthélemy. Il a laissé un *Traité de la réformation*, des *Harangues* et un *Testament politique*.

**L'HOSPITAL (Guillaume DE)**, marquis **DE SAINTE-MESME** ♦ Mathématicien français (Paris 1661 - *id.* 1704). Auteur du premier traité de calcul infinitésimal (*Analyse des infiniment petits pour l'intelligence des lignes courbes*, 1696), il précisa les conceptions de Leibniz* en exposant les principes de ce calcul d'après Jean Bernoulli* qui les lui avait enseignés (1691). On lui doit la règle permettant de trouver la limite d'une fraction dont les deux termes sont nuls simultanément. [Acad. sc. 1693]

**LHOTE (André)** ♦ Peintre et critique d'art français (Bordeaux 1885 - Paris 1962). Il s'établit à Paris en 1908 et s'intéressa à l'art nègre. Après avoir été influencé par le fauvisme, il fut sensible au courant cubiste, tout en restant attaché à la lisibilité de la figure humaine et en conservant le goût des couleurs vives fortement contrastées (*L'Escale*, 1913). Esprit soucieux d'ordre et de méthode, il exposa à la Section d'or en 1912. S'inspirant du cubisme* synthétique et de Robert Delaunay*, il réduisit les formes en un ensemble de plans colorés savamment agencés (*Rugby*, 1917) puis, vers 1920, évolua vers un style plus décoratif. Ayant fondé une académie rue d'Odessa en 1922, il joua un rôle important de pédagogue et de critique (chroniques à la *NRF* à partir de 1917). Analyste fin et lucide *(Seurat, Bonnard)*, il publia un *Traité du paysage* (1938) et un *Traité de la figure* (1950). Il cherchait à concilier sa conception de

André **Lhote.** *L'Escale* (2,10 x 1,85 m), 1913. Musée d'Art moderne de la Ville de Paris, Paris. *BIS/Phot. L. Joubert © Archives Larbor © ADAGP, Paris 2008*

l'art moderne avec des principes esthétiques stables définis comme «invariants plastiques». ← ÉTYM. Ce nom désigne celui qui tenait une auberge.

**LHOTE (Henri)** ♦ Explorateur et ethnologue français (Paris 1903 - Saint-Aignan 1991). Il explora diverses régions d'Afrique du Nord et d'Afrique noire et se fit connaître par des travaux ethnologiques, anthropologiques et archéologiques sur le Hoggar et le Tassili, où il découvrit un très important ensemble de peintures rupestres. Princ. ouvrages : *Les Touareg du Hoggar* (1944), *Dans les campements touareg* (1947), *À la découverte des fresques du Tassili* (1958).

**LHO-TSE** ← ÉTYM. en tibét. *lhotse* «sommet *(tse)* du Sud *(lho)*» ♦ Pic S. du massif de l'Everest (Himalaya, Népal), de 8 501 m d'alt., un des quatre plus hauts sommets du monde. Des alpinistes suisses le vainquirent en 1956.

**LIA** → Léa

**LIADOV (Anatoli Konstantinovitch)** ♦ Compositeur russe (Saint-Pétersbourg 1855 - Polijnovka 1914). Élève de Rimski-Korsakov, épigone du groupe des Cinq, il fut marqué par les influences contrastées de la chanson populaire russe, du lyrisme de Chopin et du rêve symboliste. Professeur au conservatoire de Saint-Pétersbourg, plus respectueux du passé que curieux d'avenir, il compta néanmoins S. Prokofiev parmi ses élèves et exerça sur de nombreux musiciens, dont P. Dukas et M. Ravel, une réelle influence. Auteur de poèmes symphoniques *(Baba Yaga, Kikimora, Nénie)*, de pièces pour piano (préludes, études, mazurkas, valses) et de musique vocale (130 chansons populaires), il a recherché avant tout l'élégance et la pureté de l'expression.

Les **Liaisons dangereuses** ♦ Roman par lettres de P. Choderlos de Laclos* (1782) qui expose (en plusieurs correspondances entremêlées par un effet de contrepoint) les intrigues du roué Valmont conseillé par Mme de Merteuil pour conquérir Mme de Tourvel. Œuvre de moraliste (dit Laclos), cette peinture impassible de certaines perversions des esprits et des cœurs est remarquable de pénétration psychologique : les tourments de la passion en lutte avec la conscience, analysés chez Mme de Tourvel, sont opposés à la recherche du plaisir sensuel et, surtout, intellectuel, à laquelle se livrent Valmont et Mme de Merteuil, soumettant volontairement leur intelligence à un véritable code du mal (cf. lettre 81). «Ce n'est pas assez pour moi de la posséder, je veux qu'elle se livre.» Cette analyse cruelle des sentiments et des «manœuvres», servie par un style d'une rigueur toute classique, remporta un immense succès et fit voir en Laclos «un Racine aidé par Vauban» (Giraudoux). ▪ Le roman fut adapté au cinéma par Roger Vadim (*Les Liaisons dangereuses 1960*, 1959, avec Gérard Philipe et Jeanne Moreau), puis par Stephen Frears (1988), et par Miloš Forman (*Valmont*, 1989).

**LIAKHOV** (îles) ♦ Îles de Russie appartenant à l'archipel de Nouvelle-Sibérie, situées entre les embouchures de la Lena et de l'Indiguirka et séparées de la côte N. de la Sibérie par le détroit de Dmitri-Laptev. Superficie totale 6 800 km$^2$. Îles princ. : la *Grande* et la *Petite Liakhov*. Elles sont inhabitées.

**LIAMONE** n. m. ♦ Fl. côtier de Corse (40 km). Né près du monte Rotondo, il se jette dans la Méditerranée dans le golfe de Sagone.

**LIANCOURT** [60140] ← ÉTYM. anc. *Landulficurtis* «domaine (bas lat. *curtis*) de Landulf (n. de pers. germ.)» ♦ Ch.-l. de cant. de l'Oise (arr. de Clermont), dans la vallée de la Brèche. 6 476 hab. (aggl. 12 670) *(Liancourtois)*. Indus. diversifiées. Le duc de La* Rochefoucauld-Liancourt y fonda un orphelinat militaire (1788).

**LIANG** ou **LEANG** ♦ Nom de plusieurs dynasties chinoises, parmi lesquelles les Liang (–453 - –225) des Zhanguo*, les Liang du Sud (502 - 557) des Nanbeichao*, les Liang postérieurs (907 - 923) des

Wudai*. ▪ Nom de cinq royaumes chinois : Qianliang, Houliang, Nanliang, Beiliang et Xiliang de la période des Shiliuguo (les Seize Royaumes, 304 - 439).

**LIANG Kai** ou **LEANG K'ai** ♦ Peintre chinois (actif au milieu du XIII^e^ s.). Adepte du bouddhisme chan* et grand amateur de vin, il fut artiste de l'Académie impériale de peinture. Artiste original, et particulièrement apprécié et imité au Japon, il était passé maître dans l'exécution de personnages ébauchés, au trait abrégé.

**LIANG Qichao** ou **LEANG K'i-tch'ao** ♦ Homme politique chinois (près de Canton 1873 - Pékin 1929). Disciple de Kang You-wei et conseiller de l'empereur Guangxu* (1898), il préconisa l'occidentalisation de la Chine et, à la suite de la «réforme des Cent-Jours» avortée, fut obligé de s'enfuir au Japon. Il rentra en Chine en 1911 et écrivit de nombreux ouvrages politico-philosophiques attachés au confucianisme. Son œuvre influença la pensée de la Chine moderne.

**LIANYUNGANG** ou **LIEN-YUN-KANG** – jusqu'en 1961 ***Xinhailian*** ou ***Sin-hai-lien*** ♦ V. et port de Chine (Jiansu), sur la mer Jaune. 576 477 hab. Nœud de communications ferroviaires (liaison E.-O.), fluviales (Chang jiang, Grand Canal) et maritimes. Pêche, aquaculture. Phosphore.

**LIAO** ou **LEAO** ♦ Nom d'une dynastie chinoise d'origine Khitan* fondée par A Pao Chi* en 916. Elle régna dans le N. de la Chine de 907 à 1125 (907 - 947 royaume Khitan, 947 - 1125 dynastie Liao, 9 empereurs), cap. Yenjing (ou Yendu, site de l'actuel Pékin). Les Liao furent renversés par les Jin* et une partie des vaincus émigra vers l'O. pour fonder la dynastie des Liao occidentaux (1125 - 1201) ou Kara Kitay, ayant leur cap. à Balasagun (Kachgarie).

**LIAODONG** ou **LEAO-TONG** ➝ ÉTYM. chin. «est *(dōng)* de Liáo (n. de riv.)» ♦ Région chinoise située à l'E. du Liao he, bordant le golfe du Bohai et comprenant la péninsule du Liaodong et la conurbation de Luda. V. PRINC. : Lüshun*, Dalian*, Dandong*.

**LIAO HE** ou **LEAO-HO** n. m. ➝ ÉTYM. du chin. *Liáo*, n. de riv., et *hé* «rivière» ♦ Fl. de Chine, prov. du Liaoning (1 390 km). Né dans le Grand Hinggan* il se déverse dans le golfe du Bohai, près de Yinkou.

**LIAONING** ou **LEAONING** n. m. ➝ ÉTYM. du n. de la riv. *Liao* He* et chin. *ning* «paisible» ♦ Prov. du N.-E. de la Chine. → **Chine** (carte). 145 700 km$^2$. 41 824 412 hab. dont 3 millions appartiennent à des ethnies minoritaires (2/3 de Mandchous). CAP. : Shenyang. Agriculture : céréales, soja, oléagineux, pomme, poire, raisin. Coton. Ginseng. Schiste bitumineux, charbon. Fer, diamant (50 % de la réserve du pays), magnésium, manganèse, molybdène, bore, talc. Jade. Terre réfractaire. 1^er^ centre de l'indus. lourde du pays : acier, fonte (1/4 de la production nationale, Anshan). Indus. mécanique, textile, pharmaceutique. Pétrochimie. Bâtiment.

**LIAOYUAN** ou **LEAO-YUAN** ♦ V. de Chine (Jilin). 462 233 hab. Céréales (maïs).

**LIAPOUNOV (Aleksandr Mikhaïlovitch)** ♦ Mathématicien russe (Iaroslav 1857 - Odessa 1918). Il élabora la théorie rigoureuse de la stabilité ; ses méthodes et résultats sont fondamentaux dans l'étude de la turbulence et des processus irréversibles.

**LIĀQAT ʿALĪ KHĀN** ♦ Homme politique pakistanais (Karnal 1895 - Rawalpindi 1951). Il devint, lors de la partition de l'Inde et du Pakistan, un partisan convaincu de ʿAlī Jinnāh. Il succéda à celui-ci comme chef du gouvernement du Pakistan en 1948, mais fut assassiné en 1951 par un fanatique afghan.

**LI Bai, LI Bo** ou **LI Po,** dit aussi **LI Taibo** ou **LI T'ai-po** ➝ ÉTYM. chin. «prune blanche», de *lǐ* «prune» et *bó* «blanc» ♦ Poète chinois (Turkestan 701 - Jiangsu 762). Initié à l'érémitisme taoïste mais libre penseur, ambitieux mais excentrique, spontané, grand séducteur et grand buveur, Li Bai passa sa vie en voyages, tantôt protégé des grands, tantôt poursuivi de leur haine que sa légèreté provoquait. La saveur de ses poèmes et la simplicité des thèmes naturels, si spontanés, justifient son universalité. Sa vie même est devenue une légende qui a inspiré nombre de récits et de pièces de théâtre.

## LIBAN

▪ n. m. – off. ***République libanaise*** ➝ ÉTYM. en ar. ***al-Jumhūryah al-Lubnāniya,*** du n. du djebel *Lubnān* «la montagne Blanche» ♦ État du Proche-Orient (Levant). 10 452 km$^2$. 3 759 137 hab. (on compte env. 5 000 000 de Libanais émigrés à travers le monde). Le Liban compte également une très forte immigration syrienne (1 million) et une présence palestinienne de 500 000 personnes. LANGUES : arabe (off.), français, anglais, arménien, kurde. RELIGIONS : musulmans (chiites, sunnites) ; chrétiens (maronites, grecs orthodoxes, grecs catholiques, arméniens) ; druzes. MONNAIE : livre libanaise. CAPITALE : Beyrouth. RÉGIME : démocratie parlementaire.

### GÉOGRAPHIE

Le pays comprend une étroite plaine côtière, berceau de la civilisation maritime des Phéniciens et région la plus fertile. Au S. de cette plaine, la côte élevée est entrecoupée de promontoires rocheux. À l'E. de cette plaine s'élève parallèlement à la côte le djebel Liban, déclinant lentement vers le S. jusqu'aux monts de Galilée orientés N.-S. (point culminant : Kornet el-Saouda, 3 083 m). Des rivières en descendent, dont le Nahr Ibrahim et le Nahr el-Kelb («fleuve du Chien»), et y creusent des gorges profondes. À ce système montagneux correspond, plus à l'E., un système similaire, constitué par le massif de l'Anti-Liban, plateau désertique à env. 2 300 m, dont la ligne de crêtes marque la frontière entre le Liban et la Syrie, et prolongé au S. par le massif de l'Hermon (culminant à 2 814 m). Entre ces deux systèmes montagneux s'étend la haute plaine de la Bekaa (900 m), où le Nahr al-ʿAsi (Oronte) prend sa source et où coule au S. le Litani. Les pentes montagneuses qui tombent à pic sur la Bekaa sont arides et désertiques, mais le versant occidental du mont Liban est couvert de forêts de pins et, à basse altitude, de cultures fruitières. Le climat est méditerranéen, avec des hivers doux et pluvieux et des étés chauds et secs.

### ÉCONOMIE

Avant le déclenchement de la guerre civile en 1975, l'économie libanaise était l'une des plus prospères de la région. Tandis que d'autres pays arabes engageaient des politiques économiques dirigistes, le Liban optait pour l'ultralibéralisme, s'érigeant en paradis fiscal et en place financière internationale. La guerre a ruiné l'économie et les efforts pour une lente reconstruction ont à nouveau été mis à mal par le conflit de l'été 2006 avec Israël. La banlieue sud de Beyrouth a été détruite, les infrastructures sont en mauvais état et le retour à la confiance des investisseurs étrangers reste tributaire des aléas politiques de la région. Le secteur agricole reste relativement important (7 % du PIB, 10 % de la population active). Céréales (blé, orge), pommes de terre et légumes sont cultivés dans la Bekaa, agrumes et bananes sur la côte, vignes et arbres fruitiers sur les pentes. Le tabac est cultivé dans le S. Les exportations agricoles, principalement de fruits et légumes, représentent 10 % de l'ensemble des exportations libanaises. Malgré la politique d'éradication, la culture du cannabis est toujours un moyen de subsistance dans la Bekaa. La pêche reste un secteur

Liban

mineur. Deux oléoducs traversent le pays mais l'acheminement du pétrole irakien de Kirkouk jusqu'à la raffinerie de Tripoli est stoppé depuis 1981, et celui du pétrole saoudien par l'oléoduc Tapline jusqu'au terminal de Zahrani depuis 1983. Les industries situées pour l'essentiel dans l'enclave chrétienne, plus ou moins épargnée jusqu'en 1989, ont largement contribué au maintien de l'activité économique mais leur développement dépend du rétablissement

| Liban ▮ Productions en 2008 | |
|---|---|
| **Produits** | **Quantités** |
| ▮ Agriculture | |
| Blé | 120 000 t |
| Olives | 77 000 t |
| Oranges | 230 000 t |
| Pommes de terre | 500 000 t |
| Raisin | 120 000 t |
| Tomates | 300 000 t |
| Ovins (têtes) | 340 000 |

total des infrastructures et de l'apport de capitaux. En outre, le secteur industriel souffre d'une pénurie de main-d'œuvre et de matières premières, autre conséquence de la guerre civile. Il contribuait néanmoins pour 21 % au PIB en 2005. Les industries textiles (laine, coton, soie, jute), alimentaires (huileries, brasseries, sucreries, industrie de la viande) sont les plus importantes. Viennent ensuite l'industrie du bois (papier notamment), les manufactures de tabac et les artisanats. Le secteur bancaire, qui était autrefois le moteur de l'économie libanaise, est toujours très fragile et n'attire pas les capitaux libanais déposés à l'étranger, estimés entre 25 et 30 milliards de dollars (contre 4,8 milliards de dollars déposés dans les banques locales). Le Liban et l'Union européenne ont conclu un accord d'association en janv. 2002. Le pays est confronté à une vague d'émigration de grande ampleur, notamment de la population jeune.

### HISTOIRE

▮ **Des Phéniciens aux musulmans** À la fin du –IIIe millénaire, les Phéniciens établirent sur la côte des comptoirs qui, au –XVe s., se développèrent en une série de petits royaumes (Byblos, Tyr, Sidon, Arados). Au cours des –IXe - –VIIIe s., l'Empire phénicien fut aux prises avec le puissant Empire assyrien (Mésopotamie) qui cherchait à étendre ses conquêtes. Les guerres, les sièges et les luttes d'influence entravèrent l'activité commerciale et culturelle des cités phéniciennes, qui finirent par tomber sous les coups de leur puissant voisin (–VIIe s.). Aux Assyriens succédèrent les Babyloniens, puis les Perses. Ces derniers ne purent contenir l'expansionnisme des Grecs qui établirent leur contrôle sur toute la Méditerranée orientale avec la victoire d'Alexandre en –333. À l'intérieur de l'État séleucide, issu du partage de l'empire d'Alexandre, les cités phéniciennes étaient administrées de façon plus ou moins autonome. Elles intégrèrent la province romaine de Syrie après la conquête de Pompée en –64. La domination romaine (jusqu'en 395) fut marquée par un développement des activités commerciales et culturelles du pays comme l'attestent les prestigieux vestiges romains. En 395, la région passa sous domination byzantine. Le christianisme s'y développa. → **maronites.** Le pays fut conquis par les Arabes (637) et fit alors, tour à tour, partie des États des califes omeyades, abbassides, fatimides et seldjoukides avant de passer sous la domination des Francs (1099 - 1291). Les mamelouks (1291 - 1516) chassèrent les croisés et développèrent les activités du port de Beyrouth. ▮ **Les Ottomans** À partir de 1516, les Ottomans devinrent maîtres du pays. Après la soumission de la dynastie des Tanukhides au sultan (XVIe s.), les émirs locaux continuèrent à administrer le pays ; détenu d'abord par la dynastie druze des Banū Ma'ān (Fakhr al-Dīn, 1585 - 1635), le pouvoir passa ensuite aux Chihabides (Bachīr Chihāb II, 1789 - 1840). L'émir Bachīr Chihāb s'allia avec Méhémet Ali (1833) dans sa conquête de la Syrie et sa guerre contre Constantinople. Excédée par le coût de ses aventures militaires, une partie de la population, poussée par les puissances européennes et la Sublime Porte, se souleva et obtint la déposition de Bachīr Chihāb (1840). Dès lors, le sort du Liban ne cessa de vaciller entre un pouvoir central ottoman et une autonomie imposée par l'Europe qui favorisa le développement local des communautés musulmanes (chiites, druzes et nusairis) et chrétiennes (melkites, jacobites et maronites). En 1841, la province du Mont-Liban fut divisée en deux districts, l'un maronite au N. centré sur Bikfaya dans le Metn, l'autre druze au S. centré sur Beit-Eddin dans le Chouf, consacrant la double domination, druze et maronite, sur la montagne. C'est à la suite du massacre par les druzes des chrétiens maronites que Napoléon III décida l'envoi d'un corps expéditionnaire au Liban (1860 - 1861). Une commission internationale imposa au gouvernement ottoman l'autonomie du Mont-Liban (protocole de 1864), consacrant la représentation politique des communautés. Selon ce protocole, le gouverneur du Mont-Liban devait être un chrétien non libanais mais sujet du sultan ottoman. ▮ **L'indépendance** La Turquie mit fin à l'autonomie du Liban au début de la Première Guerre mondiale (1914) mais, après la victoire des forces alliées sur les troupes turques et allemandes, le Mont-Liban, auquel furent adjointes la plaine de la Bekaa et le littoral, devint État du Grand-Liban (traité de Sèvres, 1920) et fut placé, comme la Syrie, sous mandat français. La révolte druze en Syrie en 1925 s'étendit au Liban. Pour tenter d'apaiser la situation, les Français promulguèrent une Constitution (1926) qui, tout en instaurant une république, entérinait la pratique institutionnelle de la primauté maronite (le président de la République étant toujours un chrétien maronite, celui du gouvernement un musulman sunnite, celui de la Chambre un musulman chiite). La Constitution fut suspendue de 1939 à 1943. L'indépendance de la République libanaise qui avait été reconnue par un traité franco-libanais signé en 1936, et non encore ratifié en 1939, fut proclamée officiellement par le général Catroux en 1941 et devint effective en 1943. ▮ **La prospérité** Bichara el-Khoury fut nommé à la présidence, et Ryad Solh à la tête du gouvernement. Ceux-ci conclurent un pacte national consacrant le partage du pouvoir entre maronites et sunnites, avec, comme conditions, l'abandon par les chrétiens de la protection française et le renoncement des musulmans à la création d'une « Grande Syrie ». Une forte agitation nationaliste persista toutefois jusqu'à l'évacuation des troupes britanniques et françaises (1946). Le Liban adhéra à la Ligue arabe (1945) dont il se montra solidaire contre Israël lors de la première guerre israélo-arabe. Les vingt premières années d'indépendance furent marquées par une prospérité économique qui n'empêcha pas l'aggravation des inégalités sociales. ▮ **La guerre civile et la guerre israélo-arabe** Celles-ci allaient contribuer à l'éclatement de la guerre civile. Après l'assassinat de Ryad Solh (1951), Bichara el-Khoury fut contraint de démissionner et fut remplacé par Camille Chamoun* (1952). L'insurrection de 1958 mit aux prises adversaires et partisans de la République arabe unie (union de l'Égypte et de la Syrie) et entraîna l'intervention des troupes américaines à la demande de Chamoun (1958), qui avait pris fait et cause contre Nasser. La crise fut dénouée par l'élection à la présidence du général Chéhab qui mena une politique en faveur d'une solidarité arabe. Lui et son successeur, C. Hélou (1964 - 1970), tentèrent sans succès de renforcer l'autorité de l'État et de diminuer les inégalités sociales et communautaires. Après la guerre israélo-arabe de 1967, la présence de nombreux Palestiniens au Liban (250 000 à 600 000) fut ressentie comme une menace pour la stabilité du pays. La première crise grave entre le gouvernement et la résistance palestinienne (appuyée par certains partis musulmans et de gauche) éclata en oct. 1969 et se conclut sur les « accords du Caire », qui légalisaient la présence palestinienne armée au Sud. ▮ **La guerre du Liban** Après l'élimination de l'OLP en Jordanie, en 1970 - 1971, le Liban devint le dernier bastion palestinien. Israël multiplia ses raids de représailles, espérant que le gouvernement libanais entreprendrait lui-même, comme l'avait fait la Jordanie, d'éliminer la présence palestinienne. Cela activa le processus de dislocation de l'État, qui aboutit le 23 avr. 1975 au déclenchement de la guerre civile. Elle opposa d'abord phalanges chrétiennes et Palestiniens puis, à partir d'août 1975, milices chrétiennes et milices islamo-progressistes, alliées aux Palestiniens. ▮ **L'aide syrienne et l'intervention israélienne** Devant l'extension du conflit, le président Frangié, soutenu par la droite chrétienne, ainsi que son successeur Sarkis demandèrent l'aide de la Syrie. Le premier épisode de la guerre s'acheva à la suite des sommets arabes de Riyad et du Caire (1976) qui décidèrent l'envoi au Liban d'une « Force arabe de paix » composée majoritairement de soldats syriens. À partir de 1978, l'armée syrienne se retourna contre les phalanges chrétiennes. En 1978 également, Israël envahit le sud du Liban confié aux forces de l'ONU après le retrait de ses troupes. Aucun plan de paix ne parvint à mettre un terme aux combats et l'anarchie s'empara du pays. L'armée israélienne déclencha l'opération « paix en Galilée » et envahit le Liban (1982). Les Palestiniens assiégés à Beyrouth furent évacués par une force multinationale d'interposition. L'armée israélienne investit la capitale libanaise et livra les camps palestiniens de Sabra* et Chatila, désarmés, à certains éléments des milices phalangistes. Les deux années qui suivirent furent marquées par l'incapacité des phalangistes dirigés par Béchir Gemayel, appuyés par les Israéliens, à imposer leur hégémonie sur le Liban, tandis que l'opposition regroupant les chiites (Amal) et les druzes (PSP) élargissait son contrôle sur les régions. Devant la montée des violences, la Force multinationale d'interposition fut contrainte de quitter Beyrouth (1984). ▮ **La présidence d'Amine Gemayel** Amine Gemayel, élu président de la République en 1982, mit fin à l'alliance des phalangistes avec Israël (1983) et constitua un gouvernement d'union nationale sous la direction de Rachid Karamé. Les Israéliens se retirèrent du sud à l'exception d'une « zone de sécurité » (1985), tandis que l'armée syrienne gardait le contrôle de 60 % du territoire, que l'organisation du Djihad islamique perpétrait attentats et prises d'otages et que s'intensifiait la lutte entre les chiites du mouvement Amal prosyriens (qui livraient également une « guerre des camps » aux Palestiniens de l'OLP) et ceux du Hezbollah pro-iranien. ▮ **La guerre contre la Syrie** En sept. 1988, comme on ne parvenait pas à trouver un successeur à Amine Gemayel, celui-ci nomma le général Aoun* à la tête d'un cabinet militaire d'exception, mais le gouvernement conduit par Selim el-Hoss refusa de démissionner. Aoun déclencha une « guerre de libération » (1989) contre l'occupant syrien et s'attaqua également aux Forces libanaises chrétiennes, ce qui acheva de ruiner le pays. Après la signature des accords de Taïf (1989), préconisant des amendements en faveur d'un rééquilibrage du pouvoir au profit des musulmans, René Mouawad fut élu président. Il fut assassiné quelques jours plus tard à Beyrouth (22 nov. 1989) et Elias Hraoui* lui succéda. Les Syriens, appelés par le nouveau gouvernement, écrasèrent les forces restées fidèles au général Aoun et investirent la capitale (1990). ▮ **Vers un processus de paix** Un nouveau gouvernement d'union nationale représentant les principales factions du pays (excepté le Hezbollah) fut formé et ordonna le désarmement de toutes les milices, tandis que le statut des Palestiniens au sud restait indéterminé. Entre-temps, les otages occidentaux enlevés au Liban furent libérés les uns après les autres. Le Liban et la Syrie signèrent le 22 mai 1991 à Damas un «traité de fraternité, de coopération et de coordination» qui, tout en reconnaissant l'indépendance du Liban, consacrait l'influence syrienne. Les élections législatives d'oct. 1992 furent boycottées par les formations et l'électorat chrétiens et Rafic Hariri* devint Premier ministre. En 1993 et en 1996, en réponse à des attaques de milices libanaises hostiles à l'occupation de la « zone de sécurité» du sud du pays par Israël, ce dernier procéda à des bombardements intensifs dans la région. Israël se retira du Liban en 2000 mais le conflit perdure avec le Hezbollah. Lors des élections de 1996, la participation de l'opposition fut active et un rééquilibrage put s'opérer et fut même renforcé par l'élection à la présidence du général maronite Émile Lahoud (1998, reconduit en 2004). Le gouvernement se lança dans une vaste entreprise de reconstruction mais ne parvint pas à relancer l'économie. **▮ Le retrait syrien** La crise économique, les rivalités entre les diverses forces politiques, l'enlisement du processus de paix au Proche-Orient, la guerre menée par les États-Unis contre l'Irak, permirent à la Syrie de maintenir son contrôle politique et militaire sur le pays jusqu'en 2005, date à laquelle elle se retira, face au vaste mouvement populaire appelé la révolution du cèdre, déclenché par l'assassinat de l'ancien Premier ministre R. Hariri (1992 - 1998 ; 2000 - 2004). M. Aoun de retour d'exil, fut alors élu député tandis qu'était nommé Premier ministre Fouad Siniora, ancien ministre des Finances de R. Hariri. La guérilla frontalière du Hezbollah avec Israël au sujet des fermes de Chaaba, territoire syro-libanais toujours occupé par Israël, mena à un conflit qui éclata le 12 juillet 2006. L'armée israélienne, accusant le régime libanais de ne pouvoir contenir le Hezbollah, bombarda Beyrouth puis de nombreux autres sites au sud du pays (réservoirs de pétrole de la centrale électrique de Jiyé, causant une énorme marée noire, et la ville de Cana le 30 juillet). Le conflit, qui dura jusqu'au 14 août, plongea le Liban dans une grave crise humanitaire et laissa la population au bord de la guerre civile entre partisans du gouvernement et partisans de l'opposition. En novembre 2007, alors que le mandat d'Emil Lahoud arrivait à échéance, le Parlement ne put trouver d'accord pour lui désigner un successeur. De très vives dissensions sont apparues sur le partage des fonctions (le chef de l'État doit être un chrétien maronite, le Premier ministre un musulman sunnite, le président du Parlement un musulman chiite), les chiites du Hezbollah et une frange des chrétiens maronites réclamant plus de pouvoir. Mais plus que l'appartenance à une confession, ce sont les alliances au niveau international qui ont amené les deux camps au bord de la rupture. Le Hezbollah est soutenu par la Syrie et l'Iran, dans un front commun contre Israël, tandis que la majorité parlementaire reçoit l'appui des pays occidentaux, notamment des États-Unis dans le cadre de leur lutte contre le terrorisme. **▮ Le retour au fonctionnement des institutions** L'élection du général Michel Sleimane puis la constitution d'un gouvernement d'union nationale, en 2008, avec le maintien de Fouad Siniora au poste de Premier ministre, a permis de sortir de dix-huit mois de crise politico-confessionnelle et un retour au fonctionnement des institutions. Le Hezbollah a enregistré une défaite inattendue aux élections législatives de 2009 avec la victoire du parti anti-syrien, Alliance du 14 mars, dirigé par le fils de Rafic Hariri, Saad Hariri*, qui a alors formé un gouvernement d'union nationale.

---

**LIBANIOS** ♦ Rhéteur grec (Antioche 314 - v. 393). Il enseigna la rhétorique à Athènes, à Constantinople et dans sa patrie. Bien que païen, il eut comme élèves les futurs grands rhéteurs chrétiens : saint Basile*, saint Jean* Chrysostome et saint Grégoire* de Nazianze. Il nous reste de lui soixante-cinq discours, dont un *Panégyrique de Constance et de Constantin* et deux *Discours sur la mort de l'empereur Julien*, ainsi que plus de 1 600 lettres.

**LIBBY (Willard Frank)** ♦ Chimiste américain (Grand Valley, Colorado 1908 - Los Angeles 1980). Après avoir découvert le mécanisme de la production du carbone 14 (radioactif) dans l'atmosphère et déterminé sa période, il élabora la première méthode de datation absolue de la matière organique par le dosage des radioéléments : la datation par le carbone 14 donne de bons résultats pour les âges compris entre 5 000 et 40 000 ans. Il mit ensuite au point un procédé analogue, fondé sur la désintégration du tritium (un isotope de l'hydrogène), et utilisable pour dater des matériaux plus récents. [Prix Nobel de chim. 1960]

**libéral (Parti)** ♦ Parti politique britannique qui succéda au parti whig, après la réforme électorale de 1832, et s'opposa au parti conservateur. → **whig.** Mené par John Russell*, Melbourne*, Palmerston*, il avait pour programme la défense générale des libertés : liberté religieuse, abolition de l'esclavage, puis à partir de 1846, libre-échangisme. Gladstone* le conduisit à son apogée, mais sa politique irlandaise amena une scission entre ses fidèles et les «libéraux unionistes» de Joseph Chamberlain* (1886). Après une période d'éclipse accentuée par la naissance du Parti travailliste*, le Parti libéral défendit les thèses libres-échangistes, avec Campbell*-Bannerman et Asquith* (1906). Lloyd* George lui donna une orientation sociale. Des divisions l'amenèrent à céder la place au Parti travailliste (1924) et à perdre de son influence. Il revint au pouvoir au côté des travaillistes dans le gouvernement Callaghan (1977 - 1979) et, en 1988, constitua avec le Parti social-démocrate (SDP), issu d'une dissidence travailliste, le Parti des démocrates sociaux et libéraux (SLD).

**Libération** n. f. ♦ Ensemble des actions militaires menées par les forces alliées et les mouvements de résistance, de 1943 à 1945, pour libérer les pays d'Europe occupés par l'Allemagne nazie. → **Guerre mondiale (Deuxième).**

**Libération** ♦ Mouvement français de résistance, créé en 1941 par E. d'Astier* de La Vigerie, en zone sud. Avec Combat* et Franc*-Tireur, il constitua les Mouvements unis de Résistance (MUR) en 1943.

**Libération** (ordre de la) ♦ Ordre français créé en novembre 1940 par le général de Gaulle pour «récompenser les personnes ou collectivités, militaires et civiles, qui se seront signalées dans l'œuvre de libération de la France et de son Empire». Close en 1946, la liste des «compagnons de l'ordre de la Libération» s'élève à 1 061 (dont 5 villes et 18 unités combattantes).

**Libération** ♦ Quotidien français fondé en 1973 par l'Agence Presse-Libération, qui reprit le titre du journal de E. d'Astier de La Vigerie publié de 1941 à 1964. De tendance maoïste, *Libération*, dirigé par J.-P. Sartre (en 1973) puis par Serge July (1974 - 2006), instaura un nouveau type de journal ayant un rapport plus actif avec ses lecteurs et pratiquant l'égalité des salaires. Après une brève interruption de parution en 1980, le journal reparut en 1981. Sous l'impulsion de S. July, «*Libé*» délaissa le militantisme au profit du professionnalisme et s'ouvrit à la publicité.

**LIBERCOURT** [62820] ← **ÉTYM.** «domaine (bas lat. *curtis*) de Leutbert (n. de pers. germ.)» ♦ Comm. du Pas-de-Calais, arr. de Lens. 8 854 hab. *(Libercourtois).* Indus. métallurgique.

**LIBÈRE** ♦ 36^e^ pape (352 - 366), Romain. Exilé à Bérée, en Thrace, pour n'avoir pas accepté les décrets des synodes ariens d'Arles (353) et Milan (355), il signa le douteux «formulaire de Sirmium». Rentré à Rome en 358, il se trouva aux prises avec l'antipape Félix* II. Il est souvent honoré comme saint mais ne figure pas au martyrologe romain.

**LIBEREC** – anc. en all. ***Reichenberg*** ♦ V. de la République tchèque, en Bohême septentrionale, sur la Neisse, au pied des Jizerské Hory. 98 781 hab. Hôtel de ville néo-Renaissance, maisons de style baroque. Musée de Bohême du Nord. ▪ Indus. textile, mécanique, alimentaire. Verreries. Foires.

## LIBERIA

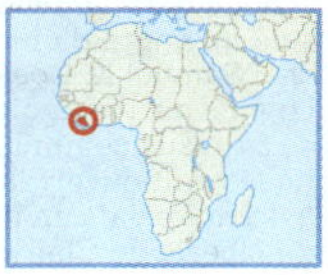

▮ n. m. – off. ***République du Libéria*** ← **ÉTYM.** «pays des libérés», du lat. *liber* «libre» ♦ État d'Afrique occidentale ouvert sur l'Atlantique. 111 370 km². 4 134 000 hab. *(Libériens).* LANGUES : anglais (off.), mandé (mendé, vaï, kpellé), krou (bassa, de, grébo). POPULATION : Américano-Libériens, Bassas, Golas, Grébos, Krahns, Krios, Krous, Kissis, Kpellés, Mendés, Vaïs. RELIGIONS : chrétiens, musulmans. MONNAIE : dollar libérien aligné sur le dollar US. CAPITALE : Monrovia. RÉGIME : présidentiel.

**▮ GÉOGRAPHIE** Le relief est constitué par le revers méridional de la dorsale guinéenne **(→ Nimba [mont])** qui s'abaisse lentement vers une plaine côtière. Les rivages du golfe de Guinée comportent peu de lagunes mais quelques baies bien abritées. Le climat, très humide et quasi équatorial au S.-E., est légèrement plus sec vers l'O. De nombreuses rivières prennent naissance en Guinée et traversent le pays, ainsi que le fleuve Cavally, qui sert de frontière avec la Côte d'Ivoire. Le riz et le manioc constituent les principales cultures vivrières. La forêt, qui couvre la majeure partie du pays, a été exploitée pour le caoutchouc dès le début du XX^e^ siècle ; elle produit également des grumes, de l'huile de palme, du café, du cacao, des agrumes. L'élevage du gros bétail est pratiqué sur les hauteurs. Le Liberia est producteur d'or et de diamant ; les monts Nimba recèlent d'importantes réserves de minerai de fer. Une partie de ses revenus provient des «pavillons de complaisance» accordés à des armateurs étrangers. Malgré ses ressources naturelles favorables, le pays a été ruiné par la guerre (1989 - 2003).

**▮ HISTOIRE** La métallurgie du fer a été pratiquée au –I^er^ millénaire. Dans ces régions forestières, où les populations sont en place depuis de longs siècles, les Krous semblent être les plus anciens habitants. Des peuples de langue mandé arrivèrent ensuite du N.-O. : des Mandés du Sud, comme les Kpellés, qui ont adopté certaines des coutumes religieuses et sociales des Krous (sociétés d'initiation et masques) et, au XV^e^ s. des Mandés du Nord, en grande partie islamisés, comme les Vaïs. Les côtes auraient été fréquentées dès le XIV^e^ s. par des marins dieppois, mais elles ne furent formellement découvertes qu'en 1461 par les Portugais qui établirent de petits comptoirs à l'embouchure des rivières pour se procurer des épices (la malaguette ou poivre de

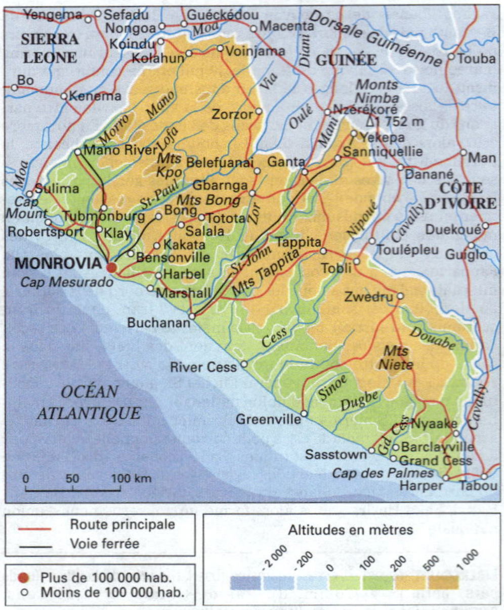


**Liberia.**

Guinée), des esclaves et de l'or. En 1822, une société philanthropique américaine installa, à l'emplacement de l'actuelle Monrovia, une colonie d'esclaves libérés qui se constitua en république indépendante, dotée d'une Constitution semblable à celle des États-Unis (1847). Durant un siècle, cette communauté monopolisa à son profit les pouvoirs politiques et économiques et accorda de vastes concessions forestières à des sociétés américaines pour exploiter l'hévéa. Les bouleversements politiques intervenus en Afrique après la Deuxième Guerre mondiale déclenchèrent un réveil des populations autochtones qui revendiquèrent le partage du pouvoir. En 1971, le président W. Tolbert* succéda à W. Tubman (au pouvoir depuis 1943), mais échoua dans sa tentative de libéralisation. En 1980, il fut assassiné au cours d'un coup d'État sanglant mené par le sergent-chef Samuel K. Doe qui se fit élire président cinq ans plus tard. Le pouvoir passa alors aux mains des autochtones ; mais dans ce pays aux communautés multiples, l'absence de vie démocratique avait ouvert la voie au tribalisme. Une guerre civile destructrice éclata en 1989, dirigée par le Front national patriotique du Liberia de Charles Taylor, et provoqua une scission avec les rebelles de Roosevelt Johnson. L'assassinat de Samuel K. Doe en 1991 marqua le début d'une atroce guerre civile. Après l'intervention d'une force africaine d'interposition (Ecomog) dominée par le Nigeria, des élections organisées par l'ONU en 1997 donnèrent la victoire à Charles Taylor. Il se heurta bientôt aux mouvements de guérilla adossés à la frontière guinéenne et l'ONU décréta un embargo sur les armes en 2001 à cause de son aide à la rébellion en Sierra Leone. En août 2003, l'opposition armée encercla Monrovia et la pression africaine et internationale le poussa à se réfugier au Nigeria. Après la transition assurée par Gyude Bryant, Ellen Johnson*-Sirleaf accéda à la présidence de la République en janv. 2006. L'anc. président Ch. Taylor a été transféré à La Haye devant le Tribunal pénal international (TPI), où son procès se tient depuis 2007. Il conserve des partisans dans le pays où l'État a du mal à contrôler toutes les régions.

---

**LIBERMANN (Ievseï Grigorievitch)** ♦ Économiste soviétique (Slavouta, Ukraine 1897 - *id.* 1983). Afin d'accroître la rentabilité des investissements, il avait préconisé un certain assouplissement de la planification centralisée et une relative autonomie des entreprises par rapport au Plan, de façon à restaurer la norme du profit sans mettre en question la propriété collective des moyens de production. Cette réforme («Plan, profit et prime», 1962), fut généralisée par le gouvernement de Kossyguine (1965).

**LIBERTADOR BERNARDO O'HIGGINS** → ÉTYM. du n. de Bernardo O'Higgins* ♦ Région administrative du Chili située immédiatement au S. de la région métropolitaine de Santiago. 16 000 km². 781 000 hab. Agriculture (vignobles et vergers). Importante mine de cuivre à El Teniente.

**Liberté** (statue de la) ou **La Liberté éclairant le monde** ♦ Statue de Bartholdi, haute de 46,5 m (93 m avec le socle), inaugurée dans le port de New York en 1886. Elle fut offerte aux États-Unis par la France. Un modèle réduit est érigé sur le pont de Grenelle à Paris. ▪ *Illustration :* → **Bartholdi.**

La **Liberté guidant le peuple** ♦ Peinture d'Eugène Delacroix* (1830) commémorant les journées de juillet 1830. → **révolution de juillet 1830.** Artiste romantique par excellence, Delacroix dépasse la description historique des événements et cherche à en rendre la grandeur et l'émotion, mêlant l'observation réaliste à des symboles de liberté comme la femme à la poitrine dénudée qui évoque aussi la Victoire. On y retrouve son sens du drame, de la composition animée, de la répartition des accents colorés ainsi que l'influence de son ami Géricault (le cadavre au premier plan rappelle les victimes du *Radeau de la Méduse*).

**La Liberté guidant le peuple.** Tableau de Delacroix (2,60 x 3,25 m), 1830. Musée du Louvre, Paris. *BIS/Phot. H. Josse © Archives Larbor*

## libertins

n. m. pl. ♦ Penseurs français du XVII^e s. qui soumettaient au libre examen les vérités révélées et qui peuvent être considérés comme des incrédules ou des sceptiques. Dans un groupe désigné de nos jours comme «libertins érudits», on trouve Gassendi*, Théophile de Viau*, Saint*-Évremond. On peut faire remonter cette attitude à Montaigne* et trouver en Bayle* et Fontenelle* sa postérité. Le personnage de Don* Juan chez Molière est souvent proposé comme un exemple de libertin. Étendu au domaine moral, l'esprit fort du libertin peut aboutir, comme on l'a vu au XVIII^e s., au libertinage qui a un aspect esthétique, mais aussi la puissance d'une philosophie naturaliste et immoraliste chez Sade*.

**LIBOURNE** [33500] → ÉTYM. anc. *Condate* puis *Leyburne*, de *Leyburn* (dans le Lancashire), fief de Roger de *Leybourne*, gouverneur de Gascogne au XIII^e s. ♦ Ch.-l. d'arr. de la Gironde, au confluent de l'Isle et de la Dordogne. 21 761 hab. (aggl. 27 514) *(Libournais)*. Anc. bastide. Grand-place bordée de maisons des XVI^e - XIX^e s. L'hôtel de ville (XV^e s.) abrite le musée des Beaux-Arts : archéologie ; ethnologie exotique ; peintures des XVI^e - XX^e s. ▪ Vignobles. Marché actif pour les vins de Saint-Émilion, Pomerol, Fronsac.

**LIBRAMONT-CHEVIGNY** ♦ Comm. de Belgique (Région wallonne), prov. de Luxembourg, arr. de Neufchâteau. 9 981 hab. Laiterie-beurrerie. Chimie fine. Foire agricole. ▮ **Histoire** Sous les Romains, la région fut le siège de l'administration du domaine impérial de la forêt d'Ardenne.

La **Libre Belgique** ♦ Quotidien belge fondé en 1884 sous le titre *Le Patriote*, qui parut clandestinement sous l'occupation allemande durant les deux guerres mondiales. De tendance catholique et conservatrice, il soutint notamment Léopold III à son retour sur le trône en 1950.

**LIBREVILLE** ♦ Cap. du Gabon, sur la rive d. de l'estuaire du Gabon. Plus de 400 000 hab. *(Librevillois)*. Indus. alimentaires. ▮ **Histoire** Libreville fut fondée en 1849 pour accueillir des esclaves libérés. Comptoir commercial, elle devint ch.-l. du Congo français en 1888, puis de la colonie du Gabon en 1904, et cap. du territoire à l'indépendance en 1960.

**LIBURNIE** n. f. - en lat. *Liburnia* ♦ Région côtière de l'Illyrie*, située entre l'Istrie* et la Dalmatie*. Les Liburniens furent soumis par Rome au -II^e s.

## LIBYE

▮ n. f. – off. ***La Grande Jamahiriya arabe libyenne populaire et socialiste*** ➝ **ÉTYM.** en ar. ***Lībiya***, de *Libus*, n. de peuple nomade ♦ Pays du Maghreb. 1 759 540 km². 5 600 000 hab. *(Libyens)*. LANGUES : arabe (off.), berbère. RELIGION : musulmans (sunnites) 97 %. MONNAIE : dinar libyen. CAPITALE : Tripoli. RÉGIME : militaire.

▮ **GÉOGRAPHIE** La Libye est constituée de trois grandes régions : la Tripolitaine au N.-O., la Cyrénaïque à l'E. et le Fezzan au S.-O. Les 9/10 du territoire libyen s'étendent sur une des parties les plus arides du Sahara (➝ **Libyque [désert]**), où les pluies sont rares et irrégulières (300 à 500 mm sur les monts Cyrénaïques, 15 mm parfois au Fezzan) et où les températures sont continentales (35 à 45 °C à l'ombre en été, 5 °C en janv.). Le climat méditerranéen prévaut sur la côte. La Libye est un pays plat à l'exception de ses trois djebels qui atteignent à peine 900 m : al-Soda, al-Akhdar, Nefousa.

Libye.

▮ **ÉCONOMIE** L'économie libyenne repose essentiellement sur le pétrole qui fait de la Libye l'un des pays les plus riches d'Afrique et lui a permis d'être épargnée par la crise mondiale de la fin des années 2000. Les capacités de raffinage de la Libye lui permettent de traiter 40 % de son pétrole brut. Les réserves de gaz sont encore peu exploitées (gazoduc sous-marin vers l'Italie inauguré en 2005). La Libye a mis en œuvre plusieurs projets d'aménagement, dont le plus ambitieux est celui de la Grande Rivière artificielle, qui doit transporter, par un système de canalisations long de 4 200 km, l'eau de la nappe phréatique du Sahara aux zones urbanisées de la côte. Tripoli et Benghazi sont approvisionnées depuis 1996. L'objectif est l'autosuffisance en eau potable et l'accroissement des terres cultivables. Les activités industrielles non pétrolières sont réduites. La plus importante est la sidérurgie (complexe de Misrata, mis en service en 1990). Depuis 2003, date de la fin de l'embargo, la Libye a retrouvé une place dans le commerce international et entamé une série de réformes allant dans le sens de la libéralisation : disparition de monopoles publics, ouverture au secteur privé, suppression des licences d'importation, baisse des tarifs douaniers, encouragement à l'investissement étranger, unification des taux de change, création de zones franches. La Libye reste largement tributaire des importations dans les domaines des biens d'équipement et de consommation et de l'agroalimentaire.

Libye ▮ Productions en 2008

| Produits | Quantités | Rang |
|---|---|---|
| ▮ Agriculture | | |
| Blé | 105 000 t | |
| Dattes | 180 000 t | 12e |
| Olives | 170 000 t | 11e |
| Tomates | 200 000 t | |
| Ovins (têtes) | 4 500 000 | |
| Pêche | 36 000 t | |
| ▮ Énergie | | |
| Gaz naturel | 15 000 000 000 m³ | |
| Pétrole | 86 000 000 t | 16e |

▮ **HISTOIRE** ▮ **L'indépendance** Première colonie d'Afrique à accéder à l'indépendance sous l'égide de l'ONU (1951), la Libye se constitua en un royaume fédéral formé de trois régions historiques, Tripolitaine*, Cyrénaïque* et Fezzan*, et gouverné par le roi Idris (de la confrérie des senoussis) autour duquel s'était cristallisée la résistance libyenne pendant la colonisation italienne. La Libye comptait alors parmi les pays les plus pauvres du monde. Soucieux d'attirer les aides étrangères, Idris multiplia les accords de coopération économique avec les grandes puissances occidentales. La Grande-Bretagne (1953) et les États-Unis (1954) obtinrent en échange l'installation de bases militaires dans le pays. ▮ **La révolution du pétrole** La découverte du pétrole (1955) bouleversa les structures économiques et sociales : les compagnies occidentales intensifièrent la prospection et prirent en main la production. La « révolution pétrolière » entraîna la disparition du mode de vie nomade et l'urbanisation accélérée des deux villes principales, Tripoli et Benghazi. Parallèlement, on vit l'émergence d'une bourgeoisie d'affaires et la généralisation de la corruption. Pour répondre aux impératifs liés à la production pétrolière, le fédéralisme fut aboli en 1964. La montée du nationalisme arabe, exacerbé par la subordination croissante du pays aux intérêts occidentaux, provoqua des émeutes qui furent durement réprimées. ▮ **Le coup d'État de Kadhafi** Profitant d'un voyage du roi Idris en Turquie, un groupe de 12 « officiers libres », sous la direction du colonel Muammar al-Kadhafi, s'empara du pouvoir le 1er sept. 1969 et proclama la République arabe libyenne. Dans un premier temps, le nouveau régime (dont les structures étaient calquées sur celles de l'Égypte nassérienne) s'employa à affirmer son indépendance (élimination des bases militaires étrangères, nationalisation progressive du secteur pétrolier et des banques). La langue arabe fut généralisée. ▮ **La « révolution culturelle »** Déçu par la lenteur des réformes, le colonel Kadhafi se détacha du nassérisme et déclencha en 1973 la « révolution culturelle » dont l'objectif était d'instaurer la démocratie directe au moyen de comités populaires formés à tous les niveaux de la société. Après la défaite arabe de 1973 et la fin de non-recevoir opposée par Sadate au projet d'union proposé par Kadhafi, la Libye se tourna vers l'Union soviétique (qui devait devenir le premier fournisseur d'armes du pays), rompit avec l'Égypte et se plaça dans le camp anti-occidental. ▮ **La Jamahiriya** Le 2 mars 1977, Kadhafi annonça l'avènement de la Jamahiriya (État des masses) arabe libyenne socialiste et populaire, devant consacrer la « troisième voie universelle » entre un « capitalisme effréné et un marxisme athée », théorie consignée dans les trois tomes du *Livre vert* (parus entre 1976 et 1979). Dans le même temps, furent institués des comités révolutionnaires qui s'érigèrent en police politique. Dès lors, le régime connut une radicalisation tant à l'intérieur qu'à l'extérieur du pays. En 1979, la Libye se rangea du côté de l'Iran, apporta son soutien à l'aile dure de la résistance palestinienne, et accrut son aide logistique et financière à des mouvements de résistance et à des groupes terroristes internationaux. Cela lui valut une riposte militaire de la part des États-Unis qui, en avr. 1986, bombardèrent Tripoli et Benghazi. Rompant avec un certain isolement au sein du monde arabe, la Libye adhéra, en fév. 1989, au traité donnant naissance à l'Union du Maghreb arabe et mit officiellement fin au conflit avec le Tchad. ▮ **La lutte contre le terrorisme** Accusée d'être impliquée dans le terrorisme international, la Libye fut soumise dès avr. 1992 à un embargo aérien décidé par l'ONU. Menacée d'un blocus pétrolier, la Libye a fini par se conformer aux résolutions de l'ONU en 1999. L'embargo a été levé en 2003. Depuis son retour sur la scène internationale, la Libye s'est mise en retrait des questions arabes et Kadhafi s'est engagé à renoncer aux armes de destruction massive et à soutenir la lutte contre le terrorisme. En 2009, il a fait nommer son fils Seif al-Islam à un poste officiel, le désignant ainsi à sa succession bien qu'il ait différé son départ.

---

**LIBYQUE** (désert) – en ar. ***al-Ṣaḥrā' al-Lībiya*** ♦ Portion nord-orientale du Sahara, comprise entre les montagnes du Fezzan, à l'O., celles du Tibesti, au S.-O., et le Nil, à l'E. Particulièrement aride et inhospitalier, le désert possède cependant des oasis : Baharieh, Farafreh, Siouah, Dakhleh, Khargeh et la dépression de Kattara, formant le gouvernorat de la Nouvelle Vallée (cap. Khargeh) dont le programme d'irrigation a permis d'accroître considérablement les terres cultivables.

**LICATA** ♦ V. d'Italie, en Sicile (prov. d'Agrigente). 37 976 hab. Port. Habitations troglodytiques. Nécropoles sicules et chrétiennes à proximité (Cava d'Ispica).

**LI Cheng** ou **LI Tch'eng** ♦ Peintre et musicien chinois (prov. du Shandong 919 ? - 967 ?), descendant de la famille impériale des Tang*. Il s'est spécialisé dans l'exécution de paysages, notamment de forêts enneigées. Peu d'œuvres nous sont parvenues.

**LICHNEROWICZ (André)** ♦ Mathématicien français (Bourbon-l'Archambault 1915 - Paris 1998). Particulièrement intéressé par les interactions entre la géométrie et la physique, il étudia la géométrie différentielle, la théorie de la relativité générale, la magnétohydrodynamique relativiste, les groupes de dimensions infinies, la géométrie des spineurs. [Acad. sc. 1963]

**LICHT** ♦ V. d'Égypte (province de Gizeh), sur la rive g. du Nil, qui a donné son nom à un site archéologique. L'anc. cité était devenue capitale de la XII$^e$ dynastie (aux dépens de Thèbes*). On peut voir aujourd'hui les pyramides d'Amménémès* I$^{er}$ et de Sésostris* I$^{er}$.

**LICHTENBERG (Georg Christoph)** ♦ Savant et écrivain allemand (Oberramstadt, près de Darmstadt 1742 - Göttingen 1799). Professeur de physique expérimentale à l'université de Göttingen, il s'intéressa aux domaines les plus variés : précurseur de Freud (qui l'appréciait vivement) par ses analyses sur l'inconscient, auteur d'une *Explication détaillée des gravures de Hogarth* (1794 - 1799), il occupa une place originale dans la pensée de son époque. Esprit lucide et caustique, il n'épargna guère ses contemporains, ni la *Physiognomonie* de Lavater* et son prosélytisme, ni les «génies» du Sturm und Drang, ni le jeune Goethe. Publiés après sa mort, ses *Aphorismes* révèlent ses qualités d'humoriste, de moraliste autant que de styliste, et restent un des témoignages les plus vivants sur l'Allemagne du XVIII$^e$ s.

**LICHTENBERGER (André)** ♦ Écrivain français (Strasbourg 1870 - Paris 1940). Auteur d'ouvrages sur le socialisme au XVIII$^e$ s., il composa des romans de genres très différents : *La Mort de Corinthe* (1900) sur un thème archéologique, *Père* (1901), ouvrage d'analyse psychologique, tandis que *Le Sang nouveau* (1914) et *Biche* (1920) sont des études de mœurs. Un vaste public goûta les récits charmants, d'une grande délicatesse, qu'il rédigea pour les enfants : *Mon petit Trott* (1898) et *La Petite Sœur de Trott* (1898). *Line* (1905), portrait plein de fraîcheur d'une petite fille très spontanée, voire «difficile», rencontra le même succès.

**LICHTENSTEIN (Roy)** ♦ Peintre et sculpteur américain (New York 1923 - *id.* 1997). Il devint, à partir de 1961, l'un des représentants les plus populaires du pop* art. Inspiré par le travail de Claes Oldenburg, il reprit en les détournant l'iconographie et les thèmes de la publicité et des bandes dessinées, l'amour, la guerre (*Whaam !*, 1963), la peur, le progrès, dont il souligna le côté simpliste et enfantin par son graphisme et ses trames agrandies. À sa parodie de l'érotisme proposé par les médias (*The Kiss*, 1961 ; *Girl*, 1965), il ajouta celle de Picasso ou des cubistes, dans la transcription de motifs décoratifs (*4 Panel Modular 4*, 1969) ou architecturaux. Ses représentations d'objets de la vie quotidienne (*Dinnerware Objects*, 1960) relevaient d'une technique apparemment banale, mais perfectionnée en fait. Neutre, impersonnelle au départ, son intervention individuelle d'artiste devint de plus en plus évidente dans son œuvre. ➝ ÉTYM. Ce nom de famille a la même étymologie que *Liechtenstein**.

Roy **Lichtenstein.** *Pow ! (Coup de poing)* (96 x 71 cm). Galerie Sonnabend, Paris. *BIS/Phot. Leonard de Selva © Roy Lichtenstein, New York © Estate of Roy Lichtenstein, New York © ADAGP, Paris 2008*

**LICINIUS** – en lat. ***Caius Flavius Licinius Licinianus*** ♦ (mort à Thessalonique en 325). Empereur romain (307 - 323). Nommé Auguste par Galère*, il gouverna la Pannonie et la Rhétie ; en 312 l'empire était dirigé par quatre Augustes : Licinius à Smirnium, Maximin II* Daia à Nicomédie. Maxence* à Rome, et Constantin* dans le reste de l'Occident. Après avoir battu Maximin Daia et Maxence, Licinius et Constantin restèrent maîtres de l'empire. Licinius régna sur l'Orient puis fut renversé (324) et tué par Constantin.

**LICINIUS CRASSUS, LICINIUS LUCULLUS, LICINIUS MURENA** → **Crassus, Lucullus, Murena**

**LI Dazhao** ou **LI Ta-tchao** ♦ Intellectuel chinois (Leting, Hebei 1889 - Pékin 1927). Il introduisit le marxisme par une série d'articles parus entre 1916 et 1919 dans *Jeunesse nouvelle*, la revue dirigée par Chen* Duxiu. Directeur de la bibliothèque de l'université de Pékin, il rencontra Mao* Zedong au sein d'un cercle d'études marxistes qui se réunissait dans la bibliothèque. Il fut cofondateur du Parti communiste chinois en 1921 et mourut étranglé en 1927, à l'issue d'un procès politique organisé par le Guomindang*.

**LIDDEL** n. m. ♦ Fl. côtier de Grande-Bretagne qui marque la frontière entre l'Écosse et l'Angleterre, au N. de Carlisle.

**LIDDELL HART (sir Basil)** ♦ Théoricien et écrivain militaire britannique (Paris 1895 - Marlow, Buckinghamshire 1970). Ses idées sur la guerre-éclair et la mécanisation des armées inspirèrent les Allemands, Guderian* notamment. Il a laissé un *Manuel d'entraînement de l'infanterie* (1920), une *Histoire de la guerre de 1914-1918* (1930), une *Histoire de Foch* (1931) et une *Histoire mondiale de la stratégie* (1962).

**LIDICE** ♦ Village de la République tchèque, en Bohême centrale, à l'O. de Prague. ▮ **Histoire** R. Heydrich, «protecteur» de Bohême-Moravie, ayant été tué par la Résistance, au printemps de 1942, à Prague, Lidice fut l'objet d'atroces représailles de la part des nazis : la population mâle fut fusillée, les femmes déportées à Ravensbrück*, les enfants dispersés dans des orphelinats et le village rasé (10 juin 1942). Un nouveau village a été reconstruit après la guerre.

**LIDO** ou **LIDO DE VENISE** n. m. ➝ ÉTYM. du vénitien *lio* (ou *lido*) «plage, rivage» (du lat. *litus* de même sens) ♦ Étroite et longue bande de terre qui sépare Venise* de l'Adriatique (12 km de long). Station balnéaire. Casino. Palais du Festival international du cinéma (Mostra de Venise).

**LIDWINE** (sainte) ♦ Mystique hollandaise (Schiedam 1380 - 1433). Infirme et atteinte de maladies extraordinaires, elle vécut dans la mortification, connut extases et visions et attira de nombreux pèlerins. Elle inspira un ouvrage à J. K. Huysmans, *Sainte Lydwine de Schiedam* (1901). ▪ Fête le 14 avr.

**LIE (Jonas)** ♦ Poète et romancier norvégien (Eker, près de Drammen 1833 - Christiania, auj. Oslo 1908). Ses romans réalistes, au style impressionniste, peignent avec force la Norvège du Nord tout en posant de graves problèmes d'actualité, comme celui du couple ou de la condition de la femme : *Le Voyant* (1870), *Le Trois-Mâts «Avenir»* (1872), *Le Pilote et sa femme* (1874), *Rutland* (1880). À partir de 1882, Lie s'attacha surtout à décrire la vie quotidienne dans ses romans *La Famille de Gilje* (1883) et *Les Filles du commandant* (1886). Il fut l'un des premiers à considérer les forces psychiques obscures, le subconscient qu'il a appelé le *troll* (lutin) dans l'homme, comme en témoignent ses deux volumes de contes : *Troll* (1891 - 1892).

**LIE (Sophus)** ♦ Mathématicien norvégien (Nordfjordeid 1842 - Christiania, auj. Oslo 1899). Auteur de recherches sur les groupes continus de transformations (groupes de Lie), il étudia particulièrement les transformations de contact, dont la «transformation de Lie» qui transforme les droites de l'espace ordinaire en sphères (1870) ; il permit ainsi à la géométrie différentielle de profiter largement des progrès de la théorie des équations différentielles et aux dérivées partielles. Ses travaux continuent à exercer une influence fondamentale en mathématiques, aussi bien en tant qu'outil (en physique relativiste, notamment) qu'en tant que point de départ de recherches en mathématiques pures (topologie, algèbre).

**LIE (Trygve)** ♦ Homme politique norvégien (Grogud, près d'Oslo 1896 - Geilo 1968). Ministre travailliste de la Justice (1935 - 1939), de l'Industrie (1939), puis des Affaires étrangères (1940 - 1945) dans le gouvernement norvégien en exil à Londres, il devint le premier secrétaire général de l'ONU* (fév. 1946). Soucieux d'en faire une organisation internationale efficace et puissante, il joua un rôle important notamment au sujet de la Palestine et de l'admission de la Chine communiste. Mais, ayant soutenu l'intervention militaire des Nations unies en Corée, il dut démissionner en 1952 face à l'hostilité de l'URSS.

**LIEBERMANN (Max)** ♦ Peintre, dessinateur et graveur allemand (Berlin 1847 - *id.* 1935). Il étudia à Berlin, puis à Weimar, en 1869, et pratiqua d'abord une peinture sombre et empâtée d'un réalisme souvent anecdotique (*Les Plumeuses d'oies*, 1872). Séjournant à Paris de 1873 à 1878, il alla travailler à Barbizon* avec Millet*, traitant des sujets naturalistes d'un chromatisme plus vif, ouvriers ou paysans au travail, vieillards dans un asile. À partir de 1890, sous l'influence de Manet, Degas et des impressionnistes, il s'intéressa au rendu de l'atmosphère, de la lumière changeante ; sa facture devint alors plus libre, sa touche mouvementée et ses tonalités claires. Il produisit de nombreux paysages et autoportraits. À Berlin, à partir de 1884, il s'affirma comme le chef de la sécession (1898) et contribua à propager la peinture française moderne.

**LIEBIG (Justus,** baron **VON)** ♦ Chimiste allemand (Darmstadt 1803 - Munich 1873). Ayant repris la méthode d'analyse des composés organiques élaborée par Gay*-Lussac et Thenard* pour en faire une méthode d'application générale (1831), il étudia les cyanates, les fulminates, l'acide benzoïque et l'acide urique (avec Wöhler*) afin de mieux dégager la notion de radical et de montrer que les radicaux peuvent se transporter d'un bloc dans une réaction chimique ; auteur de travaux sur l'éthérification, sur les trois grandes classes d'aliments (les graisses, les albumines et les hydrates de carbone), il réalisa également la préparation du chloral (1832), de l'émulsine (1837) et des superphosphates (1840). Il fut encore l'un des fondateurs de la chimie agricole, étudiant le cycle de l'azote et du carbone dans la nature. ➝ ÉTYM. Ce nom vient de l'allemand *lieb* «cher, aimé», avec finale adjectivale *-ig* ; c'est l'adaptation du nom tchèque *Libnik.*

**LIEBKNECHT (Wilhelm)** ♦ Homme politique allemand (Giessen 1826 - Charlottenburg 1900). Il adhéra très tôt aux idées socialistes, prit part à la révolution de 1848, puis émigra en Suisse, en France, et à Londres où il se lia avec Marx* (1850). De retour en Allemagne (1861), il fut l'un des fondateurs de la Ire Internationale, contribua à la diffusion du marxisme et créa avec Bebel* le parti ouvrier social-démocrate (Eisenach, 1869). Député au Reichstag (1874 - 1900), il fut rédacteur de la revue sociale-démocrate *Vorwärts* («En avant»). ➝ ÉTYM. Ce nom vient de l'allemand *lieb* «cher, aimé» et *Knecht* «valet, serviteur».

**LIEBKNECHT (Karl)** ♦ Socialiste allemand (Leipzig 1871 - Berlin 1919). Fils de Wilhelm Liebknecht. Représentant de l'extrême gauche du parti social-démocrate allemand à la Chambre prussienne (1908) et au Reichstag, il manifesta son opposition à la Première Guerre mondiale et fut emprisonné. Fondateur avec Rosa Luxemburg* de la Ligue spartakiste (1916) puis du Parti communiste allemand (1918 - 1919), il dirigea avec elle l'insurrection spartakiste (1919) qui fut réprimée sur les ordres du social-démocrate Noske*. Il fut assassiné après son arrestation.

**LIEBMANN (Otto)** ♦ Philosophe allemand (Löwenberg, Silésie 1840 - Iéna 1912). Il fut un des premiers à préconiser un retour à la philosophie critique de Kant (→ **kantisme**) dont il accentua le relativisme en l'interprétant de manière psychologique et en professant un total agnosticisme à l'égard de la chose-en-soi. Œuv. princ. : *Kant et ses épigones* (1865), *Analyse de la réalité* (1876).

**LIECHTENSTEIN** ➝ ÉTYM. all. «la roche *(Stein)* claire *(liechten)*», n. d'un château appartenant à la famille, près de Mödling ♦ Famille de l'aristocratie autrichienne remontant au XIIe s. ♦ **Johann Adam,** prince **de Liechtenstein** (1656 - 1712). Il réunit à Vienne, dans la galerie Liechtenstein, une célèbre collection de tableaux. ♦ **Joseph Wenzel Lorenz,** prince **de Liechtenstein.** Feld-maréchal autrichien (1696 - 1772). Il fut le réorganisateur de l'artillerie autrichienne, à laquelle il consacra sa fortune. ♦ **Johann,** prince **de Liechtenstein.** Feld-maréchal autrichien (1760 - 1836). Il s'illustra contre les Turcs et les Français et conclut les traités de Presbourg et de Schönbrunn (1805).

## LIECHTENSTEIN

▮ n. m. – off. ***principauté du Liechtenstein*** ➝ ÉTYM. de *Liechtenstein**, n. de famille princière ♦ Pays d'Europe centrale. → **Suisse** (carte). 160 km². 35 168 hab. *(Liechtensteinois).* LANGUE : allemand. RELIGION : catholique. MONNAIE : franc suisse. CAPITALE : Vaduz. RÉGIME : monarchie constitutionnelle. ▪ Le pays est formé en majeure partie par l'extrémité des Alpes rhétiques et arrosé à l'O. par le Rhin, qui le sépare de la Suisse. Son économie est essentiellement orientée vers les services. Cependant, elle a gardé quelques spécificités de pays montagnard : un secteur agricole (blé, fruits, vigne dans la plaine du Rhin, élevage) et une industrie assez puissante (indus. dentaire, chimique, électronique, émission de timbres-poste). Des particularités fiscales favorables ont fait de la principauté le siège de nombreuses sociétés internationales. Le tourisme constitue une ressource importante.

▮ **HISTOIRE** Le Liechtenstein fut érigé en principauté immédiate du Saint Empire en 1719. Il comprenait les seigneuries de Schellenberg et de Vaduz, acquises par la famille autrichienne des Liechtenstein à la fin du XVIIe s. Il fit partie de la Confédération du Rhin (1808 - 1815), puis de la Confédération germanique (1815 - 1866) et obtint son indépendance en 1866. Il forme une principauté constitutionnelle. Il ne possède pas d'armée et observa une neutralité totale pendant la Deuxième Guerre mondiale. Lié à l'Autriche par une union douanière jusqu'en 1919, le Liechtenstein est depuis 1924 rattaché à la Suisse pour les questions monétaires, postales et douanières. L'accession au trône de Hans Adam en 1984 a permis au pays de s'ouvrir au monde, avec l'adhésion à l'ONU (en 1991) et à l'Espace économique européen (référendum de déc. 1992). Depuis l'entrée de la Suisse dans l'espace Schengen en nov. 2008, la frontière extérieure de cet espace est constituée par le Liechtenstein et le restera jusqu'à ce que la principauté en fasse partie. Un protocole d'accord pour l'adhésion ultérieure de la principauté a d'ailleurs été signé en mars 2008.

**LIEDEKERKE** ♦ Comm. de Belgique (Région flamande), prov. du Brabant flamand, arr. de Halle-Vilvoorde, sur la Dendre. 12 119 hab. Cultures maraîchères. Élevage hors-sol. Dentelle.

**LIÈGE** – en néerl. ***Luik***, en all. ***Lüttich*** ➝ ÉTYM. du frq. *°leudi* (all. *Leute*) «les gens du roi ; les vassaux» ♦ V. de Belgique (Région wallonne), ch.-l. de prov. et d'arr., au confluent de la Meuse, de la Légia, de l'Ourthe et de la Vesdre, à l'extrémité du canal Albert. 188 907 hab. *(Liégeois).* Depuis les fusions de communes de 1977, la ville de Liège s'étend du Sart-Tilman (plateau du Condroz ardennais) au S. jusqu'à Wandre au N. et à Rocourt sur le plateau de Hesbaye au N.-O. ; toutefois, son territoire ne couvre pas la totalité de l'agglomération, qui reste partagée entre une douzaine de communes. ▮ **Les monuments** Ville d'art depuis le Moyen Âge, Liège a conservé d'importants vestiges de son passé. Maisons anc. Place Saint-Lambert, avec le palais des Princes-Évêques (1538, reconstruit en 1737). Église Saint-Barthélemy (XIe - XIIe s. ; fonts baptismaux par Renier de Huy). Église Sainte-Croix fondée en 976, reconstruite en 1220 et en 1314 (œuvres de G. de Huy). Basilique Saint-Martin fondée en 965 (reconstruite en 1506). Église Saint-Jean l'Évangéliste d'époque carolingienne (influences orientales). Église Saint-Jacques, ancienne abbatiale de style flamboyant (tour romane). Musée Curtius dans un palais du XVIIe s. Musée diocésain dans la cathédrale Saint-Paul (écoles liégeoise, flamande et italienne). Musée des Beaux-Arts (peinture moderne belge et française). Le réaménagement de la place Saint-Lambert, commencé au début des années 1980, doit mettre en valeur ce qui fut le site primitif de la ville (cône de déjection de la Légia à son confluent avec la Meuse), en révélant les vestiges archéologiques de ses occupations successives, jusqu'à la cathédrale Saint-Lambert détruite à la Révolution. Académie des beaux-arts. Conservatoire royal de musique.

▮ **L'ÉCONOMIE** Sur le territoire communal de Liège, l'industrie se rassemble à la périphérie (en particulier de Chênée à Wandre), dans le port (le 4e de Belgique, notamment pétrolier) et à Jupille (brasserie) ; la prédominance reste aux construc. métalliques. Carrefour ferroviaire et routier, Liège est l'un des pôles de l'*Euregio*, région de coopération transfrontalière avec Maastricht et Aix-la-Chapelle. C'est le secteur tertiaire qui fournit à Liège près des 2/3 des emplois, partagés entre le commerce, surtout dans le district commercial central (secteur piétonnier du «Carré» et de ses abords), les services et bureaux et de nombreuses écoles, dont l'université répartie en trois sites (centre-ville, Val-Benoît, campus du Sart-Tilman).

▮ **HISTOIRE** Fondée au VIIe s. par saint Lambert, la ville fut le siège d'un évêché vers 710 ; c'est alors qu'elle prit son caractère ecclésiastique : sept collégiales et deux monastères s'y élevèrent aux Xe et XIe s., tandis que les évêques s'opposaient aux empereurs d'Allemagne. Comme en Flandre, les XIIIe et XIVe s. y furent marqués par les luttes sociales entre les lignages (bourgeois) et les gens de métiers. L'entreprise de la maison de Bourgogne sur le siège épiscopal (XIVe - XVe s.) se heurta à une vive résistance : révolte contre Jean de Bavière (écrasée en 1408), puis contre Louis de Bourbon. Les Liégeois, conduits par Raes de Heers, étaient soutenus par Louis XI qui les abandonna à plusieurs reprises. Charles le Téméraire fit raser Dinant, ville liégeoise, et enleva à Liège ses privilèges (1467). Jouets de la rivalité entre la Bourgogne et la France, les Liégeois furent à nouveau battus par Charles et la ville fut rasée. Après la révolte de Guillaume de La* Marck (1482 - 1485) qui fit régner la terreur mais fut vaincu par Maximilien d'Autriche (gendre de Charles le Téméraire) et décapité, l'indépendance de la principauté fut reconnue. Le siège de prince-évêque échut à la maison de Bavière, et la ville connut une forte opposition populaire à cette domination. Depuis le XVe s., la région s'industrialisait et, au XVIIe s., le travail des métaux (armurerie, etc.) fut une grande source de croissance. Le «parti des Lumières» y fut bien accueilli au XVIIIe s., de même que la Révolution de 1789. Ce fut la fin (1792) de la domination des princes-évêques. Liège fut occupée par les Allemands de 1940 à 1944. En 1944, plus de 23 000 immeubles y furent détruits.

**LIÈGE** (province de) ♦ Prov. de Belgique (Région wallonne). → **Belgique** (carte). 3 862 km², dont 853 km² pour la Communauté germanophone. 1 047 414 hab., dont plus de 70 000 pour la Communauté germanophone. *(Liégeois).* LANGUES : français (dialecte wallon), allemand. CH.-L. : Liège. La prov. est divisée en 4 arr. : Huy*, Liège*, Verviers*, Waremme*. L'E. de l'arr. de Verviers est occupé par la Communauté germanophone (ch.-l. : *Eupen*).

▮ **GÉOGRAPHIE** Compartimentée par la Meuse, l'Ourthe et la Vesdre, la prov. s'étend sur la Hesbaye et le pays de Herve au N., le Condroz oriental et l'Ardenne (avec les Hautes-Fagnes) au S. En Hesbaye, prédomine la grande culture (céréales, betteraves sucrières) ; dans le pays de Herve, les herbages, les vergers et l'élevage bovin ; le Condroz se consacre à égalité à la grande culture et aux herbages et fourrages pour l'élevage de vaches laitières, l'Ardenne se partageant entre les forêts, les tourbières et les herbages (élevage bovin). Le pays de Liège et l'Ardenne connurent dès le Moyen Âge un développement de la métallurgie (minerai de fer traité au charbon de bois et transformé grâce à l'énergie au fil de l'eau en Ardenne, clouterie et armurerie dans le pays de Liège) tandis que, dès le XVe s., l'industrie lainière se développait à Verviers. Le XIXe s. fut, pour la région liégeoise, le siècle du charbon et de la métallurgie avec, dans le N.-E. de la province, la métallurgie non ferreuse (Plombières*, La Calamine*), qui s'installa aussi dans les vallées de la Meuse, de l'Ourthe inférieure et de la Vesdre. Vinrent s'y ajouter la cristallerie (Val-Saint-Lambert) et la chimie dérivée des métaux non ferreux. Si l'électricité est produite dans des centrales au charbon, lequel alimente aussi les cokeries, et dans une centrale hydroélectrique (Bévercé), c'est la centrale nucléaire de Tihange qui en est devenue le principal fournisseur. La disparition des charbonnages, les crises successives de la sidérurgie et, plus récemment, celle de l'armurerie, la création de zones et de parcs industriels en dehors des lieux d'implantation industrielle traditionnels (Hauts-Sarts, parc scientifique du Sart-Tilman, près de l'université de Liège) entraînent non seulement une délocalisation de ces activités, mais aussi une tendance au développement du secteur tertiaire au détriment de l'industrie de production. De nombreuses friches industrielles sont apparues (anc. terrils, anc. usines) que l'on s'emploie à réhabiliter.

▮ **HISTOIRE** Principauté ecclésiastique, l'évêché de Liège faisait partie du Saint Empire romain et englobait, au XIe s., la majeure partie du Limbourg actuel, l'E. du Namurois et la région Sambre-Meuse. Les princes-évêques de Liège détenaient une puissance politique importante et la ville fut le centre des luttes opposant la Bourgogne, la France et les intérêts des citoyens, notamment aux XIVe et XVe s. (→ **Liège**). Après la domination des Habsbourg au XVIe s., les Français commencèrent, dès le XVIIe s., à empiéter sur le territoire, qui fut annexé en 1795 (départements de Sambre-et-Meuse, de l'Ourthe et de la Meuse-Inférieure). Assignée aux Pays-Bas en 1815, la province devint belge en 1831.

**LIEGNITZ** → **Legnica**

**LIEPAJA** – en all. ***Libau*** ♦ V. de Lettonie sur la mer Baltique. 89 400 hab. Port. Station balnéaire dès 1625. Construc. de machines agricoles. Traitement du bois. Centrale thermique. Pêcheries.

**LIER** – en fr. ***Lierre*** ♦ V. de Belgique (Région flamande), prov. d'Anvers, arr. de Malines, au confluent de la Grande Nèthe et de la Petite Nèthe, réunie au canal Albert par le canal de la Nèthe. 33 259 hab. Hôtel de ville du XVIIIe s., beffroi du XIVe s., tour Zimmer, béguinage du XIIIe s. Église Saint-Gommaire en gothique flamboyant brabançon (XVe - XVIe s.). ▪ Construc. d'autobus. Instruments de musique. Dentelles et broderies. Nœud de communications. Horticulture sous verre dans l'ancienne comm. de Koningsooikt.

**LIESSE-NOTRE-DAME** [02350] ◆ ÉTYM. du lat. *Licentius*, n. de pers. (de *licens* «libre, hardi») ou du bas lat. *ligentia* «fief lige» ♦ Comm. de l'Aisne, arr. de Laon. 1 327 hab. *(Liessois)*. Basilique Notre-Dame de Liesse (gothique flamboyant XIIIe - XVe s.). Lieu de pèlerinage depuis le XIIe s.

**LIESTAL** ♦ V. de Suisse, ch.-l. du cant. de Bâle-Campagne. 13 128 hab. (aggl. 39 165). Hôtel de ville (XVIe s.). ▪ Indus. textile, métallurgique et chimique.

**LIEUSAINT** [77127] ◆ ÉTYM. «lieu saint [sanctuaire ou cimetière]» ou du germ. *Liutsind*, n. de pers. ♦ Comm. de la Seine-et-Marne, arr. de Melun. 6 365 hab. *(Lieusaintais)*. Élément de la ville nouvelle de Sénart.

**LIEUVIN** n. m. ♦ Région de Normandie qui s'étend sur les dép. de l'Eure et du Calvados, entre la Risle et la Touques. Plateau recouvert de céréales et de fourrages ; bovins.

**LIEUX SAINTS** n. m. pl. ♦ Nom donné aux localités et endroits liés au souvenir de Jésus, selon les Évangiles (Bethléem, Nazareth, mont Thabor, Cénacle, Calvaire, Saint-Sépulcre). Les Lieux saints devinrent lieu de pèlerinage dès l'Antiquité (→ **Éthérie**) et le restèrent après leur conquête par les Perses (614), puis par les Arabes (638). Ces derniers se montrèrent très tolérants et Charlemagne reçut même les clés du Saint-Sépulcre et du Calvaire, envoyées par le patriarche de Jérusalem. Cependant, lorsque les Seldjoukides s'emparèrent de Jérusalem (1078), la chrétienté s'en émut et cet état de choses déclencha les croisades*. Après la prise de Jérusalem par Saladin (1187), les pèlerinages reprirent et se maintinrent pendant l'occupation des mamelouks (1250). Sous la domination ottomane (1517), les Lieux saints furent préservés par les capitulations (1536). L'Autriche, la Russie et la France s'opposèrent pour la protection des Lieux saints, la France réussissant à faire prédominer son influence par les capitulations de 1740 (qui se maintinrent jusqu'en 1923). Cependant, au XIXe s., la Russie voulut établir la prépondérance des orthodoxes sur les latins et cette rivalité avec les Occidentaux fut une des causes de la guerre de Crimée. Après la Première Guerre mondiale, les Lieux saints passèrent sous protection britannique en même temps que la Palestine. En 1950, l'ONU établit un mandat international mais Israël et la Jordanie, qui se partagent la Palestine et Jérusalem, ne permirent pas l'application de ce mandat. Depuis la guerre des Six Jours (1967), Israël occupe la totalité des Lieux saints.

**LIÉVIN** [62800] ◆ ÉTYM. du germ. *Laibo*, n. de pers., et suff. *-inus* ♦ Ch.-l. de cant. du Pas-de-Calais, banl. S.-O. de Lens. 33 427 hab. *(Liévinois)*.

**LIFAR (Serge)** ♦ Danseur et chorégraphe français d'origine russe (Kiev 1905 - Lausanne 1986). Élève de B. Nijinska, puis de Cecchetti, il fut engagé par Diaghilev dans la compagnie des Ballets russes (1923) où il manifesta très tôt d'exceptionnelles qualités d'interprète *(Le Lac des cygnes, L'Oiseau bleu, Apollon musagète)* et de chorégraphe (*Renard*, de Stravinski). À la mort de Diaghilev, il fut appelé par J. Rouché à l'Opéra de Paris (1929), où sa chorégraphie des *Créatures de Prométhée* (mus. de Beethoven) lui valut d'être engagé en qualité de premier danseur et de maître de ballet. Il commença dès lors une carrière exceptionnellement brillante, marquée par de nombreuses créations, comme *Bacchus et Ariane* (mus. A. Roussel, 1931), *Salade* (mus. D. Milhaud, 1935), *Icare*, ballet «de rythme» (1935), *Le Chevalier et la Damoiselle* (mus. Ph. Gaubert, 1938), *Les Animaux modèles* (mus. F. Poulenc, 1943), *Roméo et Juliette* (mus. Prokofiev, 1955). Il a en outre assuré la reprise de nombreux ouvrages : *Prélude à l'après-midi d'un faune, Le Spectre de la rose, Giselle*, et composé des chorégraphies pour les compagnies du marquis de Cuevas, de J. Charrat et des Ballets de Monte-Carlo. Fidèle à la tradition académique qu'il a su renouveler et élargir, Lifar a proclamé l'autonomie de la danse à l'égard des autres arts. Il a publié de nombreux ouvrages (*Le Manifeste du chorégraphe*, 1935 ; *Traité de la danse académique*, 1949 ; *Histoire des Ballets russes*, 1950).

**Life** ♦ Hebdomadaire américain fondé en 1936 par H. Luce. Grâce à la qualité de ses photographies et de ses méthodes d'impression, *Life*, qui marqua une étape importante dans l'histoire de la presse en donnant la priorité à l'image sur le texte, connut un immense succès (8,5 millions d'exemplaires en 1968). Mais, victime de difficultés financières, il disparut entre 1972 et 1978 puis en 2000. Il figura en supplément du *Time* de 2004 à 2007, puis uniquement sur Internet.

**LIFFEY** n. f. ♦ Fl. d'Irlande (75 km). Elle prend sa source dans les monts Wicklow et se jette dans la mer d'Irlande à Dublin qu'elle partage en deux et qu'elle ravitaille en eau par le réservoir de Poulaphuca. Elle est très présente dans les récits de J. Joyce*.

**LIFFRÉ** [35340] ◆ ÉTYM. p.-ê. du germ. *Liutfried*, n. de pers. ♦ Ch.-l. de cant. de l'Ille-et-Vilaine, arr. de Rennes. 6 454 hab. *(Liffréens)*.

**LIFOU** ou **LIFU** → **Loyauté (îles)**

**Liget** (chartreuse du) ♦ Chartreuse en ruine située sur le territoire de la comm. de Chemillé-sur-Indrois (Indre-et-Loire). Elle fut fondée en 1176 par Henri II Plantagenêt, peut-être en expiation du meurtre de Thomas Becket. Il reste des vestiges de l'église (XIIe), une galerie de cloître du XVIIIe s. et des bâtiments du XVIIIe s. La chapelle Saint-Jean-Baptiste du Liget, de style roman, située non loin, est décorée de six fresques de la fin du XIIe s.

**LIGETI (György)** ♦ Compositeur et musicographe hongrois (Dicsőszentmárton 1923 - Vienne 2006). Il quitta la Hongrie en 1956 pour aller travailler au Studio de musique électronique de Cologne. La concentration sur le son lui-même, accompagnée du renoncement aux intervalles et rythmes perceptibles individuellement, confère à ses premières œuvres un caractère très statique, à l'opposé des principes sériels (*Apparition*, 1958 - 1959 ; *Atmosphères*, 1961). *Aventures* et *Nouvelles aventures* (1962 - 1965), pour le théâtre, apportèrent plus de contrastes. Dans *Lontano* (1967) et *Kammerkonzert* (1970), il se livra à des recherches harmoniques. Il a écrit aussi, entre autres, un *Quatuor à cordes n° 2* (1968), *Melodien* pour orchestre de chambre (1971), un *Double Concerto* (1972), l'opéra *Le Grand Macabre* (1978), un *Concerto pour piano* (1988), un *Concerto pour violon* (1990).

**LIGNE** (maison de) ♦ Famille belge originaire de Ligne (Hainaut, près de Tournai), et connue depuis le XIIe s. Elle accéda à la dignité de prince d'empire et se divisa en plusieurs branches (Brabançon, Arenberg, Croÿ, Chimay). ♦ **Charles Joseph,** prince **de Ligne.** Feld-maréchal autrichien (Bruxelles 1735 - Vienne 1814). Il combattit pendant la guerre de Sept* Ans dans les rangs autrichiens. Lié à Joseph* II, il le représenta en Russie auprès de Catherine* II, dont il acquit l'amitié (1782). Il se distingua encore pendant la guerre contre les Turcs (prise de Belgrade, 1789). Malgré son refus de prendre la tête de la révolution belge, il fut écarté des affaires par François II. Ses voyages incessants à travers l'Europe en font un parfait représentant du cosmopolitisme du XVIIIe s. Spirituel et brillant, il entretint des relations avec les élites cultivées (à Paris, à Vienne, à Saint-Pétersbourg) et avec un grand nombre de ses contemporains célèbres (Joseph II, Frédéric II, Voltaire, Goethe, Mme de Staël). Il est l'auteur d'écrits en langue française (*Mélanges militaires, littéraires et sentimentaires ; Œuvres posthumes*).

**LIGNE** «l'équateur» (îles de la) ou **SPORADES ÉQUATORIALES** – en angl. ***Line Islands*** ♦ Archipel de l'océan Pacifique central, situé à l'E. des îles Canton et Enderbury, très dispersé de part et d'autre de l'équateur, d'où son nom, appartenant à la république de Kiribati*.

**LIGNIÈRES** [18160] ➝ **ÉTYM.** du lat. *linarium* «lieu où l'on cultive le lin» [en anc. fr. *linière* «champ de lin»] ♦ Ch.-l. de cant. du Cher, arr. de Saint-Amand-Montrond, sur l'Arnon. 1 588 hab. *(Ligniérois)*. Château construit par F. Le Vau (v. 1660) : nombreux portraits ; buste de Colbert par A. Coysevox.

**LIGNON DU NORD** ou **LIGNON DU FOREZ** n. m. ♦ Riv. du Massif central (59 km), affl. de la Loire (rive g.). Née dans les monts du Forez, elle coule dans la plaine du même nom et se jette en aval de Feurs. ▪ Honoré d'Urfé, qui passa sa jeunesse sur les bords du Lignon, y a situé *L'Astrée**.

**LIGNON DU SUD** ou **DU VELAY** n. m. ♦ Riv. du Massif central (50 km), affl. de la Loire (rive d.). Née au pied du mont Mézenc, elle se jette dans la Loire en amont de Monistrol-sur-Loire.

**LIGNY** ♦ Loc. de Belgique dépendant de la comm. de Sombreffe. ▮ **Histoire** Les Prussiens de Blücher y furent battus par Napoléon Ier le 16 juin 1815.

**LIGNY-EN-BARROIS** [55500] ➝ **ÉTYM.** anc. *Lineium*, du lat. *Linius*, n. de pers., et suff. *-acum* ♦ Ch.-l. de cant. de la Meuse, arr. de Bar-le-Duc, sur l'Ornain. 5 035 hab. (aggl. 6 014) *(Linéens)*. Mécanique de précision. Construc. automobile (transports en commun).

**LI Gonglin** ou **LI Kong-lin**, dit **LI Longmian** ➝ **ÉTYM.** chin. «Songe du dragon» ♦ Peintre et fonctionnaire impérial chinois (Shucheng, Anhui 1049 - 1106). Poète et calligraphe, grand amateur d'antiquités, il est connu pour ses chevaux et ses portraits au trait.

**Ligue** ou **Sainte Ligue** ou **Sainte Union** ♦ Confédération de catholiques français qui joua un rôle essentiel dans les guerres de Religion* en France, après 1576. Formée d'abord en Picardie pour résister à l'application de la paix de Monsieur* (1576), elle ne tarda pas à s'étendre dans tout le pays. Son but avoué, qui était la défense de la foi catholique, se doublait du désir de détrôner Henri III au profit d'Henri de Guise*, son chef. Soutenue par les subsides versés par Philippe* II, la Ligue devint toute-puissante après la journée des Barricades* et passa à l'action quand la succession revint à Henri de Navarre, à la mort du duc d'Anjou*. Henri III feignit de composer et attira le duc de Guise à Blois où il le fit assassiner, ainsi que son frère le cardinal de Lorraine (1588), provoquant un soulèvement général. Mayenne*, devenu chef de la Ligue, continua la lutte contre Henri* IV, après l'assassinat d'Henri III, tandis que le cardinal de Bourbon était proclamé roi sous le nom de Charles X. ➝ **Bourbon (Charles de)**. Mayenne fut battu à Arques* et à Ivry* (1590), mais Paris, aux mains des Seize*, aidé des troupes espagnoles, continua sa résistance. L'abjuration d'Henri IV (1593), ajoutée au discrédit que s'était attiré la Ligue par ses divisions internes et par les prétentions de Philippe II au trône de France, entraîna sa perte : après la soumission de Paris (1594), Mayenne et Henri IV signèrent un accord qui mit fin aux guerres de Religion.

**Ligue achéenne** ➝ **achéenne (Ligue)**

**Ligue arabe** ➝ **arabes (Ligue des États)**

**Ligue communiste** ♦ Section française de la IVe Internationale*. Elle est issue de deux organisations dissoutes après mai* 1968 : le Parti communiste internationaliste, fondé en 1944, et la Jeunesse communiste révolutionnaire (JCR), née d'une scission au sein de l'Union des étudiants communistes en 1966. La Ligue communiste fut dissoute en juin 1973. En 1974, un certain nombre de ses membres, dont son ancien dirigeant, Alain Krivine, fondèrent la Ligue communiste révolutionnaire.

**Ligue des droits de l'homme** ♦ Ligue fondée à Paris en fév. 1898 à l'instigation du parlementaire républicain L. Trarieux, à l'occasion du procès intenté à É. Zola après la publication de son article «J'accuse» dans *L'Aurore*. Créée dans le but de défendre les droits et libertés de l'homme et du citoyen face à l'arbitraire de la justice et du pouvoir politique, la Ligue regroupa les milieux de la gauche française qui, persuadés de l'innocence de Dreyfus* et favorables à la révision de son procès, s'opposèrent à la droite nationaliste, cléricale et souvent antisémite. D'abord sous le contrôle des radicaux, puis sous celui des socialistes (à partir de 1933), elle a joué un rôle décisif sous la IIIe République, dans la lutte pour la laïcité, pour la démocratie politique et pour le pacifisme. Exprimant ses options et ses principes dans les *Cahiers des droits de l'homme* (fondés en 1920) et *La Quotidienne* (fondée en 1923), la Ligue des droits de l'homme s'est également signalée par ses prises de position en faveur de la liberté et de l'égalité, et lors de nombreuses crises internationales.

**LIGUGÉ** [86240] ♦ Comm. de la Vienne, arr. de Poitiers, sur le Clain. 2 817 hab. (aggl. 4 973). *(Ligugéens)*. Saint Martin* y fonda en 361 le premier monastère de Gaule. Abandonné au VIIIe s., ce dernier fut rendu à la vie monastique au début du XIe s. et devint un prieuré de l'abbaye de Maillezais. Installée depuis 1853, une communauté rattachée à la Congrégation bénédictine de France (➝ **Solesmes**) se consacre à des travaux d'histoire monastique. Restauré au XIXe s., le monastère conserve l'église Saint-Martin, reconstruite au XVIe s. (façade flamboyante) ; entreprises en 1953, des fouilles ont permis de mettre au jour plusieurs substructures superposées, dont un oratoire antérieur à 370. Tour du XVIe s., où Rabelais séjourna de 1524 à 1527. J.-K. Huysmans* fut reçu oblat à Ligugé en 1901 ; P. Claudel y fut postulant.

**LIGUORI (ALPHONSE-MARIE DE)** ➝ **Alphonse-Marie de Liguori (saint)**

**LIGURES** n. m. pl. ♦ Ancien peuple établi sur la côte méditerranéenne de Marseille à La Spezia (➝ **Ligurie**). Ils ne furent définitivement soumis par Rome que sous Auguste* (–14).

**LIGURIE** n. f. ➝ **ÉTYM.** en it. ***Liguria***, du n. des *Ligures** ♦ Région d'Italie. ➝ **Italie** (carte). 5 416 km². 1 571 783 hab. *(Liguriens)*. CH.-L. : Gênes. Elle est formée des provinces de Gênes, Imperia, La Spezia et Savone. ▮ **Géographie** L'arrière-pays est très montagneux. À l'O. de Gênes se dressent les Alpes qui culminent au mont Saccarello (2 200 m). L'Apennin ligure s'étend du N. de Gênes au N. de La Spezia (point culminant : mont Maggiorasca, 1 799 m). La côte forme une bande étroite, encastrée entre la montagne et la mer ligurienne. C'est la Riviera*. De Gênes à San Remo s'étend la Riviera du Ponant, de l'autre côté de Gênes, jusqu'à La Spezia, la Riviera du Levant. Presque toute la côte ligurienne se consacre aux cultures florales (roses, œillets) et maraîchères (régions de Savone et d'Imperia). L'industrie, très importante, est concentrée à proximité de Gênes : aciéries et métallurgie lourde (Cornegliano, Gênes), raffineries (Savone, La Spezia), constructions navales (Gênes, La Spezia). Le tourisme est très développé. La Riviera est une succession de stations balnéaires. Gênes n'est jamais parvenue à intégrer l'ensemble de la région. Elle reste le port de la plaine padane, tandis que la Riviera occidentale regarde toujours plus vers la Côte d'Azur française. ▮ **Histoire** La Ligurie constituait dans l'Antiquité la partie S.-O. de la Gaule cisalpine et ne fut définitivement soumise par Rome qu'au –Ier s. ➝ **Ligures**. Au IVe s., la partie S. forma la province des Alpes cottiennes tandis que la partie N. réunie à l'Émilie forma une province de Ligurie, cap. *Mediolanum* (Milan).

**ligurienne (République)** ♦ Nom pris par la république de Gênes* en 1797. Placée sous la protection de Bonaparte, elle fut annexée à la France de 1805 à 1814.

**LI Hongzhang** ou **LI Hong-tchang** ♦ Homme d'État et diplomate chinois (Hefei, Anhui 1823 - Pékin 1901). Il combattit les révoltés Taiping, devint gouverneur du Jiangsu*, vice-roi du Hubei et du Hunan (1869) puis du Zhili (auj. Hebei) en 1870. Il créa une marine marchande et une marine de guerre moderne et contribua à établir en Chine les premières lignes de chemin de fer. Chef de la politique extérieure de la Chine, il signa divers traités, dont celui de Tianjin* avec la France. Il mit fin à la guerre sino-japonaise en signant le traité de Shimonoseki en 1895 et à la révolte des Boxers* en agréant le protocole de Pékin en 1901.

**Ligue.** *Marche de la Sainte-Ligue sur la Place de Grève à Paris, le 14 mai 1590*, école française, XVIe s. (1,00×2,12 m). Musée Carnavalet, Paris. *BIS/Phot. Luc Joubert © Archives Larbor*

**LI JINXI** → Ma Jianzhong

**LIKASI** ◂ ÉTYM. p.-ê. altér. de *Dkashi*, n. de la riv. qui traverse la ville ; anc. ***Jadotville*** ♦ V. de la Rép. démocratique du Congo. 370 000 hab. Production de cuivre, de zinc et de cobalt.

**Likoud** n. m. ◂ ÉTYM. hébr. «rassemblement», de la rac. *lakéd* qui désigne un faisceau rassemblé ♦ Parti politique israélien de droite, fondé en 1973, regroupant notamment le Hérout*, le parti libéral et le Centre libre. Il fut conduit successivement par M. Begin*, Y. Shamir*, B. Nétanyahou*, A. Sharon* puis de nouveau B. Nétanyahou (depuis 2005). Une partie de ses membres, dont A. Sharon et E. Olmert*, fit scission en 2005 pour former Kadima*. → **Israël.**

**LILAR (Suzanne)** ♦ Écrivain belge d'expression française (Gand 1901 - Bruxelles 1992). Flamande d'origine, elle a placé son expérience de vie et d'écriture sous le signe de la dualité. Dans une langue qui affiche une grande maîtrise classique, son œuvre exprime la recherche inquiète d'une communion des contraires, que les pièces de théâtre (*Le Burlador*, 1945 ; *Tous les chemins mènent au ciel*, 1947 ; *Le Roi lépreux*, 1950), les romans (*La Confession anonyme*, 1960) et les essais (*Le Couple*, 1963 ; *À propos de Sartre et de l'amour*, 1967 ; *Le Malentendu du deuxième sexe*, 1969) poursuivent en particulier à travers les rapports vécus du masculin et du féminin. Étendue à la poésie, la question de la dualité se retrouve dans le premier essai de l'écrivain, *Le Journal de l'analogiste* (1954), qui interroge la puissance de métamorphose de l'analogie.

**LILAS (LES)** [93260] ◂ ÉTYM. p.-ê. allus. aux lilas qui recouvraient une guinguette ♦ Ch.-l. de cant. de la Seine-Saint-Denis, arr. de Bobigny, au N.-E. de Paris. 20 226 hab. (*Lilasiens*). Fort de Romainville, où de nombreux résistants furent emprisonnés pendant l'occupation allemande. ▪ Édition, imprimerie, instruments de précision.

**LILBURNE (John)** ♦ Homme politique anglais (Greenwich 1614 - Eltham, Kent 1657). Chef du mouvement des «niveleurs» pendant la révolution d'Angleterre. Ce groupe eut une assez vaste audience, et fit preuve d'idées particulièrement avancées (idéal égalitaire, liberté de conscience et de presse).

**LILIENCRON (Detlev,** baron **VON)** ♦ Écrivain allemand (Kiel 1844 - Alt-Rahlstadt, près de Hambourg 1909). Ayant dû abandonner la carrière militaire pour dettes, il tenta en vain de faire fortune en Amérique puis chercha à vivre de ses écrits en Allemagne. Un recueil de vers, *Chevauchées d'un aide de camp* (1883), suivi de plusieurs autres, des *Nouvelles de guerre* (1895), brefs récits qui ressemblent à des ballades en prose et qui inspirèrent R. M. Rilke*, et une grande épopée humoristique, burlesque, «véritable pot-pourri» (G. Bianquis), *Poggfred* (1896 - 1898), constituent l'essentiel de son œuvre. Son originalité tient surtout à un style désinvolte et bohème, sa manière de fixer des instants, des «impressions» dans une succession d'images de valeur d'ailleurs inégale.

**LILIENTHAL (Otto)** ♦ Ingénieur allemand (Anklam 1848 - Berlin 1896). Inspiré par l'observation des oiseaux, il fut l'un des pionniers du vol à voile (1891 - 1896) et se tua au cours de sa 2 000e glissade aérienne. → **Chanute.**

**LILITH** –en hébr. ***Lîlîth*** ◂ ÉTYM. associé par étymologie populaire à *layl* «la nuit» ♦ Démone mentionnée une fois dans la Bible (livre d'Isaïe*), Lilith devient dans le folklore juif un être malfaisant qui met en danger la jeune mère et son nouveau-né. L'*Alphabet de Ben Sira* (→ **Siracide**) en fait la première épouse d'Adam*, rebelle à l'autorité de l'homme. Créée comme lui de la terre, connaissant le nom de Dieu (Yahvé*), difficilement maîtrisée par trois anges, elle devient dans les légendes l'image de la séductrice (on l'assimile à la reine de Saba*), magicienne plus soucieuse de plaisir que de procréation, et finalement l'épouse de Samaël, d'Asmodée* ou de Satan*, la mère des démons et de ceux qui sont soumis à Saturne* (les mélancoliques).

**LILLE** [59000] ◂ ÉTYM. «l'Île» (V. ci-dessous) ♦ Ch.-l. du dép. du Nord et de la région Nord-Pas-de-Calais, situé en Flandre, sur la Deûle. Commune-centre (184 657 hab.) de la conurbation Lille-Roubaix-Tourcoing (aggl. 980 503) (*Lillois*). La ville a fusionné avec Hellemmes-Lille en 1977 et avec Lomme en 2000. → **Haubourdin, Hellemmes-Lille, Lomme, Madeleine (La), Villeneuve-d'Ascq.** La communauté urbaine de Lille rassemble 85 communes. Évêché. Universités. Église Saint-Maurice (XIVe - XVe s.) restaurée ; église Saint-André (XVIIIe s.), église Sainte-Catherine (XVIe - XVIIe s.), église Saint-Étienne (XVIIe s.). Anc. Bourse (XVIIe s.) ; hospice Comtesse (XIIIe s., reconstruit au XVIIe s.) ; anc. palais Rihour (XVe s., restauré) ; portes de Roubaix, de Gand et de Paris (XVIIe s.) ; citadelle bâtie par Vauban ; nombreuses maisons anc. Important musée d'art. ▪ Capitale industrielle, financière et commerciale du Nord, la ville a souffert de la crise des activités régionales (charbonnages, textile, sidérurgie). Elle reste une grande cité drapière et commerciale (grande distribution, vente par correspondance) et a encore le tiers de ses actifs dans l'industrie. Elle s'oriente vers le secteur des services et de la haute technologie (création d'une cité européenne de l'électronique à Villeneuve-d'Ascq). Sa situation à proximité des grands foyers économiques européens et sa dimension métropolitaine sont des atouts pour l'avenir de la ville par ailleurs dotée d'un réseau autoroutier remarquable (liaisons vers Paris, Dunkerque, Anvers-Rotterdam, Bruxelles, Valenciennes, Reims-Dijon-Lyon, Tournai-Liège-Cologne). Cette situation de carrefour est renforcée par le TGV-Nord et le tunnel sous la Manche permettant des liaisons très rapides avec Bruxelles, Amsterdam et Londres. Centre d'affaires au-dessus de la gare du TGV (Euralille). ▮ **Histoire** D'abord appelée *Insula*, «l'Île», en raison de son site (avancée vers le N. de terrains secs dans la Flandre humide), la ville appartint successivement aux comtes de Flandre, aux ducs de Bourgogne, aux Habsbourg et à l'Espagne. Elle fut conquise par Louis XIV en 1667, cédée à la France au traité d'Aix*-la-Chapelle en 1668 et fortifiée par Vauban. Prise par le Prince Eugène en 1708, elle fut rendue à la France au traité d'Utrecht en 1713. Elle fut occupée par les Allemands de 1914 à 1918, puis endommagée au cours de la Deuxième Guerre mondiale.

**LILLEBONNE** [76170] ◂ ÉTYM. anc. *Juliobona* «village (gaul. *bona*) de Jules (lat. *Julius*) [César]» ♦ Ch.-l. de cant. de la Seine-Maritime, arr. du Havre. 9 738 hab. (aggl. 11 304) (*Lillebonnais*). Restes d'un théâtre romain (Ier et IIe s.). Anc. forteresse (rebâtie aux XIIe - XIIIe s.) de Guillaume le Conquérant (donjon cylindrique). Église Notre-Dame du XVIe s. Musée des Arts et Traditions populaires.

**LILLEHAMMER** ♦ V. de Norvège, sur le lac Mjøsa. 21 376 hab. Centre touristique. Important musée de plein air (architecture rurale). Palais des sports creusé dans la montagne. ▪ Centre industriel : indus. mécanique et forestière, brasserie. ▪ La ville a accueilli les jeux Olympiques d'hiver en 1994.

**LILLERS** [lilɛʀ] [62190] ◂ ÉTYM. du frq. *hlaeri* «terrain marécageux boisé» ♦ Ch.-l. de cant. du Pas-de-Calais, arr. de Béthune, en Flandre. 9 775 hab. (*Lillérois*). Collégiale romane Saint-Omer (XIIe s., façade restaurée). Maisons anc. ▪ Sucrerie-distillerie.

**Lilliput** ◂ ÉTYM. de *lill-*, prononciation relâchée de l'angl. *little* «petit» ♦ Pays imaginé par Swift, peuplé de petits êtres ne mesurant pas plus de six pouces. → **Gulliver (Les Voyages de Lemuel).**

**LILLO (George)** ♦ Auteur dramatique anglais, d'origine hollandaise (Londres 1693 - *id.* 1739). Son œuvre la plus célèbre, *Le Marchand de Londres* (1731), est considérée comme la première comédie bourgeoise et influença Diderot et G. Lessing.

**LILONGWE** ♦ Cap. du Malawi, au centre du pays. Plus de 235 000 hab. (*Lilongwais*). Centre agricole et textile.

**LILYBÉE** – en lat. ***Lilybaeum***, auj. ***Marsala*** ♦ V. de la Sicile ancienne sur la côte occidentale de l'île, au S. de Trapani*. La ville fut fondée en –397 par les Carthaginois qui fuyaient Motyé détruite par Denys* l'Ancien de Syracuse et devint une des principales places fortes de Carthage en Sicile. Elle résista successivement aux Grecs (–IIIe s.) et aux Romains (–250 - –241) aux mains de qui elle finit par tomber à l'issue de la première guerre punique. Elle resta un port florissant jusqu'à la chute de l'Empire. Elle fut détruite puis reconstruite par les Sarrasins qui lui donnèrent le nom de *Marsah al-Allah* ou de *Marsā 'Alī*. → **Marsala.**

**LIMA** ◂ ÉTYM. corruption du quichua *Mimac* «celui qui parle», n. d'un site et d'une divinité [près de la v. se tenait un sanctuaire où une idole était consultée pour ses oracles] ♦ Cap. du Pérou, sur la côte de l'océan Pacifique, au pied de la cordillère des Andes. 289 855 hab. Le centre historique est à 12 km du port d'El Callao*. L'aire métropolitaine de Lima rassemble dans 47 districts municipaux 8 472 395 hab. (*Liméniens*). La ville a conservé de son passé prestigieux un centre riche de monuments des XVIe, XVIIe et XVIIIe s. (cathédrale, demeures anciennes, couvents, la première université d'Amérique). Elle possède plusieurs musées, dont celui de l'Or et le Musée national d'Anthropologie et d'Archéologie. Après plusieurs siècles de concentration des pouvoirs, Lima est une métropole dominant l'ensemble du pays. Elle représente plus

**Lima.** La cathédrale. *Phot.© Jean-Philippe Delesle /Fotolia*

de 45 % des emplois dans l'industrie, le commerce, les transports, les services, et compte 55 % des étudiants dans 12 universités. Le secteur informel représenterait près de la moitié de la population active. La ville s'étend démesurément sur les terres cultivées *(oasis)*, sur le désert, sur les pentes de la précordillère, le long des routes (Panaméricaine). Originaires des régions andines et de plus en plus nés dans la ville même, 35 % des citadins vivent dans des quartiers populaires *(barriadas)* souvent créés à partir d'occupation de terrain. Centre touristique. **Histoire** Fondée en 1535 par Pizarro*, sous le nom de *Ciudad de los Reyes* («ville des Rois»), elle fut pendant deux siècles la capitale du vice-royaume du Pérou. La présence des autorités civiles et religieuses de l'université San Marcos et l'accumulation des richesses minières et commerciales lui donnèrent un rayonnement exceptionnel dans le Nouveau Continent. En 1821, San Martín y proclama l'indépendance du Pérou.

**LIMAGNE** n. f. – ÉTYM. anc. *Limania* «le bas-pays marécageux», du gaul. *lim, lem* «boue, limon» ♦ Nom désignant les plaines d'effondrement du Massif central, arrosées par l'Allier, limitées au N. par le Bourbonnais et au S. par le bassin de Brioude. La principale est la *Limagne de Clermont*, dite *Grande Limagne*, dont le relief est composé de buttes, d'origine volcanique au S., à l'E. de terrasses sablonneuses (les Varennes), au centre d'une plaine marneuse, extrêmement fertile. Cultures céréalières (blé, orge, maïs). Betterave à sucre, tabac, colza, tournesol.

**LIMAS** [69400] – ÉTYM. → Limay ♦ Comm. du Rhône, banl. S.-O. de Villefranche-sur-Saône. 4 151 hab.

**LIMASSOL** – en gr. ***Lemessos*** ♦ V. de Chypre sur la côte S. de l'île, près de l'ancienne Amathonte*, ch.-l. du district de Limassol. 94 250 hab. (aggl. 196 553). ▪ Château du XIIe s. ▪ Exportation d'agrumes ; parfums. Princ. port et centre touristique de l'île.

**LIMAY** [78520] – ÉTYM. du gaul. *Limus*, n. de pers. (de *limus* «oblique»), et suff. *-acum* ♦ Ch.-l. de cant. des Yvelines, arr. de Mantes-la-Jolie, sur la Seine. 15 709 hab. *(Limayens)*. Église Saint-Aubin des XIIe, XIIIe et XVIe s. (nombreuses œuvres d'art). Limay est rattaché à Mantes par deux ponts, dont l'un est en partie du XIIe et du XVe s. ▪ Port fluvial. Traitement des déchets industriels. Indus. diversifiées.

**LIMBOUR (Georges)** ♦ Écrivain français (Courbevoie 1900 - Cadix 1970). Marquée par le surréalisme (*La Chasse au Mérou*, 1963), l'œuvre de G. Limbour, des poésies (*Soleil bas*, 1925) aux récits (*L'Illustre Cheval blanc*, 1930 ; *La Pie voleuse* et *Le Bridge de Madame Lyane*...) est dominée par un roman poétique, *Les Vanilliers* (1938), qui évoque «en un déroulement capricieux de fleuve errant» le monde ingénu et mélancolique, plein d'odeurs et de couleurs, d'une enfance innocemment sensuelle. Critique d'art, Limbour écrivit sur Masson et sur Dubuffet.

**LIMBOURG (Pol, Jean et Hermann DE)** ♦ Miniaturistes d'origine flamande (début du XVe s.). Ils se formèrent dans les ateliers d'enluminure parisiens. Vers 1402, Pol et Jean travaillèrent au service des ducs de Bourgogne Philippe le Hardi et Jean sans Peur. En 1410, les textes mentionnent que les trois frères sont attachés à la cour de Jean de Berry ; ils y exécutèrent les *Belles Heures*, appelées aussi *Heures d'Ailly* (entre 1403 et 1413) et surtout les *Très Riches Heures du duc de Berry* (1413 - 1416), l'un des plus remarquables manuscrits enluminés au XVe s. dont l'exécution fut achevée en 1485 - 1489 par Jean Colombe. Les scènes religieuses et surtout les douze miniatures du calendrier évoquent un univers courtois et luxueux de caractère profane et révèlent l'intérêt porté aux recherches nouvelles, notamment en matière de paysage : les fonds d'or sont abandonnés et l'espace est approfondi par une succession de plans parallèles ; les architectures rendues avec précision (Sainte-Chapelle, château de Vincennes) s'intègrent à l'ensemble et la perspective aérienne est introduite par l'emploi de nuances variées dans le rendu du ciel. Ils firent preuve d'un talent narratif plein de fantaisie, eurent l'amour du détail juste et utilisèrent des coloris intenses et précieux. Sans abandonner le système figuratif médiéval et son graphisme élégant, ils l'associèrent d'une façon originale aux recherches plastiques qu'allait développer la peinture du XVe s.

**LIMBOURG** n. m. – en néerl. ***Limburg*** – ÉTYM. anc. *Lindburg* «château *(burg)* des tilleuls *(lind)*» ♦ Prov. de Belgique (Région flamande). → **Belgique** (carte). 2 422 km$^2$. 820 272 hab. *(Limbourgeois)*. LANGUE : néerlandais. CH.-L. : Hasselt*. La prov. est divisée en 3 arr : Hasselt, Maaseik*, Tongres*. **Géographie** Le Limbourg se partage entre le plateau de la Campine au N., la Hesbaye humide au S. et le Maasland à l'E. Drainé par la Meuse à l'E., par le Geer au S., il est traversé par le Démer, la Dommel, le canal Albert, le canal de la Campine et le Zuidwillemsvaart. La lande, les marais et la pinède, ainsi que l'urbanisation rapide, ne laissent à l'agriculture, spécialisée dans la prod. laitière, qu'une place médiocre dans la partie campinoise, à la différence du Maasland (grandes cultures) et de la Hesbaye humide (cultures fruitières). La province est restée peu industrielle jusqu'en 1917, date de la mise en exploitation du charbon, qui est demeuré l'industrie principale jusqu'après la Deuxième Guerre mondiale avec celle des métaux non ferreux (Overpelt*). La province s'est industrialisée au cours des années 1960 dans les secteurs des constructions métalliques (Zonhoven*, Dilsen), des constructions électriques (Lommel*, Hasselt, Tongres), de l'industrie automobile (Sint*-Truiden, Bree* et surtout Genk*), de la confection occupant de la main-d'œuvre féminine (Maaseik), du meuble (Opglabbeek), du papier (Lanaken*), de la chimie (Tessenderlo*) ; Bocholt et Alken accueillent des industries variées. Le tourisme a pris de l'essor grâce à la valorisation de paysages restés naturels, au musée de plein air de Bokrijk et à l'existence de plusieurs parcs d'attractions. **Histoire** D'abord comté puis duché de basse Lorraine, le Limbourg fut acquis en 1288 par le duc de Brabant. Partagé entre les Pays-Bas et les Provinces-Unies (traité de Westphalie*), il fit partie de 1794 à 1814 des départements français de l'Ourthe et de la Meuse-Inférieure. La frontière séparant le Limbourg hollandais du Limbourg belge a été fixée en 1839, en application du traité des XXIV Articles. Le territoire de Maastricht a dépendu de la Confédération germanique de 1839 à 1866.

**LIMBOURG** n. m. – en néerl. ***Limburg*** ♦ Prov. du S. des Pays-Bas. → **Pays-Bas** (carte). 2 170 km$^2$. 1 127 805 hab. CH.-L. : Maastricht. Le Limbourg septentrional est sablo-argileux. Le Limbourg méridional est un plateau crayeux couvert de lœss et culminant au S. (Vaalserberg, 321 m). Son relief, son sol et son climat s'apparentent à ceux de la Hesbaye belge. La province est arrosée par la Meuse et ses affluents (Guel, Roer). ▪ Cultures de betteraves sucrières, de blé. Produits maraîchers et fruitiers (cerises). Élevage porcin, bovin et ovin ; œufs ; production de lait. Prolongement vers l'O. de la Ruhr, le Limbourg possède des gisements houillers dont l'exploitation a cessé en 1975. Indus. de reconversion (automobile). Raffinerie de pétrole.

**LIMBURG AN DER LAHN** – en fr. ***Limbourg-sur-la-Lahn*** ♦ V. d'Allemagne (Hesse), sur la Lahn. 35 905 hab. Cathédrale du XIIIe s., marquant la transition entre le roman tardif et le gothique primitif. Maisons à colombages.

**LIMEIL-BRÉVANNES** [94450] – ÉTYM. *Limeil*, anc. en gaul. *Limogilo* «la clairière *(ialo)* d'ormes *(lemo)*» et *Brévannes*, du n. du château ♦ Comm. du Val-de-Marne, arr. de Créteil. 17 529 hab. *(Brévannais)*. Le château de Brévannes, reconstruit au XVIIIe s. et possédant un jardin à la française, abrite un centre hospitalier. Église (XIIe - XVe s.). ▪ Laboratoire d'électronique et de physique appliquée.

Les frères **Limbourg.** *Les Très Riches Heures du duc de Berry - Le mois de juin* (v. 1415). Musée Condé, Chantilly. *BIS/Phot. © Collection Archives Bordas*

**Limelight** – en fr. ***Les Feux de la rampe*** ♦ Film américain de Charlie Chaplin* (1952), avec Charlie Chaplin, Claire Bloom. Charlot se réincarne ici sous les traits de Calvero, vieux clown déchu qui transmet le flambeau à une jeune danseuse sauvée de la paralysie à force de patience et d'amour. Chaplin composa la musique, la chanson et la chorégraphie de cet émouvant chant du cygne.

**LIMERICK** ➝ ÉTYM. en gaél. ***Luimneach*** «coin de terre dénudé», de *luimne*, dimin. de *lom* «nu» ♦ V. de la république d'Irlande, ch.-l. de comté (184 055 hab.), au débouché du Shannon. 52 539 hab. (aggl. 90 757 hab.). De fondation scandinave, la ville devint une place forte anglaise puis un point de résistance à Cromwell. Nombreuses maisons géorgiennes qui donnent à la cité un visage austère. Important centre commercial dont le développement récent est dû aux retombées de la zone franche de Shannon à proximité de l'agglomération. C'est l'un des rares centres dynamiques de l'O. irlandais.

**LIMFJORD** n. m. ♦ Bras de mer parsemé d'îles (Danemark), reliant le Kattegat à la mer du Nord et séparant le Jutland septentrional du reste de la presqu'île. Sa longueur est d'environ 180 km.

**LIMMAT** n. f. ♦ Riv. de Suisse (cant. de Zurich et d'Argovie), issue du lac de Zurich et tributaire de l'Aar (rive d.). Longue d'env. 30 km, elle atteint 87 km en comptant le lac de Zurich et 140 km au total pour le couple Linth*-Limmat. La Limmat arrose Zurich et sa banlieue O., y reçoit la Sihl (rive g.), traverse Baden et se jette dans l'Aar à quelques centaines de mètres du confluent Aar-Reuss, à Windisch.

**LIMOGES** [87000] ➝ ÉTYM. du n. des *Lémovices** ♦ Ch.-l. du dép. de la Haute-Vienne et de la région Limousin, sur la Vienne. 133 968 hab. (aggl. 173 299), 1/4 de la pop. régionale *(Limougeauds)*. Évêché. Cathédrale Saint-Étienne (XIII^e^-XIV^e^ s.) : jubé de 1535, portail flamboyant du début du XVI^e^ s. ; vitraux des XV^e^ et XVI^e^ s. Les églises Saint-Pierre-du-Queyroix (XIII^e^ - XIV^e^ s.) et Saint-Michel-des-Lions (XIV^e^ - XV^e^ et XVI^e^ s.) sont dans le quartier du château. Chapelle Saint-Aurélien du XV^e^ s. L'ancien palais épiscopal renferme le musée municipal (émaux limousins). Maisons anc. (rue de la Boucherie). Musée national Adrien-Dubouché (céramiques). Les ponts Saint-Étienne et Saint-Martial, du XIII^e^ s., franchissent la Vienne. Limoges est à la tête d'une région peu peuplée et relativement peu urbanisée. Elle a su adapter ses activités traditionnelles. La porcelaine, fabriquée à partir du kaolin de Saint-Yrieix, reste importante (Bernardaud, Haviland), mais est complétée par la fabrication de matériel électrique (Legrand, leader mondial pour l'appareillage basse et moyenne tension). Le secteur autrefois puissant de la chaussure ne subsiste que grâce à Weston, spécialisé dans les produits de luxe. L'université de sciences et technologies et l'École nationale de céramique industrielle (ENCI) permettent de maintenir le savoir-faire mais ne comblent pas le handicap lié à l'isolement relatif de la ville. L'axe de circulation Paris-Toulouse a un trafic plutôt faible. ▮ **Histoire** Le christianisme fut introduit à Limoges par saint Martial* au III^e^ s. Dès l'époque mérovingienne, les émaux de la ville connurent une réputation européenne. Au XII^e^ s. elle forma un vicomté, puis fut réunie à la Couronne par Henri IV.

**LIMÓN (José)** ♦ Danseur et chorégraphe mexicain (Culiacán, Sinaloa 1908 - New Jersey 1972). Il débuta dans la compagnie Humphrey-Weidman, puis fonda sa troupe (1937). Il s'affirma comme l'une des figures les plus originales de la Modern Dance. Sa conception de la chorégraphie, héritée de Doris Humphrey et de Mary Wigman, fit appel à la spontanéité de l'interprète, libérant sa sensibilité. De son œuvre, qui s'inspira souvent de thèmes folkloriques ou sociaux, on retiendra *La Malinche* (1947), *The Exiles* (mus. A. Schoenberg, 1950), *Emperor Jones* (mus. H. Villa-Lobos, 1956), *Dances for Isadora* (mus. Chopin, 1971).

**LIMÓN** ♦ Prov. du Costa Rica sur la côte caraïbe. 9 188 km². 339 000 hab. Ch.-l. Puerto* Limón. Population d'origine antillaise et tribus amérindiennes. Vastes plantations de bananes et d'ananas. Stations touristiques et balnéaires.

**LIMOSIN (Léonard)** ♦ Orfèvre et émailleur français (Limoges 1505 - id. 1577). Auteur de sujets religieux et mythologiques influencés par le maniérisme italien (notamment le Primatice*), ainsi que de portraits. François I^er^ le nomma à la tête de la Manufacture royale de Limoges, en 1548.

**LIMOURS** [91470] ➝ ÉTYM. du gaul. *lemo* «orme» et suff. *-ausus* ♦ Ch.-l. de cant. de l'Essonne, arr. de Palaiseau. 6 465 hab. *(Limouriens)*. Église Saint-Pierre (en partie des XVI^e^ et XVII^e^ s.).

**LIMOUSIN** n. m. ➝ ÉTYM. anc. *Pagus Lemovicum* «pays des Lémovices*» ♦ Ancienne province française, dont les limites correspondaient sensiblement à celles de la région. ▮ **Histoire** Occupé très anciennement comme l'attestent l'homme de La Chapelle*-aux-Saints ou les vestiges néolithiques, le Limousin avait connu une population de Celtes, de Ligures et d'Ibères, quand il subit la domination romaine (-51). Christianisé au III^e^ s. (saint Martial), il souffrit particulièrement des invasions barbares (Wisigoths*) et ne put se relever que sous Clotaire* II et Dagobert*. Au X^e^ s., il devait être divisé en plusieurs seigneuries (Marche, Combrailles, Limoges, Turenne, Ventadour) qui devaient préserver très longtemps leur autonomie, mais étaient placées dans la mouvance de l'Aquitaine*. La région passa en effet à l'Angleterre quand Aliénor* d'Aquitaine épousa Henri II Plantagenêt et servit pendant tout le Moyen Âge de marche entre le N. et le S. de la France. À partir du XIV^e^ s., elle échappa à la domination anglaise pour passer sous celle du Nord, mais ne fut rattachée au domaine royal qu'au XVII^e^ s. et devint une province et un grand gouvernement dont la capitale était Limoges. Elle bénéficia de remarquables intendants (parmi lesquels Turgot*) et connut un notable essor. À la tapisserie qui existait depuis le XV^e^ s. (Felletin) et le XVI^e^ s. (Aubusson), s'ajoutèrent les manufactures d'armes (Tulle), l'industrie de la faïence et de la porcelaine (1771), tandis que les villes et les routes se développaient et que l'agriculture était améliorée par l'apparition de la pomme de terre. La Révolution divisa le pays en 3 départements : Haute-Vienne, Corrèze et Creuse.

**LIMOUSIN** n. m. ♦ Région administrative du centre de la France, comptant 3 dép. : Corrèze, Creuse, Haute-Vienne. 16 942 km² (3,1 % du territoire, 16^e^ rang) 710 939 hab. (1,2 %, 21^e^ rang). *(Limousins)*. 0,9 % du PIB (21^e^ r.). CH.-L. : Limoges. Elle correspond aux anc. provinces de la Marche et du Limousin.

▮ **GÉOGRAPHIE** La région forme la partie occidentale du Massif central. C'est un vaste bombement cristallin qui, de la «montagne» granitique (Gentioux 949 m, Millevaches 976 m, Monédières 919 m), s'incline vers l'Auvergne puis vers les bas plateaux du Berry, du Poitou et d'Aquitaine, en formant un glacis dominé par quelques dômes émoussés (Ambazac, Blond, Châlus, Gargan, de 500 à 700 m) et disséqué par des vallées, creusées à l'aval en gorges profondes et sinueuses (Creuse, Gartempe, Vienne, Dordogne et surtout Vézère et Corrèze) et s'achevant au S. par le bassin de Brive, déblayé dans les grès tendres du Permien, entre le massif ancien et les causses du Quercy. Les terres froides des hauteurs (110 jours de gel à Millevaches, 77 jours à Limoges) contrastent avec le caractère méridional du bassin de Brive (20,6 °C en juil.). Les précipitations, relativement abondantes (700 - 1 000 mm), et les sols, généralement acides et médiocres, favorisent plutôt l'herbe et l'arbre. Larges étendues herbagères et forestières (chênes, hêtres, pins, châtaigniers).

▮ **POPULATION** Repliée sur elle-même et orientée très tôt vers l'élevage, la région ne s'est ouverte qu'au temps du chemin de fer et a connu alors une poussée démographique (de 900 000 hab. en 1861 à 986 000 hab. en 1891). Mais l'excédent de pop. rurale a entraîné un exode massif, surtout vers la capitale. L'évolution récente a continué cette tendance (1946 - 1999 : –9,5 % ; France : +42,8 %) qui fait du Limousin un espace en voie de dépopulation et de vieillissement démographique. En raison des difficultés économiques persistantes, la population continue de diminuer dans ses zones rurales.

▮ **ÉCONOMIE** ▮ **Agriculture** Avec 6,2 % de l'emploi (France : 2 %) et 4,2 % du PIB régional, elle n'est plus une activité importante de la région. La production est essentiellement tournée vers l'élevage destiné à la boucherie (91 % de sa valeur) avec un cheptel de plus de 1 million de bovins et 580 000 ovins. Cependant, le revenu brut par exploitation demeure inférieur de moitié à la moyenne nationale. ▮ **Industrie** Le secteur industriel (22,5 % de l'emploi régional ; France : 20,7 %) est concentré autour de Limoges. La fabrication de porcelaines, techniquement rajeunie, reste une activité de grande notoriété et exportatrice. L'industrie de la viande, et plus généralement l'agroalimentaire, est prépondérante dans la région. L'appareillage électrique basse tension, autrefois fabriqué en porcelaine, est à l'origine du succès de l'entreprise Legrand, leader mondial du secteur. De la traditionnelle activité liée au travail du cuir ne subsiste qu'une entreprise spécialisée dans la chaussure de luxe (Weston à Limoges). Associés à d'autres établissements travaillant dans les secteurs de l'automobile (camions Renault à Limoges), de l'armement (GIAT à Tulle) et de l'agroalimentaire, ces activités permettent toutefois à la région de connaître un taux de chômage inférieur à la moyenne nationale (6 % contre 8 %). ▮ **Activités tertiaires et communications** Le secteur des services (71,3 % de l'emploi régional ; France : 77,2 %) reste sous-représenté malgré les efforts des autorités pour mettre en valeur les activités de recherche-développement : création d'un technopôle et d'un palais des congrès à Limoges, recherche fondamentale et appliquée à l'industrie dans le cadre de l'université de Limoges. Malheureusement, la région souffre de l'absence d'infrastructures de transport rapides que ne peut compenser l'aéroport limougeaud (plus de 380 000 passagers en 2008). Il existe un axe nord-sud reliant Paris à Toulouse, l'A20, et un axe Bordeaux-Clermont-Ferrand, l'A89, en cours de prolongement vers Lyon. Le TGV relie Brive-la-Gaillarde à Lille-Europe depuis 2007. Le patrimoine culturel de la région, qui a été un foyer d'art roman, peut également favoriser un développement touristique : aux traditionnelles fabriques de porcelaine de Limoges (musée Adrien-Dubouché) et à la production des émaux limousins peuvent être associées les manufactures de tapisserie d'Aubusson et de Felletin. La campagne, aux paysages subtils, peints par Renoir et chantés par Jean Giraudoux, a conservé une fraîcheur naturelle peu commune. C'est un atout à l'époque du «tourisme vert» mais qui doit être mis en valeur. ▮ **Urbanisation** La capitale régionale, Limoges, est la seule grande ville et ne subit aucune concurrence de la part des petits centres (Guéret, Aubusson, Ussel, Tulle) qui

**Limousin.**

assurent la desserte commerciale et administrative de l'E. de la région. L'aggl. de Brive-la-Gaillarde est un pôle de développement pour la partie S. du Limousin, mais le dynamisme de quelques industriels compense difficilement des décennies de recul démographique et l'absence d'infrastructures de transport modernes.

**LIMOUX** [11300] ◆ **ÉTYM.** du lat. *limosus* «boueux» ♦ Ch.-l. d'arr. de l'Aude situé dans un bassin sur la rive g. de l'Aude. 9 411 hab. *(Limouxins)*. Église Saint-Martin des XIIe s. (portail), XIVe s. (déambulatoire et tour) et XVIe s. (nef). Maisons anc. (XVIe s.). Pont sur l'Aude, du XIVe s. Musée. ▪ Centre vinicole : production de vins mousseux *(blanquette de Limoux)*. Carnaval. ▮ **Histoire** Anc. vicomté, devenu (après confiscation au XIIIe s. par Simon de Montfort) cap. du Razès.

**LIMPOPO** n. m. ♦ Fl. d'Afrique australe (1 600 km) qui prend sa source en Afrique du Sud (Transvaal), constitue une partie de la frontière de l'Afrique du Sud avec le Botswana, puis avec le Zimbabwe, coule au Mozambique et se jette dans l'océan Indien au N. de Maputo. Province du nord de l'Afrique du Sud.

**LIN** (saint) – en lat. *Linus* ♦ Traditionnellement, 2e pape (de 67 à 79 ?), martyr. ▪ Fête le 23 sept.

**LINARES** ♦ V. d'Espagne méridionale (Andalousie), prov. de Jaén, au pied de la sierra Morena. 61 262 hab. Mines de sulfure de plomb et de cuivre.

**LINAS** [91310] ♦ Comm. de l'Essonne, arr. de Palaiseau, limitrophe de Montlhéry. 4 970 hab. *(Linois)*. Église Saint-Merry (XIIIe, XVIe s.). Sur le territoire de la comm., autodrome de Montlhéry ; laboratoire d'essais routiers.

**LIN Biao** ou **LIN Piao** ♦ Maréchal chinois (Huanggang, Hubei 1907 - 1971) et chef de la première armée rouge (1932). Après avoir servi dans l'armée de Jiang* Jieshi (Chiang Kai-shek), il lutta contre ce dernier et les Japonais, et devint l'un des plus proches collaborateurs du président Mao* Zedong dont il fut le principal soutien pendant la Révolution* culturelle. Il fut désigné à la succession de Mao, puis rejeté. Les circonstances de sa mort à la suite d'un complot restent mystérieuses. → **Chine.** ◆ **ÉTYM.** Ce nom chinois vient de *lín* «forêt» et *biāo* «petit tigre».

**LINCOLN (Abraham)** ♦ Homme d'État américain (près de Hodgenville, Kentucky 1809 - Washington 1865). 16e président des États-Unis (1861 - 1865). Fils d'un pionnier, il eut une enfance difficile, dans l'Indiana encore sauvage. Il fit divers métiers, prit part à des combats contre les Indiens (1832) et, après des études d'autodidacte, parvint à devenir avocat. Député républicain de l'Illinois, il entra au Congrès en 1846 et s'opposa à la guerre du Mexique. Sa position antiesclavagiste, que porta à son comble le compromis du Kansas-Nebraska (1854), devint notoire lors de sa campagne contre Stephen Douglas, à l'issue de laquelle il fut battu, mais était devenu célèbre. La division des démocrates lui permit d'être élu à la présidence des États-Unis (1860), élection qui déclencha immédiatement la Sécession* du Sud. Hostile à l'idée d'imposer ses idées par la force, il tenta désespérément d'éviter la guerre civile, appelant ses adversaires au pouvoir, et mettant la plus grande prudence dans les mesures d'abolition de l'esclavage, qu'il ne prononça qu'en 1863 ; ce fut moins pour l'émancipation des Noirs que pour préserver l'Union qu'il combattit. Il confia en 1864 à Grant* le commandement des armées, qu'il avait jusqu'alors assuré, pour se consacrer à l'aspect politique. Il établit, après la reddition de Lee*, un programme de «reconstruction» destiné à la réconciliation. L'assassinat de Lincoln par un acteur sudiste fanatique, John Wilkes Booth, se révéla dramatique pour les intérêts du Sud, le programme de Lincoln étant profondément modifié sous l'administration de Grant. ➛ **ÉTYM.** Ce nom de famille vient du nom de la ville d'Angleterre *Lincoln**.

**LINCOLN** ➛ **ÉTYM.** anc. *Lindon, Lindum colonia, Lincolia* «la colonie romaine (lat. *colonia*) près de l'étang» (de *lindum*, apparenté au gaul. *lindon* «liquide [étang]») ♦ V. d'Angleterre, ch.-l. du Lincolnshire, sur la Witham, au N.-E. de Nottingham. 85 816 hab. Marché agricole et commerçant. Indus. mécaniques et équipement automobile. ▮ **Histoire** Ancienne colonie romaine, la ville acquit une grande importance au Moyen Âge, d'abord comme capitale du royaume saxon de Mercie (VIIe s.), puis comme colonie danoise (IXe s.). Elle fut élevée au rang d'évêché en 1078. Le roi Étienne y fut fait prisonnier par le duc de Gloucester en 1141.

**LINCOLN** ➛ **ÉTYM.** du n. d'Abraham *Lincoln** ♦ V. des États-Unis, cap. du Nebraska. 225 581 hab. Siège de l'univ. du Nebraska et de l'univ. wesleyenne du Nebraska. Le capitole (1932), rompant avec la tradition néoclassique par une haute tour, a une certaine importance dans l'évolution de l'architecture aux États-Unis. Centre de communication, de distribution et de commerce dans une région d'élevage et de cultures céréalières (→ **Nebraska**). ▪ Indus. diverses (machines agricoles, matériel téléphonique et de bureau).

**LINCOLNSHIRE** ➛ **ÉTYM.** de *Lincoln** (v. d'Angleterre) et angl. *shire* «comté» ♦ Comté du centre E. de l'Angleterre. 5 885 km². 646 646 hab. CH.-L. : Lincoln. Économie essentiellement agricole et tourisme peu actif sur la côte.

**LINDAHL (Erik)** ♦ Économiste suédois (Stockholm 1891 - 1960). Représentant de l'école de «l'équilibre monétaire» qui fait du «taux de l'intérêt le facteur dont les variations peuvent assurer l'égalité de l'épargne normale et de l'investissement, et par conséquent créer une situation d'équilibre excluant aussi bien la surproduction que la sous-production» (H. Denis), il a publié des *Études sur la théorie de la monnaie et du capital* (1939).

**LINDAU** ♦ V. du S. de l'Allemagne (Bavière), dans une île du lac de Constance, proche de la frontière autrichienne. 24 425 hab. Station de villégiature très fréquentée.

**LINDBERG (Magnus)** ♦ Compositeur finlandais (Helsinki 1958). Élève de Heininen, Grisey, Donatoni et Ferneyhough, il s'installa à Paris (1981 - 1993) et travailla à l'Ircam. Dans une production abondante, il faut citer *Kraft* pour orchestre et ensemble de solistes, qui fit sensation (1985), la trilogie constituée de *Kinetics* pour orchestre (1989), *Marea* pour orchestre (1990) et *Joy* pour grand ensemble (1990).

**LINDBERGH (Charles)** ♦ Aviateur américain (Detroit 1902 - Maui, Hawaii 1974). Il effectua le premier, seul sur son monoplan *Spirit of Saint Louis*, la traversée sans escale de l'Atlantique Nord, d'Amérique en France (5 800 km en 33 h 30 mn, 20 - 21 mai 1927). En 1932, son fils, âgé de 18 mois, fut enlevé puis assassiné par ses ravisseurs. Au début de la Deuxième Guerre mondiale, Lindbergh se signala par des positions pro-allemandes. ➛ **ÉTYM.** Le nom suédois *Lindbergh* signifie «la montagne *(bergh)* au tilleul *(lind)*».

**LINDBLAD (Bertil)** ♦ Astronome suédois (Örebro 1895 - Stockholm 1965). Auteur de nombreux travaux sur le Soleil, les étoiles et divers autres astres, il étudia dès 1920 le problème de transfert dans le spectre continu (distances, mouvements) et les problèmes dynamiques des nébuleuses spirales et elliptiques.

**LINDE (Samuel Bogumił)** ♦ Philologue polonais (Toruń 1771 - Varsovie 1847). Il publia un important *Dictionnaire de la langue polonaise* (1807 - 1814), où il donnait une analyse historique du vocabulaire polonais dans ses rapports avec les autres langues slaves.

**LINDE (Karl VON)** ♦ Inventeur et industriel allemand (Berndorf, Franconie 1842 - Munich 1934). Inventeur de l'échangeur de températures, il est l'auteur de recherches sur les très basses températures qui permirent le développement de l'industrie du froid. Il réalisa une machine à absorption (1870), une machine de réfrigération à compression (1873) et mit au point en 1895 un procédé pour la liquéfaction de l'air à l'échelle industrielle.

**LINDEGREN (Erik)** ♦ Poète suédois (Luleå 1910 - Stockholm 1968). Dès son premier recueil, *L'Homme sans voie* (1942), il tente de donner à son pays une poésie qui fasse la synthèse du message mallarméen et du surréalisme. Il évoluera ensuite vers une expression plus musicale, toujours dans le souci de doter la Suède d'une poésie accordée à la problématique du modernisme (*Suites*, 1947).

**LINDEMANN (Ferdinand VON)** ♦ Mathématicien allemand (Hanovre 1852 - Munich 1939). Il prouva la transcendance du nombre $\pi$ (1882), qui ne peut être racine d'aucune équation algébrique à coefficients entiers, ce qui résolut définitivement le problème de la quadrature du cercle.

**LINDER** [lɛ̃dɛʀ] **(Gabriel Maximilien LEUVIELLE, dit Max)** ♦ Acteur, scénariste et réalisateur de cinéma français (Saint-Loubès, Gironde 1883 - Paris 1925). Sa finesse, sa malice, la discrétion elliptique de son jeu ont fait de lui un précurseur de Chaplin qui le reconnut pour son maître. Créateur d'un type de personnage élégant, désinvolte et burlesque, il sut le rendre populaire dans les quelque trois cents films qu'il tourna entre 1905 et 1925 (*Max et le quinquina, Max toréador*) ; aux États-Unis : *Sept Ans de malheur* (1921), *Soyez ma femme* (1921), *L'Étroit Mousquetaire* (1922).

Max **Linder**, en 1923.
*BIS/Phot. © Coll. IDHEC-Archives Larbor*

**LINDET (Jean-Baptiste Robert)** ♦ Homme politique français (Bernay 1746 - Paris 1825). Procureur syndic de son district (1790), élu à l'Assemblée législative, puis à la Convention, il siégea d'abord avec les députés de la Plaine*, puis se rallia à la Montagne. Rédacteur du Rapport sur les crimes imputés à Louis Capet (procès de Louis XVI), il entra au Comité* de salut public en avril 1793, y fut réélu en juillet 1793, et fut chargé des subsistances. Sous la Convention thermidorienne, il tenta de prendre la défense du Comité de salut public et de ses membres, et fut ensuite impliqué dans l'insurrection montagnarde du 1er Prairial an III. Il bénéficia de l'amnistie de l'an IV, et, en 1799, fut ministre des Finances. ➛ **ÉTYM.** *Lindet* vient de l'ancien français *l'indet* «violet».

**LINDGREN (Astrid)** ♦ Romancière suédoise (Vimmerby 1907 - Stockholm 2002). Elle est considérée comme la plus grande spécialiste de livres pour enfants, genre auquel elle a donné ses lettres de noblesse. Dans d'innombrables romans, elle a immortalisé *Fifi Brindacier* (1945), *Zozo la tornade* (1963), Emil de Lönneberga et autres personnages, parce qu'elle savait fuir aussi bien le didactisme que la puérilité de commande.

**LINDISFARNE** ou **HOLY ISLAND** ➛ **ÉTYM.** angl. «l'île *(island)* sainte *(holy)*» ♦ Petite île au large de l'Angleterre près de la frontière avec l'Écosse. ▮ **Histoire** Vers 655, saint Aidan y fonda un monastère qui fut un des foyers du christianisme britannique.

**LINDNER (Richard)** ♦ Peintre américain d'origine allemande (Hambourg 1901 - New York 1978). Émigré aux États-Unis en 1941, il illustra des revues et des livres, s'inspirant du spectacle des rues de New York. Il se consacra ensuite à la peinture de chevalet, mêlant à son iconographie précise, peinte en couleurs vives laquées, des enfants bouffis et cruels, puis des adultes à la froideur inquiétante. Il mit en valeur les circuits du corps humain à la manière de ceux des machines, ce qui provoquera l'intérêt des psychanalystes pour ce «primitif sophistiqué» (R. Rosenblum).

**LINDSAY (sir David)** → **Lyndsay**

**LINDSAY (Vachel)** ♦ Poète américain (Springfield, Illinois 1879 - *id.* 1931). Colporteur et lecteur de ses œuvres, il se fit l'apôtre de la poésie «orale» pour le peuple. C'est la vigueur syncopée de sa versification, influencée par les rythmes de jazz, qui fait sa valeur plutôt que le contenu romantique ou élégiaque de ses poèmes. Il a laissé des classiques populaires tels que *General Booth Enters into Heaven* (1913) ou *The Congo* (1924). Il s'est suicidé à 52 ans.

**LINDSEY** → **Lincolnshire**

**LÍNEA (LA)** ou **LA LÍNEA DE LA CONCEPCIÓN** ♦ V. d'Espagne méridionale (Andalousie), prov. de Cadix, sur la Méditerranée, formant le prolongement espagnol de Gibraltar. 63 663 hab. Centre indus.

**LINE ISLANDS** → **Ligne (îles de la)**

**LING (Per Henrik)** ♦ Poète et théoricien du sport suédois (Ljunga 1776 - Stockholm 1839). Il exposa sa théorie d'une gymnastique rationnelle («gymnastique suédoise») dans *Les Fondements généraux de la gymnastique* (1840). Il publia par ailleurs une série de poèmes épiques et de tragédies romantiques.

**LINGEN** ♦ V. d'Allemagne (Basse-Saxe), sur le canal de l'Ems, près du plus anc. gisement pétrolifère d'Allemagne. 56 657 hab. Centre commercial (bestiaux) et industriel.

**LINGOLSHEIM** [67380] ➝ ÉTYM. du germ. *Lingolf*, n. de pers., et *heim* «village» ♦ Comm. du Bas-Rhin, banl. S.-O. de Strasbourg. 16 860 hab. *(Lingolsheimois)*.

**LINGONS** n. m. pl. ➝ ÉTYM. en lat. *Lingones* «les sauteurs [p.-ê. allus. à des performances guerrières]», du gaul. *ling-* «sauter» (➝ aussi Langres) ♦ Peuple de la Gaule établi en Champagne et dont la capitale était *Andematunum* ou *Lingones* (Langres*). Ils furent compris dans la Lyonnaise* Ire.

**LINGUET (Simon Nicolas Henri)** ♦ Avocat et publiciste français (Reims 1736 - Paris 1794). Avocat à Paris, il fonda le *Journal de politique et de littérature* (1774), où il se fit le partisan d'un despotisme éclairé. Son journal ayant été interdit (1776), Linguet s'installa à Londres d'où il publia à partir de 1777 les *Annales politiques, civiles et littéraires* en collaboration avec Mallet* du Pan. De retour en France en 1779, il fut enfermé à la Bastille (1780) et fit paraître peu après ses *Mémoires sur la Bastille* (1783). Il fut guillotiné sous la Terreur.

**LINKEBEEK** ♦ Comm. de Belgique (Région flamande), prov. du Brabant flamand, arr. de Halle-Vilvoorde. 4 710 hab. (Comm. à facilités pour les francophones, qui sont en réalité majoritaires.) Banl. résidentielle au S. de Bruxelles.

**LINKÖPING** ♦ V. de Suède, au S.-O. de Stockholm, sur le Stångån, ch.-l. du comté d'Östergötland. 138 580 hab. Évêché fondé au XIIe s. Cathédrale (XIIIe et XIVe s.). Bibl. du diocèse. Ville anc., grand centre intellectuel et religieux dès le Moyen Âge. ▪ Pôle de services important, grandes écoles, recherche. Centre indus. diversifié : construc. mécaniques et aéronautiques, matériel de défense, électronique et microélectronique, agroalimentaire. **Histoire** Charles IX de Suède y massacra en 1600 les partisans de Sigismond III qui voulaient imposer le catholicisme au pays.

**LINNA (Väinö)** ♦ Romancier finlandais d'expression finnoise (Urjala 1920 - 1992). Ouvrier autodidacte, écrivain réaliste, il attaqua les abus sociaux et les idées reçues sur l'histoire récente de son pays, sans révéler de tendance politique définie. Son roman *Soldats inconnus* (1954 ; trad. fr. 1957) sur la guerre finno-soviétique de 1941 - 1944 connut un immense succès en Scandinavie et fut traduit dans de nombreuses langues. La trilogie *Ici, sous l'étoile polaire* (1959 - 1962), sur la vie du prolétariat rural de 1880 à 1950 environ, eut un succès presque égal. ➝ ÉTYM. Ce nom finnois signifie «château».

**LINNANKOSKI (Vihtori PELTONEN, dit Johannes)** ♦ Écrivain finlandais d'expression finnoise (Askola 1869 - Helsinki 1913). D'abord journaliste préoccupé des problèmes moraux que pose son époque, il s'imposa avec le *Chant de la fleur rouge* (1905) qui brosse l'inoubliable portrait d'un Don Juan rural pris entre christianisme et paganisme. Il fonda, en 1906, la «Ligue de la cause finnoise» pour lutter contre toute ingérence suédoise dans la langue finnoise.

**LINNÉ (Carl VON)** ♦ Naturaliste et écrivain suédois (Råshult 1707 - Uppsala 1778). Il occupa les fonctions de médecin et botaniste du roi, puis de professeur à Uppsala. On lui doit la mise au point en botanique, puis en zoologie, d'une nomenclature binaire, dans laquelle chaque être vivant est désigné par un nom de genre (commun à plusieurs espèces) et par un nom d'espèce (qui lui est propre). Bien qu'il fût un partisan convaincu de l'invariabilité des espèces et qu'il fondât souvent ses descriptions sur des caractéristiques arbitraires, il ouvrit la voie à la biologie moderne. Parmi ses œuvres, on peut citer *Systema Naturae, Fundamenta botanica* et *Genera plantarum*. Il fut aussi un prosateur de grande qualité, auteur de récits de voyages un peu partout dans le Nord et notamment en Laponie, et d'essais comme sa *Nemesis divina ou De l'émerveillement devant la nature*. [Acad. sc. 1762] ➝ ÉTYM. Ce nom vient du suédois *lind* «tilleul» (arbre caractérisant le domaine ; nom choisi par son père).

**LINOS** ♦ Fils d'une muse (Uranie* ou Calliope*). Excellent musicien, il prétend rivaliser avec Apollon* ; le dieu, indigné, le tue. Selon une autre tradition, il était fils d'Apollon et d'une princesse argienne. Exposé par sa mère, il est dévoré par les chiens et la princesse est mise à mort.

**LINSELLES** [59126] ➝ ÉTYM. de l'anc. fr. *lincel* «drap de lit» [désignant probablt des fabriques de toiles de lin] ou du germ. *linda* «tilleul» et *sali* «demeure seigneuriale» ♦ Comm. du Nord, arr. de Lille. 7 876 hab. *(Linsellois)*.

**LIN Shou** ou **LIN Cheou** ♦ Lettré chinois (Fuzhou, Fujian 1852 - 1924). Sans connaître aucune langue étrangère, mais en s'aidant de traducteurs, il interpréta en langue chinoise plus de 180 ouvrages classiques européens (anglais, français, russes et suédois) et américains, continuant ainsi l'œuvre de son prédécesseur Yan* Fu, et permettant aux lettrés chinois d'avoir accès à la littérature occidentale.

**LINTH** n. f. ♦ Riv. de Suisse (cant. de Glaris) née dans le massif du Tödi (53 km ; 140 km pour le couple Linth-Limmat*), tributaire du lac de Zurich. Elle reçoit le Sernf (rive d.) et arrose la ville de Glaris. Nombreuses centrales hydroélectriques sur son cours supérieur. Elle se poursuit par la Limmat, à laquelle on l'associe souvent.

**LINTON (Ralph)** ♦ Ethnologue américain (Philadelphie 1893 - New Haven, Connecticut 1953). Il a étudié les relations entre l'homme et son milieu culturel, la transmission culturelle et le mécanisme de l'emprunt (phénomène d'acculturation). En collaboration avec A. Kardiner*, il formula et développa la théorie de la «personnalité de base» (*The Study of Man*, 1936 ; *Le Fondement culturel de la personnalité*, 1945, trad. fr. 1959). La personnalité de base, ou personnalité culturelle, suppose que l'intériorisation des prescriptions sociales assigne à chaque individu une identité collective, qui dépend de son groupe. Cette notion a pu étayer la réflexion sur la négritude (L. Senghor*).

**LINTONG** ou **LIN-T'ONG** ♦ District de Chine (Shaanxi) à 30 km à l'O. de Xian. 563 262 hab. ▪ Aux environs, musée de l'Armée de Terre cuite polychrome de Qin Shi* Huangdi : en mars 1974, à 1,5 km à l'E. du tumulus sous lequel se trouve la tombe (non encore fouillée) de l'empereur Shi Huangdi, furent découvertes trois fosses : l'une d'elles (long. 230 m ; larg. 62 m) contenait 7 000 statues (grandeur nature) de fantassins et de chevaux disposés en ordre de bataille ; deux autres fosses, de dimensions moindres, ont livré des statues d'archers et de cavaliers, des chars et un poste de commandement militaire. En nov. 1980, à l'O. du tumulus, furent mis au jour deux équipages de chars en bronze incrusté d'or et d'argent. ▪ Cultures fruitières. Sources d'eau chaude. **Histoire** Le général Jiang* Jieshi (Chiang Kai-shek) y fut capturé par des officiers rebelles, provoquant l'«incident de Xian».

**LINYI** ou **LIN-YI** ♦ V. de Chine (Shandong). 1 186 215 hab. Mines d'or et de cuivre. Blé, riz, maïs. Sources d'eau chaude.

**LIN Yutang** ou **LIN Yu-t'ang** ♦ Écrivain chinois (Amoy 1895 - Hong Kong 1976). Auteur bilingue, chinois et anglais, il vécut à Hong Kong après la Révolution culturelle en raison de son hostilité à la politisation de la littérature. Sa principale œuvre, *Feuilles dans la tourmente*, traite de l'exode devant l'invasion japonaise.

**LINZ** ♦ V. d'Autriche, cap. de la Haute-Autriche, sur la rive d. du Danube, le faub. indus. d'Urfahr étant sur la rive g. 183 614 hab. Hauptplatz, avec des maisons Renaissance et baroques ; palais du gouvernement provincial (XVIe s.) ; églises des Frères mineurs (gothique et rococo) ; château XVe s. Anc. cathédrale (XVIIe s.). Musée provincial de Haute-Autriche. ▪ Indus. sidérurgique (Voest) et chimique ; port sur le Danube. ▪ A. Bruckner dirigea les activités musicales de la ville et y composa l'essentiel de son œuvre. **Histoire** Linz est la *Lentia* des Romains. Dès le Moyen Âge, la ville se développa grâce au trafic fluvial et aux industries du bois et du fer. Charlemagne la rattacha à l'évêché de Passau, et en 1190 Léopold V d'Autriche en fit l'acquisition. En 1490, elle devint le chef-lieu de la Haute-Autriche. À partir de 1830 furent construits les remparts dont on peut encore voir les vestiges. Le développement des chemins de fer (Linz-Budweis [auj. České Budějovice], 1832) a favorisé l'essor de la grande industrie.

**LIN Zexu** ou **LIN Tso-siu** ♦ Haut fonctionnaire chinois (1785 - 1850) et vice-roi de Canton*. Il s'opposa aux Britanniques qui livraient de l'opium en Chine. Rendu responsable de la première «guerre de l'Opium*,» il fut exilé. Réhabilité par la suite, son souvenir se perpétue en Chine pour symboliser la résistance à l'étranger.

**LIN Zichao** ou **LIN Tseu-tch'ao** ♦ Homme d'État chinois (1868 - 1943). Il s'illustra dans la révolution qui mit fin à la dynastie Qing* puis devint un leader du Guomindang*. Il présida, à la suite de Jiang* Jieshi (Chiang Kai-shek), le Conseil d'État de la République (1932 à 1943).

**LION** n. m. – en lat. *Leo* ♦ Constellation zodiacale entre le Cancer* et la Vierge*, dont Régulus* est l'étoile principale. Cinquième signe du zodiaque (23 juil.-22 août).

**LION (PETIT)** – en lat. *Leo minor* ♦ Petite constellation boréale.

**LION** (golfe du) ♦ Golfe du N.-O. de la Méditerranée (le *Sinus Gallicus* des Romains) baignant les côtes de France entre le cap Creus au S.-O. et le delta du Rhône à l'E. Il borde les régions du Roussillon, du Languedoc, de la Camargue. Peu profond, il présente un fond en pente douce, mais il est dangereux à cause des vents qui déterminent de violentes tempêtes. La moyenne des températures y varie entre 13 °C en hiver et 22 °C en été ; la salinité ne diffère pas du reste de la Méditerranée. Son rivage est sablonneux et frangé de lagunes (➝ **Leucate, Sigean, Thau, Mauguio, Vaccarès**). Les ports principaux sont Port-Vendres et Sète.

**LION-D'ANGERS (LE)** [49220] ➝ ÉTYM. anc. *vicus Leionis*, du lat. *Legius*, n. de pers., et suff. *-one*, ou désigne un poste de *légion* romaine ♦ Ch.-l. de cant. du Maine-et-Loire, arr. de Segré. 3 347 hab. *(Lionnais)*. L'église Saint-Martin, en partie romane (XIe s.), possède des fresques du XVIe s. ▪ À 1 km, Haras national de l'Isle-Briand.

**LIONNE (Hugues DE)** ♦ Diplomate français (Grenoble 1611 - Paris 1671). Neveu de Servien*, il prit part aux négociations du traité des Pyrénées* (1659) et devint secrétaire d'État aux Affaires étrangères (1663). Il prépara la guerre de Dévolution* en contribuant à l'isolement diplomatique de l'Espagne, puis la guerre de Hollande*, par l'alliance avec l'Angleterre (traité secret de Douvres*, 1670), s'assurant aussi de la neutralité de la Suède et de diverses principautés allemandes.

**LIONS (Pierre-Louis)** ♦ Mathématicien français (Grasse 1956), professeur au Collège de France (2002). Il s'est intéressé aussi bien aux problèmes théoriques qu'à leurs applications pratiques (astrophysique, chimie, matériaux, traitement des images, économie). Ses résultats les plus connus concernent la mécanique des fluides très dilués («équation de Boltzmann*») et l'introduction d'une théorie dite des «solutions de viscosité» dans les équations aux dérivées partielles fortement non linéaires. [Acad. sc. 1994 ; médaille Fields 1994]

**LION-SUR-MER** [14780] → ÉTYM. du lat. *leo* «lion» (allus. à la forme des rochers ou des écueils) ou du n. du dieu gaul. *Lug* ♦ Comm. du Calvados, arr. de Caen, sur la Manche. 2 401 hab. *(Lionnais)*. Château des XVI$^{e}$ - XVII$^{e}$ s. (décoration intérieure). ▪ Station balnéaire.

**LIORAN (LE)** → ÉTYM. anc. *Liberanum*, probablt n. gallo-rom., de *Liber*, surnom ♦ Station d'été et de sports d'hiver du Cantal (comm. de Laveissière), à 1 153 m d'altitude, dans la vallée de l'Alagnon. Aux environs, *Super-Lioran*, station de sports d'hiver à 1 200 m d'altitude. ♦ ***Tunnels du Lioran*** Tunnel routier (alt. 1 172 m ; longueur 1 412 m) et tunnel ferroviaire (longueur 1 960 m).

**LIORET (Henri)** ♦ Ingénieur français (Moret-sur-Loing 1848 - Paris 1938). Promoteur de l'industrie phonographique (on lui doit la commercialisation du phonographe en France) et du cinéma parlant (enregistrement optique des sons).

**LIOTARD (Jean-Étienne)** ♦ Peintre, pastelliste et graveur suisse (Genève 1702 - *id.* 1789). Il étudia en France puis voyagea fréquemment : après un séjour en Italie (1736), il se rendit en Grèce et à Constantinople (1738 - 1743) ; contrairement à ses contemporains qui se plaisaient aux «chinoiseries» et aux «turqueries» de fantaisie, il observa avec précision les costumes et les types féminins orientaux *(Femme turque et son esclave)* et adopta lui-même le costume oriental, ce qui favorisa son succès à la cour de Vienne (1743), à Paris (1748) et à Londres (1753 à 1756). À partir de 1758 il revint à Genève. Il admirait Chardin* et fut un habile pastelliste *(La Chocolatière)*. Ses paysages, portraits, natures mortes et scènes de genre révèlent une vision directe, anticonformiste. Il préférait les tons clairs et francs, réprouvant la touche apparente et les ombres marquées. Il écrivit un *Traité des principes et des règles de la peinture*. → ÉTYM. *Liotard* a la même étymologie que *Léotard**.

Jean-Étienne **Liotard.** *Portrait de Madame Vestali,* à Chio (21,5 x 13 cm), 1738. Détail. Musée du Louvre, Paris. *BIS/Phot. © Archives Larbor*

**LIOUBERTSY** ♦ V. de Russie, dans la banlieue de Moscou. 156 900 hab. Indus. mécanique (machines agricoles). Artisanat de tapis. Nœud ferroviaire.

**LIOUVILLE (Joseph)** ♦ Mathématicien français (Saint-Omer 1809 - Paris 1882). Fondateur (1836) du *Journal de mathématiques pures et appliquées* (dit *Journal de Liouville*), il publia (1846) l'ensemble de l'œuvre de Galois*. L'un des principaux analystes de son temps, il étudia particulièrement les fonctions homogènes, les dérivées généralisées à indices fractionnaires et démontra l'existence de classes de nombres dont la valeur n'est ni algébrique ni réductible à des irrationnelles algébriques (nombres transcendants de Liouville, 1844). Il créa la théorie des fonctions elliptiques comme fonctions méromorphes de la variable complexe à deux périodes (1850, en même temps que Hermite*). [Acad. sc. 1839] → ÉTYM. Ce nom de famille vient d'un nom de lieu, dans la Meuse, anciennement *Lialdi villa* «domaine (latin *villa*) de Liaud [nom de personne germanique *Liald* (ou *Leoald*) "vieux lion"]».

**LIPARI** → Éoliennes (îles)

**LIPATTI (Dinu)** ♦ Pianiste roumain (Bucarest 1917 - Genève 1950). Après des études à Paris, il mena jusqu'à sa mort une carrière de concertiste et de pédagogue (conservatoire de Genève de 1941 à 1949). Il se distingua surtout dans ses interprétations de Mozart, Chopin, Bartók, et composa des œuvres concertantes pour piano.

**LIPCHITZ (Chaim Jacob LIPSCHITZ, dit Jacques)** ♦ Sculpteur français d'origine lituanienne (Druskieneki, Lituanie 1891 - Capri 1973). Après des études artistiques à Paris et un bref séjour en Russie en 1912 - 1913, il abandonna les principes académiques, se lia alors avec Modigliani, Max Jacob, Picasso et se passionna pour le cubisme, à partir de 1914, donnant aux volumes un aspect cylindrique ou prismatique avec des contrastes abrupts (*Marin à la guitare*, 1914). Puis il créa des constructions et des reliefs polychromes d'un caractère non figuratif plus affirmé, présentant un agencement de plans verticaux décalés d'aspect linéaire, qui apparaissent comme la transposition dans l'espace des «papiers collés» (*Tête en pierre*, 1915 ; *Nature morte*, 1918). À partir de 1925, les formes raides et statiques firent place à des volumes plus souples, souvent d'épaisses spirales qui laissent apparaître de larges vides entre leurs enroulements et provoquent un effet dynamique. Traitant la figure humaine de façon très libre et abordant des thèmes bibliques et mythologiques, il chercha à charger ses œuvres d'une valeur affective et lyrique (*Le Couple*, 1928 - 1929 ; *Le Chant des voyelles*, 1931 - 1932). Il créa ensuite des œuvres au modelé plus nerveux et d'une composition tumultueuse (*Prométhée et le vautour*, 1937). Établi aux États-Unis en 1941, il manifesta des tendances expressionnistes et un vigoureux sens monumental (*Prière*, 1943 ; *Vierge d'Assy*, 1948). Cette véhémence expressive se déploya particulièrement dans ses sculptures «semi-automatiques» réalisées en terre glaise, puis coulées en bronze et après 1952 dans sa série dite des «Transparents».

**LI Peng** ou **LI P'eng** ♦ Homme d'État chinois (Chengdu 1928). Fils adoptif de Zhou* Enlai après l'exécution de son père par les nationalistes, il fut formé à Moscou (ingénieur électricien). En 1979, il devint ministre des Industries énergétiques, en 1983 vice-Premier ministre et en 1987 Premier ministre. En 1989, il proclama la loi martiale à Pékin. Il a été président de l'Assemblée nationale populaire de 1998 à 2003.

**LIPETSK** → ÉTYM. du slave *lipa* «tilleul» et suff. *-sk* qui désigne une ville ♦ V. de Russie, ch.-l. de région, sur le cours supérieur de la Voronej (affl. du Don, 342 km), 506 000 hab. Indus. métallurgique. Usine de tracteurs. Station thermale (eaux minérales). ▪ À proximité, gisement de fer.

**LIPMANN (Fritz Albert)** ♦ Biochimiste américain d'origine allemande (Königsberg 1899 - New York 1986). Il montra le rôle essentiel de l'ATP (adénosine triphosphate) dans les transferts d'énergie de la cellule (1939 - 1940). Il découvrit que certaines réactions du métabolisme cellulaire ne peuvent s'effectuer qu'en présence d'une molécule non protéique agissant en synergie avec une enzyme, isola cette molécule, appelée coenzyme A, en détermina la structure et la synthétisa. [Prix Nobel de physiol. ou méd. 1953, avec H. Krebs*]

**LIPPE** ♦ Famille allemande, remontant au XII$^{e}$ s., qui régna sur l'État de Lippe, lequel fut divisé entre les différentes branches : Lippe-Brake, Lippe-Schaumburg, et surtout Lippe-Detmold. Cette dernière obtint le titre de prince d'empire (1720). Elle adhéra successivement à la Confédération* du Rhin (1807) et à la Confédération* germanique. L'État de Lippe devint une république en 1918, puis un Land du III$^{e}$ Reich. Il fait actuellement partie du Land de Rhénanie-du-Nord-Westphalie.

**LIPPE** n. f. → ÉTYM. de l'indo-germ. *lup* «bondir, jaillir» ♦ Riv. d'Allemagne (Rhénanie-du-Nord-Westphalie), affl. rive d. du Rhin. Env. 250 km. Née près de Bad Lippspringe, sur le versant O. du Teutoburger Wald, elle arrose Lippstadt*, Hamm*, Lünen* et Dorsten puis se jette dans le Rhin à Wesel*. Elle est doublée par un canal latéral, le Wesel-Dattelnkanal qui met en relation le Rhin, le bassin de la Ruhr et le canal Dortmund-Ems. Elle a donné son nom à la partie nord du bassin minier.

**LIPPE** n. f. → ÉTYM. du n. de la riv. ♦ Anc. principauté d'Allemagne, située autour de Münster. → **Lippe.**

**LIPPI (fra Filippo)** ♦ Peintre italien (Florence v. 1406 - Spolète 1469). Élevé au couvent des Carmes de Florence, il y prononça ses vœux en 1421. Il put y voir travailler Masaccio* et y peignit ses premières œuvres (v. 1431). Il fut pourvu de diverses charges ecclésiastiques mais en réalité il mena une vie dissipée, allant jusqu'à séduire une religieuse de Prato, Lucrezia Buti, qui lui donna deux enfants, dont l'un devint le peintre Filippino Lippi*. Il travailla à Padoue (*pala Trivulzio*, 1436, auj. à Milan) mais surtout à Prato (épisodes de la *Vie de saint Étienne* et de la *Vie de saint Jean-Baptiste* à la cathédrale, 1452 - 1464) et à Spolète (fresque de la cathédrale, 1467 - 1469). Il représenta le plus souvent des scènes de la vie de la Vierge : *Annonciations* (1440, Florence, San Lorenzo ; v. 1443 - 1447, Munich ; v. 1467, Spolète), *Madones* (1437, Tarquinia ; v. 1440, *pala Barbadori*, Louvre ; 1452, *tondo Bartolini*, palais Pitti ; v. 1465, Offices), *Nativités* et *Adorations de l'Enfant* (Offices, Richmond, Berlin, Prado). Le charme de ses compositions provient moins de l'ordonnance générale que de l'usage lumineux de la couleur et, surtout, de l'attention portée à la figure humaine, aux gestes, aux sentiments, à l'expression des visages. Le trait nerveux, l'attitude dansante de femmes drapées annoncent parfois Botticelli*, qui fut l'élève de Filippo, et le maître de son fils, Filippino. Il fut le peintre favori de Cosme de Médicis et l'un des principaux novateurs de l'époque après Masaccio.

**LIPPI (Filippino)** ♦ Peintre italien (Prato 1457 - Florence 1504). Fils de fra Filippo Lippi* et de Lucrezia Buti, religieuse à Prato, il fut formé par son père et surtout par Botticelli*, à partir de 1472. On classe parmi ses œuvres de jeunesse un groupe de panneaux délicats attribués autrefois à un anonyme *Amico di Sandro*, «ami de Sandro (Botticelli)», et qui révèlent une exquise compréhension de ce maître. Il connut un succès rapide, travailla au palais de la Seigneurie à Florence, au Palais communal à San Gimignano, et fut jugé digne de compléter les fresques de la chapelle Brancacci, au Carmine (Florence). Il y acheva *La Résurrection du fils de Théophile*, de Masaccio* et, pour les fresques dont il est l'auteur (scènes de la vie de saint Pierre), s'efforça de se plier au style de l'ensemble (v. 1482 - 1487). Plus personnel, quoique proche de l'esthétique botticellienne, est son chef-d'œuvre, *L'Apparition de la Vierge à saint Bernard* (v. 1485 - 1486), peint pour le cloître de la Campora (depuis, à l'église de la Badia, Florence). Appelé à Rome en 1488, il y peignit *Le Triomphe de saint Thomas* (Sainte-Marie-de-la-Minerve). Dans cette œuvre et dans celles qui suivent (*Adoration des Mages* pour le couvent San Donato à Scopeto, 1496 ; *Histoire de saint Philippe et de saint Jean*, chapelle Strozzi à Sainte-Marie-Nouvelle, Florence, 1498 - 1502), se déploie une manière de plus en plus compliquée (personnages tumultueux, architectures fantastiques, abondance du détail). Révélatrice d'une certaine crise de la fin du Quattrocento, cette dernière manière l'a souvent fait qualifier de précurseur du maniérisme.

**LIPPMANN (Gabriel)** ♦ Physicien français (Hallerich, Luxembourg 1845 - en mer 1921). Auteur d'une étude complète des phénomènes électrocapillaires (1873), il inventa un électromètre capillaire et permit la mise au point de méthodes importantes de physicochimie (électrode à gouttes, polarigraphie) ; on lui doit également des travaux sur la piézoélectricité. En 1891, il imagina une méthode interférentielle de photographie en couleurs, abandonnée depuis à cause des difficultés du développement. [Acad. sc. 1886 ; prix Nobel de phys. 1908]

**LIPPMANN (Walter)** ♦ Journaliste, écrivain politique et économiste américain (New York 1889 - *id.* 1974). De 1931 à 1966 il a, dans le *New York Herald Tribune*, contribué à définir les tendances du néolibéralisme, indiquant quelles sont, selon lui, les mesures à adopter en matière de production, d'échange et de monnaie pour faire face aux difficultés économiques et rétablir la concurrence (*La Cité libre*, trad. fr. 1938). Autres œuvres : *A Preface to Politics*, 1913 ; *The United States in World Affairs*, 1932-1933 ; *The Public Philosophy*, 1955.

**LIPPS (Theodor)** ♦ Philosophe allemand (Wallhalben, Palatinat 1851 - Munich 1914). Faisant de la psychologie la base de la philosophie, il publia des *Études de psychologie* (1893), des *Principes de logique* (1893) et *L'Esthétique comme psychologie du beau et de l'art* (1906).

**LIPPSTADT** ♦ V. d'Allemagne (Rhénanie-du-Nord-Westphalie), sur la Lippe et les pentes du Teutoburgerwald. Env. 70 000 hab. Belles églises des XII^e^ et XIII^e^ s. ▪ Centre commercial et industriel.

**LIPSCHITZ (Rudolf)** ♦ Mathématicien allemand (Königsberg 1832 - Bonn 1903). Auteur de travaux sur les équations différentielles et aux dérivées partielles, il développa avec Christoffel* la théorie des formes différentielles quadratiques (1869) dans les espaces de Riemann* et établit une condition d'existence de solutions des équations différentielles.

**LIPSCOMB (William Nunn)** ♦ Chimiste américain (Cleveland 1919). Professeur à Harvard, il a étudié la structure des boranes (hydrures de bore), et établi l'existence d'un nouveau type de liaison chimique (liaison à trois centres dans laquelle 2 électrons sont répartis entre 3 atomes). Cette découverte apporte une confirmation aux théories des «orbitales moléculaires» dans les liaisons chimiques. [Prix Nobel de chim. 1976]

**LIPSE (Juste)** – en néerl. ***Joost Lips***, latinisé en ***Justus Lipsius*** ♦ Humaniste flamand (Overijse, Brabant 1547 - Louvain 1606). Il adhéra au luthéranisme (1570), mais les opinions qu'il soutint dans son *De una religione* (1590) le rendirent suspect aux réformés et il revint au catholicisme. Il est l'auteur d'un ouvrage d'inspiration stoïcienne, *De constantia* (1583). ◆ ÉTYM. Ce nom néerlandais est l'hypocoristique de *Philip* «Philippe», avec un *s* de filiation.

**LI Qingzhao** ou **LI K'ing-tchao** ♦ Poète chinoise (Jinan v. 1084 - apr. 1141). Auteur de textes en prose et de poèmes à chanter, empreints d'une grande délicatesse et de mélancolie, elle collabora également à la réalisation du catalogue d'inscriptions anciennes de son mari Zhao Mincheng. Elle est considérée comme la plus grande poète de Chine.

**LIRÉ** [49530] ◆ ÉTYM. p.-ê. aphérèse du lat. *Hilarius*, n. de pers., et suff. *-acum* ♦ Comm. du Maine-et-Loire, arr. de Cholet, bâtie sur une colline dominant la vallée de la Loire. 2 154 hab. *(Liréens)*. Musée consacré à Joachim du Bellay qui naquit à proximité, au château de la Turmelière dont les ruines existent encore ; du Bellay célébra son village dans le sonnet «Heureux qui comme Ulysse...», affirmant que lui plaît «Plus mon petit Lyré que le mont Palatin» (*Regrets*, 1558).

**LI Ruzhen** ou **LI Jou-tchen** ♦ Écrivain chinois (Hebei v. 1763 - 1830), auteur de romans dans lesquels il stigmatisa la coutume du bandage des pieds des femmes chinoises et se montra partisan de leur émancipation progressive.

**LISBONNE** – en port. ***Lisboa*** ◆ ÉTYM. p.-ê. du phénicien *°alis-ubbo* «la baie agréable» ou composé gr. *°olesippo-* «qui fait périr les chevaux» [l'étym. du lat. *Olisipo* «ville d'Ulysse» est populaire] ♦ Cap. du Portugal (région de Lisbonne et Vallée du Tage) sur la rive N. escarpée de l'estuaire du Tage (la «mer de Paille»). 509 751 hab. (aire métropolitaine 2 019 529) *(Lisbonnins)*. L'expansion s'est produite vers l'intérieur, mais aussi sur l'autre rive, à laquelle Lisbonne est reliée depuis 1966 par un pont suspendu doublé par un autre en 1998, le pont Vasco-de-Gama, qui est l'un des plus longs d'Europe. ▌**Les monuments** La ville basse ou Baixa fut reconstruite après 1755, mais la partie haute (Mouraia, Alfama) conserve son caractère arabe et médiéval. La cathédrale (Sé Patriarcal, XII^e^ s.), le château Saint-Georges (V^e^ - IX^e^ s.), l'église Saint-Roch (baroque, XVI^e^ s.), la tour de Belém* (XVI^e^ s.) et le monastère des hiéronymites, chef-d'œuvre de l'art manuélin (XV^e^ s.), sont les monuments les plus remarquables. La ville possède une université, des bibliothèques et de nombreux musées (d'art ancien, d'art sacré, d'art populaire, des Carrosses royaux, de la fondation Calouste-Gulbenkian). ▌**L'économie** Lisbonne concentre plus du quart de la population et les administrations d'un État centralisé. Les industries portuaires s'étendent vers le N. le long du Tage et sur la rive g. : chimie de Barreiro*, sidérurgie de Seixal*, chantiers navals d'Almada*. L'incendie d'un quartier du centre historique, en 1988, a rendu plus aigu le problème de sa réhabilitation, auquel s'ajoute celui d'un habitat social insuffisant, compensé par l'essor des constructions illicites.

▌**HISTOIRE** Escale sur la route des Cassitérides dès l'Antiquité, *Olisipo* fut municipe romain avec un oppidum, occupé de nos jours par le château Saint-Georges *(São Jorge)*, et une étroite calanque sur l'emplacement de la ville basse actuelle. De l'époque arabe, subsistent seuls le nom et le plan des rues du quartier de l'Alfama. Reconquise en 1147 avec l'aide d'une flotte de croisés, devenue capitale en 1255, Lisbonne se développa avec le commerce hanséatique. À partir du XV^e^ s., l'ère des grandes découvertes en fit une très grande ville ; le roi Manuel* I^er^ attacha son nom à un style, qu'illustrent la tour de Belém marquant l'entrée du port et le monastère des hiéronymites (→ **Belém**). À la fin du XVII^e^ s., l'afflux de l'or du Brésil fut à l'origine d'une floraison de palais et de temples. Le tremblement de terre du 1^er^ nov. 1755, qui détruisit la ville basse, permit au marquis de Pombal* de réaliser le plus grand aménagement urbain de l'époque des Lumières (en particulier l'ensemble classique de la place du Commerce au bord du Tage). À partir des années 1950, l'extension des bidonvilles refléta le malaise des campagnes tandis que les années 1980 furent marquées par une spéculation foncière intense et la construction de bâtiments de grandes dimensions.

**Lisbonne.** Tramway. *Phot. © F. Charel/Hoa Qui*

**LISBURN** ♦ V. d'Irlande du Nord (comté d'Antrim), sur le Lagan, au S.-O. de Belfast. 108 614 hab. Cathédrale du XVII^e^ s. ▪ Important centre textile. ▌**Histoire** Des émeutes y eurent lieu en 1930.

**LISFRANC DE SAINT-MARTIN (Jacques)** ♦ Chirurgien français (Saint-Paul-en-Jarez, Loire 1790 - Paris 1847). Il fit faire des progrès à la chirurgie orthopédique.

**LI Shimin** → **Taizong**

**LI Si** ou **LI Sseu** ♦ Lettré chinois (v. –280 - v. –208). Premier ministre de l'empereur Shi* Huangdi de la dynastie des Qin. Conseiller écouté, il fut à l'origine de l'unification de l'écriture, des lois et des poids et mesures, ainsi que de l'autodafé de tous les ouvrages non techniques de l'empire.

**LISIEUX** [14100] → ÉTYM. anc. *Noviomagus* (gaul. «nouveau marché»), puis *civitas Lexoviorum* «cité des Lexoviens (tribu gauloise, du gaul. *lexsouio-* "penché" [p.-ê. "l'inclinée"])» ♦ Ch.-l. d'arr. du Calvados, sur la Touques. 23 166 hab. (aggl. 27 629) *(Lexoviens)*. Église Saint-Pierre, anc. cathédrale des XIIe - XIIIe s. La chapelle du couvent des Carmélites abrite les reliques de sainte Thérèse* de l'Enfant-Jésus qui vécut au carmel de Lisieux. Une basilique monumentale, de style incertain, lui est dédiée. Centre de pèlerinage (indus. d'objets religieux). Anc. palais épiscopal, auj. palais de justice (salle Dorée). Musée du Vieux Lisieux. ▪ Centre commercial et industriel. ▮ **Histoire** À l'époque gauloise, elle fut la capitale des Lexoviens. ▪ L'agglomération a été très endommagée en 1944.

**LI Sixun** ou **LI Sseu-hiun** ♦ Peintre et calligraphe chinois (651 - v. 716 ou 718). Descendant de la famille impériale des Tang*, il fut ministre puis général, surnommé Général Li l'Aîné (son fils Li Zaodao, également peintre et militaire, était surnommé Général Li le Jeune). Il excella dans l'exécution de paysages rehaussés de vert et d'émeraude.

**LISLE-SUR-TARN** [lil] [81310] ♦ Ch.-l. de cant. du Tarn, arr. d'Albi, sur le Tarn. 3 683 hab. *(Lislois)*. Anc. bastide (1248). Place à couverts. ▪ Viticulture (gaillac).

**LI Songqin** ou **LI Song-k'in (LI Yuanhong,** dit) ♦ Homme d'État chinois (1864 - 1928). Il succéda à Yuan* Shikai comme président de la République chinoise en 1916 et en 1917. Évincé par Feng* Guozhang parce qu'il contestait l'opportunité de l'entrée en guerre de la Chine contre l'Allemagne, il revint au pouvoir présidentiel en 1922 et 1923. Cao* Kun lui succéda.

**LISS** ou **LYSS (Johann)** ♦ Peintre allemand (Oldenburg v. 1593 - Venise 1629 ou 1639). Formé à Amsterdam, Anvers et Haarlem, il entreprit en 1621 un voyage qui le conduisit à Paris, Venise et Rome où il rejoignit la Bent, la confrérie des artistes nordiques de Rome. De retour à Venise, il rencontra Domenico Feti dont l'art baroque*, enjoué et chatoyant, aura sur lui une grande influence. Grand admirateur du Caravage* et des maîtres vénitiens, il réalisa de nombreuses scènes de mœurs, mais également des scènes mythologiques et bibliques, opérant une synthèse remarquable entre le luminisme caravagesque et le coloris vénitien où les formes se dissolvent *(La Toilette de Vénus, Le Jardin d'amour, Le Ravissement de saint Paul)*.

**LISSA** → Vis

**LISSAGARAY (Prosper Olivier)** ♦ Journaliste français (Auch 1839 - Paris 1901). Fondateur de la *Revue des cours littéraires*, il prit à plusieurs reprises position contre le Second Empire. Rallié à la Commune de Paris (1871), il fit alors paraître *L'Action* et *Le Tribun du peuple*. Après la répression de la Commune, il vécut en exil en Angleterre jusqu'à l'amnistie de 1880. Il a laissé un ouvrage sur *Les Huit Journées de mai derrière les barricades* (1871) et surtout une étude sur *L'Histoire de la Commune de Paris* (1876), œuvre d'un témoin et d'un acteur, qui constitue l'une des sources de renseignements les plus précieuses sur cette période. → ÉTYM. *Lissagaray* est l'abréviation du basque *Elissagaray* «en haut de l'église».

**LISSAJOUS (Jules Antoine)** ♦ Physicien français (Versailles 1822 - Plombières-lès-Dijon 1880). Il introduisit un dispositif optique permettant d'étudier la composition de plusieurs mouvements vibratoires (1873).

**LISSES** [91090] → ÉTYM. du gaul. *Liccius*, n. de pers. ♦ Comm. de l'Essonne, arr. d'Évry. 7 206 hab. Élément de la ville nouvelle d'Évry.

**LISSITCHANSK** ♦ V. d'Ukraine, région de Louhansk, bassin de Donbass, sur le Donets du Nord. 111 451 hab. Mines de houille. Indus. chimiques.

**LISSITZKY (Eliezer** ou **Lazar Markovitch,** dit **El)** ♦ Ingénieur, peintre, dessinateur et architecte russe (Polchinok, près de Smolensk 1890 - Moscou 1941). Il fit à Darmstadt des études d'ingénieur et voyagea en Europe de 1909 à 1914 puis termina à Moscou des études d'architecture. Il subit surtout l'influence de Malevitch* et en 1921 alla enseigner à Vitebsk, puis dans les ateliers d'État à Moscou. Partageant les préoccupations sociales et les théories fonctionnelles des constructivistes Tatline et Rodchenko et voulant lui aussi abolir les distinctions entre peinture, relief et sculpture pour les intégrer à l'architecture, il créa des constructions de plans géométriques qu'il intitula *Proun* (1919), en combinant peinture et éléments en relief aux formes simples, abstraites et géométriques. En 1920, il réalisa six dessins intitulés *Histoire de deux carrés* (publiés en 1922). Actif propagandiste, il innova dans le domaine de l'affiche, de la typographie, employant le procédé du photomontage et créant des compositions abstraites concises et rigoureuses, rendues dynamiques par le recours à des diagonales insistantes et à des rythmes asymétriques. Il créa aussi d'audacieux projets d'édifices (*Tribune pour orateur* à structure oblique en acier, 1921 ; *Pilier-nuages*, 1922, avec Mart Stam). En Allemagne, en 1922, il contribua largement à diffuser les idées constructivistes au Bauhaus et dans les revues d'avant-garde. En Suisse, il publia en 1925 avec Arp *Les Ismes de l'art*, puis il aménagea la salle des abstraits au musée de Hanovre (détruite par les nazis) et il revint ensuite en URSS (1928), jouant surtout un rôle d'organisateur d'expositions.

**LIST (Friedrich)** ♦ Économiste allemand (Reutlingen 1789 - Kufstein, Autriche 1846). C'est sous son inspiration que se créa l'Association générale des industriels et des commerçants (Francfort, 1819) qui aboutit en 1834 à l'Union douanière (Deutscher Zollverein*), étape décisive vers l'unité économique allemande. Dans son *Système national d'économie politique* (1840), il préconisa un protectionnisme temporaire, nécessaire à la période d'industrialisation d'une nation. → ÉTYM. Ce nom allemand signifie «ruse, finesse».

**LISTER (Joseph,** 1er baron) ♦ Chirurgien britannique (Upton, Essex 1827 - Walmer, Kent 1912). Informé des travaux de Pasteur, il introduisit l'antisepsie, au moyen d'eau, puis d'huile phéniquée (1867). Cette méthode, adoptée par la plupart des chirurgiens à partir de 1875, marqua une étape décisive dans l'histoire de la chirurgie.

**LISZT (Franz)** ♦ Compositeur et pianiste hongrois (Doborján, auj. Raiding, Autriche 1811 - Bayreuth 1886). ▮ **La formation** Son père, employé au service du prince Esterházy, le produisit très jeune en public, puis il reçut à Vienne les leçons de Czerny* pour le piano et de Salieri pour la composition (1820 - 1823). À l'issue d'une tournée triomphale à travers l'Allemagne, il vint à Paris pour y parfaire son éducation musicale. Il y fut l'élève de Reicha et connut aussitôt la faveur du public. Fêté dans les salons, bientôt introduit dans le cercle de Chopin* et de ses amis (1832), c'est dans ce milieu, qui rassemblait l'élite du romantisme européen (Berlioz, Paganini, Lesueur, Heine, Mickiewicz, Delacroix, George Sand), qu'il reçut la part la meilleure et la plus durable de sa formation artistique et littéraire. ▮ **Marie d'Agoult** Il y rencontra aussi la comtesse Marie d'Agoult qui, pour une dizaine d'années, allait devenir sa compagne, et lui donner trois enfants dont Cosima, qui épousa Wagner. Union orageuse et décevante pour Liszt qui devait trouver plus tard en Marie d'Agoult l'une de ses ennemies. Cependant, au cours de ses nombreuses tournées, il recevait l'hommage de l'Europe pour son incomparable génie de virtuose. ▮ **De Weimar à Rome et Bayreuth** Maître de chapelle à la cour de Weimar (1848), il fit de cette ville, en dépit de multiples obstacles, un foyer musical actif, dirigeant, jusqu'à son départ de Weimar (1861), les plus grandes œuvres de l'art lyrique de son temps (Beethoven, Schumann, Berlioz, Weber, Wagner) et du siècle précédent (Mozart). Soutenu dans son effort par la princesse de Sayn-Wittgenstein, il connut durant ces années une exceptionnelle activité créatrice, partageant son temps entre Weimar, Budapest, Vienne, Leipzig et Dresde, et composant les œuvres majeures de sa maturité. Nature mystique dès sa jeunesse, il prit les ordres mineurs lors d'une retraite à Rome (1865), mais les motifs de cette détermination n'étaient pas tous d'ordre religieux. Brouillé un temps avec Wagner, il se réconcilia avec lui et assista à l'inauguration du théâtre de Bayreuth (1876). Sans cesser de parcourir l'Europe, il avait renoncé assez tôt à la gloire du pianiste virtuose (1847) pour imposer son génie de compositeur.

▮ **L'ŒUVRE** ▮ **Pour piano** L'œuvre de Liszt est d'abord celle d'un pianiste qui, après Beethoven et Chopin, a révélé les possibilités nouvelles du clavier par un enrichissement de la palette musicale, rythmes, cadences et harmonies qui ajoutent à l'univers sonore classique. Dès l'âge de quinze ans, il écrivit les *Douze études pour le piano* qui devinrent plus tard les *Douze études d'exécution transcendante* (1838). D'une inspiration typiquement romantique sont les *Harmonies poétiques et religieuses* (1834 - 1850) et *Les Années* de pèlerinage* (1834). On y joindra les deux *Concertos pour piano et orchestre* (1849), l'admirable *Sonate en si mineur* (1853), les 19 *Rhapsodies hongroises* (1860), *Les Légendes de saint François d'Assise prêchant aux oiseaux* et *de saint François de Paule marchant sur les flots* (1865), les *Caprices-valses*, *Rêve d'amour*, *La Berceuse*, les *Élégies* et les *Apparitions*, ainsi que les trois *Études de concert* de 1848, plus purement virtuoses. ▮ **Les poèmes symphoniques** Une seconde suite d'ouvrages est constituée par les poèmes symphoniques : *Mazeppa* (1851), *Bruits de fête* (1851), *Préludes* (1854), *Faust symphonie* (1854 - 1857), *Dante symphonie* (1855 - 1856). ▮ **La musique religieuse** Enfin, dans la dernière période de sa vie, Liszt se consacra à la musique religieuse avec des œuvres d'une grande puissance, parfois empreintes de grandiloquence et d'une religiosité théâtrale. Ce sont la *Messe de Gran* (1855), la *Messe du couronnement* (1867), des psaumes, des cantates, des pièces pour orgue, ainsi que des oratorios : *La Légende de sainte Élisabeth* (1857 - 1862) et *Christus* (1862 - 1867). ▮ **L'apport et l'influence de Liszt** Empruntant au folklore hongrois bon nombre de ses éléments, cédant parfois à un excès de facilité dans le développement ou le choix des thèmes, la musique de Liszt est remarquable par son mouvement et la couleur de son invention harmonique. Son apport est considérable par ses audaces et sa féconde nouveauté. Marqué par l'enseignement de Fétis et l'exemple de Berlioz, approfondissant la notion de «variation psychologique», intégrant la dissonance, Liszt a libéré la tonalité et frayé la voie que suivirent après lui, outre Wagner, d'Indy et Strauss, les maîtres de l'école moderne comme Kodály, Prokofiev, Debussy, Ravel, Stravinski, Hindemith. Non conformiste, rompant avec les règles traditionnelles de la modulation, il a préparé une révolution que Bartók et Schoenberg

Franz **Liszt.**
Portrait par G. Tivoli.
Académie Rossini,
Bologne.
*Phot. © Lauros-Giraudon*

devaient conduire à un terme. Mécène généreux qui fut en relation avec tous les grands artistes de son temps, il se donna pour tâche de servir leur génie. Son influence sur toute la musique européenne est incontestable.
→ ÉTYM. *Liszt* est l'orthographe hongroise de l'allemand *List* « ruse, finesse ».

**LI Taipo** → Li Bai

**LI Tang** ou **LI T'ang** ♦ Peintre et poète chinois (Heyang, Henan, v. 1050 - près de Hangzhou 1130). Artiste de l'Académie impériale de peinture, il fut l'un des Quatre Grands Maîtres de la dynastie Song* du Sud. Il est connu pour ses paysages et personnages.

**LITANI** – en ar. ***Nahr al-Līṭānī*** ♦ Fl. le plus important du Liban (170 km), qui descend des hauteurs de la Bekaa en direction du S. et se jette dans la Méditerranée au N. de Sour après un brusque détour à travers la chaîne du Liban. L'incertitude qui pèse sur l'avenir de cette région, convoitée ou occupée par Israël, n'a pas permis l'exploitation optimale des eaux du Litani.

**LITOLFF (Henry)** ♦ Pianiste britannique de père français (Londres 1818 - Bois-Colombes 1891). Pianiste virtuose, chef d'orchestre, il parcourut l'Europe. Il épousa à Brunswick la veuve d'un éditeur de musique et fonda une maison d'édition. Il écrivit des concertos et des pièces pour piano.

**LITTLE ROCK** → ÉTYM. angl. « petit *(little)* rocher *(rock)* » ♦ V. des États-Unis, cap. de l'Arkansas. 183 133 hab. dont 34 % de Noirs (zone urbaine 583 845 avec North Little Rock). Centre commercial agricole ; nœud ferroviaire. Indus. de l'aluminium. **Histoire** C'est à Little Rock qu'éclata l'opposition entre le gouverneur ségrégationniste Faubus et le gouvernement fédéral (sept. 1957), à propos de l'intégration raciale dans les écoles. Celle-ci fut progressivement imposée à partir de 1959.

**LITTLEWOOD (John Edensor)** ♦ Mathématicien britannique (Rochester 1885 - Cambridge 1977). Auteur de travaux sur l'analyse classique et ses applications à la théorie des nombres, il fut le collaborateur principal de G. H. Hardy*.

**LITTLEWOOD (Joan)** ♦ Actrice et metteur en scène britannique (Londres 1914 - Paris 2002). Après une expérience de théâtre politique à Manchester, elle fonda en 1942 le Workshop Theatre, avec lequel elle tenta un retour aux sources du théâtre élisabéthain, destiné à un public populaire, laissant place à l'improvisation mais exigeant de l'acteur un engagement total. Elle est l'auteur de *Ah ! Dieu que la guerre est jolie.*

**LITTRÉ (Maximilien Paul Émile)** ♦ Philosophe, philologue et homme politique français (Paris 1801 - *id.* 1881). Il étudia d'abord la médecine (collaborant avec Bouillaud et Andral au *Journal hebdomadaire de médecine*), puis les langues anciennes (grec, sanskrit) et orientales (arabe). Il traduisit les *Œuvres d'Hippocrate* (1839 - 1861) et la *Vie de Jésus* de D. Strauss* (1839 - 1840), et collabora à l'*Histoire littéraire de la France* (apr. 1838). Disciple de A. Comte*, il fit connaître la pensée de celui-ci par des articles dans *Le National* (1844, 1849 - 1851) et par la création de la *Revue de philosophie positive* (1867), mais il en refusa toujours les développements politiques et mystiques. Il s'en tint au *Cours de philosophie positive* et tenta de compléter la classification des sciences en y intégrant l'économie politique, la psychologie philosophique (en tant qu'analyse critique des conditions de la connaissance), la morale, l'esthétique (*A. Comte et la philosophie positive*, 1863 ; *Des origines organiques de la morale*, 1870 ; *La Science au point de vue philosophique*, 1873). Ses nombreux travaux philologiques et lexicographiques devaient aboutir à la publication de son œuvre principale, le *Dictionnaire de la langue française* (1863 - 1872). Libéral, il fut élu député de la Seine à l'Assemblée nationale (1871) et sénateur (1875). Son élection à l'Académie française (après un premier échec) entraîna le départ de Mgr Dupanloup*. Sa mort fut l'occasion d'une longue controverse, sa fille Sophie affirmant qu'il s'était converti au christianisme, abandonnant son agnosticisme positiviste. → ÉTYM. *Littré* est une variante de *lettré,* surnom de clerc.

## LITUANIE

n. f. – off. ***république de Lituanie*** → ÉTYM. en lituanien ***Lietuvos Respublika*** ou ***Lietuva*** « le pays bien arrosé » (de *lieti* « arroser, couler ») ♦ Le plus méridional des pays baltes. 65 200 $km^2$. 3 384 879 hab. *(Lituaniens)*. LANGUES : lituanien, russe, polonais. POPULATION : Lituaniens, 77 % ; Russes, 9 % ; Polonais, 7 %. RELIGION : catholique. MONNAIE : litas. CAPITALE : Vilnius. RÉGIME : démocratie parlementaire. La Lituanie est divisée en 10 districts.

**GÉOGRAPHIE** Pays de plaines et de collines basses (ne dépassant pas 294 m) parsemées de lacs et de marécages, la Lituanie fut longtemps presque exclusivement agricole, produisant des céréales (seigle, blé), du lin et des fourrages pour l'élevage bovin et porcin qui demeure la principale production agricole. Le lait est présent dans plus d'un tiers de l'industrie agroalimentaire (exportations). Les sols sont acides et la forêt occupe plus de 20 % du territoire. L'essentiel du développement industriel date de la période soviétique : production d'électricité majoritairement nucléaire (la centrale d'Ignalina, dont la fermeture avait été demandée par l'U.E. pour déc. 2009 car jugée dangereuse, pourrait être remplacée par Ignalina II à l'horizon 2016) ; indus. pétrochimique et chimique (engrais, fibres textiles artificielles) et indus. mécanique de précision (électroménager, machines-outils). Pêcheries à Klaipda.

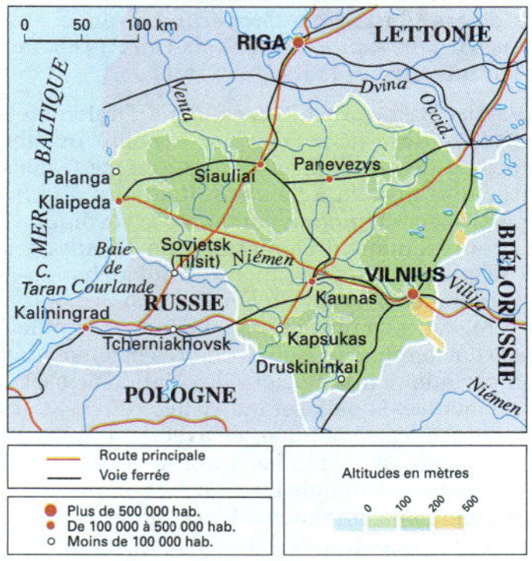


**Lituanie.**

**HISTOIRE** Les Lituaniens, peuple balto-slave, subirent au XIIIe s. les attaques des ordres Porte-Glaive et Teutonique. Au début du XIVe s., fut constituée la grande-principauté de Lituanie, qui s'étendait, sous le grand-prince Gédymin, jusqu'en Ukraine (prise de Kiev par Olgierd en 1361) et en Biélorussie. Gédymin (de qui descend la famille princière russe Galitzine) choisit Vilnius comme capitale et se proclama roi des Lituaniens. Au XVe s., luttant contre les chevaliers allemands, les Lituaniens s'allièrent tantôt avec les princes russes, tantôt avec les rois polonais. En 1410, Ladislas II Jagellon (grand-prince de Lituanie et roi de Pologne) et les Russes portèrent un coup décisif aux chevaliers Teutoniques à la bataille de Grunwald (Tannenberg), à laquelle prit part Mikolaj Radziwiłł. Alexandre Ier Jagellon rétablit l'union polono-lituanienne, mais la Lituanie garda son administration personnelle jusqu'en 1569, date à laquelle elle fut incorporée à la Pologne (Union de Lublin). Jean III Sobieski, roi de Pologne et de Lituanie, remporta des victoires contre les Suédois, mais il dut céder aux prétentions de la Russie (traité de Moscou, 1686). En 1795, la Lituanie fut annexée par la Russie, et subit la politique de russification au début du XIXe s. De grands

**Lituanie | Productions en 2008**

| Produits | Quantités |
|---|---|
| **Agriculture** | |
| Betteraves à sucre (2009) | 630 000 t |
| Blé (2009) | 1 990 000 t |
| Bois | 6 000 000 $m^3$ |
| Colza (2009) | 430 000 t |
| Orge | 970 000 t |
| Pommes de terre (2009) | 600 000 t |
| Seigle | 200 000 t |
| Bovins (têtes) | 770 000 |
| Porcins (têtes) | 900 000 |
| Pêche | 100 000 t |

soulèvements contre les Russes eurent lieu (1830 - 1831 et 1863 - 1864). Le combat contre le tsarisme fut marqué dans la littérature par les œuvres du poète Maïronis et du nouvelliste Tumas-Vaizgantas. Après l'occupation allemande pendant la Première Guerre mondiale, le régime soviétique fut instauré (16 déc. 1918), puis renversé (automne 1919) et Kaunas devint la capitale de la nouvelle république indépendante de Lituanie. En 1926, un coup d'État hissa au pouvoir le dictateur Voldemaras, remplacé ensuite par Smetona (1929). Occupée par les Allemands (1939), puis par les Soviétiques (juin 1940), la Lituanie devint république soviétique (21 juil. 1940). Réoccupée par les Allemands (1941), elle fut réannexée par l'URSS en 1944. La résistance à la soviétisation entraîna la déportation de 400 000 personnes. La Lituanie accéda à l'indépendance le 11 mars 1990 sous l'impulsion d'un fort courant nationaliste, le mouvement Sajudis dont le dirigeant, V. Landsbergis*, fut élu président. Le pays put alors rouvrir des relations avec l'Occident (Scandinavie, Allemagne). Mais les rapports avec la Russie se détériorèrent, ce qui entraîna une crise économique grave (manque d'énergie, chute des productions industrielles). Le président Valdas Adamkus, élu en 1998, initia le redressement économique qui permit au pays d'entrer dans l'Otan et dans l'UE en 2004. Battu à la présidentielle de 2003, il revint au pouvoir de 2004 à 2009. Dalia Grybauskaite, ancienne commissaire européenne proche du centre droit, lui succéda.

**LITVAK (Michael Anatol LITWAK, dit Anatole)** ♦ Cinéaste américain d'origine russe (Kiev 1902 - Neuilly-sur-Seine 1974). D'une carrière internationale, on retiendra quelques films de belle tenue, dans des genres très divers : historique (*Mayerling*, France, 1936), espionnage (*Les Aveux d'un espion nazi*, États-Unis, 1939), thriller (*Raccrochez, c'est une erreur*, États-Unis, 1948).

**LITVINOV (Maksim Maksimovitch VALACH, dit)** ♦ Diplomate soviétique (Białystok 1876 - Moscou 1951). D'origine israélite, membre du parti social-démocrate dès 1898, il fut déporté en 1901, mais réussit à s'évader (1902) et s'installa à Londres. Il adhéra à la fraction bolchevik du parti social-démocrate et, après la révolution d'Octobre, fut nommé représentant diplomatique de la Russie à Londres. Accusé de propagande communiste, il fut échangé contre des citoyens britanniques détenus en URSS (1918). Adjoint à Tchitcherine (1921), il lui succéda pratiquement dès 1927 et officiellement à partir de 1930 au commissariat aux Affaires étrangères. Représentant l'Union soviétique à la Société des Nations (1932), il prôna la notion selon laquelle «la paix est indivisible». En 1935, il signa avec Laval* le pacte franco-soviétique, et avec la Tchécoslovaquie un pacte de non-agression. Après les accords de Munich (sept. 1938) et le pacte germano-soviétique, Litvinov fut remplacé par Molotov* (mai 1939). Nommé ambassadeur à Washington, il rentra dans son pays en 1943 et fut vice-ministre des Affaires étrangères jusqu'en 1946.

**LIU An ou LIEOU Ngan** ♦ Philosophe taoïste chinois (–179 - –122), petit-fils de Liu Bang (Gaozu* des Han), prince de Huainan. Auteur d'un important ouvrage de commentaires critiques sur le poème *Douleur* de l'exil* et d'un traité philosophique, le *Traité de Huainan (Huainanzi)*, qu'il composa avec plusieurs milliers de collaborateurs.

**LIU E** → Lao Can

**LIUPANSHUI ou LIEOU-P'AN-CHOUEI** ♦ V. de Chine (Guizhou). 488 910 hab. L'un des plus importants sites de production de charbon en Chine.

**LIU Shaoqi ou LIEOU Chao-k'i** ♦ Homme d'État chinois (dans le Hunan 1898 - Kaifeng 1969). Théoricien du communisme et compagnon de Mao* Zedong, il parut être son héritier et lui succéda à la présidence de la République en 1959. Mais l'échec du «Grand Bond en avant» le conduisit à une politique modérée qui l'opposa à Mao. Principale cible de la Révolution* culturelle, il mourut des mauvais traitements infligés dans la prison de Kaifeng. Sa mort ne fut annoncée qu'en 1979, au moment de la réhabilitation de son épouse, toujours emprisonnée. Liu fut réhabilité en 1980. ➝ ÉTYM. Ce nom chinois est formé de *liú* «tuer», *shao* «rare, peu, moins» et *qí* «bizarre, merveilleux».

**LIUTPRAND** ♦ ( ? - 744). Roi des Lombards (712 - 744). Il conquit Ravenne et la Pentapole italienne et lutta contre les ducs lombards de Spolète et de Bénévent. Il se rapprocha de l'Église, mais marcha toutefois deux fois sur Rome (728 et 742). Son règne marque la plus grande expansion lombarde en Italie.

**LIUTPRAND** ♦ Ecclésiastique et écrivain lombard (v. 920 - 972). Diacre à Pavie, évêque de Crémone (961), il est l'auteur de chroniques : *Vie d'Otton le Grand, Relation d'une ambassade à Constantinople, Antapodosis*.

**LIUVA** ♦ Nom de deux rois de Wisigoths. ♦ **LIUVA I$^{er}$** (mort en 572). Roi des Wisigoths (567 - 572). Roi en même temps que son frère Léovigild, il lui abandonna l'Espagne et gouverna la Septimanie (569). À sa mort, Léovigild la réunit à l'Espagne. ♦ **LIUVA II** (mort en 603). Roi des Wisigoths (601 - 603). Petit-fils de Léovigild, il fut détrôné et tué par Witteric*.

**Living Theatre.** Une scène d'*Antigone* avec Julian Beck et Judith Malina. *Phot. © Bernand*

**LIU Zhiji ou LIEOU Tche-ki** ♦ Historien chinois (661 - 721). Il fut le premier à réaliser une «histoire générale» critique, le *Shitong*, considérée comme un modèle du genre.

**LIU Zhiyuan** → Gaozu

**LIUZHOU ou LIEOU-TCHEOU** ♦ V. de Chine (région autonome de Guangxi). 1 043 458 hab. Centre indus. : construc. mécaniques, chimie, électronique, aciérie, papeterie, cimenterie.

**LIU Zongyuan ou LIEOU Tsong-yuan** ♦ Écrivain chinois (dans le Shanxi 773 - dans le Guangxi 819). Homme de cour brillant, il fut banni à la suite d'intrigues et fit alors carrière de poète et d'essayiste. Disciple de Han* Yu (767 - 824), il ouvrit la voie à la renaissance néo-confucéenne des XI$^{e}$ et XII$^{e}$ s. Il remit à l'honneur la prose dépouillée des Han.

**LIVAROT** [14140] ➝ ÉTYM. p.-ê. du germ. *Liubwar*, n. de pers., et suff. *-onem* ♦ Ch.-l. de cant. du Calvados, arr. de Lisieux. 2 516 hab. *(Livarotais)*. Maisons anc. ▪ Produits laitiers, fromages (livarots). Cidrerie.

**LIVERDUN** [54460] ➝ ÉTYM. du lat. *Liber*, n. de pers., et gaul. *dunum* «forteresse» ♦ Comm. de la Meurthe-et-Moselle, arr. de Toul, située sur un promontoire dominant la Moselle. 6 390 hab. *(Liverdunois)*. Église romane et gothique (fin XII$^{e}$ s.). Vestiges d'une enceinte du XIII$^{e}$ s. : porte du XVI$^{e}$ s. ▪ Conserves. Confitures.

**LIVERPOOL (Robert Banks Jenkinson, 2$^{e}$ comte DE)** ♦ Homme politique britannique (Londres 1770 - Comb Wood, près de Kingston 1828). Tory, mais partisan du libéralisme, il fit partie du gouvernement Addington* (il fut l'un des artisans de la paix d'Amiens), puis des cabinets Pitt* et Perceval. Premier ministre (1812 - 1827), il dut faire face à une véritable crise, née des difficultés résultant du blocus* continental et des déceptions britanniques en 1815. Habile financier, il eut une activité politique contestée. Il prit des mesures réactionnaires (suspension de l'Habeas corpus, répression, comme à Peterloo*) et dut imposer les Corn Laws, contrairement à ses convictions. Il fut remplacé par Canning* qu'il avait soutenu.

**LIVERPOOL** ➝ ÉTYM. anc. *Liuerpul, Liuerpol*, p.-ê. de *liver* (vieil angl. *liuer*) «eau boueuse» et de *pool* «lac, étang» ♦ V. d'Angleterre, ch.-l. du Merseyside, sur l'estuaire de la Mersey. 439 476 hab. La fortune du port date du temps de l'empire, grâce au trafic colonial (produits alimentaires, coton) et à l'exportation de produits manufacturés des Midlands, du Yorkshire occidental et du Lancashire. L'architecture officielle de style victorien est caractéristique de l'âge d'or de la cité. Le port, jadis le 2$^{e}$ du Royaume-Uni après Londres, est en plein déclin. L'indus. chimique, les délocalisations tertiaires (assurances, informatique) ne suffisent pas à enrayer les pertes d'emplois et l'agglomération connaît un fort taux de chômage. La ville a bénéficié d'un programme de rénovations (réhabilitation de l'Albert Dock, ouverture d'un musée maritime et du Tate Liverpool Gallery). La population, qui compte un fort pourcentage de descendants d'immigrés irlandais, est en baisse. ▪ C'est à Liverpool qu'ont débuté les Beatles*.

**LIVIE** – en lat. *Livia Drusilla* ♦ (–58 - 29). Membre de la *gens* Claudia par son premier mariage avec Tiberius Claudius Nero dont elle eut deux fils, Tibère* et Drusus*, elle épousa Auguste* en –38 et parvint à assurer à son fils Tibère la succession au trône (→ **Julie**).

**LIVINGSTON (Milton Stanley)** ♦ Physicien américain (1905 - 1986). Il réalisa, avec E. O. Lawrence*, le premier cyclotron avec lequel tous deux obtinrent les premières transmutations provoquées par deutons.

**LIVINGSTONE (David)** ♦ Missionnaire et explorateur britannique (Blantyre, Écosse 1813 - Chitambo, Rhodésie du Nord 1873). Missionnaire en Afrique du Sud à partir de 1840, il entreprit de 1849 à 1871 plusieurs expéditions en Afrique centrale et australe, reconnut le cours du Zambèze (en particulier les chutes Victoria, 1855), de son affluent le Chiré et de la Rovuma, découvrit plusieurs lacs (Ngami,

Chiroua, etc.) et contribua à résoudre le problème de la source du Congo en explorant le Lualaba (*Relation de l'exploration du Zambèze*, 1865). En 1871, il fut rejoint et secouru par Stanley. Auteur de *Voyages et Recherches d'un missionnaire dans l'Afrique méridionale* (1857), il ne cessa de lutter contre l'esclavage. Il mourut de la dysenterie pendant une expédition. ➝ ÉTYM. Ce nom de famille vient d'un nom de lieu, du vieil anglais *Lēofwine*, nom de personne (de *lēof* «cher» et *wine* «ami») et *tūn* «ville».

**Living Theatre** ♦ Compagnie de théâtre américaine, fondée par Julian Beck* et Judith Malina (1947). Constitué en communauté, le Living Theatre, après son départ des États-Unis (1963), se produisit en Europe où il précisa ses principes de création collective et de rapport entre acteurs et spectateurs, inclus dans la représentation. Conjuguant le mysticisme et l'anarchisme, la troupe assigna au théâtre un rôle de contestation permanente et de foyer de la non-culture (*Paradise Now*, 1968).

**LIVIUS ANDRONICUS** → Andronicus (Lucius ou Titus Livius)

**LIVIUS DRUSUS** → Drusus

**LIVNI (Tzipora Malka LIVNI, dite Tzipi)** ♦ Femme politique israélienne (Tel-Aviv 1958). Elle quitta le Likoud pour rejoindre Kadima à sa création en 2005 et fut élue à la tête du parti en septembre 2008. Elle a occupé plusieurs postes ministériels à partir de 2001, notamment à la Justice (2005 - 2006) et aux Affaires étrangères (2006 - 2009).

**LIVONIE** n. f. – en all. ***Livland***, en russe ***Livonia***, en letton ***Vidzeme*** ♦ Nom donné par les Allemands aux régions de la côte Baltique au N. de la Lituanie, où habitaient les *Lives*. Dans un sens plus large, Livonie désigne les territoires de la Lettonie* et de l'Estonie* actuelles. ▮ **Histoire** L'évêque Albert* de Buxhövden fonda Riga (1201), et créa l'ordre des chevaliers Porte-Glaive (1202), en vue de convertir les Lives. En 1224, les Porte-Glaive devinrent maîtres de l'Estonie, mais des révoltes de paysans presque incessantes les obligèrent à se fondre avec les chevaliers Teutoniques (1237). Riga devint alors le siège d'un archevêché, et la Livonie fut gouvernée par le grand maître des Porte-Glaive, sous la suzeraineté de l'ordre Teutonique. Écrasés par Alexandre Nevski sur les glaces du lac Peïpous* (1242), les chevaliers Teutoniques limitèrent leurs entreprises aux païens, dont ils achevèrent la soumission vers 1290. En 1347, la Courlande* fut conquise et l'Estonie achetée par les Danois, qui détachèrent ainsi ces provinces de la Livonie. En 1523, la Réforme fut introduite à Riga. L'invasion des Russes (1557) obligea l'archevêque de Riga à rendre hommage à Sigismond II, roi de Pologne. Devenue polonaise en 1561, puis disputée entre la Suède, la Russie et la Pologne, la Livonie fut annexée à l'Empire russe au traité de Nystad et partagée entre l'Estonie et la Lettonie en 1918.

**LIVOURNE** – en it. ***Livorno*** ♦ V. d'Italie, en Toscane, ch.-l. de prov., sur la mer Tyrrhénienne. 156 274 hab. Important port de commerce et de voyageurs (à destination de la Corse et de l'île d'Elbe). Chantiers navals. Indus. diversifiées : métallurgie, chimie, automobile (Fiat), agroalimentaire. Raffineries.

**LIVRADOIS** n. m. ♦ Région du Massif central comprenant le massif du Livradois (1 218 m) et le bassin d'Ambert. ▪ Le parc naturel régional du Livradois-Forez (créé en 1984), s'étendant sur env. 300 000 ha, englobe la région de Thiers, le Bas-Livradois, le Haut-Livradois, les monts du Forez, la plaine d'Ambert, le pays de La Chaise-Dieu.

Le **Livre de la jungle** – en angl. ***The Jungle Book*** ♦ Recueil de récits de R. Kipling* (1894). Il y met en scène un «petit d'homme», Mowgli («grenouille»), perdu dans la forêt indienne, élevé par une louve et qui, devenu jeune homme, prend conscience de son espèce et quitte ses amis, les animaux, caractérisés de manière anthropomorphique (Baloo, l'ours brun ; Bagheera, la panthère noire ; Kaa, le python). À mi-chemin entre Tarzan et Robinson, Mowgli, qui chante les mérites de la race élue, transpose le sentiment de supériorité du colonialisme. Un *Second Livre de la jungle (The Second Jungle Book)* fut publié en 1895.

Le **Livre des Merveilles du monde** ♦ Un des titres du livre de Marco Polo*, antérieur à 1307. L'ouvrage fut rédigé en français par Rusticien de Pise, sous le titre *Le Devisement du monde*, d'après les propos ou d'après un texte en vénitien de Marco Polo. L'original est perdu, mais l'ouvrage est connu par des versions en franco-italien *(Il Milione)* et en latin *(De mirabilibus mundi)*. ▪ Le titre de *Livre des merveilles* est, plus particulièrement, celui d'un célèbre manuscrit enluminé (BN 2810) qui comprend les ouvrages de Marco Polo, d'Odoric de Pordenone, de Hayton, et d'autres voyageurs.

Le **Livre des morts** ♦ Rouleaux de papyrus qui étaient déposés dans les sarcophages, en Égypte, à partir du Nouvel Empire. Ils contenaient, écrit en hiéroglyphes, en hiératique ou en démotique, un recueil de formules illustrées de dessins, dont la lecture ou la simple présence auprès de la momie aidait l'âme du mort à triompher des épreuves qu'elle devait traverser pour accéder à une immortalité bienheureuse. Ces recueils étaient nommés par les anciens Égyptiens «Livre pour sortir au jour». Les manuscrits, étudiés par Lepsius*, dérivent de textes analogues écrits sur les sarcophages au Moyen Empire et que l'on retrouve sur les parois des pyramides de l'Ancien Empire. L'un des plus célèbres est le papyrus d'Any (début XIX^e dynastie), qui se trouve actuellement au British Museum.

**LIVRON-SUR-DRÔME** [26250] ➝ ÉTYM. du lat. *Liberius*, n. de pers. ♦ Comm. de la Drôme, arr. de Valence. 7 759 hab. (aggl. 13 457) *(Livronnais)*. Restes de fortifications. ▪ Indus. chimiques. Viticulture (côtes-du-rhône). ▪ Réserve naturelle (346 ha).

**LIVRY-GARGAN** [93190] ➝ ÉTYM. *Livry* : anc. *Livriacum*, du lat. *Liberius*, n. de pers., et suff. *-acum* et *Gargan* (ajouté en 1912) : du n. de Louis-Xavier *Gargan*, industriel du XIX^e s. ♦ Ch.-l. de cant. de la Seine-Saint-Denis, arr. du Raincy, au N.-E. de Paris. 37 288 hab. *(Livryens)*. Comm. résidentielle.

**LI Xiannian** ou **LI Sien-nien** ♦ Homme d'État chinois (dans le Hubei 1905 - Pékin 1992). Il adhéra au parti communiste chinois en 1927 et devint l'un des principaux chefs de la guérilla communiste. Gouverneur du Hubei en 1945, vice-Premier ministre en 1954, ministre des Finances en 1957, ce proche de Zhou* Enlai n'eut pas à pâtir de la Révolution culturelle. Il s'opposa à la Bande des quatre et soutint la modernisation économique de Deng Xiaoping. Président de la République de 1985 à 1988, il appartient au parti ultraconservateur.

**LIXUS** → Araïch (Al-)

**LI Yu** → Houzhu

**LI Yu** ♦ Romancier et auteur dramatique chinois (dans le Jiangsu 1611 - Hangzhou 1679). Propriétaire de sa propre troupe de théâtre, il fut l'auteur d'une dizaine de pièces de théâtre, de romans (on lui attribue le licencieux *Rouputuan** «Tapis de prière en chair») et un traité, le *Xianqing ouji*, portant notamment sur l'aménagement de l'espace, la décoration, le jardin, le théâtre.

**LI Yuan** → Gaozu

**LIZARD** (cap) ♦ Péninsule d'Angleterre au S.-O. de la Cornouailles. Point le plus méridional de la Grande-Bretagne. Site touristique.

**LIZY-SUR-OURCQ** [77440] ➝ ÉTYM. du lat. *Lisius*, n. de pers. ♦ Ch.-l. de cant. de la Seine-et-Marne, arr. de Meaux. 3 377 hab. (aggl. 4 537) *(Lizéens)*. Imprimerie. Métallurgie.

**LJUBLJANA** ➝ ÉTYM. de *Alluviana*, n. de riv., du lat. *alluvium* «alluvion, terre alluviale» [l'étym. du slave *ljub-* «cher, aimé» est populaire] ; anc. en all. ***Laibach*** ♦ Cap. de la Slovénie. 265 881 hab. Située au pied des Alpes orientales, au carrefour de la vallée de la Save qui conduit vers Zagreb et de l'axe Vienne-Trieste, elle joue depuis longtemps un rôle commercial important, mais ne s'est industrialisée qu'après 1945 (électronique notamment). Son patrimoine monumental est remarquable (églises baroques, palais). ▮ **Histoire** Ljubljana fut soumise successivement aux Francs, aux Slaves, aux ducs de Bavière, à l'Autriche, et fut le siège du gouvernement général français des Provinces illyriennes (1809 - 1813). Après l'ajournement du congrès de Troppau*, un congrès y réunit les cinq puissances de la Sainte-Alliance du 24 janv. au 12 mai 1821. L'Autriche, avec son représentant Metternich, décida de soutenir le roi Ferdinand I^er de Naples contre le régime constitutionnel instauré après l'insurrection de 1820. Elle fut à partir de 1945 capitale de la Slovénie, l'une des six républiques yougoslaves, qui devint indépendante en 1991.

**LLANDUDNO** ♦ V. du pays de Galles (Conwy), sur la péninsule de Great Ormes Head. 15 000 hab. Ruines préhistoriques (chambre funéraire). Princ. station balnéaire de la côte N.

**LLANELLY** ♦ V. du pays de Galles (Carmarthenshire), à l'O. de Swansea. 45 000 hab. Métallurgie de l'étain. Port.

**LLANO ESTACADO** n. m. ➝ ÉTYM. esp. «plaine entaillée» ♦ Région de «hautes plaines» (plateau) des États-Unis, dans l'O. du Texas et l'E. du Nouveau-Mexique ; il se prolonge au S. par le plateau Edwards. C'est une zone très plate, semi-aride, creusée de petites dépressions. L'élevage extensif, le dry-farming (blé), les cultures irriguées du coton et l'extraction du pétrole et du gaz forment ses ressources économiques. Les seules villes importantes sont Amarillo*, Lubbock*, Odessa* (Texas).

**LLANQUIHUE** (lac) ♦ Lac du Chili, près de Puerto Montt, d'origine glaciaire comme les nombreux lacs voisins.

**LLEIDA** – en esp. et en fr. ***Lérida*** ♦ V. d'Espagne (Catalogne), ch.-l. de prov. sur le Sègre. 127 314 hab. Catedral Vieja de style roman cistercien (1203 - 1278). ▪ Important centre agricole. Indus. textiles.

**LLEWELYN I^er AP IORWERTH** ♦ (mort en 1240). Roi du Gwynedd, au pays de Galles (1194 - 1240). Il assura son hégémonie sur l'ensemble du pays de Galles. ♦ **LLEWELYN II AP GRUFFYDD** (mort à Llanafanfechan, près de Builth, Breconshire 1282). Petit-fils du précédent, roi du Gwynedd (1246 - 1282), il se fit reconnaître prince de Galles par Henri III d'Angleterre en 1267, mais fut attaqué et battu par Édouard* I^er. Il se rebella et fut vaincu et tué. Sa mort marqua la fin de l'indépendance galloise.

**LLEWELLYN (Richard Dafydd Vivian LLEWELLYN LLOYD, dit Richard)** ♦ Romancier britannique (St. David's, comté de Pembroke, 1907 - Dublin 1983). Son œuvre est consacrée au monde ouvrier et plus particulièrement à l'univers de la mine. Son premier roman, *Qu'elle était verte ma vallée* (1939), traduit dans le monde entier après la Deuxième Guerre mondiale et adapté au cinéma, eut un succès considérable que ne connut aucune de ses œuvres ultérieures (*La Montagne qui chante*, 1960 ; *And I Shall Sleep... down where the Moon is Small*, 1966).

**LLIVIA** ♦ Village espagnol au N. de Puigcerdá (prov. de Gérone), enclavé en territoire français (Pyrénées-Orientales) depuis 1659. 1 388 hab.

**LLOBREGAT** n. m. ♦ Fl. côtier d'Espagne, en Catalogne (190 km). Tributaire de la Méditerranée, né dans la sierra de Cadi (Pyrénées espagnoles), il reçoit son principal affluent près de Manresa*, longe le massif de Montserrat* et se jette dans la mer par un delta entre L'Hospitalet* de Llobregat et Barcelone*.

**LLOYD (Harold)** ♦ Acteur américain (Burchard, Nebraska 1893 - Beverly Hills, Californie 1971). Il a créé le type du jeune homme à grosses lunettes, timide et emprunté, mais se tirant toujours à son avantage des situations les plus épineuses. Il parut dans plus de 200 films comiques, dont plusieurs longs métrages parmi lesquels : *Monte là-dessus* (1923), *Vive le sport* (1924), *Silence, on tourne* (1932). ➝ **ÉTYM.** *Lloyd* vient du gallois *llwyd* «gris» (surnom d'une personne aux cheveux gris).

Harold **Lloyd.** Une scène du film *Monte là-dessus* de Fred Newmeyer et Sam Taylor, 1923. Pathé, Hal Roach Studios Inc.
*BIS/Phot. © Coll. Archives Larbor*

**LLOYD GEORGE (David),** 1er comte **LLOYD GEORGE OF DWYFOR** ♦ Homme politique britannique (Manchester 1863 - Llanystumdwy, Carnarvonshire 1945). Orphelin de père, il dut abandonner très tôt ses études pour entrer comme clerc chez un notaire. Élu au Parlement en 1890, député libéral de tendance radicale, il se fit remarquer par ses interventions violentes contre les Boers* et par son nationalisme gallois qu'il défendit à la Chambre des communes avec une très grande éloquence. Ministre du Commerce en 1905, il fut choisi par Asquith* en 1908 comme chancelier de l'Échiquier et proposa en 1909 le «budget du peuple» (taxes sur les grandes propriétés et sur les héritages) qui se heurta au refus de la Chambre des lords. Lloyd George contourna cet obstacle par le vote du Parliament* Act (1911) et put ainsi réaliser son programme social (assurances maladie et chômage). Plutôt isolationniste avant la guerre, il fut l'un des plus farouches adversaires de l'Allemagne dès 1914. Ministre des Munitions (1915), puis ministre de la Guerre (1916), il obligea Asquith à démissionner et, devenant Premier ministre à sa place (1916), forma un cabinet de coalition avec les conservateurs. Il engagea alors toutes les forces vives de son pays dans la guerre ; après l'échec des offensives militaires de l'année 1917, il se mit d'accord avec Clemenceau* pour réaliser une unité de commandement dans les armées alliées sous les ordres du maréchal Foch* (avr. 1918). En 1919, il participa à l'élaboration du traité de Versailles, où il joua un rôle modérateur entre les exigences de Clemenceau et l'idéalisme de T. W. Wilson*. Au lendemain de la guerre, s'il sut avec habileté calmer la tension sociale dans son pays, il rencontra l'hostilité des conservateurs envers sa politique conciliante à l'égard de l'Irlande (traité de déc. 1921). ➝ **Irlande.** Contraint à démissionner en 1922, il devint, après le départ d'Asquith (1926), chef du Parti libéral* dont il vit l'effondrement progressif. Il rédigea alors ses mémoires (*War Memoirs*, 1933 - 1936).

**Lloyd's** n. f. ♦ La plus importante entreprise d'assurances du monde. C'est une communauté d'assureurs contrôlant la régularité des opérations et la solvabilité de ses membres. Ses activités sont internationales et elle a inauguré la plupart des formes modernes d'assurances. Plus de la moitié des affaires qu'elle contrôle sont américaines. ▮ **Histoire** Créée à la fin du XVIIe s., elle doit son nom au café d'EDWARD LLOYD (mort en 1712), situé non loin de la tour de Londres et fréquenté par des armateurs. Reconnue légalement (1871), elle se consacra aux assurances maritimes, puis, vers 1900, élargit ses activités, créant l'assurance contre le vol, les calamités naturelles, certains risques de maladie.

**LLULL (Ramón)** ➝ **Lulle (Raymond)**

**LOA** n. m. ♦ Fl. du Chili (362 km) dans le Norte Grande chilien, aux confins du désert d'Atacama. Un canal de 300 km le relie à Antofagasta.

**LOACH (Kenneth,** dit **Ken)** ♦ Cinéaste britannique (Nuneaton, Warwickshire 1936). Formé à l'école de la télévision et du reportage, fidèle à la tradition du «Free Cinema», il a imposé en quelques films majeurs une vision politique critique de la société contemporaine : *Pas de larmes pour Joy* (1967), *Family Life* (1971), *Regards et Sourires* (1981), *Raining Stones* (1993), *Land and Freedom* (1995), *My Name is Joe* (1998) *The Navigators* (2001), *Sweet Sixteen* (2002), *Le Vent se lève* (palme d'or à Cannes, 2006) et une première comédie, *Looking for Eric* (2009).

**LOANDA** ➝ **Luanda**

**LOANGO** ♦ Loc. du Congo, sur la côte Atlantique, au N. de Pointe-Noire. Nom donné à la cap. et à l'anc. royaume des Vilis qui s'étendait sur la côte du Congo et sur une partie de celle du Gabon. Le Loango se situait dans la mouvance du royaume de Kongo et négocia l'établissement des Français et leur pénétration au XIXe s.

**LOBATCHEVSKI (Nikolaï Ivanovitch)** ♦ Mathématicien russe (Nijni-Novgorod 1792 - Kazan 1856). En abandonnant le cinquième postulat d'Euclide* et en le remplaçant par un autre, d'après lequel on peut mener par un point plusieurs parallèles à une droite, il créa une nouvelle géométrie, non euclidienne, dite parfois hyperbolique, ou «pangéométrie» selon le titre de l'ouvrage général qu'il publia en 1855. Son œuvre est un ensemble cohérent, bien que différent en de nombreux endroits de la géométrie classique, laquelle perd ainsi son caractère absolu (par ex., la somme des angles d'un triangle est inférieure à deux angles droits). ➝ **B. Riemann.**

**LOBAU (Georges MOUTON,** comte **DE)** ➝ **Mouton (Georges)**

**LOBAU** ♦ Île du Danube, à Vienne, qui forme actuellement un parc naturel. 25 km². ▮ **Histoire** L'île joua un rôle considérable dans les opérations militaires de Napoléon Ier (mai 1809), en particulier lors de la bataille d'Essling. C'est à cette occasion que le général G. Mouton* fut nommé *comte de Lobau*.

**LOBITO** ♦ V. de l'Angola, près de Benguela, relié depuis 1928 par voie ferrée au Shaba. Peut-être 150 000 hab. (dernier chiffre disponible 1970). Port.

**LOB NOR** ou **LUOBU BO** ➝ **ÉTYM.** p.-ê. indo-eur. «eau *(nor)* blanche *(lob)*» ♦ Étendue marécageuse de Chine (Xinjiang), à 780 m d'alt., dans laquelle se déverse le Tarim. 3 000 km². Pêche.

**LOBO** (père **Jerónimo)** ♦ Jésuite et voyageur portugais (Lisbonne v. 1595 - 1678). Il fut envoyé en mission en Extrême-Orient (Cochin, Goa), puis visita l'Abyssinie ; son récit fut traduit en français par Legrand (*Voyage historique en Abyssinie*, 1728).

**LOBO ANTUNES (Antonio)** ♦ Écrivain portugais (Benfica, près de Lisbonne 1942). Psychiatre, il exerça deux ans en Angola, qui fut une source d'inspiration de son œuvre littéraire : la guerre coloniale et ses atrocités (*Le Cul de Judas*, 1979) et aussi la dénonciation des anciennes pratiques de la psychiatrie (*Connaissance de l'enfer*, 1980). Il s'intéressa aux mécanismes de la politique et décrivit son désenchantement après la révolution des Œillets (*Fado Alexandrino*,1983 ; *Splendeur du Portugal*, 1997 ; *Manuel des inquisiteurs*, 1997). Son œuvre traite également de l'obsession de la mort (*Traité des passions de l'âme*, 1990 ; *L'Ordre naturel des choses*, 1992) et décrit une nostalgie morbide de l'enfance (*Que ferai-je quand tout brûle*, 2003). Épopées lyriques, ses livres sont écrits dans une langue foisonnante et baroque, l'auteur accumulant les métaphores, n'hésitant pas à changer de narrateur à l'intérieur d'un livre, entraînant le lecteur dans un parcours obsessionnel et labyrinthique. ➝ **ÉTYM.** Le nom masculin portugais *lobo* signifie «loup» et *Antunes* «le fils d'Antoine».

La **Locandiera** ➝ **ÉTYM.** it. «l'hôtesse» ♦ Comédie en 3 actes et en prose de Goldoni* (1753). Le comte d'Albafiorita et le marquis de Forlimpopoli font la cour à la belle Mirandolina, qui tient l'auberge où ils sont descendus. En revanche, le chevalier de Ripafratta méprise les femmes. Mirandolina se jure de le conquérir, et, en un seul jour, sa rouerie en triomphe. Elle découvre alors son jeu en apprenant à tout le monde qu'elle épouse le valet Fabrizio. À l'opposé de l'aspect souvent collectif du théâtre de Goldoni, *La Locandiera* est centrée autour d'un seul caractère.

**LOCARNO** – en all. ***Luggarus*** ♦ V. de Suisse (Tessin) à l'extrémité N.-O. du lac Majeur, au pied des Alpes. 14 682 hab. (aggl. 54 234). Maisons anc., château (XVe - XVIe s.). Sur un rocher dominant la ville, sanctuaire de la *Madonna del Sasso* du XVe s. (tableau du Bramantino). ▪ Importante station climatique et touristique jouissant d'un climat exceptionnellement doux et entourée de nombreux jardins. Festival international de cinéma (août). ♦ ***Pacte (ou accords) de Locarno*** Accords conclus entre la Grande-Bretagne (A. Chamberlain), la France (A. Briand), la Belgique, la Pologne, la Tchécoslovaquie, l'Allemagne (Stresemann) et l'Italie (Mussolini) au cours de la conférence tenue à Locarno en oct. 1925. Ces accords constituaient un engagement mutuel quant aux frontières fixées par le traité de Versailles, la Grande-Bretagne et l'Italie garantissant le *statu quo* entre la France, la Belgique et l'Allemagne. Celle-ci s'engageait à respecter les accords concernant la zone démilitarisée de Rhénanie et à ne pas violer à l'E. les frontières de la Pologne et de la Tchécoslovaquie (sans toutefois les reconnaître). Les participants (sauf l'Italie) convenaient de recourir à l'arbitrage en cas de conflit. Ces accords furent signés à Londres (déc. 1925) et l'Allemagne fut admise à la SDN en sept. 1926. Le pacte de Locarno fut violé par Hitler en mars 1936 (occupation et remilitarisation de la zone démilitarisée de Rhénanie).

**LOCATELLI (Pietro Antonio)** ♦ Compositeur et violoniste italien (Bergame 1695 - Amsterdam 1764). Il donna d'abord des concerts en Europe avant de se fixer à Amsterdam où il fut, pendant plus de quarante ans, un animateur très brillant de la vie musicale. Auteur de concerti grossi, de sonates à trois et de caprices d'une grande qualité harmonique, il fut aussi l'un des plus hardis novateurs de la technique du violon. ➝ **ÉTYM.** Ce nom de famille italien vient d'un nom de lieu, *Locatello,* en Lombardie.

**LOCHES** [37600] ➝ **ÉTYM.** anc. *vicus Luccae* p.-ê. «(terres de) Luccus» (n. de pers.) ♦ Ch.-l. d'arr. de l'Indre-et-Loire, sur l'Indre. 6 328 hab. (aggl. 10 029) *(Lochois).* Anc. cité fortifiée conservant deux de ses trois enceintes primitives : porte Royale (XIII<sup></sup>e s.) ; porte Picois et porte des Cordeliers (XVe s.) ; tour Saint-Antoine (XVIe s.), l'un des rares beffrois du centre de la France. Bâti sur un promontoire naturel, le château comprend le donjon (XIe s.) et les logis royaux des XIVe et XVIe s., renfermant notamment le tombeau d'Agnès Sorel*. Église Saint-Ours du XIIe s. Musée Lansyer : œuvres du paysagiste lochois (1835 - 1893). Musée du Terroir.

**Loches** (paix de) → **Monsieur (paix de)**

**LOCHNER (Stephan)** ♦ Peintre allemand (Meersburg, sur le lac de Constance 1405-1415 - Cologne 1451). Il travailla à Cologne sans doute à partir de 1440 et subit l'ascendant de l'école colonaise qui maintenait l'esprit du gothique international. Son œuvre reflète un univers suave et gracieux, empreint d'esprit courtois. Dans un espace au caractère symbolique affirmé, il place des personnages aux gestes gracieux, vêtus de riches costumes. La fraîcheur et l'éclat de ses coloris y sont mis en valeur par l'emploi de fond d'or. Un souci grandissant de réalisme dans le rendu du modelé et l'approfondissement de l'espace confère cependant plus de solidité aux personnages et d'ampleur à la composition *(L'Adoration des mages).*

Stephan **Lochner.** *La Madone des roses* (51 × 40 cm). Wallraf-Richartz Museum, Cologne. *Phot. © Arch. Smeets*

**LOCHRISTI** ♦ Comm. de Belgique (Région flamande), prov. de Flandre-Orientale, arr. de Gand. 20 395 hab. Important centre d'horticulture gantoise : bégonias (festival du bégonia, fin août), azalées ; fraises (à Beervelde). Nombreuses serres.

**LOCKE (John)** ♦ Philosophe anglais (Wrington, Somersetshire 1632 - Oates, Essex 1704). Médecin du comte de Shaftesbury, il séjourna en France (1672 - 1679) puis, suspect aux Stuarts, en Hollande jusqu'à la révolution de 1688. De retour en Angleterre, il devint commissaire royal au Commerce et aux Colonies. Dans son *Essai sur l'entendement humain,* critiquant l'innéisme de Descartes*, il pose en empiriste le problème de l'origine et des limites de la connaissance. Son empirisme n'est pas un sensualisme, car si les «idées simples» sont fournies passivement à l'entendement par la sensation (qui renseigne sur les objets extérieurs) et la réflexion (par laquelle l'âme prend conscience de ses opérations), elles se combinent par abstraction ou association pour former les «idées complexes» (de modes, de substances, de relations) entre lesquelles l'entendement établit des rapports (jugements). Les thèses de Locke furent critiquées par Leibniz* *(Nouveaux Essais sur l'entendement humain),* mais n'en annoncent pas moins l'analyse idéologique du XVIIIe s. (Hume*, Condillac*) qui lie empirisme et logique (art combinatoire des idées). Avec sa *Lettre sur la tolérance* (1689) et son *Traité sur le gouvernement civil* (1690), Locke apparaît comme le défenseur du libéralisme en affirmant que le pacte social n'annihile pas les droits naturels des individus. ➝ **ÉTYM.** *Locke* vient de l'anglais *lock* «serrure, écluse, barrage» ; probablement nom de propriété comportant un barrage sur un cours d'eau.

**LOCKWOOD (Didier)** ♦ Violoniste, chef d'orchestre et compositeur de jazz français (Calais 1956). Formé au violon classique, il s'orienta vers le jazz et se rapprocha de Stéphane Grappelli* (qui en fit son «fils spirituel»), Jean-Luc Ponty* et aussi Tony Williams et Herbie Hancock*. Virtuosité, improvisation, compositions profondément lyriques, curiosité envers les nouvelles techniques le caractérisent : il s'est produit en duo avec Martial Solal * ou Michel Petrucciani*, et compose (un concerto pour violon, *Les Mouettes,* 1996 ; un opéra-jazz, *Journal d'un usager de l'espace II* sur un texte de Georges Perec ; des musiques de films, *Lune froide,* 1991). Par ailleurs, il a créé une école de musique (CMDL). Princ. enregistrements : *Out of the Blue* (1985) ; *New York Rendez-Vous* (1995) ; *Round about Silence* (1998) ; *Tribute to Stéphane Grappelli* (2000).

**LOCKYER** (sir **Joseph Norman**) ♦ Astronome britannique (Rugby 1836 - Salcombe Regis, Devon 1920). Il découvrit, indépendamment de Janssen*, en observant le spectre de la couronne solaire, une raie non identifiée (1868) qu'il attribua, avec le chimiste Frankland*, à un élément alors inconnu sur la Terre et qu'il nomma hélium ; celui-ci ne fut découvert qu'en 1895 par Ramsay*.

**LOCLE (LE)** ♦ V. de Suisse (cant. de Neuchâtel) à 925 m d'alt. 10 148 hab. (aggl. de La Chaux-de-Fonds-Le Locle 47 545). Importante indus. horlogère.

**LOCMARIA-PLOUZANÉ** [29280] ➝ **ÉTYM.** du vx bret. *Locmaria* «lieu consacré *(lok)* à Marie *(Maria)*» et *Plouzané* «paroisse *(ploe)* de saint *Sané* (saint irlandais)» ♦ Comm. du Finistère, arr. de Brest. 4 246 hab.

**LOCMARIAQUER** [lɔkmaʀjakɛʀ] [56740] ➝ **ÉTYM.** anc. *Loc Maria Kaer,* du bret. *lok* «lieu [paroisse]», *Maria* «(Vierge) Marie» et *ker* «maison, village» ♦ Comm. du Morbihan, arr. de Lorient, à l'entrée du golfe du Morbihan. 1 367 hab. *(Locmariaquérois).* Église en partie du XIe s. (chapiteaux ; bénitier sculpté). Monuments mégalithiques (dolmen de la «Table des Marchand», tumulus de la «Montagne de la fée»). ▪ Port de pêche, station balnéaire.

**LOCMINÉ** [56500] ➝ **ÉTYM.** «lieu consacré aux moines, monastère», du bret. *lok* «lieu [paroisse]» et de *menec'h,* plur. de *manac'h* «moine» ♦ Ch.-l. de cant. du Morbihan, arr. de Pontivy. 3 430 hab. *(Locminois).* Église Saint-Sauveur du XVIe s. (ossuaire Renaissance) accolée à la chapelle Saint-Colomban (XVIe s.). Chapelle Notre-Dame-du-Plasker du XVIe s. (décoration flamboyante ; retable du XVIe s.).

**LOCMIQUÉLIC** [56570] ➝ **ÉTYM.** bret. «ermitage *(loc)* de Michel *(Miquelic)*» ♦ Comm. du Morbihan, arr. de Lorient, sur la rade de Lorient. 3 945 hab. (aggl. 12 411) *(Locmiquélicains).* Port de pêche.

**LOCQUIREC** [29241] ➝ **ÉTYM.** bret. «lieu [paroisse] *(lok)* de saint Guirec (ou Kiric)» ♦ Comm. du Finistère, arr. de Morlaix, sur la baie de Lannion, à proximité de la pointe de Locquirec. 1 293 hab. *(Locquirecquois).* Église des XVIe - XVIIe s. (retable du XVIe s.). ▪ Station balnéaire. Port de pêche et de plaisance.

**LOCRIDE** n. f. – en gr. ***Lokris*** ♦ Anc. région de la Grèce centrale. La Phocide* dorienne, après le –XIIe s., coupa le pays des Locriens en deux parties. ▪ La *Locride orientale,* sur les rivages du golfe d'Eubée, au N.-O. de la Béotie, était habitée par les Locriens épicnémidiens (établis au pied du mont Cnémis) et opontiens (de l'anc. ville Opos). Ajax* Oïleus était leur roi pendant la guerre de Troie. Ils participèrent à la défense de la Grèce contre les Perses. ▪ La *Locride occidentale* s'étendait sur le rivage phocidien du golfe de Corinthe.

**LOCRONAN** [29136] ➝ **ÉTYM.** en bret. *Lokorn* «lieu consacré *(lok)* à saint *Ronan* (évêque irlandais du VIIe s.)» ♦ Comm. du Finistère, arr. de Châteaulin. 799 hab. *(Locronanais).* Élégant ensemble bien conservé : église Saint-Ronan du XVe s. (vitrail du XVe s. ; chaire sculptée). Chapelle du Pénity du début du XVIe s. (dalle funéraire de saint Ronan). Musée des Arts et Traditions populaires. Chapelle Notre-Dame-de-Bonne-Nouvelle (XVIe s.). Maisons Renaissance. ▪ Centre touristique. Artisanat (tissage). Célèbres pardons : Petite Troménie (annuelle). Grande Troménie (tous les 6 ans).

**LOCTUDY** [29750] ➝ ÉTYM. du bret. *lok* «lieu consacré» et *Tudi*, hypocoristique de *Tugdual* (du vx bret. *tud* «peuple» et *uual* «valeureux»), n. de saint ♦ Comm. du Finistère, arr. de Quimper, en Cornouaille. 3 659 hab. *(Loctudistes)*. Église romane, façade et clocher du XVIII^e^ s. ▪ À proximité, manoir de Kérazan (XVIII^e^ s.). ▪ Port de pêche (criée) et de plaisance. Station balnéaire.

**LOD** ou **LYDDA** ♦ V. d'Israël, située à proximité de l'anc. frontière cisjordanienne dans la plaine côtière du Centre, au S.-E. de Tel-Aviv. 66 800 hab. Indus. textiles et aéronautiques ; papeteries. Aéroport international de Tel-Aviv. Depuis 2004, la communauté arabe est séparée de la communauté juive par un mur.

**LODÈVE** [34700] ➝ ÉTYM. anc. en gaul. *Luteua* «la ville du marais», de *luto-* «marais, boue» et suff. *-eva* ♦ Ch.-l. d'arr. de l'Hérault, au S. du causse du Larzac. 6 900 hab. *(Lodévois)*. Anc. cathédrale Saint-Fulcran des XIII^e^ (chœur) et XIV^e^ s. (nef). Musée Cardinal-de-Fleury (géologie, paléontologie, archéologie). ▪ L'indus. textile traditionnelle (filatures de laine dès le XIII^e^ s. ; fabriques de draps dont la création fut encouragée par Louvois) est auj. relayée par la bonneterie. Viticulture. Anc. mine d'uranium. ▮ **Histoire** Cap. des Volsques puis cité romaine, la ville fut le siège d'un évêché du IV^e^ s. jusqu'en 1790.

**LODGE (Thomas)** ♦ Poète, romancier, dramaturge et essayiste anglais (West Ham, Essex 1558 - Londres 1625). Bachelier ès arts du Trinity College d'Oxford en 1577, il se mêla aussitôt à la bohème littéraire élisabéthaine, puis fit circuler sous le manteau une *Apologie de la poésie, de la musique et des pièces de théâtre* (1580). Aventureux, il prit part à l'expédition du capitaine Clarke aux Canaries et à Terceira au cours de laquelle il écrivit *Rosalinde* (1590), roman pastoral qui oppose à la vie de cour, artificielle et néfaste, la vie selon la nature, thème fréquent au XVI^e^ s., dont s'inspirera Shakespeare dans *Comme* il vous plaira*. Il voyagea aussi vers le Brésil et le détroit de Magellan, composa un roman en vers, *Les Métamorphoses de Scilla*, et *Une marguerite d'Amérique* (1596) à sujet historique fantaisiste. Il collabora avec Robert Greene pour donner au théâtre une étude de mœurs, *Miroir pour Londres et l'Angleterre*, et se maria avec une catholique dont il adopta la religion. Ses derniers écrits sont didactiques et imbus de ses nouveaux principes moraux. ➝ ÉTYM. *Lodge* signifie «qui vit près d'une petite maison», du moyen anglais *logge*, terme employé pour nommer les constructions temporaires où habitaient notamment les bâtisseurs de cathédrales.

**LODGE (Henry Cabot)** ♦ Homme politique et écrivain américain (Boston 1850 - *id.* 1924). Élu à la Chambre des représentants (1887 - 1893) puis au Sénat (1893 - 1925), il fut l'un des leaders du parti républicain. En 1912, il fit adopter au Sénat la *doctrine de Lodge*, interdisant à tout non-Américain d'acquérir des ports en Amérique. Favorable à l'entrée des États-Unis dans la Première Guerre mondiale, il participa par la suite à la conférence de Washington sur la limitation des armements (1921). Il publia de nombreux ouvrages historiques et politiques. ♦ **Henry Cabot Lodge.** Homme politique américain (Nahant, Massachusetts 1902 - Beverly, Massachusetts, 1985). Petit-fils du précédent. Sénateur républicain (1936 - 1944), puis représentant des États-Unis à l'ONU (1953), il dirigea la délégation américaine à la conférence de Paris sur le Viêtnam (janv. 1969), mais démissionna en nov. 1969.

**LODGE (sir Oliver Joseph)** ♦ Physicien britannique (Penkhull, Staffordshire 1851 - Lake, près de Salisbury 1940). Auteur de recherches sur l'électrolyse et les ondes électromagnétiques, il perfectionna l'appareil de Branly*, qu'il nomma «cohéreur», et l'introduisit dans un circuit comprenant une sonnerie ou un appareil de Morse* et un «décohéreur» à secousses (procédé indiqué par Branly), réalisant ainsi un récepteur prêt à être utilisé industriellement.

**LODGE (David)** ♦ Romancier britannique (Londres 1935). Ses romans, qui se situent volontiers dans le milieu universitaire (il a lui-même été professeur de littérature), épinglent avec une ironie mordante les travers de ses contemporains, plus particulièrement les milieux branchés et pseudo-intellectuels, aux prises avec l'argent, le sexe, le pouvoir. Sa première trilogie est vite devenue un best-seller : *Changement de décor, Jeu de société* (1991) et *Un tout petit monde* (1992).

**LODI** ♦ V. d'Italie, en Lombardie, ch.-l. de prov., sur l'Adda. 40 805 hab. Indus. de la laine. ▮ **Histoire** C'est dans cette ville, appartenant aux Visconti, que fut constituée la *ligue de Lodi* entre Milan, Venise et Florence (1454) qui s'opposa aux Français. Bonaparte y vainquit les Autrichiens le 10 mai 1796, ce qui lui valut la possession de la Lombardie.

**LŌDĪ** ♦ Dynastie afghane de sultans de Delhi*, fondée en 1451 (➝ **Bahlūl Lōdī**), et qui se maintint au pouvoir jusqu'en 1526. Elle n'eut que trois souverains, qui laissèrent à Delhi quelques monuments intéressants.

**LODS (Marcel)** ♦ Architecte français (Paris 1891 - *id.* 1978). Associé de E. Beaudouin*, il édifia notamment la cité de la Muette à Drancy (1932 - 1935) où il adopta la formule des immeubles-tours, dont l'usage se répandit ensuite largement. Avec Beaudouin, il participa à l'édification de la Maison du peuple à Clichy (1937 - 1939), dans laquelle étaient utilisés les prototypes de murs-rideaux dus à Jean Prouvé*. Après la guerre, il réalisa de nombreux édifices dont l'ensemble résidentiel de Marly-les-Grandes-Terres (1958, 1960) avec quatre collaborateurs.

**ŁÓDŹ** ➝ ÉTYM. p.-ê. du mot polon. «barque, petit bateau» (la v. aurait d'abord été un simple débarcadère sur un affl. de la Vistule) ♦ V. de Pologne centrale, ch.-l. de voïvodie. 760 251 hab. Univ. Grand centre culturel (musées, opéra, école cinématographique) et scientifique. ▪ Cap. de l'indus. textile polonaise (laine, coton, confection). Indus. chimique, construc. mécanique. Noyau d'une conurbation cotonnière, groupant plus d'un million d'habitants avec Pabianice*, Piotrków* Trybunalski, Tomaszów* Mazowiecki. – **Voïvodie de Łódź.** 18 219 km². 2 609 300 hab. ▮ **Histoire** Simple bourgade jusqu'en 1821 (800 hab.), la ville prit son essor industriel et urbain sous l'impulsion d'ingénieurs et de tisserands allemands émigrés et devint dès 1840 métropole de l'industrie textile. La *bataille de Łódź*, qui opposa Russes et Allemands (16 nov. - 15 déc. 1914), aboutit à la prise de la ville et à son occupation par les Allemands de 1915 à 1918. Rattachée au Reich allemand de 1939 à 1945, elle posséda l'un des premiers ghettos de Pologne.

**LOEB (Sébastien)** ♦ Pilote de rallye français (Haguenau 1974). Six fois champion du monde des rallyes (de 2004 à 2009), il s'est imposé sur tous les types de terrain.

**LOÈCHE-LES-BAINS** – en all. ***Leukerbad*** ♦ Localité de Suisse (Valais) dans la vallée de la Dala, affl. du Rhône (rive d.), au pied du Balmhorn. Alt. 1 411 m. 1 746 hab. Station thermale.

**LOEILLET** ♦ Famille de musiciens gantois. ♦ **Jean** ou **John Loeillet,** dit **le Loeillet de Londres** (Gand 1680 - Londres 1730). Flûtiste et hautboïste, il fut musicien au Haymarket Theatre de Londres vers 1705 et aurait introduit en Angleterre la flûte traversière. On lui doit des *Lessons* pour clavecin et des sonates pour flûte. ♦ **Jacques** ou **Jacob Loeillet** (Gand 1685 - *id.* 1746). Frère du précédent. Hautboïste, il a laissé des sonates pour flûte. ♦ **Jean-Baptiste Loeillet,** dit **Loeillet de Gand** (né à Gand en 1688). Frère des précédents. Il résida en France où il composa des sonates pour flûte dédiées aux grands personnages de l'époque.

**LŒWENDAHL** ou **LÖWENDAL (Ulrich Frederic Valdemar, comte DE)** ♦ Maréchal de France (Hambourg 1700 - Paris 1755). Son père était fils naturel de Frédéric* III de Danemark. Il servit d'abord l'Autriche (sièges de Temesvár et de Belgrade), puis la Pologne (défaite de Cracovie, 1732), la Russie (siège d'Otchakov) et enfin la France. Il se distingua particulièrement à Fontenoy* (1745), conquit la Flandre et s'empara de Bergen op Zoom (1747).

**LOEWI (Otto)** ♦ Pharmacologue allemand (Francfort-sur-le-Main 1873 - New York 1961). Il étudia l'action de certaines substances chimiques sur les systèmes nerveux autonomes, découvrit l'existence d'un médiateur chimique dans la transmission de l'influx nerveux et identifia l'acétylcholine. [Prix Nobel de physiol. ou méd. 1936, avec H. Dale*]

**LOEWY (Raymond)** ♦ Dessinateur et esthéticien industriel américain d'origine française (Paris 1893 - Monaco 1986). Il fut dessinateur de mode avant de devenir directeur artistique de la Westinghouse Electric. Il fonda sa propre société de dessin industriel (1929), qu'il spécialisa notamment dans l'esthétique industrielle, dont il fut le pionnier aux États-Unis. Auteur de : *The Esthetics of the Locomotive* (1938) et de *La laideur se vend mal* (1952).

**LÖFFLER (Friedrich)** ♦ Bactériologiste allemand (Francfort-sur-Oder 1852 - Berlin 1915). On lui doit la première description du bacille de la diphtérie (ou *bacille de Klebs-Löffler*).

**LOFOTEN** (îles) ♦ Archipel au large de la côte N.-O. de la Norvège, dont il est séparé par le Vestfjord. 1 350 km². 30 000 hab. V. PRINC. : Svolvær. ▪ Pêche à la morue (60 % de la production norvégienne v. 1970, auj. en déclin). Chasse aux eiders. Élevage d'ovins. Indus. des produits de pêche. ▮ **Histoire** Durant la Deuxième Guerre mondiale, raids de commandos britanniques contre les Allemands qui occupaient l'archipel.

**LOGAN** (mont) ♦ Montagne du Canada, dans les monts Saint Elias, au S.-O. du territoire du Yukon*, près de l'Alaska. 5 959 m (point culminant du Canada). ▪ Il a été gravi en 1925.

**Loges** n. f. pl. ♦ Galerie du Vatican, divisée en douze travées voûtées, située au second étage du bras occidental du bâtiment de Bramante (cour Saint-Damase). Leur célébrité vient des scènes bibliques peintes par Raphaël*, qui les décorent.

**logique (La Science de la)** – en all. ***Wissenschaft der Logik*** ♦ Ouvrage de Hegel* (1812 - 1816). Se substituant à l'ancienne métaphysique, la logique hégélienne, à la fois ontologie et gnoséologie, est l'étude du développement dialectique de la pensée (Idée) pure et de ses déterminations. Elle se divise en *logique objective*, théorie de l'Être et théorie de l'Essence, et *logique subjective*, théorie du concept qui s'achève sur celle de l'Idée comme «unité absolue du concept et de l'objectivité». En tant qu'étude de l'Idée pure (en soi et pour soi), la logique constitue également la première partie du *Précis de l'Encyclopédie* des sciences philosophiques*.

**Logique d'Aristote** ➝ **Organon**

La **Logique de la découverte scientifique** ♦ Ouvrage de Karl Popper*. D'abord écrit et publié en allemand à Vienne (*Logik der*

*Forschung*, 1935), puis repris et remanié en anglais (1966), et tardivement traduit en français (1973). Popper y propose un critère de démarcation d'une théorie scientifique : sa structure logique doit permettre une réfutation. Si une théorie n'est pas réfutable ou falsifiable, ce n'est pas une science. Ce qui ne veut pas dire qu'elle soit dépourvue de sens. Mais les théories non scientifiques (par exemple la psychanalyse ou le marxisme) ne peuvent être soumises à des tests permettant, s'ils échouent, d'affirmer que la théorie est fausse. Plus une théorie aura été soumise à des tests sévères et plus son degré de scientificité sera élevé.

**Logique de Port-Royal ou Art de penser** ♦ Œuvre d'A. Arnauld* et Nicole* rédigée pour l'éducation du duc de Chevreuse et publiée en 1662. Tout en restant dans la tradition de la logique aristotélicienne, cette logique, divisée en quatre parties (analyse de l'idée, du jugement, du raisonnement, de la méthode), est marquée par l'influence des méthodes de penser de Bacon et de Descartes et ne peut être séparée de la *Grammaire générale* ou *Grammaire de Port-Royal* (de Lancelot et Arnauld).

**Logique formelle et Logique transcendantale** – en all. ***Formale und transzendentale Logik*** ♦ Ouvrage d'Edmund Husserl* (1929). L'auteur part de l'hypothèse que dans les temps modernes le rapport original entre science et logique s'est inversé : les mathématiques mais aussi la métaphysique doivent être considérées comme des sciences. La logique est un savoir qui porte sur le logos (→ **Recherches logiques**).

**logique inductive et déductive (Système de)** ♦ Œuvre de J. S. Mill* (1843). Manuel de logique empirique, qui fait de l'induction la base de tout raisonnement et des concepts de simples formules abréviatives, cet ouvrage expose en particulier les quatre méthodes : de concordance, de différence, des variations concomitantes et des résidus (→ **Bacon [Francis]**), qui permettent d'établir les relations de causalité entre les faits. Contrairement à Hume, pour qui celles-ci ne reposaient que sur l'habitude, J. S. Mill y voit le résultat d'une induction fondée sur les faits eux-mêmes.

**LOGIS-NEUF (LE)** ♦ Écart de la comm. des Tourettes (Drôme). Centrale hydroélectrique sur une dérivation du Rhône.

**LOGNES** [77185] ➝ ÉTYM. anc. *Laucania sylva* « forêt (lat. *sylva*) de Lauconius (n. de pers. gaul.) » ♦ Comm. de la Seine-et-Marne, arr. de Torcy. 14 215 hab. Élément de la ville nouvelle de Marne*-la-Vallée.

**LOGONE** n. m. ♦ Riv. d'Afrique issue de deux branches, dont la plus importante est le Logone occidental (900 km), né dans l'Adamaoua qui arrose Moundou (Tchad) et reçoit le Logone oriental, venu de la République centrafricaine, puis passe au Cameroun où il trace une partie de la frontière avant de se jeter dans le Chari à N'Djamena. → **Tchad (lac)**.

**LOGROÑO** ♦ V. d'Espagne, cap. de la communauté autonome de La Rioja, sur l'Èbre. 145 866 hab. Centre commercial au milieu des vignobles de La Rioja.

**LOHENGRIN** ♦ Personnage central d'une légende allemande déjà contée par Conrad von Würzburg et par Wolfram* von Eschenbach dans son *Parzival*. La saga de Lohengrin fut composée v. 1250 par un ménestrel de Thuringe, puis remaniée v. 1283 - 1290 par un minnesinger de Bavière. Cette légende, dont certains thèmes sont empruntés au poème français *Le Chevalier au cygne*, se rattache au cycle des romans courtois sur la quête du Graal. Fils de Parzival (selon Wolfram von Eschenbach), Lohengrin fut choisi pour défendre la duchesse Elsa de Brabant ; après l'avoir délivrée de ses vassaux ennemis, il l'épousa en lui faisant promettre de ne point l'interroger sur ses origines ; cette promesse n'ayant point été tenue, Lohengrin repart sur la nacelle tirée par les cygnes qui l'ont amené. Le thème de cette légende fut repris par R. Wagner* dans son opéra *Lohengrin* (1850).

**LOHENSTEIN (Daniel Casper VON)** ♦ Poète, romancier et dramaturge allemand de l'époque baroque (Nimptsch, Silésie 1635 - Breslau 1683). Auteur d'un recueil de poèmes (1689 - 1690) d'un lyrisme un peu maniéré, d'un roman héroïque inachevé évoquant la figure légendaire du « vaillant défenseur de la liberté de l'Allemagne », *Le Magnanime Chevalier Arminius* (1689 - 1690), il fut surtout, avec son rival Gryphius, l'un des principaux créateurs de la tragédie de l'époque baroque ; tout en se montrant pessimiste dans ses analyses psychologiques, il a exprimé nettement ses intentions moralisatrices (*Cléopâtre*, 1661 ; *Agrippine*, 1665 ; *Sophonisbe*, 1680).

**LOIGNY-LA-BATAILLE** [28140] ➝ ÉTYM. *Loigny* : probablt lat. « domaine de Lucanius (n. de pers.) » et *Bataille* (V. ci-dessous) ♦ Comm. de l'Eure-et-Loir, arr. de Châteaudun. 174 hab. (*Lucaniens*). ▪ **Histoire** Le 2 décembre 1870, de violents combats y opposèrent l'armée prussienne à la 1$^{re}$ armée de la Loire, dont la retraite fut couverte par les zouaves pontificaux et les mobiles bretons, commandés par les généraux de Sonis et de Charette.

**LOING** [lwɛ̃] n. m. ➝ ÉTYM. anc. *Luva, Lupa*, d'une rac. hydronym. précelt. *low* (cf. irl. *lo* « eau ») ou du lat. *lupa* « louve » ♦ Rivière du Bassin parisien (166 km), affl. de la Seine. Né dans la Puisaye, le Loing traverse Montargis, Nemours et conflue en aval de Moret. ♦ ***Canal du Loing*** Canal unissant la Loire à la Seine par le canal de Briare.

**LOIR** n. m. ➝ ÉTYM. anc. *Super ledo*, de la rac. hydronym. probablt gaul. *ledo* « flux » ♦ Riv. du Bassin parisien (311 km), affl. de la Sarthe. Le Loir naît dans les collines du Perche, prend en écharpe le sud de la plaine beauceronne et coule, entre haut Maine et Gâtine tourangelle, dans une ample vallée, les *vaux du Loir*, avant de se jeter dans la Sarthe un peu en amont d'Angers. Son principal tributaire est la Braye qu'il reçoit sur sa rive d. en aval de Montoire.

**LOIRE** n. f. ➝ ÉTYM. anc. *Liger*, rac. hydronym. obsc. (le n. a été rattaché à la rac. *lig-* « lie, boue, marais ») ♦ Le plus long des fleuves français (1 012 km), tributaire de l'Atlantique. Son bassin, qui couvre env. 1/5 du territoire français, s'étend sur l'est du Massif central, le sud du Bassin parisien et le sud-est du Massif armoricain. Née à 1 375 m d'altitude au mont Gerbier*-de-Jonc, la Loire prend d'abord la direction du sud, puis son cours s'infléchit brusquement vers le nord et traverse la plaine tertiaire du Puy, encadrée par les massifs volcaniques du Velay et du Vivarais. Franchissant les gorges de Chamalières, elle arrose le bassin du Forez, où elle reçoit le Furens (rive d.), puis la plaine de Roanne à la sortie de laquelle elle reçoit, sur sa rive d., l'Arroux* grossi de la Bourbince*, et sur sa rive g., la Besbre. Elle s'engage alors dans la plaine du Bourbonnais, où elle se grossit des eaux de l'Allier* (rive g.) en aval de Nevers, au bec d'Allier. Quittant le Massif central, elle pénètre dans le Bassin parisien. Son cours s'y infléchit vers le nord en une large courbe dont le sommet est occupé par Orléans. Du Nivernais à l'Anjou, elle s'étale dans une ample vallée à pentes douces, qui prend successivement les noms de Val nivernais, Val d'Orléans, Val* de Loire, Val de Touraine et Val d'Anjou, et où elle reçoit, sur sa rive g., le Loiret*, le Beuvron*, le Cher*, l'Indre* et la Vienne* grossie de la Creuse*, et, sur sa rive d., la Maine*, formée du Loir*, de la Sarthe* et de la Mayenne*. Elle entre, peu après son confluent avec la Maine, dans le Massif armoricain où elle reçoit encore, à Nantes, l'Erdre (rive d.) et la Sèvre Nantaise (rive. g.) avant de se jeter dans l'Atlantique par un long et vaste estuaire. ▪ Le régime, irrégulier, de type pluvionival, enregistre de fortes crues de printemps et d'automne, et des basses eaux estivales qui laissent le lit du fleuve presque à sec, particulièrement dans les sols perméables du Bassin parisien. La navigation fluviale, qui eut une fonction économique de premier plan dès l'époque romaine et jusqu'au XIX$^{e}$ s., ne joue plus qu'un rôle de second ordre, sauf dans l'estuaire, à partir de Nantes, où elle demeure active grâce à de constants drainages. ♦ ***Châteaux de la Loire***, se dit des édifices royaux ou princiers édifiés au XV$^{e}$ s. et pendant la Renaissance dans les régions de Blois, de Tours, dans le Berry et en Anjou. → **Amboise, Azay-le-Rideau, Chambord, Chenonceaux, Valençay, Villandry.**

**Loire. Le château de Chaumont et la Loire.**
*Phot. © Marc Jauneaud/Iconotec/Photononstop*

**Loire** (canal latéral à la) ♦ Canal (196 km) longeant le cours de la Loire entre Roanne (Loire) et Briare (Loiret). Il est prolongé vers le Loing et la Seine par le canal de Briare. Il franchit l'Allier et la Loire sur deux ponts-canaux.

**LOIRE (PAYS DE LA)** → **Pays de la Loire**

**LOIRE** n. f. [42] ➝ ÉTYM. du n. du fl. ♦ Dép. du S.-E. de la France, région Rhône-Alpes. 4 781 km$^2$. 728 524 hab. CH.-L. : Saint-Étienne. CH.-L. D'ARR. : Montbrison, Roanne. Cour d'appel : Lyon. Académie : Lyon. → **Rhône-Alpes.**

**LOIRE (HAUTE-)** → **Haute-Loire**

**LOIRE-ATLANTIQUE** n. f. [44] ♦ Dép. de l'O. de la France, région Pays de la Loire. 6 815 km$^2$. 1 134 266 hab. CH.-L. : Nantes. CH.-L. D'ARR. : Ancenis, Châteaubriant, Saint-Nazaire. Cour d'appel : Rennes. Académie : Nantes. → **Pays de la Loire.**

**LOIRET** n. m. ➝ ÉTYM. anc. *Ligeretus*, dimin. de *Loire** ♦ Riv. du Bassin parisien, résurgence de la Loire dans le dép. du même nom. Jaillie non loin d'Orléans, à Olivet, elle rejoint la Loire (rive g.) après l'avoir longée sur une douzaine de km.

**LOIRET** n. m. [45] → ÉTYM. du n. de la riv. ♦ Dép. du Centre-Ouest de la France, région Centre. 6 343 km². 618 126 hab. CH.-L. : Orléans. CH.-L. D'ARR. : Montargis, Pithiviers. Cour d'appel : Orléans. Académie : Orléans-Tours. → **Centre.**

**LOIR-ET-CHER** n. m. [41] → ÉTYM. du n. des deux riv. ♦ Dép. du Centre-Ouest de la France, région Centre. 6 775 km². 314 968 hab. CH.-L. : Blois. CH.-L. D'ARR. : Romorantin-Lanthenay, Vendôme. Cour d'appel : Orléans. Académie : Orléans-Tours. → **Centre.**

Les **Lois** ou **De la législation** ♦ Sans doute le dernier dialogue de Platon* et le seul dont Socrate soit absent. Un Crétois, un Athénien et un Spartiate discutent de la constitution à donner à une future colonie, cherchant non à décrire la cité modèle *(La République*)*, mais à indiquer les meilleures institutions et lois tenant compte des nécessités pratiques et matérielles. Ce dialogue contient de larges passages où Platon expose ses théories sur l'éducation et certains thèmes essentiels de sa philosophie (problème des dieux et de l'immortalité de l'âme).

**LOISEL (Antoine)** ♦ Jurisconsulte français (Beauvais 1536 - Paris 1617). Il publia en 1607 les *Institutes coutumières*, recueil de coutumes.

**LOISON-SOUS-LENS** [62218] → ÉTYM. du lat. *Lautio*, n. de pers., et suff. *-onem* ♦ Comm. du Pas-de-Calais, banl. E. de Lens. 5 579 hab.

**LOISY (Alfred)** ♦ Exégète français (Ambrières, Marne 1857 - Ceffonds, Haute-Marne 1940). Prêtre (1879), professeur d'hébreu puis d'Écriture sainte à l'Institut catholique de Paris, fondateur de la revue *L'Enseignement biblique* et auteur d'une *Histoire critique du texte et des versions de l'Ancien Testament* (1892), il dut démissionner de sa chaire en 1893. La publication de *L'Évangile et l'Église* (1902), où il tentait d'inscrire les dogmes chrétiens dans une perspective historique qui en relativisait la formulation, le plaça en première ligne de la crise moderniste **(→ modernisme, Pie X)**. Ses livres furent mis à l'Index (1903), et lui-même fut excommunié en 1908. Devenu professeur d'histoire des religions au Collège de France (1909 - 1933), il s'attacha à l'étude d'une «religion de l'humanité» et publia de nombreux livres, dont *La Morale humaine* (1923) et les *Mémoires pour servir à l'histoire religieuse de notre temps* (1930 - 1931).

**LO-JOHANSSON (Ivar)** ♦ Écrivain suédois (Ösmo, Södermanland 1901 - Stockholm 1990). Issu d'un milieu de journaliers agricoles particulièrement déshérités, autodidacte, il est le représentant le plus significatif du mouvement dit «prolétaire*» suédois, qui a accompagné la montée de la social-démocratie dans ce pays, et contribué à la promouvoir. Plus agressif et doctrinaire que la plupart de ses confrères, il a défendu la cause de la justice sociale dans des romans souvent durs (*Godnatt, Jord*, «Bonne nuit, terre», 1933 ; *Bara en mor*, «Rien qu'une mère», 1939) et on le crédite d'une tentative assez réussie de «roman collectif» (*Traktorn*, «Le Tracteur», 1943). À partir d'*Analfabeten* («L'Analphabète», 1951), il se consacra à une série d'œuvres autobiographiques.

**LOKEREN** ♦ Comm. de Belgique (Région flamande), prov. de Flandre-Orientale, arr. de Sint-Niklaas, sur la Durme prolongée par le Moervaart. 38 276 hab. Monuments des XVIIᵉ et XVIIIᵉ s. (hôtel de ville, églises). Réserve naturelle de Molsbroek. ▪ Indus. textile.

**LOKEŚVARA** ♦ Divinité bouddhique vénérée surtout dans le Sud-Est asiatique, où elle est considérée comme une combinaison d'Avalokiteśvara* et de Shiva*, notamment au Cambodge. Au Tibet, cette divinité n'est qu'une forme d'Avalokiteśvara.

**LOKI** → ÉTYM. de l'isl. *lygi* «mensonge» et *logi* «flamme» (désigne un dieu tricheur et un dieu du feu) ♦ Dieu ou démon de la mythologie germanique, personnage astucieux, souvent bouffon, parfois néfaste. Il fait forger par des nains l'anneau Draupnir **(→ Odin)** et le marteau Mjöllnir **(→ Thor)**. Il cause la mort de Balder*, mais, en punition, il est lié au-dessous d'un serpent dont le venin lui coule sur le visage ; sa douleur cause les tremblements de terre.

**LOKMAN** → **Luqmān**

**Lola Montès** ♦ Film franco-allemand de Max Ophuls* (1955), avec Martine Carol, Peter Ustinov. La biographie d'une courtisane de haut vol, ayant fini sa scandaleuse carrière comme acrobate de cirque, a été «détournée» en une chatoyante et cruelle allégorie du spectacle moderne. Le film est le testament d'un cinéaste qui résume sa conception de la vie et du cinéma, fondée sur la hantise du mouvement : mouvements de valse, mouvements de société, mouvements du cœur. Ses recherches baroques rencontrèrent l'incompréhension du public et la fureur des producteurs, qui remontèrent le film contre son gré. Après la mort d'Ophuls, *Lola Montès* connut une réhabilitation triomphale.

**Lolita** ♦ Roman de Vladimir Nabokov* (1955). Histoire d'amour cocasse et tragique d'un quinquagénaire, Humbert Humbert, pour une nymphette de douze ans, lui rappelant une passion de son adolescence. Humbert épouse la «mère égoïste» pour rester auprès de l'«enfant réfractaire» ; à la mort de la mère, il arrive à ses fins. Humbert et Lolita accomplissent alors deux longues randonnées transcontinentales qui sont prétexte à une vision satirique et sévère des États-Unis. Humbert écrit sa «confession» en prison, où il attend d'être jugé, car Lolita a fini par l'abandonner pour un autre et il a tué son rival. Ce roman, d'abord jugé pornographique, parut en anglais à Paris où il déclencha des remous judiciaires, puis aux États-Unis (1958). Il apporta à son auteur une célébrité amplifiée par le film de S. Kubrick (1962), dont Nabokov signa le scénario.

**LOLLAND** ou **LÅLAND** ♦ Île du Danemark, municipalité du Sjælland, dans la Baltique, reliée à l'île de Falster par un pont. 1 150 km². 67 908 hab. CH.-L. : Maribo. Château fort (XIIᵉ s.), parc safari. ▪ Plate et de sol fertile, elle produit des céréales (seigle, avoine) et de la betterave à sucre. Sucreries.

### lollards

n. m. pl. → ÉTYM. de l'anc. angl. *lollen* «grogner, marmonner» ♦ Hérétiques anglais des XIVᵉ et XVᵉ s. Les premiers disciples de Wyclif* s'attaquaient aux coutumes ecclésiastiques et réclamaient le retour à la pauvreté. D'abord théologique, le mouvement devint social vers la fin du XIVᵉ s. ; il inspira des révoltes populaires et, malgré la répression, connut un renouveau au début du XVIᵉ s. où il contribua au mouvement qui suscita la Réforme.

**LOLLOBRIGIDA (Gina)** ♦ Actrice italienne (Subiaco 1927). Elle connut la célébrité en 1951 avec *Fanfan la Tulipe*, et poursuivit une carrière internationale, incarnant à l'écran le type de la «ragazza», alliant la sensualité à la vivacité et à la fantaisie. Parmi ses nombreux films, on peut citer *Les Belles de nuit* (1952), *Pain, Amour et Fantaisie* (1953) et sa suite *Pain, Amour et Jalousie* (1954), *La Belle Romaine* (1954), *La Loi* (1958), *Ce merveilleux automne* (1969), *Les Aventures de Pinocchio* (1972).

**LOM** – anc. *Lom Palanka* ♦ V. de Bulgarie septentrionale et port fluvial sur la rive d. du Danube. 35 077 hab. Lignite.

**LOMAS DE ZAMORA** ♦ V. d'Argentine, dans l'aggl. de Buenos Aires. 572 000 hab.

**lombarde (Ligue)** ♦ Ligue fondée en 1167 par les villes de Lombardie (Milan, Pavie, Crémone, Venise, Modène, Padoue, Plaisance, Ferrare...) sous le patronage du pape Alexandre* III contre Frédéric* Barberousse, qu'elle vainquit à Legnano (1176). ♦ ***Deuxième Ligue lombarde*** Ligue fondée en 1225, également sous le patronage du Saint Siège, contre Frédéric* II qu'elle vainquit à Fossalta (1249).

**LOMBARDIE** n. f. – en it. *Lombardia* ♦ Région d'Italie. → **Italie** (carte). 23 856 km². 9 032 554 hab. *(Lombards)*. CH.-L. : Milan. Elle comprend les provinces de Bergame, Brescia, Côme, Crémone, Mantoue, Milan, Pavie, Sondrio et Varèse. ▮ **Géographie** La Lombardie est divisée en deux grands ensembles nettement individualisés. Au N., les hauts massifs cristallins de la zone alpine formée d'une partie des Alpes lépontiennes et rhétiques, des Alpes bergamasques, des massifs de l'Ortler et de l'Adamello, culminent à la Bernina (4 049 m). L'érosion glaciaire a sculpté les pics, évidé les vallées (Valteline) et formé des lacs (Iseo et Côme, Majeur, Lugano, Garde). Vers le S., une zone discontinue de collines (Brescia, Bergame) sépare la montagne de la plaine. Celle-ci est constituée de hautes terrasses issues de remblaiements glaciaires, d'amphithéâtres et de collines morainiques (Ivrée, Brianza, Varesotto), séparées de la zone fertile par l'étroite ligne des *fontanili*. La Lombardie est une région urbaine, dont Milan, avec ses banques, la convergence des axes de transport, et des industries diversifiées qui se diffusent vers le Nord, forme le cœur. L'activité industrielle fait de la Lombardie la première région économique d'Italie. La métallurgie (aciéries, machines-outils, automobiles) et les industries chimiques se localisent dans la banlieue milanaise (Sesto San Giovanni), à Brescia et à Crémone. L'industrie textile est dispersée dans toute la région, alors que les industries d'art sont concentrées à Milan. Le sud de la région est délaissé, sauf sur l'axe Milan-Bologne, tandis que le Nord est très actif. Cette dissymétrie vient de ce que la Lombardie est une région plus tournée vers l'Europe rhénane que vers la péninsule italienne. Le potentiel hydroélectrique est très important (vallées du Mincio, de l'Adda, de l'Oglio). Les Alpes lombardes jouissent d'un équipement touristique élaboré (stations d'altitude

**Lombardie.** Lac Majeur, village d'Intra. *Phot. © Giuglio/Monde/Hémisphères*

et de sports d'hiver, région des lacs). La vie rurale, intense, est dominée par de grosses fermes fortement mécanisées où l'on cultive le blé, le maïs, le riz, la betterave à sucre. On élève des porcs et des bovins (la région fournit la moitié de la production laitière italienne). ■ **Histoire** Occupée par les Gaulois puis par les Romains, cette région tient son nom de la conquête par les Lombards* (568 - 572). Conquise par Charlemagne en 774, elle devint, en 843, royaume d'Italie, et passa à l'empereur germanique Othon* I<sup>er</sup> le Grand en 951. Les villes lombardes (Milan, Pavie, Crémone) se liguèrent pour vaincre Frédéric* I<sup>er</sup> Barberousse en 1176. → **lombarde (Ligue).** La Lombardie fut partagée entre Venise et Milan au XIV<sup>e</sup> s. La France et l'Autriche s'opposèrent en Milanais qui fut finalement annexé par Charles Quint (1535), puis passa aux Habsbourg d'Espagne (1556) et ensuite à l'Autriche (1714). République cisalpine (1797), puis royaume d'Italie (1805), la Lombardie fut finalement rendue à l'Autriche et forma avec la Vénétie le royaume lombardo-vénitien ou lombard-vénitien (1815 - 1859). Elle entra dans le royaume d'Italie en 1859 et la Vénétie en 1866.

**LOMBARDS** n. m. pl. ← ÉTYM. en lat. *Longobardi* ou *Langobardi*, p.-ê. du germ. «longues *(lang)* barbes *(bart)*» ♦ Peuple germanique établi sur le cours inférieur de l'Elbe au I<sup>er</sup> s., puis sur le Danube moyen au II<sup>e</sup> s. Établis en Pannonie à la fin du V<sup>e</sup> s., les Lombards détruisirent le royaume des Hérules* v. 505 puis, de concert avec les Avars, le royaume des Gépides* en 567. Ils conquirent la plaine du Pô sous Alboïn* (568 - 572). → **Lombardie.** Cependant, malgré l'établissement d'une trentaine de duchés et de comtés lombards, la conquête de l'Italie était loin d'être achevée, les Byzantins occupant toujours les côtes et l'exarchat de Ravenne. Les Lombards n'occupèrent Gênes qu'en 640 sous Rotharis*, Ravenne en 751 ; l'Italie du Sud et les îles leur échappèrent. Le roi Liutprand* (712 - 744) attaqua l'exarchat et la Pentapole. Leur menace se faisant plus précise, le pape s'allia aux Francs (754). Pépin* le Bref mena deux expéditions victorieuses contre Aistolf* en Italie, puis, les Lombards ayant à nouveau attaqué Rome (772), Charlemagne* força le roi Didier* à la capitulation et ceignit la couronne de fer des Lombards (774). → **Donation de Pépin.** Les duchés de Salerne et de Bénévent restèrent indépendants jusqu'à la conquête normande du XI<sup>e</sup> s.

**LOMBOK** ♦ Île de l'archipel indonésien, située à l'E. de Bali dont elle est séparée par le *détroit de Lombok*, large de 18 km, et zone de passage des supertankers et des sous-marins. 4 725 km². 2 400 000 hab. C'est une île volcanique (mont Rinjani, 3 726 m) dont une partie est fertile (rizières) et l'autre, déshéritée. Grand lac volcanique Segera Anak de 1 126 ha et 230 m de profondeur. Située tout près de Bali, Lombok s'ouvre de plus en plus au tourisme.

**LOMBROSO (Cesare)** ♦ Criminologiste italien (Vérone 1835 - Turin 1909). Partisan du positivisme, il se consacra à l'étude des problèmes juridiques (droit pénal). Ses recherches sur les causes physiologiques et psychologiques de la criminalité font de lui, avec E. Ferri*, un des fondateurs de la criminologie moderne. Il a écrit *L'Homme criminel* (1875, trad. fr. 1887), *Le Crime, causes et remèdes* (1900).

**LOMÉ** ← ÉTYM. d'un mot local *lumé* «petit marché» ou de *Alomé* «lieu des alos (arbustes)» ♦ Cap. du Togo sur le golfe de Bénin, à l'O. du pays près de la frontière du Ghana. 921 000 hab. *(Loméens).* Tête de ligne de voies ferrées desservant le N.-O. (→ **Atakpamé**) et l'O. du pays (→ **Kpalimé**). Microclimat sec. Univ. de Bénin. ■ Centre de commerce et industriel (huileries, brasseries, savonneries, minoteries, égrenage du coton). Port pour l'exportation de phosphates.

**LOMÉNIE DE BRIENNE (Étienne Charles DE)** ♦ Prélat et homme politique français (Paris 1727 - Sens 1794). Ami des philosophes, il n'en devint pas moins évêque de Condom (1760) et archevêque de Toulouse (1763). Nommé président de l'Assemblée des notables (1787), il s'opposa à Calonne*, dont il devait pourtant reprendre la politique quand il lui succéda (1787 - 1788). Ne pouvant faire adopter ses mesures par le Parlement, il dut faire des emprunts successifs et envisager la réunion des états généraux, encore avancée devant la gravité de la situation financière. Il quitta le ministère après la suspension des paiements du Trésor, fut nommé archevêque de Sens (1787) et cardinal (1788). Il fut déchu lorsqu'il prêta serment à la Constitution civile du clergé, et néanmoins emprisonné en 1793. [Acad. fr. 1770]

**LOMME** [59160] ← ÉTYM. langue d'oïl «l'orme» ♦ Anc. ch.-l. de cant du Nord, qui a fusionné avec Lille en 2000.

**LOMMEL** ♦ Comm. de Belgique (Région flamande), prov. de Limbourg, arr. de Maaseik, à la frontière des Pays-Bas, sur le canal de Campine. 32 141 hab. Autrefois, village des *Teuten* (marchands ambulants transfrontaliers). ■ Construc. électriques. Anc. usine de zinc. Centre de vacances (parcs de loisirs, sentiers pédestres). Réserve naturelle de Wateringen.

**LOMOND** (loch) ♦ Plus grand lac d'Écosse occidentale (38 km²), d'origine glaciaire, situé dans le parc Loch Lomond and The Trossachs. Ses rives sont un des centres touristiques fréquentés par les habitants de Glasgow.

**LOMONOSSOV (Mikhaïl Vassilievitch)** ♦ Écrivain et chimiste russe (Denissovka, auj. Lomonossovo 1711 - Saint-Pétersbourg 1765). Issu d'une famille de pêcheurs, il fit ses études à l'université de Marburg (1736 - 1741), et devint membre de l'Académie des sciences de Saint-Pétersbourg (1741), puis professeur de chimie (1745). En 1755, il fonda l'université de Moscou*. Esprit universel, il écrivit une *Introduction à la vraie chimie physique* (en latin, 1752), la *Dissertation sur les devoirs des journalistes dans l'exposé qu'ils donnent des ouvrages destinés à maintenir la liberté de philosopher* (en français), et divers traités (*Sur l'utilité de la chimie*, 1751 ; *Sur les phénomènes atmosphériques provenant de la force électrique*, 1753 ; *Sur l'origine de la lumière*, 1756 ; *Guide abrégé de rhétorique*, 1748 ; *Grammaire russe*, 1757 ; *Réflexions sur l'utilité des livres d'église dans la langue russe*, 1758). Dans ces derniers ouvrages, il énonça sa théorie des trois styles (élevé, moyen et bas) en confirmant la versification syllabo-tonique pratiquée par Trediakovski*. Surnommé le «Père de la littérature russe moderne», il publia plusieurs odes (*Sur la prise de Khotine*, 1739, publ. en 1751 ; *Réflexion matinale sur la majesté de Dieu*, 1751), un poème didactique (*Épître sur l'utilité du verre*, 1753) et deux tragédies (*Tamiré et Selim*, 1750 ; *Demophont*, 1752). Il est également l'auteur d'une *Histoire de l'ancienne Russie jusqu'en 1054* (1754 - 1758, publ. en 1766). ← ÉTYM. Ce nom russe signifie «nez cassé» (surnom).

**LOMONT** n. m. ♦ Rebord septentrional du Jura français coupé par le Doubs en amont de Pont-de-Roide. Alt. 841 m.

**LONDE-LES-MAURES (LA)** [83250] ← ÉTYM. *La Londe*, du n. du sieur de La Londe qui s'y fit construire une maison au XVII<sup>e</sup> s. et *Maures** ♦ Comm. du Var, arr. de Toulon. 8 749 hab.

**LONDERZEEL** ♦ Comm. de Belgique (Région flamande), prov. du Brabant flamand, arr. de Halle-Vilvoorde. 17 452 hab. Église du XIII<sup>e</sup> s. ■ Indus. chimique, alimentaire (brasserie). Fabriques de meubles. Construc. métalliques.

**LONDON (John Griffith, dit Jack)** ← ÉTYM. du n. de son beau-père John *London* ♦ Romancier américain (San Francisco 1876 - Glen Ellen, Californie 1916). Fils naturel d'un astrologue et d'une spiritiste, il fut marin, «pirate de bancs d'huîtres», garde-côtes, chercheur d'or au Klondike, ouvrier et vagabond (*Martin Eden*, 1909, est autobiographique). Son enfance très dure, à la limite de la misère, et une vitalité que l'alcool devait tôt miner lui inspirèrent le sens de la débrouillardise et de la survie du plus fort. Cet autodidacte avait lu Nietzsche, H. Spencer, Darwin, K. Marx et tiré de cette culture hétéroclite un racisme doublé d'un socialisme généreux et bizarrement individualiste. Il a évoqué avec vivacité le monde animal (*L'Appel de la forêt*, 1903 ; *Croc-Blanc*, 1906), symbole pour lui du monde humain. *The Iron Heel* (1907) prévoit la venue du fascisme. *Le Peuple d'en bas* (1903) dépeint l'atroce misère des taudis londoniens où il vécut longtemps. *Le Loup des mers* (1904) donne l'image d'un «surhomme» nietzschéen. Hanté par la malchance, London se suicida.

**LONDON (Fritz)** ♦ Physicien américain d'origine allemande (Breslau, auj. Wrocław 1900 - Durham, Caroline du Nord 1954). Auteur, avec Heitler*, d'une théorie de la liaison de valence basée sur la mécanique ondulatoire (1927), il élabora la première théorie phénoménologique des propriétés électrodynamiques de l'état supraconducteur (1934).

**LONDON** → **Londres**

**LONDON** ♦ V. du Canada (Ontario), entre Detroit et Toronto. 352 395 hab. (zone urbaine : 457 720 hab.) Université. Centre commercial et financier d'une riche région agricole. Indus. diverses (alimentaires, mécaniques et électriques, textiles). Constr. de locomotives diesel.

**LONDONDERRY** ou **DERRY** ← ÉTYM. en irl. ***Doire*** «chênaie», *London* fut ajouté en 1613 à la suite de la décision de Jacques I<sup>er</sup> d'accorder une concession aux guildes de marchands de Londres ♦ V. d'Irlande du Nord, ch.-l. de comté, sur le lough Foyle. 105 066 hab. Jadis centre indus., la ville a été, depuis 1969, le siège de conflits entre catholiques et protestants, ces derniers plus nombreux dans la ville mais minoritaires dans le comté. L'éloignement, la crise et les troubles en ont longtemps fait une ville sinistrée, mais la situation s'améliore depuis les accords de paix de 1998. ■ **Histoire** La v. fut fondée en 546 par saint Colomban.

**LONDRES (Albert)** ♦ Journaliste français (Vichy 1884 - en mer 1932). Il fut l'un des premiers à accomplir des reportages internationaux et travailla pour *L'Excelsior*, *Le Petit Parisien* et *Le Journal*. Il mourut dans l'incendie du *Georges-Philippar*, dans l'océan Indien. Il a laissé de nombreux livres (*Au bagne*, 1923, où il dénonçait le régime pénitentiaire en Guyane ; *Le Chemin de Buenos Aires*, 1927 ; *Pêcheurs de perles*, 1931). ■ Un prix de journalisme a été fondé sous son nom.

**LONDRES** ← ÉTYM. en angl. ***London*** ; appelée *Llyn-Din* «Fort du lac» par les Celtes, *Londinium* par les Romains, p.-ê. de *°Londinos*, n. de pers., du celt. *°londo* «sauvage» ♦ Cap. du Royaume-Uni de Grande-Bretagne et d'Irlande du Nord, dans le S.-E. de l'Angleterre, sur la Tamise. L'agglomération compte 7 172 036 hab. *(Londoniens).* L'aggl. londonienne est divisée administrativement en 32 *boroughs*, auxquels il faut adjoindre la City* qui bénéficie d'un statut particulier hérité du Moyen Âge. Pour des raisons d'efficacité, non dénuées d'arrière-pensées politiques, l'organisme responsable du Grand Londres, le Greater London Council, créé en 1963, a été supprimé en 1986. À l'issue d'un référendum en 1998, une Autorité du Grand

Londres a été créée en 2000, avec une assemblée de 25 membres et un maire élu pour 4 ans. Résidence de la famille royale, Londres est la capitale politique, culturelle et financière, et le premier ensemble portuaire de Grande-Bretagne. Son influence nationale ne cesse de croître. C'est, après New York, la 2e place financière mondiale, et la 1re ville, avec Paris, dans la hiérarchie urbaine européenne. Elle accueillera les jeux Olympiques en 2012.

**URBANISME** Londres s'est développée sur la Tamise, à l'endroit où le passage N.-S. devenait possible sur le site actuel de Tower Bridge. **La City et Westminster** Il existait, à l'origine, deux villes, la City où se regroupaient les marchands, et Westminster*, siège du pouvoir royal, puis parlementaire. La spéculation foncière modifie profondément le quartier et les immeubles modernes remplacent les anciens bâtiments dans le centre de la City et sur ses marges (nouvel immeuble de la Lloyd's, quartier d'affaires du Barbican Centre). La cité de Westminster regroupe les ministères et l'essentiel des bâtiments administratifs. **Le West End et l'East End** Au XIXe s. la ségrégation spatiale opposait les quartiers huppés du West End (Kensington, Chelsea, Mayfair, Marylebone, Belgravia) aux quartiers populaires et d'entrepôts de l'East End (Whitechapel, Newham, Hackney, Southwark, les docks). L'évolution socioéconomique des dernières décennies, la pression et la spéculation foncière ont modifié les composantes de l'habitat. Les immeubles des quartiers du West End les plus proches du centre sont transformés en bureaux alors que la population émigre vers les banlieues. Aux classes populaires de l'East End succèdent les classes moyennes ; les anciens entrepôts sont soit démolis pour être remplacés par des immeubles, soit transformés en lofts. Toutefois des ghettos subsistent, accueillant des populations d'immigrés du Commonwealth. **La rénovation des docks** L'opération de rénovation la plus spectaculaire se réalise dans les anciens docks impériaux à l'E. de l'agglomération, sur les rives de la Tamise : l'évolution du conditionnement maritime (conteneurisation) ayant entraîné l'abandon des anciens docks au profit des sites vers l'aval de l'estuaire, une opération de réhabilitation visant à les transformer en marinas, ports de plaisance, résidences et bureaux, a vu le jour en 1975. Encouragée par le gouvernement conservateur qui y voyait l'occasion de modifier le comportement électoral de la capitale, elle doit permettre le rééquilibrage de l'agglomération vers l'E. L'île aux Chiens, rénovée, abrite un grand complexe commercial au pied de la tour de Canary Wharf (2002). Le développement se fait en tache d'huile à partir du centre, mais il semble être limité par la ceinture verte et l'autoroute circulaire M25. **Les axes de communication** L'Eurostar, mis en service en 1994, emprunte le tunnel sous la Manche et relie Londres à Paris et à Bruxelles. Un péage a été instauré pour la circulation automobile dans le centre de Londres en 2003. C'est autour des axes de communication, aéroports (Heathrow, Gatwick, Stansted, Luton) et autoroutes rayonnantes, que se structurent les nouveaux pôles de l'agglomération. Dans la prolongation du West End, Esher, Staines, Watford, Windsor, la vallée de la Tamise suivent la localisation des activités de pointe (informatique, bureautique, centres de recherches) qui sont les points clés de la croissance. Les logements se créent à la même vitesse que les entreprises. La M4, qui passe par Staines, Slough, Bracknell, Maidenhead, atteint maintenant Reading. La M1, vers le N. (Saint Albans, Hemel Hampstead, Luton) atteint Milton Keynes, la ville de Grande-Bretagne ayant le plus fort taux de croissance. **Les villes nouvelles** L'auréole des villes nouvelles construites à partir de 1947 pour décongestionner la capitale est progressivement rejointe. Les campagnes du Surrey, de l'Essex et du Kent sont à leur tour rattrapées par les migrations pendulaires et la spéculation foncière. La zone d'influence de Londres s'étend sur tout le S. du pays et rencontre celles de Birmingham au N. et de Bristol à l'O. Mais ces pôles sont plus des relais de la puissance londonienne que des métropoles européennes à part entière. Seules, Manchester, Glasgow et Édimbourg ont une certaine autonomie.

**Londres.** Le pont du Millenium et Saint-Paul vus depuis la Tate Modern.
*Phot. © Jean-Marc Vernier*

**ÉCONOMIE** L'activité économique s'est modifiée (développement des secteurs électrique et électronique, de la construction, de l'imprimerie). **La City** La City a conservé de son origine les attributs de la puissance financière. Là se fixent le marché mondial du fret maritime, le marché à terme des métaux non ferreux (Plantation House), les cours mondiaux des produits exotiques (café, thé, cacao, sucre). C'est le siège de la Bourse des valeurs (Stock Exchange), de la Banque d'Angleterre, de banques d'affaires et de dépôts britanniques, de filiales des banques étrangères, des principales compagnies d'assurance et de réassurance (Lloyd's), d'entreprises nationales et multinationales. La City accueille dans la journée plus de 350 000 salariés pour une population résidente de moins de 4 000 hab. **Le port** Le port de Londres, premier port du monde au début du XXe s., décline. Le tirant d'eau ne permet plus aux navires de remonter la Tamise, les docks sont abandonnés, la fonction de redistribution, d'emporium a disparu. L'essentiel des activités s'est déplacé vers l'aval, en direction de Tilbury et des rives de la Medway, mieux équipés pour la manutention des conteneurs et la technique du Ro-Ro (*roll on-roll off,* manutention par roulage), ainsi que pour l'accueil des pétroliers de gros tonnage. Cependant, les véritables avant-ports de Londres ne sont plus sur la Tamise, mais sur les côtes du Kent et du Suffolk. Douvres et Felixstowe concurrencent Southampton dans le Hampshire.

**VIE CULTURELLE** Londres est l'une des capitales mondiales de la culture. La richesse de ses musées (British Museum, National Gallery, Tate Britain et Tate Modern, Victoria and Albert Museum), ses nombreux monuments (Westminster Abbey, cathédrale Saint-Paul, Buckingham Palace, Tour de Londres, Tower Bridge), ses parcs (Hyde Park et Kensington Park) en font la principale ville touristique de Grande-Bretagne, même si elle semble coupée de son fleuve. Les bibliothèques, la vie artistique (théâtre, ballets de Covent Garden, orchestres symphoniques dont le London Symphony Orchestra et groupes de musique pop ou rock), les grandes artères et places (Strand, Mayfair, Piccadilly, Trafalgar Square), Soho et ses ressources hôtelières attirent les foules et en font après Paris et Bruxelles la 3e ville de congrès en Europe. Londres est le siège d'universités prestigieuses (University College, London School of Economy) et la capitale de la presse nationale. Si la plupart des journaux ont toujours leur siège dans Fleet Street, dans la City, on constate une délocalisation vers les faubourgs de l'O.

**HISTOIRE** Les Romains firent de la ville, de 43 à 430, un centre commercial d'entrepôts et de transit. **Le Moyen Âge** Pendant la période anglo-saxonne (430 - 1066), l'abbaye de Westminster prit une grande importance. Guillaume le Conquérant fortifia la façade portuaire de la Cité *(City)* et fit construire la Tour de Londres, à la fois palais royal, forteresse et prison. Au cours de la troisième croisade qui entraîna l'absence de Richard Ier, Londres devint une commune dotée d'un maire à la française. Au Moyen Âge, Londres était entourée de *fields* («champs») comme Moorfields, Hampstead et Haymarket, qui ravitaillaient la ville ; ils ne disparurent qu'au XVIIIe s. Les libertés de la Cité de Londres furent garanties par la Grande Charte de 1215 (arrachée à Jean sans Terre). En 1381, une révolte de paysans, fomentée par Wat Tyler, éclata ; la ville fut incendiée et le roi Richard II dut se réfugier dans la Tour. La guerre des Deux*-Roses (1455 - 1485), décimant l'aristocratie anglaise, favorisa l'essor des riches bourgeois de la capitale. L'imprimerie fut introduite à Westminster par William Caxton, l'école Saint-Paul fondée par John Colet. Un palais fut érigé à Hampton* Court par le cardinal Wolsey. **Des Tudors aux émeutes de la fin du XVIIIe s.** La vocation maritime de Londres, encouragée par les Tudors, souffrait alors de la concurrence de la marine hollandaise contre laquelle fut promulgué l'acte de navigation de 1651. Sir Thomas Gresham fonda la Bourse en 1571 dans une ville qui comptait plus de 200 000 hab. La vie intellectuelle et artistique s'était développée à l'époque élisabéthaine : la compagnie de W. Shakespeare s'était installée à Lambeth, au Globe* Theatre. Sous Jacques Ier, les catholiques et Guy Fawkes décidèrent de faire sauter le Parlement et d'assassiner le roi, mais cette conspiration des Poudres* (1605) échoua (l'événement est encore célébré chaque année, le 5 nov. par des feux de joie). C'est à Whitehall que Charles Ier tenait une cour brillante, accueillant Inigo Jones, Rubens, Van Dyck. Après l'exécution du roi (1649), Cromwell, devenu lord-protecteur, s'installa à Whitehall jusqu'à la Restauration. De 1660 à 1669, l'histoire de Londres est connue dans tous ses détails grâce au journal de Samuel Pepys* : en 1665, la grande peste *(the Great Plague),* évoquée par Daniel De* Foe, emporta plus de 90 000 Londoniens. En 1666, le grand incendie *(the Great Fire)* fut plus dévastateur que les bombes allemandes de la Deuxième Guerre mondiale. En 1664 déjà, les Hollandais, alors en guerre contre les Anglais, avaient incendié Chatham. Christopher Wren*, à qui l'on doit la cathédrale Saint-Paul, ouverte en 1697, rebâtit Londres, et Kensington prit de l'importance grâce à Guillaume III (1689 - 1702) qui s'y établit. En 1685, une colonie huguenote s'installa à Soho et fut à l'origine de ce quartier cosmopolite. Il fallut attendre l'ère georgienne (1714 - 1837) pour qu'un second pont sur la Tamise fût construit à Westminster en 1750. En 1780, éclatèrent les émeutes

**Londres.** Oxford Street la nuit. © *PhotoDisc*

de Gordon décrites par Dickens dans *Barnaby Rudge*. Elles aboutirent à la destruction de la prison de Newgate. **Le XIXe s.** Le début du XIXe s. marqua l'adoption des nouveautés techniques et le développement rapide de la ville. J. Nash* créa un ensemble urbain important (Regent's Street et Regent's Park). C'est en 1805, à Piccadilly Circus, qu'apparut le premier éclairage au gaz, en 1829 le premier omnibus, en 1836 le premier train à vapeur. Le corps des agents de police londoniens fut aussi créé en 1829 par sir Robert Peel (d'où leur surnom de *peelers* ou *bobbies*, abrév. de *Robert*). L'ère victorienne (1837 - 1901), pendant laquelle l'agglomération dépassa rapidement 2 500 000 hab. (1851), vit l'Exposition universelle de 1851 (Crystal Palace) et la construction du premier chemin de fer métropolitain (1862). Première ville d'Europe et l'une des plus grandes agglomérations du monde, capitale et «poumon» de l'empire, centre intellectuel de premier plan où s'élabora la critique du système que la ville symbolisait (Marx y écrivit *Le Capital* en 1864), Londres attira aussi les artistes. À Chelsea, les préraphaélites* (→ **Hunt [William], Millais, Rossetti**), peintres épris de nature et de pureté, s'opposèrent au style artistique régnant. À la fin du XIXe s., Londres était le plus grand centre bancaire et commercial du monde, l'un des pôles mondiaux de décision politique. **Depuis le XXe s.** Cependant, les inégalités sociales s'y reflétaient de manière de plus en plus nette et les difficultés de croissance des très grandes agglomérations s'y manifestèrent de plus en plus entre les deux guerres mondiales. La vie intellectuelle demeurait intense (→ **Bloomsbury**). Le *Blitz* hitlérien, de sept. 1940 à juil. 1941, détruisit ou endommagea gravement le centre de la ville. La reconstruction, entreprise sitôt après la guerre, a sensiblement modifié, par l'introduction d'une architecture résolument moderne, l'aspect traditionnel sombre et enfumé de la City. ***Le Grand Londres*** Le Grand Londres *(Greater London)* s'est agrandi d'une «auréole» de villes nouvelles, moins denses, moins rectilignes que les banlieues construites avant la guerre («ceinture verte») ; mais le plan d'aménagement de Londres conditionne la structuration urbaine de tout le S.-E. de l'Angleterre et pose de difficiles problèmes. ***Une ville cosmopolite*** Sur le plan social, l'atmosphère de Londres s'est profondément modifiée depuis 1950, la décolonisation entraînant l'arrivée d'une importante population de couleur, l'évolution des mœurs faisant de la ville le refuge de nombreux beatniks, puis hippies. Londres devint la capitale du rock et de la mode. Après Madrid, Londres a été victime du terrorisme international et a été touchée en juil. 2005 par plusieurs attentats liés à la politique étrangère de la Grande-Bretagne, revendiqués par al-Qaida. ♦ ***Conférences internationales de Londres*** La première (1827 - 1832) réunit les représentants de la France, de la Grande-Bretagne et de la Russie sur la question gréco-turque (après la signature du *traité de Londres* de juil. 1827) et aboutit à l'envoi de forces françaises en Grèce (expédition de Morée, 1828), qui devint autonome à la paix d'Andrinople (1829). ▪ À la seconde (1830 - 1831), participèrent également les représentants de l'Autriche et de la Prusse. Elle fut consacrée à la question belge : un armistice fut imposé aux Belges et aux Néerlandais, la Belgique fut déclarée neutre et indépendante, et Léopold de Saxe-Cobourg en fut nommé roi. ♦ ***Traité de Londres*** Il fut signé, à l'insu de la France qui soutenait le pacha Méhémet Ali, entre la Grande-Bretagne, l'Autriche, la Prusse et la Russie qui cherchaient à éviter le démantèlement de l'Empire ottoman (15 juil. 1840). À la suite de ce traité, le ministre français des Affaires étrangères, Thiers*, faillit conduire la France et l'Europe à la guerre ; il dut démissionner et fut remplacé par Guizot.

**LONDRINA** ♦ V. du Brésil (État du Paraná). 388 300 hab. Fondée en 1948 dans une région de caféiers. Indus. agroalimentaire.

**LONG (Marguerite)** ♦ Pianiste française (Nîmes 1874 - Paris 1966). Soliste intelligente et sensible, elle fut l'interprète et l'amie de quelques-uns des plus grands musiciens de son temps (Fauré, Debussy, Ravel), dont elle joua certaines œuvres en première audition. Pédagogue réputée, elle enseigna au Conservatoire (1906 - 1940) et fonda, avec J. Thibaud*, le concours qui porte leur nom (1943) et qui devint international (1946).

**LONG (Richard)** ♦ Artiste britannique (Bristol 1945). Suivant des itinéraires parfois secrets dans des paysages sauvages inaccessibles, il crée, dans l'esprit du land art, des œuvres composées d'éléments naturels (morceaux de bois, pierres) trouvés sur place, qu'il dispose selon les formes primaires (lignes, croix, cercles, spirales), et dont il ne conserve que des photographies, des cartes, des dessins ou des poésies (*A Hundred Mile Walk*, 1971 - 1972). Long crée aussi des œuvres destinées à être exposées dans les galeries et les musées (*California Wood Circle*, 1976), avec les mêmes matériaux bruts posés directement sur le sol, et évocateurs, comme les œuvres de plein air, des origines du monde, de solitude et de nostalgie.

**LONG BEACH** ➝ ÉTYM. angl. «longue plage» ♦ V. des États-Unis (Californie) au S. de l'agglomération de Los Angeles. 461 522 hab. dont 24 % d'Hispaniques (zone urbaine 9 519 338). Centre indus. ; automobiles (depuis 1917). Industries aéronautiques. Deuxième port de commerce des États-Unis. Chantiers navals. Centre touristique (plage).

**Longchamp** (hippodrome de) ♦ Hippodrome situé dans le bois de Boulogne*, à Paris, à l'emplacement de l'anc. abbaye de Longchamp (dont subsiste le vieux moulin). Inauguré en 1857, il a été rénové en 1959 et en 1966. Il est consacré aux courses de plat (Grand Prix, Prix de l'Arc-de-Triomphe).

**LONGEMER** (lac de) ♦ Lac des Vosges situé à l'E. du lac de Gérardmer.

**LONGEVILLE-LÈS-METZ** [57050] ➝ ÉTYM. «long village» ♦ Comm. de la Moselle, dans la banlieue O. de Metz. 4 012 hab. *(Longevillois)*.

**LONGEVILLE-LÈS-SAINT-AVOLD** [57740] ♦ Comm. de la Moselle, arr. de Boulay-Moselle. 3 750

**LONGFELLOW (Henry Wadsworth)** ♦ Poète américain (Portland, Maine 1807 - Cambridge, Massachusetts 1882). Après des études à Bowdoin College où il se lia avec Hawthorne et où, après 1825, il enseigna les langues étrangères, il visita la France, l'Espagne, l'Italie, l'Allemagne, contribuant à répandre en Amérique la culture européenne. Ces voyages lui inspirèrent *Outre-Mer* (1835). La période de plus grande fécondité littéraire se situe entre 1839 et 1849. *Hypérion*, roman sentimental et philosophique, et *Voix de la nuit*, recueil de poèmes, parurent en 1839, *Ballades et autres poèmes* contenant «Le Squelette en armure», en 1842, ainsi que *Poèmes sur l'esclavage*. *L'Étudiant espagnol* (1843), drame en vers, fut sa première œuvre d'envergure sur un thème étranger. L'histoire et le folklore européens et américains lui inspirèrent *Le Beffroi de Bruges* (1846), *Évangéline* qui évoque les Acadiens (1847), *Hiawatha* (1855), poème indien, *Contes d'une auberge au bord de la route* (1863) et *Miles Standish* (1858) qui popularisa la légende de la colonie de Plymouth. Après la mort (1861) de Frances Appleon, sa femme, son inspiration devint plus religieuse. Il traduisit *La Divine Comédie* de Dante. La *Divine Tragédie* (1871) constitue, avec *Christus* (1872) et la *Tragédie de la Nouvelle-Angleterre* (1868), l'un des trois volets de *La Légende dorée*. Longfellow a laissé un récit semi-autobiographique en prose, *Kavanagh* (1849). Malgré son didactisme et son sentimentalisme, Longfellow est un classique du XIXe s., dont le mérite réside dans l'art d'exploiter et de populariser l'épopée nationale. Premier poète américain à vivre de sa plume, superficiel et moralisant, il a longtemps représenté un aspect de la culture officielle dans son pays. ➝ ÉTYM. Ce nom de famille anglais signifie «grand *(long)* garçon *(fellow)*» [surnom de quelqu'un qui est un bon compagnon].

**LONGFORD** – en gaél. ***Longphort*** ♦ Comté de la rép. d'Irlande, au N. de la plaine centrale. 1 043 km². 34 391 hab. CH.-L. : Longford. Avec des sols médiocres et une agriculture résiduelle, c'est l'un des plus pauvres comtés du pays.

**LONGHENA (Baldassare)** ♦ Architecte et décorateur italien (Venise 1597 - *id.* 1682). Il reçut probablement l'enseignement de Scamozzi*. Après avoir reconstruit la cathédrale de Chioggia (v. 1624 - 1633), il fut chargé, à la suite d'un concours, d'élever l'église Santa Maria della Salute à Venise (1631 à 1654, achevée en 1687) qui, par l'originalité des partis pris (plan en octogone clairement articulé, deux rotondes à coupoles surmontées de lanternons ajourés), l'invention et le pittoresque du décor (contreforts en volutes et succession de portiques), constitue l'édifice majeur du baroque vénitien. Fidèle à la tradition vénitienne, il édifia le palais Pesaro (1679 - 1710), dans lequel il s'inspira de la Libreria de Sansovino*, tout en insistant sur le décor et les contrastes d'ombre et de lumière. Il commença aussi le palais Rezzonico (1667), que termina A. G. Massari en 1745.

**LONGHI (Pietro FALCA, dit)** ♦ Peintre italien (Venise 1702 - *id.* 1785). Il débuta dans la peinture d'histoire, puis alla se perfectionner à Bologne auprès de Crespi*. Il devint rapidement le plus célèbre peintre de genre de l'école vénitienne du XVIIIe s. et fut admiré de Goldoni. Il exécuta aussi des portraits mais s'attacha surtout à décrire la vie quotidienne à Venise, insistant parfois sur ses côtés pittoresques (*Le Rhinocéros*, 1751). Sa vision, souvent nuancée d'humour, prend parfois un aspect caricatural. Il peignit, sur petit format, des compositions statiques aux coloris délicats et feutrés où les personnages apparaissent figés, ce qui lui valut d'être parfois accusé de gaucherie. ➝ ÉTYM. Ce nom de famille italien est une variante de *Longo*, de *lungo* «long» (surnom d'une personne grande et maigre).

**LONGHI (Roberto)** ♦ Historien et critique d'art italien (Alba 1890 - Florence 1970). Élève d'Adolfo Venturi, Longhi collabora à plusieurs revues, dont *La Voce* et *L'Arte*. Pour analyser la culture italienne, aussi bien littéraire qu'artistique, il réfuta les approches positivistes, celle de Benedetto Croce* notamment. Il réexamina la grande tradition italienne, notamment l'œuvre de Masaccio* et le baroque*, et aborda la peinture vénitienne d'un point de vue philologique (*Piero della Francesca et le développement de la peinture vénitienne*, 1914 ; *Viatique pour cinq siècles de peinture vénitienne*, 1946). Longhi soutint le mouvement futuriste ; son livre *Piero della Francesca* (1927) a fondé le retour à l'ordre des années 1930, caractérisé par une figuration spiritualiste. Nommé professeur d'histoire de l'art à l'université de Bologne en 1935, puis à celle de Florence en 1950, il créa cette même année la revue *Paragone*.

**LONGIN** (saint) ♦ Selon la légende, soldat romain qui donna le coup de lance à Jésus crucifié. ▪ Fête le 15 mars. ▪ La *sainte lance* est une relique insigne. Saint Louis fit construire la Sainte-Chapelle pour l'y placer. Une autre *sainte lance*, offerte à Innocent VIII par le sultan, se trouve à Saint-Pierre de Rome.

**LONGIN** – en gr. ***Logginos Kassios*** ♦ Philosophe et rhéteur grec (v. 213 - Palmyre 273). Ministre de Zénobie*, reine de Palmyre, il fut tué par les Romains. Néoplatonicien, élève d'Ammonios* Saccas à Alexandrie*, il enseigna la rhétorique à Athènes et en Syrie. Il ne reste que des fragments de son œuvre philosophique et rhétorique. ▪ On lui attribua à tort le *Traité du sublime**.

**LONG ISLAND** ♦ Île des États-Unis (État de New York). À l'O. elle s'étend depuis la baie de New York, à l'embouchure de l'Hudson*, où se trouvent deux des principaux districts de New York City (Brooklyn, Queens) ainsi que les deux principaux aérodromes de la ville (John F. Kennedy, La Guardia). Vers l'E., elle est parallèle à la côte du Connecticut et se termine par deux étroites péninsules. Plus de 7 200 000 hab. De nombreux lotissements accueillent des familles de la classe moyenne venant de New York. Le sol riche (moraines glaciaires) et le climat océanique en font une zone de production maraîchère intensive. Pêche ; l'industrie baleinière appartient à l'histoire, mais l'ostréiculture est très importante. Plages et centres de vacances. ♦ ***Détroit de Long Island*** ou Long Island Sound. Long de 176 km, il s'étend entre l'île au S. et la côte du Connecticut au N.

**LONGJUMEAU** [91160] ➝ ÉTYM. déformation de *Nongemellum (Nugemellum)*, du gaul. «nouveau *(novio)* marché *(magos)*» et suff. *-ellum*, avec attraction de *long* et de *jumeau* ♦ Ch.-l. de cant. de l'Essonne, arr. de Palaiseau, dans la vallée de l'Yvette. 19 957 hab. *(Longjumellois)*. Église Saint-Martin des XIII^e^ - XIV^e^ s. (portail flamboyant, XV^e^ s.). ▪ Produits pharmaceutiques. Instruments de précision. ▮ **Histoire** Une paix y fut signée par Charles IX avec les protestants, le 23 mars 1568.

**LONGMEN** ou **LONG-MEN** ♦ Grottes de Chine (Henan), sur la Yi, à 13 km au S. de Luoyang. Les grottes de la Porte des Dragons, dont les premières furent creusées sous les Wei du Nord v. 493, constituent la continuation de celles de Yungang*. Le site comprend 1 350 grottes, totalisant env. 100 000 statues (dont un grand bouddha daté de 672, de 17 m de haut) et est classé au patrimoine mondial de l'Unesco.

**LONGNY-AU-PERCHE** [61290] ➝ ÉTYM. du germ. *Laudoinus*, n. de pers., et suff. *-acum* ♦ Ch.-l. de cant. de l'Orne, arr. de Mortagne-au-Perche. 1 590 hab. *(Longnyciens)*. Église Saint-Martin des XV^e^ - XVI^e^ s. Chapelle Notre-Dame-de-Pitié du XVI^e^ s. ▪ Marché aux chevaux.

**LONGO (Luigi)** ♦ Homme politique italien (Fubine Monferrato 1900 - Rome 1980). Membre de l'aile gauche du Parti socialiste italien qui donna naissance en 1921 au Parti communiste, il participa à la lutte antifasciste puis à la guerre d'Espagne. Arrêté en France en 1939, il fut livré aux Italiens et emprisonné. Libéré en 1943, il dirigea les partisans de haute Italie. Il succéda à P. Togliatti* en 1964 à la tête du PCI et tenta de sortir le parti de son isolement politique en se rapprochant des socialistes, puis en soutenant le centre gauche. Il fut élu président du PCI en 1972.

**LONGO (Robert)** ♦ Peintre et réalisateur américain (New York 1953). Dans la mouvance de la bad painting, il particularise ses œuvres par le pathétique et la théâtralité de personnages saisis dans des situations limites [*Now Everybody (for R. W. Fassbinder)*, 1982 - 1983]. Pour représenter un monde menacé de ruine, il mêle les genres, fusain, peinture à l'huile, moulages, photographie, avec un souci presque anachronique d'académisme. Son œuvre prend quelquefois des accents brutalistes (*Corporate Wars : Walls of Influence*, 1982). Il a réalisé un film de science-fiction «cyber-punk», *Johnny Mnemonic*, en 1995.

**LONGO-CIPRELLI (Jeannie)** ♦ Coureuse cycliste française (Annecy 1958). Elle possède l'un des plus beaux palmarès du cyclisme, acquis au cours d'une carrière d'une exceptionnelle longévité. Championne olympique sur route aux Jeux d'Atlanta (1996), détentrice de douze records du monde, dont celui de l'heure (44,767 km à Mexico en 2000), elle a remporté 13 titres mondiaux de 1985 à 2001 (sur route, en poursuite, aux points ou en contre-la-montre), 3 tours de France (1987, 1988, 1989) et 54 titres de championne de France.

**LONGPONT-SUR-ORGE** [91310] ♦ Comm. de l'Essonne, arr. de Palaiseau. 5 843 hab. Église Notre-Dame (nef romane du XII^e^ s. ; façade du XIII^e^ s. ; portail orné de sculptures du XIII^e^ s.).

**LONGSHAN** ou **LONG-CHAN** ♦ Culture néolithique chinoise issue de la province de Shandong et caractérisée par une céramique fine et noire découverte en 1928 près du bourg de Longshan.

**LONGSHAN** ou **LONG-CHAN** ♦ Site de Chine (Shanxi) à 20 km au S.-O. de Taiyuan. L'ensemble des grottes et le temple (auj. détruit) ont été réalisés au début du XIII^e^ s. (dynastie Yuan) par le prêtre taoïste Song Defan, disciple de Qiu Chuji (conseiller de Gengis Khan). Lieu de pèlerinage.

**LONGTIN (Michel)** ♦ Compositeur canadien (Montréal 1946). Professeur de composition à l'université de Montréal, il se consacra d'abord à la musique électroacoustique (*Au nord du lac Supérieur*, 1972 ; *Trilogie de la montagne*, 1977 - 1980), puis également aux grandes formations de chambre (*Pohjatuuli - Hommage à Sibelius*, 1983) et à l'orchestre (*Autour d'Ainola*, 1986 ; *Quaternions*, 1997).

**LONGUEAU** [80330] ➝ ÉTYM. langue d'oïl «longue [lente à s'écouler] eau» ♦ Comm. de la Somme, banlieue S.-E. d'Amiens sur l'Avre. 5 220 hab. *(Longuallois)*. Centre ferroviaire. Aéroport d'Amiens.

**LONGUÉ-JUMELLES** [49160] ♦ Ch.-l. de cant. du Maine-et-Loire, arr. de Saumur. 6 928 hab. *(Longuéens)*.

**Longue Marche** (la) ➝ ÉTYM. en chin. ***Wanli Changzheng*** «longue marche de 10 000 li» ♦ Marche de 12 000 km effectuée de 1934 à 1936 par les troupes communistes chinoises de Mao* Zedong pour rejoindre Yanan* où fut établie la première capitale de la Chine communiste. Env. 90 000 hommes périrent pendant cette marche héroïque, rendue particulièrement difficile par le harcèlement incessant des troupes nationalistes de Jiang* Jieshi.

**LONGUENESSE** [62219] ➝ ÉTYM. probablt du germ. *Logan*, n. de pers., et *-ness* «promontoire» (du vx saxon *naes*) ♦ Comm. du Pas-de-Calais, banlieue S.-O. de Saint-Omer. 12 518 hab.

**LONGUEUIL** ♦ V. du Canada (Québec) sur le Saint-Laurent, au S. de Montréal. 229 330 hab. Église néogothique (1880). Maisons du XIX^e^ s. ▪ Construc. aéronautiques. Manufactures de vêtements, jouets, meubles, bonneterie. Centre résidentiel et commercial.

**LONGUEVILLE (Anne Geneviève DE BOURBON-CONDÉ, duchesse DE)** ♦ Dame française (Vincennes 1619 - Paris 1679). Sœur du Grand Condé* et du prince de Conti*, elle épousa Henri II, duc de Longueville. Ce dernier avait pour maîtresse la duchesse de Montbazon* qui provoqua la mort en duel de Coligny, amant d'Anne de Longueville. Celle-ci, entraînée par son nouvel amant La* Rochefoucauld, participa activement à la Fronde*, dans laquelle elle poussa à son tour Turenne*, amoureux d'elle. Nemours succéda à celui-ci, mais la duchesse, la Fronde terminée, finit sa vie dans la dévotion, tantôt à Port*-Royal des Champs, tantôt au carmel du faubourg Saint-Jacques.

**LONGUS** ou **LONGOS** dit **le Sophiste** ♦ Romancier grec (probablement fin du II^e^ s.-déb. du III^e^ s.), auteur de la célèbre pastorale *Daphnis* et Chloé*. Il semble avoir vécu à Lesbos*, où il situe l'action de son roman en décrivant avec précision la ville de Mytilène.

**LONGUYON** [54260] ➝ ÉTYM. anc. *Longagio*, probablt du lat. *longus* «étendu» et germ. *awja* «prairie humide» ♦ Ch.-l. de cant. de la Meurthe-et-Moselle, arr. de Briey, sur la Chiers. 5 876 hab. *(Longuyonnais)*. Église Sainte-Agathe (XIII^e^ s.). ▪ Construc. métalliques.

**LONGVIC** [lɔ̃vi] [21600] ➝ ÉTYM. → Longwy ♦ Comm. de la Côte-d'Or, arr. de Dijon. 9 017 hab. *(Longviciens)*. Aéroport de Dijon-Longvic. Indus. mécaniques, métallurgie.

**LONGWOOD** ♦ Localité de l'île de Sainte*-Hélène (au N.-E.), où résida Napoléon* I^er^ en exil de déc. 1815 à sa mort.

**LONGWY** [lɔ̃wi] [54400] ➝ ÉTYM. anc. *Longwich* «village allongé» de *long* et lat. *vicus* «village» ♦ Ch.-l. de cant. de la Meurthe-et-Moselle, arr. de Briey, sur la Chiers, près de la frontière belge. 14 521 hab. (aggl. 40 202) *(Longoviciens)*. Vestiges de fortifications (pont-levis de la porte de France). ▪ Anc. centre minier (fer). Depuis 1985, élément du Pôle européen de développement avec Athus (Belgique) et Rodange (Luxembourg). Fibres synthétiques. Imprimeries. Enseignement technologique. Gare de triage. ▮ **Histoire** Ville ancienne réunie au comté de Bar au XIII^e^ s., elle fut cédée à la France au traité de Nimègue en 1678, et Vauban la fortifia. Après la journée du 10 août 1792, la ville fut assiégée par les troupes prussiennes (19 août). Sa reddition (23 août), suivie de celle de Verdun (2 sept. 1792) devait contribuer à pousser les patriotes aux massacres de Septembre. Après la victoire française de Valmy (20 sept.), les Prussiens abandonnèrent Longwy. La ville fut de nouveau assiégée en 1870, en 1914 et en 1940.

**LON NOL** ♦ Homme d'État cambodgien (Kompong Leau, prov. de Prey Veng 1913 - Fullerton, Californie 1985). Commandant en chef de l'armée (1959), bouddhiste mystique et conservateur, il participa à la plupart des gouvernements à partir de 1959. Premier ministre (1969), il soutint le coup d'État destituant Norodom Sihanouk (mars 1970) et proclama la république (oct. 1970). Son action plongea le Cambodge dans une guerre civile où intervinrent Américains et

Vietnamiens. Maréchal, élu président de la République à vie (juin 1972), il gouverna malgré son hémiplégie dans un climat de corruption et d'incompétence. Il abandonna le Cambodge en avr. 1975 et mourut en exil.

**LÖNNROT (Elias)** ♦ Érudit et folkloriste finlandais d'expression finnoise, docteur en médecine (Haarjärvi, commune de Sammatti 1802 - *id.* 1884). Il recueillit au cours de longues randonnées les anciens poèmes populaires (épiques et lyriques) qu'il arrangea en une épopée, le *Kalevala* (1re éd., 1835 ; 2e, élargie, 1849 ; trad. fr., 1845) et en un recueil, *Kanteletar* (3 vol., 1840), contribuant puissamment à l'éveil du nationalisme finnois. Professeur de finnois à l'université d'Helsinki, il a créé en partie le vocabulaire technique et scientifique finnois, et a publié avec des collaborateurs un *Dictionnaire finno-suédois* (1866 - 1880). ➝ ÉTYM. Ce nom vient du suédois *lönn* «érable» et *rot* «racine».

**LONS** [64140] – anc. *Lod* ♦ Comm. des Pyrénées-Atlantiques, banlieue N.-O. de Pau. 11 154 hab.

**LONS-LE-SAUNIER** [lɔ̃sl(ə)sonje] [39000] ➝ ÉTYM. *Lons*, p.-ê. de la rac. prélatine *ledo* «bouillonnement» et *Saunier*, à cause de la présence de salines ♦ Ch.-l. du dép. du Jura, sur la Vallière. 18 483 hab. (aggl. 24 673) *(Lédoniens)*. Église Saint-Désiré (crypte du XIe s. ; pietà du XVe s.). Église des Cordeliers, restaurée au XVIIIe s. (boiseries Louis XVI). Maisons à arcades (XVIIe s.). Hôpital du XVIIIe s. (grille ; pharmacie de l'époque). Statue de Rouget de Lisle, né à Lons-le-Saunier, par F. A. Bartholdi. Musée d'archéologie. Musée des Beaux-Arts : sculptures d'artistes jurassiens ; peintures (P. Bruegel le Jeune, S. Vouet, H. Vernet, G. Courbet). ▪ Ville à fonction tertiaire diversifiée. Indus. alimentaire. Lunettes. Station thermale (eaux salées déjà utilisées par les Romains).

**LOON-PLAGE** [59279] ➝ ÉTYM. du germ. *lauha* «petit bois clairsemé» ou du flam. *loo* «bois» ♦ Comm. du Nord, arr. de Dunkerque. 6 510 hab. À 4 km au N., station balnéaire.

**LOOS (Adolf)** ♦ Architecte autrichien (Brno 1870 - Vienne 1933). Il étudia à Dresde de 1890 à 1893, puis aux États-Unis de 1893 à 1896. De retour à Vienne, il condamna l'abus de la décoration. Dès 1904, il employa dans la villa Karma, près de Montreux, des formes géométriques simples, des murs nus qui préfigurent les années 1920 - 1930. À Vienne, en 1910, il construisit en béton armé la maison Steiner avec des toits-terrasses et des fenêtres en largeur. À Paris, de 1923 à 1928, il rencontra Le* Corbusier et édifia la maison de Tristan Tzara. L'intransigeance de ses partis pris, la pureté de son style en font l'un des principaux pionniers de l'architecture moderne.

**LOOS** [los] [59120] ➝ ÉTYM. du germ. *lauth* «prairie marécageuse» ou du flam. *loo* «bois» ♦ Comm. du Nord, dans la banlieue S.-O. de Lille, sur la Deûle. 20 869 hab. *(Loossois)*. Anc. abbaye cistercienne (fondée au XIIe s., reconstruite au XVIIIe s., auj. prison). ▪ Chimie. Textile. Distillerie (genièvre).

**LOOS-EN-GOHELLE** [62750] ➝ ÉTYM. → Loos ♦ Comm. du Pas-de-Calais, banlieue N.-O. de Lens. 6 992 hab.

**LOPBURI** ♦ V. de Thaïlande (Centre), ch.-l. de prov. 54 373 hab. ▮ **Histoire** Fondée vers le VIe s., cap. d'un royaume môn*, elle fut occupée à plusieurs reprises par les Khmers (XIe - XIIe s.), qui ont laissé de nombreux vestiges et influencé le style dit de Lopburi. Le roi siamois Phra Naraï (1657 - 1688) y établit sa résidence dans un palais encore visible, construit par des techniciens français.

**LOPE DE VEGA (Félix Lope de Vega Carpio, dit)** ♦ Écrivain et poète dramatique espagnol (Madrid 1562 - *id.* 1635). Une étonnante précocité, une fécondité prodigieuse, une vie sentimentale aux multiples aventures où le burlesque côtoie souvent le tragique ont constitué très tôt la légende de cet auteur et exalté sa renommée qui, de son vivant même, s'étendit jusqu'en Amérique. Des 1 800 comédies et des 400 pièces édifiantes dites *autos sacramentales* qu'il a composées, ne nous sont parvenues que 470 pièces et 60 *autos* qui suffisent à assurer sa gloire posthume et à justifier l'influence qu'il a exercée en France sur Rotrou, Boisrobert, Montfleury, Cyrano de Bergerac, Corneille* et sur Molière* enfin *(L'École des femmes, L'École des maris, Les Femmes savantes, Le Médecin malgré lui)*. Plutôt qu'au temps de ses essais dans la poésie épique (*La Dragontea*, 1596), il convient de situer ses véritables débuts à l'époque où il commença à écrire des comédies de circonstance pour des compagnies itinérantes qui parcouraient toute la péninsule. Dès ce moment, il devait affirmer la science du mouvement scénique, le génie de l'action, la curiosité passionnée de l'humain qui se retrouveront plus tard dans ses plus grandes œuvres. Indifférent à toute idéologie, fût-elle celle de la Renaissance, attentif au seul divertissement du spectateur, mais sensible aux valeurs morales qui sont de tradition en Espagne, il reconnaît dans l'honneur et dans l'amour les seuls ressorts de l'émotion dramatique. Des trois unités aristotéliciennes, il ne veut retenir que l'unité d'action. Il a exprimé ces idées dans un écrit théorique : *Nouvel Art de faire des comédies* (*Arte nuevo de hacer comedias*, 1609). En condamnant les abstractions qui caractérisent la fin du Moyen Âge, tout autant que la préciosité que Góngora* avait mise à la mode, il a ouvert la voie au réalisme le plus vigoureux et suscité par là l'intérêt du plus lettré comme du plus inculte de ses spectateurs. Ses chefs-d'œuvre sont généralement des comédies de mœurs : *Le Chevalier d'Olmedo* (1606), *Peribanez ou le Commandeur d'Ocana* (1614), *L'Étoile de Séville* (v. 1617), *Le Chien du jardinier* (1618), *Font-aux-Cabres* (1618), *Le Châtiment sans vengeance* (1631), *Le meilleur alcade est le roi* (1635). Romancier (*Arcadia*, 1598), Lope de Vega a publié des poèmes d'inspiration mystique (*Le Romancero spirituel*, 1634) et satirique (*La Gatomachie*, 1634).

**LÓPEZ ARELLANO (Osvaldo)** ♦ Général et homme d'État hondurien (Danlí 1921). Porté au pouvoir par un coup d'État militaire (1963), il gouverna le pays de manière autoritaire. Remplacé en 1971 par un président civil, il fut l'auteur d'un nouveau putsch en 1972. Accusé de concussion, il fut renversé par l'armée en 1975. En partie responsable de la guerre de 1969 avec le Salvador, il entreprit une réforme agraire dont bénéficièrent plus de 30 000 familles honduriennes. ➝ ÉTYM. *López* vient de l'espagnol *lobo* «loup» et *-ez*, suffixe de filiation.

**LÓPEZ DE AYALA (Pedro)** ♦ Poète espagnol (1332 - 1407). Grand chancelier de Castille, il est le principal représentant du *mester de clerecia* (école de poètes érudits laïques ou religieux au XIVe s.). Il est l'auteur du *Poème du palais*, satire austère et didactique de l'Église, des rois, des lettrés et des marchands.

**LÓPEZ DE LEGAZPI (Miguel)** ♦ Chevalier espagnol (Zubarraja, Guipúzcoa 1505 - Manille 1572). Installé au Mexique à partir de 1545, il dirigea l'expédition royale organisée pour la conquête des Philippines (1564) et se fixa d'abord à Cebu (1565), puis s'empara de Manille (1571) dont il fit la capitale de l'archipel.

**LÓPEZ MATEOS (Adolfo)** ♦ Homme d'État mexicain (Atizapán 1910 - Mexico 1969). Plutôt lié à l'aile gauche du Parti révolutionnaire institutionnel (PRI), il fut président de la République de 1958 à 1964. Il donna la priorité à l'industrialisation du pays, nationalisa l'électricité et négocia avec les États-Unis l'accord frontalier sur les travailleurs migrants.

**LÓPEZ PORTILLO Y PACHECO (José)** ♦ Homme d'État mexicain (Mexico 1920 - *id.* 2004). Membre du Parti révolutionnaire institutionnel, il fut président de la République de 1976 à 1982. Son mandat bénéficia d'abord de la prospérité liée au boom pétrolier issu des découvertes dans le Sud-Est mexicain. Mais, à la fin de sa présidence, le poids de la dette accula le pays à la quasi-faillite et à une dévaluation massive. En 1982, López Portillo nationalisa les banques.

**LORCA (Federico García)** → García Lorca (Federico)

**LORCA** ➝ ÉTYM. de l'anc. ar. *Eliocroca* «la tanière où vivent les lapins» ♦ V. d'Espagne (communauté autonome de Murcie). 89 606 hab. Château fort du Xe s. Centre agricole au cœur d'une riche *huerta*.

**Lord Jim** ♦ Roman de Joseph Conrad* (1900). Déshonoré par sa fuite à bord de la seule chaloupe disponible lors du naufrage d'un vaisseau dont il était le second, Jim parvient à refaire sa vie en Malaisie. Il y gagne la confiance des indigènes, mais ne parviendra pas à échapper au complot mené contre lui par un aventurier ambitieux et cruel. Raconté par le vieux Marlow, plein de compassion pour Jim (c'est lui qui l'a aidé à gagner l'Orient), ce roman d'aventures à l'écriture raffinée est aussi une méditation sur les notions de responsabilité, d'honneur et de culpabilité.

**LOREAU (Max)** ♦ Écrivain belge d'expression française (Bruxelles 1928 - *id.* 1990). Professeur à l'Université libre de Bruxelles, Max Loreau appliqua aux arts plastiques le regard de la phénoménologie. Auteur d'essais philosophiques (*La Genèse du phénomène*, 1989), de poèmes (*Chants de perpétuelle venue*, 1978 ; *Florence portée aux nues*, 1986) et de nouvelles (*Nouvelles des êtres et des pas*, 1976), il consacra plusieurs essais à Jean Dubuffet* (*Jean Dubuffet. Stratégie de la création*, 1973), ainsi qu'aux artistes du mouvement Cobra* (*Dotremont Logogrammes*, 1975 ; *Alechinsky, le mythe amplifié*, 1984).

**LORELEI** n. f. ➝ ÉTYM. du vx haut all. *lore* (de sens incertain) et *ley* «falaise» ♦ Nom d'une falaise située en amont de Sankt Goarshausen, sur la rive d. du Rhin* qu'elle domine d'une hauteur de 132 m. Formée de roches schisteuses sur lesquelles vient se briser le courant du fleuve, elle était, dit-on, redoutée des mariniers. ▪ Une légende, peut-être suscitée par la pureté de l'écho dans cette partie de la vallée rhénane, assurait qu'une sirène (dite la *Lorelei*) attirait par ses chants les bateliers qui venaient faire naufrage sur les rochers. Il semble toutefois que cette légende ait été créée, ou du moins popularisée, par Brentano* dans *Godwi* (1800 - 1802), et surtout par Heine*, qui prétendit d'ailleurs s'être inspiré d'un vieux conte médiéval, dans *Le Livre des chants* (1817 - 1826). Ce poème a été mis en musique par F. Silcher (1840).

**LOREN (Sofia Scicolone, dite Sophia)** ➝ ÉTYM. du n. de Marta *Toren*, actrice suédoise, choisi par Carlo Ponti ♦ Actrice italienne (Rome 1934). Remarquée (et bientôt épousée) par le producteur Carlo Ponti, elle lui doit son ascension fulgurante, de *L'Or de Naples* (1954) à *La Fille du fleuve* (1955), de *La Diablesse en collant rose* (1960) au *Cid* (1961) et de *La Comtesse de Hong-Kong* (1967) à *Samedi, dimanche et lundi* (1991). Actrice de tempérament, elle fut la grande star du cinéma italien après la guerre.

**LORENGAU** ♦ Cap. provinciale des îles de l'Amirauté, sur la côte N.-E. de l'île Manus*.

**Lorenzo di Credi.** *Annonciation* (88 × 71 cm). Musée des Offices, Florence. *Phot. © Carlo Bevilacqua/Ricciarini*

**LORENTZ (Hendrik Antoon)** ♦ Physicien néerlandais (Arnhem 1853 - Haarlem 1928). Un des principaux théoriciens de la physique moderne, il fut le fondateur de la théorie électronique de la matière en supposant, dès 1890, qu'elle est constituée de particules chargées, sources des champs électrique et magnétique, et donc de la lumière. Cette théorie permit d'expliquer aussi bien la conductibilité des métaux que la réflexion et la réfraction de la lumière et de prévoir l'effet Zeeman*. On doit également à Lorentz les formules de la transformation qui porte son nom, établies à la suite de l'expérience de Michelson*. Elles donnent, en fonction de la vitesse, les changements des coordonnées de la position et du temps, entre deux systèmes animés l'un par rapport à l'autre d'un mouvement rectiligne uniforme. Il en résulte la contraction des longueurs dans le sens du mouvement et la dilatation du temps. Ces phénomènes, prévus indépendamment par G. F. Fitzgerald*, trouvèrent leur explication dans le cadre de la théorie de la relativité restreinte d'Einstein*. [Prix Nobel de phys. 1902, avec P. Zeeman] ➝ **ÉTYM.** Ce nom est l'équivalent néerlandais de «Laurent».

**LORENZ (Konrad)** ♦ Zoologiste autrichien (Vienne 1903 - Altenberg 1989). Il fut avec Tinbergen* le fondateur de l'éthologie (étude du comportement global des espèces animales). Ses travaux concernent les sociétés animales dans leur milieu naturel. Il considéra l'instinct, déterminé par des caractères innés, comme mobile essentiel du comportement. Il publia, entre autres, un ouvrage de vulgarisation *L'Agression, une histoire naturelle du mal*, 1969. [Prix Nobel de physiol. ou méd. 1973, avec K. von Frisch* et N. Tinbergen*]

**Lorenzaccio** ♦ Drame en 5 actes, en prose, d'Alfred de Musset* (1834). Emprunté à George Sand* *(Une conspiration en 1537)*, le sujet de la pièce a pour ressort essentiel le meurtre d'Alexandre de Médicis, duc de Florence, par son cousin Lorenzo de Médicis, surnommé avec mépris *Lorenzaccio* (le «mauvais Laurent»). Résolu à tuer le tyran, Lorenzo, naguère vertueux, a choisi de s'avilir en devenant le compagnon de débauche d'Alexandre, pour mieux lui inspirer confiance. Il tue Alexandre, mais son acte justicier ne trouve aucun écho dans la ville et, tandis qu'aux acclamations du peuple Côme de Médicis succède à Alexandre, Lorenzo, dont la tête a été mise à prix, s'abandonne dans Venise aux coups d'un assassin. La lucidité historique (le drame illustre l'échec de la révolution de 1830), la personnalité complexe de Lorenzo, reflet de l'auteur, et surtout la grandeur tragique de l'épisode font de cette pièce l'un des chefs-d'œuvre du théâtre français. Elle fut créée par Sarah Bernhardt seulement en 1896.

**LORENZETTI** ♦ Nom de deux peintres toscans du XIV^e^ s. Frères, parfois collaborateurs, ils réalisèrent chacun une synthèse différente des peintures siennoise (➝ **Duccio di Buoninsegna, Martini [Simone]**) et florentine. ♦ **Pietro Lorenzetti** (Sienne v. 1280-1285 - *id.* 1348), plus florentin, se souvint de la sobre grandeur de Giotto* et de l'expressionnisme dramatique de Giovanni* Pisano dans ses fresques d'Assise (église inférieure, v. 1326 - 1330) ; il retrouva pourtant le goût siennois du pittoresque dans certains de ses polyptyques (prédelle de la *Pala del Carmine*, 1329, Pinacothèque, Sienne ; *Naissance de la Vierge*, 1342, Opera del Duomo, Sienne). ♦ **Ambrogio Lorenzetti** (Sienne v. 1290 - *id.* 1348). Frère du précédent. Il montra qu'il n'ignorait ni l'art florentin ni ses préoccupations techniques (fresques de San Francesco, Sienne, v. 1330) mais, plus siennois, il cultiva «en gentilhomme et philosophe» (Vasari) la représentation concrète de la vie et de l'univers humain, avec un souci du détail, des recherches de couleurs, qui font de son art «le plus haut moment atteint par le réalisme médiéval italien» (*Effets du bon gouvernement*, Palais communal, Sienne, v. 1338). ➝ **ÉTYM.** *Lorenzetti* est le diminutif de l'italien *Lorenzo* «Laurent».

**LORENZO DI CREDI** ♦ Peintre italien (Florence v. 1456 - *id.* 1537). Fils d'un orfèvre, il fut élève dans l'atelier de Verrocchio*. Calme et gracieux, son style, inspiré de la manière de Léonard*, évolua peu (*Madone entre saint Julien et saint Nicolas*, 1493, Louvre ; *Saint Barthélemy*, 1510 ; *Saint Michel*, 1523). Ses dessins, exécutés sur papier couleur brique ou gris *(carta tinta)*, présentent les mêmes qualités que ses peintures.

**LORENZO MONACO (Piero di Giovanni, dit)** ♦ Peintre italien (Sienne v. 1370 - Florence apr. 1422). Moine camaldule à Sainte-Marie-des-Anges (Florence), il consacra une partie de son activité à l'enluminure de manuscrits. Tout en conservant la saveur de cet art, il sut en amplifier les effets dans ses tableaux d'autel : *Annonciation* (v. 1408 - 1409, Académie, Florence), *Adoration des Mages* (1410, Offices), *Couronnement de la Vierge* (1413, Offices). Sa manière, marquée par les Siennois du XIV^e^ s. et représentant la fin du gothique, débouche sur Fra Angelico*, qui fut son élève.

**LORETTE** [42420] ➝ **ÉTYM.** probablt du n. de la v. italienne ♦ Comm. de la Loire, arr. de Saint-Étienne, sur le Gier. 4 843 hab. *(Lorettois)*.

**LORETTE** – en it. ***Loreto*** ♦ V. d'Italie, dans les Marches (prov. d'Ancône). 11 280 hab. Lieu de pèlerinage marial. La *Santa Casa* ou maison de la Vierge à Nazareth, qui, selon une légende du XV^e^ s., aurait été transportée à Lorette par les anges, est abritée dans une église construite en partie par Bramante*. La France possède toujours à Lorette des biens qui, avec l'église romaine de la Trinité-des-Monts, l'escalier monumental y conduisant, et le palais de Saint-Louis, constituent, depuis l'Ancien Régime, les «Pieux Établissements de la France à Rome et à Lorette».

**LORETTEVILLE** ♦ V. du Canada (Québec), fusionnée dans Québec. Petites industries. Réserve amérindienne de Wendake (village de Hurons).

**LORGUES** [83510] ➝ **ÉTYM.** anc. *Lonicus*, du gaul. *Lonus*, n. de pers., et suff. lat. *-ius* ♦ Ch.-l. de cant. du Var, arr. de Draguignan. 7 319 hab. *(Lorguais)*. Portes fortifiées (XIV^e^ s.). Vaste collégiale Saint-Martin du XVIII^e^ s. (*Vierge à l'Enfant* attribuée à P. Puget). ▪ Céramiques. Viticulture (côtes-de-provence). Cultures d'oliviers.

**LORIENT** [56100] ➝ **ÉTYM.** du n. d'un bateau (V. ci-dessous) ♦ Ch.-l. d'arr. du Morbihan, sur une ria formée par la réunion de l'estuaire du Scorff et de celui du Blavet. 59 189 hab. (aggl. 116 174) *(Lorientais)*. De l'anc. ville ne subsistent que la tour de la Découverte (1786) et deux moulins à poudre du XVII^e^ s. Musée de la Mer. ▪ La ville est marquée par son passé militaire, bien que l'anc. base de sous-marins Keroman, en activité jusqu'en 1997, soit reconvertie en parc nautique, où se trouve la Cité de la voile Éric-Tabarly. Arsenal et chantier naval. École de fusiliers marins. Le port de commerce, Kergroise, surtout tourné vers l'exportation, reçoit des marchandises notamment du Brésil, du Royaume-Uni, de la Belgique et de l'Argentine (hydrocarbures principalement, matières premières pour l'alimentation animale, sables, graviers, fonte, pâte à papier de Suède). Il exporte de la viande congelée et des pneus usagés (Maroc). Deuxième port de pêche français (premier pour la langoustine), spécialement conçu pour la pêche industrielle. Port de voyageurs : embarquement pour l'île de Groix. Port de plaisance (Kernevel), point de départ de courses au large. Indus. de l'armement dominante. Aéroport (Lann-Bihoué). Centre touristique (➝ **Larmor-Plage**). Festival interceltique. ▮ **Histoire** En 1666, la Compagnie des Indes orientales y établit des chantiers de constructions navales qui reçurent le nom d'un bateau, *L'Orient* ; le port fut très prospère au XVIII^e^ s. En 1770, la compagnie fut dissoute ; l'État prit possession du port et créa un arsenal (1782). ▪ De 1940 à 1945, les Allemands occupèrent la ville et construisirent, de 1941 à 1943, la base sous-marine de Keroman ; la ville fut de ce fait intensément bombardée par les Alliés, et partiellement détruite.

**LORIOL-SUR-DRÔME** [26270] ➝ **ÉTYM.** de l'occit. *auriol* «loriot» ♦ Ch.-l. de cant. de la Drôme, arr. de Valence, près de la Drôme. 5 698 hab. *(Loriolais)*. Barrage sur une dérivation du Rhône.

**LORISTAN, LORESTAN** ou **LURISTĀN** n. m. ➝ **ÉTYM.** «pays des Lurs» ♦ Prov. de l'O. de l'Iran. 28 560 km$^2$. 1 716 527 hab. CH.-L. : Khorramābād. Dans un sens géographique plus large, *Luristān* désigne toute la partie centrale du Zagros*. Les Lurs s'adonnent à l'élevage des moutons et des chèvres et à l'agriculture (céréales et arbres fruitiers). D'origine nomade, ils ont été sédentarisés par la force à l'époque de Rizā* Chāh Pahlavi. ▪ Des fouilles archéologiques

**Loristan.** Hache en bronze. *Phot. © Dagli Orti*

entreprises en 1929 ont permis la découverte de bronzes (armes, mors de chevaux) dont la plupart datent du –XIX^e au –XII^e s. *(bronzes du Loristan).*

**LORJOU (Bernard)** ♦ Peintre et sculpteur français (Blois 1908 - Saint-Denis-sur-Loire 1986). Il a élaboré une conception de la peinture-manifeste, appuyée sur une esthétique expressionniste. Hostile à la critique et à l'art des «coupeurs de cheveux en quatre» comme à l'académisme, il exposa de vastes tableaux au dessin robuste, aux couleurs franches et éclatantes, toujours lisibles comme une violente critique de la société contemporaine et de la politique (*L'Âge atomique,* 1949 ; *La Peste en Beauce,* 1953 ; *Les Rois, de Charlemagne à Charles de Gaulle,* 1962 ; *La Force de frappe,* 1963). Lorjou s'est intéressé aussi à la sculpture polychrome, dans la même veine expressionniste.

**LORME (Marion DE)** ♦ Courtisane française (Baye, Champagne 1611 - Paris 1650). Fille d'un président des trésoriers de France en Champagne, elle était aussi célèbre par son esprit que par sa beauté. Elle fut la maîtresse de Cinq*-Mars, de Buckingham*, de Saint*-Évremond, de Condé*, et peut-être même de Richelieu. Compromise dans les troubles de la Fronde, elle se serait empoisonnée. ▪ Elle est l'héroïne d'un drame de Victor Hugo, *Marion Delorme.*

**LORMONT** [33310] ➝ **ÉTYM.** «mont du laurier (occit. *laur*)» ♦ Ch.-l. de cant. de la Gironde, banl. N.-O. de Bordeaux. 21 343 hab. *(Lormontais).* Port sur la Garonne.

**LOROUX-BOTTEREAU (LE)** [44430] ♦ Ch.-l. de cant. de la Loire-Atlantique, arr. de Nantes. 4 939 hab. *(Lorousains).* Église du XII^e s., possédant des fresques du XIII^e s. ▪ Viticulture (muscadet de Sèvre-et-Maine).

**LORRAIN (Claude GELLÉE, dit LE)** ➝ **ÉTYM.** *Gellée* «terre gelée» ou surnom d'un homme d'aspect froid ; *Lorrain,* pseud. choisi car il était lorrain ♦ Peintre, dessinateur et graveur lorrain (Chamagne, près de Mirecourt 1600 - Rome 1682). D'origine paysanne, il se rendit à Fribourg-en-Brisgau auprès de son frère, graveur sur bois. Démuni et presque illettré, il partit ensuite pour l'Italie et travailla probablement à Naples. À Rome, en 1619, il entra au service du paysagiste Agostino Tassi qui l'initia à la peinture. Revenu dans son pays natal en 1625, il travailla au service du peintre Claude Deruet à Nancy, pour les ducs de Lorraine, mais repartit finalement pour Rome (1627) où se déroula toute sa carrière. Il se consacra uniquement au paysage et fit de nombreuses études de la campagne romaine : ses dessins à la plume rehaussés de lavis révèlent une appréhension de la nature spontanée et d'une grande sensibilité. Il élabora à partir des traditions nordiques et méridionales du paysage une nouvelle conception dans laquelle l'observation directe de la nature constitue le point de départ d'une transposition faite en fonction d'un sens idéal de la beauté. Il commença à être reconnu v. 1637, fut apprécié d'Urbain VIII et eut de nombreux acheteurs français et anglais. Dès 1644, il commença, pour éviter les contrefaçons, un *Liber veritatis,* constitué des dessins faits d'après ses tableaux soigneusement catalogués. Dans une première phase, il réalisa surtout des marines (*Port de mer au soleil couchant,* 1639, Louvre) attestant sa prédilection pour le soleil couchant, dont la lumière frontale construit l'espace. Il peignit ensuite des ports de mer et paysages où figurent des scènes bibliques et mythologiques, les personnages étant exécutés par des aides. Vers 1656, sa facture devint plus vigoureuse et les empâtements apparents ; il s'attacha à peindre lui-même les personnages ; mais la lumière tendait, en fait, à devenir le sujet primordial de ses œuvres (*Les Quatre Heures du jour*). Il organisait rigoureusement ses compositions selon des plans parallèles, recherchait les effets de lumière diffuse (aube ou fin du jour) et rendait la vibration de l'air par de subtiles gradations de ton. Il imposa une vision d'un lyrisme retenu et empreinte d'onirisme (*Psyché devant le palais de l'Amour,* dit «Le Château enchanté», 1664, Londres) ; la fusion d'une «nature» reconstruite et d'une Antiquité imaginaire (palais inventés, ruines) concourt à la création d'un univers élégiaque non dénué d'une certaine théâtralité. Il s'affirma comme la figure majeure, avec Poussin*, du paysage classique.

**LORRAIN (LE)** [97214] ♦ V. de Martinique, arr. de la Trinité, située sur la côte Atlantique. 8 234 hab.

**LORRAINE** (maison de) ➝ **Guise**

**LORRAINE** n. f. ➝ **ÉTYM.** anc. *Lotharii regnum* «royaume de Lothaire* (II)» ♦ Anc. province de l'E. de la France qui a donné son nom à une région. ▮ **Histoire** Les Romains trouvèrent en Lorraine deux peuples celtiques : les Leuques et les Médiomatriques. Après les invasions des Francs* ripuaires et des Alamans*, cette région devint le cœur du royaume d'Austrasie*, puis de l'empire carolingien*. Les partages l'incorporèrent au royaume de Lotharingie*, marche disputée entre l'E. et l'O., et divisée linguistiquement. Intégré finalement au Saint Empire, ce royaume sauvegarda une certaine indépendance, et se divisa (959) en Haute-Lotharingie, future Lorraine, et Basse-Lotharingie ou Lothier, futur Brabant. La Lorraine fut érigée en duché en 1048 pour la maison des comtes de Metz, qui devait régner jusqu'en 1737. La puissance croissante de certains vassaux (Luxembourg, Bar), celle des villes et des évêchés (Metz, Toul et Verdun) permirent bientôt l'intervention de la France dans les affaires lorraines. Au XV^e s., le duché eut à faire face au danger

Le **Lorrain.** *Ulysse remet Chryséis à son père* (1,19 × 1,50 m). Musée du Louvre, Paris. *Phot. © Dagli Orti*

**Lorraine.**

bourguignon, et ne fut sauvé que par la mort de Charles* le Téméraire devant Nancy. Les difficultés de l'empire au XVIe s. lui permirent de faire reconnaître son indépendance, tandis que le roi de France en profitait pour s'emparer des Trois-Évêchés (1552). La Lorraine joua alors un rôle de premier plan dans la politique française, par l'intermédiaire des Guise*, cadets de la maison ducale, se fit le champion du catholicisme (Charles III) et, après sa réconciliation avec Henri IV (1595), connut son apogée, accompagné d'un épanouissement intellectuel et artistique (Callot, La Tour). Mais elle ne put résister à l'absolutisme français et Charles IV fut chassé de ses états à plusieurs reprises par les armées de Louis XIII et de Louis XIV. La France occupa de nouveau le pays pendant la guerre de Succession d'Espagne, sous Léopold Ier, et la Lorraine ne retrouva la paix qu'au traité de Vienne (1738) par lequel elle revenait à Stanislas* Leszczyński, son duc, devenu l'empereur François* Ier, recevant la Toscane en échange. À la mort de Stanislas, la Lorraine fut annexée à la France. Une période de prospérité s'ouvrait et allait être favorisée par le développement industriel (forges De Wendel, verrerie de Baccarat, cristallerie de Saint-Louis, salines). De 1871 à 1918, les territoires lorrains furent annexés par l'Allemagne, dans la région d'Alsace-Lorraine.

**LORRAINE** n. f. ♦ Région administrative de l'E. de la France, comptant 4 dép. : Meuse, Meurthe-et-Moselle, Moselle, Vosges. 23 547 $km^2$ (4,3 % du territoire, 13e rang). 2 310 376 hab. (4 %, 10e rang). *(Lorrains)*. 3 % du PIB (10e r.). CH.-L. : Metz. Elle recouvre l'anc. région historique, augmentée des Trois-Évêchés et amputée de Sedan, et s'étend de la Champagne à l'Alsace et du Hainaut à la Bourgogne.

**▮ GÉOGRAPHIE** C'est une région de plateaux marquée par un relief de «cuestas» (côtes). Elle est formée des vastes auréoles concentriques de terrains sédimentaires empilés au Secondaire à l'E. du Bassin parisien. Les couches dures et tendres alternées, inclinées vers l'O., sont associées à un réseau hydrographique divergent, et déterminent cette succession de «côtes», qui est le trait majeur du paysage. Ces reliefs dissymétriques (revers en pente douce et front abrupt) sont d'une ordonnance remarquable : corniche boisée, niveau des sources ponctué de villages et rivière subséquente. Ainsi la Côte de Meuse (dédoublée, par surimposition du fleuve, qui coule en arrière du front et détache les Hauts de Meuse, 374 m, en avant de Verdun, 199 m) et la Côte de Moselle (150 km de la frontière luxembourgeoise au seuil de Lorraine, 499 m) sont des affleurements de calcaire qui dominent de 200 m et plus les plaines déblayées dans les terrains meubles sous-jacents (Woëvre), précédées de buttes-témoins et percées de vallées en «entonnoir». Les grès du Trias émergent des marnes liasiques (vallée de la Moselle) : ondulations monotones et boisées (forêts de la Hardt, de la Vôge) du plateau lorrain s'élevant progressivement sur le versant vosgien (forêts de hêtres et de sapins), troué de lacs glaciaires (Gérardmer, 665 m) et de profondes vallées (Vezouze, Meurthe, Mortagne, Moselle), pour retomber également en «côte» au-dessus des argiles du Permien (bassin de Saint-Dié, 340 m), face à la ligne de crête du massif vosgien (Hohneck, 1 363 m). ▪ Le climat est semi-continental avec des hivers précoces, rudes (Nancy, janv. 0 °C), neigeux et des étés assez chauds (Nancy, juil. 18,3 °C). Les précipitations importantes et bien réparties (Nancy, 740 mm en 163 jours) en font le domaine de la forêt (en particulier dans les Vosges).

▮ **POPULATION** L'utilisation des ressources du sous-sol et des forêts, associée à une tradition industrielle ancienne, a permis un fort afflux de ruraux et d'étrangers au moment où la région a connu son expansion industrielle, plus tardive que celle du Nord (1 533 000 hab. en 1872, 1 933 000 hab. en 1911). La population a diminué ensuite, perturbée par les guerres. La reprise démographique s'est faite après 1945 (+37 % de 1946 à 1990 ; France : +39,6 %) mais la crise industrielle des années 1970-1980 a provoqué un nouveau déclin (2 483 704 hab. en 1968 ; 1968-1990 : –7,1 %). Le recul a été stoppé au cours des années 1990. La région reste modérément peuplée (98 hab./km$^2$).

▮ **ÉCONOMIE** ▮ **Agriculture** Avec 2,4 % de l'emploi régional (France : 2 %), ce n'est plus une activité importante de la région. Elle se consacre essentiellement à l'élevage, avec 67 % de la valeur de la production et près de 1 million de bovins. Le blé et l'orge sont les cultures les plus développées. ▮ **Industrie** C'est la mise au point du procédé de déphosphoration Thomas (1878) qui permit le décollage industriel, avec l'exploitation d'un énorme gisement (6 milliards de t) de minerai de fer à faible teneur (30 %, d'où son nom de «minette»). La production, qui était de 63 millions de t en 1962, est tombée à 17 millions en 1972, puis à 2,5 millions de t en 1992 avant de cesser. L'industrie sidérurgique née de la présence du minerai fournit cependant 3 millions de t d'acier par an (2004), soit 1/5 de la production nationale (à Florange et à Gandrange avec Arcelor-Mittal qui menace toutefois de délocaliser). Situé à une cinquantaine de kilomètres à l'est de ce gisement, le bassin houiller de la Moselle (Houillères du Bassin de Lorraine à Freyming-Merlebach, devenues Charbonnages de France-Lorraine en 2004) qui fournissait encore 4 millions de t en 1998 (15 en 1966) a été fermé en 2004. La crise des années 1970 a largement atteint ces secteurs : des programmes de restructuration permettant des gains de productivité face à la concurrence internationale, mais engendrant un chômage élevé en dépit de plans sociaux, sont à l'origine d'une catastrophe économique rythmée par les fermetures d'usines, qui ont entraîné l'émigration d'ouvriers vers d'autres régions et un assez fort mouvement de frontaliers vers le Luxembourg et la Sarre. L'organisation de la Lorraine autour d'une quasi mono-industrie (la sidérurgie) a montré ses limites, malgré quelques tentatives de diversification et de spécialisation (aciers spéciaux, carbochimie, cokéfaction). Toutefois, l'industrie assure toujours 26 % de l'emploi régional (France : 20,7 %) et l'activité sidérurgique est relativement stable. Le secteur textile, sinistré, a fortement reculé, victime de la concurrence des pays asiatiques (2/3 des tissus de coton produits en France). La situation de l'industrie automobile se dégrade. La forêt vosgienne permet de maintenir, difficilement certes, les industries liées au bois : papier et carton, ameublement. Localement, des activités dont la renommée déborde largement le cadre régional connaissent un certain succès : les cristalleries à Baccarat, le thermalisme à Vittel et Contrexéville. On tend à développer des industries nouvelles (électronique, matières plastiques) liées aux foyers de «matière grise» que sont Metz-Technopôle et le parc technologique nancéen de Brabois. La prédominance du secteur tertiaire (72 % de l'emploi régional) doit beaucoup au poids du secteur public. ▮ **Échanges et urbanisation** De nouvelles infrastructures de transport (création d'un aéroport commun Metz-Nancy), associées à un réseau autoroutier efficace et à la mise en service du TGV-Est européen en 2007, doivent permettre à la région de s'affirmer dans l'Union européenne. L'Allemagne reste le 1$^{er}$ fournisseur et client de la Région. Le réseau urbain est bipolaire, autour de la capitale régionale, Metz, et de la capitale historique, Nancy. La faible distance qui sépare les deux villes (moins de 50 km) appelle, pour beaucoup de fonctions urbaines, à les regrouper. Le TGV dessert les deux villes qui sont également reliées par une desserte ferroviaire cadencée et une autoroute. Un chapelet de petits centres s'échelonnent le long de la vallée de la Moselle de Pont-à-Mousson à Thionville. Une nébuleuse industrielle se dilue le long de la vallée de l'Orne et sur le plateau, entre Hagondange et Briey. Toul à l'O. et Luné ville au S.-E. sont directement situées dans l'orbite nancéenne. Le rayonnement des villes des Vosges, Épinal et Saint-Dié, et celui des villes de la Meuse, Verdun et Bar-le-Duc, est limité à leur proche environnement. En revanche, Forbach, Sarreguemines et Saint-Avold, proches de Sarrebruck en Allemagne, sont intéressées, comme Thionville et Longwy, proches du Luxembourg, par un programme international de reconversion et de développement qui associe les régions de trois pays. En effet, si la Lorraine n'a ni l'ancienneté ni la richesse de la culture industrielle du Nord, elle n'en appartient pas moins à l'Europe rhénane dont elle partage les traditions et les savoir-faire.

**Lorraine.** Les Vosges, aux environs du col de la Schlucht. *Phot. © Hétier*

**Lorraine** (parc naturel régional de) ♦ Créé en 1974, il couvre une superficie totale de 185 000 ha répartis en deux zones distinctes sur les dép. de la Meurthe-et-Moselle, de la Meuse et de la Moselle. À l'O. des Côtes de Moselle aux Côtes de Meuse, une vaste zone (140 000 ha) est couverte de cultures et de prairies d'élevage. À l'E., le «pays des Étangs» abrite de nombreuses espèces d'oiseaux migrateurs.

**LORRIS** [45260] ➝ **ÉTYM.** du lat. *Lotrius*, n. de pers. (du gaul. *lautro* «bain») [p.-ê. «celui qui s'occupe des étuves»] ♦ Ch.-l. de cant. du Loiret, arr. de Montargis. 2 674 hab. *(Lorriçois)*. Église des XII$^e$-XIII$^e$ s. (buffet d'orgue sculpté du XV$^e$ s. ; stalles du XVI$^e$ s.). Hôtel de ville Renaissance. Halles en charpente (XVI$^e$ s.). ▮ **Histoire** La charte d'affranchissement accordée à la ville par Louis le Gros *(Coutumes de Lorris)* servit de modèle à de nombreuses coutumes communales aux XII$^e$ et XIII$^e$ s.

**LOS** ou **LOOS** (îles de) ➝ **ÉTYM.** de *Islas de los idolos* «îles des idoles» ♦ Archipel côtier de la Guinée, face à Conakry. ▪ Importants gisements de bauxite dans les îles de Kassa et Tamara.

**LOS ALAMOS** ➝ **ÉTYM.** esp. «les peupliers» ♦ V. des États-Unis (Nouveau-Mexique), au N.-E. de Santa Fe, dans la vallée du Rio Grande. 12 280 hab. Centre de recherches nucléaires (en relation avec les univ. de Californie et du Nouveau-Mexique, à Albuquerque). ▮ **Histoire** La première bombe atomique fut expérimentée non loin de là, le 16 juillet 1945.

**LOS ANGELES** ➝ **ÉTYM.** esp. «les anges» ♦ V. des États-Unis (Californie), près de la côte du Pacifique. 3 694 820 hab. (zone urbaine 16 373 645, dont 40 % d'Hispaniques, 13 % de Noirs et 10 % d'Asiatiques). La ville est la deuxième des États-Unis après New York. L'agglomération s'étend sur cinq comtés (Los Angeles, Orange, Riverside, San Bernardino et Ventura) et inclut de nombreuses villes (Anaheim, Beverly Hills, Burbank, Culver City, Glendale, West Hollywood, Inglewood, Long Beach, Pasadena, Santa Anna, Santa Monica, Torrance). ▮ **La ville de l'automobile** Le paysage urbain, qui s'étend sur plus de 100 km du N. au S. et d'E. en O., est caractérisé par un habitat peu dense de maisons individuelles entourées d'un jardin ; il est sillonné par un important réseau autoroutier qui a progressivement succédé aux remarquables réseaux de chemin de fer et de tramway et qui est arrivé à saturation dans les années 1980. Los Angeles est la première ville à avoir conçu des équipements spécialement adaptés à l'automobile *(drive-in)*. 95 % des déplacements sont effectués en voiture, d'où le problème du *smog* (pollution). Depuis l'amendement du Clean Air Act de 1990, des mesures visent à réduire le nombre de véhicules en circulation, à promouvoir les transports en commun et le télétravail. ▮ **Le renouveau urbanistique** Los Angeles, qui pendant longtemps n'avait pas construit de gratte-ciel, pour des raisons de sécurité (séismes) et par fidélité au mythe de la ville-jardin, s'est dotée, à l'image des autres villes du pays, de hautes tours de verre et d'acier à partir des années 1970. Ce renouveau urbanistique s'opère en collaboration avec des architectes comme R. Meier, I. M. Pei, A. Isozaki, F. Gehry et M. Graeves. ▮ **L'économie** Deuxième pôle de la vie économique du pays, Los Angeles occupe de par sa position géographique une place centrale dans la mondialisation des marchés qui voit l'émergence des pays asiatiques. Premier bassin industriel par le nombre d'emplois et la valeur de la production, elle a créé dans le secteur de la haute technologie un nombre d'emplois équivalent à celui de la Silicon Valley, localisés pour la plupart dans le comté d'Orange, mais a perdu des emplois dans l'automobile et dans l'aéronautique. ▮ **Culture et tourisme** La ville abrite des universités publiques et privées de grande renommée comme l'University of California, Los Angeles (UCLA), l'University of Southern California (USC), le Californian Institute of Technology (Caltech) à Pasadena, et des centres de recherche comme la Rand Corporation à Santa Monica. Le tourisme a toujours été une activité importante de la région en raison de son climat, de la diversité des paysages (désert de Palm Springs), des activités ludiques (Disneyworld à Anaheim depuis 1955), des studios de cinéma de Hollywood. Devenue la rivale de New York, la ville s'est dotée de nombreuses salles de spectacle. Elle possède le plus grand musée d'art contemporain (MOCA) et le plus grand complexe culturel privé du monde, le Centre Getty*, inauguré en 1997. L'orchestre philharmonique de Los Angeles attire des interprètes de la scène internationale.

▮ **HISTOIRE** Comme l'ensemble des États-Unis, le site de Los Angeles a été habité par des tribus indiennes avant que le gouverneur espagnol Felipe de Neve ne fonde un *pueblo* (établissement humain à vocation agricole) en 1781 sous le nom de Pueblo de Nostra Señora la Reyna de los Angeles de Porciuncula, appellation qui se réduisit à l'usage. Après une brève période mexicaine, la ville intégra la Fédération en 1849. Elle ne commença à se développer qu'au moment de l'achèvement des grandes lignes de chemin de fer intercontinentales (Southern Pacific, 1876 ; Santa Fe, 1885), et de l'arrivée de nombreux flux migratoires composés en majorité d'Américains de la deuxième génération à la recherche d'un cadre de vie idéal. Jusqu'à la fin du XIX$^{e}$ s., la ville, qui annexa le port de San Pedro en 1891, présenta un paysage rural composé de fermes utilisant les techniques les plus performantes de l'irrigation. ▮ **La croissance et le problème de l'eau** Sa croissance démographique et économique (avec la découverte de gisements de pétrole en 1892, l'arrivée du cinéma et l'implantation de l'industrie aéronautique) posa de sérieux problèmes d'approvisionnement en eau. D'importants travaux d'infrastructure furent financés par l'État fédéral et par les pouvoirs locaux, mais le problème de l'eau continue de susciter un débat politique qui oppose agriculteurs et citadins. ▮ **La ville et les minorités** Comme les autres villes californiennes, Los Angeles a depuis le début du XX$^{e}$ siècle éliminé les deux partis de la vie politique locale. Les jeux Olympiques s'y sont déroulés en 1932 et à nouveau en 1984, sans aide publique. Jusque dans les années 1960, Los Angeles se voulait une ville anglo-saxonne. De 1973 à 1993, le maire noir Tom Bradley (5 mandats consécutifs) a tenté d'en faire une ville multiculturelle. Cette image a été fortement ébranlée par les émeutes d'avr. 1992 qui, contrairement à celles de Watts en 1965, ne concernaient pas uniquement les Noirs, mais aussi les Hispaniques et les Coréens et ne participaient pas d'un mouvement social aux buts revendicatifs précis, mais plutôt d'une révolte de minorités ethniques exclues des circuits économiques, politiques et culturels. Los Angeles compte quelque 700 gangs aux rivalités sanglantes, qui se disputent le trafic des drogues et des armes ; la criminalité y est très importante. Un tremblement de terre a gravement endommagé le réseau autoroutier en 1994.

**LOS ANGELES** ♦ V. du Chili, sur le Bío-Bío. 104 000 hab. Raffinerie de sucre.

**LOSEY (Joseph)** ♦ Cinéaste américain (La Crosse, Wisconsin 1909 - Londres 1984). Il a débuté par la mise en scène de théâtre et recueilli la leçon de Brecht, puis abordé le cinéma avec des œuvres contestataires. Conscience intransigeante et lucide, artiste dont l'élégance de style confine tantôt à la préciosité, tantôt à l'abstraction et au dépouillement, Losey s'adresse d'abord à la raison du spectateur, mettant successivement en accusation : le racisme, avec *Le Garçon aux cheveux verts* (1948), *Haines* (1949) ; la peine de mort (*Temps sans pitié*, 1956) ; les erreurs de la justice (*L'Enquête de l'inspecteur Morgan*, 1959) ; l'univers carcéral (*Les Criminels*, 1960) ; la terreur atomique (*Les Damnés*, 1961) ; la guerre (*Pour l'exemple*, 1964) et divers facteurs d'aliénation, avec *Gypsy* (1957), *Eva* (1962), *The Servant* (1963), *Accident* (1967), *Cérémonie secrète* (1968), *Le Messager* (1970), *M. Klein* (1975). Il réalisa également une adaptation du *Don Giovanni* de Mozart (1979).

**LOS LAGOS** ➝ ÉTYM. esp. « les lacs » ♦ Région admin. du Chili. 67 000 km$^2$. 1 073 000 hab. CAP. : Puerto Montt. Exploitation du bois. Pêche et fruits de mer.

**Los Olvidados** ♦ Film mexicain de Luis Buñuel* (1950). Grand retour de Buñuel au cinéma, ce vibrant plaidoyer en faveur des enfants abandonnés des bidonvilles de Mexico, qui se livrent à toutes sortes d'exactions par manque d'amour, le rappela à l'attention de la critique internationale (il fut primé deux fois au festival de Cannes 1951). Film d'une froide violence jamais gratuite, d'une cruauté jamais malsaine, tour à tour réaliste et surréaliste, *Los Olvidados* (« Les Oubliés ») fut d'abord traduit *Pitié pour eux*, ce qui est un grossier contresens) atteste, comme l'a souligné le poète Octavio Paz, la fidélité de Buñuel au « grand art espagnol ».

**LOT (Ferdinand)** ♦ Historien français (Le Plessis-Piquet, Seine 1866 - Fontenay-aux-Roses 1952). Archiviste-paléographe, puis professeur à la Sorbonne, il se consacra à l'étude du Moyen Âge : *La Fin du monde antique et le début du Moyen Âge* (1927), *L'Art militaire et les armées du Moyen Âge* (1946).

**LOT** n. m. ➝ ÉTYM. anc. *Oltis*, *Olt* puis *Lot*, par soudure de l'article, d'une rac. hydronym. précelt. *ol-* « couler » ♦ Affl. de la Garonne, traversant le Massif central et le bassin d'Aquitaine (481 km). Né dans le mont Lozère, il traverse les Causses en des gorges très profondes puis il reçoit la Truyère, pénètre dans le Quercy, arrose Cahors, décrit de nombreux méandres et conflue près d'Aiguillon. De régime très irrégulier, il a deux maxima (avr., déc.). ▪ Aménagements hydroélectriques.

**LOT** n. m. [46] ➝ ÉTYM. du n. de la riv. ♦ Dép. du S. de la France, région Midi-Pyrénées. 5 217 km$^2$. 160 197 hab. CH.-L. : Cahors. CH.-L. D'ARR. : Figeac, Gourdon. Cour d'appel : Agen. Académie : Toulouse. ➝ **Midi-Pyrénées.**

**LOTA** ♦ V. du Chili (prov. de Concepción). 47 000 hab. Port. Métallurgie du cuivre, travail du bois. Importants charbonnages.

**LOT-ET-GARONNE** [47] n. m. ➝ ÉTYM. du n. des deux cours d'eau ♦ Dép. du S.-O. de la France, région Aquitaine. 5 360 km$^2$. 305 380 hab. CH.-L. : Agen. CH.-L. D'ARR. : Marmande, Nérac, Villeneuve-sur-Lot. Cour d'appel : Agen. Académie : Bordeaux. ➝ **Aquitaine.**

**LOTH** ou **LOT** ➝ ÉTYM. en hébr. *Lôth* p.-ê. « voile » ♦ Personnage biblique (Genèse, XI-XIX), neveu d'Abraham. Il échappe à la destruction de Sodome*. Sa femme est changée en statue de sel pour avoir alors regardé en arrière. Ses filles, qui s'unissent à lui à son insu, donnent naissance à Moab* et à Ammon*.

**LOTHAIRE I$^{er}$** ♦ (795 - Prüm 855). Empereur d'Occident (840 - 855), roi d'Italie (822 - 855). Fils de Louis* I$^{er}$ le Pieux, il fut battu par ses frères Louis* le Germanique et Charles* le Chauve (841) et dut accepter le traité de Verdun* (843) : il reçut l'Italie, la Provence, la Bourgogne et les régions de l'est de la France, avec pour capitale Aix-la-Chapelle. Père de Louis* II, roi d'Italie, de Lothaire* II, roi de Lorraine, et de Charles, roi de Provence.

**LOTHAIRE II** ♦ (v. 825 - Plaisance 869). Roi de Lotharingie (855 - 869). Fils de Lothaire* I$^{er}$, il réunit Lyon, Arles et Vienne à son royaume, à la mort de son frère Charles, roi de Provence.

**LOTHAIRE** ♦ (mort à Turin en 950). Roi d'Italie (947 - 950). Fils d'Hugues de Provence, il fut associé au trône dès 931, mais fut détrôné avec son père en 945 par Bérenger II, marquis d'Ivrée, qui lui rendit son trône en 947, mais le fit empoisonner trois ans plus tard.

**LOTHAIRE** ♦ (Laon 941 - Compiègne 986). Roi de France (954 - 986). Fils de Louis* IV d'Outre-Mer, il régna sous la tutelle d'Hugues* le Grand. Il lutta contre Othon II, empereur germanique qui avait envahi la Lorraine (978). Père de Louis* V le Fainéant.

**LOTHAIRE II** ou **III DE SUPPLINBURG** ou **DE SAXE** ♦ (mort à Breitenwang, Tyrol 1137). Roi de Germanie (1125 - 1137) et empereur germanique (1133 - 1137). Successeur d'Henri* V, il supplanta Frédéric et Conrad de Hohenstaufen*, neveux d'Henri V, mais dut les combattre, déclenchant ainsi la querelle des guelfes* et des gibelins. Il concéda la marche nordique de Saxe (l'Altmark) à Albert* l'Ours. Descendu en Italie, il se fit couronner empereur par le pape Innocent* II (1133) qu'il soutenait contre Anaclet II et se fit concéder en fief les biens de la comtesse Mathilde. Il lutta contre Roger II de Sicile, partisan de l'antipape Anaclet II. Il eut pour successeur Conrad* III de Hohenstaufen.

**LOTHARINGIE** n. f. ♦ Royaume constitué en 855 par Lothaire* I$^{er}$ en faveur de son fils Lothaire* II. Il s'étendait de la mer du Nord aux Alpes, entre la Meuse, l'Escaut et le Rhin. Partagé en 870, au traité de Mersen, entre Louis le Germanique et Charles le Chauve, il passa de la France à la Germanie (923) pour être finalement partagé par Othon I$^{er}$ en deux duchés en 959 : la Haute-Lotharingie, ou Lorraine, et la Basse-Lotharingie, ou Lothier. ➝ **Lorraine.**

**LOTHIAN** n. m. ♦ Anc. région d'Écosse, sur la rive S. du Firth of Forth. partagée depuis 1996 en 3 districts : *East Lothian* (679 km$^2$. 90 088 hab. CH.-L. : Haddington) ; *Midlothian* (354 km$^2$. 80 941 hab. CH.-L. : Dalkeith) et *West Lothian* (427 km$^2$. 158 714 hab. CH.-L. : Livingston). ▮ **Histoire** Peuplée au VII$^{e}$ s. par les Angles, la région fit partie au VIII$^{e}$ s. de la Northumbrie puis fut occupée à partir du IX$^{e}$ s. par les Écossais.

**LOTI (Julien VIAUD, dit Pierre)** ➝ ÉTYM. déformation de *roti*, n. d'une fleur tropicale, qu'on lui donna comme surnom à la cour de la reine Pomaré, à Tahiti ♦ Écrivain français (Rochefort 1850 - Hendaye 1923). Élève de l'École navale, il fut officier de marine pendant quarante-deux ans, imprégnant une œuvre romanesque souvent autobiographique de ses souvenirs d'escales ou de séjours outre-mer. Il évoque la Turquie dans *Aziyadé* (1879) ou *Les Désenchantées, roman des harems turcs contemporains* (1906), peint la beauté luxuriante de l'Océanie dans *Rarahu* (1880 ; devenu *Le Mariage de Loti*, en 1882) ou l'Afrique sensuelle et tragique dans *Le Roman d'un spahi* (1881), situé au Sénégal. L'Extrême-Orient, avec le Japon, sert de cadre à *Madame Chrysanthème* (1887) dont le succès fut immense (et inspira à André Messager* la partition musicale d'une comédie lyrique, puis à Puccini* celle de *Madame* Butterfly*, 1904). Quant à la Bretagne et à la vie des marins, elles sont présentes dans *Mon frère Yves* (1883) et *Pêcheur* d'Islande* (1886), comme le Pays basque (où Loti aimait séjourner) dans *Ramuntcho* (1897). Esprit mobile, mélancolique, hanté par le problème du temps, Pierre Loti s'évada vers les pays exotiques dont il se montra un observateur sensible, délicat et attentif aux conséquences de la politique coloniale (dans un milieu où le procès du colonialisme n'avait pas commencé), et donnant moins d'importance aux intrigues qu'aux atmosphères, décrites selon un art impressionniste. [Acad. fr. 1891]

**LOTKA (Alfred)** ♦ Démographe et statisticien américain d'origine autrichienne (Lemberg, Autriche 1880 - New York 1949). Il fut l'un des fondateurs de la démographie mathématique. De son étude sur l'évolution des populations soumises à des lois de fécondité et de mortalité constantes, il a dégagé les notions de population stable et stationnaire (*Théorie analytique des associations biologiques*, 1934-1939).

**LOTOPHAGES** n. m. pl. ➝ ÉTYM. en gr. *Lôtophagoi* «mangeurs de lotus» ♦ Peuple fabuleux dont parle Homère dans *L'Odyssée**. Ils accueillent chaleureusement Ulysse* et ses compagnons et leur offrent des fruits de lotus si savoureux que quiconque les mange oublie aussitôt sa patrie. Ulysse doit contraindre ses compagnons, qui en avaient goûté, à reprendre la mer. On situait le pays des Lotophages sur la côte africaine de la Méditerranée.

**Lötschberg** (chemin de fer du) ♦ Chemin de fer mettant en communication les vallées de l'Aar (cant. de Berne) et du Rhône (Valais) en unissant Spiez à la ligne du Simplon par un tunnel de 14,611 km sous les Alpes bernoises. Il a été prévu en 1992 de construire un second tunnel sous le Lötschberg, qui mesurera près de 30 km de long et facilitera les liaisons entre le N. et le S. de l'Europe.

**LOTTI (Antonio)** ♦ Compositeur italien (Venise v. 1667 - *id.* 1740). Élève de Legrenzi, il se consacra d'abord à l'opéra et connut de vifs succès, tant en Italie qu'à Dresde, à la cour du prince de Saxe, et à Vienne. Revenu à Venise (1720), il ne composa plus que de la musique d'église (messes, motets, passions, oratorios, cantates), remarquable par la richesse de la polyphonie. Organiste, maître de chapelle (1736), il fonda une école réputée de chant et de composition où il eut Galuppi et Marcello pour élèves.

**LOTTO (Lorenzo)** ♦ Peintre italien (Venise 1480 - Lorette 1556). Formé sous l'influence d'Alvise Vivarini, de Murano et de Bellini, il conserva des traits quattrocentistes sous l'originalité de ses premières œuvres : *Saint Jérôme au désert* (1506, Louvre), polyptyque de Recanati (1508). Appelé à Rome en 1509 pour travailler aux Chambres* du Vatican, il fut évincé (comme le Pérugin, Signorelli et d'autres) au profit de Raphaël*. À son retour à Venise (1513), il ne sut s'imposer face à Titien* et à la nouvelle école, et se fixa à Bergame (1518 - 1528) où il peignit de grandes compositions religieuses, notamment *Le Mariage de sainte Catherine* (1523, académie Carrara). Dès cette époque, outre un certain déséquilibre des compositions et un goût du fourmillement qui le rapprochent de l'art allemand, sa peinture manifeste un attrait pour les foules populaires, certainement en rapport avec son genre de vie et ses préoccupations religieuses. Ainsi en est-il de sa *Sainte Lucie* (1531, Iesi), de sa *Crucifixion* (1531, Monte San Giusto, près de Macerata), de ses *Aumônes de saint Antoine* (1542, Venise, église Saints-Jean-et-Paul). Il acheva sa vie comme oblat au couvent de la Santa Casa, à Lorette. Une part de son œuvre, peut-être la plus émouvante, consiste en portraits, d'une psychologie insinuante et mélancolique : *Portraits de jeune homme* de 1506 - 1510 (Vienne) ou de 1525 (Berlin), *Jeune homme au béret* (1526, Milan), *Andrea Odoni* (1527, Hampton Court), *Vieillard* (1542, Milan).

Lorenzo **Lotto**. *Maître Marsilio et son épouse* (71 x 84 cm ), 1523. Musée du Prado, Madrid. *BIS/Phot.Oronoz © Archives Larbor*

**LOTZE (Rudolf Hermann)** ♦ Physiologiste et philosophe allemand (Bautzen 1817 - Berlin 1881). Considéré comme le fondateur de la psychophysiologie, il tenta surtout de concilier les résultats des sciences positives déterministes avec une métaphysique idéaliste, téléologique et éthique, qui s'apparente au monadisme leibnizien. Œuv. princ. : *Psychologie médicale* (1852), *Système de philosophie* (1874-1879).

**LOU Siun** → Lu Xun

**LOUBET (Émile)** ♦ Homme d'État français (Marsanne, Drôme 1838 - Montélimar 1929). Député républicain modéré (1876 - 1885), membre du Sénat (1885 - 1899) dont il assura la présidence (1896), ministre des Travaux publics (1887 - 1888), puis de l'Intérieur (1892 - 1893), il fut élu à la présidence de la République à la mort de Félix Faure (1899). En dépit des mouvements antidreyfusards (il fut lui-même agressé au champ de courses d'Auteuil), il gracia Dreyfus*. Son septennat (1899 - 1906) fut marqué par l'anticléricalisme des ministères Waldeck-Rousseau et Combes et par une importante activité diplomatique qui contribua au rapprochement de la France avec la Russie, la Grande-Bretagne et l'Italie. ➝ ÉTYM. *Loubet* est un nom de lieu occitan qui signifie «endroit fréquenté par les loups».

**LOUCHEUR (Louis)** ♦ Homme politique français (Roubaix 1872 - Paris 1931). Député (1919 - 1931), plusieurs fois ministre de 1916 à 1931, il fut chargé du portefeuille du Travail et de la Prévoyance sociale (1926 - 1930) et fit adopter en 1928 la loi sur les habitations à bon marché pour remédier à la crise du logement *(loi Loucheur)*.

**LOUDÉAC** [22600] ➝ ÉTYM. anc. *Lodiacensis pagus*, du lat. *Laudius*, n. de pers., et suff. *-acum* ♦ Ch.-l. de cant. des Côtes-d'Armor, arr. de Saint-Brieuc. 9 371 hab. *(Loudéaciens)*. Foires. Indus. agroalimentaires. Élevage (volailles, porcs). Abattoirs industriels.

**LOUDUN** [86200] ➝ ÉTYM. du gaul. *Laucus*, n. de pers., et *dunum* «forteresse» ♦ Ch.-l. de cant. de la Vienne, arr. de Châtellerault. 7 704 hab. *(Loudunais)*. Églises Saint-Pierre-du-Marché (XIIIe, XIVe, XVe s.) et Saint-Hilaire-du-Martray (XIVe, XVIe s.). Anc. église Sainte-Croix du XIe s. (auj. marché). Musée Charbonneau-Lassay (histoire locale). Maison natale de T. Renaudot* (musée). Hôtels et maisons anc. ▪ Foires. Petites industries. ▮ **Histoire** Les réformés y tinrent plusieurs synodes. En 1616, Marie de Médicis y signa un traité avec les nobles rebelles, parmi lesquels Condé. Le couvent des ursulines fut le siège d'une célèbre affaire de sorcellerie (dite «des possédées de Loudun»). → **Grandier (Urbain)**.

**LOUE** n. f. ➝ ÉTYM. rac. hydronym. précelt. *low* (→ Loing) ou du lat. *lupa* «louve» ♦ Riv. de Franche-Comté (125 km). Née d'une résurgence d'une source jurassienne (découverte par E. Martel), elle arrose Ornans, Quingey, Arc-et-Senans et se jette dans le Doubs en aval de Dole.

**LOUÉ** [72540] ♦ Ch.-l. de cant. de la Sarthe, arr. du Mans. 1 880 hab. *(Louésiens)*. Aviculture. ▪ Aux environs, château de Coulaines, du XVe s.

**LOUGHBOROUGH** ♦ V. d'Angleterre (Leicestershire), sur la Soar, au N. de Leicester. 45 000 hab. Univ. Construc. mécaniques. Centre commercial local.

**LOUHANS** [luɑ̃] [71500] ➝ ÉTYM. du germ. *Leubo*, n. de pers., et suff. *-ingos* ♦ Ch.-l. d'arr. de la Saône-et-Loire, situé au centre de la Bresse louhannaise, sur la Seille. 6 237 hab. (aggl. 10 946) *(Louhannais)*. Maisons à arcades des XVIIe et XVIIIe s. L'hôtel-Dieu (XVIIIe s.) renferme une remarquable pharmacie ancienne (boiseries, poteries). ▪ Foires (gros bétail, porcs). Marché agricole (beurre, volailles, œufs). Indus. agroalimentaire.

**LOUHANSK** – anc. ***Vorochilovgrad*** ♦ V. d'Ukraine, ch.-l. de région, dans le Donbass. 452 789 hab. Houillères. Sidérurgie. Construc. de matériel ferroviaire (locomotives diesel). Indus. textile.

**LOUIS (saint)** → Louis IX

## LOUIS

➝ ÉTYM. du lat. médiév. *Ludhovicus, Lodhuvicus, Chlodovicus*, du germ. *Hlodowig*, n. de pers. (de *hlod* «gloire» et *wig* «bataille») ; la forme *Chlodwig* a donné *Clovis** – it. *Luigi*, esp. *Luis*, port. *Luís*, occit. *Loïs*, bret. *Loeiz* (ou *Loïz*), all. *Ludwig, Lutz*, angl. *Lewis*, polon. *Ludwik*, hongr. *Lajos*, russe *Liudvig* ♦ Nom de plusieurs personnages, classés selon les rubriques suivantes : empereurs d'Occident ; empereur germanique ; Bavière ; Flandre ; France ; Germanie ; Hongrie ; Naples ; Portugal.

### EMPEREURS D'OCCIDENT

**LOUIS Ier le Pieux** ou **le Débonnaire** ♦ (Chasseneuil-du-Poitou 778 - près de Mayence 840). Empereur d'Occident (814 - 840). Fils de Charlemagne*, entièrement soumis à l'influence des clercs soucieux avant tout d'unité chrétienne, il voulut maintenir la cohésion de l'empire. Par l'*ordinatio imperii* (817), il faisait de Lothaire* son unique héritier tout en accordant des royaumes à ses autres fils : l'Aquitaine à Pépin*, la Bavière à Louis* (le Germanique). Il réprima la révolte de son neveu Bernard* roi d'Italie (818) et obtint un droit de contrôle sur les élections pontificales (824). En voulant apanager le fils qu'il avait eu de Judith de Bavière (829), Charles* (le Chauve), il provoqua la révolte de ses autres fils qui le firent déposer (833) ; il fut rétabli en 835 par Pépin et Louis. Il protégea Benoît d'Aniane.

**LOUIS II** ♦ (v. 822 - Lombardie 875). Empereur d'Occident (855 - 875). Fils de Lothaire* Ier, il fut roi d'Italie en 844. Il combattit les Sarrasins. Sa fille Hermengarde épousa Boson*, roi de Provence.

**LOUIS III l'Aveugle** ♦ (Autun v. 880 - Arles 928). Empereur d'Occident (901 - 905), il fut aveuglé par Bérenger I$^{er}$, son compétiteur à l'empire. Fils de Boson*, il fut roi de Provence (890 - 928) et roi d'Italie (900 - 928).

### EMPEREUR GERMANIQUE

**LOUIS IV DE BAVIÈRE** ♦ (Munich v. 1286-1287 - Fürstenfeld, près de Munich 1347). Roi des Romains (1314 - 1346), empereur germanique (1328 - 1347). Fils de Louis* II de Bavière, duc de Haute-Bavière et comte palatin, il fut élu empereur en concurrence avec Frédéric le Beau de Habsbourg, qu'il battit et captura en 1322 à la bataille de Mühldorf (Bavière). Il lui imposa de renoncer à l'Empire, ce qui lui valut d'être excommunié par Jean* XXII contre lequel il suscita l'antipape Nicolas* V. Les théologiens Marsile de Padoue, Jean de Jandun et Guillaume d'Occam, groupés autour de Louis, le soutinrent idéologiquement contre le pape. En 1346, le pape Clément VI reconnut un nouvel empereur, Charles* IV de Luxembourg.

### BAVIÈRE

**LOUIS I$^{er}$ DE KELHEIM** ou **LOUIS I$^{er}$ DE WITTELSBACH** ♦ (Kelheim 1174 - *id.* 1231). Duc de Bavière (1183 - 1231). Fils d'Othon* I$^{er}$ de Wittelsbach, il fut également investi du Palatinat rhénan par l'empereur Frédéric II (1214), mais cessa de le soutenir lorsque ce dernier fut excommunié.

**LOUIS II le Sévère** ou **LOUIS II DE WITTELSBACH** ♦ (Heidelberg 1229 - *id.* 1294). Duc de Bavière (1253 - 1294), fils d'Othon II l'Illustre. Il partagea l'héritage paternel avec son frère Henri et administra la Haute-Bavière et le Palatinat rhénan. Père de l'empereur Louis* IV.

**LOUIS I$^{er}$ DE WITTELSBACH** ♦ (Strasbourg 1786 - Nice 1868). Roi de Bavière (1825 - 1848). Fils de Maximilien* I$^{er}$, il servit dans l'armée napoléonienne, mais son patriotisme romantique, qui l'opposait à la domination française, lui valut une grande popularité. Après son avènement, il prit d'abord des mesures conformes à ses idées libérales. Il fut cependant conduit dès 1831 à adopter une politique autoritaire. Cultivé, amateur d'art et philhellène (il fit de son fils Othon un roi de Grèce), il était un mécène fastueux et chercha à faire de Munich, qu'il couvrit de monuments néoclassiques, un centre culturel européen. Les dépenses qui découlèrent d'une telle attitude et son catholicisme intransigeant provoquèrent une vive opposition que porta à son comble l'emprise que prit sur lui Lola Montès. Il dut abdiquer en faveur de son fils Maximilien* II et passa le reste de sa vie à l'étranger. Malgré ses ambitions et son désir d'indépendance, il avait dû laisser la Bavière entrer dans le Zollverein* en 1833.

**LOUIS II DE WITTELSBACH** ou **DE BAVIÈRE** ♦ (Nymphenburg 1845 - Berg 1886). Roi de Bavière (1864 - 1886). Il succéda très jeune à son père Maximilien* II. Idéaliste, romantique, à la fois enthousiaste et dépressif, il se voulut avant tout un mécène, et combla de faveurs Wagner* dont il était un admirateur passionné. Bien qu'il semble avoir pris très tôt conscience du caractère inévitable de l'hégémonie prussienne, il laissa gouverner ses ministres ; Ludwig von der Pfordten rangea la Bavière aux côtés de l'Autriche en 1866 ; Hohenlohe*-Schillingsfürst, qui le remplaça, devait l'orienter vers l'alliance prussienne, et, en 1870, Louis II accepta de signer la lettre qui proposait au roi de Prusse la couronne impériale. Les avantages qu'il attendait en retour ne lui furent pas accordés. La vive résistance intérieure que le pays opposa à cette politique, son refus des mesures favorables au catholicisme et les limites que la Constitution imposait au pouvoir royal contribuèrent à détacher totalement de sa tâche le roi qui acheva de s'isoler dans ses résidences : son goût de la construction avait tourné à la manie, et il avait multiplié les châteaux à l'architecture fantastique, inspirée des légendes allemandes reprises par Wagner, ou de Versailles (Neuschwanstein, Linderhof, Herrenchiemsee, Hohenschwangau). La croissance des dépenses royales amena finalement le ministère à faire interner Louis II. Conduit au château de Berg, il se noya le lendemain de son arrivée, ainsi que son médecin, dans le lac de Starnberg, voisin du château, dans des circonstances restées incertaines. Louis II ayant refusé de se marier et son frère Othon étant interné, la régence fut assurée par son oncle Léopold.

**LOUIS III DE WITTELSBACH** ♦ (Munich 1845 - Sávár, Hongrie 1921). Roi de Bavière (1913 - 1918). Il devint régent à la suite de son père Léopold (1912), et roi après la déposition d'Othon. Il dut abdiquer lors de la révolution de 1918.

### ESPAGNE

**LOUIS I$^{er}$** ♦ (Madrid 1707 - *id.* 1724). Roi d'Espagne (1724). Fils de Philippe* V et de sa première épouse, Marie-Louise de Savoie, il succéda à son père, qui abdiqua en sa faveur (janv. 1724). À sa mort (août 1724), Philippe V remonta sur le trône.

### FLANDRE

**LOUIS** ♦ Nom de plusieurs comtes de Flandre. ♦ **LOUIS DE NEVERS** (v. 1304 - Crécy 1346). Comte de Flandre (1322 - 1346). Il succéda à son grand-père Robert* III de Béthune. Ses sujets s'étant révoltés, il fit appel au roi de France Philippe VI qui les vainquit au mont Cassel (1328). Sa politique d'alliance avec la France lors de la guerre de Cent Ans provoqua la réaction du roi d'Angleterre Édouard III qui mit l'embargo sur l'exportation des laines vers la Flandre. Une crise économique s'ensuivit et Jacob Van* Artevelde conduisit la révolte de Gand (1337). Louis de Nevers, chassé de ses États, se réfugia en France où il participa à la guerre de Cent Ans et fut tué lors de la bataille de Crécy. ♦ **LOUIS DE MÂLE** (Mâle, près de Bruges, 1330 - Saint-Omer 1384). Fils du précédent. Comte de Flandre (1346 - 1384). Il dut faire face à une révolte de Gand (1379) dirigée par Philip Van* Artevelde et se réfugia en France. Charles VI vainquit les Gantois à Rozebeke (1382). À la mort de sa fille Marguerite (1405), qui avait épousé en 1369 Philippe le Hardi, duc de Bourgogne, la Flandre passa à la Bourgogne.

### FRANCE

**LOUIS I$^{er}$ DE FRANCE** → Louis I$^{er}$ le Pieux, EMPEREUR D'OCCIDENT.

**LOUIS II le Bègue** ou **le Fainéant** ♦ (846 - Compiègne 879). Roi de France (877 - 879). Fils de Charles* le Chauve et père de Carloman*, Charles* III le Simple et Louis* III.

**LOUIS III** ♦ (v. 863 - Saint-Denis 882). Roi de France (879 - 882). Fils de Louis* II, il régna avec son frère Carloman*. Il céda à Louis III le Jeune, roi de Germanie, la Lotharingie occidentale (880). Il eut pour successeur Charles* III le Gros.

**LOUIS IV d'Outre-Mer** ♦ (921 - Reims 954). Roi de France (936 - 954). Fils de Charles* III le Simple, élevé en Angleterre, il régna sous la tutelle d'Hugues* le Grand. Prisonnier des Normands en 945, Louis IV dut céder la ville de Laon à son tuteur pour être délivré, mais, grâce à l'appui d'Othon I$^{er}$, il réussit à faire reconnaître sa suzeraineté par Hugues le Grand. Mais ce dernier, qui sut aussi profiter de l'hostilité de l'aristocratie contre les Carolingiens, conserva la réalité du pouvoir.

**LOUIS V le Fainéant** ♦ (v. 967 - Compiègne 987). Roi de France (986 - 987). Fils de Lothaire*, il fut le dernier des Carolingiens*.

**LOUIS VI le Gros** ♦ (v. 1081 - Paris 1137). Roi de France (1108 - 1137). Fils de Philippe I$^{er}$ et de Berthe* de Hollande, mari de Lucienne de Rochefort puis d'Adélaïde* de Savoie. Il pacifia son domaine d'Île-de-France en détruisant la puissance des seigneurs pillards. Il s'appuya sur l'Église en s'entourant de conseillers ecclésiastiques (→ **Suger**) et sur le peuple. Il encouragea le mouvement communal et mit le domaine royal en valeur, y attirant des paysans par l'octroi de chartes. Il tenta d'enlever la Normandie au roi d'Angleterre Henri I$^{er}$ pour la donner au neveu de ce prince, Guillaume Cliton, mais, vaincu, fit la paix (1119). Lorsque le gendre et l'allié du roi d'Angleterre, l'empereur Henri V, envahit la Champagne, Louis VI obtint l'aide des grands vassaux ; l'empereur se retira alors sans combattre, augmentant ainsi le prestige royal (1124). Peu avant sa mort, Louis VI maria son fils avec Aliénor* d'Aquitaine (→ **Louis VII**).

**Louis VI le Gros.** Miniature extraite des *Chroniques de Saint-Denis,* XV$^{e}$ s.
Bibliothèque nationale de France, Paris.
*BIS/Phot. © Coll. Archives Larbor*

**LOUIS VII le Jeune** ♦ (v. 1120 - Paris 1180). Roi de France (1137 - 1180). Fils de Louis VI et d'Adélaïde* de Savoie. Par son mariage avec Aliénor* d'Aquitaine (1137), il acquit une partie du midi et de l'ouest de la France. Il se brouilla avec le Saint Siège au sujet du titulaire de l'archevêché de Bourges. Le protégé papal s'étant réfugié auprès du comte Thibaud de Champagne, il envahit la Champagne (1142), mais, à la suite de l'intervention du pape, il dut accepter de l'évacuer. Pour sceller son accord avec la papauté, il participa à la deuxième croisade* (1147 - 1149) et confia la régence à son ministre Suger*. Il soutint le pape Alexandre III contre l'empereur Frédéric Barberousse. Par la publication des premières ordonnances royales, il augmenta l'autorité monarchique mais commit l'erreur politique de répudier Aliénor d'Aquitaine (1152). Cette dernière reprit sa dot et épousa peu après Henri Plantagenêt, Henri* II d'Angleterre en 1154, constituant par l'étendue de ses domaines une grave menace pour la France. Veuf de Constance* de Castille, Louis VII épousa Adèle* de Champagne (1160) qui fut la mère de Philippe* II Auguste.

**LOUIS VIII le Lion** ♦ (Paris 1187 - Montpensier, Auvergne 1226). Roi de France (1223 - 1226). Fils de Philippe* II Auguste. Vainqueur de Jean* sans Terre à La Roche-aux-Moines, près d'Angers (1214), il lui fut opposé comme roi d'Angleterre lors de la révolte des barons anglais, débarqua en Angleterre (1216) mais fut vaincu en 1217. Devenu roi, il enleva aux Anglais le Poitou, l'Aunis, l'Angoumois, le Limousin, le Périgord et une partie de la Gascogne. Au cours de la croisade contre les albigeois*, il conquit Avignon (1226). Il constitua des apanages pour ses fils : l'Artois à Robert, le Poitou et l'Auvergne à Alphonse* (II de France). L'Anjou et le Maine échurent plus tard à Charles. ▪ Mari de Blanche* de Castille ; père de Louis* IX.

**LOUIS IX ou SAINT LOUIS** ♦ (Poissy 1214 - devant Tunis 1270). Roi de France (1226 - 1270). Fils de Louis* VIII. Il régna d'abord sous la régence de sa mère Blanche* de Castille (1226 - 1242). Celle-ci vainquit les grands vassaux révoltés, notamment Pierre Mauclerc, duc de Bretagne, et Philippe Hurepel, comte de Boulogne, mit fin à la guerre contre les albigeois (1229) et le maria à Marguerite* de Provence (1234). Louis IX dut réprimer dans le Sud-Ouest une nouvelle révolte féodale soutenue par le roi d'Angleterre Henri III qu'il vainquit à Taillebourg* et à Saintes* (1242). Confiant la régence à sa mère, il fit la septième croisade* en Égypte, prit Damiette* (1249) mais fut vaincu et fait prisonnier à Mansoura* (1250). Libéré contre rançon et reddition de Damiette, il passa quatre ans en Syrie, qu'il fortifia, tandis que la France connaissait la révolte des Pastoureaux*. Il signa à Corbeil un traité avec Jacques I^er^ d'Aragon qui renonçait à sa suzeraineté sur la Provence et le Languedoc (à l'exception de Montpellier) en échange de l'abandon des droits français sur la Catalogne et le Roussillon (1258). Il régla le conflit avec l'Angleterre par le traité de Paris, cédant aux Anglais, notamment, le Limousin, le Quercy et le Périgord contre abandon des prétentions sur la Normandie, le Maine, l'Anjou, la Touraine et le Poitou et reconnaissance de vassalité pour la Guyenne (1259). Chrétien accompli, il fut soucieux de faire régner la justice mais aussi d'accroître l'autorité royale, faisant faire des enquêtes sur l'administration des baillis et sénéchaux, confiant à des légistes le soin de rendre la justice à la cour (ce fut l'origine du Parlement), développant la juridiction d'appel. Il interdit les guerres privées, les tournois et le duel judiciaire. Il ordonna que la monnaie royale eût cours dans tout le royaume, fit construire la Sainte*-Chapelle du Palais (1248), fonda l'hospice des Quinze-Vingts (1254) et confirma la fondation de la Sorbonne (1257). La France, où enseignèrent saint Thomas* d'Aquin, saint Bonaventure*, Albert* le Grand, Roger Bacon*, Siger* de Brabant, connut un rayonnement tant intellectuel et artistique que moral. De toute l'Europe chrétienne, on sollicitait la médiation du roi de France dans les conflits : ainsi à Amiens, en 1264, il se déclara en faveur d'Henri III contre les barons anglais révoltés. Hors d'Europe, Louis IX envoya une ambassade chez les Mongols (→ **Guillaume de Rubrouck**). Il mourut de la peste lors de la huitième croisade*, entreprise dans l'espoir de convertir le sultan de Tunisie (1270). ▪ Sa vie nous est bien connue par les écrits de Joinville*. Père de Philippe* III le Hardi et de Robert de Clermont, il fut canonisé par Boniface VIII (1297). ▪ Fête le 25 août.

**LOUIS X le Hutin ou le Querelleur** ♦ (Paris 1289 - Vincennes 1316). Roi de France (1314 - 1316). Roi de Navarre par sa mère (1305 - 1316). Fils de Philippe* IV le Bel. Il fit face à des révoltes, notamment celle de seigneurs qu'il calma par des concessions et par le jugement d'Enguerrand de Marigny*. Il se procura de l'argent en vendant des chartes d'affranchissement aux serfs et en dépouillant les Juifs et les Lombards. Veuf de Marguerite* de Bourgogne, il épousa Clémence de Hongrie qui fut la mère de Jean* I^er^ le Posthume. Ce dernier n'ayant pas vécu, ce fut le frère de Louis X, le régent Philippe* V, qui lui succéda.

**LOUIS XI** ♦ (Bourges 1423 - Plessis-lez-Tours 1483). Roi de France (1461 - 1483). Fils de Charles* VII, il se révolta contre son père en participant à la Praguerie* (1440). Pardonné, il fut envoyé gouverner le Dauphiné, mais il se révolta de nouveau en 1455 et dut s'enfuir auprès du duc de Bourgogne Philippe III le Bon. Devenu roi, il engagea la lutte contre la noblesse qui forma contre lui la ligue du Bien public. Après la bataille indécise de Montlhéry (1465), il fut contraint de faire des concessions, notamment l'octroi de la Normandie à son frère Charles de Berry, aux traités de Conflans et de Saint-Maur (1465). Cependant, lui ayant retiré ce don (1466), Louis XI fut confronté à une nouvelle révolte féodale dont les chefs étaient le nouveau duc de Bourgogne, Charles* le Téméraire, et François* II de Bretagne, avec qui il signa le traité d'Ancenis (1468). Tandis qu'il encourageait en sous-main les révoltes de Liège et de Gand, Louis XI commit l'imprudence de rencontrer Charles le Téméraire à Péronne (1468). Le duc, ayant appris la perfidie du roi, le retint prisonnier, ne le libéra que contre la cession de la Champagne à son allié le frère du roi et le contraignit à assister à la répression de la révolte de Liège. Après avoir échangé la lointaine Guyenne contre la Champagne, Louis XI emprisonna son conseiller La Balue* accusé de trahison et fit annuler le traité de Péronne (1470). Il encouragea les ennemis de Charles, fit la paix à Picquigny* avec le roi d'Angleterre Édouard IV qui avait débarqué en France et détruisit la puissance des grands féodaux (Armagnac, Alençon, Saint-Pol, Nemours). Charles le Téméraire envahit la Picardie mais échoua devant Beauvais (1472). À la mort de ce dernier (1477), Louis XI tenta de s'approprier son héritage mais il fut battu à Guinegatte par Maximilien d'Autriche, époux de Marie de Bourgogne, fille du Téméraire (1479). Cependant, au traité d'Arras (1482), Louis XI se fit céder le duché de Bourgogne et la Picardie. Il augmenta également le domaine royal par l'héritage de l'Anjou, du Maine et de la Provence (1480 - 1481). → **René I^er^ le Bon.** S'entourant surtout de conseillers de modeste extraction au détriment des princes et des puissants seigneurs (→ **Le Dain [Olivier], Pot [Philippe], Tristan l'Hermite**) ainsi que d'hommes de guerre (→ **Crèvecœur [Philippe de], Chabannes [Antoine de]**), il consolida l'autorité royale, ne convoquant qu'une fois les états généraux (1470), centralisant la justice et les finances, augmentant l'armée, créant des parlements (Grenoble, Bordeaux, Dijon). Il favorisa la reprise économique, attirant les marchands étrangers par des exemptions d'impôts, créant les premières postes, améliorant les routes, encourageant les foires de Lyon, l'implantation de l'imprimerie et des premières manufactures de soieries. Réaliste et rusé, il pratiqua une politique sans scrupules et se fit craindre plutôt qu'aimer. Son principal moyen de gouverner fut une diplomatie retorse, appuyée sur l'argent avec lequel il achetait ses adversaires. Il fut l'un des rois de France qui contribuèrent le plus à l'unité nationale ; à sa mort, le domaine royal coïncidait presque avec la France actuelle. Il épousa Marguerite* Stuart, puis Charlotte* de Savoie qui fut la mère de Charles* VIII et d'Anne* de France. Son règne nous est connu par les écrits de Philippe de Commynes*.

**LOUIS XII** ♦ (Blois 1462 - Paris 1515). Roi de France (1498 - 1515). Fils de Charles d'Orléans* et de Marie de Clèves, il fut contraint par Louis* XI, qui voulait éteindre sa lignée, à épouser Jeanne* de France, qu'on pensait stérile. Avant d'accéder au trône, il avait pris la tête de la Guerre* folle, avait été vaincu à Saint-Aubin-du-Cormier et emprisonné. Puis il s'était réconcilié avec Charles VIII et avait pris part aux guerres d'Italie*. Dès son avènement au trône, il fit annuler son mariage pour épouser Anne* de Bretagne, veuve de Charles VIII, montra une rare clémence vis-à-vis de ses anciens adversaires, et se jeta dans l'aventure italienne, poussé par ses droits sur l'héritage des Visconti*. Le Milanais fut conquis par le condottiere Trivulce* (1499), perdu puis repris (1501), et Ludovic* Sforza fut emprisonné à Loches. Le roi s'allia ensuite à Ferdinand* II d'Aragon pour s'emparer du royaume de Naples mais, Ferdinand étant passé dans le camp adverse, les Français en furent chassés (1504). Par le traité de Blois, Louis XII dut donner en dot à sa fille, fiancée au petit-fils de Ferdinand (le futur Charles* Quint), le Milanais, Gênes, la Bourgogne et la Bretagne. Ce traité devait être bientôt annulé par les états généraux de Tours. Le roi s'engagea alors dans la ligue de Cambrai*, après s'être emparé de Gênes. La victoire d'Agnadel* (1509) fut suivie d'un renversement des alliances et la Sainte Ligue (Venise, l'Espagne, l'Empire et l'Angleterre) se constitua contre la France. Après des victoires inutiles comme celle de Ravenne*, la France fut vaincue par les Suisses à Novare* (1513) et par les Anglais à Guinegatte (→ **Enguinegatte**), tandis que la Suisse envahissait la Bourgogne. Le règne se terminait donc de façon désastreuse sur le plan militaire, malgré la signature de la paix avec l'Angleterre, par laquelle Louis XII épousait Marie* d'Angleterre, sœur d'Henri VIII. Sur le plan intérieur, il avait été plus heureux, comme le témoigne le surnom de «Père du peuple» qui fut donné au roi. Les ressources tirées d'Italie avaient permis de diminuer les impôts ; la noblesse avait été occupée par les guerres. Sous l'impulsion du cardinal d'Amboise*, la justice avait été améliorée et les coutumes codifiées (ordonnance de 1499). Louis XII, qui n'avait pas de fils, laissa son royaume à François d'Angoulême, le futur François* I^er^.

**LOUIS XIII le Juste** ♦ (Fontainebleau 1601 - Saint-Germain-en-Laye 1643). Roi de France (1610 - 1643). Fils d'Henri IV et de Marie de Médicis, il n'avait que neuf ans à la mort d'Henri IV, et Marie* de Médicis assura la régence avec Concini*, tenant son fils à l'écart. Celui-ci fit assassiner Concini en 1617, aidé de Luynes*, auquel il laissa le pouvoir. Marie de Médicis prit alors les armes à la tête des Grands ; elle fut battue aux Ponts*-de-Cé (1620). Cependant, Luynes avait attaqué les protestants et essuya un échec devant Montauban (1621). Sa mort fut suivie d'une période trouble au cours de laquelle Richelieu présida à la réconciliation de la mère et du fils et prit de plus en plus d'ascendant. Dès lors, l'action politique de Louis XIII se confond avec celle de son ministre (→ **Richelieu**), qu'il soutint en toutes circonstances (→ **Dupes [journée des]**), malgré les cabales et les complots noués par sa mère, sa femme ou son frère. Ceux-ci étaient d'ailleurs encouragés par l'absence de dauphin, qui dura jusqu'en 1638. Fidèle à son choix entre les deux partis opposés, celui de la paix, favorable à une alliance avec l'Espagne (championne du catholicisme, auquel appartenaient tout son entourage et le parti des dévots), et celui d'une certaine grandeur française s'appuyant sur les puissances protestantes contre l'Espagne, ce fut cette dernière politique que le roi poursuivit, même après la mort du cardinal (1642) auquel il survécut quelques mois. Louis XIII ne fut pas le souverain fantoche qu'on dépeint parfois ; aucune décision de Richelieu ne fut prise sans son consentement et ce fut lui qui fit preuve de la plus grande sévérité en face des responsables des complots. ▪ Père de Louis* XIV et de Philippe d'Orléans* *(Monsieur)*.

**LOUIS XIV le Grand** ♦ (Saint-Germain-en-Laye 1638 - Versailles 1715). Roi de France (1643 - 1715). ▮ **L'enfance** Fils de Louis XIII et d'Anne d'Autriche, il n'avait pas cinq ans à la mort de son père. La régence, que sa mère exerça avec l'aide de Mazarin, fut troublée par la Fronde **(→ Fronde)** ; elle devait marquer profondément le jeune roi et lui inspirer le culte de l'absolutisme et la crainte de résider à Paris. Son éducation, sans être négligée, resta rudimentaire, mais Mazarin prit grand soin de son initiation aux affaires. Le traité des Pyrénées* (1659), qui vint compléter celui de Westphalie* (1648), conclut son mariage avec l'infante Marie*-Thérèse ; il contenait en germe toute la politique étrangère du règne. ▮ **Le pouvoir absolu** Le premier acte politique de Louis XIV quand il prit réellement le pouvoir, à la mort de Mazarin, fut l'arrestation de Fouquet* (1661), véritable coup de théâtre qui révéla une énergie que rien n'avait laissé prévoir. En même temps, en supprimant la fonction de ministre principal, le roi affirmait sa décision de gouverner par lui-même. Le désir général d'ordre, issu de la Fronde, lui permit de porter l'absolutisme à son paroxysme, n'ajoutant à une longue tradition de la monarchie française que la notion de droit divin, née des troubles du XVI$^{e}$ s., et déjà adoptée par Jacques I$^{er}$ ou Charles I$^{er}$ en Angleterre (Bossuet* la définit et la justifia dans sa *Politique tirée de l'Écriture sainte*). ▮ **L'entourage du roi** Le roi concentra tous les pouvoirs entre ses mains, se gardant toujours de se laisser influencer par sa famille, qu'il tint à l'écart des affaires, par ses maîtresses (La Vallière, Montespan*) malgré leur situation officielle et les honneurs qui entourèrent leurs enfants, ou même par M$^{me}$ de Maintenon*, qu'il épousa secrètement, mais qui n'eut jamais un rôle déterminant. Les ministres devinrent de simples exécutants dont il pouvait prendre conseil (Conseil-d'en-Haut) : ils provinrent d'abord du personnel politique de Mazarin (Colbert*, Lionne*, Le* Tellier) ; comme leurs successeurs (Louvois*, Pomponne*), ils étaient pour la plupart issus de la bourgeoisie. La noblesse, en dehors de ses emplois militaires, fut réduite à un rôle de pure figuration, les corps intermédiaires traditionnels (parlements) paralysés, et le gouvernement s'exerça à travers l'administration au personnel encore peu nombreux, émanation directe du pouvoir central, doublée d'une police tracassière. ▮ **Le Roi-Soleil à Versailles** Parallèlement se développait une sorte de mystique du pouvoir absolu, du «Roi-Soleil», incarné en un personnage presque supraterrestre, dont le culte fut consacré par Versailles*, où le roi s'installa définitivement en 1672. ▮ **La politique extérieure : les guerres** Un tel régime amena une politique de prestige et de conquête. Celle-ci marqua l'économie elle-même **(→ Colbert)**, qui connut un essor remarquable au début du règne, dans le cadre d'un dirigisme étatique plus tard paralysant. La prospérité donna alors à la monarchie les moyens d'une politique extérieure agressive. Le désir d'affirmer la suprématie française fut à la source de multiples incidents (le pape Alexandre VII dut faire une réparation humiliante pour une injure faite à l'ambassadeur Créqui*), et naturellement se traduisit sur le plan militaire. La guerre de Dévolution* (1667 - 1668), malgré une campagne victorieuse, fut arrêtée par la Triple-Alliance* formée par la Hollande avec l'Angleterre et la Suède. Après une importante préparation militaire et diplomatique (appui de l'Angleterre au traité de Douvres*), neutralité de la Suède et des provinces allemandes (mission de Pomponne), le roi déclara alors la guerre à la Hollande (1672 - 1678). **→ Hollande (guerre de).** La paix de Nimègue*, qui suivit l'inondation de la Hollande et une nouvelle coalition, marqua l'apogée du règne à l'intérieur et à l'extérieur, et c'est alors que Paris donna à Louis XIV le titre de «Grand». Les dix années qui suivirent (1679 - 1689) ne furent cependant pas moins agressives : la France procéda à un certain nombre de «réunions» tandis que se poursuivait un conflit avec le pape **(→ Régale)** et que les petites puissances étaient traitées sans ménagement (bombardement de Gênes, 1684). L'accession de Guillaume* III au trône d'Angleterre, la mort de l'électeur de Bavière et la révocation de l'édit de Nantes achevèrent de dresser l'Europe pour la guerre de la ligue d'Augsbourg* (1688 - 1697). Celle-ci se termina moins mal qu'on aurait pu le craindre (paix de Ryswick **[→ Rijswijk]**), mais la guerre de Succession* d'Espagne (1701 - 1713), à laquelle s'ajoutèrent les conséquences de deux grandes famines (1693 - 1694 ; 1709 - 1710), mit la France au bord de la ruine. Les traités d'Utrecht* et de Rastatt* furent honorables, grâce à diverses circonstances dont la victoire de Villars* à Denain (1712), mais le pays était économiquement épuisé. ▮ **Les facteurs de division** Si un sursaut national avait soutenu l'effort du roi à la fin de la guerre, il n'en existait pas moins une profonde division politique due à l'opposition aristocratique cristallisée autour de Fénelon*, Saint-Simon*, Beauvillier*, qui avaient mis un moment leur espoir dans le duc de Bourgogne. Les luttes religieuses qui allèrent en se durcissant constituaient un autre facteur de division. La plus lourde de conséquences fut la lutte contre le protestantisme **(→ Nantes [édit de])**, mais les poursuites contre le quiétisme* et le jansénisme* furent, elles aussi, des échecs. ▮ **Le rayonnement culturel** L'aspect positif du règne doit être cherché dans l'agrandissement et la consolidation des frontières, le prestige accru dont bénéficia la royauté française et le rayonnement culturel incontestable de la France, qui caractérisent le «siècle de Louis XIV». Ce cas assez rare de réussite d'un art officiel peut être considéré comme le fruit d'une époque.

**Louis XIV.** Portrait par Hyacinthe Rigaud (2,76 x 1,94 m), 1701. Musée du Louvre, Paris.
*Phot. © Gérard Blot/RMN*

Il est cependant certain que le mécénat voulu par le roi, principalement au cours des premières années de son règne, et ses goûts personnels ont contribué à l'essor de la vie artistique et littéraire ainsi qu'à l'épanouissement du classicisme* français au milieu d'une Europe tournée vers le baroque*. ▮ **L'héritage** Mais son souci perpétuel de gloire, son intérêt presque exclusif accordé à la guerre, sa sous-estimation de la montée en puissance de l'Angleterre, le problème de sa succession, son indifférence envers les questions financières et le sort des colonies laissèrent en héritage à la Régence* un royaume affaibli en proie à une grave crise économique et politique.

**LOUIS DE FRANCE,** duc **DE BOURGOGNE** ♦ (Versailles 1682 - *id.* 1712). Fils de Louis de France (1661 - 1711), dit le «Grand Dauphin», et de Marianne de Bavière, petit-fils de Louis XIV, il devint dauphin à la mort de son père. Son gouverneur, le duc de Beauvillier*, et son précepteur, Fénelon*, lui inculquèrent une religion profonde et des idées de réforme aristocratique et libérale. Il se révéla un piètre homme de guerre et mourut peu après. ▪ Il eut pour fils Louis XV.

**LOUIS XV le Bien-Aimé** ♦ (Versailles 1710 - *id.* 1774). Roi de France (1715 - 1774). Arrière-petit-fils de Louis XIV et fils du duc de Bourgogne, il monta sur le trône à l'âge de cinq ans. Tandis qu'il était élevé par M$^{me}$ de Ventadour, puis par le maréchal de Villeroi*, le pays fut gouverné par Philippe d'Orléans* **(→ Régence)**. À la mort de ce dernier, le pouvoir fut exercé par le duc de Bourbon (1723 - 1726), qui maria le roi à Marie* Leszczyńska (de cette union devaient naître dix enfants dont six filles et un fils survécurent). Le cardinal de Fleury* lui succéda et conserva la direction des affaires jusqu'à sa mort (1743). Le roi décida alors de gouverner lui-même. Intelligent, mais sceptique, velléitaire et faible, en même temps jaloux d'une autorité qu'il exerçait par saccades, il devait avoir une politique versatile, soumise à l'influence de ses favoris ou de ses maîtresses (M$^{me}$ de Châteauroux, M$^{me}$ de Pompadour*, M$^{me}$ du Barry*). L'ensemble du règne devait être marqué par le problème des finances : dans un état désastreux après l'échec de Law*, elles avaient été assainies par Fleury qui pratiqua une politique d'économie et de retour au colbertisme, traduite par une amélioration du commerce (colonies) et de la fiscalité. Cependant, de nouveaux besoins naquirent bientôt de la politique étrangère. En effet, après la guerre de Succession* de Pologne qui valut à la France la Lorraine, en dépit de sa participation restreinte, vint la guerre de Succession* d'Autriche ; malgré d'éclatantes victoires, elle ne devait rien rapporter au pays et provoqua le mécontentement de l'opinion. Celle-ci fut encore davantage heurtée par le renversement des alliances accompli par Bernis* et le «secret du roi», diplomatie parallèle ignorée des ministres. Il eut pour conséquence la guerre de Sept* Ans qui se poursuivit à la fois sur terre et sur mer, aboutit à un échec malgré les efforts de Choiseul*, et consacra la suprématie britannique et la fin des possessions coloniales françaises. Pourtant, l'opinion fut favorable à cette paix désastreuse. Quant aux mesures de Choiseul, qui devaient porter leurs fruits sous le règne suivant, elles détournèrent son attention des problèmes intérieurs. Or l'opposition parlementaire atteignait alors son paroxysme. Rétablis dans leurs pouvoirs pendant la Régence, les parlements avaient déjà manifesté leur hostilité sous le ministère de Fleury. Défendant en fait les privilèges contre les réformes royales, ils faisaient figure de défenseurs des libertés publiques face au despotisme, et étaient soutenus par tout le mouvement des philosophes et de l'*Encyclopédie*. Leur lutte se poursuivit sur le terrain religieux avec la querelle du jansénisme*. Au moment de la guerre de Sept Ans, Louis XV avait soutenu la politique réfor-

**Louis XV,** par Maurice Quentin de La Tour (56 x 24 cm), 1748. Musée du Louvre, Paris.
*Phot. © Gérard Blot/RMN*

matrice de Machault* d'Arnouville. Il l'abandonna quelques années après, devant la violence de l'opposition dont il prit conscience lors de l'attentat de Damiens* (1757). Choiseul devait poursuivre cette politique de faiblesse (renvoi des jésuites, 1764), qui se transforma en réaction autoritaire en 1770, avec le triumvirat Maupeou*-Terray*-d'Aiguillon*. Les parlements furent renvoyés, mais la mesure venait trop tard car la mort du roi allait mettre un terme à cette politique. S'il laissait une monarchie affaiblie, le règne de Louis XV n'en avait pas moins été caractérisé par une grande prospérité du pays, favorisée par une conjoncture favorable, et par un rayonnement que la civilisation française n'avait pas atteint depuis le XIII^e s. **(→ Lumières).**

**LOUIS DE FRANCE** appelé le dauphin **LOUIS** ♦ Dauphin de France (Versailles 1729 - Fontainebleau 1765). Fils de Louis XV et chef du parti dévot, opposé aux favorites de son père, il fut éloigné de la scène politique. Il eut cinq enfants de son mariage avec Marie-Josèphe de Saxe, parmi lesquels Louis XVI, Louis XVIII et Charles X.

**LOUIS XVI** ♦ (Versailles 1754 - Paris 1793). Roi de France (1774 - 1791), puis roi des Français (1791 - 1792). ▮ **L'éducation** Fils du dauphin (fils de Louis XV) et de Marie-Josèphe de Saxe, il fut élevé sous la direction du duc de La Vauguyon et reçut une éducation religieuse très stricte. D'intelligence moyenne, de caractère indécis, vertueux, timide et solitaire, il montra un certain intérêt pour les sciences naturelles, la géographie et la serrurerie à laquelle il consacra une partie de ses loisirs, en dehors de la chasse et des plaisirs de la table. ▮ **La montée sur le trône et les tentatives de réforme** Marié en 1770 à Marie*-Antoinette d'Autriche (mariage négocié par Choiseul dans l'intérêt de l'alliance autrichienne, dont naquirent ensuite quatre enfants), il monta sur le trône en 1774, peu préparé à assumer la royauté. Sur les conseils de Maurepas, il s'entoura de ministres qui tentèrent d'introduire certaines réformes (Turgot*, Malesherbes*, le comte de Saint*-Germain, Vergennes*). Mais le rappel des parlements favorisa le développement d'une opposition aristocratique aux tentatives de réformes ; Turgot et Malesherbes démissionnèrent en 1776. ▮ **La faillite de l'économie** Par ailleurs, si la guerre d'Indépendance américaine, qui s'acheva par le traité de Versailles* (1783), rehaussa le prestige de la France, elle contribua, avec les dépenses inconsidérées de la cour, à ruiner le pays ; ni la politique financière de Necker* (1776 - 1781), ni celle de Calonne* (1783 - 1787), ni celle de Loménie* de Brienne (1787 - 1788) ne purent rétablir l'équilibre budgétaire. La crise politique, réaction nobiliaire à l'absolutisme royal **(→ notables [Assemblée des]),** se greffa donc sur une situation économique, financière et sociale critique qui aboutit à la convocation des États* généraux et au rappel de Necker. ▮ **La Révolution** Louis XVI, que sa formation religieuse rendait assez imperméable aux idées nouvelles, donna son adhésion aux réformes, mais n'eut jamais le courage de soutenir vraiment les hommes qui les avaient formulées. Telle fut l'attitude, hésitante et contradictoire, qu'il adopta dès les débuts de la Révolution* (1789), sous l'influence de plus en plus prépondérante de Marie-Antoinette. Méfiant envers l'aristocratie comme, plus tard, envers les émigrés, il s'avéra cependant «trop incapable de concevoir autre chose que la société aristocratique pour imaginer un ressourcement de la monarchie» (F. Furet). Ainsi la formation de l'Assemblée* nationale constituante qu'il accepta sous la pression du tiers état, le renvoi de Necker et la révolte parisienne qu'il suscita **(→ Bastille [prise de la]),** le refus de ratifier l'abolition des privilèges et la Déclaration des droits de l'homme (qui fut en grande partie la cause des journées des 5 et 6 octobre* 1789) témoignèrent de son hostilité à reconnaître le principe d'une monarchie constitutionnelle ; il approuva à contrecœur la Constitution civile du clergé. Préparée par Fersen*, sa fuite manquée en juin 1791 **(→ Varennes-en-Argonne)** acheva de rendre le roi impopulaire. ▮ ***Le roi des Français*** Malgré le mouvement républicain qui se développait **(→ Champ-de-Mars [affaire du]),** Louis XVI, qui jura à nouveau fidélité à la Constitution le 14 sept. 1791, devint «roi des Français». Profitant du bellicisme de la plupart des patriotes, et particulièrement du cabinet girondin ou brissotin (mars-juin 1792), il déclara la guerre à l'Autriche (avr. 1792). Mais le renvoi du ministère girondin (13 juin), suivi de l'insurrection du 20 juin* 1792, et la publication du manifeste de Brunswick* (23 juil. 1792) accrurent l'hostilité des révolutionnaires à l'égard de Louis XVI. La journée du 10 août* 1792 marqua la chute de la royauté. ▮ **Le procès et la mort** Déchu, prisonnier de la Commune insurrectionnelle de Paris, Louis XVI et la famille royale furent enfermés au Temple. Le 3 déc. s'ouvrit le procès du roi qui fut défendu par Desèze*, Malesherbes* et Tronchet*. Malgré l'attitude modérée des girondins, «Louis Capet» fut déclaré «coupable de conspiration contre la liberté de la nation et d'attentats contre la sûreté générale de l'État» et condamné à mort sans appel au peuple, ni sursis (mais à une faible majorité). Jouet plus qu'acteur de l'histoire, Louis XVI, à qui avaient manqué les qualités et l'autorité nécessaires pour régner, fut exécuté, le 21 janv. 1793, place de la Révolution (auj. place de la Concorde).

**LOUIS XVII [Louis Charles DE FRANCE]** ♦ Second fils de Louis* XVI et de Marie*-Antoinette (Versailles 1785 - Paris 1795). Après avoir porté le titre de duc de Normandie, il devint dauphin à la mort de son frère aîné (1789). Enfermé au Temple avec sa famille après la journée révolutionnaire du 10 août 1792, il fut déclaré roi de France par les princes émigrés après l'exécution de son père (janv. 1793). Retiré peu après à sa mère, il fut placé par la Commune de Paris sous la garde du cordonnier Simon. Il mourut vraisemblablement en 1795. Toutefois des doutes ont longtemps subsisté sur l'identité du défunt et plusieurs personnages tentèrent de se faire passer pour Louis XVII (Bruneau, Hervagault, Naundorff*, Richemont).

**LOUIS XVIII** ♦ (Versailles 1755 - Paris 1824). Roi de France (1814 - 1824). Petit-fils de Louis XV, frère de Louis* XVI et du comte d'Artois (futur Charles* X), il porta d'abord le titre de comte de Provence et fut appelé «Monsieur» à l'avènement de son frère aîné. Marié en 1771 à Marie-Joséphine de Savoie, il n'eut pas d'enfants. Plus intelligent que ses deux frères, il tenta de se rendre populaire en affichant une relative opposition à la cour, en prenant position pour le doublement du tiers état et en se gardant d'attaquer les patriotes au début de la Révolution. Peu après les journées des 5 et 6 oct. 1789, il voulut se faire nommer lieutenant général du Royaume, mais se heurta à l'opposition de Marie-Antoinette. Compromis dans l'affaire Favras*, il émigra le 20 juin 1791 et rejoignit le comte d'Artois à Coblence. Après l'exécution de Louis XVI (janv. 1793), il prit le titre de régent puis celui de roi en 1795 (date de la mort du dauphin). Pendant son exil, au cours duquel les victoires des armées révolutionnaires, puis impériales l'obligèrent à de fréquents changements de résidence (Vérone, 1794 ; Blankenburg, 1796 ; Mitau, 1798 - 1801 ; Varsovie, Mitau puis l'Angleterre de 1807 à 1814), Louis XVIII ne cessa de travailler au rétablissement de la monarchie en France, cherchant tour à tour à s'appuyer sur les puissances européennes, à former un réseau d'agents royalistes dans le midi de la France et en Vendée, et prenant contact avec Barras, Pichegru et même Bonaparte. Ses efforts diplomatiques, presque interrompus lors de l'instauration de l'Empire et de la répression des complots royalistes (Cadoudal), reprirent dès les premières défaites napoléoniennes. Avec l'appui de l'Angleterre et du gouvernement provisoire, présidé par Talleyrand*, il fut appelé au pouvoir en même temps que le Sénat votait la déchéance de Napoléon I^er (avr. 1814). Débarqué à Calais fin avr., il s'installa aux Tuileries et, le 4 juin 1814, signait la Charte* constitutionnelle, qui, précédée de la proclamation de Saint*-Ouen, instaurait en France une monarchie constitutionnelle. Mais cette première restauration de la monarchie fut interrompue par l'épisode des Cent*-Jours, au cours duquel Louis XVIII vécut en exil à Gand. Rentré en France après la seconde abdication de Napoléon, Louis XVIII s'efforça d'appliquer un système «fondé sur cette maxime qu'il ne faut pas être roi de deux peuples», et donc de réconcilier les acquis de la Révolution et de l'Empire avec le retour à la monarchie. La Restauration* s'engagea de plus en plus nettement dans la voie de la réaction, qui se renforça à l'avènement de Charles* X (1824).

### GERMANIE

**LOUIS II le Germanique** ♦ (v. 804-805 - Francfort-sur-le-Main 876). Roi de Germanie (843 - 876). Fils de Louis* I^er le Pieux, il s'allia avec son frère Charles* le Chauve contre son frère Lothaire. Il raffermit son entente avec Charles par les serments de Strasbourg* (842) et signa le traité de Verdun* (843) où il reçut les régions à l'E. du Rhin. ▪ Père de Louis* III le Jeune et de Charles* III le Gros.

**LOUIS III le Jeune** ou **LOUIS DE SAXE** ♦ (822 - Francfort-sur-le-Main 882). Roi de Germanie (876 - 882). Second fils de Louis* le Germanique qui lui donna la Franconie, la Thuringe et la Saxe (865), il se révolta cependant contre son père. Après la mort de ce dernier, il s'empara de la Bavière (879) qu'il prit à son frère Carloman, et de la Lotharingie occidentale (880).

**LOUIS IV l'Enfant** ♦ (Œttingen 893 - Ratisbonne 911). Roi de Germanie de sept à dix-huit ans (900 - 911). Fils d'Arnoul* de Carinthie, il fut le dernier roi carolingien* de Germanie.

HONGRIE

**LOUIS Ier le Grand** ♦ (Visegrád 1326 - Nagyszombat, auj. Trnava 1382). Roi de Hongrie (1342 - 1382). Fils de Charles*-Robert, il poursuivit à l'égard des barons la politique de son père et sut également, en s'appuyant sur les villes, accroître l'essor économique de son royaume, par une meilleure administration et une plus grande exploitation des mines d'or de Slovaquie. Mais cette prospérité servit surtout à financer sa politique étrangère. Afin de venger son frère André, assassiné, il attaqua l'Italie, devint momentanément roi de Naples et força Venise à rendre les villes dalmates à la Hongrie. Il mena la guerre dans les Balkans ; Moldavie, Bulgarie et Serbie se placèrent sous le protectorat hongrois. En 1371, il battit les armées de Murat* Ier. Son prestige était tel qu'il fut élu par la Diète polonaise roi de Pologne en 1370. ▪ Sa fille Marie* lui succéda.

**LOUIS II** ♦ (Buda 1506 - Mohács 1526). Roi de Hongrie et de Bohême (1516 - 1526). Fils de Ladislas* VI Jagellon, il fut marié à Marie de Habsbourg, sœur de Charles Quint. Il dut lutter contre les Turcs, qui s'emparèrent de Belgrade en 1521, puis envahirent la Hongrie en 1526. À la bataille de Mohács* (29 août 1526), l'armée hongroise fut écrasée et le roi trouva la mort.

MONACO

**LOUIS II** ♦ (1870 - 1949). Prince de Monaco (1922 - 1949). Fils et successeur d'Albert* Ier, il servit dans l'armée française pendant la Première Guerre mondiale. Sans héritier légitime, il reconnut (1919) sa fille naturelle Charlotte, qui épousa (1920) Pierre de Polignac. Son petit-fils, Rainier* III, lui succéda.

NAPLES

**LOUIS DE TARENTE** ♦ (1320 - Naples 1362). Roi de Naples et comte de Provence (1346 - 1362). Il épousa la reine Jeanne* Ire de Naples (1346) et dut défendre son royaume contre les Duras.

**LOUIS D'ANJOU** ♦ Nom de plusieurs rois de Naples et comtes de Provence. ♦ **LOUIS Ier D'ANJOU** (Vincennes 1339 - Bisceglie 1384). Roi de Naples et comte de Provence (1382 - 1384). Fils de Jean II de France (Jean le Bon), il fut régent de son neveu Charles VI (1380). Nommé héritier de Naples par la reine Jeanne* Ire (1380), il ne put conquérir son royaume sur Charles* III de Duras. ▪ Père de Louis II. ♦ **LOUIS II D'ANJOU** (Toulouse 1377 - Angers 1417). Roi de Naples et comte de Provence (1384 - 1417). Il régna d'abord sous la régence de sa mère Marie* de Blois. Il tenta de conquérir Naples sur Ladislas* (1409 et 1411) qu'il vainquit à Rocca Secca (1411), mais n'y réussit pas. ▪ Père de Louis III. ♦ **LOUIS III** (1403 - Cosenza 1434). Roi de Naples et comte de Provence (1417 - 1434). Il fut adopté par la reine Jeanne* II et réussit à conquérir son royaume sur Alphonse V d'Aragon. ▪ Il eut pour successeur son frère René* Ier le Bon.

PORTUGAL

**LOUIS Ier** ♦ (Lisbonne 1838 - Cascais 1889). Roi de Portugal (1861 - 1889). Il succéda à son frère Pierre* V et gouverna en monarque constitutionnel. Il abolit l'esclavage dans les colonies (1868). Sous son règne, l'agitation républicaine grandit.

---

**LOUIS DE GONZAGUE** (saint) ♦ Jésuite italien (château de Castiglione, près de Brescia 1568 - Rome 1591). Il fit son noviciat à Rome où il prononça ses premiers vœux (1587), se dévoua aux pestiférés mais mourut peu après. ▪ Fête le 21 juin.

**LOUIS (Nicolas, dit Victor)** ♦ Architecte, décorateur et dessinateur français (Paris 1731 - *id.* v. 1802). Sous l'influence des théories néoclassiques de Winckelmann* et de Mengs*, il opta pour un style s'inspirant directement de l'architecture grecque, caractérisé par la sobriété des lignes et du décor et par l'ampleur des proportions. Il édifia le Grand-Théâtre de Bordeaux (1773 - 1780), où il adopta le principe du péristyle colossal (1773 - 1780). Il fut chargé par le duc de Chartres d'agrandir et de remanier le Palais-Royal à Paris (galeries et aile Richelieu, 1786 à 1790). Stanislas Poniatowski lui confia la transformation du château royal de Varsovie, et il contribua ainsi à propager le style Louis XVI à l'étranger.

**LOUIS (Joseph Dominique, baron)** ♦ Homme politique français (Toul 1755 - Bry-sur-Marne 1837). Prêtre, conseiller clerc au parlement de Paris, il se lia avec Talleyrand. Ayant prêté serment à la Constitution civile du clergé, il fut excommunié et quitta les ordres. Émigré en 1791, il revint en France après le coup d'État du 18 Brumaire, assuma diverses fonctions importantes sous l'Empire et fut fait baron par Napoléon Ier. Ministre des Finances en 1814 - 1815 et 1818 - 1819, il contribua au redressement financier de la France au début de la Restauration. Il fut également ministre des Finances au début de la monarchie de Juillet (1831 - 1832), puis membre de la Chambre des pairs.

**LOUIS (Morris Louis BERNST, dit Morris)** ♦ Peintre américain (Baltimore 1912 - Washington 1962). Intéressé d'abord par Pollock* et l'expressionnisme abstrait, il découvrit l'œuvre d'Helen Frankenthaler* en 1953 grâce au critique Clement Greenberg. Il lui emprunta sa technique picturale et créa les séries *Veils* (1954 et 1958 - 1959), où la couleur s'étale librement sur la toile. D'autres séries abstraites suivirent avec *Florals, Unfuried* et *Stripe* (1961). Après les nappes lyriques, asymétriques du début, Louis, jouant sur le chromatisme, parvint à une rare économie de signes.

**LOUISE DE LORRAINE** ♦ (Nomeny 1553 - Moulins 1601). Reine de France. Fille de Nicolas de Lorraine, comte de Vaudémont, elle épousa Henri* III sur lequel elle eut d'abord une certaine influence. Après la mort de son mari, elle vécut dans la retraite.

**LOUISE DE MARILLAC** (sainte) ♦ Religieuse française (Paris 1591 - *id.* 1660). Fille d'un conseiller au Parlement et veuve d'Antoine Le Gras, secrétaire des commandements de Marie de Médicis, elle devint la principale collaboratrice de saint Vincent* de Paul dans ses multiples activités charitables. À partir de 1633, elle organisa la congrégation des Filles de la Charité (confirmation pontificale en 1668) ; elle en fut la première supérieure. ▪ Fête le 15 mars.

**LOUISE DE MECKLEMBOURG-STRELITZ,** dite **la reine Louise** ♦ (Hanovre 1776 - Hohenzieritz, près de Neustrelitz 1810). Reine de Prusse. Fille du duc de Mecklembourg-Strelitz et de Caroline de Hesse-Darmstadt, elle épousa en 1793 le futur roi de Prusse Frédéric-Guillaume III ; reine à partir de 1797, elle sut, par son charme et son patriotisme, se faire aimer de son peuple. Elle poussa son mari à lutter contre la France ; au traité de Tilsit*, elle essaya, en vain, d'attendrir Napoléon sur le sort de la Prusse. Elle soutint les ministres réformateurs. ▪ Elle fut la mère de Frédéric-Guillaume IV et de Guillaume Ier.

**LOUISE DE SAVOIE** ♦ (Pont-d'Ain 1476 - Grez-sur-Loing 1531). Fille de Philippe, duc de Savoie, et de Marguerite de Bourbon, elle épousa, en 1488, Charles de Valois, duc d'Angoulême, et en eut deux enfants : Marguerite* de Valois et François* Ier. Celui-ci lui confia la régence lors de l'expédition d'Italie de 1515 et après Pavie* (1525). Belle, intelligente, mais aussi intrigante et avide, elle fit preuve de sens politique, en maintenant l'ordre après Pavie et en négociant avec Marguerite* d'Autriche la paix des Dames* (1529), tout en jouant, sans doute, un rôle peu glorieux dans la condamnation de Semblançay* et dans la trahison du connétable de Bourbon. Lettrée, elle protégea les savants et laissa des *Mémoires.*

**LOUISE-MARIE D'ORLÉANS** ♦ Reine des Belges (Palerme 1812 - Ostende 1850). Fille aînée de Louis-Philippe et de Marie-Amélie, elle fut mariée à Léopold Ier (1832), et jouit d'une grande popularité en Belgique.

**LOUIS-GENTIL** → Youssoufia

**LOUISIADE** n. f. ♦ Groupe d'îles et de récifs coralliens de Papouasie-Nouvelle-Guinée, au S.-E. de la Nouvelle-Guinée. Env. 4 000 hab. ▪ L'intérêt principal de ces îles repose dans leur structure : accidentées et montagneuses, elles sont entourées par des lagons coralliens, les plus vastes du Pacifique du Sud-Ouest. Petite production de noix de coco. ▮ **Histoire** Ces îles furent découvertes en 1606 par L. Vaez de Torres* et nommées par Bougainville en l'honneur de Louis XV en 1768.

**LOUISIANE** n. f. ◆ ÉTYM. du n. du roi *Louis** XIV ; en angl. ***Louisiana*** ♦ État du S. des États-Unis → **États-Unis** (carte). 125 625 km². 4 468 976 hab. dont 32 % de Noirs. CAP. : Baton Rouge. LANGUES : anglais, français (pratiqué par les descendants des Acadiens et par les Cajuns). ▮ **Géographie** Région de plaine côtière, formée par des dépôts sous-marins, la Louisiane présente quelques zones de collines (au N. du lac Ponchartrain et au N. de l'État, entre la Red River et la Ouachita). Les principaux cours d'eau (Mississippi, Red River, Ouachita) forment des plaines alluviales et le S.-O. est constitué de prairies qui aboutissent aux marais côtiers. Les rivières et bayous forment un réseau étendu. Le climat est semi-tropical. ▮ **Économie** L'agriculture, de type tropical, est très prospère : riz (1er État producteur), coton, canne à sucre (seul État producteur des États-Unis avec la Floride), maïs, patates douces ; légumes et fruits près de La Nouvelle-Orléans. La pêche en mer produit d'importants revenus. Les ressources minérales sont énormes et la production représente 10 % de celle des États-Unis : pétrole (3e prod. du pays après le Texas et la Californie), gaz naturel *(id.)*, soufre, sel minéral. Indus. chimiques, raffineries, indus. du caoutchouc ; indus. alimentaires et du bois. ▮ **Histoire** Déjà explorée par Hernando de Soto (1543), la région fut visitée en 1682 par Cavelier de La Salle qui descendait le Mississippi. Le Moyne d'Iberville y fonda en 1699 un établissement (sur la côte actuelle du Mississippi, près de Biloxi). Le privilège du commerce échut à Antoine Crozat (1712) puis à Law (1717) ; sous l'égide de la Compagnie des Indes occidentales, la colonie se développa grâce au commerce et au travail des esclaves, et La Nouvelle-Orléans fut fondée en 1718. Colonie de la Couronne de France (1731), la Louisiane occidentale fut cédée à l'Espagne en 1762 et la rive droite du Mississippi à la Grande-Bretagne en 1763. La partie espagnole ayant été rétrocédée à la France (1800), Bonaparte, qui avait besoin d'argent et souhaitait éviter la lutte avec la Grande-Bretagne sur ce terrain, vendit la Louisiane à la jeune république des États-Unis pour 15 millions de dollars (traité du 30 avr. 1803). Ce territoire immense comprenait une bonne partie de ce qui allait devenir l'O. des États-Unis (Arkansas, Dakota, Iowa, Kansas, Missouri, Montana, Nebraska, Oklahoma). La Louisiane proprement dite fut admise comme le 18e État de l'Union (1812), puis attaquée par les Britanniques (battus par Jackson en 1815).

**Louisiane.** *Phot. © Alain Rey*

Esclavagiste, la Louisiane fit sécession en 1861, mais La Nouvelle-Orléans fut prise par les nordistes en 1862, ainsi que Vicksburg (1863). Après divers troubles, l'État se développa régulièrement. Entre 1925 et 1935, la vie de l'État fut marquée par l'action démagogique, mais efficace, du gouverneur Huey P. Long (assassiné en 1935). Les problèmes d'intégration raciale et leurs difficultés expliquent en partie les fluctuations politiques de la Louisiane. En août 2005, l'État, notamment La Nouvelle*-Orléans, a été gravement touché par le passage de l'ouragan Katrina.

**LOUIS-MARIE GRIGNION DE MONTFORT** (saint) ♦ Prêtre et prédicateur français (Montfort-sur-Meu, Bretagne 1673 - Saint-Laurent-sur-Sèvre, Poitou 1716). Missionnaire itinérant, en Bretagne, en Normandie, en Poitou, il lutta contre le jansénisme et répandit la dévotion mariale. Fondateur d'une congrégation hospitalière féminine (filles de la Sagesse, 1703) et d'une congrégation missionnaire (Compagnie de Marie ou «Pères montfortains», 1705), il est à l'origine de la congrégation enseignante des frères du Saint-Esprit (de Saint-Gabriel au XIXe s.). ▪ Fête le 28 avr.

**LOUIS NAPOLÉON BONAPARTE** → **Napoléon III**

**LOUIS-PHILIPPE Ier** ♦ (Paris 1773 - Claremont, Grande-Bretagne 1850). Roi des Français (1830 - 1848). Fils de Louis Philippe Joseph, duc d'Orléans*, dit Philippe Égalité, et de Louise-Marie de Bourbon-Penthièvre, il porta successivement les titres de duc de Valois, de Chartres (1785) et d'Orléans (à la mort de son père, 1793). Élevé, comme sa sœur, la future Madame Adélaïde*, par Mme de Genlis, il fut, ainsi que son père, un partisan fervent des idées révolutionnaires. Membre du Club des jacobins, il se distingua lors des batailles de Valmy et de Jemappes (1792). Aide de camp de Dumouriez, il passa à l'ennemi avec ce dernier après la défaite de Neerwinden (mars 1793), acte qui contribua à compromettre son père. Louis-Philippe se refusa néanmoins à servir dans les armées contre-révolutionnaires, et, durant son exil, enseigna, sous le nom de Chabaud-Latour, les mathématiques et les langues en Suisse, passa ensuite en Allemagne, en Scandinavie, aux États-Unis puis en Angleterre. En 1809, il épousa la fille de son cousin, le roi Ferdinand IV de Naples, Marie-Amélie ; il eut cinq fils : les ducs d'Orléans* et de Nemours*, le prince de Joinville*, les ducs d'Aumale* et de Montpensier*, et trois filles : Louise*-Marie d'Orléans, Marie, future princesse de Wurtemberg, et Clémentine, qui devint princesse de Saxe-Cobourg-Gotha. Après avoir séjourné quatre ans en Sicile (1810 - 1814), Louis-Philippe revint à Paris lors de la première Restauration ; mais, si Louis XVIII le remit en possession de l'immense fortune de la branche d'Orléans, il tint à l'écart de la cour et de la vie politique officielle le fils de cet ancien régicide. Exilé en Angleterre pendant les Cent-Jours, puis quelques mois après la seconde Restauration, Louis-Philippe géra sa fortune, encore accrue après la loi sur le milliard des émigrés (1825), dont il bénéficia plus que largement. Il se lia très tôt avec les milieux libéraux et apporta plus ou moins officiellement son appui à des journaux comme *Le Constitutionnel* et plus tard *Le National*. Après la révolution* de juillet 1830, qu'il passa prudemment retiré à Neuilly, puis au Raincy, il fut porté au pouvoir par la bourgeoisie d'affaires libérale (C. Perier, Laffitte), qui s'écarta des aspirations populaires au nom de l'«ordre», garant de ses intérêts. Accueilli à l'Hôtel de Ville par La* Fayette et Guizot (30 juil. 1830), Louis-Philippe fut d'abord nommé lieutenant général du royaume, puis, après une révision rapide de la Charte* constitutionnelle de 1814, à laquelle il prêta serment, devint roi des Français. Ainsi débutait la monarchie de Juillet, monarchie bourgeoise, que certains qualifièrent de «meilleure des républiques», règne d'un «roi-citoyen» qui semble avoir, peu à peu, pris goût au pouvoir et avoir voulu non seulement régner, mais gouverner. → **monarchie de Juillet.** Des prises de position malheureuses lors de la campagne des Banquets* (→ **Guizot**) déclenchèrent le mouvement révolutionnaire (→ **révolution de février 1848**) qui provoqua la chute de Louis-Philippe. Après avoir abdiqué en faveur de son petit-fils, le comte de Paris, il s'exila en Angleterre, où il mourut deux ans plus tard.

**LOUISVILLE** ◆ ÉTYM. nommée en l'honneur de *Louis** XVI, lors de l'entrée de la France dans la guerre d'Indépendance américaine ♦ V. des États-Unis (Kentucky) sur l'Ohio. 256 231 hab. dont 30 % de Noirs (zone urbaine 1 025 598). Univ. Centre indus. important (indus. du tabac ; indus. alimentaires [whisky, bière] ; textiles ; indus. chimiques ; métall. de l'aluminium ; mécanique automobile [tracteurs] ; imprimeries).

**LOUKSOR, LOUXOR** ou **LUQSOR** ◆ ÉTYM. en ar. ***al-Uqçūr*** «les palais» (→ aussi Alcázar) ♦ V. de la Haute-Égypte (gouvernorat de Keneh), sur la rive d. du Nil. 197 594 hab. C'est l'un des plus grands centres touristiques d'Égypte. ▮ **Histoire** Le site archéologique de Louksor représente la partie S. des ruines de l'anc. Thèbes, situées sur la rive g. du Nil, la partie N. constituant le site de Karnak. Le temple de Louksor était consacré au dieu Amon qui, une fois par an, quittait son temple de Karnak et remontait le fleuve pour rendre visite à son hypostase de Louksor. La construction du temple fut commencée par Aménophis III (cours à colonnes papyriformes, grande colonnade, salle hypostyle) et abandonnée par son successeur. Toutankhamon et Horemheb y firent quelques adjonctions. Enfin, Ramsès* II ajouta à l'édifice une nouvelle cour à portique précédée d'un pylône monumental, six statues colossales et deux obélisques (l'un d'eux a été transporté en 1831 place de la Concorde à Paris). Le temple était relié au temple de Karnak par un long *dromos* de sphinx criocéphales (en partie sous la route actuelle). La mosquée Yusuf al-Hajjaj qui se trouve actuellement dans l'angle N.-E. de la première cour empêche pour le moment l'entière mise au jour des ruines.

**Louksor.** Grande colonnade du temple d'Aménophis III.
*BIS/Phot. Sonneville © Archives Nathan*

**Loulou** – en all. ***Die Büchse der Pandora*** ♦ Film allemand de Georg Wilhelm Pabst* (1929), d'après Frank Wedekind*, avec Louise Brooks*. La carrière scandaleuse et pitoyable d'une jeune femme perverse qui se moque des hommes, jusqu'au jour où, dans les bas-fonds de Londres, elle rencontre plus dépravé qu'elle : Jack l'Éventreur. Très marqué par le freudisme, le cinéaste a poussé la suggestion érotique à la limite du permis. ▪ Alban Berg composa un opéra sur le même sujet → **Lulu.**

**LOUNATCHARSKI (Anatoli Vassilievitch)** ♦ Homme politique et écrivain soviétique (Poltava 1875 - Menton 1933). Rallié dès 1903 au Parti ouvrier social-démocrate russe (POSDR,) il fit de fréquents séjours à l'étranger pour échapper à la censure. Il fut le premier commissaire du peuple à l'Instruction publique (1918 - 1929) et engagea une campagne vigoureuse contre l'analphabétisme. Critique littéraire, il fut l'un des fondateurs avec Bogdanov du mouvement du Proletkult* : *Qu'est-ce que la littérature prolétarienne ?, Dialogue sur l'art.* Il laissa en outre de nombreuses études sur Tchekhov*, Gorki*, Gogol*, Nekrassov*.

**LOUP** ou **LEU** (saint) ♦ (Toul 383 - Troyes 478). Moine à Lérins, évêque de Troyes (426), il accompagna Germain* d'Auxerre en Angleterre pour lutter contre le pélagianisme (429) et défendit Troyes contre Attila (451). ▪ Fête le 29 juil.

**LOUP** ou **LEU** (saint) ♦ Archevêque de Sens (né près d'Orléans - mort en 623), exilé quelque temps lorsque Clotaire II s'empara de la Bourgogne. Fondateur du monastère Sainte-Colombe à Sens. ▪ Fête le 1^er^ sept.

**LOUP** n. m. ♦ Riv. des Alpes-Maritimes (48 km). Née dans les Préalpes de Grasse, elle se jette dans la Méditerranée au N. d'Antibes. Gorges pittoresques. Elle alimente la centrale du Pont-du-Loup.

**LOUPE (LA)** [28240] ➝ ÉTYM. p.-ê. «nœud d'un tronc d'arbre» ♦ Ch.-l. de cant. de l'Eure-et-Loir, arr. de Nogent-le-Rotrou. 3 734 hab. *(Loupéens)*. Vestiges de l'anc. château (XVII^e^ s.). ▪ Marché agricole.

**LOUPOT (Charles)** ♦ Affichiste français (Nice 1892 - Les Arcs-sur-Argens, Var 1962). Par ses affiches de style Art déco aux couleurs vives, il a rendu célèbres les marques commerciales Nicolas, Valentine, Saint-Raphaël. Il est également le créateur du bonhomme en bois des Galeries Barbès. ➝ ÉTYM. Ce nom vient de *Loupet*, diminutif de *loup, louveteau*.

**LOUP SERVAT** – en lat. ***Servatus Lupus*** ♦ Théologien et érudit (v. 805 - v. 862). Élève à l'abbaye de Fulda, il fut abbé de Ferrières (842 - 862). Il reprit et développa des thèses augustiniennes sur la prédestination et le libre arbitre dans son ouvrage *De tribus quaestionibus*.

**LOURCHES** [59156] ♦ Comm. du Nord, arr. de Valenciennes. 3 781 hab. *(Lourchois)*. Métallurgie.

**LOURDES** [65100] ➝ ÉTYM. anc. *Lorda*, p.-ê. de *Lorida*, du surnom lat. *Luridus* «blême, livide» ou du gasc. *lourde* «(ville) sale» ♦ Ch.-l. de cant. des Hautes-Pyrénées, sur le gave de Pau. 15 203 hab. *(Lourdais)*. Château des XIV^e^ - XVI^e^ s. (Musée pyrénéen). ▪ En 1858, une jeune fille du pays, Bernadette* Soubirous, raconta avoir eu plusieurs visions de la Vierge, à la grotte Massabielle. Depuis, de nombreux pèlerinages ont lieu chaque année sur le site de la grotte et de la source miraculeuses, à la basilique supérieure et à la basilique souterraine édifiées en 1876 et 1958.

**LOURENÇO MARQUES** → Maputo

**LOURIA (Isaac LOURIA ASHKENAZI, dit Isaac),** dit aussi **ha-Ari** ➝ ÉTYM. «le lion» ♦ (Jérusalem 1534 - Safed 1572). Kabbaliste juif, dont le système fut historiquement un des derniers sommets de la Kabbale*. Fondée sur les images nouvelles du *çimçum* (rétractation de Dieu pour laisser place au monde), de la *shebirat hakelim* («brisure des vases», incapables de recevoir la puissance divine) et du *tikkun* (restauration, réparation de cette catastrophe, notamment par l'action humaine et celle du peuple élu), sa doctrine, fortement teintée de dualisme et intégrant pour la première fois à la mystique juive une attente messianique exacerbée, notamment, par l'expulsion des juifs d'Espagne, eut une grande influence. Elle fut divulguée par les écrits de son disciple HAYYIM VITAL (1562 - 1620).

**LOURIA (Aleksandr Romanovitch)** ♦ Neurologue soviétique (Kazan 1902 - Moscou 1977). Ses recherches portèrent sur le système nerveux central, la pathologie corticale, l'aphasie et la mémoire. Il étudia l'influence de diverses aires du cerveau sur le comportement humain et s'intéressa particulièrement au langage et à sa fonction dans la commande de l'action.

**LOURMARIN** [84160] ➝ ÉTYM. p.-ê. du gaul. *Lutumaros*, n. de pers., et suff. *-inum* ♦ Comm. du Vaucluse, arr. d'Apt, au pied de la cluse méridionale du Luberon. 1 119 hab. *(Lourmarinois)*. Château du XV^e^ - XVI^e^ s., légué à l'académie d'Aix-en-Provence, qui y abrite de jeunes artistes durant l'été.

**LOU SIUN** → Lu Xun

**LOU-TCHEOU** → Luzhou

**LOUTH** (comté de) – en gaél. ***Lughbhaidh*** ♦ Comté de la rép. d'Irlande, au bord de la mer d'Irlande. 823 km². 111 267 hab. CH.-L. : Dundalk.

**LOUTSK** ♦ V. d'Ukraine, en Volhynie, sur la Styr. 202 915 hab. Château (XII^e^ - XIV^e^ s.), auj. musée de peintures. Église de l'Intercession (XV^e^ s.), dans laquelle fut trouvée l'icône de la Vierge de Volhynie (1289, auj. à Kiev). Église de l'Ascension (1619 - 1622), décorée dans le style Renaissance. Collège jésuite Pierre-et-Paul (XVII^e^ s.). ▪ Indus. mécanique (automobile, appareils électriques), chimique et alimentaire. ▮ Histoire Mentionnée depuis 805, la ville a été disputée par la Lituanie, la Pologne et la Russie.

**LOUVAIN** – en néerl. ***Leuven*** ♦ V. de Belgique (Région flamande), prov. du Brabant flamand, ch.-l. d'arr., sur la Dyle, au départ du canal Louvain-Malines. 91 942 hab. Centre intellectuel par son université (flamande), Louvain garde de son passé brillant de beaux monuments : églises Saint-Pierre (gothique, commencée vers 1425), Saint-Jacques (XII^e^ au XVI^e^ s.), Sainte-Gertrude (du XIV^e^ s., reconstruite après 1944), Saint-Michel (baroque, 1650 - 1666). Abbaye du Park, fondée en 1129 aux portes de Louvain. Béguinage (XV^e^ au XVIII^e^ s.) possédant une église de style brabançon (1305). Château d'Arenberg, reconstruit vers 1550 sur l'emplacement du château des sires d'Heverlee, où fut reçu Voltaire. Halles élevées par les drapiers de 1317 à 1345 et où s'installa l'université en 1432. Collège du Saint-Esprit (XVII^e^ s., reconstruit après 1944). Hôtel de ville flamboyant (XV^e^ s.). ▪ Située au milieu d'une riche région agricole, la ville est le 1^er^ centre belge de la minoterie. Indus. alimentaires (brasseries, distilleries). Indus. chimiques (engrais). Construc. mécaniques. Montage d'automobiles. Fonderie de cloches. Travail du cuir. ▮ Histoire Site d'un camp romain *(Lovanium)*. Arnoul de Carinthie y massacra les Normands en 891 et y construisit un château fort qui devint le noyau de la cité. Au XI^e^ s., devenue résidence des comtes de Louvain, puis des ducs de Brabant, la ville prit de l'importance. Au XIII^e^ s., le commerce du drap y était florissant. Le déclin de Louvain commença avec les luttes entre les bourgeois de la guilde et les métiers (prise de l'hôtel de ville et défenestration des bourgeois, 1378). Au XV^e^ s., sous la domination bourguignonne, Louvain se releva : fondation de l'université (1425) qui, au XVI^e^ s., deviendra la plus célèbre d'Europe. Érasme, Lessius, Jansénius y enseignèrent (c'est à Louvain que parut l'*Augustinus*). L'ouverture, en 1753, du canal de Louvain au Rupel, qui reliait Louvain à Malines et Anvers, accrut cette prospérité. Pillée en 1914, sinistrée en 1940, cette ancienne capitale du duché de Brabant a dû être presque entièrement reconstruite. À la suite de la querelle linguistique, une scission intervint en 1968 au sein de l'Université catholique et les facultés francophones furent transférées dans le Brabant wallon, à Ottignies*-Louvain-la-Neuve et à Woluwe*-Saint-Lambert (Région de Bruxelles-Capitale).

**LOUVAIN-LA-NEUVE** → Ottignies-Louvain-la-Neuve

**LOUVECIENNES** [78430] ➝ ÉTYM. anc. *de Monte Lupicino* «terre de Lupicinus (n. de pers., du lat. *lupus* "loup")» ♦ Comm. des Yvelines, arr. de Saint-Germain-en-Laye. 7 111 hab. *(Louveciennois)*. Église Saint-Martin (XII^e^ - XIII^e^ s.). Château (XVII^e^ - XVIII^e^ s.). Château de M^me^ du Barry et pavillon construits par Ledoux. ▪ Comm. résidentielle.

**LOUVEL (Louis Pierre)** ♦ Ouvrier sellier français (Versailles 1783 - Paris 1820). Considérant les Bourbons comme responsables de l'invasion de la France et du traité de Paris de 1815, il assassina le duc de Berry* (13 fév. 1820), chef des ultras. Il fut condamné à mort et exécuté.

**LOUVERTURE (TOUSSAINT-)** → Toussaint-Louverture

**LOUVET DE COUVRAY (Jean-Baptiste)** ♦ Homme politique et écrivain français (Paris 1760 - *id.* 1797). Auteur d'un roman licencieux célèbre au XVIII^e^ s., *Les Amours du chevalier de Faublas* (1787 - 1789), et fondateur d'un journal antiroyaliste *(La Sentinelle)*, il fut élu député à la Convention, où, orateur brillant du groupe girondin*, il fut l'un des adversaires les plus résolus de Robespierre. Après l'élimination des chefs de la Gironde (2 juin 1793), il parvint à se cacher dans le Jura jusqu'au 9 Thermidor. Ses *Mémoires* furent publiés en 1889.

**LOUVIER (Alain)** ♦ Compositeur français (Paris 1945). Il dirigea le conservatoire de Boulogne-Billancourt puis, de 1986 à 1991, le Conservatoire national supérieur de musique de Paris. Œuv. princ. : *Études pour agresseurs* pour formations variées ; *Clavecin non tempéré*, 1979 ; *Messe des Apôtres*, 1978 ; *L'Isola dei Numeri* (1993).

**LOUVIÈRE (LA)** ♦ V. de Belgique (Région wallonne), prov. de Hainaut, arr. de Soignies, sur le canal du Centre. 77 509 hab. Trois des quatre ascenseurs hydrauliques datent de 1888 ; chantier du nouveau canal et de l'ascenseur de Strépy (73 m de chute). ▪ Important centre industriel, né dans la seconde moitié du XIX^e^ s. Sidérurgie et métallurgie lourdes. Électronique. Céramique. Bâtiment et travaux publics.

**LOUVIERS** [27400] ➝ ÉTYM. anc. *Loviers* «endroit fréquenté par des loups», du lat. *lupus* «loup» et suff. *-arium* ♦ Ch.-l. de cant. de l'Eure, arr. d'Évreux, sur l'Eure, 18 328 hab. (aggl. 20 579) *(Lovériens)*. Église Notre-Dame du XIII^e^ s., remaniée au XV^e^ s. (flanc sud et porche flamboyant ; œuvres d'art). Musée des décors de théâtre, d'opéra et de cinéma. ▪ Indus. diversifiées. ▮ Histoire Ancienne ville forte qui fut longtemps un comté, Louviers fut attaquée à plusieurs reprises par les Anglais. Son industrie drapière, qui date du Moyen Âge, se développa considérablement aux XVII^e^ et XVIII^e^ s. : première manufacture de draps en 1681.

**LOUVIGNÉ-DU-DÉSERT** [35420] ➝ ÉTYM. anc. *de Lupiniaco*, du lat. *Lupinius*, n. de pers., ou de *lupus* «loup» et suff. *-acum* ♦ Ch.-l. de cant. de l'Ille-et-Vilaine, arr. de Fougères. 4 034 hab. *(Louvignéens)*. Église des XVI^e^ et XVII^e^ s. ▪ Carrières de granit.

**LOUVOIS (François Michel LE TELLIER,** marquis **DE)** ♦ Homme politique français (Paris 1639 - Versailles 1691). Son œuvre est inséparable de celle de son père, Michel Le* Tellier, aux activités duquel il fut très tôt associé et qui lui laissa le secrétariat à la Guerre quand il fut nommé chancelier. Louvois avait su gagner la confiance de Louis XIV en flattant son désir de gloire et resta seul maître de l'armée après la mort de Turenne* (1675). L'entretien et le recrutement de l'armée furent entièrement réorganisés. Les mesures les plus marquantes furent l'établissement de l'ordre du tableau qui ouvrait le commandement aux roturiers, l'institution des milices provinciales (l'armée fut ainsi portée à environ 300 000 hommes), la fondation d'écoles militaires. Louvois s'efforça sans cesse d'empiéter sur les autres domaines, mena une lutte âpre contre Colbert* et exerça une influence grandissante. Brutal, dur, autoritaire, il eut une responsabilité importante dans la dévastation du Palatinat* (1689), le bombardement de Gênes (1684), les annexions qui précédèrent la ligue d'Augsbourg*, les dragonnades*.

**LOUVRE** n. m. ◆ ÉTYM. p.-ê. du lat. *rubra* « [sable, argile] rouge » ou du chêne *rouvre* ou déformation du saxon *lower* « forteresse » ♦ Anc. résidence royale, située à Paris sur la rive d. de la Seine, près de Saint*-Germain-l'Auxerrois, et devenue l'un des plus riches musées du monde. Forteresse sous Philippe Auguste (1204), transformé en demeure habitable par Charles V, le Vieux Louvre fut partiellement démoli sous François Ier pour être confié à Pierre Lescot* (1527) assisté du sculpteur Jean Goujon* (on leur doit notamment une partie des façades occidentale et méridionale de la cour Carrée). Poursuivis sous Henri IV et Louis XIII par Androuet* du Cerceau, puis par Lemercier* (pavillon de l'Horloge), les travaux furent accélérés sous Louis XIV ; Colbert demanda à Le* Vau d'aménager la galerie du Bord-de-l'Eau (reliant le palais à celui des Tuileries*) et de quadrupler la cour Carrée dont la façade orientale allait s'orner, à l'extérieur, d'une monumentale colonnade (1665 - 1670), inspirée probablement de Claude Perrault*. Napoléon Ier s'intéressant au Louvre (délaissé au XVIIIe s. pour Versailles), Percier* et Fontaine* édifièrent l'arc du Carrousel* et commencèrent la grande galerie du nord (rattachée au pavillon de Marsan) qu'achèveront Visconti* et Lefuel*, suivant les désirs de Napoléon III (1852 - 1857). Détruits durant l'incendie des Tuileries (1871), les pavillons de Flore et de Marsan, comme les galeries, furent reconstruits par Lefuel sous la IIIe République. Désormais, le Louvre offre son ensemble imposant qui porte la marque de styles divers (particulièrement de la Renaissance et du classicisme français), à l'entrée de la perspective ouverte par la « Voie triomphale ». Le projet d'aménagement du Grand Louvre, décidé en 1981, fut réalisé entre 1984 et 1993 par Ieoh Ming Pei*. La pyramide de verre marquant l'entrée du musée, dans la cour Napoléon, a été inaugurée en 1988 et l'aile Richelieu, occupée depuis 1871 par le ministère des Finances, accueille les collections du musée depuis 1993. Le Grand Louvre comprend également le Carrousel du Louvre, centre de commerce et de conférences éclairé par une pyramide inversée. ▪ Devenu musée en 1793 (projet envisagé sous Louis XVI), le Louvre a augmenté les collections de la Couronne (constituées principalement par François Ier et Louis XIV) des œuvres d'art confisquées ou acquises par Napoléon Ier (→ **Denon**) et d'innombrables achats ou legs. Ses sept départements (auxquels il faut ajouter en annexes l'Orangerie et le Jeu de paume) conservent d'admirables collections artistiques, qui furent réorganisées et disposées suivant les principes de la muséologie moderne. L'ouverture de l'aile Richelieu (1993) en fait le plus grand musée du monde. L'aile Rohan abrite le musée de la Mode depuis 1996. Une extension du musée ouvrira à Lens en 2012. Le musée Louvre Abou Dhabi est en cours de création.

**Louvre.** La pyramide de Pei (21,64 × 35,42 m).
*Phot. © de Selva/Tapabor*

**LOUVRES** [95380] ◆ ÉTYM. p.-ê. du lat. *lupus* « loup » (endroit fréquenté par des loups) ♦ Comm. du Val-d'Oise, arr. de Sarcelles. 8 797 hab. (aggl. 11 726 hab.).

**LOUVROIL** [59720] ◆ ÉTYM. du lat. *Luparius*, n. de pers., et gaul. *ialo* « clairière » ou dimin. de *louvière* ♦ Comm. du Nord, arr. d'Avesnes-sur-Helpe, banl. S. de Maubeuge. 7 251 hab.

**LOUXOR** → Louksor

**LOUŸS** [lwi] **(Pierre Louis, dit Pierre)** ♦ Écrivain français (Gand 1870 - Paris 1925). Sa rencontre précoce avec les parnassiens (notamment avec J. M. de Heredia*, dont il épousa une fille en 1899) détermina sa vocation poétique ; il publia ses premiers poèmes dans *La Conque*, revue qu'il avait fondée (1891). S'inspirant de la littérature grecque érotique (il avait traduit notamment des poésies de Méléagre*, 1893), il donna les *Chansons de Bilitis* (1894), poèmes en prose d'une préciosité toute alexandrine et d'une sensibilité raffinée qui inspirèrent à C. Debussy* trois compositions musicales (groupées dans le recueil homonyme, 1897). Également de facture parnassienne, le roman de « mœurs antiques » *Aphrodite* (1896 ; adapté pour le théâtre lyrique en 1906) connut un succès notable ; l'auteur conférait à sa peinture de l'amour sensuel un nouvel accent dramatique, assombrissement rendu plus sensible encore dans le bref récit de *La Femme et le Pantin* (1898). Après une « fantaisie » écrite dans l'esprit du XVIIIe siècle galant, *Les Aventures du roi Pausole* (1901 ; mis en musique par J. Ibert et A. Honegger), P. Louÿs devait presque totalement délaisser la littérature et se consacrer à des travaux d'érudition. Il parachevait néanmoins son grand poème *Pervigilium mortis* (1916) et ébauchait le roman *Psyché* (posth. 1927), ultime analyse de la sensualité.

**LOVECRAFT (Howard Phillips)** ♦ Écrivain américain (Providence, Rhode Island 1890 - *id.* 1937). Il est l'auteur de poèmes, d'essais et surtout d'une soixantaine de récits fantastiques dont la plupart parurent dans le magazine *Weird Tales* à partir de 1923. Les plus remarquables sont : *La Couleur tombée du ciel* (1927), *L'Appel de Cthulhu* (1928), *L'Abomination de Dunwich* (1929), *Celui qui chuchotait dans les ténèbres* (1931), *Les Montagnes hallucinées* (1936), *Le Cauchemar d'Innsmouth* (1936), *Dans l'abîme du temps* (1936). Lovecraft crée un univers conjectural issu de rêves et de cauchemars, et dont maints détails se retrouvent d'un texte à l'autre. Ses récits se déroulent à l'époque où il écrit et souvent dans la région qu'il habite, la Nouvelle-Angleterre, autour de la ville, imaginaire, d'Arkham et de l'université de Miskatonic. L'irruption de puissances monstrueuses, extraterrestres d'origine immémoriale, met en cause le destin de l'humanité. Les principales entités de cette mythologie d'épouvante sont Yog-Sothoth, Cthulhu « qui viendra des Abysses d'Océan », Nyarlathotep « le Chaos rampant » ou encore ces Grands Anciens qui sont censés avoir créé la vie sur notre planète « par dérision ou par erreur ». De nombreuses références sont faites à un livre imaginaire, le *Nécronomicon*, véritable encyclopédie du mal, œuvre de « l'Arabe dément Abdul Alhazred ». Le propos de Lovecraft est de communiquer le sentiment d'une horreur « indicible » face à des réalités qu'il veut le plus étrangères possible aux perceptions humaines. ◆ ÉTYM. Ce nom vient de l'anglais *love* « amour » et *craft* « art, habileté ».

**LOVELACE (Richard)** ♦ Poète et auteur dramatique anglais (Woolwich 1618 - Londres 1657). Étudiant à Oxford, il se fit très vite une réputation d'amabilité (« the most amiable and beautiful ») qui le mena tout droit à la cour et qui devait faire de son nom un synonyme de séducteur. Parfait « cavalier », il demeura fidèle à son roi (Charles Ier) malgré plusieurs emprisonnements qui lui inspirèrent une grande partie de son œuvre poétique. Sa tragédie *Le Soldat* a été perdue, ainsi qu'une comédie, *The Scholars*. Après sa mort, son frère publia ses poèmes (*À Althée, À Lucasta*, 1649). Son style, parfois imité de J. Donne*, manque souvent de simplicité, mais son idéal galant est transcendé par une religion de l'honneur. Amoureux délicat et soldat valeureux en Écosse (1639 - 1640), blessé à Dunkerque (1646), Lovelace eut le souci de concilier ces deux valeurs : « Je ne pourrais pas vous aimer cher amour autant si je n'aimais l'honneur davantage. » ◆ ÉTYM. Ce nom vient du moyen anglais *lufelesse* « qui n'est pas capable d'aimer » (surnom d'un coureur de jupons).

**LOVENDEGEM** ♦ Comm. de Belgique (Région flamande), prov. de Flandre-Orientale, arr. de Gand, sur le canal Gand-Bruges. 9 393 hab. Châteaux. ▪ Indus. agroalimentaire.

**LOWE** (sir **Hudson**) ♦ Général britannique (Galway 1769 - Chelsea 1844). Il combattit contre la France en Égypte, en Sicile, à Capri (1806) et aux îles Ioniennes. Nommé gouverneur de Sainte*-Hélène en août 1815, il fut le geôlier de Napoléon, et fit preuve d'une extrême sévérité, compliquée de mesquines tracasseries.

**LOWELL (James Russell)** ♦ Poète et critique américain (Cambridge, Massachusetts 1819 - Elmwood, Massachusetts 1891). Unioniste et abolitionniste, il est surtout connu pour ses *Biglow Papers* (2 vol., 1848 et 1868), œuvres patriotiques, satiriques, utilisant le dialecte yankee rustique. Il s'est montré un critique très influent et perspicace (*A Fable for Critics*, 1848).

**LOWELL (Percival)** ♦ Astronome américain (Boston 1855 - Flagstaff, Arizona 1916). Il fonda, en 1894, son observatoire privé à Flagstaff, où il se consacra essentiellement à l'étude d'hypothétiques canaux sur Mars. Il prédit, d'après le mouvement d'Uranus, l'existence d'une planète au-delà de Neptune, dont il décrivit l'orbite : Pluton* fut effectivement découverte 14 ans après la mort de Lowell par C. W. Tombaugh*.

**LOWELL (Amy)** ♦ Poète américaine (Brookline, Massachusetts 1874 - *id.* 1925). Issue d'une vieille famille de Boston, elle commença d'écrire à 28 ans mais ne publia ses premiers poèmes en revue qu'en 1910. Son premier recueil, *A Dome of Many Coloured Glass*

(1912), fit d'elle l'un des principaux membres du groupe des imagistes* dont elle prit la tête à partir de 1914. Elle présenta ses poèmes les plus novateurs comme des «proses polyphoniques» (*Swords Blades and Poggy Seed,* 1914). Célèbre pour son image excentrique de femme fumant le cigare, elle exerça également une grande influence par ses ouvrages critiques (*Tendencies in American Poetry,* 1917 ; *Six French Poets,* 1915 ; *John Keats,* 1925).

**LOWELL (Robert)** ♦ Poète américain (Boston 1917 - New York 1977). Issu d'une illustre famille de la Nouvelle-Angleterre, il mena une vie agitée, enseignant la littérature dans des universités anglaises et américaines. Objecteur de conscience en 1943, il fut emprisonné, et encouragea l'objection pendant la guerre du Viêtnam. Antipuritain, antimatérialiste, il se convertit au catholicisme. Deux prix Pulitzer lui furent attribués pour sa poésie en 1947 et en 1974. *Lord Weary's Castle* (1946) contient déjà tous ses thèmes de prédilection. *For the Union Dead* (1964), dans une forme dense, ramassée, traduit un esprit mystique torturé que la folie n'a pas épargné (*Life Studies,* 1959). Son combat pour le pacifisme et les droits civiques est rappelé dans *Notebook : 1967/1968* (1969), et une trilogie dramatique (*The Old Glory,* 1965) évoque l'histoire de la culture nationale.

**LOWELL** ♦ V. des États-Unis (Massachusetts). 105 167 hab. L'une des plus anciennes villes industrielles des États-Unis. Maison natale de Whistler*. ▪ Textiles. Indus. électronique.

**LÖWENDAL** → **Lœwendahl**

**LOWESTOFT** ♦ V. d'Angleterre (Suffolk), sur la côte de la mer du Nord, au S. de Great Yarmouth. 53 000 hab. Port de pêche et station balnéaire. Indus. légères.

**LOWIE (Robert Harry)** ♦ Ethnologue américain d'origine autrichienne (Vienne 1883 - Berkeley, Californie 1957). Principal disciple de F. Boas, il a, comme lui, critiqué l'évolutionnisme unilinéaire, renversant «la perspective étroitement historique qui bornait l'horizon ethnologique, sans permettre d'apercevoir les facteurs structuraux universellement à l'œuvre» (C. Lévi-Strauss). Auteur de monographies sur les Indiens d'Amérique du Nord, il publia également *Culture and Ethnology* (1917), *Primitive Society* (1920), *Origin of State* (1927), *The History of Ethnological Theory* (1937), *Social Organization* (1948).

**LOWLANDS** n. f. pl. ➝ ÉTYM. angl. «basses terres» ♦ Dépression structurale d'Écosse entre les Southern Uplands et les Highlands au N. C'est la région d'Écosse la plus densément peuplée (plus de 80 % des Écossais y vivent). Le charbon a fait de cette région un des «pays noirs» les plus dynamiques du XIX$^e$ s., mais désormais la plupart des houillères ont fermé. À l'E., autour de l'estuaire de la Clyde, la conurbation de Glasgow regroupe l'essentiel de l'industrie ; la sidérurgie et les chantiers navals y sont en crise. À l'O., autour d'Édimbourg et jusqu'à Dundee, la diversification des activités, facilitée par les revenus pétroliers et par une politique d'attraction des capitaux étrangers, en fait l'une des régions les plus prospères du Royaume-Uni. Actuellement, il semble que la crise soit passée et que, même dans l'ancien «pays noir» de Glasgow et des zones houillères, l'activité reprenne et le chômage diminue. Plusieurs villes nouvelles ont été aménagées. Entre les nombreuses agglomérations, une agriculture laitière dynamique subsiste.

**LOWRY (Malcolm)** ♦ Romancier britannique (Birkenhead, Cheshire 1909 - Ripe, Sussex 1957). Voyageur et poète (son expérience de matelot nourrit son récit *Ultramarine,* 1933), M. Lowry chercha avant tout à exprimer le sentiment de la complexité du monde. Malade et luttant contre l'alcoolisme (*Lunar Caustic,* posth. 1968), il ne put achever son œuvre : *Au*-dessous du volcan* (1947), son livre essentiel, qu'il récrivit six fois, devait s'inclure dans un cycle qui aurait eu pour titre *The Voyage that Never Ends* «La traversée qui ne finit jamais». L'expérience concrète d'une autodestruction personnelle y conduit, par le symbolisme, à celle des valeurs du XX$^e$ s. Malcolm Lowry écrivit aussi des contes, dont certains sont inspirés par sa vie en Colombie-Britannique de 1940 à 1954 (*Écoute notre voix, ô Seigneur,* posth. 1961), d'autres romans (*Sombre comme la tombe où repose mon ami,* posth. 1968 ; *En route vers l'île de Gabriola,* posth. 1970), des poèmes (*Pour l'amour de mourir,* posth. 1962). ➝ ÉTYM. *Lowry* est un diminutif de *Lawrence**.

**LOY (Rosetta)** ♦ Romancière italienne (Rome 1931). Écrivain de la mémoire pour qui la famille et le temps sont les principaux personnages, mêlant avec tendresse et parfois humour l'histoire personnelle et l'histoire collective, elle est l'auteur notamment de *La Bicyclette* (1974) sur le début de la Deuxième Guerre mondiale, *Les Routes de poussière* (1987), saga paysanne, *Madame Della Seta aussi est juive* (1997), sur la naissance du fascisme et la montée de l'antisémitisme en Italie.

**LOYAUTÉ** (îles) ♦ Archipel de Mélanésie, à 100 km à l'E. de la Nouvelle-Calédonie dont il dépend. Ce groupe d'îles coralliennes est formé de trois îles principales : du N.-O. au S.-E., Uvea ou Ouvéa, Lifu ou Lifou et Maré, et de plusieurs petites îles. 1 981 km$^2$. 17 912 hab. (*Mélanésiens et Polynésiens*). ▪ Cultures traditionnelles (igname, taro, banane) et d'exportation (cocotiers, coprah). ▮ **Histoire** Découvert sans doute par d'Entrecasteaux en 1792, l'archipel fut relevé par Dumont* d'Urville sur sa carte marine au début du XIX$^e$ s. Les îles Loyauté ont suivi le destin de la Nouvelle*-Calédonie.

**LOYOLA** → **Ignace de Loyola**

**LOYSON (Charles)** dit **le père Hyacinthe** ♦ Prédicateur français (Orléans 1827 - Paris 1912). Il entra dans l'ordre des Carmes en 1863. Ses qualités de prédicateur le firent nommer à la chaire de Notre-Dame de Paris (1865). Toutefois, son opposition au dogme de l'infaillibilité pontificale (1869) et sa vie privée (il s'était lié avec une protestante convertie qu'il devait épouser) l'amenèrent à rompre avec son ordre, puis avec l'Église romaine. Entré dans l'Église des vieux-catholiques, il fonda ensuite à Paris une Église gallicane (1879), et tenta, sans grand succès, de susciter parmi les catholiques français un mouvement d'opposition à Rome (*De la Réforme catholique,* 1872 ; *Mon testament,* 1893).

**LOZÈRE** (mont) ➝ ÉTYM. p.-ê. d'une rac. pré-indo-eur. *°lesa* «escarpement» ou du n. d'un fl. antique ♦ Massif granitique des Cévennes (en Lozère), culminant à 1 699 m au sommet de Finiels. Ses sommets modelés souvent en plateaux ondulés et monotones sont ennoyés dans un manteau d'arène (tourbières) tapissé de bruyères (pâturages ; troupeaux transhumants) ou bien couvert de forêts de résineux.

**LOZÈRE [48]** n. f. ➝ ÉTYM. du n. du mont *Lozère** ♦ Dép. du S. de la France, région Languedoc-Roussillon. 5 167 km$^2$. 73 509 hab. CH.-L. : Mende. CH.-L. D'ARR. : Florac. Cour d'appel : Nîmes. Académie : Montpellier. → **Languedoc-Roussillon.**

**LUALABA** n. m. ➝ ÉTYM. *Lui a Luba* «la rivière *(lui)* de l'Urua, de l'Uluba, du pays luba» ♦ Nom donné au fl. Congo* de sa source jusqu'à Kisangani (chutes de Stanley).

**LUANDA** ➝ ÉTYM. anc. ***São Paulo de Loanda*** ou ***Loanda*** ; du mot indigène *luanda* «impôt, tribut» payé au roi du Congo ♦ Cap. de l'Angola, sur l'Atlantique. 2 041 000 hab. *(Luandais).* Centre admin. et commercial. Raffinerie de pétrole. Indus. alimentaire.

**LUANG PRABANG** ♦ Anc. cap. du royaume du même nom et seconde cap. (royale) du Laos jusqu'en 1975, ch.-l. de prov., située sur le haut Mékong. Env. 35 000 hab. Site historique, nombreux monuments bouddhiques. ▪ Artisanat : bois de teck, argent, soie. Petit port fluvial. ▮ **Histoire** → **Laos.**

**LUANSHYA** ♦ V. de Zambie, au S.-O. de Ndola. Env. 200 000 hab. Extraction du cuivre et raffinage du minerai. Construc. mécaniques. Indus. alimentaires. Ch. de fer.

**LUARCA** ♦ V. d'Espagne (Asturies), sur l'Atlantique. 13 838 hab. Port. Station balnéaire.

**LUBAC (Henri SONIER DE)** ♦ Jésuite français (Cambrai 1896 - Paris 1991). Théologien et spécialiste d'histoire des religions, entré chez les jésuites en 1913, il devint professeur aux facultés catholiques de Lyon. Intégrant des domaines aussi divers que l'exégèse biblique, la patristique, la théologie médiévale ou l'étude de l'athéisme contemporain, son œuvre exerça une influence profonde au moment du concile Vatican II où Jean XXIII le nomma expert. C'était une réhabilitation, car il avait été soupçonné de modernisme* et privé de son enseignement en 1950. Il évolua ensuite vers des positions plus traditionnelles, et devint cardinal en 1983. Œuv. princ. : *Catholicisme. Les Aspects sociaux du dogme* (1938), *Le Drame de l'humanisme athée* (1945), *Surnaturel. Études historiques* (1946), *Méditation sur l'Église* (1953), *L'Écriture dans la tradition* (1966), *La Postérité spirituelle de Joachim de Flore* (1979 - 1981), *Théologies d'occasion* (1984).

**LUBA(S), BALOUBA(S)** ou **BALUBA(S)** n. m. (pl.) ♦ Peuple de la Rép. démocratique du Congo de langue bantoue, établi entre la rivière Kasaï et le lac Tanganyika. Les Lubas sont nés au XVI$^e$ s. de la sécession d'un clan de l'ethnie Songhaï sous la direction d'Ilunga Kalala. Celui-ci fit périr le vieux roi Kongolo, vénéré depuis comme ancêtre mythique sous la forme d'un serpent python figurant dans les arts plastiques. Formant un ensemble de chefferies décentralisées, les Lubas se fractionnèrent à plusieurs reprises, et donnèrent naissance à des peuples apparentés comme les Lundas* et les Luluas, mais ils ne purent résister aux Tchokwés et aux Bayékés à la fin du XIX$^e$ siècle. Leur art est composé d'objets utilitaires aux formes arrondies (sièges, appuie-têtes) où les figures féminines sont omniprésentes.

**LÜBBENAU** – off. ***Lübbenau-Spreewald*** ♦ V. d'Allemagne (Brandebourg), sur la Spree, au N.-O. de Cottbus. 20 700 hab. Centrale thermique (l'une des plus grandes d'Europe) utilisant le lignite des environs (14 500 000 t/an).

**LUBBOCK** (sir **John**), 1$^{er}$ baron **AVEBURY** ♦ Homme politique, naturaliste et préhistorien britannique (Londres 1834 - Kingsgate Castle, Kent 1913). Il siégea avec les libéraux puis les libéraux-unionistes au Parlement. Outre des travaux sur les abeilles et les fourmis, il publia un ouvrage sur la préhistoire où il introduisit les notions de Paléolithique et de Néolithique (*L'Homme avant l'Histoire,* 1865).

**LUBBOCK** ♦ V. des États-Unis (Texas), sur le Llano Estacado. 199 564 hab. dont 22,5 % d'Hispaniques. Centre agricole (marché du coton) et d'élevage (volailles, produits laitiers).

**LÜBECK** ◆ ÉTYM. du n. du roi slave ***Luiby*** ♦ V. d'Allemagne du Nord (Schleswig-Holstein), au fond de l'estuaire de la Trave, ouverte sur la mer Baltique. 213 651 hab. La ville ancienne (Altstadt) est bien conservée : la Holstentor (porte fortifiée de la fin du XV^e s.), l'hôtel de ville (XIII^e - XVI^e s.), la Marienkirche (XIV^e s.) et la Jakobskirche (XIII^e - XIV^e s.) en sont les monuments les plus notables. ▪ Le port, relié à l'Elbe* par un canal de 67 km, est en relation avec la Scandinavie (importation de bois et de fer de Suède). Le trafic principal, celui des ferries, est aujourd'hui à l'aval dans le port de Travemünde*. Les constructions navales et mécaniques, les conserveries de poisson, et, plus récemment, la sidérurgie et la métallurgie du cuivre, sont les principales activités. ▮ **Histoire** Fondée au XII^e s. par Adolphe II de Holstein, la ville devint ville impériale en 1226. Elle fut, avec Hambourg, la cofondatrice de la Hanse*, ce qui fut à l'origine de sa grande prospérité jusqu'à la fin du XVI^e s. Elle étendit son influence sur la Scandinavie et jusqu'aux pays baltes et joignit à son rôle commercial un rôle politique de premier plan en arbitrant les querelles qui opposaient la Suède au Danemark. Lübeck réussit à sauvegarder son indépendance jusqu'en 1937 (sauf pendant sa brève annexion à l'empire français, de 1811 à 1813), au sein de la Confédération du Nord (à laquelle elle adhéra en 1866), puis de l'Empire allemand (1871). Elle fut annexée à la Prusse en 1937 et en 1946 à l'État fédéré de Schleswig-Holstein.

**LUBERON** ou **LUBÉRON** n. m. ◆ ÉTYM. anc. *Luerion Mons*, p.-ê. du gaul. *louernos* «renard» avec attraction du prov. *loube* «loup» ♦ Montagne des Alpes françaises, située entre les vallées du Coulon et de la Durance. C'est une chaîne longue de 65 km env., divisée en *Grand* et *Petit Luberon* par la cluse de Lourmarin. Les monts du Luberon s'étendent en majeure partie sur le dép. du Vaucluse. Chênes verts. Forêts de cèdres. ▪ Le parc naturel régional du Luberon, créé en 1977, s'étend sur les dép. du Vaucluse et des Alpes-de-Haute-Provence, de Manosque à Cavaillon et de la vallée du Coulon à celle de la Durance (165 000 ha). ▮ **Histoire** Plusieurs villages vaudois du Luberon furent détruits en 1545 par le baron d'Oppède à la suite d'un arrêt du parlement d'Aix.

**Lubéron.** Lourmarin. *Phot. © Gabriel Ciscardi/Fotolia*

**LUBIN (Germaine)** ♦ Soprano française (Paris 1890 - *id.* 1979). Elle débuta à Paris en 1912, et fut la deuxième Française à chanter à Bayreuth (1938, Kundry dans *Parsifal*). En 1939, elle y interpréta le rôle d'Isolde. Après la guerre, elle se consacra à l'enseignement, comptant parmi ses élèves Régine Crespin*. ◆ ÉTYM. Ce nom de famille est formé sur la racine germanique *leub, liub* «aimé».

**LUBIS (Mochtar)** ♦ Écrivain et journaliste indonésien (Sumatra-Ouest 1922 - Jakarta 2004). Son quotidien satirique *Indonesia Raya*, fut interdit par les présidents Sukarno et Suharto. L'audace de ses critiques sociales lui a valu d'être incarcéré par les deux régimes. Son œuvre de journaliste (reportages et essais) est aussi importante que son œuvre littéraire. Il a publié des romans (*Route sans fin*, 1952 ; *Crépuscule à Jakarta*, 1963 ; *Au tigre !*, 1975) et des recueils de nouvelles (*Femmes*, 1956 ; *Récidiviste*, 1983).

**LUBITSCH (Ernst)** ♦ Cinéaste américain d'origine allemande (Berlin 1892 - Hollywood 1947). D'abord acteur dans la troupe de Max Reinhardt, il débuta au cinéma avec des mélodrames historiques à grande mise en scène (*Madame du Barry*, 1919). Mais c'est aux États-Unis où il devait se fixer (1923) qu'il réalisa ses œuvres les plus marquantes en adaptant avec délicatesse des pièces du théâtre européen (*L'Éventail de lady Windermere*, d'après O. Wilde, 1925), ainsi que des comédies musicales (*Parade d'amour*, 1929 ; *Le Lieutenant souriant*, 1931 ; *La Veuve joyeuse*, 1934). Peintre de la frivolité et du libertinage, mêlant l'ironie, l'humour noir et l'insolence à un romantisme parfois proche du tragique, il a réalisé *L'Homme que j'ai tué* (1932), *Haute pègre* (1932), *Sérénade à trois* (1933), *Ninotchka* (1939), *The Shop Around the Corner* (1940), *To* Be or Not to Be* (1942). ◆ ÉTYM. *Lubitsch* est l'orthographe allemande du polonais *Lubicz*, de *lubić* «aimer»

**LUBLIN** ◆ ÉTYM. p.-ê. de la rac. slave *lub-* «cher, aimé» (mais semble une étym. populaire) ♦ V. de la Pologne orientale, ch.-l. de voïvodie, au pied du plateau de Lublin. 353 483 hab. Univ. catholique. Anc. ville fortifiée (porte de Cracovie, XIV^e s.). Nombreux monuments (église des visitandines, château fort et chapelle du XV^e s. où voisinent les influences byzantines et latines). ▪ Indus. électrotechnique, textile et alimentaire. – **Voïvodie de Lublin.** 25 115 km². 2 215 300 hab. ▮ **Histoire** Siège de la diète qui scella l'union polono-lituanienne (Union de Lublin, 1569), la ville fut successivement rattachée à l'Autriche (1795), au grand-duché de Varsovie (1809), à la Russie (1815), puis à nouveau occupée par les Autrichiens de 1915 à 1918. Durant la Deuxième Guerre mondiale, elle fut investie par les Allemands qui y établirent un camp de concentration. → **Majdanek.** Libérée par les troupes soviétiques en 1944, elle devint la capitale de la Pologne libre et le siège du gouvernement provisoire de la République polonaise, transféré à Varsovie en janv. 1945.

**LUBUMBASHI** ◆ ÉTYM. «lieu de l'argile [langue locale *bumba*] à poterie», du n. de la riv. – anc. ***Élisabethville*** ♦ V. de la Rép. démocratique du Congo, ch.-l. de la région du Katanga, au S. du pays, dans le Katanga, reliée par voie ferrée à Lobito (Angola), Lusaka (Zambie), Bulawayo (Zimbabwe) jusqu'au Cap (république d'Afrique du Sud). 1 300 000 hab. Univ. ▪ Centre de production de cuivre et de cobalt.

**LÜ Buwei** ou **LÜ P'ou-wei** ♦ Homme politique et «mécène» chinois (mort v. -235). Riche marchand, opportuniste, il fut récompensé d'une importante charge impériale pour son soutien au roi des Qin. Au début du règne de Shi* Huangdi, il fut honoré du titre de *zhongfu* («oncle paternel»). Évincé par Li* Si, il fut banni et mourut sur le chemin de l'exil. Il fit compiler, par la cour de lettrés qu'il réunit autour de lui, une chronique historique en 160 chapitres, *Lushi chunqiu*.

**LUC** (saint) ◆ ÉTYM. du lat. *lucanus* «clair» ♦ Évangéliste qui ne fut pas apôtre*. Selon la tradition, médecin d'origine syrienne, compagnon de saint Paul, il est l'auteur du troisième Évangile* et des Actes* des apôtres. Il aurait été martyrisé à Patras avec saint André*. ▪ Fête le 18 oct.

**LUC** [12450] ◆ ÉTYM. du lat. *lucus* «bois [sacré]» ♦ Comm. de l'Aveyron, arr. de Rodez. 4 717 hab.

**LUC (LE)** [83340] ◆ ÉTYM. p.-ê. du lat. *lucus* «bois [sacré]» ♦ Ch.-l. de cant. du Var, arr. de Draguignan. 7 282 hab. (aggl. 10 760). *(Lucois)*. Ruines d'un château. ▪ Sources thermales de Pioule à proximité.

**LUCAIN** ◆ ÉTYM. en lat. ***Marcus Annaeus Lucanus*** ; du n. de la *Lucanie** ♦ Poète latin (Cordoue 39 - Rome 65). Neveu du philosophe Sénèque* et compagnon de Néron*, il fut compromis dans la conjuration de Pison et contraint par Néron de se donner la mort. Il est l'auteur d'une œuvre considérable dont il ne nous reste que la *Pharsale**, récit de la guerre civile entre César* et Pompée*, œuvre qui exprime l'âme d'une société où le drame était une expérience de chaque jour.

**LUCANIE** n. f. ◆ ÉTYM. en lat. ***Lucania*** «pays des *Lucaniens*» – auj. ***Basilicate*** ♦ Région de l'Italie ancienne entre la Campanie* au N., le Bruttium au S., la mer Tyrrhénienne à l'O. et le golfe de Tarente à l'E. Établis dans les montagnes, les Lucaniens vainquirent la ligue défensive qu'avaient formée contre eux les Grecs du littoral (-IV^e s.), puis s'allièrent à Pyrrhus* lors de la guerre de Tarente. Ils furent définitivement soumis par Rome en -272. V. PRINC. : Métaponte*, Héraclée*, Élée, Poséidonia (Paestum*).

**LUCAS (Robert)** ♦ Économiste américain (Yakima, Washington 1937). Spécialiste de l'analyse macro-économique, il est en outre le premier, dans ses recherches sur les prévisions rationnelles, à avoir pris en compte leurs conséquences sur le comportement des ménages et des entreprises. [Prix Nobel de sc. écon. 1995]

**LUCAS (George)** ♦ Cinéaste et producteur américain (Modesto, Californie 1944). Ami de Francis Ford Coppola et de Steven Spielberg (dont il a produit certains films), il a été l'un des rénovateurs du «space opera» cinématographique avec *La Guerre des étoiles* (1977), immense succès prolongé par cinq autres épisodes. G. Lucas avait débuté par des œuvres de facture plus intimiste, *TXH 1138* (1970) et *American Graffiti* (1973).

**LUCAS-CHAMPIONNIÈRE (Just)** ♦ Chirurgien français (Saint-Léonard, Oise 1843 - Paris 1913). Il fut le premier à introduire en France la méthode antiseptique. [Acad. sc. 1912]

**LUCAS DE LEYDE** ♦ Peintre, graveur et dessinateur hollandais (Leyde 1494 - *id.* 1533). Élève d'Engebrechtsz*, inscrit à la guilde d'Anvers en 1514, il fit la connaissance de Dürer* en 1521 et entreprit un voyage dans les Pays-Bas méridionaux avec Gossart*. Dans son œuvre très variée, le souvenir de Jérôme Bosch* *(Loth et ses filles)* se mêle aux influences allemandes (nervosité du graphisme) et italiennes (ampleur de la conception spatiale, qualité plastique des nus). Il manifesta aussi certaines tendances au maniérisme et fut un coloriste original, employant un éclairage raffiné et contrasté, des accords de tons rares et une matière légère. Ses portraits se caractérisent par une grande vivacité d'expression. Il fut aussi l'un des initiateurs de la peinture de genre hollandaise *(Les Joueurs de cartes, Les Joueurs d'échecs)*. Le trait incisif de ses estampes, d'une extrême délicatesse particulièrement apte à rendre les nuances du modelé et les variations de l'éclairage, a souvent été jugé supérieur à celui de Dürer. Il représenta des sujets bibliques et des scènes de la vie populaire *(Les Gueux ; La Laitière)* ; très inventif dans ce domaine, il fournit un répertoire de thèmes, de gestes et de poses, utilisé par de nombreux artistes au cours du XVIe s.

**LUCAYES** (îles) → **Bahamas**

**LUCCIANA** [20290] ➝ ÉTYM. du lat. *Lucius*, n. de pers., et suff. *-anum* ♦ Comm. de la Haute-Corse, arr. de Bastia. 3 794 hab.

**LUCE** (sainte) → **Lucie (sainte)**

**LUCÉ** [28110] ➝ ÉTYM. anc. *Luciacum*, du lat. *Lucius*, n. de pers., et suff. *-acum* ou du lat. *lucus* «bois» ♦ Ch.-l. de cant. de l'Eure-et-Loir, banl. S.-O. de Chartres. 17 701 hab. *(Lucéens)*.

**LUCERNE** – en all. ***Luzern*** ➝ ÉTYM. du n. du monastère de saint *Leodegar* (en alémanique *Liutger*) [p.-ê. évolution du n. par attraction paronymique du lat. *lucerna* «lampe»] ♦ V. de Suisse centrale, ch.-l. de cant., située à l'extrémité O. du lac des Quatre-Cantons, sur la Reuss. 57 890 hab. (aggl. 196 550). Station climatique et touristique très fréquentée. Festival de musique. Ancienne capitale de la Suisse, dans un site splendide, la ville de Lucerne joue le rôle de centre régional de la Suisse centrale, catholique et conservatrice. Elle accueille quelques institutions fédérales (musée suisse des Transports, tribunal fédéral des assurances). Avec ses jardins longeant le lac, ses neuf tours reliées par des murailles, ses ponts et ses maisons anciennes, Lucerne est l'une des villes les plus pittoresques de la Suisse. Enjambant la Reuss, deux ponts en bois couverts : le Kapellbrücke («pont de la chapelle») du XIVe s., le plus ancien et le plus caractéristique, décoré de panneaux peints (XVIIe s., il a brûlé en 1993 et a été reconstruit en 1994) avec la Wasserturm («tour de l'Eau») et le Spreuerbrücke («pont des Moulins») du XVe s. Hofkirche (cathédrale et collégiale dédiée à saint Léger) du XVIIIe s., église des Franciscains (XIVe s.), église des Jésuites (XVIIe s.), hôtel de ville (XVIIe s.), Weinmarkt (place du Marché au vin). ▌**Histoire** La ville a pour origine une abbaye bénédictine fondée au VIIIe s. près du site de l'actuelle cathédrale. Achetée par Rodolphe* Ier de Habsbourg en 1291, Lucerne s'allia en 1332 aux cantons de Schwyz, d'Uri et d'Unterwald pour lutter contre la domination autrichienne et recouvra son indépendance par la victoire de Sempach* (1386). Elle resta fidèle au catholicisme pendant la Réforme et participa activement aux guerres religieuses. Occupée par les troupes françaises en 1798, elle devint pour peu de temps capitale de la Suisse, mais le canton fut rétabli en 1803. La politique catholique de Lucerne au XIXe s. aboutit à l'alliance du Sonderbund* en 1847 et à la défaite de la ville devant les troupes fédérales.

**LUCERNE** (canton de) ♦ Canton de Suisse. 1 493 km$^2$. 359 110 hab. CH.-L. : Lucerne. De langue allemande, la population est majoritairement catholique. ▪ Le pays est drainé par la Petite Emme et la Reuss, bordé au S.-E. par le Pilate. Ses principales ressources sont l'élevage, la culture des céréales et des arbres fruitiers. L'industrie s'est développée essentiellement autour de Lucerne et sur l'axe du Gothard (Sursee) : indus. textile, métallurgie, appareillage électrique, papeteries, manufacture de tabac. Le tourisme est une ressource importante.

**LUCHON** → **Bagnères-de-Luchon**

**LUCIA (Francisco Sánchez Gómez, dit Paco de)** ♦ Guitariste et compositeur de flamenco espagnol (Algésiras 1947). Après avoir travaillé avec Camarón* de la Isla, il entama une carrière de soliste et, soutenu par une technique hors pair, insuffla modernité et originalité à la musique de flamenco traditionnelle (collaboration avec des musiciens de jazz comme Chick Corea). On lui doit *La Fabulosa Guitarra de Paco de Lucia* (1967), *Fuente y Caudal* (1975), *Interpreta a Manuel de Falla* (1978), *Friday Night in San Francisco* (avec John Mc Laughlin, 1981), *Entre Dos Aguas* (1986), l'enregistrement du *Concerto d'Aranjuez* de Joaquín Rodrigo (1991), *Cositas Buenas* (2004).

***Lucia di Lammermoor*** ♦ Opéra en 3 actes de G. Donizetti* sur un livret de Salvatore Cammarano d'après Walter Scott (Naples, 26 sept. 1835). On y trouve la scène de folie la plus célèbre de tout le répertoire lyrique.

**LUCIE** ou **LUCE** (sainte) ♦ Vierge et martyre à Syracuse (sous Dioclétien, 304 ?). Culte attesté au VIe s. Dans la légende, elle rompt avec son fiancé pour se consacrer au Christ, et elle est dénoncée. Condamnée à servir au lupanar, elle oppose une immobilité miraculeuse : ni l'arrachement des dents et des seins, ni les flammes du bûcher ne peuvent vaincre sa résistance, et il faut lui trancher la gorge. Dans une autre version, elle s'arrache elle-même les yeux et les envoie à son fiancé, mais la Vierge lui en fait renaître de plus beaux. Très populaire en Sicile, en Italie, en France, en Allemagne, elle était invoquée pour guérir les maladies des yeux ou, en Italie, pour «aveugler» les maris trompés. ▪ Sa fête, le 13 déc. (ce qui, avant l'adoption du calendrier grégorien, la plaçait vers le solstice d'hiver), était une fête de la lumière, en rapport aussi avec un jeu de mots sur son nom (rapproché de *lux* «lumière»).

**LUCIEN** (saint) ♦ Selon la Tradition, premier évêque de Beauvais et martyr (IIIe s. ?). ▪ Fête le 8 janvier.

**LUCIEN D'ANTIOCHE** (saint) ♦ Prêtre d'Antioche et martyr (Samosate v. 235 - exécuté à Nicomédie 312). Traducteur de plusieurs livres bibliques (d'hébreu en grec) et exégète dans la tradition antiochienne (fidélité au sens littéral), il dirigea l'école d'Antioche dans la seconde moitié du IIIe s. Sa doctrine fut probablement «subordinationniste» et plusieurs chefs de l'arianisme sortirent du groupe de ses élèves («sylloukianistes»). Arius* lui-même se disait son disciple. ▪ Fête le 7 janv.

**LUCIEN DE SAMOSATE** – en gr. ***Loukianos*** ♦ Écrivain satirique grec (Samosate, Syrie, v. 125 - en Égypte v. 192). Il étudia la rhétorique et abandonna une carrière d'avocat à Antioche pour une vie de sophiste. Après avoir parcouru l'Ionie, la Grèce, l'Italie et la Gaule, il se fixa de 165 à 185 à Athènes, puis termina sa vie en Égypte comme fonctionnaire de Rome. On lui a attribué quatre-vingt-six ouvrages dont soixante-dix sont considérés aujourd'hui comme authentiques : compositions orales, dialogues, pamphlets, et un roman, l'*Histoire véritable*, qui, avec ses voyages dans la Lune et en diverses îles, fonde le genre de l'utopie satirique. Parmi ses dialogues, les plus célèbres sont les *Dialogues* des morts*, les *Dialogues des dieux*, les *Dialogues des courtisanes* et *Le Songe ou le Coq*. Les cibles de ses satires mordantes sont la richesse et les vices sociaux, les philosophes, en particulier les sophistes et les cyniques *(Icaroménippe ; Les Sectes à l'encan)*, la religion païenne *(Prométhée ; Zeus tragédien)*, le christianisme *(La Mort de Pérégrinos)*, les vogues littéraires, en somme tous les phénomènes idéologiques et sociaux de son temps. Cette critique négative, qui englobe même le scepticisme, correspond à l'esprit de la seconde sophistique. Comme écrivain, Lucien est animé d'une verve remarquable. Inspiré de la satire bouffonne de Ménippe*, il corrige son réalisme par une fantaisie pleine d'invention et de malice. Il écrit en outre le meilleur attique de son siècle. Très admiré par les modernes, il a été le modèle d'Érasme*, du Cymbalum* mundi, de Cyrano* de Bergerac, de Fontenelle et de P.-L. Courier.

***Lucien Leuwen*** ♦ Roman inachevé de Stendhal* (posth. 1894, puis 1927) d'abord publié sous le titre *Le Chasseur vert* (1855). Écrit en 1834 - 1835 et conçu comme une «histoire morale» fort critique de la société de son temps (la monarchie de Juillet), ce récit est également une histoire d'amour où sont transposés les sentiments éprouvés par Stendhal pour «Métilde» Dombrovska. Le héros est chassé de Polytechnique pour ses opinions républicaines. Après un séjour à Nancy et un amour déçu, il gagne Paris où il occupe un poste important qui le rend témoin des intrigues politiques et des manœuvres électorales favorisées par le gouvernement de Louis-Philippe. Lucien, incarnation des goûts et des opinions de Stendhal, est l'homme de la conscience morale qui veut prouver, malgré l'appui que lui apporte sa position sociale, qu'il est «capable de réussir seul».

**Lucifer** ➝ ÉTYM. «porte-lumière» du lat. *lux* «lumière» et *ferre* «porter» ♦ Dans la Vulgate, traduction de l'expression «astre brillant» d'Isaïe, XIV, 12, désignant le roi de Babylone. Le mot a été appliqué à l'étoile du matin (deuxième épître de Pierre I, 19), au Christ et, à partir du Moyen Âge, à Satan à qui l'on rapportait le passage d'Isaïe.

**LUCIFER DE CAGLIARI** ♦ (mort v. 370). Évêque de Cagliari av. 354, il défendit la stricte foi de Nicée et, refusant le pardon aux ariens (→ **arianisme**), se sépara de l'Église. Le schisme dit «luciférien» entraîna nombre d'évêques italiens et espagnols.

**LUCILIUS (Caius)** ♦ Poète satirique latin (Suessa Aurunca –148 - –103). Issu d'une riche famille équestre, ami de Scipion* Émilien qu'il suivit au siège de Numance (–133), il donna sa forme définitive à la satire.

**LUCIUS Ier** (saint) ♦ 22e pape (de 253 à 254), Romain, martyr (?). ▪ Fête le 4 mars.

**LUCIUS II [Gerardo CACCIANEMICI]** ♦ 164e pape (de 1144 à 1145). Bolonais, sans doute mort des blessures reçues en luttant contre le Sénat romain. → **Arnaud de Brescia.**

**LUCIUS III [Ubaldo ALLUCINGOLI]** ♦ (Lucques-Vérone 1185). 169e pape (1181 - 1185), ancien évêque d'Ostie et cardinal. Face à la Commune de Rome, il se réfugia à Vérone. Il y réunit un concile (1184) qui condamna les néomanichéens (cathares*), contre qui il institua l'Inquisition épiscopale.

**LUCKNER (Nicolas, comte)** ♦ Maréchal de France (Cham, Bavière 1722 - Paris 1794). Lieutenant général des armées françaises en 1763, maréchal de France en 1791, il commanda l'armée du Rhin, puis l'armée du Nord, en remplacement de Rochambeau* (1792). Suspecté de trahison et suspendu, il fut arrêté à Metz (1793), condamné à mort par le Tribunal révolutionnaire et exécuté.

**LUCKNOW** ou **LAKHNAU** ♦ V. de l'Inde, cap. de l'Uttar Pradesh. 2 266 933 hab. Ancienne cap. du royaume musulman de l'Oudh, elle est l'un des centres les plus importants de la culture islamique en Inde. De nombreuses industries s'ajoutent à ses fonctions administratives de capitale d'État.

**LUCKY LUKE** → **Morris**

**LUÇON** [85400] ➝ ÉTYM. anc. *Lucionnum*, du lat. *Luccius*, n. de pers. ♦ Ch.-l. de cant. de la Vendée, arr. de Fontenay-le-Comte. 9 311 hab.

*(Luçonnais).* Évêché. Cathédrale Notre-Dame, gothique, des XIII^e, XIV^e et XVI^e s., avec façade classique. Chapelle des Carmélites (XIII^e s.). Palais épiscopal (XVI^e s.). Maisons anc. ▪ Important centre agricole et commercial. ▪ Richelieu* y fut évêque de 1607 à 1624.

**LUÇON** – en philippin ***Lusón*** ♦ Île des Philippines, la plus grande du pays. 104 684 km². 41 586 091 hab. Seul le centre est développé. → **Manille.**

**LUCQUES** – en it. ***Lucca*** ♦ V. d'Italie, ch.-l. de prov., en Toscane, sur le Serchio. 81 862 hab. *(Lucquois).* Cathédrale (XI^e - XVI^e s.) renfermant le *Volto Santo,* crucifix miraculeux en bois (XII^e s.) et le tombeau d'Ilaria del Carretto, sculpté en 1406 par J. Della Quercia, également auteur du polyptyque de marbre de *La Vierge et les saints* (église San Frediano, XII^e s., de style roman lucquois) ; église San Michele in Foro (XII^e - XIV^e s.) à la haute façade de style lucco-pisan. Palais gothiques et Renaissance. Palais Mansi (XVII^e s.) abritant un musée de peintures. Remparts entourant la ville anc. Aux environs, villas XVI^e - XVIII^e s. (jardins par Le Nôtre à la villa Torrigiani). ▪ Marché agricole et centre commercial et indus. (huileries, indus. textiles et mécaniques, habillement), manufacture de tabac. ▪ La ville connut du XI^e au XIV^e s. une renommée due à la fabrication et au commerce des étoffes de soie (spécialité de tissus brochés et de filés or). ▮ **Histoire** Colonie romaine du nom de *Luca* (-178), conquise par les Lombards, elle passa ensuite aux empereurs germaniques et acquit une indépendance de fait au XII^e s. Elle subit la dictature de Castruccio Castracani* (1314 - 1328), fut vendue à Mastino della Scala (1335) et à Florence (1341), fut conquise par Pise (1342). Elle put se racheter à l'empereur germanique Charles IV en 1370. Au début du XV^e s., elle fut gouvernée avec bonheur par Paolo Guinigi. Prise par les Français en 1799, elle fut donnée par Napoléon à sa sœur Élisa Bonaparte en 1805. En 1815, Marie-Louise d'Espagne la reçut avec Piombino ; son fils Charles-Louis y régna de 1824 à 1847, puis la donna à la Toscane.

**LUCRÈCE** – en lat. ***Lucretia*** ♦ (morte en -509). Dame romaine, femme de Tarquin Collatin. Selon la tradition, déshonorée par Sextus, fils de Tarquin* le Superbe, elle se donna la mort. Ce drame aurait été l'occasion de la révolution qui renversa la royauté à Rome et établit la république. → **Brutus.**

**LUCRÈCE** ▪ **ÉTYM.** en lat. ***Titus Lucretius*** [probablt de *lucrator* «celui qui gagne»] ***Carus*** ♦ Poète et philosophe épicurien latin (Rome v. -98 - -55). La vie de Lucrèce est extrêmement mal connue. Il est l'auteur d'une œuvre unique, le *De rerum natura* («De la nature»), poème en 6 chants qui expose la physique, l'éthique et la canonique épicuriennes. Il entend éliminer la crainte des dieux entretenue par la religion, poison mortel pour l'esprit humain, en fournissant de l'univers physique une explication matérialiste : tout se réduit aux atomes et au vide, et les objets et les êtres vivants sont constitués par la combinaison d'atomes de matière qui s'assemblent en vertu d'une déviation fortuite (le *clinamen*). En éliminant la crainte des dieux et de la mort, ainsi que toute explication finaliste et providentialiste de l'univers, et en montrant, après Épicure*, que le plaisir est facile à atteindre et toute douleur supportable, Lucrèce se propose d'amener ainsi l'âme à acquérir la paix qui réside dans l'ataraxie (délivrance des troubles passionnels et des désirs non naturels et non nécessaires). Par le réalisme de son imagination, par son enthousiasme persuasif, Lucrèce prépare Virgile ; l'intensité poétique de son œuvre est inséparable de la cohérence philosophique de son discours, qui constitue l'un des sommets de la pensée romaine.

**Lucrèce Borgia** ♦ Drame en 3 actes, en prose, de Victor Hugo* (1833). Par mépris pour les Borgia qu'il tient en haine, le capitaine Gennaro a insulté leur blason, lors d'une ambassade à Ferrare. Il ignore qu'il est le fils de cette Lucrèce qui, de loin, veille sur lui. Intervenant auprès du duc son époux, Lucrèce Borgia parvient à soustraire Gennaro à sa vengeance. Pourtant le jeune capitaine poignardera Lucrèce et périra empoisonné mais, avant de mourir, il aura recueilli de sa mère le secret de sa naissance. ▪ Pour le personnage historique → **Borgia.**

**LUC-SUR-MER** [14530] ▪ **ÉTYM.** du lat. *lucus* «bois sacré» ♦ Comm. du Calvados, arr. de Caen, sur la Manche. 3 036 hab. (aggl. 13 243) *(Lutins).* Station balnéaire et climatique. Laboratoire de zoologie marine.

**LUCULLUS** – en lat. ***Lucius Licinius Lucullus*** ♦ Général romain (v. -106 - av. -56). Dès -90, il se distingua dans la guerre sociale. Consul en -74, il mena la guerre contre Mithridate* et Tigrane* d'Arménie sur lesquels il remporta des victoires décisives (-72 - -68), mais sa cupidité et les intrigues des chevaliers provoquèrent une mutinerie dans son armée ; il ne put achever la guerre et dut laisser la victoire finale à Pompée*. Évincé de la puissance politique, il se retira près de Tusculum* où, grâce aux richesses amassées pendant ses campagnes, il mena une vie dont le luxe et le raffinement sont restés proverbiaux.

**LUCY** ♦ Nom donné, d'après une chanson des Beatles, à un squelette d'australopithèque presque complet découvert en 1974 par une équipe internationale dirigée par Y. Coppens*, D. C. Johanson et M. Taieb, dans la dépression de l'Afar en Éthiopie. Vivant il y a 3 millions d'années, Lucy était de petite taille, avec de longs bras et de courtes jambes lui permettant toutefois une marche bipède. → **Laetoli.**

**Lucy.**
Reconstitution de l'aspect physique de Lucy.
*Phot. © Rue des Archives/PVDE*

**LUDA, LIU-TA** ou **LU-TA** ♦ Conurbation indus. et portuaire de Chine, située sur la pointe S. de la presqu'île du Liaodong*. → **Lüshun, Dalian.**

## luddites

n. m. pl. ▪ **ÉTYM.** de John *Ludd,* qui aurait détruit des machines textiles vers 1780 ♦ Ouvriers anglais qui s'étaient organisés pour détruire les machines, accusées de provoquer le chômage et de diminuer la qualité des produits. Ce mouvement d'opposition à l'industrialisation (et à la prolétarisation) apparut vers la fin de 1811 à Nottingham et s'étendit en Angleterre de comté en comté jusqu'en 1816.

**LUDE (LE)** [72800] ▪ **ÉTYM.** du lat. *lucidus* «clair, plein de lumière» ou de *Lucidus,* n. de pers. ♦ Ch.-l. de cant. de la Sarthe, arr. de La Flèche. 4 201 hab. *(Ludois).* Église Saint-Vincent (XII^e et XVI^e s.). Château des XIII^e - XIV^e s. Maisons anc. ▪ Centre touristique. Produits laitiers.

**LUDENDORFF (Erich)** ♦ Général allemand (Kruszewnia, Posnanie 1865 - Tutzing, Bavière 1937). Après avoir été le rédacteur du plan Schlieffen* lorsqu'il était colonel (1911 - 1912), il fut, en août 1914, l'un des principaux artisans de la prise de Liège, puis devint chef d'état-major de Hindenburg* en Prusse-Orientale ; il contribua aux victoires de Tannenberg* et des lacs Mazures. Quand Hindenburg fut nommé à la tête des armées allemandes (août 1916), il resta son principal collaborateur. Son rôle consista alors à élaborer les plans et à diriger les opérations. Il fut, plus encore que Hindenburg, un partisan de la guerre à outrance, et après les victoires de Foch* et tandis que l'Allemagne s'acheminait vers la demande d'armistice, il fut remplacé par Gröner (26 oct. 1918). → **Guerre mondiale (Première).** Après la guerre, il se lança dans la politique où il manifesta un nationalisme exacerbé, teinté d'antisémitisme : il participa au putsch de Munich (1923), fut député (1924) et candidat à la présidence (1925). ▪ **ÉTYM.** Ce nom germanique vient de *liut* «peuple» ou de *Lude,* diminutif de *Ludwig* «Louis», et *dorf* «village».

**LÜDENSCHEID** ♦ V. d'Allemagne (Rhénanie-du-Nord-Westphalie), dans le Sauerland. Env. 80 000 hab. Centre indus. (métall. légère, matières plastiques).

**LÜDERITZ** ▪ **ÉTYM.** du n. d'Adolf Lüderitz, négociant allemand qui acheta le territoire en 1883 ; anc. ***Angra Pequeña*** «petite ancre» ♦ V. de Namibie, située au S. du pays dans la zone diamantifère et reliée par voie ferrée à la ligne Windhoek-Le Cap. 13 000 hab. ▪ Important centre de pêche (langoustes, sardines). Conserveries.

**LUDHIANA** ♦ V. de l'Inde (Panjab). 1 395 053 hab. Fondée en 1480 par les Lōdī, elle est devenue la première ville du Panjab indien grâce à son développement industriel : travail des laines himalayennes, industrie mécanique liée à la prospérité du marché régional.

**LUDLOW (Edmund)** ♦ Homme politique britannique (Maiden Bradley, Wiltshire 1617 - Vevey 1692). Il combattit dans l'armée parlementaire, fut l'un des partisans de l'épuration, fit partie du tribunal qui condamna Charles I^er et fut envoyé en Irlande pour y prendre la tête de l'armée en 1651. Ardent républicain, il s'opposa à Cromwell* quand celui-ci prit le pouvoir, et ne put reprendre une influence politique qu'en 1659. Il s'exila en Suisse lors de la Restauration. Ses *Mémoires* constituent l'un des meilleurs documents sur cette époque. ➝ ÉTYM. Ce nom de famille signifie «colline (vieil anglais *hlāw*) près de la rivière *Hlūde* (bruyant)».

**LUDOVIC SFORZA (Ludovico SFORZA,** en fr.), dit **il Moro** ➝ ÉTYM. «le More» ♦ (Vigevano 1451 - Loches 1508). Duc de Milan. Il s'empara de Milan (1480) à la mort de son neveu qu'il avait peut-être fait empoisonner, attira Charles* VIII en Italie pour l'opposer à Ferdinand II d'Aragon, mais se retourna contre la France quand Louis* XII voulut faire valoir ses droits à l'héritage milanais. Deux fois chassé de Milan, il fut pris à Novare (1500) et emprisonné à Loches. Il avait entretenu avec Béatrice d'Este*, sa femme, une des cours les plus fastueuses de son temps. Parmi les artistes qu'il protégea, on peut citer Bramante et Léonard de Vinci.

**LUDRES** [54710] ♦ Comm. de la Meurthe-et-Moselle, dans la banl. S. de Nancy. 6 821 hab.

**LUDWIG (Carl Friedrich Wilhelm)** ♦ Médecin et physiologiste allemand (Witzenhausen, Hesse 1816 - Leipzig 1895). Il fut un des premiers à utiliser des instruments pour l'enregistrement graphique des phénomènes physiologiques. Il effectua des recherches sur la physiologie de la sécrétion urinaire, de la circulation sanguine, sur la composition du sang et de la lymphe.

**LUDWIG (Emil COHN, dit Emil)** ♦ Écrivain allemand (Breslau 1881 - Moscia, près d'Ascona, Tessin 1948). Il a laissé plusieurs biographies d'hommes célèbres dont il a tenté d'analyser la personnalité et l'œuvre de façon très libre (*Goethe*, 1920 ; *Napoléon*, 1925 ; *Guillaume II*, 1926 ; *Michel-Ange*, 1930 ; *Trois dictateurs : Hitler, Mussolini, Staline*, 1939). Il quitta l'Allemagne pour la Suisse à l'époque du régime nazi.

**LUDWIGSBURG** ➝ ÉTYM. en fr. ***Louisbourg*** ; all. «château *(Burg)* d'Eberhard *Ludwig*, duc de Wurtemberg» ♦ V. d'Allemagne (Bade-Wurtemberg), sur le Neckar, au N. de Stuttgart. 81 700 hab. Vaste château de style baroque (1704 - 1735), inspiré de Versailles, élevé au milieu d'un grand parc à la française. Centre culturel franco-allemand. ▪ Construc. de machines ; indus. textiles ; porcelaines.

**LUDWIGSHAFEN** ➝ ÉTYM. all. «port *(Hafen)* de Louis [II de Bavière] *(Ludwig)*» ♦ V. d'Allemagne (Rhénanie-Palatinat) sur la rive g. du Rhin, en face de Mannheim*. 167 906 hab. Port. C'est l'un des premiers centres chimiques allemands (siège de la Badische Anilin) fabriquant de l'aniline, des matières plastiques, du verre, de l'ammoniaque. ▪ Nœud ferroviaire.

**Luftwaffe** n. f. ➝ ÉTYM. all. «armée de l'air» ♦ Nom donné à l'armée de l'air sous le IIIe Reich (1935 - 1945). ➝ **Göring.**

**LUGANO** – en all. ***Lauis*** ♦ V. de Suisse (Tessin), sur la rive N. du lac de Lugano. 49 719 hab. de langue italienne (aggl. 119 322). Évêché catholique. Ville de caractère italien : cathédrale San Lorenzo, transformée aux XIIIe et XVe s., église Santa Maria degli Angioli (XVIe s.) abritant des fresques de B. Luini*. La pinacothèque de la villa Favorita a renfermé l'une des plus grandes collections de peintures privées d'Europe, la coll. Thyssen-Bornemisza, jusqu'à son transfert à Madrid en 1992. ▪ Importante station climatique et touristique. ▪ Indus. alimentaire (chocolat) et mécanique. Développement considérable des activités bancaires liées à la proximité de la Lombardie. ▮ **Histoire** D'origine incertaine, peut-être romaine (anc. *Gauni Agrestis*), la ville fut mentionnée pour la première fois au IXe s. Aux XIIe et XIIIe s., elle fut disputée entre Côme et Milan. Elle entra dans la Confédération en 1512 et fut de 1803 à 1881 l'une des trois capitales du canton du Tessin avec Bellinzona* et Locarno*.

**LUGANO** (lac de) – en it. ***Lago di Lugano*** ou ***di Ceresio*** ♦ Lac s'étendant en partie en Suisse (Tessin) et en partie en Italie (Lombardie), entre le lac Majeur et le lac de Côme. 50 km² (dont 46 en Suisse). Il est situé sur les contreforts des Alpes et dominé par le monte Salvatore et le monte Generoso. Il est drainé par la Tresa qui le relie au lac Majeur. Un pont-digue portant la route et la voie ferrée du Saint-Gothard relie la rive O. à la rive E. entre Melide, au S. de Lugano, et Bissone.

**LUGDUNUM** ♦ Nom de Lyon* à l'époque gallo-romaine. Cap. de la Gaule lyonnaise* (–27).

**LUGNÉ-POE (Aurélien LUGNÉ, dit)** ♦ Acteur et directeur de théâtre français (Paris 1869 - Villeneuve-lès-Avignon 1940). Il appartint d'abord à la troupe du Théâtre*-Libre d'Antoine*, fonda le Théâtre d'art avec Paul Fort (1890), puis le théâtre de l'Œuvre (1893), révélant au public parisien des pièces d'auteurs étrangers (*Peer Gynt* d'Ibsen) et français, parfois avec scandale (*Ubu Roi* de Jarry, 1896). S'exerçant surtout dans le domaine de la recherche des textes, avec une grande sensibilité aux symbolistes et aux Scandinaves, son action, antérieure à celles de Copeau* et du Cartel*, fut importante pour le renouveau du théâtre.

**LUGO** ➝ ÉTYM. du lat. *Lucus Augustus* «le bosquet sacré *(lucus)* d'Auguste *(Augustus)*» ♦ V. d'Espagne (Galice), ch.-l. de prov., sur une hauteur dominant le Miño. 93 853 hab. Remparts romains, cathédrale du XIIe s. ▪ Mines de fer.

**LUGOJ** ♦ V. de Roumanie, dans le Banat, près de Timişoara, sur le Timiş. 45 217 hab. Centre textile (coton, soie) et travail du bois.

**LUGONES (Leopoldo)** ♦ Poète argentin (Río Seco, Córdoba 1874 - Buenos Aires 1938). Classé parmi les modernistes, Lugones se révéla avec *Les Montagnes d'or* (1897), poème en prose rythmique. Il s'essaya également au sonnet (*Les Crépuscules du jardin*, 1905). Passionné de philosophie, de sciences et d'histoire, il donna une *Histoire de Sarmiento* et *La Guerre gauchesque* (1905), ouvrage descriptif remarquable. Il dirigea la *Revue sud-américaine* à Paris. De retour en Argentine, il se suicida.

**LUIK** ➝ **Liège**

**LUINI (Bernardino)** ♦ Peintre italien (v. 1480-1490 - Milan 1532), principal représentant de la Renaissance lombarde. Sa vie est mal connue. Ce fut surtout un fresquiste, influencé par les formes de Léonard de Vinci et par la lumière douce de Bergognone. Il porta une attention particulière aux gestes quotidiens du peuple, introduit dans ses grandes compositions religieuses et ennobli sans que rien ne se perde d'une observation juste et variée. Il travailla principalement à Milan (chapelle Busti, à Santa Maria di Brera, 1515 puis 1521), à la villa Pelucca, près de Monza (*Bain des nymphes ; Translation de sainte Catherine*, à partir de 1522), à Saronno (*Présentation de Jésus au Temple ; Adoration des Mages* au Santuario della Beata Vergine, 1525 - 1531), à Milan encore (monastère et église San Maurizio). Parmi ses tableaux de chevalet, il faut citer *Salomé*, la *Madone à l'enfant endormi*, les *Noces mystiques de sainte Catherine*.

**LUISANT** [28600] ➝ ÉTYM. probablt du lat. *Lucentius*, n. de pers. ♦ Comm. de l'Eure-et-Loir, banl. S. de Chartres. 6 622 hab.

**LUIS DE LEÓN** ♦ Religieux et érudit espagnol (Belmonte, prov. de Cuenca 1527 - Madrigal de las Altas Torres, prov. d'Ávila 1591). Formé à l'école de Salamanque, il y devint moine augustin en 1543. Connaisseur de l'hébreu, du grec et du latin, il fut titulaire de la chaire biblique de son université d'origine. Il préférait étudier la Bible non pas à partir de la Vulgate mais à partir des éditions et des commentaires hébraïques, ce qui provoqua sa dénonciation à l'Inquisition et sa condamnation à quatre années de prison. Libéré, il occupa les chaires de théologie scolastique et de philosophie morale. Il finit sa vie avec le titre de vicaire général de Castille. Son ouvrage *De los nombres de Cristo* (1583) tente d'expliquer le mystère des treize épithètes sacrées qui s'appliquent à Jésus. C'est l'un des chefs-d'œuvre de la littérature espagnole. Dans *La Perfecta Casada* (1585), il présente le bréviaire de la femme mariée et fait œuvre de moraliste. Enfin, on lui doit des poésies originales dans la plus pure inspiration du mysticisme espagnol et une traduction du Cantique des cantiques.

**LUKÁCS (György)** ♦ Philosophe, critique et homme politique hongrois (Budapest 1885 - *id.* 1971). Influencé par le néokantisme et l'historisme (Dilthey, Weber), il s'est progressivement orienté vers une analyse sociologique, structurale et historique, de la création et des genres littéraires (*L'Âme et les Formes*, 1911 ; *La Théorie du roman*, 1914 - 1915). Membre du Parti communiste hongrois (1918), il fut vice-commissaire du peuple à l'Instruction publique dans le gouvernement révolutionnaire de Béla Kun* (1919). Dans son principal ouvrage, *Histoire et Conscience de classe* (1923, trad. fr. 1960), Lukács a tenté d'«actualiser l'aspect révolutionnaire de Marx en rénovant et en prolongeant la dialectique de Hegel» dans ses analyses sociologiques de la «réification» (aliénation), des relations entre classes sociales et idéologies, dans son interprétation de la révolution prolétarienne. Par la suite, il s'efforça de jeter les bases d'une esthétique marxiste. Lukács fut membre du comité central du Parti communiste hongrois lors de l'insurrection de 1956, et ministre dans le gouvernement d'Imre Nagy*. Déporté en Roumanie, il reprit ses travaux à Budapest en 1957. Autres œuv. : *Existentialisme ou Marxisme* (1947), *La Destruction de la raison* (1952 - 1954). ➝ ÉTYM. *Lukács* est l'équivalent hongrois de «Luc», du latin *Lucas*.

**ŁUKASIEWICZ (Jan)** ♦ Logicien polonais (Lemberg, auj. Lvov 1878 - Dublin 1956). Chef de l'école analytique polonaise (école de Varsovie ➝ **Leśniewski, Tarski**), il a cherché à «renouveler la logique en élargissant la logique aristotélicienne d'une manière analogue à celle dont Lobatchevski avait élargi la géométrie euclidienne» (R. Blanché). Dès 1920, presque en même temps que E. L. Post*, il affirmait la possibilité de logiques polyvalentes et construisait un système trivalent (trois valeurs : vrai, faux, possible). Avec Tarski, il précisa plus tard ses recherches, indiquant les règles pour la construction de systèmes à *n* (nombre fini) valeurs, et introduisant la distinction entre la logique comme construction des calculs et la métalogique qui prend ces calculs eux-mêmes comme objet d'étude. Créateur d'un symbolisme logique différent de celui de B. Russell, Łukasiewicz fut également l'un des fondateurs de l'histoire de la logique formelle. Œuv. princ. : *Sur le principe de contradiction chez Aristote, La Logique bivalente, Les Fondements logiques du calcul des probabilités.*

**LULA (Luiz Inácio DA SILVA, dit)** ♦ Homme d'État brésilien (Garanhuns, Pernambouc 1945). Issu d'une famille de paysans pauvres du Nordeste, Lula devint ouvrier métallurgiste et se lança dans le syndicalisme durant la dictature militaire (1964 - 1985). En 1980, il fonda le Parti des travailleurs, regroupant des syndicalistes, des gauchistes et des chrétiens. Il fut élu à la présidence de la République en 2002, sur la base d'un programme social mais dut mener une politique d'austérité monétaire et fiscale en accord avec le FMI. À la fin de son deuxième mandat, en 2010, le Brésil connaissait une situation économique et financière solide accompagnée d'une diminution de la pauvreté.

**LULEÅ** ♦ V. du N. de la Suède, sur le golfe de Botnie. Ch.-l. du comté de Norrbotten. 73 313 hab. Musée Norrbottens-Läns (collections lapones). Grandes écoles. ▪ Port important (exportation de minerai de fer et de bois de Laponie). Indus. métallurgique et construc. mécaniques.

**LULLE (Ramón LLULL, en fr. Raymond)** ♦ Théologien, philosophe et poète catalan (Palma de Majorque v. 1232 - Bougie 1316). Il fut surnommé «Docteur illuminé» et «Procureur des infidèles». Sa vie et son œuvre furent déterminées par la volonté de répandre le christianisme : son opposition aux doctrines d'Averroès, la décision de faire enseigner l'arabe et l'hébreu dans les grandes universités et ses voyages pour convertir les musulmans en Afrique du Nord, où il mourut, sans doute lapidé. Il a donné à la langue catalane son prestige littéraire. Dans son *Ars magna*, il expose la méthode universelle pour prouver les vérités de la foi, proposant un langage abstrait qui préfigure la formalisation logique. *Blaquerna* traite du mariage et des états religieux et contient un chef-d'œuvre de poésie lyrique, le *Livre de l'ami et de l'aimé*. Son œuvre en vers est à la fois lyrique et didactique (*Le Chant de Raymond, El Desconhort*).

**LULLY (Giovanni Battista LULLI dit en fr. Jean-Baptiste)** ➔ ÉTYM. il francisa son n. à son arrivée en France ♦ Compositeur français d'origine italienne (Florence 1632 - Paris 1687). Venu très jeune d'Italie, il fut d'abord au service de la Grande Mademoiselle (1644) puis il fut admis dans l'entourage de Louis XIV (1652) où ses qualités de danseur et d'acteur comique furent appréciées du jeune prince. Chef de la «bande des petits violons», il composa la chorégraphie de plusieurs ballets, faisant en même temps ses débuts de musicien. Après le succès du *Ballet de l'amour malade* (1657), il gagna l'entière confiance du roi qui le nomma surintendant de la musique et lui fit accorder, la même année, la nationalité française (1661). L'année suivante, il épousa la fille du musicien M. Lambert. Collaborateur de Molière* pour la musique de ses comédies-ballets, divertissements et pasto rales (*Le Mariage forcé*, 1664 ; *L'Amour médecin*, 1665 ; *Le Sicilien*, 1667 ; *George Dandin*, 1668 ; *Monsieur de Pourceaugnac*, 1669 ; *Le Bourgeois gentilhomme*, 1670), il finit par se brouiller avec lui. Une seconde carrière commençait pour Lully. Ambitieux, entreprenant, excellent homme d'affaires, il obtint, avec la direction de l'Académie royale de musique (1672), un privilège qui lui assurait le monopole de l'opéra en France. Avec son librettiste Ph. Quinault (Benserade et Campistron furent aussi ses collaborateurs) et le décorateur Ch. Vigarani, il s'installa au Palais-Royal où il fit représenter, avec un succès qui ne se démentit jamais, outre des ballets, une dizaine d'ouvrages lyriques par lesquels il peut être considéré comme le créateur de l'opéra français. Parmi les plus remarquables, il convient de retenir *Cadmus et Hermione* (1673), *Alceste* (1674), *Thésée* (1675), *Atys** (1676), *Psyché* et *Bellérophon* (livrets de Th. Corneille et Fontenelle, 1678 - 1679), *Phaéton* (1683), *Roland* (1685), *Armide* (1686). Devenu le maître d'une énorme fortune, Lully fut nommé conseiller et secrétaire du roi, l'année même où il faisait représenter son ballet, *Le Triomphe de l'amour* (1681). Il remporta sa dernière victoire avec la pastorale *Acis et Galatée* (1687). Hostile dès ses débuts à l'opéra italien, à sa sensualité et à ses fioritures d'où allait naître le style du bel canto, Lully a imposé à l'opéra français le système récitatif de Peri et de Caccini qui faisait obligation au musicien d'un respect constant de la prosodie. Molière, le premier, lui avait donné le goût du naturel dans la diction des vers ; il lui suffit un peu plus tard de recueillir la leçon de la Champmeslé et de Racine, son maître, pour faire du chant cette fidèle imitation de la parole qui dispense l'émotion et satisfait la raison. Génératrice de grandeur, cette conception de la mélodie n'évite pas toujours la froideur et la monotonie, mais elle s'adaptait parfaitement au goût du temps. Personnalité volontaire, novateur fécond, Lully a su encore imposer l'«ouverture à la française», héritée de l'art des «24 violons du roi». Dans le domaine instrumental, il est le créateur de l'école française de violon.

**Lulu** ♦ Opéra en 3 actes d'Alban Berg* sur un livret du compositeur d'après les pièces *L'Esprit de la terre* et *La Boîte de Pandore* de Frank Wedekind*, entrepris en 1928 et laissé inachevé (création des deux actes achevés, Zurich, 2 juin 1937). Le troisième acte, entièrement composé, fut orchestré par Friedrich Cerha* après la mort de la veuve de Berg en 1976 (création de la version complète, Paris, 24 fév. 1979). Œuvre dodécaphonique sérielle (contrairement à *Wozzeck* mais comme *Moïse et Aaron* de Schoenberg), *Lulu* raconte de façon saisissante la déchéance d'une femme, victime de ses sens et de la société, jusqu'à son assassinat par Jack l'Éventreur. ▪ Un film sur le même sujet fut réalisé en 1929 par Pabst. → **Loulou.**

**LULUABOURG** → Kananga

**LUMBINĪ** ♦ Site du Népal central (Teraï népalais), auj. près du village de Rumindei, où, selon la tradition, le Bouddha* vit le jour. Le roi Ashoka* y fit élever une colonne commémorative.

**LUMBRES** [62380] ♦ Ch.-l. de cant. du Pas-de-Calais, arr. de Saint-Omer, dans l'Artois, sur l'Aa. 3 873 hab. (aggl. 7 906) (*Lumbrois*). Papeteries.

**LUMET (Sidney)** ♦ Cinéaste américain (Philadelphie 1924). Enfant de la balle (son père était acteur au Yiddish Theater de New York), il réalisa, à partir de 1957, de nombreux films, d'un humanisme généreux et d'un métier sûr, dont *Douze hommes en colère* (1957), *Point limite* (1964), *Le Groupe* (1966), *Serpico* (1973), *Un après-midi de chien* (1975), *Network* (1976), *Le Prince de New York* (1981), *Le Verdict* (1982), *7 h 58 ce matin-là* (2007).

**LUMIÈRE** (les frères) ♦ AUGUSTE LUMIÈRE, biologiste et industriel français (Besançon 1862 - Lyon 1954) et LOUIS LUMIÈRE, chimiste et industriel français (Besançon 1864 - Bandol 1948). Auteurs de travaux qui permirent d'améliorer la photographie, ils inventèrent le cinématographe, appareil permettant à la fois la prise de vues et la projection de films (première séance publique le 28 déc. 1895 à Paris, avec la projection de *La Sortie des usines Lumière*). Parmi leurs premières bandes figurent également *L'Arrivée d'un train en gare de La Ciotat* (1895) et *L'Arroseur arrosé* (1895). Ils réalisèrent aussi la plaque autochrome, premier procédé commercial de photographie en couleurs (1903). ▪ Biologiste, Auguste étudia également l'anaphylaxie, le rhumatisme, et favorisa l'emploi des sels de magnésium en thérapeutique [Acad. sc. 1919.] ▪ Louis s'intéressa à la photographie en relief (photostéréosynthèse, 1920) et mit au point, pour le cinéma en relief, la méthode des anaglyphes (projection en deux couleurs complémentaires, 1935). ➔ ÉTYM. Ce nom de famille était probablement le surnom du clerc qui portait les flambeaux et qui était chargé d'éclairer l'église,ou vient d'un nom de lieu.

Louis **Lumière.** *L'Arroseur arrosé.*
*Phot. © Coll. Archives Larbor-DR © Association Les Frères Lumière-DR*

**Lumière d'août** – en angl. ***Light in August*** ♦ Roman de William Faulkner* (1932). C'est sur l'histoire secondaire d'une jeune femme à la recherche du père de son enfant que viennent se greffer celles des autres personnages, dans un roman construit sur le principe du retour en arrière. À la suite de l'incendie d'une maison et du meurtre de sa propriétaire, Joe Christmas est recherché par la police. On découvre alors le passé de ce métis, en butte depuis sa naissance au racisme, au puritanisme et à l'intolérance, qui trouveront leur apothéose dans un dénouement barbare.

**Lumières** n. f. pl. ♦ Courant philosophique qui traverse toute la pensée européenne au XVIII^e s. et correspond à l'Aufklärung allemande et à l'Enlightenment anglais. S'il trouve son appui théorique dans la méthode cartésienne, plus particulièrement dans la volonté de dénoncer les préjugés et de faire confiance à la raison, c'est plutôt à la suite des œuvres de Fontenelle* et de Bayle* en France, et de Newton* et de Locke* en Angleterre, qu'il s'est réellement développé. Les principaux représentants de la philosophie des Lumières sont, en France : Montesquieu*, Voltaire*, Diderot*, Rousseau*, d'Alembert*, Helvétius*, d'Holbach*, Buffon* et tous les Encyclopédistes (→ **Encyclopédie**) ; en Angleterre : Toland* et Hume* ; en Allemagne : C. von Wolff*, Lessing* et Kant*. Plusieurs idées sont partagées par tous ces auteurs. Tout d'abord, ayant retenu la problématique des libertins érudits du XVII^e s., ils posent tous la nécessité d'un bonheur terrestre individuel. Celui-ci entraîne souvent une apologie de la nature qui se manifeste aussi bien dans le mythe du bon sauvage que dans l'idée d'une religion ou d'un droit naturels. D'autre part, à l'exception toutefois de Rousseau, ces philosophes construisent leur réflexion en acceptant *a priori* l'idée de progrès que procure la civilisation : au rationalisme triomphant de la pensée s'associe la certitude expérimentale qui gouverne le progrès scientifique et qui doit permettre l'épanouissement de l'homme. Enfin, la dernière grande constante de ce courant est liée au cosmopolitisme. Considérant, à la suite de Montesquieu et de Voltaire, la tolérance comme une vertu primordiale, ces penseurs sont persuadés que seule la raison peut conduire l'humanité tout entière à la perfection et à la sagesse.

Les **Lumières de la ville** – en angl. *City Lights* ♦ Film américain de Charlie Chaplin* (1931), avec Charlie Chaplin, Virginia Cherrill. Le vagabond et la jeune aveugle : il la guérira à force d'amour et de privations ; elle ne le reconnaîtra pas quand elle aura recouvré la vue... jusqu'à ce que leurs mains se touchent. C'est l'avant-dernier film muet de Chaplin, émaillé de rares effets sonores, alors que le parlant a conquis Hollywood. Le commentaire musical, composé par Chaplin sur le thème de *La Violetera*, souligne la conception mélodramatique de l'œuvre : sans rien abdiquer de son énergie comique (les démêlés du pauvre bougre avec le millionnaire à la mémoire fluctuante comptent même parmi ses meilleures trouvailles), Chaplin accorde ici une place privilégiée à l'émotion.

**LUMMEN** ♦ Comm. de Belgique (Région flamande), prov. de Limbourg, arr. de Hasselt, sur le Démer et le canal Albert. 13 803 hab. Châteaux. ▪ Sports nautiques sur le lac de Schulen.

**LUMUMBA (Patrice)** ♦ Homme politique du Congo-Kinshasa, auj. Rép. démocratique du Congo (Katako-Kombé 1925 - Élisabethville, auj. Lubumbashi 1961). Dirigeant du Mouvement national congolais, qui fut le principal parti du pays aux élections de 1960 (année de l'indépendance), il devint Premier ministre en juin 1960, tandis que son rival Kasavubu présidait la République congolaise. À la suite de troubles intérieurs et de la tentative de sécession du Katanga, il fit appel à l'URSS. Destitué par Kasavubu, arrêté par le colonel Mobutu* (déc. 1960), il fut transféré au Katanga et tué.

**LUNA (Álvaro de)** ♦ Homme politique espagnol (Cañete 1388 - Valladolid 1453). Favori du roi Jean* II, il fut nommé connétable en 1423. Champion de l'autorité royale, il tenta vainement de soumettre la noblesse et l'entraîna dans la lutte contre les Maures. Victime d'incessantes attaques calomnieuses, il fut disgracié et décapité.

**LUNCEFORD (Jimmie)** ♦ Saxophoniste, chef d'orchestre et arrangeur de jazz américain (Fulton, Missouri 1902 - Seaside, Oregon 1947). Après avoir débuté dans la formation de Wilbur Sweatman en 1924, il fonda son propre orchestre en 1927 et devint, à partir de 1934, la vedette du Cotton Club de Harlem. Il occupa une place de premier rang, notamment grâce aux arrangements de Sy Oliver et Willie Smith, et son style puissant lui valut de nombreux imitateurs. Princ. enregistrements : *Rhythm is our Business* (1934), *For Dancers Only* (1937).

**LUND** ♦ V. de la Suède, au N.-E. de Malmö. 103 286 hab. Université (la 2e de Suède, fondée en 1666). Très belle cathédrale romane (déb. XIIe s.). Musées. ▪ Centre de services. Indus. agroalimentaires, matériaux de construction, emballage, mécanique. **▮ Histoire** Fondé au Xe s., Lund devint siège d'un évêché au XIe s., transformé en archevêché en 1104. Ce fut alors la ville la plus importante de Scandinavie. En 1676, elle fut détruite au cours d'une bataille entre Suédois et Danois et ne retrouva pas son ancienne prospérité. Depuis le XIXe s., elle a pris une grande importance dans la vie intellectuelle de la Suède.

**LUNDA(S)** ou **BALOUNDA(S)** n. m. (pl.) ♦ Peuple de la Rép. démocratique du Congo de langue bantoue établi dans le Shaba. Il est né de l'exil, au XVIIe s., d'un groupe de Lubas* sous la direction d'Ilunga Shibinda, fils d'Ilunga Kalala, contraint de laisser le royaume à son frère. Le jeune prince se maria avec Luedji, la fille d'un vieux chef d'une ethnie du S. De leur union naquit Mwata Yamvo, qui régna de 1660 à 1675, édifia le royaume lunda et dont le nom devint le titre dynastique des souverains qui suivirent. Jusqu'à l'arrivée des Européens, les Lundas contrôlèrent les grands circuits commerciaux mettant en rapport l'Atlantique et l'océan Indien par les savanes d'Afrique centrale. Maîtres du cuivre du Shaba, ils le commercialisaient sous la forme de croisettes de poids différents.

**LUNDBERG (Erik)** ♦ Économiste suédois (Stockholm 1907 - *id.* 1987). Il est surtout connu pour sa théorie dynamique de l'équilibre monétaire, qui donne en particulier une analyse du rôle des différents types d'expansion sur l'ensemble du développement économique (*Studies in the Theory of Economic Expansion*, 1937).

**LUNDKVIST (Artur)** ♦ Écrivain suédois (Oderljunga, Scanie 1906 - Stockholm 1991). On le rattache volontiers à la tendance «prolétaire*,» bien qu'il s'en distingue un peu. Après des poèmes de type vitaliste au sein du mouvement dit des «Cinq Jeunes» (*Vie nue*, 1929), il s'intéressa à tous les courants nouveaux venus de l'étranger : psychanalyse et surréalisme* (*Ascension*, 1935), panthéisme (*La Vie comme herbe*, 1954). Cette curiosité incessante, jointe à une remarquable activité de traduction et de diffusion, fera de lui l'éminence grise des lettres suédoises pendant plusieurs décennies. Il n'a cessé, cependant, de rappeler ses compatriotes à la véritable nature de leur inspiration (*Autoportrait d'un rêveur aux yeux ouverts*, 1966).

**LUNDSTRÖM (Johan Edvard)** ♦ Inventeur suédois (Jönköping 1815 - *id.* 1888). Il imagina l'allumette de sûreté dite «suédoise» (1852).

**LUNE** n. f. ♦ Satellite naturel de la Terre*, elle décrit une orbite elliptique (dont le demi-grand axe est de 384 000 km et l'excentricité de 0,054 9), inclinée de 5° 9' sur l'écliptique, en 29 j, 12 h, 43 mn et 11,5 s. Cette durée, le mois lunaire, est égale à celle de la rotation de la Lune sur elle-même si bien qu'elle présente toujours la même face à la Terre. Son mouvement subit d'importantes perturbations dues au Soleil et aux planètes. Le diamètre moyen de la Lune est de 3 476 km (un peu plus d'un quart du diamètre terrestre) ; sa masse, 0,012 fois celle de la Terre, est de 73,4. $10^{21}$ kg ; sa densité moyenne est de 3,34. La surface de la Lune, très variée, comporte des «mers» (plaines légèrement déprimées), des «continents» (zones accidentées parsemées de cratères dont le diamètre peut atteindre jusqu'à 200 km et qui sont probablement dus aux impacts de météorites) et des montagnes dont la hauteur peut atteindre 8 200 m au-dessus des régions environnantes. C'est Galilée* qui découvrit, en 1609, grâce à sa lunette, l'existence du relief lunaire, montrant ainsi la ressemblance de la Lune et de la Terre. Les échantillons rapportés des missions Apollo* montrent également que la composition de la Lune est voisine de celle de la Terre, avec cependant moins d'éléments volatils et davantage d'éléments réfractaires. L'activité sismique de la Lune est très faible ; elle possède un champ magnétique variable. En raison de la quasi-absence d'atmosphère, les variations de température entre la nuit et le jour peuvent atteindre 300 °C. L'âge de la Lune serait, de même que celui de la Terre, 4,6 milliards d'années. La Lune n'émet pas de lumière propre mais réfléchit les rayons du Soleil ; on appelle phases les différents aspects qu'elle présente suivant ses positions respectives par rapport au Soleil et à la Terre. Le phénomène terrestre des marées est dû à l'action combinée de la Lune et du Soleil. La Lune fut atteinte par un engin soviétique en mai 1960 ; l'homme y débarqua en juil. 1969 (mission Apollo XI → **Armstrong [Neil]**). En 2009, plusieurs observations ont révélé la présence de particules d'eau à la surface de la Lune.

**LUNEBOURG** – en all. *Lüneburg* ← **ÉTYM.** anc. *Liuniburc*, du germ. *burg* «forteresse» et *°hleuni* «défense» (→ aussi Lunéville) ♦ V. d'Allemagne (Basse-Saxe), ch.-l. de régence sur l'Illmenau, affl. de l'Elbe, au S.-E. de Hambourg*, en bordure des landes de Lunebourg. 71 700 hab. Anc. ville hanséatique où subsistent de beaux monuments (ensemble de maisons de brique des XIVe - XVe s., hôtel de ville des XIIIe - XVIIIe s.). ▪ Bâtie sur un important gisement de sel gemme, la ville a d'importantes industries chimiques et mécaniques.

**LUNEBOURG** (landes de) – en all. *Lüneburger Heide* ♦ Région allemande de la grande plaine du Nord, située entre l'Elbe et l'Aller (Basse-Saxe). Étendues sableuses modelées par les eaux de fonte dans les moraines frontales des glaciations quaternaires. Les hauteurs (Wilsederberg, 169 m) sont couvertes d'une lande de bruyère, de bouleaux et de genévriers, les fonds sont remplis de tourbières. ▪ Région pauvre, de pacage des moutons et de terrains militaires. En 1921 y fut créée la première réserve naturelle d'Allemagne (200 km²) autour du Wilsederberg. Le tourisme est l'activité principale. ▪ C'est au milieu des tourbières que se dressait le camp de concentration nazi de Bergen-Belsen.

**LUNEL** [34400] ← **ÉTYM.** anc. *Lunellum*, probablt du gaul. *Lunus*, n. de pers., et suff. *-ellum* ou d'un mot prélatin hydronym. *°lunello* ♦ Ch.-l. de cant. de l'Hérault, arr. de Montpellier, dans la plaine du Languedoc. 22 352 hab. (aggl. 25 526) *(Lunellois)*. Centre vinicole (muscat). Confitures.

**LÜNEN** ♦ V. d'Allemagne (Rhénanie-du-Nord-Westphalie), sur la Lippe. 86 900 hab. Centre minier et métallurgique (fonderies de fer, cuivre et aluminium). Centrale thermique.

**LUNÉVILLE** [54300] ← **ÉTYM.** p.-ê. d'une rac. germ. *°hleuni* «protection» (à rapprocher de *Lunebourg**) ♦ Ch.-l. d'arr. de la Meurthe-et-Moselle. 20 200 hab. (aggl. 23 030) *(Lunévillois)*. Le château, édifié au XVIIIe s. par G. Boffrand et remanié par le roi Stanislas (restauré), a été gravement endommagé par un incendie en 2003 (jardins à la française, chapelle — réplique de celle de Versailles ; musée : faïences de Lunéville et de Saint-Clément ; tentures flamandes de cuir peint du XVIIe s.). Il est en cours de restauration. Église Saint-Jacques (XVIIIe s.) construite sur les plans de Boffrand et d'Héré, de style rococo, boiseries (XVIIIe s.). Maisons et hôtels anc. ▪ Faïences de table. Indus. diversifiées. **▮ Histoire** La ville fut incorporée au duché de Lorraine au XVe s. Arrivé au début du XVIIIe s. à Lunéville, Léopold fit construire le château et apporta la prospérité à la ville. Le roi Stanislas Leszczyński y tint une cour brillante de 1735 à 1760. ♦ ***Traité de Lunéville*** Il fut conclu le 9 fév. 1801 entre Joseph Bonaparte pour la France et Cobenzl pour l'Autriche, qui ratifiait les conditions du traité de Campoformio, acceptait la cession de la Belgique, reconnaissait à la France la rive gauche du Rhin et les «Républiques sœurs». Elle ne conservait en Italie que la Vénétie.

**LUNS (Joseph)** ♦ Diplomate et homme politique néerlandais (Rotterdam 1911 - Bruxelles 2002). Chrétien-démocrate, ministre des Affaires étrangères (1956 - 1971), il fut l'un des promoteurs de l'unité de l'Europe. Il fut secrétaire général de l'Otan de 1971 à 1984.

**LUOBU BO** → **Lob Nor**

**Luonnotar** ♦ Œuvre pour soprano et orchestre (opus 70) de J. Sibelius* (Gloucester, Angleterre, 10 sept. 1913), commandée par la soprano Aino Ackté et racontant la création de l'univers d'après le *Kalevala*, grâce à l'union de Luonnotar, fille de l'air, avec le vent et les vagues.

**LUOYANG** ou **LO-YANG** ♦ V. de Chine, prov. de Henan. 1 233 775 hab. Centre archéologique, artistique et culturel (grottes de Longmen*). ▪ Centre commercial. Indus. mécanique. Aciérie. Briqueterie. Artisanat (céramique trichrome). Pivoines. ▮ **Histoire** Anc. cap. impériale, notamment sous la dynastie Han* de l'Est et la dynastie Tang* (cap. de l'Est).

**LUO Zhenyu** ou **LO Tchen-yu** ♦ Historien chinois (1866 - 1940). Il fut précepteur de l'empereur Puyi*, qu'il suivit au gouvernement de l'État projaponais de Mandchourie. Ses études sur les anciennes inscriptions chinoises et les manuscrits retrouvés à Dunhuang font autorité.

**LUPERCUS** → **Faunus**

## luperques

→ ÉTYM. en lat. ***Luperci*** « les prêtres-loups » ♦ Confrérie de prêtres qui célébraient à Rome le culte de Faunus* Lupercus lors des lupercales *(Lupercalia)*, le 15 fév. Au cours de ce cérémonial, on immolait un bouc à la grotte du *Lupercal* (au S.-O. du Palatin) et on touchait le front de deux jeunes gens avec un couteau sanglant dont la trace était immédiatement effacée avec un flocon de laine trempé dans du lait : les jeunes gens devaient alors faire entendre un éclat de rire rituel. Puis les luperques, nus, armés de lanières découpées dans la peau du bouc sacrificiel, faisaient le tour du Palatin en frappant les femmes rencontrées sur leur passage pour les rendre fécondes. La signification de ce rituel est sans doute eschatologique. Les luperques, dieux-loups figurant les morts, seraient à la fois les représentants sacrés de l'autre monde et les défenseurs des vivants contre la mort.

**LUPINO (Ida)** ♦ Actrice et cinéaste américaine d'origine britannique (Londres 1918 - Burbank, Californie 1995). Issue d'une célèbre famille d'acteurs de théâtre, elle fit à l'écran de brillantes prestations sous la direction d'Allan Dwan, Raoul Walsh, Nicholas Ray, Robert Aldrich. Elle fut, en particulier, la compagne dévouée du gangster en cavale (Humphrey Bogart) dans *High Sierra* (1940). Comme réalisatrice, elle affirma un tempérament généreux et novateur : *Avant de t'aimer* (1950), *Outrage* (1950), *The Bigamist* (1953).

**LUQMĀN** ou **LOKMAN** ♦ Auteur arabe légendaire, cité dans le Coran, auquel on attribue un recueil de 41 fables, imitées des œuvres grecques de Syntipas et d'Ésope.

**LURÇAT (Jean)** ♦ Peintre-cartonnier français (Bruyères, Vosges 1892 - Saint-Paul-de-Vence 1966). Peintre influencé par le cubisme puis le surréalisme, il réalisa aussi des décors de théâtre et créa de nombreuses lithographies. S'il s'intéressa assez tôt à la tapisserie, c'est surtout après avoir eu la révélation de l'*Apocalypse* d'Angers qu'il se consacra à cette forme d'art, étudiant les techniques du Moyen Âge et s'appliquant à partir de 1939 à redonner vie aux ateliers d'Aubusson ; pour leur assurer une viabilité économique, il restitua la technique du gros point, diminua la gamme des couleurs, adopta le procédé des tons comptés et du carton chiffré. Fournissant environ un millier de cartons, il travailla à de vastes cycles d'où progressivement tout sentiment d'angoisse tend à disparaître pour faire place à une vision optimiste du monde, à un lyrisme allègre où s'exprime un idéal de fraternité humaine (*Illusions d'Icare*, 1936 ; *Les Quatre Saisons*, 1939 ; *La Liberté*, 1943 ; *L'Apocalypse* pour l'église d'Assy, 1948 ; *Le Chant du monde*, 1957-1963). Il développa un langage plastique personnel à partir de motifs inspirés en partie des bestiaires fantastiques du Moyen Âge et recourut à un répertoire d'éléments tirés de la nature (soleil, poissons, insectes, papillons, oiseaux, plantes) qui, par leur traitement stylisé, fonctionnent comme des symboles exprimant une pensée cosmique. Prenant en considération la spécificité de l'art de la tapisserie et ses impératifs d'ordre monumental et décoratif, il déploya une grande fantaisie dans le traitement des formes d'aspect souvent hérissé, ondoyant et rayonnant, et sut créer d'éclatantes harmonies de couleurs. [Acad. des bx-arts 1964]

**LURÇAT (André)** ♦ Architecte français (Bruyères, Vosges 1894 - Sceaux 1970). Frère de Jean Lurçat. Partisan d'une architecture à la fois moderniste et démocratique, en prise avec le contexte sociopolitique de son temps, il travailla en URSS (1934 - 1937) mais fut déçu par l'aspect archaïque de l'architecture stalinienne. De retour en France, il fonda pendant la guerre le Front national des architectes résistants. Outre la reconstruction de Maubeuge, détruite pendant la guerre, on lui doit plusieurs projets d'urbanisme dans la région parisienne (groupes scolaires et immeubles au Blanc-Mesnil, à Villejuif, à Saint-Denis).

**LURE** [70200] → ÉTYM. rac. hydronym. (vx haut all.) *hlūttar* « limpide » ♦ Ch.-l. d'arr. de la Haute-Saône, sur l'Ognon. 8 727 hab. (aggl. 10 877) *(Lurons)*. Marché. Indus. mécaniques. Indus. du bois.

**LURE** (montagne de) → ÉTYM. oronyme prélatin apparenté à *Lubéron** ♦ Chaîne calcaire des Préalpes de Provence. 1 826 m.

**LURIA (Salvador)** ♦ Médecin américain d'origine italienne (Turin 1912 - Lexington 1991). Un des fondateurs du « groupe du phage », avec M. Delbrück*. Ses découvertes, qui concernent les mutations, la génétique des virus et leur réplication, sont à la base de la biologie moléculaire. [Prix Nobel de physiol. ou méd. 1969, avec M. Delbrück et A. Hershey]

**LUSACE** n. f. → ÉTYM. en all. ***Lausitz*** « le pays marécageux », du slave *luza* « marais » ♦ Région d'Allemagne orientale, située au S. du Brandebourg et comprise entre l'Elster et l'Elbe à l'O., et la Neisse à l'E. On oppose la *Haute-Lusace*, ensemble de collines morainiques au S., à la plaine sableuse de *Basse-Lusace*. La région est grande productrice de lignite (Görlitz) et assez fortement industrialisée (→ **Cottbus, Görlitz, Zittau**). ▮ **Histoire** Occupée par des Slaves sorabes, cette région fut soumise en 929 par le roi de Germanie, Henri* Ier l'Oiseleur. Le margrave Géron* paracheva sa conquête et la fit entrer dans le Saint Empire. Sa possession fut disputée par les rois de Bohême et les margraves de Misnie* du XIe au XIIIe s., époque à laquelle elle se trouva divisée en Haute-Lusace et Basse-Lusace, qui revinrent toutes deux à la maison de Brandebourg*. Les Sorabes, pourtant convertis au christianisme, furent alors opprimés et asservis, et leur sort ne s'adoucit que lorsque la région fut rattachée à la Bohême par la maison de Luxembourg (1373). La Haute-Lusace fut conquise par la Hongrie sous Mathias* Corvin (1467 - 1490), et la ligue des Six Villes (Bautzen, Görlitz, Zittau, Lauban, Löbau, Kamenz) conserva une certaine indépendance. Donnée à la Saxe électorale au XVIIe s. (1635), la Lusace fut partagée en 1815 entre la Saxe et la Prusse et soumise à une germanisation intense. La minorité sorabe a bénéficié, du temps de la RDA, d'une attention particulière sous l'influence de Moscou.

**LUSACE** (monts de) – en tchèque ***Lužické Hory*** ♦ Partie la plus élevée de la Haute-Lusace, formant la frontière entre l'Allemagne et la République tchèque à l'E. de la trouée de l'Elbe. Point culminant 1 012 m.

**LUSAKA** ♦ Cap. de la Zambie au S. du pays. 1 795 000 hab. *(Lusakois)*. Centre admin. et commercial. Indus. textiles et alimentaires. Cimenterie. Imprimeries.

**LÜSHUN** ou **LIUCHOUEN** – en jap. ***Ryojun***, également connue sous le nom de ***Port-Arthur*** ♦ Anc. ville de Chine (Liaoning), formant auj. avec Dalian* (Dairen) la conurbation indus. de Lüda*, à la pointe S. de la presqu'île de Liaodong. Port occupant une position stratégique majeure. ▮ **Histoire** Placés sous contrôle russe à la fin du XIXe s., les ports de Lüshun et de Dalian* furent pris par les Japonais en 1894, rétrocédés à la Chine en 1895 et concédés aux Russes par le traité du 27 mars 1898 à titre de « territoires à bail ». Cédés au Japon, à la suite de la guerre russo*-japonaise (1905), ils furent placés sous administration mixte sino-soviétique en 1945. La Chine ne récupéra l'ensemble qu'en 1954.

Les **Lusiades** ♦ Épopée en 10 chants (1572) de Luis de Camoens*. Cette épopée nationale, écrite à la gloire de l'histoire portugaise, s'articule autour du voyage de Vasco de Gama.

**LUSIGNAN** → ÉTYM. du n. de la v. ♦ Famille française originaire du Poitou qui régna sur Chypre (1192 - 1489). ♦ **Hugues IX de Lusignan,** dit **le Vieux** (mort en 1219). Sa fiancée Isabelle* d'Angoulême fut enlevée par Jean* sans Terre. Il s'en plaignit au roi de France Philippe Auguste qui châtia son vassal, et son fils, Hugues X, épousa Isabelle (1220). ♦ **Gui de Lusignan** (1129 - Chypre 1194). Il épousa Sibylle* (1180) et devint ainsi roi de Jérusalem à la mort de Baudouin V (1186 - 1192). Son incapacité politique provoqua le désastre de Tibériade* (1187) devant Saladin* et la prise de Jérusalem par ce dernier. Il devint roi de Chypre. ♦ **Amaury II de Lusignan** → **Amaury II.** ♦ **Catherine Cornaro.** Dernière des Lusignan. Elle vendit Chypre aux Vénitiens en 1489.

**LUSIGNAN** [86600] → ÉTYM. anc. *Liciniacum* (ou *Liziniacum*), du lat. *Licinius*, n. de pers., et suff. *-acum* ♦ Ch.-l. de cant. de la Vienne, arr. de Poitiers. 2 677 hab. *(Mélusins)*. Église Notre-Dame (XIe, XIIe, XVe s.). Vestiges du château des Lusignan* dont la légende attribue la fondation à la fée Mélusine*, épouse de Raimondin, comte de Poitou. Maisons anc.

**Lusitania** ♦ Paquebot britannique torpillé le 7 mai 1915 par un sous-marin allemand, au large de l'Irlande. Sur 1 200 victimes, près de 120 étaient des Américains. Malgré l'émotion provoquée dans l'opinion publique, le président Wilson n'adressa à l'Allemagne que des protestations. Il fallut d'autres incidents semblables (torpillages du *Sussex* le 24 mars 1916, du *Vigilentia* le 19 mars 1917) et surtout la reprise de la guerre sous-marine à outrance, avec ses répercussions économiques, pour amener l'entrée en guerre des États-Unis. → **Guerre mondiale (Première).**

**LUSITANIE** n. f. – en lat. ***Lusitania*** ♦ Prov. romaine d'Espagne correspondant à l'actuel Portugal*. CAP. : Augusta Emerita (Mérida*). D'abord pays des Lusitaniens*, elle faisait partie de l'Espagne Ultérieure *(Hispania Ulterior)* avant d'être organisée en province impériale par Auguste* (–27).

**LUSITANIENS** ou **LUSITAINS** n. m. pl. – en lat. ***Lusitani*** ♦ Ancien peuple établi sur la côte occidentale de l'Espagne et dont la capitale était *Olisipo* (Lisbonne*). Ils résistèrent longtemps aux Romains, se soulevèrent sous la conduite de Viriathe* (–153) et furent définitivement soumis en –137. Dirigés par Sertorius* qui s'était réfugié chez eux (–80), ils se révoltèrent à nouveau jusqu'en –72. Auguste* créa la province impériale de Lusitanie*.

**LUSSAC** [33570] ◆ ÉTYM. du lat. *Lucius,* n. de pers., et suff. *-acum* ♦ Ch.-l. de cant. de la Gironde, arr. de Libourne. 1 333 hab. *(Lussacais).* Viticulture (lussac-saint-émilion).

**LUSTIGER (Jean-Marie)** ♦ Prélat français (Paris 1926 - *id.* 2007). Issu d'une famille juive, il se convertit au catholicisme en 1940. Archevêque de Paris (1981 - 2005), cardinal (1983), il s'est voulu le représentant d'une Église ouverte sur les débats intellectuels de son temps, tout en se montrant exigeant sur les questions d'éthique. *Le Choix de Dieu* (1987). [Acad. fr. 1995] ◆ ÉTYM. Ce nom vient de l'allemand *lustig* «joyeux».

**LUTATIUS** – en lat. ***Caius Catulus Lutatius*** ♦ Homme politique romain. Consul en –241 lors de la première guerre punique, il remporta la victoire des îles Égates*.

**LUTÈCE** ◆ ÉTYM. en lat. ***Lutetia Parisiorum*** ; contraction de *Lucotecia,* du celt. *°luco* «marais» → **Paris**

**LU THAÏ** ♦ Roi thaï (de 1347 env. à 1361) de Sukhothaï* (N. de l'actuelle Thaïlande). Fervent bouddhiste, il abandonna le trône pour se faire moine, après avoir été obligé de reconnaître la suzeraineté du roi d'Ayuthyā*. Il réforma le calendrier et écrivit des textes bouddhiques.

**LUTHER (Martin)** ♦ Réformateur religieux allemand (Eisleben, Thuringe 1483 - *id.* 1546). Reçu maître en philosophie de l'université d'Erfurt, il entra chez les augustins (1505). Après son voyage à Rome (1510), il quitta le couvent d'Erfurt pour celui de Wittenberg où il fut aussi professeur à l'université. À partir de 1515, il commença ses commentaires des Épîtres de saint Paul*, qui devaient l'amener à sa doctrine du salut par la foi seule. En 1517, il afficha sur les portes du château de Wittenberg ses «95 thèses» où il dénonçait la vente des indulgences (→ **Tetzel**), et qui marquèrent le début de la Réforme*. Ni les attaques de J. Eck* à Leipzig ni l'intervention de Cajetan* ne le firent se rétracter. Bien au contraire, en 1520, il publia son manifeste *À la noblesse chrétienne de la nation allemande* puis *Prélude sur la captivité babylonienne* et *De la liberté du chrétien* (dans lequel il affirme l'autorité de la seule Écriture sainte et précise la doctrine de la justification par la foi). Il brûla publiquement la bulle *Exsurge Domine,* fut excommunié et mis au ban de l'empire par la diète de Worms (1521). Au château de la Wartburg, où l'avait emmené son protecteur Frédéric de Saxe, il entreprit la traduction en allemand de la Bible. De retour à Wittenberg, il se sépara de T. Münzer* *(Contre les prophètes célestes)* ; et, lorsque éclata la révolte des paysans (1524 - 1525), il prit le parti des princes, non sans dénoncer leurs atrocités. 1525 fut également l'année de son mariage avec Katharina von Bora (qui avait été nonne) et celle de son opposition aux thèses d'Érasme*, dans son *De servo arbitrio.* L'Église luthérienne commençait à s'organiser, et Luther s'occupa de régler le culte, la liturgie (introduction des cantiques), et rédigea le *Grand Catéchisme* et le *Petit Catéchisme.* Avec le développement de la Réforme apparurent des dissensions entre Luther, Zwingli* et Œcolampade* (entre autres sur la communion). C'est en 1530 que parut le texte de la *Confession d'Augsbourg*,* l'*Apologie* de celle-ci, puis les *Articles de la ligue Schmalkalden* (1531). Grand réformateur, Luther fut également l'un des premiers grands écrivains de langue allemande (en particulier par sa traduction de la Bible). → **luthéranisme, Melanchthon, Zwingli, Œcolampade.** ◆ ÉTYM. Ce nom de famille vient du nom de personne germanique *Liuthari, Lüthari,* de *liut* «peuple» et *hari* «armée».

**LUTHULI** ou **LUTULI (Albert John)** ♦ Homme politique sud-africain (en Rhodésie 1898 - Stranger, Natal 1967). Chef d'une tribu zoulou, dirigeant du Congrès national africain (1952 - 1960), il adopta dans la lutte contre l'apartheid une attitude inflexible, mais toujours non violente. Il fut plusieurs fois arrêté par le gouvernement de l'Afrique du Sud. Il fut le premier Africain noir à recevoir le prix Nobel de la paix (1960), mais ne put se rendre à Stockholm qu'en 1961. Il mourut, peut-être accidentellement, écrasé par un train.

**LÜTKE** ou **LITKE (Fedor Petrovitch)** ♦ Amiral et explorateur russe (Saint-Pétersbourg 1795 - *id.* 1882). Après un voyage de circumnavigation (1817 - 1819), il explora la région entre les Aléoutiennes et le Japon et les mers arctiques (presqu'île de Tchoukotka*, 1826).

**LUTON** ♦ V. d'Angleterre (Bedfordshire), formant un district, sur la Lea, au N. de Londres. 184 390 hab. Construc. automobile (Vauxhall).

**LUTOSŁAWSKI (Witold)** ♦ Compositeur polonais (Varsovie 1913 - *id.* 1994). Il étudia le piano et la composition avant de faire des débuts assez académiques *(Symphonie n° 1),* refusant néanmoins d'adhérer au néoclassicisme ambiant. Sa période suivante est marquée par le folklore, qu'il utilise d'une façon proche de celle de Bartók (*Triptyque silésien,* pour soprano et orchestre, 1951 ; *Concerto pour orchestre,* 1954). En 1958, il aborda le dodécaphonisme *(Musique funèbre à la mémoire de Bartók)* et, en 1961, les procédés aléatoires (*Jeux vénitiens,* 1961 ; *Trois poèmes d'Henri Michaux,* 1963). Il a aussi écrit trois autres symphonies (1967, 1983, 1992), un quatuor à cordes (1964), un *Livre pour orchestre* (1968), un concerto pour violoncelle (1970), *Les Espaces du sommeil* pour baryton et orchestre (1975), un double concerto pour hautbois, harpe et orchestre de chambre (1980), un concerto pour piano (1988).

Martin **Luther.** Portrait par Cranach l'Ancien. Galerie des Offices, Florence. *BIS/Phot. Scala © Archives Larbor*

## luthéranisme

n. m. ♦ Doctrine religieuse fondée par Luther* dont les principes théologiques furent formulés dans le *Livre de Concorde* (1577). Elle se caractérise par : la reconnaissance de la Bible comme seule autorité en matière de foi ; la doctrine sur le péché originel et le «serf arbitre» dont l'homme ne peut être libéré que par la foi et la grâce ; l'acceptation de deux sacrements : baptême et eucharistie (doctrine de la consubstantiation qui diffère de celle de Zwingli et de celle de Calvin) ; le retour à l'Église primitive (critique de la hiérarchie ecclésiastique et des vœux monastiques). → **Melanchthon.** Le luthéranisme s'est implanté en Allemagne du Nord et du Centre où il eut l'appui des princes, dans le N. de l'Alsace et les pays scandinaves. Au XVII$^e$ s. se développa, sous l'impulsion de l'Alsacien Jakob Spener, le piétisme*, doctrine qui appelle à la transformation des mœurs, prêche une morale austère (Allemagne centrale et Alsace). On compte aujourd'hui 60 millions de luthériens, dont 260 000 en France (Église de la Confession d'Augsbourg d'Alsace et de Lorraine et Église évangélique luthérienne de France). Les différentes Églises luthériennes se sont réunies au sein de la Fédération luthérienne mondiale à Lund en 1947.

Le **Lutrin** ♦ Poème héroïcomique, en six chants, de Boileau* (1672 - 1674 ; 1683). Un événement vulgaire mettant en scène des personnages ridicules (rivalités entre deux chanoines de la Sainte-Chapelle) est traité en un style épique grandiloquent (allégories ; comparaisons homériques ; combats et songes), «burlesque nouveau» d'où naît le comique. Alors même que Boileau, en une versification habile, veut prouver qu'«un poème héroïque, pour être excellent, [doit] être chargé de peu de matière», il fait œuvre de critique littéraire et condamne nettement l'abus des procédés traditionnels de l'épopée tels que l'allégorie et l'emphase.

**Lutte ouvrière** [LO] ♦ Groupe politique trotskiste, issu de l'Union communiste internationaliste (UCI) et de Voix ouvrière (mouvements dissous après les événements de mai 1968) et publiant *Lutte ouvrière.* Arlette Laguiller* en a été la principale représentante de 1973 à 2008.

**LUTTERBACH** [68460] ◆ ÉTYM. de *Lutter,* n. de riv. (du germ. *lutter, lauter* «clair, propre») et germ. *bach* «ruisseau» ♦ Comm. du Haut-Rhin, banl. O. de Mulhouse. 5 581 hab. *(Lutterbachois).*

Les **Luttes de classes en France (1848 - 1850)** – en all. ***Die Klassenkämpfe in Frankreich, 1848 bis 1850*** ♦ Œuvre de Karl Marx* publiée en 1850 sous forme d'articles dans la *Neue Rheinische Zeitung* («Nouvelle Gazette rhénane») et traitant de la révolution de 1848 en France. Peu après la parution du *Manifeste* du parti communiste* (1848), qui affirmait la tendance de la société capitaliste à se diviser en deux camps (bourgeoisie et prolétariat), Marx analyse une situation complexe en France : l'aristocratie financière s'opposant à la bourgeoisie industrielle, la petite bourgeoisie, la classe paysanne, le prolétariat. Celui-ci est d'abord l'allié et le soutien de la bourgeoisie. Mais, en juin 1848, la bourgeoisie se retourne contre les ouvriers et instaure la dictature militaire du général Cavaignac*. Marx lui oppose le mot d'ordre de «dictature de la classe ouvrière». Il estime que le cours global de la révolution dépend de celui de l'économie : Engels*, en 1895, lors de la publication des articles en un ouvrage, dira que Marx a tenté de réduire les événements politiques à des causes «en dernière instance» économiques.

**LÜTZEN** ♦ V. d'Allemagne (Saxe), située au S.-O. de Leipzig. 3 700 hab. ▮ **Histoire** Gustave* II Adolphe y remporta une victoire sur Wallenstein* (1632) mais mourut au combat. Victoire de Napoléon Ier sur les Russes et les Prussiens (2 mai 1813).

**LUXEMBOURG** (maisons de) ♦ Familles qui régnèrent sur le comté, puis sur le duché de Luxembourg. La *première maison de Luxembourg* eut pour fondateur Sigefroi Ier, qui acquit le château de Luxembourg *(Lützelburg)* au Xe s. Elle s'éteignit en 1136 à la mort de Conrad II. Par Ermesinde Ire, tante de ce dernier, le duché passa alors à Henri Ier de Namur. Cette *deuxième maison* s'éteignit en 1196. La *troisième maison,* fondée par le mariage d'Ermesinde II, fille d'Henri de Namur, avec Valeran de Limbourg, devait accéder à l'empire (Henri* VII, Charles* IV, Wenceslas* IV, Sigismond*), au trône de Bohême (Jean* Ier l'Aveugle) et de Hongrie (1387 - 1437), et régner sur le Brandebourg (1373 - 1415). Au XVe s., la branche aînée s'éteignit à son tour, et les possessions des Luxembourg passèrent aux Habsbourg, avec le mariage d'Élisabeth et du futur empereur Albert* II. ▪ Parmi les nombreuses branches cadettes, on peut citer les *Luxembourg-Ligny, Luxembourg-Saint-Pol,* dont les possessions passèrent aux Bourbon*-Vendôme. *Luxembourg-Brienne,* et *Luxembourg-Piney,* dont les possessions allèrent aux Montmorency*.

**LUXEMBOURG (François Henri DE MONTMORENCY-BOUTEVILLE, duc DE)** ♦ Maréchal de France (Paris 1628 - Versailles 1695). Il fit ses premières armes sous les ordres de Condé*, qu'il suivit lors de la Fronde* et pendant la guerre de Dévolution*. Ses succès dans la guerre de Hollande furent arrêtés par l'inondation que Guillaume* d'Orange avait provoquée (1672). Il se distingua à Seneffe* (1674), Kassel* (1677) et près de Mons (1678) contre Guillaume d'Orange. Impliqué dans l'affaire des poisons*, il fut un moment embastillé. Il retrouva cependant son commandement, remporta les grandes victoires de Fleurus* (1690), Steinkerque* (1692), Neerwinden* (1693) et, ayant pris de nombreux drapeaux, fut surnommé «le tapissier de Notre-Dame».

**LUXEMBOURG** (province de) ♦ Prov. de Belgique (Région wallonne). → **Belgique** (carte). 4 439 km$^2$ (prov. la plus étendue de Belgique). 261 178 hab. *(Luxembourgeois).* LANGUES : français (dialectes wallon et lorrain en Gaume), luxembourgeois (pays d'Arlon). CH.-L. : Arlon. La prov. est divisée en 5 arr. : Arlon*, Bastogne*, Marche*-en-Famenne, Neufchâteau*, Virton*. ▮ **Géographie** Les trois quarts de la prov., situés en Ardenne (plateaux de Recogne, de Saint-Hubert et des Tailles), sont drainés par des cours d'eau qui ont ses hauts plateaux, qui creusent des vallées encaissées (les deux Ourthes, la Lesse et la Semois, affl. de la Meuse, la Sûre, affl. de la Moselle). Le point culminant de la prov. se trouve sur le plateau des Tailles (652 m à la Baraque Fraiture). Le quart restant se partage entre la Famenne et le Condroz au N., et surtout, au S., les trois cuestas de la Lorraine belge (point culminant, le Hirtzenberg 430 m). Près de la moitié de sa superficie est boisée : feuillus à la périphérie de l'Ardenne et sur les cuestas lorraines, épicéas plantés au XIXe s., souvent au détriment des hautes fagnes (il en reste sur le plateau des Tailles). ▮ **Économie** Les conditions climatiques ne sont pas favorables à l'agriculture. Celle des plateaux de Bastogne, de Neufchâteau et de Libramont associe herbages et fourrages avec l'élevage des bovins pour le lait, la viande et les veaux au pis. En Lorraine, ou Bon Pays, les herbages et l'élevage bovin sont devenus prédominants. On peut signaler deux originalités de la région jurassique : la culture du chou cabus à Mussy-la-Ville et celle de la vigne à Torgny. Libramont-Chevigny accueille une importante foire agricole. La province de Luxembourg est la moins industrialisée de Belgique, bien que, jusque dans les années 1970, elle ait possédé une industrie sidérurgique et des mines de fer dans la région d'Athus (qui faisait partie de la région métallurgique transfrontalière allant de Longwy à Esch-sur-Alzette). Quelques sites industriels isolés parsèment un espace rural peu densément peuplé : carrières, industrie alimentaire ou industrie du bois, constructions métalliques, chimie fine ; la papeterie d'Harnoncourt est en difficulté. La volonté d'un renouveau et d'une intégration européenne s'exprime par le Pôle européen de développement industriel (Athus en Belgique, Longwy en France, Rodange dans le grand-duché de Luxembourg). Le cœur vert de la Belgique connaît un développement touristique important.

**LUXEMBOURG**

▮ n. m. – off. ***grand-duché de Luxembourg*** → ÉTYM. en all. *Lützelburg* «petit château fort» ♦ Pays d'Europe. 2 586 km$^2$. 439 539 hab. *(Luxembourgeois).* LANGUES : français, allemand, luxembourgeois. MONNAIE : euro. CAPITALE : Luxembourg. RÉGIME : monarchie constitutionnelle. Le pays est divisé en 3 districts (Diekirch, Grevenmacher, Luxembourg), 12 cantons et 118 communes. ▪ Le grand-duché comprend une partie des plateaux ardennais (Oesling*) et lorrains (Gutland* «Bon Pays»), entaillés par les vallées de l'Alzette et de la Sûre (affl. de la Moselle, qui forme frontière avec l'Allemagne au S.-E.). Son climat est océanique mais avec des nuances semi-continentales.

▮ **ÉCONOMIE** L'agriculture n'occupe plus que 1,3 % de la population active sur 2 250 exploitations (2008) ; les céréales représentent 48,3 % des terres arables tandis que les plantes fourragères en occupent 38,1 %. Les activités traditionnelles, comme l'exploitation de la forêt (un tiers du territoire) et la viticulture, se maintiennent. L'industrie a connu des mutations importantes au cours des années 1970 - 1980. L'exploitation du minerai de fer a été abandonnée, tandis que la production d'acier diminuait sensiblement, mais le chômage a été contenu grâce à l'implantation de firmes étrangères (Goodyear dès 1951, DuPont de Nemours, Arcelor-Mittal). Le développement du secteur tertiaire a largement contribué à la bonne santé économique du Luxembourg : institutions européennes (secrétariat du Parlement européen, Cour de justice, Banque d'investissement), radio-télévision, activités financières (plus de 200 banques, en grande majorité étrangères), hôtellerie (voyages d'affaires et tourisme de passage). Plus de la moitié de la population active du pays est constituée d'étrangers, résidents (surtout originaires de l'Union européenne, Portugais notamment) ou frontaliers.

Luxembourg.

Luxembourg ▮ Productions en 2008

| Produits | Quantités |
|---|---|
| Avoine | 6 200 t |
| Blé | 97 000 t |
| Champignons | 16 000 t |
| Maïs | 2 000 t |
| Orge | 53 000 t |
| Pommes de terre (2009) | 22 000 t |
| Seigle | 9 000 t |
| Bovins (têtes) | 195 000 |
| Porcins (têtes) | 81 000 |
| Hydroélectricité | 120 GWh |

▮ **HISTOIRE** Pays des Trévires au –Ier s., le Luxembourg fit partie de la Belgique* romaine, du royaume franc de Clovis, de l'Austrasie mérovingienne, de l'empire de Charlemagne et de la Lotharingie. L'origine de l'État actuel remonte à la fondation d'un «petit château» (*Lützelburg* «Luxembourg») par Sigefroi sur le rocher du Bock (→ **Luxembourg**). Godefroi de Namur puis Henri l'Aveugle héritèrent du comté, qui devint duché en 1354. Par son mariage, en 1409, avec Antoine de Bourgogne, duc de Brabant, Élisabeth fit entrer le Luxembourg dans une branche cadette de la maison de Bourgogne. Acquis par Philippe le Bon, duc de Bourgogne, en 1443, il échut ensuite à Maximilien d'Autriche et aux Habsbourg, puis fut compris dans les dix-sept provinces de Charles Quint et annexé au gouvernement de Metz après le traité des Pyrénées (1659). Cédé à l'Autriche en 1714 (→ **Rastatt**), annexé par la République française en 1795 puis rendu à l'Allemagne par le congrès de Vienne (1815), le Luxembourg fut érigé en grand-duché et offert comme indemnité au roi de Hollande, Guillaume Ier. Il fut réclamé par la Belgique* en 1831, mais le traité des Vingt-Quatre Articles en attribua la partie orientale au roi de Hollande et le reste à la Belgique (province de Luxembourg). ▮ **L'indépendance** Il devint un État indépendant et neutre en 1867 par le traité de Londres. L'union personnelle avec les Pays-Bas cessa en 1890 (mort de Guillaume III). Le pays, envahi par l'Allemagne en 1914, fut occupé jusqu'en 1918. La grande-duchesse Marie-Adélaïde abdiqua en 1919 en faveur de sa sœur Charlotte* et, en 1922, une union douanière fut conclue avec la Belgique (UEBL). De nouveau occupé de 1940 à 1944, le Luxembourg, après la guerre, abandonna sa neutralité, entra dans l'OTAN et participa à la fondation du Benelux*, puis de la Communauté économique européenne. La grande-duchesse Charlotte abdiqua en 1964 en faveur de son fils Jean*. À Pierre Werner*, Premier ministre chrétien-social de 1959 à 1974, succéda Gaston Thorn*, à la tête d'un gouvernement de centre gauche. Revenu au pouvoir en 1979, P. Werner dut, en 1984, le quitter au profit de Jacques Santer* qui forma une coalition avec les socialistes. Lorsque celui-ci devint président de la Commission européenne (janvier 1995), il fut remplacé à la tête du gouvernement par le chrétien-social Jean-Claude Juncker qui est également le ministre des Finances. En 2000, Jean de Luxembourg abdiqua en faveur de son fils Henri*.

---

**LUXEMBOURG** ♦ Cap. du Luxembourg, sur l'Alzette. 76 688 hab. (aggl. 120 000) (*Luxembourgeois*). Évêché. Anc. ville fortifiée, Luxembourg a gardé des vestiges de son passé : remparts de la promenade de la Corniche ; palais grand-ducal (XVIe - XVIIIe s.) ; cathédrale Notre-Dame (XVIIe s.) ; casemates du Bock (XVIIIe s.). Musée d'Art moderne Grand-Duc Jean réalisé par Pei. ▪ Émetteur de radio-télévision. Les institutions européennes sont installées sur le plateau du Kirchberg, au N.-E. de la ville, où l'on accède par le pont Grande-Duchesse-Charlotte (1966) ; en acier peint en rouge, il franchit la profonde vallée de l'Alzette sur 300 m. Les organismes financiers ont pour la plupart choisi le boulevard Royal, en bordure O. de la vieille ville, mais l'implantation de bureaux s'étend rapidement sur le Kirchberg, proche de l'aéroport international de Findel. Importante infrastructure hôtelière. Principal foyer touristique du pays. Centre universitaire. Animation commerciale et culturelle. Les activités industrielles subsistent en banlieue : métallurgie, textile, agroalimentaire (brasseries) ; de nouvelles firmes, souvent étrangères, se sont installées depuis les années 1970. ▮ **Histoire** En 963, le comte Sigefroi, frère du comte d'Ardenne, fit construire un château sur le promontoire du Bock («bouc») qui domine les vallées de l'Alzette et de la Pétrusse. *Lucilinburhuc* («petit château fort») deviendra *Lützelburg* ; l'agglomération s'étendait sur le plateau (ville haute) et dans la vallée (ville basse), où s'installèrent des artisans ; l'enceinte s'élargit, englobant la ville basse à la fin du Moyen Âge. L'histoire de la ville se confond dès lors avec celle de la région : tous les épisodes militaires passent par le siège de la place forte, qui changea souvent de mains au cours des siècles ; en 1684, le roi de France s'en empara et fit renforcer les défenses par Vauban. En 1795, après six mois de siège, les troupes révolutionnaires françaises entrèrent à Luxembourg : la région devint le département français des Forêts et le resta jusqu'en 1815. Une garnison prussienne occupa alors la forteresse, qui ne fut déclassée qu'en 1867. Occupée pendant les deux guerres mondiales, la ville fut libérée en 1944 par le général Patton*, qui est enterré au cimetière militaire de Hamm dans la banlieue E. de Luxembourg.

**Luxembourg** n. m. ♦ Palais, musée et jardin situés à Paris, sur la rive g. de la Seine. Ayant donné à Richelieu le Petit-Luxembourg (acquis en 1612 ; auj. présidence du Sénat), Marie de Médicis, régente, confia à Clément Métezeau, dirigé par Salomon de Brosse (1615 à 1620), la construction d'un vaste quadrilatère avec pavillons centraux et pavillons d'angle, dont la porte principale est couronnée d'un dôme octogonal très représentatif de l'art Louis XIII. Le palais fut orné d'œuvres de Rubens (1622), de tableaux (conservés auj. au Louvre) de Poussin et de Philippe de Champaigne, puis de décorations monumentales de Delacroix (1847). Prison sous la Révolution, le palais abrita le Directoire (1795) et le Consulat, avant d'accueillir le Sénat, puis la Chambre des pairs ; depuis 1958, il est redevenu palais du Sénat. Transformé à l'intérieur par Chalgrin, au XIXe s., il a été considérablement agrandi (1836 à 1841) par A. de Gisors qui aménagea également la fontaine de Médicis, déplacée en 1861. Le bâtiment qui abrite l'actuel musée fut terminé en 1886. Beau parc à la française et composition harmonieuse, autour de son bassin, de parterres et de quinconces, le jardin du Luxembourg offre une vaste perspective vers l'Observatoire, au-delà des pelouses de l'avenue de l'Observatoire (parfois dites Petit-Luxembourg), dessinées par Chalgrin. Cours d'apiculture et d'arboriculture. Théâtre de marionnettes.

**LUXEMBOURG-LIGNY** (comtes de **SAINT-POL**) → **Saint-Pol**

**LUXEMBURG (Rosa)** ♦ Socialiste révolutionnaire allemande d'origine polonaise (Zamość, Pologne russe 1870 - Berlin 1919). Ayant dû quitter la Pologne en raison de son activité au sein du parti révolutionnaire socialiste Prolétariat (1889), elle fit en Suisse ses études d'économie politique. Installée en Allemagne, elle collabora au journal social-démocrate *Leipziger Volkszeitung*, où parurent ses critiques des thèses révisionnistes de Bernstein (*Réforme sociale ou Révolution ?*, 1898). Lors de la révolution russe de 1905, elle gagna clandestinement la Pologne où elle organisa la propagande révolutionnaire. Arrêtée, puis libérée, elle revint en Allemagne. Elle rédigea alors *Grève de masse, parti et syndicats* (1906) ; elle y insiste sur la spontanéité et l'initiative révolutionnaires des masses prolétariennes, refusant au parti un rôle de direction. Professeur d'économie politique à l'École de la social-démocratie, elle publia *L'Accumulation du capital* (1913) ; analysant certains problèmes posés par le livre II du *Capital* de Marx, elle montre l'impossibilité d'une accumulation indéfinie du capital dans le système capitaliste dont elle étudie les contradictions à la phase impérialiste. La faillite de la IIe Internationale et la politique de la social-démocratie allemande, qui contribua à faire voter les crédits de guerre, l'amenèrent à fonder avec K. Liebknecht*, F. Mehring et C. Zetkin la ligue Spartakus* qui adopta des positions révolutionnaires et antimilitaristes. C'est en prison (1915 - 1916, 1916 - 1918) que Rosa Luxemburg continua son *Introduction à l'économie politique* (inachevée), tout en suivant les événements, particulièrement la révolution russe (1917). Libérée lors de la révolution de nov. 1918, elle reprit son activité révolutionnaire, fondant et dirigeant le journal *Die rote Fahne*, où elle publia le programme de la révolution, et contribuant à la formation du Parti communiste allemand (déc. 1918). Elle participa à l'insurrection spartakiste (janv. 1919), à laquelle elle avait d'abord été opposée ; elle fut arrêtée et assassinée lors de sa répression (15 janv. 1919).

**LUXEUIL-LES-BAINS** [70300] ➝ ÉTYM. anc. *Luxovium*, n. d'une divinité gauloise ou du gaul. *Luxsa*, n. de pers., et suff. *-ovius* ♦ Ch.-l. de cant. de la Haute-Saône, arr. de Lure. 8 414 hab. (aggl. 12 424) (*Luxoviens*). Basilique Saint-Pierre des XIIIe - XIVe s. (stalles du XVIe s.). Maison du cardinal Jouffroy (XVe s.), abritant un musée : stèles gallo-romaines ; peintures de Jules Adler (1865-1952), E. J. Vuillard, C. Corot. ▪ Station thermale. Base aérienne.

**LU XUN** ou **LOU SIUN** (**ZHOU SHUREN**, dit) ♦ Écrivain chinois (Shaoxing, Zhejiang 1881 - Shanghai 1936). Après des études de médecine au Japon, il se consacra à une œuvre multiforme : nouvelles (*Le Journal d'un vieux fou*, 1918 ; *La Véridique* Histoire d'Ah Q*, 1921), poésie en prose (*Herbes sauvages*), nombreux essais polémiques, traductions (Gorki, Jules Verne, Cocteau). Son engagement contre le Guomindang, pour une littérature de gauche, et son prestige, conduisirent les communistes à le revendiquer alors même qu'il n'appartint jamais au parti et tint à rester indépendant. ➝ ÉTYM. Ce nom de famille vient du chinois *lǔ* «abrupt» et *xùn* «rapide».

**LUYNES** (maison **D'ALBERT DE**) ♦ Famille d'origine toscane, dont le membre le plus célèbre fut CHARLES D' ALBERT DE LUYNES, connétable de France (Pont-Saint-Esprit 1578 - Longueville 1621). Favori de Louis XIII, qu'il avait poussé au meurtre de Concini* (1617), il joua un rôle important : il traita avec les grands révoltés (traités d'Angoulême, 1619 ; d'Angers, 1620), lutta contre les protestants (dans le Béarn, 1620), mais son échec devant Montauban* (1621) allait le faire disgracier quand il mourut.

**LUYNES** [37230] ➝ ÉTYM. du n. de Charles d'Albert de *Luynes** ♦ Ch.-l. de cant. de l'Indre-et-Loire, arr. de Tours. 4 501 hab. (*Luynois*). Château (XIIIe - XVe s.). Halles en bois. Maisons anc.

**LUZARCHES (ROBERT DE)** → **Robert de Luzarches**

**LUZARCHES** [95270] – anc. *Lusareca* ♦ Ch.-l. de cant. du Val-d'Oise (arr. de Sarcelles). 3 899 hab. (aggl. 7 149) *(Luzarchois)*. Église Saint-Côme et Saint-Damien (XIIe - XVIe s.).

**LUZECH** [lyzɛʃ] [46140] ➝ ÉTYM. anc. *Luzechium*, du gaul. *leucos* «clair, brillant» ♦ Ch.-l. de cant. du Lot, arr. de Cahors, dans un méandre du Lot. 1 647 hab. *(Luzechois)*. Oppidum gallo-romain (Pech de l'Impernal). Donjon (XIIIe s.). Chapelle des Pénitents (XIIe s.). Église Notre-Dame-de-l'Île du XIVe s. (pèlerinage). Musée archéologique. ▪ Centrale hydroélectrique sur le Lot. Base nautique.

**LUZENAC** [09250] ➝ ÉTYM. du lat. *Lucenus*, n. de pers., et suff. *-acum* ♦ Comm. de l'Ariège, arr. de Foix. 632 hab. *(Luzenaciens)*. Carrières de talc de Trimouns (alt. 1 800 m). Fabriques de poudre de talc.

**LUZHOU** ou **LOU-TCHEOU** ♦ V. de Chine (Sichuan), sur le Chang jiang. 668 335 hab. Importantes réserves énergétiques : 61,5 milliards de m$^3$ de gaz naturel, 5,2 milliards de t de houille et 3,2 milliards de t de sulfure de fer. Calcaire et marbre. Port.

**LUZI (Mario)** ♦ Poète italien (Florence 1914 - *id.* 2005). Après *La Barca*, il a donné en 1940 un recueil éminemment représentatif de l'hermétisme* florentin, *Avvento notturno* (1940). Dès lors, sa poésie, hantée par un souci spirituel et moral de réconciliation intérieure (*Un Brindisi*, 1946 ; *Cahier gothique*, 1947 ; *Onore del vero* [«La nuit lave l'esprit»], 1957), s'est amplifiée en un lyrisme qui, sans perdre son centre de gravité musical, cherche douloureusement à inclure la fragmentation du moderne (*Dans le magma*, 1963 ; *Sur d'indivisibles fondements*, 1971 ; *Au feu de la controverse*, 1978 ; *Pour le baptême de nos fragments*, 1985 ; *Frasi e incisioni di un canto salutare*, 1990). M. Luzi est également l'auteur de textes dramatiques (*Ipazia*, 1972) et d'essais (*Discorso naturale*, 1984). Entré en politique dès les années 1960, il entra, avec d'autres intellectuels italiens, en résistance contre Berlusconi et fut nommé sénateur à vie en 2004.

**LUZ-SAINT-SAUVEUR** [65120] ➝ ÉTYM. du gasc. *luc* «bois, clairière» ♦ Ch.-l. de cant. des Hautes-Pyrénées, arr. d'Argelès-Gazost, sur le gave de Pau. 1 098 hab. *(Luzéens)*. Église fortifiée des XIIe et XIVe s. (musée d'art religieux dans la chapelle). ▪ Centrales hydroélectriques. ▪ Aux environs, station thermale.

**LVOV** – en ukr. *Lviv*, en all. *Lemberg*, en polon. *Lwów* ➝ ÉTYM. du n. de *Lev* «Léon», fils du roi Daniel Romanovitch de Galitch, fondateur de la v. ♦ V. d'Ukraine, ch.-l. de région, situé entre les bassins du Dniestr et du Boug Occidental, au N. des Carpates. 733 728 hab. Nombreux monuments religieux. Église de la Dormition (fin du XIVe s.). Cathédrale gothique (1370 - 1404) et chapelle Boïmov (début du XVIIe s. ; coupole richement sculptée). Collégiale Saint-Georges (XVIIIe s.) de style baroque. Église Saint-Nicolas-de-Krivka (1767), spécimen de l'architecture populaire en bois. Cathédrale arménienne (XIVe s.). Musée de l'Architecture populaire et musée d'Art ukrainien. ▪ Centre culturel (univ.), commercial et indus. Important carrefour ferroviaire. Indus. alimentaire, textile, chimique et métallurgique. Équipement des indus. alimentaires. Indus. de précision. Constructions d'autocars. Raffinerie de pétrole. Gazoduc relié à Dachava. ▮ **Histoire** Fondée en 1256 par les princes de Galitch, la ville devint le principal centre commercial de la Galicie orientale et fut annexée avec elle à la Pologne par Casimir III le Grand en 1340. Capitale de la Ruthénie rouge polonaise, siège d'un archevêché catholique (1412), elle fut assiégée à maintes reprises par les Tatars, les Cosaques zaporogues, les Turcs (XVIe - XVIIe s.) et prise par le roi de Suède Charles XII en 1704. Le premier partage de la Pologne l'attribua à l'Autriche (1772 - 1918). Disputée entre Russes et Autrichiens durant la Première Guerre mondiale, Lvov fut conquise par les Russes (1914), reprise par les Austro-Allemands (1915), puis par les Polonais (1918) après de violents combats contre les Ukrainiens, et redevint polonaise jusqu'en 1939. Occupée par l'armée soviétique dès sept. 1939, reconquise par les Allemands en 1941, Lvov fut reprise par l'armée de Koniev (1944) et annexée par l'URSS, avec la Galicie orientale, à la république d'Ukraine (1945). C'est auj. le centre des mouvements nationalistes ukrainiens.

**LWOFF (André)** ♦ Biologiste et médecin français (Ainay-le-Château, Allier 1902 - Paris 1994). Ses travaux ont porté essentiellement sur la génétique microbienne et en particulier sur les bactéries lysogènes, qui, sans infection directe, possèdent et peuvent transmettre le pouvoir de produire et de libérer un virus. Ses découvertes sont à la base des connaissances actuelles en génétique moléculaire. [Prix Nobel de physiol. ou méd. 1965, avec F. Jacob* et J. Monod* ; Acad. sc. 1976]

**LÝ** ➝ ÉTYM. vietnamien «prunier» ♦ Nom de deux dynasties viêtnamiennes. ♦ ***Lý antérieurs*** Ils reconquirent l'indépendance du pays (appelé *Vạn Xuân*), en 544, mais furent obligés, en 602, de se soumettre de nouveau à la Chine. ♦ ***Lý postérieurs*** Ils établirent leur dynastie en 1009, transférèrent la capitale de Hoa Lư (Ninh Bình, au S. du delta du fleuve Rouge) à l'emplacement actuel de Hanoi, qu'ils baptisèrent *Thăng Long*, et nommèrent le pays *Đại Việt*. C'est sous leur règne que fut repoussée une tentative d'invasion des Song*, lors de la bataille de Như Nguyêt (1076). Ils se maintinrent sur le trône jusqu'en 1225, comptant neuf souverains dont Lý* Nhân Tông. Les Trần* leur succédèrent. ➙ **Viêtnam.** Le bouddhisme mahayaniste de tendance dhyaniste *(thiền)* connut un grand essor sous leur règne.

**LYALLPUR** ➙ **Faisalabad**

**LYAUTEY (Louis Hubert Gonzalve)** ♦ Maréchal de France (Nancy 1854 - Thorey, Meurthe-et-Moselle 1934). Élève à Saint-Cyr (1873), puis à l'École d'application d'état-major, il entra dans la cavalerie. Croyant, attiré par le catholicisme social de A. de Mun*, il fit la plus grande partie de sa carrière dans les colonies. Après avoir servi dans le Sud algérien (1879 - 1882), il fut envoyé en Indochine (1894) comme chef d'état-major de Gallieni qu'il devait ensuite accompagner à Madagascar. Appelé par Jonnart (alors gouverneur de l'Algérie), il commanda la région d'Aïn Sefra (1903) ; promu général, placé à la tête de la division d'Oran (1906), il occupa Oujda (1907). Nommé résident général de la République française au Maroc, après les événements de Fès (1912), il chercha à pacifier la région (avec l'aide de Brulard, Gouraud, Mangin) malgré les difficultés techniques posées par le début de la Première Guerre mondiale. Ministre de la Guerre (cabinet Briand, déc. 1916-avr. 1917), il repartit peu après au Maroc, dont il fut écarté à l'époque de la guerre du Rif (1925). Sa politique coloniale évitait l'assimilation et tentait de promouvoir un développement culturel proprement marocain. Il est l'auteur de nombreuses études dont *Du rôle social de l'officier dans le service militaire universel*, 1891 ; *Du rôle colonial de l'armée*, 1900 ; *Dans le sud de Madagascar, pénétration militaire, situation politique et économique*, 1903. [Acad. fr. 1912] ➝ ÉTYM. *Lyautey* est la forme franc-comtoise du nom germanique *Leothari* (de *°leud* «peuple» et *hari* «armée»).

**LYCABETTE** n. m. ➝ ÉTYM. en gr. ***Lukabêttos*** (V. ci-dessous) ♦ Colline de Grèce (Attique), dominant le centre d'Athènes* (277 m). Elle doit probablement son nom aux loups (en gr. *lukoi*) qui s'y réfugiaient et à l'existence, à son sommet, d'un autel d'Apollon lycien *(lukios)*. L'ancien quartier du Lycée*, avec la fameuse école d'Aristote, s'étendait à ses pieds.

**LYCAON** – en gr. ***Lukaôn*** ♦ Roi légendaire d'Arcadie*, fils de Pelasgos, réputé pour son impiété. Il avait cinquante fils, aussi impies que lui, et une fille, Callisto*. Zeus*, métamorphosé en paysan, frappe un jour à sa porte. Le roi l'accueille, mais, doutant de la nature divine du visiteur, veut en avoir la preuve ; il lui sert donc la chair d'un enfant. Le dieu, indigné, foudroie Lycaon et ses fils, à l'exception du plus jeune. ▪ Le culte de *Zeus Lukios* («à la forme de loup») pratiqué en Arcadie était accompagné de sacrifices humains.

**LYCAONIE** n. f. – en gr. ***Lukaonia*** ♦ Ancienne région de l'Asie Mineure centrale limitée par la Cappadoce* à l'E., la Pisidie* et l'Isaurie* au S. et correspondant au centre de l'Anatolie. Soumise aux Perses, puis aux Séleucides*, elle fut conquise par Rome en -25 et fit partie de la province de Galatie*. V. PRINC. : Iconion, Laodicée.

**LYCÉE (LE)** – en gr. ***Lukeion*** ♦ Quartier d'Athènes* qui donna son nom à l'école qu'y fonda Aristote* en -335. Elle prit aussi le nom d'«école péripatéticienne». En effet, c'est en se promenant (gr. *peripatein* «se promener») qu'Aristote y donnait ses cours, ceux du soir, dits exotériques, pour le grand public, ceux du matin pour les élèves avancés (dont Aristoxène*, Théophraste*, Straton*, Critolaos, Diodore* de Tyr, Héraclide [Lembos], Aristion*, Cratippe, Aristoclès, Alexandre d'Aphrodisias).

**LYCIE** n. f. ➝ ÉTYM. en gr. ***Lukia***, en lat. ***Lycia*** ♦ Anc. région côtière du S. de l'Asie Mineure limitée par la Carie* au N., la Pamphylie* à l'E. et dont les villes principales étaient Xanthos, Telmissos, Myra et Patara. Habité primitivement par les Solymes, le pays aurait été conquis à une époque indéterminée par les Lyciens venus de la mer ; ces derniers auraient participé à la guerre de Troie. Après avoir été soumise aux Séleucides* et aux Rhodiens (-190 - -168), elle entra dans l'Empire romain en 43 et fut réunie à la province de Pamphylie.

**LYCOMÈDE** – en gr. ***Lukomêdês*** ♦ Roi fabuleux de Skyros. Il reçoit à sa cour Achille* que Thétis, sa mère, voulait cacher pour le soustraire aux dangers de la guerre. Le héros, déguisé en femme, séduit la fille du roi Déidamie*. Selon une tradition, Lycomède assassine Thésée* réfugié à Skyros.

**LYCON** – en gr. ***Lukôn*** ♦ Orateur athénien (-Ve s.), l'un des trois démagogues qui intentèrent le procès contre Socrate*. Il fut banni pour avoir rédigé l'acte d'accusation contre celui-ci.

**LYCOPHRON DE CHALCIS** – en gr. ***Lukophrôn*** ♦ Poète tragique et grammairien grec (fin du -IVe s. - -IIIe s.). Il travailla à la bibliothèque d'Alexandrie* (-285) sur la comédie attique et écrivit nombre de tragédies dont il ne nous reste que de rares fragments. Il nous est parvenu sous son nom un long poème tragique, l'*Alexandra* (1 474 iambes), monologue prophétique de l'héroïne éponyme, identifiée à Cassandre*. Le poète, imitant le style des oracles, a chargé ce morceau d'une érudition linguistique et historique et d'une obscurité voulue.

**LYCORTAS** – en gr. ***Lukortas*** ♦ Homme politique grec de Megalopolis* (mort v. -168). Chef de la Ligue achéenne* (-185), il ravagea Messène* pour venger la mort de Philopœmen* et força Sparte et la Messénie à entrer dans la ligue. Il est le père de l'historien Polybe*.

**LYCURGUE** – en gr. ***Lukourgos*** ♦ Législateur mythique de Sparte*, ayant vécu au -IXe s. ou même avant. Il serait allé chercher les modèles de ses lois en Crète, en Égypte et en Asie ; selon une autre tradition, l'oracle de Delphes (fondé pourtant au -VIIe s.)

lui aurait dicté la Constitution de Sparte. Avant de disparaître, il aurait fait jurer à ses compatriotes de ne jamais changer cette Constitution. Il semble que cette légende, propagée au –VII$^e$ s. par l'aristocratie spartiate, était destinée à conférer des origines prestigieuses aux lois coutumières fixées vers cette époque.

**LYCURGUE** – en gr. ***Lukourgos*** ♦ Orateur et homme politique athénien (v. –390 - –324). De naissance aristocratique, élève d'Isocrate* et de Platon*, il se rangea aux côtés de Démosthène* contre les Macédoniens. Après la défaite de Chéronée*, il géra avec succès les finances d'Athènes, protégea l'art dramatique et finança de nombreuses constructions. De son œuvre oratoire, nous possédons le discours *Contre Léocrate*, célèbre pour sa sévérité et son habileté rhétorique.

**LYDDA** → **Lod**

**LYDGATE (John)** ♦ Poète anglais (Lidgate, Suffolk, v. 1370 - Bury Saint Edmunds v. 1449). Novice à l'abbaye bénédictine de Bury Saint Edmunds, il devint prêtre en 1397, vécut à Londres et à Paris vers 1421 et fut prieur d'Hatfield Broad Oak (Essex). Malgré une prosodie défectueuse, son œuvre volumineuse exerça pendant un siècle une grande influence. Son *Testament (The Testamen of John Lydgate, Monk of Berry)* est cependant empreint d'une attachante tristesse. Lydgate s'inspira de Boccace pour composer *La Chute des princes* (1430 - 1438), imita Chaucer dans *La Complainte du chevalier noir* et *Le Temple de verre*, deux allégories amoureuses, adapta Guillaume Deguilleville *(Le Pèlerinage de la vie de l'homme)* et Guido delle Colonne *(Histoire de la destruction de Troie)*. Une amusante satire, *Londres attrape-sous*, semble lui avoir été attribuée à tort. Avec sa prolixité et sa pédanterie, Lydgate contribua à l'enrichissement de la langue anglaise.

**LYDIE** n. f. – en lat. ***Lydia*** ♦ Anc. contrée d'Asie Mineure, sur la mer Égée, limitée au N. par la Mysie*, à l'E. par la Phrygie*, au S. par la Carie*. V. PRINC. : Sardes, Aydin, Manisa. Peuple d'origine indo-européenne, les *Lydiens* furent d'abord les vassaux des Phrygiens, liés avec eux par des cultes et des légendes communs. → **Midas, Pactole.** La Lydie est également associée à la légende d'Héraclès* et d'Omphale*, à celle de Tantale* et de Pélops*, ancêtres des Atrides. Candaule*, le dernier roi de la dynastie des Héraclides*, fut tué par Gygès* v. –687. Sous la dynastie des Mermnades*, les Lydiens repoussèrent les Cimmériens* qui avaient ruiné la Phrygie et connurent une grande prospérité. Leur dernier roi, Crésus* (–561 - –546), soumit les colonies grecques de l'Ionie* et étendit son domaine sur la moitié du territoire de l'Asie Mineure. Mais la guerre de Crésus contre les Mèdes affaiblit le pays, qui fut envahi par Cyrus le Grand (–546) et annexé à l'Empire perse. Après la conquête macédonienne, la Lydie passa des Séleucides au royaume de Pergame (–260), puis aux Romains (–129).

**LYELL** (sir **Charles**) ♦ Géologue britannique (Kinnordy, Écosse 1797 - Londres 1875). Il affirma que l'évolution de la Terre s'était faite sous l'effet de causes physicochimiques et se poursuivait sous l'action d'agents tels que l'eau, le vent, le soleil. S'opposant ainsi aux conceptions créationnistes, il fut l'un des fondateurs de la géologie scientifique. Il exerça une profonde influence sur Darwin* dont il fut amené à défendre la théorie évolutionniste. En 1864, il publia son ouvrage sur *L'Ancienneté de l'homme prouvée par la géologie*, qui affirmait l'existence de l'homme à l'époque postpliocène. On lui doit également la première nomenclature des terrains tertiaires.

**LYLY (John)** ♦ Écrivain et auteur dramatique anglais (Canterbury v. 1553 - Londres 1606). Son roman allégorique, *Euphues ou l'Anatomie de l'esprit* (1579), offre une satire de la société londonienne dominée par l'influence des modes venues d'Italie. Le maniérisme du style de cet ouvrage, sa préciosité furent à l'origine d'une nouvelle mode, typiquement anglaise cette fois, qui affecta durant une quinzaine d'années le langage et les mœurs de la cour d'Angleterre, sous Élisabeth : l'«euphuisme». Le théâtre de Shakespeare lui-même devait s'en trouver imprégné. Appartenant avec George Peele, Robert Greene et Thomas Nashe au groupe des «beaux esprits universitaires» *(University Wits)*, John Lyly a contribué à la naissance de formes théâtrales profanes par ses comédies mythologiques (*Sapho et Phaon*, 1584 ; *Endymion*, 1591).

**LÝ Nhân Tông [Lý Càn Đức]** ♦ Souverain vietnamien de la dynastie des Lý postérieurs (Thăng Long 1066 - *id.* 1128). Il régna de 1072 à 1128. Il contint les troupes chinoises comme les armées khmères et chams, fit dresser des cartes des régions acquises au détriment du Champa, réforma l'administration, institua des concours pour le recrutement des mandarins, et invita la population à venir habiter les districts du Sud, récemment conquis.

**LYNCÉE** – en gr. ***Lugkeus*** ♦ L'un des cinquante fils d'Égyptos* qui épousèrent les Danaïdes*, le seul qui ait été épargné du massacre des jeunes époux. Plus tard, il régna à Argos après avoir tué Danaos*, l'instigateur du crime, ou après s'être réconcilié avec lui. ▪ Un des Argonautes*, dont la vue était si perçante qu'il voyait sous la terre ou à travers une planche (d'où son nom «l'homme aux yeux de lynx»).

**LYNCH (Jack)** ♦ Homme politique irlandais (Cork 1917 - Dublin 1999). Leader du Fianna Fáil, Premier ministre d'Irlande de 1966 à 1973 et de 1977 à 1979, il fit entrer son pays dans la Communauté Économique Européenne en 1973.

**LYNCH (David)** ♦ Cinéaste américain (Missoula 1946). D'abord attiré par le cinéma expérimental (*Eraserhead*, 1976), il s'imposa avec *Elephant Man* (1980), émouvant portrait d'un être disgracié de l'Angleterre victorienne, tourné en noir et blanc. Il força le trait dans la dérive ludique de *Sailor et Lula* (1990) et dans la série télévisée *Twin Peaks* (1992). Il révèle un univers parallèle entre le fantasme et l'illusion dans *Mulholland drive* (2001) puis dans *Inland Empire* (2006).

**LYNDSAY** ou **LINDSAY** (sir **David**) ♦ Poète écossais (Haddington v. 1490 - Danemark 1555). Précepteur du roi, diplomate, il fit ses débuts littéraires en 1528 avec des poèmes dans le genre des moralités médiévales, des satires contre la cour et le clergé. Il y met en scène «John the Common Weal» (le peuple), notamment dans la *Satire des trois états*, jouée en 1540. Les trois états sont les nobles, le clergé et les marchands, n'écoutant que Sensualité, Débauche et Mensonge. Souvent grossier, Lyndsay dut à sa licence même d'échapper à la persécution et est aujourd'hui considéré comme le poète de la Réforme en Écosse. Autres œuvres : *Le Rêve* (1528), *La Complainte* (1529), *Monarchie* (1552).

**LYNEN (Feodor)** ♦ Biochimiste allemand (Munich 1911 - *id.* 1979). → **Bloch.** [Prix Nobel de physiol. ou méd. 1964, avec K. Bloch]

**LYNN** ♦ V. des États-Unis (Massachusetts), dans la zone urbaine de Boston. 89 050 hab. Port. Indus. électriques, matériel de transport, chaussures.

**LYON** [69000] ➝ **ÉTYM.** anc. *Lugdunum* gaul. «forteresse *(dunum)* de Lugus (dieu gaul.)» ou «forteresse du corbeau *(lougos)*» ♦ Ch.-l. du dép. du Rhône et de la région Rhône-Alpes, au confluent du Rhône et de la Saône. 445 452 hab. (aggl. 1 309 596). *(Lyonnais)*. ▮ **Les monuments** Le centre de la ville s'étire dans la presqu'île que forment le Rhône et la Saône, à proximité du confluent, autour des places Bellecour et des Terreaux (où se situe l'opéra construit au XVIII$^e$ s. et reconstruit par J. Nouvel*). La berge gauche du Rhône entre le parc Gerland et celui de la Tête d'Or (qui abrite le musée d'Art contemporain imaginé par Renzo Piano*) a été aménagée en zone sans voitures. Le sud de la presqu'île Perrache, réservé autrefois à l'industrie, est réaménagé (base nautique, musée des Confluences). Au N. se situe le vieux quartier montueux de la Croix-Rousse ; à l'O. de la Saône, les quartiers du Vieux-Lyon, rénovés, sont dominés par la colline escarpée de Fourvière ; les quais de la Saône et du Rhône sont bordés de belles et hautes façades ; les quartiers modernes s'étendent dans la plaine à l'E. du Rhône. C'est là que s'est construit le centre des affaires de la Part-Dieu, centre commercial et culturel (où se trouve notamment le palais des Congrès, ouvrage métallique conçu par Norman Foster*) autour de la gare du TGV. Le centre de la ville possède de nombreux monuments : basilique romane Saint-Martin-d'Ainay (XII$^e$ s.) ; église Saint-Nizier de style flamboyant (XV$^e$ s.) ; église Saint-Bonaventure (XIV$^e$ - XV$^e$ s., remaniée) ; église Saint-Bruno (fin XVI$^e$ - XVII$^e$ - XVIII$^e$ s.) sur la Croix-Rousse. L'hôtel-Dieu (XVII$^e$ - XVIII$^e$ s.) abrite un musée. Le palais du Commerce et le Grand-Théâtre datent du XIX$^e$ s. ; hôtel de ville construit par S. Maupin (XVII$^e$ s.) ; palais des Arts ou palais Saint-Pierre (XVII$^e$ s.). Maisons gothiques, Renaissance, hôtels anciens, nombreux musées. Dans le quartier de Fourvière et de la vieille ville : cathédrale Saint-Jean (XII$^e$ au XV$^e$ s.) ; église Saint-Paul (XV$^e$ s.), basilique Notre-Dame-de-Fourvière, du XIX$^e$ s. ; palais de Justice (XIX$^e$ s.) par Baltard*. La loge du Change date du XVIII$^e$ s. Théâtres romains. Archevêché. ▮ **Une métropole économique** La métropole lyonnaise arrive au 3$^e$ rang en France par sa dimension, loin derrière Paris, pratiquement à égalité avec Marseille mais bien avant Lille. Bien qu'environ deux fois moins peuplée, elle s'insère dans le réseau des grandes métropoles européennes (Francfort, Milan, Barcelone) en valorisant sa position historique de carrefour entre l'Europe du Nord et l'Europe méditerranéenne. Toutes les activités sont représentées, mais certains secteurs dominent comme la traditionnelle soierie, la métallurgie (avec Renault), l'électroménager (SEB), l'industrie pharmaceutique (Institut Pasteur Mérieux, 1$^{er}$ rang mondial pour les vaccins), la chimie, l'agrochimie et les textiles synthétiques. Le secteur de l'enseignement et de la recherche est largement représenté avec 450 laboratoires publics et privés, 3 universités, l'université de la mode, l'ENS de Fontenay-Saint-Cloud et les écoles nationales d'ingénieurs (agriculture, chimie, textile, sciences appliquées, commerce). La recherche médicale est également en pointe (traitement des grands brûlés). ▮ **Les transports** Les infrastructures de transport sont modernes et diverses. La ville fut la première, en 1981, à être reliée à Paris par le TGV (gares de Lyon Perrache, Lyon Part-Dieu et Lyon Saint-Exupéry, édifiée par S. Calatrava). Cette liaison concurrence le trafic aérien qui bénéficie d'un aéroport privé (Lyon-Bron) et d'un aéroport public (Lyon-Saint-Exupéry ; 7,9 millions de passagers en 2008, au 3$^e$ rang français, après Paris et Nice). L'autoroute A6 facilite les liaisons N.-S., vers Paris, l'Allemagne par Dijon, la Méditerranée et l'Espagne. D'autres axes facilitent les relations avec Clermont-Ferrand et Saint-Étienne (vers l'O.) et avec Grenoble, Chambéry, Genève puis la Suisse et l'Italie (vers l'E.).

**▮ HISTOIRE ▮ La cité gallo-romaine** L'anc. *Lugdunum*, fondée en -43 par les Romains, devint capitale de la Gaule lyonnaise* en -27. Centre administratif et religieux, la ville fut l'une des principales résidences des empereurs romains qui y élevèrent de nombreux monuments. Ce fut la patrie de Caracalla* et de Claude*. La première église chrétienne de Gaule fut fondée à *Lugdunum* ; en 177, furent martyrisés saint Pothin* et sainte Blandine* ; en 197, Septime* Sévère ravagea la ville. **▮ De la Lotharingie à la France** Au traité de Verdun, en 843, Lyon fut rattachée à la Lotharingie, puis au royaume de Bourgogne-Provence et cédée au Saint Empire en 1032. Philippe le Bel rattacha Lyon à la Couronne de France en 1312 ; il lui accorda la charte communale, ce qui favorisa la croissance économique. **▮ Un centre européen des affaires** Au XV^e s., l'industrie de la soie se développa et quatre foires annuelles furent créées ; Lyon devint ainsi un centre européen des affaires. La ville connut au XVI^e s. une grande activité : l'industrie de la soie prospéra, l'imprimerie se développa, marchands et banquiers affluèrent ; la vie intellectuelle était intense. Aux XVII^e et XVIII^e s., l'industrie de la soie prédominait. En 1793, les troupes de la Convention assiégèrent la ville, foyer de l'agitation fédéraliste ; la répression fut très dure et Lyon devint « commune affranchie ». Napoléon releva et protégea la ville. Au XIX^e s., parallèlement au développement économique, Lyon vit se développer de graves problèmes sociaux. Les ouvriers de la soie (→ **Canuts**) se révoltèrent en 1831 et en 1834. De 1940 à 1944, la ville fut un centre important de la Résistance. En 1967 a été créée la Communauté urbaine de la ville de Lyon.

**Lyon.** Vue des quais. *Phot. © de Selva/Tapabor*

**Lyon** (conciles de) ♦ Deux conciles œcuméniques se sont déroulés à Lyon. ♦ ***Lyon I*** XIII^e concile œcuménique, réuni par le pape Innocent IV en 1245, sous la protection de Saint Louis. Il excommunia pour la troisième fois l'empereur Frédéric II et le déposa sans succès. ♦ ***Lyon II*** XIV^e concile œcuménique, réuni par le pape Grégoire X en 1274. Il réalisa la première union (éphémère) des Églises d'Orient et d'Occident depuis le schisme de 1054, œuvra pour la reconquête de la Terre sainte, et réglementa l'élection pontificale (instauration du conclave).

**Lyon.** *Le Concile de Lyon*, miniature du manuscrit de S. Mamerot, XII^e s. Bibliothèque nationale de France, Paris. *BIS/© Coll. Archives Nathan*

**LYONNAIS** n. m. ♦ Anc. prov. de France qui s'étendait sur la région actuelle des monts du Lyonnais, du Forez et du Beaujolais. En 1790, le Lyonnais a formé le dép. du Rhône-et-Loire, divisé en 1793 en deux dép. : le Rhône et la Loire.

**LYONNAIS** (monts du) ♦ Massif montagneux situé à l'E. du Massif central, près de Lyon (946 m au crêt Malherbe). Élevage bovin. Viticulture. Vergers. Cultures maraîchères.

**LYONNAISE (GAULE)** n. f. – en lat. ***Gallia Lugdunensis*** ♦ Une des quatre provinces de la Gaule romaine (–I^er s.). La Lyonnaise ou Celtique s'étendait entre la Loire et la Seine et comprenait l'Armorique* et la Normandie. À l'époque de la conquête romaine, les principaux peuples qui s'y trouvaient étaient : les Lingons*, les Carnutes*, les Aulerques*, les Éduens* et les Sénons*. Elle fut divisée à la fin du IV^e s. en quatre provinces : la *Lyonnaise I^re* (ch.-l. : *Lugdunum*, auj. Lyon*), la *Lyonnaise II^e* (ch.-l. : *Rotomagus*, auj. Rouen*), la *Lyonnaise III^e* (ch.-l. : *Turones*, auj. Tours*), la *Lyonnaise IV^e* (ch.-l. : *Senones*, auj. Sens*).

**LYONS-LA-FORÊT** [27480] ♦ Ch.-l. de cant. de l'Eure, arr. des Andelys, sur la Lieure. 795 hab. *(Lyonsais)*. Église du XII^e, remaniée au XV^e s. (statue de saint Christophe en bois, XVI^e s.). Halles du XVIII^e s. ▪ Autour de la ville, forêt domaniale de Lyons (10 700 ha).

**LYOT (Bernard)** ♦ Astronome français (Paris 1897 - entre Le Caire et Hélouan 1952). S'intéressant particulièrement au Soleil, il élabora plusieurs appareils et procédés qui améliorèrent les observations. Constructeur du coronographe (1930) permettant de photographier la couronne solaire en dehors des éclipses, il réalisa également le filtre monochromatique polarisant (1933) grâce auquel on peut filmer les phénomènes chromosphériques et coronaux ; en 1948, il obtint les premières images cinématographiques d'éruptions solaires. [Acad. sc. 1939]

**LYOTARD (Jean-François)** ♦ Philosophe français (Versailles 1924 - Paris 1998). S'inscrivant d'abord dans la tradition phénoménologique (*La Phénoménologie*, 1954), il fut un des membres du groupe réuni autour de la revue *Socialisme ou Barbarie* avec Claude Lefort* et Cornelius Castoriadis*. Puis, combinant certains points de vue de Freud* et de Marx*, il s'en éloigna tout en les critiquant (*Économie libidinale*, 1974). Une part importante de son œuvre fut consacrée à des problèmes esthétiques (*Discours, figure*. *Un essai d'esthétique*, 1971). Il considéra la peinture comme susceptible de maintenir des vérités paradoxales (*L'Inhumain : causeries sur le temps*, 1988). Il paraissait typique d'une certaine forme de modernité philosophique qui, tout en s'appuyant sur une solide connaissance de la tradition (*L'Enthousiasme*, 1986, consacré à l'analyse de la Révolution française par Kant*), propose des perspectives qui abandonnent des notions classiques (*Instructions païennes*, 1977 ; *La Condition postmoderne*, 1979). ➝ ÉTYM. *Lyotard* a la même étymologie que *Léotard**.

**LYRE** n. f. – en lat. ***Lyra*** ♦ Petite constellation boréale, située entre les constellations d'Hercule* et du Cygne*, et voisine de l'apex. On y observe une nébuleuse planétaire, M 57 ; Véga*, son étoile principale, est l'une des plus brillantes.

**LYS** n. f. ➝ ÉTYM. en néerl. ***Leie*** ; p.-ê. même rac. que le gaul. *liga* « boue, lie » ♦ Riv. de France et de Belgique (214 km), prenant sa source en Artois. Canalisée (350 t) à partir d'Aire-sur-la-Lys, elle traverse la plaine de la Lys où elle arrose Comines-Belgique et Comines-France. Elle est mise à 1 350 t en aval du confluent avec la Deûle, qui l'unit à Lille et au canal Dunkerque-Escaut. Elle arrose Courtrai, reçoit la Heule et la Mandel. À Deinze, s'en détache le canal de dérivation de la Lys (1 350 t) jusqu'au canal Gand-Bruges. La Lys se jette dans l'Escaut à Gand. Ses eaux, favorables au rouissage du lin (auj. abandonné en rivière), sont à l'origine de la prospérité de la région de Courtrai. **▮ Histoire** Ses rives furent le théâtre de nombreux combats (bataille des Éperons d'or [1302] et durant les deux guerres mondiales).

**ŁYSA GÓRA** ♦ Un des sommets (595 m) des Łysogóry (Pologne).

**LYSANDRE** ➝ ÉTYM. en gr. ***Lusandros***, p.-ê. « qui délivre les hommes », de *luô* « délier » et *anêr, andros* « homme » ♦ Général spartiate (mort en -395). Nommé au commandement de la flotte pendant la guerre du Péloponnèse* (-407), il remporta sur les Athéniens (→ **Conon**) la victoire décisive d'Aigos* Potamos (-405). Ayant ensuite pris Athènes (-404), il fit raser les Longs Murs et installa le gouvernement des Trente* tyrans. Ses victoires donnèrent à Sparte la domination en mer Égée et dans la Grèce d'Asie. Il établit partout le régime oligarchique et se fit honorer à l'égal d'un dieu. Rappelé à Sparte, il complota pour introduire des réformes politiques (royauté élective), mais mourut dans une bataille en Béotie avant de pouvoir les réaliser.

Le **Lys brisé** – en angl. ***Broken Blossoms*** ♦ Film américain de D. W. Griffith* (1919), d'après une nouvelle de Thomas Burke, avec Lilian Gish, Richard Barthelmess, Donald Crisp. Griffith n'hésite pas à puiser dans le répertoire mélodramatique pour retrouver l'essence de la tragédie. Une banale histoire de pauvresse torturée par un père sadique dans un taudis de Limehouse, et qui trouve un défenseur en la personne d'un Chinois idéaliste, acquiert une dimension shakespearienne. L'immolation finale de l'homme jaune près du corps sans vie de sa bien-aimée est digne de *Roméo et Juliette*.

Le **Lys dans la vallée** ♦ Roman de H. de Balzac* (1835), première étude des *Scènes de la vie de province* de *La Comédie* humaine*. Sur les paysages tourangeaux chers à l'auteur se détache la figure poétique de Mme de Mortsauf, dont les sentiments envers le jeune Félix de Vandenesse évoquent l'amour de Mme de Berny pour Balzac. Suivant une construction originale, le récit se partage en deux lettres ; dans la première, Félix confesse à sa fiancée les raisons de sa mélancolie : au sortir d'une adolescence solitaire, il s'est épris d'une jeune femme, mal mariée, qui lui a accordé sa tendresse, mais, par scrupules religieux et sociaux, a assigné des limites précises aux sentiments du jeune homme ; plus tard, quand elle apprend que Félix a une liaison, Mme de Mortsauf, profondément affligée, en meurt. Dans la seconde lettre, brève et spirituelle, sa correspondante rend ironiquement sa liberté à Félix dont la «vie est dominée par un fantôme», image de la «perfection terrestre». Désireux en effet de créer une «femme vertueuse fantastique», Balzac a doté son héroïne d'une nature complexe, idéaliste et positive à la fois. Ainsi, durant la crise tragique que connaît son agonie, la profondeur charnelle, longtemps contenue, de son attachement pour Félix apparaît dans les «imprécations de la chair trompée», avant que cette figure idéale ne retrouve la sérénité d'une mort chrétienne.

**LYSIAS** – en gr. *Lusias* ♦ Orateur athénien (v. –440 - v. –380). Riche métèque, il fuit la tyrannie des Trente* et prit une part active à la lutte contre ceux-ci. Après la restauration de la démocratie, il revint à Athènes et accusa lui-même l'un des Trente du meurtre de son frère, dans son *Contre Ératosthène*. Renommé déjà pour son éloquence, il devint logographe professionnel et fut le rival d'Isocrate*. Il composa plus de deux cents discours, dont il nous reste une trentaine. Parmi les plus célèbres, citons les plaidoyers *Pour l'invalide*, *Sur le meurtre d'Ératosthène* (pour un mari trompé qui avait fait lui-même justice), *Sur l'olivier*. Platon, dans le *Phèdre**, lui attribue un discours *Sur l'amour*, qui est plutôt un pastiche, et le critique comme exemple de fausse éloquence, tout en louant les qualités de sa langue. Lysias porte à sa perfection l'éloquence judiciaire. Il y ramène le naturel et l'aisance en adaptant ses idées et son style à la personnalité de son client. Sous la simplicité et la bonhomie simulées de la narration, sa science établit un solide échafaudage des démonstrations. Comme écrivain, il excelle par son attique pur, la clarté et la souplesse de son style.

**LYSIMAQUE** ➝ ÉTYM. en gr. *Lusimakhos* «qui fait cesser *(luein)* le combat *(makhê)*» ♦ Général macédonien (Pella v. –361 - Couroupédion, Phrygie –281), lieutenant d'Alexandre* le Grand. L'un des diadoques, il eut en partage la Thrace dont il se fit proclamer roi en –306. Il fonda la ville de Lysimachie en Chersonèse. Allié de Cassandre* et de Séleucos* contre Antigonos* Monophthalmos, après la victoire d'Ipsos* (–301), il agrandit ses possessions en Asie Mineure, annexant la Bithynie* et l'Ionie*. Il s'empara ensuite de la Macédoine*, d'où il chassa Pyrrhus* et épousa Arsinoé* II, fille de Ptolémée* Ier. Ses cruautés provoquèrent une révolte en Asie Mineure et son alliance avec Ptolémée le dressa contre la Syrie de Séleucos. Il fut tué à la bataille de Couroupédion. Ptolémée s'empara alors de la Macédoine.

**LYSIPPE** – en gr. *Lusippos* ♦ Bronzier grec (Sicyone v. –390 - apr. –310), l'un des innovateurs de la sculpture du –IVe s. avec Praxitèle* et Scopas*. Il se distingua par le souci du réalisme et l'abolition de toute préoccupation de frontalité. Ses recherches portent sur le mouvement, qu'il réussit à saisir dans l'instantané sans pour autant l'arrêter, et sur le rôle de la lumière. Partant du canon de Polyclète, il le modifie essentiellement (huit têtes au lieu de sept dans la hauteur du corps humain) : les proportions élancées et la souplesse du corps qui en résultent annoncent déjà certains aspects de la statuaire hellénistique. Il eut plusieurs élèves, dont Charès*. Auteur d'effigies réalistes, Lysippe fut le portraitiste officiel d'Alexandre* le Grand. Malgré l'importance de sa production (1 500 statues, selon les Anciens), nous n'avons que des copies de ses œuvres : l'*Agias de Pharsale*, l'un de ses athlètes vainqueurs (musée de Delphes), *L'Apoxyomène**, exemple typique de son canon, l'*Éros à l'arc*, réplique peut-être de son *Éros de Thespies* (musée du Capitole, Rome), l'*Hermès* dit *Azara*, vraisemblablement portrait d'Alexandre (Louvre). ▪ *Illustration :* → **Alexandre le Grand.**

**Lysistrata** – en gr. *Lusistratê* ♦ Comédie d'Aristophane* (–411). Pour contraindre les Athéniens et les Lacédémoniens à s'entendre, Lysistrata, femme d'Athènes, réunit toutes les femmes de l'Attique et des principales cités de la Grèce et leur fait tenir serment de se refuser à leur mari jusqu'à ce que la paix soit conclue. Occupant la citadelle, les femmes mettent les hommes dans une situation embarrassante. En dépit de leurs discordes, l'opiniâtreté de Lysistrata triomphera et les deux cités rivales négocieront un traité.

**LYS-LEZ-LANNOY** [59390] ➝ ÉTYM. *Lys*, n. de la riv. et *Lannoy*, du lat. *alnus* «aulne» ♦ Comm. du Nord, arr. de Lille, banl. S.-E. de Roubaix. 13 018 hab. *(Lyssois)*.

**ŁYSOGÓRY** ou **SWIĘTOKRZYSKIE GÓRY** n. m. pl. ➝ ÉTYM. polon. *Łysogóry* «monts chauves» et *Swiętokrzyskie Góry* «monts de la sainte croix» ♦ Massif montagneux de la Petite Pologne, culminant à la Łysica (612 m) et à la Łysa Góra (595 m).

**LYSSENKO (Trofim Denissovitch)** ♦ Botaniste et généticien soviétique (Karlovka, Poltava 1898 - Moscou 1976). Par ses travaux sur la vernalisation du blé, il s'opposa à la théorie du gène, support invariant de l'hérédité et affirma l'influence du milieu et l'hérédité des caractères acquis comme facteurs de l'évolution des espèces. Dirigeant en fait toute la biologie soviétique, il parvint à briser la carrière de tous ses opposants (qualifiés d'«ennemis du peuple») et freina la recherche en génétique jusqu'à la fin des années 1960. Après la mort de Staline* ses théories, vivement critiquées, furent totalement abandonnées.

**LÝ Thường Kiệt** ♦ (1019 - 1105). Général et homme politique vietnamien. Mandarin et eunuque attaché au palais royal, il s'illustra dans la campagne contre le Champa en 1069. Lors de l'avènement de Lý* Nhân Tông, en 1072, il fut promu Premier ministre, et concentra entre ses mains l'essentiel des pouvoirs.

**LYTTON (Edward George BULWER LYTTON,** 1er baron**)** ♦ Romancier et homme politique britannique (Londres 1803 - Torquay 1873). Fils du général Bulwer, il fut déshérité par ce dernier à la suite de son mariage (1827) avec Rosina Wheeler, une Irlandaise. Il dut alors abandonner la poésie (*Ismael*, 1820) pour le roman. *Pelham* (1828) étudie le type du dandy de l'époque. *Paul Clifford* (1830) soutient une thèse sociale. *Les Derniers Jours de Pompéi* (1834), roman historique, valut à son auteur une célébrité mondiale. Il suivit aussi la mode du drame (*Richelieu*, 1838), du roman de surnaturel et de terreur (*Zanoni*, 1844), tandis que *La Race future* (1871) est une utopie annonciatrice de l'*Erewhon* de Butler*. Secrétaire d'État pour les Colonies (1858 - 1859), lord Lytton abolit le monopole de la Compagnie de la baie d'Hudson.

# M

**M6** [Métropole télévision] ♦ Chaîne de télévision française privée diffusant sur le réseau hertzien, héritière de la chaîne à dominante musicale TV6, créée en 1987.

**MA** ♦ Famille de peintres chinois des XI$^e$ - XIII$^e$ s., membres de l'Académie impériale de peinture de la dynastie des Song* du Sud. ♦ **MA Fen** (1051 - 1127). Il a peint des animaux (oiseaux), des personnages et des figures bouddhiques. ♦ **MA Yuan** (Hezhong, Shanxi 1140 - apr. 1225). Arrière-petit-fils du précédent. Ses œuvres (paysages et personnages) présentent une grande profondeur de champ et une gamme très ouverte de tons et de nuances.

**MAALOUF (Amin)** ♦ Écrivain libanais de langue arabe et de culture française (Beyrouth 1949). Fuyant la guerre civile, il s'installa en France en 1976. Ses romans, écrits en français, ont pour cadre le Proche et le Moyen-Orient (*Léon l'Africain*, 1986 ; *Le Rocher de Tanios*, 1993).

**MAAN** ou **MA'ĀN** ♦ V. méridionale de Jordanie, ch.-l. de mouhafaza, située en bordure du désert. 26 461 hab. Centre admin. et commercial (Bédouins). Manufacture de tabac.

**MAAS** → Meuse

**MAASEIK** ♦ V. de Belgique (Région flamande), prov. de Limbourg, ch.-l. d'arr., sur la Meuse au confluent du Bosbeek, à la frontière des Pays-Bas. 23 879 hab. L'église possède le plus ancien manuscrit de Belgique, un évangéliaire, le *Codex Eyckensis* (VIII$^e$ s.). ▪ Indus. de la confection. Tourisme (parc de loisirs). Réserve naturelle de Jagersborg.

**MAASMECHELEN** ♦ Comm. de Belgique (Région flamande), prov. de Limbourg, arr. de Tongres, sur la Meuse et le Zuidwillemsvaart. 36 456 hab. Cité-jardin près des anc. mines d'Eisden. ▪ Matériaux de construction.

**MAASTRICHT** ou **MAËSTRICHT** ← **ÉTYM.** néerl. « passage *(trecht)* de la Meuse *(Maas)* » ♦ V. des Pays-Bas, ch.-l. du Limbourg, sur la Meuse. 119 038 hab. Basilique Saint-Servais, commencée au X$^e$ s. Basilique Notre-Dame, romane. Église Saint-Jean (gothique, XV$^e$ s.). Musée d'Art moderne. Univ. ▪ Important centre régional, rayonnant aussi sur le Limbourg belge. Céramique. Cimenteries. Papeterie. ▮ **Histoire** La ville fut fondée au IV$^e$ s. à l'emplacement d'un pont fortifié construit par les Romains. Saint Servais y transféra son évêché, qui y demeura jusqu'au VIII$^e$ s. Saccagée par le duc de Parme et les Espagnols en 1579, la ville fut annexée par les Provinces-Unies en 1632, assiégée par Louis XIV et

Lorin **Maazel** dirige l'Orchestre philharmonique de Vienne, en 2004.
*Phot. © Robert Newald/epa/Corbis*

Vauban (d'Artagnan mourut pendant ce siège) en 1673, reprise par les Français en 1748 et annexée, comme la Belgique, en 1794. Elle devint ch.-l. de la Meuse-Inférieure. Après sa résistance contre les Belges (1830), Maastricht fut attribuée aux Pays-Bas. Centre des communications allemandes à l'O. pendant la Deuxième Guerre mondiale. ♦ ***Traité de Maastricht*** Accord entre les membres de la Communauté européenne, établi en déc. 1991, signé le 7 fév. 1992 et ratifié par les États en 1992 et 1993. Traité sur l'Union européenne*, il concerne principalement l'Union économique et monétaire (UEM) [avec l'instauration d'une Banque centrale européenne (BCE) et d'une monnaie unique], l'Union politique (UP) [politique étrangère et défense communes], l'Europe sociale, la citoyenneté européenne et les questions de justice et de police.

**MAATHAI (Wangari)** ♦ Femme politique kényane (Nyeri, Kenya, 1940). Professeur de biologie à Nairobi et militante écologiste, elle combattit la déforestation en créant l'association *Green Belt* («ceinture verte») en 1977. Combattue et emprisonnée par l'ancien régime autoritaire, elle est ministre déléguée à l'Environnement depuis 2003. Sa défense des traditions kikuyu, ethnie à laquelle elle appartient, suscite des débats, notamment le maintien de l'excision. [Prix Nobel de la paix 2004].

**MAAZEL (Lorin)** ♦ Chef d'orchestre américain (Neuilly-sur-Seine 1930). Enfant prodige, il fut le plus jeune chef et le premier Américain à diriger à Bayreuth (1960). Il dirigea l'orchestre de Cleveland (1972 - 1982), prit la tête de l'Opéra de Vienne (1982 - 1984) et fut attaché de 1977 à 1990 à l'Orchestre national de France. Il a dirigé l'Orchestre symphonique de Pittsburgh (1988 - 1997) puis le New York Philharmonic (2001 - 2009).

**MABANCKOU (Alain)** ♦ Écrivain et poète congolais d'expression française (Pointe-Noire 1966). Professeur de littérature francophone, il est l'auteur de recueils de poèmes et de romans : *Bleu-Blanc-Rouge* (1998, Grand prix littéraire de l'Afrique noire), histoire d'un jeune immigré Africain à Paris, *Verre cassé* (2005), *Mémoires de porc-épic* (2006, Prix Renaudot) qui parodie la croyance que chacun possède son double animal, *Lettre à Jimmy* (2007) en mémoire à l'écrivain noir américain James Baldwin.

**MABILLON (Jean)** ♦ Bénédictin français (Saint-Pierremont, Ardennes 1632 - Paris 1707). Appelé en 1664 à l'abbaye Saint-Germain-des-Prés par L. d'Achery, il y passa sa vie en travaux d'érudition, ne voyageant que pour collationner des manuscrits. Il publia les œuvres de saint Bernard, les *Actes des saints* (9 vol.) et les *Annales* (6 vol.) de l'ordre de Saint-Benoît. Il est l'auteur du *De re diplomatica* (1681) qui fonde la «diplomatique», du *Traité des études monastiques* (1691) où, contre Rancé*, il justifie le travail intellectuel dans les monastères. ➝ **ÉTYM.** *Mabillon* est l'hypocoristique, avec aphérèse, du latin *amabilis* «aimable».

**MABLY (Gabriel BONNOT DE)** ♦ Philosophe et historien français (Grenoble 1709 - Paris 1785). Frère de l'abbé de Condillac, il étudia chez les jésuites puis au séminaire de Saint-Sulpice, mais abandonna l'état ecclésiastique. Il fut chargé de missions diplomatiques (en particulier lors de la paix de Breda en 1746). Auteur du *Droit public de l'Europe fondé sur les traités* (1748), d'*Observations sur l'histoire de France* (1765), il s'est posé en adversaire de la théorie des physiocrates (*Doutes proposés aux philosophes économistes sur l'ordre naturel et essentiel des sociétés politiques*, 1768). Il a affirmé la nécessité de réformes (notamment de lois agraires) pour rétablir plus de justice sociale et d'égalité et parvenir à une société où les biens seraient mis en commun.

**MABLY** [42300] ➝ **ÉTYM.** du lat. *Mapilius* (ou *Amabilis*), n. de pers., ou de *meabilis* «guéable» ♦ Comm. de la Loire, arr. de Roanne, dans la plaine du Roannais. 7 624 hab. *(Mablyrots)*. Briqueterie.

**MABUSE** → **Gossart (Jan)**

**MAC** ♦ Dynastie vietnamienne qui renversa les Lê* postérieurs, et régna sur le nord du Viêtnam de 1527 à 1592, puis sur la région de Cao Bằng sous protectorat chinois jusqu'en 1677.

**MCADAM (John Loudon)** ♦ Ingénieur britannique (Ayr, Écosse 1756 - Moffat, Dumfriesshire 1836). Premier réalisateur du système de revêtement des chaussées à l'aide de pierres concassées *(macadam)*. ➝ **ÉTYM.** Le nom gaélique *Mac Adhaim* signifie «fils *(mac)* d'Adam *(Adhaim)*».

**MACAIRE** ♦ Prélat russe (v. 1482 - 1563). Archevêque de Novgorod, puis métropolite de Moscou (1543), il fut l'un des conseillers d'Ivan* IV. Il s'entoura d'un groupe de théologiens avec lesquels il rédigea une *Grande vie des saints* et une *Encyclopédie historique* et fut à l'origine de la réforme cléricale de 1551, qui renforça l'Église orthodoxe et accrut son rôle politique.

**MACAIRE l'Ancien** (saint) ➝ **ÉTYM.** du gr. *makarios* «bienheureux» ♦ Premier anachorète du désert de Scété, Basse-Égypte (v. 301 - v. 391). ▪ Fête le 2 janv.

**MCALEESE (Mary)** ♦ Femme politique irlandaise (Belfast 1951). Née dans une famille catholique de Belfast, elle a été élue présidente de la république d'Irlande sous la bannière du Fianna Fáil en 1997 et réélue en 2004.

**MACAO** ➝ **ÉTYM.** en port. ***Macau*** (p.-ê. à rapprocher du chin. *ngao* «port»), en chin. ***Aomen*** ♦ Territoire de la Chine du Sud (16 km²) situé sur une presqu'île à l'embouchure de la Zhu jiang menant à Canton, face à Hong Kong. 502 113 hab. dont env. 2 500 Européens. La ville ancienne, fondée en 1557, est riche en monuments du XVIᵉ et du XVIIᵉ s. La ville chinoise est surtout réputée pour ses maisons de jeu. Enclave portugaise jusqu'en 1999, Macao a été rétrocédée à la Chine dont elle est une «région sous administration spéciale».

**MACAPÁ** ♦ V. du Brésil, cap. de l'État d'Amapá, sur la rive N. du delta de l'Amazone à quelques kilomètres de la ligne de l'équateur. 271 000 hab. Port. Centre de commerce. Exportation de manganèse.

**MACARTHUR (Douglas)** ♦ Général américain (Little Rock 1880 - Washington 1964). Il fut nommé commandant de West Point en 1919 et chef d'état-major de l'armée (1930 - 1935). Commandant les forces américaines en Extrême-Orient (juil. 1941), il dut se replier devant les Japonais à Luçon, poursuivant la résistance à Bataan et à Corregidor (jusqu'en mai 1942). Commandant en chef des forces alliées du Pacifique sud, il mena à bien la contre-offensive, reprenant les îles de l'Amirauté (fév.-avr. 1944), les Salomon, les Philippines, Luçon (janv. 1945) et Manille. → **Guerre mondiale (Deuxième).** Il reçut la reddition du Japon le 2 sept. 1945. À la tête des troupes d'occupation au Japon, il joua un rôle politique déterminant dans ce pays au lendemain de la guerre. Commandant les troupes des Nations unies en Corée, il tenta d'étendre le conflit à la Chine, afin de repousser définitivement la «menace communiste», mais fut désavoué par Truman* et remplacé (1951). ➝ **ÉTYM.** Ce nom de famille gaélique signifie «fils *(mac)* d'Arthur *(Artair)*».

**MACASSAR** → **Makassar**

**MACAULAY (Thomas Babington,** baron**)** ♦ Historien, publiciste et homme politique britannique (Rothley Temple, Leicestershire 1800 - Londres 1859). Neuvième enfant d'un gouverneur antiesclavagiste de la Sierra Leone, Macaulay fut élu député whig en 1830 et nommé, en 1834, membre du Conseil suprême de l'Inde où il organisa des réformes scolaires et judiciaires (code pénal). De retour en Angleterre, il fit partie du cabinet Melbourne et siégea au Parlement, mais en 1847 il perdit son siège. Collaborateur de l'*Edinburgh Review*, il y avait fait paraître un essai sur Milton (1825) puis, plus tard, publia des *Chants héroïques de la Rome antique* (*Lays of Ancient Rome*, 1842). À partir de 1847, il se consacra à son *Histoire d'Angleterre depuis l'avènement de Jacques II* (1849 - 1861), qui adopte le point de vue libéral et vaut par son style imagé. Sa technique historique, centrée sur la psychologie des grands protagonistes, éclairée par les événements historiques de son temps (*Essais critiques et historiques*, 1843), fera école. Réélu en 1852, Macaulay fut anobli en 1857.

**MCBAIN (Salvatore Lombino,** dit **Ed)** ♦ Écrivain américain (New York 1926 - Weston, Connecticut 2005). Scénariste des *Oiseaux* de Hitchcock et auteur de romans policiers et de romans d'action sous le nom d'Evan Hunter (*Graine de violence*, *Blackboard Jungle*, 1954), de Curt Cannon, de Hunt Collins, de Richard Marsten puis de Ed McBain, il a porté à son apogée le «roman de procédure» avec les enquêtes des policiers du 87ᵉ district dans une mégalopole qu'il nomme Isola : *Le Sonneur* (1956), *Le Fourgue* (1956), *Les Heures creuses* (1962), *80 millions de voyeurs* (1966). Au mythe moderne de la ville, il incorpore parfois des motifs tirés de contes traditionnels : la Boucle d'Or dans *J'ai tout gâché* (*Goldilocks*, 1976), Ulysse dans *Calypso* (1979).

**MACBETH** ♦ (mort à Lumphanan en 1057). Roi d'Écosse (1040 - 1057). Il assassina le roi d'Écosse Duncan* Iᵉʳ, qu'il jugeait un usurpateur (→ **Écosse**) et monta sur le trône. Prince pieux, il fit un pèlerinage à Rome en 1050. Il fut vaincu par le fils de Duncan, Malcolm* III. ▪ Son histoire a inspiré la tragédie de *Macbeth** à Shakespeare*.

**Macbeth** ♦ Drame de W. Shakespeare* représenté en 1606. À l'instigation de sa femme, Macbeth a assassiné le roi d'Écosse, Duncan, son hôte, puis, devenu roi, il a fait tuer son ami Banquo. Désemparé, en proie au remords, il croit voir dans un festin le spectre de Banquo surgir devant lui. Au cours d'une crise de somnambulisme, lady Macbeth apparaît, hantée par le sang innocent qu'elle a fait verser. Elle va se donner la mort, tandis que Macbeth, cerné dans son château par les hommes de Malcolm, fils de Duncan, se jette dans la mêlée où il périra. Tragédie de l'ambition et du remords, la pièce est un des sommets du théâtre de Shakespeare. Elle inspira Verdi*, Richard Strauss* (1890) et, plusieurs adaptations cinématographiques dont *Le Château de l'araignée*, de Kurosawa*. ▮ **Macbeth** Opéra de Verdi (Florence, 1847 ; remanié pour Paris, 1865). Suivant substantiellement le drame shakespearien, il marque, dès sa première version, une étape décisive dans l'écriture de Verdi, qui plonge dans les zones les plus obscures de l'inconscient. C'est néanmoins avec sa version parisienne que, jouant sur l'ambivalence entre «sublime» et «trivialité», soumettant l'écriture vocale au geste dramatique, usant de nouvelles recherches harmoniques et orchestrales, le compositeur livra une partition d'une rare modernité.

**MACBRIDE (Sean)** ♦ Homme politique irlandais (Paris 1904 - Dublin 1988). Il participa à la guerre civile de 1922, puis fonda en 1947 un parti républicain, le Clann na Poblachta (parti du peuple), soutenu par l'IRA, fut ministre des Affaires étrangères (1948 - 1951) et participa à la création de l'OCDE. Président d'Amnesty* International (1961 - 1974), il a joué un grand rôle dans la lutte contre la torture. [Prix Nobel de la paix 1974]

**MACCABÉE** ou **MACABÉE** ➝ ÉTYM. p.-ê. de l'hébr. *maqqèbhèth* «marteau» [allus. aux qualités guerrières de Judas ou sobriquet marquant une caractéristique physique] ♦ Surnom de Judas, fils du prêtre Mattathias qui lança la révolte contre Antiochos* IV Épiphane en −167. Chef de guerre jusqu'à sa mort, il fut remplacé par son frère Jonathan ; à la mort de ce dernier (−145), leur frère Simon affermit un pouvoir qu'il put transmettre à son fils Jean Hyrcan*, fondateur de la dynastie asmonéenne (➝ **Asmonéens**). Par extension, le nom de Maccabées fut donné aux cinq fils de Mattathias, puis à une autre famille de sept frères dont le martyre sous les yeux de leur mère est rapporté dans le Deuxième Livre des Maccabées (et qui seraient à l'origine des mots français *macchabée* et *macabre*). ♦ ***Les «Livres des Maccabées»*** Le Premier Livre des Maccabées, deutérocanonique* (➝ **Bible**), sans doute écrit en hébreu ou en araméen. 16 chapitres retracent l'histoire de la révolte des origines à la mort de Simon. Le Deuxième Livre des Maccabées, deutérocanonique, se présente comme le résumé d'une histoire en cinq livres, composée en grec par un Jason de Cyrène dont nous ne connaissons rien. 15 chapitres centrés sur la période qui va de −180 à −160. Le Troisième Livre des Maccabées, apocryphe* (grec, Ier s.). 7 chapitres relatent la persécution des Juifs en Égypte en −217 : Dieu empêche les éléphants de Ptolémée* IV Philopator de les piétiner. Le Quatrième Livre des Maccabées, apocryphe* (grec, Ier s.) : discours en 18 chapitres, longtemps attribué à Flavius Josèphe*, sur la souveraineté de la raison.

**MCCAREY (Leo)** ♦ Cinéaste américain (Los Angeles 1898 - Santa Monica 1969). À l'époque du burlesque muet, il dirigea Laurel et Hardy dans des courts métrages désopilants, tel *The Battle of Century* (1928). Au parlant, il continua avec les Marx Brothers (*Soupe au canard*, 1933) et W. C. Fields. Puis ce fut *L'Extravagant Mr. Ruggles* (1935) et *Cette sacrée vérité* (1937), deux joyaux de la comédie américaine. Il excella aussi dans le registre mélodramatique avec *Place aux jeunes* (1937) et les deux versions d'*Elle et lui* (1939 et 1957). Le point culminant de son art, dosage subtil d'humour et de spiritualité, fut atteint dans le diptyque *La Route semée d'étoiles* (1944) /*Les Cloches de Sainte-Marie* (1945).

**MCCARTHY (Joseph Raymond)** ♦ Homme politique américain (Appleton, Wisconsin 1908 - Bethesda, Maryland 1957). Sénateur républicain du Wisconsin en 1947, il se fit connaître par ses campagnes anticommunistes acharnées et la «chasse aux sorcières» qu'il tenta de mener contre de nombreuses personnalités politiques et intellectuelles taxées de sympathies communistes. Le «maccarthysme» finit par être désapprouvé par le parti républicain et son instigateur fut blâmé par le Sénat (1954). ➝ ÉTYM. *McCarthy* vient du gaélique *Mac Cárthaigh*, de *mac* «fils» et *cārthach* «affectueux».

**MCCARTHY (Mary)** ♦ Écrivain américain (Seattle 1912 - New York 1989). Critique littéraire et dramatique au style acerbe, elle s'est surtout fait connaître par son roman *Le Groupe* (1963), qui dépeint l'évolution et le sort de huit jeunes femmes dans les années précédant la Deuxième Guerre mondiale. Épouse d'Edmund Wilson*, elle milita à gauche et a publié plusieurs textes contre la guerre du Viêtnam. On lui doit des études artistiques sur Venise et Florence, des écrits autobiographiques (*Comment j'ai grandi*) et des recueils d'essais (*Le Roman et les Idées*).

**MCCARTHY (Cormac)** ♦ Romancier américain (Providence 1933). Son œuvre a pour thème récurrent la dignité humaine mise à l'épreuve de la sauvagerie du monde. *Suttree* (1979), récit noir et violent, suit les aventures du héros éponyme dans les bas-fonds sordides de Knoxville, dans le Tennessee. *Méridien de sang* (1985) et les westerns initiatiques et métaphysiques de la *Trilogie des Confins* (*De si jolis chevaux*, 1991 ; *Le Grand Passage*, 1995 ; *Des cités dans la plaine*, 1995) évoquent dans un style lyrique les paysages rudes et grandioses des deux côtés de la frontière mexicaine et la brutalité ou la noblesse d'âme des hommes qui les traversent. *La Route* (2006 ; prix Pulitzer), se déroule dans un univers post-apocalyptique où un homme et son fils luttent pour survivre. Thriller noir, *No Country For Old Men* (2005) a été porté à l'écran par les frères Coen*.

**MCCAY (Winsor)** ♦ Dessinateur américain (Spring Lake, Michigan 1869 - Chicago 1934). Après plusieurs bandes dessinées de grande qualité, il créa son chef-d'œuvre, *Little Nemo in Slumberland* (1905), où un graphisme très savant est mis au service d'une narration poétisée et d'une invention plastique et spatiale constante. Il fit également des dessins animés (*Gertie, the Trained Dinosaur*).

**Macchiaioli** n. m. pl. ➝ ÉTYM. de l'it. *macchia* «tache» ♦ Groupe de peintres italiens de la seconde moitié du XIXe s. : Giovanni Fattori (1825 - 1908), Silvestro Lega (1826 - 1895), Giuseppe Abbati (1836 - 1868), Raffaello Sernesi (1838 - 1866), Odoardo Borrani (1833 - 1905), Telemaco Signorini (1835 - 1901) et Vincenzo Cabianca (1827 - 1902). Rejetant l'académisme et le romantisme finissant, ces peintres, qui se réunissaient entre 1855 et 1870 au café Michelangelo à Florence, donnèrent un soufle nouveau à la peinture italienne en prônant la représentation du réel et en choisissant de traiter la vie quotidienne, le patriotisme, le paysage toscan, thèmes liés à leur engagement politique — la plupart participèrent au Risorgimento*. Leur appellation vient du mot *macchia* («tache») à cause de la construction de leurs tableaux par juxtaposition de taches colorées et contrastées.

**MCCLELLAN (George Brinton)** ♦ Général américain (Philadelphie 1826 - Mayfield, New Jersey 1885). Appelé par Lincoln, dès le début de la guerre de Sécession, au commandement en chef de l'armée du Potomac (1861), il échoua dans son attaque contre Richmond (1862). Chargé de défendre Washington, il fut dépossédé de son commandement en raison de son attitude antiabolitionniste, malgré sa victoire sur Lee à Antietam (1862), qu'il ne sut pas exploiter (il laissa Lee se replier sans le poursuivre). Il échoua à l'élection présidentielle de 1864 contre Lincoln.

**MACCLESFIELD** ♦ V. d'Angleterre (Cheshire), au S.-E. de Manchester. 150 144 hab. Musée de la soie.

**MCCLINTOCK (sir Francis Leopold)** ♦ Explorateur irlandais (Dundalk, Irlande 1829 - Londres 1907). Participant de 1848 à 1859 à plusieurs expéditions à la recherche de J. Franklin, il explora les régions arctiques et étudia les phénomènes astronomiques, météorologiques et magnétiques.

**MCCLINTOCK (Barbara)** ♦ Généticienne américaine (Hartford, Connecticut 1902 - Huntington, État de New York 1992). Ses travaux sur la génétique du maïs, effectués dans les années 1940 à l'aide d'un simple microscope optique, démontrèrent que le patrimoine héréditaire peut subir certaines restructurations. Elle découvrit les éléments génétiques mobiles, une classe de séquences d'ADN qui peut se déplacer sur un chromosome ou même «sauter» d'un chromosome à un autre, permettant ainsi plusieurs niveaux d'expression d'un même gène. [Prix Nobel de physiol. ou méd. 1983]

**MCCLURE (sir Robert John LE MESURIER)** ♦ Explorateur irlandais (Wexford, Irlande 1807 - Londres 1873). Après avoir participé au voyage de Ross à la recherche de J. Franklin (1848), il entreprit une nouvelle expédition (1850 - 1853), au cours de laquelle, après avoir franchi le détroit de Béring, il atteignit l'île Banks et celle du Prince-Albert avant de revenir par l'île de Baffin, ayant ainsi réalisé le passage de l'océan Pacifique à l'Atlantique.

**MACCOLL (Hugh)** ♦ Logicien britannique (1835 - Boulogne-sur-Mer 1909). En «faisant reposer la logique sur le calcul élémentaire des propositions» (R. Blanché), il contribua à poser les bases de la logique mathématique moderne et formalisa la logique à six modalités (vrai, faux, nécessaire, contingent, possible, impossible).

**MCCORMICK (Cyrus Hall)** ♦ Industriel américain (Walnut Grove, Virginie 1809 - Chicago 1884). Inventeur de la première moissonneuse pouvant être produite en série, il fonda la McCormick Co. qui devint en 1902 l'International Harvester Company.

**MCCOY (Horace)** ♦ Romancier et scénariste américain (Nashville 1897 - Beverly Hills 1955). Son premier roman, *On achève bien les chevaux* (1935), connut un immense succès et lui ouvrit les portes du cinéma hollywoodien. Représentant d'une école connue sous le nom de hard-boiled, il vit ses autres livres (*Adieu la vie, adieu l'amour*, 1948 ; *Scalpel*, 1952) contestés pour leur impitoyable violence.

**MCCULLERS (Carson SMITH)** ♦ Romancière américaine (Colombus, Géorgie 1917 - New York 1967). Née dans le Sud où elle reçut une formation musicale, transplantée à New York, elle sombra dans l'éthylisme en France. Elle demeura l'enfant blessée de *Frankie Addams* (*The Member of the Wedding*, 1946) et mourut paralysée après dix ans de souffrance. Elle fut parmi les premiers écrivains à traiter le thème de l'incommunicabilité, avec *Le cœur est un chasseur solitaire* (1940). *Reflets dans un œil d'or* (1941) mélange l'horreur et la perversion sexuelle. Elle laissa un dernier roman, *L'Horloge sans aiguilles* (1951), et des contes, *La Ballade du café triste* (1951, porté à la scène par E. Albee*).

**MCCULLIN (Donald, dit Don)** ♦ Photographe britannique (Londres 1935). Photographe de guerre, il a couvert tous les grands conflits mondiaux des années 1960 à 1980 (du Viêtnam au Liban), a montré les famines de l'Inde, du Biafra et du Bangladesh ainsi que la pauvreté dans le Royaume-Uni. Adepte du noir et blanc, il a composé des photos poignantes qui révèlent la souffrance et la dignité de l'être humain (➝ aussi **Caron** [Gilles]). Dans les années 1990, il s'est mis à la photographie de paysage et a publié un livre né de ses voyages en Afrique (*Don McCullin en Afrique*, 2005).

**MACDIARMID (Alan G.)** ♦ Chimiste américain d'origine néo-zélandaise (Masterton 1927 - Philadelphie 2007). [Prix Nobel de chimie 2000, avec A. Heeger* et H. Shirakawa*]

**MACDONALD (Étienne Jacques Joseph Alexandre)** ♦ Maréchal de France (Sedan 1765 - Courcelles-le-Roi, Loiret 1840). Issu d'une famille écossaise jacobite exilée en France, il fut général à vingt-huit ans (1793) ; il participa à la conquête des Pays-Bas (1794 - 1795). À la bataille de Trébie (17 - 19 juin 1799), il résista à l'armée de Souvorov* et battit en retraite après lui avoir infligé de lourdes pertes. Disgracié de 1804 à 1809 comme ami de J. V. Moreau*, il s'illustra à la bataille de Wagram*. Napoléon le fit aussitôt maréchal de France et duc de Tarente. Il commanda en Catalogne (1810 - 1811), fit la campagne de Russie, fut battu en Silésie par Blücher (Katzbach, août 1813) ; il combattit à Leipzig*. L'un des derniers maréchaux à reconnaître l'abdication de Napoléon en 1814, il se rallia aux Bourbons. ← ÉTYM. Ce nom de famille gaélique signifie «fils *(mac)* de Donald*».

**MACDONALD (sir John Alexander)** ♦ Homme d'État canadien (Glasgow 1815 - Ottawa 1891). Député conservateur (1844), il fut l'artisan de la Confédération et de la création du dominion du Canada, dont il présida le premier cabinet (1867 - 1873). Il dut démissionner par suite du «scandale du Pacifique» (contributions d'entreprises ferroviaires à la caisse électorale). Macdonald redevint Premier ministre en 1878 (jusqu'à sa mort en 1891). Sa politique s'est illustrée dans la suppression du monopole de la Compagnie de la baie d'Hudson* (1869), la répression (1869) puis l'écrasement (1885) des soulèvements de Riel*, l'achèvement du premier transcontinental canadien (Canadian Pacific Railway, 1885); sous son gouvernement, le Canada connut une grande expansion : rattachement des Territoires du Nord*-Ouest (1870) et de trois provinces (Manitoba*, 1870; Colombie*-Britannique, 1871; île du Prince*-Édouard, 1873).

**MACDONALD (James Ramsay)** ♦ Homme politique britannique (Lossiemouth, Écosse 1866 - en mer 1937). Il fut l'un des fondateurs du Parti travailliste (1900). Député aux Communes (1906), chef du Parti travailliste (1911), il mena une politique pacifiste qui lui fit perdre sa popularité (1924). De nouveau Premier ministre en 1929, il fit face à la crise économique mondiale et préconisa des économies sévères. Pour restaurer la confiance, il forma en 1931 un gouvernement d'Union nationale qui fut dirigé à partir de 1935 par le conservateur S. Baldwin*.

**MACDONNELL (monts)** ♦ Hauteurs du centre de l'Australie (Territoire du Nord) dominant Alice* Springs. 1 531 m au mont Ziel.

**MCDOUGALL (William)** ♦ Psychologue américain (Chadderton, Lancashire 1871 - Durham 1938). Sa conception de la psychologie sociale (science dont il fut un des fondateurs) repose essentiellement sur la notion d'instinct (*An Introduction to Social Psychology*, 1908).

**MACÉ (Jean)** ♦ Pédagogue et publiciste français (Paris 1815 - Monthiers, Aisne 1894). Rédacteur du journal *La République* (1848), contraint de quitter la capitale après le coup d'État du 2 décembre 1851, il fut instituteur en Alsace puis à Monthiers. Fondateur de la Ligue française de l'enseignement (1866), il ne cessa de lutter pour l'école publique, laïque et obligatoire. ← ÉTYM. *Macé* désigne «celui qui porte une masse d'armes», surnom d'un homme de guerre.

**MACÉDOINE** n. f. ← ÉTYM. du gr. *makednos* «long, élevé» ou de *Makedôn*, héros éponyme des Macédoniens ♦ Partie de la péninsule des Balkans*, aujourd'hui partagée entre la Grèce*, la république de Macédoine* (ex-yougoslave) et la Bulgarie, cette dernière ne possédant que le bassin supérieur de la Struma ou Macédoine de Pirin.

**▮ HISTOIRE ▮ *Le royaume de Macédoine*** Selon une hypothèse généralement admise, les Hellènes, mêlés probablement d'Illyriens et de Thraces, composèrent la population de la Macédoine. Soumis à une aristocratie féodale et maintenus fermement liés par une puissante monarchie, les Macédoniens ne connurent pas les bouleversements politiques de la Grèce archaïque et classique. La Macédoine entra dans l'histoire avec la dynastie des Argéades (→ **Perdiccas**) qui étendirent leurs domaines aux dépens des Illyriens et des Thraces. Envahie par les Perses v. -513, la Macédoine devint vassale de Darios* Ier et dut se joindre à l'expédition de Xerxès* contre la Grèce, mais elle recouvra son indépendance après la défaite perse à la bataille de Platées (-479). À partir de cette époque, la Macédoine s'intégra au monde grec. Le philhellénisme de ses rois (Alexandre Ier, Archélaos Ier) alla de pair avec la présence macédonienne dans les affaires grecques. Redoutant l'expansion athénienne en Chalcidique, Perdiccas* II se rangea d'abord aux côtés de Sparte pendant la guerre du Péloponnèse*, puis se tourna contre elle. Pella* devint à cette époque la capitale du royaume. **▮ *Philippe II et Alexandre le Grand*** Une grande période de luttes dynastiques (Amyntas* [III], Amyntas* IV, Perdiccas* III, Alexandre* II) et d'invasions illyriennes se termina avec l'avènement de Philippe* II en -359. Ayant rétabli la monarchie absolue et organisé une puissante armée, dont la phalange (infanterie lourde) constituait la base, le souverain soumit les Illyriens, les Thraces et les Péoniens, puis entreprit la conquête de la Grèce qu'il acheva avec sa victoire de Chéronée (-338) sur l'alliance d'Athènes* et de Thèbes*. Son ambition de conquête de l'Empire perse par les Grecs unis fut réalisée par son fils Alexandre (-334 - -323). → **Alexandre le Grand.** **▮ *Les diadoques*** Après la mort du conquérant, le régent Antipatros* écrasa la révolte des cités grecques au cours de la guerre lamiaque (→ **Lamia**). En proie aux luttes des diadoques, la Macédoine passa successivement à Antigonos* Monophthalmos et à son fils Démétrios* Ier Poliorcète, à Cassandre*, puis au roi d'Épire Pyrrhus*, au roi de Thrace Lysimaque*, enfin à Ptolémée* Ier, roi d'Égypte. À l'issue de ces luttes, la victoire d'Antigonos* Gonatas, fils de Démétrios Poliorcète (-276), donna le pouvoir aux Antigonides qui régnèrent jusqu'à la conquête romaine. L'hégémonie macédonienne sur la Grèce, rétablie en partie, se heurtait à la résistance tantôt d'Athènes, tantôt de Sparte, tantôt des deux ligues, l'Achéenne et l'Étolienne. La politique impérialiste de Philippe* V inquiétait Rome*, et son alliance avec Hannibal fournit le prétexte de l'intervention romaine en Grèce. **▮ *Les trois guerres de Macédoine (-216 - -205)*** Elle se termina par la défaite de la Ligue étolienne, alliée des Romains. Ensuite, l'expansion macédonienne en Asie Mineure provoqua la *deuxième guerre de Macédoine* (-200 - -197) et la défaite de Philippe V (→ **Cynocéphales**). Flaminius proclama la liberté des cités grecques, l'État de Philippe fut réduit à la Macédoine et désarmé. La révolte de son fils Persée* donna lieu à la *troisième guerre de Macédoine* (-172 - -168), terminée par la victoire de Paul* Émile à Pydna* et la fin du royaume de Macédoine avec sa division en quatre États satellites de Rome. **▮ *La province byzantine*** Après une nouvelle révolte qui fut écrasée, la Macédoine devint une province romaine (-146). Comprise dans l'empire d'Orient (→ **byzantin [Empire]**) en 395, elle fut souvent ravagée par les invasions barbares. L'infiltration des Slaves dès le VIe s. puis la domination bulgare (IXe - Xe s.) modifièrent la composition ethnique de la Macédoine intérieure. À l'éphémère royaume de Salonique (1204 - 1224) de Boniface de Montferrat* se substituèrent le despotat d'Épire, puis l'État bulgare (1230 - 1246), enfin l'empire de Nicée (→ **Jean III Doukas Vatatzès**). Tandis que les Grecs dominent surtout la zone côtière, les Serbes (→ **Étienne IX Douchan**) remplacent les Bulgares dans la Macédoine du Nord. Mais la conquête turque, amorcée dès 1371, s'acheva par la prise de Salonique (occupée un temps par les Vénitiens), en 1430. **▮ *Le partage de la Macédoine*** Dans le cadre de la question d'Orient*, le partage de la Macédoine, disputée aux Turcs par les États balkaniques, posait de graves problèmes, compliqués par la composition ethnique très diverse de la région (Bulgares, Grecs, Serbes, Albanais, Turcs, Valaques, Juifs et Tsiganes). À l'issue de la guerre russo-turque de 1878, le traité de San Stefano attribua la Macédoine à l'État bulgare récemment constitué, mais le congrès de Berlin rétablit la domination ottomane. La Bulgarie, puis la Serbie et la Grèce encouragèrent l'activité terroriste des *comitadjis* contre la répression ottomane et s'engagèrent dans des propagandes rivales pour appuyer leurs revendications nationales. **▮ *Les guerres balkaniques*** Avec la première guerre balkanique (1912 - 1913), elles enlevèrent la Macédoine aux Turcs, mais la question du partage provoqua une seconde guerre balkanique, la Serbie et la Grèce faisant cause commune contre la Bulgarie. Cette dernière, vaincue, consentit à un partage (traité de Bucarest, 1913) qui lui laissait une infime partie du pays, tandis que la Serbie englobait toute la région à l'O. de la Struma, et la Grèce la partie méridionale en bordure de la mer Égée. **▮ *Les deux guerres mondiales*** La Macédoine fut le théâtre d'opérations importantes pendant la Première Guerre* mondiale (*campagne de Macédoine*, 1915 - 1918). Au traité de Neuilly (1919), la Bulgarie, battue aux côtés des puissances centrales, perdit son débouché en Thrace maritime, et sa frontière avec la Yougoslavie fut rectifiée à ses dépens. La propagande bulgare troubla la Macédoine jusqu'en 1930. Obsédée par l'idée d'une revanche, la Bulgarie se rangea de nouveau aux côtés de l'Allemagne lors de la Deuxième Guerre mondiale et annexa presque toute la Macédoine (1941 - 1944) que le traité de paix (1947) restitua à la Grèce et à la Yougoslavie.

**MACÉDOINE** n. f. – en gr. ***Makedonia*** ♦ Région de la Grèce du Nord qui forme 3 régions administratives. → **Grèce.** Elle est divisée en 13 nomes. 34 144 km². 2 263 099 hab. V. PRINC. : Salonique*, Kavalla*, Serrès*, Katerini. La partie O. ou *haute Macédoine* est une succession de bassins allongés entre les chaînes du Pinde (qui forme la limite O. de la Macédoine), du Vernon-Askion et du Vermion, séparés de la Thessalie au S. par les massifs des Chassia, des Kamvounia et de l'Olympe ; elle comprend les nomes de Kastoria, Grevena, Kozani, Florina. La partie centrale, entre le Vermion à l'O. et le Mavrovouni à l'E., est formée par les basses plaines alluviales de l'Axios (Vardar) et de l'Aliakmon, et par la péninsule de la Chalcidique (nomes de Pella, Émathie, Piérie, Kilkis, Salonique, Chalcidique). La partie E. est formée par les plaines du Strimon et de Drama (nomes de Serrès, Drama, Kavalla). Le cours du Nestos sépare à l'E. la Macédoine de la Thrace. ▪ Rattachée à la Grèce en 1913, la région a reçu après la convention de Lausanne (1923) 640 000 réfugiés orthodoxes d'Asie Mineure, tandis que 376 000 musulmans la quittaient. Les réfugiés ont contribué à développer les cultures intensives (fruits, maïs, oléagineux) dans les plaines mises en valeur par la réforme agraire (Axios, Nestos, Strimon et Pélagonie). La Macédoine grecque offre aujourd'hui le dynamisme économique le plus élevé du pays.

## MACÉDOINE

▮ n. f. – off. ***Ancienne République yougoslave de Macédoine*** [ARYM], en macédonien ***Makedonija*** ♦ Pays des Balkans. 25 713 km². 2 022 547 hab. *(Macédoniens)*. LANGUE : macédonien majoritaire. POPULATION : Macédoniens, 64 % ; Albanais, 25 % (concentrés à l'O.) ; Turcs, 4,1 %, Roms (Tsiganes), Serbes, Valaques. RELIGIONS : orthodoxes (67 %), musulmans (33 %). MONNAIE : denar. CAPITALE : Skopje. RÉGIME : république parlementaire.

**▮ GÉOGRAPHIE** Le relief s'ordonne autour de la vallée du Vardar, axe principal de communication entre la Grèce et la Serbie. Les montagnes de l'E., qui appartiennent au système du Rhodope, culminent à l'Osogovo (2 252 m) et sont trouées de dépressions comme l'Ovče Polje et le bassin de Strumica. À l'O., dans le système dinarique, le Korab et la Šar Planina dépassent les 2 700 m tandis que

**Macédoine.**

les plaines du Polog, de Pélagonie, les lacs d'Ohrid et de Prespa se logent dans des bassins effondrés. L'agriculture des plaines fait une place importante aux cultures subtropicales (riz, coton, tabac, sésame, mûrier, pavot). Du fer et du chrome sont extraits à l'O. (Raduša), du plomb et du zinc à l'E. (Kratovo). Tout en conservant l'artisanat qu'elle avait hérité de l'époque turque (tapis), la Yougoslavie socialiste développa l'industrie (sidérurgie à Skopje, textile). La crise économique engendrée par la décomposition de la Yougoslavie est atténuée par les transferts de revenus des nombreux émigrés. En 2007, la flambée mondiale des cours des métaux et les investissements étrangers ont relancé l'activité minière.

**▮ HISTOIRE** La Macédoine a constitué, de 1945 à 1991, l'une des six républiques de la Yougoslavie. Le régime de Tito a été le premier à considérer les Macédoniens, auparavant confondus avec les Serbes en dépit de leurs affinités linguistiques avec les Bulgares, comme une nation particulière. Une langue macédonienne standard a été mise au point, enseignée et utilisée officiellement. Craignant le retour de l'hégémonisme serbe et soucieuse de prendre ses distances à l'égard des conflits yougoslaves, la Macédoine s'est proclamée indépendante en oct. 1991. La Grèce refusant à des Slaves le droit de se parer d'un nom issu de l'Antiquité, sa reconnaissance internationale n'eut lieu qu'en avr. 1993. La Macédoine fut alors admise à l'ONU sous le nom provisoire de Former Yougoslavian Republic of Macedonia (Fyrom), mais subit de fév. 1994 à oct. 1995 un blocus économique imposé par la Grèce. Les difficultés qui subsistent sont dues au statut précaire des Albanais, à la crise de l'Albanie (1997) et à celle du Kosovo* (1998 - 1999), trois questions interagissantes. En 1999, la Macédoine a accueilli temporairement 250 000 réfugiés du Kosovo. En 2001 a éclaté dans le N.-O., aux limites du Kosovo, une insurrection armée albanaise non séparatiste réclamant la fin du statut de minorité, l'usage officiel de l'albanais et l'égalité d'accès à la fonction publique. Une médiation internationale a obtenu l'arrêt des combats et une réforme constitutionnelle. Toutefois, la question du nom de la Macédoine reste un problème majeur en ce qui concerne non seulement ses relations avec la Grèce, mais également son avenir international. En effet, du fait de l'opposition grecque, les processus d'adhésion à l'Otan et à l'Union européenne (la Macédoine a été admise comme candidate à l'U. E. en 2005) ont été gelés en 2008. Skopje a porté plainte contre Athènes auprès de la Cour internationale de

Macédoine ▮ Productions en 2008

| Produits | Quantités |
|---|---|
| Blé | 290 000 t |
| Maïs | 130 000 t |
| Orge | 110 000 t |
| Pommes de terre | 190 000 t |
| Raisin | 200 000 t |
| Ovins (têtes) | 1 000 000 |

**Macédoine.** Le lac Ohrid. *Phot. © Hutchinson*

Justice, l'accusant d'avoir injustement bloqué sa demande d'adhésion à l'Otan. En 2009, Gjorge Ivanov, du parti conservateur (VMRO-DPMNE) a succédé au social-démocrate Branko Crvenkovski à la présidence de la république. Le pays est entré en récession en raison de la crise économique mondiale.

**MACEIÓ** ♦ V. du Brésil, cap. de l'État de l'Alagoas. 796 000 hab. Université. Port. Exportation de sucre. Chimie.

**MCENROE (John)** ♦ Joueur de tennis américain (Wiesbaden 1959). Gaucher au jeu offensif, au service imparable et au toucher de balle exceptionnel, il s'est également distingué sur le terrain par son sens du spectacle, son humour et un comportement parfois agressif. À la tête de 156 titres (77 en simple, dont 7 au Grand Chelem), il est une des figures du tennis des années 1980.

**MACERATA** ♦ V. d'Italie, ch.-l. de prov., dans les Marches. 40 875 hab. Édifices médiévaux (XVI$^e$ s.). ▪ Centre agricole. **▮ Histoire** La ville fut chef-lieu du département de Musone de 1797 à 1815.

**MCEWAN (Ian)** ♦ Écrivain britannique (Aldershot 1948). Il connut le succès en 1975 avec un recueil de nouvelles *(Premier amour, derniers rites)* qui annonce son style réaliste incisif, son regard parfois cruel et sa fascination pour le macabre et la perversité humaine. Il est l'auteur de nombreux romans, dont *Le Jardin de ciment* (1978), *Amsterdam* (1998, Booker Prize) et *Expiation* (2001).

**MCFADDEN (Daniel)** ♦ Économiste américain (Raleigh 1937), spécialiste de la microéconométrie. Il a développé des théories et des méthodes d'analyse des choix discrets utilisées dans l'analyse statistique du comportement des individus et des ménages ainsi que dans les autres sciences humaines. [Prix Nobel d'économie 2000, avec J. Heckman*]

**MACH (Ernst)** ♦ Physicien et philosophe autrichien (Chirlitz-Turas, auj. Chrlice-Tuřany, Moravie 1838 - Haar, près de Munich 1916). Sa philosophie positiviste, dite empiriocriticiste, est une tentative pour décrire la totalité de l'expérience à partir des sensations et des fonctions (lois) qui les relient, en éliminant les notions de substance, de causalité, etc., et en niant la dualité et l'opposition du psychique et du physique. Lénine mit en question ce qu'il appelait l'idéalisme subjectif de cette doctrine dans *Matérialisme* et Empiriocriticisme* (1909). Mais Mach, à qui R. Musil* consacra sa thèse, eut une profonde influence sur le néopositivisme viennois **(→ Vienne [cercle de], Carnap, Wittgenstein).** ▪ Il établit le rôle de la vitesse du son en aérodynamique, et l'unité de vitesse égale à celle du son, utilisée en aviation, reçut son nom. Sa critique des principes de la mécanique newtonienne (en particulier, il affirma la relativité de tout mouvement, même accéléré) influença considérablement la pensée d'Einstein*. ➝ **ÉTYM.** Ce nom vient de l'allemand *Matthäus* « Matthieu ».

**MÁCHA (Karl Ignac,** dit **Karel Hynek)** ♦ Poète tchèque (Prague 1810 - Litoměřice 1836). Influencé par les romantiques européens, il fit ses débuts littéraires en allemand puis, dans l'effervescence nationale de l'époque, passa au tchèque. Son œuvre est mince (*Křivoklad*, 1834 ; *Pèlerinage aux monts des Géants*, 1833 - 1834), mais elle a donné le poème *Mai* (1834 - 1836), texte majeur de la littérature tchèque du XIX$^e$ s., dont l'intrigue (la dernière nuit d'un condamné) cède la place à la méditation métaphysique, et dont la langue, d'une sonorité radicalement nouvelle, reste aujourd'hui encore une source d'inspiration. La vie misérable de Mácha, sa mort prématurée (du typhus), son court *Journal*, où il tient le compte de sa vie érotique, ont accentué le mystère qui l'entoure. Sa popularité a été ravivée par les études que lui ont consacrées notamment Jan Mukařovský et Jan Patočka*.

**MACHADO (Antonio)** ♦ Poète espagnol (Séville 1875 - Collioure 1939). Éminent représentant de la génération de 98, Machado voulut faire de sa poésie une «profonde palpitation de l'esprit», intime et dépourvue de toute rhétorique. Il évoqua des souvenirs et des impressions de jeunesse (*Solitudes*, 1902), l'âme du désert castillan (*Champs de Castille*, 1912), l'amour de sa femme, la vie, la mort,

Antonio **Machado.**
*Phot. © Harlingue-Roger-Viollet*

Dieu. Son œuvre ultérieure, et notamment *Chants nouveaux* (1920), est d'inspiration plus philosophique. Engagé aux côtés des républicains, Machado mourut en exil, à Collioure. ➡ ÉTYM. Le mot espagnol *machado* signifie «hache», probablement surnom de bûcheron.

**MACHADO DE ASSIS (Joaquim Maria)** ♦ Poète et romancier brésilien (Rio de Janeiro 1839 - *id.* 1908). Il fut successivement romantique et parnassien. Ses romans, analyse cruelle de la société et de l'âme humaine, sont écrits dans un style pur, dépouillé qui révèle sa tristesse profonde. Œuv. princ. : *Dom Casmurro* (1900).

**MACHALA** ♦ V. d'Équateur, cap. de la province d'El Oro, située au S. de la côte. 213 850 hab. Puerto Bolívar, reliée à Machala, est le premier port bananier du pays.

**MACHAR (Josef Svatopluk)** ♦ Poète et essayiste tchèque (Kolín 1864 - Prague 1942). D'abord poète lyrique (*Confiteor,* 1887), il devint rapidement un auteur réaliste et combatif évoquant avec fougue les problèmes sociaux, nationaux ou religieux, s'attachant à défendre la condition de la femme (*Magdalena,* 1894 ; *Ici les roses devraient fleurir,* 1894) ou à dénoncer le christianisme (*Le Poison de Judée,* 1906). Après la proclamation de la république de Tchécoslovaquie, il devint inspecteur des armées.

**MACHAULT D'ARNOUVILLE (Jean-Baptiste DE)** ♦ Homme politique français (Paris 1701 - *id.* 1794). Issu d'une famille de robe, il devint contrôleur général des Finances en 1745. Dans son effort pour développer la fiscalité directe en réduisant les privilèges, il se heurta à la vive opposition de l'aristocratie et à celle du clergé. Le roi ayant cédé devant la pression de l'opinion, Machault quitta le contrôle général des Finances pour la Marine (1754). Il favorisa le renversement des alliances, tout en essayant de maintenir la France hors d'un nouveau conflit. Mais il perdit la faveur de M^me^ de Pompadour et fut disgracié (1757). Arrêté pendant la Terreur, il mourut en prison.

**MACHAUT (GUILLAUME DE)** → **Guillaume de Machaut**

**MÂCHE (François-Bernard)** ♦ Compositeur français (Clermont-Ferrand 1935). Opposé au sérialisme, il s'est intéressé aux sons et aux bruits enregistrés à l'état pur (*Danaé* pour 12 voix mixtes et un percussionniste, 1970 ; *Kassandra* pour orchestre et bande, 1977 ; *Eridan* pour quatuor à cordes, 1986). [Acad. des bx-arts 2002]

**MACHECOUL** [44270] ➡ ÉTYM. var. de *mâchicoulis* ♦ Ch.-l. de cant. de la Loire-Atlantique, arr. de Nantes. 5 420 hab. *(Machecoulais).* Ruines de l'anc. château de Gilles de Rais (XIV^e^ s.). Maisons anc. ▪ Cycles. ▮ **Histoire** La ville fut l'un des premiers foyers de l'insurrection vendéenne : en mars-avr. 1793, les troupes de Charette y massacrèrent 300 bleus.

**MACHEL (Samora Moises)** ♦ Homme d'État mozambicain (Madragoa 1933 - en Afrique du Sud 1986). L'un des principaux organisateurs de la lutte armée en 1964, il présida le Front national de libération du Mozambique (Frelimo) à partir de 1970 et devint chef de l'État à l'indépendance du Mozambique en 1975. Malgré ses sympathies chinoises, il ne coupa pas pour autant les liens avec l'Occident, mais fut confronté à une guérilla financée par l'Afrique du Sud. Il disparut dans un accident d'avion.

**MACHELEN** ♦ Comm. de Belgique (Région flamande), prov. du Brabant flamand, arr. de Halle-Vilvoorde, dans la banl. N.-E. de Bruxelles. 12 792 hab. Culture d'endives, en recul du fait de l'urbanisation de la périphérie bruxelloise. Construc. métalliques. Indus. chimique et électronique. Extrémité O. de l'aéroport de Bruxelles-National, «ring» autoroutier de Bruxelles.

**MACHIAVEL (Niccolò MACHIAVELLI** dit en fr. **Nicolas)** ♦ Homme politique et philosophe italien (Florence 1469 - *id.* 1527). Secrétaire de la seconde chancellerie de Florence, il accomplit plusieurs missions diplomatiques (auprès de César Borgia, de Louis XII et de Maximilien I^er^). Lorsque les troupes françaises se replièrent (après la bataille de Prato, 1512), la république s'effondra à Florence. Avec le retour des Médicis au pouvoir, Machiavel perdit ses fonctions, fut même impliqué dans un complot et emprisonné. Libéré, mais banni de la ville, il s'installa à San Casciano où il écrivit, en italien, *Le Prince** (1513), dédié à Laurent II de Médicis (→ **Médicis**) ; sa doctrine politique ne se réduit pas à ce qu'on appelle souvent «machiavélisme» (la fin justifie n'importe quel moyen) mais repose sur une nouvelle conception de la politique : le souverain ne se soucie plus du bien commun (comme chez Aristote*), il n'est pas au service de Dieu ou de l'Église (comme dans l'augustinisme), mais il cherche à stabiliser son pouvoir et il sait utiliser la force et surtout les apparences. Il composa également des *Discours sur la première décade de Tite-Live* (1513 - 1520) et rédigea une *Histoire de Florence* à la demande de Jules de Médicis (futur Clément VII). Ce n'est qu'en 1526 qu'il obtint à nouveau des fonctions officielles (pendant la guerre contre les Impériaux). Mais il mourut en 1527, alors que les Médicis venaient d'être renversés et la république proclamée. Parmi ses œuvres, on peut encore citer *L'Art de la guerre* et des comédies *(La Mandragore).* ➡ ÉTYM. Le nom italien *Machiavelli* signifie «mauvais *(malo)* clou *(chiavello)*» (allusion à de piètres performances sexuelles).

**MACHILIPATNAM** ➡ ÉTYM. anc. ***Masulipatnam*** ou ***Bandar*** ; pakrit et hindi «la ville *(patnam)* aux poissons *(macchuli)*» ♦ V. de l'Inde (Andhra Pradesh), sur le delta de la Krishna. 183 370 hab. Port. Indus. textiles, chimiques, rizeries.

**MACHINE (LA)** [58260] ➡ ÉTYM. allus. aux machines servant dans les mines de charbon ♦ Ch.-l. de cant. de la Nièvre, arr. de Nevers, à proximité du canal du Nivernais. 3 735 hab. *(Machinois).* Anc. houillère. Construc. mécaniques et électriques.

**MACHU PICCHU** ➡ ÉTYM. quechua «vieux pic» ♦ Site archéologique inca du Pérou, au N.-O. de Cuzco*, à 2 045 m d'alt. sur les contreforts des Andes, en bordure de la forêt amazonienne. Cette cité urbaine, découverte en 1911 par l'architecte américain Hiram Bingham, fut construite vers le XV^e^ s. Elle reflète la maîtrise de connaissances en matière d'architecture, de topographie, de géologie et d'écologie. Le site comprend près de 200 bâtiments et se caractérise par la présence de terrasses aménagées pour l'agriculture et d'un bâtiment célèbre, le Torréon.

**MACIAS NGUEMA** → **Bioko**

**MACIEJOWICE** ♦ Loc. de Pologne, voïvodie de Mazovie. Théâtre de l'ultime bataille de Kościuszko* qui fut battu par l'armée russe de Souvorov* en 1794.

**MACINA** ♦ Région du Mali, formée par le delta intérieur du Niger, anc. terrain de parcours des Peuls, auj. grande région agricole mise en valeur par l'Office du Niger (→ **Sansanding**). Riz. Coton. ▮ **Histoire** Au début du XIX^e^ s., le chef peul Cheikou Amadou lança une guerre sainte contre les Bambaras* animistes et établit un empire éphémère qui succomba sous les coups d'El-Hadj Omar (1862). → **Toucouleurs.**

**MACINTOSH (Charles)** ♦ Inventeur et industriel écossais (Glasgow 1766 - Dunchattan, près de Glasgow 1843). Inventeur du tissu imperméable qui porte son nom (1823). → **Hancock.** ➡ ÉTYM. Ce nom vient du gaélique *Mac an Toisich* «fils *(mac)* du (*an* : article) chef *(toisich)*».

**MACINTYRE (Alasdair Chalmers)** ♦ Philosophe écossais (Glasgow 1929). Célèbre surtout pour ses contributions à la philosophie morale, son lectorat dépassant très largement la communauté universitaire, il est une figure majeure du récent regain d'intérêt pour l'éthique de la vertu. Son ouvrage principal, traduit en de nombreuses langues, *Au-delà de la vertu : étude sur la théorie morale* (1981), propose une relecture de l'histoire de l'humanité occidentale scandée en différentes époques morales et cherche à expliquer l'origine et la nature de la réalité amorale moderne, justifiant ainsi la nécessité d'une alternative sous la forme d'un retour à un type de pratique éthique et politique inspirée d'Aristote. Dans *Quelle justice ? Quelle rationalité ?* (1988), il répond aux critiques soulevées par son ouvrage précédent.

**MACK (Karl),** baron **VON LEIBERICH** ♦ Général autrichien (Nennslingen, Franconie 1752 - Sankt-Pölten 1828). Encerclé par les troupes de Napoléon, il capitula à Ulm* le 20 oct. 1805.

**MACKAU (Ange René Armand,** baron **DE)** ♦ Amiral français d'origine irlandaise (Paris 1788 - *id.* 1855). Gouverneur de la Martinique (1840), ministre de la Marine (1843), amiral (1847). ♦ **Armand Mackau.** Homme politique français (Paris 1832 - *id.* 1918). Fils du précédent. Député bonapartiste à la fin du Second Empire (1866 - 1870), il siégea parmi les conservateurs à la Chambre des députés (1876), présida l'Union des droites (1885). Partisan du boulangisme (1888), il se montra favorable par la suite à la politique de ralliement (1892).

**MACKE (August)** ♦ Peintre allemand (Meschede 1887 - Perthes-en-Champagne 1914). Il étudia à l'académie de Düsseldorf et se rendit à Paris en 1907, puis en 1908 et en 1909, découvrant la peinture impressionniste, Seurat et Cézanne. Il suivit un moment l'enseignement de Corinth* (1908), peignant alors des œuvres qui dénotent l'influence de Matisse. Il se lia ensuite avec F. Marc* et fit la connaissance de Klee et de Kandinsky, se joignant au groupe de la Neue Kunstlervereinigung (1911), puis au Cavalier* bleu. Avec F. Marc, il fit à Paris la connaissance de Delaunay* (1913) et subit son ascendant. Il eut d'abord tendance, comme les Fauves, à exalter les couleurs et à simplifier le dessin ; puis il distribua la couleur selon des plans angulaires (*Chemin ensoleillé,* 1913). Lors d'un

August **Macke.** *Dame à la jaquette verte* (44,5 x 43,5 cm), 1913.
*BIS/Phot. Museum Ludwig, Cologne. © Archives Larbor*

voyage en Tunisie en compagnie de Klee, il réalisa une série d'aquarelles lumineuses qui dénotent une volonté d'approcher la nature avec plus d'ingénuité (*Kairouan*, 1914). Il fut tué sur le front.

**MACKENSEN (August von)** ♦ Feld-maréchal allemand (Leipnitz 1849 - Burghorn, près de Celle 1945). Il commanda les cinq corps d'armée qui, de Thorn à Lods, marchèrent contre les Russes (nov. 1914). Puis il fut mis à la tête des forces austro-allemandes qui reprirent la Galicie (mai-juin 1915) et menèrent l'offensive contre la Serbie (oct.-nov. 1915). De Bulgarie, il mena l'attaque contre la Roumanie (sept. 1916). → **Guerre mondiale (Première).**

**MACKENZIE** (sir **Alexander**) ♦ Voyageur écossais (Stornoway, île de Lewis 1764 - Mulinearn, Perthshire 1820). En 1789, il explora les régions boréales de l'Amérique du Nord et découvrit le fleuve qui porte aujourd'hui son nom. ◆ ÉTYM. Ce nom gaélique signifie «fils *(mac)* de Kenneth *(Coinneach)*».

**MACKENZIE (William Lyon)** ♦ Homme politique canadien d'origine écossaise (près de Dundee 1795 - Toronto 1861). Il fonda au Canada le *Colonial Advocate* (1824) où il critiqua la politique coloniale britannique. Il déclencha en 1837 une rébellion en Ontario et dut se réfugier aux États-Unis. ▪ Grand-père de W. L. Mackenzie King*.

**MACKENZIE** (sir **Compton**) ♦ Auteur dramatique et romancier britannique (Durham 1883 - Édimbourg 1972). Il écrivit pour le théâtre *Le Gentilhomme gris* (1907) et s'intéressa au roman (*Carnaval*, 1912 ; *Guy et Pauline*, 1914 ; *Les Degrés de l'autel*, 1922). Sa meilleure œuvre, dans le domaine de la fiction, reste *L'Impasse* (*Sinister Street*, 1913), qui exprimait les sentiments de la génération d'avant-guerre à l'égard de l'université d'Oxford. Il publia des essais, et son autobiographie retrace une vie mouvementée. *Whisky à gogo* (1947), évocation truculente du particularisme écossais, fut l'objet d'une adaptation cinématographique.

**MACKENZIE** n. m. ◆ ÉTYM. du n. de sir Alexander *Mackenzie** ♦ Fl. du N. du Canada (4 241 km) qui déverse les eaux du Grand Lac des Esclaves* dans l'océan Arctique. Il coule vers l'O., puis le N.-O., reçoit plusieurs affl. venus des *monts Mackenzie* et se jette par un vaste delta dans l'océan *(baie de Mackenzie)*, à une centaine de km à l'E. de l'Alaska. Le delta contient des réserves de pétrole. ▪ Le système fluvial du Mackenzie comprend la rivière de la Paix *(Peace River)*, appelée rivière Finlay dans son cours supérieur, la rivière Athabasca* et leur réunion au N. du lac Athabasca, dénommée rivière des Esclaves *(Slave River)*. Il draine la province d'Alberta.

**MACKENZIE KING (William Lyon)** → **King (William Lyon Mackenzie)**

**MACKINDER (Halford John)** ♦ Homme politique et géopoliticien britannique (Gainsborough, Lincolnshire 1861 - Bournemouth 1947). Fondateur de la pensée géopolitique du XX^e^ siècle, il présenta en 1904 sa théorie sur le «pivot géographique de l'histoire», situant au cœur de l'ensemble eurasiatique le centre du monde (le *heartland* «terre-centre») : «Qui contrôle le cœur du monde commande à l'île du monde, qui contrôle l'île du monde commande au monde». *Idéaux démocratiques et réalité* (1919).

**McKINLEY (William)** ♦ Homme d'État américain (Niles, Ohio 1843 - Buffalo 1901), 25^e^ président des États-Unis. Avocat, représentant républicain au Congrès (1877 - 1891), il défendit le protectionnisme douanier (loi de 1890, établissant des droits de douane très élevés). Gouverneur de l'Ohio (1892 - 1896), il fut élu président des États-Unis en 1896, avec l'appui de Marcus Hanna. Après la guerre contre l'Espagne (1898) qui rendit les États-Unis maîtres de Porto Rico, de Guam et des Philippines, il fut réélu facilement en 1900 mais assassiné le 6 sept. 1901 par un anarchiste ; son vice-président, Theodore Roosevelt*, le remplaça. ◆ ÉTYM. *McKinley* vient du nom gaélique *Mac Fhionnlaigh* qui signifie «fils *(mac)* de Finlay (*Fionnlagh* "héros blanc", de *fionn* "blanc" et *laoch* "héros" [en gaélique *fh* est muet, ce qui explique la prononciation])».

**McKINLEY** (mont) ◆ ÉTYM. du n. de William *McKinley** (alors candidat à la présidence des États-Unis) ♦ Mont de la chaîne de l'Alaska *(Alaska Range)*, appartenant au système montagneux des Rocheuses, point culminant de l'Amérique du Nord. 6 194 m. Parc national.

**MACKINNON (Roderick)** ♦ Médecin et biophysicien américain (Burlington, Massachusetts 1956). En 1998, il réussit à déterminer la structure spatiale d'une protéine qui assure le transport des ions potassium à travers la membrane cellulaire. Ce canal ionique, ou canal à potassium, dont le fonctionnement fut ainsi élucidé, joue un rôle fondamental dans la transmission de l'influx nerveux (→ **Hodgkin** [A.]). [Prix Nobel de chimie 2003, avec P. Agre*]

**MACKINTOSH (Charles Rennie)** ♦ Architecte, dessinateur et aquarelliste britannique (Glasgow 1868 - Londres 1928). Ses inventions dans le domaine de l'art décoratif en font l'un des principaux représentants de l'Art nouveau en Grande-Bretagne : il eut une prédilection pour les lignes très pures, les couleurs claires et s'inspira de motifs celtiques (Cranston's tearooms, 1897 - 1904). Il travailla avec sa femme M. MacDonald, sa belle-sœur et J. H. MacNair. Son œuvre est un jalon dans la formation de l'architecture moderne (Glasgow School of Art, 1907 - 1909). ◆ ÉTYM. *Mackintosh* vient du nom gaélique *Mac an Toisich* qui signifie «fils *(mac)* du (*an* : article) chef *(toisich)*».

**McLAREN (Norman)** ♦ Cinéaste canadien d'origine britannique (Stirling 1914 - Montréal 1987). Formé à l'École des beaux-arts de Glasgow, il se spécialisa très tôt dans l'animation expérimentale, intégrant du son synthétique, et des images gravées à même la pellicule. C'est sous le patronage de l'Office national du film canadien qu'il réalisa, à partir de 1941, ses meilleurs films, des courts métrages tendant de plus en plus à l'abstraction : *A Little Phantasy* (1946), *Blinkity Blank* (1955), *Rythmetic* (1956), *Pas de deux* (1968), *Synchromie* (1971), *Narcissus* (1981). ◆ ÉTYM. Le nom *McLaren* vient du gaélique *Mac Labhruinn* «fils *(mac)* de Laurent [Lawrence] *(Labhruinn)*».

**MACLAURIN (Colin)** ♦ Mathématicien écossais (Kilmodan, comté d'Argyll 1698 - Édimbourg 1746). Disciple de Newton*, il s'est intéressé à la géométrie, à l'algèbre, au calcul infinitésimal et à la mécanique. Dans sa *Geometria organica* (1720), on trouve une méthode nouvelle de description des coniques, une étude de certaines courbes de degré supérieur (cissoïde, strophoïde, lemniscate) et une généralisation du théorème de l'hexagramme mystique de Pascal*. Dans son *Traité des fluxions* (1742), il redécouvrit la formule qui porte son nom et qui, signalée par B. Taylor*, avait été énoncée par J. Stirling* en 1717 ; il démontra également que la figure d'équilibre d'une masse fluide en rotation, calculée en appliquant la loi de Newton, est un ellipsoïde de révolution ; il détermina l'attraction exercée par un ellipsoïde homogène sur un point situé en son intérieur ou sur sa surface. ◆ ÉTYM. *Maclaurin* vient du nom gaélique *Mac Labhruinn* qui signifie «fils *(mac)* de Laurent *(Labhruinn)*».

**MACLEISH (Archibald)** ♦ Poète américain (Glencoe, Illinois 1892 - Boston 1982). Influencé par T. S. Eliot* et E. Pound*, il illustra le patrimoine historique nord-américain (*Conquistador*, 1932, prix Pulitzer) et milita contre le fascisme (*Panic*, 1935). Ses *Collected Poems 1917-1952* (1952) lui valurent un deuxième prix Pulitzer ; un troisième vint couronner sa pièce *J. B.* (1958), inspirée de l'histoire de Job. Après 1939, MacLeish a tenu des postes gouvernementaux importants (Office of War Information, Unesco). On l'a surnommé le «poète-lauréat du New Deal».

**McLENNAN (John Ferguson)** ♦ Ethnologue britannique (Inverness 1827 - Hayes Common, Kent 1881). Il étudia le totémisme, montrant son rôle dans le développement des idées et croyances religieuses. Mais il fut surtout un précurseur des analyses de parenté, créant les notions d'endogamie et d'exogamie, étudiant le lévirat. Il a publié *Primitive Marriage* (1865), qui insiste sur la filiation par les femmes, *The Patriarcal Theory* (1872), *Studies in Ancient History* (1886).

**MACLENNAN (John Hugh)** ♦ Écrivain canadien d'expression anglaise (Glace Bay, Nouvelle-Écosse 1907 - Montréal 1990). C'est l'un des plus traduits des auteurs canadiens. *Le temps tournera au beau* (1941), fondé sur l'explosion qui détruisit Halifax en 1917, fut qualifié d'«aussi canadien que le sirop d'érable». *Deux solitudes*, dont le titre est tiré de la correspondance de Rilke («deux solitudes se protègent, se touchent, se saluent»), traite des tensions entre les anglophones et les francophones. MacLennan fut aussi un essayiste subtil. On lui reproche l'aspect didactique de ses romans ainsi que leur narration démodée, mais personne ne conteste sa force descriptive ni l'importance de ses thèmes.

**MACLEOD (John James Richard)** ♦ Médecin britannique (Cluny, près de Dunkeld, Perth 1876 - Aberdeen 1935). → **Banting.** [Prix Nobel de physiol. ou méd. 1923, avec F. Banting] ◆ ÉTYM. Ce nom de famille gaélique vient de *Mac Leoid*, de *mac* «fils» et du vieux norvégien *ljótr* «laid».

**MACLOU** ou **MALO** (saint) ➝ ÉTYM. du lat. *Maclovius* ♦ (Llancarvan, Galles, fin du VI^e s. - Saintes v. 640). Moine gallois venu évangéliser à Alet où il aurait été évêque. ▪ Fête le 15 novembre.

**MCLUHAN (Marshall)** ♦ Universitaire et essayiste canadien (Edmonton, Alberta 1911 - Toronto 1980). Il dirigea à l'université de Toronto le Center for Culture and Technology. À partir des données fournies par la théorie de l'information, il étudia dans ses principaux essais l'évolution des systèmes de communication dans les sociétés et leurs effets sur l'histoire humaine. Considérant que l'humanité vit une mutation complète due à l'électronique, il dénonça le caractère archaïque de la civilisation du livre (*La Galaxie Gutenberg*, 1962) et s'attacha surtout à comprendre les médias (*Understanding Media*, 1964), affirmant en une formule lapidaire que le *medium* (le moyen de transmission de l'information) constitue le message même.

**MAC-MAHON (Edme Patrice Maurice,** comte **DE)** ♦ Maréchal et homme d'État français (Sully, Saône-et-Loire 1808 - Château-la-Forêt, Loiret 1898). Issu d'une famille d'origine irlandaise et jacobite, il prit part aux débuts de la conquête de l'Algérie. Monarchiste légitimiste, il démissionna lors de la révolution de 1830. Après s'être distingué par la prise de la tour Malakoff* (8 sept. 1855 ➞ **Crimée [guerre de]**), puis à la bataille de Magenta* (4 juin 1859, campagne d'Italie*), qui lui valut le bâton de maréchal et le titre de duc de Magenta, il fut nommé gouverneur général de l'Algérie (1864 - 1870). Placé à la tête du 1^er corps de l'armée du Rhin au début de la guerre franco-allemande (1870 - 1871), il fut battu par les Prussiens à Wissembourg* (4 août) et à Frœschwiller* (Reichshoffen), se replia sur Châlons d'où il tenta, sur ordre du gouvernement, d'établir la jonction avec l'armée de Bazaine repliée dans Metz ; encerclé dans Sedan* (1^er sept.) par les forces ennemies, il fut blessé et fait prisonnier. Libéré peu après, il fut nommé commandant de l'armée de Versailles par Thiers et acquit l'estime des conservateurs de l'Assemblée nationale en organisant la répression contre la Commune de Paris (mars-mai 1871). Après la chute de Thiers* (24 mai 1873) et l'échec de la tentative de restauration de la monarchie, échec dû à l'intransigeance du comte de Chambord*, Mac-Mahon fut porté à la présidence de la République par la coalition monarchiste de l'Assemblée* nationale pour sept ans (1873). Il soutint la réaction politique et religieuse de l'Ordre* moral et choisit la plupart de ses ministres parmi les monarchistes. Les élections de fév. 1876 ayant été largement favorables aux républicains, Mac-Mahon intervint alors directement dans la vie parlementaire en renvoyant J. Simon (16 mai 1877), qu'il remplaça par le duc de Broglie, et en proclamant la dissolution de la Chambre des députés. Les élections d'oct. 1877 donnant à nouveau la majorité aux républicains, il ne restait plus au président Mac-Mahon qu'« à se soumettre ou à se démettre » (Gambetta). Après s'être vu contraint de gouverner avec des ministres républicains (rappel de Dufaure), il démissionna avant la fin de son septennat (en janv. 1879) à la suite des élections sénatoriales et d'une nouvelle victoire pour les républicains. ➝ ÉTYM. Ce nom vient du gaélique ou de l'irlandais *Mac Mathghamnhna* « fils *(mac)* de l'ours *(mathúin)* ».

**MCMANUS (George)** ♦ Dessinateur américain (Saint Louis 1884 - Santa Monica 1954). Auteur de nombreuses bandes dessinées dont la plus célèbre, *La Famille Illico (Bringing up Father)*, manifeste une grande sûreté et une élégance paradoxale dans la caricature, ainsi qu'un esprit de satire sociale rare à cette époque.

**MACMILLAN (Harold,** comte **DE STOCKTON)** ♦ Homme politique britannique (Londres 1894 - Birch Grove, Sussex 1986). Élu au Parlement en 1924, il se fit remarquer parmi les conservateurs pour ses tendances réformistes en matière sociale et son refus de la politique d'« apaisement » de Chamberlain* ; nommé par Churchill* en 1942 attaché au quartier général allié en Afrique du Nord, il joua le rôle d'intermédiaire entre les chefs politiques et militaires alliés. Chancelier de l'Échiquier et secrétaire d'État aux Affaires étrangères à partir de 1951, il devint Premier ministre en 1957. Persuadé que l'avenir de son pays reposait sur son entrée dans le Marché commun, il fut déçu par le veto que lui opposa de Gaulle. Compromis dans le scandale qui touchait l'un de ses ministres, Profumo, il démissionna (1963). ➝ ÉTYM. *Macmillan* vient du nom gaélique *Mac Maoláin* et signifie « fils *(mac)* du chauve (*maolan* ou *maol*) ».

**MCMILLAN (Edwin Mattison)** ♦ Physicien américain (Redondo Beach, Californie 1907 - El Cerrito, Californie 1991). En bombardant un isotope d'uranium par un flux de neutrons, il parvint avec Philip H. Abelson à produire et à identifier le premier élément transuranien, le neptunium (numéro atomique 93). Cela ouvrit la voie à la découverte d'une nouvelle série de 14 éléments, les actinides. Il mit ensuite au point un nouveau type d'accélérateur de particules, le synchrotron, dérivé du cyclotron, qui permet d'obtenir des énergies encore plus élevées et rendit possible la découverte d'autres éléments transuraniens. [Prix Nobel de chim. 1951, avec G. Seaborg*]

**MCMULLEN (Curtis T.)** ♦ Mathématicien américain (1958). En étudiant les systèmes dynamiques dans le plan complexe, il apporta des contributions importantes à la connaissance de l'ensemble de Mandelbrot* ; il montra également qu'il n'existe pas d'algorithme général permettant de calculer les solutions d'une équation de degré supérieur à 3. [Médaille Fields 1998]

**MCNAMARA (Robert Strange)** ♦ Homme politique américain (San Francisco 1916 - Washington 2009). Président de la Ford Motor Company (1960), il fut secrétaire à la Défense (1961 - 1968) : il accomplit une réforme complète du système militaire américain, conformément à la théorie de la « riposte graduée », qui remplaçait celle des « représailles massives » appliquée jusqu'alors. Il fut ensuite président de la Banque mondiale (1968 - 1981). ➝ ÉTYM. *McNamara* vient du gaélique *Mac Conmara*, de *mac* « fils » et *conmara* « chien *(cú)* de la mer *(muir)* ».

**MACNEICE (Louis)** ♦ Poète irlandais (Belfast 1907 - Londres 1963). Après des études à Oxford où il devint l'ami de W. H. Auden*, MacNeice publia des poèmes que l'on qualifia de « sardoniques » (*Aveugle feu d'artifice*, 1929 ; *Poèmes*, 1935). Il accompagna Auden en Islande (*Lettres d'Islande*, 1937). Le *Journal d'automne* (1939) est un compte rendu en vers de ses observations au cours des événements de Munich. Pendant la guerre, il écrivit pour la BBC et contribua à remettre en honneur le théâtre en vers avec *La Sombre Tour* (1947). On lui doit aussi une traduction en vers du *Faust* de Goethe, de *L'Odyssée (Hadès)*. Il dirigea l'Institut britannique d'Athènes (1950). Ses poèmes les plus connus sont rassemblés dans *Le Tremplin* (1944) et *Les Trous dans le ciel* (*Holes in the Sky*, 1948). Le mélange de gravité et de légèreté caractéristique de sa poésie se retrouve dans son autobiographie (*The Strings are False*, posth. 1965).

**MACON** ♦ V. des États-Unis (Géorgie), sur l'Ocmulgee. 97 255 hab., dont 52 % de Noirs (zone urbaine 322 549). Centre commercial dans une région productrice de kaolin.

**MÂCON** [71000] ➝ ÉTYM. anc. *Matisco*, p.-ê. du celt. *mat-* « bon, excellent » et suff. *-asco (-isco)* et *-onem* ♦ Ch.-l. du dép. de la Saône-et-Loire, situé sur la rive d. de la Saône. 34 469 hab. (aggl. 44 670) *(Mâconnais)*. De l'ancienne cathédrale Saint-Vincent, en partie détruite au XVIII^e s., il ne reste que deux tours octogonales, le narthex (roman) et la façade (romane et gothique). L'hôtel de ville, l'hôtel-Dieu et plusieurs hôtels sont représentatifs de l'architecture du XVIII^e s. L'apothicairerie de l'hôtel-Dieu est remarquable par ses boiseries et ses faïences. Hôtel de Sénecé (musée Lamartine, musée des Arts décoratifs). Musée des Ursulines (préhistoire ; arts et traditions populaires ; céramiques ; peintures). ▪ Important carrefour routier et port fluvial actif, Mâcon est un centre admin. et indus. (indus. métallurgiques et mécaniques ; électronique ; construction modulaire). Commercialisation des vins du Mâconnais. ▮ **Histoire** À l'origine cité des Éduens, dont César s'empara, elle devait subir, par la suite, de nombreuses invasions. Siège d'un évêché du VI^e au XVIII^e s., le comté fut vendu à Saint Louis (1238), puis cédé à Philippe le Bon, duc de Bourgogne. Il fut réuni à la Couronne par Louis XI en 1477.

**MÂCONNAIS** n. m. ♦ Partie orientale du Massif central, que limitent la Saône à l'E. et la Grosne à l'O. Formé de hauts plateaux (monts du Mâconnais) culminant à 758 m, ce massif s'achève à l'E. par une bordure calcaire, viticole (vignobles réputés), dominant la Saône. Les sommets conservent des forêts, tandis que les fonds humides se tapissent de prairies (élevage naisseur). Les vins du Mâconnais : grands crus entrant dans la catégorie des vins de Bourgogne ; vins blancs réputés : pouilly-fuissé (➞ **Solutré-Pouilly**), pouilly-vinzelles, pouilly-loché, mâcon-villages ; et vins rouges (mâcon).

**MAC ORLAN (Pierre DUMARCHEY,** dit **Pierre)** ➝ ÉTYM. du n. de sa grand-mère écossaise ♦ Écrivain français (Péronne 1882 - Saint-Cyr-sur-Morin 1970). Après une jeunesse misérable (*Villes*, 1966), il voyagea beaucoup, engrangeant les nombreux souvenirs qui devaient nourrir son œuvre. Mêlé au groupe d'Apollinaire* et de Max Jacob*, il plaça ses débuts littéraires sous le signe de l'insolite et de l'humour avec *La Maison du retour écœurant* (1912) et *Le Rire jaune* (1914), puis donna des récits fantastiques, *Le Nègre Léonard et maître Jean Mullin* (1920), *La Cavalière Elsa* (1921) ou *Sous la lumière froide* (1945). Capable d'évoquer avec vivacité un monde cosmopolite et « en marge » (*Le Chant de l'équipage*, 1918 ; *La Bandera*, inspirée par la Légion étrangère espagnole, 1931 ; *Filles et Ports d'Europe*, 1932 et 1945), Mac Orlan excella aussi à composer des ouvrages où le réel se mêle à l'imaginaire, où l'aventure surgit dans les rues de Montmartre, de Rouen ou de Brest (*Marguerite de la nuit*, 1925 ; *Le Quai des brumes*, 1927 ; *L'Ancre de miséricorde*, 1941 ; les poèmes de *L'Inflation sentimentale*, 1922, et de *Simone de Montmartre*, 1925). ▪ Cette distinction constante entre l'aventurier « actif » et l'aventurier « passif » (ou littéraire) est explicitée dans le *Petit manuel du parfait aventurier* (1920 et 1951) et illustrée par les *Poésies documentaires complètes* (1954), croquis citadins narquois ou pages hallucinées faisant appel aux cultures oubliées. Bon nombre de ces poèmes, d'une grande richesse argotique, ont été mis en musique, composant les *Chansons pour accordéon* (1953).

**MACPHERSON (James)** ♦ Poète britannique (Ruthven, Inverness 1736 - Belleville, Inverness 1796). Écossais, se destinant au pastorat, Macpherson fit ses études à Aberdeen, puis à Édimbourg (1755). Il quitta la faculté de théologie sans diplôme, mais avec le manuscrit du *Montagnard écossais* (1758), qui n'eut alors aucun succès. Il n'en fut pas de même des *Poèmes d'Ossian* (➞ **Ossian [Poèmes d']**) et de leur suite, *Fingal**. Hugh Blair, d'Édimbourg, finança alors une expédition dans les Highlands afin de rechercher des manuscrits gaéliques. Malgré la cabale que Samuel Johnson* avait montée contre ce «falsificateur», les *Poèmes d'Ossian* eurent un immense succès. Ils enthousiasmèrent l'Europe préromantique (notamment Goethe et Napoléon). Après 1763, Macpherson s'intéressa à la politique et à l'histoire (*Histoire secrète de la Grande-Bretagne, de la Restauration à l'accession des Hanovre*, 1775). Grâce à lord Bute, il fut nommé gouverneur en Floride occidentale. Diplomate, il traita pour le nabab Muhamad Ali avec la Compagnie des Indes. Il fut aussi élu à la Chambre des communes. ➜ ÉTYM. Le nom de famille gaélique *Mac an Phearsain* signifie «fils *(mac)* du prêtre *(parson)*».

**MACQUER (Pierre Joseph)** ♦ Chimiste et médecin français (Paris 1718 - *id.* 1784). Il identifia la composition du gypse (1747), expliqua le processus de coloration due au bleu de Prusse (1752), étudia la combustion du diamant et de l'hydrogène, observant notamment dans ce dernier cas la formation de gouttelettes d'eau, et détermina la composition du lait. [Acad. sc. 1745]

**MACRIN** – en lat. ***Marcus Opellius Macrinus*** ♦ (Césarée, Numidie, v. 164 - Chalcédoine 218). Empereur romain (217 - 218). Préfet du prétoire sous Caracalla*, il fit assassiner l'empereur et fut porté au pouvoir par l'armée d'Orient. Mais, en raison de son manque d'initiative militaire et de la paix honteuse qu'il acheta aux Parthes, il déplut à ses soldats qui le tuèrent, alors qu'il tentait de fuir. Élagabal* lui succéda.

**MACROBE** – en lat. ***Ambrosius Macrobius Theodosius*** ➜ ÉTYM. *Macrobe* : du gr. *makrobios* «qui vit longtemps», de *makros* «grand» et *bios* «vie» ♦ Grammairien latin (déb. ve s.). Il est l'auteur d'un commentaire mathématique et astronomique du *Songe de Scipion* de Cicéron*, et de *Saturnales*, ouvrage consacré à Virgile*.

**MACRON** – en lat. ***Naevius Sertorius Macro*** ♦ Homme politique romain (mort en 38). Chargé par Tibère* de faire exécuter Séjan*, il fut nommé préfet du prétoire. Il fit cependant étouffer Tibère au profit de Caligula*, qui le contraignit à se tuer un an plus tard.

**MACTA** n. f. ♦ Région marécageuse d'Algérie, à l'embouchure du Sig et de l'Habra, près de Mostaganem. Nom du cours d'eau formé par la réunion de ces deux rivières. Les *défilés de la Macta* furent le lieu d'importants engagements entre les troupes de l'émir Abd el-Kader et les forces françaises sous le commandement de Trézel (1835).

**MADÁCH (Imre)** ♦ Écrivain hongrois (Alsósztregova 1823 - *id.* 1864). Issu d'une famille noble, il vécut sur ses terres et fut élu au Parlement. Il devint célèbre par son poème dramatique, *La Tragédie de l'homme* (1861), qui fut traduit en trente langues. Dans cette fresque lyrique, Lucifer, voulant montrer la faillite de la création de Dieu et désespérer Adam, le fait vivre à différentes périodes de l'histoire sous les traits de personnages célèbres, et lui montre l'échec des idéaux pour lesquels combat l'homme (pouvoir, science ou progrès). Adam en tant que Danton voit la seule lueur d'espoir aux idées d'égalité, de liberté et de justice. Ses autres pièces, *Le Civilisateur* (1859), *Moïse* (1861), n'ont pas la grandeur ni la beauté de la précédente.

## MADAGASCAR

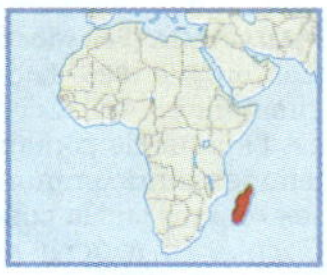

▮ – off. ***République de Madagascar***, en malgache ***Repoblika Malagasy*** ♦ Pays de l'océan Indien au S.-E. de l'Afrique, séparé du continent par le canal de Mozambique* et traversé par le tropique du Capricorne ; composé essentiellement d'une grande île, Madagascar, et d'une petite dépendance, l'île de Nosy-Be. 587 041 km². 20 754 000 hab. *(Malgaches)*. LANGUES : malgache (off.), français. POPULATION : Mérinas* (Hovas), Sakalaves*, Betsiléos, Betsimisarakas, Baras. RELIGIONS : religions traditionnelles, christianisme, islam. MONNAIE : ariary. CAPITALE : Antananarivo. RÉGIME : présidentiel. Madagascar est divisé en 6 provinces autonomes.

▮ **GÉOGRAPHIE** Le relief de Madagascar est formé en grande partie de hauts plateaux volcaniques et granitiques d'orientation N.-S., les Hautes Terres, présentant un paysage de collines (1 000 m d'alt.) entaillées de profondes ravines, avec des cuvettes marécageuses et des lacs (lac Alaotra). Ces reliefs couverts de forêts où subsiste une faune spécifique (lémuriens, papillons) culminent au N. (massif volcanique du Tsaratanana, 2 876 m et montagne d'Ambre) ; la côte est rocheuse et découpée (baie d'Antseranana et île de Nosy Be). Les hauts plateaux s'abaissent progressivement à l'O. en une vaste zone sédimentaire pour se terminer sur une plaine côtière très peuplée. Le S. est sec et aride. À l'E., la transition est plus brutale avec une étroite plaine côtière dont le cordon littoral se double d'une ligne de lagunes (le canal des Pangalanes). Cette côte, soumise aux pluies de mousson, est couverte d'une forêt dense traversée par de nombreux torrents descendus des hauteurs. Les Hautes Terres, au climat tempéré et couvertes d'une végétation de savane, donnent naissance à de nombreux fleuves et rivières. Le S. est caractérisé par un climat sec et un sol aride.

▮ **ÉCONOMIE** Elle est fondée sur l'agriculture, la pêche, l'aquaculture et le textile. Si l'élevage des bovins est l'activité principale des Hautes Terres, la culture du riz est pratiquée partout où cela est

**Madagascar.**

possible, en culture pluviale ou irriguée le long des fleuves mais la production est insuffisante pour satisfaire les besoins. On cultive le manioc dans les zones humides et basses. Les cultures industrielles concernent principalement : canne à sucre, café, tabac, arachide, coton, vanille (1er exportateur mondial), girofle et ilang-ilang. Le pays, qui manque pourtant de terres cultivables, a loué à un groupe sud-coréen 1,3 million d'hectares correspondant environ à la moitié des terres arables de l'île. Madagascar, qui exploite des gisements de graphite, de chrome, de zircon, de mica et de saphir,

Madagascar ▮ Productions en 2008

| Produits | Quantités | Rang |
|---|---|---|
| **Agriculture** | | |
| Café | 62 000 t | 19[e] |
| Coton | 30 000 t | |
| Maïs | 500 000 t | |
| Mangues | 210 000 t | 19[e] |
| Manioc | 2 400 000 t | 15[e] |
| Poivre | 5 200 t | 10[e] |
| Riz | 3 500 000 t | 17[e] |
| Vanille (2006) | 3 000 t | 1er |
| Bovins (têtes) | 9 600 000 | |
| Porcins (têtes) | 1 400 000 | |
| Pêche | 140 000 t | |
| **Mines** | | |
| Chromite | 150 000 t | 1er |

Baobabs à **Madagascar.** *Phot. © O. Joly/Explorer/Hoa Qui*

fonde de grands espoirs dans l'exploitation des grès bitumineux. En dépit de succès indéniables en 2005 (scolarisation, 6 % de croissance et effacement de la dette publique), le pays peine à s'arracher à la pauvreté.

**▮ HISTOIRE** On pense que la présence humaine à Madagascar date du Ier millénaire, avec l'immigration d'Africains du continent et d'Indonésiens venus en vagues successives. Les premiers apportèrent le bétail et la culture sur brûlis, les seconds la culture du riz par irrigation, le cocotier, la pirogue à balancier, la langue et les structures sociales. Suivirent des commerçants arabes venus des Comores (les Antalaotra «hommes de la mer») ; ils s'établirent sur les côtes, en particulier dans le N.-E. (XIIe s.). **▮ L'arrivée des Européens** Ces Proto-Malgaches étaient déjà en place quand le Portugais Diogo Dias découvrit Madagascar en 1500 : les Mérinas au teint clair sur les hauts plateaux, les Sakalaves à l'O., les Betsimisarakas à l'E., les Baras au S. Les Français s'installèrent à Fort-Dauphin au S.-E., en 1643 (→ **Flacourt (Étienne de)**). Ils avaient besoin d'une base pour appuyer le peuplement de l'île Bourbon (la Réunion), mais, une trentaine d'années plus tard, ils abandonnèrent Fort-Dauphin, laissant la grande île aux pirates chassés de la mer des Antilles. Ces derniers éliminés de la région en 1710, l'île Bourbon utilisa Madagascar comme réserve d'esclaves pour ses plantations et son approvisionnement en bétail et en riz. **▮ L'unification des petits royaumes** Le XVIIe s. et le début du XVIIIe s. sont marqués par la multiplicité des petits royaumes et l'apogée des deux royaumes sakalaves du Ménabé et du Boina, le port de Mahajanga assurant les échanges à longue distance. L'unité du pays fut réalisée au XVIIIe s. par le souverain Andrianampoinimerina qui unifia les petits royaumes mérinas des hauts plateaux, édicta une législation et mit en place une administration. Son fils Radama Ier (1810 - 1828) étendit sa domination sur une grande partie de l'île et signa en 1817 un traité d'amitié avec la Grande-Bretagne. Sa femme Ranavalona Ire, qui lui succéda en 1828, chassa les missionnaires britanniques et ferma l'île aux Européens, tandis que les Sakalaves se plaçaient sous la protection de la France, qui occupa Nosy Be* (1841). Son fils, Radama II, ouvrit à nouveau le pays aux puissances européennes en 1861, mais il fut assassiné en 1863. L'année suivante, le chef de l'armée Rainilaiarivony devint Premier ministre et épousa successivement les trois reines Rasoherina, Ranavalona II et Ranavalona* III. **▮ La colonisation française** En 1883, la France occupa Toamasina et Mahajunga et obtint de s'installer à Antseranana (Diégo-Suarez) deux ans plus tard. Ce protectorat déguisé fut reconnu par la Grande-Bretagne en 1890 mais refusé par le Premier ministre malgache. En représailles, Paris envoya des troupes à Tananarive en 1895. Madagascar fut déclarée colonie française en 1896 et le général Gallieni* en devint le gouverneur général (1896 - 1903), déposant la reine Ranavalona III en 1897 et entreprenant la «pacification» et l'unification de l'île avec le colonel Lyautey. L'île attira les planteurs et les compagnies européennes, mais la dépossession des indigènes de leurs terres raviva le sentiment national. Restée aux mains des partisans du gouvernement de Vichy en 1940 (la flotte française de l'océan Indien était basée à Diégo*-Suarez), Madagascar fut occupée par les Britanniques de 1942 à 1943, puis remise à la France libre. En 1947, un soulèvement suivi d'une répression impitoyable servit d'amorce aux revendications indépendantistes. **▮ L'indépendance** République autonome au sein de la Communauté en 1958, Madagascar accéda à l'indépendance en 1960 sous la présidence de Philibert Tsiranana. En 1972, à la suite d'émeutes, Tsiranana nomma Premier ministre le général Ramanantsoa*. En 1975, l'assassinat de son successeur, le général Ratsimandrava, fut suivi de la mise en place d'un Conseil supérieur de la révolution dont l'homme fort, le capitaine Didier Ratsiraka*, adopta une politique économique de type socialiste. Peu à peu, le pouvoir fut affaibli par la faillite économique, l'insécurité dans les campagnes, la famine dans certaines régions, et la résurgence de l'antagonisme entre «côtiers» et habitants des hauts plateaux. Réélu en 1989, le président Ratsiraka affronta en 1991 de violentes manifestations populaires qui entraînèrent son départ, après l'élection à la présidence du chef de l'opposition A. Zafy* (1993). Le pays traversa une crise politique qui aboutit, en 1996, au retour au pouvoir de D. Ratsiraka. À l'issue d'une nouvelle crise politique, Marc Ravalomanana, son opposant à l'élection de 2001, s'autoproclama président et son parti sortit vainqueur de la consultation de 2002. Il fut reconduit en 2006, sur fond de tentative de putsch. Des émeutes sanglantes se déroulèrent à Antananarivo (début 2009) contre la politique autocratique du pouvoir et le projet de location de terres arables à des groupes étrangers. Après la démission de M. Ravalomanana, le maire d'Antananarivo, Andry Rajoelina, devint président de transition avec l'aval de l'armée. En 2009, les accords signés à Maputo (Mozambique) prévoyant le partage du pouvoir entre les quatre grandes tendances politiques, furent suivis de la nomination d'un Premier ministre de consensus, Eugène Mangalaza. Celui-ci fut rapidement limogé par A. Rajoelina et remplacé par le colonel Albert-Camille Vital, décision qualifiée d'illégale par l'opposition.

---

**Madame Bovary** ♦ Roman de Gustave Flaubert* (1857). S'inspirant d'un fait divers banal dont il décrit les personnages et le cadre (des bourgs de Normandie) avec un réalisme scrupuleux, Flaubert entreprend de peindre un sentiment d'insatisfaction complaisante dans les domaines affectif et social, baptisé depuis le *bovarysme.* Emma Bovary, fille de paysans, dont l'éducation au couvent a exacerbé les aspirations romanesques, connaît l'ennui auprès d'un époux médiocre et bon, et parmi les bourgeois de province qui composent sa société. Elle s'évade de cette réalité terne dans un romantisme de pacotille, puis dans un double adultère qui la laisse insatisfaite, enfin dans le suicide. Ce tableau réaliste et sévère des «mœurs de province» est également une satire de la société bourgeoise, d'un scientisme borné (incarné par Homais) et de toutes les formes de conventions, sociales et littéraires. L'ouvrage fut taxé d'immoralité : un procès s'ensuivit, à la suite duquel Flaubert fut acquitté.

**Madame Butterfly** ♦ Drame lyrique en 3 actes, livret de L. Illica et G. Giacosa, musique de Puccini*. L'œuvre, jouée pour la première fois à la Scala de Milan en fév. 1904, se solda par un échec. Les deux actes dont elle était alors composée semblaient trop longs. Refondue en trois actes, elle obtint un succès retentissant. Une jeune Japonaise, abandonnée par son mari américain pour lequel elle renie sa culture, se suicide par désespoir.

**Madame Royale** → **Angoulême (Marie-Thérèse Charlotte, duchesse d')**

**Madame Sans-Gêne** ♦ Comédie en 3 actes et un prologue de V. Sardou*, représentée pour la première fois à Paris en 1893, et dont l'héroïne est inspirée par l'épouse du maréchal F. J. Lefebvre*. Ce personnage haut en couleur fit le succès de cette œuvre populaire, servie par le savoir-faire de Sardou.

**MADANG** – anc. ***Friedrich Wilhelmshafen*** ♦ V. de Papouasie-Nouvelle-Guinée, sur la baie de l'Astrolabe (mer de Bismarck) au N.-E. de l'île. 27 057 hab. Les hautes terres du territoire possèdent deux centres commerciaux : Goroka et Mount Hagen. Exportation de coprah, cacao, noix de coco, or. **▮ Histoire** Anc. ch.-l. de la colonie allemande de la terre de l'Empereur-Guillaume.

**MADARIAGA (Salvador DE)** ♦ Écrivain, essayiste et diplomate espagnol (La Corogne 1886 - Locarno 1978). Intellectuel libéral, il séjourna longuement en exil. Écrivain trilingue (espagnol, anglais, français), il est l'auteur de romans utopiques (*La Girafe sacrée*, 1924) ou violemment anticommunistes (*La Camarade Ana*, 1954). Connu pour ses romans sur la conquête de l'Amérique (*Cœur de pierre verte ; Cortés*), il a écrit aussi des essais psychologiques (*Anglais, Français et Espagnols*, 1930) et philosophiques, esquissant une synthèse intellectuelle des cultures espagnole, mexicaine, juive et arabe. ➔ **ÉTYM.** Ce nom vient de *Madaria,* du basque *madari* «poirier ; lieu planté de poiriers».

**MADEIRA** n. m. (rio) ♦ Riv. du Brésil (3 200 km), princ. affl. rive d. de l'Amazone, formé par les rios Guaporé et Mamoré, navigable de son confluent à la frontière bolivienne.

**MADELEINE** (sainte) → **Marie Madeleine (sainte)**

**MADELEINE** (îles de la) – en angl. ***Magdalen Islands*** ♦ Archipel canadien (prov. de Québec), dans le golfe du Saint-Laurent.

**MADELEINE** (monts de la) ➔ **ÉTYM.** n. rappelant des pèlerinages, des hôpitaux ou des léproseries dédiés à sainte *Madeleine* ♦ Massif granitique du Massif central, prolongement des monts du Forez, à l'O. de Roanne entre la Loire et l'Allier. Point culminant : 1 164 m aux Pierres du Jour.

**MADELEINE (LA)** [59110] ➔ **ÉTYM.** la comm. est construite autour d'une église consacrée à sainte *Madeleine* ♦ Comm. du Nord, dans la banl. N. de Lille. 22 399 hab. *(Madeleinois)*.

**MADELEINE** (abri de la) ♦ Site préhistorique de la Dordogne, comm. de Tursac, sur la rive d. de la Vézère, qui a donné son nom à la dernière culture du Paléolithique* supérieur, le Magdalénien*. De nombreux et remarquables objets d'art mobilier ont été découverts dans tous les niveaux. La sépulture d'un enfant de 5 ans a été fouillée en 1926 par D. Peyrony. Elle contenait une parure composée de dents et de coquillages percés.

**Madeleine** (église de la) ♦ Église de Paris (Sainte-Marie-Madeleine), située au bout d'une des perspectives de la Concorde, à l'opposé du palais Bourbon. Commencée par Contant d'Ivry (1763) suivant un projet qui fut modifié par Guillaume Couture (1777), la Madeleine resta inachevée entre 1790 et 1806 ; pour faire de l'édifice le temple de la Gloire que Napoléon dédiait à la Grande Armée, Vignon (auquel succéda Huvé) édifia un temple grec ceint d'un péristyle de colonnes corinthiennes, dont la façade, précédée d'un perron monumental, est tournée vers l'obélisque de la Concorde. Achevée en 1840, la Madeleine fut attribuée à nouveau au culte catholique.

**MADELEINE-SOPHIE BARAT** (sainte) ♦ Religieuse française (Joigny 1779 - Paris 1865). Fondatrice de la congrégation des Dames du Sacré-Cœur (1800), nommée supérieure à vie. ▪ Fête le 25 mai.

**MADELIN (Louis)** ♦ Historien français (Neufchâteau 1871 - Paris 1956). Député modéré (1924 - 1928), il fut un spécialiste de l'histoire de la Révolution française et du Premier Empire. Œuv. princ. : *La Révolution* (1911), *Danton* (1914, dans l'*Histoire de la nation française* de Hanotaux), *Histoire du Consulat et de l'Empire* (1937 - 1954). [Acad. fr. 1927] ➝ ÉTYM. Ce nom de famille vient du germanique *Madalo,* nom de personne (de *madal,* du vieux haut allemand *mahal* «conseil, réunion»).

**Mademoiselle de Maupin** ♦ Roman de Théophile Gautier* (1835 - 1836). Sous les traits du beau Théodore se cache Madeleine de Maupin. D'Albert, insatisfait de sa liaison avec Rosette, est attiré par le «jeune homme» mais découvre la supercherie. En quête de l'amour absolu, et cherchant à comprendre les hommes, Madeleine, qu'on appelle également Rosalinde ou Mlle d'Aubigny, se donne à d'Albert puis lui envoie une lettre de rupture. L'œuvre constitue une illustration de la longue et célèbre préface où Gautier énonce sa recherche esthétique de «l'art pour l'art».

**Mademoiselle Julie** – en suéd. ***Fröken Julie*** ♦ Drame d'August Strindberg* (1888). Une aristocrate dégénérée, Mlle Julie, joue à séduire son valet de chambre, Jean. Celui-ci finit par la pousser au suicide. Rangée à tort parmi les pièces «naturalistes» de Strindberg (expressionnistes serait plus juste), cette œuvre a été adaptée au cinéma, notamment par Alf Sjöberg (1950), avec des audaces visuelles qui frappèrent beaucoup à l'époque.

**MADÈRE** ➝ ÉTYM. en port. ***Madeira*** «bois (matériau)» ♦ Archipel portugais de l'Atlantique, situé à près de 1 000 km au S.-O. de Lisbonne, constituant une région autonome depuis 1976. Il comprend l'île principale de Madère, l'île de Porto Santo, les îles Desertas et les îlots des Selvagens au N. des Canaries. 794 km². 245 502 hab. CAP. : Funchal*. Le relief volcanique est constitué de couches de lave et de cendres alternées ayant formé de hauts plateaux, inhabités au-dessus de 1 400 m, et de gigantesques falaises. L'influence de l'alizé détermine le contraste entre la côte N. venteuse et pluvieuse et la côte méridionale sèche et ensoleillée. Une agriculture vivrière, la production de fruits tropicaux, de vins liquoreux, l'artisanat (broderie) et, surtout, le tourisme de luxe n'ont pas empêché une émigration massive outre-mer. ▮ **Histoire** La découverte de Madère en 1418 fut une des premières manifestations de l'expansion des Portugais dans le monde, et sa colonisation constitua le premier essai européen du genre.

**MADERNA (Bruno)** ♦ Compositeur italien (Venise 1920 - Darmstadt 1973). Élève de Malipiero*. Adepte des techniques dodécaphoniques (➝ **sérialisme**), il a affirmé, dès ses premières œuvres, un goût très raffiné dans ses expériences instrumentales et acoustiques (*Serenata n° 2,* 1957). Dans le domaine électroacoustique, il donna alors *Notturno* (1955), *Syntaxis* (1957). Dans les années 1960, il s'orienta vers le théâtre (*Don Perlimplin,* 1961 ; *Hyperion,* 1964 ; *Satyricon,* 1973). Ses dernières années furent consacrées à de grandes pages orchestrales (*Grande Au lodia,* 1970 ; *Ausstrahlung,* 1971 ; *Aura,* 1972 ; *Biogramma,* 1972). Brillant interprète de la musique contemporaine, il poursuivit jusqu'à sa mort une carrière internationale de chef d'orchestre.

**MADERNO (Carlo)** ♦ Architecte et décorateur originaire du Tessin (Capolago, Lugano 1556 - Rome 1629). Formé à Rome, auprès de son oncle D. Fontana*, il débuta comme stucateur puis éleva de nombreuses églises à Rome en s'inspirant des modèles de Vignole*, particulièrement du *Gesù* (façade de Sainte-Suzanne, 1596 ; Sant' Andrea della Valle, que termina C. Rainaldi* ; Santa Maria della Vittoria, 1608). Il travailla aux palais Strozzi et Mattei, commencés par Fontana et Volterra, acheva le palais Chigi, commencé par G. Della Porta, et commença le palais Barberini, continué par le Bernin* et Borromini*. Il est surtout célèbre pour avoir terminé la nef et la façade de la basilique Saint-Pierre, à la demande du pape Paul V (1607 - 1617). Transformant le plan en croix grecque de Michel-Ange en un plan basilical, il élargit aussi la façade dont le haut attique forme comme le support horizontal de la coupole. Bien qu'attaché aux modèles de la fin de la Renaissance, Maderno n'en annonce pas moins directement l'art baroque, par son goût du faste et de l'effet de puissance, qui s'exprime par un décor en fort relief où jouent les contrastes de lumière, l'insistance sur les volumes, les proportions imposantes et l'emploi de l'ordre colossal.

**MADERO (Francisco Indalecio)** ♦ Homme d'État mexicain (San Pedro, Coahuila 1873 - Mexico 1913). Il se fit le champion des libertés démocratiques et des réformes sociales radicales contre Porfirio Díaz*. Élu président de la République en 1911, il ne put dominer les forces révolutionnaires et fut assassiné.

**MĀDHĀVĀCHĀRYA** ♦ Philosophe hindou (1297 - v. 1386), de la ligne de pensée de Śankarāchārya*. Il fut ministre de deux souverains de l'Empire indien de Vijayanagar*. Il écrivit de nombreux ouvrages de philosophie, une biographie de Śankarāchārya et des commentaires religieux des œuvres de son maître.

**MADHVA** ♦ Philosophe indien (Udipi 1199 - *id.* 1278). Fondateur d'une secte d'obédience vishnouite (Mādhva), il écrivit de nombreux commentaires philosophiques sur les Upanishad*, la Bhagavadgītā et les *sūtra* du Vedānta*. Il se montra un adversaire acharné de la doctrine de Śankarāchārya*.

**MADHYA PRADESH** n. m. ♦ État de l'Inde. 308 245 km². 60 348 023 hab. LANGUE : hindi (off.) CAP. : Bhopal. Occupant la partie N. du socle indien, il est constitué de moyennes montagnes très humides relativement peu peuplées. C'est le plus grand des États de l'Inde. Créé en 1956 par le regroupement de nombreux États princiers et de parties de l'Inde britannique, il manque encore d'unité. Mines de manganèse, charbon, bauxite et minerai de fer dans le N.-E., avec plusieurs centres industriels.

**MADIAN** ➝ ÉTYM. en hébr. *Midyân,* p.-ê. de *dîn* «jugement» ♦ Personnage biblique, un des fils d'Abraham* et de Qetura, ancêtre éponyme d'un peuple nomade le plus souvent en conflit avec Israël et qui est défait par Gédéon*. Moïse* a de bonnes relations avec les Madianites et il épouse une fille de Jéthro*. Le pays de Madian est localisé entre l'Égypte et Édom par la Bible, au nord de l'Arabie par les géographes arabes.

**MADISON (James)** ♦ Homme d'État américain (Montpelier, Port Conway, Virginie 1751 - *id.* 1836), 4e président des États-Unis. Fils d'un riche planteur d'origine anglaise, il fut l'un des auteurs de la Constitution de l'État de Virginie (1776), puis défendit à la convention de Philadelphie la thèse d'un gouvernement fédéral fort. Mais il s'opposa au centralisme de A. Hamilton* et créa, contre lui et avec Jefferson*, le parti républicain (démocrates). Secrétaire d'État de Jefferson (1801 - 1809), il lui succéda comme président en 1809 et jusqu'en 1817. Il ne put éviter la guerre avec l'Angleterre en 1812 (➝ **Monroe**). ➝ ÉTYM. Le nom anglais *Madison* signifie «fils *(son)* de Maud [ou Mathilde] *(Madde)*».

**MADISON** ➝ ÉTYM. nommée en l'honneur de James *Madison** ♦ V. des États-Unis, cap. du Wisconsin. 208 054 hab. (zone urbaine 456 526). Centre admin. et commercial. Le principal campus de l'université de Wisconsin est près de la ville. ▪ Indus. alimentaires, machines-outils, accessoires automobiles. Laboratoire des produits forestiers (agence fédérale).

**MADIUN** ♦ V. d'Indonésie (prov. de Java-Est). 165 807 hab. Aéroport militaire Iswahyudi à proximité. La ville fut le théâtre d'une rébellion communiste en 1948.

**MÄDLER (Johann Heinrich von)** ♦ Astronome allemand (Berlin 1794 - Hanovre 1874). Il observa de nombreux systèmes binaires (➝ **Struve**), établit avec Beer* une carte de la Lune (1834 - 1837), fit d'importantes observations de Mars et rechercha, à partir de 1846, le centre dynamique des étoiles (actuel centre galactique).

**MADONNA DI CAMPIGLIO** ♦ Station de sports d'hiver d'Italie, située à près de 2 000 m d'alt., dans le Trentin.

**MADRAS** – off. ***Chennaï*** ➝ ÉTYM. *Madras* : contraction de *Maderaspatan,* emprunt à l'ar. *madrasa* «école» (désignant une école mahométane de la ville indigène), et sanskr. *pattana* «ville» ♦ V. de l'Inde, cap. du Tamil Nadu. 6 424 624 hab. Le port, sur le golfe du Bengale, dessert tout le S.-E. du pays. Il a permis le développement précoce d'industries (matériel ferroviaire, automobiles) qui n'ont pas empêché le maintien d'activités artisanales traditionnelles : tanneries, bidis et tissus imprimés, dits *madras.* En dehors du quartier des affaires, le tissu urbain est relativement peu dense. ▮ **Histoire** Site très ancien qui aurait accueilli saint Thomas. Comptoir important à partir du XVIIe s., la ville fut la capitale de l'Inde du Sud britannique.

**MADRE** (sierra) ♦ Nom donné aux trois chaînes de montagnes du Mexique qui longent les côtes du Pacifique et de l'Atlantique, de part et d'autre des hauts plateaux du centre. ♦ ***Sierra Madre occidentale*** Elle prolonge les montagnes Rocheuses* vers le S. sur env. 1 300 km. S'élevant au-dessus des plaines côtières, du N. au S. du golfe de Californie, elle domine le Pacifique dans le S., où les sommets atteignent près de 3 500 m (sierra de Nayarit*) et où elle présente des escarpements coupés de gorges étroites *(quebradas)* ; elle s'abaisse vers les plateaux à l'intérieur. ♦ ***Sierra Madre orientale*** Elle s'élève au-dessus des plaines côtières qui bordent le golfe du Mexique, tombe abruptement au S. (État de Veracruz*) et s'incline vers les plateaux intérieurs. En général moins élevée que la sierra occidentale, elle possède cependant des sommets atteignant plus de 3 700 m, parmi les plus hauts des sierras. ♦ ***Sierra Madre del Sur «du Sud»*** Elle s'étend sur les États de Guerrero* et d'Oaxaca*, prolonge la sierra occidentale au S. du río Balsas* et des hautes terres de l'Anáhuac*. Elle présente des reliefs couverts de forêts denses qui débordent, à l'O. de l'isthme de Tehuantepec*, sur le plateau de Chiapas*, jusqu'à la frontière du Guatemala. La sierra Madre del Sur rejoint les derniers contreforts de la sierra occidentale par les reliefs de la Mixteca. Le climat, variant selon l'altitude et l'orientation des pentes, décide de la végétation et des cultures, tropicales ou tempérées (→ **Mexique**). Des tribus d'Indiens (Tarahumaras, Mixtèques) s'y trouvent fixées et y cultivent la terre. ▪ Grandes richesses minières (argent, or, cuivre, plomb, zinc).

**MADRE DE DIOS** n. m. (río) ➛ **ÉTYM.** esp. «mère de Dieu» ♦ Fl. d'Amérique du Sud (1 300 km). Issu de la cordillère Orientale, au S. du Pérou, il traverse le N. de la Bolivie, avant de se jeter dans le río Beni (rive g.).

**MADRID** ➛ **ÉTYM.** du lat. *materita*, dimin. de *materia* «petit bois ; taillis» ou de l'ar. *majra* «ruisseau d'eau vive, canal d'amenée d'eau, aqueduc» [l'approvisionnement en eau du château avait été réalisé par les Arabes suivant une technique nouvelle venue d'Orient] ♦ Cap. de l'Espagne, au centre du pays. Le même terme désigne la ville (3 132 463 hab.), l'agglomération, la province et la Communauté autonome (7 995 km$^2$. 6 081 689 hab.) *(Madrilènes)*. Sur le Manzanares et à 655 m d'altitude, Madrid, capitale longtemps artificielle, s'est haussée au rang de ville industrielle puis de métropole internationale. Ses prolongements s'étendent vers Chamartín et Fuencarral au N., Puente Vallecas et Carabanchel au S. **▮ Les monuments** Hormis le couvent des Descalzas Reales (XVI$^e$ s.), les monuments les plus intéressants de la ville datent des XVII$^e$ et XVIII$^e$ s. (couvent royal de la Encarnación, hôtel de ville, Plaza Mayor, basilique d'Atocha, Palais royal, église San Francisco el Grande). **▮ L'économie** Madrid est le nœud des grands axes routiers, ferroviaires et aériens du pays. L'implantation de grandes banques et des sièges de principales sociétés a déterminé sa fonction de gestion. La fonction industrielle, localisée dans la banlieue S., prend une importance croissante : construc. mécaniques, automobiles, construc. aéronautiques, matériel électrique. **▮ La culture** Le rôle intellectuel de Madrid (univ. ; siège d'académies) et culturel (musée du Prado*, musée Thyssen-Bornemisza, musée de la Reine Sofia) reste cependant essentiel.

**▮ HISTOIRE** Le site de Madrid fut peuplé dès la préhistoire, mais ce n'est qu'au X$^e$ s. qu'il est fait mention d'une forteresse maure, *Majrit*, édifiée à cet endroit. Reconquise par Alphonse* VI dont elle reçut quelques privilèges, la ville devint un séjour de chasse et de repos pour les souverains espagnols. **▮ La capitale de l'Espagne** En 1561, abandonnant Tolède*, Philippe II en fit la capitale du «royaume des Espagnes» pour des raisons essentiellement géographiques. Philippe IV, grand mécène, en fit un grand centre culturel en y protégeant de nombreux artistes (Vélasquez*, Murillo*) et hommes de lettres (Lope* de Vega, Quevedo*, Calderón*, Tirso* de Molina). **▮ Les XVIII$^e$ et XIX$^e$ s.** Au XVIII$^e$ s., Charles* III embellit considérablement la ville : il fit achever le Palais royal, construire la Puerta de Alcalá et perça de larges avenues. Il nomma Goya* peintre de la cour et fonda la fabrique de céramique du Buen Retiro. En 1808, Madrid fut occupée par les Français, mais l'insurrection du 2 mai donna le signal de la longue guerre de libération. Joseph Bonaparte* y fut proclamé roi d'Espagne, mais s'enfuit quelques jours plus tard. En 1813, Napoléon dut faire évacuer définitivement ses troupes. **▮ Depuis le XX$^e$ s.** Durant la guerre civile (1936 - 1939), Madrid resta d'abord le siège du gouvernement républicain, mais fut encerclée par les nationalistes. De violents combats, auxquels participaient les Brigades* internationales, eurent lieu à la Cité universitaire. Madrid fut la dernière ville républicaine à se rendre (mars 1939). En mars 2004, la ville a été le théâtre d'attentats meurtriers revendiqués par al-Qaida.

**Madrid. Place de Cibeles et Mairie de Madrid (ancien Palais des Télécommunications).** *Phot. © Pat Lam/Explorer*

**MA Duanlin** ou **MA Touan-lin** ♦ Lettré encyclopédiste et historien chinois (Leping, auj. dans le Jiangxi 1245 - 1322). Il est l'auteur d'une importante encyclopédie *(Wenxian tongkao)* qu'il mit 20 ans à réaliser.

**MADURA** ♦ Île d'Indonésie (Jawa Timur), située au N.-E. de l'île de Java dont elle n'est séparée que par un étroit goulet. 4 500 km$^2$. Env. 3 000 000 hab. Le climat est très aride et l'agriculture difficile. On y cultive du maïs, du tabac, du riz. Élevage de bovins et pêche importante. Exploitation de salines. Cultures vivrières. L'île a connu une forte émigration vers l'est de l'île de Java (où les Madurais sont aussi nombreux qu'à Madura) et vers l'ouest de l'île de Bornéo.

**MADURAI** ou **MADURA** ♦ V. de l'Inde (Tamil Nadu). 1 194 665 hab. Située au contact des plateaux du Dekkan du S. et d'une riche plaine littorale, elle a été la cap. des Pandya, et son grand temple de Minakshi lui vaut d'être un centre de pèlerinage important.

**MADURAIS** ♦ Peuple de langue malayo-polynésienne (env. 6 800 000 pers.) habitant l'île de Madura et une grande partie de l'E. de Java. Ce sont des éleveurs de bovins et d'excellents marins. Distincts des Javanais, ils ont comme eux développé des formes d'art (musique, danse et théâtre) très élaborées. Ils ont adopté l'islam au XVI$^e$ s.

**MAEGHT (Aimé)** ♦ Marchand de tableaux et mécène français (Hazebrouck 1906 - Saint-Paul-de-Vence 1981). Il lança en 1959 avec son épouse Marguerite l'idée de créer un «musée vivant de l'art contemporain» à Saint-Paul-de-Vence. La Fondation Maeght fut construite de 1962 à 1964 par l'architecte Josep Lluis Sert*. Le charme de cette fondation réside notamment dans la disposition en plein air d'œuvres créées en fonction du lieu par des artistes (Miró*, Giacometti*, Calder*, Braque*) qui entretenaient des relations amicales avec les Maeght. ♦ **Adrien Maeght** (Cannes 1930), fils des fondateurs. Il dirige la Fondation, organise des expositions temporaires et enrichit régulièrement son fonds permanent. ➛ **ÉTYM.** Ce nom vient du flamand *maagd* «jeune fille».

**MAEKAWA Kunio** ♦ Architecte et peintre japonais (Niigata 1905 - Tōkyō 1986). Élève de Le Corbusier, il fut le professeur de Kenzō Tange*. Ses premières constructions en béton relèvent d'un strict fonctionnalisme (Centre culturel, Tōkyō, 1955), tandis que ses œuvres ultérieures marquent un retour à un certain lyrisme et à l'utilisation d'éléments de la tradition japonaise (immeuble Harumi, Tōkyō, 1957 ; Metropolitan Festival Hall, Tōkyō, 1961).

**MAELSTRÖM** n. m. – en norv. ***Malstrøm*** ♦ Tourbillon produit par des courants de marée dans un chenal des îles Lofoten. Célèbre et redouté, il a inspiré un conte à E. Poe.

**MAELWAEL (Johan)** → **Malouel (Jean)**

**MAELZEL** ou **MÄLZEL (Johann Nepomuk)** ♦ Inventeur allemand (Ratisbonne 1772 - en mer au large de Panamá 1838). Professeur de piano à Vienne, il doit sa réputation à la construction d'un métronome. Il fabriqua aussi un cornet acoustique pour Beethoven* atteint de surdité.

**MAES (Nicolaes)** ♦ Peintre hollandais (Dordrecht v. 1634 - Amsterdam 1693). Il fut à Amsterdam l'élève de Rembrandt* (1648 - 1653). Il exécuta surtout des scènes de genre dans une veine intimiste et parfois sentimentale, représentant souvent une femme à l'expression méditative dans un intérieur éclairé d'une lumière diffuse *(Le Bénédicité ; La Dentellière)*. Sa facture dérive en partie de Rembrandt, notamment dans les clairs-obscurs. Après un voyage à Anvers, il subit l'influence de Van Dyck et devint un brillant portraitiste. ➛ **ÉTYM.** Le nom néerlandais *Maes* est l'aphérèse de *Thomas*.

Nicolaas **Maes.** *Le Secret*, huile sur toile (92 × 122 cm). Dordrechts Museum. © *akg-images*

**MAESTRA** (sierra) ♦ Chaîne montagneuse du S.-E. de Cuba qui culmine au pic Turquino (1 974 m). Le massif, orienté E.-O. et qui surplombe la côte caraïbe, a perdu la plus grande partie de sa couverture forestière et subit une érosion intense. De 1956 à 1958, F. Castro* et Che Guevara* y organisèrent la guérilla qui devait leur permettre d'accéder au pouvoir.

**MAËSTRICHT** → **Maastricht**

**MAETERLINCK** [metɛrlɛ̃k] **(Maurice)** ♦ Écrivain belge d'expression française (Gand 1862 - Nice 1949). À ses débuts poète symboliste, il publia 2 recueils où s'exprime une poignante mélancolie (*Serres chaudes,* 1889 ; *Douze Chansons,* 1896). Il enrichit le théâtre de quelques drames, où ressuscite, dans une atmosphère d'étrangeté et de mystère, la fatalité du drame antique (*La Princesse Maleine,* 1889 ; *Pelléas* et Mélisande,* 1892 ; *Monna Vanna,* 1902), ainsi que d'une féerie pleine de grâce et de fraîcheur (*L'Oiseau bleu,* 1908). Cependant, le meilleur de son œuvre est d'un philosophe curieux de toutes les formes de la vie universelle et de ses fécondes métamorphoses. D'abord sensible au tragique de la condition humaine, assoiffé de silence et de solitude, il en a éprouvé l'angoisse avant d'acheminer sa pensée jusqu'à de sereines certitudes qui l'ont délivré du désespoir. Une méditation de nature métaphysique qui est essentiellement une quête du bonheur se développe ainsi à travers la suite des nombreux recueils qu'il publiera durant quarante années (*Le Trésor des humbles,* 1896 ; *La Sagesse et la Destinée,* 1898 ; *La Vie des abeilles,* 1901 ; *L'Intelligence des fleurs,* 1907 ; *La Mort,* 1913 ; *Les Sentiers dans la montagne,* 1919 ; *Le Grand Secret,* 1921 ; *La Grande Féerie,* 1929 ; *La Vie des fourmis,* 1930 ; *La Grande Loi,* 1933 ; *Avant le grand silence,* 1934 ; *Le Sablier,* 1936). Négation du temps et de la mort, la pensée de Maeterlinck y affirme avec force son acquiescement à l'ordre du monde et son désir d'en dépasser l'apparente absurdité. [Prix Nobel de littér. 1911] ➔ ÉTYM. Ce nom signifie «responsable de la distribution du blé» [nom de métier], du moyen néerlandais *meten* «mesurer» avec le suffixe germanique *-ling.*

**MAFFEI (Scipione)** ♦ Érudit et homme de lettres italien (Vérone 1675 - *id.* 1755). Son opposition à la magie et sa défense d'un gouvernement constitutionnel ont influé sur l'histoire des idées en Italie ; mais il est célèbre pour avoir écrit *Mérope,* pièce qui, en l'absence de théâtre tragique italien, passa longtemps pour un modèle.

**Mafia** n. f. ♦ Association secrète sicilienne née au début du XIXe s. Constituée à l'origine par de grands propriétaires terriens, en vue d'assurer la justice sans passer par les institutions légales, elle dégénéra peu à peu en une association de malfaiteurs qui domina, à partir de 1910, l'activité économique et politique de la Sicile. Grâce à la forte émigration sicilienne en Amérique, elle se développa aux États-Unis, notamment durant la prohibition. Depuis la Deuxième Guerre mondiale, elle n'a cessé de jouer un rôle très important dans la société italienne, étendant ses activités, grâce en particulier au développement du marché de la drogue, s'infiltrant de plus en plus dans le monde politique et parvenant même, au début des années 1990, à plonger l'État italien dans une véritable crise, à la suite de l'assassinat de plusieurs juges et hauts fonctionnaires.

**MAGADAN** ♦ V. de Russie, ch.-l. de région, en Sibérie extrême-orientale, sur le golfe de Nagaïev (mer d'Okhotsk). 112 000 hab. Indus. mécanique. Équipement minier. Port. Réparation de bateaux. Pêcheries. Conserveries de poissons et de crustacés.

**MAGADHA** n. m. ♦ Ancien royaume indien (actuel État du Bihar*), au S. du Gange*, dont la capitale Pāṭaliputra (actuelle Patna*) fut la capitale du roi Ashoka* et reçut la visite d'ambassadeurs grecs au -IIIe s. C'est dans cette région que le Bouddha* prêcha principalement et qu'il atteignit à l'«éveil».

**MAGALLANES** (province de) ♦ Région admin. du Chili. 132 000 km². 151 000 hab. Englobant la partie occidentale de la grande île de la Terre de Feu (Patagonie), c'est la plus étendue et la moins peuplée des provinces chiliennes, zone antarctique exclue. CAP. : Punta Arenas. Forêts, élevage de moutons (la moitié du cheptel du pays). Tourisme de croisière.

**MAGDALA** ➔ ÉTYM. forme araméenne de l'hébr. *migdâl* «tour» – auj. ***Migdal*** ♦ Anc. bourg de Palestine situé en Galilée à proximité de la rive O. du lac de Tibériade. C'est la patrie de Marie de Magdala (➔ **Marie Madeleine**).

**MAGDALENA** n. m. ➔ ÉTYM. lat. «Madeleine» [le fl. a été découvert par Rodrigo Galbán Bastidas le vendredi 22 juillet 1502, jour de la Sainte-Madeleine] ♦ Fl. de Colombie (1 550 km). Il coule du S. du pays vers le N., entre les cordillères orientale et centrale des Andes pour se jeter dans l'océan Atlantique. Navigable sur les trois quarts de son cours, sauf dans les zones de rapides, il fut complété par une voie ferrée, puis par une route (1950). ♦ ***Département du Magdalena*** 23 188 km², 1 137 000 hab. CAP. Santa Marta.

**Magdalénien** n. m. ♦ Faciès culturel correspondant à l'apogée des civilisations du Paléolithique* supérieur, entre -15000 et -8000, et marqué par l'épanouissement de l'art mobilier et surtout pariétal. ➔ **Altamira, Arcy-sur-Cure, Chancelade, les Combarelles, Étiolles, Font-de-Gaume, Lascaux, Marsoulas, Montespan, Niaux, Pincevent, Rouffignac, Solutré-Pouilly, Tuc-d'Audoubert.**

**MAGDEBURG** – parfois en fr. ***Magdebourg*** ➔ ÉTYM. du vx saxon *Magathaburc,* puis *Magdeburg* «la forteresse ou la ville *(burg, burc)* de la jeune fille *(magde)*» [p.-ê. allus. à une anc. idole païenne] ♦ V. d'Allemagne, cap. de Saxe-Anhalt, sur la rive g. de l'Elbe. 229 691 hab. Cathédrale gothique (XIIIe s.) et hôtel de ville Renaissance. ▪ Dotée d'un excellent réseau de communications (nombreuses liaisons ferroviaires, proximité de l'autoroute Essen-Berlin et du Mittellandkanal), la ville est un important port fluvial, relié par canaux au Rhin et à l'Oder. Grand centre sidérurgique (usine Krupp) avant et pendant la Deuxième Guerre mondiale, Magdeburg s'est spécialisé depuis 1945 dans la chimie (fabrication d'huiles et carburants, caoutchouc synthétique), les textiles artificiels et le raffinage du sucre (à partir des betteraves des Börde*). ▮ **Histoire** Mentionnée au VIIIe s., la ville devint en 962 le siège d'un archevêché consacré à l'évangélisation des Slaves. Au XIIIe s., grâce à son entrée dans la Hanse, Magdeburg acquit une grande importance économique et administrative (elle jouissait d'un statut particulier, le *droit de Magdeburg,* adopté plus tard dans plusieurs villes d'Allemagne et d'Europe orientale). Gouvernée par ses archevêques, elle se rallia à la Réforme en 1525 et vécut dès lors sous la tutelle d'archevêques protestants. Mise à sac par Tilly pendant la guerre de Trente Ans, elle fut sécularisée par le traité de Westphalie (1648), puis annexée à la Prusse en 1680. Prise par les Français en 1806, elle appartint au royaume de Westphalie à partir de 1813, puis fut récupérée par la Prusse après le congrès de Vienne (1815). Détruite à 65 % par les bombardements de 1944, elle a retrouvé depuis 1960 sa prospérité d'avant-guerre.

**MAGELANG** ♦ V. d'Indonésie, au centre de l'île de Java. 123 156 hab. Académie militaire (Akabri). ▪ À proximité, temples de Borobudur et de Prambanan.

**MAGELLAN (Fernão de Magalhães,** dit en fr. **Fernand de)** ♦ Navigateur portugais (Sabrosa, Trás-os-Montes, v. 1480 - Mactan, Cebu, Philippines 1521). Entré dans la marine portugaise, il fit une expédition aux Indes puis en Afrique, avant de passer au service de l'Espagne (1512). En 1519, il entreprit le premier voyage de circumnavigation, atteignit le río de la Plata (1520), découvrit le détroit qui porte son nom, traversa le Grand Océan par mer calme (Pacifique*) dans la direction N.-O., et parvint aux Philippines en 1521. Il convertit au catholicisme le roi de Cebu, mais fut tué dans un engagement contre les populations indigènes de Mactan. Un des navires de sa flottille, commandé par J. S. El* Cano, revint en Espagne (1522) en contournant l'Afrique. C'est l'Italien A. Pigafetta* qui fit le compte rendu de ce périple.

**MAGELLAN** (détroit de) – en esp. ***estrecho de Magallanes*** ♦ Détroit (580 km), formé d'une succession de fjords décrivant une grande courbe vers le S., qui relie l'Atlantique au Pacifique, et l'Argentine au Chili. ▪ Le seul port établi sur ses rives est Punta Arenas, au Chili. Zone pétrolière en Argentine. ▮ **Histoire** Il fut découvert par Magellan en 1520.

**MAGENDIE (François)** ♦ Physiologiste français (Bordeaux 1783 - Sannois, Seine-et-Oise 1855). Expérimentateur consciencieux, il fut également le précurseur de la pharmacologie moderne. Ses principaux travaux portent sur les propriétés des racines des nerfs rachidiens : il confirma et précisa les découvertes du Britannique C. Bell*. [Acad. sc. 1821] ➔ ÉTYM. *Magendie* désignait en gascon le bureau de perception des droits de *magesque* (droits sur la vente du vin).

**MAGENTA** ♦ V. d'Italie, en Lombardie (prov. de Milan). 22 839 hab. Indus. textiles (coton). ▮ **Histoire** Les forces françaises, sous le commandement de Canrobert, Mac*-Mahon et Vinoy, y remportèrent une victoire sur les troupes autrichiennes de Gyulai (4 juin 1859). ➔ **Italie (campagne d').**

**mages (les Rois)** ➔ **Balthazar, Gaspard, Melchior**

**MAGHNIA** ou **LALLA MAGHNIA** – anc. ***Lalla Marnia*** ♦ V. d'Algérie (wilaya de Tlemcen), près de la frontière marocaine. La *plaine de Maghnia* est drainée par l'oued Tafna. 72 388 hab. Centre commercial. Oliviers. Céréales.

**MAGHREB** n. m. ➔ ÉTYM. en ar. ***al-Maghrib*** «direction où le soleil se couche, occident» ♦ Nom donné à l'ensemble des pays du N.-O. de l'Afrique, compris entre la Méditerranée et le Sahara, l'océan Atlantique et le désert de Libye. Formant une unité géographique et humaine, le Maghreb doit en outre à la conquête arabe (VIIe - VIIIe s.) son unité religieuse et culturelle. Quant à son histoire politique, elle est liée à l'histoire politique de l'Algérie, de la Tunisie, du Maroc, de la Libye et de la Mauritanie. Dès le XIIe s., une unité politique apparaissait sous le règne d'Ibn Tūmart, fondateur de la dynastie des Almohades et dont les conquêtes (Maroc, Maghreb central, Ifrīqiya) couvraient alors la totalité du Maghreb. Ce phénomène unitaire ne fut renouvelé par aucun des États qui succédèrent aux Almohades après l'effritement de leur empire. Bien que les frontières actuelles des pays du Maghreb aient été ébauchées dès le XVIe s., ce n'est qu'en 1970 qu'un terme fut mis aux querelles portant sur la délimitation des trois États qui en constituent le noyau central, l'Algérie, la Tunisie et le Maroc. La Libye, qui avait participé un temps à l'Organisation maghrébine, s'en désolidarisa en sept. 1970 en s'orientant vers une fédération avec la République arabe d'Égypte, sans quitter toutefois l'Organisation. La Mauritanie, en revanche, manifesta le désir de s'y intégrer. Un traité créant l'Union du Maghreb arabe a été signé en 1989 par l'Algérie, la Libye, le Maroc, la Mauritanie et la Tunisie mais est resté lettre morte. Un souci majeur des États de cette zone reste la constitution d'un Maghreb uni afin de mieux coordonner la politique économique des États membres face, notamment, à l'UE.

**MAGINOT (André)** ♦ Homme politique français (Paris 1877 - *id.* 1932). Député de la gauche démocratique (1910), il fut plusieurs fois ministre après la Première Guerre mondiale, au cours de laquelle il fut grièvement blessé. Il fit adopter la loi (4 janv. 1930) sur la construction de fortifications sur la frontière N.-E. du pays. La *ligne Maginot*, dont le projet avait déjà été formulé par Painlevé (1925), ne fut pas poursuivie sur la frontière franco-belge en raison de l'opposition de la Belgique. De plus, inadaptée à une nouvelle forme de guerre de mouvement, elle ne joua pas le rôle escompté lors de la Deuxième Guerre mondiale. ➝ ÉTYM. *Maginot* est une forme altérée de *Manginot* (de *Demange*, forme populaire régionale de *Dominique**).

**MAGNAC-LAVAL** [87190] ➝ ÉTYM. anc. *Magniacus*, du lat. *Magnius*, n. de pers., et suff. *-acum* ♦ Ch.-l. de cant. de la Haute-Vienne, arr. de Bellac. 1 978 hab. *(Magnachons)*. Église romane, château du XIXe s., séminaire de sulpiciens. ▪ Procession de saint Maximin le lundi de Pentecôte.

**MAGNAN (Bernard Pierre)** ♦ Maréchal de France (Paris 1791 - *id.* 1865). Après avoir participé aux expéditions d'Espagne (1823) et d'Alger (1830), il fut mis en disponibilité (1831) et passa quelque temps au service de la Belgique. Revenu en France (1839) et réintégré dans l'armée, il prit part à la répression des insurrections de juin 1848 et 1849. Député et nommé commandant de l'armée de Paris (1851), il fut promu maréchal après sa participation active au coup d'État du 2 décembre* 1851.

**MAGNAN (Valentin)** ♦ Psychiatre français (Perpignan 1835 - Paris 1916). Il fut l'un des théoriciens de la dégénérescence.

**MAGNANI (Anna)** ♦ Actrice italienne (Alexandrie 1908 - Rome 1973). Après des débuts obscurs au music-hall, puis à l'écran dans des films mineurs, elle révéla son tempérament dans *Teresa Venerdi* (De Sica, 1941) et surtout dans *Rome*, ville ouverte* (Rossellini, 1945) où elle est une femme du peuple poignante d'authenticité. Ses rôles suivants la hissèrent au premier plan, de *Amore* (Rossellini, 1948) à *Bellissima* (Visconti, 1951), et du *Carrosse d'or* (Renoir, 1953) à *Mamma Roma* (Pasolini, 1962), faisant d'elle «la» Magnani. Elle parut pour la dernière fois dans *Roma* de Fellini (1972). ➝ ÉTYM. *Magnani* vient de l'italien *magnano* «forgeron» ou de *Magnano*, nom de lieu fréquent en Italie.

**MAGNANVILLE** [78200] ➝ ÉTYM. «domaine (lat. *villa*) de Magina (n. de femme germ.)» ♦ Comm. des Yvelines, arr. de Mantes-la-Jolie. 5 624 hab.

**MAGNARD (Albéric)** ♦ Compositeur français (Paris 1865 - Baron, Oise 1914). Élève de V. d'Indy*, il a laissé une œuvre marquée par un souci de noblesse et de grandeur. Adepte du leitmotiv wagnérien, il subit aussi l'influence de Beethoven. Il a laissé quatre symphonies, deux hymnes, de la musique de chambre, des mélodies ainsi que trois ouvrages lyriques, dont *Guercœur* (1897 - 1900) et *Bérénice* (1905 - 1909). Il mourut, enseveli sous les ruines de sa maison, lors de l'avance allemande, en 1914. ➝ ÉTYM. *Magnard* vient du nom germanique *Maginhard*, de *magin* «force» et *hard* «dur».

**MAGNASCO (Alessandro)** dit **il Lissandrino** ♦ Peintre et dessinateur italien (Gênes 1667 - *id.* 1749). D'abord portraitiste, il représenta ensuite des sujets mythologiques, religieux et des scènes de genre auxquelles il donna souvent un caractère morbide et caricatural : scènes de la vie des moines, petits artisans, militaires, brigands, voyageurs, comédiens. Par souci d'expressivité, il place fréquemment ses petits personnages aux formes allongées dans des architectures imposantes ou dans des paysages nocturnes et tourmentés qui rappellent S. Rosa* et révèlent un tempérament étrange et visionnaire. Il emploie un clair-obscur accentué, une touche très apparente et nerveuse et une gamme chromatique à dominante brune. Il eut de nombreux imitateurs. ➝ ÉTYM. Ce nom de famille vient du nom de lieu *Magnasco* près de Gênes.

**MAGNE** ou **MAÏNA** n. m. – en gr. mod. ***Mani*** ♦ Région de Grèce (Péloponnèse), formée par la péninsule escarpée et aride située dans le prolongement du massif du Taygète et s'achevant au cap Ténare. ▮ **Histoire** Les habitants du Magne *(Magniotes)* seraient les descendants directs des Spartiates. Ce peuple guerrier, bien défendu dans des repaires montagneux inaccessibles, opposa une résistance efficace aux envahisseurs francs (XIIIe s.), puis aux Turcs qui reconnurent son autonomie en 1777. Déchiré par des guerres civiles incessantes, il participa victorieusement, sous la conduite du bey Petro Mavromichalis (1821), à la guerre d'Indépendance pendant laquelle les Magniotes se montrèrent des pirates redoutables.

**MAGNELLI (Alberto)** ♦ Peintre italien (Florence 1888 - Meudon 1971). Abordant la peinture en autodidacte, il entra en 1913 en contact avec les membres du mouvement futuriste (Marinetti*, Boccioni*) sans pour autant s'engager dans la même voie. Il médita surtout la leçon que pouvaient offrir les œuvres italiennes des XIVe et XVe s. ; à Paris, il fit la connaissance d'Apollinaire, Max Jacob, Léger et Matisse. Abandonnant la description, il interpréta la figure humaine à partir de schémas simples solidement établis étalant par aplats des couleurs vives. Il évolua vers une stylisation audacieuse en affinité avec les procédés de Matisse* mais présentant un aspect plus angulaire (*Femme au tablier violet*, 1915) ; il aboutit ainsi à la non-figuration et créa des rythmes rapides et linéaires. Jusqu'en 1931, il introduisit de nouveau des éléments figuratifs, et usa d'un chromatisme pâle et assourdi, représentant des objets aux formes épurées. À partir de 1933, il entreprit une série, dite des «pierres éclatées», où des formes aux arêtes aiguës se détachent sur un fond uniforme, puis il s'installa à Paris et développa un style abstrait de tendance géométrique, où les formes angulaires ou elliptiques sont cernées d'un trait fin et se détachent sur des fonds plans (*Violence contenue*, 1944). Il a aussi laissé de nombreux collages où se manifeste un sens rigoureux de la construction. ➝ ÉTYM. Ce nom vient du latin *magnus* «grand (sur le plan physique, moral ou social)».

**MAGNENCE** – en lat. ***Flavius Magnus Magnentius*** ♦ (Amiens v. 303 - Lyon 353). Empereur romain (350 - 353). Proclamé empereur par l'armée de Constant* Ier, il tua ce dernier et marcha contre Constance* II qui refusait de partager l'empire avec lui. Vaincu par Constance II à Mursa, il fut contraint de se donner la mort.

**MAGNÉSIE** n. f. – en gr. mod. ***Magnisia*** ♦ Région de Grèce (Thessalie), située autour du golfe Pagasétique, entre les massifs de l'Othrys et du Pélion. Le nome de Magnésie a pour ch.-l. Volos*.

**MAGNÉSIE DU MÉANDRE** – en gr. ***Magnêsia hê epi Maiandrôi*** ♦ Anc. ville d'Asie Mineure (Ionie), au S.-E. d'Éphèse. Cité éolienne, elle aurait été fondée par des Grecs originaires de Magnésie, contrée de la Thessalie orientale. Détruite lors de l'invasion cimmérienne (v. –650), elle se releva et devint la résidence d'un satrape perse auprès duquel se réfugia Thémistocle*. Elle fut transportée v. –400 sur le versant E. du mont Thorax. Alliée à Rome contre Mithridate*, elle devint cité libre par les soins de Sylla*. Il en reste aujourd'hui quelques monuments près du village de Tekke.

**MAGNÉSIE DU SIPYLE** → Manisa

**Magnificat** n. m. ♦ Premier mot du cantique d'action de grâces de Marie après avoir appris qu'elle enfanterait le Sauveur : «Magnificat anima mea Dominum» («Mon âme glorifie le Seigneur») (Luc, I, 46-55). Ce cantique est devenu un élément essentiel de la liturgie des vêpres (Dixit, Confitebor, Beatus vir, Laudate pueri, Laudate Dominus, Magnificat). Le Magnificat a été mis en musique dans le cadre de vêpres par Michael Haydn ou Mozart, isolément par Monteverdi, Schütz (en latin et en allemand), J.-S. Bach, C. Ph. E. Bach, Penderecki.

**MAGNITOGORSK** ♦ V. de Russie, dans la région de Tcheliabinsk, sur le cours supérieur non navigable de l'Oural, près de la montagne Magnitnaïa «montagne magnétique» (important gisement de fer à haute teneur). 419 100 hab. Grand centre d'industrie sidérurgique. Cokeries. Cimenteries. Caoutchouc synthétique. ▪ La ville fut fondée en 1929.

**MAGNOL (Pierre)** ♦ Médecin et botaniste français (Montpellier 1638 - *id.* 1715). Professeur de médecine puis directeur du jardin botanique de Montpellier, il conçut le classement des plantes par familles. Linné donna son nom à un arbre d'Amérique et d'Asie, le *magnolia*. [Acad. sc. 1709] ➝ ÉTYM. *Magnol* signifie «éleveur de vers à soie», de *magnan* «ver à soie» (nom de hameaux occitans).

**MAGNUS** ♦ Nom de plusieurs rois de Norvège. ♦ **MAGNUS Ier Olavsson le Bon** (1024 - 1047). Roi de Norvège (1035 - 1047), puis de Danemark (1042). Ses sujets s'étant révoltés, il dut partager le pouvoir avec son oncle et successeur Harald* III. Il mourut en combattant les Danois. ♦ **MAGNUS III Barfot** «aux pieds nus» ou plutôt «aux jambes nues» car il avait adopté le kilt écossais (v. 1073 - Ulster 1103). Roi de Norvège (1093 - 1103). Il pilla les Hébrides, les îles de Man et d'Anglesey. En 1102, il attaqua l'Irlande et y mourut. ♦ **MAGNUS VI Lagabøte** «le Législateur» (1238 - Bergen 1280). Roi de Norvège (1263 - 1280). Il céda les Hébrides et l'île de Man aux Écossais (1266). Il signa un concordat avec l'Église et fit de nombreuses réformes, rendant notamment la Couronne héréditaire. ♦ **MAGNUS VII Eriksson** (1316 - 1374). Roi de Norvège (1319 - 1343) et de Suède (1319 - 1363). Il n'exerça le pouvoir qu'à partir de 1332 et dut abdiquer le trône de Norvège en faveur de son fils Haakon* VI. Après une rébellion en Suède et sa déposition au profit de son fils Éric* XII (1356 - 1359), il put se rétablir mais fut associé au pouvoir avec Haakon VI (1361). Ils s'allièrent contre la Hanse avec Valdemar IV de Danemark dont Haakon épousa la fille Marguerite* Valdemarsdotter. Ils furent déposés à cause de cette alliance avec le Danemark.

**MAGNUS (Olof Månsson)** – en lat. ***Olaus*** ♦ Religieux et géographe suédois (Linköping 1490 - Rome 1557). Ordonné prêtre en 1517, il se rendit en Finlande et dans les régions septentrionales de la Scandinavie, où, tout en prêchant contre le luthéranisme, il se consacra à des études géographiques. Il vint à Rome à l'époque où la Suède passa à la Réforme, et y demeura jusqu'à sa mort. Il a laissé une *Carte marine* qui constitue l'un des premiers ouvrages géographiques fournissant des renseignements sur l'Europe du Nord.

**MAGNUS (Heinrich Gustav)** ♦ Physicien allemand (Berlin 1802 - *id.* 1870). Auteur de travaux expérimentaux sur les gaz (dilatation, conductibilité) et sur le système liquide-vapeur, il étudia également l'action d'un courant fluide sur un solide en rotation *(effet Magnus)* et son application aux projectiles, et découvrit l'acide periodique.

**MAGNY (Olivier DE)** ♦ Poète français (Cahors v. 1529 - Paris 1561). Après avoir été secrétaire d'un de ses compatriotes, à Paris, il fit un long séjour à Lyon, où il s'éprit de Louise Labé*, puis gagna l'Italie. À Rome, il connut les mêmes déceptions que Du Bellay*, auquel il se confia dans des sonnets (*Soupirs*, 1557) où les plaintes alternent avec une description satirique des mœurs romaines. Il fut secrétaire du roi de 1559 à sa mort. Ses débuts poétiques furent marqués par un brillant recueil de sonnets, *Amours* (1553), qui lui valut la bienveillance de Ronsard et de ses amis. En 1554 parut *Gayetez*, recueil de poésies légères. Puis ce fut le livre des *Soupirs* qui fit pendant au livre des *Regrets* de Du Bellay. Le dernier ouvrage de Magny est un volume d'*Odes* (1559), inspiré de Ronsard. Son œuvre, qu'on dit trop souvent chargée d'érudition, développe un art de vivre libertin.

**MAGNY-EN-VEXIN** [95420] ➝ ÉTYM. anc. *Magniacus*, du lat. *Magnius*, n. de pers., et suff. *-acum* ♦ Ch.-l. de cant. du Val-d'Oise, arr. de Pontoise. 5 656 hab. (aggl. 6 549). *(Magnytois)*. Église des XVe et XVIe s. (fonts baptismaux de 1534). Maisons et hôtels anciens.

**MAGNY-LES-HAMEAUX** [78114] ➝ ÉTYM. → Magny*-en-Vexin ♦ Comm. des Yvelines, arr. de Rambouillet. 8 769 hab. Église Saint-Germain (pierres tombales provenant, pour la plupart, de l'anc. abbaye de Port-Royal). Vestiges de l'anc. abbaye de Port-Royal (abbatiale du XIIIe s. ; moulin ; colombier). Le bâtiment des Petites Écoles abrite le musée national des Granges-de-Port-Royal : documents relatifs au jansénisme, peintures, dessins et gravures. Musée de Port*-Royal-des-Champs consacré à l'histoire de l'abbaye et du jansénisme. ▪ Centre d'essais de l'Aérospatiale. Centre de recherches météorologiques. Élément de la ville nouvelle de Saint*-Quentin-en-Yvelines.

**MAGOG** ♦ Dans Ézéchiel, XXXVIII-XXXIX, région située à « l'extrême nord » et où règne Gog*.

**MAGOG** ♦ V. du Canada (Québec), à l'extrémité septentrionale du lac Memphremagog. 23 880 hab. Indus. textiles et alimentaires. Pêche. Villégiature.

**MAGON** ♦ Général carthaginois (mort en mer en -203). Frère d'Hannibal. Lors de la deuxième guerre punique*, il seconda Hannibal en Italie (-218 - -215) puis son autre frère Hasdrubal* Barca en Espagne. Battu par Scipion* l'Africain (-206), il réussit cependant à gagner l'Italie à la tête d'une armée de secours, mais fut vaincu en Ligurie (-205) puis en Lombardie, et mourut en regagnant Carthage.

**MAGRITTE (René)** ♦ Peintre et dessinateur belge (Lessines 1898 - Bruxelles 1967). De 1916 à 1918, il étudia à l'Académie des beaux-arts de Bruxelles. D'abord marqué par le cubisme et le futurisme, il se lia ensuite avec Servranckx et poursuivit des recherches plus abstraites. Entré en contact avec E. L. T. Mesens et attiré par l'esprit dada, il collabora à la revue *Œsophage*. Il eut alors la révélation des collages de Max Ernst* et des peintures métaphysiques de De* Chirico. Il adhéra ensuite au surréalisme et trouva sa voie en recourant à une facture impersonnelle, de caractère illusionniste où dominent les tons clairs, les volumes lisses et secs. Adoptant un répertoire des motifs tiré de la réalité quotidienne, il n'inventa pas de formes nouvelles, mais créa des images déroutantes à partir d'éléments et d'objets hétéroclites *(Le Thérapeute)*. Pratiquant le plus souvent des modifications d'échelle entre les divers motifs, il les représenta déplacés de leur contexte, altérant leur qualité spécifique, intervertissant leur fonction et permutant leurs attributs. Les rapprochements inattendus d'objets, les dissociations et dénaturations ainsi réalisées contribuent à déclencher de nouvelles associations métaphoriques et oniriques aux implications érotiques voilées (*Le Temps menaçant*, 1928) ou brutales *(Le Viol)*. La plupart de ses tableaux impliquent une spéculation sur les rapports que l'œuvre entretient avec son titre, et l'image avec les mots (*Ceci n'est pas une pipe* représente une pipe). Il a cherché par le biais de l'humour et de l'absurde à démonter les mécanismes de la représentation et du langage descriptif *(La Condition humaine ; Le Paysage fantôme)*. À l'accusation de faire une peinture extra- ou antipicturale, il a répliqué que l'idée chez lui n'était susceptible de devenir visible qu'à travers la peinture. ▪ *Autre illustration* : → **Fantômas.** ➝ ÉTYM. *Magritte* est la variante belge de *Marguerite**.

René **Magritte.** *Les Amants* (54,2 x 73,5 cm), 1928. Coll. part.
*BIS/Phot. L. Joubert © Archives Larbor © Photothèque R. Magritte © ADAGP, Paris*

**MAGUELONNE** ♦ Hameau de la comm. de Villeneuve-lès-Maguelonne (Hérault), situé au S. de Montpellier, sur l'étroit cordon de sable isolant l'étang de Vic de la Méditerranée. L'anc. cathédrale Saint-Pierre, édifice fortifié des XIe et XIIe s., d'architecture sobre, fut en partie démantelée en 1622.

**MAGUILEV** ➝ ÉTYM. anc. ***Moguilev***, du polon. *mogila* « tombeau » (p.-ê. un tumulus funéraire préhistorique) ♦ V. de Biélorussie, ch.-l. de région, sur le Dniepr. 372 700 hab. Nœud ferroviaire. Centre indus. : indus. alimentaire et chimique ; fibres artificielles ; machines de travaux publics (grues). ▪ **Histoire** Après avoir fait partie de la Lituanie puis de la Pologne, la ville fut annexée par la Russie en 1772. Lors de l'invasion de celle-ci (1812), Davout y défit Bagration*.

**MAGYAR(S)** n. m. (pl.) ♦ Nom ethnique des Hongrois, peuple de langue finno-ougrienne, établi au IXe s. dans la vallée du Danube et qui représente la majorité de la population du pays. → **Hongrie.**

**MAHABALIPURAM** ♦ Site ancien de l'Inde sur la côte de Coromandel* (Tamil Nadu), et port créé probablement au début du VIIe s. par des souverains de la dynastie des Pallava*. Il est surtout connu pour ses nombreux rochers en granite sculptés en forme de temples.

**MAHĀ BANDULA** ♦ Général en chef birman (Ngapayin 1782 - Danubyu 1825). Il fut tué au cours de la première guerre anglo-birmane (1824 - 1826). Première figure de la résistance à l'égard des Britanniques, il est révéré en Birmanie comme héros national.

**Mahābhārata** n. m. ➝ ÉTYM. sanskr. « geste des Bhārata » ♦ Grand récit épique indien d'environ 120 000 versets, divisé en 19 livres, œuvre collective ancienne remontant à l'époque védique (vers -1000 ?) et continuée jusque vers le VIe s. de notre ère. Il raconte d'une manière héroïque et lyrique les aventures de cinq frères en butte à l'inimitié du roi d'un clan rival et la guerre entre clans indo-européens qui s'ensuit. Ce gigantesque poème est en fait une partie de la grande épopée de l'invasion et de l'établissement des tribus indo-européennes dans le bassin indo-gangétique, de leurs luttes intestines et de celles qu'elles durent soutenir contre les tribus dravidiennes qui occupaient alors le territoire. C'est en même temps une sorte d'encyclopédie des connaissances sacrées et profanes des Indo-Européens « indiens » à cette haute époque. Le grand poème philosophique *Bhagavad-gītā*, faisant partie du 6e livre, fut probablement ajouté postérieurement aux autres épisodes. Le 19e livre, également une interpolation tardive, raconte les mythes afférents au dieu Krishna*. Le *Mahābhārata* connut une vogue immense et fut traduit et interprété dans tous les pays qui reçurent l'influence indienne, fournissant à la littérature et aux beaux-arts de ces pays comme de l'Inde une source inépuisable de thèmes.

**MAHAJANGA** ➝ ÉTYM. anc. ***Majunga*** ; malgache « qui peut *(maha)* guérir *(jaga)* » ♦ V. de Madagascar, sur la côte N.-O. de l'île. Plus de 125 000 hab. Port. Ville industrielle (indus. textiles ; coton ; cimenteries ; indus. agricoles ; huileries). ▪ Anc. comptoir fondé par des commerçants arabes au déb. du XVIIIe s.

**MAHAKAM** n. m. ♦ Fl. de Bornéo. Il se jette dans le détroit de Makassar, par un delta où se trouve située la ville de Samarinda*. Long de 720 km, il est navigable sur 480 km, jusqu'à Laham.

**MAHANADI** n. f. ➝ ÉTYM. sanskr. « le grand *(mahā)* fleuve *(nadi)* » ♦ Fl. de l'Inde centrale (env. 800 km). Né dans les Ghâts de l'O., il se jette dans le golfe du Bengale où il a formé un immense delta. Le barrage de Hirakud, l'un des plus longs du monde, sert à l'irrigation et à la production d'électricité.

**MAHARASHTRA** n. m. ♦ État de l'Inde. 307 760 km$^2$. 96 878 627 hab. LANGUE : marathi (off.). CAP. : Bombay. Créé lors de la réorganisation de 1956, il rassemble les populations de langue marathi. La côte et les Ghâts sont très arrosés. Le plateau du Dekkan qui forme l'essentiel de l'État comporte des zones plus sèches, mais les terres noires et l'irrigation ont permis le développement de l'agriculture (coton, canne à sucre, millet). De nombreuses villes industrielles s'y sont construites sous l'impulsion des milieux d'affaires de Bombay.

**MAHATHIR MOHAMAD (Datuk Seri)** ♦ Homme politique malais (Alor Setar, Kedah 1925). Premier ministre de Malaisie de 1981 à 2003. En 1990, il formula la « vision de 2020 », donnant trente ans au pays pour devenir pleinement développé. Très contesté pour son autoritarisme, il s'éleva contre le FMI lors de la crise monétaire asiatique en 1998.

**MAHAUT** → **Mathilde ou Mahaut**

**Mahāyāna** n. m. ➝ ÉTYM. sanskr. « grande voie [de progression] » ou « grand véhicule » ♦ Doctrine philosophique et religieuse bouddhique, forme évoluée du hīnayāna*, qui considère le Bouddha* non plus comme un personnage historique exemplaire, mais comme une émanation du principe divin. Elle prit vraisemblablement naissance vers le IIe s. de notre ère et connut une grande diffusion, tant en Inde qu'en Chine et au Japon. C'est la forme de bouddhisme qui est encore la plus répandue actuellement en Asie (sauf au Sri Lanka et dans le S.-E. asiatique).

**MAHDĪ** n. m. ➝ ÉTYM. mot ar. « le bien dirigé » ♦ Personnage de l'eschatologie islamique. Ni le Coran* ni le Hadīth* (à part quelques chaînes orales des collections chiites) ne le mentionnent. Inventé au VIIe s. par les chiites, ce personnage messianique, qui viendra sur terre pour délivrer l'homme du mal et instaurer le règne du bien, est rejeté par les sunnites* à la fin des temps. Pour la majorité des chiites, le mahdī est associé au douzième et dernier imam, Muḥammad ibn al-Ḥasan al-Askari, qui s'est caché après sa mort et reviendra un jour sur terre afin de restaurer la religion vraie. Dans l'histoire de l'islam, plusieurs prétendants au pouvoir se déclarèrent mahdī (→ **Ibn Tūmart, Mahdī, 'Ubayd Allāh al-Mahdī**).

**MAHDĪ** n. m. ♦ Titre pris par MUḤAMMAD AḤMAD 'ABD ALLĀH (au Soudan 1844 - Omdourman 1885) en 1881, après une vie d'ascète. Il conquit le Soudan, battit les Anglo-Égyptiens (1883), s'empara de Khartoum (1885). Son État correspondait au Soudan actuel et était organisé théocratiquement. — Titre du successeur de Muḥammad, le calife 'ABD ALLĀH (v. 1850 - 1899), qui battit les armées du négus Johannès* en 1886, et, à nouveau, tuant son adversaire, à Metemma (1889). L'expédition de Kitchener* aboutit à la déroute des mahdistes (Omdourman, 1898) et au condominium du Soudan*.

**MAHDIA** ÉTYM. en ar. *al-Mahdiya* «ville de 'Ubayd* Allāh al-*Mahdī*» ♦ V. de Tunisie, ch.-l. de gouvernorat, située à la pointe d'un promontoire s'avançant dans la Méditerranée. 45 977 hab. Forteresse du XVIe s. Grande mosquée (Xe s., reconstruite au XXe s.). Port de pêche. Conserveries. **Histoire** Anc. comptoir phénicien puis romain. Le calife fatimide 'Ubayd Allāh al-Mahdī, délaissant Kairouan, y installa sa résidence (déb. Xe s.). Ce fut une importante place forte.

**MAHÉ** ♦ V. de l'Inde (Kerala). 36 823 hab. Elle a constitué l'un des 5 comptoirs conservés par la France jusqu'en 1954, puis fut intégrée au territoire de l'Union de Pondichéry. Petit port de pêche.

**MAHENDRA BIR BIKRAM SHĀH** ♦ Roi du Népal (Katmandou 1920 - Bharatpur 1972). Il succéda à son père Tribhuvana en 1955, suspendit la Constitution, assuma tous les pouvoirs afin d'essayer de faire de son pays une nation moderne et créa une nouvelle Constitution en 1962 destinée à promouvoir d'importantes réformes. Son fils Birendra lui succéda.

**MAHFOUZ (Naguib)** ♦ Romancier égyptien (Le Caire 1911 - *id.* 2006). Il a écrit une trilogie (*Impasse des deux palais ; Le Palais du désir ; Le Jardin du passé*, 1956 - 1957) retraçant l'évolution d'une petite famille bourgeoise du Caire de 1917 à 1945 ; il s'attacha à travers ce récit à analyser les transformations de la société égyptienne. Il a composé d'autres romans et nouvelles : *Le Passage des miracles* (1947), *Le Voleur et les Chiens* (1962), *Le Mendiant* (1965), *Dérives sur le Nil* (1966), *Le Cœur de la nuit* (1974). [Prix Nobel de littér. 1988] ÉTYM. Ce nom vient de l'arabe *maḥfūẓ* «préservé, protégé».

**MAHINDA** ♦ Nom du frère (ou du fils) du roi Ashoka* qui aurait importé le bouddhisme à Ceylan et nom de rois (de I à V) qui régnèrent dans cette île de 730 à 1029 env. Le dernier fut fait prisonnier par les rois chola* du S. de l'Inde et vit l'île de Ceylan passer sous la domination indienne.

**MAHLER (Gustav)** ♦ Compositeur et chef d'orchestre autrichien (Kalischt, Bohême 1860 - Vienne 1911). Il entra au conservatoire de Vienne à 15 ans. Devenu le disciple et le protégé de Bruckner*, il fut contraint, après l'échec de sa cantate dramatique *Das Klagende Lied* (1880), d'embrasser la carrière de chef d'orchestre. Il allait y affirmer, sa vie durant (notamment à Vienne, 1897 - 1907, puis à New York), des dons si éclatants qu'ils eurent souvent pour effet d'éclipser ses mérites de compositeur. Il consacra le meilleur de lui-même, avec une ardeur infatigable et une exigence souvent intolérante, à l'interprétation des plus grands chefs-d'œuvre de la musique. Il s'attacha à unifier tous les éléments du spectacle lyrique : musique, drame, poésie, décor. Il se convertit au catholicisme (1897) et, grâce à sa femme Alma, se lia d'amitié avec quelques-uns des plus grands artistes de son temps (G. Klimt, R. Strauss, G. Hauptmann, B. Walter, A. Schoenberg). Son œuvre, de dimension imposante, comporte dix symphonies (dont quatre avec des parties vocales, la dernière inachevée, 1888 - 1910), *Le Chant* de la Terre* (1908) et une cinquantaine de lieder, la plupart pour voix et grand orchestre (*Lieder et Chants de jeunesse*, 1880 - 1892 ; *Wunderhorn Lieder*, 1892 - 1901 ; *Kindertotenlieder**, 1901 - 1904). Son originalité est d'avoir élaboré une synthèse du lied et de la symphonie. S'inspirant des musiques du passé, Mahler exploite largement la rigoureuse polyphonie de Bach, le principe de construction de la symphonie beethovénienne et le chromatisme wagnérien, mais il utilise aussi les musiques exotiques, le folklore de Bohême, d'Autriche et d'Allemagne ainsi que des formes populaires : danses, fanfares, qu'il traite presque comme des «objets trouvés». Son art de la mélodie, son incomparable maîtrise des vastes architectures orchestrales sont chez lui au service de la plus grande expressivité et d'un mysticisme quasi panthéiste. Remarquable orchestrateur, Mahler est le dernier grand compositeur de la lignée romantique. Il annonce de grands pans de la musique du XXe s. tout en jetant sur le passé un regard critique, corrosif, et occupe une place de choix dans la société intellectuelle viennoise au début de ce siècle. → **Symphonie des Mille.** ÉTYM. *Mahler* est une variante de l'allemand *Maler* «peintre».

**MAHLER (Margaret)** ♦ Psychanalyste américaine d'origine autrichienne (Sopron 1897 - New York 1985). Formée en Allemagne et à Vienne, elle apporta une contribution importante à la psychanalyse des enfants, en proposant une théorie de la psychose symbiotique, qui doit être distinguée de l'autisme, autre trouble majeur de l'identité, et qui ramène à un stade précoce où est réalisée une unité dyadique entre la mère et l'enfant, interdisant l'apparition du *self* de la mère. Ses recherches se situent dans la tradition théorique d'Anna Freud* (*Psychose infantile ; Symbiose humaine et individuation*, 1973).

**MAHMUD** ÉTYM. ar. «loué» ♦ Nom de deux sultans ottomans. ♦ **MAHMUD Ier** (Andrinople 1696 - Constantinople 1754). Sultan ottoman (1730 - 1754). Il mena quatre guerres contre la Perse et une contre la Russie. Il fit construire plusieurs édifices à Constantinople et y fonda quatre bibliothèques. ♦ **MAHMUD II** (Constantinople 1784 - *id.* 1839). Sultan ottoman (1808 - 1839). Il résista aux tentatives d'expansion de l'armée russe sur la rive droite du Danube (1806) ; il réprima l'insurrection serbe, lutta contre Ali* Pacha de Tepelenë (1820 - 1822), pacha d'Ioannina, fit face à l'insurrection grecque (1820) qui aboutit néanmoins à l'indépendance (1830). Acre, Damas et Alep furent occupés par les troupes de Méhémet* Ali qui écrasèrent l'armée turque à Konya (1832). De nouveau en guerre contre le pacha d'Égypte Méhémet Ali, ses troupes furent défaites à Nizip (1839) et il ne put survivre à cet effondrement. ▪ Sa politique intérieure préparait la période des *tanzimat* («réformes»). Mahmud II fit massacrer les janissaires qui s'opposaient à la refonte de l'armée et supprima leur institution, fondée cinq siècles plus tôt (1826). Abdülmacid* Ier lui succéda.

**MAHMUD BEGARA** ou **MAḤMŪD BĪGARHĀ** ♦ Sultan turc du Gujarat* (Inde occidentale) de 1459 à 1511. Il s'allia avec l'Égypte contre les Portugais et battit ceux-ci sur mer en 1508, tuant Dom Lourenço, le fils du vice-roi. Mais, en 1509, les Portugais anéantirent sa flotte et annexèrent le territoire de Goa*.

**MAHMUD DE GHAZNI** ou **MAḤMŪD GHAZNAWĪ** ♦ Sultan ghaznavide* (971 - Ghazni 1030), fils aîné de Sebüktigin. Son avènement (998) coïncida avec la désintégration de l'État samanide* et il en profita pour se tailler un immense empire allant du Khorassan* à l'Inde du N. Son règne fut marqué par d'incessantes campagnes militaires ; il en mena 17 en Inde, dont il rapporta un butin considérable destiné à embellir sa capitale, Ghazni*, et à entretenir son imposante armée professionnelle multinationale. Il créa une administration centralisée qui servit longtemps de modèle et protégea les artistes et les intellectuels. Son fils Mas'ūd lui succéda.

**MAHOMET** altér. du nom de *Muḥammad* qui a succédé à la forme *Mahom*, courante en ancien et en moyen français ; une autre translittération a donné ***Mohammed*** [**Abū al-Qāsim Muḥammad ibn 'Abd Allāh ibn 'Abd al-Muttalib ibn Hāchim**] ÉTYM. ar. *muḥammad* «loué, digne de louanges» (de *ḥamida* «louer, glorifier») ♦ Prophète de l'islam (La Mecque 570 ? - Médine 632). **Les sources** Parmi les fondateurs des grandes religions universalistes, Mahomet est le mieux connu historiquement. La religion qu'il prêche (→ **islam**) compte de nos jours environ un milliard d'adeptes. Homme profondément religieux, il fut aussi un grand chef politique et militaire qui sut imposer aux tribus de la péninsule Arabique un pouvoir unique doté d'un système juridique original. Les biographies classiques connues les plus anciennes datent du déb. du IXe s. : le *Kitāb Sīrat Rasūl Allāh* («Vie de l'Envoyé de Dieu») d'Ibn Hishām (mort v. 834) est l'adaptation de l'enseignement de son maître Ibn Isḥāq (mort v. 768). L'ouvrage de Waqidi (mort en 823) se limite à relater les campagnes du Prophète. La biographie de l'historien Tabarī (mort en 923) n'utilise aucune source originale. À ces écrits s'ajoutent le Coran et les recueils de Hadīth*. **La Mecque** Membre des Hachémites*, l'un des clans les moins favorisés de la tribu des Qoraychites*, Mahomet, orphelin dès l'enfance, fut adopté par son grand-père 'Abd al-Muttalib, puis par son oncle paternel Abū Tālib, père d'Ali. Tout jeune, il aurait été berger. Plus tard, il fut embauché par Khadīja, riche veuve commerçante qui organisait des caravanes qu'il aurait accompagnées jusqu'en Syrie. Devenu son homme de confiance, il accepta le mariage qu'elle lui proposa. De cette union, ils eurent quatre filles dont Fatima, future femme d'Ali. ***Les révélations*** Jusqu'à l'âge de quarante ans, il mena une vie tranquille et prospère, entrecoupée de retraites où il pratiquait l'ascétisme dans une caverne d'une montagne proche de La Mecque. Là, il reçut sa première révélation (v. 610) : selon la tradition, il vit l'archange Gabriel (en ar. *Jibrā'īl*) qui lui transmettait des paroles de Dieu. Le long silence qui s'ensuivit le troubla. Les révélations ne reprirent que vers 613. Il en relata le contenu à ses proches qui constituèrent le premier noyau de musulmans (de l'ar. *muslimūn*, pl. de *muslim* «celui qui remet [son âme à Allah]»). Au début, aucune opposition ne se manifesta. Mais quand le cercle des adeptes commença à s'élargir et que leur critique de la religion en cours (polythéisme déjà influencé par les religions monothéistes, juive et chrétienne) se fit de plus en plus radicale, l'oligarchie mercantile de La Mecque réagit fermement afin de préserver les intérêts économiques qu'elle tirait, entre autres, des pèlerinages. L'opposition à l'apostolat de Mahomet s'exprima, en un premier temps, par des moqueries et des polémiques. Mais, en 615, une persécution très violente amena quelques-uns des premiers musulmans à se réfugier en Abyssinie chrétienne. ▮ ***Le départ de La Mecque*** Après la mort de Khadīja et d'Abū Ṭālib, ce dernier fut remplacé à la tête des Hachémites par son frère Abū Lahab (619), adversaire du prophète. Mahomet, se trouvant alors sans protection, chercha un refuge à Yathrib, oasis située à 350 km au N.-O. de La Mecque et habitée par deux tribus rivales, les Aws et les Khazrajs, ainsi que par trois tribus juives qui décidèrent de mettre fin à leurs conflits en faisant appel à l'arbitrage d'un étranger, rôle qu'assuma Mahomet après des négociations secrètes qui aboutirent au pacte d'Akaba (622). ▮ ***L'Hégire*** Les Mecquois, alarmés, décidèrent de l'assassiner, mais il parvint à s'échapper le 16 juil. 622, et ce jour, l'Hégire (de l'ar. *hijrah* «départ») constitue le point de départ de l'ère musulmane. ▮ **Médine** Après l'installation de Mahomet à Yathrib, cette oasis fut appelée Madinat al-Nabi («ville du prophète»). → **Médine.** Le prêcheur se transforma en homme politique, en législateur et plus tard en chef militaire. Il organisa les musulmans en deux catégories égales en droit : al-Muhājirūn («les émigrés», les Mecquois qui l'avaient suivi) et al-Ansar («les partisans», disciples médinois). Voulant gagner à sa cause les juifs de la ville, il leur assura la liberté du culte et introduisit certains de leurs rites en islam : à l'instar des juifs, les musulmans se tournaient vers Jérusalem en priant et jeûnaient le «jour de l'expiation». Mais les juifs, tout en acceptant la nouvelle autorité politique de Mahomet, lui refusèrent la reconnaissance prophétique. ▮ ***Les bases de l'islam*** Deux ans plus tard, Mahomet rompit avec les juifs et l'islam se particularisa : désormais, la prière fut dirigée vers la Kaaba, pierre noire cubique de La Mecque attribuée à Ibrāhīm (Abraham), à qui le prophète rattacha sa religion nouvelle afin de lui donner une origine monothéiste plus ancienne que la judaïque et la chrétienne. La période de jeûne fut déplacée et le mois de ramadhan fut situé en fonction de la date anniversaire de la première grande victoire de l'armée musulmane sur les troupes mecquoises qui escortaient les caravanes convoitées par Mahomet (victoire de Badr, printemps 623). Après la cinglante défaite des musulmans à Uhud, Mahomet parvint à repousser l'attaque d'une alliance de tribus arabes dirigées par les Mecquois en creusant un fossé autour de Médine, tactique étrangère au rituel guerrier de cette région et qui surprit l'adversaire (627). Ainsi, «la bataille du fossé» redonna au Prophète l'initiative. Il chassa les juifs de Médine. Malgré le pacte de Hudaibiya (mars 628) qui, entre autres clauses, stipulait une trêve de dix ans, l'armée musulmane occupa La Mecque presque sans opposition et les derniers réticents adhérèrent à l'islam (630). Mahomet pénétra dans le sanctuaire, renversa les statues des divinités païennes et décréta une amnistie générale. Les années 630 - 631 consacrèrent l'autorité de Mahomet sur la péninsule Arabique. Il réorganisa son administration et fixa le relèvement des taxes. La nouvelle législation religieuse se substitua définitivement à l'ordre tribal et classique et le paganisme fut mis hors la loi. Pendant le «pèlerinage de l'adieu», Mahomet institua le rituel du *hajj* («pèlerinage»), retourna ensuite à Médine où, après une courte maladie, il mourut (8 juin 632). ▮ **La descendance de Mahomet** Outre Khadīja, sa première femme, il avait eu quatorze épouses. Deux d'entre elles devaient jouer un rôle politique important : l'hostilité du groupe, constitué par deux coépouses et leurs pères Abū* Bakr et Omar*, envers le noyau formé par sa fille Fatima et Ali qui lui donneront deux petits-fils, Hassan et Hussein, aura de graves conséquences plus tard (→ **'Ā'icha bint Abū Bakr, Othman, chiisme).** ▮ **L'élu de Dieu** La glorification de Mahomet, après sa mort, s'amplifia. Si les sunnites le considèrent comme un élu de Dieu, homme exemplaire et modèle de conduite terrestre, les chiites lui attribuent des charismes éminents et certaines sectes vont jusqu'à le diviniser.

**MAHÓN** – en catalan *Maó* ♦ V. d'Espagne (Baléares), cap. de l'île de Minorque*. 28 284 hab.

**mai 1873** (journée du 24) ♦ Journée parlementaire au cours de laquelle les conservateurs de l'Assemblée* nationale, à l'instigation du duc de Broglie et d'Ernoul, votèrent un ordre du jour de blâme contre Thiers*, jugé trop favorable aux républicains. Celui-ci dut démissionner et fut remplacé par Mac*-Mahon.

**mai 1877** (crise du 16) ♦ Crise politique qui, dans les débuts de la IIIe République, opposa les prérogatives constitutionnelles du président Mac*-Mahon à celles du gouvernement de Jules Simon, soutenu par la Chambre des députés à majorité républicaine. Mac-Mahon rendit publique une lettre de blâme à J. Simon, lui reprochant son manque d'autorité sur la Chambre et le vote d'une proposition de loi sur la liberté de la presse. J. Simon se sentit contraint de démissionner. Il fut alors remplacé par le cabinet d'Ordre moral du duc de Broglie qui n'obtint pas la majorité.

**mai 1958** (crise du 13) ♦ Série d'événements survenus à Alger en mai 1958. La démission du gouvernement F. Gaillard, mis en minorité à l'Assemblée nationale sur la question algérienne, le 15 avr. 1958, ouvrit une crise nationale. Pressenti pour constituer un nouveau cabinet, R. Pleven se heurta à l'opposition d'une partie de la gauche (SFIO, mendésistes). P. Pflimlin* (MRP, qui avait pris position pour l'ouverture de négociations avec le FLN) fut chargé le 8 mai de former un gouvernement, tandis que s'aggravait la tension en Algérie et en France. Alors que P. Pflimlin se présentait à l'Assemblée pour recevoir l'investiture (13 mai), à Alger le général Massu avec l'accord du général Salan prenait la tête d'un comité de salut public. Face à la situation qui se développa non seulement en Algérie (émeutes, insubordination proclamée d'une partie de l'armée) mais en France (formation de plusieurs comités de salut public) et redoutant une aggravation de la crise, le président de la République, R. Coty, fit appel au général de Gaulle*, avec qui des contacts avaient été pris dès le début du mois.

**mai 1968** (événements de) ♦ Crise économique, sociale, politique et culturelle que traversa la Ve République* française. La «contestation», née dès 1967 dans le milieu étudiant, tant en France qu'à l'étranger, se précisa au début du printemps 1968 avec la naissance à l'université de Nanterre du Mouvement du 22 mars (mené par Daniel Cohn-Bendit) qui mit violemment en question le rôle et les finalités de l'enseignement. L'agitation aboutit à la fermeture de l'université de Nanterre (2 mai), puis de la Sorbonne (3 mai), provoquant des heurts entre étudiants et policiers (émeutes et barricades dans la nuit du 10 au 11 mai au Quartier latin). Le mouvement gagna le milieu ouvrier, et, le 13 mai, à l'appel des principales centrales syndicales, se déroulait à Paris une importante manifestation, qui s'accompagna d'un mouvement de grève générale paralysant en quelques jours le pays. Cependant des divergences apparurent entre les mouvements dits «gauchistes» (trotskistes, maoïstes, anarchistes) et la CGT et le PCF qui, condamnant tout «aventurisme», s'efforcèrent de limiter le conflit à des revendications sociales. La signature des accords de Grenelle (27 mai) entre le gouvernement et les représentants syndicaux fut mal accueillie par certains éléments de la «base», qui organisèrent le jour même une manifestation au stade Charléty. Après s'être assuré de l'appui éventuel de l'armée, le général de Gaulle* prononça la dissolution de l'Assemblée nationale, remania le gouvernement, tandis que ses partisans lui apportaient leur soutien (manifestation des Champs-Élysées, 30 mai). La reprise du travail s'effectua progressivement dans le courant du mois de juin. La crise aboutit en fait à un renforcement du régime, après la victoire écrasante de l'UDR aux élections législatives (23 - 30 juin 1968) ; elle n'en fut pas moins révélatrice d'un malaise profond et eut, par sa remise en cause des valeurs traditionnelles, des conséquences importantes sur l'évolution de la société.

**Mai 1968.** Affiche.
CRS levant sa matraque.
*Phot. © Coll. Arch. Larbor*

**MAÏAKOVSKI (Vladimir Vladimirovitch)** ♦ Poète soviétique (Bagdadi, auj. Maïakovski, Géorgie 1893 - Moscou 1930). Il quitta sa Géorgie natale en 1906, à la mort de son père, pour aller se heurter à la dure vie moscovite. En 1908, il entra au parti bolchevique. Poète futuriste, il publia en 1912 avec D. Bourliouk, A. Kroutchonykh et V. Khlebnikov* le manifeste futuriste *Soufflet au goût du public*. En 1915, il donna son grand poème *Nuage en pantalon*, dans lequel il attaque «seul, le monde tel qu'il est». En 1917, il s'enflamma pour la révolution *(Ma révolution, Ode à la révolution)*. Il publia son poème dramatique *Mystère Bouffe* (1918), et son poème *Cent cinquante millions* (1921) d'inspiration à la fois titanesque et satirique. En 1923, il fonda autour de la revue *Lef* le groupe du Front gauche de l'art et accomplit plusieurs voyages à l'étranger (il séjourna à Paris plusieurs fois entre 1924 et 1929). Frappé douloureusement par la mort de Lénine, «le plus terrestre des hommes de la terre», Maïakovski écrivit un grand poème, *Vladimir Ilitch Lénine* (1924). Puis, sans se séparer de son optimisme et de sa foi révolutionnaire, il donna le jour à un poème de propagande révolutionnaire, *Bien* (1927). Il fut aussi un auteur satirique et humoristique de talent dans ses pièces *La Punaise* (1929), où il stigmatise les prolétaires embourgeoisés de la NEP, et *Les Bains (publics)* [1930], où il fait le procès de la bureaucratie soviétique hostile à l'invention d'une machine à explorer le temps. Cette même année, sans doute déçu par la lente évolution de la révolution, épuisé par des difficultés personnelles et par l'hostilité de certains milieux littéraires et politiques au futurisme, il se suicida. ▪ Il fut un homme de cœur et d'inspiration, considérant la révolution comme une libération et un épanouissement de l'individu. Pour elle, il devint un poète de propagande, auteur d'affiches et de slogans. Il introduisit dans la poésie russe un rythme tonique. ◆ **ÉTYM.** Ce nom vient du russe *maïak* «phare» (apparenté au sanskrit *mayūkha* «rayon de lumière»).

**MAIANO (BENEDETTO DA)** → **Benedetto da Maiano**

**MAIANO (GIULIANO DA)** → **Giuliano da Maiano**

**MAÎCHE** [25120] ➝ **ÉTYM.** de l'anc. fr. *mache* «meule de foin» ou du germ. *marca* «frontière» ♦ Ch.-l. de cant. du Doubs, arr. de Montbéliard. 3 978 hab. *(Maîchois)*. Château du comte Charles de Montalembert (1810 - 1870). ▪ Produits laitiers. Station d'été et de sports d'hiver dominée par le mont Miroir (986 m).

**MAÏDANEK** → Majdanek

**MAIDENHEAD** ♦ V. d'Angleterre (district de Windsor and Maidenhead), sur la Tamise en amont de Windsor. 133 606 hab. avec Windsor*. Activités de pointe (informatique, bureautique).

**MAIDSTONE** ♦ V. d'Angleterre, ch.-l. du comté de Kent, sur la Medway. 138 959 hab. Église du XIV^e s. Bien reliée à Londres, elle fait partie de la banlieue résidentielle de la capitale.

**MAÏDUGURI** ♦ V. du Nigeria, cap. de l'État de Bornou, dans les plaines du bassin du Tchad, reliée par voie ferrée à Port-Harcourt. 620 000 hab. Arachides. Élevage.

**MAÏER (Emil Stéphanus)** ♦ Ferronnier d'art français d'origine suisse (Saint-Gall 1906 - Paris 1982). Il réalisa de nombreux objets d'art (bouquet de fleurs en cuivre ciselé, 1934 ; meubles, lampes, grilles d'églises et de mairies, balcons) et notamment un écran de feu aux armes de la ville de Buenos Aires (1937).

**MAÏEUL, MAYEUL** ou **MAYOL** (saint) ♦ (Avignon v. 906 - Souvigny, près de Clermont 994). Quatrième abbé de Cluny (948). Il poursuivit la réforme ecclésiastique et monastique, appuyant notamment le pape Benoît VII. ▪ Fête le 11 mai.

**MAIGRET** (le commissaire) ♦ Héros d'un cycle de romans policiers de Georges Simenon*. Entre *Pietr-le-Letton* (1929) et *Maigret et Monsieur Charles* (1972), le commissaire à la pipe apparaît dans 102 enquêtes. Enquêteur intuitif, Maigret se laisse gagner par les atmosphères et les impressions fugitives, et cherche surtout «à se mettre davantage dans la peau du bonhomme».

**MAÏKOP** ♦ V. de Russie, cap. de la république des Adygués, sur la Belaïa (affl. du Kouban). 162 400 hab. Indus. alimentaire. Traitement du bois et du cuir. Tabac.

**MAÏKOV (Apollon Nikolaïevitch)** ♦ Poète russe (Moscou 1821 - Saint-Pétersbourg 1897). Maïkov fut un adepte de «l'art pour l'art». Ses vers font appel à l'image et ont pour sujet la nature et l'Antiquité classique : *Esquisses de Rome* (1847), *La Pêche* (1855), *Trois morts* (1857), *Album napolitain* (1858 - 1859). Il est également l'auteur d'une tragédie, *Deux mondes* (1872 - 1881).

**MAILER (Norman)** ♦ Romancier et journaliste américain (Long Branch, New Jersey 1923 - New York 2007). Après des études à Harvard, il combattit durant la Deuxième Guerre mondiale, ce qui lui inspira son premier roman *Les Nus et les Morts* (prix Pulitzer, 1948). Polémiste belliqueux, bagarreur à l'occasion, radical de gauche «existentiel», il a pris pour thèmes les contradictions américaines (politique, guerre, sexualité) et son propre personnage truculent. Il est l'auteur d'une quarantaine d'ouvrages dont *Le Parc aux cerfs* (1955), *Un rêve américain* (1965), *Pourquoi sommes-nous au Viêtnam ?* (1967), *Les Armées de la nuit* (prix Pulitzer, 1968). Il tenta de se faire élire maire de New York en 1969. Il écrivit également quelques œuvres monumentales : *Le Chant du bourreau* (1979), *Harlot et son fantôme* (1991), *L'Amérique* (1999).

**MAILLART (Robert)** ♦ Ingénieur suisse (Berne 1872 - Genève 1940). Il construisit de nombreux ponts en mettant à profit toutes les caractéristiques du béton armé, en particulier son élasticité ; il inventa, entre autres, les «piliers-champignons», les arcs à trois articulations, les poutres continues des «arcs raidis» (pont Salginatobel dans les Grisons, 1929 - 1930 ; pont sur l'Arve, près de Genève, 1936).

**MAILLÉ (Urbain DE)**, marquis **de Brézé** ♦ Maréchal de France (Brézé, Anjou 1597 - Milly, Anjou 1650). Il fut ambassadeur en Suède et en Hollande, gouverneur d'Anjou, puis vice-roi de Catalogne. Il avait épousé une sœur de Richelieu et sa fille devait être mariée au Grand Condé*. ♦ **Jean Armand de Maillé** duc **de Brézé**. Amiral français (1619 - Orbetello 1646). Fils du précédent. Il remporta de brillantes victoires sur les Espagnols (Cadix, Barcelone, Carthagène) et mourut devant Orbetello.

**MAILLÉ** [37800] ➝ **ÉTYM.** anc. *Malliacus*, du lat. *Mallius*, n. de pers., et suff. *-acum* ♦ Comm. de l'Indre-et-Loire, arr. de Chinon. 653 hab. *(Maillaciens)*. ▮ **Histoire** Les Allemands y massacrèrent 124 personnes le 25 août 1944, par mesure de représailles.

**MAILLEBOIS (Nicolas DESMARETS, seigneur DE)** → Desmarets

**MAILLET (Benoît** ou **Bernard DE)** ♦ Diplomate et géologue français (Saint-Mihiel 1656 - Marseille 1738). Consul de France en Égypte, il a publié une *Description de l'Égypte* (1735). Mais il est surtout connu par son ouvrage *Telliamed* (anagramme de son nom) *ou Entretiens d'un philosophe indien avec un missionnaire français sur la diminution de la mer, la formation de la Terre, l'origine de l'homme* (1748) ; il y soutint que tous les êtres ont pris naissance dans l'eau de mer.

**MAILLET (Antonine)** ♦ Romancière canadienne d'expression française (Bouctouche, Nouveau-Brunswick 1929). Elle est le plus grand nom de la littérature acadienne. Dans des œuvres comme *La Sagouine* (1971) et *Pélagie-la-Charrette* (1979), qui lui a valu le prix Goncourt, elle offre une vision épique d'une Acadie terre maternelle. Le narrateur y est une «radoteuse» qui, dans un français puisant sa richesse dans le XVI^e siècle de Rabelais, avec un accent au timbre local, représente l'âme du peuple, sa mémoire collective *Le Chemin de Saint-Jacques* (1997) est en partie autobiographique. ➝ **ÉTYM.** Ce nom est probablement un nom de métier : «homme au maillet [tonnelier]».

**MAILLEZAIS** [85420] ➝ **ÉTYM.** p.-ê. du lat. *Melitius*, n. de pers. ♦ Ch.-l. de cant. de la Vendée, arr. de Fontenay-le-Comte. 934 hab. *(Mallacéens)*. Ruines de l'anc. abbaye fondée en 1010. Église abbatiale des XI^e et XV^e s. Bâtiments conventuels des XIII^e - XIV^e s. (cave à sel ; réfectoires et cuisine ; infirmerie). Église paroissiale Saint-Nicolas de style roman poitevin, restaurée de façon contestable.

**MAILLOL (Aristide)** ♦ Sculpteur, peintre et dessinateur français (Banyuls-sur-Mer 1861 - *id.* 1944). Il étudia la peinture à Perpignan, puis à Paris, dans l'atelier de Gérome et de Cabanel (1882 - 1886). Il admira Puvis de Chavannes, Gauguin et Maurice Denis, et se lia avec les nabis. Il s'occupa d'un atelier de tapisserie à Banyuls, puis aborda la sculpture (plâtre, marbre et bronze). Au cours d'un voyage en Grèce, il fut surtout impressionné par les sculptures de «style sévère». Au cours de sa carrière, il prit pour thème exclusif le nu féminin (excepté les deux figures d'homme de la statue du cycliste et du bas-relief du guerrier expirant à Banyuls) et lui accorda une valeur allégorique. Il refusa en effet le strict naturalisme et créa un type féminin caractérisé par des formes lourdes, robustes, dont le caractère sensuel épanoui offre des affinités avec les types de prédilection de Renoir. Il évita les effets de modelé nerveux, excepté dans le monument à Auguste Blanqui où la tension des muscles symbolise l'*Action enchaînée*, et eut tendance à éliminer les détails par volonté de synthèse, utilisant un modelé lisse qui engendre des plans unis, l'effet linéaire étant contrebalancé par le goût des volumes arrondis, la recherche de rapports équilibrés entre les lignes de forces et les masses. Il sut concilier la massivité et la lourdeur des volumes avec une inspiration gracieuse et sensuelle (*Pomone*, 1907 ; *Flore*, 1911 ; *Île-de-France*, 1925). À la recherche d'une expression placide, il insista sur le caractère architectonique des formes, cherchant le mouvement équilibré. Son sens de la monumentalité, de la généralisation intemporelle l'a fait considérer comme l'héritier du classicisme méditerranéen *(Les Trois Nymphes ; Harmonie ; Monument à Cézanne)*. De 1934 à 1944, son jeune modèle, Dina Vierny, lui inspira une vingtaine de sculptures allégoriques, pour la plupart exposées dans les jardins des Tuileries (*La Montagne*, 1936 ; *L'Air*, monument à Mermoz, 1938 ; *La Rivière*, 1939-1943 ; *L'Harmonie*, 1944). Après le décès du maître, D. Vierny consacra sa vie à la fondation du musée Maillol qui vit le jour à Paris en 1995 et qu'elle dirigea jusqu'à sa mort en 2009. Maillol a aussi exécuté des illustrations de livres d'un trait dépouillé, continu, sans effet de modelé. ➝ **ÉTYM.** *Maillol* est à rapprocher de *maillot* ou est une variante occitane de *Maillet*.

Aristide **Maillol.** *Île-de-France* (85 cm), 1925. Musée Maillol, Paris.
*BIS/Phot. Alex Brunelle © Fondation Dina Vierny, Musée Maillol © ADAGP, Paris*

**maillotins**

n. m. pl. ♦ Nom donné (d'après les maillets dont ils s'étaient armés) aux Parisiens révoltés contre un nouvel impôt indirect. Les régents du roi de France, Charles* VI, réprimèrent la révolte (1382).

**MAILLY (Jean DE)** ♦ Architecte et urbaniste français (Paris 1911 - Marseille 1975). Il conçut les plans de reconstruction de Toulon*, construisit le barrage de Serre-Ponçon et, avec Camelot et Zehrfuss*, le Centre national des industries et des techniques (Cnit) à la Défense*, près de Paris.

**MAILLY-LE-CAMP** [10230] ◆ ÉTYM. → Maillé ♦ Comm. de l'Aube, arr. de Troyes. 1 423 hab. *(Maillochins)*. Camp militaire créé en 1902 - 1905. ▮ **Histoire** En 1914, l'avance allemande vers le S. fut arrêtée à Mailly.

**MAIMAN (Theodore Harold)** ♦ Physicien américain (Los Angeles 1927 - Vancouver 2007). Il réalisa le premier laser optique (laser à rubis, 1960).

**MAÏMONIDE (Moïse)** – en hébr. ***Mosheh ben Maymon*** [« heureux »], en ar. ***Abū Imrān Mūsā ibn Maymūni ibn ʿUbayd Allāh*** ♦ Théologien, philosophe et médecin juif (Cordoue 1135 - Le Caire 1204). Issu d'une famille de savants talmudistes, il quitta l'Espagne pour Fès puis la Palestine lors de la persécution des juifs par les Almohades. Il s'établit en Égypte où il devint médecin à la cour du sultan ayyubide Saladin. Il nous reste quelques-uns de ses traités de médecine *(Aphorismes de médecine ; Traité de la conservation et du régime de la santé)*. Mais il est surtout célèbre comme théologien *(Commentaire sur la Mishna* et *Mishné Thora*, code religieux et abrégé du Talmud) et comme philosophe. Son *Guide des égarés* (écrit en arabe et traduit en hébreu) tente d'établir l'accord entre la philosophie et le judaïsme.

**MAIN** n. m. ♦ Riv. d'Allemagne (524 km), affl. du Rhin né au N.-E. de la Bavière (Haute-Franconie, près du Fichtelgebirge). Formé par la réunion du Main Rouge et du Main Blanc, il traverse le bassin de Souabe-Franconie et arrose successivement Bayreuth, Schweinfurt, Würzburg, Aschaffenburg, Francfort et Mayence. Sa vallée constitue le berceau de la Franconie*. Le vaste projet de canal Rhin-Main-Danube, formulé dès 1921, a été achevé en 1992, reliant la mer du Nord à la mer Noire. Princ. affl. : la Regnitz* (rive g.).

**MAINARD (François)** → **Maynard**

**MAINE (Louis Auguste DE BOURBON, duc DU)** ♦ Prince français (Saint-Germain-en-Laye 1670 - Sceaux 1736), fils légitimé de Louis XIV et de M^me^ de Montespan*. Le Régent lui enleva la plupart des prérogatives que lui donnait le testament de Louis XIV. Il prit alors part à la conspiration de Cellamare* (1718), à l'instigation de sa femme ANNE-LOUISE BÉNÉDICTE DE BOURBON-CONDÉ, duchesse DU MAINE (Paris 1676 - *id.* 1753), qui tenait une cour brillante dans son château de Sceaux. Emprisonné (1719), puis libéré en 1720, il se tint ensuite à l'écart de la vie politique.

**MAINE (sir Henry James SUMNER)** ♦ Jurisconsulte et sociologue britannique (Kelso, Roxburghshire 1822 - Cannes 1888). Il fut l'un des promoteurs de l'ethnologie juridique et politique et s'occupa de la codification du droit indien.

**MAINE** n. m. ◆ ÉTYM. de l'angl. *main* « principal » (cette région est définie dans une charte comme « The main land of New England ») ou en souvenir de la prov. française du *Maine* ♦ État du N.-E. des États-Unis. → **États-Unis** (carte). 86 027 km$^2$. 1 274 923 hab. CAP. : Augusta*. ▮ **Géographie** La plus grande partie de l'État est constituée par un plateau glaciaire ondulé, avec de nombreux reliefs. La côte est découpée (baies et îles). Les forêts et de très nombreux lacs (Moosehead Lake est le plus vaste) donnent au pays un caractère très pittoresque et en font la terre d'élection des vacanciers dans le N.-E. des États-Unis. ▪ Le climat est humide et froid. ▮ **Économie** Agriculture (pommes de terre, légumes ; volailles). La forêt occupe les 4/5 de l'État, et l'industrie du bois est l'activité industrielle la plus importante (papeteries, meubles). La pêche est active (homards). ▮ **Histoire** En 1604, de Monts y fonda la colonie de l'île Sainte-Croix, mais la Compagnie de Plymouth y établit des colons (1607). Le Maine fut annexé au Massachusetts en 1658. Il devint le 23^e^ État de l'Union en 1820. Un traité, en 1842, fixa la frontière avec le Canada, après divers démêlés entre les États-Unis et la Grande-Bretagne.

**MAINE** n. f. ◆ ÉTYM. probablt du gaul. *Magina*, de *mag-* « grand, fort » ♦ Riv. de l'O. de la France (10 km), dans le dép. du Maine-et-Loire, formée par la Mayenne et la Sarthe grossie du Loir. Elle traverse Angers et se jette dans la Loire (rive d.) à quelques kilomètres en aval.

**MAINE** n. m. ◆ ÉTYM. anc. en lat. *Cenomania* « pays des Cénomans* » ♦ Région de l'O. de la France, couvrant les dép. de la Mayenne* et de la Sarthe*. CAP. : Le Mans. *(Manceaux)*. ▮ **Géographie** On y distingue à l'O. le *bas Maine*, ou *Maine noir*, drainé par la Mayenne, qui s'élève du bassin de Laval, au S., vers le point culminant du Massif armoricain au N. : signal des Avaloirs (417 m). Ce pays de bocages et de bois, aux sols de grès, de schistes et de granites, se consacre essentiellement à l'élevage ainsi qu'à la culture des arbres fruitiers (pommes à cidre). À l'E., le *haut Maine*, ou *Maine blanc*, s'étend des Vaux d'Anjou, au S., à la campagne d'Alençon au N. C'est un pays de plaine, largement découpé par les vallées de la Sarthe et de l'Huisne, qui se rattache géographiquement au Bassin parisien. L'élevage et la culture des céréales en constituent les principales ressources agricoles. ▮ **Histoire** Érigé en comté en 955, le Maine fut disputé par la Normandie et par l'Anjou auquel il fut finalement rattaché (1126). Il subit alors comme lui la domination anglaise avant d'être repris par la France, et donné à Charles d'Anjou (1290). Il fit désormais partie des possessions du duc d'Anjou*. Particulièrement éprouvé par la guerre de Cent Ans, il reprit une activité économique à partir du XVI^e^ s. (toiles de lin, blanchisserie).

**MAINE DE BIRAN (Marie François Pierre GONTIER DE BIRAN, dit)** ♦ Philosophe français (Bergerac 1766 - Paris 1824). Ses traités philosophiques (*Influence de l'habitude sur la faculté de penser*, 1802 ; *Décomposition de la pensée*, 1805 ; *L'Aperception immédiate*, 1807) et son *Journal intime* se distinguent assez nettement des positions de Condillac et des idéologues par l'affirmation de l'unité fondamentale de la conscience. Le moi se découvre comme volonté (cause agissante, force hyperorganique) dans l'effort musculaire pour vaincre une résistance matérielle (idée qui se trouvait chez Destutt* de Tracy, mais que Maine de Biran intériorise). Peu à peu, Maine de Biran s'orienta vers un spiritualisme mystique.

**MAINE-ET-LOIRE** n. m. [49] ◆ ÉTYM. du n. des deux cours d'eau ♦ Dép. de l'O. de la France, région Pays de la Loire. 7 166 km$^2$. 732 942 hab. CH.-L. : Angers. CH.-L. D'ARR. : Cholet, Saumur, Segré. Cour d'appel : Angers. Académie : Nantes. → **Pays de la Loire.**

**MAING** [59233] ◆ ÉTYM. anc. *Maheng*, du germ. *Mahto*, n. de pers., et suff. *-inus* ou de *maiho* « garance » ♦ Comm. du Nord, arr. de Valenciennes. 3 845 hab.

**MAINLAND** ou **POMONA** ♦ La plus grande des îles Orcades. CH.-L. : Kirkwall. Ses seules ressources étaient la pêche et l'élevage jusqu'à ce que Kirkwall devienne l'une des bases de l'exploitation pétrolière de la mer du Nord.

**MAINLAND** ♦ Principale île des Shetland. CAP. : Lerwick. Si l'élevage et la pêche figurent toujours parmi les ressources, le pétrole a modifié profondément l'économie de l'île. Base arrière et terminal des champs pétrolifères de Brent, Statfjord, Cormorant. Le port de Sullom Voe concentre l'essentiel des activités pétrolières.

Les **Mains sales** ♦ Pièce en 7 tableaux de J.-P. Sartre (1948). Jeune intellectuel d'origine bourgeoise, Hugo est entré dans le combat révolutionnaire et se voit chargé d'assassiner Hoederer, chef de la tendance majoritaire, accusé de collaboration avec la droite par les minoritaires du parti. Dès qu'il rencontre Hoederer, il trouve en lui un homme généreux, qui lui propose de l'aider à résoudre ses difficultés. Sur un banal malentendu sentimental, Hugo tue cependant Hoederer. À sa sortie de prison, il apprend que la politique de sa victime est désormais considérée comme la bonne et que l'assassin ne peut être qu'un fou ou un traître. Refusant de désavouer son acte, « non récupérable », Hugo s'abandonne aux coups de ses meurtriers.

**MAINTENON (Françoise D'AUBIGNÉ, marquise DE)** ◆ ÉTYM. du n. de *Maintenon** ♦ Dame française (Niort 1635 - Saint-Cyr 1719). Petite-fille d'Agrippa d'Aubigné*, elle perdit très tôt ses parents et fut élevée dans la religion calviniste, qu'elle abjura (1649). Contrainte par ses difficultés financières à épouser le poète Scarron*, elle reçut avec lui une société brillante (M^me^ de Sévigné*, M^me^ de La* Fayette). La mort du poète (1660) la laissa sans ressources et elle fut chargée d'élever les enfants de Louis XIV et de M^me^ de Montespan*, qu'elle finit par supplanter. Louis XIV l'épousa secrètement après la mort de Marie*-Thérèse. Elle exerça dès lors une importante influence,

M^me^ de **Maintenon.** *Françoise d'Aubigné, marquise de Maintenon*, par Louis Ferdinand Elle (2,19 × 1,42 m). Musée national du château, Versailles. *Phot.* © *Giraudon*

**Maja desnuda.** Tableau de Goya (95 × 188 cm). Musée du Prado, Madrid. *Phot. © Dagli Orti*

moins politique que religieuse, et contribua à donner à la cour un air d'austérité. À la mort du roi (1715), elle se retira à Saint-Cyr, maison qu'elle avait fondée pour l'éducation des jeunes filles nobles sans fortune. → **Saint-Cyr-l'École.**

**MAINTENON** [28130] ← ÉTYM. anc. *Mextenum,* p.-ê. du lat. *Mestius,* n. de pers., et du gaul. *magos* «marché» (avec attraction de *maintenir*) ♦ Ch.-l. de cant. de l'Eure-et-Loir, arr. de Chartres, sur l'Eure. 4 440 hab. (aggl. 7 131) *(Maintenonnais).* Château Renaissance et classique construit par Jean Cottereau à partir de 1505. Vestiges de l'aqueduc entrepris par Vauban. ▮ **Histoire** Louis XIV fit l'acquisition de la terre de Maintenon en 1674 et l'érigea en marquisat pour l'offrir à sa favorite Françoise d'Aubigné.

**MAINVILLIERS** [28300] ← ÉTYM. anc. *Manus Villaris,* du lat. *medianus* «qui est au milieu» et bas lat. *villare* «ferme» ♦ Ch.-l. de cant. de l'Eure-et-Loir, dans la banl. O. de Chartres, sur l'Eure. 10 018 hab.

**MAINZ** → **Mayence**

**MAIORESCU (Titu Liviu)** ♦ Homme de lettres et homme politique roumain (Craiova 1840 - Bucarest 1917). Lié aux milieux intellectuels allemands, il fut le principal fondateur du groupe Junimea («la Jeunesse»), à Iași en 1863, le théoricien du renouveau littéraire roumain et l'ami d'Eminescu* dont il publia les *Poésies.* Il devint président du Conseil de 1912 à 1914 et fut impliqué, en tant que tel, dans la deuxième guerre balkanique ; il s'opposa au rapprochement avec les Alliés.

**MAIPO** ou **MAIPU** n. m. ♦ Fl. du Chili central (250 km), au pied du volcan du même nom. Arrose la région métropolitaine de Santiago.

**MAIQUETÍA** ♦ V. du Venezuela, sur la mer des Caraïbes. 67 000 hab. Aéroport de Caracas.

**MAIRE (Edmond)** ♦ Syndicaliste français (Épinay-sur-Seine 1931). Il a été secrétaire général de la CFDT de 1971 à 1988. → **Confédération française démocratique du travail.**

**MAIRET (Jean)** ♦ Poète dramatique français (Besançon 1604 - *id.* 1686). Auteur d'une comédie tirée de *L'Astrée, Chryséide et Arimant* (1625), il fit précéder sa tragédie *Silvanire* (1631) d'une préface qui lui valut d'être nommé l'«inventeur» des règles du théâtre classique. Avec *Sophonisbe* (1634), il composa la première tragédie régulière. Cependant, dans l'*Illustre Corsaire* (1637), *Roland furieux* (1638) et *Sidonie* (1640), il s'abandonne bientôt à la tragicomédie, où l'extravagance de l'intrigue le dispute à la multiplication des lieux, dans le souci d'enrichir la mise en scène et de séduire un public devenu sensible, en ce domaine, aux inventions des Italiens.

**MAISON (Nicolas Joseph,** marquis**)** ♦ Maréchal de France (Épinay-sur-Seine 1771 - Paris 1840). Engagé en 1792, promu général par Napoléon Ier (1805), il se distingua à Iéna et lors des campagnes d'Espagne et de Russie. Rallié à Louis XVIII (1814) qu'il suivit à Gand pendant les Cent-Jours, il fut fait pair de France et marquis. Commandant en chef les forces françaises lors de l'expédition de Morée* (1828 - 1829), il obtint le bâton de maréchal à son retour en France. Sous la monarchie de Juillet, il fut successivement ministre des Affaires étrangères dans le premier cabinet (1830), ambassadeur et ministre de la Guerre (1835 - 1836).

**MAISON-BLANCHE** → **Dar el-Beïda**

**Maison Blanche** – en angl. ***White House*** ♦ Résidence du président des États-Unis, à Washington. En 1791, George Washington fut autorisé à choisir un site pour établir sa résidence. Il engagea l'architecte Pierre Charles L'Enfant* qui opta pour une petite crique ouvrant sur le Potomac. L'édification du bâtiment (1792 - 1800) fut confiée à James Hoban. Composée de deux étages, la maison fut reconstruite en 1817, sous la direction de Hoban qui ajouta des terrasses, puis, en 1824, les portiques, semi-circulaires sur le côté S. et à colonnade sur le côté N. Les premiers occupants furent le président John Adams et son épouse (1800). La Maison Blanche reçut son appellation en 1809, parce que sa pierre polie blanche contrastait avec la brique des édifices du voisinage.

**MAISON-CARRÉE** → **Harrach (El-)**

**Maison carrée** ♦ Temple romain de Nîmes (-16). Entouré de colonnes corinthiennes (qui, sur les côtés, sont des demi-colonnes engagées), c'est un exemple de la fusion des styles étrusque et grec réalisée par les Romains à l'époque augustéenne. Restauré par Jean Nicolas Durand*, il abrite actuellement le musée des Antiques.

La **Maison de Bernarda** – en esp. ***La casa de Bernarda Alba*** ♦ Pièce de Federico García* Lorca (1936). Sur les hautes terres d'Andalousie, dans sa maison farouchement close, la vieille Bernarda séquestre ses cinq filles qui aspirent à la liberté et à l'amour. Échappant à la surveillance tyrannique de sa mère, Adela cède à un jeune homme, dont une de ses sœurs est amoureuse. La pièce s'achève en tragédie, dans le cadre étouffant de cette maison devenue prison et tombe.

**Maison de poupée** – en norv. ***Et Dukkehjem*** ♦ Drame d'Ibsen* (1879). Dans l'intention de hâter la guérison de son mari, malade et sans ressources, Nora Helmer a secrètement contracté une dette. Elle a obtenu par un faux la garantie de ce crédit. Lorsque Torvald, le mari, découvre la vérité, il décide de traiter sa femme comme une esclave infidèle. Il se rassure pourtant quand il apprend que le créancier est disposé à restituer le reçu du crédit et se dispose à pardonner. Concevant qu'elle n'a été jusqu'alors qu'une poupée dans la maison de Torvald, Nora se révolte et quitte le foyer conjugal. La pièce, illustration de revendications féminines, entend aussi justifier la légitime aspiration de tout être humain à la liberté.

**Maison dorée** – en lat. ***Domus aurea*** ♦ Palais que Néron se fit construire sur l'Esquilin* après l'incendie de Rome (64) et qui fut en partie recouvert par les thermes de Trajan. L'intérieur était décoré de fresques auxquelles les artistes de la Renaissance italienne empruntèrent de nombreux motifs qui prirent le nom de «grotesques».

**MAISONNEUVE (Paul de Chomedey de)** ♦ Gentilhomme français (Neuville-sur-Vanne, Champagne 1612 - Paris 1676). Venu au Canada avec J. Mance*, il y fonda le bourg de Ville-Marie (auj. Montréal*, 1642). Il dut revenir en France à la suite d'intrigues, en 1665.

**MAISONS-ALFORT** [94700] ← ÉTYM. anc. *Mansiones,* du lat. *mansio* «auberge, gîte d'étape» puis «château» et *Alfort,* de *Herefort (Hallefort),* n. d'un anc. château ♦ Ch.-l. de cant. du Val-de-Marne, arr. de Créteil, sur la Marne. 51 103 hab. *(Maisonnais).* Église Saint-Remi (XIIe - XIIIe s.). ▪ École nationale vétérinaire. Laboratoires de recherches et entreprises de matériel vétérinaire. Éditions. Imprimerie. Photocomposition. Indus. agroalimentaires. Produits chimiques et pharmaceutiques.

**MAISONS-LAFFITTE** [78600] ← ÉTYM. anc. *in Mansionibus,* du lat. *mansio* «auberge, gîte d'étape ; château» et du n. du banquier Jacques *Laffitte** ♦ Ch.-l. de cant. des Yvelines, arr. de Saint-Germain-en-Laye, sur la Seine, à l'E. de la forêt de Saint-Germain. 21 856 hab. *(Mansonniens).* Comm. résidentielle. Hippodrome et centre d'entraînement hippique. ▪ Le château de Maisons, bâti de 1642 à 1651 pour René de Longueil, est de F. Mansart. En 1818, le banquier J. Laffitte l'acheta ; ruiné, il fit lotir le parc et construire des pavillons ; le château fut racheté par l'État en 1905 et transformé en musée.

**MAISTRE** (comte **Joseph de**) ♦ Homme politique, écrivain et philosophe français (Chambéry 1753 - Turin 1821). Membre du sénat de Savoie, il émigra à Lausanne lors de la Révolution (1793), puis auprès de Charles-Emmanuel IV de Sardaigne dont il fut le ministre à Saint-Pétersbourg où il se lia avec Alexandre Ier de Russie. Adversaire résolu de la Révolution, il affirme son monarchisme et son attachement au pouvoir papal dans ses *Considérations sur la France*

**Maja vestida.** Tableau de Goya (95 × 188 cm). Musée du Prado, Madrid. *Phot. © Giraudon*

(1796) et *Du pape* (1819). Contre les «idéologues», il oppose à la raison la foi et l'intuition (représentant de l'illuminisme). Sa conception de l'histoire se rapproche de celle de Bossuet (*Soirées de Saint-Pétersbourg*, 1821). ➝ ÉTYM. *Maistre* est l'ancienne orthographe de *maître*.

**MAISTRE** (comte **Xavier DE**) ♦ Écrivain français (Chambéry 1763 - Saint-Pétersbourg 1852). Frère de Joseph de Maistre. Il embrassa la carrière des armes, puis, après la Révolution française, suivit son frère en Russie. On lui doit le *Voyage autour de ma chambre*, spirituelle fantaisie (1795), et des récits émouvants comme *Le Lépreux de la cité d'Aoste* (1811).

**MAISUR** → **Mysore**

**MAÎTRE DE FLÉMALLE** → **Campin (Robert)**

**MAÎTRE DE L'ANNONCIATION D'AIX** ♦ (Actif à Aix-en-Provence, v. 1442 - 1445). Auteur d'un polyptyque (aujourd'hui dispersé), exécuté pour la cathédrale Saint-Sauveur. Le panneau central représente une Annonciation et les volets latéraux des figures de prophètes. L'œuvre révèle une forte personnalité de formation flamande ; mais la présentation des personnages et le traitement de la lumière apparaissent plus spécifiquement provençaux. On l'identifie aujourd'hui avec Barthélemy d'Eyck (le Maître du Cœur d'amour épris).

**MAÎTRE JACQUES** ♦ Personnage de *L'Avare** de Molière, qui réunit les fonctions de cuisinier et de cocher d'Harpagon (d'où l'expression «un maître Jacques»).

**Maître Puntila et son valet Matti** – en all. ***Herr Puntila und sein Knecht Matti*** ♦ Pièce de Bertolt Brecht* (1940). Puntila, le type même du capitaliste, manifeste sa bonté quand il est ivre, et se conduit en tyran quand il est à jeun. Matti, son valet, las de vivre en guettant les moments de bonté, s'émancipe. Cette œuvre truculente, sur le thème de la lutte des classes, est mêlée de ballades chantées et inaugure ainsi le genre du *Volksstück*, le «théâtre populaire». → **Brecht.**

**maîtres chanteurs**

n. m. pl. – en all. ***Meistersinger*** ♦ Membres de confréries religieuses allemandes dont les chants étaient destinés à embellir les offices. Ces confréries *(Meistersingerschule)* se transformèrent vers le milieu du XIVe s. en véritables corporations où la poésie se pratiquait selon des règles strictes. Heinrich* von Meissen qui, dit-on, créa la première école à Mayence, et Heinrich* von Mügeln comptèrent parmi les premiers maîtres chanteurs. Les écoles les plus célèbres furent celles d'Ulm, d'Augsbourg, de Fribourg, de Colmar (G. Wickram*) et surtout de Nuremberg où Hans Folz* tenta de rénover un art qui se sclérosait et où Nunnenbeck et Hans Sachs*, les héros des *Maîtres chanteurs* de R. Wagner*, exercèrent leur talent.

Les **Maîtres sonneurs** ♦ Roman de George Sand* (1853), consacré, comme *La Mare* au diable* et *La Petite* Fadette*, à l'évocation des mœurs berrichonnes. À travers les péripéties d'une intrigue villageoise, G. Sand, par le personnage du «maître sonneur» (joueur de cornemuse), exprime ses idées sur la musique, soulignant l'opposition entre l'art musical traditionnel et la musique «inspirée», née dans les bois.

**MAITREYA** ➝ ÉTYM. du sanskr. *maitra* «amical, amitié» ♦ Selon la cosmogonie bouddhique, Maitreya (Miroku en japonais) est le nom du Bouddha du futur. Il est généralement représenté comme un roi indien, couvert de bijoux. Il est, en Chine, le patron des orfèvres.

**MAIZIÈRES-LÈS-METZ** [57210] ♦ Ch.-l. de cant. de la Moselle, arr. de Metz-Campagne. 9 344 hab. *(Maiziérois)*. Station d'essais de l'Institut de recherches de la sidérurgie. Construc. métalliques et mécaniques.

**Maja desnuda, Maja vestida** ♦ Toiles de Goya* formant une paire et peintes la première av. 1800, la seconde sans doute plus tard (mais av. 1808), toutes deux au Prado, Madrid. Le terme *maja* désigne une jeune femme de mœurs libres arborant le costume gitan alors à la mode. La *Maja nue* et la *Maja vêtue* représentent probablement une maîtresse du Premier ministre Godoy*, qui posséda ces œuvres, et non la duchesse d'Albe, selon la légende. En 1815 ces tableaux valurent à Goya d'être convoqué par l'Inquisition, mais cette action resta sans suite. Ces œuvres dénotent une exceptionnelle liberté tant dans la conception (le nu est rarissime dans la peinture espagnole) que dans l'exécution (anatomie peu académique, brio de la facture, surtout dans la version vêtue). Influencée par la *Vénus au miroir* de Vélasquez, la *Maja nue* est une source directe de l'*Olympia** de Manet.

**MAJAPAHIT** ou **MOJOPAHIT** ♦ Anc. État Javanais (XIIIe - XVIe s.). Au sommet de sa puissance (XIVe s.), son influence s'étendait sur tout l'archipel indonésien et sur une partie de la péninsule Malaise. La religion d'État était un syncrétisme hindouiste et bouddhiste. L'État tirait d'importants revenus de l'exploitation d'un arrière-pays agricole et du contrôle du commerce maritime, en particulier celui des épices de l'E. indonésien. Au XVe s., sa puissance décrut au profit des États marchands côtiers islamiques et il disparut à la suite de leurs agressions répétées, au XVIe s.

**Majdanek** – anc. en fr. ***Maïdanek*** ♦ Aggl. de la banl. S.-E. de Lublin où fut installé, entre 1941 et 1942, le plus grand camp d'extermination nazi en Pologne, après Auschwitz*.

**MAJEUR** (lac) – en it. ***lago Maggiore*** ou ***Verbano*** ➝ ÉTYM. son n. semble indiquer une comparaison avec le lac de Lugano ♦ Lac alpin d'Italie du Nord séparant le Piémont de la Lombardie et dont l'extrémité N. appartient à la Suisse. 212 km². Il est traversé par le Tessin et renferme les îles Borromées*. Stations de villégiature (Locarno*, Pallanza*, Stresa*).

**MA Jianzhong** ♦ Grammairien chinois (1845 - 1900). Auteur de la première description systématique de la syntaxe et des classes grammaticales du chinois (*Ma Shi wen tong*, «la grammaire de Ma») parue en 1898. Il procède par comparaison avec les «règles des langues occidentales», en l'espèce le latin. Cette première véritable grammaire fut suivie par celle de Li Jinxi (1921), influencée par les grammaires anglaises du temps, et dont l'empreinte fut déterminante sur la linguistique du chinois.

**MAJOR (John)** ♦ Homme politique britannique (Brixton 1943). Député à la Chambre des communes en 1979, ministre du Budget en 1987, chancelier de l'Échiquier en 1989, il dirigea le parti conservateur de 1990 à 1997 et succéda à Margaret Thatcher* comme Premier ministre en 1990. Après la défaite électorale des conservateurs en 1997, il fut remplacé par Tony Blair* à la tête du gouvernement. Se démarquant du «thatchérisme», il a pratiqué une politique plus souple et plus européenne (ratification du traité de Maastricht) mais il a dû faire face à l'opposition des «eurosceptiques» au sein de son propre parti et à une grave crise économique et financière.

**MAJORELLE (Louis)** ♦ Ébéniste français (Toul 1859 - Nancy 1926). Il fut l'un des membres les plus célèbres de l'école de Nancy. Influencé par Émile Gallé*, il créa des meubles rocaille, japonisants, dans le style de l'Art* nouveau, aux structures souples rehaussées de motifs végétaux en bronze doré. Il remplaça à partir de 1894 les décors peints par des décors marquetés. Après le succès obtenu par ses meubles à l'Exposition universelle de 1900, il réalisa des productions en série aux lignes plus sobres.

**MAJORIEN** – en lat. ***Flavius Julius Valerius Majorianus*** ♦ (mort à Tortona en 461). Empereur romain d'Occident (457 - 461), proclamé par Ricimer* qui le déposa et le tua quelques années plus tard.

**MAJORQUE** – en esp. ***Mallorca*** ➝ ÉTYM. du lat. *major* «plus grand [que Minorque*]» ♦ La plus grande île de l'archipel espagnol des Baléares*. 3 064 km². 814 275 hab. *(Majorquins)*. CAP. : Palma*. L'île est formée d'une plaine centrale bordée au N.-O. et au S.-E. de deux cordons montagneux (point culminant : Puig-Mayor, 1 436 m). La côte, surtout au N.-O., est abrupte. Culture des céréales, des primeurs, des agrumes et de l'olivier. L'essor touristique est considérable (Sóller, Valldemosa, Pollensa, Formentor, Andraitx) et a entraîné celui de la construction. **Histoire** Reconquise au XIIIe s. par Jacques* Ier le Conquérant, elle fit bientôt partie de l'éphémère *royaume de Majorque* (1276 - 1344), qui comprenait les Baléares, le Roussillon, la Cerdagne, Montpellier, et avait pour capitale Perpignan*. Dès le XIVe s., ce royaume fut annexé au royaume d'Aragon.

**MAJUNGA** → **Mahajanga**

**MAJURO** → **Marshall (archipel)**

**MAKALU** n. m. ➝ ÉTYM. «le grand noir» ♦ Sommet de l'Himalaya, sur la frontière népalo-tibétaine, le 5e du monde avec 8 463 m. Il fut atteint en 1955 par une équipe française d'alpinistes et de sherpas.

**MAKARENKO (Anton Semenovitch)** ♦ Pédagogue et écrivain soviétique (Belopole, Ukraine 1888 - Moscou 1939). Professeur d'histoire, il se consacra à l'éducation et à la réadaptation des adolescents par le travail en commun. Il écrivit *La Marche de 1930* (1932), *Le Livre pour les parents* (1937), *Les Drapeaux sur les tours* (1938). Son *Poème pédagogique* (1933 - 1935), histoire d'une colonie d'enfants criminels et vagabonds, est «l'un des plus poignants documents que l'humanité aura produits» (Aragon).

**MAKARIOS III (Mikhaïl Khristodoulos Mouskos)** ➝ ÉTYM. gr. «bienheureux» ♦ Prélat et homme d'État chypriote (Ano Panaïa 1913 - Nicosie 1977). Archevêque de Chypre* (1950) et «ethnarque» (chef national) pendant la lutte pour l'indépendance de l'île, il fut président de la République de 1960 à sa mort.

**MAKASSAR** ♦ V. et port d'Indonésie, cap. de la prov. de Sulawesi Selatan dans l'île de Sulawesi. 1 091 800 hab. Export. de bois et produits artisanaux ou agricoles de Sulawesi. Usine de ciment, constr. navales. **Histoire** V. marchande formée au début du XVIIe s., par la réunion de plusieurs agglomérations dépendant des royaumes alliés de Goa et Tallo. Port libre, elle devint rapidement l'un des centres indigènes de commerce des épices les plus actifs de toute l'Insulinde. Les Hollandais la conquirent en 1669. Elle prit le nom d'Ujungpandang de 1972 à 2000.

**MAKASSAR** (détroit de) ♦ Détroit d'Indonésie, entre Sulawesi et Bornéo, permettant le passage entre le S. des Philippines et la mer de Java.

**MAKATEA** ♦ Île de l'archipel des Tuamotu* (Polynésie française), formation corallienne relativement élevée. Phosphates (en voie d'épuisement).

**MAKEBA (Zenzi MAKEBA, dite Miriam)** ♦ Chanteuse sud-africaine (Johannesburg 1932 - Castel Volturno, Italie 2008). Née dans un milieu pauvre d'une mère swazi et d'un père xhosa, elle rejoignit à vingt ans les *Black Manhattan Brothers*. Après avoir enregistré *Pata Pata* qui la rendit mondialement célèbre à la fin des années 1950, elle s'exila en Guinée tandis que les membres de l'ANC étaient emprisonnés. Elle apparut dans le film anti-apartheid *Come Back Africa* (primé à Venise) et prononça un violent discours à l'UNESCO contre le régime sud-africain (1963), qui lui valut d'être déchue de sa nationalité. Désormais, sur toutes les scènes du monde, elle représenta la lutte pour les libertés et, en 1966, elle reçut un *Grammy Award* pour son duo avec Harry Belafonte. Elle épousa le militant activiste Stokely Carmichael, chef des *Black Panthers*, et dut quitter les États-Unis pour la Guinée où Sékou Touré lui accorda une nationalité comme plusieurs autres pays peu après. Ce n'est qu'à la libération de Nelson Mandela en 1990 qu'elle put revoir l'Afrique du Sud.

**MAKHATCHKALA** ➝ ÉTYM. de *Mahač*, pseud. de *Mahomet-Ali Dakhadaev*, révolutionnaire soviétique, et de l'arménien *k'alak'* «ville» ; jusqu'en 1921 ***Petrovsk-Port*** ♦ V. de Russie, cap. du Daguestan, sur la mer Caspienne. 466 800 hab. Centre culturel (univ. fondée en 1957). Port. Indus. pétrolière, métallurgique, chimique, textile et alimentaire (conserveries de poissons).

**MAKHNO (Nestor)** ♦ Anarchiste ukrainien (Gouliaïpole 1889 - Paris 1935). Après la révolution d'octobre 1917, il organisa les masses paysannes du S. de l'Ukraine pour lutter contre les troupes d'occupation allemandes et autrichiennes et contre les forces blanches. L'Armée rouge soutint celle de Makhno contre Denikine (1919), puis contre Wrangel (1920) ; mais, le danger contre-révolutionnaire écarté, elle entreprit des opérations militaires contre les insurgés anarchistes (→ **Voline**). Makhno dut finalement abandonner une lutte inégale et parvint à se réfugier en Roumanie (1921) puis à Paris. On a pu voir dans la «makhnovchtchina» le type du mouvement indépendant des masses paysannes et la préfiguration de la lutte de guérilla.

**MAKIÏVKA** – anc. ***Dmitrievsk*** ♦ V. d'Ukraine dans le Donbass. 375 992 hab. Important centre sidérurgique et charbonnier.

**MAKRIYANNIS (Yannis)** ♦ Homme de guerre et écrivain grec (Lidorikion 1797 - Athènes 1864). Général pendant la révolution nationale grecque, il fut l'un des protagonistes de l'insurrection qui imposa à Othon* Ier la Constitution. Ses *Mémoires* sont un chef-d'œuvre de la langue démotique.

**MAKSIMOV** ou **MAXIMOFF (Grigori Petrovitch)** ♦ Anarchiste russe (Mitouchino, Smolensk 1893 - Chicago 1950). Devenu anarchiste sous l'influence des théories de Kropotkine*, il représenta la tendance anarchosyndicaliste lors de la révolution d'Octobre et dut quitter la Russie (1922) pour Berlin, Paris, puis les États-Unis (1925), où il publia, en anglais, l'un des principaux ouvrages sur la révolution russe considérée du point de vue anarchiste (*Twenty Years of Terror in Russia*, 1940). ➝ ÉTYM. Ce nom russe signifie «Maxime».

**MALABAR** n. m. ou côte de **MALABAR** ➝ ÉTYM. du tamoul *malay* «montagne» et iranien *barr* «continent» ♦ Nom traditionnel donné à la côte S.-O. de l'Inde (Kerala et Karnataka), très pluvieuse, bordée de montagnes. Elle est depuis longtemps en contact avec les marchands arabes et européens. De ses ports partent les produits de plantations (épices, fibres de cocotiers, café et thé) destinés à l'exportation.

**MALABO** ➝ ÉTYM. n. du roi des Bubis, couronné en 1904 et mort en 1937 – anc. ***Santa Isabel*** ♦ Cap. de la Guinée Équatoriale, port situé au N. de Bioko, au bord d'un anc. cratère. 60 000 hab. *(Malabéens)*. Exportation de café, de cacao et de bois.

**MALACCA** (presqu'île de) ➝ ÉTYM. du malais *malaka*, sorte de petit arbre ou du phénicien «refuge» ♦ Péninsule de l'Asie du S.-E., nommée au XVIe s. d'après la ville de Melaka, à l'époque le plus important emporium de la région ; baignée à l'O. par l'océan Indien (mer des Andaman) et à l'E. par la mer de Chine méridionale (golfe de Siam) et rattachée au continent par l'isthme de Kra. Partagée entre la Thaïlande et la Fédération de Malaisie, elle est séparée au S.-O. de l'île de Sumatra par le *détroit de Malacca* (un des plus longs du monde). C'est une importante route maritime entre l'océan Indien et l'Extrême-Orient.

**Malachie** ➝ ÉTYM. hébr. *Mal'âkhî* «mon messager» ♦ Nom ou surnom d'un personnage biblique, prophète contemporain d'Aggée* et de Zacharie* et le dernier prophète suivant la tradition. ♦ ***Le «Livre de Malachie»*** Livre de la Bible, le dernier des Petits Prophètes*. 3 chapitres dénoncent déjà la tiédeur des prêtres et s'en prennent tant aux divorces qu'aux mariages mixtes, avant d'appeler au paiement de la dîme et d'annoncer le retour du prophète Élie, seul recours contre le «Jour de Yahvé» (→ **Sophonie**).

**MALACHIE** [malaʃi] (saint) ♦ Prélat d'Irlande (Armagh 1094 - Clairvaux 1148). De simple abbé, il devint archevêque d'Armagh puis primat d'Irlande. Il abandonna bientôt les honneurs pour retourner à son premier évêché y exercer les vertus d'humilité et de charité chrétienne. Devenu l'ami de saint Bernard* de Clairvaux lors d'un voyage qu'il fit à Rome, il introduisit la règle cistercienne en Irlande et fut le grand réformateur de l'Église irlandaise du début du XIIe s. Il mourut à Clairvaux alors qu'il se rendait pour la seconde fois à Rome, et fut assisté par saint Bernard, qui a écrit sa vie. ▪ Les *Prophéties de Malachie* qui, en réalité, sont apocryphes et ne remontent pas au-delà du XVIe s., donnent la liste complète des papes depuis le milieu du XIIe s. jusqu'au pape de la fin des temps (qui s'appellerait Pierre II).

Le **Malade imaginaire** ♦ Comédie en 3 actes et en prose de Molière*, avec un prologue et trois intermèdes (1673), musique de Marc Antoine Charpentier*. En dépit d'une santé robuste, Argan est persuadé qu'il est malade, et son tourment, bien réel, le fait recourir sans cesse aux avis des médecins et des apothicaires. Le même désir d'être tenu pour souffrant le fait s'abandonner comme un enfant aux soins de Béline, sa seconde femme, hypocrite et intéressée. Il a formé le projet de donner pour époux à sa fille Angélique Thomas Diafoirus, jeune médecin benêt et ridicule. Une ruse de Toinette, servante d'Argan, contribuera à démasquer Béline. Angélique pourra épouser Cléante, le jeune homme qu'elle aime.

**MALADETTA** ou **MALADETA** n. f. ou **MONTES MALDITOS** ➝ ÉTYM. esp. «monts maudits» ♦ Massif des Pyrénées espagnoles (Aragon) où se trouvent la majorité des plus hauts sommets des Pyrénées : pic d'Aneto (3 404 m), pointe d'Astorg (3 355 m), pic Maudit (3 350 m), pic du Milieu (3 346 m) et pic de la Maladetta (3 308 m). La Garonne prend sa source sur le versant N. du massif.

**MÁLAGA** ➝ ÉTYM. du lat. *Malaca*, du phénicien «reine» ♦ V. d'Espagne (Andalousie), ch.-l. de prov., sur la Méditerranée. 561 250 hab. Cathédrale Renaissance (XVIe - XVIIIe s.). Forteresses mauresques : Alcazaba (IXe s.) et Gibralfaro (XIVe s.). Le port exporte les produits agricoles de la région (vins, fruits, sucre, primeurs). Indus. (sidérurgie, chimie) ; tourisme. La région produit un vin liquoreux.

**MALAGUTI (Faustino)** ♦ Chimiste français d'origine italienne (Pragatto, près de Bologne 1802 - Rennes 1878). Collaborateur de J.-B. Dumas*, il était spécialisé en chimie organique.

**MALAIS** n. m. pl. ➝ ÉTYM. de *malayu*, mot employé par les Malais pour se désigner (p.-ê. d'une rac. «fuir, errer») ♦ Peuple asiatique parlant une langue malayo-polynésienne, habitant la péninsule de Malacca*, une partie de Sumatra et les régions périphériques de Bornéo. Ils constituent le groupe ethnique dominant en Malaisie, sont relativement nombreux en Indonésie et forment des minorités plus ou moins importantes dans le S. de la Thaïlande, au Cambodge, en Birmanie et au Sri Lanka. Par extension, on appelait autrefois également Malais l'ensemble des populations austronésiennes de l'Asie du S.-E. insulaire (Philippines comprises) et de Madagascar. Leur langue, le malais (*bahasa Melayu*), tire son nom de celui de l'ancien royaume sumatranais de Malayu* ; les premières inscriptions en malais datent du VIIᵉ s. Le malais est, depuis 1945, sous le nom de *bahasa Indonesia* («langue indonésienne»), la langue officielle de la république d'Indonésie et, depuis 1963, seule langue officielle de la Malaisie (*bahasa Malaysia* «langue malaysienne»). Le malais est également langue nationale à Brunei et l'une des langues officielles de Singapour.

**MALAISIE** n. f. ➤ ÉTYM. de *Malais** ♦ Partie de la péninsule de Malacca* habitée par les Malais. Avant 1947, ce nom désignait plus particulièrement la Malaisie-Britannique, comprenant les colonies de la Couronne et les protectorats britanniques constitués par les États malais fédérés et les États malais non fédérés. De 1947 à 1963, cet ensemble s'est trouvé regroupé en une fédération de Malaisie. Depuis 1963, la Malaisie, dite Malaisie occidentale, constitue une région de la Fédération de Malaisie comprenant les 11 États de la péninsule.

## MALAISIE (FÉDÉRATION DE)

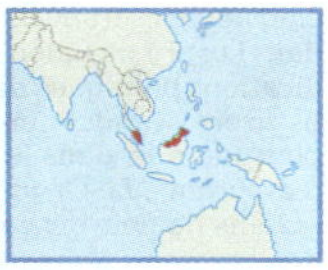

n. f. ♦ Pays d'Asie du Sud-Est. 329 758 km². 22 202 614 hab. (*Malaisiens*). LANGUE : malais. RELIGIONS : islam (off.), bouddhisme, hindouisme, christianisme. MONNAIE : ringgit (dollar malaisien). CAP. : Kuala Lumpur (cap. admin. : Putrajaya). RÉGIME : monarchie constitutionnelle : le roi est élu par ses pairs parmi les neuf sultans des pays fédérés pour une période de 5 ans. La *Malaisie occidentale* (131 600 km², 14 860 000 hab.) occupe la majeure partie de la péninsule de Malacca et comprend 11 États (dont 9 sultanats) et le territoire fédéral de la capitale. La *Malaisie orientale* (198 258 km², 4 462 005 hab.), située dans le N. de l'île de Bornéo, comprend 2 États (Sabah et Sarawak) et le territoire fédéral de Labuan.

**GÉOGRAPHIE** La péninsule Malaise est occupée par une chaîne de montagnes de taille moyenne parallèle à la côte O., culminant au mont Korbu (2 182 m), et un massif plus oriental culminant au mont Tahan (2 189 m). Le relief s'abaisse vers le S. Les 5 000 km de côtes sont bordés d'îles. Les plaines longeant la côte O., relativement larges par endroits et formées d'alluvions, sont fertiles ; les plaines de la côte E. sont plus étroites. Sur les côtes marécageuses du détroit de Malacca croît la mangrove. Les cours d'eau débordent souvent durant la saison des pluies. Les États du N. de Bornéo possèdent des montagnes élevées (mont Kinabalu 4 095 m ; mont Murud 2 423 m), des plaines littorales étroites et une plaine alluviale marécageuse. Située à proximité de l'équateur, la Malaisie possède un climat uniformément chaud toute l'année et les précipitations sont élevées. Les saisons sont uniquement marquées par l'alternance annuelle des vents porteurs de pluie. La forêt tropicale qui couvre le centre du pays abrite une faune très variée.

**POPULATION** Les autochtones ou Bumiputeras (60 %), essentiellement ruraux, comprennent les Malais*, majoritaires en Malaisie péninsulaire mais également représentés en Malaisie orientale, divers groupes aborigènes de Malaisie péninsulaire (Jakuns, Semangs, Senois, Temiars, etc.), très peu nombreux et les Dayaks* de Sabah et Sarawak (10 % de la population malaisienne). Les populations d'origine allogène (descendants de la main-d'œuvre importée à l'époque coloniale), majoritairement urbaines, comprennent surtout des Chinois (30 %) et des Indiens (9 %).

**ÉCONOMIE** Longtemps fondée sur l'exploitation de l'étain et sur l'hévéaculture, l'économie tend à se diversifier et à se moderniser, bien que la Malaisie reste au 3ᵉ rang mondial pour la production du latex ; les autres produits importants sont l'huile de palme (45 % de la prod. mondiale), le bois en grumes, le poivre (3ᵉ exportateur mondial), le cacao. Les principales ressources minières sont l'étain, le pétrole (1ʳᵉ source de devises) et le gaz naturel. Bien que relativement récent, le développement des industries manufacturières (en premier lieu des composants électroniques et produits électriques) est rapide (44 % des exportations du pays). Plusieurs zones de développement industriel sont en plein essor, notamment à Seberang Perai (face à Pulau Pinang), à Shah Alam (près de Kuala Lumpur) et à Pasir Gudang (près de Johor). Les principaux fournisseurs et clients de la Malaisie sont le Japon, Singapour et les États-Unis. Le tourisme repose sur les nombreux attraits du pays : villes historiques (Melaka et Georgetown), plages et sports nautiques (Mersing, Port Dickson, îles de Langkawí, Pangkor), stations d'altitude (Fraser's Hill, Genting, Cameron Highlands), parcs nationaux (Taman Negara, Kinabalu, mont Mulu, Niah, avec ses grottes préhistoriques).

**Malaisie** | Productions en 2008

| Produits | Quantités | Rang |
|---|---|---|
| **Agriculture** | | |
| Ananas | 360 000 t | 13ᵉ |
| Bananes | 530 000 t | |
| Cacao | 30 000 t | 13ᵉ |
| Canne à sucre | 1 000 000 t | |
| Caoutchouc | 1 200 000 t | 3ᵉ |
| Huile de palme | 16 000 000 t | 2ᵉ |
| Manioc | 430 000 t | |
| Noix de coco | 580 000 t | 10ᵉ |
| Poivre | 19 000 t | 7ᵉ |
| Riz | 2 200 000 t | |
| Bovins (têtes) | 790 000 | |
| Porcins (têtes) | 2 000 000 | |
| Pêche | 1 500 000 t | |
| **Mines** | | |
| Étain | 2 000 t | 9ᵉ |
| Gaz naturel | 63 000 000 000 m³ | 12ᵉ |
| Pétrole | 34 000 000 t | 26ᵉ |

Malaisie.

**HISTOIRE** **De la préhistoire au XV<sup>e</sup> s.** L'époque néolithique, du III$^{e}$ au II$^{e}$ millénaire, fut marquée par l'arrivée de populations mongoloïdes, probablement de langue austronésienne (ancêtres des Dayaks*) au N. de Bornéo mais de langue môn-khmer en péninsule malaise. Au –II$^{e}$ s. apparut une métallurgie du fer et du bronze qui témoigne de relations commerciales s'étendant du N. de l'Indochine à l'E. de l'Indonésie. Au début de l'ère chrétienne se développèrent sur les côtes de Malaisie et de Bornéo des cités marchandes en rapport avec l'Inde et la Chine et qui, à partir du VII$^{e}$ s., se trouvèrent incluses dans l'aire d'influence de l'empire sumatranais de Srivijaya, indianisé mais diffuseur de la langue et de la culture malaises. **La présence européenne** Le royaume de Melaka* fut fondé en péninsule Malaise vers 1400, islamisé en 1414, et étendit son influence économique et culturelle sur l'ensemble de la région. Les Portugais s'en emparèrent en 1511 et y furent supplantés par les Hollandais en 1641. Le centre du royaume se trouva alors déplacé à Johor, puis dans l'archipel de Riau, tandis que les États malais du N. de la péninsule passaient sous la suzeraineté du Siam. Le royaume de Brunei, connu des Chinois depuis le IX$^{e}$ s. et qui étendait son autorité, à Bornéo, sur toute l'actuelle Malaisie orientale, adopta l'islam vers 1520 et maintint son indépendance jusqu'au XIX$^{e}$ s. Les Britanniques acquirent l'île de Pulau Pinang en 1786, occupèrent Melaka en 1795 et achetèrent Singapour en 1819, de façon à contrôler la route maritime des détroits. À partir de ces trois territoires appelés Straits* Settlements, ils étendirent leur influence économique et politique ; de 1874 à 1914, ils passèrent des traités de protectorat avec les sultanats de la péninsule, y compris avec une partie de ceux qui avaient reconnu jusqu'alors la suzeraineté du Siam. Entre-temps, une partie du territoire anciennement dépendant du sultanat de Brunei était passée aux mains d'intérêts privés britanniques. **La Fédération de Malaisie et l'indépendance** Après l'occupation japonaise (1941 - 1945), les Britanniques créèrent l'Union malaise en réunissant les 9 sultanats malais, Penang et Melaka (1946) qui devint la Fédération de Malaisie en 1948 et lui accordèrent l'indépendance au sein du Commonwealth le 31 août 1957. L'état d'urgence établi en 1949 pour lutter contre une guérilla communiste essentiellement chinoise ne devait cependant prendre fin qu'en 1960. En 1963 fut créée la Grande-Malaisie ou Malaysia, regroupant les 11 États constitutifs de l'ancienne Fédération de Malaisie, les États de Sabah et de Sarawak, ainsi que Singapour* (qui s'en retira en 1965). Cette création suscita l'opposition de l'Indonésie qui s'engagea dans une confrontation armée avec la nouvelle Fédération (terminée en 1966). Un des problèmes majeurs de ce pays est celui de l'équilibre entre ses composantes ethniques. Le gouvernement malaisien est dirigé depuis l'indépendance par un même parti, l'UMNO (Union nationale des Malais), auquel ont appartenu tous les Premiers ministres dont l'autoritaire Mahatir* Mohadad (1981-2003) et A. Badawi (2003-2009). Najib Razak est, depuis avril 2009, le sixième Premier ministre de la Fédération ; il est le fils du deuxième Premier ministre et neveu du troisième, ce qui rend compte de la situation d'essoufflement du pouvoir, par ailleurs fortement soupçonné de corruption.

---

**MALAITA** ♦ Île de la chaîne orientale de l'archipel des Salomon. 4 225 km$^{2}$. 85 990 hab.

**MALAKOFF** [92240] ➝ ÉTYM. du n. de la tour *Malakoff* (➝ Malakoff [tour]) qui dominait un parc de divertissement reconstituant les batailles de Crimée ♦ Ch.-l. de cant. des Hauts-de-Seine, arr. d'Antony. 29 402 hab. (*Malakoffiots* ou *Malakovites*). Université (Paris V). ▪ Activités tertiaires. Construc. électriques et électroniques. Produits de chirurgie. Imprimerie. Indus. alimentaires.

**Malakoff** (tour) ♦ Important ouvrage défensif qui protégeait Sébastopol* durant la guerre de Crimée. La prise du bastion, par la division de Mac*-Mahon (8 sept. 1855), entraîna peu après la chute de Sébastopol. Bosquet* y fut grièvement blessé et Pélissier*, commandant du corps d'armée français, fut fait maréchal et duc de Malakoff.

**MALAMUD (Bernard)** ♦ Écrivain américain (Brooklyn 1914 - New York 1986). Grand maître de la nouvelle contemporaine, il a surtout pris pour sujets les Juifs pauvres de l'Amérique urbaine, qu'il dépeint avec humour, compassion et une compréhension poignante. Ses meilleurs romans sont *The Assistant* (1957), histoire d'un petit boutiquier, *A New Life* (1961), sur un enseignant new-yorkais transplanté en Californie, *The Fixer* (1966), qui lui valut un prix Pulitzer, *The Tenants* (1971), sur le conflit culturel entre Noirs et Juifs, et *Dubin's Liver* (1979), biographie d'un biographe confronté à l'échec de sa propre vie. Les conflits interethniques sont le plus souvent les thèmes de ses nouvelles, rassemblées dans *The Magic Barrel* (1963), *Idiots First* (1963), et *Pictures of Fidelman* (1969).

**MALAN (Daniel François)** ♦ Homme d'État sud-africain (Riebees West, Le Cap 1874 - Stellenbosch 1959). Pasteur de l'Église réformée, chef du parti national du Cap, il entra au Parlement en 1918, puis fit partie du gouvernement Hertzog (1924). Mais, en 1933, il se sépara de ce dernier, qui s'était rapproché de Smuts*, et fonda le Parti nationaliste unifié, qui devait se prononcer pour la neutralité de l'Afrique du Sud en 1939. Devenu Premier ministre en 1948, il opta pour la politique d'apartheid.

**MALANG** ♦ V. d'Indonésie (Java-Est), au S.-O. de Surabaya, sur le fl. Brantas. 763 400 hab. Centre admin. et commercial (riz, maïs, légumes et fruits).

**MALAPARTE (Kurt SUCKERT, dit Curzio)** ➝ ÉTYM. serait l'inverse de *Buonaparte* «(Napoléon) Bonaparte*», soit «mauvaise *(mala)* part *(parte)*» ♦ Écrivain italien (Prato 1898 - Rome 1957). Élevé par des artisans toscans, il s'enfuit à seize ans pour s'engager dans l'armée française. Il s'inscrivit en 1922 au parti fasciste, d'où son indépendance d'esprit le fit finalement exclure. Il écrivit alors *Technique du coup d'État* (1931), interdit en Italie et en Allemagne, et *Le Bonhomme Lénine* (1932). Condamné à la résidence surveillée pendant cinq ans, il fut envoyé comme correspondant de guerre sur les fronts français et russe (1940 - 1941) et, à son retour (1943), s'engagea aux côtés des Alliés. En 1937, il avait publié *Sang*, recueil de petites nouvelles rutilantes, qui annoncent la veine baroque et morbide de *Kaputt* (1944) et de *La Peau* (1949), ses chefs-d'œuvre, inspirés par la guerre et la décomposition de l'Europe. Journaliste, cinéaste (*Cristo proibito*, 1951), personnalité exhibitionniste et tempétueuse (*Maledetti Toscani*, 1956), Malaparte reste curieusement sous-estimé en Italie, dont il est vrai qu'il a à la fois illustré et stigmatisé les défauts.

**MÄLAR** ou **MÄLAREN** (lac) ♦ Grand lac de Suède, communiquant à Stockholm avec un bras de la mer Baltique, le Saltsjön. 1 140 km$^{2}$. Longueur : 120 km. Il comprend plus de 200 îles.

**MALASSEZ (Louis Charles)** ♦ Histologiste et physiologiste français (Nevers 1842 - Paris 1909). Élève de Potain*, il fut, avec lui, un des premiers à pratiquer la numération des globules sanguins.

**Malassis (coopérative des)** ♦ Appellation adoptée en 1970 par cinq peintres français (Cueco, Fleury, Latil, Parré et Tisserand) qui, dans l'esprit du Salon de la jeune peinture, affirmèrent leurs revendications politiques dans une figuration agressive (*Qui tue ?*, 1970). Ils firent scandale en 1972 au Grand Palais à Paris en exposant, pour un jour, dans le cadre de l'exposition «Douze ans d'art contemporain», *Le Grand Méchoui*, œuvre de 65 m de long retraçant «12 ans de pouvoir gaulliste».

**MALATESTA** ♦ Famille de condottieri italiens qui régna sur Rimini et une partie de la Romagne du XIII$^{e}$ au XV$^{e}$ s. Ils appartenaient au parti guelfe. Au début du XIV$^{e}$ s. les Malatesta s'emparèrent de presque toute la Marche d'Ancône. Ils luttèrent contre le Saint-Siège, mais furent nommés vicaires de l'Église en 1355. Ils s'allièrent aux Visconti et aux Sforza, et pratiquèrent le mécénat. ♦ **MALATESTA DA VERUCCHIO,** dit **le Centenaire** (1212 - 1312). Il chassa les gibelins et fut nommé duc de Rimini. ♦ **Gianciotto Malatesta,** dit **le Déhanché.** Fils du précédent (mort en 1304). Il tua sa femme, Francesca* da Rimini. ♦ **Carlo Malatesta** (1364 - 1429). Ce fut un érudit. ♦ **Domenico Malatesta Novello** (1418 - 1465). Il fonda la bibliothèque de Cesena. ♦ **Sigismondo Pandolfo Malatesta,** en fr. **Sigismond Malatesta** (1417 - 1468). Il contracta des alliances matrimoniales avec les Este et les Sforza, et combattit d'abord pour le Saint-Siège, puis pour Venise. Il mena la guerre contre Pie II (luttant notamment contre Federigo III de Montefeltro*), mais fut vaincu à Senigallia (1461) et, après son excommunication et la campagne de diffamation menée contre lui, dut se réconcilier avec le pape (1463). Il ne gardait que Cesena et Rimini. Humaniste, il protégea les savants. Il fit construire la Rocca Malatestiana, fortification de Rimini (1438 - 1448) et l'église Saint-François. C'est lui qui a inspiré à Montherlant le personnage-titre de *Malatesta*. ▪ En 1528, Rimini tomba au pouvoir de Clément VII. ➝ ÉTYM. Ce nom italien signifie «mauvaise *(mala)* tête *(testa)*» [surnom d'une personne têtue, mauvaise ou perfide].

**MALATESTA (Errico)** ♦ Révolutionnaire anarchiste italien (Santa Maria Capua Vetere 1853 - Rome 1932). Membre de la fraction bakouninienne de la I$^{re}$ Internationale, il se fit le défenseur du «communisme libertaire», se rapprochant des positions de Kropotkine*. Opposé à la Première Guerre mondiale, il employa ses dernières années à animer l'Union syndicale italienne et le journal *Umanità Nova* et à lutter contre le fascisme (*Anarchie et Organisation*, 1927).

**MALATYA** ♦ V. de Turquie, ch.-l. de prov., en Anatolie orientale, au pied du Taurus oriental. 383 185 hab. Siège de l'univ. İnönü. ▪ Centre régional. Cimenterie, sucrerie, indus. textile. Commerce des abricots secs. **Histoire** Malatya fut fondé en 1838 à proximité de l'anc. *Milidia* (actuellement à Aslantepe), qui fut une importante ville hittite à partir du –XII$^{e}$ s., envahie par les Assyriens au début du –VIII$^{e}$ s. (ruines de l'enceinte et du palais de Sargon II). La ville réapparaît sous le nom de *Mélitène*, au N. de la précédente (actuellement à Eski Malatya), durant la période romaine. La ville médiévale fut plusieurs fois saccagée, par les Byzantins en lutte contre les Arabes en 751, 837, 934 et 972, par les Seldjoukides en 1057 et par Tamerlan en 1395, et finalement transformée en camp retranché et abandonnée par la population qui alla s'installer sur ses anciens quartiers d'été en 1838. Il subsiste quelques vestiges de l'enceinte du VI$^{e}$ s., une mosquée de l'époque seldjoukide (XIII$^{e}$ s., remaniée aux XIV$^{e}$ et XV$^{e}$ s.) et un caravansérail (XVII$^{e}$ s.).

**MALAUNAY** [76770] ➝ ÉTYM. anc. *Malalneit*, lat. «mauvaise *(malus)* aulnaie *(alnetum)*» ♦ Comm. de la Seine-Maritime, dans la banl. N. de Rouen. 6 022 hab. *(Malaunaysiens)*. Indus. électrique.

**MALAURIE (Jean)** ♦ Ethnologue français (Mayence 1922). Spécialiste d'anthropologie et de géomorphologie arctiques, il a effectué 31 missions arctiques entre 1948 et 1997 et il est l'auteur de nombreuses études sur les civilisations du Grand Nord : *Les Derniers Rois de Thulé* (1955), *Igloolik et sa région* (1963), *Les Civilisations esquimaudes* (1985), *Ultima Thulé* (1989), *Hummocks* (1999). Il a également réalisé des films pour la télévision (*Inuit*, 1980). ➔ **ÉTYM.** *Malaurie* est un nom de lieu, peut-être « maladrerie (léproserie) » ou est à rapprocher de l'*aure* (vent violent, tempête).

**MALAWI** (lac) ➔ **ÉTYM.** anc. ***lac Nyasa*** « grande étendue d'eau » ♦ Grand lac d'Afrique orientale de forme allongée N.-S. faisant partie de la grande faille africaine (474 m d'alt.) 26 000 km². Une grande partie du lac est au Malawi et l'autre au Mozambique. Il appartient au système hydrographique du Zambèze par son exutoire le Chire. Il forme la frontière entre la Tanzanie et le Malawi. Pêche importante.

**MALAWI**

▮ n. m. – off. ***république du Malawi*** anc. ***Nyasaland*** ➔ **ÉTYM.** du chewa *Maravi* (n. de peuple) « flammes » (p.-ê. allus. aux rayons du soleil levant sur le lac Malawi) ♦ Pays d'Afrique australe. 119 310 km². 14 659 000 hab. (*Malawites*). LANGUES : chichewa et anglais (off.), yao, tonga, souahéli. POPULATION : Chewas, Ngounis, Nyanjas, Yaos. RELIGIONS : chrétiens, animistes, musulmans. MONNAIE : kwacha. CAPITALE : Lilongwe. RÉGIME : présidentiel.

▮ **GÉOGRAPHIE** Le Malawi tient son nom du lac tout en longueur qui le borde sur sa partie orientale. Le pays, allongé du N. au S., est constitué d'une ligne de hauts plateaux (3 002 m au mont Mulanje au S.-E. ; 2 527 m sur le plateau Nyika au N.) s'abaissant vers le lac Malawi pour former une étroite plaine littorale. Le climat est tropical, modéré par l'altitude, avec une saison sèche de cinq mois. L'économie est essentiellement agricole. Le maïs constitue la principale culture vivrière, à côté du riz, du sorgho, du manioc, du mil et des haricots. Les produits agricoles couvrent 90 % des exportations (tabac, thé, coton, sucre de canne, café, arachide). Les hauts plateaux sont favorables à l'élevage (750 000 bovins) ; la pêche est importante dans le lac Malawi. L'émigration saisonnière est dirigée vers les zones industrielles du Transvaal*. Après la grande famine de 2005, le Malawi a décidé de subventionner son agriculture malgré l'opposition des bailleurs de fonds. En 2008, celle-ci, devenue autosuffisante, a permis au pays de réaliser des stockages stratégiques et d'exporter à l'étranger.

Route principale — Voie ferrée

● Plus de 100 000 hab.
● De 50 000 à 100 000 hab.
○ Moins de 50 000 hab.

Altitudes en mètres : 200 500 1 000 1 500 2 000

**Malawi.**

▮ **HISTOIRE** Les agriculteurs de langue bantoue s'installèrent dans le pays au Ier s. de notre ère. Situé non loin de la piste évacuant les richesses de l'ancien Zimbabwe vers la mer, la frange méridionale du pays fut parcourue par les commerçants souahélis dès le Xe s. Différents royaumes se mirent en place au cours du IIe millénaire, comme celui des Chewas au XIVe s. Les Yaos, pasteurs nilotiques originaires du S. du Soudan, arrivèrent à partir du XVIIIe s. Des groupes de Ngounis, en conflit avec les Zoulous, se réfugièrent dans la région au XIXe s. En remontant le Zambèze, des commerçants et des missionnaires portugais avaient touché les régions méridionales au XVIIe s. Arrivé sur les rives du lac en 1859, Livingstone fut horrifié par le commerce des esclaves auquel se livraient Portugais et Arabes. Une mission protestante s'établit en 1875. Elle fut suivie par des marchands britanniques qui évincèrent les chasseurs d'esclaves. La sphère d'influence britannique, délimitée en 1889 d'un commun accord avec le Portugal, fut transformée en protectorat en 1891. Le territoire fut baptisé Nyasaland seize ans plus tard. Pour sortir le pays de l'enclavement, l'idée d'une fédération avec les deux Rhodésies, évoquée dès 1939, devint effective en 1953, malgré une violente opposition locale menée par le Dr Hastings Kamuzu Banda. Sa formation, le Nyasaland African Congress, ayant gagné les élections, le pays accéda à l'autonomie interne en 1963 et fit sécession. L'indépendance fut proclamée dans le cadre du Commonwealth et le pays, qui prit le nom officiel de Malawi, devint une république en 1966. Au pouvoir depuis l'indépendance, le Dr Banda se fit nommer président à vie en 1971. Le Malawi fut le seul pays africain à n'avoir cessé d'entretenir des relations diplomatiques avec l'Afrique du Sud à l'époque de l'apartheid. Dirigé par un parti unique, le Malawi Congress Party, le pays a connu en mai 1994 ses premières élections présidentielle et législatives pluralistes, qui ont été marquées par la défaite de Banda au profit de Bakili Muluzi, du Front démocratique uni (UDF). Comme lui, son successeur désigné, Bingu wa Mutharika, au pouvoir depuis 2004, n'a pu enrayer la famine qui a touché 5 millions de personnes. Il a rompu avec l'UDF et a créé en 2005 le Democratic Progressive Party (DPP) qui a cristallisé l'opposition à l'UDF.

**Malawi.** Habitations typiques des environs du lac Malawi. *Phot. © Nino Cirani/Ricciarini*

**MALĀYER** ♦ V. d'Iran (Hamadān), sur un vaste plateau au pied du Zagros. 144 373 hab. Centre agricole. Tissage de kilims.

**MALAYSIA** → **Malaisie (Fédération de)**

**MALAYU** n. m. ♦ Anc. royaume indianisé de la côte orientale de l'île de Sumatra*, qui fut prospère au VIIe s. de notre ère. Il fut conquis vers 690 par le royaume voisin de Srivijaya.

**MALBAIE (LA)** – en angl. ***Murray Bay*** ♦ V. du Canada (Québec), sur la rive g. du Saint-Laurent, à son embouchure. 8 959 hab. Industrie papetière. Villégiature.

**MALBROUGH** ♦ Nom altéré de Marlborough*.

**MALCOLM** ♦ Nom de quatre rois d'Écosse (Xe au XIIe s.). ♦ **MALCOLM III Canmore** (v. 1031 - près d'Alnwick, Northumberland 1093). Roi d'Écosse (1058 - 1093). Fils de Duncan* Ier, il vainquit Macbeth* et monta sur le trône. Il combattit Guillaume le Conquérant puis Guillaume II le Roux qui le vainquit et le tua. Père de Duncan* II et de David* Ier.

**MALCOLM X (Malcolm LITTLE, dit)** ➔ **ÉTYM.** *X* représente l'inconnue : le Noir africain avait pour seul nom en Amérique celui de la famille qui l'avait acheté ♦ Homme politique américain (Omaha 1925 - New York 1965). Il fut l'un des principaux disciples d'Elijah Muhammad dans le mouvement des Black Muslims (1952) et le rallia à l'idée d'un État noir indépendant. Il devait cependant se séparer de lui en 1963 pour fonder une branche dissidente, le Muslim Mosque (la « Mosquée musulmane»), et l'Organisation de l'unité afro-américaine. Il fut assassiné au retour d'un voyage en Afrique et au Proche-Orient (pèlerinage à La Mecque).

**MALCZEWSKI (Antoni)** ♦ Poète polonais (Knjaginin, Volhynie 1793 - Varsovie 1826). Officier, il démissionna de l'armée (1815) et voyagea en Europe, notamment en Italie, où il devint l'ami de Byron. Influencé par ce dernier, il écrivit son seul poème, romantique et pessimiste, *Maria* (1825), où il évoquait la vie en Pologne au XVII$^e$ s. et qui fonda le mouvement de l'«école ukrainienne».

**MALDEGEM** ♦ Comm. de Belgique (Région flamande), prov. de Flandre-Orientale, arr. d'Eeklo, sur le canal de dérivation de la Lys. 22 366 hab. Indus. textile et agroalimentaire.

## MALDIVES

■ n. f. pl. – off. ***république des Maldives*** ➝ ÉTYM. du sanskr. *maldvipa* «mille *(mal)* îles *(dvipa)*» ou de *dvipa* et de l'ar. *al-Mahal* «le palais, résidence du sultan [qui désignait en fait toute l'île]» ou de *dvipa* et du tamoul *malay* «montagne» ♦ État insulaire de l'océan Indien. 298 $km^2$. 298 968 hab. *(Maldiviens)*. LANGUE : divehi. RELIGION : islam (religion d'État). MONNAIE : rufiyaa. CAPITALE : Malé. RÉGIME : présidentiel. De ces 1 200 îles coralliennes très basses, situées au S. du Territoire de Lakshadweep (Laquedives), environ 200 sont occupées par une population d'origine cinghalaise convertie à l'islam. Production de coprah, de fruits tropicaux ; pêche. Le climat tropical et les plages attirent de nombreux touristes. Les côtes ont été gravement endommagées par le tsunami du 26 déc. 2004. Les Maldives comptent parmi les atolls les plus menacés par la montée du niveau des océans.

■ **HISTOIRE** Protectorat britannique à partir de 1887, l'État est devenu une république indépendante en 1968. Il fut dirigé, de 1978 à 2008, par Maumoon Abdul Gayoom. Un jeune leader démocrate de l'opposition, Mohamed Anni Nasheed, lui succéda après la première élection présidentielle au suffrage universel.

**MALÉ** ➝ ÉTYM. de *Mahal*, de l'ar. *al-Mahal* «le palais» ♦ Cap. de la république des Maldives (océan Indien), dans l'île du même nom. 56 000 hab. Anc. résidence du sultan.

**MÂLE (Émile)** ♦ Historien d'art français (Commentry 1862 - Chaalis, Oise 1954). Professeur d'histoire de l'art chrétien à la Sorbonne, il se spécialisa dans l'histoire de l'art religieux médiéval : *L'Art religieux de la fin du Moyen Âge en France* (1908), *L'Art allemand et l'Art français du Moyen Âge* (1917), *Arts et Artistes du Moyen Âge* (1927). Il dirigea la publication d'une importante *Histoire de l'art*. [Acad. fr. 1927]

**MALEBO POOL** – anc. ***Stanley Pool*** ♦ Section du Congo* formant un lac de 450 $km^2$ avant d'entamer sa descente vers l'océan à 560 km par les rapides et les chutes d'Inga (anc. Livingstone). Sur sa rive d. se situe Brazzaville, sur sa rive g. Kinshasa, toutes deux reliées par voie ferrée à l'océan.

**MALEBRANCHE (Nicolas)** ♦ Philosophe et théologien français (Paris 1638 - *id.* 1715). Il fut ordonné prêtre en 1664, année où il découvrit la philosophie de Descartes*, qui suscita en lui un véritable enthousiasme. En 1674 et 1675, il publia *De la recherche* de la vérité* puis son *Traité de la nature et de la grâce*, dont les thèses furent critiquées par Bossuet, Fénelon et Arnauld. Le *Traité de morale* parut en 1683 et *Les Entretiens sur la métaphysique et la religion* en 1688. Renouant avec l'augustinisme (et même le platonisme), c'est dans un sens religieux qu'il développa le cartésianisme dont il se sépare par la thèse de l'«occasionnalisme» et celle de la «vision en Dieu». La première fait de la volonté divine la seule cause efficiente de ce qui se produit dans la nature. Par la seconde, il affirme que l'entendement (étincelle de la raison divine en l'homme) connaît clairement et distinctement «en Dieu» les idées (au sens platonicien de modèles, d'archétypes) des choses matérielles dont l'essence est «l'étendue intelligible». Notre volonté, dépravée par le péché originel, est la source de nos erreurs et de nos passions, alors que la méditation et l'amour de l'ordre immuable (par la médiation du Christ) rendent possibles la liberté d'esprit et l'effort de volonté. ➝ ÉTYM. *Malebranche* signifie «mauvaise branche [mauvais bois]» : nom donné à une terre impropre aux cultures ou allusion à une branche illégitime d'une famille noble.

**MALEC (Ivo)** ♦ Compositeur français d'origine croate (Zagreb 1925). Après des études musicales à Zagreb, il se fixa à Paris en 1959 et participa dès sa fondation (1960) au Groupe de recherches musicales de l'ORTF, animé par P. Schaeffer*. Il s'est intéressé à l'électroacoustique et aux manipulations sonores (*Movena*, 1957 ; *Reflets*, 1961 ; *Dahovi*, 1961) et a contribué largement au renouveau de l'écriture instrumentale (*Sigma*, 1963), associant souvent la bande magnétique aux instruments (*Cantate pour elle* pour soprano, harpe et bande, 1966 ; *Tutti*, 1967 ; *Luminétudes*, 1968, *Lumina*, 1968). *Dodécaméron* (1971) pour 12 voix solistes, *Gam(m)es* (1973 - 1974) pour orchestre et 2 chefs, *Weed-end* pour bande seule (1982), *Attaca* pour percussion et bande (1986), poursuivent cette quête des possibilités sonores.

**MALEGAON** ♦ V. de l'Inde (Maharashtra), sur le plateau du Dekkan. 409 190 hab. Elle est située au cœur d'une région productrice de coton.

## malékites ou malikites

n. m. pl. ♦ Adeptes de l'imam Mālik* ibn Anas, fondateur de l'école juridique la plus élaborée de l'islam orthodoxe.

**MALEMORT-SUR-CORRÈZE** [19360] ➝ ÉTYM. «la mauvaise mort» (désigne un passage dangereux) ♦ Ch.-l. de cant. de la Corrèze, banl. E. de Brive-la-Gaillarde. 6 535 hab.

**MALENKOV (Gueorgui Maksimilianovitch)** ♦ Homme politique soviétique (Orenbourg 1902 - Moscou 1988). Chef du secrétariat personnel de Staline (1932), il joua un rôle important dans les «purges» du parti bolchevique (1935 - 1938). Membre du comité central (1939), puis membre suppléant du bureau politique (fév. 1941), il fut, pendant la Deuxième Guerre mondiale, responsable de la production aérienne, en tant que membre du comité restreint de la Défense nationale. En 1946, il devint membre du Politburo, vice-président du Conseil des ministres et second secrétaire du parti. Après la mort de Staline (mars 1953), il lui succéda à la tête du gouvernement, mais dut confier à Khrouchtchev* le poste de secrétaire général du parti. En fév. 1955, il reconnut l'échec de sa politique agricole et fut relevé de ses fonctions de Premier ministre. Dénoncé comme membre du «groupe antiparti» en 1957, il fut exclu du comité central et ne joua plus de rôle politique. ➝ ÉTYM. Ce nom de famille vient du russe *malen'kiĭ* «petit».

**MALESHERBES** [mal(ə)zɛʀb] **(Chrétien Guillaume DE LAMOIGNON DE)** ♦ Homme politique français (Paris 1721 - *id.* 1794), fils de Guillaume de Lamoignon*. Substitut du procureur général (1741), conseiller d'État au parlement de Paris (1744), il fut nommé premier président de la Cour des aides et directeur de la librairie (1750). À ce titre, il contribua à assurer la liberté de la presse, protégeant les «philosophes» et la publication de l'*Encyclopédie*. Hostile à Maupeou, il fut contraint de se retirer quelque temps à Pithiviers (1771). Rappelé en 1775 comme secrétaire de la Maison du roi et des provinces, il tenta quelques réformes, mais dut donner sa démission dès 1776. Membre du Conseil du roi (1787 - 1788), il contribua à faire accorder l'état civil aux protestants (1787). Émigré au début de la Révolution, il revint peu après pour apporter son appui au roi dont il prit la défense devant la Convention (*Mémoire pour Louis XVI*, publié après le procès du roi). Il fut exécuté sous la Terreur. [Acad. fr. 1774]

**MALESHERBES** [45330] ➝ ÉTYM. anc. en lat. *de Malis Herbis* «mauvaises herbes» ♦ Ch.-l. de cant. du Loiret, arr. de Pithiviers, sur l'Essonne. 5 989 hab. (aggl. 6 383) *(Malesherbois)*. Église Saint-Martin (XII$^e$, XIII$^e$, XV$^e$ s.). Château des XIV$^e$ - XV$^e$ s. ■ Aux environs, château de Ronville du XV$^e$ s., restauré au XIX$^e$ s.

**MALESTROIT** [malɛtʀwɑ] [56140] ➝ ÉTYM. anc. fr. «mauvais *(mal)* passage *(estroit* "passage resserré")» ♦ Ch.-l. de cant. du Morbihan, arr. de Vannes, sur l'Oust. 2 472 hab. *(Malestroyens)*. Église Saint-Gilles des XII$^e$ et XVI$^e$ s. (chaire Renaissance). Nombreuses maisons anc. ■ **Histoire** Anc. ville fortifiée, elle fut l'une des 9 baronnies de Bretagne. ■ Aux environs, à Saint-Marcel, musée de la Résistance bretonne.

**MALET (Claude François DE)** ♦ Général français (Dole 1754 - Paris 1812). De famille noble, il se rallia à la Révolution et fut capitaine à l'armée du Rhin (1792) et général dès 1799. Hostile à Napoléon, il fut arrêté en 1808 et séjourna dans une maison de santé. Ayant préparé une conspiration contre Napoléon, il s'évada dans la nuit du 22 au 23 oct. 1812, annonça la mort de l'Empereur, entraîna quelques troupes parisiennes, libéra les généraux républicains Guidal et Lahorie et prépara un gouvernement provisoire. Mais le général Hulin, commandant la place de Paris, lui résista et il fut arrêté. Il fut fusillé le 29 oct. Cet événement précipita le retour de Russie de Napoléon.

**MALET (Léo)** ♦ Écrivain français (Montpellier 1909 - Châtillon-sous-Bagneux 1996). S'il fut chansonnier au cabaret La Vache enragée dès 1925, et poète influencé par le surréalisme (*J'arbre comme cadavre*, 1937), Léo Malet est surtout connu pour avoir créé, comme auteur de romans policiers, le personnage de Nestor Burma. Celui-ci apparaît pour la première fois dans *120, rue de la Gare* (1943) et traverse les 15 volumes des *Nouveaux Mystères de Paris* (1954 - 1959). Réunissant l'humour du roman populaire du XIX$^e$ s. et les caractéristiques de la série noire américaine, l'œuvre de Malet est également une mise en valeur de ce que Breton appelait le «hasard objectif».

**MALEVILLE (Jacques,** marquis **DE)** ♦ Homme politique et juriste français (Domme, Périgord 1741 - *id.* 1824). Avocat, membre du Conseil des Anciens*, il fit partie de la commission nommée par Bonaparte en 1800 pour l'élaboration du Code* civil.

**MALEVITCH (Kazimir Severinovitch)** ♦ Peintre et écrivain russe (Kiev 1878 - Leningrad 1935). Il étudia à partir de 1896 à l'école d'art de Kiev, puis s'établit à Moscou. Il se lia avec Larionov* et N. Gontcharova, et participa aux expositions du Valet de carreau (1910), de la Queue d'âne (1912) et de la Cible (1913). À partir de 1908 - 1909, ses préoccupations d'ordre social s'expriment dans des scènes de tra-

Kazimir **Malevitch.** *La Moisson de seigle* (72 x 74,5 cm), 1912. Stedelijk Museum, Amsterdam. Pays-Bas. *BIS/Phot. © Coll. Archives Larbor*

vail où il allie le dessin simplifié de Gauguin et de Matisse à un traitement de la forme et de la couleur inspiré de l'imagerie populaire (*Pédicure dans la salle de bains,* 1908 - 1909 ; *Les Cireurs,* 1911). Il interpréta ensuite les apports du cubisme et du futurisme d'une façon personnelle ; morcelant l'espace, il créa à partir d'éléments tubulaires et coniques des personnages massifs fortement plastiques qui évoquent les formes de Léger* (*Le Scieur de bois,* 1911 ; *Matin à la campagne,* 1912 - 1913). Vers 1913 - 1914, il s'inspira des compositions synthétiques et des papiers collés cubistes, procédant à des rapprochements de motifs simples (*Lettres d'imprimerie*) et d'objets dont le caractère irrationnel et hétéroclite annonce l'esprit dada. S'orientant ensuite vers la non-figuration, il produisit les décors de *Victoire sur le soleil,* opéra de Kroutchenik (1913), en prenant comme motifs exclusifs des formes géométriques élémentaires et des couleurs pures. Le caractère radical de sa démarche apparut avec force en 1915 lors de l'exposition d'avant-garde «0,10» à Saint-Pétersbourg : il y présenta trente-cinq toiles strictement abstraites et notamment un dessin qui fit scandale, le *Carré noir sur fond blanc.* Ces œuvres, établies à partir de l'agencement géométrique de motifs simples (carré, triangle, cercle et croix) se détachant sur fond blanc, illustraient le suprématisme*, nouveau mouvement dont Malevitch publiait en même temps le manifeste. Évoluant ensuite vers le «suprématisme dynamique», il créa des compositions plus complexes agencées suivant des directions diagonales incurvées. En 1918, il fut chargé de diriger un atelier à la première école d'arts appliqués de Moscou ; il enseigna ensuite à Vitebsk, puis fut muté à Petrograd. Il déplaça son centre d'activité «sur le front de l'architecture», voulant comme les constructivistes Tatline* et Rodchenko* mettre son art au service de la collectivité. Après l'évolution du régime, alors que triomphaient le constructivisme et l'art industriel, il refusa de servir la technologie et arrêta ses recherches (*Planites,* 1923 ; *Architectores,* 1926) pour se limiter aux paysages et aux portraits. Ayant eu en 1927 l'autorisation de se rendre en Allemagne à l'occasion d'une rétrospective de son œuvre, il y prépara la publication de son ouvrage *Le Monde de la non-représentation* (ou *Le Monde sans objet*) qui fut ensuite publié par le Bauhaus*. ▪ Esprit mystique en quête d'absolu, il cherchait à accéder au «point suprême» : «Le suprématisme, notait-il, exprime le rien devenu question.» Il avait en effet peint en 1917 un *Carré blanc sur fond blanc,* soulignant qu'il avait atteint «le monde blanc de l'absence d'objet qui est la manifestation du rien dévoilé». Cette œuvre constituait à la fois un défi et l'aboutissement d'une réflexion portant sur les principes mêmes de la peinture. Malevitch avait par là même rendu sensible la limite au-delà de laquelle la peinture est annihilée ; par une variation à peine perceptible, il déterminait le seuil minimum de la perception esthétique. Ayant abandonné le sujet, car, soulignait-il, «l'art du passé avait donné refuge à toute sorte de sentiments étrangers à sa nature», il s'affirmait comme l'un des premiers fondateurs de l'abstraction géométrique et presque aussitôt en montrait les limites.

**MALFANTE (Antonio)** ♦ Explorateur génois (Gênes v. 1410 - Majorque v. 1450). Il fut le premier Occidental à explorer le Touat (groupe d'oasis du Sahara central), en 1447. La relation de son voyage fut publiée en 1918 (par Ch. de La Roncière).

**MALFILÂTRE (Jacques Charles Louis DE CLINCHAMP DE)** ♦ Poète français (Caen 1733 - Paris 1767). Marmontel le fit connaître en publiant dans *Le Mercure* la meilleure de ses odes, *Le Soleil fixe au milieu des planètes* (1759). Mort prématurément, il laissa, outre une traduction en vers de Virgile dont subsistent des fragments, un poème en 4 chants, *Narcisse dans l'île de Vénus* (posth. 1769). ➝ ÉTYM. Dans le Lyonnais, *malfilâtre* signifie «mauvais gendre».

**MALGOVERT** ♦ Loc. de la Savoie, près de Bourg-Saint-Maurice. Centrale hydroélectrique sur l'Isère.

**MALHERBE (François DE)** ♦ Poète français (Caen 1555 - Paris 1628). Inspiré d'abord par la Pléiade* (*Les Larmes de saint Pierre,* 1587), il évolua vers une poésie oratoire et devint poète officiel (1605) sous Henri* IV, puis Louis* XIII. Ses œuvres de circonstance où l'éloquence soutient le lyrisme illustrent sa théorie littéraire (*Remarques sur Desportes,* 1606), selon laquelle un bon «artisan» du vers doit exprimer des thèmes éternels dans une forme rigoureuse et pure où des rythmes et des rimes réglés soutiennent les images (*Imitation du psaume Lauda anima mea Dominum,* 1627). Cette exigence d'harmonie et de clarté, cette foi en les vertus de la discipline s'écartent de celles de la Pléiade et préparent le lyrisme impersonnel des classiques. Ses poèmes, publiés pour la plupart dans des recueils collectifs, n'ont été réunis en volume qu'après sa mort sous le titre *Les Œuvres de François Malherbe* (1630). ➝ ÉTYM. *Malherbe* signifie «mauvaise herbe» (nom donné à une terre non cultivable).

**MALI** (empire du) ➝ ÉTYM. mot mandingue «là où le roi vit» ou «celui qui accepte l'héritage de sa mère» ou «hippopotame» ♦ Empire africain d'Afrique occidentale s'étendant de l'Atlantique au Niger. Son fondateur, le roi malinké Soundiata Keita, battit les rois du Sosso et du Ghana (1240), s'empara des gisements aurifères du Haut-Sénégal-Niger et unifia la savane entre le Niger et l'Atlantique. Il divisa la société en castes, combattit les animistes et prit le titre de *mansa.* Le plus célèbre des souverains du Mali fut Mansa Moussa, ou Kankan Moussa (1307 - 1332). Durant son pèlerinage à La Mecque, ses dons en dinars d'or firent s'effondrer les cours au Caire et contribuèrent à faire naître la légende de Tombouctou. Le Mali s'effaça au XV$^{e}$ s. au profit de l'Empire songhaï. On pense que sa capitale se trouvait sur le site de Niani, au N.-E. de la Guinée.

## MALI

▪ – off. ***république du Mali*** ♦ Pays enclavé d'Afrique occidentale traversé au N. par le tropique du Cancer. 1 240 142 km$^2$. 13 106 000 hab. (*Maliens*). LANGUES : français (off.), mandé (bambara, malinké, dioula), songhaï, dogon, hassanya, berbère. POPULATION : Bambaras, Dogons, Malinkés, Songhaïs, Soninkés, Dioulas, Peuls, Maures, Touaregs. RELIGIONS : musulmans, animistes. MONNAIE : franc CFA. CAPITALE : Bamako. RÉGIME : présidentiel. Le Mali est divisé en 8 régions.

▪ **GÉOGRAPHIE** Le Mali est situé dans la vaste cuvette de l'Afrique occidentale où s'étalent le delta intérieur du Niger (➝ **Macina**) et la dépression de Taoudenni (➝ **Sahara**). Trois zones climatiques aux limites fluctuantes s'étagent du N. au S. : au N., le Sahara méridional, sans végétation ni points d'eau dans le désert du Tanezrouft*, avec quelques arbustes et des sources permanentes dans les montagnes de l'adrar des Iforas* ; au centre, la zone sahélienne (➝ **Sahel**), couverte par la savane arbustive, qui occupe le delta intérieur du Niger et qui souffre le plus des aléas climatiques ; au S., la zone soudanaise où croît une végétation de savane arborée et des forêts-galeries le long des cours d'eau.

▪ **ÉCONOMIE** Quatre millions d'émigrés jouent un rôle essentiel dans l'économie malienne. Le mil constitue la principale culture vivrière, suivie par le maïs dans les régions plus arrosées, et le riz dans les zones inondables près des rivières. Le coton (2$^{e}$ producteur africain), l'arachide et, depuis peu, la canne à sucre sont les principales cultures d'exportation, mais le coton n'est plus compétitif sur le marché mondial en raison des subventions accordées au coton américain. Le Mali est l'un des premiers pays africains pour la pêche, pratiquée dans le delta intérieur du Niger. Le Sahel et la savane abritent un troupeau de bœufs qui font l'objet des échanges traditionnels avec les pays forestiers du S. Au N., la dépression de Taoudenni alimente en barres de sel les agriculteurs de la savane. L'exploitation de l'or par orpaillage dans la région de Kayes est en

Mali ▪ Productions en 2008

| Produits | Quantités |
|---|---|
| Arachides | 320 000 t |
| Coton fibre | 75 000 t |
| Maïs | 700 000 t |
| Millet | 1 200 000 t |
| Riz | 1 100 000 t |
| Sorgho | 900 000 t |
| Bovins (têtes) | 8 000 000 |
| Ovins (têtes) | 9 000 000 |
| Pêche | 100 000 t |

**Mali.**

pleine expansion. L'attribution de vastes superficies à des investisseurs étrangers (Libye, Chine, États-Unis, Afrique du Sud) suscite l'opposition des paysans.

**▮ HISTOIRE ▮ La préhistoire et l'Antiquité** Les vestiges néolithiques du «Sahara vert» (– V^e^ millénaire env.) sont abondants dans l'adrar des Iforas (vallée du Tilemsi) et montrent des formes élémentaires d'échanges à grande distance (commerce des perles). À partir du III^e^ millénaire, poussées par l'assèchement du climat, les populations sahariennes s'établirent dans la vallée du Niger. Les premières formes de vie urbaine apparurent au seuil de notre ère à Djenné-Jeno, dans le delta intérieur (développement des échanges entre le désert et la savane). **▮ Les empires** L'O. du Mali fit partie de l'empire du Ghana* qui devait sa richesse aux rivières aurifères descendues du Fouta-Djalon. L'empire du Mali*, au XIII^e^ s., s'étendit à l'ensemble du delta intérieur du fleuve et participa au grand commerce transsaharien dont les axes se déplacèrent vers l'E. (essor de Djenné* et de Tombouctou*, voyage de Kankan Moussa à La Mecque en 1324). Au XV^e^ s., l'empire du Mali ne put résister au réveil des royaumes vassaux, notamment celui de Gao* d'où surgit l'Empire songhaï* (fin du XV^e^ s.). Ce dernier succomba sous les coups d'une expédition lancée par le sultan du Maroc contre Tombouctou (1591). L'anarchie qui s'installa dans le pays pour de longues années fut rompue dans le centre par la création du royaume bambara* de Ségou* (fin du XVII^e^ s.). Malgré les guerres saintes lancées par les Almoravides dès le XI^e^ s. et par les Songhaïs d'Askia Mohammed en 1496, plusieurs peuples du Mali, comme les Bambaras et les Dogons, restèrent toujours attachés à la religion traditionnelle. Le dernier grand mouvement réformateur fut celui du Toucouleur El-Hadj Omar qui fit porter ses efforts sur les Bambaras de Ségou (1861). **▮ La colonisation** Il dut se replier devant les troupes de Faidherbe et trouva la mort à Bandiagara en 1864. La vallée du Niger, qui avait déjà été visitée par des Européens à titre individuel (Mungo Park* à Ségou en 1797, René Caillié* à Tombouctou en 1828 et Heinrich Barth* à Tombouctou en 1855), fut au centre de la politique de colonisation française de l'Afrique occidentale. Sous l'action de Faidherbe*, de Gallieni* et d'Archinard*, la conquête fut achevée en 1898. Les territoires occupés (le Mali plus quelques régions de Mauritanie, du Burkina Faso et du Niger actuels) furent intégrés à l'Afrique*-Occidentale française et formèrent en 1904 la colonie du Haut-Sénégal-Niger qui allait devenir en 1920, après la création de la Haute-Volta, le Soudan français. **▮ L'indépendance** Ce

**Mali.** Cuisson de poteries. *Phot.Alps © /Fotolia*

dernier accéda à l'autonomie interne en 1956 et devint une république dans le cadre de la Communauté* en 1958. L'année suivante, il forma avec le Sénégal la fédération du Mali qui recouvrait presque les limites de l'ancien empire. Mais il rompit avec son partenaire en 1960 et se proclama indépendant sous le nom de république du Mali présidée par Modibo Keita. Celui-ci imprima à son pays une orientation socialiste sans rompre avec la France. Il fut renversé en 1968 par le lieutenant Moussa Traoré qui dut partir en 1991 sous la pression populaire. En 1992, des élections libres portèrent au pouvoir Alpha Oumar Konaré. Malgré des succès politiques indéniables au plan national (interruption de la révolte touareg) et international, il ne put enrayer ni la pauvreté, ni la corruption. L'ancien général Amadou Toumani Touré, dit ATT, qui avait organisé la transition démocratique de 1992, a été élu en 2002 et a mené une politique de consensus. Aux difficultés liées à la rébellion des Touaregs malgré un accord de paix signé à Alger en 2008, s'ajoutent les actions (enlèvements d'Européens) par l'AQMI (al-Qaida au Maghreb), une organisation terroriste se réclamant d'Al Qaida et le choix du désert malien comme lieu de transit pour le trafic de drogues entre l'Amérique du Sud et l'Europe.

---

**MALIA** ou **MALLIA** ♦ Site archéologique de Crète, à l'E. de Cnossos. Les ruines d'un palais minoen (v. -1650) et d'une ville furent mises au jour ainsi que les restes d'un palais plus récent avec une abondante céramique ornée d'un riche décor.

**MALIBRAN (María de la Felicidad GARCÍA, dite LA)** ♦ Cantatrice (mezzo soprano) française d'origine espagnole (Paris 1808 - Manchester 1836). Fille de Manuel García, ténor et compositeur espagnol (1775 - 1832), et sœur de Pauline Viardot, elle débuta à Londres dans *Le Barbier de Séville* (1825) et connut bientôt d'éclatants succès. Elle avait épousé un négociant français, Malibran, puis, en secondes noces, quelques mois avant sa mort accidentelle, le violoniste belge Charles de Bériot. Sa fin prématurée a inspiré à Musset les célèbres *Stances à la Malibran* (1836).

**MALICORNE-SUR-SARTHE** [72270] ➝ ÉTYM. langue d'oïl *mal y corne* (évoquant un mauvais accueil) ♦ Ch.-l. de cant. de la Sarthe, arr. de La Flèche. 1 686 hab. *(Malicornais)*. Église romane (XIe s.). Château du XVIIe s. ▪ Faïencerie d'art.

**MĀLIK AL-ʿĀDIL (AL-)** dit **Sayf al-Dīn** ➝ ÉTYM. en fr. *Safadin* «le sabre de la religion» ♦ (1145 - Aliqin, Damas 1218). Sultan ayyubide* (1198 - 1218). Frère de Saladin*, il participa à la guerre contre les Francs pendant la troisième croisade (1188). Après la mort de son frère, il devint le maître de la Syrie et de l'Égypte (1193 - 1198). Il arriva ensuite à reconstituer le royaume de Saladin en soumettant, outre la Syrie et l'Égypte, la Mésopotamie (1200).

**MĀLIK AL-AFḌAL (AL-)** ♦ Prince ayyubide* (Le Caire 1170 - Samosate 1225). Fils de Saladin*, il obtint le gouvernement de Damas et participa avec son père à la lutte contre les Francs. Après la mort de Saladin, il tenta de s'emparer de l'Égypte, mais fut chassé par al-Mālik* al-ʿĀdil.

**MĀLIK AL-KĀMIL (AL-)** ♦ (Le Caire 1180 - *id.* 1238). Sultan ayyubide* (1218 - 1238). Il succéda à son père al-Mālik* al-ʿĀdil quand les Francs menaçaient Damiette* (qu'ils prirent en 1219). Il parvint à évacuer Damiette et céda Jérusalem à Frédéric II (1229) afin d'obtenir l'alliance des Latins contre les menées subversives de son frère al-Mālik al-Muʿazzam.

**MĀLIK AL-SĀLIḤ NAJM AL-DĪN AYYŪB (AL-)** ♦ (Le Caire 1207 - Mansourah 1249). Sultan ayyubide* (1240 - 1249). Nommé gouverneur de Mésopotamie par son père al-Mālik* al-Kāmil, il sut défendre cette région contre les incursions des Tartares, et prit Damas en 1238. Il fut appelé à la direction de l'Égypte par les officiers turcs qui déposèrent son frère al-Ādil II (1240). Sālih organisa le corps des mamelouks* turcs.

**MĀLIK IBN ABŪ SAMĀḤ AL-ṬĀʾĪ** ♦ Musicien arabe (mort v. 754). Disciple de Maʿbad, il est considéré comme l'un des plus grands musiciens de la première période de l'islam.

**MĀLIK IBN ANAS** ♦ Juriste arabo-musulman (Médine 715 - *id.* 795). Fondateur de l'une des quatre écoles («rites») juridico-religieuses de l'islam orthodoxe, il rédigea le plus ancien manuel de droit sous le titre *Al-Muwatta* («Le Chemin aplani»), où il expose une synthèse de la loi coutumière à Médine. En adjoignant à ce système étroit la notion de bien public, ses disciples légitimèrent l'intervention de l'opinion personnelle.

**MĀLIK KĀFŪR** ♦ Eunuque et général turc au service du sultan Alā* al-Dīn Khiljī de Delhi vers 1297. Il conquit et pilla une grande partie du Dekkan* et détruisit de nombreux royaumes hindous. Il tenta de succéder à son maître mais fut décapité en 1316 par les gardes turcs fidèles au fils de celui-ci.

**MALINES** – en néerl. ***Mechelen*** ♦ V. de Belgique (Région flamande), prov. d'Anvers, ch.-l. d'arr., sur la Dyle et le canal Louvain-Malines. 78 700 hab. Métropole religieuse de la Belgique (archevêché), Malines possède de nombreux monuments religieux : cathédrale Saint-Rombaut du XIIIe s., église Saint-Jean, du XVe s., églises baroques. Halle aux draps du XIVe s. ; musée communal dans un hôtel du XVIe s. ; hôtel de ville du XIVe s. Centre interactif des sciences Technopolis. ▪ Cultures maraîchères (asperges). Fabrique de meubles. Dentelles. Construc. métalliques. Nœud de communications. ▮ **Histoire** C'est en 756 que saint Rombaut se serait installé à Malines, mais il fallut attendre la venue des princes-évêques de Liège, au XIe s., pour que la ville prenne de l'importance. En 1356, la seigneurie passa aux ducs de Bourgogne. Malines connut son apogée sous la domination de Marguerite d'Autriche (1493) qui s'entoura d'une cour brillante : Érasme, Thomas More, Lemaire de Belges, Pierre de La Rue, Josquin des Prés, Gossart, Van Orley. En 1559, Malines fut érigé en archevêché. La *dentelle de Malines* et le mobilier baroque eurent leur plus grande renommée aux XVIIe et XVIIIe s. Le cardinal D. Mercier* illustra la ville en 1915 en soutenant ses fidèles contre l'envahisseur. Elle subit des bombardements au cours de la Deuxième Guerre mondiale.

**Malines** (ligue de) ♦ Ligue formée en avr. 1513 contre Louis XII (qui tentait de reconquérir le Milanais) par Maximilien Ier, empereur d'Autriche, Henri VIII, roi d'Angleterre, et Ferdinand II le Catholique, roi d'Aragon. Le pape Léon X, qui y avait adhéré dès sa formation, se rapprocha du roi de France après la défaite des Français et de leurs alliés à Novare*.

**MALINKÉS** n. m. pl. ➝ ÉTYM. «gens du Mali» ♦ Principale ethnie mandingue à l'origine de l'empire du Mali*, islamisée à partir du XIe s. Les réseaux commerciaux créés en Afrique occidentale par les associations de commerçants malinkés, les Dioulas*, ont favorisé la diffusion des idées religieuses. Les Malinkés vivent principalement en Guinée*.

**MALINOVSKI (Rodion Iakovlevitch)** ♦ Maréchal soviétique (Odessa 1898 - Moscou 1967). Volontaire dans l'armée tsariste (1915), il servit dans la Légion étrangère française. Rentré en Russie en 1919, il s'engagea dans l'Armée rouge. Promu général, il dirigea la défense de Dniepropetrovsk (1941), puis se distingua à Stalingrad (auj. Volgograd) en brisant la contre-offensive allemande (déc. 1942). Nommé commandant du 2e front d'Ukraine, il libéra Kherson (mars 1944), Nikopol et Odessa (avr. 1944), puis s'empara de Bucarest, signa l'armistice avec les Roumains (31 août 1944) et fut promu maréchal. Après avoir mis le siège devant Budapest, puis devant Vienne, qui tomba le 13 avr. 1945, Malinovski fut envoyé en Mandchourie, où il dirigea la campagne contre le Japon (août 1945). Commandant en chef des forces soviétiques et vice-ministre de la Défense (1956), il succéda à Joukov* comme ministre de la Défense en 1957. ➝ ÉTYM. Ce nom vient du polonais *malina* «framboise» (surnom d'un producteur de framboises).

**MALINOWSKI (Bronisław Kaspar)** ♦ Anthropologue et ethnologue britannique d'origine polonaise (Cracovie 1884 - New Haven, Connecticut 1942). Pratiquant la méthode de «l'observateur-participant» (déjà formulée par Gérando*), il fit des recherches sur les mœurs et coutumes, particulièrement sexuelles et familiales, des peuplades d'Australie, de Nouvelle-Guinée et surtout des îles Trobriand*. Théoricien du fonctionnalisme* selon lequel chaque élément constitutif d'un système culturel s'explique par son rôle dans cet ensemble, il fit également un des premiers à tenter un rapprochement entre psychanalyse et anthropologie, tout en niant l'existence du complexe d'Œdipe dans les sociétés matrilinéaires, où c'est l'oncle maternel qui représente l'autorité, la loi. Princ. ouvrages : *Les Argonautes du Pacifique occidental* (1922), *Trois essais sur la vie sociale des primitifs* (1927), *La Sexualité et sa répression dans les sociétés primitives* (1927), *La Vie sexuelle des sauvages du nord-ouest de la Mélanésie* (1929), *Une théorie scientifique de la culture* (1944).

**MALINVAUD (Edmond)** ♦ Économiste français (Limoges 1923). Directeur de l'Insee (1974 - 1987), professeur au Collège de France (depuis 1988), il a consacré d'importants travaux à la comptabilité nationale, aux méthodes statistiques de l'économétrie, à la théorie macroéconomique, aux modèles de l'analyse macroéconomique et aux problèmes de croissance. Il a également procédé à un *Réexamen de la théorie du chômage* (1980).

**MALIPIERO (Gian Francesco)** ♦ Compositeur italien (Venise 1882 - Trévise 1973). D'abord attiré par le romantisme germanique, il découvrit Debussy et Stravinski dont il subit l'influence. Cherchant de nouvelles sonorités et des rythmes rares, il est longtemps demeuré fidèle au baroque italien, utilisant dans ses derniers ouvrages la modalité grégorienne. Auteur d'une œuvre abondante, il a composé dans tous les genres. On lui doit de nombreux opéras dont la trilogie de l'*Orfeide* (1925), *Tre commedie goldoniane* (1926), *Antoine et Cléopâtre* (1938), *Don Giovanni* (1963), des ballets, des oratorios, de la musique instrumentale dont neuf symphonies, des concertos, des pièces de musique de chambre et vocale. Professeur au conservatoire de Parme puis de Venise, dont il fut le directeur (1939 - 1952), Malipiero a fait œuvre de théoricien et assuré la publication des œuvres complètes de Vivaldi et de Monteverdi.

**MALLARD (François Ernest)** ♦ Minéralogiste français (Châteauneuf, Cher 1833 - Paris 1894). Par ses travaux sur l'isomorphisme, les propriétés optiques des cristaux, il compléta la théorie de Bravais*. [Acad. sc. 1890] ➝ ÉTYM. Ce nom vient du germanique *Amallard* (ou *Madalard*), nom de personne, du vieux haut allemand *mahal* «conseil, réunion» et *hard* «dur, fort».

**MALLARMÉ (Étienne,** dit **Stéphane)** ♦ Poète français (Paris 1842 - Valvins 1898). Ayant très tôt perdu sa mère, il eut une enfance triste confinée dans des collèges, une activité monotone de bureaucrate puis de professeur d'anglais (1863) dans divers postes de province (Tournon, Besançon, Avignon) avant de pouvoir regagner Paris (1871) et y mener une existence d'abord très retirée (jusqu'en 1884). Mallarmé consacra en fait sa vie à «la seule tâche spirituelle» qui lui parût possible, élaborer le «Livre» qui donnât l'«explication orphique de la Terre». Tôt attiré vers la poésie par la lecture des parnassiens, puis par celle de Baudelaire* et d'Edgar Poe*, Mallarmé proclama dès 1862 la nécessité d'une œuvre d'accès difficile parce que ambitieuse. ▮ **Des premiers poèmes à «L'Après-midi d'un faune»** Dans ses premiers poèmes (*L'Azur*, 1864 ; *Brise marine*, 1865), «le poète las que la vie étiole» recourt encore volontiers aux thèmes baudelairiens pour poser les termes du néant : refus de l'univers, blessant et attirant à la fois, nostalgie de l'unité enfantine ou d'un temps antérieur, appel à la nuit intérieure qui permet à l'esprit «d'avancer profondément dans la sensation des Ténèbres absolues». Entrepris en 1864 sous la forme d'une tragédie, devenu ensuite poème (et publié inachevé en 1869, dans *Le Parnasse* contemporain*), *Hérodiade*, que complète *Le Cantique de saint Jean*, est le poème de la difficulté d'être, de l'absence, du monde glacé de l'Idée pure ; utilisant «l'alexandrin dans toute sa tenue», le poète parvient à «mettre une sorte de feu courant pianoté autour, comme qui dirait d'un accompagnement musical». En alternance avec cette œuvre «musicienne du silence», Mallarmé composait *L'Après*-midi d'un faune* (intitulé d'abord *Monologue du faune*, 1865 ; remanié et publié en 1876), sublimation d'un ardent rêve sensuel, transfiguré par le «glorieux mensonge» de la création poétique (→ **Debussy).** ▮ **L'hermétisme** Après une cruelle époque de doute (1866 ; «Je suis mort et ressuscité»), le poète concevra désormais son œuvre comme une expérience métaphysique, susceptible d'annuler l'absurde et le hasard qui règnent dans la création en transposant les objets sur le plan de l'esprit : il s'agira donc de «peindre non la chose, mais l'effet qu'elle produit», d'«évoquer dans une ombre expresse l'objet tu par des mots allusifs, jamais directs, se réduisant à du silence égal». Adoptant souvent la forme dense du sonnet, recourant à une syntaxe fortement elliptique, travaillant le vers d'incises et d'inversions pour en faire «un mot total, neuf, étranger à la langue et comme incantatoire», utilisant les mots dans leur épaisseur étymologique, accumulant des vocables dont la sonorité prétend rivaliser avec la musique (le poète a découvert Wagner* en 1885), Mallarmé fait du langage l'instrument privilégié de sa recherche du «Rien qui est la vérité». Fragments du «grand œuvre», arrachés au «vieux monstre de l'Impuissance», se succèdent le conte dense d'*Igitur ou la Folie d'Elbehnon* (1867 à 1870 ; posth. 1925), les *Tombeaux* énigmatiques élevés à Poe (1877) et à Baudelaire, enfin les octosyllabes hermétiques de la *Prose pour Des Esseintes* (1885) où l'hyperbole réussit à «transposer un fait de nature en sa presque disparition vibratoire selon le jeu de la parole [...] pour qu'en émane [...] la notion pure». ▮ **La consécration** Brusquement consacré par *Les Poètes maudits* de Verlaine* (1883) et *À* rebours* de Huysmans* (1884), Mallarmé est devenu le maître de la génération symboliste, qu'il reçoit chez lui, rue de Rome (→ **symbolisme).** Il enrichit l'édition de ses *Poésies complètes* (1887), de *Vers de circonstance* (posth. 1920), mais se consacre surtout au «Livre», conçu comme «l'œuvre d'art totale» ; la mort le saisit alors que venait de paraître le poème qui resserre toute sa pensée poétique et sa science technique, *Un coup* de dés jamais n'abolira le hasard* (1897), tentative pour organiser l'œuvre sur le plan temporel et spatial à la fois par une forme typographique novatrice, «point extrême où se [fût] aventuré l'esprit humain» (A. Gide). L'influence de Mallarmé sur la conception moderne du poétique est fondamentale. ➝ **ÉTYM.** *Mallarmé* signifie «mal armé» (surnom).

Stéphane **Mallarmé.** Portrait par Manet (27,5 x 36 cm), 1876. Musée d'Orsay, Paris. *BIS/Phot. © Archives Larbor*

**MALLE (Louis)** ♦ Cinéaste français (Thumeries, Nord 1932 - Los Angeles 1995). Maître d'une technique qu'il exerça en virtuose, observateur incisif et critique des relations sociales entre individus et entre classes sociales, il s'est constamment renouvelé. Il a réalisé notamment *Ascenseur pour l'échafaud* (1957), *Les Amants* (1958), *Zazie* dans le métro* (1960), *Vie privée* (1961), *Le Feu follet* (1963), *Le Souffle au cœur* (1970), *Lacombe Lucien* (1973), *Atlantic City* (1980), *Au revoir les enfants* (1987), *Milou en mai* (1989).

**MALLEA (Eduardo)** ♦ Écrivain argentin (Bahia Blanca 1903 - Buenos Aires 1982). Il se fit connaître par un recueil intitulé *Contes pour une Anglaise désespérée* (1926). En 1931 il devint directeur du supplément littéraire du journal de Buenos Aires, *La Nación*, et collaborateur de Victoria Ocampo pour la revue *Sur*. Ces deux charges lui conférèrent un pouvoir déterminant sur les lettres argentines. Comme Borges, comme Victoria Ocampo, Mallea, profondément enraciné en Amérique, s'est attaché à révéler le secret de l'«argentinité». On lui doit *Connaissance et Expression de l'Argentine* (1935), *Histoire d'une passion argentine* (1937) et surtout *La Ville près du fleuve immobile* (1936), recueil de contes dans lequel il apparaît comme le chantre nostalgique de Buenos Aires.

**MALLEMORT** [13370] ➝ **ÉTYM.** → Malemort*-sur-Corrèze ♦ Comm. des Bouches-du-Rhône, arr. d'Arles, au-dessus de la Durance. 4 984 hab. Centrale hydroélectrique.

**MALLET DU PAN (Jacques)** ♦ Publiciste suisse d'expression française (Céligny, Genève 1749 - Richmond, Angleterre 1800). Collaborateur à Londres des *Annales politiques, civiles et littéraires* de Linguet*, il continua, après le retour en France de ce dernier, à faire paraître la revue *(Mémoires historiques, politiques et littéraires)*. Admirateur de la Constitution britannique et partisan d'un despotisme éclairé, Mallet du Pan se montra violemment hostile à la Révolution française, et devint rapidement le porte-parole des émigrés et l'agent secret de la cour auprès des gouvernements antirévolutionnaires. Revenu en Angleterre en 1798, il y fonda le *Mercure britannique*.

**MALLET-JORIS (Françoise)** ♦ Femme de lettres française d'origine belge (Anvers 1930). Elle fit des débuts dans la littérature avec *Le Rempart des béguines* (1952), qui manifestait déjà son habileté à sonder l'âme adolescente face au monde des adultes (*Allégra*, 1976). Après avoir donné une suite à ce premier roman avec *La Chambre rouge* (1953), F. Mallet-Joris a publié un recueil de nouvelles, *Cordélia* (1954), puis *Les Mensonges* (1956), fresque minutieuse de l'univers flamand. L'ironie de son regard critique s'est faite plus sensible dans *L'Empire céleste* (prix Femina 1958) où sont peints les milieux littéraires et artistiques, tandis que sa curiosité pour l'âme féminine apparaissait dans des essais de reconstitution historique tels que *Les Personnages* (évoquant le siècle de Richelieu ; 1961), *Marie Mancini* (1965), *Trois Âges de la nuit* (consacré aux sorcières ; 1968) et *Jeanne Guyon* (1978). Avec *Lettre à moi-même* (1963), *Les Signes et les Prodiges* (1966) et *La Maison de papier* (1970), F. Mallet-Joris a livré ses confidences autobiographiques. Elle est cependant revenue au roman avec *Dickie roi* (1980), *Le Rire de Laura* (1985) et *La Tristesse du cerf-volant* (1988). [Acad. Goncourt 1971 ; Acad. royale de langue et de litt. françaises de Belgique, 1993]

**MALLET-STEVENS (Robert)** ♦ Architecte et décorateur français (Paris 1886 - *id.* 1945). D'abord décorateur, il eut tendance à évoluer vers un style dépouillé et géométrique. Il subit l'influence de Joseph Hoffman et fut parmi les premiers adeptes, après Le Corbusier et Lurçat, du style dit international. En effet, dans la série de maisons particulières qu'il édifia en 1926 - 1927 à Auteuil (auj. rue Mallet-Stevens) comme dans la maison de Paul Poiret à Mézy-sur-Seine (1924) et dans la villa Noailles à Hyères, il employa systématiquement le béton armé, adopta des volumes cubiques s'articulant parfois autour d'un volume cylindrique, tirant des effets esthétiques des rapports entre les murs nus, les baies vitrées en largeur et les décrochements angulaires ; il pratiqua le plan libre dont il développa avec raffinement certaines possibilités, jouant notamment des différences de niveau. Il réalisa aussi des pavillons d'exposition (en 1925 et 1937) et édifia en 1928 le casino de Saint-Jean-de-Luz.

**MALLICOLO** ou **MALEKULA** (île) → **Vanuatu**

**MALLORY (George Herbert Leigh)** ♦ Alpiniste britannique (Mobberley, Cheshire 1886 - dans l'Everest 1924). Il participa aux expéditions britanniques dans l'Everest de 1921 - 1922 (où il atteignit 8 000 m sans inhalateur). Mais il disparut en 1924 au cours d'une tentative pour atteindre le toit du monde.

**MALMAISON** → **Rueil-Malmaison**

**Malmaison** (bataille de la) ♦ Le fort de la Malmaison (Aisne), à l'extrémité ouest du Chemin* des Dames, fut conquis du 23 au 26 oct. 1917 par la VI^e^ armée française (Maistre). Cette offensive, décidée par Pétain*, visait surtout à donner aux troupes un succès assuré qui rétablirait leur confiance dans la victoire.

**MALMEDY** ♦ V. de Belgique (Région wallonne), prov. de Liège, arr. de Verviers, sur la Warche. (Comm. à facilités pour la minorité germanophone.) 11 878 hab. Église abbatiale (1775 - 1784). Chapelle des Capucins (XVII^e^ s.). ▪ Indus. du bois et du papier (en difficulté), du cuir. Tourisme d'été et d'hiver (pistes de ski). Carnaval traditionnel. À Bévercé, la plus ancienne et longtemps la seule centrale hydroélectrique du pays. ▮ **Histoire** Ch.-l. du canton de Malmedy rattaché à la Belgique en 1919 (traité de Versailles), la ville est le centre de ce district jadis rattaché à l'abbaye de Stavelot. Prussienne de 1815 à 1919, Malmedy subit de graves destructions en 1944 (offensive du maréchal von Rundstedt).

**MALMÖ** ➝ ÉTYM. suéd. «île *(ö)* du sable *(malm)*» ♦ V. de l'extrémité S. de la Suède, sur l'Øresund. Ch.-l. du comté de Malmöhus, cap. de la Scanie et 3e ville de Suède. 276 244 hab. Reliée par un pont à Copenhague (distant de 25 km). Ville anc., où subsistent quelques maisons du XVIe s. Église gothique Saint-Pierre (St. Petri Kyrka, XIVe s., restaurée). Forteresse *Malmöhus* (1436, reconstruite en 1537). Grand théâtre. ▪ Important port de commerce. Centre indus. : mécanique, agroalimentaire, chimie, imprimerie, usines de ciment, bijouterie.

**MALO** (saint) ➝ Maclou

**MALO-LES-BAINS** ♦ Ancienne comm. du Nord, intégrée à Dunkerque depuis 1969. *(Malouins).* Station balnéaire.

**MALON (Benoît)** ♦ Homme politique français (Prétieux, Loire 1841 - Asnières 1893). Ouvrier teinturier, autodidacte, il s'affilia à la Ire Internationale et fut délégué aux congrès de Genève (1866) et de Bâle (1868). Membre de la Commune de Paris (1871), il se réfugia en Suisse après la Semaine sanglante (22 - 28 mai 1871). Rentré en France après l'amnistie (1880), il dirigea *La Revue socialiste* (1880 - 1893) et exposa, dans son ouvrage *Le Socialisme intégral* (1891), un socialisme humaniste qui ne fut pas sans influence sur Jaurès.

**MALORY** (sir **Thomas**) ♦ Écrivain anglais (Newbold Revell, Warwickshire, v. 1408 - Newgate 1471). Descendant d'une ancienne famille du Warwickshire, il combattit avec Richard Beauchamp, comte de Warwick, en 1436, à Calais. Il fut fréquemment arrêté pour des délits qui avaient un rapport avec la guerre civile déclenchée en 1455 et mourut en prison. Caxton publia en 1485 ses huit romans sur la légende d'Arthur (traduits d'ouvrages français) sous le titre *Morte d'Arthur*. Dans un style naïf et harmonieux, Malory sut rendre vivant ce monde fantastique de la chevalerie dont l'idéal n'était que justice et pureté. Il inspira Spenser* *(La Reine des fées)*, Tennyson *(Les Idylles du roi)*, Morris et Swinburne.

**MALOT (Hector)** ♦ Écrivain français (La Bouille, Seine-Maritime 1830 - Fontenay-sous-Bois 1907). Romancier fécond, il écrivit quelque soixante-dix ouvrages qui connurent un grand succès. *Romain Kalbris* (1869) et surtout *Sans famille* (1878), auquel fait pendant *En famille* (1893), œuvres d'un moralisme discret, furent longtemps goûtés des enfants.

**MALOUEL (Jean)** ou **MAELWAEL (Johan)** ♦ Peintre français originaire des Pays-Bas (Nimègue - Paris 1419). En 1396, il travaillait à Paris au service d'Isabeau de Bavière et devint en 1397 le peintre du duc de Bourgogne, Philippe le Hardi. Il reçut en 1398 la commande de cinq tableaux d'autel pour la chartreuse de Champmol. On lui attribue la *Pietà ronde* (v. 1400) où le choix des coloris, le caractère incisif et le raffinement du graphisme portent la marque de la tradition de la miniature parisienne, tandis que le traitement du corps du Christ et le rendu du modelé sont d'origine flamande. Il commença probablement la *Dernière communion de saint Denis*, terminée par Bellechose*, et contribua à l'élaboration du style franco-flamand qui se développa à la cour de Bourgogne.

**MALOUET (Pierre Victor,** baron**)** ♦ Homme politique français (Riom 1740 - Paris 1814). Administrateur aux Colonies (Saint-Domingue, 1768 - 1773 ; Guyane, 1776 - 1778), il y détenait de gros intérêts et soutint toujours les positions des colons. Député du tiers état aux états généraux (1789), il fut l'un des principaux membres du groupe de monarchiens* et émigra de 1792 à 1803. Il devint baron d'Empire (1810), avant d'être disgracié pour son opposition à la campagne de Russie.

**MALOUINES** (îles) – en angl. ***Falkland Islands***, en esp. ***Malvinas*** ➝ ÉTYM. *Malouines* et *Malvinas*, du n. de Saint-*Malo* (en raison des fréquentes escales qu'y faisaient les marins malouins) et *Falkland*, du n. du vicomte *Falkland*, Premier Lord de l'Amirauté, qui y avait encouragé le voyage du capitaine Strong en 1690 ♦ Archipel et colonie britannique au S. de l'océan Atlantique, entre 51° et 52°30' de latitude S. 12 000 km². 2 379 hab. CAP. : Port Stanley (1 989 hab.). Relief peu accidenté, nombreuses tourbières dues au climat humide, frais et venteux. Élevage ovin extensif. ▮ **Histoire** Aperçu par J. Davis (1592), l'archipel fut colonisé par des Malouins, et Bougainville en prit possession au nom de Louis XV (1763). Occupées ensuite par des Espagnols et des Britanniques (1767), puis par une colonie de la république Argentine (1829), les îles Malouines et leurs dépendances (Géorgie du Sud, Sandwich du Sud, Orcades du Sud et Shetland du Sud, ces deux dernières étant aussi revendiquées par l'Argentine) sont devenues britanniques en 1832. ▪ Lors de la Première Guerre mondiale, la *bataille* navale *des Falkland* opposa l'escadre allemande de von Spee aux Britanniques de l'amiral Sturdee qui furent victorieux (8 déc. 1914). Revendiqué par l'Argentine, l'archipel fut la cause de la rupture des relations diplomatiques avec la Grande-Bretagne (1978). Les Argentins l'occupèrent en avr. 1982 ; les Britanniques établirent alors un blocus maritime, attaquèrent la flotte argentine puis débarquèrent, entraînant la capitulation des Argentins (14 juin 1982). L'autonomie du Conseil exécutif local a été renforcée par la nouvelle Constitution de 2009.

**Malpasset** (barrage de) ♦ Barrage sur le Reyran, au-dessus de Fréjus, dans le Var ; il était destiné à irriguer la région. Sa rupture, en 1959, provoqua la mort de 400 personnes.

**MALPIGHI (Marcello)** ♦ Médecin et anatomiste italien (Crevalcore, près de Bologne 1628 - Rome 1694). Médecin d'Innocent XII (1691), considéré comme le fondateur de l'anatomie microscopique, il découvrit dans le rein des glomérules ou pyramides qui portent son nom. On a également donné le nom de *corpuscules de Malpighi* aux manchons de tissu lymphoïde situés le long des artérioles de la rate, et de *réseau* ou *couche de Malpighi* à la couche profonde de l'épiderme. Ses travaux sur la circulation sanguine chez la grenouille confirmèrent ceux de Harvey*. Ses recherches embryologiques sur le poulet le conduisirent à admettre la théorie de la préformation. ➝ ÉTYM. Ce nom vient de l'italien *mala* «mauvaise» et du sarde *piga* «pie» (surnom d'une personne bavarde).

**MALPLAQUET** ♦ Localité du Nord (auj. comm. de Taisnières-sur-Hon), au N.-O. d'Avesnes. Villars y fut vaincu par Marlborough et par le Prince Eugène (1709), mais il leur infligea de lourdes pertes et les Français purent se replier en bon ordre.

**MALRAUX (André)** ♦ Écrivain français (Paris 1901 - Créteil 1976). ▮ **Les voyages en Asie et les premiers écrits** Il publia des textes d'inspiration surréaliste, *Lunes en papier* (1921 ; dédié à Max Jacob) et *Royaume-Farfelu* (1928). Parti pour l'Indochine (1923) à la recherche de statues khmères, il passa en Chine (1925) où il prit contact avec les révolutionnaires communistes. Confrontation de deux cultures (*La Tentation de l'Occident*, 1926), plus encore participation à l'histoire en train de se faire, cette expérience fut le fondement de ses premiers romans : dès *Les Conquérants* (1928) et *La Voie royale* (1930), Malraux exalte la volonté de puissance par l'action, geste de domination et de liberté face à la souffrance et à la mort. À l'aventure individuelle dans un monde tragique succéda le thème de la révolution et de la fraternité virile dans *La Condition* humaine* (1933, prix Goncourt). ▮ **L'engagement en Espagne et dans la Résistance** Intellectuel d'extrême gauche, Malraux dénonça le totalitarisme nazi dans *Le Temps du mépris* (1935) et le fascisme espagnol dans *L'Espoir** (1937), témoignage de son engagement aux côtés des républicains durant la guerre civile, mais plus encore affirmation renouvelée que l'homme se définit par ce qu'il fait et non par ce qu'il rêve. Être dans l'histoire, «transformer [l'expérience] en conscience» face à «l'absolue réalité de la mort», ce thème a conduit Malraux, depuis *Les Noyers de l'Altenburg* (1943), à exalter le geste créateur de «formes hétérogènes à celles de l'apparence», susceptibles de redevenir «présence au-delà de la mort» («L'art est un antidestin»). ▮ **L'art et l'homme** À partir de cette époque, Malraux, qui avait participé activement à la Résistance et commandé la brigade Alsace-Lorraine, n'écrivit plus que des essais ou des textes autobiographiques qu'il regroupa ensuite. Sous le titre *La Psychologie de l'art* (1949), il réunit tout d'abord *Le Musée imaginaire* (1947), *La Création artistique* (1948) et *La Monnaie de l'absolu* (1949). Ajoutant un quatrième essai, *Les Métamorphoses d'Apollon* (1951), il donna un nouveau titre à cet ensemble : *Les Voix* du silence*. Pareillement, *La Métamorphose des dieux* (1977) rassemble *Le Surnaturel* (dont la première version, en 1957, répondait au titre générique de l'ensemble), *L'Intemporel* (1976) et *L'Irréel* (1977). ▮ **Malraux et de Gaulle** Le discours critique de Malraux, dans un style somptueusement postclassique, se résume en une vision épique et passionnée de l'homme dans sa création. Le même souffle se retrouve dans *Le Miroir des limbes* (1976), œuvre en deux parties : *Antimémoires* (1967 - 1972) qui, malgré son titre, est l'autobiographie de celui qui fut, notamment, compagnon de route du général de Gaulle et ministre des Affaires culturelles de 1959 à 1969, et *La Corde et les Souris* (1976) qui comprend, en faisant disparaître leurs titres, des ouvrages d'abord publiés séparément, *Hôtes de passage* (1975), *Les chênes qu'on abat...* (1971), dernière évocation du général de Gaulle, *La Tête d'obsidienne* (1974), essais sur Picasso, et *Lazare* (1974), confrontation de l'homme avec l'épreuve de mourir. Ses cendres ont été transférées au Panthéon en 1996.

André **Malraux**, v. 1933.
*BIS/Phot. Tanta et Makovska © Archives Larbor*

**MALSTRØM** ➝ Maelström

## MALTE

▮ – off. ***république de Malte*** ➝ **ÉTYM.** en gr. *Melitê*, puis ar. *Malita*, puis *Malta* en maltais, p.-ê. déformation par les Grecs d'un n. phénicien ♦ État constitué par un archipel de la Méditerranée, à 80 km au S. de la Sicile, qui comprend l'île principale de Malte (246 km²), Gozo*, Comino et Filfola. 316 km². 404 962 hab. *(Maltais)*. LANGUES : maltais et anglais (off.), italien. MONNAIE : euro. CAPITALE : La Valette. RÉGIME : démocratie parlementaire.

▮ **GÉOGRAPHIE ET ÉCONOMIE** À la charnière stratégique des deux bassins de la Méditerranée, Malte est un plateau karstique de faible altitude, particulièrement aride, l'approvisionnement en eau étant partiellement assuré par le dessalement de l'eau de mer. La chaleur permet néanmoins la culture exportatrice des primeurs (oignons, pommes de terre, oranges). Toutefois, les principales activités sont l'industrie (textile, appareillage électrique et électronique) et surtout le tourisme (plus de 1 000 000 d'entrées en 2006) qui, avec les revenus de la très forte émigration, compense le déséquilibre de la balance commerciale. L'économie est prospère, malgré l'importance des dépenses publiques, et le revenu des Maltais reste élevé.

**Malte.**

▮ **HISTOIRE** ▮ **De la préhistoire au XVIIIᵉ s.** Malte abrite de nombreux vestiges de l'âge du fer (temples et hypogées). Sa position stratégique lui a valu une occupation permanente depuis l'Antiquité. Elle appartint d'abord aux Phéniciens (–IXᵉ s.), puis aux Grecs (–736) et aux Carthaginois (–VIᵉ), qui durent la céder à Rome après la seconde guerre punique, en –218. Elle fut christianisée après le naufrage de saint Paul (58 ou 60), qui y vécut peut-être trois mois. Malte appartint ensuite aux Vandales, aux Ostrogoths, fut reconquise par les Byzantins en 533, prise par les Arabes et islamisée en 869, puis conquise en 1091 par Roger Iᵉʳ, comte de Sicile. L'île partagea désormais le sort de la Sicile (Angevins, de Naples, puis, en 1282, Aragonais) jusqu'en 1530, date à laquelle elle fut donnée par Charles Quint aux Hospitaliers de Saint-Jean-de-Jérusalem qui devinrent *chevaliers de Malte* et imprimèrent à l'île une marque durable (institutions, fortifications de Jean Parisot de La* Valette qui permirent à Malte de résister contre les Turcs lors du siège de 1565, et donnèrent son nom à la capitale). ▮ **Une colonie britannique** À la fin du XVIIIᵉ s., elle devint, sous l'influence française, le grand relais du commerce français en Méditerranée. Bonaparte s'en empara en 1798, mais elle fut prise dès 1800, après deux ans de siège, par les Britanniques qui refusèrent de rendre l'île à l'ordre de Malte, en firent une colonie et une importante base navale sur la route des Indes. Au cours de la Deuxième Guerre mondiale, elle fut bombardée par les Italiens et les Allemands, mais elle résista et, en 1943, servit de base au débarquement allié en Sicile. ▮ **L'autogouvernement et l'indépendance** En 1947, la Grande-Bretagne lui accorda l'autogouvernement, tout en maintenant son statut colonial. En 1955, le Parti travailliste, dirigé par Dominic Mintoff*, réclama pour Malte le statut de dominion. Les négociations de 1958 ayant échoué, la Constitution fut suspendue, mais après la victoire des nationalistes aux élections de 1962, la Grande-Bretagne dut accepter ce statut, puis l'indépendance (1964). La république fut proclamée en 1974. Le Premier ministre D. Mintoff, à qui succéda en 1984 C. Misfud Bonnici, partisan du rapprochement avec les pays arabes (Libye), dut faire face aux problèmes économiques que posa l'évacuation, en 1979, de la base militaire britannique. Les nationalistes, au pouvoir de 1987 à 1996 et depuis 1998, ont préparé l'entrée de Malte dans l'Union européenne en 2004.

**Malte.** Les remparts de Senglea, à La Valette.
*Phot. © Ch. Valentin/Hoa Qui*

**Malte (ordre de)** → **Hospitaliers de Saint-Jean-de-Jérusalem**

**MALTE-BRUN (Malte Conrad BRUUN, dit Konrad)** ♦ Géographe danois (Thisted, Jutland 1775 - Paris 1826). Réfugié en Suède pour avoir soutenu les principes de la Révolution française, il s'installa ensuite à Paris, où il collabora au *Journal des débats* et à la fondation de la Société de géographie de Paris. Il est l'auteur d'une *Géographie mathématique, physique et politique de toutes les parties du monde* (1803 - 1807) et d'un *Précis de géographie universelle*. ♦ **Victor Adolphe Malte-Brun.** Géographe français (Paris 1816 - Marcoussis 1889). Fils du précédent. Secrétaire de la Société de géographie de Paris, il publia la *France illustrée* (1879 - 1884) et l'*Allemagne illustrée* (1884 - 1887).

**MALTHUS (Thomas Robert)** ♦ Économiste britannique (The Rookery, près de Guildford, Surrey 1766 - Haileybury, près d'Hertford 1834). D'abord pasteur anglican, il publia un *Essai sur le principe de population* (1798) qui connut un grand succès. Devenu professeur d'économie politique, il écrivit alors *Principes d'économie politique au point de vue de leur application pratique* (1820) et *Définitions en économie politique et mesure de la valeur* (1823). Sa doctrine (malthusianisme) est fondée sur l'idée que la population croît plus vite (progression géométrique) que les subsistances (progression arithmétique), provoquant ainsi un déséquilibre qui conduit l'humanité vers la famine. Pour ramener l'équilibre, il distingue des moyens destructifs (le déséquilibre finissant par entraîner épidémies, guerres) et préventifs (restriction volontaire de la natalité). Malthus resta partisan d'une politique économique libérale et se montra hostile aux mesures d'assistance sociale prises par l'État. Certaines de ses idées influencèrent directement Ricardo (rôle de la monnaie, rente foncière), mais l'ensemble de sa théorie fut vivement critiqué par des économistes socialistes (Fourier, Proudhon et Marx) et libéraux. Ses idées influencèrent la formation du concept de sélection naturelle chez Darwin*. ➝ **ÉTYM.** *Malthus* vient du moyen anglais *malthuse* «la maison *(hūs)* du malt *(mealt)*» (nom d'une personne vivant près d'une brasserie).

**MALUKU** → **Moluques**

**MALUS** [malys] **(Étienne Louis)** ♦ Physicien français (Paris 1775 - *id.* 1812). Auteur d'importants travaux d'optique géométrique, il étudia les phénomènes de double réfraction de la lumière et observa le premier la polarisation par réflexion (1808) ; les résultats de ces travaux, publiés avec ceux d'autres savants (*Théorie de la double réfraction de la lumière dans les substances cristallines*, 1810), contribuèrent à l'établissement des bases de la théorie des systèmes centrés. Il énonça la loi de variation d'intensité de la lumière après traversée de deux polariseurs (*loi de Malus*, 1811). → **Fresnel, Nicol.** Disciple de Newton*, il semble avoir écarté toute interprétation ondulatoire des phénomènes de double réfraction et de polarisation (il assimilait la molécule lumineuse à l'aimant). [Acad. sc. 1810]

**MALVA** n. m. ♦ Région de l'O. de l'Inde entre les monts Aravalli et Vindhya, ancien royaume hindou puis musulman (1235). Sa capitale historique est Ujjain*, une des sept villes sacrées de l'Inde.

**MALVÉSI** ♦ Écart de la comm. de Narbonne (Aude). Concentration de l'uranium.

**MALVINAS** → **Malouines**

**MALVOISIE** → **Monemvasia**

**MALVY (Louis)** ♦ Homme politique français (Figeac 1875 - Paris 1949). Député radical-socialiste du Lot (1906 - 1919), il fut nommé ministre de l'Intérieur (1914). Attaqué par la droite pour son manque de fermeté dans la répression des grèves de 1917 et pour son «défaitisme», il dut démissionner (1917). Il demanda à comparaître devant la Haute Cour de justice, fut accusé de forfaiture et condamné à cinq ans de bannissement. Amnistié, il fut réélu à la Chambre des députés (1924 - 1940), et reprit quelque temps le portefeuille de l'Intérieur (cabinet Briand, 1926). ← ÉTYM. *Malvy* vient du nom de personne germanique *Analwin* ou *Madalvin.*

**MÄLZEL (Johann)** → Maelzel

**MALZÉVILLE** [54220] ← ÉTYM. de *Marzé,* anc. n. de la v., et lat. *villa* «domaine» ♦ Comm. de la Meurthe-et-Moselle, dans la banlieue N. de Nancy, sur la Meurthe. 7 712 hab. *(Malzévillois).*

**MALZIEU-VILLE (LE)** [48140] ← ÉTYM. du lat. *Maletius,* n. de pers., et suff. *-ivrum* ou de l'occit. *melze* «mélèze» ♦ Ch.-l. de cant. de la Lozère, arr. de Mende, sur la rive d. de la Truyère. 970 hab. *(Malzéviens).* Station estivale.

**MAMAIA** ♦ Station balnéaire de Roumanie, au N. de Constantza, jouissant d'un ensoleillement exceptionnel.

Les **Mamelles de Tirésias** ♦ Drame héroïcomique en 2 actes de Guillaume Apollinaire* (créé en 1917, publ. en 1946), sous-titré «drame surréaliste». Thérèse la féministe prend le nom de Tirésias, perd sa poitrine, acquiert barbe et moustache, devient général et député. Dans cette pièce, Apollinaire met en application sa théorie de la valeur esthétique du rire et de la surprise en traitant sous forme de farce le thème sérieux de la repopulation. Pour lui, le surréalisme est une transposition du réel qu'il a définie ainsi : «Quand l'homme a voulu imiter la marche, il a créé la roue qui ne ressemble pas à une jambe.» De même «le théâtre n'est pas plus la vie qu'il interprète que la roue n'est une jambe».

### mamelouks

n. m. pl. ← ÉTYM. en ar. *mamlūk* «possédé» ♦ Membres d'une milice qui occupèrent le pouvoir en Égypte de 1250 à 1517. Dès le XIIIe s., les mamelouks formaient une milice d'élite au service de la dynastie ayyubide*. Ils étaient recrutés parmi des esclaves blancs (Slaves, Grecs, Tcherkesses et surtout Turcs). Le sultan ayyubide Mālik* al-Sālih (1240 - 1249) les employa pour assurer sa garde personnelle. Les mamelouks devinrent peu à peu une formation toute-puissante. En 1250, les mamelouks turcs *bahrites* (de *bahr,* «fleuve», parce qu'ils étaient cantonnés dans une caserne de l'île de Rawdah, en face du Caire, sur le Nil) exécutèrent le dernier sultan ayyubide al-Mū'adham et nommèrent sultane sa belle-mère, Chajar al-Durr, qui épousa 'Izz al-Dīn Aybak, leur chef. Cette dynastie (1250 - 1382) fut renversée par les mamelouks tcherkesses, dits *burjites* (de *burj* «citadelle», parce qu'ils occupaient la citadelle du Caire), qui régnèrent jusqu'en 1517. À la succession héréditaire pratiquée par les Bahrites, les Burjites préférèrent un système d'élection qui facilita les conspirations, les révolutions de palais et les assassinats. La discipline du corps des mamelouks n'en fut pourtant pas entamée. Ils purent arrêter l'invasion des Mongols, chasser les Francs de la Syrie et faire de l'Égypte la plus grande puissance économique et militaire de la Méditerranée orientale (XIVe - XVe s.). Leur pouvoir s'étendait en outre à l'E. sur la Palestine et la Syrie, à l'O. sur la Cyrénaïque. Ils annexèrent Chypre (1424 - 1426). En Égypte, ils protégèrent les sciences, les arts et les lettres. En 1517, le sultan ottoman Sélim* Ier détruisit le sultanat mamelouk. Mais les chefs mamelouks, munis du titre de beys, conservèrent les gouvernements des provinces qui constituaient leur sultanat et qui furent annexés à l'Empire ottoman. Réduisant peu à peu le pouvoir du pacha nommé par Constantinople, les mamelouks redevinrent les maîtres de l'Égypte à la fin du XVIIIe s. (révolte d'Ali* Bey, 1766). Plus tard, ils décidèrent de renverser Mohammed* Ali, reconnu comme vice-roi de l'Égypte par la Sublime Porte ; informé, ce dernier fit massacrer 300 de leurs chefs (1er mai 1811) et anéantit définitivement leur puissance. Pendant la campagne d'Égypte, une partie des mamelouks se rallièrent à Napoléon* et le suivirent en France. Ils constituèrent un escadron de la garde impériale. À la chute de l'Empire, ils furent dispersés et plusieurs d'entre eux furent massacrés à Marseille pendant la Terreur blanche.

**MAMERS** [mamɛʀ] [72600] ← ÉTYM. anc. *Sancti Mamertis,* de *Mammès,* n. de saint ou lat. «domaine de Mamertus» ♦ Ch.-l. d'arr. de la Sarthe. 6 084 hab. (aggl. 6 534) *(Mamertins).* Église Saint-Nicolas, XIIIe - XVIe s. Église Notre-Dame, XVe s., restaurée au XIXe s. Anc. couvent du XVIIIe s., auj. hôtel de ville et sous-préf.

**MAMERT** (saint) ♦ Évêque de Vienne en Dauphiné (v. 462 - v. 475). Il institua en Gaule la procession des rogations. Frère du poète Claudien* Mamert. ▪ Fête le 11 mai.

### mamertins

n. m. pl. ← ÉTYM. «fils de Mamer (ou de Mars)» ♦ Mercenaires campaniens au service d'Agathocle qui, après sa mort (-289), s'emparèrent de Messine dont ils firent leur base de guerre en Sicile (v. -283). Menacés par Hiéron de Syracuse et par les Carthaginois, ils firent appel aux Romains (-264), provoquant ainsi la première guerre punique.

**MAMINE-SIBIRIAK (Dmitri Narkissovitch MAMINE, dit)** ♦ Romancier russe (Vissimo-Chaïtanski Zavod, Oural 1852 - Saint-Pétersbourg 1912). Ses romans décrivent avec réalisme et sincérité la triste vie des mineurs de l'Oural du XIXe s. : *Les Combattants* (1883), *Les Frères Gordeïev* (1891), *L'Or* (1892), *Le Pain* (1895). Il écrivit aussi des contes pour enfants, *Les Contes d'Alenouchka* (1894 - 1896).

**MAMMERI (Mouloud)** ♦ Écrivain algérien d'expression française, professeur de lettres et anthropologue (Taourirt Mimoun 1917 - Aïn Defla 1989). Originaire de Grande Kabylie (il dit avoir vécu sa découverte de la culture occidentale comme «un véritable traumatisme»), il a publié une trilogie romanesque, au réalisme teinté de pessimisme, qui s'attache à témoigner des problèmes sociaux et politiques auxquels s'est affrontée l'Algérie : *La Colline oubliée* (1952) ; *Le Sommeil du juste* (1955) ; *L'Opium et le Bâton* (1965). Il est également l'auteur d'une pièce de théâtre (*Le Banquet,* 1973).

**MAMMON** ← ÉTYM. en lat. ***Mammona,*** en gr. ***Mamônas,*** de l'araméen *mamna* «richesse» ♦ Dieu syrien qui présidait aux richesses. Son nom, dans les Évangiles (Matthieu, VI, 24 ; Luc, XVI, 9-13), désigne les richesses injustement acquises.

**MAMMOTH CAVE** ← ÉTYM. angl. «grotte gigantesque» ♦ Ensemble de grottes situées dans le Kentucky, aux États-Unis. La plus importante se ramifie sur une zone de plus de 15 km de diamètre.

**MAMORÉ** n. m. (río) ♦ Riv. de Bolivie (1 800 km). Né dans les Andes, le Mamoré conflue dans les plaines de l'E. avec le Guaporé (rive d.) et le Beni (rive g.), avant de former le Madeira.

**MAMOULIAN (Rouben)** ♦ Metteur en scène de théâtre et de cinéma américain, d'origine géorgienne (Tiflis 1898 - Woodland Hills 1987). Il mena de pair sa carrière théâtrale et son œuvre de cinéaste, celle-ci étant le prolongement (original) de celle-là. D'un côté, les créations brillantes de *Carmen* et de *Porgy and Bess* ; de l'autre, l'étourdissant ballet d'*Applause* (1929), suivi des *Carrefours de la ville* (1931), d'une adaptation de *Dr Jekyll et Mr. Hyde* (1932), de *La Reine Christine,* avec Greta Garbo (1933), et de *Becky Sharp,* un des premiers et des meilleurs films en Technicolor (1935). Son dernier film fut une comédie musicale, *La Belle de Moscou* (1957).

**MA'MŪN ('Abd Allāh AL-)** ♦ Calife abbasside (Bagdad 786 - près de Tarsūs 833). Fils de Haroun* al-Rachid et d'une esclave persane. Il lutta contre son frère (→ **Abbassides**). Il fit traduire des textes philosophiques grecs en arabe.

**MAN (Henri DE)** ♦ Théoricien et homme politique belge (Anvers 1885 - près de Morat, Suisse 1953). Jeune militant syndicaliste de gauche, il fut amené, après la faillite de la IIe Internationale (1914), à critiquer et réviser les thèses fondamentales de Marx et réussit en 1933 à faire adopter par les socialistes belges un «plan de travail» en rupture avec les principes du marxisme. Vice-président du Parti ouvrier belge et ministre dans le gouvernement de Van Zeeland (1935 - 1938), il dut se réfugier en Suisse en raison de ses sympathies pour les expériences fascistes et son attitude pendant l'occupation allemande. Princ. ouvrages : *Au-delà du marxisme, l'idée socialiste* (*Zur Psychologie des Sozialismus* 1922, trad. fr. 1933) ; *Après coup,* 1941.

**MAN** ♦ V. de la Côte d'Ivoire, au pied des montagnes de Man. Plus de 60 000 hab. Café. Cacao. Briqueteries.

**MAN** (île de) ♦ Île de Grande-Bretagne, dans la mer d'Irlande, à égale distance de la Grande-Bretagne et de l'Irlande. 572 km². 76 315 hab. CH.-L. : Douglas. Dépendance directe de la Couronne britannique, administrée par une assemblée de 24 membres, le *Tynwald.* Relief montagneux à l'O. 621 m au Snaefell. Climat doux et humide. ▪ L'élevage et la pêche au hareng sont en déclin. Le tourisme est en progrès. Depuis 1987, une législation fiscale avantageuse attire les sièges sociaux des sociétés et transforme l'île en paradis fiscal à proximité du Royaume-Uni. ▮ **Histoire** L'antique *Eubonia* connut l'occupation romaine, puis, du VIIIe au XIIIe s., celle de pirates scandinaves. En 1266, l'île fut achetée aux Norvégiens par les Écossais. À la fin du XIIIe s., à l'avènement d'Édouard Ier, elle revint théoriquement à la Couronne d'Angleterre, mais sauvegarda une indépendance de fait sous l'administration des familles de Salisbury, Stanley (jusqu'en 1651) et des ducs d'Atholl qui la vendirent en 1765 à la Couronne britannique.

**MANA** [97360] ♦ Ch.-l. de cant. de la Guyane, arr. de Saint-Laurent-du-Maroni. 5 445 hab.

**MANAAR** (golfe de) → **Mannar (golfe de)**

**MANADO** – anc. ***Menado*** ♦ V. d'Indonésie, cap. de la prov. de Sulawesi Utara (Célèbes-Nord), en pays Minahassa. 398 900 hab. La majorité de la population est chrétienne. Port exportateur de clous de girofle, de café, de coprah, d'huile de coco.

**MANAGUA** ➛ ÉTYM. du n. du lac *Managua** ♦ Cap. du Nicaragua, ch.-l. de dép., située sur les rives méridionales du lac de Managua, au pied du volcan Masaya. 937 489 hab. *(Managuayens)*. Université. Centre administratif, commercial (café), industriel (industries alimentaire, textile, mécanique, raffinerie de pétrole) et nœud de communications (route Panaméricaine, voie ferrée). Ancien site préhispanique détruit par les Espagnols (musée des Huellas de Acahualinca). Simple village devenu capitale du pays en 1858 pour mettre un terme à la rivalité entre León (foyer libéral) et Granada (foyer conservateur). Nombreux tremblements de terre (1931 et surtout déc. 1972 où la ville fut presque totalement détruite).

**MANAGUA** (lac de) ➛ ÉTYM. p.-ê. du guarani *ama* «pluie» et *nagua* «fantôme» ♦ Lac du Nicaragua, appelé aussi Xolotlán (1 035 $km^2$), au S. duquel est édifiée la capitale. Il occupe, avec le lac de Nicaragua, un vaste fossé d'effondrement séparé du Pacifique par une barrière volcanique. De nombreux rejets industriels et urbains ont fortement pollué ses eaux.

**MANAKARA** ♦ V. de Madagascar sur la côte E. Plus de 15 000 hab. Port. Exportation de riz et de café.

**MANĀMA (AL-)** ♦ Cap. de l'État de Bahreïn, située sur la côte N.-E. de l'île de Bahreïn et reliée par un pont à l'île voisine de Muharrak où se trouve l'aéroport international. 203 000 hab. Centre commercial et financier. Raffinerie de pétrole.

**MĀNASAROVAR** n. m. – en tibét. ***Mapam Yumtso***, en chin. ***Mafa Mucuo*** ♦ Lac de Chine, situé dans l'O. du Tibet*, à 4 560 m d'alt. (500 $km^2$). Source mythique du Gange, ce lac, situé au pied du mont Kailash, est très vénéré par les bouddhistes et les hindous. Les cendres du Mahatma Gandhi y furent dispersées en 1948.

**MANASLU** n. m. ➛ ÉTYM. du sanskr. *manasa* «montagne de l'esprit» ♦ Sommet de l'Himalaya, sur la frontière népalo-tibétaine (8 163 m). Conquis par une expédition japonaise en 1956.

**MANASSÉ** ➛ ÉTYM. en hébr. *Menashshèh* «consolateur» ♦ Personnage biblique (Genèse, XLVIII), fils de Joseph*. ➙ **Éphraïm.** Ancêtre de la tribu d'Israël*, dont le territoire était situé de part et d'autre du lac de Tibériade et du Jourdain.

**MANASSÉ** ♦ Roi de Juda (v. –688 - –642), fils d'Ézéchias*. Il subit la domination assyrienne et favorisa les cultes idolâtriques. Récit biblique : II Rois, XXI ; mais variante en II Chroniques, XXIII, 11-17.

**MANĀT (AL-)** ➛ ÉTYM. probablt de l'ar. *manawāt*, de *maniyya* «destin (fatal)» ♦ Déesse adorée par les Arabes à l'époque anté-islamique. Elle serait la plus ancienne divinité du panthéon arabe.

**MANAUDOU (Laure)** ♦ Nageuse française (Villeurbanne 1986). Spécialiste du demi-fond, du dos et des quatre nages, elle se distingua particulièrement aux jeux Olympiques d'Athènes de 2004, aux Mondiaux de Montréal de 2005 et domina les championnats d'Europe de Budapest de 2006. ➛ ÉTYM. Ce nom est probablement un diminutif de *Manaud, Manaut*, du nom de personne germanique *Manwald*, de *man* «homme» et *waldan* «gouverner».

**MANAUS** ➛ ÉTYM. n. d'une tribu indienne ♦ V. du Brésil, cap. de l'État d'Amazonas, sur la rive g. du rio Negro. 1 397 000 hab. Zone franche depuis 1967. Centre indus. actif (électronique, mécanique, horlogerie). Port fluvial. ▮ **Histoire** Fondée au XVII$^e$ s., la ville prit un essor prodigieux à la fin du XIX$^e$ s. grâce au caoutchouc amazonien, mais la chute des cours mit fin à cette période faste.

**MANCE (Jeanne)** ♦ Dame française (Langres 1606 - Ville-Marie, auj. Montréal 1673). Arrivée à Québec avec Maisonneuve* (1641), elle contribua à la fondation du premier hôpital du Canada à Ville-Marie.

**MANCHE** n. f. ➛ ÉTYM. en esp. ***Mancha***, de l'ar. *manša* «terre sèche» ♦ Plateau calcaire du centre de la péninsule Ibérique, formé de la partie sud-orientale de la Castilla-La Mancha. D'une altitude de

**Manche** (Espagne). Moulin à vent et château fort au-dessus de Consuegra. *Phot.* © *R. Mattes/Explorer*

700 m et d'une superficie de 25 000 $km^2$, elle s'étend entre le Guadiana, au N., et la sierra Morena, au S. L'aridité du sol limite l'activité agricole à de maigres cultures de vigne, d'oliviers et de safran (dont l'Espagne est le principal producteur). ▪ Le héros de Cervantès s'était donné le nom de *Don Quichotte de la Manche* parce qu'il était né dans cette partie de l'Espagne.

**MANCHE** n. f. – en angl. ***English Channel*** ou ***The Channel*** ➛ ÉTYM. «bras de mer» ♦ Mer de l'Europe occidentale séparant la Grande-Bretagne de la France, formée par l'Atlantique, qu'elle fait communiquer avec la mer du Nord par le pas de Calais. Sa profondeur dépasse rarement 100 m, à l'exception d'une fosse située au N.-N.-O. de l'île de Guernesey (172 m). Les courants de marée sont plus vigoureux sur les côtes françaises que sur les côtes anglaises. Au fond de la baie du Mont-Saint-Michel (menacée d'ensablement), l'amplitude des marées peut atteindre 12 m. La Manche connaît un trafic maritime très intense, auquel sont liés des ports importants : Le Havre (2$^e$ port français et 6$^e$ européen pour les marchandises), Boulogne (1$^{er}$ port de pêche français), Cherbourg (arsenaux militaires) et Calais (1$^{er}$ port français et 2$^e$ européen pour les passagers) du côté français ; Douvres (1$^{er}$ port britannique et européen pour les passagers), Southampton (port commercial) et Plymouth (pêche) côté britannique.

**Manche** (tunnel sous la) ♦ Tunnel ferroviaire, dit liaison Transmanche, reliant Coquelles (près de Calais) en France et Cheriton (près de Folkestone) en Angleterre. Long de 49,7 km dont 37,3 km sous la mer, ce tunnel, dont la construction a été décidée en 1986 et dont la concession a été accordée au consortium franco-britannique Eurotunnel, a été inauguré en 1994.

**MANCHE** n. f. [50] ➛ ÉTYM. du n. de la mer ♦ Dép. du N.-O. de la France, région de Basse-Normandie. 5 938 $km^2$. 481 471 hab. CH.-L. : Saint-Lô. CH.-L. D'ARR. : Avranches, Cherbourg, Coutances. Cour d'appel : Caen. Académie : Caen. ➙ **Basse-Normandie.**

**MANCHESTER** ➛ ÉTYM. anc. *Mamucio, Mamecestre*, du vieil angl. *ceaster* «fort romain» et forme abrégée d'un n. celtique, p.-ê. *°mamm* «mamelon» (colline) ♦ V. d'Angleterre, ch.-l. du Greater Manchester*, sur l'Irwell, affl. de la Mersey. 392 819 hab. Deuxième ville du Royaume-Uni par ses activités commerciales, financières et culturelles. La fortune de la ville reposait au XVII$^e$ et au XIX$^e$ s. sur les filatures de coton, mais les crises successives ont entraîné la fermeture de la majeure partie des usines. Seules l'industrie chimique et les constructions mécaniques subsistent. Si la condition ouvrière n'est plus celle décrite par Engels, les friches industrielles et les taudis sont encore nombreux malgré des efforts de rénovation. Le renouveau de Manchester passe par la croissance des emplois tertiaires (grandes universités, assurances, banques, journaux, télévisions, musées et centres de congrès). C'est l'une des villes bénéficiaires des délocalisations tertiaires de l'agglomération londonienne. Liverpool, qui fut sa concurrente, n'est plus qu'un satellite. L'influence de la conurbation s'étend sur la façade anglaise de la mer du Nord et même sur l'Irlande, par l'intermédiaire de la forte colonie irlandaise qui y vit. Mais, vers l'intérieur, Leeds et surtout Birmingham freinent l'attraction de Manchester. ▮ **Histoire** Ancien camp romain *(Manucium)*, Manchester connut un premier essor au Moyen Âge, grâce au travail de la laine, mais son véritable développement, à la fin du XVIII$^e$ s., est lié à l'industrie cotonnière. Un climat humide permettant le traitement de fibres très fines, la proximité de cours d'eau pour leur blanchiment, la présence de charbon et la surabondance de la main-d'œuvre furent autant de facteurs qui favorisèrent le développement de cette industrie. Dès 1830, une voie ferrée puis en 1894 un canal maritime sur la Mersey relièrent Manchester à sa grande rivale Liverpool*, qui importait les balles de coton.

**MANCHESTER (GREATER)** ♦ Comté métropolitain du N. de l'Angleterre. 1 286 $km^2$. 2 482 352 hab. CH.-L. : Manchester.

**MANCHESTER** ♦ V. des États-Unis (New Hampshire) sur le Merrimack. 107 006 hab. Indus. textiles, du cuir, du caoutchouc, accessoires automobiles, instruments électriques.

**MANCHETTE (Jean-Patrick)** ♦ Écrivain français (Marseille 1942 - Paris 1995). Son œuvre a renouvelé le genre policier en France, qu'il a lui-même baptisé néo polar, en lui donnant une teinte politique de gauche. Influencé par les techniques cinématographiques, il introduisit au sein de la fiction narrative des éléments directement empruntés à la sociologie ou à l'analyse des enjeux politiques. Œuv. princ. : *L'Affaire N'Gustro*, 1971 ; *Ô dingos, ô châteaux*, 1972 ; *Nada*, 1972 ; *Morgue pleine*, 1973 ; *Le Petit Bleu de la côte Ouest*, 1976 ; *Fatale*, 1978 ; *La Position du tireur couché*, 1981.

**MANCINI** ♦ Famille italienne de Rome dont les membres les plus célèbres sont les nièces de Mazarin, venues en France à la suite de leur oncle. ♦ **Laure Mancini** (Rome 1636 - Paris 1657). Elle épousa Louis de Vendôme, duc de Mercœur, frère du duc de Beaufort*. Elle eut pour fils le maréchal et le grand prieur de Vendôme. ♦ **Olympe Mancini** (Rome 1639 - Bruxelles 1708). Elle fut aimée de Louis XIV et épousa Eugène Maurice de Savoie-Carignan, comte de Soissons. Elle fut la mère du Prince Eugène*. Compromise dans l'affaire des Poisons*, elle se réfugia en Flandre. ♦ **Marie Mancini** (Rome 1640 - Pise v. 1706-1715). Elle fut à son tour aimée de Louis XIV, qui songea à l'épouser, mais Mazarin s'y opposa. Elle fut mariée au prince Colonna (1661), se sépara de lui et s'enfuit en France où Louis XIV la fit enfermer dans un couvent. Elle s'enfuit à nouveau et mena une vie aventureuse dans toute l'Europe. ♦ **Hortense Mancini** (Rome 1646 - Chelsea 1699). La plus belle des cinq, elle épousa le duc de La Meilleraye, qui prit le titre de duc de Mazarin, le quitta pour devenir la maîtresse du chevalier de Rohan* et se retira à Londres. Elle fut un moment la maîtresse de Charles* II, et son salon accueillit une société de libertins spirituels, dont Saint*-Évremond. ♦ **Marie-Anne Mancini** (Rome 1649 - Paris 1714). Elle épousa Maurice Godefroy de La Tour d'Auvergne, le duc de Bouillon. Elle fut l'amie de La* Fontaine et fut compromise dans l'affaire des Poisons*. ➝ ÉTYM. Ce nom de famille vient de l'italien *mancino* «gaucher».

**MANCO CÁPAC Ier** ➝ ÉTYM. du quechua *manku* «bande» et *qhápaj* «puissant» ♦ Fondateur légendaire de l'empire inca. Selon le mythe inca, l'histoire inca commença par le voyage de quatre frères et de leur sœur depuis une grotte andine jusqu'à Cuzco. L'un des frères doté de pouvoirs magiques fut éliminé, deux autres se transformèrent en divinités et seul le survivant, Ayar Manco, qui prit le nom de Manco Cápac, put s'établir à Cuzco pour fonder l'empire.

**MANCO CÁPAC II** ♦ (mort apr. 1537). Dernier souverain inca du Pérou (1513-après 1537). Il succéda à son frère Atahualpa, tenta de résister aux Espagnols, se réfugia dans les Andes, et y fut assassiné.

**MANDALAY** ➝ ÉTYM. du sanskr. *mandala* «cercle, division, territoire» ♦ V. de Birmanie, sur le moyen cours de l'Irrawaddy. 532 949 hab. Elle est considérée comme la capitale culturelle du pays. Ville universitaire. Artisanat de l'albâtre, de la soie, des objets en argent. Centre de distribution du riz de la plaine de Kyaukse. ▌**Histoire** Capitale du pays de 1857 à 1885, elle fut détruite en 1942 et 1945 par des bombardements alliés.

**Mandalay.** La pagode Kuthodaw. *Phot. © Prato/Ricciarini*

**MANDAN(S)** n. m. (pl.) ♦ Peuple indien d'Amérique du Nord originaire de la région des Grands Lacs. Ils migrèrent en direction de l'O. vers 1400 et s'établirent le long du Missouri, d'abord à l'embouchure de la White River, avant de remonter jusque dans le Dakota du Nord, où les Européens les rencontrèrent au XVIIe s. Au XIXe s., plusieurs voyageurs séjournèrent parmi eux (Lewis et W. Clark*, George Catlin*, Karl Bodmer et le prince Maximilien de Wield). Sédentaires, les Mandans vivaient de l'agriculture et de la chasse (bison). Une de leurs principales cérémonies était l'Okipa, qui avait lieu au milieu de l'été et durait 4 jours au cours desquels les officiants rappelaient la création du monde et l'histoire du peuple mandan, renouvelant ainsi leur dynamique sociale. Le peuple mandan cessa d'exister en tant que tel en 1838, décimé par la variole.

**MANDCHOUKOUO** → Mandchourie

**MANDCHOURIE** n. f. ➝ ÉTYM. p.-ê. chin. «la région *(tcheou)* pleine *(man)*» ♦ Région du N.-E. de la Chine, comprenant les prov. de Heilongjiang*, Jilin* et Liaoning*. CAP. : Shenyang*. La richesse naturelle de la région (minéraux, forêts, prod. agricole) et la présence de grands centres indus. et d'excellents ports (Dalian*, Lüshun*, Luda*) lui valurent la convoitise de ses voisins (Russie, Japon). ▌**Histoire** Dans cette région prit naissance la dynastie mandchoue qui régna sur la Chine de 1644 à 1911 sous le nom dynastique de Qing*. Le Japon y établit un gouvernement fantoche, le Mandchoukouo, de 1931 à 1945, à la tête duquel fut placé Puyi*, le dernier empereur de Chine.

**MANDCHOU(S)** n. m. (pl.) ♦ Groupe ethnique de Mandchourie (prov. du Heilongjiang, du Jilin et du Liaoning) apparenté aux Toungouzes* et métissé d'éléments chinois. Les Mandchous envahirent la Chine et lui imposèrent entre 1644 et 1911 la domination de leur famille régnante qui prit le nom de Qing («pure»).

**mandéens**

n. m. pl. ➝ ÉTYM. mandéen *manda* [araméen biblique *manda'*] «connaissance» ♦ Adeptes d'une religion baptiste dont les origines et l'histoire demeurent obscures : qualifiés par leurs voisins de *soubbas* (araméen *çeba'* «plonger, immerger»), par eux-mêmes de nazoréens (araméen *naçôrâyê* «observants») ou de mandéens (*mandâyê* «gnostiques») et par les premiers Européens qui les rencontrèrent de «chrétiens de saint Jean», ils descendent sans doute d'une communauté en rupture avec le judaïsme et violemment opposée aux chrétiens. Leur doctrine dualiste est exposée dans des ouvrages en mandéen (dialecte araméen) comme le *Ginzâ* («Trésor», publié en Europe sous le nom de *Livre d'Adam*, le premier homme étant leur premier prophète), le *Livre de Jean* (Yahya, Jean-Baptiste, leur dernier prophète) et le *Qolastâ* (recueil d'hymnes et de prières). Réfugiés au sud de l'Irak, persécutés par les sassanides mais théoriquement protégés en terre d'islam (→ **sabéens**), ils demeurent dans une situation précaire. Des communautés mandéennes ont émigré en Amérique du Nord et en Europe.

**MANDEL (Georges)** ♦ Homme politique français (Chatou 1885 - forêt de Fontainebleau 1944). Attaché au cabinet de Clemenceau (1908), il devint le collaborateur principal de celui-ci à la présidence du Conseil en 1917 ; député de tendance modérée (1919 - 1924 ; 1928 - 1940) et plusieurs fois ministre, il s'opposa avec la plus grande énergie à l'armistice de juin 1940. Dans l'espoir d'être suivi par les éléments politiques capables de former un gouvernement décidé à poursuivre la guerre outre-mer, il gagna l'Afrique du Nord ; mais il fut ramené en France et interné par le gouvernement de Vichy. Livré par celui-ci aux Allemands, Mandel fut abattu par des miliciens dans la forêt de Fontainebleau. ➝ ÉTYM. Ce nom allemand est un emprunt du vieux haut allemand au latin populaire *°amandula*, de *amygdala* «amande» (surnom d'un marchand d'amandes ou d'une personne vivant près d'un amandier).

**MANDEL** n. f. ♦ Rivière de Belgique, affl. rive g. de la Lys. Canalisée à 1 350 t, elle arrose Roeselare, Izegem, Ingelmunster.

**MANDELA (Nelson)** ➝ ÉTYM. son prénom xhosa est *Rolihlahla* «tirer la branche d'un arbre [créer des problèmes]» ; *Nelson*, prénom anglais, lui fut donné par son professeur le premier jour de son entrée à l'école, pratique habituelle à l'époque quand un Africain poursuivait ses études ♦ Homme d'État sud-africain (Qunu Transkei 1918). Petit-fils du chef xhosa Ngubengcuka et chef historique du Congrès national africain (ANC), arrêté en 1962, il fut condamné à 5 ans de prison, puis, en 1964, à la réclusion à perpétuité. Libéré en fév. 1990, il devint, peu après l'abolition des lois sur l'apartheid (juin 1991), président de l'ANC (juil. 1991). Malgré les oppositions et les violences, Mandela et le président F. De Klerk conduisirent dès lors des négociations qui, en juin 1993, aboutirent à un accord prévoyant des élections multiraciales. Ces dernières eurent lieu en avr. 1994 et virent la victoire de l'ANC (62,65 % des voix.). Mandela devint alors le premier président noir de la République d'Afrique du Sud. En 1997, Thabo Mbeki* lui succéda à la tête de l'ANC puis, en juin 1999, à la présidence de la République. [Prix Nobel de la paix 1993, avec F. De Klerk]

Nelson **Mandela.** *Phot. © Rotolo-Liaison/ Gamma*

**MANDELBROJT (Szolem)** ♦ Mathématicien français d'origine polonaise (Varsovie 1899 - Paris 1983). Spécialiste des fonctions analytiques, il étudia les fonctions quasi analytiques et les fonctions de variable complexe.

**MANDELBROT (Benoît)** ♦ Mathématicien français d'origine polonaise (Varsovie 1924). Il travaille essentiellement aux États-Unis. Étudiant les objets géométriques dont chaque partie a la même forme que le tout à échelle réduite (il les appela autosimilaires ou à similitude interne), il découvrit les fractales, objets de dimension fractionnaire. Très courants dans la nature (côte marine ou surface de montagne), ils constituent également un modèle pour l'étude de divers phénomènes : les cours de la Bourse, la répartition des galaxies, la structure de matériaux et surtout les phénomènes aléatoires et le chaos. En 1980, il construisit, à partir des ensembles de Julia*, l'ensemble, de forme fractale, qui porte son nom et dont il décrivit les propriétés. L'aspect esthétique des formes fractales contribua à les faire connaître en dehors des milieux scientifiques.

**MANDELIEU-LA-NAPOULE** [06210] ➝ **ÉTYM.** *Mandelieu*, anc. *Mandalicum*, p.-ê. du lat. *mandatum* «confié, remis» et *locus* «lieu» et *La Napoule** ♦ Ch.-l. de cant. des Alpes-Maritimes, arr. de Grasse, près de Cannes. 17 870 hab. *(Mandolociens)*. Station balnéaire. Culture du mimosa.

**MANDELSTAM (Ossip Emilievitch)** ♦ Poète et essayiste soviétique (Varsovie 1891 - Sibérie 1938). Il fut un brillant représentant de l'école acméiste*. Ses recueils, peu nombreux, *Pierre* (1913), *Tristia* (1922), contiennent des poèmes d'inspiration livresque et d'une grande richesse musicale. Il écrivit des textes autobiographiques, *Le Bruit du temps* (1925), *Le Timbre égyptien* (1928), *De la poésie* (1928), et un essai *Entretiens sur Dante* (1933, publ. 1967). Arrêté en 1934, déporté, puis exilé à Voronej (*Deux cahiers de Voronej*, publ. 1966), il revint à Moscou, fut de nouveau arrêté (1937) et mourut dans un camp. Sa femme, NADEJDA IAKOVLEVNA KHAZINE (Saratov 1899 - Moscou 1980), a fait le récit de leurs dernières années de vie d'errance et de peur (*Contre tout espoir*, 1970 - 1973 à l'étranger, 1987 en URSS).

**MANDEURE** [25350] ➝ **ÉTYM.** gaul. «marché *(duron)* du petit cheval *(manduo)*» ♦ Comm. du Doubs, arr. de Montbéliard, sur la rive d. et dans un méandre du Doubs. 5 142 hab. *(Mandubiens)*. C'est l'*Epomandorum* des Romains, dont il reste des vestiges (théâtre de dimensions exceptionnelles). Fabrication de cycles.

**MANDEVILLE (sir John ou Jehan DE)** ♦ Écrivain et voyageur anglais (Saint Albans v. 1300 - Liège 1372). Il aurait visité l'Orient. La relation de son voyage, où se mêlent observations précises et légendes, fut rédigée en français puis traduite dans plusieurs langues. En Allemagne, elle constitua à partir du XVe s. (et jusqu'au XVIIIe s.) un véritable livre populaire. Selon certaines traditions, il aurait pratiqué la médecine à Liège sous le nom de Jean de Bourgogne.

**MANDINGUES ou MANDÉS** n. m. pl. ➝ **ÉTYM.** du mot local *mandinka* «enfant *(deng)* de la mère *(ma)*» ♦ Populations d'Afrique occidentale comprenant les peuples parlant les langues mandés comme les Bambaras*, les Malinkés et les Dioulas*. En général, le mandé est utilisé dans l'aire géographique correspondant à l'ancien réseau commercial des Dioulas. L'empire du Mali*, qui s'est développé à partir des Malinkés de Haute-Guinée, est également appelé Empire mandingue.

La **Mandragore** – en it. ***La Mandragola*** ♦ Comédie en 5 actes et en prose de Machiavel (v. 1518 - 1520). Marié avec la belle et vertueuse Lucrezia, le vieux Nicia décide d'avoir un enfant. Aidé par le parasite Ligurio, Callimaco, amoureux de la jeune femme, se fait passer pour un célèbre docteur, susceptible de guérir la stérilité du couple avec une potion de mandragore. Soutenu par le cynique Fra Timoteo et la mère de Lucrezia, il prend la place du mari dans le lit conjugal. Lucrezia, éclairée sur l'humanité qui l'entoure, se rend à l'astuce de Callimaco, dont elle fait son seigneur et maître.

**MANDRES-LES-ROSES** [94520] ➝ **ÉTYM.** de l'anc. fr. *mandre* «petite maison, étable» ♦ Comm. du Val-de-Marne, arr. de Créteil. 4 117 hab. Roseraies.

**MANDRIN (Louis)** ♦ Brigand français (Saint-Étienne-de-Saint-Geoirs v. 1725 - Valence 1755). Déserteur, il prit la tête de contrebandiers et forma une troupe disciplinée, ne s'attaquant qu'aux caisses des impôts ou des villes. Il fallut plusieurs détachements envoyés illégalement en Savoie et la trahison d'une femme pour qu'il soit pris, ramené en France et roué vif. L'audace et l'ampleur de ses entreprises, autant que le fait qu'il ne prenait pour victimes que les collecteurs d'impôts, lui valurent une durable popularité.

**MANDUEL** [30129] ➝ **ÉTYM.** du gaul. *Manduilus*, n. de pers., de *manduo* «petit cheval» et *ialo* «clairière» ♦ Comm. du Gard, arr. de Nîmes. 5 748 hab. (aggl. 8 621).

**MANÈS** → **Mani**

**MÂNES** n. m. pl. ➝ **ÉTYM.** en lat. *manes* «les bienveillants» ♦ Esprits des morts dans la religion romaine, ainsi nommés par antiphrase, car on redoutait leur retour. Les Romains tentaient de se les rendre favorables et de les apaiser par la célébration de divers rites dont les *Parentalia* (du 18 au 21 fév.). → **Lémures.**

**MANESSIER (Alfred)** ♦ Peintre français (Saint-Ouen, Somme 1911 - 1993). Il peignit d'abord des natures mortes, puis des paysages dont le graphisme dénote l'influence des compositions cubistes ; il passa ensuite par une période plus onirique et fantastique, puis il s'éloigna de la reproduction des apparences extérieures. En 1941, il participa à l'exposition «Jeunes Peintres de la tradition française» et, à la suite d'un séjour à la Trappe en 1943, il se convertit au catholicisme. Il fut dès lors préoccupé de donner un contenu spirituel à son œuvre, traitant des thèmes religieux avec des couleurs exaltées et une touche véhémente *(Christ et Véronique)*. Puis il abandonna toute référence au sujet et son œuvre prit un caractère plus apaisé ; l'émotion religieuse ou l'émotion ressentie en face de la nature, image de la création divine, constituent le point de départ de ses œuvres *(Salve Regina ; Office des ténèbres ; Soir d'été dans la baie de Somme)*. À partir de motifs graphiques, d'épais traits ou de larges touches de couleurs, il établit des rythmes plus ou moins précipités, structurant un espace lumineux et dense. Il a réalisé des lithographies, des cartons de tapisserie, des émaux et surtout de nombreux vitraux (églises de Bréseux, dans le Doubs, 1948 ; de Saint-Pierre de Trinquetaille, à Arles, 1952 ; chapelle de Hem, 1957). ➝ **ÉTYM.** Ce nom de famille vient de *Manassé**.

**MANET (Édouard)** ♦ Peintre français (Paris 1832 - *id.* 1883). Issu de la grande bourgeoisie, après un échec au concours de l'École navale et un voyage au Brésil comme pilotin (1848 - 1849), il put étudier dans l'atelier de Couture (1850), mais, s'entendant mal avec son maître, il le quitta en 1856 et visita alors les Pays-Bas, l'Autriche et l'Italie. **▮ L'influence de Courbet** En 1859, le Salon lui refusa *Le Buveur d'absinthe*, mais accepta en 1861 le portrait de *M. et Mme Manet* et *Le Guitariste*, œuvres qui dénotent l'influence de Courbet* et de la peinture espagnole. À la suite de l'arrivée d'une troupe espagnole à Paris, il réalisa une série de tableaux dont *Lola de Valence* (1862) qui allait inspirer un poème à son ami et admirateur Baudelaire*. En 1863, il exposa *La Musique aux Tuileries* et le non-conformisme de cette œuvre lui attira de violentes critiques. *Le Déjeuner* sur l'herbe* (1863), exposé au Salon des refusés en 1863, provoqua un scandale retentissant. Abandonnant la modulation des valeurs, il commença à utiliser des teintes plates et franches, schématisant les formes. L'indignation fut à son comble avec *Olympia** (1863) inspirée de la *Vénus d'Urbino* de Titien et présentée en 1865. De dépit, il quitta Paris, séjourna en Espagne où il admira particulièrement Vélasquez. **▮ Ses liens avec les impressionnistes** À Paris, il participa ensuite aux réunions du café Guerbois, fut admiré par Monet*, Degas*, Cézanne* et Pissarro*. Zola* écrivit sur lui un article très élogieux (1866) qui lui coûta sa place de critique à *L'Événement*. Exclu comme Courbet* de l'Exposition universelle de 1867, il exposa dans un pavillon à part une centaine de ses toiles. En 1868, il rencontra Berthe Morisot* (*Le Balcon ; Portrait de B. Morisot*, 1872) qui le fit évoluer vers la peinture de plein air. À la suite d'un voyage aux Pays-Bas, il obtint pour la première fois un vif succès avec *Le Bon Bock*, inspiré de Hals. En 1874, il alla travailler à Argenteuil en compagnie de Monet ; attentif au rendu

Édouard **Manet.** *Argenteuil* (1,49 x 1,31 m), 1874. Musée des Beaux-Arts, Tournai. *BIS/Phot. Studio Photorob © Archives Larbor*

de la lumière, il morcela sa touche et modula les valeurs (*Sur les berges de la Seine*, 1874). Encore refusé et violemment critiqué pendant quelques années, il peignit de nombreux portraits (*Mallarmé*, 1876 ; *Nana*, 1876), des natures mortes (*L'Asperge*, 1880) et des scènes d'extérieur où s'affirme sa personnalité. La série de bars (*La Serveuse de bocks*, 1878 ; *Bar des Folies-Bergère*, 1882) témoigne de l'assimilation originale des données impressionnistes. Malade, progressivement paralysé à partir de 1880, il se consacra surtout au pastel. ▮ **Le modernisme de Manet** Profondément marqué par les maîtres anciens, il fut cependant un ennemi des conventions picturales ; la force de sa vision spontanément moderne l'éloigne de l'académisme comme de l'aspect littéraire, sentimental et emphatique du romantisme. À l'écart du mouvement impressionniste, son modernisme recourt à un renouvellement du traitement de l'espace (influence des Japonais), à la mise en valeur des contours et au traitement des volumes par larges aplats colorés sans transition. Soustrayant le tableau à sa stricte fonction de représentation, Manet le soumet à ses lois propres ; par là il ouvre la voie à l'art du XXᵉ siècle. ▪ Autres illustrations : → **Clemenceau, Mallarmé, Zola.** ← ÉTYM. *Manet* est le diminutif de *Man*, du germanique *man* « homme ».

**MANÉTHON** ♦ Historien égyptien (Sébennytos, auj. Samanud, –IIIᵉ s.). Prêtre d'Héliopolis*, il écrivit en grec, sans doute à la demande de Ptolémée* Iᵉʳ, les *Aiguptiaka*, chronique des souverains et pharaons de l'Égypte des origines à Alexandre* le Grand. Il n'en reste que des fragments conservés dans les œuvres de Flavius Josèphe (Iᵉʳ s.), Julius Africanus (IIIᵉ s.), Eusèbe (IVᵉ s.) et Georges le Syncelle (VIIIᵉ s.). Manéthon y donnait un classement des souverains égyptiens en trente dynasties que les historiens modernes ont gardé.

**MANFRED** ♦ (1231 - Bénévent 1266). Roi de Sicile (1258 - 1266). Bâtard légitimé de l'empereur germanique Frédéric* II, il conquit l'Italie du Sud et la Sicile, qu'il ne put conserver, Charles* Iᵉʳ d'Anjou ayant été investi de ce royaume par le pape. Il fut vaincu et tué près de Bénévent.

**Manfred** ♦ Poème dramatique de Byron* (1817). Criminel et solitaire, Manfred va se donner la mort en se précipitant du sommet de la Jungfrau. En vain un religieux l'exhorte-t-il à se réconcilier avec le Ciel. En vain les démons s'apprêtent-ils à s'emparer de leur proie. Manfred sait que les tourments de son âme sont le tribut d'un crime qu'il a déjà expié. Orgueilleux et désespéré, il mourra sans avoir sollicité le pardon divin. Ce poème inspira un oratorio à Schumann (1848) et une ouverture symphonique à Tchaïkovski.

**MANFREDONIA** ♦ V. d'Italie, dans les Pouilles (prov. de Foggia), sur le *golfe de Manfredonia*, au pied du Gargano. 57 704 hab. Château du XIIIᵉ s. Aux environs, églises San Leonardo et Santa Maria di Siponto (XIᵉ s.). Port. ▮ **Histoire** Elle fut construite en 1256 par le roi Manfred sur l'emplacement de la colonie grecque de *Sipontum*, dont il reste des ruines.

**MANGALIA** ♦ V. de Roumanie sur la mer Noire, non loin de la frontière bulgare. 40 514 hab. Ruines de l'antique *Callatis*, fondée par les Doriens au –VIᵉ s. Musée archéologique. ▪ Port. Construc. navales. ▪ Aux environs, station balnéaire et thermale d'une architecture remarquable (1968).

**MANGALORE** ← ÉTYM. hindi « la ville (*ūr*) de Mangalā (n. de déesse) » ♦ V. de l'Inde (Karnataka). 538 560 hab. Comptoir portugais fondé en 1596, c'est le principal débouché du Karnataka sur la mer d'Oman. Port. Mangalore est connue pour ses industries de la tuile creuse.

**MANGANELLI (Giorgio)** ♦ Écrivain italien (Milan 1922 - Rome 1990). Il fit partie du Groupe 63, mais élabora en marge une œuvre absolument singulière. Les titres de ses essais sont déjà significatifs : *La Littérature comme mensonge* (1967), *Laboriose inezie* (1981). S'y ajoute une œuvre narrative qu'on ne peut qualifier du point de vue du genre, d'un formalisme néobaroque complexe et délirant, dont la vacuité met au jour une pure angoisse du réel : *Hilarotragoedia* (1964), *Aux dieux ultérieurs* (1972), *Pinocchio : un libro parallelo* (1977), *Centurie* (1979), *Discours de l'ombre et du blason* (1982), *Dall' inferno* (1985). ← ÉTYM. Le nom de famille *Manganelli* est un diminutif de l'italien *mangano* « repasseuse [machine à repasser] » (nom de métier).

**MANGIN (Charles)** ♦ Général français (Sarrebourg 1866 - Paris 1925). Sorti de Saint-Cyr, il servit plusieurs années en Afrique noire (1890 - 1894, 1895 - 1898, 1907 - 1911), au Tonkin (1901 - 1904), seconda Lyautey au Maroc (1912). Lors de la Première Guerre mondiale, il reprit les forts de Douaumont (oct. 1916) et de Vaux et fut placé à la tête de la VIᵉ armée. Mis en disponibilité après l'échec de l'offensive de Nivelle (Chemin des Dames, avr. 1917), il fut rappelé dès décembre 1917 et, commandant la Xᵉ armée, permit, grâce à sa contre-offensive de Villers-Cotterêts, la victoire des forces alliées à la seconde bataille de la Marne (juil. 1918). Entré dans Metz avec son armée peu après l'armistice (19 nov. 1918), il fut nommé commandant de l'armée du Rhin (à Mayence), puis envoyé en mission en Amérique du Sud (1920 - 1921). Inspecteur général des troupes coloniales et membre du Conseil supérieur de la guerre, il a laissé des *Lettres de guerre* (publ. 1951). ← ÉTYM. *Mangin* est l'aphérèse de *Demange*, forme populaire et régionale de *Dominique**.

**MANGUNWIJAYA (Yusuf Bilyarta)** ♦ Écrivain indonésien (Java-Centre 1929 - 1999). Prêtre et architecte, professeur d'université, de formation néerlandaise et allemande, auteur de nombreux essais et de romans (*Les Tisserins*, 1980). D'un style volontiers lyrique et flamboyant, il tire son inspiration de l'histoire moderne et contemporaine de son pays et présente, avec finesse, humour et tolérance, une analyse des conflits qui animent la société indonésienne.

**MANGUYCHLAK** (presqu'île de) ♦ Plateau désertique du Kazakhstan, sur la rive E. de la mer Caspienne. Réserves de phosphorites d'uranium et de manganèse. Indus. du pétrole et du gaz.

**MANHATTAN** ← ÉTYM. p.-ê. algonquin « île colline » ou « île des collines » ou n. algonquin des Indiens *Manates* ou *Manatthans* qui vécurent sur l'île jusqu'au XVIIIᵉ s. ♦ L'un des cinq districts *(boroughs)* de New York dans l'île du même nom. De forme allongée, orientée N.-E. - S.-O., l'île est bordée à l'O. par l'Hudson, au S. par la baie de New York, à l'E. par l'East River, au N.-E. et au N. par la Harlem River, qui la sépare du Bronx. 1 537 195 hab. Son sol rocheux, très stable, explique qu'il ait été possible d'y bâtir des gratte-ciel. ▪ Manhattan s'identifia à New York jusqu'en 1898, date à laquelle elle fut réunie aux quatre autres districts pour former le Grand New York ; elle contient les rues et monuments les plus célèbres de la ville. Elle a subi les effets conjugués de la désindustrialisation et du départ de ses habitants pour la grande banlieue ou pour d'autres villes de la Sunbelt. Au cours de la décennie 1980, les promoteurs n'ont pas hésité à construire sur des terrains gagnés sur l'Hudson, comme à Battery Park. Le World Financial Center (750 000 m² de bureaux répartis dans 4 tours et accueillant 25 000 salariés), situé à 300 m de Wall Street, a été édifié grâce aux remblais sortis des fondations des deux tours géantes (Twin Towers) du World Trade Center. Après que deux avions détournés ont été précipités sur chacune d'elles, le 11 sept. 2001 (→ **États-Unis**), les tours jumelles, hautes de plus de 400 m, se sont effondrées, faisant des milliers de morts et endommageant la structure de nombreux immeubles voisins. → **New York.**

**Manhattan.** Vue de « Ground Zero » après les attentats du 11 septembre 2001. *Phot. © Reuters/Max PPP*

**Manhattan** ♦ Film américain de Woody Allen* (1979), avec W. Allen, Diane Keaton. La vie quotidienne d'un intellectuel juif de New York, qui ne trouve d'apaisement que dans les rythmes de sa ville. Ce huitième film de Woody Allen atteint un juste équilibre entre humour, émotion, autobiographie, satire sociale, mélancolie. La vision qu'il propose d'une Amérique figée, immémoriale, indifférente aux tracas dérisoires de ses habitants, a quelque chose de magique, qui rejoint la flânerie fellinienne de *Roma*. La moindre audace n'a pas été de tourner le film en noir et blanc.

**MANI** ou **MANÈS** ← ÉTYM. gr. *Manikhaios*, lat. *Manichaeus*, du syriaque ***Mani Ḥayyā'*** « Mani le Vivant » ♦ Fondateur du manichéisme (Mardinu, près de l'actuelle Bagdad, 216 - Gundechahpour, Susiane, 274 ou 277). Sans doute d'origine perse, il fut élevé dans une communauté judéo-chrétienne baptiste (elchasaïtes). Après des révélations qui le convainquirent qu'il était le Paraclet annoncé par l'Évangile et le dernier prophète, il prêcha sa doctrine dans tout l'empire perse, de l'Indus à la Syrie. Protégé par Chahpour* Iᵉʳ, il fut victime de la restauration du mazdéisme favorisée par Bahrâm* Iᵉʳ et mourut en prison. Contrairement à ceux qu'il considérait comme ses prédécesseurs (le Bouddha, Zoroastre, Jésus), Mani fut l'auteur de plusieurs livres, en pehlevi *(Shâhburagân)* et en syriaque (l'*Évangile vivant*, le *Trésor de Vie*, les *Mystères*, les *Légendes*, les *Géants*) ; il laissa également des *Lettres* et des *Psaumes et prières*, en syriaque, et l'*Image (Ârdahang)*, catéchèse élémentaire qui assura sa réputation de peintre dans le monde musulman. Longtemps connue par les réfutations de ses adversaires (chrétiens, zoroastriens et musulmans), sa doctrine a pu être étudiée grâce à des manuscrits manichéens découverts, depuis la fin du XIXᵉ s., en Égypte et dans le Turkestan chinois : l'« apôtre de Jésus-Christ » organisa une Église à vocation universelle qui se répandit en

Occident (IIIe - Ve s.) et en Orient (parvenue en Chine au VIIe s., elle fut pendant un siècle la religion officielle de l'empire ouïgour*). → **manichéisme.**

**MANI** → Magne

## manichéisme

n. m. ♦ Doctrine religieuse fondée au IIIe s. par Mani*, système gnostique très cohérent opposant la Matière (qui est ténèbre, le mal) à Dieu (qui est lumière, le bien) : à la suite d'un conflit primordial, le monde est un champ de bataille où demeurent prisonnières des particules de lumière. C'est le devoir des religieux manichéens (les «élus») de les sauver en les restituant au monde de Lumière au moyen d'une éthique rigoureuse (non-violence et pauvreté, chasteté absolue et végétarisme strict) ; en retour, les élus sont entretenus par les laïcs («auditeurs») qui ne sont pas astreints à une telle discipline. Le succès de cette religion (dont saint Augustin* fut adepte pendant neuf ans) est attesté aussi bien par la féroce répression qui la frappa que par la peur de sa «résurgence» tout au long du Moyen Âge (après avoir été qualifiés d'ariens, les cathares* ont été durablement considérés comme manichéens), ainsi que par le discrédit qui s'attache encore à ce qui est «manichéen».

**MANICOUAGAN** n. f. – ÉTYM. mot indien, de *ninikwagan* «une grande tasse ; un vase pour boire» ♦ Riv. du Canada (Québec), affl. du Saint-Laurent (rive g.) qu'il rejoint à son estuaire (baie Comeau). 500 km. Usines hydroélectriques.

## maniérisme

n. m. ♦ Mouvement artistique né en Italie au début du XVIe s., reflet du malaise politique (sac de Rome en 1527, présence des Espagnols) et religieux (progrès de la Réforme) qui affecte alors le pays. Prenant pour référence la «manière» des grands maîtres de la Renaissance* (Michel-Ange, Léonard de Vinci, Raphaël), le maniérisme se caractérise par l'élégance raffinée des formes, le goût de l'exagération et la recherche d'effets de style allant parfois jusqu'à l'affectation ou le paradoxe. Ses initiateurs furent Rosso* Fiorentino, Jules* Romain, le Parmesan* et le Pontormo* qui, rompant avec les canons de la Renaissance classique, développèrent un style où la sinuosité des lignes, l'élongation des corps et le choix des couleurs échappent à tout souci de véracité. Ils furent suivis par des peintres comme Daniele da Volterra, Salviati*, Vasari* ou Bronzino*. Dès le milieu du XVIe s., le style maniériste trouva des adeptes un peu partout en Europe mais principalement en France (où travaillaient Rosso* Fiorentino, le Primatice* et Niccolò* dell'Abate qui furent à l'origine de l'école de Fontainebleau*), aux Pays-Bas, chez Jan Van Hemessen, Jan Metsys*, Frans Floris* et, à Prague, dans l'atelier de Spranger*. En architecture, le maniérisme se traduit par la recherche du contraste, du pittoresque, et par la combinaison des matériaux bruts et façonnés. Son chef-d'œuvre est le palais du Tè à Mantoue, conçu par Jules Romain, mais on peut citer également la villa d'Este à Tivoli*, la villa Pia de Pie IV au Vatican et, à Florence, l'œuvre de Bartolomeo Ammannati au palais Pitti et celle de Vasari aux Offices*. La sculpture maniériste trouva son expression la plus brillante avec Benvenuto Cellini*, Giambologna*, Alonso Berruguete*, Hubert Gerhardt, Adriaen De Vries.

**Manifeste du parti communiste** ♦ Écrit par Marx* et Engels* (1848) à la demande du IIe congrès de la Ligue des communistes (Londres, 1847). Selon Lénine, «cet ouvrage expose avec une clarté et une vigueur remarquables la nouvelle conception du monde, le matérialisme conséquent étendu à la vie sociale, la dialectique, science la plus vaste et la plus profonde de l'évolution, la théorie de la lutte des classes et du rôle révolutionnaire dévolu au prolétariat, créateur d'une société nouvelle, la société communiste».

**Manifestes du surréalisme** ♦ Recueil d'André Breton* (1965) réunissant ses écrits théoriques sur le surréalisme, principalement trois essais. Le *Manifeste du surréalisme* (1924) expose la théorie surréaliste qui appelle à rejeter la raison normative en utilisant toutes les ressources de l'imagination, du rêve et de l'écriture automatique pour accéder à un monde totalement libéré : la surréalité. Le *Second Manifeste du surréalisme* (1929) justifie l'adhésion politique au communisme et au matérialisme historique tout en multipliant les attaques personnelles contre les membres exclus ou ayant quitté de leur plein gré le mouvement (Artaud, Desnos, Vitrac). Plus brefs, les *Prolégomènes à un troisième manifeste du surréalisme ou non* (1942) permettent à Breton de confirmer, depuis New York où il s'est exilé, l'enracinement révolutionnaire du surréalisme. → **surréalisme.**

**MANILIUS (Marcus)** ♦ Poète latin (Ier s.) contemporain d'Auguste* et de Tibère*, auteur de l'*Astronomie (Astronomica)*, poème en cinq livres.

**MANILLE** n. f. – en angl. ***Manila City*** ou ***the City of Manila*** – ÉTYM. en philippin ***Maynilà*** «l'endroit où il y a des manguiers», du tagalog *may* «pourvu de» et *nila [Ixora manila]*, n. d'un arbuste, sorte de manguier ♦ Cap. des Philippines, ch.-l. de Southern Tagalog (Luçon). 1 581 082 hab. (*Manilènes* ou *Manillais*). Elle est comprise dans Metro-Manila et s'inscrit dans l'économie de cette conurbation traversée par le Pasig. La cathédrale (San Agustin, Intramuros) a été reconstruite six fois (1581 - 1945). Les bâtiments datent de l'époque espagnole (églises et palais présidentiel), de l'époque américaine (grandes administrations) et de l'époque Marcos (complexe culturel). ♦ ***Metro-Manila (Metropolitan Manila Area)*** Le «Grand Manille», créé en 1975 à l'intérieur de la province de Rizal. 9 932 560 hab. Il englobe les villes de Caloocan City, Las Piñas, Makati, Malabon, Mandaluyong, Manille, Marikina, Muntinlupa, Navotas, Parañaque, Pasay City, Pasig, Pateros, Quezón City, San Juan, Taguig et Valenzuela. Le centre bancaire et diplomatique est à Makati, les grandes universités à Manille et à Quezon City. Metro-Manila représente la plus forte concentration humaine des Philippines et offre la plus grande diversité d'emplois industriels et tertiaires face au chômage philippin, mais un tiers des habitants vit dans des bidonvilles. En outre, l'enlèvement des ordures, l'alimentation en eau potable et la fourniture d'électricité sont insuffisants. ■ **Histoire** En 1571, López* de Legazpi conquit la place forte commandée par un prince animiste (Raja Lakandula) sur la rive droite (Tondo) du Pasig et celle commandée par un prince musulman (Raja Sulayman) sur la rive gauche (Manila). Les Espagnols incendièrent cette dernière et construisirent à sa place une petite cité fortifiée. Le site de l'ancienne ville a beaucoup souffert pendant la Deuxième Guerre mondiale.

**Manimegalei** – ÉTYM. tamoul «la ceinture de bijoux» ♦ Épopée indienne écrite en langue tamoule, en 30 chants, de date indéterminée (sans doute vers le XIe s.), racontant les voyages extraordinaires d'une jeune fille bouddhiste, vierge et martyre, très populaire dans le S. de l'Inde.

**MANIN (Daniele)** ♦ Homme politique italien (Venise 1804 - Paris 1857). Avocat, il anima le Congrès républicain de 1847, mais fut emprisonné en janvier 1848. Lors de la révolution de mars 1848, il fut libéré par le peuple et prit avec Tommaseo la tête de la révolution à Venise. Après s'être emparé de l'arsenal, il chassa les Autrichiens (22 mars), proclama la république, et en devint le président (mars-juil. 1848). Lorsque la réunion au Piémont eut été votée, il se retira. Après la défaite de l'armée sarde de Charles-Albert (23 mars 1849), il établit la dictature à Venise, et défendit la ville assiégée. Il capitula le 24 août 1849. Il se réfugia à Paris d'où il continua une active propagande.

**MANIPUR** n. m. ♦ État de l'Inde. 23 356 km². 2 291 125 hab. LANGUE : manipuri (off.). CAP. : Imphal. Son existence résulte du démantèlement de l'Assam. Région montagneuse très arrosée et boisée. Culture du riz et exploitation forestière. La proximité de la frontière birmane lui confère une importance stratégique.

**MANISA** – anc. ***Magnésie du Sipyle*** ♦ V. de Turquie, en Asie Mineure, ch.-l. de prov., dans la vallée du Gediz (l'anc. Hermos). 281 890 hab. Plusieurs belles mosquées. ■ Agriculture (vigne, oliviers, tabac, coton, fruits). Gisements de lignite alimentant la centrale thermique de Soma, de zinc et de mercure. Centre commercial et industriel (textile). ■ **Histoire** C'est à côté de Magnésie du Sipyle que Scipion l'Asiatique vainquit Antiochos III* en -189, livrant l'Anatolie aux alliés des Romains, les rois de Pergame*. La ville, détruite par un séisme en 17, fut relevée par Tibère. Capitale provisoire de l'Empire byzantin entre 1222 et 1261 puis centre de l'émirat de Saruhan entre 1313 et 1390, la ville fut alors rattachée à l'Empire ottoman.

**MANITOBA** (lac) – ÉTYM. «le détroit (*ba* p.-ê. un fragment d'un mot cree *waban* "détroit") du grand esprit (algonquin *manitou*)» ou mot assiniboine «le lac (ou l'eau) des prairies» ♦ Lac du Canada (prov. du Manitoba) séparé du lac Winnipeg* par un isthme. 4 706 km². Pêcheries.

**MANITOBA** n. m. – ÉTYM. du n. du lac ♦ Prov. du Canada. → **Canada** (carte). 647 797 km². 1 148 401 hab. CAP. : Winnipeg. ■ **Géographie** Les 3/4 de la province sont constitués par le Bouclier canadien ; c'est une zone de collines érodées par la glaciation, parsemée de lacs et drainée vers la baie d'Hudson par les rivières Churchill, Nelson et Seal. Au N.-E. se trouve la plaine côtière de la baie d'Hudson*. Au centre et au S., un bassin qui fut celui d'un lac glaciaire (Agassiz) contient plusieurs vastes lacs (Manitoba*, Winnipeg*, Winnipegosis). Le climat est continental : hivers très froids (jusqu'à -40 °C, moyenne de janv., -25 °C à Winnipeg), étés chauds (plus de 30 °C). ■ **Économie** Agriculture fondée sur les céréales (blé notamment) et l'élevage de bovins ; pommes de terre, tournesol ; volailles ; miel. Les forêts occupent 50 % de la surface (25 % sont productifs) ; pâte à papier. Pêche dans les lacs. ■ Richesses minières : métaux (nickel, cuivre, zinc). Pétrole au S.-O. Importante production hydroélectrique (rivières Winnipeg, Laurie, Nelson, Saskatchewan). Les industries sont surtout localisées autour de Winnipeg* : indus. alimentaire, métall., pétrole ; indus. mécanique et textile. Raffinerie de nickel à Thomson, dans le N. ■ Plus de 8 000 km de ch. de fer dans le S. de la prov. Routes intercontinentales. Aéroport international à Winnipeg. Navigation d'été sur la baie d'Hudson (Churchill). ▮ **Histoire** La région fut concédée à la Compagnie de la baie d'Hudson en 1670. Elle commença à être colonisée au début du XIX^e^ s. Le Manitoba devint colonie britannique en 1870, malgré la rébellion des colons. → **Riel.** La province s'élargit vers le N. en 1881 et 1912.

**MANITOU** ← ÉTYM. mot algonquin «Grand Esprit» ♦ Divinité des Indiens dakotas, qui distinguaient les Manitous ou Âmes du Soleil, des Vents, des Eaux, ainsi qu'un bon (Kitchi) et un mauvais (Matchi) Manitou.

**MANIZALES** ♦ V. de Colombie, cap. du dép. de Caldas, au pied du volcan Neivado del Ruiz. 368 433 hab. Centre commercial d'une région caféière dynamique. Indus. textile.

**MANKELL (Henning)** ♦ Écrivain et metteur en scène suédois (Stockholm 1948). Auteur de pièces de théâtre et de romans pour adultes et pour enfants, il signe également des mises en scène à Stockholm à partir de 1968. Il séjourne en Afrique de 1970 à 1972 et, depuis, partage son temps entre le Mozambique, où il dirige bénévolement une troupe de théâtre, et la Suède. En 1991, il publie un roman policier qui inaugure une série d'enquêtes de l'inspecteur Kurt Wallander *(Meurtriers sans visage, Les Chiens de Riga, La Lionne blanche...)* pour laquelle il a reçu de nombreux prix dont le Grand Prix de littérature policière de l'Académie suédoise.

**MANKIEWICZ (Joseph Leo)** ♦ Cinéaste américain (Wilkes Barre, Pennsylvanie 1909 - Bedford 1993). Disciple et continuateur de Lubitsch*, il aborda à peu près tous les genres. Son œuvre, d'une facture élégante et racée, fut celle d'un dramaturge qui reconnaissait au dialogue une importance égale à celle de l'image. Elle apparaît souvent comme une quête quasi pirandellienne de la vérité. Réal. princ. : *Chaînes conjugales* (1949), *Ève* (1950), *L'Affaire Cicéron* (1952), *La Comtesse* aux pieds nus* (1954), *Cléopâtre* (1961 - 1963), *Le Limier* (1972).

Joseph L. **Mankiewicz.** *La Comtesse aux pieds nus*, 1954. *Figaro Incorporated, Rizzoli-Haggiag. BIS/Phot. © Coll. Archives Larbor*

**MANLEY (Norman)** ♦ Homme politique jamaïcain (Roxburgh 1893 - Saint Andrew 1969). Organisateur de syndicats et fondateur du People's National Party, il amena son pays à l'indépendance de manière pacifique (1962). ♦ **Michael Manley** (Kingston 1924 - id. 1997). Fils du précédent. Il fut Premier ministre de la Jamaïque de 1972 à 1980 et de 1989 à 1992.

**MANLIUS** – en lat. ***Marcus Manlius Capitolinus*** ♦ Consul en –392 (mort à Rome –384). Lors de l'attaque de Rome par les Gaulois (–390), il les repoussa du Capitole, dont les habitants avaient été réveillés par les cris des oies sacrées. Accusé par la suite d'aspirer à la tyrannie, il fut précipité du haut de la roche Tarpéienne. → **Tarpéia.**

**MANLIUS** – en lat. ***Titus Manlius Torquatus*** ♦ Homme politique et général romain, trois fois consul entre –235 et –215, dictateur en –208. Il fut le pacificateur de la Sardaigne (–224). De nouveau consul lors de la deuxième guerre punique* (–215), il s'opposa au rachat des prisonniers faits à Cannes* par Hannibal* et repoussa un assaut carthaginois en Sardaigne.

**MANN (Heinrich)** ♦ Écrivain allemand (Lübeck 1871 - Santa Monica, Californie 1950). Par ses premiers récits et romans, il se rattache à l'esthétisme individualiste et immoraliste en vogue ; leur style violent, excessif, parfois heurté, la satire sociale volontiers caricaturale qui s'y exprime ont permis de voir en H. Mann un précurseur de l'expressionnisme (*Le Pays de cocagne*, 1900 ; *Les Déesses*, 1902 ; *Flûtes et Poignards*, 1904, et surtout *Professeur Unrat*, 1905, dont J. von Sternberg* tira le film *L'Ange* bleu*). Progressivement (*Entre les races*, 1907 ; *Une petite ville*, 1909), cette attitude l'amena à une prise de position politique. Sa critique de la bourgeoisie nationaliste, conservatrice et docile, fit de lui un des principaux représentants de l'opposition intellectuelle, le partisan d'un humanisme social militant, prise de position qui le sépara de son frère Thomas Mann* lors de la Première Guerre mondiale. De cette époque datent les trois romans *Le Sujet* (1914), *Les Pauvres* (1917) et *La Tête* (1925, critique des intellectuels et dirigeants de l'Allemagne de Guillaume II). Dès 1932, H. Mann dénonça la montée du nazisme *(Profession de foi internationale)* et, en même temps que son frère Thomas avec qui il s'était réconcilié, quitta l'Allemagne (1933) pour la France, où il milita contre le nazisme et le fascisme, puis pour les États-Unis. Il donna encore un roman historique (*Henri IV*, 1935 - 1938) et un recueil d'articles à caractère autobiographique (*Contemplation d'une époque*, 1945 - 1946). ← ÉTYM. Ce nom de famille allemand signifie «homme, mari».

**MANN (Thomas)** ♦ Écrivain allemand (Lübeck 1875 - Kilchberg, près de Zurich 1955). Bien que sensible au naturalisme et à l'influence des écrivains russes (Tolstoï, Tourgueniev, Dostoïevski), il était avant tout enraciné dans la tradition allemande. Sa première grande œuvre, *Les Buddenbrook* (1901), est un «roman social» ; pourtant, en décrivant le déclin d'une grande famille, T. Mann se montre surtout sensible aux symptômes psychologiques de la décadence dont il se fit «le chroniqueur et l'analyste [...] avec une prédilection pour le pathologique et la mort». L'esprit comme signe d'inadaptation à la vie, hypertrophie de la sensibilité et de l'intelligence au détriment des facultés actives, l'affinité de l'art et de la mort : tel est le thème central des œuvres de T. Mann. Mais, quel que soit l'attrait qu'exercèrent sur lui les puissances irrationnelles et inconscientes du psychisme, il tenta toujours de les démasquer par la lucidité et l'ironie. Si l'esthète que fut T. Mann se profile derrière le portrait des artistes et écrivains qu'il donne dans *Tonio Kröger, Tristan* (1903), *Fiorenza* (1904), *La Mort* à Venise* (1912), certains de ses récits expriment la nostalgie d'une vie saine, robuste et active, ainsi que le désir d'une réconciliation de l'art et de la vie. Contrairement à son frère H. Mann*, il adhéra à la cause allemande lors de la Première Guerre mondiale (*Considérations d'un apolitique*, écrites pendant la guerre, publiées en 1918, qui expriment un apolitisme conservateur). Ce n'est qu'après la paix qu'il devint démocrate, en moraliste soucieux de préserver les valeurs culturelles. Ses positions l'amenèrent à quitter l'Allemagne nazie (1933), comme son frère. L'intérêt de T. Mann pour la médecine, la psychologie, la psychanalyse, la sociologie, la mythographie transparaît dans les œuvres qu'il écrivit alors et où il reprit et développa ses thèmes favoris : *La Montagne* magique* (1924), la tétralogie *Joseph et ses frères* (1933 - 1943) dont il dit qu'il avait tenté d'y réaliser la «fusion du mythe et de l'humanité [...] plus riche d'avenir et plus humaine que le combat qu'il est de mode aujourd'hui de mener contre l'esprit», *Docteur* Faustus* (1947, suivi de *La Genèse du docteur Faustus*, 1949), *L'Élu* (1951) et *Les Confessions du chevalier d'industrie Félix Krull*, roman picaresque moderne, mais qu'il ne put achever. T. Mann acquit une renommée incontestée parce «qu'il représente davantage que lui-même : un pays et sa tradition, plus, toute une civilisation, une conscience supranationale de l'homme» (Heinrich Mann). [Prix Nobel de littér., 1929] ♦ **Klaus Mann.** Écrivain allemand (Munich 1906 - Cannes 1949). Fils du précédent. Il lutta contre le fascisme et écrivit des romans désespérés (*Méphisto*, 1936 ; *Le Volcan*, 1939) et une autobiographie (*Le Tournant*, posth. 1952), avant de se donner la mort.

**MANN (Anthony)** ♦ Cinéaste américain (San Diego, Californie 1907 - Berlin 1967). D'une production abondante et soutenue, il convient de retenir quelques œuvres d'une inspiration généreuse : *Incident de frontière* (1949), *La Rue de la Mort* (1949). Un même idéalisme, conjugué à l'amour de la nature et au goût de la grandeur, lui permit de conférer un éclat nouveau au genre du western avec *La Porte du diable* (1950), *Winchester 73* (1950), *Les Affameurs* (1952), *L'Appât* (1953), *L'Homme de la plaine* (1955), *La Charge des Tuniques bleues* (1955), *La Ruée vers l'Ouest* (1960).

**MANNAR** ou **MANAAR** (golfe de) ♦ Bras de mer de l'océan Indien, situé entre l'île de Sri Lanka et la côte de l'Inde du Sud, au S. du détroit de Palk.

**Manneken-Pis** ← ÉTYM. néerl. «petit homme *(manneken)* qui pisse» ♦ Sculpture de Duquesnoy le Vieux (1619), ornant une fontaine de Bruxelles*. Elle représente un enfant lâchant un filet d'eau et symbolise toute la verdeur du peuple brabançon.

**Manneken-Pis.** Sculpture de Duquesnoy le Vieux (60 cm). *Phot. © Everts/Rapho*

**MANNER (Eeva-Liisa)** ♦ Poète finlandaise d'expression finnoise (Helsinki 1921 - 1995). Pionnière de la poésie moderne avec Anhava* et Haavikko*, elle établit sa réputation par le recueil *Ce voyage* (1956), la confirma par *Chants orphiques* (1960), *La Pierre écrite* (1966). Sa conception du monde déployée dans une imagerie complexe oppose un mysticisme non religieux au rationalisme qu'elle juge stérile. Des thèmes politiques et sociaux apparaissent dans le recueil *Si la fumée montait du chagrin* (1968) et le roman *Prenez garde, vainqueurs* (1972).

**MANNERHEIM (Carl Gustaf Emil,** baron) ♦ Maréchal et homme d'État finlandais (Villnäs, Turku 1867 - Lausanne 1951). Après une brillante carrière dans l'armée du tsar Nicolas* II dont il devint aide de camp en 1912, il dirigea la guerre d'indépendance contre les bolcheviks en 1917 (→ **Finlande**). Il fit construire, entre les deux guerres, la ligne de fortifications qui porte son nom pour protéger la frontière entre la Finlande et l'URSS. En 1939, à la tête de l'armée, il fut le héros de la résistance finlandaise contre l'agression soviétique («guerre d'hiver russo-finlandaise»). À la fin des hostilités, devenu président de la République (1944), il négocia la signature de l'armistice avec les Alliés (sept. 1944), mais démissionna en 1946 devant l'orientation politique du régime.

**MANNHEIM** ← ÉTYM. p.-ê. du celt. *man* «pierre» et germ. *heim* «maison, village» ♦ V. d'Allemagne (Bade-Wurtemberg) et important port fluvial au confluent du Rhin et du Neckar, en face de Ludwigshafen*. 306 729 hab. Univ., école supérieure d'économie. Construite selon un plan en damier, la ville possède l'un des plus vastes palais baroques d'Allemagne et un ancien château ducal du XVIII$^e$ s. ▪ Trafic portuaire intense. Centre indus. : construc. mécaniques (autocars), fabrication de cellulose, indus. chimique ; raffinage du pétrole, équipement électrique, indus. alimentaire. ▮ **Histoire** Fondée en 1606 par l'électeur palatin Frédéric IV, Mannheim souffrit de la guerre de Trente Ans. Devenue au XVIII$^e$ s. la résidence des électeurs palatins, elle eut alors un grand rayonnement artistique (dans le domaine musical notamment, avec Stamitz*). L'importance de son port au XIX$^e$ s. tenait à sa rupture de charge, l'aménagement du fleuve en amont jusqu'à Bâle n'étant pas alors achevé. ▪ La ville fut l'un des berceaux de l'automobile avec Benz.

**MANNING (Henry Edward)** ♦ Prélat britannique (Totteridge, Hertfordshire 1808 - Londres 1892). Anglican converti (1851), il devint, sous la direction de Wiseman, supérieur des oblats de Saint-Charles (1856) pour des missions catholiques à Londres ; successeur de Wiseman comme archevêque de Westminster (1865) ; cardinal (1875). Il prit parti pour l'infaillibilité pontificale en 1870, multiplia les initiatives dans le domaine social (soutien à la grève des dockers, 1889), mais s'opposa à Newman*, trop libéral à son gré. On lui doit le discours de Leeds sur *La Dignité et les Droits du travail* (1874).

**MANNONI (Maud),** née **VAN DER SPOEL** ♦ Psychanalyste française d'origine néerlandaise (Courtrai 1923 - Paris 1998). Proche de Jacques Lacan*, elle se consacra à l'étude et à la thérapie des psychoses infantiles, spécialement de l'autisme. Elle créa une école expérimentale à Bonneuil-sur-Marne, qui cherche à guérir des enfants au sein d'une institution privilégiant la parole et le registre du symbolique chez l'enfant et chez ses parents (*L'Enfant, sa «maladie» et les autres*, 1967). ← ÉTYM. *Mannoni* a la même étymologie que *Mann**, avec un augmentatif.

**MANOLETE (Manuel RODRÍGUEZ SÁNCHEZ,** dit) ← ÉTYM. dimin. de son prénom ♦ Matador espagnol (Cordoue 1917 - Linares 1947). Fils de torero, il commença à faire parler de lui en 1938. Il avait une façon originale de toréer, caractérisée par l'économie des mouvements, la simplicité des lignes et la stylisation des attitudes. Considéré comme le premier matador de son époque, il fut tué dans l'arène.

**Manon Lescaut (Histoire du chevalier des Grieux et de)** ♦ Roman de l'abbé Prévost* (1731). Inséré dans les *Mémoires et aventures d'un homme de qualité* (1728 - 1731), ce bref récit fut édité séparément en 1753 et connut un succès immédiat et durable. Le chevalier des Grieux, naïf et exalté, accompagnera dans la déchéance la belle Manon, à la fois vénale et désintéressée, infidèle et tendre, pour laquelle il éprouve une passion fatale. Par cette autobiographie partielle, l'abbé Prévost entendait dispenser un enseignement moral en montrant l'«exemple terrible de la force des passions». L'ouvrage décrit tout un milieu social corrompu par une seule raison de vivre, le plaisir que procure l'argent. Le récit est exemplaire par la sobriété et le naturel de son style. Trois opéras ont été inspirés par ce récit : *Manon Lescaut* d'Auber (1856), *Manon* de Massenet (1884) et *Manon Lescaut* de Puccini (1893). H. G. Clouzot l'adapta au cinéma (*Manon*, 1949).

**MANOSQUE** [04100] ← ÉTYM. anc. *Manoasca*, du lat. *manua* «poignée, gerbe, botte de paille (pour toiture)» ou du pré-indo-eur. °*man-* «rocher, hauteur», suff. *-ua* et suff. ligure *-asca* ♦ Ch.-l. de cant. des Alpes-de-Haute-Provence, arr. de Forcalquier, dans la vallée de la Durance. 19 603 hab. (aggl. 25 938) *(Manosquins)*. Églises Saint-Sauveur et Notre-Dame (Vierge noire du XII$^e$ s.) romanes, remaniées au XVI$^e$ s. Vestiges de l'enceinte (portes Saunerie, XIV$^e$ s., et Soubeyran, XIII$^e$ s., remaniées au XIV$^e$ s.). ▪ Centre commercial et agricole (oliviers, primeurs, céréales, pommiers, truffes). Optique. Indus. diversifiées. Stockage souterrain de pétrole et de gaz naturel. Centrale hydroélectrique sur une dérivation de la Durance.

**MANOUCHIAN (Missak)** ♦ Poète et résistant arménien (Adıyaman, Turquie 1906 - Suresnes 1944). Organisateur d'un très actif réseau de résistance en France, il fut fusillé par les Allemands avec ses camarades de combat (fév. 1944). Les Allemands réalisèrent à cette occasion une affiche (l'Affiche rouge), qui assimilait la Résistance à une action terroriste menée par des Juifs et des étrangers. ← ÉTYM. Ce nom signifie «fils de Manouk», de l'arménien *manuk'* «enfant».

**MANOURY (Philippe)** ♦ Compositeur français (Tulle 1952). Il se fit connaître notamment avec *Numéro cinq* pour piano et 12 instruments (1975), et, après un séjour au Brésil, commença une collaboration avec l'Ircam en tant que chercheur sur l'interaction temps-réel entre instruments et nouvelles technologies. Il a composé des œuvres alliant la rigueur à la richesse d'imagination (*Zeitlauf*, 1982 ; *Jupiter*, 1987 ; *Pluton*, 1989 ; *Neptune*, 1991 ; *Identités remarquables*, 2005). Opéras : *60° Parallèle* (1997) ; *K...* (créé en 2001 à l'Opéra Bastille).

**MAN RAY** → Ray (Man)

**MANRESA** ♦ V. d'Espagne (Catalogne), prov. de Barcelone, sur un affl. du Llobregat. 73 140 hab. Grotte (Santa Cueva) où saint Ignace* de Loyola écrivit en 1522 ses *Exercices spirituels*.

**MANRIQUE (Jorge)** ♦ Poète espagnol (Paredes de Nava, Palencia, v. 1440 - près du château de Garci-Muñoz 1479). Il se révolta avec son père et les nobles castillans contre Henri IV, et fut victorieux à la bataille d'Ajofrin. Il prit parti pour l'infante Isabelle contre Jeanne la Beltraneja, se distingua dans l'assaut d'Uclès et mourut en combattant dans le château de Garci-Muñoz. Il écrivit les stances *Sur la mort de son père* (1476), où il developpe le thème de la désillusion et montre le néant des choses humaines. ← ÉTYM. Ce nom de famille vient du germanique et signifie «homme *(man)* puissant *(rik)*».

**MANS (LE)** [lәmɑ̃] [72000] ← ÉTYM. anc. *Cenomannis*, du n. des *Cénomans**. → aussi Maine (région) ♦ Ch.-l. du dép. de la Sarthe, sur la Sarthe. 146 105 hab. (aggl. 191 212) *(Manceaux)*. La cathédrale Saint-Julien présente de la façade au chevet un intéressant exemple de l'évolution de l'architecture religieuse du XI$^e$ au XV$^e$ s. ; le chœur du XIII$^e$ s., à double déambulatoire, est d'une grande hardiesse de conception ; verrières (du XIII$^e$ au XV$^e$ s.). Anc. abbaye de la Couture : abbatiale Notre-Dame, romane et gothique. Anc. abbatiale Notre-Dame-du-Pré, des XI$^e$ et XII$^e$ s., restaurée au XIX$^e$ s. Anc. hôpital de Coëffort (XII$^e$ - XIII$^e$ s.). Le vieux Mans a conservé presque intacte son enceinte gallo-romaine (III$^e$ - IV$^e$ s.) ainsi que des demeures anciennes. ▪ C'est une des villes situées à environ 200 km de Paris, relais de la capitale sur les grands itinéraires du Bassin parisien, qui ont successivement pâti puis bénéficié de la proximité de la capitale. La ville a ainsi reçu l'une des premières implantations industrielles décentralisées (Renault), ce qui explique la présence de l'indus. automobile, s'ajoutant à une spécialisation dans les assurances (5 % de l'emploi local), dans l'agroalimentaire grâce à des productions des environs (rillettes, poulardes, cidre), ainsi que dans les secteurs électrique et électronique. L'université du Maine compte quelques spécialisations (acoustique, structure des matériaux). Placée à la convergence des axes joignant Paris à Nantes et Rennes, par l'autoroute A11, la ville possède depuis 1990 une liaison TGV qui la relie à la capitale en une heure. Ce gain de temps a renforcé les navettes domicile-travail vers Paris et a fait du Mans une ville satellite de «très grande banlieue». La cité accueille chaque année sur le circuit de l'Automobile-Club de l'Ouest les fameuses «Vingt-Quatre Heures», course automobile d'endurance mondialement célèbre, ainsi que le Bol d'or motocycliste. ▮ **Histoire** L'antique capitale du peuple gaulois des Aulerci Cenomani fut érigée en comté au VI$^e$ s. Envahie par les Normands en 1063, elle passa aux Plantagenêts à la mort de Guillaume II et ne fit retour à la Couronne française qu'en 1481. Fort disputée pendant les guerres de Religion, elle fut également le théâtre de sanglants combats pendant la période révolutionnaire. Pendant la guerre de 1870 - 1871, la ville fut prise par les Allemands après la défaite de la II$^e$ armée de la Loire, commandée par Chanzy, devant les troupes du prince Frédéric-Charles (10 - 11 janv. 1871). Occupée par les troupes allemandes pendant la Deuxième Guerre mondiale, elle fut libérée le 8 août 1944 par la III$^e$ armée américaine.

**MANSART (François)** ♦ Architecte français (Paris 1598 - *id.* 1666). Formé auprès de Salomon de Brosse*, il se pénétra des traités de Serlio* et du Vignole*. Il imposa son talent avec l'édification de maisons particulières (hôtels de la Vrillère, 1635 [Banque de France], de la Bazinière et de Chavigny), ainsi que d'édifices religieux (portail de la chapelle des Feuillants, église de la Visitation-Saint-Antoine, de plan central, chapelle des Minimes). Il éleva aussi le château de Berny (1624) et peut-être celui de Balleroy où il resta fidèle aux contrastes de brique et pierre, déjà en faveur sous Henri IV. La reconstruction du château de Blois, entreprise à la demande de Gaston d'Orléans en 1634, marque une étape dans la formation de son style, qui allait se déployer avec ampleur dans le château de Maisons (auj. Maisons*-Laffitte, 1642 - 1648). Il fut ensuite chargé de fournir les plans de l'abbaye du Val-de-Grâce, mais Lemercier et Le Muet obtinrent d'en poursuivre l'édification, en modifiant notamment l'élévation de la chapelle. À Paris, Mansart travailla aussi à l'hôtel d'Aumont et restaura en partie l'hôtel Carnavalet, en conservant l'esprit du style de la Renaissance. Dans le

François **Mansart.** La cour intérieure de l'hôtel Guénégaud à Paris. *Phot. © Martel/Archipress*

projet de la chapelle des Bourbons à Saint-Denis, il donna un plan de coupole qui influença, semble-t-il, Wren* et inspira Hardouin*-Mansart. Il eut un sens subtil des proportions et le goût des ordonnances claires. Évitant progressivement les effets de reliefs insistants, les jeux contrastés d'ombre et de lumière, les motifs décoratifs chargés, il chercha par des inflexions et articulations calculées à fondre chaque partie dans l'harmonie d'ensemble. Sans abandonner les éléments hérités de la Renaissance, il tendit à un style plus ample et symétrique. Il joua ainsi un rôle de premier plan dans l'élaboration du classicisme français. ▪ S'il ne fut pas l'inventeur du comble dit en mansarde (Lescot et Salomon de Brosse l'avaient déjà utilisé), il en généralisa cependant l'emploi. ➝ ÉTYM. *Mansart* est l'aphérèse du prénom *Amans* (avec le suffixe péjoratif *-ard*), du latin *Amantius* (de *amare* «aimer») ou vient de l'ancien français pigeon *mansart* «pigeon ramier».

**MANSART (Jules Hardouin-)** ➝ **Hardouin-Mansart**

**MANSFELD (Ernst,** comte **VON)** ♦ Chef militaire allemand (Luxembourg 1580 - Rakovica, près de Sarajevo 1626). À la tête de son armée de mercenaires, il passa du service de l'empereur à celui de son adversaire l'électeur palatin Frédéric* V. Après la défaite de la Montagne* Blanche, il se heurta à Tilly* (Wiesloch, 1622), fut battu par les Espagnols (Fleurus, 1622) aux Pays-Bas et par Wallenstein* une fois retourné en Allemagne à la demande de la France (Dessau, 1626). Il mourut alors qu'il se rendait à Venise demander des subsides.

**MANSFIELD (Kathleen MANSFIELD BEAUCHAMP,** dite **Katherine)** ♦ Nouvelliste et poète néo-zélandaise (Wellington, Nouvelle-Zélande 1888 - Fontainebleau, France 1923). C'est pour étudier à Londres qu'elle quitta son pays à l'âge de quatorze ans ; elle décida ensuite de vivre en Europe. Ses deux mariages (avec George Bowden, 1909 ; avec John Middleton Murry, 1918) furent des échecs. D'une très vive sensibilité, Katherine Mansfield est l'écrivain le plus représentatif de la génération d'après la Grande Guerre pour laquelle les anciennes valeurs n'ont pas été remplacées. Elle puisait son inspiration dans la vie quotidienne bourgeoise : les premiers émois des jeunes filles et les tragédies enfantines constituent ses sujets favoris. Les nouvelles composées après la publication de *La Garden Party* (1922) furent réunies dans *Le Nid de colombes* (1923) et obtinrent un grand succès, notamment en France. Disciple de Gurdjieff, elle voulut s'adonner à l'ascétisme, ce qui hâta sa mort, due à la tuberculose. Son *Journal* (posth. 1927) et ses *Lettres* (posth. 1928) éclairent une personnalité délicate, éprise de perfection. *Pension allemande* (1911), *Félicité* (1920), *Prélude* (1921), *Sur la baie* (1922) et *La Maison de poupée* (1922) sont parmi ses nouvelles les plus célèbres.

Katherine **Mansfield**, vers 1921. British Council, Paris. *BIS/Phot. © Coll. Archives Larbor*

**MANSFIELD (sir Peter)** ♦ Physicien britannique (Londres 1933). Il mit au point le traitement mathématique permettant l'application à la médecine de l'imagerie par résonance magnétique (IRM) découverte par P. Lauterbur* et montra sa faisabilité à très grande vitesse de l'acquisition de l'image. Cette technique non invasive et sans risque, devenue courante dès 1980, permet l'analyse (structurelle et fonctionnelle) du cerveau, le diagnostic de la sclérose en plaques, des cancers. [Prix Nobel de physiol. ou méd. 2003 avec P. Lauterbur]

**MANSFIELD** ➝ ÉTYM. celt. «champ *(feld)* près de la rivière Maun (de °*mamm* "mamelon" [colline])» ♦ V. d'Angleterre (Nottinghamshire), sur la Maun, au N. de Nottingham, près de la forêt de Sherwood. 60 000 hab. La région compte quelques-uns des derniers puits de mines de houille de Grande-Bretagne. Le charbon est destiné aux centrales thermiques. Indus. textile.

**MANSHOLT (Sicco Leendert)** ♦ Homme politique néerlandais (Ulrum 1908 - Wapserveen, Drenthe 1995). Ministre de l'Agriculture (1945 - 1958), il joua un rôle déterminant au sein de la Communauté économique européenne et proposa, en 1968, un programme de restructuration de l'agriculture communautaire *(plan Mansholt)*.

**MĀN SINGH** ♦ Rajah de Jaipur (mort en 1614). Il devint le beau-frère de Jahāngīr*. Général au service d'Akbar*, il conquit l'Orissa et fut successivement gouverneur du Bengale, de Kaboul et du Bihar. Il fut l'un des meilleurs généraux d'Akbar et fut également considéré comme un excellent poète.

**MANSOURA** – en ar. ***al-Mansūra*** ♦ V. de Basse-Égypte. Ch.-l. du gouvernorat de Dakhalieh. 450 267 hab. (1985). C'est après Tantah la plus grande ville du delta du Nil. Centre commercial et industriel (égrenage du coton, minoteries). Industrie chimique. ▮ **Histoire** Saint Louis y vainquit les mamelouks mais y fut fait prisonnier en 1250.

**MANSTEIN (Erich VON LEWINSKI,** dit **VON)** ♦ Maréchal allemand (Berlin 1887 - Irschenhausen, Bavière 1973). Après s'être consacré à la réorganisation de l'armée allemande, il fut chef d'état-major de Rundstedt* en Pologne (1939). En février 1940, il fit adopter par Hitler le plan de débordement de la ligne Maginot* par les Ardennes*, qui allait être celui de la campagne de France *(plan Manstein)*. En Russie, il commanda la II^e armée et conquit la Crimée (1942). Au moment de Stalingrad, il fut nommé commandant du groupe d'armées du Don, avec autorité sur les troupes encerclées qu'il tenta de dégager (12 - 31 déc. 1942). Il résista longtemps à la poussée soviétique, mais, préconisant une vaste manœuvre de retraite, en contradiction avec les ordres de Hitler, il fut relevé de son commandement en mars 1944. ➝ **Model, Guerre mondiale (Deuxième).** Condamné à dix-huit ans de prison par un tribunal militaire britannique en 1949 pour crimes de guerre, il fut libéré dès 1953.

**MANṢŪR (Abū Ja'far al-)** ♦ (mort en 775). Deuxième calife abbasside* (754 - 775). Il fonda Bagdad en 762. Il défendit les frontières de Cilicie et d'Arménie et combattit les chiites* et les kharijites*.

**MANṢŪR (Muḥammad ibn Abū 'Āmir AL-)** en esp. **Almanzor** ➝ ÉTYM. ar. *al-manṣūr* «le victorieux» ♦ Homme d'État et chef militaire musulman (mort en 1002). Avec le soutien de Subh, mère basque du jeune calife Hichām II, il fut, de 978 à sa mort, le véritable maître du califat omeyade* de Cordoue. Il devint célèbre par les expéditions victorieuses qu'il mena contre les États chrétiens de l'Espagne du Nord, notamment par sa victoire sur Ramire* III.

**MANSUR SHAH** ♦ Souverain malais, sultan de Melaka* (1459 - 1477). Il étendit et affermit l'autorité de son royaume, en péninsule Malaise et à Sumatra. Sous son règne, que décrivent sous des couleurs brillantes les deux chefs-d'œuvre de la littérature malaise classique, *La Geste de Hang Tuah* et *Les Chroniques malaises*, Melaka connut son âge d'or et étendit son influence économique et culturelle sur une bonne partie des régions islamisées de l'Asie du Sud-Est insulaire.

**MANTEGNA (Andrea)** ♦ Peintre et graveur italien (Isola di Cartura, entre Vicence et Padoue 1431 - Mantoue 1506). La manière de ce maître instaura de nouveaux principes picturaux, en rupture avec le style gothique encore vivace dans les écoles septentrionales. Dès 1441, il fut à Padoue élève de Squarcione*, peintre et collectionneur d'antiques. Dans sa formation, il tira un grand profit des œuvres que laissèrent les grands maîtres toscans dans la région (Uccello*, Andrea* del Castagno et surtout Donatello*). Il fit partie, avec Pizolo, d'une équipe chargée de décorer la chapelle Ovetari dans l'église des Eremitani à Padoue (1448 - 1456 ; fresques en grande partie détruites par un bombardement en 1944). La personnalité de Mantegna s'affirme dans le cycle consacré à saint Jacques, où chaque figure, intégrée dans un espace strictement défini par la perspective, porte en elle-même sa propre force : si le raccord des personnages avec l'architecture dérive du *Saint Georges* de Donatello, l'intervention des motifs antiques témoigne de l'enseignement de Squarcione. Entre 1456 et 1459, il peignit le retable de San Zeno, à Vérone : abandonnant la structure habituelle des polyptyques, il y conçut un espace unique dans lequel prennent place la Vierge et les saints qui l'entourent ; la tension que dégage chaque personnage se trouve ainsi définie par la cohérence de l'espace ; les trois panneaux de la prédelle (*Agonie au Jardin* et *Résurrec-*

Andrea **Mantegna.** *Jésus au jardin des Oliviers* (71,1 x 94 cm),1459. Musée des Beaux-Arts, Tours. *BIS/Phot.O. Morvan © Archives Larbor*

*tion*, Tours ; *Crucifixion*, Louvre), avec leur chromatisme froid et violent, leurs figures fortement taillées, leurs paysages de rocs rougeâtres peuplés de guerriers romains, proposent un style dur qui influencera les premiers travaux de son beau-frère (depuis 1454), le maître vénitien Giovanni Bellini*. À partir de 1460, Mantegna devint le peintre officiel des Gonzague à Mantoue où il décora notamment la chambre* des Époux du palais ducal (1472 - 1474). Cet agencement annonce la peinture scénographique développée par le Corrège*, puis par les artistes baroques. Ami d'humanistes, tel Felice Feliciano, Mantegna acquit une culture archéologique qui renforça son goût des motifs antiques abondamment utilisés dans le *Saint Sébastien* (1467, Louvre) ou dans les 9 toiles monumentales des *Triomphes de César* (1485 - 1494, Hampton Court). Si son *Christ mort* (1465 - 1466, Brera) développe encore son style dur par un dessin sculptural et un violent raccourci traité en grisaille, sa *Vierge de la victoire* (1495 - 1496, Louvre), ex-voto commandé par Francesco Gonzague après sa victoire sur les Français à la bataille de Fornoue, révèle des couleurs lumineuses, des formes moins âpres et un rythme adouci qu'on retrouve dans les allégories peintes pour Isabelle d'Este (*Mars et Vénus*, 1497 ; *Minerve chassant les vices du jardin de la vertu*, 1502, Louvre). Tardivement, Mantegna fit nombre de gravures qui circulèrent jusqu'en Allemagne et révélèrent à Dürer l'antique et la Renaissance, tandis que l'ensemble de son œuvre détermina la pratique de divers peintres de l'Italie du Nord (Crivelli*, école ferraraise). ➝ ÉTYM. *Mantegna* est l'aphérèse de l'italien médiéval *Diotimantegna* « Dieu te préserve ».

**MANTES-LA-JOLIE** [78200] ➝ ÉTYM. de *Medante fluminis*, n. de riv., du celt. *°mad* « se répandre, déborder » ♦ Ch.-l. d'arr. des Yvelines, sur la Seine. 43 672 hab. *(Mantais)*. Collégiale Notre-Dame (XIIe - XIIIe s.) construite en même temps que Notre-Dame de Paris. Sur le portail central, sculptures remarquables. Tour Saint-Maclou (XVIe s.). Musée de l'Hôtel-Dieu : œuvres de Maximilien Luce (1858 - 1951) ; faïences anciennes. Deux ponts relient Mantes à Limay (➝ **Limay**). ▪ Centre résidentiel et industriel.

**MANTES-LA-VILLE** [78200] ♦ Ch.-l. de cant. des Yvelines, arr. et banlieue S. de Mantes-la-Jolie. 19 231 hab. *(Mantevillois)*. Construc. mécaniques. Instruments de musique.

**MANTEUFFEL (Edwin,** baron **VON)** ♦ Feld-maréchal prussien (Dresde 1809 - Karlsbad 1885). Membre du cabinet militaire du roi de Prusse (1857), il participa à la réorganisation de l'armée. Après avoir pris part à la guerre des Duchés (1864) et à la campagne de Bohême contre l'Autriche (1866), il se distingua lors de la guerre franco-allemande (1870 - 1871). Commandant de l'armée d'occupation (1871 - 1873), il fut ensuite nommé statthalter des territoires français annexés d'Alsace et de Lorraine (1880 - 1885). ♦ **Otto Theodor,** baron **von Manteuffel.** Homme politique prussien (Lübben 1805 - Crossen, Basse-Lusace 1882). Cousin du précédent. Ministre de l'Intérieur dans le cabinet de Brandebourg (1848), il participa à l'élaboration de la Constitution du 5 décembre 1848, puis, nommé ministre des Affaires étrangères, dut signer la convention d'Olmütz (28 nov. 1850). Premier ministre (1850 - 1858), il fut invité au congrès de Paris (fév. 1856) qui mit fin à la guerre de Crimée.

**MANTINÉE** – en gr. *Mantineia* ♦ Anc. ville de Grèce, en Arcadie* (Péloponnèse), réputée pour sa constitution démocratique et rivale de l'oligarchique Tégée*. Membre de la Confédération péloponnésienne, elle participa pourtant à la coalition d'Argos et d'Athènes, qui devait être vaincue en –418 par les Spartiates. Après une longue trêve, elle fut prise par les Spartiates et dévastée en –385. Relevée en –370, elle s'allia cette fois avec Sparte contre la Confédération arcadienne, mais les Thébains y remportèrent sur les Lacédémoniens et les Mantinéens une victoire dont le résultat fut annulé par la mort de leur chef, Épaminondas* (–362). Elle fut prise et pillée par les Macédoniens en –222 et ses habitants furent vendus comme esclaves.

**MANTIQUEIRA** (serra da) n. f. ♦ Chaîne de montagnes du Brésil oriental formant frontière entre le Minas Gerais et les États côtiers d'Espírito Santo et de Rio de Janeiro, elle domine la vallée du Paraíba do Sul, qui la sépare de la serra do Mar, et culmine aux pics de la Pedra da Mina (2 798 m), des Agulhas Negras (2 792 m), de la Pedra do Sino de Itatiaia (2 670 m) et au pic de la Bandeira (2 892 m) parfois rattaché à la serra. Le rio Grande y prend sa source.

**MANTOUE** – en it. *Mantova* ➝ ÉTYM. p.-ê. à rapprocher de *Mantus*, dieu étrusque des enfers ♦ V. d'Italie, ch.-l. de prov., en Lombardie, sur le Mincio formant trois lacs. 47 790 hab. Nombreux monuments dus à la famille Gonzague : palais ducal (XIIIe - XVIIe s.) orné de fresques de Mantegna (célèbre chambre* des Époux) et de Pisanello ; palais Bonacolsi (XIIIe s.) ; basilique Saint-André (XVe s.) ; Rotonda di San Lorenzo, église romane de plan circulaire (XIe s.) ; palais du Tè (XVIe s.), bâti et décoré par Jules Romain. Maison de Mantegna. ▪ Centre agrocommercial. Indus. chimique (Montedison) et mécanique. Raffineries de pétrole. Papeteries. Carrefour de communications. ▮ **Histoire** Elle fut conquise par Rome (–222) et son territoire fut en partie distribué aux soldats d'Octave (–42). Virgile*, originaire d'Andes non loin de la ville (il fut surnommé le *Cygne de Mantoue*), fut contraint d'en partir. ➝ **Bucoliques (les).** Conquise par les Lombards (VIIe s.), Mantoue appartint au Xe s. aux marquis de Toscane et fut libérée à la mort de la comtesse Mathilde (1115). Elle fut soumise à des dictatures dont celle des Bonacolsi (1308 - 1328), puis celle des Gonzague pendant quatre siècles. Frédéric II de Gonzague fut créé duc de Mantoue par Charles Quint en 1530. La *guerre de Succession de Mantoue* (1628 - 1631), provoquée par la fin de la ligne directe des Gonzague, vit la victoire des Nevers soutenus par la France. À l'extinction des Nevers, en 1708, le duché passa à l'Autriche et fut réuni au duché de Milan en 1785. Mantoue fut de 1801 à 1814 le ch.-l. du dép. du Mincio et entra dans le royaume d'Italie en 1866.

**Mantoue.** Le palais ducal : château Saint-Georges. *Phot. © Carlo Bevilacqua/Ricciarini*

**MANTOUE (le cygne de)** ➝ **Virgile**

**MANTOVANI (Bruno)** ♦ Compositeur français (Châtillon-sous-Bagneux 1974). Multi-lauréat du Conservatoire de Paris, il poursuit son cursus à l'Ircam (composition et informatique). Doué d'un sens aigu de l'écriture instrumentale et vocale, et pourvu d'une rare imagination orchestrale, il a écrit en collaboration avec des interprètes majeurs de nombreuses pièces dont le style très personnel, fondé sur l'opposition entre conflits et sentiment de continuité, se caractérise par la clarté, la sensualité sonore et la liberté de ton. Le *Concerto pour violoncelle* (2003) témoigne de ces recherches de conception et de forme, tandis que *L'Enterrement de Mozart* pour 5 voix et ensemble (2008) renoue malicieusement avec l'imaginaire du baroque. Après le *Livre des illusions* (2008), pour orchestre et lutherie électronique, inspiré par la cuisine moléculaire du Catalan Ferran Adrià, il écrit pour l'Opéra de Paris *Siddharta*, fresque sur le futur Bouddha, créé en 2009 par le chorégraphe Angelin Preljocaj*.

**MANU** ➝ ÉTYM. sanskr. « homme » ♦ Selon la mythologie de l'Inde, ancêtre éponyme de la race humaine, premier roi et législateur. Il existerait un certain nombre de Manu correspondant aux ères divines. Celui qui appartient à notre ère, né du Soleil, aurait été le père des grands progéniteurs humains. Il laissa un code de lois. Le texte connu sous le nom de « lois de Manu » *(Mānavadharmaśāstra)* fait encore autorité en matière religieuse.

**MANUCE (Aldo MANUZIO,** dit en fr. **Alde)** ♦ Humaniste et imprimeur italien (Bassiano, Velletri 1449 - Venise 1515). Il fonda à Venise une imprimerie célèbre par ses éditions des chefs-d'œuvre de l'Antiquité. Collaborant avec les meilleurs humanistes(Bembo, Érasme, l'Académie « aldine »), il publia également des « modernes » (Dante, Pétrarque, Politien). Créateur du caractère italique, auteur de grammaires et de traductions, il apportait autant de soin à la qualité philologique qu'à la beauté de ses éditions. Son fils PAUL (1512 -

1574) fut également imprimeur et érudit ainsi que son petit-fils ALDO LE JEUNE (1547 - 1597). Cette famille est également connue sous le nom d'ALDES.

**MANUEL Ier COMNÈNE** ♦ (v. 1122 - 1180). Empereur byzantin (1143 - 1180). Fils cadet de Jean* II. Vaillant soldat et diplomate énergique, il soumit les Hongrois et les Serbes, annexa la Dalmatie (1168), fit reconnaître sa suzeraineté aux principautés latines de l'Orient et obtint un succès temporaire en Italie du Sud. Mais sa politique occidentaliste, inspirée par des ambitions démesurées, ne fut pas longtemps heureuse. Ses négociations avec le pape pour l'union des deux Églises échouèrent (1167), et les mesures prises contre les négociants vénitiens provoquèrent une guerre de quatre ans avec Venise (1171 - 1175), dénouée par d'importantes concessions économiques. Ses difficultés en Occident encouragèrent les Seldjoukides en Asie Mineure et le sultan d'Iconion lui infligea une sévère défaite à Myriokephalon (1176) qui précipita l'effondrement de l'Empire. ➝ ÉTYM. *Manuel* est l'aphérèse de *Emmanuel**

**MANUEL II PALÉOLOGUE** ♦ (1348 - 1425). Empereur byzantin (1391 - 1425), fils de Jean* V. Devant le péril turc, il demanda secours à l'Occident, mais les croisés furent vaincus à Nicopolis* (1396) et Bayazid Ier (Bajazet) assiégea Constantinople. Manuel partit en Europe, implorant en vain l'aide des États chrétiens. La victoire de Tamerlan sur Bayazid à Ancyre (1402) sauva la capitale ; l'empereur put revenir et chasser l'usurpateur Jean* VII. Mais Constantinople fut de nouveau assiégée en 1422 par Murat* II et Manuel dut se reconnaître vassal du sultan (1424). Son fils Jean* VIII lui succéda.

**MANUEL Ier le Grand et le Fortuné** ♦ (Alcochete 1469 - Lisbonne 1521). Roi de Portugal (1495 - 1521). Il succéda à son cousin Jean* II. Comme ses prédécesseurs, il encouragea les grandes explorations de Vasco de Gama* et de Cabral*, jetant ainsi les bases de l'empire portugais en Amérique du Sud. Catholique intolérant, il bannit les Juifs et les Maures du royaume. Il fit de sa cour un centre d'activité littéraire et scientifique. On a donné le nom de *manuélin** à l'art qui se développa sous son règne.

**MANUEL II** ♦ (Lisbonne 1889 - Twickenham 1932). Dernier roi de Portugal (1908 - 1910). Successeur de son père Charles* Ier assassiné, il fut renversé en 1910 par la révolution républicaine et s'exila en Angleterre avec sa famille.

**MANUEL (Louis Pierre)** ♦ Homme politique français (Montargis 1751 - Paris 1793). Quelques libelles antireligieux, écrits alors qu'il était précepteur, lui valurent la prison (1783). Au début de la Révolution, après la prise de la Bastille, le maire de la Commune de Paris, Bailly, l'appela à la Police ; c'est alors qu'il rédigea la *Police de Paris dévoilée*, ouvrage qui connut un vif succès. Procureur de la Commune* de Paris en 1791, destitué après la journée révolutionnaire du 20 juin 1792, il prit, avec Pétion*, la tête de la Commune insurrectionnelle (nuit du 9 au 10 août 1792) qui participa activement à l'insurrection du 10 août* 1792. Conventionnel et républicain, il vota cependant contre la mort du roi et fut guillotiné.

**MANUEL (Jacques Antoine)** ♦ Homme politique français (Barcelonnette 1775 - Maisons-Laffitte 1827). Volontaire aux armées de la République, puis avocat à Aix-en-Provence, il fut élu député à la Chambre (1818) et adhéra à la Charbonnerie. Membre de l'opposition libérale, il fut exclu militairement de l'Assemblée à la suite de l'incident que provoqua son opposition à l'expédition d'Espagne (4 mars 1823).

**MANUEL (ROLAND-)** ➝ **Roland-Manuel**

Le **Manuel** ♦ Enseignement d'Épictète*, rédigé et publié par Arrien* et portant essentiellement sur la morale stoïcienne. Cette œuvre fut commentée par Simplicius* et utilisée par des moralistes chrétiens aussi bien que par des philosophes.

**MANUEL DEUTSCH (Niklaus)** ♦ Peintre, poète et homme d'État suisse (Berne 1484 - *id.* 1530). Ses premières peintures connues, datées de 1515, révèlent l'influence de Hans Fries. S'inscrivant dans la tradition gothique, son œuvre, d'inspiration essentiellement religieuse, offre parfois des motifs et une fantaisie empruntés à l'art italien (*La Tentation de saint Antoine*, 1520 ; *Le Jugement de Pâris*, 1523). Membre du Grand Conseil, il reçut en 1523 la charge de bailli d'Erlach et ferma son atelier. Partagé entre l'art et la politique, il se consacra à la poésie et à l'art dramatique et devint membre du Petit Conseil en 1528.

**manuélin (art)**

♦ Style architectural et sculptural qui se développa au Portugal à la fin du XVe s., sous le règne de Manuel* Ier le Grand, et se maintint jusqu'à la moitié du XVIe s. Il reflète la richesse du Portugal qui possédait alors un vaste empire colonial. Mêlant les formes gothiques et musulmanes, l'art manuélin développa aussi une décoration exubérante d'inspiration maritime (cordages, algues, coraux, instruments de navigation). Il atteignit sa plénitude avec l'église de Tomar* (due à Diogo de Arruda), les chapelles inachevées de Batalha* et le monastère hiéronymite de Belém (dus à Diogo Boitac).

**MANUS** (île) ou île de l'**AMIRAUTÉ** – en angl. ***Great Admiralty Island*** ♦ Île de Papouasie-Nouvelle-Guinée, la seule grande île de l'archipel de l'Amirauté. 1 600 km². 32 830 hab. Sur sa côte N.-E. se situe Lorengau*. Elle est montagneuse et couverte de forêts denses (mangroves le long des côtes qui sont frangées de corail). Coprah.

**MANUTCHEHRI** ♦ Poète persan (Damghān fin Xe s. - 1041). Sa poésie, influencée par la poétique arabe (métrique et thématique), est originale par le choix des métaphores et la précision des descriptions.

**Man' yōshū** ➝ ÉTYM. jap. « recueil de dix mille feuilles » ♦ Anthologie poétique japonaise compilée vers 760 par divers poètes et comprenant environ 4 500 poèmes anciens, signés ou anonymes, surtout écrits aux VIIe et VIIIe s. C'est un recueil précieux pour l'étude des mœurs et coutumes du Japon ancien. De très nombreux commentaires cherchent à expliquer certains des poèmes les plus hermétiques de cette anthologie.

**MANYTCH** n. m. ♦ Ensemble des riv. intermittentes de Russie qui coulent entre le Don et la mer Caspienne. Le *Manytch occidental* aboutit au Don inférieur, le *Manytch oriental* se dirige vers la Kouma sans l'atteindre.

**MANZANARES** n. m. ♦ Riv. d'Espagne centrale (85 km), sous-affl. du Tage, arrosant Madrid.

**MANZANILLO** ➝ ÉTYM. de l'esp. *manzanillo* « mancenille » ♦ V. du Mexique (État de Colima) sur l'océan Pacifique. 110 728 hab. Port. Débouché maritime de Guadalajara. Centre touristique.

**MANZONI (Alessandro)** ♦ Écrivain italien (Milan 1785 - *id.* 1873). Petit-fils de Beccaria, Manzoni séjourna à Paris (1805) où il fréquenta le salon de Sophie de Condorcet et se lia aux idéologues. De retour en Italie, il se fit le disciple de Monti et composa des poèmes de forme classique (*Urania*, 1807). Après son mariage, un retour au catholicisme (1810) modifia son orientation littéraire en le convertissant au romantisme dont il exalta l'inspiration chrétienne dans *Les Hymnes sacrés* (*Inni sacri*, 1812 - 1822). ▪ Dans un esprit désormais évangélique et démocratique, Manzoni s'interrogea sur la signification historique et religieuse de l'épopée napoléonienne dans son ode commémorative *Le Cinq Mai* (*Il Cinque Maggio*, 1821) qui connut un succès européen. Parallèlement, il se faisait en français le théoricien du romantisme dans sa *Lettre [...] sur l'unité de temps et de lieu dans la tragédie* (1819, publiée en 1823) et composait deux drames historiques, *Le Comte de Carmagnole* (1816 - 1819) et *Adelchi* (1820 - 1822), animés d'un ardent esprit patriotique. Voué à la « sainte vérité », Manzoni affirmait dans *La Lettre sur le romantisme* (1823) que « la littérature [devait] se proposer l'utile pour but, le vrai comme sujet, l'intérêt comme moyen ». Il voulut réaliser cette ambition dans son roman historique, *Les Fiancés** (*I Promessi Sposi*, commencé en 1821 ; publication définitive en 1840 - 1842), qui lui assura une place de premier plan dans la littérature italienne. D'abord absorbé par l'obsessionnelle révision de son chef-d'œuvre, Manzoni renia finalement le roman historique (*Du roman...*, 1845) et se préoccupa essentiellement de réaliser l'unité linguistique de l'Italie, sans renier son engagement politique et moral. Verdi composa à sa mémoire le *Requiem*. ➝ ÉTYM. Ce nom de famille vient probablement de l'italien *manzo* « bœuf », avec le suffixe augmentatif *-oni*, du bas latin *mandium* « animal stérile », surnom d'homme fort.

**MANZONI (Piero)** ♦ Artiste italien (Soncino Piero, prov. de Crémone 1933 - Milan 1963). En 1957, marqué par l'œuvre de L. Fontana*, d'Y. Klein*, d'A. Burri*, il commença sa série d'*Achromes*, toiles blanches trempées dans la colle et le kaolin, la monochronie soulignant l'illimité et l'énergie de la matière. Devenu membre du groupe Zéro à la suite de sa rencontre avec Henk Peeters, il réalisa des sculptures gonflables et des environnements pneumatiques. Précurseur de l'Arte Povera, il utilisait les matériaux les plus vils, et affirmait, comme les artistes du nouveau réalisme, la liberté de l'artiste, à travers une exaltation de son ego. Il signa ainsi des œufs cuits de l'empreinte de son doigt et réalisa en 1961 une exposition de *Merdes d'artistes* (en boîte) vendues au cours de l'or.

**MAO Dun** ou **MAO Touen** (**SHEN Yanbing**, dit) ♦ Écrivain chinois (Wu, Zhejiang 1896 - Pékin 1981). Il fut critique littéraire avant de s'engager aux côtés des communistes à partir de 1920. L'une de ses principales contributions à la littérature fut la vulgarisation des méthodes des écrivains réalistes européens, en particulier français et russes. Il fut le premier ministre de la Culture de la République populaire de Chine, de 1949 à 1964, et l'un des responsables de la mise au pas des artistes (➝ **Hu Feng**). Il a publié le roman *Minuit* (1932) et des nouvelles, *Moissons d'automne*, *Cruel hiver* (1933).

**MAORI(S)** n. m. (pl.) ➝ ÉTYM. mot local « indigène » ♦ Population polynésienne habitant la Nouvelle-Zélande, en particulier l'extrémité septentrionale de l'île du Nord. Venus par vagues successives du N. (îles Cook et de la Société), au IXe et au XIVe s., les Maoris opposèrent une résistance farouche à la colonisation britannique qui les privait de leurs meilleures terres (*guerres maories* de 1842 - 1846 et 1860 - 1868). Presque éteinte vers la fin du XIXe s., cette population, où les métissages avec les Blancs ont été fréquents, s'est accrue rapidement (1866 : 42 000 ; 1976 : 270 035), par l'augmentation du taux de natalité, la régression du taux de mortalité et les aides spécifiques qui leur ont été apportées. ▪ L'art traditionnel des Maoris, qui ne subsiste guère (tatouages élaborés, maisons de bois décorées, sculptures sur bois et jade, bijoux), est fondé sur des motifs courbes (spirales et volutes).

**MAO Zedong, MAO Tsö-tong** ou **MAO Tsé-toung** ♦ Homme d'État chinois (Shaoshan, Hunan 1893 - Pékin 1976). **Les études** D'une famille paysanne aisée, il partagea les premières années de sa jeunesse entre les travaux des champs et l'étude, sous la tutelle d'un père dont «la sévérité fut la cause première d'une tendance à la rébellion». À l'école secondaire de Changsha où il s'était inscrit en 1907, il se rallia à la cause républicaine (→ **Sun Yat-sen**), puis il rejoignit quelque temps l'armée révolutionnaire (1911 - 1912). **L'adhésion au marxisme et la fondation du Parti communiste chinois** Familiarisé non seulement avec la langue et la littérature chinoises, mais aussi avec les œuvres des grands penseurs et savants occidentaux (Rousseau, Montesquieu, A. Smith, Darwin), Mao Zedong, après avoir fréquenté l'école normale du Hunan (1913 - 1918), obtint, avec l'appui de Li Dazhao, un poste d'aide-bibliothécaire à l'université de Pékin (1918) ; il s'y lia d'amitié avec Chen* Duxiu et y découvrit la théorie marxiste à laquelle il adhéra pleinement (1919 - 1920). Dès cette époque, sa vie se confondit avec celle du Parti communiste chinois (PCC), qu'il contribua à fonder. **L'opposition des marxistes orthodoxes** Membre du comité central du PCC (1923), Mao siégea également au bureau exécutif du Guomindang* de Shanghai, lors de la première alliance entre les deux mouvements nationaliste et communiste. Revenu en 1925 dans le Hunan, Mao y fut témoin des révoltes paysannes et prit dès lors conscience du rôle prédominant que pourrait jouer la paysannerie chinoise dans le processus révolutionnaire. Mais les positions qu'il exposa dans *Analyse des classes de la société chinoise* (1926) et *Rapport d'enquête sur le mouvement paysan de Hu-nan* (1927), mettant l'accent sur la nécessité d'adapter le marxisme aux conditions sociales propres à la Chine, rencontrèrent une vive opposition chez les marxistes chinois orthodoxes. **L'appui des Unions paysannes** Tandis que Jiang* Jieshi (Chiang Kai-shek) écrasait le mouvement révolutionnaire prolétarien (Shanghai, Canton, période de la première guerre civile révolutionnaire, 1926 - 1927), Mao subissait lui-même avec sa première armée paysanne et ouvrière du Hunan une défaite qui lui valut d'être exclu du comité central et du bureau politique du PCC. Refusant d'abandonner le combat révolutionnaire, il gagna alors les monts du Jinggang, où il fonda en novembre 1927 la première base soviétique ; là, jusqu'en 1934, il tenta, avec Zhu* De, d'appliquer une réforme agraire et de s'appuyer sur les Unions paysannes (les premières furent créées en 1925) pour organiser le pouvoir politique et militaire dans cette région. **La Longue Marche** Sans cesse attaqué par les troupes de Jiang Jieshi, Mao, renonçant à la tactique offensive, décida d'opérer une retraite vers le N.-O. du pays (oct. 1934). Durant cette Longue* Marche, qui permit de gagner à la cause révolutionnaire les paysans de nombreuses régions chinoises, Mao reprit la tête du PCC (janv. 1935) et élabora les règles fondamentales de la guerre révolutionnaire : guerre des masses populaires, guerre de guérilla prolongée, où les tâches de l'Armée populaire de libération étaient aussi politiques. Après cette seconde phase de la guerre civile révolutionnaire (1928 - 1937), un nouveau front commun fut créé entre le PCC et le Guomindang (1937) pour lutter contre la progression des forces impériales japonaises. C'est à cette époque que Mao écrivit ses principaux ouvrages stratégiques (*Problèmes stratégiques de la guerre révolutionnaire en Chine*, 1936 ; *De la guerre prolongée*, 1938 ; *Problèmes stratégiques de la guerre des partisans contre le Japon*, 1938). **La proclamation de la République** Après la capitulation du Japon (août 1945), les hostilités reprirent rapidement entre les forces du PCC et celles du Guomindang, en dépit d'un fragile accord signé entre Mao et Jiang Jieshi (oct. 1945). Elles s'achevèrent par la victoire de l'Armée populaire de libération ; tandis que Jiang Jieshi gagnait Taiwan où il constitua un gouvernement, Mao proclamait la République populaire chinoise (Pékin, 1er oct. 1949), comme symbole du passage de la «révolution démocratique bourgeoise» à la «révolution socialiste». **Le Grand Bond en avant** Durant les premières étapes de la reconstruction de la Chine, Mao Zedong, président du Conseil puis de la République (1954 - 1959), contribua à donner à la révolution politique, économique et culturelle chinoise son originalité, en dépit de la tendance à l'alignement sur l'URSS qui prédomina jusqu'en 1960. Au ralentissement dans le rythme de développement de l'économie chinoise et aux difficultés politiques qui l'accompagnèrent, il répondit par une campagne de relative libéralisation (campagne des Cent Fleurs, 1956 - 1957). Aux initiatives audacieuses du Grand Bond en avant (1957 - 1958) succédèrent de graves déconvenues économiques et politiques (rupture avec l'URSS). Tout en gardant la tête du PCC, Mao dut abandonner en 1959 la présidence de la République à Liu* Shaoqi. Les cadres pragmatistes contestèrent de plus en plus l'orientation maoïste du parti. **La Révolution culturelle** Mao orchestra la Révolution* culturelle prolétarienne (1965 - 1968). Celle-ci se propagea rapidement, en dépit d'une pause (1967 - déb. 1968), en s'appuyant sur l'Armée populaire de libération (Lin* Biao), la jeunesse organisée en «gardes rouges» et les membres du PCC acquis au mouvement, parmi lesquels la Bande* des Quatre. Mao voulait combattre des cadres du parti (Liu* Shaoqi, Deng* Xiaoping) qui prenaient la «voie du capitalisme». Il reconnut ses positions puis écarta son successeur désigné Lin Biao, devenu lui aussi critique. Cependant, au terme des bouleversements économiques du Grand Bond en avant et politiques de la

**Mao Zedong** et Zhou Enlai, 1945, Yanan, Chine.
*Phot. © BIS/DR*

Révolution culturelle, Mao reconnut en 1972 la nécessité d'un retour à la stabilité et à l'apaisement. **Les successeurs** Il se retira de l'administration courante du pays, confiant la tâche de restauration à l'ami fidèle et au Premier ministre brillant Zhou* Enlai. Désormais, la politique du parti vacilla au gré de la lutte entre modérés et radicaux, ces derniers dirigés par Jiang* Qing, l'épouse de Mao, qui accapara le rôle de garante de l'intégrité maoïste. À partir de 1974, Mao, trop atteint par la maladie de Parkinson, ne put plus participer à la vie politique. La lutte pour la succession, après la mort du Grand Timonier (9 sept. 1976), s'acheva sur la victoire de Deng Xiaoping et l'arrestation de la Bande des Quatre. Les dirigeants actuels ont démythifié Mao, en insistant sur les erreurs «humaines», mais en attribuant prudemment les plus graves (celles des années 1966 et 1976) à l'influence pernicieuse de la Bande des Quatre. Progressivement, l'accent a été mis sur le chef de la guerre de libération et sur le dirigeant modéré et pragmatique des premières années de reconstruction du pays.

**Mapaï** n. m. ♦ Parti social-démocrate fondé par des immigrants juifs en Palestine en 1930. Le Mapaï, qui s'était donné pour programme le rassemblement des Juifs dispersés, la réalisation progressive d'une société socialiste et de la paix au Proche-Orient, domina la scène politique israélienne à partir de 1948. En 1968, les trois partis Ahdout Ha-avoda, Mapaï et Rafi fusionnèrent pour former le Parti travailliste* d'Israël.

**MAPUCHES** n. m. pl. ➝ ÉTYM. de *mapu* «terre» et *che* «habitant» ♦ Peuple indien du Chili (prov. d'Arauco). Le nom d'Araucans qui leur fut donné par les Espagnols n'est plus employé. Les Mapuches ont résisté à toute domination étrangère et ni les Incas ni les Espagnols ne parvinrent à les vaincre. Ils ont conservé leur identité, leur langue et leur culture et vivent encore sur les terres données à leurs ancêtres par le gouvernement chilien, où ils pratiquent l'agriculture et l'artisanat. Toujours opposés aux différents gouvernements, ils ont créé des organisations non gouvernementales et détiennent à l'ONU un rôle consultatif sur les problèmes des peuples autochtones.

**MAPUTO** ➝ ÉTYM. du n. de la riv. *Maputo* ; anc. ***Lourenço Marques*** ♦ Cap. du Mozambique, au S. du pays, au fond d'une vaste rade, sur l'océan Indien. Ch.-l. de la petite prov. de Maputo. 2 004 000 hab. *(Maputais)*. Raffinerie de pétrole à proximité. Usines d'engrais et d'ammoniaque. Manufactures de tabac. Sucreries. Coton, sucre et riz.

**MAQUET (Auguste)** ♦ Homme de lettres français (Paris 1813 - Saint-Mesme 1888). Nègre d'Alexandre Dumas, il contribua à la rédaction d'une partie de ses œuvres *(Le Vicomte de Bragelonne, Les Trois Mousquetaires, La Reine Margot)* et publia quelques ouvrages sous son nom *(La Belle Gabrielle)*.

**MAR** (serra do) n. f. ♦ Rebord montagneux et escarpé du S.-E. du Brésil qui longe le littoral du Santa Catarina à Rio de Janeiro, s'élevant jusqu'à 2 310 m. Elle est séparée de la serra da Mantiqueira par la vallée du Paraíba do Sul. Elle a rendu difficile la pénétration à l'intérieur du pays.

**MARACAIBO** (lac) ➝ ÉTYM. du n. d'un chef indigène ♦ Lac du Venezuela (État de Zulia). 13 600 km². C'est le plus grand lac d'Amérique du Sud. Il forme une dépression entre la sierra frontalière de Perija à l'O. et la cordillère de Mérida (Andes) à l'E. Il débouche sur la mer des Antilles par un étroit goulet de 12 km de long. Les plus grands gisements de pétrole du pays (80 %) sont implantés sur ses rives ou en mer.

**MARACAIBO** ♦ V. du Venezuela, cap. de l'État de Zulia, située sur la rive occidentale du goulet qui relie la mer des Antilles au lac de Maracaibo. 1 609 000 hab. Métropole régionale par ses activités tertiaires et ses indus. Port pétrolier, raffineries.

**MARACAY** ♦ V. du Venezuela, cap. de l'État d'Aragua, située au S.-O. de Caracas. 394 000 hab. Industries alimentaires, textiles et automobiles.

**MARADI** ♦ V. du Niger, proche de la frontière du Nigeria. 148 000 hab. Peuplée de Haoussas. ▪ Centre commercial. Arachide. Peaux.

**MARADONA (Diego Armando)** ♦ Footballeur argentin (Lanus, près de Buenos Aires 1960). Doté de qualités précoces et exceptionnelles, milieu de terrain agressif, il fit gagner à l'Argentine sa deuxième Coupe du monde des Nations en 1986 et, à l'équipe de Naples, le

Championnat d'Italie (1987, 1990), la Super coupe d'Italie et la Coupe de l'UEFA (1989). Il est considéré comme l'un des meilleurs joueurs du monde des années 1980. Il est sélectionneur de l'équipe d'Argentine depuis 2008.

**MARAGHEH** ♦ V. d'Iran (Azerbaïdjan-Oriental). 149 929 hab. Elle fut la capitale de Hūlāgū* Khān. À proximité, vestiges de l'observatoire Il-Khāni (XII$^{e}$ s.).

**MARAIS (Marin)** ♦ Violiste et compositeur français (Paris 1656 - *id.* 1728). Élève de Lully, il fut engagé au service de la cour et conserva sa charge jusqu'en 1725. Auteur d'opéras (*Alcide ou le Triomphe d'Hercule*, 1693 ; *Ariane et Bacchus*, 1696 ; *Alcyone*, 1706 ; *Sémélé*, 1709) et de musique instrumentale (*5 Livres de pièces à une et deux violes avec basse continue*, 1686 - 1725 ; *2 Livres de pièces en trio*, 1692), Marin Marais rejeta la musique italienne et s'inscrivit dans la tradition française. Ses pièces pour viole (env. 700) se caractérisent par leur raffinement harmonique, leur caractère élégiaque, et une écriture tantôt rigoureuse, tantôt d'une souplesse proche de l'improvisation.

**MARAIS (Jean VILLAIN-MARAIS dit Jean)** ♦ Comédien français (Cherbourg 1913 - Cannes 1998). Sa carrière a été marquée par sa rencontre avec Jean Cocteau en 1937. Il créa ses pièces *Les Parents* terribles* (1938) et *L'Aigle à deux têtes* (1946), et interpréta ses films *La Belle* et la Bête* (1946), *Orphée* (1951) et *Le Testament d'Orphée* (1959). Mais il s'est aussi illustré dans le répertoire classique (*Britannicus*, *Andromaque*, *Mithridate* de Racine) ou dans des films de Jean Delannoy (*L'Éternel Retour*, 1943, *La Princesse de Clèves*, 1961), Jean Renoir (*Éléna et les hommes*, 1956), Luchino Visconti (*Nuits blanches*, 1957) ou André Hunebelle (*Le Bossu*, 1959 ; la série des *Fantômas*). À son personnage tout de noblesse et de beauté, il a su ainsi ajouter des éléments de brio et de fantaisie.

**MARAIS** (le) ♦ Quartier de Paris qui recouvre la partie méridionale du 3$^{e}$ arrondissement et la quasi-totalité du 4$^{e}$. Il doit son nom aux marécages, puis aux terrains maraîchers sur lesquels il fut construit. Dès le Moyen Âge, ce fut un quartier aristocratique (hôtel royal des Tournelles, XIV$^{e}$ s. ; hôtel de Sens, XV$^{e}$ s., auj. bibl. Forney) et ecclésiastique (le Temple*, XII$^{e}$ s.) en même temps qu'un secteur très actif de commerçants et d'artisans. Durant la Renaissance, de belles demeures y furent élevées (hôtel Carnavalet abritant auj. le Musée historique de la Ville de Paris ; hôtel Lamoignon) ; c'est sous Henri IV que fut créée la place des Vosges (1605 - 1612), devenue, au XVII$^{e}$ s., le centre du Paris aristocratique (hôtels du XVII$^{e}$ s., tels l'hôtel de Sully* abritant la Caisse des Monuments historiques, l'hôtel Salé auj. musée Picasso). Le Marais connut au XVIII$^{e}$ s. un relatif déclin, avant d'être défiguré durant et après la Révolution.

**Marais.** La place des Vosges. *Phot. © Louis Monier*

**MARAIS BRETON** ♦ Région du littoral atlantique, dans les dép. de la Loire-Atlantique et de la Vendée, au N. et au S. du goulet de Fromentine. Le Marais breton, auquel on peut rattacher l'île de Noirmoutier, provient du comblement d'un anc. golfe par un courant littoral chargé d'alluvions sableuses. Des travaux d'assèchement et d'assainissement ont permis de transformer la majeure partie du marais en polders consacrés aux céréales, à la culture de l'oignon ou convertis en prairies d'élevage (chevaux, vaches laitières, moutons de pré-salé, canards challandais). Des marais salants sont encore en exploitation sur la frange littorale. Ostréiculture sur la côte N.

**MARAIS POITEVIN** ♦ Région du littoral atlantique, dans les dép. de la Charente-Maritime et de la Vendée, au N. de La Rochelle. Anc. golfe colmaté par les alluvions des rivières (Vendée, Sèvre Niortaise, Lay) et les courants littoraux, le marais a été progressivement asséché depuis le XI$^{e}$ siècle. Vers l'intérieur, le Marais mouillé (environ 25 000 ha), surnommé la Venise verte, est un pays de bocage, de prairies naturelles (vaches laitières) et de cultures maraîchères. Près de l'Océan, le Marais desséché (45 000 ha) comprend de vastes étendues découvertes vouées aux grandes exploitations ainsi que des pacages consacrés à l'élevage des bovins et des moutons de pré-salé. ▪ Le Marais poitevin fait partie du parc naturel régional du Marais poitevin-Val de Sèvre-Vendée créé en 1979 (environ 200 000 ha).

**MARAJÓ** ♦ Île fluvio-côtière située à l'embouchure de l'Amazone (48 000 km$^2$). À l'E., pâturages naturels modulables selon le rythme des eaux (élevage du buffle et du bœuf). À l'O., forêt amazonienne. Nombreux vestiges de céramiques précolombiennes.

**MARALDI (Giacomo Filippo)** ♦ Astronome et géographe français d'origine italienne (Perinaldo, comté de Nice 1665 - Paris 1729). Collaborateur (et neveu) de Cassini I$^{er}$, il participa à la triangulation du méridien français et s'intéressa à la vitesse du son. [Acad. sc. 1699]

**MARAMUREŞ** (monts) n. m. pl. ♦ Massif montagneux de la Roumanie nord-orientale, en Transylvanie, appartenant au système des Carpates et culminant à 2 303 m au Pietrosu, dans les monts Rodnei.

**MARANGE-SILVANGE** [57159] ◆ ÉTYM. *Marange*, du germ. *Maro*, n. de pers., et *Silvange*, du germ. *Sigolf*, n. de pers. ♦ Ch.-l. de cant. de la Moselle, arr. de Metz-Campagne. 5 402 hab. *(Marangeois)*.

**MARANHÃO** ♦ État du Brésil (région Nordeste) → **Brésil** (carte). 329 555 km$^2$. 5 651 000 hab. CAP. : São Luis. À l'O., la forêt amazonienne fait l'objet d'importants défrichements le long de la voie de chemin de fer de Carajás (inaugurée en 1985). Agriculture (palmiers, riz, coton, élevage). Exportation de minerais (port de São Luis). ▮ **Histoire** Convoitée au début du XVII$^{e}$ s. par les Français désireux de l'intégrer à la France équinoxiale, la région, qui fut l'un des hauts lieux de la colonisation portugaise au XVIII$^{e}$ s., a été profondément marquée par la traite des Noirs.

**MARAÑÓN** ♦ Nom de l'Amazone au Pérou jusqu'à Iquitos (1 800 km). Il prend sa source dans la cordillère des Andes et reçoit l'Ucayali en amont d'Iquitos avant de former l'Amazone*.

**MARAÑÓN Y POSADILLO (Gregorio)** ♦ Médecin et écrivain espagnol (Madrid 1887 - *id.* 1960). Ses travaux sur les glandes surrénales, la thyroïde et la parathyroïde font de lui un des pionniers de l'endocrinologie en Espagne. Il est également l'auteur d'œuvres historiques (*Le Greco et Tolède*, 1957).

**MARANS** [marɑ̃] [17230] ◆ ÉTYM. anc. *Marantius*, du lat. *Marentius*, de *Marius*, n. de pers. gallo-rom. ♦ Ch.-l. de cant. de la Charente-Maritime, arr. de La Rochelle, sur la rive g. de la Sèvre Niortaise. 4 375 hab. *(Marandais)*. Centre de production de faïences célèbre au XVIII$^{e}$ s. (coll. conservées dans l'hôtel de ville). ▪ Marché agricole (grains). Volailles renommées (poulets de Marans). Produits pharmaceutiques. Produits congelés. Port relié à l'Océan par un canal, ainsi qu'à La Rochelle par un autre canal. Construc. de bateaux de plaisance.

**MARAŞ** ◆ ÉTYM. auj. ***Kahraman Maraş*** « Maraş l'héroïque » ♦ V. de Turquie, ch.-l. de prov., au pied des montagnes de l'Anti-Taurus en Anatolie centrale. 371 463 hab. Musée archéologique renfermant des sculptures hittites. ▪ Importants gisements de lignite alimentant la centrale thermique d'Elbistan. Artisanat (tapis, cuir). Indus. textile et commerce. ▮ **Histoire** La ville se situe sur l'emplacement de l'anc. *Markasi*, capitale du royaume hittite de Gourgoum (env. –XII$^{e}$ s.). Sous les Romains, elle porta le nom de *Germanica Caesarea*. Détruite par les Arabes en 638, elle fut reconstruite par le calife Mu'āwiya* I$^{er}$, puis disputée entre les Arabes et les Byzantins jusqu'en 1097, date à laquelle les croisés s'en emparèrent lors de leur marche sur Antioche. Elle fit ensuite partie du royaume arménien de Cilicie de 1169 à 1293, puis de la principauté de Zulkadriye, État-tampon disputé entre les Mamelouks et les Ottomans, et fut intégrée à l'Empire ottoman en 1515.

**MARAT (Jean-Paul)** ♦ Médecin, publiciste et homme politique français (Boudry, canton de Neuchâtel 1743 - Paris 1793). Fils d'un père d'origine sarde et d'une mère calviniste citoyenne de Genève, Jean-Paul Marat étudia en France les sciences et la médecine, qu'il pratiqua d'abord en Angleterre. Il y publia plusieurs essais philosophiques, en particulier *Les Chaînes de l'esclavage* (1774, en angl. ; trad. fr. 1792), ouvrage où il attaquait toutes formes de tyrannie et dénonçait la corruption de la cour, et s'affilia à la franc-maçonnerie (1774). Installé à Paris (1776), il fut quelque temps médecin des gardes du comte d'Artois. Ses travaux scientifiques sur le feu, la lumière, l'électricité attirèrent l'attention de Franklin et de Goethe. En réponse à un concours organisé par la Société économique de Berne, Marat rédigea un *Plan de législation criminelle* (1780) où il proposait, après Beccaria*, de profondes réformes de la justice. Épris de justice, mais ombrageux, solitaire et aigri, il fonda dès septembre 1789 un journal révolutionnaire, *L'Ami* du peuple*, célèbre par la violence de ses positions et de son ton, feuille qui lui valut poursuites et emprisonnement. Incarcéré après les journées d'octobre 1789, réfugié à Londres (janv.-mai 1790) après avoir attaqué Necker et La Fayette, Marat, revenu en France, s'inscrivit au Club des cordeliers*. Après la fuite manquée de Louis XVI à Varennes (juin 1791) et l'affaire du Champ-de-Mars, il se prononça pour la destitution du roi et la nomination d'un dictateur capable d'assurer le bonheur des masses. Dès cette époque, face aux risques d'un complot aristocratique, il devait réclamer les têtes des suspects, et, après un second exil en Angleterre (déc. 1791-mai 1792), il exigea des mesures extrêmes contre les ennemis

Jean-Paul **Marat.** *Marat assassiné*, tableau de J.L. David (1,65 x 1,28 m), détail, 1793. *BIS/Phot. © Musées royaux des Beaux-Arts. Bruxelles.*

du peuple après le 10 août 1792 et put être considéré comme un des responsables des massacres de Septembre*. Élu à la Convention, il siégea comme montagnard* à l'extrême gauche de l'Assemblée, ne cessant de se faire le porte-parole des sans-culottes et de dénoncer la politique des girondins. Attaqué par ces derniers dès la fin de septembre 1792, il fut décrété d'accusation et traduit devant le Tribunal révolutionnaire, qui l'acquitta (13 avr. 1793). Il contribua en grande partie à pousser la Commune de Paris et les sections des sans-culottes à l'insurrection des 31 mai et 2 juin 1793, qui eut pour conséquence la chute de la Gironde. Marat, l'« Ami du peuple », qui s'était toujours fait remarquer par ses positions révolutionnaires extrémistes, prit néanmoins position contre le principal instigateur du manifeste des enragés, son ancien ami J. Roux* (fin juin-déb. juil. 1793). Assassiné peu après (13 juil.) par la jeune Charlotte Corday*, il devint, avec Chalier et Le Peletier de Saint-Fargeau, un des héros populaires de la Révolution.

**MARATHES** ou **MAHRĀTA** n. m. pl. ♦ Habitants du Maharashtra* (Inde occidentale). Au XVII^e s., sous la conduite de Shivaji* Bhonsle (1627 - 1680), ils se soulevèrent contre les Moghols et établirent un immense empire qui s'étendit jusqu'au Bengale et qui fut gouverné par des ministres appelés Peshwa (à partir de 1714). Ils se heurtèrent aux Britanniques et leur livrèrent trois guerres (1779 - 1781 ; 1802 - 1804 ; 1817), mais furent finalement obligés de s'incliner devant la force. Leur empire fut annexé par la Grande-Bretagne à celui des Indes britanniques.

**MARATHON** ➝ ÉTYM. du gr. *marathôn* « champ de fenouil » ♦ Anc. ville de Grèce, en Attique, située près de la *baie de Marathon*, à 40 km au N.-E. d'Athènes. L'un des premiers fiefs des Ioniens en Attique, elle était le centre d'une tétrapole (confédération de quatre villes) qui s'intégra à la cité d'Athènes lors de l'unification de l'Attique (*synæcisme*) attribuée à Thésée*. ▪ La *bataille de Marathon* (-490) fut la première victoire grecque sur les Perses. → **médiques (guerres).** Les Perses (qui étaient de 20 000 à 100 000 selon les versions), après avoir détruit Érétrie*, débarquèrent près de Marathon, mais aussitôt, jugeant l'emplacement peu favorable, levèrent le camp pour atteindre Le Pirée par mer. Les Athéniens (9 000 hoplites) étaient renforcés seulement par 1 000 Platéens, tandis que les Lacédémoniens hésitants retardaient l'envoi des renforts promis, sous prétexte d'empêchement religieux. Miltiade*, nommé au commandement de l'armée athénienne à l'instigation d'Aristide*, chargea les Perses dont une partie était déjà rembarquée. Enserrant l'armée de Darios* I^er entre les deux ailes de la phalange grecque, Miltiade lui causa de lourdes pertes et prit sept vaisseaux. Un soldat, envoyé pour annoncer la nouvelle à Athènes, serait tombé mort d'épuisement à son arrivée. Cette victoire demeura le symbole de la lutte grecque contre les Asiatiques et conféra un grand prestige à Athènes. ▪ L'épisode a donné lieu à l'emploi du nom pour désigner une des plus longues épreuves de course à pied.

**MARBELLA** ➝ ÉTYM. l'étym. *¡Qué mar tan bella !* « Que la mer est belle ! », exclamation admirative d'Isabelle la Catholique en contemplant la Méditerranée depuis la forteresse récemment conquise, est probablt populaire ♦ V. d'Espagne (Andalousie), prov. de Málaga, sur la Costa del Sol. 126 422 hab. Port et station balnéaire fréquentés.

**MARBODE** ♦ (Angers 1035 - *id.* 1123). Archidiacre d'Angers où il enseigna les sciences et où il résida même après avoir été nommé évêque de Rennes (1096) ; poète, auteur du *De gemmis*, lapidaire symbolique.

**MARBORÉ** (massif du) n. m. ➝ ÉTYM. p.-ê. apparenté au gasc. *marbouc* « sol compact et peu fertile » ♦ Massif calcaire des Hautes-Pyrénées, qui domine le cirque de Gavarnie (pic du Marboré, 3 248 m). Point culminant : mont Perdu, 3 348 m.

**MARBOT (Jean-Baptiste Antoine Marcellin,** baron **DE)** ♦ Général français (Altillac, Quercy 1782 - Paris 1854). Après s'être distingué au cours des campagnes de l'Empire et avoir rallié Napoléon I^er lors des Cent-Jours, il fut banni de 1815 à 1819. Précepteur du duc de Chartres (fils de Louis-Philippe), promu général en 1830, il participa au siège d'Anvers (1832) et à diverses opérations de la conquête de l'Algérie. Ses *Mémoires* furent publiés en 1891.

**MARBURG** – parfois en fr. *Marbourg* ➝ ÉTYM. du moyen haut all. °*Markburg* « la forteresse *(burg)* de la frontière *(mark)* » ♦ V. d'Allemagne (Hesse), sur la Lahn. Env. 77 000 hab. Univ., riches bibliothèques. Église gothique Sainte-Élisabeth, édifiée de 1235 à 1283 sur le tombeau de sainte Élisabeth de Hongrie. Château des landgraves de Hesse (XIII^e s.). Hôtel de ville gothique (XVI^e s.). ▪ Indus. chimique, poteries. ▮ **Histoire** Mentionnée dès 1130, Marburg devint au XII^e s. possession du landgraviat de Hesse et résidence des landgraves. Une importante université protestante y fut fondée en 1527, où se tint en 1529 le *colloque de Marburg**. De célèbres théologiens (Harnack*) et les représentants de l'école néokantienne (E. Cassirer*, H. Cohen*, P. Natorp*) s'y illustrèrent.

**Marburg** (colloque de) ♦ Réunion où les luthériens et les « sacramentaires » (zwingliens) tentèrent de définir une doctrine théologique commune, prélude à une alliance politique (1529). Ils publièrent ensemble les *Articles de Marburg*, mais Luther*, consubstantialiste, et Zwingli*, mémorialiste, ne purent s'entendre sur la Cène, et l'alliance échoua. → **Réforme.**

**MARC** (saint) ➝ ÉTYM. du lat. *Marcus*, p.-ê. de *Mars** ♦ Évangéliste qui ne fut pas apôtre. Disciple de saint Pierre* et, selon la tradition, auteur, après sa mort, du deuxième Évangile*. Parfois identifié avec le Marc (ou Jean Marc) cité dans les Actes* des Apôtres et les épîtres de Paul*, il aurait été l'évangélisateur de l'Égypte, évêque d'Alexandrie, et serait mort martyr. Son corps aurait été rapporté en 828 à Venise, dont il est le patron. Son emblème est le lion ailé. ▪ Fête le 25 avr.

**MARC** (saint) ♦ 34^e pape, de janvier à octobre 336. Romain. ▪ Fête le 7 octobre.

**MARC (Franz)** ♦ Peintre allemand (Munich 1880 - près de Verdun 1916). Fils d'un peintre de paysages et de scènes de genre, il entreprit des études de théologie et de sociologie, puis étudia aux Beaux-Arts de Munich (1900 - 1903). Séjournant à Paris et en Bretagne en 1903, il eut la révélation des œuvres de Gauguin et de Van Gogh. Il se rendit en Grèce en 1906, puis de nouveau à Paris en 1907 où il prit sans doute connaissance des œuvres des fauves. Il réalisa aussi quelques œuvres selon la technique divisionniste. Surtout fasciné par le thème de l'animal, il traita les formes d'un trait souple et élégant qui tend à l'arabesque et dans une gamme de tons de plus en plus éclatante et irréaliste *(Chevaux rouges ; Grands chevaux bleus ; Chevreuils rouges)*. Ayant fait en 1910 la connaissance de Kandinsky*, et cherchant comme lui dans la peinture la réponse à ses aspirations spirituelles, il s'inscrivit à la Neue Kunstlervereinigung, puis collabora activement à l'élaboration de l'*Almanach* du Cavalier bleu en 1912. Après avoir rencontré Delaunay à Paris, accompagné de A. Macke* (1913), il eut tendance à accorder à la couleur une fonction structurelle *(Éléphant ; Bœuf et Cheval)* et abandonna les références à un spectacle quelconque pour se fonder seulement sur son « impulsion intérieure ». Il évolua vers la non-figuration, créant des œuvres tumultueuses au coloris intense (*Formes luttant ; Formes brisées*, 1914) qui révèlent un tempérament profondément lyrique.

Franz **Marc.** *Chevaux rouge et bleu* (35,7 × 45,7 cm). Lenbachhaus, Munich. *Phot. © Arch. Smeets*

**MARCA (Pierre DE)** ♦ Historien et prélat français (Gan, Béarn 1594 - Paris 1662). Il fut président du conseil de Navarre (1621) et maître des requêtes (1639). Veuf depuis 1631, il entra dans les ordres en 1642 et fut nommé évêque de Couserans, puis devint archevêque de Toulouse (1652). En 1662, il succéda au cardinal de Retz sur le siège archiépiscopal de Paris. Il condamna formellement les propositions de Jansénius (1655). ▪ Auteur du *De Concordia sacerdotii et imperii* (1641) où il expose les libertés de l'Église gallicane et d'une *Histoire du Béarn* (1650).

**MARCABRUN** ♦ Troubadour gascon (déb. XII^e s.), auteur de vers satiriques et de chansons de croisade, dont le *Chant du lavoir* (v. 1140), âpre exhortation à prendre la croix.

**MARCADÉ (Eustache)** ♦ Poète dramatique français (fin du XIV^e s. - Marmoutier, Touraine 1440). Originaire de Picardie, théologien (il fut official de Corbie), il a composé vers 1420 le premier grand mystère inspiré par la Passion du Christ. Conjuguant le réalisme et l'allégorie, le comique et le dramatique, la *Passion d'Arras* manque d'émotion. Elle ouvre la voie, avec ses 25 000 vers, à des œuvres qui lui sont supérieures, celles d'Arnoul Gréban* et de Jehan Michel*. ➙ ÉTYM. *Marcadé* est une variante de *Mercadier*, forme méridionale de *marchand*.

**MARC AURÈLE** – en lat. ***Marcus Annius Verus***, puis ***Marcus Aurelius Antoninus*** ♦ Empereur et philosophe romain (Rome 121 - Vindobona, auj. Vienne, Autriche 180). Il étudia la rhétorique et la philosophie stoïcienne. Adopté par l'empereur Antonin* dont il épousa la fille Faustine, il fut césar (139), reçut l'imperium proconsulaire (146) et le titre d'empereur (161 - 180). Son règne, pendant lequel il rénova l'administration financière et judiciaire, fut troublé par plusieurs guerres victorieuses contre les Parthes et les Germains. Malgré son humanisme, il ne fit rien pour améliorer la situation des chrétiens dans l'Empire. C'est à la fin de sa vie qu'il rédigea ses *Pensées** qui constituent le dernier grand témoignage sur le stoïcisme antique. Dans ce texte où l'empereur s'adresse à l'homme qu'il est et critique ses faiblesses les plus intimes, il tente d'atteindre le détachement stoïcien des choses qui ne dépendent pas de nous, en réinscrivant son existence dans l'ordre cosmique tout entier guidé par la Providence divine.

**MARCEAU (François Séverin MARCEAU-DESGRAVIERS, dit François)** ♦ Général français (Chartres 1769 - Altenkirchen 1796). Lieutenant-colonel de la garde nationale, il prit part à la défense de Mayence en 1792, puis fut envoyé à l'armée de l'Ouest (1793) contre les insurgés vendéens. Général de division dans l'armée de Sambre-et-Meuse, il contribua à assurer la victoire des troupes françaises à Fleurus* (26 juin 1794), puis s'empara de Coblence (23 oct. 1794). Administrateur de Wiesbaden, il fut mortellement blessé à Altenkirchen en assurant la retraite des troupes françaises sous le commandement de Jourdan. Ses hauts faits et sa mort précoce en firent le type du héros révolutionnaire. Une partie de ses cendres a été transférée au Panthéon en 1889. ➙ ÉTYM. *Marceau* est une autre forme de *Marcel**.

**MARCEAU (Louis CARETTE, dit Félicien)** ➙ ÉTYM. «ma vérité, c'est Marceau, un pseudonyme que j'ai trouvé en 30 secondes... Je cherchais un nom de 7 lettres, mon chiffre fétiche, un chiffre de casino. Quant au prénom, je voulais quelque chose qui ait du caractère. Félicien (de Félix heureux en latin), c'était de bon augure» ♦ Dramaturge, essayiste et romancier français d'origine belge (Cortenberg 1913). Il obtint le prix Interallié en 1955 pour *Les Élans du cœur*, et *Creezy* (1969) lui valut la notoriété. On lui doit des essais littéraires : *Casanova ou l'anti-Don Juan* (1955), *Balzac et son monde* (1955), *Le Roman en liberté* (1978). Il se tourna vers le théâtre avec *L'Œuf* (1956), *La Bonne Soupe* (1959), *Madame princesse* (1965). Toute son œuvre témoigne d'une attitude éthique : seule la recherche lucide d'une vérité peut s'opposer à l'absurdité de la condition humaine, vécue dans l'amertume. [Acad. fr. 1975]

**MARCEAU (Marcel MANGEL, dit Marcel)** ♦ Mime français (Strasbourg 1923 - Cahors 2007). Élève de Decroux*, il débuta par des figurations dans les mises en scènes de Dullin*, puis entra dans la Compagnie Renaud-Barrault (1946 - 1950). Il fut le créateur d'Arlequin dans *Baptiste* de J. Prévert (1946) et fonda sa propre compagnie en 1947. Ses premiers spectacles s'attachèrent à redécouvrir le mimodrame (*Le Manteau*, 1951 ; *Pierrot-de-Montmartre*, 1952 ; *Mont-de-piété*, 1956). À la fin des années 1940, il se consacra au mime soliste et créa le personnage de Bip, inspiré de Chaplin et Keaton. Il poursuivit dès lors sa carrière internationale sous les traits d'un petit homme blanc au chapeau claque, orné d'une fleur rouge et, en 1978, ouvrit une école de mime à Paris. [Acad. des bx-arts 1991]

**MARCEL I^er** (saint) ➙ ÉTYM. du lat. *Marcellus*, de *Marcus* «Marc» ♦ 30^e pape en 308 - 309. Romain, martyr (exilé ?). Successeur de saint Marcellin* après quatre ans de vacance du siège pontifical, il réorganisa le culte dans des bâtiments provisoires, les églises ayant été démantelées par la persécution. Une de ces maisons où il disait la messe aurait été transformée en écurie par ordre de Maxence* et lui-même réduit à l'état de palefrenier. ▪ Fête le 2 juin.

**MARCEL II [Marcello CERVINI]** ♦ (Montepulciano 1501 - Rome 1555). 220^e pape, vingt-deux jours en avr. 1555. La *Messe du pape Marcel* de Palestrina devait être jouée pour son couronnement, qui n'eut pas lieu.

**MARCEL (Étienne)** ♦ Homme politique français (v. 1315 - Paris 1358). Prévôt des marchands de Paris, il fut avec Robert Le* Coq l'un des chefs de la bourgeoisie aux états* généraux de 1355 et 1356, et contribua à imposer au dauphin (le futur Charles* V) la Grande Ordonnance de 1357 qui prévoyait le contrôle des subsides par les états, un conseil adjoint au dauphin et le renvoi des conseillers de Jean* II. Devant l'opposition du dauphin aux réformes, il tenta de substituer une révolution urbaine à celle que n'avaient pu faire les états généraux. Le dauphin étant peu soucieux de se voir mettre en tutelle par la municipalité, l'antagonisme alla croissant. Le 22 février 1358 eut lieu la première journée révolutionnaire parisienne. Étienne Marcel et ses partisans envahirent le palais, assassinèrent deux conseillers du dauphin sous ses yeux, le contraignirent à renouveler l'Ordonnance de 1357. Devenu le maître de Paris, Étienne Marcel s'efforça de gagner la province à sa cause. Cependant, le dauphin s'enfuit, réunit une armée et bloqua Paris. Étienne Marcel, compromis par son alliance avec Charles* II le Mauvais, à qui il avait décidé de livrer Paris, et isolé, fut assassiné par J. Maillard, partisan du dauphin.

**MARCEL (Gabriel)** ♦ Philosophe et auteur dramatique français (Paris 1889 - *id.* 1973). Converti au catholicisme (1929), il fut l'un des représentants de l'existentialisme chrétien. Méditant sur l'existence concrète de l'homme engagé dans le monde, dans sa relation avec autrui, il a opposé au domaine de l'Avoir (tout ce qu'on peut posséder et donc aliéner) le mystère de l'Être. Refusant le pessimisme de l'existentialisme athée, il a accordé une place importante à la transcendance et à la rencontre de l'homme et de Dieu dans la foi. Outre ses œuvres philosophiques (*Journal métaphysique*, 1927 ; *Être et Avoir*, 1935 ; *Homo viator*, 1946 ; *Le Mystère de l'Être*, 1951), il publia des pièces de théâtre.

**MARCELLIN** (saint) ➙ ÉTYM. en lat. *Marcellinus*, dimin. de *Marcellus* «Marcel» ♦ 29^e pape (de 296 à 304). Romain, martyr (?). Son pontificat vit débuter la persécution de Dioclétien (303). ▪ Fête le 2 juin.

**MARCELLO (Benedetto)** ♦ Compositeur et théoricien italien de la musique (Venise 1686 - Brescia 1739). Avocat et juge au tribunal de Venise, il fut l'élève de Tartini* pour le violon et de Lotti pour la composition. Nommé membre de l'Academia filarmonica de Bologne (1712), il devint rapidement célèbre et reçut le titre de «Prince de la musique». On lui doit avant tout l'*Estro Poetico Armonico* («L'Inspiration poétique et harmonique», 8 vol., 1724 - 1727), cinquante paraphrases de psaumes, de 1 à 4 voix, où il utilise la monodie, accompagnée d'une basse continue conçue comme une voix indépendante, dans le style prébaroque. Il a aussi écrit des messes, oratorios, environ 200 airs, duos, madrigaux, canzonette, cantates, de la musique instrumentale (sonates, concertos) et 2 opéras. Le plus connu de ses écrits, *Il Teatro alla moda* (1720), satire brillante du monde théâtral de son temps, offre de précieux renseignements sur la mise en scène des opéras baroques. ♦ **Alessandro Marcello** (Venise 1684 - *id.* 1750). Frère du précédent, compositeur, il est l'auteur notamment d'un concerto en ré mineur pour hautbois transcrit par Bach pour clavecin seul (BWV 974).

**MARCELLUS** – en lat. ***Marcus Claudius Marcellus*** ♦ Homme politique et général romain (v. –268 - Venosa –208). Cinq fois consul entre –222 et –208, il remporta lors de son premier consulat une brillante victoire sur les Gaulois, préparant ainsi la soumission de la Gaule cisalpine. Chargé de combattre Hannibal* après le désastre de Cannes (deuxième guerre punique*), il le tint en échec, le battant même par deux fois à Nole (–216 - –215). Envoyé ensuite en Sicile, il mit le siège devant Syracuse*, alliée de Carthage, qu'il ne put enlever qu'en –212. → **Archimède.** Il fut tué dans une embuscade, après avoir vaincu encore une fois Hannibal (–210).

**MARCH (Auziàs)** ♦ Poète catalan (v. 1397 - Valence 1459). Imitateur de Dante* et de Pétrarque*, il fut un des précurseurs de la langue poétique catalane et écrivit les *Chants d'amour, de morale, de spiritualité et de mort*.

**MARCHAIS (Georges)** ♦ Homme politique français (La Hoguette, Calvados 1920 - Paris 1997). Membre du Parti communiste* français (1947), il entra au comité central (1956) et au bureau politique (1959), fut nommé secrétaire général adjoint (1970), puis secrétaire général en remplacement de Waldeck Rochet malade (1972). Il contribua à l'élaboration du Programme commun de la gauche avec le Parti socialiste (1973). Député (depuis 1973), candidat à l'élection présidentielle (1981), il dut faire face au déclin électoral du PCF et au développement de la contestation au sein du parti. À l'issue du 28^e congrès du PCF (janv. 1994), il céda la direction du parti à Robert Hue*. ➙ ÉTYM. *Marchais* signifie «lieu marécageux», nom de domaine ou de localité, du latin *mercasium*, à rattacher au francique *marisk*.

**MARCHAK (Samouïl Iakovlevitch)** ♦ Poète soviétique (Voronej 1887 - Moscou 1964). Il a laissé d'excellentes traductions de Shakespeare*, William Blake* et Robert Burns*, mais il est plus connu en tant que poète de l'enfance. Avec des recueils tels que *La Maison que Jack a bâtie* (1923), *Les Enfants en cage* (1924), *Livre multicolore* (1947) et des poèmes tels que *Mister Twister* (1933), *Vérité et Légendes* (1947), *La Poste, D'où est venue la table, Comment on a imprimé ce livre, Les Saisons de l'année*, il a formé une véritable encyclopédie de l'enfance. Maïakovski* compara le poète à une «usine de bonheur».

**MARCHAND (Louis)** ♦ Organiste et compositeur français (Lyon 1669 - Paris 1732). Organiste au couvent des Cordeliers, puis à la Chapelle royale (1706 - 1714), il séjourna quelques années en Allemagne, où il rencontra J.-S. Bach. Revenu en France (v. 1718), il y reprit ses activités de virtuose et de professeur. Remarquable improvisateur, il connut une grande célébrité. Il a publié plusieurs livres de pièces pour le clavecin et l'orgue, des airs français et italiens, des motets, une cantate et un *Traité des règles de la composition*.

**MARCHAND (Jean-Baptiste)** ♦ Général français (Thoissey, Ain 1863 - Paris 1934). Parti du Congo en 1897, il explora les cours de l'Oubangui, de l'Ouellé et du Bahr el-Ghazal, et atteignit Fachoda* (1898) qu'il occupa puis dut évacuer. → **Fachoda.** Lors de la Première Guerre mondiale, il commanda une brigade coloniale en Argonne, puis une division en Champagne, sur la Somme (1916) et à Verdun (1917).

Le **Marchand de Venise** – en angl. ***The Merchant of Venice*** ♦ Comédie en 5 actes de W. Shakespeare* (1594 ou 1596). Amoureux de Portia, la riche héritière, Bassanio s'efforce d'obtenir sa main. Pour l'aider, son ami Antonio est obligé, ayant emprunté une somme de 3 000 ducats à l'usurier juif Shylock, de promettre à ce dernier, en cas de non-remboursement, une livre de sa chair. Le jour de l'échéance venu, la dette non réglée, Shylock exige l'exécution de la clause. Mais l'habileté de Portia, revêtue de la robe d'avocat, sauve Antonio en confondant l'usurier.

**MARCHE** n. f. → **ÉTYM.** «province frontière d'un État» ♦ Anc. prov., puis «grand gouvernement» de la France, qui correspondait au dép. de la Creuse et à une partie du dép. de la Haute-Vienne, avec pour villes princ. Guéret et Bellac. Comté vassal de l'Aquitaine (944), elle appartint aux Lusignan (1199) puis à Charles le Bel (1309) et à la maison de Bourbon (1327). Confisquée en 1527, elle fut réunie à la Couronne par François Ier en 1531.

**Marché commun** → **Communauté économique européenne**

**MARCHE-EN-FAMENNE** ♦ V. de Belgique (Région wallonne), prov. de Luxembourg, ch.-l. d'arr., sur la Marchette. 17 066 hab. Église Saint-Remacle (XVe s., remaniée au XVIIe s.). Aux environs, églises romanes de Waha (XIe s.), la plus ancienne de Belgique, et d'Aye (reconstruite au XVIIIe s.). Châteaux et fermes-châteaux. Menhir à Waha, grottes de la Wamme à On. ▪ Nœud de communications. Tourisme. Indus. du bois et agroalimentaire. ▮ **Histoire** L'Édit perpétuel, qui confirmait la pacification de Gand, libérant la ville du joug espagnol, y fut signé en 1577.

**MARCHENOIR** [41370] → **ÉTYM.** «la mare (anc. fr. *marchais*) noire» ♦ Ch.-l. de cant. du Loir-et-Cher, arr. de Blois. 632 hab. *(Négro-Marchaisiens).* Ruines d'un donjon du XIIe s. Église des XIIe et XVe s. ▪ La *forêt de Marchenoir* est un massif de 5 400 ha qui limite la Beauce au S.-O. ▮ **Histoire** Lors de la guerre de 1870 - 1871, la commune a été le théâtre de la bataille livrée par la IIe armée de la Loire sous le commandement de Chanzy. Menacé d'être pris à revers, ce dernier dut se replier sur Vendôme.

**MARCHES** n. f. pl. → **ÉTYM.** en it. ***Marche*** «province frontière d'un État» ♦ Région d'Italie. → **Italie** (carte). 9 694 km². 1 470 581 hab. CH.-L. : Ancône. Elle est formée des provinces d'Ancône, Ascoli Piceno, Macerata, Pesaro-et-Urbino. ▮ **Géographie** C'est la région la plus au N. de l'Italie centrale, s'étendant de la Foglia au Tronto. Elle est formée du haut Apennin, montagneux, sauvage et traversé de vallées, d'une zone de collines argileuses et fertiles, et d'un littoral bas bordé de plages. Les Marches opposent un littoral développé à une montagne en voie de désertification dont les cités anciennes deviennent des villes musées. On pratique encore la *coltura promiscua* (association sur la même surface de céréales et d'arbres fruitiers) dans des propriétés morcelées. La région est dépourvue de richesses minérales. Cependant, le tourisme, en plein essor, transforme la côte, que fréquentent, l'été, de nombreux Allemands. On y pratique encore la pêche ; Benedetto del Tronto est le premier port de pêche italien. L'industrie est peu développée et se réduit à l'artisanat local (meubles, chaussures, confection). Seul Ancône est un centre industriel notable (pétrochimie). ▮ **Histoire** Les Marches furent annexées aux États pontificaux en 1532 puis, en 1860, au Piémont.

**MARCHIENNES** [59870] → **ÉTYM.** anc. *Marcianas*, de *Martianus*, du lat. *Marcius*, n. de pers., et suff. *-anas* ♦ Ch.-l. de cant. du Nord, arr. de Douai, à la lisière de la *forêt de Marchiennes* (801 ha). 4 641 hab. Vestiges d'une abbaye bénédictine, occupée par la mairie et un musée (archéologie). ▪ Aux environs, vestiges de l'anc. abbaye bénédictine d'Anchin, dont l'abbatiale abritait notamment le polyptyque de J. Bellegambe, auj. au musée de la Chartreuse à Douai.

**MARCIAC** [32230] ♦ Comm. du Gers, arr. de Mirande. 1 233 hab. *(Marciacais).* Festival de jazz.

**MARCIEN** – en lat. ***Flavius Marcianus*** ♦ (Thrace v. 396 - 457). Empereur d'Orient (450 - 457). Successeur de Théodose* II dont il épousa la sœur Pulchérie*, il refusa de payer tribut à Attila et vint en aide à Valentinien* III en Italie. Il combattit le monophysisme et réunit le concile de Chalcédoine* (451). Il fut canonisé, ainsi que Pulchérie, par l'Église grecque.

**MARCIGNY** [71110] → **ÉTYM.** anc. *Silva Marcinianensi*, du lat. *Marcinius*, n. de pers., et suff. *-acum* ♦ Ch.-l. de cant. de la Saône-et-Loire, arr. de Charolles, situé à proximité de la Loire. 1 999 hab. *(Marcignots).* Musée régional, dans la tour du Moulin (XVe s.). Maisons anc. à pans de bois.

**MARCINELLE** ♦ Localité de Belgique dépendant de la ville de Charleroi*. Une catastrophe minière causa la mort de 263 personnes en 1956.

**MARCION** ♦ Théologien chrétien (Sinope, v. 85 ? - v. 160). Fils d'un évêque et riche armateur, il fut un important soutien de l'Église de Rome avant de s'en faire excommunier (144), puis de fonder une Église dissidente qui s'étendit rapidement. Son œuvre, qui ne nous est connue que par ses adversaires, révèle un bibliste qui, dans ses *Antithèses*, dresse la liste des contradictions entre le Dieu créateur (celui de la Bible juive), juste, et le Dieu salvateur (celui de l'Évangile), bon (et étranger au monde). Pour faire connaître ce dernier, Marcion se fonde sur dix épîtres de Paul* et sur l'Évangile de Luc* : soupçonnant ces textes d'altérations, il les aurait recensés en y faisant des coupures, gommant l'humanité du Christ (docétisme*) et tout ce qui pouvait favoriser la perpétuation d'une création malheureuse (ascétisme extrême). L'importance de cette œuvre, qui a peut-être été la première édition d'un «Nouveau Testament», a sans doute durablement influencé le gnosticisme (en lui fournissant un schéma scripturaire) tout autant que l'orthodoxie catholique (en l'amenant, par réaction, à conserver la Bible juive). Maintenu par des églises bien structurées, le marcionisme a perduré en Occident jusqu'au IIIe s., en Orient jusqu'au Ve et se serait peut-être fondu dans le manichéisme.

**MARCK** [62730] → **ÉTYM.** du germ. *marca* «frontière» ou *markya* «la marécageuse» ♦ Comm. du Pas-de-Calais, arr. de Calais. 8 987 hab.

**MARCKOLSHEIM** [67390] → **ÉTYM.** du germ. *Marculf*, n. de pers., et *heim* «village» ♦ Ch.-l. de cant. du Bas-Rhin, arr. de Sélestat, sur le grand canal d'Alsace. 3 614 hab. *(Marckolsheimois).* Mémorial. Musée de la Ligne Maginot du Rhin. ▪ Centrale hydroélectrique sur une dérivation du Rhin.

**MARCO (Tomás)** ♦ Compositeur espagnol (Madrid 1942). Élève de Boulez et de Ligeti, fondateur de la revue *Sonda*, il a écrit notamment des opéras (dont *Selene*, 1965 - 1973), une *Passion selon saint Marc* (1983) et six symphonies (1976, 1985, 1986, 1988, 1990, 1992).

**MARCOMANS** n. m. pl. → **ÉTYM.** en lat. ***Marcomanni*** «les hommes de la frontière», du germ. *mark* «marche, frontière» et *mann* «homme» ♦ Peuple germain du groupe des Suèves* établi à l'origine entre le Main et le Danube. Vaincus par Drusus (-9), ils gagnèrent la Bohême sous la conduite de leur roi Marbod. Mais une fois leur royaume détruit par Arminius*, chef des Chérusques (18), ils descendirent en Vénétie où ils menèrent (166), avec les Quades, une longue lutte contre Rome. Une partie d'entre eux fut utilisée par Marc Aurèle pour repeupler la plaine du Pô. Refoulés au-delà du Danube au IIIe s., ils finirent par conclure la paix avec l'Empire.

**MARCONI (Guglielmo)** ♦ Physicien italien (Bologne 1874 - Rome 1937). Avec l'éclateur de Hertz* (émetteur), le cohéreur de Branly* (détecteur) et l'antenne de Popov*, il construisit, à vingt-deux ans, un poste qui permettait des transmissions par télégraphie sans fil sur quelques centaines de mètres. Parti travailler en Grande-Bretagne, il augmenta progressivement la longueur de ses transmissions et réussit, en 1901, la liaison Cornouailles-Terre-Neuve au-dessus de l'Atlantique. [Prix Nobel de phys. 1909, avec C. F. Braun*] → **ÉTYM.** Ce nom italien vient de *Marco* «Marc».

**MARCOS (Ferdinand)** ♦ Homme d'État philippin (Sarrat, Luçon 1917 - Honolulu 1989). Succédant à Macapagal, il fut président de la république des Philippines à partir de 1965 mais dut s'exiler aux États-Unis puis à Hawaï à la suite des élections frauduleuses de 1986. C. Aquino* lui succéda. → **Philippines.**

**Marcoule (Établissement de)** ♦ Mis en service en 1958 par le Commissariat à l'énergie atomique dans la commune de Chusclan (Gard), le centre dépend de la Compagnie générale des matières nucléaires (Cogema). Il assure le retraitement des combustibles des réacteurs EDF et produit des fournitures pour la Défense nationale. Il comporte également un centre de recherche sur les déchets nucléaires et le démantèlement des installations atomiques. Le site abrite aussi la centrale prototype à neutrons rapides Phénix.

**MARCOUSSIS (Ludwik MARKUS, dit Louis)** ♦ Peintre, dessinateur et graveur français d'origine polonaise (Varsovie 1883 - Cusset, Allier 1941). Il étudia aux Beaux-Arts de Cracovie, puis à partir de 1903 fréquenta l'académie Julian à Paris. Après une période impressionniste, puis fauve (jusqu'en 1907), il se lia avec Braque, Apollinaire (qui lui suggéra son pseudonyme) et Picasso. Il subit alors l'influence des œuvres cubistes et exposa en 1912 à la Section d'or. Devenu un adepte du «papier collé» (vers 1914), il fit preuve dans cette technique d'un raffinement et d'une sobriété que l'on retrouve dans ses peintures, construites avec rigueur (*Nature morte au damier*, 1912). De 1919 à 1928, il réalisa de nombreuses peintures sur verre en respectant dans ses compositions les principes structurels hérités du cubisme, tout en adoptant un style plus souple qui rappelle parfois Braque et révèle aussi une volonté de suggérer un climat poétique issu de la peinture métaphysique et surréaliste (*Port de Kenitry*, 1927 ; *Intérieurs*, à partir de 1929 ; *Personnages*, 1930-1931). Il a aussi réalisé de nombreuses illustrations de poèmes.

**MARCOUSSIS** [91460] → **ÉTYM.** du bas lat. *marcocia* «pâture» et suff. *-icium* ♦ Comm. de l'Essonne, arr. de Palaiseau. 7 226 hab. *(Marcoussissiens).* Église Sainte-Madeleine du XIIe s., reconstruite au XVe s.

(*Vierge à l'Enfant* de 1408 ; stalles du XVII^e^ s.). Laboratoires de recherche (photonique et nanostructures ; télécommunications). Centre technique national de rugby.

**MARCQ-EN-BARŒUL** [59700] ÉTYM. *Marcq :* anc. *Marke,* de *Marque,* n. de riv., et *Barœul,* n. de région ♦ Ch.-l. de cant. du Nord, dans la banlieue N.-E. de Lille. 37 177 hab. *(Marcquois).* Indus. agroalimentaire (levure, confiserie).

**MARCUS (Rudolph A.)** ♦ Chimiste américain d'origine canadienne (Montréal 1923). Ses études théoriques effectuées entre 1956 et 1965 permirent l'élucidation des mécanismes de transfert d'électrons entre les molécules. Il montra en particulier que les caractéristiques de ce transfert dépendent de l'environnement des molécules et non de leur composition et décrivit le rapport de la vitesse de transfert et les variations d'énergie libre. Ses résultats ne furent confirmés expérimentalement qu'à la fin des années 1980. [Prix Nobel de chim. 1992]

**MARCUSE (Herbert)** ♦ Philosophe américain d'origine allemande (Berlin 1898 - Starnberg, près de Munich 1979). Membre de l'école de Francfort*, il émigra aux États-Unis lors de la montée du nazisme. Il a publié *Raison et Révolution, Hegel et la naissance de la théorie sociale* (1941, trad. fr. 1969) ; *Éros et civilisation* (1955, trad. fr. 1963) ; *L'Homme unidimensionnel* (1964, trad. fr. 1968) ; *Culture et Société* (1965, trad. fr. 1970) ; *Vers la libération* (1969). La dialectique hégélienne et surtout les découvertes psychanalytiques interprétées à la lumière du marxisme servent de ligne directrice à son analyse du développement économique et technique des sociétés industrielles. Caractérisée par la recherche de l'efficacité et du confort, la société d'abondance (particulièrement américaine) est selon Marcuse une société close ; elle vise à réduire l'individu, à endiguer les forces révolutionnaires, les «éléments explosifs et antisociaux de l'inconscient».

**MARDAN** ♦ V. du Pakistan, proche de Peshawar. 244 511 hab. Artisanat textile. Raffineries de sucre.

**MAR DEL PLATA** ♦ V. d'Argentine (prov. de Buenos Aires), sur l'océan Atlantique. 564 000 hab. Port. Centre de commerce et d'indus. agroalimentaire. ▪ C'est la plus grande station balnéaire du pays.

**MARDİN** ♦ V. de Turquie, ch.-l. de prov., en Anatolie orientale, près de la frontière syrienne. 82 134 hab. La ville est dominée par les restes d'une citadelle fondée à l'époque romaine et qui a résisté à de nombreux sièges au cours de l'histoire. Elle conserve une mosquée du XI^e^ s. (restaurée) et la médersa du sultan Isa, frère de Tamerlan (1385). Centre de commerce.

**MARDOCHÉE** ♦ Personnage biblique du Livre d'Esther (→ **Esther**).

**MARDONIOS** ♦ Général perse (mort à Platées –479). Gendre de Darios, il fut chargé de soumettre la Grèce en –492 et commanda l'expédition terrestre et navale de l'empire perse. Sa flotte fut détruite par la tempête près du mont Athos et ses troupes terrestres furent battues en Macédoine par les Thraces. En –480, Xerxès lui laissa le commandement après le désastre de Salamine. Il réoccupa la Béotie, essaya de négocier avec les Grecs et ravagea l'Attique, mais fut battu et tué à la bataille de Platées*.

**MARDUK** ÉTYM. du sumérien *Amar-utu* «jeune buffle au soleil» ou de *mord* «mort, massacre» ♦ Dieu de Babylone, ancienne divinité agraire placée au sommet du panthéon par Hammurabi. → **Bêl, Création (Poème de la)**. Il rayonna jusqu'en Assyrie. → **Shamshi-Adad V.**

**MARÉ (Rolf DE)** ♦ Mécène suédois (Stockholm 1888 - Kiambu, Kenya 1964). Très fortuné, il s'occupa de musique et d'art plastique. En 1920, il fonda la compagnie des Ballets suédois avec Jean Börlin comme premier danseur et chorégraphe. Il fut directeur du théâtre des Champs-Élysées à Paris (1924 - 1927) et créa en 1931 les Archives internationales de la danse. Il produisit des films de danse.

**MARÉ** → **Loyauté (îles)**

La **Mare au diable** ♦ Roman de George Sand* (1846), qui évoque, dans la campagne berrichonne, le voyage qui rapprochera Germain, le «fin laboureur» resté veuf avec trois enfants, de la «petite Marie», bergère contrainte à s'engager comme servante dans une ferme. Ayant placé son ouvrage sous le signe des *Géorgiques** de Virgile, George Sand entend y honorer les mœurs et les traditions du Berry (y compris la langue régionale) et exalter le travail des champs.

**MARECHAL (Leopoldo)** ♦ Poète et romancier argentin (Buenos Aires 1900 - *id.* 1970). Il fut l'un des écrivains les plus représentatifs de la nouvelle génération de l'avant-garde argentine des années 1920, qui se regroupait dans le sillage de la revue *Martín Fierro*. De son œuvre poétique on peut détacher les recueils *Jours comme des flèches* (1926) et *Odes pour l'homme et pour la femme* (1929). Mais il perdure notamment grâce à un énorme roman à clés, *Adán Buenosayres* (1948), homérique approche de Buenos Aires, peuplée d'allégories et de symboles mythico-religieux entremêlés de réalité sociale. L'un des protagonistes de ce roman d'initiation est J. L. Borges, peint sous les traits de Luis Pereda, «grammairien créolosophe».

**MARÉCHAL (Pierre Sylvain)** ♦ Écrivain français (Paris 1750 - Montrouge 1803). Auteur de publications inspirées par la vogue des idylles (*Bergeries,* 1770), il exprima dans ses œuvres des positions athées (*Fragments d'un poème sur Dieu ou le Lucrèce moderne,* 1781 ; *Le Livre échappé au déluge,* 1784 ; *L'Almanach des honnêtes gens,* 1788, sorte de calendrier qui substitue aux noms des saints ceux d'hommes célèbres ; *Dictionnaire des athées anciens et modernes,* 1800). Il participa à la conjuration des Égaux* contre le Directoire. ÉTYM. *Maréchal* signifie «maréchal-ferrant» (nom de profession).

**MARÉES (Hans VON)** ♦ Peintre et dessinateur allemand (Elberfeld 1837 - Rome 1887). Il fit ses études à Berlin et à Munich et, à partir de 1864, passa la plus grande partie de sa vie en Italie. Après avoir débuté comme portraitiste et peintre de scènes militaires, il réalisa des œuvres religieuses allégoriques ou symboliques de caractère idyllique, empreintes de noblesse et de sérénité, peintes dans des tonalités claires et vibrantes (Fresques de la bibliothèque zoologique du musée de Naples). Son œuvre s'inscrit dans le courant idéaliste de la peinture allemande inaugurée au XIX^e^ s. par les nazaréens.

**MAREIL-MARLY** [78750] ÉTYM. *Mareil :* anc. *Maroialos,* gaul. «la grande *(maros)* clairière *(ialo)*» et *Marly** ♦ Comm. des Yvelines, banlieue de Saint-Germain-en-Laye. 3 180 hab.

**MAREMME** n. f. ÉTYM. en it. *Maremma* «bord de mer» ♦ Région de l'Italie péninsulaire, le long de la mer Tyrrhénienne, en Toscane*, s'étendant de l'embouchure de la Cecina à Orbetello. Primitivement marécageuse et insalubre, cette zone a été assainie et bonifiée. On y cultive maintenant des céréales et des plantes fourragères. Une réforme foncière est en cours. Tourisme en développement.

**MARENGO** → **Hadjout**

**MARENGO** ÉTYM. du n. de la voie romaine qui reliait Calliano à la Méditerranée : la *Via Marenca* «la voie de la mer» ♦ Loc. d'Italie (Piémont), près d'Alessandria. ▮ **Histoire** Le 14 juin 1800, Bonaparte, aidé par les troupes de Desaix* et la cavalerie de Kellermann, y remporta sur les Autrichiens une victoire difficile (certains parlent d'un demi-échec) que le communiqué officiel transforma en éclatant succès.

**MARENNES** [17320] ÉTYM. en langue d'oïl *marennes* (ou *maremmes*) «marais près de la mer» ♦ Ch.-l. de cant. de la Charente-Maritime, arr. de Rochefort, à l'embouchure de la Seudre. 4 685 hab. (aggl. 7 636) *(Marennais).* Église Saint-Pierre-de-Sales du XV^e^ s., remaniée au XVII^e^ s. (clocher et flèche de style gothique flamboyant). ▪ Viticulture. Important centre d'ostréiculture (claires). Marais salants.

**MARENZIO (Luca)** ♦ Compositeur italien (Coccaglio, Brescia v. 1553 - Rome 1599). D'abord attaché à la cathédrale de Brescia, puis à la cour de Florence, il fut au service de plusieurs princes ecclésiastiques italiens, séjourna en Pologne, puis revint à Rome à la fin de sa vie. Avec Gesualdo* et Monteverdi*, il fut l'un des plus grands madrigalistes de la fin du XVI^e^ s. (*Madrigaux* à 4, 5 et 6 voix). L'élégance de la mélodie, la symétrie des rythmes, l'art du contrepoint et de la prosodie confèrent à son style une aisance et une clarté qui n'excluent en rien le souci de l'expressivité ; le chromatisme y souligne l'émotion exprimée par les textes (le Tasse, Pétrarque). Outre ses nombreux madrigaux, on lui doit cinq livres de villanelles (à 3 voix) où il utilise un langage d'une grande spontanéité, plusieurs livres de motets (de 4 à 12 voix) et un livre de *Sacrae Cantiones* (de 5 à 7 voix).

**MARÉOTIS** (lac) → **Mariout**

**MARET (Hugues Bernard)** duc **DE BASSANO** ♦ Homme politique français (Dijon 1763 - Paris 1839). Rallié à la Révolution, il fit d'abord partie du Club des jacobins puis contribua à la fondation de celui des feuillants (après l'affaire du Champ*-de-Mars, 1791). Envoyé comme ambassadeur à Naples, il fut fait prisonnier par les Autrichiens (1793 - 1796), puis nommé secrétaire général des consuls après avoir appuyé le coup d'État du 18 Brumaire (1799), il fut quelque temps ministre des Relations étrangères (1811). Secrétaire d'État pendant les Cent-Jours, exilé de 1816 à 1820, il fut fait pair de France par Louis-Philippe (1831).

**MARETH** ÉTYM. en ar. *Marīth,* du phénicien *marathone* «champ de fenouil» ♦ Loc. de Tunisie, située au S. de Gabès*, dans le N. de la plaine de Djeffara, qui donna son nom à une ligne de fortifications construite par la France de 1934 à 1939 face à la Tripolitaine, afin d'éviter toute pénétration des troupes italiennes en Tunisie. Les troupes de Rommel, faisant retraite devant la VIII^e^ armée britannique en fév.-mars 1943, durent l'évacuer le 26 mars pour ne pas être encerclées.

**MAREY (Étienne Jules)** ♦ Médecin et physiologiste français (Beaune 1830 - Paris 1904). À la suite de C. Ludwig*, il généralisa l'emploi d'appareils servant à l'enregistrement graphique de phénomènes physiologiques ; avec Chauveau*, il étudia ainsi l'activité cardiaque (*loi de Marey :* loi de variation périodique de l'excitabilité cardiaque et loi d'uniformité de travail du cœur). Pour étudier les mouvements des hommes et des animaux, il mit au point la chronophotographie (1892), importante étape vers la cinématographie. Il publia *La Méthode graphique dans les sciences expérimentales* (1878), *Étude de la locomotion animale par la chronophotographie* (1887). [Acad. sc. 1878]

**MARGAM** → **Port Talbot**

**MARGARITA** (île) ♦ Île de la mer des Antilles, située face à la péninsule vénézuélienne d'Araya, et qui forme avec les îles voisines l'État vénézuélien de Nueva Esparta (1 150 $km^2$. 373 851 hab. CAP. : La Asunción). L'île est très sèche. Tourisme actif. Zone franche commerciale à Porlamar où s'approvisionnent certains habitants de Caracas.

**MARGATE** ♦ V. du S.-E. de l'Angleterre (Kent), à l'extrémité de l'estuaire de la Tamise. 50 000 hab. Station balnéaire.

**MARGAUX** [33460] ♦ Comm. de la Gironde, arr. de Bordeaux. 1 338 hab. *(Margalais).* Vignobles de Château-Margaux, premier grand cru du haut Médoc.

**MARGERIDE** n. f. ➝ ÉTYM. du prénom *Marguerite* ♦ Plateau cristallin du S. de l'Auvergne, culminant à 1 551 m au signal de Randon. Élevage. Gisements d'uranium.

**MARGERIE (Emmanuel JACQUIN DE)** ♦ Géologue français (Paris 1862 - *id.* 1953). Auteur d'un traité sur *Les Formes du terrain* (en collaboration avec G. de la Noé, 1888), qui contribua à fonder la géographie physique, il a laissé également des ouvrages de bibliographie et de critique géologique. [Acad. sc. 1939]

**MARGERIN (Frank)** ♦ Dessinateur et scénariste de bandes dessinées français (Paris 1952). Passionné de musique rock, il fonda le groupe Los Crados avant de publier sa première planche dans *Métal Hurlant* en 1979. Lucien, héros maladroit et gentil à la «banane» inimitable, et ses copains rockeurs imposèrent une image sympathique de petits loubards de banlieue.

**MARGGRAF (Andreas Sigismund)** ♦ Chimiste allemand (Berlin 1709 - *id.* 1782). Il fut le premier à obtenir le sucre de betterave à l'état solide, découvrit l'acide formique, la magnésie, l'alumine, l'anhydride phosphorique et réussit à isoler le zinc de ses minerais.

**MARGNY-LÈS-COMPIÈGNE** [60200] ➝ ÉTYM. anc. *Matriniacus*, du lat. *Matrinius*, n. de pers., et suff. *-acum* ♦ Comm. de l'Oise, arr. de Compiègne, sur l'Oise. 6 507 hab. Aux environs, aérodrome.

**MARGOULIS (Gregori Aleksandrovitch)** ♦ Mathématicien russe (Moscou 1946). Ses travaux sur la théorie des groupes discrets qui mêlent des considérations géométriques, arithmétiques et algébriques contribuèrent à redonner à ces groupes une place de premier plan dans les mathématiques actuelles. [Médaille Fields 1978]

**MARGUERITE** (sainte) ♦ (Antioche, Pisidie, IIIe s.). Fille d'un prêtre païen, elle fut élevée à l'insu de son père dans la religion chrétienne. Olibrius, préfet d'Orient, s'éprit d'elle, mais, comme elle refusait de l'épouser, il la fit martyriser. Son culte fut très populaire au Moyen Âge. ▪ Patronne des femmes enceintes. ▪ Fête le 20 juillet. ➝ ÉTYM. *Marguerite* vient du grec *margaritês* «perle».

**MARGUERITE Valdemarsdotter** ♦ (Søborg, Seeland 1353 - Flensburg 1412). Reine de Danemark, de Norvège et de Suède. Fille de Valdemar IV de Danemark, elle épousa Haakon* VI, roi de Norvège, et exerça la régence de Danemark en 1375 pour son fils Olav V (Olav* II de Danemark). En 1380, elle devint régente de Norvège puis, ayant battu le roi de Suède Albert de Mecklembourg, se fit proclamer reine de Suède. Son fils étant mort, elle désigna comme héritier son neveu Éric de Poméranie. Elle fut à l'origine de l'Union de Kalmar* (1397).

**MARGUERITE II** ♦ (Copenhague 1940). Reine de Danemark depuis 1972, mariée avec Henri de Monpezat.

**MARGUERITE** ♦ Personnage du *Faust** de Goethe. La chanson de «Marguerite au rouet» *(Gretchen am Spinnrad)* a été mise en musique par Schubert et compte parmi ses plus beaux lieder.

**MARGUERITE D'ANGOULÊME** → **Marguerite de Valois**

**MARGUERITE D'ANJOU** ♦ (Pont-à-Mousson 1429 - Dampierre, Anjou 1482). Reine d'Angleterre. Fille de René* I$^{er}$ d'Anjou, elle épousa Henri* VI d'Angleterre (1445), sur lequel elle eut une grande influence. Elle fut rendue responsable des revers anglais à la fin de la guerre de Cent Ans et prit une part active à la guerre des Deux*-Roses. Vaincue et capturée (1471), elle fut libérée contre rançon (1475) et mourut en France.

**MARGUERITE D'AUTRICHE** ♦ (Bruxelles 1480 - Malines 1530). Duchesse de Savoie, gouvernante des Pays-Bas (1506 - 1530). Fille de Maximilien* I$^{er}$ et de Marie* de Bourgogne, elle fut élevée à la cour de France comme future épouse de Charles* VIII. Après le mariage de celui-ci avec Anne* de Bretagne, répudiée, elle épousa Juan d'Espagne, puis Philibert* le Beau de Savoie. Veuve, elle fit élever le monastère de Brou* pour le repos de l'âme de son mari et fut nommée gouvernante des Pays-Bas, qu'elle administra avec compétence, jouant un grand rôle dans la politique européenne (ligue de Cambrai*, 1508 ; paix des Dames*, 1529). Lettrée elle-même, elle sut encourager les arts.

**MARGUERITE DE BOURGOGNE** ♦ (1290 - Château-Gaillard 1315). Reine de France. Fille de Robert II de Bourgogne, elle épousa le futur Louis* X le Hutin (1305) qui la répudia (1314) pour débauche et adultère et la fit étrangler. Mère de Jeanne* II de Navarre. → **Nesle (hôtel de).**

**MARGUERITE D'ÉCOSSE** → **Marguerite Stuart**

**MARGUERITE DE FRANCE** ♦ (Saint-Germain-en-Laye 1523 - Turin 1574). Duchesse de Savoie. Fille de François* I$^{er}$ et de Claude* de France, elle fut élevée par sa tante Marguerite* de Navarre et sut exercer comme elle le mécénat. Elle épousa Emmanuel-Philibert de Savoie (1559).

**MARGUERITE DE PARME** ou **D'AUTRICHE** ♦ (Oudenaarde 1522 - Ortona, dans les Abruzzes 1586). Gouvernante générale des Pays-Bas (1559 - 1567). Fille naturelle de Charles* Quint, elle épousa Alexandre de Médicis, puis Octave Farnèse, et fut nommée gouvernante par Philippe* II d'Espagne, sous tutelle d'un conseil, la *Consulta*. La noblesse du pays, mécontente, provoqua le renvoi de Granvelle* puis, après le compromis des nobles (1565), l'envoi du duc d'Albe à Bruxelles. Marguerite de Parme quitta les Pays-Bas pour l'Italie (1567). Elle eut pour fils Alexandre* Farnèse.

**MARGUERITE DE PROVENCE** ♦ (1221 - Saint-Marcel, près de Paris 1295). Reine de France. Fille de Raymond Bérenger V, comte de Provence, elle épousa Louis* IX (1234), qu'elle accompagna à la septième croisade. Mère de Philippe* III.

**MARGUERITE DE VALOIS** ou **D'ANGOULÊME** ou **DE NAVARRE** ♦ (Angoulême 1492 - Odos, Bigorre 1549). Reine de Navarre. Fille de Charles de Valois, comte d'Angoulême, et de Louise* de Savoie, sœur de François* I$^{er}$ auquel elle était très attachée, elle épousa Charles, duc d'Alençon (1509), puis Henri d'Albret, roi de Navarre (1527). Elle était une des femmes les plus instruites de son temps et fit de sa cour de Navarre un des foyers de l'humanisme. Fervente chrétienne, séduite par la Réforme, elle encouragea Lefèvre* d'Étaples, connut Calvin* et protégea les protestants. Parmi les érudits et les écrivains qui l'entourèrent, on peut citer Robert Estienne*, Bonaventure Des* Périers, Marot* et Rabelais*, qui lui dédia le *Tiers Livre*. Elle-même écrivit, outre l'*Heptaméron**, son œuvre la plus célèbre, des poésies *(Les Marguerites de la Marguerite des princesses)* et des comédies.

**MARGUERITE DE VALOIS,** dite **la reine Margot** ♦ (Saint-Germain-en-Laye 1553 - Paris 1615). Reine de Navarre. Fille d'Henri* II et de Catherine de Médicis, elle fut mariée en 1572 à Henri de Navarre (le futur Henri IV), mariage qui, loin d'être le facteur de réconciliation qu'on avait espéré, fut une des causes de la Saint*-Barthélemy. Les deux époux se séparèrent d'ailleurs bientôt. Chassée de la cour par Henri* III, après des intrigues en faveur de son frère François d'Alençon (1583), elle tint à Nérac* une cour brillante, puis fut enfermée à Usson en Auvergne (1587 - 1605). Son mariage avec Henri IV fut annulé, de son plein gré, en 1599 et, en 1605, elle revint à Paris. Intelligente et cultivée, elle a laissé des poèmes et des *Mémoires*.

**MARGUERITE-MARIE ALACOQUE** (sainte) ♦ (Verosvres, Charolais 1647 - Paray-le-Monial 1690). Religieuse visitandine à Paray-le-Monial (1672), elle répandit la dévotion au Sacré-Cœur de Jésus, à la suite d'apparitions du Christ. ▪ Fête le 16 oct.

**MARGUERITE STUART** ♦ (v. 1425 - Châlons-sur-Marne 1445). Dauphine de France. Fille du roi d'Écosse Jacques I$^{er}$, elle fut mariée au futur Louis XI, qui la délaissa. Elle encouragea les artistes, notamment Alain Chartier.

**MARGUERITTE (Jean Auguste)** ♦ Général français (Manheulles, Meuse 1823 - Château de Beauraing, Belgique 1870). Après avoir servi au Mexique et en Algérie, il commanda la brigade des 1$^{er}$ et 3$^{e}$ chasseurs d'Afrique au cours de la guerre de 1870 et se distingua à la bataille de Sedan (2 sept.) au cours de laquelle il fut mortellement blessé. ▪ Père de Paul et de Victor Margueritte*.

**Marguerite d'Autriche.** Portrait anonyme.
Bibliothèque nationale de France, Paris.
*BIS/Phot. © Coll. Archives Larbor*

**MARGUERITTE (Paul)** ➝ ÉTYM. du n. de sainte *Marguerite** ♦ Écrivain français (Laghouat, Algérie 1860 - Paris 1918). Fils de Jean Auguste Margueritte. Il fut, tout d'abord, très influencé par le naturalisme.

Ayant rompu avec Zola, il signa le *manifeste des Cinq* en 1887 contre *La Terre*, écrivit quelques romans et travailla ensuite avec son frère cadet Victor. Ils publièrent plusieurs ouvrages dont *Zette* (1903) et une grande fresque en quatre volumes sur la guerre de 1870 (*Une époque*, 1898-1904). Leur collaboration cessa en 1908. Paul Margueritte publia encore *La Faiblesse humaine* (1910), *L'Embusqué* (1916), *Jouir* (1918). [Acad. Goncourt 1897] ♦ **Victor Margueritte** (Blida, Algérie 1866 - Monestier, Allier 1942). Frère du précédent. Il suivit la carrière militaire jusqu'en 1896, date à laquelle il collabora avec son frère. Il publia ensuite des ouvrages de tendance réaliste, se préoccupant surtout des problèmes de l'émancipation de la femme : *Femme en chemin* (1921), *La Garçonne* (1922), qui provoqua un scandale, *Ton corps est à toi* (1927). Il s'intéressa également au rapprochement des peuples, notamment dans *La Patrie humaine* (1931), *Avortement de la SDN* (1936).

**MARGUERITTES** [30320] ← ÉTYM. du prénom *Marguerite* ♦ Ch.-l. de cant. du Gard, arr. de Nîmes, situé dans les Garrigues nîmoises. 8 181 hab. *(Margueritois)*.

**MARI** ♦ Anc. cité de Mésopotamie, sur l'Euphrate (site actuel : tell Hariri, près d'Abū Kemal, Syrie). Les vestiges du palais des rois de Mari (-XVIIIe s.), découverts par André Parrot en 1935, sont remarquables par leur état de conservation. Des fragments du décor mural ont été préservés et des recherches permettent de restituer les peintures murales de toutes les pièces d'apparat. On y a exhumé des milliers de tablettes cunéiformes, constituant une correspondance diplomatique d'un grand intérêt historique. Occupée dès la fin de la période d'Uruk*, Mari devint, au début du -IIIe millénaire, l'une des plus importantes cités-États du N. de la Mésopotamie et atteignit le sommet de sa puissance au début du -IIe millénaire, tandis qu'Isin et Larsa dominaient au S. De cette époque datent le temple de Dagan et le vaste palais qui ont été mis au jour. Le royaume fut soumis au premier empire d'Assyrie et déclina après sa prise par Hammourabi (-1759).

**Mari.** *Le Roi Itur-Shamagan.* Art mésopotamien du -IIIe millénaire. Musée national, Damas.
*BIS/Phot. Dagli Orti © Archives Larbor*

**Maria Chapdelaine** ♦ Roman de Louis Hémon*, publié d'abord en feuilleton dans *Le Temps* (1914) puis en volume (posth. 1916), qui relate avec sobriété la longue et secrète attente de l'héroïne, aux confins de la forêt canadienne ; ayant perdu ce fiancé qu'elle attendait, Maria se résigne à vivre, au milieu des travaux quotidiens, au sein d'une campagne rude mais généreuse. Pris dans la réalité, les personnages évoquent les pionniers canadiens attachés à leurs traditions et dont la vie se confond avec celle de la nature. Le roman diffusa en France une certaine idée de la vie au Canada français.

Le **Mariage de Figaro ou la Folle Journée** ♦ Comédie en 5 actes, en prose, de Beaumarchais* (1784). On retrouve dans cette pièce les personnages du *Barbier* de Séville* (1775). Trois ans après le mariage d'Almaviva et de Rosine, mené à bon terme par le rusé Figaro, le comte, las de sa jeune femme, court vers d'autres aventures. Amoureux de Suzanne, la jolie chambrière de sa femme, fiancée à Figaro, il entend satisfaire son caprice en exerçant le droit antique du seigneur ou en empêchant les noces. Bien décidés à faire échec à une telle prétention, la comtesse, Suzanne et Figaro, unis par l'intelligence la plus subtile, déjoueront les projets du comte et, le rendant ridicule, l'achemineront vers le repentir. Parmi les nombreux personnages de la pièce, celui de Chérubin, charmant petit page amoureux de la comtesse, demeure comme l'une des créations les plus vivantes de Beaumarchais. ▪ Pièce divertissante par les multiples rebondissements de son intrigue et le brio étincelant de ses répliques, comédie de caractère par la diversité des types humains qu'elle nous propose, *Le Mariage de Figaro* se présente, à la veille de la Révolution, comme la plus éclatante des comédies de mœurs par la satire qu'elle développe d'un système social proche de sa fin. ▪ La pièce inspira *Les Noces* de Figaro* de Mozart.

Le **Mariage de Maria Braun** – en all. ***Die Ehe der Maria Braun*** ♦ Film allemand de Rainer Werner Fassbinder* (1979), avec Hanna Schygulla. L'itinéraire chaotique d'une femme allemande ballottée au gré des mutations d'un pays déchiré, dont elle symbolise la crise d'identité. Film hétéroclite, qui tient du mélodrame flamboyant à la Douglas Sirk, du constat social à la Pabst, et de l'allégorie «éclatée» à la Godard. C'est d'ailleurs entre ces trois axes que l'on situera R. W. Fassbinder, auteur subversif ayant cultivé avec une rage froide sa marginalité, dans sa vie comme dans son œuvre. Il définit ici son héroïne, sans plus de précision, comme une «anarchiste de l'amour».

Le **Mariage secret** – en it. ***Il matrimonio segreto*** ♦ Opéra bouffe en 2 actes de Domenico Cimarosa* sur un livret de Giovanni Bertati d'après Colman and Garrick (Vienne, 7 fév. 1792). Paolino, commis chez Geronimo, a épousé secrètement la fille cadette de ce dernier, Carolina. Arrivant pour épouser la fille aînée, Elisetta, le comte Robinson tombe amoureux de Carolina. Lors de sa création, l'ouvrage fut bissé intégralement à la demande de l'empereur Léopold II (cas unique dans les annales de l'opéra).

**MARIAMNE** ♦ Reine de Judée (Jérusalem v. -60 - -29). Petite-fille d'Hyrcan II, épouse d'Hérode* le Grand qui, la soupçonnant de complot, la fit mettre à mort. ▪ Elle inspira des tragédies à Tristan l'Hermite (1636) et Voltaire (1724).

**MARIANA DE LA REINA (Juan DE)** ♦ Théologien et historien espagnol (Talavera de la Reina, Tolède 1536 - *id.* 1624). Recueilli par les jésuites, il entra dans la Compagnie de Jésus en 1554. En 1561, il enseigna la théologie à Rome, puis se rendit en Sicile (1565), à Paris (1569 - 1574) et enfin à Tolède. En 1599, il écrivit le *De rege et regis institutione* («Du roi et de la royauté») où il justifiait le tyrannicide et admettait la thèse de la souveraineté du peuple. Après l'assassinat d'Henri IV, l'ouvrage fut condamné par la Sorbonne et le parlement de Paris et, la même année, le général des jésuites Aquaviva interdit à ceux-ci d'enseigner ces doctrines. Mariana publia aussi *Historiae de rebus Hispaniae libri XX* (1592), en espagnol (1601) ; son *Historia general*, qui est une histoire de l'Espagne jusqu'à Charles Quint, lui valut d'être surnommé le «Tite-Live de l'Espagne».

## marianistes

n. m. pl. ♦ Religieux de la Société de Marie de Bordeaux, fondée à Bordeaux en 1817 par l'abbé G. J. Chaminade. Ils sont prêtres ou laïcs, prononcent des vœux de chasteté, de pauvreté et d'obéissance, et se consacrent particulièrement à l'enseignement. Il y a environ 1 750 marianistes répartis en 220 communautés. La maison mère est à Rome.

**Marianne** ♦ Nom donné à la République en souvenir d'une société secrète républicaine destinée à renverser le Second Empire. Le terme, d'abord utilisé par les adversaires de la République, a perdu sa valeur péjorative.

**MARIANNES** (îles) – en angl. ***Marianas Islands*** ← ÉTYM. anc. en esp. ***islas de los Ladrones*** «îles des voleurs» ; nommées *Mariannes* en l'honneur de *Marianne* d'Autriche, veuve de Philippe IV d'Espagne et régente du futur Charles II ♦ Archipel de Micronésie au N. des îles Carolines et à 2 400 km à l'E. des Philippines, baigné par l'océan Pacifique occidental. Elles sont bordées à l'E. par une fosse océanique profonde (*fosse des Mariannes*, 11 000 m) ; elles forment un arc insulaire résultant de la subduction de la plaque Pacifique sous la plaque des Philippines. → **Guam, Mariannes du Nord.**

## MARIANNES DU NORD

▮ n. f. pl. – off. ***Commonwealth des Mariannes du Nord*** ♦ État du Pacifique occidental, formé de 16 îles disposées en arc de cercle, du N. au S. : Pagan, Agrihan, Alamagan et 9 îles inhabitées constituant le groupe du Nord ; Saipan, Tinian, Aguijan (inhabitée), Rota. 477 km². 69 221 hab. LANGUES : anglais (off.), chamorro, filipino. POPULATION : Chamorros (métissés d'Espagnols, de Philippins et d'Indonésiens). MONNAIE : dollar américain. CAPITALE : Garapan (Saipan). ▪ L'archipel est volcanique avec des récifs coralliens frangeants ou barrières ; l'île d'Agrihan culmine à 959 m. ▪ Cultures de tubercules, riz, canne à sucre et coton, récolte du coprah.

▮ **HISTOIRE** Les îles furent annexées par l'Espagne en 1668 et vendues à l'Allemagne en 1899. Elles furent occupées par le Japon en 1914, placées sous mandat japonais en 1919 jusqu'à leur conquête par les

Américains en 1944, puis sous la tutelle des États-Unis en 1947. En 1975, elles optèrent pour le statut d'État associé autonome des États-Unis. En 1986, l'ONU a levé la tutelle des États-Unis.

---

**MARIÁNSKÉ LÁZNĚ** – anc. en all. ***Marienbad*** ♦ V. de la République tchèque, en Bohême occidentale, au S. de Karlovy Vary. 13 872 hab. Station thermale.

**MARIAZELL** ♦ V. d'Autriche (Styrie*) à 868 m d'alt. 1 722 hab. C'est le plus grand centre de pèlerinage de l'Autriche. L'église, construite entre 1644 et 1683, a subi de nombreux remaniements. On y vénère une statue de la Vierge *(Magna Mater Austriae)*.

**MĀRIB** ♦ Localité du Yémen, située dans une région de plateaux, à l'E. de Sanaa. Anc. cap. d'un royaume disparu (qu'on identifie parfois au royaume de Saba) dont elle a conservé un remarquable réseau d'irrigation et un grand barrage en terre. Raffinerie de pétrole.

**MARIBOR** ♦ V. de Slovénie, sur la Drave. 110 668 hab. Cathédrale (XII^e - XVIII^e s.), château du XV^e s. (remanié au XVIII^e s.). Musées. ▪ Centre indus. important.

**MARICA, MARITZA** ou **MARITSA** n. f. – en gr. mod. ***Evros*** (l'*Hèbre* des Anciens), en turc ***Meriç*** ♦ Fl. de la péninsule des Balkans (450 km). Née en Bulgarie, dans le massif de Rila (Rhodope), elle arrose successivement Pazardžik, Plovdiv, Dimitrovgrad et Edirne, où elle prend alors la direction N.-S. Elle reçoit la Tundža et l'Arda, marque la frontière gréco-turque et se jette dans la mer Égée, dans le golfe d'Enos (en turc Enez). En Bulgarie, les *pays de la Marica* constituent l'ensemble agricole le plus prospère du pays grâce à un plan d'irrigation systématique. De plus, elle fournit un important potentiel électrique (Marica III).

**MARICA-ISTOK** ♦ Loc. de Bulgarie méridionale, au N. de la Marica. Combinat textile sur un bassin de lignite.

**MARĪCHĪ** ♦ Divinité féminine hindoue et bouddhique de l'aube et de la lumière. On lui prête le pouvoir de rendre invisibles ses fidèles et de les protéger contre les dangers de la guerre. Elle commande les démons de la tempête. Au Japon, divinité de la victoire, protectrice des guerriers.

**MARIE** (sainte) ➝ ÉTYM. de l'hébr. *miryâm*, probablt de l'égypt. *mri* «aimer» [les étym. *râ'âh* «voir» («la voyante» ou «la prophétesse») ou *'wr* «luire» («illuminatrice de la mer») ou *'wr* «éveiller» («suscitatrice de la mer») ou *mar yâm* «goutte de mer» ou «amertume de la mer» ou *mârâ* «maîtresse» sont populaires] ♦ Dans la tradition chrétienne, vierge, mère de Jésus*, épouse de Joseph*. Luc, I, 36, fait d'elle la parente de sainte Élisabeth*, les apocryphes la fille de sainte Anne* et de saint Joachim*. C'est principalement Luc, I et II, qui narre son histoire : l'ange Gabriel lui annonce qu'elle enfantera, par le Saint-Esprit, un fils qu'on appellera Fils de Dieu (Annonciation*) ; au cours d'une visite à Élisabeth, celle-ci lui confie qu'elle a conçu (c'est le signe promis à Marie) [Visitation] ; lors d'un voyage à Bethléem, elle donne naissance à Jésus (Nativité*). Dans Jean, elle apparaît lors des noces de Cana* et lors de la Passion*, où Jésus la confie au «disciple bien-aimé». ▪ Le culte de la Vierge Marie se développa à partir du IV^e siècle. La réflexion religieuse à son sujet (mariologie) aboutit à deux thèses principales : celle de l'Immaculée Conception de Marie, acceptée par le concile de Bâle (1431), érigée en dogme par Pie IX (1854) ; celle de son Assomption, érigée en dogme par Pie XII (1950). ▪ Fête principale le 15 août (Assomption). Apparitions de la Vierge : à Fatima (1917), Paris (chapelle Saint-Vincent-de-Paul, rue du Bac, 1830), Lourdes (1858), Pontmain (1871), La Salette (1846), devenus des lieux de pèlerinage.

**MARIE** (sainte) ♦ Dans les Évangiles de Luc, X, 38, et Jean, XI, sœur de Marthe* et de Lazare*, de Béthanie. Assimilée à Marie*-Madeleine dans Jean, XII, 1-8.

**MARIE** (sainte) ♦ Dans les Évangiles, une des saintes femmes qui assistent à la Passion (appelée femme de Clopas selon Jean). Mère de Jacques* le Mineur, selon Marc, XV, 40. La légende provençale la surnomme Jacobé et la fait débarquer aux Saintes-Maries-de-la-Mer avec Marie* Salomé. ▪ Fête le 9 avril.

**MARIE (Pierre Thomas MARIE DE SAINT-GEORGES, dit)** ♦ Homme politique français (Auxerre 1795 - Paris 1870). Député de la gauche dynastique (Parti du mouvement, 1842) sous la monarchie de Juillet, il fit partie du gouvernement provisoire après la révolution* de février 1848. Républicain modéré, il fut, comme ministre des Travaux publics, l'organisateur des Ateliers* nationaux, créés en partie pour faire contrepoids à l'essor du mouvement socialiste. Ministre de la Justice (juil.-déc. 1848), il prit position contre Louis Napoléon Bonaparte, et, de 1863 à 1869, siégea avec l'opposition dans le Corps législatif.

**MARIE (Pierre)** ♦ Médecin français (Paris 1853 - Cannes 1940). Professeur de clinique neurologique à la Salpêtrière (1918), il décrivit et étudia de nombreuses maladies : l'acromégalie (hypertrophie non congénitale des extrémités, 1886), puis l'ostéo-arthropathie, une forme de névrite hypertrophique familiale *(type de P. Marie)* et l'hydrocéphalie héréditaire (1897). On lui doit également une nouvelle approche des troubles du langage dont il considéra l'origine comme plus intellectuelle que sensorielle.

**MARIE (Jean-Étienne)** ♦ Compositeur français (Pont-l'Évêque 1917 - Nice 1989). Metteur en ondes à l'ORTF (1949), il fonda en 1966 le Centre international de recherches musicales, installé à Nice en 1975, et dans le cadre duquel il réalisa des pièces comme *BSN 240* pour trois bandes stéréo à déroulement infini (1969) ou *Symphonies* pour orgue et bande (1972). Il dirigea jusqu'en 1986 le festival Manca (Musiques actuelles Nice-Côte d'Azur) de Nice, où lui a succédé Michel Redolfi.

**MARIE-AMÉLIE DE BOURBON** ♦ (Caserte, Italie 1782 - château de Claremont 1866). Reine des Français. Elle était la fille de Ferdinand IV, roi des Deux-Siciles, et de Marie-Caroline et épousa en 1809 le duc d'Orléans, futur Louis*-Philippe I^er. Elle eut huit enfants et leur donna une éducation libérale. En 1848, elle suivit le roi dans son exil en Angleterre.

**MARIE-ANTOINETTE [Marie-Antoinette Joseph Jeanne DE LORRAINE]** ♦ (Vienne 1755 - Paris 1793). Archiduchesse d'Autriche et reine de France. Fille de l'empereur germanique François* I^er et de l'impératrice Marie*-Thérèse, elle passa son enfance à la cour de Vienne, où elle reçut une éducation assez négligée. Destinée, comme sa sœur Marie*-Caroline, à servir la politique de la maison d'Autriche, elle fut mariée, grâce à l'entremise de Choiseul, avec le dauphin de France, futur Louis* XVI (mai 1770). De cette union naquirent quatre enfants, deux fils, Louis-Joseph (1781 - 1789) et le futur Louis* XVII, et deux filles, Marie-Thérèse Charlotte (future duchesse d'Angoulême*) et Sophie Hélène Béatrice. La jeune reine se rendit rapidement impopulaire par sa conduite légère, ses intrigues, réelles ou supposées, avec le comte d'Artois, frère du roi, et avec A. de Fersen*, ses maladresses et ses coûteuses dépenses : les ragots sur son compte se multiplièrent et on l'impliqua même dans la ténébreuse affaire du Collier* (1785 - 1786). Peu favorable à l'esprit des Lumières, elle exerça une influence croissante sur le roi, influence qui, en 1789, devait rendre impossible une conciliation entre la monarchie et la Révolution. En dépit d'une entrevue avec Mirabeau, la reine refusa de se rallier à l'idée d'une monarchie constitutionnelle et préféra compter sur l'intervention étrangère pour sauver la royauté. Enfermée au Temple après la journée du 10 août* 1792, transférée à la Conciergerie le 2 août 1793, elle fut jugée par le Tribunal révolutionnaire et, face aux accusations de complot avec l'étranger et aux calomnies parfois infâmes que lancèrent contre elle les ultrarévolutionnaires (en particulier Hébert), elle garda une attitude digne et hautaine. Condamnée à mort, l'«Autrichienne» périt sur l'échafaud le 16 oct. 1793.

**MARIE-CAROLINE** ♦ (Schönbrunn 1752 - *id.* 1814). Reine de Naples. Fille de Marie-Thérèse, elle épousa Ferdinand* IV de Sicile (1768) et dirigea à sa place les affaires de Naples. Elle-même cependant se laissait influencer par son favori lord Acton. Violemment opposée à la Révolution française, elle adhéra aux coalitions dirigées contre elle, dut se réfugier en Sicile sous la protection des Britanniques en 1806, mais fut chassée par eux en 1811.

**MARIE-CHRISTINE DE BOURBON-SICILE** ♦ (Naples 1806 - Sainte-Adresse près du Havre 1878). Reine d'Espagne (1833 - 1854). Fille de François* I^er, roi des Deux-Siciles, elle épousa en 1829 Ferdinand* VII, roi d'Espagne. Elle obtint de son mari qu'il révoque la loi de 1714 et laisse le trône à sa fille Isabelle* II, au détriment des droits de don Carlos*, frère du roi, ce qui entraîna l'insurrection carliste* (1833 - 1839). Régente pour sa fille Isabelle II, elle dut gouverner avec les libéraux qui lui imposèrent une constitution (révolution de La Granja, 1836). Déconsidérée par sa liaison avec le garde du corps Muñoz, elle fut chassée par Espartero* (1840). Ayant repris le pouvoir en 1843, elle continua à s'opposer aux libertés constitutionnelles et dut s'exiler définitivement après le soulèvement de 1854.

**MARIE-CHRISTINE DE HABSBOURG-LORRAINE** ♦ (Gross-Seelowitz, Moravie 1858 - Madrid 1929). Reine d'Espagne. Fille de l'archiduc Ferdinand-Charles d'Autriche, elle épousa en 1879 Alphonse XII. Elle eut deux filles et un fils, le futur Alphonse XIII. Elle assura la régence d'abord pour sa fille aînée (1885 - 1886) puis pour son fils, le futur Alphonse XIII (1886 - 1902). Elle assista à la révolte de Cuba et des Philippines.

**MARIE D'AGREDA (María CORONEL, dite María de Ágreda,** en fr.) ♦ Religieuse cordelière espagnole (Ágreda 1602 - 1665). Elle est célèbre pour ses visions, auteur de *La Mystique Cité de Dieu* (1670), ouvrage condamné par l'Église.

**MARIE D'ANGLETERRE** ♦ (1496 - Westhorpe, Suffolk 1534). Reine de France. Fille d'Henri VII, elle fut mariée à Louis* XII (1514) qui avait trente-quatre ans de plus qu'elle, et la laissa veuve trois mois plus tard. Elle se remaria aussitôt au duc de Suffolk, son amant, qui l'avait suivie en France. Une de ses filles fut la mère de Jeanne* Grey.

**MARIE D'ANJOU** ♦ (1404 - Châtellier, Poitou 1463). Reine de France. Fille de Louis II d'Anjou, roi de Sicile, et de Yolande d'Aragon, elle épousa Charles VII (1422). Mère de Louis* XI.

**MARIE D'AUTRICHE** ♦ (Bruxelles 1505 - Cigales, près de Valladolid 1558). Reine de Hongrie. Fille de Philippe* le Beau et de Jeanne* la Folle, sœur de Charles* Quint, elle épousa, en 1522, Louis* II, roi

**Marie d'Autriche.**
Portrait par Moro.
Musée du Prado, Madrid.
*Phot. © Carlo Bevilacqua/ Ricciarini*

de Bohême et de Hongrie, qui fut tué à Mohács (1526), et se retira auprès de sa tante Marguerite* d'Autriche. Elle lui succéda comme gouvernante des Pays-Bas.

**MARIE DE BLOIS** ♦ (1345 - Angers 1404). Reine de Naples et comtesse de Provence par son mariage avec Louis* Ier d'Anjou (1360). Elle fut régente pendant la minorité de son fils Louis* II et continua à le soutenir par la suite.

**MARIE DE BOURGOGNE** ♦ (Bruxelles 1457 - Bruges 1482). Duchesse de Bourgogne (1477 - 1482). Elle n'avait que vingt ans à la mort de son père Charles* le Téméraire. Louis* XI annexa la Bourgogne, envahit la Picardie, l'Artois et le Boulonnais, et voulut la marier au dauphin. La révolte de Gand, qu'il encouragea, la contraignit à signer le Grand Privilège (1477). Mais Maximilien d'Autriche, qu'elle avait épousé, battit Louis XI à Guinegatte (1479), ce qui lui permit de conserver la Flandre. Elle mourut d'une chute de cheval. Elle avait eu deux enfants : Philippe* le Beau et Marguerite* d'Autriche.

**MARIE DE BRABANT** ♦ (Louvain 1254 - Murel, près de Meulan 1321). Reine de France. Fille d'Henri III, duc de Brabant, elle épousa Philippe* III le Hardi (1274).

**MARIE Ire DE BRAGANCE** ♦ (Lisbonne 1734 - Rio de Janeiro 1816). Reine de Portugal (1777 - 1816). Fille de Joseph* Ier, elle épousa en 1760 son oncle Pierre* III avec qui elle partagea le trône. Elle renvoya le ministre Pombal*. Elle fonda l'Académie des sciences de Lisbonne (1779). Quand elle devint démente, son fils Jean* VI exerça la régence, et l'emmena au Brésil après l'occupation du Portugal par les Français.

**MARIE II DE BRAGANCE** ♦ (Rio de Janeiro 1819 - Lisbonne 1853). Reine de Portugal (1826 - 1853). Fille de Pierre* Ier, empereur du Brésil, qui lui céda la couronne du Portugal en 1826, elle fut fiancée à son oncle Michel (Miguel) ; ce dernier usurpa la royauté sous le nom de Michel* Ier. Marie II fut rétablie sur le trône par son père en 1834.

**MARIE DE FRANCE** ♦ Poète française (1154 - 1189). Première femme qui ait écrit de la poésie en français, elle est l'auteur de fables ésopiques *(Isopet)* et de *Lais* en vers octosyllabes, transcriptions de légendes bretonnes ; elle vécut sans doute à la cour d'Henri II Plantagenêt. Le *Lai de Lanval* conte les amours mystérieuses d'un chevalier et d'une demoiselle ; le *Lai du chèvrefeuille* évoque le message poétique laissé par Tristan* à Iseult*. La peinture délicate de l'amour et l'atmosphère de féerie assurèrent la célébrité de ces œuvres.

**MARIE DE GUISE** ou **DE LORRAINE** ♦ (Bar 1515 - Édimbourg 1560). Reine d'Écosse. Fille de Claude de Lorraine, duc de Guise, elle épousa Louis II d'Orléans, duc de Longueville, puis (1538) Jacques V d'Écosse, dont elle eut une fille, Marie* Stuart. Régente à la mort de son mari, en 1542, elle fut dominée par ses frères et lutta contre le parti favorable à la Réforme et à l'Angleterre.

**MARIE DE HONGRIE** ♦ (1370 - Buda 1395). Reine de Hongrie (1382 - 1387). Fille de Louis* Ier le Grand, roi de Hongrie et de Pologne, elle dut abdiquer la couronne de Pologne en 1384 au profit de sa sœur Hedwige. Ses droits à la couronne de Hongrie furent contestés par Charles* III de Duras. Elle dut faire face à une révolte de nobles, au cours de laquelle sa mère fut tuée sous ses yeux et où elle dut la vie à Sigismond*, son mari, à qui elle abandonna le pouvoir.

**MARIE DE L'INCARNATION** (bienheureuse) **[Barbe Jeanne AVRILLOT,** ép. de Jean-Pierre Acarie] ♦ Dame puis religieuse française (Paris 1566 - Pontoise 1618). Avec Bérulle*, elle installa en France les carmélites réformées par sainte Thérèse* (1604), puis, devenue veuve (1613), entra au carmel d'Amiens (1615).

**MARIE DE L'INCARNATION** (bienheureuse) **[Marie GUYART]** ♦ Religieuse française (Tours 1599 - Québec 1672). Veuve en 1619, elle entra chez les Ursulines de Tours (1631) et devint missionnaire en Nouvelle-France (1639). Mystique et femme d'action, elle y fonda le premier couvent d'Ursulines. Son œuvre spirituelle (en particulier les deux *Relations* de Tours et de Québec, 1677) et son abondante *Correspondance* (1681) en firent une personnalité majeure de l'histoire religieuse de la Nouvelle-France qualifiée de « Thérèse du Nouveau Monde » par Bossuet.

**MARIE DE MÉDICIS** ♦ (Florence 1573 - Cologne 1642). Reine de France. Fille du grand-duc de Toscane François de Médicis* et de l'archiduchesse Jeanne, elle épousa Henri IV (1600). À la mort de celui-ci, elle exerça la régence au nom de son fils Louis XIII, sous l'influence de Léonora Galigaï* et de Concini*, dut faire face à l'agitation des grands, notamment aux états* généraux de 1614, et signa avec eux le traité de Loudun* (1616). Après le meurtre de Concini (1617), elle entra en guerre contre Louis XIII et fut battue aux Ponts*-de-Cé (1620). Réconciliée avec le roi à la mort de Luynes*, elle fit entrer Richelieu* au Conseil, mais l'influence grandissante de son protégé l'inquiéta bientôt et elle tenta de le faire disgracier : ce fut la journée des Dupes* (1630), à la suite de laquelle elle dut s'exiler (à Bruxelles, à Londres, puis à Cologne). Elle avait encouragé les artistes : Philippe de Champaigne, Rubens qui a peint une suite de tableaux destinés à son palais du Luxembourg (auj. au Louvre).

**MARIE DE SAINTE-EUPHRASIE PELLETIER** (sainte) ♦ (Noirmoutier 1796 - Angers 1868). Faisant partie de la congrégation de Notre-Dame du Refuge à Tours, elle fonda la maison d'Angers et le Bon Pasteur pour la sauvegarde des jeunes filles (1832). ▪ Canonisée en 1940. ▪ Fête le 24 avr.

La **Mariée mise à nu par ses célibataires, même** ou **Le Grand Verre** ♦ Œuvre de Marcel Duchamp* (1915 - 1923, huile, vernis, fil, feuille de plomb, poussière sur verre). Après le *Nu descendant un escalier* de 1912, Duchamp décida d'abandonner la peinture pour créer des œuvres conceptuelles ne reposant plus sur des « manipulations formalistes ». Cette œuvre bipartite représente la Mariée dans la partie supérieure et l'espace des célibataires, les neuf Moules Mâlics, dans la partie inférieure. Les neuf trous visibles à droite du panneau de la Mariée sont les seules traces laissées par les célibataires, limités aux plaisirs solitaires de la broyeuse de chocolat et des jeux de perspective trompeurs (en bas à gauche). « Fenêtre ouverte » par le verre, la transparence même, cette machine souligne, au-delà du thème de l'impossibilité d'aimer, la faillite de la perspective illusionniste de la Renaissance.

**La Mariée mise à nu par ses célibataires, même.**
Œuvre de Marcel Duchamp (2,73 x 1,76 m),1915-1923. *BIS/Philadelphia Museum of Art, Philadelphie Phot. © Succession Marcel Duchamp, ADAGP, Paris*

**MARIE-GALANTE** ➝ **ÉTYM.** du n. du bateau de Christophe Colomb qui découvrit l'île en 1493 ♦ Petite île des Antilles françaises, dépendant de la Guadeloupe, située à 50 km de Pointe-à-Pitre. 158 km². 12 488 hab.

V. PRINC. : Grand-Bourg. Table calcaire faillée en son milieu. Culture de la canne à sucre. Distilleries fabriquant un rhum réputé. Magnifiques plages.

**MARIE l'Égyptienne** (sainte) ♦ Ascète chrétienne qui, après avoir été prostituée à Alexandrie, aurait passé quarante-sept ans dans le désert, au-delà du Jourdain. Elle serait morte v. 421. ▪ Fête le 2 avr.

**MARIE LESZCZYŃSKA** ♦ (Breslau 1703 - Versailles 1768). Reine de France. Fille de Stanislas* Ier Leszczyński, roi de Pologne, elle fut mariée à Louis XV (1725) et en eut dix enfants (dont sept survécurent).

**MARIE-LOUISE DE HABSBOURG-LORRAINE** ♦ (Vienne 1791 - Parme 1847). Archiduchesse d'Autriche, impératrice des Français (1810). Fille de François II, empereur germanique, devenu François* Ier, empereur d'Autriche. Elle épousa Napoléon Ier le 1er avril 1810 et lui donna, le 20 mars 1811, un fils, le roi de Rome. Lorsque Napoléon partit en campagne en 1813, il la nomma régente. Après l'abdication de son mari, elle rejoignit son père (avr. 1814). Le traité de Fontainebleau (1814) lui assurait la souveraineté viagère de Parme, de Plaisance et de Guastala et le titre de Majesté impériale. Abandonnant Napoléon à son sort, acceptant d'être séparée de son fils, elle épousa en 1821 le feld-maréchal autrichien von Neipperg et en eut deux enfants. Veuve en 1829, elle se remaria en 1834 avec le comte de Bombelles, chambellan de la cour de Vienne.

**Marie-Louise** n. m. pl. ♦ Nom donné aux conscrits des classes de 1814 et de 1815, appelés par anticipation en 1813 par décret de l'impératrice Marie-Louise qui assurait la régence.

**MARIE-LOUISE DE PARME** ♦ (Parme 1751 - Rome 1819). Reine d'Espagne. Fille de Philippe, duc de Parme, elle épousa en 1765 le futur Charles IV. Très influencée par son amant Godoy*, ministre à partir de 1792, elle domina complètement le roi son mari.

**MARIE MADELEINE** (sainte) ➝ ÉTYM. en gr. ***Magdalênê*** «de Magdala» ♦ D'après les Évangiles*, guérie par Jésus qui la délivre de sept démons, Marie de Magdala devient sa disciple, assiste à sa mort et à son ensevelissement. Elle est le premier témoin de sa résurrection. La tradition grecque en fait ensuite une compagne de la Vierge, qui meurt à Éphèse. La tradition latine l'a confondue avec la «pécheresse» anonyme qui parfume les pieds de Jésus (Évangile de Luc*) et avec Marie* de Béthanie, sœur de Marthe* et de Lazare*, qui accomplit un geste comparable, mais de sens différent (Évangile de Jean*). Cette figure composite, supposée amoureuse du Christ, suscita une légende qui en fit la dépositaire d'un enseignement secret pour les gnostiques* (Évangile selon Marie, apocryphe*) ou un personnage romanesque de prostituée repentie (fondatrice de la Sainte-Baume de Marseille après avoir débarqué aux Saintes-Maries-de-la-Mer), voire d'épouse de Jésus et mère d'enfants cachés. ▪ Fête le 22 juil.

**MARIE-MADELEINE DE PAZZI** (sainte) ♦ Carmélite italienne de la famille des Pazzi*, rivale des Médicis (Florence 1566 - *id.* 1607). Elle entra dans l'ordre des Carmélites en 1584 et s'y rendit célèbre par ses austérités, ses visions, ses extases au cours desquelles, notamment, elle reçut les stigmates. Béatifiée par Urbain VIII, elle fut canonisée en 1669 par Clément IX. La ville de Florence l'honore comme une de ses patronnes. ▪ Fête le 25 mai.

**MARIËN (Marcel)** ♦ Poète, essayiste et cinéaste belge d'expression française (Anvers 1920 - Bruxelles 1993). Il rencontra très jeune les surréalistes belges, notamment Scutenaire, Paul Nougé (dont il fut le disciple) et Magritte. Il fonda des revues, produisit et réalisa le film *L'Imitation du cinéma* (1959), longtemps interdit, écrivit des recueils de nouvelles, *Figures de Poupe* (1979), *La Marche palière* (1981), et un livre de souvenirs, *Le Radeau de la Méduse* (1983). Théoricien et historien du surréalisme, il manie dans sa propre création l'ironie, le paradoxe et la dérision, par exigence esthétique et volonté libératrice.

**MARIENAU** ♦ Écart de la comm. de Forbach* (Moselle). Carbochimie.

**MARIENBAD** → Mariánské Lázně

**MARIE SALOMÉ** (sainte) ♦ Une des saintes femmes qui assistent à la Passion. En rapprochant Marc, XV, 40 et Matthieu, XXVII, 56, on déduit qu'elle est la mère de Jean et Jacques le Majeur. Selon la ponctuation de Jean, XIX, 25, on fait d'elle (ou de Marie de Clopas) la sœur de la Vierge Marie. ▪ Fête le 22 oct.

Les **Mariés de la tour Eiffel** ♦ Comédie bouffe de Jean Cocteau* créée par les Ballets suédois de Rolf de Maré (1921), musique par cinq membres du groupe des Six* (G. Tailleferre*, G. Auric*, A. Honegger*, D. Milhaud*, F. Poulenc*). Sur la première plateforme de la tour Eiffel, deux phonographes enregistrent et commentent la rencontre poétique d'une autruche et d'une Noce en un dialogue cocasse et décousu.

**MARIE Ire STUART** ♦ (Linlithgow 1542 - Fotheringhay, Northamptonshire 1587). Reine d'Écosse (1542 - 1567) et de France (1559 - 1560). Fille de Marie* de Guise et de Jacques* V d'Écosse. Tandis que sa mère exerçait la régence, elle fut fiancée au dauphin et élevée en France, où elle reçut une éducation très soignée (elle fut sans doute l'une des princesses les plus cultivées de son temps). Après un règne très bref, la mort de son mari François* II (1560) l'obligea à regagner l'Écosse. La révolte presbytérienne et nobiliaire s'opposait à son catholicisme et à son désir d'autorité. Elle montra d'abord une certaine modération, s'appuyant sur les chefs protestants, mais elle se les aliéna par son mariage avec Darnley* (1565). Celui-ci fit assassiner sous les yeux de la reine son favori Rizzio, mais fut bientôt assassiné à son tour à l'instigation du nouveau favori, Bothwell*. Celui-ci fut acquitté, mais lorsqu'il épousa Marie la révolte éclata. Après sa défaite à Carberry Hill (1567), Marie dut abdiquer en faveur de son fils Jacques* VI. Elle s'évada en 1568, mais son armée fut écrasée par Murray* à Langside et elle dut se réfugier en Angleterre. Elle y passa dix-huit ans, de prison en prison, traitée avec une méfiance justifiée, puisque le parti catholique se regroupait derrière elle pour en faire la rivale politique et religieuse d'Élisabeth* Ire. Plusieurs tentatives furent faites pour la délivrer et la mettre sur le trône d'Angleterre (dont celles de Norfolk et de Babington). Marie les encouragea avec une grande imprudence et le dernier complot provoqua son procès et sa condamnation à mort (1586) qu'Élisabeth hésita puis finit par faire exécuter. La fermeté et le courage dont elle fit preuve lors de sa fin tragique, sa beauté, sa culture, sa vie romanesque inspirèrent de nombreux écrivains.

**Marie Stuart** ♦ Drame en vers de Schiller* (1800). Avec une simplicité de moyens toute classique, la pièce retrace la fin tragique de Marie Ire Stuart, pure incarnation de l'innocence sacrifiée à la fureur jalouse de son ennemie Élisabeth.

**MARIE II STUART** ♦ (Londres 1662 - *id.* 1694). Reine d'Angleterre, d'Écosse et d'Irlande (1689 - 1694). Fille de Jacques* II et de sa première femme, elle épousa Guillaume* III d'Orange (1677) et monta avec lui sur le trône d'Angleterre après la révolution qui chassa son père.

**MARIE-THÉRÈSE** ♦ (Vienne 1717 - *id.* 1780). Reine de Bohême et de Hongrie (1740 - 1780), impératrice d'Autriche (1745 - 1780). Son père, l'empereur Charles* VI, n'ayant pas eu de fils, lui assura sa succession par la pragmatique* sanction, mais tous les États qui avaient accepté celle-ci au prix de la renonciation de François* Ier (François III Stéphane), le mari de Marie-Thérèse, au duché de Lorraine, la dénoncèrent à la mort de l'empereur (guerre de Succession* d'Autriche, 1740 - 1748). Charles* VII ayant été élu empereur et les Français, ses alliés, occupant Prague, Marie-Thérèse ne put conserver ses États que grâce à son énergie et à son habileté, en obtenant l'appui de la noblesse magyare et l'alliance de la Grande-Bretagne et des Pays-Bas. Le traité d'Aix*-la-Chapelle rétablissait la pragmatique sanction (François Ier avait été couronné empereur dès 1745), mais la Silésie conquise par Frédéric II de Prusse était perdue. Marie-Thérèse ne put accepter cette perte et, aidée de Kaunitz*, elle procéda à un renversement des alliances avant d'entreprendre une nouvelle guerre (la guerre de Sept* Ans). Le traité de Hubertsburg* consacra cependant la suprématie prussienne en Allemagne du Nord et la victoire de Frédéric* II en Silésie. Celle-ci fut en partie compensée lors du premier partage de la Pologne (1772), auquel l'impératrice, poussée par son fils Joseph* II, ne se résolut qu'à contrecœur : l'Autriche y acquit la Galicie orientale et la Petite Pologne, moins Cracovie. La guerre de Succession* de Bavière, enfin, au cours de laquelle Marie-Thérèse soutint très faiblement son fils, lui donna le district de l'Inn. ▪ Tout au long de son règne, elle n'avait cessé de travailler, selon les principes du despotisme éclairé, à l'unité de ses États, que les périls des débuts avaient contribué à renforcer. Mais elle y mit une grande souplesse. Dans cet esprit, aidée d'Haugwitz, elle entreprit de lutter contre les particularismes locaux, en opposant aux diètes un Conseil d'État, tout en sachant accorder à la Hongrie un compromis (1741). Certains États furent colonisés par l'implantation de paysans allemands. La législation fut unifiée (institution d'un code pénal), et la formation de militaires et de fonctionnaires dévoués à la cause publique assurée par la fondation de l'académie militaire de Wiener-Neustadt et du *Theresianum*. Parallèlement, elle lutta contre les pouvoirs de l'Église : bien qu'elle eût imposé le catholicisme comme religion d'État avec une grande intolérance, elle prit plusieurs mesures anticléricales (dissolution de la Compagnie de Jésus, 1773) qui devaient être amplifiées sous le règne de son fils. En effet, à la mort de son mari (1765), elle avait fait couronner empereur Joseph II, avec lequel elle ne partagea le pouvoir qu'en politique extérieure. Parmi ses seize enfants, on peut citer encore Léopold* II, Marie*-Antoinette, reine de France, Marie*-Caroline, reine de Naples. ▪ *L'ordre de Marie-Thérèse* (ruban blanc bordé de rouge) fut institué par elle en 1758.

**MARIE-THÉRÈSE D'AUTRICHE** ♦ (Madrid 1638 - Versailles 1683). Reine de France. Fille de Philippe* IV d'Espagne, elle épousa Louis XIV en 1660, en application du traité des Pyrénées* (1659). Elle tint un rôle effacé, supportant sans murmurer les infidélités du roi. De ses six enfants, seul survécut le Grand Dauphin, qui mourut sans avoir régné.

**MARIETTE (Pierre Jean)** ♦ Collectionneur, graveur et essayiste français (Paris 1694 - *id.* 1774). Issu d'une famille de graveurs, éditeurs et marchands d'estampes, il enrichit la collection de son père. Cette collection fut dispersée en 1775, mais 1 300 dessins entrèrent dans les collections royales et sont aujourd'hui au cabinet des Dessins du Louvre. Mariette grava aussi de petites planches d'après les Carrache et le Guerchin et publia plusieurs ouvrages, notamment une *Notice sur Léonard de Vinci* et le *Catalogue de la vente Crozat**, premier modèle de ce type d'ouvrage (1742).

**MARIETTE (Auguste)** ♦ Égyptologue français (Boulogne-sur-Mer 1821 - Le Caire 1881). Employé en 1849 au département des antiquités égyptiennes du Louvre, il fut envoyé l'année suivante en Égypte pour y acheter des manuscrits coptes. Il échoua dans sa mission mais entreprit des fouilles à Saqqara, où il découvrit le Serapeum* (1850). Nommé directeur des travaux d'antiquités en Égypte par le vice-roi Saïd Pacha en 1858, il organisa un service des antiquités puis entreprit des fouilles à Tanis*, Abydos*, Saqqara*, Gizeh*, Thèbes*. Il dégagea les temples d'Edfou* et de Dendérah* et mit au jour quelques-unes des plus grandes œuvres d'art de l'Égypte ancienne : la statue en bois du Cheikh el-Beled, le Scribe* accroupi, la statue en diorite de Khéphren assis. Il mena une lutte acharnée contre les fouilles clandestines et l'exportation illicite des antiquités. En 1863, il fonda à Boulaq un musée dont les collections ont constitué le fonds de l'actuel musée du Caire. Il publia le résultat de ses fouilles dans de nombreux ouvrages parmi lesquels le *Catalogue du musée de Boulaq* (1864 - 1876), *Les Mastabas de l'Ancien Empire* (posth. 1889). [Acad. inscr. 1878]

**MARIE Iʳᵉ TUDOR** dite **Marie la Catholique** ou **Marie la Sanglante,** en angl. ***Bloody Mary*** ♦ (Greenwich 1516 - Londres 1558). Reine d'Angleterre et d'Irlande (1553 - 1558). Fille d'Henri* VIII et de Catherine* d'Aragon, elle eut d'autant plus à souffrir de la disgrâce de sa mère qu'Anne* Boleyn la poursuivait de sa haine : éloignée de la cour, elle fut exclue de la succession lors de la naissance d'Élisabeth* (1533) et dut reconnaître l'illégitimité de sa naissance. De nouveau inquiétée sous Édouard* VI, elle lui succéda cependant, faisant triompher ses droits contre Jeanne* Grey. Elle rétablit le catholicisme. Son mariage avec Philippe* II d'Espagne (1554) souleva la désapprobation générale. La révolte de Wyatt* en fut la manifestation éclatante et provoqua un durcissement de la politique du règne : Jeanne Grey fut exécutée, Élisabeth enfermée à la tour de Londres, et les protestants persécutés (dont Ridley, Latimer* et Cranmer*). La campagne entreprise contre la France à la suite de l'Espagne, qui se solda par la perte de Calais (1558), avait encore aggravé l'impopularité de la reine quand elle mourut. ▪ Elle a inspiré un drame à Victor Hugo (1833).

**MARIGNAN** → **ÉTYM.** lat. «domaine de *Marinius* [n. de pers. gallo-rom.]» – en it. ***Marignano,*** auj. ***Melegnano*** ♦ V. d'Italie, en Lombardie (prov. de Milan). 15 761 hab. ▮ **Histoire** François* Iᵉʳ y remporta une victoire sur les Suisses alliés du duc de Milan (1515). ▪ Le maréchal Baraguey d'Hilliers y battit les Autrichiens après Magenta (1859).

**MARIGNANE** [13700] → **ÉTYM.** anc. *Marinianum*, du lat. *Marinius*, n. de pers. gallo-rom., et suff. *-ane* ♦ Ch.-l. de cant. des Bouches-du-Rhône, arr. d'Istres, situé à l'E. de l'étang de Berre. 34 006 hab. *(Marignanais)*. Aéroport de Marseille (le 4ᵉ de France, après Paris, Nice et Lyon). Indus. aéronautique.

**MARIGNIER** [74970] ♦ Comm. de la Haute-Savoie, arr. de Bonneville, sur le Giffre. 5 323 hab.

**MARIGNY (Enguerrand DE)** ♦ Homme politique français (v. 1260 - Paris 1315). Spécialiste des finances, il soutint la politique monétaire de Philippe* IV le Bel. Son ministère et son immense fortune lui valurent des inimitiés et, accusé de sorcellerie, il fut pendu après la mort du roi, sous le règne de son successeur Louis* X. → **ÉTYM.** Ce nom de famille vient d'un nom de lieu, du latin *Mariniacum*, de *Marinius*, nom de personne.

**MARIGOT (LE)** [97225] → **ÉTYM.** doit son n. à un petit marais ♦ V. de Martinique, arr. de La Trinité, sur la côte Nord-Atlantique. 3 663 hab.

**MARIJAC (Jacques DUMAS, dit)** ♦ Scénariste, dessinateur et éditeur français (Paris 1908 - Lyons-la-Forêt 1994). Il fonda en 1944 le journal *Coq hardi*, qui devint le grand hebdomadaire des jeunes, et écrivit de nombreux scénarios pour tous les grands dessinateurs de l'époque. Éditeur, il fonda alors une vingtaine de journaux *(Frimousse, Far West, Pierrot)*. Pour la génération de l'après-guerre, Marijac est l'homme-orchestre d'un nouvel âge d'or de la bande dessinée.

**MARILLAC (Michel DE)** ♦ Homme politique français (Paris 1563 - Châteaudun 1632). Garde des Sceaux, il fit promulguer les ordonnances surnommées «code Michau», qui furent refusées par les parlements. Grand juriste, il était un des chefs du parti dévot ; Marie de Médicis le choisit pour succéder à Richelieu, ce qui provoqua son arrestation, après la journée des Dupes* (1630). ♦ **Louis de Marillac** (1573 - 1632). Frère du précédent, maréchal de France, il fut compromis dans le parti de la reine mère et décapité. ▪ Ils eurent pour nièce sainte Louise* de Marillac.

**MARIN Iᵉʳ** ou par confusion ancienne **MARTIN II** → **ÉTYM.** en lat. *Marinus*, de *marinus* «marin» ♦ 108ᵉ pape (de 882 à 884), de Gallese (Rome), ancien évêque de Caere.

**MARIN II** ♦ 128ᵉ pape (de 942 à 946). Romain. → **Pornocratie.**

**MARIN (John)** ♦ Peintre américain (Rutherford, New Jersey 1870 - Addison, Maine 1953). Il abandonna l'architecture pour la peinture en 1899 et, après un séjour à Paris (1905 - 1910), exposa à New York, notamment chez Stieglitz et à l'Armory Show de 1913. Ses tableaux et plus encore ses aquarelles, consacrés à des paysages où le ciel, la mer (*Îlots du Maine*, 1922), les grandes constructions (ponts, gratte-ciel : *Lower Manhattan*, 1921) ont une place privilégiée, sont d'une facture libre et nerveuse, d'une spontanéité lyrique qui évoque les Fauves. La délicatesse des couleurs, en particulier dans ses lavis, la légèreté et la fermeté du trait caractérisent une œuvre un peu en marge dans l'évolution de l'art américain.

**MARIN (Marguerite,** dite **Maguy)** ♦ Danseuse et chorégraphe française (Toulouse 1951). Après un passage au Ballet du XXᵉ siècle de Béjart (1972 - 1976), elle fonda en 1977 avec Daniel Ambash le Ballet Théâtre de l'Arche. Elle dirigea le Centre chorégraphique national de Créteil de 1989 à 1998 avant de prendre la direction de celui de Rillieux-la-Pape. Son style allie pouvoir du rythme, puissance des images et convictions sociales. Elle joue du grotesque corporel et de l'imagerie populaire pour explorer des thèmes comme la pauvreté, la société de consommation, le sexe, la religion, l'environnement, le terrorisme ou la communication : *May B* (1981), *Babel Babel* (1982), *Coup d'État* (1988), *Cortex* (1991), *Ram Dam Ram* — sur un texte de Beckett (1995) —, *Umwelt* (2004), *Ha !Ha !* (2006).

**MARIN (LE)** [97290] ♦ Ch.-l. d'arr. de la Martinique. 7 267 hab. Église de style jésuite (XVIIIᵉ et XIXᵉ s.). Pêche. Belles plages à proximité.

**MARIN DE TYR** – en gr. ***Marinos*** ♦ Mathématicien et géographe grec (fin du Iᵉʳ s.). Il remit à l'honneur la géographie mathématique, mettant au point un procédé de projection «orthogonale», appelée plus tard *projection de Mercator**. Son œuvre ne nous est connue qu'à travers celle de Ptolémée* qui utilisa largement ses travaux.

**Mariner** ♦ Nom des sondes américaines destinées à l'étude des planètes, lancées entre 1962 et 1974. Après l'échec de *Mariner 1*, *Mariner 2* fut la première sonde à s'approcher de Vénus* (1962) ; *Mariner 4* envoya les photographies de Mars* prises à 8 700 km (1965) ; *Mariner 9* devint le premier satellite artificiel de Mars (1971) ; *Mariner 10* approcha Mercure* à 703 km (1974).

**MARINETTI (Filippo Tommaso)** ♦ Écrivain italien (Alexandrie, Égypte 1876 - Bellagio, Côme 1944). Il publia en français le *Manifeste technique de la littérature futuriste* (*Le Figaro*, 20 fév. 1909). Il exalta les mystiques de l'action et la modernité, la vie rapide et belliqueuse, dans des ouvrages où les règles (syntaxe, ponctuation, typographie) éclatent sous la pression phonique (*Mafarka le Futuriste*, 1910 ; *Zang tumb tumb*, 1914). Il soutint tout de suite le fascisme qui incarnait en quelque sorte ses thèses, et devint académicien d'Italie. → **futurisme.**

**MARINGÁ** ♦ V. du Brésil (État du Paraná). 240 000 hab. Université. Centre commercial.

**MARINI (Marino)** ♦ Sculpteur, dessinateur et peintre italien (Pistoia 1901 - Viareggio 1980). Après une série de représentations humaines tendant à exprimer une symbolique de la généralité (*Le Peuple*, 1929), il élabora une œuvre d'un dynamisme retenu, partiellement inspirée par la statuaire antique archaïque. La série des *Cavaliers* (à partir de 1936) met en œuvre des formes compactes animées et retenues par une tension interne qu'explicite le jeu subtil des surfaces courbes et des pans coupés ; l'étirement et la schématisation, l'emploi de la variation sur un thème *(Jongleurs, Danseuses)* aboutissent à un répertoire de formes en mouvement et de relations entre structures organiques et espace. Marini est aussi l'auteur d'une série de portraits *(Campigli, Stravinski, Henry Miller)*. → **ÉTYM.** *Marini* vient du latin *marinus* «de la mer».

**MARINIDES** n. m. pl. → **Mérinides**

**MARIN LA MESLÉE (Edmond)** ♦ Officier aviateur français (Valenciennes 1912 - près de Dessenheim, Haut-Rhin 1945). Classé premier chasseur français (20 avions allemands abattus en 1939 - 1940). Affecté, en 1942, en Afrique du Nord, il participa à la campagne de France de 1944 et fut tué, dans le ciel d'Alsace, lors de sa 105ᵉ mission.

**MARINO (Giambattista)** dit le **Cavalier Marin** ♦ Poète italien (Naples 1569 - *id.* 1625). Après une jeunesse indisciplinée il connut le succès à Turin puis en France (1615) où Marie de Médicis, puis Louis XIII le couvrirent d'honneurs ; il revint à Naples après la publication de *L'Adone* (1623). Grand amateur de curiosités et connaisseur d'art (*La Galeria*, 1619-1620), il cultiva une poésie où tout est destiné à susciter l'admiration de l'habileté formelle et des «extravagances [qui] rendent le monde beau». Plus que les idylles du *Chalumeau*, les vers de *La Lyre* (1602 - 1608) et surtout le poème mythologique de *Adonis* (*l'Adone* ; 1623 ; vingt chants dédiés à Louis XIII) manifestent avec splendeur le goût de la «belle tromperie» et des métaphores qui caractérise cette poésie voluptueuse. Par la dissolution baroque des formes et la virtuosité poétique, son art allait modifier la sensibilité (marinisme). Méprisée au XVIIIᵉ et au XIXᵉ s., sa poésie est largement réhabilitée aujourd'hui.

**MARION (Jean-Luc)** ♦ Philosophe français (Meudon 1946). Ses travaux s'ordonnent autour de deux axes distincts : l'histoire de la philosophie, d'une part, comprise comme histoire de la métaphysique liée à la question de l'Être de l'étant soulevée par Heidegger (*Sur l'ontologie grise de Descartes*, 1975 ; *Sur la théologie blanche de Descartes*, 1981) ; la situation philosophique du Dieu de la révélation, d'autre part. Dans *L'Idole et la Distance* (1977), il aborde le concept de «Dieu» après la mort de Dieu, en montrant que même si celle-ci a révélé que le Dieu de la métaphysique n'était qu'une idole conceptuelle, il est néanmoins possible de rouvrir la question de Dieu sur le paradoxe de la *distance*. Dans *Dieu sans l'être* (1982), il montre les problèmes que pose l'évidence selon laquelle Dieu, avant tous les autres étants, aurait à être. [Acad. fr. 2008]

**MARION** (île) ♦ Île du S. de l'océan Indien appartenant à l'archipel des îles du Prince*-Édouard et dépendant de l'Afrique du Sud depuis 1947. Base météorologique.

**Marion de Lorme** ou **Marion Delorme** ♦ Drame en 5 actes et en vers de V. Hugo*, inspiré de la vie de la célèbre courtisane. La pièce, qui portait d'abord le titre de *Un duel sous Richelieu*, tomba sous le coup de la censure et fut interdite sous le prétexte d'allusions politiques. Elle ne fut représentée qu'en 1831, avec Marie Dorval* dans le rôle de Marion.

**MARION-DUFRESNE (Nicolas Thomas)** ♦ Navigateur français (Saint-Malo 1729 - Tacouri, Nouvelle-Zélande 1772). Parti pour Tahiti (1770) pour y ramener le chef polynésien Aoutourou venu en Europe avec Bougainville, il découvrit, avant Cook, les îles du Prince*-Édouard (Terre d'Espérance), Marion (île de la Prise-de-Possession) et Crozet (île Aride). Il fut tué par les indigènes dans la baie dite «des Assassins» (Nouvelle-Zélande).

**MARIOTTE (Edme)** ♦ Physicien français (Dijon v. 1620 - Paris 1684). Il étudia les déformations élastiques des solides dont il énonça la loi en même temps que Hooke*. Intéressé par l'ophtalmologie, il découvrit le point aveugle de l'œil. Dans son *Traité de la percussion ou choc des corps* (1673), renonçant aux corps parfaitement durs, il distingua les corps parfaitement élastiques et les corps parfaitement mous, fit remarquer que ce n'est pas le poids mais la quantité de matière qui intervient dans la quantité de mouvement et se préoccupa de la recherche des centres de percussion ; mais la plus grande innovation est la tendance nettement expérimentale qui se dégage de son étude. Il étudia la compressibilité des gaz et revérifia (1676) la loi, précédemment découverte par Boyle*, énonçant la proportionnalité inverse du volume et de la pression à température constante, en y adjoignant cependant une restriction (différente de celle de Boyle) relative à une limite due aux conditions de raréfaction du gaz *(loi de Boyle-Mariotte)*. Il remarqua l'augmentation du volume de l'eau qui se congèle (1679). En optique, il donna une théorie des halos. Grâce au baromètre, il établit les bases de la prévision du temps. Il étudia les principes de l'hydrodynamique. Dans son essai *De la végétation des plantes* (1679), convaincu de la nature physique de la vie, il exposa les premiers éléments d'une théorie atomiste de la génération et du développement. [Acad. sc. 1666]

**MARIOUPOL** ➝ ÉTYM. ainsi nommée en l'honneur de *Maria* Feodorovna, épouse de l'empereur Paul Ier Petrovitch, et du gr. *polis* «ville» – de 1948 à 1989 ***Jdanov*** ♦ V. d'Ukraine, sur la côte septentrionale de la mer d'Azov, dans le Donbass*. 482 440 hab. Port. Indus. sidérurgique. Exportation de houille et de métaux. Conserveries de poisson.

**MARIOUT** (lac) – en ar. ***Buhayrat Maryūt***, anc. ***Maréotis*** ♦ Lagune du littoral égyptien (Basse-Égypte), séparée de la Méditerranée par une langue de terre sur laquelle est construite Alexandrie. Autrefois alimentée par les eaux dérivées du Nil, elle est maintenant asséchée et vouée aux marais salants.

**MARIPASOULA** ♦ Ville de Guyane, à la frontière du Suriname, sur le Maroni. 3 710 hab. Le village fut créé en 1947 sous l'impulsion d'une pop. créole issue de l'orpaillage. Zone minière (or, diamants).

**MARIS** (république des) ➝ ÉTYM. probablt de *Mari* «homme, humain», n. donné par les Iraniens aux premières populations tchérémisses ♦ République de la fédération de Russie. ➝ **Russie** (carte et tableau des divisions admin.). 23 200 km². 728 000 hab. *(Maris)*. LANGUES : mari, russe. POPULATION : Maris, 43 % ; Russes, 47 % ; Tatars, 6 % ; Tchouvaches, 1 %. RELIGIONS : orthodoxes, animistes. CAPITALE : Iochkar-Ola. La république des Maris est divisée en 14 districts. Son territoire est occupé par des collines boisées au N.-E. et par une grande dépression à l'O. Les sols acides permettent la culture de céréales (seigle, avoine, blé), de pommes de terre, de lin et de fourrage pour l'élevage bovin et ovin. Indus. métall., mécanique (machines agricoles) et alimentaire. Filature du lin. Traitement du cuir et du bois. ▮ **Histoire** Dominés par les Mongols au XIIIe s., puis par les Russes (XVIe s.), les Maris participèrent aux révoltes de Stenka Razine* (1670 - 1671) et de Pougatchev* (1773 - 1775). Après la révolution d'Octobre, le régime soviétique y fut instauré (1918). En nov. 1920 fut créée la région autonome des Maris qui devint une République socialiste soviétique autonome en 1936. Elle proclama sa souveraineté en août 1990.

**MARITAIN (Jacques)** ♦ Philosophe français (Paris 1882 - Toulouse 1973). Converti au catholicisme avec sa femme Raïssa, il fut, contre la philosophie matérialiste et le bergsonisme, un des principaux interprètes du thomisme (➝ **Thomas d'Aquin [saint]**). C'est en humaniste chrétien qu'il aborda les problèmes de l'expérience et de la philosophie religieuses, de l'esthétique et de la politique. Il fut ambassadeur de France près le Saint-Siège (1945 - 1948). Œuv. princ. : *De la philosophie chrétienne* (1933), *Humanisme intégral* (1936), *Intuition créatrice en art et en poésie* (1962), *Principes d'une politique humaniste* (1945). ➝ ÉTYM. L'ancien français *maritain* signifie «marin, maritime».

**maristes**

n. m. pl. ♦ Membres de la Société des Pères de Marie, congrégation enseignante et missionnaire fondée en 1816 par Jean-Claude Colin (1790 - 1875), à laquelle Grégoire XVI confia en 1835 l'évangélisation d'une partie de l'Océanie. En 1824 fut fondée une branche féminine, les Sœurs maristes, en 1850 un tiers ordre laïc. En 1817, Marcellin Champagnat (1789 - 1840) fonda les Frères maristes des écoles, congrégation d'instituteurs non prêtres, qui fut rattachée aux Pères de Marie de 1836 à 1852.

**MARITIMES (PROVINCES)** ♦ Provinces de l'E. du Canada comprenant la Nouvelle*-Écosse, le Nouveau*-Brunswick et l'île du Prince*-Édouard. Ces provinces sont baignées au N. par le golfe du Saint-Laurent, qui les sépare de l'île de Terre-Neuve, et au S. par l'Atlantique.

**MARITSA** ou **MARITZA** ➝ Marica

**MARIUS** – en lat. ***Caius Marius*** ♦ Général et homme politique romain (Cereatae, près d'Arpinum –157 - Rome –86). Issu de la classe équestre, excellent soldat, il se distingua en Espagne sous Scipion* Émilien (–133). Tribun (–119) puis préteur (–116), il servit comme lieutenant de Metellus* pendant la guerre contre Jugurtha*, mais rompit avec son protecteur qui l'empêchait de poser sa candidature au consulat auquel ne pouvaient être élus que les membres de la noblesse. Élu consul (–107) par le parti populaire, il devint alors le symbole de la revanche de tous ceux que l'oligarchie sénatoriale écartait des honneurs publics. Il fit une réforme décisive de l'armée qui, ne recrutant plus selon la fortune, fut ouverte aux prolétaires et aux chômeurs et devint un puissant instrument pour la conquête de l'empire, mais aussi une force tout acquise pour l'exécution de coups d'État. Reparti en Afrique, il termina la guerre de Numidie, mais ce fut son questeur, Sylla*, qui obtint la reddition de Jugurtha. Réélu consul de –104 à –100, il vainquit les Teutons à Aix (–102) et les Cimbres à Verceil (–101). Le parti populaire aurait pu alors être invincible, mais le prestigieux chef de guerre se montra un homme politique médiocre. Débordé par les chefs du parti populaire, Saturninus et Glaucia, il laissa massacrer ses anciens alliés (–100) et s'exila en Afrique. Mais Sylla ayant reçu le commandement de la guerre contre Mithridate*, Marius se fit octroyer ce commandement par le peuple (–88). La guerre civile éclata. Sylla, chassé de Rome par Marius, y rentra avec ses légions ; Marius, proscrit à son tour par Sylla, revint à Rome dès que celui-ci fut parti pour l'Orient. Allié à Cinna*, il s'y livra à de sanglantes proscriptions et, nommé consul pour la septième fois, y mourut quelques jours plus tard (–86).

**Marius** ♦ Pièce en 4 actes de M. Pagnol* (1929), qui forme, avec la pièce *Fanny* (1931) et le film *César* (1936), la «trilogie marseillaise». Interprétées par Raimu*, P. Fresnay*, Orane Demazis, Charpin, ces trois œuvres racontent moins la vie d'une famille à travers deux générations que la ville de Marseille, son port, ses bruits, ses odeurs et fait la part belle à l'exotisme provençal. Les deux premières pièces ont été également adaptées au cinéma, avec les mêmes comédiens : *Marius* par A. Korda* (1931) et *Fanny* par M. Allégret* (1932).

**MARIUS VICTORINUS** – en lat. ***Caius Marius Victorinus*** ♦ Rhéteur latin (en Afrique v. 300 - apr. 362). Il enseigna à Rome, se convertit v. 355 et, par ses traductions de Porphyre et Plotin, est à la base du néoplatonisme chrétien.

**MARIVAUX (Pierre CARLET DE CHAMBLAIN DE)** ♦ Auteur dramatique et écrivain français (Paris 1688 - *id.* 1763). Fils du directeur de la Monnaie de Riom, il fréquenta les salons parisiens dès son arrivée dans la capitale (1712). Ses débuts littéraires furent discrets et l'attention du public à son égard ne commença à s'éveiller qu'avec une comédie, *Arlequin poli par l'amour* (1720), représentée à la Comédie-Italienne. Ruiné par la banqueroute de Law, il consacra dès lors toute son activité à la littérature, assumant à lui seul la rédaction d'un journal, *Le Spectateur français* (1722), que remplaceront *L'Indigent philosophe* (1728) puis *Le Cabinet du philosophe* (1734). Outre deux romans qui sont des chefs-d'œuvre du genre par le réalisme de la peinture et la justesse de l'analyse, *La Vie* de Marianne* (1731 - 1741) et *Le Paysan parvenu* (1735), c'est au théâtre qu'il consacrera le meilleur de son génie. Avec des fortunes diverses, durant une vingtaine d'années, il écrivit, soit pour la Comédie-Française, soit pour la Comédie-Italienne, une quarantaine de pièces dont plusieurs ont subi victorieusement l'épreuve du temps. Pour les comédiens-italiens, héritiers de la commedia dell'arte et qui exercèrent sur lui une forte influence, il imagina des intrigues légères où le dialogue a toute la spontanéité d'une conversation de salon. *La Surprise* de l'amour* (1722), *La Double* Inconstance* (1723), *Le Prince travesti* (1724), *La Seconde Surprise de l'amour* (1727), *Le Jeu* de l'amour et du hasard* (1730), *Le Triomphe de l'amour* (1732), *L'Heureux Stratagème* (1733), *Les Fausses* Confidences* (1737), *L'Épreuve* (1740). Mais l'incomparable élégance de la langue, le charme pastoral des personnages,

**Marivaux.** Danièle Lebrun et Gérard Desarthe dans *Les Fausses Confidences*, au Théâtre de la Criée, Marseille, 2000.
*Phot. © A. C. Poujoulat/AFP*

la subtilité de l'analyse, si vivement critiqués par Voltaire, ne sauraient justifier le jugement de ceux qui réduisirent Marivaux au «marivaudage». Sous les riantes couleurs d'un optimisme qui sera de mode jusqu'à la Révolution, Marivaux demeure un observateur lucide de l'injustice sociale comme de l'affectivité personnelle. Devenus des semblables dans cette quête du bonheur qui les rapproche, ses héros, maîtres et serviteurs, ont la soudaine révélation d'une authentique égalité. Peintre de la passion naissante, il a su en suggérer les prévisibles déviations, que décriront après lui Sade* et Laclos*. Sa cruauté masquée sous les dentelles, la complicité irréductible du désir et du social, le jeu de miroirs et d'illusions qu'il mène jusqu'au vertige font de son théâtre notre contemporain. [Acad. fr. 1743] ➝ ÉTYM. *Marivaux* signifie «vallées aux étangs», de *mari* «eau stagnante, étang» et *vaux*, pluriel de *val*.

**MARKER (Christian François BOUCHE-VILLENEUVE, dit Chris)** ♦ Cinéaste français (Neuilly-sur-Seine 1921). Il s'est consacré presque exclusivement au documentaire, avec une intelligence, un humour et une alacrité de ton qui font de *Dimanche à Pékin* (1955), *Lettre de Sibérie* (1958), *Le fond de l'air est rouge* (1977), *Sans soleil* (1983) ou de *Level 5* (1996) de vrais poèmes en images, aussi engagés dans leur fond que raffinés dans leur forme. Il aborda aussi la science-fiction, avec le fascinant «roman-photo» de *La Jetée* (1962), tout en poursuivant une carrière d'écrivain et de directeur littéraire.

**MARKEVITCH (Igor)** ♦ Chef d'orchestre et compositeur italien d'origine russe (Kiev 1912 - Antibes 1983). Diaghilev lui commanda son premier *Concerto pour piano* (1929). Il devait, par la suite, composer des ballets (*Rébus*, 1931 ; *L'Envol d'Icare*, 1933), un oratorio, une cantate, des œuvres symphoniques et de la musique de chambre. Après la guerre, il se consacra au seul métier de chef d'orchestre (Concerts Lamoureux, orchestres philharmoniques de La Havane, de Montréal, de Monte-Carlo).

**MARKHAM (sir Clements Robert)** ♦ Géographe et voyageur britannique (Stillingfleet, près d'York 1830 - Londres 1916). Après une expédition à la recherche de sir J. Franklin (1850 - 1851), il fit un voyage au Pérou (1852 - 1853), puis en Éthiopie (1867) avant de devenir administrateur des forêts au ministère des Indes (1868). ♦ Sir **Albert Hastings Markham.** Navigateur et explorateur britannique (Bagnères-de-Bigorre 1841 - Londres 1918). Frère du précédent. Il fit plusieurs expéditions dans l'Arctique (mer de Baffin, 1873 ; nord de la terre de Grant, 1875 - 1876).

**MARKHAM (mont)** ♦ Sommet de 4 351 m, situé dans la partie méridionale de la terre Victoria dans l'Antarctique oriental.

**MARKO KRALJEVIĆ** ➝ ÉTYM. «prince Marko» ♦ Prince serbe (v. 1335 - près de Rovine 1394). Bien qu'il ait dû se soumettre aux Turcs, le prince Marko, fils du roi Vukašin, est devenu le héros le plus populaire et le personnage central de la poésie épique serbe. On lui attribua une force surnaturelle doublée de courage, de ruse et d'honnêteté.

**MARKOS (Markos VAFIADHIS, dit général)** ♦ Révolutionnaire et chef militaire grec (Kastamonu, Anatolie 1906 - Athènes 1992). Il dirigea les troupes communistes de l'ELAS qui participèrent à la libération de la Grèce (1944). Face aux excès du gouvernement de Georges II, il reprit la lutte contre l'armée monarchiste et institua en 1947 à Konitsa (Épire) un gouvernement provisoire. Après l'écrasement de ses troupes dans le massif du Grammos (oct. 1949), abandonné par Staline, il se réfugia en Roumanie, en Pologne puis en URSS, et rentra en Grèce en 1983.

**MARKOV (Andreï Andreïevitch)** ♦ Mathématicien russe (Riazan 1856 - Leningrad, auj. Saint-Pétersbourg 1922). Élève de Tchebychev*, auteur de travaux sur la théorie des nombres et l'analyse mathématique, il doit être considéré comme un chef de file de l'école probabiliste russe. Ses travaux sur les fonctions aléatoires l'amenèrent à étudier un type de relations (*processus* ou *chaînes de Markov*, 1907) dans lequel la loi de probabilité ne dépend pas de l'évolution antérieure du système, mais d'une valeur prise à un instant déterminé. Son étude permit d'obtenir de très beaux résultats dans le domaine des probabilités. En macrolinguistique, il introduisit l'*analyse markovienne*, qui tient compte non seulement des fréquences de mots, mais aussi des fréquences d'enchaînements, et qui permit de faire progresser le décryptage, de faciliter la détection de fausses archives et d'imaginer des interpolations plausibles lorsque des passages courts sont illisibles dans un manuscrit.

**MARKOVA (Lilian Alicia MARKS, dite Alicia)** ♦ Danseuse britannique (Londres 1910 - Bath 2004). Elle débuta dans la compagnie des Ballets* russes de Diaghilev*, avant de créer, avec A. Dolin*, son partenaire, sa propre compagnie (1935 - 1938). Elle poursuivit ensuite une carrière internationale et devint directrice du corps de ballet du Metropolitan Opera de New York et de son école de danse, en 1963. Interprète inspirée, fidèle à la plus pure tradition du ballet romantique, elle excella dans son art par sa grâce aérienne et son immatérielle poésie.

**MARKOVIĆ (Svetozar)** ♦ Socialiste et critique littéraire serbe (Jagodina, auj. Svetozarevo 1846 - Trieste 1875). Traducteur de Marx, il introduisit en Serbie ses idées socialistes, marquant la fin du romantisme et le début du réalisme (*Réalisme dans la science et dans la vie*, 1872 ; *La Serbie en Orient*, 1872). ➝ ÉTYM. Ce nom de famille serbe signifie «fils de Marc *(Marko)*».

**MARKO-VOVTCHOK (Maria Aleksandrovna VILINSKAÏA-MARKOVITCH, dite)** ♦ Romancière ukrainienne (Iekaterinovka, près de Ielets, gouv. d'Orel 1833 - Naltchik, Caucase 1907). Par son recueil de *Contes populaires* (1857), elle approuva l'émancipation des serfs en Ukraine. Par la suite elle peignit dans des contes et des nouvelles le monde tragique de l'injustice et de la misère. Enfin elle obtint la célébrité en France par son roman *Maroussia* (1871). Son œuvre, au style simple et vigoureux, est un modèle de prose ukrainienne.

**MARKOWITZ (Harry M.)** ♦ Économiste américain (Chicago 1927). Professeur de finance à la City University of New York, il a développé avec Sharpe une analyse du portefeuille efficient prenant en compte la gestion du risque. [Prix Nobel de sc. écon. 1990, avec W. Sharpe* et M. Miller*]

**MARKSTEIN** [marstɛn] ou **MARKSTEINKOPF** n. m. ♦ Sommet des Vosges méridionales (Haut-Rhin), au N.-O. du Grand Ballon. 1 267 m. ▪ Station de sports d'hiver du Markstein, sur la route des Crêtes, à 1 241 m.

**MARL** ♦ V. d'Allemagne (Rhénanie-du-Nord-Westphalie), dans la Ruhr*. 90 258 hab. Centre houiller. Fabrication de caoutchouc synthétique (comme le *Buna* de l'usine Hüls, créée en 1939). Pétrochimie.

**MARLBOROUGH (John CHURCHILL, 1<sup>er</sup> duc DE)** ♦ Général et homme politique anglais (Ashe, Devon 1650 - Cranbourn Lodge, près de Windsor 1722). Il dut d'abord sa fortune au duc d'York* (l'amant de sa sœur, Arabella Churchill) qui lui conserva sa faveur une fois sur le trône. Il contribua à réprimer la rébellion de Monmouth*, mais fut l'un des premiers à abandonner le roi lors de la révolution de 1688. Guillaume* d'Orange garda à son égard une certaine méfiance et il ne retrouva son crédit qu'auprès de la reine Anne* Stuart, sur qui sa femme avait une grande influence. Chargé du commandement en chef de l'armée dans la guerre de Succession* d'Espagne, il remporta une suite d'importantes victoires avec le Prince Eugène* : Höchstädt* (1704) sur les Bavarois, Ramillies* (1706) sur Villeroi*, Oudenaarde* (1708) sur Vendôme*, Malplaquet* (1709) sur Villars*. Ses liens avec le parti whig* le firent tomber en disgrâce et perdre toute influence politique, bien que George* I<sup>er</sup> l'eût réintégré dans ses dignités (une chanson populaire française rendit son nom légendaire, sous la forme de Malbrough). ➝ ÉTYM. Ce nom de famille vient d'un nom de lieu, «mont (vieil anglais *beorg*) de °Maerla (nom de personne)» ou signifie «endroit où pousse la gentiane *(meargealla)*».

**MARLES-LES-MINES** [62540] ➝ ÉTYM. de la langue d'oïl *marle* «marne» ♦ Comm. du Pas-de-Calais, arr. de Béthune. 6 088 hab. *(Marlésiens)*. Anc. centre houiller.

**MARLEY (Robert Nesta, dit Bob)** ♦ Musicien jamaïcain (Rhoden Hall 1944 - Miami 1981). Mêlant thèmes pacifistes, mystiques (religion rastafari), engagés (messages tiers-mondistes prônant la prochaine libération du peuple noir), et rythme souple et lancinant, il s'associa à J. Cliff et P. Tosh, en compagnie duquel il fonda le groupe des Wailers, qui répandirent dans le monde entier la musique reggae issue des ghettos jamaïcains.

**MARLINSKI** → **Bestoujev**

**MARLOWE (Christopher)** ♦ Auteur dramatique anglais (Canterbury 1564 - Londres 1593). Contemporain de Shakespeare, il mena une existence aussi ardente que brève. Ami et protégé de sir Walter Raleigh qui, après sa disgrâce, devait être condamné à la peine capitale, il affirma très tôt une pensée rebelle aux croyances religieuses et favorable aux seules spéculations d'ordre scientifique. Pathétique et puissante, son œuvre développe une apologie de la révolte individuelle en même temps qu'elle témoigne d'une qualité tragique pour laquelle nulle autre ne peut lui être comparée. Avec *Tamerlan le Grand* (en deux parties, 1587 - 1588), tragédie de l'ambition forcenée et vouée à l'échec, *Le Juif de Malte* (1589), dénonciation du pouvoir de l'argent, *Édouard* II* (1592), drame de l'impuissance et de la misère humaines, et surtout avec *La Tragique Histoire du docteur Faust* (1588), affirmation du surnaturel et des lois morales héritées du Moyen Âge (→ **Faust**), Marlowe a donné à la scène anglaise, avant Shakespeare, quatre de ses plus hauts chefs-d'œuvre. Il est aussi l'auteur d'un poème, *Héro et Léandre* (posth. 1598) et d'une tragédie historique inspirée par la Saint-Barthélemy, *Massacre à Paris* (1593). Habitué des bas-fonds de Londres, il fut assassiné au cours d'une rixe dans une taverne. ➝ ÉTYM. Ce nom de famille signifie «terrain après l'assèchement d'une mare», du vieil anglais *mere* «mare» et *lāf* «restes».

**MARLY** [57157] ➝ ÉTYM. anc. *Miriliacum* «domaine de Marilius», du lat. *Marilius* (ou *Merulius*), n. de pers. gallo-rom., et suff. *-acum* ♦ Comm. de la Moselle, banl. S. de Metz. 10 139 hab.

**MARLY** [59770] ➝ ÉTYM. «domaine de Marilo (n. de pers. germ.)» ♦ Comm. du Nord, banl. E. de Valenciennes. 11 666 hab. *(Marlytrons)*. Aérodrome de Valenciennes.

**MARLY-LA-MACHINE** ♦ Écart de la comm. de Bougival (Yvelines), sur la Seine. ▪ Une machine y avait été construite par Rennequin* sous Louis XIV pour conduire les eaux de la Seine à Versailles par l'intermédiaire de l'aqueduc de Marly ; détruite à la Révolution, elle fut remplacée par différentes machines hydrauliques au cours du XIX$^{e}$ s. La dernière a cessé de fonctionner en 1967.

**MARLY-LA-VILLE** [95670] ➝ ÉTYM. → Marly* (Moselle) ♦ Comm. du Val-d'Oise, arr. de Sarcelles. 5 696 hab.

**MARLY-LE-ROI** [78160] ➝ ÉTYM. *Marly* (→ Marly [Moselle]) et *le-Roi*, en hommage à Louis XIV ♦ Ch.-l. de cant. des Yvelines, arr. de Saint-Germain-en-Laye, à l'E. de la forêt domaniale de Marly (environ 2 000 ha). 16 759 hab. *(Marlychois)*. Louis XIV y fit construire par J. Hardouin-Mansart* un château dont le thème était la glorification du Roi-Soleil : le pavillon central, pavillon du Soleil, était entouré par douze pavillons symbolisant les signes du zodiaque. Le château fut vendu après la Révolution et démoli en 1816. Seul subsiste le parc. L'abreuvoir était orné de chevaux sculptés par G. Coustou (auj. au Louvre). Musée-promenade de Marly-le-Roi-Louveciennes. Église reconstruite par Mansart (1689). ▪ Comm. résidentielle et tertiaire.

**MARMAGÃO** ou **MORMUGÃO** ♦ V. de l'Inde (Goa). 97 085 hab. Port. Exportation du minerai de fer de l'État de Goa vers le Japon qui a financé la modernisation des installations.

**MARMANDE** [47200] ➝ ÉTYM. de l'anc. fr. *mirmande* «ville (ou maison) fortifiée» ♦ Ch.-l. d'arr. du Lot-et-Garonne, sur la Garonne. 17 199 hab. (aggl. 23 046) *(Marmandais)*. Église du XIII$^{e}$ au XVI$^{e}$ s., en partie reconstruite au XVII$^{e}$ s. (retable en bois et *Mise au tombeau* du XVII$^{e}$ s.). Cloître Renaissance. ▪ Marché agricole (produits maraîchers ; tomates réputées). Indus. du bois, aéronautique, mécanique. ▮ **Histoire** Une charte de coutumes fut accordée par Richard Cœur de Lion à Marmande, qui fut un lieu de péage important. Plusieurs combats s'y déroulèrent pendant la guerre de Cent Ans et pendant les guerres de Religion.

**MARMARA** (mer de) ➝ ÉTYM. du gr. *marmaros* «marbre» (V. ci-dessous) ♦ Petite mer, communiquant avec la mer Égée au S.-O. par le détroit des Dardanelles* et avec la mer Noire* au N. par le détroit du Bosphore*. 11 500 km$^2$. C'est l'ancienne Propontide*. Elle doit son nom à l'île de Marmara (130 km$^2$, 8 334 hab.), où des colons de Milet mirent en exploitation dès le –VII$^{e}$ s. des carrières de marbre renommées, d'où le nom de *Marmora* ou *Marmara* donné au Moyen Âge à l'île puis à la mer.

**MARMION (Simon)** ♦ Peintre et enlumineur français (Amiens v. 1425 - Valenciennes 1489). Il fut célèbre comme enlumineur et travailla surtout à Amiens, Tournai et Valenciennes. Peu d'œuvres lui sont attribuées avec certitude, excepté un retable consacré à la vie de *saint Bertin* (1455 - 1459) dont seuls deux volets subsistent depuis 1789. La modération des gestes, la sérénité qui se dégage des visages se retrouvent dans certaines des œuvres qu'on lui attribue : la *Vierge de douleur* et *Saint Jérôme au donateur*. Les enluminures des *Grandes Chroniques de Saint-Denis* seraient de sa main, ainsi que certaines planches d'un *Livre d'heures* qui appartiendrait au célèbre *Bréviaire du duc de Bourgogne*, œuvre à laquelle il travailla v. 1467. ➝ ÉTYM. Ce nom de famille a désigné en ancien français le *marmot* (sobriquet).

**MARMOLADA** n. f. ♦ Massif et point culminant des Dolomites* (3 343 m).

**MARMONT (Auguste Frédéric Louis VIESSE DE)**, duc **DE RAGUSE** ♦ Maréchal de France (Châtillon-sur-Seine 1774 - Venise 1852). Attaché à Bonaparte depuis le siège de Toulon (1793), il fut son aide de camp en Italie, puis l'accompagna en Égypte (1798). Il fut nommé général gouverneur de la Dalmatie (1806), qu'il sut mettre en valeur ; duc de Raguse (1808), puis maréchal après la bataille de Wagram*. Il remplaça Masséna au commandement de l'armée du Portugal (mai 1811) et fut vaincu et blessé en Espagne par Wellington, aux Arapiles (1812). Il fit la campagne d'Allemagne en 1813 (Bautzen*, Leipzig) et retarda par des actions remarquables l'avance des coalisés ; en 1814, il combattit devant Paris et, avec l'accord de Joseph Bonaparte, négocia la capitulation de la ville avec le tsar Alexandre. Le 3 avr. 1814, ignorant les projets d'abdication de l'Empereur, il fit passer ses troupes en Normandie au lieu de couvrir Napoléon à Fontainebleau, ce qui fut considéré comme une trahison. Cependant, il essaya de faire reconnaître le roi de Rome. Louis XVIII le fit pair de France ; en juillet 1830, il était à la tête des troupes royales qui combattaient la révolution à Paris. Il accompagna Charles X à Cherbourg et dut s'exiler. Il a laissé des *Mémoires*.

**MARMONTEL (Jean-François)** ♦ Écrivain français (Bort-les-Orgues 1723 - Habloville, Eure 1799). Attiré à Paris par Voltaire*, il acquit une grande célébrité à la cour, puis en Europe, non par ses tragédies, mais par ses *Contes moraux* (1761 - 1771) et surtout par deux romans idéologiques, *Bélisaire* (1767), qui vante la tolérance, et *Les Incas* (1777), qui stigmatise l'esclavage. Il réunit ses articles, écrits pour l'*Encyclopédie**, sous le titre *Éléments de littérature* (1787) et laissa inachevés ses *Mémoires d'un père* (posth. 1804), autobiographie précieuse pour connaître la société du XVIII$^{e}$ s. ➝ ÉTYM. *Marmontel* signifie «mauvais mont», nom de domaine, de *mar*, altération de *mal, mauvais* et *montel*, diminutif de *mont*.

**marmousets**

n. m. pl. ♦ Nom de sculptures grotesques des églises qui fut donné par dérision aux ministres de Charles* VI, la plupart anciens ministres de Charles V (ils furent renvoyés après la démence du roi, en 1392).

**MARMOUTIER** [67440] ➝ ÉTYM. anc. *Moresmunister*, du germ. *Moricho*, n. de pers., et lat. *monasterium* «couvent» ♦ Ch.-l. de cant. du Bas-Rhin, arr. de Saverne. 2 436 hab. *(Maurimonastériens)*. La ville est célèbre par son église, anc. abbatiale bénédictine (façade romane des XI$^{e}$ et XII$^{e}$ s., nef des XII$^{e}$ et XIV$^{e}$ s., chœur et abside du XVIII$^{e}$ s.).

**Marmoutier** ♦ Anc. abbaye de l'ordre de Saint-Benoît, située à 3 km de Tours, sur la rive d. de la Loire. Elle fut fondée par saint Martin* en 372. Dévastée par les Normands en 853, elle fut reconstruite en 1096 et Urbain II y prêcha la première croisade. À la Révolution, le monastère devint un hôpital militaire. Il n'en reste plus aujourd'hui que des vestiges. Marmoutier joua un rôle important dans la transmission des connaissances.

**MARNAZ** [74460] ➝ ÉTYM. du gaul. *Matrona* «déesse mère» (désignant la source d'une riv.) ♦ Comm. de la Haute-Savoie, arr. de Bonneville. 4 442 hab.

**MARNE** n. f. ➝ ÉTYM. anc. *Matrona*, du gaul. *matra* «mère» [la rivière-mère] ♦ Riv. du Bassin parisien, affl. rive d. de la Seine qu'elle rejoint à Charenton-le-Pont (525 km). Née sur le plateau de Langres dans la Haute-Marne, elle traverse les départements de Haute-Marne, Meuse, Marne, Aisne, Seine-et-Marne et Val-de-Marne. Malgré de fortes crues (en partie régularisées grâce au barrage du lac de Der-Chantecoq), elle est navigable sur 365 km à partir de Saint-Dizier. Dans un contexte de crise des transports fluviaux, la navigation ne prend une réelle importance qu'en aval d'Épernay, où la Marne est canalisée. Ses principaux affl. sont l'Ornain, le Grand et le Petit Morin (rive g.) et l'Ourcq (rive d.). La vallée de la Marne est, avec la vallée de l'Oise et celle de l'Aisne, l'une des trois grandes voies d'accès vers Paris suivies par les invasions. → **Marne (batailles de la)**. ▪ Les canaux de navigation de la Marne sont au nombre de cinq. Le canal de la Haute-Marne (de Rouvray à Vitry-le-François) suit la Marne supérieure et relie le canal de la Marne à la Saône au canal latéral à la Marne. Le canal latéral à la Marne supplée l'insuffisance de la Marne depuis Vitry-le-François jusqu'à Épernay, relie le canal de la Haute-Marne et le canal de la Marne au Rhin à la partie canalisée de la Marne, et communique avec le canal de la Marne à l'Aisne. Le canal de la Marne à la Saône part de Rouvray. Le canal de la Marne au Rhin relie Vitry-le-François à Strasbourg.

**Marne** (batailles de la) ♦ En 1914, alors que les armées françaises battaient en retraite, Joffre* et son état-major, ainsi que Gallieni*, gouverneur de Paris, conçurent, dès le 25 août, la manœuvre destinée à rétablir la situation. Celle-ci consista à poursuivre la retraite en attirant l'aile marchante allemande vers le S.-E tandis qu'une VI$^{e}$ armée française (Maunoury*) était concentrée devant Paris. Lorsque la I$^{re}$ armée allemande (von Kluck*), affaiblie d'ailleurs par des prélèvements de troupes destinées au front oriental (faute stratégique de Moltke*), eut franchi la Marne, elle fut attaquée sur son flanc (5 sept.). L'offensive française fut déclenchée du 6 au 13 sept. sur un front étendu de l'Ourcq jusqu'à Verdun et Nancy (→ **Grand-Couronné**). Les principales batailles furent celles de l'Ourcq (attaque de Maunoury), du Grand et du Petit Morin où French et Franchet d'Esperey ouvrirent une brèche, des marais de Saint-Gond où Foch* contint les assauts de Bülow* avant de passer à la contre-offensive. Le 9 sept. le repli allemand commença vers l'Aisne. Le plan Schlieffen* avait échoué. ♦ ***Seconde bataille de la Marne*** L'offensive du 27 mai 1918 (→ **Château-Thierry [bataille de]**) avait ramené les Allemands sur la Marne, franchie par eux le 15 juil. Mais dès le 18 juil., la contre-offensive de Foch, avec l'attaque de flanc menée par Mangin* depuis la forêt de Villers-Cotterêts, contraignit Ludendorff* à la retraite et inaugura les offensives de la victoire. → **Guerre mondiale (Première)**.

**MARNE** n. f. [51] ➝ ÉTYM. du n. de la riv. ♦ Dép. du N.-E. de la France, région Champagne-Ardenne. 8 162 km$^2$. 565 229 hab. CH.-L. : Châlons-en-Champagne. CH.-L. D'ARR. : Épernay, Reims, Sainte-Menehould, Vitry-le-François. Cour d'appel : Reims. Académie : Reims. → **Champagne-Ardenne.**

**MARNE (HAUTE-)** → Haute-Marne

**MARNE-LA-VALLÉE** ♦ Une des cinq villes nouvelles d'Île*-de-France, à l'E. de Paris. Située le long de l'autoroute A4, elle est reliée au centre par une ligne RER. Combinant commerces (centre commercial de 45 000 m²), bureaux (la cité Descartes accueille université, laboratoires de recherche et entreprises de haute technologie) et résidences (pavillons ou immeubles futuristes tels le «Palacio» de R. Bofill ou les «Arènes de Picasso» de Manolo Núñez à Noisy-le-Grand), la ville manque d'unité et souffre de la superposition de différentes structures administratives : 26 communes préexistantes réparties sur 3 dép. (Seine-Saint-Denis, Val-de-Marne, Seine-et-Marne) ; 2 Établissements publics d'aménagement (EPA-Marne et EPA-France) et 2 Syndicats d'agglomération nouvelle (SAN du Val-Maubuée et SAN du Val d'Europe). L'extrémité E. de la ville est le siège du parc Disneyland Paris, inauguré en 1992 et desservi par une gare TGV.

**MARNES-LA-COQUETTE** [92430] ◆ ÉTYM. → Marnaz ♦ Comm. des Hauts-de-Seine, arr. de Boulogne-Billancourt, au S.-O. de Paris. 1 519 hab. *(Marnois).* Annexe de l'institut Pasteur, dans le château de Villeneuve-l'Étang où est mort Pasteur. Musée des Applications de la Recherche. Mémorial La Fayette dédié aux aviateurs américains de la Première Guerre mondiale.

**MARNIX (Philippe DE),** seigneur **DE SAINTE-ALDEGONDE** ♦ Homme politique flamand (Bruxelles 1540 - Leyde 1598). Après avoir fait des études à Genève sous la direction de Calvin, il retourna aux Pays-Bas, entra dans l'opposition et fut l'un des organisateurs du Compromis des nobles (1566). Il défendit les iconoclastes de Flandre et fut condamné au bannissement perpétuel (1568). Réfugié en Frise-Orientale, il devint le conseiller de Guillaume d'Orange et mena à bien les négociations qui aboutirent à la Pacification de Gand (1576). Il reprit la lutte contre don Juan d'Autriche et Alexandre Farnèse. Nommé bourgmestre d'Anvers (1583), il défendit la ville contre les Espagnols (1584 - 1585). Il travailla à la paix entre les Pays-Bas et l'Espagne et à la tolérance pour les deux cultes. Sa satire du catholicisme *Tableau des différens de la Religion* (posth. 1599) est écrite en un français qui rappelle, par sa truculence, celui de Rabelais. Il aurait composé le *Wilhelmus van Nassouwe,* hymne national néerlandais.

## MAROC

▮ n. m. – off. ***royaume du Maroc ;*** en ar. ***al-Maghrib*** ◆ ÉTYM. du n. de Marrakech* ♦ Pays d'Afrique du Nord, le plus occidental du Maghreb. 706 550 km² avec le Sahara occidental (266 769 km²). 29 891 708 hab. *(Marocains),* dont plus de 1 million d'émigrés. LANGUES : arabe (off.), berbère, français et espagnol. RELIGION : musulmans sunnites de rite malékite. MONNAIE : dirham marocain. CAPITALE : Rabat. RÉGIME : monarchie constitutionnelle. Le pays est divisé en 16 régions économiques.

▮ **GÉOGRAPHIE** ▮ **Relief** Le Maroc est un pays au relief très montagneux. Le long de la Méditerranée, la chaîne du Rif s'étend de Tanger à l'O. jusqu'à l'oued Moulouya à l'E. (culminant au djebel Tidirhine 2 448 m). Au S.-E. du Rif s'élève le massif de l'Atlas, composé du N. au S. de trois chaînes distinctes : le Moyen-Atlas, le Haut-Atlas (culminant au djebel Toubkal, 4 167 m) et l'Anti-Atlas. Au S. et à l'E. de l'Atlas s'étend le Sahara. À l'O. de l'Atlas, la Meseta, formée de hauts plateaux allant jusqu'à la côte (zone préfifaine et pré-Atlas), comporte des dépressions (Haouz, Tadla) et est bordée de plaines côtières (Gharb et Sous). ▮ **Hydrographie et climat** Grâce à son altitude, le Maroc est plus arrosé que le reste de l'Afrique du Nord, l'Atlas

**Maroc.** Pêcheurs d'Essaouira.
*Phot. © Jonathan Noden-Wilkinson /Shutterstock*

formant un véritable château d'eau avec des oueds permanents coulant vers l'Atlantique (Bou Regreg, Oum er-Rebia, Sebou, Sous, Tensift) et vers la Méditerranée (Moulouya) ; leur cours est régularisé par la construction de grands barrages-réservoirs permettant l'irrigation. À l'O. du Rif et de l'Atlas, la région jouit d'un climat méditerranéen, avec des hivers froids et humides et des étés chauds et secs. C'est dans la région du Rif et au N. du Moyen-Atlas que les précipitations sont les plus abondantes.

▮ **ÉCONOMIE** ▮ **Agriculture** L'agriculture tient une place essentielle dans l'économie marocaine et alimente une industrie agroalimentaire en expansion (elle représente env. 16 % du PIB et occupe plus de 40 % de la population active). L'aménagement de barrages a permis de parvenir à 1,3 million d'hectares irrigués (1999) : céréales (blé, orge, maïs), agrumes, oléagineux, cultures maraîchères, vignoble et cultures industrielles (betterave sucrière). L'agriculture reste largement tributaire des conditions climatiques ; ses exportations constituent cependant plus du quart de l'ensemble des exportations. Grâce à des efforts de modernisation (amélioration de l'hygiène, création de fermes expérimentales), le cheptel a augmenté et permet de satisfaire les besoins en viande du pays. La richesse halieutique des côtes marocaines a permis de maintenir un important secteur de pêche. L'exportation de poissons (en conserve ou congelés) et des sous-produits (poudre et farine de poissons) représente 8 % de l'ensemble des exportations. Des mesures sont prises pour lutter contre la contrebande de cannabis, le Maroc en étant devenu le 1er producteur mondial. ▮ **Mines** Le Maroc dispose d'importantes ressources minières inégalement mises en valeur. La production essentielle est celle des phosphates de Khouribga, de Youssoufia, de Benguerir et de Bou Craa (dans le Sahara occidental) qui font du Maroc le premier pays exportateur. La production de charbon est arrêtée. Le sous-sol marocain est pauvre en pétrole mais des réserves ont été localisées à Talsinnt en 2002. On trouve également du gaz en petites quantités. Deux raffineries à Sidi Kacem et à Mohammedia permettent de traiter le brut importé et de satisfaire la demande nationale. ▮ **Industrie et tourisme** La croissance a été relancée par les privatisations (télécommunications en 2001) et la politique mise en œuvre pour attirer les investisseurs étrangers, l'industrie constitue 30 % du PIB et occupe 20 % de la population active. Le secteur de la confection souffre de la concurrence chinoise, indienne et, depuis l'accord de libre-échange signé avec les États-Unis en 2004, américaine. Le roi Mohammed VI a lancé une politique de grands travaux dans les années 2000. Le tourisme (env. 8 millions de visiteurs par an) constitue, avec le transfert des salaires des travailleurs marocains expatriés, l'une des plus importantes sources en devises du pays et contribue à la prospérité de l'artisanat. La France est le premier partenaire commercial du Maroc, devant l'Espagne, et également le premier investisseur étranger.

Maroc ▮ Productions en 2008

| Produits | Quantités | Rang |
|---|---|---|
| ▮ Agriculture | | |
| Betteraves à sucre | 2 500 000 t | 15e |
| Blé (2009) | 6 000 000 t | |
| Canne à sucre | 900 000 t | |
| Huile d'olive | 80 000 t | |
| Maïs | 190 000 t | |
| Olives | 650 000 t | 7e |
| Oranges | 750 000 t | 15e |
| Orge | 1 200 000 t | |
| Pommes de terre | 1 500 000 t | |
| Raisin | 320 000 t | |
| Tomates | 1 200 000 t | 14e |
| Ovins (têtes) | 17 000 000 | 16e |
| ▮ Mines | | |
| Argent | 200 t | |
| Phosphates | 27 000 000 t | 2e |
| Plomb | 53 000 t | 9e |
| Zinc | 75 000 t | |

▮ **HISTOIRE** ▮ **L'Antiquité** ▮ ***Des Phéniciens aux Carthaginois*** L'histoire du Maroc, région habitée depuis la plus haute antiquité, commence au -XIIe s. avec l'établissement de comptoirs par les Phéniciens : *Russadir* (Melilla), *Tingi* (Tanger), *Lixus* (Larache), *Anfa* (Casablanca). La civilisation carthaginoise se propagea grâce aux colons qui s'y installèrent et y firent souche. ▮ ***Les trois royaumes*** À l'intérieur des terres, les tribus berbères se regroupèrent et formèrent trois royaumes. Le premier d'entre eux apparut dès le -IVe s. au N. du Maroc et porta le nom de Maurétanie, ou pays des Maures. Deux autres royaumes s'étendaient à l'E. de l'oued Moulouya jusqu'à Carthage : celui des Masaesyles et celui des Massyles. ▮ ***La domination romaine et l'invasion des Vandales*** Après la chute de Carthage (-146), l'Empire romain eut du mal à étendre son influence à l'intérieur des terres en raison de la résistance des tribus berbères, qui se poursuivit pendant plus d'un siècle. Rome fit administrer la Maurétanie par un Berbère, Juba II (-25 - -23). Ptolémée, fils de Juba, transforma le N. du pays en province romaine (Maurétanie Tingitane) dirigée par un *procurator.* Pendant cette période, la région

**Maroc.**

connut un grand développement agricole, un commerce actif et une urbanisation dont le site de Volubilis, siège des gouverneurs, atteste l'importance. La présence romaine fut repoussée vers le N. et se limita à la région de Tanger (fin IIIe s.) qui fut rattachée à la Bétique (285) après l'abandon de la province Tingitane. À partir du IVe siècle, le christianisme se développa après la conversion à la nouvelle religion de l'empereur Constantin. À l'arrivée des Vandales en Afrique du Nord (439), la présence chrétienne se maintint et les cités restèrent actives. **▮ La conquête musulmane et la domination arabe** La conquête musulmane commença au Maroc avec une première expédition menée par Oqba ibn Nafi (681). À partir de leur place forte de Kairouan, les armées musulmanes tentèrent de soumettre les tribus berbères de l'intérieur mais, face à l'opposition de ces dernières, elles durent repartir en 683 vers le Maghreb central. Après avoir repris définitivement Carthage (698) aux chrétiens, Mūsa ibn Nuṣayr fut nommé premier gouverneur arabe en poste à Kairouan et parvint à soumettre l'ensemble des tribus berbères. Celles-ci se convertirent rapidement à l'islam et furent enrôlées dans les armées arabes qui débarquèrent en Espagne. Mais bien que le pays fut nominalement attaché au califat de Damas, il resta sous le contrôle des tribus ou confédérations berbères jusqu'à l'apparition d'Idris* Ier, qui fonda la dynastie arabe des Idrissides* (789 - 974) et œuvra pour l'unification des tribus berbères dans un cadre indépendant du califat. Ses successeurs ne purent ni maintenir ni développer son œuvre et le pays se retrouva divisé entre des pouvoirs locaux et devint ensuite une proie convoitée à la fois par les Fatimides*, nouveaux maîtres de l'Ifrīqiya*, et les Omeyades* de Cordoue (Xe s.). **▮ Les dynasties berbères (XIe - XVe s.)** À partir du XIe s., le Maroc fut dirigé par trois dynasties successives et qui tentèrent d'imposer leur pouvoir sur les régions musulmanes voisines. **▮ *Les Almoravides*** Les *Almoravides** (1055 - 1147), Berbères du Sud marocain, dirigés par Youssouf ibn Tachfine*, conquirent le Maroc et fondèrent un vaste empire englobant l'O. de l'Algérie et l'Espagne musulmane. Sous leur autorité, le pays connut une grande prospérité. Marrakech, capitale qu'ils fondèrent en 1062, devint le centre d'une grande activité artistique s'inspirant de l'art andalou. Les descendants de la dynastie se heurtèrent à la résistance chrétienne en Espagne et au prosélytisme subversif d'Ibn* Tūmart, doctrinaire des Almohades*, dans l'Atlas. **▮ *Les Almohades*** 'Abd al-Mu'min, disciple d'Ibn Tūmart, commença la conquête du Maroc (prise de Marrakech, 1147) et instaura la dynastie almohade. Les *Almohades*, bien organisés, étendirent facilement leur pouvoir sur l'ensemble de l'Afrique du Nord et sur l'Espagne musulmane. L'âge d'or almohade (1184 - 1199) est marqué par une forte expansion territoriale qui poussa les limites orientales de l'empire jusqu'à Tunis et ses limites septentrionales jusqu'à la ligne Lisbonne-Valence. Mais l'effondrement de cette dynastie fut aussi rapide que son avènement. Les luttes fratricides, l'immensité de l'empire et la résistance chrétienne en Espagne profitèrent aux Mérinides, qui en 1269, détrônèrent les Almohades. **▮ *Les Mérinides*** Les *Mérinides**, Berbères des hauts plateaux, entretenant les mêmes prétentions que leurs prédécesseurs, ne purent rétablir l'unité du Maghreb ni arrêter la marche victorieuse de la reconquête chrétienne en Espagne. Néanmoins, la civilisation marocaine brilla de nouveau sous leurs règnes. De nombreuses médersas (écoles coraniques) furent construites. En 1358, l'usurpation du pouvoir par les vizirs plongea le pays pour un siècle dans l'anarchie politique dont les Ibériques tirèrent profit pour s'installer sur les côtes marocaines (XVe s.). Les Portugais prirent Ceuta (1415), Tanger, Safi, Azzemmour, Mazagan, Agadir, et les Espagnols occupèrent Melilla (1497) cinq ans après l'effondrement du royaume musulman de Grenade (1492). Cette situation favorisa le renouveau religieux et le nationalisme marocains : le culte des saints (maraboutisme) s'étendit ; les confréries se multiplièrent. Et à l'élan expansionniste des dynasties précédentes succéda la mystique de l'isolement caractéristique du Maroc du XVIIe et du XVIIIe s. **▮ Les dynasties chérifiennes (XVIe - XVIIIe s.)** **▮ *Les Saadiens*** À l'appel de la population de Dra, les Saadiens, chérifs (descendants du Prophète) installés aux confins du Sahara dès leur arrivée d'Arabie au milieu du XIVe s., prirent la direction de la guerre sainte (*jihad*). Entre 1510 et 1523, ils s'imposèrent dans le S. du pays et purent ensuite reprendre Agadir sur les Portugais (1541). Cette victoire leur facilita la conquête du Maroc qu'ils achevèrent en 1554 par la prise de Fès. Après sa victoire sur les Portugais à Ksar el-Kébir, Aḥmad* al-Manṣūr (1578 - 1603), le plus illustre souverain de la dynastie, s'opposa aux Turcs déjà maîtres de l'Algérie et de la Tunisie et rétablit l'ordre dans le pays en le dotant d'une solide organisation. Sous son règne, le pays connut un âge d'or, marqué par un développement de l'agriculture et l'édification de monuments prestigieux dont la nécropole saadienne de Marrakech. Cependant, malgré le contrôle des routes sahariennes et la réorganisation de l'armée et de l'administration, l'œuvre d'Aḥmad al-Manṣūr se révéla peu solide et, après sa mort, le pays fut de nouveau partagé entre les puissances locales parmi lesquelles figurait celle des chérifs alaouites de Trafilet. **▮ *Les Alaouites*** Les *Alaouites**, peu puissants au milieu du XVIIe s., contrôlaient un des axes du commerce saharien. Leurs chefs, Moulay Mohammed, puis Moulay al-Rachid (1664 - 1672), entreprirent la conquête du pays (prise de Fès, 1666, prise de Marrakech, 1669) et fondèrent la dynastie alaouite qui règne encore sur le Maroc aujourd'hui. Le monarque marocain le plus célèbre en Occident, Moulay Ismaïl, consolida l'œuvre de ses prédécesseurs et donna un nouvel élan à la civilisation marocaine. Il entreprit de gigantesques travaux à Meknès, sa nouvelle capitale. Sa principale tâche fut de créer une puissante armée d'esclaves noirs et de combattre les populations insoumises. Il prit la plupart des places de l'Atlantique occupées par les Européens (excepté Mazagan, Ceuta et Melilla) et sut défendre le pays contre les incursions turques. Mais une crise financière aggravée de révoltes militaires secoua le pays après la mort du souverain (1727). Les troubles durèrent jusqu'en 1757, date à laquelle le petit-fils de Moulay Ismaïl, Sidi Mohammed ibn Abd Allah, monta sur le trône. Pendant son long règne (1757 - 1790), celui-ci reprit Mazagan, fortifia les villes de la côte atlantique et entreprit une politique d'échanges commerciaux avec les nations européennes qui contribua à ralentir le déclin du pays. Mais il ne put empêcher les rébellions ni le renforcement des pouvoirs féodaux. Au début du XIXe siècle, le Maroc, replié sur lui-même, se trouva divisé en deux régions : le tiers du territoire seulement demeurait sous l'autorité effective du sultan (Blad al-Makhzin) tandis que le reste du royaume était tenu par des tribus insoumises (Blad al-Siba, le «pays de la dissidence»). Cette situation ne put que tenter les puissances européennes à un moment où elles cherchaient à étendre leurs colonies. **▮ La pénétration européenne (1830 - 1912)** La prise d'Alger par les troupes françaises (1830), très mal accueillie au Maroc, amena le sultan Moulay Abd al-Rahman (1822 - 1859) à soutenir l'émir Abd* el-Kader dans sa lutte nationaliste. Mais la victoire de Bugeaud sur l'Isly (1844) et les bombardements de Tanger et d'Essaouira (Mogador) par la marine française firent reculer le souverain. De leur côté, les Espagnols prirent Tétouan (1860) à la suite d'une guerre de plusieurs mois et imposèrent au sultan une lourde indemnité de guerre que les Britanniques s'engagèrent à lui prêter en la gageant sur les revenus de douane. Le décret de 1864 ouvrant le Maroc au commerce étranger entraîna l'arrivée sur le sol marocain de centaines de commerçants européens. Dès lors, la Grande-Bretagne, l'Espagne et la France rivalisèrent pour s'approprier le pays. La pénétration économique européenne, à laquelle participa l'Allemagne (1890), engendra un déséquilibre persistant malgré l'action prudemment modernisante de Hassan* Ier (1873 - 1894). Ce dernier profita des rivalités entre les grandes puissances pour retarder l'échéance de la colonisation. Mais les emprunts trop lourds contractés à l'étranger achevèrent de ruiner le pays. La conférence d'Algésiras (avril 1906) plaça le Maroc sous la tutelle des puissances européennes tandis que l'influence prépondérante de la France s'affirmait avec l'envoi de troupes à Casablanca après l'assassinat dans la ville de cinq Français. Bloqué à Fès par 5 000 soldats français, le sultan se résolut le 30 mars 1912 à signer le traité de protectorat qui mettait son pays sous tutelle française. L'Espagne obtint en novembre 1912 le protectorat sur la région rifaine avec Tétouan pour capitale. **▮ Le protectorat (1912 - 1956)** **▮ *Lyautey*** La signature du traité provoqua de violentes émeutes à Fès, qui se soldèrent par la mort de 800 Marocains. Moulay Hafid abdiqua au profit de son frère Moulay Youssef et le général Lyautey* fut nommé résident général. Ce dernier acquit la soumission des tribus au nom du sultan ou par la force. Tout en conservant l'autorité du «Makhzin» central et des anciens pouvoirs locaux, il institua une nouvelle administration destinée à les contrôler. Il mena aussi une action économique importante, en utilisant des capitaux privés pour moderniser le pays. La colonisation rurale fut prudente (57 000 ha distribués, 200 000 ha achetés par des particuliers). **▮ *La lutte pour l'indépendance*** Mais la domination européenne, renforcée par l'arrivée massive de colons, provoqua de nombreuses révoltes nationalistes dont la plus grave, la guerre du Rif, dirigée par Abd* el-Krim, se poursuivit de 1921 à 1926. Après la répression qui s'ensuivit et le retrait de Lyautey, la France administra plus directement le pays et soumit les derniers rebelles (1934). Dès lors, l'opposition nationaliste se propagea dans les villes. En 1930 fut constitué le premier parti politique marocain réclamant l'abolition de l'administration directe, le Comité d'action marocaine animé par Allah al-Fasi, Ouazzani et Balafrej ; la scission de ce parti donna naissance à l'Istiqlāl* (1944) et au Parti démocratique de l'indépendance (1946). Après le débarquement allié de nov. 1942 à Casablanca, les troupes marocaines, intégrées à l'armée française, participèrent aux campagnes d'Italie, de France et d'Allemagne. **▮ *Le sultan Mohammed V*** Après les hostilités, le mouvement nationaliste, encouragé par les États-Unis, influencé par la Ligue arabe, et cautionné par le sultan Mohammed* V (discours de Tanger 1947), prit de l'ampleur. Après la fête du trône en 1952 où le sultan réaffirma son intention d'obtenir l'indépendance, de sanglants événements se déroulèrent à Casablanca (7 et 8 déc.) et la crise éclata. La Résidence tenta de s'appuyer sur les milieux traditionalistes (féodalistes du Sud), déposa le sultan et le remplaça par son cousin Ibn Arafa (1953). Le mouvement nationaliste répondit par l'action armée qui entraîna un durcissement de la répression. Mais après les revers d'Indochine (mai 1954) et l'insurrection algérienne (nov. 1954), le gouvernement français, non sans de fortes réticences, s'orienta vers une solution politique. Après la déclaration de La Celle-Saint-Cloud (nov. 1955), le Maroc obtint son indépendance de la France (3 mars 1956) et de l'Espagne (7 avr. 1956). **▮ Le Maroc depuis l'indépendance** **▮ *Le roi Mohammed V*** Le Maroc indépendant connut une histoire agitée. On assista d'abord à un antagonisme, latent ou déclaré, entre les représentants de la tradition absolutiste et féodale et les forces nouvelles nées sous le régime du protectorat (bourgeoisie libérale, petite bourgeoisie intellectuelle, prolétariat). Mais le prestige du roi Mohammed V, intact jusqu'à sa mort en 1961, put garantir le fonctionnement quasi régulier de la monarchie parlementaire. Cependant, les forces de gauche issues de l'Istiqlāl s'organisèrent en un parti autonome (Union nationale des forces

**Maroc.** Le ksar Ait Ben Addou. © *PhotoDisc*

populaires) dirigé par Mehdi Ben* Barka et Bouabid (1960). Rapidement, ce mouvement soutenu par le puissant syndicat UMT dirigé par Mahjoub Ben Seddik prit de l'ampleur. **▮ *Hassan II*** Hassan* II, successeur de Mohammed V en 1961, décida de briser tout mouvement d'opposition sérieux : l'émeute de Casablanca (mars 1965) fut sévèrement réprimée et le mouvement de gauche fut décapité après l'enlèvement de Ben Barka à Paris et sa disparition en nov. 1965. Malgré l'état d'urgence, l'agitation sociale et universitaire se poursuivit jusqu'en 1969. Après avoir réussi à affaiblir les partis politiques, Hassan II se heurta à la résistance d'une partie de l'armée dont il avait favorisé l'importance croissante : deux tentatives d'attentats militaires (Skhirat, juil. 1971, et Rabat, août 1972) illustrèrent les difficultés du régime. À partir de 1975, le roi réussit à renforcer le consensus national grâce à sa politique saharienne. Les revendications marocaines sur le Sahara occidental («Marche verte» de 350 000 volontaires en nov. 1975) aboutirent à une occupation militaire et à un affrontement constant avec le Front Polisario*. Membre de la Ligue arabe, le Maroc quitta l'Organisation de l'unité africaine en 1984 pour protester contre l'admission de la République arabe sahraouie démocratique. Malgré l'acceptation par les deux parties du plan de paix de l'ONU (1988) et l'instauration d'un cessez-le-feu, le règlement du conflit demeure bloqué et un second plan de paix a été refusé par le Maroc en 2004. Le roi Hassan s'efforça de prolonger le climat d'union nationale dans la vie politique : levée de la censure, élections, reconnaissance de l'Istiqlāl. En matière de politique étrangère, il entretint d'étroites relations avec l'Occident (accords économiques privilégiés avec l'UE, envoi en 1977 de troupes marocaines pour soutenir l'armée zaïroise dans le Shaba, puis en 1991 d'un contingent en Arabie saoudite aux côtés de la coalition internationale après l'invasion du Koweït par l'Irak). Les rapports houleux du Maroc avec l'Algérie et la Libye à propos du Sahara se sont apaisés. La marginalisation du conflit sahraoui a permis la constitution d'un ensemble maghrébin, l'UMA (Union du Maghreb arabe) dont le Maroc est l'un des membres fondateurs (fév. 1989). La nomination en 1998 d'Abderrahmane Youssoufi, chef de l'USFP (Union socialiste des forces populaires), comme Premier ministre a marqué une étape importante dans la décrispation politique. ▮ **Mohammed VI** À la mort de Hassan II (1999), son fils Mohammed* VI lui a succédé et a formé un gouvernement de coalition (USFP et Istiqlāl) dirigé par Driss Jettou. Au début de la décennie suivante, le paysage politique s'est sensiblement modifié avec la forte percée des islamistes du PJD, Parti Justice et Développement, aux législatives de 2002, devenu le deuxième parti du pays aux législatives de 2007. L'Istiqlāl, arrivé en tête, a vu son chef, Abbas El-Fassi, nommé Premier ministre, former un gouvernement de large coalition excluant toutefois le PJD.

---

**MAROC-ESPAGNOL** n. m. ♦ Anc. protectorat reconnu à l'Espagne après la convention de Fès (1912) sur la zone septentrionale du Rif et sur une zone sud (Ifni et Tarfaya). La zone du Rif a été restituée au Maroc en 1956, année de l'indépendance, la partie du «Maroc espagnol méridional» correspondant à l'actuelle prov. de Tarfaya en 1958 et l'enclave d'Ifni en 1969. L'Espagne n'a conservé que quelques présides dont Ceuta et Melilla. ▮ **Histoire** Installée à Melilla dès 1496 et à Ceuta en 1580, l'Espagne eut à faire face au soulèvement du Rif en 1921 et subit une grave défaite à Anoual. La situation ne fut rétablie qu'en 1926. Franco, qui s'était distingué durant la guerre du Rif, prit en 1936 la tête du soulèvement nationaliste au Maroc.

**MAROILLES** [marwal] [59550] ➝ ÉTYM. anc. *Marogilo*, du gaul. *maros* «grand» et *ialo* «clairière» ♦ Comm. du Nord, arr. d'Avesnes-sur-Helpe. 1 384 hab. *(Maroillais)*. Bâtiments (XVII^e s.) d'une anc. abbaye bénédictine. ▪ Fromages (maroilles).

**MAROLLES-EN-BRIE** [94400] ➝ ÉTYM. anc. *de Mairoliis*, du lat. *materiola*, de *materia* «bois [de construction]» ou langue d'oïl *mayeres* «branches de peuplier servant d'échalas» ♦ Comm. du Val-de-Marne, arr. de Créteil. 5 191 hab. *(Marollais)*.

**MAROLLES-EN-HUREPOIX** [91630] ➝ ÉTYM. → Marolles*-en-Brie ♦ Comm. de l'Essonne, arr. de Palaiseau. 4 669 hab. (aggl. 5 856).

**MAROMME** [76150] ➝ ÉTYM. anc. *Matrona*, p.-ê. n. d'une déesse de la fécondité ♦ Ch.-l. de cant. de la Seine-Maritime, banlieue N.-O. de Rouen. 12 411 hab. *(Marommais)*.

**MARONI** n. m. ♦ Fl. d'Amérique du Sud (680 km) tributaire de l'Atlantique, qui sépare la Guyane* française du Suriname* et prend sa source dans la serra de Tumucumaque à la frontière brésilienne. Saint*-Laurent-du-Maroni se trouve près de son embouchure.

## maronites

n. m. pl. ➝ ÉTYM. du n. de l'anachorète *Maron* (ou *Maroun*) ♦ Membres de l'Église catholique de rite syrien au Liban*. Apparus au V^e siècle autour du monastère de Saint-Maron près d'Apamée, les maronites adoptèrent la doctrine byzantine du monothélisme (→ **monothélètes**). Réfugiés au Mont-Liban devant la menace musulmane, ils affirmèrent la communion avec Rome à partir du XII^e s., fondant le Collège maronite de Rome en 1584, et devenant ainsi la principale Église catholique orientale dirigée par le patriarche d'Antioche et du Proche-Orient, rattachée au patriarcat d'Antioche. Première communauté religieuse au Liban, l'Église maronite compte environ 1,7 million de fidèles, dont 700 000 en Occident.

**MAROT (Clément)** ♦ Poète français (Cahors 1496 - Turin 1544). Fils du rhétoriqueur Jean Marot et valet de chambre de François* I^er, puis de sa sœur Marguerite* de Valois, future reine de Navarre, il est l'auteur de poésies de cour qui obéissent aux formes traditionnelles (cf. le dizain *D'Anne qui lui jeta de la neige*) et de pièces de circonstance (*Temple de Cupido*, 1515), groupées dans le recueil l'*Adolescence clémentine* (1532). Soupçonné à plusieurs reprises de sympathie pour la Réforme (affaire des Placards, 1534) et pour Calvin* (qu'il rencontra en 1535), il connut l'exil et une mort solitaire. Les épreuves qu'il subit sont évoquées dans ses épîtres (*Épître à Lyon Jamet*, 1526 ; *Épître au roi, pour le délivrer de prison*, 1527), une satire allégorique féroce des mœurs judiciaires, *L'Enfer* (composé en 1526, publ. 1542) et des *Épigrammes*. On lui doit également une édition non signée du *Roman* de la Rose* (1526), une édition des œuvres de François Villon (1533) et une traduction des Psaumes (1536). ▪ Maniant avec aisance le décasyllabe, il contribua à épurer la langue de son temps, s'exprimant avec un pittoresque dans l'invention verbale et une clarté que vantèrent Boileau* et La* Fontaine. ➝ ÉTYM. *Marot* est l'hypocoristique de *Marie**.

**MAR-PA** ➝ ÉTYM. tibét. «le traducteur» ♦ Religieux bouddhiste tibétain (1012 - 1096). Il importa au Tibet certaines doctrines ésotériques et traduisit de nombreux textes religieux indiens. Il fut le maître de Milarepa* et le fondateur d'une secte érémitique.

**MARQUENTERRE** n. m. ♦ Plaine alluvionnaire de Picardie, située entre l'estuaire de la Canche où prend fin le Boulonnais et l'estuaire de la Somme où commence le Vimeu. Sur env. 200 km les terres côtières ont été conquises sur la Manche depuis plus de deux siècles (élevage ; cultures céréalières). Le littoral est jalonné de dunes entre lesquelles sont installés de petits ports de pêche (Le Crotoy, Étaples) et des stations balnéaires (Berck-Plage, Le Touquet). Réserve naturelle et parc ornithologique.

**MARQUET (Albert)** ♦ Peintre et dessinateur français (Bordeaux 1875 - Paris 1947). Établi à Paris en 1890, il étudia aux Arts décoratifs puis aux Beaux-Arts dans l'atelier de Gustave Moreau en compagnie de Matisse. En 1904, il alla peindre avec Dufy* en Normandie, et en 1905 participa à l'exposition dite des «fauves». Il peignait alors des nus aux formes simplifiées par souci expressif, reflétant une certaine âpreté de vision, ainsi que des portraits (*A. de Rouveyre*, 1904), des scènes populaires et surtout des paysages et vues de villes (*Le Quai des Grands-Augustins* ; *La Fête foraine au Havre*, 1906 ; *La Plage de Fécamp*, 1906 ; *Matisse peignant dans l'atelier de Manguin*, 1904 - 1905). Ses multiples dessins à la plume et au pinceau révèlent la souplesse et la prestesse de son trait qui firent dire à Matisse : «Il est notre Hokusaï.» Il eut tendance à abandonner les couleurs vives pour rechercher l'harmonie tonale, et privilégia souvent les accords raffinés de gris et de bleu. Grand voyageur, il se rendit dans de nombreux ports européens. En 1913, il voyagea au Maroc en compagnie de Matisse et Camoin* et il séjourna fréquemment en Algérie où il peignit fleurs, jardins et vues de ports avec une gamme où dominent souvent des tonalités vertes qui lui sont personnelles. Il chercha à rendre l'émotion ressentie devant la nature en restant fidèle au rendu des apparences, mais en évitant le pittoresque anecdotique et en visant à l'essentiel. Il représenta maintes fois les quais de la Seine, notamment *Le Pont-Neuf*, suggérant l'atmosphère avec des tonalités nuancées, sourdes et une touche fondue (*Le Quai de Conti en hiver*, 1947). Il a aussi réalisé de nombreuses aquarelles et des illustrations de livres.

**MARQUETTE (Jacques)** ♦ Missionnaire jésuite et explorateur français (Laon 1637 - sur les bords du lac Michigan 1675). Arrivé au Canada vers 1666, le père Marquette explora avec Joliet les cours du Wisconsin, puis du Mississippi et remonta l'Illinois (1673). Auteur de la *Découverte de quelques pays et nations de l'Amérique septentrionale* (posth. 1862).

**MARQUETTE-LEZ-LILLE** [59520] ➝ ÉTYM. de *Marque*, n. de riv. ♦ Comm. du Nord, dans la banl. N. de Lille. 10 822 hab.

**MARQUISE** [62250] ➝ ÉTYM. anc. *Marchia*, du frq. *marka* «limite, frontière» et suff. *-itia* ou du germ. *marko* «marécage» ou langue d'oïl «(terre) foulée aux pieds» (de *marchir* «fouler aux pieds, abattre») ♦ Ch.-l. de cant. du Pas-de-Calais, arr. de Boulogne-sur-Mer. 4 580 hab. (aggl. 13 026). *(Marquisiens)*. Église (XII^e, XV^e, XVI^e s.). ▪ Mécanique. ▪ Aux environs, carrières de marbre.

**MARQUISES** (îles) ➝ ÉTYM. nommées en l'honneur du *marquis* Antonio de Mendoza* ♦ Archipel de la Polynésie française, proche de l'équateur. 1 274 km². 7 538 hab. *(Marquisiens)*. Constitué de volcans érodés, entaillé de vallées profondes et fertiles et caractérisé par la rareté des récifs coralliens, il est formé d'une dizaine d'îles : Nuku Hiva où se trouve Taiohae, le chef-lieu de l'archipel, Ua Huka et Ua Pou qui forment le groupe Nord-Ouest ; Hiva Oa avec le centre d'Atuana*, Fatu Hiva et Tahuata constituent le groupe Sud-Est ; quatre autres îles sont inhabitées. Climat chaud et humide. Coprah. ▮ **Histoire** Découvertes par Alvaro de Mendaña* de Neyra en 1595, visitées par J. Cook* en 1774, les îles furent occupées au nom de la France par Dupetit*-Thouars en 1842. Partie intégrante des Territoires français de l'Océanie à partir de 1880, puis de la Polynésie* française en 1958, les îles Marquises sont représentées à l'assemblée territoriale à Papeete*.

**MARRAKECH** ➝ ÉTYM. de l'ar. classique *marruqush* «la bien parée, la belle» ♦ V. du Maroc, ch.-l. de prov. et préf. urbaine, située dans le Haouz, au pied du versant N.-O. du Haut-Atlas, sur un affl. du Tensift. 167 233 hab. (aggl. 823 154). Remparts, nombreux minarets dont la Koutoubia (XII^e s.), palais, tombeaux des Saadiens. Place Djemâa el-Fna, souks, jardins (Agdal, Menara). Centre commercial et touristique. Artisanat. Indus. agricoles. ▮ **Histoire** Fondée par les Almoravides en 1062, elle devint la cap. des Almohades* (XII^e - XIII^e s.). Prise par les Mérinides en 1269, elle fut délaissée. À partir du milieu du XVI^e s., les chérifs saadiens en firent leur résidence.

**MARRAST (Armand)** ♦ Homme politique français (Saint-Gaudens 1801 - Paris 1852). Rédacteur aux journaux *La Tribune* (1830 - 1835) et *Le National* (1841), il affirma des positions républicaines sous la monarchie de Juillet et fut un des organisateurs du banquet du 22 fév. 1848 dont l'interdiction par Guizot déclencha la révolution* de février 1848. → **Banquets (campagne des)**. Membre du gouvernement et député républicain modéré à l'Assemblée constituante (avr. 1848), il contribua à la rédaction de la Constitution de la IIe République (nov. 1848).

**MARS** ♦ Dieu romain identifié à l'Arès grec. → **Arès.** Divinité primordiale dans les religions italiques, Mars préexistait à l'introduction d'Arès. À l'époque classique, il apparaît à Rome comme le dieu de la guerre. Parallèlement, il est aussi dieu de la végétation, dieu du printemps, parce que c'est à la fin de l'hiver que commencent les activités guerrières, et dieu de la jeunesse, parce que c'est elle qui est employée dans les combats. Son culte était célébré par les saliens*. Les légendes qui se rapportent à Mars ne sont pour la plupart que des transpositions des mythes grecs. La seule proprement italique est celle qui fait de Mars le père de Romulus* et Remus*, jumeaux qu'il aurait eus de son union avec Rhea* Silvia.

**MARS (Anne Boutet, dite Mlle)** ♦ Comédienne française (Paris 1779 - *id.* 1847), sociétaire de la Comédie-Française. Son répertoire fut celui des comédies (rôles d'ingénues chez Molière) et des tragédies néoclassiques. Elle créa en 1830 le rôle de Doña Sol dans *Hernani* de Victor Hugo.

**MARS** n. m. ♦ Planète du Système solaire située entre la Terre et Jupiter, la dernière des planètes telluriques. Sa distance moyenne au Soleil est de 228 millions de km, l'excentricité de son orbite, qu'elle parcourt en 687 j, 23 h, vaut 0,093, alors qu'elle tourne sur elle-même en 24 h 37 min. 23 s. Son diamètre, environ la moitié de celui de la Terre, est de 6 794 km. Sa masse constitue 0,107 de celle de la Terre et sa densité est de 3,94. Les sondes *Mariner** 9 (1971 - 1972), *Viking** (1976), *Pathfinder* (premier à se poser sur le sol et équipé d'un robot mobile *Sojourner* qui parcourut la surface de Mars durant quatre mois, 1997) et *Mars Global Surveyor* (1997) apportèrent plusieurs renseignements sur son relief très diversifié. L'hémisphère nord est constitué principalement de plaines volcaniques, l'hémisphère sud est parsemé de cratères. Les grands volcans, tous éteints, sont en général proches de l'équateur ; le plus grand s'élève à 26 km. Sur la surface, on trouve de nombreux «canyons» qui suggèrent la présence, aux époques reculées, de torrents ou de rivières. Les pôles sont couverts de neige carbonique. La composition du sol ressemble à celle de la Lune, alors que l'atmosphère se compose essentiellement de gaz carbonique (plus azote, carbone, oxygène et d'autres gaz à l'état de traces). Les recherches d'une vie éventuelle sur Mars n'ont pas donné de résultats positifs. La planète possède 2 satellites, Phobos et Deimios, minuscules blocs rocheux ovoïdes, dont les plus grandes dimensions respectives sont de 27 et 15 km.

**Marsa** (traité de La) ♦ Traité signé le 8 juin 1883 entre la France et la Tunisie, qui confirmait (après les révoltes de Kairouan et de Sfax) l'établissement du protectorat français en Tunisie, et le traité du Bardo* (1881).

**MARṢĀ AL-MATRŪḤ (AL-)** → **Mersa Matrouh**

**MARSA EL-BREGA** ♦ Port de la Libye (Cyrénaïque), au fond du golfe de la Grande Syrte, au débouché de l'oléoduc en provenance de Zelten. Raffinerie. Usine de liquéfaction du gaz en projet. Collège de sciences et technologies.

**MARSAILLE (LA)** – en it. *Marsaglia* ♦ Loc. d'Italie dans le Piémont (prov. de Cuneo). 316 hab. Catinat* y remporta une victoire sur le duc de Savoie et le Prince Eugène* (1693), lors de la guerre de la ligue d'Augsbourg*.

**MARSAIS (César Chesneau, sieur du)** ♦ Pédagogue, grammairien et philosophe français (Marseille 1676 - Paris 1756). Oratorien à Marseille, il vint faire son droit à Paris où il devint avocat puis précepteur dans de grandes familles, notamment celle de Law. En 1722, il faisait publier une *Exposition d'une méthode raisonnée pour apprendre la langue latine*, et, en 1730, le *Traité des tropes*, ouvrages qui le firent remarquer par d'Alembert et l'amenèrent à collaborer à l'*Encyclopédie** pour les articles de grammaire et de philosophie. Sa méthode pour apprendre le latin fut contestée, mais le *Traité des tropes*, qui constitue une synthèse des problèmes fondamentaux de la rhétorique et le premier ouvrage systématique traitant de la sémantique lexicale, lui valut de nombreux adeptes (Condillac* notamment l'utilisa dans son ouvrage pour l'éducation du prince de Parme). Ses articles dans l'*Encyclopédie* constituent un ensemble significatif de textes sur la philosophie du langage.

**MARSAL** [57170] → ÉTYM. anc. *Marsallum* «la grande saline», du gaul. *maros* «grand» et lat. *sal* «sel» ♦ Comm. de la Moselle, arr. de Château-Salins. 289 hab. *(Marsalais)*. Vestiges gallo-romains. Église romane (déb. XIIe s.) avec abside gothique (XIVe s.). Enceinte fortifiée du XVIIe s. ▪ Gisement de sel gemme.

**MARSALA** → ÉTYM. ar. *Marsā 'Ali* «port d'Ali» ou *Marsah al-Allah* «port d'Allah» ♦ V. d'Italie, en Sicile (prov. de Trapani). 77 784 hab. Célèbre pour ses vins doux. ▮ **Histoire** Anc. Lilybée*, elle appartint successivement aux Carthaginois, aux Romains et aux Sarrasins qui lui donnèrent son nom. Garibaldi* y débarqua avec les Mille en 1860.

**MARSALIS (Wynton)** ♦ Trompettiste et compositeur de jazz américain (La Nouvelle-Orléans 1961). L'influence de son père, Ellis Marsalis, pianiste de jazz, fut déterminante pour lui comme pour ses frères Brandford (saxophone), Delfayo (trombone) et Jason (batterie). À 18 ans, il rejoignit la Juilliard School of Music de New York et se passionna pour la musique classique et surtout pour le jazz. Il essaya plusieurs styles : jazz acoustique traditionnel, jazz New Orleans et blues avec des arrangements modernes, gospel, musique classique avec improvisations de jazz (Cassandra Wilson), utilisation de grandes voix classiques. On lui doit notamment : *Majesty of the Blues* (1989), *Soul Gestures in Southern Blue* (1991), *Joe Cool's Blues* (1994), *Jump Start and Jazz* (1997), *Fiddler's Tale* (1999), *Big Train* (1999), *Reeltime* (1999).

**MARSAN** n. m. → ÉTYM. probablt du lat. *Marcianus (Marcius)*, n. de pers. gallo-rom. ♦ Anc. petit pays de Gascogne qui dépendait autrefois des souverains de Béarn ; il devint au Moyen Âge un vicomté avec, pour ch.-l. Mont*-de-Marsan. Il était bordé au N. et à l'O. par les Grandes Landes, le Condomois et le Bazadais, au S. par les Landes proprement dites, à l'E. par le Gabardan et le bas Armagnac. Il fut réuni à la Gascogne en 1607 et est compris dans le département des Landes (arr. de Mont-de-Marsan).

**MARSANNAY-LA-CÔTE** [21160] → ÉTYM. anc. *Marcenniacus*, du lat. *Marcenus*, n. de pers., et suff. *-acum* ♦ Comm. de la Côte-d'Or, arr. de Dijon, située sur le versant E. de la Côte d'Or à 272 m d'alt. 5 211 hab. *(Marcenaciens)*. ▪ Viticulture (côte-de-nuits).

**MARSCHNER (Heinrich August)** ♦ Compositeur allemand (Zittau 1795 - Hanovre 1861). Maître de chapelle à Dresde, Leipzig puis Hanovre (1830 - 1859), il dut sa célébrité à de nombreux opéras romantiques, parmi lesquels *Le Vampire* (1828), *Le Templier et la Juive* (1829) et *Hans Heiling* (1832). Son œuvre marque la transition entre Weber et Wagner, sur qui il a exercé une indéniable influence (*Le Vaisseau fantôme*). On lui doit encore des lieder, de la musique de scène (pour *Le Prince de Hombourg* de Kleist) et de chambre, des ballades et des œuvres chorales.

La **Marseillaise** ♦ Chant patriotique dont les paroles et (probablement) la musique furent composées à Strasbourg par l'officier du génie Rouget* de Lisle sous le titre de «Chant de guerre pour l'armée du Rhin», et qui aurait été chanté (pour la première fois) par le groupe de fédérés marseillais, arrivés à Paris lors de l'insurrection du 10 août 1792, d'où son nom. Il devint hymne national le 14 juil. 1795 jusqu'au Premier Empire, puis à nouveau à partir de fév. 1879.

**MARSEILLAN** [34340] → ÉTYM. du lat. *Marcellius*, n. de pers., et suff. *-anum* ♦ Comm. de l'Hérault, arr. de Béziers, sur l'étang de Thau, où débouche le canal du Midi. 6 199 hab. *(Marseillanais)*. Viticulture. Conchyliculture. ▪ Aux environs, station de Marseillan-Plage.

**MARSEILLE** [13001] à [13016] ♦ Ch.-l. du dép. des Bouches-du-Rhône et de la région Provence-Alpes-Côte d'Azur, sur la côte méditerranéenne au fond d'une baie. 798 430 hab. (aggl. 1 263 562) *(Marseillais)*. Depuis le site du Vieux-Port, la ville s'élève dans un amphithéâtre irrégulier de collines, et son extension est gênée par les reliefs (chaîne de l'Étoile au N., de l'Estaque à l'O.). Le développement s'est poursuivi dans des zones éloignées : industriel à Fos et autour de l'étang de Berre, plus résidentiel dans des villes comme Martigues, à proximité des aéroports de Marignane et d'Istres, et aussi de façon plus dispersée le long de l'axe qui relie la métropole à Aix-en-Provence. Les quartiers sud et centraux de la ville, rénovés, contrastent avec les quartiers nord où se concentre une population d'immigration plus récente. ▮ **Monuments et musées** Vestiges de la cité grecque et romaine. La basilique Notre-Dame-de-la-Garde, située sur une colline, et la cathédrale de la Major ont toutes deux été construites au XIXe s. dans le style romano-byzantin. La basilique Saint-Victor, reste d'une abbaye fondée au Ve s. par saint Jean* Cassien, a été reconstruite aux XIe et XIIIe s. Église romane Saint-Laurent à trois nefs. Église Saint-Ferréol (XVe s.). Fort Saint-Nicolas et fort Saint-Jean du XVIIe s. ; maisons et hôtels anciens. Nombreux musées : musée d'Archéologie méditerranéenne et musée d'Arts africains, océaniens et amérindiens (dans l'anc. hospice de la Vieille-Charité et sa chapelle elliptique du XVIIe s.) ; musée Cantini (peintures du XXe s.) musée des Beaux-Arts (dans le palais Longchamp) ; musée d'Art contemporain (MAC), musée de la Mode, Musée des civilisations Europe Méditerranée (Mucem), etc. La Canebière est la plus célèbre artère de la ville. La Cité radieuse, immeuble d'habitation, est l'œuvre de Le* Corbusier. Archevêché.

▮ **ÉCONOMIE** Le port de Marseille-Fos est le 1er port autonome de France et le 4e d'Europe pour les marchandises avec un trafic de 100 millions de t en 2006 (près de 2 millions de passagers par an). Les 2/3 du trafic concernent les hydrocarbures, qui transitent par Fos ou l'étang de Berre, alimentant de nombreuses activités de raffinage et de pétrochimie. L'import-export reste un secteur important avec de très grandes entreprises (CFAO, Navigation-mixte). La réparation navale, dérivée du trafic portuaire, traite les 2/3 du marché national. De nombreux transferts d'entreprises de Marseille vers les communes voisines ont entraîné une tertiarisation de l'activité de la capitale régionale. L'agroalimentaire se maintient grâce au sucre (Saint-Louis) et aux apéritifs (Ricard). Une diversification dans la recherche et les activités de pointe comme la microélectronique et l'aéronautique (Eurocopter) a contribué au développement d'Istres et de Marignane. Les 3 universités d'Aix-Marseille sont en relation, comme les grandes écoles (physique, pétrochimie et synthèse organique), avec les 150 laboratoires de recherche de la ville (biotechnologies, électronique, robotique, intelligence artificielle). ▮ **Les transports** Reliée à Paris par le TGV, la ville est équipée en infrastructures autoroutières (vers Lyon et

Paris, vers Nice et l'Italie, vers Montpellier, Toulouse et l'Espagne). L'aéroport de Marseille-Marignane est le 4e de France par le trafic (6 millions de passagers en 2006). Après une période de déclin, Marseille aborde une période de réveil économique.

**▮ HISTOIRE** *Massalia*, créée vers -600 par des Grecs de Phocée* (d'où le nom de «cité phocéenne»), fut un foyer de civilisation pour les Celtes de Gaule. En -49, César s'empara de la ville qui s'était prononcée en faveur de Pompée ; elle devint ville fédérée de l'empire. Évêché au IVe s., Marseille fut un foyer du monachisme. Son rôle économique ayant décliné, la ville connut un nouvel essor maritime grâce aux croisades ; elle rivalisa alors avec Gênes. Elle fut réunie à la France en même temps que la Provence, en 1481. Elle fut décimée par la peste en 1720. Son expansion commerciale se prolongea jusqu'à la Révolution à laquelle elle se montra très favorable (bataillon des fédérés marseillais qui participa à la journée du 10 août, adoptant et popularisant le chant créé par Rouget de Lisle. → **Marseillaise [Lal]**). Ruinée par les guerres de la Révolution et de l'Empire (Blocus continental), elle retrouva sa prospérité à la suite des conquêtes coloniales et de l'ouverture du canal de Suez. L'aménagement du port, agrandi au début du XXe s., se prolonge de nos jours. La ville, endommagée lors de la Deuxième Guerre mondiale, a été libérée le 28 août 1944 par la Ire armée française.

**Marseille.** Le vieux port. *Phot. © Denis Babenko /Shutterstock*

**MARSES** n. m. pl. – en lat. *Marsi* ♦ Peuple de l'Italie anc., établi autour de *Marruvium* (San Benedetto de' Marsi) sur la rive E. du lac Fucinus. Les Marses étaient considérés comme les plus redoutables guerriers de l'Italie. Ils s'allièrent à Rome en -304. En -90, ils entraînèrent les peuples alliés dans une guerre contre la république, qui leur refusait le droit de cité (*guerre marsique*, -90 - -88).

**MARSH (James)** ♦ Chimiste britannique (Londres 1794 - Woolwich 1846). Il mit au point, en 1836, un appareil qui permet de détecter et de doser l'arsenic.

**MARSHALL (Alfred)** ♦ Économiste britannique (Londres 1842 - Cambridge 1924). Professeur à Cambridge où il eut Keynes* pour étudiant, il tenta de synthétiser les principes de l'économie politique classique (→ **Smith [Adam], Ricardo**) et ceux du marginalisme (→ **Menger, Jevons, Walras**). Introduisant le facteur temps dans l'analyse économique par la distinction des courtes et longues périodes, il chercha en effet à préciser le rôle du coût objectif de production (longues périodes) et celui de l'utilité marginale (courtes périodes) dans la détermination de la valeur des biens et des services. Bien que partisan du libéralisme, il se montra favorable à des réformes sociales (*Principes d'économie politique*, 1890 - 1907). ➝ **ÉTYM.** *Marshall* vient du moyen anglais *maresc(h)al* «maréchal», du vieil anglais *marah* «cheval» et *scala* «serviteur, domestique». À l'origine ce terme était appliqué à un homme qui s'occupait des chevaux.

**MARSHALL (George Catlett)** ♦ Général et homme politique américain (Uniontown, Pennsylvanie 1880 - Washington 1959). Il servit aux Philippines, combattit en France, puis fut l'adjoint du général Pershing* (1919 - 1924). Il commanda ensuite un régiment américain en Chine, puis dirigea une école militaire à Fort Benning. Nommé chef d'état-major par Roosevelt en sept. 1939, il joua le rôle de conseiller militaire du président pendant la guerre. En 1945, Truman l'envoya en Chine, où il tenta d'aplanir les oppositions entre le Guomindang et les communistes. Secrétaire d'État en 1947, il reporta son intérêt sur l'Europe et lança son plan d'assistance pour la reconstruction et le redressement financier de l'Europe (*plan Marshall*). Il entreprit en même temps les négociations préalables à la constitution de l'Otan. En 1949, il se retira et devint président de la Croix-Rouge américaine, mais fut rappelé comme secrétaire à la Défense pendant la guerre de Corée (1950 - 1951). [Prix Nobel de la paix 1953] ♦ ***Plan Marshall*** Programme de reconstruction européenne (*European Recovery Program*) proposé en 1947 par G. Marshall, adopté en 1948 pour les pays de l'O. de l'Europe, après l'échec de la conférence de Paris (juin 1947) où l'URSS (Molotov) refusa de s'y associer. Il fut accepté par 16 pays, dont la Grande-Bretagne, la France, les pays scandinaves et l'Italie. L'adoption du plan se heurta à une vive opposition communiste, en France et en Italie. L'aide américaine, prévue pour quatre ans (85 % d'aide gratuite, 15 % de prêts à long terme), était assortie d'une orientation politique européenne. La France reçut au titre du plan 2,8 milliards de dollars.

**MARSHALL (Barry J.)** ♦ Médecin australien (Kalgoorlie 1951). [Prix Nobel de physiol. ou méd. 2005 avec R.J. Warren*]

## MARSHALL (ARCHIPEL OU ÎLES)

**▮** – off. ***République des îles Marshall*** ➝ **ÉTYM.** du n. du capitaine John *Marshall* ♦ État de Micronésie, dans un archipel d'îles volcaniques et d'atolls coralliens, à l'E. des îles Carolines et au N. des îles Gilbert. 181 km². 50 840 hab. (*Marshallais*). CAPITALE : Delap-Uliga-Darrit, sur l'atoll de Majuro. L'archipel Marshall, qui comprend trente-deux îles et atolls principaux, est disposé en deux chaînes parallèles : les *îles Ratak* («du soleil levant» ; dix-huit îles principales) à l'E., où se situe le centre administratif ; les *îles Ralik* («du soleil couchant») à l'O., comprenant quatorze îles principales dont Bikini*, Eniwetok et Kwajalein (le plus grand atoll du monde, 120 km de long). Coprah. Canne à sucre. Coton.

**▮ HISTOIRE** Le capitaine britannique John Marshall explora partiellement les îles en 1788, mais la plus grande partie de la cartographie fut dressée par les expéditions russes d'Adam J. von Krusenstern* en 1803 et de O. von Kotzebue* en 1823. L'Allemagne annexa les îles en 1885 - 1886. En 1914, les Japonais s'en emparèrent puis les administrèrent comme territoire sous mandat (1920). Durant la Deuxième Guerre mondiale, les atolls de Kwajalein et d'Eniwetok furent entre autres le théâtre de violents combats. L'archipel fut placé en 1947 sous tutelle des États-Unis. Depuis 1986, elles constituent un «territoire librement associé» aux États-Unis sauf en matière de défense et, depuis 1991, elles sont membres de l'ONU. Les atolls de Bikini* et d'Eniwetok ont été des centres d'expérimentation des bombes A et H (69 essais aériens, terrestres et sous-marins).

**MARSILE DE PADOUE** ♦ Théologien italien (Padoue v. 1275-1280 - Munich 1342), auteur du *Defensor pacis* (1324) écrit pour Louis IV de Bavière contre le pape Jean* XXII. Il y expose une conception entièrement sécularisée de la vie religieuse, l'Église n'étant qu'une institution humaine et l'autorité du pape étant inférieure à celle du concile. Il fut excommunié en 1327.

**MARSILLARGUES** [34590] ➝ **ÉTYM.** anc. *Marcellianicus*, du lat. *Marcellus*, n. de pers. ♦ Comm. de l'Hérault, arr. de Montpellier, sur le Vidourle. 5 334 hab. (*Marsillarguois*). Viticulture.

**MARSOULAS** [31260] ➝ **ÉTYM.** du lat. *Martiolus*, n. de pers., et suff. *-anum* ♦ Comm. de Haute-Garonne, arr. de Saint-Gaudens. 137 hab. Grotte ornée datée du Magdalénien* découverte par F. Régnault en 1897. Les figurations gravées et peintes comprennent surtout des bisons et des chevaux ainsi que des anthropomorphes.

**MARSTON (John)** ♦ Poète dramatique anglais (Coventry, v. 1575 - Londres, 1634). Il fit ses débuts dans la poésie satirique avec *Pygmalion* (1598) et *Le Châtiment de la perfidie* (1598) mais la verdeur de leur langage et l'âpreté de leur ton valurent à ces ouvrages d'être condamnés au feu. Se tournant alors vers le théâtre, Marston composa huit pièces, dont *Le Mécontent* (1604), où s'expriment avec force le désespoir et le dégoût d'un homme indigné par le spectacle du monde, et *La Merveille des femmes ou la Tragédie de Sophonisbe* (1606), d'une facture classique par la qualité de l'analyse psychologique et la sobriété du lyrisme. En collaboration avec Ben Jonson* et Chapman*, il publia *Eastward Ho !* (1605), comédie qui valut à ses auteurs d'être emprisonnés pour lèse-majesté. En 1607, il renonça au théâtre pour se faire ecclésiastique.

**MARSYAS** – en gr. ***Marsuas*** ♦ Personnage mythologique. Satyre originaire de Phrygie*, inventeur de la flûte à deux tuyaux. La flûte a été fabriquée par Athéna, mais la déesse, voyant dans un ruisseau ses joues ridiculement déformées quand elle y souffle, la jette et la maudit. Marsyas la ramasse et, l'estimant supérieure à la lyre d'Apollon*, défie le dieu. Celui-ci relève le défi à condition que le vainqueur dispose du vaincu. Apollon prouve la supériorité de son instrument qui peut être utilisé aussi à l'envers. Il suspend alors Marsyas à un pin et l'écorche vif, puis, envahi de remords, le transforme en fleuve. ▪ Selon une tradition, parmi les juges, seul Midas* avait donné raison à Marsyas et pour cela le dieu lui fit pousser des oreilles d'âne.

**MARTABAN** ♦ Port de Birmanie à l'embouchure de la Salouen, face à celui de Moulmein* qui le supplanta au XIXe s. Il est surtout célèbre pour ses exportations anciennes de jarres et de céladons. Ce n'est plus maintenant qu'un gros village de pêcheurs.

Le **Marteau sans maître** ♦ Recueil poétique de René Char* (1934), réunissant «Arsenal», «Artine», «L'action de la justice est éteinte», «Poèmes militants» et «Abondance viendra» auxquels s'ajoutera «Moulin premier» dans la seconde édition (1945). Ce sont presque tous les poèmes écrits par Char quand il participait au mouvement surréaliste, mais on y trouve déjà toute la diversité des tons et la force des aphorismes qui marqueront son œuvre ultérieure : « Commence à croire que la nuit t'attend toujours. » ♦ ***«Le Marteau sans maître»*** Œuvre de Pierre Boulez* (1953 - 1955) pour voix d'alto et petit ensemble sur 3 des poèmes de René Char (création à Baden-Baden, le 18 juin 1955). La parenté de l'œuvre avec *Pierrot* lunaire* de Schoenberg a été soulignée par Boulez lui-même (elle est « voulue et directe »). Il y a neuf pièces, dont cinq purement instrumentales (n$^{os}$ 1, 2, 4, 7 et 8), organisées en trois cycles enchevêtrés, *L'Artisanat furieux* (n$^{os}$ 1, 3 et 7), *Bourreaux de solitude* (n$^{os}$ 2, 4, 6 et 8) et *Bel édifice et les pressentiments* (n$^{os}$ 5 et 9).

**MARTEL (Édouard Alfred)** ♦ Spéléologue français (Pontoise 1859 - près de Montbrison 1938). Fondateur de la Société de spéléologie (1895), il explora notamment les gouffres de Dargilan*, Padirac*, les régions calcaires de France, d'Angleterre, d'Irlande, du Péloponnèse, du Caucase, des États-Unis. Il écrivit notamment *La Spéléologie ou la Science des cavernes* (1900) et *La France ignorée* (1928 - 1930). ➔ ÉTYM. *Martel* est le sobriquet d'une personne qui se sert d'un marteau.

**MARTEL (Thierry DE)** ♦ Chirurgien français (Maxéville, Meurthe-et-Moselle 1876 - Paris 1940). Auteur de travaux de gynécologie et de chirurgie du système nerveux, il mit au point une instrumentation pour la trépanation. Il est considéré comme le fondateur, avec Clovis Vincent*, de l'école française de neurochirurgie. Il se suicida à l'entrée des troupes allemandes à Paris en 1940.

**MARTELLANGE (Étienne Ange MARTEL, dit)** ♦ Architecte français (Lyon 1569 - Paris 1641). Il appartint à la Compagnie de Jésus, y joua un rôle important de conseiller et surveilla l'édification de nombreuses églises bâties en France par les jésuites. Après un séjour à Rome, il édifia notamment les collèges du Puy (1605 - 1607), de La Flèche (1612 - 1621), de Roanne (1617 - 1626), d'Avignon et commença la construction de Saint-Paul-Saint-Louis (1626, en collaboration avec Derand), maison professe des jésuites à Paris. La diversité des plans et des formes adoptées, la volonté de s'appuyer sur les traditions locales révèlent une absence de doctrine ferme et cohérente qui rend inadéquat le terme d'« art jésuite », bien que l'on retrouve dans la plupart des réalisations du père Martellange et de son ordre certaines préoccupations identiques (préférence pour la nef unique favorable à la prédication) et l'influence plus ou moins déterminante de l'église du Gesù à Rome. ➔ **Vignole.**

**MARTENOT (Maurice)** ♦ Ingénieur français (Paris 1898 - Clichy 1980). Élève de M. Long et de A. Cortot, il est l'inventeur d'un instrument de musique électronique, les *ondes Martenot* (1928), qui a apporté aux compositeurs des possibilités entièrement nouvelles par ses effets de résonance, d'écho et de relief. O. Messiaen, A. Jolivet et J. Martinon, notamment, ont composé de la musique pour cet instrument.

**MARTENS (Wilfried)** ♦ Homme politique belge (Sleidinge 1936). Avocat issu d'une famille de petits paysans, président du Parti social-chrétien flamand (CVP) de 1972 à 1979, cofondateur en 1976 puis président (depuis 1990) du Parti populaire européen (PPE), député (1974 - 1991), il fut Premier ministre de 1979 à 1992 (avec une brève interruption au cours de l'année 1981). À la tête de nombreuses coalitions, partisan du « fédéralisme d'union », il mena les réformes constitutionnelles de 1980 et 1988 - 1989, renforçant la fédéralisation de la Belgique. Député au Parlement européen de 1994 à 2004.

**MARTHE** (sainte) ➔ ÉTYM. de l'araméen *martā* « dame, maîtresse » ♦ Dans les Évangiles de Luc, X, 38, et Jean, XI, sœur de Marie* et de Lazare*, de Béthanie. Une légende la fait débarquer avec eux à Marseille. ▪ Fête le 29 juil.

**MARTÍ (José)** ♦ Patriote et écrivain cubain (La Havane 1853 - Dos Ríos, Cuba 1895). Fils d'immigrants espagnols, il adhéra très jeune aux idées nationalistes. En 1870, il fut condamné et déporté en Espagne, puis mena une vie d'exilé, tout entière consacrée à la lutte pour la libération de Cuba de la domination espagnole. Parallèlement à ses travaux de journaliste politique, il composa une œuvre poétique de haute tenue morale et de grande qualité littéraire (*Versos sencillos*, « Vers simples », 1891). Président du Comité révolutionnaire de New York (1880), il fonda en 1892 le Parti révolutionnaire cubain. En 1895, il monta une expédition militaire contre les Espagnols qu'il attaqua avec le dominicain Maximo Gómez. Il mourut les armes à la main lors d'un affrontement. Ses œuvres et ses idées, largement diffusées en Amérique latine, eurent une grande influence dans la formation de la conscience politique latino-américaine. Son héritage spirituel est aujourd'hui disputé entre libéraux et communistes.

**MARTIAL** – en lat. ***Marcus Valerius Martialis*** ♦ Poète latin (Bilbilis, Espagne, v. 40 - *id.* v. 104). Auteur de 15 livres d'*Épigrammes*, il suivit dans certains la tradition alexandrine qui faisait de l'épigramme une courte pièce commémorative (*Sur les spectacles* et *Xenia et Apophoreta*), mais transforma la plupart de ses poèmes en satires mordantes visant un individu, donnant ainsi au nom du genre le sens nouveau de raillerie satirique. Il fut l'ami de Pline* le Jeune et de Juvénal*. ➔ ÉTYM. *Martial* vient du nom de *Mars**, dieu de la Guerre.

**MARTIAL** (saint) ♦ Selon Grégoire de Tours, l'un des sept évêques qui auraient été envoyés en Gaule vers le milieu du III$^{e}$ s. pour y prêcher l'Évangile. Après avoir converti l'Aquitaine, le Rouergue, le Poitou et la Saintonge, il devint évêque de Limoges où il mourut et fut inhumé. L'*abbaye de Saint-Martial* fut fondée en 848 sur son tombeau. ▪ Fête le 30 juin.

**MARTIANUS CAPELLA** ♦ Écrivain latin (V$^{e}$ s.). Il est l'auteur d'une encyclopédie écrite sous forme romanesque, *Noces de Mercure et de la Philologie*, qui influença Cassiodore*.

**MARTIGNAC (Jean-Baptiste Sylvère GAY, comte DE)** ♦ Homme politique français (Bordeaux 1778 - Paris 1832). Avocat général à Bordeaux, procureur général à Limoges, député en 1821. Il remplaça Villèle après les élections de 1827 (favorables à l'opposition) et fut le chef du gouvernement de 1828 à 1829. Son cabinet, relativement libéral, constitua la dernière tentative de la Restauration pour concilier le gouvernement et la Chambre des députés. En août 1829, il fut remplacé par Polignac*, dont il devait prendre la défense lors du procès des ministres déchus sous la monarchie de Juillet.

**MARTIGNAS-SUR-JALLE** [33127] ➔ ÉTYM. du lat. *Martilla*, n. de pers. ♦ Comm. de Gironde, arr. de Bordeaux. 5 574 hab. Indus. aéronautique.

**MARTIGNY** ➔ ÉTYM. « domaine de Martinius (n. de pers.) » ♦ V. de Suisse (Valais) au confluent de la Drance et du Rhône. Alt. 470 m. 15 163 hab. Centre culturel (Fondation Gianadda) et touristique. Carrefour routier. Métall. de l'aluminium, indus. chimique, distillerie (alcool de poire).

**MARTIGUES** [13500] ♦ Ch.-l. de cant. des Bouches-du-Rhône, arr. d'Istres, sur l'étang de Berre, le canal de Caronte et le golfe de Fos. 43 493 hab. (aggl. 71 554) *(Martégaux)*. Des canaux divisent la ville en trois quartiers. Trois églises du XVII$^{e}$ s. Musée Ziem : œuvres du peintre paysagiste Félix Ziem (1821 - 1911) ; peintures des XIX$^{e}$ et XX$^{e}$ s. ; ethnologie et archéologie locales. ▪ Port de pêche et port de plaisance. Raffineries de pétrole. ➔ **Mède (La).** Pétrochimie. Stockage souterrain de pétrole et de gaz naturel. ▪ Sur le golfe de Fos, centrale thermique (Martigues-Ponteau).

**MARTIN** (saint) ♦ Évêque de Tours (Sabaria, Pannonie 316 - Candes, Touraine 397). Jeune militaire à Amiens, il partagea, dit la tradition, son manteau avec un pauvre. Il rejoignit saint Hilaire qui l'ordonna prêtre à Poitiers, puis fonda une communauté monastique à Ligugé (361). Évêque de Tours v. 370 - 371, il évangélisa les campagnes et créa le monastère de Marmoutier. Sa *Vie* par son disciple Sulpice Sévère répandit son culte dans toute la Gaule ; son tombeau devint le centre d'un important pèlerinage. ▪ Fête le 11 nov. ➔ ÉTYM. Ce nom vient du latin *Martinus* « de Mars » (➔ aussi Martinet, Martinez, Martini, Martinon, Marty).

**MARTIN I$^{er}$** (saint) ♦ (Todi, Ombrie, v. 590 - Cherson, Crimée 654). 74$^{e}$ pape (649 - 654), martyr. Il réunit le concile du Latran (649) qui condamna les monothélètes*. L'empereur Constant II le fit arrêter (653), condamner, exiler : il mourut en Crimée des mauvais traitements subis. ▪ Fête le 13 avr.

**MARTIN II, MARTIN III** ♦ Nom parfois donné, par confusion ancienne, aux papes Marin* I$^{er}$ et Marin* II.

**MARTIN IV [Simon DE BRION]** ♦ (v. 1210 - Pérouse 1285). 187$^{e}$ pape (1281 - 1285). Élu sous la pression de Charles d'Anjou, roi deSicile, il fut l'homme du parti français. Mais ses excommunications ne purent arrêter la révolte des Vêpres* siciliennes (1282) qui amena la ruine de ce parti.

**MARTIN V [Oddone COLONNA]** ♦ (Genazzano 1368 - Rome 1431). 204$^{e}$ pape (1417 - 1431). Son élection, au concile de Constance*, mit fin au grand schisme* d'Occident. Il concentra tous les pouvoirs entre ses mains et restaura la vie de Rome. Il réunit le concile de Pavie-Sienne (1423 - 1424) et convoqua celui de Bâle* (1431).

**MARTIN dit l'Humain ou le Vieux** ♦ (Gérone 1356 - Barcelone 1410). Roi d'Aragon (1395 - 1410) et de Sicile (1409 - 1410). Lettré et ami des arts, il consolida les institutions libérales de la couronne d'Aragon et de Catalogne. Ferdinand* I$^{er}$ d'Aragon lui succéda.

**MARTIN (John)** ♦ Peintre, aquarelliste et graveur britannique (Haydon Bridge 1789 - Londres 1854). Il s'installa à Londres comme peintre sur porcelaine et sur verre et devint célèbre avec *Josué ordonnant au soleil de s'arrêter* (1816). Considéré comme le rival de Turner*, il produisit de grandes compositions historiques et bibliques : l'éclairage nocturne, le relief abrupt, tourmenté de ses paysages imaginaires aux personnages minuscules et aux perspectives architecturales rigoureuses et hallucinantes évoquent une atmosphère de cataclysme. Il est un représentant caractéristique du romantisme visionnaire anglais.

**MARTIN (Pierre)** ♦ Ingénieur et industriel français (Bourges 1824 - Fourchambault, Nièvre 1915). Il perfectionna le four inventé par William Siemens*, pensa à utiliser le principe de la récupération des gaz chauds au four à sole pour la fusion de l'acier (1 700 °C environ) et mit au point l'élaboration de l'acier sur sole en inventant un procédé d'affinage qui consiste en une fusion d'un mélange de fonte et de ferraille ou de minerai (*procédé Martin* ou *Siemens-Martin*).

**MARTIN (Frank)** ♦ Compositeur suisse (Genève 1890 - Naarden, Pays-Bas 1974). D'abord influencée par Franck, Fauré, Ravel, son œuvre a progressivement assimilé tous les procédés atonaux pour adopter le langage sériel, conservant cependant une franchise d'accent qui fait son originalité. Cet effort de synthèse s'accompagne d'une tension souvent dramatique. On lui doit des œuvres lyriques et vocales (*Le Vin herbé*, d'après *Tristan et Iseult*, 1940), des oratorios (*In terra pax*, 1944 ; *Golgotha*, 1948 ; *Le Mystère de la Nativité*, 1959), de la musique symphonique (*Petite symphonie concertante*, 1945), un opéra (*La Tempête*, 1956), de la musique de chambre, de scène, de ballet et des mélodies. F. Martin a eu Stockhausen comme élève.

**MARTIN (Archer John Porter)** ♦ Biochimiste britannique (Londres 1910 - 2002). Il est l'inventeur, avec Synge, de la chromophotographie de partage sur papier (1941), qui consiste à plonger dans un solvant organique l'extrémité d'une bande de papier où l'on a déposé une goutte de la substance à analyser. Les composants de la substance progressent sur le papier par capillarité, mais à des vitesses différentes. Cette méthode permit notamment la séparation des acides aminés des protéines. [Prix Nobel de chim. 1952, avec R. Synge]

**MARTIN (Étienne),** dit **Étienne-Martin** → Étienne-Martin

**MARTIN (Jacques)** ♦ Dessinateur et scénariste de bandes dessinées français (Strasbourg 1921 - Pully 2010). Ingénieur dans l'aviation, il commença en Belgique sa carrière de dessinateur, au journal *Tintin* où il créa *Alix* en 1948 puis *Lefranc* en 1952. Il écrivit les aventures de *Jhen* (1978) et d'*Arno* (1983). Remarquablement mises en scène, soutenues par un dessin clair et haut en couleur, les aventures du jeune Alix et d'Enak, l'ancien esclave, sont des reconstitutions soignées où les héros rencontrent l'histoire, côtoyant des personnages tels que Jules César ou Vercingétorix.

**MARTIN (Paul)** ♦ Homme d'État canadien (Windsor, Ontario 1938). Il occupa le poste de ministre des Finances (1993 - 2002), lorsque les libéraux revinrent au pouvoir au Canada. Élu chef du Parti libéral le 14 novembre 2003, il devint Premier ministre en déc. 2003 mais son gouvernement dut démissionner en nov. 2005 en raison d'un scandale de corruption et S. Harper lui succéda en février 2006.

**MARTIN (Patrice)** ♦ Skieur nautique français (Nantes 1964). Champion du monde à 15 ans et champion d'Europe à 37 ans, il a obtenu 12 titres mondiaux, 34 titres européens et 26 records du monde.

**MARTIN** (cap) ♦ Promontoire qui s'avance dans la Méditerranée, appartenant à la comm. de Roquebrune-Cap-Martin, entre Menton et Monaco (Alpes-Maritimes). Lieu de villégiature.

**MARTIN DE BRAGA** (saint) ♦ (En Pannonie 510-520 - Braga 579). Moine, apôtre des Suèves de Galice qui étaient ariens, il devint évêque de Dumium (556) où il avait fondé un monastère, puis métropolitain de Braga, au Portugal (570). ▪ Fête le 20 mars.

**MARTIN DU GARD (Roger)** ♦ Écrivain français (Neuilly-sur-Seine 1881 - Bellême 1958). Bien que s'étant très vite consacré à la littérature, il puisa dans sa formation de chartiste (1903 - 1905) «une disposition d'esprit pour la recherche précise et la connaissance scientifique». Après diverses tentatives (*Une vie de saint*, 1906, trilogie inachevée ; *Devenir*, 1907, roman désavoué) l'écrivain se retira à la campagne et y composa *Jean Barois* (1910 - 1913), roman d'un «honnête homme», partagé entre son adhésion à une raison laïque et matérialiste et un besoin mystique lié à la terreur du néant, évocation également du conflit moral engendré par l'affaire Dreyfus. Cet ouvrage à la technique originale (mêlant dialogues et indications scéniques) valut à son auteur l'estime des écrivains de la NRF et l'amitié d'André Gide*, avec lequel Martin du Gard poursuivit une correspondance considérable (il y évoque dramatiquement un thème constant dans son œuvre : le problème de l'attitude devant la mort). ▪ Revenant à une technique classique pour évoquer la manière dont les personnages participent aux événements, Martin du Gard parvient dans la série des *Thibault** (9 vol., 1922 - 1940) à «mettre le lecteur en prise directe avec la scène» qu'il lui décrit, par un réalisme exact, fait de détails significatifs et cohérents. Évoquant avec intensité et par des moyens stylistiques discrets (qui annoncent parfois l'écriture de Camus) les problèmes de l'adolescence, de l'amour ou de la mort (les terribles descriptions médicales de l'agonie du père), *Les Thibault* représentent sans doute l'apogée du roman postbalzacien en France. Cette tentative objective de l'art (cf. l'épigraphe des *Souvenirs autobiographiques et littéraires*, 1935 : «Faire ressemblant est la seule excuse qu'on ait de parler de soi») n'exclut pas de hardies explorations psychologiques (cf. *Le Cahier gris*), qualité que l'on retrouve dans une longue nouvelle, *Confidence africaine* (1931), dans le récit satirique *Vieille France* (1933) et dans les œuvres dramatiques, comme *Le Testament du père Leleu* (1914, farce paysanne montée par Jacques Copeau) ou *Un taciturne* (1931) qui évoque le thème de l'homosexualité. Sous le titre *Le Lieutenant-colonel de Maumort* (posth., 1983) a paru une autobiographie fictive inachevée à laquelle l'auteur travaillait depuis 1942. Sa *Correspondance générale* est en cours de parution depuis 1980. [Prix Nobel de littér. 1937]

**MARTINET (André)** ♦ Linguiste français (Saint-Albans-des-Villards, Savoie 1908 - Fontenay-aux-Roses 1999). Après des études d'anglais, puis de linguistique générale (il suivit l'enseignement de Meillet*), il subit l'influence de L. Hjelmslev* au Danemark, puis de Sapir* et de Bloomfield* aux États-Unis (1946 - 1955 ; époque où il fut professeur à l'université Columbia, New York). Spécialiste de phonologie, où il continua l'œuvre de Troubetskoï, il publia *La Description phonologique du parler franco-provençal d'Hauteville (Savoie)* 1945, *Phonology as Functional Phonetics* (1949) et surtout *Économie des changements phonétiques* (1955), ouvrage qui fit de lui un maître de la phonologie diachronique. Il est l'auteur d'une initiation à la linguistique (*Éléments de linguistique générale*, 1960) et de nombreux articles théoriques (*La Linguistique synchronique*) et appliqués (*Le Français sans fard*, 1969). → ÉTYM. *Martinet* vient de *Martin**.

**MARTINET (Jean-Louis)** ♦ Compositeur français (Sainte-Bazeille, Lot-et-Garonne 1912). Il reçut l'influence de Messiaen, de R. Leibowitz et de la seconde école viennoise. Marquée par le dodécaphonisme de 1946 à 1951, son œuvre témoigne d'une volonté de synthèse entre ces diverses tendances. Elle comprend un triptyque symphonique (*Orphée*, 1945), des pièces pour orchestre (*La Trilogie des Prométhées*, 1947 ; *Mouvements symphoniques*, 1957 - 1959) et de la musique chorale (mises en musique de poèmes d'Aragon, Neruda, Ronsard...).

**MARTÍNEZ CAMPOS (Arsenio)** ♦ Maréchal et homme politique espagnol (Ségovie 1831 - Zarauz 1900). Il déclencha le pronunciamiento qui plaça Alphonse* XII sur le trône (1874) et se battit contre les carlistes*, qu'il écrasa définitivement (1876). Nommé capitaine général, il pacifia Cuba (1877 - 1878), mais ne put faire appliquer les réformes promises aux Cubains. Rentré en Espagne, il continua à avoir un rôle et une influence politiques importants.

**MARTÍNEZ DE LA ROSA (Francisco de Paula)** ♦ Homme politique et écrivain espagnol (Grenade 1789 - Madrid 1862). Il prit part au mouvement national contre l'invasion française et fut élu en 1812 député libéral aux Cortes. Au retour de Ferdinand* VII, il fut exilé en Afrique (1814 - 1820), puis à Paris (1823 - 1834), où il fut marqué par le romantisme. Rappelé par Marie*-Christine de Bourbon-Sicile en Espagne, il présida un cabinet qui établit la monarchie constitutionnelle par l'*Estatuto real* de 1834. Il écrivit en français deux drames romantiques : *La Conjuration de Venise* (1830) et *Aben Humaya* (1834).

**MARTÍNEZ MONTAÑÉS (Juan)** → Montañés (Juan Martínez)

**MARTINI (Simone di Martino,** dit **Simone)** ♦ Peintre siennois (Sienne, v. 1282 - Avignon 1344). Il exécuta pour sa ville natale une *Maestà* librement interprétée de Duccio* di Buoninsegna (1315, Palais public), puis, v. 1330, la fresque commémorative du condottiere *Guidoriccio da Fogliano* dont on discute pour savoir si c'est bien la célèbre peinture visible au Palais public ou une autre, sous-jacente à celle-ci, et, en 1333, une *Annonciation** au lumineux dépouillement (Offices). Tôt célèbre hors de Sienne, appelé à Naples (v. 1317, *Couronnement de Robert d'Anjou*), puis à Orvieto (1320 - 1325), il partit av. 1336 pour Avignon, où il rencontra Pétrarque* et étudia la peinture provençale (polyptyque Stefaneschi, dispersé). Son art raffiné privilégie le rôle décoratif de la surface colorée et le jeu expressif des lignes. → ÉTYM. *Martini* est la forme italienne de *Martin**.

Simone **Martini**. *Guidoriccio da Fogliano* (3,40 × 9,68 m), détail. Fresque attribuée à Simone Martini. Palais public, Sienne.
*Phot. © Carlo Bevilacqua/Ricciarini*

**MARTINI (Francesco di Giorgio)** ♦ Architecte, sculpteur et peintre italien (Sienne 1439 - *id.* 1502). Élève du peintre et sculpteur Vecchietta, il s'intéressa aux recherches nouvelles. Ses premiers tableaux allient le charme des couleurs et la finesse des traits propres à l'école siennoise à une solide construction du paysage et de l'architecture inspirée de l'acquis florentin (*Annonciation ; Couronnement de la Vierge*, 1472, Sienne). Plus tard, il assimila l'enseignement de Signorelli* (*Nativité*, 1490, Sienne). Son activité architecturale s'exerça surtout dans les Marches. Appelé en 1477 par le duc Federigo di Montefeltro, il acheva le palais ducal d'Urbino commencé par L. Laurana*, subissant l'influence de Piero* della Francesca. Les marqueteries du *studiolo* du duc Federigo auraient été réalisées à partir de ses cartons tandis qu'on lui attribue un des panneaux peints représentant des villes idéales, applications rigoureuses de la perspective et du triomphe de l'esthétique architecturale nouvelle. Sa grande réalisation est l'église du Calcinaio (Cortona). Cette église à coupole octogonale offre un espace abstrait tout albertien.

**MARTINI (Giovanni Battista,** dit **il Padre** ou **le Père)** ♦ Compositeur, historien et théoricien de la musique italienne (Bologne 1706 - *id.* 1784). Moine franciscain, il fut maître de chapelle à Saint-François de Bologne (1725). Il s'intéressa à tous les genres : à la musique sacrée (où il s'inspira de la polyphonie vocale du XVI$^e$ s.), à la musique profane (12 sonates d'orgue et de clavecin, 1741, où il utilisa le contrepoint instrumental des XVII$^e$ et XVIII$^e$ s.), enfin à l'opéra. Sa vaste culture lui valut d'être considéré comme la plus importante autorité musicale de son temps. Il fut le conseiller de musiciens tels que Jomelli, Jean-Chrétien Bach et Mozart, l'ami de Grétry, Gluck, Rameau, et le correspondant de Frédéric II. Il a publié une grande *Histoire de la musique* (3 vol., 1757 - 1781), œuvre inachevée qui se limita à la musique ancienne. À sa mort, les 17 000 volumes de sa bibliothèque ont été dispersés entre les bibliothèques des conservatoires de Bologne et de Vienne.

**MARTINI (Johan Paul SCHWARZENDORF,** dit **Jean-Paul)** ♦ Compositeur français, d'origine allemande (Freistadt, Palatinat 1741 - Paris 1816). Il se mit d'abord au service du roi Stanislas, à Nancy, puis vint à Paris où il reçut la charge de maître de chapelle du prince de Condé, puis du comte d'Artois. Nommé inspecteur des études au Conservatoire, sous la Révolution (1795), il fut encore surintendant de la Chapelle royale sous Louis XVIII. Il a composé des opéras-comiques, de la musique de chambre, religieuse et militaire. Une romance célèbre, *Plaisir d'amour*, a assuré sa gloire.

**MARTINI (Vicente MARTÍN Y SOLER,** dit**)** ♦ Compositeur espagnol (Valence 1754 - Saint-Pétersbourg 1806). Au service de plusieurs familles princières, il séjourna dans un grand nombre de capitales européennes, composant surtout des opéras. Il fut un temps le rival de Mozart, à Vienne (*Una cosa rara*, 1786). À la demande de Catherine II, il vint diriger à Saint-Pétersbourg l'opéra italien (1788 - 1801), mais la vogue de l'opéra français entraîna sa disgrâce. Il mourut dans la misère.

**MARTINIQUE** n. f. [1972] ➝ **ÉTYM.** p.-ê. de *madininal*, mot local d'orig. obsc., déformé en *Madanina, Martinino*, puis *Martinini*, dont on fit plus tard *Martinique* par attraction de *Martin* ♦ Région et département français, dans les Petites Antilles. 1 128 km$^2$. 381 427 hab. *(Martiniquais)*. CH.-L. : Fort-de-France. CH.-L. D'ARR. : Le Marin, La Trinité, Saint-Pierre. La population parle le français et le créole. ▮ **Géographie** L'île est située au centre de l'arc volcanique des Petites Antilles, entre l'île de la Dominique au N. et l'île de Sainte-Lucie au S. Elle est montagneuse surtout au N., où s'étendent deux massifs volcaniques, le massif de la montagne Pelée (1 397 m) et les pitons du Carbet (1 120 m). Au centre l'île s'étrangle entre la baie de Fort-de-France et le havre du Robert. Au S. elle ne présente plus que des collines de 300 à 400 m. En fonction de ces différences d'altitude, le N. est beaucoup plus humide que le S. Les sols sont dans l'ensemble favorables à l'agriculture mais les plaines sont étroites. La canne à sucre, héritage de la période esclavagiste, a presque disparu. Il n'existe plus qu'une seule usine sucrière mais une dizaine de distilleries produisent des rhums considérés comme les plus fins des Caraïbes. La banane est présente sur la côte nord-atlantique et dans le centre de l'île. Aujourd'hui ce sont les activités tertiaires, en particulier le tourisme, et les transferts en provenance de métropole qui fournissent l'essentiel des revenus. Malgré les progrès économiques, le taux de chômage demeure en Martinique plus élevé qu'en France métropolitaine (23 % en 2007). L'émigration vers la métropole, importante dans les années 1960 - 1980, a nettement diminué et il existe même un courant de retour. Les disparités économiques d'une part entre la métropole et les Antilles et d'autre part entre la population blanche et la population de couleur (chômage, coût de la vie), amplifiées par la crise financière mondiale de 2008 - 2009, ont fait éclater un large mouvement de revendication. ▮ **Histoire** La Martinique, découverte par Colomb en 1502 lors de son quatrième voyage, résista aux Européens. Ce n'est qu'en 1635 que Belain d'Esnambuc en prit possession au nom de la France. Une économie de plantation, fondée sur le travail des esclaves noirs, se développa alors. Les Britanniques occupèrent l'île de 1794 à 1802. Après la restitution à la France (traité d'Amiens), l'esclavage y fut maintenu jusqu'en 1848. L'île devint un département français en 1946, et une région de plein exercice en 1982. Elle refusa, lors du référendum de déc. 2003, d'être transformée en une collectivité territoriale unique et, lors du référendum de janvier 2010, de devenir une collectivité d'outre-mer avec une autonomie élargie.

**Martinique.**

**MARTINON (Jean)** ♦ Compositeur et chef d'orchestre français (Lyon 1910 - Paris 1976). Élève de A. Roussel et de Ch. Munch, il a poursuivi une brillante carrière de chef d'orchestre, dirigeant les Concerts Lamoureux, l'Orchestre philharmonique de Londres, l'Orchestre national. Il a assuré la direction générale de la musique à Düsseldorf, puis à Tel-Aviv. Son œuvre comprend de la musique symphonique (3 symphonies, *Concerto lyrique*), un opéra *(Hécube)*, des pièces de musique de chambre et chorale (psaumes) et des mélodies. ➝ **ÉTYM.** *Martinon* a la même étymologie que *Martin**.

**MARTINOZZI (Laura),** duchesse **DE MODÈNE** ♦ Duchesse de Modène (Fano 1640 - Rome 1687). Nièce de Mazarin, elle épousa en 1655 le duc Alphonse IV de Modène. En 1673, elle maria sa fille, Béatrice d'Este, au futur Jacques II d'Angleterre. Louis XIV devait marquer son passage en France par des fêtes somptueuses. De retour à Modène, Laura Martinozzi laissa le pouvoir à son fils alors âgé de quatorze ans (1674) et se retira à Rome.

**MARTINS (Joaquim Pedro DE OLIVEIRA)** ♦ Écrivain et homme politique portugais (Lisbonne 1845 - *id.* 1894). Député puis ministre, il aborda tous les genres littéraires, laissa une œuvre inégale dont on extrait en général un roman considéré comme son chef-d'œuvre : *Les Fils de Jean I$^{er}$* (1891).

**MARTINSON (Harry)** ♦ Écrivain suédois (Jämshög 1904 - Stockholm 1978). Il raconta son enfance misérable et dure dans un cycle autobiographique : *Les orties fleurissent* (1935) et *Vägen ut* («Départ», 1936). Il fut l'un des principaux représentants de la tendance des prolétaires* suédois. Reconnaissant comme ses maîtres Kipling et J. London puis Whitman et Maïakovski, il a chanté dans ses romans (*Voyages sans but*, 1932 ; *Le Chemin de Klockrike*, 1948 ; *Aniara*, 1956) comme dans ses poèmes (*Nomade*, 1931 ; *Vents alizés*, 1945) son goût de la nature, de l'effort de l'homme qui se trouve confronté à elle, et de la technique qui permet de la dominer. [Prix Nobel de littér. 1974, avec E. Johnson*]

**MARTINŮ (Bohuslav)** ♦ Compositeur tchèque (Polička, Bohême 1890 - Liestal, Suisse 1959). Enfant prodige, violoniste de qualité, il fut l'élève de J. Suk et ses premières œuvres révèlent l'influence du folklore tchèque auquel il demeura attaché sa vie durant. Venu à Paris (1923), il y reçut l'enseignement de Roussel et de Stravinski, fréquenta le groupe des Six et se lia d'amitié avec Honegger. Ces rencontres modifièrent profondément son style, désormais très personnel et remarquable autant par la véhémence du rythme que par l'audace du langage. Il devint alors l'un des plus brillants représentants de l'école de Paris (qu'il fonda avec T. Harsanyi, M. Mihalovici, A. Tansman et A. Tcherepnine). Il émigra aux États-Unis (1940) et ne revint en Europe qu'après la guerre. Parmi ses compositions, on retiendra des mouvements symphoniques *(Half-time, La Bagarre)*, des opéras et opéras-comiques *(Le Soldat et la Danseuse, Mirandolina, Ariane)*, une trentaine de concertos pour les combinaisons les plus diverses, 6 symphonies, une *Messe au champ d'honneur* pour la division tchécoslovaque de la campagne de France de 1939 - 1940, de nombreux ouvrages de musique de chambre (quatuors, trios, quintettes, sextuor, sérénades), de ballet, de film et des mélodies.

**MARTONNE (Emmanuel DE)** ♦ Géographe français (Chabris 1873 - Sceaux 1955). Il publia un *Traité de géographie physique* (1909), qui fut longtemps un classique de cette discipline, et participa à la rédaction de la *Géographie* universelle* de Vidal* de La Blache pour l'Europe centrale (1931). [Acad. sc. 1942]

**MARTOV (Iouli Ossipovitch ZEDERBAOUM, dit)** ♦ Homme politique russe (Constantinople 1873 - Schömberg, Allemagne 1923). Social-démocrate, rédacteur du journal marxiste l'*Iskra* («L'Étincelle», 1900), fondé par Lénine* et Plekhanov, il prit la tête des mencheviks (1903). Opposé à la dictature du Parti communiste après la révolution d'octobre 1917, il dut émigrer en 1920.

**MARTRES-DE-VEYRE (LES)** [63730] ← ÉTYM. anc. *Las Martras,* du lat. *martyres* «martyrs» puis «cimetière» ♦ Comm. du Puy-de-Dôme, arr. de Clermont-Ferrand, dans la Limagne. 3 914 hab.

**MARTY (André)** ♦ Homme politique français (Perpignan 1886 - Toulouse 1956). Officier mécanicien, il fomenta en 1919 la mutinerie des marins de la flotte française de la mer Noire qui refusaient de continuer à combattre les bolcheviks. Condamné à 20 ans de travaux forcés, amnistié en 1923, élu député (1924), il devint membre du bureau politique du PC (1931), puis secrétaire de l'Internationale communiste (1935). Lors de la guerre d'Espagne, il prit part à l'organisation des Brigades* internationales dont il fut le commandant en chef (1936 - 1938). Accusé de «travail fractionnel», il fut exclu du parti en 1953. ← ÉTYM. *Marty* a la même étymologie que *Martin**.

**MARTYN (Edward)** ♦ Auteur dramatique irlandais (Tulira, Ardrahan, comté de Galway 1859 - *id.* 1923). Il fut l'un des principaux fondateurs du Théâtre littéraire irlandais. Ses pièces mettent en scène des propriétaires terriens ou des politiciens, l'éloignant ainsi des autres écrivains nationalistes qui virent dans la classe paysanne le cœur de l'Irlande. Son plus grand succès fut *Le Champ de bruyère* (1899). *Maeve* (1900) est l'adaptation d'une légende irlandaise et *La Mer enchantée* (1904) trahit l'influence d'Ibsen. Sa conception du théâtre l'éloigna de W. B. Yeats* et, en général, du mouvement qu'il avait contribué à fonder : l'Abbey Theatre dirigé par lady Gregory* écarta la plupart de ses pièces.

**MARTYNOV (Aleksandr Samouilovitch PIKKER, dit)** ♦ Homme politique russe (Pinsk 1865 - Moscou 1935). Chef des «économistes» critiqués par Lénine, il fut menchevik jusqu'à la révolution socialiste (oct. 1917). Admis au Parti communiste (1924), il participa à la rédaction de la revue *L'Internationale communiste.*

Les **Martyrs ou le Triomphe de la religion chrétienne** ♦ Épopée en prose de Chateaubriand* (1809) destinée à illustrer les thèses du *Génie* du christianisme* sur la supériorité de cette religion. En relatant la rencontre de la païenne Cymodocée et du chrétien Eudore, Chateaubriand évoque la confrontation, au IIIe s., de deux religions, c'est-à-dire de deux morales et de deux civilisations. L'œuvre contient de poétiques tableaux (apparition de Velléda) et des scènes épiques (les Francs de Pharamond), évoquant les premiers temps de l'histoire de France.

**MARVEJOLS** [maʀvəʒɔl] [48100] ← ÉTYM. gaul. «la grande *(maros)* clairière *(ialo)*» ♦ Ch.-l. de cant. de la Lozère, arr. de Mende, situé dans la vallée de la Colagne, en lisière du Gévaudan. 5 501 hab. *(Marvejolais).* De son passé de ville forte, la ville conserve 3 portes fortifiées (XIVe s.), des vestiges de remparts et des maisons pittoresques. Hôtels du XVIIe s. ▪ Station estivale. Foires

**MARVELL (Andrew)** ♦ Poète anglais (Winestead, Yorkshire 1621 - Londres 1678). Adjoint à Milton* comme secrétaire du conseil d'État de Cromwell, il fut nommé membre du Parlement où il siégea jusqu'à la fin de sa vie. Il laissa derrière lui des pamphlets incisifs qui lui valurent un grand nombre d'ennemis. Son œuvre poétique contraste par sa vigueur sensuelle avec ses convictions puritaines et semble un prolongement tardif de l'humanisme du siècle précédent *(Le Jardin, À sa trop hésitante maîtresse).*

**MARWĀN II** ♦ Calife omeyade (de 744 à 749). Il fut destitué par Abū* al-'Abbās 'Abd Allāh, fondateur de la dynastie abbasside* (749).

**MARX (Karl)** ← ÉTYM. prénom de son grand-père Mordechai *Marx* Lévy, probablt d'abord écrit *Marks* «fils de Marc» ♦ Philosophe, économiste et homme politique allemand (Trèves 1818 - Londres 1883). Issu d'une famille bourgeoise d'origine juive, il étudia le droit, l'histoire et la philosophie, découvrit la pensée de Hegel (sa dialectique), puis celle de Feuerbach* et fréquenta les «jeunes hégéliens». → **hégélianisme, Bauer (Bruno).** Après sa thèse sur Démocrite et Épicure (1841), il fut rédacteur puis directeur de la *Gazette rhénane.* Installé à Paris avec sa femme Jenny von Westphalen (1843 - 1845), il dirigea avec A. Ruge* les *Annales franco-allemandes* où parut *Sur la question juive* (1844). Avec Engels* qui le rejoignit à Bruxelles (1845), il critiqua l'idéalisme et le matérialisme mécaniste, formulant les bases du matérialisme historique et affirmant la nécessité d'un dépassement de la philosophie théorique et d'une transformation radicale de la société (*La Sainte Famille,* 1845 ; *L'Idéologie* allemande,* 1846, non publiée alors). Dans *Misère* de la philosophie* (1847), Marx mit en question le socialisme «petit-bourgeois» de Proudhon*. Pour la Ligue des justes (puis des communistes) à laquelle ils avaient adhéré, Marx et Engels rédigèrent le *Manifeste* du parti communiste* (1848). Après un bref séjour à Paris (1848), puis à Cologne, Marx se fixa définitivement à Londres (1849), où il poursuivit ses travaux d'économie (*Travail salarié et Capital,* 1849 ; *Contribution* à la critique de l'économie politique,* 1859 ; le livre premier du *Capital*,* 1867, → **Engels**) et d'histoire (*Les Luttes* de classes en France,* 1848 - 1850 ; *Le 18 Brumaire de Louis Bonaparte,* 1852). À la tête de la Ire Internationale (créée en 1864), il joua un rôle important dans le mouvement ouvrier, s'opposant aux tendances anarchistes et réformistes (partisans de Bakounine*

Karl **Marx.** Gouache de Schaumann.
Musée communiste, Prague. *Phot. © Hubert Josse*

et de Proudhon*), donnant une analyse sur la Commune de Paris dans *La Guerre* civile en France,* et suivant le développement des partis socialistes en Europe, notamment le parti allemand (→ **Lassalle** et **Liebknecht [W.]**) dont il critiqua les positions réformistes (*Critique* du programme de Gotha,* 1875 - 1891). → **marxisme.**

**MARX (Wilhelm)** ♦ Homme politique allemand (Cologne 1863 - Bonn 1946). Élu député du centre catholique (1920), il devint chancelier de la république de Weimar* (1923 - 1924). Partisan de la conciliation dans le règlement des réparations stipulées par le traité de Versailles*, il soutint la politique de son ministre Stresemann* et favorisa la relance de l'économie allemande. Après son échec à l'élection présidentielle de 1925, il fut à nouveau chancelier (1926 - 1928).

**MARX BROTHERS** (les) ← ÉTYM. *Harpo* jouait de la *harpe, Groucho* avait un caractère grognon (*to grouch* «ronchonner»), *Chico* était réputé être toujours «after the *chicks*» (à courir les pépées), *Gummo* portait des chaussures en caoutchouc (*gum* en angl.) et *Zeppo,* sens plus obscur ♦ Acteurs américains d'origine allemande. Fils de Samuel Marks, tailleur à New York, LÉONARD, dit CHICO (1887 - 1961), ARTHUR, dit HARPO (1888 - 1964) et JULIUS, dit GROUCHO (1890 - 1977) débutèrent au music-hall dans la parodie puis dans un numéro de clowns musicaux, en compagnie de trois autres de leurs frères, dont HERBERT, dit ZEPPO (1901 - 1979) qui les quittera en 1935. Véritables auteurs de tous leurs films, qui ne furent à l'origine que la transposition de leurs spectacles, ils ont introduit au cinéma l'univers de l'absurde, avec sa poésie délirante et son utilisation burlesque du langage. Fils de la commedia dell'arte, ils furent les champions d'une critique nihiliste, très affadie dans leurs derniers films. Réal. princ. : *Noix de coco* (1929), *Monnaie de singe* (1931), *Soupe au canard* (1933), *Une nuit à l'Opéra* (1935), *Un jour aux courses* (1937), *Panique à l'hôtel* (1938), *Une nuit à Casablanca* (1946).

**Les Marx Brothers** pendant le tournage d'*Une nuit à l'Opéra.*
*Phot. © Keystone*

**MARY** (puy) ♦ Montagne volcanique du massif du Cantal (dép. du Cantal) qui s'élève au-dessus d'affl. de la Rue et de la Cère. 1 787 m.

**MARY** – jusqu'en 1937 *Merv* ♦ V. du Turkménistan, dans le delta du Mourgab, et sur le canal du Karakoum. 123 000 hab. Culture et égrenage du coton, traitement du cuir, indus. alimentaires.

**MARYLAND** n. m. ← ÉTYM. du n. de Henriette*-*Marie* de France, femme de Charles Ier d'Angleterre ♦ État de l'E. des États-Unis. → **États-Unis** (carte). 31 296 km². 5 296 486 hab. CAP. : Annapolis. ▮ **Géographie** L'O., qui forme une étroite bande entre la Pennsylvanie et la Virginie-Occidentale, est occupé par les Appalaches. La zone du Piedmont (piedmont appalachien) est un peu plus large. La majeure partie de l'État, autour de la baie de Chesapeake, est constituée par une portion de la plaine côtière atlantique, découpée en rias par l'ennoyage postglaciaire. ▮ **Économie** L'agriculture est fondée sur les céréales et l'élevage laitier (Piedmont et Appalaches), sur les cultures maraîchères dans la plaine côtière et sur le tabac dans le S. Les crustacés et les huîtres de la baie de Chesapeake contri-

## marxisme

n. m. ♦ Doctrine philosophique (matérialisme dialectique), sociale (matérialisme historique) et économique élaborée par Karl Marx*, Friedrich Engels* et leurs continuateurs. **▮ Le « marxisme » de Marx** Marx lui-même refusait le qualificatif de marxiste, car très tôt il fut l'objet d'interprétations diverses. Son apport théorique est présenté par lui comme s'inscrivant à la suite de mouvements antérieurs de la pensée : Marx fut lecteur de Démocrite* et d'Épicure* mais aussi de Spinoza* ou d'Aristote*. Cependant, sur le plan philosophique, sa référence principale est Hegel* dont il entreprit, vers 1842, de critiquer les *Principes de la philosophie du droit.* Marx lui reproche son idéalisme tout en faisant sienne l'idée d'une primauté de l'histoire. Il trouve dans le prolétariat la classe dont l'aliénation totale permettra de restaurer l'essence humaine de l'homme. En ce sens Marx peut être rapproché de Feuerbach*. Mais il est conduit à étudier l'anatomie économique de ce qu'au XVIIIe s. on appelait la société civile, ce qu'il fait à partir de Ricardo* et surtout d'Adam Smith*, dont il reprend la théorie de la valeur travail. Mais, au-delà, il montre que dans le mode de production capitaliste une part de la valeur produite par le prolétaire est l'objet d'une appropriation privée : c'est l'extorsion de la plus-value. Avec d'autres contradictions, comme la baisse tendancielle du taux de profit, dont l'analyse détaillée est l'objet du *Capital**, elle mine le capitalisme et ne peut que conduire à des crises puis à la révolution. Après avoir affirmé dans le *Manifeste* du parti communiste* la nécessaire domination du prolétariat, Marx, tirant les leçons de la révolution* française de février 1848 puis de la Commune* de Paris (où les marxistes sont peu nombreux), annoncera la dictature du prolétariat comme phase de transition nécessaire entre le capitalisme et le communisme (*La Guerre* civile en France*). La lutte des classes a la forme d'une guerre civile larvée et elle débouche sur une révolution violente. Marx, qui polémiqua notamment contre Proudhon* ou les socialistes utopistes (Owen*, Fourier*, Cabet*), s'engagea dans différents mouvements révolutionnaires et particulièrement dans la Ire Internationale. Mais celle-ci fut minée par des différends sérieux, spécialement avec les anarchistes et Bakounine* sur le rôle de l'État après la révolution. **▮ Le marxisme après Marx** Déjà divisé du vivant de Marx, le marxisme est, après sa mort, marqué par une série de ruptures en même temps qu'il bénéficie d'une grande expansion. En Allemagne, où le parti socialiste (SPD → **Sozialdemokratische Partei Deutschlands**) est très puissant, un courant orthodoxe, dont le principal leader est Kautsky*, critique le révisionnisme d'E. Bernstein*. En France, le marxisme, en dépit de Guesde* ou de Lafargue*, est moins fortement représenté. En Russie, l'opposition entre bolcheviks* et mencheviks*, particulièrement vive, conduira à la scission. **▮ Apparition et affirmation du marxisme-léninisme** Les bolcheviks défendaient une théorie du parti comme organisation centralisée, ce qui leur valut les critiques des mencheviks. Des idées nouvelles apparaissent, comme celle de l'autonomie culturelle mise en avant par les austro-marxistes avec Karl Renner* et Otto Bauer*. Cette option est refusée par Lénine* qui considère avec suspicion les revendications nationalistes, même si elles émanent de groupes marxistes comme le mouvement ouvrier juif, le Bund*. C'est contre ce courant que Lénine demande à Staline* de rédiger une brochure intitulée *Le Marxisme et la question nationale* (1913) qui restera longtemps la doctrine officielle du communisme dans ce domaine. Lors de la Première Guerre mondiale, les marxistes et les socialistes, à quelques exceptions près (K. Liebknecht*, R. Luxemburg* en Allemagne, Lénine, Zinoviev*, Boukharine*, Trotski* en Russie), se rallient à la défense de leur patrie. L'opportunisme de cette attitude est dénoncé par ceux qui se réclament de l'internationalisme et qui, comme Lénine, appellent à profiter de la guerre pour abattre leur gouvernement. Après la prise du pouvoir par les bolcheviks en oct. 1917, s'instaure un régime de parti unique. Lénine se veut un révolutionnaire radical et la première constitution de la Russie soviétique prendra le contrepied des libertés qualifiées de formelles. C'est cet esprit de guerre civile qui anime la fondation de la IIIe Internationale* et qui entraîne des scissions dans un grand nombre de partis sociaux-démocrates, ainsi en France au congrès de Tours*. La coupure entre socialistes et communistes est totale. Staline, devenu secrétaire général du parti russe en 1921, codifie sous le nom de « marxisme-léninisme » un corps de règles portant sur le « matérialisme dialectique » et le « matérialisme historique » qui est d'un grand dogmatisme. Dès cette période, certains auteurs considèrent que les dictatures communistes et fascistes sont du même type. Ainsi, pour Kautsky, « Mussolini est le singe de Lénine » ; ultérieurement, cette assimilation produira la notion de totalitarisme (→ **Arendt, Popper, Aron**). Mais les communistes, dans les années 1920, estiment que les socialistes sont des traîtres au marxisme. Néanmoins, on assiste dans le milieu des années 1930 à une réconciliation dans des Fronts* populaires qui trouveront leur prolongement dans les luttes antifascistes de la Deuxième Guerre mondiale, surtout après l'attaque de l'URSS par les nazis. **▮ L'hégémonie soviétique** À l'issue de la guerre, l'URSS étend son empire et la Chine, le pays le plus peuplé du monde, devient communiste. Le débat sur l'orthodoxie du marxisme de Mao* Zedong et sur la sinisation du marxisme est complexe. Adapté ou trahi, le marxisme, dans sa version léniniste rigidifiée par Staline, semble, en tout cas, singulièrement apte à servir d'idéologie à des processus de décolonisation violente. Si bien que, par les effets de l'expansion de l'URSS en Europe après la Deuxième Guerre mondiale, l'établissement des « démocraties populaires » et la fin des empires coloniaux, est né un vaste « camp socialiste » se réclamant du marxisme-léninisme. De Cuba* à l'Éthiopie*, du Mozambique* à l'Afghanistan*, le marxisme, dans sa version communiste, et en dépit de la rupture entre Moscou et Pékin, semble une idéologie incontournable du monde moderne. En Europe occidentale, l'essor des partis communistes n'est guère affecté par la confirmation par Khrouchtchev des crimes de Staline. La social-démocratie* européenne pour sa part s'éloigne de plus en plus du marxisme, notamment en Allemagne de l'Ouest. **▮ Le marxisme critique** Au contraire, une gauche extraparlementaire donne autour de 1968 une nouvelle jeunesse au marxisme, un marxisme parfois teinté d'anarchisme*, et qui s'exprime dans différentes variantes, particulièrement celle du trotskisme et du maoïsme. Souvent accusés de gauchisme*, ces courants peuvent puiser pour justifier leur radicalisme dans une abondante littérature. Car si le marxisme s'était rapidement ossifié dans sa forme officielle (en dépit de figures originales comme celle de Gramsci*), il avait aussi donné naissance à des pensées philosophiques qui cherchaient à l'approfondir (Lukács*, Korsch*) ou engendré des courants qui voulaient le combiner avec d'autres apports (comme l'école de Francfort*). Sartre* lui-même voulait repenser le marxisme pour l'enrichir des apports de l'existentialisme*. Si certains intellectuels, comme Louis Althusser* qui mettait au point une version dite « structuraliste » du marxisme, restaient au sein du parti communiste, d'autres entreprenaient une critique du communisme qui pouvait les conduire à rompre avec le marxisme (Claude Lefort*). Le déclin des partis communistes occidentaux était accéléré par la sclérose du marxisme officiel, mais aussi par la dégradation de l'image de l'URSS, notamment après la publication de *L'Archipel* du Goulag* de Soljenitsyne* qui confirmait qu'un régime se réclamant de Marx avait instauré un système concentrationnaire, et par l'invasion de l'Afghanistan. Après la fin du système communiste en URSS et en Europe centrale et orientale, le marxisme est resté l'idéologie officielle de partis communistes qui, même affaiblis, conservent une certaine force, et de régimes politiques qui semblent vouloir combiner, comme en Chine et au Viêtnam, le maintien de la dictature de parti unique avec l'économie de marché dans certains secteurs. **▮ Les critiques du marxisme** Si l'on revient au plan de l'histoire des idées, on doit se rappeler qu'au XIXe s. Marx était ignoré de la plupart des intellectuels (Nietzsche ou Freud). Après coup, certains auteurs, Tocqueville* par exemple, ont été placés en contrepoint de Marx mais c'est surtout au XXe s. que les critiques conceptuelles du marxisme se sont développées. Celles-ci ont porté sur sa nature même (ainsi pour Popper* il n'est pas une science) ou sur certains de ses aspects (par exemple les économistes marginalistes, Léon Walras*). Une des constructions théoriques les plus souvent opposées au marxisme est la sociologie de Max Weber*. Quant à l'antimarxisme libéral (Hayek*), il est très éloigné de l'antimarxisme politique et populiste de certains courants d'extrême droite dont la virulence culmine avec le fascisme. → **communisme.**

buent à la renommée gastronomique de l'État. Le Maryland possède des indus. variées : houille (Appalaches), indus. lourde, autour de la baie de Chesapeake, permettant l'importation de matières premières (sidérurgie, métall., raffineries de pétrole, chimie). **▮ Histoire** Le territoire, exploré en 1603, fut concédé par Charles Ier à Georges Calvert (1632). Son fils Cecilius, 2e lord Baltimore et catholique, la colonisa. Après des luttes entre catholiques et puritains, la colonie, devenue anglicane, fut réunie à la Couronne (1668). Prospère de par sa situation maritime (construc. navales), le Maryland se déclara indépendant dès 1776 et adopta la constitution en 1788. Pendant la guerre de Sécession, les centres agricoles du S. étaient favorables aux sudistes, mais l'État resta dans l'Union et Lee fut repoussé par les nordistes à Antietam (1862).

**MARZY** [58000] ◆ ÉTYM. du lat. *Maritius*, n. de pers., et suff. *-acum* ♦ Comm. de la Nièvre, arr. de Nevers. 3 051 hab.

**MASACCIO (Tommaso di ser Giovanni CASSAI, dit)** ◆ ÉTYM. de l'it. *Maso*, abrév. de son prénom *Tommaso* « Thomas » et suff. péj. *-accio* ♦ Peintre italien (Castel San Giovanni, auj. San Giovanni Valdarno 1401 - Rome 1428). Considéré comme le « créateur de la peinture » (Vasari, Stendhal), comme le peintre qui rendit impossible tout retour en arrière (Delacroix), il accomplit en peinture cette renaissance que ses amis Brunelleschi* et Donatello* avaient commencée en architecture et en sculpture, et son œuvre exerça une influence directe sur de nombreux artistes, de Gentile da Fabriano à Filippo Lippi et à Michel-Ange. Arrivé à Florence v. 1417, il travailla dans l'atelier de Bicci di Lorenzo avant de s'installer à son compte en 1422. Dès

**Masaccio.** *Adam et Ève chassés du Paradis* (208 x 88 cm), 1425-1427. Église Santa Maria del Carmine, Florence. *BIS/Phot. Scala © Archives Larbor*

cette date peut-être, il s'associa à Masolino* da Panicale avec qui il exécuta la *Sainte Anne Metterza* (1424 - 1425, Offices) et surtout les fresques de la chapelle Brancacci au Carmine de Florence (1424 - 1428). Ses autres œuvres importantes sont le *Polyptyque de Pise* (1426, dispersé) et la fresque de la *Trinité* à Sainte-Marie-Nouvelle (Florence, 1427 - 1428). Dans les fresques de la chapelle Brancacci, à Santa Maria del Carmine, on attribue à Masaccio *Adam et Ève chassés du Paradis, Le Paiement du tribut, Le Baptême des néophytes, Le Boiteux guéri par l'ombre de saint Pierre, La Distribution des aumônes, Le Châtiment d'Ananie, La Résurrection du fils de Théophile* et *Saint Pierre en chaire*, scène achevée par Filippino Lippi*. La restauration de la chapelle en 1983 - 1988 a en outre révélé des esquisses et deux têtes peintes, dont l'une pourrait être de Masaccio. Celui-ci a introduit en peinture l'ample vision du sculpteur donatellien, en accordant un rôle prépondérant à la lumière : uniforme, unidirectionnelle, «terrestre», elle assure avec la composition et la perspective, parfaitement maîtrisées, la cohérence d'un espace construit pour paraître au spectateur le prolongement du monde réel (Masaccio mit en perspective même les auréoles) ; traduite en touches dynamiques, elle régit l'émergence des masses, tourne sur les volumes, distribue les couleurs et les ombres (clair-obscur) ; elle est l'instrument aussi de la vision très synthétique du peintre qui, en lui faisant découvrir seulement l'essentiel, a retrouvé la grandeur «héroïque» qu'on avait vue chez Giotto*.

**MASADA** → Massada

**MASAN** ♦ V. de Corée du Sud et port de commerce sur le détroit de Corée, à l'O. de Pusan*. 428 069 hab. Indus. diverses, pêcheries.

**MASANIELLO (Tommaso ANIELLO, dit)** ♦ Révolutionnaire napolitain (Amalfi 1620 - Naples 1647). Ayant pris la tête d'une révolte contre l'autorité espagnole, il s'empara de la ville. Le vice-roi, obligé de traiter avec lui, le fit assassiner.

**MASARYK (Tomáš Garrigue)** ♦ Homme d'État tchèque (Hodonín, Moravie 1850 - Lány, près de Prague 1937). Professeur de philosophie à l'université de Prague (1882), il se fit connaître comme sociologue et fut député au Reichsrat autrichien (1891). Il s'exila en 1914 et organisa la légion tchécoslovaque qui combattit du côté des Alliés. Élu président du gouvernement provisoire tchécoslovaque en 1917 puis président de la République (1918), il fit promulguer la Constitution de 1920. Il s'opposa au rattachement des Sudètes* à l'Allemagne, refusa l'autonomie aux Slovaques et mena une politique de rapprochement avec la France et avec la Petite-Entente (Roumanie et Yougoslavie). Réélu en 1927 puis en 1934, il renonça au pouvoir en 1935 pour raison de santé et laissa le gouvernement à son collaborateur Beneš*. ▪ Auteur de *La Question tchèque* (1895). ♦ **Jan Masaryk.** Homme politique tchèque (Prague 1886 - *id.* 1948). Fils du précédent, il fut ministre des Affaires étrangères dans le cabinet tchécoslovaque, en exil à Londres (juil. 1940), puis à Prague. Représentant de la Tchécoslovaquie à la conférence de San Francisco, il fut ensuite membre du cabinet Gottwald. Il se tua en se jetant par la fenêtre, après le coup d'État organisé par les communistes.

**MASBATE** ♦ Île des Philippines (Visayas). 3 268 km². 707 668 hab. Anciennes mines d'or. Bétail.

**MASCAGNI (Pietro)** ♦ Compositeur italien (Livourne 1863 - Rome 1945). Il dut une célébrité soudaine à un opéra en un acte, *Cavalleria rusticana* (1890). Créateur, avec cet ouvrage d'un nouveau style, violent et rapide, le mélodrame vériste, il ne se cantonna pas à ce langage et tenta de se renouveler dans diverses directions : la comédie lyrique *(L'Amico Fritz, Le Maschere)*, l'opéra symboliste *(Iris, Parisina)* ou encore le mélodrame historique *(Nerone)*.

**MASCARA** ♦ V. d'Algérie, ch.-l. de wilaya, située sur un plateau du Tell occidental. 70 451 hab. Vins de «montagne». ▪ Abd el-Kader y installa son quartier général ; prise par Clauzel en 1835, la ville fut rendue après le traité de la Tafna (1837) avant d'être reprise par Bugeaud (1841).

**MASCAREIGNES** n. f. pl. (îles) ➝ ÉTYM. du n. de Pedro de *Mascarenhas*, navigateur portugais qui les explora ♦ Archipel de l'océan Indien, formé principalement par l'île Maurice et l'île de la Réunion.

**MASCARILLE** ♦ Personnage de comédie créé par Molière*, type de valet d'humeur joyeuse et d'esprit inventif. Il apparaît dans *L'Étourdi, Le Dépit* amoureux* et *Les Précieuses* ridicules*.

**MASCARON (Jules)** ♦ Prélat et prédicateur français (Marseille 1634 - Agen 1703). Il prêcha plusieurs fois à la cour et un volume de ses *Sermons* a été publié. Ses *Oraisons funèbres* (notamment celle de Turenne* et celle de Pierre Séguier*, chancelier de France, 1672) offrent des accents vigoureux et une éloquence abondante qui le rapprochent de Fléchier* et de Bourdaloue*.

**MASCART (Éleuthère)** ♦ Physicien français (Quarouble 1837 - Poissy 1908). On lui doit des études sur le spectre ultraviolet et sur le mouvement relatif d'une source lumineuse par rapport à l'observateur, ainsi qu'un électromètre à quadrants. [Acad. sc. 1884]

**MASCATE** ou **MASQAṬ** ➝ ÉTYM. ar. «la source, le lieu originel» ♦ Cap. du sultanat d'Oman, au pied du djebel Hajar, sur le golfe d'Oman, à quelques kilomètres du point d'aboutissement de l'oléoduc de Fahud (situé à Mīnā al-Fahal). 26 668 hab. *(Mascatais)* (aggl. 832 000). Port de commerce actif. Protégée par un mur d'enceinte, la ville a conservé son caractère médiéval et abrite la résidence du sultan.

**MASCATE-ET-OMAN** → Oman

**MAS-D'AGENAIS (LE)** [mas-] [47430] ♦ Ch.-l. de cant du Lot-et-Garonne, arr. de Marmande, sur la Garonne. 1 330 hab. *(Massais)*. Église romane possédant un *Christ en croix* de Rembrandt (1631). Halles en bois (XVIe s.).

**MAS-D'AZIL (LE)** [mas-] [09290] ♦ Ch.-l. de cant. de l'Ariège, arr. de Pamiers, sur l'Arize. 1 117 hab. *(Mas-d'Aziliens)*. Grotte creusée par l'Arize (420 m de long, 50 m de large, 65 à 140 m de haut) où l'on a trouvé des objets, des gravures et des ossements datant du Magdalénien*. Chapelle chrétienne du IIIe s. ▮ **Histoire** La grotte a servi de refuge aux premiers chrétiens, aux cathares et aux huguenots.

**MASDJID-É SULAIMAN** ♦ V. d'Iran (Khouzistan). 108 682 hab. C'est le plus ancien gisement pétrolier du pays, exploité depuis 1908.

**MASEFIELD (John)** ♦ Poète, dramaturge et romancier britannique (Ledbury, Herefordshire 1878 - Abingdon, Berkshire 1967). Après une jeunesse errante où il fut mousse sur un voilier, époque qu'il évoqua dans *Odtaa* (1926), il collabora au *Spectator* et au *Manchester Guardian*, publiant *Les Ballades de la mer* (1902), puis des *Ballades et Poèmes* (1910) d'un grand lyrisme. La critique fut déconcertée par le réalisme cru de ses autres poèmes : *La Miséricorde éternelle* (1911), *La Veuve de Bye Street* (1912), *Dauber* (1913). Son récit en vers sur la chasse, *Goupil le Renard* (1919), est rempli de réminiscences chaucériennes. La *Tragédie de Nan* (1909), marquée par le goût de l'horrible, valut à Masefield sa réputation de dramaturge. Il rédigea aussi des récits de guerre, *L'Ancienne Première Ligne* (1917) et *La Bataille de la Somme* (1917), et une autobiographie, *Une très longue expérience* (1952). Il fut nommé poète lauréat en 1930.

**MASERU** ➝ ÉTYM. «grès rouge» ♦ Cap. du Lesotho à l'E. du pays. Env. 120 000 hab. *(Masérois)*. Peaux, laine.

**MASEVAUX** [68290] ➝ ÉTYM. anc. *Vallis Masonis*, du germ. *Maso*, n. de pers., et lat. *vallis* «vallée» ♦ Ch.-l. de cant. du Haut-Rhin, arr. de Thann, sur la Doller au pied des Vosges. 3 329 hab. *(Masopolitains)*. Maisons des XVIe - XVIIe s. ▮ **Histoire** Libérée dès 1914, la ville fut le ch.-l. de l'Alsace française.

**MASHERBRUM** n. m. ♦ Sommet de l'Himalaya* (7 821 m), dans le Cachemire*, situé au S.-O. du Dapsang.

**MASINISSA** ou **MASSINISSA** ♦ Roi des Numides orientaux (v. –240 - –148). D'abord allié de Carthage qu'il seconda dans sa lutte contre Rome en Espagne (deuxième guerre punique*), il choisit ensuite l'alliance romaine et favorisa le débarquement en Afrique de Scipion* l'Africain (–204). Après avoir dépouillé de ses États Syphax*, roi des Numides occidentaux, il contribua à la victoire de Zama* (–202). En Numidie, il encouragea la sédentarisation des nomades et l'urbanisation, et diffusa la civilisation punique et les cultes helléniques agraires dans les campagnes. À sa mort, son fils Micipsa* hérita d'un puissant royaume, s'étendant de la Moulouya à la frontière carthaginoise.

**MASIRAH** (île de) ♦ Île du sultanat d'Oman, proche des côtes, dans la mer d'Oman. Base aérienne britannique depuis 1932.

**MASKAWA Toshihide** ♦ Mathématicien japonais (1940). [Prix Nobel de physique 2008 avec M. Kobayashi* et Y. Nambu*]

**MASKIN (Eric)** ♦ Économiste américain, théoricien de l'économie de l'environnement (New York 1950). Il développa la théorie des mécanismes d'incitation, *Mechanism Design Theory*, de Leonid Hurwicz*, qui trouve l'un de ses points d'application dans les questions environnementales. Celles-ci ne peuvent trouver de réponses efficaces que dans le partage de l'information et l'action coordonnée des différents agents. [Prix Nobel d'écon. 2007 avec L. Hurwicz et R. Myerson*]

**MASNY** [59176] → ÉTYM. du lat. *mansionile* «maison de paysan» ♦ Comm. du Nord, arr. de Douai. 4 571 hab.

**MASO DI BANCO** ♦ Peintre florentin (2e quart du XIVe s.). Il fut l'un des principaux disciples de Giotto* et peignit les fresques de la chapelle Bardi à l'église Santa Croce (Florence) : *Scènes de la vie de saint Sylvestre, Jugement dernier* (v. 1343). Il faut sans doute le distinguer de Giottino, avec lequel certains l'identifient.

**MASOLINO DA PANICALE (Tommaso di Cristoforo FINI, dit)** ♦ Peintre italien (Panicale di Valdarno 1383 - ? av. 1447). Formé à Florence en plein épanouissement du style international, il manifesta un grand intérêt pour les préoccupations nouvelles (perspective, modelé) sans renoncer aux schèmes gothiques, même s'il changea sa manière pendant sa collaboration avec Masaccio* (1422 ou 1424 - 1428), interrompue par un voyage en Hongrie (1425 - 1427). Il travailla avec lui à la chapelle Brancacci de l'église du Carmine (*Guérison de l'infirme* et *Résurrection de Tabithe*) puis à Rome (San Clemente). À Todi (San Stefano, 1432), et à Castiglione d'Olona (baptistère et collégiale, 1435), où il a laissé d'intéressants paysages, il revint à plus de pittoresque et de lyrisme.

**MASON (James)** ♦ Acteur britannique (Huddersfield 1909 - Lausanne 1984). Après son succès sur scène et à l'écran en Angleterre, il poursuivit sa carrière à Hollywood à partir de 1947 (*Pandora, 20 000 lieues sous les mers*). Il tourna avec les plus grands réalisateurs des rôles complexes de méchants à l'allure élégante (*l'Affaire Cicéron* de Mankiewicz, *La Mort aux trousses* d'Hitchcock, *Lolita* de Kubrick).

**MASPERO (Gaston)** ♦ Égyptologue français (Paris 1846 - *id.* 1916). Il dirigea le musée de Boulaq* et organisa de nombreuses fouilles (momies royales de Deir el-Bahari, 1886 ; sphinx de Gizeh, 1886 ; temple de Louksor). Il a écrit, notamment, *L'Archéologie égyptienne* (1887), *Histoire ancienne des peuples d'Orient* (1894 - 1899). [Acad. inscr. 1883 ; secrétaire perpétuel 1914]

**MASPERO (Henri)** ♦ Sinologue français (Paris 1883 - en déportation à Buchenwald 1945). Fils de Gaston Maspero. Professeur à l'École française d'Extrême-Orient (1911), il étudia les langues et religions de l'Asie du Sud-Est et publia, entre autres, un ouvrage sur l'histoire de *La Chine antique* (1927). [Acad. inscr. 1935]

**MASQUE DE FER (LE)** ♦ Surnom donné à un prisonnier d'État mystérieux interné successivement au donjon de Pignerol, au fort de l'île Sainte-Marguerite, enfin à la Bastille, où il mourut en nov. 1703. Le visage entièrement dissimulé sous un masque muni, selon la tradition, d'une fermeture en acier, le prisonnier, qu'on enterra sous le nom de Marchioli, ne fut jamais identifié. Il semble que sa légende soit née du cas qu'en fit Voltaire, notamment dans *Le Siècle de Louis XIV*. On vit alors tour à tour en l'homme masqué le surintendant Fouquet, un frère jumeau de Louis XIV, un fils illégitime de Mazarin et d'Anne d'Autriche ou encore de Louis XIV et de Mlle de La Vallière. Il pourrait s'agir du comte Mattioli, ministre du duc de Mantoue.

**MASSA** ♦ V. d'Italie, en Toscane, ch.-l. de la prov. de Massa-Carrare, au pied des Alpes apuanes. 66 769 hab. Important centre d'exploitation du marbre, le second d'Italie après Carrare*. Station balnéaire à Marina di Massa. ▮ **Histoire** La ville fut érigée en duché en 1664. Napoléon le donna à sa sœur Élisa Bonaparte* en 1806. Il fut annexé par le Piémont en 1859.

**MASSACHUSETTS** n. m. → ÉTYM. du n. du village algonquin *Massachusett*, de *ett-mass-achu* «près de la haute colline», n. étendu à la tribu puis à la baie voisine ♦ État du N.-E. des États-Unis. → **États-Unis** (carte). 21 408 km². 6 349 097 hab. CAP. : Boston. ▮ **Géographie** Le relief est constitué, de l'O. vers l'E., des montagnes appalachiennes (Green Mountains), de la vallée du Connecticut, d'une zone de collines et de vallées (Housatonic) et d'un plateau descendant doucement vers la plaine côtière. La côte est prolongée à l'E. par les restes de reliefs glaciaires ennoyés. ▮ **Économie** L'agriculture est fondée sur la culture maraîchère, l'élevage laitier et les œufs. L'État possède des carrières de granit ainsi que des industries variées (mécaniques, électriques, alimentaires, imprimerie, cuir), surtout à l'E., autour de Boston. Le secteur industriel a connu de très importantes mutations depuis la fin de la Deuxième Guerre mondiale. Il a perdu de nombreux emplois dans le textile et dans l'armement, mais en a créé d'autres dans le secteur de la haute technologie (robotique, électronique et biotechnologie). Cette mutation s'est opérée en relation avec des centres de recherche renommés (Harvard et Massachusetts Institute of Technology à Cambridge). ▮ **Histoire** Les 120 «pèlerins» du *Mayflower* fondèrent le premier établissement à Plymouth en 1620. De nombreux puritains anglais s'installèrent dans la colonie (charte de 1629) établissant un régime théocratique et parfois persécuteur. → **Salem.** Boston prit au XVIIIe s. la tête du mouvement d'indépendance, et la guerre de libération commença dans la colonie. → **Bunker Hill, Lexington.** Bien que particulariste, le Massachusetts ratifia la constitution en 1788. Au XIXe s., l'État, et notamment Boston, fut le centre intellectuel du pays.

**Massachusetts Institute of Technology** [MIT] ♦ École américaine fondée à Cambridge (Massachusetts) en 1861 et spécialisée dans l'enseignement supérieur des sciences physiques et technologiques et de l'ingénierie, ainsi que dans la recherche fondamentale (elle possède notamment un réacteur nucléaire, des souffleries et des laboratoires d'électronique), les sciences humaines et les sciences sociales.

**Massacre des Innocents (le)** → **Innocents (les saints)**

**MASSADA** ou **MASADA** ♦ V. historique de l'État d'Israël, située à proximité de la mer Morte. Elle fut une forteresse d'Hérode le Grand, et les zélotes s'y réfugièrent après la prise de Jérusalem par les Romains et la destruction du Temple (70). Assiégés, les zélotes préférèrent le suicide collectif à la reddition (73 ou 74). Importants vestiges archéologiques. On a trouvé dans la synagogue des fragments de manuscrits hébreux bibliques, mais aussi du Siracide* et du livre des Jubilés*, et un fragment liturgique (Chants pour le jour du Sabbat).

**MASSAGÈTES** n. m. pl. ♦ Population scythe, établie v. le –VIIIe s. entre les cours inférieurs de l'Amou*-Daria et du Syr*-Daria. Les Massagètes repoussèrent les attaques de Cyrus* le Grand et de Darios (–VIe s.), mais furent soumis par Alexandre* le Grand. → **Tomyris.**

**MASSAÏ(S)** ou **MASAI(S)** n. m. (pl.) ♦ Population du Kenya et de la Tanzanie, de langue nilotique. Les Massaïs sont des éleveurs nomades constitués en classes d'âges et en clans. Ils se nourrissent de mil, de maïs et de tubercules ; les guerriers de lait et de sang de vache battus.

**MASSA MARITTIMA** ♦ V. d'Italie, en Toscane (prov. de Grosseto). 8 818 hab. Cathédrale de style roman pisan (XIIIe s.). Palais Pretorio (musée d'art et d'archéologie), et palais communal de style roman. Aux environs, ruines de l'abbaye cistercienne Saint-Galgan (XIIIe s.). ▪ Exploitation du fer (musée de la Mine).

**MASSAOUA** ou **MASSAWA** ♦ V. d'Érythrée. Débouché maritime de l'Éthiopie sur la mer Rouge. En 1991, la ville a beaucoup souffert des combats qui ont abouti à l'éviction des Éthiopiens par les indépendantistes.

**MASSÉ (Félix Marie, dit Victor)** ♦ Compositeur français (Lorient 1822 - Paris 1884). Professeur au Conservatoire (1866 - 1880), il a surtout composé des opéras-comiques (*Galatée*, 1852 ; *Les Noces de Jeannette*, 1853 ; *Paul et Virginie*, 1876). → ÉTYM. Ce nom de famille signifie «pourvu d'une masse» ou est une autre graphie de *Macé*, nom de domaine gallo-romain (du latin *Maciacum*, de *Macius*, nom de personne, et suffixe *-acum*).

**MASSÉ (Pierre)** ♦ Ingénieur et économiste français (Paris 1898 - *id.* 1987). Il a cherché à tirer de la notion «d'optimum économique» définie par Pareto des règles pratiques pour l'orientation de la politique économique (*Le Choix des investissements, Le Plan ou l'Antihasard*).

**MASSÉNA (André)** ♦ Maréchal de France (Nice 1758 - Paris 1817). Mousse sur un bateau, il s'engagea dans l'armée française en 1775. Général dès 1793, il s'illustra pendant la campagne d'Italie, notamment à Rivoli* (1797). Bonaparte l'appela alors «l'enfant chéri de la Victoire». Il remporta la bataille de Zurich sur les Autrichiens et les Russes, le 25 sept. 1799, et évita ainsi à la France l'invasion des Alliés. En 1800, immobilisant les Autrichiens devant Gênes, il permit à Bonaparte d'entrer en Italie et de remporter la victoire de Marengo*. Maréchal en 1804, il conquit le royaume de Naples (1806) et fut fait duc de Rivoli en 1808. Il se distingua aux batailles d'Essling et de Wagram et fut nommé prince d'Essling par Napoléon en 1810. L'Empereur lui confia le commandement de l'armée au Portugal (avr. 1810), mais il échoua devant les lignes britanniques à Torres* Vedras et dut évacuer le pays (mars 1811), où il fut remplacé par Marmont*. En 1814, Masséna se rallia aux Bourbons. Il a laissé des *Mémoires*. → ÉTYM. *Masséna* est peut-être une métathèse de *Manassé**.

**MASSENET (Jules)** ♦ Compositeur français (Montaud, près de Saint-Étienne 1842 - Paris 1912). Doué d'une grande habileté, d'une connaissance très sûre de son métier, il chercha d'abord sa voie comme symphoniste (*Scènes hongroises*, 1871 ; *Scènes pittoresques*, 1873). Il s'orienta bientôt vers le théâtre où il devait connaître une longue suite de succès (*Hérodiade*, 1881 ; *Manon*, 1884 ; *Le Cid*, 1885 ; *Werther*, 1892 ; *Thaïs*, 1894 ; *Sapho*, 1897 ; *Grisélidis*, 1901 ; *Le Jongleur de Notre-Dame*, 1902). Héritier de Gounod*, il sut assimiler certains procédés nouveaux de Wagner. Caractérisé par des phrases mélodiques courtes et voluptueuses, une déclamation proche de la parole, une connaissance subtile de l'instrumentation et de la voix humaine, son style raffiné, plus empreint de sensualité que de tendresse, n'évite pas toujours la fadeur et la mièvrerie. On lui doit aussi de la musique instrumentale, vocale, de scène, ainsi que des oratorios et des ballets. ➝ ÉTYM. *Massenet* est un hypocoristique (avec aphérèse) de *Thomas.*

**MASSIF ARMORICAIN** ♦ Région géographique de l'O. de la France, entre l'océan Atlantique et le Bassin parisien, la Manche et l'Aquitaine ; elle englobe la Bretagne, la Vendée, l'Anjou, le Bas-Maine, la Normandie occidentale. C'est une pénéplaine rajeunie à l'ère tertiaire, de faible altitude (monts d'Arrée, 387 m ; Avaloirs, 417 m ; Montagnes Noires, 318 m ; forêt d'Écouves, 413 m). Le massif est irrigué par la Loire, la Mayenne, la Sarthe, la Sèvre Nantaise, l'Orne, la Vilaine.

**MASSIF CENTRAL** n. m. ♦ Région montagneuse du centre de la France. Massif incliné vers le N. et l'O., composé surtout de matériaux anciens (cristallins et métamorphiques), il est constitué d'ensembles divers tiraillés vers les plaines du pourtour et n'affirmant leur unité qu'en fonction de ces dernières. Témoin de la chaîne «hercynienne», il fut raboté par l'érosion dès la fin du Primaire (surface d'aplanissement posthercynienne). Au Secondaire, des sédiments se sont accumulés dans les mers au S.-E. ; de grandes épaisseurs de calcaires jurassiques se déposèrent dans l'aire de subsidence au S. (les Causses) ; puis le massif tendit à se soulever mais l'érosion l'emporta. Au Tertiaire, subissant le «contrecoup alpin», des dislocations affectèrent surtout l'E. et le S.-E., exhaussant les bords orientaux. À l'intérieur, le socle est découpé en horsts et fossés (plaine du Forez, du Puy, de Roanne ; Limagnes) que séparent des cassures méridiennes. En même temps (dès l'Oligocène) et jusqu'à une époque récente, des édifices volcaniques s'alignent le long des cassures, selon un axe N.-S. en Auvergne, Cézallier, Cantal, Aubrac et un axe N.-O. - S.-E. dans le Velay oriental. Au cœur du massif, l'Auvergne (➝ **Auvergne**) juxtapose des plateaux cristallins (Gévaudan, Margeride, Livradois, monts du Forez), des reliefs «postiches» (plomb du Cantal, les puys, les monts Dore avec le puy de Sancy, point culminant du Massif central : 1 885 m) qui dominent les fonds déblayés des Limagnes. Thermalisme, riches cultures dans les bassins, élevage ailleurs caractérisent la région. À l'O., le Limousin* est composé de plateaux étagés où la «montagne» que couvrent les landes domine de «bas plateaux» développant les prairies. L'extrémité S. du Massif central est caractérisée par les vastes plateaux karstiques des Causses qu'entourent des massifs granitiques : le Ségala, la Montagne Noire à l'O., la Lozère et l'Aigoual à l'E. La bordure rhodano-méditerranéenne, découpée en blocs (Vivarais, monts du Lyonnais, Beaujolais, Mâconnais, Charolais), forme un talus souvent escarpé, parfois très découpé, les «serres cévenoles». Des couloirs où s'est installée la vie industrielle sont dégagés dans les dépôts de houille (dépression de Saint-Étienne et du Creusot). Le Massif central s'achève en pointe vers le N. dans le massif forestier du Morvan. Le climat, à l'image du relief, présente une grande diversité ; à l'O. les caractères océaniques dominent, tandis que les Cévennes sont méditerranéennes. Les paysages végétaux sont le résultat de l'emprise humaine. Les pins gagnent du terrain à la faveur des reboisements, tandis que le châtaignier recule. Du point de vue humain, les diverses unités du Massif central qui sont restées longtemps isolées, confinées dans l'archaïsme, alimentant de précoces courants d'émigration, tentent aujourd'hui de s'orienter vers l'élevage et vers de nouveaux genres de vie. ▮ Économie «Pays coupé», où la dissection des vallées rend la circulation malaisée, confronté aux difficultés générales des pays de moyenne montagne, le Massif central a peu attiré l'économie moderne. Formant une vaste partie de la diagonale peu peuplée du territoire français, le Massif central est la région où les problèmes posés par la faiblesse des densités se posent avec le plus d'acuité. La vie urbaine souffre aussi du manque d'unité administrative : le Massif central compte deux régions (➝ **Limousin, Auvergne**) et ses marges appartiennent à d'autres régions (dép. de la Loire en Rhône-Alpes, de la Lozère en Languedoc-Roussillon). Limoges (porcelaines) et Clermont-Ferrand (pneumatiques) n'ont ainsi pas le poids nécessaire pour rayonner sur l'ensemble du massif tandis que l'industrielle Saint-Étienne se tourne davantage vers le sillon rhodanien. L'autoroute Paris-Montluçon-Clermont-Lyon peut entraîner un désenclavement de l'E. du Massif central, alors que la zone limousine est confrontée à la dépopulation rurale. Vichy et La Bourboule maintiennent leur activité thermale.

**MASSIGNON (Louis)** ♦ Orientaliste français (Nogent-sur-Marne 1883 - Paris 1962). Professeur au Collège de France et à l'École des hautes études, il a laissé d'importants travaux sur la mystique islamique : *La Passion d'Al-Hallâdj, martyr mystique de l'islām* (1922), *Essai sur les origines du lexique technique de la mystique musulmane* (1922), *Les Sept Dormants d'Éphèse* (1955), *Parole donnée* (textes réunis et publ. en 1962). Bien que marié, il fut ordonné prêtre de l'Église melkite.

**MASSILLON (Jean-Baptiste)** ♦ Prédicateur français (Hyères 1663 - Beauregard 1742). Prêtre et professeur de rhétorique, il fut appelé à prononcer des *Oraisons funèbres* (celle de Louis* XIV, 1715) et des *Sermons* à l'éloquence simple et persuasive. Faisant œuvre de moraliste plus que d'apologiste, il sut, en un style harmonieux et une langue châtiée, recourir au pathétique ou dénoncer avec hardiesse les fléaux de la guerre et les dangers de la puissance. [Acad. fr. 1719] ➝ ÉTYM. *Massillon* est l'aphérèse de *Thomassillon*, de *Thomas.*

**MASSINE (Léonide)** ♦ Danseur et chorégraphe américain d'origine russe (Moscou 1896 - Borken, Rhénanie-du-Nord-Westphalie 1979). Élève de l'École impériale de Moscou, il fut engagé dans la compagnie des Ballets russes et composa, entre 1913 et 1920, ses premières chorégraphies, influencées par l'esthétique de Cocteau, de Picasso et du surréalisme. Il poursuivit ses activités de maître de ballet avec le comte de Beaumont, Ida Rubinstein et surtout les Ballets russes de Monte-Carlo. Pendant la Deuxième Guerre mondiale, Massine travailla aux États-Unis ; revenu en Europe (1947), il participa à la réalisation de films (*Les Chaussons rouges*) et régla de nouvelles chorégraphies. ▪ Fortement marqué dès sa jeunesse par le théâtre, Massine a conçu le ballet comme la forme la plus accomplie de l'art du spectacle. Curieux de peinture, de poésie et de folklore, il a toujours composé ses chorégraphies sur des partitions musicales de valeur. Son apport à l'art contemporain de la danse a été considérable.

**MASSINGER (Philip)** ♦ Poète dramatique anglais (Salisbury 1583 - Londres 1640). Fils d'un membre du Parlement sous Élisabeth, il fut, jusqu'à l'âge d'homme, au contact de la société la plus raffinée de son temps. Collaborateur de Dekker* et de Fletcher*, il a signé de son seul nom une quinzaine de comédies, tragédies ou drames romanesques parmi lesquels *La Dame de la Cité* (1619), peinture truculente de la pègre, *Une nouvelle façon de payer de vieilles dettes* (1625), savoureux portrait d'un avare, *Le Duc de Milan* (1618), *La Fille d'honneur* (1621), *L'Acteur romain* (1626) où le souci d'édification sert de prétexte aux plus grandes audaces dans la peinture des vices.

**MASSIS** [masis] **(Henri)** ♦ Écrivain français (Paris 1886 - *id.* 1970). Il se fit remarquer, dès 1911, par une série d'enquêtes sur *Les Jeunes gens d'aujourd'hui*, sorte de manifeste passionné des intellectuels engagés de sa génération. Militant dans les rangs de l'Action française, il anima avec J. Bainville* *La Revue universelle* (1920 - 1944) et défendit ses convictions confessionnelles et politiques : *Jugements* (1923), *Défense de l'Occident* (1927), *D'André Gide à Marcel Proust* (1948), *Maurras et notre temps* (1951), *De l'homme à Dieu* (1959), *Barrès et nous* (1962). [Acad. fr. 1960]

**MASSON (André)** ♦ Peintre, dessinateur, graveur et décorateur français (Balagny, Oise 1896 - Paris 1987). Il étudia notamment aux Beaux-Arts de Paris et, après une période cubiste, il évolua dans un sens plus mystérieux et onirique. Adhérant dès sa formation au

André **Masson.** *Enlèvement* (1,36 × 1,15 m). MNAM-CCI, Centre Georges-Pompidou, Paris.
*Phot. © Centre de doc. photo du MNAM-CCI/RMN © Adagp, Paris, 2003*

surréalisme, il fut le premier à pratiquer systématiquement le dessin automatique. Dans ses tableaux, il resta souvent tributaire des schémas structurels hérités du cubisme (*Oiseaux percés de flèches*, 1926). Vers 1927, il créa «des tableaux de sable» (projection de sables parfois polychromes sur la toile irrégulièrement encollée avec adjonction de tracés de peinture) communiquant aux formes un élan qui évoque un monde en perpétuelle transformation. En 1928, il s'éloigna du surréalisme et poursuivit des expériences plastiques très diverses. Il procéda à des rapprochements de motifs identifiables et symboliques ou recourut à des formes presque abstraites, avec une prédilection pour les thèmes de caractère agressif : série des *Massacres* (1931), *Combats d'animaux, Insectes, Sacrifices, Tauromachies* dont une partie fut réalisée au cours d'un long séjour en Catalogne (1932 - 1934), et où s'affirment souvent des tendances expressionnistes. Il renoua ensuite avec Breton puis il se réfugia en Martinique et à New York (1941). Nombre de ses œuvres sont alors caractérisées par la richesse chromatique et la violence expressive de lignes intriquées et fluctuantes *(Antille)*. Aux États-Unis, il exerça une influence notable sur les adeptes de l'action painting. En 1947, il s'installa près d'Aix-en-Provence et entreprit les séries des *Paysages provençaux, Orgies, Délire-Lansquenet, Figures tutélaires* (1962 - 1965). En 1965, il fut chargé par Malraux de décorer le plafond de l'Odéon. La variété de ses options stylistiques laisse apparaître certaines constantes thématiques : sa tendance à «se pencher électivement sur les métamorphoses» et l'importance de l'érotisme qui doit «être tenu dans l'œuvre de Masson pour la clé de voûte» (A. Breton). Remarquable dessinateur, il a aussi exécuté des illustrations de livres (*Les Conquérants* de Malraux) et des décors. ➝ ÉTYM. *Masson* est un hypocoristique (avec aphérèse) de *Thomas*.

**MASSON (Loys)** ♦ Écrivain français (Rose Hill, île Maurice 1915 - Paris 1969). Présent au monde, à cette terre des hommes dont il a célébré la splendeur avec les accents d'un lyrisme coloré et sauvage, poète catholique engagé dans la Résistance par amour de la liberté et de la justice, il a placé son espoir dans la révolution avant de faire retour à une contemplation qui fut, dès son enfance dans l'île, son premier état. Princ. recueils : *Délivrez-nous du mal* (1942), *Quatorze poèmes du cœur vieillissant* (1952), *Les Vignes de septembre* (1955). Romans : *Les Tortues* (1956), *La Douve* (1957), *Les Sexes foudroyés* (1958), *Le Notaire des Noirs* (1961), *Le Feu d'Espagne* (1965) et *Les Anges noirs du trône* (1967).

**MASSON (Gérard)** ♦ Compositeur français (Paris 1936). D'abord autodidacte, il travailla avec Stockhausen, H. Pousseur et Earle Brown. Se réclamant à la fois de Berlioz, de Varèse et de l'école sérielle, il a composé des œuvres symphoniques : *Pièce pour 14 instruments* (1964), *Dans le deuil des vagues I* et *II* (1966 - 1968), *Hymnopsie* (1974) pour grand orchestre et chœurs, ainsi que des œuvres pour ensembles plus réduits : *Ouest pour 10 instruments* (1967), un *Quatuor à cordes* (1973), *W3 A6 M4* pour violon, alto et 9 instruments (hommage à Mozart, 1985), *Adlib* (2002).

**Massore** n. f. ➝ ÉTYM. en hébr. ***masôrâh*** «tradition, transmission» ♦ Nom hébreu de l'appareil critique qui accompagne le texte de la Bible (dit *massorétique*) : purement consonantique à l'origine et toujours rigoureusement respecté, ce dernier a été progressivement accompagné d'ajouts destinés à noter la prononciation (les «points-voyelles»), puis l'accentuation mélodique (la «cantilation») du texte, enfin d'un ensemble de remarques disposées en marge («petite massore») ou dans les notes du texte («grande massore»). On y trouve des «corrections suggérées» (*ketîbh* «ce qui est écrit» ; *qerê* «ce qu'il faut lire»), des remarques grammaticales, un début de concordance, etc. Il y eut, entre le Vᵉ et le XIᵉ s., deux écoles de *massorètes*, celle de Babylone et celle de Palestine : c'est le système palestinien perfectionné par la famille caraïte* des Ben Asher qui finit par s'imposer.

**MAS-SOUBEYRAN (LE)** ♦ Écart de la comm. de Sainte-Croix-de-Caderle (Gard), dans les Cévennes. Lieu d'assemblée (premier dimanche de sept.) et de recueillement du protestantisme. ▮ **Histoire** Après la révocation de l'édit de Nantes (1685), la résistance des protestants cévenols fut suivie d'une répression très dure, incitant les paysans à prendre les armes. ➝ **camisards.** La lutte dura jusqu'en 1705, se rallumant en 1709 - 1710. Ces souvenirs sont évoqués au musée du Désert.

**MASSOUD (Ahmed Shah)** ♦ Homme politique afghan (Bazarak 1953 - Khozdha-Bakhauddin, prov. de Takhar 2001). Issu d'une famille de notables tadjiks du Panshir, il rejoignit le mouvement islamiste de Rabbānī en 1973 et s'exila au Pakistan. Rentré en Afghanistan en 1979, le «lion du Panshir» devint la figure charismatique de la lutte contre les troupes soviétiques, et fut, après la victoire des moudjahidin, ministre de la Défense de Rabbānī* (1992 - 1996). Les divisions entre Pashtouns et Tadjiks le contraignirent à retourner dans l'opposition. Replié dans le Panshir, à la tête de l'Alliance du Nord, il fut le principal adversaire des talibans. Partisan d'un islam modéré et tolérant, il fut assassiné par des militants islamistes deux jours avant les attentats du 11 sept. 2001 aux États*-Unis. **V. Afghanistan.** ➝ ÉTYM. Ce nom arabe vient de *mas'ūd* «bienheureux».

**MASSU (Jacques)** ♦ Général français (Châlons-sur-Marne 1908 - Conflans-sur-Loing 2002). Après avoir rallié le général de Gaulle en 1940 et pris part aux campagnes des Forces françaises libres aux côtés du général Leclerc (1940 - 1944), il dirigea l'action sur Port-Saïd et le canal de Suez (1956), puis la bataille d'Alger (1957). Président du Comité de salut public (13 mai 1958), il fut nommé, après son rappel en métropole qui provoqua la semaine des Barricades* à Alger (janv. 1960), gouverneur de Metz (1961), puis commandant en chef des forces françaises en Allemagne (1966 - 1969). ➝ ÉTYM. *Massu* vient de *masse* (surnom d'un homme corpulent).

**MASSY** [91300] ➝ ÉTYM. du lat. *Macius* (*Maccius* ou *Massius*), n. de pers. gallo-rom., et suff. *-acum* ♦ Ch.-l. de cant. de l'Essonne, arr. de Palaiseau. 37 712 hab. *(Massicois)*. Grand ensemble résidentiel de Massy-Antony. ▪ Centre tertiaire et indus. orienté vers la technologie de pointe (électronique, aéronautique, informatique, télécommunications, produits pharmaceutiques). Nœud ferroviaire (interconnexion du TGV).

**MASSYS (Quinten)** ➝ Metsys

**MASTERS (Edgar Lee)** ♦ Poète américain (Garnett, Kansas 1869 - Melrose Park, Pennsylvanie 1950). Avocat de profession, il connut le succès avec ses poèmes de *Spoon River Anthology* (1915), épitaphes imaginaires de gens du Middle West, réalistes et parfois brutales. Masters a également écrit des biographies littéraires *(Vachel Lindsay, Walt Whitman, Mark Twain)*.

**MASTERS (William Howell)** ♦ Sexologue américain (Cleveland, Ohio 1915 - Tucson 2001). Avec V. Johnson, il se consacra à l'étude clinique de la sexualité, qu'il a interprétée essentiellement en termes comportementaux (*Les Réactions sexuelles*, 1966).

**MÄSTLIN (Michael)** ♦ Astronome et mathématicien allemand (Göppingen, Wurtemberg 1550 - Tübingen 1631). Maître de Kepler*, il convertit celui-ci au copernicianisme dont il fut l'un des premiers défenseurs.

**MASTROIANNI (Marcello)** ♦ Acteur italien (Fontana Liri 1924 - Paris 1996). Des débuts remarqués au théâtre, sous la direction de Luchino Visconti, précédèrent une carrière cinématographique riche en personnages de jeune prolétaire souriant puis de quinquagénaire affable. On ne compte plus ses succès : du *Bigame* au *Pigeon*, du *Bel Antonio* à *La Nuit*, de *Divorce à l'italienne* à *Leo the Last*, de *La Grande Bouffe* à *Une journée particulière*. Il a été l'interprète favori de Fellini, de *La Dolce* Vita* à *Ginger et Fred*, et quasiment son double dans *Huit* et demi*. On l'a vu encore dans *Splendor* (1989) et *Le Pas suspendu de la cigogne* (1991). ➝ ÉTYM. *Mastroianni* signifie «maître Jean», de l'italien *mastro* «maître», nom d'office ou de grade, avec le prénom *Giovanni* ou *Ianni* «Jean» [nom du sud de l'Italie].

**MAS'ŪDĪ (Abū al-Ḥasan 'Alī al-)** ♦ Écrivain et voyageur arabe (Bagdad ? - Le Caire, v. 956). Seuls deux textes nous sont parvenus : *Les Prairies d'or*, sorte de résumé des connaissances de l'époque, contiennent des développements historiques et géographiques augmentés d'informations religieuses, culinaires ainsi que de légendes. Son *Livre de l'avertissement*, œuvre ultime, renferme une autobibliographie critique et analytique.

**Masu kagami** ➝ ÉTYM. jap. «miroir limpide» ♦ Chronique historique japonaise décrivant les événements qui se passèrent entre 1184 et 1333. Attribuée à Nijō Yoshimoto, elle est remarquable pour son style élégant et sa parfaite objectivité. De nombreuses autres chroniques historiques japonaises reçurent également le nom de *kagami* ou «miroir».

**MASUKU** – anc. ***Franceville*** ♦ V. du Gabon, sur l'Ogooué. Plus de 40 000 hab. À proximité se trouvent le gisement de manganèse de Moanda et les mines d'or et d'uranium de Mounana.

**MASULIPATNAM** ➝ Machilipatnam

**MASŪRĪ** ➝ Mussoorie

**MAT** ou **MATI** n. m. ♦ Fl. d'Albanie (115 km), tributaire de l'Adriatique.

**MATABÉLÉ** ou **MATABELELAND** n. m. ♦ Région du Zimbabwe habitée par la population bantoue des Matabélés (ou Ndebele). 132 087 km². Plus de 1 500 000 hab. Il est constitué par des hauts plateaux atteignant jusqu'à 1 700 m et parcouru par des torrents qui alimentent le Zambèze* (N.), le Limpopo* (S.), et le Sabi (E.).

Ahmed Shah **Massoud** en 2001.
*Phot. © J. Robine/AFP*

**MATADI** ➝ ÉTYM. kikongo «pierre, roc, caillou» ♦ V. de la Rép. démocratique du Congo* au fond de l'estuaire du fl. Congo, avant-port de Kinshasa. Plus de 150 000 hab. Fondée par Stanley* en 1879.

**MATA HARI (Margaretha Geertruida ZELLE, dite)** ➝ ÉTYM. malais «œil du jour» ♦ Danseuse et aventurière néerlandaise (Leeuwarden 1876 - Vincennes 1917). Épouse d'un officier de l'armée coloniale néerlandaise, elle s'initia à la danse orientale en Indonésie. Revenue en Europe, elle devint, sous le nom de Mata Hari (1908), une interprète renommée de danses javanaises et hindoues. Accusée d'espionnage au profit de l'Allemagne, elle fut fusillée.

**MATAMOROS** ♦ V. du Mexique septentrional (État de Tamaulipas), à l'embouchure du río Grande del Norte et à la frontière des États-Unis. 422 711 hab. Centre commercial et indus., *maquiladoras* (sous-traitance pour les États-Unis). Cultures de coton dans la région.

**MATANZA (LA)** ♦ V. d'Argentine, dans l'agglomération de Buenos Aires. 1 121 000 hab. Indus. variées.

**MATANZAS** ♦ V. de Cuba, ch.-l. de la prov. de Matanzas (628 081 hab.), sur le détroit de Floride. 146 078 hab. Port (exportations de sucre). Importante station touristique de Varadero, sur la presqu'île d'Hicacos.

**MATANZAS** ♦ Centre sidérurgique du Venezuela, dans la ville de Ciudad Guayana (État de Bolívar), sur l'Orénoque. Il a été créé dans le cadre du programme de développement régional de la Guyane vénézuélienne dans les années 1960. On y travaille le minerai (surtout aluminium) extrait à Cerro Bolívar.

**MATAPAN** (cap) ➝ **Ténare**

**MATARAM** ♦ V. d'Indonésie, dans l'île de Lombok, cap. de la prov. de Nusatenggara Barat. 306 600 hab.

**MATARÓ** ➝ ÉTYM. de la rac. préromane *matta* «forêt» ♦ V. d'Espagne (Catalogne), prov. de Barcelone, sur la Méditerranée. 119 035 hab. Bonneterie.

**MATERA** ♦ V. d'Italie, en Basilicate, ch.-l. de prov. 57 785 hab. Habitations troglodytiques, cathédrale (XIIIe s.). ▪ Indus. alimentaires. Céramique.

**Matérialisme et Empiriocriticisme** ♦ Œuvre de Lénine* (1909). Au moment de la réaction qui suivit la révolution de 1905 en Russie se développa une critique du matérialisme dialectique chez plusieurs écrivains (dont Bogdanov*), disciples d'Avenarius* et de Mach*. Dénonçant ce «révisionnisme philosophique typique» et montrant sa relation avec la lutte historique des classes, Lénine oppose à l'empiriocriticisme et à toutes les formes d'idéalisme fidéiste les principes fondamentaux du matérialisme dialectique pour lequel la réalité objective existe indépendamment de la conscience qui la réfléchit (ou la reflète).

**MATHAN** ♦ Personnage biblique cité dans le Livre des Rois. Prêtre de Baal à Jérusalem, sous le règne d'Athalie*, il aurait été égorgé sur ordre du grand-prêtre Joïada vers –870. ▪ Racine en a fait un des personnages d'*Athalie*.

**MATHÉ (Georges)** ♦ Médecin français (Sermages, Nièvre 1922). Spécialiste des cancers, les leucémies en particulier, il a mis au point plusieurs techniques thérapeutiques, notamment la greffe de moelle osseuse. ➝ ÉTYM. *Mathé* est une forme abrégée de *Matthieu** ou de *Mathurin*.

**MATHER (John C.)** ♦ Astrophysicien américain (Roanoke, Virginie 1946). Il coordonna, en 1989, le projet Cobe (COsmic Background Explorer) de la Nasa, visant à étudier depuis l'espace le fond diffus cosmologique (dit rayonnement fossile) découvert en 1964 par A. Penzias* et R. Wilson et dont l'existence avait été prédite dès 1940 par G. Gamow*. Mather était notamment responsable de l'expérience qui permit l'observation précise de ce rayonnement, montrant que ses caractéristiques correspondent parfaitement aux prévisions théoriques (spectre du corps noir), confirmant ainsi le modèle cosmologique du big-bang. [Prix Nobel de physique 2006, avec G. Smoot*]

**MATHESIUS (Vilém)** ♦ Linguiste tchèque (Pardubice 1882 - 1945). L'un des fondateurs du Cercle linguistique de Prague, dont il fut le président, il défendit dès 1911 (peu après Saussure) une linguistique immanente et fonctionnaliste. Son œuvre concerne la linguistique générale, la grammaire, la phonologie et la stylistique du tchèque et de l'anglais.

**MATHESON (Richard)** ♦ Écrivain américain (Allendale, New Jersey 1926). Il s'imposa avec des romans noirs, *Journal d'un monstre* (1950), *Les Seins de glace* (1953), des nouvelles (*Je suis une légende*, 1954 ; *L'Homme qui rétrécit*, 1956) et des scénarios (*Duel*, film de Spielberg) dont la trame souvent policière teintée de fantastique fait volontiers appel à la science-fiction. Ses romans ultérieurs reprennent les clichés les moins originaux du récit d'horreur (*La Maison des damnés*, 1971). ➝ ÉTYM. Ce nom anglais signifie «fils *(son)* de Matthieu».

**MATHIAS** (saint) ➝ **Matthias (saint)**

**MATHIAS Ier Corvin** ♦ (Kolozsvár, Cluj 1440 - Vienne 1490). Roi de Hongrie (1458 - 1490). Fils de Jean Hunyadi*, il fut élu roi de Hongrie par les magnats à la mort de Ladislas V. En soumettant les derniers foyers hussites en Hongrie, il s'acquit la reconnaissance du clergé. Il lutta pour l'indépendance de la Hongrie contre l'Autriche, les Turcs et l'empereur Frédéric III, qu'il vainquit en 1462 (et de nouveau en 1485). Affrontant les Turcs, il soumit la Bosnie en 1463, et conquit la Moldavie et la Valachie en 1467. En lutte contre la Bohême (1468 - 1479), il prit d'abord le titre de roi de Bohême (1469), puis se fit céder la Silésie, la Lusace et la Moravie à la paix d'Olomuc (1478). À l'intérieur, il réprima une révolte de la noblesse transylvaine, puis un complot mené par Janus Pannonius*. Il accrut l'autorité royale en réorganisant l'armée et en soumettant les tribunaux locaux à un tribunal suprême présidé par le roi. ▪ Roi humaniste, Mathias Ier accueillit à sa cour les lettrés et les artistes venus d'Italie ; l'influence italienne s'accrut encore lorsqu'il épousa Béatrice d'Aragon, fille de Ferdinand Ier, roi de Naples. Il fonda la première université à Buda (1465), une bibliothèque (la Corvina) et, en 1471, la première imprimerie. ▪ Ladislas VI fut élu roi de Hongrie après sa mort.

**MATHIAS II** ♦ (Vienne 1557 - *id.* 1619). Empereur germanique, roi de Hongrie et de Bohême (1612 - 1619). Troisième fils de Maximilien* II, il succéda à son frère Rodolphe* II. L'échec de ses tentatives pour réconcilier catholiques et protestants devint manifeste avec la défenestration* de Prague (1618). Il laissa la couronne à son cousin Ferdinand* II de Habsbourg.

**MATHIEU** parfois **MATHIEU DE LA DRÔME (Philippe)** ♦ Homme politique et météorologiste français (Saint-Christophe, près de Romans 1808 - Romans 1865). Député à l'Assemblée constituante (1848), puis à la Législative (1849), il vota généralement avec la Montagne, fut proscrit après le coup d'État du 2 décembre 1851 et dut s'exiler en Belgique. À son retour en France, il fit paraître des *Almanachs météorologiques* (à partir de 1859).

**MATHIEU DE DOMBASLE** ➝ **Dombasle**

**MATHIEU (Georges Victor MATHIEU D'ESCAUDŒUVRES, dit Georges)** ♦ Peintre français (Boulogne-sur-Mer 1921). Il étudia le droit et la philosophie, puis aborda la peinture v. 1942. Installé à Paris en 1947, il s'opposa à l'abstraction géométrique et prôna ce qu'il appela la «non-figuration psychique», puis l'abstraction lyrique. Admirateur de Wols, de Hartung et de la peinture gestuelle américaine, il réalisa des œuvres non figuratives utilisant des coulées, des taches et des éclaboussures de couleurs étalées à la main ou au chiffon. Vers 1950, se fondant sur ce qu'il définit lui-même comme une «esthétique de la vitesse», il peignit des toiles immenses en misant sur l'impulsivité du geste, sur la rapidité de l'exécution (*La Bataille de Bouvines ; Les Capétiens partout*, 1954) qui firent dire à Malraux : «Enfin, un calligraphe occidental !» Il a multiplié les manifestes et cherché la performance en réalisant des œuvres en public. Mais la critique considère souvent que son style tend au stéréotype. Il a publié : *D'Aristote à l'abstraction lyrique* (1959) ; *Au-delà du tachisme* (1963). [Acad. des bx-arts 1975]

**MATHIEZ (Albert)** ♦ Historien français (La Bruyère, Haute-Saône 1874 - Paris 1932). Auteur de travaux sur la Révolution française, il s'est attaché à la réhabilitation de Robespierre*. *La Révolution et l'Église* (1911), *Études robespierristes* (1917 - 1918), *La Révolution française* (1922-1924), *La Vie chère et le mouvement social sous la Terreur* (1927), *Girondins et Montagnards* (1930).

**MATHILDE** (sainte) ➝ ÉTYM. en germ. *Mathhild* «puissante dans la bataille», de *math* (ou *maht*) «force» et *hild* (ou *child*) «combat» (*Mahaut* en est la forme contractée) ♦ Reine de Germanie (morte à Quedlinburg, Saxe en 968). Épouse d'Henri Ier l'Oiseleur (909 ou 913), et mère d'Othon le Grand, elle fonda de nombreux monastères. ▪ Fête le 14 mars.

**MATHILDE DE FLANDRE** dite **la reine Mathilde** ♦ Duchesse de Normandie, puis reine d'Angleterre (morte en 1083). Fille de Baudouin V, comte de Flandre, elle épousa Guillaume* le Conquérant (1054), roi d'Angleterre en 1066. On lui attribua à tort la broderie dite «tapisserie de Bayeux*».

**MATHILDE** dite **la comtesse Mathilde** ♦ Marquise de Toscane (v. 1046 - Bondeno di Roncore 1115). Elle fut l'alliée du pape Grégoire* VII lors de la querelle des Investitures et son château de Canossa* fut le cadre de la réconciliation de ce dernier avec l'empereur germanique Henri IV. En 1077, elle légua tous ses États (Toscane, une partie de la Lombardie avec Crémone, Ferrare, Mantoue, Modène et Reggio) au Saint-Siège, mais cette donation fut contestée après sa mort par les empereurs germaniques.

**MATHILDE** ou **MAHAUT** ♦ (Londres 1102 - Rouen 1167). Reine d'Angleterre. Fille d'Henri Ier d'Angleterre, elle épousa l'empereur germanique Henri V (1114), puis Geoffroi* V d'Anjou (1128). Héritière légitime du trône d'Angleterre (1135), elle fut spoliée par Étienne* de Blois contre qui elle fit en vain la guerre en Angleterre. Mère d'Henri* II d'Angleterre.

**MATHILDE** ou **MAHAUT** ♦ Comtesse d'Artois (v. 1270 - 1329). Fille de Robert* II d'Artois, elle épousa Othon IV de Bourgogne, et maria ses deux filles, respectivement à Philippe V et à Charles IV de France. À la mort de son père (1302), elle s'empara du comté d'Artois, au détriment de son neveu Robert* III.

**MATHILDE** (princesse) ➝ **Bonaparte**

**MATHURA** ♦ V. de l'Inde (Uttar Pradesh) sur la Yamuna. 319 235 hab. Musée archéologique et centre de pèlerinage. Indus. du coton et du papier. Une des 7 villes saintes de l'Inde. ▌**Histoire** Elle joua un rôle important dans l'histoire politique (capitale indienne de la dynastie des Kushans* au IIe s.) comme dans l'histoire religieuse, son site ayant été considéré comme le lieu de naissance de Krishna. Elle fut pillée par Mahmud* de Ghazni en 1008 et ses temples furent démolis par Aurangzeb*.

**MATHUSALEM** ou **MATHUSALA** ➝ ÉTYM. en hébr. *Methûshèlah* «homme *(math)* de Shela (n. de dieu) ou du javelot *(shèlah)*» ♦ Patriarche biblique (Genèse, V, 25-27). Symbole de longévité (il aurait vécu 969 ans).

**Matière et Mémoire** ♦ Ouvrage de Bergson* (1896), où il étudie la relation de l'esprit et de la matière (corps) sur un exemple précis : celui de la mémoire dont il distingue deux formes, la mémoire-habitude proactive et la mémoire pure représentative.

**MATIFOU** (cap) → **Bordj el-Bahri**

**Matignon** (hôtel) ♦ Hôtel du XVIIIe s., situé à Paris, rue de Varenne. Construit par Jean Courtonne (v. 1721), l'hôtel fut acquis par Jacques de Matignon, puis par Talleyrand (1808). Ambassade d'Autriche de 1888 à 1914, c'est depuis 1935 l'hôtel du chef du gouvernement. Entre une vaste cour d'honneur en hémicycle et de grands jardins, l'hôtel dresse deux façades à un étage, surmontées d'une balustrade et renflées d'un avant-corps semi-circulaire.

**Matignon** (accords) ♦ Accords conclus, après la formation du gouvernement de Front* populaire (sous la présidence de Léon Blum), entre les représentants du patronat français et ceux de la Confédération* générale du travail (CGT), le 7 juin 1936. Complétés par plusieurs lois sociales (semaine de 40 heures, congés payés), ces accords portaient sur la reconnaissance du droit syndical, l'institution de contrats collectifs de travail, de délégués du personnel.

**MATISSE (Henri)** ♦ Peintre, dessinateur et sculpteur français (Le Cateau-Cambrésis 1869 - Nice 1954). **❚ La formation** Il suivit des études de droit, devint clerc de notaire et décida de se consacrer à la peinture à la suite d'une maladie durant laquelle il s'était exercé à peindre. Il rencontra Marquet* aux Arts décoratifs, puis entra aux Beaux-Arts dans l'atelier de Gustave Moreau* qui lui conseilla de faire des copies au Louvre et l'intéressa à l'art musulman. Il avait alors comme condisciples Marquet*, Rouault*, et fit ensuite la connaissance de Dufy* et de Friesz*. **❚ Divisionnisme et pointillisme** À cette époque, Matisse pratiquait une peinture aux tons sourds, très traditionnelle, mais, à la suite d'un séjour en Bretagne, il se mit à peindre sur le motif, s'intéressant à l'impressionnisme, à Gauguin, Cézanne et Lautrec, dont les influences, parfois mêlées, marquent ses premières œuvres. En 1898, il travailla le nu à l'académie Carrière où il rencontra Derain*, et il aborda alors la sculpture. Après avoir peint des tableaux dénotant l'influence de Cézanne et où s'affirme une grande liberté de facture (coups de brosse hâtifs, dessin schématisé des *Nus à l'atelier*), il exposa, à la suite d'un séjour à Saint-Tropez auprès de Signac*, *Luxe, Calme et Volupté* (1905), où il adoptait la technique divisionniste. **❚ Le chef de file du fauvisme** Dans les toiles peintes à Collioure (été 1905), un style nouveau s'affirme avec force, caractérisé par l'emploi de couleurs violentes posées par larges taches plates selon une volonté plus expressive que strictement descriptive, un dessin d'apparence sommaire qui interprète avec hardiesse la forme humaine, un modelé à peine indiqué, l'abandon des valeurs et un certain mépris de l'espace perspectif traditionnel (*La Gitane*, 1905 - 1906 ; *Collioure*, 1905). Avec notamment Derain, Vlaminck, Marquet, il exposa au Salon d'automne de 1905 et apparut alors comme le chef de file de ceux que la critique intitula péjorativement les «fauves». → **fauvisme.** Il réalisa ensuite une vaste toile, *La Joie de vivre*, aux couleurs plates étalées avec légèreté ; négligeant les proportions, il mit l'accent sur la valeur expressive de la ligne cernant d'un trait souple et fluide les personnages. Développant ces tendances dans les deux versions du *Luxe* (1907 - 1908) ainsi que dans *La Danse* de 1909 ou les *Baigneuses à la tortue* (1908), il évolua vers une simplification croissante, cernant souvent les formes d'un trait épais. Ce style très personnel s'épanouit dans les compositions monumentales réalisées en 1909 - 1910 pour le collectionneur russe Chtchoukine (*La Danse* et *La Musique*). Tirant parti d'une gamme très limitée et d'une ligne en arabesque qui relie les personnages, il y créait un puissant effet dynamique. **❚ L'atelier parisien et les voyages** En 1908, l'atelier qu'il ouvrit à Paris obtint un grand succès et contribua à répandre son influence à l'étranger. Il voyagea au Maroc en 1911 - 1912 et jusque v. 1917, il multiplia les expériences plastiques, peignant notamment une série d'ateliers et de fenêtres où il tend à une composition synthétique et révèle une méditation très personnelle de l'apport du cubisme : les références à la réalité extérieure deviennent très allusives et les formes prennent parfois un aspect angulaire tandis que ses couleurs acquièrent une légèreté et une luminosité nouvelles (*Les Marocains*, 1916). **❚ Nice** Installé ensuite à Nice, il traita des thèmes familiers, particulièrement celui des *Odalisques* où s'épanouit un sentiment sensuel hédoniste. Il multiplia les effets décoratifs (tentures, tapis, poteries aux ramages luxuriants) et il revint à un léger modelé, ainsi qu'à un espace plus conventionnel (*Figure décorative sur fond ornemental*, 1927). La commande d'une œuvre monumentale pour la fondation Barnes marqua une nouvelle étape dans sa carrière ; il reprit le thème de *La Danse* (1931) en tendant à une simplification radicale : la ligne devenue presque abstraite et la répartition des zones de couleurs pures structurent l'espace selon des rythmes inédits. Et dans le *Nu rose* (1935), le tracé épuré du contour commande la composition entière. Dans la série des papiers découpés (*Jazz* ; *Boxeur nègre* ;

**Henri Matisse.** *Figure décorative sur fond ornemental*, 1925.
Paris, Musée national d'art moderne-Centre Georges-Pompidou.
*© Succession H. Matisse. Phot. © CNAC/MNAM, distr. RMN/Adam Rzepka*

*Zulma*, 1950), technique qui lui permet de «dessiner dans la couleur», Matisse développa les principes de *La Danse*. Cette recherche de concision et de dépouillement culmina avec la décoration de la chapelle de Vence* (1951). **❚ Équilibre, pureté et tranquillité** Il créa de nouveaux accords de couleur et fut surtout un remarquable dessinateur. Il eut une prédilection pour les formes lovées en ellipse et sut charger son trait, si simple soit-il, d'un rare pouvoir évocateur. Tout en restant fidèle à la transcription du monde extérieur, il eut une conscience aiguë de l'autonomie du champ pictural et de la spécificité des moyens plastiques. Il semble avoir réalisé, sans crise apparente, ce qu'il s'assignait comme but dès 1908, «un art d'équilibre, de pureté, de tranquillité». ➝ ÉTYM. *Matisse* est une variante de *Matthieu**.

**MATO GROSSO** n. m. ➝ ÉTYM. port. «grande *(grosso)* forêt *(mato)*» ♦ Plateau du Brésil au centre du continent sud-américain. Il sert de ligne de partage des eaux entre le bassin amazonien (rios Xingu, Tapajós) et le bassin du Paraguay-Paraná. Au N. domine la forêt amazonienne, au S. les Chapadas gréseuses couvertes de savanes arborées. L'établissement de colonies agricoles et l'aménagement de routes ont entraîné la diminution des réserves d'Indiens. C'est un domaine d'élevage extensif.

**MATO GROSSO** ♦ État du Brésil (région Centre-Ouest). → **Brésil** (carte). 901 420 km$^2$. 2 504 000 hab. CAP. : Cuiabá. Le S.-O. de l'État est occupé sur 50 000 km$^2$ par le Pantanal*. Le S. plus sec est le domaine du cerrado, le N. celui de la forêt amazonienne. Front pionnier, élevage extensif. En 1977, un décret redéfinit les frontières du Mato Grosso, l'amputant de sa partie méridionale. → **Mato Grosso do Sul.**

**MATO GROSSO DO SUL** ♦ État du Brésil (région Centre-Ouest). → **Brésil** (carte). 357 471 km$^2$. 2 078 000 hab. CAP. : Campo Grande. Élevage, culture traditionnelle du maté et plus récente de soja (grands domaines, agriculture hautement mécanisée). Sa partie N.-O. est occupée sur 100 000 km$^2$ par le Pantanal*, zone inondée d'élevage et de chasse. Autrefois partie méridionale du Mato* Grosso, il a été constitué en État en 1977.

**MATOŠ (Anton Gustav)** ♦ Écrivain et critique littéraire croate (Tovarnik 1873 - Zagreb 1914). Par ses essais (*Horizons et Chemins*, 1907) et ses nouvelles au style alerte (*Les Copeaux*, 1899 ; *Nos gens et nos provinces*, 1910), il prôna l'autonomie de l'œuvre d'art et eut une grande influence sur les jeunes écrivains de son époque.

**MATOSINHOS** ♦ V. du Portugal, dans la banl. de Porto. 99 381 hab. Important port de pêche (Leixões). Conserveries de sardines.

**MATOURY** [97300] ♦ Comm. de la Guyane, arr. de Cayenne. 18 032 hab.

**MÁTRA** (monts) ♦ Monts du N. de la Hongrie*, d'origine volcanique, proches de la frontière slovaque. Les plus élevés du pays, ils culminent au mont Kékes (1 015 m). Sources minérales et thermales. Région vinicole, sur les pentes méridionales. Centre touristique.

**MATRAH** ♦ V. portuaire du sultanat d'Oman, située aux portes de Mascate sur le golfe d'Oman. 173 483 hab. Centre commercial. Construc. de bateaux. Point de départ de caravanes vers l'intérieur. Pêche.

Roberto **Matta.** *Les Puissances du désordre* (2,98 × 9,93 m). MNAMGP, Paris. *Phot.* © *MNAMGP*

**MATSUSHIMA** ➝ ÉTYM. jap. «l'île *(shima)* des pins *(matsu)*» ♦ Archipel du Japon constitué de plus de 800 îlots dans la baie du même nom (N.-E. de Sendai*). C'est l'un des sites les plus pittoresques du pays.

**MATTA (Sebastian ECHAURREN, dit Roberto)** ♦ Peintre français d'origine chilienne (Santiago, Chili 1911 - Civitavecchia 2002). D'abord architecte, il vint en Europe et travailla avec Le Corbusier (1934), puis vécut à New York et au Mexique (1939 - 1945), en Italie et s'établit à Paris en 1955. Lié aux surréalistes de 1938 à 1948, il élabora une peinture où l'espace est construit à l'aide d'objets imaginaires fortement dessinés, de plans et de volumes formant des structures irréelles, de créatures énigmatiques, mi-insectes, mi-mécanismes. Son œuvre évoque les visions d'un monde élémentaire et premier, d'où les allusions psychanalytiques ne sont pas absentes. Des années 1950 aux années 1970, séduit par l'exploration de l'espace, Matta peignit d'immenses toiles qu'il accrochait parfois au plafond pour en magnifier l'effet d'expansion, et mêla des astronautes aux êtres biologiques ou mécaniques, aux figures crucifiées, aux amants. Sa peinture est militante ; il a dénoncé le procès des Rosenberg (*Les roses sont belles,* 1953), la répression en Espagne (*Les Puissances du désordre ou l'Heure de la vérité,* 1964 - 1965) et la guerre du Viêtnam (*Burn Baby Burn,* 1965 - 1966).

**MATTATHIAS** ➝ **Maccabée**

**MATTEI (Enrico)** ♦ Homme d'affaires et homme politique italien (Acqualagna 1906 - prov. de Pavie 1962). Résistant, il fut nommé en 1945 commissaire de l'AGIP (Azienda Generale Italiana Petroli) et découvrit d'importants gisements de méthane à Caviaga (1946). Il fut ensuite le fondateur et le président de l'ENI (Ente Nazionale Idrocarburi), entreprise nationale qui tint davantage compte des intérêts des pays producteurs, modifiant ainsi le marché du pétrole. Membre de l'Assemblée consultative (1945 - 1946) et député du Parti démocrate-chrétien (1948 - 1953), il trouva la mort dans un accident d'avion dont les circonstances ont pu paraître obscures. ▪ Sa vie a inspiré le film de F. Rosi : *L'Affaire Mattei.* ➝ ÉTYM. *Mattei* est l'équivalent italien de *Matthieu**.

**MATTEOTTI (Giacomo)** ♦ Homme politique italien (Fratta Polesine, Rovigo 1885 - Rome 1924). Élu député en 1919, il devint secrétaire général du Parti socialiste en 1924. Il fut assassiné par un groupe fasciste le 1$^{er}$ juin 1924, après qu'il eut, à la Chambre, fait le procès des méthodes fascistes. Son meurtre discrédita, en Italie et à l'étranger, le régime de Mussolini* avant même qu'il n'imposât ouvertement sa dictature (1925).

**MATTERHORN** n. m. ➝ **Cervin**

**MATTEUCCI (Carlo)** ♦ Physicien et homme politique italien (Forli 1811 - Ardenza, près de Livourne 1868). Il établit la concomitance existant entre la production d'électricité et la contraction musculaire. Il fut sénateur (1848) et ministre de l'Instruction publique (1862).

**MATTEUCCI (Pellegrino)** ♦ Voyageur italien (Ravenne 1850 - Londres 1881). Il explora le Nil Bleu (1877 - 1878), l'Éthiopie (1879), puis traversa l'Afrique, de Khartoum au golfe de Guinée (1880 - 1881).

**MATTHESON (Johann)** ♦ Compositeur, théoricien et musicographe allemand (Hambourg 1681 - *id.* 1764). Musicien érudit, il fut au service de l'ambassadeur d'Angleterre dans sa ville natale, puis cantor et chanoine de la cathédrale (1718 - 1728). Il accueillit Haendel lors du premier séjour de celui-ci à Hambourg (1703) puis finit par se brouiller avec lui. Atteint de surdité totale, il dut renoncer à la vie musicale et se consacra dès lors à des écrits théoriques et critiques. Son œuvre comprend huit opéras, vingt-quatre oratorios, des cantates, une *Passion,* une messe et des pièces pour le clavecin. Ses nombreux ouvrages critiques (*Critica Musica,* 1722 - 1725 ; *Le Maître de chapelle accompli,* 1739) sont ceux d'un polémiste autant que d'un esthéticien.

**MATTHEWS (Drummond Hoyle)** ♦ Géophysicien britannique (Londres 1931 - 1997). ➝ **Vine (Frederick John).**

**MATTHIAS** ou **MATHIAS** (saint) ➝ ÉTYM. ➝ Matthieu* ♦ Disciple de Jésus choisi pour remplacer Judas* (Actes, I, 23 - 26). ▪ Fête le 14 mai.

**MATTHIEU** (saint) ➝ ÉTYM. en hébr. *Mattyâh* «don de Yâh(wèh)» ♦ Un des douze apôtres*, publicain (percepteur), parfois appelé Lévi. La tradition en fait l'auteur du premier Évangile, d'abord rédigé dans une «langue des Hébreux» (hébreu ou araméen), mais rien ne nous est parvenu de cette première version. ♦ ***L'«Évangile du Pseudo-Matthieu»*** Évangile apocryphe*, composé en latin à date tardive (VII$^{e}$ - VIII$^{e}$ s.). ▪ Fête le 21 sept.

**MATURIN (Charles Robert)** ♦ Romancier et dramaturge irlandais (Dublin 1782 - *id.* 1824). La révocation de l'édit de Nantes obligea sa famille à émigrer et il fit ses études à Dublin avant d'entrer dans le clergé anglican, d'abord à Londres, puis à Dublin. Il écrivit des tragédies, *Bertram ou le Château de St-Aldobrand* (1816), *Manuel* (1817), *Fredolfo* (1819). Mais Maturin, qui avait commencé dès 1807 à publier des romans (*La Fatale Vengeance ou la Famille de Montorio ; Le Sauvage Enfant irlandais,* 1808 ; *Connal ou les Milésiens,* 1812), trouva dans le récit en prose la forme qui convenait à son talent de conteur pessimiste et fantastique : *Eva ou Amour et Religion* (*Women or Pour et Contre,* 1818), *Les Albigeois* (1824). Son chef-d'œuvre est *Melmoth ou l'Homme errant* (1820), l'un des plus importants romans noirs. ➝ **Melmoth.** Maturin, qui fut apprécié de Walter Scott et de lord Byron, est aussi l'auteur de *Cinq sermons sur les erreurs de la religion catholique* (1824).

**MATURÍN** ♦ V. du Venezuela, cap. de l'État de Monagas. 325 000 hab. Zone de gisement de pétrole en déclin. Développement agricole.

**MATUTE (Ana María)** ♦ Romancière espagnole (Barcelone 1926). Ses premiers romans décrivent un univers délibérément en marge de la réalité. Elle s'est révélée au public par sa trilogie *Première mémoire* (1959), *Les soldats pleurent la nuit* (1963), *La Trappe* (1969), où elle envisage la guerre civile non pas comme une partie de l'histoire d'Espagne, mais comme un événement aux conséquences universelles. Elle a aussi écrit de nombreux romans pour enfants, une œuvre couronnée par le prix Lazarillo en 1972 avec *Le Passager clandestin d'Ulysse.*

**MAUBEUGE** [59600] ➝ ÉTYM. du germ. *Malbold,* n. de pers. ♦ Ch.-l. de cant. du Nord, arr. d'Avesnes-sur-Helpe, dans le Hainaut, sur la Sambre. 33 546 hab. (aggl. 99 031) *(Maubeugeois).* Restes des fortifications de Vauban (porte de Mons). Musée Henri-Boez (histoire locale). ▪ Métallurgie. Construc. automobile.

**MAUCHLY (John William)** ♦ Ingénieur américain (Cincinnati, Ohio 1907 - Ambelr, Pennsylvanie 1980). Inventeur et constructeur, avec Eckert*, de l'ENIAC (Electronic Numerical Integrator and Calculator, 1943 - 1946), premier ordinateur électronique fonctionnel, pourvu d'une mémoire interne et prototype des calculateurs actuels. Ils mirent ensuite au point l'EDVAC (Electronic Discret Variable Computer, 1947, opérationnel en 1951) pour lequel ils élaborèrent le concept du programme enregistré (von Neumann* fut l'un des théoriciens du projet et son initiateur). En 1949, ils remplacèrent les bandes perforées par des bandes magnétiques pour stocker les données. Ils fondèrent en 1948 leur propre société, absorbée deux ans plus tard par Remington, qui commercialisait notamment les ordinateurs UNIVAC.

**MAUCROIX (François DE)** ♦ Poète et littérateur français (Noyon 1619 - Reims 1708). D'abord avocat, puis ordonné prêtre et devenu chanoine de Reims, il se lia avec des poètes comme Racine, Boileau et La Fontaine. Il écrivit des poèmes dont le ton évoque La Fontaine et donna des traductions qui furent rassemblées après sa mort (*Œuvres posthumes,* 1710). Une seconde édition accompagnant les *Nouvelles œuvres diverses de La Fontaine* parut en 1820. Sa correspondance fut publiée en 1854 *(Œuvres diverses).*

**MAUDUIT (Jacques)** ♦ Compositeur et luthiste français (Paris 1557 - *id.* 1627). Issu d'une famille de robe, il fut lui-même magistrat. Ami de Ronsard, à la mémoire de qui il écrivit un *Requiem* chanté aux obsèques du poète (1585), il fut le collaborateur de Baïf* et de Mersenne*. Animateur de la seconde «Académie de poésie et de musique» (1589) à laquelle il conféra un caractère plus musical que littéraire, il participa, comme musicien et chef d'orchestre, aux ballets de cour, sous les règnes de Henri IV et Louis XIII. Il a composé un grand nombre de messes, vêpres, hymnes, motets, fantaisies, chansons, psaumes et des *Chansonnettes mesurées* (sur des textes de Baïf). Son style, d'une remarquable richesse d'harmonie, se caractérise aussi par l'élégance et le raffinement. ➤ ÉTYM. *Mauduit* est un sobriquet désignant celui qui est « mal *(mau)* élevé *(duit*, participe passé du verbe *duire*) » ou un nom de lieu *mauvais duit* « mauvais conduit, mauvais canal » ou vient de *mal huis* « mauvaise porte ».

**MAUER** ♦ Village d'Allemagne (Bade-Wurtemberg) où a été découverte en 1907 une mandibule humaine très archaïque datée de 650 000 ans env. et appartenant à un *Homo erectus*.

**MAUGES** n. m. pl. ♦ Région de l'O. de la France, aux confins de l'Anjou et de la Vendée. V. PRINC. : Cholet. ▪ Polyculture. Élevage. Viticulture (muscadet et gros-plant).

**MAUGHAM (William Somerset)** ♦ Romancier et dramaturge britannique (Paris 1874 - Saint-Jean-Cap-Ferrat 1965). Orphelin à dix ans, il dut quitter la France pour étudier à Canterbury, à Heidelberg, puis à Londres où il devint médecin. Mais il était attiré par la carrière littéraire : *Liza de Lambeth* parut en 1897 et *Mrs. Craddock* en 1902. Ces deux romans réalistes, évoquant la vie londonienne, assurèrent sa renommée. Maugham abandonna alors la médecine pour concevoir son autobiographique *Servitude humaine* (1915). La vie de Gauguin lui inspira *L'Envoûté* (*The Moon and Sixpence*, 1919). Profondément concerné par les problèmes religieux et moraux, Maugham fit alors l'apologie d'un mysticisme ascétique : *Le Voile peint* (1925), *Le Fil du rasoir* (1944). *La Ronde de l'amour* (*Cakes and Ale or The Skeleton in the Cupboard*, mot à mot « gâteaux et bière, ou le squelette dans le placard », 1930), roman à clés, s'attaquait au pharisaïsme en prônant le naturel. Grand voyageur *(L'Archipel aux sirènes)*, il aimait surtout l'Europe latine (Espagne, Italie, France). Homme d'action, il fut agent secret pendant la Première Guerre mondiale. Il écrivit pour le théâtre, dans un style proche d'Oscar Wilde*, *Le Cercle* (1921), *À l'est de Suez* (1922), *Ceux qui nous sont supérieurs* (1923). De culture française, Maugham était un fervent de Voltaire, Maupassant, Renard ; le fruit de ses lectures ainsi que ses expériences personnelles sont relatés dans *Le Bilan* (1948) et le *Carnet d'un écrivain* (1949) où apparaît un scepticisme résigné quant à la bonté et à l'intelligence humaines. ➤ ÉTYM. *Maugham* vient peut-être du vieil anglais *maw* « prairie » et *ham* « hameau ».

**MAUGUIO** [mogjo] [34130] ♦ Ch.-l. de cant. de l'Hérault, arr. de Montpellier, situé dans la plaine du Languedoc, à quelques kilomètres de l'*étang de Mauguio*. 14 847 hab. *(Melgoriens)*. Viticulture. Arbres fruitiers. ▮ **Histoire** De fondation antique, la cité devint au Moyen Âge la capitale du comté de Melgueil. ♦ ***Étang de Mauguio*** (ou *étang de l'Or*). Étang du littoral languedocien (3 000 ha). Zone de protection de la nature et des sites. ▪ Stations balnéaires (La Grande-Motte, Carnon-Plage).

**MAULBERTSCH** ou **MAULPERTSCH (Franz Anton)** ♦ Peintre et décorateur autrichien (Langenargen, sur le lac de Constance 1724 - Vienne 1796). Il fut l'un des plus grands décorateurs à fresque de son époque en Europe centrale et un représentant caractéristique de la peinture baroque et subit l'influence italienne (Piazzetta*). Artiste plein de verve, il peupla ses fresques et ses tableaux de figures agitées aux gestes gracieux et aux proportions allongées, et mit en valeur les couleurs vives par de savants coups de lumière. Il travailla surtout en Autriche, Moravie et Hongrie.

**MAULBRONN** ♦ V. d'Allemagne (Bade-Wurtemberg), au N. de Pforzheim, célèbre pour sa remarquable abbaye cistercienne fondée en 1147 (cloître, réfectoire). Passée à la Réforme, elle abrite depuis 4 siècles une école qu'ont fréquentée entre autres Hölderlin et H. Hesse.

**MAULDE** n. f. ♦ Riv. du Limousin, affl. rive d. de la Vienne (72 km). Elle prend sa source au plateau de Gentioux, et alimente le lac de Vassivière. ▪ Centrales hydroélectriques.

**MAULE** n. m. ♦ Riv. du Chili central (282 km) marquant la limite méridionale de l'empire inca. ♦ ***Région administrative de Maule*** 30 000 km². 908 000 hab. CAP. : Talca. Agriculture (fruits). Pêche.

**MAULE** [78580] ➤ ÉTYM. anc. *Manlia*, p.-ê. du n. de la *Mauldre* (riv.) ♦ Comm. des Yvelines, arr. de Mantes-la-Jolie, sur la Mauldre. 5 863 hab. (aggl. 10 046). Anc. priorale Saint-Nicolas (crypte du XI^e s.).

**MAULÉON** – anc. ***Châtillon-sur-Sèvre*** [79700] ➤ ÉTYM. p.-ê. lat. « méchant *(malus* "mauvais") lion *(leo)* » (terme menaçant donné par le seigneur à son château pour inspirer la crainte) ♦ Ch.-l. de cant. des Deux-Sèvres, arr. de Bressuire. 7 327 hab. (aggl. 8 556). *(Mauléonnais)*. ▮ **Histoire** En 1793, durant la guerre de Vendée, de sanglants combats opposèrent à plusieurs reprises dans les murs de la ville les bleus de Westermann à l'armée royaliste.

**MAULÉON-LICHARRE** [64130] ♦ Ch.-l. de cant. des Pyrénées-Atlantiques, arr. d'Oloron-Sainte-Marie, sur le Saison ou gave de Mauléon. 3 347 hab. (aggl. 5 855). *(Mauléonnais)*. Château d'Andurain de style Renaissance (cheminées sculptées des XVI^e - XVII^e s.). ▪ Fabrication d'espadrilles, sandales. Fromageries. Conserveries.

**MAULNIER** [monje] **(Jacques Louis TALAGRAND, dit Thierry)** ➤ ÉTYM. « en cherchant avec un papier et un crayon deux syllabes euphoniques » dit-il lui-même dans une interview [p.-ê. influencé par le n. du héros du *Grand Meaulnes* d'Alain-Fournier] ♦ Journaliste et écrivain français (Alès 1909 - Marnes-la-Coquette 1988). Condisciple et ami de Brasillach à l'École normale supérieure, il collabora dès 1930 à l'Action française, mais rompit avec ce mouvement durant l'Occupation. Parmi ses écrits, il faut citer : *Racine* (1935), *Au-delà du nationalisme* (1937), *La Pensée marxiste* (1948), *La Face de méduse du communisme* (1952), *L'Étrangeté d'être* (1982), ainsi que des pièces de théâtre, dont *Jeanne et ses juges* (1949), et une pièce comique, *Le Sexe et le Néant*. [Acad. fr. 1964]

**MAU-MAU** n. m. pl. ♦ Société secrète des Kikouyous* qui se révoltèrent contre la minorité blanche à partir de 1952. Ce fut la « tentative désespérée d'un peuple désespéré pour changer le système d'injustice économique et sociale » (B. A. Ogot). L'état d'urgence fut proclamé et la révolte fut totalement réduite en 1960. → **Kenya.**

**MAUMUSSON** (pertuis de) n. m. ♦ Nom donné au détroit (env. 500 m) qui sépare le S. de l'île d'Oléron de la côte de la Charente-Maritime, et qui fait communiquer l'embouchure de la Seudre avec l'Océan. ▪ Ostréiculture.

**MAUNA KEA** ➤ ÉTYM. hawaïen « montagne *(mauna)* blanche *(kea)* » ♦ Point culminant au N. de l'île Hawaii, d'origine volcanique, ainsi appelé à cause des neiges fréquentes sur ses cimes. 4 206 m. Ses flancs sont boisés. Du café est cultivé sur ses pentes.

**MAUNOURY (Joseph)** ♦ Maréchal de France (Maintenon 1847 - près d'Artenay, Loiret 1923). Officier d'artillerie, il prit part à la guerre franco-allemande (1870). Gouverneur militaire de Paris (1912 - 1914), il fut nommé commandant en chef de la VI^e armée (au N. de Paris, août 1914), arrêta l'avance des troupes de von Kluck, livra la bataille de l'Ourcq par laquelle il contribua à la première victoire française de la Marne (sept. 1914). Promu maréchal de France à titre posthume. ➤ ÉTYM. *Maunoury* signifie « mal nourri » ou « mauvais Nourry » (du germanique *Nodrik*, de *nod* « besoin » et *rik* « puissant »).

**MAUPAS (Charlemagne Émile DE)** ♦ Homme politique français (Bar-sur-Aube 1818 - Paris 1888). Nommé préfet de police à Paris par Louis Napoléon Bonaparte (oct. 1851), il prit une part active à la préparation du coup d'État du 2 décembre* 1851. Ministre de la Police (1852 - 1853), il adopta des mesures rigoureuses contre la presse et les mouvements républicains. Sénateur (1853), puis préfet de Marseille (1860 - 1866), il a laissé des *Mémoires sur le Second Empire* (1884 - 1885).

**MAUPASSANT (Guy DE)** ♦ Écrivain français (Château de Miromesnil, Seine-Maritime 1850 - Paris 1893). Après une enfance libre et heureuse en Normandie, il assista à la débâcle de 1870, puis accepta un emploi de fonctionnaire à Paris (parmi ces bureaucrates que l'on retrouve notamment dans *La Parure, L'Héritage*). Parallèlement à une vie sportive et joyeuse (les parties de canotage de *Mouche*), il fit son « apprentissage » littéraire sous la direction de Flaubert*, ami de la famille, qui lui imposa les exigences de l'esthétique réaliste et lui fit connaître Huysmans*, Daudet*, Zola*. *Boule*-de-Suif* (1880), une des nouvelles du recueil collectif *Les Soirées* de Médan*, détermina sa vocation de conteur et lui assura le succès. Vivant désormais de ses livres, il écrivit quelque trois cents nouvelles en dix ans, publiées dans les journaux puis dans des recueils dont les principaux sont *La Maison Tellier* (1881), *Les Contes de la bécasse* (1883), *Les Sœurs Rondoli* (1884), *Les Contes du jour et de la nuit* (1885), *La Main gauche* (1889) et *L'Inutile Beauté* (1890). Évoquant tour à tour la Normandie, la guerre de 1870, le cynisme des milieux parisiens, ces contes abordent tous les tons, de la sobriété la plus classique au comique le plus scabreux en passant par le réalisme ou le fantastique. Débordant de sensuelle vitalité, fêté partout (comme *Bel*-Ami*, 1885), visitant sur son yacht la Grande-Bretagne, l'Italie, l'Afrique du Nord (*Au soleil*, 1884 ; *Sur l'eau*, 1888), il fut progressivement assombri par des troubles nerveux et la hantise de la mort, évolution visible dans ses six romans, de *Une vie* (1883) à *Fort comme la mort* (1889). Aux hallucinations (*Le Horla**, 1887) succéda le délire, et il mourut après dix-huit mois d'internement. ▪ Qu'il parle le savoureux patois normand de ses paysans ou décrive avec une précision lucide la montée de l'angoisse, Maupassant est bien le maître de la nouvelle, qui a appris à l'école de Flaubert à rechercher « la vérité choisie et expressive ». S'écartant de l'esthétique naturaliste, il veut donner de la vie une « vision plus complète, plus saisissante, plus probante que la réalité même » (préface de *Pierre et Jean*, 1888) ; d'où un style savamment simple, des notations brèves et aiguës sur le décor et sur les personnages (paysans matois, bourgeois niais, déshérités auxquels il voue une tendresse très pudique). Le récit, souvent banal, simple comme un scénario (c'est l'un des écrivains adaptés avec le plus de bonheur à l'écran), a « l'aspect, le mouvement de la vie même ». ➤ ÉTYM. Ce nom de famille signifie « mauvais passage », ancien nom de fief normand.

**MAUPEOU** [mopu] **(René Nicolas Charles Augustin DE)** ♦ Homme politique français (Paris 1714 - Le Thuit, Eure 1792). Président du parlement de Paris (1763), chancelier de France en 1768, il s'opposa à Choiseul*, à la chute duquel il contribua. Appelé au pouvoir, il forma avec Aiguillon* et Terray* un véritable « triumvirat ». L'agitation parlementaire fut jugulée : les parlementaires récalcitrants exilés, on forma des conseils composés de membres révocables, cependant qu'on imposait des réformes pour apaiser l'opinion indignée. Cette tentative de despotisme éclairé devait prendre fin avec la mort de Louis XV. ➤ ÉTYM. *Maupeou* est la forme occitane de *Maupoil* « mauvais poil ».

**MAUPERTUIS (Pierre Louis MOREAU DE)** ♦ Mathématicien et naturaliste français (Saint-Malo 1698 - Bâle 1759). Il introduisit en France la théorie de Newton*. Il fit décider par l'Académie des sciences une expédition en Laponie (1736 - 1737), qu'il dirigea, pour y mesurer la longueur d'un arc de méridien de 1° ; le résultat, comparé à la mesure faite au Pérou, permit de conclure à l'aplatissement de la Terre vers les pôles. Reprenant en 1744 le principe dit de Fermat*, il énonça le *principe de moindre action* qui, permettant de prévoir le mouvement de tout «point matériel», constitue à lui seul une formulation de toute la mécanique. Dans le domaine de la biologie, où il reprit la théorie atomiste de Mariotte*, il exprima un transformisme intégral et pressentit la notion de mutation démontrée par les biologistes modernes. Il élabora la notion d'hérédité particulaire (particules séminales). Il s'intéressa aussi à l'origine des langues. De 1741 à 1756, appelé à l'Académie royale de Prusse par Frédéric II, il contribua au rayonnement de la science française. [Acad. sc. 1723 ; Acad. fr. 1746]

**MAUR** (saint) ♦ Abbé (v. 512 - 584). Identifié tardivement avec un disciple de saint Benoît, il passe pour l'introducteur en Gaule du monachisme bénédictin (v. 542). Une congrégation bénédictine porte son nom *(mauristes)*. ▪ Fête le 15 janv.

**MAURAIN (Charles)** ♦ Physicien français (Orléans 1871 - Paris 1967). Directeur de l'Institut de physique du globe (1921), il installa en France un réseau magnétique. On lui doit également des travaux sur le magnétisme et l'électricité terrestres, ainsi que sur la sismologie et la météorologie. [Acad. sc. 1930]

**MAURECOURT** [78780] ➝ ÉTYM. anc. *Mauricuria* «domaine (bas lat. *curtis*) de Maurus (n. de pers. germ. ou lat.)» ♦ Comm. des Yvelines, arr. de Saint-Germain-en-Laye, banl. O. de Conflans-Sainte-Honorine. 3 493 hab.

**MAUREPAS (Jean Frédéric PHÉLYPEAUX, comte DE)** ♦ Homme politique français (Versailles 1701 - Paris 1781). Petit-fils de Pontchartrain*, il prit la succession de son père au ministère de la Maison du roi puis passa à la Marine. Il embellit Paris, encouragea des missions scientifiques (Maupertuis*, Jussieu*), réforma l'administration de la Marine, et fut disgracié pour avoir été soupçonné d'une épigramme contre M^me^ de Pompadour (1749). Rappelé par Louis XVI en 1774, il s'entoura d'hommes compétents (Turgot, Malesherbes, Vergennes, Sartine), mais ne sut pas les défendre contre les intrigues de cour. Son secrétaire publia sous son nom des *Mémoires*.

**MAUREPAS** [78310] ➝ ÉTYM. langue d'oïl «mauvais repas» (probablt nourriture des animaux, pâturage) ♦ Ch.-l. de cant. des Yvelines, arr. de Rambouillet. 19 586 hab.

**MAURES** n. m. pl. ➝ ÉTYM. en ar. ***al-Mawr*** ou ***al-Mūr***, en lat. *Mauri*, emprunté au punique *Mahourim* «les Occidentaux» ♦ Population saharienne, métissée de Berbères, d'Arabes et de Noirs, vivant principalement en Mauritanie* et au Sahara* occidental, mais également au Mali* et au Sénégal*, répartie en de nombreuses tribus. La hiérarchie sociale se traduit par la présence d'une aristocratie guerrière et de celle des «marabouts» dans les oasis qui furent des foyers islamiques. Ce sont des éleveurs transhumants et des chasseurs dans la zone sahélienne et des nomades chameliers au N. en relation avec le Sud marocain. ▪ Le mot a longtemps désigné en Occident les musulmans, notamment les conquérants de l'Espagne. → **Regueibat.**

**MAURES** n. m. pl. ➝ ÉTYM. du lat. *maurus* «sombre», appliqué à la couleur de la roche ou à la couleur des pins maritimes ♦ Massif de la Provence maritime qui s'étend d'Hyères à Fréjus. Il est limité par les vallées du Gapeau et de l'Argens. Ce sont des sommets arrondis de schistes noirs, couverts de forêts souvent dévastées par les incendies. Le point culminant est le signal de la Sauvette (780 m).

**MAURÉTANIE** n. f. ➝ ÉTYM. en lat. ***Mauritania*** ou ***Mauretania***, de *Maurus* «Maure» et même suff. que *Aquitania* ou *Occitania* ♦ Nom donné par les Romains à la région d'Afrique du Nord située à l'O. de la Numidie. Elle correspondait au –I^er^ s. à la région comprise entre l'océan Atlantique et le Rummel, c.-à-d. au Maroc et à une partie de l'Algérie actuels. Le pays était habité à l'origine par les Berbères semi-nomades appelés Maures *(Mauri)* par les Romains. La Moulouya formait la frontière entre le pays des Maures à l'O. et celui des Maessyles à l'E., qui furent intégrés dans le royaume de Numidie orientale par Masinissa* en –202. → **Numidie.** Au –II^e^ s., la Maurétanie s'accrut de la partie occidentale de la Numidie jusqu'au Rummel. → **Bocchus, Juba (II).** Devenue province romaine en 40, elle fut divisée en *Maurétanie Tingitane* à l'O. de la Moulouya (CAP. : Tingis [Tanger] ; V. PRINC. : Volubilis) et *Maurétanie Césarienne* de la Moulouya au Rummel (CAP. : Césarée [Cherchell]). Au III^e^ s., sous Dioclétien, fut créée la province de *Maurétanie Sitifienne* (CAP. : Sitifis [Sétif]), formée par la partie orientale de la Maurétanie Césarienne. Après la conquête vandale (V^e^ s.), la Maurétanie passa sous la domination byzantine (VI^e^ s.) puis sous celle des Arabes (VII^e^ - VIII^e^ s.). → **Algérie, Maroc.**

**MAURIAC (François)** ♦ Écrivain français (Bordeaux 1885 - Paris 1970). Chrétien de tradition familiale et d'éducation, élevé par une mère sévère, F. Mauriac évoquera souvent «le monde étroit et janséniste de [son] enfance pieuse, angoissée et repliée, et la province où elle baignait», le Bordelais (*Le Jeune Homme*, 1926 ; *La Province*, 1926 ; *Commencements d'une vie*, 1932 ; *Écrits intimes*, 1953). Venu à Paris en 1906, il se consacra à la littérature. Malgré la chaude approbation de Barrès*, son premier recueil poétique, *Les Mains jointes* (1909), passa inaperçu, comme ses romans *L'Enfant chargé de chaînes* (1913) et *La Robe prétexte* (1914). ▌**Les romans** Révélé au public par *Le Baiser au lépreux* (1922), Mauriac allait désormais lier étroitement son œuvre à ses scrupules de chrétien divisé : «Comment guérir la concupiscence ? Elle n'est jamais limitée à quelques actes : c'est un cancer généralisé ; l'infection est partout.» Devant les puissances du mal, il n'est que deux attitudes possibles, le renoncement («*Le Désert de l'amour* — 1925 — ce pourrait être le titre de mon œuvre entière») ou la révolte (peinte dans *Thérèse* Desqueyroux*, 1927). S'ils dénoncent avec âpreté toute tentative de compromis, toute alliance du mensonge et de la religion (*La Pharisienne*, 1941), les romans de Mauriac, d'un spiritualisme amer et inquiet, traduisent sa fascination en face du monde et de ses prestiges charnels. Dans une atmosphère fiévreuse, des âmes débiles (*Génitrix*, 1923) ou forcenées (*Le Nœud* de vipères*, 1932) sont saisies par un amour, souvent féroce («cherchant qui dévorer») et toujours insuffisant, qui les laisse seules dans «cette cage tapissée d'oreilles et d'yeux» que sont famille et société. À cet amour-haine qui évoque le monde racinien correspond une nostalgie de pureté (cf. *Vie de Racine*, 1928). Ainsi se justifie cette plongée tragique au sein du mal et du péché. Construits suivant une sévère progression linéaire, utilisant les procédés de la rétrospection et du monologue intérieur, les romans de Mauriac, comme ses œuvres dramatiques (*Asmodée*, 1937 ; *Les Mal-Aimés*, 1945), traiteront donc le thème pathétique de la grâce et du rachat (*L'Agneau*, 1954). ▌**Les essais et les articles** Auteur d'essais critiques (*La Rencontre avec Pascal*, 1926) et spirituels (*La Vie de Jésus*, 1936), Mauriac s'est également montré un journaliste et un polémiste de valeur. Les articles brefs et incisifs réunis dans le *Journal* (1934 à 1951), *Le Cahier noir* (1943, sous le pseudonyme de Forez) et le *Bloc-Notes* (1958 et 1961) le montrent soucieux, au nom du christianisme, d'une grande justice politique. Dans ce domaine, il épousa la cause des colonisés et les idéaux du gaullisme, terminant sa vie comblé d'honneurs. [Acad. fr. 1933 ; prix Nobel de littér. 1952]
♦ **Claude Mauriac.** Écrivain français (Paris 1914 - *id.* 1996). Fils du précédent, il est surtout connu pour le cycle autobiographique *Le Temps immobile* (1974 - 1985). ➝ ÉTYM. Ce nom de famille vient du nom de la ville de *Mauriac**.

**MAURIAC** [15200] ➝ ÉTYM. anc. *Mauriacum*, du lat. *Maurius*, n. de pers., et suff. *-acum* ♦ Ch.-l. d'arr. du Cantal. 4 019 hab. (aggl. 4 898) *(Mauriacois)*. Très belle église romane, Notre-Dame-des-Miracles, qui abrite une Vierge noire. ▪ Marché agricole. ▪ Aux environs, aménagement hydroélectrique de l'Aigle (barrage et centrale) dans les gorges de la Dordogne.

**MAURICE** (saint) ➝ ÉTYM. du gr. *Mauros* «Maure [ou sombre]» ♦ Martyr de la foi, mort en 302 ou v. la fin du III^e^ s. Saint Maurice aurait été le chef de la Légion thébaine envoyée par l'empereur Maximien* pour combattre les Bagaudes*. Les chrétiens de cette légion auraient été massacrés dans la plaine d'Agaune (auj. *Saint*-Maurice*), dans le Valais suisse, pour avoir refusé de sacrifier aux dieux. L'épisode, attesté par les écrivains ecclésiastiques à partir du IV^e^ s., a semblé peu vraisemblable à de nombreux historiens. ▪ Fête le 22 septembre.

**MAURICE** – en lat. ***Flavius Mauricius Tiberius*** ♦ (en Cappadoce v. 539 - en Chalcédoine 602). Empereur d'Orient (582 - 602). Général de Tibère* II Constantin, puis son gendre et successeur, il combattit les Perses (581), brisa la révolte des Maures en Afrique (587), repoussa les Lombards en Italie, les Avars et les Slaves dans les Balkans. Il établit les exarchats d'Italie et d'Afrique, et réorganisa l'administration impériale. Mais l'armée, mécontentée par la réduction des soldes, se révolta et le renversa. Le centurion Phocas, proclamé empereur, le fit mettre à mort avec ses 6 fils.

**MAURICE,** duc puis électeur **DE SAXE** ♦ (Freiberg 1521 - Sievershausen 1553). Resté fidèle à Charles Quint, lors de la ligue de Schmalkalden*, il reçut en récompense les titres et les possessions de son cousin Jean-Frédéric (1547). Il changea alors de camp, forma une ligue des princes protestants, après s'être assuré de l'appui de la France en échange des Trois-Évêchés (traité de Chambord, 1551), et obtint de Charles Quint, chassé d'Innsbruck, le traité de Passau* (1552). Il trouva la mort au cours d'une guerre contre son ancien allié le margrave de Brandebourg-Kulmbach.

**MAURICE** dit **le Maréchal de Saxe** → **Saxe**

**MAURICE DE NASSAU,** prince **D'ORANGE** ♦ (Dillenburg 1567 - La Haye 1625). Stathouder des Provinces-Unies (1584 - 1625). Il succéda à son père Guillaume* le Taciturne, montra tout de suite les qualités d'un grand chef de guerre (prise de Breda, 1590 ; Nimègue, 1591 ; Groningue, 1594 ; défaite de l'archiduc Albert à Nieuport, 1600) et fut un modèle pour tous les grands capitaines du XVII^e^ s. Il s'opposa à Oldenbarnevelt*, qu'il fit exécuter.

## MAURICE

▮ – en angl. ***Mauritius***, off. ***république de Maurice***, anc. ***île de France*** ➛ ÉTYM. du n. du prince *Maurice** de Nassau ♦ État de l'océan Indien, au N.-E. de la Réunion, formé de l'île Maurice (1 865 km²), de l'île Rodrigues (104 km²) et des îles Agalega et Saint-Brandon, appartenant à l'archipel des Mascareignes. 2 040 km². 1 281 000 hab. *(Mauriciens)*. LANGUES : anglais (off.), français et créole. POPULATION : créoles, Indiens (hindous et musulmans), Chinois. RELIGIONS : catholiques, protestants, hindous, musulmans. MONNAIE : roupie mauricienne. CAPITALE : Port-Louis. RÉGIME : parlementaire. L'île est divisée en 5 villes, 9 districts et 3 dépendances (îles Rodrigues, îles Agalega et îles Saint-Brandon).

▮ **GÉOGRAPHIE** Cette île de nature volcanique, culminant à 828 m au piton de la Petite Rivière Noire, est sous l'influence de la mousson du N.-E. (cyclones de nov. à avr.). Son climat chaud et humide est tempéré par l'altitude et la proximité de l'océan. Son économie, essentiellement agricole jusqu'à l'indépendance, s'est diversifiée avec succès au profit de petites industries. Pommes de terre et maïs constituent les principales cultures vivrières (le riz est importé). Les grandes cultures d'exportation sont la canne à sucre, dans les parties basses, le tabac puis le thé en altitude ainsi que les épices. La pêche assure l'essentiel de la consommation en protéines. Maurice a opéré son décollage économique avec un taux de croissance moyen de 5 à 6 % grâce à la canne à sucre et au textile. L'île reçoit environ un million de touristes par an. Depuis 2004, l'île connaît une hausse du chômage en raison de la concurrence chinoise.

▮ **HISTOIRE** L'île Maurice était connue des marins indiens et arabes dès le Xᵉ s. Repérée lors du voyage de Diogo Dias à Madagascar en 1500, elle figure sur une carte portugaise de 1502, mais la paternité de la découverte de cette île, alors déserte, est attribuée à Domingo Fernandez et Pedro Mascarenhas en 1516. Rodrigues fut localisée en 1528. Les Hollandais, qui cherchaient un relais sur la route maritime directe vers l'Insulinde, y créèrent un petit établissement en 1598 et donnèrent à l'île le nom du prince Maurice* de Nassau. Ils l'abandonnèrent en 1710 et furent remplacés cinq ans plus tard par la Compagnie française des Indes orientales qui la baptisa île de France. La France en prit le contrôle direct en 1764. L'intendant Pierre Poivre introduisit des plantes à épices volées aux Hollandais et acclimata de nombreuses plantes tropicales dans le *jardin des pamplemousses* (1778). Le traité de Paris (1814) accorda l'île et ses dépendances à la Grande-Bretagne. Escale sur la route des Indes, l'île Maurice, qui avait repris son premier nom, accueillit de nombreux immigrés indiens venus remplacer les esclaves africains dans les champs de canne à sucre après l'abolition de la traite (1833). La population resta francophone. Avant la

**Maurice.**

**Île Maurice.** Le Piton du Milieu. *BIS/Phot. Sonneville © Archives Nathan*

Deuxième Guerre mondiale, l'île devint dépendante de l'étranger pour son approvisionnement en riz. Apparue à travers le syndicalisme en 1945, la contestation politique aboutit à la constitution d'un gouvernement local en 1957, puis à une conférence constitutionnelle à Londres en 1961. Les Britanniques détachèrent l'archipel des Chagos* de l'administration en 1965, malgré les protestations locales. En 1968, Maurice accéda à l'indépendance dans le cadre du Commonwealth avec à sa tête le chef du parti travailliste sir Seewoosagur Ramgoolam. À partir de 1982, l'île fut dirigée par Aneerood Jugnauth à la tête d'une large coalition. En 1992, Maurice devint une république. Le Mouvement militant mauricien a été au pouvoir avec A. Jugnauth, Premier ministre de 1982 à 1995 et de 2000 à 2003, puis président de la République, et Paul Bérenger Premier ministre de 2003 à 2005. Les travaillistes, qui ont gouverné entre 1995 et 2000, ont renversé P. Bérenger en 2005, et le chef du parti, Navin Ramgoolan, fils du « père » de l'indépendance, dirige le gouvernement.

**MAURICIE** n. f. ♦ Partie du Québec* (Canada) située entre Montréal et Québec, dans la région du Saint*-Maurice. V. PRINC. : Trois*-Rivières. Installations hydroélectriques. Papeteries.

**MAURIENNE** n. f. ➛ ÉTYM. du lat. *maurus* « sombre » ou du n. d'un groupe de *Maures**, installés à Fréjus, venus s'établir dans la région au IXᵉ s. ♦ Nom donné à la vallée de l'Arc, affl. de l'Isère, dép. de la Savoie. C'est une grande voie de passage entre la France et l'Italie (col routier du Mont-Cenis, tunnel routier du Fréjus). En aval de Modane, la basse Maurienne est, grâce à ses nombreuses installations hydroélectriques, très industrialisée : électrométallurgie et électrochimie.

## MAURITANIE

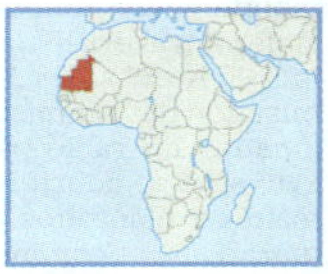

▮ n. f. – off. ***République islamique de Mauritanie*** ➛ ÉTYM. p.-ê. du mot punique *mahourim* « les Occidentaux », transformé par les Grecs et les Romains en *Maurétanie* pour désigner une partie de l'Afrique du Nord et repris sous la forme *Mauritanie* par le colonisateur français Coppolani pour nommer le territoire désertique au nord du fleuve Sénégal ♦ Pays de l'Afrique occidentale au N. du fleuve Sénégal bordé par l'océan Atlantique et traversé par le tropique du Cancer. 1 031 000 km². 3 283 000 hab. *(Mauritaniens)*. LANGUES : arabe hassanya (off.), peul, ouolof, français. POPULATION : Arabo-Berbères (➛ **Maures**), Haratines (tributaires), Ouolofs, Peuls, Sarakollés, Toucouleurs. RELIGION : musulmans (sunnites). MONNAIE : ouguiya. CAPITALE : Nouakchott. RÉGIME : présidentiel (militaire). La Mauritanie est divisée en 12 régions.

▮ **GÉOGRAPHIE** Pays saharien pour les 2/3 de sa superficie, la Mauritanie est traversée du N. au S. par le rebord occidental de la cuvette de Taoudenni*. Ces plateaux se signalent par les reliefs tabulaires de l'Adrar, au N., par le massif du Tagant, au centre, prolongé à l'E. par les affleurements rocheux des dhars Tichit et Oualata, et, au S., par les massifs de l'Afollé et de l'Assaba. Au-delà de l'Adrar, la kédia d'Idjil, le sommet le plus élevé de Mauritanie, culmine, isolée, à 915 m. L'E. est constitué d'une vaste étendue sableuse, aride et sans relief, la Majabat al-Koubra. La plaine littorale, formée des dépôts sédimentaires du fleuve Sénégal, résulte de plusieurs transgressions marines durant les 35 000 dernières années. La côte est sablonneuse et encombrée de bancs de sable dans la baie du Lévrier. Au S., l'autre tiers du pays, sur la rive droite du Sénégal, est la seule zone véritablement agricole, avec des restes de forêts-galeries, des bras morts du fleuve et un affluent de celui-ci, le Karakoro, dont les eaux disparaissent en saison sèche. ▮ **Climat et ressources** Le climat, tropical sec, est aride dans le N. et le moindre déficit en pluies a des conséquences dramatiques pour l'agriculture. Les dattes et l'orge sont récoltées dans les oasis ; le mil et le sorgho, dans les zones plus arrosées du fleuve, sont les seules cultures possibles sans irrigation. On cultive le riz dans les zones inondables.

**Mauritanie.**

Dans le Sahel, au S., on pratique l'élevage des bovins, et dans le désert, au centre et au N., celui du petit bétail et des chameaux. L'essentiel des exportations est constitué par le minerai de fer de Zouérate (40 % de recettes d'exportation) et le cuivre d'Akjoujt. Les côtes, très poissonneuses, assurent des droits de pêche substantiels et l'exploitation d'importants gisements de pétrole off-shore démarre (20 000 barils par jour).

**▮ HISTOIRE ▮ La préhistoire et l'Antiquité** On a trouvé de l'outillage paléolithique dans l'Adrar et la région de Zouérate et les vestiges néolithiques (meules, figures rupestres, amas de coquillages) sont très riches sur l'ensemble du territoire. La métallurgie du fer (région du fleuve) et du cuivre (Akjoujt) était pratiquée dès le –Ier millénaire. L'assèchement du Sahara, qui avait repoussé les agriculteurs vers le fleuve au –Ier millénaire, favorisa l'avancée des nomades berbères possesseurs du chameau (env. –500 - 1000). **▮ L'islamisation** Leur conversion à l'islam, au VIIe s., et leur insertion dans le monde arabe amenèrent l'établissement de routes commerciales à travers le Sahara et l'essor de l'empire du Ghana dans le S.-E. Au XIe s., les Almoravides, partis du S., entreprirent l'islamisation des animistes (prise de Ghana en 1075). Des tribus originaires d'Arabie pénétrèrent dans le pays entre le XIIe et le XVIIe s. et se heurtèrent aux Berbères. De cette époque date la mise en place des classes sociales divisées entre guerriers, marabouts et commerçants, tributaires et captifs (esclaves). **▮ La colonisation française** Établis à Saint-Louis du Sénégal, depuis le XVIIe s., les Français firent le commerce de la gomme avec les tribus maraboutiques du S.-O. Au début du XXe s., la France entreprit non sans mal la pénétration du pays (occupation du Tagant en 1905). Durant la période coloniale, la Mauritanie fut administrée, avec le Sénégal, à partir de Saint-Louis. **▮ L'indépendance** Elle accéda à l'indépendance en 1960 sous l'autorité de Moktar Ould* Daddah, malgré l'opposition du Maroc qui revendiquait la partie arabo-berbère du pays. En 1976, les deux pays se partagèrent le Sahara occidental après le retrait de l'Espagne de ce territoire. Deux ans plus tard, Ould Daddah fut renversé par l'armée et, en 1979, la Mauritanie se retira de sa nouvelle possession. À partir de 1984, le pouvoir fut détenu par un Comité militaire de salut national (CMSN) dirigé par le colonel Maaouya Ould Taya. En 1989, des affrontements entre les Maures et la communauté négro-africaine (Noirs du fleuve et tributaires) entraînèrent une tension avec le

**Mauritanie ▮ Productions en 2008**

| Produits | Quantités | Rang |
|---|---|---|
| Dattes | 22 000 t | 15e |
| Maïs | 15 000 t | |
| Riz | 75 000 t | |
| Sorgho | 80 000 t | |
| Bovins (têtes) | 1 700 000 | |
| Ovins (têtes) | 8 900 000 | |
| Fer | 12 000 000 t | 15e |

Sénégal. En 1991, une nouvelle Constitution fut proclamée et le multipartisme instauré. En 1999, l'établissement de relations diplomatiques avec Israël suscita une forte opposition. Le pays, qui a bénéficié d'un taux de croissance de 5 % en 2000, a quitté la Cedeao. Président élu en 1992 dans le cadre d'un multipartisme restreint, Maaouya Ould Taya a été évincé par un putsch en 2005. La junte, dirigée par le colonel Ely Ould Mohammed Vall, fit voter en 2006 une constitution limitant le mandat présidentiel à cinq ans, non renouvelable. En déc., les élections générales virent le triomphe de formations «indépendantes» et l'entrée de 17 femmes au Parlement. Le renversement, en août 2008 du président civil Sidi Ould Abdallahi par une junte militaire conduite par le général Mohammed Ould Abdel Aziz a été condamné par la communauté internationale. La victoire de ce dernier à l'élection pluraliste de 2009 a été contestée par l'opposition. L'insécurité qui a gagné le pays depuis 2007 (assassinat et enlèvement d'Européens) est attribuée au mouvement terroriste al-Qaida au Maghreb (AQMI).

---

**Mauritshuis** ♦ Musée royal de peinture, situé à La Haye, Pays-Bas (1820, ouvert au public en 1822). Il est installé dans l'ancien hôtel particulier du prince Jean-Maurice de Nassau, construit de 1633 à 1644 par Jacob Van Campen et Pieter Post. Son style néoclassique met en valeur les prestigieuses collections qu'il abrite : œuvres de Rembrandt, dont *La Leçon* d'anatomie du docteur Nicolaes Tulp*, Vermeer, dont *La Vue de Delft*, Holbein, Cranach, Van Dyck, Memling, Van der Weyden.

**MAUROCORDATO** → Mavrocordatos

**MAUROIS (Émile HERZOG, devenu André)** ➝ ÉTYM. *André*, en souvenir de son cousin *André* Fraenckel et *Maurois*, du n. d'un petit village des Flandres «dont il aime la sonorité triste» ♦ Romancier, essayiste et historien français (Elbeuf 1885 - Neuilly-sur-Seine 1967). Il évoqua ses souvenirs de la Première Guerre mondiale dans *Les Silences du colonel Bramble* (1918), ouvrage d'un humour délicat dont le succès détermina sa carrière littéraire. *Ni ange ni bête* (1919), *Climats* (1928), *Le Cercle de famille* (1932) et *L'Instinct du bonheur* (1934), récits romanesques fort traditionnels, expriment une sagesse sans illusion. La même pondération marque les contes philosophiques (*Le Peseur d'âmes*, 1931) et les nouvelles d'anticipation (*Toujours, l'inattendu arrive*, 1943 ; *La Machine à lire les pensées*, 1943). Intéressé par les grandes synthèses historiques (*Histoire de l'Angleterre*, 1937 ; *des États-Unis*, 1943 ; *de la France*, 1947), Maurois s'est ensuite illustré dans un genre, qu'il a renouvelé avec *Ariel ou la Vie de Shelley* (1923), celui de la biographie romanesque. À la fois dossiers érudits et évocations vivantes, *La Vie de Disraeli* (1927), *Olympio ou la Vie de Victor Hugo* (1945), *À la recherche de M. Proust* (1949), *Prométhée ou la Vie de Balzac* (1965) ont montré l'écrivain préoccupé d'élucider la démarche des hommes d'action ou des grands créateurs. [Acad. fr. 1938]

**MAUROLICO (Francesco) dit Francesco da Messina** ♦ Savant italien d'origine grecque (Messine 1494 - *id.* 1575). Bénédictin, il est l'auteur de travaux d'optique (publiés seulement en 1611) sur les prismes, les miroirs sphériques et le mécanisme de la vision. En mathématiques, il étudia les sections coniques, qu'il traita comme sections planes du cône, détermina les centres de gravité de différents corps (pyramide, sections de la sphère, paraboloïde de révolution) et fut le premier à pressentir une correspondance entre sommets et faces d'un polyèdre régulier (*Opuscula mathematica*, 1575). Il utilisa aussi, systématiquement, des lettres au lieu de nombres concrets et donna l'un des premiers exemples du mode de raisonnement appelé induction mathématique (*Arithmeticorum libri duo*, 1575).

**MAURON (Charles)** ♦ Critique littéraire français (Saint-Rémy-de-Provence 1899 - *id.* 1966). Il proposa une nouvelle approche du texte littéraire, la psychocritique, fondée sur la recherche des «métaphores obsédantes» révélant la personnalité inconsciente de l'écrivain, son «mythe personnel» (*Introduction à la psychanalyse de Mallarmé*, 1950 ; *L'Inconscient dans l'œuvre et la vie de Racine*, 1954 ; *Des métaphores obsédantes au mythe personnel*, 1963 ; *Psychocritique du genre comique*, 1964 ; *Le Dernier Baudelaire*, 1966).

**MAUROY (Pierre)** ♦ Homme politique français (Cartignies, Nord 1928). Socialiste, député (1973 - 1992), sénateur (depuis 1992) et maire de Lille (1973 - 2001), il fut Premier ministre de 1981 à 1984. Il entreprit plusieurs réformes sociales (retraite à 60 ans, semaine de 39 heures, 5e semaine de congés payés), mais sa politique fut jugée trop rigoureuse et l'échec de la réforme de l'enseignement privé le contraignit à démissionner. Incarnant une certaine tradition du socialisme populaire particulier au Nord, il fut premier secrétaire du PS (1988 - 1992) et a présidé l'Internationale socialiste de 1992 à 1999. ➝ ÉTYM. Ce nom de famille vient de *Maurois*, nom de lieu (près de Saint-Amand-les-Eaux, dans le Nord).

**MAURRAS (Charles)** ♦ Écrivain et homme politique français (Martigues 1868 - Tours 1952). Provençal influencé par la pensée de Mistral*, puis sensible aux idées de Barrès*, de Renan* et d'A. France*, il exprima, par son amour pour la Grèce antique, son culte de l'ordre et de la raison. *L'Avenir de l'intelligence* (1900) et *Anthinéa* (1901) sont des méditations sur l'activité humaine face à la mort politique identifiée avec la démocratie, ou à la mort de l'art, c'est-à-dire le romantisme (*Romantisme et Révolution*, 1925). Ce néoclassicisme, illustré par les poèmes de *La Musique intérieure* (1925), explique l'adhésion de Maurras à l'école romane de Jean Moréas*. Son *Enquête sur la monarchie* (1900), venant après l'affaire Dreyfus*, inaugura le mouvement Action* française dont il fut le principal animateur. Il y défendit le royalisme et le «nationalisme intégral» en fustigeant la République, les Juifs et les francs-maçons (*Mes idées politiques*, 1937), et acquit une influence considérable sur la partie la plus conservatrice de la bourgeoisie française jusqu'à la mise à l'index de ses œuvres par Rome (de 1914 à 1939). Ayant soutenu Mussolini, Franco, puis collaboré à la politique de Pétain, Maurras fut condamné à la réclusion perpétuelle (1945), mais gracié peu de temps avant sa mort. [Acad. fr. 1938 ; exclu en 1945] ➝ ÉTYM. Ce nom est un dérivé de *Maure*, surnom.

**MAURY (Jean Siffrein)** ♦ Prélat français (Valréas 1746 - Rome 1817). Prédicateur célèbre, élu député du clergé aux états généraux (1789), il fut à l'Assemblée nationale constituante un des principaux soutiens de l'Ancien Régime, s'opposant à la Constitution civile du clergé, réclamant que l'autorité du pape soit reconnue en Avignon. Émigré à Rome en 1792, il fut nommé évêque de Montefiascone (1792), archevêque de Nicée et cardinal (1794). Favorable à l'Empire, il revint en France (1806), où Napoléon le fit archevêque de Paris (1810). Il soutint la politique de l'Empereur au concile de 1811. De retour à Rome en 1814, il fut enfermé au château Saint-Ange, puis libéré à condition de se démettre. Il est l'auteur de *Panégyriques*, d'un *Essai sur l'éloquence de la chaire*. [Acad. fr. 1785]

**MAURYA** n. m. pl. ♦ Dynastie indienne du Magadha* fondée vers −322 par Chandragupta Maurya et qui contrôla une grande partie de l'Inde et de l'Afghanistan jusqu'en −184. Elle compta une dizaine de souverains dont le plus considérable fut Ashoka*. ♦ ***Art maurya*** C'est sous cette appellation que sont connus les plus anciens témoins de l'art indien. Ils mêlent à la fois des influences iraniennes et hellénistiques. Le plus important témoin de cet art est le chapiteau aux lions d'Ashoka provenant de Sarnath (New Delhi, Musée national). D'autres ouvrages, essentiellement des piliers, sont attribués à ce courant artistique ainsi que des figures en terre cuite moulées, les premiers sanctuaires rupestres bouddhiques et probablement les premiers stūpas.

**MAUSOLE** ➝ ÉTYM. p.-ê. de l'anc. n. de l'Indus ♦ (mort en −353). Satrape de Carie* (−377 - −353). Il prit part à la révolte contre Artaxerxès Mnémon (−362), se proclama indépendant et établit sa capitale à Halicarnasse qu'il embellit de somptueux édifices. Il étendit sa domination sur une partie de la Lydie, de l'Ionie, sur les îles voisines et dirigea la guerre de Rhodes, Chios et Byzance contre Athènes («guerre sociale»). Après sa mort, sa sœur et épouse Artémise* II lui éleva un tombeau magnifique, le *Mausolée*, qui fut mis au nombre des Sept Merveilles du monde.

**MAUSS (Marcel)** ♦ Sociologue et ethnologue français (Épinal 1872 - Paris 1950). Disciple de Durkheim*, il publia une deuxième série de *L'Année sociologique*, puis dirigea l'Institut d'ethnologie de l'université de Paris. En collaboration avec H. Hubert, il publia ses premiers travaux de sociologie religieuse (*Essai sur la nature et la fonction du sacrifice*, 1897 - 1898 ; *Esquisse d'une théorie générale de la magie*, 1902). Il a cherché à saisir le phénomène social dans sa totalité, «à rendre compte des aspects physique, physiologique, psychique et sociologique de toute conduite» (C. Lévi-Strauss), en particulier dans son ouvrage principal *Essai sur le don, forme archaïque de l'échange* (1923 - 1924). À partir de ses cours, ses élèves M. Leiris et D. Paulme ont publié un *Manuel d'ethnologie* (1947).

**MAUTHAUSEN** ♦ V. d'Autriche (Haute-Autriche), sur le Danube. 4 843 hab. Camp de concentration nazi, établi en 1938. Ce fut à la fois un camp de travail (fabrication d'essence synthétique) aux conditions de vie inhumaines et un camp d'extermination. Sa population s'éleva jusqu'à 70 000 prisonniers, gardés par 260 SS. Quelque 350 000 personnes au total y furent déportées. Il fut libéré en mai 1945 par les Américains.

**MAVROCORDATOS** ou **MAUROCORDATO (Alexandros)** ♦ Homme politique grec (Constantinople 1791 - Égine 1865). Issu d'une grande famille phanariote, il fut élu président du Conseil exécutif par l'Assemblée nationale d'Épidaure (1822) et dirigea la défense de Missolonghi* en 1822. Considéré comme inspiré par la politique britannique, il se retira de la vie publique à la suite de ses démêlés avec les chefs militaires et les russophiles, puis il reprit son activité en Étolie (1824), où il se lia d'amitié avec lord Byron*. Après la libération de la Grèce, il se tint à l'écart de la vie politique. Cependant, il présida encore le cabinet de 1854 qui conserva la neutralité de la Grèce pendant la crise orientale.

**MAWṢILLĪ** ou **MŪṢALLĪ (Ibrāhīm AL-)** ♦ Musicien arabe (743 - Bagdad 806). Chanteur, instrumentiste célèbre, il fut le fondateur d'une école de musique et le musicien préféré de Haroun al-Rachid (v. 785). ♦ **Isḥāq al-Mawṣillī** (767 - 850). Fils du précédent, il perfectionna le système tonal et modal, ainsi que la technique du luth ; ses compositions le rendirent plus célèbre encore que son père. Il incarne «toutes les traditions de la musique classique arabe» (S. Jargy).

**MAXENCE** – en lat. ***Marcus Aurelius Valerius Maxentius*** ♦ (mort au pont Milvius, Rome 312). Empereur romain (306 - 312). Fils de Maximien*, il fut proclamé auguste à Rome par les prétoriens à la mort de Constance* Ier Chlore. Il s'associa à son père, repoussa avec lui les armées de Sévère* et de Galère* et établit son autorité sur l'Italie, l'Afrique et l'Espagne. Puis il écarta son père du pouvoir et fut vaincu par Constantin* au pont Milvius*.

**MAXÉVILLE** [maksevil] [54320] ➝ ÉTYM. anc. *Marchevilla*, probablt du germ. *Marca*, n. de femme et lat. *villa* «domaine» ♦ Comm. de la Meurthe-et-Moselle, dans la banlieue N. de Nancy. 8 978 hab. *(Maxévillois)*.

**MAXIM (sir Hiram Stevens)** ♦ Industriel britannique d'origine américaine (Brockway's Mill, Maine 1840 - Streatham, près de Londres 1916). Il perfectionna la fabrication des lampes à filament de carbone. Établi en Angleterre (1881), il inventa le premier fusil automatique (*fusil Maxim*, 1884), et fonda la Maxim Gun Company, devenue ensuite la Vickers Limited. Il réalisa également une «machine volante» actionnée par la vapeur, qui parvint à s'élever au-dessus du sol.

**MAXIME** ➝ ÉTYM. en lat. ***Magnus Clemens Maximus***, superlatif de *magnus* «le plus grand [l'aîné]» ♦ (mort en 388). Empereur romain (383 - 388). Proclamé empereur par les légions de Bretagne, il tua Gratien*, s'établit à Trèves et se fit reconnaître par Théodose* Ier. En 386, il prit l'Italie à Valentinien* II mais fut vaincu et tué par Théodose.

**MAXIME le Confesseur** (saint) ♦ Moine byzantin (Constantinople v. 580 - Lazica, auj. Schemarum, Caucase 662). Principal théologien du parti opposé aux monothélètes*, il fut arrêté à Rome (653), condamné à Constantinople, torturé, exilé ; il refusa toujours le *Type* de Constant II. Auteur du *Commentaire de Denys le Mystique et de Grégoire de Naziance*. ▪ Fête dans l'Église latine le 13 août, dans l'Église grecque le 21 janv.

**MAXIME PÉTRONE** – en lat. ***Petronius Anicius Maximus*** ♦ (mort à Rome en 455). Empereur romain d'Occident (455). Il assassina Valentinien* III et força sa veuve Eudoxie à se remarier avec lui. Mais celle-ci fit appel à Genséric*, roi des Vandales, et lui livra Rome. Maxime fut lapidé par le peuple.

Les **Maximes** ♦ Ouvrage de La* Rochefoucauld, publié en 1664 sous le titre *Réflexions ou Sentences et Maximes morales*, puis augmenté (1678, posth. 1693). Il s'agit d'une étude morale de l'homme, enfermée en des formules lapidaires illustrant la thèse pessimiste de l'auteur : l'analyse successive des sentiments les plus nobles révèle l'empire de l'amour-propre (ou intérêt) et l'irrationalité de la passion. Cette œuvre d'une lucidité désabusée connut un grand succès et parut manifester en morale un «esprit de justesse et de précision» (Voltaire).

**MAXIMIEN** – en lat. ***Marcus Aurelius Valerius Maximianus*** ♦ (près de Sirmium, Pannonie v. 250 - Marseille 310). Empereur romain (286 - 305 et 306 - 310). Élevé à l'empire par Dioclétien* (286), il partagea le pouvoir avec lui, reçut le titre d'Auguste, gouverna l'Occident et prit comme césar Constance* Chlore. Il abdiqua en même temps que Dioclétien (305), mais reprit le pouvoir en 306, rappelé par son fils Maxence*, puis, écarté après la conférence de Carnuntum, il conspira contre Constantin* Ier qui le contraignit à se donner la mort.

**MAXIMILIEN Ier** ➝ ÉTYM. du lat. *Maximilianus*, de *Maximus* «Maxime» ♦ (Wiener-Neustadt 1459 - Wels 1519). Archiduc d'Autriche, roi des Romains (1486), empereur germanique (1493 - 1519). Fils de Frédéric* III, il épousa, en 1477, Marie* de Bourgogne, héritière de Charles* le Téméraire. Pour conserver ses nouvelles possessions, il dut d'abord lutter contre Louis* XI qu'il vainquit à Guinegatte* (1479) et dont il obtint la Franche-Comté et les Pays-Bas (paix d'Arras), puis contre Gand et Liège, qui se soulevèrent contre son autorité quand il resta régent à la mort de sa femme. Il fut inégalement heureux dans ses autres entreprises militaires, délivrant Vienne des armées de Mathias* Ier Corvin, s'alliant à la ligue de Souabe contre les Suisses dont il dut reconnaître l'indépendance (1499), et subissant de graves échecs en Italie, où son second mariage avec Bianca Sforza* (1494) l'avait entraîné. Après avoir adhéré à la ligue de Cambrai* (1508), il se retourna contre la France, à laquelle il dut finalement céder le Milanais. Ces revers furent largement compensés par une remarquable politique d'alliances. Après son premier mariage avec Marie de Bourgogne, il voulut épouser Anne* de Bretagne. Charles* VIII l'ayant devancé et ayant renvoyé Marguerite* d'Autriche à Maximilien, son père, celui-ci reprit l'Artois et la Franche-Comté qui constituaient sa dot. L'empereur maria ensuite son fils Philippe* le Beau à Jeanne* la Folle (1496), préparant ainsi le prodigieux héritage de Charles* Quint, puis ses petits-enfants, Ferdinand et Marie, avec les héritiers de Ladislas II Jagellon, ce qui devait faire passer la Bohême et la Hongrie sous la domination des Habsbourg. Mais c'est par son effort de réorganisation de l'empire que Maximilien peut être considéré comme le véritable fondateur de la puissance des Habsbourg. Après avoir regroupé l'Autriche, la Styrie, la Carinthie, la Carniole et le Tyrol en États héréditaires, il tenta d'étendre leur organisation à tout l'empire, et entra en conflit avec les princes allemands. Des compromis aboutirent à la fondation d'un tribunal suprême *(Reichskammergericht)*, d'une chambre aulique *(Hofkammer)*, d'une chancellerie *(Hofkanzlei)*, tandis que l'empire était divisé en dix «cercles». Une armée permanente était instituée, des universités fondées. Si la centralisation était loin d'être parfaite, si les problèmes financiers restaient cruciaux, Maximilien, personnalité complexe, prince brillant et fastueux, bon capitaine, érudit, protecteur des humanistes (Ulrich von Hutten) ou des artistes (Dürer, Burgkmair*), et en même temps imprégné d'idéal chevaleresque, laissait à son successeur Charles Quint un empire qui dominait la moitié de l'Europe.

**MAXIMILIEN II** ♦ (Vienne 1527 - Ratisbonne 1576). Empereur germanique (1564 - 1576), roi de Germanie et roi de Bohême, roi de Hongrie. Il succéda à son père Ferdinand Ier. Très favorable à la Réforme, il resta pourtant fidèle au catholicisme, mais ne cessa d'encourager la liberté religieuse tout en tolérant la Contre-Réforme. Son règne fut dominé par la lutte contre les Turcs.

**MAXIMILIEN Ier** ♦ (Munich 1573 - Ingolstadt 1651). Duc (1597), puis électeur de Bavière (1623). Il fonda la Sainte Ligue (1609) et combattit pour l'empereur Ferdinand II durant la guerre de Trente* Ans (la Montagne* Blanche, 1620).

**MAXIMILIEN II EMMANUEL** ♦ (Munich 1662 - *id.* 1726). Électeur de Bavière (1679 - 1726). Petit-fils de Maximilien Ier, il s'illustra contre les Turcs (prise de Belgrade, 1688). Après avoir gouverné les Pays-Bas espagnols (1691 - 1699) qu'il s'efforça de relever, il soutint Louis* XIV lors de la guerre de Succession* d'Espagne et ses États furent occupés par les Autrichiens après Höchstädt* (1704), tandis qu'il était lui-même vaincu à Ramillies* (1706).

**MAXIMILIEN III JOSEPH** ♦ (Munich 1727 - *id.* 1777). Électeur de Bavière (1745 - 1777). Fils de l'empereur Charles* VII, il s'opposa à Marie*-Thérèse pendant la guerre de Succession* d'Autriche et reconnut les droits de celle-ci au traité de Füssen (1745). À sa mort éclata la guerre de Succession* de Bavière.

**MAXIMILIEN Ier JOSEPH** ♦ (Mannheim 1756 - Nymphenburg 1825). Électeur (1799 - 1806), puis roi de Bavière (1806 - 1825). Il servit dans l'armée française, avant que la succession de Bavière ne lui soit garantie par le traité de Teschen (1779), et devint duc de Deux-Ponts (1795) à la suite de son frère. À partir de 1801, il s'allia à la France à laquelle il céda ses possessions sur la rive gauche du Rhin, en échange de territoires considérables (→ **Bavière**) et du titre royal. Il rejoignit le camp des Alliés suffisamment à temps pour obtenir le Palatinat rhénan au congrès de Vienne, en échange de ses acquisitions. Il accomplit d'importantes réformes et dota son pays d'une Constitution libérale.

**MAXIMILIEN II JOSEPH** ♦ (Munich 1811 - *id.* 1864). Roi de Bavière (1848 - 1864). Il succéda à son père Louis Ier, quand celui-ci abdiqua, et eut une politique libérale. Il essaya de réunir les petits États allemands face à l'Autriche et à la Prusse (Triade). Très cultivé, il encouragea la vie intellectuelle. ▪ Père de Louis* II et d'Othon* Ier.

**MAXIMILIEN** ♦ Empereur du Mexique (Vienne 1832 - Querétaro 1867). Frère de l'empereur François* Joseph, archiduc d'Autriche, marié en 1857 à la princesse Charlotte* de Belgique, il ne reçut de son frère que des postes honorifiques et sans responsabilité. En 1863, Napoléon III lui offrit la couronne impériale du Mexique, qu'il finit par accepter. En butte à l'opposition de Juárez*, il ne put s'imposer aux Mexicains qu'avec l'appui de Napoléon III, qui l'abandonna ; toutes les démarches de sa femme pour lui envoyer des secours échouèrent. Il fut capturé par Juárez et fusillé à Querétaro, ce qui fit sombrer sa femme dans la folie.

**MAXIMILIEN DE BADE** dit **Max de Bade** ♦ Homme politique allemand (Baden-Baden 1867 - Salem, Constance 1929). Nommé chancelier par l'empereur Guillaume* II (oct.-nov. 1918), il proposa l'armistice au président Wilson* et conseilla l'abdication à l'empereur.

**MAXIMIN Ier le Thrace** – en lat. ***Caius Julius Verus Maximinus Thrax*** ♦ (mort à Aquilée en 238). Empereur romain (235 - 238). Ancien berger thrace devenu officier de la classe équestre, il fut proclamé empereur par l'armée après l'assassinat de Sévère* Alexandre. Excellent chef de guerre, il combattit avec succès les Francs et les Iazyges, mais fut assassiné par ses propres soldats.

**MAXIMIN II DAIA** – en lat. ***Galerius Valerius Maximinus*** ♦ (mort à Tarse en 313). Ancien berger thrace, neveu de Galère* qui le nomma césar en 305, il gouverna l'Égypte et la Syrie. Il se fit proclamer auguste en 307 par ses soldats, resta maître de l'Orient à Nicomédie* d'où il reprit la persécution contre les chrétiens. Vaincu par Licinius* en 313, il s'empoisonna.

**MAXWELL (James Clerk)** ♦ Physicien britannique (Édimbourg 1831 - Cambridge 1879). Il apporta des contributions fondamentales à pratiquement toutes les branches de la physique. Il participa à l'élaboration de la théorie cinétique des gaz, déterminant la fonction de distribution des vitesses dans l'état d'équilibre thermique statistique. → **Boltzmann.** Il déduisit de ses mesures la valeur du libre parcours moyen. Inspiré par les travaux de M. Faraday*, il entreprit la première étude mathématique du champ des forces magnétiques des courants (1855). En 1862, il introduisit le concept de courant de déplacement (dans les milieux soumis à un champ électrique variable). C'est en 1864 qu'il énonça sa théorie générale du champ électromagnétique, qui permit la description de tous les phénomènes électriques et magnétiques macroscopiques à partir de quatre équations (de forme mathématique très simple). Il en déduisit que la lumière est aussi une onde électromagnétique, réalisant ainsi l'unification de l'électricité, du magnétisme et de l'optique en une seule théorie. ▸ ÉTYM. Ce nom de famille vient d'un nom de lieu qui signifie «la source (vieil anglais *well*) de Max».

**MĀYĀ DEVĪ** ♦ Nom donné à la mère du Bouddha*.

**MAYAGÜEZ** ♦ V. de Porto Rico, située sur la côte O. de l'île face à la République dominicaine. 253 000 hab. Port. Café et agrumes dans les montagnes proches de la ville. Campus de l'université d'État.

**MAYAPÁN** ▸ ÉTYM. «la bannière des Mayas» ♦ Site archéologique du Yucatán, exploré depuis 1950. **Histoire** Fondée vers l'an 1000 par un souverain toltèque de Tula, appelé Kukulcan (trad. maya de Quetzalcóatl), Mayapán fut le siège de la ligue qui domina le «nouvel empire» maya jusque vers 1200. → **Mayas.**

**MAYA(S)** n. m. (pl.) ▸ ÉTYM. p.-ê. mot indigène «pas beaucoup, pas assez» ♦ Nom donné aux représentants d'une culture qui s'est épanouie sur près de 900 km du N. du Mexique à la frontière centre-américaine. La zone culturelle maya est actuellement divisée en 3 régions : les Basses Terres au N. du Mexique méridional (Yucatán, Campeche, Quintana Roo), les Basses Terres du Centre (Petén au Guatemala, Honduras, Belize), et les Hautes Terres, principalement constituées d'une partie de la sierra Madre méridionale (montagnes du Chiapas et du Guatemala) et du versant Pacifique. L'Empire maya vit se développer une grande civilisation dont la chronologie est bien connue par les nombreuses stèles datées, témoignages des connaissances mathématiques et cosmographiques de ce peuple. On distingue 4 phases majeures : la période préclassique (–1600 à 250) ; la période classique (250 à 700) ; la période épiclassique (700 à 1200) et la période postclassique (1200 à 1500). Les Mayas parlaient près de 20 dialectes différents, parmi lesquels le mam, le quiché, le pokonchi, le chorti. Civilisation de cités-États, l'Empire maya correspond à une mosaïque de régions, dont la religion était liée à la computation du temps et qui disposaient d'une écriture hiéroglyphique. Les temples étaient construits au sommet d'une pyramide et les palais sur une terrasse surélevée ; les édifices étaient décorés de bas-reliefs et de peintures murales. L'art maya comprend des sculptures, des peintures (miniatures, décoration de vases en terre cuite) et des pièces en pierre dure ciselée. Les principaux sites archéologiques sont Palenque, Uxmal, Kabah, Tikal* ; Chichén Itzá illustre le mieux la dernière grande période historique au cours de laquelle l'influence nahua est très nette. Les descendants actuels des Mayas vivent au Mexique et au Guatemala.

**Mayas.** Le temple de Chichén Itzá. *Phot. © Curtis Kautzer/Shutterstock*

**MAYENCE** – en all. ***Mainz*** ▸ ÉTYM. p.-ê. de *°Mogontia* ou *Maguntia*, divinité gaul. ♦ V. d'Allemagne, cap. de la Rhénanie*-Palatinat, sur la rive g. du Rhin, près de son confluent avec le Main. 196 860 hab. Univ. Cathédrale (Xe - XIIIe s.) en partie romane, avec des adjonctions gothiques et baroques. Hôtels baroques ; château de l'électeur, de style Renaissance (fin XVIe s.), abritant le Musée romain-germanique. Importante métropole commerciale du Rhin moyen, vouée grâce à son port fluvial au commerce des vins et des denrées alimentaires. Cimenteries ; verreries ; indus. mécaniques ; construc. navales (péniches). Édition (musique) ; imprimeries ; indus. électroniques. Musée Gutenberg*, qui naquit, travailla et mourut dans la ville. Académie de musique réputée. **Histoire** Occupée par l'armée de Custine* en 1792, la ville fut reprise aux Français par les troupes prussiennes du duc de Brunswick après une longue défense (juil. 1793), puis rattachée à la France en 1797, après le traité de Campoformio. Elle entra dans le grand-duché de Hesse-Darmstadt en 1815. Elle fut occupée par les Français de 1918 à 1930, puis en 1945.

**MAYENNE (Charles DE LORRAINE, duc DE)** ♦ Prince français (Alençon 1554 - Soissons 1611). Il prit la succession de son frère Henri, duc de Guise*, à la tête de la Ligue* (1589). Il fit couronner le cardinal de Bourbon, sous le nom de Charles X. Vaincu à Arques* et à Ivry*, il fit sa soumission à Henri* IV.

**MAYENNE** n. f. ➝ ÉTYM. anc. *Meduana,* probablt précelt., p.-ê. du gaul. *medio-* «milieu» [rivière du milieu entre Sarthe et Vilaine] ♦ Riv. de l'O. de la France (200 km), affl. rive d. de la Sarthe. Elle prend sa source dans le dép. de l'Orne, traverse la Mayenne et le Maine-et-Loire où elle conflue en amont d'Angers.

**MAYENNE** n. f. [53] ➝ ÉTYM. du n. de la riv. ♦ Dép. de l'O. de la France, région Pays de la Loire. 5 175 km$^2$. 285 338 hab. CH.-L. : Laval. CH.-L. D'ARR. : Château-Gontier, Mayenne. Cour d'appel : Angers. Académie : Nantes. ➝ **Pays de la Loire.**

**MAYENNE** [53100] ♦ Ch.-l. d'arr. de la Mayenne, sur la rivière Mayenne. 13 724 hab. (aggl. 15 636) *(Mayennais).* Importants vestiges d'un palais carolingien (VIII$^e$ - XI$^e$ s.), remanié plusieurs fois, notamment au XV$^e$ s. Basilique Notre-Dame, XII$^e$ et XVI$^e$ s., de style gothique, très remaniée au XIX$^e$ s. Église Saint-Martin, en partie romane. ▪ Marché. Indus. diversifiées. ▮ **Histoire** Violents combats pendant la guerre de Vendée. La ville a beaucoup souffert des bombardements de l'été 1944.

**MAYER (Julius Robert VON)** ♦ Physicien et médecin allemand (Heilbronn 1814 - *id.* 1878). L'un des pionniers de la thermodynamique ; il fut le premier à énoncer l'équivalence des énergies mécanique (travail) et thermique (chaleur), ce qui constitue le premier principe de la thermodynamique. Il détermina la valeur de l'équivalent mécanique de l'unité de chaleur. ➝ **Joule, Helmholtz.** Il établit la *relation,* dite *de Mayer,* qui relie la masse molaire d'un gaz parfait aux chaleurs spécifiques. Étudiant la fonction chlorophyllienne, il découvrit que les plantes vertes réalisent leurs synthèses par transformation de l'énergie lumineuse en énergie chimique (1845). ➝ ÉTYM. Ce nom est une variante de *Meyer*.*

**MAYER (Carl)** ♦ Scénariste autrichien (Graz 1894 - Londres 1944). C'est à lui, plus qu'à leurs réalisateurs en titre, que l'on doit l'originalité de films expressionnistes comme *Le Cabinet* du docteur Caligari* (1920), *Torgus* (1921) ou *La Nuit de la Saint-Sylvestre* (1923). Il fut surtout le collaborateur privilégié de Murnau, en particulier pour *Le Dernier des hommes* (1924), *Tartuffe* (1926) et *L'Aurore** (aux États-Unis, 1927). Juif, il mourut en exil, dans une totale misère.

**MAYER (René)** ♦ Homme politique français (Paris 1895 - *id.* 1972). Membre du Comité français de libération nationale (1943), puis de plusieurs cabinets sous la IV$^e$ République, comme ministre des Finances ou de la Justice, il fut président du Conseil de janv. à mai 1953.

**MAYER (Daniel)** ♦ Homme politique français (Paris 1909 - Orsay 1996). Militant socialiste entré dans la Résistance dès 1940, il représenta au CNR la SFIO, dont il fut le secrétaire général de 1943 à 1946. Député (1945 - 1958), ministre du Travail (1946 - 1949), il présida la Ligue des droits de l'homme (1958 - 1975) et le Conseil constitutionnel (1983 - 1986).

**MAYERLING** ♦ Village d'Autriche, situé à 37 km au S.-O. de Vienne. Le nom de cette localité est lié au drame découvert le 30 janv. 1889, jour où l'on retrouva le corps de l'archiduc héritier Rodolphe* de Habsbourg, fils de François-Joseph I$^{er}$ et de l'impératrice Élisabeth, et celui de la baronne Marie Vetsera.

**MAYFAIR** ♦ Quartier élégant de Londres, près de Hyde Park. Commerce de luxe.

***Mayflower*** n. m. ♦ Navire anglais parti de Southampton vers l'Amérique (16 sept. 1620) avec à son bord 102 émigrants, notamment des puritains, membres d'une Église séparatiste de Leyde. Durant la traversée, les 41 chefs de famille s'engagèrent par un contrat mutuel *(Mayflower Compact)* réglant les principes du nouvel établissement. Ils débarquèrent près du cap Cod et fondèrent la première ville de Nouvelle-Angleterre, Plymouth (26 nov. 1620). En 1798, les puritains reçurent le nom de «Pères pèlerins» *(Pilgrim Fathers).*

**MAYNARD** ou **MAINARD (François)** ♦ Poète français (Toulouse v. 1582 - Aurillac 1646). Il fut l'un des premiers académiciens. Secrétaire de Marguerite* de Valois, il composa pour elle le *Philandre,* poème pastoral en cinq chants. Devenu disciple de Malherbe*, il publia (1646) des *Odes,* des *Épigrammes* et des *Poésies* («À la belle vieille») où, dans une forme impeccable et des mètres très divers, sa verve réaliste succède à un lyrisme souvent mélancolique. [Acad. fr. 1634] ➝ ÉTYM. Ce nom de famille vient du germanique *Maginhard,* du vieux haut allemand *magin* «puissance» et *hard* «fort».

**MAYNOOTH** ♦ V. de la rép. d'Irlande, qui marque les limites de la grande banlieue de Dublin vers l'O. 10 715 hab. Le premier séminaire national catholique y fut fondé en 1795. Université.

**MAYO** – en gaél. ***Mhuigheo*** ♦ Comté de l'O. de la rép. d'Irlande. 5 398 km$^2$. 123 839 hab. CH.-L. : Castlebar. Climat humide, paysages âpres (Achill Island, Mullet of Mayo), faiblement boisés et désolés où dominent les tourbières et qui ont inspiré J. M. Synge*. Agriculture résiduelle fondée sur un élevage ovin extensif. Tourisme autour de la baie de Clew.

**MAYOL** (saint) ➝ **Maïeul (saint)**

**MAYOL (Félix)** ♦ Chanteur français de café-concert (Toulon 1872 - *id.* 1941). Popularisé par son toupet blond, son brin de muguet, l'agilité expressive de ses mains et sa rondeur souriante, il fut le créateur de plus d'un millier de chansons, à la grande époque du café-concert. *Viens poupoule, Cousine, À la cabane bambou, À la Martinique, Les Mains de femme* furent ses plus durables succès.

**MAYON** n. m. ♦ Volcan des Philippines (2 462 m). Dominant la ville de Legazpi dans l'île de Luçon, il est en activité quasi permanente, avec de fréquentes éruptions à nuées ardentes : celle de 1814 fit 1 200 victimes. Une coulée de lave longue de 7 km a été émise en 2006.

**MAYOTTE [976]** – en comorien ***Maoré*** ➝ ÉTYM. déformation du nom indigène *M'Ayâta, Mawutu, Mahori,* de sens inconnu, p.-ê. de l'ar. *mawt,* désignant la mort, parce que de nombreux navires se seraient fracassés sur la barrière de corail qui protège l'île ♦ Collectivité d'outre-mer française, à l'E. des Comores*, formée de 2 îles. 373 km$^2$. 131 320 hab. CH.-L. : Dzaoudzi. Ylang-Ylang, vanille, pêche. L'île comporte un vaste lagon et abrite une base navale française. ▪ L'histoire de Mayotte se confond avec celle des Comores jusqu'en 1976. ➝ **Comores.** Collectivité territoriale de 1976 à 2001, Mayotte a obtenu un statut de collectivité départementale et doit devenir un département d'outre-mer en 2011, suite au référendum de 2009.

**MAYOW (John)** ♦ Médecin et chimiste anglais (Londres 1640 - *id.* 1679). Auteur d'une théorie de l'analogie de la respiration et de la combustion (*Tractatus quinque medicophisici,* 1674), il considérait l'air comme formé de deux parties, l'une inerte et l'autre active (esprit nitro-aérien). Il créa également une technique de la manipulation des gaz (cuve à eau, tubes coudés).

**MAY-SUR-ÈVRE (LE)** [49122] ➝ ÉTYM. du lat. *Maius,* n. de pers. gallo-rom. ♦ Comm. du Maine-et-Loire, arr. de Cholet. 3 891 hab.

**MAZAGAN** ➝ **Jadida (el-)**

**MAZAMET** [81200] ➝ ÉTYM. p.-ê. de *mas* et *Azamet,* n. de pers. ♦ Ch.-l. de cant. du Tarn, arr. de Castres, sur le Thoré. 10 544 hab. (aggl. 23 847) *(Mazamétains).* Important centre de délainage des peaux provenant principalement d'Australie, d'Afrique du Sud et d'Argentine. Mégisserie. Filature et tissage.

**MAZAN** [84380] ➝ ÉTYM. anc. *Madazano,* du lat. *Matasius,* n. de pers., et suff. *-anum* ♦ Comm. du Vaucluse, arr. de Carpentras, sur l'Auzon. 4 943 hab. Dans le cimetière, 62 sarcophages gallo-romains ; chapelle de Notre-Dame-de-Pareloup du XII$^e$ s. Chapelle des Pénitents-Blancs du XVII$^e$ s. (musée consacré à l'histoire locale). ▪ Carrières de gypse (gypse de Mazan).

**MAZANDÉRAN** ou **MAZANDARAN** n. m. ♦ Prov. du N. de l'Iran, sur les bords de la mer Caspienne, à la frontière du Turkménistan. 46 645 km$^2$. 2 920 657 hab. CH.-L. : Sāri*. Étroite bande littorale bordée par l'Elbourz*, c'est une zone forestière et agricole qui permet la culture des céréales, du riz, du coton, du thé et des agrumes. Mines de charbon. Fabriques de cotonnades, huilerie et pêcherie d'esturgeon (caviar). ▮ **Histoire** Appelée aussi Tabarestan, cette province, difficilement pénétrable, fut le berceau des premières dynasties chiites iraniennes (Alavides et Buyides*).

**MAZĀR-É CHARĪF** ➝ ÉTYM. afghan «la tombe *(mazār)* du chérif *(šarīf)*» ♦ V. d'Afghanistan. 183 000 hab. Ch.-l. de la prov. de Balkh*. ▪ Principale ville du N. du pays, elle est le point de passage obligé de tout le commerce entre l'Afghanistan et la CEI. La ville est prospère et dynamique. Aux activités artisanales traditionnelles (tapis, cotonnades, soieries) et du commerce (collecte des peaux d'astrakan), s'est récemment ajoutée une activité industrielle notable (textile, engrais). ▪ La ville est un important centre de pèlerinage musulman (tombeau supposé du calife Ali*).

**Mazār-é Charīf.** Le tombeau d'Ali. *Phot. © Rémy*

**MAZARIN (Giulio MAZARINI, dit en fr. Jules)** ♦ Cardinal et homme politique français d'origine italienne (Pescina, Abruzzes 1602 - Vincennes 1661). Sa famille était au service des princes Colonna qui protégèrent ses débuts. Il passa de l'armée pontificale à la diplomatie. Une mission en France lui permit de rencontrer Richelieu* (1630) et il servit désormais la France, contribuant à lui assurer la possession de Pignerol (1631). Nonce à Paris en 1635 - 1636, il se fit apprécier de Richelieu qui le fit nommer cardinal, alors qu'il n'avait jamais été ordonné, et en fit son principal collaborateur après la mort du Père Joseph*. Son intelligence, son habileté, sa souplesse

**Mazarin.** Portrait par Philippe de Champaigne (1,40 x 1,17 m), v. 1650. Musée du Louvre, Paris. *BIS/Phot. Hubert Josse © Archives Larbor*

lui valurent de se voir confier par Louis XIII la direction du Conseil à la mort de Richelieu. À la stupeur de la cour, il resta le principal ministre d'Anne* d'Autriche régente (1643) et fut selon toute vraisemblance son amant et peut-être son mari. Il dut immédiatement faire face à l'hostilité des Grands (cabale des Importants*). La période de répit intérieur qui suivit et dura jusqu'en 1648 lui permit des réussites extérieures : après les victoires de Rocroi*, Nördlingen*, Lens*, fut conclu le traité de Westphalie*. Mais la guerre aggrava les difficultés financières et il dut multiplier les mesures fiscales. C'est l'une d'entre elles (l'affaire de la Paulette*) qui déclencha la Fronde parlementaire. → **Fronde.** Au milieu des libelles, les « mazarinades », il résista et parvint par son habileté à diviser ses adversaires et à conclure la paix de Rueil* (1649). L'arrestation de Condé* provoqua une recrudescence des hostilités et il fut obligé de s'exiler deux fois pendant la Fronde des princes, mais n'en continua pas moins à exercer le pouvoir par l'entremise d'Anne d'Autriche et de ses collaborateurs (Servien* aux Finances, Lionne* aux Affaires étrangères, Le* Tellier à la Guerre). Il sortit finalement vainqueur de l'épreuve, fut acclamé lors de son retour à Paris (1653) et resta seul maître jusqu'à sa mort. Le traité des Pyrénées* mit fin à la guerre avec l'Espagne, Mazarin avait mené à son terme l'œuvre commencée par Richelieu et préparé le règne de Louis XIV, qu'il avait lui-même formé. Il fut un mécène éclairé, mais il acquit aussi une immense fortune et fit celle de toute sa famille. Il avait réuni de magnifiques collections et une bibliothèque importante (l'actuelle bibliothèque Mazarine), dont il fit don à l'État, fonda le collège des Quatre-Nations et l'Académie de peinture et sculpture. ➝ ÉTYM. *Mazarin* vient peut-être du nom de lieu sicilien, *Mazzara.*

**Mazarine** (bibliothèque) ♦ Bibliothèque de Paris, dans l'aile gauche du palais de l'Institut*. Bibliothèque personnelle du cardinal Mazarin, elle fut la première à être ouverte au public, en 1643. Rattachée à la Bibliothèque* nationale (1923), puis à la bibliothèque de l'Institut (1945), elle renferme des fonds de caractère encyclopédique.

**MAZATLÁN** ♦ V. du Mexique septentrional (État de Sinaloa), à l'entrée du golfe de Californie. 352 471 hab. Indus. alimentaires et textiles. Port exportateur de produits tropicaux (fruits, tabac) et de minerais (cuivre, plomb, zinc). Station balnéaire. Carnaval.

**MAZDAK** ♦ Religieux iranien (v. la fin du Ve s.). Réformant le manichéisme, il prêcha une doctrine égalitaire et communautaire contre la société de caste et le dogmatisme religieux des Sassanides. Le roi Qobād (487 - 531) protégea au début de son règne les adeptes de Mazdak, mais Khosrō* Ier Anocharvan, après avoir obtenu leur condamnation pour hérésie par les autorités mazdéennes et chrétiennes, les massacra.

**MAZÉ** [49250] ➝ ÉTYM. anc. *Condita Maciacensis,* du lat. *Masius,* n. de pers., et suff. *-acum* ♦ Comm. du Maine-et-Loire, arr. d'Angers. 3 875 hab.

**MAZEPPA** ou **MAZEPA (Ivan Stepanovitch)** ♦ Hetman des Cosaques (près de Kiev v. 1644 - Bendery 1709). Il gouverna l'Ukraine à partir de 1687. D'abord allié de Pierre le Grand, il se rangea en 1708 du côté des Suédois, afin de défendre l'autonomie ukrainienne. Battu avec Charles XII à Poltava* (1709), il se réfugia à Bendery. ▪ Le personnage de Mazeppa, dont la légende raconte qu'il fut surpris en flagrant délit d'adultère par un Polonais jaloux, qui l'aurait attaché nu sur un cheval sauvage qui l'emporta jusqu'en Ukraine, a inspiré de nombreux romantiques (poèmes de Byron, Pouchkine, Victor Hugo ; poème symphonique de Liszt, opéra de Tchaïkovski).

**MAZINGARBE** [62670] ➝ ÉTYM. anc. *Masengarba,* du germ. *Maso,* n. de pers., et *garba* « gerbe ; terre à blé » ♦ Comm. du Pas-de-Calais, arr. de Lens. 7 470 hab. *(Mazingarbois).* Indus. chimique (engrais).

**MAZOVIE** n. f. – en polon. ***Mazowsze*** ♦ Région historique de la Pologne centrale s'étendant de part et d'autre de la Vistule au N. de la petite Pologne. V. PRINC. : Varsovie. Culture de pommes de terre et de lin. – ***Voïvodie de Mazovie.*** 35 557 km$^2$. 5 171 700 hab. CH.-L. : Varsovie. ▮ **Histoire** Principauté gouvernée par une branche cadette de la famille des Piast dès 1138, la Mazovie eut Varsovie pour capitale à partir de 1344, et fut rattachée à la Couronne par Sigismond Ier Jagellon avec la Cujavie en 1526.

## mazdéisme

n. m., du nom de son dieu ou **zoroastrisme** du nom de son fondateur ➝ ÉTYM. en pahlavi ***mazdesm,*** en avestique ***mazdāyasnā*** « adoration d'Ahura Mazda » ♦ Religion née en Iran (-VIe s.) à la suite des réformes apportées par Zarathoustra* aux anciennes religions iraniennes, et qui resta majoritaire dans ce pays jusqu'à la conquête musulmane. Le mazdéisme se caractérise par une haute conscience du bien et du mal qui régissent le monde. Le dieu principal, Ahura Mazda, guide l'homme vers le bien, et s'oppose à Ahriman, l'esprit malfaisant, chef des *daevā* (démons) dont le culte est interdit. L'humanité ne peut éviter de prendre part à cette lutte, un jugement futur par le feu devant départager les bons (qui auront suivi l'enseignement de la morale mazdéenne résumée par la triade « Bonne pensée, bonnes paroles, bonnes œuvres ») et les méchants. Cette lutte entre les deux principes doit se terminer par la victoire d'Ahura Mazda. Ainsi le dualisme n'est qu'apparent et le zoroastrisme un « monothéisme imparfait ». Le culte est strictement réglementé. Les sacrifices sanglants sont interdits de même que la boisson enivrante. Les morts ne peuvent être ni enterrés, ni brûlés, ni immergés, de peur de souiller les trois éléments sacrés, la terre, l'eau et le feu ; leurs corps sont exposés sur des tours du silence où les vautours viennent les déchiqueter. En se répandant, le mazdéisme s'altéra : il réincorpora d'anciens dieux (→ **Mithra**), divinisa Zarathoustra et se durcit en un dualisme radical (→ **Ohrmazd, Ahriman**). Il subsiste des adeptes du mazdéisme en Iran (32 000 en 1986), en Inde et dans le monde (plusieurs dizaines de milliers). → **guèbres, parsis.**

**MAZOWIECKI (Tadeusz)** ♦ Homme politique polonais (Płock 1927). Intellectuel catholique, militant de Solidarité, il dirigea le premier gouvernement postcommuniste en Pologne après les élections de l'été 1989. Après son échec à l'élection présidentielle de nov. 1990, il fut remplacé à la tête du gouvernement par J. K. Bielecki (janv. 1991).

**MAŽURANIĆ (Ivan)** ♦ Poète croate (Novi Vinodolsk 1814 - Zagreb 1890). Fondateur de la littérature croate moderne, il est l'auteur d'un poème épique, *La Mort de Smaïl-age-Čengić,* (1846), écrit dans une langue très pure et qui exalte la lutte des peuples yougoslaves contre la domination turque.

**MAZURIE** n. f. – en polon. ***Mazury*** ♦ Région lacustre et boisée du N.-E. de la Pologne, riveraine de la Baltique, à l'E. du delta de la Vistule. V. PRINC. : Olsztyn. Cultures fourragères, pomme de terre, seigle. Élevage de bovins, de chevaux et de porcs. – ***Voïvodie de Warmie-Mazurie.*** 24 173 km$^2$. 1 426 900 hab. CH.-L. : Olsztym. ▮ **Histoire** Conquise par les chevaliers Teutoniques au XIIIe s., la Mazurie fut, avec la Prusse-Orientale, sous suzeraineté polonaise de 1525 à 1660, puis passa à la maison de Brandebourg, après la paix d'Oliwa*. Germanisée à partir de 1667, elle n'est redevenue polonaise qu'en 1945. ▪ Au début de la Première Guerre mondiale, les forces allemandes de Hindenburg, après une première victoire à Tannenberg (août 1914), battirent encore les Russes dans la région des lacs Mazures (sept. 1914 et fév. 1915).

**MAZZINI (Giuseppe)** ♦ Patriote et révolutionnaire italien (Gênes 1805 ou 1808 - Pise 1872). Suspecté de carbonarisme, il fut arrêté, emprisonné et expulsé d'Italie. Réfugié en France (1831), il y fonda le mouvement Jeune-Italie dont le but était la libération et l'unification de l'Italie par la république (contrairement à la conception fédérative de Gioberti*) et dont l'inspiration restait profondément catholique. Après plusieurs conspirations manquées, Mazzini s'installa à Londres, où il publia ses deux œuvres *Foi et Avenir* (1835) et *Devoirs de l'homme* (1837). Rentré en Italie (1848), il s'enrôla quelque temps dans les troupes de Garibaldi avant de devenir l'un des triumvirs de la République romaine, jusqu'au rétablissement de la puissance papale par les troupes françaises (1849). Réfugié en Suisse, puis à Londres, il reprit ses activités de conspirateur, entra en relation avec Kossuth et Ledru-Rollin et tenta de fonder une Alliance républicaine universelle (1868). Revenu préparer en Italie l'avènement de la république, il fut arrêté en Sicile (1870) et enfermé à Gaète. Amnistié, il mourut peu après.

**MAZZINI (Andrea Luigi)** ♦ Socialiste italien (Pescia, Pistoia 1814 - Marseille 1852). Influencé par les idées de la gauche hégélienne (→ **hégélianisme**) et celles de Saint-Simon, son ouvrage principal : *De l'Italie dans ses rapports avec la liberté et la civilisation* (1847), annonce par bien des thèmes le *Manifeste du parti communiste,* de Marx et Engels (1848). ➝ ÉTYM. Ce nom vient de l'italien *mazza* « masse, bâton [arme de guerre] » ou est l'hypocoristique de noms tels *Mazzacavallo, Mazzalupo,* formés sur le verbe *(am)mazzare* « tuer ».

**MBABANE** ➝ ÉTYM. du n. du chef *Mbabane* Kuene, qui vivait dans la région à l'arrivée des colons ♦ Cap. du Swaziland*, à l'E. du pays. 52 000 hab. *(Mbabanais).* Premier comptoir britannique au Swaziland.

**MBANDAKA** – anc. ***Coquilhatville*** ♦ V. de la Rép. démocratique du Congo sur la rive g. du Congo. Plus de 130 000 hab. Cap. de la prov. de l'Équateur et centre d'une région de plantations (café, cacao).

**MBEKI (Thabo)** ♦ Homme d'État sud-africain (Idutywa, Transkey 1942). Fils d'un militant politique condamné avec N. Mandela à la prison à vie, il devint vice-président (1994) puis président de l'ANC (1997 - 2008). Il a succédé à Nelson Mandela à la présidence de la République sud-africaine (1999 - 2008) et a présidé l'Union africaine à sa création, en 2001. Il a été très critiqué pour sa politique libérale et ses déclarations mettant en doute le lien entre le virus VIH et le sida, fléau national, et a dû démissionner en 2008 à la demande de l'ANC.

**MBINI** – anc. ***Río Muni*** ♦ Enclave continentale de la Guinée Équatoriale, entre le Cameroun au N. et le Gabon à l'E. et au S. 26 000 km². Env. 300 000 hab. CH.-L. : Bata. Agriculture essentiellement vivrière. Cacao, café, bois.

**MBUJI-MAYI** – anc. ***Bakwanga*** ♦ V. de la Rép. démocratique du Congo dans le Kasaï oriental. 430 000 hab. Diamants industriels.

**MEAD (George Herbert)** ♦ Philosophe et sociologue américain (South Hadley, Massachusetts 1863 - Chicago 1931). Comme J. Dewey*, dont il fut l'ami, il a développé une philosophie d'inspiration pragmatiste et a élaboré une conception naturaliste (initialement behavioriste) des mécanismes psychosociologiques, insistant plus particulièrement sur le développement du langage et de la pensée (*La Philosophie du présent*, 1932 ; *L'Esprit, le Moi et la Société*, 1934 ; *La Philosophie de l'acte*, 1938).

**MEAD (Margaret)** ♦ Anthropologue américaine (Philadelphie 1901 - New York 1978). Ses enquêtes ethnographiques, qui ont fait l'objet de critiques, portèrent notamment sur les sociétés des îles Samoa, de la Nouvelle-Guinée, de Bali. Influencée par Freud*, elle a étudié les relations entre la structure familiale et la psychologie de l'enfant, le problème de l'intégration de l'individu dans la société et en particulier les rites initiatiques de passage à la fin de l'adolescence. Elle a publié *Coming of Age in Samoa* (1927), *From the South Seas* (1939) et, en collaboration avec Bateson*, *Balinese Character* (1942).

**MEADE (George Gordon)** ♦ Général américain (Cadix 1815 - Philadelphie 1872). Il commanda après McClellan l'armée du Potomac (1863) et remporta sur Lee la bataille de Gettysburg*.

**MEADE (James Edward)** ♦ Économiste britannique (Swanage 1907 - 1995). Il travailla sur les problèmes du commerce international et des mouvements de capitaux, ainsi que sur l'inégalité des richesses et des revenus et sur la stagflation (*La Balance des paiements*, 1951 ; *Agathotopia : The Economics of Partnerships*, 1989). [Prix Nobel de sc. écon. 1977, avec B. Ohlin*]

**MÉANDRE** n. m. – en gr. ***Maiandros***, en turc ***Büyük Menderes*** ♦ Fl. de Turquie, en Asie Mineure (584 km), au cours sinueux, qui se jette dans la mer Égée. Ses alluvions ont comblé les ports des cités ioniennes de Milet* et Priène*.

**MEANY (George)** ♦ Syndicaliste américain (Harlem 1894 - Washington 1980). Secrétaire et trésorier (1940 - 1952) puis président de l'American Federation of Labour, il présida la grande centrale syndicale née de la fusion de l'AFL avec la CIO (1955 : AFL-CIO). Réformiste, il s'opposait à toute action de grève, contrairement à son vice-président, W. Reuther*.

**MEATH** – en gaél. ***na Mhidhe*** ♦ Comté de la rép. d'Irlande, en bordure de la mer d'Irlande. 2 338 km². 162 831 hab. CH.-L. : Drogheda. Nombreux vestiges historiques et archéologiques (tumuli de Newgrange, abbayes de Mellifont et de Monasterboice). Région agricole entrée dans l'orbite économique de Dublin et qui bénéficie des retombées de la croissance économique de la ville, surtout dans la partie S. ▮ **Histoire** Ce fut le centre de l'ancien royaume de Midhe (avec Tara comme capitale) dont les souverains étaient traditionnellement les hauts rois de l'Irlande *(Ardri)*. En 1172, le royaume de Meath fut intégré au Pale d'Irlande.

**MEAUX** [mo] [77100] ← ÉTYM. de *Meldi*, peuple gaulois ♦ Ch.-l. d'arr. de la Seine-et-Marne, sur la Marne. 49 421 hab. (aggl. 67 956) *(Meldois)*. Évêché. La cathédrale Saint-Étienne (XIIe - XVIe s.) renferme la tombe de Bossuet*. L'anc. palais épiscopal (XVIIe s.), avec des salles et une chapelle du XIIe s., abrite un musée essentiellement consacré à Bossuet ; jardin dessiné par Le Nôtre. Vieux Chapitre (XIIIe s.). Anc. remparts gallo-romains. ▪ Enseignement technologique. Équipements automobiles. Chaudières murales. Indus. agroalimentaire. Fromages de Brie. Moutarde de Meaux. ▮ **Histoire** Oppidum d'un peuple gaulois, les *Meldi*, Meaux fut évêché à partir du IVe s. et devint ensuite capitale de la Brie. La ville appartint aux comtes de Champagne qui lui donnèrent une charte (1179). Guillaume de Briçonnet, évêque de Meaux de 1516 à 1534, diffusa les idées réformistes de Lefèvre d'Étaples, qui forma avec quelques autres le « Cénacle de Meaux ». Bossuet, dit l'Aigle de Meaux, fut titulaire de l'évêché de 1681 à 1704.

**MEAUX (aigle de)** → Bossuet

Le **Mécano de la « General »** – en angl. ***The General*** ♦ Film américain de Buster Keaton* et Clyde Bruckman (1926). Ce chef-d'œuvre de Keaton, acteur et cometteur en scène, est le sommet du burlesque cinématographique muet et n'aura jamais d'équivalent au parlant. Le point de départ est le vol d'un train à vapeur par un commando nordiste, épisode authentique de la guerre de Sécession. Keaton a respecté le contexte historique, les faits, les personnages et le moindre des accessoires, utilisant du matériel grandeur nature, piloté par lui-même, génial coordonnateur de ce voyage dont l'apothéose est un fabuleux déraillement du haut d'un pont en flammes.

**MÉCÈNE** – en lat. ***Caius Cilnius Maecenas*** ♦ Chevalier romain de grande naissance étrusque (Arezzo ? v. –69 - –8). Ministre d'Auguste*, il encouragea les lettres et les arts, ouvrant sa maison sur l'Esquilin ou sa villa de Tibur (Tivoli) à des poètes comme Virgile*, Horace* et Properce*. Poète lui-même, il fut accusé de préciosité par ses contemporains. Son nom est devenu synonyme de protecteur des arts.

**MÉCHAIN (Pierre)** ♦ Astronome français (Laon 1744 - Castellón de la Plana, Espagne 1804). Il vérifia, avec Cassini* et A. Legendre*, la différence des longitudes des observatoires de Paris et de Greenwich. Avec Delambre*, il mesura de 1792 à 1798 la longueur de l'arc de méridien de Dunkerque à Barcelone afin de déterminer l'étalon métrique adopté comme unité légale de longueur par l'Assemblée constituante en 1791. [Acad. sc. 1782] ← ÉTYM. Ce nom de famille vient de l'ancien français *meschin* « jeune homme ».

**MECHED** ou **MACHHAD** ← ÉTYM. « lieu de martyre » ♦ V. d'Iran, ch.-l. du Khorassan*-et-Razavi, sur le Kachaf rūd. 2 427 316 hab. Au centre d'une zone agricole pourvue de riches vergers, Meched attire chaque année plusieurs millions de pèlerins. Indus. alimentaire (sucrerie, conserveries), textile et cuir. Centre administratif et universitaire. Riches musée et bibliothèque de la fondation de l'Imam-Rizā (Astane Qods). ▮ **Histoire** Construite autour du sanctuaire de l'Imam-Rizā fondé en 817, la ville se développa surtout après la destruction par les Mongols (XIVe s.) de Tūs, la capitale historique du Khorassan. De beaux monuments y furent érigés sous les Timurides (la mosquée de Gowhar Chad, XVe s.) et les Safavides. De 1736 à 1747 elle fut la capitale de Nādêr* Chāh.

**MECHELEN** → Malines

**MECHTILDE DE HACKEBORN** (sainte) ♦ Religieuse cistercienne (1241 - Helfta 1299), sœur de sainte Gertrude* la Grande, elle reçut des révélations. Elle est une des initiatrices du culte du Sacré-Cœur.

**MECHTILDE VON MAGDEBURG** ♦ Religieuse allemande (1210 - Helfta, près d'Eisleben 1285). Elle fut d'abord béguine, puis cistercienne à Helfta. Son œuvre mystique, *Vom fliessenden Licht der Gottheit*, exprime, dans un langage souvent proche de celui de la poésie courtoise, l'union de l'âme et de Dieu.

**MECKLEMBOURG** n. m. – en all. ***Mecklenburg*** ← ÉTYM. du germ. *mikilal* « grand » et *burg* « forteresse » ♦ Anc. État d'Allemagne, au N. du Brandebourg, au bord de la mer Baltique. Il comportait des villes portuaires affiliées à la Hanse (Rostock*, Wismar*). Au VIe s., les Slaves y succédèrent aux Germains : Obodrites* à l'O., Wilzes à l'E. Henri* le Lion, duc de Saxe, les soumit au XIIe s., mais le prince slave Pribislav, converti au christianisme et devenu prince d'Empire, continua à régner sur le Mecklembourg, ainsi que sa descendance. Passée à la Réforme, cette principauté fut divisée à de multiples reprises. Lors de la guerre de Trente* Ans, le *Mecklenburg-Schwerin* et le *Mecklenburg-Güstrow* appartinrent un moment à Wallenstein*. Une nouvelle division se produisit en 1695 entre *Mecklenburg-Schwerin* et *Mecklenburg-Strelitz*. Entrés dans la Confédération* du Rhin, grands-ducs en 1815, les princes de Mecklembourg se rangèrent aux côtés de la Prusse et firent partie de la Confédération* de l'Allemagne du Nord, puis de l'Empire allemand. Les 2 principautés se caractérisaient par des structures sociales et agraires proches de celles de la Prusse, marquées par la domination des grands propriétaires *(Junkers)*. Après 1945, ce qui restait de la Poméranie à l'O. de l'Oder fut ajouté au Mecklembourg et divisé de 1952 à 1990 en 3 districts (Rostock, Schwerin et Neubrandenburg). Depuis 1990, la configuration de 1945 - 1952 est retrouvée dans le Land de Mecklembourg-Poméranie-Antérieure.

**MECKLEMBOURG-POMÉRANIE-ANTÉRIEURE** n. m. – en all. ***Mecklenburg-Vorpommern*** ♦ État (Land) de la République fédérale d'Allemagne. → **Allemagne** (carte). 23 559 km². 1 700 000 hab. CAP. : Schwerin. Le Land n'est pas subdivisé en régences mais compte 37 cercles ou *Kreise*. Une seule ville de plus de 100 000 hab. (Rostock). ▮ **Géographie** Le Land s'étend dans la grande plaine germano-polonaise, vallonnée par les moraines aux formes encore fraîches de la glaciation vistulienne. L'hydrographie encore indécise explique les multiples lacs (dont le Müritz See) situés entre ces croupes baltiques. Le littoral alterne langues sableuses fermant des lagunes (Haffe) et falaises (notamment de l'île de Rügen*). Les argiles morainiques récentes offrent de très bons sols. ▮ **Économie** Pays de très gros domaines hérités des *Junkers* (céréales, betteraves à sucre, élevage associé), le Mecklembourg est, hormis le port de Rostock, fort peu doté d'industries, si l'on excepte la transformation des produits agricoles. C'est le Land le moins peuplé (82 hab./km²) et le plus pauvre de la RFA. Autrefois port principal de la RDA, Rostock* subit aujourd'hui la concurrence brutale de Hambourg, plus puissant, plus moderne, et mieux ouvert sur le monde par la mer du Nord. Qui plus est, la fonction administrative a été dévolue à la petite ville de Schwerin. Rostock a cependant une université, ainsi que Greifswald. Le tourisme balnéaire, notamment dans l'île de Rügen, est une manne fort utile. Il pourra être rapidement complété par un tourisme vert grâce aux nombreux parcs nationaux et à des zones naturelles très préservées.

**MECQUE (LA)** ← ÉTYM. en ar. ***Makka*** ; p.-ê. de la rac. sémitique *mkk* « tomber en ruine » ♦ V. d'Arabie saoudite, cap. religieuse de l'islam, située au S. de Médine dans le Hedjaz*, dont elle est le centre. 1 294 168 hab. La ville, berceau du prophète Mahomet*, est interdite aux non-musulmans ; c'est le plus grand centre de pèlerinage de l'islam (→ **Hajj**). La Grande Mosquée contient la Kaaba*. Nombreux petits commerces et artisanats. Une route relie le port de Djeddah*, où débarquent les pèlerins, à la Ville sainte. ▮ **Histoire** Mahomet* y fit ses premières prédications, mais il se heurta aux riches marchands qoraychites* et dut fuir pour Médine*. En 630, il revint à La Mecque pour en faire le centre de l'islam. Sous les Omeyades* et les Abbassides, la ville fut généralement administrée par un membre de la famille califienne et à partir de 960 environ par un chérif des Alides*. Elle fut mise à sac en 930 par les Qarmates qui enlevèrent la Pierre noire de la Kaaba et la conservèrent huit ans. La Ville sainte passa ensuite sous la domination des Ayyubides puis des Mamelouks d'Égypte. En 1517, elle fut conquise par les Turcs ottomans, tomba au pouvoir des Wahhabites* de 1803 à 1813, puis de Méhémet* Ali jusqu'en 1840 ; elle fut alors rendue au sultan. Le pouvoir appartenait au chérif de La Mecque. En 1916, le chérif Hussein* ibn Ali se déclara indépendant, mais il fut chassé de la ville par Ibn Séoud en 1924.

**La Mecque.** La Grande Mosquée de la Mecque et la Kaaba. Musée du Louvre, Paris. *BIS/Phot. © Archives Nathan*

**MEDAN** ♦ V. et port d'Indonésie, cap. de la prov. de Sumatera Utara (Sumatra-Nord). 1 909 700 hab. C'est la 1re ville et le 1er port (Belawan) de l'Indonésie hors de Java. Le port exporte les produits des vastes plantations de l'arrière-pays (hévéa, palmier à huile, cacao, café, thé, tabac), ainsi que des fruits et légumes vers Singapour et la Malaisie. Indus. textiles, agroalimentaires, tabac.

**MÉDAN** [78670] ← ÉTYM. anc. en gaul. *Magedon* « marché *(magos)* fortifié (*dunon* "enceinte fortifiée") » ou « grand *(magi[o])* fort (*dunon* "enceinte fortifiée") » ♦ Comm. des Yvelines, arr. de Saint-Germain-en-Laye. 1 393 hab. *(Médanais).* Maison d'É. Zola* (musée), où se tinrent de célèbres soirées littéraires (cf. *Les Soirées* de Médan*). Château de Médan, où séjourna M. Maeterlinck.

**MÉDARD** (saint) ← ÉTYM. du germ. *Madahard,* n. de pers. (de *mad-*, à rapprocher du vx saxon *maedh* « respect ») ♦ (Salency, Vermandois, v. 456 - Tournai v. 545). Évêque de Vermand, près de Saint-Quentin (530), puis de Noyon et Tournai fusionnés. L'abbaye Saint-Médard-de-Soissons fut bâtie autour de ses reliques par Clotaire Ier. Les croyances populaires l'invoquent pour la pluie et le beau temps. ▪ Fête le 8 juin.

**MEDAWAR** (sir **Peter Brian**) ♦ Biologiste britannique (Rio de Janeiro 1915 - Londres 1987). Ses travaux sur la tolérance immunologique acquise commencèrent par la recherche de substances capables de favoriser la reconstitution des tissus brûlés et par l'étude de la cause du rejet des greffes, dont il découvrit la nature immunitaire. Il montra ainsi que l'on peut abaisser l'immunité par des greffes effectuées dès la naissance, et également par certains traitements par les rayons X. [Prix Nobel de physiol. ou méd. 1960, avec F. M. Burnet*]

**MÈDE (LA)** ♦ Section de la comm. de Martigues (Bouches-du-Rhône), sur l'étang de Berre. Raffineries de pétrole. Pétrochimie.

**MÉDÉA** ← ÉTYM. probablt sur le site d'une anc. v. romaine appelée *Mediae* ou *Ad Medias* « à mi-chemin » [entre deux autres villes] ♦ V. d'Algérie, ch.-l. de wilaya, dans l'Atlas tellien, sur un plateau situé entre l'Atlas de Blida et les monts du Titteri qui dominent les hauts plateaux au N. 85 727 hab. Vignobles.

Le **Médecin de campagne** ♦ Roman d'H. de Balzac* (1833), qui fait partie des *Scènes de la vie de campagne* de *La Comédie* humaine*. Les deux protagonistes (dont le docteur Benassis qui a entrepris de régénérer un petit village de Savoie) y font le récit de leur vie passée, entrecoupé de nombreuses discussions sur l'économie sociale. Ces dialogues d'idées révèlent le programme politique de Balzac : adepte des théories de Joseph de Maistre*, légitimiste et partisan de libertés très définies, il dénonce les dangers du suffrage universel, fait de la famille la cellule sociale par excellence et affirme la nécessité d'une hiérarchie sociale qu'assurent « la religion, la monarchie ».

Le **Médecin de son honneur** – en esp. ***El médico de su honra*** ♦ Drame de Calderón (1637). Ayant surpris sa femme à écrire une lettre à l'infant, frère du roi, don Gutierre décide de lui donner la mort, en la faisant saigner jusqu'à épuisement. Le roi, don Pedro, qui se refuse à imputer cette mort à l'incapacité du médecin, propose à don Gutierre la main d'une autre femme, doña Léonor, prenant soin de la prévenir du sort qui l'attend si elle devient à son tour infidèle, sort que celle-ci accepte fièrement.

Le **Médecin malgré lui** ♦ Comédie de Molière*, en 3 actes, en prose (1666), qui reprend un thème de fabliau. Époux irascible, Sganarelle brutalise sa femme Martine. Comme les domestiques de Géronte sont à la recherche d'un médecin capable de guérir Lucinde, la fille de leur maître, devenue subitement muette, Martine, pour se venger, leur confie que Sganarelle est un médecin réputé dont la seule singularité est de ne consentir à soigner ses malades que si on l'y contraint à coups de bâton. À l'issue de ce traitement, Sganarelle consent à examiner Lucinde. La drôlerie de ses propos (qui satirisent la médecine et la fausse science) fait éclater de rire la jeune fille qui recouvre au même instant la parole. Elle épousera Léandre, car l'opposition à cette union était l'unique cause de sa feinte infirmité.

**Médecins sans frontières** [MSF] ♦ Association humanitaire fondée en 1971 par Bernard Kouchner* et Xavier Emmanuelli. Apportant « leur secours à toutes les victimes de catastrophes naturelles, d'accidents collectifs et de situations de belligérance, sans aucune discrimination de race, de politique, de religion ou de philosophie », les « french doctors » — comme on les appelle dans le monde anglo-saxon — ont joué un rôle important dans la reconnaissance de l'action humanitaire dans le cadre de la diplomatie et dans l'émergence d'un droit d'ingérence au niveau international depuis le début des années 1990. Avec près d'une centaine de permanents à Paris, plus de deux mille volontaires qui interviennent chaque année à travers le monde, MSF, qui possède aussi en France une antenne consacrée à l'aide sociale, est la première organisation médicale d'aide d'urgence au monde. [Prix Nobel de la paix 1999]

Le **Médecin volant** ♦ Farce de Molière*, dont le sujet est emprunté à une farce italienne. Afin de gagner la confiance d'un père méfiant, Sganarelle apparaît tour à tour sous les traits de son propre personnage et sous l'aspect du médecin, laissant croire qu'il s'agit de deux frères, brouillés. L'agitation continuelle du personnage donne son titre à la pièce.

**MÉDÉE** – en gr. ***Mêdeia*** ♦ Magicienne célèbre pour ses crimes, dont la légende appartient au cycle des Argonautes*. Fille du roi de Colchide*, éprise de Jason*, elle l'aide à s'emparer de la Toison* d'or et s'enfuit avec lui. Pour retarder la poursuite engagée par son père, elle dépèce son propre frère et jette un à un ses membres sur la route. Parvenue à Iolcos, elle fait périr Pélias*, le roi qui avait imposé à Jason l'expédition en Colchide : sous prétexte de le rajeunir, elle incite ses filles à le dépecer et à jeter les morceaux dans un chaudron d'eau bouillante. Par cet étrange moyen, elle avait effectivement rajeuni son propre beau-père, Éson ; mais elle se garde de ressusciter Pélias. Exilée alors avec Jason à Corinthe*, elle se voit répudiée par celui-ci en faveur de Créüse*, la fille du roi Créon*, et se venge de la façon exemplaire racontée par Euripide (→ **Médée**). Après ce crime, ayant épousé le roi d'Athènes Égée*, elle essaie de lui faire tuer Thésée* avant qu'il ne reconnaisse en lui son fils. Bannie pour ce forfait, elle regagne la Colchide avec son fils Médos (qu'elle avait eu d'Égée), héros éponyme des Mèdes. ▪ La légende de Médée a inspiré la littérature et les arts longtemps après Euripide.

**Médée** – en gr. ***Mêdeia*** ♦ Tragédie d'Euripide* (–431). Médée, la magicienne orientale, est arrivée en exil à Corinthe, avec son mari Jason et ses enfants. Au bout de quelques années, le roi de Corinthe offre à Jason de lui succéder et de devenir son gendre. Vaniteux et faible, Jason accepte sa proposition, tandis que Médée feint de s'effacer et envoie à sa rivale Créüse* une tunique comme présent de noces. Mais la tunique est empoisonnée : Créüse meurt et le roi, son père, ne lui survit pas. Couronnant son œuvre de haine, Médée égorge ses propres enfants puis, enlevée par un char ailé, elle est transportée à Athènes où elle épousera le roi Égée. La pièce, qui offre la peinture d'une jalousie barbare, est l'une des plus pathétiques d'Euripide.

**Médée** ♦ Tragédie de Corneille* (1635). Imitée de Sénèque, cette œuvre est fidèle à l'esprit de la tragédie antique. Par la liberté de l'invention, elle présente parfois d'étonnants points de ressemblance avec la dramaturgie élisabéthaine.

**MEDEF** n. m. → **Mouvement des entreprises de France**

**MEDELLÍN** ← ÉTYM. anc. *Metellinum (Metallinum)*, du lat. *metallum* «mine» ♦ V. de Colombie, cap. du dép. d'Antioquia, à 1 400 m d'altitude dans la vallée d'Aburra dans la Cordillère centrale des Andes. 2 219 861 hab. Métropole régionale devant sa fortune aux minerais (or) exploités au XVIIIe s., au café (XIXe et XXe s.) et à une puissante industrie textile cotonnière (depuis la fin du XIXe s.). Indus. agroalimentaire, chimique et automobile. ▪ La ville a été le centre d'un important cartel de drogue *(cartel de Medellín)*.

**MÉDENINE** – en ar. ***Madnīn*** ♦ V. de Tunisie méridionale, ch.-l. de gouvernorat, située sur la bordure O. de la plaine de Djeffara de part et d'autre de l'oued du même nom. 61 705 hab. Ksar caractérisé par de célèbres *ghorfas* (entrepôts ou habitations). Artisanat (tapis).

**MÈDES** n. m. pl. ♦ Peuple nomade (indo-européen) installé au –IXe s. sur le plateau iranien. Il constitua pour l'Assyrie un danger tel que Teglath-Phalasar entreprit sa soumission (–739 - –736). Mais Sargon II dut reprendre la lutte (–715 - –711) et Assarhaddon ne put empêcher l'expansion mède. Phraorte*, ayant réalisé l'union des tribus mèdes, occupa le Zagros et soumit les Perses. L'Assyrie tenta de neutraliser sa puissance en lançant les Scythes* contre les Mèdes ; Phraorte fut tué en –653 et son royaume resta soumis aux Scythes jusqu'à la révolte de son fils Cyaxare* (–625). Celui-ci mit fin à l'Empire assyrien (chute de Ninive, –612 → **Assyrie**), le partagea avec ses alliés néobabyloniens **(→ Babylone, Nabopolassar)** et poursuivit ses conquêtes en Anatolie, de sorte qu'à sa mort (–584) son fils Astyage* se trouva à la tête d'un empire (capitale Ecbatane*) menaçant celui de Babylone. Mais la révolte de Cyrus* II le Grand contre son suzerain (–556 - –550) lui permit de conquérir l'Empire mède, qui manquait de cohésion (–550), et de Babylone (–539).

**MÉDIAN** n. m. ♦ Région d'Arabie saoudite qui s'étend entre le golfe d'Akaba au N. et Médine au S. Bordée par le désert syrien de la Chamiya, le Médian est traversé par la barrière montagneuse du Hedjaz *(montagnes du Médian)*.

**MEDICINE HAT** ← ÉTYM. trad. angl. d'un terme indien signifiant «chapeau du guérisseur» ♦ V. du Canada (Alberta), sur la Saskatchewan Sud. 56 997 hab. (aggl. 68 822). Centre agricole, sur la ligne principale du Canadian Pacific. Gisements de gaz naturel. Indus. alimentaire.

**Medici Riccardi (palais)** ♦ Palais édifié à Florence à partir de 1430 par Michelozzo* di Bartolomeo pour Cosme l'Ancien et les Médicis. Fresques de Gozzoli* dans la chapelle (*Le Cortège des Mages*, 1459). *La Bataille* de San Romano* d'Uccello* se trouvait initialement dans les appartements de Laurent le Magnifique. En 1659, le marquis de Riccardi acquit le palais et l'agrandit.

**MÉDICIS** n. m. pl. ← ÉTYM. en it. ***de' Medici*** ; de *medico* «médecin» ♦ Famille italienne de marchands et de banquiers, qui joua un rôle primordial dans l'histoire de Florence* et de la Toscane* du XVe s. à 1737, ainsi que dans la politique, les arts et les lettres de l'Europe. Probablement médecins ou apothicaires, d'après leur nom et les six tourteaux de leurs armoiries, ils devinrent ensuite marchands et banquiers prospères. ♦ **Giovanni de Médicis.** Il vainquit les Lombards en 1251. ♦ **Évrard** ou **Averardo de Médicis.** Il fut gonfalonier en 1314. ♦ **Silvestre** ou **Salvestro de Médicis** (1331 - 1388). Il fut gonfalonier. Il se révolta contre les Albizzi en 1378 (révolte des ciompi), ce qui lui valut le bannissement en 1381. Banquiers importants, les Médicis prenaient alors la défense du peuple contre le patriciat. ♦ **Jean** ou **Giovanni de Médicis,** dit **Giovanni di Bicci** (1360 - 1429). Fils d'Évrard, il fut gonfalonier de justice en 1421. Père de Cosme l'Ancien, fondateur de la branche aînée, et de Lorenzo, fondateur de la branche cadette. ♦ **Cosme** ou **Cosimo de Médicis,** dit **l'Ancien** (Florence 1389 - Careggi 1464). Fils du précédent, il fut le fondateur de la branche aînée. Gonfalonier en 1429, il fut contraint à l'exil ainsi que sa famille par les Albizzi* (1433), mais réussit à revenir en 1434 pour détenir le pouvoir réel à Florence. Il y domina toute la politique, sans exercer réellement les magistratures qu'il faisait confier à des subalternes. Il vainquit Milan et Venise (1440 et 1452) et grâce à son immense fortune put exercer le mécénat. Il protégea notamment les architectes Brunelleschi* et Michelozzo*, le sculpteur Donatello* et des peintres comme Fra Filippo Lippi* et Fra Angelico*. Admirateur de Platon, il fonda l'Académie platonicienne de Florence, dirigée par Marsile Ficin*. Grâce à ses libéralités envers ses concitoyens, il reçut à sa mort le titre de *Père de la Patrie.* ♦ **Pierre** ou **Piero de Médicis,** dit **le Goutteux** (Florence 1414 - *id.* 1469). Fils du précédent. Il dirigea Florence principalement avec l'aide de son fils Laurent. ♦ **Laurent** ou **Lorenzo de Médicis,** dit **Laurent le Magnifique**

**Médicis.** Portrait de Laurent Ier de Médicis, dit Laurent le Magnifique, par Bronzino. Palais Pitti, Florence.
*Phot. © G. Tomsich © Arch. Larbor*

(Florence 1449 - Careggi 1492). Fils du précédent. Il exerça le pouvoir avec son frère JULIEN DE MÉDICIS (Florence 1453 - *id.* 1478) qui fut assassiné lors de la conjuration des Pazzi* (1478) que Laurent réussit à abattre. Le pape, qui avait fomenté le complot, excommunia Laurent et soutint une guerre contre lui avec l'appui de Naples et de Sienne (1478 - 1480). Seigneur de Florence, prince de la Renaissance, Laurent protégea les artistes et les savants, notamment Verrocchio* et Botticelli*, fonda l'Académie laurentienne et favorisa l'imprimerie. Il n'entretint pas une véritable cour mais donna de nombreuses fêtes. Ses largesses et son manque de goût pour les affaires financières contribuèrent à la faillite des filiales de Londres (1477), de Bruges (1478), de Milan (1478) et d'Avignon (1479). Dès 1482, Savonarole* semait l'agitation dans Florence par ses critiques très vives des mœurs de ses contemporains. Laurent fut le père de Pierre II, de Julien et de Jean de Médicis **(→ Léon X).** Laurent de Médicis fut lui-même un poète délicat, capable de célébrer l'amour selon la conception néoplatonicienne dans son *Canzoniere* (chansons amoureuses d'inspiration pétrarquiste) ou bien d'exalter «la lumière, la beauté, l'amour brûlant» dans son poème mythologique *L'Ambra.* Les sonnets des *Bois d'amour (Selve d'amore)* et le *Triomphe de Bacchus et Ariane (Trionfo di Bacco e Arianna)*, «chant de carnaval», conviennent aux plaisirs et soulignent la brièveté de la jeunesse ; par leurs rythmes vifs et le réalisme discret de certaines descriptions, ces œuvres sont très représentatives de la poésie de la Renaissance. ♦ **Pierre** ou **Piero II de Médicis** (Florence 1471 - Cassino 1503). Fils de Laurent. Il soutint Charles VIII de France et fut chassé pour cette raison par les Florentins conduits par Savonarole. ♦ **Julien** ou **Giuliano de Médicis,**

**Médicis.** Portrait de Julien de Médicis par Bronzino. Musée Médicis, Florence.
*BIS/Phot. G. Tomsich © Archives Larbor*

duc **de Nemours** (Florence 1478 - Rome 1516). Frère du précédent. Il revint au pouvoir grâce à Jules II et à la Sainte Ligue (1512). ♦ **Jules de Médicis.** Fils du précédent. → **Clément VII.** ♦ **Hippolyte** ou **Ippolito de Médicis** (Urbino 1511 - Itri 1535). Fils du précédent. Il gouverna Florence pour le compte du pape Clément VII (1531 - 1535). ♦ **Laurent** ou **Lorenzo II de Médicis** (Florence 1492 - *id.* 1519). Fils de Pierre II, il succéda en 1513 à son oncle Julien et gouverna pour le compte de Léon X. Il fut le père de Catherine* de Médicis, reine de France. ♦ **Alexandre** ou **Alessandro de Médicis** (v. 1510 - Florence 1537). Fils du précédent ou du cardinal Jules de Médicis (le futur Clément VII auquel il succéda à la tête du gouvernement de Florence). Après l'expédition en Italie ordonnée par Charles Quint, Florence avait chassé les Médicis (1527), mais le pouvoir leur fut rendu en 1530 par Charles Quint lui-même, qui donna en mariage sa fille naturelle Marguerite de Parme à Alexandre et le fit duc de Florence (1531). Par ses débauches et sa dictature, Alexandre s'aliéna les Florentins qui s'en plaignirent à l'empereur. Dernier de la branche aînée, Alexandre fut assassiné par son cousin de la branche cadette (→ **Lorenzino**). ♦ **Catherine de Médicis.** → **Catherine de Médicis.** — La branche cadette des Médicis, dont la tige était LORENZO DE MÉDICIS (1395 - 1440) frère de Cosme l'Ancien, fut représentée au XVI^e s. par un petit-fils de Lorenzo, Jean. ♦ **Jean de Médicis,** dit **Jean des Bandes Noires** (1498 - Modène 1526). Il soutint l'action du pape Léon X dans le territoire d'Ancône. Après avoir pris le parti de la France en 1524, il mourut en combattant les Impériaux. Père de Cosimo (Cosme). ♦ **Lorenzino de Médicis,** dit **Lorenzaccio** (Florence 1514 - Venise 1548). Il assassina son cousin le duc Alexandre de Médicis et fut assassiné sur l'ordre de Cosme I^er. ♦ **Cosme I^er** ou **Cosimo de Médicis** (Florence 1519 - près de Florence 1574). Fils de Jean des Bandes Noires, il devint duc en 1537 ; mais, soumis à Charles Quint, il accepta des garnisons espagnoles. Il réprima la révolte des Strozzi* (1538) et conquit Sienne et Lucques. En 1569, il fut fait grand-duc de Toscane. En 1561, il avait fondé l'Académie. ♦ **François** ou **Francesco de Médicis** (Florence 1541 - *id.* 1587). Fils du précédent, grand-duc de Toscane (1574 - 1587), il exerça la dictature et entra dans la clientèle des Habsbourg d'Espagne. Il fut le père de Marie* de Médicis. ♦ **Ferdinand I^er** ou **Ferdinando de Médicis** (Florence 1549 - *id.* 1609). Frère du précédent. Il fonda le port de Livourne, protégea Jules* Romain et Galilée* et maria sa nièce Marie (→ **Marie de Médicis**) à Henri IV de France (1601). ♦ **Cosme II** ou **Cosimo de Médicis** (Florence 1590 - *id.* 1621). Fils du précédent. Grand-duc de Toscane (1609 - 1621). ♦ **Ferdinand II** ou **Ferdinando de Médicis** (Florence 1610 - *id.* 1670). Fils du précédent. Grand-duc de Toscane (1621 - 1670). Il ferma la banque des Médicis, protégea Galilée et Torricelli* et fonda l'Accademia del Cimento, première académie des sciences naturelles en Europe (1657). ♦ **Cosme III** ou **Cosimo de Médicis** (Florence 1642 - *id.* 1723). Fils du précédent. Grand-duc de Toscane (1670 - 1723). ♦ **Jean Gaston** ou **Gian Gastone de Médicis** (Florence 1671 - *id.* 1737). Fils du précédent. Dernier descendant mâle des Médicis, sa succession passa à François III, duc de Lorraine, mari de Marie-Thérèse d'Autriche. ♦ **Anne Marie-Louise** ou **Anna Maria Luisa de Médicis** (1667 - 1743). Sœur du précédent. La famille s'éteignit avec elle.

**Médicis** (villa) ♦ Villa située à Rome, sur le mont Pincio. Elle fut édifiée v. 1560 par Lippi pour le cardinal Ricci de Montepulciano, puis acquise par le cardinal A. de Médicis. Bonaparte l'acheta en 1801, et l'Académie de France à Rome, fondée par Louis XIV en 1666 pour permettre aux artistes de se former au contact des chefs-d'œuvre de l'Antiquité ou de la Renaissance, y fut transférée et s'ouvrit alors aux musiciens et aux graveurs. Les artistes recrutés étaient alors des «Prix de Rome». Malraux réforma l'Académie et abolit ce prix tout en faisant entrer de nouvelles disciplines : littérature, histoire de l'art, photographie, cinéma, etc. Parmi ses directeurs figurent Ingres (1835 - 1840), Carolus-Duran (1905 - 1910), Paul Landowski (1933 - 1937), Balthus (1960 - 1977), Pierre-Jean Remy (1994 - 1997), Richard Peduzzi (2002 - 2008), Frédéric Mitterrand (2008 - 2009).

**MÉDIE** n. f. – en gr. ***Mêdia,*** pour les Assyriens ***Madai*** ♦ Région située au N.-O. de l'Iran actuel, où les Mèdes se fixèrent au début du –I^er millénaire. → **Mèdes.** La Médie fut ensuite une satrapie de l'Empire perse et, après la conquête d'Alexandre (–330), s'ouvrit à la civilisation hellénistique. Après –323, la *Grande Médie* échut à Peithon puis aux Séleucides, tandis que la *Petite Médie* restait perse (Atropatène). Au –II^e s., elle fut conquise par les Parthes (→ **Mithridate I^er, Mithridate II**) et fut sous la domination des Arsacides, puis des Sassanides jusqu'à la conquête arabe (633 - 651).

**MEDINA DEL CAMPO** ♦ V. d'Espagne (Castilla-León), prov. de Valladolid. 20 832 hab. Ruines du château mudéjar de la Mota. Très réputée au Moyen Âge pour ses foires, elle reste un marché agricole et un nœud ferroviaire, qui souligne le carrefour vers la Castille et le golfe de Biscaye au N., Zamora au N.-O., Salamanca au S.-O., Ávila et Madrid au S.-E.

**MEDINA SIDONIA (Alonso PÉREZ DE GUZMAN, duc DE)** ♦ (1550 - Sanlúcar 1619). Amiral espagnol. Il présida au désastre de l'Invincible Armada* (1588), à la suite de la mort de Santa-Cruz, et connut d'autres défaites à la tête de la marine espagnole (Cadix, 1596).

**MÉDINE** – ÉTYM. en ar. ***al-Madīna*** «la ville», abrév. de *madīnat an-nabī* «la ville du Prophète» ♦ V. d'Arabie saoudite, ch.-l. de prov., située à 594 m d'altitude, dans le Hedjaz. Ville sainte de l'islam, abritant le tombeau de Mahomet et de Fatima. 918 889 hab. Le pèlerinage, contrairement à celui de La Mecque, n'est pas obligatoire. Marché agricole actif. Projet de reconstruction de la ligne ferroviaire du Hedjaz (Médine-Damas). **Histoire** Mahomet s'y réfugia l'an 1 de l'Hégire. Médine devint ainsi la deuxième ville de l'islam et fut la résidence des premiers califes (Abū Bakr, Omar, Othman). La ville conserve leur tombeau.

**MÉDINE** ♦ Village du Mali à proximité de Kayes. C'est dans cet ancien poste militaire du Sénégal que Faidherbe, en 1857, débloqua le mulâtre P. Holl et ses soldats, qui y résistaient depuis trois mois à El-Hadj Omar.

**MÉDINET EL-FAYOUM** – en ar. ***Madīna al-Fayyūm*** ♦ V. de Haute-Égypte, ch.-l. du gouvernorat du Fayoum. 316 772 hab. Mosquée Qaitbey. Indus. textiles, tanneries, manufacture de tabac. **Histoire** L'ancienne *Crocodilopolis* pour les Grecs, *Arsinoé* à l'époque ptolémaïque, était consacrée au dieu crocodile Sobek*. Ruines du temple de Sobek au N. de la ville.

**MÉDINET-HABOU** ♦ Site archéologique d'Égypte, constitué par la partie S. de l'anc. Thèbes* occidentale. L'édifice principal est le temple de Ramsès* III dont le plan s'inspire de celui du Ramesseum*. Ses murs sont ornés des célèbres bas-reliefs représentant les campagnes du pharaon contre les Libyens et les Peuples* de la Mer. Au S. des temples de Médinet-Habou subsistent les vestiges d'une enceinte rectangulaire, ancien lac de plaisance d'un palais d'Aménophis* III (auj. Birket Habou) qui était l'un des plus beaux édifices de la partie occidentale de l'ancienne cité.

**médiques (guerres)** ♦ Nom donné par les Grecs aux conflits qui les opposèrent à l'Empire perse durant la première moitié du –V^e s. ; il fut particulièrement appliqué aux 2 expéditions perses contre l'Hellade. L'affrontement des Grecs et des Perses commence réellement avec la soumission de l'Ionie* par Cyrus le Grand (–546) et se termine avec la conquête d'Alexandre le Grand (–330). L'impérialisme achéménide, visant à la domination de la Méditerranée, se heurtait aux intérêts de la Grèce maritime. Après la campagne contre les Scythes (–514), Darios* I^er avait deux bases contre l'Hellade, la satrapie de Thrace et la Macédoine vassale. D'autre part, les cités d'Ionie, mécontentes des faveurs accordées au commerce phénicien, se révoltèrent en –499 à l'instigation de Milet (→ **Aristagoras**) et, avec l'aide athénienne, renversèrent la domination perse sur le littoral de l'Asie Mineure. Darios, après avoir réprimé la rébellion (–497 - –493), décida de soumettre la Grèce. Sa campagne *(première guerre médique)* se solda par la défaite de Marathon* (–490) qui laissait pourtant intact son empire. Aussi, son successeur Xerxès* I^er put-il entreprendre dix ans plus tard l'écrasement de l'Hellade par un déploiement de forces gigantesques : 300 000 à 400 000 hommes et 1 200 vaisseaux de guerre. Entre-temps, Athènes*, sous l'impulsion de Thémistocle*, avait construit une importante flotte. Pendant que Carthage, colonie de Tyr (qui était vassale des Perses), intervenait en Sicile contre les cités grecques, l'armée de Xerxès franchit l'Hellespont sur un pont de bateaux et traversa la péninsule grecque en brisant aux Thermopyles* la résistance des Spartiates (→ **Léonidas**), s'empara d'Athènes, vidée de sa population, et l'incendia *(deuxième guerre médique)*. Mais la flotte perse, après une première défaite près d'Artémision*, attirée par un stratagème de Thémistocle dans le chenal de Salamine*, fut anéantie. Xerxès se retira et une partie de son armée, commandée par Mardonios, fut battue à Platées* (–479) par les Spartiates de Pausanias*. Une escadre grecque infligea aux Perses une nouvelle défaite près du cap Mycale* (Ionie) et les cités grecques insurgées recouvrèrent leur indépendance. Avec l'organisation de la ligue de Délos* qui s'ensuivit (–477), la mer Égée devint un «lac athénien». Ayant transporté la guerre en Asie, les Athéniens remportèrent encore sur les Perses la victoire d'Eurymédon* en –468 et celle de Chypre* en –449. → **Cimon, Artaxerxès I^er.** La *paix de Callias** (–449 - –448) mit fin aux guerres médiques.

**Méditations cartésiennes. Introduction à la phénoménologie** ♦ Ouvrage de Husserl* composé à partir du texte remanié de 4 conférences prononcées en allemand en 1929 à Paris et dont un des traducteurs fut Emmanuel Levinas* (édition française en 1931). Dans cet exposé canonique de la phénoménologie, Husserl distingue le sujet cartésien (sujet de la science reposant sur l'axiome *ego cogito* «moi, je pense») du sujet de la phénoménologie, caractérisé par une entière prise de conscience de soi-même. Husserl y expose aussi sa théorie de l'intersubjectivité, qui, en France, marquera fortement les premiers travaux de Sartre. → **Situations.**

**Méditations métaphysiques** – en lat. ***Meditationes de prima philosophia*** ♦ Traité de Descartes*, écrit en latin (1641), pour lequel il ne reçut pas de la Sorbonne l'approbation qu'il escomptait. Il tente d'y démontrer la «distinction réelle de l'âme et du corps de l'homme» (d'où le problème de leur union), et l'existence de Dieu, créateur du mouvement de la nature et des vérités éternelles, dont l'esprit a en lui les idées innées (argument ontologique). Il y formule une théorie volontariste de l'erreur (qui vient de ce que notre volonté infinie affirme ou nie des idées que notre entendement fini ne conçoit ni clairement ni distinctement). Aux six *Méditations* répondirent des *Objections* faites en particulier par Hobbes, Arnauld et Gassendi*, suivies des *Réponses* de Descartes à celles-ci.

**Méditations poétiques** ♦ Recueil de poésies lyriques de Lamartine* (1820), célébré comme l'expression d'un renouveau poétique en raison de la sincérité de l'inspiration et de l'harmonieuse mélodie de l'expression. Pleurant la perte de la femme aimée dans «Isolement» («Un seul être vous manque et tout est dépeuplé»), le poète cherche consolation auprès de la nature, discrète confidente («Le Vallon»). Angoissé devant la fuite du temps («Le Lac*»), il exprime ses inquiétudes religieuses avant d'affirmer sa confiance en l'Éternité («L'Immortalité»). Suivirent en 1823 *Les Nouvelles Méditations poétiques* puis en 1849 *Les Troisièmes Méditations*.

**MÉDITERRANÉE** n. f. ➝ ÉTYM. en lat. *(mare) Mediterraneum* «(mer) qui est au milieu des terres», de *medius* «situé au milieu» et *terra* «terre» ♦ Mer intérieure comprise entre l'Europe méridionale, l'Asie occidentale et l'Afrique septentrionale. Elle baigne à l'O. l'Espagne, au N. la France, l'Italie, la Slovénie, la Croatie, la Bosnie, le Monténégro et l'Albanie (par l'Adriatique), la Grèce ; à l'E. la Turquie, la Syrie, le Liban, Israël ; au S. l'Égypte, la Libye, la Tunisie, l'Algérie et le Maroc. C'est la plus vaste des mers continentales, formant, avec son annexe la mer Noire prolongée par la mer d'Azov (qui baigne la Bulgarie, la Roumanie, la Moldavie, l'Ukraine, la Russie, la Géorgie), une superficie d'env. 2 969 000 km$^2$. Elle s'allonge du détroit de Gibraltar (à l'O.) au fond de la mer d'Azov (au N.-E.) sur une longueur d'env. 3 800 km ; sa largeur est de 740 km entre Alger et Marseille, de 400 km entre le Péloponnèse et la Tripolitaine. Elle communique avec l'Atlantique par le détroit de Gibraltar (15 km env.), avec la mer Rouge artificiellement par le canal de Suez. ▪ Princ. îles : ➝ **Corse, Sardaigne, Zaffarines, Baléares** (bassin occidental) ; ➝ **Pantelleria, Lampedusa, Kerkennah, Djerba, Malte, Crète, Chypre, Ioniennes (îles), Sporades, Cyclades** (bassin oriental).▪ Golfes : ➝ **Gênes, Lion (golfe du)** [bassin occidental] ; **Tarente, Gabès, Syrte (golfe de la Grande), İskenderun, Argos** (bassin oriental). ▮ **La Méditerranée occidentale** Elle est séparée du bassin oriental par le seuil sicilo-tunisien (Calabre, Sicile, Tunisie), large de 140 km entre Marsala et le cap Bon et où la profondeur ne dépasse pas 400 m. La dorsale corso-sarde isole la mer Tyrrhénienne. ▮ **La Méditerranée orientale** Elle est formée, à l'O., du bassin ionien, et, à l'E., du bassin levantin auquel s'ajoute la zone cypro-syrienne. Depuis 1960, diverses études ont fait ressortir à travers cet ensemble la présence d'une dorsale médiane est-méditerranéenne, s'étendant de l'Apulie à Chypre, sur 1 900 km de long et plus de 200 km de large. La Méditerranée orientale se prolonge par la dépression de la mer Adriatique, et par la cuvette d'effondrement récent de la mer Égée morcelée par de nombreux fossés tectoniques encadrant les archipels : la communication avec la mer Noire se fait par le Bosphore et le détroit des Dardanelles. ▮ **Les volcans** La Méditerranée se trouve dans une zone d'activité sismique importante ; la présence de fissures volcaniques dans le voisinage des côtes est indiquée par des volcans : Vésuve, Stromboli, Etna ; il existe également des cratères sous-marins. ▮ **L'eau** La profondeur moyenne de la Méditerranée est de 1 458 m ; les grandes fosses se situent au S. du cap Matapan (5 121 m), au S.-E. de la Sicile (4 115 m), dans la mer Tyrrhénienne (3 785 m) et à l'E. des Baléares (3 240 m). L'influence des climats continentaux, assez chauds sous ces latitudes, se traduit par une forte évaporation, très supérieure aux précipitations et aux apports fluviaux. La salinité est donc très élevée (37 à 39,6 % contre 35,6 % dans l'Atlantique, au large de l'Espagne). «L'Atlantique doit fournir chaque année à sa mer latérale une couche d'au moins 1 m d'épaisseur» (F. Doumenge) ; les excédents d'eau d'entrée sont également fournis par la mer Noire par l'intermédiaire de la mer de Marmara. La marée est faible mais elle n'est pas nulle ; la différence entre le flux et le reflux atteint son maximum dans le golfe de Gabès (2,60 m aux équinoxes dans le golfe de Sfax, 3 m à l'île de Djerba). Sur le pourtour de la Méditerranée, les fleuves chargés de débris minéraux forment des deltas (➝ **Rhône, Nil**) ; les apports des fleuves, détournés par les vents réguliers ou par les courants, forment des cordons littoraux (littoraux français [golfe du Lion] et vénitien).

▮ **CLIMAT** Les vents méditerranéens sont en général réguliers. Les courants dominants sont les vents du N. en été, époque où le continent africain surchauffé détermine un violent appel d'air vers le S., tandis qu'en hiver le courant se renverse et souffle du S. au N. La zone méditerranéenne est caractérisée par les pluies d'hiver, peu abondantes, et la sécheresse des étés. Les eaux, chaudes en surface, ne présentent que de faibles variations thermiques en profondeur (on y relève la même température de 13° entre –200 et –4 000 m). Ce caractère, s'ajoutant au faible développement de la plateforme continentale, permet d'expliquer la faible teneur en eaux des organismes vivants.

▮ **ÉCONOMIE** ▮ **La pêche** La Méditerranée est modérément poissonneuse (thon, bonite, sardine, anchois) ; il existe des élevages de moules et d'huîtres dans quelques bassins lagunaires et dans le N. du bassin occidental et de l'Adriatique. Les principaux centres de pêche se trouvent en Italie (golfe de Tarente à La Spezia et sur le littoral napolitain) et en France dans le bassin de Thau près de Sète. ➝ **Bouzigues.** La pêche permet au total d'obtenir 1 000 000 t de prises. L'amplitude réduite des marées (14 cm dans le golfe de Gênes) et la configuration des côtes, en majeure partie rocheuses, sont propices à la navigation et à l'installation portuaire. De fait, cette mer a toujours formé un lien entre les pays qu'elle baigne. ▮ **Le sel** Il constitue une richesse non négligeable ; de grands marais salants se situent sur les côtes du «lido» et près des grands deltas ; la production moyenne annuelle est de 5 000 000 t (en France : Aigues-Mortes et Salins-de-Giraud ; en Espagne : Torrevieja ; en Italie : Sardaigne et Pouilles ; en Crimée et en Turquie). ▮ **Corail et éponges** On trouve du corail dans le bassin occidental, sur les côtes de l'Algérie, de Sicile et de Sardaigne. Les éponges sont récoltées par les Grecs et les Syriens et dans la Petite Syrte. ▮ **Les ports** Les côtes de la Méditerranée abritent de nombreux ports importants. Les activités portuaires se sont développées grâce aux exploitations pétrolières (oléoducs provenant du golfe Arabo-Persique : Dammān-Haïfa ; d'Irak : Kirkūk-Haïfa et Kirkūk-Tripoli ; du golfe d'Akaba : Eilath-Haïfa). Les ports de l'Afrique du Nord et du Proche-Orient exportent surtout des hydrocarbures bruts : Syrie (➝ **Bāniyas**), Liban (➝ **Tripoli, Saïda**), Libye (➝ **Sider [El-]**), Tunisie (➝ **Skhira [La]**), Algérie (➝ **Béjaïa, Skikda, Arzew**). Les ports espagnols et français, italiens et grecs ont pu développer leur trafic en associant le développement d'industries lourdes avec le transit de produits pétroliers vers l'intérieur (en France, étang de Berre, Fos-sur-Mer). Cependant, les transports maritimes et les activités portuaires de la Méditerranée restent à un niveau modeste par rapport aux façades littorales de la mer du Nord et du N.-E. de l'Atlantique américain. ▮ **Le tourisme** Le bassin méditerranéen offre un cadre particulièrement favorable au tourisme : Costa Brava et Costa del Sol (Espagne), Côte vermeille, Côte d'Azur, Languedoc-Roussillon (France), Riviera (Italie). Le tourisme est aujourd'hui une des principales ressources de pays comme l'Espagne, le Maroc (Al-Hoceima), la Tunisie (Hammamet, golfe de Gabès), la Grèce, la Turquie, Israël, le Liban.

▮ **HISTOIRE** ▮ **L'Antiquité** Pendant la période préromaine, une succession d'États maritimes et commerçants, comme Carthage, l'ancienne Grèce et la Phénicie, étendirent leur influence (comptoirs, colonies) sur toutes ses côtes. ➝ **Carthage, Grèce, Phénicie.** Du Ier au IVe s., la deuxième période importante débuta avec l'expansion de Rome, aboutissant à une unification économique et politique des pays limitrophes comme partie de l'empire («Mare nostrum»). ➝ **Rome.** ▮ **Le Moyen Âge** La troisième période correspond en gros à la période allant du IVe au XIe s. et voit se briser l'unité romaine par l'invasion germanique et slave venue du N. et par les conquêtes arabes dans l'O. (Afrique du Nord, Espagne, Sicile). Les pirates sarrasins compromirent alors la navigation, entravant les installations côtières. À partir du XIe s. commença une période d'activité maritime accrue. L'Empire arabe se fractionna et les croisades contribuèrent à rouvrir les ports d'Orient. Constantinople, l'Espagne et les cités d'Italie reprirent leur position dans le commerce mondial, assumant un rôle d'intermédiaire entre l'Orient et l'Occident. ▮ **La concurrence de l'océan Atlantique** Cependant, au XVe s., l'ascension des Turcs ottomans entraîna une seconde période d'éclipse, liée aux rivalités politiques. La conquête du Levant, des Balkans et de l'Afrique du Nord par les Ottomans correspondit en général à une diminution des activités commerciales, et la piraterie rendit à nouveau le négoce maritime hasardeux. Par ailleurs, la découverte de la route des Indes par le cap de Bonne-Espérance (1487), puis celle de l'Amérique (1492) enlevèrent au commerce méditerranéen une partie de son importance. Pendant plus de trois siècles, la Méditerranée ne fut qu'une annexe dans le commerce mondial. ▮ **Le canal de Suez** Au XIXe s., l'industrialisation du N.-O. et du centre de l'Europe, la colonisation de l'Afrique du Nord par la France firent à nouveau de la Méditerranée une voie maritime très active. L'ouverture du canal de Suez (1869), en la mettant en communication par la mer Rouge avec l'océan Indien et le Pacifique, transforma complètement la carte des routes maritimes. Cependant, le retard du développement industriel des pays méditerranéens, dont l'économie restait agricole et artisanale, limitait leur pouvoir d'achat et leur capacité commerciale. Route maritime fréquentée depuis l'Antiquité, la Méditerranée est devenue une voie aérienne majeure. R. Garros* effectua la première traversée en sept. 1913. ▮ **Une zone stratégique** Du XVIIIe s. jusqu'à la Deuxième Guerre mondiale, la Méditerranée fut dominée par la Grande-Bretagne qui y acquit le contrôle des points stratégiques essentiels : Gibraltar (1704), Malte (1800), Aden (1839), Chypre (1878), et finalement contrôla l'Égypte (1882). ➝ **Égypte.** Mais,

**Méditerranée.** La calanque de Port Pin, Cassis. *Phot. © Arch. Nathan*

après la Deuxième Guerre mondiale, Chypre et Malte devinrent indépendantes au sein du Commonwealth, Aden faisant partie de la république populaire du Sud-Yémen ; le statut de Gibraltar fut sérieusement mis en question par l'Espagne. Et les États-Unis jouèrent un rôle de plus en plus grand en Méditerranée. Le conflit israélo-arabe et la fermeture du canal de Suez (1967) ainsi que la présence de navires de guerre soviétiques jusqu'en 1969 menacèrent de faire de nouveau de la région une zone de conflit mondial. → **israélo-arabe (conflit).**

**MEDJERDA** n. f. ♦ Oued d'Afrique du Nord orientale. Il prend sa source en Algérie près de Souk Ahras, coule en Tunisie où il passe à Jendouba, reçoit son affl. princ., l'oued Mellègue, sépare la Dorsale tunisienne des monts de Kroumirie, passe au S. de Béja et se jette au N. du golfe de Tunis après avoir formé un delta, auj. drainé et irrigué, qui constitue la *basse Medjerda*.

**MÉDOC** n. m. ← ÉTYM. anc. *pagus medulicus* «pays des Meduli (n. de peuple)» ♦ Région de la Gironde entre Bordeaux et la pointe de Grave sur la rive g. de la Gironde (*Médocains* ou *Médoquins*). Vins rouges réputés. → **Bordelais.**

**MÉDUSE** – en gr. ***Medousa*** ♦ L'une des Gorgones*, la seule mortelle des trois. Son regard pétrifiait quiconque osait la fixer. Persée* la tue, se servant de son bouclier poli comme miroir pour ne pas la regarder. La tête de Méduse orne l'égide d'Athéna* ; à sa vue, ses ennemis se changeaient en pierre.

La **Méduse** dite Rondanini, copie romaine d'après un original attribué à Phidias (40 cm). Glyptothèque, Munich. *BIS/Phot. © Coll. Archives Larbor*

**MEDVEDEV (Dmitri Anatolievitch)** ♦ Homme politique russe (Leningrad, auj. Saint-Pétersbourg 1965). Juriste de formation, il conseilla Vladimir Poutine, alors maire de Leningrad (1990 - 1996), puis le suivit au Kremlin. Il fut conseiller de sociétés forestières et de banques et, à partir de 2001, présida le conseil de surveillance de Gazprom. En 2003, il prit la tête de l'administration présidentielle à Moscou à laquelle il appartenait depuis trois ans. V. Poutine le nomma vice-Premier ministre en 2005 et, ne pouvant briguer un troisième mandat, le désigna comme candidat à sa succession à la présidence de la République. Il remporta l'élection (2008) avec 70,2 % des voix et nomma son mentor V. Poutine* Premier ministre. ← ÉTYM. Son nom vient du russe *medved* qui signifie «ours».

**MEDWAY** n. f. ♦ Riv. du S. de l'Angleterre qui rejoint l'estuaire de la Tamise près de Rochester (130 km). À l'embouchure, port pétrolier.

**MEDWAY PORTS** ♦ Port pétrolier et complexe de raffinage d'Angleterre, à l'embouchure de la Medway.

**MEERHOUT** ♦ Comm. de Belgique (Région flamande), prov. d'Anvers, arr. de Turnhout, sur la Grande Nèthe et le canal Albert. 9 463 hab. Indus. chimique.

**MEERUT** ou **MIRATH** ♦ V. de l'Inde (Uttar Pradesh). 1 167 399 hab. La ville est incluse dans la zone industrielle en voie de constitution autour de Delhi, distante de 70 km. Elle est connue pour avoir été le point de départ de la révolte des cipayes* en 1857.

**MÉE-SUR-SEINE (LE)** [77350] ← ÉTYM. anc. *de Meso*, du lat. *mansus* «exploitation rurale» ♦ Comm. de la Seine-et-Marne, banlieue O. de Melun. 21 217 hab. *(Méens)*. Musée Henri-Chapu : œuvres du sculpteur né au Mée (1833 - 1891).

**MEFANO (Paul)** ♦ Compositeur français (Bassora 1937). Élève de Messiaen et de Milhaud au Conservatoire de Paris, il a également travaillé avec Stockhausen, H. Pousseur et Boulez. Il a composé : *Incidences* (1960), *Madrigal* (1962) d'après P. Éluard, pour voix de femme et petit ensemble, *Paraboles* (1964), *Interférences* (1966), *Lignes* (1968), *La Cérémonie* (1970) pour voix et grand orchestre, *Signes/Oubli* (1972), *Éventails* (1976), *Micromégas*, opéra de chambre d'après Voltaire (créé en 1988). Il dirige depuis 1971 l'ensemble 2E2M (Collectif musical international de Champigny).

**MEGALOPOLIS** ← ÉTYM. gr. «grande ville» ♦ Ville de Grèce en Arcadie (Péloponnèse). Env. 5 800 hab. Extraction du lignite. Centrale électrique. ▮ **Histoire** Bâtie par Épaminondas* (-371 - -368), elle fut la capitale de l'Arcadie unifiée, destinée à jouer le rôle de barrière contre le danger lacédémonien, et elle était le siège de l'assemblée dite des «Dix Mille». Alliée avec la Macédoine et passée ensuite à la Ligue achéenne* (-234), Megalopolis fut la patrie des derniers hommes politiques de la Grèce avant la conquête romaine, Philopœmen* et Lycortas*, chefs de la Ligue, et celle de l'historien Polybe*. Plusieurs fois détruite et rebâtie, elle fut rasée au Moyen Âge lors de l'invasion slave. ▪ Ruines d'un théâtre et du Thersilion (siège de l'assemblée des Dix Mille).

**Megalopolis** ♦ Terme tiré du grec pour désigner de vastes complexes urbains, et notamment celui qui s'étend, aux États-Unis, entre Boston* et Washington* et englobe New York*, Philadelphie* et Baltimore*.

**MÉGARA HYBLAEA** – en gr. ***Megara Hublaia*** ♦ Anc. ville de Sicile* sur la côte ionienne. Colonie de Mégare*, fondée v. -728, elle fonda à son tour Sélinonte*. Elle fut détruite v. -483 par les Syracusains.

**MÉGARE** – en gr. ***Megara*** ♦ V. de Grèce en Attique de l'O. (Mégaride). 26 562 hab. Marché agricole. ▮ **Histoire** La cité préhistorique aurait été fondée par des colons cariens et lélèges et envahie par les Crétois au -XVII^e s. Séparée de l'Attique ionienne par l'invasion des Doriens (-XII^e s.), elle fut dominée par une aristocratie dorienne sous l'autorité de Corinthe. Cité commerçante, très prospère dès le -VIII^e s. grâce à ses deux ports, elle recouvra son indépendance et essaima ses colonies en Sicile (Mégara* Hyblaea, Sélinonte*), dans le Bosphore (Byzance*, Chalcédoine) et le Pont-Euxin (Héraclée*). Inaugurant l'âge des «tyrans», Mégare connut son apogée sous Théagène (-630 - -600), qui fut porté au pouvoir par la classe moyenne et le peuple. Mais les Spartiates restaurèrent l'aristocratie et bientôt la lutte contre Athènes, qui s'empara de Salamine (-570), affaiblit Mégare. L'interdiction des marchés d'Attique pour Mégare, décrétée par Périclès (-432), fut une des causes de la guerre du Péloponnèse* qui marqua le début de sa décadence.

### mégariques

n. m. pl. ♦ Philosophes grecs de l'école de Mégare fondée par Euclide*, dit «le Socratique» (-V^e - -IV^e s.), dont les représentants les plus connus sont Diodore* Cronos et Philon le Mégarique. Leur philosophie, proche de celle des éléates* par sa négation du mouvement, a exercé une nette influence sur la pensée stoïcienne. L'école de Mégare doit notamment sa postérité au célèbre argument «Dominateur» de Diodore Cronos visant à prouver que tout ce qui est possible est ou sera vrai, et concluant donc à la nécessité du futur. La philosophie mégarique a abouti à la sophistique la plus abstraite, d'où le nom d'éristiques («controversistes») donné aux représentants de cette école.

**MÉGASTHÈNES** – en gr. ***Megasthenês*** ♦ Historien et géographe grec (-III^e s.). Il fut envoyé par Séleucos Nicator auprès du roi indien Chandragupta* Maurya (-302 - -297) et a rapporté sur ces régions un des plus importants témoignages de l'époque.

**MÉGAWATI SUKARNOPUTRI** ♦ Femme d'État indonésienne (Yogyakarta 1947). Fille de Sukarno*, elle fut l'une des principales opposantes à Suharto*. Elle fonda le Parti démocratique indonésien de combat qui remporta les élections législatives en 1999. Élue vice-présidente de la République d'Indonésie, elle accéda à la présidence après la destitution d'Abdurrahman* Wahid, devenant la première femme à occuper ce poste depuis l'indépendance du pays (2001 - 2004).

**MÉGÈRE** → Érinyes

La **Mégère apprivoisée** – en angl. ***The Taming of the Shrew*** ♦ Comédie en 5 actes, en vers et en prose de Shakespeare* jouée en 1594, probablement écrite en collaboration. Fille d'un gentilhomme de Padoue, Catherine, la mégère, deviendra l'épouse soumise de l'habile Petrucchio, à la suite d'une série d'épreuves cruelles où le jeune homme aura brisé son orgueil.

**MEGÈVE** [məʒɛv] ou [meʒɛv] [74120] ← ÉTYM. p.-ê. prélatin «au milieu *(meg)* de l'eau *(eve)*» ♦ Comm. de la Haute-Savoie, arr. de Bonneville, à 1 113 m d'alt., entre le val d'Arly et le bassin de Sallanches. 4 509 hab. (aggl. 5 538) *(Megèvans)*. Importante station de sports d'hiver renommée pour la qualité de ses équipements sportifs (jusqu'à 2 040 m) et de ses installations touristiques. Ses champs de ski s'étendent sur les pentes du mont d'Arbois, de Rochebrune et du contrefort des Aravis, le Jaillet.

**MEGHALAYA** ♦ État de l'Inde. 22 489 km². 2 318 822 hab. LANGUES : khasi, jaintia, garo (off.). CAP. : Shillong. Il fut formé en 1972 lors du démembrement de l'Assam destiné à couper court aux revendications des autonomistes des populations «tribales» (ici Khasi et Garo). Il occupe le «plateau de Shillong» qui borde au S. la vallée du Brahmapoutre. Agriculture vivrière à base de riz. Exploitation des ressources forestières et minières (houille).

**MEGIDDO** ➝ **ÉTYM.** p.-ê. «réunion de troupes», de l'hébr. *gedûd* «troupe» ♦ Anc. place forte de Canaan*, commandant la plaine d'Esdrelon. Victoire de Thoutmôsis* III sur les Syriens (-XV$^{e}$ s.) ; de Néchao sur Josias* (-609). Importantes fouilles depuis 1903 (Tell el-Mouteselim) qui ont révélé une vingtaine de villes superposées : le site fut occupé depuis le Néolithique jusqu'au -IV$^{e}$ s.

**MEHALLA EL-KOUBRA** – en ar. ***al-Maḥalla al-Kubrā*** ♦ V. de Basse-Égypte (gouvernorat de Garbieh) à 100 km au N. du Caire. 442 884 hab. Indus. textiles.

**MÉHÉMET ALI, MOHAMMED ALI** ou **MUḤAMMAD ʿALĪ** ♦ (Cavalla, Macédoine 1769 - près d'Alexandrie 1849). Vice-roi d'Égypte (1805 - 1849) et fondateur de la dynastie qui régna en Égypte jusqu'en 1952. D'origine albanaise ou turque, il fut envoyé en Égypte à la tête d'un corps albanais pour combattre Bonaparte (1798). Il sut se maintenir à la direction de son armée malgré les défaites qu'il subit. Après le départ des Français (1801), il s'empara du pouvoir en 1804. Se faisant reconnaître pacha d'Égypte par le sultan ottoman, il se chargea de réduire les mamelouks* turbulents à l'obéissance et s'en débarrassa en leur tendant un guet-apens où 480 de leurs chefs périrent (1$^{er}$ mars 1811). Il fut dès lors le véritable maître de l'Égypte. Ayant modernisé son armée avec l'aide de Selve (Soliman pacha), capitaine français converti à l'islam, il mena une guerre violente contre les wahhabites* (1812 - 1819) qu'il chassa du Hedjaz. Il lutta ensuite contre les pirates de la mer Rouge, conquit le Soudan septentrional (1820 - 1822) et fonda Khartoum*. Il constitua une marine de guerre qu'il envoya contre les Grecs insurgés. Mais les flottes britannique, française et russe lui infligèrent la défaite de Navarin* (oct. 1827). Le sultan ottoman lui céda la Crète mais lui refusa la Syrie. Ses armées, dirigées par son fils Ibrāhīm, conquirent la Palestine et la Syrie (1831 - 1832) et refoulèrent les Turcs jusqu'à Konya. Marchant sur Constantinople, ils ne furent arrêtés que par l'intervention des grandes puissances. En 1839, il reprit la guerre contre les Ottomans qu'il vainquit à Nizib, mais, malgré le soutien de la France, il ne put profiter de sa victoire. Sous la pression de la Grande-Bretagne, il se résigna à évacuer la Syrie, la Crète et le Hedjaz ; le sultan lui accorda alors en compensation la possession héréditaire de l'Égypte et du Soudan (1841). Malade, il céda la régence à son fils Ibrāhīm, qui mourut avant lui. ▪ Méhémet Ali fut le fondateur de l'Égypte moderne. Il nationalisa toutes les terres cultivables (1814), améliora le système d'irrigation et introduisit de nouvelles cultures (coton, canne à sucre). Il développa le réseau routier, fit construire plusieurs ateliers industriels, transforma l'enseignement, envoya des étudiants en Europe et fit appel à des techniciens occidentaux. Si les Égyptiens le considèrent comme l'oppresseur impitoyable du paysannat, ils reconnaissaient en lui l'initiateur du réveil national et le précurseur de la renaissance arabe *(al-Nahḍā)*.

**MEHMET** ➝ **ÉTYM.** forme turque de *Mahomet* ♦ Nom de sultans ottomans. ♦ **MEHMET I$^{er}$** (mort à Andrinople 1421). Sultan ottoman (1413 - 1421). Le plus jeune fils de Bayazid* I$^{er}$. À la mort de son père (1403), il enleva Brousse à son frère Isa, triompha de son autre frère Süleyman (1413) et fut reconnu sultan dans tout l'Empire ottoman. Il fit construire à Brousse la fameuse mosquée Verte. ♦ **MEHMET II al-Fatih,** «le Conquérant» (1432 - 1481). Sultan ottoman (1444 - 1446 et 1451 - 1481). Il prit Constantinople (29 mai 1453), occupa la Serbie (1459), la Morée septentrionale (1460), Lesbos (1462) et la Bosnie (1463) et mena une longue guerre contre Venise, en Morée (1463 - 1480). Il fit plusieurs incursions en Europe (Autriche, Hongrie : 1474 - 1480) et envahit la Crimée (1475), occupa aussi les îles Ioniennes, mais échoua devant Rhodes. ▪ Mehmet II fit édifier plusieurs monuments, dont la mosquée Fatih, à Constantinople. ♦ **MEHMET III** (1566 - Constantinople 1603). Sultan ottoman (1595 - 1603). Il dut lutter contre des insurrections en Asie et contre des révoltes militaires à Constantinople tout en continuant la guerre contre l'Autriche. ♦ **MEHMET IV** (1642 - Andrinople 1692). Sultan ottoman (1648 - 1687). Le début de son règne fut dominé par les intrigues de sa mère et de sa grand-mère et troublé par des révoltes. Mais l'ordre fut rétabli à la suite de la nomination de Mehmet Köprülü* au poste de grand vizir (1656). Une révolte militaire déposa le sultan après la défaite de Mohács (1687). ♦ **MEHMET V** (Constantinople 1844 - *id.* 1918). Sultan ottoman (1909 - 1918). Il accepta le régime constitutionnel proposé par le parti jeune-turc et n'eut qu'un rôle secondaire devant la montée du comité Union et Progrès qui entraîna l'Empire ottoman dans la guerre aux côtés de l'Allemagne. ♦ **MEHMET VI** (Constantinople 1861 - San Remo 1926). Dernier sultan ottoman (1918 - 1922). Il fut destitué par Mustafa Kemal et dut s'enfuir à La Mecque avant de s'installer en Italie.

**Mehmet II le Conquérant.** Miniature de Nakkas Sinan Bey. Musée Topkapi, Istanbul.
*Phot. © Arch. Rencontre*

**MEHRGARH** ♦ Site archéologique néolithique du Baluchistan (Pakistan). De grandes maisons et des cultures céréalières sont attestées dès le -VI$^{e}$ millénaire. Plus tard, v. le -IV$^{e}$ millénaire, se développèrent des constructions qui préfigurent celles de la civilisation de l'Indus*.

**MEHRING (Franz)** ♦ Homme politique allemand (Schlawe, Poméranie 1846 - Berlin 1919). Membre de l'aile gauche du Parti social-démocrate allemand, internationaliste, il adhéra à la Ligue spartakiste (➝ **Liebknecht, Luxemburg**), puis au Parti communiste allemand. Il est l'auteur d'une *Histoire de la social-démocratie allemande* (1897 - 1898).

**MEHTA (Zubin)** ♦ Chef d'orchestre indien (Bombay 1936). Il fut directeur musical de l'Orchestre symphonique de Montréal (1960 - 1962), de la Philharmonie de Los Angeles (1962 - 1977) et de la Philharmonie de New York (1978 - 1991) et il est, depuis 1981, directeur musical à vie de la Philharmonie d'Israël, pays où, le premier, il osa diriger du Wagner.

**MÉHUL (Étienne)** ♦ Compositeur français (Givet 1763 - Paris 1817). Organiste, il composa d'abord de la musique religieuse puis, encouragé par Gluck, se consacra à l'opéra. De la trentaine d'ouvrages dramatiques qu'il a composés, il convient de retenir *Euphrosine et Corradin* (1790), *Stratonice* (1792), *Le Jeune Henri* (1797), *Ariodant* (1799), *L'Irato* (1801), *Uthal* (1806), et surtout *Joseph* (1807), son chef-d'œuvre. Tout en maintenant la tradition de Gluck, Méhul a recherché la couleur dans l'orchestration et affirmé un sens déjà romantique de l'action. Il est aussi l'auteur de ballets, de symphonies et d'hymnes patriotiques composés sous la Révolution, dont le célèbre *Chant du départ* (1794). ➝ **ÉTYM.** *Méhul* vient de *Manheulles,* nom d'une localité de la Meuse (latin médiéval *Mainhodoro,* du gaulois *Magino,* nom de personne, et *duron* «marché, place»).

**MEHUN-SUR-YÈVRE** [18500] ➝ **ÉTYM.** anc. en gaul. *Maidunus* «marché *(magos)* fortifié (*dunon* "forteresse")» ♦ Ch.-l. de cant. du Cher, arr. de Vierzon, en Champagne berrichonne. 7 212 hab. *(Mehunois)*. Collégiale Notre-Dame, romane et gothique. Vestiges du château (XIV$^{e}$ s.) où mourut Charles VII. ▪ Porcelaine.

**MEIER (Richard Alan)** ♦ Architecte américain (Newark, New Jersey 1934). Répudiant tout maniérisme, il se pose en maître de la transparence et de la lumière ; la caractéristique majeure de ses édifices est leur blancheur immaculée : Musée d'Art d'Atlanta (1980 - 1983), Musée des Arts décoratifs de Francfort (1980 - 1985), Musée d'Art contemporain de Barcelone, siège de Canal + à Paris (1991), Centre Getty* de Los Angeles (1997), Église du Jubilée à Rome (2003). Il a conçu la structure qui abrite l'Ara* Pacis Augustae à Rome (2006). [Prix Pritzker 1984]

**MEIJE** n. f. ➝ **ÉTYM.** localement appelée *Oeille de Medjour* «aiguille du milieu du jour [Midi]» (marquant midi, vue du village de la Grave) ; de l'anc. langue d'oc *meije* du lat. *media* «qui est au milieu» ♦ Massif de l'Oisans aux confins de l'Isère et des Hautes-Alpes. La Meije comporte 3 sommets : la *Meije orientale* (3 891 m), la *Meije centrale* ou *Doigt de Dieu* (3 973 m), la *Meije occidentale* ou *Grand Pic de la Meije* (3 983 m), et appartient au parc national des Écrins.

**MEIJI TENNŌ** ➝ **ÉTYM.** jap. «gouvernement éclairé» ♦ Nom posthume donné au 122$^{e}$ empereur du Japon, Mutsuhito (Kyōto 1852 - Tōkyō 1912), qui régna de 1867 à 1912. Il succéda à son père Kōmei, transféra sa capitale à Edo qu'il renomma Tōkyō, abolit le shogunat des Tokugawa*, réforma les institutions féodales et accepta en 1889 une constitution de type moderne. Permettant l'introduction des idées et des techniques occidentales au Japon, il favorisa l'industrialisation du pays, ce qui lui permit de gagner deux guerres successives, l'une contre la Chine (1894 - 1895), l'autre contre la Russie (1904 - 1905). Il est le véritable créateur du Japon moderne. Son nom a été donné à la période de son règne, de 1868 à 1912. Son fils Taishō Tennō lui succéda.

**MEILHAC** [mɛjak] **(Henri)** ➝ **ÉTYM.** n. de loc., du gaul. *Mellius,* n. de pers., et suff. *-acum* ♦ Auteur dramatique français (Paris 1831 - *id.* 1897). En collaboration avec Ludovic Halévy*, il est l'auteur des livrets de nombreux opéras bouffes dont Offenbach* composa la musique durant les années les plus brillantes du Second Empire.

**MEILLANT** [18200] ➝ **ÉTYM.** du gaul. *mediolanon* «centre sacré» ➝ aussi Milan ♦ Comm. du Cher, arr. de Saint-Amand-Montrond. 792 hab. Anc. forteresse du début du XIV$^{e}$ s. transformée, v. 1500, en style gothique flamboyant par Charles I$^{er}$ et Charles II d'Amboise (tour du Lion ; chapelle ornée de vitraux Renaissance).

**MEILLERAYE (Charles,** duc **DE LA)** → La Meilleraye

**MEILLERAYE-DE-BRETAGNE (LA)** [44520] ➝ ÉTYM. p.-ê. langue d'oïl «pommeraie», de *malé (mèlé)* «pomme» et suff. collectif *-oi* ♦ Comm. de la Loire-Atlantique, arr. de Châteaubriant. 1 027 hab. ▪ Aux environs, abbaye cistercienne de Melleray fondée en 1142 : abbatiale Notre-Dame achevée en 1183, légèrement modifiée aux XIVe et XVe s.

**MEILLET (Antoine)** ♦ Linguiste français (Moulins 1866 - Châteaumeillant, Cher 1936). Professeur à l'École des hautes études, il étudia les langues indo-européennes, dont le slave (*Le Slave commun*, 1914), l'arménien (*Esquisse d'une histoire comparée de l'arménien classique*, 1903 ; *Alt-armenisches Elementarbuch*, 1913), le perse (*Grammaire du vieux-perse*, 1915), le latin et le grec (*Traité de grammaire comparée des langues classiques*, 1924), les langues germaniques (*Caractères généraux des langues germaniques*). Dès 1903, il a publié une *Introduction à l'étude comparative des langues indo-européennes*, devenue classique. Coauteur du grand *Dictionnaire étymologique de la langue latine* (1932 ; avec Ernout) et coresponsable avec M. Cohen du recueil collectif *Les Langues du monde* (1924), Meillet fut le plus remarquable linguiste français de sa génération et eut de nombreux élèves (il découvrit notamment G. Guillaume*). ➝ ÉTYM. *Meillet* est une variante régionale de *Millet**.

Le **Meilleur des mondes** – en angl. ***Brave New World*** ♦ Roman d'Aldous Huxley* (1932). Il dépeint, vers 2500, l'utopie d'une société entièrement rationalisée, où l'État programme les individus de leur naissance à leur mort en neutralisant entièrement l'affectivité humaine. La trame du roman est constituée par le destin tragique de quelques êtres qui, inexplicablement, n'entrent pas dans les cadres prévus. L'immense succès de cet ouvrage de science-fiction encore actuel tient à l'intelligence avec laquelle l'auteur construit le cauchemar qu'il décrit à partir de l'observation de la civilisation industrielle.

**MEININGEN** ♦ V. d'Allemagne (Thuringe) et anc. cap. du duché de Meiningen, sur le cours supérieur de la Werra. 22 396 hab. Église du Xe s. ; château d'Elisabethenburg (XVIe - XVIIe s.). ▪ Construc. mécaniques et travail du bois.

**Meininger** (les) ♦ Compagnie de comédiens fondée en 1874 par Georges II, duc de Saxe-Meiningen (1870 - 1890). Marquée par les écrits de Goethe, s'insurgeant contre la confusion qui régnait sur les scènes d'Europe, elle se distingua par son souci de la véracité du jeu, des décors, des costumes, par son respect du texte et de l'acteur. Antoine* et Stanislavski* firent connaître la troupe en Europe.

**Mein Kampf** ➝ ÉTYM. all. «mon combat» ♦ Ouvrage écrit par Hitler pendant l'année 1924 lors de son séjour en prison, après le putsch manqué de Munich. Voulant d'abord faire une œuvre autobiographique, Hitler rédigea en fait un exposé de ses conceptions de l'homme et du monde. Ce lourd amalgame d'idées souvent contradictoires et de violentes diatribes devint le livre par excellence du national-socialisme à partir de 1933. → **nazisme.**

**MEINONG (Alexius)** ♦ Philosophe et psychologue autrichien (Lemberg, auj. Lvov 1853 - Graz 1920). Élève de F. Brentano*, il fonda le premier laboratoire de psychologie en Autriche (à Graz). Il a élaboré une théorie de l'objet de la connaissance qui tente de dépasser l'opposition entre le réalisme et l'idéalisme (*Recherches sur une théorie et une psychologie de l'objet*, 1904 ; *Sur la place de la théorie de l'objet dans le système des sciences*, 1907).

**MEIR (Golda MYERSON,** née **MABOVITZ,** devenue en 1956 **Golda)** ➝ ÉTYM. a choisi un n. proche de *Myerson*, n. de son ex-mari, et aussi parce qu'en hébreu *me'ir* signifie «qui éclaire» ♦ Femme politique israélienne (Kiev 1898 - Jérusalem 1978). Émigrée aux États-Unis en 1906, elle y milita dans des organisations sionistes avant d'immigrer en Palestine (1921) où elle adhéra à la Histadrout et au Mapaï. Elle fut le premier ambassadeur de l'État d'Israël en URSS (1948), et devint ensuite ministre du Travail et des Affaires sociales (1949 - 1956), puis ministre des Affaires étrangères (1956 - 1966). Secrétaire général du Mapaï (1965), elle fut appelée à la tête du gouvernement israélien en mars 1969 et démissionna en avr. 1974 après qu'une commission d'enquête eut critiqué le manque de préparation de l'armée israélienne lors de la guerre du Kippour. → **Israël.**

**MEIRINGEN** ♦ V. de Suisse (cant. de Berne) dans la haute vallée de l'Aar, en amont du lac de Brienz. 4 653 hab. Centre d'excursions.

**MEISSEN** ♦ V. d'Allemagne (Saxe), sur la rive g. de l'Elbe, au N.-O. de Dresde. 29 510 hab. Cathédrale gothique, château d'Albrechtsburg (XVe s.). ▪ Manufacture de porcelaines, créée en 1709 et qui fut au XVIIIe s. la plus importante d'Europe. Métall. ; construc. mécaniques et travail du cuir. → **Misnie.**

**MEISSNER (Georg)** ♦ Anatomiste allemand (Hanovre 1829 - Göttingen 1905). Il mit en évidence les corpuscules du tact *(corpuscules de Meissner)*, situés dans les papilles du derme.

**MEISSNER** n. m. ♦ Petit massif basaltique de l'Allemagne (Hesse), au relief tabulaire, culminant à 749 m.

**MEISSONIER (Jean-Louis Ernest)** ♦ Peintre et dessinateur français (Lyon 1815 - Paris 1891). D'abord peintre de genre, il se spécialisa ensuite dans les scènes de la vie militaire, dont il se plut à reproduire les détails avec un réalisme minutieux. Il acquit ainsi la célébrité et fut comblé d'honneurs par Napoléon III. [Acad. des beaux-arts 1861] ➝ ÉTYM. Ce nom occitan signifie «moissonneur».

**MEISSONNIER (Juste Aurèle)** ♦ Peintre, sculpteur, décorateur et ornemaniste français d'origine italienne (Turin 1695 - Paris 1750). Il peignit des portraits, fut nommé par Louis XV dessinateur du cabinet du roi et organisa les fêtes royales. Il laissa des recueils d'ornements qui manifestent son goût pour le décor exubérant, asymétrique, contourné, et pour les motifs en forme de concrétions et de coquilles, qui en font l'un des plus brillants et pittoresques représentants du style rococo ou rocaille.

**MEITNER (Lise)** ♦ Physicienne autrichienne (Vienne 1878 - Cambridge 1968). Spécialiste de physique nucléaire, elle découvrit avec O. Hahn* un élément chimique inconnu, le protactinium, produit de la désintégration de l'uranium (1917), puis l'isomérie nucléaire ; elle réalisa de nombreux travaux sur les rayonnements ; étudiant la fission de l'uranium, elle remarqua la formation de plusieurs nouveaux radioéléments (transuraniens) dont elle interpréta la création, avec son neveu O. R. Frisch*, en utilisant le modèle nucléaire de la «goutte liquide» de N. Bohr*.

**MÉJEAN** (causse) ➝ ÉTYM. du lat. *medianus* «qui est au milieu [entre Florac et Peyreleau]» ♦ Formation calcaire située dans les Grands Causses, entre le Tarn et la Jonte. Elle a été affectée de phénomènes karstiques (gouffres, avens, sotchs) donnant à sa topographie un aspect ondulé. Auj. dépeuplé (jusqu'à moins de 2 hab. par km²) et déboisé, ce plateau se consacre presque exclusivement à l'élevage ovin (lait, fromage, viande). Toutefois, quelques îlots de cultures apparaissent dans les bas-fonds. Importants sites touristiques : gorges du Tarn, aven Armand, grottes de Dargilan.

**MEKHITHAR** ou **MECHITHAR (Pierre MANOUK,** dit) ➝ ÉTYM. «le Consolateur» ♦ Moine et théologien arménien, fondateur de la congrégation des *mékhitharistes* (Sivas, Anatolie 1670 - Venise 1749). Prêtre en 1696, il fonda sa congrégation, avec l'appui du pape, en 1712. Désireux de restaurer et de faire connaître la littérature arménienne, Mekhithar publia une *Grammaire* et un *Dictionnaire de la langue arménienne* (1727) et une édition de la Bible en arménien.

**MEKNÈS** ♦ V. du Maroc, ch.-l. de prov. et préf. urbaine, située sur un plateau au N.-O. du Moyen Atlas, dominée au N. par le djebel Zerhoun. 469 169 hab. Monuments du XVIIe s. : enceintes percées de portes (Bab al-Mansour), ruines de l'anc. cité impériale («Versailles marocain») du sultan Moulay Ismaïl (1672 - 1727). Centre commercial, agricole et touristique. Industrie textile. Importante base militaire.

**MÉKONG** n. m. ➝ ÉTYM. du thaï *Menham Khong*, de *menam* «mère des eaux [rivière]» et *khong* «grand, large» (→ aussi Amour, Connecticut, Guadalquivir, Mississippi, Rio Grande, Volga, Yukon, Zambèze) ; en vietnamien ***Cửu Long*** ♦ Fl. d'Asie, l'un des plus longs du continent (4 200 km). Il naît à env. 5 000 m d'alt., sur le plateau du Tibet oriental, où il est appelé *Za Qu*, traverse le Yunnan (sous le nom de *Lancang jiang*) par d'étroits défilés, entre au Laos en suivant la frontière lao-birmane, puis lao-thaï avant de prendre la direction O.-E. vers Luang Prabang, puis de s'orienter vers le S. le long de la frontière lao-thaï pour ne la quitter qu'à la hauteur d'Ubon Rachathani. Il entre au Viêtnam par 2 bras : le *Sông Tiền* (fleuve antérieur) et le *Sông Hậu* (Bassac), et se jette, par 9 embouchures, dans la mer de Chine orientale. Son delta, commencé à Kratié au Cambodge, qu'il fertilise de ses alluvions renouvelées par les crues annuelles, poursuit sa construction dans le sud du Viêtnam. Tout en étant une médiocre voie navigable (le tronçon Savannakhet-Kratié, long de 500 km env., est coupé de chutes et de rapides dont Khemmarat et Khône), le Mékong constitue une voie de pénétration et, de ce fait, arrose des capitales d'États, tout au long de son parcours indochinois (Luang Prabang, Vientiane, Phnom Penh). De nombreux projets, dont certains ont vu un début de réalisation (pont de Mitrahap, achevé en 1994, qui contribue au désenclavement du Laos), visent à améliorer l'utilisation du fleuve (circulation, irrigation, énergie et pêche).

**MELAKA** – en angl. ***Malacca*** ♦ V. de Malaisie, cap. de l'État du même nom. 369 222 hab. Ville pittoresque ; la période coloniale a laissé d'intéressants monuments : porte de Santiago, ruines de l'église Saint-Paul, église Saint-Pierre et église du Christ, ancien hôtel de ville hollandais (Stadhuys). ▪ Indus. textile. Port de commerce et de pêche. ▮ **Histoire** Le port, fondé vers 1400 par un prince de Sumatra se réclamant de l'ancien empire maritime de Srivijaya, devint rapidement le principal emporium de l'Asie du S.-E. et fut pris par les Portugais en 1511. Les Hollandais (1641) puis les Britanniques (1795) s'y succédèrent. Melaka resta britannique jusqu'à l'indépendance de la Malaisie* (1957). ♦ ***État de Melaka*** État de la Fédération de Malaisie. 1 650 km². 602 867 hab. CAP. : Melaka. Riziculture, plantations de cacao et de palmiers à huile ; pêche.

**MELANCHTHON (Philipp SCHWARZERD,** hellénisé en) ➝ ÉTYM. «terre noire» (trad. en gr. de son n.) ♦ Réformateur religieux allemand (Bretten 1497 - Wittenberg 1560). Professeur de grec à l'université de Wittenberg, il rencontra Luther dont il devint le principal disciple. En 1519, à Leipzig, il écrivit son *Apologia pro Luthero* contre les attaques de J. Eck*. Ses *Loci communes theologiae* (1521) constituent le premier ouvrage de la théologie luthérienne. Il rédigea la *Confession* *d'Augsbourg** et l'*Apologie* de celle-ci, et devint le chef de l'Église luthérienne à la mort de Luther. Moins intransigeant que Luther, il a tenté d'aplanir les divergences entre les différents courants de la Réforme et même entre protestants et catholiques.

La **Mélancolie** → **Melencolia I**

**MÉLANÉSIE** n. f. ➝ **ÉTYM.** du gr. *melania* «noirceur» et *nêsos* «île» ♦ Ensemble d'îles du Pacifique (Océanie) qui s'étend de la partie S.-O. de l'océan, entre l'équateur et le tropique du Capricorne, de la Nouvelle-Guinée aux îles Fidji. Elle comprend la Nouvelle*-Guinée (dont la partie occidentale appartient à l'Indonésie* [→ **Irian Jaya**]), l'archipel Bismarck*, les îles Salomon*, la république de Vanuatu*, la Nouvelle*-Calédonie et, plus à l'E., les îles Fidji*. Ces îles et archipels, peuplés en partie de Mélanésiens*, sont les plus étendus de l'Océanie tropicale (env. 965 000 km²). Ils forment un ensemble montagneux et souvent élevé (4 884 m au pic Puncat Jaya) ; les séismes y sont fréquents et le volcanisme très actif (certaines îles appartiennent à la «ceinture de feu du Pacifique») ; les formations coralliennes abondent et forment des récifs frangeants près des rivages des «îles hautes» (volcaniques), ou des récifs barrières qui constituent parfois d'immenses atolls («îles basses»). Le climat est constamment pluvieux et chaud mais varie suivant l'orientation et la latitude. Partout les risques de cyclones sont fréquents. Les zones intérieures sont en général couvertes de forêts denses. L'économie, de subsistance, est fondée sur le taro, l'igname, la patate douce, la canne à sucre et l'arbre à pain, la pêche et la chasse.

**MÉLANÉSIENS** n. m. pl. ♦ Population de Mélanésie (env. 3 500 000 individus), présentant une certaine diversité de types physiques. Les langues et les dialectes sont très nombreux et appartiennent en général au groupe malayo-polynésien. Ils pratiquent la pêche, l'élevage et une agriculture itinérante. La société, organisée en clans, obéit à des règles variables selon les régions. La vie du groupe est rythmée par de nombreuses fêtes et cérémonies d'initiation, donnant lieu à des échanges de cadeaux et à la réalisation d'objets et de masques polychromes de bois, de coquillages et de fibres végétales.

**MÉLANIE l'Ancienne** ➝ **ÉTYM.** en lat. ***Antonia Melania,*** du gr. *melania* «noirceur» ♦ Dame romaine (Rome v. 349 - Jérusalem 410). Veuve à vingt-deux ans, elle quitta sa famille pour vivre en Égypte puis au mont des Oliviers où elle fonda un monastère. Elle protégea Rufin* d'Aquilée contre saint Jérôme*. ♦ Sainte **MÉLANIE la Jeune.** Dame romaine (Rome 383 - Jérusalem 439). Petite-fille de la précédente, elle convainquit son mari Pinien de vivre dans la chasteté et de faire don de leur fortune à des œuvres charitables. Ils partirent pour Thagaste (Numidie) en 410, et pour Jérusalem en 417 où elle fonda un monastère de femmes puis un monastère d'hommes. Sa *Vie,* écrite probablement par Gerontius, est un précieux témoignage sur la liturgie et les usages monastiques anciens. Fête le 31 déc.

**MÉLANTOIS** n. m. ♦ Région crayeuse de la Flandre française, au S. de Lille. Cultures céréalières et betteravières.

**MELBA (Helen MITCHELL, dite Nellie)** ♦ Cantatrice australienne (Melbourne 1861 - Sydney 1931). Douée d'une voix exceptionnellement étendue, elle débuta à Bruxelles (1887) puis, après un séjour à l'Opéra de Paris, elle triompha sur toutes les scènes du monde. Elle a publié *Melodies and Memories* (1925). ▪ C'est en son honneur que les coupes de fruits et de crèmes glacées furent créées et nommées par Escoffier* (*pêches Melba,* etc.).

**MELBOURNE (William LAMB,** 2ᵉ vicomte**)** ♦ Homme politique britannique (Londres 1779 - Melbourne House, Derbyshire 1848). Député whig, il se rallia aux tories dans le cabinet Canning* (1827), puis les abandonna pour entrer dans le cabinet Grey* (1830 - 1834) comme ministre de l'Intérieur. Il dut alors faire face à l'agitation sociale et aux troubles irlandais et favorisa la réforme parlementaire. Devenu Premier ministre (1834, 1835 - 1841), il eut un ministère assez terne, mais exerça une certaine influence sur la reine Victoria* dont il fit l'éducation politique. ➝ **ÉTYM.** Ce nom de famille vient du vieil anglais *Middelburne* «la rivière *(burna)* du milieu *(middel)*» ou de *Mileburne* «la rivière *(burna)* du moulin *(myln* "blé")».

**MELBOURNE** ➝ **ÉTYM.** du n. du vicomte *Melbourne** ♦ V. d'Australie, cap. de l'État de Victoria, sur la côte N. de la baie de Port Philip, au pied des Alpes australiennes. Deuxième ville du pays et important centre ferroviaire relié à Sydney, Adélaïde et Perth. 3 744 373 hab. Univ. de Melbourne, univ. Monash à Clayton, univ. Trobe à Bundoora. Grand jardin botanique. Centre admin. Le port, très bien abrité, exporte de la laine, des céréales (avoine) et de la farine, des fruits, de la viande et des produits laitiers. Grand marché de la laine. Pétrochimie. Construc. mécaniques et aéronautiques ; automobiles. Indus. textiles et alimentaires. Indus. du cuir ; verreries. ▮ **Histoire** Fondée en 1835, Melbourne fut la première capitale du Commonwealth d'Australie de 1901 à 1927.

**MELCHIOR** ➝ **ÉTYM.** probablt de l'hébr. *malkî'ôr* «mon roi est lumière» ♦ Un des rois mages de la légende chrétienne, dépeint comme un vénérable vieillard.

**MELCHIOR (Hommel LEBRECHT, dit Lauritz)** ♦ Ténor américain d'origine danoise (Copenhague 1890 - Santa Monica, Californie 1973). Spécialiste du répertoire wagnérien, il fut à Bayreuth (1925 - 1931) puis au Metropolitan Opera de New York (jusqu'à 1950) l'un des plus grands interprètes de Tristan et de Siegfried.

**MELCHISÉDECH** ➝ **ÉTYM.** en hébr. *Malkîçèdèq* «Mon roi *(mèlèkh)* est Sédèk» ou «est juste *(çèdèq)*» ♦ Personnage biblique, roi de Salem (Shalém, généralement identifiée avec Jérusalem) et prêtre du Dieu Très-Haut. Il va au-devant d'Abraham, présente du pain et du vin et le bénit ; un psaume évoque ensuite son sacerdoce. Identifié à Sem* dans la tradition rabbinique, modèle du grand-prêtre et figure eschatologique à Qumrân* (il «juge les saints de Dieu»), Melchisédech devient dans la tradition chrétienne la figure du Christ («sans père, sans mère, sans commencement de jours ni fin de vie» dans l'épître aux Hébreux*), grand-prêtre véritable qui offre d'ailleurs un sacrifice de pain et de vin : à sa suite, les prêtres chrétiens seront considérés comme faisant partie de l'ordre de Melchisédech. ♦ ***«Melchisédech»*** Traité gnostique (grec, IIᵉ s.) retrouvé dans la bibliothèque de Nag* Hammadi.

**MELCHTAL (ARNOLD DE)** → **Arnold de Melchtal**

**MÉLÉAGRE** – en gr. ***Meleagros*** ♦ Héros étolien de Calydon*. Lors de la fameuse chasse, il tue le *sanglier de Calydon* mais, dans la dispute qui s'ensuivit pour la possession de la dépouille, il tue les frères de sa mère ; celle-ci le maudit, appelant contre lui la colère des Érinyes. Méléagre se retire alors du combat entre Curètes et Calydoniens et ne consent à y revenir qu'au dernier moment, quand les ennemis incendient la ville. Il les repousse aisément, mais il périt lui-même.

**MELEGNANO** → **Marignan**

**Melencolia I** ♦ Gravure de Dürer* (1514). L'artiste a réalisé ici une synthèse de deux représentations traditionnelles : celle de la Mélancolie, une des quatre humeurs du corps selon la théorie de l'Antiquité, et celle de la Géométrie et de ses instruments, symbole des arts libéraux et des arts mécaniques. Il en résulte un être qui réunit la puissance intellectuelle et les dons techniques d'un art et qui pourtant est en proie à la mélancolie. Marsile Ficin*, empruntant à un discours d'Aristote, avait donné un caractère positif à la mélancolie, déclarant que les hommes hors du commun étaient des mélancoliques qui avaient su gérer leur mal. Inspirée par les idées de Ficin et par le néoplatonisme*, *Melencolia I* serait une évocation de l'artiste, génie mélancolique, qui aspire en vain à l'absolu.

**Melencolia I.** Gravure de Dürer (24 x 19 cm).
Bibliothèque nationale de France, Paris. *BIS/Phot. © Coll. Archives Larbor*

**MELÉNDEZ (Luis Eugenio)** ♦ Peintre et dessinateur espagnol (Naples 1716 - Madrid 1780). Il réalisa une série de natures mortes d'une facture lisse et sèche, qui révèlent un sens méticuleux de l'observation. Comme Chardin*, il aimait les motifs simples et familiers ; cependant, son art se rattache plutôt, par sa facture et l'esprit de ses compositions, à la tradition de Vélasquez* et de Zurbarán*, sans en avoir l'austère rigueur.

**MELÉNDEZ VALDÉS (Juan Antonio)** ♦ Poète espagnol (Ribera del Fresno, prov. de Badajoz 1754 - Montpellier 1817). Il étudia le droit à l'université de Salamanque où il se lia d'amitié avec Cadalso et Jovellanos ; il entra dans la magistrature mais la chute de Jovellanos, ministre de la Justice, lui fit perdre son poste et il fut assigné à résidence à Zamora ; libéré après l'entrée des Français en Espagne, il soutint d'abord leur cause, mais fut contraint de fuir son pays et de s'exiler en France où il mourut, triste et nostalgique. C'est le plus grand poète espagnol du XVIIIe s. Il puisa avec succès son inspiration dans le vin, l'amour, l'amitié, l'humanisme, la bienfaisance et la justice. Il cultiva les églogues, les odes, les romances avec une prédilection pour Anacréon.

**MELESSE** [35520] ← ÉTYM. p.-ê. du lat. *Melicius* (de *melius* «mieux»), n. de pers. ♦ Comm. de l'Ille-et-Vilaine, arr. de Rennes. 5 164 hab.

**MÉLIÈS (Georges)** ♦ Scénariste et réalisateur français de cinéma (Paris 1861 - *id.* 1938). Illusionniste de profession (il dirigea le théâtre Robert-Houdin) et dessinateur, il fit du cinéma, alors en sa naissance, un art véritable, par la richesse d'un génie inventif aussi savant que poétique. Des quelque 500 films qu'il tourna, entre 1896 et 1913, trois thèmes généraux d'inspiration se dégagent : la féerie *(Cendrillon, Le Palais des Mille et Une Nuits, La Fée Libellule)* ; la fiction scientifique (*Le Voyage* dans la Lune*, 1902, *Le Voyage à travers l'impossible, 20 000 lieues sous les mers, La Conquête du pôle*) ; l'histoire (*L'Affaire Dreyfus, La Civilisation à travers les âges*). Créateur de la mise en scène cinématographique, inventeur d'ingénieux trucages, constructeur des premiers studios de cinéma (à Montreuil), ce pionnier du 7e art, qui connut la pauvreté et fut un moment oublié, eut la grâce naïve et la libre fantaisie d'un primitif. ← ÉTYM. *Méliès* est un nom de lieu dans l'Aude.

Georges **Méliès**. Dessin pour *Le Voyage dans la Lune*.
*Phot. © Coll. Rui Nogueira*

**MELILLA** ← ÉTYM. ar. «la blanche» ♦ Ville constituant une enclave espagnole sur la côte méditerranéenne du Maroc dans la zone orientale du Rif, dans l'E. de la pointe formée par le cap des Trois-Fourches. 69 440 hab. Port franc. Murailles du XVIe s. Importante garnison militaire. **Histoire** Ancien comptoir punique, puis romain, la ville fut prise par les Espagnols en 1496.

**MÉLINE (Jules)** ♦ Homme politique français (Remiremont 1838 - Paris 1925). Représentant de l'opposition républicaine sous le Second Empire, député (1872 - 1903), ministre de l'Agriculture (1883 - 1885), il créa le Mérite agricole et fut l'un des principaux instigateurs de la politique protectionniste (institution du double tarif douanier, 1892). Il devint président du Conseil en 1896 ; son gouvernement fut marqué par la reprise de l'activité économique et financière, mais aussi par le rebondissement de l'affaire Dreyfus*. Hostile à la révision du procès, Méline dut démissionner (1898). Sénateur (1903 - 1925), à nouveau chargé du portefeuille de l'Agriculture (1915 - 1916), il lança l'idée du *retour à la terre* (1905). ← ÉTYM. *Méline* est l'aphérèse de *Ameline* (de *amal-*, élément fréquent chez les Goths, du vieux norrois *ami* «désagrément»).

**MELISEY** [70270] ← ÉTYM. du lat. *Mellitius*, n. de pers. gallo-rom., et suff. *-acum* ♦ Ch.-l. de cant. de la Haute-Saône, arr. de Lure, sur la rive d. de l'Ognon. 1 794 hab. (aggl. 3 033). *(Morgelots)*. Indus. automobile.

**MÉLISSOS** ♦ Philosophe grec de l'école d'Élée* (Samos -Ve s.). Il commandait la flotte samienne lorsqu'elle remporta la victoire sur les Athéniens. Il nous reste 10 fragments de son œuvre *De l'Être* et un traité tardif et anonyme, connu sous le titre *De Melisso Xenophane Gorgia* qui a conservé une analyse fidèle de ses principaux arguments. Préoccupé exclusivement d'ontologie, Melissos adopte et systématise l'ontologie de Parménide* : ce qui est est inengendré et impérissable, mais à la différence de Parménide, l'être est infini *(apeiron)* dans le temps et dans l'espace. Les choses perçues par les sens ne sont qu'illusoires car elles ne révèlent pas des étants *(onta)*.

**MÉLITON** (saint) ♦ Évêque de Sardes, en Asie Mineure (IIe s.). Il fut une «lumière de l'Asie», dit Eusèbe de Césarée, mais de ses œuvres ne subsistent qu'une *Homélie sur la Pâque* et des fragments, notamment d'une *Apologie* à Marc Aurèle (176 ?). ▪ Fête le 1er avril.

**MELITOPOL** ♦ V. d'Ukraine au S. de Zaporojie. 159 288 hab. Métall. Conserveries. Moteurs de petite cylindrée.

**MELK** ♦ V. d'Autriche (Basse-Autriche), sur la rive d. du Danube, à l'entrée de la Wachau*. 5 222 hab. Grande abbaye bénédictine, haut lieu de tourisme et d'enseignement religieux. **Histoire** Une butte rocheuse dominant le Danube a suscité un camp romain, puis le château des Babenberg*, cédé à la fin du XIe s. aux bénédictins. Restaurée au XVIIIe s. par les architectes Prandtauer et Munggenast, l'église abbatiale est un joyau de l'art baroque autrichien.

**MELKART** ou **MELQART** ← ÉTYM. mot phénicien «roi de la cité» ♦ Dieu phénicien, spécialement vénéré à Tyr et dans ses colonies, appelé aussi *Baal de Tyr*. Son temple, à Tyr, aurait été bâti par le roi Hiram* Ier (-Xe s.). Une fête annuelle célébrait le «réveil de Melkart». Les Grecs l'assimilèrent à Héraclès.

**melkites**

n. m. pl. ♦ Chrétiens de Syrie et d'Égypte ralliés contre les monophysites* à la doctrine de la double nature du Christ définie au concile de Chalcédoine* (451). Ils adoptèrent le rite byzantin et rompirent avec Rome lors du schisme* d'Orient (1054). Certains renouèrent en 1724 sous l'autorité du patriarche d'Antioche Cyrille VI. On compte aujourd'hui 980 000 melkites de rite catholique oriental, et environ 800 000 melkites orthodoxes.

**MELLAN (Claude)** ♦ Graveur et dessinateur français (Abbeville 1598 - Paris 1688). Il se rendit à Rome en 1624, travailla auprès de Villamena et de Vouet* et, rentré en France en 1637, répandit la technique de gravure au burin dite à une seule taille (*La Sainte Face*, 1649, est constituée d'une taille continue en spirale). Il réalisa des illustrations et des portraits à la pierre noire et à la sanguine *(Urbain VIII ; Gassendi)*.

**MELLAOUI EL-ARICH** ou **MALLAWĪ AL-'ARĪCH** ♦ V. de la Haute-Égypte (gouvernorat de Minieh). 140 215 hab. Centre céréalier. À proximité, nécropoles antiques.

**MELLE** ♦ Comm. de Belgique (Région flamande), prov. de Flandre-Orientale, arr. de Gand, sur l'Escaut. 10 660 hab. Horticulture (bégonias, azalées) ; École d'horticulture ; Institut national des plantes d'ornement. Indus. agroalimentaire.

**MELLE** [79500] ← ÉTYM. anc. *Metullo*, du gaul. *metlo* «hauteur» ♦ Ch.-l. de cant. des Deux-Sèvres, arr. de Niort, sur la Béronne. 3 851 hab. (aggl. 5 583) *(Mellois)*. Deux anc. priorales du XIIe s., de style roman poitevin : Saint-Hilaire (portail sculpté ; chapiteaux historiés) et Saint-Pierre (riche ornementation sculptée). ▪ Centre d'élevage d'ânes («baudets du Poitou»). Indus. chimique. Tri et valorisation des déchets commerciaux et de certains déchets industriels. Tourisme : parcours botanique (650 espèces) ; aménagement des anc. mines d'argent (musée).

**MELLO (Craig C.)** ♦ Biologiste américain (1960). [Prix Nobel de physiologie ou médecine 2006, avec A. Fire*]

**MELLONI (Macedonio)** ♦ Physicien italien (Parme 1798 - Portici 1854). Il améliora le galvanomètre par l'emploi d'un aimant compensateur, ainsi que la pile thermoélectrique inventée par Nobili, ce qui lui permit d'étudier les propriétés de la chaleur rayonnante (rayons infrarouges).

**MELMOTH** ♦ Personnage-titre du roman de Charles R. Maturin*, *Melmoth l'errant* (1820). Le thème évoque à la fois celui de Faust et celui de Don Juan. Melmoth a obtenu en échange de son âme le prolongement de sa vie : il erre, jouant le rôle de tentateur diabolique auprès d'êtres désespérés. L'ouvrage se présente comme un récit «à tiroirs», les épisodes principaux venant directement ou indirectement à la connaissance du jeune John Melmoth, descendant de l'Homme errant qu'il ne rencontre qu'à la fin du récit. Prétexte d'une violente satire du catholicisme «à l'espagnole» (épisode de Monçada), riche en épisodes dramatiques jusqu'à l'horreur, l'œuvre propose l'image préromantique d'un tentateur désespéré, que l'amour même ne peut sauver (épisode d'Immale-Isidora). La sombre poésie et la puissance d'évocation de *Melmoth* inspirèrent Balzac (*Le Centenaire, Melmoth réconcilié*). Avec *Le Moine* de M. G. Lewis*, *Melmoth* fut l'une des grandes références du surréalisme.

**MELNIKOV (Pavel Ivanovitch)** dit **Andreï Petcherski** ♦ Romancier russe (Nijni-Novgorod 1819 - *id.* 1883). Connaissant parfaitement le folklore et la vie du peuple russe, il en parla dans des contes (*Les Contes de la grand-mère*, 1858) et dans deux romans : *Dans la forêt* (1871 - 1874) et *Dans les montagnes* (1875 - 1881), où il décrit la vie des vieux-croyants près de Nijni-Novgorod. ← ÉTYM. Le nom russe *Melnikov* vient de *melnik* «meunier».

**MELNIKOV (Konstantin Stepanovitch)** ♦ Architecte soviétique (Moscou 1890 - *id.* 1974). Tout en appartenant au courant fonctionnaliste, il en rejeta les théories et chercha à réaliser une fusion entre la tradition et le modernisme, en introduisant la notion de mouvement. Il fut chargé de la construction du pavillon de l'Union soviétique à l'Exposition des Arts décoratifs à Paris en 1925, puis du Club des ouvriers de Roussakov, à Moscou, en 1927. Nommé chef d'un atelier de création au soviet de Moscou, il mêla au monumentalisme un rythme de volumes suspendus et un symbolisme originaux. Refusant de se soumettre aux directives officielles, il vit son titre lui être retiré par le premier congrès des architectes soviétiques de 1937, et fut condamné à l'inactivité.

**MELOZZO DA FORLI (Michelozzo DEGLI AMBROGI, dit)** ♦ Peintre italien (Forli 1438 - *id.* 1494). Élève de Piero* della Francesca à Urbino, il fut un maître de la perspective et du raccourci et un représentant du style monumental, qu'il répandit à Rome : *Sixte IV inaugurant la bibliothèque Vaticane* (v. 1475, Vatican), l'*Ascension du Christ* (1480, église des Saints-Apôtres ; depuis 1711, le panneau central se trouve au Quirinal, les *Anges musiciens* et les *Têtes des apôtres* au Vatican). Sa dernière grande œuvre fut la coupole de la chapelle du Trésor, à Lorette (après 1477). On lui attribue souvent une part de collaboration dans deux cycles d'œuvres, *Les Hommes illustres* (partie à Urbino, partie au Louvre) et *Les Arts libéraux* (partie à Berlin, détruite en 1945 ; partie à Londres, National Gallery) auxquels travaillèrent Berruguete* et peut-être Juste de Gand.

**Melozzo da Forli.** *Le Prophète Isaïe.* Sanctuaire de la Santa Casa, Lorette. *Phot. © Carlo Bevilacqua/Ricciarini*

**MELPOMÈNE** ➛ **ÉTYM.** en gr. *Melpomenê,* de *melpô* « chanter » ♦ L'une des Muses*. Primitivement, elle présidait au chant et à l'harmonie, puis elle fut associée à Dionysos et devint patronne de la tragédie. Unie à Achéloos*, elle donna naissance aux Sirènes*.

**MELQART** → Melkart

**MELROSE** ♦ Bourgade d'Écosse (Scottish Borders) sur la Tweed. Ruines imposantes d'une abbaye cistercienne reconstruite en partie au XVI$^{e}$ s. en style perpendiculaire.

**MELSBROEK** ♦ Localité de Belgique, dépendant de la comm. de Steenokkerzeel. (10 988 hab.). Aéroport militaire.

**MELSENS (Louis)** ♦ Physicien belge (Louvain 1814 - Bruxelles 1886). Inventeur des paratonnerres à pointes, à raccordements terrestres et à conducteurs multiples.

**MELTZER (Donald)** ♦ Psychanalyste britannique (New York 1922 - Oxford 2004). Il a, dans la lignée de M. Klein*, travaillé sur l'autisme infantile.

**MELUN** [77000] ➛ **ÉTYM.** anc. *Metlosedum (Meclodunum),* puis *Melodunum,* du précelt. *°mello* « hauteur » et gaul. *dunum* « forteresse » (→ aussi Meudon) ♦ Ch.-l. du dép. de la Seine-et-Marne, sur la Seine. 35 695 hab. (aggl. 110 170) *(Melunais).* À l'origine établie dans une île de la Seine, elle s'est étendue sur les deux rives du fleuve. Église Notre-Dame construite sous Robert le Pieux au XI$^{e}$ s., remaniée aux XII$^{e}$, XV$^{e}$ et XVI$^{e}$ s. (façade Renaissance). Église gothique Saint-Aspais (XV$^{e}$ - XVI$^{e}$ s.), à cinq nefs. L'hôtel de la Vicomté, où vécut Fouquet au XVII$^{e}$ s., abrite un musée : archéologie et histoire locales ; faïences de Rubelles. ▪ Carrefour routier et ferroviaire. Marché agricole (blé, fromages de Brie). Pôle aéronautique. Construc. mécaniques. Produits pharmaceutiques. Imprimeries. École des officiers de la Gendarmerie nationale. Université. ▮ **Histoire** Oppidum des Sénons, *Melodunum* fut pris en –53 par Labenius, et devint résidence royale des premiers Capétiens. Pendant la guerre de Cent Ans, Du Guesclin reprit Melun à Charles le Mauvais qui s'en était rendu maître. Les Anglais occupèrent la ville en 1420 et la rendirent en 1430 à Charles VII. Henri IV reprit Melun aux ligueurs.

**MELUN-SÉNART** ➛ **ÉTYM.** de *Melun** et du n. de la forêt de *Sénart** ♦ Une des cinq villes nouvelles d'Île*-de-France, située au S.-E. de Paris, dans le dép. de la Seine-et-Marne. 81 725 hab. Aujourd'hui appelée Sénart, elle couvre 11 876 ha et regroupe 10 communes. Depuis sa création, 29 000 logements, 258 ha de zone industrielle (ZI), 57 000 m$^{2}$ de bureaux et 21 000 emplois y ont été créés. Elle est la moins développée des cinq villes nouvelles. Scindée en trois ensembles, elle souffre de l'absence d'un véritable centre urbain (en projet à Tigery-Lieusaint). La densité des espaces bâtis est faible et les espaces verts nombreux (forêt de Sénart). C'est la ville nouvelle où le rapport entre le nombre de résidents et celui des emplois locaux reste le plus faible. Cependant, le potentiel de développement reste fort, grâce à la construction d'une autoroute vers la capitale.

**MÉLUSINE** ♦ Personnage de la légende médiévale qui, à la suite d'une faute, est condamnée à devenir tous les samedis femme-serpent. Elle passait pour la fondatrice de la maison de Lusignan* (*Mélusine = Mère Lusigne*) et inspira un conte à Goethe*.

**MELVILLE (Herman)** ♦ Poète et romancier américain (New York 1819 - *id.* 1891). Sa vie, comme son œuvre, est marquée par l'océan : plutôt que de demeurer instituteur, il préféra s'enrôler à vingt-trois ans dans l'équipage d'une baleinière des mers du Sud et ne perdit jamais contact avec les marins ; il séjourna aux îles Marquises. *Typee* (1846) et *Omoo* (1847) ont pour cadre les mers du Sud. C'est en empruntant ses images au monde de la mer que Melville est parvenu à donner à *Moby Dick ou la Baleine blanche* (1851), dédié à Hawthorne*, la forme d'un conte apocalyptique et obsédant. Le récit évoque la poursuite forcenée d'une baleine blanche par le capitaine Achab, habitué de la « lutte cosmique en mer », et dont le bateau sombrera. L'enchevêtrement des passages réalistes (où le lecteur est, par exemple, initié aux secrets du lancement du harpon) et des développements symboliques montrant en Moby Dick, la baleine, l'incarnation du mal, de toute « la malignité intangible » du monde, fait de cette épopée le centre même des tensions auxquelles est soumis le romancier. De même, *Pierre ou les Ambiguïtés* (1852) évoque, dans une ambiance d'inceste, un conflit entre le bien et le mal. *Mardi* (1849) est une équipée maritime où le héros erre « d'île sonnante en île sereine » et où des moyens quasi surréalistes sont mis au service d'une quête métaphysique. Et c'est sous les aspects de l'obsession homosexuelle que *Billy Budd, gabier de misaine* (1891), dépeint le monde du mal. Quant à la trame de ses *Contes* (*Bartleby, Benito Cereno,* 1856), elle est constituée par le thème de l'échec dont semble marquée l'existence de cet esprit tourmenté qui n'acceptait pour « haute joie » que « l'inexorable intégrité de sa personne ». ➛ **ÉTYM.** Ce nom de famille vient de *Émalleville,* nom de commune dans l'Eure ou du gaélique *Maol Mhichil,* de *maol* « chauve » et *Michil* « Michel ».

**MELVILLE (Jean-Pierre GRUMBACH, dit Jean-Pierre)** ➛ **ÉTYM.** n. pris en l'honneur d'Herman *Melville** ♦ Cinéaste français (Paris 1917 - *id.* 1973). Il fut l'adaptateur sensible d'œuvres littéraires (*Le Silence* de la mer,* d'après Vercors, 1949 ; *Les Enfants terribles,* d'après Cocteau, 1950). L'admiration qu'il portait au cinéma américain est perceptible dans les films qu'il réalisa ensuite, marqués par la rigueur de la construction, la solidité de leur direction d'acteurs et par les thèmes qu'ils développent : ferveur de l'amitié virile, solitude des héros (*Deux hommes dans Manhattan,* 1959 ; *Le Doulos,* 1963 ; *Le Deuxième Souffle,* 1966 ; *Le Samouraï,* 1967 ; *Le Cercle rouge,* 1970).

**MELVILLE** (baie de) ➛ **ÉTYM.** → Melville (île du Canada) ♦ Baie de la mer de Baffin, sur la côte O. du Groenland.

**MELVILLE** (île) ➛ **ÉTYM.** nommée en l'honneur de Robert Dundas, vicomte de *Melville,* premier lord de l'Amirauté, qui avait soutenu l'expédition qui mena à la découverte de l'île ♦ Île de la côte N. de l'Australie, à l'O. de la terre d'Arnhem, exclue du territoire australien depuis 2003. Réserve pour les Aborigènes.

**MELVILLE** (île) ➛ **ÉTYM.** nommée en l'honneur de Henry Dundas, vicomte de *Melville,* ministre de la Guerre de Grande-Bretagne ♦ Île de l'archipel arctique canadien (îles de la Reine*-Élisabeth) située à l'O. du groupe et séparée de l'île Banks par le détroit de McClure, de l'île Victoria par le *détroit de Melville.* Gaz naturel.

**MELVILLE** (péninsule de) ➛ **ÉTYM.** → Melville (île du Canada) ♦ Presqu'île du N. du Canada (océan Arctique).

**MEMEL** → Klaipda

**MEMLING** ou **MEMLINC (Hans)** ♦ Peintre flamand originaire de Rhénanie (Seligenstadt v. 1433 - Bruges 1494). On suppose qu'il se forma à Cologne, puis à Bruxelles, dans l'atelier de Van* der Weyden. Ayant acquis à Bruges le droit de bourgeoisie en 1465, il y dirigea un important atelier et travaillait pour les religieux, les riches citoyens et les hommes d'affaires italiens. Il connut l'art de Van* der Goes et de Bouts*, mais s'inspira surtout de Van* Eyck et de Van* der Weyden sans hériter de la vigueur expressive et du sens tragique de ce dernier. Il préférait les compositions statiques, l'émotion contenue exprimant une religiosité paisible mais fervente. Excepté les œuvres où le caractère narratif est dominant (*Châsse de sainte Ursule,* 1489), il avait le sens des compositions amples et équilibrées (*Le Mariage mystique de sainte Catherine,* 1475-1479 ; *L'Adoration des Mages,* 1470). Il décrivit avec sensibilité les paysages et affirma sa virtuosité technique dans le rendu des détails, des costumes somptueux, l'emploi des coloris précieux et la délicatesse du modelé. Ses nombreux et élégants portraits attestent une forte tendance à l'idéalisation. À la fin de sa vie, il adopta fréquemment des motifs décoratifs italiens et, dans *Bethsabée au bain* (v. 1484), la recherche de rythmes linéaires et de proportions

Hans **Memling.** *Vierge et Enfant.*
Musée d'Art ancien, Lisbonne. *Phot.* © *Bulloz*

harmonieuses, révélatrice d'un souci de beauté formelle, annonce l'esprit de la Renaissance. ➝ **ÉTYM.** *Memling* vient de *Mömlingen*, nom de lieu.

**MEMMI (Albert)** ♦ Écrivain tunisien d'expression française (Tunis 1920). Memmi a traduit sa propre expérience d'une «conscience douloureuse» dans des essais qui s'apparentent à des études sociologiques : *Portrait du colonisé*, précédé de *Portrait du colonisateur* (1957), *Portrait d'un juif* (1964 et 1966) et *Juifs et Arabes* (1974) ; il y analyse la difficulté d'être «indigène dans un pays de colonisation, juif dans un univers antisémite, africain dans un monde où triomphe l'Europe». Le même déchirement s'exprime dans ses romans, *La Statue de sel* (1953), *Agar* (1955) et *Le Scorpion ou la Confession imaginaire* (1969). Réaffirmant pourtant les pouvoirs de l'écriture (*La Terre intérieure*, 1976), il y voit un combat pour la libération de l'homme (*La Dépendance*, 1979 ; *Le Racisme*, 1982). ➝ **ÉTYM.** *Memmi* est l'hypocoristique de l'italien *Guglielmo* «Guillaume».

**MEMMINGEN** ♦ V. d'Allemagne (Bavière), en Souabe, sur le plateau bavarois. 39 100 hab. Enceinte et tours médiévales, église du XV^e^ s., hôtel de ville rococo (fin XVI^e^ s.). ▪ Centre commercial et indus. (produits alimentaires, brasseries, manufactures de tabac, textiles).

**MEMNON** ♦ Héros de la guerre de Troie*, roi des Éthiopiens. Venu pour secourir son oncle Priam, il fut tué par Achille*. Zeus avait pesé le sort des deux combattants devant leurs mères suppliantes, Thétis et Éos* (l'Aurore). Celle-ci obtint l'immortalité pour son fils.

**Memnon (colosses de)** ♦ Nom donné par les Grecs et les Romains aux deux statues colossales d'Aménophis* III qui précédaient le temple funéraire du pharaon aux environs de Thèbes*. Ce nom venait de la confusion que les Grecs avaient faite entre le personnage mythique appelé Memnon* et le mot *memnou* (appellation donnée par les Égyptiens à tout édifice à caractère religieux) désignant les deux statues. À la suite d'un tremblement de terre en 27, le colosse nord fut en partie détruit. Il se produisit alors un phénomène curieux qui vint enrichir la légende de Memnon et attira de nombreux visiteurs : lorsque la pierre du monument écroulé s'échauffait aux premiers rayons du soleil, elle rendait un son musical (c'était, disait-on, la voix de Memnon qui saluait sa mère, l'Aurore). Le phénomène cessa après une réparation effectuée par Septime* Sévère en 170.

**Mémoires** ♦ Œuvre du cardinal de Retz* (posth. 1717 - 1718), rédigée de 1662 à sa mort, où il fait le récit notamment des événements de la Fronde* auxquels il fut mêlé. C'est une peinture colorée où alternent les scènes des troubles populaires (journée des Barricades, 1648) et des portraits pleins d'acuité, plus psychologiques que pittoresques, et prétextes à des jugements politiques. Témoin d'une véracité douteuse, l'auteur exprime sa personnalité, son goût de l'intrigue et son horreur d'être dupe en un style impressionniste et rapide.

**Mémoires** ♦ Œuvre de Saint*-Simon (posth. 1829), composée de 1694 à 1752, et travail de toute sa vie, consacré à recréer un monde déjà anachronique. Peignant les dernières années du règne de Louis XIV, l'auteur s'y montre fidèle à la monarchie, mais hostile au roi qui a abaissé la noblesse. Ainsi, donnant des informations exactes, il ne sait «se garder de haine et d'affection» dans ses jugements. Il excelle à évoquer avec relief la foule des courtisans et à peindre des types humains par notations impressionnistes, révélant, à travers les particularités physiques et les attitudes, le caractère du personnage et le mobile de ses actions. Admirablement apte à saisir sous les masques les misères morales, Saint-Simon s'est forgé un style original, volontiers imagé, nerveux jusqu'à la brutalité, qui repose sur des ellipses expressives et, parfois, des néologismes hardis.

**Mémoires d'outre-tombe** ♦ Œuvre de Chateaubriand*. Cette vaste autobiographie, commencée en 1809 et poursuivie jusqu'à la fin de sa vie, fut publiée partiellement dans le journal *La Presse* (1848 à 1850), avant de paraître, en volume, en 1899. Le texte complet ne parut qu'en 1948. Chateaubriand y évoque successivement sa jeunesse (1768 à 1800), alimentée des «désirs et des songes» (Combourg*), puis sa carrière littéraire, de 1800 à 1814 (portraits de Joubert*, de Fontanes*), enfin son rôle politique, de 1814 à 1830. Il se plaît à souligner les contrastes entre ces trois périodes avant d'aborder la dernière, «mélange des trois précédentes». Malgré son propos initial («J'écris principalement pour rendre compte de moi-même à moi-même»), l'auteur, qui connaît «l'art de choisir et de cacher», a préféré styliser et adopter la vérité esthétique pour mieux soigner son «tombeau». C'est un véritable poème, tantôt épique pour peindre les grands moments et les principaux personnages de cette période troublée (en particulier Bonaparte), tantôt lyrique, quand l'auteur rappelle les souvenirs pour méditer sur la fragilité humaine. La forme met en œuvre tous les pouvoirs d'éloquence de la prose classique, solennelle ou grave, et développe les richesses rythmiques comme la variété expressive de la syntaxe préromantique, tour à tour enjouée et lyrique, toujours musicale.

**Mémoires historiques** – en chin. ***Shiji*** ♦ Ouvrage de Sima* Qian, l'un des chefs-d'œuvre de la littérature chinoise. Pourtant, il s'agit d'une chronique historique de la période qui s'étend de –841 jusqu'à leur rédaction, vers –100. L'œuvre avait été entreprise par son père, mais Sima lui donna un style (dialogues, descriptions psychologiques) et une technique (recours aux traditions orales, aux archives) qui servirent de modèle à toute l'historiographie officielle ultérieure. Nombre d'œuvres de fiction y puisèrent aussi leur inspiration.

**Mémorables** ♦ Œuvre de Xénophon*, où il évoque ses souvenirs sur Socrate*.

**Mémorial de Sainte-Hélène** ♦ Œuvre de E. Las* Cases, consacrée à Napoléon (1823). Elle contribua à la diffusion du mythe napoléonien en France.

**MEMPHIS** ➝ **ÉTYM.** transcription gr. de l'égypt. *Men-nofer* «sa beauté [celle de Pépi I^er^] y réside» ou «le beau *(nefer)* site *(men)*» – auj. ***Badrachayn*** ♦ Anc. ville d'Égypte, sur la rive g. du Nil, à 30 km au S. du Caire. Elle fut fondée, selon la tradition, par Ménès* (v. –3000) sous la forme d'une forteresse, «les murs blancs», qui devint capitale de l'Égypte unifiée. Résidence des pharaons pendant tout l'Ancien Empire (comme en témoignent les nécropoles), la ville ne prit le nom de *Men-nofer* que sous le règne de Pépi I^er^. Elle était, depuis les origines, le centre du culte de Ptah* et jouait un rôle religieux de première importance. Déchue du rang de capitale au profit de Thèbes*, au Moyen Empire, elle resta l'une des plus grandes villes

**Memphis, en Égypte. Le Sphinx.** *Phot.* © *Carlo Bevilacqua/Ricciarini*

d'Égypte (→ **Néchao, Psammétique**) jusqu'à la fondation d'Alexandrie*. Ville cosmopolite, elle possédait des temples dédiés à Baal* et à Ashtart*. Elle subit les invasions des Hyksos* (→ **Kamôsis**), des Assyriens et des Perses. À l'époque hellénistique, les cultes d'Héphaïstos* (le Ptah grec) et d'Apis* (→ **Serapeum**) connurent une grande prospérité. Peu à peu supplantée par Alexandrie, Memphis fut finalement détruite par les Arabes et servit de carrière au Moyen Âge pour la construction du Caire. Il ne reste actuellement de l'ancienne cité que quelques vestiges du temple de Ptah et une statue colossale couchée de Ramsès* II. Aux environs de la ville se trouvent les nécropoles de Gizeh*, Saqqara*, Dahchour, Abousir et Abou Roache.

**MEMPHIS** → ÉTYM. probablt du n. de la v. d'Égypte ♦ V. des États-Unis (Tennessee) sur la rive g. du Mississippi. 650 100 hab. dont 54 % de Noirs (zone urbaine 1 135 614). Important centre commercial (coton, bois de charpente, céréales, bétail). Pont sur le Mississippi. Indus. alimentaires et chimiques. ▮ **Histoire** La ville fut fondée en 1819 sur l'emplacement d'un fort. Prise par les nordistes en 1862, elle fut éprouvée par les suites de la guerre. C'est à Memphis que se développa le blues, et la ville fut un des hauts lieux du jazz, dans sa migration vers le Nord.

**MENA (Juan DE)** ♦ Poète et chroniqueur espagnol (Cordoue 1411 - Torrelaguna 1456). Il est l'auteur du *Labyrinthe (El Laberinto)*, poème allégorique inspiré de Dante, de Virgile et de Lucain, où sont célébrés les épisodes marquants de l'histoire d'Espagne. On lui doit un poème sur les sept péchés capitaux *(Los siete pecados mortales)*.

**Ménade** n. f. – en gr. ***Mainas*** ♦ Nymphe du cortège de Dionysos, et dont le caractère se confond avec celui des Bacchantes* (→ **Dionysos**). On appelait également *ménades* des femmes consacrées au dieu, qui se livraient à la transe.

**MENADO** → **Manado**

**MÉNAGE (Gilles)** ♦ Érudit et écrivain français (Angers 1613 - Paris 1692). Très mondain et auteur de vers galants, il fut raillé par Molière* sous le nom de Vadius dans *Les Femmes savantes*. Préoccupé d'étymologie (*Origines de la langue française*, 1650, développé plus tard de manière à former le premier grand dictionnaire étymologique du français), il a publié aussi des *Observations sur la langue française* (1672), où il assouplit les préceptes de Vaugelas*. → ÉTYM. Ce nom vient de l'ancien français *mesnage, manage* «maison, manoir» (surnom de paysan).

**MENAI** (détroit de) ♦ Détroit séparant l'île d'Anglesey de la côte galloise.

**MENAM, ME NAM** ou **MAE NAM CHAO PHRAYA** n. m. ♦ Fl. le plus important de Thaïlande* (env. 1 200 km), formé par quatre grands affluents qui coulent à travers le pays du N. vers le S. (d'O. en E. : Ping, Wang, Yom et Nam) ; le principal est le Ping, qui est rejoint par le Wang au N. de Tak, et le Nam par le Yom, près de Chum Saeng : le Menam Chao Phraya naît à la jonction des rivières Ping et Nam au N. de Nakhon Sawan. Il se divise alors en de nombreux bras, dans une plaine deltaïque (anc. golfe marin comblé par les alluvions), dont l'un arrose Āyuthyā* ; le plus important est le Pa Sak. Le fleuve atteint le golfe du Siam* après être passé à Bangkok* ; il est soumis à de violentes crues estivales. Pendant des siècles, la Thaïlande utilisa le Menam Chao Phraya comme source d'eau domestique et d'irrigation, comme voie de transport, ainsi que pour le drainage et la pêche. La basse plaine centrale est parcourue par un réseau de canaux utilisés pour le transport du riz, du teck et de divers produits vers Bangkok.

**MÉNANDRE** ♦ Poète comique grec (Athènes v. –342 - v. –292). Contemporain et ami d'Épicure, il vécut à l'époque où Athènes, entrée dans la décadence, devenue la cité des trafiquants, des parvenus, des soldats et des esclaves, avait perdu le sens de la vie publique qui fit sa grandeur à ses origines. C'est pour ce public de qualité médiocre que Ménandre composa ses comédies dont les ressorts sont l'argent et la galanterie, et qui tournent souvent à la farce. Intrigues compliquées, situations exceptionnelles dénouées par l'inévitable scène de reconnaissance caractérisent ce théâtre qui vaut surtout par la qualité de l'observation et la souplesse expressive de la langue. Des cent huit comédies qu'il aurait composées les fragments d'un petit nombre seulement nous sont parvenus, dont *L'Arbitrage (Epitrepontes), La Belle aux cheveux coupés (Perikeiromenê)* et *La Samienne (Hê Samia)*. → ÉTYM. Le nom grec *Menandros* signifie «qui attend [ou guette] (*menô* "désirer, souhaiter") son époux *(andros)*».

**MÉNANDRE** ou **MENANDROS** → **Milinda**

**MÉNANDRE** ♦ Écrivain et historien byzantin (fin du VIe s.). Surnommé Protector parce qu'il appartenait à la garde impériale, il rédigea une *Histoire des règnes de Justin et Tibère* dont certains fragments nous ont été transmis par Constantin VII Porphyrogénète.

**MENANT (Joachim)** ♦ Orientaliste français (Cherbourg 1820 - Paris 1899). Il fut l'un des fondateurs en France de l'assyriologie. Auteur de travaux sur l'écriture cunéiforme, il a publié des *Éléments d'épigraphie assyrienne* (1864), une *Grammaire assyrienne* (1873) et un ouvrage sur *Les Langues perdues de la Perse et de l'Assyrie* (1885 - 1886). [Acad. inscr. 1887]

**MÉNARD (Louis)** ♦ Savant et écrivain français (Paris 1822 - *id.* 1901). Esprit universel, il découvrit le collodion en 1846. Il fut également peintre de paysages et auteur de poèmes, d'études philosophiques et d'ouvrages historiques. Auteur des *Rêveries d'un paien mistiqe* (1876), recueil de poèmes et de proses où il simplifiait le système orthographique du français, il enseigna également l'histoire et les arts décoratifs. Collaborateur de journaux proudhoniens en 1848, il avait été condamné en 1849 pour un ouvrage politique *(Prologue d'une révolution)* et avait dû s'exiler jusqu'en 1852. → ÉTYM. Ce nom de famille vient du germanique *Maginhard*, nom de personne, de *magin* «force» et *hard* «dur, fort».

**MENARS** [41500] → ÉTYM. du germ. *Maginhard* (→ Ménard), n. de pers. ♦ Comm. du Loir-et-Cher, arr. de Blois, sur la rive d. de la Loire. 574 hab. *(Menarsois)*. Château des XVIIe - XVIIIe s., ayant appartenu à Mme de Pompadour et au maréchal Victor (parc orné de statues, de vases, d'une grotte et d'un temple de l'Amour).

**MENAT** [63560] → ÉTYM. du lat. *mansio* «auberge ; château» ou du lat. *Minus*, n. de pers. ♦ Ch.-l. de cant. du Puy-de-Dôme, arr. de Riom. 610 hab. *(Menatois)*. Monastère bénédictin fondé au VIe s., dont subsistent l'abbatiale du XIIe s. et une partie du cloître du XVe s.

## mencheviks

n. m. pl. → ÉTYM. mot russe, de *menchistvo* «minorité» ♦ Membres d'un courant du Parti social-démocrate russe du début du XXe s. Leur nom fut surtout utilisé par l'autre courant, les bolcheviks («majoritaires»), dont le leader était Lénine*, à la suite d'un vote du IIe congrès du parti (1903). Mais en fait les mencheviks (Axelrod*, Martov*, Plekhanov*, Zassoulitch*) étaient les plus nombreux dans la social-démocratie russe. Malgré de multiples tentatives de rapprochements entre bolcheviks et mencheviks, la création du parti bolchevik (1912) marqua la rupture définitive entre les deux tendances. Les mencheviks, souvent proches du Bund* sur certains enjeux, par exemple la question nationale, étaient bien implantés dans certains secteurs (syndicats des chemins de fer, des typographes). En 1914, ils soutinrent l'engagement du gouvernement russe dans le conflit mondial. Marxistes révolutionnaires, comme les bolcheviks, ils étaient favorables, après la révolution de février 1917, à un gouvernement rassemblant tous les courants socialistes. Mais Lénine voulait que les bolcheviks prennent seuls le pouvoir. Les mencheviks se rallièrent au nouveau pouvoir communiste ou entrèrent en opposition, comme leur chef Martov, contraint à l'exil. Le désaccord avec les bolcheviks portait en grande partie sur la structure de l'organisation révolutionnaire : les léninistes préconisaient un parti centralisé où régnait l'«unité de la volonté» tandis que les mencheviks mettaient l'accent sur le processus de lutte.

**MENCHIKOV** ou **MENTCHIKOV (Aleksandr Danilovitch,** prince**)** ♦ Homme politique russe (Moscou 1673 - Berezovo, Sibérie 1729). D'origine modeste, il devint l'ami de Pierre* Ier le Grand, qu'il accompagna en Occident (1697). Il prit une part active à la guerre du Nord, fut promu feld-maréchal pour avoir contribué à la victoire de Poltava (1709) et conquit la Courlande (1710) et la Poméranie (1713). Favori de Catherine* Ire qu'il avait fait monter sur le trône à la mort du tsar (1725), il exerça une véritable dictature personnelle, mais fut exilé en Sibérie peu après l'avènement de Pierre* II. → ÉTYM. Ce nom russe signifie «petit» (→ aussi Petit).

**MENCHIKOV (Aleksandr Sergueïevitch)** ♦ Amiral et diplomate russe (Saint-Pétersbourg 1787 - *id.* 1869). Envoyé par Nicolas* Ier à Constantinople (1853) pour faire reconnaître le droit de protection de la Russie sur les chrétiens d'Orient, il échoua. Chargé peu après de la direction de la guerre de Crimée*, il fut battu à l'Alma*, à Balaklava* et à Inkerman*.

**MENCHÚ (Rigoberta)** ♦ Militante guatémaltèque (San Miguel de Uspantán, dép. del Quiché 1960). Indienne maya, exilée au Mexique après le massacre d'une partie de sa famille par l'armée, elle incarne la résistance du peuple maya face au pouvoir des *Ladinos*, de langue et de culture espagnoles, et aux grands propriétaires terriens. Elle fut candidate à la présidentielle du Guatemala de 2007 mais, manquant de soutien financier et représentant une population indienne très divisée, elle ne recueillit que 3 % des suffrages. [Prix Nobel de la paix 1992]

**MENCIUS** → ÉTYM. en chin. ***Mengzi*** ou ***Mong-tseu*** ; de *mèng* «commencement» et *zǐ* «enfant» ♦ Philosophe chinois confucéen (v. –370 - v. –290). Auteur d'un célèbre traité de morale, il écrivit, tant en poésie qu'en prose, dans un style qui fut longtemps admiré pour sa parfaite clarté. Polémiste habile, il s'attacha à développer les aspects idéalistes du confucianisme sans négliger les conditions matérielles de la vie. Il élabora une théorie morale des relations sociales, fondée sur l'accord entre la nature humaine et le Ciel.

**MENCKEN (Henry Louis)** ♦ Journaliste et critique américain (Baltimore 1880 - *id.* 1956). Son comique iconoclaste, ennemi du moralisme provincial et de la démocratie satisfaite, a favorisé l'éclosion d'une littérature nationale vigoureuse (*Prejudices*, 1919-1927). Son *American Language* (1919 - 1948) défend et illustre l'anglais des États-Unis. H. L. Mencken a dirigé deux mensuels influents, le *Smart Set* (1914 - 1923) et l'*American Mercury* (1924 - 1933).

**MENDAÑA DE NEYRA** ou **DE NEIRA (Alvaro DE)** ♦ Navigateur espagnol (1541 - île de Santa Cruz 1595). Venu au Pérou (1558), il en partit en 1567 pour une première expédition au cours de laquelle il découvrit l'archipel des îles Salomon*. Lors d'un deuxième périple, il atteignit les Marquises, les îles Charlotte et Santa* Cruz.

**MENDE** [48000] ♦ Ch.-l. du dép. de la Lozère, situé sur la rive g. du Lot et dominant le causse de Mende. 11 804 hab. *(Mendois)*. Évêché. Cathédrale que fit construire Urbain V au XIVe s., détruite en 1579 et reconstruite au XVIIe s. (battant de la «Non Pareille», la plus grosse cloche de la chrétienté). Pont Notre-Dame (XIIIe s.). Musée Ignon-Fabre : archéologie ; préhistoire ; œuvres d'art religieux ; coll. d'arts et traditions populaires. ▪ Centre d'excursions vers les gorges du Tarn et de la Jonte, les causses et l'aven Armand. Ville admin. et commerçante. ▮ **Histoire** Siège épiscopal au Ve s., elle devint au XIVe s. capitale du Gévaudan.

**MENDEL (Johann,** en relig. **Gregor)** ♦ Botaniste et religieux autrichien (Heinsendorf 1822 - Brünn 1884), fondateur de la génétique. À partir de 1856, il cultiva, dans le jardin de son monastère, des petits pois dont il hybrida méthodiquement des lignées pures (homozygotes) de variétés différentes ; il constata, comme Naudin*, l'uniformité de la première génération d'hybrides, semblables à celui des parents, qui porte le caractère dominant (loi de dominance), et le polymorphisme de la suivante, dont les individus se répartissent statistiquement en homozygotes dominants (25 %) et récessifs (25 %) et hétérozygotes dominants (50 %). Enfin, il établit que les différents couples de caractères (allélomorphes) se transmettent indépendamment les uns des autres. D'abord méconnues, les lois de l'hybridation (ou *lois de Mendel*) furent vérifiées, après sa mort, indépendamment par W. Bateson*, H. De* Vries et E. Tschermak* von Seysenegg. Il a publié en 1865 ses *Recherches sur les hybrides des plantes*. ➝ ÉTYM. *Mendel* vient du nom de personne germanique *Mendilo* (du vieux haut allemand *mendi* «joie») ou de l'hébreu *Menahem* «consolateur».

**MENDELEÏEV (Dmitri Ivanovitch)** ♦ Chimiste russe (Tobolsk 1834 - Saint-Pétersbourg 1907). C'est en cherchant, pour le manuel de chimie qu'il rédigeait, une présentation logique de tous les éléments, qu'il remarqua certaines régularités dans leurs propriétés. En les classant dans l'ordre croissant des poids atomiques, il parvint à mettre au point (1869) le tableau qui constitue toujours la base de la classification des éléments. Les propriétés chimiques des éléments évoluent progressivement dans chaque ligne, puis redeviennent presque identiques à celles du premier élément de la ligne précédente ; ainsi retrouve-t-on, dans chaque colonne, les éléments de propriétés semblables (appelés maintenant «familles»). Sûr de la validité de son œuvre, Mendeleïev n'hésita pas, afin de conserver la logique de son tableau, à modifier certains poids atomiques déterminés expérimentalement et à laisser des cases vides pour les éléments encore inconnus. Toutes ses prévisions furent vérifiées par la suite. Purement empirique, le tableau périodique ne put être justifié théoriquement que par la mécanique quantique (règle d'exclusion de Pauli*). ➝ ÉTYM. *Mendeleïev* est un dérivé russe de *Mendel**.

**MENDELE-MOKHER-SEFARIM (Shalom Yaakov ABRAMOVITCH,** dit**)** ♦ Écrivain russe de langue hébraïque et yiddish (Kopyl, Minsk 1836 - Odessa 1917). Prosateur fécond, considéré comme le fondateur de la littérature moderne dans ces deux langues, il mit son sens aigu de la satire au service du combat pour la modernisation du style de vie juif et pour l'émancipation de sa communauté : *Les Voyages de Benjamin III* (1878), *Fishké le Boiteux*, *La Jument*.

**MENDELSOHN (Erich)** ♦ Architecte britannique d'origine allemande (Allenstein 1887 - San Francisco 1953). Lors de ses études à Munich, il entra en contact avec Kandinsky*, F. Marc*, Jawlensky*, et chercha à appliquer à son architecture l'expressionnisme et les principes de sa philosophie personnelle du «dynamisme», proche de celle de Nietzsche. Il fut aussi marqué par la musique de Bach et de Wagner et explora le répertoire des formes, ainsi que l'illustre la tour Einstein de Potsdam (1917 - 1921), observatoire de béton aux ouvertures curvilignes, qui eut une grande influence sur l'architecture moderne. Après la rencontre de Frank Lloyd Wright* en 1924, il s'intéressa au purisme moderniste, dont il tempéra la géométrie par des jeux de courbes. En 1933, il dut s'exiler en Angleterre, en Palestine, puis, en 1941, aux États-Unis. Il construisit abondamment en Palestine, aux États-Unis et en Angleterre (pavillon de la Warr, Bexhill-on-Sea, 1935 ; synagogue de Cleveland, 1946 - 1952).

**MENDELSSOHN (Moses)** ♦ Philosophe allemand (Dessau 1729 - Berlin 1786). Représentant de l'Aufklärung, il sut tempérer le rationalisme de Leibniz et Wolff. Dans la querelle qui opposa le fidéiste Jacobi* et le rationaliste Lessing*, il prit le parti de ce dernier, tout en restant fidèle au judaïsme qu'il contribua à réformer (*Entretiens philosophiques*, 1755 ; *De l'évidence en métaphysique*, 1763).

**MENDELSSOHN-BARTHOLDY (Felix)** ♦ Compositeur allemand (Hambourg 1809 - Leipzig 1847). Issu d'une famille aisée et de grande culture convertie au luthéranisme, petit-fils du philosophe Moses Mendelssohn, il témoigna très tôt de dons exceptionnels. Auteur, à 17 ans, de l'étincelante ouverture pour *Le Songe d'une nuit d'été* (1826), il dirigea, trois ans plus tard, à Berlin, l'exécution de la *Passion selon saint Matthieu*, de J.-S. Bach (1829), véritable résurrection de ce chef-d'œuvre. Il entreprit une série de voyages (Italie, France, Angleterre) et ses activités de chef d'orchestre et de compositeur se multiplièrent. Nommé directeur général de la musique à Düsseldorf (1833), il se vit chargé des mêmes fonctions à la tête du Gewandhaus de Leipzig (1835). Il devait fonder dans cette ville (1843), avec R. Schumann et I. Moscheles, un conservatoire de musique dont la réputation s'étendit bientôt à toute l'Allemagne. La mort de sa sœur Fanny (1847) hâta sa propre disparition. Figure éminente du romantisme par l'invention mélodique et la couleur orchestrale, Mendelssohn demeure un classique par la science du contrepoint, la clarté et la distinction de l'écriture. S'il cède parfois à l'effusion facile, au sentimentalisme, il possède la grâce, le charme, le sens de la transparence et de la légèreté. Ses scherzos sont à cet égard parmi les plus remarquables du genre. Son œuvre comprend notamment, outre des ouvertures (*Les Hébrides*, 1832 ; *Ruy Blas*, 1839), des oratorios (*Paulus*, 1836 ; *Élie*, 1846), 5 symphonies (dont les symphonies *Réformation*, 1829 ; *Italienne*, 1833 ; *Écossaise*, 1842), des concertos pour piano (1831 - 1837), pour violon (1844), des pièces pour piano (*Romances sans paroles*, 1829 - 1845 ; 4 sonates), de la musique de scène (*Le Songe d'une nuit d'été*, *Antigone*, *Athalie*), d'église et de chambre (quintettes, quatuors, sextuors, sonates), des duos, lieder et chœurs a cappella. ➝ ÉTYM. *Mendelssohn* vient de l'hébreu *menahem* «consolateur» et de l'allemand *Sohn* «fils».

**MENDERES (Adnan)** ♦ Homme politique turc (Aydin 1899 - İstanbul 1961). Il coopéra à la fondation du Parti démocrate (1946). Premier ministre (1950 - 1960), il fut renversé par l'armée et exécuté. Il a été réhabilité en 1990, et ses cendres ont été transférées dans un mausolée construit en son honneur.

**MENDERES** → **Méandre**

**MENDÈS (Catulle)** ♦ Écrivain français (Bordeaux 1841 - Saint-Germain-en-Laye 1909). Patronné par Théophile Gautier* (dont il épousa la fille, Judith, en 1866) et avec la collaboration de Villiers* de L'Isle-Adam, il fonda *La Revue fantaisiste* (1860), premier groupement des futurs parnassiens, puis raconta la *Légende du Parnasse contemporain* (1884). Passionné de culture germanique et ardent défenseur de R. Wagner*, il écrivit des livrets d'opéras, notamment *Gwendoline* (1886), mis en musique par Emmanuel Chabrier*, et *Isoline* (1880) dont André Messager* composa la musique. Auteur de chroniques, de romans et de nouvelles, il composa aussi des pièces, dont *La Reine Fiammette* (1898) et *Scarron* (1905), qui connurent un grand succès. Le recueil de poèmes, *Philoméla* (1863, dédié à Th. Gautier), offre des vers, érotiques pour la plupart et ciselés suivant l'esthétique parnassienne, qui révèlent son goût pour le rare et le précieux. Il fut également critique et romancier (*Zo'har*, 1886 ; *Gog*, 1896).

**MENDÈS FRANCE (Pierre)** ➝ ÉTYM. du port. *Mendes de França*, n. des enfants issus du mariage (au XVIe s.) de Pedro *Mendes* Ribeiro et d'Isabelle de *França* ♦ Homme politique français (Paris 1907 - *id.* 1982). Député radical-socialiste (1932 - 1940), il rejoignit en Grande-Bretagne les Forces aériennes françaises libres, après son évasion de la prison où il avait été interné par le gouvernement de Vichy. Membre du Comité français de libération nationale, ministre de l'Économie nationale dans le gouvernement provisoire (sept. 1944), il démissionna en avr. 1945, son projet de remise en ordre et d'assainissement des finances ayant été écarté par le général de Gaulle. Député (1946 - 1958), il fut appelé à la présidence du Conseil avec le portefeuille des Affaires étrangères (juin 1954). Son gouvernement mit fin à la guerre d'Indochine (accords de Genève*, juil. 1954), se prononça contre le traité de la CED (rejeté par l'Assemblée) et dut faire face aux débuts de la guerre d'Algérie. Il négocia le traité devant mener à l'indépendance de la Tunisie. Mais, après un débat à l'Assemblée sur l'Afrique du Nord, son cabinet dut démissionner (fév. 1955). Premier vice-président du Parti radical* et radical-socialiste (1955 - 1957), P. Mendès France fut l'un des instigateurs du Front républicain (rassemblement de la gauche non communiste qui remporta de nombreux sièges aux élections législatives de janv. 1956). Ministre d'État dans le gouvernement Guy Mollet (déb. 1956), démissionnaire en mai 1956 en signe de protestation contre la politique algérienne de ce dernier, il prit position, après l'insurrection du 13 mai 1958 à Alger, contre le régime gaulliste, contribuant à créer l'Union des forces démocratiques. Membre du Parti socialiste* unifié (1959 - 1968), après avoir quitté le Parti radical, il a été considéré comme le maître à penser d'une partie de la gauche française. Il a publié *Gouverner, c'est choisir*, 1953 ; *La Science éco-*

Pierre **Mendès France.**
*Phot. © Roger-Viollet*

*nomique et l'Action*, avec G. Ardant, 1954 ; *La République moderne*, 1962 ; *Pour préparer l'avenir*, 1968 ; *La vérité guidait leurs pas*, 1976.

**MENDOZA (Iñigo López de)** marquis **de Santillana** → **Santillana**

**MENDOZA (Pedro de)** ♦ Navigateur espagnol du XVI$^e$ s. (Cadix 1487 - 1537). Il débarqua en Argentine et s'établit avec ses hommes sur l'emplacement actuel de Buenos Aires (1535) ; mais, menacé par la famine et attaqué par les Indiens, il en repartit et mourut sur le chemin du retour. ◆ ÉTYM. Ce nom de famille vient d'un nom de lieu, du basque *mendi* «montagne» et *otz* «froid».

**MENDOZA (Antonio de)** ♦ (v. 1490 - Lima 1552). Premier vice-roi de la Nouvelle-Espagne (→ **Mexique**), nommé par Charles Quint en 1535. Il occupa son poste jusqu'en 1550, puis fut vice-roi du Pérou. Au Mexique, il installa la première imprimerie et le premier collège d'Amérique (1536 - 1537).

**MENDOZA (Diego Hurtado de)** → **Hurtado de Mendoza**

**MENDOZA (Juan González de)** ♦ Religieux et voyageur espagnol (Tolède v. 1540 - Popayán, Nouvelle-Grenade 1617). Entré dans l'ordre de Saint-Augustin après une carrière militaire, il fut envoyé comme missionnaire en Chine (1580 - 1583), où il recueillit une importante documentation (*Historia de las cosas mas notables, ritos y costumbres del gran reyno da China*, 1585).

**MENDOZA** ◆ ÉTYM. du n. d'un gouverneur du Chili, don Garcia Hurtado de *Mendoza* ♦ V. d'Argentine, cap. de province, sur le contrefort oriental des Andes. 173 000 hab. (aggl. 699 000). Université. Centre commercial d'une riche région agricole (vigne, fruits, céréales) et passage routier vers le Chili à travers la cordillère. ▮ **Histoire** Fondée en 1561 par les Espagnols, elle fut détruite par un tremblement de terre en 1861. ♦ ***Province de Mendoza*** → **Argentine** (carte). 148 127 km$^2$. 1 580 000 hab. Elle se compose d'une vaste oasis de 250 000 ha irrigués au pied des Andes, sur l'axe routier transandin de liaison avec le Chili et doit sa prospérité à l'essor de la vigne depuis 1880. L'industrie repose sur les hydrocarbures (20 % du pétrole national), le raffinage (Luján), l'énergie hydroélectrique (Godoy Cruz), sur la cimenterie, sur l'exploitation du cuivre et de l'uranium (électrométallurgie).

**MENDRISIO** ♦ V. de Suisse (Tessin) entre le lac de Lugano et le lac de Côme. 6 633 hab. (aggl. de Chiasso-Mendrisio 43 099). Maisons anc. ▪ Indus. textile.

**MENÉ** ou **MENEZ** (monts du) ◆ ÉTYM. en bret. *menez* «montagne» ♦ Monts de Bretagne, au S.-E. de Saint-Brieuc, culminant à Notre-Dame-de-Bel-Air (340 m).

**MÉNECHME** – en gr. ***Menaikhmos*** ♦ Mathématicien grec (v. –375 - v. –325). Élève d'Eudoxe* de Cnide et de Platon*, il fut le premier à utiliser la méthode des intersections de coniques pour étudier le problème de la duplication du cube (ou problème déliaque) ; il s'intéressa également à la terminologie des mathématiques.

Les **Ménechmes** – en lat. ***Menaechmi*** ♦ Comédie de Plaute*, imitée de Ménandre. L'un des deux fils jumeaux d'un marchand sicilien a été enlevé. Devenu homme, l'autre part à la recherche de son frère et le retrouve en Épire où celui-ci a fait fortune. Mais la ressemblance entre les deux frères est si grande que chacun, femme, maîtresse et beau-père, s'y laisse prendre. Cette confusion engendre une suite de quiproquos et d'incidents comiques à la suite desquels les deux frères se reconnaissent. ▪ Riche d'une grande force théâtrale, l'histoire des jumeaux a été reprise par le cardinal Bibbiena (*La Calandria*, 1513), Shakespeare (*The Comedy of Errors*, 1593), Rotrou (*Les Ménechmes*, 1632), Regnard (*Les Ménechmes*, 1705).

**MÉNÉLAOS** ou **MÉNÉLAÜS D'ALEXANDRIE** ♦ Mathématicien et astronome grec (fin du I$^{er}$ s.). Auteur des *Sphériques*, il fonda la première géométrie non euclidienne à deux dimensions (la géométrie sphérique) et la trigonométrie sphérique, fondée sur deux théorèmes qui portent son nom : le premier relatif au plan (concernant les transversales d'un triangle), le second à la sphère, mettant en évidence le rôle primordial de la corde de l'arc double.

**MÉNÉLAS** – en gr. ***Menelaos*** ♦ Roi mythique de Sparte*, fils d'Atrée* et frère d'Agamemnon*. Il épousa Hélène*, la fille de Tyndare*, qui lui légua son royaume. Il eut d'elle une fille, Hermione*. L'enlèvement d'Hélène par Pâris* détermina la guerre de Troie*. Dans *L'Iliade**, Ménélas figure comme l'un des plus vaillants guerriers et il blesse Pâris lors d'un combat singulier ; mais il est moins violent et plus effacé que les héros de premier plan.

**MÉNÉLIK II** ♦ Empereur d'Éthiopie (Ankober 1844 - Addis-Abeba 1913). Fils du roi du Choa Hailé Malakat et incarcéré par l'empereur Théodoros à la mort de son père, Ménélik recouvra son trône en 1865. En 1879, il dut reconnaître la souveraineté du nouvel empereur Johannès IV et fut reconnu comme «roi des rois» à la mort de ce dernier en 1889. Il dénonça l'interprétation abusive du traité d'Ucciali (1889) faite par les Italiens et écrasa ces derniers à Adoua* en 1896. Il bâtit l'Éthiopie moderne en annexant le Harar, l'Ogaden ainsi que d'autres territoires à l'O. (Kaffa et Sidamo), tout en négociant avec la France la construction du chemin de fer Djibouti-Addis-Abeba, en introduisant l'eucalyptus pour reboiser son pays et en dotant celui-ci d'une administration et d'une infrastructure modernes. → **Éthiopie.**

**MENEM (Carlos)** ♦ Homme d'État argentin (Anillaco, prov. de La Rioja 1930). Fondateur de la Jeunesse péroniste en 1955, il devint président du parti justicialiste pour La Rioja en 1963. Gouverneur de La Rioja en 1973, 1983 et 1987, il a été président de la République argentine de 1989 à 1999 (une révision de la constitution lui permit d'être réélu en 1995). Il s'employa à normaliser les relations du pays avec la Grande-Bretagne et fit amnistier les hauts responsables militaires. Il mena une politique néolibérale (dollarisation de l'économie) aux résultats perceptibles, mais contestés en raison de l'appauvrissement de larges secteurs de la population. Il fut inculpé de fraude fiscale en déc. 2003 et fut jugé en 2008 pour trafic d'armes dans les années 1990.

**MENEN** – en fr. ***Menin*** ♦ V. de Belgique (Région flamande), prov. de Flandre-Occidentale, arr. de Courtrai, sur la Lys, à la frontière française : son faubourg de Barakken prolonge le tissu urbain de Halluin (dép. du Nord). 32 439 hab. Indus. textile. Brasserie. ▮ **Histoire** Menen fut fortifiée par Vauban en 1685 et démantelée au milieu du XIX$^e$ s.

**MENÉNDEZ PIDAL (Ramón)** ♦ Critique littéraire, philologue et linguiste espagnol (La Corogne 1869 - Madrid 1968). Il est l'auteur d'un important *Manuel de grammaire historique espagnole* (1904) et l'un des créateurs de la linguistique dans son pays. Son œuvre de critique littéraire et historique porte surtout sur le Moyen Âge (*L'Espagne du Cid*, *L'Épopée castillane*). Il a eu une influence considérable sur la vie intellectuelle espagnole et ses disciples sont très nombreux. ◆ ÉTYM. Le nom espagnol *Menéndez* est probablement formé sur *Herménégilde* (du germanique *ermen* «entier» et *gild* «tribut»).

**MENÉNDEZ Y PELAYO (Marcelino)** ♦ Essayiste et critique espagnol (Santander 1856 - Madrid 1912). Grand érudit, il donna à la pensée conservatrice espagnole ses lettres de noblesse. À vingt et un ans, il publia *La Ciencia española* où le jeune polémiste combat le «complexe culturel» de l'Espagne. Mais c'est l'*Historia de los Heterodoxos* (1880 - 1882) qui établit sa réputation : cette œuvre considérable, où sont relevées les déviations de la pensée religieuse, exerça une influence idéologique durable. Comme critique littéraire, il s'imposa par ses méthodes scientifiques et sa remarquable sensibilité esthétique : *Origines du roman espagnol* et surtout *Histoire des idées esthétiques en Espagne* (1883).

**MENENIUS AGRIPPA** ♦ Homme politique romain (–VI$^e$ - –V$^e$ s.), consul en –503. Par son apologue célèbre *Les Membres et l'Estomac*, il réussit à apaiser la plèbe qui, refusant l'obéissance aux consuls, s'était retirée sur le mont Sacré (–494). À la suite de cette réconciliation furent créés les tribuns de la plèbe, chargés de la défense du peuple.

**MÉNÈS** ◆ ÉTYM. forme gr. de *Méneï*, p.-ê. de *meni* «pays» ♦ Nom donné par la tradition grecque au roi du Sud qui aurait unifié l'Égypte au début du –III$^e$ millénaire et fondé Memphis*. Il est parfois identifié à Narmer, fondateur de la I$^{re}$ dynastie thinite.

**MENEZ-HOM** ♦ Hauteur de Bretagne (330 m) à l'O. de Châteaulin et dominant la baie de Douarnenez et l'estuaire de l'Aulne.

**MENGELBERG (Willem)** ♦ Chef d'orchestre néerlandais (Utrecht 1871 - Zuort, Suisse 1951). Directeur du Concertgebouw d'Amsterdam, de 1895 à 1945, il fut aussi, à la tête des plus grands ensembles, notamment à Londres et à New York, un promoteur des œuvres de Richard Strauss et de Mahler.

**Ménélik II.** Portrait (détail). Musée d'Addis-Abeba.
*BIS/Phot. Sonneville © Archives Nathan*

**MENGER (Carl)** ♦ Économiste autrichien (Neu Sandez, auj. Nowy Sącz, Galicie 1840 - Vienne 1921). En même temps que W. S. Jevons* et L. Walras*, il formula une théorie de la valeur qui, mettant l'accent sur son fondement psychologique, s'attache à la déterminer non plus par le coût moyen nécessaire à la production des biens (théorie classique), mais par l'utilité de la dernière unité disponible de ces biens (ou utilité marginale) ; dans son ouvrage *Fondements de l'économie* (1874), il tenta d'appliquer le «principe marginal» à l'ensemble des phénomènes économiques. Fondateur de l'école marginaliste autrichienne ou école de Vienne (→ **Böhm-Bawerk, Wieser**), il a critiqué l'historisme de Schmoller (*Les Erreurs de l'historisme*, 1884).

**MENG Haoran** ou **MONG Hao-Jan** ♦ Poète et peintre chinois (Xiangyang 689 - 740). Ermite, il est l'auteur de poèmes dits «champs et vergers», très appréciés de Wang* Wei. Ses vers pentasyllabiques furent parmi les plus élégants de la dynastie des Tang.

**MENGISTU (Hailé Mariam)** ♦ Homme d'État éthiopien d'origine oromo (prov. du Harrar 1937), surnommé le «Négus rouge». Vice-président (1974) du Comité de coordination des forces armées (DERG), le lieutenant-colonel Mengistu s'imposa en 1977 comme le maître de la nouvelle Éthiopie. Avec le soutien de l'URSS et de Cuba, il lutta contre les rébellions du Tigré et d'Érythrée. Secrétaire général du parti unique (1984), il devint président de la République populaire d'Éthiopie (1987). En 1991, à la suite de la victoire des rebelles tigréens, dirigés par Meles Zenawi, Mengistu dut s'exiler au Zimbabwe. Il fut jugé par contumace pour génocide et crimes contre l'humanité et condamné à mort (2008). → **Éthiopie.**

**MENG-KU** ou **MENGGU** → **Mongolie-Intérieure**

**MENGS (Anton Raphael)** ♦ Peintre, pastelliste et théoricien allemand (Aussig, Bohême 1728 - Rome 1779). En 1745, à Dresde, il devint peintre de la cour de Saxe et exécuta de nombreux portraits au pastel. À Rome, à partir de 1747, il imita Raphaël, se passionna pour les Antiques, puis fit la connaissance de Winckelmann* (1755). Il joua alors un rôle important dans l'élaboration des théories néoclassiques, prônant notamment le retour à la simplicité et à la noblesse antiques (*Réflexions sur la beauté*, 1762). Ainsi, dans la fresque du *Parnasse* pour la villa Albani (1761), il accentua le dessin, bannit les couleurs vives et les effets mouvementés de mise en scène. Devenu en 1761 peintre de la cour de Charles III d'Espagne, il travailla à Madrid et à Aranjuez.

**MENGZI** → **Mencius**

**MENIAA (EL-)** – anc. *Goléa (El-)* ♦ Oasis du Sahara algérien (wilaya de Ghardaïa), en bordure E. du Grand Erg occidental. 21 744 hab. Palmeraie de plus de 100 000 arbres.

**MÉNILMONTANT** ➝ **ÉTYM.** anc. *Mesnil-Maudan* «domaine *(mesnil)* de Maudan (n. de pers.)», déformé en *Mesnil-Mautemps* puis en *Ménilmontant* avec l'attraction de *montant* ♦ Quartier du 20e arr. de Paris (N.-E.), ancien hameau de Belleville, annexé à la capitale en 1860. Situé sur les collines les plus élevées de Paris, il comprend notamment les Buttes*-Chaumont, au N., et le cimetière du Père*-Lachaise, au S.

Les **Ménines** ou **Les Demoiselles d'honneur** ♦ Tableau de Vélasquez* (1656). Véritable instantané d'une scène de la vie royale, le tableau représente le peintre, à gauche devant son chevalet, travaillant au portrait du roi et de la reine d'Espagne qui se trouvent en réalité à la place du spectateur et que l'on aperçoit à l'arrière-plan par le biais d'un miroir, tandis que surgit l'infante Marguerite, accompagnée de ses servantes, de ses nains et de son chien. Vélasquez est ici au sommet de son art et exploite l'ambivalence des perspectives, des cadrages et des jeux de lumière. L'éclairage concentre l'intérêt sur la figure de l'infante et en même temps approfondit et scande un espace établi selon un jeu d'orthogonales. Il propose une méditation sur le réel et sa représentation (le peintre a-t-il représenté une scène réelle ou une scène idéale tirée de son imagination ?) mais aussi sur le pouvoir de l'art et de l'artiste (pour la première fois Vélasquez s'est représenté de face). Le tableau a inspiré de nombreux artistes dont Picasso* (qui peignit 44 variations sur le sujet).

**MÉNIPPE** – en gr. *Menippos* ♦ Philosophe et poète grec de l'école cynique (Gadara, Coelésyrie -IVe - -IIIe s.). Esclave affranchi d'origine phénicienne, il est surtout connu pour être l'auteur d'écrits bouffons où il combinait la prose et les vers et qui sont à l'origine d'un genre appelé «satire ménippée».

**MENNECY** [91540] ➝ **ÉTYM.** anc. *Mannasiacum*, du lat. *Manacius*, n. de pers. gallo-rom., et suff. *-acum* ♦ Ch.-l. de cant. de l'Essonne, arr. d'Évry. 12 779 hab. *(Mennecois)*. Église (XIIe - XVIIIe s.). Au XVIIIe s., une importante manufacture de céramique fonctionnait à Mennecy.

**Ménon** ou **Sur la vertu** ♦ Dialogue de Platon. Avec ses interlocuteurs, Socrate* tente de répondre à la double question : quelle

**Les Ménines.** Tableau de Vélasquez, huile sur toile (3,18 x 2,76 m), 1656. Musée du Prado, Madrid. *BIS/Phot. Oronoz © Archives Larbor*

est la nature de la vertu et peut-elle s'enseigner ? Il les amènera à reconnaître que la vertu est un bien, mais non un don de la nature, et d'autre part qu'elle ne peut s'enseigner (attaque contre les sophistes). Dans ce dialogue apparaît pour la première fois la théorie de la réminiscence.

**mennonites**

n. m. pl. ♦ Membres de la secte anabaptiste modérée fondée en Suisse par Menno Simons* (1496 - 1561) à la suite de sa rupture avec Zwingli* (1536 → **anabaptistes**). Pacifistes, affichant leur indifférence à l'égard des pouvoirs civils, les mennonites se dispersèrent en Europe (Pays-Bas, Europe centrale, Pologne, Ukraine) devant les persécutions, avant de passer en Amérique du Nord (XVIIIe - XIXe s.). Refusant toute autre autorité que celle de la Bible, ils acceptent la divinité de Jésus, mais nient la Trinité. Organisés en «assemblées» autonomes (congrégationalisme), ils se distinguent souvent encore par de curieuses coutumes vestimentaires (interdiction des boutons, par ex.). On compte aujourd'hui 700 000 adultes baptisés, soit probablement quelques millions d'adeptes, principalement aux États-Unis.

**MENOTTI (Gian Carlo)** ♦ Compositeur américain d'origine italienne (Cadegliano 1911 - Monaco 2007). Établi aux États-Unis (1928), il forma le projet d'une rénovation du théâtre lyrique par le choix de sujets réalistes, empruntés le plus souvent à une actualité tragique. Menotti était généralement le librettiste et le metteur en scène de ses propres ouvrages. Ses plus grandes réussites, *Le Médium* (1946), *Le Téléphone* (1947), *Le Consul* (1950), recueillirent une audience mondiale, justifiant son dessein d'un art accessible au plus grand nombre. Il convient d'y ajouter deux opéras écrits, l'un pour la radio, *La Vieille Femme et le Bandit* (*The Old Maid and the Thief,* 1939), l'autre pour la télévision, *Amahl et les Visiteurs nocturnes* (*Amahl and the Night Visitors,* 1951). Il a donné également *Goya* (1986) et *Gloria* (1995). ➝ ÉTYM. *Menotti* est une variante de *Menico,* hypocoristique de l'italien *Domenico* «Dominique».

**MENOU (Jacques François DE BOUSSAY,** baron **DE)** ♦ Général français (Boussay, Touraine 1750 - Venise 1810). Député de la noblesse aux états généraux en 1789, il se rallia à la Révolution et combattit en Vendée (1793). Il fut destitué le 13 Vendémiaire* an IV. Il succéda à Kléber* en Égypte (1800), mais ne put éviter l'abandon du pays (1801). Il fut nommé gouverneur général de la Toscane en 1808, puis de Venise en 1809.

**MENTANA** ♦ V. d'Italie, dans le Latium (prov. de Rome). 16 288 hab. ▮ **Histoire** Les armées franco-pontificales y vainquirent les troupes de Garibaldi le 3 nov. 1867, retardant de quatre ans la prise de Rome.

**MENTAWAI** ♦ Archipel indonésien, s'allongeant parallèlement à la côte S.-O. de Sumatra. Il comprend 4 grandes îles de faible alt. et relativement peu peuplées. 56 442 hab. La population, de langue malayo-polynésienne, est restée longtemps peu touchée par l'influence des grandes civilisations de l'Insulinde. Depuis l'indépendance de l'Indonésie, sous l'action de l'administration, des missions, du commerce et plus récemment de la mise en exploitation des forêts, son mode de vie s'est modernisé. Elle a en majorité adopté le christianisme (40 % de protestants, 20 % de catholiques) et compte 25 % de musulmans. Seuls quelques groupes isolés pratiquent encore l'animisme. ▪ Réserve naturelle. ▪ C'est une nouvelle destination touristique.

**MENTCHIKOV (Aleksandr) → Menchikov (Aleksandr)**

Le **Menteur** ♦ Comédie en 5 actes et en vers de P. Corneille* (1643). S'inspirant de *La Vérité suspecte* du dramaturge espagnol Alarcón y Mendoza (v. 1580 - 1639), Corneille a volontairement «dépaysé le sujet pour l'habiller à la française», choisissant pour cadre Paris, «pays du beau monde et des galanteries», et plus précisément la place Royale (l'actuelle place des Vosges), la promenade à la mode sous Louis XIII. D'une fantaisie brillante, l'intrigue repose sur un imbroglio continuel, le héros ayant confondu les noms de deux jeunes filles. Plus qu'une comédie d'intrigue, la pièce est en fait une vraie comédie de caractère : le jeune Dorante se laisse emporter par un jaillissement quasi poétique d'inventions ; il «débite ses menteries avec une telle présence d'esprit et tant de vivacité que cette imperfection a bonne grâce en sa personne» (*Discours sur le poème dramatique,* 1660). La pièce, complétée par la *Suite du Menteur* (1644), inspira à son tour *Le Menteur* (*Il Bugiardo,* 1750) de Goldoni*.

**MENTHON-SAINT-BERNARD** [74290] ➝ ÉTYM. → Menton ♦ Comm. de la Haute-Savoie, arr. d'Annecy, sur le lac d'Annecy. 1 659 hab. *(Menthonnais).* Château élevé aux XIIIe et XVIe s. sur l'emplacement d'un château où naquit au Xe s. saint Bernard* de Menthon. ▪ Station estivale et climatique. ▪ Aux environs, à Roc de Chère, tombeau de H. Taine.

**MENTON** [06500] ➝ ÉTYM. p.-ê. du précelt. *men-t-* «rocher» et suff. *-onem* ♦ Ch.-l. de cant. des Alpes-Maritimes, arr. de Nice, près de la frontière italienne. 28 812 hab. (aggl. 66 410) *(Mentonnais).* Église baroque Saint-Michel (œuvres d'art). Chapelle de la Conception du XVIIe s. (façade). Parvis Saint-Michel. Hôtel de ville du XVIIe s. (salle des mariages décorée par J. Cocteau). Musée de préhistoire régionale. Musée du palais Carnolès : primitifs des écoles française et italienne ; peintures des XVe, XVIe et XVIIe s. européens ; ensemble de gravures du XVIe au XXe s., dont 600 estampes japonaises ; peinture contemporaine et moderne. Musée Jean-Cocteau installé dans un bastion du XVIIe s. ▪ Importante station touristique de la Côte d'Azur, résidence de nombreux retraités, renommée pour la douceur de son climat. Cultures de fleurs, d'agrumes (citrons). ▪ Festival de musique de chambre. Biennale de peinture. ▮ **Histoire** Menton appartint aux princes de Monaco, puis (1848) à la Sardaigne. Elle fut réunie à la France en 1861.

**MENTOR** ♦ Ami d'Ulysse* qui lui confia la gérance de ses biens à Ithaque et l'éducation de Télémaque*. Athéna* prenait souvent ses traits pour secourir Ulysse et son fils.

**MENTOUHOTEP** ➝ ÉTYM. égypt. «que le dieu Menthou soit satisfait» ♦ Nom de plusieurs pharaons de la XIe dynastie (–2065 - –2000). Temple de Mentouhotep Ier à Deir* el-Bahari.

**MENUCOURT** [95180] ➝ ÉTYM. probablt «domaine (bas lat. *curtis*) de Maginwin (n. de pers. germ.)» ♦ Comm. du Val-d'Oise, arr. de Pontoise. 5 084 hab. Élément de la ville nouvelle de Cergy*-Pontoise.

**MENUHIN** (sir **Yehudi)** ♦ Violoniste américain (New York 1916 - Berlin 1999). Élève de G. Enesco et de A. Busch, il fit une carrière d'enfant prodige avant de s'affirmer comme l'un des plus grands violonistes du siècle. Musicien de chambre, il eut souvent pour partenaire sa sœur HEPHZIBAH MENUHIN (San Francisco 1920 - Londres 1981). Soliste et chef d'orchestre, homme de caractère, il jouit d'une réputation internationale. Bartók lui a dédié sa *Sonate pour violon seul* (1944). [Acad. des bx-arts 1986] ➝ ÉTYM. *Menuhin* vient de l'hébreu *Menukhe* (nom de femme), de *menuḥa* «calme, tranquillité», et suffixe slave *-in.*

**MÉNUIRES (LES)** ♦ Station d'été et de sports d'hiver de la Savoie (comm. de Saint-Martin-de-Belleville), située dans les Trois-Vallées (1 800 - 2 880 m).

**MENZALEH** (lac) – en ar. ***Buhayrat al-Manzila,*** anc. en lat. ***lacus Taniticus*** ♦ Lagune de la Basse-Égypte, bordant le delta du Nil entre Damiette et Port-Saïd, séparée de la Méditerranée par une étroite langue de terre. 1 800 km². On y pratique la pêche et la culture du riz (rive orientale). Des ruines subsistent encore à proximité (→ **Tanis**) et sur les îlots du lac.

**MENZEL (Adolf VON)** ♦ Peintre, dessinateur et graveur allemand (Breslau 1815 - Berlin 1905). Il se fit remarquer avec ses dessins pour *La Vie de Frédéric le Grand* de Kugler. Si, dans ses grands tableaux historiques et pittoresques (*Le Concert de flûte* et *Le Repas à Sans-Souci,* 1850), peints avec brio dans un style naturaliste, il ne sut éviter ni l'anecdote ni une certaine convention expressive, il se montra plus personnel dans ses peintures d'intérieurs (*Escalier,* 1848) et ses vues urbaines (*Théâtre du Gymnase,* 1856) ; il sut en effet évoquer la poésie intime des lieux familiers et rendre la lumière diffuse et vibrante avec une riche gamme chromatique.

**MENZEL-BOURGUIBA** – anc. ***Ferryville*** ♦ V. du N.-E. de la Tunisie sur la rive S. du lac de Bizerte. 47 742 hab. Arsenal. Pétrochimie. Complexe indus. (sidérurgie, construc. navales et mécaniques).

**MENZIES** (sir **Robert Gordon)** ♦ Homme politique australien (Jeparit, État de Victoria 1894 - Melbourne 1978). Député conservateur de l'État de Victoria en 1928, puis Premier ministre d'Australie (1939 - 1941), il fonda en 1944 le Parti libéral. Il accéda de nouveau au pouvoir (1949 - 1966) gouvernant un pays en plein développement et dont les industries alimentaires avaient su pallier, durant et après la guerre, l'effondrement des agricultures européennes. Menzies est considéré comme l'un des pères de l'Australie moderne.

**MÉPHISTOPHÉLÈS** ♦ Personnage de la légende de *Faust**. Il apparaît dans *Le Livre populaire* (1587), puis dans le drame de Marlowe (1588), enfin dans le *Faust* de Goethe, tour à tour génie du mal, pitoyable ange déchu, puis démon de la connaissance aspirant à dominer le monde afin de le détruire.

**MER** [41500] ♦ Ch.-l. de cant. du Loir-et-Cher, arr. de Blois, sur la Tronne, petit affluent de la Loire. 5 884 hab. *(Mérois).*

La **Mer** ♦ Titre de 3 esquisses symphoniques *(De l'aube à midi sur la mer, Jeux de vagues, Dialogue du vent et de la mer)* de Claude Debussy* (Paris, 15 oct. 1905). Première grande œuvre entreprise (1903) après l'achèvement de *Pelléas et Mélisande, La Mer* s'impose par sa puissance et son ampleur de souffle, son architecture à la fois légère et grandiose. C'est la partition qui se rapproche le plus de la symphonie que Debussy ne composa jamais.

**MERANO** ♦ V. d'Italie, dans le Trentin-Haut-Adige (prov. de Bolzano), sur l'Adige. 33 656 hab. Eaux radioactives, indus. chimiques. Important centre touristique. Station d'été et de sports d'hiver à Merano 2000 (téléphérique).

**MÉRANTE (Louis)** ♦ Danseur et chorégraphe français (Paris 1828 - Courbevoie 1887). Après des débuts d'enfant prodige (à six ans) au théâtre de Liège, il fut engagé à l'Opéra de Paris où il eut pour maître Joseph Lucien Petipa*.

**MERAPI** ➝ ÉTYM. sanskrit *meru* «montagne» et javanais *api* «feu» ♦ Volcan d'Indonésie (2 911 m), situé au centre de Java et dominant la ville de Yogyakarta. Son dôme de lave en croissance continue s'écroule de temps à autre, produisant des nuées ardentes meurtrières (1930, 1954, 1994, 2006). ♦ ***Merapi*** ou ***Marapi*** Volcan peu actif du centre de Sumatra (2 891 m).

**MÉRAY (Charles)** ♦ Mathématicien français (Chalon-sur-Saône 1835 - Dijon 1911). Il définit la fonction analytique pour la variable complexe par un développement en série entière au voisinage d'un point régulier. L'un des premiers à s'intéresser à l'arithmétisation des mathématiques, il donna un sens purement arithmétique à l'expression «nombre irrationnel» (1869).

**MERCA** ou **MERKA** ♦ V. et port de Somalie sur l'océan Indien. 100 000 hab. Port bananier.

**MERCADANTE (Saverio)** ♦ Compositeur italien (Altamura 1795 - Naples 1870). Directeur du conservatoire de Naples et musicien des plus féconds, il dut sa célébrité à ses nombreux opéras dont *Elisa et Claudio* (1821), *Les Brigands* (1830), *La Vestale* (1840), *Leonora* (1844). On lui doit aussi de la musique sacrée (20 messes), des cantates et des symphonies.

**MERCANTON (Jacques)** ♦ Écrivain suisse d'expression française (Lausanne 1910 - *id.* 1996). Il fut l'auteur d'essais sur les classiques français et sur T. S. Eliott, Thomas Mann et Joyce, dont il fut l'ami (*Les Heures de James Joyce*, 1967), ainsi que d'une œuvre romanesque qui représente «la poésie des passions et leur tragique» (J.-L. Seylaz). Princ. œuvres : *Thomas l'incrédule* (1943), *La Sibylle* (nouvelles, 1967), *L'Été des Sept-Dormants* (1974).

**MERCANTOUR** n. m. – ÉTYM. anc. *Mercantourn*, de *mark-*, rac. oronym., et prélatin *turno-* «élévation de terrain» – en it. ***Argentera*** ♦ Massif cristallin des Alpes du Sud à la frontière italienne (3 143 m à la cime du Gélas). Il a été englobé dans le parc national du Mercantour, créé en 1979, s'étendant sur 65 000 ha dans les dép. des Alpes-Maritimes et des Alpes-de-Haute-Provence.

**MERCATI (Michele)** ♦ Savant italien (San Miniato, Toscane 1541 - Rome 1593). Médecin du pape Clément VII et directeur du jardin botanique du Vatican, il créa en 1585 la première galerie minéralogique d'Europe. Il reconnut les prétendues pierres de foudre (céraunies) pour le produit de l'industrie humaine.

**MERCATOR (Gerhard KREMER, dit Gerardus)** – ÉTYM. «marchand», trad. latine de l'all. *Krämer* «boutiquier» ♦ Mathématicien et géographe flamand (Rupelmonde 1512 - Duisbourg 1594). Auteur de deux globes céleste et terrestre réalisés à la demande de Charles Quint (1541) et de nombreuses cartes, il est le fondateur de la géographie mathématique. Ses principaux ouvrages sont les *Tabulae geographicae ad mentem Cl. Ptolemaei* (1578) et l'*Atlas, sive cosmographicae meditationes de fabrica mundi et fabricati figura* (1583). ♦ ***Projection de Mercator*** Projection inventée au Ier s. par Marin* de Tyr et reprise par Mercator, consistant à représenter la Terre sur un cylindre tangent à l'équateur de la sphère terrestre puis déroulé. Les méridiens sont alors figurés par des droites verticales équidistantes ; les parallèles, par des droites horizontales de plus en plus écartées vers les pôles. Cette projection, conservant les distances angulaires (projection conforme) dont les principes furent exposés par E. Wright*, est utilisée en navigation maritime et aérienne jusqu'aux latitudes de 60° environ. La projection UTM (Universal Transverse Mercator), adoptée par de nombreux pays pour la cartographie à grande et moyenne échelle, est dérivée de la projection introduite en 1772 par J. H. Lambert*, elle-même basée sur la projection de Mercator transverse (appelée encore projection de Gauss*) : c'est une projection conforme, le cylindre de projection étant tangent à la Terre (ellipsoïdale) sur un méridien dit central.

**MERCATOR (Nikolaus KAUFFMANN, dit)** ♦ Mathématicien allemand (Eutin, Schleswig-Holstein 1620 - Paris 1687). L'un des premiers à utiliser le développement en séries convergentes, il s'en servit pour calculer l'aire de l'hyperbole et découvrit plusieurs formules concernant les logarithmes.

**Mercenaires** (guerre des) ♦ Révolte des mercenaires de Carthage* (–240 - –238) qui, licenciés après la première guerre punique et s'estimant lésés, se soulevèrent sous la conduite du Libyen Mathô, rassemblant les mécontents autour d'eux. Après avoir menacé la puissance carthaginoise, notamment en assiégeant Utique, ils furent massacrés par une armée commandée par Hamilcar* Barca et Hannon* le Grand. Cette guerre inspira à Flaubert le roman *Salammbô**.

**MERCHTEM** ♦ Comm. de Belgique (Région flamande), prov. du Brabant flamand, arr. de Halle-Vilvoorde. 15 053 hab. Église gothique (pietà du XVe s. de style brabançon). ▪ Important marché avicole (canard blanc de Merchtem). Indus. textile et alimentaire.

**Merci (ordre de Notre-Dame-de-la-)** ou **mercédaires** ♦ Ordre religieux fondé par Pierre* Nolasque et Raymond* de Peñafort pour le rachat des chrétiens prisonniers des Maures (Barcelone, 1218). Approuvé en 1235 et placé sous la règle de saint Augustin*, ce fut aussi un ordre militaire qui conquit les Baléares (1229) et le royaume de Valence (1238).

**MERCIE** n. f. – en angl. ***Mercia*** ♦ Royaume fondé par les Angles vers la fin du VIe s. dans le centre de l'Angleterre (région des Midlands). Il atteignit son apogée sous le règne de Penda* (632 - 654), puis déclina après la mort d'Offa* (796) et fut annexé par le Wessex*.

**MERCIÉ (Antonin)** ♦ Sculpteur et peintre français (Toulouse 1845 - Paris 1916). Élève de Falguière*, il devint, après son prix de Rome (1868) et à la suite du succès obtenu avec *Gloria victis* (1872), l'un des sculpteurs officiels de la IIIe République. Il fut chargé de multiples commandes : travaux décoratifs et surtout statues commémoratives et monuments aux morts. Il mêla des réminiscences de la sculpture florentine (formes élégantes et nerveuses) et des tendances plus réalistes à une expression sentimentale.

**MERCIER (Louis Sébastien)** ♦ Écrivain français (Paris 1740 - *id.* 1814). Théoricien du théâtre, il a exercé, après Diderot*, une influence indéniable sur l'évolution du drame réaliste, avec son *Traité du théâtre ou Nouvel Essai sur l'art dramatique* (1773). Deux de ses mélodrames, *La Brouette du vinaigrier* (1775) et *Le Déserteur* (1782), illustrèrent ses théories avec succès. Auteur du *Tableau de Paris* (1781 ; éd. en 12 vol. 1782 - 1788), véritable résurrection de la société française à la veille de la Révolution, et du *Nouveau Paris* (1799 - 1800), ainsi que d'un ouvrage sur la *Néologie* (1801), Mercier est resté célèbre pour avoir écrit *L'An 2440, rêve s'il en fut jamais* (1786) qui exprime sa croyance au progrès et ses idées républicaines. – ÉTYM. *Mercier* vient du latin populaire *mercarius* «marchand».

**MERCIER (Désiré)** – ÉTYM. «colporteur» (n. de métier) ♦ Prélat belge (Braine-l'Alleud 1851 - Bruxelles 1926). Professeur de philosophie à Louvain, directeur de la *Revue néo-scolastique*, évêque de Malines (1906) et cardinal (1907), il fut un artisan du renouveau thomiste demandé par Léon* XIII (→ **thomisme**). Il présida les Conversations de Malines (1921 - 1925) sur l'œcuménisme* avec une délégation anglicane dirigée par lord Halifax.

**MERCKX (Eddy)** ♦ Coureur cycliste belge (Tervuren 1945). Athlète d'exception, doué dans tous les types d'épreuves, il est titulaire d'un remarquable palmarès, dans lequel figurent toutes les grandes «classiques» du cyclisme : Milan-San Remo (1966, 1967, 1969, 1971, 1972, 1975, 1976), le championnat du monde professionnel (1967, 1971, 1974), la Flèche wallonne (1967, 1970, 1972), Paris-Roubaix (1968, 1970, 1973). Il remporta le Tour d'Italie en 1968, 1970, 1972, 1973, 1974, et fut cinq fois vainqueur du Tour de France, de 1969 à 1972 et en 1974. – ÉTYM. Ce nom néerlandais signifie «(de) Marc».

**MERCŒUR (Philippe-Emmanuel DE LORRAINE, duc DE)** ♦ Homme de guerre français (Nomény, Lorraine 1558 - Nuremberg 1602). Henri* III avait épousé sa sœur et le nomma gouverneur de Bretagne. Il prit la tête de la Ligue* dans sa province après la mort des Guise*, intrigua avec l'Espagne et Henri* IV, auquel il se soumit finalement, en échange du mariage de sa fille avec le duc de Vendôme*. Il servit ensuite l'empereur contre les Turcs. Son oraison funèbre fut prononcée par saint François* de Sales.

**Mercosur** (en esp.) ou **Mercosul** (en port.) – ÉTYM. *Mercado Comun del Sur* [port. *Sul*] «Marché commun du Sud» ♦ Union douanière entre le Brésil, l'Argentine, l'Uruguay et le Paraguay créée en 1991 par le traité d'Asunción et entrée en vigueur le 1er janv. 1995. Ce marché commun du cône Sud bouleverse par son importance le monde des affaires de ces pays en forçant les entreprises à développer de nouvelles stratégies commerciales. En 1996, le Chili et la Bolivie sont devenus membres associés, en 2003, le Pérou et, en 2004, la Colombie, l'Équateur et le Venezuela. Ce dernier est membre à part entière depuis 2006.

**MERCOURI (Maria Amalia, dite Melina)** ♦ Actrice et femme politique grecque (Athènes 1923 - New York 1994). On la vit au théâtre, dans son pays puis en France, avant de découvrir à l'écran ses dons de comédienne au fort impact populaire : *Stella* (1955), *Gypsy* (1958), *Jamais le dimanche* (1960), *Phaedra* (1961), *Cri de femme* (1977), ces trois derniers films réalisés par son mari, le cinéaste Jules Dassin. Elle mena parallèlement une carrière politique qui la conduisit à la députation en 1977 ; elle fut ministre socialiste de la Culture (1981 - 1989 et 1993 - 1994).

**MERCURE** – en lat. ***Mercurius*** ♦ Dieu romain protecteur des commerçants et des voyageurs assimilé à l'Hermès grec. → **Hermès.**

**MERCURE** n. m. ♦ Planète du Système solaire, la plus proche du Soleil (58 millions de km environ). Son diamètre est de 4 878 km, sa masse correspond à 0,055 de la masse terrestre, elle fait le tour du Soleil en 88 jours sur une orbite très allongée et considérablement inclinée sur le plan de l'écliptique, sa rotation sur elle-même dure 58 j 15 h 38 min ; sa densité est de 5,43. Très brillante, mais aussi très proche du Soleil, cette planète est difficile à observer ; la sonde *Mariner 10* (1974), qui l'approcha à 700 km, fournit de précieux renseignements concernant sa surface, qui ressemble à celle de la Lune, avec des montagnes, des bassins et des cratères moins profonds ; on y trouve en outre de très hautes falaises (2 000 à 3 000 m), longues de plusieurs centaines de km, et un grand bassin (*Planita Caloris*) de température élevée. Si les études spectrales ne donnent aucune information quant à la composition chimique de la surface, on sait que le cœur est formé d'un noyau métallique à base de fer de 3 600 km de diamètre. La quasi-absence d'atmosphère provoque de très grands écarts de température entre le jour (jusqu'à 400 °C) et la nuit (–180 °C). Découvert par la sonde *Mariner*, le champ magnétique est incliné de 12° sur l'axe de rotation et son intensité ne représente que 1 % du champ magnétique terrestre.

**Mercure de France** ♦ Revue littéraire française fondée en 1889 par Alfred Vallette et dont le premier numéro parut en 1890. Le titre choisi reprend celui d'une des plus anciennes «gazettes» françaises, *Le Mercure galant*, fondée en 1672 par Donneau* de Visé, qui avait connu plusieurs titres successifs (dont celui de *Mercure de France*) et qui, malgré sa suppression de 1799 à 1814, avait paru jusqu'en 1825. Le groupe fondateur comprend, outre Vallette, les écrivains G. Albert Aurier, J. Court, L. Denise, E. Dubus, L. Dumur, R. de Gourmont*, J. Leclerc, E. Raynaud, J. Renard* et A. Samain*.

La revue publia notamment L. Bloy*, A. Jarry*, S. Mallarmé* ou Rachilde. Léautaud y fut secrétaire de rédaction de 1908 à 1941, date à laquelle elle fut interdite. Reparaissant en 1946 sous la direction de Samuel de Sacy puis de Gaëtan Picon (1963), elle inscrivit à ses sommaires des noms comme ceux de R. Char*, Y. Bonnefoy*, R. Callois* ou P. J. Jouve*. Elle cessa de paraître en 1965, mais la maison d'édition, fondée en 1894 par Vallette, perdure au sein du groupe Gallimard.

**MERCUREY** [71640] ➝ ÉTYM. du lat. *Mercurius* «Mercure» et suff. *-acum* ♦ Comm. de la Saône-et-Loire, arr. de Chalon-sur-Saône, au pied de la côte chalonnaise. 1 269 hab. *(Mercuréens)*. Viticulture (mercurey).

**MERCY (Franz,** baron **VON** ou **François,** baron **de)** ♦ Homme de guerre allemand (Longwy v. 1590 - Alerheim, près de Nördlingen 1645). Originaire de Lorraine, il prit part à la guerre de Trente Ans, dans les rangs catholiques, puis passa au service de la Bavière contre les Suédois, puis les Français (victoire de Marienthal sur Turenne, 1645). ♦ **Claudius Florimond,** comte **de Mercy.** Homme de guerre autrichien (Longwy 1666 - Crocetta, près de Parme 1734). Petit-fils du précédent. Il servit l'empereur Léopold Ier contre les Français puis contre les Turcs. ♦ **Florimond,** comte **de Mercy-Argenteau.** Diplomate autrichien (Liège 1727 - Londres 1794). Fils adoptif du précédent. Il fut ambassadeur d'Autriche à Paris (1780 - 1790) et exerça une grande influence sur Marie*-Antoinette. Sa correspondance avec Marie*-Thérèse constitue un précieux document sur la France de cette époque.

**MÉRÉ (Antoine GOMBAUD,** chevalier **DE)** ♦ Écrivain et moraliste français (Poitou 1607 - Château de Baussay, Poitou 1684). Dans ses *Conversations* (1669) et ses discours *(La Vraie Honnêteté)*, il se fait le théoricien des rapports en société et fixe l'idéal de l'«honnête homme». Il fut l'ami de Ménage* et de Pascal*.

La **Mère** – en russe ***Mat*** ♦ Roman de M. Gorki* (1907). Le héros, Pavel Vlassov, et sa mère, Anna Kirilovna Vlassova, se lancent avec un enthousiasme et une foi inébranlables dans la lutte des ouvriers contre le patronat. Vsevolod Poudovkine en a tiré un film en 1926 et Bertolt Brecht une pièce.

**Mère Courage et ses enfants** – en all. ***Mutter Courage und ihre Kinder*** ♦ Pièce en 2 tableaux de Bertolt Brecht* (1938, créée en 1941) inspirée d'une œuvre de Grimmelshausen. L'action de ce drame se situe dans l'Allemagne déchirée et misérable de la guerre de Trente Ans. À suivre les troupes avec sa charrette, la cantinière Anna Fierling a fait de la guerre sa raison de vivre. Ni la haine qu'elle lui porte ni la mort de ses trois enfants ne viendront à bout de son effrayante opiniâtreté.

**MEREDITH (George)** ♦ Poète, journaliste et romancier britannique (Portsmouth, Hampshire 1828 - Box Hill, Surrey 1909). D'origine modeste, il garda toute sa vie un sentiment d'infériorité reflété par son style de «rhétoricien sentimental» (H. James). L'échec de son premier mariage (il avait épousé, en 1849, la fille de l'écrivain Thomas Peacock) lui inspira les poèmes de *L'Amour moderne* (*Modern Love and Poems of the English Roadside,* 1862). Son roman *L'Épreuve de Richard Feverel* (*The Ordeal of Richard Feverel, a History of a Father and Son,* 1859) est également fondé sur son expérience de mari abandonné. Collaborateur du *Morning Post,* il fut correspondant de guerre en Italie (*Vittoria,* 1868). Meredith habita (1861 - 1862) avec Swinburne et Rossetti*, connut A. Noyes, puis rencontra sa seconde femme, Mary Vulliamy, et s'établit à la campagne où il écrivit *Les Aventures de Harvey Richmond* (1871), *La Carrière de Beauchamp* (1875), *L'Amour dans la vallée* (1878) et surtout *L'Égoïste* (1879) qui évoque, avec une compréhension remarquable du point de vue féminin, le problème des rapports entre les sexes. On lui doit un essai *Sur l'idée de comédie et les usages de l'esprit comique* (1877). La faculté de rire de soi constituait pour ce poète le seul remède à la pédanterie et à la souffrance.

**MEREJKOVSKI (Dmitri Sergueïevitch)** ♦ Écrivain russe (Saint-Pétersbourg 1866 - Paris 1941). Il fut célèbre pour sa trilogie *Le Christ et l'Antéchrist* (1895 - 1905), dans laquelle il exposa son idée sur la nécessité d'une synthèse entre le paganisme et le christianisme, et où l'idéal russe et chrétien l'emporte sur l'esprit occidental et païen. L'opposition du paganisme et du christianisme figure également au cœur de ses essais (*Tolstoï et Dostoïevski,* 1901 - 1902 ; *Gogol et le diable,* 1906), d'une trilogie (*Paul Ier,* 1908 ; *Alexandre Ier,* 1913 ; *Le Quatorze Décembre,* 1918), de ses drames prophétiques marqués par l'influence des *Éternels Compagnons de route* (1897) que furent pour Merejkovski Marc Aurèle, Montaigne, Flaubert, Ibsen et Pouchkine. Après avoir été favorable à la révolution de 1905, il prit fermement position contre Lénine et le bolchevisme en 1917 et émigra en France en 1920, où il publia des biographies de Napoléon, Dante, Luther et des romans, *La Naissance des dieux* (1925) et *Le Messie* (1926 - 1927).

**MERELBEKE** ♦ Comm. de Belgique (Région flamande), prov. de Flandre-Orientale, arr. de Gand, sur l'Escaut et à l'origine du Ringvaart. 22 423 hab. Châteaux. ▪ Horticulture. Indus. chimique. Nœud de communications.

**MERENPTAH** ou **MINEPTAH** ♦ Pharaon de la XIXe dynastie (v. -1213 - -1204), treizième fils de Ramsès II et son successeur. Il dut faire face à une invasion des Libou (les Libyens, en l'an 5 de son règne) et réprima des révoltes en Nubie et en Palestine. Une stèle (stèle d'Israël, musée du Caire) commémorant le souvenir de ses exploits militaires cite pour la première et unique fois le nom d'Israël en égyptien.

**MÉRÉVILLE** [91660] ➝ ÉTYM. «ferme (lat. *villa*) de Marila (n. de pers.)» ♦ Ch.-l. de cant. de l'Essonne, arr. d'Étampes. 3 066 hab. *(Mérévillois)*. Château (XVe s., plusieurs fois remanié) entouré d'un parc à l'anglaise dessiné par Hubert Robert (vestiges des célèbres fabriques).

**MERGENTHALER (Ottmar)** ♦ Inventeur américain d'origine allemande (Hachtel, Wurtemberg 1854 - Baltimore 1899). Horloger de son métier, il mit au point en 1885 la première linotype capable de fonctionner à l'aide d'un clavier semblable à celui d'une machine à écrire.

**MERGUI** ♦ V. de Birmanie, dans la partie méridionale du Ténassérim. 88 600 hab. Port. Culture et exportation d'huîtres perlières.

**MERGUI** (archipel) ♦ Archipel de la côte occidentale de Birmanie (péninsule malaise) composé de plus de 800 petites îles, pour la plupart inhabitées, qui furent longtemps le refuge de pirates. Des populations de pêcheurs itinérants (Mokens) y vivent d'une manière précaire.

**MERI (Veijo Väinö Valvo)** ♦ Romancier et nouvelliste finlandais d'expression finnoise (Viipuri 1928). Il renouvela la prose finnoise avec Holappa* et Hyry* après 1950. Il décrit l'absurdité de la guerre dans *Une histoire de corde* (1957), *Quitte* (1961), *La Base* (1964), et considère la vie civile comme un ensemble de tentatives de communication manquées entre individus et de rébellions futiles, dans *Une femme dessinée sur le miroir* (1963), *Des lettres de cent mètres de haut* (1969). ➝ ÉTYM. Ce nom de famille vient du finnois et signifie «mer».

**MÉRIBEL-LES-ALLUES** ♦ Station de sports d'hiver de la Savoie (comm. des Allues) dans les Trois-Vallées (1 450 - 2 700 m).

**MÉRICOURT** [62680] ➝ ÉTYM. anc. *Menricurt,* du germ. *Maginric,* n. de pers., et bas lat. *curtis* «domaine» ♦ Comm. du Pas-de-Calais, arr. d'Arras, dans la banlieue S. de Lens. 11 723 hab. *(Méricourtois)*. Anc. centre houiller.

**MÉRIDA** ➝ ÉTYM. anc. en lat. Augusta *Emerita* ♦ V. d'Espagne, cap. de la Communauté autonome de l'Estrémadure, prov. de Badajoz, sur le Guadiana*. 54 894 hab. Ruines romaines remarquablement conservées (pont, théâtre, amphithéâtre). Musée des Antiquités romaines (de Rafael Moneo). Indus. (cimenterie). ▮ **Histoire** L'ancienne *Augusta Emerita,* fondée vers 25, fut la capitale de la Lusitanie. Très prospère sous l'Empire romain, elle fut successivement prise par les Maures (713), puis par Alphonse IX de León qui la donna à l'ordre de Saint-Jacques.

**Mérida.** Le théâtre romain.
*Phot. © Jarno Gonzalez Zarraonandia /Shutterstock*

**MÉRIDA** ♦ V. du Mexique oriental, cap. de l'État du Yucatán. 734 153 hab. Univ. Cathédrale du XVIe s., Palacio Montejo (XVIe s.). Places et marché pittoresques (artisanat). Musée archéologique. ▪ Centre commercial et touristique. Son aéroport dessert les sites archéologiques d'Uxmal et de Chichén* Itzá. ▮ **Histoire** La ville fut fondée en 1542 par les Espagnols sur l'emplacement d'une ancienne ville maya, Tiho. Les pyramides furent arasées et servirent à la construction des premiers bâtiments de Mérida. De précieux manuscrits mayas y furent détruits par l'évêque Diego de Landa.

**MÉRIDA** ♦ V. du Venezuela, cap. de l'État de Mérida, dans la cordillère des Andes. 196 000 hab. Marché agricole régional et centre tertiaire pour les villes de la cordillère.

**MÉRIDA** (cordillère de) ♦ Chaîne de montagnes du Venezuela qui prolonge la cordillère orientale des Andes au S.-E. du lac de Maracaibo. Orientée du S.-O. (San Cristóbal) vers le N.-E. (Barquisimeto), elle culmine au pic Bolívar (4 981 m). Elle constitue le premier foyer de peuplement dense du Venezuela et possède une économie agricole de montagne (maïs, blé, pomme de terre, élevage).

**MÉRIEL** [95630] ◆ ÉTYM. dimin. de *Méry** ♦ Comm. du Val-d'Oise, arr. de Pontoise. 4 062 hab. Musée Jean-Gabin.

**MÉRIEUX (Charles)** ♦ Médecin français (Lyon 1907 - *id.* 2001). Il dirigea l'Institut Mérieux fondé en 1897 par son père Marcel Mérieux (1870 - 1937), ancien élève de Pasteur, où étaient fabriqués des vaccins contre la fièvre aphteuse, pour les animaux, puis, à partir de 1957, des vaccins pour les hommes contre la poliomyélite, la coqueluche, la diphtérie, le tétanos et la rage.

**MÉRIGNAC** [33700] ◆ ÉTYM. anc. *Mairinaco*, p.-ê. du lat. *Matrinius*, n. de pers., et suff. *-acum* ♦ Ch.-l. de cant. de la Gironde, dans la banl. O. de Bordeaux. 61 992 hab. *(Mérignacais)*. Aéroport de Bordeaux. Vignobles des Graves.

**MERIKARÊ** ♦ Roi d'Égypte de la X<sup>e</sup> dynastie (v. −2070). Pharaon d'Héracléopolis.

**MÉRIMÉE (Prosper)** ♦ Écrivain français (Paris 1803 - Cannes 1870). Élevé dans un milieu cultivé de tradition voltairienne, il termina ses études de droit mais s'intéressa surtout aux lettres, fréquenta les salons et se lia avec Stendhal*. Il publia successivement deux ouvrages, qui sont des mystifications littéraires, *Le Théâtre* de Clara Gazul, comédienne espagnole* (1825), pièces insolentes et alertes destinées à la lecture (recueil enrichi, en 1830, du *Carrosse du Saint-Sacrement* et de *L'Occasion*), et *La Guzla ou Choix de poésies illyriques* (1827). En 1829, parut une «esquisse historique», la *Chronique* du règne de Charles IX*, roman de cape et d'épée au temps des guerres de Religion. En 1833, il groupa sous le titre de *Mosaïque* des nouvelles d'inspiration très diverse, toutes remarquables par la rapidité de la progression et la concision du style *(L'Enlèvement de la redoute, Mateo Falcone, Vision de Charles XI, Tamango, Le Vase étrusque, La Partie de trictrac)*. La même année parut *La Double Méprise* suivie, l'année suivante, des *Âmes du purgatoire*. Nommé inspecteur des monuments historiques, il parcourut toute la France (assisté du jeune Viollet*-le-Duc) pour en recenser les richesses archéologiques, puis voyagea dans les pays méditerranéens (notamment en Espagne) qui lui inspirèrent *La Vénus d'Ille* (1837), où apparaît son goût du fantastique, et les brefs romans de *Colomba** (1840) et de *Carmen** (1845), où la froideur du ton s'oppose à la violence des sentiments. Ami d'Eugénie de Montijo et très assidu à la cour de Napoléon III, il composa encore des nouvelles, telle *Lokis* (1869), où la terreur naît du réalisme le plus précis. Là repose en effet l'art de la nouvelle chez Mérimée ; appartenant à la génération romantique, il en exploite les thèmes : recherche de l'exotisme et de la couleur locale, évocation de passions violentes et fatales, goût pour le fantastique. Refusant les facilités du pathétique, il adopte la progression linéaire, rattache strictement les descriptions à l'action et peint les personnages par leur comportement, en un style sobre jusqu'à la sécheresse, comparable à celui de Stendhal. ◆ ÉTYM. *Mérimée* signifie «domaine (*mée*, du latin *mansus* exploitation agricole) de Meri *(Aymeric)*» ou est une ancienne francisation de l'anglais *merry maid* «jeune fille joyeuse» (cette étymologie est probablement fantaisiste).

**MÉRINAS** n. m. pl. ♦ Population de Madagascar occupant, avec les Betsiléos, la partie centrale du plateau, la plus large et la plus élevée (→ **Imérina**). Ce sont des riziculteurs, des éleveurs de zébus et des commerçants ; on recrute parmi eux de nombreux fonctionnaires. Ils sont divisés en un grand nombre de castes dont les andrianas («nobles») et les hovas («hommes libres»).

**MÉRINDOL** [84360] ◆ ÉTYM. gaul. «clairière *(ialo)* de Merenda (n. de pers.)» ♦ Comm. du Vaucluse, arr. d'Apt. 1 798 hab. *(Mérindolais)*. ▮ **Histoire** Une communauté vaudoise y fut massacrée (1545), sur ordre du parlement d'Aix, par des troupes que commandait le baron d'Oppède.

**MÉRINIDES** ou **MARINIDES** n. m. pl. – en ar. ***Banū Marīn*** ♦ Dynastie berbère du groupe des Zanatas qui régna sur le Maroc et temporairement sur le Maghreb (XIII<sup>e</sup> - XV<sup>e</sup> s.). L'intervention des Mérinides en Espagne contre les rois chrétiens de Castille permit seulement de maintenir au pouvoir les Nasrides de Grenade jusqu'à la fin du XV<sup>e</sup> s. En Afrique du Nord, Abū al-Ḥasan (1331 - 1351), qui fut le plus grand souverain mérinide, occupa Tlemcen (1337), puis Tunis (1347). Après sa défaite à Kairouan (1348), il dut se réfugier au Maroc. Son successeur Abū 'Inān (1351 - 1358) entreprit de nouveau la conquête du Maghreb et s'empara de Tunis (1357). Mais ces aventures épuisèrent les Mérinides qui négligèrent les problèmes internes du Maroc où un état permanent de rébellion amena leur chute (XV<sup>e</sup> s.). Les Mérinides furent de grands bâtisseurs et laissèrent de splendides monuments dans plusieurs villes maghrébines et notamment à Fès* et à Tlemcen*.

**Mérite (ordre national du)** ♦ Ordre français créé le 3 décembre 1963, afin de récompenser toute personne s'étant distinguée dans la fonction publique (civile ou militaire) ou dans l'exercice d'une activité privée. Le règlement, les grades et l'administration sont ceux de la Légion d'honneur.

**MERKEL (Angela)** ♦ Femme d'État allemande (Hambourg 1954). Physicienne, née en RFA, elle grandit en RDA et adhéra à la CDU en 1990, peu après la chute du mur de Berlin. Ministre de la Jeunesse et de la Famille (1991), puis de l'Environnement (1994), elle devint secrétaire générale de la CDU en 1998, puis présidente en 2000. Axée sur les seuls besoins de réforme économique et d'assainissement budgétaire du pays, sa campagne électorale aux législatives de 2005 fut sévèrement critiquée. En effet, malgré sa victoire, elle n'obtint que 35,2 % des voix et dut former un gouvernement de «grande coalition» entre la CDU et le SPD, devenant ainsi la première femme chancelière dans l'histoire de l'Allemagne. En 2009, son parti remporta à nouveau les législatives devant le FDP avec lequel elle gouverne depuis. Désireuse de renforcer l'Union européenne, elle a travaillé à l'instauration d'un traité modifié en 2007 et défend le rôle de l'Allemagne à l'échelle internationale. ◆ ÉTYM. Ce nom de famille vient du germanique *mark* «limite, frontière».

**MERKSPLAS** ♦ Comm. de Belgique (Région flamande), prov. d'Anvers, arr. de Turnhout. 8 271 hab. Taille du diamant. Pénitencier.

**MERLEAU-PONTY (Maurice)** ♦ Philosophe français (Rochefort 1908 - Paris 1961). Son œuvre exprime un effort sans cesse renouvelé de compréhension de l'expérience humaine (*Structure du comportement*, 1942 ; *Phénoménologie de la perception*, 1945 ; *Sens et Non-Sens*, 1948 ; *Les Aventures de la dialectique*, 1955 ; *Signes*, 1960). Reprenant le précepte phénoménologique du «retour aux choses mêmes» (Husserl*), Merleau-Ponty tente d'élucider ce qu'il y a d'irréfléchi dans notre perception du monde et de décrire, non d'expliquer, le réel. S'il critique les tendances réifiantes et mécanistes des sciences (biologie, psychologie), il met aussi en question la notion idéaliste d'une conscience pure, transparente à elle-même. La phénoménologie est chez lui la base d'une philosophie existentielle dont le thème central (comme chez Heidegger) est celui de l'expérience vécue, de la relation intentionnelle de la conscience au monde et aux autres. C'est incarné dans une nature et en situation historique que le sujet (conçu comme «transcendance vers le monde») fait la découverte du sens (de la rationalité) par la confrontation de ses expériences avec celles d'autrui, par le recoupement des perspectives. Merleau-Ponty s'inspire des analyses du marxisme, mais refuse l'explication économiste du devenir historique, sans accepter pour autant une interprétation idéaliste. Cherchant à dépasser l'opposition de la liberté et de la nécessité, de la subjectivité et de l'objectivité, il maintient ouverte la dialectique de l'histoire. Vis-à-vis du parti communiste, il adopta «une attitude pratique de compréhension sans adhésion, de libre examen sans dénigrement» jusqu'à sa rupture en 1945. → **Sartre**. ◆ ÉTYM. *Merleau* est le diminutif de *merle* et *Ponty*, un dérivé de *pont* (peut-être surnom de marinier).

**MERLEBACH** [mɛʀləbak] ◆ ÉTYM. du germ. *Merila*, n. de pers., et *bach* «ruisseau» ♦ Anc. comm. de Moselle, fusionnée avec Freyming sous le nom de Freyming*-Merlebach.

**MERLIMONT** [62155] ◆ ÉTYM. de la langue d'oïl *mesle*, *melle* «nèfle» (avec attraction de *merle*) et *mont* ♦ Comm. du Pas-de-Calais, arr. de Montreuil. 2 606 hab. À l'O., station balnéaire à Merlimont-Plage.

**MERLIN (Philippe Antoine,** comte) dit **Merlin de Douai** ♦ Homme politique français (Arleux 1754 - Paris 1838). Avocat, député du tiers état aux états généraux (1789), il fut réélu à la Convention (1792), où, avec les montagnards, il vota pour la mort du roi, et fut le rapporteur de la loi des suspects (sept. 1793). Après la chute de Robespierre, il fut au Comité de salut public l'un des instigateurs de la réaction thermidorienne et mena une politique annexionniste. Membre du Conseil des Anciens, ministre de la Justice en 1795, il fut nommé directeur en remplacement de F. Barthélemy* après le coup d'État du 18 Fructidor an V (4 sept. 1797). Il dut démissionner après la journée du 30 Prairial* an VII pour sa participation au coup d'État du 22 Floréal* an VI. Procureur général de la Cour de cassation (1806 - 1814), comte d'Empire, il fut destitué après la Première Restauration ; proscrit comme régicide (1815), il ne revint en France qu'en 1830. [Acad. fr. 1803]

**MERLIN (Antoine Christophe)** dit **Merlin de Thionville** ♦ Homme politique français (Thionville 1762 - Paris 1833). Avocat à Metz, il fut élu à l'Assemblée législative (1791), où il se prononça pour la saisie des biens des émigrés. Réélu à la Convention (1792), il siégea avec les députés de la Montagne. Représentant en mission à Mayence, il ne put empêcher la reddition de la ville (juil. 1793). Il fut de ceux qui contribuèrent à la chute de Robespierre et passèrent ouvertement à la réaction contre les anciens jacobins lors de la Convention thermidorienne. Membre du Conseil des Cinq-Cents, directeur des Postes (1798), il s'opposa au consulat à vie.

**MERLIN COCCAIE** → **Folengo**

**MERLIN L'ENCHANTEUR** ◆ ÉTYM. de *Myrddhin*, prophète et sorcier gallois ♦ Personnage fabuleux du *cycle breton*. Il s'éprend de la fée Viviane* et demeure en son pouvoir. Robert* de Boron en fit le héros du roman en prose *Merlin*.

**MERMNADES** n. m. pl. ♦ Dynastie de Lydie*, fondée au −VII<sup>e</sup> s. par Gygès*, fils de Mermnas. Les Mermnades étendirent la domination lydienne sur toute la moitié occidentale de l'Asie Mineure. Crésus*, fils d'Alyatte*, fut le dernier roi lydien avant la conquête perse (−546).

**MERMOZ (Jean)** ♦ Aviateur français (Aubenton 1901 - dans l'Atlantique sud 1936). Après avoir été pilote militaire, il entra chez Latécoère* où il fut le pionnier de la ligne Rio de Janeiro-Santiago du Chili par-dessus la cordillère des Andes, et effectua la première liaison postale aérienne directe Afrique-Amérique du Sud (12 mai

1930 ; équipage Mermoz-Dabry-Gimié). Il disparut lors d'une liaison régulière, en mer, au large de Dakar, à bord de l'hydravion *Croix-du-Sud*. ➝ ÉTYM. *Mermoz* est le diminutif du savoyard *merme* « petit enfant ».

**MÉROÉ** ♦ Ancienne ville de Nubie, située au Soudan sur la rive droite du Nil entre Khartoum et Atbarah (province du Nord) près de la ville actuelle de Kabu Shiyah. Au -VI^e s., elle devint la capitale du royaume de Coush et plus tard du royaume de Méroé. La ville était le centre de la métallurgie du fer. Le royaume de Méroé s'affranchit peu à peu de la tutelle égyptienne et développa sa propre culture (écriture méroïtique). Il perdura jusqu'au IV^e s., où il disparut sous l'emprise du royaume éthiopien d'Aksoum. Importants vestiges : temples, palais, trois groupes de pyramides et objets usuels.

**MÉROPE** – en gr. *Meropê* ♦ Princesse légendaire du Péloponnèse. Son mari, un Héraclide (➝ **Héraclès**) roi de Messénie, ainsi que deux de ses fils sont tués par un autre Héraclide qui la force ensuite à l'épouser. Son fils cadet, sauvé par elle et parvenu à l'âge adulte, se venge en tuant l'usurpateur meurtrier. Cette histoire, racontée dans une tragédie d'Euripide dont il nous reste une cinquantaine de vers, inspira aussi la dramaturgie des XVII^e et XVIII^e s. : drames de Maffei*, Voltaire*, Alfieri*.

**MÉROVÉE, MEROWIG** ou **MEROVECH** ➝ ÉTYM. p.-ê. du germ. *meerwig* « puissant sur mer » ♦ Roi présumé des Francs Saliens (v. 447 - 457). Fils ou gendre de Clodion* le Chevelu, père de Childéric I^er, il a donné son nom à la dynastie des Mérovingiens.

**MÉROVINGIENS** n. m. pl. ➝ ÉTYM. du n. de *Mérovée** ♦ Première dynastie des rois francs. La mort du petit-fils de Mérovée, Clovis* I^er (511), véritable fondateur du royaume franc, donna lieu au partage du royaume entre les fils de ce dernier, Childebert* I^er, Clodomir*, Clotaire* I^er et Thierry* I^er, qui aboutit par la suite à la division en quatre royaumes (➝ **Aquitaine, Austrasie, Bourgogne, Neustrie**). Après les règnes de Clotaire I^er, de Clotaire* II et de Dagobert* I^er qui rétablit l'unité du royaume, la puissance de la dynastie décrut et le pouvoir passa à des maires du palais dont les principaux furent Ébroïn*, Pépin* de Landen, Pépin* de Herstal et Charles* Martel dont le fils Pépin* le Bref déposa le dernier Mérovingien Childéric* III en 751 et fonda la dynastie carolingienne. ➝ **Carolingiens.** Cette période où le pouvoir central s'affaiblit vit le déclin du commerce et de l'industrie, et l'augmentation du pouvoir de l'aristocratie. ▪ L'histoire des Francs à l'époque mérovingienne nous est connue par les récits de Grégoire* de Tours et du pseudo-Frédégaire*.

**Méroé.** Les pyramides. *Phot. © Thévenart/Sipa Press*

**Les Mérovingiens**

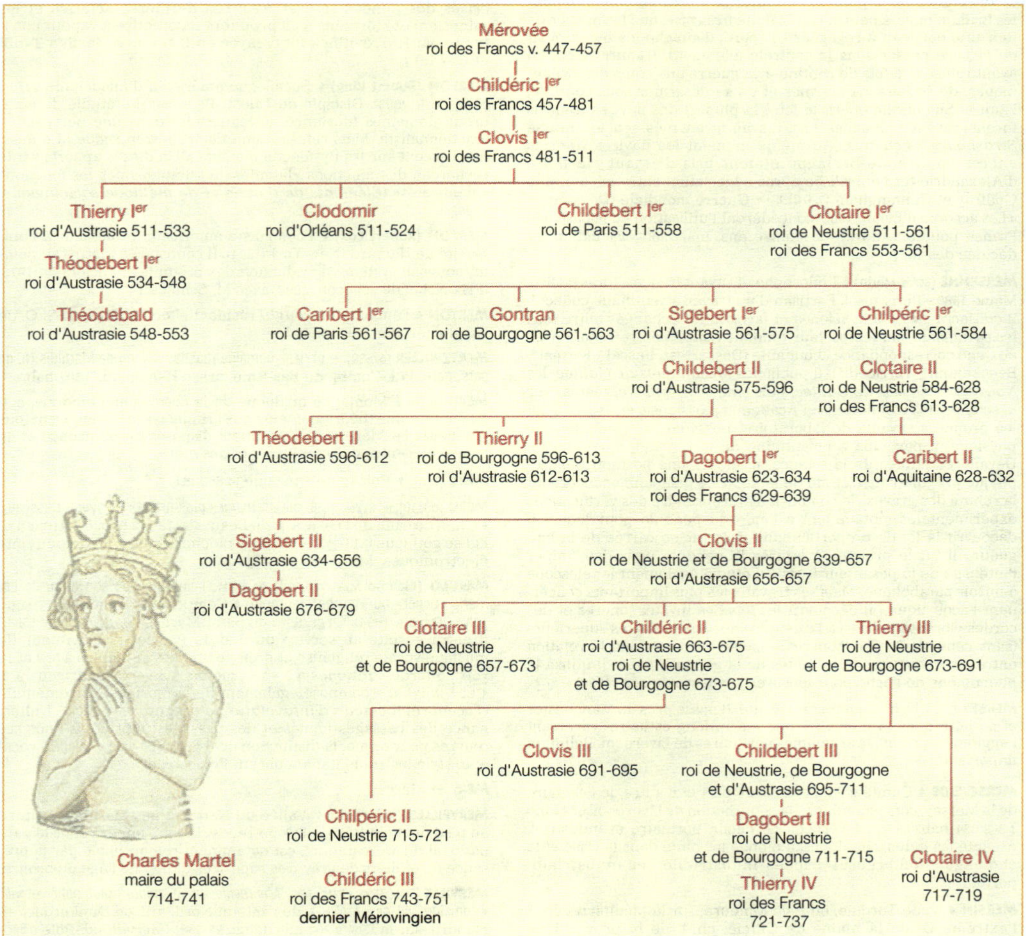

**MERRIFIELD (Robert Bruce)** ♦ Chimiste américain (Fort Worth 1921 - Cresskill, New Jersey 2006). Ses travaux portent sur la synthèse des peptides (fragments de protéines). Pour effectuer les synthèses successives des différents acides aminés qui constituent un peptide, il mit au point, en 1963, la méthode dite sur support solide, permettant, d'une part, d'éviter les difficultés inhérentes au milieu liquide dans lequel se faisaient ces réactions et, d'autre part, d'automatiser le travail. Il réalisa un appareil programmable capable d'effectuer, avec un rendement élevé, toutes les étapes de la synthèse. [Prix Nobel de chim. 1984] ➝ ÉTYM. Ce nom de famille vient d'un nom de lieu, du vieil anglais *myrige* «plaisant» et *feld* «pâturage, pré».

**MERRIMACK** n. m. ♦ Riv. du N.-E. des États-Unis (280 km), en Nouvelle-Angleterre. Elle prend sa source dans les montagnes du New Hampshire, traverse cet État, puis pénètre dans le Massachusetts, coule vers l'E. et se jette dans l'Atlantique.

**MERSA MATROUH** – en ar. ***al-Marsā al-Matrūḥ*** ♦ V. d'Égypte, ch.-l. de gouvernorat, près de la Méditerranée. 120 888 hab. Station balnéaire. Centre admin. et commercial (fruits).

**MERSCH** ♦ V. du Luxembourg, ch.-l. de cant., sur l'Alzette. 7 012 hab. Château fort reconstruit au XVIe s. ▪ Silos.

**MERSEBURG** ♦ V. d'Allemagne (Saxe-Anhalt), sur la rive g. de la Saale. 43 200 hab. Cathédrale du XIIIe s., château du XVe s. ▪ Extraction de lignite. Indus. chimiques (carbures, caoutchouc synthétique, film photographique). Centrale thermique. À proximité, combinats chimiques de Leuna et Schkopau. ▮ Histoire Ancienne forteresse carolingienne (IXe s.), gouvernée par ses évêques jusqu'au XVIe s., elle passa en 1561 à la Saxe électorale, fut de 1656 à 1738 la résidence des ducs de Saxe-Merseburg (branche Albertine), puis fut annexée à la Prusse en 1815.

**MERS EL-KÉBIR** ➝ ÉTYM. en ar. ***Marsā al-Kabīr*** «le grand (*kabīr*) port (*mars*)» ♦ V. d'Algérie (wilaya d'Oran), sur le golfe d'Oran, à l'E. du cap Falcon. 11 462 hab. Port de pêche. ▮ Histoire Rade profonde et bien abritée, elle devint en 1935 une des bases de la flotte française en Méditerranée. Le 3 juil. 1940, l'opération *Catapult* consista, pour les Britanniques, à neutraliser la flotte française, que l'armistice de juin 1940 obligeait à regagner ses ports d'attache (ce qui risquait de la faire passer sous le contrôle allemand). L'amiral Gensoul ayant refusé à la fois de continuer la guerre aux côtés des Britanniques, de se laisser désarmer et de se désarmer sous contrôle, l'amiral Somerville ouvrit le feu : la plupart des navires français furent gravement touchés, 1 300 marins furent tués, seul le cuirassé *Strasbourg* s'échappa. Au même moment les navires français ancrés en Grande-Bretagne étaient pris d'assaut ; la flotte d'Alexandrie fut neutralisée après négociation entre les amiraux Godfroy et Cunningham (7 juil.). → **Guerre mondiale (Deuxième).** ▪ Les accords d'Évian (1962) concédèrent l'utilisation de la base à la France pour une durée de quinze ans, mais son évacuation fut décidée dès 1967.

**MERSENNE** (abbé **Marin**) ♦ Philosophe et savant français (près d'Oizé, Maine 1588 - Paris 1648). Partisan d'un travail scientifique collectif, il consacra sa vie à la science et favorisa les échanges entre tous les savants de son temps, leur rendant visite et entretenant avec eux une correspondance abondante (Descartes*, Pascal*, Fermat*, Beeckmann*, Torricelli*). Il publia les *Mécaniques de Galilée*, les *Nouvelles Pensées de Galilée*, puis cinq ouvrages «récréatifs» sur la science (1634) et organisa l'Academia parisiensis en 1635. Parmi les premiers savants de laboratoire, possédant un «cabinet» de physique, il participa à l'institution de la physique quantitative. Devant les limites de la science, il adopta une position philosophique pragmatiste. L'étude de la doctrine galiléenne concernant la «chute des graves» le conduisit à entreprendre des vérifications expérimentales, notamment à l'aide du pendule pour lequel il découvrit la loi de proportionnalité à la racine carrée de la longueur ; il fut le premier à utiliser le pendule pour déterminer l'intensité de la pesanteur (1644) ; il étudia également le télescope à miroir parabolique. Mais ses travaux les plus importants concernent l'acoustique : il découvrit les lois des tuyaux sonores et des cordes vibrantes, observa l'existence des harmoniques supérieurs (sans cependant en découvrir la cause) et détermina la relation entre les fréquences et les notes de la gamme ; enfin, il utilisa le phénomène de l'écho pour mesurer la vitesse du son (1636).

**MERSEY** n. f. ♦ Fl. d'Angleterre (130 km). Il passe près de Manchester et se jette dans la mer d'Irlande en un long estuaire traversant l'agglomération et les ensembles portuaires de Liverpool. Pollution importante.

**MERSEYSIDE** ♦ Comté d'Angleterre, de part et d'autre de l'estuaire de la Mersey, correspondant à la conurbation de Liverpool. 652 km². 1 362 034 hab. CH.-L. : Liverpool. Le déclin portuaire et industriel, excepté les indus. chimiques, a plongé le comté dans la crise et le chômage. Nombreuses friches industrielles et industrialo-portuaires.

**MERSİN** ♦ V. de Turquie, en Asie Mineure, sur la Méditerranée, à l'extrême O. de la plaine de Cilicie, ch.-l. de la prov. d'İçel. 623 861 hab. Troisième port de commerce de Turquie (importation d'hydrocarbures et exportation des produits agricoles et manufacturés de la région) et grand centre industriel (raffinerie de pétrole, chimie, verre, ciment, textile). ▮ Histoire Mersin est bâtie à côté de la ville antique de Soles-Pompéiopolis, dont les ruines subsistent à Viranşehir. À Mersin même, des fouilles ont mis au jour des soubassements d'un établissement néolithique, fortifié au –IVe millénaire et entouré d'une muraille au temps du Nouvel Empire hittite (–XVe - –XIIIe s.). La ville moderne s'est développée à partir de la création du port en 1832.

**MERS-LES-BAINS** [80350] ♦ Comm. de la Somme, arr. d'Abbeville, sur la rive d. de la Bresle qui la sépare du Tréport. 3 394 hab. *(Mersois).* Station balnéaire.

**MERTENS (Pierre)** ♦ Écrivain belge d'expression française (Bruxelles 1939). Son œuvre, peuplée de personnages ambigus, pris dans de déconcertants jeux de miroirs, procède d'une interrogation sur la cruauté de l'Histoire, à travers les thèmes de l'engagement et de la responsabilité. Ses romans (*L'Inde ou l'Amérique*, 1969 ; *La Fête des anciens*, 1971 ; *Les Bons Offices*, 1974 ; *Terre d'asile*, 1978 ; *Les Éblouissements*, 1987, évocation romancée de la vie du poète Gottfried Benn ; *Perasma*, 2001) et ses recueils de nouvelles (*Le Niveau de la mer*, 1970 ; *Nécrologies*, 1977 ; *Terreurs*, 1984 ; *Les Phoques de San Francisco*, 1991) se caractérisent par leur «structure en expansion» (P. Emond), obtenue par l'emploi de procédés de construction cinématographiques ou quasi musicaux (motifs, retours, variations). *Une paix royale* (1995) fut en partie censuré à la suite d'une plainte émanant de la famille royale de Belgique. On lui doit la notion de «belgitude» qu'il évoqua pour la première fois en 1976 avec le sociologue Claude Javeau. [Acad. royale de langue et de litt. françaises de Belgique, 1989]

**MERTERT** ♦ V. du Luxembourg (cant. de Grevenmacher). 3 287 hab. Port sur la Moselle.

**MERTHYR TYDFIL** – en gallois ***Merthyr Tudful*** ♦ V. du pays de Galles (district de Merthyr Tydfil, 111 km², 55 981 hab.), sur la Taff, au N. de Cardiff. 30 483 hab. ▮ Histoire C'était le plus grand centre sidérurgique du monde au XIXe s., mais la ville a durement pâti des crises des années 1930 et 1980. Les dernières aciéries et les mines ont été fermées. ▪ La première locomotive à vapeur construite par R. Trevithick fut essayée en 1841 entre Merthyr Tydfil et Cardiff.

**MERTON (Robert King)** ♦ Sociologue américain (Philadelphie 1910 - New York 2003). Disciple de Talcott Parsons, il a étudié de nombreux domaines (déviance, bureaucratie) dans une perspective fonctionnaliste. Mais refusant une doctrine trop rigide, il a aussi mis l'accent sur les dysfonctionnements. Un de ses apports est la recherche des fonctions «latentes» dissimulées par les fonctions «manifestes» (*Éléments de théorie et de méthode sociologique*, 1949).

**MERTON (Robert Cox)** ♦ Économiste américain, professeur à l'université de Harvard (New York 1944). Il contribua à mettre au point un nouveau système d'évaluation des produits financiers en 1973. [Prix Nobel de sc. écon. 1997, avec M. Scholes*]

**MERTON** ♦ Faubourg *(borough)* résidentiel de Londres, au S.-O. de l'agglomération. 187 908 hab.

**MERTZWILLER** [67580] ➝ ÉTYM. «domaine (bas lat. *villare*) de Martildis (n. de pers. germ.)» ♦ Comm. du Bas-Rhin, arr. d'Haguenau. 3 507 hab.

**MERU** n. m. ♦ Montagne mythique de la cosmogonie hindoue, axe du monde situé théoriquement dans l'Himalaya, où demeurent tous les dieux. Le Meru a cinq sommets disposés en quinconce et se trouve au centre des continents et des mers.

**MERU** n. m. ♦ Volcan de Tanzanie (4 565 m).

**MÉRU** [60110] ➝ ÉTYM. p.-ê. du lat. *major* «plus grand» et *rivus* «ruisseau» ♦ Ch.-l. de cant. de l'Oise, arr. de Beauvais. 12 712 hab. *(Méruviens).* Église gothique (XIIIe - XVIe s.) avec clocher roman. ▪ Équipements électroniques. Matières plastiques.

**MERULO (Claudio MERLOTTI, dit)** ➝ ÉTYM. latinisation de son nom, de l'it. *merlo* «benêt» ou «fourbe» (surnom) ♦ Compositeur italien (Correggio 1533 - Parme 1604). Organiste de Saint-Marc à Venise (1566 - 1584), il entra ensuite au service du duc de Parme (1586). Auteur de musique vocale religieuse et profane (messes et litanies à 5, 8 et 12 voix ; *Sacrae cantiones* à 5 voix ; motets à 4 voix ; madrigaux à 3, 4 et 5 voix), il a composé également de la musique instrumentale (*Toccate* et *Ricercari d'intavolatura d'organo*, 1604 - 1605). L'alternance des passages fugués et des passages improvisés dans ses œuvres pour orgue, la distinction qu'il y établit entre le style vocal et le style instrumental annoncent Frescobaldi*.

**MERV** → Mary

**MERVEILLES** (vallée des) ♦ Vallée du N. des Alpes-Maritimes, située au pied du mont Bégo, à l'O. de Tende. Le site, intégré dans le parc national du Mercantour*, est notamment remarquable par la présence de milliers de gravures rupestres datant de l'âge du bronze.

**MERVILLE** [59660] ➝ ÉTYM. anc. *Menreville*, du lat. *minor* «plus petit» et *villa* «domaine, village» ♦ Ch.-l. de cant. du Nord, arr. de Dunkerque, en Flandre, sur la Lys. 8 903 hab. (aggl. 27 533) *(Mervillois).* Pôle aéronautique. Agroalimentaire.

**MÉRY (Joseph)** ♦ Écrivain français (Les Aygalades, Marseille 1798 - Paris 1866). Fondateur à Marseille de divers journaux antimonarchistes, il se fit ensuite connaître à Paris (1824) comme un brillant chroniqueur, avant de collaborer avec A. M. Barthélemy* à des pamphlets en vers où ils exprimaient leur hostilité à la Restauration (*Rome à Paris*, 1827 ; *Napoléon en Égypte*, 1828 ; *Le Fils de l'homme*, 1829). Leurs attaques se portèrent ensuite contre la monarchie de Juillet, avec le journal satirique *La Némésis* (1831). L'œuvre personnelle de Méry comporte de nombreux romans et nouvelles, notamment *La Chasse au chastre* (1853) et *Monsieur Auguste* (1859). Il composa également des livrets d'opéra et des œuvres dramatiques, dont *Le Chariot d'argile* (1850) et *L'Imagier de Harlem* (1852) en collaboration avec G. de Nerval*.

**MÉRYON (Charles)** ♦ Graveur français (Paris 1821 - Charenton 1868). D'abord enseigne de vaisseau, il se consacra à la gravure à partir de 1849, puis fut atteint de troubles mentaux. Sa série d'eaux-fortes sur Paris (1850 - 1854), au graphisme acéré et précis, révèle un tempérament romantique et visionnaire auquel fut sensible Baudelaire.

**MÉRY-SUR-OISE** [95540] ➝ ÉTYM. anc. *Mederiacum*, du lat. *Matrius* (probablt de *materia* «bois de construction»), n. de pers., et suff. *-acum* ♦ Comm. du Val-d'Oise, arr. de Pontoise. 8 929 hab. *(Mérysiens)*. Église Saint-Denis des XIVe - XVe s., restaurée au XIXe s. Château des XIVe - XVe s., transformé au XVIIe s. (parc). ▪ Usine de retraitement des eaux. Champignonnière.

**MERZ (Mario)** ♦ Artiste italien (Milan 1925 - Turin 2003). Après avoir pratiqué l'art informel, il contribua au lancement de l'arte povera en 1967 et réalisa des assemblages à l'aide de néons et d'objets divers. Puis il créa, en 1968, son premier *Igloo de Giap*, constitué de sacs remplis de terre et décoré en lettres de néon d'une célèbre phrase de Giap ; il en fit plusieurs versions, en métal, en verre, en étoffe, avec du feuillage. À partir de 1970, il réalisa des assemblages avec des tables, des brouettes (*Caro/Caretto*, 1978), ainsi que des présentations d'animaux sauvages (crocodiles, chouettes), avec des chiffres de néon reprenant toujours la suite de Fibonacci*. Dans les années 1980, il revint à la peinture (*Hommage à Arcimboldo*, 1987).

**Merz** ♦ Mouvement artistique créé à Hanovre par Kurt Schwitters, qui en fut le seul membre, vers 1919, année de la publication de son recueil de poésies *Merz* (le titre est tiré de la Commerzbank). Son influence fut considérable sur le pop* art et l'arte povera. → **Schwitters.**

**MESABI RANGE** n. f. ♦ Chaîne de collines du N. des États-Unis (Minnesota), au N.-E. de Duluth, où se trouvent les plus grandes exploitations de minerai de fer des États-Unis (découvert en 1887).

**MÉSANGER** [44522] ➝ ÉTYM. probablt du lat. *mansus* «exploitation rurale» et germ. *Ansgari*, n. de pers. ♦ Comm. de la Loire-Atlantique, arr. d'Ancenis. 3 133 hab.

**MESA VERDE** ♦ Parc national des États-Unis (Colorado). Ses canyons abritent de célèbres vestiges de la culture pueblo à son apogée (1100 - 1300). Les habitations troglodytiques tiennent à la fois de l'habitat, de la forteresse et du sanctuaire.

**MESCHACEBÉ** ♦ Nom anc. du Mississippi*, employé en particulier par Chateaubriand dans *Atala**.

**MESETA** n. f. ➝ ÉTYM. esp. «plateau» ♦ Grand plateau hercynien du centre de la péninsule Ibérique, limité au N. par les monts Cantabriques*, au N.-E. par le bassin de l'Èbre, au S. par celui du Guadalquivir, à l'E. par les monts Ibériques, qui se poursuit à l'O. au-delà de la frontière portugaise (Trás-os-Montes, Alentejo). En Espagne, la Meseta s'étend sur la Castille, l'Estrémadure, le León et une partie du Levant (région de Murcie). Ce relief de plateau est coupé par des sierras : sierra de Gredos et de Guadarrama au centre, séparant les deux Castilles, sierra de Gata à l'O., entre le León et l'Estrémadure (sierra de Guadalupe et monts de Tolède) et à l'E., sierra de Cuenca et prolongement de la cordillère Bétique au S.-E. (Levant). La Meseta est traversée d'E. en O. par trois grands fl. : le Douro*, le Tage* et le Guadiana*.

**MESETA MAROCAINE** ♦ Région de plateaux du Maroc occidental limitée au N. par la plaine du Gharb, à l'E. par les causses du Moyen-Atlas, au S. par celles du Haut-Atlas et à l'O. par les plaines littorales atlantiques. Traversés par les vallées encaissées du Bou Regreg, de l'Oum er-Rebia, du Tensift et de leurs affluents, ces plateaux comportent des dépressions (Haouz, Tadla). On y distingue plusieurs régions dont la Chaouïa à l'O., le Djebilet au S. et le plateau des Phosphates et des Rehamma au centre.

**MESHA** – hébreu *Mêshaʿ* ♦ Roi de Moab* dans la première moitié du -IXe s. D'après la Bible, il se révolta à la mort d'Achab* et parvint à défaire la coalition des rois d'Israël, de Juda et d'Édom en sacrifiant son fils en holocauste. En 1868, on découvrit à Dhîbân, ville de Transjordanie dont il était originaire, une stèle de basalte où le souverain se glorifie de ses conquêtes sur Israël, de ses constructions et de la faveur de son dieu Kamosh, dont il se dit le «fils», et qui lui aurait même permis d'emporter les «vases de Yahvé». Cette inscription dont la langue est très proche de l'hébreu est au musée du Louvre.

**MÉSIE** n. f. – en lat. ***Moesia*** ♦ Anc. région d'Europe du Sud-Est limitée par la Macédoine* au S. et la Dacie* au N. Soumise par les Romains entre -75 et -29, elle devint province romaine et fut divisée au IIIe s. en *Mésie supérieure* (ch-l. : Sardique) et *Mésie inférieure* (ch.-l. : Marcianopolis).

**MESLIER (Jean, dit le curé)** ♦ Philosophe matérialiste français (Mazerny, Ardennes 1664 - Étrépigny, près de Mézières 1729). Il était le prêtre d'une petite paroisse rurale. À sa mort on découvrit un manuscrit, dont le contenu révélait la pensée puissante d'un athée, matérialiste, et d'un critique social virulent. Des extraits en furent publiés par Voltaire, en 1762. Ils sont connus comme *Le Testament* du curé Meslier. Mais il fallut attendre 1970 pour qu'une édition critique en soit donnée, par R. Desné, J. Deprun et A. Soboul. ➝ ÉTYM. *Meslier* est une autre forme de *mellier* «néflier».

**MESMER (Franz Anton)** ♦ Médecin allemand (Iznang, Souabe 1734 - Meersburg 1815). Il affirma avoir découvert le «magnétisme animal», fluide qu'il prétendait pouvoir diriger, communiquer par contact ou à distance, et dont il fit le remède à toutes les maladies. Il connut quelque temps un vif succès à Paris, où les adeptes du «mesmérisme» constituèrent une véritable franc-maçonnerie et se regroupèrent en «société de l'Harmonie». ➝ ÉTYM. Ce nom vient de l'allemand *Messmer*, de *Meßner* «sacristain».

**MESNIL-ESNARD (LE)** [76240] ♦ Comm. de la Seine-Maritime, banlieue S.-E. de Rouen. 6 486 hab.

**MESNIL-LE-ROI** [mɛnil-] **(LE)** [78600] ♦ Comm. des Yvelines, arr. de Saint-Germain-en-Laye. 6 207 hab. *(Mesnilois)*. Comm. résidentielle.

**MESNIL-SAINT-DENIS (LE)** [78320] ♦ Comm. des Yvelines, arr. de Rambouillet. 6 518 hab.

**MÉSOAMÉRIQUE** n. f. ♦ Région de l'Amérique, comprise entre l'isthme de Panamá et le N. de la vallée de Mexico, où se développèrent des civilisations précolombiennes (Olmèques*, Toltèques*, Zapotèques*, Aztèques*, Mayas*) ayant de nombreux points communs : panthéon, calendrier, pratiques agricoles, écriture hiéroglyphique.

**MÉSOGÉE** n. f. – en gr. mod. ***Mesoyia*** ♦ Ensemble de plaines et de collines, à l'est de l'Hymette, en Grèce. Vignes, oliviers.

**Mésolithique** n. m. ♦ Période préhistorique de transition entre le Paléolithique* et le Néolithique* (de -8000 à -6000) caractérisée par le développement d'un outillage microlithique. Le réchauffement de la fin de la période glaciaire a entraîné, en Europe, d'importantes modifications du mode de vie des hommes qui se mirent à pêcher et à consommer de nombreux coquillages.

**MÉSOPOTAMIE** n. f. ➝ ÉTYM. gr. «le pays au milieu *(mesos)* des fleuves *(potamos)* [le Tigre et l'Euphrate]» ♦ Région d'Asie antérieure, comprenant les vallées du Tigre et de l'Euphrate et tout le pays intermédiaire. Elle s'étend du Kurdistan au N. jusqu'au golfe Arabo-Persique au S.-E. et se trouve limitée à l'E. par la chaîne du Zagros et à l'O. et au S. par les déserts de Syrie et d'Arabie. Corne de l'E. du Croissant fertile, elle constitue la majeure partie de l'actuel Irak. On distingue deux régions : au N. la *haute Mésopotamie* ou Djésireh* (en ar. *al-Jazīra* «l'île»), vaste plateau en partie désertique, et, au S., le *ʿIrāq al-ʿArabī* («la falaise arabe»), grande plaine

**Mésopotamie.** Le travail des champs, stèle assyrienne. British Museum, Londres. *Phot. © Arch. Rencontre*

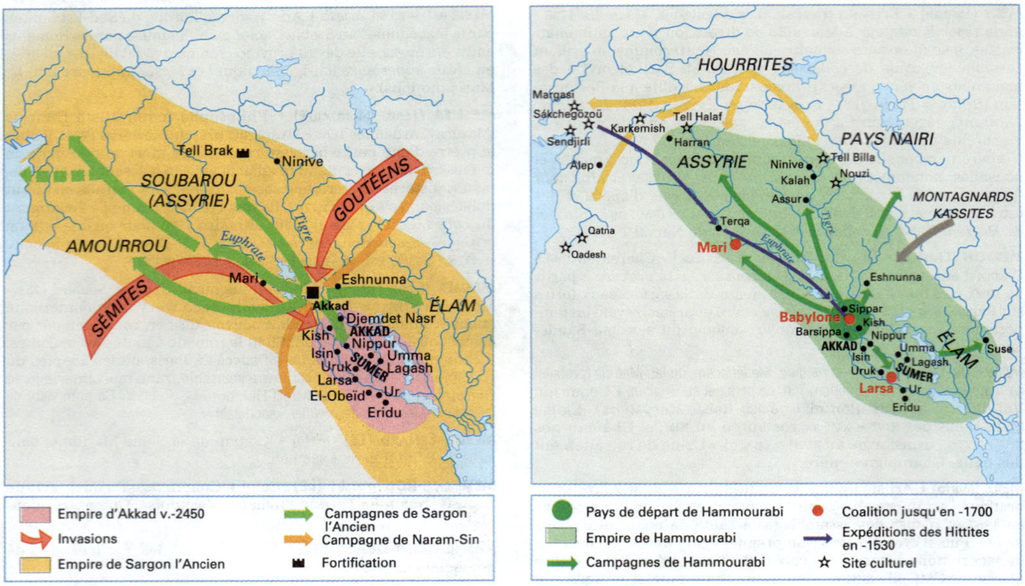


**Mésopotamie.** La Mésopotamie antique

alluviale où le Tigre pénètre un peu en aval de Samarra, l'Euphrate un peu en aval de Hīt. Celle-ci, qui est la Mésopotamie proprement dite, correspond à une zone vraisemblablement immergée au –V$^{e}$ millénaire et progressivement comblée par les dépôts des deux fleuves. Au –IV$^{e}$ millénaire, le rivage avait considérablement gagné sur la mer, qui bordait alors El-Obeïd, Eridu, Ur. Le Tigre et l'Euphrate, s'étant rejoints plus tard, constituent ensemble le Chatt* al-Arab dont le delta, qui reçoit aussi le Kārun, progresse de quelque 30 m par an. Cette région, où les fleuves forment de nombreux bras et des lacs marécageux, fut irriguée méthodiquement dès la plus haute antiquité. Sa fertilité en fit un intense foyer de civilisation. L'irrigation, délaissée après les invasions mongoles (XIII$^{e}$ s.), a repris à l'époque moderne. → **Irak.**

**▮ HISTOIRE ▮ Des premiers habitants à la civilisation de Babylone** Dans le courant du –V$^{e}$ millénaire, l'agriculture se répandit en haute Mésopotamie et une civilisation paysanne culmina à la fin du millénaire, à Tell Halaf (Syrie septentrionale) et à Arpachiyah (Assyrie). L'avancée des terres créa un pays neuf, la future Babylonie, qui fut colonisé et où se fondèrent El-Obeïd*, Eridu*, Uruk*, Ur*. Au –IV$^{e}$ millénaire, probablement au cours de la période dite d'Uruk*, ces populations furent supplantées par de nouveaux venus, Sumériens et Sémites, dont la civilisation fleurit en basse Mésopotamie pendant 1 500 ans (**→ Sumer**), se répandit au loin grâce à l'empire d'Akkad* (**→ Akkad, Sargon l'Ancien, Naram-Sin**) et se prolongea par celle de Babylone*. À partir du –II$^{e}$ millénaire, l'élément sémite (langue akkadienne) l'emporta définitivement. La religion, le droit, la littérature se fixèrent en même temps que se constituaient de grandes entités politiques (**→ Assyrie, Babylone, Mari**). **▮ De l'empire de Babylone aux Séleucides** L'empire de Hammourabi* (–XVII$^{e}$ - –XVI$^{e}$ s.) cimenta une vaste unité de civilisation dont le centre demeura Babylone et qui eut assez de vigueur pour assimiler invasions et dominations étrangères (**→ Kassites, Mitanni, Araméens, Élam**). Les empires assyrien (–X$^{e}$ - –VII$^{e}$ s.) et néobabylonien (–VII$^{e}$ - –VI$^{e}$ s.) s'effondrèrent pourtant sous les coups des empires indo-européens formés à l'est (**→ Mèdes, Perse**). Après la conquête d'Alexandre (–331), la Mésopotamie, constituée en satrapie (–323), échut à Séleucos (–321) et à ses successeurs. **→ Séleucides.** Séleucie* remplaça Babylone, mais l'hellénisation fut superficielle : le grec, langue officielle, ne remplaça pas l'araméen, parlé, selon les régions, depuis les –VII$^{e}$ - –IV$^{e}$ s. ; l'akkadien, voire le sumérien, restèrent étudiés par les scribes et les prêtres ; au vieux fond sémitique s'ajoutèrent moins d'éléments grecs que d'éléments perses (magisme, culte de Mithra). **▮ De la conquête parthe aux victoires d'Héraclius I$^{er}$** En –141, la Mésopotamie fut conquise par les Parthes. La capitale devint Ctésiphon*. Les nouveaux maîtres favorisèrent des renouveaux nationaux (relèvement de Ninive, de Lagash) et la constitution de principautés indépendantes (**→ Édesse**). Mais, dès le –I$^{er}$ s., ils se heurtèrent à l'expansion romaine (**→ Parthes**). Le conflit du monde «occidental» (Rome puis Byzance) et du monde «oriental» (Parthes arsacides puis Perses sassanides) eut la Mésopotamie pour théâtre et pour enjeu. Les principaux épisodes furent : l'érection d'une province romaine de Mésopotamie (199), la reconquête perse (237), l'offensive de Gordien III (242 - 244), la défaite de Valérien devant Chahpour* I$^{er}$ (260), la conquête du pays par Odenath* et son intégration au domaine de Palmyre* (262 - 273), la campagne de Carus (282 - 283), le rétablissement romain sous Dioclétien* qui annexa cinq satrapies transtigritanes (298) et créa les provinces d'Osroène et de Mésopotamie, la reconquête perse au IV$^{e}$ s. (**→ Chahpour II**), les victoires d'Héraclius* I$^{er}$ (627 - 628). Il faut pourtant souligner que la ligne de partage entre les deux domaines passa le plus souvent en Mésopotamie du Nord (vers Nisibe) de sorte que la Babylonie fut de civilisation perse. **▮ Les religions** Avec les Sassanides, la religion officielle fut le mazdéisme* (**→ Ahura Mazda**). Par ailleurs les communautés juives, issues de la déportation de Nabuchodonosor* II, reprirent de l'importance après la chute de Jérusalem en 70 puis 135 (**→ Talmud, Massore**). Le christianisme se répandit, d'abord à Édesse, à partir des II$^{e}$ - III$^{e}$ s., et la Mésopotamie chrétienne dépendit du patriarcat d'Antioche avant que son isolement politique ne l'amenât à se constituer en Église «chaldéenne» indépendante (410, 424) ; celle-ci, ayant continué de professer le diphysisme christologique après le concile d'Éphèse* (431), fut appelée aussi nestorienne (**→ Nestorius**). Elle resta prépondérante en Babylonie, mais, au VI$^{e}$ s., elle fut supplantée au nord par l'Église syrienne jacobite, de doctrine opposée (**→ Jacques Baradée, monophysites**). En outre, la Mésopotamie vit fleurir diverses religions gnostiques : bardesanisme, mandéisme (**→ mandéens**), manichéisme (**→ Mani**). **▮ L'Irak** Après la conquête arabe (637 - 641), la Mésopotamie devint le *'Irāq al-'Arabī*. **→ Irak.**

**MÉSOPOTAMIE ARGENTINE** n. f. ♦ Région d'Argentine, englobant les provinces d'Entre Ríos, Corrientes et Misiones, entre les fleuves Uruguay et Paraná et traversée par leurs affluents. C'est une région de prairies.

**MÉSORÉE** n. f. – en gr. mod. ***Messaria*** ♦ Plaine centrale de Chypre, auj. en grande partie occupée par la République turque du nord de Chypre de même que la ville de Nicosie située dans sa partie centrale.

**MESSAGER (André)** ♦ Compositeur français (Montluçon 1853 - Paris 1929). Élève de l'école Niedermeyer, il reçut les leçons de Saint-Saëns et entreprit d'abord une carrière d'organiste et de maître de chapelle, mais la composition et la direction d'orchestre assurèrent bientôt sa notoriété. Chef d'orchestre, puis directeur de l'Opéra-Comique (où il créa *Pelléas et Mélisande*, 1902), il assuma les mêmes fonctions au Covent Garden de Londres (1901 - 1907), puis à l'Opéra de Paris (1908 - 1914) où il monta *La Tétralogie* de Wagner. Nommé chef d'orchestre de la Société des concerts du Conservatoire (1908 - 1919), il dirigea encore aux Ballets russes de S. de Diaghilev (1924). Durant ces années, il avait enrichi le répertoire de l'opéra-comique et de l'opérette de quelques-uns de ses plus gracieux chefs-d'œuvre (*La Basoche*, 1890 ; *Les P'tites Michu*, 1897 ; *Véronique*, 1898 ; *Fortunio*, 1907 ; *Monsieur Beaucaire*, 1919 ; *Passionnément*, 1926 ; *Coup de roulis*, 1928). Musicien éclectique, curieux de nouveauté mais demeuré en même temps fidèle à la leçon des maîtres du passé, Messager a conféré à des genres réputés mineurs leurslettres de noblesse. L'élégance de la ligne mélodique, la pudeur de l'épanchement lyrique, dans ses meilleurs ouvrages, en font l'un des représentants les plus éminents de l'art musical français. On lui doit encore une dizaine de ballets, de la musique de chambre et des mélodies. ➝ ÉTYM. Ce nom de famille vient d'un nom de métier (autrefois « sergent ; huissier »).

**MESSAGER (Annette)** ♦ Artiste française (Berck 1943). Dans ses photos et installations, où se mêlent peluches éventrées, animaux empaillés et amas de tissus, alliant réalisme et fantastique dans un climat souvent cruel et morbide (*Chimères*, 1982 - 1983), elle s'attache à décrire avec ironie la condition de la femme. Elle dissèque les idées préconçues sur le monde féminin et l'identité sexuelle (*Repos des pensionnaires*, 1971 - 1972 ; *Ma collection de proverbes*, 1974 ; *Tortures volontaires*, 1972) et met en cause le monde merveilleux de l'enfance (*Les Enfants aux yeux rayés*, 1971 - 1972 ; *Deux clans, deux familles*, 1997 - 1998). [Lion d'or à la Biennale de Venise 2005 pour l'installation *Casino* sur le thème de Pinocchio]

**MESSAGIER (Jean)** ♦ Peintre et graveur français (Paris 1920 - Montbéliard 1999). Après des études à l'École nationale des Arts décoratifs, il commença par peindre des toiles aux couleurs fluides et lumineuses qui rappellent l'impressionnisme (*Le Jour et la Nuit*, 1948 ; *La Vallée*, 1949), puis entreprit vers 1955 une recherche formelle plus personnelle. Ce sont alors de grandes toiles abstraites vivement colorées aux formes d'abord orthogonales (*Plaine battante, Juillet*, 1956) allant s'arrondissant jusqu'à former des entrelacs balayés par de larges brosses dont les empreintes forment un réseau chargé de symboliser l'unité panthéiste (*Les Rutileurs d'automne*, 1966 ; *Portrait de Juillet*, 1966 ; *Hiver piétiné*, 1968).

**MESSAÏD** → Umm Saïd

**MESSALA** – en lat. ***Marcus Valerius Messala Corvinus*** ♦ Orateur et général romain (Rome -64 - 8). Républicain, il se rallia à Octave après la défaite de Philippes* et reçut les honneurs du triomphe en -27. Protecteur d'un groupe de poètes dont Tibulle* et Ovide*.

**MESSALI HADJ (Ahmed)** ♦ Nationaliste algérien (Tlemcen 1898 - Paris 1974). Il fonda en France deux groupements nationalistes : l'Étoile nord-africaine (1924) puis le Parti populaire algérien (PPA, 1937). Plusieurs fois emprisonné, il remplaça le PPA interdit par le Mouvement pour le triomphe des libertés démocratiques (MTLD, 1946), dont le contrôle lui échappa en 1954 quand les membres qui refusaient les limites de la lutte légale formèrent le Comité révolutionnaire d'unité et d'action (CRUA), embryon du FLN*. Les partisans de Messali Hadj se rassemblèrent alors dans le MNA (Mouvement national algérien). Mis en résidence surveillée, Messali Hadj fut libéré en 1962.

**MESSALINE** ➝ ÉTYM. en lat. ***Valeria Messalina*** « fille de *Messala* » ♦ Impératrice romaine (morte à Rome en 48). Femme de Claude* I^er dont elle eut Octavie* et Britannicus*, elle exerça sur son mari un empire absolu et fit exécuter les filles de Germanicus* et de Drusus*. Célèbre par ses débauches, elle bafoua Claude au point d'épouser son amant Silius. Averti de ce scandale par Narcisse*, l'empereur la fit exécuter dans les jardins de Lucullus*.

**MESSÈNE** ➝ ÉTYM. en gr. ***Messênê***, de *mesos* « situé au milieu » ♦ Anc. ville de Grèce, cap. de la Messénie*. Fondée par le Thébain Épaminondas* après sa victoire de Leuctres* (-371) sur les Lacédémoniens et fortifiée, la ville faisait partie d'une barrière stratégique destinée à faire échec à Sparte. Elle fut ravagée par Lycortas* (-185), chef de la Ligue achéenne. ▪ Ruines de la ville et de ses fortifications à l'actuel village de Mavromati, au pied du mont Ithome.

**MESSÉNIE** n. f. – en gr. mod. ***Messinía*** ➝ ÉTYM. de *Messène** ♦ Région grecque, formant un nome dans le S.-O. du Péloponnèse, séparée de la Laconie par le massif du Taygète. 2 991 km². 167 292 hab. CH.-L. : Kalamata*. V. PRINC. : Messène*, Méthone*, Pylos*. Fertile, très arrosée et peuplée, la région produit des fruits et des légumes primeurs. ▌**Histoire** Après l'invasion dorienne, Sparte*, qui convoitait les terres fertiles de Messénie, soumit ses habitants au bout d'une longue guerre (*première guerre de Messénie*, -735 - -715 ?). Soulevés par Aristomène* vers le milieu du -VII^e s., les Messéniens résistèrent pendant quinze ans aux Lacédémoniens *(deuxième guerre de Messénie)* qui, après leur victoire, organisèrent définitivement leur régime militaire. Des réfugiés messéniens s'établirent à Zancle (Sicile) qu'ils nommèrent Messine*. Un nouveau soulèvement des hilotes de Messénie v. -464 *(troisième guerre de Messénie)* fut brisé par les Spartiates avec l'aide des Athéniens qui ensuite, retirés de l'alliance, installèrent des Messéniens expulsés à Naupacte*. Épaminondas*, après sa victoire de Leuctres (-371), libéra les Messéniens et fonda Messène, qui devint leur capitale. Pour protéger son indépendance contre Sparte toujours menaçante, la Messénie fit appel tantôt à Athènes, tantôt à la Macédoine et enfin à Rome (-205). Opposés à l'unification du Péloponnèse par la Ligue achéenne, les Messéniens tuèrent Philopœmen*, mais le successeur de ce dernier, Lycortas*, brisa leurs tentatives séparatistes. Annexée par Rome (-144), la Messénie partagea le sort du Péloponnèse byzantin.

**MESSERSCHMITT (Willy)** ♦ Ingénieur allemand (Francfort-sur-le-Main 1898 - Munich 1978). Spécialiste d'aéronautique, il dirigea une très importante usine de construction d'avions (Augsbourg), et réalisa en particulier le chasseur Messerschmitt 109 (30 000 exemplaires de 1937 à 1945) et surtout le premier chasseur à réaction (Me 262) qui, conçu en 1938, ne fut utilisé dans les combats qu'en nov. 1944. La guerre terminée, Messerschmitt a poursuivi sa carrière en Espagne, en Allemagne et en Égypte. ➝ ÉTYM. Ce nom vient de l'allemand *Messerschmied* et signifie « fabricant de couteaux ».

**Messerschmitt.** Chaîne de montage du Messerschmitt Bf-109, en 1944. *BIS/Phot. Hulemann/Signal. © Coll. Archives Larbor*

**MESSIAEN** [mɛsjɑ̃] **(Olivier)** ♦ Compositeur français (Avignon 1908 - Paris 1992). Précocement doué, il eut pour maîtres M. Emmanuel, M. Dupré et P. Dukas. Organiste à la Trinité, il fut professeur à l'École normale de musique, à la Schola Cantorum puis au Conservatoire (1942). Doué d'un sens pédagogique inné, il a assuré ensuite plusieurs cours de composition à l'étranger. Marquée d'abord par l'influence de Franck et de Debussy, la musique de Messiaen s'inspire fréquemment de symboles religieux et mystiques. Elle se caractérise tantôt par l'usage de rythmes très différenciés d'origine orientale (Bali), tantôt par celui de modes médiévaux (plain-chant grégorien). Ornithologue, Messiaen entreprit la notation musicale des chants d'oiseaux et assimila ces éléments à plusieurs de ses compositions (*Réveil des oiseaux*, pour piano et orchestre, 1953 ; *Oiseaux exotiques*, 1956 ; *Catalogue d'oiseaux*, 1959). Sa riche orchestration le montre curieux de sonorités nouvelles ; outre les cuivres, qui jouent un rôle éminent dans son œuvre, il utilisa les ondes Martenot, le célesta, le vibraphone, divers instruments de percussion et exotiques. La musique concrète a également enrichi sa palette sonore. Enfin, ses recherches harmoniques multiplient les effets d'écho par une utilisation savante des harmoniques, du grave à l'aigu. Tous ces éléments synthétisés aboutissent à un lyrisme personnel et visent à créer un univers cosmique et, selon une conception religieuse toujours présente, un « arc-en-ciel théologique ». Parti de Debussy, il a côtoyé le dodécaphonisme en sauvegardant sa liberté, celle d'un esprit « chatoyant, voluptueusement raffiné ». On doit à Messiaen des pièces pour orgue : *La Nativité du Seigneur* (1935), *Les Corps glorieux* (1939), *Messe de la Pentecôte* (1950), *Livre d'orgue* (1952) ; des œuvres vocales : *Poèmes pour mi* (1936), *Trois* Petites Liturgies de la pré-*

Olivier **Messiaen.** Représentation de *Saint François d'Assise*, avec J. Van Dam et S. Rudner, à l'Opéra de Paris Bastille. *Phot. © Bernand*

*sence divine* (1943 - 1944) ; pour piano : *Préludes* (1929), *Vingt* Regards sur l'Enfant Jésus* (1944) ; de la musique de chambre : *Quatuor pour la fin du temps* (1941) ; des pièces pour orchestre : *Les Offrandes oubliées* (1930), *Turangalîlâ*-Symphonie*, en dix parties (1948), *Chronochromie* (1960), *Couleurs de la cité céleste* (1963), ainsi que des pièces pour chœur et orchestre, des motets et des mélodies. Parmi ses dernières œuvres, il faut citer l'opéra *Saint François d'Assise* (1983), *Le Livre du Saint-Sacrement* pour orgue (1984), *Éclairs sur l'au-delà* pour orchestre (créé à New York en 1992). Messiaen a également entrepris plusieurs ouvrages didactiques (*Techniques de mon langage musical*, 1944 ; *Traité du rythme*, non publié). Fondateur du groupe Jeune-France (1936) avec Y. Baudrier, Daniel-Lesur et A. Jolivet, Messiaen eut pour élèves P. Boulez, P. Henry, K. Stockhausen et Y. Xenakis. ➝ ÉTYM. *Messiaen* est l'aphérèse de *Domitien**.

**Messie** n. m. ➝ ÉTYM. forme fr., d'après le grec et le latin, transposant l'araméen *meshīkhā'*, hébr. *mashiyaḥ* «oint» ♦ Dans la religion juive, tout personnage, roi ou prêtre, consacré par le Seigneur : David (Psaumes, XVIII, 51), Cyrus (Isaïe, XLV, 1), l'ensemble du peuple juif (Psaumes, XXVIII, 8) ; plus particulièrement, un libérateur qui restaurera la royauté d'Israël (Isaïe, XI, 1-9, etc.). Dans la religion chrétienne, le Christ*.

Le **Messie** ♦ Oratorio de Haendel* (Dublin, 1742). Sur un texte de C. Jennens, inspiré des Évangiles et des Prophètes, l'ouvrage relate, en une succession d'images tour à tour suaves, pathétiques ou joyeuses, les principales étapes de la vie du Christ. Il se divise en trois parties : annonce de la venue du Messie et récit de la Nativité ; récit de la Rédemption ; grâces rendues au Messie, rédempteur des hommes et vainqueur de la mort. Il comprend une ouverture, une *sinfonia pastorale* et 51 récitatifs, airs et chœurs. Accueilli dès sa première audition par un prodigieux succès, l'oratorio de Haendel n'a cessé depuis lors d'être considéré comme le chef-d'œuvre du genre.

**MESSIER (Charles)** ♦ Astronome français (Badonviller, Lorraine 1730 - Paris 1817). Particulièrement intéressé par les comètes, il en découvrit 21 et observa les passages de plusieurs autres. Mais il est surtout connu pour son catalogue de 103 objets célestes, dont la plupart sont des nébuleuses jusqu'à maintenant désignées par la lettre M suivie du numéro dans la liste de Messier. [Acad. sc. 1782] ➝ ÉTYM. En ancien français, ce nom signifie «garde des moissons, des vignes».

**MESSINE** ➝ ÉTYM. anc. *Zancle* (V. ci-dessous), en it. ***Messina*** ♦ V. d'Italie, en Sicile, ch.-l. de prov., sur le *détroit de Messine*, qui sépare la péninsule italienne de la Sicile. 252 026 hab. Université. Située au fond d'une grande rade dominée par les monts Péloritains, la ville fut totalement détruite par un violent séisme en 1908. La cathédrale, reconstruite, est d'orig. normande (XII^e^ s.). Au musée, polyptyque d'Antonello da Messina (1473), œuvres du Caravage. ▪ Port de commerce et de voyageurs et ville indus. : raffineries de pétrole, indus. mécanique et agroalimentaire. Station balnéaire. ▮ **Histoire** Ancienne *Zancle* (gr. «faucille», en raison de la forme du site), fondée par des Grecs de Chalcis et de Cumes v. –730, Messine ne reçut son nom qu'au –V^e^ s., de Messéniens exilés. Des mercenaires campaniens, les Mamertins*, s'en emparèrent et firent appel à Rome contre les Carthaginois (–264), ce qui déclencha la première Guerre punique*. Messine subit diverses occupations, arabe en 831 et en 842 - 843, normande en 1061. Révoltée contre Charles* I^er^ d'Anjou lors du massacre des Vêpres* siciliennes (1282), elle se donna à l'Aragon. Elle fut châtiée en 1674 et 1678 pour s'être rebellée contre le roi de Naples et, en 1848, Ferdinand II de Bourbon, bombardant cette ville de son propre royaume, s'acquit le surnom de *Re Bomba*. Toutefois, lors de l'expédition des Mille*, de Garibaldi, en 1860, Messine fut la dernière place forte du royaume à demeurer fidèle à la maison de Bourbon, la garnison résistant jusqu'au 13 mars 1861.

**MESSMER (Pierre)** ♦ Homme politique français (Vincennes 1916 - Paris 2007). Il rejoignit les Forces françaises libres (1940) et participa, avec la Légion étrangère, aux opérations d'Afrique et d'Italie, puis à la libération de Paris avec la division Leclerc (août 1944). Parachuté au Tonkin (1945), fait prisonnier par le Viêt-minh, il remplit de hautes fonctions dans l'administration de la France d'outre-mer et occupa des postes de gouverneur puis de haut-commissaire en Afrique (1952 - 1959). Ministre des Armées de 1960 à 1969, député gaulliste (1968 - 1988), ministre des Départements et Territoires d'outre-mer (1971 - 1972), il a été Premier ministre (juil. 1972 - mai 1974). [Acad. sc. morales et polit. 1988 ; Acad. fr. 1999] ➝ ÉTYM. *Messmer* a la même étymologie que *Mesmer**.

**MESTA** n. f. – en gr. ***Nestos*** n. m. ♦ Fl. de Bulgarie et de Grèce (240 km), né dans le Rhodope au Musala et tributaire de la mer Égée.

**Mesta** n. f. ♦ Association espagnole des éleveurs de moutons. Des associations locales existèrent dès le XII^e^ s., et la Mesta de Castille regroupa toutes les autres à la fin du XIII^e^ s. La Mesta connut son apogée au XVI^e^ s. Le pouvoir central, qui l'écrasait de taxes, eut toujours tendance à défendre la Mesta, mais celle-ci, en raison de son droit d'usage des communaux et des jachères, entrava gravement le développement de l'agriculture, en interdisant les clôtures et l'extension des labours. Aussi futelle restreinte au XVIII^e^ s. et ses privilèges abolis en 1836.

**Mesure pour mesure** – en angl. ***Measure for Measure*** ♦ Drame en 5 actes, en vers et en prose, de W. Shakespeare* (1604). Vincentio, duc de Vienne, s'est retiré quelque temps dans la solitude, confiant le pouvoir à son conseiller Angelo. Magistrat honnête, Angelo va se métamorphoser en un épouvantable tyran, faisant condamner à mort Claudio qui a transgressé les nouvelles lois. Devenu amoureux d'Isabelle, sœur de Claudio, il propose à la jeune fille, si elle lui cède, de faire grâce à son frère. Harcelée par Claudio, Isabelle y consent, mais le retour du duc verra le triomphe de la justice, au prix de nombreux stratagèmes qui rendent le dénouement de la pièce particulièrement complexe.

**META** (río) ♦ Riv. de Colombie (1 046 km) issue de la cordillère orientale des Andes. Elle traverse la savane arborée des Llanos avant de confluer avec l'Orénoque. ♦ ***Département du Meta*** 85 635 km², 714 000 hab. CAP. Villavicencio.

**MÉTABIEF** [metabje] [25370] ➝ ÉTYM. probablt de la langue d'oïl *métal* «mine» et *bief* ♦ Comm. du Doubs, arr. de Pontarlier, dans le mont d'Or (Jura). 691 hab. Elle forme avec Jougne, Les Hôpitaux-Neufs et Longevilles-Mont-d'Or une station d'été et de sports d'hiver (alt. 1 010 - 1 460 m).

La **Métamorphose** – en all. ***Die Verwandlung*** ♦ Nouvelle de Kafka* (1912, publ. 1915). Grégoire Samsa est peu à peu changé en une sorte d'énorme cancrelat, à l'épouvante et à la honte de sa famille. Jusqu'à sa mort, il a pourtant conscience d'être un humain. Il peut symboliser tous les exclus, pour quelque raison que ce soit, du monde dit «normal».

Les **Métamorphoses** – en lat. ***Metamorphoseis*** ♦ Épopée mythologique en 15 livres, composée par Ovide* à partir de –1. Histoire du monde, du chaos primitif à l'apothéose de César, au cours de laquelle s'enchaînent des légendes de transformations de dieux ou d'hommes en animaux, en plantes. C'est le type même de l'épopée alexandrine formée de tableaux juxtaposés (à la différence de *L'Énéide**).

Les **Métamorphoses** – en lat. ***Metamorphoseis***, anc. ***L'Âne d'or*** ♦ Roman ou «fable milésienne» d'Apulée*, en 11 livres, à la fois satirique et mystique. Lucius, changé en âne par une Thessalienne, va d'aventure en aventure, à travers divers milieux sociaux, en quête de la rose qui lui rendra forme humaine. Il se consacre alors à Isis*. Rabelais, Cervantès, La Fontaine y ont puisé ; Nerval en a subi l'influence. Le *Conte de Psyché* est inséré dans les livres IV à VI.

**Métaphysique** ➝ ÉTYM. en gr. ***Meta ta phusika*** «après la Physique» ♦ Traité d'Aristote*, ainsi nommé parce qu'il faisait suite à *La Physique* dans la classification des œuvres aristotéliciennes par Andronicos de Rhodes (–I^er^ s.). L'objet principal de ce traité est l'étude des premiers principes et causes de l'être et de la science et la connaissance des choses divines (philosophie première ou théologie). Aristote y affirme l'existence de Dieu, premier moteur immobile, acte et pensée purs, qui est cause efficiente et finale de la nature.

**MÉTAPONTE** – en gr. ***Metapontion***, en lat. ***Metapontum*** ♦ Anc. ville et port de l'Italie sur la côte E. de la Lucanie* (golfe de Tarente). Fondée au –VIII^e^ s. puis détruite par les Samnites*, elle fut reconstruite par les habitants de Sybaris* et devint l'un des centres de la Grande* Grèce. Pythagore*, chassé de Crotone, y établit son école. Occupée par Hannibal* v. –212, elle fut reconquise par Rome (–207) et saccagée par Spartacus*.

**MÉTASTASE (Pietro TRAPASSI, dit Metastasio, dit en fr. Pierre)** ➝ ÉTYM. du gr. *metastasis* «déplacement, éloignement, changement» (V. ci-dessous) ♦ Poète et dramaturge italien (Rome 1698 - Vienne 1782). Dès l'enfance, il montra d'étonnants dons d'improvisateur. Le prenant en 1712 sous sa protection, G. V. Gravina* lui fit donner une solide éducation classique et cartésienne, grécisa son nom et lui légua (1718) ses biens et sa bibliothèque. Métastase connut la célébrité en 1721 avec la cantate *Les Jardins des Hespérides*, mise en musique par Porpora et chantée par Marianna Bulgarelli, qui deviendra sa maîtresse et sa protectrice. En 1724, son premier chef-d'œuvre, *Didon abandonnée* (mis en musique plus de 70 fois), ouvrit la voie à une production théâtrale qui dominera tout le siècle : *Caton à Utique* (1727), *Sémiramis reconnue* (1729), *Alexandre aux Indes* (1729), *Artaxerxès* (1730). Nommé «poète impérial» à Vienne en 1730, Métastase, alors à l'apogée de son art et de sa carrière, donna entre autres : *Démétrios* (1731), *Adrien en Syrie* (1732), *Olympiade* (1733), *Démophon* (1733), *La Clémence de Titus* (1734 ; mis en musique par Gluck en 1752 et, sur un livret retouché, par Mozart en 1791) et *Attilius Regulus* (1740, à propos duquel il écrivit une célèbre lettre au compositeur Hasse). Tout en continuant à produire pour le théâtre (*Le Roi pasteur*, 1751 [➝ **Mozart**] ; *L'Isola disabitata*, 1753 [➝ **Haydn**] ; *Ruggiero*, 1771), Métastase donna des *Extraits de l'art poétique d'Aristote* (1773). Il est également l'auteur d'une abondante et précieuse correspondance. ▪ Remarquable par la construction limpide de ses drames, où prédomine un héroïsme raisonné, aussi bien que par la fluidité de ses vers et l'analyse ductile qu'il fait de la sensibilité, Métastase, tout exemplaire qu'il est de son époque, n'en fut pas moins le précurseur de la «réforme» de Gluck.

**MÉTAURE** n. m. – en it. ***Metauro*** ♦ Fl. de l'Italie centrale (110 km) qui naît dans les Apennins* et se jette dans l'Adriatique au S. de Fano. ▮ **Histoire** Lors de la deuxième guerre punique*, l'armée de secours envoyée à Hannibal* et commandée par Hasdrubal* Barca y fut détruite (-207).

**METAXAS (Ioannis)** ♦ Général et homme politique grec (Ithaque 1871 - Athènes 1941). Germanophile, il soutint la politique de neutralité du roi Constantin* Ier (1915). Après la restauration de 1935, nommé Premier ministre par Georges* II (1936), il abolit la Constitution et instaura la dictature dite du 4 août. Sa politique de rapprochement avec l'Allemagne hitlérienne fut compromise par les convoitises italiennes (occupation de l'Albanie en 1939) et, en 1940, il se rangea aux côtés de la Grande-Bretagne et rejeta l'ultimatum italien. → Grèce.

**METCHNIKOV (Ilia Ilitch** ou **Élie)** ♦ Zoologiste et microbiologiste russe (Ivanovka 1845 - Paris 1916). Il découvrit la phagocytose et son rôle comme mode de défense de l'organisme contre les microbes. On lui doit de nombreuses études, en collaboration avec L. Pasteur* et É. Roux*, sur divers aspects de la bactériologie. [Prix Nobel de physiol. ou méd. 1908, avec P. Ehrlich*] ➝ **ÉTYM.** Ce nom de famille vient du polonais *mielcznik* «porte-glaive».

**METELLUS** ♦ Branche de la famille romaine des Caecilii. ♦ **Lucius Caecilius Metellus** (-IIIe s.). Consul en -251 pendant la première guerre punique, il vainquit Hasdrubal* en Sicile. ♦ **Quintus Caecilius Metellus Macedonicus,** «le Macédonien» (-IIe s.). Petit-fils du précédent. Préteur en -148, il réduisit la Macédoine en province romaine (-147) et vainquit la Ligue achéenne (-146). Consul en -143, il combattit avec succès en Espagne. ♦ **Quintus Caecilius Metellus Numidicus,** «le Numidique» (mort en -91). Neveu du précédent. Consul en -109, il fut chargé de la guerre contre Jugurtha*, mais se vit supplanté par Marius* qui par la suite le proscrivit et l'exila. ♦ **Quintus Caecilius Metellus Pius** (-130 - -64). Fils du précédent. Il se distingua durant la guerre sociale (-90 - -88). Partisan de Sylla*, il rentra avec lui à Rome après la guerre civile (-82). Envoyé en Espagne contre Sertorius*, il acheva la soumission du pays avec l'aide de Pompée* (-71). ♦ **Quintus Caecilius Metellus Pius Scipio** (mort en -46). Fils adoptif du précédent et petit-fils de Scipion* Nasica. Consul en -52, il soutint Pompée* ; vaincu par César* à Thapsus* (-46), il se donna la mort.

**MÉTEZEAU** ♦ Famille d'architectes français. ♦ **Clément Ier Métezeau** (mort à Dreux 1550). Il participa à la construction de l'église Saint-Pierre et, de 1520 à 1537, à l'édification du beffroi de Dreux. ♦ **Thibaut Métezeau** (Dreux v. 1533 - Paris 1593). Fils du précédent. À Paris, il travailla à l'édification de la sépulture des Valois à la basilique de Saint-Denis. ♦ **Louis Métezeau** (Dreux v. 1562 - Paris 1615). Petit-fils de Clément Ier. Il fut architecte d'Henri IV, réalisa l'aqueduc de Rungis et on lui attribue généralement les façades de brique et de pierre de la place Royale (auj. *place des Vosges*) à Paris. ♦ **Clément II Métezeau** (Dreux 1581 - Paris 1652). Frère cadet du précédent. Il donna les plans de la place ducale de Charleville (1611), fit un voyage en 1611 à Florence à la demande de Marie de Médicis et devint le collaborateur de S. de Brosse* au Luxembourg. Il fut aussi chargé d'édifier la digue de La Rochelle (1627). Il construisit probablement la façade de l'église Saint-Gervais-et-Saint-Protais (1616) à Paris, longtemps attribuée à S. de Brosse. Elle se caractérise par l'adoption des trois ordres superposés et servit de prototype à plusieurs églises françaises du XVIIe s.

**MÉTHODE** (saint) ➝ **ÉTYM.** en slavon *Mesodii*, en lat. *Methodius*, du gr. *methodos* «poursuite, recherche» ♦ Apôtre des Slaves (Thessalonique v. 825 - en Moravie 885). Envoyé par Photios auprès de Ratislav, roi de Moravie (863), il créa, avec son frère Constantin (→ **Cyrille**), l'Église et la liturgie slavonnes. Après la mort de Cyrille à Rome, il fut nommé archevêque de Pannonie (en fait, pour tous les pays slaves), en 869, et affronta seul les querelles suscitées par le clergé franc à propos de l'étendue de sa juridiction et de la validité de sa liturgie ; il fut emprisonné en Bavière (870 - 873), vit la liturgie slavonne interdite par Jean VIII (873) mais n'en tint pas compte, retourna à Rome en 880, à Constantinople en 882, obtenant l'approbation du pape (le même Jean VIII) et de l'empereur. À sa mort, la liturgie slavonne fut condamnée par Étienne V. Ses disciples, chassés de Moravie, la transmirent aux Bulgares, d'où elle se répandit chez les Serbes et les Russes ; ils créèrent aussi l'alphabet dit cyrillique. ▪ Fête le 14 fév.

**MÉTHODE D'OLYMPE** ♦ Évêque d'Olympe en Lycie (fin IIIe s.), auteur du *Banquet des dix vierges*, adversaire d'Origène *(Sur la résurrection)*.

**MÉTHONE** ou **MODON** – en gr. ***Methônê*** ♦ Anc. ville de Grèce (Messénie) sur la mer Ionienne. Centre mycénien, elle fut soumise par Sparte. Détruite par un raz de marée en 365 et relevée, elle passa successivement des Byzantins aux Francs (1247), puis aux Vénitiens qui la fortifièrent et aux Turcs (1718). Elle fut occupée par les Français lors de la guerre d'indépendance grecque (1828).

## méthodistes

n. m. pl. ♦ Membres des Églises issues du mouvement Le Réveil* au sein de l'anglicanisme* au XVIIIe s. sous l'impulsion des frères Charles et John Wesley*. Organisé en confession après la rupture avec l'Église anglicane, le méthodisme se répandit dans le monde grâce à une forte activité missionnaire, et se divisa en plusieurs branches finalement réunifiées en 1937 sous le nom d'*Église méthodiste*. Les méthodistes affirment la liberté humaine contre la prédestination calviniste (dénoncée par J. Wesley) et mettent l'accent sur la sanctification personnelle par la conversion intérieure selon la «méthode» (d'où leur nom) des Wesley. Ils sont aujourd'hui environ 50 millions dans le monde et forment le deuxième courant protestant (14 millions) aux États-Unis après les baptistes*.

**METLAOUI** ♦ V. de Tunisie méridionale (gouvernorat de Gafsa) au S.-O. de Gafsa. 37 099 hab. Usines de traitement des phosphates. Direction de la Compagnie des phosphates de Gafsa.

**METOHIJA** n. f. – en albanais ***Dukagjin*** ♦ Plaine du Kosovo*, drainée par le Drim Blanc. Population albanaise à 93 %. V. PRINC. : Prizren, Peć, Đakovica. Monastères de l'Église orthodoxe serbe à Peć (patriarcat) et à Dečani.

**MÉTON** ♦ Astronome athénien (-Ve s.). Inventeur de la règle consistant en sept intercalations d'un mois en dix-neuf ans dans le calendrier lunaire (*cycle de Méton,* basé sur le fait que 19 ans lunaires auxquels sont ajoutés 7 mois correspondent à 19 ans solaires).

**MÉTRA (Olivier)** ♦ Compositeur français (Reims 1830 - Paris 1889). Il dirigea les orchestres de nombreux théâtres à Paris, dont ceux des Folies-Bergère et de l'Opéra. Figure populaire de la musique légère, il a composé, outre 18 opérettes et ballets-divertissements, des quadrilles, polkas, mazurkas et valses (dont *La Vague* et *La Valse des roses*).

**MÉTRAUX (Alfred)** ♦ Anthropologue français d'origine suisse (Lausanne 1902 - Paris 1963). Il est l'auteur de travaux sur l'île de Pâques, sur les Indiens d'Amérique et sur le vaudou (*Religions et magie indiennes d'Amérique du Sud*, 1967 ; *Le Vaudou haïtien*, 1958 ; *Les Incas*, 1962).

**MÉTRODORE** – en gr. ***Mêtrodôros*** ♦ Philosophe grec épicurien (v. -330 - Athènes -277). Il aurait rencontré Épicure* à Lampsaque où il devint son disciple et son ami, et il le suivit à Athènes. Leurs têtes unies dans un double buste symbolisaient l'amitié qui régnait au Jardin* (groupe sculpté du Louvre). Diogène* Laërce donne les titres d'un certain nombre de ses ouvrages, dont nous n'avons conservé que quelques fragments.

**Metropolis** ➝ **ÉTYM.** gr. «métropole», de *mêtêr* «mère» et *polis* «ville» ♦ Film allemand de Fritz Lang* (1927), avec Brigitte Helm, Alfred Abel. C'est le monument de l'expressionnisme allemand : par son sujet, une anticipation grandiose de l'aliénation concentrationnaire des cités modernes ; par sa dimension prophétique (et funeste : Hitler en avait fait son film favori) ; par son gigantisme décoratif, suggéré à l'auteur par les buildings de Manhattan, mais qui se réfère aussi aux principes de mise en scène de Piscator* et de Max Reinhardt* (constructivisme, effets de stylisation, emploi magistral du clair-obscur) ; enfin, par l'importance des moyens déployés (5 millions de marks, 30 000 figurants). Il s'achève sur une conclusion utopique (les conflits de classe peuvent être résolus par l'intercession du cœur).

**Metropolitan Museum of Art** ♦ Musée de New* York, fondé en 1870 et contenant la plus importante collection d'objets d'art des États-Unis, couvrant une période de 5 000 ans. Il renferme des collections représentant les cultures européennes, celles du Proche-Orient et de l'Extrême-Orient (Chine) aussi bien que les arts d'Afrique et d'Amérique. Les collections les plus importantes sont celles des peintures des écoles italienne, espagnole, hollandaise, flamande, allemande, française et américaine. Une collection d'art graphique comprend des gravures sur bois, des eaux-fortes, des gravures et des lithographies. Collection d'instruments musicaux de tous les pays, d'armes et d'armures, de costumes, de meubles. ▪ Le musée des Cloîtres à Fort Tyron Park, au nord de Manhattan, consacré à l'art médiéval européen et comportant des parties de cloîtres européens démontés et reconstitués, est une dépendance du Metropolitan Museum of Art.

**Metropolitan Opera** ♦ Opéra de New York, la première scène lyrique des États-Unis, devenue l'une des plus fameuses du monde, ouverte en 1883. Financièrement soutenue par des personnes privées, elle a accueilli les plus grands chanteurs, chefs d'orchestre et metteurs en scène.

**METSU (Gabriel)** ♦ Peintre hollandais (Leyde 1629 - Amsterdam 1667). Fils de peintre et probablement élève de Gérard Dou*, il devint maître à Leyde en 1648 et s'établit ensuite à Amsterdam (v. 1650). Il peignit d'abord des sujets religieux, subit l'influence de Steen* et de Rembrandt*, puis se spécialisa dans les scènes de la vie familière, inspirées directement de Vermeer* : scènes d'extérieur ou sujets d'intimité domestique. Le caractère paisible, anecdotique et souvent sentimental de ses thèmes (conversations galantes, parties de musique), son habileté à rendre la texture des étoffes et la matière des objets en font l'un des «petits maîtres» les plus caractéristiques de l'art hollandais du XVII^e s. *(La Marchande de harengs ; L'Enfant malade).*

Gabriel **Metsu.** *Femme lisant une lettre*, v. 1663.
*BIS/National Gallery of Ireland, Dublin. Phot. © Coll. Archives Nathan*

**METSYS, MATSYS** ou **MASSYS (Quentin** ou **Quinten)** ♦ Peintre et graveur flamand (Louvain 1465 ou 1466 - Anvers 1530). Probablement élève de Bouts* à Louvain, il fut ensuite reçu franc-maître à Anvers en 1491 et fit la connaissance d'Érasme. Héritier de l'art de Bouts, mais aussi de Van* der Weyden *(L'Ensevelissement du Christ,* 1508 - 1511), il apparaît comme le continuateur de la tradition flamande du XV^e s., mais il sut aussi assimiler les innovations venues d'Italie. Il adopta en effet les ordonnances équilibrées et amples, les motifs architecturaux de la Renaissance et une technique de modelé délicat aux ombres transparentes *(La Légende de sainte Anne).* Quelques œuvres religieuses dénotent des tendances au maniérisme, tandis que ses portraits pénétrants portent l'empreinte de l'idéal humaniste de la Renaissance *(Érasme ; Pierre Gilles).* Sa curiosité envers les individus l'amena à pousser l'observation jusqu'à la caricature *(Portrait d'homme ; Vieille Femme monstrueuse)* et à traiter de scènes profanes avec une intention moralisatrice *(Le Changeur* et sa femme ; Couple mal assorti).*

Quentin **Metsys.** *Judith.* Musée royal des Beaux-Arts, Anvers. *Phot. © Arch. Smeets*

**METTERNICH (Klemens Wenzel Nepomuk Lothar,** prince **DE METTERNICH-WINNEBURG,** dit) ♦ Homme d'État autrichien (Coblence 1773 - Vienne 1859). Fils d'un collaborateur de Kaunitz* (il devait épouser la petite-fille de ce dernier), il appartenait à une famille rhénane qui avait fidèlement servi l'empire depuis la guerre de Trente Ans. Après avoir poursuivi ses études à Strasbourg, puis à Mayence, il entra très jeune dans la carrière diplomatique (congrès de Rastadt, 1797), représenta l'Autriche à Dresde et à Berlin, puis fut nommé ambassadeur à Paris (1806). Hostile à la Révolution française et à Napoléon I^er, il était déjà convaincu de la nécessité d'un répit pour l'Autriche. Dès qu'il fut à la tête du ministère des Affaires étrangères (1809), il pratiqua une politique d'alliance, scellée par le mariage de Marie-Louise et de Napoléon. Face à la puissance russe, il tenta de ménager la France après la campagne de Russie, mais échoua à s'entendre avec Napoléon qui était convaincu de sa mauvaise foi (entrevue de Dresde, 1813) et qu'il devait finalement abandonner pour favoriser le retour des Bourbons. Le congrès de Vienne (1815) marqua l'apogée de sa carrière. Homme d'Ancien Régime, sceptique et froid, totalement étranger au courant romantique nationaliste, mais cosmopolite au sens du XVIII^e s., il était partisan d'une Europe à l'image de celle de 1790, fondée sur «l'équilibre européen», et luttait contre les principes révolutionnaires de liberté et de droit des peuples à disposer d'eux-mêmes. Ces principes étaient particulièrement dangereux pour l'Empire autrichien, en faisant revivre les vieilles institutions régionales et les privilèges antérieurs à l'absolutisme. Si, avec l'aide de Castlereagh*, Metternich put faire triompher ses vues de modération et établir la paix en Europe pour une longue période, ni la Confédération* germanique ni le royaume lombardo-vénétien, qui rétablirent pourtant la puissance autrichienne, ne correspondirent exactement à ses désirs. Il semble en effet avoir exercé une influence moins grande sur la politique intérieure de l'Autriche que sur sa politique étrangère : sur ce plan, son action visa à maintenir l'immobilisme en utilisant la Sainte-Alliance*, à laquelle il avait d'abord été étranger, au cours d'une série de congrès (Aix-la-Chapelle, Karlsbad, Troppau, Laibach, Vérone). Cependant, le retrait de la Grande-Bretagne (1825), l'attitude des puissances face à l'indépendance grecque, les révolutions de 1830 marquèrent la fin de son système ; la révolution viennoise, enfin, chassa en 1848 le vieux chancelier, dont le rôle politique était terminé. Malgré sa grande habileté et ses qualités diplomatiques, il n'avait pas su arrêter l'Empire autrichien sur la voie du démembrement. ➝ **ÉTYM.** *Metternich* est un nom de lieu en Rhénanie.

**METZ** [mɛs] [57000] ➝ **ÉTYM.** anc. *Divodurum,* puis *Mediomatrici,* abrégé ensuite en *Mettis,* du n. des Celtes *mediomatrices* ♦ Ch.-l. du dép. de la Moselle et de la région Lorraine, sur la Moselle. 123 776 hab. (aggl. 200 524) *(Messins).* Une des métropoles d'équilibre, associée à Nancy. Évêché. Église Saint-Pierre-aux-Nonnains, anc. basilique romaine construite v. 310, transformée en chapelle v. 620, plusieurs fois remaniée. Anc. chapelle des Templiers (XII^e s.). Cathédrale Saint-Étienne (XIII^e au XV^e s. ; trésor ; vitraux contemporains). Églises gothiques. Porte des Allemands (XIII^e - XV^e s.). Hôtels et maisons anc. Hôtel de ville du XVIII^e s. La place d'Armes (XVIII^e s.) est l'œuvre de J.-F. Blondel. Palais de justice du XVIII^e s. Musée d'Art et d'Histoire sur le site des thermes gallo-romains. Arsenal (salle de concerts construite par R. Bofill). Antenne du Centre Pompidou (ouverture en 2009). L'originalité de la ville est d'avoir échappé en partie à l'activité sidérurgique, naguère dominante dans la région. Une seule grande entreprise se situe dans l'agglomération. Metz s'est orientée vers la construction mécanique et électrique, l'automobile et un secteur agroalimentaire très diversifié. Capitale régionale, elle a développé ses fonctions administratives. La création d'une université, complémentaire du campus nancéen, l'école d'ingénieurs et l'école supérieure d'électricité (Sup-Élec) et de Metz Technopôle (communication, télématique, logiciels) sont autant d'atouts pour assurer l'avenir de la ville. Activités tertiaires prédominantes. Important carrefour autoroutier international avec des liaisons vers Reims-Paris, vers Luxembourg, vers Sarrebruck et Strasbourg, vers Nancy-Dijon-Lyon. Le problème de la concurrence avec Nancy n'est pas résolu et la gare du TGV (inauguré en 2007) est située entre les deux villes. ➝ **Lorraine.**

**Histoire** Capitale des Celtes mediomatrices, la ville devint l'un des grands centres de communication de la Gaule romaine. Après les invasions, elle fut la capitale de l'Austrasie* et un des foyers de la renaissance carolingienne (saint Chrodegang). Comprise dans le

Saint Empire de 923 au XIVe s., elle devint ville libre au XIIIe s., à la faveur de la lutte entre guelfes et gibelins. Faisant partie des Trois*-Évêchés, elle fut annexée par Henri II (1552) ; elle fut alors défendue contre les armées impériales par François de Guise*. L'arrivée des Français entraîna l'avènement au pouvoir de la classe des marchands et des légistes. La ville devait être intégrée au royaume en 1633. Au cours de la guerre franco-allemande (1870 - 1871), plusieurs batailles se déroulèrent dans les environs de la ville (opérations sous Metz : Borny, Gravelotte*-Rezonville, Saint-Privat-la-Montagne, 14 - 18 août 1870). Les forces prussiennes victorieuses contraignirent l'armée française de Bazaine* à se replier dans la ville. L'armée de Châlons, sous les ordres de Mac*-Mahon, chargée d'établir la jonction avec celle de Bazaine, ayant été vaincue à Sedan le 2 sept., la ville de Metz capitula le 27 oct. 1870 après un siège de quelques semaines. Par le traité de Francfort* (10 mai 1871), elle fut annexée à l'Allemagne jusqu'en 1918.

**METZINGER (Jean)** ♦ Peintre et graveur français (Nantes 1883 - Paris 1937). Il s'intéressa d'abord au divisionnisme, puis aux œuvres des fauves, mais les premières œuvres cubistes, de Braque* et de Picasso*, déterminèrent son évolution. Il dissocia géométriquement les formes, établissant l'espace à partir de multiples plans s'interpénétrant, il conféra une certaine densité à ses motifs en modulant avec finesse les tons (*Femme, face-profil*, 1917). Il exposa en 1911 au Salon d'automne dans la salle des cubistes, puis participa activement aux réunions de la Section d'or dans l'atelier de Jacques Villon* à Puteaux. Préoccupé de problèmes théoriques, il publia avec Gleizes* : *Du cubisme* (1912). Il eut ensuite tendance à adopter une gamme chromatique plus vive et à rendre plus lisibles les allusions à la réalité extérieure, tout en restant fidèle aux principes constructifs hérités du cubisme.

Jean **Metzinger.** *Paysage cubiste* (92 x 60 cm), 1917.
*BIS/Courtesy Galerie Daniel Malingue, Paris © ADAGP, Paris*

**MEUDON** [92190] ➝ **ÉTYM.** → Melun ♦ Comm. des Hauts-de-Seine, arr. de Boulogne-Billancourt, à la lisière de la forêt (ou bois) de Meudon. 43 663 hab. *(Meudonnais)*. Du Château-Vieux, rasé en 1804, et dont les colonnes de marbre décorent auj. l'arc de triomphe du Carrousel et le palais du Luxembourg, ne subsiste plus que la terrasse (panorama sur Meudon, la vallée de la Seine et Paris). La partie conservée du Château-Neuf construit par F. Mansart pour le Grand Dauphin, à partir de 1706, est occupée par l'Observatoire (section d'astrophysique de l'Observatoire* de Paris). Maison d'Armande Béjart, transformée en musée d'Art et d'Histoire. Adjacent à la villa des Brillants où vécut A. Rodin de 1895 à sa mort, le musée qui lui est consacré (façade provenant de l'anc. château d'Issy-les-Moulineaux) abrite des esquisses, des ébauches et des plâtres originaux *(Porte de l'Enfer ; Bourgeois de Calais ; Balzac)*. Tombeau de A. Rodin et de sa femme Rose Beuret sous une réplique du *Penseur*. Meudon fut le lieu de résidence de P. de Ronsard, A. Paré, F. Rabelais (qui fut curé de la ville), J.-J. Rousseau, H. de Balzac, R. Wagner, É. Manet., L.-F. Céline (qui y mourut). ▪ Comm. résidentielle. Construc. mécaniques et électriques. Électronique. Laboratoires du CNRS. Au S., dans le parc de Chalais, soufflerie de l'Office national d'études et de recherches aéronautiques. ▪ À Meudon-la-Forêt, ensemble résidentiel.

**MEULAN** [78250] ➝ **ÉTYM.** du gaul. *Mediolanon* « centre sacré ». → aussi Milan ♦ Ch.-l. de cant. des Yvelines, arr. de Mantes-la-Jolie, sur la Seine. 8 394 hab. *(Meulanais)*. Église Saint-Nicolas (en partie des XIIe et XIIIe s.). Un pont métallique relie Meulan aux Mureaux.

**MEULEBEKE** ♦ Comm. de Belgique (Région flamande), prov. de Flandre-Occidentale, arr. de Tielt. 10 983 hab. Marché agricole. Indus. textile.

**MEULEN (Adam François VAN DER)** → **Van der Meulen (Adam François)**

**MEUNG-SUR-LOIRE** [mœ̃] [45130] ➝ **ÉTYM.** gaul. « marché *(magos)* fortifié (*dunum* "enceinte fortifiée") » ♦ Ch.-l. de cant. du Loiret, arr. d'Orléans, sur la rive d. de la Loire. 6 254 hab. (aggl. 7 911). *(Magdunois)*. Château des évêques d'Orléans (XIIIe, XVIIIe et XIXe s.). Église Saint-Liphard, en grande partie du XIIIe s. (tour romane du XIe s.).

**MEUNIER (Constantin)** ♦ Peintre et sculpteur belge (Etterbeek, Bruxelles 1831 - Ixelles 1905). Après des études à l'académie Saint-Luc avec De* Groux, des visites aux cristalleries de Val-Saint-Lambert et dans les mines de charbon lui révélèrent les conditions de la vie ouvrière ; il s'en fit dès lors l'interprète dans de sombres et tragiques tableaux exécutés entre 1857 et 1884 *(Cabaret du Borinage)* et surtout dans des sculptures en bronze. Si ses préoccupations sociales le rattachent au mouvement naturaliste, la conception et le traitement de ses figures l'en éloignent ; en effet, éliminant le rendu minutieux des détails, il rechercha les effets de masse, la simplification des volumes, voulant accéder au type (*Le Coup de grisou*, 1887 ; *Herscheur*, 1905 ; *Monument au travail*).

**MEURCHIN** [62410] ➝ **ÉTYM.** anc. *Marchein*, du germ. *Marko*, n. de pers., et suff. *-inus* ♦ Comm. du Pas-de-Calais, arr. de Lens. 3 632 hab.

**MEURSAULT** [21190] ➝ **ÉTYM.** anc. *Muressalt*, p.-ê. du lat. *murus* « mur » et *saltus* « bois, forêt » ou de *marsault*, variété de saule ♦ Comm. de la Côte-d'Or, arr. de Beaune, en bordure du vignoble de la côte de Beaune. 1 598 hab. *(Murisaltiens)*. Église des XIVe et XVIe s. (flèche gothique). ▪ Bourg célèbre par la qualité de ses vins blancs.

**MEURTHE** n. f. ➝ **ÉTYM.** anc. *Murta*, p.-ê. du germ. *muor* « marais, marécage » ♦ Riv. de la Lorraine (170 km), affluent de la Moselle. Née de la réunion de la Petite Meurthe, qui prend sa source au défilé de Straiture, et de la Grande Meurthe, née au col de la Schlucht (1 139 m), elle draine une vallée industrialisée.

**MEURTHE** n. f. ♦ Anc. département de la France du N.-E. qui comprenait cinq arr. : Nancy, Château-Salins, Lunéville, Sarrebourg et Toul. Le traité de Francfort (1871) donna Château-Salins et Sarrebourg à la Prusse et, depuis 1918, ces arr. font partie du département de la Moselle. Les trois autres, auxquels fut ajouté l'arr. de Briey, ont formé le département de Meurthe-et-Moselle.

**MEURTHE-ET-MOSELLE** [54] n. f. ➝ **ÉTYM.** du n. des deux riv. ♦ Dép. de l'E. de la France, région Lorraine. 5 241 km$^2$. 713 779 hab. CH.-L. : Nancy. CH.-L. D'ARR. : Briey, Lunéville, Toul. Cour d'appel : Nancy. Académie : Nancy-Metz. Le dép. fut créé en 1871 avec des parties des dép. de la Meurthe et de la Moselle restées françaises après le traité de Francfort. → **Lorraine.**

**Meurtre dans la cathédrale** – en angl. ***Murder in the Cathedral*** ♦ Drame en vers en 2 parties et un intermède de T. S. Eliot* (1935). Archevêque de Canterbury, Thomas Becket s'est fait un ennemi de Henri II Plantagenêt en défendant l'autonomie de l'Église contre l'arbitraire du pouvoir royal. Au terme d'un exil de sept années, Becket revient parmi ses fidèles. Dans la nuit de Noël, il est porteur d'un message de paix et d'amour. Aux émissaires du roi qui l'accusent de trahison, il offre sa vie sans défaillance et tombe sous leurs coups. La force des vers et l'intervention d'un chœur rapprochent ce drame d'un oratorio ; les personnages (notamment les quatre meurtriers) s'adressent parfois directement au public comme à un tribunal, invité à juger le problème de la liberté de conscience.

**MEUSE** n. f. – en néerl. ***Maas*** ➝ **ÉTYM.** anc. *Mosa*, d'orig. précelt., p.-ê. à rapprocher de la rac. indo-eur. *°mad* « ruisseler » ♦ Fl. de France, de Belgique et des Pays-Bas (950 km, dont 500 en France, 192 en Belgique et 258 aux Pays-Bas). La Meuse prend sa source au plateau de Langres (dans le Bassigny) à 456 m d'alt., coule jusqu'à Charleville dans une large vallée de prairies (terrains jurassiques) et arrose Verdun et Sedan. Dans les terrains primaires du plateau ardennais, elle a creusé une vallée encaissée ; ses principaux affl. (rive d.) descendent des Ardennes : la Lesse et l'Ourthe (grossie de l'Amblève et de la Vesdre). Elle passe à Monthermé où elle reçoit la Semois, entre en Belgique à Agimont (98 m d'alt.) et draine la région du bassin houiller. Agreste et pittoresque jusqu'à Namur* (où la Meuse reçoit la Sambre*), la vallée retrouve ensuite son caractère industriel ; après avoir arrosé Liège et Maastricht, la Meuse s'achève aux Pays-Bas par un delta qui se mêle à celui du Rhin. Fleuve international comme l'Escaut (convention du 12 mai

1863), la Meuse est navigable de son embouchure à Sedan, puis suivie par le canal de l'Est. ▮ **Histoire** Des combats victorieux y furent livrés au cours de la Première Guerre mondiale. Foch y mena une offensive en 1918 grâce au mouvement offensif des armées américaines (Ligget). Au cours de la Deuxième Guerre mondiale, les blindés allemands franchirent le fleuve à Dinant, Houx, Monthermé et Sedan, ce qui décida du sort de la campagne de France.

**MEUSE [55]** n. f. ➝ ÉTYM. du n. du fl. ♦ Dép. de l'E. de la France, région Lorraine. 6 216 $km^2$. 192 198 hab. CH.-L. : Bar-le-Duc. CH.-L. D'ARR. : Commercy, Verdun. Cour d'appel : Nancy. Académie : Nancy-Metz. ➞ **Lorraine.**

**MEUSNIER DE LA PLACE** [mønje] **(Jean-Baptiste)** ♦ Officier, géomètre et chimiste français (Tours 1754 - Mayence 1793). Il est l'auteur d'une étude géométrique de la courbure des surfaces, contenant un théorème important qui porte son nom (1776). Officier du génie, il collabora aux travaux de la rade de Cherbourg (1778 - 1789). Il participa au travail de Lavoisier* concernant la recherche d'un meilleur procédé pour préparer l'hydrogène et, à ce titre, exécuta avec lui une très belle expérience (1785) de décomposition de l'eau par le fer rougi, dont les conclusions ne permettaient plus aucun doute quant à la nature et à la composition de l'eau. Maréchal de camp auprès de l'armée du Rhin, il fut mortellement blessé à Mayence. [Acad. sc. 1784]

**MEVAGISSEY** ♦ Localité d'Angleterre (Cornouailles), sur la côte S., à l'O. de Plymouth. Petit port pittoresque.

**MEXICALI** ➝ ÉTYM. mot-valise, formé à partir de *Méxi*co et *Cali*fornie ♦ V. du Mexique septentrional, cap. de l'État de Basse-Californie, à la frontière des États-Unis. 653 046 hab. Bien que située au cœur d'une région désertique, elle constitue, grâce à l'irrigation liée au río Colorado, un centre agricole (fruits, coton). Indus. *maquiladoras* (ateliers d'assemblage en sous-traitance pour les États-Unis).

**MÉXICO** – en esp. ***Ciudad de México*** ➝ ÉTYM. du nahuatl *Metzxihco [Metz(tli)xih(tli)co]* «au centre de la Lune» (les Aztèques avaient fondé leur ville sur une île au milieu d'un lac, consacré à la Lune) ♦ Cap. du Mexique, dans le District fédéral, au centre du pays, à 2 200 m d'alt. L'agglomération occupe une grande partie du District fédéral (8 720 916 hab.) et déborde sur l'État voisin de México, ce qui représente, pour l'ensemble de la zone métropolitaine, une population de plus de 19 millions d'hab. Le District fédéral, naguère administré par un fonctionnaire nommé, est depuis 1997 dirigé par un «chef de gouvernement» élu. ▮ **Une croissance accélérée** Les problèmes urbains dus à cet effet de masse sont multipliés par le rythme accéléré de la croissance. S'il a fallu 6 siècles à la capitale mexicaine pour atteindre son premier million d'habitants en 1920, il lui faut aujourd'hui à peine plus d'un an pour s'accroître de la même quantité. L'histoire de la ville et la progression des espaces urbanisés traduisent ce dynamisme explosif : México occupait 46 $km^2$ en 1920, 400 $km^2$ en 1960, 1 200 $km^2$ en 1987, 2 000 $km^2$ en l'an 2000. Elle transgresse toutes les limites administratives, en particulier celles du District fédéral, conçu en 1929 pour abriter la capitale mexicaine. Les 2/3 de la population et l'essentiel de la croissance se concentrent dans les municipalités limitrophes de l'État de México : Tlanepantla, Naucalpán, Ecatepec, Netzahuatcoyotl et Chalco. ▮ **La construction de la ville** La ville est construite sur le site de Tenochtitlán, la capitale aztèque, installée sur un îlot de la lagune de Texcoco, au pied des sommets enneigés du Popocatépetl et de l'Ixtaccihuatl, bénéficiant des ressources lacustres et de la fertilité des jardins flottants *(Chinampas)* dont témoignent encore ceux de Xochimilco*. À la veille de l'arrivée de Cortés, elle constituait, avec ses 300 000 hab., une des plus grandes cités de son époque. Les Espagnols rasèrent la ville (1521) et la reconstruisirent sur place, comme le confirment, auprès de la cathédrale, les ruines du Templo Mayor. Ce vieux centre colonial, autour du Zócalo, où se trouve également le palais présidentiel, est classé par l'Unesco, mais sa réhabilitation ne fait que commencer. Outre la basilique de Guadalupe, le véritable cachet appartient aux anciens villages coloniaux auj. enclavés dans l'agglomération (Coyoacán, San Angel). Ils forment avec les quartiers S. (Pedregal) et les quartiers N.-O. (Polanco, Lomas de Chapultepec, Satélite, Tecamachalco) les refuges de l'habitat de luxe au milieu de la masse des petites maisons basses des classes populaires. ▮ **Les quartiers d'affaires** Les quartiers internationaux et les centres d'affaires, marqués par les tours, les hôtels et les bureaux, ne se concentrent pas dans le centre-ville, mais jalonnent les trois grandes percées urbaines : Juarez, Paseo de la Reforma, Insurgentes. ▮ **L'Alameda et Chapultepec** Il n'existe que peu d'espaces verts exceptés l'Alameda, au centre, et le parc de Chapultepec, à l'O., où se trouve le musée d'Anthropologie et d'Archéologie, principal lieu d'intérêt touristique de México avec les pyramides de Teotihuacán* situées à 40 km au N.-E. ▮ **Les bidonvilles** L'urbanisation périphérique des bidonvilles (40 % de la pop.) conquiert même progressivement les premières pentes boisées des sierras de la cuvette de México, la poussée urbaine antérieure ayant déjà occupé tout l'ancien fond lacustre asséché par d'importants travaux. Ces pentes, situées dans l'État de México, ainsi que les restes marécageux du lac, à l'E., accueillent l'essentiel de la croissance sous forme de gigantesques bidonvilles, dont les plus récents, comme Chalco, accumulent misère et nuisances. ▮ **Le gigantisme** La ville a grandi trop vite, en exagérant la concentration des activités : 31 % de l'industrie mexicaine, 44 % du PIB, 55 % des services. Toutes les actions sont dépassées avant même d'être achevées. Ainsi, la cité universitaire, qui, avec sa superficie de 10 $km^2$, un modèle à sa création, est aujourd'hui saturée avec 60 000 enseignants, 100 000 élèves et 100 000 étudiants ; le métro, qui parvient à transporter 4 millions de passagers par jour, ne suffit plus ; le parc automobile atteint près de 5 millions d'unités, et croît de 12 % par an. Les problèmes sont à la mesure à la fois de ce gigantisme et de la faiblesse des moyens d'un pays en voie de développement. ▮ **Le risque sismique et la pollution** Deux menaces se détachent. Celle des séismes, illustrée par le tremblement de terre de 1985 (30 000 victimes et un demi-million de sans-abri), a révélé la fragilité des fondations d'un centre-ville situé sur des argiles instables. Celle de la pollution (5 millions de t de déchets par an), liée aux usines et à la circulation automobile, est encore aggravée par les conditions du site (altitude et cuvette). ♦ ***État de México*** 21 355 $km^2$ 14 007 495 hab. Il associe des montagnes à peuplement indien (Otomis, Mazahuas), des bassins d'altitude (Toluca*) et les extensions de l'agglomération de México qui lui confèrent le premier rang parmi les États mexicains pour la population et le deuxième pour le PIB (derrière le District fédéral).

**MEXIMIEUX** [01800] ➝ ÉTYM. anc. *Maximiacus*, du lat. *Maximus*, n. de pers., et suff. *-acum* ♦ Ch.-l. de cant. de l'Ain, arr. de Bourg-en-Bresse, dans la Dombes. 6 840 hab. (aggl. 7 943). *(Meximiards)*. Château des XII$^e$, XVI$^e$ et XVIII$^e$ s. ▪ Patrie de Vaugelas.

## MEXIQUE

▮ n. m. – off. ***les États-Unis du Mexique***, en esp. ***Estados Unidos Mexicanos*** ➝ ÉTYM. du n. de la v. de *México** ♦ Pays d'Amérique latine. 1 972 546 $km^2$. 103 263 388 hab. *(Mexicains)*. LANGUES : espagnol (off.) et plusieurs dizaines de langues indiennes dont le nahuatl. RELIGION : en majorité catholique. MONNAIE : peso. CAPITALE : México. RÉGIME : présidentiel. Le Mexique est une république fédérale (Constitution de 1917) comprenant le District fédéral, où se trouve la capitale, et 31 États : Aguascalientes, Basse-Californie, Basse-Californie du Sud, Campeche, Chiapas, Chihuahua, Coahuila, Colima, Durango, Guanajuato, Guerrero, Hidalgo, Jalisco, México, Michoacán, Morelos, Nayarit, Nuevo León, Oaxaca, Puebla, Querétaro, Quintana Roo, San Luis Potosí, Sinaloa, Sonora, Tabasco, Tamaulipas, Tlaxcala, Veracruz, Yucatán, Zacatecas.

### GÉOGRAPHIE

▮ **Les paysages** L'image du cactus, qui s'impose à l'évocation de la nature mexicaine, ne correspond qu'à une partie de la réalité. Treizième État mondial en surface, étagé sur 18 degrés de latitude, le Mexique ne saurait se résumer en un paysage. Sa dominante aride existe, puisque le tropique du Cancer traverse le pays au niveau de Mazatlán, mais, à l'inverse de l'élargissement continental au N., le resserrement isthmique au S. (200 km à Tehuantepec) renforce les influences maritimes et multiplie les précipitations. On peut passer ainsi d'une année sans pluie à Tijuana à plus de 6 m d'eau au-dessus de Veracruz, et des déserts du Sonora à la forêt vierge du Chiapas. Une première limite sépare le Sud, caractérisé par la culture du maïs et l'existence de civilisations sédentaires, du Nord des nomades chasseurs-cueilleurs, où l'agriculture n'est possible que par irrigation. Le relief, d'orientation N.-O.-S.-E., complique cette division. ▮ **Les deux sierras Madre** Dans le prolongement des montagnes Rocheuses des États-Unis, les deux sierras Madre, occidentale le long du Pacifique, orientale auprès du golfe du Mexique,

**Mexique.** La forêt Lacandona, dans le Chiapas. © *PhotoDisc*

**Mexique.**

font barrière aux apports océaniques, dessinant un couloir d'aridité jusqu'à Tehuacán*, avant de se rejoindre au S. dans une cordillère massive, qui prolonge les Andes d'Amérique du Sud. Ce relief est d'autant plus vigoureux qu'il est jeune (tertiaire) et même actuel, comme l'illustre la présence de nombreux volcans actifs (Popocatépetl, Paricutín, Chichonal, Nevado de Colima). Entre les sommets, qui culminent avec l'Orizaba (5 610 m), s'étendent des plateaux s'élevant entre 1 500 m et 2 500 m d'alt. et concentrant les plus fortes densités de population. Car l'altitude, avec la baisse de température qu'elle impose, vient tempérer les influences de la latitude. **Les trois Mexique** Elle explique la présence de neiges éternelles sous le tropique pour les sommets dépassant 5 000 m et dessine un «Mexique à trois étages» : terres chaudes *(Tierras calientes)* au climat chaud et humide, propice à la forêt vierge et aux plantations, dans les plaines littorales ; terres tempérées *(Tierras templadas)* entre 800 m et 1 600 m, aptes à toutes les productions, à l'abri des excès et des maladies du milieu tropical de la côte ; terres froides *(Tierras frías)* sur les plateaux et les pentes entre 1 600 m et 3 000 m, favorables à la culture du maïs, au cœur des peuplements précolombiens, rassemblant encore plus de la moitié de la population.

## POPULATION

La grande majorité de la population est constituée de métis de Blancs d'origine espagnole et d'Amérindiens. Une minorité d'Amérindiens (env. 10 %) survit dans les refuges montagnards du Sud (Zapotèques, Mixtèques) et du N.-O. (Yaquis, Huicholes, Tarasques) ainsi que sur l'Altiplano (Otomis, Nahuatl), très menacés par la déculturation et l'attrait de la ville. **Exode rural et émigration** L'exode rural, qui touche aussi les métis (3 Mexicains sur 4 vivent en ville), se complète par l'émigration clandestine vers les États-Unis (de 3 à 4 millions de personnes par an). Ces départs sont la conséquence d'une explosion démographique qui a multiplié la population par 6 entre 1920 et 1990. **Une population jeune** Même si le solde naturel ralentit après les records atteints en 1975 (+3,5 % par an, soit un doublement en 15 ans), et si la fécondité a diminué (2,2 enfants par femme en 2006), la population reste très jeune (30 % ont moins de 15 ans) ; et un million d'emplois doivent être créés chaque année.

## ÉCONOMIE

**Milieu hostile et abondance de ressources** Deux caractères opposés définissent pourtant l'espace naturel mexicain : d'une part, l'hostilité du milieu, liée à l'omniprésence des risques climatiques (sécheresses, inondations, cyclones) et des menaces telluriques (éruptions, séismes) et, d'autre part, l'importance des ressources telles que la puissance des cours d'eau, favorable à l'hydroélectricité, ou la richesse des sols associant les filons de métaux précieux tels l'argent et le plomb, les dépôts de fer ou de charbon, les dômes de sel ou de soufre, et les gisements de pétrole et de gaz naturel (golfe du Mexique). **Le sous-développement** Le décalage entre démographie et ressources se traduit par le sous-développement. Des déficits de terres, d'emplois, d'habitat, de nourriture, affectent les campagnes surpeuplées comme les ceintures de misère et de précarité des périphéries urbaines qui concentrent souvent la

**Mexique** | Productions en 2008

| Produits | Quantités | Rang |
|---|---|---|
| **Agriculture** | | |
| Avocats (2009) | 1 110 000 t | 1er |
| Bananes | 2 100 000 t | 8e |
| Blé | 4 200 000 t | |
| Cacao | 28 000 t | 10e |
| Café | 290 000 t | 7e |
| Canne à sucre | 50 000 000 t | 4e |
| Citrons | 2 200 000 t | 2e |
| Coton fibre | 450 000 t | |
| Maïs | 24 000 000 t | 5e |
| Oranges | 4 200 000 t | 3e |
| Sorgho | 6 500 000 t | 4e |
| Sucre | 5 700 000 t | 6e |
| Bovins (têtes) | 31 000 000 | 8e |
| Porcins (têtes) | 15 200 000 | 8e |
| Pêche | 1 500 000 t | |
| **Mines et énergie** | | |
| Argent | 3 000 t | 2e |
| Cuivre | 340 000 t | 12e |
| Fer | 12 000 000 t | 15e |
| Gaz naturel | 55 000 000 000 $m^3$ | |
| Houille | 12 000 000 t | 24e |
| Or | 41 t | 13e |
| Pétrole | 158 000 000 t | 6e |
| Plomb | 130 000 t | 5e |
| Zinc | 460 000 t | 7e |

moitié des citadins (→ **Netzahualcóyotl**). Les classes moyennes suffisent d'autant moins à créer un marché de consommation qu'elles ont été les premières victimes de la crise des années 1980, puis de celle de 2008.

**INDUSTRIE** Le développement industriel est à la fois important (27 % de la pop. active, 27 % du PIB en 2008) et déséquilibré : il oppose une majorité d'établissements quasi artisanaux, voués au textile et à l'alimentaire (46 % du nombre des entreprises réalisant seulement 31 % de la valeur des ventes), à une minorité de grandes sociétés modernes. Ces dernières concentrent les capitaux et la technologie (notamment sur l'automobile et la sidérurgie) grâce aux investissements privés, mexicains ou étrangers, ou aux capitaux d'État. Ceux-ci sont très importants dans le modèle nationaliste d'économie mixte et dans la stratégie de substitution aux importations qui ont prévalu au Mexique jusqu'en 1980. Disposant, depuis la nationalisation de 1938, du monopole de l'activité pétrolière, la compagnie d'État Pemex en constitue le premier exemple. La répartition géographique offre les mêmes contrastes. Si Mexico rassemble plus de la moitié de l'industrie du pays, la zone frontalière des États-Unis concentre, elle, l'essentiel du dynamisme récent. Grâce aux industries *maquiladoras* (ateliers de montage, sous-traitants des indus. des États-Unis), elle accapare la moitié des créations d'emplois du pays depuis la crise, et totalise 500 000 emplois industriels. Ainsi, avec les métropoles de Monterrey et Guadalajara, se constitue, entre Mexico et la frontière N., un Mexique moderne qui s'oppose au Sud sous-industrialisé, en dépit de quelques enclaves pétrolières (Tabasco). Parallèlement, le secteur tertiaire hypertrophié juxtapose des branches modernes (transports, télécommunications) à une multitude de fonctionnaires et à la masse des petits métiers commerciaux du secteur informel. Les plages et les richesses archéologiques favorisent un tourisme actif et le Mexique accueille plus de 20 millions de visiteurs par an.

**AGRICULTURE** On y rencontre la même dualité que dans le domaine industriel. Le secteur moderne *(ranchos)* se lie à l'irrigation, aux plantations, à l'élevage et à l'exportation, tandis que les *ejidos*, issus des redistributions de terres de la réforme agraire, tentent d'assurer une autosubsistance fondée sur le maïs (50 % des terres cultivées). Mais depuis la levée des barrières douanières en 2003, conformément aux accords de l'Alena, ce secteur ne résiste pas à la concurrence américaine et met en danger la survie de la population rurale (18 % de la population). Le Mexique, 5e consommateur mondial, doit importer chaque année plus de 2 millions de t de céréales. À côté des plantations et de l'élevage bovin des plaines du golfe, ou des élevages extensifs et des périmètres irrigués du Nord aride, les bassins céréaliers de l'Altiplano *(Bajío)* concentrent l'essentiel du dynamisme rural, aggravant encore les déséquilibres régionaux. Au clivage croissant entre villes et campagnes s'ajoute une rupture nouvelle, qui, de part et d'autre d'une frontière passant au sud de Mexico, oppose un Mexique du Nord de plus en plus articulé avec les États-Unis à un Sud rural, archaïque, indien, déjà ancré dans les difficultés de l'Amérique centrale.

**PROBLÈMES SOCIAUX** Liés au sous-développement, ils tendent à s'aggraver. Bien que relativement élevé, le revenu moyen stagne et, surtout, masque de graves inégalités ; 50 % de la richesse sont aux mains des 10 % les plus riches et seuls 20 % du revenu national vont à la moitié pauvre de la population. En outre, les avancées sociales du Mexique (santé, éducation) ont été remises en cause par les crises des années 1980 et de 2008 et le poids de la dette extérieure. L'émigration clandestine vers les États-Unis *(braceros)* ne constitue qu'un palliatif précaire ; de plus, depuis 2006, les États-Unis ont pris des mesures pour barrer la route aux clandestins en érigeant un mur entre les deux pays. Alors qu'augmentent la corruption et la délinquance, le pays doit s'efforcer de sortir de la crise et de moderniser ses structures. Conscient de l'échec de ses stratégies nationalistes antérieures, le Mexique recherche une voie de développement radicalement différente dans les privatisations (téléphone, banques), l'appel aux capitaux étrangers, l'exportation et l'intégration économique avec les États-Unis et le Canada par l'Accord de libre-échange nord-américain (Alena*).

## HISTOIRE

**La préhistoire et l'Antiquité** Le Mexique actuel fut le lieu d'un développement continuel de civilisations. Dès le -XXe millénaire, des cultures (dites archaïques) existaient dans la vallée de Mexico. L'homme fossile retrouvé à Tepexpan est daté de -13000 à -10000. Le climat étant devenu plus sec et les grands animaux (mammouths, chevaux) ayant disparu, d'autres civilisations se succédèrent jusqu'à -2000, contemporaines des débuts de la culture du maïs. Les «civilisations moyennes», agricoles, possédaient déjà un art élaboré, comme en témoignent leurs poteries, leurs vanneries et leurs tumulus (probabl. entre -1400 et 200). Vers le -Ier mill., la région du golfe, le plateau central (région de Mexico) et l'Oaxaca virent l'apogée d'une culture et d'un art très développés (→ **Olmèques**), qui ont dû influencer la période classique maya. **Les civilisations classiques** Celle-ci, datée du IIIe s., s'épanouit du VIIe à la fin du VIIIe s., du Yucatán au Guatemala. → **Mayas.** Des civilisations contemporaines (Ier - IXe s., épanouissement entre 600 et 800) se développèrent dans l'Oaxaca (Monte* Albán : Zapotèques), sur le plateau central (Teotihuacán*) et sur le golfe (El Tajín*), manifestant à l'égal des Mayas l'existence de sociétés hiérarchisées, économiquement organisées et puissantes. Ces civilisations sont dites «classiques». **La civilisation maya-toltèque** Au IXe s. apparurent les Toltèques de Tula* (→ **Toltèques**) prospères jusqu'au XIIe s., mais dont la civilisation s'altéra au Xe s., sous l'influence de nouvelles tribus. La migration mythique de Quetzalcóatl à la fin du Xe s. correspond à cet affaiblissement et à la renaissance maya de 987 («nouvel empire»), qui donna naissance à une civilisation mixte, maya-toltèque (→ **Chichén Itzá**). Mayapán* y domina par une sorte de ligue (jusqu'en 1204), puis par la puissance guerrière de tribus de la région du golfe (période «mexicaine», jusqu'en 1441). **L'Empire aztèque** Aux mêmes époques, les tribus du N. (Chichimèques) s'installèrent sur le plateau et se sédentarisèrent (XIIIe s.) ; de nombreuses villes furent fondées, dont les dynasties de chefs luttèrent pour l'hégémonie. Les tribus des *Mexica*, venues d'Aztlán, fondèrent leur capitale Tenochtitlán (Mexico) en 1325. → **Aztèques.** Profitant de la rivalité entre deux tribus dominantes, les Aztèques organisèrent une ligue où dominait Mexico et fondèrent un immense empire prospère de 1430 env. à la chute de Mexico (1521). Les Aztèques avaient soumis les Totonaques, les Zapotèques et les Mixtèques* de l'Oaxaca, échouant seulement devant les Tarasques* du Michoacán. **La période coloniale** Cortés débarqua en 1519 et fonda Veracruz. À l'aide d'alliés indiens et grâce au prestige superstitieux dont il jouissait auprès des Aztèques, il imposa la suzeraineté espagnole à Moctezuma. Mais les Espagnols ayant été chassés de Tenochtitlán en son absence par les Indiens révoltés à la suite du massacre des leurs (→ **Alvarado (Pedro de)**), Cortés, à son retour, prit et rasa leur capitale, sur laquelle fut construite Mexico. → **Aztèques, Cortés.** Cortés fut gouverneur jusqu'en 1527 et le Mexique devint en 1535 la *vice-royauté de la Nouvelle-Espagne* (→ **Mendoza (Antonio de)**). La conquête se poursuivit jusqu'à la fin du XVIIe s., s'étendant vers le N. (Nouveau-Mexique, conquis en 1598 par J. de Oñate) et le S. (réduction des Mayas). Malgré l'action modératrice de l'Église (le 1er évêché date de 1527) et les décrets du pape Paul III (1537), les Indiens furent exploités, décimés, pratiquement réduits à l'esclavage. L'évangélisation, souvent brutale, s'accompagna de la destruction des civilisations indiennes et de la lutte contre les religions traditionnelles (l'Inquisition à Mexico, 1571), en même temps que d'un important effort d'éducation. La population indienne était réduite à 1 500 000 v. 1650. Malgré un effort de réformes économiques (→ **Gálvez (José de)**), le monopole espagnol fut de plus en plus mal supporté, tant par les Blancs que par les Indiens et les métis. **L'indépendance** En 1810, un mouvement pour chasser les Espagnols s'organisa derrière Hidalgo* et Morelos*. L'indépendance fut proclamée par le congrès de Chilpancingo en 1813, et devint effective en 1821, lorsque l'ancien général royaliste Agustín de Iturbide* obtint du vice-roi la signature du traité de Córdoba. La république fut proclamée en 1824. Une époque de troubles et de coups d'État militaires s'instaura, faisant alterner les dictatures (Santa* Anna) avec les présidences civiles (Benito Juárez*). Les ambitions personnelles et les luttes de classes, opposant l'oligarchie terrienne et militaire à la bourgeoisie, s'ajoutèrent aux conflits ethniques et aux problèmes politiques de fond sur le fédéralisme et la laïcité de l'État, alimentant une incessante guerre civile. **Les guerres** Cette situation facilita les ingérences extérieures et entraîna de désastreuses guerres étrangères, d'abord avec les États-Unis,

**Mexique.** Église à Tabasco. *Phot. © Pictor/AFP*

qui confisquèrent, en 1848, par le traité de Guadalupe Hidalgo, toute la moitié N. du pays, du Texas* à la Californie. Ce fut ensuite le conflit avec Napoléon III, marqué par la brève expérience impériale de Maximilien d'Autriche (1864 - 1867). → **Mexique (guerre du).** ▮ **La dictature de Porfirio Díaz** Il fallut attendre la dictature de Porfirio Díaz* (1876 - 1911) pour qu'une période de stabilité politique permette d'amorcer l'équipement (40 000 km de chemin de fer construits) et l'industrialisation du pays (textile dans le centre, mines au N., pétrole dans le golfe du Mexique). Mais ce décollage resta partiel, ne bénéficiant qu'à une minorité de propriétaires fonciers en collusion avec les investisseurs étrangers. Il fut surtout interrompu par la révolution qui éclata en 1910 pour ne s'achever véritablement qu'en 1920. ▮ **La révolution mexicaine** L'insurrection libérale contre Díaz déboucha, en effet, après l'assassinat de son vainqueur Francisco Madero* par le général Huerta en 1913, sur une guerre civile où interférèrent indirectement les belligérants de la Première Guerre mondiale attirés par les ressources pétrolières stratégiques du pays. Pendant dix années, prolongées par la *guerre des Cristeros* (à la suite de la politique antireligieuse de Calles*), les factions militaires et les armées populaires *(División del Norte)*, plus ou moins mêlées de bandits, s'affrontèrent, massacrèrent, bombardèrent et pillèrent, laissant env. un million de morts. ▮ **Le Parti révolutionnaire institutionnel** Après les assassinats successifs, entre 1911 et 1924, de tous les chefs révolutionnaires (Zapata*, Carranza*, Villa*, Obregón*) surgit un pouvoir original, autour d'un parti dominant (l'actuel PRI, Parti révolutionnaire institutionnel), qui a fourni jusqu'en 2000 tous les présidents de la Fédération mexicaine, élus pour un mandat de six ans. Cette stabilité fut assurée grâce à l'encadrement des masses populaires par des organisations syndicales affiliées au PRI, ainsi qu'à une doctrine «révolutionnaire» et «socialiste» s'articulant autour du rôle de l'État, de la réforme agraire et du principe de non-réélection. Le régime atteignit son apogée sous la présidence de Lázaro Cárdenas* (1934 - 1940), avec la relance des redistributions de terres aux paysans et la nationalisation des hydrocarbures en mars 1938. Il perdura jusqu'en 1988, dans une démocratie relative et un compromis politique qui laissa au PRI le pouvoir, aux entrepreneurs la richesse, et au peuple les garanties d'un niveau de vie minimal. ▮ **Le déclin du système et les réformes** Après une première fissure survenue en 1968 à la suite de la révolte des étudiants et du massacre de Tlatelolco (→ **Díaz Ordaz**), la crise économique des années 1980, succédant aux illusions du boom pétrolier, accéléra le déclin du système. Difficilement élu en 1988 face au candidat de l'opposition Cuauhtémoc Cárdenas, fils de l'ancien chef d'État, le président Salinas* de Gortari dut donc entreprendre un certain nombre de réformes. Sur le plan économique, avec le désengagement de l'État, la dérégulation, l'arrêt des subventions, l'appel aux investisseurs étrangers (dont 75 % viennent des États-Unis) et la fin du protectionnisme, le Mexique adhéra au Gatt (→ **General Agreement on Tariffs and Trade**), puis, en 1992, signa avec les États-Unis et le Canada l'Accord de libre-échange nord-américain (Alena*). ▮ **L'évolution du PRI** Parallèlement s'amorcèrent la fin de l'anticléricalisme officiel et l'évolution du PRI qui dessina de nouvelles frontières avec l'opposition et redéfinit son identité, permettant à son candidat, Ernesto Zedillo, de remporter une nouvelle fois l'élection présidentielle de 1994. Mais l'ampleur de la récession (survenue en déc. 1994 à la suite d'une brutale crise financière et monétaire), la résurgence de la question indienne (insurrection du Chiapas*) et la multiplication des scandales politico-judiciaires ont préparé la voie de la fin de l'État-parti et la mutation vers une économie libérale avec l'élection en juillet 2000 de Vicente Fox* (Parti d'action nationale, PAN, opposition de centre-droit catholique) à la présidence de la République. V. Fox n'a pas rempli tous les espoirs placés dans l'alternance. L'économie est restée peu dynamique et la très forte émigration, légale et clandestine, vers les États-Unis s'est maintenue. Felipe Calderón, successeur de V. Fox au PAN, a été élu président en 2006.

**Mexique** (guerre du) ♦ Intervention française décidée et réalisée par Napoléon* III (→ **Empire [Second]**) pour établir au Mexique un empire au bénéfice de Maximilien d'Autriche. Dès 1845, à la demande du gouvernement du Nicaragua, qui souhaitait le percement d'un canal interocéanique, Louis Napoléon Bonaparte avait formulé un projet de mise en valeur des contrées jusqu'alors inexploitées d'Amérique centrale, tout en y instaurant une nation latine face à la nation anglo-saxonne des États-Unis. Après l'avènement des libéraux au Mexique, le président Juárez décida la suspension de la dette de son pays et le prélèvement d'une taxe sur les capitaux. Craignant pour les intérêts de leurs représentants au Mexique, les gouvernements britannique, espagnol et français lui adressèrent une protestation et envoyèrent des troupes qui débarquèrent fin 1861 à Veracruz. La Grande-Bretagne et l'Espagne ayant signé avec Juárez* la convention de Soledad (fév. 1862), Napoléon III, en partie poussé par Morny* qui lui-même soutenait les intérêts du financier Jecker*, décida la poursuite des opérations au Mexique. Un corps expéditionnaire français échoua devant Puebla (mai 1862) ; après un siège qui dura de mars à juin 1863, Forey* réussit à prendre la ville et à provoquer la capitulation de Mexico. Maximilien* d'Autriche arrivé au Mexique, où il fut proclamé empereur, s'attira rapidement par sa politique l'hostilité de la droite catholique et de la gauche libérale, et suscita de nombreuses intrigues contre lui, dont celle de Bazaine*, remplaçant de Forey. La fin de la guerre de Sécession permit aux États-Unis d'apporter leur aide au président Juárez, dont les troupes n'avaient cessé de poursuivre depuis 1863 une activité de guérilla. En 1866, les États-Unis exigèrent du gouvernement français le retrait de ses troupes ; celles-ci quittèrent le Mexique (fév. 1867). Maximilien, resté au Mexique, fut fait prisonnier et fusillé à Querétaro (19 juin 1867). L'expédition du Mexique constitua un des grands échecs de la politique extérieure du Second Empire.

**MEXIQUE** (golfe du) ♦ Golfe de la partie occidentale de l'océan Atlantique qui baigne la côte S. des États-Unis (Mississippi, Louisiane, Texas, Alabama, Floride) ainsi que la côte orientale du Mexique. Il est fermé par la presqu'île de Floride et la presqu'île mexicaine du Yucatán entre lesquelles se trouve l'île de Cuba ; il communique avec la mer des Antilles par le détroit du Yucatán et avec l'Atlantique par le détroit de Floride. Les côtes sont basses et lagunaires, souvent bordées de mangroves, les plaines côtières sont couvertes de forêts tropicales abondamment arrosées. Pêche. Le pétrole est omniprésent sur le littoral et la plateforme continentale (Louisiane, Texas, Tabasco).

**MEYER (Conrad Ferdinand)** ♦ Romancier et poète suisse d'expression allemande (Zurich 1825 - Kilchberg, près de Zurich 1898). Nourri de culture germanique, mais aussi française et italienne (qu'il découvrit en partie à travers l'œuvre de J. Burckhardt), il a laissé une œuvre qui exprime ces différentes influences. Ses poèmes (*Vingt Ballades*, 1864 ; *Les Derniers Jours de Hutten*, 1871 ; *Poésies lyriques*, 1892) contiennent les premiers exemples de lyrisme symbolique dans la littérature allemande. Ses récits, ses nouvelles, qui s'inspirent généralement de faits historiques, témoignent d'un souci de rigueur, d'objectivité, tout en laissant apparaître les problèmes, voire les obsessions de cet écrivain névrosé, déraciné et pessimiste, partagé entre son rigorisme calviniste et un culte des hommes forts (*Jürg Jenatsch*, 1876 ; *Le Saint*, 1879, histoire stylisée de Thomas Becket ; *Les Noces du moine*, 1884 ; *Tentation de Pescara*, 1887 ; *Angela Borgia*, 1891). ➔ **ÉTYM.** Ce nom de famille vient de l'allemand *Meier* «métayer, fermier», autrefois «maire, majordome» ou de l'hébreu *meïr* «lumineux, savant».

**MEYER (Arthur)** ♦ Journaliste français (Le Havre 1844 - Paris 1924). Fondateur avec E. Tarbé du journal *Le Gaulois* (1875) qui, en 1879, devint un des organes des monarchistes, il soutint Boulanger et adopta ensuite des positions violemment antidreyfusardes.

**MEYER (Viktor)** ♦ Chimiste allemand (Berlin 1848 - Heidelberg 1897). Il mit au point une méthode rapide de mesure des densités de vapeur.

**MEYER (Adolf)** ♦ Psychiatre américain d'origine suisse (Niederweningen, canton de Zurich 1866 - Baltimore 1950). Il pensa la conscience en termes d'adaptation, refusa la dichotomie corps/esprit et s'opposa à la théorie freudienne.

**MEYERBEER (Jakob Liebmann BEER, dit Giacomo)** ♦ Compositeur allemand (Berlin 1791 - Paris 1864). Pianiste très précoce, il fut l'élève de Clementi. Après avoir exercé la fonction de compositeur de la cour de Hesse, il se rendit en Italie, puis s'installa à Paris (1826) où il s'associa à Scribe. Il devait ensuite assumer les fonctions de directeur général de la musique à Berlin (1842). Ses opéras, d'abord inspirés de ceux de Rossini, réalisent la synthèse entre les influences italienne, française et allemande (*Robert le Diable*, 1831 ; *Les Huguenots*, 1836 ; *Le Prophète*, 1849 ; *Le Pardon de Ploërmel*, 1859 ; *L'Africaine*, posth. 1865). Bien que Meyerbeer excelle dans les grandes scènes historiques, son style apparaît artificiel et souvent parodique. Très appréciée en France au XIXe s., son œuvre le fut moins en Allemagne. Il composa également de la musique d'église, des œuvres symphoniques, des cantates et des mélodies.

**MEYERHOF (Otto)** ♦ Physiologiste allemand (Hanovre 1884 - Philadelphie 1951). Étudiant les mécanismes qui permettent (dans le muscle) d'extraire l'énergie du glucose en l'absence d'oxygène, il parvint à en élucider les étapes enzymatiques, à isoler la plupart des enzymes et à étudier l'aspect énergétique du phénomène (glycolyse). [Prix Nobel de physiol. ou méd. 1922, avec A. Hill*]

**MEYERHOLD (Vsevolod Emilievitch)** ♦ Metteur en scène soviétique (Penza 1874 - Moscou 1940). Il débuta comme acteur au Théâtre d'art de Stanislavski* (1898), fonda la Société du Nouveau Drame (1902) puis devint metteur en scène des théâtres impériaux (1908 - 1917). Parallèlement (1913 - 1917), il précisa dans son Studio ses recherches sur l'élaboration d'un langage scénique par la décomposition ou le montage des éléments vocaux, sonores, rythmiques, plastiques et gestuels. Il élabora la théorie de la biomécanique du comédien, redécouvrit et réutilisa la commedia dell'arte. En accord avec le nouvel ordre politique, Meyerhold inaugura le premier théâtre de la République des Soviets (1920), où ses mises en scène militent pour la révolution (*Le Mystère bouffe* de Maïakovski). En dotant la scène d'une architecture (écrans et plateaux tournants), il réalisa les premières mises en scène constructivistes (*Le Cocu magnifique* de F. Crommelynck, 1922 ; *La Forêt* d'après Ostrovski, 1924 ; *Le Revizor* de Gogol, 1926). Novateur et iconoclaste, Meyerhold fut accusé de négliger le réalisme socialiste et défendit le droit de l'artiste à l'expérience. Sa troupe fut dissoute (1938), lui-même fut arrêté en 1939 puis exécuté (1940). Il a laissé de très nombreux *Écrits sur le théâtre*.

**MEYER-LÜBKE (Wilhelm)** ♦ Linguiste allemand (Dübendorf 1861 - Bonn 1936). Il est l'auteur d'une grammaire des langues romanes en 4 volumes (1890 - 1902) et d'un important dictionnaire étymologique des mêmes langues (*Romanisches etymologisches Wörterbuch*, 1911 - 1920 ; éd. révisée 1968).

**MEYERSON (Émile)** ♦ Philosophe français d'origine polonaise (Lublin 1859 - Paris 1933). À l'encontre du conventionalisme et du positivisme, il affirma que la connaissance scientifique vise à expliquer les phénomènes, à en connaître les causes effectives, en ramenant le divers (l'hétérogène) à l'unité (l'homogène). Il a écrit, notamment : *Identité et Réalité* (1908), *De l'explication dans les sciences* (1921), *Du cheminement de la pensée* (1931).

**MEYGAL** n. m. ♦ Massif volcanique du Velay, à l'E. du Puy (1 435 m). Forêt.

**MEYLAN** [38240] ➝ ÉTYM. du gaul. *mediolanon* « centre sacré ». ➞ aussi Milan ♦ Ch.-l. de cant. de l'Isère, banl. N.-E. de Grenoble. 18 741 hab. *(Meylanais)*. Technopôle (micro-informatique, électronique).

**MEYMAC** [19250] ➝ ÉTYM. ➞ Meximieux ♦ Ch.-l. de cant. de Corrèze, arr. d'Ussel, au S. du plateau de Millevaches. 2 627 hab. *(Meymacois)*. Église du XIIe s., romane et gothique ; anc. abbatiale bénédictine. Maisons anc. ▪ Artisanat, tourisme.

**MEYREUIL** [13590] ➝ ÉTYM. gaul. « champ (*ialo* "champ, clairière") de ronces *(mero)* » ou « domaine de Matrius (n. de pers.) » ♦ Comm. des Bouches-du-Rhône, arr. d'Aix-en-Provence. 4 408 hab.

**MEYRINK (Gustav)** ♦ Romancier autrichien (Vienne 1868 - Starnberg 1932). Fantastiques et sataniques, ses romans, en particulier *Le Golem** (1915), qui s'inspire de récits cabalistiques et qui fut porté à l'écran, sont aussi chargés d'intentions satiriques à l'égard du monde moderne (*Le Visage vert*, 1916 ; *La Nuit de Walpurgis*, 1917).

**MEYRUEIS** [48150] ♦ Ch.-l. de cant. de la Lozère, arr. de Florac, au contact du causse Méjean et de l'Aigoual. 851 hab. *(Meyrueisiens)*. Tour de l'Horloge, vestige des fortifications. ▪ Centre touristique pour la visite des Cévennes, des Causses, des gorges du Tarn, de la grotte de Dargilan. Marché agricole.

**MEYTHET** [74960] ♦ Comm. de la Haute-Savoie, banl. O. d'Annecy. 7 701 hab.

**MEYZIEU** – anc. *Meyzieux* [mɛzjø] [69330] ➝ ÉTYM. du lat. *Masius*, n. de pers., et suff. *-acum* ♦ Ch.-l. de cant. du Rhône, banl. E. de Lyon. 28 009 hab. *(Majolans)*.

**MÈZE** [34140] ➝ ÉTYM. d'une rac. précelt. °*mis-* « marécage » ou du gr. « au milieu (*mesê*) du rivage (*ôa*) » ♦ Ch.-l. de cant. de l'Hérault, arr. de Montpellier, sur l'étang de Thau. 7 630 hab. *(Mézois)*. Centre de conchyliculture. Port. Tourisme.

**MÉZENC** [mezɛ̃k] n. m. ➝ ÉTYM. p.-ê. rac. oronym. *méd-* et suff. méridional *-ncu* ♦ Massif volcanique du S.-O. du Velay (1 754 m).

**MÉZERAY (François EUDES DE)** ♦ Historien français (Ri, près d'Argentan 1610 - Paris 1683). Frère du fondateur de la congrégation des Eudistes, il publia une *Histoire de France* (1643 - 1651), suivie plus tard d'un *Abrégé chronologique* (1668). Il prit part à la Fronde. Esprit caustique, il aurait écrit des pamphlets politiques contre Mazarin, puis contre la politique fiscale de Colbert, qui lui firent perdre ses fonctions d'historiographe du roi. [Acad. fr. 1649]

**MÉZIDON-CANON** [14270] ♦ Ch.-l. de cant. du Calvados, arr. de Lisieux, sur la Dives. 4 713 hab. (aggl. 4 941) *(Mézidonnais-Canonnais)*. Gare de triage.

**MÉZIÈRES** ➝ ÉTYM. du lat. *maceriae* « murs de pierres sèches entourant une propriété » puis « tas de pierres ; masure » ♦ Anc. ch.-l. du dép. des Ardennes, réuni administrativement (1966) à Charleville et à trois autres communes, pour former la préf. de Charleville*-Mézières, sur la Meuse. Basilique gothique (XVe - déb. XVIIe s.). Remparts du XVIe s. Porte Neuve (1600). Hôtel de la préf. (1732) ; anc. école du génie où Monge enseigna de 1764 à 1784. ▌Histoire Château fort, Mézières appartint au Xe s. aux comtes de Rethel. Les Liégeois s'y réfugièrent en 1214 (victoire de Philippe Auguste à Bouvines). Sous François Ier, la ville fut défendue par Bayard (1521) contre les attaques du comte de Nassau. En 1606, la création par Charles de Gonzague de la ville de Charleville, dotée de privilèges économiques et douaniers, nuisit au commerce de Mézières. Investie par les Allemands en 1870, la ville subit encore l'occupation allemande au cours des deux guerres mondiales.

**MEZZETIN (Angelo CONSTANTINI, dit)** ♦ Acteur de la Comédie-Italienne (Vérone 1654 - *id.* 1729). Réputé pour son interprétation du personnage d'Arlequin*, il inspira Watteau*.

**MEZZOGIORNO** n. m. ➝ ÉTYM. it. « Midi » ♦ Ensemble des régions du Sud italien comprenant le Latium* méridional, les Abruzzes*, la Campanie*, la Basilicate*, la Calabre*, les Pouilles*, la Sicile* et la Sardaigne*. 131 000 km². Env. 25 000 000 hab. Par rapport au nord de l'Italie, ces régions sont défavorisées, en raison de divers facteurs : physiques (pauvreté des sols, dont 87 % sont occupés par des collines et des montagnes, sécheresses estivales) ; socioéconomiques (croissance démographique accélérée, chômage et migrations lointaines, revenu individuel très bas, structures agraires inadaptées et vieillissantes) ; historiques (l'unité italienne s'est faite grâce au Nord et en sa faveur). Des mesures ponctuelles essayèrent de remédier à cette situation, sans succès puisqu'elles n'entraient pas dans le cadre d'une politique globale de lutte contre le sous-développement. En 1950, la création de la Caisse du Mezzogiorno dont le but est de promouvoir l'unité économique sur laquelle édifier l'égalité sociale, marqua un tournant. En effet, par les aides financières de l'État et de nombreux organismes de crédit, la Caisse finance de multiples opérations telles que des infrastructures de transport, des aménagements hydrauliques et environnementaux et surtout la création de pôles industriels (1960 - 1980). Des « zones de développement global » ont ainsi été aménagées, comme le triangle industriel de Bari, Tarente, Brindisi. Les résultats de cette « cathédrale du désert » furent cependant décevants. Près d'un demi-siècle après la création de la Caisse du Mezzogiorno, on constate certes une diminution des disparités sociales, mais des inégalités économiques existent encore : les migrations, autrefois lointaines, sont devenues internes à la région (des montagnes aux villes moyennes) ou, au plus, au pays ; la création de centres industriels dans un espace pauvre a renforcé la fragmentation économique de la région.

**MIAJA MENANT (José)** ♦ Général espagnol (Oviedo 1878 - Mexico 1958). Il fut l'un des rares généraux espagnols qui restèrent fidèles à la République lors du soulèvement franquiste de 1936 et joua un grand rôle comme défenseur de Madrid lors du siège de cette ville (oct.-nov. 1936).

**MIAMI** ➝ ÉTYM. p.-ê. du n. de la riv. *Miami*, de l'indien *Mayaimi* « grandes eaux » ou « eaux boueuses » ♦ V. des États-Unis (Floride), à l'embouchure de la riv. Miami. 362 470 hab. dont 62,5 % d'Hispaniques et 27 % de Noirs (zone urbaine avec Fort Lauderdale 3 876 380). L'intense activité touristique et l'importance exceptionnelle de la construction (hôtels) n'excluent pas un développement industriel différencié (vêtements, matières plastiques, électronique). La ville, en pleine expansion démographique et économique, connaît cependant des tensions interethniques.

**MIAO(S)** n. m. (pl.) ♦ Groupe ethnique et linguistique de l'Asie du Sud-Est (Chine, Thaïlande, Laos, Viêtnam) originaire du S. de la Chine. Les Miaos pratiquent la riziculture sur brûlis et la culture du pavot.

**MIAOULIS (Andréas VOKOS, dit)** ♦ Amiral grec (Eubée 1768 - Athènes 1835). Riche armateur établi à Hydra*, il prit part à l'insurrection nationale et fut nommé au commandement des forces navales (1822). Il remporta des victoires qui le rendirent célèbre, notamment la destruction de la flotte égyptienne à Méthone (1825). ➞ **Kanaris.** Opposé à la politique prorusse de Capo* d'Istria, il prit la tête de la révolte des Hydriotes et, bloqué par une escadre russe à Poros, il fit incendier la flotte grecque (1831).

**MIAS (Lucien)** ♦ Rugbyman français (Saint-Germain-de-Calberte, Lozère 1930). Celui qu'on surnomma « Docteur Pack » fut sélectionné 29 fois en équipe de France (6 fois en tant que capitaine), remporta le Tournoi des cinq nations en 1959 et fut le premier joueur à battre toutes les grandes équipes de son époque, notamment la Nouvelle-Zélande (1954), l'Afrique du Sud (1958) et le pays de Galles (1958).

**MIASKOVSKI (Nikolaï Iakovlevitch)** ♦ Compositeur russe (Novogueorguievsk 1881 - Moscou 1950). Élève de Glière, de Liadov et de Rimski-Korsakov, il enseigna au conservatoire de Moscou à partir de 1920. Son œuvre, conforme aux directives du réalisme socialiste, comprend vingt-sept symphonies, des pièces pour orchestre militaire, de la musique chorale, de chambre, pour piano, et des mélodies. Il a publié de remarquables études sur C. Debussy et compta parmi ses élèves Kabalevski et Khatchatourian.

**MIASS** ♦ V. de Russie, région de Tcheliabinsk, sur la Miass (658 km). 158 500 hab. Usine d'automobiles.

**MICHALS (Duane)** ♦ Photographe américain (McKeesport, Pennsylvanie 1932). Il commença en 1966 ses fameuses séquences photographiques inspirées de ses rêves, de ses souvenirs et de ses fantasmes. Sa prédilection pour ces thèmes l'incita à créer des effets de disparition et de surimpression. En 1974, l'écriture, puis, en 1979, la peinture vinrent s'adjoindre à ses photographies.

**MICHAUX (Pierre et Ernest)** ♦ Inventeurs français : PIERRE MICHAUX (Bar-le-Duc 1813 - Bicêtre 1883) et ERNEST MICHAUX (Bar-le-Duc 1842 - *id.* 1882), son fils. Charrons de Paris, ils inventèrent le bicycle à entraînement direct, en montant des pédales sur la roue avant de la draisienne (1861). → **Drais.**

**MICHAUX (Henri)** ♦ Poète et peintre français d'origine belge (Namur 1899 - Paris 1984). Poursuivant une expérience solitaire et pathétique, il affirma, dès son premier recueil, *Qui je fus* (1927), une révolte inspirée par l'hostilité qu'il ressentait de la part du monde et par l'opacité qu'avait pour lui l'univers. Animé d'une défiance radicale à l'égard du langage et de sa fallacieuse cohérence, il le désarticule, dans ses textes, avec une exaltation qui n'exclut ni l'humour ni l'expression d'une anxiété originelle dont il tente de s'affranchir. Le langage devient alors pour Michaux pur exorcisme. Si un voyage autour du monde (1928), au cours duquel il séjourna en Amérique du Sud et en Extrême-Orient, le conduisit à la découverte de mœurs et de paysages étrangers (*Ecuador,* 1929 ; *Un barbare en Asie,* 1933), la seule aventure, pour lui, reste d'ordre intérieur. Ses œuvres poétiques, riches en sarcasmes, en invectives, en inventions lexicales, évoquent le monde intérieur (*La nuit remue,* 1935), la difficulté de vivre (*Plume**, 1938) et leur projection fantastique en des mondes imaginaires d'une effrayante et magique cruauté (*Ailleurs**, 1948). Explorateur de l'inconscient et du rêve, il tenta, par l'usage des stupéfiants (mescaline, LSD), d'autres voyages, en quête de cette rupture avec le temps et l'espace (*Misérable miracle,* 1956 ; *L'Infini turbulent,* 1957), mais aussi d'une intime et exigeante connaissance de l'esprit (*Connaissance par les gouffres,* 1961 ; *Les Grandes Épreuves de l'esprit,* 1966). Autres œuv. : *Épreuves, Exorcismes* (1945), *Face aux verrous* (1954), *Façons d'endormi, Façons d'éveillé* (1969), *Coup d'arrêt* (1975), *Face à ce qui se dérobe* (1976), *Poteaux d'angle* (1981), *Déplacements, Dégagements* (posth. 1985). ▪ Il commença à dessiner et à peindre dès 1925, en se tenant déjà à l'écart de la tradition occidentale, trop fidèle à la réalité, et en privilégiant les techniques rapides telles que l'encre ou l'aquarelle. Au cours de ses voyages, il exécuta des gouaches de petit format sur fond noir, abstraites, en «laissant aller la main», la volonté étant «la mort de l'art», pour obtenir des signes, qu'il nomma *Phantomismes* et qu'il analysa lui-même dans *Émergences, résurgences* en 1972 (*Le Prince de la nuit,* 1937 ; *L'Arène,* 1938). Il approfondit à partir de 1955 la technique de l'automatisme par l'expérimentation de la mescaline. Ses dessins rendent alors directement ses états psychiques (*Dessin mescalinien,* 1958) et sont exécutés le plus souvent à l'encre de Chine, en «all-over», en fins tracés répétitifs comparables à ceux que réalisera plus tard Twombly. Dans les années 1960, Michaux varia ses techniques et utilisa même l'huile à partir de 1977, pour des œuvres de style informel. ▪ Si Michaux a recueilli le meilleur du surréalisme, s'il en a poursuivi les plus hauts desseins avec une remarquable rigueur, son aventure, à l'écart de tout mouvement organisé, fut celle d'un solitaire acharné à mettre au jour «les puissances du dedans». ◆ ÉTYM. *Michaux* est une variante de *Michaut,* dérivé de *Michel**.

Henri **Michaux.** *Composition.* Coll. part. *Phot. © Arch. Smeets*

**MICHÉE** ◆ ÉTYM. en hébr. ***Mîkhâh*** «qui est comme [Él ou Yâh] ?» ♦ Personnage biblique, prophète au temps des rois Yotam, Achaz* et Ézéchias* (–VIII$^{e}$ - –VII$^{e}$ s.). ♦ ***Le «Livre de Michée»*** Livre de la Bible, un des Petits Prophètes*. Sept chapitres où l'on distingue d'abord des oracles de jugement (surtout contre des puissants, exploiteurs, dirigeants et prophètes), puis des oracles de salut pour Jérusalem. La fin du livre reprend ces thèmes en mettant en scène un jugement de son peuple par Dieu.

**MICHEL** ou **MICHAËL** ◆ ÉTYM. en hébr. *Mîkhâ' él* «Qui est comme Dieu ?» (dans le sens «nul n'est comme Dieu») ♦ Dans la Bible (Daniel, X, 13), archange préposé au peuple juif. Dans la tradition chrétienne, saint Michel est fêté le 29 sept.

## MICHEL

♦ Nom de plusieurs personnages, classés selon les rubriques suivantes : empereurs byzantins ; Pologne ; Portugal ; Roumanie ; Russie ; Serbie.

### EMPEREURS BYZANTINS

**MICHEL I$^{er}$ Rangabé** ♦ (mort en 843). Empereur byzantin (811 - 813). Défavorable aux iconoclastes, il s'attira l'hostilité de l'armée et, après sa défaite devant les Bulgares, fut déposé par Léon* V.

**MICHEL II le Bègue** ♦ (mort en 829). Empereur byzantin (820 - 829). Fondateur de la dynastie d'Amorion. Général, issu d'un milieu modeste, il fut à l'origine de l'avènement de Léon* V. Condamné à mort pour avoir conspiré contre celui-ci, il le fit assassiner et lui succéda. Il pratiqua une politique de tolérance religieuse, mais il ne put empêcher les Serbes de conquérir la Dalmatie et les Arabes de s'emparer de la Crète et de la Sicile.

**MICHEL III l'Ivrogne** ♦ (839 - 867). Empereur byzantin (842 - 867). Petit-fils de Michel II le Bègue et fils de Théophile*, il régna d'abord sous la tutelle de sa mère Théodora*, qui rétablit le culte des images. En 856, il associa au trône son oncle Bardas qui protégea les lettres, entreprit avec succès la conversion des Slaves et nomma Photios* patriarche, précipitant ainsi le schisme avec Rome. Sous l'influence de son nouveau favori Basile* I$^{er}$ le Macédonien, il l'aida à faire assassiner Bardas (866), puis il fut assassiné lui-même par Basile.

**MICHEL IV le Paphlagonien** ♦ (mort à Constantinople en 1041). Empereur byzantin (1034 - 1041). Frère de l'eunuque Jean Orphanotrophe, il devint l'amant de l'impératrice Zoé* Porphyrogénète, puis son deuxième mari et empereur. Épileptique, il laissa le gouvernement à son frère, puis abdiqua et prit l'habit religieux.

**MICHEL V le Calfat** ♦ Empereur byzantin (de 1041 à 1042). Neveu de Michel IV le Paphlagonien, adopté par l'impératrice Zoé*, il succéda à son oncle et essaya de se débarrasser de Zoé en l'enfermant dans un couvent. Mais, renversé par une émeute, il fut aveuglé et cloîtré.

**MICHEL VI Stratiotikos** ♦ (mort en 1059). Empereur byzantin (1056 - 1057), le dernier de la dynastie macédonienne. Général désigné par les eunuques, il succéda à Théodora* mais, devant la révolte de l'armée hostile à la noblesse civile, il dut abdiquer et se retira au couvent, remplacé par Isaac* I$^{er}$ Comnène, représentant l'aristocratie militaire et terrienne.

**MICHEL VII DOUKAS Parapinakès** ♦ Empereur byzantin (de 1071 à 1078). Mineur à la mort de son père Constantin* X, il monta sur le trône lorsque son beau-père Romain IV eut été fait prisonnier par les Seldjoukides. Élève de Psellos*, adonné aux études théologiques, il laissa les affaires d'État à ses ministres. Tandis que les Normands s'emparaient de l'Italie méridionale et que l'empire était menacé de tous côtés, les chefs de l'armée révoltée se proclamaient empereurs ; Michel abdiqua et fut nommé archevêque d'Éphèse.

**MICHEL VIII PALÉOLOGUE** ♦ (1224 - 1282). Empereur byzantin de Nicée* (1259) et de Constantinople (1261 - 1282), fondateur de la dernière dynastie byzantine. Proclamé coempereur de Nicée après l'assassinat du régent (→ **Jean IV**), il vainquit Guillaume de Villehardouin et le despote d'Épire, restaura l'Empire byzantin de Constantinople (1261) et éloigna l'héritier légitime, Jean IV, en lui faisant crever les yeux. Il utilisa la force des armes et surtout son habileté diplomatique à la lutte contre l'Occident. Il accorda des privilèges commerciaux à Gênes pour contrebalancer la puissance de Venise et reconnut la primauté romaine, signant l'union des Églises au concile de Lyon (1274) pour neutraliser la papauté et empêcher les projets de Charles d'Anjou. Il contribua aux Vêpres* siciliennes (1282) qui éliminèrent la puissance angevine. Mais l'union des Églises ne put être effective, et pendant son règne la défense contre les Serbes au N. et contre les Turcs à l'E. fut négligée.

**MICHEL IX PALÉOLOGUE** ♦ (1277 - 1320). Empereur byzantin (1295 - 1320), il fut associé au trône par son père Andronic* II.

**POLOGNE**

**MICHEL WIESNIOWIECKI** ou **WIŚNIOWIECKI** ♦ (1638 - Lvov 1673). Roi de Pologne (1669 - 1673). Descendant des Jagellon, élu roi de Pologne après l'abdication de Jean* II Casimir,il céda la Podolie aux Turcs et l'Ukraine aux Cosaques. Jean* III Sobieski lui succéda.

**PORTUGAL**

**MICHEL Ier** – en port. ***Dom Miguel*** ♦ (Queluz 1802 - Brombach, Allemagne 1866). Roi de Portugal (1828 - 1834). Fils de Jean* VI, il se mit à la tête des absolutistes et usurpa à sa fiancée, Marie* II de Bragance, le trône du Portugal (1828). Il commença à persécuter les libéraux, mais son frère Pierre* Ier, empereur du Brésil, vint rétablir sa fille sur le trône. Vaincu après une longue guerre civile, Michel Ier dut abdiquer (1834).

**ROUMANIE**

**MICHEL Ier** ♦ (Sinaia 1921). Roi de Roumanie (1927 - 1930 et 1940 - 1947). Il devint roi à la mort de Ferdinand* Ier sous la tutelle d'un conseil de régence. Son père Carol* II prit le pouvoir en 1930 et il redevint roi à son abdication en 1940. Il ne put s'opposer à l'institution de la dictature par Antonescu* mais le fit arrêter lors de la défaite du Reich. Il ne put empêcher l'institution du régime communiste et dut abdiquer.

**RUSSIE**

**MICHEL III FEDOROVITCH** ♦ (Moscou 1596 - *id.* 1645). Tsar de Russie (1613 - 1645). Premier tsar de la dynastie des Romanov*, il fut élu par le *zemski sobor* (états généraux russes) avec lequel il gouverna, avant d'être puissamment secondé par son père (1619 - 1633), le patriarche Philarète (Fedor Nikititch Romanov). Il s'attacha à pacifier le pays, qui traversait, depuis la mort d'Ivan* IV le Terrible (1584), une crise profonde (on appelle cette période «le Temps des troubles»). À l'extérieur, il fit la paix avec la Suède (1617) et la Pologne (1634). Son fils Alexis* Ier Mikhaïlovitch lui succéda.

**SERBIE**

**MICHEL OBRÉNOVITCH** ou **OBRENOVIĆ** ♦ (Kragujevac 1823 - Topčider, près de Belgrade 1868). Prince de Serbie (1839 - 1842 et 1860 - 1868). Fils de Miloch* Obrénovitch, il succéda à son frère Milan* mais dut abdiquer. À la mort de Miloch, il redevint prince de Serbie, rentra à Belgrade libérée par les Turcs (1867) mais fut assassiné par les Karageorgévitch.

---

**MICHEL (Jehan)** ♦ Poète dramatique français (Angers v. 1430 - *id.* 1501). Docteur en médecine et poète, il procéda au remaniement du *Mystère de la Passion*, d'Arnoul Gréban*, pour une représentation de cette œuvre donnée à Angers en 1486. Ses additions témoignent d'une invention poétique souvent savoureuse et charmante.

**MICHEL (Georges)** dit **Michel de Montmartre** ♦ Peintre et dessinateur français (Paris 1768 - *id.* 1843). Restaurateur de tableaux anciens, admirateur de Ruysdael et de Rembrandt*, il abandonna les paysages mythologiques et s'attacha à peindre les environs de Paris et les moulins de Montmartre. Le caractère dramatique de sa vision, la liberté de facture de plusieurs de ses œuvres aux larges empâtements en font l'un des initiateurs du paysage romantique et de l'école de Barbizon* (*Orage sur la vallée de la Seine*).

**MICHEL (Louise)** ♦ Révolutionnaire anarchiste française (Vroncourt-la-Côte, Haute-Marne 1830 - Marseille 1905). Institutrice à Paris (1856), elle milita dans l'opposition républicaine, adhéra à la Ire Internationale et participa activement à la Commune de Paris. Condamnée, elle fut déportée à Nouméa (1873), où elle se lia avec la population canaque et les Kabyles (déportés après leur insurrection). Amnistiée (1880), «la bonne Louise» ne cessa de lutter pour la libération des «damnés de la terre». Elle a laissé une œuvre littéraire importante (discours, poèmes, romans, et *La Commune, histoire et souvenirs*, 1898).

**MICHEL (Hartmut)** ♦ Chimiste allemand (Ludwigsburg, Bade-Wurtemberg 1948). Il élucida, avec J. Deisenhofer* et R. Huber*, la structure tridimensionnelle du centre photosynthétique d'une bactérie. Ce résultat, obtenu en 1985, constitue la première détermination à haute résolution de l'architecture d'une protéine membranaire. [Prix Nobel de chim. 1988, avec J. Deisenhofer et R. Huber]

**MICHEL-ANGE (Michelangelo BUONARROTI,** dit en fr.) ♦ Sculpteur, peintre, architecte, ingénieur et poète italien (Caprese, près d'Arezzo 1475 - Rome 1564). **❚ Florence, Venise, Bologne et Rome** Les débuts de Michel-Ange ne sont pas élucidés ; on sait cependant qu'il passa chez Ghirlandaio* qui lui enseigna la peinture et qu'il suivit les leçons du sculpteur Bertoldo. Mais cet enseignement ne détermina guère la manière de Michel-Ange, qui renoua directement avec l'antique et avec l'art monumental toscan (Giotto*, Masaccio*, Donatello*). Dès ses premières sculptures, il sut assimiler ces influences. Ainsi le *Combat des Lapithes et des Centaures* (v. 1490, Bargello, Florence), tout en s'inspirant de la composition des sarcophages romains, révèle-t-il déjà le style tumultueux qui sera toujours le sien, tandis que la *Vierge à l'escalier* (v. 1491, casa Buonarroti, Florence) offre un bas-relief écrasé à la Donatello. Simultanément, Laurent de Médicis*, lui accordant sa faveur, lui permit d'étudier à loisir sa collection d'antiques et d'entrer en contact direct avec les humanistes de l'académie de Careggi (Politien*, Landino*, Pic* de La Mirandole) qui lui enseignèrent les préceptes néoplatoniciens et lui inculquèrent la volonté d'un syncrétisme entre la sagesse grecque et la foi chrétienne. Après la mort de Laurent (1492), au moment où une invasion menaçait Florence, Michel-Ange partit pour Venise (1494) et séjourna ensuite à Bologne où il exécuta trois statuettes pour la châsse de saint Dominique (1494) dans le style de Jacopo* della Quercia. Après un retour à Florence, où il fut impressionné par les prédications eschatologiques de Savonarole*, il résida à Rome (1496 - 1501) où il exécuta une *Pietà** en marbre (1498 - 1499, basilique Saint-Pierre), son premier chef-d'œuvre. De nouveau à Florence (1501 - 1505), Michel-Ange y eut une grande activité grâce à la politique de prestige menée par le gonfalonier Soderini. Dans un bloc de marbre jugé inutilisable, il tailla son David*, œuvre emblématique que les autorités de la république placèrent à l'entrée du palais de la Seigneurie (1501 - 1504 ; original auj. à l'Académie). Il exécuta aussi des *tondi* (grands médaillons) dont deux bas-reliefs (*Madone Pitti*, 1505, Bargello ; *Madone à l'oiseau*, v. 1505, Royal Academy, Londres), jouant sur les possibilités de combinaison du «fini» et du «non-fini». Pour la salle du Conseil du palais de la Seigneurie, on lui commanda en 1504 une fresque illustrant la *Bataille de Cascina* et destinée à faire pendant à la *Bataille d'Anghiari* à laquelle travaillait son rival Léonard* de Vinci ; mais aucune des deux œuvres ne fut achevée. En 1505, Michel-Ange repartit pour Rome exécuter le mausolée de Jules* II ; le projet grandiose qu'il élabora fut suspendu un an plus tard. **❚ La voûte de la chapelle Sixtine** Mais, en 1508, le même Jules II lui confia le décor de la voûte de la chapelle Sixtine*, fresque gigantesque (40 m × 13 m) que Michel-Ange acheva en 1512. Comme divers maîtres du Quattrocento avaient déjà peint sur les murs l'histoire de l'humanité *sub Lege* et *sub Gratia* (cycles de la vie de Moïse et du Christ), il restait à compléter l'ensemble en illustrant l'histoire de l'humanité *ante Legem*. Cependant, au sens biblique de la Genèse, Michel-Ange superposa une signification néoplatonicienne évoquant l'idée du retour de l'âme à Dieu, à la source, à l'essence. Dans une zone inférieure (lunettes et triangles courbés des fenêtres) sont évoqués en grisaille les malheurs de l'humanité d'après la Bible (niveau terrestre). Une seconde zone est occupée

**Michel-Ange.** *Ignudo.* Voûte de la chapelle Sixtine, Vatican. *Phot. A. Bracchetti/P. Zigrossi © Nippon Television Network Corporation. Tōkyō 1996*

**Michel-Ange.** *Esclave rebelle* (2,09 m). Musée du Louvre, Paris. *Phot. © Arch. Rencontre*

**Michel-Ange.** *Esclave mourant* (2,09 m). Musée du Louvre, Paris. *Phot. © Arch. Smeets*

par les figures types de l'inspiration et de la voyance (douze prophètes et sibylles) qui semblent soutenir la voûte massive (niveau intermédiaire). Dans la partie supérieure, découpée par une forte corniche où se meuvent les *ignudi* (adolescents nus symbolisant par diverses torsions les émotions multiples de l'âme), sont peints, à même la voûte, neuf panneaux illustrant la Genèse (niveau céleste). De l'E. *(Ivresse de Noé)* à l'O. *(Dieu séparant la lumière des ténèbres)*, la composition vers l'autel se libère au fur et à mesure pour proposer enfin un monde aérien, flottant et comme éthéré. Aboutissement du dessin linéaire des Florentins amplifié par la monumentalité romaine, cet ensemble impressionnant montre aussi, depuis la restauration achevée en 1989, un Michel-Ange coloriste, inspirateur direct du maniérisme. ▮ **Le tombeau de Jules II** En 1513, on fit à nouveau appel à Michel-Ange pour reprendre le projet de sépulture du pape Jules II. Le projet initial (1505) proposait un édifice libre organisant un étagement symbolique déchiffré par Panofsky : sur l'étage inférieur courait une suite de victoires (symbolisant l'âme humaine en état de liberté) et d'esclaves enchaînés (représentant l'âme «captive de la matière»). Au-dessus, aux quatre coins de la plateforme devaient figurer les statues monumentales de la *Vita activa* et de la *Vita contemplativa* accompagnées de celles de Moïse et de saint Paul. Sur une seconde plateforme, plus haut, deux anges, portaient un cercueil surmonté de l'effigie du pape assis. À l'origine donc, ce monument était censé représenter un triomphe spirituel. Mais, dès 1513, le projet fut réduit et modifié par l'ajout d'une *capelletta* avec sa Madone et ses Saints. Le *Moïse*, les *Esclaves* du Louvre et de l'Académie et la *Victoire* de la Seigneurie furent exécutés en fonction de ce projet. En 1516, le monument fut encore simplifié. En 1542, enfin, les esclaves et les victoires furent écartés. Le monument actuel, à Saint-Pierre-aux-Liens (Rome), est le dernier projet, d'où a été progressivement éliminé le programme néoplatonicien du premier. ▮ **La chapelle funéraire et la bibliothèque des Médicis** Mais l'artiste eut une autre occasion pour illustrer ses croyances et sa culture néoplatonicienne en exécutant, lors de son dernier séjour florentin (1516 - 1534), la chapelle funéraire des Médicis, ou Nouvelle Sacristie, à San Lorenzo. Dans cette œuvre, Michel-Ange prévoyait l'association intégrale des trois arts (architecture, sculpture et peinture) exprimant la synthèse entre la culture classique et la foi chrétienne dans la perspective du salut. Aussi l'«enveloppe» architecturale suit-elle le même schéma hiérarchique que le programme strictement funéraire : la zone inférieure est laissée dans des ténèbres relatives, telle une crypte, tandis que la coupole (le niveau céleste) est baignée par une lumière crue. À l'intérieur de cet espace hiérarchisé par la lumière se font face les tombeaux de Julien, duc de Nemours, et de Laurent, duc d'Urbino. Les ducs trônent sur les sarcophages au-dessus des statues couchées du *Jour* et de la *Nuit*, de l'*Aurore* et du *Crépuscule*. En 1524, Michel-Ange fut, par ailleurs, chargé de la construction de la bibliothèque des Médicis attenante à San Lorenzo (bibliothèque Laurentienne). Il la dota d'une entrée *(ricetto)* qu'il laissa inachevée et qu'Ammanati (1560) termina selon ses dessins. L'espace réservé à cette entrée étant bien plus haut que long ou large, Michel-Ange y conçut un découpage cherchant à produire un effet d'étrangeté qui a permis de déceler un courant architectural parallèle à ce que fut le maniérisme en peinture. ▮ **Le «Jugement dernier» et la chapelle Pauline** Portant un amour passionné et platonique au jeune Romain Tomaso Cavalieri depuis 1532, Michel-Ange s'installa définitivement à Rome, à la suite de la mort de son père (1534). Il écrivit en cette période des poèmes désespérés et réalisa des dessins très souples *(Ganymède, Tityos, Phaéton)*. Paul* III, le nouveau pape, lui commanda en 1536, le *Jugement* dernier* (mur du fond de la chapelle Sixtine, 17 m × 13 m). Il y travailla jusqu'en 1541. Œuvre de transition, cette fresque révèle l'abandon de toute référence à l'idéologie païenne et propose un espace visionnaire, prélude aux conquêtes baroques, entièrement régi par les attitudes spirituelles. Sa dernière œuvre peinte, la chapelle Pauline, au Vatican, développe cette tendance spirituelle (*Conversion de saint Paul*, 1542 - 1545 ; *Crucifixion de saint Pierre*, 1546 - 1550) ; l'espace transparent, incorporel, les formes dégrossies et les gestes comprimés y évoquent les représentations médiévales et révèlent un besoin de pénitence. Après avoir déploré sa participation aux «fables du monde», Michel-Ange chercha refuge auprès du Christ. Déjà, depuis 1537, il était en rapport avec Vittoria Colonna* et les réformateurs catholiques qui l'entouraient. L'amitié que lui accorda cette dame fut sa dernière satisfaction. ▮ **L'architecte officiel du Saint-Siège** En 1547, Michel-Ange devint l'architecte officiel de la papauté ; il dirigea les travaux de la coupole de Saint-Pierre (terminés par Giacomo Della* Porta) ; il aménagea le projet de Sainte-Marie-des-Anges dans les anciens thermes de Dioclétien (1561) ; il dessina l'étonnante Porta Pia (v. 1560) ; il acheva le palais Farnèse* qu'il dota de sa puissante corniche ; enfin et surtout, il conçut l'ordonnance de la place du Capitole en adoptant un plan trapézoïdal suggérant un effet perspectif. Ne sculptant plus que pour lui-même, Michel-Ange exécuta en ces dernières années trois *Pietà* : celle du Dôme de Florence reste encore solidement construite selon une composition pyramidale (v. 1550 - 1555) ; la *Pietà de Palestrina* (1550 - 1555, Académie, Florence) montre un Christ épuisé, effondré sur sa mère et rappelant l'étreinte des médiévales *pietà* germaniques ; enfin la *Pietà Rondanini* (1555 - 1564, Castello Sforzesco, Milan), inachevée, confond le Christ et la Vierge dans une même masse douloureuse, pathétique. Michel-Ange mourut en 1564 alors que sa gloire était déjà consacrée par le livre de Vasari* (1550) et la biographie de Condivi (1553). ▮ **La valeur du mouvement** Si Raphaël*, Dürer* et Léonard* étaient surtout préoccupés par la proportion du corps humain et par l'organisation stabilisée de l'espace, Michel-Ange insistait plus sur la valeur du mouvement et soumettait ses productions à ses croyances et à ses hantises. Les formes sont chez lui fondamentalement mouvementées et distordues. Historiquement, Dürer et Raphaël travaillaient dans l'esprit du classicisme renaissant tandis que Michel-Ange ouvrait des voies nouvelles (maniérisme*, baroque*). ▪ *Autres illustrations :* → **Jugement dernier, Saint-Pierre-de-Rome.**

**MICHELANGELI (Arturo Benedetti)** ♦ Pianiste italien (Orzinuovi, près de Brescia 1920 - Lugano1995). Son jeu expressif et très personnel se distinguait par la grande beauté sonore de ses interprétations, notamment de Beethoven, Mozart ou Debussy. Il fut le professeur de Martha Argerich* et de Maurizio Pollini*.

**MICHELET (Jules)** ♦ Historien et écrivain français (Paris 1798 - Hyères 1874). Au sortir d'une adolescence laborieuse, où il travailla dans l'imprimerie de son père tout en poursuivant de brillantes études, il fut chargé du cours d'histoire ancienne à l'École normale supérieure et se passionna pour la philosophie de l'histoire, à la lecture de Victor Cousin*, de Herder* et surtout de Vico* (auquel il empruntera le principe de «l'humanité qui se crée»). Nommé chef de la section historique aux Archives nationales (1831), il orienta ses recherches vers le passé national et entreprit son *Histoire de France*, dont six volumes (des origines à la mort de Louis XI) parurent de 1833 à 1844. Rompant avec le catholicisme, il développa ses idées démocratiques durant ses cours, très suivis, au Collège de France (depuis 1838, avec E. Quinet* et A. Mickiewicz*) et, pour mieux comprendre la monarchie absolue, aborda au préalable l'*Histoire de la Révolution française* (sept vol., de 1847 à 1853), œuvre engagée et inspirée, enthousiaste mais remarquablement documentée. Destitué, après 1851, de toutes ses fonctions officielles, Michelet conféra aux derniers volumes de l'*Histoire de France* (de Louis XI à Louis XVI, 1855 - 1867) l'allure d'une polémique politique. Dans sa retraite, coupée par des voyages en province qui inspirèrent ses études de nature (dont *L'Oiseau*, 1856 ; *La Mer*, 1861), il continua cependant à affirmer sa tendresse pour l'humanité (*L'Amour*, 1859 ; *La Femme*, 1860) ou son espoir en l'avenir (*La Bible de l'humanité*, 1864). La mort l'empêcha d'achever son *Histoire du XIXᵉ siècle* (3 vol., de 1872 à 1875). Il laissait un *Journal intime*. ▪ L'œuvre historique de Michelet est celle d'un savant doublé d'un artiste ; cherchant dans l'histoire une «résurrection de la vie intégrale», il s'appuie sur une documentation rigoureuse qui concerne non seulement les événements, mais aussi bien la «base géographique» («telle est la patrie, tel est l'homme») et tous les aspects de la vie du passé. La synthèse de ces éléments vient nourrir sa philosophie de l'histoire (Préface de 1869) qui considère l'évolution de l'humanité comme «un puissant travail de soi sur soi». Ce mouvement historique s'incarne en de grandes figures présentées symboliquement suivant un mouvement, tantôt lyrique, tantôt épique. Cette histoire est donc véritablement poétique, portée par une prose au rythme nerveux, souvent haletant (parfois organisé en versets où abondent les vers blancs de six, huit et douze syllabes), et utilisant des métaphores saisissantes qui font de Michelet un grand prosateur romantique, original et audacieux.

**MICHELIN** ♦ Industriels français. ANDRÉ (Paris 1853 - *id.* 1931) et ÉDOUARD (Clermont-Ferrand 1859 - Orcines, Puy-de-Dôme 1940). En 1891, Édouard imagina le pneumatique démontable pour la bicyclette. Les deux frères s'intéressèrent ensuite à la voiture à cheval et réalisèrent le premier pneu pour fiacre (1894). Enfin, en 1895, Édouard fit breveter le premier pneumatique démontable destiné aux voitures automobiles. Le *Guide Michelin* fut créé par André en 1900, suivi par une série de cartes concernant la France et quelques autres pays. André Michelin s'attacha au problème du numérotage et du balisage des routes (1911) [→ **Clermont-Ferrand**]. ◆ ÉTYM. *Michelin* est le diminutif de *Michel*.

**MICHELOZZO (Michelozzo di Bartolomeo MICHELOZZI, dit)** ♦ Architecte, sculpteur et ornemaniste italien (Florence 1396 - *id.* 1472). Élève de Ghiberti*, collaborateur de Donatello* et disciple, en architecture, de Brunelleschi*, il employa surtout ses talents de sculpteur à orner ses édifices. Cosme de Médicis, qu'il avait suivi en exil, lui confia en 1437 la reconstruction du couvent dominicain de San Marco (→ **Angelico, Savonarole**). Dans les demeures civiles, il développa le thème du *cortile*, comme au Palazzo Vecchio (1439 - 1454) et au palais Medici*Riccardi où il a donné, en jouant sur les bossages et la corniche, une version allégée, très souvent imitée, du «palais-bloc» florentin (1444 - 1459). À la chapelle Portinari, à Sant'Eustorgio de Milan (1462), il lui plut d'agrémenter dans le goût lombard la simplicité brunelleschienne. Il travailla aussi pour le palais des Recteurs à Raguse (1462 - 1464). ◆ ÉTYM. *Michelozzo* vient de l'italien *Michele* «Michel».

**MICHELS (Robert)** ♦ Sociologue italien d'origine allemande (Cologne 1876 - Rome 1936). Ses travaux sur *Les Partis politiques, Essai sur les tendances oligarchiques des démocraties* (1911) et sur *Le Socialisme et le Fascisme comme courants politiques* (1925), ainsi que son *Cours de sociologie politique* (1927) font de lui un des fondateurs de la sociologie politique. Il fut d'abord attiré par le marxisme (*Histoire du marxisme en Italie*, 1909) puis par le fascisme.

**MICHELSON (Albert)** ♦ Physicien américain (Strzelno, Pologne 1852 - Pasadena 1931). Il est l'inventeur d'un interféromètre dont la grande sensibilité lui permit de faire des mesures précises de la vitesse de la lumière. Ses célèbres expériences, menées d'abord seul (1881) puis en collaboration avec Morley* (1887), dans le but de déceler un éventuel vent d'éther, support hypothétique des ondes électromagnétiques (qui serait alors dû à un entraînement par la Terre en mouvement), eurent des résultats négatifs qui sont à l'origine de la théorie de la relativité. On lui doit également la première évaluation de la longueur du mètre en fonction de la longueur d'onde de la lumière. L'utilisation de l'interférométrie lui permit par ailleurs de déterminer les marées de l'écorce terrestre et le diamètre de certains astres. [Prix Nobel de phys. 1907]

**MICHENER (James Albert)** ♦ Écrivain américain (New York 1907 - Austin 1997). Son service dans la marine pendant la Deuxième Guerre mondiale lui fournit des matériaux qu'il utilisa dans de nombreux romans à grand succès, tels que *Tales of the South Pacific* (1947), qui lui valut un prix Pulitzer et devint la célèbre comédie musicale *South Pacific* (1949). Il consacra ensuite son œuvre à l'analyse romanesque du mythe américain (*Klondike : la Ruée vers l'or ; Colorado Saga ; Texas ; Alaska ; Chesapeake*) et de l'histoire américaine (*Rien moins que justice*, 1987), transformant en mythes les terres qu'il explore (*Caraïbes ; Hawaii*).

**MICHIGAN** (lac) ♦ L'un des Grands Lacs* américains (57 994 km²), orienté N.-S. Il communique au N.-E. avec le lac Huron (détroit de Mackinac), par lequel il est relié aux autres Grands Lacs. Il est situé en territoire des États-Unis (Michigan au N. et à l'E. ; Wisconsin à l'O. ; Illinois et Indiana au S.). Milwaukee*, Racine*, Chicago*, Gary* sont sur ses rives O. et S.

**MICHIGAN** n. m. ◆ ÉTYM. algonquin «le grand (*michi*) lac (*gami*)» ♦ État des États-Unis, formé par deux péninsules → **États-Unis** (carte). 150 779 km² (sans les lacs ; l'État revendique 250 504 km² avec les eaux). 9 938 444 hab. CAP. : Lansing. ▮ **Géographie** La péninsule N. est une pénéplaine où affleure le Bouclier canadien. Au S., l'État est vallonné et son relief est glaciaire (lacs, moraines). Le Michigan possède également de nombreux lacs, rivières, forêts. ▮ **Économie** L'agriculture est fondée sur la production de fruits, de céréales, et l'élevage laitier. L'exploitation de la forêt est importante. Son sol recèle de nombreux minéraux (fer, cuivre, sel) et du gaz naturel. Son industrie est variée (fonderies, indus. alimentaires, indus. chimiques, usines de machines-outils et d'appareils ménagers) mais surtout centrée sur l'automobile. Cette industrie a fourni au milieu du XXᵉ s. 40 % des véhicules des États-Unis ; elle a cependant été très touchée par la crise des années 1980 et a perdu beaucoup d'emplois. Le tourisme figure en bonne place au nombre des industries clés qui font vivre l'État. ▮ **Histoire** Colonisée par les Français après 1618, la région, devenue britannique puis occupée par les États-Unis (1787 - 1796), fut réoccupée par les Britanniques (1812 - 1813). Le Michigan devint un État de l'Union (le 26ᵉ) en 1837. Le développement industriel au XXᵉ s. a dépendu en grande partie du développement de l'automobile (Ford).

**Michna** → **Mishnah**

**MICHOACÁN** ♦ État du Mexique central. 59 928 km². 3 966 073 hab. CAP. : Morelia. Il s'étend du plateau volcanique à l'océan Pacifique et jouit d'un climat subtropical tempéré par l'altitude. Sur cette terre verdoyante ou plus aride, les richesses naturelles (volcan Paricutín*, lac de Pátzcuaro*) et culturelles (Indiens tarasques ou purepechas) attirent le tourisme. Cultures de canne à sucre, de tabac, de céréales. Richesses minérales (argent, or, plomb, mercure, tungstène). Centre universitaire à Zamora. Sites archéologiques de Tzintzunizan et Zacapu.

**MICIPSA** ♦ (mort en −118). Roi de Numidie (−148 - −118). Fils de Masinissa* et oncle de Jugurtha*, il gouverna sous la tutelle des Romains.

**MICKEY MOUSE** ◆ ÉTYM. en angl. *Mickey* dimin. de *Mick* (*Michael* «Michel») et *Mouse* «souris» ♦ Personnage de dessins animés, créé par Walt Disney. Souris anthropomorphe à la physionomie rieuse et mobile, vêtue d'une culotte courte laissant passer une longue queue, de grosses chaussures et de gants blancs à quatre doigts, Mickey est un personnage ambigu, ni homme ni animal. Une ébauche de Mickey apparut pour la première fois en 1928 : il s'appelait alors Mortimer. Il prit son nom définitif dans le premier dessin animé sonore de Walt Disney, *Steamboat Willie*. Plusieurs des films de la série des *Mickey* sont de remarquables réussites et eurent une influence durable sur le cinéma d'animation. On peut citer *L'Orchestre de Mickey, Les Nettoyeurs de pendules*, «L'Apprenti sorcier» (dans *Fantasia*) qui illustrait le poème symphonique de Paul Dukas. La firme Disney cessa de produire des *Mickey* originaux vers 1955, mais la carrière du personnage se poursuivit dans la bande dessinée.

**Mickey Mouse.** *Fantasia*, 1940. Walt Disney Production.
*BIS/Phot. © Coll. Kipa/DR*

**MICKIEWICZ (Adam)** ♦ Poète polonais (Zaosie, près de Nowogródek, en Lituanie 1798 - Péra, auj. Beyoğlu, quartier d'İstanbul 1855). Étudiant à l'université de Wilno, auj. Vilnius (1815 - 1819), il anima dès 1817 une société secrète d'étudiants, les «Philomates», dont l'objectif principal était de propager les idées patriotiques contre l'oppression tsariste. Professeur au gymnase de Kovno, auj. Kaunas (1819 - 1823), il y écrivit, dans un style encore empreint de classicisme, son premier poème important, *Ode à la jeunesse* (1820), et devint le chef incontesté de la jeune école romantique polonaise après la publication de son premier recueil de poésies (*Poezje*, 1822) qui comportait les *Ballades et Romances* et d'autres pièces lyriques. Dans son deuxième tome de *Poésies* (1823) furent insérés un poème épique, *Grazyna*, dans le goût de Walter Scott, et deux parties d'un drame fantastique, *Les Aïeux (Dziady)* ou *La Fête des morts*, tragédie de l'amour sur fond de traditions lituaniennes. Arrêté en oct. 1823 avec la majorité des «Philomates», il fut condamné à l'exil en Russie (oct. 1824) et nommé professeur au lycée d'Odessa (mars 1825), où il lui fut interdit d'enseigner. Il visita la Crimée, qui lui inspira les *Sonnets de Crimée* (1826), méditation lyrique d'inspiration orientaliste, puis fut envoyé à Moscou (déc. 1826) où il se lia avec Pouchkine* et rédigea un grand poème dramatique sur le mode byronien, *Konrad Wallenrod* (publié en 1828 à Saint-Pétersbourg), œuvre de ralliement à l'insurrection de nov. 1830. Autorisé à quitter la Russie, il se rendit en Allemagne (où il rencontra Goethe à Weimar), en Suisse, puis en Italie où il apprit le soulèvement de la Pologne (1830) qu'il tenta de rejoindre avant de se replier sur Dresde. De cette époque datent les poèmes à sujets militaires (*La Redoute d'Ordon ; La Mort du colonel*) et la dernière partie des *Aïeux*, où il évoque la souffrance et les sentiments révolutionnaires de son peuple. Installé à Paris (août 1832), il devint le chef spirituel des Polonais émigrés et publia *Les Livres de la nation polonaise et du pèlerinage polonais* (déc. 1832) avant d'écrire son chef-d'œuvre *Monsieur Thadée* (1834), épopée historique et familière en douze chants, où il décrit les mœurs et les coutumes lituaniennes. Nommé professeur de littérature latine à Lausanne (1839), il revint à Paris pour enseigner les littératures slaves au Collège de France (1840), mais fut suspendu de ses fonctions (1844) en raison du caractère messianique de son enseignement. Après avoir organisé en Italie une légion polonaise contre l'Autriche (1848), il se rendit en Turquie pour préparer une nouvelle légion contre la Russie (guerre de Crimée). Frappé de choléra, il mourut à Constantinople. Sa statue fut érigée à Paris par Bourdelle*.

**MICMAC(S)** n. m. (pl.) ➝ ÉTYM. du mot micmac *mikimak* «ami» ♦ Peuple indien du Canada, de langue algonquine, originaire de la côte des actuelles Provinces-Maritimes. Probablement les premiers Indiens rencontrés par les Européens, ils sont intégrés dans la société canadienne et beaucoup sont fermiers et catholiques. Certains vivent néanmoins dans les réserves de Nouvelle-Écosse, du Nouveau-Brunswick et de l'île du Prince-Édouard, où ils produisent un artisanat traditionnel.

**Micromégas** ➝ ÉTYM. gr. «Petit *(mikro)*-Grand *(megas)*» ♦ Conte philosophique de Voltaire* (1752). S'inspirant de *Gulliver* de Swift*, l'auteur exploite de façon neuve le thème pascalien des deux infinis, dans le but d'illustrer la relativité universelle. Gigantesque voyageur de l'espace, un habitant de Sirius, Micromégas, va d'astre en astre en compagnie du secrétaire de l'Académie de Saturne. Arrivé sur la Terre, il découvre une humanité démesurément orgueilleuse bien qu'infiniment petite, mais qui est capable, si elle sait éviter les vaines spéculations métaphysiques, de perfectionner sa connaissance de la nature. Ce récit est caractéristique de la manière de Voltaire, par la vivacité mordante des divers épisodes où sont raillés nombre de systèmes philosophiques en une langue elliptique et limpide.

**MICRONÉSIE** n. f. ➝ ÉTYM. gr. «petites *(mikros)* îles *(nêsos)*» ♦ Une des trois grandes divisions de l'Océanie*, située à l'E. des Philippines, au N. de la Mélanésie et à l'O. de la Polynésie. Elle comprend le groupe des îles Mariannes*, Carolines*, Marshall*, Kiribati*, Nauru*. Env. 350 000 hab. *(Micronésiens)*. À part quelques îles hautes d'origine volcanique, comme Guam*, la Micronésie est formée d'îles basses de structure corallienne. Son extension en latitude et longitude explique les différences climatiques et pluviométriques (sécheresses parfois très longues à proximité de l'équateur). Les îles occidentales sont périodiquement touchées par les typhons. Les ressources principales sont le coprah et, pour certaines îles, le phosphate (îles Nauru* et Banaba à Kiribati*). Le réchauffement de la planète provoque une élévation du niveau des océans catastrophique pour les îles et leur population, dont une partie, les premiers «réfugiés climatiques», a dû partir. ■ **Histoire** Les îles de la Micronésie, cadre de la guerre du Pacifique entre les États-Unis et le Japon (1942 - 1945), forment une zone stratégique placée par l'ONU sous la tutelle des États-Unis en 1947. Depuis 1980, elles ont éclaté en plusieurs micro-États autonomes, associés aux États-Unis ou indépendants, mais faisant partie de la zone d'influence économique américaine, australienne et néo-zélandaise.

**MICRONÉSIE**

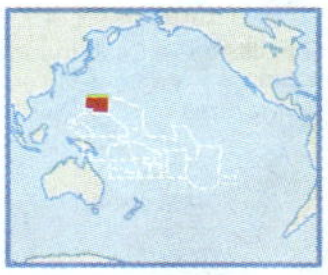

■ n. f. – off. ***États fédérés de Micronésie*** ♦ État fédéral de l'océan Pacifique occidental comprenant l'archipel des îles Carolines* sauf les Palaos*. 701 km$^2$. 107 008 hab. *(Micronésiens)*. LANGUES : anglais (off.), langues micronésiennes et polynésiennes. MONNAIE : dollar US. CAPITALE : Palikir (5 549 hab.) dans l'île de Pohnpei. RÉGIME : démocratie parlementaire. La Micronésie est constituée de quatre petits États : Kosrae (109 km$^2$, 7 686 hab., CAP. : Tofol), une île volcanique ; Pohnpei (344 km$^2$, 34 486 hab., CAP. : Kolonia), comprenant une île volcanique, Pohnpei (anc. Ponape) et 8 atolls ; Chuuk (127 km$^2$, 53 595 hab., CAP. : Weno), composé de 14 îles volcaniques et d'une douzaine d'atolls (les îles Mortlock) ; Yap (101 km$^2$, 11 241 hab., CAP. : Colonia), regroupant 4 îles volcaniques et 13 atolls. Îles et atolls s'étalent sur plus de 3 000 km juste au N. de l'équateur. Les îles, enserrées dans des lagons fermés par des récifs, sont montagneuses et couvertes d'une forêt tropicale ; les atolls, ou îles basses, abritent des cocotiers, des arbres à pain, des pandanus. L'igname, le manioc, le taro et la noix de coco constituent les ressources vivrières avec la pêche en lagon. Le thon, le coprah, les bananes sont les principales exportations.

■ **HISTOIRE** Des structures d'habitats lacustres datant du XVe s. ont été mises au jour à Pohnpei. Les Espagnols découvrirent la majeure partie de l'archipel au XVIe s., le revendiquèrent au siècle suivant, l'annexèrent en 1885, puis le vendirent à l'Allemagne en 1899. Le Japon l'occupa durant la Première Guerre mondiale et le reçut en mandat de la SDN en 1921. Les Américains y débarquèrent en 1944, puis l'administrèrent selon le mandat confié par l'ONU en 1947. La Fédération des États de Micronésie fut créée en 1979 et devint autonome en libre association avec les États-Unis en 1986 pour une durée de quinze ans, renouvelée pour vingt ans en 2003. Les États de Micronésie sont membres des Nations unies depuis sept. 1991.

**MICRONÉSIENS** n. m. pl. ♦ Population de la Micronésie*, apparentée aux Polynésiens* et parlant des dialectes du groupe malayo-polynésien.

**MIDAS** ♦ Roi de Phrygie*, fils de Gordias*. Sous son règne ou sous la dynastie de ce nom (–VIIIe s.), la Phrygie atteignit son apogée grâce aux mines d'or et de fer qu'elle possédait, mais elle succomba aux invasions des Cimmériens peu après –700. Le roi Midas est le héros de plusieurs légendes très populaires. Ayant rendu Silène*, captif par erreur, à Dionysos*, le dieu lui promet d'exaucer un vœu. Midas demande d'avoir la faculté de changer en or tout ce qu'il touche. Il s'aperçoit bientôt que tout aliment et toute boisson qu'il porte à la bouche se transforment en or. Mourant de soif et de faim, il implore Dionysos de lui reprendre cette faveur. Le dieu lui conseille de se laver dans la source du Pactole* ; depuis lors, ce fleuve roule des paillettes d'or. Avec la même irréflexion, Midas, mêlé comme juge au concours qui opposait Apollon* et Marsyas*, déclare ce dernier meilleur musicien. Apollon, indigné, lui fait pousser des oreilles d'âne. Honteux, Midas cache ses oreilles sous une tiare ; son barbier, incapable de garder le silence, confie le secret, qu'il était seul à posséder, à un trou creusé dans le sol. Bientôt, les roseaux se mettent en bruissant à répéter la phrase compromettante : «Midas, le roi Midas a des oreilles d'âne !»

**MIDDELBURG** ♦ V. des Pays-Bas, ch.-l. de la Zélande, sur le canal de Walcheren. 47 267 hab. Abbaye des XIIe, XIVe et XVIe s. Hôtel de ville *(Stadhuis)* du XVIe s. ■ Indus. légères et surtout activités tertiaires (commerce, culture et loisirs).

**MIDDENDORF (Aleksandr Fedorovitch)** ♦ Naturaliste et explorateur russe (Saint-Pétersbourg 1815 - Hellenorm, Livonie 1894). Après une expédition en Laponie et dans l'océan Arctique (1840), il explora les régions entre le bassin du Taïmyr et la mer d'Okhotsk, étudiant les phénomènes météorologiques et géologiques (1842), puis la Nouvelle-Zemble (Novaïa Zemlia) et l'Islande, faisant des observations sur le Gulf Stream (1867).

**MIDDLESBROUGH** ♦ V. d'Angleterre formant un district, sur la mer du Nord, au centre de la conurbation de Teeside. 134 847 hab. Port ferry et terminal pétrolier. Sidérurgie (à Redcar), métall. et raffinage pétrolier. L'économie de l'agglomération a subi le coup de fouet dû aux retombées de l'exploitation du pétrole en mer du Nord.

**MIDDLESEX** ➝ ÉTYM. en vieil angl. *Middelseaxan* «[territoire des] Saxons *(Seaxe)* du milieu *(middel)*» (→ aussi Essex, Sussex et Wessex) ♦ Anc. comté d'Angleterre, englobé dans le Grand Londres*.

**MIDDLETON (Thomas)** ♦ Auteur dramatique anglais (Londres 1570 ? - Newington Butts 1627). Il débuta au théâtre par des comédies de mœurs inspirées par la société londonienne du début du XVIIe s. (*Une chaste jeune fille à Cheapside*, 1612), pour se consacrer ensuite au drame (*Que les femmes se défient des femmes*, v. 1612, dont l'héroïne est la fameuse courtisane italienne Bianca Capello), ou à la tragédie (*L'Enfant échangé*, 1624). De ce théâtre, où la violence des amours passionnelles engendre les crimes les plus affreux, les principaux mérites demeurent, avec le réalisme et la vérité de l'observation, la clarté et la pureté du langage. Il collabora avec J. Fletcher*.

**MIDDLE WEST** ou **MIDWEST** n. m. ➝ ÉTYM. angl. «moyen Ouest» ♦ Région des États-Unis, au S. des Grands Lacs, qui correspond à la grande culture du maïs et à l'élevage des bovins pour la viande, avec des zones industrielles dans le Nord. → **États-Unis, Illinois, Indiana, Iowa, Kentucky, Missouri, Tennessee.**

**MIDHAT PACHA** ♦ Homme d'État ottoman (Constantinople 1822 - Tā'if, Arabie 1884). Il exerça diverses fonctions importantes avant de devenir chef des Jeunes*-Turcs. Il acquit le poste de grand vizir en 1872, fit déposer le sultan Abdülaziz* et promulgua une nouvelle Constitution. Mais une intrigue de palais le fit renverser en 1877.

**MIDI** (aiguille du) ♦ Sommet du massif du Mont-Blanc, dans le dép. de la Haute-Savoie (3 842 m). Le plus haut téléphérique du monde permet, en deux tronçons, l'accès au sommet à partir de Chamonix. Un troisième tronçon au-dessus de la vallée Blanche mène à la pointe d'Helbronner (3 462 m), d'où l'on peut rejoindre Courmayeur en Italie par un autre téléphérique.

**MIDI** (dents du) ♦ Massif des Alpes suisses (Valais) au fond du val d'Illiez. Il culmine à 3 257 m.

**Midi** (canal du) appelé parfois canal du **Languedoc** ♦ Canal de navigation long de 241 km, reliant la Méditerranée à la Garonne. Construit par P.-P. Riquet (1666 à 1681), il commence à Toulouse et aboutit à l'étang de Thau après avoir franchi le seuil de Naurouze (191 m). Son trafic reste modeste, relayé par la navigation de plaisance.

**MIDI DE BIGORRE** (pic du) ♦ Sommet des Hautes-Pyrénées, anc. pic d'Arizes (2 876 m), en haut du col du Tourmalet. La route des Laquets s'élève jusqu'à 2 650 m ; de là, un téléphérique conduit jusqu'au sommet du pic où ont été construits l'observatoire, l'Institut de physique du globe et un émetteur de télévision.

**MIDI D'OSSAU** (pic du) ♦ Sommet des Pyrénées-Atlantiques (2 884 m), dominant le S. de la vallée d'Ossau.

**MIDI-PYRÉNÉES** n. m. ♦ Région administrative du S. de la France, comptant 8 dép. : Ariège, Aveyron, Haute-Garonne, Gers, Lot, Hautes-Pyrénées, Tarn, Tarn-et-Garonne. 45 348 km² (8,3 % du territoire, la plus étendue des régions françaises). 2 551 687 hab. (4,4 %, 8ᵉ rang). 4 % du PIB (9ᵉ rang). CH.-L. : Toulouse. Elle regroupe la partie orientale de la Guyenne-Gascogne, l'O. du Languedoc et l'anc. comté de Foix.

**▮ GÉOGRAPHIE** La région empiète sur trois ensembles géographiques très différents : la masse puissante des Pyrénées centrales barrant l'horizon sur 170 km, projetée sans transition de la plaine tarbaise à plus de 3 000 m d'alt. et flanquée, en Ariège, des Petites-Pyrénées ; l'extrémité méridionale du Massif central, du Rouergue granitique (600 m) aux Causses et à la sévère Montagne Noire (1 200 m) ; la partie intérieure du Bassin aquitain enfin, avec son large hémicycle de plateaux intermédiaires (causses du Quercy, 400 m ; Albigeois et Lannemezan, 600 m), d'où les plaines tertiaires (→ **Aquitaine**), parcourues de nombreux cours d'eau, s'abaissent vers la vallée de la Garonne (134 m à Toulouse, 55 m au confluent du Tarn). Cette convergence est rompue à l'O., où les rivières de Bigorre se détournent vers l'Adour, et à l'E., où le cadre montagneux s'ouvre sur le Midi méditerranéen par les collines du Lauragais au seuil de Naurouze (194 m). ▪ Le climat, de type aquitain, connaît des amplitudes annuelles assez fortes. Il est plus montagnard au S. et offre certaines tendances méditerranéennes à l'E.

**▮ POPULATION** La région a connu un véritable déclin démographique de 1851 à 1936, passant de 2 598 000 à 1 936 000 hab. (–24 % ; France : +13 %). Un renversement de tendance s'est produit après la Deuxième Guerre mondiale en raison du développement des activités indus et tertiaires, surtout à partir des années 1980. La situation est cependant très variable. Seule la Haute-Garonne (Tou-

Midi-Pyrénées et Andorre.

louse en particulier) possède une croissance forte (+13 % de 1990 à 1999), 1$^{er}$ rang pour la croissance démographique en métropole. Les autres dép. croissent faiblement, voire se dépeuplent (Aveyron, Hautes-Pyrénées, Gers).

**ÉCONOMIE** **Agriculture** Elle assure 5,7 % de l'emploi régional (France : 2 %) pour seulement 2,6 % du PIB, et se répartit également entre culture (3$^{e}$ rang avec 1,6 million de t de maïs ; 1,4 million de t de blé ; 7$^{e}$ rang avec 2 millions d'hl de vin) et élevage (2 000 000 d'ovins, 1$^{er}$ rang ; 500 000 porcins, 5$^{e}$ rang ; 1 300 000 bovins, 6$^{e}$ rang). Le RBE (revenu brut par exploitation) est de 12 % inférieur à la moyenne nationale. Cette activité est à l'origine d'une importante industrie agroalimentaire (12 600 salariés) plutôt spécialisée dans les produits de luxe : foie gras du Gers (lié aux élevages d'oies et de canards), eaux-de-vie d'Armagnac, fromage de Roquefort (issu des élevages de brebis). D'une façon générale, l'agriculture de la région est assez peu compétitive. **Industrie** Le secteur industriel, déjà attardé au siècle passé, connaît une crise profonde pour ses activités traditionnelles : travail de la laine (Mazamet, Lavelanet), houillères (Decazeville), sidérurgie (Decazeville, Pamiers). Avec 21,8 % de l'emploi régional (France : 20,7 %), l'industrie compte combler son retard grâce au développement des activités de pointe, spécialement dans l'aggl. toulousaine. Dans le cadre de la politique des métropoles d'équilibre (années 1960 - 1970 : décentralisation de l'École nationale de l'aviation civile, du Cnes ; années 1980 : Météorologie nationale), celle-ci est devenue le premier complexe aérospatial d'Europe et le 2$^{e}$ du monde : Aérospatiale, Airbus industries et Cnes-Espace (fusées Ariane, avions Airbus) y emploient plus de 11 000 salariés, renforcés par les entreprises d'électronique spatiale et militaire (Thomson-CSF, Alcatel-Espace, Matra-Espace, Motorola). Ce remarquable succès pose toutefois le problème d'une trop grande spécialisation de l'industrie et pousse les acteurs régionaux à diversifier les activités. **Activités tertiaires** Le secteur des services s'est adapté à ce développement industriel et à la croissance de la pop. Avec 72,5 % de l'emploi régional (France : 77 %), il s'est développé dans les dép. ruraux, alors que la capitale régionale exploite au mieux son capital de matière grise : c'est la deuxième ville universitaire de France pour le nombre d'étudiants avec 3 universités, 90 000 étudiants et plus de 11 000 chercheurs. ▪ Le tourisme régional s'est développé, en particulier dans les Pyrénées, avec des stations de ski (La Mongie, Saint-Lary...), des villes de cure (Cauterets, inaugurée sous Napoléon III, Ax-les-Thermes, Bagnères-de-Luchon, Bagnères-de-Bigorre), et des sites prestigieux (cirque de Gavarnie, grotte préhistorique du Mas-d'Azil). Lourdes, au S. de la région, est le plus important lieu de pèlerinage chrétien après Rome, tandis qu'au N., le petit bourg de Conques, dans l'Aveyron, abrite dans sa splendide église romane un fabuleux trésor d'orfèvrerie. Dans le dép. du Lot, Rocamadour (pèlerinage de la «Vierge noire») et Cahors (pont Valentré du XIV$^{e}$ s.), ainsi que le gouffre de Padirac sont de sérieux atouts touristiques. Dans le Tarn, Albi, la «ville rouge», abrite dans son palais épiscopal le musée Toulouse-Lautrec. Et Toulouse est l'une des grandes villes d'art de France. **Communications** Les infrastructures révèlent les déséquilibres d'une région en quête d'une réelle identité face aux régions aquitaine et méditerranéennes. Toulouse, considérée comme la capitale de la langue d'oc, qui s'affirme comme une eurocité dans un cadre dépassant largement celui de la région, est le nœud principal d'un réseau autoroutier (Bordeaux-Toulouse-Narbonne ; Bayonne-Pau-Tarbes-Toulouse) où il manque une liaison directe vers Paris (via le Massif central). Le réseau TGV néglige également la région puisque seule Tarbes est desservie (terminus de la ligne Paris-Bordeaux-Tarbes). L'aéroport de Toulouse-Blagnac (5$^{e}$ rang ; env. 6 millions de passagers par an, 50 000 t de fret) compense légèrement ce handicap, mais au bénéfice quasi exclusif de Toulouse. **Urbanisation** Le réseau urbain traduit la prédominance écrasante de la capitale régionale, Toulouse, qui absorbe dans son aire d'influence directe l'aggl. de Montauban, rayonne plus ou moins sur l'ensemble de la région et acquiert peu à peu des fonctions de métropole. En dépit d'accords régionaux de développement, la diversification économique est difficile pour les villes moyennes (Millau, Castres, Auch, Cahors, Albi, Tarbes et Rodez) dont la principale fonction est la desserte de leur proche environnement.

**MIDLANDS** ➝ ÉTYM. angl. «terres du milieu» ♦ Région du centre de l'Angleterre. Si l'agriculture occupe encore de vastes espaces dans l'E., c'est l'industrie mécanique et la sidérurgie qui ont été le moteur du développement de la région. La houille est épuisée, la métallurgie de transformation (automobile, aéronautique, quincaillerie) domine dans les agglomérations de Birmingham et de Coventry. Nottingham est la capitale du cycle, tandis que les cinq villes autour de Stoke on Trent (district des «Potteries») se sont spécialisées dans la faïence, la porcelaine et la céramique. Mais ces industries sont en crise. Les restructurations des années 1980 ont entraîné la fermeture des usines les plus vétustes et des pertes d'emplois insuffisamment comblées par une diversification industrielle basée sur les technologies de pointe. Sans atteindre le niveau du Lancashire, les friches industrielles sont nombreuses. Le dynamisme de Birmingham, trop près de Londres, est insuffisant pour attirer des emplois tertiaires délocalisés, même si la région présente des signes encourageants (vastes parcs d'expositions internationales), près de Coventry et Birmingham. ♦ ***West Midlands*** Comté du centre des Midlands. 899 km$^2$. 2 551 671 hab. CH.-L. : Birmingham. Très urbanisé.

**MIDOU** n. m. ➝ ÉTYM. anc. *Medulus,* de *Meduli,* n. d'une tribu aquitaine (→ Médoc) ♦ Riv. d'Aquitaine (105 km), confluant à Mont-de-Marsan avec la Douze pour former la Midouze.

**MIDOUZE** n. f. ➝ ÉTYM. n. composé de *Midou** et *Douze** ♦ Riv. d'Aquitaine (43 km), affl. de l'Adour, formée de la réunion du Midou et de la Douze à Mont-de-Marsan ; elle conflue en aval de Tartas.

**MIDWAY** (îles) ♦ Atoll corallien circulaire de l'océan Pacifique N., qui entoure deux îles principales, possession des États-Unis. Lat. 28° 13', long. 177° 23'. 5 km$^2$. Env. 500 hab. **Histoire** La *bataille aéronavale de Midway* (juin 1942) aboutit à une sévère défaite des Japonais.

**MIDWEST** → **Middle West**

**MIEREANU (Costin)** ♦ Compositeur français d'origine roumaine (Bucarest 1943). Il fut l'élève de Stockhausen et a écrit notamment *Rosenzeit* pour orchestre (1980) et la fantaisie lyrique *La Porte du paradis* (1991).

**MIERES** ♦ V. d'Espagne (Asturies). 44 992 hab. Mines (houille, fer, cinabre, soufre). Important centre sidérurgique.

**MIEROSŁAWSKI (Ludwik)** ♦ Général polonais (Nemours 1814 - Paris 1878). Après avoir participé aux révolutions polonaises de 1830 et de 1846, il organisa en 1848 le soulèvement de Poznań, puis lutta aux côtés des insurgés napolitains et badois en 1849. Réfugié en France, il devint le chef militaire de l'insurrection polonaise de 1863, mais, battu à Radziejów, il se retira à Paris. On lui doit une *Histoire de la révolution de Pologne* (Paris, 1836 - 1838 ; 4 vol.). ➝ ÉTYM. Ce nom polonais vient du slavon *mer* «grand», *slav* «renommée» avec le suffixe *-ski.*

**MIESCHER (Johann Friedrich)** ♦ Biochimiste suisse (Bâle 1844 - Davos 1895). Il découvrit, en 1869, l'acide nucléique dans le noyau cellulaire.

**MIES VAN DER ROHE (Ludwig)** ♦ Architecte et dessinateur de meubles américain, d'origine allemande (Aix-la-Chapelle 1886 - Chicago 1969). Fils de maçon, il reçut d'abord une formation artisanale et travailla comme dessinateur dans des agences d'architecte. Il suivit ensuite à Berlin un stage auprès du dessinateur Bruno Paul (1905 - 1907), puis de Behrens* (1908 - 1911). Il conçut à partir de 1919 plusieurs projets novateurs : gratte-ciel à ossature d'acier et paroi transparente en verre, immeuble de bureaux où l'ossature en béton est en retrait des façades (1922) et maison en briques à niveau unique et à espace intérieur continu. Il entra en contact étroit avec les membres du groupe De Stijl, dont l'esthétique dépouillée le marqua profondément, et il collabora à la revue *G (Gestaltung).* En 1926, il devint président du Deutscher Werkbund, et édifia le monument à la mémoire de Karl Liebknecht et Rosa Luxemburg, où le puissant effet des masses horizontales révèle l'influence de Berlage* et une tendance expressionniste. Organisant en 1927 l'exposition du Weissenhof à Stuttgart, il fit appel à la plupart des architectes d'avant-garde et édifia lui-même un immeuble où apparaissent les principaux éléments du style dit international. En 1929, il édifia l'une de ses œuvres majeures, le pavillon allemand de l'Exposition de Barcelone, aux formes dépouillées orthogonales et aux proportions rigoureuses. Il conçut aussi tout le mobilier à piétement d'acier, encore en vogue aujourd'hui, et réalisa ensuite dans le même esprit la Maison Tugenhat à Brno. Succédant à Gropius*, il dirigea le Bauhaus* jusqu'à sa fermeture par les nazis en 1933. Il y défendit un strict rationalisme et prôna l'emploi systématique des éléments standardisés. Il s'installa aux États-Unis en 1937 et devint directeur de la section d'architecture de l'Illinois Institute of Technology à Chicago*. Il édifia dans cette ville de nombreux bâtiments de 1942 à 1956, notamment le Crown Hall (1950 - 1956), où les poutres d'acier à l'extérieur dégagent un vaste espace sans point d'appui. Il y réalisa aussi l'immeuble de Lake Shore Drive (1951), puis édifia le Seagram Building à New York (1958) et le La Fayette Park à Detroit. S'imposant comme le maître de l'architecture en fer et verre, il manifesta un sens raffiné des proportions, un grand souci du détail, le goût des formes simples et rigoureuses. À la fin de sa vie, il tenta de tirer un effet plastique de la structure d'acier. Ses nombreux imitateurs lui ont surtout emprunté un type de façade transparente où dominent des effets de lignes verticales.

**MIESZKO I$^{er}$** ou **MIECZYSŁAW** ♦ Prince de Pologne (v. 960 - 992). Premier Piast* historique, considéré comme le fondateur de la dynastie, il introduisit, par sa conversion (966), le catholicisme en Pologne, fonda le premier évêché à Poznań* en 968, et annexa la Silésie* et la Petite Pologne*. Son fils et successeur, Boleslas* I$^{er}$, fut le premier roi de Pologne.

**MIESZKO II** dit **l'Indolent** ♦ (990 - 1034). Roi de Pologne (1025 - 1034). Fils et successeur de Boleslas* I$^{er}$, il perdit la presque totalité des conquêtes de celui-ci.

**MIESZKO III** dit **le Vieux** ♦ (1126 - 1202). Duc de Pologne (1173 - 1177). Fils de Boleslas* III, il succéda à son frère Boleslas* IV, mais fut déposé pour son despotisme et remplacé en 1177 par Casimir* II.

**MI FU** ou **MI FOU** ou **MI FEI** ou **MI L'AÎNÉ** ♦ Peintre, calligraphe, poète et collectionneur chinois (1051 - 1107), passionné de rocailles. Mi Fu marqua une étape importante dans l'évolution de la peinture de paysages en Chine, notamment par son emploi spécifique de l'encre : «point (à la manière) de Mi». Ses œuvres ne nous sont connues que par des copies exécutées par son fils Mi Youren, également peintre célèbre (surnommé Mi le Jeune) Mi Fu est l'auteur de nombreux traités *(Huashi, Shushi, Yanshi)*.

**MIFUNE Toshirō** ♦ Acteur de cinéma japonais (Jingdao, Chine 1920 - Tōkyō 1997). Il joua dans un très grand nombre de films *(Rashōmon*; Les Sept* Samouraïs ; La Vie de O'Haru, femme galante ; Barberousse ; Duel dans le Pacifique)* et créa en 1960 sa compagnie de production.

**MIGENNES** [89400] ➝ ÉTYM. anc. *Mitiganna*, du germ. *Mitiko*, n. de pers., et suff. *-ana* ♦ Ch.-l. de cant. de l'Yonne, arr. d'Auxerre, située au N. d'Auxerre. 8 165 hab. (aggl. 13 272). *(Migennois)*. Centre ferroviaire de Laroche-Migennes. ▪ Centre commercial. Indus. diversifiées.

**MIGJENI (Millosh Gjergj NIKOLLA, dit)** ♦ Écrivain albanais (Shkodra 1911 - Torre Telice, près de Turin 1938). Avec des accents de ferveur religieuse, il chanta, en dialecte guègue, la combativité de son peuple (*Les Vers libres*, 1936) ; il écrivit aussi de courts récits *(Nouvelle de la ville du Nord)*.

**MIGNARD (Pierre)** ♦ Peintre, décorateur et dessinateur français (Troyes 1612 - Paris 1695). Élève de Jean Boucher à Bourges, puis de S. Vouet* à Paris, il résida en Italie de 1635 à 1657. Il y admira surtout les Carrache, le Dominiquin, Pierre de Cortone, Guido Reni et Albani. Ce long séjour lui valut le surnom de *Mignard le Romain*. Il exécuta des portraits appréciés de l'aristocratie et de petits tableaux imités de Raphaël que l'on appela «mignardes» *(Vierge à la grappe)*. Devenu en 1658 peintre ordinaire de la reine mère Anne d'Autriche, il produisit de nombreuses œuvres religieuses, réalisa des décorations pour des hôtels particuliers (hôtel d'Épernon) et obtint surtout un grand succès comme portraitiste *(Mme de La Vallière ; Mme de Sévigné ; Colbert ; Bossuet)*. Il s'opposa violemment à Le* Brun et n'entra à l'Académie qu'en 1690 ; protégé par Louvois, il fut alors comblé de charges officielles. Brillant coloriste, il manifesta ses dons dans des compositions décoratives : voûte du Val*-de-Grâce (1663) aux tonalités claires et acides, composition qui donna prétexte à une violente cabale contre lui et qui fut défendue par Molière (*La Gloire du Val-de-Grâce*, 1669) ; travaux aux châteaux de Saint-Cloud et de Versailles (disparus). Comme portraitiste, il n'hésitait pas à flatter ses modèles, cherchant à en souligner l'élégance et la grâce *(Fillette faisant des bulles de savon)*. ▪ *Illustrations :* ➝ **Mazarin, Molière.** ➝ ÉTYM. Ce nom est formé de *mignon* et du suffixe péjoratif *-ard*.

**MIGNE (abbé Jacques Paul)** ♦ Ecclésiastique et éditeur français (Saint-Flour 1800 - Paris 1875). En 1836, il entreprit de publier une *Bibliothèque universelle du clergé* comprenant des collections des Écritures, des théologiens, des orateurs sacrés. Il fit paraître également des dictionnaires et encyclopédies, et surtout ses *Patrologies** latine et grecque, en tout plus de 1 000 volumes. Son imprimerie du Petit-Montrouge brûla en 1868 et son entreprise périclita.

**MIGNÉ-AUXANCES** [86440] ➝ ÉTYM. anc. *Magniaco*, du lat. *Magnius*, n. de pers., et suff. *-acum* ♦ Comm. de la Vienne, arr. de Poitiers. 5 805 hab.

**MIGNET (Auguste)** ♦ Historien français (Aix-en-Provence 1796 - Paris 1884). Rédacteur avec J. A. Manuel* du *Courrier français*, collaborateur de Thiers* au *National*, il est l'auteur de nombreux ouvrages historiques, notamment d'une *Histoire de la Révolution française* (1824). [Acad. fr. 1836]

**MIGNON** ♦ Personnage du roman de Goethe *Les Années d'apprentissage de Wilhelm* Meister*. Avec son vieil ami le harpiste, cette enfant, maladive et mélancolique, qui s'éprend de Wilhelm et meurt finalement de son amour pour lui, est une des figures les plus étranges et les plus touchantes du roman. Goethe en a fait le symbole de la nostalgie du Midi. Les lieder que lui fait chanter Goethe («Connais-tu le pays où fleurit l'oranger», [«Kennst du das Land wo die Zitronen blühen»]) ont inspiré A. Thomas* pour son opéra *Mignon* (livret de Carré et Barbier, 1866).

**MIGOT (Georges)** ♦ Compositeur et musicologue français (Paris 1891 - *id.* 1976). Élève de Widor et de M. Emmanuel, peintre, poète et esthéticien, nourri des leçons du passé médiéval et de la Renaissance, il a entrepris, dans les domaines de la mélodie, du rythme et de l'harmonie, des recherches fécondes, avec des œuvres lyriques et dépouillées (*Les Agrestides*, 1920 ; *Monodies*, 1924 - 1927 ; quatre *Suites* pour violon, piano, harpe et orgue, 1924 - 1928). Il retrouve la même sobriété de moyens dans des pièces pour piano destinées aux jeunes enfants (*Petit Livre d'Anne-Marie*, 1939), dans les douze études pour piano du *Zodiaque* (1933) ou dans le cycle de mélodies *Poèmes du Brugnon* (sur des textes de T. Klingsor, 1935). Migot a composé des oratorios christiques, œuvres d'amples proportions qui ont contribué au renouveau de la musique sacrée en France.

**MIHAILOVIĆ (Draža)** ♦ Général yougoslave (Ivanjica 1893 - Belgrade 1946). Après l'invasion de la Yougoslavie (avr. 1941), il constitua parmi les Serbes des forces de résistance *(tchetniks)* qui luttèrent contre les Allemands et les Oustachis mais aussi contre les partisans de Tito, communistes. Après avoir été nommé ministre de la Guerre par le gouvernement yougoslave de Londres, il fut relevé de ses fonctions et privé, au profit de Tito, de l'appui des Alliés. Condamné à mort pour trahison en 1946, il fut fusillé. ➝ ÉTYM. Ce nom signifie «fils de Michel (*Mihailo* ou *Mihaljo*)».

**MIHALOVICI (Marcel)** ♦ Compositeur français d'origine roumaine (Bucarest 1898 - Paris 1985). Élève de d'Indy, il se joignit à l'école de Paris qu'il marqua de son originalité. Imprégnée du folklore roumain, sa musique s'ouvre aux techniques du chromatisme et à celles de l'atonalité et de l'écriture dodécaphonique. On lui doit des opéras *(L'Intransigeant Pluton ; Phèdre ; Le Retour)*, sept ballets, des œuvres pour orchestre *(Symphonie pour le temps présent)*, pour piano *(Ricercari)*, de la musique de chambre, plusieurs partitions pour des pièces radiophoniques *(Les Fioretti ; Meurtre dans la cathédrale ; Orphée)*. ➝ ÉTYM. *Mihalovici* est la forme roumaine du prénom *Michel* et finale *-ici* (d'origine slave).

**MIHIRAGULA** ou **MIHIRAKULA** ♦ Chef des Huns hephtalites qui envahirent l'Inde du Nord vers 500, succédant à son père Toramâna. Il se signala par les destructions qu'il opéra sur son passage. Il fut finalement vaincu en 528 par une confédération de rois indiens et se réfugia au Cachemire où il disparut vers 532.

**MIHURA (Miguel)** ♦ Journaliste, dramaturge et scénariste espagnol (Madrid 1905 - 1977). Il débuta dans le journalisme d'humeur et créa en 1942 le journal satirique *La Codorniz*. En 1952, il présenta une pièce écrite en 1932, *Tres sombreros de copa* («Trois Chapeaux claques»), qui obtint un immense succès et lui ouvrit tous les théâtres espagnols avec des farces et des comédies au rythme trépidant influencées par la comédie italienne : *Carlota* (1957), *Melocoton en Almibar* («Pêche au sirop», 1958), *Maribel y la extraña familia* («Maribel et l'étrange famille», 1959). Il est l'auteur avec Luis Berlanga du scénario du film *Bienvenue Mister Marshall*.

**MIJOUX** [01410] ➝ ÉTYM. du lat. *medium* «qui est au milieu» et *jugum* «hauteur, cime» ♦ Comm. de l'Ain, arr. de Gex, sur la Valserine. 312 hab. Station d'été et de sports d'hiver au pied du col de la Faucille.

**MIKHAÏLOVSKI (Nikolaï Konstantinovitch)** ♦ Sociologue russe (Mechtchovsk 1842 - Saint-Pétersbourg 1904). Il fit partie du groupe populiste extrémiste. ➝ **narodniki.** Considérant le capitalisme comme un phénomène accidentel en Russie, il pensait réaliser une société socialiste sans prolétariat, dont la base eût été la communauté paysanne (le mir). Il exprima ses idées dans *Qu'est-ce que le progrès ?* (1869) et *Lutte pour l'individualité* (1875). Il écrivit des études sur Tourgueniev, Tolstoï, Dostoïevski, Tchekhov et Gorki. Sa doctrine populiste fut critiquée par Plekhanov*, puis par Lénine*.

**MIKHALKOV (Nikita Sergueïevitch)** ♦ Cinéaste russe (Moscou 1945). D'abord acteur, il apporta au cinéma soviétique des années 1970, avec son frère aîné Andreï (➝ **Mikhalkov-Konchalovsky**), un souffle d'air pur, à base d'intimisme et de lyrisme tchékhovien : *L'Esclave de l'amour* (1975), *Partition inachevée pour piano mécanique* (1977), *Cinq soirées* (1978), *Oblomov* (1979). *Les Yeux noirs* (1987), tourné avec des capitaux étrangers, lui valut une audience internationale confirmée avec *Urga* (1991), *Soleil trompeur* (1993), *Le Barbier de Sibérie* (1999) et *12* (2007), une transposition en Russie de *Douze hommes en colère* (S. Lumet), sur le procès d'un adolescent tchétchène. Il réalisa en 2006 un documentaire sur V. Poutine.

**MIKHALKOV-KONCHALOVSKY (Andreï)** ♦ Cinéaste russe (Moscou 1937). Né dans une famille d'artistes (ses parents étaient écrivains, son frère Nikita Mikhalkov* devint cinéaste), il travailla comme scénariste, notamment auprès d'Andreï Tarkovski*, avant de réaliser *Le Premier Maître* (1965) et *Le Bonheur d'Assia* (1967), films témoignant d'une belle volonté d'indépendance à l'égard du régime, qui l'obligea à rentrer dans le rang. Dans les années 1980, il s'expatria temporairement aux États-Unis, où il réalisa *Maria's Lovers* (1984) et *Runaway Train* (1985). Financé par des coproductions, il put à nouveau tourner en Russie : *Le Cercle des intimes* (1991), *Riaba ma poule* (1994), *La Maison de fous* (2002) et *Gloss* (2009).

**MIKI Takeo** ♦ Homme politique japonais (Tokushima 1907 - Tōkyō 1988). Premier ministre de 1974 à 1976, Miki fut confronté à deux lourdes tâches : rétablir l'image du parti après les scandales dans lesquels fut impliqué son prédécesseur Tanaka* Kakuei et affronter la crise du pétrole. Il eut le mérite de favoriser un vaste mouvement de réorganisation de l'économie, origine de la puissance du Japon actuel.

**MIKOÏAN** ou **MIKOYAN (Anastas Ivanovitch)** ♦ Homme politique soviétique (Sanain, anc. gouv. de Tiflis, auj. en Arménie 1895 - Moscou 1978). D'origine arménienne, membre du parti bolchevik en 1915, il fut l'un des leaders du mouvement révolutionnaire dans le Caucase du Sud. Il devint membre du Comité central du parti (1923), membre du Politburo (1935), puis commissaire du peuple à divers commissariats économiques de 1926 à 1955, avec le titre de ministre à partir de 1946. Il fut pendant la Deuxième Guerre mondiale membre du comité d'État à la Défense, chargé de ravitailler les forces armées. En 1952, il devint membre du praesidium du comité central du parti. Après la mort de Staline, ayant soutenu Khrouchtchev, il fut nommé premier vice-président du Conseil des ministres (1955), et présida le praesidium du Soviet suprême (1964 - 1965).

**MIKONOS** ➝ Mykonos

**Mikrokosmos** ♦ Cycle pianistique à vocation largement pédagogique de Belá Bartók (1932 - 1939), regroupant 153 pièces réparties en 6 cahiers, avec en appendice 33 exercices et 23 notices explicatives. La valeur musicale de ces pièces est aussi éminente que leur valeur didactique et technique. Les deux derniers cahiers furent d'ailleurs conçus essentiellement pour la salle de concert.

**MIKSZÁTH (Kálmán)** ♦ Écrivain hongrois (Szklabonya 1847 - Budapest 1910). Après des études de droit, il entra dans l'administration à Budapest et chercha à vivre de sa plume. Il travailla à Szeged où parurent ses premières nouvelles à succès. En 1881, il publia *Frères slovaques* et, en 1882, *Les Bons Palotz*, recueil de nouvelles où le style anecdotique l'emporte sur le sarcasme. Il retourna à Budapest, et fut élu député. Il publia *Drôle de mariage* (1900), *Le Cas du jeune Noszty avec Marie Tóth* (1908), et un roman historique *La Ville noire* (1910).

**MIKVEH-ISRAËL** ♦ Localité d'Israël, située aux portes de Tel-Aviv et où fut fondée par l'Alliance israélite universelle en 1870, la première école d'agriculture de la Palestine. Aujourd'hui intégrée à la ville de Holon (162 000 hab.).

**MILA** ♦ V. d'Algérie (wilaya de Constantine), dans la vallée de l'oued el-Kebir (Kabylie de Collo). 40 456 hab. Huileries. Céréaliculture. Barrage Beni Haroun.

**MILAN** – en it. *Milano* → ÉTYM. anc. en lat. *Mediolanum,* du gaul. *Mediolanon* «plein centre, centre sacré», de *medio* «du milieu» et °*lanon* «localité» (signifiait probablt «chef-lieu») [→ aussi Châteaumeillant, Meillant, Meulan, Meylan, Montmélian] ♦ V. d'Italie, ch.-l. de la Lombardie et ch.-l. de prov. 1 256 211 hab. *(Milanais).* Située sur de grands axes de communication transalpins (Simplon, Saint-Gothard), Milan est la capitale économique du Nord et même de l'Italie tout entière. ▮ **Les monuments** Elle est riche en célèbres monuments enserrés dans sa première enceinte de boulevards. Le plus remarquable en est la cathédrale *(il Duomo),* chef-d'œuvre du gothique flamboyant, hérissé de plus de cent pinacles et de deux mille statues. Commencée au XIVe s. par le Français Nicolas de Bonaventure, poursuivie par l'Italien F. degli Organ, elle ne fut achevée qu'en 1813 sur ordre de Napoléon Ier. L'intérieur à cinq nefs, d'une longueur de 148 m, semble presque austère (vitraux XVe - XVIe s. ; trésor). Dans la crypte, reliques de saint Charles* Borromée. Exemplaire du style roman lombard, la basilique Saint-Ambroise (XIe s.) possède un bel atrium à chapiteaux ; d'origine romane également, l'église Sant'Eustorgio fut remaniée à la Renaissance par Michelozzo, tandis que le maître de l'école lombarde, B. Luini, ornait de fresques l'église Saint-Maurice (XVIe s.). ▮ **Les musées** Milan possède d'importants musées, en particulier la pinacothèque de Brera*, riche en œuvres d'artistes lombards (B. Luini, Bramante) et vénitiens (Véronèse, L. Lotto, le Tintoret, les Bellini), du Padouan Mantegna avec son saisissant *Christ mort* et aussi de Piero della Francesca, de Raphaël, de Cranach. D'autres chefs-d'œuvre, en particulier des sculptures (dont la dernière œuvre de Michel-Ange, la *Pietà Rondanini*), sont rassemblés au château Sforza, résidence des ducs de Milan au XVe s., qui possède aussi des peintures et une collection d'instruments de musique. La bibliothèque Ambrosienne* abrite de précieux manuscrits, peintures et dessins ; le musée Poldi-Pezzoli, des objets d'art, des tableaux d'artistes lombards, florentins et vénitiens ; la Galerie d'art moderne, en grande partie consacrée au XIXe s., présente aussi des artistes contemporains. Si les projets de Léonard de Vinci sont conservés au musée national des Sciences et des Techniques, c'est au mur du réfectoire de l'ancien couvent dominicain Santa Maria delle Grazie qu'est peinte sa très célèbre *Cène** (1495) ; le couvent a été élevé par Bramante (XVe s.), comme l'église San Satiro, qu'il décora de perspectives en trompe-l'œil. ▮ **Les édifices civils** Entre autres édifices civils remarquables, on citera l'Hôpital Majeur dessiné par Filarète (XVe s.) et le célèbre théâtre lyrique «alla Scala*» (XVIIIe s.). L'époque contemporaine y a ajouté d'audacieux bâtiments tels que la tour Pirelli par G. Ponti, et Metanopoli, la ville des personnels de l'Institut national des hydrocarbures (ENI). Toujours intensément fréquentée, la galerie Victor-Emmanuel, construite en 1877, est au cœur de la vie milanaise. ▮ **L'économie** Milan est un centre industriel ancien, aux activités diversifiées : sidérurgie (Falck à Sesto San Giovanni), mécanique (automobiles Alfa Romeo, machines-outils, appareillage électrique et électronique), chimie (pétrochimie, pneumatiques Pirelli, matières plastiques, engrais Montecatini-Edison), textile (tissages ; confection) et arts graphiques ; mais c'est surtout une métropole financière, tertiaire, un carrefour européen et la porte de l'Italie, ainsi qu'un foyer particulièrement créatif en matière de design de meubles et d'objets (Cassina, Alessi).

▮ **HISTOIRE** ▮ **Des Gaulois à la Ligue lombarde** Fondée par les Gaulois insubres v. –400, Milan *(Mediolanum)* fut conquise par les Romains en –222. Elle devint la résidence de l'empereur Maximien v. 300 et c'est là que furent signés les fameux *édits de Milan* (313) qui décrétaient la fin de la persécution contre le christianisme. L'évêque Ambroise* en fit la rivale religieuse de Rome (375 - 397). Ruinée par Attila (452) puis par les Ostrogoths (539), elle passa aux Lombards (569 - 774) et redevint la capitale de l'Italie où, depuis Othon Ier (962), nombre d'empereurs germaniques vinrent ceindre la couronne de fer des rois lombards. Au XIe s., Milan fut déchirée par la lutte contre les patares (ou patarins*), partisans du mariage des prêtres et des réformes religieuses. Elle acquit son indépendance au XIIe s. et fut à la tête de la Ligue lombarde contre Frédéric Barberousse. Vaincue en 1158, elle le fut de nouveau en 1162 et détruite, mais elle réussit à vaincre Barberousse à Legnano (1176) et à se voir confirmer ses privilèges. ▮ **Les Visconti et les Sforza** Comme les autres villes italiennes, Milan vit l'affrontement entre guelfes* (les Della Torre) et gibelins ; ce furent ces derniers (→ **Visconti**) qui l'emportèrent en 1311, et Gian Galeazzo Visconti fut créé duc par l'empereur germanique Wenceslas en 1395. Après un essai d'indépendance à l'extinction des Visconti, Milan passa à Francesco Sforza (1450) puis à ses descendants jusqu'en 1535. → **Sforza.** Dès 1498, les rois de France revendiquèrent le Milanais, arguant du fait que la grand-mère de Louis XII était née Valentine Visconti. Milan, prise par Louis XII en 1499, fut reconquise par Ludovic Sforza (Ludovic le More) en 1500, puis par Louis XII la même année. François Ier revendiqua également le Milanais jusqu'au traité de Madrid (1526). ▮ **De Charles Quint au royaume lombardo-vénitien** À l'extinction des Sforza, Charles Quint annexa le Milanais qu'il donna à son fils, le futur Philippe II, en 1540. Les contraintes fiscales de l'occupant espagnol, à la suite des guerres d'Italie, freinèrent l'essor de Milan dont la population avait baissé de moitié à la fin du XVIe s. Dirigée par son archevêque Charles Borromée, foyer de la Contre-Réforme, elle reprit quelque prestige à la fin du XVIe s. Au traité de Rastadt (1714), le Milanais fut donné à l'Autriche. Prise par Bonaparte en 1796, Milan devint la capitale de la République cisalpine (1797), puis de la République italienne (1802) et du royaume d'Italie (1805). En 1815, le Milanais retomba sous la domination de l'Autriche et Milan

**Milan.** La cathédrale et la Piazza del Duomo. © *PhotoDisc*

devint la capitale du nouveau royaume lombardo-vénitien, mais aussi le rendez-vous des conspirateurs italiens contre l'Autriche. À la même époque, elle fut l'un des principaux centres musicaux d'Europe, avec la Scala*. ▪ **L'unité italienne** Les 18 - 23 mars 1848, les Milanais chassèrent Radetzky ; un gouvernement provisoire piémontais s'installa à Milan. Reprise par Radetzky* (6 août 1848) après sa victoire sur Charles*-Albert de Piémont-Sardaigne à Custozza (23 juil. 1848), la ville fut délivrée par les Franco-Sardes en 1859 et s'intégra dans l'unité italienne.

**MILAN OBRÉNOVITCH** ou **OBRENOVIĆ** ♦ (Manasija 1854 - Vienne 1901). Prince (1868 - 1882) puis roi (1882 - 1889) de Serbie. Neveu de Miloch* Obrénovitch, il succéda à son cousin Michel* Obrénovitch, régnant jusqu'en 1872 sous la régence de Jovan Ristić*. Il soutint les vues panslavistes russes dans les Balkans, fut battu en 1876 par les Turcs dont il fut victorieux en 1877. Il fit reconnaître l'indépendance de la Serbie au congrès de Berlin (1878). En 1885, il se battit contre la Bulgarie. Il abdiqua en faveur de son fils Alexandre* Ier Obrénovitch, mais revint comme chef de l'armée et établit un régime policier. Il dut une fois de plus s'exiler.

**MILAREPA** ou **MI-LA-RAS-PA** ➔ **ÉTYM.** tibét. «l'homme aux vêtements de coton», de *mi* «homme» et *ras* «vêtement de coton» ♦ Ascète semi-légendaire tibétain qui aurait vécu au XIe s. Il fut le disciple de Mar-pa («le traducteur») et le fondateur d'une école mystique qui donna par la suite naissance au lamaïsme. Il aurait écrit le récit de sa vie et un recueil de chants mystiques.

**MILAZZO** ♦ V. d'Italie, en Sicile (prov. de Messine). 32 108 hab. Pêche. Huileries. Raffineries de pétrole. Station balnéaire. ▪ **Histoire** C'est l'antique *Myles* (en lat. *Mylae*). Elle fut le théâtre de la victoire navale des Romains commandés par C. Duilius sur les Carthaginois (–260), puis de celle d'Agrippa sur la flotte de Sextus Pompée (–36). Garibaldi y vainquit les troupes napolitaines (1860).

**MILET** – en gr. ***Milêtos*** ♦ Anc. ville d'Asie Mineure (Ionie) sur l'embouchure du Méandre*, dans le golfe Latmique *(Milésiens)*. D'origine préhistorique, la ville fut peut-être occupée par les Crétois à l'époque minoenne. Habitée ensuite par des Cariens, elle fut colonisée au –XIe s. par des Ioniens d'Attique et devint vers le –VIIIe s. la plus importante des douze cités ioniennes. Son commerce s'étendait dans toute la Méditerranée et elle avait fondé plus de 60 colonies sur les côtes septentrionales de l'Asie Mineure, dont Abydos*, Amisos (Samsun*), Cyzique*, Lampsaque* et Sinope*, d'autres en Égypte (Naucratis*). Elle fut aussi le centre de l'école philosophique ionienne (➔ **Thalès de Milet, Anaximandre, Anaximène, Archélaos de Milet**) et un foyer littéraire (➔ **Aristide, Hécatée de Milet, Phocylide**). Renommée pour la vie raffinée qu'on y menait et pour ses courtisanes, elle était la patrie d'Aspasie*, maîtresse de Périclès. ▪ Vassale des rois de Lydie, elle passa sous la domination perse en –546. En tête de la révolte de l'Ionie, sous le tyran Aristagoras*, elle reçut l'aide d'Athènes* (–499), ce qui fut à l'origine des guerres médiques*, mais elle fut prise et ravagée par les Perses en –494. Indépendante après la victoire grecque (–479), elle entra dans l'orbite d'Athènes, puis passa de nouveau sous la domination perse (–401) et sous les Cariens (v. –350). Prise et dévastée par Alexandre le Grand (–334), elle déclina progressivement. ▪ Ruines près de l'actuel village de Balat : sanctuaire d'Apollon (hellénistique), bouleutérion (–IIe s.), théâtre romain, fortifications byzantines, mosquée du XVe s.

**MILFORD HAVEN** ♦ V. du pays de Galles (Pembrokeshire). 15 000 hab. Port pétrolier. Raffineries. ▪ **Histoire** Henri II s'y embarqua en 1172 pour conquérir l'Irlande.

**MILHAUD (Darius)** ♦ Compositeur français (Aix-en-Provence 1892 - Genève 1974). Issu d'une vieille famille judéo-provençale, il affirma très tôt des dons remarquables pour la musique. Il fut l'élève de Widor, de V. d'Indy et de Dukas ; ses premiers enthousiasmes de jeunesse allèrent à Debussy, à la musique russe et à la poésie de P. Claudel, qu'il rejoignit à Rio de Janeiro, en qualité de secrétaire d'ambassade (1917 - 1919). À son retour en France, il entra dans le groupe des Six* où il se lia d'amitié avec A. Honegger et G. Auric. Son œuvre déjà importante allait bientôt lui valoir une réputation internationale. Réfugié aux États-Unis en 1940, il devint professeur de composition au Mills College, à Oakland (Californie). Dès lors, il mènera en parallèle les activités de compositeur et de pédagogue. Après son retour à Paris (1947), il partagera son temps entre le Mills College et sa classe de composition au Conservatoire. Son œuvre, qui compte plus de 400 numéros d'opus, est l'une des plus vastes du siècle. ▪ «Citoyen d'un pays qui va de Constantinople à Mexico», Milhaud est d'abord un Méditerranéen. Cette origine suffit à justifier chez lui le goût de la couleur et de la lumière, la promptitude et la malice de l'esprit, la gravité d'une nature qui semble faite pour exprimer toutes les violences du drame et élargir le fait quotidien aux dimensions du mythe. Préoccupé de renouveler les moyens du langage harmonique, il a longtemps employé la polytonalité. Dans le domaine du rythme, il a su s'inspirer du folklore sud-américain, du jazz, autant que de la métrique grecque, dans les chœurs parlés des adaptations claudéliennes de tragédies antiques. Toutefois, la puissance épique et le dynamisme, la douceur et la tendresse, l'ironie provocante s'expriment toujours chez lui par une écriture ferme, volontaire, expressive. Milhaud a composé dans presque tous les genres : opéras (*Les Euménides*, 1917 - 1922 ; *Christophe Colomb*, 1928 ; *Maximilien*, 1930 ; *Médée*, 1938 ; *Bolivar*, 1943 ; *David*, 1952) ; «opéras-minutes» (*L'Enlèvement d'Europe*, *L'Abandon d'Ariane*, *La Délivrance de Thésée*, 1927) ; ballets (*L'Homme et son désir*, 1918 ; *Le Bœuf* sur le toit*, 1920 ; *La Création du monde*, 1923 ; *Salade*, 1924 ; *Le Train bleu*, 1924 ; *Les Cloches*, 1945) ; musiques de scène (*Agamemnon*, 1913 ; *Les Choéphores*, 1915 ; *Protée*, 1913 - 1919 ; *L'Annonce faite à Marie*, 1932) ; pour orchestre (12 symphonies ; *Suite provençale*, 1936 ; *Suite française*, 1944 ; concertos pour divers instruments, sérénades, quatuors, concertinos) ; musique de chambre (12 quatuors à cordes) ; pièces pour piano (*Saudades do Brazil*, 1920) ; cantates ; chœurs a cappella *(Cantique du Rhône)* ; mélodies (*Poèmes juifs*, 1916 ; et sur des textes de Ronsard, F. Jammes, Claudel, Gide, Léo Latil, R. Tagore, R. Chalput, J. Cocteau) ; musique religieuse (psaumes) et de film (*L'Espoir*, de Malraux, 1938). ➔ **ÉTYM.** Ce nom de famille vient du nom *Millau**.

**MILHAUD** [30540] ➔ **ÉTYM.** anc. *Amiliau*, du lat. *Æmilius*, n. de pers., et suff. *-avum* ♦ Comm. du Gard, arr. de Nîmes. 4 874 hab.

**MILIANA** ♦ V. d'Algérie (wilaya de Miliana), située sur les pentes du Zaccar. 31 029 hab. Vignobles. Vergers. ▪ Le *massif de Miliana*, partie de l'Atlas tellien, prolonge le Dahra à l'E. et domine au S. la vallée du Cheliff, au N. et à l'O. la plaine de la Mitidja. Il culmine au djebel Zaccar (1 579 m).

**Milice française** ♦ Organisation paramilitaire, issue du service d'ordre de la Légion française des combattants et créée sous le gouvernement de Vichy à l'instigation de J. Darnand* (janv. 1943). Avec sa fraction militarisée, les francs-gardes, elle participa activement à la politique de collaboration, traquant impitoyablement la Résistance et multipliant les crimes et les exactions de toute sorte.

**MILINDA** ♦ Nom indien d'un roi grec du Panjab, Menandros (v. –160 - v. –140), rendu célèbre par ses conversations philosophiques et religieuses avec le sage bouddhiste Nāgasena, transcrites dans les «Questions de Milinda». C'est le roi Ménandre de Plutarque.

**MILIOUKOV (Pavel Nikolaïevitch)** ♦ Historien et homme politique russe (Moscou 1859 - Aix-les-Bains 1943). Professeur à l'université de Moscou, de tendance libérale, emprisonné pour ses idées politiques (1901), il enseigna ensuite l'histoire russe aux États-Unis. Rentré en Russie (1905), il fut l'un des fondateurs du parti des constitutionnels-démocrates (dit K. D. ou *Kadety* «Cadets») et en devint le chef de 1907 à 1917. Député à la troisième et à la quatrième douma, il adopta une attitude patriotique pendant la Première Guerre mondiale et organisa les partis modérés dans un bloc progressiste (août 1915). Après l'abdication de Nicolas II, il devint ministre des Affaires étrangères dans le gouvernement provisoire du prince Lvov (mars 1917) et proclama alors sa fidélité aux Alliés (18 avr. 1917). Mais il fut obligé de démissionner sous la pression du soviet de Petrograd, qui exigeait la paix immédiate. Après la révolution d'Octobre, il émigra en France où il écrivit *L'Histoire de la seconde révolution russe* (1921), *Le Grand Changement* (1927), *La Culture russe* (1942), *Souvenirs* (publiés en anglais en 1955) et, en collaboration avec Seignobos et Eisenmann, une *Histoire de la Russie* (1932 - 1933).

**MILL (James)** ♦ Historien, philosophe et économiste britannique (Northwater Bridge, Forfarshire 1773 - Kensington 1836). Auteur d'une *Histoire de l'Inde britannique* (1818), il fut un disciple de Bentham* en morale et en économie politique (*Principes d'économie politique*, 1822) et de Hume* en ce qui concerne la philosophie de la connaissance (*Analyse des phénomènes de l'esprit humain*, 1829). Père de John Stuart Mill.

**MILL (John Stuart)** ♦ Philosophe et économiste britannique (Londres 1806 - Avignon 1873). Formé par son père, James Mill*, il adopta à son tour les principes de la philosophie utilitariste de Bentham*, qu'il interpréta avec une largeur de vue nouvelle. Influencé par l'associationnisme de Hume*, il exposa dans son *Système de logique* inductive et déductive* (1843) les principes d'une théorie empiriste de la connaissance et les règles d'une logique pour laquelle la déduction est une généralisation et une formalisation d'opérations inductives. Bien qu'individualiste et libéral, il fit des concessions aux idées socialistes de l'époque, prôna l'intervention de l'État en faveur de la classe déshéritée, proposa une modification du droit de propriété et la formation de coopératives de production et se montra partisan de la libération politique de la femme (*Principes d'économie politique*, 1848 ; *La Liberté*, 1859 ; *Du gouvernement représentatif*, 1861 ; *De l'assujettissement des femmes*, 1869). Reprenant les principes de la morale utilitariste (*L'Utilitarisme**, 1861), il refusa d'y voir une justification de l'égoïsme et fit du bonheur général le but essentiel de nos actes. Dépassant l'agnosticisme de l'école empiriste, il conclut à l'existence de Dieu (*Trois Essais sur la religion*, 1874).

**MILLAIS** (sir **John Everett**) ♦ Peintre, dessinateur et graveur britannique (Southampton 1829 - Londres 1896). Précoce, il entra en 1840 à l'Académie royale. En 1848, il fonda avec Hunt* et Rossetti* la confrérie des préraphaélites (➔ **préraphaélisme**) ; c'est alors qu'il exposa *Lorenzo et Isabella*. Le *Christ dans la maison de ses parents* (1850) fit scandale et fut violemment critiqué par Dickens.

John Everett **Millais.** *Ophélie* (76 × 112 cm). Tate Gallery, Londres.
*Phot. © Nimatallah/Ricciarini*

Ses œuvres ont souvent un caractère littéraire, sentimental et moralisateur mais révèlent un sens poétique personnel (*Ophélie*, 1852). Comme Hunt, Millais utilisait des fonds blancs encore humides afin d'obtenir un effet de brillance et peignait en extérieur des morceaux de paysages auxquels il ajoutait à l'atelier des personnages. Il fut un vigoureux portraitiste et, à partir de 1856, sut plaire au public en traitant des scènes populaires d'une facture moins méticuleuse.

**MILLARDET (Alexis)** ♦ Botaniste français (Montmirey-la-Ville, Jura 1838 - Bordeaux 1902). Il réalisa l'hybridation de cépages français et américains, afin de lutter contre le phylloxéra, et mit au point le traitement cuprique du mildiou.

**MILLAS** [66170] → **ÉTYM.** du lat. *milliarum* « borne milliaire » ♦ Ch.-l. de cant. des Pyrénées-Orientales, arr. de Perpignan. 3 452 hab. *(Millassois)*.

**MILLAU** [12100] → **ÉTYM.** anc. *de Amigliauvo*, du lat. *Æmilius*, n. de pers., et suff. *-avum* ♦ Ch.-l. d'arr. de l'Aveyron, au confluent du Tarn et de la Dourbie. 21 339 hab. (aggl. 22 840) *(Millavois)*. Église Notre-Dame-de-l'Espinasse (XIe, reconstruite au XVIIe s.), lieu de pèlerinage au Moyen Âge. Beffroi (XIIe s.). Place à arcades (XIIe - XVIe s.). Musée de Millau et des Causses (installé dans l'hôtel de Pégayrolles, XVIIIe s.) : archéologie ; remarquable collection de poteries sigillées provenant des ateliers de la Graufesenque*. Musée du Gant et de la Peau. ▪ Fabrication de gants (depuis le XIIe s.), auj. relayée par la mégisserie, la confection (vêtements de peau, chaussures), l'imprimerie. ▪ Le *viaduc de Millau*, viaduc reliant le Larzac au causse Rouge, pont suspendu à haubans le plus haut du monde construit par N. Foster* (270 m de haut, 2 460 m de long). ▮ **Histoire** Anc. cité romaine *(Condatomagus)* devenue, au XVIe s., une place forte du protestantisme, elle fut démantelée par Richelieu.

**MILLAY (Edna Saint Vincent)** ♦ Poète américaine (Rockland, Maine 1892 - Austerlitz, New York 1950). Dès ses premiers recueils (*Renascence and Other Poems*, 1917 ; *A Few Figs from Thistles*, 1920 ; *Second April*, 1921), elle incarna le féminisme romantique et révolté des années 1920. Ses poèmes font souvent preuve d'ironie à l'égard de l'amour et témoignent de son attachement à sa mère et au jardin de son enfance à Camden (*The Harp Weaver*, 1923). Elle excella avant tout dans le genre du sonnet qu'elle sut renouveler (*Fatal Interview*, 1931) et apparaît comme l'un des poètes américains les plus importants de l'entre-deux-guerres. Elle est également l'auteur de quelques remarquables pièces de théâtre.

**Mille (les)** n. m. pl. ♦ Troupes de Garibaldi, appelées aussi les *Chemises rouges*, formées de volontaires internationaux, qui conquirent la Sicile et Naples en 1860.

Les **Mille et Une Nuits** – en ar. ***Alf Layla wa Layla*** ♦ Recueil de contes arabes. Œuvre anonyme, probablement élaborée par des générations de conteurs populaires. Mentionné pour la première fois au Xe s. par al-Mas'ūdī* et par Ibn* Nadīm, cet ensemble de contes a au moins trois origines : une partie reprend un fond indo-persan marqué par une subtile influence hellénistique ; une autre série de contes a pour cadre le Bagdad fastueux du IXe s. animé par des personnages historiques (Haroun* al-Rachid, al-Amīn, les vizirs barmakides*, Abū* Nuwās) ; enfin, le recueil fut enrichi par un apport égyptien, datant de l'époque fatimide*, où le pittoresque s'allie souvent à la satire sociale. ▪ *Les Mille et Une Nuits* furent révélées à l'Occident par la traduction française d'Antoine Galland (1646 - 1715) → **Aladin, Ali Baba, Schéhérazade, Sindbad le Marin.**

**MILLE-ÎLES** – en angl. ***Thousand Islands*** ♦ Archipel fluvial du Canada, dans le Saint-Laurent, à la sortie du lac Ontario. Parc national.

**MILLE-ÎLES** (rivière des) ♦ Nom donné à un bras du Saint-Laurent au N. de l'île Jésus (→ **Montréal**).

**1984** – en angl. ***Nineteen Eighty-Four*** ♦ Roman d'anticipation de George Orwell* (1949). Il décrit un univers totalitaire régi par un parti unique sous le contrôle d'un chef suprême à qui rien n'échappe, Big Brother. Le monde antérieur a été entièrement oublié, et trois slogans régissent cet univers : « La guerre c'est la paix. La liberté c'est l'esclavage. L'ignorance c'est la force. » Le roman raconte l'histoire d'un homme et d'une femme en révolte contre ce système qui fait de l'amour un délit politique. La précision des mécanismes étatiques qu'il décrit a rapidement élevé ce livre prophétique au rang de mythe du XXe s.

**MILLER (Johann Martin)** ♦ Poète et romancier allemand (Ulm 1750 - *id.* 1814). Poète populaire qui sut chanter dans ses vers sa Souabe natale, il s'est beaucoup inspiré des *Souffrances du jeune Werther**, de Goethe, en écrivant son roman *Siegwart* (1776) qui, par sa sentimentalité, est l'une des œuvres représentatives du Sturm* und Drang.

**MILLER (Henry)** ♦ Romancier américain (New York 1891 - Pacific Palisades, Californie 1980). De parents pauvres, il vécut dans un quartier prolétaire de Brooklyn où il prit goût à cette vie de la rue évoquée dans la vaste autobiographie qu'est son œuvre. Ayant élaboré une doctrine manichéenne suivant laquelle les États-Unis, ce « cauchemar climatisé » (*The Air-Conditioned Nightmare*, 1945), sont la source du Mal, le monde latin la source du Bien, il quitta son pays en 1928 pour se fixer (de 1930 à 1939) à Paris où il connut Anaïs Nin, Raymond Queneau et Blaise Cendrars. Se complaisant parmi les prostituées, il n'en cherchait pas moins une sorte d'ascèse par le mal qui l'apparente à Baudelaire. Aussi avide du langage que de la vie, il s'exprime comme un poète au sens premier du terme : en créant. Son premier livre, *Tropique* du Cancer* (Paris, 1934), fit scandale. Il fut d'ailleurs interdit aux États-Unis jusqu'en 1960 ainsi que *Tropique du Capricorne* (1939). Dans sa trilogie de la *Crucifixion en rose* (*The Rosy Crucifixion* comprenant *Sexus*, 1949 ; *Plexus*, 1953 ; *Nexus*, 1960), les forces primaires continuent de fasciner Miller. Dans la lignée de Whitman* et de Lautréamont, il a su créer une épopée personnelle d'une ampleur cosmique, allant du lyrisme le plus total à l'appréhension la plus brutale des choses. Sont également célèbres sa correspondance avec Lawrence Durrell parue en 1963, *Le Colosse de Maroussi* (1941) où il retrouve l'esprit de l'hellénisme, et *Jours tranquilles à Clichy* (1956). → **ÉTYM.** Ce nom de famille anglais signifie « meunier » (→ aussi Müller).

**MILLER (Glenn)** ♦ Tromboniste, chef d'orchestre et arrangeur de jazz américain (Clarinda, Iowa 1904 - disparu dans la Manche 1944). Après avoir joué et enregistré avec Benny Goodman* et les frères Dorsey, il constitua son propre orchestre en 1937 et connut à partir de 1939 un succès foudroyant. En 1944, devenu chef de l'orchestre des AEF (Allied Expeditionary Forces), il joua dans les camps militaires et à la radio anglaise avant de disparaître dans un accident

Viaduc de **Millau.**
*Phot. © Compagnie Eiffage Viaduc de Millau/Foster and partners/D. Jamme Millau*

d'avion. Le «son Miller» qui consiste à faire doubler le premier saxophone ténor par la clarinette reste le plus fameux de la période swing. Princ. enregistrements : *In the Mood, Moonlight Serenade* (1939), *Sun Valley Jump* (1941).

**MILLER (Arthur)** ♦ Auteur dramatique américain (New York 1915 - Roxbury 2005). Marqué par l'insécurité de la Dépression, il a travaillé pour diverses stations de radio et produit un théâtre vigoureux où il réexamine le problème de la responsabilité sociale. Inquiété pendant le maccarthysme, il s'est signalé par son attitude courageuse ; sa pièce *Les Sorcières de Salem* (*The Crucible*, 1953 ; adaptée par J.-P. Sartre) évoque la période qui a suivi les persécutions puritaines du XVII^e^ s. Sa pièce la plus connue, portée à l'écran comme la plupart de ses œuvres, est *Mort d'un commis-voyageur* (1949). On peut citer encore *Vu du pont* (1955), *Les Désaxés** (1961), écrit pour sa femme Marilyn Monroe*, *Après la Chute* (1964), *Incident at Vichy* (1965), *The Price* (1968), *The Creation of the World and Other Business* (1972), *The Archbishop's Ceiling* (1977). Miller affectionne de porter à la scène des expériences traumatisantes qui désarçonnent l'individu et remettent en question son identité et sa relation à autrui, entraînant souvent sa chute.

**MILLER (Merton)** ♦ Économiste américain (Boston 1923 - Chicago 2000). Théoricien de la finance des entreprises, il travailla avec F. Modigliani* à la formulation de deux théorèmes sur l'évaluation des entreprises et sur le coût du capital (dits *théorèmes Modigliani-Miller*). [Prix Nobel de sc. écon. 1990, avec H. M. Markowitz* et W. Sharpe*]

**MILLERAND** [milʀɑ̃] **(Alexandre)** ♦ Homme d'État français (Paris 1859 - Versailles 1943). Collaborateur de Clemenceau* à la rédaction du journal *La Justice*, il siégea comme député radical (1885, 1889) avant d'évoluer vers le socialisme en affirmant la nécessité d'une socialisation des moyens de production (1896). Ministre du Commerce et de l'Industrie dans le cabinet Waldeck*-Rousseau (1899 - 1902), il contribua à faire adopter plusieurs lois sociales. Sa participation à ce ministère bourgeois fut néanmoins vivement critiquée par la plupart des socialistes (en particulier Jules Guesde) dont Millerand se désolidarisa progressivement après la formation du Parti socialiste unifié (1905). Ministre des Travaux publics (1909 - 1910), de la Guerre (1912 - 1913, 1914 - 1915), il fixa au lendemain de la Première Guerre mondiale le programme du «Bloc national» (conservateur) : maintien de l'Union sacrée, application stricte du traité de Versailles, défense de la propriété privée. Il fut à nouveau placé à la présidence du Conseil (janv. - sept. 1920). Président de la République (1920 - 1924), il dut démissionner après la victoire du Cartel* des gauches aux élections de 1924. [Acad. sc. morales et polit. 1918] ➝ **ÉTYM.** *Millerand* signifie «raisin à petits grains» (peut-être une allusion à l'aspect de la peau).

**MILLERY** [69390] ➝ **ÉTYM.** anc. en lat. *Milleriacus*, de *Mil-hari*, n. de pers., et suff. *-iacum* ♦ Comm. du Rhône, arr. de Lyon. 3 411 hab.

**MILLET** [milɛ] ou [mijɛ] **(Jean-François)** ♦ Peintre, pastelliste, dessinateur et graveur français (Gréville, Manche 1814 - Barbizon 1875). Fils de paysans, il étudia la peinture à Cherbourg puis dans l'atelier de Delaroche. Au Louvre, il admira les maîtres du XVII^e^, particulièrement Poussin, Rubens et les Espagnols. Pour vivre, il exécuta de nombreux sujets galants et mythologiques inspirés de Fragonard et du Corrège, qui rappellent ceux de Diaz* de la Peña. Il fit aussi des portraits bien observés et rigoureusement peints (*Pauline Ono*, 1843 ; *Officier de marine*, 1845). En 1848, il exposa *Le Vanneur* et à partir de 1849 il se fixa définitivement à Barbizon* où, contrairement à ses amis paysagistes, il s'attacha surtout à peindre les occupations familières des paysans (*Les Botteleurs*, 1850 ; *Les Glaneuses*, 1857 ; *L'Angélus*, 1857 - 1859 ; *L'Homme à la houe*, 1862). Critique et public lui furent d'abord très hostiles, l'accusant de socialisme et lui reprochant le sentiment de solennité, de profonde tristesse qui se dégage de ses œuvres. Millet possède un sens classique de la composition et donne un caractère monumental à ses figures ; son exécution est parfois lourde et terne à force d'être travaillée. À partir de 1860, il commença à être reconnu et vers la fin de sa vie il accorda une place plus importante au paysage, allégeant sa palette ou recherchant des effets de fantastique (*Le Printemps*, 1873). Certaines de ses peintures (*Les Carriers*, 1848 - 1849 ; *Les Scieurs de long*), par leur caractère pathétique et l'extrême liberté d'exécution, font songer à Daumier, et nombre de ses études, pastels ou dessins au fusain, révèlent un talent vigoureux et plus direct. ➝ **ÉTYM.** *Millet* désigne un producteur ou un marchand de *millet* ou est le diminutif du prénom *Émile*.

Jean-François **Millet.** *La Méridienne* (29,2 x 41,9 cm), 1866.
Museum of Fine Arts, Boston. *BIS/Phot. © Archives Nathan*

**MILLEVACHES** (plateau de) ➝ **ÉTYM.** probablt du gaul. *mello* «hauteur» et du bas lat. *vacius* (lat. class. *vacuus*) «vide» [et non en rapport avec une activité d'élevage] ♦ Partie la plus élevée du Limousin, culminant au mont Bessou (976 m) et au puy Pendu (973 m). C'est une sorte de «haute table» granitique au morne relief, l'une des plus anciennes du Limousin. Au S. se trouvent les monts de Monédières. En partie reboisé (la forêt, dévastée lors des guerres de Religion, n'a jamais été reconstituée), le plateau est par ailleurs couvert de landes où paissent ovins et bovins. La Creuse, la Vienne, la Vézère et la Corrèze y prennent leur source.

**MILLEVOYE** [mil(ə)vwa] **(Charles Hubert)** ♦ Poète français (Abbeville 1782 - Paris 1816), auteur notamment d'un recueil d'*Élégies* (1811) dont certaines pièces («La Chute des feuilles», «Le Poète mourant»), par leur mélancolie harmonieuse et discrète, annoncent le lyrisme romantique. ➝ **ÉTYM.** Ce nom picard signifie «(en) mi la voie [la maison au milieu du chemin]».

**MILLIKAN (Robert Andrews)** ♦ Physicien américain (Morrison, Illinois 1868 - San Marino, Californie 1953). Il détermina pour la première fois (1911) la charge de l'électron en mesurant le champ électrique vertical nécessaire pour immobiliser une fine gouttelette d'huile tombant dans un gaz ionisé. Cette expérience fournit la preuve définitive de l'existence d'une charge électrique élémentaire et indivisible, toutes les valeurs obtenues étant toujours des multiples entiers de la charge de l'électron. Il étudia l'effet photoélectrique, et ses mesures, effectuées avec une lumière monochromatique, lui permirent de déterminer la valeur de la constante de Planck* (1916). Il s'est également intéressé au rayonnement cosmique et précisa notamment l'effet de latitude découvert par Clay* en 1927. [Prix Nobel de phys. 1923]

Le **Million** ♦ Film français de René Clair* (1931), d'après la pièce de Georges Berr et Marcel Guillemaud, avec René Lefèvre, Annabella. Un billet de loterie gagnant passe de main en main, convoité par une bande de joyeux loustics. René Clair, comme beaucoup de maîtres du muet, abordait le cinéma parlant avec réticence. D'où la gageure consistant à porter à l'écran une opérette où tout repose sur des chansonnettes dans un décor de fantaisie, signé Lazare Meerson.

**MILLS (Charles Wright)** ♦ Sociologue américain (Waco, Texas 1916 - New York 1962). Considéré comme l'un des représentants majeurs de la sociologie critique américaine, il tenta de définir la notion d'élite et s'intéressa aux mécanismes du pouvoir (*Les Cols blancs*, 1951 ; *L'Élite du pouvoir* 1956).

**MILLY-LA-FORÊT** [91490] ➝ **ÉTYM.** anc. *Miliacum*, du lat. *Millius*, n. de pers. gallo-rom., et suff. *-acum* ♦ Ch.-l. de cant. de l'Essonne, arr. d'Évry. 4 601 hab. (aggl. 5 479). *(Milliacois).* Imposantes halles en bois de chêne et de châtaignier (1479). Chapelle Saint-Blaise-des-Simples (XII^e^ s.) restaurée en 1959 et décorée par J. Cocteau, qui y est enterré ; *Cyclop*, sculpture collective édifiée par Jean Tinguely*, Niki de Saint* Phalle et autres (1969 - 1994). ▪ Culture de plantes médicinales (spécialité de menthe poivrée) et d'herbes aromatiques.

**MILLY-LAMARTINE** [71960] ➝ **ÉTYM.** *Milly* → Milly-la-Forêt et *Lamartine** ♦ Comm. de la Saône-et-Loire, arr. de Mâcon. 305 hab. (*Milleroutins* ou *Milleroutis*). Maison de A. de Lamartine, qui a vécu dans ce village mais n'y est pas né, contrairement à ce qu'il a dit dans *Les Harmonies* poétiques et religieuses* («Milly, ou la Terre natale»).

**MILNE (Edward Arthur)** ♦ Astrophysicien britannique (Hull 1896 - Dublin 1950). Auteur de travaux sur la structure interne des étoiles (et notamment des naines blanches, sphères de gaz dégénéré d'électrons) et sur l'atmosphère du Soleil (1921), il attribua les changements d'éclat d'étoiles variables à l'alternance de contractions et de dilatations.

**MILNE-EDWARDS (Henri)** ♦ Physiologiste français d'origine belge (Bruges 1800 - Paris 1885). Considéré comme un des fondateurs de la physiologie en France, il effectua des travaux sur les mollusques et les crustacés et se montra partisan de la théorie de la fixité des espèces. [Acad. sc. 1838] ♦ **Alphonse Milne-Edwards.** Naturaliste français (Paris 1835 - *id.* 1900), fils du précédent. Ses travaux portèrent sur les mammifères, les oiseaux fossiles, les crustacés et la faune abyssale. [Acad. sc. 1879]

**MILNER (Alfred)** ♦ Administrateur colonial britannique (Giessen, dans la Hesse 1854 - près de Canterbury 1925). Il fut gouverneur du Cap, haut-commissaire en Afrique du Sud (1897 - 1905) et négocia avec Kruger*, avant de rompre en oct. 1899. Il signa la paix de

Vereeniging* et contribua à la préparation de l'union entre vainqueurs et vaincus → **Afrique du Sud.** Il retourna en Angleterre en 1907 et, à la Chambre des lords, s'opposa à Lloyd* George. Il fut secrétaire à la Guerre en 1918 et contribua à la désignation de Foch comme généralissime des armées alliées.

**MILNOR (John Willard)** ♦ Mathématicien américain (Orange, New Jersey 1931). Ses recherches portent essentiellement sur la topologie différentielle. Il découvrit que la sphère de dimension 7 peut avoir plusieurs structures différentiables, alors que la 31-sphère en admet plus de 16 millions. [Médaille Fields 1962]

**MILO** – en gr. mod. ***Mílos*** ♦ Île grecque de la mer Égée (Cyclades). 151 $km^2$. 4 554 hab. CH.-L. : Mílos. ▪ Dans les ruines de l'antique Milos, on a découvert en 1820, brisée, la célèbre *Vénus de Milo.* Ruines d'une cité cycladique (-III$^e$ millénaire) détruite par les Doriens vers -1100, près de Psylacopi.

**Milo.** Vénus de Milo (211 × 40 cm), détail.
Musée du Louvre, Paris. *Phot. © Arch. Smeets*

**MILOCH OBRÉNOVITCH** ou **MILOŠ OBRENOVIĆ** ♦ (Dobrinje 1780 - Belgrade 1860). Prince de Serbie (1817 - 1839 et 1858 - 1860). Il prit part à la révolte de la Serbie contre les Turcs en 1804 et prit la tête de la nation après la fuite de Karageorges* qu'il fit assassiner à son retour (1817). Despote, il fut renversé en 1839 mais fut rappelé en 1858. ▪ Père de Michel* Obrénovitch.

**MILON** – en lat. ***Titus Annius Papianus Milo*** ♦ Homme politique romain (Lavinium v. -95 - Compsa -48), gendre de Sylla*. Tribun du peuple en -57, il fit voter le rappel de Cicéron*. Accusé du meurtre de Clodius*, il fut défendu par Cicéron dans le *Pro Milone* (-52), mais néanmoins exilé.

**MILON DE CROTONE** ♦ Athlète grec (Crotone -VI$^e$ - -V$^e$ s.). Invincible à la lutte, il fut plusieurs fois couronné aux jeux Olympiques et Pythiques. Aristocrate et pythagoricien, il commanda la guerre déclenchée v. -510 par l'aristocratie de Crotone contre Sybaris*. Selon la tradition, il voulut fendre un arbre avec ses mains, mais les deux parties du tronc se resserrèrent sur lui ; ainsi retenu, il fut dévoré par les loups.

**MILOŠEVIĆ (Slobodan)** ♦ Homme d'État serbe (Požarevac, Serbie 1941 - La Haye 2006). Président de la Serbie dès 1989, il fit modifier la Constitution de manière à réduire l'autonomie des deux provinces, Voïvodine et surtout Kosovo, où il infligea aux Albanais un traitement répressif et discriminatoire. En faisant appel au sentiment nationaliste des masses et en favorisant le renouveau de l'Église orthodoxe, il réalisa la fusion du communisme et du nationalisme serbe avant d'abandonner le premier pour le second. Mais sa politique autoritaire, inquiétant les autres républiques, contribua à l'éclatement de la Yougoslavie, au conflit armé et à l'isolement international de la Serbie. Faute d'avoir pu obtenir un agrandissement territorial de celle-ci, et pour mettre fin à cet isolement, il se convertit à la paix, participant en nov. 1995 aux négociations de Dayton sur la Bosnie. Il passa, en 1997, de la présidence de la Serbie à celle de la république fédérale de Yougoslavie. Son intransigeance dans la crise du Kosovo (1998 - 1999), motivant l'intervention militaire de l'Otan, renforça l'isolement du pays. Battu à l'élection présidentielle en 2000, il fut arrêté et livré au Tribunal pénal international de La Haye en 2001 qui entreprit de le juger pour crimes contre l'humanité au Kosovo, en Bosnie et en Croatie, procès interrompu par son décès. → **Kosovo.** Malgré sa détention, il fut élu député aux législatives serbes en déc. 2003. ✦ ÉTYM. Ce nom signifie «fils de Miloš».

**MILOSZ (Oscar Vladislas DE LUBICZ-MILOSZ,** dit **O. V. de L.)** ♦ Poète et écrivain français d'origine lituanienne (Czereïa, Biélorussie 1877 - Fontainebleau 1939). Hors quelques voyages à l'étranger, la majeure partie de son existence s'est écoulée en France où il fit ses études et où il devait, en qualité de chargé d'affaires de Lituanie, représenter son pays auprès du gouvernement français (1919 - 1925). Ses débuts poétiques se firent sous l'influence du symbolisme (*Poème des décadences,* 1899), mais il devait, à la suite d'une illumination mystique (1914), orienter son œuvre et sa pensée vers la recherche d'un absolu. La quête du divin est déjà sensible dans un roman, *L'Amoureuse Initiation* (1910), et dans un drame, *Miguel Manara* (1913), où revit la figure solitaire et tourmentée de don Juan. Mais c'est avec des œuvres d'inspiration mystique (*Épître à Storge,* 1917 ; *La Confession de Lemuel,* 1922 ; *Ars Magna,* 1924 ; *Arcanes,* 1927) qu'il atteignit les sommets d'une expérience poétique devenue mode de connaissance et unique accès à la seule réalité susceptible d'arracher le poète à une solitude désespérée. Désormais, Milosz, converti au catholicisme (1927), se consacra à l'étude des textes sacrés, sans toutefois renoncer à avertir l'humanité des périls imminents qui la menacent : *L'Apocalypse de saint Jean déchiffrée* (1933), *La Clef de l'Apocalypse* (1938). Il est aussi l'auteur de plusieurs traductions de poètes : *Chefs-d'œuvre lyriques du Nord* (1912), *Daïnos* (1928), *Contes et Fabliaux de la vieille Lituanie* (1930).

**MIŁOSZ (Czesław)** ♦ Poète et historien de la littérature, polonais naturalisé américain en 1970 (Szetejnie, Lituanie 1911 - Cracovie 2004). Il partagea sa jeunesse entre la Lituanie, la Pologne proprement dite et Paris. Témoin lucide de la montée des périls (*Poème sur le temps figé,* 1933 ; *Trois hivers,* 1936), il vécut les heures sombres de la Pologne sous l'occupation allemande qui lui inspira *Le Salut* (1945). Il fut attaché culturel de 1945 à 1951, date à laquelle il «choisit la liberté», en France puis aux États-Unis, où il contribua à dissiper l'ignorance de l'Occident sur l'Europe centrale et orientale : il enseigna la slavistique à partir de 1961 à Berkeley, dirigea une *Anthologie de la poésie polonaise,* et surtout écrivit une série d'études en prose sur les intellectuels engagés dans le système de pensée du monde communiste : *La Pensée captive* (1953), *La Prise du pouvoir* (1953), *Issa* (1955). [Prix Nobel de littér. 1980]

**MILSTEIN (Nathan)** ♦ Violoniste américain d'origine russe (Odessa 1904 - Londres 1992). Virtuose d'une technique prodigieuse, il se consacra essentiellement à la musique classique et romantique.

**MILSTEIN (Cesar)** ♦ Médecin britannique d'origine argentine (Bahía Blanca 1927 - Cambridge 2002). En parvenant à faire fusionner individuellement les lymphocytes issus d'une cellule tumorale avec les lymphocytes d'une cellule saine, il fabriqua, avec G. Köhler*, des clones sécrétant des anticorps monoclonaux. Ces derniers constituent, grâce à leur spécificité de reconnaissance, un outil de choix en biologie et en médecine. [Prix Nobel de physiol. ou méd. 1984, avec N. Jerne* et G. Köhler]

**MILTIADE** – en gr. ***Miltiadês*** ♦ Stratège athénien (-540 - -489). Chargé de l'administration de la colonie athénienne de Chersonèse (-518), il suivit Darios* I$^{er}$, maître de la Thrace, dans sa campagne contre les Scythes (-514), pendant laquelle il tenta sans succès de couper la retraite de l'armée perse en détruisant un pont sur le Danube. Profitant de la révolte de l'Ionie (-499), il s'empara de Lemnos et d'Imbros, mais, après la répression de la révolte, il se réfugia à Athènes (-492). Promu par le parti oligarchique, il fut élu stratège. Pendant la première guerre médique, très écouté au conseil des dix stratèges, il décida les Athéniens à marcher contre les Perses. Nommé au commandement sur le conseil d'Aristide*, il remporta sur Darios la victoire de Marathon (-490). Mais après l'opération manquée contre Paros (-489), accusé de trahison, il fut condamné à une lourde amende ; selon une tradition contestée par Hérodote, il ne put la payer et mourut en prison quelques jours après, succombant à ses blessures. Son fils Cimon* fut le principal bâtisseur de l'empire athénien.

**MILTIADE** (saint) ♦ 32$^e$ pape (de 311 à 314). Africain. Il recouvra les biens de l'Église confisqués depuis 303, vit la reconnaissance du christianisme par Constantin (édit de Milan, 313), présida le synode du Latran (oct. 313) où fut condamné Donat*. ▪ Fête le 10 déc.

**MILTON (John)** ♦ Poète et essayiste anglais (Londres 1608 - *id.* 1674). Cadet de trois enfants, d'une famille aisée, pieuse et cultivée, Milton fut initié à tous les arts, dont la musique et la poésie. À Saint Paul's, il eut pour condisciple Charles Diodati à qui il dédia sa meilleure œuvre latine, une élégie pastorale, *Epitaphium Damonis* (1638). Étudiant à Cambridge (1625 - 1632), il composa en 1632 le poème *L'Allegro,* auquel répond *Il Penseroso* (1631), «moins des paysages que des états d'âme» (Legouis), ainsi que *Noël* (*On the Morning of Christ's Nativity,* 1645), ode de 31 strophes, inspirée par Spenser* et Virgile (*Bucoliques).* Sans entrer dans les ordres, auxquels il était destiné, Milton mena de 1632 à 1638 une vie de recueillement à Horton, près de Newcastle, où il écrivit des pastorales dialoguées : *Arcades, Comus* (masque comparable aux *Bacchantes* d'Euripide et fondé sur le platonisme de Spenser) et une élégie pastorale sur la mort d'un ami, *Lycidas* (1637). Après la mort de sa mère (1637), Milton voyagea en France et en Italie où il lut Dante, Pétrarque, le Tasse ; il rencontra Galilée qu'il cita en exemple dans son discours contre la censure *Areopagitica ou De la liberté de la presse* (1644). À Londres, depuis 1639, il était devenu l'un des polémistes puritains les plus virulents. *De la réforme tou-*

*chant la discipline de l'Église* prône un retour à l'Église primitive et l'un de ses *Sonnets* (1645) proteste contre le massacre des vaudois*. *De l'éducation* (1644), inspiré du Tchèque Coménius, attaque «ces messieurs de Paris [aux] méthodes de frivolité et de prodigalité». L'échec de son mariage avec Mary Powell (1642) fut à l'origine de *La Doctrine et la discipline du divorce* (1643). *Le Jugement de Martin Bucer* (1644), *Tetrachordon* et *Colasterion* (1645) expriment aussi des idées antiféministes. *La Défense du peuple anglais* (1651), rédigée en latin, justifie le régicide, «nécessité publique» dans le cas de Charles I^er^. Le retour de Charles II valut à Milton la perte d'un poste aux Affaires étrangères alors que, déjà, il était aveugle depuis 1652. Il se consacra alors à son chef-d'œuvre, *Le Paradis* perdu* (1667), poème biblique en douze chants. C'est une tragédie cosmique où le personnage central n'est plus Adam mais Satan, une apologie de la révolte annonçant le satanisme romantique. Le *Paradis reconquis* (1671) relate en quatre livres les épisodes de la Tentation tels qu'ils sont rapportés dans l'Évangile de saint Luc. Quant à *Samson Agonistes* (1671), poème dramatique en 5 actes, reflet de Milton aveugle et solitaire, il est structuré comme une tragédie grecque et s'achève par un chant du chœur célébrant le triomphe de Dieu. L'influence de Milton, comparé par Addison et Johnson à Homère et à Virgile, fut immense, notamment sur les romantiques anglais et français. ◆ ÉTYM. *Milton* est le nom de plusieurs villes anglaises, du vieil anglais *middle tūn* «ville du centre» ou *mill tūn* «ville du moulin».

**MILTON KEYNES** ♦ V. d'Angleterre formant un district, au N. de Londres. 207 063 hab. Ville nouvelle de la troisième génération fondée en 1967, elle est l'une de celles qui ont connu le plus fort taux de croissance démographique et industrielle au cours des années 1980. Entreprises nationales et filiales de multinationales s'installent en grand nombre dans ses zones industrielles.

**Milvius** (pont) ♦ Pont sur le Tibre à 3 km de Rome. Constantin y vainquit Maxence le 28 oct. 312. La tradition veut que ses soldats aient arboré le signe de la croix sur leurs boucliers, l'empereur ayant eu une vision montrant dans le ciel la croix, avec les mots : *In hoc signo vinces* «Par ce signe tu vaincras». Cette bataille décida du sort de l'Empire et assura le triomphe du christianisme.

**MILWAUKEE** ◆ ÉTYM. algonquin «la bonne *(milo)* terre *(wati)*» ♦ V. des États-Unis (Wisconsin) sur la rive O. du lac Michigan. 596 974 hab. dont 30 % de Noirs (zone urbaine 1 689 572 avec Racine). Peuplée à l'origine surtout par des Allemands. Musées. Université. ▪ Centre commercial. Port très actif. Indus. électriques et mécaniques, fonderies, automobiles, moteurs, motocyclettes. Indus. alimentaires (brasseries réputées). Indus. de la chaussure.

**MIMET** [13105] ◆ ÉTYM. probablt rac. oronym. °*mim-* ♦ Comm. des Bouches-du-Rhône, arr. d'Aix-en-Provence. 4 151 hab.

**MIMIZAN** [40200] ◆ ÉTYM. p.-ê. du lat. *Mimus*, n. de pers., et gaul. *durum* «forteresse» ♦ Ch.-l. de cant. des Landes, arr. de Mont-de-Marsan. 6 864 hab. *(Mimizanais)*. Vestiges d'un prieuré bénédictin disparu sous les dunes au XVIII^e^ s. (clocher-porche avec portail roman remarquablement sculpté). ▪ Indus. du bois et du papier. ▪ À 6 km, station balnéaire de Mimizan-Plage.

**MIMNERME DE COLOPHON** – en gr. ***Mimnermos*** ♦ Poète et musicien grec (–VII^e^ - –VI^e^ s.) considéré comme le créateur de l'élégie érotique. Ses chants intitulés *Nanno* sont un appel au plaisir sensuel, hanté pourtant par l'idée du néant. Il écrivit aussi un poème d'inspiration héroïque, *Smyrneïde*.

**MIMOUN (Alain)** ♦ Athlète français (Telagh, Algérie 1921). Vainqueur du marathon olympique à Melbourne (1956), battu par Zatopek aux jeux Olympiques de 1948 et de 1952, il fut, au cours d'une carrière à la durée exceptionnelle, le plus grand coureur de fond français depuis Jean Bouin. ◆ ÉTYM. Ce nom de famille arabe vient de *maymūn* «favorisé, heureux».

**MIMOUNI (Rachid)** ♦ Écrivain algérien d'expression française (Boudouanou, près d'Alger 1945 - Paris 1995). À partir de son troisième roman, *Le Fleuve détourné* (1982), il s'est affirmé comme un analyste implacable des réalités de l'Algérie contemporaine, fustigeant l'arrivisme et la corruption dans *Tombeza* (1984) et *L'Honneur de la tribu* (1989), et dénonçant la montée de l'intégrisme religieux dans plusieurs pamphlets et un roman, *La Malédiction* (1993).

**MIN** ♦ Nom de famille de la reine de Corée (1851 - 1895), épouse de Kojong, de la dynastie Chosŏn (→ **Yi**). Son gouvernement fit appel à la Chine pour mater une révolte intérieure (→ **Chŏn Pongjun**). Le Japon intervint et battit les Chinois. Min tenta alors de faire appel à l'aide russe, et les Japonais la firent assassiner.

**MĪNĀ' AL-AḤMADĪ** ♦ V. portuaire du Koweït. 18 926 hab. Le port, relié par oléoduc aux gisements de pétrole du N. et du S. du pays, est l'un des plus grands ports pétroliers du monde. La raffinerie a été très endommagée pendant la guerre du Golfe de 1991. Elle a été la première du pays à reprendre ses activités après la libération.

**MINAMOTO** ou **GENJI** n. m. pl. ◆ ÉTYM. *Minamoto* : jap. «source, origine» ♦ Clan japonais d'ascendance impériale qui joua un très grand rôle dans l'histoire nippone, notamment aux XII^e^ et XIII^e^ s., en s'opposant par les armes au clan rival des Taira* (ou Heike). ♦ **MINAMOTO NO YORITOMO.** Guerrier japonais (1147 - 1199) devenu en 1192, après avoir battu (1185) le clan rival des Taira*, le premier shogun du Japon. Il instaura un «gouvernement militaire» (bakufu) dans lequel sa famille détint jusqu'en 1333 l'autorité suprême, l'empereur étant réduit à jouer un rôle de second plan. Il établit sa capitale à Kamakura*. Son fils Minamoto no Yoriie lui succéda en 1202, après trois ans de régence de Hōjō* Tokimasa. ♦ **MINAMOTO NO YOSHITSUNE.** Guerrier japonais (1159 - Koromogawa 1189). Après avoir aidé son frère Yoritomo à vaincre le clan des Taira* et s'être rendu célèbre par ses exploits chevaleresques, il fut en butte aux persécutions du shogun. Vaincu, il se suicida avec sa famille et ses partisans. La légende s'est emparée de sa mémoire et en a fait un des héros les plus populaires du Japon.

**MINANGKABAU(S)** n. m. (pl.) ♦ Peuple de langue malayo-polynésienne du centre et de l'O. de l'île de Sumatra. Env. 3 600 000 personnes. Riziculteurs, ils sont réputés pour leur artisanat (tissage, orfèvrerie). Formant autrefois un État marqué par l'héritage du royaume de Malayu*, puis islamisés vers le XVI^e^ s., les Minangkabaus ont été agités au XIX^e^ s. par un puissant mouvement réformiste musulman qui a mis fin à la royauté (1821). Les réformateurs n'ont cependant remis en cause ni leur organisation matrilinéaire spécifique ni les institutions villageoises traditionnelles. Les Minangkabaus sont présents comme commerçants dans toutes les villes d'Indonésie.

**MINAS DE RÍO TINTO** ♦ V. d'Espagne (Andalousie), prov. de Huelva, au pied de la sierra Morena. 4 281 hab. Pyrites ferrocuivreuses au cœur d'une zone métallifère connue depuis l'Antiquité.

**Minas de Río Tinto.** *Phot. © Age/Hoa Qui*

**MINAS GERAIS** ◆ ÉTYM. port. «Mines générales», de *mina* «mine» et *geral* «commune [de l'État]» ♦ État du Brésil (région Sudeste) → **Brésil** (carte). 586 624 km². 17 891 000 hab. CAP. : Belo Horizonte. Domaine des hautes terres, l'État est traversé dans toute sa longueur par la serra do Espinhaço et le rio São Francisco. ▪ Outre l'élevage extensif de bovins, les cultures de café, de canne à sucre et de coton, les ressources minières (fer, manganèse, bauxite, or, mica, diamants) ont permis l'aménagement de complexes métallurgiques. Jadis très boisée (une bonne partie de la sidérurgie fonctionne encore au charbon de bois), la région est riche en plantations d'eucalyptus. La création d'une industrie métallurgique nationale fut et reste la préoccupation des Mineiros. ▮ **Histoire** Au XVIII^e^ s., l'État de Minas Gerais était le plus fortuné du Brésil : or et pierres précieuses y avaient attiré toute l'énergie humaine disponible ; une classe bourgeoise y prospérait, hostile à la métropole. C'est de là que partit (en 1789) le premier mouvement d'indépendance qui fut sévèrement réprimé.

**MINATITLÁN** ♦ V. du Mexique (État de Veracruz), sur l'embouchure du río Coatzacoalcos. 109 791 hab. Avec Coatzacoalcos et les autres cités du N. de l'isthme de Tehuantepec, elle forme une région urbaine de plus de 600 000 hab., très industrialisée et très polluée. Ville pétrolière (raffineries, pétrochimie).

**MINCHŌ** (**Chō Densu,** dit) ♦ Peintre japonais (Kyōto 1352 - 1431), et moine bouddhiste, célèbre pour ses peintures à l'encre de Chine. Il subit l'influence des peintres chinois du XIV^e^ s. et fut à l'origine de l'école Minchō ryū. → **Josetsu, Shūbun Tenshō.**

**MINCIO** n. m. ♦ Riv. d'Italie, affl. de la rive g. du Pô, 194 km. Né dans le massif de l'Adamello, il traverse le Trentin, se jette dans le lac de Garde, arrose Mantoue qu'il entoure de trois lacs, avant de se jeter dans le Pô.

**MINDANAO** ♦ Île des Philippines. 94 627 km². 18 133 864 hab. Aciérie, indus. du bois, papeterie, indus. minière. Bétail. Pêche. Chanvre, riz, mangue, ananas, banane. ▪ L'île, couverte en partie de forêts, est un territoire de colonisation interne, principalement peuplé de Visayans. Les minorités musulmanes indigènes (Maguindanaos et Maranaos) revendiquent l'indépendance et se sont livrées, depuis le début des années 1970, à une sanglante guérilla contre Manille. Un accord de paix a toutefois été signé en 1996.

**MINDEN** ♦ V. d'Allemagne (Rhénanie-du-Nord-Westphalie), sur la rive g. de la Weser, au débouché de la porte de Westphalie. Env.

83 000 hab. Église du XI^e^ s., cathédrale des XI^e^ - XII^e^ s. Hôtel de ville du XV^e^ s., maisons anc. (style Renaissance de la Weser). Pont-canal (Weser-Mittellandkanal). ▪ Indus. mécaniques, textiles et chimiques. ▮ **Histoire** Fondée vers l'an 800 par Charlemagne autour d'un évêché, Minden devint une florissante cité commerciale et adhéra à la Hanse à la fin du XIII^e^ s. Gagnée par la Réforme (1526 - 1529), elle fut plus tard annexée par le Brandebourg (1648), puis par la Westphalie (1807) et par la Prusse (1814).

**MINDON** ♦ (1814 - 1878). Roi de Birmanie (1853 - 1878). Il succéda à son frère Pagan. Pacifiste et bouddhiste fervent, il promulgua des édits plus démocratiques, réforma le système des impôts, permit aux missionnaires étrangers de s'installer dans sa nouvelle capitale de Mandalay et réunit, en 1871, un grand concile bouddhique. Son fils Thibaw lui succéda à sa mort (1878) après avoir fait égorger une grande partie de sa parenté.

**MINDORO** ♦ Île des Philippines, proche de Luçon et fortement boisée. 9 735 km². 1 062 068 hab. Marbre. Riz. Tourisme (plages et réserve écologique près de Puerto Galera).

**MINDSZENTY (József)** ♦ Prélat hongrois (Csehiminszent 1892 - Vienne 1975). Archevêque d'Esztergom et primat de Hongrie (1945), cardinal (1946), il s'opposa au gouvernement communiste, fut arrêté (déc. 1948), condamné aux travaux forcés à perpétuité (fév. 1949), mis en résidence surveillée (1955). Libéré par l'insurrection d'octobre 1956 et réhabilité par le gouvernement Nagy*, il dut, après l'intervention soviétique, se réfugier à la légation américaine de Budapest et il y resta jusqu'en 1971, date où il se retira à Vienne. ➝ **ÉTYM.** Ce nom hongrois signifie «Toussaint», il est formé sur le nom du village d'origine de sa famille.

**MINERVE** ➝ **ÉTYM.** en lat. ***Minerva***, p.-ê. de la rac. indo-eur. *°men* «penser» ou d'orig. étrusque ♦ Déesse romaine identifiée à l'Athéna grecque. ➝ **Athéna.** Elle figurait dans la triade capitoline à côté de Jupiter* et Junon*, mais ne semble pas appartenir aux divinités primitives du panthéon latin.

**MINERVE** [34210] ➝ **ÉTYM.** anc. *Menerba*, du lat. *Minerva* «Minerve» ♦ Comm. de l'Hérault, arr. de Béziers, bâtie dans un site pittoresque dominant la vallée de la Cesse. 111 hab. *(Minervois)*. Église consacrée en 456 par saint Rustique, reconstruite aux XI^e^ - XII^e^ s. Musée d'archéologie et de paléontologie. ▪ Aux environs, grottes préhistoriques. Au N. de Siran, chapelle de Centeilles du XIII^e^ s. (fresques du XIV^e^ s. et du début du XV^e^ s.). ▮ **Histoire** Anc. capitale du Minervois. En 1210, pendant la croisade des albigeois, Simon de Montfort réduisit la place.

**MINERVOIS** n. m. ➝ **ÉTYM.** en occit. *Menerbès* ou *Minervès*, du n. de la comm. de *Minerve** ♦ Région du bas Languedoc, située entre la Montagne Noire et la vallée de l'Orb. Elle est constituée par un causse calcaire aride (haut Minervois) dominant au S. une plaine (bas Minervois) inclinée vers l'Aude. Cette dernière zone est à vocation viticole (vins réputés).

**MING** n. m. pl. ➝ **ÉTYM.** chin. «clarté» ♦ Dynastie chinoise (1368 - 1644). Fondée par Zhu Yuanzhang (empereur Taizu*) au terme d'une longue lutte armée contre les Yuan* (Mongols) puis contre d'autres insurgés, elle compta seize empereurs et eut ses capitales à Nankin puis à Pékin, à partir de 1421. Ordonné par Yongle*, le transfert de la cap. fut précédé de gigantesques travaux de réaménagement urbain, de la construction de palais et de temples ; une nécropole impériale fut installée à 50 km au N.-O. de Pékin. Le début du règne de la dynastie fut marqué par des mesures destinées à renforcer le pouvoir central et à lutter contre la corruption, mesures qui favorisèrent l'essor de l'agriculture et du commerce, mais aussi par des expéditions militaires dans les marches du Nord et des voyages d'exploration maritime. ➝ **Zheng He.** L'accroissement des pouvoirs confiés aux eunuques mina la dynastie et fut l'une des causes principales de la chute de l'empire. La révolte paysanne sous la conduite de Li Zicheng, qui investit la capitale en 1644, accula l'empereur Chongzhen au suicide. La conclusion du traité entre le général rebelle Wu* Sangui et les Mandchous permit l'accession au pouvoir des Qing*.

**MINGHETTI (Marco)** ♦ Homme politique italien (Bologne 1818 - Rome 1886). Ministre des Travaux publics dans le premier gouvernement laïc des États de l'Église au lendemain de l'avènement de Pie IX (1846), il rejoignit les Sardes lors de la guerre contre l'Autriche (1859). Ami et conseiller de Cavour*, ministre de l'Intérieur du nouveau royaume d'Italie (1860), il prit une part active à l'unification politique du pays. Membre de la droite modérée, Premier ministre (1863 - 1864), il négocia la convention de 1864 avec la France. Mais le transfert de la capitale du royaume de Turin à Florence provoqua des troubles à Turin et la chute de Minghetti. Ambassadeur à Vienne (1870), il s'opposa à une alliance avec Napoléon III lors de la guerre franco-prussienne. Il fut de nouveau président du Conseil de 1873 à 1876. ➝ **ÉTYM.** *Minghetti* a la même étymologie que *Menotti**.

**Ming Jia** ou **Ming Kia** ➝ **ÉTYM.** chin. «École des noms» ♦ École chinoise (–IV^e^ s.) de logique, qui s'opposait à l'école des lois (Fa jia).

**MINGUS (Charles** dit aussi **Charlie)** ♦ Contrebassiste, compositeur et chef d'orchestre de jazz américain (Nogales, Arizona 1922 - Cuernavaca, Mexique 1979). Il fonda sa propre formation en 1957, exprimant avec les moyens du jazz moderne et la ferveur traditionnelle du blues ses convictions politiques et raciales développées en outre dans son autobiographie (*Moins qu'un chien*, 1971). Princ. enregistrements : *Pithecanthropus Erectus* (1956), *Fables of Faubus* (1959), *Passions of a Man* (1961).

Charlie **Mingus.** *Phot. © Giuseppe Pino/Ricciarini*

**MINHO** n. m. – en esp. ***Miño*** ♦ Fl. du N.-O. de la péninsule Ibérique, 275 km. Né en Galice*, il traverse d'abord des gorges, reçoit le Sil, arrose Orense, sert de frontière entre l'Espagne et le Portugal avant de se jeter dans l'Atlantique.

**MINHO** n. m. ♦ Région du N.-O. du Portugal, formée de montagnes granitiques traversées par trois vallées à fond plat et versants raides, dont celle du Minho qui sépare le Portugal de l'Espagne, au climat très humide et à la végétation verdoyante. La polyculture est dominée par la culture irriguée du maïs, l'élevage laitier et la viticulture («vin vert»). Les densités de population y sont élevées et l'émigration est ancienne. La force motrice des cours d'eau a permis l'installation de quelques industries. La région est un pôle de la civilisation rurale du Portugal et le berceau de la nation avec, à Guimarães*, le château des premiers comtes de Portugal.

**MINIEH** ou **MINIEH-EBN-KHASIB** – en ar. ***al-Minya*** ♦ V. de Haute-Égypte, ch.-l. de gouvernorat. 239 804 hab. Égrenage du coton, huileries, savonneries. ▪ C'est probablement l'ancienne *Ménat Khoufout* («la nourrice du roi Khéops»).

## minimal art

n. m. ♦ Tendance esthétique qui s'est développée vers 1965 aux États-Unis en réaction contre les débordements de l'abstraction lyrique et la figuration du pop* art. Groupant des peintres et des sculpteurs, le mouvement, délibérément anti-expressionniste, vise à évacuer de l'œuvre tout contenu autre que visuel. Il tend à la neutralité et à la simplification des formes et des couleurs, l'œuvre minimaliste se présentant le plus souvent comme une répétition de formes très simples (carré, cube, ligne). Influencé par des prédécesseurs comme Jaspers Johns, Frank Stella, Barnett Newman, Kenneth Noland, le mouvement a révélé des artistes tels que Carl Andre, Dan Flavin, Ellsworth Kelly, Sol Lewitt, Tony Smith.

**minimes** (ordre des **Frères**) ➝ **François de Paule (saint)**

**MIN JIANG** ou **MIN-KIANG** ♦ Riv. de Chine (Fujian) qui se jette dans le Chang jiang, près de Yibin (577 km). ▪ Fl. de Chine, né dans le Sichuan, qui se jette dans la mer de Chine orientale après avoir traversé Fuzhou (400 km).

**MINKOWSKI (Hermann)** ♦ Mathématicien allemand (Aleksotas, près de Kaunas 1864 - Göttingen 1909). Le grand prix de l'Académie des sciences lui fut attribué (conjointement avec J. B. Smith) en 1882 pour un mémoire sur les formes quadratiques. Il élabora la théorie dite de la géométrie des nombres et établit le formalisme quadridimensionnel adapté à la théorie de la relativité restreinte de son ancien élève Einstein* *(espace-temps de Minkowski)*.

**MINNE (Georges,** baron**)** ♦ Sculpteur et graveur belge (Gand 1866 - Laethem-Saint-Martin 1947). Les œuvres religieuses du début de sa carrière dénotent l'influence de Rodin puis des primitifs flamands et de la sculpture archaïque. Installé en 1897 à Laethem-Saint-Martin, il devint le chef spirituel de la communauté d'artistes qui y résidaient. Fortement marqué par les idées symbolistes, il illustra Maeterlinck et Verhaeren. Il chercha à exprimer dans ses œuvres ses préoccupations spiritualistes et mystiques et, après avoir subi v. 1910 l'ascendant du naturalisme de Constantin Meunier*, il procéda de nouveau à la simplification des volumes, laissant des parties à peine dégagées de la masse et recourant aussi à des déformations expressives. Il traita de préférence des sujets religieux ainsi que le thème de la mère et de l'enfant (*La Fontaine aux agenouillés*, 1898 ; *Monument à la reine Astrid*, 1937).

**MINNEAPOLIS** ➝ **ÉTYM.** du mot sioux *minne* «eaux» et du gr. *polis* «ville» ♦ V. des États-Unis (Minnesota) sur le Mississippi (chutes de Saint-Antoine). 382 618 hab. (zone urbaine 2 968 806 avec Saint* Paul). Université. Musées (Minneapolis Institute of Arts, Walker Art Center). Centre indus. (bois, farine, machines agricoles) et commercial (1er marché du blé du pays, et probablement, du monde). Parc de loisirs.

**MINNELLI (Vincente)** ♦ Cinéaste américain (Chicago 1913 - Los Angeles 1986). Fils d'acteur, il fut tout d'abord décorateur et metteur en scène de revues avant de faire ses débuts au cinéma. Le goût du décor, de la couleur, raffiné parfois jusqu'au maniérisme, et un don onirique ont marqué ses meilleures réalisations, comédies musicales (*Un Américain à Paris*, 1950 ; *Tous en scène*, 1952 ; *Les Ensorcelés*, 1952 ; *Brigadoon*, 1953) ou drames. ♦ **Liza Minnelli.** Chanteuse et actrice américaine (Los Angeles 1946), fille du précédent et de Judy Garland*. Tout en faisant carrière au music-hall, elle tint quelques grands rôles au cinéma, en particulier dans des films musicaux (*Cabaret*, de Bob Fosse, 1972 ; *New York, New York*, de M. Scorsese, 1977).

**MINNESOTA** n. m. ← ÉTYM. du n. de la riv. *Minnesota*, du sioux *minne* « eau » et *sota* « couleur du ciel [bleu] » ♦ État du N. des États-Unis → **États-Unis** (carte). 217 736 km². 4 919 479 hab. CAP. : Saint Paul. ▮ **Géographie** L'État, qui est presque au centre du continent nord-américain, a été modelé par les glaciations. Des milliers de lacs, des prairies, des vallées et des collines en font une des régions les plus pittoresques des États-Unis. Le climat est continental froid. Plusieurs systèmes hydrographiques trouvent leur naissance dans le Minnesota : celui du Mississippi, qui prend naissance au lac Itasca et qui reçoit plusieurs fleuves tributaires, dont la Minnesota River ; le système aboutissant à la baie d'Hudson (Rainy River ; Red River) ; et celui qui se jette dans l'Atlantique par les Grands Lacs et le Saint-Laurent (Saint Louis River). ▮ **Économie** État traditionnellement agricole (avoine, foin, maïs ; élevage de bovins et volailles ; produits laitiers), le Minnesota recèle d'importantes ressources minières (fer, notamment dans la Mesabi Range : 1er producteur du pays), des carrières (granite) et de vastes forêts. Ces conditions naturelles ont permis le développement d'indus. variées : industries alimentaires (viande, minoteries), machines, imprimerie, électricité, pâte à papier, biotechnologie. Grand producteur d'électricité (notamment d'origine nucléaire), le Minnesota est aussi un État commerçant, grâce en particulier aux voies fluviales : lac Supérieur, Mississippi. ▮ **Histoire** Explorée par des trappeurs français et anglais au XVIIIe s., la région fut anglaise (1763), puis américaine (1787). Elle devint en 1858 le 32e État de l'Union. Vers 1865 - 1870, les Sioux furent combattus et soumis. Développée grâce à l'immigration des Nordiques, la région fut agitée par des troubles sociaux à la fin du siècle (mouvement Granger).

**MIÑO** → Minho

**MINO DA FIESOLE** ♦ Sculpteur italien (Poppi 1429 - Florence 1484). Il travailla surtout à Florence, sculptant les bustes de Pierre de Médicis (1453, Bargello, Florence), de Nicolò Strozzi (1454, Berlin), d'Astorgio Manfredi (1455, Washington), de Jean de Médicis (1460, Florence) et les tombeaux de l'évêque Salutati (cathédrale de Fiesole) et du comte Ugo (1471 - 1481, église de la Badia, Florence). Il fit trois séjours à Rome, travaillant au Vatican et exécutant le tabernacle des Saintes Huiles à Sainte-Marie-du-Transtévère. Quoiqu'il ait cherché dans ses bustes l'expressivité de l'art romain antique, il fut surtout un maître de la sculpture gracieuse et décorative, en opposition avec l'art austère d'un Donatello*.

**MINORQUE** – en esp. *Menorca* ← ÉTYM. en lat. *Minorica*, de *minor* « plus petit [que Majorque*] » ♦ Île de l'archipel espagnol des Baléares*, la deuxième et la plus orientale de l'archipel, au N.-E. de Majorque. 668 km². 90 235 hab. *(Minorquins)*. Vestiges romains et préromains (talayots, monuments mégalithiques). ▪ Cultures, pêche. Le tourisme est beaucoup moins développé qu'à Majorque et à Ibiza. ▮ **Histoire** L'île fut annexée par les Britanniques à plusieurs reprises (1708 - 1756, 1763 - 1782, 1799 - 1802).

**MINOS** ♦ Dynastie liée à la prépondérance de Cnossos et à la thalassocratie de Crète* (–XVIe - –XVe s.) ▪ Roi de Cnossos*, dont le nom est attaché à une légende extrêmement riche. Fils de Zeus* et d'Europe*, il figure comme le civilisateur des Crétois, roi juste, sage législateur et, après sa mort, un des juges des Enfers, avec Éaque* et Rhadamante*, son frère. Disputant la royauté avec son autre frère Sarpédon*, il prétend avoir été préféré par les dieux et, pour le prouver, demande à Poséidon* de faire sortir un taureau de la mer. Son vœu est exaucé, mais il omet de sacrifier l'animal promis au dieu. Poséidon rend alors le taureau furieux et inspire la passion amoureuse de Pasiphaé*, la femme de Minos, pour l'animal. Héraclès* tue ou capture le taureau qui dévastait le pays, mais de l'union de Pasiphaé avec l'animal naît le Minotaure*.

**MINOT (George Richards)** ♦ Physiologiste américain (Boston 1885 - Brookline 1950). [Prix Nobel de physiol. ou méd. 1934, avec W. Murphy et G. Whipple*]

**MINOTAURE** n. m. – en gr. *Minôtauros* ← ÉTYM. de *Minos** et de *tauros* « taureau » ♦ Monstre fabuleux de Crète*, au corps d'homme et à la tête de taureau, né de l'union de Pasiphaé* avec le taureau que Poséidon avait fait sortir de la mer. Minos*, honteux, le fait enfermer dans le Labyrinthe* et lui offre tous les neuf ans sept jeunes gens et sept jeunes filles, tribut qu'il avait imposé à Athènes, vengeant l'assassinat de son fils Androgée*. Thésée*, venu à Cnossos* parmi les sept jeunes gens, tue le monstre.

**MINOUSSINSK** ♦ V. de Russie, en Sibérie orientale, sur le haut Ienisseï. 69 300 hab. Centre métallurgique important au milieu d'une région minière (uranium, cuivre, antimoine, charbon). ▪ Important centre d'industrie métallurgique de l'âge du bronze, notamment illustré par les cultures d'Afanassievo, d'Androussovo.

**MINSK** ← ÉTYM. russe « la localité fluviale », d'un anc. n. *mĕn* « fleuve, rivière » et *-sk* suff. d'appartenance ♦ Cap. de la Biélorussie et ch.-l. de région, sur la Svislotch, affl. de la Berezina. 1 751 300 hab. Centre culturel (univ. fondée en 1921). Indus. alimentaire. Textile. Constructions mécaniques (camions, tracteurs, machines-outils). Nœud ferroviaire. ▮ **Histoire** Mentionnée dès le XIe s., la ville passa successivement à la Lituanie (1326), à la Pologne (1569) puis à la Russie (1654 - 1681), avant d'être annexée par cette dernière après le second partage de la Pologne (1793). Durant la Deuxième Guerre mondiale, Minsk, enjeu d'une grande bataille entre Soviétiques et Allemands, fut en grande partie détruite. Sa population, qui comptait de nombreux juifs, fut presque complètement exterminée. Minsk fut reprise par l'Armée rouge en 1944 et reconstruite après 1945.

**MINTOFF (Dominic, dit Dom)** ♦ Homme politique maltais (Malte 1916). Architecte de formation, il entra au Parti travailliste maltais en 1944 et en devint le chef en 1949. Il fut Premier ministre de Malte* de 1955 à 1958 et de 1971 à 1984.

**MINUCIUS FELIX (Marcus)** ♦ (IIe - IIIe s.). Écrivain latin chrétien, auteur de l'*Octavius*, dialogue de style cicéronien, présentant le christianisme aux Romains cultivés.

**MINUIT** ou **MINNEWIT (Peter)** ♦ Ministre protestant hollandais (Wesel v. 1580 - v. 1640). Premier gouverneur de la colonie fondée sur l'emplacement de New* York. Il acheta l'île de Manhattan* aux Indiens et fonda La Nouvelle-Amsterdam.

**MINYENS** n. m. pl. – en gr. *Minuai* ♦ Peuple préhellénique apparenté aux Éoliens. Les Minyens vivaient dans la Thessalie maritime et autour du lac Copaïs, en Béotie, où se trouvait leur capitale Orchomène*. Ils suivirent les Éoliens dans la colonisation de Lesbos, Chio, Théra.

**MIONS** [69780] ← ÉTYM. p.-ê. du gaul. *metlo* « hauteur » et *dunum* « colline, forteresse » ♦ Comm. du Rhône, arr. de Lyon. 10 283 hab.

**MIOS** [33380] ♦ Comm. de la Gironde, arr. de Bordeaux, sur l'Eyre. 4 620 hab.

**MIQUE (Richard)** ♦ Architecte, décorateur et paysagiste français (Nancy 1728 - Paris 1794). Issu d'une famille d'architectes lorrains, il travailla pour le roi Stanislas Leszczyński à Nancy, puis succéda à Gabriel* comme premier architecte de Louis XVI à partir de 1774. À Versailles, il construisit notamment le couvent des Ursulines, 1768 (aujourd'hui lycée Hoche), et à Saint-Denis l'église des Carmélites. Pour Marie-Antoinette, il transforma les Petits-Appartements de la reine au château de Versailles et éleva plusieurs pavillons inspirés de l'art grec (le temple de l'Amour, 1778) ou de Palladio* (le Belvédère) ; il réalisa la décoration intérieure du Petit Trianon, aménagea les jardins et édifia le hameau de Marie-Antoinette, révélateur de la mode des jardins anglais et d'une nostalgie préromantique de la nature qui se développait, notamment sous l'influence de J.-J. Rousseau.

**MIQUELON** ♦ Territoire français situé près de la côte méridionale de Terre-Neuve, dans l'Atlantique, et constitué par deux îles, la *Grande Miquelon* et, plus au S., la *Petite Miquelon* ou Langlade. 216 km². Population de marins et de pêcheurs (morue). Les deux îles sont relativement accidentées (239 m au morne de la Grande-Montagne). L'étang du Grand Barachois, au S. de la Grande Miquelon, communique avec la mer par un chenal, tandis qu'au N. s'étend une plaine où s'est installé le village de Miquelon, au fond de la rade du même nom. L'intérieur est occupé par des tourbières. ▮ **Histoire** Les deux îles, françaises depuis 1763, sont reliées depuis 1783 par l'isthme sableux de Langlade et forment avec l'île Saint-Pierre, au S., un territoire français d'outre-mer. → **Saint-Pierre et Miquelon.**

**Mir** ← ÉTYM. russe « paix » ♦ Station orbitale soviétique. Première base orbitale permanente dans l'espace, lancée le 20 fév. 1986, elle est composée de quatre éléments : la station proprement dite (d'un poids de 20 t) ; le cargo automatique *Progress*, approvisionnant la station en matériel, pièces de rechange, eau et combustibles, renvoyé vers la Terre après usage (il se désintègre dans l'atmosphère) ; les modules scientifiques Kvant et le vaisseau de transport des cosmonautes. Le record de durée de séjour de l'homme dans l'espace fut battu en 1991 (541 jours). Touchée par des pannes fréquentes, elle fut détruite en mars 2001 et remplacée par la station spatiale internationale (→ **ISS**).

**MĪRĀBĀĪ** ou **MĪRĀ BĀĪ** ♦ Poète indienne mystique (v. 1503 - 1570), adepte de Krishna*. Elle vécut à Dwarka sur la côte du Gujarat*, mena une vie errante et écrivit, dans le dialecte braj, des poèmes d'adoration fervente.

**MIRABEAU (Victor RIQUETI, marquis DE)** ♦ Économiste français (Pertuis, Vaucluse 1715 - Argenteuil 1789). Représentant de l'école des physiocrates (→ **Quesnay**) et auteur de *L'Ami des hommes ou Traité* *de la population* (1756), il prit position contre les fermiers généraux dans sa *Théorie de l'impôt* (1760). ▪ Père d'Honoré Gabriel, comte de Mirabeau.

**MIRABEAU (Honoré Gabriel Riqueti,** comte **de)** ♦ Orateur et homme politique français (Le Bignon, Loiret 1749 - Paris 1791). Fils du marquis de Mirabeau*, il était d'une laideur fascinante, d'une intelligence remarquable, d'une nature violente et passionnée. Peu aimé par son père, qui l'obligea à entrer dans l'armée (1767), il eut une jeunesse orageuse et fut plusieurs fois emprisonné par lettres de cachet sur l'intervention de son père. Ainsi, après sa liaison avec la jeune Sophie, épouse du marquis de Monnier, avec laquelle il s'était enfui en Suisse puis aux Pays-Bas, il fut enfermé au château de Vincennes (1777 - 1780) où il rédigea ses fameuses *Lettres à Sophie* (publiées en 1792) et son *Essai sur les lettres de cachet et les prisons d'État* (1782). Libéré, il écrivit pamphlets et libelles pour dénoncer l'absolutisme royal, le règne des privilèges et des abus. Chargé d'une mission diplomatique à la cour de Berlin (1786), il publia, à son retour, *De la monarchie prussienne sous Frédéric le Grand* (1787) et *Histoire secrète sur la cour à Berlin*, dont l'anonymat fut vite démasqué et qui fit scandale (1789). Acquis aux idées nouvelles et partisan d'une monarchie constitutionnelle, il était membre d'une loge maçonnique et de la société des Amis* des Noirs, et lié au duc d'Orléans* Philippe Égalité, qu'il envisagea sans doute un moment de placer sur le trône à la place de Louis XVI. Candidat aux états généraux (1789), il fut rejeté par la noblesse mais élu par le tiers état d'Aix. Orateur le plus brillant des états généraux, puis de l'Assemblée nationale constituante, il joua un rôle décisif dans les débuts de la Révolution, contribuant dès les premiers jours de mai 1789 à instaurer la liberté de presse avec la publication de son *Courrier de Provence*, se rendant célèbre par sa fameuse apostrophe au marquis de Dreux*-Brézé (23 juin 1789). Il défendit avec brio les principes révolutionnaires, participa à la rédaction de la *Déclaration des droits* de l'homme et du citoyen*, proposa à l'Assemblée la mise à la disposition de la nation des biens du clergé. Aussi ambitieux qu'intelligent, il souhaitait jouer comme ministre le rôle d'intermédiaire entre le roi et l'Assemblée. Celle-ci, pressentant le danger de telles ambitions, interdit aux députés de devenir ministre (7 nov. 1789). Mirabeau se désolidarisa alors peu à peu des patriotes pour défendre les prérogatives royales (en particulier contre le triumvirat Barnave*, A. Duport et A. de Lameth*), tenta de lutter pour que le droit de veto absolu fût accordé au pouvoir exécutif (au roi, mais l'Assemblée n'accorda que le veto suspensif), et pour que le roi restât investi du commandement de l'armée (mai 1790). Introduit à la cour par son ami, le prince d'Arenberg*, comte de La Marck, il devait y jouer le rôle de conseiller secret (à partir de 1790), recevant des subventions pour défendre à la tribune les intérêts royaux, mais sans cesser pourtant, à l'occasion, de défendre les principes révolutionnaires. Bien qu'accusé de trahison par certains députés, il avait gardé presque intacte sa popularité et venait d'être nommé à la présidence de l'Assemblée, quand il mourut brusquement. Œuv. princ. : *Œuvres oratoires* (posth.) ; *Correspondance entre le comte de Mirabeau et le comte de La Marck* (posth.). ♦ **André Boniface Riqueti,** vicomte **de Mirabeau** dit ***Mirabeau-Tonneau*** en raison de son embonpoint ou de son intempérance (Paris 1754 - Fribourg-en-Brisgau 1792). Frère du précédent. Après avoir participé à la guerre d'Indépendance américaine, il fut élu député de la noblesse du Limousin aux états généraux (1789). Émigré dès 1790, il dirigea une légion de « hussards de la mort » contre les armées révolutionnaires françaises. ➔ **ÉTYM.** *Mirabeau* signifie « mire bien, regarde bien », nom de localité [probablement une hauteur d'où l'on a une vue dégagée].

Honoré Gabriel Riqueti, comte de **Mirabeau.**
Portrait, école française du XVIII$^e$ s.
Musée national du château, Versailles.
*BIS/Phot. H. Josse © Archives Larbor*

**MIRABEL** ♦ V. du Canada (Québec) à une cinquantaine de kilomètres au N.-O. de Montréal. 34 626 hab. Aéroport international de Montréal, regroupé depuis 1987 avec celui de Dorval.

Le **Miracle de Théophile** ♦ Drame en vers de Rutebeuf* (1262) et premier « miracle de Notre-Dame » dans la littérature française, sur un thème très populaire au Moyen Âge. C'est l'histoire du pacte conclu avec Satan, afin d'obtenir des honneurs, par le clerc Théophile, de son repentir et de l'intercession miraculeuse de la Madone.

**MĪR 'ALĪ CHÊR NAVĀ'Ī** ➔ **Navā'ī (Mīr 'Alī Chêr)**

**MIRAMAS** [13140] ➔ **ÉTYM.** « regarde la mer », du prov. *mirar* « regarder » et *mar* « mer » ♦ Comm. des Bouches-du-Rhône, arr. d'Aix-en-Provence. 22 526 hab. (aggl. 29 121) *(Miramasséens)*. À Miramas-le-Vieux, bâti sur un rocher dominant l'étang de Berre, enceintes et ruines d'un château du XIII$^e$ s. ▪ Élément de la ville nouvelle de Rives-de-l'Étang-de-Berre. Gare de triage. Installations du Commissariat à l'énergie atomique.

**MIRAMONT-DE-GUYENNE** [47800] ➔ **ÉTYM.** « admire le mont » ♦ Comm. du Lot-et-Garonne, arr. de Marmande. 3 360 hab. (aggl. 4 575).

**MIRANDA (Francisco)** ♦ Patriote vénézuélien (Caracas 1750 - Cadix 1816). Officier de l'armée espagnole, il participa à la guerre d'Indépendance d'Amérique du Nord (1779 - 1781). Exilé en Europe, il y soutint la cause de la libération de sa patrie. Nommé général français, il combattit sous Dumouriez. Compromis par ses relations avec les girondins, il dut gagner l'Angleterre. Des États-Unis, où il se rendit ensuite, il organisa une expédition au Venezuela pour y proclamer la république. Après l'échec de cette tentative (1806), appelé à Caracas, il fit voter la Déclaration d'indépendance (1811). Il rentra à Londres mais Bolívar* l'incita à retourner à Caracas où il fut battu par les Espagnols (1812) ; il leur fut livré (peut-être par Bolívar lui-même qui servit sous ses ordres et s'était brouillé avec lui) et fut emprisonné à Cadix, où il mourut. ➔ **Bolívar, Sucre, Venezuela.**

**MIRANDA** ♦ État du Venezuela, à l'E. de Caracas, au bord de la mer des Caraïbes. 7 950 km$^2$. 2 330 072 hab. CAP. : Los Teques.

**MIRANDE** [32300] ♦ Ch.-l. d'arr. du Gers, sur la Grande-Baïse. 3 568 hab. *(Mirandais)*. Place à couverts. Maisons à pans de bois. Église du début du XV$^e$ s. Musée des beaux-arts et des arts décoratifs : peintures des écoles italienne, flamande et française du XV$^e$ au XIX$^e$ s. ; céramiques du XVII$^e$ au XIX$^e$ s. ▪ Marché agricole (volailles, eaux-de-vie). ▮ **Histoire** Anc. bastide fondée au XIII$^e$ s., Mirande fut évêché jusqu'au XVIII$^e$ s.

**MĪRATH** ➔ **Meerut**

**MIRBEAU (Octave)** ♦ Écrivain français (Trévières 1848 - Paris 1917). Très tôt orphelin de mère, il passa une jeunesse austère dont on trouve peut-être quelques échos dans *Le Calvaire*, 1886. Il se mêla ardemment aux combats littéraires et politiques de son époque ; d'abord royaliste et catholique, il exprima des opinions violemment antisémites dans *Les Grimaces* (revue fondée en 1883), puis évolua jusqu'à défendre des idées anarchistes, s'opposant avec âpreté à toutes les valeurs traditionnelles. Dans son œuvre romanesque, on retrouve la même condamnation violente de la société contemporaine et la dénonciation, parfois outrée, des turpitudes bourgeoises : *Le Journal d'une femme de chambre* (1900) reprend la satire sociale déjà présente dans *L'Abbé Jules* (1888) et *Sébastien Roch* (1890). D'une sensualité assez trouble, *Le Jardin des supplices* (1899), « pages de crime et de sang », trahit la profonde misogynie d'un auteur, par ailleurs sincère dans son horreur des mensonges sociaux et politiques qu'il dénonce dans son œuvre dramatique (*Les Mauvais Bergers*, 1896 ; *Les affaires sont les affaires*, 1903). Esprit curieux de nouveauté et nature passionnée, il mena aussi, comme journaliste, le combat pour la défense de l'art moderne (*Des artistes*, 1922). ➔ **ÉTYM.** Ce nom de famille vient d'un nom de localité « mire bien, regarde bien », de l'ancien occitan *mirar* « regarder » et *bel* « beau » [désigne probablement une hauteur d'où l'on a une vue dégagée]. (➔ aussi Mirabeau).

**MIRBEL (Charles François Brisseau de)** ♦ Botaniste français (Paris 1776 - *id.* 1854). Directeur des jardins et des serres sous l'Empire, il fit des recherches sur la cellule (qu'il fut le premier à nommer ainsi) et sur le développement embryonnaire. [Acad. sc. 1808]

**MIRDITË** ou **MIRDITA** n. f. ♦ Région montagneuse de l'Albanie septentrionale, au S. du Drin, habitée par la tribu catholique des *Mirdites*.

**MIRECOURT** [88500] ➔ **ÉTYM.** anc. *Murici curte* « domaine (bas lat. *curtis*) de Moricho (n. de pers. germ.) » ♦ Ch.-l. de cant. des Vosges, arr. de Neufchâteau, sur le Madon. 6 384 hab. (aggl. 8 581) *(Mirecurtiens)*. Église du XV$^e$ s. (clocher-porche). Halles de 1617. ▪ Centre renommé de lutherie (créé au XVII$^e$ s.) et d'archèterie (XVIII$^e$ s.). École nationale de lutherie. Dentelles et broderies (petit musée).

**MIREILLE (Mireille Hartuch,** dite**)** ♦ Compositrice et interprète française (Paris 1906 - *id.* 1996). Ses chansons furent interprétées par Dranem, M. Chevalier ou J. Sablon. Avec son parolier J. Nohain, elle contribua à renouveler la chanson française des années 1930 en mêlant rythme entraînant et paroles légères, pleines d'humour. En 1954, elle créa le Petit Conservatoire de la chanson.

**Mireille** – en occit. ***Mirèio*** ♦ Poème occitan de Frédéric Mistral* (1859). Publié avec une traduction française de l'auteur, ce long poème retrace l'amour tragique d'un vannier et d'une fille de maître de mas. À la suite de cette publication, Mistral fut salué par Lamartine comme étant le nouvel Homère ; il put alors donner toute l'ampleur nécessaire à son combat pour la défense de l'occitan en faisant reconnaître son école littéraire : le Félibrige*. ♦ ***Mireille*** Opéra en 5 actes de Charles Gounod* sur un livret de Michel Carré d'après le poème de Frédéric Mistral (Paris, 19 mars 1864). Il fut ensuite réduit à 3 actes avec dialogues parlés. Après divers avatars, la version voulue par Gounod, avec sa fin tragique, fut rétablie en 1939.

**MIREPOIX** [09500] → ÉTYM. en occit. *Mirapeis* « regarde *(mirar)* les poissons *(peis)* » (endroit approprié pour regarder les poissons) ♦ Ch.-l. de cant. de l'Ariège, arr. de Pamiers, sur l'Hers-Vif. 3 061 hab. *(Mirapiciens)*. Bastide édifiée à partir de 1279. Vaste place à couverts en charpente, entourée de maisons anc. (XIIIe - XVe s.). Anc. cathédrale Saint-Maurice, reconstruite au XVe s. (vaisseau d'une largeur exceptionnelle). ▪ Mirepoix fut évêché de 1317 à 1790.

**MIRIAM** ♦ Personnage biblique (Genèse, XV, 20 ; Nombres, XII). Sœur de Moïse* et d'Aaron*, prophétesse.

**MIRIBEL** [01700] → ÉTYM. franco-prov. « regarde *(mire, miri)* [ce qui est] beau *(bel)* » (désigne une hauteur depuis laquelle on voit loin) ♦ Ch.-l. de cant. de l'Ain, arr. de Bourg-en-Bresse, dans la banl. N.-E. de Lyon, sur le Rhône. 8 539 hab. *(Miribelans)*.

**MĪR JĀFAR** ♦ Général indien musulman (1691 - 1765) qui trahit le roi du Bengale et permit ainsi aux Britanniques de remporter la victoire de Plassey en 1757. Devenu nabab du Bengale, il confirma les droits de l'Eastern Company sur cette province, ouvrant ainsi la porte de l'Inde aux entreprises commerciales anglaises.

**MĪR JUMLA** ♦ Aventurier persan (mort en 1663) au service des chahs musulmans du Dekkan, qui réussit à se tailler un royaume indépendant dans le centre de l'Inde. Après s'être allié à Aurangzeb*, il céda la ville de Madras* aux Anglais, puis devint gouverneur du Bengale. Il fut tué en combattant les tribus de l'Assam.

**MIRNY** ♦ V. de Russie, rép. de Sakha. 33 500 hab. Petit village jusqu'en 1959, elle est aujourd'hui un centre d'industrie des diamants.

**MIRÓ (Joan)** ♦ Peintre, sculpteur et céramiste espagnol (Barcelone 1893 - Palma de Majorque 1983). Entré dès 1907 à l'École des beaux-arts de Barcelone, il étudia ensuite à l'Académie Galli et s'intéressa aux tendances modernistes de la peinture européenne. Les paysages, portraits, natures mortes qu'il peignit dénotent les influences conjuguées de Van Gogh, Cézanne et Matisse, assimilées déjà d'une façon personnelle (*Ciurana, village et route*, 1917). Du cubisme, il retint surtout une décomposition abrupte, angulaire, des figures au caractère violemment expressif, se détachant sur un fond très ornementé (*Nu debout*, 1918) ou uniforme (*Autoportrait*, 1919). Miró eut ensuite tendance à traiter chaque détail avec une extrême minutie, tout en faisant perdre aux figures et aux objets leur caractère réaliste par l'agencement décoratif de l'ensemble de la composition, les formes prenant ainsi la valeur de signes (*La Ferme*, 1921 ; *La Fermière*, 1922). S'étant rendu à Paris dès 1919, il y rencontra son compatriote Picasso et il fréquenta aussi Reverdy, Max Jacob, Tzara, s'intéressant au mouvement Dada ; puis A. Masson le présenta à A. Breton. Il adhéra dès 1924 au surréalisme. Avec *Terre labourée* (1924), *Carnaval d'Arlequin* (1924 - 1925), il élabora un univers très personnel où se manifeste une fantaisie débridée ; créant et agençant avec une apparente et déconcertante aisance un répertoire de signes variés, oblongs, en ellipse, en étoile, de formes d'animaux, d'insectes, de serpents, de larves hybrides, avec une prédilection pour les motifs biomorphiques et embryonnaires, évoquant des protozoaires, il anima tout l'espace de la toile d'un mouvement fantasque. La pratique de l'automatisme pictural accrut la liberté de sa facture ; il s'abandonna aux suggestions de la matière : taches, éclaboussures, laissant courir un trait délié lui suggérant des visions qu'il précisait ensuite. Il créa des formes aux confins de l'abstraction (*La Naissance du monde*, 1925), toujours riches de suggestion (*Personnage lançant une pierre à un oiseau*, 1926). L'esprit ludique et l'humour insolent qui caractérisent une grande partie de sa production apparaissent aussi dans les collages réalisés v. 1927 à partir de matériaux frustes (*Danseuse espagnole*, 1928). Sa peinture évolua dans une direction soit plus abstraite, soit plus fantastique (*Intérieurs hollandais*, 1928 ; *Portraits imaginaires*). Puis son inspiration prit un caractère plus angoissé, les formes un aspect monstrueux, convulsif et caricatural (*Femmes*, 1934). La guerre d'Espagne l'obligea à revenir en France en 1937. Dans une série de vingt-deux gouaches, les *Constellations*, les formes élémentaires, les silhouettes humaines prennent l'aspect de signes aériens, ponctuant et animant un espace aux couleurs intenses et légères à dominante rouge et noire. Après la guerre, il produisit des peintures murales (univ. Harvard) ; il se consacra aussi longuement à la lithographie, à la céramique et à la sculpture en terre cuite, avec le céramiste Artigas, tout en poursuivant une œuvre picturale qui atteint parfois un laconisme extrême (*Bleu*, 1961). ▪ L'œuvre de Miró témoigne d'une allégresse et d'une ingénuité rares, d'un sens plastique constant. Même lorsque l'exécution apparaît sommaire et négligée, elle révèle un trait élégant, concis ou délié, et un très grand sens de la couleur, étalée avec légèreté et transparence en créant des accords de tons très vifs. → ÉTYM. Ce nom de famille catalan vient du germanique *meri, mari* « illustre ».

Joan **Miró**. *Intérieurs hollandais*, 1928. The Museum of Art, New York.
*BIS/Phot. Coll. Archives Larbor © Succession Miró. ADAGP, Paris*

**MIROGLIO (Francis)** ♦ Compositeur français (Marseille 1924 - 2005). En collaboration avec des plasticiens comme Calder ou Miró, il s'est orienté vers la forme ouverte et vers l'aléatoire (*Projections* pour quatuor à cordes, 1967 ; *Extensions* pour 6 percussions et orchestre, 1972 ; *Textures croisées* pour 9 instrumentistes, 1991).

**MIROMESNIL** [miʀɔmenil] **(Armand Thomas HUE DE)** → ÉTYM. n. de château ♦ Homme politique français (près d'Orléans 1723 - Miromesnil 1796). Il s'opposa, en tant que président du parlement de Rouen, à la réforme de Maupeou*. Garde des Sceaux sous Maurepas*, il combattit les projets de Turgot*, inspira la suppression de la question (1780) et fut disgracié par Calonne*.

**MIRON (François)** ♦ Magistrat français (Paris 1560 - *id.* 1609). Il intervint contre la réduction des rentes, ce qui lui valut le surnom de *Père du peuple*.

**MIRON (Gaston)** ♦ Poète canadien d'expression française (Sainte-Agathe-des-Monts, Laurentides 1928 - Montréal 1996). Indépendantiste convaincu, il affirma son engagement politique pour le Québec dans de nombreux journaux et revues, et fit de sa poésie une arme de combat. Comme son ami Jacques Godbout*, il s'attacha à lier à son histoire personnelle l'aventure d'un pays et les revendications d'un peuple auquel il prophétisait avec un lyrisme imagé et dense « l'avenir dégagé/l'avenir engagé ». Princ. recueils : *Deux sangs* (1953) ; *L'Homme rapaillé* (1970).

**MIROSLAV** ♦ Prince serbe de Zahumlje (1163 - 1187). Il est l'auteur du célèbre *Évangile de Miroslav* (v. 1184), premier ouvrage important écrit en serbe.

**MIRRLEES (James A.)** ♦ Économiste britannique (1936 - 1996). À partir des travaux de W. Vickrey* sur l'économie de l'information, il étudia la fiscalité, posant le problème de la redistribution des revenus. [Prix Nobel de sc. écon. 1996 avec W. Vickrey]

**MĪRZĀ 'ALĪ** → Bāb

**MĪRZĀ ḤUSAYN 'ALĪ NŪRĪ** → Bahā'ullah

**MIRZAPUR** ♦ V. de l'Inde (Uttar Pradesh) sur le Gange. 205 264 hab. Indus. textile.

Le ***Misanthrope*** ♦ Comédie en 5 actes, en vers, de Molière* (1666). Pour Alceste, jeune seigneur d'humeur ombrageuse, l'exigence de la vérité prime tous les autres devoirs, au sein d'une société mondaine dont les rites et les usages sont fondés sur le mensonge. À l'encontre de son ami Philinte, qui est disposé à s'accommoder des défauts humains et à les traiter avec indulgence, Alceste attend de ses semblables une sincérité dans le jugement, une rigueur dans la conduite dont, pour sa propre part, il se croit capable. Aussi n'épargne-t-il ni la prétention d'Oronte, poète ridicule, ni la pruderie d'Arsinoé, coquette mûrissante, ni la vanité d'Acaste et de Clitandre, petits marquis à la mode, ni la coquette duplicité de Célimène, jeune veuve dont il est devenu amoureux. C'est la constance de cet amour qui va le placer dans une situation intenable, et c'est l'échec de cette passion, trop exigeante pour l'insouciante Célimène, qui le détermine à quitter le monde.

**MISÈNE** (cap) ♦ Cap italien d'origine volcanique, en Campanie, fermant à l'O. le golfe de Naples. ▮ **Histoire** Au fond de la baie abritée par ce cap, la bourgade de *Misenum* fut sous Auguste* l'une des principales bases de la flotte romaine. Pline* l'Ancien y était commandant de la flotte lors de l'éruption du Vésuve* en 79.

Les **Misérables** ♦ Roman en 10 volumes de Victor Hugo* (1862). Vaste fresque historique, sociale et humaine, l'ouvrage s'appuie sur une structure complexe où s'entrecroisent les destins personnels avec les forces de la société et les mouvements de l'histoire. Ses personnages symbolisent les énergies morales (Jean* Valjean), les grandeurs spirituelles (Mgr Myriel) et les misères sociales (les Thénardier, ou Fantine) du siècle. Le principal personnage, le forçat Jean Valjean, personnifie les espoirs généreux de Victor Hugo : les étapes de sa régénération morale expriment la foi de l'auteur dans une domination progressive du bien sur le mal, le fatal déterminisme social (servi par l'inspecteur Javert) et les convulsions de l'histoire («L'Émeute de juin 1832»). Si sa vision manichéenne paraît parfois naïve, Victor Hugo, excellant à évoquer des périodes («L'Année 1817») ou des grands événements («Waterloo») de l'histoire, manifeste dans cette œuvre sa maîtrise de romancier par la vie de certaines scènes (Gavroche* sur les barricades), le pittoresque des tableaux («Les Égouts de Paris») et le réalisme émouvant des portraits (Cosette*), mêlant tous les sujets comme tous les styles en un monument parfaitement architecturé. Le roman fut adapté au cinéma, notamment par H. Fescourt (1925), R. Bernard (1933), J.-P. Le Chanois (1958) et R. Hossein (1982).

**Misère de la philosophie** ♦ Ouvrage, écrit en français par Marx* (1847). C'est une critique des théories économiques et sociales petites-bourgeoises et utopiques exposées par Proudhon* dans *La Philosophie de la misère* (1845). Engels rédigea la préface de la première édition allemande (1884).

**Miserere** ➝ ÉTYM. lat. «aie pitié» ♦ Suite de 58 gravures sur cuivre de Rouault (1917 - 1927). Suscitées par les événements de la Première Guerre mondiale, ces eaux-fortes de grand format présentent des scènes de guerre mais aussi des images de la douleur : elles illustrent des maximes tirées de la Bible et des expressions populaires.

Les **Misères et malheurs de la guerre** ♦ Nom de deux séries de gravures de Callot (1633). Témoignage exceptionnel sur l'époque de la guerre de Trente Ans, elles dénoncent les cruautés de la guerre mais représentent aussi des scènes populaires avec un esprit critique et un sens de l'observation rares. C'est après l'invasion de la Lorraine, son pays natal, par l'armée de Louis XIII que Callot entreprit ces gravures. Acte de rébellion face au pouvoir, elles ne furent publiées qu'après la mort de l'artiste.

The **Misfits** → **Désaxés (Les)**

**MISHIMA Yukio (HIRAOKA Kimitake,** dit) ♦ Écrivain japonais (Tōkyō 1925 - *id.* 1970). Après des études de droit, il se consacra à la littérature et au théâtre, écrivit plus de douze romans, une centaine de nouvelles et des pièces de théâtre pour le nô et le kabuki. Ses sujets, empruntés à l'actualité, demeurent cependant traités selon une forme classique. Grand admirateur de la tradition japonaise et fervent adepte des vertus des samouraïs, il déplore le modernisme de son époque et donne une vue pessimiste de l'univers. Il se suicida par un seppuku («hara-kiri») public. Parmi ses ouvrages, on peut citer *Confessions d'un masque* (1949), *La Mort en été* (1953), *Le Pavillon d'or* (1956), *Cinq nô modernes* (1956), quatre romans formant *La Mer de la Fertilité* (*Neige de printemps, Chevaux échappés, Le Temple de l'aube,* et *L'Ange en décomposition*), suite commencée dans les années 1960, la dernière œuvre ayant été remise une heure avant son suicide. Son style a cependant été critiqué comme superficiel et occidentalisé. L'interprétation du sens de cette destinée demeure l'enjeu de polémiques et de clivages idéologiques au Japon.

**Mishnah** ou **Michna** n. f. ➝ ÉTYM. hébr. «répétition» ♦ Dans le judaïsme, compilation des enseignements et des décisions d'un certain nombre de rabbins (*tannaïm* «enseignants» ou mieux «répétiteurs» ; le mot araméen est l'équivalent de l'hébreu qui a donné Mishnah) interprétant la Torah*. Cette tradition orale fut consignée par écrit, en hébreu, par Judah* le Prince (IIe s.) ou sous sa direction. La Mishnah comporte 63 traités répartis en 6 ordres (*sedarim*) : les *Semences*, règles sur l'agriculture ; les *Temps fixés*, sur les fêtes ; les *Femmes* ; les *Dommages*, lois civiles et criminelles ; les *Choses saintes*, sur le culte ; les *Purifications*, sur la pureté et l'impureté rituelles. Ces mêmes divisions sont conservées dans le Talmud* dont la Mishnah est le noyau.

**MISIONES** ♦ Prov. d'Argentine → **Argentine** (carte). 29 801 km². 966 000 hab. CAP. : Posadas. Ses reliefs accidentés sont couverts d'une forêt dense (usine de pâte à papier). Parc national d'Iguazú. Élevage extensif et essor des cultures commerciales (canne à sucre, coton, maté, tabac, agrumes, thé). ▮ **Histoire** Les forêts des Misiones n'ont été conquises sur les Indiens (Guaranis) qu'après 1880. Le nom de la province évoque l'action entreprise par les jésuites qui se consacrèrent, comme au Paraguay voisin, à la christianisation et à la protection des Indiens, jusqu'à leur expulsion en 1767.

**MISKAWAYH (Abū 'Alī ibn Muḥammad ibn Ya'qūb)** ♦ Philosophe iranien (Rey 933 - Ispahan 1030). Il se situe dans une tradition essentiellement aristotélicienne, qui part de al-Fārābī* et aboutit à Avicenne*, mais qui ne repousse pas les apports platoniciens. Il est l'auteur de nombreux ouvrages, dont le *Tadjārib al-Umam* («Expérience des nations»).

**MISKOLC** ♦ V. de Hongrie, ch.-l. du comitat de Borsod-Abaúj-Zemplén, située au N.-E. du pays. 184 125 hab. Palais du Conseil du comitat (XVIIIe s., restauré). Temple calviniste gothique du XVe s. ▪ Univ. technique. Indus. alimentaire. Meubles. Chaussures. Sidérurgie (Diósgyör).

**MISNIE** n. f. – en all. ***Meissen*** ♦ Anc. prov. d'Allemagne. Elle était située à l'E., autour de la ville de Meissen*, fondée en 929 par Henri* Ier l'Oiseleur. Le margrave Géron* l'engloba dans son État, mais Othon* Ier lui rendit son indépendance (965). Devenue margraviat du Saint Empire, la région passa au XIIe s. à la maison de Wettin. Celle-ci, qui avait acquis la Thuringe* au XIIIe s., hérita de l'électorat de Saxe*, auquel la Misnie fut réunie en 1423.

**MỊ SƠN** ♦ Site archéologique du centre du Viêtnam, au S.-E. de la ville de Danang, célèbre pour ses sanctuaires de briques chams (VIIe - XIIIe s.).

**MIṢR** ♦ Nom arabe de l'Égypte. C'est également le nom de la ville du Caire, en dialecte égyptien.

**MISSILLAC** [44780] ➝ ÉTYM. p.-ê. du lat. *Mercellus*, n. de pers., et suff. *-iacum* ♦ Comm. de la Loire-Atlantique, arr. de Saint-Nazaire. 3 813 hab.

**Missions étrangères de Paris (société des)** ♦ Association religieuse fondée par les évêques François Pallu et Pierre Lambert de La Motte, vicaires apostoliques pour le Tonkin et pour la Cochinchine. Établie rue du Bac à Paris en 1663 et régulièrement constituée en 1664, elle était formée de prêtres séculiers et de frères coadjuteurs, voués aux missions en Extrême-Orient avec la charge d'y former des Églises et un clergé indigènes. Le séminaire des Missions étrangères devait instruire les missionnaires et une partie du clergé local. La société assura au XIXe s. la prépondérance française dans l'apostolat en Extrême-Orient. Depuis 1921, elle est dirigée par un supérieur élu.

**MISSISSAUGA** ♦ V. du Canada (Ontario), dans la banl. S.-O. de Toronto. 668 549 hab. Centre commercial, industriel et résidentiel.

**MISSISSIPPI** n. m. – parfois en fr. ***Mississipi*** ➝ ÉTYM. sioux «le grand *(missi)* fleuve *(sipi)*» → aussi Amour, Connecticut, Guadalquivir, Mékong, Rio Grande, Volga, Yukon, Zambèze ; anc. ***Meschacebé*** ♦ Fl. des États-Unis (3 780 km), qui traverse le pays du N. au S. Né près des Grands Lacs au N. du Minnesota, il parcourt une région de relief glaciaire, à lacs et tourbières, puis s'enfonce dans une vallée assez encaissée (rapides) ; il reçoit, à Saint Louis, le Missouri* (beaucoup plus long que son cours supérieur) qui lui apporte les eaux des Rocheuses du N. ; 200 km plus au S., il reçoit l'Ohio*, puis l'Arkansas* ; il coule alors dans un lit très vaste et aboutit à un immense delta, après avoir formé des méandres qui donnent naissance à des bras morts, et reçu la Red* River. La largeur et le débit du fl. diminuent au S. de Natchez (évaporation ; effluents). Dans le delta, le fl. est exhaussé ; de nombreux cours d'eau (bayous) échangent leurs eaux avec les siennes. Les crues du Mississippi et de ses affluents sont dévastatrices. Le passage de l'ouragan Katrina, en août 2005, provoqua la rupture des digues protégeant la ville de La Nouvelle-Orléans qui fut submergée par les eaux. ▪ Du N. au S., le Mississippi arrose Minneapolis*, Saint* Paul, Saint* Louis, Memphis*, Vicksburg*, Natchez*, Baton* Rouge et La Nouvelle*-Orléans.

**MISSISSIPPI** n. m. ➝ ÉTYM. du n. du fl. ♦ État du S. des États-Unis → **États-Unis** (carte). 123 584 km². 2 844 698 hab. dont 36 % de Noirs. CAP. : Jackson. ▮ **Géographie** L'État est situé dans la plaine côtière du golfe du Mexique ; il est formé dans sa majeure partie de collines. La côte est basse (plages de sable) et bordée d'îles. Le climat est doux et égal. ▮ **Économie** État agricole, voué traditionnellement au coton. Toujours très important, le coton tend à être supplanté par l'élevage tandis que d'autres cultures sont venues diversifier le paysage agricole : soja, maïs, riz, blé, canne à sucre et plantes fourragères. Les agriculteurs représentent moins de 30 % des actifs et le niveau de vie des petits exploitants reste bas. Le sous-sol recèle des gisements de pétrole et de gaz naturel. L'État s'est industrialisé à partir de ses matériaux de base (bois, coton, agriculture). ▮ **Histoire** La région fut explorée par Hernando de Soto en 1540 - 1541, puis par Marquette et Jolliet, qui descendirent le Mississippi en 1673. Le Moyne d'Iberville fonda un établissement sur le golfe du Mexique (près de Biloxi). La France céda le territoire à la Grande-Bretagne (1763), puis les Espagnols s'y installèrent. En 1795, le Mississippi, érigé en territoire, devint américain et, en 1817, fut le 20e État de l'Union. Esclavagiste et sécessionniste (1861), occupé par les nordistes après Vicksburg (1863), il fut réadmis dans l'Union en 1870. Les problèmes d'intégration raciale ont entraîné après 1964 de nombreuses résistances, et des violences racistes (Ku* Klux Klan).

**MISSOLONGHI** – en gr. mod. ***Mesolónyi*** ♦ V. de Grèce, ch.-l. du nome d'Étolie*-Acarnanie, située sur une lagune à l'entrée du golfe de Corinthe. 12 674 hab. Parc des héros de l'Indépendance. Marché agricole (tabac). ▮ **Histoire** La résistance de Missolonghi contre les Turcs (1821 - 1826) devint légendaire. Défendue par Botzaris,

Karaiskákis et Mavrocordatos, la ville repoussa l'assaut turc en 1822. Lord Byron*, venu pour contribuer à la lutte grecque, y mourut en 1824. Au bout d'un nouveau siège (1825 - 1826), les défenseurs de Missolonghi, accablés par la famine, tentèrent de percer les lignes turques, tandis qu'une poignée d'hommes enfermés dans la citadelle faisait sauter les dépôts de poudre, entraînant dans la mort de nombreux ennemis.

**MISSON** ♦ Pirate français (mort à Madagascar v. 1720). Gentilhomme provençal, il servit dans un régiment de mousquetaires avant de devenir pirate. Selon D. De* Foe, il établit dans la baie de Diégo-Suarez, en compagnie de l'ex-dominicain Caraccioli, une colonie appelée Libertalia. Ce « refuge pour tous les persécutés » était fondé sur des principes déistes et libertaires. Ses habitants furent peu après massacrés par les indigènes.

**MISSOURI** n. m. ➝ ÉTYM. en algonquin *Missuri* « fleuve boueux » ou « où sont les grands canots » ♦ Riv. des États-Unis (4 370 km), affl. rive d. du Mississippi. Il prend sa source dans les Rocheuses, par la réunion de trois cours d'eau nés dans le parc de Yellowstone*. Après avoir traversé une série de défilés (chutes, rapides), il coule d'O. en E. dans le Montana, reçoit la Yellowstone River, puis s'oriente vers le S.-E. et vers le sud. Il reçoit, sur sa rive d. la Platte* River, près d'Omaha, la Kansas River, traverse l'État du Missouri d'O. en E. et conflue à Saint Louis. Le Missouri draine un bassin vaste et aride, où les riv., chargées de boue en hiver, érodent le sol ; son débit est relativement faible. Des barrages le régularisent, irriguent des vallées et fournissent de l'énergie. La riv. n'est navigable que dans son cours inférieur. Elle arrose Great Falls (Montana), Bismarck* (Dakota du Nord), Pierre* (Dakota du Sud), Omaha*, Kansas* City, Jefferson* City (Missouri) et Saint* Louis.

**MISSOURI** n. m. ➝ ÉTYM. du n. de la riv. ♦ État du centre des États-Unis ➝ **États-Unis** (carte). 180 456 km². 5 595 211 hab. CAP. : Jefferson City. ▮ **Géographie** Une grande partie de l'État, au S., est occupée par le massif des Ozarks, qu'il partage avec l'Arkansas. C'est un massif arasé, formant plateau, entaillé par de profondes vallées. Le N. est formé par des plaines glaciaires et l'O. par une plaine sédimentaire riche en minéraux. Au S.-E., s'étend la plaine du Mississippi. Le climat est continental. ▮ **Économie** C'est un État agricole dont les fermes s'agrandissent et diminuent en nombre. Les plus gros revenus (60 %) proviennent du bétail, des porcs, du lait, de la volaille et des œufs. Les cultures sont variées : maïs, blé, coton. Richesses naturelles (forêts dans les Ozarks) et richesses minérales (1er producteur de plomb ; baryte, fer, nickel, cuivre, cobalt, carrières de pierre). L'industrie est diversifiée : indus. alimentaire, bois, matériel de transport, chimie, imprimerie, aéronautique. Le tourisme est très actif. ▮ **Histoire** Explorée par Jolliet et Marquette (1673), la région fut englobée dans la Louisiane française ; cédée à l'Espagne (1763), elle redevint française peu de temps avant la cession de la Louisiane qui la rendit américaine (1803). Territoire en 1812, le Missouri, esclavagiste, tarda à devenir un État, de par l'opposition des États du Nord. Le *compromis du Missouri* (1820) le fit admettre comme 24e État en même temps que le Maine (antiesclavagiste), en y interdisant partiellement l'esclavage. L'État resta dans l'Union pendant la guerre de Sécession, malgré des guérillas sudistes.

**MISTASSINI** (lac) ➝ ÉTYM. montagnais « grosse *(mistahe)* roche *(assini)* » ♦ Lac du Canada (Québec) d'où sort le Rupert*.

**MISTASSINI** n. f. ♦ Riv. du Canada (Québec) [298 km], qui prend sa source à l'E. du lac Mistassini et se jette dans le lac Saint-Jean. ➝ **Saguenay.**

**MISTI** ♦ Volcan des Andes centrales dans le S. du Pérou (5 822 m). Il domine la ville d'Arequipa.

**MISTINGUETT (Jeanne BOURGEOIS,** dite) ➝ ÉTYM. d'abord *Miss Helyett*, du n. d'une revue en vogue, transformé en *Miss Tinguette*, puis en *Mistinguett* ♦ Chanteuse française et vedette de music-hall (La Pointe-Raguet, près de Montmorency 1875 - Bougival 1956). Elle fut au théâtre et au cinéma l'interprète de nombreux succès, mais c'est au café-concert puis sur la scène des plus grands music-halls parisiens comme meneuse de revues (Moulin-Rouge, Folies-Bergère, Casino de Paris) qu'elle conquit, dans l'entre-deux-guerres, une gloire incontestée. Avec sa gouaille faubourienne, son regard malicieux et le galbe parfait de ses jambes, elle incarna aux yeux du monde l'esprit et la grâce de Paris.

**MISTLER (Jean)** ♦ Écrivain et homme politique français (Sorèze, Tarn 1897 - Thiais 1988). Député radical de l'Aude (1928), il a occupé diverses charges officielles (sous-secrétaire d'État aux Beaux-Arts, 1932 ; ministre des PTT et du Commerce, 1934). Écrivain éclectique, J. Mistler était attiré par le fantastique : il a consacré des ouvrages à *Hoffmann* (1927), *Kaspar Hauser* (1971) ; il a montré également son intérêt pour le romantisme dans des études sur *Mme de Staël*, sur *Richard Wagner* (1960), comme dans ses romans, *Châteaux en Bavière* (1925), *Ethelka* (1929) et *Faubourg Antoine* (1982). On lui doit des ouvrages historiques, écrits en collaboration, tel *Napoléon et l'Empire* (1968). [Acad. fr. 1966 ; secrétaire perpétuel 1973 - 1988]

**MISTRA** – en gr. *Mustras* ♦ V. médiévale de Grèce (Laconie), à 5 km de Sparte. Elle fut bâtie en amphithéâtre par les habitants de Lakédémonia (la Sparte byzantine) autour de la forteresse élevée en 1249 par le prince d'Achaïe, Guillaume de Villehardouin. Après la reconquête byzantine (➝ **Michel VIII Paléologue**), le *despotat de Mistra*, créé en 1349 par Jean* VI Cantacuzène et s'étendant sur toute la Morée byzantine, fut un apanage de l'Empire, gouverné par les frères ou les fils des empereurs. Mistra devint, sous les Paléologues, un important centre intellectuel (➝ **Gémiste Pléthon, Bessarion**) et donna son nom à une école de peinture et d'architecture byzantine. Prise par les Turcs en 1460, sous l'autorité des Vénitiens de 1687 à 1715 et de nouveau sous les Turcs, la ville fut incendiée par les Albanais en 1770 et complètement détruite par Ibrāhīm (1825) lors de la guerre de l'Indépendance grecque. Les monastères de Péribleptos et de Pantanassa, les églises Sainte-Sophie et Métropole, le palais du despote, etc. (XIIe - XVe s.) sont les vestiges les plus importants.

**MISTRAL (Frédéric)** ♦ Écrivain français d'expression occitane (Maillane, Bouches-du-Rhône 1830 - *id.* 1914). Lié, dès l'adolescence, avec Joseph Roumanille*, il se voua comme lui à l'exaltation de la langue occitane : *Mes origines, mémoires et récits*, 1906. Il commença en 1851 un poème épique en douze chants, *Mireille** (*Mirèio*, publié en 1859), qui évoque des passions soumises à une fatalité toute romantique dans le cadre puissamment réaliste de la Provence rhodanienne. Un des sept félibres depuis 1854, avec Roumanille* et Aubanel* (➝ **Félibrige**), collaborateur actif de l'*Almanach provençal*, Mistral donna en 1866 une seconde épopée rustique, où le merveilleux s'allie au pittoresque, *Calendal (Calendau)*, célébration allégorique du passé de la Provence maritime et montagnarde. Parallèlement, il présidait à la tentative pour élargir le Félibrige de la Provence à la Catalogne, rêvant même d'une union latine que devait préparer l'organisation très précise donnée au mouvement en 1876. Au recueil lyrique *Les Îles d'or* (*Lis Isclo d'or*, 1875), d'une grande richesse verbale, succéda un vaste lexique embrassant les divers dialectes occitans modernes, le *Trésor du félibrige* (*Tresor dóu felibrige*, 1878 - 1886). Jouissant d'une popularité considérable qui coïncidait avec le grand essor du Félibrige, entraîné par son amitié pour Maurras* et sa sympathie pour la droite, Mistral connut la tentation du régionalisme ; mais il se refusa à polémiquer et, après *Nerte* (*Nerto*, 1884), « poème avignonnais » inspiré d'une légende médiévale, et après un drame historique, *La Reine Jeanne* (*La Rèino Jano*, 1890), il préféra donner avec *Le Poème du Rhône* (*Lou Pouèmo dóu Rose*, 1897) et le recueil *Les Olivades* (*Lis Óulivado*, 1912) un tableau allégorique de la Provence qui doit évoluer, mais sans renier ses légendes et ses traditions. [Prix Nobel de littér. 1904] ➝ ÉTYM. Ce nom provençal vient de *mestre* « maître » ou est un nom de propriété exposée au *mistral* « le vent maître ».

**MISTRAL (Lucila GODOY Y ALCAYAGA,** dite **Gabriela)** ♦ Poète chilienne (Vicuña, région de Coquimbo 1889 - New York 1957). Chrétienne et démocrate, elle s'inspira visiblement dans ses premières œuvres de la Bible et de Rubén Darío*. Puis elle acquit un style personnel, simple, ferme et émouvant pour décrire la douleur de son cœur (*Sonnets de la mort*, 1915 ; *Désolation*, 1922). Nostalgique de la maternité et de l'amour *(Tendresse, Tala)*, elle écrivit en 1923 *Rondes d'enfants*. [Prix Nobel de littér. 1945]

**Mistinguett** en 1925. Bibliothèque de l'Arsenal, Paris. *BIS/Phot. © Coll. Archives Larbor*

**MISTRY (Rohinton)** ♦ Écrivain canadien d'origine indienne (Bombay 1952). *L'Équilibre du monde* (1995) et *Une simple affaire de famille* (2002) se déroulent à Bombay à des moments cruciaux de l'histoire de l'Inde : lors du conflit avec le Pakistan pour l'accession du Bangladesh à l'indépendance ou pendant l'état d'urgence déclaré par I. Gandhi en 1975. Riches en personnages et en situations qui en font de véritables comédies humaines, ses romans abordent également les questions politiques et religieuses.

**MITANNI** n. m. ♦ Empire qui domina une partie de l'Asie antérieure (Arménie, Syrie, Assyrie) aux –XVe - –XIVe s. Il était composé d'une aristocratie guerrière mixte, hourrite et aryenne, dominant une population agricole. Il apparaît déjà formé v. -1460 sous Shaushatar, vainqueur de l'Assyrie*. Le Mitanni entretint de bonnes relations avec Babylone et l'Égypte. Les pharaons épousèrent des princesses mitanniennes (c'est sans doute le cas de Néfertiti), mais après l'assassinat de Dushratta v. -1365, l'empire fut en partie reconquis par l'Assyrie ; le reste fut englobé dans l'empire hittite après -1355. Sa capitale, Wassukana, n'a pas été localisée.

**MITAU** → Jelgava

**MITCHELL (Silas Weir)** ♦ Médecin américain (Philadelphie 1829 - *id.* 1914). Considéré comme un des fondateurs de la neurologie en Amérique, il fit des recherches sur les *Traumatismes des nerfs et leurs conséquences* (1872) et étudia en particulier la causalgie. ▪ ÉTYM. Ce nom est la forme anglaise du prénom *Michel.*

**MITCHELL (Margaret)** ♦ Romancière américaine (Atlanta, Géorgie 1900 - *id.* 1949). Élevée dans une famille passionnée d'histoire, elle s'intéressa particulièrement à la guerre de Sécession et écrivit un seul roman, *Autant* en emporte le vent* (1936).

**MITCHELL (William Ormond)** ♦ Écrivain canadien d'expression anglaise (Weyburn, Saskatchewan 1914 - 1998). Ses romans, d'inspiration romantique, renvoient à la tradition orale. Essentiellement comique, l'œuvre de Mitchell célèbre l'innocence et la spontanéité en privilégiant les enfants et les excentriques. Il manifeste également une grande sympathie pour les Indiens. *Qui a vu le vent* (1947) expose l'initiation d'un jeune à la vie. *Jake and the Kid* (années 1950), pièce radiophonique à épisodes, s'appuie sur les rapports conflictuels entre individus du sexe «fort», thème derrière lequel on reconnaît la quête du père. L'écriture de Mitchell évoque la beauté et la puissance de la Prairie.

**MITCHELL (Peter)** ♦ Chimiste britannique (Mitcham, Surrey 1920 - 1992). Travaillant avec une petite équipe dans le laboratoire Glynn qu'il avait fondé, il élucida le problème de la respiration cellulaire et, plus précisément, celui de la conversion d'une forme d'énergie en une autre (couplage énergétique) au niveau de la cellule. D'après sa théorie chimiosmotique (1961 - 1966), le couplage s'effectue grâce à un état intermédiaire de haute énergie dû à l'établissement d'une différence de concentration des ions hydrogène de part et d'autre de la membrane cellulaire. Ce mécanisme explique également le transfert d'énergie au cours de la photosynthèse. [Prix Nobel de chim. 1978]

**MITCHELL (Claude MOINE, dit Eddy)** ♦ Chanteur et comédien français (Paris 1942). Il monta en 1960 un groupe de rock, les Chaussettes noires, puis poursuivit sa carrière en solo *(Daniela).* Rocker mais également crooner (*Sur la route de Memphis*, 1999), il put satisfaire sa passion pour le cinéma en composant *La dernière séance* — qui donna son titre à une émission télévisée qu'il anima — et en devenant comédien (*Coup de torchon* de B. Tavernier, 1981 ; *À mort l'arbitre* de J.-P. Mocky, 1984).

**MITCHELL** (mont) ♦ Point culminant des Appalaches*, en Caroline* du Nord. 2 037 m.

**MITCHOURINE (Ivan Vladimirovitch)** ▪ ÉTYM. du vx russe *micura* «silence», avec suff. *-in* ♦ Agronome russe (Dolgoïe, Riazan 1855 - Kozlov, auj. Mitchourinsk 1935). Auteur des premières expériences de sélection artificielle des plantes en Russie, il affirma que l'influence du milieu est capable de modifier les caractères héréditaires des hybrides. Ses idées furent développées par Lyssenko*.

**MITCHOURINSK,** jusqu'en 1932 ***Kozlov*** ♦ V. de Russie, région de Tambov, sur la Lesnaïa Voronej. 109 000 hab. Travail des métaux. Indus. alimentaire.

**MITCHUM (Robert)** ♦ Acteur américain (Bridgeport 1917 - Santa Barbara 1997). Cabochard impénitent, à l'intempérance légendaire, il roula sa bosse dans une longue série de «policiers» et de westerns souvent excellents *(La Griffe du passé, La Vallée de la peur, Rivière sans retour).* On se souviendra surtout du prêcheur itinérant, véritable ange noir du cinéma hollywoodien, de *La Nuit* du chasseur* (1955), le chef-d'œuvre météorique de son ami Charles Laughton.

**MITHRA** ♦ Dieu de l'ancien Iran, équivalent du Mitra indien. Son nom signifie «contrat» ; il est maître de troupeaux de bœufs. Ignoré de la réforme zoroastrienne (→ **Zarathoustra**), il réapparaît à l'époque achéménide. C'est un dieu solaire et un sauveur eschatologique. Son culte se répandit dans le monde hellénistique puis romain. Il était alors l'objet d'un culte à mystères (sept degrés d'initiation) surtout en faveur chez les soldats. On lui sacrifiait un taureau (cf. Taurobole, *Le Robert*). Mithra est représenté, coiffé d'un bonnet, en train d'immoler le taureau primordial ; parfois le revers du bas-relief le montre partageant un repas avec Sol (le soleil). Sa naissance était fêtée le 25 décembre.

**MITHRIDATE Ier Ctistès** ▪ ÉTYM. *Mithridate :* en gr. *Mithridatês,* probablt «donné par Mithra» et *Ctistès* «le Fondateur» ♦ Satrape perse de la Cappadoce pontique soumise à la Macédoine (-302 - -266). Profitant du démembrement de l'empire d'Alexandre, il se proclama indépendant et fonda le royaume du Pont en -280.

**MITHRIDATE Ier Philhellène** ♦ Roi des Parthes (de v. -171 à -139), conquérant de l'Iran, de la Susiane, de la Perside, de la Babylonie. Il prit le titre de Grand Roi (-141). → **Parthes.**

**MITHRIDATE II le Grand** ♦ Roi des Parthes (de v. -123 à -86). Il libéra l'Iran oriental d'une invasion scythe, conquit une partie de l'Arménie et assura prospérité et cohésion à l'empire parthe.

**MITHRIDATE VI EUPATOR** dit **le Grand** ▪ ÉTYM. *Eupator :* gr. «noble, de bonne naissance», de *eu* «bon, bien» et *patêr* «père» ♦ (v. -132 - Panticapée, auj. Kertch -63). Roi du Pont (-111 - -63). Vers -111, il s'empara du pouvoir et s'engagea dans une politique de conquêtes. Sultan oriental de culture hellénique, il désirait avant tout la grandeur de son royaume et sa politique visa toujours à chasser Rome de l'Asie. Il annexa le Bosphore cimmérien (-107) et partagea la Paphlagonie (-90) avec Nicomède III Évergète, roi de Bithynie. Allié de Tigrane d'Arménie, il réussit à détrôner Ariobarzane de Cappadoce (-94). En -92, Ariobarzane fut rétabli par les Romains. La guerre entre Rome et Mithridate devenait inévitable ; après avoir détruit la Bithynie, alliée de Rome (-88), il souleva les Grecs d'Asie puis la Grèce elle-même contre la domination romaine. Envoyé contre lui, Sylla* reprit Athènes (-86), le battit à Chéronée et à Orchomène et lui imposa la paix de Dardanos (-85). Cette paix fut maintenue pendant dix ans ; mais en -74, la Bithynie fut annexée par Rome, Mithridate rouvrit les hostilités et mit le siège devant Cyzique. Chassé de Bithynie par Lucullus*, il fut définitivement vaincu par Pompée* (-66). Retiré en Crimée, il essaya alors de s'empoisonner mais par crainte que ses ennemis ne lui rendissent un jour ses procédés, il avait eu soin de se faire immuniser contre les poisons (cf. mithridatiser, *Le Robert*) ; ceux-ci n'ayant plus d'action sur lui, il se fit donner la mort par un de ses soldats.

**Mithridate** ♦ Tragédie de Racine*, en 5 actes et en vers (1673) dont le sujet est emprunté à Appien et à Plutarque. Mithridate (→ **Mithridate VI**), roi du Pont, est amoureux de Monime, princesse grecque, et s'apprête à l'épouser ; mais les deux fils du vieux roi, Xipharès et Pharnace, sont épris de la jeune fille, qui aime Xipharès. Le retour de Mithridate, que l'on tenait pour mort, va précipiter le drame. Soupçonneux et jaloux, il fait arrêter Pharnace, puis contraignant Monime à lui avouer son amour pour Xipharès, il décide de donner la mort aux deux jeunes gens. Alors que Pharnace, échappé de sa prison, a soulevé le peuple contre Mithridate, Xipharès se porte au secours de son père. Magnanime, Mithridate mourant bénira l'union de Monime et de Xipharès.

**MITIDJA** n. f. ▪ ÉTYM. probablt «la plaine ensoleillée», du libyco-berbère *it'ïg (it'ij)* «soleil ; briller» ♦ Plaine d'Algérie, arrière-pays d'Alger, séparée de la mer par les coteaux du Sahel d'Alger, bordée par le massif de Miliana à l'O., l'atlas de Blida et mitidjien au S. et la Grande Kabylie à l'E. Elle est drainée principalement par l'oued Harrach. Riche région agricole : agrumes, vignoble, tabac.

**MITLA** ♦ Site archéologique du Mexique, à proximité d'Oaxaca, décrit par Diego García de Palacio en 1576 et par Francisco de Burgoa en 1674. Il appartient aux cultures zapotèque* et mixtèque* et son centre cérémoniel est daté du IIIe s. Les principaux monuments sont le groupe de colonnes, le groupe de l'église, le groupe sud et le groupe des adobes.

**MITO** ♦ V. du Japon (Honshū), ch.-l. de la préf. d'Ibaraki, important carrefour ferroviaire et port de pêche. 262 603 hab. Jardin célèbre. ▮ **Histoire** La cité eut une grande importance à l'époque des Tokugawa*, au XVIIe s., étant le siège d'une académie d'histoire, de littérature et de religion. Elle joua un grand rôle dans la restauration de l'empereur en 1868.

**MITRA** ♦ Anc. divinité mineure de l'Inde védique, dont le nom signifiait «contrat» à l'origine puis «ami» en sanskrit postvédique. Elle symbolisait la perfection, l'harmonie, la lumière solaire et était généralement opposée à Varuna*. Elle semble avoir été une des principales divinités des peuples indo-européens. → **Mithra.**

**MITRE (Bartolomé)** ♦ Homme d'État argentin (Buenos Aires 1821 - *id.* 1906). Exilé sous Rosas*, il contribua à le renverser en 1852. → **Urquiza.** Il participa à la lutte pour l'indépendance de la province de Buenos Aires. Président de la république Argentine de 1862 à 1868, il développa l'enseignement et l'économie. Après sa retraite, il fut le chef de l'opposition libérale et fonda le grand journal *La Nación* (1870). Il est l'auteur d'ouvrages historiques, dont une biographie de San* Martín.

**MITROPOULOS (Dimitri)** ♦ Chef d'orchestre américain d'origine grecque (Athènes 1896 - Milan 1960). Il dirigea le Philharmonique de Minneapolis (1937 - 1949) puis celui de New York (1949 - 1958). Il contribua à la diffusion d'œuvres modernes (Stravinski, Berg) puis se consacra surtout à l'opéra (Verdi, Strauss).

**MITRY-MORY** [77290] ▪ ÉTYM. anc. *Mintriaco,* du lat. *Minthirius,* n. de pers., et suff. *-acum* ♦ Ch.-l. de cant. de la Seine-et-Marne, arr. de Meaux. 16 869 hab. *(Mitryens).*

**MITSCHERLICH (Eilhard)** ♦ Chimiste allemand (Neuende, Oldenburg 1794 - Berlin 1863). Étudiant les formes de certains cristaux artificiels (notamment des phosphates et des arséniates d'un même métal), il découvrit l'isomorphisme (formes cristallines identiques ou semblables résultant de structures microscopiques analogues,

1820). Il publia son premier grand mémoire sur ce sujet (1821) en Suède, où Berzelius* l'avait fait venir. Il s'intéressa à la détermination des poids atomiques (1826) et à la dilatation des substances cristallines, s'intéressant surtout au cas des cristaux anisotropes (1827). Il découvrit les réactions de sulfonation et de nitration (1834).

**MITSCHERLICH (Alexander)** ♦ Psychanalyste allemand (Munich 1908 - Francfort-sur-le-Main 1982). Il fut rapporteur au procès de Nuremberg et une partie de son œuvre s'articule autour des interrogations liées au nazisme. Directeur de l'Institut Freud de Francfort, il a cherché à lier la psychanalyse à la condition sociale de l'homme moderne dont il souligne le caractère de «société sans père». Comme les théoriciens de l'école de Francfort*, il discuta les effets de la société technicienne. Il conduisit aussi une critique de la religion au nom de l'humanisme.

**Mitsubishi** ← ÉTYM. jap. «trois diamants» ♦ *Zaibatsu* (trust) japonais, fondé en 1885, groupant des banques, des entreprises de transport et de nombreuses usines (automobiles, électronique).

**Mitsui** ♦ *Zaibatsu* (trust) japonais, fondé à Kyōto au XVIe s. Il se développa surtout au XXe s. en participant à l'industrialisation des pays occupés par le Japon. Il contrôle de nombreux secteurs de la banque et de l'industrie.

**MITTELLANDKANAL** n. m. ♦ Canal d'Allemagne centrale. Creusé de 1905 à 1930 et branché à l'E. du canal Dortmund-Ems, il traverse l'Allemagne jusqu'à l'Elbe, en lisière des Börde, passe près d'Osnabrück, Minden, Hanovre, Hildesheim et Brunswick, qui y sont reliées par un système de canaux latéraux. Axe principal de la navigation fluviale entre la Ruhr et Berlin avant 1945, ravitaillant l'Allemagne en houille et en fer, et permettant ainsi les créations de Salzgitter* et de Wolfsburg*, il perdit, du fait du partage de l'Allemagne, une grande partie de son trafic.

**MITTERRAND (François)** ♦ Homme d'État français (Jarnac 1916 - Paris 1996). Mobilisé au début de la Deuxième Guerre mondiale, il fut fait prisonnier, parvint à s'évader, rejoignit Vichy où il entra au Commissariat au reclassement des prisonniers de guerre (juin 1942 - janv. 1943), avant de s'engager activement dans la Résistance et de fonder le Mouvement national des prisonniers. Député de l'Union démocratique et socialiste de la Résistance pour la Nièvre (1946 - 1958, et à partir de 1962), sénateur (1959 - 1962), il fut successivement ministre des Anciens Combattants (1947 - 1948), secrétaire d'État à la présidence du Conseil (1948 - 1949), ministre de la France d'outre-mer (1950 - 1951). Ministre d'État dans le cabinet Laniel (1953), il démissionna en raison de son désaccord sur la politique coloniale qu'il voulait voir s'orienter dans un sens plus libéral. Ministre de l'Intérieur (cabinet Mendès France, 1954 - 1955), puis de la Justice (cabinet Guy Mollet, 1956 - 1957), il vota contre l'investiture du général de Gaulle en juin 1958 et entra dans l'opposition. F. Mitterrand sera dès lors un des principaux dirigeants de la gauche socialiste. Candidat à la présidence de la République (1965), il parvint à mettre le général de Gaulle* en ballottage. Il contribua à la création de la Fédération de la gauche démocrate et socialiste (FGDS, 1966). Premier secrétaire du Parti socialiste* (1971), il signa avec le Parti communiste et les radicaux de gauche un programme commun de la gauche en vue des élections législatives de 1973. De nouveau candidat, en mai 1974, à la présidence de la République, il obtint 49,19 % des voix contre 50,81 % à V. Giscard* d'Estaing, mais fut élu le 10 mai 1981 avec 51,75 % des voix et réélu le 8 mai 1988 avec 54,01 % des voix (→ **France, République [Ve]**). Ses deux présidences furent notamment marquées à l'extérieur par une accélération de la construction européenne (Acte unique européen [1986] ; traité de Maastricht [1991]), la participation française à la guerre du Golfe (1991), et à l'intérieur par la réalisation d'importantes réformes (abolition de la peine de mort, décentralisation, entre autres), une double cohabitation avec une majorité de droite (1986 - 1988 ; 1993 - 1995) et la persistance d'une crise économique aiguë génératrice de chômage. Au terme de son second mandat (1995), il se retira de la vie politique. Il publia : *Aux frontières de l'Union française* (1953), *Présence française et Abandon* (1957), *Le Coup d'État permanent* (1964), *L'Abeille et l'Architecte* (1968), *La Paille et le Grain* (1975), *Politique I* (1977), *Ici et Maintenant* (1980), *Politique II* (1982). ← ÉTYM. *Mitterrand* vient de *Mittier*, surnom de mesureur, de l'ancien français *moitier*, *mitier* «mesure de grains».

François **Mitterrand**.
*Phot. © Chip Hires/Gamma*

**MIXCO VIEJO** ♦ Site archéologique du Guatemala, détruit par les Espagnols en 1525 et dont l'histoire fut relatée par le chroniqueur F. A. de Fuentes y Guzmán. Le site comprend près de 15 complexes architecturaux distribués sur un groupe de collines (centre cérémoniel, temples, groupes d'habitations, pyramides, jeux de balle).

**MIXTECA** n. f. ♦ Région montagneuse du Mexique méridional, qui s'étend sur les États de Puebla* et d'Oaxaca*, reliant la sierra Madre du Sud à la sierra Madre orientale. Elle est parcourue de vallées. C'est le pays des Mixtèques*.

**MIXTÈQUES** n. m. pl. ♦ Nom donné aux représentants de l'une des cultures d'Oaxaca de l'ancien Mexique. Les premières dynasties mixtèques remontent au IXe s. Agriculteurs sédentaires, ils ont occupé le site de Monte Albán du Xe au XVe s. et ont également fondé le site de Mitla*. Ils excellaient dans la sculpture de la pierre dure, l'art de la fresque, l'enluminure des manuscrits, la céramique, la gravure sur os et l'orfèvrerie. Vers le XIVe s. ils refoulèrent les Zapotèques* avant d'être soumis par les Aztèques.

**MIYAJIMA** → **Itsukushima**

**MIYAMOTO Musashi** ♦ Guerrier et peintre japonais (1584 - 1645), considéré comme le plus fameux escrimeur de l'histoire japonaise. Il atteignit l'illumination religieuse et décrivit son expérience dans un ouvrage rédigé une semaine avant sa mort, *Le Livre des cinq anneaux*, qui demeure un classique de la tactique. Ses peintures d'oiseaux et de coqs de combat sont célèbres.

**MIYAZAKI Hayao** ♦ Réalisateur de dessins animés japonais (Tōkyō 1941). Né dans un Japon dévasté par la Deuxième Guerre mondiale, d'un père directeur dans l'aéronautique, il fit des études d'économie avant de travailler pour le très réputé studio d'animation Tôei, et de fonder son propre studio, Ghibli, avec Isao Takahata, en 1985. Ses thèmes privilégiés (des enfants privés de leurs parents et confrontés au passage dans la vie adulte, le danger du pouvoir, la destruction de la nature par l'homme, la passion de l'aviation) se retrouvent dans *Le Château de Cagliostro* (1979), *Nausicaä de la vallée du vent* (1985), *Laputa, le château dans le ciel* (1987), *Mon voisin Totoro* (1988), *Porco Rosso* (1992), *Princesse Mononoke* (1997), *Le Voyage de Chihiro* (2001), *Le Château ambulant* (2003), *Ponyo sur la falaise* (2007). → aussi **Tezuka Osamu.**

Hayao **Miyazaki.** Image du film *Nausicaä de la vallée du vent.*
*Phot. © Photos12.com-Collection Cinéma*

**MIYAZAWA Kiichi** ♦ Homme politique japonais (Hiroshima 1919 - Tokyo 2007). Après une carrière aux Finances pendant la guerre, Miyazawa occupa des postes ministériels à partir de 1959. Il fut soupçonné d'avoir été impliqué dans le scandale Recruit Cosmos (→ **Takeshita**). Premier ministre (1991 - 1993) il obtint du Parlement en 1992 l'autorisation d'envoyer une force d'interposition au Cambodge en dépit du refus psychologique des Japonais depuis la guerre d'envoyer des soldats à l'extérieur de l'archipel.

**MIZOGUCHI Kenji** ♦ Cinéaste japonais (Tōkyō 1898 - Kyōto 1956). Auteur de plus de cent films, dus pour un bon nombre à la commande ou aux nécessités du temps de guerre, il s'est affirmé, dans la partie la plus remarquable de son œuvre, comme le chef de l'école japonaise et comme l'un des maîtres du cinéma mondial. Nés d'une lente maturation, ses plus grands films se caractérisent par le raffinement du style, la beauté des images où se conjuguent le réalisme et la légende, le hiératisme des attitudes et l'économie de la parole. Influencé à ses débuts par le cinéma soviétique, Mizoguchi poursuivit le dessein d'une mise en accusation de la société moderne, attachée dans ses profondeurs à l'esprit féodal et au culte de la force, dont les victimes sont les faibles et les innocents, les femmes notamment. Apôtre d'un «nouvel humanisme», il s'institua le défenseur des valeurs morales et de la dignité humaine contre tous les aspects de la violence, dont la guerre. Films princ. : *La Vie de O'Haru, femme galante* (1952), *Les Contes de la lune vague après la pluie* (1953), *Les Musiciens de Gion* (1953), *L'Intendant*

*Sansho* (1954), *Les Amants crucifiés* (1954), *L'Impératrice Yang Kwei Fei* (1955), *La Rue de la honte* (1956). ➝ ÉTYM. Ce nom japonais vient de *mizo* «fossé» et *kuchi* «bouche».

**MIZORAM** n. m. ♦ État de l'Inde. 21 087 km². 888 573 hab. CAP. : Aizawl. Cette région montagneuse, aux confins de la Birmanie, a été, en 1972, détachée de l'Assam en raison des revendications autonomistes des Mizos. Ceux-ci pratiquent encore largement la culture itinérante, bien que la riziculture permanente sur les champs en terrasses progresse. L'exploitation du bois d'œuvre et de bambous est la principale ressource.

**MJØSA** (lac) ♦ Le plus grand lac de Norvège, au N. d'Oslo. 362 km². Il baigne les villes de Hamar, Lillehammer.

**MLADÁ BOLESLAV** ♦ V. de la République tchèque, en Bohême centrale, sur la Jizera, au N.-E. de Prague. 43 923 hab. Forteresse construite par Boleslav II (fin Xᵉ s.). ▪ Centre indus. : construc. automobiles Škoda, indus. métallurgique et chimique.

**M le Maudit** – en all. ***M.*** ♦ Film allemand de Fritz Lang* (1931), avec Peter Lorre, Gustav Gründgens. À Berlin, un assassin d'enfants, qui nargue la police, est capturé et jugé par la pègre. Lang s'est inspiré du cas fameux de Peter Kuerten, le «Vampire de Düsseldorf», dont il tire une critique sociale virulente, comme en témoigne le premier titre du film, *Les assassins sont parmi nous*, qui visait ouvertement le parti nazi. En outre, il fait le procès de la justice qui, impuissante à réprimer les pulsions meurtrières inhérentes à tout individu, se condamne elle-même : le coupable désigné à la vindicte publique devient une victime, poursuivi par ses démons (thème que Lang développera de façon magistrale dans ses films américains). Le tout est mis en scène avec la rigueur d'un clinicien, qui épure l'iconographie expressionniste et pousse le souci du réalisme jusqu'à engager d'authentiques truands pour sa figuration.

**MLJET** ♦ Île du S. de l'archipel dalmate (Croatie). 99 km². 1 111 hab.

**MNÉMOSYNE** – en gr. ***Mnêmosunê*** ♦ Une des Titanides*, personnification de la Mémoire. Elle s'unit à Zeus* pendant neuf nuits de suite et de cette relation naquirent les neuf Muses*.

**MNÉSICLÈS** ♦ Architecte athénien (seconde moitié du –Vᵉ s.), il construisit les Propylées*. En dessinant cette porte monumentale de l'Acropole*, Mnésiclès adapta habilement son plan au terrain difficile. Plasticien ingénieux, il modela un ensemble architectural dont l'harmonie suscita l'admiration.

**MNOUCHKINE (Ariane)** ♦ Metteur en scène et animatrice de théâtre française (Boulogne-Billancourt 1939). Fondatrice du Théâtre du Soleil (1964) installé à la Cartoucherie de Vincennes depuis 1970. Les premiers spectacles reflétaient les idées de mai 68 avec des créations collectives empruntant à des techniques scéniques populaires, telles que celles du cirque ou de la commedia dell'arte (*Les Clowns ; 1789 ; 1793 ; L'Âge d'or*, 1969 - 1975) ou à des textes dramatiques (*Le Songe d'une nuit d'été*, 1968 ; *Méphisto*, d'après Klaus Mann, 1979). Depuis 1980, les recherches théâtrales de la troupe incluent des techniques traditionnelles orientales telles celles du kabuki ou du kathakali. Les spectacles, portés par des comédiens maîtres du langage corporel, acquièrent dès lors une luxuriance visuelle (maquillages, costumes) et musicale : le cycle Shakespeare (1981 - 1984), *L'Indiade* (1987 - 1988), le cycle des *Atrides*, constitué des tragédies d'Eschyle, de Sophocle et d'Euripide (1990 - 1993), *Tambours sur la digue* en 2001 (où chaque personnage est une marionnette), sur des textes d'Hélène Cixous* puis *Naufragés du Fol Espoir* en 2010. Son engagement politique se poursuit avec *La Ville parjure*, sur l'affaire du sang contaminé (1994), puis avec *Le Dernier Caravansérail* sur les réfugiés (2003). Sa mise en scène du *Tartuffe* de Molière transpose l'action dans un milieu fondamentaliste (1995). Elle a réalisé deux grandes fresques pour le cinéma : *1789* (1974) et *Molière* (1978).

**MO** → **Mo-I-Rana**

**MOAB** – hébr. *Môâbh* ♦ Personnage biblique (Genèse, XIX, 36), fils de Loth*, ancêtre éponyme des Moabites. Le pays de Moab, entre la mer Morte et la péninsule arabique, apparaît dans les textes égyptiens (–XIIIᵉ s.). La Bible montre les Moabites en conflit avec la tribu de Gad*, puis soumis par le roi David*, enfin se révoltant contre Achab*, ce dernier point étant confirmé par la stèle de Mesha*. Par la suite, les Moabites furent des vassaux fidèles des Assyriens, puis des Perses. ▪ Ruth*, la grand-mère du roi David, était une Moabite.

**MOANDA** ou **MOUANDA** ♦ V. du Gabon, près de Masuku. Plus de 25 000 hab. C'est le site de l'un des plus importants gisements mondiaux de manganèse (25 % des réserves connues).

**MOBERG (Vilhelm)** ♦ Écrivain suédois (Algutsboda, Småland 1898 - Väddö, près de Stockholm 1973). Il appartient à la tendance dite «prolétaire*» suédoise. *À cheval ce soir* (1941) et surtout *Le Soldat au fusil brisé* (1944) décrivent l'expérience des paysans asservis (*knektar*). V. Moberg s'imposa avec son roman documentaire sur les *Émigrants* (1949 - 1959) suédois aux États-Unis.

**MOBILE** ➝ ÉTYM. du n. de la riv. *la Mobile*, de *Mauvila (Maubila)*, n. d'une tribu indienne ♦ V. des États-Unis (Alabama), sur le golfe du Mexique 198 915 hab. dont 38 % de Noirs (zone urbaine 540 258). Indus. variées ; construc. navales. Pétrole à proximité. ▌Histoire Établie par les colons français de Le Moyne de Bienville (1711), la ville fut anglaise (1763) puis espagnole. Elle fut occupée par les Américains en 1813.

**MÖBIUS (August Ferdinand)** ♦ Astronome et mathématicien allemand (Schulpforta 1790 - Leipzig 1868). Dans son *Barycentrische Calcul* (1827), dans lequel il employa l'orientation systématique des segments, des aires et des volumes, il utilisa le concept de rapport anharmonique et introduisit la notion générale de transformation homographique, montrant, avec Chasles*, que cette transformation comprend comme cas particuliers les déplacements, les similitudes et l'affinité, et que deux plans en correspondance homographique peuvent être placés en perspective. Il participa au développement de la géométrie projective (→ **Poncelet**) ; en topologie, il conçut une surface à un seul bord et à un seul côté (*ruban de Möbius*) formée par la torsion d'une bande de papier sans fin ; il développa également la théorie des complexes linéaires de droites.

**MOBUTU (Joseph Désiré)** ➝ ÉTYM. dit ***Sese Seko Kuku Ngbendu Waza Banga*** «Guerrier qui va de victoire en victoire sans que personne puisse l'arrêter» ♦ Maréchal et homme d'État zaïrois (Lisala 1930 - Rabat 1997). Chef de l'armée congolaise depuis l'indépendance en 1960, il renversa le président Kasavubu en 1965. «Président-fondateur» du Mouvement populaire pour la révolution (MPR), parti unique, il réduisit les guérillas autonomistes et lança en 1971 une campagne pour un retour à l'«authenticité» (adoption de noms africains pour les individus, les villes, les rivières et le pays qui s'appela désormais Zaïre). Promu maréchal en 1982, il gouverna en s'appuyant sur la garde présidentielle et en attisant les divisions de l'opposition. Chassé du pouvoir par les troupes de Kabila en mai 1997, il mourut en sept. → **Congo (Rép. démocratique du)**.

Ariane **Mnouchkine.** Mise en scène de *Richard II* de Shakespeare, par le Théâtre du Soleil, 1981. *Phot. © Bernand*

**MOBUTU** → **Albert (lac)**

**Moby Dick** – en angl. ***Moby Dick or the Whale*** ♦ Roman de l'écrivain américain Herman Melville* (1851), récit allégorique et épique de la lutte de Moby Dick, la baleine blanche, et du capitaine Achab.

**MOCENIGO** ♦ Famille noble de Venise, dont plusieurs membres furent doges, entre 1474 et 1778. Ils eurent à lutter contre les Turcs (défaite de Gallipoli, 1416 ; victoire de Skodra ; paix en 1479 avec Mehmet II ; abandon de Chypre, en 1571).

**MOCH** [mɔk] **(Jules)** ← ÉTYM. probablt de *Moïse* ♦ Homme politique français (Paris 1893 - Cabris, Alpes-Maritimes 1985). Député SFIO (1928), membre du deuxième cabinet Blum (1938), résistant pendant la Deuxième Guerre mondiale, réélu à l'Assemblée nationale (1946 - 1958), il fut plusieurs fois ministre, notamment de l'Intérieur (1947 - 1950), poste où il se signala par une dure répression des grèves (nov. 1947, déb. 1948).

**MOCHICA(S)** n. m. (pl.) ♦ Nom donné aux Indiens représentants d'une culture qui s'épanouit sur la côte N. du Pérou, entre les vallées de Jequetepeque et de Nepeña, du IIe au VIIIe s. Cette culture est célèbre pour ses vases-portraits en céramique et pour son orfèvrerie. Les sites du temple du Soleil (Huaca del Sol) et du temple de la Lune (Huaca de la Luna) se trouvent à proximité du fleuve Moche.

**MOCKY (Jean MOKIEJEWSKI, dit Jean-Pierre)** ♦ Réalisateur français (Nice 1929). D'abord acteur, il choisit la réalisation dès 1949 et a tourné des comédies toujours à peu près selon le même schéma : à partir d'une révolte individuelle contre les contraintes ou les tabous d'une société abrutissante (pillage de troncs dans *Le Drôle de paroissien*, 1963 ; sabotage de télévisions dans *La Grande Lessive*, 1969), un perturbateur réussit à dérégler le mécanisme social. Fourmillement extraordinaire d'acteurs de complément, direction d'une grande précision, acteurs jouant à contre-emploi : il crée un univers très original, dynamitant la société dans un grand éclat de rire libérateur, qu'il dénonce la bêtise, l'hypocrisie et l'argent (*Snobs*, 1961 ; *À mort l'arbitre*, 1984 ; *Le Pactole*, 1985), la religion (*Le Miraculé*, 1987) ou le mariage (*Les Compagnons de la Marguerite*, 1966). On lui doit également des comédies érotiques (*Les Saisons du plaisir*, 1988). Son statut d'artisan indépendant (il écrit, met en scène, interprète, monte, produit et diffuse) est unique dans le cinéma français.

**MOCQUEREAU** (dom **André**) ♦ Bénédictin et musicien français (La Tessoualle, près de Cholet 1849 - Solesmes 1930). Prieur de l'abbaye Saint-Pierre de Solesmes, il a joué un rôle éminent dans la restauration du plain-chant grégorien. Son ouvrage principal, le *Nombre musical grégorien* (2 vol., 1908 - 1927) et l'atelier paléographique qu'il ouvrit à Solesmes sont à l'origine du renouveau de la musique grégorienne.

**MOCTEZUMA** ou **MONTEZUMA II** ← ÉTYM. du nahuatl *Moteuhçoma* «qui se fâche en seigneur», de *mo* «il se», *teutcli* «seigneur» et *çoma* «se mettre en colère» ♦ (Mexico 1466 - *id.* 1520). Empereur aztèque (1502 - 1520). Il se montra conciliant avec les troupes de Cortés*, mais ne put empêcher son peuple de se soulever contre les envahisseurs. Il fut tué au cours d'une émeute. → **Aztèques.**

**MODANE** [73500] ← ÉTYM. du germ. *Amalldinus*, n. de pers. ♦ Ch.-l. de cant. de la Savoie, arr. de Saint-Jean-de-Maurienne, sur l'Arc. 3 658 hab. (aggl. 4 541) *(Modanais)*. Modane commande l'accès aux tunnels ferroviaire et routier du Fréjus reliant la France à l'Italie. Gare internationale. ▪ Aux environs, à Modane-Avrieux, centre de l'Office national d'études et de recherches aérospatiales (Onera) disposant de 4 souffleries industrielles pour la mise au point de tout type d'aéronef ; l'une d'elles est, par sa veine d'essais, la plus grande soufflerie transsonique du monde.

**MODEL (Walter)** ♦ Maréchal allemand (Genthin, Saxe-Anhalt 1891 - près de Duisbourg 1945). Il commanda en Russie une division blindée (1941), puis le groupe d'armées du Sud (mars 1944) dont il organisa la retraite vers les Carpates. → **Koniev.** En août 1944, il succéda à Kluge* au commandement du front de l'Ouest et il préconisa la contre-offensive des Ardennes*, confiée à von Rundstedt. Encerclé dans la Ruhr en mars-avr. 1945, il refusa de se rendre à Eisenhower* et se suicida quand ses troupes capitulèrent.

**MODEL (Elise SEYBERT, dite Lisette)** ♦ Photographe américaine d'origine autrichienne (Vienne 1906 - New York 1983). D'abord peintre et musicienne, elle commença en 1937 à étudier la photographie et réalisa une série de clichés sur la promenade des Anglais à Nice. Arrivée aux États-Unis en 1938, elle travailla, à partir de 1943, au *Harper's Bazaar* sous la direction d'Alexey Brodovitch. Elle contribua à renouveler l'esthétique du reportage de mode en brisant les limites entre l'objectivité du photojournalisme et la subjectivité de la création artistique.

**MODEM** n. m. [Mouvement Démocrate] ♦ Parti politique français centriste, issu de l'UDF, créé par François Bayrou*, au lendemain de l'élection présidentielle de 2007.

**MODÈNE** – en it. ***Modena*** ; en lat. *Mutina* ♦ V. d'Italie, ch.-l. de prov., en Émilie-Romagne, sur la voie Émilienne. 175 502 hab. *(Modénais)*. Université. Cathédrale romane (XI - XIIe s.) ornée par le sculpteur Wiligelmo et ses élèves (bas-reliefs) ; jubé (XIIe - XIIIe s.) ; campanile (XIVe s.). Dans le Palais des musées, sont réunies la bibliothèque des Este (Biblioteca Estense) et leur coll. de peintures et de sculptures (Galleria Estense), rassemblant des œuvres du XIVe au XVIIIe s. Palais ducal (XVIIe s.), auj. Académie militaire. ▪ Centre indus. : automobile (Fiat, Maserati), textile (habillement). Carrefour de communications et pôle tertiaire. ▮ **Histoire** Modène fut d'abord une colonie romaine (-183), étape sur la voie Émilienne. À la fin du Xe s., Othon Ier, empereur germanique, la donna aux marquis de Toscane mais elle reconquit son indépendance à la mort de la comtesse Mathilde (1115). Elle vit l'affrontement entre guelfes et gibelins et se donna à la famille d'Este* en 1288. Les Este la gouvernèrent jusqu'en 1796, date à laquelle elle fut prise par les Français. Patrie de la République cisalpine, puis du royaume d'Italie, elle redevint possession de la maison d'Este. Son dernier duc, François V (1846 - 1859), chassé en 1848, s'y rétablit avec l'aide des Autrichiens en 1849. En 1860, Modène rejoignit le nouveau royaume d'Italie.

**MODER** n. f. ♦ Riv. du nord de l'Alsace, affl. du Rhin (80 km). Elle traverse Haguenau.

**modernisme**

n. m. ♦ Terme érigeant en doctrine et condamnant les tentatives de philosophes et théologiens, surtout français et italiens, pour adapter la doctrine catholique à la pensée et à la science modernes. → **Blondel [M.], Laberthonnière, Le Roy [E.], Loisy.** En 1907, un décret du Saint-Office condamna 65 propositions du modernisme ; la même année, l'encyclique *Pascendi* confirma l'intransigeance de Rome à l'égard des «déviations modernes». → **Syllabus.** Le modernisme politique et social du Sillon* fut à son tour condamné en 1910. → **Pie X.**

**Modern Jazz Quartet** [MJQ] ♦ Orchestre de jazz américain constitué en 1952 et composé, à partir de 1955, de John Lewis au piano (1920 - 2001), Milt Jackson* au vibraphone, Percy Heath à la basse (1923 - 2005) et de Connie Kay (1927 - 1994) (ce dernier succédant à Kenny Clarke* à la batterie). Sa dissolution annoncée en 1974 ne fut pas totalement effective, la formation se reconstituant parfois pour des tournées (Japon, 1981) ou des festivals (Montreux, 1982). Son style, plein de nuances et de recherches, est souvent considéré comme une réaction aux violences du jazz moderne. Princ. enregistrements : *Django* (1954), *Porgy and Bess* (album, 1965), *The Horn Pipe* (1984).

**MODIANO (Patrick)** ♦ Écrivain français (Boulogne-Billancourt 1945). Son œuvre développe avec obsession une interrogation sur les rapports entre le passé et le présent en laissant apparaître une sensibilité blessée par les événements tragiques du XXe s. (plus particulièrement par la Deuxième Guerre mondiale et par la guerre d'Algérie). Principaux romans : *La Place de l'Étoile* (1968) ; *La Ronde de nuit* (1969) ; *Rue des boutiques obscures* (Prix Goncourt, 1978) — trois romans sur fond d'Occupation ; *Villa triste* (1975) ; *Un cirque passe* (1992) ; *Un pedigree* (autobiographie, 2005). ← ÉTYM. Ce nom de famille vient du nom de la ville de *Modène**.

Patrick **Modiano** en 1975. *Phot. © Sophie Bassouls/Corbis Patrick*

La **Modification** ♦ Roman de Michel Butor* (1957). Dans le train qui le mène de Paris à Rome, Léon Delmont se détache progressivement, par la pensée, de sa maîtresse Cécile qu'il comptait pourtant ramener à Paris. Il paraît même décidé à revenir à Rome avec son épouse Henriette. L'œuvre qui appartient au Nouveau* Roman est entièrement écrite à la deuxième personne du pluriel : ainsi le lecteur et le personnage perdent rapidement conscience du temps et de l'espace du voyage. L'écriture romanesque sort du cadre narratif traditionnel pour ne plus faire référence qu'à elle-même.

**MODIGLIANI (Amedeo)** ♦ Peintre et sculpteur italien (Livourne 1884 - Paris 1920). Issu d'une famille de banquiers d'origine juive, il reçut

Amedeo **Modigliani.** *Nu assis sur un divan ou la Belle Romaine* (100 x 65,4 cm), 1917. Coll. part. *BIS/© Archives Larbor*

une formation artistique à Florence, puis à Venise (1903 à 1906) et resta marqué par la grâce linéaire de l'école siennoise. Il s'installa à Montmartre en 1906, puis à Montparnasse en 1909 ; atteint de tuberculose, alcoolique et toxicomane, il mena une existence tumultueuse qui se termina tragiquement. Ses premières œuvres laissent parfois apparaître une tendance expressionniste *(Portrait de la juive)* et reflètent surtout l'influence du graphisme elliptique de Lautrec, ainsi que l'emprise de Picasso. À partir de 1907, l'influence de Cézanne prévaut dans le traitement des figures, certains portraits traités par plans géométriques dénotant la connaissance des œuvres cubistes (*Beatrice Hastings,* 1915). Cependant, Modigliani s'intéressa peu aux recherches d'ordre spatial, et créa un type de visage s'inspirant en partie de Gauguin, de Picasso et de la sculpture africaine et océanienne, lui insufflant une grâce et une expression mélancolique, aux accents personnels. La même inspiration se trouve dans la série de sculptures qu'il entreprit de 1910 à 1914 à l'instigation de Brancusi. Son goût pour l'élongation et la stylisation s'affirme dans les œuvres de sa maturité, représentant des femmes, des enfants et la plupart de ses amis (*Max Jacob,* 1916 ; *Lipchitz,* 1916-1917 ; *Soutine,* 1917 ; *Jeanne Hébuterne*) ainsi que des nus féminins aux volumes lisses ou finement modelés (*Lolotte,* 1917 ; *Nu assis au divan,* 1917). Il resta fidèle à l'harmonie tonale et utilisa une gamme où dominent les bruns orangés ou les bleus sourds. Il n'évita pas toujours un certain maniérisme (cous allongés et flexibles, têtes penchées, yeux en amande souvent sans pupille, poses languissantes) qui est sans doute à l'origine de son succès posthume, appuyé aussi sur le mythe du Montparnasse des «Années folles» et du jeune artiste maudit. ▪ *Autre illustration :* → **Jacob (Max).** ← ÉTYM. *Modigliani* vient de *Modigliana,* nom de lieu dans la région de Livourne.

**MODIGLIANI (Franco)** ♦ Économiste américain d'origine italienne (Rome 1918 - Cambridge, Massachusetts 2003). Ayant quitté l'Italie fasciste en 1939, il acquit la citoyenneté américaine en 1946. Il se consacra à l'analyse de l'épargne et des marchés financiers, établissant la théorie du cycle de vie. Il a également contribué à la formulation des *théorèmes Modigliani-Miller** et à l'élaboration du modèle économétrique américain. [Prix Nobel de sc. écon. 1985]

**MODON** → **Méthone**

**MODRZEWSKI-FRYCZ** → **Frycz-Modrzewski**

**MOE (Jørgen Ingebrechtsen)** ♦ Écrivain norvégien (Hole, Ringerike 1813 - Kristiansand 1882). Pasteur, puis évêque de Kristiansand, il publia avec Asbjørnsen* les *Contes populaires norvégiens.* «Il nous faut, [disait-il], une base populaire à notre vie spirituelle.»

**MŒBIUS** → **Giraud (Jean)**

**MOËLAN-SUR-MER** [29350] ← ÉTYM. du gaul. *medio-lanno* «sanctuaire central» ou du vx bret. *Moal,* n. de pers., et *lann* «sanctuaire» ♦ Comm. du Finistère, arr. de Quimper. 6 592 hab. *(Moëlanais).* Chapelle Saint-Philibert-et-Saint-Roch et calvaire du XVIe s. ▪ Conchyliculture. Tourisme.

**MOERBEKE** ♦ Comm. de Belgique (Région flamande), prov. de Flandre-Orientale, arr. de Gand, sur le Moervaart, à la frontière des Pays-Bas. 5 904 hab. Indus. sucrière.

**MOERIS** (lac) ♦ Nom du lac Karoun* dans l'Égypte ancienne.

**MOERO** ou **MWERU** (lac) ♦ Lac d'Afrique centrale (4 850 $km^2$), au S. du lac Tanganyika*, formant la frontière entre la Rép. démocratique du Congo et la Zambie*.

**MOERS** - anc. ***Mörs*** ♦ V. d'Allemagne (Rhénanie-du-Nord-Westphalie), à 7 km au N.-O. de Duisbourg, non loin de la frontière des Pays-Bas. 109 000 hab. Houillères ; construc. électriques ; indus. textiles. ▮ **Histoire** Moers fut capitale de principauté.

**MOFOLO (Thomas)** ♦ Écrivain du Basutoland (auj. Lesotho) de langue sesotho (Khojang 1876 - Teyateyaneng 1948). Son roman historique, *Chaka* (1925), retrace l'épopée d'un conquérant zoulou au début du XIXe s. Ce fut la première œuvre écrite dans sa langue par un Africain originaire d'une aire culturelle où, traditionnellement, l'écriture était inconnue, à être traduite dans plusieurs langues.

**MOGADISCIO** - en somali ***Muqdisho [Mogadishu]*** ♦ Cap. de la Somalie sur l'océan Indien. 1 320 000 hab. Port. Principal centre commercial du pays. La ville et les installations industrielles ont beaucoup souffert de la guerre civile (→ **Somalie**).

**MOGADOR** ← ÉTYM. corruption port. du n. d'un saint enterré dans la ville, Sidi *Magdoul* (*Amogdoul* puis *Mogador*) ♦ → **Essaouira**

**MOGHOL, MOGOL** ou **MOGHUL** n. m. pl. ♦ Orthographe différente du mot *Mongol,* dont on se sert habituellement pour désigner les dynasties timurides musulmanes qui régnèrent sur le N. de l'Inde à partir du début du XVIe s. Les *Grands Moghols,* souverains de cette dynastie fondée par Babur*, furent au nombre de 17. Les plus connus d'entre eux sont Akbar*, Shāh* Jahān et Aurangzeb*. La dynastie n'eut plus qu'un rôle effacé à partir du début du XVIIIe s., les Britanniques contrôlant leurs territoires, et s'éteignit avec Bahādur* Chāh II en 1858. ▮ **Arts** École de miniaturistes indiens du N., dont l'art fut fortement influencé par celui des peintres persans et qui fut florissante aux XVIe et XVIIe s. Elle donna naissance à un grand nombre d'écoles régionales en Inde. On la nomme parfois «école de Delhi» pour la distinguer de ces dernières.

**MOGHOLISTAN** ou **MOGOLISTĀN** n. m. ♦ Khanat de l'Asie centrale, fondé au XIVe s., et dont seraient issus les Timurides* de l'Inde (Grands Moghols). Le territoire de ce khanat fut réduit par les Kazakhs au XVIe s. et par la suite fut absorbé.

**MOGODS** n. m. pl. ♦ Région montagneuse de Tunisie septentrionale, au N.-E. des monts de Kroumirie, habitée par des pasteurs sédentarisés cultivant les clairières. → **Tell.**

**MOGOK** ♦ V. de Birmanie, située à 100 km au N.-E. de Mandalay, au centre des montagnes du N. du pays chan. 49 392 hab. Elle doit son renom aux mines de rubis et de saphirs trouvées à proximité.

**MOGUILEV** → **Maguilev**

**MOHÁCS** ♦ V. de Hongrie méridionale, sur le Danube. 19 223 hab. Indus. métallurgique. ▮ **Histoire** Louis* II de Hongrie y fut vaincu par Soliman le Magnifique (29 août 1526). La chrétienté y prit sa revanche avec Charles* V de Lorraine en 1687.

**MOHAMMAD GHŌRI** ♦ Nom de deux frères de la dynastie ghoride* qui codirigèrent l'empire, l'un depuis Ghazni* (MO'IZ AL-DĪN MOHAMMAD GHŌRI, [1173 - 1206]), l'autre depuis Fīrūzkōh* (GHIYĀTH AL-DĪN MOHAMMAD GHŌRI, [1163 - 1203]). Leur règne marqua l'apogée de l'empire ghoride.

**MOHAMMADIA** - anc. ***Perrégaux*** ♦ V. d'Algérie (wilaya de Mascara), au pied N. du Tell. 60 317 hab. Primeurs, agrumes, céréales. Confitures et conserves.

**MOHAMMADZAĪ** n. m. pl. ♦ Dynastie afghane fondée par Dōst* Mohammad. Elle régna sur Kaboul de 1826 à 1973 à l'exception de deux brefs intermèdes en 1839 - 1843 (restauration des Sadōzaï) et en 1929 (régime du roturier Habibullāh, dit Batcha-yé Saqqao, «fils du porteur d'eau»).

**MOHAMMED** → **Muḥammad, Mahomet, Mehmet**

**MOHAMMED V [Muḥammad ibn Yūsuf]** ♦ (Fès 1909 - Rabat 1961). Sultan (1927) puis roi du Maroc (1957 - 1961). À la mort de son père (1927), il fut choisi par les autorités françaises comme sultan, au détriment de ses deux frères aînés. Il sut s'imposer et se rendre populaire tout en coopérant avec la France. Pendant la Deuxième Guerre mondiale, il refusa d'appliquer les mesures antisémites dictées par le gouvernement de Vichy. Lorsque l'Istiqlāl* lança le mot d'ordre d'indépendance (1944), il laissa apparaître sa sympathie pour les nationalistes. Dans son discours de Tanger (1947), il insista sur les affinités du Maroc avec les autres pays arabes. Le général Juin, nommé résident général, appliqua alors des mesures sévères ; en 1951, n'arrivant pas à imposer sa volonté au sultan, il mobilisa les tribus berbères et le Glaoui, pacha de Marrakech, contre lui. En 1953, le général Guillaume, nouveau résident général, adopta une politique similaire ; le gouvernement français déporta le sultan en Corse, puis à Madagascar. Il en résulta une violente crise et les nationalistes engagèrent le combat armé (guérilla dans le Rif et terrorisme). En 1955, le gouvernement français rappela le sultan qui fit un retour triomphal. En 1956, le Maroc devint indépendant et Mohammed V assuma la responsabilité du pouvoir. Il mena une politique prudente et modérée et son action fut facilitée par l'immense prestige dont il jouissait. Son fils Hassan* II lui succéda.

**MOHAMMED VI (Sidi Mohammed)** ♦ Roi du Maroc (Rabat 1963). Fils aîné du roi Hassan II auquel il succéda le jour de sa mort, le 23 juil. 1999.

**MOHAMMEDIA** – anc. *Fédala* ♦ V. du Maroc (prov. de Casablanca) sur l'Atlantique dans l'O. de la Chaouïa*. 188 619 hab. Port annexe au N.-E. de Casablanca. Trafic pétrolier et raffinerie de pétrole. Centrale électrique en construction, métallurgie. Cultures maraîchères. Brasseries.

**MOHAVE** → Mojave

**MOHAWK** n. f. ♦ Riv. des États-Unis (257 km), affl. rive d. de l'Hudson*. Sa large vallée, qui sépare les Adirondacks des monts Catskill, est suivie par le canal Érié (la riv. n'est pas navigable). La Mohawk arrose Utica* et Schenectady*.

**MOHAWK(S)** n. m. (pl.) ➝ ÉTYM. du narraganset *Mohowauuck* «ils mangent des choses vivantes» ♦ Groupe indien d'Amérique du Nord, membre de la Fédération iroquoise (→ **Iroquois**). Autrefois établis au S. des monts Adirondacks, ils vivent actuellement dans l'Ontario et aux environs de Montréal. Très actifs politiquement, ils jouèrent un rôle déterminant dans les événements d'Oka (banlieue de Montréal), en 1990.

**MOHÉLI** – en comorien *Mwali* ♦ Île de l'archipel des Comores. 290 km². Env. 20 000 hab. CAP. : Fomboni. La plus petite île de l'archipel.

**MOHENJO-DARO** ♦ Site archéologique du Pakistan, situé à peu de distance du cours du bas Indus. On y trouve une ville ouvrière aux artères régulières, couronnée d'une citadelle construite en larges briques au centre de laquelle est creusé un grand bassin parementé de briques bitumées. Cette cité fut florissante de –2500 à –1500. Les inondations et les invasions la détruisirent. Elle est l'une des villes principales de ce que l'on appelle la «civilisation de l'Indus*» ou de *Mohenjo-Daro*.

**MOHICANS** n. m. pl. ➝ ÉTYM. forme francisée de *Mohegan*, de l'algonquin *maïgan* «loup» ♦ Peuple amérindien, de langue algonquine, originaire du N.-E. des États-Unis. Popularisés par le roman de Fenimore Cooper*, *Le Dernier des Mohicans*, ils vivent actuellement en très petit nombre dans deux réserves du Connecticut.

**MOHINĪ** ♦ Divinité brahmanique de l'Inde, forme féminine particulière au dieu Vishnou*. Shiva* s'unit à elle, créant ainsi un syncrétisme des deux principales sectes hindoues.

**MOHL (Hugo VON)** ♦ Botaniste allemand (Stuttgart 1805 - Tübingen 1872). Intéressé particulièrement par la cellule, il observa et décrivit le protoplasme cellulaire (terme qu'il proposa en 1843), les caractères du pollen, montra que chaque cellule provient de la division d'une autre, étudia les parois et vaisseaux cellulaires et découvrit la respiration végétale. Auteur de : *Principes de l'anatomie et de la physiologie de la cellule végétale* (1851).

**MOHOLY-NAGY (László)** ♦ Sculpteur, peintre, dessinateur, photographe et théoricien hongrois (Bacsborsód, près de Kiskunhalas 1895 - Chicago 1946). Il étudia le droit, puis fréquenta les cercles littéraires d'avant-garde et peignit d'abord des tableaux procédant du cubisme. En 1919, il fonda le groupe *Ma* («Aujourd'hui») et évolua vers l'abstraction. Il s'établit en 1920 en Allemagne et subit l'influence du constructivisme russe par l'intermédiaire d'El Lissitzky*. Il utilisa le papier collé, le verre, le bois, le métal et le plexiglas, réalisant de rigoureux assemblages de formes géométriques. De 1923 à 1929, il enseigna au Bauhaus, dirigeant l'atelier du métal et poursuivant ses recherches sur les propriétés plastiques des matériaux et sur les possibilités de la photographie, du photomontage et du cinéma. S'intéressant au problème des mouvements, il rédigea en 1922 un manifeste : *Système de forces dynamico-constructif*, et il fut l'un des premiers à réaliser des œuvres cinétiques : utilisant des matériaux transparents, il conçut un appareil muni d'ampoules électriques, permettant de produire des formes colorées, puis il créa ses *space modulators* avec des éléments colorés interchangeables. À partir de 1940, il réalisa des sculptures en plexiglas aux formes sinueuses perforées par des séries de trous. Membre du groupe Abstraction-Création à Paris, il s'établit ensuite à Londres, puis en 1937 à Chicago, où il fonda le New Bauhaus et l'Institute of Design. Théoricien, il est notamment l'auteur de *Malerei, Photographie, Film*, 1929, et de *Vision in Motion*, 1947.

**MOHOROVIČIĆ (Andrija)** ♦ Géologue croate (Volosco 1857 - Zagreb 1936). Il s'intéressa plus particulièrement à la sismologie et découvrit ce que l'on appelle la *discontinuité de Mohorovičić*, ou *Moho*, qui se définit par un changement dans les propriétés des roches situées entre la croûte et le manteau (entre 30 et 60 km de profondeur).

**MOI (Daniel Arap)** ♦ Homme d'État kényan (Sacho, région de Baringo 1924). En 1960, il présida la Kadu, parti opposé à la Kanu de Kenyatta* alors en prison. À l'indépendance, en 1963, son parti fusionna avec la Kanu et Arap Moi devint ministre de l'Intérieur. Kenyatta le choisit comme vice-président en raison de son appartenance à une tribu sans poids politique (les Kalandjins), pensant écarter ainsi les risques d'un conflit entre les Kikouyous et les Luos. Après la mort du dirigeant kényan, en 1978, Arap Moi, président depuis cette date jusqu'en 2002, mena une politique impitoyable, évinçant une à une les personnalités du clan Kenyatta et neutralisant les opposants. → **Kenya.**

**MOINOT (Pierre)** ♦ Écrivain français (Fressines, Deux-Sèvres 1920 - Paris 2007). Haut fonctionnaire, ancien collaborateur d'André Malraux. Inscrits au cœur de son œuvre romanesque (*Armes et bagages*, 1951 ; *La Chasse royale*, 1953 ; *Le Guetteur d'ombre*, 1979), les thèmes récurrents de la chasse et du voyage introduisent une méditation allégorique sur la condition humaine. On lui doit une biographie romancée, *Jeanne d'Arc, le pouvoir et l'innocence* (1988), et des scénarios pour la télévision. [Acad. fr. 1982]

**MOIRA** → **Moires**

**MO-I-RANA** ou **MO** ♦ V. de Norvège septentrionale, au fond du Ranafjord. 19 371 hab. Port. Centre sidérurgique très touché par la crise.

**MOIRANS** [mwarɑ̃] [38430] ➝ ÉTYM. anc. *Morencum*, du germ. *Maurus*, n. de pers. ♦ Comm. de l'Isère, arr. de Grenoble. 7 495 hab. Indus. des matières plastiques et du caoutchouc. Électronique. Métallurgie.

**MOIRES** n. f. pl. – en gr. *Moirai* ♦ Divinités grecques du Destin, identifiées avec les *Parques** des Romains. À l'origine une abstraction, la *moira* («la part») de la vie pour chacun, a évolué en une Moira universelle. Plus tard, celle-ci fut supplantée par trois Moires, filles de la Nuit ou de Zeus* et de Thémis* (Hésiode), fileuses qui disposent le fil de la vie de chaque humain. *Clotho* tient la quenouille et file la destinée au moment de la naissance, *Lachésis* tourne le fuseau et enroule le fil de l'existence, *Atropos* coupe le fil et détermine la mort.

**MOÏ(S)** n. m. (pl.) ➝ ÉTYM. vietnamien «sauvages» ♦ Terme péjoratif autrefois utilisé par les Vietnamiens pour désigner les «populations montagnardes du S. de l'Indochine» : les populations minoritaires du Cambodge et du Laos (Stiengs et Phnongs du Cambodge, Khâs du Laos), tribus protomalaises ou indonésiennes refoulées par les ethnies venues plus tard (Thaïs, Viets).

**MOÏSE** ➝ ÉTYM. en hébr. *Môshèh*, de l'égypt. *mes, mesu* «enfant» [l'étym. hébraïque faisant venir *Moïse* de *msh* «retirer», d'où «tiré des eaux», est populaire] ♦ Personnage biblique, prophète et législateur d'Israël*, que l'on situe traditionnellement au –XIIIe s. Hébreu* de la tribu de Lévi*, frère d'Aaron* et de Miriam*, il est abandonné à sa naissance et recueilli par la fille de Pharaon, qui l'élève comme son fils. À l'âge adulte, Moïse tue un Égyptien qui maltraitait un de ses frères de race et doit se réfugier au pays de Madian*, où il épouse la fille du prêtre Jéthro*. Berger sur la montagne d'Horeb (le Sinaï), il aperçoit un buisson qui brûle sans se consumer («ardent») : c'est la manifestation du «Dieu des ses pères» (Abraham*, Isaac* et Jacob*), qui lui révèle son nom (Yahvé*), et le renvoie en Égypte pour délivrer son peuple. Après l'épreuve des dix plaies et le passage de la mer Rouge, les fils d'Israël parviennent au désert où Dieu se manifeste encore sur le Sinaï : en tête à tête avec lui, Moïse reçoit les tables de la Loi (Décalogue), mais le peuple manifeste déjà son infidélité (épisode du veau d'or). Les infractions à l'Alliance conclue entre Dieu et son peuple ne permettront pas à la génération sauvée d'entrer dans Canaan* : les Hébreux demeureront quarante ans dans le désert, et Moïse lui-même ne pourra pénétrer dans la Terre promise. Après avoir rappelé l'Alliance et désigné Josué* comme son successeur, il meurt sur le mont Nébo. ▪ La réalité de Moïse, dont l'histoire est racontée dans les livres de l'Exode* et des Nombres*, peut être supposée, mais son historicité ne peut être établie, non plus que celle du séjour en Égypte et de l'Exode. ▪ La tradition a fait de Moïse, prophète par excellence (et le seul que reconnaissent les samaritains*), l'auteur de la Torah*. L'Assomption ou Testament de Moïse est apocryphe*, de même que l'Apocalypse de Moïse.

**Moïse (Puits de)** ♦ Monument exécuté par Claus Sluter* en 1395 - 1405 à la chartreuse de Champmol* (Dijon), ancien piédestal d'un calvaire dressé au centre du cloître. L'ensemble des six statues (Moïse, Isaïe, Daniel, Zacharie, Jérémie, David) constitue un des chefs-d'œuvre du gothique bourguignon.

**Moïse et Aaron** ♦ Opéra en 3 actes, livret et musique d'Arnold Schoenberg* (1930 - 1932). Le livret est complet, mais l'acte III ne fut jamais composé. L'épisode de la *Danse autour du veau d'or* fut créé à Darmstadt le 2 juil. 1951, les actes I et II furent donnés en version de concert à Hambourg le 12 mars 1954 et à la scène à Zurich le 6 juin 1957 (direction Hans Rosbaud). L'œuvre repose entièrement sur une seule série dodécaphonique. C'est un drame religieux, un drame politico-national et un drame de la communication, opposant la religion de Moïse, qui se réclame de conceptions surhumaines, à celle d'Aaron, inséparable du bonheur humain. Moïse est en outre incapable de communiquer, et Aaron est son porte-parole. Le conflit entre les deux frères se reflète aussi dans l'opposition de leur débit vocal : la puissante et austère voix de basse de Moïse s'exprimant en *Sprechgesang* fait contraste avec la séduction du ténor lyrico-dramatique qu'est Aaron. Le troisième personnage principal est le peuple (chœur).

Puits de **Moïse.** Monument de Sluter. Chartreuse de Champmol, Dijon. *Phot. © Dagli Orti*

**MOISSAC** [82200] – ÉTYM. anc. *Mussaciensis,* du lat. *Mussius,* n. de pers., et suff. *-acum* ♦ Ch.-l. de cant. du Tarn-et-Garonne, arr. de Castelsarrasin, sur le Tarn. 12 321 hab. *(Moissagais).* Anc. église Saint-Pierre des XIe - XVe s. avec un très beau cloître roman des XIIe - XIIIe s. ; le tympan de l'église (1100 - 1130) et les chapiteaux du cloître comptent parmi les chefs-d'œuvre de la sculpture romane. L'anc. palais abbatial abrite un musée d'Arts et Traditions populaires. ■ Marché agricole avec quelques indus. (caoutchouc). Viticulture (chasselas, vins).

**MOISSAN (Henri)** ♦ Pharmacien et chimiste français (Paris 1852 - *id.* 1907). Il inventa le four électrique à arc industriel (son objectif était la production artificielle du diamant) qui permet notamment la fusion de nombreux oxydes métalliques et le développement de l'industrie de l'acétylène et des ferro-alliages. En 1886, il parvint à isoler le fluor, recherché en vain par de nombreux chimistes, pour occuper la case vide du tableau de Mendeleïev*. [Acad. sc. 1891 ; prix Nobel de chim. 1906]

**MOÏSSEÏEV (Igor Aleksandrovitch)** ♦ Danseur et chorégraphe russe (Kiev 1906 - Moscou 2007). Élève de l'Académie de danse du Bolchoï de Moscou, il devint premier danseur en 1924. À partir de 1937, il dirigea l'ensemble officiel de danses populaires de l'URSS, s'efforçant d'intégrer le folklore russe, ukrainien ou caucasien, la danse classique et les thèmes d'inspiration révolutionnaire. En 1943, il ouvrit une école enseignant la danse classique et la danse folklorique. Le *Ballet Moïsseïev,* par la perfection de sa mise en scène, par le chatoiement des couleurs, a remporté un immense succès international. Moïsseïev est l'auteur de ballets tels que : *Le Football* (1930), *Les Partisans* (1955), *Viva Cuba* (1962).

**MOISSY-CRAMAYEL** [77550] – ÉTYM. anc. *Muissiacum,* du lat. *Mussius,* n. de pers. gallo-rom., et suff. *-acum* ♦ Comm. de la Seine-et-Marne, arr. de Melun. 14 298 hab. *(Moisséens).* Élément de la ville nouvelle de Sénart. Indus. automobile.

**MOIVRE (Abraham DE)** ♦ Mathématicien britannique d'origine française (Vitry-le-François 1667 - Londres 1754). Il contribua au développement de la théorie des probabilités dont il précisa les principes ; étudiant de nombreux problèmes d'application, il énonça la règle des probabilités composées, introduisit l'emploi des équations aux différences finies et découvrit, avec Stirling*, la formule donnant l'expression approchée d'une factorielle (1730). Il participa à l'introduction des nombres complexes en trigonométrie, utilisant la *formule de Moivre* (1730). Il s'intéressa à la théorie des suites et des séries. [Acad. sc. 1754]

**MOJAVE** ou **MOHAVE** (désert) ♦ Région désertique des États-Unis s'étendant au S.-E. de la Californie, au N. de Los Angeles et de San Bernardino ; le désert est bordé à l'O. par la sierra Nevada* et au N. par la Vallée de la Mort*.

**MOKA** ♦ V. du Yémen à l'entrée de la mer Rouge (détroit de Bab* el-Mandeb). 10 355 hab. Elle fut au XVIIIe s. une véritable métropole portuaire exportant des dattes, des aromates (myrrhe et encens) et un café renommé. Auj. le commerce se fait par Hodeïda. Pêche de contrebande.

**MOKP'O** ou **MOGBO** ♦ Port important de Corée du Sud, sur la mer Jaune. 244 888 hab. Pêche, indus. alimentaire.

**MOL** ♦ Comm. de Belgique (Région flamande), prov. d'Anvers, arr. de Turnhout, sur la Molse Nete et le canal de la Campine. 33 060 hab. Église (tour du XVe s.). Domaine provincial de Zilvermeer (plage, sports nautiques). Abbaye norbertine de Postel (carillon de 47 cloches ; bibliothèque de 40 000 volumes). ■ Carrière de sable blanc. Indus. du verre. Aux environs, à Gompel, Centre d'études de l'énergie atomique (fondé en 1954) dont l'Euratom exploite un réacteur. Bureau central des mesures nucléaires de la Communauté européenne.

**MOLA VIDAL (Emilio)** ♦ Général espagnol (Placetas, Cuba 1887 - Alcocero, Burgos 1937). Commandant en chef au Maroc (1935) puis gouverneur de Pampelune (1936), il joua un rôle déterminant dans l'organisation du soulèvement nationaliste de Franco*, apportant au mouvement l'appui des forces carlistes*. Il s'empara d'Irún et déclencha l'offensive contre Bilbao, mais périt dans un accident d'avion.

**MOLAY (Jacques DE)** ♦ Templier français (Molay, Franche-Comté, v. 1243 - Paris 1314). Grand maître de l'ordre des Templiers depuis 1298, il fut arrêté sur l'ordre de Philippe* IV le Bel (1307). Sous la torture, il admit les crimes reprochés à son ordre (1309), mais, s'étant rétracté, il fut brûlé.

**MOLDAU** n. f. → **Vltava**

**MOLDAVIE** n. f. – ÉTYM. en roumain *Moldova,* du n. de la riv. *Moldava,* de l'anc. all. *molde* « creux [qui creuse] » ou de l'indo-eur. *°mel* « sombre, coloré » ou du roum. *molid* « mélèze » ♦ Région historique et géographique de la Roumanie orientale. On distingue trois régions : la zone montagneuse des Carpates* orientales ou moldaves, culminant au Pietroşul Rodnei (2 303 m) ; une zone de collines et de plateaux subcarpatiques, largement développée de la montagne au Prout, et la plaine moldave, au centre, se poursuivant au S. par la plaine valaque. L'agriculture des plaines et des collines repose sur les céréales (blé, maïs), la vigne et les fruits, celle de la montagne sur l'exploitation des forêts et l'élevage. Le sous-sol est riche en pétrole, charbon, sel et uranium. L'aménagement hydroélectrique de la Bistriţa est achevé et celui du Siret est en cours. L'industrie lourde est peu développée (laminoirs et fonderies de Roman). L'industrie chimique (cellulose, produits pharmaceutiques) est surtout localisée à Bacău, Piatra Neamţ et Iaşi. Les industries textile et alimentaire sont représentées dans toutes les villes. ■ **Histoire** Principauté fondée au XIVe s. par Bogdan Ier, la Moldavie connut à cette époque un épanouissement spirituel et économique exceptionnel. Soumise par les Turcs auxquels Étienne* IV le Grand (1457 - 1504) résista héroïquement pendant 40 ans, elle passa sous l'influence des Autrichiens (1774) et des Russes (1806 - 1812) qui l'amputèrent d'une partie de ses territoires. → **Roumanie.** En 1859, la Moldavie s'unit à la Valachie* pour former la Roumanie sous la direction du prince moldave Alexandre Jean Cuza*.

## MOLDAVIE

■ n. f. – off. ***république de Moldavie,*** en moldave ***Republica Moldova*** ♦ Pays d'Europe orientale, limitrophe de la Roumanie. 33 700 $km^2$. 3 938 679 hab. *(Moldaves).* LANGUES : moldave, roumain (off.), russe, ukrainien, turc. POPULATION : Moldaves, 64 % ; Ukrainiens, 14 % ; Russes, 13 % ; Gagaouzes, 3,5 % ; Juifs, 2 %. RELIGION : orthodoxe. MONNAIE : leu. CAPITALE : Chisinau. RÉGIME : démocratie parlementaire. La Moldavie est divisée en 10 judeţ et 2 régions autonomes (Gagaouzie et Transnistrie*).

■ **GÉOGRAPHIE** Pays de reliefs bas (culminant à 429 m) très disséqués, la Moldavie, qui occupe l'essentiel de la Bessarabie entre la plaine du Prout à l'O. et les hauteurs de la Volhynie-Podolie à l'E., conserve sa vocation agricole, spécialisée dans la culture fruitière, la vigne et, dans les plaines irriguées par le Dniestr et ses affluents, le tabac, le maïs et le blé. Cependant, la surexploitation des terroirs pendant la période soviétique a entraîné un début d'appauvrissement des sols. On a vu réapparaître, après 1945, des indus. plus diversifiées (énergie thermique, métallurgie et construc. mécaniques) auj. très dépendantes des livraisons russes ou ukrainiennes. Le transfert des revenus des Moldaves émigrés représente une des plus importantes ressources du pays.

■ **HISTOIRE** Constituée en 1940, à partir de l'anc. république autonome de Moldavie (8 400 $km^2$, créée en 1924) qui faisait partie de l'Ukraine, et d'une grande partie de la Bessarabie enlevée à la Roumanie par l'URSS, la Moldavie, occupée par les armées roumaine et allemande de 1941 à 1944, fit retour à l'URSS en 1944. La Roumanie y renonça au traité de Paris en 1947. La Moldavie est devenue indépendante le 27 août 1991. Cependant, le devenir de la république est menacé dans sa cohésion interne. Pour contrecarrer la volonté de fusion avec la Roumanie manifestée par certains nouveaux dirigeants, les minorités gagaouze (à l'O.) et russophone (sur la rive g. du Dniestr ou Transnistrie) créèrent, en 1990, deux républiques sécessionnistes. Alors que les premiers ont reçu une autonomie négociée (1995), les Russes de Transnistrie*, après un bref conflit armé (1992), échappent toujours au contrôle de Chisinau. Sous occupation militaire russe, ils réclament l'instauration d'un État fédéral. Élu à la présidence en 2001 et réélu en 2005, le communiste Vladimir Voronine a tenté de s'éloigner de Moscou, qui a exercé une pression économique via les échanges commerciaux

**Moldavie.**

(importation de gaz, exportation de vin) jusqu'à sa démission en 2009. Sa succession dans un pays divisé entre pro-européens, pro-russes et partisans d'une fusion avec la Roumanie s'avère très confuse.

**MOLÉ (Édouard)** ♦ Procureur général au parlement de Paris (Paris 1558 - *id.* 1614). Pendant la Ligue*, il négocia l'abjuration d'Henri IV. ♦ **Mathieu Molé** (Paris 1584 - *id.* 1656). Fils du précédent. Premier président du parlement de Paris, il joua un rôle modérateur pendant la Fronde* et négocia la paix de Rueil* (1649). Il a laissé des *Mémoires*.

**MOLÉ (Louis Mathieu,** comte) ♦ Homme politique français (Paris 1781 - Champlâtreux, Seine-et-Oise 1855). Après avoir assumé de nombreuses fonctions sous l'Empire, il se rallia aux Bourbons, fut nommé ministre de la Marine (1815 - 1818), avant de se ranger dans l'opposition libérale. Ministre des Affaires étrangères au début de la monarchie* de Juillet, il se montra peu favorable à l'intervention en faveur des révolutions hors de France (Italie, Pologne). Représentant du parti de la «Résistance*», il prit la succession de Thiers comme Premier ministre (1836 - 1839). Député de droite après 1848, il prôna la restriction du suffrage universel. Hostile au coup d'État du 2 décembre 1851, il quitta peu après la vie publique. [Acad. fr. 1840]

**MOLENBEEK-SAINT-JEAN** – en néerl. ***Sint-Jans-Molenbeek*** ♦ Comm. de Belgique (Région de Bruxelles-Capitale), sur le canal Bruxelles-Charleroi. 81 632 hab. Indus. diversifiées (à dominante alimentaire).

**MOLÈNE** → Île-Molène

**MOLESCHOTT (Jacobus)** ♦ Physiologiste et philosophe néerlandais (Bois-le-Duc 1822 - Rome 1893). Sa philosophie est un matérialisme mécaniste (*Circulation de la vie,* 1852).

**MOLFETTA** ♦ V. d'Italie, dans les Pouilles (prov. de Bari). 62 546 hab. Cathédrale romane. ■ Centre agricole actif et port sur l'Adriatique.

**MOLIÈRE (Jean-Baptiste Poquelin,** dit) → **ÉTYM.** p.-ê. du n. d'un village où se trouve une carrière de pierre *meulière* ♦ Auteur dramatique et comédien français (Paris 1622 - *id.* 1673). Fils de Jean Poquelin, marchand tapissier établi dans le quartier des Halles, il perdit prématurément sa mère (1632), suivit de solides études chez les jésuites du collège de Clermont puis se prépara à devenir avocat (1636). La rencontre de Tiberio Fiorelli, dit Scaramouche, et celle de Madeleine Béjart le déterminèrent à renoncer à cette carrière pour le théâtre. **▮ L'Illustre-Théâtre** Avec Madeleine Béjart, ses frères Joseph et Louis et neuf autres comédiens, il signa l'acte de fondation de L'Illustre*-Théâtre (1643). Les débuts de la compagnie furent désastreux et Jean-Baptiste Poquelin, devenu Molière, fut incarcéré au Châtelet (1645). Cependant, Madeleine, Joseph et Geneviève Béjart, qui lui étaient demeurés fidèles, rejoignirent avec lui la troupe de Dufresne et décidèrent de quitter Paris pour la province. Molière devint bientôt le chef de cette troupe dont les protecteurs les plus éminents seront le duc d'Épernon, gouverneur de Guyenne (1646), et le prince de Conti, gouverneur du Languedoc (1650). C'est au cours de ces pérégrinations que Molière fit représenter à Lyon sa première comédie, *L'Étourdi* (1655). **▮ Paris** Au terme de ces fécondes années d'apprentissage, la troupe rentra à Paris (1658) et joua devant le roi *Nicomède* de Corneille et la farce du *Docteur amoureux,* cette dernière avec un vif succès. Monsieur, frère du roi, prit les comédiens sous sa protection et l'accueil triomphal que le public réserva aux *Précieuses* ridicules* (1659) établit la réputation de Molière à Paris. Enrichie de trois nouveaux comédiens, Jodelet, La Grange et Du Croisy, la troupe se fixa au Palais-Royal. Elle y représenta *Sganarelle ou le Cocu imaginaire* (1660), *Don Garcie de Navarre, L'École* des maris,* et alla interpréter chez Fouquet, à Vaux-le-Vicomte, la première comédie-ballet de Molière, *Les Fâcheux* (1661). **▮ La querelle de «l'École des femmes»** Marié à Armande Béjart, fille (ou sœur) de Madeleine, Molière connut un nouveau succès avec *l'École* des femmes* (1662), succès qui eut pour effet immédiat de susciter la jalousie de ses rivaux de l'hôtel de Bourgogne et l'hostilité de certains dévots. Aux menaces et aux insultes de ses adversaires, Molière répondit par *La Critique* de l'École des femmes* et *L'Impromptu* de Versailles* (1663). **▮ «Tartuffe» et «Dom Juan.»** Quelques jours après la naissance d'un fils qui ne vécut que quelques mois et dont le roi avait été le parrain, Molière fit représenter *Le Mariage forcé,* comédie-ballet, puis *La Princesse d'Élide,* comédie mêlée de musique avec ballets sur le thème des *Plaisirs de l'île enchantée,* enfin les trois premiers actes de *Tartuffe** (1664). Avant même que la pièce ne fût achevée, la compagnie du Saint-Sacrement, soutenue par la reine mère et inspirée par le prince de Conti, libertin qui a fait sa conversion, en obtint l'interdiction. Sur l'insistance de ses comédiens, Molière composa alors *Dom Juan* (1665), mais ce chef-d'œuvre disparut de l'affiche quelques semaines plus tard. **▮ La protection du roi** Cependant, une nouvelle comédie-ballet, *L'Amour* médecin,* fut représentée devant le roi qui prit la troupe sous sa protection et lui octroya 6 000 livres de pension. Malade, en désaccord avec Armande, Molière s'éloigna quelque temps du théâtre pour achever la comédie du *Misanthrope** dont la représentation déconcerta le public qui accueillit avec plus de chaleur la farce du *Médecin* malgré lui* (1666). L'hiver venu, Molière composa pour les fêtes de la cour une pastorale héroïque, *Mélicerte,* et un petit acte mêlé de danses, *Le Sicilien ou l'Amour peintre.* Mais la représentation de *L'Imposteur,* version édulcorée de *Tartuffe,* fut suivie le lendemain d'une nouvelle interdiction signifiée cette fois à Molière par le président Lamoignon et par l'archevêque de Paris. Un placet au roi resta sans écho. L'année suivante, la création d'*Amphitryon** fut accueillie avec faveur, mais celle de *George* Dandin ou le Mari confondu* ne recueillit qu'un demi-succès et *L'Avare* fut un échec (1668). **▮ Le succès de «Tartuffe,» et les comédies-ballets** Enfin autorisée après la mort de la reine mère, la représentation de *Tartuffe** (1669) connut un franc succès et Molière, reprenant confiance en lui-même, composa pour les fêtes de la cour trois nouvelles comédies-ballets, *Monsieur* de Pourceaugnac* (1669), *Les Amants magnifiques* et *Le Bourgeois* gentilhomme* (1670) puis, en collaboration avec Corneille, une «pièce à machines» d'une exquise invention poétique, *Psyché* (1671). En cette même année, il donna encore *Les Fourberies* de Scapin,* la plus étincelante de ses farces à l'italienne, qui fut médiocrement accueillie, et une comédie-ballet, *La Comtesse d'Escarbagnas.* Il travaillait depuis 1668 à une grande comédie de mœurs, *Les Femmes* savantes,* représentée avec un succès considérable en 1672. Réconcilié avec Armande, Molière fut de nouveau père, mais l'enfant mourut moins d'un mois après sa naissance. **▮ «Le Malade imaginaire» et la fin de Molière** C'est vers ce temps

**Molière.** Portrait par Mignard (55 x 48,5 cm), v. 1658. Musée Condé, Chantilly. *BIS/Phot. H. Josse © Archives Larbor*

que le succès des intrigues de Lully eut pour effet de priver Molière de la faveur royale. Sa nouvelle comédie, *Le Malade* imaginaire*, ne fut pas jouée devant la cour, et sa mort qui survint quelques heures après la quatrième représentation de cette œuvre, à la vérité plus tragique que bouffonne, fut suivie d'une inhumation nocturne et quasi clandestine (21 fév. 1673). **Le théâtre de Molière** Auteur, acteur, directeur de troupe, Molière n'a vécu que pour le théâtre. Utilisant la totalité des ressources de la scène, il y apparaît comme un créateur dans tous les domaines. Metteur en scène soucieux de précision, il a enseigné aux comédiens les vertus du naturel et de la simplicité. Cette même passion de la vérité se retrouve dans l'observation qu'il fait des caractères humains, de leurs contradictions, de leurs ridicules. Avec une liberté et une hardiesse impitoyables, il arrache sur le visage du bourgeois, du marquis, du dévot, du pédant, du parvenu, le masque sous lequel celui-ci dissimule son imposture. Avec lui, la grandeur comique atteint la dimension tragique. Vivant désormais hors du temps, ses personnages, devenus des archétypes, s'élèvent à l'universel.

**MOLINA (Luis)** ♦ Jésuite espagnol (Cuenca 1536 - Madrid 1600). Professeur de théologie à Évora (Portugal), il est l'auteur de l'*Accord du libre arbitre avec le don de la grâce, la prescience divine, la Providence, la prédestination et la réprobation* (1588) qui déclencha de violentes réactions des dominicains ainsi qu'une longue controverse sur la grâce (→ **jansénisme**). Sa doctrine *(molinisme)* tend à remplacer la notion de grâce *efficace* par une grâce *suffisante* à laquelle l'homme, pour faire le bien, doit consentir en vertu de son libre arbitre. En conséquence, la prédestination stricte est remplacée par une prédestination en prévision des mérites, lesquels sont connus de Dieu grâce à sa science moyenne. ▸ ÉTYM. Ce nom vient d'un nom de lieu, de l'espagnol *molino* «moulin».

**MOLINA (Mario)** ♦ Chimiste américain d'origine mexicaine (Mexico 1943). Ses travaux effectués avec F. S. Rowland*, dans lesquels il montra, dès 1974, que les chlorofluorocarbures (CFC) contribuent à la destruction de la couche d'ozone, sont à l'origine d'une prise de conscience internationale [Prix Nobel de chimie 1995, avec P. Crutzen* et F. S. Rowland]

**MOLINOS (Miguel DE)** ♦ Théologien espagnol (Muniesa, Teruel 1628 - Rome 1696), fixé à Rome en 1663. Son *Guide spirituel* (1675) répandit la doctrine dite *quiétiste* : l'âme imprégnée passivement de Dieu, en repos parfait devant lui, ne saurait pécher, même si l'homme semble enfreindre les commandements. Emprisonné en 1685, Molinos se rétracta, mais sa doctrine (molinosisme) fut condamnée par Innocent* XI (1687) et il finit sa vie enfermé dans un couvent. ▸ ÉTYM. *Molinos* est un nom de lieu, de l'espagnol *molino* «moulin».

**MOLISE** n. m. ou f. ♦ Région de l'Italie. → **Italie** (carte). 4 438 km². 320 601 hab. CH.-L. : Campobasso. Elle comprend les provinces de Campobasso et Isernia. Comme les Abruzzes, la région oppose le littoral touristique, animé par le passage de la voie ferrée et de l'autoroute, et les hautes terres délaissées par les troupeaux et les hommes. À Termoli, l'implantation d'usines Fiat retient la main-d'œuvre locale. **Histoire** → **Abruzzes.**

**MOLITG-LES-BAINS** [mɔlitʃ] [66500] ▸ ÉTYM. probablt du prélatin *mol-* «hauteur» ou du lat. *Molletius*, n. de pers. ♦ Comm. des Pyrénées-Orientales, arr. de Prades. 207 hab. *(Molitgeois)*. Station thermale.

**MOLITOR (Gabriel Jean Joseph, comte)** ♦ Maréchal de France (Hayange 1770 - Paris 1849). Il se distingua en Suisse sous Masséna (victoire sur Souvorov à Zurich, 1799), occupa la Dalmatie (1806), fut nommé gouverneur de la Poméranie suédoise (1807), des villes hanséatiques (1810), puis de la Hollande qu'il défendit vaillamment avant de l'évacuer (1813). Nommé inspecteur général de l'armée par Louis XVIII (après la campagne de France, 1814), il se rallia à Napoléon Ier pendant les Cent-Jours. Promu maréchal et fait pair de France après avoir participé à l'expédition d'Espagne (1823), il fut ensuite gouverneur des Invalides et grand chancelier de la Légion d'honneur. ▸ ÉTYM. *Molitor* vient du latin et signifie «constructeur, artisan» ou «meunier».

**MOLLENDO** ♦ V. du Pérou méridional, sur l'océan Pacifique. 22 650 hab. Port de commerce lié à Arequipa à 133 km.

**MOLLET (Guy)** ♦ Homme politique français (Flers, Pas-de-Calais 1905 - Paris 1975). Il milita dans la Résistance (Libération-Nord). Maire d'Arras en 1945, député (1946) et secrétaire général de la SFIO (1946 - 1969), il fit partie de plusieurs gouvernements de la IVe République (Blum, Queuille, Pleven). Après la victoire du Front républicain (socialistes et radicaux de Mendès France) aux législatives de janv. 1956, Guy Mollet assuma la présidence du Conseil. Contrastant avec l'adoption de la loi-cadre accordant une relative autonomie à l'Afrique noire (Defferre), la politique algérienne du gouvernement Mollet fut marquée par un net durcissement, qui provoqua la démission de P. Mendès France. L'échec de l'expédition franco-britannique et israélienne de Suez (nov.-déc. 1956) contribua aux difficultés du cabinet Guy Mollet, qui, après avoir adopté des mesures en faveur des travailleurs et signé le traité de Rome (mars 1957), dut démissionner (21 mai 1957), ayant été mis en minorité par l'Assemblée nationale. Rappelé dans l'éphémère cabinet Pflimlin lors de la crise de mai 1958, Guy Mollet se montra favorable au rappel du général de Gaulle et fit partie de son gouvernement, avant d'entrer dans l'opposition dès janv. 1959. ▸ ÉTYM. *Mollet* est un surnom (diminutif de *mol, mou.*)

**MOLLIEN (Nicolas François, comte)** ♦ Administrateur et homme politique français (Rouen 1758 - Paris 1850). Pendant la Révolution, il fut nommé directeur des domaines dans l'Eure. Destitué en 1792, il fut emprisonné sous la Terreur (1794). Conseiller financier de Napoléon, il fut ministre du Trésor public de 1806 à 1814 et pendant les Cent*-Jours. Il réorganisa son administration et imposa la comptabilité en partie double. Au moment de la Restauration, Mollien refusa le ministère des Finances mais accepta la pairie. Il a laissé ses mémoires *(Mémoires d'un ministre du Trésor public)*.

**MOLLWITZ** – auj. en polon. ***Małujowice*** ♦ Localité de Pologne, voïévodie d'Opole, en basse Silésie. **Histoire** Victoire de Frédéric II le Grand sur les Autrichiens (1741).

**MOLNÁR (Ferenc)** ♦ Auteur dramatique et écrivain hongrois (Budapest 1878 - New York 1952). Romancier (*Les Garçons de la rue Pál*, 1907), il a surtout écrit pour le théâtre, où son œuvre, pénétrée de mysticisme, se colore d'une fantaisie qui est propre à la poésie hongroise. *Liliom* (1909), d'un réalisme teinté de poésie naïve et populaire, annonce, sur le mode mineur, *L'Opéra* de quat'sous* de B. Brecht. ▸ ÉTYM. Le nom hongrois *Molnár* signifie «meunier» (→ aussi Müller).

**MOLOCH** [mɔlɔk] **(le)** – en hébr. ***ha-Molèkh, Moloch*** dans le grec des Septante ▸ ÉTYM. étym. controversée : de *mèlèkh* «roi» ou de *molk* «sacrifice votif» ♦ Divinité mentionnée dans la Bible (Lévitique XVIII, 21 et XX, 2-5 ; II Rois, XXIII, 10 ; Jérémie XXXII, 35). Il s'agit probablement d'un dieu cananéen adopté par Israël. En son honneur, des enfants étaient «passés par le feu», c'est-à-dire immolés puis brûlés (sur cette coutume → **Baal, Cananéens**). Son culte, dans la vallée de Hinnom (*Gêy Hinnom*, d'où *Géhenne*), fut prohibé par Josias mais reprit plus tard, provoquant l'indignation des prophètes et des rédacteurs bibliques.

**MOLOSSES** n. m. pl. – en gr. ***Molossoi*** ♦ Peuple de l'anc. Épire*, établi autour d'Ambracie qui fut leur capitale. Ils auraient été soumis par Molossos, fils de Pyrrhos et petit-fils d'Achille. Considérés comme des demi-barbares, ils ne jouèrent pas un grand rôle dans les affaires grecques. Leur pays donna une race de chiens réputés pour leur sauvagerie (cf. molosse, *Le Robert*).

**MOLOTOV (Viatcheslav Mikhaïlovitch SKRIABINE, dit)** ▸ ÉTYM. du russe *molot* «marteau» ♦ Homme politique soviétique (près de Nolinsk, auj. Sovetsk, dans la région de Kirov 1890 - Moscou 1986). Issu de la bourgeoisie, membre du Parti bolchevik dès 1906, il prit le nom de combat de Molotov (du russe *molot*, marteau). Déporté en 1909 dans la région de Volodga, puis libéré (1911), il fut l'un des fondateurs du journal *Pravda* (1912). Déporté de nouveau à Irkoutsk (1915), il s'évada en 1916. Après la révolution d'octobre 1917, il devint membre du comité central du Parti communiste (1921), puis membre du Politburo (1926), et en 1930 président du Conseil des commissaires du peuple (Premier ministre). Président de la IIIe Internationale* (1930 - 1934), il fut nommé par Staline commissaire aux Affaires étrangères en mai 1939 ; il signa avec Ribbentrop* le pacte germano-soviétique (23 août 1939). En mai 1941, Staline assuma personnellement la présidence du Conseil des commissaires du peuple et Molotov devint son adjoint. Vice-président du Comité d'État à la Défense après l'invasion allemande, il participa aux conférences de Téhéran, Yalta et Potsdam. Remplacé par Vychinski* en 1949, il reprit son poste au ministère des Affaires étrangères après la mort de Staline (mars 1953). Représentant la tendance stalinienne la plus dure, il fut exclu du comité central du parti et accusé par Khrouchtchev* d'activités «antiparti» (juin 1957). Ambassadeur en Mongolie (1957 - 1961), puis représentant permanent à l'Agence internationale de l'énergie atomique à Vienne (1960 - 1961), il fut exclu du Parti communiste en 1964.

**MOLOTOV** → **Perm**

**MOLSHEIM** [mɔlsɛm] [67120] ▸ ÉTYM. du germ. *Modilo*, n. de pers., et *heim* «village, foyer» ♦ Ch.-l. d'arr. du Bas-Rhin, sur la Bruche. 9 335 hab. (aggl. 11 502) *(Molsheimiens)*. Église gothique (XVIe - XVIIe s.) ayant appartenu à l'Académie des jésuites fondée en 1618. Anc. hôtel de ville Renaissance (Metzig) construit en 1554 par la corporation des bouchers. Musée : archéologie et histoire locale. Maisons des XVIe et XVIIe s. Restes de fortifications. ▪ Viticulture (riesling). Construc. aéronautique (trains d'atterrissage) ; anc. usine d'E. Bugatti*.

**MOLTKE (Helmuth, comte VON)** ♦ Feld-maréchal allemand (Parchim, Mecklembourg 1800 - Berlin 1891). Il passa du service du Danemark à celui de la Prusse (1822). Après avoir pris part à des campagnes en Turquie (1835 - 1839), il devint chef de l'état-major (1858) et fut l'artisan avec Roon* de la réforme militaire décidée par Bismarck*. Disciple de Clausewitz, créateur de la stratégie prussienne, il fit de l'armée allemande la première de son temps. La conduite des opérations de la guerre contre l'Autriche et de celle de 1870 - 1871 fut son œuvre. Il a laissé des ouvrages de stratégie et d'histoire militaire. ▸ ÉTYM. Ce nom de famille vient du bas allemand et signifie «brasseur».

**MOLTKE (Helmuth VON)** dit **le Jeune** ♦ Général allemand (Gersdorff, Mecklembourg 1848 - Berlin 1916). Neveu du maréchal von Moltke*, il succéda à Schlieffen* à la tête du grand quartier général (1906). Il reprit le *plan Schlieffen* avec quelques modifications en 1914 et mena rapidement l'invasion de la Belgique et la «bataille des frontières». Mais, manquant (de son propre aveu) de l'audace nécessaire aux grands capitaines, il renforça les fronts de Lorraine et de Prusse-Orientale au lieu d'accorder le maximum de forces à son aile marchante, qu'il laissa dégarnie sur son flanc droit. Cette erreur stratégique lui coûta la défaite de la Marne (→ **Marne [batailles de la]**), après laquelle il fut relevé de son commandement au profit de Falkenhayn*. En 1915, il devint chef d'état-major des forces de l'intérieur. → **Guerre mondiale (Première)**.

**MOLUQUES** n. f. pl. ◆ ÉTYM. en indon. ***Maluku***, en port. et en esp. *Molucas*, p.-ê. du malais *molok* «principal [les îles principales]» ♦ Archipel d'Indonésie, le plus oriental, composé d'îles volcaniques de superficie très variable, et totalisant 74 495 km². 2 803 470 hab. *(Moluquois)*. L'archipel est divisé en 2 prov. (Maluku, cap. Ambon*; Maluku Utara, cap. Ternate*). La plus grande île est Halmahera*. ▮ **Histoire** Occupées vers -50 000 par des populations australo-mélanoïdes, les Moluques reçurent vers -2 500 les premières migrations austronésiennes, aboutissant à un métissage encore très visible. Le commerce du clou de girofle et de la muscade, dont l'archipel était le seul lieu de production au monde, assura pendant des siècles sa prospérité et favorisa l'émergence des sultanats de Ternate* et Tidore. Les Portugais y établirent des comptoirs dès 1512. Ils furent ensuite concurrencés par les Espagnols et supplantés à partir de 1605 par les Hollandais. Sous la colonisation hollandaise, les Moluquois chrétiens, mieux scolarisés, fournirent de nombreux instituteurs, petits cadres et militaires de l'armée coloniale. En 1950, lors de l'abandon par l'Indonésie indépendante de sa constitution fédérale, certains d'entre eux proclamèrent une éphémère «République des Moluques du Sud» et plusieurs milliers d'anciens soldats coloniaux moluquois se réfugièrent aux Pays-Bas avec leur famille. Quelques maquis de la RMS se sont maintenus à Seram jusqu'en 1962. Depuis 1999, l'archipel est le théâtre de luttes violentes entre chrétiens et musulmans, qui ont fait des milliers de morts. Les accords de Malino (2001) ont ramené une paix fragile.

**MOMBASA** ou **MOMBASSA** ◆ ÉTYM. de *Mombaṣa*, n. d'une v. du pays d'Oman, adopté par les premiers colons arabes ♦ V. du Kenya sur la côte S. du pays. Plus de 500 000 hab. Institut musulman. Grand port desservant le Kenya et l'Ouganda. Raffinerie de pétrole. Cimenterie. Usine d'engrais. ▪ Les environs voient se développer le tourisme balnéaire. ▮ **Histoire** Important comptoir arabe depuis le XIIe s. De 1505 à 1698 la ville fut occupée par les Portugais qui y édifièrent le fort Jésus. Ils en furent chassés par les Omanais. Les Britanniques s'y installèrent en 1895.

**MOMMSEN (Theodor)** ♦ Historien et homme politique allemand (Garding, Schleswig 1817 - Charlottenburg 1903). Directeur du *Corpus inscriptionum latinarum* et des *Monumenta Germaniae historica*, il s'est surtout spécialisé en histoire romaine (histoire des corporations, de la monnaie). [Prix Nobel de littér. 1902] ◆ ÉTYM. Ce nom vient de l'allemand *Mumm(o)*, nom de personne, probablement abréviation d'un nom composé de *Mund* «protection» et d'un 2e élément inconnu.

**MOMOYAMA** → **Azuchi-Momoyama**

**MOMPOU (Federico)** ♦ Compositeur espagnol (Barcelone 1893 - *id.* 1987). Au cours du long séjour qu'il fit à Paris (1920 - 1941), il subit l'influence de la musique française. Il sut toutefois s'en libérer et affirmer un style personnel dans des œuvres riches de couleur et de poésie qui doivent au folklore espagnol ou catalan leur pouvoir incantatoire (*Suburbios*, 1916 - 1917; *Cants magics*, 1917 - 1919; *Charmes*, 1920 - 1925; *Musica callada* [4 recueils] 1959, 1962, 1966, 1974; pour piano, ainsi que des mélodies).

**MÔN** n. m. ♦ État de Birmanie occupant la partie N. du Ténassérim. 12 297 km². 2 502 000 hab. *(Môns)*. CAP. : Moulmein*. ▪ Commerce du bois. Indus. alimentaire. Construc. navales. Culture d'huîtres perlières. ▮ **Histoire** D'origine austro-asiatique (môn*-khmer), les Môns étaient établis au Siam (→ **Thaïlande**) dès le VIIe siècle, et leurs États s'étendaient jusqu'au golfe de Martaban. Au IXe siècle, ils fondèrent Pegou*. Leur capitale, Thaton, fut assiégée et conquise par Anawratha au XIe s., et les religieux, lettrés et architectes môns furent emmenés à Pagan* où ils contribuèrent largement à l'édification de la civilisation birmane, la dotant d'une écriture, d'un style architectural qui fleurit à Pagan, et du bouddhisme du Theravāda. Ayant regagné leur indépendance, les Môns la perdirent de nouveau au XVIe s., ce qui provoqua plusieurs vagues d'émigration vers le Siam.

**MØN** ♦ Île du Danemark, dans la Baltique, au S.-E. de l'île de Sjælland à laquelle elle est reliée par un pont. 209 km². 10 294 hab. Lieu de villégiature (côte orientale bordée de hautes falaises calcaires). Blé et betterave à sucre.

**Møn.** *Phot. © Hétier*

## MONACO (PRINCIPAUTÉ DE)

▮ ◆ ÉTYM. en gr. *Limên Monoikos* «le port *(limên)* à une seule *(mono-)* maison *(oikos)*», abrégé en *Monoikos*, puis appelé *Portus Herculis Monoeci*, avec attraction de *monacus* «moine», soutenu par l'it. *monaco* (V. ci-dessous) ♦ État souverain d'Europe (placé sous la protection de la France), sur la côte méditerranéenne, enclavé dans le dép. français des Alpes-Maritimes. 1,5 km². 31 109 hab. *(Monégasques)*. LANGUE : français. RELIGION : catholiques. MONNAIE : euro. CAPITALE : Monaco. RÉGIME : principauté parlementaire. ▪ La principauté s'étend sur une étroite bande côtière de 3 km de long limitée par le mont Agel (1 100 m) et la Tête-de-Chien (550 m). Elle est divisée en six quartiers : Monaco-Ville, situé en partie sur un promontoire rocheux entouré de remparts (palais des XVIe - XVIIe s., cathédrale Saint-Nicolas, musée océanographique, jardin exotique, musée d'anthropologie préhistorique), La Condamine, Monte-Carlo, le nouveau quartier industriel de Fontvieille à l'O. (indus. alimentaire, produits de beauté), les Révoires et le Larvotto. Port de plaisance. Le casino de Monte-Carlo, le tourisme et l'émission de timbres-poste sont les principales ressources économiques du pays.

▮ **HISTOIRE** Colonie phénicienne puis grecque possédant un temple dédié à Hercule, la ville prit au -Ier s. le nom de *Portus Herculis Monoeci*. En 1297, elle devint possession des Grimaldi*, famille originaire de Gênes. Annexée à l'Espagne (1524 - 1641) puis à la France (1793 - 1814), elle recouvra son indépendance en 1861, mais se plaça alors spontanément sous la protection de la France. Aux Grimaldi succédèrent les Goyon-Matignon (1731) puis les Polignac (1949) qui gardèrent les armes et le nom de Grimaldi. Rainier* III a été prince de Monaco de 1949 à sa mort, en 2005. Son fils Albert* II, lui a succédé. Depuis l'instauration d'une monarchie constitutionnelle (1962), le prince conserve le pouvoir exécutif mais délègue le pouvoir législatif à un Conseil national élu tous les cinq ans.

**Monadologie** ♦ Traité philosophique de Leibniz* écrit en français (1714) et publié après sa mort. Il expose la théorie des «monades», leur nature (substances simples douées d'appétition et de perception), leur degré de perfection (hiérarchie des êtres jusqu'à l'homme, monade douée de raison et capable de s'élever à la connaissance); il traite de Dieu, dont il démontre l'existence en perfectionnant l'argument ontologique. Leibniz traite enfin de l'«harmonie préétablie» (par laquelle il résout le problème de la communication des monades).

**MONAGHAN** – en gaél. ***Mhuineachain*** ♦ Comté de la rép. d'Irlande en Ulster. 55 997 hab. 1 290 km². CH.-L. : Monaghan. Pays de collines glaciaires *(drumlins)* à l'agriculture déclinante.

**MONALDESCHI (Giovanni,** marquis **DE)** ♦ D'une famille noble d'Orvieto, il fut écuyer et amant de la reine Christine* de Suède, qui le fit assassiner à Fontainebleau (1657).

**monarchie de Juillet** ♦ Nom donné au règne de Louis*-Philippe Ier (1830 - 1848), appelé au pouvoir après la révolution* de juillet 1830 (→ **Charles X**). Sans supprimer le suffrage censitaire, le nouveau régime fut véritablement parlementaire. La noblesse se vit dépossédée au profit de la grande bourgeoisie d'affaires. La monarchie de Juillet n'en fut pas moins marquée par une importante agitation politique : légitimiste (tentative de la duchesse de Berry*, 1832), bonapartiste (affaires de Strasbourg [1836] et de Boulogne [1840], → **Napoléon III**) et républicaine (juin* 1832, avril* 1834, attentat de Fieschi* [1835], mai* 1839). L'accélération du progrès économique et la révolution industrielle s'accompagnèrent d'une profonde mise en question des valeurs traditionnelles : développement du catholicisme libéral et du mouvement socialiste, liés à la constitution d'un prolétariat de condition misérable. Après avoir tenté de gouverner avec les représentants du parti du Mouvement* (→ **Laffitte**),

Louis-Philippe s'appuya sur les chefs du parti de la Résistance* (→ **Perier [Casimir], Broglie, Soult, Molé, Thiers, Guizot**). Désireux de se faire admettre par les différents gouvernements européens, mais aussi de s'imposer, le nouveau régime adopta une politique extérieure relativement pacifique : rapprochement avec la Grande-Bretagne sur la question belge (prise d'Anvers*, 1832), occupation d'Ancône* (1832). La France se trouva néanmoins isolée quelque temps par sa politique au Proche-Orient (traité de Londres* de 1840 ; politique extérieure de Thiers*) ; la politique d'entente cordiale avec la Grande-Bretagne reprit en 1841, contrecarrée toutefois par certaines difficultés (dont l'affaire Pritchard*). Enfin, avec la conquête de l'Algérie* et l'acquisition de comptoirs en Afrique noire, en Extrême-Orient et dans le Pacifique (Tahiti), la monarchie étendait les colonies françaises. Une crise économique et financière (1846 - 1847), doublée d'une crise politique (campagne des Banquets*, 1847 - 1848), aboutit à la révolution* de février 1848, qui provoqua la chute de Louis-Philippe et la proclamation de la IIe République* par le gouvernement provisoire (25 fév. 1848).

**monarchiens**

n. m. pl. ♦ Nom donné à ceux qui, à l'Assemblée* nationale constituante, se firent les défenseurs d'une constitution de type anglais (d'où aussi le nom d'*anglomanes*), avec pouvoir royal fort et deux chambres, l'une dignitaire, l'autre élue. Ils conseillèrent à Louis XVI le transfert de l'Assemblée en province et le rappel des troupes à Versailles (fin sept. 1789) qui contribua au soulèvement populaire des 5 et 6 octobre* 1789.

**MONASTIER-SUR-GAZEILLE (LE)** [43150] ➝ ÉTYM. occit. «monastère» ♦ Ch.-l. de cant. de la Haute-Loire, arr. du Puy-en-Velay. 1 734 hab. *(Monastérois)*. Anc. abbatiale Saint-Chaffre romane et gothique (déb. du XIIe s. et XVe s.) en pierres volcaniques polychromes (buste reliquaire de saint Théofred, XIe - XIIe s.).

**MONASTIR** → **Bitola**

**MONASTIR** ➝ ÉTYM. en ar. ***al-Munastīr*** ; du gr. *monastêrion* (prononcé *monastiri*) «monastère» ♦ V. de Tunisie, ch.-l. de gouvernorat, située sur une presqu'île du S. du golfe de Hammamet. 71 546 hab. Remparts. Ribât (monastère fortifié) fondé au VIIIe s. Grande mosquée (IXe - XIe s.) ; mosquée moderne. Port de pêche. Conserveries. Importantes salines. Meubles. Station balnéaire (plage de Skanès). Cité universitaire. ▮ **Histoire** Ancienne cité punique puis romaine, qui, après la construction du ribât et alors que Kairouan était provisoirement déchue de son rang de capitale au profit de Mahdia, devint la ville sainte de la Tunisie.

**MONATTE (Pierre)** ♦ Syndicaliste français (Monlet, Haute-Loire 1881 - Vanves 1960). Anarchiste, puis syndicaliste-révolutionnaire, fondateur de la revue *La Vie ouvrière* (1909 - 1914), il fut membre du Comité confédéral de la CGT avant 1914. Exclu du PCF à cause de ses sympathies pour Trotski, il créa l'organe de la ligue syndicaliste *La Révolution prolétarienne*.

**MONBAZILLAC** [24240] ➝ ÉTYM. anc. *Mons Bazalanus*, du lat. *mons* «montagne» et *Basilianus*, n. de pers. ♦ Comm. de la Dordogne, arr. de Bergerac. 899 hab. *(Monbazillacois)*. Château fort du XVIe s. ▪ Vins blancs liquoreux célèbres.

**MONBODDO (James BURNETT, lord)** ♦ Juriste, linguiste et anthropologue britannique (Monboddo, Kincardineshire 1714 - Edimbourg 1799). Son œuvre majeure, *Of the Origin and Progress of Language* (6 vol., 1773 - 1792), qui décrit les civilisations dites primitives, laisse prévoir le thème de l'évolutionnisme. Dans *Ancient Metaphysics* (1779 - 1799), il s'oppose à Locke et à Newton et analyse les systèmes philosophiques grecs.

**MONCADE (Hugo DE MONCADA,** francisé en **Hugues DE)** ♦ Homme de guerre espagnol (mort près de Naples 1528). Il passa du service de Charles* VIII à celui de César Borgia et de Gonzalve* de Cordoue. Battu par Andrea Doria (1524), il servit les Colonna* contre Clément* VII et mit au pillage le Vatican. Il fut tué alors qu'il défendait Naples contre Lautrec* et Andrea Doria.

**MONCEY (Bon Adrien JEANNOT DE)** ♦ Maréchal de France (Palise, Doubs 1754 - Paris 1842). Engagé volontaire à quinze ans, il combattit en 1793 - 1794 dans les Pyrénées ; ayant repoussé les Espagnols en 1795, il devint général et arrêta les combats lorsque l'Espagne signa le traité de Bâle*. Inspecteur général de la gendarmerie (1801), il fit échouer les conspirations royalistes contre Napoléon, et fut fait maréchal (1804), duc de Conegliano (1808). Il servit de nouveau en Espagne en 1808 (prise de Saragosse, 1809). En 1815, il fut destitué et enfermé au fort de Ham pour avoir refusé de juger Ney*. Réintégré en 1816, il participa à l'expédition d'Espagne en 1823. Il devint gouverneur des Invalides (1833), où il reçut les cendres de Napoléon (1840).

**MÖNCHENGLADBACH** ➝ ÉTYM. de l'all. *Mönchen* «moines» et *Gladbach* «le ruisseau *(Bach)* joli *(glad)*» ♦ V. d'Allemagne (Rhénanie-du-Nord-Westphalie), entre le Rhin (O. de Düsseldorf) et la Meuse. Env. 270 000 hab. Abbatiale des XIe - XIIIe s. Indus. textiles (laine peignée, fibres synthétiques) ; indus. métallurgiques (fonderies), mécaniques et chimiques. Ville ouvrière. Un des centres majeurs de l'Organisation* du traité de l'Atlantique nord.

**MONCLOVA** ♦ V. du Mexique septentrional (État de Coahuila) au N.-O. de Monterrey. 198 819 hab. L'un des plus grands centres métallurgiques du pays (fonte, acier ; métall. du plomb), menacé par la crise de la sidérurgie.

**MONCONTOUR** [22510] ➝ ÉTYM. langue d'oïl «mont du comte» ♦ Ch.-l. de cant. des Côtes-d'Armor, arr. de Saint-Brieuc. 865 hab. *(Moncontourais)*. Église Saint-Mathurin (XVIe s.), remaniée au XVIIIe s. (vitraux du XVIe s.). Restes de remparts. ▪ Aux environs, château des Granges (XVIIIe s.), château de la Touche-Tréby (XVIe s.) et chapelle Notre-Dame-du-Haut. ▮ **Histoire** Ancienne ville fortifiée, Moncontour connut plusieurs sièges. Le chef des chouans, Boishardy, y combattit contre les républicains en 1793.

**MONCONTOUR** [86330] ➝ ÉTYM. langue d'oïl «mont du comte» ♦ Ch.-l. de cant. de la Vienne, arr. de Châtellerault. 980 hab. (*Moncontourais* ou *Moncontourois*). Donjon (XIIe s.), restauré au XVe s. Vestiges de l'anc. enceinte. Maisons anc. ▮ **Histoire** En 1569, le futur Henri III, alors duc d'Anjou, y vainquit l'armée protestante de l'amiral de Coligny, qui fut presque anéantie.

**MONCOUTANT** [79320] ➝ ÉTYM. anc. *Mons Constantius*, du lat. *mons* «montagne» et *Constantius* «Constant» ♦ Ch.-l. de cant. des Deux-Sèvres, près de la Sèvre Nantaise. 2 985 hab. *(Moncoutantais)*.

**MONCTON** ♦ V. du Canada (Nouveau-Brunswick) à env. 150 km au N.-E. de Saint John. 64 128 hab. (zone urbaine 126 424). Univ. francophone ; centre culturel français de la province. Centre de transports (bureaux du Canadian National Railways, aéroport).

Le **Monde** ♦ Quotidien français, fondé en 1944 par H. Beuve-Méry* auquel succéda J. Fauvet* de 1969 à 1982. Contrôlé par des sociétés de personnel associées à la SARL Le Monde, auxquelles s'ajoute depuis 1987 une société de lecteurs actionnaires, il est le successeur du *Temps*. Après une grave crise en 1985, le journal, qui accorde une grande place à l'information politique, économique et culturelle, notamment étrangère, s'est modernisé, sous l'impulsion d'A. Fontaine*. Dirigé de 1994 à 2007 par Jean-Marie Colombani puis par Éric Fottorino, il publie également plusieurs mensuels (diplomatie, éducation, débats, philatélie) et plusieurs suppléments hebdomadaires, dont «Le Monde des livres». Il tire à environ 500 000 exemplaires.

Le **Monde comme volonté et comme représentation** – en all. ***Die Welt als Wille und Vorstellung*** ♦ Ouvrage de Schopenhauer*, qu'il publia sans aucun succès, à l'âge de trente ans (1818). Il en publia une deuxième édition en 1859. Schopenhauer se présente comme un successeur de Kant*, mais, pour lui, l'auteur de la *Critique* de la raison pure* n'est pas parvenu à découvrir l'identité du phénomène et du monde comme représentation, ni l'identité de la chose en soi et du monde comme volonté. Cet ouvrage a exercé une grande influence, sur Nietzsche* en particulier.

Le **Monde de la Lune** – en it. ***Il Mondo della Luna*** ♦ Opéra bouffe en 3 actes de J. Haydn* sur un livret d'après Goldoni (Eszterhaza, 3 août 1777). Pour obtenir la main de sa fille Clarice, le faux astrologue Ecclitico, avec la complicité de son ami Ernesto (amoureux de l'autre fille, Flaminia), de la servante Lisetta et du valet Cecco, fait accomplir au vieux baron Buonafede un voyage imaginaire sur la Lune. Les représentations de l'œuvre en version originale aux festivals de Hollande et d'Aix-en-Provence en 1959 ont inauguré la résurrection des opéras de Haydn.

**MONDEGO** n. m. ♦ Fl. du Portugal* (225 km). Né dans la serra da Estrela*, il passe par Coimbra et se jette dans l'Atlantique.

**MONDELANGE** [57300] ➝ ÉTYM. anc. *Medelinga*, du germ. *Mundilo*, n. de pers., et suff. *-ingas* ♦ Comm. de la Moselle, arr. de Thionville-Ouest, au débouché de la vallée de l'Orne. 5 610 hab. *(Mondelangeois)*. Construc. métalliques et mécaniques. Port fluvial sur la Moselle.

**MONDEVILLE** [14120] ➝ ÉTYM. anc. *Amundi villa* «domaine (lat. *villa*) d'Amundr (norrois, n. de pers.)» ♦ Comm. du Calvados, banlieue E. de Caen. 10 428 hab. *(Mondevillais)*.

**MONDINO DEI LIUCCI** ou **RAIMONDINO DEI LIUZZI** ♦ Anatomiste italien (Bologne v. 1270 - *id.* 1326). Il fit de nombreuses autopsies et rédigea l'un des premiers grands traités d'anatomie.

**MONDONVILLE (Jean Joseph CASSANÉA DE)** ♦ Compositeur et violoniste français (Narbonne 1711 - Belleville, près de Paris 1772). Il a composé des opéras, dont *Titon et l'Aurore* (1753), que les partisans de la musique française prétendirent opposer à l'ouvrage de Pergolèse, *La Servante Maîtresse*, lors de la querelle des Bouffons. Son œuvre comprend encore de la musique instrumentale (sonates pour violon, pièces pour clavecin) et vocale (motets et airs).

**MONDOR (Henri)** ♦ Chirurgien et écrivain français (Saint-Cernin, Cantal 1885 - Neuilly-sur-Seine 1962). Auteur de traités de chirurgie et d'ouvrages sur de nombreux savants français (tels Dupuytren, Pasteur), il se fit également connaître par ses études d'histoire et de critique littéraires, en particulier sur Mallarmé (*Vie de Mallarmé*, 1941 - 1942 ; *Mallarmé plus intime*, 1944), sur Paul Valéry et sur Alain. [Acad. fr. 1946 ; Acad. sc. 1961] ➝ ÉTYM. *Mondor* désigne peut-être une personne originaire du *Mont-Dore* (Puy-de-Dôme).

**MONDORF-LES-BAINS** ♦ V. du Luxembourg (canton de Remich). 3 638 hab. Station thermale et touristique. Casino.

**MONDOVI** ♦ V. d'Italie, dans le Piémont (prov. de Cuneo), au pied des Alpes ligures. 21 880 hab. Aciéries, gisement d'uranium. ▮ **Histoire** Victoire de Bonaparte sur les Piémontais (21 avril 1796).

**MONDRAGON** [84430] ▪ **ÉTYM.** anc. *Montedraconis,* du lat. *mons* « montagne » et *draco* « dragon » [n. d'une vieille famille arborant dans ses armoiries un dragon à face humaine] ♦ Comm. du Vaucluse, arr. d'Avignon, sur le Lez. 3 363 hab. → **Donzère.**

**MONDRIAN (Pieter Cornelis MONDRIAAN, dit Piet)** ♦ Peintre et théoricien néerlandais (Amersfoort 1872 - New York 1944). Issu d'une famille calviniste, il fit difficilement admettre à son père sa vocation de peintre. Il se consacra à l'enseignement du dessin, obtint son diplôme en 1889, et suivit des cours à l'Académie des beaux-arts d'Amsterdam de 1892 à 1895. Après avoir peint des tableaux d'une facture assez académique, il évolua dans ses paysages vers un traitement simplifié des formes, utilisant une gamme personnelle, dense, aux accords délicats de gris, mauve et violet (*Ferme de Duivendrecht,* 1905-1907, puis *Bois d'Oele,* 1908-1910). S'étant intéressé à la théosophie dès 1892, il devint membre de la Société de théosophie en 1909. À la suite de sa rencontre avec Toorop*, il fut influencé par la technique divisionniste, fragmenta sa touche (série de *Dunes, Tour-phare de Westkapelle,* 1908 - 1911) et manifesta des tendances symbolistes (triptyque *Évolution,* v. 1911). Un séjour à Paris, de 1911 à 1914, joua un rôle décisif pour Mondrian : la découverte du cubisme l'incita à créer ses premiers tableaux abstraits. Il tendit alors à segmenter l'espace de la toile jusqu'à éliminer les légères ponctuations en arc de cercle pour privilégier exclusivement le rapport du trait horizontal-vertical. Il continua aux Pays-Bas, où il revint en 1914, sa série dite « des plus et moins » (*Composition avec figures,* 1917). Trouvant dans la théosophie la justification spirituelle de sa peinture, il prôna l'élimination de toute expression irrationnelle, subjective, l'abandon de toute forme superflue, décorative, et préconisa une facture nette, lisse et brillante, des formes tracées à la règle, fondée sur l'unique rapport orthogonal et l'adoption des trois couleurs primaires : rouge, jaune et bleu, contrastant avec la non-couleur (blanc, gris, noir). Il abandonna ainsi v. 1920 les agencements de carrés ou de rectangles de tonalités variées pour s'en tenir rigoureusement à une grille de lignes noires où il disposa des carrés et rectangles de dimensions variables, définissant des plans de couleur pure, à la recherche d'un équilibre asymétrique. Installé à Paris de 1919 à 1938, il poursuivit son œuvre avec une rigueur exemplaire, participa en 1930 au groupe Cercle et carré, puis en 1931 à Abstraction-Création. Il s'installa à New York en 1940, abandonnant alors les lignes noires au profit de lignes constituées de petits rectangles colorés (*Broadway Boogie-Woogie,* 1942-1943), conférant un rythme plus allègre et saccadé (*Victory Boogie-Woogie,* 1943-1944, inachevé). À la recherche d'une pureté absolue et accordant à la peinture une haute valeur éthique, il y vit le moyen de réaliser l'unité entre la matière et l'esprit et visa à faire éclater de son cadre l'expression plastique (aménagement de son atelier selon les principes du néoplasticisme). En adoptant des formes strictement non figuratives et en limitant la peinture à ses composantes élémentaires, il a fait porter sa réflexion sur la spécificité de l'art et s'est affirmé comme le principal fondateur de l'abstraction géométrique. Son esthétique a exercé une influence déterminante sur l'architecture et le décor contemporains.

Piet **Mondrian.** *Broadway Boogie-Woogie* (1,27 × 1,27 m). Museum of Modern Art, New York. *Phot. © Arch. Smeets*

**MONÉDIÈRES** (puy des) ♦ Massif du S. du plateau de Millevaches dans le Limousin, entre la Vézère et la Corrèze, culminant à 919 m au puy de la Monédière.

**MONEIN** [mɔnɛ̃] [64360] ▪ **ÉTYM.** anc. *Moneng,* du germ. *Munda,* n. de pers., et suff. *-ing* ♦ Ch.-l. de cant. des Pyrénées-Atlantiques, arr. d'Oloron-Sainte-Marie. 4 183 hab. *(Moneinchons).* Église gothique Saint-Girons du XVe s. (tympan roman du XIIe s. ; portail Renaissance). ▪ Vins (jurançon). Fruits.

**MONEMVASIA** – anc. ***Malvoisie*** ♦ Village historique de Grèce sur la côte orientale de Laconie, situé sur un îlot (l'anc. presqu'île de *Minoa*) relié au continent par un pont. Place forte dès le XIIe s., port actif des Vénitiens (XVe - XVIIIe s.) qui l'appelaient *Napoli di Malvosia,* la ville fut en partie détruite pendant l'occupation turque (1715 - 1821). Ruines d'une citadelle, églises byzantines. ▪ Les vignes qui produisaient au Moyen Âge le fameux vin liquoreux de *Malvoisie* n'existent plus, mais le cépage est transplanté à Samos, à Santorin, à Chypre, en Espagne, à Madère, en France (Corse), en Allemagne, en Autriche, en Italie (de la Sicile au Trentin-Haut-Adige). Le célèbre *vino santo* de Toscane est du pur malvoisie.

**MONÉNEMBO (Tierno)** ♦ Écrivain guinéen d'expression française (Porédaka, Guinée 1947). Comme celle de beaucoup d'écrivains africains, son œuvre est marquée par la colonisation, l'exil et le constat que l'écriture peut évoquer mais non résoudre les problèmes du continent. *Les Crapauds-brousse* (1979), *Les Écailles du Ciel* (1986, Grand Prix de l'Afrique noire), *Le Roi de Kahel* (2008, Prix Renaudot).

**MONEO (Rafael)** ♦ Architecte espagnol (Tudela, Navarre 1937). Sa conception de l'architecture tient du juste équilibre entre modernité et tradition, lié au respect de l'environnement et du contexte urbain. Il compte de nombreuses réalisations et aménagements en Espagne : siège de la banque Bankinter à Madrid (1976), musée national d'Art romain à Mérida (1986), musée des Sciences de Valence (1996), gare d'Atocha à Madrid (1992), palais des congrès (Kursall) de Saint-Sébastien (1999), expansion du musée du Prado à Madrid (2007), musée du Théâtre romain de Carthagène (2008) ainsi que le musée d'Art moderne de Stockholm (1998). [Prix Pritzker 1996]

**MONET (Claude)** ♦ Peintre et dessinateur français (Paris 1840 - Giverny 1926). ▮ **La formation** Il fit ses études secondaires au Havre. En 1856, Boudin* remarqua ses caricatures et ses dessins et lui prodigua leçons et conseils, l'incitant surtout à peindre en plein air. À Paris, en 1857, il suivit des cours à l'Académie suisse où il rencontra Pissarro*. Après son service militaire en Algérie (1861), où il eut la révélation de la lumière méditerranéenne, il étudia dans l'atelier de Gleyre, devint l'ami de Renoir*, Sisley, Bazille et alla peindre en leur compagnie à Chailly-en-Bière, près de Fontainebleau. Il séjourna aussi plusieurs fois sur la côte normande en compagnie de Boudin* et Jongkind*. Fortement impressionné par la peinture claire de Manet* et par la modernité de sa vision, il entreprit en 1865 un *Déjeuner sur l'herbe* que critiqua Courbet*. Après un premier succès au Salon de 1866 *(Camille à la robe verte),* suivi par un échec en 1867 (*Femmes au jardin,* 1866), il peignit des portraits, des scènes d'intérieur et, surtout, des paysages, qui révèlent l'élaboration d'un style personnel, par abandon progressif des influences de Courbet, des peintres de Barbizon* (Daubigny*), de Boudin et de Jongkind et l'adoption d'une touche large, apparente, de tonalités claires et modulées. Réfugié à Londres pendant la guerre de 1870, il découvrit Constable* et Turner*, chercha à rendre l'atmosphère humide et brumeuse de la ville *(Pont de Westminster)* et revint par la Hollande *(Champs de tulipes).* ▮ **Argenteuil** Installé à Argenteuil (1872 - 1876), il travailla sur un bateau transformé en atelier, étudiant l'air et la lumière ; fasciné par le jeu des reflets dans l'eau, il voulut fixer les effets de lumière les plus fugitifs ; il fragmenta d'une façon plus apparente sa touche, évitant les couleurs opaques, colorant des ombres et renonçant parfois au ton local. Il décida avec ses amis de fonder une société anonyme de peintres, sculpteurs et graveurs et d'organiser une exposition des œuvres refusées par le Salon officiel. Sa toile *Impression, soleil levant* (1872), exposée en 1874 chez Nadar*, inspira au critique du *Charivari,* L. Leroy, le terme (péjoratif) d'« impressionniste » qui allait faire fortune. À Argenteuil, Monet peignit quelques-unes de ses œuvres les plus caractéristiques (*Régates à Argenteuil,* 1874 ; *La Seine à Argenteuil,* 1874). Les dissensions au sein du groupe l'amenèrent à s'éloigner de ses amis et à refuser de participer en 1880 à la 5e exposition impressionniste. ▮ **Giverny** Pour étudier les variations de la forme suivant les changements d'éclairage, il réalisa des séries (*Les Meules,* 1890 ; *La Cathédrale de Rouen,* 1892 - 1904 ; *Bords de la Tamise,* 1899 - 1904) ; en suggérant les formes par quelques taches de couleur, il finit par détruire la notion académique de forme et, bien qu'il se défendît de faire rien d'autre que du « réalisme », il imposa une vision subjective, notamment en peignant sa série des *Nymphéas**, exécutées dans sa propriété de Giverny ; les formes s'y désintègrent en masses de couleurs intenses et vibrantes jusqu'à atteindre la non-figuration. ▮ **Un précurseur** Ainsi, le maître des impressionnistes fut considéré comme un précurseur par les tenants de l'abstraction lyrique. Il avait voulu,

Claude **Monet.** *Le Déjeuner* (1,60 x 2,01 m), 1868. Musée d'Orsay, Paris.
*BIS/Phot. H. Josse © Archives Larbor*

pour sa part, signifier «un instant de la conscience du monde» et traverser, selon le mot de Proust, «le miroir magique de la réalité». ➝ ÉTYM. *Monet* est l'aphérèse de *Aymonet*, diminutif de *Aymon* (autre forme de *Edmond*) ou de *Simonet*, diminutif de *Simon*.

**MONÉTEAU** [89470] ➝ ÉTYM. anc. *Monastellum*, bas lat. «petit monastère» ♦ Comm. de l'Yonne, arr. d'Auxerre. 4 226 hab.

**MONÊTIER-LES-BAINS (LE)** [05220] ➝ ÉTYM. de l'occit. *monastier* «monastère» ♦ Ch.-l. de cant. des Hautes-Alpes, arr. de Briançon, sur la Guisanne. 1 009 hab. (*Monêtiénins* ou *Monestériens*). Église du XV^e s., fortifiée par Lesdiguières au XVI^e s. ▪ Sources thermales (connues des Romains). Centre de ski et d'alpinisme faisant partie du complexe de Serre*-Chevalier-Chantemerle.

**MONFORT (Silvia)** ♦ Comédienne et directrice de théâtre française (Paris 1923 - *id.* 1991). On retient de cette comédienne talentueuse une magnifique voix de tragédienne et un physique étrange. De son passé de résistante, elle garda le goût de l'engagement collectif qu'elle concrétisa dans le Théâtre national populaire de Jean Vilar où elle interpréta les grands classiques (*Le Cid*, avec Gérard Philipe ; *Cinna* ; *Le Mariage de Figaro*). Après un passage au cinéma (*Les Anges du péché* de Robert Bresson, 1943 ; *L'Aigle à deux têtes* de Jean Cocteau, 1946), elle se consacra au théâtre et défendit la décentralisation culturelle, parcourant la France avec Les Tréteaux de France à la rencontre du public populaire. Elle y affirma son goût pour l'éclectisme, passant des personnages de *Phèdre* à *Électre*, et jouant aussi bien Tennessee Williams, Cocteau ou Sartre. Sa passion du théâtre et du public l'amena à créer la première école du cirque en 1974 (avec Alexis Gruss) et à posséder son propre théâtre (devenu le Théâtre Silvia-Monfort en 1992).

**MONFREID (Daniel DE)** ♦ Peintre et graveur français (Paris 1856 - Corneilla-de-Conflent, Pyrénées-Orientales 1929). Ami de Gauguin, il illustra son livre sur la civilisation maorie, *Noa-Noa*, et entretint avec lui une importante correspondance, publiée en 1918.

**MONFREID (Henry DE)** ♦ Écrivain français (Leucate, Aude 1879 - Ingrandes, Indre 1974), fils de Daniel de Monfreid*. Il mena sur les rives de la mer Rouge, ainsi qu'en Éthiopie, une vie aventureuse qui lui inspira des récits de voyage et des romans d'action insolites et colorés, parmi lesquels : *Les Secrets de la mer Rouge* (1931), *La Croisière du haschisch* (1933), *Pilleurs d'épaves* (1955), *Testament de pirate* (1963).

**MONGE (Gaspard),** comte **DE PÉLUSE** ♦ Mathématicien français (Beaune 1746 - Paris 1818). Admis à l'école du génie militaire de Mézières, il fut invité par Turgot* à enseigner à Paris en 1780. Adepte de la Révolution, il fut ministre de la Marine, participa à la création de l'École normale, fut l'initiateur de l'École polytechnique et participa à la campagne d'Égypte. Véritable créateur de la géométrie descriptive, il mit au point les méthodes permettant de représenter sur un plan les figures de l'espace. Mais il fut également l'auteur de plusieurs théories en géométrie analytique à 3 dimensions où il associa une équation à chaque surface. Il renouvela entièrement l'étude de la géométrie infinitésimale, qu'il enseigna alors à l'École polytechnique. On trouve notamment dans ses études une présentation parfaite des «coordonnées plückériennes» dont il fut le véritable créateur. → **Plücker.** Il étudia les équations aux différentielles totales, dont il précisa la signification géométrique. Il participa également au développement de la théorie des équations aux dérivées partielles. S'intéressant aussi à la pratique, il réalisa la synthèse de l'eau sans connaître les travaux de Cavendish* et de Lavoisier*. Il étudia encore, quantitativement, la dilatation et la liquéfaction des gaz (il réussit à liquéfier l'anhydride sulfureux en 1784). Son œuvre est caractérisée par une vision globale réunissant les aspects analytique, géométrique et pratique. Ses cendres ont été transférées au Panthéon en 1989. [Acad. sc. 1780] ➝ ÉTYM. *Monge* est l'aphérèse de *Demonge* (→ Dominique).

**MONGIE (LA)** ♦ Station d'été et de sports d'hiver des Hautes-Pyrénées (comm. de Bagnères-de-Bigorre), située sur la route du col du Tourmalet (1 800 - 2 360 m).

**MÖNGKE** ou **MONGKA** ou **MANGU** ♦ (1208 ou 1209 - dans le Sichuan 1259). Grand khan des Mongols (1251 - 1259). Fils de Tului et petit-fils de Gengis Khan, il succéda à Güyük et poursuivit les conquêtes mongoles, vers l'Irak par son frère Hūlāgū* Khān et vers la Chine par son frère Kūbilaï*. Dans sa capitale Karakorom, il reçut l'ambassade de Guillaume* de Rubrouck en 1254. → **Mongols.**

**MONGKUT** ♦ (Bangkok 1804 - *id.* 1868). Roi de Siam (1851 - 1868). Frère et successeur de Nang* Klao (Rāma III), longtemps moine bouddhiste, il régna sous le nom de Rāma IV. D'esprit très ouvert, il signa des traités commerciaux avec les grands pays européens, confia l'éducation de ses enfants à une gouvernante anglaise et fit de nombreuses réformes, tant dans le clergé que dans l'administration. Prince érudit, il est l'auteur de poèmes et d'ouvrages sur la religion et l'histoire. Son fils aîné, Chulalongkorn* (Rāma V), lui succéda.

**MONGOL (EMPIRE)** ➝ ÉTYM. du mongol *mengu*, *mongu* «vaillants, invaincus» ♦ Empire fondé au XIII^e s. et qui s'étendit de l'océan Pacifique à la mer Noire et à la Méditerranée. Comprenant la Chine, l'Asie centrale, la majeure partie de l'Anatolie et les principautés russes, cet empire, le plus vaste qui ait jamais existé, fut partagé au lendemain de la mort de son fondateur, Gengis* Khān (1227) en différents apanages et connut son apogée sous le règne de Kūbilaï* Khān (1260 - 1294), avant de se morceler en différents khanats et de disparaître au cours de la seconde moitié du XIV^e s.

**▮ ORIGINE ET FORMATION DE L'EMPIRE ▮ Les Mongols** Faisant partie du groupe tribal des Xianbei* qui régnèrent sur le Hinggan* ling aux II^e et III^e s., puis des Ruan*-Ruan, fondateurs d'un vaste empire en Asie centrale au V^e - VI^e s., les Mongols, dont le nom apparaît pour la première fois dans les Annales historiques chinoises au VIII^e s., ne se différencièrent guère, jusqu'au XII^e s., des Toungouzes (Mandchous) et des Turcs, appartenant sur le plan linguistique à la même famille dite altaïque. Chasseurs ou pasteurs nomades de religion chamanique, ne possédant ni écriture, ni habitat fixe, ni unité, les Mongols étaient divisés en tribus, le plus souvent rivales. Des confédérations se constituaient cependant de temps à autre sous l'autorité d'un chef élu, le *qaghan* ou grand khan. ▮ **Gengis Khān** Il revint à Temüjin, de la tribu des Bordjigin, d'unifier, par la force, l'ensemble des peuplades mongoles. Proclamé en 1206 khan universel (Gengis* Khān), par l'assemblée des chefs de tribus, le *quriltaï*, il jeta les bases d'un véritable État doté d'une armée, d'une administration imitée de celle des Ouïgours*, ralliés en 1209, et d'un code de lois visant à supprimer les structures tribales. Ayant ainsi assuré son autorité, Gengis Khān soumit ses voisins oïrats et kirghiz en 1207, puis le royaume chinois des Xi-Xia en 1209 et s'attaqua à l'empire des Jin* en 1211. Malgré la prise de Pékin (1215) et l'occupation de la Chine septentrionale et de la Mandchourie, il fut arrêté dans sa progression par son ignorance de la guerre de siège. Il conquit ensuite l'empire des Khara-Khitaï (1218), situé entre le Syr-Daria et l'Amou-Daria, puis le sultanat du Khorezm* (1219 - 1224), tandis que ses lieutenants, Djebe et Süböteï, menèrent un raid victorieux jusqu'à la Volga, écrasant au passage les Géorgiens, les Qiptchaqs, le prince de Kiev et le royaume bulgare. Gengis Khān réunit donc sous son autorité un immense empire comprenant l'essentiel de l'Asie continentale. Si la conquête avait été marquée par des destructions et des massacres, contribuant à donner aux Mongols une durable réputation de cruauté, l'empire se révéla une construction relativement solide. S'attachant les élites des peuples soumis, instaurant, en 1223, une tolérance religieuse remarquable qui autorisait bouddhisme, taoïsme, islam, christianisme nestorien et même judaïsme et catholicisme, Gengis Khān favorisa une *pax mongolica* qui encouragea une large circulation des marchandises (développement de la route de la Soie*), des hommes et des idées, depuis l'Europe jusqu'à la Chine.

▮ **LES SUCCESSEURS DE GENGIS KHĀN** ▮ **Ögödei** À la mort du grand khan (1227), les descendants de son fils aîné Jöchi (mort peu avant lui) reçurent les terres comprises entre la Sibérie occidentale et la mer Caspienne, Djaghataï, le deuxième fils, l'ancien empire des Khara-Khitaï et Tului, le quatrième fils, la Mongolie orientale, lieu d'origine de Gengis Khān. Enfin, après deux ans de régence, Ögödei, le troisième fils, fut élu grand khan en 1229. Sous son règne (1229 - 1241), l'expansion mongole se poursuivit : en Iran, le sultanat du Khorezm fut définitivement détruit (1231) ; en Extrême-Orient, après l'occupation de la Corée en 1232 (qui ne fut définitive qu'en 1257), une nouvelle offensive en Chine vint à bout des Jin (1234) tandis que débuta la guerre contre le royaume des Song* dans le Sud. Mais ce fut surtout en direction de l'Europe que les succès furent les plus brillants. Sous le commandement de Batū, fils de Jöchi, les Mongols vassalisèrent l'Arménie, la Géorgie (1237), le Qiptchaq, les Alains et la plupart des principautés russes, brûlant Moscou et Vladimir (1237 - 1238) et s'emparant de Kiev (1240). Ils ravagèrent aussi la Pologne et la Hongrie (prise de Pest) en 1241, s'approchèrent de Vienne et atteignirent l'Adriatique. Ögödei continua également l'œuvre administrative de son père, établit à partir de 1235 un réseau de relais postaux, les *yam*, et créa une capitale, Karakorom*, en Mongolie (1235). ▮ **L'élimination des Ögödéides** Après sa mort, la régence de sa femme Töregene (1242 - 1246) puis le court règne de son fils Güyük (1246 - 1248) se caractérisèrent par l'invasion de l'Anatolie et la défaite des Seldjoukides. Cette victoire suscita en Occident l'espoir de voir les Mongols s'allier aux chrétiens pour détruire les royaumes musulmans et donna lieu à des échanges d'ambassades entre le pape Innocent IV (→ **Plan Carpin**) et le grand khan. Avec la disparition de Güyük, les divisions qui minaient l'unité de l'empire apparurent. À la régence de sa femme Oghul Qaïmich (1248 - 1251), succédèrent, avec l'appui de Batū, Möngke et les Tuluides, qui éliminèrent les Ögödéides. ▮ **Möngke** Le nouveau grand khan porta l'extension de l'empire à son maximum, grâce aux campagnes menées par ses frères, Hülägü* et Kūbilaï*. Le premier, après avoir détruit la secte des Assassins*, s'empara de Bagdad (1258), mettant fin au califat abbasside, annexa l'Irak et envahit la Syrie. Le second dirigea les armées mongoles qui se lancèrent à la conquête du royaume des Song dans le S. de la Chine, mais il dut arrêter son offensive à la suite de la mort de Möngke, qui entraîna de graves querelles successorales et précipita la division de l'empire.

▮ **KŪBILAÏ KHĀN ET LE DÉCLIN DE L'EMPIRE MONGOL (1260 - 1370)** ▮ **La victoire sur les Song** La proclamation de Kūbilaï comme grand khan (1260), enfreignant le système de succession fondé sur l'hérédité et l'élection, provoqua de fait une partition de l'empire. Mécontent de cette décision, son frère Ariq Böke se fit élire à son tour grand khan. À l'affrontement qui s'ensuivit, vinrent s'ajouter la défaite de Hülägü face aux mamelouks d'Égypte, obligeant les Mongols à quitter la Syrie (1260), puis le conflit entre les il khans de Perse et la Horde d'Or. La victoire de Kūbilaï rétablit un temps l'unité mais la poursuite de la conquête du royaume Song qui s'acheva en 1279, faisant de Kūbilaï le premier étranger à réunir toute la Chine sous son pouvoir, contribua à déplacer le centre de gravité de l'Empire mongol vers l'Orient, laissant ainsi une plus grande autonomie aux régions occidentales. ▮ **La dynastie Yuan** Malgré l'échec de ses tentatives pour conquérir le Japon (1274, 1281), Kūbilaï, qui ne contrôlait que la Chine, la Corée, la plus grande partie de la Mongolie et exerçait un protectorat sur le Tibet, la Birmanie et le nord-est de l'Indochine, réussit à rétablir la paix et plus encore la prospérité dans cette région de l'Asie. Prenant Khanbalik (Pékin → **Cambaluc**) pour capitale, il devint empereur de Chine en 1280, fondant la dynastie des Yuan*. Sous son règne, la Chine s'ouvrit aux influences étrangères : des musulmans et des nestoriens occupèrent de hautes fonctions tandis que des Européens, tel Marco Polo*, jouèrent un rôle dans l'administration. Mais les transformations qui accompagnèrent cette évolution, notamment le déclin du nomadisme, provoquèrent une forte opposition mongole, entraînant la révolte de Qaidu en 1271, qui ne fut jugulée qu'en 1301 sous le successeur de Kūbilaï, Temür Oldjaïtu. Sans autorité sur les régions situées à l'O. de la Mongolie, incapable de s'intégrer ou de rallier les élites chinoises, la dynastie Yuan devait disparaître en 1368 et se faire expulser de Chine par les Ming. ▮ **Les Mongols hors de Chine** Quant aux autres possessions mongoles, elles connurent une évolution similaire. Nés du partage de l'Empire, ces *ulus* se développèrent dès la seconde moitié du XIII^e s., de façon de plus en plus indépendante, se transformant en khanats et n'accordant plus qu'une reconnaissance nominale à l'autorité du grand khan. Dans les régions d'ancienne civilisation comme en Perse, la domination des Mongols ne dura guère et ils ne marquèrent l'histoire de ces pays que de manière brève et superficielle. En revanche, dans les régions de faible civilisation ou dominées par une population turcophone proche d'eux (Qiptchaq, Turkestan), les Mongols purent se maintenir plus longtemps, jouant un rôle important dans l'évolution de ces contrées. ▪ Le khanat de Djaghataï, situé entre l'Iran et la Chine, de la Transoxiane à l'O. au pays des Ouïgours à l'E., tendit très vite à se turquiser et à s'islamiser. Dominé par Qaidu de 1274 à 1301, il connut une longue période de troubles qui aboutirent à sa scission (1334) puis à sa disparition avec l'avènement de Tamerlan* (1370). ▪ L'ilkhanat de Perse fondé par Hülāgü en 1256 dura jusqu'en 1335 (→ **Iran**). ▪ Khanat de Qiptchak → **Horde d'Or.**

**MONGOLIE** n. f. ✦ ÉTYM. de *mongol** (Empire) ♦ Région de l'Asie centrale formant un vaste plateau, en partie relevé sur ses bords, partagée politiquement entre la Chine (Mongolie*-Intérieure) et la république de Mongolie. Le plateau est bordé au N.-O. par les chaînes de l'Altaï, du Tannou et du Saïan. Au S.-E., il est séparé de la plaine du N. de la Chine par une ceinture d'escarpements accusés, continuation du Hinggan ling qui limite la Mongolie à l'E. de la Mandchourie*. Au S.-O., le plateau confine aux chaînes du Nan shan qui bordent la partie N.-E. du plateau tibétain ; plus à l'O., le plateau est limité par le rebord des bassins du Xinjiang*. De hautes montagnes d'origine glaciaire s'élèvent sur le plateau, le long desquelles l'érosion a provoqué des affaissements. Au S.-O. se situe le désert de Gobi*. Dans d'autres zones, des cônes volcaniques surgissent, formant des épanchements de laves, en particulier à l'extrême E. dans la région de Darigan ; les paysages mettent en évidence un volcanisme récent. Entre les crêtes de montagnes et les pics s'étendent de grands bassins qui, dans les parties les plus basses, possèdent des lacs ou des cuvettes salées. L'hydrographie est essentiellement partagée entre les bassins des affluents de l'Amour au N.-E. (Chilka, Argoun), le Keroulen à l'E. et les tributaires du lac Baïkal au N. → **Selenga.**

## MONGOLIE

▮ n. f. – anc. ***Mongolie-Extérieure*** ♦ Pays de l'Asie du Centre-Est. 1 565 000 km². 1 965 000 hab. (estim. 2007 : 2 504 000 hab.) *(Mongols)*. LANGUE : khalkha. RELIGION : bouddhiste. MONNAIE : tugrik. CAPITALE : Oulan Bator. RÉGIME : république parlementaire.

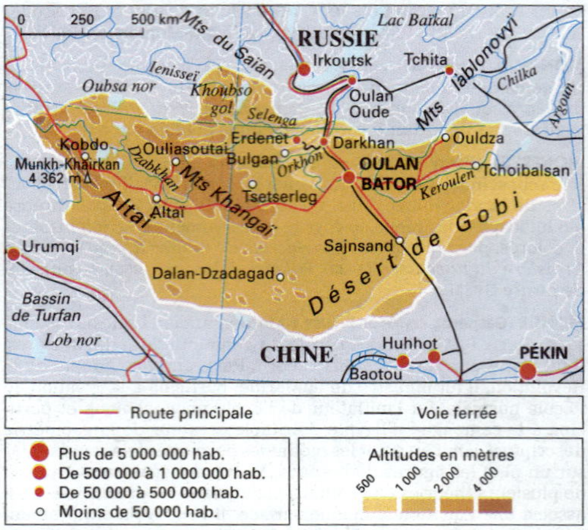


**Mongolie.**

**GÉOGRAPHIE** Bien que défavorisée par son climat continental (étés chauds, hivers rigoureux), la Mongolie, par une mise en valeur rationnelle, tente de s'intégrer progressivement dans les nations développées. Les précipitations sont partout inférieures à 300 mm, notamment dans la dépression du désert de Gobi*. Au N. et à l'O., le relief monotone est interrompu par les alignements montagneux (Altaï, monts du Saïan*) et, à l'E., par le Hinggan ling. Les sommets portent parfois de belles forêts, cependant la végétation reste semi-steppique (taïga). Le S. est endoréique tandis que les cours de l'O. se jettent dans les bassins lacustres ; au N., les principaux fleuves sont tributaires du lac Baïkal (→ **Selenga**) tandis qu'à l'E. ce sont des affluents de l'Amour*. De 1940 à 1960, la Mongolie a diversifié son économie, presque uniquement pastorale auparavant : extraction minière, métallurgie, industrie du bois, transformation des matières (conserveries, peausserie, cachemire), d'abord autour de la capitale puis, grâce au chemin de fer transmongolien achevé en 1955, avec la création de villes minières (Darkhan en 1961, Erdenet en 1975, Hötöl plus récemment). Le secteur moderne a été financé surtout grâce à l'aide de l'URSS. L'entrée dans le Comecon en 1962 a entraîné une spécialisation de la production (charbon, cuivre, fluor, or), tandis que machines et équipements industriels étaient importés. La conséquence de cette spécialisation est que, en dépit d'une production quasiment autosuffisante de céréales, viande, lait, pommes de terre et légumes, l'effondrement du bloc communiste s'est traduit par une crise dramatique. Celle-ci se prolonge en dépit d'un redressement spectaculaire, encore insuffisant, depuis la fin des années 1990 qui ont vu le développement du libéralisme, le début des privatisations et la diversification des productions (minerais, pétrole) et des marchés (Chine, Japon, Russie).

Mongolie | Productions en 2008

| Produits | Quantités |
|---|---|
| **Agriculture** | |
| Blé | 120 000 t |
| Bovins (têtes) | 2 100 000 |
| Caprins (têtes) | 10 000 000 |
| Chameaux (têtes) (2006) | 360 000 |
| Chevaux (têtes) (2006) | 2 750 000 |
| Ovins (têtes) | 15 000 000 |
| **Mines et énergie** | |
| Cuivre | 130 000 t |
| Houille (2007) | 8 200 000 t |
| Or | 18 t |

**HISTOIRE** L'événement principal de l'histoire de la Mongolie se place à la fin du XVIe s., époque de la conversion des Mongols* s'orientant vers le bouddhisme lamaïque tibétain. Entre 1635 et 1691, les diverses tribus de l'E. firent leur soumission aux chefs chinois mandchous. La Mongolie fut le théâtre de la rivalité russo-chinoise. Lorsque la souveraineté mandchoue (1911) s'écroula, la Mongolie indépendante ou extérieure devint un protectorat chinois. Lors de la révolution russe, les Chinois tentèrent de réannexer toute la Mongolie. La Mongolie-Extérieure fut occupée en 1921 par les troupes soviétiques. Mais, en 1924, la République populaire de Mongolie fut proclamée (→ **Tchoibalsan**) et le régime communiste brisa la hiérarchie bouddhiste et le régime social organisé sous son influence. L'indépendance de la Mongolie fut reconnue en 1924 par l'URSS et en 1946 par la Chine. La république fut admise à l'ONU en 1961. 1990 fut marqué par l'anéantissement du parti communiste et par la tenue d'élections législatives pluripartites. Les communistes convertis furent réélus massivement grâce à la désunion des autres candidats. La 4e Constitution (1992) adopta un système de Chambre unique et de présidence élue au suffrage universel. Le nom du pays fut changé, l'étoile rouge disparut du drapeau et les troupes russes quittèrent le territoire. En 1992, Mongolie et Chine établirent un statu quo sur leurs zones d'influence respectives. La première élection présidentielle (1993) et des élections triomphales en 1996 ont amené au pouvoir une coalition de démocrates qui a mené une politique efficace de libéralisation de la société (liberté de la presse, des partis politiques, dissolution des agences de sécurité, etc.). Affaiblie par la corruption elle a été évincée aux législatives en 2000 au profit du Parti révolutionnaire du peuple mongol (PRPM) d'où sont issus deux présidents de la République, avant de revenir au pouvoir en 2009 avec un programme anticorruption et de maîtrise des ressources minières.

**MONGOLIE-INTÉRIEURE** – en chin. ***Nei Menggu*** ou ***Nei-mong-kou*** ou ***Nei Mongol*** ♦ Région autonome de Chine. → **Chine** (carte). 1 183 000 km². 23 323 347 hab. dont 4,3 millions de Mongols, ainsi que des Coréens, des Hui*, des Mandchous. CAP. : Hohhot. Agriculture dans les plaines de Hetao et de Tumaichuan, dans les régions du Yin shan et du Hinggan ling : blé, millet, avoine, sorgho, maïs, pomme de terre, soja, betterave à sucre. Élevage : 34,5 millions de têtes de bétail (ovins, bovins, chevaux, chameaux). Nomadisme pastoral en voie de sédentarisation (élevage à l'étable). Terres rares, argent, fer, chrome, cuivre. Importante réserve de charbon. **Histoire** Habitée par des tribus mongoles soumises à l'autorité des empereurs mandchous depuis 1635, la région comprenait alors l'Uliasutai («Mongolie-Extérieure»), le Nei Menggu («Mongolie-Intérieure») et les parties septentrionales de certaines provinces limitrophes. Après la chute des Qing, la partie méridionale de la Mongolie resta intégrée à la république de Chine : elle fut répartie en 1914 en trois «régions spéciales» : Re* he, Chahaer et Suiyuan, qui devinrent des provinces en 1928. Lors de l'invasion de la Chine par le Japon, le prince Tö, nationaliste mongol non sinisé rallié aux Japonais et à leur projet de «Grande Mongolie», prit en 1937 la tête d'un nouvel État mongol instauré par les Japonais. Au lendemain de la défaite des puissances de l'Axe, une région autonome, Nei Menggu, fut créée par les communistes chinois (1947), avec les territoires prélevés sur la partie septentrionale des provinces du N.-E., de Re he et de Chahaer. Elle fut dirigée par Ulanfu (1906 - 1988), premier secrétaire du parti communiste chinois jusqu'en 1967, date à laquelle il fut arrêté. En 1954 - 1956, la superficie de la région subit des modifications au profit ou au détriment des prov. du Suiyuan, du Ningxia et du Gansu. Commencée dès 1911, la sinisation de la région fait que seul le cinquième de la population totale est d'origine mongole.

**MONGOLS** n. m. pl. ➔ ÉTYM. du mongol *mengu, mongu* «vaillants, invaincus» ♦ Terme générique appliqué à un grand nombre de tribus de l'Asie centrale et du S. de la Sibérie (région du lac Baïkal). Les peuples mongols, unis sous la direction de Gengis Khān en 1206, se rendirent célèbres par leurs conquêtes → **mongol (Empire)**. Actuellement répartis en Chine, en république de Mongolie et en Sibérie, ils comptent un peu plus de 3 000 000 d'individus. La plupart mènent encore, comme leurs ancêtres, une vie nomade. → **Moghol, Yuan.**

**MONICELLI (Mario)** ♦ Cinéaste italien (Viareggio 1915). Une féconde activité d'assistant et de scénariste, de 1936 à 1966, accompagna une œuvre de metteur en scène de comédies brillantes, souvent interprétées par Toto (par exemple *Gendarmes et Voleurs*, 1951) et réalisées en collaboration avec Stefano Vanzino, dit Steno (1915 - 1988). À son palmarès : *Le Pigeon* (1958), *La Grande Guerre* (1959), un sketch de *Boccace 70* (1962) et le pittoresque diptyque *L'Armée Brancaleone* (1966)/*Brancaleone s'en va-t-aux croisades* (1970), et, en 1991, *Rossini, Rossini*.

**MONIME** – en gr. ***Monimê*** ♦ Grecque d'une grande beauté (morte en –72), captive et épouse de Mithridate* VI Eupator qui, vaincu par Lucullus* et se croyant perdu, lui envoya l'ordre de se tuer pour ne pas tomber entre les mains du vainqueur.

**MONIQUE** (sainte) ➔ ÉTYM. p.-ê. du gr. *monos* «seul, unique» ou plus probablt d'orig. africaine ♦ (Thagaste, auj. Souk-Ahras, Algérie, v. 331 - Ostie 387). Mère de saint Augustin*. Chrétienne, elle influença la conversion de son fils. ▪ Fête le 27 août.

**MONISTROL-SUR-LOIRE** [43120] ➔ ÉTYM. anc. *Monastrolium*, du lat. *monasteriolum* «petit monastère» ♦ Ch.-l. de cant. de la Haute-Loire, arr. d'Yssingeaux, près de la Loire. 7 451 hab. (aggl. 10 795) *(Monistroliens)*. Petite ville à caractère méridional (maisons à génoise). Anc. château des évêques du Puy (XVe et XVIIe s.), auj. maison de retraite.

Le **Moniteur universel** ♦ Journal politique fondé en 1789 par C. J. Panckoucke*, dans lequel furent publiés les débats de l'Assemblée nationale constituante. Propriété des Panckoucke, *Le Moniteur* devint pourtant le journal officiel du gouvernement français à partir de 1799 (*Journal officiel de la République française* en 1848 ; *Journal officiel de l'Empire français* en 1852). Des conflits devaient cependant opposer la direction du *Moniteur* et le gouvernement de Napoléon III, et, le 1er janvier 1869, fut publié un nouveau *Journal officiel*. *Le Moniteur universel* continua à paraître jusqu'en 1901 et devint un organe conservateur.

**MONK** ou **MONCK (George)** 1er duc **d'Albemarle** ♦ Général et homme politique anglais (Potheridge, Devon 1608 - Newhall, Essex 1670). D'abord rallié à Charles* Ier, il fut pris par les Parlementaires qui l'obligèrent à servir leur cause (il remporta des victoires en Écosse et sur Tromp*). À la mort de Cromwell*, il devint maître de la situation, avec son armée d'Écosse, et restaura la royauté après avoir convaincu Charles* II de faire la déclaration de Breda* (1660). Retiré des affaires publiques, il se dévoua lors de la peste de Londres (1665).

**MONK (Thelonious)** ♦ Pianiste, compositeur et chef d'orchestre de jazz américain (Rocky Mount, Caroline du Nord 1917 - Englewood Cliffs, New Jersey 1982). Il fut considéré comme l'un des pionniers du be-bop mais en a toujours refusé l'étiquette. Ses compositions, pleines de hardiesses et d'innovations rythmiques, mélodiques et harmoniques, eurent une grande influence sur le jazz moderne. Princ. enregistrements : *'Round about Midnight* (1947), *Brilliant Corners* (album, 1956), *Monk's Mood* (1957), *It's Monk's Time* (album, 1964).

**MÔN-KHMER** n. m. pl. ♦ Groupe de peuples de l'Inde et du S.-E. de l'Asie, autrefois très puissants et répartis sur une vaste zone géographique, et dont il ne reste plus que des îlots isolés, totalisant env. 5 millions d'individus, au Cambodge, en Birmanie, au Laos et dans la péninsule Malaise. Les langues d'origine môn-khmère sont encore parlées par de nombreux peuples, tant en Asie du S.-E. qu'en Inde et en Malaisie.

**MONLUC** ou **MONTLUC (Blaise DE LASSERAN DE MASSENCOME,** seigneur **DE)** ♦ Chroniqueur français (près de Condom v. 1500 - près d'Agen 1577). Maréchal de France sous quatre rois, il fut le défenseur de Sienne (1555). Nommé gouverneur de Guyenne, il rédigea dès 1570 sept livres de *Commentaires,* publiés en 1592. ▪ S'inspirant de Jules César, il évoque dans un style clair et pittoresque les événements de l'histoire civile et militaire qu'il a vécus.

**MONMOUTH (GEOFFROI DE)** → **Geoffroi de Monmouth**

**MONMOUTH (James SCOTT,** duc **DE)** ♦ Fils présumé de Charles* II (Rotterdam 1649 - Londres 1685). Le parti protestant essaya de l'opposer comme prétendant au duc d'York. Un complot manqué contre celui-ci l'obligea à s'exiler en Hollande (1683). Il revint à l'avènement de Jacques* II et fut décapité.

**Monnaie** (hôtel de la) ♦ Hôtel de Paris, situé quai de Conti. Édifié par J. D. Antoine*, de 1768 à 1774, il représente la première manifestation architecturale marquante du style Louis XVI ; la longue façade sur la Seine est d'une simplicité harmonieuse. L'intérieur (bel escalier, salle du musée) offre un remarquable ensemble décoratif du XVIIIe s. Centre de la fabrication monétaire en France, l'hôtel de la Monnaie renferme un musée (depuis 1827) et édite des médailles (depuis 1832).

**MONNERVILLE (Gaston)** ♦ Homme politique français (Cayenne 1897 - Paris 1991). Député radical-socialiste (1932 - 1940), résistant pendant la Deuxième Guerre mondiale, réélu député (1945 - 1946), il contribua à faire adopter la transformation de la Guadeloupe, de la Martinique, de la Guyane et de la Réunion en départements français (1946). Membre du Conseil de la République (1946), qu'il présida (1947 - 1958), il fut ensuite président du Sénat (1958 - 1968), fonction qu'il remplit en étant dans l'opposition au pouvoir exécutif de la Ve République. En 1974, il devint membre du Conseil constitutionnel. ➝ **ÉTYM.** *Monnerville* est un nom de lieu dans l'Essonne.

**MONNET (Jean)** ♦ Économiste français (Cognac 1888 - Bazoches, Yvelines 1979). Pendant la Première Guerre mondiale, il représenta la France dans les comités exécutifs alliés pour la répartition des ressources communes. De 1919 à 1923, il fut secrétaire général adjoint de la Société des Nations. De 1923 à 1938, il assura les emprunts de stabilisation et de réorganisation économique de la Pologne et de la Roumanie, ainsi que la réorganisation des chemins de fer chinois. Au début de la Deuxième Guerre mondiale, il fut nommé par les gouvernements français et britannique président du Comité de coordination de l'effort de guerre allié ; en juin 1940, il fut à l'origine de la proposition d'union franco-britannique. Nommé par Churchill membre du Conseil britannique des approvisionnements de guerre, il partit pour Washington en août 1940 et participa à l'organisation de la défense commune. En 1943, il devint membre du Comité français de libération nationale à Alger. Président du Comité français des approvisionnements à Washington (1945), il signa des accords prêt-bail avec les États-Unis. En 1946, il fut l'initiateur de la planification avec le premier plan de modernisation et d'équipement (1947 - 1952). Défenseur de l'idée d'une Europe unie, il est à l'origine de la déclaration du 9 mai 1950 qui jette les bases de la Communauté européenne du charbon et de l'acier (CECA), plus connue sous le nom de plan Schuman*. Premier président de la Haute Autorité de la CECA (1952 - 1955), J. Monnet quitta son poste afin de «pouvoir participer, dans une entière liberté d'action et de parole, à la réalisation de l'unité européenne». Il créa alors (1955) le Comité d'action pour les États-Unis d'Europe qui joua un rôle décisif dans l'élaboration et la mise en œuvre du traité de Rome instituant la Communauté* économique européenne. Pour Jean Monnet, «l'Europe ne se fera pas d'un coup, ni dans une construction d'ensemble : elle se fera par des réalisations concrètes créant d'abord une solidarité de faits». Il a publié ses *Mémoires* (1976). Ses cendres ont été transférées au Panthéon en 1988. ➝ **ÉTYM.** *Monnet* est un diminutif formé sur un nom terminé par *-mon(d),* généralement *Simon.*

Jean **Monnet.**
*Phot. © USIS*

**MONNET (Marc)** ♦ Compositeur français (Paris 1947). Pensionnaire à la villa Médicis de 1976 à 1978, il affectionne une matière sonore rugueuse, incisive (*Musiques en boîte,* 1977 - 1978 ; *Patatras !* pour 8 instruments, 1984 ; *Les Ténèbres de Marc Monnet* pour quatuor à cordes, 1985 ; *Pan,* opéra, 2005).

**MONNIER (Henri)** ♦ Écrivain et caricaturiste français (Paris 1799 - *id.* 1877). Après une existence de fonctionnaire, qui inspira ses albums de lithographies coloriées, *Les Mœurs administratives* (1828), il fut encouragé au dessin satirique par le succès de ses illustrations des *Chansons* de Béranger*. Dans ses *Scènes populaires dessinées à la plume* (1830) apparaît la figure de Joseph Prudhomme*, type de bourgeois solennel et satisfait de l'époque romantique, qui devient le personnage de sa comédie, *Grandeur et décadence de M. Joseph Prudhomme* (1853), et des *Mémoires de Joseph Prudhomme* (1857). Auteur de vaudevilles et de comédies, Henri Monnier jouait lui-même ses pièces. ➝ **ÉTYM.** *Monnier* est une variante de *meunier,* nom de métier (→ aussi Müller).

**MONNOYER (Jean-Baptiste,** dit **Baptiste)** ♦ Peintre et dessinateur français (Lille 1634 - Paris 1699). Reçu à l'Académie en 1655, il travailla pour Le* Brun aux Gobelins, à la Savonnerie et à Versailles. Il collabora aussi à la décoration des hôtels Lambert et Lauzun (Paris) et des châteaux de Vaux, Vincennes, Saint-Cloud, Trianon et Marly. Il se spécialisa dans les compositions florales. Visant à l'effet décoratif et à l'élégance de l'ensemble, il donna parfois un caractère ostentatoire à ses agencements de fleurs et d'accessoires précieux. Appelé à Londres par lord Montaigu, il travailla notamment au palais de Kensington.

**MONOD** ♦ Famille protestante française. ♦ **Jean Monod** (Genève 1765 - Paris 1836). Pasteur à Copenhague puis à Paris. ♦ **Frédéric Monod** (Monnaz, Vaud, 1794 - Paris 1863). Fils du précédent. Pasteur à Paris. ♦ **Adolphe Monod** (Copenhague 1802 - Paris 1856). Frère du précédent. Pasteur à Naples, Lyon puis Paris. Son frère et lui furent les chefs de file du «Réveil» protestant de la première moitié du XIXe siècle. ♦ **Wilfred Monod** (Paris 1867 - *id.* 1943). Petit-fils de Frédéric. Pasteur et professeur à la faculté de théologie de Paris, il est le père fondateur du christianisme* social français et un pionnier de l'œcuménisme*. ➝ **ÉTYM.** *Monod* est l'aphérèse de *Aymonot* ou de *Simonot.*

**MONOD (Robert)** ♦ Chirurgien français (Pau 1884 - Paris 1970). On lui doit des travaux sur l'anesthésie, la transfusion sanguine et surtout la chirurgie pulmonaire d'exérèse.

**MONOD (Théodore)** ♦ Naturaliste et explorateur français (Rouen 1902 - Versailles 2000). Fils de Wilfred Monod. À partir de 1923, il se spécialisa dans l'étude du Sahara qu'il parcourut à pied et à dos de chameau, conduisant des recherches notamment sur sa géologie et sa préhistoire. Alliant découverte scientifique et méditation spirituelle, il est l'auteur de *Méharées, explorations au vrai Sahara* (1937, complété par *L'Émeraude des Garamantes,* 1984), *L'Hippopotame et le Philosophe* (1943), *Bathyfolages, plongées profondes* (1954), *Les Déserts* (1973), *Le Chercheur d'absolu* (1997) [Acad. sc. 1963]

**MONOD (Jacques)** ♦ Biochimiste français (Paris 1910 - Cannes 1976). Ses recherches ont concerné notamment la croissance bactérienne, l'adaptation enzymatique cellulaire et la régulation génétique. L'étude de ce dernier phénomène, en collaboration avec F. Jacob*, conduisit ces deux chercheurs à la découverte de l'ARN messager, molécule jouant un rôle fondamental dans le transfert de l'information génétique entre le noyau et le cytoplasme où a lieu la synthèse des protéines. On doit à J. Monod l'ouvrage philosophique *Le Hasard et la Nécessité, Essai sur la philosophie naturelle de la biologie moderne* (1970). [Prix Nobel de physiol. ou méd. 1965, avec F. Jacob et A. Lwoff*]

**MONOMOTAPA** ➝ **ÉTYM.** de ***Mwene Mutapa*** «seigneur des mines» ♦ Titre royal. Le Monomotapa s'est épanoui sur le territoire de l'ancien Zimbabwe au début du XVe s. et doit sa notoriété à sa richesse (or, cuivre, ivoire). Il fut marqué par la forte personnalité de Matope (mort en 1470) qui conquit la moyenne et la basse vallée du Zambèze jusqu'à Sofala. À l'arrivée des Portugais en 1506, le Monomotapa n'était plus qu'un petit royaume dont le souverain finit par se convertir au christianisme (1560). En 1608, le Monomotapa fit don à «Sa Majesté le roi de Portugal de toutes les mines d'or, de cuivre, d'étain, de fer et de plomb existant dans [son] royaume». Au milieu du XVIIe s., le pays tomba sous l'influence des Rowzis de Changamire et, à la fin du XVIIIe s., le royaume fut submergé par les Ngounis **(→ Zoulous).** Dans la fable *Les Deux Amis,* La Fontaine évoque le Monomotapa : «Deux vrais amis vivaient au Monomotapa/L'un ne possédait rien qui n'appartînt à l'autre/Les amis de ce pays-là/Valent bien, dit-on, ceux du nôtre.»

**MONOPOLI** ♦ V. d'Italie, dans les Pouilles (prov. de Bari). 46 708 hab. Port sur l'Adriatique. Cimenteries.

**MONORY (René)** ♦ Homme politique français (Loudun 1923 - *id.* 2009). Sénateur (1968 - 1977, 1981 - 1986, 1988 - 2004), ministre de l'Industrie, du Commerce et de l'Artisanat (1977) puis de l'Économie (1978) dans le gouvernement Barre*, il fut ministre de l'Éducation de 1986 à 1988. Membre du Centre des démocrates sociaux (CDS), il a été président du Sénat de 1992 à 1998.

## monophysites

n. m. pl. ♦ Hérétiques chrétiens (à partir du Ve s.) professant l'unité de nature du Christ incarné, sa nature humaine étant absorbée dans la divine. → **Eutychès.** Condamné au concile de Chalcédoine (451), le monophysisme resta vivant en Orient (Égypte, Palestine, Syrie), surtout dans les milieux monastiques. Après que Sévère d'Antioche eut nuancé sa théologie, les Églises syrienne (jacobite), arménienne, copte, éthiopienne (encore monophysites) persistèrent dans le schisme plutôt par tradition de vocabulaire et opposition politique à Byzance.

**MONORY (Jacques)** ♦ Peintre français (Paris 1934). Après des recherches abstraites, il subit l'influence du pop* art des années 1960 et devint l'un des principaux représentants de la Figuration narrative. Ses tableaux monochromes, peints par séries d'après des photographies, évoquent la technique du gros plan cinématographique. Le peintre reconnaît se représenter lui-même dans ces arrêts sur image d'actes souvent tragiques (*Meurtre*, 1968). Ses autres séries, *Opéras glacés, Noir, Ciels*, portent la marque de ses obsessions : la solitude et l'impossibilité de communiquer.

## monothélètes

n. m. pl. ◆ **ÉTYM.** du gr. *monos* «un» et *thelêma* «volonté» ♦ Hérétiques chrétiens (VIIe siècle). Pour réunifier l'empire divisé entre l'Occident catholique et l'Orient inclinant au monophysisme, l'empereur Héraclius adopta la doctrine du *monoénergisme*, qui devint le *monothélisme*, reconnaissant les deux natures du Christ incarné, mais une seule volonté, la divine. Sauf Honorius*, les papes condamnèrent cette doctrine et repoussèrent les édits impériaux : *Ecthèse* d'Héraclius (638), *Type* de Constant II (648). La crise ne fut résolue, dans le sens catholique, que sous Constantin IV Pogonate (concile de Constantinople*, 680 - 681). → **Honorius Ier, Séverin, Jean IV, Théodore Ier, Martin Ier, Agathon, Maxime le Confesseur.**

**MONPAZIER** [24540] ◆ **ÉTYM.** de *mont* et occit. *pazier* «fonctionnaire chargé du maintien de la paix» ♦ Ch.-l. de cant. de la Dordogne, arr. de Bergerac, sur le Dropt. 516 hab. *(Monpaziérois)*. Anc. bastide fondée en 1284 par Édouard Ier d'Angleterre : place à arcades, portes fortifiées. Maison du chapitre (XIIIe s.).

**MONREALE** ◆ **ÉTYM.** it. «Mont *(monte)* royal *(reale)*» ♦ V. d'Italie, en Sicile (prov. de Palerme). 31 964 hab. Cathédrale de style normand (XIIe s.) ornée de très belles mosaïques ; cloître (chapiteaux sculptés).

**MONROE (James)** ♦ Homme d'État américain (en Virginie 1758 - New York 1831), 5e président des États-Unis (1817 - 1825). Après avoir participé à la guerre d'Indépendance, il devint l'ami de Jefferson* et fut élu député de la Virginie (1782), puis gouverneur de cet État (1799 - 1802). Il négocia à Paris l'achat de la Louisiane* à la France (avec R. Livingston). Secrétaire d'État sous la présidence de Madison* (1811 - 1815), il engagea le pays dans la guerre de 1812 avec la Grande-Bretagne. Élu président (républicain) des États-Unis en 1816 il fut réélu en 1820. À l'intérieur, Monroe parvint à apaiser les luttes politiques (inaugurant l'«ère des bons sentiments») et à résoudre momentanément l'opposition des États du N. et du S. dans le problème de l'esclavage (compromis du Missouri*, 1820). À l'extérieur, ce fut l'achat de la Floride à l'Espagne (1819) et la reconnaissance des nouvelles républiques d'Amérique du Sud (1822) qui marquèrent sa présidence, moins toutefois que la définition des principes de politique étrangère des États-Unis en 1823 : la *doctrine de Monroe* s'opposait à toute intervention européenne dans les affaires du continent américain.

**MONROE (Norma Jean MORTENSON** puis **BAKER,** dite **Marilyn)** ◆ **ÉTYM.** *Marilyn* : prénom de l'actrice *Marilyn* Miller ; *Monroe* : n. de sa grand-mère ♦ Actrice américaine de cinéma (Los Angeles 1926 - Hollywood 1962). Belle, assez spirituelle pour n'être point dupe de son personnage de star hollywoodienne, elle devait, vouée à une irrémédiable solitude, se donner la mort. Films princ. : *Monkey Business*, de Hawks (1952), *Les hommes préfèrent les blondes* (1953), *Sept ans de réflexion*, de Tashlin (1955), *Certains l'aiment chaud*, de B. Wilder (1959), *Les Désaxés** (1961), d'après A. Miller.

**MONROVIA** ◆ **ÉTYM.** nommée en l'honneur de James *Monroe** ♦ Cap. du Liberia, sur l'Atlantique, reliée par voies ferrées (les seules du pays) aux gisements d'extraction de fer de Bomi* Hills. 843 800 hab. *(Monroviens)*. Univ. Centre commercial et port minéralier. Raffineries de pétrole. Cimenterie. Huileries, brasseries, usines textiles. ▌**Histoire** Fondée en 1822 par l'American Colonization Society pour des esclaves noirs libérés, elle fut nommée en l'honneur du président Monroe. En 1991 et 1996, la ville a beaucoup souffert des combats de la guerre civile et a accueilli de nombreux réfugiés.

**MONS** [mɔ̃s] ◆ **ÉTYM.** en néerl. ***Bergen*** «mont» ♦ V. de Belgique (Région wallonne), ch.-l. de la prov. de Hainaut et ch.-l. d'arr., sur la Trouille, affl. de la Haine et sur le canal Péronnes-Obourg. 91 196 hab. Collégiale Sainte-Waudru bâtie entre 1450 et 1621. Grand-place (XVIe - XVIIe s.), hôtel de ville gothique. Beffroi baroque. À Spiennes, quartier S.-E. de la ville, important site d'indus. néolithiques. ▪ Comm. à secteur tertiaire dominant. Centre culturel et universitaire (musées ; université et faculté polytechnique de la Communauté française ; faculté catholique [FUCAM]). Siège du SHAPE. Touchée par la crise houillère et sidérurgique, l'indus. a dû se diversifier : indus. variées dans la zone industrielle de Ghlin (certaines en difficulté). Carrières de craie et cimenteries à Obourg, Harmignies. Nombreuses friches industrielles. ▪ Centre de la colombophilie, Mons est aussi réputée pour ses jeux traditionnels, dont l'ancien jeu de paume français (jeu de balle) et ses fêtes annuelles : procession du Car d'or ; Lumeçon (saint Georges terrassant le dragon). ▌**Histoire** Un château y fut édifié avant 642 et sainte Waudru y fonda un monastère en 650. Capitale du comté de Hainaut en 1295, Mons fut la rivale de Valenciennes. La domination de la maison de Bourgogne aux XVe et XVIe s. fut pour la cité une ère de prospérité, interrompue par les guerres de Religion (luttes entre Louis de Nassau et le duc d'Albe). La ville fut assiégée par Louis XIV en 1691, puis occupée à maintes reprises. Le style architectural du vieux Mons date de cette époque. De nouveau réunie à la France après 1794, la ville devint chef-lieu du département de Jemappes*. Les Allemands occupèrent Mons en 1914 et en 1940.

**MONS-EN-BARŒUL** [59370] ◆ **ÉTYM.** du lat. *mons* «mont» et *Barœul*, n. de pays ♦ Comm. du Nord, banlieue N.-E. de Lille. 23 017 hab. *(Monsois)*. Brasserie.

**MONS-EN-PÉVÈLE** [59246] ◆ **ÉTYM.** du lat. *mons* «mont» et *Pévèle*, n. de région (du lat. *pabula* «pâturage») ♦ Comm. du Nord, arr. de Lille. 2 054 hab. *(Pévèlois)*. ▌**Histoire** Philippe le Bel* y vainquit les Flamands le 18 août 1304.

**MONSIEUR** ♦ Nom donné, à partir de la fin du XVIe s. en France, à l'aîné des frères du roi. Il fut porté par le duc d'Anjou*, frère d'Henri III, Gaston d'Orléans*, frère de Louis XIII, Philippe d'Orléans, frère de Louis XIV, le comte de Provence sous Louis XVI et le comte d'Artois sous Louis XVIII.

**Monsieur (paix de)** ou **paix de Beaulieu** ou **paix de Loches** ♦ Accord signé en 1576, à Étigny, entre catholiques et protestants, par l'intermédiaire de Monsieur, duc d'Alençon, frère du roi Henri III, et confirmée par l'édit de Beaulieu (près de Loches). Outre les avantages accordés à leurs chefs, les protestants y gagnèrent la liberté de culte, sauf à Paris, et de nombreuses places fortes dans le Midi. Cette paix, mal accueillie par les catholiques, fut à l'origine de la Ligue*.

**Monsieur de Pourceaugnac** ♦ Comédie-ballet en 3 actes, en prose, de Molière*. Musique de Lully (1669). Gentilhomme limousin, Pourceaugnac est venu à Paris pour y épouser Julie, fille d'Oronte, qui est aimée du jeune Éraste. Personnage peu scrupuleux, celui-ci va engager le malheureux provincial dans une suite d'aventures burlesques qui transformeront bientôt son séjour parisien en un cauchemar. Berné et amer, Pourceaugnac quittera Paris, dégoûté de la capitale et du mariage.

**MONSIEUR JOURDAIN** ♦ Personnage principal du *Bourgeois* gentilhomme* de Molière.

**Monsieur Smith au Sénat** – en angl. ***Mr. Smith Goes to Washington*** ♦ Film américain de Frank Capra* (1939), avec James Stewart, Jean Arthur. Un ancien chef scout du Middle West, idéaliste naïf, est élu sénateur. Des politiciens corrompus tentent de le manipuler. Se prenant au jeu de la démocratie, il leur tient tête au cours d'une plaidoirie-marathon. Cet éloge du libéralisme, typique de l'esprit rooseveltien, remporta un triomphe aux États-Unis.

Marilyn **Monroe** et Montgomery Clift dans *Les Désaxés* de John Huston. *Phot.© Arch. Larbor-DR*

**Monsieur Teste** ♦ Recueil de textes de Paul Valéry* (1946), dont les principaux sont *La Soirée avec Monsieur Teste* (1896), *Lettre de Madame Émilie Teste* (1924), *Extraits du Log-book de Monsieur Teste* (1925), *Lettre d'un ami* (1924). L'ensemble, avec le jeu des locuteurs et des points de vue, construit un être littéraire improbable, «sorte d'animal intellectuel», à la fois esprit *(tête)*, parole et *texte*, témoin (lat. *testis*). Teste est un pur génie, solitaire et improductif, «sans livres, sans besoin d'écrire», observateur froid de lui-même et des autres. Il représente la tension vers le général et le quelconque, à la limite des possibilités littéraires quant à l'élaboration d'un *personnage*. Projection des fantasmes de son auteur, Teste est aussi un personnage doté d'un regard, d'activités, dont la moins significative est sans doute l'écriture — car il ne peut écrire que du Valéry — et les plus importantes sont les plus machinales, car elles sont à la fois générales et caractéristiques d'un individu. *La Soirée*, œuvre de jeunesse, pose avec une acuité extrême les problèmes de l'individuel et du général, de l'esprit et du corps, du silence et du langage.

**Monsieur Verdoux** ♦ Film américain de Charlie Chaplin*, avec la collaboration technique de Robert Florey (1947). Émule de Landru, Henri Verdoux assassine des femmes fortunées après les avoir escroquées ; seule, une jeune désespérée saura l'attendrir. Il se laissera conduire à l'échafaud le sourire aux lèvres. Chaplin retrouve ici le ton de la comédie de mœurs, nourri d'une forte dose de misogynie, qu'il avait abordé dans *L'Opinion publique*. L'idée lui avait été soufflée par Orson Welles : il l'exploite avec une belle verve satirique.

**MONSIGNY (Pierre Alexandre)** ♦ Compositeur français (Fauquembergues, Artois 1729 - Paris 1817). Intendant de la maison du duc d'Orléans, il a composé pour le théâtre de la Foire une douzaine d'opéras-comiques d'une inspiration fraîche et naïve qui fit leur succès (*Les Aveux indiscrets*, 1759 ; *Rose et Colas*, 1764 ; *Le Déserteur*, 1769 ; *La Belle Arsène*, 1775 ; *Félix ou l'Enfant trouvé*, 1777). Sedaine fut son librettiste pour la plupart de ces ouvrages où la qualité de l'émotion annonce la transformation de l'opéra-comique en drame lyrique de demi-caractère.

**MONSTRELET (Enguerrand DE)** ♦ Chroniqueur français (Montrelet ? Picardie v. 1390 - v. 1453). Écrite pour la maison de Luxembourg, sa *Chronique*, relatant les événements de 1400 à 1444, s'inscrit dans la lignée de celles de Froissart et, quoique jugée de valeur littéraire moindre et souvent critiquée pour sa partialité, n'en est pas moins une source historique importante.

**MONSU DESIDERIO** ➝ ÉTYM. napolitain «monsieur Didier» ♦ Nom d'artiste de deux peintres lorrains actifs à Naples dans la première moitié du XVII^e s., qui purent travailler ensemble à certaines œuvres ou peut-être avoir un atelier commun. Le premier, DIDIER BARRAT (ou Barat ou Barra) (né à Metz en 1590), aurait gagné Rome en 1608 et se serait fixé à Naples en 1617. C'est surtout un perspectiviste. Le second, FRANÇOIS de NOME (ou de Nomé) (né à Metz en 1593), vint à Rome en 1602 et à Naples en 1610. Il est l'auteur de scènes bibliques ou hagiographiques, qu'il situe le plus souvent dans un décor d'architectures fantastiques, de ruines en train de s'écrouler, de villes en feu (*Destruction de Jérusalem* ; *Destruction* et *Incendie de Sodome*). Ces architectures, volontiers surchargées de sculptures, sont souvent travaillées à l'aide d'une technique particulière : empâtements clairs se détachant en relief sur un fond sombre réapparu par grattage. Les éclairages ainsi obtenus, de même que la disproportion des personnages perdus parmi ces bâtisses désolées, procurent une impression de catastrophe et d'étrangeté. Plutôt que la trace de quelque schizophrénie chez l'artiste, séduisante aux yeux des surréalistes et des psychiatres modernes, il semble judicieux d'y voir un maniérisme influencé par les décors de théâtre contemporains. Un certain nombre de tableaux attribués à «Monsu Desiderio» se sont révélés être des imitations, témoignant d'une certaine vogue de cette manière.

**MONTAGNA (Bartolomeo)** ♦ Peintre italien (Orzinuovi, près de Brescia v. 1450 - Vicence 1523). Formé à Venise, il y travailla de façon intermittente, mais résida principalement à Vicence. Il est l'auteur de puissantes compositions monumentales telles que la *Pietà* (église de la Madone del Monte Berico, 1500), la *Nativité* (1502, Orgiano), la *Présentation au Temple* (Vicence). Mais ses tonalités brunes et plombées dénotent un certain archaïsme en ce début du XVI^e s., et ce n'est qu'avec les *Madones* de la fin de sa carrière qu'il s'efforça d'alléger sa palette. ➝ ÉTYM. Ce nom est une allusion à un endroit montagneux.

**MONTAGNAC** [34530] ➝ ÉTYM. du lat. *Montanius*, n. de pers., et suff. *-acum* ♦ Ch.-l. de cant. de l'Hérault, arr. de Béziers. 2 981 hab. *(Montagnacois)*. Viticulture (vin de pays d'Oc). ■ À proximité, anc. abbaye de Valmagne fondée en 1138, rattachée à Cîteaux en 1159 ; église des XIII^e - XIV^e s. ; cloître, salle capitulaire et réfectoire en partie du XII^e s.

**MONTAGNAIS** ou **INNUS** n. m. pl. ♦ Peuple amérindien du Canada (Labrador et N. de la prov. de Québec), de langue algonquine. Ils furent les alliés des Français dès 1603. Chasseurs, pêcheurs et cueilleurs, ils se déplaçaient selon le rythme des saisons. Ils vivent actuellement dans des réserves où beaucoup d'entre eux ont conservé le mode de vie de leurs ancêtres.

**montagnards**

n. m. pl. ♦ Nom donné aux députés qui, à l'Assemblée* législative, siégeaient sur les plus hauts bancs de l'Assemblée (la «Montagne») et qui se signalèrent par leurs positions extrémistes. Journalistes, avocats, les montagnards étaient généralement, comme les girondins*, des représentants de la bourgeoisie, mais, à la différence de ces derniers, les chefs de la Montagne (➝ **Barras, Billaud-Varenne, Collot d'Herbois, Couthon, David, Desmoulins, Fabre d'Églantine, Fouché, Lebas, Marat, Robespierre, Saint-Just**) s'appuyèrent sur les éléments révolutionnaires les plus avancés : la Commune insurrectionnelle de Paris et les sections parisiennes des sans-culottes par lesquelles ils avaient, dans l'ensemble, été élus à la Convention* nationale. ■ Après la proscription des girondins (2 juin 1793), les montagnards adoptèrent des solutions révolutionnaires radicales. ➝ **Convention nationale.** Après la chute de Robespierre et de ses partisans, les montagnards tentèrent de s'opposer à la réaction thermidorienne par laquelle ils furent les premiers visés. ➝ **Germinal, Prairial an III.**

**MONTAGNE (LA)** [44620] ♦ Comm. de la Loire-Atlantique, arr. de Nantes, sur la Loire. 5 841 hab. *(Montagnards)*.

**MONTAGNE BLANCHE** n. f. – en tchèque *Bílá Hora* ♦ Colline proche de Prague (à l'ouest). Les Impériaux, sous la conduite de Tilly*, y écrasèrent l'armée protestante de Frédéric* V (électeur palatin). Ce fut la première bataille de la guerre de Trente* Ans (8 nov. 1620) ; elle mit un terme aux efforts des protestants de Bohême pour s'affranchir des Habsbourg*.

**Monsu Desiderio.** *Perspectives de palais.* Musée des Beaux-Arts, Orléans. *Phot. © Dagli Orti*

## montagnards

n. m. pl. ♦ Nom que prirent sous la IIe République les députés de gauche (républicains radicaux et socialistes : Barbès, F. Pyat, Ledru-Rollin, Delescluze) à l'Assemblée constituante (1848), puis à l'Assemblée législative (1849). Hostiles au projet de l'expédition de Rome*, ils organisèrent la journée du 13 juin* 1849 qui échoua. Constituée d'une majorité de représentants du parti de l'Ordre, l'Assemblée législative adopta alors des mesures autoritaires visant à empêcher un nouvel essor de la Montagne.

La **Montagne magique** – en all. ***Der Zauberberg*** ♦ Roman de T. Mann* (1924). Venu pour rendre visite à son cousin au sanatorium de Davos (Suisse), Hans Castorp se fait lui-même hospitaliser et demeure sept ans dans l'atmosphère envoûtante et morbide de cet univers clos, hors du temps, de la réalité historique et de ses obligations. Il a tout le loisir d'y observer une société cosmopolite, à laquelle tout semble licite, et que T. Mann dépeint avec ironie, d'y parfaire sa culture, sa formation politique en suivant les conversations de l'Italien Settembrini, nationaliste et libéral, et du Juif oriental Naphta, partisan de la violence terroriste, et d'y vivre une intrigue sentimentale, jusqu'au jour où la guerre le sort de ce rêve. Dans cette œuvre riche et dense se retrouvent les thèmes chers à T. Mann : son attirance pour le pathologique et la mort qu'il décrit ici avec une précision et une minutie de médecin, ses préoccupations sociologiques et politiques sur l'Allemagne de l'époque et, plus généralement, son sentiment de la décadence de la civilisation occidentale.

**MONTAGNE NOIRE** ◆ **ÉTYM.** allus. à la couleur sombre de la forêt ♦ Rebord méridional du Massif central dominant la vallée du Thoré et culminant à 1 211 m au pic de Nore. Englobée dans le parc naturel régional du Haut-Languedoc*, elle présente au N. un versant couvert de prairies et de forêts s'élevant brusquement au-dessus du Thoré, tandis que son versant S., âpre et dénudé, descend en pentes douces vers le Minervois.

**MONTAGNES NOIRES** ♦ Alignement de crêtes, au S. du bassin de Châteaulin (Finistère), culminant à 318 m.

**MONTAGNIER (Luc)** ♦ Médecin français (Chabris, Indre 1932). Spécialiste de l'oncologie virale, il identifia, avec son équipe de l'Institut Pasteur, notamment Françoise Barré*-Sinoussi et Jean-Claude Chermann, le virus HIV responsable du sida ($HIV_1$ en 1983, $HHV_2$ en 1986). [Acad. sc. 1996 ; Prix Nobel de physiol. ou méd. 2008 avec F. Barré-Sinoussi et Harald zur Hausen*]

**MONTAGU** → Montaigu

**MONTAGUE (John)** ♦ Poète irlandais d'origine américaine (Brooklyn, New York 1929). Il fut élevé dans l'Ulster catholique, fit ses études à Dublin, vécut longtemps à Paris et aux États-Unis et retourna dans son pays en 1956. Son œuvre s'interroge sur les malédictions qui ont frappé la terre d'Irlande (*Poisoned Lands*, 1961 ; *The Dead Kingdom*, 1984 ; *La Langue greffée*) et tente de poursuivre dans la voie de la «grande» poésie irlandaise tout en intégrant les acquis de la modernité américaine (W. C. Williams* et E. Pound*).

**MONTAIGNE (Michel EYQUEM DE)** ♦ Écrivain français (Château de Montaigne, Dordogne 1533 - *id.* 1592). **▮ L'amitié de La Boétie** Après avoir appris, dans son plus jeune âge, le latin comme une langue vivante, Montaigne étudia au collège de Guyenne à Bordeaux. Il devint conseiller à la Cour des aides de Périgueux (1554), puis entra au parlement de Bordeaux (1557) où il rencontra Étienne de La* Boétie. La mort de celui-ci (1563) ne mit pas un terme à la profonde amitié qui liait les deux hommes puisque Montaigne, près de quinze années plus tard, consacra un chapitre entier des *Essais** aux qualités de penseur et à la noblesse d'âme de son ami. **▮ La vie publique et les débuts littéraires** En 1562, Montaigne prêta serment de fidélité à la foi catholique afin de siéger au parlement de Paris. Son travail littéraire ne commença réellement qu'à la mort de son père (1568). Ce dernier lui ayant demandé de traduire la *Théologie naturelle* de Raymond Sebonde*, le fils s'exécuta et publia le livre dès 1569. **▮ Les «Essais»** Ayant cédé sa charge au parlement, il commença vers 1572 la rédaction des *Essais*, fruit de ses abondantes lectures (Plutarque, Sénèque, Diodore de Sicile traduit par Amyot). Le massacre de la Saint-Barthélemy (1572) accentua son horreur de toute violence et son désir d'indépendance d'esprit. Après la publication de la première édition des deux premiers livres des *Essais* en 1580, et leur présentation à Henri III, Montaigne partit pour l'Italie en passant par l'Allemagne. Son voyage fut interrompu en 1582 par son élection à la charge de maire de Bordeaux (son *Journal de voyage* ne parut qu'en 1774). Mais la deuxième édition des *Essais* fut enrichie de ses lectures italiennes. En 1585, l'épidémie de peste qui s'abattit sur le Périgord força Montaigne à quitter son château. Il n'en revint que pour préparer la troisième (1587) puis la quatrième édition des *Essais* (1588) augmentée de l'original du troisième livre. C'est à cette époque que commencèrent ses relations avec Mlle de Gournay* : elles se prolongèrent jusqu'à la mort de l'écrivain. **▮ La fin de sa vie** Les dernières années de sa vie furent marquées par son loyalisme envers Henri IV qui avait séjourné plusieurs fois au château de Montaigne (1584 et 1587), et par les compléments que l'auteur porta à son œuvre ; elles furent également assombries par la douleur de la maladie de la pierre dont il avait ressenti les premières atteintes en 1578. L'édition posthume des *Essais* (1595) fut établie par Pierre de Brach et Mlle de Gournay d'après une copie d'un exemplaire couvert de notes et d'additions par Montaigne. **▮ Les jugements sur son œuvre** Célébrée par ses contemporains, l'œuvre de Montaigne fut très discutée dès le XVIIe s. Mais, aux accusations de vanité «haïssable» portées par Pascal ou par Malebranche et de fausse sincérité portées par Rousseau, succédèrent les jugements admiratifs de Voltaire ou de Diderot qui saluèrent, comme on ne cessa de le faire après eux, la sagesse de cette morale et la lucidité de l'enquête psychologique, menée «à sauts et à gambades» dans un style «simple et savoureux, tel sur le papier qu'en la bouche». → **Essais (Les).** ◆ **ÉTYM.** *Montaigne* est l'ancienne orthographe de *montagne*, nom de fief ; *Eyquem* vient du germanique *Aighelm*, de *aigan* «avoir» et *helm* «casque».

Michel de **Montaigne.**
Portrait anonyme (1,45 x 1,32 m), école française du XVIe s. Musée Condé, Chantilly.
*BIS/Phot. H. Josse © Archives Larbor*

**MONTAIGU** ou **MONTAGU (Jean DE)** ♦ Homme politique français (v. 1349 - Paris 1409). Favori de Charles V, dont il fut le secrétaire et le conseiller, surintendant de 1388 à 1392, il fut l'un des principaux membres du gouvernement des marmousets sous Charles VI, avant de se voir charger de la garde de Paris en 1405. Proche de Louis d'Orléans, il conserva la ville de Paris au parti armagnac. Il fut arrêté en 1409 sur l'ordre du duc de Bourgogne, Jean sans Peur, accusé de malversations et décapité aux Halles. Sa mémoire fut réhabilitée trois ans plus tard. ◆ **ÉTYM.** Ce nom de famille signifie «mont aigu».

**MONTAIGU** [85600] ◆ **ÉTYM.** «mont aigu» ♦ Ch.-l. de cant. de la Vendée, arr. de La Roche-sur-Yon. 4 708 hab. (*Montacutains* ou *Montaigusiens*). Musée (archéologie et histoire locale) dans l'anc. château. ▪ Indus. diversifiées. **▮ Histoire** Combats pendant les guerres de Vendée.

**MONTAIGU-ZICHEM** → **Scherpenheuvel-Zichem**

**MONTALE (Eugenio)** ♦ Poète italien (Gênes 1896 - Milan 1981). Il dut interrompre ses études de chant et partir au front en 1917. De retour à Gênes, il commença à fréquenter les milieux littéraires ; en 1925 il donnait son premier recueil, *Os de seiche*, dont la densité musicale, souvent énigmatique, le fera passer (mais à tort) pour le précurseur de l'hermétisme*. En 1928, il fut nommé directeur du célèbre cabinet Vieusseux à Florence, poste dont, dix ans plus tard, il fut destitué par le régime fasciste. En 1939 parurent *Les Occasions*, où, par l'émergence d'objets quotidiens porteurs de sens sur le fond aride et désolant de la vie, la poétique de Montale révèle à la fois sa puissante originalité et ses relations avec la grande poésie européenne (Eliot). Son activité de traducteur s'accentua d'ailleurs à cette époque (Shakespeare, Corneille, Melville). Après avoir passé la guerre à Florence, où il écrivit *Finistère* (1943), il s'installa en 1948 à Milan pour collaborer au *Corriere della sera*, dont il deviendra le critique musical (ses chroniques seront rassemblées l'année de sa mort dans *Prime alla Scala*). En 1956 parurent les poésies de *La Tourmente et autres poèmes (La Bufera e altro)* et les délicieuses proses «occasionnelles» de *Farfalla di Dinard* (en fr. «La Maison aux deux palmiers» et «Papillon de Dinard»), que suivront dix ans de silence. En 1971, *Satura* (qui comprend les poèmes épigrammatiques de *Xénia*, écrits pour sa femme morte) confirma la surdétermination de sa poésie et une ironie parfois enjouée qu'alimentent l'émiettement rythmique et la bigarrure du langage. En 1966, il avait publié un recueil d'articles :

*Auto da fé. Les Carnets de poésie 1971 et 1972* (1974), le *Quaderno di quattro anni* (1977) et les écrits *Sulla poesia* (1976) poursuivirent la veine souvent acerbe, de plus en plus métaphysique, de *Satura*, tandis que le dernier recueil, *Altri Versi* (1980), dénote une « réconciliation » mesurée mais non moins tendue avec l'émotion lyrique. Considéré, avant même Ungaretti, comme le plus grand poète italien du siècle, il fut nommé sénateur à vie en 1967. [Prix Nobel de littér. 1975] ➝ ÉTYM. *Montale* est un nom de lieu dans le centre-nord de l'Italie.

**MONTALEMBERT (Marc René,** marquis **DE)** ♦ Général français (Angoulême 1714 - Paris 1800). Spécialisé dans l'art des fortifications, il fut le précurseur de la fortification perpendiculaire ou polygonale (système des forts détachés) et fortifia l'île d'Oléron et l'île d'Aix. Il fonda également les forges de Ruelle, près d'Angoulême, qui fournirent canons et projectiles pour la marine française et rédigea *La Fortification perpendiculaire* (1776). [Acad. sc. 1747] ➝ ÉTYM. Ce nom de famille est un nom de lieu dans les Deux-Sèvres, de *mont* et *Arembert* (nom de famille), du germanique *arin* « aigle » et *berht* « brillant ».

**MONTALEMBERT (Charles FORBES,** comte **DE)** ♦ Journaliste et homme politique français (Londres 1810 - Paris 1870). Fils d'un émigré français et d'une Écossaise protestante, venu très jeune à Paris, il participa avec enthousiasme au groupe des catholiques libéraux de Lacordaire* et Lamennais* et collabora à *L'Avenir* (1830). Après la condamnation des thèses de ce journal par l'encyclique *Mirari Vos* (1832), Montalembert se soumit et se sépara de Lamennais. Membre de la Chambre des pairs où il se prononça pour la liberté religieuse et la liberté de l'enseignement, il fut élu, après la révolution de février 1848, à l'Assemblée constituante, où il siégea avec la droite, se ralliant à la politique de Louis Napoléon Bonaparte. Il fit partie du Corps législatif jusqu'en 1857. Directeur du *Correspondant* (journal du catholicisme libéral), il a laissé une *Histoire de sainte Élisabeth* (1836), un ouvrage sur les *Intérêts catholiques au XIXe siècle* (1852), une étude sur *Les Moines d'Occident depuis saint Benoît jusqu'à saint Bernard* (1860 - 1867). [Acad. fr. 1852]

**MONTAN** ou **MONTANUS** ➝ **montanisme**

**MONTANA** n. m. ➝ ÉTYM. de l'esp. *montano* « montagneux » ♦ État du N.-O. des États-Unis. ➝ **États-Unis** (carte). 381 087 km². 902 195 hab. CAP. Helena. ▮ **Géographie** La partie E. de l'État (les 3/5) appartient aux « grandes plaines » (Great Plains), formant un plateau découpé par de nombreuses petites rivières, traversé d'E. en O. par le Missouri et du S.-O. au N.-E. par la Yellowstone River. Au centre de l'État s'élèvent des montagnes isolées. La partie orientale est occupée par les chaînes et les vallées des Rocheuses et possède des paysages extrêmement pittoresques (Glacier National Park). La ligne de partage des eaux forme la frontière du Montana et de l'Idaho. Le climat, continental, est fonction de l'altitude (le nombre des jours sans gelée varie de 87 à 141, dans les régions habitées). ▮ **Économie** L'agriculture est pratiquée dans les vallées de l'O., et par *dry farming* dans les plateaux de l'E. L'élevage est pratiqué dans toutes les zones non montagneuses. Les deux produits les plus importants sont les bovins et le blé ; suivent les porcs, les moutons, les cultures de fourrage, orge, betteraves. La sylviculture représente une ressource considérable. Les richesses minières sont énormes : cuivre (le secteur autour de Butte et d'Anaconda produit 18 % du cuivre des États-Unis), zinc, or, manganèse, phosphates, importantes ressources en charbon (surtout lignite), gaz naturel et pétrole. Les indus. sont variées : indus. du bois, métall. (cuivre, zinc, plomb), indus. alimentaire. L'énergie est fournie par l'hydroélectricité. Le tourisme est florissant dans les Rocheuses. ▮ **Histoire** La région fut en partie parcourue par les trappeurs français au déb. du XVIIIe s. Elle fut vendue par la France aux États-Unis avec la Louisiane (1803). Les mines d'or, découvertes en 1852, attirèrent les immigrants, et le territoire du Montana fut créé en 1864. Les Indiens (Sioux, Cheyennes, Pieds-Noirs, Gros-Ventres, Nez-Percés) résistèrent longtemps (victoire des Sioux sur Custer en 1876) et ne furent réduits qu'en 1881. L'État (le 41e) fut créé en 1889.

**MONTANA-VERMALA** ♦ Station d'été et de sports d'hiver de Suisse (Valais) à quelques kilomètres de Crans-sur-Sierre avec laquelle elle forme la station de Crans-Montana (1 500 - 2 600 m).

**MONTAND (Ivo LIVI, dit Yves)** ➝ ÉTYM. de *Ivo, monta !* « Yves, monte ! », que lui criait sa mère pour qu'il rentre à la maison ♦ Comédien et chanteur français d'origine italienne (Monsummano, Toscane 1921 - Senlis 1991). Il connut la consécration au music-hall, où il interpréta notamment Prévert, au théâtre et au cinéma (*Le Salaire de la peur*, 1953 ; *Le Milliardaire*, 1960 ; *La guerre est finie*, 1967 ; *L'Aveu*, 1969 ; *Le Cercle rouge*, 1971 ; *César et Rosalie*, 1972 ; *Jean de Florette*, 1986). Avec son épouse S. Signoret*, il fut, un temps, proche du parti communiste, et participa aux débats politiques de son temps avec une grande indépendance d'esprit.

**MONTAÑÉS (Juan Martínez)** ♦ Sculpteur espagnol (Alcalá la Real 1568 - Séville 1649). Après avoir travaillé à Grenade, il s'installa définitivement à Séville vers 1585. Son œuvre, essentiellement religieuse, est d'abord très influencée par l'esprit de la Renaissance*, comme en témoignent *Le Christ de la clémence* de la cathédrale de Séville (1609 - 1620) et le retable du maître-autel de San Isidoro del Campo, à Santiponce (1609 - 1620). Ce n'est qu'après 1630 qu'il peut être

Yves **Montand** et Simone Signoret. Une scène du film *Les Sorcières de Salem* de Raymond Rouleau. *Phot. © Coll. Christophe L.*

qualifié de baroque. Il travailla souvent avec le peintre Pacheco* pour la polychromie de ses statues et s'adjoignit quelques collaborateurs pour l'exécution de ses retables. Son réalisme et la nouveauté de ses thèmes influencèrent de nombreux artistes du XVIIe siècle. On lui doit également *L'Immaculée Conception* de la cathédrale de Séville (1629 - 1631), *Saint-Bruno* (1638, musée de Séville).

**montanisme**

n. m. ♦ Mouvement chrétien eschatologique né de la prédication de Montan ou Montanus en Phrygie au milieu du IIe s. Accompagné de deux prophétesses, Priscilla et Maximilla, Montanus prêchait un ascétisme rigoureux dans l'attente du Jugement dernier et contestait le droit de l'Église à accorder son pardon aux pécheurs. Sa doctrine se répandit en Asie Mineure et en Afrique où Tertullien* l'adopta. Condamné par le pape Zéphyrin* (199 - 217), poursuivi par les empereurs Constantin (331) et Honorius (407), le montanisme survécut jusqu'au VIIe s. en Italie.

**MONTARGIS** [mɔ̃taʀʒi] [45200] ➝ ÉTYM. en lat. *Mons Arediaci* « le mont *(mons)* d'Aredius (n. de pers.) » ♦ Ch.-l. d'arr. du Loiret, sur le Loing, à la jonction des canaux de Briare, du Loing et d'Orléans et à la lisière de la forêt de Montargis (4 000 ha). 15 030 hab. (aggl. 53 590) *(Montargois)*. Église de la Madeleine des XVIe - XVIIe s. (chœur Renaissance d'A. du Cerceau, 1618). Musée Girodet : antiquités égyptiennes ; peintures françaises et étrangères des XVIe - XVIIe s. ; peintures, dessins et études d'Anne-Louis Girodet (né à Montargis) ; œuvres du sculpteur romantique Henri de Triqueti (1804 - 1874). Maison des Arts et Traditions populaires du Gâtinais. ▪ École d'application des transmissions. Produits pharmaceutiques. Caoutchouc. Transports. Verrerie. Électronique. Spécialité de pralines. Miel du Gâtinais.

**MONTATAIRE** [60160] ➝ ÉTYM. anc. *Mons ad Tharam*, du lat. *mons* « montagne » et *Tharam* « Thérain* » ♦ Ch.-l. de cant. de l'Oise, arr. de Senlis, banlieue S.-O. de Creil, dans la vallée du Thérain. 12 048 hab.Église de l'Assomption (nef du XIIe s.). Château des XIVe - XVe s., très restauré au XIXe s. ▪ Centre industriel (peintures, sidérurgie, métallurgie, câbles, chariots élévateurs).

**MONTAUBAN** [82000] ➝ ÉTYM. probablt « Mont blanc », de *alban*, du lat. *albus* « blanc » (par opposition au n. de l'abbaye voisine de *Montauriol* [Mont doré]) ♦ Ch.-l. du dép. du Tarn-et-Garonne. 51 855 hab. (aggl. 53 966) *(Montalbanais)*. Évêché. Pont-Vieux fortifié (XIVe s.). Église Saint-Jacques fortifiée, cathédrale de 1629 à 1739 (clocher toulousain du XIIIe s.). Cathédrale Notre-Dame (1685) renfermant le *Vœu de Louis XIII* d'Ingres. Place à arcades (XVIIe s.). L'anc. palais épiscopal abrite le musée Ingres : peintures et ensemble de près de 4 000 dessins légués par le peintre à sa ville natale ; peintures françaises et étrangères du XIIIe au XVIIIe s. ; sculptures d'A. Bourdelle et peintures de François Desnoyer (nés à Montauban) ; archéologie régionale ; histoire locale ; arts appliqués. L'anc. Cour des aides (XVIIe s.) abrite le musée du Terroir et le musée de Préhistoire et d'Histoire naturelle (remarquable coll. ornithologique). ▪ Carrefour routier et ferroviaire. Centre admin. et commercial. Marché agricole (produits maraîchers, fruits) ; quelques industries. ▮ **Histoire** Fondée au XIIe s. par le comte de Toulouse A. Jourdain, Montauban devint au XVIe s. une place de sûreté protestante dont Richelieu fit détruire les fortifications. La ville fut décimée par les dragonnades et par la peste.

**MONTAUBAN-DE-BRETAGNE** [35360] ♦ Ch.-l. de cant. de l'Ille-et-Vilaine, arr. de Rennes. 4 042 hab. *(Montalbanais)*. Fromagerie. ▪ Aux environs, restes du château de Montauban (XVe s.).

**MONTAUSIER (Charles DE SAINTE-MAURE,** duc **DE)** ♦ Gentilhomme français (1610 - Paris 1690). Brillant homme de guerre, gouverneur de plusieurs provinces, il resta fidèle au roi pendant la Fronde* et devint gouverneur du dauphin, fils de Louis XIV. Il avait été un des habitués de l'hôtel de Rambouillet* et épousa Julie d'Angennes, pour qui fut composée *La Guirlande* de Julie*.

**MONTAYRAL** [47500] ➝ **ÉTYM.** de *mont* et germ. *Hari-Wald*, n. de pers. ♦ Comm. du Lot-et-Garonne, arr. de Villeneuve-sur-Lot. 2 936 hab.

**MONTBARD** [21500] ➝ **ÉTYM.** de *mont* et gaul. *barro-* «sommet» ♦ Ch.-l. d'arr. de la Côte-d'Or, en marge de l'Auxois, sur la Brenne et sur le canal de Bourgogne. 6 300 hab. (aggl. 6 640) *(Montbardois)*. Château des ducs de Bourgogne (XIVe s.) acquis en 1735 par Buffon (né à Montbard) qui conserva le mur d'enceinte et deux tours : petit musée consacré au naturaliste et musée archéologique. Dans le parc, chapelle du XVIIIe s. (tombeau de Buffon) et église Saint-Urse (XIIe et XVe s.). Musée des Beaux-Arts : œuvres anciennes parmi lesquelles l'*Adoration des bergers* (1599) par A. Menassier ; peintures et sculptures des XIXe - XXe s. ▪ Métallurgie (tubes).

**MONTBAZON (Marie DE BRETAGNE,** duchesse **DE)** ♦ Dame française (1612 - Paris 1657). Épouse d'Hercule de Rohan, duc de Montbazon, elle multiplia les aventures galantes (le duc de Longueville fut un de ses amants). Elle se mêla aux intrigues de la cabale des Importants* et à celles de la Fronde*.

**MONTBAZON** [37250] ➝ **ÉTYM.** anc. *Mons Basonis*, du lat. *mons* «montagne» et germ. *Baso*, n. de pers. ♦ Ch.-l. de cant. de l'Indre-et-Loire, arr. de Tours. 3 434 hab. *(Montbazonnais)*. Donjon en partie démantelé (XIIe s.).

**MONTBEL (Guillaume Isidore BARON,** comte **DE)** ♦ Homme politique français (Toulouse 1787 - Frohsdorf, Autriche 1861). Maire de Toulouse, puis député ultra (1827), il prit position contre l'intervention en faveur de la Grèce. → **Navarin.** Successivement ministre de l'Instruction publique, de l'Intérieur et des Finances dans le cabinet Polignac, il signa les quatre ordonnances de Saint-Cloud (25 juil. 1830) qui furent à l'origine de la révolution de juillet 1830. Exilé en Autriche, condamné par contumace, il fut amnistié en 1837.

**MONTBÉLIARD** [25200] ➝ **ÉTYM.** «mont de Beliarda», de *mont* et germ. *Beliarda*, n. de pers. (de *bili* «aimable») ou du germ. *wardon* «garde» ♦ Ch.-l. d'arr. du Doubs, sur le canal du Rhône au Rhin. 27 570 hab. (aggl. 113 059) *(Montbéliardais)*. Le château des comtes de Montbéliard (XVe et XVIIIe s.) abrite un musée : histoire naturelle ; archéologie (fouilles de Mandeure*) ; peinture contemporaine (J. Messagier). Halles (XVIe - XVIIe s.). Temple Saint-Martin (1604 - 1607), le plus ancien de France. Hôtel Beurnier-Rossel (1774) : musée historique du Vieux-Montbéliard. ▪ Centre d'une région industrialisée dominée par la construc. automobile. Gare TGV Belfort-Montbéliard (2011). ▮ **Histoire** La ville fut la capitale d'un comté d'Empire, remontant au XIIe s. et passé au XVe s., par mariage, au Wurtemberg. Elle connut plusieurs occupations françaises (le futur Louis XI en 1444 ; Louis XIV de 1674 à 1697 ; puis de 1723 à 1748) et fut définitivement réunie à la France par le traité de Lunéville* (1801).

**MONTBENOÎT** [25650] ➝ **ÉTYM.** de *mont* et de *Benoît*, un ermite du XIIe s. qui se joignit à la communauté de moines qui y construisit l'abbaye ♦ Ch.-l. de cant. du Doubs, arr. de Pontarlier, sur la rive g. du Doubs. 219 hab. Anc. abbaye de moines augustins fondée en 1150 par un sire de Joux : abbatiale des XIIe - XVIe s. (stalles de 1527) ; cloître du XVe s.

**MONT-BLANC** → **Blanc (mont)**

**MONTBRISON** [42600] ➝ **ÉTYM.** anc. *Castellum Montisbrisonis*, du lat. *mons* «montagne» et *brison* «petit morceau» ♦ Ch.-l. d'arr. de la Loire, au pied des monts du Forez. 14 589 hab. (aggl. 18 265) *(Montbrisonnais)*. Église gothique Notre-Dame-d'Espérance (1226 - 1446), restaurée : la salle du chapitre («la Diana»), en grande partie du XIVe s., possède une remarquable voûte en bois à caissons peints. Musée lapidaire : coll. préhistoriques, gallo-romaines, médiévales et Renaissance. Musée d'Allard : minéraux ; poupées et mobilier miniature ; bénitiers de chevet. Maisons anc. ▪ Centre commercial. ▮ **Histoire** Capitale des comtes du Forez depuis 1441, la ville fut réunie à la Couronne par François Ier ; elle souffrit beaucoup des guerres de Religion.

**MONTBRUN (Charles DU PUY,** seigneur **DE)** ♦ Homme de guerre français (Montbrun, près du Ventoux, v. 1530 - Grenoble 1575). Converti au protestantisme, il prit la tête des huguenots du Dauphiné après avoir servi sous les ordres du baron des Adrets et, fait prisonnier, fut décapité.

**MONTCALM** (pic de) ➝ **ÉTYM.** de *mont* et pré-indo-eur. *°calmis* «pierre» ♦ Pic des Pyrénées ariégeoises à la frontière espagnole, dominant la vallée de Vicdessos (3 077 m).

**MONTCALM DE SAINT-VÉRAN (Louis-Joseph,** marquis **DE)** ♦ Général français (château de Candiac, près de Nîmes 1712 - Québec 1759). Commandant des troupes françaises en Nouvelle-France en 1756, il prit plusieurs forts aux Britanniques (Oswego, 1756, William Henry, 1757), mais fut mortellement blessé aux plaines d'Abraham en tentant d'assurer la défense de Québec.

**MONTCEAU-LES-MINES** [71300] ➝ **ÉTYM.** «petit mont» ♦ Ch.-l. de cant. de la Saône-et-Loire, arr. de Chalon-sur-Saône, situé sur la Bourbince et le canal du Centre, au S. du Creusot. 20 634 hab. (aggl. 43 438) *(Montcelliens)*. Monument aux morts par A. Bourdelle. Centre géologique de «la Physiophile» : fossiles contemporains de la formation du bassin houiller de Blanzy-Montceau. ▪ Exploitation houillère relayée par la métallurgie, la mécanique (appareils de levage, chaudronnerie), les construc. électriques, les travaux publics, le caoutchouc (pneus) et la bonneterie.

**MONT-CENIS** ➝ **ÉTYM.** du n. de la riv. *Cenise* ou du lat. *cenisius* «gris cendré» ou d'une rac. oronym. *°ken-* ♦ Massif des Alpes du Nord, entre la Maurienne et la vallée de Suse, culminant à 3 612 m à la pointe de Ronce. Le col du Mont-Cenis (2 081 m) est emprunté par la route qui joint Suse à Lanslebourg et Modane. Le barrage du Mont-Cenis forme une retenue de 320 millions de $m^3$ qui alimente notamment la centrale de Villarodin. ▪ Le tunnel du Fréjus* est parfois appelé, à tort, tunnel du Mont-Cenis.

**MONTCHANIN** [71210] ➝ **ÉTYM.** de *mont* et *chanin* «brouillard», ou du lat. *Caninius*, n. de pers. ♦ Ch.-l. de cant. de la Saône-et-Loire, arr. de Chalon-sur-Saône, situé entre la Dheune et la Bourbince, au centre de la communauté urbaine Le Creusot-Montceau-les-Mines. 5 593 hab. (aggl. 7 644) *(Montchaninois)*. Construc. mécaniques. Gare de triage et gare TGV.

**MONTCHRESTIEN (Antoine DE)** ♦ Auteur dramatique et économiste français (Falaise v. 1575 - Les Tourailles, près de Domfront 1621). À l'exemple de Robert Garnier, il a conçu la tragédie comme une école de sagesse et de piété, célébrant les vertus d'un stoïcisme chrétien confondu souvent avec l'humanisme le plus serein. Il fut respectueux de l'enseignement de Malherbe et ses tragédies (*Sophonisbe*, 1596 ; *L'Écossaise, David, Aman, Hector*, publiées en un recueil en 1601), écrites dans un style très pur, bien que traversées de violences et de crimes, expriment une tendresse mélancolique, une douceur d'élégie qui les apparentent à de grands poèmes lyriques. Réfugié en Angleterre à la suite d'un duel (1605 - 1611), Montchrestien, à son retour en France, créa une manufacture d'ustensiles et d'outils à Châtillon-sur-Loire et publia un *Traité d'économie politique* (1615). Avec l'expression «économie politique» qu'il forgea, il fut l'un des premiers à affirmer l'importance décisive dans la vie sociale des activités économiques de production et d'échange des biens, que l'État doit, selon lui, encourager.

**MONTCORVIN (Giovanni DI MONTE CORVINO,** dit en fr. **Jean DE)** ♦ Missionnaire italien (en Calabre v. 1247 - Cambaluc 1328). Frère mineur, il devint le premier archevêque de Cambaluc* en 1307. Trois lettres de lui (1292 - 1293, 1305, 1306) parvinrent en Occident, très précieuses pour la connaissance de l'Inde et de la Chine.

**MONT-DAUPHIN** [05600] ➝ **ÉTYM.** n. donné par Vauban en référence au Dauphin et au Dauphiné ♦ Comm. des Hautes-Alpes, arr. de Briançon. 87 hab. *(Mont-Dauphinois)*. Anc. cité fortifiée, sur un promontoire dominant la Durance à 1 030 m d'alt. Ensemble de bâtiments militaires en marbre rose du déb. du XVIIIe s. La citadelle fut construite par Vauban pour défendre le Dauphiné contre la Savoie. Auj. site touristique.

**MONT-DE-MARSAN** [40000] ➝ **ÉTYM.** de *mont* et *Marsan** ♦ Ch.-l. du dép. des Landes, au confluent de la Douze et du Midou. 29 489 hab. (aggl. 36 653) *(Montois)*. Installé dans le donjon Lacataye (XIVe s.), le musée Despiau-Wlérick regroupe des sculptures et des dessins de C. Despiau et de Robert Wlérick (nés à Mont-de-Marsan), des sculptures du XXe s. Musée Dubalen (préhistoire, histoire naturelle). ▪ Centre admin. Marché agricole (volailles, foies gras). Scieries. Centre d'expériences aériennes militaires. Base aérienne. Hippodrome. ▮ **Histoire** Anc. carrefour des routes de pèlerinage vers Saint-Jacques-de-Compostelle.

**MONTDIDIER** [80500] ➝ **ÉTYM.** «mont de Didier* (dernier roi des Lombards)» ♦ Ch.-l. d'arr. de la Somme, sur les Trois-Doms. 6 328 hab. *(Montdidériens)*. Église Saint-Pierre des XVe - XVIe s. (gisant du XIIIe s.). ▪ Centre commercial possédant quelques industries. ▮ **Histoire** Disputé par la France et la Bourgogne* au XVe s., Montdidier fut détruit sous Louis XI. Le 21 mars 1918, une offensive allemande que Hindenburg* et Ludendorff* voulaient décisive (*Friedensturm*, «assaut pour la paix») créa une poche de plus de 60 km de profondeur en direction de Noyon et de Montdidier (pris les 25 et 27 mars), écrasant la Ve armée britannique. L'avance allemande fut bloquée par un renfort de 42 divisions françaises dirigées par Pétain. Une conséquence fut l'élaboration, par les Alliés, d'un commandement unique (→ **Doullens**) qui échut à Foch*. Celui-ci reconquit le terrain perdu, lors de son offensive du 8 août 1918. → **Guerre mondiale (Première).**

**MONT-DOL** [35120] ♦ Comm. de l'Ille-et-Vilaine, arr. de Saint-Malo, au pied d'une éminence granitique haute de 65 m. 1 095 hab. L'église, restaurée, renferme des fresques des XIIe et XIVe s. ▪ Au pied du mont Dol, des fouilles ont mis au jour des ossements d'animaux vivant au Paléolithique.

**MONT-DORE** ou **MONTS DORE** ➝ **ÉTYM.** de *Dore**, n. donné à la Dordogne près de sa source ♦ Massif volcanique d'Auvergne culminant au puy de Sancy* (1 885 m).

**MONT-DORE** [63240] ➜ **ÉTYM.** du n. du massif ♦ Comm. du Puy-de-Dôme, arr. de Clermont-Ferrand, dans le massif du Mont-Dore, sur la Dordogne, au pied du puy de Sancy. 1 682 hab. *(Mont-Doriens)*. Station thermale dont les eaux étaient déjà connues des Romains. Station de sports d'hiver (alt. 1 050 m).

**MONTE (Philippe DE)** ♦ Compositeur flamand (Malines 1521 - Prague 1603). Madrigaliste réputé, il fut au service de Philippe II d'Espagne avant d'être engagé par Maximilien II en qualité de maître de chapelle, alternativement à Vienne et à Prague. Son œuvre, très abondante, comprend plus de 1 000 madrigaux, profanes et spirituels (à 3, 5 et 7 voix), une cinquantaine de messes, plus de 300 motets, ainsi que des chansons françaises. Excellent polyphoniste, maître du contrepoint flamand, il sut assimiler avec habileté les éléments italiens.

**MONTE ALBÁN** ♦ Site archéologique du Mexique, à proximité d'Oaxaca. Les premières phases d'occupations sont datées du –X$^e$ au –IV$^e$ s. Il comprend de nombreux édifices dont une vaste plateforme, plusieurs temples, un jeu de balle, ainsi que des stèles et des tombes ornées de peintures. Il fut le centre de la culture zapotèque* avant d'être occupé par les Mixtèques*.

**MONTEBELLO DELLA BATAGLIA** ➜ **ÉTYM.** it. «beau *(bello)* mont *(monte)* de la *(della)* bataille *(bataglia)*» ♦ Comm. d'Italie, en Lombardie (prov. de Pavie). 1 647 hab. ▮ **Histoire** Le 9 juin 1800, Lannes* y remporta une victoire sur les Autrichiens et devint *duc de Montebello*. ▪ Le 20 mai 1859, le général Forey y battit également les Autrichiens.

**MONTE-CARLO** ➜ **ÉTYM.** «Mont Charles», nommé en l'honneur du prince *Charles** III de Monaco ♦ Quartier de la principauté de Monaco* situé au N.-E. du port. Casino (construit en 1879 par Ch. Garnier). Station de radio-télévision.

**MONTECATINI-TERME** ♦ V. d'Italie, en Toscane (prov. de Pistoia). 19 900 hab. Station thermale de grande renommée.

**MONTECH** [mɔ̃tɛʃ] [82700] ➜ **ÉTYM.** p.-ê. du lat. *mons* «mont» et *odii* «de la haine» ♦ Ch.-l. de cant. du Tarn-et-Garonne, arr. de Montauban, sur le canal latéral à la Garonne. 3 491 hab. *(Montechois)*. Église du XIV$^e$ s. (clocher du XV$^e$ s.).

**MONTÉCLAIR (Michel PIGNOLET DE)** ♦ Compositeur français (Andelot, Champagne 1666 - Paris 1737). Maître de musique, puis contrebassiste à l'Opéra de Paris, il y fit représenter divers ouvrages, dont l'opéra-ballet *Les Festes de l'été* (1716) et *Jephté*, le premier opéra biblique français (1732). Son œuvre comprend encore de la musique instrumentale (sérénades ou concerts, 1797), des cantates, motets, airs, ainsi que plusieurs recueils de menuets et de contredanses. Rival de Rameau, il semble aussi avoir exercé quelque influence sur lui. Il a publié *Méthode pour apprendre la musique* (1700).

**MONTECRISTO** ♦ Petite île montagneuse de l'archipel toscan, en Italie (10 km$^2$), sur la mer Tyrrhénienne, à 40 km au S.-O. de l'île d'Elbe. Le port de pêche a été rendu célèbre par le roman d'A. Dumas* père. Réserve naturelle depuis le 21 mai 1971, l'île est gérée par l'administration nationale des Forêts domaniales.

**MONTECUCCOLI (Raimondo, prince)** ♦ Homme de guerre italien (Montecuccolo, près de Modène 1609 - Linz 1680). Au service de l'empereur, puis du roi de Pologne, il se distingua pendant la guerre de Trente* Ans (Breitenfeld, Nördlingen*), contre les Turcs (victoire de Saint-Gotthard*, 1664) et enfin contre Turenne* (1672 - 1675). Son œuvre sur l'art militaire est une des plus importantes de son époque.

**MONTEFELTRO (comtes DE)** ♦ Famille italienne gibeline qui régna sur la ville d'Urbino* de 1213 à 1322 et de 1375 à 1508. ♦ **Federigo III di Montefeltro** (1422 - 1482). Duc d'Urbino en 1474. Il combattit Sigismondo Malatesta pour le compte du Saint-Siège puis les Vénitiens qu'il vainquit à Molinelle (1467). Il pratiqua le mécénat et la cour d'Urbino, raffinée, put inspirer *Le Courtisan* de B. Castiglione. ♦ **Guidobaldo di Montefeltro** (mort en 1508). Fils de Federigo III. À sa mort le duché d'Urbino passa aux Della Rovere*.

**MONTEGO BAY** ♦ V. de la Jamaïque, située au N.-O. de l'île. Env. 120 000 hab. env. Port. Aéroport international. Importante station touristique et balnéaire.

**MONTÉHUS (Gaston BRUNSCHWIG, dit)** ♦ Auteur, compositeur et interprète français (Paris 1872 - *id.* 1952). Avec des chansons empreintes d'anticléricalisme, d'antiparlementarisme et d'antimilitarisme *(La Grève des mères)*, il fut le chanteur social et engagé le plus populaire au début du XX$^e$ s. (*Gloire au 17$^e$*, 1908 ; *Victoire sociale*, 1909).

**MONTEIL (Parfait Louis)** ♦ Officier et explorateur français (Paris 1855 - Herblay, Val-d'Oise 1925). Parti de Saint-Louis (Sénégal) en 1890, il explora la boucle du Niger et revint à Tripoli par le Fezzan (1892).

**MONTEL (Paul)** ♦ Mathématicien français (Nice 1876 - Paris 1975). Un des créateurs de la géométrie finie, il apporta également des contributions fondamentales à l'étude des fonctions de variables complexes (théorie des familles normales de fonctions, qui est à l'origine de la classification des fonctions analytiques, théorie des fonctions univalentes). [Acad. sc. 1937]

**MONTÉLIMAR** [26200] ➜ **ÉTYM.** anc. *Montalium Heimari*, du n. de *Adémard* de Monteil* ♦ Ch.-l. de cant. de la Drôme, arr. de Valence, au confluent du Roubion et du Jabron. 31 344 hab. (aggl. 43 584) *(Montiliens)*. Vestiges de l'enceinte (porte Saint-Martin). Château élevé au XII$^e$ s. par les Adémard de Monteil, agrandi au XIV$^e$ s. (prison de 1790 à 1929). Maisons anc., dont celle de Diane de Poitiers (façade). ▪ Centre commercial. Construc. mécaniques. Nougat (fabrication artisanale et industrielle). ▪ La dérivation du Rhône, dite de Montélimar, alimente la centrale hydroélectrique de Châteauneuf*-du-Rhône. ▮ **Histoire** Adémard* de Monteil fut seigneur de la ville au XII$^e$ s. Montélimar fut plusieurs fois attaquée pendant les guerres de Religion et prise par Coligny (1562), La Suze (1585), Lesdiguières (1587). C'est Olivier de Serres* qui y introduisit la culture des amandiers, base de la fabrication des nougats.

**MONTEMAYOR (Jorge DE)** ♦ Écrivain espagnol d'origine portugaise (Montemor-o-Velho 1520 - Piémont 1561). Il est l'auteur de *La Diane* (1559), roman pastoral qui eut un succès considérable en Europe et dont l'influence fut décisive sur l'évolution du genre.

**MONTENDRE** [17130] ➜ **ÉTYM.** *mont* et germ. *Andar*, n. de pers. ♦ Ch.-l. de cant. de la Charente-Maritime, arr. de Jonzac. 3 117 hab. *(Montendrais)*. Vestiges d'un château du XII$^e$ s. (remparts et tour ronde). Donjon carré à castelet (XII$^e$ s., très restauré) abritant un petit musée d'arts et de traditions populaires.

## MONTÉNÉGRO

▮ n. m. ➜ **ÉTYM.** en monténégrin *Crna Gora* «montagne noire» ♦ Pays de l'Europe du Sud-Est. 13 812 km$^2$. 620 145 hab. **LANGUE** : monténégrin. **POPULATION** : Monténégrins (62 %), Musulmans (15 %), Serbes (9 %), Albanais (7 %). **MONNAIE** : euro. **CAPITALE** : Podgorica (nommée Titograd de 1945 à 1991).

▮ **GÉOGRAPHIE** En arrière du littoral (Primorje), voué au tourisme balnéaire, des chaînons isolent des dépressions comme celle du lac de Shkodër (Skadar) et les vallées de la Zeta et de la Morača. Ces régions basses ont des cultures méditerranéennes (oliviers, agrumes, vigne). Tout le reste du territoire constitue un ensemble de montagnes dépassant les 2 500 m dans le Durmitor et les Prokletije, de hauts plateaux pastoraux et de gorges profondes. Soucieuse de développer cette région attardée, la Yougoslavie socialiste a ouvert des mines de bauxite, implanté un complexe sidérurgique à Nikšić, un combinat de l'aluminium à Podgorica, créé la voie ferrée Belgrade-Bar, doté la côte d'une importante infrastructure hôtelière. Sur le plan économique, la crise mondiale

Monténégro.

a lourdement frappé le pays en 2009, marquant un coup d'arrêt pour les investissements étrangers qui s'étaient multipliés depuis l'indépendance, en particulier sur la côte adriatique et dans les principales entreprises monténégrines en cours de privatisation.

**HISTOIRE** Après avoir formé, au sein de la Grande Serbie, l'État de la Zeta (XIe - XIVe s.), ce pays put maintenir son indépendance sous la dynastie des Balchides, puis sous celle des Crnojević dont le fils Ivan fonda le monastère de Cetinje (1478). Du XVIe au XIXe s., les métropolites de Cetinje gouvernèrent la principauté du Monténégro sous le nom de Vladikas. Le prince Danilo Ier (1697 - 1735) fixa la dignité épiscopale dans sa famille, procéda au massacre des musulmans dans son État et s'allia avec la Russie contre les Turcs. Avec Danilo II (1851 - 1860), la principauté se sécularisa. Son successeur, Nicolas Ier (1860 - 1918), vainquit les Turcs et obtint d'importants accroissements territoriaux. Il resserra les liens avec la Russie et l'Italie, et se proclama roi en 1910. À la faveur des guerres balkaniques, il agrandit encore son État qui eut une frontière commune avec la Serbie en 1914 : le Monténégro se rangea aux côtés de celle-ci contre l'Autriche. Les Autrichiens l'envahirent en 1916. En 1918, à l'assemblée de Podgorica, le Monténégro fut réuni à la Serbie avant d'être englobé dans la Yougoslavie. Au cours de la Deuxième Guerre mondiale (1941), l'Italie tenta, sans succès, de reconstituer un État indépendant du Monténégro sous son protectorat. En 1946, le Monténégro devint une république fédérée de la Yougoslavie. Après la sécession de la Croatie, de la Slovénie, de la Macédoine et de la Bosnie-Herzégovine, il a reconstitué avec la seule Serbie, le 27 avr. 1992, une République fédérale de Yougoslavie (non reconnue par l'ONU). Alors que les dirigeants monténégrins étaient tentés par l'indépendance, l'Union européenne les convainquit en 2002 d'adhérer à une Union Serbie-et-Monténégro (→ **Serbie-et-Monténégro**). Mais ils organisèrent en 2006 un référendum à la suite duquel le Monténégro devint indépendant. Celui-ci signa l'année suivante un accord de stabilisation et d'association avec l'UE et présenta sa demande d'adhésion en 2008.

**Monténégro.** La rivière Crnojevica. *Phot. © Vladimir Popovic/Shutterstock*

**MONTENOTTE** → **Cairo Montenotte**

**MONTÉPIN (Xavier DE)** ♦ Romancier français (Apremont, Haute-Saône 1823 - Paris 1902). Ayant débuté dans le journalisme en 1848 par des articles opposés au socialisme, il se tourna ensuite vers le roman-feuilleton, y dénonçant au contraire l'extrême misère ouvrière à l'occasion d'intrigues mélodramatiques où sont stigmatisés les vices des riches et des puissants (*Sa Majesté l'Argent*, 5 vol., 1877). D'une fécondité extrême, il composa (en collaboration) *Les Chevaliers du lansquenet* (10 vol., 1847) et *Les Viveurs d'autrefois* (4 vol., 1848) avant de publier plus de 350 volumes, au ton sentimental et au style relâché, dont le succès fut tel qu'il les adapta souvent pour le théâtre. Le plus significatif reste *La Porteuse de pain* (5 vol., 1884 - 1885), dont l'innocente héroïne, victime de crapules finalement démasquées, pourra s'écrier en retrouvant ses enfants : « J'ai bien souffert, mais aujourd'hui, c'est le paradis : Dieu est bon ! »

**MONTEREAU-FAULT-YONNE** [77130] ▸ **ÉTYM.** *Montereau,* du lat. *monasteriolum* « petit monastère » et *Fault,* du v. *faillir* [*Monstereul où faut Yonne* « où l'Yonne arrive à sa fin »] ♦ Ch.-l. de cant. de la Seine-et-Marne, arr. de Provins, au confluent de l'Yonne et de la Seine. 17 625 hab. (aggl. 25 580) *(Monterelais)*. Église Notre-Dame-et-Saint-Loup (XIVe et XVIe s.) à cinq nefs. Deux ponts de pierre du XVIIIe s. Musée de la Faïence (pièces de faïence fine de la manufacture de Montereau, XIXe - XXe s.). ▪ Port fluvial. Câblerie. Métallurgie. Machines agricoles. Centre de formation à la maintenance nucléaire. ▪ À Vernou-La Celle-sur-Seine, centrale thermique de Montereau. **Histoire** Prieuré au VIe s. sous le nom de *Monasteriolum* ; les comtes de Sens bâtirent un château fort au XIe s. Le 10 sept. 1419, Jean* sans Peur fut assassiné sur le pont de Montereau. Le 18 fév. 1814, Napoléon chassa les Autrichiens de la ville.

**MONTEREY** ♦ V. des États-Unis (Californie), sur le Pacifique. 29 674 hab. Centre historique et touristique. Aquarium et centre de biologie marine. Steinbeck y a situé l'action de plusieurs de ses romans. **Histoire** Monterey fut la capitale de la Californie aux XVIIIe et XIXe s.

**MONTERÍA** ♦ V. de Colombie, cap. du dép. de Córdoba. 381 284 hab. Petite agriculture et grandes plantations (coton, riz). Élevage intensif des bovins.

**MONTERREY** ♦ V. du Mexique septentrional, cap. de l'État de Nuevo León, au pied de la sierra Madre orientale. 1 133 070 hab. C'est l'un des plus importants centres commerciaux et industriels du pays, produisant une grande partie de l'acier mexicain. Indus. métallurgique (fer, cuivre, plomb) ; indus. chimique, verrerie. Raffineries de pétrole (à Cadereyta). Manufacture de tabac. Brasseries. Malgré le problème de l'eau, décisif dans le N. aride, et la crise de la sidérurgie (fermeture des hauts fourneaux), le dynamisme de cette métropole se maintient grâce au patriotisme régional de la bourgeoisie d'affaires, et au rôle formateur de l'Institut technologique de Monterrey.

**MONTES** ou **MONTEZ (Maria Dolores Eliza GILBERT,** dite **Lola)** ▸ **ÉTYM.** *Lola :* dimin. fam. de *Dolores ; Montes :* n. choisi pour son allure espagnole ♦ Aventurière irlandaise (Limerick 1818 - New York 1861). Célèbre « danseuse espagnole », elle devint la maîtresse de Louis* Ier de Wittelsbach, qui la fit comtesse de Landsfeld (1847). Son influence sur le roi (marquée par son opposition aux libéraux) entraîna l'abdication de celui-ci, après une insurrection populaire (1848). Elle vécut ensuite en Australie et aux États-Unis. Sa vie inspira à Max Ophuls le film *Lola* Montès* (1955).

**MONTESPAN (Françoise Athénaïs DE ROCHECHOUART DE MORTEMART,** marquise **DE)** ♦ Dame française (Lussac-les-Châteaux, Poitou 1641 - Bourbon-l'Archambault 1707). Fille du duc de Mortemart, d'abord connue sous le nom de Mlle de Tonnay-Charente, elle épousa Pardaillan de Gondrin, marquis de Montespan, et eut pour fils le duc d'Antin*. Son esprit était aussi célèbre que sa beauté. À vingt-six ans, elle devint la maîtresse de Louis XIV (1667). Elle occupa à la cour une place officielle. Elle eut du roi huit enfants, six survécurent et furent légitimés (parmi eux, le duc du Maine*, la future duchesse de Bourbon, Mlle de Blois qui épousa Philippe d'Orléans*, et le comte de Toulouse*). Compromise dans l'affaire des Poisons*, elle fut peu à peu remplacée par Mme de Maintenon*, mais resta à la cour jusqu'en 1691.

**MONTESPAN** [31260] ▸ **ÉTYM.** du lat. *montem hispanum* « mont d'Espagne », n. latinisé des seigneurs du village ♦ Comm. de la Haute-Garonne, arr. de Saint-Gaudens. 422 hab. Grotte ornée découverte par Norbert Casteret* en 1922 : nombreuses gravures, modelages en argile ; des figurations portent des traces de coups. L'ensemble est daté du Magdalénien*.

**MONTESQUIEU (Charles DE SECONDAT,** baron **DE LA BRÈDE ET DE)** ♦ Écrivain et philosophe français (château de La Brède, Bordelais 1689 - Paris 1755). Fils de magistrat, devenu lui-même président à mortier au parlement de Bordeaux (1716), il acquit une réputation de bel esprit avec les *Lettres* persanes* (publ. sans nom d'auteur en 1721), plaisante satire de la France, qui lui ouvrit les salons de Mme de Lambert* et de Mme de Tencin*. S'intéressant surtout à l'histoire et à la philosophie politique (il fonda la théorie dite des climats), il entreprit (1728 à 1731) un voyage documentaire en Europe (surtout en Angleterre) pour étudier l'organisation politique des diverses nations. Puis, retiré à La Brède, il rédigea ses *Considérations* sur les causes de la grandeur des Romains et de leur décadence* (anonyme, 1734), œuvre détachée de *De l'esprit* des lois* qui parut en 1748 ; cet ouvrage, résultat d'un travail de vingt années, suscita des attaques (auxquelles l'auteur répondit par sa *Défense de l'« Esprit des lois »*, 1750), mais connut un succès considérable. Montesquieu s'y montrait un penseur libéral dont les idées sur les libertés et leurs garanties institutionnelles, notamment la séparation des pouvoirs, inspirées de l'Anglais J. Locke*, sont dictées par

Charles de **Montesquieu.** Portrait anonyme (63 × 52 cm), école française du XVIIIe s. Musée national du château, Versailles. *Phot. © Hubert Josse*

un profond respect de la personne humaine et le goût des réformes équitables. Ces idées exercèrent une influence profonde, en particulier sur certains législateurs des assemblées révolutionnaires. Considéré comme un des fondateurs de la sociologie (même si le terme n'a été forgé qu'au XIX$^e$ s. par Auguste Comte*), il analysa les lois qui régulent les phénomènes sociaux. Sa typologie des régimes politiques, qui relie chacun d'entre eux à une passion (la république à la vertu, la monarchie à l'honneur, le despotisme à la peur), est à la fois normative et descriptive. Écrivain désireux de mener «à la sagesse et à la vérité par le plaisir», il sut traduire clairement sa pensée, en des sentences très denses et vigoureuses, recourant parfois à des anecdotes et à des remarques spirituelles pour «mettre du sel» dans ses ouvrages austères. L'«honnête homme», enfin, se dévoile dans ses notes, longtemps inédites (*Cahiers*, 1941), avec sa méfiance à l'égard des préjugés comme des passions et son goût d'un bonheur raisonné appliqué à l'individu comme à la société. [Acad. fr. 1728] ➜ ÉTYM. Ce nom de famille vient de *Montesquieu**(-Volvestre).

**MONTESQUIEU-VOLVESTRE** [31310] ➜ ÉTYM. *Mont esquiu*, de *mont* et occit. *esquiu* «farouche ; abrupt» (du germ. *skiuh* «farouche, dédaigneux») et *Volvestre*, n. d'une région des Pyrénées ♦ Ch.-l. de cant. de la Haute-Garonne, arr. de Muret, sur l'Arize. 2 314 hab. *(Montesquiviens)*. Église fortifiée (XIV$^e$ s.) avec portail Renaissance et tour polygonale à 16 pans, maisons anciennes.

**MONTESQUIOU (Pierre DE)** comte **D'ARTAGNAN** ♦ Maréchal de France (1645 - Le Plessis-Picquet 1725). Il se distingua à Malplaquet* et à Denain* et fit partie du conseil de régence (1720).

**MONTESQUIOU (Charles DE BATZ,** comte **DE),** seigneur **D'ARTAGNAN** → **Artagnan**

**MONTESQUIOU-FEZENSAC (François Xavier Marc Antoine,** duc **DE)** ♦ Homme politique français (château de Marsan, Gascogne 1756 - château de Cirey-sur-Blaise 1832). Agent général du clergé qu'il représenta aux états généraux (1789), il fut à l'Assemblée nationale constituante un des «aristocrates» partisans de l'Ancien Régime et s'opposa à l'abolition des privilèges et à la Constitution civile du clergé. Il émigra en 1792 et, revenu en France en 1795, fit partie du comité royaliste. → **Royer-Collard.** Exilé à Menton sous l'Empire, il fut ministre de l'Intérieur sous la Restauration (1814 - 1815), pair (1815), comte (1817), puis duc (1821). [Acad. fr. 1816]

**MONTESSON** [78360] ➜ ÉTYM. anc. *Monte Tessonis*, du lat. *mons* «mont» et *taxonem* «blaireau [surnom]» ou du germ. *Theodizo*, n. de pers. ♦ Comm. des Yvelines, arr. de Saint-Germain-en-Laye. 13 750 hab. *(Montessonnais)*.

**MONTESSORI (Maria)** ♦ Éducatrice italienne (Chiaravalle, près d'Ancône 1870 - Noordwijk, Pays-Bas 1952). Elle fut la première Italienne à obtenir le doctorat en médecine ; elle exerça la médecine générale, puis se consacra à l'éducation des enfants retardés mentaux, obtint la direction de la Scuola Ortofrenica et une chaire universitaire de professeur d'hygiène et d'anthropologie. Cherchant à étendre son expérience pédagogique aux enfants normaux, elle fonda une école à Rome (1907) et mit au point une méthode d'enseignement qui connut rapidement le succès dans plusieurs pays d'Europe. Cette méthode attache une importance prépondérante à l'éducation sensorielle, au développement de la mémoire et met l'accent sur la liberté active de l'enfant, dirigé sans contrainte par l'éducateur. Elle a publié *Pédagogie scientifique* (1909), *L'Enfant* (1935), *Les Étapes de l'éducation* (1936), *De l'enfant à l'adolescent* (1948). ➜ ÉTYM. *Montessori* est un nom de lieu en Toscane, de l'italien *monte* «mont» et *tesoro* «trésor».

**MONTEUX (Pierre)** ♦ Chef d'orchestre français (Paris 1875 - Hancock, Maine, États-Unis 1964). Il acquit la célébrité quand, S. de Diaghilev lui ayant confié la direction de l'orchestre des Ballets russes (1911), il interpréta en première audition *Daphnis et Chloé* de Ravel, *Jeux* de Debussy, *Petrouchka*, *Le Sacre du printemps* et *Le Rossignol* de Stravinski. Successivement à la tête des plus grands ensembles symphoniques, il fonda et dirigea l'Orchestre symphonique de Paris (1929 - 1938).

**MONTEUX** [84170] ➜ ÉTYM. de l'occit. *mountèu* «petite montagne, tumulus» ♦ Comm. du Vaucluse, arr. de Carpentras. 9 564 hab. *(Montiliens)*. Vestiges de remparts (XIV$^e$ s.). Tour Clémentine. ▪ Produits maraîchers.

**MONTEVERDI (Claudio)** ♦ Compositeur italien (Crémone 1567 - Venise 1643). Issu d'une famille aisée et cultivée, il reçut une éducation humaniste et fut à Mantoue l'élève de M. Ingegneri. Entré au service du duc Vincent de Gonzague (1590), il suivit ce prince en Hongrie et dans les Flandres. À la mort du duc, il obtint la fonction de maître de chapelle à Saint-Marc de Venise (1613), poste qu'il occupa jusqu'à sa mort. Lors du sac de Mantoue (1627), la majeure partie de son œuvre fut détruite. Il avait épousé Claudia Cattaneo (1595). Devenu veuf, il entra plus tard dans les ordres (1632). Il eut de nombreux élèves, parmi lesquels G. B. Rovetta et F. Cavalli. ▪ Celui à qui son siècle devait réserver le qualificatif de *divino* devint très tôt maître dans l'art de la composition. Il avait publié ses premières œuvres de musique vocale dès 1582 *(Sacrae cantiunculae)* bientôt suivies des *Madrigali spirituali* (1583) et des *Canzonette* (1584). Il y tentait déjà de substituer la monodie au style polyphonique, et au récitatif aride des Florentins, un tour plus souple et plus mélodieux. Les trois livres suivants de madrigaux à 5 voix (1603 - 1605), les *Scherzi musicali* à 3 voix (1607), marquèrent une évolution décisive dans l'art de Monteverdi. Il y abandonna définitivement la polyphonie du XVI$^e$ s. pour une expression lyrique du drame humain où l'instrument se mêle à la voix et en soutient les inflexions de ses propres accents. Doué d'une exceptionnelle capacité de synthèse, il sut assimiler la musique franco-flamande, retenir l'enseignement de Peri et de Caccini, et mettre ces acquisitions au service d'une nature passionnée, apte à traduire tous les mouvements du cœur humain. La mort prématurée de sa femme coïncida avec la naissance d'*Orfeo** (1607), premier drame lyrique *(dramma per musica)* et l'un des plus grands événements de l'histoire musicale. Le sens théâtral, déjà latent dans ses madrigaux, l'expression juste du sentiment s'y révèlent avec une force inconnue jusqu'alors. Soutenue par une riche orchestration, la passion éclate dans un récitatif aux modulations et aux dissonances toutes nouvelles. Le chromatisme, les audaces d'harmonie y fondent ce style «agité» *(incitato)* dont les critiques contemporains s'effarouchèrent mais que le public accueillit avec enthousiasme. Ce génie de l'expression dramatique se retrouve encore dans le célèbre *Lamento d'Arianna* (1608) et dans les quelques autres ouvrages de Monteverdi qui nous sont parvenus : *Tirsi e Clori* (1616), *Le Combat de Tancrède et de Clorinde* (1624) ; *Le Retour d'Ulysse* (1641) et surtout dans *Le Couronnement* de Poppée* (1642) où la variété des personnages et des sentiments, la richesse des éléments théâtraux, le mélange du tragique et du bouffon annoncent le mélodrame et l'opéra moderne. ➜ ÉTYM. Ce nom italien signifie «mont vert», de *monte* «mont» et *verde* «vert».

**MONTEVIDEO** ➜ ÉTYM. étym. inconnue (l'étym. en port. dialectal *Montvide-eu* «le mont que j'ai vu» [phrase attribuée à Magellan lorsqu'il arriva à l'estuaire du Río de la Plata en 1520] est populaire) ♦ Cap. de l'Uruguay, au N. du río de La Plata. 1 269 552 hab. *(Montévidéens)*. Seul port en eau profonde de l'estuaire, Montevideo est l'unique grande ville du pays et concentre 41 % de la population. L'essentiel des activités industrielles est regroupé autour du port en eau profonde où une zone franche a été installée, industries agroalimentaires surtout (cuir, laine, viande, lait). Activités touristiques et tertiaire supérieur (banques). Université de la République. Siège du secrétariat du Mercosur*. ▮ **Histoire** Fondée par les Espagnols en 1726, la ville fut peuplée par des colons des Canaries et de Galice. Au XIX$^e$ s., elle fut l'enjeu de plusieurs puissances ; assiégée par les armées argentines et uruguayennes en 1843, elle ne fut délivrée qu'en 1851 par les Anglo-Français. C'est durant ce siège qu'elle prospéra et fut pendant quelque temps le plus grand port du río de La Plata. Elle devint capitale de l'Uruguay en 1830 et son essor fut lié au développement de l'ensemble du pays, grâce notamment à celui de l'élevage.

**MONTEYNARD** [38135] ➜ ÉTYM. «le mont d'Aynard (germ. *Ainhard*, n. de pers.)» ♦ Comm. de l'Isère, arr. de Grenoble. 402 hab. *(Monteynardons)*. Barrage sur le Drac et centrale hydroélectrique.

**MONTEZUMA** → **Moctezuma II**

**MONTFAUCON (Bernard DE)** ♦ Religieux et érudit français (château de Soulage, Languedoc 1655 - Paris 1741). Entré chez les bénédictins de la congrégation de Saint-Maur, il fournit des éditions des Pères grecs, notamment Athanase, et une édition des *Hexaples* (→ **Origène**). Il publia également plusieurs volumineux répertoires de sources pour l'archéologie et un ouvrage de méthode, *Paleographia graeca* (1706). Disciple de Mabillon*, il fut un maître incontesté de l'érudition mauriste.

**MONTFAUCON** ♦ Ancien lieu-dit, situé jadis à l'extérieur de Paris (N.-E.), sur une éminence voisine du quartier du Temple*. Depuis le XII$^e$ s. s'y élevait un gibet qui fut utilisé jusqu'au XVII$^e$ s., avant d'être transféré (1761) à La Villette, pour disparaître en 1790. François Villon évoqua peut-être l'horreur de ce lieu dans *La Ballade des pendus*, comme Marot dans son épigramme contre Maillart.

**MONTFAUCON-D'ARGONNE** [55270] ➜ ÉTYM. de *mont* et *Faucon*, p.-ê. n. de pers. ♦ Ch.-l. de cant. de la Meuse, arr. de Verdun. 314 hab. *(Montfauconnais)*. L'ancien village a été détruit pendant la Première Guerre mondiale. Les Américains y remportèrent une victoire en sept. 1918 (mémorial).

**MONTFERMEIL** [93370] ➜ ÉTYM. anc. en lat. *Montefirmo* «mont fermé ; mont fortifié» ♦ Ch.-l. de cant. de la Seine-Saint-Denis, arr. du Raincy, à l'E. de Paris. 24 121 hab. *(Montfermeillois)*.

**MONTFERRAND** ➜ ÉTYM. de *mont* et *Ferrand*, n. de seigneur ou «gris, couleur de fer» [par oppos. à *clair*] ♦ Faubourg de Clermont-Ferrand (Puy-de-Dôme). Église Notre-Dame-de-Prospérité des XIII$^e$ et XIV$^e$ s. Nombreux hôtels particuliers et demeures du Moyen Âge et de la Renaissance. Anc. bastide reconstruite au XIII$^e$ s., sa prospérité commerciale lui valut de devenir le siège d'une Cour des aides au XVI$^e$ s., peu avant d'être devancée par sa proche rivale, Clermont, à laquelle elle fut rattachée en 1633.

**MONTFERRAT** ♦ Famille lombarde qui se distingua pendant les croisades. ♦ **Guillaume V de Montferrat** dit **Longue-Épée** (mort en 1185).

Il participa à la troisième croisade* et épousa Sibylle* de Jérusalem, acquérant ainsi les comtés de Jaffa et d'Ascalon. → **Conrad, marquis de Montferrat.** ♦ **Boniface Ier** ou **III de Montferrat** (mort à Satalieh, Anatolie, en 1207). L'un des chefs de la quatrième croisade, il participa à la prise de Constantinople et devint roi de Thessalonique (1204 - 1207).

**MONTFERRAT** n. m. – en it. *Monferrato* ♦ Région d'Italie septentrionale (Piémont*), au S.-E. de Turin, entre Asti* et Casale* Monferrato. Formée de bombements argilo-sableux, le Montferrat est une grande région vinicole (vins d'Asti).

**MONTFORT** ♦ Famille féodale. ♦ **Simon IV,** comte **de Montfort** → **Montfort (Simon IV, comte de).** ♦ **Amaury VI,** comte **de Montfort** (1192 - Otrante, Apulie 1241). Fils du précédent. Il céda ses droits sur le comté de Toulouse au roi de France Louis VIII (1226). ♦ **Simon,** comte **de Leicester** (v. 1200 - Evesham, Worcestershire 1265). Fils de Simon IV. Établi en Angleterre vers 1230, il prit la tête de la révolte des barons qui imposa à Henri* III les *provisions d'Oxford** (1258). S'étant révolté de nouveau, il mena la guerre des barons (1261 - 1265), exerça une sorte de dictature après sa victoire de 1264 mais fut finalement vaincu et tué.

**MONTFORT (Simon IV le Fort,** comte **DE)** ♦ Homme de guerre français (v. 1150 - Toulouse 1218). Second fils de Simon III, comte de Montfort. Il participa en 1202 à la 4e croisade et s'y couvrit de gloire. Revenu en France, où il prit part à la croisade contre les albigeois* (1209), il se vit confier par les croisés la garde des domaines de Béziers et de Carcassonne qui venaient d'être pris aux seigneurs Trencavel, protecteurs des cathares. Simon devint alors un seigneur puissant, terrassant les hérétiques, battant le comte de Toulouse, Raymond VI, à Castelnaudary (1212), remportant en 1213 sur le roi d'Aragon, allié de Raymond VI, la victoire de Muret. En 1215, il s'emparait de Narbonne et de Toulouse, et se trouvait investi du comté de Toulouse par le concile du Latran. Mais Raymond VI ayant soulevé les populations provençales qui lui étaient inféodées, Simon dut tourner ses armes vers la vallée du Rhône. Aussitôt l'ancien comte de Toulouse reconquérait son fief. C'est alors que, revenu en toute hâte mettre le siège devant la ville, Simon périt, victime d'un boulet ennemi.

**MONTFORT (JEAN DE)** → **Jean de Montfort**

**MONTFORT-L'AMAURY** [78490] → ÉTYM. «mont fort [fortifié]» et *Amaury,* n. de seigneur ♦ Ch.-l. de cant. des Yvelines, arr. de Rambouillet. 3 137 hab. (aggl. 4 812) *(Montfortois).* Église Saint-Pierre des XVe, XVIe et XVIIe s. (vitraux Renaissance). Anc. charnier (XVIe - XVIIe s.). Maison où vécut M. Ravel* (musée). Ruines d'un château (Xe - XVe s.).

**MONTFORT-SUR-MEU** [35160] → ÉTYM. «mont fort [fortifié]» ♦ Ch.-l. de cant. de l'Ille-et-Vilaine, arr. de Rennes, au confluent du Garun et du Meu. 5 412 hab. *(Montfortais).* Vestiges de fortifications, tour du XIVe s. ▪ Abattoir. Salaisons.

**MONTGENÈVRE** [05100] → ÉTYM. *mont* et lat. *juniperus* «genévrier» ♦ Comm. des Hautes-Alpes, arr. de Briançon, au col du Montgenèvre. 497 hab. Station de sports d'hiver (1 850 - 2 700 m). ▪ Le col du Montgenèvre (1 850 m), peut-être utilisé par Hannibal, relie Briançon à Turin.

**MONTGERON** [91230] → ÉTYM. *mont* et lat. *Giso,* n. de pers. ♦ Ch.-l. de cant. de l'Essonne, arr. d'Évry. 21 905 hab. *(Montgeronnais).* Ville résidentielle.

**MONTGOLFIER (les frères DE)** ♦ Industriels et inventeurs français. JOSEPH DE MONTGOLFIER (Vidalon-lès-Annonay, Vivarais 1740 - Balaruc-les-Bains 1810) et ÉTIENNE DE MONTGOLFIER (Vidalon-lès-Annonay 1745 - Serrières, Ardèche 1799). Directeurs de la manufacture de papier familiale à Annonay, Étienne introduisit les méthodes hollandaises de papeterie et le papier vélin, Joseph inventa le papier à filtrer. Ensemble, ils inventèrent et expérimentèrent, dès 1782, les premiers aérostats, ballons à air chaud, dits *montgolfières ;* ils effectuèrent de célèbres ascensions, entre autres à Annonay le 5 juin 1783 et à Versailles, devant Louis XVI, le 19 sept. 1783. Ils imaginèrent également le bélier hydraulique (1792), machine qui sert à élever l'eau. [Acad. sc. Étienne, 1796 ; Joseph, 1807] → ÉTYM. *Montgolfier* est un nom de lieu en Ardèche «mont de Golfier», du germanique *Wulfhari,* nom de personne (de *wulf* «loup» et *hari* «armée»).

**MONTGOMERY (Gabriel DE LORGES,** comte **DE)** ♦ Homme de guerre français (v. 1530 - Paris 1574). Capitaine de la garde écossaise, il causa involontairement la mort d'Henri* II au cours d'un tournoi (1559). Après un séjour en Angleterre, il revint prendre la tête des huguenots (1562), tenta de secourir La Rochelle (1574) et, vaincu à Domfront, fut condamné à mort et exécuté.

**MONTGOMERY (Lucie Maud)** ♦ Romancière canadienne d'expression anglaise (Clifton, île du Prince-Édouard 1874 - Toronto 1942). Auteur du roman *Anne of Green Gables* (1908), qui fut refusé par plusieurs maisons d'édition avant d'être publié à Boston et de connaître un grand succès, elle ne cessa pas d'en écrire des suites. Ces romances de songes réalisés présentent une adolescente qui apprend à s'affirmer devant ses parents et les hommes.

**Montgolfier.** Expérience aérostatique réalisée en 1784 avec une montgolfière. Musée de l'Air, Paris. *Phot. © Arch. Rencontre*

**MONTGOMERY (John Leslie,** dit **Wes)** ♦ Guitariste de jazz américain (Indianapolis 1925 - *id.* 1968). Musicien autodidacte, il apprit à jouer de la guitare en écoutant les disques de Charlie Christian*. Il débuta dans l'orchestre de Lionel Hampton* (1948 - 1950) et, avec l'appui de Cannonball Adderley, réalisa ses premiers disques en 1959 ; il devint le guitariste de jazz le plus marquant des années 1960. Princ. enregistrements : *The Incredible Guitar of Wes Montgomery* (album, 1960), *James and Wes* (avec Jimmy Smith, 1966).

**MONTGOMERY** → ÉTYM. nommée en l'honneur du général Richard *Montgomery,* héros de la guerre d'Indépendance ♦ V. des États-Unis, cap. de l'Alabama. 201 568 hab. dont 42 % de Noirs. Important centre et marché agricole : coton, bétail (c'est le plus grand marché de bétail du S.-E. des États-Unis), bois. ▮ **Histoire** La ville fut créée en 1819, près du fort Toulouse établi en 1715 par J.-B. Le Moyne ; elle devint capitale de l'État en 1847. Le mouvement de protestation contre la ségrégation raciale, conduit par Martin Luther King*, commença à Montgomery en 1955.

**MONTGOMERY OF ALAMEIN (Bernard LAW MONTGOMERY,** 1er vicomte**)** ♦ Maréchal britannique (Londres 1887 - Alton, Hampshire 1976). Commandant une division en France et en Belgique en 1939 - 1940, il rembarqua à Dunkerque*, dirigea la défense du S.-E. de l'Angleterre, puis fut nommé à la tête de la VIIIe armée en Égypte (sept. 1942). Il emporta le front établi par Rommel* à El-Alamein* (24 oct.) et sut organiser son offensive de façon à mettre fin à la suite de progressions et de retraites qui avaient jusqu'alors constitué la guerre en Libye ; il atteignit Tripoli (23 janv. 1943) où il fut rejoint par Leclerc*, puis la Tunisie (fév.) où ses troupes réunies aux forces franco-anglo-américaines venues d'Algérie, sous le commandement d'Alexander*, contraignirent les Italo-Allemands à capituler (cap Bon*, 12 mai 1943). De là, il débarqua au S. de la Sicile (10 juil.), puis en Italie (3 - 9 sept.). En 1944, il commanda, sous Eisenhower, les forces terrestres du débarquement en Normandie*, puis le 21e groupe d'armées qu'il mena, par la France du Nord et la Belgique, et malgré l'échec d'Arnhem*, jusqu'en Allemagne. Le 4 mai 1945, il reçut la capitulation des armées allemandes du Danemark, de Hollande et des îles Frisonnes. Après la guerre, il occupa divers postes de haut commandement et fut notamment commandant adjoint des forces atlantiques en Europe (1951 - 1958). → **Guerre mondiale (Deuxième).** → ÉTYM. *Montgomery* est un ancien nom de fief normand *Mont-Gomery,* du germanique *Gumarich,* nom de personne (de *gomo* «homme» et *rik* «puissant»).

**MONTHERLANT (Henry MILLON DE)** ♦ Écrivain français (Paris 1895 - *id.* 1972). Ses premières œuvres autobiographiques, *La Relève du matin* (1920) et *Le Songe* (1922), retracent la jeunesse catholique de l'écrivain, son expérience exaltée de la guerre, puis son existence partagée entre la pratique du sport (*Les Olympiques,* 1924 et 1938) et la création littéraire, exercices similaires de volonté qui se veut orgueilleuse («L'action est la sœur du rêve»). Décidé à épuiser «la vie par l'alternance», il célébra un idéal de vie héroïque dont la femme est volontiers exclue (*Les Bestiaires*, 1926, récit de ses expériences tauromachiques en Espagne), puis fit l'apologie de la sensualité dans *Les Voyageurs traqués* (*Aux fontaines du désir*, 1927 ; *La Petite Infante de Castille*, 1929 ; *Un voyageur solitaire est un diable*, 1961). Au retour de voyages en Europe et en Afrique (*L'Histoire d'amour de la rose des sables*, 1951, est extraite d'un texte non publié dans son intégralité, traitant de la question coloniale), il publia une étude de mœurs incisive, *Les Célibataires* (1934), puis fustigea ce qu'il appela la «morale de midinette» dans une série romanesque aux acides analyses psychologiques, *Les Jeunes Filles* (1936), *Pitié pour les femmes* (1936), *Le Démon du bien* (1937) et *Les Lépreuses* (1939), pour mieux exalter «tout ce qu'on entend par le mot générosité» (*Service inutile*, 1935). Ce thème de l'être qui rompt avec un autre parce qu'il ne peut l'estimer, cet orgueilleux idéal d'accomplissement personnel inspirent le théâtre de Montherlant : *La Reine* morte* (1942), *Fils de personne* (1943), *Le Maître de Santiago* (1947), *Malatesta* (1948), *La Ville dont le prince est un enfant* (1952), *Port-Royal* (1954), *Le Cardinal d'Espagne* (1960) illustrent des idéologies différentes («syncrétisme et alternance»), mais offrent des personnages assoiffés d'absolu, qui rêvent d'un «immense retirement». Revenu au roman avec *Le Chaos et la Nuit* (1963) et *Un assassin est mon maître* (1971), Montherlant s'est montré un prosateur d'une grande aisance, dont le style, noble et rigoureux, sait allier la métaphore à la formule, faire alterner des images, somptueuses parfois jusqu'à l'emphase, et des dialogues serrés et directs. ▪ Après avoir souvent, dans ses œuvres, «honoré le suicide» comme étant «une parcelle de liberté dans la nécessité», l'écrivain, pour échapper à «l'angoisse de devenir aveugle subitement», se donna la mort. [Acad. fr. 1960] ➝ ÉTYM. Ce nom vient du latin médiéval *Mons Herlandi*, nom de lieu, de *mons* «mont» et *Harland* (du germanique *Arlindis*, nom de personne).

**MONTHEY** ♦ V. de Suisse (Valais), sur la Vièze, affl. du Rhône. 15 814 hab. (aggl. Monthey-Aigle 32 469). Château du XIIIe s. (vestiges). ▪ Indus. chimiques (raffinerie de Collombey). Constructions mécaniques. Manufacture de tabac. Vignobles.

**MONTHOLON (Charles Tristan, comte DE)** ♦ Général français (Paris 1783 - *id.* 1853). Chambellan de l'impératrice (1809), ambassadeur auprès du grand-duc de Würzburg (1811), il resta fidèle à Napoléon Ier qui le nomma général et chambellan du Palais pendant les Cent-Jours et qu'il accompagna à Sainte-Hélène en 1815. De retour en France après la mort de l'Empereur, il publia, avec Gourgaud, des *Mémoires pour servir à l'histoire de France sous Napoléon par les généraux qui ont partagé sa captivité* (1822 - 1825). Resté bonapartiste, il participa à la tentative de Boulogne de Louis Napoléon Bonaparte (1840), et, incarcéré au fort de Ham (1840 - 1847), y rédigea les *Récits de la captivité de Napoléon* (1849). Député à l'Assemblée législative (1849), il se tint à l'écart du coup d'État du 2 décembre 1851 et fut disgracié.

**MONTI (Vincenzo)** ♦ Poète italien (Alfonsine 1754 - Milan 1828). De famille paysanne, il partit pour Rome où il gagna la protection de Pie VI. Ses premières œuvres (*La Beauté de l'univers*, 1781 ; *La Basvilliana*, 1793) sont antirévolutionnaires. À l'époque de la République cisalpine, Monti donna à ses poèmes un sens démocratique et anticatholique (*Prométhée*, 1797) et fut lié à Foscolo. Il devint le chantre officiel de l'Italie napoléonienne (*Le Barde de la Forêt-Noire*, 1806, inspiré d'Ossian). À la chute de Napoléon, Monti se rallia aux Autrichiens, poursuivant son œuvre néoclassique, où le sens plastique s'unit à une musicalité raffinée. Il traduisit magnifiquement *L'Iliade*.

**MONTICELLI (Adolphe)** ♦ Peintre français (Marseille 1824 - *id.* 1886). Il fit ses études à Marseille, séjourna à Paris de 1846 à 1849, alla peindre à Barbizon* avec son ami Diaz* et plus tard se lia avec Cézanne. Il usait d'une touche nerveuse, épaisse, malaxée, dans ses scènes imaginaires de fêtes galantes, ses portraits, nus, natures mortes et scènes de cirque, au caractère plus expressionniste que descriptif. Van* Gogh admirait sa technique et la richesse de son chromatisme (*L'Arlésienne*, 1870).

**MONTIER-EN-DER** [52220] ➝ ÉTYM. *Montier*, de la langue d'oïl *monstrier* «monastère» et *Der** ♦ Ch.-l. de cant. de la Haute-Marne, arr. de Saint-Dizier, sur la Voire, dans le *pays de Der*. 2 019 hab. (aggl. 2 605). *(Dervois)*. Église Notre-Dame, de style gothique primitif champenois (remarquable chœur des XIIe - XIIIe s.). ▪ Haras national.

**MONTIGNAC** [24290] ➝ ÉTYM. anc. *Montigniacum*, du lat. *Montanius*, n. de pers., et suff. *-acum* ♦ Ch.-l. de cant. de la Dordogne, arr. de Sarlat-la-Canéda, sur la Vézère. 3 023 hab. *(Montignacois)*. Château fort ayant appartenu aux comtes du Périgord. Maisons anc. Musée Eugène-Le-Roy, en partie consacré à l'auteur de *Jacquou le Croquant* ; coll. d'arts et traditions populaires. ▪ Aux environs se trouve la grotte de Lascaux*. ▪ Indus. du bois de noyer. Papeterie.

**MONTIGNY-EN-GOHELLE** [62640] ➝ ÉTYM. anc. *Montigniacum*, du lat. *Montanius*, n. de pers., et suff. *-acum* ♦ Comm. du Pas-de-Calais, arr. et aggl. de Lens. 10 558 hab. *(Montignynois)*.

**MONTIGNY-EN-OSTREVENT** [59182] ♦ Comm. du Nord, arr. et aggl. de Douai. 4 850 hab.

**MONTIGNY-LE-BRETONNEUX** [78180] ♦ Comm. des Yvelines, arr. de Versailles. 35 216 hab. *(Ignymontains)*. Élément de la ville nouvelle de Saint*-Quentin-en-Yvelines.

**MONTIGNY-LÈS-CORMEILLES** [95370] ♦ Comm. du Val-d'Oise, arr. d'Argenteuil. 17 183 hab. *(Ignymontains)*. Marbrerie.

**MONTIGNY-LÈS-METZ** [57158] ♦ Ch.-l. de cant. de la Moselle, banlieue S. de Metz-Campagne. 23 437 hab. *(Montigniens)*.

**MONTIGNY-LE-TILLEUL** ♦ Comm. de Belgique (Région wallonne), prov. de Hainaut, arr. de Charleroi, sur la Sambre. 10 215 hab. Banlieue verte de Charleroi. Bâtiment et travaux publics. Électronique. À Landelies, carrières de calcaire.

**MONTIVILLIERS** [76290] ➝ ÉTYM. bas lat. «domaine *(villare)* du monastère *(monasterium)*» ♦ Ch.-l. de cant. de la Seine-Maritime, arr. du Havre. 16 556 hab. *(Montivillons)*. Église Saint-Sauveur (XIe et XVe s.), seul vestige d'une abbaye de moniales fondée en 682 (chaire sculptée du XVIIe s.). ▪ Aux environs, cimetière de Brisgaret avec galerie en bois du XVIe s.

**MONTJUICH** n. m. ➝ ÉTYM. en catalan ***Montjuïc*** «mont juif» ♦ Colline située au S. de Barcelone, dans la banlieue. Jardins et édifices datant de l'Exposition internationale de 1929. Stade réaménagé pour les jeux Olympiques de 1992 et complété d'installations sportives.

**MONTLHÉRY** [91310] ➝ ÉTYM. anc. *Mons Leheri*, du lat. *mons* «mont» et germ. *Leteric*, n. de pers. ♦ Ch.-l. de cant. de l'Essonne, arr. de Palaiseau. 5 676 hab. *(Montlhériens)*. La tour (31 m de haut, seul vestige du château fort démantelé par Henri IV) a été utilisée pour déterminer la vitesse du son (1738, 1822) et celle de la lumière (1874). Un télégraphe Chappe y fonctionna en 1825. ▪ Produits maraîchers. Autodrome de Montlhéry-Linas*. ▮ **Histoire** Le 16 juil. 1465, Louis* XI livra une bataille à l'issue incertaine à Charles* le Téméraire, futur duc de Bourgogne, coalisé avec des seigneurs dans la ligue du Bien public.

**MONT-LOUIS** [66210] ➝ ÉTYM. nommé en l'honneur du roi Louis XIV ♦ Ch.-l. de cant. des Pyrénées-Orientales, arr. de Prades. 270 hab. *(Mont-Louisiens)*. Anc. place forte créée en 1679 par Vauban. Intacts, les remparts enclosent la citadelle (1681), de plan carré. ▪ Four solaire. Centre d'entraînement de défense mobile et d'instruction de commandos de l'armée de terre. Station d'été et de sports d'hiver à 1 600 m d'altitude.

**MONTLOUIS-SUR-LOIRE** [37270] ➝ ÉTYM. anc. *Mons Laudiacus*, du lat. *mons* «mont», *Laudius*, n. de pers., et suff. *-acum* ♦ Ch.-l. de cant. de l'Indre-et-Loire, arr. de Tours. 9 657 hab. Hôtel Renaissance (auj. presbytère). ▪ Viticulture (montlouis : vins blancs secs et moelleux).

**MONTLUC** ➝ **Monluc**

**MONTLUÇON** [03100] ➝ ÉTYM. anc. *Monlussonium*, du lat. *mons* «mont» et *Luccius*, n. de pers. ♦ Ch.-l. d'arr. de l'Allier, sur le Cher. 41 362 hab. (aggl. 59 930) *(Montluçonnais)*. Église Saint-Pierre des XIIe - XIIIe s. (statue en pierre de sainte Madeleine de la fin du XVe s.). Église Notre-Dame du XVe s., inachevée (œuvres d'art). L'anc. château des ducs de Bourbon (XVe - XVIe s.) abrite un musée : histoire et ethnographie régionales ; coll. de vielles du XVIIe au XIXe s. ; faïences des XVIIIe - XIXe s. Maisons anc. ▪ Indus. diversifiées.

**MONTLUEL** [01120] ➝ ÉTYM. probablt franco-prov. «mont du petit loup *(lau [lo]* et dimin. *-el)*» ♦ Ch.-l. de cant. de l'Ain, arr. de Bourg-en-Bresse, dans la Dombes. 6 454 hab. *(Montluistes)*. Ruines d'un château du XIe s.

**MONTMAGNY** [95360] ➝ ÉTYM. anc. *de Monte Maniaco*, du lat. *mons* «mont», *Mannius*, n. de pers., et suff. *-acum* ♦ Comm. du Val-d'Oise, arr. de Sarcelles, près de Deuil-la-Barre. 13 090 hab. *(Magnymontois)*. Peintures. Câbles.

**MONTMAJOUR** ♦ Écart de la comm. d'Arles (Bouches-du-Rhône). Anc. abbaye bénédictine fondée au Xe s., lieu d'un important pèlerinage à partir du XIe s. : chapelle Saint-Pierre (Xe s.) de petites dimensions. Église Notre-Dame (XIIe s.) édifiée sur une crypte. Cloître (fin XIIe - XIVe s.) : chapiteaux historiés. Près de l'abbaye, chapelle Sainte-Croix (XIIe s.), anc. chapelle du cimetière de Montmajour.

**MONTMARTRE** ➝ ÉTYM. anc. *Mons Mercurii* «Mont de Mercure», puis *Mons Martyrum* «Mont des martyrs», évoquant le martyre de saint Denis, premier évêque de Paris, et de ses compagnons Rustique et Éleuthère ♦ Anc. comm. de la Seine, rattachée à Paris en 1860, qui forme auj. le 18e arr. ▪ Site légendaire du martyre de saint Denis (v. 250), la colline Montmartre ou butte Montmartre fut occupée dès la fin du XIe s. par de puissantes communautés religieuses ; l'église Saint-Pierre (1147) est un des plus anc. sanctuaires romano-gothiques de Paris. Au sommet de la butte (130 m), point culminant de Paris, se dresse la basilique du Sacré*-Cœur. Forteresse naturelle, Montmartre a tenu une certaine place dans l'histoire militaire de Paris (le premier épisode de la Commune* s'y déroula). Quartier pittoresque qui conserva son caractère campagnard jusqu'au début du XXe s., la butte, avec ses vignes et ses moulins, inspira les peintres, depuis Georges Michel* jusqu'à Utrillo*, et fut le berceau du cubisme (➝ **Bateau-Lavoir**). Montmartre connaît toujours une grande animation nocturne et reste, avec ses boîtes de nuit (de la place Clichy à la place Pigalle) et ses cabarets (place du Tertre), un des pôles touristiques de Paris.

**MONTMAURIN** [31350] ➝ ÉTYM. «mont de Maurin (n. de pers.)» ♦ Comm. de la Haute-Garonne, arr. de Saint-Gaudens, dans le Comminges.

198 hab. *(Montmaurinois).* Les restes d'une importante villa gallo-romaine (Ier - IVe s.) y furent découverts. Musée. ▪ Nombreux sites préhistoriques aux alentours.

**MONTMÉDY** [55600] → ÉTYM. du lat. *mons* «mont» et *Madius*, n. de pers. ♦ Ch.-l. de cant. de la Meuse, arr. de Verdun, sur la Chiers. 2 260 hab. *(Montmédiens).* Montmédy-Haut, anc. place forte transformée par Vauban. À Montmédy-Bas, musée de la Fortification et musée Bastien-Lepage : dessins et peintures de Jules Bastien-Lepage (1848 - 1884).

**MONTMÉLIAN** [73800] → ÉTYM. du gaul. *Mediolanon* «centre sacré». → aussi Milan ♦ Ch.-l. de cant. de la Savoie, arr. de Chambéry, sur l'Isère. 3 926 hab. (aggl. 5 325) *(Montmélianais).* Anc. place forte. ▪ Viticulture (vins de Savoie).

**MONTMIRAIL** [51210] → ÉTYM. de *mont* et anc. fr. *mirail* «poste de guet» ♦ Ch.-l. de cant. de la Marne, arr. d'Épernay, sur le Petit Morin. 3 783 hab. *(Montmiraillais).* Château du XVIe s., où naquit en 1613 le futur cardinal de Retz. En 1685, Louvois racheta le domaine et le transforma. ▮ **Histoire** Anc. baronnie de Champagne, Montmirail fut érigé en duché-pairie et cédé à Louvois en 1672. En 1814, Napoléon y vainquit les armées russe et prussienne. Quartier général de l'armée allemande de von Bülow le 6 sept. 1914, Montmirail fut repris le 8 par les armées françaises qui purent ainsi rétablir leurs positions sur la ligne de la Marne.

**MONTMORENCY** ♦ Famille noble française. ♦ **Matthieu Ier,** baron **de Montmorency** (mort v. 1160). Connétable de France (1138), il épousa successivement une fille d'Henri Ier d'Angleterre et la veuve de Louis VI le Gros, roi de France. ♦ **Matthieu II,** baron **de Montmorency** (1174 - 1230). Petit-fils du précédent. Il prit Château-Gaillard (1202) et conquit la Normandie sur les Anglais. Il se distingua à la bataille de Bouvines (1214) et fut nommé connétable de France (1218). Il commanda l'armée de Louis VIII contre les albigeois. Lors de la révolte féodale pendant la minorité de Louis IX, il fut le plus solide appui de la reine Blanche de Castille. ♦ **Charles,** baron **de Montmorency** (1325 - 1381). Il prit part aux batailles de Crécy (1346) et de Poitiers (1356) et fut l'un des négociateurs du traité de Brétigny (1360). ♦ **Jean II,** baron **de Montmorency,** seigneur **de Nivelle.** → **Jean II, baron de Montmorency, seigneur de Nivelle.** ♦ **Anne,** 1er duc **de Montmorency** (Chantilly 1493 - Paris 1567). Connétable de France. Favori de François* Ier avec lequel il avait été élevé, il se distingua à Ravenne* (1512), à Marignan* (1515), à La Bicoque* (1522), et fut fait prisonnier avec le roi à Pavie*. Il pratiqua avec succès en Provence la tactique de la terre brûlée contre Charles* Quint (1536), et fut nommé maréchal, puis connétable de France. Il jouit jusqu'en 1540 d'une influence déterminante. Après un exil dans ses terres, il revint en grâce avec Henri* II et fut un des responsables de la paix du Cateau*-Cambrésis, qu'il fit signer dans le désir d'être libéré, ayant été fait prisonnier à la bataille de Saint*-Quentin. Il s'allia au duc de Guise* et au maréchal de Saint*-André dans un triumvirat destiné à s'opposer à la politique d'apaisement de Catherine* de Médicis, poursuivit la lutte contre les protestants, et fut tué en livrant bataille à Condé* à Saint-Denis. ♦ **François,** 2e duc **de Montmorency** (v. 1530 - Écouen 1579). Maréchal de France. Fils du précédent, auquel il s'opposa par son esprit de modération. Il échappa de peu à la Saint*-Barthélemy et appuya le parti des Politiques*. ♦ **Henri Ier,** 3e duc **de Montmorency,** d'abord appelé **Damville** (1534 - Agde 1614). Frère du précédent. Il fut, lui aussi, d'une tolérance qui lui valut l'hostilité des Guise*. Il fut un des chefs du parti des Politiques et favorisa l'avènement d'Henri IV. ♦ **Henri II,** 4e et dernier duc **de Montmorency** (Chantilly 1595 - Toulouse 1632). Filleul de Henri IV. Amiral de France, gouverneur du Languedoc, il y lutta contre les protestants : sièges de Montauban, de Montpellier (1622), prise de l'île de Ré, de l'île d'Oléron (1625). Il se distingua dans le Piémont, mais, ayant intrigué avec Gaston d'Orléans* et pris les armes contre Richelieu*, il fut fait prisonnier par Schomberg* et condamné à mort par le parlement de Toulouse ; malgré de multiples intercessions, il fut décapité. Le duché-pairie de Montmorency passa alors aux Condé*.

**MONTMORENCY** [95160] → ÉTYM. anc. *Mons Maurenciacus*, du lat. *mons* «mont», *Maurentius*, n. de pers., et suff. *-acum* ♦ Ch.-l. de canton du Val-d'Oise, arr. de Sarcelles, à la lisière de la forêt de Montmorency. 20 599 hab. *(Montmorencéens).* Église Saint-Martin (XVIe s., restaurée, remarquables vitraux). L'ancien château du XVIIe s. abrite le lycée Jean-Jacques Rousseau. ▪ Rousseau* vécut à Montmorency de 1756 à 1762 ; invité par Mme d'Épinay, il s'installa d'abord à l'Ermitage, puis en 1757 dans la maison de Montlouis (musée).

**MONTMORENCY-BOUTEVILLE (François,** comte **DE)** ♦ Gentilhomme français (1600 - Paris 1627). Il fut condamné à mort et exécuté pour avoir bravé l'interdiction de Richelieu* et s'être battu en duel en pleine place Royale. Il eut pour fils le maréchal de Luxembourg*.

**MONTMORENCY-LAVAL (François DE)** → **Laval (bienheureux François de Montmorency-)**

**MONTMORENCY-LAVAL (Mathieu Jean Félicité,** duc **DE)** ♦ Homme politique français (Paris 1766 - *id.* 1826). Il prit part à la guerre d'Indépendance américaine. Élu député de la noblesse aux États généraux (1789), il se rallia au tiers état et se prononça pour la renonciation à tous les titres et privilèges dans la nuit du 4 août* 1789. Il émigra en Suisse en 1792 et s'y lia avec Mme de Staël. Rentré en France après le 9 Thermidor, il adopta sous la Restauration des positions ultraroyalistes. Aide de camp du comte d'Artois, ministre des Affaires étrangères (1821 - 1822), il participa au congrès de Vérone (1822), où il contribua à décider de l'intervention en Espagne. [Acad. fr. 1825]

**MONTMORILLON** [86500] → ÉTYM. anc. *Mons Maurilionis*, du lat. *mons* «mont» et *Maurilius*, évêque d'Angers ♦ Ch.-l. d'arr. de la Vienne, sur la Gartempe. 6 898 hab. *(Montmorillonnais).* Église Notre-Dame (XIe - XIVe s.), possédant de remarquables fresques du début du XIIIe s. Église Saint-Laurent (XIIe s.). Anc. chapelle sépulcrale du XIIe s., de forme octogonale. ▪ Indus. diversifiées.

**MONTMOROT** [39570] → ÉTYM. «montagne de Morot [n. de pers.]» ou «montagne Morot», de la rac. dialectale *°murr-* «rocher» ♦ Comm. du Jura, banlieue O. de Lons-le-Saunier. 3 090 hab.

**MONTMORT-LUCY** [51270] ♦ Ch.-l. de cant. de la Marne, arr. d'Épernay, sur le Surmelin. 589 hab. *(Montmortais).* Église gothique des XIIIe et XVIe s. (œuvres d'art). Château de style Renaissance. ▪ Aux environs, vestiges du prieuré clunisien du Mont-Armé (XIIIe s.) et château de la Charmoye, anc. abbaye cistercienne (1167).

**MONTOIR-DE-BRETAGNE** [44550] → ÉTYM. probablt de la langue d'oïl *°montoir* «monastère» ♦ Ch.-l. de cant. de la Loire-Atlantique, dans l'aggl. de Saint-Nazaire. 6 204 hab. *(Montoirins).* Terminal méthanier sur l'estuaire de la Loire. Chimie.

**MONTOIRE-SUR-LE-LOIR** [41800] → ÉTYM. anc. *Mons aureus, Montorium* «mont doré», du lat. *mons* «mont» et *aureus* «doré» ou de la langue d'oïl *montoire* «colline» ♦ Ch.-l. de cant. du Loir-et-Cher, arr. de Vendôme, sur le Loir. 4 275 hab. (aggl. 4 558) *(Montoiriens).* Chapelle Saint-Gilles dépendant d'un anc. prieuré de bénédictins dont Ronsard fut titulaire (peintures murales des XIIe - XIIIe s.). Vestiges d'un château (donjon du XIe s.). Maisons de la Renaissance. ♦ ***Entrevues de Montoire*** Dans cette ville eurent lieu, en oct. 1940, deux entrevues, l'une, le 22, entre Laval et Hitler, l'autre, le 24, entre Pétain et Hitler : le principe d'une collaboration entre la France et l'Allemagne y fut décidé.

**MONTPARNASSE** → ÉTYM. du n. du mont *Parnasse** ♦ Quartier du 14e arr. de Paris, au S. du boulevard du Montparnasse et autour du cimetière du même nom (créé en 1824), dans lequel reposent de nombreux hommes célèbres. Secteur paisible aux alentours de l'Observatoire* de Paris, où communautés religieuses et hôpitaux se succèdent (→ **Port-Royal**), le quartier s'anime auprès du carrefour formé par les boulevards Raspail et du Montparnasse (statue de Balzac, par Rodin). Très fréquenté entre les deux guerres par la bohème cosmopolite et domaine des peintres et des sculpteurs, il conserve de célèbres cafés (la Coupole, le Dôme, la Rotonde), de nombreux théâtres et salles de spectacle. ▪ L'opération Maine-Montparnasse, projetée en 1934, reprise en 1959, a renouvelé la physionomie du quartier : à proximité de la nouvelle gare Montparnasse, mise en service en 1969 et réaménagée à l'occasion de la mise en service du TGV Atlantique, un ensemble administratif et commercial a été construit autour de la tour Montparnasse (achevée en 1973), qui abrite des bureaux.

**MONTPELIER** ♦ V. des États-Unis, cap. du Vermont. 8 035 hab.

**MONTPELLIER** [34000] → ÉTYM. occit. p.-ê. «mont au verrou [bien fermé]», de *mont* et *pestel* «loquet, verrou» ♦ Ch.-l. du dép. de l'Hérault et de la région Languedoc-Roussillon, relié à la Méditerranée par le Lez. 225 392 hab. (aggl. 274 487). *(Montpelliérains).* La promenade du Peyrou à l'O., aménagée aux XVIIe et XVIIIe s. (château d'eau, aqueduc), et la place de la Comédie (l'Œuf) à l'E. enserrent le vieux noyau urbain où sont groupés les prestigieux hôtels édifiés aux XVIIe et XVIIIe s. La cathédrale gothique (XIVe s.) a durement souffert au cours des guerres de Religion ; le chœur fut reconstruit au XIXe s. (néogothique). Au N.-O. de la ville, le jardin des plantes est le plus ancien de France (1593). Musée Fabre. Musée d'Arts décoratifs et d'archéologie. Musée Atger (dessins XVIe - XIXe s.). *Corum* (Palais des congrès et opéra inaugurés en 1988 et 1990). Longtemps assoupie dans un rôle de ville universitaire et de préfecture, rentière du vignoble, restée à l'écart de la révolution industrielle, Montpellier présente depuis les années 1970 une image très dynamique liée à son développement dans les secteurs de pointe. L'indus. agroalimentaire traditionnelle (biscuiteries, charcuteries industrielles, café, distribution des prod. régionales comme l'huile et le vin) est désormais complétée par la pharmacologie, la parachimie et l'informatique avec IBM. Elle reste une place commerciale de premier plan, et s'impose comme un pôle de croissance dans le midi méditerranéen grâce à un ambitieux programme urbain (quartier Antigone conçu par Ricardo Bofill*), une volonté affirmée de développer la recherche et les hautes technologies. L'université (trois campus), très réputée en agronomie (méditerranéenne et tropicale en particulier), est associée au pôle Agropolis. La faculté de médecine, associée au parc d'activités «Euromédecine», possède une renommée internationale qui remonte au Moyen Âge. Le technopôle Montpellier-LR accueille, sur 800 ha, plus de 800 entreprises qui ont apporté 17 000 emplois. Le tourisme se développe grâce à la forte fréquentation du littoral languedocien. La consolidation du tourisme d'affaires a fait de l'agglomération le 3e pôle congressiste de France. L'aéroport Montpellier-Méditerranée (1,3 million de passagers en 2004) et le TGV complètent le réseau autoroutier (vers Barcelone, Lyon et Paris, d'une part, vers Toulouse et Bordeaux, d'autre part). La ville table sur sa croissance et sur les réseaux régionaux pour devenir une véritable métropole européenne. ▮ **Histoire** À l'origine, la ville fut un comptoir important des épices d'Orient ; située à proximité de la mer, elle utilisait le port de Lattes*. Elle reçut, dès 1221, des écoles de médecine et de droit, puis une université en 1289 (fréquentée au XVIe s. par Rabelais). En 1536, l'évêché de Maguelonne fut transféré dans la ville. Centre protestant durant les guerres de Religion, elle fut soumise par Louis XIII en 1622 après un long siège ; en 1628, les murs furent détruits, sauf la citadelle. Siège d'une intendance du Languedoc, elle connut au XVIIe s. (après env. un siècle de luttes civiles) essor et prospérité.

**MONTPELLIER-LE-VIEUX** ♦ Site de l'Aveyron (comm. de Millau). Chaos où le ruissellement des eaux a creusé dans les calcaires des formes gigantesques (dites *la Citadelle, la Porte de Mycènes, le Navire, l'Amphore*).

**MONTPENSIER (Catherine Marie DE LORRAINE,** duchesse **DE)** ♦ Dame française (Joinville 1552 - Paris 1596). Sœur d'Henri de Guise* et de Mayenne*, elle épousa Louis II de Bourbon, duc de Montpensier. Elle fut une ligueuse ardente et contribua à la journée des Barricades*. Elle se rallia cependant à Henri IV, et sa fille épousa Gaston d'Orléans. ← ÉTYM. Ce nom de famille vient du nom d'une commune du Puy-de-Dôme «mont pansu, arrondi» (de l'ancien français *pancier* «pansu»).

**MONTPENSIER (Anne Marie Louise D'ORLÉANS,** duchesse **DE)** dite **la Grande Mademoiselle** ♦ (Paris 1627 - *id.* 1693). Fille de Gaston d'Orléans* et de Marie de Bourbon, duchesse de Montpensier. Elle prit part à la Fronde* et fit tirer le canon de la Bastille sur les troupes royales pour défendre Condé*, lors de la bataille du faubourg Saint-Antoine (1652). Elle était une des plus riches héritières d'Europe, fit plusieurs projets de mariage qui échouèrent tous et finit par épouser secrètement Lauzun* (1681) dont elle se sépara bientôt. Elle a laissé des *Mémoires*.

**MONTPENSIER (Antoine Marie Philippe Louis D'ORLÉANS,** duc **DE)** ♦ Cinquième fils de Louis*-Philippe (Neuilly-sur-Seine 1824 - Sanlúcar, près de Séville 1890). Officier, il participa à la conquête de l'Algérie de 1844 à 1846. En 1846, son père lui fit épouser Marie-Louise de Bourbon, sœur de la reine Isabelle d'Espagne, mariage qui compromit les tentatives d'entente cordiale avec la Grande-Bretagne. De tendance libérale, le duc de Montpensier poussa en vain son père à renvoyer Guizot, et, après la révolution de février 1848, s'installa en Espagne, où il acquit peu après la nationalité espagnole, fut fait dauphin d'Espagne et capitaine général (1859). Exilé au Portugal (1868) en raison de ses positions politiques libérales, il fut candidat au trône (1870), mais échoua et fut de nouveau exilé aux Baléares après l'avènement d'Amédée de Savoie (1871). En 1873, il parvint cependant à placer sur le trône son gendre Alphonse XII.

**MONTPEZAT-DE-QUERCY** [82270] ← ÉTYM. anc. en occit. *de Montepesato* «mont rendu difficile [par ses fortifications]», de *pezar* «être difficile, pénible» ♦ Ch.-l. de cant. du Tarn-et-Garonne. 1 378 hab. *(Montpezatois)*. Place à arcades. Nombreuses maisons anc. Collégiale Saint-Martin du XIVe s. (trésor ; gisants et tapisseries flamandes du XVIe s.).

**MONTPEZAT-SOUS-BAUZON** [07560] ← ÉTYM. → Montpezat*-de-Quercy ♦ Ch.-l. de cant. de l'Ardèche, arr. de Largentière, au N. du volcan de la Gravenne. 634 hab. *(Montpezatiens)*. Église romane Notre-Dame-de-Prévenchère des XIIe - XIIIe s. ▪ Aux environs, centrale hydroélectrique alimentée par la Loire supérieure et ses affluents et par le lac d'Issarlès.

**MONTPON-MÉNESTÉROL,** anc. ***Montpon-sur-l'Isle*** [24700] ← ÉTYM. anc. *Montpao*, de *mont* et p.-ê. occit. *pavon* «paon» ♦ Ch.-l. de cant. de la Dordogne, arr. de Périgueux, sur l'Isle. 5 385 hab. *(Montponnais)*. ▪ Aux environs, anc. chartreuse de Vaucluire fondée au XIVe s.

**MONTRACHET** [mɔ̃ʀaʃɛ] ← ÉTYM. appelé aussi *Mont Rachaz* ou *Mont Rachat* ; de l'anc. fr. *rache* «teigne» [allus. à l'aspect rasé et dénudé du lieu] ♦ Vignoble de la côte de Beaune en Côte-d'Or. Vins blancs réputés. → **Chassagne-Montrachet, Puligny-Montrachet.**

**MONTRÉAL** [mɔ̃ʀeal] ← ÉTYM. «mont royal (dépendant directement du roi)» ♦ V. et région administrative du Canada (Québec), sur le Saint-Laurent. 1 620 693 hab. (région 1 854 442). *(Montréalais)*. Avec une population majoritairement francophone, Montréal se classe au deuxième rang mondial des villes de langue française. L'immigration de populations ni anglophones ni francophones (allophones) tend cependant à faire de Montréal une mosaïque d'ethnies. ▪ La ville est bâtie dans l'*île de Montréal*, séparée au N.-O. de l'île Jésus par la rivière des Prairies et délimitée au S. par le lac Saint-Louis et au S.-E. par le Saint-Laurent. Cathédrale Marie-Reine-du-Monde. Haut lieu de pèlerinage à l'oratoire Saint-Joseph. Montréal offre de beaux exemples d'architecture des siècles passés (séminaire Saint-Sulpice, 1683 ; château De Ramezay, 1705 ; Notre-Dame-de-Bonsecours, 1771) qui font un étonnant contraste avec le centre et ses édifices modernes tels la place Ville-Marie, la place Bonaventure, la Tour de la Bourse (47 étages), l'édifice IBM Marathon qui se dressent au pied du mont Royal haut de 234 m. Depuis 1987, le développement architectural du centre-ville a été important. Contrairement à d'autres métropoles américaines, Montréal ne possède qu'un seul centre-ville, dont la croissance a été maintenue entre Saint-Laurent et mont Royal. Vaste réseau piétonnier souterrain reliant le métro (existant depuis 1966) aux grands magasins ainsi qu'à de nombreux hôtels, restaurants, boutiques et salles de spectacles. Musée des Beaux-Arts. ▪ Quatre universités : deux de langue française (l'université de Montréal et l'université du Québec à Montréal) et deux de langue anglaise (l'université McGill et l'université Concordia). Grand centre culturel, commercial, industriel et financier. Indus. variées : habillement, matériel électrique et ferroviaire, aéronautique, haute technologie (en pleine croissance), automobile, alimentation, tabac, produits chimiques et pétroliers. Le port est le premier du Canada (blé, produits pétroliers). Cinq grands ponts traversent le Saint-Laurent (dont les ponts Victoria, 1860 ; Jacques-Cartier, 1930 ; Champlain, 1962). Deux aéroports internationaux : Montréal-Dorval devenu Montréal-Trudeau en 2005 et Mirabel (fermé aux passagers depuis 2004). ▮ **Histoire** Jacques Cartier débarqua le 2 oct. 1535 sur le site actuel de la ville, dans le village iroquois d'Hochelaga. Un comptoir y fut installé en 1603. La ville fut fondée en 1642 par Paul de Chomedey, sieur de Maisonneuve, sous le nom de Ville-Marie. Montréal tomba aux mains des Britanniques en 1760. Les tensions entre communautés francophone et anglophone se développèrent à partir de 1820 et aboutirent en 1837 à la «rébellion des patriotes», écrasée dans le sang de même que la seconde rébellion en 1838. Après la promulgation de l'Acte d'union (1840) par les Britanniques (→ **Canada**), Montréal devint le siège du gouvernement (de 1844 à 1849). La ligne de chemin de fer reliant Montréal à Portland (Maine) fut à l'origine de l'essor économique de la ville dans la seconde moitié du XIXe s. Cette prospérité attira de nombreux Canadiens francophones : la ville comptait 600 000 hab. en 1860 et les francophones y étaient redevenus majoritaires, mais ils demeurèrent cantonnés dans des emplois subalternes pendant encore près d'un siècle. Montréal fut le siège de l'Exposition universelle de 1967, des jeux Olympiques de 1976 et des Floralies internationales de 1980.

**Montréal.** La place Jacques-Cartier et l'hôtel de ville.
*Phot. © Jourdan/Explorer*

**MONTRÉAL** [32250] ← ÉTYM. «mont royal» ♦ Ch.-l. de cant. du Gers, arr. de Condom. 1 238 hab. *(Montréalais)*. Une des premières bastides de Gascogne (1256). Restes de remparts. Porte fortifiée. Ruines de l'église Saint-Pierre-de-Genens.

**MONTRÉAL** [89420] ← ÉTYM. «mont royal» ♦ Ch.-l. de cant. de l'Yonne, arr. d'Avallon, au-dessus du Serein. 181 hab. Bourg médiéval : porte d'En-Bas (XIIIe s.) et porte d'En-Haut servant de clocher à l'église, anc. collégiale du XIIe s., restaurée par Viollet-le-Duc : portail en plein cintre (XIIIe s.) ; retable en albâtre (XVe s.) ; stalles du XVIe s. attribuées aux frères Rigolley.

**MONTRÉAL-LA-CLUSE** [01460] ← ÉTYM. «mont royal» ♦ Comm. de l'Ain, arr. de Nantua. 3 652 hab. (aggl. 4 565). Indus. diversifiées.

**MONTRÉJEAU** [mɔ̃ʀeʒo] [31210] ← ÉTYM. gasc. «mont *(mount)* royal *(rejàu)*» ♦ Ch.-l. de cant. de la Haute-Garonne, arr. de Saint-Gaudens, sur la Garonne. 2 577 hab. (aggl. 4 762) *(Montréjeaulais)*. Anc. bastide fondée en 1272. ▪ Aux environs, grottes préhistoriques de Gargas (Aurignacien).

**MONTRÉSOR** [mɔ̃tʀezɔʀ] [37460] ← ÉTYM. anc. en lat. *Mons Thesauri* «mont (résidence) du trésorier» (le 1er seigneur était trésorier du chapitre de la cathédrale de Tours) ♦ Ch.-l. de cant. de l'Indre-et-Loire, arr. de Loches, sur l'Indrois. 395 hab. *(Montrésoriens)*. Château du XVe s. (restauré au XIXe s. ; souvenirs de l'histoire polonaise), élevé par Imbert de Bastarnay, seigneur de Montrésor, qui fit également construire la collégiale (1519 - 1541) abritant son tombeau (gisant de marbre blanc). Maisons anciennes.

**MONTREUIL** ou **MONTREUIL-SOUS-BOIS** [93100] ➝ ÉTYM. du lat. *monasteriolum* «petit monastère» ♦ Ch.-l. de cant. de la Seine-Saint-Denis, arr. de Bobigny, à l'E. de Paris. 90 674 hab. *(Montreuillois)*. Église Saint-Pierre-et-Saint-Paul (chœur du déb. du XIIIe s.). Maison dans laquelle vécut G. Méliès. Musée de l'Histoire vivante, consacré au mouvement social en France. ▪ Indus. diversifiées.

**MONTREUIL** ou **MONTREUIL-SUR-MER** [62170] ➝ ÉTYM. du lat. *monasteriolum* «petit monastère» ♦ Ch.-l. d'arr. du Pas-de-Calais, sur la Canche. 2 428 hab. (aggl. 3 997) *(Montreuillois)*. Remparts (XIIIe, XVIe et XVIIe s.). Citadelle des XVIe - XVIIe s. Église gothique Saint-Saulve, anc. abbatiale bénédictine du XIe s., remaniée aux XIIIe et XVIe s. (tableaux, trésor). Chapelle de l'Hôtel-Dieu du XVe s. (riche mobilier du XVIIe s.).

**MONTREUIL-BELLAY** [49260] ♦ Ch.-l. de cant. du Maine-et-Loire, arr. de Saumur, sur la rive d. du Thouet. 4 112 hab. *(Montreuillais)*. Anc. château des Du Bellay (XIIIe et XVe s.). Église Notre-Dame, anc. chapelle seigneuriale (1472 - 1484), de style gothique flamboyant. Vestiges de l'enceinte du XVe s. (porte Saint-André). Maisons et hôtels anciens. Maison natale du poète romantique Charles Dovalle (1807 - 1829) ; salle consacrée à l'œuvre du peintre et caricaturiste Charles Léandre (1862 - 1934). ▪ Indus. chimique. ▪ Aux environs, anc. abbaye d'Asnières fondée au XIe s., dont le chœur est un spécimen de l'art gothique angevin.

**MONTREUIL-JUIGNÉ** [49460] ♦ Comm. du Maine-et-Loire, arr. d'Angers, sur la Mayenne. 6 666 hab.

**MONTREUX** ➝ ÉTYM. du lat. *monasteriolum* «petit monastère» ♦ V. de Suisse (Vaud) formée par les communes de Montreux et Veytoux, sur la rive d. du lac Léman. 23 195 hab. (aggl. de Vevey-Montreux 81 484). Vignobles. Importante station climatique. À proximité (Veytaux), château de Chillon (XIIe - XIIIe s.). ♦ ***Convention de Montreux*** Signée le 20 juil. 1936, elle abrogea les clauses du traité de Lausanne de 1923 et autorisa la remilitarisation des détroits turcs du Bosphore et des Dardanelles.

**MONTRICHARD** [mɔ̃triʃaʀ] [41400] ➝ ÉTYM. de *mont* et *Richard*, n. de pers. (compris dès le XIIIe s. comme *Mont Trichard*, d'où la prononciation) ♦ Ch.-l. de cant. du Loir-et-Cher, arr. de Blois, sur la rive d. du Cher. 3 624 hab. (aggl. 7 369) *(Montrichardais)*. Vestiges de l'anc. forteresse (donjon du XIe s.). Église romane Sainte-Croix, anc. chapelle seigneuriale. Église Notre-Dame-de-Nanteuil (voûtes du chœur et croisillons, XIIe s. ; nef aux voûtes angevines, XIIIe s. ; façade et portail de style gothique flamboyant). Maisons et hôtels des XVe - XVIe s. ▪ Caves de champagnisation. Négoce des vins de Touraine.

**MONTRIOND** [mɔ̃ʀjɔ̃] [74110] ➝ ÉTYM. franco-prov. «mont rond *(ryon)*» ♦ Comm. de la Haute-Savoie, arr. de Thonon-les-Bains. 769 hab. *(Meurians)*. Église du XVIIIe s. (clocher couronné ; retable polychrome). ▪ Station touristique (alt. 1 049 m) au bord du lac de Montriond (39 ha).

**MONTROND-LES-BAINS** [mɔ̃ʀɔ̃] [42210] ♦ Comm. de la Loire, arr. de Montbrison. 4 031 hab. (aggl. 5 213) *(Montrondais)*. Restes d'un château des XIVe - XVIe s. ▪ Station thermale.

**MONTROSE (James Graham,** 5e comte, puis 1er marquis de**)** ♦ Général écossais (Old Montrose, Angus 1612 - Édimbourg 1650). Il passa du parti des presbytériens à celui de Charles* Ier et souleva les Highlands en faveur du roi (1644), remportant de brillantes victoires. Contraint de s'exiler après la défaite de Naseby*, il fit une tentative pour mettre Charles* II sur le trône, qui échoua. Trahi, il fut exécuté. Il avait écrit des poèmes d'inspiration royaliste.

**MONTROUGE** [mɔ̃ʀuʒ] [92120] ➝ ÉTYM. allus. à la couleur rougeâtre du sol ♦ Ch.-l. de cant. des Hauts-de-Seine, arr. d'Antony, dans la banlieue S. de Paris. 37 733 hab. *(Montrougiens)*. Fort (en fait, situé sur la comm. d'Arcueil), où le maréchal Pétain fut emprisonné (août 1945) et où R. Brasillach fut exécuté. ▪ Faculté dentaire. École normale supérieure. Indus. diversifiées.

**MONT-ROYAL** ♦ V. du Canada (Québec), dans l'aggl. de Montréal. 18 933 hab.

**MONTS (Pierre DU GUA, DE)** ♦ Colonisateur français (en Saintonge v. 1568 - 1628). Parti pour le Canada (1604), il en explora le littoral et y fonda le premier établissement français, Port-Royal (Acadie).

**MONTS** [37260] ♦ Comm. de l'Indre-et-Loire, arr. de Tours. 6 514 hab. Produits pharmaceutiques. Indus. nucléaire.

**MONT-SAINT-AIGNAN** [76130] ♦ Ch.-l. de cant. de la Seine-Maritime, banl. N. de Rouen. 21 265 hab. *(Mont-Saint-Aignanais)*. Centre universitaire. Parc d'activités technologiques.

**MONT-SAINT-MARTIN** [54350] ♦ Ch.-l. de cant. de la Meurthe-et-Moselle, arr. de Briey. 8 241 hab. *(Saint-Martinois)*. Indus. alimentaire.

**MONT-SAINT-MICHEL (LE)** [50170] ➝ ÉTYM. nommé en l'honneur de saint Michel qui, selon la légende, apparut au VIIIe s. à saint Aubert, évêque d'Avranches, et lui ordonna d'élever un oratoire à cet endroit ♦ Comm. de la Manche, arr. d'Avranches, sur un îlot rocheux de forme conique, haut de 78 m. 46 hab. *(Montois)*. Cette petite île, avec son abbaye bénédictine de style gothique, est reliée au continent par la route de Pontorson. Des marées de très forte amplitude sur un rivage très plat entourent très rapidement le Mont. Les principales constructions de l'abbaye datent des XIIe et XIIIe s. Au sommet du Mont, l'église abbatiale domine l'abbaye avec sa flèche, atteignant une hauteur de 152 m au-dessus du niveau de la mer. L'église possède une nef et un transept romans, et un chœur gothique flamboyant des XVe et XVIe s. La Merveille, très belle construction gothique en granite, constitue les bâtiments claustraux et s'élève sur trois niveaux : en bas l'aumônerie et le cellier, au-dessus la salle des Hôtes et la salle des Chevaliers, en haut le réfectoire et le cloître. Les remparts datent des XIIIe et XVe s. L'abbaye fut construite sur le lieu d'un très ancien pèlerinage (VIIIe s.). Des travaux de désensablement de la baie sont effectués (2005 - 2015), notamment grâce au barrage du Couesnon*. ▪ Centre touristique.

**MONTSAUCHE-LES-SETTONS** [58230] ➝ ÉTYM. p.-ê. «mont des saules» ♦ Ch.-l. de cant. de la Nièvre, arr. de Château-Chinon, bâti à 650 m d'alt. dans le Morvan. 610 hab. *(Montsauchois)*. Centre touristique à proximité du lac des Settons*. ▮ **Histoire** La ville fut détruite en 1944 par les Allemands.

**MONTSÉGUR** [09300] ➝ ÉTYM. «(le château du) mont sûr», de l'occit. *segur* «sûr» ♦ Comm. de l'Ariège, arr. de Foix. 117 hab. *(Montséguriens)*. Ruines du château, sur un piton rocheux (1 216 m). Petit musée archéologique. ▮ **Histoire** En 1244, la forteresse dans laquelle s'étaient réfugiés les albigeois* fut assaillie et prise par les croisés. Les ruines du château constituent un des hauts lieux du catharisme.

**MONTSERRAT** n. m. ➝ ÉTYM. catalan «montagne sciée» (sommet en dents de scie) ♦ Massif montagneux d'Espagne (Catalogne), au N.-O. de Barcelone, culminant à 1 236 m. Une abbaye bénédictine y fut fondée au IXe s. C'est un lieu de pèlerinage fréquenté où est vénérée une Vierge noire.

**MONTSERRAT** ♦ Île des Petites Antilles, située au N.-O. de la Guadeloupe. 103 km². 9 340 hab. Territoire d'outre-mer appartenant au Royaume-Uni. À partir de 1996, l'éruption du volcan de *Soufrière Hills* (915 m) a entraîné l'évacuation du S. de l'île, y compris l'ancien chef-lieu Plymouth. Une bonne partie de la population s'est réfugiée dans les îles voisines et en Grande-Bretagne.

**MONTSOREAU** [49730] ➝ ÉTYM. langue d'oïl «mont roux *(soreau)*» ♦ Comm. du Maine-et-Loire, arr. de Saumur, sur la rive g. de la Loire. 544 hab. *(Montésorelliens)*. Église en partie du XIIIe s. Maisons anc. Musée à l'intérieur du château construit au XVe s. par les seigneurs de Chambes. L'un de leurs descendants, Charles de Chambes, assassina Bussy d'Amboise à Brain-sur-Allones en 1579. Cet événement inspira à Alexandre Dumas certaines des péripéties de son roman *La Dame de Monsoreau*.

**MONTSOULT** [95560] ♦ Comm. du Val-d'Oise, arr. de Sarcelles. 3 519 hab. (aggl. 6 599).

**MONTT (Manuel)** ♦ Homme d'État chilien (Petorca 1808 - Santiago 1880). Magistrat de métier, il fut président de la République de 1851 à 1861. Il mena une politique de réformes et de modernisation du pays (enseignement, travaux publics). En 1852, il mit en place un programme de vente des biens de l'Église et promulgua un Code civil (1855).

**MONTVILLE** [76710] ➝ ÉTYM. «le domaine (lat. *villa*) de Modo (frq., n. de pers.)» ♦ Comm. de la Seine-Maritime, arr. et aggl. de Rouen. 4 644 hab. *(Montvillais)*.

**MONTYON (Jean-Baptiste Antoine AUGET,** baron **DE)** ♦ Administrateur et philanthrope français (Paris 1733 - *id.* 1820). Après avoir été chargé de fonctions administratives avant la Révolution, il émigra à Genève puis à Londres. Il mit une grande partie de sa fortune au service d'hôpitaux, d'œuvres de charité et fonda en 1782 le prix de Vertu, attribué chaque année par l'Académie française au «Français pauvre ayant accompli l'action la plus vertueuse», ainsi qu'un prix littéraire.

**MONTY PYTHON** ♦ Troupe de comédiens et réalisateurs (les Britanniques Graham Chapman [mort en 1989], John Cleese, Eric Idle, Michael Palin et l'Américain Terry Gilliam*), formée en Grande-Bretagne dans les années 1970 pour la série télévisée *Monty Python's Flying Circus*. Passant ensuite au cinéma, ils connurent le succès, après *La Première Folie des Monty Python* (1974), avec *Monty Python, sacré Graal* (1975), *La Vie de Brian* (parodie de la vie du Christ, 1979) et *Monty Python, le sens de la vie* (1983), avant de se séparer et de mener des carrières indépendantes (M. Palin dans *Un poisson nommé Wanda*, 1988). Un style débridé et irrévérencieux, un trait féroce au service d'un goût certain pour la transgression et le travestissement caractérisent leur humour qui excelle dans l'exagération et la satire.

**MONZA** ♦ V. d'Italie, en Lombardie (prov. de Milan). 120 204 hab. Cathédrale (XIIIe - XIVe s.) de style lombard ; façade de marbres polychromes par M. da Campione ; fresques (XVe s.) ; trésor comportant la couronne de fer des rois lombards (Ve - IXe s.). Église Santa Maria in Strada (XIVe s.). Parc de la Villa Royale, incluant le célèbre circuit automobile. ▪ Indus. textile (chapeaux de paille), des pneumatiques, des matières plastiques, mécanique (Philips). Petit centre tertiaire. ▮ Histoire Anc. capitale des rois lombards, elle passa aux Visconti (1324) puis fut intégrée au duché de Milan. Le roi Humbert Ier fut assassiné à Monza (1900).

**MOODIE (Susanna)** ♦ Femme de lettres canadienne d'expression anglaise (Bungay, Suffolk 1803 - Toronto 1885). Elle arriva au Canada en 1832 avec sa sœur C. P. Traill* et leurs maris, et publia vingt ans plus tard *Roughing it in the Bush.* Cette œuvre autobiographique conte avec une malicieuse ironie les heurs et malheurs de l'installation en contrée «sauvage» des émigrés «civilisés». *The Journals of Susanna Moodie* de Margaret Atwood (1972) la propose comme modèle de l'expérience canadienne et de sa psyché collective.

**MOON** (secte) ♦ Secte religieuse dont le nom officiel est «Église de l'Unification», fondée en 1954 à Séoul par SUN MYUNG MOON (né en 1920). Forte de plus de 2 millions d'adeptes dans le monde, la secte, dont les méthodes sont contestées, entend établir «le royaume de Dieu sur terre» en unifiant toutes les religions et les cultures afin de lutter contre le communisme.

**MOORCOCK (Michael John)** ♦ Romancier britannique (Londres 1939). Il se consacre à l'écriture depuis l'âge de seize ans et a été le rédacteur en chef de plusieurs revues de science-fiction et de bande dessinée. Son œuvre principale est *Le Cycle d'Elric,* inauguré en 1972 avec *Elric des Dragons,* qui met en scène un prince albinos, dernier souverain d'une île jadis maîtresse du monde. Influencé par Tolkien*, il est l'un des chefs de file du renouveau de la science-fiction anglaise. Parmi les autres cycles de son œuvre figurent *La Légende de Hawkmoon* et *La Quête d'Erekosë.* Il a commencé en 1992 *Les Livres de Corvon.* Parmi d'autres titres plus proches de la science-fiction traditionnelle, *Le Corridor noir* (1969), *La Fin de tous les chants* (1976) et *Gloriana* (1978) sont les plus connus.

**MOORE (Thomas)** ♦ Poète irlandais (Dublin 1779 - Sloperton, Londres 1852). Avant de quitter sa ville natale, Moore fit partie de la conspiration pour l'unité de l'Irlande. Étudiant en droit à Londres, il séduisit les lettrés par une traduction en vers des *Odes d'Anacréon,* 1800. Ses *Poèmes de Thomas Little* (1801), de caractère érotique, lui permirent d'éviter la prison pour dettes. Ayant obtenu un poste administratif aux Bermudes (1803 - 1805), il y composa une romance orientale *Lalla Rookh* (1817) qui lui valut une gloire européenne. C'est aussi son voyage aux Bermudes et en Amérique qui lui inspira les *Épîtres, Odes et autres Poèmes* (1806). Il chantait lui-même dans les salons ses *Mélodies irlandaises* harmonisées par sir John Stevenson (1807) et on le sacra chantre national de l'Irlande. Mais il est surtout célèbre auj. pour ses dons satiriques : épigrammes du *Petit Courrier (The Twopenny Bag),* esquisses sur les «groupes d'Anglais ridicules» (*La Famille Fudge à Paris,* 1818 ; *Les Fudge en Angleterre,* 1835). Moore est à l'origine de la poésie «angélique» : *Les Amours des anges* (1823), qui fut censuré pour irréligion, inspira Vigny. Ami de Byron*, il écrivit sa *Vie* d'après ses mémoires manuscrits qu'il brûla sur le conseil d'Augusta Leigh, la demi-sœur de Byron.

**MOORE (George Augustus)** ♦ Écrivain irlandais (Ballyglass, comté de Mayo 1852 - Londres 1933). À sa majorité, il s'installa à Paris où il apprit la peinture. Mais, lisant Pater, Balzac et Tourgueniev, il se découvrit écrivain. Marqué par Baudelaire, il publia des poèmes (*Fleurs de passion,* 1877), et rédigea en français ses *Poèmes païens* et la première version des *Confessions d'un jeune Anglais* (1888), roman «décadent» où le héros se dépeint comme un «raté» ayant tout sacrifié à son art. Ses romans *La Femme du cabotin* (1885) et *Esther Waters* (1894) sont marqués par l'influence de Zola et des frères Goncourt. De retour en Irlande, en 1901, il contribua au renouveau celtique en compagnie de Yeats*, J. M. Synge*, Lady Gregory*, E. Martyn*, soutint le théâtre irlandais et publia des nouvelles sur la vie irlandaise (*Le Champ inculte,* 1903). Moore s'intéressa alors à la vie de *Sœur Thérèse* (1901) ainsi qu'à celle du Christ : *Solitude du Kerith, histoire syriaque* (1916), comparable à la *Vie de Jésus* de Renan. George Moore laissa encore une magistrale autobiographie en trois volumes : *Ave* (1911), *Salve* (1912) et *Vale* (1914).

**MOORE (Eliakim Hastings)** ♦ Mathématicien américain (Marietta, Ohio 1862 - Chicago 1932). Il étudia notamment les groupes abstraits, les automorphismes de groupes et les corps finis.

**MOORE (Marianne Craig)** ♦ Poète américaine (Saint Louis, Missouri 1887 - New York 1972). De 1925 à 1929, elle dirigea *The Dial,* revue littéraire. Ses *Collected Poems* (1951) lui valurent le prix Pulitzer. Elle a traduit en vers les *Fables* de La Fontaine (1954).

**MOORE (Henry)** ♦ Sculpteur britannique (Castleford, Yorkshire 1898 - Much Hadhan, Hertfordshire 1986). Fils de mineur, il fut d'abord instituteur, puis entreprit des études d'art. Il se forma d'abord à la School of Art de Leeds puis au Royal College of Art de Londres (1921 - 1924). À partir de 1923, il séjourna fréquemment à Paris, et, en 1925, il voyagea pendant six mois en Italie. Dès 1928, il créa ses premières sculptures monumentales (entrée du métro Saint-James). Tirant la leçon de l'art de Brancusi* et, s'intéressant aux sculptures précolombiennes, il subit aussi l'attraction de l'art de Picasso et s'affranchit des conventions figuratives naturalistes.

Henry **Moore.** *Figure étendue* (88,9 × 132,7 × 73,7 cm). Tate Gallery, Londres. *Phot. © Nimatallah/Ricciarini*

«La figure humaine est ce qui m'intéresse le plus profondément», écrivit-il ; en effet, il a traité avec une particulière prédilection le thème de la mère et de l'enfant, du couple, de la figure couchée ou dressée. Le surréalisme l'incita à ne pas reculer devant les rapprochements inattendus, les métamorphoses irrationnelles. Il pratiqua une figuration très allusive, traitant avec une extrême liberté les proportions, l'anatomie, éliminant radicalement certains détails et exploitant les effets de distorsion, étirement, aplatissement ou renflement des volumes. Il s'intéressa particulièrement au problème du vide, ménageant souvent dans des volumes souples, sinueux, asymétriques des cavités à l'intérieur desquelles il insère sans les ajuster de nouveaux volumes dont certaines parties s'érigent dans l'espace. Il procéda ainsi à une analyse complexe du rapport entre les pleins et les vides (*Figures couchées, Forme intérieur-extérieur*). Vers 1938 - 1939, il créa des formes plus strictement abstraites, aux arêtes tranchées entre lesquelles des fils tendus concrétisent des lignes de force. La variété des recherches de Moore et leur qualité expressive révèlent l'un des talents plastiques les plus inventifs de son époque. ➝ ÉTYM. Ce nom vient de l'anglais *moor* «lande, bruyère, marécage» ou de l'ancien français *More* «Maure [brun comme un Maure]».

**MOORE (Stanford)** ♦ Biochimiste américain (Chicago 1913 - New York 1982). Grâce à l'utilisation de nouvelles méthodes chromatographiques, il parvint, avec W. Stein, à élucider la composition de la ribonucléase. Le même procédé permit ensuite la détermination de la structure de très nombreuses autres protéines. [Prix Nobel de chim. 1972, avec C. Anfinsen* et W. Stein]

**MOORE (Brian)** ♦ Romancier irlandais (Belfast 1921 - Malibu, Los Angeles 1999). Pendant les années 1950 lorsqu'il habitait le Canada, Moore publia des romans comme *Judith Hearne* (1955) qui livrent des portraits ironiques de personnages réprimés par un milieu qui ne laisse pas oublier l'écart entre leurs rêves et la réalité. L'illusion et la crise existentielle sont ses thèmes favoris. Il s'installa en Californie en 1958.

**MOORE (Michael)** ♦ Auteur et réalisateur américain (Flint 1954). Il attaque violemment le système américain, mettant surtout en cause le pouvoir et les pratiques douteuses de certaines multinationales. Fils d'un ouvrier de l'industrie automobile à la General Motors, il réalise *Roger et moi* (1989), dénonçant la fermeture de ces usines à Flint, puis *The Big One* (1997). En 2002, son enquête sur le massacre au lycée de Columbine et la possession des armes à feu lui vaut l'Oscar du meilleur documentaire avec *Bowling for Columbine.* En 2004, il écrit *Tous aux abris* et réalise *Fahrenheit 9/11,* décrivant notamment les liaisons entre la famille Bush et la famille saoudienne Ben Laden, et remporte la Palme d'or à Cannes. Avec *Sicko* (2007), il s'attaque au système de santé américain. La crise financière mondiale l'amène à tourner un brûlot sur le capitalisme : *Capitalism, a Love Story* (2009).

**MOOREA** ♦ Île triangulaire d'origine volcanique de Polynésie française, dans l'archipel de la Société*, appartenant au groupe des *îles du Vent* et située à l'O. de Tahiti*. 136 km². 7 059 hab. Elle possède deux baies, celle de Papetoai et celle de Paopao, ou baie de Cook. Les paysages y sont d'une grande beauté.

**MOOSE JAW** ➝ ÉTYM. angl. «mâchoire d'élan (ou d'orignal)» ♦ V. du Canada (Saskatchewan), à l'O. de Regina*. 33 360 hab. Passage des deux lignes ferroviaires intercontinentales et de grandes routes. Raffinerie de pétrole. Meunerie ; conserveries. Abattoirs. Base aérienne militaire.

**MOPSOS** ♦ Devin de l'oracle d'Apollon de Claros (Colophon), petit-fils de Tirésias*. Il rencontre Calchas* rentrant de la guerre de Troie et se montre plus habile que lui dans l'art de la divination. Calchas meurt aussitôt de dépit.

**MOPTI** ♦ V. du Mali, sur la rive d. du Niger, au confluent du Bani, dans la plaine de Macina. 75 000 hab. ▪ Développée par El-Hadj Omar, puis modernisée par la France, elle est la prolongation fluviale de la voie ferrée Dakar-Niger. → **Sénégal.** Port de pêche. Rizerie.

**MÔQUET (Guy)** ♦ Militant et résistant communiste français (Paris 1924 - Châteaubriant 1941). Fils de militants communistes, il fut arrêté en octobre 1940 par la police française pour avoir distribué des tracts communistes, le PCF étant interdit depuis 1939, au lendemain de la signature du pacte germano-soviétique. Envoyé à Châteaubriant, il fut désigné avec vingt-six autres otages pour être fusillé en représailles de l'exécution d'un officier allemand par des résistants communistes. Plus jeune fusillé, devenu un héros aux yeux des communistes, il est cependant revendiqué aussi plus récemment par la droite. Le président de la République, Nicolas Sarkozy, décida en 2007 la lecture de la dernière lettre de Guy Môquet à ses parents dans tous les lycées de France.

**MORADABAD** ♦ V. de l'Inde (Uttar Pradesh). 641 240 hab. Elle profite du développement de la région de Delhi (à 150 km). Usines métallurgiques et textiles. ▪ La ville fut fondée au XVII<sup>e</sup> s. par les Moghols.

**MORAIS (Francisco DE)** ♦ Écrivain portugais (Bragance v. 1500 - Evora 1572). Trésorier de Jean* III, il est l'auteur du *Palmerin d'Angleterre*, roman de chevalerie qui connut un grand succès.

**MORALES (Cristóbal DE)** ♦ Compositeur espagnol (Séville v. 1500 - Málaga ou Marchena 1553). Il vécut à Rome et, de retour en Espagne, devint maître de chapelle de la cathédrale de Tolède (1545), du duc d'Arcos (1548) et enfin de la cathédrale de Málaga (1551). Chef de l'école andalouse, il excella dans la musique sacrée (messes, motets).

**MORALES (Luis DE)** ♦ Peintre espagnol (Badajoz v. 1500 - *id.* 1586). Les œuvres sorties de son atelier révèlent les influences conjuguées des romanistes flamands et du maniérisme italien, plus particulièrement du Parmesan* et de l'école lombarde. Avec des formes étirées, des gestes recherchés, un modelé souple hérité du *sfumato* de Léonard*, il insista sur le caractère émouvant de ses représentations *(Vierges de douleurs, Pietà, Ecce homo)*. Cette recherche de pathétisme donne un accent spécifiquement hispanique à son maniérisme et reflète un sentimentalisme religieux qui lui valut le surnom de *el Divino*.

**MORALES (Evo)** ♦ Homme d'État bolivien (Orinoca, Altiplano 1959). À la tête du Mouvement vers le socialisme, il a été le premier Amérindien à accéder à la présidence de la République bolivienne (2006, réélu en 2009) et a poursuivi des réformes pour renforcer le rôle de l'État dans l'économie (nationalisation du secteur de l'énergie, création d'entreprises publiques dans les secteurs clés) et financer des aides sociales aux plus pauvres.

**MORAND (Paul)** ♦ Écrivain français (Paris 1888 - *id.* 1976). Appelé par sa carrière diplomatique à séjourner à Londres, Rome, Paris, Bucarest, Berne, Morand s'est voulu le «globe-trotter de la littérature». Attentif à «surveiller la désorganisation du monde» moderne, il a donné, dans ses poèmes *(Lampes à arc*, 1919 ; *Feuilles de température*, 1920), dans un roman, *Lewis et Irène* (1924), et surtout dans des récits vifs et rapides, enrichis d'images inédites, une peinture brillante du Paris d'avant-guerre, d'un monde trépidant en proie aux idéologies nouvelles, d'une civilisation cosmopolite. *Les Chroniques du vingtième siècle*, où sont regroupés *L'Europe galante* (1925), *Bouddha vivant* (1927), *Magie noire* (1928) et *Champions du monde* (1930), montrent l'écrivain sensible au génie de chaque race, tandis que, réunies en 1965 dans les *Nouvelles d'une vie*, d'autres études se répartissent en *Nouvelles des yeux* (*Tendres Stocks*, 1921), vision satirique de notre temps, et *Nouvelles du cœur* (*Milady*, 1927), évocation d'un monde moins superficiel. Cette évolution s'est accentuée après la guerre, et *Le Flagellant de Séville* (1951), *Hécate et ses chiens* (1954), *Tais-toi* (1965) se présentent comme des explorations hardies de l'inconscient. L'écriture impressionniste, «le trait en éclair, le ton cassant, l'image qui fait sursauter» annoncent en P. Morand l'«inventeur du style moderne» (J. Chardonne). Il a laissé avec *Venises* (1971) l'un des carnets de voyage les plus originaux du XX<sup>e</sup> siècle. [Acad. fr. 1968] → ÉTYM. *Morand* vient du latin *Maurandus*, nom de personne, de *Maurus* «Maure [brun comme un Maure]».

**MORANDI (Giorgio)** ♦ Peintre italien (Bologne 1890 - *id.* 1964). Sa carrière s'est déroulée pour l'essentiel à Bologne, et il est resté indépendant des influences qui ont marqué ses débuts : le futurisme* (il a rencontré Boccioni en 1914), la peinture métaphysique de Carrà* et De* Chirico, et le purisme du groupe Valori Plastici, avec lequel il a exposé en 1921 à Berlin. Il a fait la synthèse de ces tendances, de l'œuvre de Giotto* et de celle de Cézanne* dans des paysages vides et dans une longue suite de natures mortes, composées de bouteilles, de vases, de lampes à huile, placés frontalement devant des fonds abstraits, archétypes froids soulignant jusqu'à l'irréalité la présence de ces objets. Par cet univers silencieux, il suggère une force invisible derrière la matérialité. → ÉTYM. *Morandi* a la même étymologie que *Morand**.

**MORANE** (les frères) ♦ Industriels et aviateurs français. LÉON MORANE (Paris 1885 - *id.* 1918) et ROBERT MORANE (Paris 1886 - *id.* 1968). Ils créèrent, avec l'ingénieur Saulnier, la firme de construction aéronautique Morane-Saulnier, spécialisée dans l'étude de prototypes d'avions et d'hydravions (1910). La même année, Léon fut le premier à dépasser la vitesse de 100 km/h et l'altitude de 2 500 m.

**MORANGIS** [91420] → ÉTYM. anc. *Montrangis*, du lat. *mons* «mont» et p.-ê. du germ. *Rango*, n. de pers. ♦ Comm. de l'Essonne, arr. de Palaiseau. 10 611 hab. *(Morangissois)*. Indus. diversifiées.

**MORANTE (Elsa)** ♦ Femme de lettres italienne (Rome 1912 - *id.* 1985). Elle débuta en 1941 par un recueil de nouvelles *(Il gioco secreto)* et une fable pour enfants : *Le bellissime avventure di Caterì dalla trecciolina* (qui sera suivie en 1959 par *Les Extraordinaires Aventures de Caterina*). Ce filon enfantin n'est pas insignifiant, si l'on songe que toute l'œuvre d'Elsa Morante chante éperdument la magique douleur de l'enfant, étranger fasciné à la lisière du monde adulte, depuis l'adolescente névrotique de *Mensonge et Sortilège* (1948) jusqu'au petit bâtard idiot de *La Storia* (1974), en passant par le héros de *L'Île d'Arturo* (1957). Ces trois chefs-d'œuvre sont marqués par leurs vastes dimensions, propres à un récit sinueux et fantastique, dont les fortes structures sont dissimulées sous une langue somptueuse et candide à la fois. Cette thématique enfantine et «animalesque» (Morante adorait les chats) trouve son apogée dans *La Storia*, livre très controversé en Italie, où l'auteur exprime justement un scandaleux refus de l'histoire, auquel s'oppose le salut angélique des enfants et des pauvres. Les nouvelles assez amères du *Châle andalou* (1963) et la tonalité plus angoissée d'*Aracoeli* (1982), où la romancière revient sur la quête de la figure maternelle, ne font qu'accroître la richesse d'une œuvre, qui, avec *Le Monde sauvé par les enfants* (1968), compte une sorte de poème programmatique dont Pasolini fut un admirateur enthousiaste.

**MORAT** – en all. ***Murten*** ♦ V. de Suisse (cant. de Fribourg), sur le lac de Morat *(Murtensee)*. 5 651 hab. Remparts du XV<sup>e</sup> s., rues à arcades, maisons anc. **▮ Histoire** Le lieu vit, après celle de Grandson*, la seconde victoire des Suisses, alliés de Louis XI, sur Charles* le Téméraire (22 juin 1476).

**MORATÍN (Leandro FERNÁNDEZ DE)** dit **le Jeune** ♦ Auteur dramatique espagnol (Madrid 1760 - Paris 1828). Fils de NICOLÁS FERNÁNDEZ DE MORATÍN (1737 - 1780), lui-même auteur dramatique, grand admirateur de Molière, il fut profondément marqué par l'influence française. Il fit représenter avec succès plusieurs comédies, dont *Le Vieillard et la Jeune Fille* (*El viejo y la niña*, 1790) et *Le Oui des jeunes filles* (*El sí de las niñas*, 1806). Il traduisit Shakespeare* (*Hamlet*, 1812) et Molière* (*L'École des maris*, 1812 ; *Le Médecin malgré lui*, 1814).

**MORAVA** n. f. → ÉTYM. du slave *morava* «rivière marécageuse» ; en all. ***March*** ♦ Riv. d'Europe centrale (378 km), affl. du Danube (rive g.). Sortie des monts Jeseníky*, elle passe à Olomouc et forme la frontière entre la Moravie (Rép. tchèque) et la Slovaquie, puis entre la Slovaquie et l'Autriche.

**MORAVA** n. f. → ÉTYM. du slave *morava* «rivière marécageuse» ♦ Riv. de Serbie (245 km) affl. (rive d.) du Danube. Formée par la réunion de la Morava de l'O. (298 km) et de la Morava du S. (318 km), elle traverse du N. au S. toute la Serbie.

## moraves (Frères)

♦ Église protestante issue du hussisme au XV<sup>e</sup> s. en Bohême. Après la rupture avec les hussites (1467), les Frères moraves s'organisèrent sous l'impulsion de Luc de Prague en communautés autonomes (congrégationalisme) menant une vie austère dans le retrait du monde et le refus de la violence. Leur œuvre littéraire occupe une place importante dans la culture tchèque (*Grammaire tchèque* de Jan Blahoslav, 1571 ; *Bible de Kralice*, 1579 - 1593). Persécutés dès l'origine, ils s'exilèrent à partir du XVII<sup>e</sup> s., mais retrouvèrent une place prépondérante en Tchécoslovaquie après l'indépendance (1918) comme «Église évangélique tchèque des frères». Leur intense activité missionnaire les conduisit à multiplier les communautés en Europe centrale, en Angleterre, aux États-Unis *(Moravian Church)*, et jusque dans les Caraïbes et au Groenland (1738).

**MORAVIA (Alberto PINCHERLE, dit Alberto)** → ÉTYM. du n. de sa grand-mère paternelle ♦ Écrivain italien (Rome 1907 - *id.* 1990). Longtemps immobilisé durant son enfance par la tuberculose, Moravia s'instruisit lui-même dans les sanatoriums où il fut soigné, et manifesta dès son premier roman, *Les Indifférents* (1929), une vision mûrie de la vie. Derrière la peinture critique des premières années du fascisme, l'écrivain abordait le thème qu'allaient illustrer à peu près tous ses ouvrages : la difficulté de l'individu à s'insérer dans une réalité sociale dont les valeurs sont désormais, selon lui, l'argent et le sexe, l'ambiguïté des rapports avec la femme et plus profondément l'inquiétude existentielle qui saisit les hommes, étrangers à eux-mêmes et au monde. Après *Les Ambitions déçues* (1935) et

*La Belle Vie* (1935), Moravia, inquiété par le régime fasciste, partit aux États-Unis, en Chine et aux Indes, où il fit des reportages. Après son retour en Italie, l'écrivain (auquel on doit également de nombreuses critiques littéraires et cinématographiques) poursuivit son œuvre romanesque avec *Agostino* (1945), analyse exemplaire des troubles d'un adolescent à qui se révèle la sexualité ; *La Belle Romaine* (1947), *La Désobéissance* (1948), *Le Mépris* (1954 ; adapté au cinéma par Godard), *La Ciociara* (1957), études au style dépouillé et volontairement neutre dont l'horizon social s'enrichit par la peinture du petit peuple. *Le Conformiste* (1951 ; adapté au cinéma par Bertolucci), *L'Ennui* (1960) et *L'Attention* (1965) confirmèrent le pessimisme de l'écrivain qui continua à rechercher sa source d'inspiration dans le marxisme et la psychanalyse, comme le souligne *Desideria* (1979), roman d'apprentissage au ton hardi et peinture du malaise de la bourgeoisie. La monotonie de la thématique, la pauvreté (volontaire) de la langue, le flirt constant avec les idéologies du jour ne doivent pas occulter la fertilité de l'œuvre de Moravia et la force de ses premiers chefs-d'œuvre.

**MORAVIE** n. f. – en tchèque ***Morava*** ➝ ÉTYM. du n. des deux riv. *Morava** ♦ Région historique et géographique constituant la partie centrale de la Tchécoslovaquie jusqu'en 1992 et formant depuis la partie orientale de la République tchèque. 26 094 $km^2$. 4 010 000 hab. POPULATION : Tchèques, 61 % ; Moraves (tchécophones), 33 %. Jusqu'en 1989, la Moravie était composée des deux régions administratives de *Moravie-Méridionale* et *Moravie-Septentrionale*, cette dernière incluant la partie tchèque de Silésie. ▮ **Géographie** La Moravie correspond essentiellement au bassin hydrographique constitué par la Morava* et ses affluents. Elle forme un grand couloir de circulation entre la plaine germano-polonaise et la vallée du Danube. Le bassin d'Olomouc est relié à la vallée de l'Oder par la Porte de Moravie, entre les Jeseníky et les Beskides. Cette position stratégique a fait de la Moravie l'enjeu de grandes batailles (Austerlitz*). ➝ **Tchécoslovaquie, tchèque (République).** ▮ **Histoire** Peuplée avant l'ère chrétienne par les Celtes boïens, puis par les Quades (v. –15), la Moravie fut occupée au VI$^e$ s. par une population slave qui dut résister aux invasions des Avars avec l'aide du Franc Samo, puis de Charlemagne. Le *royaume de Grande-Moravie* put alors être fondé vers 830 par Mojmír, chef d'une tribu slave morave. Sous Rostislav (846 - 870) commença l'évangélisation du royaume par saint Cyrille* de Salonique et Méthode. Son successeur, Svatopluk (870 - 894), agrandit le territoire (qui comprit à un moment donné la Slovaquie occidentale et la Bohême), mais à sa mort le royaume fut partagé entre ses fils. La Moravie fut envahie à la fin du IX$^e$ s. par les Magyars. En 1029, elle fut rattachée à la Bohême, puis érigée temporairement en margraviat en 1182. Son histoire se confond ultérieurement avec celle de la Bohême. ➝ **Bohême.**

**MORAY (Jacques Stuart,** 1$^{er}$ comte **DE)** ➝ **Murray**

**MORAY** (firth of) ♦ Large baie de la côte E. de l'Écosse, au débouché de la dépression de Glen More, et au fond de laquelle est située Inverness.

**MORBIHAN** (golfe du) ➝ ÉTYM. du breton *mor bihan* « petite mer » ♦ Golfe de Bretagne presque fermé, constituant une mer intérieure parsemée de nombreuses îles dont Gavr'inis et l'île aux Moines. D'une largeur de 20 km et d'une profondeur de 15 km, il communique avec l'Atlantique par un étroit goulet entre Locmariaquer et Port-Navalo. Sur ses bords se trouvent Auray et Vannes. Il est bordé au S. par la presqu'île de Rhuys. ▪ Région touristique. Stations balnéaires. Ports de plaisance. Ostréiculture.

**Morbihan.** Le Bono. *Phot.© Galam /Fotolia*

**MORBIHAN** n. m. [56] ➝ ÉTYM. du n. du golfe ♦ Dép. de l'O. de la France, région Bretagne. 6 822 $km^2$. 643 873 hab. CH.-L. : Vannes. CH.-L. D'ARR. : Lorient, Pontivy. Cour d'appel : Rennes. Académie : Rennes. ➝ **Bretagne.**

**MORCENX** [mɔʀsɛ̃s] [40110] ➝ ÉTYM. p.-ê. du germ. *Mauricho*, n. de pers., et suff. *-ing* ♦ Ch.-l. de cant. des Landes, arr. de Mont-de-Marsan. 4 383 hab. *(Morcenais)*. Gare de triage. Indus. du bois.

**MORDELLES** [35310] ♦ Ch.-l. de cant. de l'Ille-et-Vilaine, arr. de Rennes. 5 901 hab.

**MORDOVIE** n. f. – off. ***république de Mordovie***, en russe ***Mordovskaïa Respoublika*** ➝ ÉTYM. de *Mordves** ♦ République de la fédération de Russie. ➝ **Russie** (carte et tableau des divisions admin.). 26 200 $km^2$. 888 700 hab. *(Mordves)*. LANGUES : mordve, russe. POPULATION : Mordves, 32 % ; Russes, 60 % ; Tatars, 5 %. RELIGION : orthodoxe. CAPITALE : Saransk. La Mordovie est divisée en 21 districts. ▪ C'est un pays de forêts au N. et de steppes à terres noires au S. ; on y cultive le blé, le maïs, le chanvre, les betteraves à sucre et le tabac. Élevage bovin et ovin. Apiculture. Indus. métall., mécanique, chimique et alimentaire. Traitement du bois. ▮ **Histoire** Dominés par les Mongols au XIII$^e$ s., puis par les Russes (XVI$^e$ s.), les Mordves participèrent aux révoltes de Stenka Razine* (1670 - 1671) et de Pougatchev* (1773 - 1775). Après la révolution d'Octobre, le régime soviétique y fut instauré (1918). Partie de la région de la Moyenne-Volga en 1928, la Mordovie devint région autonome en janvier 1930, puis République socialiste soviétique autonome en 1934 avant de proclamer sa souveraineté au sein de la fédération de Russie en 1991.

**MORDVES** n. m. pl. ➝ ÉTYM. en russe *Mordvy* (sing. *Mordva*), du votyak *murt* « homme » ♦ Peuple finno-ougrien d'agriculteurs et de pêcheurs, établi dès le I$^{er}$ s. dans le bassin de l'Oka. Il se subdivisait en trois groupes : les Mokchanes et Ersans, qui habitaient dans les gouvernements de Penza et de Nijni-Novgorod, et les Karatais, musulmans et tatarisés (dans les gouvernements de Simbirsk et de Kazan). Aujourd'hui les Mordves font partie de la république de Mordovie.

**MORE** (saint **Thomas**) – en lat. ***Thomas Morus*** ♦ Homme politique et humaniste anglais (Londres 1478 - *id.* 1535). Il étudia à Oxford et devint homme de loi. Dans l'opposition sous Henri* VII, il eut une brillante carrière politique sous Henri* VIII ; après avoir été ambassadeur extraordinaire et chancelier du duché de Lancaster, il fut nommé à la chancellerie du royaume. Resté catholique, tout en préconisant une réforme de l'Église, il désapprouva le divorce d'Henri* VIII, fut emprisonné et exécuté. Humaniste, il était l'ami d'Érasme* avec qui il traduisit certains *Dialogues* de Lucien*. Mais il est surtout connu comme l'auteur de l'*Utopie** qui eut un grand succès en Europe. Il a également écrit des traités polémiques et des poésies. ▪ Fête le 22 juin.

**MORÉAS (Ioannis PAPADIAMANTOPOULOS, dit Jean)** ➝ ÉTYM. d'après l'auteur, *Moréa* aurait été accolé à son n. lors de l'émigration de sa famille au début du XIX$^e$ s. au Péloponnèse (appelé aussi *Morée**) ♦ Poète français d'origine grecque (Athènes 1856 - Paris 1910). Il passa sa jeunesse à Athènes, puis, après avoir parcouru l'Europe (notamment l'Allemagne), il se fixa définitivement à Paris (1882). D'abord rangé dans l'« école décadente » avec *Les Syrtes* (1884), il se rattacha au mouvement symboliste (*Les Cantilènes*, 1886). Pourtant, hostile à l'« inintelligible » chez ceux qu'il avait défendus par un manifeste ardent (1886), il quitta les symbolistes pour renouer avec la tradition gréco-latine. Fondant, avec le jeune Charles Maurras*, l'« école romane », il fit paraître *Le Pèlerin passionné* (1891 - 1893) et surtout *Les Stances* (six livres, 1899 à 1901 ; septième livre, posth. 1920), méditations sur la vie et sur le monde où s'allient la subtilité symboliste et la rigueur classique.

**MOREAU (Jean-Baptiste)** ♦ Compositeur français (Angers 1656 - Paris 1733). Maître de chapelle des cathédrales de Langres et de Dijon, il fut introduit à la cour où la faveur de Louis XIV lui valut d'être nommé maître de musique de la maison de Saint-Cyr. Il y composa de la musique pour des cantiques de Racine et pour ses deux tragédies bibliques *Esther* (1689) et *Athalie* (1691). Professeur de chant et de composition, il eut Montéclair, d'Andrieu et Clérambault pour élèves. ➝ ÉTYM. *Moreau* vient de *More, Maure* « brun de peau, comme un Maure ».

**MOREAU (Louis Gabriel)** dit **Moreau l'Aîné** ♦ Peintre et graveur français (Paris 1740 - *id.* 1806). Élève de Demachy, il peignit des vues d'architecture, des pastorales et surtout des vues de la banlieue et des environs de Paris qui révèlent une conception du paysage dénuée d'artifice et une sensibilité à la transparence de l'atmosphère (*Vues des coteaux de Meudon prises du parc de Saint-Cloud*, vers 1785).

**MOREAU (Jean-Michel)** dit **Moreau le Jeune** ♦ Dessinateur et graveur français (Paris 1741 - *id.* 1814). Frère de Moreau l'Aîné. Il devint un graveur réputé avec ses illustrations des *Chansons* de Laborde et fut nommé dessinateur du Cabinet du roi, puis (à la suite de Cochin) dessinateur des Menus-Plaisirs (1770). Il représenta notamment le mariage de Louis XVI, illustra J.-J. Rousseau (1774 - 1783), Molière et Voltaire et donna deux séries de dessins pour le *Monument du costume physique et moral* (1777 - 1783) composés comme des scènes de mœurs pleines de vivacité. Dessinateur au trait élégant, précis et souple, il a laissé de nombreux croquis à la mine de plomb et plus de 2 000 gravures.

**MOREAU (Jean Victor)** ♦ Général français (Morlaix 1763 - Laun, auj. Louny, Bohême 1813). Engagé comme volontaire dans l'armée révolutionnaire (1791), il fut nommé général en 1793 et participa, sous les ordres de Pichegru, à la conquête de la Hollande (1794 - 1795). Commandant de l'armée de Rhin-et-Moselle (1796), il pénétra en Bavière, mais la défaite de Jourdan l'obligea à effectuer une retraite sur l'Alsace. En 1797, il franchissait de nouveau le Rhin, s'emparait de Kehl, mais était arrêté dans son avance par les préparatifs de la paix de Leoben. Un moment suspecté par le Directoire, en raison de ses relations avec Pichegru, il reprit ses fonctions en 1799 dans l'armée d'Italie, mais fut battu par Souvorov à Cassano (avr. 1799). Ayant appuyé Bonaparte lors du coup d'État du 18 Brumaire, il fut nommé commandant en chef de l'armée du Rhin (1800) et remporta la victoire de Hohenlinden* (déc. 1800). S'estimant insuffisamment payé pour ses services, il s'opposa de plus en plus vivement à Bonaparte et se lia aux royalistes Cadoudal, Pichegru. Arrêté en 1804, il vécut en exil aux États-Unis, où il se fit agriculteur. Appelé comme conseiller militaire par le tsar Alexandre (1813), il fut peu après mortellement blessé près de Dresde.

**MOREAU (Gustave)** ♦ Peintre français (Paris 1826 - *id.* 1898). Fils d'un architecte, il étudia dans l'atelier de François Picot et, en 1848, rencontra Chassériau* qui exerça sur lui une influence prédominante. En Italie, de 1857 à 1859, il réalisa de nombreuses œuvres d'après Michel-Ange, Carpaccio, Mantegna et Gozzoli. Il connut la notoriété au Salon de 1869 avec *Œdipe et le Sphinx*. Son esthétisme raffiné et sensuel, opposé au réalisme et à l'impressionnisme, plut aux poètes parnassiens et symbolistes, à Huysmans et à Proust. Influencé par les miniatures persanes, indiennes et les émaux du Moyen Âge, il chargea ses sujets allégoriques et mythologiques d'un symbolisme personnel obscur, compréhensible seulement par les éclaircissements écrits qu'il en donna. Il chercha à évoquer ses idées par l'arabesque, la ligne, les moyens plastiques, mais le caractère anecdotique de ses grandes compositions, surchargées de détails et peintes avec une matière riche et comme laquée, dans des tonalités recherchées, semble mal correspondre à ses intentions. Cependant dans ses aquarelles, dessins et ébauches à l'huile, il sut se libérer de la description et donner à la couleur une valeur expressive autonome. Professeur à l'École des beaux-arts à partir de 1892, il eut comme élèves Rouault, Matisse, Marquet, Manguin et Camoin, quelques-uns des futurs fauves. Sa maison, transformée en musée, conserve 1 200 peintures et aquarelles et plus de 7 000 dessins.

Gustave **Moreau**. *Œdipe et le Sphinx* (2,06 x 1,05 m), 1864. *BIS/Phot. © The Metropolitan Museum of Art, New York. Archives Larbor*

**MOREAU (Jeanne)** ♦ Comédienne française (Paris 1928). Elle débuta au théâtre (Comédie-Française, TNP) et composa quelques rôles à l'écran (*Touchez pas au grisbi, La Reine Margot*), avant de devenir l'égérie de la Nouvelle* Vague, grâce à Louis Malle (*Ascenseur pour l'échafaud* et *Les Amants*, 1958), Roger Vadim (*Les Liaisons dangereuses 1960*, 1959) et François Truffaut, qui en fit la Catherine de *Jules* et Jim* (1962). Beaucoup de films depuis lors, avec son premier mari Jean-Louis Richard (*Mata Hari, Le Corps de Diane*), Orson Welles (*Le Procès, Histoire immortelle*), Marguerite Duras, Elia Kazan, Joseph Losey (*Eva*, 1962), Wim Wenders (*Jusqu'au bout du monde*, 1991). Elle s'est essayée à la réalisation (*Lumière*, 1976) et a poursuivi sa carrière théâtrale (*Le Récit de la servante Zerline*, 1986 ; *La Célestine*, 1989). Elle a signé sa première mise en scène en 2000 avec *Un trait de l'esprit*, parcours d'une intellectuelle atteinte d'un cancer. [Acad. des bx-arts 2001]

**MOREAU DE TOURS (Jacques Joseph)** ♦ Aliéniste français (Montrésor 1804 - Paris 1884). Médecin à Bicêtre puis à Ivry, attaché à la direction des *Annales médico-psychologiques*, il étudia les effets du haschisch (dissolution des facultés intellectuelles, production d'un rêve sans sommeil), l'étiologie de l'épilepsie (1854), la folie névropathique (1869). Il affirma que les causes des maladies psychiques sont organiques et héréditaires.

**MOREAU-NÉLATON (Étienne)** ♦ Peintre, collectionneur et historien d'art français (Paris 1859 - *id.* 1927). Élève d'Harpignies, auteur de quelques paysages (au musée du Louvre), il est plus connu pour ses monographies sur Corot, Delacroix, Manet, Jongkind, Millet, et pour l'importante collection de peintures et dessins qu'il réunit et dont il fit don aux Musées nationaux (en 1923 et 1927). Cette collection (actuellement au musée du Louvre) comprend notamment des toiles de Corot, Delacroix, Millet, Manet (*Le Déjeuner sur l'herbe*), Monet, Pissarro, Sisley.

**MORECAMBE** ♦ V. d'Angleterre (Lancashire), sur la mer d'Irlande, près de Lancaster, sur la *baie de Morecambe*. 40 000 hab. Station balnéaire.

**MORÉE** n. f. ➝ **ÉTYM.** du gr. *morea* «mûrier» (V. ci-dessous) ♦ Nom du Péloponnèse (XIIe - XIVe s.). Désignant d'abord l'Élide, en raison de l'importance de la culture du mûrier, ce nom fut étendu à toute la presqu'île avec l'invasion franque. La *principauté franque* d'Achaïe ou *de Morée*, fondée en 1207 lors du démembrement de l'empire byzantin par les croisés, dut bientôt céder aux Byzantins Mistra* et d'autres places fortes. Disputée par les rois de Naples et les Navarrais, annexée ensuite par les Byzantins, elle fut submergée par la conquête turque (1463 - 1479). Les Vénitiens occupèrent plusieurs places jusqu'en 1537 et de 1687 à 1715 mais durent les céder aux Turcs par le traité de Passarowitz* (1718). Foyer de la révolution nationale grecque, la Morée fut ravagée par l'armée égyptienne d'Ibrahim Pacha (1824 - 1827). L'expédition française du maréchal Maison* força les Turcs à évacuer la presqu'île qui fut rendue à la Grèce.

**MORELIA** ➝ **ÉTYM.** anc. *Valladolid*, rebaptisée d'après le n. de *Morelos** y Pavón ♦ V. du Mexique central, cap. de l'État de Michoacán, sur le haut Plateau volcanique. 608 049 hab. Cathédrale baroque (XVIIe - XVIIIe s.). Palais et maisons anc. ▪ Indus. alimentaire (sucre, café).

**MORELLET** [mɔʀəlɛ] **(André)** ♦ Écrivain et philosophe français (Lyon 1727 - Paris 1819), collaborateur de l'*Encyclopédie** (articles sur la religion) et auteur de *Mélanges de littérature et de philosophie du XVIIIe s.* Sous le Consulat, il prit part à la réorganisation de l'Académie française, où il avait été élu en 1785.

**MORELLET (François)** ♦ Artiste français (Cholet 1926). Cofondateur du Groupe de recherche d'art visuel (1960 - 1968), il fut l'un des principaux représentants français de l'art cinétique. Entamant un travail sur la géométrie dès 1953, il réalisa des grilles orthogonales noires et blanches, puis des systèmes de trames superposées, de manière systématique. Il étendit le procédé aux trois dimensions (*Sphères-trames*), puis, à partir de 1963, réalisa des montages lumino-cinétiques. Il a créé à partir de 1971 des environnements architecturaux «désintégrations architecturales» (*Prolongation d'une trame de parallèles*, Centre culturel de Compiègne, 1979). Il a anticipé les créations du Hard Edge et, en utilisant les couleurs primaires, a évoqué la philosophie constructiviste. Il renouvela son style par des installations de plein air : *Géométree* (1986 - 1987), poutres d'acier et arbre. Il reprit l'usage de la peinture et du néon en 1992 avec ses séries de tableaux *Relâche*.

**MORELLY** [mɔʀəli] ♦ Philosophe français du XVIIIe s., dont la vie et la personnalité sont mal connues. Il est auteur d'un *Essai sur l'esprit humain* (1743), d'un *Essai sur le cœur humain ou Principes naturels de l'éducation* (1745) et du *Code de la nature* (1755) d'abord attribué à Diderot, où il expose les bases d'un communisme primitif de type agraire qui influença Gracchus Babeuf.

**MORELOS** n. m. ♦ État du Mexique central, situé au S. de México, sur les versants de l'Axe volcanique. 4 950 km². 1 612 899 hab. CAP. : Cuernavaca*. Site archéologique de Xochicalco*. Canne à sucre. Son climat tropical modéré en fait un refuge privilégié (vacances, week-ends) pour les citadins de México.

**MORELOS Y PAVÓN (José María)** ♦ Prêtre mexicain (Valladolid, auj. Morelia 1765 - San Cristóbal 1815). Métis, curé de diverses localités, il prit, en 1811, la suite de Hidalgo* y Costilla dans la révolte nationale. Maître du sud du Mexique, il proclama l'indépendance de son pays. Battu en 1815, il fut fusillé par les Espagnols.

**MORENA** (sierra) n. f. ← ÉTYM. esp. «chaîne brune» ♦ Chaîne montagneuse du S. de l'Espagne qui s'étend du cours du Guadiana, sur la frontière portugaise, aux confins de Murcie et marque le rebord de la Meseta sur la plaine du Guadalquivir. Très minéralisée (Peñarroya, Linares), difficile à franchir (col de Despeñaperros), elle constitue une barrière qui gêne l'accès à l'Andalousie. Elle a été peuplée par des fondations royales, comme celle de La Carolina.

**MORENO (Lucie Marguerite MONCEAU, dite Marguerite)** ♦ Comédienne française (Paris 1871 - Touzac, Lot 1948). D'abord sociétaire de la Comédie-Française, puis comédienne du boulevard, c'est avec les débuts du cinéma parlant (1930) qu'elle conquit la notoriété pour ses compositions comiques de vieilles dames. Elle fut l'épouse de Marcel Schwob et eut une intimité de plus de cinquante années avec Colette (*Lettres à Marguerite Moreno*, 1959). Au théâtre, elle créa *La Folle de Chaillot* de Giraudoux (1945).

Marguerite **Moreno** et Louis Jouvet dans *La Folle de Chaillot* de Jean Giraudoux. *Phot. © Bernand*

**MORENO (Jacob Levy)** ♦ Psychosociologue américain d'origine roumaine (Bucarest 1892 - Beacon, New York 1974). Libérer la spontanéité créatrice humaine des obstacles qui l'entravent, tel fut l'objet des recherches de Moreno en psychologie individuelle et sociale. Ainsi, issus des principes psychanalytiques (→ **Freud**), le psychodrame et le sociodrame constituent une thérapeutique individuelle ou de groupe (*Le Théâtre improvisé*, 1923 ; *Psychodrame*, 1946). Parallèlement à la dynamique des groupes (→ **Lewin [Kurt]**), Moreno contribua au développement de la sociométrie avec sa technique du sociogramme qui permet la représentation du jeu des forces régissant les relations des individus au sein d'un groupe (*Sociométrie, méthode expérimentale et science de la société*, 1951).

**MORENO (Roland)** ♦ Inventeur français (Le Caire 1945). On lui doit l'invention, en 1975, de la carte à puce. ← ÉTYM. Ce nom espagnol signifie «brun» (surnom d'une personne brune) [→ aussi Braun, Brown, Brunetière, Brunhes, Bruno, Lebrun...].

**MORERI (Louis)** ♦ Ecclésiastique, poète et érudit français (Bargemon, Var 1643 - Paris 1680). Il est l'auteur d'un *Grand Dictionnaire historique* (1674). → **Bayle**. ← ÉTYM. Ce nom occitan vient de *mouriès* «mûrier» (qui cultive les mûriers).

**MORESCO (Antonio)** ♦ Écrivain italien (Mantoue, 1947). Il incrimine l'étroitesse de l'intelligentsia italienne au moyen d'une écriture sans concession qui dénonce les impasses et les tragédies des métropoles modernes. *Lettres à personne*, 1997 ; *Les Chants du chaos*, 2001 ; *Écrits de voyage, de combat et de rêve*, 2005.

**MORESNET** n. m. ♦ Anc. comm. de Belgique sous le régime français (1795 - 1815), divisée en 3 parties par le traité des limites du 26 juin 1816 : l'une, attribuée aux Pays-Bas puis à la Belgique, sous le nom de Moresnet, fait partie depuis 1977 de Plombières* ; l'autre fut cédée à la Prusse sous le nom de Preussisch Moresnet, devenu Neu-Moresnet, après la cession des cantons d'Eupen-Malmedy-Sankt-Vith par l'Allemagne, en vertu du traité de Versailles de 1919 (loi de rattachement publiée par le *Moniteur belge* du 7 mars 1925) ; la troisième, contenant un important gisement de calamine (minerai de zinc exploité jusqu'en 1950), a été nommée Moresnet-Neutre (en all. *Neutral Moresnet*) devenue en 1919 La Calamine (en all. *Kelmis*). Neu-Moresnet et La Calamine forment depuis 1977, avec Hergenrath, la comm. de La Calamine*.

**MORETO Y CABAÑA (Agustín)** ♦ Poète dramatique espagnol (Madrid 1618 - Tolède 1669). Il fut l'un des derniers maîtres du théâtre espagnol à la fin du Siècle d'or. Ses comédies, qui ont pour cadre les fêtes de la cour, ont été souvent imitées par les auteurs français et anglais du XVII$^e$ s. La plus célèbre d'entre elles, *Dédain pour dédain* (1652) imitée de Lope* de Vega, a servi de modèle à Molière* pour *La Princesse d'Élide*. Autres œuvres : *Le Beau Don Diègue* (1654), *L'Honneur avant tout* (1676).

**MORET-SUR-LOING** [77250] ← ÉTYM. «le petit mur», du lat. *murus* «mur» et suff. *-ittum*, ou de *Moret*, n. de pers. ♦ Ch.-l. de cant. de la Seine-et-Marne, arr. de Fontainebleau, sur le Loing. 4 402 hab. *(Morétains)*. Anc. ville fortifiée : donjon (XII$^e$ s.), porte de Paris et porte de Bourgogne (XIV$^e$ s.). Église Notre-Dame des XII$^e$ et XV$^e$ s. (buffet d'orgue Renaissance). Maisons anc. dont la maison de François I$^{er}$ (façade Renaissance). Maison dans laquelle vécut et mourut A. Sisley. ▪ Spécialité de sucre d'orge.

**MORETTI (Giovanni dit Nanni)** ♦ Réalisateur, scénariste et acteur italien (Brunico, près de Bolzano 1953). Autodidacte, il fut reconnu comme le jeune espoir du renouveau du cinéma italien avec *La Messe est finie* (1985) puis *Palombella rossa* (1989). Sur un ton comique, il exerce son regard lucide et ironique sur la vie, la communication entre les individus et la société, à travers des personnages qui refusent de se soumettre à l'ordre établi. Après la guérison de son cancer, il livre *Journal intime* (1993), puis *La Chambre du fils* (2001, Palme d'or du Festival de Cannes) et *Le Caïman* (2006), satire contre Berlusconi.

**MOREUIL** [80110] ← ÉTYM. du lat. *morus* «mûrier» ou de *Maurus*, n. de pers., et du gaul. *ialo* «clairière» ♦ Ch.-l. de cant. de la Somme, arr. de Montdidier, sur l'Avre. 4 106 hab. (aggl. 4 535).

**MOREZ** [mɔʀɛ] ou [mɔʀɛz] [39400] ← ÉTYM. du n. Étienne *Morel*, un notable du XVI$^e$ s. ♦ Ch.-l. de cant. du Jura, arr. de Saint-Claude, sur la Bienne. 6 144 hab. (aggl. 8 213) *(Moréziens)*. École nationale d'optique et de lunetterie (musée). Instruments de précision (optique, horlogerie). Électronique. Centre de tourisme et de sports d'hiver dans le parc naturel régional du Haut-Jura. Fromages (morbier).

**MORGAN (sir Henry)** ♦ Boucanier anglais (Llanrhymny, Monmouthshire 1653 - Port Royal, Jamaïque 1688). Il mena plusieurs expéditions dans la mer des Caraïbes, dont certaines contre les Espagnols, et s'empara de Panamá en 1670, compromettant la paix anglo-espagnole. Il obtint ensuite son pardon auprès des autorités britanniques, fut nommé gouverneur de la Jamaïque (1672) et fait chevalier (1674).

**MORGAN (Augustus DE)** → De Morgan

**MORGAN (Lewis Henry)** ♦ Anthropologue américain (près d'Aurora, New York 1818 - Rochester 1881). Après avoir enquêté sur le système de parenté de diverses tribus indiennes, il exposa dans deux importantes études *Systems of Consanguinity and Affinity of the Human Family* (1871) ; *Ancient Society* (1877) une conception du développement de la famille. Théoricien de l'évolutionnisme, il affirma l'importance des facteurs technologiques et économiques dans l'évolution des sociétés et les relations entre systèmes de production, de parenté et conscience sociale. Engels* utilisa son œuvre.

**MORGAN (John Pierpont)** ♦ Financier et industriel américain (Hartford, Connecticut 1837 - Rome 1913). Fils d'un banquier, JUNIUS SPENCER MORGAN (1813 - 1890) qui géra la plupart des investissements britanniques aux États-Unis, il fonda lui-même le trust américain de l'acier (United States Steel Corporation, 1901) sans parvenir toutefois à faire passer sous son contrôle les compagnies de navigation. Grand financier, il fut également philanthrope et collectionneur d'œuvres d'art. ♦ **John Pierpont Morgan.** Financier américain (Irvington, New York 1867 - Boca Grande, Floride 1943). Fils du précédent. Il prit la direction de la firme J. P. Morgan and Co. à la mort de son père ; celle-ci connut un grand essor lors de la Première Guerre mondiale et put ainsi soutenir l'effort des Alliés. Dirigée par Young, la banque Morgan apporta une aide financière importante au gouvernement français (1924) et contribua à l'élaboration du plan de réparations dues à la France par l'Allemagne (plan Young).

**MORGAN (Ann Tracy)** ♦ Militante féministe américaine (New York 1873 - *id.* 1952), fille de John Pierpont Morgan*. Francophile, elle fonda de nombreuses œuvres sociales pendant les deux guerres mondiales.

**MORGAN (Conwy Lloyd)** ♦ Psychologue britannique (Londres 1852 - *id.* 1936). Il fut l'un des premiers à formuler les bases d'une psychologie animale objective, rompant avec l'anthropomorphisme.

**MORGAN (Jacques DE)** ♦ Archéologue et préhistorien français (Huisseau-sur-Cosson, Loir-et-Cher 1857 - Marseille 1924). Il dirigea le Service des antiquités en Égypte (1892). En Perse (1897), il poursuivit les fouilles de Suse. Auteur de *Recherches sur les origines de l'Égypte* (1896 - 1897), *Premières Civilisations* (1909), *L'Humanité préhistorique* (1921), *Manuel de numismatique orientale, de l'Antiquité et du Moyen Âge* (1925 - 1927). Il fut le premier à introduire le terme de Mésolithique*.

**MORGAN (Thomas Hunt)** ♦ Biologiste américain (Lexington, Kentucky 1866 - Pasadena, Californie 1945). Il fut l'un des fondateurs de la génétique moderne. Utilisant comme matériel d'expérience la mouche du vinaigre *(Drosophila melanogaster)*, devenue classique depuis à cause, notamment, de son élevage facile et de sa multiplication rapide, il décela en quelques années et sur des centaines de milliers de mouches quatre cents mutations. Il montra ainsi que les gènes sont les unités de transmission qui occupent une place fixe sur les chromosomes et put en établir la carte de répartition. [Prix Nobel de physiol. ou méd. 1933]

**MORGAN (Charles Langbridge)** ♦ Romancier et dramaturge britannique (Bromley, Kent 1894 - Londres 1958). Après la guerre, où il servit dans la marine, Morgan collabora au *Times* et publia des romans dont *Portrait dans un miroir* (1929) qui eut en traduction plus de succès en France que l'original en Grande-Bretagne. Le public anglais fit un meilleur accueil à *Fontaine* (1932), roman psychologique, et à *Sparkenbroke* (1936), où il s'affirme comme le peintre de l'âme humaine que hante la nostalgie de l'absolu. Il donna aussi quelques pièces de théâtre (*Le Fleuve étincelant*, 1938 ; *Le Cristal ardent*, 1953) et des essais critiques (*Reflets dans un miroir*, 1944 et 1946, *Libertés de l'esprit*, 1950).

**MORGAN (Simone ROUSSEL, dite Michèle)** ➝ ÉTYM. elle choisit son pseud. en passant devant la banque *Morgan* ♦ Actrice française (Neuilly-sur-Seine 1920). Elle acquit la notoriété au cinéma avec *Gribouille* (1937), puis *Le Quai* des brumes* (1938), *La Loi du Nord* (1939) et *Remorques* (1941). Après un séjour aux États-Unis, elle tourna de nombreux films, dont *La Symphonie pastorale* (1946), *Les Grandes Manœuvres* (1955), *Benjamin* (1968). Son personnage, lyrique et rêveur, souvent pathétique, est servi par un visage et un regard d'une émouvante beauté.

**MORGAN (Jason W.)** ♦ Géologue américain (Savannah 1935). Il fit la synthèse des travaux de Hess*, Vine* et Matthews et formula, en 1967, avec X. Le* Pichon, la théorie de la tectonique des plaques selon laquelle la Terre* est formée de plaques rigides d'une centaine de kilomètres d'épaisseur se déplaçant les unes par rapport aux autres et dont les mouvements relatifs rendent compte de la formation des reliefs continentaux et océaniques, des séismes et des manifestations volcaniques. Cette théorie est la première à apporter une explication globale de l'ensemble des phénomènes géologiques connus.

**MORGANE (LA FÉE)** ➝ ÉTYM. du brittonique *Morigena* «né de la mer» ou du gallois *mawr* «grand» et *can* «brillant» ♦ Personnage fabuleux du *Cycle breton* qui apparaît dans les chansons de Merlin* et d'Ogier* le Danois comme une fée bienveillante et guérisseuse.

**MORGARTEN** n. m. ♦ Montagne de Suisse (cant. de Schwyz et de Zoug) au S.-E. du lac d'Aegeri. La route de Zurich à Schwyz y passe par un étroit défilé où, le 15 novembre 1315, les confédérés des cantons de Schwyz, Unterwald et Uri remportèrent une victoire décisive sur Léopold* I$^{er}$ de Habsbourg, duc d'Autriche.

**MORGAT** ♦ Hameau du Finistère (comm. de Crozon), sur la baie de Douarnenez. Port de pêche (sardines) et de plaisance. Station balnéaire. Grottes.

**MORGE** n. f. ♦ Riv. de l'Aube (15 km) sous-affl. de la Seine. ➝ **Orient (forêt d')**.

**MORGENSTERN (Christian)** ♦ Poète allemand (Munich 1871 - Merano, Trente, Italie 1914). Il est l'auteur de poèmes humoristiques et satiriques rassemblés dans un recueil intitulé *Tous les chants de la potence*. Outre des poèmes d'inspiration religieuse (*Mélancolie*, 1906 ; *Nous trouvâmes un chemin*, 1914), il a également laissé de nombreuses traductions d'œuvres d'Ibsen, de Strindberg. ➝ ÉTYM. Ce nom vient du yiddish et signifie «étoile *(shtern)* du matin *(morgn-)*».

**MORGENSTERN (Oskar)** ♦ Économiste américain d'origine autrichienne (Görlitz 1902 - Princeton 1977). Directeur de l'Institut autrichien de recherches des cycles économiques (1935 - 1938), il émigra aux États-Unis (1938) où il publia des ouvrages d'économie politique, en particulier sur la théorie des jeux et des comportements économiques, avec J. von Neumann*.

**MORGENTHAU (Henry)** ♦ Homme politique américain d'origine allemande (New York 1891 - *id.* 1967). D'abord fermier, il devint l'ami de Roosevelt, qui en fit l'un des principaux artisans du *New Deal*, comme spécialiste de l'agriculture (1922 - 1933), puis secrétaire d'État au Trésor (1934 - 1945). Il fut à l'origine de la conférence de Bretton Woods (1943), de la création de la Banque mondiale et du Fonds monétaire international. Son plan de destruction de l'industrie allemande (1945), tendant à vouer l'Allemagne exclusivement à l'agriculture, ayant été refusé par Truman, il démissionna (juil. 1945).

**MORGES** ♦ V. de Suisse (Vaud), sur la rive d. du lac Léman. 14 116 hab. Le château, construit au XIII$^e$ s. par Amédée V de Savoie et remanié au XVI$^e$ s., abrite le Musée militaire vaudois. ▪ Port. Station touristique. Vignobles.

**MORHANGE** [57340] ➝ ÉTYM. anc. *Morchenges*, du germ. *Moricho*, n. de pers., et suff. *-ingas* ♦ Comm. de la Moselle, arr. de Forbach. 4 050 hab. (aggl. 4 649) *(Morhangeois)*. Matières plastiques.

**MORI Arinori** ♦ Homme politique japonais (Kagoshima 1848 - Ise 1889). Il fut chargé d'affaires à Washington et à Londres (1879) et ministre de l'Éducation de 1885 à 1889. D'idées progressistes, anglophile, il réorganisa l'enseignement au Japon et fut surnommé le «père de l'instruction moderne». Il fut assassiné par un fanatique.

**MÓRICZ (Zsigmond)** ♦ Écrivain hongrois (Tiszacsécse 1872 - Leányfalu 1942). D'origine paysanne, après de brèves études de droit, il devint journaliste. Il connut le succès avec ses nouvelles, *Sept sous* (1908). Naturaliste tardif, il décrivit, en utilisant un langage assez cru et un style saccadé et dramatique, la vie des paysans, l'atmosphère des petites villes, les révoltes et leurs échecs (*Sois sage jusqu'à la mort*, 1921 ; *Les Barbares*, 1932).

**MORIENVAL** [60127] ➝ ÉTYM. anc. *Mauriniane vallis*, du lat. *Maurianus*, n. de pers., et suff. *-anum*, et *vallis* «vallée» ♦ Comm. de l'Oise, arr. de Senlis. 1 048 hab. *(Morienvalois)*. L'église abbatiale Notre-Dame, avec ses trois clochers, est l'un des plus beaux édifices romans de la région parisienne. Fondée au IX$^e$ s. par Charles le Chauve, elle fut reconstruite aux XI$^e$ - XII$^e$ s. (et restaurée à la fin du XIX$^e$ s. sur l'initiative de Renan). Le déambulatoire du XII$^e$ s. compte parmi les plus anciens voûtements d'ogives.

**MORIÈRES-LÈS-AVIGNON** [84310] ➝ ÉTYM. pl. de l'occit. *maurièro* «lieu planté de mûriers» ♦ Comm. du Vaucluse, arr. d'Avignon. 6 535 hab. Viticulture.

**MORIGNY-CHAMPIGNY** [91150] ➝ ÉTYM. *Morigny*, du lat. *Maurinius*, n. de pers., et suff. *-acum*, et *Champigny* (anc. *Campiniacum*), du lat. *campania* «pays de plaine» ♦ Comm. de l'Essonne, arr. d'Étampes. 3 922 hab. Ruines d'une anc. abbatiale (XI$^e$ et XIII$^e$ s.) dont il ne subsiste que le chœur. Anc. palais abbatial, reconstruit au XVIII$^e$ s.

**MÖRIKE (Eduard)** ♦ Écrivain allemand (Ludwigsburg 1804 - Stuttgart 1875). Représentant de l'école souabe, il est l'auteur d'un «roman d'éducation», *Le Peintre Nolten* (1832), qui rappelle parfois *Wilhelm Meister* de Goethe et d'une nouvelle : *Voyage de Mozart à Prague* (1856). Son lyrisme laisse transparaître la hantise de la mort.

**MORIN (Paul)** ♦ Poète canadien d'expression française (Montréal 1889 - *id.* 1963). Avocat, il fit un long séjour en France, visita l'Europe et l'Afrique du Nord. Il s'attacha à évoquer, dans des poèmes de facture parnassienne, la «profonde, amoureuse paix orientale» ou bien son amour de la France *(La Rose au jardin smyrniote)*. Ses deux recueils poétiques, *Le Paon d'émail* (1911) et *Poèmes de cendre et d'or* (1922), renferment des sonnets à la forme rigoureuse et aux rythmes raffinés.

**MORIN (Edgar)** ♦ Sociologue français (Paris 1921). Auteur d'une étude sociologique sur l'évolution d'une commune bretonne, Plodémet (1967 - 1984), il s'intéressa aux problèmes de la communication de masse (*Le Cinéma ou l'Homme imaginaire*, 1956) et consacra à *La Rumeur d'Orléans* (1969) un livre qui est un classique sur ce type de phénomène. Son œuvre ultérieure s'éloigne de la stricte sociologie pour viser une «anthroposociologie fondamentale enracinée dans le monde physique et biologique» (*Le Paradigme perdu : la nature humaine*, 1973). Il s'insère parmi les protagonistes d'une théorie générale des systèmes où la notion de complexité est essentielle (*La Méthode*, 5 t., 1977 - 2001 ; *Sociologie*, 1984). La revue *Communications*, qu'il codirige, est marquée par un abord pluridisciplinaire, anthropologique et linguistique.

**MORIN (GRAND et PETIT)** n. m. ♦ Affl. de la Marne. Le *Grand Morin* (112 km) traverse Coulommiers ; le *Petit Morin* (90 km) traverse Montmirail*. ▮ **Histoire** Des combats violents se déroulèrent entre les deux rivières du 5 au 10 septembre 1914, pendant la bataille de la Marne.

**MORINS** n. m. pl. – en lat. ***Morini*** ♦ Anc. peuple de la Gaule belgique établi dans l'actuel Boulonnais et dont les villes principales étaient *Teruanna* (Thérouanne) et *Gesoriacum* (Boulogne). César* les soumit difficilement en –55. Dans l'organisation romaine de la Gaule, leur territoire fut compris dans la Belgique II$^e$.

**MORI Ōgai** ♦ Écrivain japonais (Iwami, préf. de Shimane 1862 - Tōkyō 1922). Après des études en Allemagne, il mena une carrière de médecin militaire et d'homme de lettres. Il traduisit les œuvres de Goethe, de Schiller, d'Ibsen et d'autres grands écrivains européens, introduisant au Japon l'art de la nouvelle. Ses œuvres (romans, nouvelles, pièces historiques et essais, biographies et drames) eurent une grande influence sur l'évolution de la littérature et de la poésie japonaises modernes. Il rédigea ses meilleures œuvres vers la fin de sa vie (*Mai-hime*, «La Ballerine», 1890 ; *Vita sexualis*, 1909 ; *L'Oie sauvage*, 1911 à 1913).

**MORI Shigefumi** ♦ Mathématicien japonais (Nagoya 1951). Il fit progresser la compréhension de la structure des variétés algébriques de dimension 3, en étendant les constructions fondamentales dues à Kodaira* à la théorie des surfaces algébriques. [Médaille Fields 1990]

**MORISOT (Berthe)** ♦ Peintre française (Bourges 1841 - Paris 1895). Elle étudia avec le Lyonnais Guichard et, de 1862 à 1868, avec Corot*. Elle rencontra Manet* en 1868, l'intéressa à la peinture de plein air, devint son modèle favori et épousa son frère en 1876. Elle participa en 1874 à la première exposition impressionniste et exposa ensuite régulièrement avec le groupe. À partir de 1877, sa personnalité s'affirma dans des portraits et des scènes intimistes (*Derrière la jalousie*, 1878) d'une grande fraîcheur de ton, aux touches larges, subtilement nuancées et disposées avec liberté. Vers 1889, subissant l'influence de Renoir*, elle modela les formes avec plus d'insistance. ➛ ÉTYM. *Morisot* est le diminutif de *Morise*, dérivé de *Maurice*.

**morisques**

n. m. pl. ♦ Nom donné aux musulmans d'Espagne convertis de force au catholicisme. Leur expulsion, à partir de 1609, provoqua le départ de 275 000 personnes environ et porta un coup très dur à l'économie et surtout à l'agriculture espagnoles.

**MORITZ (Karl Philipp)** ♦ Écrivain allemand (Hameln 1757 - Berlin 1793). Apprenti chapelier, il tenta quelque temps de faire une carrière d'acteur, fut appelé ensuite par Basedow au Philanthropium de Dessau, puis enseigna au gymnase de Berlin (1778). Après un voyage en Angleterre, il se rendit en Italie où il se lia avec Goethe (1786), grâce à qui il obtint une chaire de professeur d'antiquités classiques à l'Académie des beaux-arts de Berlin (1789). Outre le récit sous forme de lettres de ses voyages en Angleterre et en Italie, il publia une œuvre à caractère autobiographique sur sa jeunesse aventureuse et assez malheureuse (*Anton Reiser*, 1785 - 1790), des drames et un petit traité d'esthétique (*Über die bildende Nachahmung des Schönen*, «De l'imitation plastique du beau», 1786), qui eut une forte influence sur Goethe et l'école de Weimar. Esprit original, Moritz a exprimé dans ses œuvres les influences diverses du rationalisme de l'Aufklärung*, du piétisme et du préromantisme du Sturm* und Drang. ➛ ÉTYM. *Moritz* est l'équivalent allemand de *Maurice*.

**MORLAÀS** [64160] ➛ ÉTYM. anc. *de Morlanis*, du lat. *Maurilus* (ou germ. *Morlanus*), n. de pers., et suff. *-anum* ♦ Ch.-l. de cant. des Pyrénées-Atlantiques, arr. de Pau. 3 658 hab. *(Morlanais)*. Église romane et gothique avec un remarquable portail roman.

**MORLAIX** [mɔʀlɛ] [29600] ➛ ÉTYM. anc. *Montem relexum* «mont délaissé», de l'anc. fr. *releis (relais)* «délaissé, abandonné» ♦ Ch.-l. d'arr. du Finistère, au fond de l'estuaire du Dossen ou rivière de Morlaix, enjambée par un long viaduc de granite (1861). 15 990 hab. (aggl. 24 949) *(Morlaisiens)*. Église Saint-Melaine, de style gothique flamboyant. L'église conventuelle des Jacobins (rosace du déb. du XVe s.) abrite un musée : archéologie et histoire locales ; sculptures religieuses bretonnes (XIIIe - XVIe s.) ; mobilier du Léon (XVIIe s.) ; peintures des écoles française, italienne et hollandaise. Nombreuses maisons anc., dont celle de la reine Anne (XVIe s.). ▪ Port commercial (sable, bois, engrais) et port de plaisance. Produits maraîchers. Indus. alimentaire. Construc. mécaniques et électriques. ▪ Station balnéaire à Carantec*.

**MORLANWELZ** ♦ Comm. de Belgique (Région wallonne), prov. de Hainaut, arr. de Thuin. 18 723 hab. Ruines de l'abbaye de l'Olive fondée en 1218. Aux environs, château de Mariemont (1546), détruit et reconstruit à plusieurs reprises, dans un domaine de 50 ha : musée royal et bibliothèque (bâtiments modernes). ▪ Indus. diversifiées.

**MORLEY (Thomas)** ♦ Compositeur anglais (1557 ? - 1602 ?). Également éditeur et théoricien (*A Plaine and Easie Introduction to Practicall Musick*, 1597), il fut le plus influent, et le plus marqué par l'Italie, des madrigalistes anglais. ➛ ÉTYM. Ce nom de famille vient d'un nom de lieu, du vieil anglais *mōr* «marais» et *lēah* «bois, clairière».

**MORLEY (Edward Williams)** ♦ Physicien et chimiste américain (Newark, New Jersey 1838 - West Hartword, Connecticut 1923). Il reprit en 1887, avec Michelson*, la célèbre expérience que ce dernier avait réalisée en 1881, dont le résultat négatif prouva l'absence d'éther et, par conséquent, qu'il n'existait pas d'espace absolu.

**MORMANT** [77720] ♦ Ch.-l. de cant. de la Seine-et-Marne, arr. de Melun. 4 362 hab. *(Mormantais)*. Moulins. ▮ **Histoire** Le 17 fév. 1814, Victor et Oudinot y remportèrent une victoire sur les Austro-Russes.

**MORNANT** [69440] ➛ ÉTYM. probablt du franco-prov. *mòréné* «barrer au moyen de murs de pierre» ou du lat. *maurus* «noir» et du gaul. *nantos* «vallée» ♦ Ch.-l. de cant. du Rhône, arr. de Lyon. 4 672 hab.

**MORNAY (Philippe DE)** → **Duplessis-Mornay**

**MORNE-À-L'EAU** [97111] ➛ ÉTYM. du créole *morne* «petite montagne arrondie» ♦ V. de Guadeloupe, arr. de Pointe-à-Pitre, située sur la côte N.-E. de la Grande Terre. 17 154 hab. *(Mornaliens)*.

**mormons**

n. m. pl. ➛ ÉTYM. V. ci-dessous ♦ Membres de l'Église de Jésus-Christ des saints des derniers jours fondée par Joseph Smith* en 1830 aux États-Unis. Ils s'installèrent en Utah où ils fondèrent leur capitale Salt* Lake City en 1847, mais durent renoncer à la pratique de la polygamie (1890) pour être reconnus par le gouvernement fédéral (1896). Complétant la Bible par le *Livre de Mormon*, qui consigne la révélation apportée à leur fondateur, ils acceptent les principaux dogmes chrétiens, dont la Trinité. Ils s'organisent en une communauté hiérarchisée, dirigée par un prophète entouré d'un collège d'apôtres, et dépourvue de clergé puisque chaque adulte peut célébrer le culte. Église en expansion grâce à une forte activité missionnaire, les mormons sont aujourd'hui plus de 9 millions dans le monde, dont les 2/3 aux États-Unis. Une Église dissidente dite des *Mormons réorganisés* (1860) compte environ 200 000 adeptes aux États-Unis. Pouvant obtenir le baptême par procuration de leurs ancêtres défunts, les mormons ont entreposé dans les grottes de Salt Lake City des documents informatisés concernant la généalogie de milliards d'individus.

**MORNE-ROUGE (LE)** [97260] ➛ ÉTYM. du créole *morne* «petite montagne arrondie» et *Rouge* en raison des lueurs rougeâtres de la montagne Pelée ♦ V. de Martinique, arr. de Fort-de-France, située près du massif de la montagne Pelée. 5 395 hab.

**MORNY (Charles Auguste Louis Joseph,** comte, puis duc **DE)** ♦ Homme politique français (Paris 1811 - *id.* 1865). Fils naturel du général de Flahaut et de la reine Hortense, et donc frère utérin du futur Napoléon* III, il servit quelque temps comme officier en Algérie. Revenu en France (1838), il devint propriétaire d'une industrie sucrière près de Clermont-Ferrand, fut élu député (1842) et siégea avec les conservateurs qui soutinrent la politique de Guizot. Il fut élu à l'Assemblée législative (mai 1849), prit une part active à la préparation et à la réalisation du coup d'État du 2 décembre* 1851. Ministre de l'Intérieur, il démissionna dès janvier 1852, par opposition au décret sur la confiscation des biens de la famille d'Orléans et devint membre du Corps législatif (1852) qu'il présida de 1854 à sa mort. Il fut nommé ambassadeur à Saint-Pétersbourg (1856 - 1857), où il épousa une jeune fille de la haute aristocratie (Troubetskoï). Assez favorable à la libéralisation du Second Empire, il s'était lancé activement dans les affaires dès 1851 (chemins de fer, mines) ; il fonda la station balnéaire de Deauville, et, afin de réaliser avec le banquier Jecker* une importante affaire financière sur les dettes contractées par le Mexique, il contribua à entraîner le gouvernement français dans la désastreuse expédition du Mexique*.

**MORO (Antoon MOR VAN DASHORST, dit Antonio)** ♦ Peintre néerlandais (Utrecht 1517 - Anvers 1576). Élève de Van* Scorel, on le trouve inscrit comme maître à Anvers en 1547. Il séjourna peut-être à Rome en 1550 - 1551 et fut protégé par le cardinal de Granvelle. En 1551 - 1552, il travailla à la cour du Portugal, puis en Espagne au service de Philippe II. Sa carrière se poursuivit à Bruxelles, Anvers et Utrecht, et il fit sans doute un nouveau séjour en Espagne en 1559.

Antonio **Moro.** Portrait de la femme de l'artiste. Musée du Prado, Madrid. *Phot. © Carlo Bevilacqua/Ricciarini*

Essentiellement portraitiste, il ne se départit jamais d'une certaine distance à l'égard de ses modèles et fut, en tant que coloriste, marqué par l'art des Vénitiens. L'austérité de ses mises en page, sa prédilection pour les poses nobles, les expressions retenues, l'importance accordée au costume contribuèrent à créer un style de portrait de cour dont le type se répandit au XVI$^e$ s., grâce, notamment, à Sánchez* Coello et qui semble avoir influencé Vélasquez* *(Nain du cardinal de Granvelle ; Marie Tudor).* ▪ *Autre illustration :* → **Marie d'Autriche.**

**MORO (Aldo)** ♦ Homme politique italien (Maglie, Lecce 1916 - Rome 1978). Député en 1946, il siégea à l'Assemblée parmi les démocrates chrétiens, dont il prit la tête en 1959. Nommé président du Conseil en 1963, il voulait l'«ouverture à gauche» de son parti et forma un gouvernement de coalition avec les socialistes. → **Nenni, Saragat.** Il dut démissionner plusieurs fois, soit à cause de la rupture de la coalition de centre gauche (juin 1963), soit à cause des difficultés économiques que des mesures dirigistes ne parvenaient pas à enrayer (juin 1964, janv. 1966). De nouveau président du Conseil de 1966 à 1968 et de 1974 à 1976, il fut élu à la présidence de la Démocratie chrétienne (1978). Il signa avec le parti communiste le «compromis historique» visant à faire entrer les communistes au gouvernement. Il fut enlevé et assassiné par les Brigades rouges (1978). → **Italie.** ➝ ÉTYM. *Moro* vient du latin *Maurus* «Maure (brun comme un Maure)».

**MORÓN** ♦ V. d'Argentine, dans l'agglomération de Buenos Aires. 641 000 hab. Centre industriel.

**MORONI (Giovanni Battista)** ♦ Peintre italien (Albino, province de Bergame, v. 1520-1530 - Bergame 1578). Formé à Brescia, il travailla surtout pour les églises de Bergame et des environs, auxquelles il fournit nombre de retables de facture traditionnelle. La partie la plus remarquable de son œuvre réside dans ses portraits, à mi-corps ou en pied, d'une belle sobriété d'exécution, où l'influence de Titien* est très nette. On citera : *Bernardo Spina* et une série de portraits à l'académie Carrara (Bergame), *Le Tailleur, Antonio Navagero, podestat de Bergame.*

**MORONI** ➝ ÉTYM. de *Mo ro ni* «dans le feu» ou de *Mroni* «le ruisseau» ♦ Cap. des Comores, sur la côte S.-O. de la Grande-Comore. Env. 25 000 hab. *(Moronais).* V. anc. Grande mosquée. Port de pêche.

**MORONOBU** → **Hishikawa**

**MOROSINI** ♦ Famille italienne qui donna plusieurs doges à Venise. Le plus connu, FRANCESCO MOROSINI (Venise 1618 - Nauplie 1694), dut sa célébrité à sa défense de Candie (1667 - 1669) contre les Turcs. Il conquit ensuite le Péloponnèse (1684 - 1688).

**MORPHÉE** – en gr. ***Morpheus*** ♦ L'un des nombreux enfants d'Hypnos (le Sommeil), représenté souvent comme un jeune homme ailé. Il dispense aux mortels le sommeil en les touchant d'une fleur de pavot et il suscite les rêves dans lesquels il prend la forme (en gr. *morphê*) de différents personnages (cf. l'expression : *être dans les bras de Morphée*).

**MORRICE (James Wilson)** ♦ Peintre canadien (Montréal 1865 - Tunis 1924). À Paris, il se libéra de l'influence de Whistler* et définit son style personnel, sensible et inspiré des vues de son atelier du quai des Grands-Augustins et des paysages canadiens qu'il retrouvait chaque hiver (*The Ferry, Quebec,* 1909). Il s'intéressa au fauvisme*, rencontra Matisse* en 1909 puis à Tanger en 1912. À partir de 1921, il voyagea en Afrique, en Inde, à Cuba et retrouva Marquet* à Alger en 1922, mais cessa de peindre alors qu'il avait trouvé un équilibre entre sa sensibilité personnelle et l'influence de Matisse.

**MORRICONE (Ennio)** ♦ Compositeur italien (Rome 1928). Devenu célèbre grâce à sa collaboration avec le cinéaste S. Leone (*Pour une poignée de dollars,* 1964 ; *Il était une fois dans l'Ouest,* 1968), il se spécialisa dans l'écriture de musique de films. Ses compositions allient recherche expérimentale (*Prima della rivoluzione,* 1964), classicisme (*Le Clan des Siciliens,* 1969 ; *1900,* 1976 ; *Les Incorruptibles,* 1987) et musique populaire (*Le Professionnel,* 1981 ; *Le Ruffian,* 1983).

**MORRIS (William)** ♦ Écrivain, dessinateur, peintre, décorateur et théoricien britannique (Walthamstow, Essex 1834 - Londres 1896). Nourri de culture médiévale, il se lia avec Burne*-Jones et commença des études d'architecte. Sous l'influence de Rossetti*, il s'intéressa à la peinture (*La Belle Iseult,* 1857) et publia *La Défense de Guenièvre et autres poèmes,* caractéristiques de ses tendances archaïsantes et de sa passion pour le Moyen Âge. En 1859, il édifia avec son ami P. Webb sa maison (Red House) et en dessina le décor et l'ameublement. Il décida alors de se consacrer aux métiers d'art et fonda avec plusieurs artistes préraphaélites la firme Morris, Marshall, Faulkner and Co. (devenue en 1875 la Morris and Co.) qui se proposait de renouveler et de revaloriser la production artisanale dans le domaine de la décoration. Cette entreprise aboutit à la formation en 1888 par C. R. Ashbee de l'Arts and Crafts Exhibition Society. Partisan de réformes sociales, ennemi du goût victorien et de la production industrielle, il voulait avec ses amis créer des formes nouvelles en accord avec la fonction des objets et prônait paradoxalement le retour au Moyen Âge et aux formes inspirées de la nature. De 1884 à 1890, il fut un actif militant socialiste (*Un rêve de John Bull,* 1888 ; *Nouvelles de nulle part,* 1891). Le mouvement inspiré par Morris exerça une profonde influence sur le développement de l'Art nouveau et est à l'origine, malgré ses tendances archaïsantes, d'un vaste mouvement qui aboutit au renouvellement de l'esthétique de l'objet usuel. ➝ ÉTYM. *Morris* est l'orthographe anglaise de *Maurice**.

**MORRIS (Charles William)** ♦ Philosophe et sémioticien américain (Denver, Colorado 1901 - 1979). Représentant du néopositivisme en Amérique, il dirigea, avec R. Carnap* et O. Neurath*, l'*International Encyclopedia of Unified Science,* et chercha à intégrer aux études syntaxiques et sémantiques sur le langage une «pragmatique» (règles de l'utilisation des signes par le sujet) : *Logical Positivism, Pragmatism and Scientific Empiricism,* 1937. *Foundations of the Theory of Signs,* 1938, propose une sémiotique largement issue des analyses de Ch. S. Peirce*.

**MORRIS (Maurice DE BÉVÈRE, dit)** ♦ Dessinateur de bandes dessinées belge (Courtrai 1923 - Bruxelles 2001). Il commença sa carrière au *Moustique* en 1945, créa Lucky Luke en 1946 et se consacra à son héros publié dans *Spirou* puis dans *Pilote*. En 1955, Morris demanda à Goscinny* d'écrire les scénarios de *Lucky Luke*. Ensemble, ils réinventèrent les cousins Dalton, puis Ran Tan Plan (1962) le chien «le plus bête de l'Ouest». Les aventures du cow-boy solitaire donnent une vision humoristique mais juste de l'Amérique des pionniers. Elles ont été adaptées au cinéma et publiées dans le monde entier.

**MORRIS (Robert)** ♦ Sculpteur américain (Kansas City 1931). Théoricien autant que sculpteur, il est l'un des principaux représentants du minimalisme et de l'anti form art. Son esthétique, qui se veut «holistique», «non relationnelle», l'amène à créer des sculptures dont la perception est immédiate, en réaction contre le culte de la spontanéité développé par l'expressionnisme abstrait, mais aussi contre les théories de Mondrian*. Dans les années 1960, il créa des œuvres in situ dans la ligne de Carl Andre, puis s'impliqua dans le Performance Art, avec des «earthworks», des environnements, des structures temporaires (*Steam Cloud,* 1969). Il marqua son engagement politique avec des ready-made (*Ampoule graduée,* 1962) et des pièces de feutre accrochées librement au mur (*Feutre,* 1974). *Labyrinthe* (1999) est l'écho de sa préoccupation de la relation entre le corps, l'objet et l'espace.

**MORRISON (Toni)** ♦ Romancière américaine (Lorain, Ohio 1931). Professeur de littérature à Howard University puis à Princeton, Toni Morrison vit à New York depuis 1965. L'univers de ses romans est celui de la communauté noire, de ces Noirs venus depuis peu à la ville et tiraillés entre les valeurs de leurs ancêtres esclaves et celles de la société américaine urbaine. Tous sont mus par le désir de briser ce qui entrave leur liberté, entraves qu'ils associent à l'identité noire, aux exigences de la famille et de la communauté. Ainsi Pecola (*L'Œil le plus bleu,* 1970) qui, pour échapper à un univers familial violent et sans amour (elle est violée par son père), prétend être une autre aux yeux bleus. À l'esclavage et aux légendes africaines, Toni Morrison donne voix sans jamais sombrer dans la nostalgie (*La Chanson de Salomon,* 1977). *Beloved,* 1987 (prix Pulitzer) est le premier volet d'une trilogie qui se poursuit avec *Jazz* (1992), sur le Harlem des années 1920, et *Paradise* (1998). [Prix Nobel de littér. 1993] ➝ ÉTYM. Ce nom de famille anglais signifie «fils *(son)* de Maurice *(Morris)*».

**MORRISON (James Douglas MORRISON, dit Jim)** ♦ Auteur et interprète américain (Melbourne, Floride 1943 - Paris 1971). Cofondateur du groupe rock *The Doors* en 1965, il est devenu une figure charismatique de la musique de la fin des années 1960 grâce à son image de rebelle contestataire, la poésie de ses textes empreints de mysticisme, sa voix exceptionnelle et sa beauté. Sa mort (peut-être par overdose) à 27 ans alors qu'il venait d'enregistrer *L. A. Woman* a fini de sublimer cette image ainsi qu'en témoigne le culte rendu sur sa tombe au Père-Lachaise à Paris.

**MORS** ♦ Île du Danemark, municipalité du Jutland-du-Nord, dans le Limfjord. 22 159 hab. Collines et falaises dominant la mer. V. PRINC. : Nykøbing Mors.

**MORSANG-SUR-ORGE** [91390] ➝ ÉTYM. anc. *Morcinctus,* du bas lat. *muro cinctus* «entouré de murs [de murailles]» ♦ Ch.-l. de cant. de l'Essonne, arr. d'Évry. 19 335 hab. *(Morsaintois).*

**MORSE (Samuel Finley Breese)** ♦ Peintre et physicien américain (Boston 1791 - New York 1872). Il imagina le télégraphe électrique en 1832, mais l'intérêt de son invention ne fut pas immédiatement apprécié ; la première démonstration eut lieu en 1837 et la première ligne (Washington-Baltimore) fut essayée le 24 mai 1844. Il conçut également un alphabet conventionnel qui porte son nom, utilisable sur son appareil, dans lequel chaque lettre est représentée par une combinaison de points et de traits ou de sons brefs et longs. Il suggéra d'utiliser son système de télégraphie pour la détermination des longitudes (1839), ce qui fut effectué par l'amiral Wilkes en 1844. ➝ ÉTYM. *Morse* est une autre forme de *Morris**.

**MORSELLI (Guido)** ♦ Romancier italien (Bologne 1912 - Varese 1973). Il se suicida après s'être vu refuser tous ses livres par les éditeurs auxquels il s'était adressé. Son œuvre (posthume) est souvent marquée par le choix d'un argument paradoxal mais d'une grande efficacité : *Rome sans pape* (1974), au titre explicite, *Contro-passato prossimo* (1975), où Morselli imagine une autre conclusion à la Première Guerre mondiale, enfin *Dissipatio* (1977), où le narrateur fait l'expérience d'un monde privé de genre humain. Plus classiques, mais non moins talentueux : *Divertimento 1889* et *Le Communiste* (1976).

**MORSZTYN (Jan Andrzej)** ♦ Poète polonais (près de Cracovie 1621 - Châteauvillain 1693). Il vécut à la cour de Ladislas* IV, puis à celle de Jean* II Casimir, qui le chargèrent de missions diplomatiques importantes, et devint le chef du parti français en Pologne, après l'abdication de Casimir V. Convaincu de trahison par Jean* III Sobieski, il se réfugia en France. Connu pour ses traductions du Tasse *(Amyntas)*, de Marini *(Adonis)* et de Corneille *(Le Cid)*, considéré comme le meilleur représentant de la littérature baroque en Pologne, il écrivit des vers de circonstance (épigrammes, compliments, panégyriques) et des poèmes d'inspiration amoureuse ou religieuse rassemblés en deux recueils : *La Canicule* (1647) et *Le Luth* (1661).

**MORT** (Vallée de la) – en angl. ***Death Valley*** ♦ Vallée désertique des États-Unis, en Californie*, près de la frontière du Nevada, au N. du désert Mojave. C'est un fossé d'effondrement s'enfonçant au-dessous du niveau de la mer, d'une aridité quasi totale (parc national).

**Mort à crédit** ♦ Roman de Louis-Ferdinand Céline* (1936). D'inspiration autobiographique, l'œuvre relate les événements antérieurs à *Voyage* au bout de la nuit* (1932) et met en scène le jeune Ferdinand, qui ne s'appelle plus Ferdinand Bardamu comme dans le *Voyage*. À Paris, dans un milieu assez pauvre, une série de catastrophes s'abat sur la famille de Ferdinand qui finit par frapper son père, manquant de le tuer. Embauché par le fantasque inventeur Courtial des Pereires, Ferdinand s'enfonce dans des aventures aussi burlesques qu'accablantes. Des Pereires a notamment mis au point une méthode d'agriculture radio-tellurique qui provoque la colère des paysans de Blême-le-Petit, le suicide de l'inventeur et le retour de Ferdinand à Paris, chez son oncle. Le style de Céline, marqué par une recomposition du langage parlé, de l'argot et du langage soutenu, déjà mis en place dans *Voyage au bout de la nuit*, se radicalise.

**MORTAGNE-AU-PERCHE** [61400] ♦ Ch.-l. d'arr. de l'Orne, dans le Perche. 4 513 hab. (aggl. 5 389) *(Mortagnais)*. Église Notre-Dame (1494 - 1535), de style flamboyant (boiseries du XVIIIe s.). Anc. hôtel des comtes du Perche (XVIIe s.). Vestiges des fortifications, porte Saint-Denis des XIIe et XVIe s. : musée percheron. Musée Alain (né à Mortagne-au-Perche). ▪ Spécialité de boudins noirs. ▮ **Histoire** Anc. cap. du comté de Perche.

**MORTAGNE-SUR-SÈVRE** [85290] ♦ Ch.-l. de cant. de la Vendée, arr. de La Roche-sur-Yon, sur la rive d. de la Sèvre Nantaise. 5 938 hab. *(Mortagnais)*. Ruines d'un château des XIVe et XVe s. ▪ Tannerie. Aux environs, gisements d'uranium.

**MORTAIN** [50140] ♦ Ch.-l. de cant. de la Manche, arr. d'Avranches. 2 191 hab. (aggl. 2 720) *(Mortainais)*. Église Saint-Évroult, reconstruite au XIIIe s. Anc. abbaye fondée au XIIe s., devenue un séminaire. ▪ Fabrique de câbles. ▮ **Histoire** La ville a été très endommagée en août 1944 (bataille de Mortain).

La **Mort aux trousses** – en angl. ***North by Northwest*** ♦ Film américain d'Alfred Hitchcock* (1959), avec Cary Grant, Eva Marie Saint, James Mason. Un publicitaire new-yorkais est entraîné à son corps défendant dans une rocambolesque affaire d'espionnage qui est en fait un leurre de la CIA. D'un scénario qui se présente comme le remake déguisé des *Trente-Neuf Marches* (le film anglais qui l'avait fait connaître avant la guerre), Hitchcock tire un film où l'humour vient sans cesse pimenter le frisson (séquence fameuse où le héros est pourchassé par un avion en rase campagne ; poursuite nocturne à travers les sculptures monumentales du mont Rushmore).

La **Mort à Venise** – en all. ***Der Tod in Venedig*** ♦ Nouvelle de Thomas Mann* (1912). Lors d'un séjour à Venise, l'écrivain Gustav Aschenbach est ensorcelé par un adolescent d'une beauté extraordinaire, Tadzio. Une épidémie de choléra se déclare dans la ville, mais Aschenbach est incapable de quitter Tadzio, il contracte la maladie et meurt : «Celui qui a contemplé la beauté noue un pacte avec la mort» (K. A. von Platen-Hallermünde). ♦ ***Mort à Venise*** (en it. *Morte a Venezia*) Film italien de Luchino Visconti (1971), avec Dirk Bogarde, Silvana Mangano, Björn Andresen, Mark Burns. S'appuyant sur les écrits de Katia Mahler, Visconti a souligné ce qui n'apparaissait qu'en filigrane dans la nouvelle de T. Mann : l'identification d'Aschenbach à Gustav Mahler*. L'accompagnement musical, emprunté à deux symphonies de ce dernier, accuse la ressemblance. Mais c'est aussi sa propre image d'homosexuel vieillissant, fasciné par la beauté, qui se superpose à celles du musicien et de l'écrivain. D'amples et envoûtants mouvements de caméra, le décor vénitien, une direction d'acteurs souveraine concourent à la réussite de l'œuvre.

La **Mort de Danton** – en all. ***Dantons Tod*** ♦ Pièce en 4 actes de Georg Büchner* (1835). Au moment où le destin de Danton décline et va le mener à la mort, il se confronte avec Robespierre. Le peuple s'est détourné de lui comme il se détournera bientôt de Robespierre : «Il faut que la Révolution s'arrête et que la République commence.» La fatalité historique est plus forte que l'action révolutionnaire : c'est un peu le drame personnel de l'auteur, agitateur courageux mais sans écho.

La **Mort de la Vierge** ♦ Tableau du Caravage (1605 - 1606). Destiné à l'autel de la deuxième chapelle de Santa Maria de Trastevere, il fut refusé par les commanditaires qui jugeaient que la Vierge ressemblait à une morte au corps enflé. La Vierge est en effet représentée comme une femme du peuple ; sa sainteté, ainsi que celle des apôtres, est mise en évidence par la seule lumière, qui baigne les personnages et crée un intense jeu d'ombres et de lumières soulignant, au-delà du réalisme prosaïque de la scène, son caractère sacré. C'est la dernière grande œuvre peinte par l'artiste à Rome.

La **Mort de Sardanapale** ♦ Peinture d'Eugène Delacroix (1827). Le tableau illustre un épisode d'un drame de Byron : le roi légendaire de Ninive refusant de tomber vivant aux mains de ses ennemis fait massacrer son harem avant de se donner la mort. Le sujet et le style romantiques ainsi que la sensualité qui se dégage du tableau provoquèrent un scandale qui priva l'artiste, pour un temps, de toute commande. Le décor et les couleurs témoignent de l'intérêt du peintre pour l'Orient bien avant son voyage au Maroc en 1832, tandis que la composition éclatée et l'exécution fougueuse de maintes parties manifestent une mutation profonde de la peinture.

La **Mort de Sardanapale.** Tableau de Delacroix (3,92 x 4,96 m), 1828. Musée du Louvre, Paris. *BIS/Phot. H. Josse © Archives Nathan*

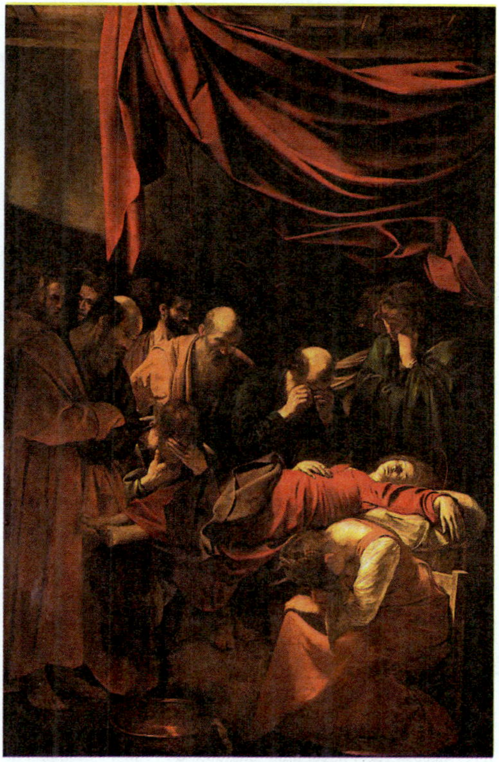

La **Mort de la Vierge.** Tableau du Caravage (3,69 x 2,45 m), 1605-1606. Musée du Louvre, Paris. *BIS/© Archives Nathan*

**MORTE** (mer) n. f. ➝ **ÉTYM.** n. donné en raison du très fort taux de salinité de l'eau (V. ci-dessous) ♦ Mer fermée qui se situe à 56 km des côtes méditerranéennes sur la frontière entre Israël et la Jordanie (75 km de long sur 15 km de large). Ses eaux sont partagées entre les deux pays, sa rive O. appartient à Israël et sa rive E. à la Jordanie. Le Jourdain*, qui délimite les deux États, s'y jette, venant du lac de Tibériade. La mer Morte est reliée à la mer Rouge par l'oued Araba et le golfe d'Akaba*. Ses eaux occupent le fond de la dépression de Ghor* à plus de 395 m au-dessous du niveau de la mer ; leur taux de salinité est si élevé qu'aucune vie n'y est possible. Des ouvrages ont été mis en place pour le dessalement des eaux, utilisées pour l'irrigation des terres du Néguev*. Gisements importants de potasse exploités depuis 1932, de brome et de magnésium depuis 1948, aux alentours.

**Morte (manuscrits de la mer)** ♦ Manuscrits trouvés dans les grottes de Qumrân*, publiés entre 1955 et 2002, à Oxford, dans la collection *Discoveries in the Judaean Desert* (38 vol., dont 2 à paraître, + 1 vol. d'index). Outre les «papyrus de Samarie» (documents retrouvés dans les grottes du Wadî Dâliyeh, au nord de Jéricho*, où des notables de Samarie* se réfugièrent en –331), cette édition intègre les documents retrouvés dans d'autres sites du «désert de Juda (ou Judée*)» : les «grottes de Bar* Kokhba» (Wâdî Murabba'ât et Naḥal Ḥever, à l'est d'Hébron*), qui servirent de refuge aux partisans du chef de guerre. Les documents trouvés à Massada* ont été publiés par l'Israel Exploration Society. ▪ Tous explorés dans les années 1960, ces sites ne sont pas contemporains : Qumrân a été occupé du –Iᵉʳ au Iᵉʳ s., Massada de 70 à 73, les grottes de Bar Kokhba de 132 à 135. Éclairant une période qui n'était jusqu'alors connue que par les récits de Flavius Josèphe*, les manuscrits de la mer Morte ont apporté une masse d'informations irremplaçables sur la langue, la littérature, les croyances et le mode de vie des Juifs aux alentours de l'ère chrétienne. En ce qui concerne la Bible*, les plus anciens manuscrits massorétiques complets étaient du Moyen Âge (IXᵉ et Xᵉ s.) ; ceux de Qumrân sont datés du –IIIᵉ au –Iᵉʳ s., et reflètent une variété textuelle que l'on retrouve dans la tradition massorétique («proto-massorétique») aussi bien que dans la tradition samaritaine du Pentateuque («proto-samaritain») et dans la version grecque des Septante*, mais aussi dans des traditions éclectiques. Une autre des grandes découvertes fut que l'hébreu n'était pas seulement une langue littéraire, mais qu'il avait continué à être parlé en Judée, en dépit de l'importance de l'araméen.

**MORTEAU** [25500] ➝ **ÉTYM.** «[le lieu] de l'eau morte» ♦ Ch.-l. de cant. du Doubs, arr. de Pontarlier, au-dessus de la rive g. du Doubs. 6 375 hab. (aggl. 8 966) *(Mortuaciens)*. Incendiée en 1865, la ville a été entièrement reconstruite. ▪ Horlogerie. Indus. alimentaires (saucisses fumées). Centre touristique. Sports d'hiver.

**MORTEFONTAINE** [60128] ➝ **ÉTYM.** «fontaine morte [asséchée]» ♦ Comm. de l'Oise, arr. de Senlis. 701 hab. *(Mortifontains)*. Le château du XVIIIᵉ s., propriété de Joseph Bonaparte au début du XIXᵉ s., fut reconstruit à la fin du XIXᵉ s. en style Renaissance. Vastes jardins anglais qui servirent de thème à Corot* *(Souvenir de Mortefontaine)* et inspirèrent Nerval* *(Sylvie)*.

**MORTENSEN (Richard)** ♦ Peintre danois (Copenhague 1910 - *id.* 1993). D'abord influencé par Kandinsky*, il se tourna dès 1933 vers l'art abstrait et fonda le groupe et la revue *Linien*, jouant un rôle important dans la diffusion de l'art moderne au Danemark. Installé à Paris en 1946, il réalisa alors des compositions géométriques très vivement colorées. Ayant regagné le Danemark en 1964, il y fut nommé professeur à l'Académie des beaux-arts de Copenhague.

**Mort et Transfiguration** – en all. ***Tod und Verklärung*** ♦ Poème symphonique opus 24 (1889) de Richard Strauss* (Eisenach, 26 juin 1890). L'œuvre traite des souffrances de l'homme, de ses luttes inutiles et de sa délivrance par la mort. Strauss devait reprendre le motif de la transfiguration près de soixante ans plus tard dans *Im Abendrot* («Au crépuscule»), l'un de ses *Quatre Derniers Lieder*.

**MORT-HOMME** n. m. ♦ Massif (culminant à 286 m) au N.-O. de Verdun* sur lequel se déroulèrent de violents combats pendant la bataille de Verdun.

**MORTIER (Édouard Adolphe Casimir Joseph)** duc **DE TRÉVISE** ♦ Maréchal de France (Le Cateau-Cambrésis 1768 - Paris 1835). Volontaire en 1791, promu général en 1799 puis maréchal en 1804, il se distingua lors de la campagne de Prusse (1807) et fut fait duc de Trévise. Après avoir participé aux campagnes de l'Empire, il se rallia à Louis XVIII (1814), mais refusa néanmoins de juger le maréchal Ney après les Cent-Jours. Député (1816 - 1819), pair de France, il fut nommé ambassadeur de France en Russie au début de la monarchie de Juillet, puis président du Conseil et ministre de la Guerre (1834 - 1835). Il fut tué lors de l'attentat de Fieschi* (28 juil. 1835). ➝ **ÉTYM.** Ce nom signifie «auge de maçon» (surnom de maçon).

**MORTIER (Gérard)** ♦ Homme de théâtre belge (Gand 1943). Après avoir, de 1981 à 1991, assuré la direction du Théâtre royal de la Monnaie à Bruxelles, il prit celle du festival d'été de Salzbourg de 1992 à 2001, avec entre autres objectifs celui d'en renouveler le répertoire. Il dirigea l'Opéra de Paris de 2004 à 2009.

**MORTILLET (Gabriel DE)** ♦ Archéologue et préhistorien français (Meylan, Isère 1821 - Saint-Germain-en-Laye 1898). Professeur à l'école d'anthropologie de Broca*, il donna une chronologie archéologique du Paléolithique* fondée sur la succession des types d'outils (Chelléen, Moustérien*, Solutréen*, Magdalénien*) et fut amené à supposer l'existence d'êtres intermédiaires entre le singe et l'homme (anthropopithèques). Il a publié, notamment, *Le Préhistorique : antiquité de l'homme*, 1882.

**MORTIMER** ♦ Famille féodale galloise. ♦ **Roger de Mortimer,** 1ᵉʳ comte **de La Marche** (v. 1287 - Tyburn, Londres 1330). D'abord au service d'Édouard* II, il se révolta contre lui (1321 - 1322). Réfugié en France, il apporta son appui à la reine d'Angleterre, Isabelle* de France, dont il était l'amant, pour envahir l'Angleterre (1326) et forcer le roi à abdiquer. Après l'assassinat de ce dernier, il exerça la dictature, mais fut arrêté par Édouard* III et exécuté. ➝ **ÉTYM.** *Mortimer* vient de *Mortemer*, en Seine-Maritime «morte mer» (allusion à un marais asséché ou à la mer Morte fréquentée par les croisés).

**MORTIMER (Anne DE)** ♦ (début XVᵉ s.). Descendante d'Édouard III, elle transmit ses droits au trône à son mari Richard d'York* et fut ainsi à l'origine de la guerre des Deux*-Roses.

**MORTON (James DOUGLAS,** 4ᵉ comte **DE)** ♦ Régent d'Écosse (Dalkeith v. 1525 - Édimbourg 1581). Marie Stuart le fit grand chancelier ; néanmoins, il prit part aux attentats contre Rizzio, puis contre Darnley*. Il contribua à la défaite des armées de la reine, et succéda comme régent à Murray* dont il avait été le principal conseiller (1572 - 1580). Ses abus et sa brutalité le rendirent impopulaire et il fut accusé du meurtre de Darnley et exécuté.

**MORTON (Ferdinand Joseph LAMOTTE, dit Jelly Roll)** ➝ **ÉTYM.** n. de son beau-père ♦ Pianiste, compositeur, chanteur et chef d'orchestre de jazz américain (Gulfport, Louisiane 1885 - Los Angeles 1941). Pionnier du jazz (qu'il prétendait avoir inventé), il joua dès 1902 à La Nouvelle-Orléans. À Chicago, à partir de 1926, il réalisa toute une série d'enregistrements avec diverses formations de studio sous le nom des Red Hot Peppers, qui auront une influence considérable sur le jazz orchestral. Comme compositeur, on lui doit notamment : *King Porter Stomp, Kansas City Stomp*. Princ. enregistrements : *The Pearls* (1923), *Doctor Jazz* (1926), *Kansas City Stomp* (1927).

**MORTRÉE** [61750] ➝ **ÉTYM.** à rapprocher de *mortier* ♦ Ch.-l. de cant. de l'Orne, arr. d'Argentan. 1 073 hab. Château d'O des XVᵉ, XVIᵉ et XVIIIᵉ s.

**MORTSEL** ♦ Comm. de Belgique (Région flamande), prov. et arr. d'Anvers (banl. S.-E.). 24 426 hab. Château Cantecroy reconstruit après la Deuxième Guerre mondiale en style Renaissance. ▪ Indus. alimentaires et chimiques (produits photographiques). Construc. métalliques.

**MORUS (Thomas)** → More (Thomas)

**MORVAN** n. m. ♦ Région montagneuse chevauchant les dép. de la Nièvre, de la Côte-d'Or et de la Saône-et-Loire. Ce massif cristallin constituant une avancée au N.-E. du Massif central, s'enfonce sous les plaines sédimentaires de la Bourgogne et se termine brutalement au S., au-dessus de la dépression autunoise. Bloc dissymétrique, dont l'altitude croît du N. vers le S., il est segmenté par des fractures (au N.-O.) et faillé à l'E. et à l'O. La topographie d'ensemble est sans vigueur. Les sommets les plus élevés sont localisés au S. (Haut-Folin, 901 m). Le climat pluvieux et rude en général (gel) a facilité la désagrégation du granite («Morvan pourri»), tapissant les fonds d'arène que couvrent des prairies, tandis que les pentes sont boisées. Vaste espace forestier. ▪ Le parc naturel régional du Morvan, créé en 1970, s'étendant sur 174 000 ha, recouvre la majeure partie du pays et concourt à son développement touristique.

**MORZINE** [74110] ← ÉTYM. p.-ê. du précelt. *mor-* «pierre» ou du lat. *Marusinus*, n. de pers. ♦ Comm. de la Haute-Savoie, arr. de Thonon-les-Bains, sur la Dranse. 2 948 hab. (aggl. 3 717). *(Morzinois)*. Importante station d'été et de sports d'hiver à 961 m d'alt. À proximité, se trouve la station de sports d'hiver d'Avoriaz*.

**MOSCA (Gaetano)** ♦ Sociologue italien (Palerme 1858 - Rome 1941). Professeur de droit à Palerme puis à Rome, il chercha à établir les bases d'une théorie politique scientifique : il privilégia la distinction entre classes dirigeante et dirigée et fut amené ainsi à opposer à la démocratie le gouvernement par une minorité (oligarchie, aristocratie). Œuv. princ. : *Éléments de science politique*, 1896 ; *Traité de droit constitutionnel*, 1906 ; *Histoire des doctrines politiques*, 1933.

**MOSCARDÓ (José)** ♦ Général espagnol (Madrid 1878 - *id.* 1956). Gouverneur militaire de Tolède en 1936, il se rallia au soulèvement nationaliste et dirigea la défense de l'Alcazar de Tolède*. Il commanda ensuite le corps d'armée d'Aragon.

**MOSCHELES (Ignaz)** ♦ Pianiste et compositeur tchèque (Prague 1794 - Leipzig 1870). Élève d'Albrechtsberger et de Salieri, il fut lié à Beethoven qui lui confia la transcription pour piano de *Fidelio* (1814). Il fit une carrière européenne de virtuose avant de se fixer à Londres (1821 - 1846) et d'assurer avec Mendelssohn la direction du conservatoire de Leipzig. Excellent pédagogue, il a également publié des pièces pour le piano (7 concertos, 24 études, 2 sonates).

**MOSCHOS (Jean)** ♦ Ascète chrétien (Damas - Rome 619), auteur du *Pré spirituel*, récits édifiants sur les ermites d'Orient.

**MOSCOU** – en russe ***Moskva*** ← ÉTYM. du n. de la *Moskova** ♦ Cap. de la Russie, ch.-l. de région, sur la Moskova. 10 357 800 hab. *(Moscovites)*. La ville a englobé par étapes (1960, 1986) les villes voisines et couvre 1 080 km² répartis en dix préfectures et 124 *okrougi*. ▪ **Activités culturelles et monuments** Centre administratif, Moscou est le plus grand centre culturel et scientifique du pays. Siège de l'Académie des sciences de Russie et d'universités dont l'université Lomonossov, fondée par M. V. Lomonossov* en 1755 (ensemble de bâtiments construits en 1949 - 1953 sur 200 ha), et l'université de l'Amitié des peuples «Patrice Lumumba», pour les étudiants du tiers-monde, fondée en 1960. Bibliothèque nationale (anc. Lénine), fondée en 1925, l'une des trois plus grandes du monde. Musée d'art Pouchkine, musée du Kremlin, musée d'Histoire et galerie Tretiakov. Activités théâtrales (Grand Théâtre [en russe Bolchoï Teatr, construit en 1824], Petit Théâtre [en russe Malyï Teatr], Théâtre d'Art de Moscou «M. Gorki» [fondé en 1898 par K. S. Stanislavski]), musicales (conservatoire, Maison internationale de la musique) et cinématographiques (studios de cinéma [dont le plus grand est le studio de la Mosfilm]). De nombreux monuments historiques, surtout au Kremlin*, quartier central et forteresse de Moscou, dominent la rive g. de la Moskova. Sur la place Rouge, en bordure du Kremlin, se trouve le mausolée de Lénine. Parcs de culture et de repos. ▪ **Les transports** Le métro (1930 - 1935) est particulièrement luxueux et comprend à présent plus de 170 stations. Le boulevard périphérique (109 km) a été mis en service en 1962, deux autres anneaux périphériques ont été construits depuis. Moscou est la plaque tournante des voies de communication de la Russie. Par le canal de Moscou et la Volga, les trois ports fluviaux de la capitale sont reliés à cinq mers : Blanche, Baltique, Caspienne, mer Noire et mer d'Azov. Quatre aéroports. ▪ **Industrie et tertiaire** Reliée par gazoducs et oléoducs aux gisements de la Volga et de Sibérie pour son énergie, l'industrie moscovite (mécanique de précision, électronique militaire, aviation, industries légères et alimentaires, édition...) perd de l'importance au profit du secteur tertiaire en plein essor. Moscou est bien le principal centre de services du pays (banques, assurances, agences de toutes sortes). Des dizaines d'hypermarchés (IKEA, Auchan, Ramstore, Metro) se sont implantés le long du périphérique extérieur.

▪ **HISTOIRE** ▪ **La fondation de la ville** Moscou est mentionnée pour la première fois par les chroniqueurs russes en 1147, mais les données archéologiques montrent qu'il y existait un campement de pêcheurs dès l'époque néolithique. Iouri Dolgorouki, prince de Souzdal, y fit construire un premier Kremlin en bois (1156). Dévastée par le prince de Riazan (1176), puis par les Mongols de Batū* Khān (1237), Moscou devint la capitale d'une principauté vassale de la Horde d'Or, sous Daniel* Nevski (1263). Son fils Ivan* Ier Kalita obtint du khan ouzbek le titre de grand-prince et le droit de percevoir les impôts dans les principautés russes pour le compte de la Horde : il imposa ainsi sa suzeraineté à Tver, Riazan et Souzdal. ▪ **Le développement** En 1326, le métropolite Théognoste transféra son siège de Vladimir à Moscou, qui devint le centre religieux du pays. Les fils d'Ivan Ier (→ **Siméon le Superbe, Ivan II Ivanovitch**) poursuivirent la politique de leur père et à la fin du XIVe s. la supériorité de la principauté de Moscou (appelée Moscovie* jusqu'au XVIIe s.) fut reconnue par les villes voisines qui se rangèrent sous son drapeau pour lutter contre le joug mongol. Dirigés par Dimitri IV Donskoï, les Russes remportèrent la victoire de Koulikovo (1380), mais en 1382 Moscou fut prise et pillée par le khan de la Horde d'Or, Togtamich. De nouveau vassale des Mongols jusqu'à la fin du XVe s., sous les règnes de Vassili Ier et Vassili II, Moscou réussit, sous le règne d'Ivan III le Grand (1462 - 1505), à annexer la plupart des principautés voisines (de Iaroslavl, 1463 ; de Perm, 1472 ; de Rostov, 1474 ; de Novgorod, 1478 ; de Tver, 1485 ; de Viatka, 1489). Son fils et successeur Vassili III annexa ensuite Pskov (1510), Riazan (1521) et Smolensk (1522). Après ce «rassemblement des terres russes» ne restèrent en dehors de son contrôle que la Biélorussie (Minsk) et la Petite-Russie (Kiev) qui demeurèrent en grande partie polonaises jusqu'à la fin du XVIIe s., date à laquelle elles furent cédées par la Pologne à la Russie (traité de Moscou du 6 mars 1686). Les khanats de Kazan et d'Astrakhan furent dominés par Ivan le Terrible, mais les Tatars de Crimée occupèrent Moscou en 1571 et brûlèrent la ville, sauf le kremlin de pierre, qui avait été construit en 1367. Considérée par les Russes comme la «troisième Rome» après la chute de Constantinople (1453) et surtout après la création du patriarcat de Moscou (1589), la ville fut prise en 1611 par les Polonais sous la conduite de Ladislas IV, puis délivrée par une levée des masses populaires (1612). ▪ **Le déclin** En 1715, Pierre le Grand transféra sa capitale à Saint-Pétersbourg*, mais Moscou resta la capitale religieuse de l'empire et le lieu de couronnement des tsars. Abandonnée par Koutouzov, occupée par les troupes de Napoléon Ier (14 sept. 1812), la ville fut incendiée la nuit suivante (probablement sur les ordres de son gouverneur militaire Rostopchine) ; cet incendie obligea les Français à se retirer (19 oct.). Vers 1870 commença à se développer à Moscou le mouvement ouvrier, et, vers 1880, les premiers cercles marxistes firent leur apparition. ▪ **Les arts au début du XXe s.** Au début du XXe s. Moscou commença aussi à jouer un rôle prépondérant dans le domaine des arts. En 1908 - 1909, la revue *La Toison d'or* organisa des expositions qui permirent la confrontation entre les productions russes et l'avant-garde française. Larionov prolongea cette expérience avec la création du groupe Valet de carreau. Au même moment (1911), Matisse, invité par Chtchoukine, se rendit à Moscou pour installer *La Danse* chez le mécène. De son côté, le collectionneur Morozov accueillit Maurice Denis, dont les œuvres et articles reçurent une grande audience dans les milieux littéraires et artistiques. Ces événements préparèrent le terrain aux formidables bouleversements artistiques de la révolution. → **URSS**. ▪ **La capitale de l'URSS** Après une vague de

**Moscou.** Dômes de la cathédrale Basile-le-Bienheureux.
*Phot. © Mashe/Shutterstock*

**Moscou.** Quartier d'affaires.
*Phot. © Cloki /Shutterstock*

grèves (1902), le prolétariat moscovite joua un rôle important pendant la révolution de 1905 - 1907 (insurrection armée en déc. 1905). Le régime soviétique y fut instauré (après cinq jours de combats) le 2 nov. 1917. Le 11 mars 1918, le gouvernement soviétique fut transféré de Petrograd à Moscou, qui devint la capitale de la République socialiste fédérative soviétique de Russie, puis le siège de la IIIe Internationale (1919) et à partir du 30 décembre 1922 la capitale de l'URSS. En 1936 - 1938 y eurent lieu les procès des opposants à Staline. ▮ **La Deuxième Guerre mondiale** Le 23 août 1939 fut signé à Moscou le pacte germano-soviétique, et, le 12 mars 1940, le traité qui mit fin à la guerre russo-finlandaise. → **Finlande.** Pendant la Deuxième Guerre mondiale, l'offensive allemande contre Moscou, déclenchée le 30 sept. 1941, menaça la ville dès le 15 oct., date à laquelle tomba Kalinine. Le 19 oct., la ville fut déclarée en état de siège. Vers la fin du mois, les Soviétiques, ayant livré des batailles défensives acharnées, réussirent à arrêter les Allemands dans la région de Toula (100 km à l'O. de Moscou). Après un regroupement de ses forces (51 divisions), la Wehrmacht lança le 15 nov. une deuxième offensive, s'empara de Klin au N., contourna Toula au S. et s'approcha à 25 km de la capitale. Le 6 déc. 1941, l'armée soviétique contre-attaqua ; le 27 déc., elle brisa les groupements de flanc allemands au N. et au S. de la ville et, en janvier-avril 1942, elle se trouva avancée jusqu'à 350 km à l'O. de Moscou. Le 10 déc. 1944 fut signé à Moscou le traité franco-soviétique par lequel les deux nations s'engagèrent à empêcher une nouvelle agression allemande. ▮ **Depuis 1980** Les jeux Olympiques se déroulèrent à Moscou en 1980. Les 19 - 21 août 1991, les Moscovites mirent en échec un putsch conservateur en entourant la «Maison Blanche» (siège du Parlement russe). Lors d'une tentative de putsch avortée les 3 et 4 oct. 1993, la «Maison Blanche», occupée par les députés conservateurs, fut prise d'assaut par les troupes restées fidèles à B. Eltsine.

**MOSCOVIE** n. f. ♦ Nom donné à la grande-principauté de Moscou jusqu'au XVIIe s.

**MOSELEY (Henry Gwyn Jeffreys)** ♦ Physicien britannique (Weymouth 1887 - Gallipoli, Turquie 1915). Inventeur de la spectroscopie des rayons X (1913), il énonça la loi, qui porte son nom, reliant les fréquences les plus élevées et le numéro atomique de chaque élément émetteur. Sa découverte permit de comprendre la signification physique du numéro atomique (nombre de protons dans le noyau), responsable des propriétés chimiques de l'élément correspondant, et confirma l'ordre et les lacunes du tableau de Mendeleïev ; elle fut à l'origine des découvertes du hafnium et du rhénium. ➝ ÉTYM. *Moseley* est un nom de lieu, du vieil anglais *mos* «tourbière» et *lēah* «bois, clairière».

**MOSELLE** n. f. ➝ ÉTYM. «petite Meuse», de *Mosa* «Meuse*» et dimin. *-elle* ♦ Affl. gauche du Rhin moyen, traversant le N.-E. de la France et l'O. de l'Allemagne, et formant frontière entre le grand-duché de Luxembourg et le Land de Rhénanie-Palatinat (550 km dont 200 en territoire français). La Moselle prend sa source dans les Vosges, à 725 m d'alt. ; elle arrose Remiremont*, Épinal*, Metz*, Toul* ; elle reçoit la Meurthe à Frouard, la Seille, l'Orne, la Fentsch, la Sarre, et rejoint le Rhin à Coblence, après avoir traversé Trèves* et le Massif schisteux-rhénan. Canalisée entre Frouard (à la jonction du canal de la Marne au Rhin) et Metz, la Moselle est reliée à la Saône par le canal de l'Est, à la Meuse, à la Marne et au Rhin par le canal de la Marne au Rhin. Elle est accessible aux chalands de 1 500 t jusqu'à Metz.

**MOSELLE [57]** n. f. ➝ ÉTYM. du n. de la riv. ♦ Dép. de l'E. de la France, région Lorraine. 6 216 km$^2$. 1 023 447 hab. CH.-L. : Metz. CH.-L. D'ARR. : Boulay-Moselle, Château-Salins, Forbach, Sarrebourg, Sarreguemines, Thionville. Cour d'appel : Metz. Académie : Nancy-Metz. → **Lorraine.**

**MOSER (Lukas)** ♦ Peintre originaire du Haut-Rhin (première moitié du XVe s.). *Le Retable de sainte Madeleine* de l'église de Tiefenbronn dénote un tempérament original ; son style dérive du gothique international, mais indique un intérêt pour les recherches nouvelles. Soucieux de rendre le modelé et d'affermir les volumes, il manifesta aussi une volonté de recherche dans le domaine de la perspective et surtout de la lumière. Le traitement du paysage et des natures mortes révèle une grande fraîcheur d'inspiration dans le choix des détails familiers décrits avec grâce et pittoresque.

**MOSER (Koloman,** dit **Kolo)** ♦ Peintre et designer autrichien (Vienne 1868 - *id.* 1918). Il fut l'un des fondateurs de la Sécession* viennoise en 1897 et contribua au lancement de la revue du mouvement, *Ver sacrum*, dont il dessina la couverture. Ses tableaux restent influencés par l'impressionnisme et par Hodler*, tandis que son mobilier, ses affiches, ses reliures sont dans la ligne du Jugendstil dont il fut le promoteur avec l'architecte Josef Hoffman* dans les «Wiener Werkstätte».

**MOSJOUKINE (Ivan Ilitch)** ♦ Acteur et cinéaste russe (Penza 1889 - Neuilly-sur-Seine 1939). L'une des plus grandes vedettes du «muet», dans son pays d'abord (*Le Père Serge*, 1918), puis en France où il s'exila, devenant le chef de file des «Russes blancs» du cinéma : *Le Brasier ardent* (1923), qu'il réalisa lui-même, *Kean* (1924), *Casanova* (1927). Il mourut oublié.

**MOSKOVA** n. f. – en russe *Moskva* ♦ Riv. de Russie (473 km). Née dans le plateau des Valdaï, elle conflue avec l'Oka, après avoir arrosé la région de Moscou, Mojaïsk, Zvenigorod et Kolomna. Un canal la relie à la Volga. ▮ **Histoire** La bataille de la Moskova se déroula à Borodino*, le 7 sept. 1812, entre l'armée de Napoléon et les Russes. La victoire de l'armée de Napoléon (Davout, Murat, Ney, Poniatowski) sur les Russes commandés par Koutouzov* permit la prise de Moscou (14 sept.). Bagration* y fut mortellement blessé.

**MOSQUITOS** (côte des) ➝ ÉTYM. du n. des *Miskitos* (V. ci-dessous) ♦ Région d'Amérique centrale sur la mer des Antilles, partagée entre le Honduras et le Nicaragua. V. PRINC. : Bluefields (Nicaragua). La région, chaude et humide, est habitée par les Indiens miskitos (ou Mosquitos), ramas et sumus, évangélisés par des missionnaires protestants et traditionnellement hostiles au pouvoir espagnol. → **Nicaragua.**

**MOSS** ♦ V. de Norvège, à l'E. du fjord d'Oslo. Ch.-l. du comté d'Østfold. 28 088 hab. Port. Centre commercial et industriel. Indus. de l'emballage, du bois, alimentaire. ▮ **Histoire** En 1814 y fut signée une convention préparant l'union de la Norvège et de la Suède.

**MOSSAD** n. m. ➝ ÉTYM. hébr. «institution» ♦ Institut du renseignement et des opérations spéciales d'Israël, fondé en 1951 par le Premier ministre Ben Gourion. Ayant la responsabilité de l'ensemble des activités du renseignement, des opérations clandestines et de la lutte anti-terroriste, le Mossad joua un rôle important dans la chasse aux nazis (Eichmann*) mais ses priorités sont la surveillance des nations et des organisations arabes.

**MOSSADEGH** ou **MOSSADEQ (Muḥammad)** ♦ Homme politique iranien (Téhéran 1882 - *id.* 1967). Sous-secrétaire des Finances (1916), hostile aux accords anglo-iraniens de 1919, ministre de la Justice (1920), des Finances (1921) et des Affaires étrangères (1923), député (1923 - 1927), il s'opposa à la dictature de Rizā* Chāh. Élu de nouveau au Parlement (1944), il fit voter une loi interdisant toute concession pétrolière et fonda le Front national. Premier ministre (mars-avr. 1951), il nationalisa l'industrie pétrolière. Confronté au blocus britannique, au boycottage des compagnies pétrolières, à l'opposition du chah, son gouvernement fut renversé (août 1953), et lui-même condamné à trois ans de prison.

**MÖSSBAUER (Rudolf)** ♦ Physicien allemand (Munich 1929). Il a montré que des phénomènes de résonance peuvent être observés pour des rayons $\gamma$ émis ou absorbés par des réseaux cristallins portés à très basse température (*effet Mössbauer*, 1958) ; cet effet s'applique, entre autres, à la mesure du décalage gravitationnel, à l'évaluation des décalages produits par un mouvement accéléré, à l'étude des structures magnétiques en ferromagnétisme. [Prix Nobel de phys. 1961, avec R. Hofstadter*]

**MOSSE (George LACHMANN)** ♦ Historien amériain d'origine allemande (Berlin 1918 - Madison 1999). Issu de la bourgeoisie juive allemande, il dut fuir l'Allemagne lors de l'arrivée au pouvoir des nazis et se réfugia aux États-Unis. Ses recherches le firent s'intéresser aux origines du fascisme. Il a avancé le concept de «brutalisation» qui repose sur l'idée que la violence de l'expérience vécue pendant la Première Guerre mondiale par les soldats, allemands notamment, a favorisé par la suite la brutalité dans le champ politique, préparant ainsi le terrain aux nazis (*De la Grande Guerre au totalitarisme, la brutalisation des sociétés européennes*, 1999).

**MOSSI(S)** n. m. (pl.) ← ÉTYM. p.-ê. «ceux qui sont allés à l'aventure dans les herbes» ♦ Peuple du Burkina Faso parlant une langue soudanaise, le moré. Beaucoup émigrent durant la saison sèche en Côte d'Ivoire et au Ghana. Les Mossis s'installèrent dans la région à partir du XIII$^e$ s. en passant des accords avec les premiers habitants, les Nyonyossés, qui purent conserver le pouvoir magique sur le sol (les «chefs de terre»), les Mossis assumant le pouvoir politique. Ouedraogo fut l'ancêtre fondateur du royaume de Tenkodogo, qui donna ensuite naissance aux royaumes du Yatenga et de Ouagadougou. La personne sacrée du roi, le *naba*, représentait la force vitale. Les masques mossis sont de grande taille, souvent polychromes, et figurent des animaux tutélaires de la savane. À l'époque coloniale, les Mossis constituèrent une part importante des tirailleurs «sénégalais».

**MOSSO (Angelo)** ♦ Physiologiste italien (Turin 1846 - *id.* 1910). Il inventa l'ergographe (1890), qui permet d'étudier et de mesurer le travail musculaire, et fit des recherches sur l'irrigation sanguine du cerveau.

**MOSSOUL** ← ÉTYM. en ar. *al-Mawṣil*; de *waṣala* «unir, réunir» [désignait le trafic de bateaux joignant les deux rives du Tigre à cet endroit] ♦ V. d'Irak, située sur la rive d. du Tigre*, à proximité de l'anc. Ninive*. Ch.-l. de la prov. de Ninive. 1 100 000 hab. Située à 265 m d'altitude entre le djebel Sindjar à l'O. et les contreforts du Kurdistan, elle a un climat accusé (hivers froids et pluvieux, étés chauds et secs). Troisième ville du pays. Univ. Musée archéologique. Principal centre commercial de la haute Mésopotamie (cultures de céréales, plantes textiles, fruits). Indus. alimentaire (sucreries), textile (centre national de fabrication des tissus de coton), indus. du cuir, cimenterie. Importante raffinerie de pétrole. ▮ **Histoire** Ancienne métropole chrétienne qui succéda à Ninive, la ville fut conquise par les Arabes en 641 et devint le centre principal de la Mésopotamie septentrionale. Au X$^e$ s., elle fut le siège d'un émirat quasi indépendant, puis à la fin du XI$^e$ s. devint capitale d'un État seldjoukide. Pillée par les Mongols, en 1262, elle passa sous la domination des Perses, puis des Ottomans. Assiégée par Nâdêr Chāh en 1743, elle fut occupée en nov. 1918 par les Britanniques qui l'annexèrent à l'Irak malgré les protestations de la Turquie. La ville a été sérieusement endommagée durant la guerre avec l'Iran (1980 - 1988) et l'invasion américaine (2003).

**MOST** ♦ V. de la République tchèque, en Bohême septentrionale, sur la Bílina. 67 691 hab. Les environs de la ville ont été dévastés par l'exploitation de gisements de lignite à ciel ouvert. Indus. pétrochimique.

**MOSTAGANEM** ♦ V. d'Algérie, ch.-l. de wilaya, sur le golfe d'Arzew, entre la Macta au S. et la vallée du Chéliff au N. 115 302 hab. Port. Centre commercial d'une riche région agricole. Vignobles. Primeurs.

**MOSTAR** ← ÉTYM. bosniaque «le vieux *(star)* pont *(most)*» ♦ V. de Bosnie-Herzégovine, sur la Neretva*. 63 500 hab. Cette ville naguère active (marché agricole, indus. textile) a été depuis 1992 ravagée par de violents combats opposant les Serbes aux Croates et aux Musulmans, puis les Croates aux Musulmans. Le célèbre pont du XVI$^e$ s., détruit par l'artillerie croate en 1993, a été reconstruit (2004) ainsi qu'une partie de la vieille ville. Après l'accord de Dayton de nov. 1995 sur la Bosnie, les administrateurs nommés par l'Union européenne tentent de réunifier la ville, partagée entre Musulmans et Croates.

**MOTAGUA** n. m. (río) ♦ Fl. du Guatemala (400 km), tributaire de l'Atlantique (golfe du Honduras), qui prend sa source dans le S. de la Cordillère centrale.

**MOTALA** ♦ V. de Suède centrale, sur le Motalaström et le Göta Kanal, à sa sortie du lac Vättern. 41 959 hab. Port. Station de radiodiffusion. Usine hydroélectrique. Indus. métallurgiques et mécaniques. Fabrique d'armes. Tourisme aux environs.

**MOTHERWELL (Robert)** ♦ Peintre américain (Aberdeen, État de Washington 1915 - Provincetown, Massachusetts 1991). Après des études de philosophie et un bref séjour en France, il étudia les beaux-arts à l'université Columbia à New York. Il eut, à partir de 1948, un rôle d'animateur, avec Newman* et Rothko*, et dirigea avec A. Rosenberg les *Documents of Modern Art* (1944 - 1951). Après une brève période d'inspiration surréaliste, il réalisa des collages et des peintures abstraites où des recherches de puissance chromatique s'allient à la spontanéité du trait (*La Traversée*, 1948). Peu à peu, ses toiles s'organisèrent autour de signes souvent massifs, qui structurent un espace homogène (*Élégies pour la République espagnole*, 1954 ; *Après-midi dans Barcelone*, 1958). Certains critiques ont souligné les implications psychanalytiques de ces compositions et de leur symbolique.

**MOTHERWELL** ♦ V. d'Écosse, ch.-l. du North Lanarkshire, dans les Lowlands. Banl. industrielle de Glasgow. 30 311 hab. Indus. mécanique.

Les **Mots** ♦ Récit autobiographique de Jean-Paul Sartre* (1964). L'auteur retrace son enfance bourgeoise, principalement marquée par son goût pour la lecture et l'écriture. Mais il s'attache pardessus tout à dénoncer le statut quasi mythique de l'écrivain, en montrant que la littérature est d'abord une mascarade sociale à laquelle il semble vouloir échapper en se racontant.

Les **Mots et les Choses** ♦ Ouvrage de Michel Foucault* (1966). Sous-titré «Une archéologie des sciences humaines», l'ouvrage est une étude du discours épistémologique. Il montre comment l'idée d'«homme» comme objet de sciences est mise en place à partir de la fin du XVII$^e$ s. Dès lors que les nouveaux savoirs se sont constitués (la philologie, l'économie politique, la biologie), le rapport entre les mots et les choses, placé autrefois sous le signe de la représentation et de l'imitation, s'est modifié. Les choses étant pensées comme obéissant «aux lois de leur propre devenir», l'homme occupe, accidentellement, dans l'ordre du savoir, un statut privilégié. L'ouvrage s'inscrit donc dans une remise en cause critique de tout discours humaniste.

**MO-TSEU** → Mozi

**MOTT** (sir **Nevill Francis**) ♦ Physicien britannique (Leeds 1905 - Milton Keynes, Buckinghamshire 1996). Ses travaux portèrent sur les propriétés magnétiques des systèmes amorphes et sur la *transition de Mott*, qui permet à certains métaux de devenir isolants lorsque la densité électronique décroît en fonction de la distance qui sépare les atomes. [Prix Nobel de phys. 1977, avec P. Anderson* et J. Van* Vleck]

**MOTTA (Giuseppe)** ♦ Homme politique suisse (Airolo, Tessin 1871 - Berne 1940). Élu au Conseil fédéral en 1911, il exerça durant la majeure partie de sa carrière politique le rôle de conseiller fédéral aux Affaires étrangères (1920 - 1940). Il fut un ardent partisan de l'adhésion de la Suisse à la SDN, tout en préconisant le maintien de la neutralité helvétique. Il fut critiqué pour ses positions face à l'Allemagne hitlérienne et à l'Italie mussolinienne, mais il réussit à faire reconnaître la neutralité suisse par Berlin tout en favorisant les intérêts économiques de son pays.

**MOTTELSON (Ben)** ♦ Physicien danois d'origine américaine (Chicago 1926). → **Bohr (Aage).** [Prix Nobel de phys. 1975, avec A. Bohr et J. Rainwater]

**MOTTE-SERVOLEX (LA)** [73290] ← ÉTYM. *Motte*, du bas lat. *motta* «hauteur» et *Servolex*, de *silvula* «petite forêt ; bosquet» ♦ Ch.-l. de cant. de la Savoie, arr. de Chambéry. 10 912 hab. *(Motterains).* Cultures fruitières.

**MOTTEVILLE (Françoise BERTAUT DE)** ♦ Dame française (Paris 1621 - *id.* 1689). Confidente d'Anne d'Autriche dont elle fut la femme de chambre, elle écrivit ses *Mémoires pour servir à l'histoire d'Anne d'Autriche*.

**MOUANDA** → Moanda

**MOUANS-SARTOUX** [06370] ← ÉTYM. *Mouans*, du lat. *Murtius*, n. de pers., et suff. *-anum*, et *Sartoux*, d'une base prélatine oronym. *°sar-* ♦ Comm. des Alpes-Maritimes, arr. de Grasse. 8 889 hab.

**MOUBARAK (Hosni)** ♦ Homme d'État égyptien (Kafr al-Meselha 1928). Chef d'état-major de l'Armée de l'air en 1969, héros de la guerre d'octobre 1973 (à l'issue de laquelle il fut promu maréchal), il devint un compagnon d'Anouar al-Sadate qui le nomma vice-président en 1975 et auquel il succéda comme président en 1981. Il a poursuivi la politique pro-occidentale de son prédécesseur, participant à la coalition internationale contre l'Irak lors de la guerre du Golfe (1990 - 1991) et favorisant le règlement de la question palestinienne. Moubarak se trouve en butte aux attaques des mouvements intégristes. ← ÉTYM. *Moubarak* vient de l'arabe *mubārak* «béni» et *Hosni*, de *ḥusnī* «foncièrement bon ou beau».

**MOUCHET** (mont) ♦ Sommet d'Auvergne, situé au N. des monts de la Margeride (dép. de la Haute-Loire). 1 497 m. Un monument national des maquis de France y a été érigé en 1946.

**MOUCHEZ (Ernest)** ♦ Amiral et astronome français (Madrid 1821 - Wissous 1892). Il effectua les relevés hydrographiques des côtes du Brésil (1857 - 1860) et d'Algérie (1867). En 1874, à l'île Saint-Paul, il observa le passage de Vénus devant le Soleil. Directeur de l'Observatoire de Paris (1878), il mit au point le projet d'une carte photographique du ciel. [Acad. sc. 1875]

**MOUCHY (Philippe DE NOAILLES, duc DE)** ♦ Maréchal de France (Paris 1715 - *id.* 1794). Fils du maréchal de Noailles, il fut nommé gouverneur de Versailles (1740) et de Guyenne (1775 - 1786). Membre de l'Assemblée des notables (1787 - 1788), royaliste, il fut condamné à mort et guillotiné sous la Terreur.

El **Moudjahid** ← ÉTYM. ar. «le combattant» ♦ Quotidien algérien francophone, né en 1965 de la fusion d'*Alger républicain* et du journal du FLN, *Le Quotidien*. *El Moudjahid* est le porte-parole du gouvernement : son directeur est nommé par l'État. Il tire à 350 000 exemplaires et publie aussi une édition en arabe.

La **Mouette** – en russe *Tchaïka* ♦ Pièce en 4 actes d'Anton Tchekhov* (1896). Dans la maison de campagne où vit son fils Constantin Treplev, écrivain et poète, Arkadina, comédienne vieillissante, a retrouvé pour l'été son amant Trigorine, auteur à succès, le conseiller d'État Sorine et le docteur Dorn. Pour Nina, une voisine qui rêve de théâtre, Treplev a composé une pièce que la jeune fille, un soir, joue dans le parc. Devenue amoureuse de Trigorine, Nina s'enfuit avec lui, mais bientôt l'écrivain, préoccupé par son seul travail, l'abandonne. Également en quête d'absolu, Treplev se donne la mort, et Nina, devenue comédienne, découvrira que la vérité de l'art se trouve dans le travail et dans la souffrance.

Jean **Moulin.**
*Phot. © Roger-Viollet*

**MOUGINS** [06250] ◆ **ÉTYM.** anc. *in Mugino,* du précelt. °*mug-* «pierre» ♦ Ch.-l. de cant. des Alpes-Maritimes, arr. de Grasse. 16 051 hab. *(Mouginois).* Vestiges de remparts. Porte romane (XII$^{e}$ s.) dite sarrasine. Musée de la Photographie. ▪ Aux environs, ermitage Notre-Dame-de-Vie (chapelle du XVII$^{e}$ s. ; retable). Mas Notre-Dame-de-Vie, propriété de P. Picasso, où le peintre vécut de 1961 à sa mort.

**MOUILLARD (Louis)** ♦ Ingénieur français (Lyon 1834 - Le Caire 1897). S'inspirant d'abord du vol des oiseaux, puis ayant compris l'intérêt des ailes rigides, il construisit plusieurs planeurs. Il est l'auteur d'ouvrages qui inspirèrent les pionniers de l'aviation : *L'Empire de l'air, essai d'ornithologie appliquée à l'aviation* (1881) et *Le Vol sans battements* (posth.).

**MOUILLERON-EN-PAREDS** [-paʀɛ] [85390] ◆ **ÉTYM.** langue d'oïl *mouillère* «partie de champ habituellement humide» et suff. dimin. *-on* ♦ Comm. de la Vendée, arr. de Fontenay-le-Comte. 1 177 hab. *(Mouilleronnais).* Agroalimentaire. ▪ Dans ce bourg où naquirent G. Clemenceau et le maréchal de Lattre de Tassigny (maison natale), a été installé un musée des Deux-Victoires à la mairie.

**MOUILLERON-LE-CAPTIF** [85000] ◆ **ÉTYM.** *Mouilleron :* langue d'oïl *mouillère* «partie de champ habituellement humide» et suff. dimin. *-on* et *Captif* p.-ê. «difficile d'accès» ♦ Comm. de la Vendée, arr. de La Roche-sur-Yon. 3 493 hab.

**MOUKDEN** ou **MUKDEN** ♦ Anc. nom de la ville chinoise de Shenyang* (Liaoning) qui fut la cap. (sous le nom de Shengjing, 1625 - 1644) de la dynastie Jin* des Jürchet. ▮ **Histoire** La ville fut le théâtre de la bataille la plus importante de la guerre russo*-japonaise (21 fév. - 11 mars 1905) qui vit la défaite de l'armée russe. Elle fut également célèbre par l'incident (faux sabotage d'une voie ferrée, le 18 sept. 1931) qui servit de prétexte à l'invasion nippone de la Mandchourie*.

**MOULAY-IDRISS** ♦ V. du Maroc (prov. de Meknès), au N. de Meknès. 12 611 hab. Ville sainte abritant le mausolée d'Idris I$^{er}$, le marabout le plus vénéré du Maroc. Pèlerinage.

**MOULE (LE)** [97160] ◆ **ÉTYM.** de *môle* «jetée» ♦ V. de Guadeloupe, arr. de Pointe-à-Pitre, située sur la côte atlantique de la Grande Terre. 20 827 hab. *(Mouliens).* Église Saint-Jean-Baptiste (XIX$^{e}$ s.). Rhumerie. Pêche.

**MOULIN (Jean)** ♦ Résistant français (Béziers 1899 - en cours de déportation 1943). Préfet de Chartres (1940), il refusa de signer un document présenté par les autorités allemandes et qui accusait d'atrocité des tirailleurs sénégalais ; mis en disponibilité par le gouvernement de Vichy, il se rallia au général de Gaulle à Londres. Chargé par celui-ci d'unifier la Résistance française, il fut parachuté dans la zone sud (1942). Après la création des Mouvements Unis de Résistance, début 1943, il fut nommé à la présidence du Conseil* national de la Résistance. Arrêté à Caluire le 21 juin par les Allemands probablement à la suite d'une trahison, il fut torturé et mourut au cours de son transfert en Allemagne. Depuis 1964 ses cendres sont au Panthéon.

Le **Moulin de la Galette** ♦ Peinture d'Auguste Renoir* (huile sur toile, 1876, 131 cm×175 cm). Ce tableau est la troisième version du même sujet, après l'esquisse préparatoire (1876, Copenhague) et la première version (1876, coll. Whitney, New York). Après de multiples études en plein air de ce bal de Montmartre, Renoir a réalisé cette harmonie de touches fondues qui relève de la technique de l'impressionnisme, sans cependant désintégrer les formes. De même facture que *La Balançoire* et le *Nu au soleil,* l'œuvre transcrit les effets d'ombre et de lumière tamisée par le feuillage et montre un univers populaire, gai et insouciant. Le tableau fut présenté à la troisième Exposition impressionniste de 1877, mais les critiques furent sévères, trouvant que les personnages (pour lesquels Renoir a fait poser ses amis, l'écrivain Georges Rivière et le peintre Lhote) avaient un teint blafard, cadavérique. Par crainte d'autres réactions négatives, Renoir s'abstint de participer à la quatrième et à la cinquième Exposition impressionniste.

**MOULINIÉ (Étienne)** ♦ Compositeur français (en Languedoc v. 1600 - v. 1669). Maître de musique de Gaston d'Orléans (1628 - 1660), puis des États du Languedoc, il est l'auteur de nombreux ballets et airs de cour, d'une *Missa pro defunctis* (1636) et de motets où il adopta le nouveau style concertant encore peu répandu en France, avec basse chiffrée et écriture à double chœur.

**Moulin-Rouge (le)** ♦ Salle de spectacle parisienne, place Blanche, créée en 1889. Le Moulin-Rouge fut d'abord salle de bal célèbre grâce à ses attractions tels le Pétomane et surtout le «quadrille naturaliste», appelé plus tard french cancan, dont les danseuses (la Goulue, Nini Pattes-en-l'Air, Grille d'égout) seront, comme Jane Avril ou Valentin le Désossé, immortalisées par Toulouse*-Lautrec. Il devint en 1903 un théâtre de variétés. À partir de 1924, les revues de Jacques-Charles, animées par J. Baker, Mistinguett ou M. Chevalier, lui valurent une grande renommée. Transformé en partie en cinéma, l'établissement reste également un cabaret où se perpétue la tradition du french cancan.

**MOULINS** [03000] ◆ **ÉTYM.** V. ci-dessous ♦ Ch.-l. du dép. de l'Allier, sur l'Allier. 21 892 hab. (aggl. 40 050) *(Moulinois).* La cathédrale Notre-Dame, de style gothique flamboyant (1474 - 1507), renferme le célèbre triptyque du Maître de Moulins* et des vitraux (XV$^{e}$ - XVI$^{e}$ s.). Mausolée du duc de Montmorency (1653) par les frères

Le **Moulin de la Galette.**
Tableau de Renoir (1,31 x 1,75 m), 1876. Musée d'Orsay, Paris.
*BIS/Phot. H. Josse © Archives Larbor*

Anguier*. Donjon du XIVe s., seul vestige du château des ducs de Bourbon. Beffroi du XVe s. (jacquemart de 1655, restauré). Le pavillon Renaissance dit d'Anne de Beaujeu abrite le musée d'Art et d'Archéologie : coll. préhistoriques et gallo-romaines, faïences (Nevers, Rouen, Moulins), sculptures du XIIe au XVIe s., retables des écoles autrichienne et flamande, peintures académiques du XIXe s. Maisons anc. ▪ Centre national du costume de scène. À Yzeure, musée historique du Bourbonnais. ▪ Carrefour ferroviaire et routier, Moulins est une ville tertiaire animée par quelques indus. ▮ **Histoire** La ville doit son nom aux moulins à eau qui étaient établis au bord de l'Allier. À partir du XIVe s. les ducs de Bourbon s'y installèrent ; elle fut rattachée à la Couronne en 1532. ♦ ***Ordonnance de Moulins*** Ordonnance promulguée en 1566, dans le cadre des réformes admin. de Michel de L'Hospital, et visant à unifier la procédure judiciaire : elle fut appliquée jusqu'en 1790 ; d'après cette ordonnance, les biens de la Couronne sont inaliénables, les gouvernements de province ne peuvent lever des impôts sans l'autorisation du roi et les parlements ont le droit de remontrance.

**MOULINS (MAÎTRE DE)** ♦ On désigne sous ce nom l'auteur du triptyque du *Couronnement de la Vierge* de la cathédrale de Moulins, exécuté v. 1498 pour le duc de Bourbon et sa femme. On a regroupé autour de cette œuvre plusieurs tableaux qui lui sont stylistiquement apparentés, notamment la *Nativité*, dite du cardinal Rolin (v. 1480 - 1483), les *Portraits de Pierre de Bourbon et Anne de France* (1492 - 1493), *Une jeune princesse* (Marguerite d'Autriche ?). L'attention portée au détail, le caractère du dessin trahissent une formation flamande. Mais la composition ample, clairement ordonnée, inspirée de la tradition sculpturale médiévale, la plasticité des formes apparentée à Fouquet*, l'iconographie et l'expression retenue et gracieuse constituent un ensemble de caractères typiquement français. Ce peintre a tour à tour été identifié à Jean Perréal*, Jean Bourdichon*, Jean Hey, Jean Prévost, ou à un élève de Van* der Weyden. ▪ *Autre illustration :* → **Anne de France.**

Maître de **Moulins.** *Enfant en prière* (27 × 16 cm). Musée du Louvre, Paris. *Phot. © Nimatallah/Ricciarini*

**MOULINS-LÈS-METZ** [57160] ♦ Comm. de la Moselle, arr. de Metz. 4 663 hab.

**MOULMEIN** – off. depuis 1989 ***Mawlamyine*** ♦ V. de Birmanie, cap. de l'État môn, à l'embouchure de la Salouen. 219 961 hab. Port. Construc. navales. Céramiques. Salines. Indus. diverses. Pêcheries. Exportation de bois de teck.

**MOULOUYA** (oued) ♦ Fl. du Maroc (450 km) qui prend sa source dans le Moyen Atlas, longe le versant E. du Moyen Atlas, puis du Rif, et se jette dans la Méditerranée non loin de la frontière algérienne.

**MOUNANA** ♦ Gisement d'uranium du Gabon, près de Masuku. Un gisement voisin, à Oklo, recèle de l'uranium 235 à teneur variable, témoignant d'une réaction en chaîne spontanée produite il y a 1,7 milliard d'années.

**MOUNDOU** ➝ **ÉTYM.** «jeune *(dou)* pousse d'herbe *(mou)*» ♦ V. du Tchad*, sur le Logone occidental. Env. 105 000 hab. Centre commercial. Égrenage du coton.

**MOUNET-SULLY (Jean Sully MOUNET, dit)** ♦ Comédien français (Bergerac 1841 - Paris 1916). Sociétaire du Théâtre-Français, il se rendit célèbre par ses interprétations de Hugo et de Shakespeare et surtout par celle d'*Œdipe roi* de Sophocle. ➝ **ÉTYM.** *Mounet* vient de *Aymonet* (diminutif de *Aymon* ou *Raymond*) et *Sully* est un nom de localité.

**MOUNIER (Jean-Joseph)** ♦ Homme politique français (Grenoble 1758 - Paris 1806). Il fut élu député du tiers état aux États généraux (1789) ; c'est sur sa proposition que fut prêté le serment du Jeu* de paume (20 juin 1789). Président de l'Assemblée nationale constituante, il fut un des principaux représentants du groupe des monarchiens*. Chef de la délégation de l'Assemblée reçue par le roi le 5 octobre* 1789, il démissionna peu après. Il émigra en Suisse (1790 - 1801), où il rédigea son *Appel au tribunal de l'opinion publique.* ➝ **ÉTYM.** *Mounier* est une forme méridionale de *meunier.*

**MOUNIER (Emmanuel)** ♦ Philosophe français (Grenoble 1905 - Châtenay-Malabry 1950). Influencé par Bergson, Maritain, Péguy, il fonda la revue *Esprit** (1932) et joua un rôle important dans le mouvement intellectuel, spirituel et politique en France entre les deux guerres. Dénonçant le désordre économique, social et spirituel du monde capitaliste et son individualisme bourgeois, il lui opposa son «personnalisme» qui tente de faire une synthèse du christianisme et du socialisme et préfère aux spéculations une pensée existentielle, tournée vers l'action. Œuv. princ. : *Révolution personnaliste et communautaire* (1935) ; *Traité du caractère* (1946) ; *Introduction aux existentialismes* (1946) ; *Le Personnalisme* (1949).

**MOUNTBATTEN OF BURMA (Louis MOUNTBATTEN, 1er comte)** ♦ Amiral britannique (Windsor 1900 - au large de Mullaghmore, côte O. de l'Irlande 1979), fils du prince Louis de Battenberg. Il fut commandant de porte-avions (1941), chef des opérations aéronavales combinées (1942), commandant en chef interallié pour l'Asie du Sud-Est ; il chassa les Japonais de l'océan Indien et de Birmanie (1943 - 1945). Dernier vice-roi de l'Inde (1946 - 1947), il exerça ensuite diverses fonctions de haut commandement (chef d'état-major de la Défense, 1959 - 1965). Amiral de la flotte (1956). Il fut tué dans un attentat organisé par l'IRA. ➝ **ÉTYM.** *Mountbatten* est la traduction anglaise du nom de lieu *Battenberg* (de *bat,* de sens incertain, et *berg* colline).

**MOUNT ISA** ♦ V. d'Australie (Queensland) reliée par voie ferrée à Townsville*. 21 082 hab. Important gisement de cuivre, plomb, argent, zinc.

**MOUNT VERNON** ♦ Domaine situé dans l'État de Virginie-Occidentale, sur le Potomac du Sud. ▪ Tombeau de G. Washington et de sa femme Marthe, érigé entre 1831 et 1837.

**MOURAD** → **Murat**

**MOURAD** ou **MURĀḌ** ➝ **ÉTYM.** ar. «désiré, recherché» ♦ Fondateur de la dynastie mouradite, qui régna sur la Tunisie ottomane de 1640 à 1704. → **Tunisie.**

**MOURAVIEV (Nikolaï Nikolaïevitch)** ♦ Général russe (Saint-Pétersbourg 1809 - Paris 1881). Nommé gouverneur de la Sibérie orientale (1847 - 1861), il occupa les territoires au S. de l'Amour et signa avec la Chine un traité avantageux (1858), ce qui lui valut le titre de comte de l'Amour (en russe *Amourski*). Il contribua à l'exploration scientifique de la Sibérie.

**MOURENX** [murɛ̃s] ou [murɛ̃ks] [64150] ➝ **ÉTYM.** anc. *Morengo,* du germ. *Maurus,* n. de pers., et suff. *-ing* ♦ Comm. des Pyrénées-Atlantiques, arr. de Pau. 7 576 hab. (aggl. 11 202) *(Mourenxois).* Cité résidentielle édifiée en 1950 et 1960 à proximité des usines de Lacq*.

**MOURET (Jean Joseph)** ♦ Compositeur français (Avignon 1682 - Charenton 1738). Surintendant de la musique chez la duchesse du Maine, Mouret fut le principal animateur des «grandes nuits de Sceaux» (1714 - 1725). ▪ Contemporain de Rameau, il a su, comme Campra*, établir la synthèse entre les goûts français et italien, rénovant la musique française après la mort de Lully. Il est l'auteur de symphonies, de musique de chambre, d'église et de théâtre (*Ariane, Pirithoüs,* tragédies lyriques ; *Les Festes ou le Triomphe de Thalie,* opéra-ballet ; *Les Amours des dieux,* ballet héroïque). Son originalité réside surtout dans ses deux cents divertissements qui préfigurent l'opéra-comique français.

**MOURÈZE** [34800] ➝ **ÉTYM.** du précelt. *murr-* «monticule arrondi» ♦ Comm. de l'Hérault, arr. de Lodève. 128 hab. Pittoresque village entouré d'un vaste chaos de rochers dolomitiques, le cirque de Mourèze.

**MOURGAB** n. m. ♦ Fl. d'Asie centrale (978 km). Né en Afghanistan, il disparaît dans les sables du Karakoum, au N.-O. de la ville de Mary (Turkménistan). Il se jetait autrefois dans la mer Caspienne.

**MOURGUET (Laurent)** ♦ Marionnettiste français (Lyon 1769 - Vienne, Isère 1844). Ancien canut privé d'emploi, il donna des spectacles de marionnettes à Lyon, créa le personnage de Gnafron puis celui de Guignol* (v. 1808). Il est à l'origine d'une dynastie de marionnettistes qui a perpétué son art jusqu'à nos jours.

**MOURMANSK** ➝ **ÉTYM.** du finno-ougrien *mour* «mer», *ma* «rivage, terre» et *-sk,* suff. russe qui désigne une ville ♦ V. de Russie, ch.-l. de région, sur la côte N. de la péninsule de Kola (mer de Barents). 336 700 hab. Le port, situé à 200 km au-delà du cercle polaire et à 70 km de la mer sur la rive d'un fjord long et étroit, reste libre de glaces en hiver. Grand centre de pêcheries, de traitement du poisson et de construc. navales. Centrale hydroélectrique, à Touloma. **Histoire** La ville, aménagée en 1915, à la suite de la construction du chemin de fer de Kirov, s'est considérablement développée (8 800 hab. en 1926 ; auj. la ville la plus peuplée du monde au-delà du cercle polaire) depuis la mise en exploitation de la route maritime du Nord, dont elle est le terminus O. Durant les deux guerres mondiales, le port fut utilisé par les Alliés pour ravitailler les Russes.

**MOURMELON-LE-GRAND** [51400] ← ÉTYM. p.-ê. du lat. *murmur* « murmure » et suff. *-onem* (désignant le murmure d'un moulin) ♦ Comm. de la Marne, arr. de Châlons-sur-Marne, sur le Seu (ou Cheneu). 4 655 hab. *(Mourmelonnais)*. Camp militaire créé en 1857 (11 836 ha).

**MOURNE MOUNTAINS** ♦ Petit massif montagneux d'Irlande du Nord près de Newry, culminant à 850 m au Slieve Donard. Pittoresque route côtière.

**MOUROUX** [77120] ← ÉTYM. probablt du lat. *morum* « mûre [baie] » et suff. *-osum* ♦ Comm. de la Seine-et-Marne, arr. de Meaux. 4 201 hab. *(Mourousiens)*.

**MOURSIL** ou **MURSIL Ier** ♦ Roi des Hittites (v. –1610 - v. –1590). Il lutta contre les Hourrites en Mésopotamie du Nord, détruisit Alep, prit Babylone en –1530. ♦ **MOURSIL** ou **MURSIL II.** Roi des Hittites de –1345 à –1315 env. Il lutta en Anatolie, au N. contre les Gasgas, au S.-O. contre divers princes locaux qu'il soumit ; en Syrie il affermit l'œuvre de son père Souppilouliouma*. → **Hittites.**

**MOURZOUK** – en ar. ***Murzuq***, en it. ***Murzuch*** ♦ Oasis de Libye, dans le Fezzan, au N. de l'*erg de Mourzouk*. 3 000 hab. **Histoire** Elle fut prise par les troupes de Leclerc en 1943.

**MOUSCRON** – en néerl. ***Moeskroen*** ♦ V. de Belgique (Région wallonne), prov. de Hainaut, ch.-l. d'arr. (Comm. à facilités pour la minorité néerlandophone.) Tissu urbain continu avec Tourcoing en France. 53 174 hab. Centre commercial et de services (parking international). Indus. textiles (filatures, tissage, tapis).

**Mousquetaires (les)** ♦ Nom donné à l'équipe de France de tennis, composée de J. Borotra*, J. Brugnon, H. Cochet et J. R. Lacoste, qui remporta la coupe Davis à six reprises (de 1927 à 1932).

**MOUSSORGSKI (Modest Petrovitch)** ♦ Compositeur russe (Karevo, près de Pskov 1839 - Saint-Pétersbourg 1881). Fils de propriétaire terrien, il entra dans la carrière militaire et devint lieutenant (1856), mais la rencontre de Balakirev et de C. Cui l'incita à se consacrer à la composition. Il quitta définitivement l'armée (1858) et s'associa dès lors au futur groupe des Cinq*. L'abolition du servage entraîna sa ruine. La médiocrité de sa situation et l'insuccès l'aigrirent. En dépit de la sollicitude de Balakirev et Rimski-Korsakov, il commença à mener une vie errante et sombra dans l'alcoolisme. Sa fin solitaire, à l'hôpital militaire de Saint-Pétersbourg, fut tragique. ▪ Ennemi de la rhétorique, autodidacte (Balakirev lui enseigna l'harmonie), Moussorgski a révolutionné la musique par sa profonde vérité humaine et le pouvoir expressif spontané de son art. Proche de la souffrance des humbles, il sut donner à ses héros, princes déchus, infirmes, enfants et adolescents, une candeur farouche. Dans ses mélodies autant que dans ses opéras, il excelle à saisir les inflexions de la voix humaine, à fixer les aspects

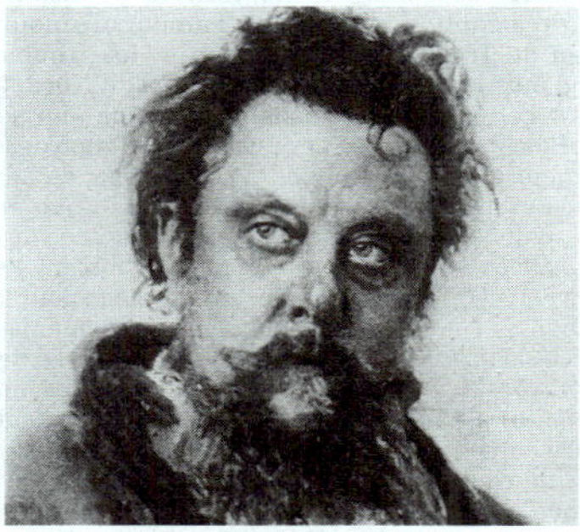

Modest **Moussorgski.** Portrait par Répine.
Galerie Tretiakov, Moscou.
*Phot. © Harlingue/Roger-Viollet*

mouvants du paysage intérieur. Son œuvre comprend des mélodies : *Années juvéniles* (1857 - 1866), *La Chambre d'enfants* (1868 - 1872), *Sans soleil* (1874), *Chants et Danses de la mort* (1875) ; des œuvres chorales : *Œdipe* (1858), *Le Roi Saül* (1863), *Quatre Chœurs d'hommes* (1880) ; des pièces pour piano : *Intermezzo* (1861), *Tableaux* d'une exposition* (1874) qui furent orchestrés par M. Ravel, et des œuvres symphoniques : *Une nuit sur le mont Chauve* (1867) dont la version définitive est de Rimski-Korsakov. De son œuvre lyrique se détache *Boris* Godounov* (1re représentation en 1874) dont l'élaboration fut lente et difficile, et qui constitue, par la grandeur du lyrisme, la nouveauté dans l'art du récitatif, l'emploi du style modal, l'un des chefs-d'œuvre de l'histoire de l'opéra. Remanié par Rimski-Korsakov, l'ouvrage est, de nos jours, représenté dans sa version originale. Il convient encore de mentionner la *Khovanchtchina** (1872 - 1880), inachevée, et *La Foire de Sorotchintsy*, opéra-comique d'après Gogol (1874 - 1881), inachevée. ← ÉTYM. Ce nom vient probablement du russe *musor* « ordure ».

**MOUSTAKI (Yussef MUSTACCHI, dit Georges)** ♦ Auteur-compositeur-interprète et guitariste français d'origine grecque (Alexandrie 1934). Grand admirateur de Brassens, dont il prit le prénom, il composa pour les plus grands artistes français : Piaf *(Milord)*, Reggiani *(Ma solitude, Ma liberté)* ou Barbara *(La Longue Dame brune)*. Moustaki se révéla également comme interprète en 1969 avec *Le Métèque*. Ses mélodies s'inspirent autant du folk-song que de la musique grecque de ses origines, ou brésilienne.

**MOUSTÉRIEN** n. m. ♦ Période préhistorique du Paléolithique* moyen caractérisée par une industrie sur éclats composée surtout de racloirs et de denticulés. L'abri du Moustier (Dordogne) a donné son nom à ce faciès culturel qui couvre toute l'Europe entre –200 000 et –35 000. (→ **Solutré-Pouilly.**)

**MOUSTIERS-SAINTE-MARIE** [04360] ← ÉTYM. de l'occit. *monastier* « monastère » ♦ Ch.-l. de cant. des Alpes-de-Haute-Provence, arr. de Digne, à l'entrée d'une crevasse où coule un torrent. 625 hab. *(Moustiérains)*. Église romane et gothique. ▪ Centre d'excursions au débouché des gorges du Verdon*. Faïence traditionnelle. **Histoire** Moustiers fut fondée au XVe s. par une colonie de moines ; elle fut renommée pour ses faïences aux XVIIe et XVIIIe s. (musée).

**MOUTHE** [25240] ← ÉTYM. probablt forme locale de *Motte* ♦ Ch.-l. de cant. du Doubs, arr. de Pontarlier, à 2 km de la source du Doubs. 891 hab. *(Meuthiards)*. Station d'été et de sports d'hiver (alt. 940 - 1 180 m), en particulier ski de fond.

**MOUTIER** – en all. ***Münster*** ♦ V. de Suisse (cant. de Berne), sur la rive g. de la Birse dans le Jura bernois (→ **Jura**), de langue française. 7 531 hab. Chapelle romane (XIe s.). ▪ Mécanique de précision.

**MOUTIER-D'AHUN** [23150] ← ÉTYM. du lat. *monasterium* « couvent [monastère bénédictin fondé en 997 par Boson II] » et *Ahun*, du gaul. *agedo*, de sens obsc. ♦ Comm. de la Creuse, arr. de Guéret, entre Guéret et Aubusson. 193 hab. Anc. église abbatiale romane et gothique abritant de remarquables boiseries et stalles sculptées de 1673 à 1681 par Simon Baüer.

**MOÛTIERS** ou **MOÛTIERS-TARENTAISE** [73600] ← ÉTYM. → Moustiers*-Sainte-Marie ♦ Ch.-l. de cant. de la Savoie, arr. d'Albertville, au confluent du Doron et de l'Isère. 4 151 hab. (aggl. 5 095) *(Moûtiérains)*. Cathédrale Saint-Pierre (XVe s.) renfermant un trésor. Musée d'histoire locale dans l'anc. archevêché. ▪ Centrale hydroélectrique sur l'Isère. **Histoire** Anc. capitale de la Tarentaise et métropole ecclésiastique dont les prélats portaient le titre de princes du Saint Empire. Restauré en 1822, l'évêché fut uni aux diocèses de Maurienne et de Chambéry en 1966.

**MOUTON (Georges)** comte **DE LOBAU** ♦ Maréchal de France (Phalsbourg 1770 - Paris 1838). Engagé comme volontaire en 1792, il se distingua pendant les campagnes de l'Empire et fut fait comte de Lobau par Napoléon Ier après la prise de l'île de Lobau (1809). Fait prisonnier à Dresde (1813), puis à Waterloo (1815), proscrit, il revint en France en 1818 et siégea comme député libéral à la fin de la Restauration (1828 - 1830). Nommé commandant de la garde nationale, il fut fait maréchal (1831) et pair de France (1833) par Louis-Philippe.

**MOUTON-DUVERNET (Régis Barthélemy,** baron) ♦ Général français (Le Puy 1769 - Lyon 1816). Il fit toutes les guerres de la Révolution et de l'Empire et fut nommé général en 1813. Il se rallia à Napoléon au moment des Cent-Jours. Proscrit, il se cacha après le retour des Bourbons, puis se livra en mars 1816 et fut fusillé.

**MOUVAUX** [59420] ← ÉTYM. p.-ê. du germ. *Modo*, n. de pers., et lat. *vallis* « vallée » ♦ Comm. du Nord, arr. de Lille. 13 177 hab. *(Mouvallois)*. Câbles en acier.

**Mouvement (parti du)** ♦ Nom donné sous la monarchie* de Juillet au parti qui considérait la révolution de 1830 comme un point de départ pour promouvoir progressivement une politique de réformes démocratiques. Ses représentants, dont O. Barrot*, Laffitte*, La* Fayette, tentèrent également d'imposer une politique de soutien aux mouvements révolutionnaires européens. Ce parti de la « gauche dynastique », appelé au pouvoir par Louis-Philippe (1831 - 1832), fut rapidement évincé par le parti de la Résistance*.

**Mouvement des entreprises de France** [Medef] ♦ Organisation syndicale qui regroupe la majorité des syndicats patronaux dans le but de représenter les entreprises industrielles et commerciales de toutes tailles. François Ceyrac (1968 - 1981), Yvon Gattaz (1981 - 1986), François Périgot (1986 - 1994), Jean Gandois (1994 - 1997), Ernest-Antoine Seillière (1997 - 2005) et Laurence Parisot (2005) se sont succédé comme présidents. Créée en 1946 sous le nom de Conseil national du patronat français (CNPF), l'organisation a été rebaptisée Medef en 1998.

**Mouvement républicain populaire** [MRP] ♦ Parti politique français fondé en nov. 1944 et s'inspirant des principes de la démocratie chrétienne. Le MRP fut, avec le Parti communiste français, le grand vainqueur des élections de 1945 et forma, avec celui-ci et les socialistes, le système du tripartisme (1946 - 1947). Ce parti, dont plusieurs membres jouèrent un rôle important sous la IVe République comme présidents du Conseil ou ministres (G. Bidault*, Robert Schuman*, P. Pflimlin*) proposa un programme de réformes sociales familiales, se fit l'artisan du rapprochement franco-allemand et de la création d'une Europe unie. Divisés à propos de la question algérienne, ses membres se rallièrent au gaullisme, ou, avec J. Lecanuet, fondèrent le Centre démocrate (1966).

**Mouvement rural de la jeunesse chrétienne** [MRJC] ♦ Organisation d'Action catholique fondée en 1929 sous le nom de Jeunesse agricole chrétienne (JAC). Devenue le MRJC en 1964, elle joue un rôle notable dans la vie socioprofessionnelle du monde rural (formation, syndicalisme).

**MOUWATALLI** ou **MUWATALLI** ♦ Roi des Hittites de –1315 à –1290 env. Assailli par les Gasgas, par les *Ahhijawa* (Achéens ?), contraint d'abandonner sa capitale Hattousas*, voyant le Mitanni* et l'Amourrou se détacher de l'empire hittite, il affronta les Égyptiens lors de la bataille de Qadesh (v. –1296, → **Ramsès II**), et parvint à conserver l'intégrité de ses territoires. → **Hittites.**

**MOUY** [60250] → ÉTYM. anc. *Moi*, du lat. *Modius*, n. de pers., et suff. *-acum* ♦ Ch.-l. de cant. de l'Oise, arr. de Clermont, sur la rive d. du Thérain. 5 328 hab. (aggl. 9 405) *(Mouysards)*. Église Saint-Léger des XIIe et XVIe s. (voûtes remarquables). Maisons anc. ▪ Indus. diversifiées.

**MOUZON** [08210] → ÉTYM. anc. en gaul. *Musmagenses* «marché *(magos)* de la Meuse *(Mosa)*» ♦ Ch.-l. de cant. des Ardennes, arr. de Sedan, dans une île formée par la Meuse et le canal de l'Est. 2 616 hab. *(Mouzonnais)*. Porte de Bourgogne (XVe s.). Église Notre-Dame (achevée en 1231), de style gothique champenois. Musée du Feutre. ▪ Feutre industriel.

**Movida**

n. f ♦ Mouvement culturel et festif apparu au début des années 1980, caractérisé par un formidable élan de liberté et de créativité dans la société espagnole, après la mort de Franco. Parti de Madrid, il gagna les villes telles Barcelone ou Vigo et toucha tous les domaines artistiques : le cinéma (Almodovar, Gutiérrez), la littérature (Manuel Vásquez Montalban, Javier Marias, le Catalan Quim Monzó, le Basque Bernardo Atxaga, le Galicien Manuel Rivas), la musique (Luz Casal), les arts graphiques (Miquel Barceló, José Maria Sicilia, Dis Berlin ; Tanino Liberatore), le design (Mariscal), la photographie (Fontcuberta, Cristina García Rodero), la mode (Adolfo Dominguez, Sybilla). Ce mouvement contribua à la modernisation et à l'intégration de la société espagnole dans l'Europe démocratique.

**MOWAT (Farley)** ♦ Écrivain canadien d'expression anglaise (Belleville, Ontario 1921). Il a commencé sa carrière dans le journalisme en défendant la cause des Inuits contre le gouvernement et les missionnaires. L'Arctique est resté sa grande passion. Il prend la défense de ce qui est en voie de disparition, les baleines, les loups (*Never Cry Wolf*, 1963). Ses talents de «raconteur», parfois enclin à l'exagération, et sa manière d'appeler l'attention des médias sur certains faits lui valent de nombreux détracteurs.

**Moyen Âge** ♦ Période «moyenne» comprise entre l'Antiquité et les Temps modernes, allant traditionnellement de la chute de l'Empire romain (476) à 1492 (découverte de l'Amérique, fin de la Reconquista). Employé pour la première fois par l'humaniste italien Giovanni Andrea en 1469, le terme de Moyen Âge ne devint d'usage courant qu'au cours du XVIIe s. Il désigna alors, en un sens dépréciatif, le millénaire séparant la disparition de la culture antique de sa redécouverte par la Renaissance*. La difficulté à dater son commencement (doit-on se référer à la conversion de Constantin en 312 ? ou à la fin des invasions barbares au VIe s. ?) et sa fin (chute de Constantinople en 1453 ? début des guerres de Religion au XVIe s. ?) révèle une difficulté à définir un contenu historique homogène. Caractérisée à la suite de Marx par le critère économique de féodalité, la notion de Moyen Âge a connu une profonde évolution au XXe s., avec les travaux de Marc Bloch*, liant cadres juridiques et structures politiques et socioéconomiques, puis ceux de Georges Duby* insistant sur les représentations idéologiques et de Jacques Le* Goff qui, en associant au concept de féodalisme celui de chrétienté, tend à étendre sa périodisation de la fin de l'Antiquité classique (IIIe s.) à la Révolution industrielle du XIXe s. ▮ **Le haut Moyen Âge : naissance de l'Occident (Ve - Xe s.)** ▮ ***Les Grandes Invasions et les dynasties franques*** Les Grandes Invasions (→ **Invasions [Grandes], Barbares**), qui touchèrent principalement l'Europe de l'Ouest, eurent pour conséquence, malgré les tentatives de Byzance aux VIe et VIIe s. pour reconquérir l'Italie, de rendre définitive la fin de l'unité de l'Empire romain. Face à l'ancienne *pars orientalis*, qui apparaissait comme l'héritière des structures et de la civilisation romaines, se constitua alors, sur les ruines de la *pars occidentalis*, un ensemble, morcelé politiquement mais présentant des caractères économiques, sociaux et religieux communs et qui, limité au S. par les conquêtes arabes, s'étendit jusqu'au XIIIe s. vers le N. (Angleterre, Scandinavie) et l'E. (Pologne, Lituanie, Bohême). Durant le haut Moyen Âge, cet ensemble qui va de l'Atlantique à l'Elbe et de la mer du Nord à la Méditerranée, formant ce qui deviendra au fil des siècles l'Occident, connut une évolution profonde entamée dès le IIIe s., mais aggravée par l'arrivée en masse des Barbares, et marquée par la désagrégation de l'armature politique et économique datant de l'Empire romain. Le déclin des villes, qui ne conservèrent que leur fonction administrative et religieuse, s'accompagna d'un phénomène général de ruralisation qui se traduisit par l'essor des grandes propriétés où vint trouver refuge la majorité de la population, parmi laquelle nombre d'hommes libres contraints d'aliéner leur liberté en échange de la protection des riches propriétaires. Au cours de cette période qui vit la domination des dynasties franques (→ **Mérovingiens, Carolingiens**), émergea progressivement une nouvelle civilisation née de la fusion des valeurs romaines et barbares. ▮ ***La Renaissance carolingienne*** Peu à peu, en effet, se dessina un mouvement de réappropriation de l'héritage antique, surtout à partir des Carolingiens, tant sur le plan politique, avec la tentative de Charlemagne* de reconstituer un empire unifiant la plupart des pays d'Occident, que sur le plan artistique et culturel, avec la «renaissance» du IXe s. (→ **Alcuin**), poursuivant l'œuvre fondatrice des érudits du Ve au VIIIe s. (→ **Bède, Boèce, Cassiodore, Isidore de Séville**). ▮ ***Le rôle de l'Église*** Cette entreprise s'effectua pour l'essentiel, sous l'impulsion et au profit de l'Église. Placée sous la protection des Francs dès 756, cette dernière, qui rompit par étapes avec l'Église grecque (→ **Église, schisme**), fut à l'origine du rêve unitaire de Charlemagne avec lequel elle collabora pour évangéliser les peuples vaincus. Surtout, demeurant la seule institution présente partout, elle donna à l'Occident son unité spirituelle et culturelle, en s'appuyant sur les ordres monastiques. Connaissant un formidable essor dès le Ve s. avec les bénédictins* (→ **Benoît de Nursie**), le monachisme fut un facteur de rayonnement économique (mise en place de grands domaines agricoles, valorisation du travail manuel), religieux, intellectuel et artistique. ▮ ***L'art roman*** Dans une large mesure, l'apparition de l'art roman au Xe s., premier véritable style architectural de l'Occident chrétien, manifesta l'espérance du peuple des croyants face à un environnement perçu comme dominé par des forces obscures (→ **roman [art]**). Il correspondit également à l'essor d'une nouvelle structure sociale et économique centrée sur la féodalité. ▮ **L'âge féodal (XIe - XIIIe s.)** ▮ ***La première féodalité*** La fin du rêve unitaire, entraîné par l'échec des successeurs de Charlemagne à maintenir l'empire, révéla en effet l'essor pris par le système féodal. Sa mise en place fut l'œuvre des Caroligiens eux-mêmes. Ces derniers, désireux d'asseoir leur autorité, eurent recours à la pratique de la vassalité, qui en accordant en échange de l'hommage la concession d'un fief devenu dès le IXe s. héréditaire, tendit à faire de la possession de la terre la base véritable du pouvoir. Ainsi se développa une société «castrale», qui faisait du château le centre de la puissance seigneuriale, civilisation essentiellement militaire, dont le modèle était celui du chevalier et dont la culture était fondée sur des valeurs morales (la fidélité), guerrières (comme le montrent les chansons de geste) et sur une conception raffinée de l'amour, l'amour courtois (→ **Chrétien de Troyes**), que propagèrent les troubadours de langue d'oc puis les trouvères de la France du Nord. ▮ ***Le «second âge féodal»*** À cette première féodalité, succéda «un second âge féodal» (M. Bloch), caractérisé par une augmentation de la pression fiscale seigneuriale sur les paysans et par un essor démographique important (l'Europe comptait plus de 73 millions d'hab. en 1300). Ce double phénomène provoqua une exploitation accrue du sol et partant, un renouveau économique. Cependant, malgré l'apparition du moulin à eau et du système moderne d'attelage pour la charrue, ou la pratique de l'assolement triennal, les rendements demeurèrent faibles et la croissance agricole s'effectua par l'extension des surfaces cultivées. ▮ ***L'affirmation de la papauté*** Les ordres monastiques rénovés (→ **Cluny, Cîteaux**) jouèrent un rôle important dans les grands défrichements du XIe s. Mais pour l'Église, cette période fut surtout marquée par l'affirmation de la papauté à la suite des réformes grégoriennes (→ **Grégoire VII**) entamées au XIe s. (→ **Investitures [querelle des] ; Décrétales [Fausses]**). Après sa victoire sur l'empereur, l'Église se dégagea de l'emprise des hiérarchies féodales et l'organisation des croisades (→ **croisades**) fut pour elle une occasion d'unifier sous son autorité la communauté des chrétiens contre les infidèles. ▮ ***L'apparition de la bourgeoisie*** À partir du XIIe s., elle dut faire face à l'émergence d'un phénomène nouveau : la renaissance des villes. Centres des échanges commerciaux, foyers de production (développement de l'artisanat, apparition d'une industrie drapière), les villes, en retrouvant leur fonction économique, connurent aux XIIe et XIIIe s. une très forte croissance. S'opposant aux seigneurs elles parvinrent (dès la fin du XIe s. en Flandres) à s'affranchir de leur tutelle et, organisées ou non en confédérations (→ **Hanse**), elles étendirent leur domination sur les régions alentour, se constituant parfois en véritables États urbains comme en Italie. En attirant dans leurs faubourgs de nombreux paysans, en accélérant le passage de l'économie en nature à l'économie monétaire, enfin en soutenant l'affermissement du pouvoir royal qui devint surtout manifeste au cours du XIIIe s., elles contribuèrent à la remise en cause du système féodal et à l'apparition d'une nouvelle classe dominante, la bourgeoisie, au sein de laquelle les grandes familles de marchands jouèrent un rôle important. La bourgeoisie permit, en revalorisant le travail et les réalités terrestres, l'éclosion d'un mouvement de pensée centré sur le rôle de la raison. Ce mouvement se manifesta sur les plans artistique (→ **gothique [art]**), littéraire (2e partie du *Roman* de la Rose*) et intellectuel (→ **Abélard, Bacon [Roger]**), et fut marqué par la redécouverte de la philosophie d'Aristote (→ **aristotélisme, Thomas d'Aquin [saint]**), l'attrait pour la pensée arabe, ou la querelle entre nominalisme* et réalisme*. ▮ ***L'adaptation de l'Église*** Outre la fondation des ordres mendiants (→ **Dominique [saint], François d'Assise [saint]**) chargés principalement de la prédication en milieu urbain, l'Église tenta de s'adapter à cette évolution et multiplia les universités et les centres d'enseignement (→ **scolastique**). ▮ **Le bas Moyen Âge (XIVe - XVe s.)** ▮ ***Le déclin de la féodalité*** À la fin du XIIIe s., la réapparition des grandes épidémies et des famines et la fin de l'expansion amenèrent l'arrêt des défrichements et une forte diminution de la population (l'Europe ne comptait plus qu'env. 45 millions d'habitants en 1400). Le déclin de la féodalité se poursuivit aux XIVe et XVe s., avec la détérioration de la monnaie et la baisse de la rente féodale, à la suite de violentes révoltes paysannes (→ **Jacquerie**) et de longs conflits (→ **Cent Ans [guerre de]**), qui précipitèrent la ruine des chevaliers. ▮ ***La laïcisation de la société*** L'autre grande puissance, la papauté, qui fut confrontée, à partir du XIIIe s. aux premières hérésies d'importance depuis le Ve s. (→ **cathares, vaudois, hussites**), connut elle aussi une période de recul (→ **Boniface VIII**) et dut faire face à une laïcisation en profondeur de la société. Cette laïcisation qui se manifesta en particulier au sein des universités où l'enseignement juridique et médical se développait au détriment de la théologie, s'exprima également dans l'art. Les débuts de la Renaissance en Italie se firent en grande partie sur des bases profanes, tandis que se dessinait une évolution croissante vers le réalisme, notamment dans la peinture flamande (→ **Campin, Van Eyck**). ▮ ***Le pouvoir de la bourgeoisie*** Promoteurs de cette laïcisation, les bourgeois virent leur rôle et leur pouvoir économique continuer à s'accroître. L'extension des échanges avec l'Orient, la création de la lettre de change et de la comptabilité à partie double jalonnent cette montée en puissance, caractérisée en profondeur par un renforcement de la concurrence et par un essor de l'individualisme (en rupture avec les idéaux communautaires du Moyen Âge), sensible jusque dans l'art. ▮ ***L'instauration de l'État-nation*** Cette bourgeoisie, hostile aux seigneurs comme aux clercs, fut un des plus fidèles appuis des monarchies. Si le morcellement politique était désormais un fait acquis, il s'accompagna au XIVe et surtout XVe s., d'une restauration de l'État, donnant naissance, notamment en France au cours de la guerre de Cent Ans, à l'idée de nation, qui se manifesta aussi dans les littératures en langue nationale (→ **Dante**). Ces traits, qui révélaient à la fois le passage d'une économie fermée à une économie ouverte et l'instauration d'États-nations soumis à l'autorité grandissante d'un monarque, annonçaient, à la veille des grandes découvertes, les principales caractéristiques des Temps modernes (→ **Renaissance**).

**MOYENMOUTIER** [88420] ➔ **ÉTYM.** anc. *Meieni monasterium, Medianum monasterium*, p.-ê. du germ. *Megino*, n. de pers. [puis attraction du lat. *medianus* «moyen»] et du lat. *monasterium* «monastère [en souvenir d'une abbaye bénédictine fondée par saint Hidulphe]» ♦ Comm. des Vosges, arr. de Saint-Dié. 3 350 hab. (aggl. 6 378) *(Médianimonastériens)*. Anc. église abbatiale reconstruite au XVIIIe s. (stalles sculptées et marquetées).

**MOYEN-ORIENT** → Proche-Orient

**MOYEUVRE-GRANDE** [57250] ➔ **ÉTYM.** du celt. *Mogetos*, n. de pers., ou du lat. *modus* «mesure, borne» et celt. *briga* «forteresse» ♦ Ch.-l. de cant. de la Moselle, arr. de Thionville-Ouest, aggl. d'Hagondange. 8 994 hab. *(Moyeuvriens)*. Anc. mine de fer.

**MOYNIER (Gustave)** ♦ Philanthrope suisse (Genève 1826 - *id.* 1910). Il participa avec H. Dunant* à la fondation de la Croix-Rouge dont il présida le Comité international, et créa l'Institut de droit international (1873).

**MOZABITES** n. m. pl. ➔ **ÉTYM.** en ar. *mzābī* «habitants du Mzab» ♦ → **Mzab**

**MOZAC** [63200] ➔ **ÉTYM.** du germ. *Maletus*, n. de pers., et suff. *-iacum* ♦ Comm. du Puy-de-Dôme, arr. de Riom. 3 671 hab. *(Mozacois)*. Abbatiale bénédictine fondée au VIIe s., reconstruite aux XIIe, XVe et XVIIIe s. De l'époque préromane, subsistent la crypte et les étages inférieurs du clocher-porche ; de l'époque romane, de remarquables chapiteaux. Le trésor comprend la châsse de saint Calmin, en émail champlevé (1168).

## MOZAMBIQUE

▮ n. m. – off. ***république du Mozambique*** en port. ***Moçambique*** ➔ **ÉTYM.** du port. *Muzambases* désignant les commerçants ambulants de la région ♦ Pays d'Afrique australe, baigné par l'océan Indien (canal de Mozambique) et traversé par le tropique du Capricorne. 799 380 km². 22 224 000 hab. *(Mozambicains)*. LANGUES : portugais (off.), bantoues (makoua, shona, thonga, souahéli), nilotique (yao). POPULATION : Makondés, Makouas, Malawis, Shonas, Yaos, Thongas, Portugais, Indiens. RELIGIONS : animistes, chrétiens. MONNAIE : metical. CAPITALE : Maputo. RÉGIME : présidentiel. Le Mozambique est divisé en 10 provinces.

▮ **GÉOGRAPHIE** Le Mozambique est formé d'une longue plaine côtière constituée en partie par les alluvions des fleuves descendus des hauts plateaux du Zimbabwe (Limpopo, Save), de Zambie (Zambèze), du Malawi et du N. du pays (mont Namuli, 2 419 m), comme le Lurio et le Rovuma, ce dernier formant la frontière avec la Tanzanie. La côte, basse et découpée, présente de nombreux sites portuaires. La vallée du Zambèze se rétrécit progressivement à partir de sa rencontre avec le Chire, émissaire du lac Malawi, jusqu'au barrage de Cahora* Bassa dont la construction a entraîné la création d'un vaste lac artificiel qui a modifié la géographie de la région. ▮ **L'agriculture** La mousson de l'océan Indien en fait un pays favorable à l'agriculture, tant sur les reliefs que dans les régions basses et dans les forêts de l'intérieur. Cependant, le Mozambique n'est pas à l'abri des catastrophes naturelles (sécheresse, inondations) liées aux irrégularités climatiques. L'agriculture occupe une place prépondérante dans l'économie. Le blé, le maïs, le riz, le manioc et la banane constituent les principales cultures vivrières. Les cultures d'exportation, pratiquées dans de grandes plantations européennes à l'époque coloniale, ont été nationalisées lors de l'indépendance et concernent le sisal et les oléagineux (arachide, tournesol, coprah, noix de cajou). L'élevage domine en altitude et la forêt est exploitée pour son bois. ▮ **Ressources minières et énergétiques**

**Mozambique.**

Les richesses énergétiques constituent un potentiel remarquable de développement. 95 % de l'électricité du barrage de Cahora Bassa sont exportés au Transvaal* et les réserves de charbon sont considérables. Le pays s'est fortement redressé et affiche un taux de croissance d'env. 2 % par an depuis les années 2000 mais redoute la suppression des subventions européennes pour le sucre.

**▮ HISTOIRE** On a découvert des vestiges du Sangoen (−40 000 ans) au N. dans la vallée du Zambèze. Des populations de langues bantoues arrivèrent sur les plateaux au seuil de notre ère. Dès le Ier millénaire, le Mozambique fut traversé par la route commerciale reliant le royaume du Zimbabwe* à l'océan Indien. Au VIIIe s., les Arabes développèrent le comptoir de Sofala à l'embouchure du Zambèze. **▮ La période coloniale** En 1498, Vasco de Gama* débarqua et passa des accords avec les chefs locaux. Les Portugais s'établirent par la suite dans les autres comptoirs musulmans : Mozambique, Quelimane, Catembe, le futur Maputo. L'intérieur du pays fut exploré à partir de la vallée du Zambèze afin d'accéder au royaume du Monomotapa (XVIe s.). Durant l'époque coloniale, les Portugais se fixèrent dans la plaine côtière, le commerce dans l'intérieur étant pratiqué par les métis et les commerçants musulmans. Les Portugais signèrent en 1752 un accord avec le sultan d'Oman, établi à Zanzibar*, fixant la limite de leur zone d'influence au cap Delgado. Dès la fin du XVIIIe s. des explorateurs portugais tentèrent de relier le Mozambique à l'Angola mais se heurtèrent aux ambitions britanniques lors de l'exploration de Serpa Pinto dans le haut Zambèze en 1877. En 1951, le Mozambique devint une province portugaise d'outre-mer. **▮ L'indépendance et la guerre civile** En 1962, le Front de libération du Mozambique (Frelimo), d'obédience marxiste, soutenu par les pays africains indépendants, en particulier par la Tanzanie, déclencha la guérilla dans le N. et les grands centres. Le nouveau régime portugais de 1974 reconnut l'indépendance du pays en 1975 sous la direction du Frelimo, le parti unique, et de son chef, Samora Machel. Le Mozambique soutint les nationalistes sud-africains et zimbabwéens (Rhodésie du Sud). Un mouvement d'opposition armé, anticommuniste, la Résistance nationale du Mozambique (Renamo ou RNM), soutenu par l'Afrique du Sud, profita du mécontentement provoqué par l'étatisation de l'économie pour rallier des combattants. Malgré l'aide du Zimbabwe et l'accord avec l'Afrique du Sud signé à Nkomati (1984), le Mozambique s'enfonça dans la guerre civile. Tué dans un accident d'avion en 1986, Samora Machel fut remplacé par Joaquim Chissano, qui mit en place une Constitution pluraliste en nov. 1990. Des pourparlers furent engagés entre les belligérants et aboutirent à un accord de paix signé en oct. 1992 par le chef de la Renamo Afonso Dhlakama et par J. Chissano. **▮ La démocratisation** Ce dernier, élu à la première élection présidentielle libre en 1994, refusa de partager le pouvoir avec A. Dhlakama. La communauté internationale s'est investie dans l'aide à la reconstruction du pays. Armando Guebuza, candidat du Frelimo après le retrait volontaire de J. Chissano, est président de la République depuis 2004. Le pays a dû accueillir plusieurs milliers de travailleurs fuyant les violences xénophobes de l'Afrique du Sud où ils avaient immigré (2008).

---

**Mozambique** (canal de ou du) ♦ Bras de mer de l'océan Indien, compris entre la côte sud-orientale de l'Afrique* et l'île de Madagascar*. Il est long de 1 500 à 1 700 km et large de 400 à 850 km. Très ouvert au S. sur le bassin de Madagascar, il est fermé au N. par des écueils et par les Comores*.

**MOZART (Leopold)** ♦ Violoniste et compositeur allemand (Augsbourg 1719 - Salzbourg 1787). Vice-maître de chapelle à la cour de Salzbourg, successivement au service des archevêques Sigismund von Schrattenbach (1763) et Hieronymus Colloredo (1772), il a laissé une œuvre volumineuse (opéras, oratorios, symphonies, concertos, sérénades). Il publia une *Méthode de violon*. ➔ **ÉTYM.** Ce nom de famille vient du vieil allemand *Muethart* (ou *Muthart*), de *Mut* « courage » et *hart* « dur, fort ».

**MOZART (Johann Chrysostomus Wolfgang Gottlieb, dit Wolfgang Amadeus)** ♦ Compositeur allemand (Salzbourg 1756 - Vienne 1791). **▮ L'enfant prodige** Fils de Leopold Mozart* et de Maria Anna Pertl, il reçut de son père une solide formation et témoigna très tôt de dons exceptionnels pour la musique. Virtuose précoce du clavier et du violon, il entreprit, dès l'âge de six ans, en compagnie de ses parents et de sa sœur Maria Anna, une première tournée de concerts en Allemagne, Autriche, France, Angleterre et Hollande (1762 - 1766). Fêté par les souverains d'Europe (Marie-Thérèse, Louis XV, George III) et par les salons, l'enfant prodige recueillit à Londres la leçon de l'italianisant Jean-Chrétien Bach* et, à Paris, celle du claveciniste J. Schobert* dont l'influence, un peu plus tard, se révéla profonde sur ses propres compositions. De retour à Salzbourg, Mozart reprit le cours de ses études avec M. Haydn et l'organiste Adlgasser. **▮ Les voyages : 1769 - 1778** Comme le voulait la coutume, il partit ensuite avec son père pour l'Italie où il effectua trois voyages. Au cours des premiers (1769 - 1771), qui se transformèrent en tournée triomphale, il fut reçu à Milan par le symphoniste Sammartini, à Bologne par le père Martini* dont il fut quelque temps l'élève, et à Rome par le pape Clément XIV. Le troisième séjour fut plus bref (oct. 1772 - janv. 1773). Au cours de ces voyages, Mozart avait eu la révélation d'un monde musical nouveau. De retour à Salzbourg où

Wolfgang Amadeus **Mozart.** *Mozart enfant, son père et sa sœur* par Carmontelle (34,4 x 21,8 cm), 1763-1764. Musée Condé, Chantilly. *BIS/Phot. Jeanbor © Archives Larbor*

un nouveau prince-archevêque, H. Colloredo, venait d'être nommé, Mozart remplit les fonctions de premier violon à la cour, se consacrant à la composition (plus de 200 nos d'opus à la date de 1773). Il décida de repartir pour une nouvelle tournée de concerts, cette fois avec sa mère (1777 - 1778). Ce voyage (Munich, Augsbourg, Mannheim, Paris) devait être marqué pour lui par la rencontre à Mannheim du compositeur C. Cannabich, animateur du centre musical le plus actif d'Allemagne, et par la mort de sa mère, survenue à Paris (1778). De ce voyage, Mozart revint désenchanté par l'accueil glacé de Paris et blessé par une déception amoureuse, l'échec de sa passion pour la chanteuse Aloysia Weber, à Mannheim. Parmi les œuvres composées dans ces années d'apprentissage, se détachent plusieurs partitions remarquables (*Ire Symphonie* K. 16, 1764 ; *Symphonies* K. 200, 183, 201, 1773 - 1774 ; *Symphonie concertante*, 1778 ; *La Finta Semplice, Bastien* et Bastienne*, 1768 ; *Mithridate*, 1770 ; *Lucio Silla*, 1773 ; *La Finta Giardiniera, Il Re Pastore*, 1775, opéras ; ainsi que des concertos pour violon, un concerto pour flûte et harpe, des messes, des sonates, des sérénades et divertissements). **▮ Le retour en Autriche** Au début de 1779, Mozart reprit à Salzbourg ses fonctions de musicien de cour. Ses rapports avec l'archevêque étant devenus intolérables, il rompit définitivement avec lui (1781). À Vienne où il se fixa, ses relations avec les empereurs Joseph II puis Léopold II ne devaient guère être marquées par plus d'intelligence. En 1782, il épousa Constance Weber, sœur d'Aloysia. La même année, il eut la révélation, grâce au baron Van* Swieten, des oratorios de Haendel et de quelques partitions de Bach (dont *Le Clavier* bien tempéré*). Son style allait s'en trouver profondément modifié. Cette période de maturation avait vu naître plusieurs chefs-d'œuvre, dont *La Messe du Couronnement*, K. 317 ; *Les Vêpres du confesseur*, K. 339 (1779 - 1780) ; les *Symphonies en si b.* K. 319 et *en ut* K. 338 (1779 - 1780) ; *La Gran Partita* pour 13 vents, K. 361 (1781 - 1784) ; les opéras *Idoménée** (1781) et surtout *L'Enlèvement* au sérail* (1781), premier grand opéra-comique allemand, affirmation triomphante d'un génie populaire libéré de l'influence italienne ; des sérénades, sonates, lieder, fugues et préludes. **▮ La mort de Léopold** D'abord marquée par le succès, la période qui suivit (1782 - 1788) se caractérisa par l'élévation de la pensée et le souci d'aborder les plus grands thèmes. Durant ces années, Mozart adhéra à la franc-maçonnerie (1784) dans laquelle il trouva un idéal philosophique ; il se lia avec L. Da* Ponte et le directeur de théâtre E. Schikaneder*. Mais l'incompréhension des Viennois, entraînant l'échec, au concert et au théâtre, de quelques-uns de ses chefs-d'œuvre, compromit sa carrière. Son père mourut en 1787. La chaleur du public de Prague et l'amitié de J. Haydn contribuèrent à le sauver du désespoir. De cette période datent notamment les *Symphonies Haffner* (1782), *Linz* (1783), *Prague* (1786), *en mi b.* K. 543, *en sol m.* K. 550 et *Jupiter* (1788) ; les six *Quatuors* à J. Haydn (1782 - 1785) ; les grands *Concertos* de piano : K. 449, 450, 451, 452, 453, 456, 459, 491 et le *Concerto du Couronnement* K. 537 (1784 - 1788) ; la *Grande Messe en ut m.* K. 427 (1783) ; la *Fantaisie en ut m.* K. 475, l'*Ode funèbre* K. 477 (1785) ; le *Quintette en sol m.* K. 516 (1787) ; *Une petite* musique de nuit* K. 525 (1787) ; de nombreuses pièces de musique de chambre (sonates, trios, quatuors), des lieder, dont le serein *Abendempfindung*, K. 523 (1787), et deux opéras qui font date dans l'histoire de la musique universelle : *Les Noces* de Figaro* (1786) et *Don* Giovanni* (1787). **La fin de sa vie** Les trois dernières années de la vie de Mozart (1789 - 1791), marquées par le dénuement, furent aussi celles où il accéda à une sérénité qu'aucune épreuve ne put altérer. Ayant reçu de Joseph II le titre de compositeur de la Chambre impériale, il attendit vainement un emploi de la cour de Prusse ; le voyage qu'il fit à Potsdam (1789) lui permit, en s'arrêtant à Leipzig, de rendre un dernier hommage au génie de J.-S. Bach. Sa santé déclinante, le délire de persécution dont il commençait à souffrir, l'échec financier de ses derniers concerts, le demi-succès de ses nouveaux ouvrages lyriques (*Così* fan tutte*, 1790 ; *La Clémence de Titus*, 1791) ne trouvèrent point de remède efficace dans le triomphe inespéré de *La Flûte* enchantée* (Vienne, 1791). La mystérieuse commande, par un envoyé du comte Walsseg, d'un *Requiem** qu'il devait laisser inachevé, le confirma dans la pensée que sa fin était proche. Il mourut dans la nuit du 5 déc. 1791. **Les dernières œuvres** Caractérisée par un étonnant retour à la limpidité de ses jeunes années, et pourtant hantée par la présence de la mort, cette dernière période vit naître, avec les chefs-d'œuvre déjà nommés, d'autres ouvrages d'une absolue perfection formelle, où le musicien célèbre une dernière fois la beauté d'un monde où sa foi chrétienne ne voit que le pâle reflet d'un au-delà lumineux : *Trio à Puchberg* K. 563, *Danses allemandes* K. 567 et 571, *Sonate en si b.* K. 570, *Quintette avec clarinette* K. 581 (1788 - 1789) ; *Quintette à cordes* K. 593 (1790), *Concerto en si b.* K. 595, *Lieder* K. 596 à 598, *Quintette à cordes en mi b.* K. 614, *Ave verum* K. 618, *Concerto* pour clarinette K. 622 (1791). **Un compositeur de génie** Au terme de sa brève existence, Mozart a laissé une œuvre immense (près de 700 n$^{os}$ d'opus au catalogue établi par L. von Köchel* et remanié par A. Einstein, 1937). Au confluent des écoles allemande, italienne et française, il a assimilé tous les styles et réussi la synthèse des courants contrastés de deux siècles de musique européenne. Grand dramaturge, il a créé des personnages immortels transposant toutes les passions en pure musicalité. De sa musique symphonique, religieuse et de chambre, il a fait la confidente de son être le plus intime, tour à tour illuminé par la joie, déchiré par l'angoisse et la douleur, et s'en libérant enfin en un élan de foi dans les pouvoirs de la raison et de la bonté humaines ou dans les promesses d'une félicité supraterrestre. Trop longtemps apprécié pour son alacrité et sa seule élégance, il s'est révélé de nos jours sous le visage d'un poète à qui nul sentiment de l'âme humaine n'est étranger et qui sait traduire, dans ses œuvres les plus hautes, le dualisme permanent de l'ombre et de la lumière, du doute et de l'espoir, de la pesanteur et de la grâce, dualisme qui fait le drame de la condition d'homme et dont la mort marque le terme. Il y ajoute la déchirante nostalgie d'une pureté et d'une transparence perdues depuis l'enfance.

**MOZI** ou **MO-TSEU** (**MO DI** ou **MO-TI**, dit) ♦ Philosophe chinois (v. –468 - v. –381). Auteur d'un traité philosophique socialisant opposé à la doctrine de Confucius, le *Mozi*, qui donna naissance à un courant de pensée logicien, dans lequel il prône l'amour universel.

**MPUMALANGA** → **Transvaal**

**Mrichchhakaṭikā** ← ÉTYM. sanskr. «le petit chariot de terre cuite» ♦ Drame lyrique sanskrit en 10 actes, dû à Śūdraka (date indéterminée, mais avant le VII$^{e}$ s.), réputé être un des chefs-d'œuvre du théâtre indien.

**MROŻEK** (**Sławomir**) ♦ Écrivain et auteur dramatique français d'origine polonaise (Borzęcin 1930). Émigré en France entre 1963 et 1989, auteur de nombreuses nouvelles, *L'Éléphant* (1957), *Noce à Fouillis-l'Atome* (1957), *La Pluie* (1962), qui rappellent Gombrowicz* par le style et la raillerie. Marqué par le théâtre de l'absurde, Mrożek fustige dans ses pièces la bêtise des individus (*Le Calvaire de M. Ohey*, 1960 ; *L'Ambassadeur*, 1982) et des systèmes, s'en prenant tant à la société exilée (*Les Émigrés*, 1974) qu'aux dictatures communistes (*La Police*, 1958).

**MRP** → **Mouvement républicain populaire**

**MSF** → **Médecins sans frontières**

**M'SILA** ♦ V. d'Algérie, ch.-l. de wilaya, sur la bordure N. du Hodna. 86 000 hab. Agriculture. Ville à l'histoire millénaire, elle abrite la kaala des Beni Hammad.

**MU'ĀWIYA** ou **MOUAWIYA I$^{er}$** ♦ Fondateur de la dynastie des Omeyades* de Damas (La Mecque v. 603 - Damas 680). Petit-fils d'Umayya, il fut secrétaire de Mahomet* avant d'être gouverneur de Syrie (641). Après avoir refusé de reconnaître Ali* comme calife (656), il se fit élire à l'issue de l'«arbitrage d'Adroh» (658). Sous son règne, les troupes musulmanes commencèrent à pénétrer en Iran oriental et à progresser vers l'O. en Afrique. En organisant un État monarchique, dont la capitale fut Damas, il réussit à légitimer la succession de son fils Yazīd. → **Omeyades.**

**MUCHA** (**Alfons**) ♦ Peintre et affichiste tchèque (Ivančice, Moravie 1860 - Prague 1939). Il étudia à Prague, à Munich, puis à Paris dans l'atelier de J. P. Laurens. Par ses affiches, ses illustrations (*Clio*, d'A. France), ses panneaux décoratifs et ses agencements de vitrine, ses modèles de bijoux et de robes pour Sarah Bernhardt, il

Alfons **Mucha.** Tête byzantine brune, 1897.
Bibliothèque nationale de France, Paris.
*BIS/Phot. © Coll. Archives Larbor © ADAGP, Paris*

fut l'un des plus célèbres et fertiles représentants du style 1900 (Art* nouveau). Son graphisme exacerbé privilégie exclusivement la ligne sinueuse et le décor floral (*Médée*, 1898). À partir de 1910 à Prague, il peignit les 20 toiles monumentales de *L'Épopée slave*. ← ÉTYM. Ce nom tchèque signifie «mouche».

**MUCIUS SCAEVOLA** ← ÉTYM. en lat. ***Caius Mucius Cordus Scaevola*** «le gaucher» ♦ Héros légendaire romain (fin –VI$^{e}$ s.) qui, durant la guerre contre les Étrusques, s'introduisit dans le camp ennemi pour tenter de tuer Porsenna*. Fait prisonnier, il se laissa brûler la main droite plutôt que de dénoncer ses complices, d'où son surnom.

**muckrakers**

n. m. pl. ← ÉTYM. angl. «fouille-fumier» ♦ Mouvement littéraire américain du début du XX$^{e}$ s. nommé ainsi par Th. Roosevelt. Ce courant comprend Stephen Crane*, Jack London*, Frank Norris*, Upton Sinclair*.

**MUDAN JIANG** ou **MOU-TAN-KIANG** n. m. ♦ Riv. de Chine (Heilongjiang et Jilin), affl. du Songhua jiang à Yilan (750 km).

**MUDANJIANG** ou **MOU-TAN-KIANG** ♦ V. de Chine (Heilongjiang), sur la riv. du même nom et la voie ferrée Harbin-Vladivostok. 672 345 hab. Site touristique au lac Jingpo hu. Gisements de fer, charbon, terre réfractaire, quartz. Indus. forestière. Réserve naturelle.

**MUGABE** (**Robert Gabriel**) ♦ Homme d'État du Zimbabwe (Kutama 1924). Il commença sa carrière politique en 1960 en devenant secrétaire du National Democratic Party (NDP) créé par J. Nkomo*. En 1963, il rompit avec Nkomo et devint secrétaire de l'Union nationale africaine du Zimbabwe (Zanu). Arrêté en 1964, il passa 10 ans en prison. Pendant son incarcération, il fut élu président de la Zanu, et en 1976 fut choisi comme porte-parole des chefs de la guérilla. Il créa avec Nkomo le Front patriotique mais prépara seul les élections législatives de févr. 1980 au terme desquelles son parti, rebaptisé Zanu-PF, obtint la majorité absolue. Désigné comme Premier ministre, Mugabe forma le premier gouvernement du Zimbabwe indépendant. Il fut élu président de la République en 1987 et ne maintint le multipartisme qu'en apparence. Il se rapprocha tactiquement de Nkomo. Après sa réélection en 2002, puis en 2008, son attitude dictatoriale, liée à la déroute économique du pays, a suscité de fortes critiques chez les bailleurs de fonds.

**MUGELLO** n. m. ♦ Vallée d'Italie, en Toscane (prov. de Florence), dont le centre est Borgo San Lorenzo. La Sieve, affl. de l'Arno, l'arrose. Céréales et vignes. Élevage bovin et ovin. Artisanat.

**MUḤAMMAD** → **Mahomet, Mohammed**

**MUḤAMMAD AL-ṢADŪQ** ♦ (Tunis 1812 - *id.* 1882). Bey de Tunis (1852 - 1882). Il tenta de dégager la Tunisie de la tutelle des puissances occidentales malgré de grandes difficultés financières. Devant l'imminence de l'intervention française, il essaya de s'appuyer sur l'Italie, mais celle-ci n'intervint pas et Muḥammad bey fut amené à signer le traité du Bardo (1881) qui imposa le protectorat français.

**MUHAMMAD IBN TUGHLUQ** ♦ Sultan musulman de Delhi (de 1325 à 1351). Ayant décidé, en 1327, de transférer sa cap. dans le Dekkan, à Daulatabad*, il força la population entière de Delhi à le suivre. Sous son règne tyrannique, les révoltes se succédèrent sans trêve. Il en profita pour étendre ses conquêtes dans le Dekkan. Son cousin Firuz Chah Tughluq lui succéda.

**MUḤAMMAD RIZĀ CHĀH** ♦ Chah d'Iran (Téhéran 1919 - Le Caire 1980). Élevé à l'occidentale, il succéda à son père (→ **Rizā Chāh**) en 1941 dans des conditions difficiles, l'Iran étant en partie occupé par les

Soviétiques et par les Britanniques qui se retirèrent en 1946, laissant les États-Unis affirmer leur prépondérance. Le développement de la production pétrolière de l'Iran entraîna sous son règne une crise internationale qui s'acheva par l'élimination du Premier ministre Mossadegh*. Évoluant ensuite vers une conception plus nationale et réformiste de la politique intérieure, le chah entreprit, après 1963 (référendum), une politique d'évolution sociale et économique associée à une répression autoritaire des mouvements d'opposition (la «révolution blanche»). À l'extérieur, le rapprochement de l'Iran avec l'URSS puis avec la Chine traduisit à la fois l'évolution internationale et le désir de neutralisme du pays. Renversé en 1978, Muḥammad Rizā dut s'exiler. → **Iran.**

**MUHARRAK (AL-)** ♦ V. princ. de l'île du même nom qui fait partie de l'archipel de Bahreïn dans le golfe Arabo-Persique, relié par un pont à l'île de Bahreïn. 75 906 hab. Pêche de perles. Centre commercial.

**MÜHLBERG AN DER ELBE** ♦ V. d'Allemagne (Saxe), sur l'Elbe. 4 757 hab. ▮ **Histoire** Charles Quint y remporta une victoire (1547) sur les protestants commandés par l'Électeur Jean-Frédéric de Saxe, qui fut fait prisonnier. Ce fut la fin de la ligue de Schmalkalden*.

**MÜHSAM (Erich)** ♦ Anarchiste et écrivain révolutionnaire allemand (Berlin 1878 - Oranienburg 1934). Auteur d'une «Marseillaise des conseils ouvriers», il participa au gouvernement de la République bavaroise des Conseils (7 - 13 avr. 1919) ; condamné à quinze ans de prison, il fut amnistié en 1924. Arrêté par les nazis en 1933, il fut assassiné dans un camp de concentration.

**MUIR (Edwin)** ♦ Poète et critique britannique (Deerness, îles Orcades 1887 - Cambridge 1959). Après des études primaires, il travailla à Glasgow, puis devint journaliste à Londres. Marié en 1919, il parcourut l'Europe, traduisant Kafka en collaboration avec sa femme. Son *Autobiographie* (1954) éclaire cette vie de poète nomade, dont l'œuvre (six volumes de vers publiés à partir de 1925) comprenant *Le Voyage* (1946), *Le Labyrinthe* (1949) et *Un pied au paradis* (1956) fut surtout reconnue après sa mort (*Collected Poems*, 1960). Connu pour des essais critiques comme *La Structure du roman* (1928), Muir est avant tout un poète visionnaire qui a su renouveler les grands mythes de la culture occidentale comme Thésée, Prométhée ou le Paradis perdu, à travers lesquels il déchiffre sa propre destinée.

**MU'IZZ (Li-Dīn-Allāh Abū Tanūm AL-)** ♦ Calife fatimide (Mahdia, Tunisie 931 - Le Caire 975). Il régna sur l'Égypte, la Syrie et l'Afrique du Nord. → **Fatimides.**

**MUKALLĀ** ou **MAKALLA** ♦ V. du Yémen, sur le golfe d'Aden, à 450 km à l'E. d'Aden, dans l'Hadramaout. 182 478 hab. Centre urbain. Port de pêche et de commerce (café, tabac).

**MUKAŘOVSKÝ (Jan)** ♦ Linguiste, poéticien et sémiologue tchèque (Pisek 1891 - Prague 1975). L'un des fondateurs du Cercle linguistique de Prague, il analysa la création littéraire selon les concepts linguistiques de cette école, instaurant un «structuralisme esthétique» soucieux des contextes socio-historiques (*La Fonction, la Norme et la Valeur esthétiques comme faits sociaux*, 1936 ; *Études esthétiques*, 1966 ; *les Voies de la poétique et de l'esthétique*, 1971).

**MULATIÈRE (LA)** [69350] ◆ **ÉTYM.** du lat. *mulus* «mulet» et suff. *-aria* (désignant un relais de mulets) ou du n. de l'avocat Clément *Mulat* (ou *Mulati*), qui y vécut au XIVe s. ♦ Comm. du Rhône, sur le Rhône, dans la banlieue S. de Lyon. 6 733 hab. *(Mulatins).*

**MULDE** n. f. ♦ Riv. d'Allemagne orientale (260 km) et affl. rive g. de l'Elbe. Née dans l'Erzgebirge, elle est formée par la réunion de la *Mulde de Zwickau* et de la *Mulde de Freiberg*.

**MULDER (Gerardus Johannis)** ♦ Chimiste néerlandais (Utrecht 1802 - Bennekom 1880). Auteur de recherches sur la chimie animale et sur les protéines, il fut l'un des fondateurs de la chimie agricole.

**MULHACÉN** n. m. ♦ Point culminant de la péninsule Ibérique, dans la sierra Nevada* (3 482 m).

**MÜLHEIM AN DER RUHR** ♦ V. d'Allemagne (Rhénanie-du-Nord-Westphalie), dans la Ruhr*, à l'O. d'Essen. 171 160 hab. Église du XIe s., château de Broich (XIe - XIIe s.). ▪ Important centre indus. (aciéries, forges, raffineries de pétrole, indus. chimiques et textiles).

**MULHOUSE** [68100] et [68200] ◆ **ÉTYM.** germ. «les maisons du moulin», de *mühle* «moulin» et *hus*, pl. de *haus* «maison» ♦ Ch.-l. d'arr. du Haut-Rhin, sur l'Ill et le canal du Rhône au Rhin, à 30 km au N.-O. de Bâle (Suisse). 110 359 hab. (aggl. 229 973) *(Mulhousiens).* Hôtel de ville du XVIe s. (abritant le Musée historique). Nombreux et importants musées spécialisés : de la Céramique, de l'Impression sur étoffes, de l'Automobile (coll. des frères Schlumpf). Cité du Train. Musée des Beaux-Arts. ▮ **Économie** La ville possède une très ancienne tradition industrielle dans le textile, la chimie, renouvelée par l'automobile (Peugeot) et les technologies de l'information et de la communication. L'université de haute Alsace, avec ses filières scientifiques, les écoles nationales supérieures de chimie, des industries textiles et des sciences en automatique et informatique industrielle contribuent à maintenir les savoir-faire. Les relations avec Bâle sont nombreuses, et maints travailleurs frontaliers gagnent chaque jour la Suisse ou l'Allemagne. Le réseau autoroutier met la ville en relation avec Strasbourg-Karlsruhe, Belfort-Besançon-Paris, Berne-Lausanne, Zurich. Gare TGV depuis 2007. L'aéroport de Bâle-Mulhouse reçoit près de 4 millions de passagers par an et 115 000 t de fret. Depuis 1985, il constitue la zone franche des «3 Frontières» qui facilite le transit international. Bien insérée dans un réseau de coopérations internationales, Mulhouse voit son rayonnement régional limité par ceux de Strasbourg et de Besançon. ▮ **Histoire** Ville libre au XIIIe s., Mulhouse appartint cependant à la Décapole (→ **Alsace**). Elle se joignit à la France en 1798. Au milieu du XVIIIe s., la première manufacture d'étoffes imprimées (dites «indiennes») y fut fondée. La ville fut allemande de 1871 à 1918. Réoccupée en 1940, elle fut libérée par la Ire armée française (de Lattre) le 19 nov. 1944.

**MULL** (île de) ♦ Île écossaise des Inner Hebrides*. 2 000 hab. Pêche, élevage et, de plus en plus, tourisme. L'île est séparée de l'Écosse* par le petit détroit du Sound of Mull. Montagneuse, elle culmine à 966 m au Ben More.

**MULLER (Hermann Joseph)** ♦ Biologiste américain (New York 1890 - Indianapolis 1967). Collaborateur de T. H. Morgan*, il étudia les phénomènes de linkage (groupes de liaison de chromosomes) et de crossing-over (entrecroisement des chromosomes), et les mutations. Il fit des recherches sur l'influence des radiations ionisantes sur le taux de mutations et découvrit les mutations létales. [Prix Nobel de physiol. ou méd. 1946]

**MÜLLER (Johannes)** → **Regiomontanus**

**MÜLLER (Gerhard Friedrich)** ♦ Voyageur, géographe et historien russe d'origine allemande (Hervoden, Westphalie 1705 - Moscou 1783). Il participa à une expédition scientifique en Sibérie et au Kamtchatka (1733 - 1748), au cours de laquelle il fit des études historiques et ethniques. Il publia *Histoire de Sibérie*, 1750 ; *Histoire des voyages et découvertes des Russes*, 1766. ◆ **ÉTYM.** Ce nom allemand signifie «meunier» (→ aussi Le Monnier, Lemonnier, Maulnier, Melnikov, Miller, Molnár, Monnier, Mounier).

**MÜLLER (Friedrich),** dit **Maler-Müller** et parfois **Teufels Müller** ◆ **ÉTYM.** «Müller du Diable» ♦ Peintre et poète allemand (Kreuznach 1749 - Rome 1825). Il est l'un des représentants du Sturm* und Drang. Il s'installa en Italie (1778), où il fut tour à tour peintre, antiquaire et guide touristique, et où il se convertit au catholicisme. Plus que pour sa *Vie de Faust* (1776 - 1778, inachevée), il est connu pour ses histoires paysannes (*La Tonte des moutons*, 1775) ; il y exprime son «sens de la farce populaire, de l'idylle réaliste et rustique» (G. Bianquis). Il puisa son inspiration dans les vieilles légendes médiévales, comme dans *Golo et Geneviève*, (1775 - 1781, publié en 1811 → **Geneviève de Brabant**).

**MÜLLER (Johannes VON)** ♦ Historien suisse (Schaffhouse 1752 - Kassel 1809). Ayant délaissé la théologie protestante pour l'histoire, il obtint un poste de bibliothécaire auprès du prince-évêque de Mayence (1786) et d'historiographe de Frédéric II de Prusse. Après avoir tenté de constituer une ligue défensive des États allemands contre la France, il fut nommé secrétaire d'État du royaume de Westphalie à l'instigation de Napoléon Ier (1807). Il a laissé une *Histoire universelle* dont est surtout connu le premier volume, *Histoire de la Confédération suisse* (1780 - 1808), et des *Essais historiques*.

**MÜLLER (Wilhelm)** ♦ Écrivain et poète allemand (Dessau 1794 - *id.* 1827). Auteur de chants en l'honneur du soulèvement des Grecs contre les Turcs (*Lieder der Griechen*, 1821), ce poète doit sa célébrité à Schubert qui mit en musique deux cycles de ses lieder : *La Belle* Meunière* et *Le Voyage* d'hiver*.

**MÜLLER (Johannes Peter)** ♦ Physiologiste allemand (Coblence 1801 - Berlin 1858). Il fut un des pionniers de l'embryogénie des invertébrés marins et réalisa d'importants travaux sur la physiologie nerveuse ; il affirma que la sensation dépend de l'organe sensoriel et non du mode d'excitation et que la représentation de l'espace est innée (nativisme). On lui doit des *Leçons de physiologie*, 1827 et un *Manuel de physiologie humaine*, 1857. ♦ ***Fibres ou cellules de Müller*** Cellules de soutien qui occupent l'épaisseur de la rétine.

**MÜLLER (Fritz)** ♦ Naturaliste allemand (près d'Erfurt 1821 - Blumenau, Brésil 1897). Il contribua à faire connaître la théorie de l'évolution de Darwin* et formula la loi biogénétique fondamentale d'après laquelle l'ontogenèse est une récapitulation abrégée de la phylogenèse.

**MÜLLER (Friedrich Max)** ♦ Linguiste, orientaliste et mythologue allemand établi en Grande-Bretagne (Dessau 1823 - Oxford 1900). Après des études en Allemagne, il suivit à Paris les cours de sanskrit de Burnouf. L'étude des religions de l'Inde l'amena à considérer les forces naturelles personnalisées comme les premières divinités adorées par les hommes [théorie dite naturiste]. Œuv. princ. : *Introduction à la science comparée des religions*, 1874 ; *Leçons sur l'origine et le développement de la religion étudiés à la lumière des religions de l'Inde*, 1879 ; *Contributions à une mythologie*. Ses *Leçons sur la science du langage* (1861, trad. fr. 1864) connurent un grand succès, avant d'être vivement critiquées.

**MÜLLER (Georg Elias)** ♦ Philosophe et psychologue allemand (Grimma 1850 - Göttingen 1934). Un des principaux représentants de la psychophysiologie scientifique en Allemagne, il a critiqué la loi établie par Fechner*. Œuv. princ. : *Zur Grundlegung der Psychophysik*, 1878 ; *Komplextheorie und Gestalttheorie*, 1923 ; *Abriss der Psychology*, 1924.

**MÜLLER (Paul Hermann)** ♦ Biochimiste suisse (Olten 1899 - Bâle 1965). Il fit des recherches sur les colorants synthétiques, puis sur les insecticides (dont le DDT). [Prix Nobel de physiol. ou méd. 1948]

**MÜLLER (Karl Alexander)** ♦ Physicien suisse (Bâle 1927). Il découvrit, avec J. G. Bednorz, en 1986, les propriétés supraconductrices de certaines céramiques apparaissant à 35 kelvins (–238 °C). Le phénomène n'avait été observé jusqu'alors qu'à des températures inférieures à –250 °C. Les travaux de Müller et Bednorz ouvrirent la voie à de nouvelles découvertes de matériaux supraconducteurs à des températures de plus en plus élevées, permettant leur obtention sans utilisation de techniques cryogéniques très poussées. [Prix Nobel de phys. 1987, avec J. G. Bednorz]

**MÜLLER (Heiner)** ♦ Écrivain allemand (Eppendorf, Saxe 1929 - Berlin 1995). Auteur dramatique, dans la lignée de Bertolt Brecht mais avec une écriture et une composition renouvelées, il vécut en RDA, où son obédience marxiste ne lui épargna pas des difficultés dans les années 1960. Il passa alors des thèmes empruntés au monde ouvrier à des sujets mythiques : *Horace* (1968), *Mauser* (1970), *Ciment* (1972), *La Bataille* (1951 - 1974), *Hamlet-machine* (1977). Il est aussi l'auteur d'essais : *Rapport sur le grand-père* (1950), *Boucher et Femme* (vers 1950), *La Croix de fer* (1955). Ses derniers textes dramatiques évoquent l'entrée des chars soviétiques à Berlin, Budapest et Prague : *Ouverture russe* (1984), *Forêt près de Moscou* (1985), *Le Duel* (1986), *Centaures* (1986), *L'Enfant trouvé* (1987).

**MÜLLER (Herta)** ♦ Écrivaine allemande d'origine roumaine (Nitzkydorf, Banat 1953). Elle grandit au sein d'une minorité germanophone de Souabes qu'elle accusa dans son premier roman, *Niederungen* (1979), d'avoir embrassé l'idéologie national-socialiste. Refusant de collaborer avec la Securitate, elle fut poursuivie par le régime de Ceausescu et s'exila en 1987 à Berlin-Ouest, où elle vit toujours. Le thème récurrent de son œuvre est la dénonciation de l'oppression sous les dictatures communiste et nazie : *L'homme est un grand faisan sur terre* (1986), *Le renard était déjà le chasseur* (1992), *La Convocation* (1997), *La Balançoire du souffle* (2009), témoignage fictif d'un déporté dans un camp soviétique. [Prix Nobel de littér. 2009]

**MULLIGAN (Gerald Joseph,** dit **Gerry)** ♦ Saxophoniste, arrangeur et chef d'orchestre de jazz américain (New York 1927 - Darien, Connecticut 1996). Après avoir joué à New York en 1947 chez Gene Krupa*, puis avec Miles Davis* (avec lequel il participa à *Birth of the cool*), il constitua en Californie en 1952 avec Chet Baker* un quartette sans piano qui devint très rapidement célèbre et influença le jazz de la côte Ouest. En 1960, il dirigea un grand orchestre et poursuivit une activité intense avec diverses formations et des musiciens aussi différents que Johnny Hodges (1960), Chet Barker (1973), Astor Piazzola (1974), Charlie Mingus* (Montreux, 1975).

**MULLIKEN (Robert Sanderson)** ♦ Chimiste et physicien américain (Newburyport, Massachusetts 1896 - Arlington 1986). Auteur de la théorie des orbitales moléculaires (surface occupée par l'électron assurant une liaison entre les atomes), de la valence et des études spectroscopiques, il introduisit les termes d'hybridation des orbitales, d'orbitales liantes, non liantes, qui indiquent la distribution de la probabilité de présence de l'électron de liaison. [Prix Nobel de chim. 1966]

**MULLINGAR** – en gaél. ***Muileann Cearr*** ♦ V. de la rép. d'Irlande, ch.-l. du comté de Westmeath, dans la plaine centrale. 18 416 hab. Marché agricole qui a bénéficié de la proximité relative de Dublin.

**MULLIS (Kary B.)** ♦ Chimiste américain (Lenoir, Caroline du Nord 1944). Il mit au point, en 1985, la méthode PCR *(polymerase chain reaction)* qui permet de multiplier à des millions d'exemplaires un segment quelconque d'ADN. Rapide et d'une remarquable simplicité technique, ne nécessitant au départ qu'une quantité infime d'ADN, le procédé trouva immédiatement des applications dans des domaines très divers : médecine (détection des infections, telles le sida, l'herpès, la tuberculose, ou diagnostic prénatal de maladies héréditaires), paléontologie (multiplication d'ADN fossile), criminologie (empreintes génétiques). [Prix Nobel de chim. 1993, avec M. Smith*]

**MULRONEY (Martin Brian)** ♦ Homme politique canadien (Baie-Comeau 1939). Avocat, chef du parti conservateur, il devint Premier ministre du Canada en sept. 1984 et remporta les élections générales de 1988. Il échoua dans son projet de réintégrer politiquement le Québec dans la Constitution fédérale (référendum d'oct. 1992), signa, avec les États-Unis et le Mexique, l'Alena* (ou Nafta) en déc. 1992, et ne put enrayer la crise économique qui frappait son pays. Il fut remplacé à la tête du parti conservateur et du gouvernement par Kim Campbell en juin 1993.

**MULSANNE** [72230] ♦ Comm. de la Sarthe, arr. du Mans. 5 213 hab.

**MULTAN** ♦ V. du Pakistan (Panjab), près de la Chenab, entre les parties les plus actives du Panjab et la région sèche du Pakistan méridional. 1 197 384 hab. Développement d'industries modernes et bijouterie traditionnelle renommée.

**MULTATULI (Eduard DOUWES DEKKER,** dit**)** ◆ ÉTYM. lat. « j'ai beaucoup souffert » ♦ Écrivain néerlandais (Amsterdam 1820 - Nieder-Ingelheim, Rhénanie-Palatinat 1887). Fonctionnaire aux Indes néerlandaises de 1852 à 1857, il y découvrit les abus de l'administration hollandaise et finit par démissionner de son dernier poste à Java. Inspiré par les mésaventures de l'écrivain lors de son séjour en Indonésie, le roman *Max Havelaar, ou les Ventes de café de la Société commerciale néerlandaise* (1860) lui apporta d'emblée la célébrité. Publié sous le pseudonyme de Multatuli, il constitue une critique violente du colonialisme.

**MULTIEN** [mylsjɛ̃] n. m. ◆ ÉTYM. anc. *Meldianum*, de *Meldi* (→ Meaux) ♦ Anc. pays de France situé au N.-E. de Paris entre la Marne et l'Ourcq, et dont la capitale était Meaux*.

**MULTSCHER (Hans)** ♦ Peintre et sculpteur souabe (Reichenhofen, auj. Leutkirch v. 1400 - Ulm 1467). Il semble surtout avoir travaillé à Ulm. Réagissant contre le raffinement et la grâce du gothique tardif, il adopta les recherches réalistes des Flamands et manifesta un insistant souci d'expressivité souvent poussé jusqu'à la caricature. Dans ses compositions, il accumulait les formes rudes, aimait les détails pittoresques et donnait un aspect tranchant aux volumes (*Retable de Wurzach*, 1437).

**MUMBAY** → **Bombay**

**MUMFORD (David Bryant)** ♦ Mathématicien américain d'origine britannique (Worth, Sussex 1937). Spécialiste de géométrie algébrique, il a utilisé la théorie des invariants pour étudier les déformations des fibrés algébriques. [Médaille Fields 1974]

**MUMMIUS** – en lat. ***Lucius Mummius*** ♦ Général romain (–IIᵉ s.). Consul en –146, il anéantit la Ligue achéenne*, acheva la conquête de la Grèce qui devint province romaine sous le nom d'Achaïe, et pilla Corinthe qu'il dépouilla de toutes ses œuvres d'art.

**MUN (Albert,** comte **DE)** ♦ Homme politique français (Lumigny, Seine-et-Marne 1841 - Bordeaux 1914). Représentant du catholicisme* social (→ **Harmel, La Tour du Pin**), il fut d'abord partisan d'un corporatisme chrétien, puis d'une collaboration de classes dans le cadre de syndicats mixtes, patrons-ouvriers, sous le contrôle de l'État. Monarchiste, puis républicain, il fut élu député et œuvra pour la législation en faveur des travailleurs (loi sur le travail des femmes, 1892). Il a publié *Ma vocation sociale*, 1908. [Acad. fr. 1897]

**MUNCH (Peter Andreas)** ♦ Historien et archéologue norvégien (Christiania, auj. Oslo 1810 - Rome 1863). Ses recherches historiques influencèrent Asbjørnsen*, Moe*, Bjørnson*, et Ibsen*. Il laissa une grande œuvre inachevée : *l'Histoire du peuple norvégien*.

**MUNCH (Edvard)** ♦ Peintre et graveur norvégien (Løten 1863 - Ekely, près d'Oslo 1944). Il fut marqué dans sa jeunesse par plusieurs deuils et ne cessa d'exprimer dans sa peinture l'obsession de la mort. En 1885, il fit un premier voyage à Paris et s'intéressa aux recherches impressionnistes. Il retourna en France en 1889, fréquenta l'atelier de Bonnat, subit l'influence des théories néo-impressionnistes et admira l'art de Gauguin et de Van Gogh. Abandonnant la description des faits, il chercha à communiquer son sentiment tragique de la vie et, à partir de 1889, voulut grouper ses œuvres dans un ensemble qui formerait *La Frise de la vie*. Ses intentions et les moyens plastiques utilisés le rapprochent du symbolisme et des nabis avec lesquels il entra d'ailleurs en contact à Paris vers 1896 - 1897. Créant des compositions synthétiques où les plans et les contours sont cernés de lignes sinueuses (qui rappellent les arabesques de l'Art nouveau), il étala les couleurs par aplats dans des tonalités sourdes ou intenses, selon les qualités

Edvard **Munch.** *Musique dans la rue.* Kunsthalle Museum, Zurich.
*Phot. © Arch. Smeets*

expressives et la fonction symbolique dont il les dotait (*Le Cri**, 1893 ; *La Jalousie*, 1893). À partir de 1894, il réalisa une série de lithographies puis de xylographies (1910) et d'eaux-fortes au graphisme souple et appuyé dont la tension expressive révèle une sensibilité angoissée. À partir de 1900, sa palette devint plus légère, ses couleurs plus éclatantes, sa facture prit un audacieux aspect d'ébauche et les intentions symboliques devinrent moins apparentes. Il exerça une grande influence sur les artistes expressionnistes du groupe Die Brücke, sur Kokoschka et sur Egon Schiele.

**MUNCH (Charles)** ♦ Chef d'orchestre français (Strasbourg 1891 - Richmond, Virginie 1968). Professeur de violon et violon solo à Strasbourg, puis au Gewandhaus de Leipzig, sous la baguette de Furtwängler, il dirigea la Société des concerts du Conservatoire (1937 - 1946), puis l'Orchestre symphonique de Boston (1946 - 1962) et fonda l'Orchestre de Paris (1967). Joignant un tempérament passionné à une technique précise, il a donné d'inoubliables interprétations de Berlioz, Ravel, Roussel et Honegger. ➝ **ÉTYM.** *Munch* est une variante alsacienne de l'allemand *Mönch* «moine».

**MÜNCHHAUSEN (Karl Friedrich Hieronymus,** baron **VON)** ♦ Officier allemand (Gut Bodenwerder, Hanovre 1720 - *id.* 1797). Il servit dans l'armée russe contre les Turcs en 1740 et est connu par le récit de ses aventures extraordinaires (*Aventures du baron de Münchhausen*, devenu en France le *baron de Crac*). ➝ **ÉTYM.** Ce nom vient de l'allemand *Mönch* «moine» et *Haus* «maison».

**MÜNCHINGER (Karl)** ♦ Chef d'orchestre allemand (Stuttgart 1915 - *id.* 1990). Il fonda en 1945 l'orchestre de chambre de Stuttgart, avec lequel il explora le domaine de la musique baroque (Bach, Vivaldi), refusant cependant l'utilisation des instruments anciens. À partir de 1958, il se tourna également vers la musique classique (Haydn, Mozart).

**MUNDA** ♦ Anc. ville d'Espagne (Bétique), célèbre par la victoire de César* sur Sextus Pompée*, son frère Cneius, et Labienus* (-45).

**MUNDELL (Robert)** ♦ Économiste canadien (né en 1932). Il s'est appuyé sur la théorie de Jan Tinbergen* et a contribué, dans les années 1960, à la réalisation du modèle Mundell-Fleming qui propose une formulation d'équilibre général appliqué à l'économie ouverte : en système de change fixe, la politique monétaire expansionniste devient inefficace, alors qu'en changes flottants, elle redevient un instrument de relance économique. Il a ensuite élaboré la théorie des zones monétaires optimales (zones regroupant des espaces économiques en aires telles qu'à l'intérieur de chacune s'appliquent des changes fixes, alors que les changes flottants sont en vigueur). [Prix Nobel de sc. écon. 1999]

**MUNDIGAK** ♦ Site de l'Âge du bronze du S. de l'Afghanistan, au N.-O. de Kandahār*. Plusieurs phases d'occupation et d'abandon y ont été reconnues jusqu'à son abandon définitif à l'époque achéménide*.

**MUNDOLSHEIM** [67450] ➝ **ÉTYM.** du germ. *Munold*, n. de pers., et *heim* «hameau» ♦ Ch.-l. de cant. du Bas-Rhin, arr. de Strasbourg. 5 270 hab.

**MUNDT (Theodor)** ♦ Écrivain allemand (Potsdam 1808 - Berlin 1861). Membre du groupe Jeune*-Allemagne, il en a exprimé les idées et les inquiétudes dans ses œuvres. Son roman *Madonna ou les Entretiens avec une sainte* (1835) traite de l'«émancipation de la chair», de la libération sexuelle de la femme.

**MUNICH** ➝ **ÉTYM.** en all. *München* «[chez] les moines», du vx haut all. *munih* «moine» (*Mönch* en all. moderne) [les moines y possédaient des entrepôts pour le sel qui venait de Reichenhall et Salzburg] ♦ V. d'Allemagne, cap. du Land de Bavière et troisième ville d'Allemagne, sur l'Isar, au centre du plateau bavarois. Env. 1 450 000 hab. (*Munichois*). Ch.-l. de régence. Univ. ▮ **Les monuments** La plupart des monuments antérieurs à la Renaissance ont été détruits (ceux qui subsistent, l'Altes Rathaus et la Peterskirche, ont été presque entièrement restaurés). Munich conserve encore un bel ensemble de monuments Renaissance et baroques : Frauenkirche (fin XV^e s.), de style gothique tardif, Michaelskirche (fin XVI^e s.), influencée par la Renaissance italienne ; la Residenz, ancien palais de Wittelsbach, construite du XV^e au XIX^e s. Le théâtre de la Residenz, le palais archiépiscopal et l'église Saint-Jean-Népomucène (ou Asamkirche ➝ **Asam**) sont les plus remarquables monuments baroques de la ville. Louis I^er de Bavière, au début du XIX^e s., dota la capitale bavaroise d'un important patrimoine monumental (Feldherrnhalle, Sankt Bonifazius-Basilika, Propyläen, univ.), de musées de peintures (Alte Pinakothek) et de sculptures (Glyptothek), ainsi que de larges artères (Ludwigsstrasse, Königsplatz). ▮ **La culture** Centre culturel et artistique de grand rayonnement. Nombreux musées (Alte et Neue Pinakothek), Musée national bavarois, Deutsches Museum, Neue Staatsgalerie. Schwabing est le quartier culturel à la mode. Ses fêtes réputées (carnaval, fête de la bière) et la beauté de ses quartiers excentrés (château de Nymphenburg) attirent de nombreux touristes. ▮ **L'économie** Grand centre financier et bancaire (Assurances Allianz, Bay. Hypo, Bay. Bankverein). Munich est en outre la métropole commerciale et industrielle de l'Allemagne méridionale. Activités industrielles : constr. mécaniques (machines, wagons, automobiles BMW), électr. (Siemens) et aéronautiques (MBB) ; produits chimiques ; matériel de précision et optique ; porcelaine (de Nymphenburg) ; imprimerie ; édition ; studios de cinéma Bavaria (à Geiselgasteig) ; célèbres brasseries.

▮ **HISTOIRE** Munich doit son nom à l'établissement d'une communauté de moines (V. étym. ci-dessus) à Tergensee, près duquel Henri le Lion fonda l'actuelle cité vers 1158. En 1255, Munich devint la capitale de la Bavière et la résidence des ducs de Wittelsbach, futurs rois de Bavière. Après le grand incendie de 1327 qui détruisit la ville, celle-ci fut reconstruite par l'empereur Louis IV de Bavière, considéré comme son second fondateur. Engagé dans une longue lutte contre la papauté, il fit venir Marsile de Padoue et Guillaume d'Occam. Sous Maximilien I^er, Munich devint un bastion du catholicisme (fondation de la Sainte Ligue en 1609). Au XVIII^e s., les architectes J. B. Zimmermann, C. D. Asam, F. de Cuvilliés ornèrent la ville d'édifices baroques. Mais ce n'est qu'au siècle suivant que Munich devint un centre artistique très important grâce aux efforts de Louis I^er qui voulut en faire l'Athènes des Temps modernes. L'architecte Klenze érigea de nombreux bâtiments néoclassiques ; les peintres Cornelius, Schnorr von Carolsfeld, Kaulbach, Piloty et Spitzweg assurèrent à la ville une renommée internationale. Poursuivie par Maximilien II, cette politique culturelle attira aussi de nombreux poètes (E. Geibel, P. Heyse), intellectuels (Görres, Döllinger, Baader) et scientifiques (Liebig). Louis II fut un fervent admirateur de Wagner et un passionné d'architecture extravagante. Au tournant du siècle, Munich accueillit favorablement le Jugendstil (F. von Stuck), puis l'expressionnisme (➝ **Brücke [Die], Cavalier bleu**). ▪ Après le renversement des Wittelsbach* par Kurt Eisner* le 8 nov. 1918, Munich assista à la répression du mouvement révolutionnaire par les troupes gouvernementales de Berlin en mai 1919 dans un climat de terreur dont profita le national*-socialisme qui y naquit. Le 9 nov. 1923, Hitler déclencha à Munich le putsch dit «de la brasserie», en vue de s'emparer du pouvoir en Bavière, putsch qui échoua devant la réaction de la droite traditionaliste. En 1937, la ville abrita la grande exposition sur «L'Art dégénéré» qui couronna la campagne menée par les nazis contre l'art moderne. En sept. 1938, se réunit à Munich une conférence internationale. ➝ **Munich (accords de).** La ville souffrit beaucoup des bombardements de 1944.

**Munich** (accords de) ♦ Conférence tenue à Munich les 29 et 30 sept. 1938 et qui réunit les représentants de la France (Daladier), de la Grande-Bretagne (Chamberlain), de l'Italie (Mussolini) et de l'Allemagne (Hitler). Les accords qui en résultèrent marquèrent le recul des démocraties occidentales qui, par crainte d'un conflit, laissèrent Hitler annexer le territoire des Sudètes. Les accords de Munich, qui avaient suscité un grand espoir dans les opinions publiques française et britannique, ne firent que renforcer l'Allemagne dans sa politique d'expansion.

**MUNK (Kaj)** ♦ Écrivain danois (Maribo 1889 - Hørbylunde, près de Silkeborg 1944). Pasteur d'une foi militante et marqué par Kierkegaard, dès ses premiers drames (*Pilate*, 1917, et surtout *Un idéaliste*, 1928, consacré à Hérode), il hésite entre exaltation du pouvoir et approfondissement de la personnalité prise entre tentations inverses. Avec *Ordet* («La Parole», 1931, adapté par Dreyer*) il tente d'explorer les forces secrètes qui nous meuvent, tout en ne cachant pas ses sympathies pour les pouvoirs didactoriaux. Pourtant, à partir de *Il se tient près du creuset* (1938), il renonce à ses options politiques pour chanter de plus en plus l'amour. Résistant sous l'Occupation, il fut fusillé par les Allemands.

**MUNK (Andrzej)** ♦ Cinéaste polonais (Cracovie 1921 - Łowicz 1961). Il a été, avec A. Wajda* et J. Kawalerowicz*, l'un des cinéastes les plus représentatifs du cinéma polonais de l'après-guerre. Dépassant les conventions du réalisme soviétique, il a réalisé : *Un homme sur la voie* (1956), critique du stalinisme, *Eroïca* (1957), démythification de l'héroïsme, *De la veine à revendre* (1960). Le tournage de *La Passagère* (1961 - 1963), qui évoque un camp nazi, fut interrompu par sa mort brutale.

**MÜNNICH (Burkhard Christoph,** comte **DE)** ♦ Homme d'État russe (Neuenhuntorf, Oldenburg 1683 - Saint-Pétersbourg 1767). Entré au service de Pierre le Grand en 1721, il devint l'un des favoris de la tsarine Anna* Ivanovna et fut nommé feld-maréchal (1732). Il conduisit le siège de Gdańsk (1734) et remporta plusieurs victoires contre les Turcs (campagne de Crimée, 1735 - 1739). Il conserva une grande influence politique jusqu'à l'accession au trône d'Élisabeth Petrovna (1741) qui l'exila en Sibérie. Le tsar Pierre III le rappela en 1762.

**MUNO (Robert BURNIAUX,** dit **Jean)** ♦ Écrivain belge d'expression française (Molenbeek 1924 - Overijse 1988). L'imaginaire ou la dérision sont les échappatoires que Jean Muno propose aux personnages velléitaires de ses romans (*L'Hipparion*, 1962 ; *Le Joker*, 1968) et de son théâtre (*Caméléon*, 1981). Contre l'insignifiance du quotidien, l'écrivain mène à son tour un combat dérisoire dans des récits autobiographiques où se mêlent l'étrange et le burlesque (*Histoires singulières*, 1979 ; *Histoire exécrable d'un héros brabançon*, 1982).

**MUNSHI (Kanaiyalāl Manikiāl)** ♦ Écrivain et homme politique indien (Broach, auj. Bharuch 1887 - Bombay 1971). Il fut ministre de l'État d'Uttar Pradesh de 1952 à 1957, et ami de Gandhi*, aux idées duquel il s'opposa parfois. Il est surtout connu pour ses romans (écrits en gujarati).

**MUNSTER** [68140] ✦ ÉTYM. forme alsacienne du lat. *monasterium* «monastère» ♦ Ch.-l. de cant. du Haut-Rhin, arr. de Colmar, au confluent de la Petite et de la Grande Fecht, dans la vallée de Munster. 4 884 hab. (aggl. 11 918) *(Munstériens)*. Hôtel de ville de 1550, très restauré. ▪ Lieu de séjour. Fromage réputé depuis le XV^e^ s. (munster).

**MUNSTER** – en gaél. ***An Mhumhain*** ♦ Prov. méridionale de la rép. d'Irlande. 24 127 km². 1 173 340 hab. CAP. : Cork. Elle comprend six comtés (Clare, Cork, Kerry, Limerick, Tipperary et Waterford). La province est montagneuse et touristique à l'O. ; les collines et les plaines orientales ont été le centre du renouveau agricole organisé par le mouvement coopératif lié au clergé catholique. Le climat doux et les sols meilleurs que dans le reste de l'Irlande favorisent la croissance de l'orge et un élevage bovin intensif. L'encadrement urbain est structuré par Cork*, Limerick* et Waterford*, relayées par un réseau de petites villes, jadis marchés agricoles. L'activité industrielle repose sur l'agroalimentaire même si une certaine diversification apparaît à Limerick et Cork.

**MÜNSTER (Sebastian)** ♦ Théologien, hébraïsant et cosmographe allemand (Ingelheim 1489 - Bâle 1552). Membre de l'ordre des Cordeliers, il adhéra à la Réforme et enseigna l'hébreu et les mathématiques à l'université de Bâle. Il est l'auteur d'une *Biblia hebraïca* (1534 - 1535), d'une grammaire et d'un dictionnaire araméens. Dans son *Horologiographia* (1531 - 1533), il donna une forme moderne à l'art des cadrans solaires. Il est également l'auteur d'une *Cosmographia universalis* (1544) et d'une nouvelle édition de la géographie de Ptolémée.

**MÜNSTER** ✦ ÉTYM. du vx haut all. *Munistri*, du lat. *monasterium* «monastère» ♦ V. d'Allemagne (Rhénanie-du-Nord-Westphalie), ch.-l. de régence, au centre du *bassin de Münster*, sur l'Aa et le canal Dortmund-Ems. Env. 280 000 hab. La ville a conservé un cachet médiéval, avec ses maisons à arcades, ses églises (cathédrale édifiée de 1174 à 1265) et son hôtel de ville gothique (XIV^e^ s.). Château des princes-évêques (XVIII^e^ s., auj. université). C'est un centre commercial (foires) et industriel important (machines, indus. textile). ▮ **Histoire** Fondée vers 805 par l'évêque Ludger, Münster fut dotée d'une charte en 1068 et devint une florissante cité commerciale (travail de la laine) qui adhéra à la Hanse. Vers 1532, elle fut le principal foyer du mouvement anabaptiste*, qui sera écrasé en 1536. En 1648, les négociations des traités de Westphalie* s'y déroulèrent.

**MUNTANER (Ramon)** ♦ Chroniqueur catalan (Perelada, Gérone 1265 - Ibiza 1336). Après une carrière militaire qui le conduisit en Sicile et en Asie Mineure, il fut gouverneur de l'île de Djerba, puis se retira aux Baléares. Par son dynamisme et son souffle épique, sa *Chronique du règne de Jacques I^er^* est l'une des œuvres majeures de la littérature catalane. ✦ ÉTYM. Ce nom catalan signifie «montagnard».

**MUNTÉNIE** n. f. – en roum. ***Muntenia*** ou **GRANDE VALACHIE** ♦ Région de la Roumanie méridionale, correspondant à la partie orientale de la Valachie*, à l'E. de l'Olt.

**MUNTHE (Axel)** ♦ Écrivain suédois (Oskarshamm 1857 - Stockholm 1949). Après des études de médecine à Uppsala, puis à Paris (à l'école de Charcot), il exerça à Paris (1881), puis à Rome (1890) et à Naples (*De Naples*, 1885 ; *Esquisses*, 1888). Son expérience de médecin militaire durant la Première Guerre mondiale lui inspira *Croix Rouge et Croix de fer* (1916), tandis que les années enchanteresses qu'il avait passées en Italie, notamment à Capri, devaient être évoquées dans *Le Livre de San Michele* (1929), qui connut un grand succès ; l'ouvrage révèle la «curiosité incurable» de l'écrivain pour la mort (qui fut sa hantise) et son amour pour les «pauvres bêtes innocentes et martyrisées», sentiment que l'on retrouve dans *Hommes et Bêtes* (1937).

**MUNYCHIE** – en gr. ***Mounukhia*** ♦ L'un des trois ports de l'antique Athènes*. Couronné par une forteresse à sa pointe S., ce port était un arsenal annexe du Pirée. Auj. port de tourisme appelé Amiral Kanaris mais aussi Tourkolimano («port turc»).

**MÜNZER** ou **MÜNTZER** ou **MUNCERUS (Thomas)** ♦ Réformateur religieux allemand (Stolberg, Harz 1489 - Mühlhausen, Thuringe 1525). Appartenant à l'ordre des augustins, il étudia la mystique médiévale tout en recevant une formation humaniste. En 1519, il rencontra Luther*, mais, bien qu'adhérant aux idées de la Réforme, il se sépara de lui, sur le plan tant religieux que politique. Il fut successivement prédicateur à Zwickau, Wittenberg et Allstedt, avant d'être chassé de chacune de ces villes. À Mühlhausen, où il avait pris le pouvoir avec ses disciples, il fut le chef anabaptiste de la révolte des paysans, prêchant un communisme évangélique ; mais il fut exécuté après la défaite de Frankenhausen (1525). Dans son ouvrage *La Guerre des paysans*, Engels* voit en lui un des premiers révolutionnaires modernes.

**MUQADDASĪ (Abū 'Abd Allāh Muḥammad ibn Aḥmad AL-)** ♦ Géographe arabe (né à Jérusalem et mort après 988). Ses voyages le menèrent à travers tout le monde musulman sur lequel son ouvrage, *La Meilleure Division pour connaître les régions du monde*, offre une documentation précieuse.

**MU QI** ou **MOU-K'I (FACHANG** ou **FA-TCHÁNG**, dit**)** ♦ Moine et peintre chinois (dans le Sichuan début du XIII^e^ s. - v. 1280). Spécialiste de la peinture monochrome, d'une grande sobriété, il traite animaux, fleurs, oiseaux et personnages dans un style «sans contrainte». La plupart de ses œuvres sont conservées au Japon, où il est considéré comme un grand maître.

**MUR** n. f. ♦ Riv. d'Europe centrale (445 km). Issue des Alpes autrichiennes, elle arrose Graz* en Styrie et se jette dans la Drave* (Slovénie). Installations hydroélectriques.

Le **Mur** ♦ Recueil de 5 nouvelles de Jean-Paul Sartre* (1939). En choisissant des personnages marginaux (trois condamnés à mort, un fou, un obsédé sexuel, un impuissant et un homosexuel), Sartre illustre les principales thèses de sa philosophie existentialiste. Ces cinq récits («Le Mur», «La Chambre», «Érostrate», «Intimité» et «L'Enfance d'un chef») semblent dire qu'il est impossible d'échapper à l'existence autrement que par une mauvaise foi qui se fixe des valeurs elles-mêmes aliénantes.

**MURAD (Ferid)** ♦ Pharmacologue américain (Whiting, Indiana 1936). Il montra, dès 1977, que la nitroglycérine et d'autres dérivés nitrés agissent comme médiateurs vasculaires en produisant le monoxyde d'azote. [Prix Nobel de physiol. ou méd. 1998, avec R. Furchgott* et L. Ignarro]

**MURĀD BEY** ♦ (en Circassie v. 1750 - près de Talsta 1801). Mamelouk d'Égypte. Il partagea le pouvoir à partir de 1776 avec Ibrāhīm Bey. Vaincu par Bonaparte à la bataille des Pyramides (1798), il s'entendit avec Kléber* qui lui laissa le gouvernement de la Haute-Égypte.

**Muraille (Grande)** ou **Muraille de Chine** ✦ ÉTYM. en chin. ***Wanli Changcheng*** «muraille de dix mille li» ♦ Ouvrage défensif chinois construit à l'origine par des souverains de la période de Chunqiu*-Zhanguo* (–VII^e^ - –III^e^ s.) pour protéger leurs royaumes ; il servit ensuite à repousser les incursions des Xiongnu* et d'autres peuples du Nord. Ces tronçons discontinus furent réunis sous le règne de l'empereur Shi* Huangdi des Qin, pour former un rempart ininterrompu dressé entre la Chine et les «barbares». Plus de 300 000 ouvriers y travaillèrent. L'ouvrage fut poursuivi par d'autres souverains, notamment sous les Han* (env. –206 - 8) et les Sui* (589 - 618). Il constitue par endroits une muraille double ou triple. La dynastie des Ming* le renforça pour tenter d'arrêter l'invasion des Mongols et des Jürchets. Essentiellement bâti en maçonnerie (pierre, brique et terre), il est d'une hauteur moyenne de 3 à 8 m, l'épaisseur au sommet étant de 4 à 6 m. Des fortins et des tours de guet étaient

La Grande **Muraille** de Chine. *BIS/Phot. Sonneville © Archives Nathan*

construits à distances régulières. On évalue sa longueur à env. 6 700 km. La muraille servait également de moyen de communication et de voie de sinisation. Elle est partiellement en ruine. Ce serait le seul ouvrage humain visible de la Lune.

**MURAKAMI Haruki** ♦ Écrivain et traducteur japonais (Kyōto 1949). Pétri de culture occidentale, il échappa au conformisme de la société japonaise en s'exilant en Europe (Grèce, Italie) et aux États-Unis et traduisit Scott Fitzgerald, John Irving et Raymond Carver. Murakami, qui pense qu'«écrire c'est parcourir les souvenirs de choses que l'on n'a pas vécues», livre des récits souvent fantastiques, sur fond de normalité. Il parle de la difficulté d'être au quotidien dans une société malade et masochiste et incite à un voyage intérieur où il fait rencontrer au lecteur un Homme Mouton, des poissons tombés du ciel, un «mannequin d'oreille»... On lui doit notamment : *La Course au mouton sauvage* (1982), *La Ballade de l'impossible* (1987), *Au sud de la frontière, à l'ouest du soleil* (1992), *Les Chroniques de l'oiseau à ressort* (1994), *Kafka sur le rivage* (2002), *1Q84* (2009).

**MURALT (Béat Louis DE)** ♦ Écrivain suisse d'expression française (Berne 1665 - Colombier 1749). Officier au service de Louis XIV, il est l'auteur d'ouvrages polémiques publiés sous forme de *Lettres*. Le plus célèbre, *Lettres sur les Anglais et les Français* (1725), comparaison des mœurs des deux nations qui tourne à l'avantage de l'Angleterre (en raison, entre autres, de son goût pour la liberté et la simplicité), fut à la base de l'anglomanie qui saisit l'Europe au XVIII^e s.

**MURANO** ← ÉTYM. p.-ê. du lat. *Murius*, n. de pers. ♦ Aggl. de la comm. de Venise (Italie), dans une île de la lagune. Basilique Santa Maria, du XII^e s. Centre traditionnel depuis le XIII^e s. de la verrerie d'art (glaces de Venise). ▪ Dans l'île voisine (San Michele) se trouve le cimetière de Venise.

**MURASAKI SHIKIBU** ♦ Femme de lettres japonaise (v. 978 - v. 1015), épouse d'un noble de la famille des Fujiwara* et dame de cour de l'impératrice Akiko. Elle rédigea, probablement entre 1005 et 1007, son célèbre roman de mœurs sur les milieux de la cour de Heian*, le *Genji* monogatari*.

**MURAT** ♦ Nom de sultans ottomans. ♦ **MURAT I^er** (v. 1319 - Kosovo 1389). Sultan ottoman (1359 - 1389). Il succéda à son père Ohrhan Gazi et élargit ses territoires en Europe : il prit la Thrace, Gallipoli et Andrinople qui devint sa capitale (1365). Il battit Hongrois et Serbes, occupa Monastir (1380), Sofia (v. 1385), Niš (1386) et Thessalonique (1387). Il soumit aussi l'Asie Mineure. Son vizir Halil pacha fut le fondateur du corps des janissaires. ♦ **MURAT II** (Amasya v. 1401 - Andrinople 1451). Sultan ottoman (1421 - 1451). Après avoir éliminé le prétendant Mustafa, il dirigea l'offensive turque dans les Balkans et en Asie Mineure. Sa cour abrita des savants et des hommes de lettres. ♦ **MURAT III** (Manisa 1546 - Constantinople 1595). Sultan ottoman (1574 - 1595). Sous son règne, l'armée turque emporta de grandes victoires contre la Perse (1576 - 1590). ♦ **MURAT IV** (Constantinople v. 1609 - *id.* 1640). Sultan ottoman (1623 - 1640). Il fut le dernier sultan guerrier et enleva Bagdad aux Iraniens (1638). ♦ **MURAT V** (Constantinople 1840 - *id.* 1904). Sultan ottoman. Il fut déposé au bout de quelques mois.

**MURAT (Joachim)** ♦ (Labastide-Fortunière, auj. Labastide-Murat 1767 - Pizzo, en Calabre 1815). Maréchal de France et roi de Naples (1808 - 1815). Fils d'un aubergiste, il s'engagea dans l'armée en 1787 ; officier en 1792, il fit partie de la garde constitutionnelle de Louis XVI. Chef d'escadron (1796), il seconda Bonaparte le 13 Vendémiaire et devint son aide de camp lors de la première campagne d'Italie (1796). Il l'accompagna en Égypte ; nommé général de division après Aboukir, il rentra en France avec Bonaparte, participa activement au 18 Brumaire* et devint commandant de la garde consulaire. En 1800, il épousa Caroline Bonaparte. Napoléon le combla d'honneurs, le faisant maréchal (1804), prince d'Empire (1805). D'un remarquable courage physique, il combattit dans les grandes batailles napoléoniennes. Commandant en chef en Espagne (1808), il réprima dans le sang l'insurrection populaire de Madrid (2 mai). Déçu de n'être pas fait roi d'Espagne, il accepta le royaume de Naples en juil. 1808. Il régna sous le nom de Joachim Napoléon, succédant à Joseph Bonaparte*, dont il poursuivit les réformes inspirées de celles du Consulat. Il entoura sa cour d'un grand faste et crut pouvoir mener une politique personnelle. Il fut appelé par Napoléon pour la campagne de Russie et l'Empereur rentra en France en lui laissant le commandement (déc. 1812). Il abandonna son poste en janv. 1813 après s'être violemment querellé avec Davout, et regagna son royaume où il intrigua avec l'Autriche. Il fit pourtant aux côtés de Napoléon la campagne d'Allemagne de 1813 (Dresde, Leipzig). De retour à Naples, il signa avec l'Autriche et la Grande-Bretagne (janv. 1814) un traité qui lui garantissait son royaume mais le mettait dans l'obligation de fournir 30 000 hommes aux ennemis de l'Empereur. Le congrès de Vienne* rendit le royaume de Naples aux Bourbons. Murat tenta en vain de soulever les nationalistes italiens (1815), au moment des Cent*-Jours, et les incita à lutter pour leur indépendance ; il déclara la guerre à l'Autriche dans sa déclaration de Rimini (30 mars 1815). Il se réfugia en Corse après Waterloo et tenta un débarquement en Calabre où il fut pris. Il fut condamné et fusillé sur ordre de Ferdinand IV, le 13 oct. 1815. ← ÉTYM. Ce nom de famille signifie «originaire de Murat (nom de lieu)».

**MURAT** [15300] ← ÉTYM. occit. «(village) entouré de murailles» ♦ Ch.-l. de cant. du Cantal, arr. de Saint-Flour, sur l'Alagnon. 2 153 hab. *(Muratais)*. Église du XV^e s. (Vierge noire). Nombreuses maisons des XV^e - XVI^e s. ▪ Centre d'excursions. Indus. agroalimentaire et chimique. ▪ Aux environs, à Albepierre-Bredons, église fortifiée du XI^e s., seul vestige d'un prieuré bénédictin (retable du XVII^e s.).

**MURATORI (Ludovico Antonio)** ♦ Historien et homme de lettres italien (Vignola, Modène 1672 - Modène 1750). Prêtre, préfet de la Bibliothèque ambrosienne* (1695), puis bibliothécaire et archiviste de cour à Modène, il défendit les Este contre le Saint-Siège. Grand érudit, il redécouvrit le Moyen Âge et publia les sources de l'histoire italienne dans ses monumentaux *Rerum italicarum scriptores* (25 vol., 1723 - 1751). C'est comme en commentaire à cette compilation qu'il publia ses grandes œuvres historiques : les *Antiquitates italicae medii aevi* (1743) et, en italien, les *Annales d'Italie* (12 vol., 1744 - 1749). Fondateur de l'historiographie moderne, il donna également des écrits littéraires, et entre autres la codification la plus achevée de l'esthétique de son époque dans le traité *Della perfetta poesia* (1706), où prévalent les idéaux classiques de mesure et de clarté, au détriment des droits de l'imagination. ← ÉTYM. Ce nom italien vient de *muratore* «maçon».

**MURCHISON (sir Roderick Impey)** ♦ Géologue britannique (Taradale, Ross and Cromarthy 1792 - Londres 1871). On lui doit surtout des études sur le Silurien (système de l'ère paléozoïque) ; le nom de *murchisonite* fut donné à un minéral de la famille des feldspaths.

**MURCIE** ← ÉTYM. en esp. ***Murcia*** «Forteresse», de l'ar. ***Madinat*** («ville») ***Mursiya*** (de ***mursah*** «fort, solide») ♦ V. d'Espagne, cap. de la Communauté autonome du même nom (1 392 117 hab.), sur le Segura, au centre d'une riche *huerta*. 422 861 hab. Univ. Cathédrale (XIV^e - XV^e s., façade du XVIII^e s.). Musée Salzillo. La ville centralise et exporte la production d'agrumes de la région Murcie-Albacete. Centre indus. : conserves de fruits.

**MURCUTT (Glenn)** ♦ Architecte australien (Londres 1936). Son enfance en Nouvelle-Guinée auprès d'un père chercheur d'or, admirateur de Mies Van Rohe et du philosophe Henry David Thoreau, contribua à faire de cet homme un original. Inspiré par ses voyages mais ne construisant qu'en Australie, il s'est attaché à préserver l'environnement et ses maisons tiennent compte de l'orientation solaire et lunaire, des vents dominants, des pluies et de la topographie. Les Aborigènes lui disent que ses maisons «touchent la terre avec légèreté». Il a adopté des enveloppes légères, des structures nerveuses faites de matériaux ordinaires : métal, tôle ondulée, bois, verre et produits industriels standard (Maison et atelier Ball-Eastaway en 1983, école d'art de Riversdale en 1999, maison Bowral en 2005). [Prix Pritzker en 2002]

Glenn **Murcutt.** Maison en Australie. © *Antony Browell*

**MÛR-DE-BRETAGNE** [22530] ← ÉTYM. «mur» ♦ Ch.-l. de cant. des Côtes-d'Armor, arr. de Guingamp. 2 090 hab. *(Murois)*. ▪ Aux environs, lac artificiel formé dans les gorges du Blavet par le barrage de Guerlédan, bordé (rive d.) par la forêt de Quénécan (2 300 ha).

**MURDOCH (William)** ♦ Ingénieur britannique (Auchinleck, Ayrshire 1754 - Birmingham, Warwickshire 1839). Ayant découvert l'intérêt du gaz dégagé par la combustion du charbon, il en mit au point l'exploitation (1792) et réussit dès 1798 à éclairer une aciérie. → **Lebon.** ← ÉTYM. *Murdoch* vient du gaélique *Muireadhach*, de *muir* «mer».

**MURDOCH (Iris)** Mrs **O. J. BAILEY** ♦ Romancière britannique (Dublin 1919 - Oxford 1999). Ancien professeur de philosophie à Oxford, elle poursuivit une féconde carrière de romancière. Ses récits mêlent la réflexion philosophique, l'héritage du roman picaresque et la technique narrative du roman policier. Convaincue de la contingence absolue du réel, profondément marquée par la pensée néoplatonicienne, elle tenta de renouer avec la grande tradition du roman russe et anglais pour donner le sentiment de la liberté humaine, non sans susciter le scepticisme de certains critiques. Œuv. princ. : *Les Eaux du péché* (1958 ; réédité sous le titre *Les Cloches* en 1985) ; *La Mer, la mer* (1978).

**MURDOCH** (sir **Rupert**) ♦ Homme d'affaires américain d'origine australienne (Melbourne 1931). Propriétaire du groupe News Corp., il contrôle de nombreux journaux britanniques *(The Sun, The Times*)*, américains et australiens, ainsi que des chaînes de télévision (dont le bouquet satellite britannique BSkyB) et la compagnie de cinéma The Twentieth Century Fox.

**MURDOCK (George Peter)** ♦ Ethnologue américain (Meriden, Connecticut 1897 - Devon, Pennsylvanie 1985). Fondateur de la revue *Ethnology* (1962, Pittsburgh), il a tenté de donner à l'ethnologie comparée une méthodologie rigoureuse et de formuler une théorie empirique de la structure sociale basée sur des données quantitatives.

**MURE (LA)** [38350] ◆ ÉTYM. de l'occit. *mura* «mur en ruine, vestiges de construction» ♦ Ch.-l. de cant. de l'Isère, arr. de Grenoble, à la lisière du plateau de la Matheysine. 5 190 hab. (aggl. 6 888) *(Murois)*. Centre commercial. Anc. mine d'anthracite.

**MUREAUX (LES)** [78130] ◆ ÉTYM. de la langue d'oïl *murel* «murailles» ♦ Comm. des Yvelines, arr. de Mantes-la-Jolie, sur la Seine, en face de Meulan (pont). 31 739 hab. *(Muriotins)*. Construc. aéronautique. Tuilerie.

**MURENA** – en lat. ***Lucius Licinius Murena*** ♦ Légat de Lucullus* (–Ier s.). Il se distingua dans la guerre contre Mithridate*. Élu consul pour –62 contre Catilina* et Servius Sulpicius, il fut accusé de corruption électorale par ce dernier. Cicéron* le défendit dans le *Pro Murena* et le fit acquitter (nov. –63).

**MUREŞ** n. m. – en hongr. ***Maros*** ♦ Riv. d'Europe centrale (803 km), irriguant la Roumanie (768 km) et la Hongrie. Née dans les Carpates orientales, elle arrose Târgu Mureş, Alba Iulia, contourne les monts Apuseni, arrose Arad et rejoint la Tisa près de Szeged (Hongrie).

**MURET (Marc-Antoine)** ♦ Humaniste français (Muret, Limousin 1526 - Rome 1585). Professeur à Bordeaux où il fut le maître de Montaigne, puis à Paris et à Toulouse, où il fut accusé de «mœurs contre nature», il s'enfuit en Italie et fut ordonné prêtre en 1576. Outre des éditions de poésies françaises et un commentaire des *Amours* de Ronsard, il a laissé des poésies latines (*Juvenilia*, 1552 ; *Hymnorum sacrum liber*, 1576).

**MURET** [31600] ◆ ÉTYM. anc. en lat. *Murellum* «le petit mur» ♦ Ch.-l. d'arr. de la Haute-Garonne, au confluent de la Louge et de la Garonne. 20 735 hab. *(Muretains)*. Musée Clément-Ader. ▪ Indus. diversifiées. ▪ Aux environs, au Fauga, centre de l'Office national d'études et de recherches aérospatiales disposant de deux souffleries. ▮ **Histoire** Anc. capitale du comté de Comminges. En 1213, Simon de Montfort* y battit Pierre II d'Aragon qui mourut au combat et Raymond VI de Toulouse. → **albigeois.**

**MURGER** [myʀʒɛʀ] **(Henri)** ♦ Écrivain français (Paris 1822 - *id.* 1861). Pour suivre sa vocation d'écrivain, il fit l'apprentissage de la misère ; soutenu par des écrivains comme Gérard de Nerval*, il fit paraître, d'abord dans un journal, puis en recueil, *Les Scènes de la vie de bohème* (1847 - 1848) qui connurent un grand succès et qu'il adapta au théâtre (1851) en collaboration avec Théodore Barrière. Ces épisodes (dont les personnages, par une idéalisation aimable, deviennent le symbole d'une jeunesse insouciante et heureuse) devaient inspirer à Giacomo Puccini* son célèbre opéra *La Bohème* (1896). ◆ ÉTYM. Ce nom vient du bas latin *muricarius* «tas de pierres» [servant à délimiter un terrain].

**MURILLO (Bartolomé Esteban)** ♦ Peintre espagnol (Séville 1618 - *id.* 1682). Orphelin à dix ans, il fit son apprentissage auprès d'un peintre italianisant d'orientation maniériste, Juan del Castillo, puis il peignit pour vivre de nombreuses images pieuses. D'abord marqué par Ribalta*, Ribera* et Zurbarán*, il se dégagea assez rapidement de leur emprise, révélant une connaissance de la peinture flamande et vénitienne qui laisse supposer une étude des collections royales au cours d'un séjour à Madrid. L'exécution d'un cycle de onze tableaux pour les franciscains de Séville (1645 - 1646) le rendit célèbre ; il fut dès lors surchargé de commandes et travailla surtout pour les franciscains, les capucins et les augustins. Au début, l'adoption de couleurs sombres et de types vigoureusement caractérisés le rattache encore au courant «ténébriste» *(La Cuisine des anges)*. Mais progressivement sa facture s'assouplit ; élaborant un style personnel, il recourut à une gamme plus claire et légère, à dominante dorée ; il baigna dans une lumière diffuse ses compositions, où spirales et formes onduleuses prédominent. Il rendit avec une pâte fluide et des tons rompus les reflets et les irisations. La série des grands cycles, pour Santa María la Blanca v. 1669, pour le couvent des Capucins 1665, et surtout pour l'église de l'hôpital de la Charité, ainsi que les multiples tableaux de dévotion destinés à des particuliers *(Éducation de la Vierge ; Nativité de la Vierge)* reflètent une piété tendre et suave aux accents familiers, qui trouve sa mesure dans l'exaltation de la charité, de la foi et de l'Immaculée Conception. Quant à ses représentations d'enfants, jeunes mendiants, voleurs, elles semblent l'expression d'une même vision optimiste et sentimentale. Il réalisa aussi

Bartolomé **Murillo.** *Le Jeune Mendiant* (1,34 x 1 m), v. 1645. Musée du Louvre, Paris. *BIS/Phot. © Archives Nathan*

quelques paysages et des portraits dénués d'afféterie où apparaît la délicatesse de son chromatisme. Il jouit de son vivant d'une renommée internationale et ses *Immaculée Conception* furent copiées et abondamment reproduites aux XVIIIe et XIXe s., au point de devenir des archétypes d'images pieuses. ◆ ÉTYM. Ce nom espagnol signifie «petit mur», de *muro* «mur» (nom de lieu en Espagne).

**MURNAU (Friedrich Wilhelm PLUMPE,** dit **F. W.)** ◆ ÉTYM. *Murnau* est le nom d'une ville de Haute-Bavière où il avait rencontré une colonie d'artistes avec son ami Ehrenbaum-Degele ♦ Cinéaste allemand (Bielefeld 1889 - Los Angeles 1931). Esprit cultivé, formé d'abord aux disciplines du théâtre par Max Reinhardt*, il devait s'affirmer comme l'un des maîtres de l'expressionnisme allemand avec *Nosferatu* le vampire* (1922). L'art des éclairages, du ralenti, du décor, le jeu de la caméra en mouvement, créant un univers envoûtant propre à Murnau, devaient atteindre leur maximum d'efficacité avec *Le Dernier des hommes* (1924). L'échec de deux de ses réalisations pourtant remarquables dans leur esthétique baroque (*Tartuffe*, 1925 ; *Faust*, 1926) le détermina à quitter l'Allemagne pour les États-Unis où son œuvre la plus accomplie, *L'Aurore** (1927), fut mal accueillie. Cependant il devait réaliser encore *Tabou** (1931, coscénariste R. Flaherty*), hymne à l'innocence retrouvée et point final d'une œuvre qui est une méditation pathétique sur les thèmes de l'amour impossible, de la fatalité et de la mort.

**MURNER (Thomas)** ♦ Théologien alsacien (Oberehnheim, auj. Obernai 1475 - v. 1537). Il fréquenta l'école du couvent des franciscains à Strasbourg, entra dans les ordres (1490), voyagea avant de se fixer en Alsace. Grand érudit, il ne fut pas cependant un humaniste, comme le montre sa *Nova Germania* (1502) dirigée contre l'œuvre de l'humaniste Wimpheling* *(Germania)*. Prédicateur, poète et publiciste satirique, il reprit, après S. Brandt*, le thème de la folie humaine (le péché) dans la plupart de ses écrits (*La Conjuration des fous*, 1512 ; *Corporation des coquins*, 1512 ; *Le Pré aux godelureaux*, 1515 ; *Le Moulin de Schwyndelsheim*, 1515). Adversaire résolu des thèses de Luther, il écrivit *Le Grand Fou luthérien*.

**Muromachi** ♦ Période de l'histoire japonaise s'étendant de la chute du *bakufu* de Kamakura* en 1333 jusqu'en 1573 et pendant laquelle le Japon fut dirigé par les shoguns de la famille des Ashikaga*. Cette période, l'une des plus sombres de l'histoire du Japon, fut marquée par des guerres civiles incessantes (→ **Ōnin no Ran**) et la destruction de nombreuses villes, entre autres de celle de Kyōto. Elle vit en revanche l'épanouissement de nombreuses formes d'art (peinture, céramique) et la création du théâtre de nō.

**MURPHY (William Parry)** ◆ ÉTYM. du gaél. *morchoe* «marin» ♦ Médecin américain (Stoughton, Wisconsin 1892 - 1987). [Prix Nobel de physiol. ou méd. 1934, avec G. Minot et G. Whipple*]

**MURRAY** ou **MORAY (Jacques Stuart,** 1er comte **DE)** ♦ (v. 1531 - Linlithgow, 1570). Fils naturel de Jacques* V d'Écosse et demi-frère de Marie* Stuart, il prit la tête du parti protestant, fut d'abord le conseiller de sa sœur, mais à la suite du mariage de celle-ci avec Darnley*, il se révolta et fut mêlé à l'assassinat de Rizzio et à celui de Darnley.

Nommé régent quand Marie abdiqua, il défit ses partisans à Langside (1568). Il mourut assassiné. → ÉTYM. Ce nom de famille vient d'un nom de lieu en Écosse, du gaélique *muir* «mer».

**MURRAY (James)** ♦ Général britannique (Ballencrief, Écosse v. 1720 - Battle Sussex 1794). Il prit part à la guerre de Sept* Ans au Canada (défense de Québec et prise de Montréal). Premier gouverneur militaire de Québec (1763 - 1766), il s'efforça de ne pas heurter les traditions des Canadiens français. Il fut ensuite gouverneur de Minorque (1774).

**MURRAY (sir James Augustus Henry)** ♦ Philologue et lexicographe britannique (Denholm 1837 - Oxford 1915). Professeur, il devint en 1878 directeur de la publication du *New English Dictionary,* qui était en préparation depuis 1858. Sous son impulsion et celle de Bradley, ce dictionnaire historique de la langue anglaise (couramment appelé le dictionnaire d'Oxford) fut rédigé et publié en quasi-totalité. Il fut président de la Philological Society de Londres.

**MURRAY (Henry Alexander)** ♦ Psychologue américain (New York 1893 - Cambridge, Massachusetts 1988). Influencé par la théorie psychanalytique, il a mis au point un test projectif (le Thematic Apperception Test ou TAT) ; celui-ci se compose d'une série de planches représentant des situations variées à propos desquelles le sujet (testé) doit faire un récit (*L'Exploration de la personnalité,* 1938).

**MURRAY (Joseph)** ♦ Chirurgien américain (Milford, Massachusetts 1919). Spécialiste des transplantations d'organes, il réussit, avec le néphrologue John Merril, la première greffe de rein entre faux jumeaux (1959). [Prix Nobel de physiol. ou méd. 1990, avec E. D. Thomas*]

**MURRAY** n. m. → ÉTYM. du n. de sir George *Murray,* ancien gouverneur du Canada et secrétaire du département des colonies ♦ Fl. du S.-E. de l'Australie (2 574 km). Né dans les Alpes australiennes, au S.-O. du mont Kosciusko, il trace la plus grande partie de la frontière entre l'État de Victoria* et celui de Nouvelle-Galles du Sud, reçoit son principal affl. rive d. (→ **Darling**) avant de pénétrer dans l'État d'Australie-Méridionale, et se jette dans l'océan Indien austral par un estuaire en grande partie barré par un cordon littoral. La *vallée du Murray* a une très grande importance économique, car elle traverse la zone du blé (Wheat Belt) et de l'élevage du mouton. Le cours du fl. a été aménagé et permet de larges périmètres d'irrigation. Le *bassin du Murray-Darling* couvre 910 000 km².

**MÜRREN** ♦ Loc. de Suisse (cant. de Berne), sur la comm. de Lauterbrunnen, dans l'Oberland bernois, sur le versant E. du Schilthorn. Env. 450 hab. Station d'été et de sports d'hiver, dans un site remarquable (1 650 - 2 231 m).

**MÛRS-ÉRIGNÉ** [49610] ♦ Comm. du Maine-et-Loire, arr. d'Angers. 5 115 hab.

**MURUGA** → **Kārttikeya**

**MURUGAN** ♦ Divinité hindoue du S. de l'Inde, identifiée comme étant Subrāhmanya, un des fils de Shiva*. C'est la divinité la plus vénérée des Tamouls*, dieu de la Beauté et de la Guerre. On le représente armé de la lance et de l'arc et monté sur un paon faisant la roue.

**MURUROA** ♦ Atoll de l'archipel des Tuamotu*, en Polynésie française, à 1 500 km au S.-E. de Tahiti, où fut installé de 1960 à 1996, le Centre d'expérimentation du Pacifique, destiné aux tirs d'essais de charges nucléaires.

**MÜRZZUSCHLAG** ♦ V. d'Autriche (Styrie), au pied du Semmering*. 9 569 hab. Station de sports d'hiver.

**MŪSĀ** ♦ Forme arabe de Moïse.

**MŪSĀ IBN NUṢAYR** ♦ Général arabe (La Mecque v. 640 - *id.* 718). Profitant de l'inorganisation de la résistance berbère contre l'occupation arabe, il envahit le Maghreb, atteignit la côte marocaine (708), ordonna à son lieutenant Ṭariq* ibn Ziyād de débarquer en Espagne (711) et dirigea la conquête de la péninsule Ibérique pour le calife omeyade* de Damas, al-Walīd (711 - 715).

**MUSALA** (pic) – anc. ***pic Staline,*** en bulg. ***Moussalla*** ♦ Sommet de Bulgarie, point culminant du Rhodope (2 925 m), dans le Rila*.

**MUSÉE** – en gr. ***Mousaios*** ♦ Poète grec qui vécut probablement en Égypte vers la fin du Vᵉ s. Son poème, *Héro et Léandre,* évoquant l'élégie alexandrine et certaines techniques de Nonnos*, fut très populaire à l'époque byzantine.

**MUSES** n. f. pl. – en gr. ***Mousai*** ♦ Divinités patronnes des chants et des sciences, dont la généalogie, le nombre et les attributions précises ont beaucoup changé selon les époques. Avec Hésiode, elles sont définies comme neuf sœurs, filles de Zeus* et de Mnémosyne*. → **Calliope, Clio, Érato, Euterpe, Melpomène, Polymnie, Terpsichore, Thalie, Uranie.**

**Muséum national d'histoire naturelle** ♦ Établissement scientifique de Paris, sur la rive g. de la Seine. À l'origine Jardin royal des herbes médicinales réalisé, sous Louis XIII, par Gui de La* Brosse (1635), le «Jardin du roi» devint un grand foyer scientifique quand Buffon*, aidé de Daubenton*, en fut l'intendant (de 1739 à 1788). Un corps professoral fut constitué, dont firent partie notamment les Jussieu*, Fourcroy*, Lacepède* et, plus tard, Chevreul*, les Milne*-Edwards, les Becquerel*. Des naturalistes comme Cuvier*, Lamarck* et Geoffroy* Saint-Hilaire s'y illustrèrent. À l'instigation de Lakanal*, la Convention dota le Jardin, devenu Muséum national d'histoire naturelle (1793), d'une ménagerie et organisa sa bibliothèque. Ses missions n'ont pas changé depuis le temps de Buffon : conservation et enrichissement des collections, recherche, enseignement et diffusion des connaissances à l'intention de tous les publics. Il emploie près de 2 000 personnes, dont quelque 300 chercheurs. Il compte 26 laboratoires, 2 bibliothèques, le Jardin des plantes, la Galerie de l'Évolution, le Parc zoologique de Paris (Vincennes), le musée de l'Homme du palais de Chaillot et reçoit, sur l'ensemble de ces installations, environ 2,5 millions de visiteurs par an.

**Museum of Modern Art [MoMA]** ♦ Musée d'art moderne situé à New York, 53ᵉ Rue. Créé en 1929, il conserve des collections d'une exceptionnelle qualité, représentant l'art occidental de l'impressionnisme aux mouvements contemporains. Œuvres de Van Gogh *(La Nuit étoilée),* de Cézanne *(Nature morte aux pommes),* du Douanier Rousseau *(La Bohémienne endormie, Le Rêve),* de Picasso *(Les Demoiselles d'Avignon, Les Trois Musiciens),* de Matisse *(L'Atelier rouge),* de Mondrian *(New York Boogie-Woogie),* des écoles américaines (réalisme magique, école de New York). Importantes collections de photographie et de design industriel. Cinémathèque.

**MUSGRAVE RANGES** ♦ Hauteurs de l'Australie (mont Woodroffe, 1 440 m), dans la zone désertique au S. des monts Macdonnell*, sur la frontière entre le Territoire du Nord et l'Australie-Méridionale.

**MUSHANOKŌJI Saneatsu** ♦ Romancier et auteur dramatique japonais (Tōkyō 1885 - *id.* 1976). Son œuvre est influencée par le christianisme et reflète son humanitarisme et son idéalisme. Ses romans possèdent presque tous une trame psychologique décrivant l'âme japonaise.

**MUSIL (Robert EDLER VON MUSIL, dit Robert)** ♦ Écrivain autrichien (Klagenfurt, Carinthie 1880 - Genève 1942). D'abord destiné à la carrière militaire, il l'abandonna pour préparer un diplôme d'ingénieur, puis étudia à Berlin la psychologie et la philosophie (thèse sur E. Mach, 1908). Paru en 1906, son premier roman, *Les Désarrois de l'élève Törless,* connut un grand succès. Évoquant le souvenir pénible des académies militaires où Musil passa plusieurs années, l'ouvrage raconte une histoire violente d'adolescents pervers. Musil publia ensuite deux recueils de nouvelles qui furent considérées à l'époque comme un manifeste de l'expressionnisme (*Associations,* 1911 ; *Trois femmes,* 1924) et un drame (*Les Exaltés,* 1921, dont la première représentation fut un échec). Il travaillait surtout à son œuvre maîtresse, *L'Homme* sans qualités.* Ce roman, dont seules les deux premières parties furent publiées (1930, 1933) et qui demeura inachevé, est une critique, d'une ironie subtile mais profondément pessimiste, de la monarchie austro-hongroise vers 1914 et, plus généralement, des valeurs du monde moderne. Réfugié en Suisse lors de l'invasion de l'Autriche par les troupes allemandes, Musil vécut de plus en plus solitaire et méconnu. Ce n'est que vers les années 1950, lorsque furent publiés les chapitres inédits, les fragments et notes de *L'Homme sans qualités* que l'œuvre de Musil fut estimée à sa juste valeur et mise au rang des plus grandes par son analyse lucide de la réalité, son style clair et précis.

**MUSSCHENBROEK** → **Van Musschenbroek**

**MUSSET (Alfred DE)** ♦ Écrivain français (Paris 1810 - *id.* 1857). Doué d'une rare précocité, introduit dès 1828 dans le Cénacle* de Nodier*, il se lia avec Vigny* et Sainte*-Beuve et obtint de flatteurs succès littéraires. Ses *Contes d'Espagne et d'Italie* (1829) manifestaient un romantisme agressif, par la recherche d'une couleur locale de fantaisie, la peinture de passions violentes et le goût de

Alfred de **Musset.**
Tableau de M. Sand.
Musée George Sand
et de la Vallée noire,
La Châtre. *Phot. © Dagli Orti*

la virtuosité métrique. Incompris jusqu'à la découverte de *Un caprice* (1837), le théâtre de Musset est considéré aujourd'hui comme la contribution la plus originale et la plus durable du romantisme français à l'art dramatique. Il l'avait écrit pour la lecture et non pour la scène, où il avait essuyé des déboires (échec de *La Nuit vénitienne*, 1830) et l'avait intitulé *Un spectacle dans un fauteuil* (1832), puis *Comédies* et Proverbes* (1840). Affirmant son indépendance à l'égard du nouvel esprit romantique (mission sociale de l'écrivain), il voulut retrouver l'inspiration intime et sincère («Ce qu'il faut à l'artiste ou au poète, c'est l'émotion») et s'exprima indirectement par les héros de ses pièces (*Les Caprices* de Marianne*, 1833 ; *Fantasio**, 1834 ; *Lorenzaccio**, 1834 ; *Le Chandelier*, 1835 ; *Il* ne faut jurer de rien*, 1836). Cette œuvre théâtrale a longtemps déconcerté le public par sa fantaisie et par le désinvolte mélange des genres. La versatilité de ses héros, la complexité de leur caractère où le désir de pureté, l'aspiration à l'idéal se conjuguent avec l'abandon au vice et au désespoir, ont d'abord choqué. Ce personnage au double visage, c'est Musset lui-même, et son œuvre est le reflet le plus fidèle de son angoisse intime. Ainsi, *On* ne badine pas avec l'amour* (1834) rappelle, par son titre, l'«amour insensé» de Musset pour George Sand*. Cette douloureuse aventure (1833 - 1835), transposée dans le roman *La Confession* d'un enfant du siècle* (1836), donne sa gravité à l'épanchement lyrique des *Nuits** (1835 - 1837), de *La Lettre à Lamartine* (1836) ou de *Souvenir* (1841). Désormais désenchanté, malade, le poète donnera alternativement des contes (*Histoire d'un merle blanc*, 1842) ou des fantaisies poétiques *(Sur trois marches de marbre rose)* et des œuvres plus amères et tourmentées (*L'Espoir en Dieu*, 1838). Excellant à manier le badinage spirituel et ironique, Musset sut également exprimer les élans de la débauche et la passion ou ce qui fut son drame intérieur : la tentation de la débauche et la nostalgie de la pureté qui habitent «son cœur saignant, son cœur brûlant et ennuyé» (Sainte-Beuve). [Acad. fr. 1852] ➝ **ÉTYM.** *Musset* est le diminutif de l'ancien français *musse* «cachette» (surnom d'une personne qui agit secrètement).

**MUSSIDAN** [24400] ➝ **ÉTYM.** du lat. *mulcedo* «charme» ♦ Ch.-l. de cant. de Dordogne, arr. de Périgueux, sur l'Isle. 2 843 hab. (aggl. 6 540). *(Mussidanais)*. Musée des Arts et Traditions populaires du Périgord.

**MUSSOLINI (Benito Amilcare Andrea)** ♦ Homme d'État italien (Predappio, Romagne 1883 - Giulino di Mezzegra, près de Dongo, Côme 1945). **▮ Le militant socialiste** Né d'un père forgeron et d'une mère institutrice, il devint instituteur, enseigna deux ans, s'inscrivit au parti socialiste, puis, pour se soustraire au service militaire, il passa en Suisse où il vécut de 1902 à 1904, se liant avec les milieux socialistes cosmopolites. Là, il forma sa culture politique notamment par l'action syndicale auprès des ouvriers émigrés italiens. Rentré en Italie, il se décida à remplir ses obligations militaires (1904 - 1906), puis devint journaliste à Trente, alors autrichienne. Expulsé, il poursuivit son action en Romagne. Comme organisateur de grèves, et pour avoir participé à des campagnes contre la guerre coloniale en Libye, il fit de la prison. Appelé en 1912 à Milan pour diriger l'*Avanti !*, journal du parti socialiste, il fut d'abord neutraliste en 1914, mais, rapidement, se montra partisan de l'intervention italienne. Il fut accusé d'avoir fait volte-face pour de l'argent de provenance française, et dut démissionner du parti socialiste. **▮ La Première Guerre mondiale** Il fonda alors *Il Popolo d'Italia*, créa aussi les «Faisceaux d'action révolutionnaire», pour soutenir les interventionnistes. Ceux-ci l'ayant emporté (juin 1915), Mussolini partit pour le front. Grièvement blessé en 1917, réformé, il reprit la direction du journal dans lequel il soutint les thèses nationalistes et annexionnistes. Il protesta après la victoire contre les «promesses non tenues par les Alliés» (question des terres «irrédentes»). **▮ La fondation du parti fasciste** En mars 1919, avec quelques *arditi* (combattants d'élite chargés d'opérations hardies, durant la guerre), il fonda les «Faisceaux italiens de combat», dont le succès fut lié à la situation chaotique de l'Italie d'après-guerre (➝ **Italie**). Au congrès de Rome, en nov. 1921, Mussolini donna une existence officielle au parti fasciste, doublé d'une organisation syndicale (l'Union ouvrière du travail). Le nombre des adhérents passa de 31 000 à la fin de l'année 1921 à 720 000 au printemps 1922. Il gagna la confiance de la bourgeoisie, des milieux industriels, de l'armée et de la police, par la violence même avec laquelle ses «fasci» matèrent les révoltes ouvrières. Il remporta sa première victoire lors de la grève organisée par les socialistes, qu'il brisa par la force le 3 août 1922 en s'emparant de la municipalité de Milan, avec la connivence tacite des autorités. **▮ Le Duce et la marche sur Rome** Le *Duce* («le Guide»), comme il se faisait appeler, prépara alors la «marche sur Rome» ; après avoir conduit à Rome 126 000 hommes médiocrement armés, il obtint du roi Victor*-Emmanuel III de prendre la tête d'un gouvernement. Dès le 16 nov. 1922, il reçut de la Chambre, après une simple intimidation verbale (le discours dit «du bivouac»), les pleins pouvoirs pour 12 mois, par 306 voix contre 106. Tandis que se déchaînait une intense campagne de propagande, en janv. 1923 naissait la milice fasciste et peu à peu l'opposition se trouva complètement démantelée. **▮ La dictature** Devant l'indignation que souleva le meurtre du député socialiste Matteotti*, les opposants, notamment les communistes, se retirèrent du Parlement en signe de protestation, ce qui laissa le champ libre aux ambitions du Duce : les lois de déc. 1925 et janv. 1926 établirent sa dictature ; responsable seulement devant le roi, il se fit attribuer en plus le pouvoir législatif. Dès 1928, il établit le système de la liste unique et du parti unique (pour la politique intérieure et étrangère de Mussolini ➝ **fascisme, Italie**). À partir de 1936, avec l'invasion de l'Éthiopie*, Mussolini se lança dans des entreprises conquérantes qui le détournèrent des alliances avec les démocraties occidentales, tandis qu'il nouait des liens toujours plus étroits avec l'Allemagne nazie (axe* Rome-Berlin, 1936 ; pacte d'Acier, 1939). Pourtant, ne se sentant pas prêt, il proclama le 3 sept. 1939 la non-belligérance de l'Italie. Devant les rapides victoires de l'Allemagne, il eut peur de ne pouvoir «s'asseoir à la table de la paix comme belligérant» et décida de lancer le pays dans la guerre (juin 1940). La dictature se durcit avec la succession des défaites militaires dans les Balkans, en Grèce, en Afrique du Nord, puis en Italie (➝ **Guerre mondiale [Deuxième]**). Les revers déclenchèrent de vives critiques même au sein du parti fasciste. **▮ La république de Salò et la fin** Mis en minorité par le Grand Conseil fasciste, Mussolini fut arrêté sur l'ordre du roi (25 juil. 1943). Interné dans les Abruzzes, à 2 000 m d'altitude, il fut délivré par un commando allemand de SS, le 12 sept. 1943. Il accepta alors d'être, à Salò* (lac de Garde), placé par Hitler à la tête d'une «République sociale italienne» qui ne lui laissa qu'un rôle de *gauleiter*. Il fit fusiller plusieurs des membres du Grand Conseil qui avaient voté contre lui, dont son gendre, le comte Ciano*. Lors de l'effondrement du Reich, Mussolini tenta de fuir en Suisse revêtu de l'uniforme allemand, mais il fut arrêté le 26 avr. 1945 par un détachement de partisans communistes qui l'exécutèrent avec sa maîtresse Clara Petacci le 28 avril. ➝ **ÉTYM.** Ce nom vient peut-être de l'italien *mussolina* «mousseline».

Benito **Mussolini.**
Caricature publiée dans *L'Âne* en 1925.
*Phot. © Ricerche editoriali/ Ricciarini*

**MUSSOORIE** ou **MASŪRĪ** ♦ V. et station climatique de l'Inde (Uttaranchal). 29 319 hab. À 2 100 m d'altitude, elle constitue avec Dehra Dun et Simla un lieu de séjour très prisé par la population aisée de Delhi, distante de 300 km.

**MUSTAḌĪ BI-AMR ALLĀH (Abū Muḥammad Ḥasan al-)** ♦ Calife abbasside (Bagdad 1142 - *id.* 1180). Sous son règne, Saladin* fit reconnaître l'autorité abbasside en Égypte.

**MUSTAFA** ➝ **ÉTYM.** de l'ar. *muṣṭafā* «élu, choisi» ♦ Nom de plusieurs sultans ottomans. ♦ **MUSTAFA Iᵉʳ** (Constantinople 1591 - *id.* 1639). Sultan ottoman (1617 - 1618 et 1622 - 1623). Il fut renversé par les janissaires quatre mois après son accession au trône. Osman* II, qui le remplaça, fut assassiné (1622) et Mustafa, rappelé, fut de nouveau déposé l'année suivante. ♦ **MUSTAFA II** (Constantinople 1664 - *id.* 1703). Sultan ottoman (1695 - 1703). Sous son règne les troupes turques furent vaincues à Zeuta (1697) par le Prince Eugène et, deux ans plus tard, Mustafa dut abandonner la Hongrie presque entière aux Habsbourg. Après la prise d'Azov par Pierre le Grand, il dut céder cette ville aux Russes (1700). Il fut renversé et empoisonné par les janissaires. ♦ **MUSTAFA III** (Constantinople 1717 - *id.* 1774). Sultan ottoman (1757 - 1774). Son règne fut marqué par une ruineuse guerre contre la Russie (1768 - 1774). Abdülhamid* Iᵉʳ lui succéda. ♦ **MUSTAFA IV** (Constantinople 1779 - *id.* 1808). Sultan ottoman (1807 - 1808). Il arrêta la politique de réformes inaugurée par son prédécesseur et cousin, Sélim* III, et fut déposé.

**MUSTAFA KAMIL** ♦ Militant nationaliste égyptien (Le Caire 1874 - *id.* 1908). D'éducation française, il se lia d'amitié avec Juliette Adam*. Il fonda le Parti national (1894) qui lutta pour l'indépendance de son pays et créa le journal *al-Liwa* (1900) où il exprima ses idées nationalistes. Encouragé par le khédive 'Abbās* II, il soutint au début le mouvement panislamique lancé par le sultan ottoman Abdülhamid* II. Il écrivit un grand nombre d'ouvrages en arabe, en français et en anglais : *Le Péril anglais* (1899) ; *Égyptiens et Anglais* (1906) ; *Lettres égyptiennes-françaises*, correspondance avec Juliette Adam (1909).

**MUSTAFA KEMAL PACHA** dit **Kemal Atatürk** ➝ **ÉTYM.** «père des Turcs» ♦ Homme d'État turc (Salonique 1881 - İstanbul 1938). **▮ La formation** Il entra très jeune à l'école militaire de Salonique avant de continuer ses études à Monastir (1895), puis à l'école de guerre de Constantinople (1899) et enfin à l'académie de Guerre, d'où il sortit avec le grade de capitaine (1905). Il prit alors parti pour les opposants au régime rétrograde du sultan Abdülhamid* II. Mais une fois nommé à l'état-major de Salonique, il se tint à l'écart des activités poli-

**Mustafa Kemal** en 1923.
*Phot. © Coll. Roger-Viollet*

tiques, probablement en raison de son opposition à certains Jeunes-Turcs, dont Enver* Pacha. ▮ **La Première Guerre mondiale** Pendant la Première Guerre mondiale, son action contribua à faire échouer les attaques franco-britanniques contre la presqu'île de Gallipoli (1915). Il commanda ensuite un corps d'armée sur le front du Caucase, enleva aux Russes les villes de Bitlis et de Moush (1916) et fit la connaissance d'Ismet (→ **İnönü**) qui allait devenir son compagnon le plus fidèle. Nommé commandant de la VII^e armée de Palestine, il fut mis en congé en raison de son désaccord avec le général allemand Falkenhayn. Quand Mehmet* VI accéda au trône, il fut rappelé au même poste et effectua une retraite en bon ordre. Apprenant la signature de l'armistice (1918), il exprima son opposition, notamment aux clauses concernant son armée. ▮ **Le mouvement nationaliste** Rentrant à Constantinople, il essaya de constituer un cabinet nationaliste, mais l'opposition de Mehmet VI le décida à agir en Anatolie. Arrivé à Samsun (mai 1919) accompagné de quelques amis et de quelques officiers, il répondit à la décision du gouvernement de « placer la Turquie sous la protection des grandes puissances » par la circulaire qui affirmait l'indépendance absolue de l'État et de la nation. Puis il réunit le congrès de Sivas (sept. 1919) qui élit un comité représentatif dont il s'assura la direction. En avril 1920, il réunit à Angora (Ankara) la première Grande Assemblée nationale qui décida de s'approprier la représentativité de la nation ainsi que les pouvoirs législatif et exécutif. L'Assemblée délégua ses pouvoirs à un conseil de ministres dirigé par Mustafa Kemal et la première convention internationale qu'elle conclut fut l'armistice signé avec la France (mai 1920) qui mit fin aux combats en Cilicie. ▮ **La guerre gréco-turque** La lutte pour l'indépendance commença réellement quand les Grecs attaquèrent le plateau anatolien avec le consentement des puissances alliées (juin 1920). L'offensive grecque fut brisée par Ismet à İnönü (janv. 1921). Une seconde défaite des Grecs à İnönü n'arrêta pas leur action. Cependant, l'armée grecque dut battre en retraite et la Grande Assemblée donna à Mustafa Kemal le titre de maréchal. Des négociations avec les Alliés (mars-avr. 1922) n'aboutirent pas et Mustafa Kemal prépara l'offensive finale : la victoire d'Afyon (août 1922) fut un succès définitif et l'armistice fut signé à Mudanya (oct. 1922). ▮ **Le traité de Lausanne et la proclamation de la République** Pour empêcher le gouvernement du sultan de participer à la conférence de Lausanne, Mustafa Kemal abolit le sultanat (nov. 1922) et le gouvernement nationaliste put seul discuter avec les Alliés et signer la paix (juil. 1923). La deuxième Grande Assemblée nationale fut élue en août 1923 et Mustafa Kemal fonda le Parti républicain du peuple, parti unique, et se fit élire président de la République (oct. 1923). Il fixa sa capitale à Angora, rebaptisée Ankara, et abolit le califat (1924). ▮ **Les réformes** S'opposant à la toute-puissance d'une tradition islamique, qu'il jugeait responsable du déclin ottoman, Mustafa Kemal appliqua une politique de réformes : il supprima les tribunaux religieux (1924) et laïcisa l'État malgré la résistance des milieux conservateurs (1928). Il abolit la polygamie, suspendit les ordres religieux, adopta les caractères latins à la place des caractères arabes (1928), imposa le port du costume occidental et la lecture du Coran en turc (1931). Ces réformes suscitèrent deux révoltes (1925, 1930). Mustafa Kemal s'appliqua à redresser la situation économique de la Turquie en nationalisant les sociétés étrangères et en fondant une banque d'État, la Merkez Bankasi, qui se substitua à la Banque ottomane. L'infrastructure minière et le réseau de communications furent modernisés. Mais, il ne toucha pas à la caste des grands propriétaires fonciers qui se rallièrent à lui. ▮ **La politique extérieure** En politique étrangère, il établit de bons rapports avec les pays voisins : il régla les questions en suspens avec la Grèce (traité d'Ankara, oct. 1930), l'URSS (1928 et 1932), la Bulgarie (1929). En 1932, la Turquie fut admise à la SDN et la convention de Montreux lui restitua le contrôle intégral des Détroits (1936).

**MUSTAGH** (tour du) ♦ Un des sommets les plus élevés (7 273 m) du massif himalayen du Karakoram*. Il fut vaincu en 1956 par des expéditions britanniques et françaises.

**MUSTA'LĪ BI-LLĀH** (Abū al-Qāsim Aḥmad AL-) ♦ (Le Caire 1074 - *id.* 1101). Calife fatimide* d'Égypte (1094 - 1101). Le pouvoir réel lui échappait et était exercé par le tout-puissant vizir al-Afdhal.

**MUSTANṢIR BI-LLĀH** (Abū Tamīm Ma'add AL-) ← ÉTYM. de l'ar. *mustanṣīr* « qui triomphe » et *bi-llāh* « par Dieu » ♦ (Le Caire 1029 - *id.* 1094). Calife fatimide* (1036 - 1094). Il commença par régner sous la régence de sa mère, ancienne esclave noire. La première période de son règne fut marquée par des troubles causés par une crise financière aiguë que l'impuissance des vizirs ne put empêcher, malgré les grands profits tirés du commerce entretenu avec l'Inde. Le luxe de la cour contrastait avec la misère populaire et la longue famine (1067 - 1072) généralisa le désordre. Mustanṣir appela Badr al-Djamālī, général arménien, le nomma vizir et lui confia les pleins pouvoirs pour lutter contre le désordre et assainir les finances (1074).

**MUSTAPÄÄ** (Martti HAAVIO, dit P.) ♦ Poète finlandais d'expression finnoise (Temmes 1899 - Helsinki 1973). Il est connu pour ses travaux universitaires sur le folklore, les mythes et les religions. Son premier recueil, *Chanson sur les yeux merveilleux* (1925), d'une forme nouvelle, traite les éléments folkloriques et mythiques à la fois avec humour et nostalgie. Il s'affirma comme l'un des plus grands poètes finlandais avec les recueils *Adieu, Arcadie* (1945), *L'Armoise et l'Églantine* (1947), *Il n'est point de rivage, ô Thétis* (1948), *L'Oiseleur* (1952), où d'antiques mythes sont quelquefois le prétexte à une méditation sur les conditions et la valeur de la création artistique.

**MUSTA'ṢIM BI-LLĀH** (Abū Aḥmad ibn 'Abd Allāh ibn al-Mustanṣir AL-) ♦ Dernier calife abbasside* (Bagdad 1212 - 1258). Il se rendit sans condition à l'armée mongole ; Hūlāgū Khān le fit exécuter avec plusieurs de ses parents.

**MU'TAḌID (AL-)** → **Abbadides**

**MU'TAMID (AL-)** → **Abbadides**

**MUTANABBĪ** (Aḥmad Abū al-Ṭayyib AL-) ← ÉTYM. ar. « augure, devin » ♦ Poète arabe (Kūfa 915 - Bagdad 965). Dans sa jeunesse, il se serait fait passer pour prophète, d'où son nom. Il fit carrière de panégyriste professionnel auprès de plusieurs souverains dont Sayf* al-Dawla et Kafūr*. Traitant d'une façon nouvelle les anciens genres, al-Mutanabbī transforma la *qasīda* classique en écourtant le prologue amoureux. Concis et précis, ses vers sont animés d'un souffle épique qui subsiste même dans sa poésie de circonstance.

**MUTARE** – anc. ***Umtali*** ♦ V. du Zimbabwe, à l'E. du pays. Env. 100 000 hab. Raffinerie de pétrole reliée par l'oléoduc à Sofala. Scieries. Papeteries. Indus. du verre. Fabrique d'engrais. Centre agricole (arboriculture ; agrumes). Tourisme.

**MU'TAṢIM BI-LLĀH** (Abū Ichāq Muḥammad AL-) ♦ Calife abbasside* (796 - Samarra 842). Il transféra la capitale à Samarra où il fit construire un grand palais et des casernes pour ses troupes turques. Il vainquit les Byzantins à Amorion (838).

**MUTAWAKKIL 'ALĀ ALLĀH** (Ja'far AL-) ♦ Calife abbasside (822 - 861) → **Abbassides.** Il fit construire une somptueuse résidence à Samarra.

## mutazilites

n. m. pl. ← ÉTYM. en ar. *mu' tazila* « ceux qui se séparent » ♦ Sectateurs d'une doctrine religieuse islamique fondée au VIII^e s. par l'ascète Wāṣil ibn 'Aṭā' (mort en 748). Dressés contre les docteurs orthodoxes de l'islam, les mutazilites firent appel à la raison *('aql)* comme source de connaissance religieuse. Ils professaient que l'homme est libre de ses actes : la justice divine doit récompenser les bons et châtier les méchants. Ils considéraient qu'il existe un Bien et un Mal absolus, discernés non par Allah, mais par la Raison. Selon eux, l'unité divine n'est pas susceptible d'attributs et il n'y a point de parole divine ; d'où leur conception d'un Coran* créé qui ne peut être éternel comme Allah. Cette théorie fut adoptée par le calife abbasside* Ma'mūn qui l'imposa en 833 comme article de foi. Les dissidents, dont Ibn* Ḥanbal, subirent les effets d'une inquisition fanatique. Elle dura jusqu'à l'arrivée au pouvoir d'al-Mutawakkil qui se tourna vers les théologiens orthodoxes et les mercenaires turcs pour combattre les mutazilites et les chiites (à partir de 847).

**MUTI** (Riccardo) ♦ Chef d'orchestre italien (Molfetta, près de Naples 1941). Il a été directeur musical du Mai florentin (1969 - 1980), de l'orchestre Philharmonia de Londres (1972 - 1982), de l'Orchestre de Philadelphie (1980 - 1992) et de la Scala de Milan (1986 - 2005). Dans son travail, il recherche la plus grande fidélité aux partitions et aux textes originaux.

**MUTSUHITO** → **Meiji Tennō**

**MUTTENZ** ♦ V. de Suisse (cant. de Bâle-Campagne), au S.-E. de Bâle, dans la plaine du Rhin. 16 895 hab. Église romane fortifiée (adjonctions gothiques). ▪ Indus. métallurgique et chimique.

**MUTZIG** [67190] ← ÉTYM. du lat. *Mussius*, n. de pers., et suff. *-acum* ♦ Comm. du Bas-Rhin, arr. de Molsheim, sur la Bruche. 5 584 hab. (aggl. 8 211) *(Mutzigeois)*. Porte du XIII^e s. Château des Rohan (XVII^e s.), converti en manufacture d'armes au XVIII^e s., auj. musée d'armes à feu et armes blanches.

**MUY (LE)** [83490] ← ÉTYM. de l'occit. *muei* « muid » ♦ Ch.-l. de cant. du Var, arr. de Draguignan, près de l'Argens. 7 826 hab.

**MUYBRIDGE (Edward James MUGGERIDGE, dit Eadweard)** ♦ Photographe américain d'origine britannique (Kingston-upon-Thames 1830 - *id.* 1904). Pionnier de la photographie en instantané, il obtint dès 1878 une séquence d'images d'un cheval au galop à l'aide d'une série de douze appareils. Inventeur en 1880 du «zoopraxiscope» et, en 1882, d'un «fusil photographique», il poursuivit ses recherches sur la représentation du mouvement dans le but d'en déterminer les lois.

**MUZAFFARPUR** ♦ V. de l'Inde (Bihar). 305 465 hab. Centre commercial de la plaine du Gange.

**MUZILLAC** [56190] → ÉTYM. du lat. *Mutilius,* n. de pers. gallo-rom., et suff. *-acum* ♦ Ch.-l. de cant. du Morbihan, arr. de Vannes. 3 805 hab.

**MUZZAFAR AL-DĪN** ♦ (Téhéran 1853 - *id.* 1907). Chah de Perse (1896 - 1906). Fils et successeur de Nāsir al-Dīn. Prodigue et de caractère faible, il fut en butte à des difficultés financières qui l'amenèrent à faire des emprunts auprès des Britanniques et des Russes qui rivalisèrent d'influence dans le pays, investissant des sommes considérables. Bien qu'hostile aux réformes, le chah dut accorder à la fin de son règne une constitution à son pays et instituer un parlement.

**MWANZA** ♦ V. de Tanzanie, située sur les rives du lac Victoria. Env. 250 000 hab. Centre d'une région diamantifère. Argent. Or. Textiles.

**MYANMAR** → **Birmanie**

**Myazedi** (stèle de) ♦ Pilier quadrangulaire découvert près de Pagan*. Datée de 1112 - 1114, rédigée en birman, môn, pali et pyu, elle retrace une donation religieuse accomplie par un prince de la dynastie de Pagan, et constitue le premier document écrit en birman.

**MYCALE** – en gr. ***Mukalê*** ♦ Mont et promontoire d'Asie Mineure (Ionie), sur le détroit de Samos. La flotte grecque, commandée par Xanthippos* et Léotychide*, y défit la force navale perse en -479, le jour même de la victoire terrestre de Platées*. Athènes* et Sparte* portaient ainsi la guerre médique sur les côtes mêmes d'Asie. Auj. Samsun dağ (Turquie).

**MYCÈNES** – en gr. ***Mukênai*** ♦ Anc. ville de Grèce (Péloponnèse), cap. de l'Argolide* achéenne et principal foyer de la première civilisation hellénique, dite *mycénienne.* L'acropole de Mycènes fut habitée dès le début de l'âge du bronze (v. -3000). Les Achéens* y fondèrent au -XVIIᵉ s. le premier palais et les fortifications, puis, après une destruction, le palais fut reconstruit et le périmètre agrandi (-XIVᵉ s.) par la construction d'une enceinte cyclopéenne. Florissante dès le -XVIᵉ s., Mycènes était en relation avec la Crète* minoenne et s'essayait aux activités maritimes. Après la chute de Cnossos*, Mycènes, héritant de la thalassocratie crétoise et du contrôle du commerce des métaux, poussa plus loin le commerce dans la Méditerranée. Si Mycènes n'était pas alors la capitale d'un empire achéen, elle dominait néanmoins les autres principautés achéennes. L'expédition contre Troie* (v. -1230), qui aurait réuni une formidable coalition achéenne menée par le roi de Mycènes, Agamemnon*, serait le dernier et le plus célèbre épisode de l'expansion achéenne. Vers la fin du -XIIᵉ s. les Doriens* détruisirent Mycènes ainsi que les cités voisines de Tirynthe* et d'Argos*, mettant fin à une brillante civilisation. Petite bourgade indépendante à l'époque historique, elle prit part aux guerres médiques, mais peu après (v. -468) elle fut prise et dévastée par les Argiens. ▪ La *civilisation mycénienne,* couvrant toute la période du bronze récent (-1600 - -1100), résulta du contact des Achéens avec le monde égéen. Durant les deux premiers siècles (créto-mycénien), l'influence minoenne est manifeste, surtout dans les arts, mais ensuite (-XIVᵉ - -XIIIᵉ s.) la civilisation mycénienne affirma son originalité. Dans le domaine religieux, par l'introduction des divinités indo-européennes et par la fusion d'autres divinités avec des cultes anatoliens et crétois, se constitua presque entièrement le Panthéon grec. Aux légendes des navigateurs et des aventuriers (→ **Argonautes, Héraclès, Ulysse**) s'ajoutent les légendes dynastiques des cités. Deux dynasties légendaires, les Perséides et les Pélopides (Atrides), se succèdent sur le trône de Mycènes. La première, fondée par Persée*, se termine avec Eurysthée. Le trône échoit à Atrée*, fils de Pélops* et frère de Thyeste. Le déchirement des deux frères ouvre le drame sanglant des Atrides (→ **Agamemnon, Clytemnestre, Égisthe, Oreste**). Les Héraclides* reprennent enfin le trône enlevé à leur ancêtre. → **Argos, Tirynthe, Pylos.** On présume aujourd'hui l'existence d'une tradition épique et orale qui aurait plus tard contribué à la composition des épopées homériques. Quoi qu'il en soit, le récent déchiffrement (1953) de l'écriture linéaire B des tablettes mycéniennes a prouvé que le mycénien était un dialecte grec. Dans la civilisation matérielle et les arts, l'apport de Mycènes est aussi considérable. Les trésors livrés par les tombes témoignent d'une armurerie et d'une orfèvrerie très avancées : épées, masques d'or traités au repoussé sur le visage même du défunt, coupes en or. L'aspect le plus imposant de cette civilisation se révèle par les ruines mêmes de la cité, qui affirment l'originalité de l'architecture mycénienne. En 1876 les travaux de H. Schliemann* mettaient au jour

**Mycènes.** La porte des Lions, détail. *Phot. © Dagli Orti*

le premier «cercle royal» des six tombes à fosse et leur trésor (-XVIᵉ s.), attirant l'attention sur la civilisation mycénienne. Des fouilles ultérieures ont dégagé ou mis en valeur les vestiges de l'acropole et plusieurs sépultures en dehors de l'enceinte. Cette muraille à l'appareil cyclopéen (périmètre de 900 m, épaisseur moyenne de 5 m) est presque entièrement conservée. La célèbre porte des Lions (ou des Lionnes) est l'entrée monumentale de l'acropole. Les traces qui restent du palais royal, bâti en terrasses successives au sommet de l'acropole, montrent suffisamment son plan, organisé autour du mégaron : salle du trône, cours, escalier monumental. Les sépultures mises au jour sont nombreuses, appartenant à tous les types d'inhumation pratiqués dans le monde achéen : tombes à fosse, tombes à chambre et neuf tombes à coupole (-XVᵉ - -XIVᵉ s.), sépultures princières dont le trésor d'Atrée (ou tombe d'Agamemnon), considéré comme l'un des chefs-d'œuvre de l'architecture mycénienne, et la tombe de Clytemnestre, noms dépourvus de toute référence historique.

**MYDORGE (Claude)** ♦ Mathématicien français (Paris 1585 - *id.* 1647). Trésorier de France en la généralité d'Amiens, grand ami de Descartes*, il s'intéressa à l'optique et à la géométrie. Il est l'auteur du *Traité des coniques.*

**MYERSON (Roger)** ♦ Économiste britannique (Boston 1951). À partir des travaux de Leonid Hurwicz* sur la répartition inégale de l'information (concernant le marché, la concurrence, la technologie...) entre les différents agents économiques et ses conséquences, Myerson s'est intéressé au «principe de révélation», soit les conditions de transmission de l'information. [Prix Nobel d'écon. 2007 avec L. Hurwicz et E. Maskin*]

**MYKÉRINOS** → ÉTYM. nom gr. de ***Menkaourê*** «que restent stables les âmes de Rê» ♦ Pharaon de la IVᵉ dynastie (v. -2609) [Ancien Empire]. Fils et successeur de Khéphren*, il fit construire à Gizeh* la moins élevée des trois grandes pyramides.

**MYKOLAÏV** jusqu'en 1994 ***Nikolaïev*** ♦ V. d'Ukraine, ch.-l. de région, port maritime et fluvial important sur l'estuaire du Boug méridional. 509 011 hab. Construc. navales. Indus. métallurgique. Cimenterie. ▮ **Histoire** Fondée par Potemkine en 1789, elle fut le port de construction et d'entretien de la flotte militaire de la mer Noire avant d'être éclipsée par Odessa.

**MYKONOS** ♦ Île grecque de la mer Égée (Cyclades). 85 km². Env. 7 000 hab. CH.-L. : Mykonos, sur la côte Ouest. 3 705 hab. Centre touristique très fréquenté. Aéroport.

**MYLES** → **Milazzo**

**MYRDAL (Karl Gunnar)** ♦ Homme politique et économiste suédois (Gustaf, Dalécarlie 1898 - Stockholm 1987). Sénateur (1934 et 1942), ministre du Commerce et de l'Industrie (1945 - 1947), secrétaire de la Commission économique pour l'Europe des Nations unies (1947 - 1957), il a donné une analyse des crises économiques et des conditions du retour à l'équilibre monétaire (*L'Équilibre monétaire,* 1939, trad. fr. 1950) ainsi qu'une importante étude sur le problème des Noirs aux États-Unis (*An American Dilemma : The Negro Problem and Modern Democracy,* 1944). [Prix Nobel de sc. éco. 1974]

**Mystères de Paris.** Affiche pour une pièce d'Ernest Blum, tirée des *Mystères de Paris* d'Eugène Sue. Bibliothèque nationale de France, Paris. *BIS/Phot. © Coll. Archives Larbor*

**MYRDAL (Alva REIMER)** ♦ Diplomate suédoise (Uppsala 1902 - Stockholm 1986). Épouse de Karl Gunnar Myrdal. Première Suédoise ambassadeur (en Inde, 1954), elle fut à la tête de la délégation suédoise à la conférence de Genève sur le désarmement (1961 - 1973). [Prix Nobel de la paix 1982, avec A. García Robles]

**MYRMIDONS** n. m. pl. – en gr. ***Murmidones*** ♦ Peuple de Phtiotide en Thessalie*. Selon une tradition, ils étaient à l'origine des fourmis dans l'île d'Égine, déserte d'hommes. Le roi Éaque* pria Zeus, son père, de peupler l'île, et celui-ci transforma les fourmis (en grec *murmêkes*) en guerriers. Une partie des Myrmidons suivit Pélée*, le fils d'Éaque, en Thessalie. Commandés par Achille* à la guerre de Troie*, les Myrmidons se montrèrent des combattants intrépides.

**MYRON** → ÉTYM. en gr. ***Murôn,*** de *muron* «parfum» ♦ Sculpteur grec (Éleuthères, Béotie, première moitié du –ve s.). On le disait élève d'Agéladas* de même que Polyclète* et Phidias*, tous sortis de l'école d'Argos* ; mais il travailla surtout à Athènes* après les guerres Médiques comme bronzier. Son art mène à l'achèvement des recherches préclassiques du mouvement qui anime le corps humain en fixant l'instantané au moment de l'équilibre le plus instable ou dans l'effort le plus expressif. Auteur de nombreuses statues de dieux, d'athlètes et d'animaux mentionnées dans les textes, il nous est connu surtout par les copies romaines de son *Discobole** (musée des Thermes, Rome) et par les fragments de son groupe *Athéna* et *Marsyas* (Athéna à Francfort et Marsyas au musée du Latran, Rome).

**MYSIE** n. f. – en gr. ***Musia*** ♦ Anc. région du N.-O. de l'Asie Mineure, limitée par la Propontide au N., par la Bithynie et la Phrygie à l'E., par la Lydie au S. et par la mer Égée à l'O. La Troade et l'Éolide grecque, sur les côtes égéennes, sont parfois considérées comme faisant partie de la Mysie. Elle passa successivement sous la domination des Perses, des Séleucides, de Pergame et de Rome. Elle était traversée par le Granique*.

**MYSORE** ♦ V. de l'Inde (Karnataka). 785 800 hab. Située sur le plateau du Dekkan, proche des parties les plus hautes des Ghâts, elle a donné son nom à l'un des plus grands États princiers de l'Inde du Sud (→ **Karnataka**) mais elle a perdu de son influence au profit de Bangalore. La douceur du climat a attiré les industriels. Grand palais et jardin zoologique.

Le **Mystère de la charité de Jeanne d'Arc** ♦ Mystère de Charles Péguy* (1910). Premier volet d'une trilogie publiée dans les *Cahiers de la Quinzaine* qui fut complétée par *Le Porche du mystère de la deuxième vertu* (1911) et *Le Mystère des saints Innocents* (1912). Péguy reprend un thème qu'il avait déjà traité dans un drame antérieur (*Jeanne d'Arc*, 1897) alors qu'il était socialiste, mais, ayant retrouvé la foi, il donne au mystère (forme théâtrale qui vient du Moyen Âge) son sens religieux. Jeanne s'oppose à Madame Gervaise qui est entièrement soumise au dogme de l'Église et à Hauviette, une enfant de dix ans qui vit uniquement de l'espérance de pouvoir poursuivre sa tâche. Jeanne veut unir foi et action et sauver la France, en conduisant les hommes vers le salut.

Les **Mystères de Paris** ♦ Roman d'Eugène Sue* (1842 - 1843) paru d'abord en feuilleton. Fleur-de-Marie, enfant trouvée et prostituée au cœur pur, est reconnue par son père Rodolphe de Gérolstein ; puis, refusant l'amour pour expier son passé, elle meurt après avoir prononcé ses vœux. À partir de cette intrigue, Eugène Sue se fait l'écho des protestations humanitaires et socialistes de son époque, évoquant de façon saisissante les vices et les hontes de la société. Volontiers mélodramatique, écrit en une langue rapide et parfois relâchée, cet ouvrage, qui est à l'origine d'une considérable série de «mystères», valut à son auteur une extraordinaire popularité.

Le **Mythe de Sisyphe** ♦ Essai d'Albert Camus* (1942). Sous-titré *Essai sur l'absurde*, l'ouvrage s'ouvre par une interrogation sur le suicide, que refuse l'auteur (même s'il est le seul «problème philosophique vraiment sérieux») au nom d'une éthique du vrai. La vie, en effet, consiste à accepter le non-sens du monde et à trouver le bonheur au sein même de l'absurde. Le personnage mythique de Sisyphe*, condamné par les dieux à rouler son rocher en haut d'une montagne pour le voir perpétuellement retomber, devient emblématique de la condition humaine parce qu'«il faut imaginer Sisyphe heureux».

**MỸ THO** ♦ V. du Viêtnam (Sud), ch.-l. de prov. dans le delta du Mékong, et arrosée par le fleuve antérieur. 149 203 hab. Située à env. 80 km au S. de Hô Chí Minh-Ville, au cœur d'une région très fertile vouée à la culture de la canne à sucre, d'arbres fruitiers et de cocotiers, important centre de liaison entre les régions E. et O. du Viêtnam méridional, la ville bénéficie de la proximité d'Hô Chí Minh-Ville. ▪ Indus. alimentaire (rizeries, huileries). Élevage de serpents.

**MYTICHTCHI** ♦ V. de Russie, dans la banl. N. de Moscou. 159 200 hab. Indus. mécanique et chimique.

**MYTILÈNE** – en gr. mod. ***Mytilíni*** ♦ V. de Grèce, ch.-l. de l'île et du nome de Lesbos*, sur la côte E. de l'île, face à la Turquie. Env. 27 000 hab. Elle est située sur l'emplacement de l'antique Mytilène, qui au Moyen Âge donna son nom à l'île, et rattachée par un isthme au château (Kastro) génois de Kateluzzi (XIVe s.) dominant l'entrée du port. ▪ Vestiges d'un anc. théâtre ; musée archéologique. Aéroport. ▮ **Histoire** → **Lesbos.**

**MYZEQE** ou **MYZEQEJA** n. f. ♦ Plaine d'Albanie, entre le Shkumbin et la Vjosë. Autrefois marécageuse, elle fut bonifiée et mise en culture sous le régime d'Enver Hoxha.

**MZAB** n. m. ♦ Région du Sahara algérien (wilaya de Laghouat) située sur un plateau, au N.-E. du Grand Erg occidental et à l'O. du Souf. Centre princ. : Ghardaïa. Cette région aux ressources assez pauvres (palmiers-dattiers, artisanat) contraint ses habitants, les Mozabites ou Mzabites, à l'émigration, en particulier vers les grandes villes commerçantes d'Algérie. ▮ **Histoire** Les Mozabites, musulmans kharijites, d'origine berbère, s'établirent dans cette région du N. du Sahara, où ils conservent une certaine autonomie, après la destruction par les chiites au Xe s. du royaume de Tāhert*, considéré comme hérétique.

# N

**NAAS** – en gaél. ***An Nás*** ♦ V. de la rép. d'Irlande située à 27 km au S.-O. de Dublin, ch.-l. du comté de Kildare. 20 044 hab. Hippodrome, industrie informatique. ▮ **Histoire** Siège des rois de l'anc. royaume de Leinster*.

**NABATÉENS** n. m. pl. – en gr. ***Nabataioi*** ♦ Anc. peuple de l'Arabie du N.-O., nomades peu à peu sédentarisés. Mentionnés dès le –VIIe s., ils contrôlèrent le trafic caravanier (épices, encens) entre l'Arabie et le bassin méditerranéen. Vers le –Ve s., ils chassèrent les occupants du pays d'Édom et s'approprièrent leur capitale (→ **Pétra**). Leur prospérité culmina à l'époque hellénistique ; ils entretinrent de bons rapports avec Rome (Caligula leur donna Damas), mais Trajan* les soumit en 106 et les incorpora à la province d'Arabie. ▪ Leur langue était nord-sémitique ; leur écriture cursive prépare celle de l'arabe. La religion était sémitique. L'architecture, taillée dans le roc, et la statuaire offrent une synthèse des styles assyro-babylonien et hellénique, avec de nombreux traits originaux. Poterie d'une grande finesse.

**NABEREJNYE TCHELNY,** ➝ **ÉTYM.** de 1982 à 1988 ***Brejnev*** ♦ V. de Russie, rép. du Tatarstan, sur la Kama. 510 000 hab. Barrage hydroélectrique de Nijnekamsk. Indus. automobile (usine géante de camions).

**NABEUL** ➝ **ÉTYM.** en ar. ***Nābul,*** arabisation de l'anc. n. gr. ***Neapolis*** « nouvelle ville ; quartier neuf » ♦ V. de Tunisie, ch.-l. de gouvernorat, située sur la côte S. du cap Bon, bordant le golfe d'Hammamet. 56 387 hab. Orangers et grenadiers. Distilleries de parfums. Artisanat. Tourisme.

**NĀBIGHA AL-DHUBYĀNĪ** ♦ Poète arabe antéislamique (VIe s.). Il fut panégyriste et propagandiste des Ghassanides. Outre les éloges et les satires, il écrivit le plus beau poème d'amour de cette époque.

**NABIS** ♦ (mort en –192). Tyran de Sparte (v. –205 - –192). Chef de bande d'origine obscure, il prit le pouvoir en profitant de la guerre de Macédoine et se signala par ses cruautés. Dans la guerre qu'il entreprit contre la Ligue achéenne, il fut vaincu par Philopœmen*. Les Éoliens qu'il appela à son secours le mirent à mort.

**Nabatéens.** Les ruines de Pétra. *Phot. Eyedea/Gamma/ © Cyrille Dupont*

## nabis

n. m. pl. ➜ ÉTYM. de l'hébr. *nabi* «prophète» ♦ Groupe d'artistes constitué en 1888 par Maurice Denis* et Paul Sérusier*. Les nabis s'étaient rencontrés à l'Académie Jullian et comptaient aussi bien des peintres (Édouard Vuillard*, Félix Vallotton*, Louis Valtat, Paul Ranson*, Pierre Bonnard*) que des sculpteurs (Aristide Maillol*). Leurs audaces, bien que mesurées, choquaient déjà le public de l'époque ; elles préfigurèrent les outrances des avant-gardes, dont le fauvisme*. Le terme de Nabi leur a été attribué par le poète Henri Cazalis. En refusant l'académisme, le naturalisme, le vérisme plat de l'impressionnisme et du pointillisme, ils révélaient une vérité située au-delà de la simple vision optique du réel. De l'enseignement de Sérusier et de Maurice Denis, eux-mêmes influencés par Van Gogh, Gauguin et l'école de Pont-Aven, les nabis retinrent le traitement de la surface en aplats de couleurs pures, la suppression de la perspective, et la nécessité de faire jouer leurs sensations. Maurice Denis écrivait en 1890 : «Se rappeler qu'un tableau est essentiellement une surface plane recouverte de couleurs en un certain ordre assemblées.» Vuillard, Vallotton et Bonnard intégrèrent aussi à leur système formel la problématique de l'art traditionnel japonais qui rejette l'illusion des apparences. La Première Guerre mondiale brisa l'élan de leurs recherches, et chacun d'entre eux évolua dès lors vers des voies personnelles. Après 1918, ils assurèrent néanmoins une continuité de style par le respect de certaines valeurs esthétiques, en dépit du fractionnement des mouvements picturaux.

**NABOKOV (Vladimir)** ♦ Écrivain américain d'origine russe (Saint-Pétersbourg 1899 - Montreux 1977). Ayant fui la Russie avec sa famille en 1919, Nabokov étudia deux ans à Cambridge, puis s'installa à Berlin, où il vécut jusqu'en 1937 et écrivit en russe sous le pseudonyme de Sirine : *La Défense Loujine* (1930), *Chambre obscure* (1932, qu'il réécrira en anglais : *Rire dans la nuit*, 1938), *La Méprise* (1936), *Le Don* (1937 - 1938). Après un séjour à Paris (1937 - 1940), il partit s'installer aux États-Unis, dont il devint citoyen en 1945. Il enseigna dans différentes universités, notamment Cornell, et se mit à écrire en anglais : *La Vraie Vie de Sebastian Knight* (1941), *Brisure à senestre* (1947), *Lolita** (1955), *Pnine* (1957). À partir de 1961, ayant abandonné la vie universitaire, Nabokov vécut à Montreux. Il publia dans cette dernière période *Feu pâle* (1962), *Ada ou l'Ardeur* (1969), *La Transparence des choses* (1972) et *Regarde, regarde les arlequins !* (1974). Excellent joueur d'échecs et spécialiste des lépidoptères, Nabokov, extrêmement ironique et rejetant la psychologie freudienne, niait toute représentativité à la littérature. Il construisit son œuvre sur l'illusion, la parodie, dont celle des genres littéraires et, par conséquent, de la critique *(Feu pâle)*, les jeux verbaux et le fourmillement des détails, ne détestant pas donner à ses «cryptogrammes crystallins» des allures policières (*Le Guetteur*, 1965). Grâce à sa prodigieuse virtuosité, il restait parfaitement maître des facettes qu'il faisait miroiter et du raffinement des émotions suscitées chez le lecteur. Son œuvre comprend également des poèmes, des nouvelles, des pièces de théâtre, des traductions (dont un *Eugène Onéguine*, accompagné d'un volumineux appareil de notes), des ouvrages autobiographiques (*Autres rivages*, 1951 ; *Intransigeances*, 1973). Sa correspondance est en cours de publication (*Nabokov-Edmund Wilson*, 1979 ; *Lettres choisies 1940-1977*, 1989). ➜ ÉTYM. Ce nom russe vient de *nabok* «sur le côté, de travers».

Vladimir **Nabokov** en 1968.
*Phot. © Philippe Halsman/Magnum*

**NABONIDE** ♦ Dernier roi de Babylone* (de –556 à –539). Ancien gouverneur de la ville sous Nabuchodonosor* II, porté au pouvoir par le parti des prêtres, il se préoccupa de réformes religieuses et vécut loin de la capitale, confiant la régence à son fils Balthasar*. Il mourut prisonnier de Cyrus, vainqueur de Babylone en –539.

**NABOPOLASSAR** ➜ ÉTYM. en babylonien *Nabu-aplu-usur* «que Nabu* protège son fils» ♦ Roi du Pays de la Mer, il se proclama roi de Babylone en –625, fondant l'Empire néo-babylonien, et conquit le pays sur les Assyriens qu'attaquaient ses alliés Mèdes. Il mourut en –605 alors que son fils Nabuchodonosor II étendait ses conquêtes en Syrie. ➜ **Babylone ; Assyrie.**

**NABU** ➜ ÉTYM. en akkadien *Nabû* «celui qui annonce» ou «appelé» ♦ Dans la religion assyro-babylonienne, dieu de l'écriture, représenté portant le calame et la tablette ; fils de Marduk*.

**Nabucco** ♦ Opéra en 4 actes de G. Verdi* sur un livret de Temistocle Solera (Milan, 1842). Cet opéra, marqué par une griffe vocale d'un nouveau genre, est aujourd'hui célèbre pour le chœur des Hébreux réduits à l'esclavage par Nabuchodonosor, «Va pensiero», qui exprime le sens patriotique de Verdi et son désir d'apporter consolation et espoir à ses compatriotes sous le joug autrichien.

**NABUCHODONOSOR Ier** ♦ Troisième roi de la dynastie d'Isin, roi de Babylone* v. –1137. Il rendit une certaine puissance à Babylone, repoussa les Élamites, mais échoua contre l'Assyrie.

**NABUCHODONOSOR II** ♦ Roi de Babylone (de –605 à –562), fils de Nabopolassar*. Son règne marqua l'apogée de l'empire néo-babylonien (monuments de Babylone*) et une extension vers l'ouest, contre l'Égypte. Dès avant son avènement, il avait battu les Égyptiens à Karkemish (–605). ➜ **Néchao.** Le royaume de Juda* s'étant soulevé à l'instigation de Néchao II, roi d'Égypte, il prit Jérusalem (–597), remplaça le roi (➜ **Joachin, Sédécias**), déporta nobles et artisans. La résistance n'étant pas découragée, il tenta de la briser par les plus cruelles mesures : il détruisit la ville et le temple (–587), annexa le royaume et déporta la population (captivité de Babylone, –586, récit biblique : II Rois, XXIV - XXV, Jérémie). Il prit Tyr après treize ans de siège en –573 et mena une campagne jusqu'en Égypte en –568, à l'avènement d'Amasis*.

**NACHTIGAL (Gustav)** ♦ Explorateur allemand (Eichstedt, près de Stendal 1834 - golfe de Guinée 1885). Parti de Tripoli en 1869, il explora le Fezzan, le Tibesti, le Bornou, la région du lac Tchad et l'Égypte. De retour en Europe (1875), il fit le récit de son voyage dans *Sahara und Sudan* (1879 - 1881), puis fut nommé consul d'Allemagne à Tunis (1882) et chargé de la délimitation des régions acquises par l'Allemagne en Afrique occidentale. ➜ ÉTYM. Ce nom allemand signifie «rossignol» (➜ aussi Nightingale).

**NACHTWEY (James)** ♦ Photographe américain (Syracuse, New York 1948). Depuis son premier reportage-photo sur la guerre civile en Irlande du Nord en 1981, il n'a eu de cesse de fournir un témoignage engagé et poignant des fléaux qui minent la planète : guerres et génocides (Afghanistan, Kosovo, Rwanda, Palestine...), maladie (sida, tuberculose), famine, pollution, dans le souci affirmé de combattre l'ignorance et l'oubli des victimes. Lauréat de nombreux prix, il a reçu cinq fois la médaille d'or Robert Capa.

**NADAL (Rafael)** ♦ Joueur de tennis espagnol (Manacor, Espagne 1986). Redoutable sur terre battue grâce à son coup droit lifté, gaucher, il possède une grande endurance appuyée sur un jeu physique et rapide. Il a été remporté plusieurs tournois du Grand Chelem (Roland-Garros 2005 - 2008 ; Wimbledon 2008 ; Open d'Australie 2009), et une médaille d'or aux jeux Olympiques de Pékin (2008). Il a été numéro 1 mondial de mi-2008 à mi-2009.

**NADAR (Félix Tournachon, dit)** ➜ ÉTYM. abrév. de *Tournadar*, qui est une déformation fam. de son vrai nom *Tournachon* (dimin. de l'anc. fr. *tornace* «tour de fortification») ♦ Photographe, aéronaute, caricaturiste et écrivain français (Paris 1820 - *id.* 1910). Venu de Lyon à Paris pour y étudier la médecine, il délaissa bientôt celle-ci pour la littérature et commença à publier, sous le pseudonyme de Nadar, des nouvelles et des critiques de spectacles. Il fonda, en 1849, la *Revue comique* et le *Petit Journal pour rire* et, ayant ouvert un atelier de photographie, il publia à partir de 1854, sous le titre de *Panthéon Nadar*, une série de portraits des célébrités contemporaines où figurent Théophile Gautier, Alexandre Dumas, Rachel, George Sand, Sarah Bernhardt. Il réalisa en 1858 les premières photographies prises d'aérostat, et fit construire en 1863 le ballon *Le Géant*, avec lequel il effectua plusieurs ascensions qu'il a relatées dans son livre *Les Mémoires du Géant* (1864). Nadar a laissé des mémoires : *Quand j'étais photographe* (1900). Son fils Paul Tournachon, dit Paul Nadar (1856 - 1939), collabora avec lui puis reprit son atelier.

**NADAUD (Gustave)** ♦ Musicien et chansonnier français (Roubaix 1820 - Paris 1893). Il publia diverses chansons (300 env.) sous forme de recueils et quelques-unes sous forme d'albums accompagnées de la musique (une centaine de ses chansons ont été mises en musique par lui). Les plus connues sont *Les Reines de Mabille*, le *Docteur Grégoire*, le *Vieux tilleul*, la *Valse des adieux* et surtout *Les Deux Gendarmes*. Outre ces chansons et des opérettes, on lui doit un roman intitulé *Une idylle* et *Contes, proverbes, scènes et récits en vers*. ➜ ÉTYM. Ce nom de famille vient de *Nadal*, forme occitane de *Noël*.

**NADER (Ralph)** ♦ Avocat américain (Winsted, Connecticut 1934). Champion de la défense des consommateurs, il se fit connaître par un livre retentissant, *Les voitures qui tuent* (1965), où il s'en prend

**Nadar** dans la nacelle de son ballon.
Archives photographiques, Paris.
*BIS/Phot. © Coll. Archives Nathan*

aux constructeurs automobiles responsables, selon lui, de vices de construction mettant en danger la sécurité des usagers. Il s'attaqua ensuite à la mauvaise qualité des produits alimentaires industriels et dénonça les méfaits de la publicité mensongère. Son action vigoureuse fut à l'origine des mouvements de défense des consommateurs aux États-Unis, puis en Europe. Il a été candidat à l'élection présidentielle pour la cinquième fois consécutive en 2008.

**NĀDÊR CHĀH (Nādêr Kuli Beg,** dit) ♦ Chah de Perse (Dareh Gaz 1688 - Fathābād 1747). Appartenant à la tribu des Afshars du N. du Khorassan, il devint chef de bande lors des désordres survenus à la fin des Safavides. Au service du chah Tahmāsp II, il reprit Meched (1725) aux Afghans qu'il chassa, puis Hamadān et l'Azerbaïdjan (1731) aux Ottomans. Après avoir déposé Tahmāsp II, il exerça la régence au nom d'Abbās III (1732), prit Tiflis (1735) et se battit contre les Russes dans le Caucase jusqu'au Daguestan. Se proclamant chah de Perse à la mort d'Abbās (1736), il conquit l'Afghanistan (1738) et envahit le N.-O. de l'Inde (1739), ramenant de Delhi un immense butin, avant d'attaquer Boukhara et Khiva (1740). Grand stratège militaire et politique, il tenta d'unifier son nouvel empire en réconciliant les chiites et les sunnites. Mais, despote impitoyable, il provoqua des soulèvements et fut assassiné par ses proches.

**NĀDÊR CHĀH** ♦ Roi d'Afghanistan (Dehra Dun 1883 - Kaboul 1933). Cousin d'Amānollāh*, il rétablit la dynastie Mohammadzaī* après sa chute en 1929. Il mena une politique répressive et conservatrice, et fut assassiné par les libéraux.

**Nadja** ♦ Récit d'André Breton* (1928, revu en 1963). Pour une part autobiographique, l'œuvre se caractérise par une poétisation de ce que Breton appelle le «hasard objectif» : Nadja, la jeune femme que Breton croise en octobre 1926, lui révèle par son comportement la valeur de l'amour et du beau qu'il se devait de connaître en tant que poète. Mais elle est internée et Breton achève son récit en s'adressant à Suzanne Muzard qu'il a rencontrée en novembre 1927. *Nadja* marque le lien dans l'œuvre de Breton entre l'inspiration narrative et la sensation poétique. Le récit, qui se construit autour d'objets ou de photographies intégrées dans la trame du livre, se clôt sur une phrase restée célèbre : «La beauté sera CONVULSIVE ou ne sera pas.» → **surréalisme.**

**NADJAF ABAD** ♦ V. d'Iran (Ispahan). 208 647 hab. Zone agricole ; textile et tissage de tapis.

**NADJD** ou **NAJD** → **Nedjd**

**NADOLNY (Sten)** ♦ Écrivain allemand (Zehdenick 1942). Historien issu d'une famille d'écrivains, S. Nadolny a obtenu de nombreux prix pour *La Découverte de la lenteur* (1983), inspiré de la vie de l'explorateur John Franklin, qui, malgré ou justement grâce à un handicap mental qui le rendait plus lent que ses compagnons, devint l'un des plus grands navigateurs anglais du XIXe s. *Selim ou le don du discours* (1990), chronique de l'échec des utopies et des espoirs d'une génération, fait le portrait de jeunes Allemands et Turcs entre 1965 et 1989. En même temps, il fait apparaître la conviction que notre chance de vivre et d'aimer se trouve dans l'étranger, dans l'autre. *Lui ou moi* (1993) en est une suite chronologique, son narrateur parcourant l'Allemagne nouvellement réunifiée pour fuir son angoisse.

**NADOR** ♦ V. et port du Maroc, ch.-l. de prov., située au S. de Melilla. 126 207 hab. Complexe sidérurgique.

**NÆSTVED** ♦ V. du Danemark, municipalité du Sjælland, au S.-O. de l'île de Sjælland, avec port fluvial sur la Suså. 41 158 hab. V. anc. : église gothique de Saint-Pierre (XIIIe s.), hôtel de ville (XVIe s.), «Maison des apôtres» (Apostelgården). ▪ Carrefour de communications et centre commercial. Céramiques.

**NAEVIUS (Cneius)** ♦ Poète latin (en Campanie v. –270 - Utique v. –201). Auteur d'une épopée, *Poenicum bellum,* qui a pour sujet la première guerre punique, il composa des tragédies à sujet grec (*Romulus* et *Clastidium*) et une trentaine de comédies à sujet romain, œuvres dont il ne reste que des fragments. Ces satires, riches en mots d'esprit, visent les contemporains et les amis de Scipion l'Africain. Elles lui valurent d'être condamné à la prison, puis à l'exil.

**Nafta** → **Accord de libre-échange nord-américain [Alena]**

**NAFT-É CHĀH** ♦ V. et centre pétrolier d'Iran (Kermanchah). Pendant la guerre irano-irakienne, la ville fut détruite par les Irakiens, qui bétonnèrent les puits de pétrole.

**NAFT-KHANE** ♦ Centre pétrolier de l'Irak, situé au N.-E. de Bagdad à proximité de la frontière iranienne. Il alimente les raffineries d'Alwand, Daura, Khānaqīn, Muftieh, Qaiyara.

**NAGAI Kafū** ♦ Écrivain japonais (Tōkyō 1879 - *id.* 1959). Il s'attacha à décrire la vie des petites gens de la ville de Tōkyō avec beaucoup de tendresse. Parmi ses œuvres traduites et connues à l'étranger, citons *Le Renard* (1909), *La Rivière Sumida* (1909), *Les Deux Épouses* (1922), *Une étrange histoire à l'est du fleuve* (1937).

**NAGALAND** n. m. ♦ État de l'Inde. 16 127 km². 1 990 036 hab. CAP. : Kohima. L'agitation indépendantiste des Nagas a conduit en 1964, après des années de guérilla, à la formation d'un État de l'Union aux dépens de l'Assam. L'exemple des Nagas a été suivi dans plusieurs régions voisines, devenues les États de Manipur, Meghalaya, Mizoram et Tripura. L'ensemble est montagneux, boisé, la culture itinérante est encore pratiquée.

**NAGANO** ♦ V. du Japon (Honshû), ch.-l. de la préf. de Nagano, dans les Alpes japonaises. 378 512 hab. Industrie du tourisme (plus de deux millions de visiteurs par an). Prod. mécaniques, électriques. Fruits, légumes. – Les 18es jeux Olympiques d'hiver s'y sont déroulés en février 1998.

**NAGANO Osami** ♦ Amiral japonais (Kōchi 1880 - Tōkyō 1947) qui fut, pendant la Deuxième Guerre mondiale, chef d'état-major de la marine. Arrêté en 1945 et condamné pour crimes de guerre, il mourut en prison.

**NAGAOKA Hantarō** ♦ Physicien japonais (Omura, près de Nagasaki 1865 - Tōkyō 1950). Collaborateur de Rutherford*, il imagina, dès 1903, un modèle planétaire de l'atome. Il se spécialisa notamment dans le magnétisme et la spectroscopie.

**NĀGĀRJUNA** ♦ Philosophe bouddhiste indien (IIe - IIIe s.) originaire de l'Inde du Sud. Son enseignement révolutionna les théories du bouddhisme de la «Grande Voie» ou Mahāyāna*. Il écrivit de nombreux traités philosophiques. Il est vénéré dans tout le monde bouddhique, aussi bien à Ceylan qu'en Chine, au Tibet et au Japon.

**NAGASAKI** ▪ ÉTYM. du jap. *naga* «long» et *saki* «cap, promontoire» ♦ V. du Japon (Kyūshū), ch.-l. de préf. sur la côte S., au fond d'une baie bien abritée entourée de collines. 442 699 hab. Très importants chantiers navals. Port de pêche. ▮ **Histoire** Ce port, qui fut du XVIe au XVIIIe s. un comptoir hollandais (Deshima*), devint au XIXe s. le principal port de transit avec la Chine et l'Occident. Le 9 août 1945, trois jours après Hiroshima*, les Américains larguèrent sur la ville une seconde bombe atomique. Elle fit 80 000 victimes, dont 20 000 tués, et provoqua la capitulation du Japon. → **Guerre mondiale (Deuxième).**

**NAGEL (Thomas)** ♦ Philosophe américain d'origine yougoslave (Belgrade 1937). Il fut l'élève de John Rawl. Ses travaux ont essentiellement porté sur la philosophie de l'esprit et sur la philosophie morale. Il publia en 1970 *La Possibilité de l'altruisme,* où il nie que la motivation morale soit exclusivement liée aux désirs de l'agent au moment de la décision. Rejetant l'analyse hobbésienne de la prudence née du désir de s'auto-préserver, Nagel montre que la notion d'altruisme, analysée sur le modèle de la prudence, est fonction de la conception de soi-même comme personne réelle parmi d'autres personnes réelles. Le point de vue moral est ainsi enraciné à des considérations impersonnelles et rationnelles, donc objectives. En 1979 parurent *Questions mortelles,* consacrées aux problèmes de la signification, de la nature et de la valeur de la vie humaine, en 1986, le *Point de vue de nulle part* et, en 1991, *Égalité et partialité.*

**NÄGELI (Karl Wilhelm VON)** ♦ Botaniste allemand (Kilchberg, Suisse 1817 - Munich 1891). Il découvrit le système de reproduction des fougères et étudia le protoplasme et la division cellulaire.

**NAGELMACKERS (Georges)** ♦ Homme d'affaires belge (Liège 1845 - Villepreux, Yvelines 1905). Issu d'une famille de banquiers liégeois, il créa en 1876 la Compagnie internationale des wagons-lits, s'inspirant de l'exemple américain (G. Pullman) et contribua aussi à l'essor des grands express en participant à la naissance du Transsibérien.

**NAGERCOIL** ou **NAGARKOIL** ◆ ÉTYM. «temple du serpent» ♦ V. de l'Inde (Tamil Nadu). 208 149 hab. Proche du Kanniya Kumari, c'est un grand centre de pèlerinage hindou.

**NAG HAMMADI** ou **NAJ' HAMMĀDĪ** ◆ ÉTYM. ar. «hameau *(naj')* de Hammadi (n. de son fondateur)» ♦ V. de Haute-Égypte (gouvernorat de Kéneh), sur un coude du Nil. 45 118 hab. Sidérurgie (aluminium). Sucreries. Barrage sur le Nil. À proximité, couvent copte d'Abou Ménas. C'est près de Nag Hammadi que furent découverts en 1945 treize manuscrits coptes du IVe s. (codex de papyrus, reliés de cuir), regroupant une cinquantaine de textes, soit 40 traités traduits du grec où l'on a rapidement identifié des textes gnostiques (Évangile selon Thomas*, Évangile selon Marie* [-Madeleine]), et des apocryphes (Acte de Pierre), connus seulement de nom ou par des fragments. Cette collection, conservée au Caire, comporte aussi des textes hermétiques et même une paraphrase d'un passage de la *République* de Platon.

**NAGORNYÏ-KARABAKH** → **Karabagh (Haut-)**

**NAGOYA** ◆ ÉTYM. du jap. *na* «nom», *ko* «vieux» et *ya* «maison» ♦ V. du Japon (Honshū*), ch.-l. de la préf. d'Aichi, sur le golfe d'Ise. 2 215 062 hab. Centre d'une conurbation de plus de 8 000 000 d'hab. Grand port indus. et commercial fondé en 1610 sur un ancien delta comblé. Métall. lourde, pétrochimie, indus. aéronautique, automobile, mécanique, matières plastiques, textiles, porcelaine. Centre universitaire. Son ancien château (reconstruit) abrite un musée. Une Exposition universelle sur le développement durable s'est tenue à Aichi en 2005.

**NAGPUR** ◆ ÉTYM. sanskr. «la ville *(pur)* du fleuve Nāga» ♦ V. de l'Inde (Maharashtra). 2 122 965 hab. Située dans une région du Dekkan assez pauvre, elle a bénéficié d'importants investissements du secteur public (machines-outils, petite sidérurgie).

**NAGY (Imre)** ♦ Homme politique hongrois (Kaposvár 1896 - Budapest 1958). Militant socialiste, il adhéra au communisme lors de sa captivité en Russie, pendant la Première Guerre mondiale. Après l'échec du gouvernement de Béla Kun* (1919), dont il faisait partie, il s'exila à Moscou et ne revint en Hongrie qu'avec les troupes soviétiques en 1944. Ministre, puis président de l'Assemblée nationale, il devint président du Conseil après la démission de Rákosi (1953 - 1955). Il mena une politique de libéralisation. Mais l'opposition des partisans de Rákosi amena son remplacement par Hegedüs. À la suite du mouvement révolutionnaire d'octobre 1956, il reprit le pouvoir, faisant entrer au gouvernement des personnalités non communistes, promettant le retrait des troupes soviétiques, et proclamant la neutralité de la Hongrie. Devant l'intervention armée des Soviétiques, il lança en vain un appel à l'ONU. Après un procès secret, il fut condamné à mort et exécuté. ◆ ÉTYM. Ce nom hongrois signifie «grand».

## nahda (al-)

♦ Mouvement de renaissance culturelle arabe, né au début du XIXe s. au Liban, en Syrie et en Égypte, sous l'impulsion de l'expédition de Napoléon en Égypte et de l'expérience moderniste de Méhémet Ali. Les principaux artisans en furent des savants, des traducteurs, des journalistes formés à l'école occidentale. Au début du XXe s., les réformateurs religieux (Jāmal* al-Dīn al-Afghāni, Muḥammad 'Abduh*, etc.) prirent le relais des littéraires et des lexicographes et cherchèrent à s'ouvrir à l'Occident tout en conservant leur foi et leur identité culturelle.

**NAḤḤĀS PACHA (Mustafa)** ♦ Homme politique égyptien (Samannud, près du Caire 1876 - Le Caire 1965). Il succéda à la direction du parti du Wafd* à Sa'd Zaghlūl* et milita pour l'indépendance de l'Égypte et la fin de la monarchie absolue. Il fut plusieurs fois Premier ministre, malgré son opposition au palais, soit en raison de la situation politique et de certains rapports de forces (1928, 1930, 1936 - 1937), soit par la volonté de Londres (1942 - 1944). En désaccord avec le roi Farouk*, soutenu par les Anglais, il fut rappelé au pouvoir en 1950. Se trouvant dans une situation paradoxale du fait de son conflit avec le roi Farouk, de sa détermination de liquider les séquelles de l'occupation britannique et de sa volonté de maintenir l'ordre menacé par une crise sociale aiguë, il ne réussit pas à trouver les solutions appropriées. Après le succès du coup d'État militaire de juillet 1952, il se retira.

**NAHR AL-'ASI** ◆ ÉTYM. anc. ***Oronte*** «le fleuve rebelle» ♦ Fl. du Liban central, de l'O. de la Syrie et du S.-O. de la Turquie. 571 km. Il naît au Liban, s'oriente vers le N. et passe à travers le lac d'Homs (barrage réservoir d'irrigation), puis il coule dans la dépression fertile d'al-Ghab, se dirige vers l'O. et se jette dans la Méditerranée, en Turquie, près du port de Samandağ, après avoir arrosé Antakya (Antioche). Le fl. alimente des stations de pompage et des canaux d'irrigation entre Homs et Hamā (Syrie).

**NAHUEL HUAPÍ** (lac de) ♦ Lac d'Argentine, d'origine glaciaire, dans les Andes de Patagonie. 549 km². Parc national et centre touristique.

**NAHUM** ◆ ÉTYM. en hébr. *Naḥūm* «réconfort» ♦ Personnage biblique, prophète de Juda qui exerça son ministère au -VIIe s. ♦ ***Livre de Nahum*** Livre de la Bible, un des Petits Prophètes*, le seul dans lequel apparaisse Nahum. 3 chapitres. Il décrit d'abord la colère de Yahvé, puis la ruine de la ville assyrienne de Ninive*.

## naïfs (peintres)

♦ Nom donné à des artistes qui, pratiquant un style jugé peu savant, à l'écart des grands courants de l'histoire de l'art, obtinrent néanmoins la reconnaissance d'amateurs éclairés. Le processus commença avec l'estime qu'affichèrent Redon, Gauguin, Jarry ou Picasso pour les œuvres du Douanier Rousseau* et s'étendit à partir de 1928 sous l'influence du critique W. Uhde. De condition généralement modeste, les naïfs ont rarement reçu une formation artistique : leur style, très individuel, est imprégné des traditions locales. Les thèmes les plus fréquents sont liés à la vie quotidienne urbaine, campagnarde ou ouvrière, aux rêves conscients et inconscients avec une tendance à la simplification des formes et à la vivacité des couleurs. Outre le Douanier Rousseau, de nombreux peintres ont perpétué ou perpétuent encore cet art dit naïf, comme les Français André Bauchant*, Camille Bombois*, Louis Vivin*, Séraphine de Senlis, les Américains Grandma Moses et Morris Hirshfield, le Haïtien Hector Hippolyte, le Grec Théophilos, l'Italien Antonio Ligabue, le Géorgien Pirosmani, le Croate Ivan Generalić.

**NAINTRÉ** [86530] ◆ ÉTYM. anc. *de Nintriaco*, p.-ê. de *Nemeturi*, peuple des Alpes ou du gaul. *Namerius*, n. de pers. gallo-rom., et suff. *-acos* ♦ Comm. de la Vienne, arr. de Châtellerault. 5 293 hab.

**NAIPAUL** (sir **Vidiadhar Surajprasad**) ♦ Écrivain britannique d'origine indienne et de langue anglaise (Chaguanas, Trinité-et-Tobago 1932). Petit-fils de brahmane, fils d'un journaliste indien installé à Trinité, il rejeta l'hindouisme et émigra en 1952 en Angleterre, où il travailla pour la BBC. Le thème du déracinement est au centre de son œuvre. Écrivain fêté par la critique anglo-saxonne, puis traduit dans le monde entier, il est considéré avec méfiance par ses compatriotes indiens ou antillais à cause de sa critique acerbe de leurs traditions. Auteur de nombreux récits de voyage, notamment à l'île Maurice, aux États-Unis (*Une virée dans le Sud*, 1989) et surtout en Inde (*L'Illusion des ténèbres*, 1964 ; *L'Inde brisée*, 1977 ; *L'Inde : un million de révoltes*, 1981), souvent aux frontières du reportage et de l'essai (*Crépuscule sur l'islam*, 1981 ; *Jusqu'au bout de la foi*, 1998 ; *Le Regard de l'Inde*, 2010), il est avant tout romancier : *Une maison pour M. Biswas* (1961) met en scène un antihéros dont la destinée symbolise l'échec de la modernisation de la société hindoue. Dans *Mr. Stone* (1963), l'action des Occidentaux apparaît comme la trahison de l'idéal de générosité qui l'inspire. *À la courbe du fleuve* (1979), situé en Afrique, ne dément pas le pessimisme de cet auteur dont les héros sont victimes de l'effondrement d'un système colonial qui ne leur aurait pourtant pas davantage profité. Avec *La Moitié d'une vie* (2002), il met en scène la détermination sociale et historique et les rapports hommes femmes [Prix Nobel de littér. 2001]

**NAIRN** ♦ Petite ville côtière d'Écosse proche d'Inverness sur le Firth of Moray. 6 000 hab. Station touristique.

**NAIROBI** ◆ ÉTYM. massaï «l'endroit frais» ♦ Cap. du Kenya, au S. du pays, sur les hauts plateaux habités par les Kikouyous, à 1 700 m d'alt. 1 814 000 hab. *(Nairobiens)*. Un camp destiné aux travailleurs construisant la voie de chemin de fer Mombasa-Kampala, en 1890, fut à l'origine de Nairobi. Carrefour économique. Univ. Centre commercial et administratif. Indus. du bois, alimentaires et mécaniques. Aciérie. Centre touristique (réserve d'animaux).

La **Naissance de Vénus** ♦ Tableau de Sandro Botticelli* (non daté, vers 1485). Postérieur au *Printemps*, il était vraisemblablement destiné à la décoration de la villa de Castello appartenant au cousin de Laurent de Médicis, Lorenzo di Pierfrancesco. Debout sur sa coquille, Vénus est poussée par les vents vers la rive où l'attend une des trois Grâces qui lui tend un manteau pourpre fleuri. Les sources de Botticelli sont non seulement Homère, Ovide, Politien («Une beauté surhumaine poussée par les Zéphyrs amoureux allant sur une coquille et tout le ciel en jubile»), mais aussi l'art de l'Antiquité et les compositions de Ghiberti sur le thème du baptême du Christ. Imprégné des idées néoplatoniciennes de la cour des Médicis, Botticelli a peut-être aussi voulu représenter la beauté idéale. Les valeurs matérielles étant subordonnées aux valeurs spirituelles, la beauté corporelle de Vénus se voit sublimée par la pureté des lignes fluides et légères.

**Naissance d'une nation** – en angl. ***The Birth of a Nation*** ♦ Film américain de David Wark Griffith* (1915), avec Lilian Gish, Henry B. Walthall. Cette première grande superproduction historique américaine retrace quelques épisodes de la guerre de Sécession (1860 - 1865), à travers le destin tragique de deux familles, l'une du Nord, l'autre du Sud. On a reproché à cette épopée son caractère

La **Naissance de Vénus.** Tableau de Botticelli (1,73×2,79 m). Musée des Offices, Florence. *Phot. © Alinari/Giraudon*

partisan, voire raciste. L'auteur s'en est défendu, arguant du fait qu'il n'avait fait que respecter la vérité historique. Le film abonde en innovations formelles : mobilité de la caméra, montage alterné, fusion des gros plans et des plans d'ensemble ; toute la base du langage cinématographique est là, utilisée pour la première fois à des fins narratives originales. La charge héroïque d'Atlanta, l'assassinat de Lincoln, la chevauchée finale du Ku Klux Klan sont des morceaux inoubliables.

**NAJAF** ou **NEDJEF** ♦ V. d'Irak, située au S. de Hilla dans la prov. de Kerbela à proximité du désert. 500 000 hab. Haut lieu du chiisme, abritant, en particulier, le tombeau d'Ali, Najaf est un but important de pèlerinage et le siège de la plus haute autorité chiite. La ville a été gravement endommagée lors de la guerre du Golfe et de l'insurrection chiite qui s'ensuivit (1991). Les troupes américaines occupant l'Irak y donnèrent l'assaut en août 2004 contre les partisans du chef chiite Moqtada Al-Sadr.

**NAJĪBULLĀH** ou **NADJĪBOLLĀH (Mohammad)** ♦ Homme politique afghan (Kaboul 1947 - *id.* 1996). Chef de la police secrète (1980 - 1985), secrétaire général du Parti démocratique du peuple afghan (1986), il fut chef de l'État de 1986 à la chute du régime communiste (1992). Il fut exécuté par les talibans dès leur entrée dans Kaboul.

**NAKASONE Yasuhiro** ♦ Homme d'État japonais (Takasaki 1918). Il fut Premier ministre de 1982 à 1987. Au cours d'une carrière brillante, il imposa un style inédit fait de séduction et de charisme, comme en témoigna son triomphe personnel aux élections de 1986. Il fut l'un des artisans de la politique de réarmement du Japon et de sa politique extérieure (politique asiatique très critiquée par les voisins, coopération avec les États-Unis). Takeshita* Noboru lui succéda. ➝ ÉTYM. Ce nom japonais vient de *naka* « milieu », *so* « avant ; jamais », *ne* « racine » (mot sans signification apparente).

**NAKHITCHEVAN** n. m. (république du) ♦ République autonome de l'Azerbaïdjan*, dont elle est séparée par l'Arménie. 5 500 km². 300 000 hab. dont 95 % d'Azéris. LANGUE : turc. RELIGION : musulmans. CAPITALE : Nakhitchevan. Le Nakhitchevan est divisé en 5 districts. ▪ La capitale, Nakhitchevan (60 000 hab.), abrite les mausolées de Ioussouf ibn Koutaïr (1162) et Momine Khatoum (1186). ▮ **Histoire** Partie de l'empire des Mèdes du -VIIIe au -VIIe s., puis de celui d'Alexandre le Grand (-IVe s.), la région fut conquise par les Romains (-Ier s.), les Iraniens (déb. IIIe s.), les Arabes (VIIe s.) et les Tataro-mongols (XIIIe s.). Disputée entre l'Iran et la Turquie (fin XVIe-déb. XVIIIe s.), elle devint un khanat indépendant v. 1750. Annexée par la Russie après la guerre russo-iranienne (1826 - 1828), elle fut envahie par les Turcs en juil. 1918, puis par les Britanniques (fin 1918). En juil. 1920, l'Armée rouge occupa la région et y instaura le régime soviétique. Le 9 fév. 1924 fut formée la République socialiste soviétique autonome du Nakhitchevan, rattachée à l'Azerbaïdjan (pont sur l'Araxe, vers la Turquie, ouvert en 1992).

**NAKHODKA** ➝ ÉTYM. russe « découverte » (allus. à l'extension russe vers l'Extrême-Orient au XIXe s.) ♦ V. de Russie, en Sibérie extrême-orientale, sur la mer du Japon au N. de Vladivostok. 149 300 hab. Réparation de bateaux. Pêche. Conserveries de poissons. Station de chemin de fer du transmandchourien et princ. port russe en relation avec le Japon.

**NAKHON PATHOM** ♦ V. de Thaïlande et peut-être anc. cap. du royaume môn de Dvarāvatī (v. VIe - XIe s.). 120 818 hab. Site archéologique, centre touristique et universitaire à 52 km à l'O. de Bangkok. Célèbre par le stûpa de Phra Pathom, restauré et surélevé au XIXe s., décoré de briques émaillées, qui est le monument bouddhique le plus haut du monde (127 m).

**NAKTONG** ou **NAKDONG** n. m. ♦ Fl. de Corée (520 km). Né dans les Sobaek sanmaek, il se dirige vers le S. et se jette dans la mer du Japon non loin de Pusan. Il est en grande partie navigable.

**NĀLANDĀ** ♦ Célèbre université bouddhique de l'Inde (dans le Bihar*), fondée au Ve s., où venaient étudier des religieux venus de toute l'Asie. Elle fut détruite à la fin du XIIe s. par les invasions musulmanes et ne se releva jamais de ses ruines.

**NALAN Xingde** ou **NA-LAN Sing-tö** ♦ Poète chinois d'origine mandchoue (1654 - 1685). Fils de Mingzhu, noble du clan des Nalan et ministre influent de l'empereur Kangxi, il fut élevé dans la culture chinoise. Admirateur de Houzhu* et des auteurs Song, il est considéré comme le plus grand auteur de poèmes à chanter *(ci)* du début de la dynastie des Qing*.

**NAŁKOWSKA (Zofia)** ♦ Femme de lettres polonaise (Varsovie 1884 - *id.* 1954). Elle écrivit de nombreux romans à thèmes sociaux et psychologiques : *Les Femmes* (1904), le *Roman de Thérèse Hennert* (1923), *La Frontière* (1935) où, à l'étude des passions les plus amorales, succède l'analyse cruelle des mobiles. Après la Deuxième Guerre mondiale, le souvenir des épreuves récentes lui inspira *Les Médaillons* (1946), témoignage des souffrances morales et physiques endurées dans les camps hitlériens.

**NALTCHIK** ♦ V. de Russie, cap. de la Kabardino-Balkarie, sur le Naltchik, dans le bassin du Terek. 273 900 hab. Centre culturel et touristique (alpinisme). Univ. fondée en 1957. Indus. mécanique, métallurgique, chimique et alimentaire.

**NAMANGAN** ♦ V. d'Ouzbékistan, dans la vallée du Fergana. 376 600 hab. Indus. textile (coton, soie) et alimentaire. Elle fut détruite par un tremblement de terre en 1927 et reconstruite sur un plan moderne.

**NAMAS** ou **NAMAQUAS** n. m. pl. ♦ Un des groupes principaux du peuple hottentot*, diminué de moitié après la répression allemande au début du XXe s.

**NAMBU (Yoichiro)** ♦ Physicien américain d'origine japonaise (Tōkyō 1921). Dans les années 1960, il proposa le premier modèle de la brisure spontanée de symétrie pour décrire les interactions à courte portée entre particules. [Prix Nobel de physique 2008 avec Kobayashi* Makoto et Maskawa* Toshihide]

**NĀMDEV** ♦ Poète mystique indien (v. 1269 - v. 1344) originaire du Maharashtra*. De la caste des tailleurs, quelque peu brigand, il devint célèbre pour ses poèmes d'adoration à Vishnou*, qui témoignent d'une très haute spiritualité.

**NAM ĐỊNH** ♦ V. du Viêtnam (Nord), sur le delta du Sông Hồng au S.-E. de Hanoi. 219 615 hab. Comptant parmi les villes les plus importantes du Nord, Nam Định possède ses traditions culturelles, industrielles, ses activités commerciales, servies par des facilités de communication (vers Vinh, Hanoi, Haiphong). ▪ Grand marché. Indus. textiles.

**NAMEN** ➝ Namur

**NAMIB** (désert du) ◆ **ÉTYM.** de *Nama*, groupe hottentot ♦ Zone aride de la région côtière de la Namibie, qui s'étend du N. du pays jusqu'à l'embouchure de l'Orange. Il a donné son nom à la *Namibie*. Entre Lüderitz et la frontière sud-africaine se situe la zone diamantifère du pays.

## NAMIBIE

**I** n. f. ◆ **ÉTYM.** de *Namib** ; off. ***république de Namibie***, anc. ***Sud-Ouest africain***, en angl. ***South-West Africa*** ♦ Pays d'Afrique australe baigné par l'Atlantique et traversé par le tropique du Capricorne. 824 268 km². 2 130 000 hab. *(Namibiens)*. LANGUES : anglais (off.), afrikaans, allemand, langues khoïsanes, ovambo. POPULATION : Boschimans, Européens (Afrikaners, germanophones, anglophones), Hereros, Kavangos, Ovambos (la moitié de la population). RELIGION : chrétiens. MONNAIE : dollar namibien. CAPITALE : Windhoek. RÉGIME : présidentiel. La Namibie est divisée en 13 régions.

**I GÉOGRAPHIE** Le pays comprend quatre parties : le désert du Namib*, sur la façade atlantique ; les plateaux du centre qui peuvent atteindre 2 000 m ; la bordure occidentale du désert du Kalahari* ; la bande de Caprivi avec la dépression de l'Okavango au N.-E. Le désert du Namib, froid et aride, est baigné par le courant de Benguela. Les hauts plateaux sont couverts d'une végétation de savane arbustive. La bande de Caprivi est marécageuse dans la vallée de l'Okavango. D'apparence désertique, la Namibie n'est pas dépourvue d'eau car, en plus du Cunene qui marque sa frontière au N., et de l'Orange au S., elle possède des nappes souterraines. **I Économie** L'économie est pastorale par tradition sur les hauts plateaux, avec du gros bétail dans le N., des chèvres et des moutons caracul dans le S. Le mil, le sorgho et le maïs constituent les principales cultures vivrières. Les côtes sont riches en poisson (pêcheries à Lüderitz, droits de pêche). La richesse de la Namibie se trouve dans son sous-sol, exploité tardivement en raison des problèmes politiques : diamants dans le S. ; uranium (à Arandis) ; gaz naturel (à Kudu). La faune de l'Okavango attire de nombreux touristes. Un quart de la population est touché par le sida.

**I HISTOIRE I La préhistoire et l'Antiquité** Les plus anciens habitants furent les Boschimans dont les ancêtres ont laissé des peintures rupestres (-1500). Ils furent chassés vers le désert au seuil de notre ère par les Hottentots qui durent se replier vers le S. sous la pression des Bantous (Ovambos) dans la seconde partie du Ier millénaire. **I La domination allemande** Les Européens aménagèrent un port à Walvis* Bay à la grande époque de la chasse à la baleine (première moitié du XIXe s.). En 1883, le négociant allemand Lüderitz* commença à acheter des parcelles de territoire aux Hereros. En 1904, la campagne d'extermination du maréchal von Trotha faillit entraîner la disparition de ce peuple dont les descendants demandent aujourd'hui réparation à l'Allemagne. Au cours des négociations européennes sur les frontières coloniales (1890), Caprivi* fit attribuer à l'Allemagne une bande de territoire au N.-E. pour avoir accès au Zambèze. **I La domination sud-africaine** À l'issue de la Première Guerre mondiale, l'administration du Sud-Ouest africain allemand fut remise à l'Union sud-africaine, mais le territoire fut géré comme une colonie de la Couronne britannique jusqu'en 1926. En 1939, les colons d'origine allemande adhérèrent en masse au parti nazi. Leurs organisations furent interdites l'année suivante et 1 200 personnes (un tiers des hommes adultes) furent internées. Après leur arrivée au pouvoir à Pretoria en 1948, les nationalistes sud-africains appliquèrent à l'ancien protectorat allemand, qu'ils considéraient comme une prolongation de leur pays, les lois de l'apartheid. **I La lutte pour l'indépendance** L'indépendance des pays africains, à partir de 1960, et la lutte contre l'apartheid en Afrique du Sud placèrent l'indépendance du pays (devenu Namibie en 1968) au premier rang des revendications de la communauté internationale. La guérilla fut dès lors déclenchée par l'Organisation du peuple du Sud-Ouest africain (SWAPO) avec l'aide active de l'Angola dès l'indépendance de ce dernier en 1975. Le mouvement nationaliste, dominé par les Ovambos, ne parvint pas à emporter l'adhésion des autres communautés regroupées pour la plupart dans l'Alliance démocratique de la Turnhalle (DTA). L'Afrique du Sud profita de ce clivage pour différer le scrutin d'autodétermination réclamé par l'ONU. **I L'indépendance** Elle se retira en 1990 lors de l'indépendance de la Namibie qui fut dotée d'une Constitution caractérisée par un régime présidentiel associé à une représentation proportionnelle. Président depuis 1990, Sam Nujoma, le leader de la SWAPO, s'engagea dans une politique économique modérée. En 2004, son dauphin, Hifikepunye Pohamba, lui succéda, Nujoma conservant la direction de la SWAPO. L'Allemagne a reconnu ses responsabilités historiques et un accord sur les réparations (massacre des Hereros) reste à l'étude.

---

**NAMMĀLVĀR** ♦ Poète mystique indien (v. 800). Originaire du S. de l'Inde, il est célèbre pour ses chants dédiés à Vishnou* et écrits en tamoul. Bien qu'il mourût assez jeune, les œuvres qu'il a laissées sont nombreuses.

**NAMOUK KEMAL** ♦ Écrivain turc (Tekirdağ 1840 - Chios 1888). Il dut s'exiler en Europe (Paris, Londres, Bruxelles, Vienne) à la suite de ses articles politiques. Il publia à Londres (1868 - 1870) le journal *Hürriyet* («Liberté»), avec Ziya* Pacha, qui fut l'organe le plus actif de la propagande libérale clandestine. Il fit figure de chef du mouvement des Jeunes-Turcs, première étape vers le développement des idées républicaines. Journaliste, poète, auteur dramatique, romancier, biographe et historien, il fut influencé par le romantisme français et laissa une œuvre abondante animée d'un patriotisme ardent. Parmi ses œuvres les plus célèbres figurent le drame *Vatan* («Patrie») et les *Odes à la liberté et à la patrie*.

**NAMPO** → **Jinnampo**

**NAMPULA** ♦ V. du Mozambique, dans la province de Nampula. 320 000 hab. Située dans une riche province agricole, elle se trouve sur la voie de chemin de fer reliant le Mozambique à Beira.

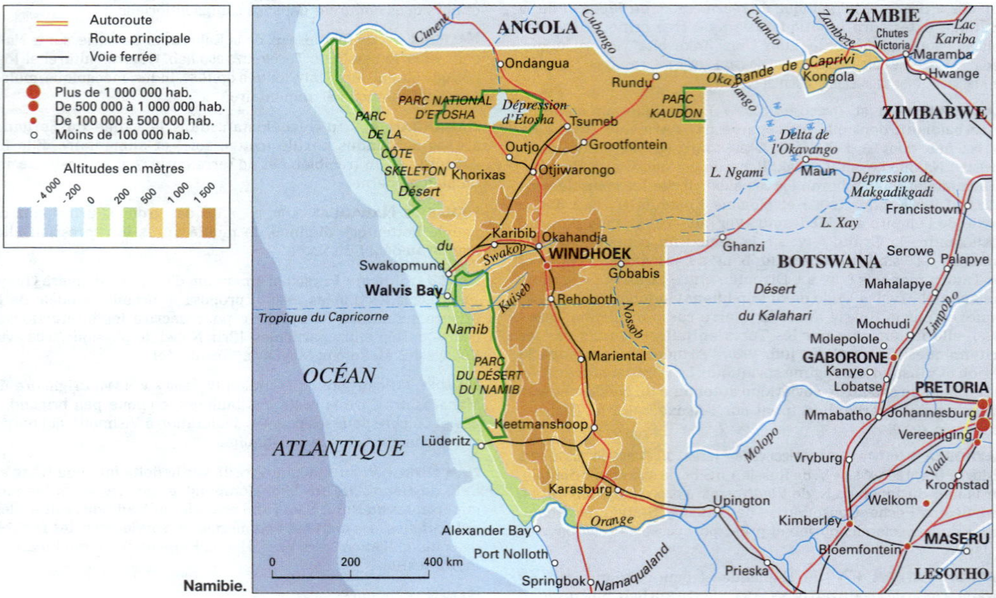

Namibie.

**NAMUR** – en néerl. *Namen* ◆ ÉTYM. anc. *Namucum* puis *Namurcensis*, p.-ê. «l'habitation dans la vallée» [de la rac. celt. *nanto* «vallée»] ♦ V. de Belgique, capitale de la Région wallonne, ch.-l. de province et d'arr., au confluent de la Sambre et de la Meuse. 107 653 hab. *(Namurois)*. Évêché. Beffroi du XIV^e^ s. Église Saint-Loup, baroque (1621 - 1645). Cathédrale Saint-Aubain, classique (avec tour du XIII^e^ s.). Anc. palais épiscopal (1726 - 1740). Siège du gouvernement provincial. Musées. Halle aux viandes de 1588 (antiquités romaines et mérovingiennes). Citadelle du XVIII^e^ s. (château des comtes de Namur). ▪ Centre commercial et touristique, administratif et universitaire. Cultures de fraises à Wépion. Indus. diversifiées. ▮ **Histoire** Forteresse des Aduatiques dont César s'empara en –57, la ville se développa sous les Mérovingiens et devint le chef-lieu d'un *pagus* sous Charlemagne. Son enceinte s'agrandit au IX^e^ s., puis aux XIV^e^ et XV^e^ s. Philippe le Bon acheta Namur et son comté en 1421. Sa position stratégique valut à la ville de nombreux sièges dont celui de 1692, célébré par Boileau et Racine. Elle fut reprise par le comte de Clermont en 1746 ; l'Autriche s'en empara de nouveau en 1748, puis la France en 1792. Namur fut le chef-lieu du département de Sambre-et-Meuse jusqu'en 1814. Après Waterloo (1815), l'arrière-garde de Grouchy s'y installa. Démantelée en 1862, Namur retrouva sa situation de place forte en 1887.

**NAMUR** (province de) ♦ Prov. de Belgique (Région wallonne). → **Belgique** (carte). 3 666 km². 461 983 hab. *(Namurois)*. LANGUE : français (dialecte wallon). CH.-L. : Namur, cap. de la Wallonie. La prov. est divisée en 3 arr. : Dinant*, Namur*, Philippeville*. ▮ **Géographie** Le sillon Sambre-Meuse sépare le bas plateau limoneux au N., de la Marlagne (Condroz ardennais), des plateaux condrusiens, de la dépression de Fagne-Famenne et de l'Ardenne au S. La Meuse et la Sambre canalisées l'unissent aux régions de Charleroi et de Liège. Les versants des vallées sont fréquemment entamés par des carrières de calcaire, de dolomie et de grès. ▮ **Économie** La production agricole présente une diversité en rapport avec celle des régions : grande culture (céréales, betteraves à sucre) et élevage bovin sur le limon et dans le Condroz, herbages et élevage bovin en Fagne-Famenne et en Ardenne. Les indus. sont concentrées dans la Basse-Sambre, en particulier la verrerie et la chimie lourde (Sambreville*, Jemeppe*-sur-Sambre), l'indus. alimentaire (confiturerie) et les indus. diversifiées à Namur, les carrières dans la vallée de la Meuse, les instruments chirurgicaux et la coutellerie à Gembloux*. Quelques parcs industriels se sont installés à proximité des autoroutes de Wallonie et Bruxelles-Luxembourg. Le tourisme est très développé dans la prov., riche en paysages et en sites naturels (grottes de Han, grottes de Neptune), en monuments et villes d'art (Namur, Dinant), et qui offre la possibilité de pratiquer les sports nautiques ou l'escalade, dans la pittoresque vallée escarpée de la Meuse namuroise.

**Nana** ♦ Roman de Zola* (1880), 9^e^ volume du cycle des *Rougon*-Macquart*. Fille de Gervaise (l'héroïne de *L'Assommoir**), la courtisane Nana suscite les convoitises par sa beauté. Saisie d'un étrange bonheur à avilir les hommes qui l'entourent, elle accélère, à sa manière, la débâcle de la société ; sa mort correspondra au déclenchement de la guerre de 1870. Nana devient ainsi un symbole social de la vengeance du peuple sur les riches. ▪ En 1926, Jean Renoir adapta l'ouvrage au cinéma (muet), avec Catherine Hessling. Les séquences du bal Mabille, du cancan, les toilettes de Nana, le décor de son hôtel particulier, les moindres accessoires ont fait l'objet d'un travail de reconstitution minutieux (et coûteux). La peinture sociale est acide, la mise en scène déjà très maîtrisée. Ce n'en fut pas moins un échec commercial.

**NĀNAK** ♦ Poète mystique indien et réformateur religieux (près de Lahore 1469 - 1539). Fondateur de la secte religieuse des sikhs* et auteur du livre sacré de ceux-ci, l'*Ādi-granth*, il fut leur premier «gourou» (grand maître spirituel).

**NĀNĀ SĀHIB** ♦ Prince indien (1825 - 1862) du Maharashtra* qui, lors de la révolte des Cipayes en 1857, prit la tête du mouvement. Battu par les Britanniques à Kanpur, il se réfugia au Népal.

**NANBEICHAO** n. m. pl. ♦ Période de l'histoire chinoise caractérisée par une dichotomie de la Chine, divisée entre royaumes et dynasties du Sud et du Nord (420 - 589). Elle s'acheva sur la réunification de l'empire par les Sui*.

**NANBOKUCHŌ** ◆ ÉTYM. jap. «cour du Nord et du Sud» ♦ Nom donné à la période de l'histoire japonaise s'échelonnant de 1336 à 1392, pendant laquelle coexistèrent deux cours impériales, l'une légitime (celle dite du Sud) et l'autre imposée par les shoguns Ashikaga* à Kyōto. Ce fut une période de guerres civiles ininterrompues. Elle se termina par un compromis.

**NANÇAY** [18330] ♦ Comm. du Cher, arr. de Vierzon. 735 hab. *(Nançayais)*. Observatoire de radioastronomie.

**NANCHANG** ou **NAN-TCH'ANG** ♦ V. de Chine, cap. de la prov. du Jiangxi. 1 680 756 hab. Nœud de communications et centre indus. (mécanique, alimentation, confection). Riz. Gisements de kaolin. Carrières de granite et de quartz.

**NANCHONG** ou **NAN-TCH'ONG** ♦ V. de Chine (Sichuan). 621 403 hab. Indus. de la soie (magnanerie, tissage, confection, broderie). Sel gemme. Gisement de gaz naturel.

**NANCY** [54000] ◆ ÉTYM. anc. *Nanceiacum*, du lat. *Nantos*, n. de pers. gallo-rom., et suff. *-acum* ♦ Ch.-l. du dép. de la Meurthe-et-Moselle, sur la Meurthe. 103 605 hab. (aggl. 331 363 hab.) *(Nancéiens)*. Évêché. ▮ **Les monuments** La ville doit son originalité aux travaux d'architecture réalisés au XVIII^e^ s. sur l'initiative du roi Stanislas. La cathédrale (XVIII^e^ s.) possède un trésor. L'église Notre-Dame-de-Bon-Secours a été élevée par Héré* au XVIII^e^ s. pour le roi Stanislas, sur l'emplacement d'une ancienne chapelle. L'église Saint-Sébastien a été reconstruite au XVIII^e^ s. La place Stanislas, ancienne place Royale, vaste rectangle bordé de cinq pavillons, dont l'hôtel de ville et le musée des Beaux-Arts, reliés les uns aux autres par des grilles en fer forgé de Jean Lamour, frappe par son harmonie ; elle est ornée en son centre d'une statue de Stanislas. Face à l'hôtel de ville se dresse l'arc de triomphe élevé par Héré à la gloire de Louis XV ; cet arc conduit à la place de la Carrière bordée d'hôtels du XVIII^e^ s. et fermée par le palais du Gouvernement, œuvre de Héré, précédé d'une cour ovale entourée d'une colonnade. Le palais ducal (XVI^e^ s.), endommagé en 1792, restauré au XIX^e^ s., abrite le Musée lorrain. L'église des Cordeliers (XV^e^ s.) renferme les tombeaux des princes lorrains. Des vestiges d'anciennes fortifications subsistent : porte de la Craffe (XIV^e^ s.), porte de la Citadelle (XVI^e^ s.), porte Saint-Georges (XVII^e^ s.), porte Desilles (XVIII^e^ s.). Cours Léopold, promenade créée au XVIII^e^ s. ; parc de la Pépinière fondé en 1765 ; jardin botanique aménagé par le roi Stanislas en 1752. La place d'Alliance, bordée d'hôtels du XVIII^e^ s., a été dessinée par Héré. La bibliothèque municipale est située dans un bâtiment du XVIII^e^ s. Palais de l'Université (XIX^e^ s.). Maisons et hôtels anc. ; musée de l'école de Nancy (→ **Nancy (école de)**) et bâtiments de style Art nouveau. L'architecte B. Zehrfuss a aménagé un nouveau quartier de la ville. ▮ **Économie** Nancy doit son essor à la richesse du sous-sol lorrain (fer, sel, houille) générateur d'une industrie prospère (métallurgie, aciéries, fonderies, construc. métalliques), principalement dans les communes satellites (Pompey, Neuves-Maisons, Pont-à-Mousson). Elle fut la cap. française de la sidérurgie jusqu'à la crise de ce secteur. L'indus. locale, d'abord liée à la sidérurgie, a laissé la place à l'industrie numérique, les technologies de l'information, les biotechnologies. Pour ce faire, la ville s'appuie sur le potentiel de ses 2 universités, ses 5 écoles nationales supérieures (agronomie, électricité, chimie, géologie, mines), ses 300 centres de recherche et ses 3 000 chercheurs. Elle a été en 1977 la 3^e^ ville de France (après Grenoble et Nice) à créer un technopôle (Nancy-Brabois). Les activités tertiaires prédominent (banque, finance, assurance). Le TGV dessert la ville depuis 2007. Une autoroute relie la ville à Dijon et à sa voisine messine. L'avenir de Nancy doit composer avec la proximité de Metz (60 km) qui est devenue cap. administrative régionale (→ **Lorraine**). ▮ **Histoire** Nancy fut la résidence des ducs de Lorraine à partir du XIII^e^ s. Charles* le Téméraire prit la ville en 1475 ; il en fut chassé l'année suivante par le duc de Lorraine René II et mourut en essayant de reconquérir Nancy le 5 janv. 1477. À la fin du XVI^e^ s., Charles III fit construire la Ville-Neuve. Les Français occupèrent Nancy en 1633 - 1659, 1670 - 1698, 1702 - 1712 et Lunéville devint alors capitale de la Lorraine. C'est sur l'initiative de Stanislas Leszczyński que furent entrepris au XVIII^e^ s. de considérables travaux d'embellissement de la ville. Nancy devint française en 1766 et le siège d'une université, d'un parlement et d'un évêché. Lors de la guerre franco-allemande de 1870 - 1871, la ville fut occupée par les forces ennemies (août 1870) après la défaite française de Forbach. Lors de la Première Guerre mondiale, la ville évita l'occupation allemande grâce aux opérations de Castelnau.

**Nancy** (école de) ♦ École fondée à la fin du XIX^e^ s. par É. Gallé*, verrier et céramiste, dans le but de renouveler les arts décoratifs en s'inspirant de la nature (faune et flore). Autour de Gallé se groupèrent les frères Daum*, L. Majorelle*, E. Vallin, G. Hœntschel, V. Prouvé*. L'école se constitua en société en 1901, se définissant comme une «alliance provinciale des industries de l'art».

**NANDA DEVI** ◆ ÉTYM. de l'hindi *nandā* «richesse, bonheur» et *devī* «déesse» ♦ Sommet (7 816 m) de l'Himalaya dans l'État indien de l'Uttaranchal. Comme les plus hauts pics sont situés au Népal, le Nanda Devi est le second sommet de l'Inde. Il a été gravi pour la première fois en 1936 par H. W. Tilman et N. E. Odell.

**NANDER** ♦ V. de l'Inde (Maharashtra) sur la Godavari. 430 598 hab. Important marché agricole et centre de pèlerinage des sikhs.

**NANDĪ** ♦ Nom du taureau blanc qui sert de monture au dieu Shiva* en Inde, symbole de force et de virilité. On trouve son effigie dans tous les temples hindous consacrés à Shiva.

**NANDY** [77176] ◆ ÉTYM. anc. *de Nanziaco*, probablt du germ. *Nantizo*, n. de pers. ♦ Comm. de la Seine-et-Marne, arr. de Melun. 6 159 hab. Élément de la ville nouvelle de Sénart.

**NANGAL** ♦ V. de l'Inde (Panjab). 45 315 hab. Site d'un très important barrage sur la Satlej. L'électricité produite est utilisée pour les industries de l'eau lourde et des engrais.

**NANGA PARBAT** n. m. ➝ ÉTYM. «mont nu» ♦ Sommet (8 126 m) de l'Himalaya occidental, dans la partie du Cachemire contrôlée par le Pakistan. Gravi en 1953 par une expédition austro-allemande.

**NANGIS (GUILLAUME DE)** → **Guillaume de Nangis**

**NANGIS** [nɑ̃ʒi] [77370] ➝ ÉTYM. → Nandy ♦ Ch.-l. de cant. de la Seine-et-Marne, arr. de Provins. 7 479 hab. *(Nangissiens)*. Église Saint-Martin (XIIIe, XVe, XVIIIe s.). Hôtel de ville dans l'anc. château de la Motte-Nangis. ▪ Sucrerie.

**NANG KLAO** ♦ (1788 - 1851). Roi du Siam (1824 - 1851). Fils du roi Phuttaleutla ou Rāma II, auquel il succéda sous le nom de Rāma III. Il étendit l'autorité du Siam sur le Laos, la Malaisie et le Cambodge, et ouvrit timidement le pays au commerce étranger (traités avec l'Angleterre, 1826, et les États-Unis, 1833).

**NANKIN** ➝ ÉTYM. en chin. *Nanjing* ou *Nan-King* «capitale *(king)* du Sud *(nan)*» ♦ V. de Chine, cap. de la prov. du Jiangsu, sur le Chang jiang. 3 783 907 hab. Vestiges d'une enceinte. Tombeau de l'empereur Ming Hongwu (1381). ▪ Centre culturel (univ., instituts de recherche). Port fluvial et nœud de communication (grand pont [6,7 km de long] sur le Chang jiang, 1966 - 1968). Centre commercial et indus. : sidérurgie, mécanique, optique, matériaux de construc., textile. ▮ **Histoire** Anc. capitale impériale, première cap. de la dynastie Ming*, puis du royaume des Taiping*. La République de Chine y fut proclamée (1911) avec Sun* Yat-sen comme président. Elle fut de nouveau cap. sous le gouvernement Jiang Jieshi (Chiang Kai-shek) de 1927 à 1937 avant son occupation par les Japonais qui s'y livrèrent en déc. 1937 à un massacre systématique, faisant 300 000 victimes.

**NANNING** ou **NAN-NING** ♦ V. de Chine, cap. de la région autonome de Guangxi. 1 667 159 hab. Port. Nœud de communication. Activités commerciales. Indus. alimentaire, textile et chimique.

**Nanouk l'Esquimau** – en angl. *Nanook of the North* ♦ Documentaire de Robert Flaherty* (1922). La vie quotidienne d'un Esquimau et de sa famille, sur la côte nord-est de la baie d'Hudson : pêche au phoque, chasse au renard, construction d'un igloo, etc. Ce modèle de reportage poético-ethnographique était une commande des fourrures Revillon. Le tournage dura plus d'un an et nécessita quelque 25 000 m de pellicule. Le grand nombre de scènes reconstituées, pour des raisons pratiques ou climatiques, n'empêche pas l'ensemble de dégager une impression de profonde authenticité, et surtout de généreux humanisme.

**NANSEN (Fridtjof)** ♦ Savant, explorateur et homme politique norvégien (Store-Frøn, près de Christiania 1861 - Lysaker 1930). Après avoir réalisé la traversée du Groenland d'est en ouest (1888), il entreprit à bord du *Fram* l'exploration de l'océan Glacial Arctique (1893 - 1896). Il atteignit l'archipel de Nouvelle-Sibérie, fut contraint d'hiverner sur la terre François-Joseph et fut accueilli au printemps 1896 par la mission Jackson à la terre Alexandra. Il se consacra également à la vie politique, participa à la séparation de la Norvège et de la Suède (traité de Karlstadt, 1905) et, après la Première Guerre mondiale, fut délégué à la SDN, s'occupant du rapatriement des prisonniers et du problème des réfugiés. Il a publié le récit de ses expéditions (*À travers le Groenland*, 1891 ; *Vers le pôle*, 1897). [Prix Nobel de la paix 1922]

**NANTERRE** [92000] ➝ ÉTYM. en gaul. *Nemetodunum* «forteresse *(dunon)* sacrée» (*nemeto-* «sanctuaire») [avec attraction de *nanto* «vallée»] ♦ Ch.-l. du dép. des Hauts-de-Seine, sur la Seine. 84 281 hab. *(Nanterriens)*. Évêché. Basilique nationale de Sainte-Geneviève (XIIIe, XVIIe, XXe s.). ▪ Centre admin., universitaire (Paris X) et tertiaire (quartier de la Défense*). Théâtre des Amandiers. École de danse de l'Opéra de Paris. Indus. diversifiées. ▪ L'université fut un des centres de l'agitation étudiante en mai 1968. ▪ Nanterre est un important site celtique. On y a découvert une nécropole de guerriers celtes en armes du –IIIe s. L'occupation proto-urbaine du lieu jusqu'à la conquête de César laisse penser que cette place serait la Lutèce gauloise. Lieu de naissance de sainte Geneviève.

**NANTES** [44000] ➝ ÉTYM. anc. *Condevincum* (du gaul. *condate* «confluent») puis *urbem Namneticum* «ville des *Namnetes* (peuple celtique)» ♦ Ch.-l. du dép. de la Loire-Atlantique et de la région Pays de la Loire, au fond de l'estuaire de la Loire, au confluent de l'Erdre et de la Sèvre Nantaise avec la Loire, à 56 km à l'intérieur des terres. 270 251 hab. (communauté urbaine 544 932 hab.). *(Nantais)*. Évêché. ▮ **Les monuments et les musées** Château gothique et Renaissance, construit dans la seconde moitié du XVe s. par François II de Bretagne sur l'emplacement d'une forteresse des IXe - Xe s. et modifié par Philippe de Mercœur pendant la Ligue. Ancienne résidence des ducs de Bretagne, ce château abrite aujourd'hui le musée d'Histoire urbaine de Nantes. Cathédrale Saint-Pierre-Saint-Paul, construite de 1434 à 1893 dans le style gothique flamboyant ; son transept renferme le tombeau monumental de François II de Bretagne, sculpté par Michel Colombe de 1502 à 1507, ainsi que le monument funéraire du général de Lamoricière, œuvre de l'architecte Boitte et du sculpteur Paul Dubois. Église Sainte-Croix, XVIIe s., restaurée au XIXe s. Église de l'Immaculée-Conception (XVe s.). Manoir dit de Jean V (XIVe s.). Hôtel de ville du XVIIe s. Anc. maison du chapitre, dite la Psalette (XVe s.). Porte Saint-Pierre (XVe s.), vestige des anc. fortifications. Nombreux hôtels anc., notamment du XVIIIe s. Passage Pommeraye (1843). Très riche musée des Beaux-Arts (coll. de peintures ; important fonds contemporain). Musée Jules-Verne ; planétarium. Musée Thomas-Dobrée (archéologie). Muséum d'histoire naturelle. ▮ **L'économie** Le port autonome de Nantes-Saint-Nazaire est le poumon économique de la cité. 1er port de la façade atlantique et 4e français (50 millions de t). Le trafic dépend pour une bonne part des importations d'hydrocarbures (traités à Donges) et de bois tropicaux et de l'exportation de céréales. Les activités maritimes ont suscité le développement de l'ingénierie portuaire et offshore et le maintien des Chantiers de l'Atlantique, spécialisés dans les navires de haute technologie, dernier chantier naval important de France. La tradition du commerce outre-atlantique a permis de tisser un réseau d'entreprises dans le secteur de l'agroalimentaire (raffineries de sucre, conserveries de poisson, emballages en fer blanc). Les productions locales (primeurs, vins dont le muscadet, biscuits dont le «petit beurre») renforcent ce secteur. D'autres activités, comme l'aéronautique (Aérospatiale) ou des secteurs de pointe, se sont installées à proximité de l'agglomération. L'aéroport de Nantes-Atlantique, le TGV, l'autoroute vers Paris, l'université, l'École des mines sont des atouts qui ne permettent pourtant pas à la ville de s'affirmer comme une métropole, du fait de sa position excentrée dans le réseau des grandes villes européennes et de la concurrence de Rennes.

▮ **HISTOIRE** ▮ **L'Antiquité et le Moyen Âge** L'antique cité des Gaulois devint sous l'Empire romain un important centre commercial et administratif. Christianisée vers le milieu du IIIe s. par saint Clair, elle fut placée par Clotaire Ier en 560 sous la tutelle de l'évêque saint Félix. Lors du soulèvement de la Bretagne contre les successeurs de Charlemagne, Nantes prit le parti de ces derniers. Aussi Nominoé rasa-t-il les fortifications de la ville, en même temps que celles de Rennes, lorsqu'il eut réussi à se faire proclamer roi de Bretagne en 842. Une année plus tard, les Normands prirent la ville et n'en furent chassés qu'en 936 par Alain Barbetorte, à la mort duquel la souveraineté de la Bretagne fut revendiquée à la fois par les comtes de Nantes et de Rennes. ▮ **La capitale du duché de Bretagne** Philippe Auguste mit fin à leurs luttes en faisant Pierre de Dreux duc de Bretagne. Celui-ci choisit pour capitale Nantes, qu'il entoura de fortifications et dut défendre contre les entreprises de Jean sans Terre (1214). Pendant les guerres de Succession* de Bretagne, qui opposèrent Jean* de Montfort à Charles de Blois, la ville prit parti pour celui-ci, après s'être un temps rangée aux côtés du premier. Elle ne se rendit au fils de Jean de Montfort, proclamé duc sous le nom de Jean IV, que lorsque ses alliés anglais se furent retirés. ▮ **La Réforme** Pendant la Réforme, Nantes s'engagea dans la Ligue, groupée autour du duc de Mercœur, gouverneur de la province. Elle se rendit en 1598 à Henri IV, qui y promulgua l'édit de Nantes (→ **Nantes [édit de]**). ▮ **Le commerce triangulaire** Dès le XVIIe s., la ville, tournée vers la mer, prit un essor considérable grâce au commerce triangulaire (avec l'Afrique et l'Amérique) qui ne devait cesser complètement que dans le deuxième tiers du XIXe s. ▮ **La Révolution française** En 1789, elle embrassa le parti républicain et pendant la guerre de Vendée de nombreux combats opposèrent bleus et blancs sous ses murs. Pendant la Terreur, le Comité de salut public y envoya, pour procéder à l'épuration des suspects, le député du Cantal Jean-Baptiste Carrier*. C'est à l'instigation de ce dernier que furent organisées les «noyades», qui consistaient à couler dans la Loire des bateaux chargés de prisonniers. ▮ **La Deuxième Guerre mondiale** Nantes fut occupée par les troupes allemandes de juin 1940 à août 1944. Les bombardements alliés, de septembre 1943 à la fin de la guerre, endommagèrent de nombreux quartiers.

**Nantes** (édit de) ♦ Édit signé par Henri IV en 1598, pour apaiser les conflits religieux, en fixant légalement le statut des protestants de France. Des concessions considérables leur étaient faites : outre la liberté de conscience, ils jouissaient de la liberté de culte dans les domiciles seigneuriaux, dans deux villes ou villages par bailliage, et dans toutes les villes où le culte réformé existait de fait. Différents gages préservaient cette liberté, mais les articles secrets apportaient un certain nombre de réserves, pour atténuer les préventions des catholiques. Sur le plan juridique, une amnistie rendit aux protestants l'intégralité de leurs droits civiques, tandis que les «chambres mi-parties» étaient instituées. En politique, ils avaient accès à tous les emplois et le droit de porter des remontrances au roi. Des garanties militaires appuyaient l'ensemble par la concession d'une centaine de places de sûreté. Cet exemple de tolérance, unique en Europe, n'était en fait qu'un compromis imposé par l'épuisement des deux partis. Il créait un «État dans l'État», ce qui explique l'hostilité des parlements quand ils durent l'accepter et celle de Richelieu, abolissant les privilèges militaires à la paix d'Alès (1629), puis celle de Louis XIV. ♦ ***Révocation de l'édit de Nantes*** Signé par Louis XIV à Fontainebleau en 1685, cet édit supprimait tous les avantages accordés par Henri IV aux protestants. Leur culte fut interdit, les pasteurs bannis. La lutte contre le protestantisme avait en fait recommencé beaucoup plus tôt. À partir de 1661, des restrictions croissantes à l'application de l'édit de Nantes avaient accompagné une active propagande (caisse des conversions, 1676) et des persécutions (dragonnades*, 1680). Le nombre des conversions plus ou moins forcées fut si important qu'on put croire l'édit de Nantes devenu réellement inutile et qu'on ne mesura pas l'ampleur des conséquences de sa révocation, qui fut d'ailleurs bien accueillie par la majorité de l'opinion publique. Plus de 200 000 protestants (officiers, industriels, commerçants, artisans, agriculteurs) émigrèrent, accueillis surtout en Prusse et en Hollande où ils fondèrent parfois des foyers d'hostilité à la France, tandis que se produisaient des révoltes. → **camisards.**

**Nantes à Brest** (canal de) ♦ Canal de Bretagne, reliant Nantes à Brest, mis en service en 1838. D'une longueur totale de 360 km, il est ouvert à la navigation sur 227 km, la partie située à l'O. du barrage de Guerlédan étant désaffectée.

**NANTEUIL (Robert)** ♦ Graveur et pastelliste français (Reims 1623 - Paris 1678). Il travailla à Reims, puis s'établit à Paris en 1647. Portraitiste, il assimila la leçon de rigueur et de fermeté de P. de Champaigne* et, grâce à A. Bosse*, perfectionna sa technique du burin. Il devint graveur de Louis XIV (1657) et s'affirma comme le graveur le plus important de la seconde moitié du XVIIe s. par ses sobres portraits (deux cents environ) des membres de la cour et des grands dignitaires *(Louis XIV, Colbert)*. Il fut l'un des premiers à employer la technique du pastel et laissa des notes sur son art *(Maximes et Réflexions)*.

**NANTEUIL (Célestin LE BŒUF-NANTEUIL, dit Célestin)** ♦ Peintre, pastelliste, dessinateur et graveur français (Rome 1813 - Marlotte 1873). Élève de Langlois, il travailla ensuite dans l'atelier d'Ingres*. Lithographe et aquafortiste, il fut l'un des plus brillants illustrateurs de la poésie romantique (Gautier, Nerval, Petrus Borel, Hugo) ; ses milliers de vignettes et de frontispices contribuèrent à la vogue du « style troubadour ». De 1848 à 1868, il exécuta une série de peintures allégoriques d'un style assez conventionnel. ← ÉTYM. Ce nom de famille vient d'un nom de lieu dans les Deux-Sèvres (du gaulois *nanto* « vallée » et *ialo* « clairière »).

**NANTEUIL-LÈS-MEAUX** [77100] ← ÉTYM. anc. *Fiscus Nantolialinsis* du gaul. « clairière *(ialo)* de la vallée *(nanto)* » ♦ Comm. de la Seine-et-Marne, arr. de Meaux, sur la Marne. 5 009 hab. Mécanique de précision. Indus. automobile (pièces détachées).

**NANTONG** ou **NAN-T'ONG** ♦ V. de Chine (Jiangsu). 611 736 hab. Port maritime sur le Chang jiang. Centre industriel. Coton. Culture de menthe.

**NANTUA** [01130] ← ÉTYM. anc. *Nantuadenses,* du gaul. *nanto* « vallée » et suff. *-ate* ♦ Ch.-l. d'arr. de l'Ain, dans une cluse du Jura, sur le lac de Nantua. 3 902 hab. (aggl. 4 519) *(Nantuatiens)*. Église Saint-Michel (XIIe s.), anc. abbatiale bénédictine (portail roman) : chapelle Renaissance (retable de pierre ; *Martyre de saint Sébastien* par E. Delacroix). Musée de la Résistance et de la Déportation de l'Ain et du Haut-Jura. ▪ Centre de villégiature.

**NANTUCKET** ♦ Île des États-Unis (Massachusetts), au S.-E. du cap Cod*. Anc. centre de l'indus. baleinière (XVIIIe s.), surpassé vers 1820 par New* Bedford. L'île, peu peuplée, vit aujourd'hui du tourisme (notamment dans le village de Nantucket).

**NANZHAO** ou **NAN TCHAO** ou **NAN ZHAO** n. m. ♦ Ancien État thaï de l'O. du Yunnan* (Chine du Sud) fondé au déb. du VIIIe s. Au Xe s., il fut supplanté par le royaume de Ta-li qui, deux siècles plus tard, devait être annexé par la Chine et transformé en province.

**NAO** (cap de la) ♦ Cap espagnol de la Méditerranée, sur la côte du Levant, entre Alicante et Valence.

**NAPIER** ou **NEPER (John),** baron **DE MERCHISTON** ♦ Mathématicien écossais (Merchiston 1550 - *id.* 1617). Cherchant à simplifier les calculs trigonométriques des astronomes, il réalisa d'abord des réglettes chiffrées puis, en reprenant une idée ancienne consistant à comparer les progressions arithmétique et géométrique, il découvrit les logarithmes dits *népériens* (1614) dont il établit la théorie et qui le menèrent à la construction de tables ; il conseilla ensuite Briggs* dans l'établissement des tables de logarithmes décimaux, plus adaptés aux calculs numériques. Les tables de logarithmes eurent un succès immédiat, tant elles répondaient aux besoins contemporains (Kepler* dédia ses *Tabulae rudolphinae* à Napier, son calcul ayant été largement facilité par l'emploi des logarithmes). Il établit également les principes sur lesquels sont basées certaines machines à calculer (1617). ← ÉTYM. *Napier* signifie « fabricant de nappes » ou « responsable de la nappe » (ancien titre anglais).

**NAPLES** – en it. ***Napoli*** ← ÉTYM. du gr. *Neapolis* « nouvelle *(nea)* ville *(polis)* » (V. ci-dessous) ♦ V. d'Italie, ch.-l. de la Campanie et ch.-l. de prov., sur la mer Tyrrhénienne, au fond du *golfe de Naples,* au pied du Vésuve. 1 004 500 hab. *(Napolitains)*. Université. La ville s'étend sur 20 km de Pozzuoli à Portici. Des îlots d'habitations misérables voisinent avec les grands immeubles cossus des quartiers résidentiels modernes s'étageant sur le Vomero et le Pausilippe, face à l'une des plus célèbres baies du monde. Les richesses monumentales de la ville sont disséminées dans l'agglomération. Le quartier animé, proche du port, centré sur la piazza del Plebiscito et la galerie Umberto-Ier, rassemble le palais royal (XVIIe s.), l'église Saint-François-de-Paule, le théâtre San Carlo (XVIIIe - XIXe s.) et le Castel Nuovo (XIIIe s.) bâti pour Charles Ier d'Anjou (arc sculpté du XVe s.). Dans le vieux Naples *(Spacca Napoli),* nombreuses églises gothiques, en particulier Sainte-Claire, dont le cloître (XVIIIe s.) est recouvert de majoliques, et Saint-Laurent (abside à déambulatoire du XIIIe s., nef du XIVe s.), et baroques (chapelle San Severo). Plus à l'E., la cathédrale Saint-Janvier (San Gennaro) du XIVe s. (remaniée) conserve dans une chapelle baroque les ampoules contenant le sang du saint, qui doit se liquéfier le 1er dimanche de mai et le 19 sept. (« miracle de saint Janvier » auquel les Napolitains sont très attentifs). Deux grands musées enrichissent la ville : le Musée archéologique national conservant les coll. constituées par les Bourbons de Naples et les produits des fouilles effectuées à Herculanum et Pompéi (sculptures grecques et romaines, peintures murales, bronzes) et, dominant l'aggl., le Musée et la Galerie nationale de Capodimonte (palais XVIIIe s. et parc) contenant une riche pinacothèque (peintres primitifs et Renaissance des écoles italiennes et étrangères, jusqu'au XXe s.) et des coll. d'objets d'art, meubles et porcelaines. À l'O. de la ville, vaste chartreuse Saint-Martin (San Martino) des XVIe - XVIIe s., élevée sur la colline du Vomero : église baroque (toiles de G. Reni et de Carracciolo). Au musée, peintures, sculptures, souvenirs historiques de la ville et coll. de crèches napolitaines. ▪ Le port a une double fonction : commerciale (ravitaillement en fer, coke, minerais des aciéries de Bagnoli, importation de produits pétroliers) et touristique (transport de passagers vers les îles, croisières dans le golfe et le long de la côte). Le secteur industriel est très développé. L'agglomération napolitaine est le principal centre économique du Mezzogiorno* : aciéries et cimenteries de Bagnoli, raffineries de pétrole, industries chimiques (engrais, caoutchouc, verreries), mécaniques (Olivetti) à Pozzuoli, textiles et alimentaires. ▮ **Histoire** Fondée v. –600 sous le nom de *Parthénopé* par des Grecs de Cumes (Campanie), la ville prit le nom de *Paléopolis* (« ville ancienne ») v. –500 lorsque des Athéniens ou des Chalcidiens fondèrent la cité de *Neapolis* (« ville nouvelle »). Alliée de Rome (–326), elle résista à Pyrrhus (–280) et Hannibal n'osa pas l'attaquer. Séjour de Virgile (–Ier s.), de Claude et de Néron (Ier s.), elle fut prise par les Ostrogoths en 493, mais fut reprise en 544 par Byzance. Elle devint normande en 1137 puis, sous les Angevins, fut la capitale du royaume de Naples, et l'histoire de la ville se confond dès lors avec celle du royaume. Aux XVIIe - XVIIIe s., se développa, sous l'influence du caravagisme, l'école de peinture napolitaine (J. Ribera, Monsu Desiderio, Preti, Giordano, Rosa, Ruppolo, Recco). Naples se révolta en 1848 ; la prise de la ville par Garibaldi (1860) marqua la fin du royaume des Deux-Siciles. Naples rejoignit le royaume d'Italie (1861). Elle fut libérée le 1er octobre 1943 par la Ve armée américaine.

**Naples.** La chartreuse de San Martino, le port de commerce et le Vésuve. *Phot. © Jean-Claude Tanguy*

**NAPLES (ROYAUME DE),** puis **ROYAUME DES DEUX-SICILES** ♦ Ancien royaume d'Italie (S. de l'Italie péninsulaire et Sicile). Il fut pris par les Normands au XIe s., qui y fondèrent plusieurs principautés, dont la plus importante fut celle de Robert* Guiscard qui, reconnu par le pape Nicolas II en 1059, s'empara du duché entier de Naples en 1071. Roger* Ier, le frère de Guiscard, enleva la Sicile aux Arabes (1061 - 1091) et Roger* II (1127 - 1154) obtint le titre de roi de Sicile en 1130. Guelfes, les rois de Sicile s'opposèrent aux empereurs germaniques jusqu'en 1186, date à laquelle la fille de Roger II, Constance, épousa Henri* VI d'Allemagne. Le fils de ce dernier, Frédéric* II, séjourna en Italie du Sud, fonda l'université de Naples (1224) et établit les Constitutions de Melfi. L'empereur germanique Conrad IV (1250 - 1254) et le roi Manfred combattirent les papes. Le pape Clément IV attribua le royaume de Sicile à Charles* Ier d'Anjou (1265) qui conquit son royaume sur Manfred* en 1266 puis sur Conradin* (1268). Régnant sur Naples et la Sicile (1266 - 1285), Charles d'Anjou mena une politique d'opposition aux libertés municipales, qui suscita l'insurrection des Vêpres* siciliennes (1282) : il dut céder la Sicile à Pierre* III d'Aragon. Charles d'Anjou échoua à la reconquérir, malgré l'appui du pape, et son fils Charles II (1285 - 1309) dut reconnaître l'indépendance de la Sicile (le royaume de Naples restant à la dynastie angevine). Naples, grande cité d'affaires sous Robert* d'Anjou le Sage (1309 - 1343), combattit du côté des guelfes contre Louis de Bavière, empereur germanique, et protégea Florence. Après le règne de Jeanne* Ire (1343 - 1382), le pouvoir revint à Charles* III de Duras (1381 - 1386), puis au fils de ce dernier, Ladislas* (1386 - 1414). Jeanne* II, en désignant deux héritiers, Alphonse* V d'Aragon et Louis III d'Anjou, déclencha de nouvelles guerres. Alphonse V, vainqueur en 1442, réunit Naples à la Sicile (1er royaume des Deux-Siciles, 1442 - 1458). À sa mort, la Sicile resta à l'Aragon tandis que Naples allait à un fils d'Alphonse V, Ferdinand* Ier (1458 - 1494). Les revendications des Français lors des guerres d'Italie aboutirent à donner le royaume à l'Aragon **(→ Ferdinand II d'Aragon)**. Malgré plusieurs révoltes, notamment en 1647, Naples ne put s'affranchir de la domination de l'Espagne, qui l'accablait d'impôts. Après une brève occupation autrichienne (1713 - 1735), l'empereur Charles VI céda le royaume à Charles VII (1735 - 1759), le futur roi Charles III d'Espagne, qui réorganisa le royaume dans le sens du despotisme éclairé avec son ministre Tanucci. Lorsque Charles VII dut regagner l'Espagne à la mort de son frère (Ferdinand VI), le royaume passa à son fils Ferdinand IV (1759 - 1825), qui gouverna en despote. Après avoir participé à la guerre contre la France, le royaume devint la République parthénopéenne (janv. 1799). Les Bourbons, rétablis dans le royaume en juin 1799, en furent chassés en 1805 par Napoléon. Ce dernier donna Naples à Joseph Bonaparte* (1806), puis à Murat* (1808 - 1815). Les Bourbons, restés en Sicile, furent restaurés à la chute de Napoléon. En 1860, l'expédition des Mille de Garibaldi battit plusieurs fois l'armée royale et, en 1861, le dernier roi des Deux-Siciles, François* II, dut s'exiler tandis que le royaume rejoignait le nouveau royaume d'Italie.

**NAPLOUSE, NABLUS** ou **NĀBULUS** ◆ ÉTYM. anc. en gr. et en lat. *Flavia Neapolis* « nouvelle *(nea)* ville *(polis)* de Flavius (prénom de Vespasien) » ♦ V. de Cisjordanie, dans les monts de Samarie, à proximité de l'anc. Sichem. Occupée par Israël à la suite de la guerre des Six Jours, elle est sous autogouvernement palestinien depuis déc. 1995. Env. 126 132 hab. Important centre commercial. ▮ **Histoire** La ville gréco-romaine de *Flavia Neapolis* fut fondée en 72 par Vespasien sur l'emplacement de Sichem.

**NAPO** n. m. (río) ♦ Fl. d'Équateur (1 020 km), issu des Andes et traversant la forêt amazonienne pour confluer avec le Marañon (Amazone) au Pérou, en aval d'Iquitos. ♦ ***Province du Napo*** Province d'Équateur, en zone amazonienne. 52 318 $km^2$. 79 139 hab. CAP. : Tena. Le climat tropical, chaud et humide, est favorable à la forêt. Seule la partie proche de la cordillère est progressivement exploitée par des colons venus de celle-ci. Gisements de pétrole mis en valeur depuis 1970.

**NAPOLÉON Ier** **[Napoléon BONAPARTE]** ◆ ÉTYM. en corse *Napoleone*, apparenté au germ. *Nibelungen**, altéré en it. par l'attraction de *Napoli* (« Naples ») et de *leone* (« lion ») ♦ (Ajaccio 15 août 1769 - île de Sainte-Hélène 5 mai 1821). Premier consul à vie (1802 - 1804), puis empereur des Français (1804 - 1815). Deuxième fils de Charles Marie Bonaparte et de Letizia Ramolino, il eut quatre frères et trois sœurs **(→ Bonaparte)**. De petite noblesse, il étudia au collège d'Autun, à l'école militaire de Brienne (1779 - 1784), puis à celle de Paris ; il en sortit lieutenant en second et vécut en garnison jusqu'en 1791. Après l'échec d'une tentative de carrière politique en Corse, il s'installa en France avec sa famille. ▮ **La prise de Toulon** Chef de l'artillerie au siège de Toulon*, il contribua à la prise de la ville qui s'était livrée aux Britanniques (déc. 1793). Nommé général de brigade et commandant de l'artillerie à l'armée d'Italie (1794), il fut emprisonné après le 9 Thermidor en raison de ses amitiés pour les jacobins, mais vite relâché. ▮ **Le Directoire et l'expédition d'Égypte** Le 13 Vendémiaire* (5 oct. 1795), Barras* appela Bonaparte pour réprimer l'insurrection royaliste dirigée contre le Directoire ; il fut alors nommé commandant en chef de l'armée de l'intérieur. Promu général en chef de l'armée d'Italie le 2 mars 1796, il épousa le 9 mars Joséphine Tascher de La Pagerie, veuve du général de Beauharnais* **(→ Joséphine)**. La campagne d'Italie, contre les forces austro-piémontaises, fut menée avec une rapidité foudroyante, révélant le génie militaire de Bonaparte. Son immense popularité inquiéta le Directoire qui chercha à l'éloigner, tout en utilisant ses talents militaires, et ce fut l'expédition d'Égypte. **→ Égypte (campagne d')**. Dès son retour il organisa un coup d'État contre le Directoire (9 nov. 1799), avec l'aide de Sieyès, Talleyrand, Fouché, Murat et de son frère Lucien. **→ Brumaire (18)**.

▮ **LE CONSULAT** ▮ **Premier consul** S'appuyant sur les diverses oppositions (royalistes, modérées ou jacobines) à un régime déconsidéré, Bonaparte utilisait son prestige personnel, sans révéler ses projets à long terme. Premier consul à côté de Cambacérès* et de Lebrun* **(→ Consulat)**, Napoléon Bonaparte, tout en assurant son pouvoir personnel par une Constitution qui escamotait le suffrage universel, émiettait le pouvoir législatif et confisquait l'exécutif au profit du Premier consul. Il réorganisa les finances, la justice, l'administration, créa les lycées, la Légion* d'honneur, la Banque* de France, fit promulguer un Code* civil (code Napoléon) qui modifiait profondément les structures juridiques ; il signa le concordat* (avr. 1801) pour se concilier les milieux catholiques (« les conquérants habiles ne sont jamais brouillés avec les prêtres »), la religion, faite pour l'État, devant garantir l'obéissance au pouvoir civil. À l'extérieur, Bonaparte attaqua les Autrichiens **(→ Italie [campagne d'])**, passant le Grand-Saint-Bernard (21 mai 1800). La Grande-Bretagne dut signer la paix d'Amiens* (mars 1802). En France, l'opposition au Consulat s'enhardissant (attentat de la rue Saint-Nicaise, le 24 déc. 1800), Bonaparte et Fouché en profitèrent pour frapper les jacobins (déportations en Guyane, exécutions) alors que les auteurs de l'attentat se révélèrent être des royalistes complices de Cadoudal. ▮ **Consul à vie** Le 2 août 1802, un « sénatus-consulte » ratifié par plébiscite nommait Bonaparte consul à vie ; l'amnistie accordée aux émigrés avait achevé de concilier à Bonaparte une partie de l'opposition réactionnaire. Mais les tentatives royalistes (notamment le complot de Cadoudal*, auquel s'étaient joints Moreau* et Pichegru*, en 1803) permirent à Bonaparte d'utiliser l'émotion de l'opinion publique et de continuer son ascension politique tout en rompant définitivement avec les royalistes (enlèvement et exécution du duc d'Enghien*, 21 mars 1804).

▮ **L'EMPIRE** Le 18 mai 1804, après diverses sollicitations savamment orchestrées, le Sénat quasi unanime proclamait Napoléon Bonaparte empereur des Français sous le nom de Napoléon Ier et déclarait l'Empire héréditaire (décisions ratifiées par plébiscite). Le pape Pie* VII vint de Rome afin de procéder au sacre qui eut lieu à Notre-Dame de Paris (2 déc. 1804). Aussitôt Napoléon organisa une cour impériale qu'il voulait digne des fastes de l'Ancien Régime. Les membres de la famille Bonaparte furent proclamés princes et altesses, honneurs et décorations furent généreusement distribués aux partisans du nouvel empereur (archichanceliers, maréchaux, grands officiers civils). En outre, la république italienne était transformée en royaume (mai 1805), Napoléon proclamé *roi d'Italie* à Milan et Eugène de Beauharnais nommé vice-roi.

▮ **LES GUERRES NAPOLÉONIENNES** À partir de 1805, le destin de Napoléon est celui d'un conquérant et se confond avec la politique européenne. ▮ **La troisième coalition** La Grande-Bretagne, qui avait rompu la paix d'Amiens en 1803 et constitué une armée (à laquelle Bonaparte avait pensé s'opposer en installant le camp de Boulogne*), formait avec l'Autriche, la Russie et les Deux-Siciles la troisième coalition*. Le 20 oct. 1805, les Autrichiens furent battus à Ulm* ; la grave défaite navale de Trafalgar* (21 oct. 1805) ne ralentit pas les offensives de Napoléon, qui remporta le 2 déc. 1805 la victoire d'Austerlitz*. Le 15 déc., la Prusse signait le traité de Vienne*, le 26 déc., le traité de Presbourg* mettait fin à la coalition. ▮ **La Confédération du Rhin** Les Bourbons d'Espagne (Ferdinand IV et Marie-Caroline) ayant abandonné leur trône de Naples, Joseph Bonaparte fut placé sur ce trône (fév. 1806) et, en juin 1806, Louis Bonaparte devint roi de Hollande. La Confédération* du Rhin, qui marquait la fin du Saint-Empire, fut créée le 12 juil. 1806. ▮ **De Iéna à Tilsit** Une nouvelle campagne contre la Prusse et la Russie commença en 1806 ; la Prusse fut écrasée à Iéna* et à Auerstedt* ; à Berlin, Napoléon déclara le Blocus* continental le 21 nov. puis il entra en Pologne, battit les Russes à Eylau* (8 fév. 1807), bataille très meurtrière et incertaine ; le 14 juin, il était vainqueur à Friedland. L'entrevue de Tilsit* avec le tsar Alexandre Ier (25 juin) suivit cette victoire : la Prusse était réduite à quatre provinces, le reste constitua le grand-duché de Varsovie et le royaume de Westphalie, sur lequel régna Jérôme Bonaparte*. ▮ **Le renforcement de l'absolutisme** Rentré à Paris, Napoléon poursuivit son œuvre intérieure, assurant son absolutisme sur tous les plans (police, université impériale **→ Fontanes**) ; le Tribunat créé sous le Consulat fut supprimé (1807), le Sénat et le Corps législatif n'étaient plus que des chambres d'enregistrement. ▮ **Le Portugal et l'Espagne** Mais la politique expansionniste de l'Empereur ne se ralentit pas ; il fit occuper le Portugal en nov. 1807 pour le contraindre à respecter le blocus continental ; la guerre d'Espagne (→ **Espagne**) débuta par l'entrée de Murat à Madrid (23 mars 1808), qui provoqua un soulèvement de la population, suivi d'une répression extrêmement violente entraînant l'insurrection générale du pays et les atrocités évoquées par Goya. Le 5 mai, Napoléon forçait Charles IV et son fils Ferdinand VII à signer leur abdication à Bayonne. Joseph Bonaparte devenait roi d'Espagne, Murat le remplaçait sur le trône de Naples. Mais bientôt les Français capitulaient (Bailén*, Sintra*) et, après l'entrevue d'Erfurt* (oct. 1808), Napoléon intervint lui-même en Espagne pour rétablir la situation. Il dut rentrer à Paris en janv. 1809, laissant Soult et Ney sur place : Soult fut défait à Vitoria* par Wellington (21 juin 1813). **▮ La paix de Vienne** Les victoires françaises d'Abensberg, de Ratisbonne*, d'Eckmühl (avr. 1809), d'Essling* et celle de Wagram* (6 juil.) conduisirent à la paix de Vienne* (14 oct. 1809). Pie VII ayant refusé de rompre avec la Grande-Bretagne, Napoléon annexa à l'Empire les États pontificaux (mai 1809) et fit enlever le pape (juil.). Ayant divorcé de Joséphine, qui ne lui avait pas donné d'enfant, il épousa Marie*-Louise de Habsbourg, fille de l'empereur d'Autriche (2 avr. 1810), qui mettait au monde un fils, immédiatement proclamé roi de Rome, le 20 mars 1811. **▮ La campagne de Russie** Après deux ans de paix relative pendant laquelle l'empire s'était encore étendu (annexion de la Hollande) et comptait 130 départements, la Suède ayant élu Bernadotte prince héritier, Napoléon, ayant rompu son alliance avec le tsar Alexandre I^er^, entreprit la campagne de Russie* (juin - déc. 1812) dont les principales phases furent l'avance rapide des Français, leur entrée à Moscou, où un immense incendie se déclara le lendemain, et la retraite de l'armée française dans des conditions épouvantables. Napoléon, apprenant la conspiration du général Malet*, était rentré précipitamment à Paris, laissant à Murat*, qui allait déserter, les débris de son armée. Les opérations reprirent au printemps 1813 contre la Prusse, la Russie, l'Autriche, la Suède. L'Empereur remporta des victoires à Lützen*, Bautzen*, Dresde, mais fut défait à Leipzig* (« bataille des Nations », oct. 1813). **▮ La campagne de France** C'était ensuite l'invasion et la campagne de France* (janv.-mars 1814) ; après l'échec des négociations de Châtillon* entre la France et les Alliés, Napoléon remporta encore des victoires à Champaubert, Montmirail, Château-Thierry, Mormant, Nangis, Montereau, mais ne put empêcher les Alliés d'entrer dans Paris (31 mars).

**▮ LA CHUTE ▮ L'île d'Elbe** Talleyrand obtint du Sénat la déchéance de l'Empereur, qui, retiré à Fontainebleau, abdiqua le 4 avril ; il garda son titre d'empereur et on lui octroya la souveraineté de l'île d'Elbe* et une rente. Cependant, en France, une opposition bonapartiste s'organisait contre Louis* XVIII, dont le régime paraissait fragile. **▮ Les Cent-Jours** Napoléon résolut de rentrer en France ; il débarqua le 1^er^ mars 1815 à Golfe-Juan ; sa marche sur Paris fut triomphale et il entra aux Tuileries le 20 mars, reprenant le pouvoir. → **Cent-Jours.** Aussitôt, l'Europe se coalisa et lui imposa la défaite de Waterloo* (18 juin 1815). **▮ Sainte-Hélène** L'Empereur abdiqua pour la seconde fois, mais en faveur de son fils (22 juin) ; il se confia à la Grande-Bretagne qui le déporta à Sainte-Hélène avec quelques fidèles. Il y arriva le 17 octobre 1815 ; durant ses cinq années de captivité, il fut constamment en butte aux vexations du gouverneur Hudson Lowe. L'Empereur dicta ses *Mémoires* à Las* Cases. Il mourut, probablement d'un cancer à l'estomac, le 5 mai 1821. Le retour des cendres eut lieu sous Louis-Philippe, en 1840, et le cercueil fut déposé aux Invalides.

**▮ NAPOLÉON ÉCRIVAIN** Napoléon fut considéré par Thiers, Sainte-Beuve et Stendhal comme un écrivain remarquable *(Histoire de la Corse, Lettre à Buttafucco, Dialogue sur l'amour, Le Masque prophète, Le Comte d'Essex, Le Souper de Beaucaire, Clisson et Eugénie).* Ses écrits les plus importants sont sa *Correspondance*, publiée par ordre de Napoléon III en 32 volumes, et contenant notamment ses lettres à Joséphine et à Marie-Louise. Les 4 derniers volumes sont réservés aux mémoires écrits par Napoléon à Sainte-Hélène.

**Napoléon** (route) ♦ Route empruntée par Napoléon I^er^ à travers les Alpes, lors de son retour de l'île d'Elbe. Elle part de Cannes, traverse Grasse, Castellane, Digne, Sisteron, Gap, Vizille et aboutit à Grenoble.

**Napoléon** ♦ Film français d'Abel Gance* (1927), avec Albert Dieudonné, Gina Manès, Antonin Artaud. Cette grandiose image d'Épinal se voulait plus grandiose encore, l'auteur ayant prévu de conter la geste entière de l'Empereur, d'Ajaccio à Sainte-Hélène. Ramené à quelques épisodes clés de la jeunesse de Bonaparte, le film durait tout de même 8 heures. Cette version se révélant inexploitable, il fallut la réduire et renoncer aux enjolivements techniques, tels les fameux « triptyques » qui élargissaient l'écran à la manière d'un immense retable. Si l'on ajoute à cela un véritable déluge d'images, censé recréer les tempêtes de la Révolution, on aboutit à un grand rêve de pellicule, que Gance ne cessera d'ailleurs de reprendre. Le film fut restauré à grand frais en 1980 par un historien britannique, Kevin Bronlow.

**Napoléon I^er^.** *Bonaparte au pont d'Arcole,* par Jean-Antoine Gros (130 × 94 cm). Musée du Louvre, Paris. *Phot. © Arch. Nathan*

**NAPOLÉON II [François Charles Joseph Napoléon BONAPARTE]** ♦ Fils de Napoléon I^er^ et de Marie-Louise (Paris 1811 - Schönbrunn 1832), il fut dès sa naissance proclamé *roi de Rome.* Après la première abdication de Napoléon (4 avr. 1814), Marie-Louise l'emmena à la cour d'Autriche. Napoléon abdiqua une seconde fois mais en sa faveur (22 juin 1815) ; il fut alors reconnu par les Chambres des Cent-Jours sous le nom de Napoléon II, mais non par les Alliés. Il vécut auprès de son grand-père maternel François II, empereur d'Autriche, sous le nom de *duc de Reichstadt.* Son nom fut acclamé à Paris en 1830 et Metternich s'en servit contre Louis-Philippe. À partir de 1830, il devint l'ami de Marmont* qui lui parla de la gloire de son père. Il mourut à l'âge de vingt et un ans de la tuberculose. Les cendres de Napoléon II furent rendues à la France par Hitler (1940) et déposées aux Invalides. ▪ Sa vie a inspiré E. Rostand* pour *L'Aiglon.*

**NAPOLÉON III [Charles Louis Napoléon BONAPARTE]** ♦ (Paris 1808 - Chislehurst, Kent 1873). Empereur des Français (1852 - 1870). **▮ L'enfance** Troisième fils de Louis Bonaparte*, frère de Napoléon I^er^ et roi de Hollande, et d'Hortense de Beauharnais*, il fut élevé à Arenenberg (Suisse) après la chute de l'Empire (1815) et eut pour précepteur le fils de l'ancien conventionnel Le Bas. Après avoir fréquenté le collège d'Augsbourg et l'école militaire de Thoune, il devint officier d'artillerie et, en 1831, prit part à l'insurrection des libéraux italiens (Menotti) en Romagne. **▮ De l'exil à l'Assemblée constituante** À la mort du duc de Reichstadt (1832), il se considéra comme le véritable chef du parti bonapartiste. Après l'échec de la conspiration de Strasbourg (1836) contre la monarchie* de Juillet, il s'exila au Brésil, aux États-Unis, puis en Angleterre. La seconde tentative qu'il entreprit à Boulogne en 1840, à l'occasion du retour des cendres de son oncle, échoua également. Emprisonné au fort de Ham, il parvint à s'évader en Angleterre (1846), revêtu des habits d'un maçon du nom de Badinguet (surnom qui lui restera). De retour en France après la révolution de février 1848, il fut élu à l'Assemblée constituante (avr. 1848). Cet homme, dont on a souvent affirmé les qualités de cœur, mais aussi « l'entêtement dans l'indécision » (É. Ollivier), comme d'ailleurs l'obstination dans la décision, était doué d'une intelligence certaine et d'une assez vaste culture ; il avait déjà exposé à cette époque sa conception du « césarisme démocratique » (*Idées napoléoniennes,* 1839) et ses théories économiques (*L'Extinction du paupérisme,* 1844), largement influencées par les œuvres de Saint-Simon. **▮ La présidence de la République** Le souvenir de la légende napoléonienne, mais plus encore la crainte bourgeoise du « péril rouge » après les journées de juin* 1848 assurèrent à Louis Napoléon Bonaparte le soutien du parti de l'Ordre* pour sa candidature à la présidence de la II^e^ République*. Élu à une large majorité le 10 déc. 1848, il manœuvra habilement, laissant les conservateurs de l'Assemblée* législative mener une politique réactionnaire (expédition de Rome*, 1849 ; loi Falloux*, suppression du suffrage universel, mai 1850), et se présentant lui-même tour à tour comme le champion du suffrage universel, le protecteur du monde ouvrier ou de la religion. **▮ La restauration de l'Empire** N'ayant pu obtenir la révision de la Constitution qui lui aurait permis de se faire réélire en 1852, il perpétra le coup d'État du 2 décembre* 1851. La Constitution de janv. 1852, qui restreignait considérablement le pouvoir législatif au profit de l'exécutif, allait permettre la restauration de l'Empire proclamé le 2 déc. 1852 après un nouveau plébiscite. **Le règne** Napoléon III, «Napoléon le Petit» (Victor Hugo), qui épousa en 1853 une comtesse espagnole, Eugénie de Montijo, dont il eut un fils EUGÈNE LOUIS NAPOLÉON (1856 - 1879), exerça d'abord une véritable dictature. → **Empire (Second).** Durant cette période, caractérisée par un important essor des finances, de l'industrie et du commerce, l'empereur, après ses premières déclarations pacifistes («L'Empire, c'est la paix»), pratiqua une politique extérieure nettement plus belliqueuse pour effacer la honte des traités de 1815 et réaffirmer la politique napoléonienne des nationalités. → **Crimée (guerre de), Italie (campagne d').** La campagne d'Italie fut loin de satisfaire pleinement les alliés italiens de l'empereur qui s'attira par ailleurs l'hostilité des catholiques français par sa politique italienne. Dès cette époque (1859 - 1860), Napoléon III entreprit de faire quelques concessions pour libéraliser le régime. La tentative pour instaurer un empire parlementaire (début 1870, → **Ollivier**) ne fit que renforcer l'opposition, malgré un plébiscite apparemment favorable à l'empereur, en mai 1870. **La chute** En dépit des conseils de modération et de prudence qui lui furent adressés, Napoléon III se décida à déclarer la guerre à la Prusse (juil. 1870). → **franco-allemande (guerre).** Après les premiers échecs subis par les armées françaises, l'empereur appela Cousin*-Montauban pour former un nouveau cabinet (9 août) qui ne put redresser la situation militaire. Après la défaite et la capitulation de Sedan* (2 sept. 1870), Napoléon III, fait prisonnier, fut interné au château de Wilhelmshöhe, près de Kassel. Le 4 septembre* 1870, l'Assemblée proclamait la déchéance de l'empereur qui s'exila en Angleterre.

**NAPOULE (LA)** ◆ ÉTYM. anc. *en Apoule, e Napoule,* de °*app-ula* (de la rac. oronym. °*ap-*) avec agglutination de la prép. *en* ♦ Station balnéaire et port de plaisance des Alpes-Maritimes (comm. de Mandelieu). Ruines d'un château du XIV^e^ s., restauré par le sculpteur américain Henry Clews (1876 - 1937) ; musée.

**NAQCH-É RUSTAM** ♦ Nécropole située en Iran, à 5 km de Persépolis*, et qui réunit de précieux témoignages artistiques achéménides et sassanides. Dans les hautes falaises, à une vingtaine de mètres du sol, furent creusés (de 521 à 424) les tombeaux de quatre grands empereurs achéménides. La façade de chaque tombeau est percée d'une porte surmontée d'un bas-relief où figurent les représentants des peuples qui composaient l'empire et est encadrée par deux paires de colonnes, qui supportent une plateforme où figure le roi à côté d'un autel du feu. L'emblème d'Ahura* Mazda est sculpté au-dessus de la scène. En-dessous de la nécropole, huit sculptures rupestres perpétuent le souvenir des grands événements des deux premiers siècles de l'époque sassanide.

**NARA** – anc. ***Heijōkyō*** ♦ V. du Japon (Honshū), ch.-l. de préf., au S. du lac Biwa. 370 102 hab. Elle comprend de très nombreux monuments des hautes époques japonaises. V. d'art et centre commercial. Tourisme. **Histoire** L'antique Heijōkyō, fut la capitale impériale de 710 à 784 et fut abandonnée en 794 par l'empereur Kanmu, au profit de la nouvelle ville de Heiankyō (Kyōto). La période dite «de Nara» (645 - 794) fut l'âge d'or de la civilisation nippone. Elle est divisée en une première époque (645 - 710) dite «Hakuhō» et une seconde (710 - 794) dite «Tempyō». L'influence de l'art chinois fut alors déterminante. C'est à Nara que commença de se développer, aux VI^e^ et VII^e^ s., le bouddhisme nouvellement importé de Corée.

**NĀRADA** ♦ Sage des temps mythiques de l'Inde, poète, musicien et messager des dieux de l'hindouisme, auquel la tradition attribue un grand nombre d'ouvrages religieux et techniques.

**NARAM-SIN** ♦ Roi d'Akkad* (–XXIV^e^ s.), troisième successeur de Sargon* l'Ancien. Il restaura l'intégrité de l'empire, se fit proclamer «roi des quatre nations» ; une stèle commémorant ses victoires est au Louvre.

**NARAYAN (Rasipuram Krishnaswami)** ♦ Écrivain indien de langue anglaise (Madras 1907 - *id.* 2001). Parrainé par Graham Greene pour la publication de son premier roman, *Swami et ses amis* (1935), il peignit dans ses ouvrages la société de l'Inde du Sud, notamment les classes moyennes et les intellectuels, avec humour et tendresse : *Le Professeur d'anglais* (1945), *Le Guide* (1956), *Dans la chambre obscure, L'Ingénieux M. Sampath.*

**NARAYANGANJ** ♦ V. du Bangladesh, sur la riv. Meghna, et faub. indus. important de la cap. Dhaka. 241 393 hab. Construc. navales, manufactures de jute.

**NARBONNAISE** n. f. – en lat. ***Gallia Narbonensis*** ♦ Une des quatre provinces de la Gaule romaine constituée en –27 par Auguste. Elle comprenait l'anc. «Province» au S. de la Gaule, conquise entre –125 et –100, dont les principaux peuples étaient : les Allobroges*, les Salyens* et les Volces*. Au IV^e^ s., elle fut divisée en trois provinces : la *Narbonnaise I^re^* (ch.-l. : *Narbo Martius,* auj. Narbonne), la *Narbonnaise II^e^* (ch.-l. : *Aquae Sextiae,* auj. Aix-en-Provence), la *Viennoise* (ch.-l. : *Vienna,* auj. Vienne).

**NARBONNE** [11100] ◆ ÉTYM. probablt d'une rac. hydronym. ibère ou aquit. *nar-* ♦ Ch.-l. d'arr. de l'Aude, dans la plaine du bas Languedoc, sur le canal de la Robine. 46 510 hab. *(Narbonnais).* Le palais des archevêques, édifice fortifié avec une façade à trois tours carrées des XIII^e^ et XIV^e^ s., abrite un musée d'archéologie et un musée d'art et d'histoire : peintures flamandes, italiennes, françaises des XVI^e^ et XVII^e^ s. ; faïences françaises du XVIII^e^ s. ; tapisseries de Beauvais. Anc. cathédrale Saint-Just (commencée en 1272), inachevée : grandiose chœur gothique abritant des œuvres d'art et un trésor. Basilique Saint-Paul-Serge bâtie à l'emplacement d'une nécropole (IV^e^ - V^e^ s.). Musée lapidaire. Église Saint-Sébastien (XV^e^ s.). ▪ Carrefour ferroviaire et routier. Ville à fonction tertiaire dominante. Sciences de l'environnement et de l'agronomie. Raffinage de l'uranium à Malvési*. Enseignement technologique. Aménagement d'une zone de haute technologie (Quatourze). Viticulture. Tourisme. Station balnéaire à Narbonne-Plage. **Histoire** Narbonne s'est développée sur un site celtique. En –118, elle devint colonie romaine (la première fondée en Gaule) sous le nom de *Narbo Martius,* puis capitale de la Narbonnaise I^re^. Les Wisigoths, puis les Arabes (719) l'occupèrent, avant que Pépin le Bref ne la reprît en 759. Au Moyen Âge, la vicomté relevant du comté de Toulouse administrait le Bourg (moitié S. de la ville) et les archevêques la Cité (moitié N.). La ville fut rattachée à la Couronne en 1509. Jusqu'au XIV^e^ s., ce fut un grand centre commercial et une cité maritime active. Ses activités portuaires déclinèrent à la suite des modifications du cours de l'Aude et du comblement du golfe (auj. étang de Sigean).

**NARCISSE** ◆ ÉTYM. en gr. ***Narkissos*** ; étym. inconnue [l'étym. du gr. *narkê* «engourdissement, torpeur» est populaire] ♦ Jeune homme béotien célèbre dans la légende pour sa beauté. Insensible à l'amour passionné d'Écho*, d'autres nymphes et de mortelles, il est puni par Némésis ; épris de sa propre image reflétée dans une fontaine, il se penche sur l'eau et languit de désespoir devant son idole insaisissable. À l'endroit où il mourut pousse la fleur qui porte son nom. Selon une autre version, l'image de son visage lui rappelle celui de sa sœur jumelle dont la mort prématurée l'avait affligé.

**NARCISSE** ♦ Affranchi romain (mort en 54). Secrétaire de l'empereur Claude*, il exerça une grande influence politique et acquit une fortune scandaleuse. Il provoqua la chute de Messaline* et, partisan de Britannicus*, s'opposa aux intrigues d'Agrippine* en faveur de Néron*. À l'avènement de ce dernier, il fut exilé en Campanie et contraint de se donner la mort.

**NARES** (sir **George Strong**) ♦ Navigateur et explorateur britannique (Aberdeen 1831 - Surbiton, Surrey 1915). Il participa à plusieurs expéditions dans l'Arctique, en particulier avec Markham (*Narrative of a Voyage to the Polar Sea during 1875-1876,* 1878), puis explora les mers du Sud (1878).

**NARESUEN** ou **PHRA NARET** ♦ Roi du Siam (de 1590 à 1605) à Āyuthyā*. Après avoir été prisonnier des Birmans qui avaient envahi le pays, il put remonter sur le trône avec son jeune frère Ekathotsarot qui lui succéda à sa mort. Il s'illustra surtout par ses guerres de conquête en basse Birmanie et au Cambodge dont il prit la capitale, Lovêk, en 1594.

**NAREW** n. m. – en russe ***Narev*** ♦ Rivière de Pologne (484 km). Née en Biélorussie, elle traverse la Podlachie au S. de Białystok, arrose Ostrołęka et se jette dans le Boug près de son confluent avec la Vistule. Elle reçoit sur sa rive droite de nombreux affluents issus des lacs de Mazurie.

**NARITA** ♦ V. du Japon (Honshū), préf. de Chiba. 100 717 hab. Aéroport international de Tōkyō, inauguré en 1972, dont la construction suscita une très violente opposition des paysans expropriés et des étudiants. ▪ Temple de Shinshoji, très vénéré.

**NARMADA** n. f. ♦ Fl. du N. de la péninsule Indienne (1 200 km) coulant des montagnes moyennes de l'Inde centrale vers le golfe de Khambat. C'est l'un des fleuves sacrés des hindous. Les projets d'aménagements se heurtent à l'opposition violente des populations locales et des mouvements écologistes.

**NARMER** → Ménès

**NARRAGANSETT** ◆ ÉTYM. du n. d'une tribu indienne ♦ Baie profonde sur la côte N.-E. des États-Unis, dans l'État de Rhode Island, s'enfonçant dans les terres en plusieurs bras de mer (dont la riv. Providence). Dans cette baie il y a plusieurs îles (dont Rhode Island, où se trouve Newport*).

**NARSÈS** ♦ Général byzantin d'origine arménienne (v. 478 - Rome 568 ou 573). Il contribua avec Bélisaire à l'échec de la sédition Nika* à Constantinople (532). Chargé par Justinien* I^er^ de combattre les Ostrogoths* en Italie, il vainquit Totila* (552) et réorganisa l'Italie après la capitulation des Goths (555). Bon administrateur mais cupide, il aurait été destitué par Justin* II en 567.

**NARUSE Mikio** ♦ Cinéaste japonais (Tōkyō 1905 - *id.* 1969). L'Occident découvrit tardivement cet auteur pudique et sensible, qui a décrit en quelques films d'une poignante amertume la condition difficile de la femme japonaise : *Okasan* (1952), *Nuages flottants* (1955), *Vie de femme* (1963).

## narodniki

n. m. pl. ➝ ÉTYM. du russe *narod* « peuple » ♦ Adhérents du *narodnitchestvo*, premier mouvement socialiste révolutionnaire en Russie, au XIX^e s. Leur but était de soulever par la propagande les paysans, mécontents malgré l'abolition du servage par Alexandre* II (1861), de renverser le tsarisme et d'organiser un communisme agraire. Intellectuels enthousiastes, les narodniki se répandirent dans les campagnes pour rééduquer les paysans, mais cette « Marche vers le peuple » *(Khojdenie v narod)*, décrite par Tourgueniev*, aboutit à un échec. Au congrès de Voronej (1879), le mouvement se scinda en deux. Les modérés (G. V. Plekhanov*, P. B. Akselrod*, Vera Zassoulitch*) continuèrent l'action politique. Les extrémistes (Jeliabov, Perovskaïa, Vera Figner) se regroupèrent dans le mouvement Narodnaïa Volia (« Volonté du peuple »), qui organisa l'assassinat d'Alexandre II (la bombe fut jetée contre le tsar par Grinevitski, le 1^er mars 1881). Ses chefs furent exécutés ou emprisonnés dans la forteresse de Schlusselburg*. En 1880 - 1890, la tendance libérale (N. K. Mikhaïlovski) devint la plus importante parmi les narodniki et s'engagea dans la voie de compromis avec le gouvernement tsariste. Lénine* critiqua le *narodnitchestvo* qui exprimait, selon lui, l'idéologie de la république paysanne en Russie et sous-estimait le rôle du prolétariat.

**NARVA** ♦ V. d'Estonie sur la *Narva* ou *Narova* (77 km ; émissaire du lac Peïpous et tributaire du golfe de Finlande). 82 000 hab. Château (XIII^e - XV^e s.) construit par les chevaliers Teutoniques. Enceinte du XVI^e s., remaniée au XVII^e s. Hôtel de ville baroque (1668 - 1671). Maisons du XVII^e s. ▪ Port fluvial. Centre important d'indus. textile. Centrale hydroélectrique. ▮ **Histoire** Fondée par les Danois en 1223, Narva fut occupée par les chevaliers Teutoniques (1347), par Ivan le Terrible (1558), puis par les Suédois (1581). Charles XII y vainquit les Russes en 1700. Pierre le Grand reprit la ville en 1704 et la transforma en place forte. Les bolcheviks y arrêtèrent l'avance allemande vers Petrograd le 23 fév. 1918 (fêté comme jour de naissance de l'Armée rouge, bien qu'elle ait été créée par le décret du 28 janv. 1918). Narva fut incorporée l'année suivante à l'Estonie.

**NARVÁEZ (Pánfilo DE)** ♦ Conquistador espagnol (Valladolid v. 1470 - Floride 1528). D. Velázquez*, gouverneur de Cuba, le chargea de combattre Cortés* par lequel il fut fait prisonnier (1520). De retour en Espagne, il obtint la charge d'une expédition destinée à conquérir la Floride (1527). Victime de tempête au large de Cuba, sa flotte fit naufrage sur la côte du golfe du Mexique. Seuls Álvar Nuñez Cabeza* de Vaca et trois de ses compagnons en réchappèrent.

**NARVÁEZ (Manuel Ramón María),** duc **DE VALENCE** ♦ Homme politique espagnol (Andalousie 1800 - Madrid 1868). Il combattit les Français (1823), s'attacha à Marie*-Christine, puis vainquit les carlistes* (1836). Adversaire d'Espartero*, il le renversa en 1843, rappela en Espagne Marie-Christine et imposa la Constitution autoritaire de 1845. Écarté du pouvoir, il y revint avec la droite à plusieurs reprises, mais sa politique de répression à outrance (contre les républicains, puis les carlistes) contribua à provoquer le soulèvement de 1868. ➝ **Prim y Prats.**

**NARVIK** ♦ V. du N.-O. de la Norvège, au fond de l'Ofotfjord. 16 310 hab. ▪ Port d'exportation du minerai en provenance des mines de Suède septentrionale, auxquelles la ville est reliée par voie ferrée. Indus. mécanique. ▮ **Histoire** En avril 1940, les troupes norvégiennes et alliées, qui voulaient couper la « route du fer » à l'Axe, y affrontèrent les Allemands qui s'emparèrent de la ville à plusieurs reprises. ➝ **Guerre mondiale (Deuxième).**

**NARYCHKINE** ♦ Famille russe qui donna au tsar Alexis* I^er sa seconde épouse, NATHALIE NARYCHKINE (1651 - 1694) ; de cette union naquit le futur Pierre* le Grand. Après la mort de Fedor* III, les Narychkine, qui furent les premiers « occidentalistes » russes, tentèrent de placer Pierre sur le trône, mais les Streltsy* en révolte massacrèrent le frère de Nathalie, Ivan, et imposèrent comme régente Sophie (26 mai 1682).

**NARYN** n. m. ♦ Fl. du Kirghizstan (807 km). Né dans les glaciers des monts Tian shan, il porte le nom de Syr*-Daria après sa confluence avec le Kara-Daria. Nombreux aménagements hydroélectriques.

**Nasa** n. f. [National Aeronautics and Space Administration] ♦ Organisme qui dirige les recherches aéronautiques et spatiales civiles des États-Unis. Fondée en 1958, la Nasa possède neuf centres de recherche principaux, une douzaine de centres secondaires et deux bases de lancement (cap Canaveral* et Vandenberg). Ses activités comprennent les missions spatiales habitées (*Mercury, Gemini, Apollo** et *Skylab**), les missions d'exploration des planètes, mais également les recherches en télécommunications, météorologie, trafic aérien, ainsi que la recherche fondamentale en physique, astronomie, etc.

**NASBINALS** [48260] ➝ ÉTYM. occit. « qui produit des raves » de *nabina* « rave » et suff. *-al* ♦ Ch.-l. de cant. de la Lozère, arr. de Mende, dans l'Aubrac. 504 hab. *(Nasbinalais)*. Station de ski (1 180 - 1 450 m). Foires (bétail).

**Nasdaq** [National Association of Securities Dealers Automated Quotation system « système de cotation automatisée de l'association nationale des négociants boursiers »] ♦ Indice boursier du marché électronique des valeurs mobilières aux États-Unis, créé en 1971. Les sociétés cotées au Nasdaq représentent tous les secteurs de l'économie avec une présence plus importante des secteurs à forte croissance tels que les technologies de l'information, l'informatique, les télécommunications, l'industrie pharmaceutique et les biotechnologies.

**NASEBY** ➝ ÉTYM. anc. *Navesbury, Navesberie* « place forte (vx norrois *by*) de Hnaef (n. de pers.) » ♦ Village d'Angleterre au N. de Northampton. Victoire décisive de Fairfax* et de Cromwell*, à la tête des parlementaires, sur le prince Rupert* et les royalistes (1645).

**NĀSER AL-DĪN** ♦ (Téhéran 1831 - *id.* 1896). Chah de Perse (1848 - 1896). Fils de Muḥammad Chāh, de la dynastie des Kadjars*, il tenta de moderniser la Perse. Il réorganisa l'administration et l'armée, développa l'instruction, introduisit le télégraphe et les postes et fit construire des routes. Favorable à l'occidentalisation, il fut le premier souverain de Perse à voyager en Occident (1873, 1878, 1889). Cependant, après avoir fait exécuter son vizir Taghi Khān, en 1851, il ne put s'opposer aux pressions britanniques et russes et dut abandonner l'Afghanistan aux Britanniques, et Merv aux Russes. Il lutta contre le babisme*, mais ne put le réduire et fut en butte à l'opposition de l'opinion publique nationaliste. Il mourut assassiné.

**NĀSER AL-DĪN TŪSĪ** ♦ Homme d'État, mathématicien et astronome persan (Tūs 1201 - Bagdad 1274). Auteur d'une œuvre scientifique immense, incluant de nombreuses traductions en arabe et en persan d'ouvrages anciens, ainsi que des travaux de mathématiques et d'astronomie, il composa *Akhlāq-é Nasseri* (« Éthique à Nasser »), l'un des plus remarquables traités de morale du XIII^e s. islamique.

**NĀSER-É KHOSRŪ** ♦ Philosophe et poète persan (XI^e s.). Délégué par le calife fatimide* du Caire en tant que chef des ismaïliens* au Khorassan, il fut un propagandiste efficace de cette secte. Sa poésie est riche en sentences et en exhortations. Il y dénonce le luxe de la vie de cour, l'abus des puissants et l'hypocrisie des dévots défenseurs de l'orthodoxie. Il composa simultanément des traités théologiques et philosophiques. Après un séjour en Égypte, il écrivit le récit de son voyage *(Safarnāme)*.

**NASH (John)** ♦ Architecte britannique (Londres 1752 - île de Wight 1835). Il préconisa l'emploi du fer dans la construction des ponts, imita le gothique dans plusieurs châteaux, fut palladien dans quelques villas et s'inspira aussi des cottages. Devenu le favori du prince de Galles, il construisit le pavillon royal de Brighton (1815 - 1821) dans un style éclectique et pittoresque inspiré de l'architecture chinoise et indienne et donna les plans de Regent's Park et de Regent Street (Londres), d'un classicisme élégant et austère. ➝ ÉTYM. Ce nom désigne une personne vivant près d'un frêne (anglais *ash tree.*)

John **Nash.** Regent Street à Londres, édifiée d'après les plans de John Nash. *Phot. © Hétier*

**NASH (Paul)** ♦ Peintre britannique (Londres 1889 - Boscombe 1946). Fondateur du groupe Unit One en 1933, dont le but était de lutter contre l'académisme, il obtint le soutien de Barbara Hepworth*, de Ben Nicholson, de Henry Moore*. Le groupe ne survécut qu'une année aux dissensions entre partisans de l'abstraction et du surréalisme, tendance qui marque l'œuvre de Nash (*Landscape from a Dream,* 1936 - 1938). Appelé par Magritte le « maître de l'objet », Nash isole les objets dans des paysages soigneusement peints, leur conférant une vie proche de l'esprit du réalisme magique (*Equivalents for the Megaliths,* 1935). Il fut nommé peintre de guerre pendant les deux guerres mondiales.

**NASH (John Forbes)** ♦ Mathématicien américain (Bluefield, Virginie 1928). Chercheur à l'Université de Princeton, il formula, à partir de la théorie des jeux (→ **Morgenstern [Oskar], Neumann**), la théorie des jeux «non coopératifs», qui a trouvé de nombreuses applications dans le domaine de l'analyse microéconomique. Sa carrière fut interrompue entre 1958 et 1983 en raison de troubles schizophréniques. [Prix Nobel d'écon. 1994, avec John C. Harsanyi* et R. Selten*]

**NASHE** ou **NASH (Thomas)** ♦ Romancier, auteur dramatique et satiriste anglais (Lowestoft, Suffolk 1567 - Yarmouth v. 1601). Fils d'un clergyman anglican, il fit ses études à Cambridge, puis voyagea sur le continent. De retour à Londres (où il se lia avec R. Greene) en 1588, il écrivit un essai, *L'Anatomie de l'absurdité* (1589), contenant une critique du classicisme. Prenant parti contre les puritains, il publia, de 1589 à 1590, sous le pseudonyme de Pasquil, une série de pamphlets. C'est d'ailleurs à la suite de *Larmes du Christ sur Jérusalem* (1593), apostrophe à la moralité décadente de la Londres élisabéthaine, que Nashe dut se réfugier dans l'île de Wight où il conçut son roman picaresque, *Le Voyageur malheureux ou Jack Wilton* (1594) dont le héros assiste aux grandes scènes de la Réforme en Flandre et en Allemagne et découvre l'Italie avec ses bandits et ses courtisanes. *La Supplique au diable de Pierre Sans-le-sou* (1592) valut à Nashe, par sa violence et sa hardiesse, le surnom d'Arétin anglais.

**NASHVILLE-DAVIDSON** ← ÉTYM. anc. *Nashville ;* nommée en l'honneur du général Francis *Nash*, tué lors de la guerre d'Indépendance ♦ V. des États-Unis, cap. du Tennessee. 569 891 hab. dont 24 % de Noirs (zone urbaine 1 231 311). Université Vanderbilt. Centre financier. Centre religieux méthodiste et baptiste. Indus. diverses : tissus artificiels, chaussures, verre, caoutchouc. Nashville est le berceau de la musique country (studios d'enregistrement).

**NASIK** ♦ V. de l'Inde (Maharashtra). 1 152 048 hab. Souvent qualifiée de «la Bénarès de la Godaveri», la ville est un important centre de pèlerinage. La proximité de Bombay favorise son développement industriel. Grottes bouddhiques à proximité (I$^{er}$ - VII$^{e}$ s.).

**NASIRIYA** ♦ V. d'Irak, située sur l'Euphrate en amont du lac Hammar. Ch.-l. de la prov. de Dhī Qār. 400 000 hab. Raffinerie reliée par oléoduc à al-Kut. Unité de prod. d'aluminium. La prov. produit des céréales et des dattes (grandes palmeraies).

**NASRIDES** n. m. pl. ♦ Dernière dynastie arabe de l'Espagne qui régna à Grenade* de 1238 à 1492. La défaite des Almohades* devant les chrétiens à la bataille de Las Navas* de Tolosa (1212) permit aux Nasrides de prendre le pouvoir à Grenade. Le premier souverain de cette dynastie, MUḤAMMAD I$^{er}$ (mort en 1273), devint vassal du roi Ferdinand* III de Castille et l'aida à prendre Séville (1248). Il commença la construction de l'Alhambra* et fit de Grenade une ville prospère, en accueillant les réfugiés musulmans venant de Séville, Murcie et Valence. Le royaume de Grenade occupait le S.-E. de l'Andalousie et la deuxième grande ville en fut Málaga. Les successeurs de Muḥammad I$^{er}$ entrèrent dans de continuelles luttes de factions et la plupart des vingt souverains nasrides moururent de mort violente. La dynastie vacillait entre la soumission à la Castille et sa dépendance des Mérinides* de Fès. L'alliance avec ces derniers provoqua la défaite qu'infligea Alphonse* XI à Yūsuf I$^{er}$ (1333 - 1354), au río Salado (1340). Après deux siècles de désordre interne, au cours desquels les chrétiens reprirent plusieurs positions clés (notamment Gibraltar, en 1462), Grenade fut reconquise par Ferdinand* II d'Aragon, sous le règne agité de Boabdil*.

**NASSAU** → **Adolphe de Nassau, Frédéric-Henri, Guillaume I$^{er}$ d'Orange-Nassau, Maurice de Nassau**

**NASSAU** n. m. ← ÉTYM. anc. en vx haut all. *Nassovia* «pays *(ouwa)* marécageux *(nazz)*» ♦ Anc. duché de l'Allemagne situé au N. du Main et à l'E. du Rhin avec pour capitale Wiesbaden. Il est actuellement compris dans le Land de Hesse. La maison de *Nassau*, issue du château de Nassau (Palatinat), se divisa en deux branches au XIII$^{e}$ s. ▪ La ligne walramienne (issue de Walram II, mort en 1276) régna sur le comté puis duché (1806) de *Nassau* jusqu'en 1866, date à laquelle le duché fut annexé par la Prusse et forma avec la Hesse la province de *Hesse-Nassau*. Le dernier duc, Adolphe (mort en 1905), devint grand-duc de Luxembourg ; ses descendants règnent toujours au Luxembourg. ▪ La ligne othonienne acquit en 1530 la principauté d'Orange, en France. La ligne d'*Orange-Nassau* donna un stathouder à la Hollande (→ **Guillaume I$^{er}$ le Taciturne**). Son descendant Guillaume III d'Orange devint roi d'Angleterre en 1689 et à sa mort le titre passa à une branche de la famille qui règne sur les Pays-Bas depuis 1747.

**NASSAU** ← ÉTYM. nommée en l'honneur de Guillaume* II d'Orange-*Nassau* ♦ Cap. des Bahamas, dans la petite île de New Providence. 210 832 hab. Centre touristique et financier actif. Les grands hôtels et casinos se concentrent dans l'île de Paradise Island, rattachée à Nassau par un pont à péage.

**NASSER (Gamal Abdel)** ← ÉTYM. en ar. ***Jamāl ʿAbd al-Nāṣir*** «qui amène la victoire» ♦ Homme d'État égyptien (Banī Murr, prov. d'Assiout, Haute-Égypte 1918 - Le Caire 1970). Issu d'une famille paysanne, il fut reçu à l'Académie militaire du Caire en 1937. Nationaliste ardent dès sa jeunesse, il fonda en 1942 le mouvement clandestin des Officiers patriotes afin de lutter contre l'hégémonie britannique. Blessé pendant le premier conflit israélo-arabe (1948), humilié par la défaite, il fut dès lors convaincu de la nécessité de renverser le régime en place et organisa le groupement secret des Officiers libres, qui mena le coup d'État de juillet 1952 avec le général Néguib*. Dès la prise du pouvoir, le Conseil de la révolution entama la réforme agraire et interdit tous les partis politiques, même le Wafd*. Néguib fut progressivement écarté du pouvoir et dès la fin de 1954 Nasser devint le véritable maître de l'Égypte. Dans sa *Philosophie de la révolution* (1954), il expose sa doctrine fondée sur le panarabisme et sur le soutien des mouvements de libération nationale. Il confirma cette vocation à la conférence de Bandung (1955), réponse au pacte de Bagdad, et y fit figure d'un leader à l'échelle du monde afro-asiatique. Mettant en pratique la politique du «non-alignement», il engagea un jeu d'équilibre entre le bloc socialiste et les puissances occidentales. Profitant du refus des crédits anglo-américains destinés au financement du barrage d'Assouan, il nationalisa le canal de Suez* (juil. 1956). La France, la Grande-Bretagne et Israël ripostèrent par une intervention qui, après une rapide victoire militaire, aboutit à un échec politique à la suite de l'intervention des États-Unis et de l'URSS. Nasser tira de cet événement un succès politique qui lui permit de nationaliser les biens étrangers en Égypte. Ayant liquidé toute opposition intérieure de droite (Frères* musulmans) comme de gauche (les communistes), il promulgua une nouvelle constitution qui lui donna un rôle prépondérant à la tête de l'État et du parti unique. Voulant accélérer le processus d'unification du monde arabe, il forma avec la Syrie la République arabe unie (fév. 1958) qui devait éclater en 1961. Il soutint militairement le parti républicain pendant la guerre civile du Yémen et continua à aider les mouvements africains de libération nationale. À partir de 1961, il appliqua une nouvelle réforme agraire qui limita la propriété individuelle à 100 feddans (42 ha) et commença la seconde étape des grandes nationalisations (1961 - 1963). Il mit en place une économie étatique en partie fondée sur des considérations de prestige et dont le barrage d'Assouan* fut le symbole. Après la défaite éclair de juin 1967 contre Israël (→ **israélo-arabe [conflit]**), Nasser accepta l'aide massive de l'URSS pour reconstituer son armée et abandonna le rôle de leadership à l'échelle du monde arabe pour s'occuper en priorité des séquelles de la guerre de juin 1967. Sa dernière action fut de tenter de procéder à un arbitrage entre les Palestiniens et le roi Hussein* de Jordanie en sept. 1970. Il mourut subitement peu après (28 sept.).

Gamal Abdel **Nasser** pendant la conférence de presse après la nationalisation du canal de Suez, 1956.
*Phot. © René Burri/Magnum*

**NASSER** (lac) → **Sadd el-Ali**

**NAT (Yves)** ♦ Pianiste français (Béziers 1890 - Paris 1956). Il se produisit avec Debussy et fut l'accompagnateur d'Ysaye, J. Thibaud et G. Enesco. Remarquable interprète de la musique romantique (sonates de Beethoven), il a laissé le souvenir d'un artiste inspiré et fervent.

**NATAL** n. m. ← ÉTYM. du port. *Costa do Natal* «Côte de Noël», n. donné par Vasco de Gama (V. ci-dessous Hist.) ♦ Région d'Afrique du Sud (prov. du Kwazulu-Natal), sur la côte S.-E. → **Afrique du Sud** (carte). Le Natal possède des dépôts importants de charbon. On y cultive la canne à sucre. ▮ **Histoire** Découverte par Vasco de Gama le 25 déc. 1497, la région était habitée par les Zoulous. Les colons boers, venus du Cap, battirent les Zoulous* (Blood River, déc. 1838) et fondèrent une république indépendante, que Londres refusa de reconnaître. Pour éviter une migration des Zoulous vers le S. et défendre leurs intérêts économiques, les Britanniques intervinrent, dégageant

Port-Natal assiégé par Pretorius* et forçant les Boers à repartir vers le N.-O. (Orange). Le Natal fut proclamé république (1843), puis colonie séparée (1856), demeurant sous l'influence britannique. Après 1850, les Britanniques introduisirent des ouvriers indiens pour cultiver la canne à sucre. Leurs descendants constituent le quart de la population actuelle. Quant aux Zoulous, ils furent pour la plupart parqués dans des réserves (homeland du Kwazoulou). La révolte du chef Cetewayo, battu par les Britanniques, aboutit à la création du protectorat du Zoulouland, au N. du Natal. Gandhi y fut avocat entre 1893 et la Première Guerre mondiale et appliqua les principes de la non-violence durant sa campagne en faveur de la minorité indienne. En 1910, le Natal constitua, avec les États du Cap, d'Orange et du Transvaal, l'Union sud-africaine.

**NATAL** ← ÉTYM. port. «Noël» (la v. a été découverte le jour de Noël 1597) ♦ V. et port du Brésil, cap. du Rio Grande do Norte. 712 000 hab. Indus. textiles. Site de lancement de fusées. ▮ **Histoire** Forteresse fondée en 1597. La ville abrita une base aérienne durant la Deuxième Guerre mondiale.

**NATANIYA** ou **NETANYA** ♦ V. d'Israël, sur la côte méditerranéenne, au S. d'Acre. 173 800 hab. La ville, entourée de champs d'agrumes, est devenue l'un des centres industriels les plus actifs de l'État (indus. alimentaires ; textiles ; indus. du cuir, des diamants ; électrotechnique ; produits pharmaceutiques). Port. Station balnéaire.

**NATCHEZ** n. m. pl. ♦ Peuple indien des États-Unis, originaire du bas Mississippi et parlant une langue isolée, le natchez. Agriculteurs, considérés comme les descendants de l'ancienne culture des Constructeurs de tumulus *(Mount Builders)*, ils avaient une structure sociale fortement hiérarchisée : le Grand Soleil était un chef absolu et les membres de sa famille, les Soleils, constituaient la plus haute classe et dominaient la vie sociale et politique ; venaient ensuite les Nobles, classe héréditaire, puis les Honorables et les Puants. La culture natchez s'éteignit lors de la guerre avec la France en 1779. Les Natchez* furent évoqués par Chateaubriand.

Les **Natchez** ♦ Ouvrage en deux parties de Chateaubriand* (achevé en 1800, publ. 1826), qui se veut l'«épopée de l'homme primitif». Cette œuvre de jeunesse (1791 à 1800) fut le point de départ des épisodes d'*Atala** et de *René**.

**NATCHEZ** ♦ V. des États-Unis (Mississippi) sur le Mississippi. 18 461 hab. La ville et ses environs possèdent de nombreux témoignages de l'architecture sudiste d'avant la guerre de Sécession *(antebellum)*. Tourisme. ▪ Indus. du bois, du caoutchouc, du papier ; pétrochimie.

**NATHAN** ← ÉTYM. abrév. de l'hébr. *netanyâhû* « *(Yâh(wèh) [Yâhu])* a donné *(nâthan)*» ♦ Prophète biblique (II Samuel, VII ; XII), conseiller de David*. Il le dissuade de bâtir un temple, lui reproche le meurtre d'Urie* et son adultère avec Bethsabée*, assure sa succession à Salomon* contre Adonias.

**NATHANS (Daniel)** ♦ Biologiste américain (Wilmington 1928 - Baltimore 1999). → **Arber.** [Prix Nobel de physiol. ou méd. 1978, avec W. Arber et H. Smith]

**NATIH** ♦ Gisement de pétrole du sultanat d'Oman, desservi par l'oléoduc qui relie Yibai au port d'embarquement de Mīnā al-Fahal sur le golfe d'Oman.

Le **National** ♦ Journal parisien fondé par Carrel*, Dubochet, Mignet* et Thiers* (début 1830) et financé en partie par le banquier J. Laffitte*. Il fut l'organe de l'opposition constitutionnelle libérale à la Restauration et favorable à l'établissement de la branche d'Orléans, où s'exprima la résistance aux ordonnances de Saint-Cloud (25 juil. 1830, → **révolution* de juillet 1830**), il cessa de paraître après le coup d'État du 2 décembre 1851.

**National Broadcasting Company** [NBC] ♦ Réseau *(network)* de stations de télévision américain fondé en 1926. Appartenant à la General Electric, NBC qui est avec ABC*, CBS* et Fox* l'une des quatre grandes chaînes hertziennes américaines, connaît une baisse régulière d'audience due à la concurrence du réseau câblé, de la vidéo et des stations locales indépendantes, mais a renforcé ses activités de production et de distribution.

**National Gallery** ♦ Musée de peinture de Londres, situé sur le côté N. de Trafalgar Square. Fondé en 1824, il abrite l'une des plus riches collections du monde et possède un remarquable choix de primitifs italiens, de peinture hollandaise et allemande du XVI^e^ s., française du XVII^e^ s. et anglaise des XVIII^e^ et XIX^e^ s. Une nouvelle aile a été ouverte en 1991 *(Sainsbury Wing)*.

**National Gallery of Art** ♦ Musée de Washington*, appartenant à la Smithsonian Institution et ouvert depuis 1941. Il fut constitué à partir des collections Dale, Kress, Mellon, Rosenwald et Widener et réunit des peintures italiennes, flamandes, hollandaises, espagnoles et françaises. Depuis 1978, une nouvelle aile, construite par Pei*, abrite des œuvres contemporaines.

**national-socialisme** → **nazisme**

**Nativité** ♦ Épisode évangélique narrant la naissance du Christ (Luc, II, 7). Celle-ci étant relatée de façon très brève dans ce texte, l'iconographie a puisé de nombreux détails dans les apocryphes : la présence des sages-femmes, du bœuf et de l'âne, des rois mages, des bergers ainsi que les prodiges liés à cet événement. La Nativité connaît deux types de représentation liés à des théologies différentes : l'un montre la Vierge qui a enfanté dans la douleur, couchée sur son lit, entourée des sages-femmes ; le second, qui correspond à la vision de sainte Brigitte de Suède et s'imposa à la fin du Moyen Âge, met en scène une Vierge qui a accouché sans souffrance, en adoration devant l'enfant Jésus. La scène de la Nativité, incarnation de Dieu dans l'homme pour le salut de l'humanité, est liée au thème de l'Eucharistie (l'enfant est d'ailleurs parfois étendu sur le corporal). Exemples : Robert Campin* (Dijon), Van* der Weyden (retable Bladelin, Berlin-Dahlem), Hugo Van* der Goes (Offices, Florence), Geertgen* tot Sint Jans (National Gallery, Londres), Sandro Botticelli* (National Gallery, Londres), Dürer* (gravure), Jacopo Bellini* (gravure). ♦ ***La Nativité*** Tableau de Robert Campin, appelé aussi le maître de Flémalle (vers 1425, Musée de la ville, Dijon). Œuvre de petite taille destinée à la contemplation privée, cette *Nativité* mêle des éléments du premier et du second type. C'est une œuvre charnière entre le style gothique international et le réalisme du XV^e^ s. qui s'ouvre au monde réel, quotidien, et par lequel Campin a marqué l'évolution de la peinture flamande. Le tableau, qui offre un des premiers paysages septentrionaux, comporte toutes les caractéristiques de l'artiste : le traitement lumineux des blancs, un modelé puissant (draperies aux plis cassés), une prédilection pour les rouges et les verts, la combinaison du religieux et du quotidien.

**NATO** → **Organisation du traité de l'Atlantique Nord**

**NATOIRE (Charles Joseph)** ♦ Peintre, dessinateur et décorateur français (Nîmes 1700 - Castel Gandolfo 1777). Élève de Lemoine*, il fut par ses décorations élégantes l'un des maîtres de la peinture rococo (*Histoire de Psyché*, 1733 - 1739 ; salon ovale de l'hôtel Rohan-Soubise à Paris ; appartements du premier étage au château de Versailles). Il exécuta de nombreux tableaux mythologiques et galants et donna les cartons de tapisseries de l'histoire de *Don Quichotte* (1735 - 1744) pour la manufacture de Beauvais. Directeur de l'Académie de France à Rome, il décora la voûte de Saint-Louis-des-Français.

**NATORP (Paul)** ♦ Philosophe allemand (Düsseldorf 1854 - Marburg 1924). Représentant de l'école de Marburg (→ **kantisme, Cohen [Hermann]**), il fit du retour à l'idéalisme critique de Kant le moyen de lutter contre le naturalisme et de dépasser l'opposition entre l'expérience et la raison. Affirmant l'unité de la pensée et de l'être, il interpréta la théorie platonicienne des Idées dans le sens du criticisme (*La Doctrine platonicienne des Idées ; Introduction à l'idéalisme*, 1903) et tenta de fonder les mathématiques sur des bases logiques (*Les Fondements logiques de la science exacte*, 1910). Il insista par ailleurs sur la diffusion de la culture intellectuelle comme moyen de résoudre les problèmes sociaux (*Sozialidealismus*, 1920).

**NATSUME Sōseki** ♦ Écrivain japonais (Edo 1867 - Tōkyō 1916) et poète renommé de haikai. Il succéda à Lafcadio Hearn* comme titulaire de la chaire de littérature anglaise à l'univ. de Tōkyō, avant de se consacrer exclusivement à son œuvre romanesque : *Je suis un chat* (1905), *Botchan* (1906), *Le Pauvre Cœur des hommes* (*Kokoro*, 1914), *Clair-Obscur* (inach., 1916).

**NATTA (Giulio)** ♦ Chimiste italien (Imperia 1903 - Bergame 1979). Il synthétisa, à partir de produits amorphes, à l'aide de catalyseurs stéréospécifiques qu'il avait découverts, des polymères cristallins réguliers en trois dimensions, composés qu'il appela «tactiques» ; ses travaux, inspirés par K. Ziegler*, d'un grand intérêt théorique, permirent en outre la production de nombreuses matières plastiques et de textiles synthétiques nouveaux. [Prix Nobel de chim. 1963, avec K. Ziegler ; Acad. sc. 1964] ← ÉTYM. Ce nom ligure ou piémontais signifie «chêne-liège».

**NATTIER (Jean-Marc)** ♦ Peintre français (Paris 1685 - *id.* 1766). Filleul de Jouvenet* et élève de son père, le portraitiste MARC NATTIER, il dessina d'abord pour la gravure (les Rubens du Luxembourg) et exécuta à Amsterdam, à la demande de Pierre le Grand, *La Bataille de Poltava* et des portraits. Ruiné par la banqueroute de Law, il se consacra au portrait, obtint la faveur de Marie Leszczyńska et devint en 1742 le portraitiste attitré de la famille royale (*Mesdames Henriette et Adélaïde de France*). S'inspirant de la mythologie, il sut flatter ses modèles, les représenta en déesses ou en allégories dans des poses élégantes mais stéréotypées. Habile technicien, il aimait à rendre les étoffes bleues et brillantes, la fraîcheur des carnations. Il mourut oublié, le genre du portrait d'apparat ayant subi la désaffection du public. ← ÉTYM. Ce nom de famille signifie «fabricant ou marchand de nattes», nom de profession.

## naturalisme

n. m. ♦ ▮ ***Les origines*** Théorie littéraire de la fin du XIXe principalement associée à l'œuvre d'Émile Zola*. Elle trouve cependant son origine dans le réalisme*, l'expression «romanciers naturalistes» apparaissant sous la plume critique de Balzac, Flaubert ou Taine. Les frères Goncourt* qui avaient, dans la préface de *Germinie Lacerteux* (1865), défini le roman comme «la forme sérieuse, passionnée, vivante de [...] l'enquête sociale», en revendiquèrent également la paternité. Mais c'est bien Zola, entouré d'écrivains comme P. Alexis*, H. Céard*, L. Hennique, J.-K. Huysmans* et G. de Maupassant* (→ **Soirées de Médan [Les]**), qui fixa les contours théoriques du naturalisme, donnant toute une série d'articles réunis dans cinq recueils critiques (*Les Romanciers naturalistes, Le Naturalisme au théâtre, Documents littéraires, Le Roman expérimental* et *Une campagne*, 1881 - 1882). Le travail de Zola dont la première œuvre véritablement naturaliste est *Thérèse* Raquin* (1867), s'appuie sur le positivisme de la critique de Taine*, mais aussi sur les travaux de Darwin et de Claude Bernard. Au sein de la fiction narrative, la science devient le moyen de rendre compte des lois de la lutte pour la vie. En ce sens, le naturalisme est une radicalisation du réalisme : il ne se contente plus de saisir la totalité du réel, il veut expliquer les rouages de la vie (→ **Rougon-Macquart [Les]**). Le groupe de Médan, créé dès 1877, eut une existence paradoxale puisque Huysmans et Maupassant qui, outre Zola, en sont les représentants les plus célèbres, furent des écrivains finalement très éloignés de l'esprit de Zola. ▮ ***Huysmans*** Si *Marthe* (1876), *Les Sœurs Vatard* (1879) ou *En ménage* (1881) portent dans l'œuvre de Huysmans les traces d'une écriture naturaliste, *À* rebours* (1884), dont la publication sonna le glas du groupe, marqua un tournant après lequel Huysmans devint un écrivain décadent, épris d'occultisme et de mysticisme. ▮ ***Maupassant*** Maupassant, quant à lui, profitant du parrainage illustre de Flaubert, donna une œuvre qui trouve son expression la plus forte dans le genre de la nouvelle et du conte fantastique. ▮ ***Alphonse Daudet*** Par ailleurs, Alphonse Daudet*, qui n'appartint jamais au groupe de Médan, écrivit des romans qu'on peut ranger parmi les chefs-d'œuvre du naturalisme (*Jack*, 1876 ; *Le Nabab*, 1878). ▮ ***Le théâtre*** Le théâtre naturaliste (*L'Assommoir**, adapté en 1879 par W. Busnach et O. Gastineau ; *Pierrot sceptique* de Hennique, 1881 ; *Messidor* de Zola, 1898) sombra rapidement dans l'oubli malgré le travail du metteur en scène A. Antoine*. Pourtant son influence est sensible sur *Les Corbeaux* (1882) et *La Parisienne* (1885) d'Henry Becque* ou sur *Les affaires sont les affaires* (1903) d'Octave Mirbeau*. ▮ ***Zola*** Il apparaît donc difficile aujourd'hui de parler d'un mouvement littéraire unique et cohérent d'autant plus que Zola lui-même fut critiqué, lors de la publication de *La Terre** (1887), par cinq de ses disciples (P. Bonnetain, J.-H. Rosny* aîné, L. Descaves, P. Margueritte* et G. Guiches) qui publièrent *Le Manifeste des cinq* pour renier les excès de leur maître. Zola, après avoir terminé *Les Rougon-Macquart* par *Le Docteur Pascal* (1893) modifia ses positions et se tourna vers une sorte de socialisme messianique avec *Les Quatre Évangiles*. Toutefois l'héritage du naturalisme est assez sensible dans les œuvres d'un André Thérive ou d'un Eugène Dabit* (→ **populisme**). ▮ ***Hors de France*** D'une manière générale, à l'étranger, le naturalisme permit de rompre avec le romantisme attardé de la fin du XIXe s. Mais il s'incarna différemment selon les pays. ▮ ***Russie*** En Russie, tout d'abord, l'expression d'*école naturaliste* apparut dès 1846 et permit de qualifier les œuvres d'Ostrovski*, Pissemski*, Sollogoub* ainsi que les premiers romans de Dostoïevski*. Zola connaissait cette école du fait de ses liens avec le romancier Tourgueniev*. ▮ ***Scandinavie*** Les pays scandinaves connurent également une littérature naturaliste d'où émergent principalement les noms du Suédois A. Strindberg* et des Norvégiens B. Bjørnson* et H. Ibsen*. Littérature pessimiste, elle évolue entre le symbolisme, l'humanisme militant et le cynisme. ▮ ***Allemagne*** L'influence du théâtre de Zola ou d'Ibsen fut assez vive sur le théâtre allemand, notamment dans les drames d'Arno Holz* et Johannes Schlaf* (*La Famille Selicke*, 1890) ou dans ceux de G. Hauptmann* (*Avant le lever du soleil*, 1889 ; *Les Tisserands*, 1892). ▮ ***Italie et Espagne*** Le naturalisme français rejaillit également sur le vérisme italien, plus particulièrement dans l'œuvre de G. Verga*. S'il suscita de vives polémiques en Espagne, où la tradition catholique ne pouvait accepter le positivisme de Zola, le naturalisme n'en influença pas moins les œuvres de Pérez* Galdós, de Clarín*, ou de Jacinto Octavio Picón. ▮ ***Amérique latine*** Son écho fut beaucoup plus durable, quoique non homogène, dans les pays latino-américains avec des écrivains comme S. Villefañe, C. Reyles, L. Orrego Luco, F. Gamboa, J. Criollo, T. Michelena ou J. M. Vargas Vila.

**Naturalisme. Affiche de la pièce *Nana* de W. Busnach tirée du roman de Zola, 1880.**
*BIS/Phot. © Musée de l'Affiche, Paris-Archives Larbor*

**Natura rerum (De)** → Lucrèce

**NAUCRATIS** – auj. ***Kōm al-Gief*** ♦ Anc. ville d'Égypte sur la branche canopique du Nil, fondée par les Milésiens sous Psammétique* Ier (–VIIe s.) pour servir de comptoir commercial entre la Grèce et l'Égypte. Plus tard, Amasis* y concentra tout le commerce grec. Autour de l'Hellénion (temple de tous les dieux grecs) se groupaient les établissements des douze cités grecques qui avaient pris part au développement du comptoir. La ville déclina avec la fondation d'Alexandrie*.

**NAUDIN (Charles Victor)** ♦ Botaniste français (Autun 1815 - Antibes 1899). Fondateur (en même temps que Mendel*) de la génétique, il hybrida de nombreuses espèces et variétés de plantes ; il constata, de façon générale, l'uniformité de la première génération d'hybrides (type intermédiaire entre ceux des parents) et le polymorphisme des suivantes, laissant apparaître des combinaisons variées de caractères de la génération initiale ; celles-ci s'expliquent naturellement, d'après lui, «par la disjonction des deux espèces dans le pollen et les ovules des hybrides» (loi de pureté des gamètes). [Acad. sc. 1863] ◆ **ÉTYM.** *Naudin* est l'hypocoristique de *Naud*, aphérèse de *Renaud* ou *Arnaud*.

**NAULOQUE** ♦ Anc. ville et port de Sicile au S. de Messine*. Lieu de la victoire navale d'Agrippa* sur Sextus Pompée* (–36).

**NAUMBURG** ♦ V. d'Allemagne (Saxe-Anhalt), sur la Saale. Env. 31 000 hab. Cathédrale (XIIe - XIIIe s.), sculptures. ▪ Centre indus. : textiles, indus. mécaniques et alimentaires.

**NAUNDORFF** ou **NAUNDORF (Karl Wilhelm)** ♦ Aventurier prussien (Potsdam 1787 - Delft 1845). S'étant fait passer pour Louis* XVII, il prit le titre de duc de Normandie et publia *Mémoires du duc de Normandie* (1831) et *Révélations sur l'existence de Louis XVII* (1832). Venu en France (1834) pour témoigner au procès d'un autre faux dauphin (le duc de Richemont), il fut expulsé. Ses descendants tentèrent à plusieurs reprises (en vain) de saisir la justice française de cette affaire. Certains constituèrent même une association des royalistes naundorffistes.

**NAUPACTE** – en gr. mod. ***Náfpaktos*** ◆ **ÉTYM.** probablt gr. anc. «où les bateaux *(nau-)* sont construits *(pêktos)*» confondu ensuite avec *epaktos* «apporté du dehors» ♦ V. de Grèce (nome d'Étolie-Acarnanie). Env. 12 000 hab. Située sur la rive nord du golfe de Corinthe, elle est dominée par une citadelle vénitienne dont les remparts enserrent le port. ▮ **Histoire** Naupacte fut prise en –455 par les Athéniens qui, en expulsant les Locriens, y établirent des réfugiés de Messénie fuyant les Spartiates. À l'issue de la guerre du Péloponnèse, elle fut remise par les Spartiates aux Locriens. Les Vénitiens l'appelaient Lépante*.

**NAUPLIE** – en gr. mod. ***Náfplio*** ◆ **ÉTYM.** de *nau-* (du gr. *naus* «bateau») et d'un 2e élément p.-ê. en rapport avec *polos* «pivot» (évoquerait un lieu où les bateaux font demi-tour) ♦ V. de Grèce (Péloponnèse), ch.-l. du nome d'Argolide*, au fond du golfe Argolique. Env. 13 000 hab. Citadelle vénitienne. Musée (antiquités mycéniennes). Port. Centre touristique. ▮ **Histoire** Port d'Argos* à partir de –638, passée des Francs aux Vénitiens (1377) et disputée par les despotes de Mistra, Nauplie fut puissamment fortifiée. Cédée aux Turcs (1540), elle fut de nouveau occupée par les Vénitiens (1686 - 1715). Libérée par les Grecs révoltés (1822), elle devint la première capitale de la Grèce indépendante (1829 - 1834).

**NAUROUZE** (seuil de) ◆ **ÉTYM.** p.-ê. de *Aurouze*, n. de lieu, du lat. *aura* «vent» et suff. *-osus* (désignerait un lieu battu par le vent) ♦ Passage situé sur la ligne de partage des eaux entre la Méditerranée et l'Atlantique, reliant le Languedoc au Bassin aquitain (alt. 194 m). Il est emprunté par le chemin de fer, la route et le canal du Midi*. Obélisque à la mémoire de P. de Riquet* (1825).

## NAURU

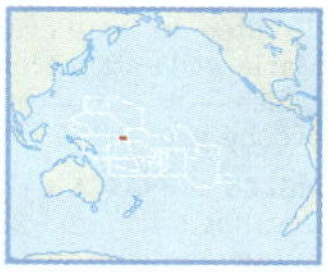

**▌ –** off. ***république de Nauru*** ♦ État du Pacifique occidental, au S. de l'équateur (Micronésie), constitué d'un plateau corallien surélevé de forme ovale. Env. 22 km². 10 065 hab. *(Nauruans)*. LANGUES : anglais (off.) nauruan. RELIGION : chrétiens. MONNAIE : dollar australien. CAPITALE : Yaren. RÉGIME : démocratie parlementaire. Cocotiers. Les terres ont été rendues stériles par l'exploitation intensive du phosphate (en voie d'épuisement) par les différents colonisateurs.

**▌ HISTOIRE** L'île fut reconnue par les Britanniques en 1798, annexée par l'Allemagne en 1888. Occupée par les Australiens en 1914, elle fut placée sous mandat britannique en 1920. Sous la tutelle de l'ONU à partir de 1947, elle fut administrée conjointement par l'Australie, la Nouvelle-Zélande et la Grande-Bretagne. Elle est devenue une république indépendante en 1968.

La **Nausée** ♦ Roman de J.-P. Sartre* (1938) qui illustre cette phrase de *L'Être et le Néant :* «Une nausée discrète et insurmontable révèle perpétuellement mon corps à ma conscience». Thème sartrien par excellence, la fascination de la conscience devant le réel devient la trame même du roman, et le drame intérieur d'A. Roquentin, intellectuel isolé (donc disponible) au sein d'une grande ville ; envahi par un malaise grandissant devant l'existence des choses, puis la sienne, soumis au regard d'autrui, il ressent progressivement cette existence comme «une mollesse, une faiblesse de l'être».

**NAUSICAA** ♦ Phéacienne, fille du roi Alcinoos* et héroïne de l'un des plus beaux épisodes de *L'Odyssée**. Après avoir lavé le linge de sa famille, avec ses servantes, Nausicaa joue à la balle avec elles au bord de la rivière. Les cris des jeunes filles réveillent Ulysse* qui dormait sur la rive, épuisé après son dernier naufrage, et il apparaît devant elles. Le soir tombé, Nausicaa conduit l'étranger au palais. Touchée par la beauté physique et morale du héros, elle avoue à son père son sentiment et celui-ci consent à leur mariage. Mais, apprenant qu'Ulysse a une épouse, Pénélope, qui l'attend à Ithaque, Nausicaa renonce à lui.

**Nautilus** ♦ Premier sous-marin atomique construit par les États-Unis en 1954. Son nom rend hommage au roman de Jules Verne*, *Vingt mille lieues sous les mers.*

**NAVACELLES** (cirque de) ♦ Site des Grands Causses (Hérault), formé par un méandre creusé profondément dans les calcaires par la Vis entre le causse du Larzac au S. et le causse de Blandas.

**NAVĀ'Ī (Mīr 'Alī Chêr)** ♦ Écrivain turc (djaghataï) du XVᵉ s. (Herāt 1440 - *id.* 1501). Membre de la cour timuride de Herāt*, il joua un rôle politique actif. Son œuvre, considérable, inclut des poésies épiques et mystiques, des commentaires religieux, des romans *(Laylā et Majnūn)*, des biographies et une histoire des anciens rois de la Perse. Bien que son dernier ouvrage conclût à la supériorité littéraire du turc sur le persan, il subit très fortement l'influence de la tradition littéraire persane et écrivit aussi dans cette langue sous le nom de plume de Fānī.

**NAVAJO(S)** n. m. (pl.) ♦ Peuple indien du Sud-Ouest des États-Unis, de langue athabascane, venu du N. du Canada vers 900. Apparentés aux Apaches* qui les avaient précédés de quelques décennies dans la région, les Navajos, chasseurs-cueilleurs et razzieurs, s'assimilèrent peu à peu aux peuples qui les entouraient. Ils se sédentarisèrent et apprirent de leurs voisins Pueblos* la céramique et l'agriculture, ainsi que nombre de traits de la vie spirituelle, comme les peintures de sables. Ils constituent aujourd'hui le peuple indien le plus important d'Amérique du Nord (env. 50 000) et ils ont conservé leur langue et résisté à l'assimilation. Ils vivent dans une vaste réserve en Arizona, dont ils exploitent eux-mêmes les richesses minières, énergétiques et touristiques.

**NAVARIN** – auj. ***Pylos*** ♦ V. maritime de Grèce en Messénie, près de l'ancienne Pylos*, célèbre par la bataille navale qui opposa en 1827 les escadres de la Triple-Alliance (Grande-Bretagne, France et Russie) à la flotte turco-égyptienne. Après le refus turc de l'armistice proposé par les trois puissances et accepté par les insurgés grecs, les escadres alliées mouillèrent dans la rade de Navarin afin d'intimider les Turco-Égyptiens d'Ibrahim Pacha qui ravageaient la Messénie. La bataille, provoquée par un incident aussitôt généralisé, se termina par la destruction de la plus grande partie de la flotte turco-égyptienne ; les flottes alliées, bien que durement éprouvées, ne perdirent aucun bâtiment. Qualifiée de malentendu et d'épisode déplorable par la diplomatie britannique, cette victoire ne contribua pas moins à la ratification de l'indépendance de la Grèce.

**NAVARRE** n. f. – en esp. ***Navarra*** ➝ **ÉTYM.** du prélatin ou du basque *naba* «grande plaine proche des montagnes» et suff. *-arr* marquant l'origine ♦ Communauté autonome d'Espagne. ➝ **Espagne** (carte). 10 421 km². 605 876 hab. *(Navarrais)*. CAP. : Pampelune. **▌ Géographie** Le N. *(Navarre pyrénéenne)*, montagneux, est entaillé de vallées profondes. De hauts massifs hercyniens se dressent dans la région de Roncevaux. Le S., plus riant, est sillonné par les vallées de l'Ega, de l'Arga et de l'Aragón*, et de l'Èbre*. La montagne pratique l'élevage ovin et bovin, le S. les cultures céréalières basées sur le maïs associées à celle de l'olivier dans le bassin de l'Èbre. L'industrie est pratiquement inexistante. **▌ Histoire** Peuplée par les Basques ou Vascons, cette région défendit son indépendance contre les Romains, les Wisigoths et les Francs. Le *royaume de Navarre* se constitua vers 830. Au XIᵉ s., il s'étendait des Pyrénées jusqu'à l'Èbre supérieur et même jusqu'à la *basse Navarre* (ou *Navarre française*). Il fut réuni à l'Aragon, à la France (XIVᵉ s.) et appartint à la maison d'Albret (XVᵉ s.). Au XVIᵉ s., Ferdinand* d'Aragon l'annexa à l'Espagne tandis que la *basse Navarre* revenait définitivement à la France. La Navarre, très attachée à ses franchises *(fueros)*, souffrit de la centralisation imposée par les rois d'Espagne. Sa participation aux guerres carlistes au XIXᵉ s. lui fit perdre ses derniers privilèges. Durant la guerre civile, les Navarrais fidèles au carlisme* se rallièrent à Franco.

**Navarre.** Le château de Javier, dans la région de Pampelune.
*Phot. © N. Thibaut/Hoa Qui*

**NAVARRENX** [navarɛ̃s] [64190] ➝ **ÉTYM.** anc. *sponda Navarrensis*, du précelt. °*nava* «plaine» et suff. *-aris* et *-ensem* ♦ Ch.-l. de cant. des Pyrénées-Atlantiques, arr. d'Oloron-Sainte-Marie, sur le gave d'Oloron. 1 133 hab. *(Navarrais)*. Anc. bastide (1316), fortifiée au XVIᵉ s., rebâtie par Vauban. Remparts s'ouvrant par la porte Saint-Antoine (1647). Pont du XVᵉ s. ▪ Centre traditionnel de la pêche de la truite et du saumon. Manufacture de cigares.

**NAVARRO (Theodore, dit Fats)** ♦ Trompettiste de jazz américain (Key West 1923 - New York 1950). Il débuta en 1943 et remplaça Dizzy Gillespie* chez Billy Eckstine. Après avoir assisté aux premières manifestations du be-bop, il joua dans les formations d'Illinois Jacquet, de Lionel Hampton* et de Coleman Hawkins*. En dépit d'une carrière très courte, il a été l'un des meilleurs musiciens de son temps. Princ. enregistrements : *Lady Bird* (1948), *Bouncin' with Bud* (avec Bud Powell, 1949).

**NAVAS DE TOLOSA (LAS)** ♦ Localité de l'Espagne méridionale, située au N. de Jaén. **▌ Histoire** Lieu de la victoire remportée en 1212, par les forces unies de Castille (➝ **Alphonse VIII**), d'Aragon (➝ **Pierre II**) et de Navarre sur les Almohades*, et qui marqua une étape décisive de la *Reconquista.*

**NAVEZ (François Joseph)** ♦ Peintre et dessinateur belge (Charleroi 1787 - Bruxelles 1869). Élève de David* à Paris à partir de 1813, il le suivit ensuite à Bruxelles pendant son exil. De 1817 à 1822, il vécut à Rome où il rencontra Ingres. Après avoir admiré les œuvres de Raphaël à Rome, il s'intéressa aussi aux primitifs flamands. Ses peintures d'histoire, à sujets mythologiques et religieux, dénotent un certain éclectisme stylistique. Ses portraits révèlent un talent très sûr ; ils se caractérisent par la qualité de l'observation psychologique, la rigueur de la mise en page, l'élégance du trait et la finesse du chromatisme *(La Famille de Hemptine-Larivière ; David)*. Navez joua un rôle important comme directeur de l'Académie de Bruxelles à partir de 1830, et certains portraits de David lui ont parfois été attribués.

**NAVIER (Henri)** ♦ Ingénieur français (Dijon 1785 - Paris 1836). Auteur de la première théorie générale de l'élasticité (1821), il étudia la flexion, la résistance à la traction et au choc ; on lui doit également des études d'hydrodynamique, notamment sur l'écoulement des liquides dans les tuyaux. [Acad. sc. 1824]

**navigation (Acte de)** ♦ Cette loi, promulguée en 1651, réservait aux navires anglais le commerce extérieur de l'Angleterre, en interdisant aux navires étrangers de transporter dans les ports anglais des denrées autres que celles de leur pays. Elle frappa particulièrement le commerce hollandais, entraîna la première guerre hollandaise qui contraignit les Provinces-Unies à capituler (1654) et favorisa le commerce britannique jusqu'à son abolition (1849).

**NAVIRE** n. m. → **Argo**

**NAVRATILOVA (Martina)** ♦ Joueuse de tennis américaine d'origine tchèque (Prague 1956). Dotée d'un jeu d'attaque à la volée, elle a dominé le tennis féminin de la fin des années 1970 et des années 1980. Ses 59 titres du Grand Chelem (18 en simple, 31 en double dames et 10 en double mixte) et ses victoires en tournois font d'elle la joueuse de tennis la plus titrée du tennis féminin.

**NAXOS** ♦ Île grecque, la plus grande des Cyclades*. 428 km². Env. 18 000 hab. CH.-L. : Naxos (2 900 hab.). Vins liquoreux, légumes, élevage. Extraction de marbre. ▮ **Histoire** Dans la légende, Thésée*, faisant escale à Naxos après avoir tué le Minotaure, y abandonne Ariane* que Dionysos* recueille le lendemain. Le culte du dieu, patron des vignes qui abondaient dans l'île, est à l'origine de l'un de ses noms (Dionysias). Colonisée par des Ioniens, Naxos dominait les Cyclades à l'époque archaïque. Elle atteignit son apogée vers la fin du –VIe s. sous le tyran Lygdamis. Ravagée par les Perses, elle participa à la bataille de Salamine. Après les victoires grecques, elle fit partie de la ligue de Délos, mais, insurgée contre l'impérialisme athénien, elle fut prise et reçut une clérouchie (colonie) athénienne (–470 - –404). Comme les autres Cyclades, à l'issue de la quatrième croisade, elle passa aux Vénitiens de 1207 à 1566 et ensuite aux Turcs de 1579 à 1821.

**NAY** [naj] ou [nɛ] [64800] ♦ Ch.-l. de cant. des Pyrénées-Atlantiques, arr. de Pau, sur le gave de Pau. 3 204 hab. (aggl. 7 848) *(Nayais)*. Anc. bastide. Maison dite de Jeanne d'Albret, de style Renaissance. ▪ Bérets basques. Confection.

**Nāyanmār** n. m. pl. ♦ Nom donné en Inde du Sud à un groupe de soixante-trois poètes mystiques adorateurs de Shiva*, qui vécurent probablement du VIIe au XIe s. Leurs œuvres sont groupées dans le *Tēvarām*, ensemble poétique tamil rédigé vers le XIe s.

**NAYARIT** n. m. ♦ État du Mexique central, en bordure du Pacifique, dans la sierra Madre occidentale (appelée *sierra de Nayarit*). 26 979 km². 949 684 hab. CAP. : Tepic. La plaine côtière, au climat subtropical, se prête aux cultures de la canne à sucre, du café, du coton, du tabac. Indus. alimentaires et chimiques.

**NAY PYI TAW** ◆ ÉTYM. «cité des rois» ♦ Capitale de la Birmanie depuis 2006, située à 350 km au N. de Rangoon. 52 962 hab.

**NAZARBAÏEV (Noursoultan Abichevitch)** ♦ Homme d'État kazakh (né en 1940). Après une carrière classique dans l'appareil du parti communiste soviétique (secrétaire du PC d'une entreprise, puis de la région de Karaganda puis, après 1979, membre de la direction de la république), il fut Premier ministre (1984) puis secrétaire du PC (1989) et président du Kazakhstan (depuis 1990). Rompant avec le parti communiste après le putsch d'août 1991 à Moscou, il est parvenu, tout en s'efforçant d'imprimer à sa république une politique de modernisation, de réformes et d'ouverture, à concentrer tous les pouvoirs.

**NAZARÉ** ◆ ÉTYM. de *Nazareth** (une statue de la Vierge en aurait été rapportée au IVe s.) ♦ V. du Portugal (région de Lisbonne et Vallée du Tage), district de Leiria, dans l'Estrémadure portugaise. 15 060 hab. Pittoresque port de pêche artisanale, devenu station touristique en vogue.

**NAZARÉEN** ◆ ÉTYM. en gr. ***Nazarênos*** ou ***Nazôraios*** ; probablt de l'hébr. *néçer* «conserver, préserver» ♦ Surnom donné à Jésus dans les Évangiles (celui de Marc emploie *Nazarênos*, sans doute «de Nazareth*»). Le nom se retrouve dans le Talmud *(nôçrîm)* et dans la tradition musulmane *(naçrânî)*. ♦ ***Nazaréens*** Nom donné à une secte juive (les premiers chrétiens) dans les Actes* des Apôtres. ♦ ***Nazaréens*** Nom donné au IVe s. aux chrétiens demeurés fidèles aux pratiques juives (judéo*-chrétiens) par les hérésiologues (Épiphane*). ♦ ***Nazaréens*** Un des noms que se donnaient les mandéens*.

## Nazaréens

n. m. pl. ♦ Groupe de peintres allemands fondé en 1809, en réaction contre le néoclassicisme et l'enseignement de l'académie de Vienne. Installés dès 1810 dans le couvent désaffecté de Sant'Isidoro à Rome où ils vécurent en confrérie (d'où le nom de «Nazaréens» qu'on leur a donné, d'abord par dérision), Johann Friedrich Overbeck*, Franz Pforr* et Ludwig Vogel furent rejoints par d'autres adeptes, dont Peter von Cornelius*, Wilhelm von Schadow, Philipp Veit. Ils prônèrent d'une part le retour à un art religieux, puisant leurs modèles dans l'art des XVe et XVIe s., surtout chez Dürer et Raphaël, et développèrent d'autre part un art nationaliste, prélude au romantisme patriotique. Leur art devant s'adresser à tous, ils s'adonnèrent à la gravure et à l'illustration : almanachs, calendriers, illustration de la Bible. Ils réalisèrent les fresques collectives de la Casa Bartholdy (*Histoire de Joseph*, 1816 - 1817) et du Casino Massimo (1819 - 1829), à Rome.

**NAZARETH** ♦ V. d'Israël en Galilée, située au S.-O. du lac de Tibériade entre le mont Carmel et le mont Thabor, ch.-l. du district du Nord. 64 800 hab. Centre de tourisme et de pèlerinage (église de l'Annonciation). La cité, arabe, a été flanquée d'une ville jumelle juive (Nazerat Illit). ▮ **Histoire** C'est dans cette ville, appartenant à la tribu de Zabulon, que la tradition, fondée sur une interprétation discutée du texte évangélique, place la résidence de Joseph et de Marie et l'enfance et la vie cachée de Jésus (→ **Nazaréen**). Les croisés s'en emparèrent (1099) et, jusqu'à leur départ (1263), un évêché y fut établi.

**NAZCA** ou **NASCA** ♦ Culture apparue sur la côte S. du Pérou, dans la vallée d'Ica, du –Xe s. au Ve s. Elle est connue pour ses céramiques polychromes à motifs géométriques ou mythologiques, ses vases sphériques à goulots en étriers, son tissage élaboré (broderies, brocards, tissus peints) et surtout pour les géoglyphes zoomorphes, réseaux de lignes creusées dans le sol sur plusieurs centaines de mètres, d'interprétation controversée, retrouvés dans la Pampa de Nazca. La ville de Cahuachi comprend des vestiges d'habitations et des tombes à puits.

**NAZELLES-NÉGRON** [37530] ♦ Comm. de l'Indre-et-Loire, arr. de Tours. 3 633 hab.

**NAZIANZE** ou **NAZIANCE** ♦ Anc. ville de Cappadoce (Asie Mineure), près de l'actuel village de *Nenezi*, illustrée par saint Grégoire de Nazianze l'Ancien, évêque en 329, et surtout par son fils, saint Grégoire* de Nazianze, qui lui succéda en 374.

## nazisme

n. m. ◆ ÉTYM. de *national-socialisme*, en all. *Nazionalsozialismus* «socialisme national» ♦ Idéologie politique exposée par Hitler dans *Mein* Kampf* ; elle fut mise en application par le régime du IIIe Reich. Reprenant des courants de pensée déjà anciens, tels que le racisme antisémite (→ **antisémitisme**), le «totalitarisme» mis en avant par le fascisme* italien, et le pangermanisme, régénérés par la déception de la défaite de 1918, Hitler eut l'habileté de traduire en quelques idées forces, capables d'entraîner les foules vers l'action, les aspirations de l'Allemagne en crise. Le slogan «*ein Volk, ein Reich, ein Führer*» (un peuple, un empire, un chef) résume la conception hitlérienne du monde : dans le «nouvel empire» (IIIe Reich) achèvement de l'unité nationale, la race germanique, race supérieure devant être protégée de toute contamination (interdiction des mariages mixtes), devrait engager la conquête de l'«espace vital» *(Lebensraum)*, notamment vers l'Est. Cette Allemagne nouvelle serait gouvernée par un chef, le *Reichsführer*, dont l'autorité infaillible et absolue permettrait d'instaurer un «ordre nouveau» dans le cadre d'un État totalitaire. Le parti nazi (Parti national-socialiste ouvrier allemand), parti unique, hiérarchisé, représentait la minorité agissante. Appuyé par les SA*, les SS* et la police (→ **Gestapo**), il était chargé de la propagande et de l'information. Comme le fascisme en Italie, le nazisme accordait une grande importance à l'adhésion de la jeunesse et s'appuyait sur les conceptions antiparlementaire, anti-égalitaire et antidémocratique du totalitarisme. (Histoire du national-socialisme : → **Hitler, Allemagne**). Après la guerre, les principaux organismes nazis (état-major du parti, SS, SD et Gestapo) furent déclarés criminels (→ **Nuremberg [procès de]**). On allait cependant assister, dans les années suivantes, à la résurgence de l'idéologie nazie dans certains mouvements d'extrême droite *(néonazisme)*. Le NPD (parti national allemand), néo-nazi et xénophobe, a été créé en 1964.

**NAZOR (Vladimir)** ♦ Écrivain croate (Postire, île de Brač 1876 - Zagreb 1949). Il réagit dans ses poèmes contre le pessimisme de Kranjčević* et chante la beauté de son pays : *Poésies lyriques* (1910), *Les Rois croates* (1912), *L'Ours Brundo* (1915). Outre de nombreuses traductions, il laissa des contes, *Contes d'Istrie* (1913), *Stoimena* (1916), *Contes de l'enfance* (1924), *Nouvelles de Zagreb* (1942), et des romans dont *Le Pâtre Loda* (1946). En 1943, il gagna le maquis et y écrivit un recueil de poèmes : *Avec les partisans*.

**NAZRAN** ♦ Anc. cap. de l'Ingouchie, située dans le sud-ouest du pays, sur la rivière Terek. 126 700 hab.

**NBC** → **National Broadcasting Company**

**NDIAYE (Marie)** ♦ Écrivaine française (Pithiviers 1967), née d'un père sénégalais et d'une mère française qui l'a élevée. Elle publia son premier roman à 17 ans, *Quant au riche avenir* (1985), suivi d'une vingtaine de romans, recueils de nouvelles et pièces de théâtre qui explorent avec humour et cruauté les rapports de force au sein de la famille et des classes sociales, le racisme, la pauvreté : *La Femme changée en bûche* (1989), *Rosie Carpe* (2001, prix Femina), *La Sorcière* (1996), *Trois femmes puissantes* (2009, prix Goncourt), *Papa doit manger* (2003, théâtre) sur le retour d'un père absent de son foyer depuis dix ans.

**NDIONE (Abasse)** ♦ Écrivain sénégalais d'expression française (Bargny, près de Dakar 1946). Penser en wolof, écrire en français, est l'aspiration de ce passeur de culture, infirmier le jour, auteur la nuit. Ses romans à l'intrigue policière racontent sans fard la vie des petites gens et leur misère quotidienne : *La Vie en spirale* (1984) explore le milieu des fumeurs de cannabis ; *Ramata* (1986), femme riche et assassine, devient elle-même victime après un viol. Il a publié en 2008 un ouvrage poignant sur l'émigration clandestine, *Mbëkë Mi : à l'assaut des vagues de l'Atlantique*.

**N'DJAMENA** ◆ ÉTYM. de l'ar. «là où l'arbre donne de l'ombre (le lieu où l'on se repose)» (probablt à l'origine une halte sur une piste caravanière) ; anc. ***Fort-Lamy*** ♦ Cap. du Tchad, sur la rive d. du Chari à son confluent avec le Logone, à proximité de la frontière camerounaise. 820 000 hab. *(N'Djaménais)*. ▪ Port fluvial. Centre d'une riche région agricole, la ville a beaucoup souffert de la guerre civile.

**NDOLA** ♦ V. de Zambie. Env. 450 000 hab. Indus. métallurgiques (raffinerie de cuivre et de cobalt) et alimentaires. Usine de détersifs.

**NEAGH** (lough) ♦ Lac d'Irlande du Nord, le plus grand du Royaume-Uni (388 km²). Pêche et tourisme de week-end pour l'agglomération de Belfast.

**NEANDERTAL** ◆ ÉTYM. anc. ***Neanderthal*** ; all. «la vallée *(Thal)* de Neander», du n. du prédicateur et poète Joachim Neumann [all. «nouvel *(neu)* homme *(Mann)*»], traduit en gr. *Neander* [*neos* «nouveau» et *anêr, andros* «homme»] (1650 - 1680) qui vanta la beauté de la région dans ses écrits ♦ Vallée d'Allemagne occidentale (Rhénanie-du-Nord-Westphalie), dans la région de Düsseldorf (vallée de la Düssel). ▪ La découverte en 1856 d'un crâne humain fossile dans une grotte de cette vallée fit donner le nom d'*homme de Neandertal* à ce type tout à fait distinct d'hominidé. Des ossements présentant les mêmes caractéristiques ont été retrouvés à divers endroits en Europe (en Belgique à Spy, en France à La Chapelle*-aux-Saints, au Moustier, à La Quina, à La Ferrassie*, en Italie, en Croatie, et dans le sud de la Russie), en Palestine, en Irak et jusqu'en Ouzbékistan. L'homme de Neandertal vivait au Paléolithique* moyen durant l'interglaciaire de Riss-Würm et le début de la glaciation würmienne (v. -150 000 - -35 000), mais il n'est que le terme final d'un long processus de «néandertalisation», dérive génétique du premier peuplement de l'Europe isolé par les glaciations. Trapu et de petite taille (inférieure à 1,50 m), il possédait une architecture faciale spécifique : crâne dolichocéphale, visière orbitaire très développée, appareil masticatoire en forte saillie vers l'avant. Son cerveau, malgré l'aspect aplati de la boîte crânienne, avait une capacité moyenne importante (1 450 cm³). Ses outils étaient caractéristiques du Moustérien*. Il travaillait le bois et la peau et avait des pratiques mortuaires à caractère symbolique. Il est aujourd'hui considéré comme une véritable espèce : *Homo sapiens neandertalensis*, issue de l'évolution des *Homo erectus* ou *Préneandertals* en Europe occidentale. Il y fut remplacé vers -35 000 par *Homo sapiens sapiens*, l'homme moderne, artisan des cultures du Paléolithique* supérieur et sans doute originaire du Moyen-Orient. Après plusieurs millénaires de coexistence avec *Homo sapiens sapiens*, sans apparente interfécondité, l'homme de Neandertal s'éteint. → **Saint-Césaire, Shanidar.**

**NÉARQUE** – en gr. ***Nearkhos*** ♦ Navigateur grec et lieutenant d'Alexandre le Grand (-IVe s.), originaire de Crète et établi à Amphipolis. Il fut nommé gouverneur de Lycie, puis il accompagna le conquérant dans son expédition en Inde. Ayant reçu le commandement de la flotte construite sur l'Hydaspe, il descendit l'Indus avec l'armée, puis il entreprit (-326 - -325) une exploration des côtes de la mer Érythrée et du golfe Persique jusqu'à l'embouchure de l'Euphrate (154 jours). La mort d'Alexandre empêcha la réalisation du périple de l'Arabie. Néarque reçut la satrapie de Lycie et de Pamphylie et fut l'allié d'Antigonos* Monophthalmos. Il laissa un récit de son exploration *(périple)* qui servit de base aux *Indica* (description de l'Inde) d'Arrien*.

**NEATH** – en gallois ***Castell-Nedd*** ♦ V. du pays de Galles (Neath Port Talbot), sur la Neath, à l'E. de Swansea. 20 000 hab. Exploitation des métaux non-ferreux. Ruines d'une abbaye cistercienne.

**NÉAU** → **Eupen**

**NEBBIO** n. m. ♦ Région côtière au N. de la Corse*, au S. du golfe de Saint-Florent*.

**NEBIT-DAG** – auj. ***Balkanabat*** ♦ V. du Turkménistan. 108 000 hab. Centre du district pétrolier de Neftedag. Production d'électricité par turbines à gaz.

**NÉBO** n. m. ◆ ÉTYM. du n. du dieu *Nabu** ♦ Montagne biblique du pays de Moab, vis-à-vis de Jéricho. Moïse* y meurt après avoir vu de loin la Terre promise (Deutéronome, XXXIV). On l'identifie au *Neba*.

**NÉBOUZAN** n. m. ♦ Anc. pays de Gascogne*. Saint-Gaudens en était le chef-lieu.

**NEBRASKA** n. m. ◆ ÉTYM. du n. de la riv. *Nebraska*, d'un mot sioux «peu profond, avec peu d'eau» ♦ État du centre des États-Unis. → **États-Unis** (carte). 200 018 km². 1 711 263 hab. CAP. : Lincoln. ▮ **Géographie** L'État est formé par une vaste plaine légèrement ondulée qui s'étend du Missouri aux frontières du Colorado et du Wyoming en s'élevant progressivement du S.-E. au N.-O. Une région de lœss y précède une zone de collines, moins fertiles, parcourue de riches vallées ; à l'O., des «hautes plaines» présentent des canyons, quelques buttes, et deux zones montagneuses boisées. Le coin N.-O. est formé de *badlands*. La principale rivière du Nebraska est la Platte, affl. du Missouri. Le climat est continental sec. ▮ **Économie** État agricole avec env. 26 % d'agriculteurs (pourcentage très élevé pour les États-Unis). L'élevage fournit 70 % du revenu agricole (surtout bovins). Les principales cultures sont le maïs, le blé, l'avoine ; les terres cultivées ont augmenté en surface, grâce à l'irrigation, et le nombre des exploitations a diminué. L'industrie est spécialisée dans la métall. légère, les instruments de précision, l'indus. du bois, les produits chimiques et plastiques. Le sol recèle du pétrole et du gaz naturel. Le Nebraska abrite le quartier général du Strategic Air Command, à la base aérienne d'Ogutt, près d'Omaha. ▮ **Histoire** Avant l'arrivée des Blancs au XVIIIe s., le Nebraska était peuplé d'Indiens sioux, cheyennes et pawnees. Explorée par les Espagnols, puis par les Français, la région fut vendue aux États-Unis avec la Louisiane (1803). Territoire en 1854, le Nebraska, qui appartint au camp nordiste, devint le 37e État de l'Union en 1867. Les combats contre les Indiens aboutirent à leur écrasement vers 1880.

**NEBRIJA (Antonio de)** – en lat. ***Antonius Nebrissensis*** ♦ Érudit espagnol (Nebrija 1444 - Alcalá de Henares 1522). Il est l'auteur d'une grammaire latine, le premier livre imprimé à Salamanque (1481) et surtout d'une grammaire espagnole (*Grammatica sobre la lengua castellana*, 1492), ainsi que d'un lexique latin-castillan et castillan-latin (1492).

**NECHAKO** n. f. ♦ Riv. du Canada, affl. du Fraser*, qu'elle rejoint à Prince George. Elle prend sa source en deux branches, dans la chaîne côtière. 400 km. Le *plateau de la Nechako* sépare les monts Columbia des monts Cassiar.

**NÉCHAO** ou **NÉKAO** ◆ ÉTYM. de l'égypt. *nekāū* «à son âme» ♦ Nom de deux pharaons de la XXVIe dynastie saïte. ♦ **NÉCHAO Ier.** Père de Psammétique* Ier. Il fut établi par les Assyriens comme prince de Saïs* et de Memphis* v. -670. ♦ **NÉCHAO II.** Fils et successeur de Psammétique* Ier (v. -609 - -594). Il reprit la politique d'expansion égyptienne en Syrie, tua Josias, roi de Juda, allié des Babyloniens, à Megiddo*, soumit la Palestine et la Syrie, atteignit l'Euphrate, mais fut écrasé par Nabuchodonosor* II à Karkemish* (-605). Il favorisa la renaissance économique du pays, remit en activité le canal du Nil à la mer Rouge. Le tour de l'Afrique fait en son nom par des marins phéniciens reste hypothétique.

**NECKAR** n. m. ♦ Riv. d'Allemagne (370 km) et affl. rive d. du Rhin. Né en bordure de la Forêt-Noire, près de la source du Danube, le Neckar coule vers le N.-E. en contournant le Jura franconien, arrose Tübingen, Esslingen, Stuttgart, décrit entre Heilbronn et Heidelberg une large boucle au pied de l'Odenwald et rejoint le Rhin à Mannheim. L'Enz, le Kocher et la Jagst sont ses princ. affl. Le Neckar a été aménagé (1958) pour la navigation de chalands (max. 1 350 t) jusqu'à Plochingen en amont de Stuttgart. Le cours moyen du fleuve est planté de vignobles.

**NECKARSULM** ♦ V. d'Allemagne (Bade-Wurtemberg), sur le Neckar. 27 500 hab. Château de l'ordre Teutonique (XVIe s.). ▪ Indus. automobile.

**NECKER** [nɛkʀ] ou [nekɛʀ] **(Jacques)** ♦ Financier et homme d'État genevois (Genève 1732 - Coppet, près de Genève 1804). Venu à Paris (1747), il y fut commis de banque et s'installa comme banquier en 1763. C'est en partie sous l'influence de sa femme (qui tint un salon fréquenté par les meilleurs esprits du temps) qu'il se lança dans la vie publique. Dès 1772, il se faisait connaître par son *Éloge de Colbert*, couronné par l'Académie française, puis en 1775 par son *Essai sur la législation et le commerce des grains*, où il attaquait la politique économique libérale de Turgot, auquel il succéda comme directeur du Trésor royal (1776), puis des Finances (1777). Financier habile et honnête, il tenta de faire face à une situation financière rendue particulièrement difficile par les dépenses inconsidérées de la cour et celles occasionnées par la guerre d'Indépendance américaine, en pratiquant une politique d'économie et d'emprunt ; il tenta de réformer l'assiette de l'impôt, d'associer les notables à l'administration des provinces (création d'assemblées provinciales dès 1778), supprima la mainmorte et les servitudes personnelles sur le domaine royal (1779) et adoucit la procédure criminelle. La publication de son *Compte rendu au Roi* (1781), révélant l'état des finances françaises, connut un certain succès auprès du public, mais l'obligea à démissionner. Il fut remplacé peu après par Calonne* dont il attaqua la politique dans son traité *De l'administration des finances de la France* (1784). La crise financière s'étant doublée d'une crise politique d'autorité, Necker fut rappelé comme ministre d'État par Louis XVI le 25 août 1788 (après la démission de Loménie* de Brienne), peu après la convocation des états généraux. Il fit réunir l'Assemblée des notables* (nov.-déc. 1788) et, malgré l'opposition des aristocrates, réussit à obtenir le doublement du tiers état aux états généraux. Son renvoi (11 juil. 1789, connu par le peuple parisien le 12 juil.) contribua à développer le mouvement révolutionnaire populaire : il fut rappelé le 15 juil. après la prise de la Bastille*. Il ne réussit pas à redresser la situation économique et financière, se retira des affaires publiques en

1790, s'installant à Coppet avec sa fille Mme de Staël*, et s'efforça de justifier son action politique (*De la Révolution française*, 1796). ➝ ÉTYM. Ce nom de famille vient du nom de la rivière *Neckar**.

**NECTANÉBO** ♦ Nom grec de deux pharaons de la XXXe dynastie sébennytique. ♦ **NECTANÉBO Ier,** en égypt. ***Nekhtnebf.*** Originaire de Sébennytos, dans le Delta, il fonda la XXXe dynastie sébennytique (v. –378 - –360). Il fit échouer une nouvelle tentative de reconquête perse. ♦ **NECTANÉBO II,** en égypt. ***Nekhtharheb.*** Petit-neveu du précédent. Il s'empara du pouvoir que détenait son oncle Tachōs* (v. –359 - –341). Avec l'aide des Grecs, il réussit à repousser l'armée perse (–351), mais une nouvelle offensive d'Artaxerxès* III le força à s'enfuir en Haute-Égypte (–342). Il fut le dernier pharaon indépendant. Grand bâtisseur, il entreprit la construction de l'Iséum (temple dédié à Isis) de Behbeït el-Hagar et des premiers édifices de Philae*.

**NEDERLAND → Pays-Bas**

**NEDIM (Ahmet)** ♦ Poète turc (İstanbul 1681 - *id.* 1730). Ses œuvres sont rassemblées dans un *Divan* composé de chansons, de ghazals et de pièces de circonstance.

**NEDJD, NADJD** ou **NAJD** n. m. ➝ ÉTYM. ar. «haut pays» ♦ Vaste plateau semi-désertique du centre de l'Arabie saoudite, souvent appelé Arabie «tabulaire» et culminant au djebel Chammar. Les rares pluies qui tombent dans le N. y forment des étendues herbeuses utilisées comme pâturages par les tribus nomades. Cultures de céréales, de palmiers-dattiers, d'arbres fruitiers et de vigne dans les oasis. Indus. artisanales : travail du cuir, du cuivre, fabrication d'armes. Le pipe-line transarabique, la route qui unit la mer Rouge au golfe Persique à partir de Djeddah, et l'unique voie ferrée de la péninsule, qui relie Riyad à Dammān, traversent le Nedjd. ▪ Le Nedjd fut le fief de la dynastie saoudienne qui en fit un tremplin pour réunifier la majeure partie de l'Arabie saoudite.

**NEDJEF → Najaf**

**NEDJIRAN** n. m. ♦ Montagne du S. de l'Asir, à la frontière yéménite. Province du S. de l'Arabie saoudite revendiquée par le Yémen.

**NÉDONCELLE (Maurice)** ♦ Philosophe et théologien français (Roubaix 1905 - Strasbourg 1976). Ordonné prêtre en 1930, professeur de théologie aux facultés catholiques de Lille puis de Strasbourg, il s'intéressa à l'histoire de la pensée religieuse (*La Philosophie religieuse en Grande-Bretagne de 1850 à nos jours*, 1934) et fut l'un des principaux représentants du personnalisme chrétien (*La Réciprocité des consciences*, 1942 ; *Vers une philosophie de l'amour et de la personne*, 1957 ; *Explorations personnalistes*, 1970 ; *Intersubjectivité et Ontologie, le Défi personnaliste*, 1974).

**NEEDHAM (John Turberville)** ♦ Naturaliste britannique (Londres 1713 - Bruxelles 1781). Fondateur de la Société littéraire de Bruxelles, il fut l'auteur d'ouvrages philosophiques. Ses travaux en biologie (micrographie) furent utilisés par les partisans de la génération spontanée.

**NEEDHAM (Joseph)** ♦ Sinologue britannique (Londres 1900 - *id.* 1995). Il est l'auteur de travaux fondamentaux sur l'histoire des sciences chinoises (*Science and Civilisation in China*, nombreux vol. depuis 1954) ainsi que d'ouvrages plus synthétiques (*La Science chinoise et l'Occident, La Tradition scientifique chinoise*) et a œuvré pour une meilleure compréhension entre la Chine et l'Occident.

**NÉEL (Louis)** ♦ Physicien français (Lyon 1904 - Brive 2000). Spécialiste du magnétisme, il élabora une théorie de l'antiferromagnétisme, cas de substances dans lesquelles l'aimantation s'annule pour certaines températures à cause d'une orientation particulière des spins (moments magnétiques) des atomes. Elle lui permit d'établir une théorie quantitative des ferrimagnétiques dans lesquels les moments magnétiques sont encore orientés en deux directions opposées, mais sont en nombres différents ; ces travaux ont contribué au progrès de la technique des ferrites et, plus généralement, des matériaux magnétiques isolants. [Acad. sc. 1953 ; prix Nobel de phys. 1970, avec H. Alfvén*]

**NEERPELT** ♦ Comm. de Belgique (Région flamande), prov. de Limbourg, arr. de Maaseik, à la frontière des Pays-Bas, sur la Dommel et le canal de la Campine. 16 156 hab. Parc naturel de Hageveen (landes et marais). ▪ Indus. textile.

**NEERWINDEN** ♦ Loc. de Belgique dépendant de la ville de Tienen (Région flamande), prov. du Brabant flamand, arr. de Louvain. Victoire du maréchal de Luxembourg* sur Guillaume* III d'Orange (1693). Cent ans plus tard, Dumouriez* y fut vaincu par Frédéric de Saxe*-Cobourg et dut évacuer la Belgique (18 mars 1793).

**NEFA** n. m. ➝ ÉTYM. abrév. de l'angl. ***North-East Frontier Agency*** **→ Arunachal Pradesh**

La **Nef des fous** – en all. ***Das Narrenschiff*** ♦ Œuvre satirique de Sebastian Brandt* publiée à Strasbourg en 1494, illustrée de gravures de Dürer, alors âgé de 22 ans, et de trois autres artistes anonymes. L'auteur y décrit les aberrations des sens (folie, péché). La nef qui se dirige vers l'île de Narragonie transporte tous les types de fous : ceux qui transgressent les commandements de Dieu ou s'opposent à la raison, les grands pécheurs et ceux qui sont atteints de légers travers, sans doute plus risibles que condamnables. Cette œuvre fut souvent rééditée, traduite, continuée, contrefaite, et a été utilisée par plusieurs prédicateurs alsaciens (Geiler de Kaisersberg, Thomas Murner). Elle inspira le peintre Jérôme Bosch* (*La Nef des fous*, musée du Louvre) et Érasme (*Éloge* de la folie*).

**NÉFERTARI** ➝ ÉTYM. égypt. «la belle amie», de *nefer* «bon» et *ari* «amie» ♦ Reine d'Égypte (–XIIIe s.), première femme de Ramsès* II. Sa tombe est la plus belle de celles de la vallée des Reines.

**NÉFERTITI** ➝ ÉTYM. égypt. «la belle est venue» ♦ Reine d'Égypte (2de moitié du –XIVe s.), femme du pharaon Aménophis* IV Akhnaton. Elle participa à la révolution religieuse accomplie par Aménophis IV (**→ Akhnaton**) et resta fidèle au culte d'Aton après la mort de son mari. Elle est célèbre par ses nombreux portraits en ronde-bosse trouvés à Tell* el-Amarna : buste polychrome (Musée égyptien, Berlin), buste inachevé en quartzite rose (musée du Caire).

**Néfertiti.** Buste polychrome, Tell el-Amarna, -XIVe s. Musée égyptien, Berlin. *Phot. © Arch. Smeets*

**NÉFOUD** ou **NEFUD** n. m. ♦ Désert de sable du N. de l'Arabie saoudite, qui s'étend sur plus de 50 000 km² entre le désert de Syrie et le Nedjd, qui le sépare du Rub' al-Khali. De maigres pâturages y nourrissent en hiver le bétail des Bédouins nomades (dromadaires, moutons).

**NEFTEDAG** n. m. ♦ District pétrolier du Turkménistan, autour de Nebit Dag, au bord de la mer Caspienne.

**NEGERI SEMBILAN** – off. ***Negeri Sembilan Darul Khusus*** ➝ ÉTYM. «neuf pays» ♦ État de Malaisie bordant le détroit de Malacca. 6 843 km². 830 080 hab. CAP. : Seremban. L'État est placé sous l'autorité d'un souverain ayant rang de sultan, élu par les chefs traditionnels. ▪ Riziculture, plantations (hévéas, cocotiers, palmiers à huile). Port de commerce et station balnéaire à Port Dickson. ▮ **Histoire** Peuplés de migrants minangkabau venus de Sumatra, les «Neuf Pays» s'organisèrent en 1773 en une fédération. Un protectorat britannique finit par être imposé en 1885 et les Negeri Sembilan entrèrent en 1896 dans l'union des États malais fédérés ; en 1947, ils se joignirent à la fédération de Malaisie.

**NÈGRE (Charles)** ♦ Photographe français (Grasse 1820 - *id.* 1880). Adepte du calotype (**→ Talbot**), il porta une grande attention à la construction de l'image, à la distribution de la lumière et à la texture de l'épreuve. Il réalisa entre 1849 et 1862 de nombreuses scènes de genre, des vues d'architecture, et des paysages inspirés de la peinture nordique du XVIIe s. Il adopta en 1854 le procédé de gravure héliographique et publia la même année le premier fascicule de son album *Le Midi de la France*.

**NÈGREPELISSE** [82800] ➝ ÉTYM. «pelisse noire», allus. à la tenue des bûcherons qui y fabriquaient et y vendaient du charbon de bois au XIIIe s. ♦ Ch.-l. de cant. du Tarn-et-Garonne, arr. de Montauban, sur l'Aveyron. 3 487 hab. (*Nègrepelissiens*). ▮ **Histoire** Ville protestante que Louis XIII enleva en 1622.

**NÈGREPONT** – en gr. ***Lefkosia*** ♦ Nom de l'Eubée* au Moyen Âge.

**NÉGRIER (François DE)** ♦ Général français (Le Mans 1788 - Paris 1848). Il participa aux campagnes de l'Empire (de 1806 à 1815) et servit ensuite en Algérie. Député (1848), placé à la tête d'un commandement lors de l'insurrection de juin (1848), il fut tué faubourg Saint-Antoine. ♦ **François Oscar de Négrier.** Général français (Belfort 1839 - Côtes-du-Nord 1913). Neveu du précédent. Il se distingua lors de la guerre de 1870. Fait prisonnier à Metz, il réussit à s'évader et à rejoindre Faidherbe dans le Nord. Après avoir servi dans le Sud oranais, il fut envoyé au Tonkin (1884), où il fut grièvement blessé, ce qui entraîna la perte de Lạng* Sơn (1885) qu'il venait d'occuper.

**NÉGRILLES** → **Pygmées**

**NEGRÍN LÓPEZ (Juan)** ♦ Homme politique espagnol (Canaries 1887 - Paris 1956). Militant socialiste, il fut ministre des Finances de Largo* Caballero (1936), puis succéda à ce dernier comme président du Conseil (1937) au sein d'un gouvernement républicain, réfugié à Valence, puis à Barcelone et où les communistes allaient prédominer. Il fut déposé par une junte de militaires et d'anarchistes en 1939 et se retira en France. Il présida le gouvernement républicain en exil jusqu'en 1945.

**NÉGRITO(S)** n. m. (pl.) ◆ ÉTYM. esp. «petits Noirs» ♦ Nom donné par les Espagnols aux minorités *ati* ou *ita* (Aytas) des Philippines, en raison de leur petite taille, de leur peau noire et de leurs cheveux crépus. Le même terme désigne aussi des populations semblables dans le reste de l'Insulinde et les îles Andaman.

**NEGRO** (río) ♦ Fl. d'Argentine (635 km) formé par la confluence des ríos Neuquén et Limay, descendus des Andes ; il traverse d'O. en E. la prov. du Río Negro jusqu'à l'océan Atlantique. ♦ ***Province du Río Negro*** Prov. d'Argentine située au N. de la Patagonie débouchant sur l'Atlantique à l'E. par le golfe de San Matas. → **Argentine (carte).** 203 013 km². 507 000 hab. CAP. : Viedma.

**NEGRO** (río) ♦ Riv. d'Amérique du Sud (2 200 km). Née en Colombie, où elle forme une partie de la frontière avec le Venezuela, elle reçoit le Cassiquiare, qui la fait communiquer avec l'Orénoque et rejoint l'Amazone en aval de Manaus (Brésil).

**NEGRO** (río) ♦ Riv. d'Amérique du Sud (450 km) qui prend sa source au Brésil (Rio Grande do Sul), traverse d'E. en O. l'Uruguay, pour se jeter dans le río Uruguay. Au centre, une vaste lagune a permis de bâtir un barrage-réservoir et une centrale hydroélectrique.

**NEGROS** ◆ ÉTYM. esp. «île des Noirs» [les premiers colons se heurtèrent à leur arrivée à une vive résistance d'indigènes noirs] ♦ Île des Philippines (Visayas). 12 706 km². 3 262 708 hab. V. PRINC. : Bacolod* City. Monoculture de la canne à sucre. La chute des cours du sucre en 1985 en a fait une région sinistrée.

**NEGRUZZI (Costache)** ♦ Écrivain et homme politique roumain (Iaşi 1808 - 1868). Auteur de poèmes et de nouvelles historiques (*Alexandru Lăpuşneanu*, 1840), il fut un des artisans du renouveau littéraire moldave et participa à la création du théâtre national de Iaşi (avec Alecsandri* et Kogălniceanu*). Il devint ministre des Finances sous Alexandre Cuza*.

**NÉGUEV** n. m. ◆ ÉTYM. en hébr. *Nègèbh*, de *nâgabh* «être sec» ♦ Étendue naguère entièrement désertique, au S. de l'État d'Israël, occupant plus de la moitié de la surface du pays. Bordant la Cisjordanie au N., la mer Morte au N.-E., il est séparé de la Jordanie à l'E. par le Wadi Araba, et sa pointe méridionale touche au golfe d'Akaba. Il n'était habité que par des Bédouins et, dans le N., par des Arabes sédentarisés ou à demi sédentarisés. La masse croissante d'immigrants a conduit Israël à une tentative de mise en valeur des terres du Néguev grâce au dessalement des eaux souterraines et des eaux de la mer Morte. L'aménagement d'un système de canalisations, *Kinneret-Néguev*, permet de faire bénéficier ces terres des eaux du Jourdain depuis le lac de Tibériade (ou lac de Kinneret) et d'y implanter un nombre croissant d'exploitations agricoles. Amplifié par le système *Yarkon*-Néguev* à l'E. de Tel-Aviv, le Kinneret-Néguev a transformé l'agriculture du pays. Les terres limoneuses de la région de Beersheba, dans le N., se prêtent à une agriculture intensive (blé, orge, betterave sucrière, arbres fruitiers, agrumes). Oliveraies et orangeraies dans le Néguev central. Primeurs dans la vallée du Wadi Araba. En outre, la région a vu s'implanter des industries qui traitent les importantes richesses du sous-sol particulièrement au voisinage de la mer Morte : chlorures de potassium et de magnésium, potasse, brome, fer, cuivre, soufre, phosphates (au N.), cuivre de Timna et phosphates (au S.), chrome de la région d'Eilat, feldspath, manganèse. Les phosphates sont traités dans les usines d'engrais de Haïfa. Un oléoduc franchit le Néguev, acheminant du pétrole du port d'Eilat sur le golfe d'Akaba jusqu'aux raffineries de Haïfa. Une route traverse le Néguev à partir d'Eilat, se ramifie à Beersheba, faisant communiquer le S. du pays avec la Méditerranée.

**NÉGUIB** ou **NAGĪB (Muḥammad)** ♦ Général égyptien (Khartoum 1901 - Le Caire 1984). Fils d'un officier égyptien, il participa à la première guerre israélo-arabe (1948 - 1949). Choisi comme chef par les instigateurs du complot de 1952, il obligea Farouk* à abdiquer (juil. 1952) et proclama la république (juin 1953). Démis de ses fonctions de président de la République (25 fév. 1954), il fut tout de suite rétabli en raison de la pression des masses. Nasser* l'écarta définitivement du pouvoir en oct. 1954.

**NÉHÉMIE** ◆ ÉTYM. en hébr. *Neḥèmyâh* «Dieu (*Yâh*) console(*neḥèm*)» ♦ Personnage biblique, échanson juif d'Artaxerxès Ier qui le nomme gouverneur de Juda (−445). À Jérusalem, en dépit de l'hostilité des gouverneurs voisins, il fait reconstruire les murailles de la ville, impose le respect du sabbat et s'oppose au mariage avec les étrangères. ♦ ***Le Livre de Néhémie*** constitue dans les textes hébreu et grec la seconde partie du Livre d'Esdras*, livre de la Bible (Écrits*).13 chapitres entrelacent le récit où Néhémie raconte lui-même son histoire (à la première personne) et une narration extérieure, notamment celle de la lecture solennelle de la Loi (et l'explicitation de son sens, où la tradition verra l'origine du targum*) devant le peuple, prélude à un renouvellement de l'Alliance au retour de l'Exil.

**NEHER (Erwin)** ♦ Physicien allemand (Landsberg 1944). Il mit au point, vers 1980, avec le médecin B. Sakmann, une technique (appelée patch-clamp) qui permet de mesurer individuellement l'activité des canaux ioniques (entités qui assurent la communication à travers la membrane cellulaire). [Prix Nobel de physiol. ou méd. 1991, avec B. Sakmann]

**NEHRU (Jawaharlal)** ♦ Homme politique indien (Allahabad 1889 - Delhi 1964). Issu d'une famille de brahmanes originaires du Cachemire, très typique de la classe intellectuelle anglicisée qui fut une des composantes du mouvement pour l'indépendance, Jawaharlal Nehru devint un militant puis un dirigeant du Congrès national indien. Étroitement associé à l'action du Mahatma Gandhi, sans partager toutes ses positions, il fut emprisonné à plusieurs reprises, notamment en 1942 lorsque le Congrès radicalisa ses positions sur l'indépendance. Dès l'acquisition de celle-ci, il devint Premier ministre du nouvel État, sans avoir pu empêcher la partition et la création du Pakistan (1947). En politique intérieure, il tenta de définir une «troisième voie» entre le communisme et le capitalisme, en s'inspirant des méthodes soviétiques de planification et d'industrialisation, mais en conservant une large place à la propriété privée. En politique extérieure, il chercha à maintenir la neutralité de l'Inde entre les deux blocs. Avec Gamal Abdel Nasser et Tito, il fut l'un des principaux initiateurs de la conférence de Bandung (1955) destinée à promouvoir la solidarité des pays du «tiers monde», et devint ainsi une figure symbolique du «non-alignement» et de l'anticolonialisme. Il ne réussit cependant pas à établir une détente durable avec le Pakistan, ni à maintenir de bons rapports avec la Chine, qui déclencha une courte guerre contre l'Inde juste avant sa mort. ◆ ÉTYM. Ce nom de famille hindi signifie «visage (*rū*) de l'amour (*neh*)».

Jawaharlal **Nehru.** *Phot. © Keystone*

**NEIDHART VON REUENTHAL** ♦ Chevalier et poète allemand (v. 1180 - v. 1250). Il vécut aux cours de Bavière et d'Autriche. Avec ses chansons d'été *(Sommerlieder)* et d'hiver *(Winterlieder)*, il a créé un genre nouveau que l'on qualifia de «poésie villageoise de cour», courtoise par la technique et villageoise par le milieu évoqué. Reprenant de façon réaliste et satirique les thèmes du minnesang, il les amplifie jusqu'au burlesque, voire à l'obscène.

**NEIGE** (crêt de la) ♦ Sommet le plus élevé du Jura (Ain). 1 720 m.

**NEIGES** (piton des) ♦ Anc. volcan de la Réunion*, au centre O. de l'île. Point culminant 3 071 mètres.

**NEIJIANG** ou **NEI-KIANG** ♦ V. de Chine (Sichuan). 696 158 hab. Canne à sucre. Céréales. Indus. alimentaire et textile.

**NEILL (Alexander Sutherland)** ♦ Pédagogue britannique (Forfar, Écosse 1883 - Aldeburgh, Suffolk 1973). Il fonda en 1924 l'école de «Summerhill» pour jeunes délinquants et caractériels. Confiant en la bonté naturelle de l'enfant, il développa une pédagogie centrée sur les notions de liberté et d'autoresponsabilité *(self-government)*. Il rendit compte de cette expérience dans *Libres Enfants de Summerhill* (1960) puis dans *La Liberté, pas l'anarchie* (1966).

**NEI MONGOL** → **Mongolie-Intérieure**

**NEIPPERG (Adam Albrecht,** comte **VON)** ♦ Général autrichien (Vienne 1775 - Parme 1829). Il participa aux campagnes contre la France à partir de 1793. Ambassadeur en Suède (1811 - 1813), il rallia Bernadotte à la coalition (1813) et signa une alliance secrète avec Murat (1814). François II le nomma grand-maître du palais de l'impératrice Marie*-Louise. Il devint l'amant de celle-ci et l'épousa quelques mois après la mort de Napoléon Ier (1821).

**NEISSE DE LUSACE** n. f. – en polon. ***Nysa Łużycka*** ♦ Riv. d'Europe centrale, née en République tchèque où elle arrose Jablonec nad Nisou (256 km) ; elle traverse les Sudètes et la Lusace, arrose Görlitz et marque la frontière polono-allemande avant de rejoindre l'Oder et de former l'Oder-Neisse.

**NEIVA** ♦ V. de Colombie, cap. du dép. de Huila. 315 332 hab. Ancien port fluvial sur le cours supérieur du Magdalena.

**NÉKAO** → Néchao

**NEKRASSOV (Nikolaï Alekseïevitch)** ♦ Journaliste et poète russe (Iouzvine, près de Vinnitsa 1821 - Saint-Pétersbourg 1877). De 1847 à 1866, il relança et dirigea *Le Contemporain*, revue que Pouchkine* avait créée, puis il prit la direction des *Annales de la patrie* (1868 - 1878) avec Saltykov-Chtchedrine. Son œuvre de poète est double, d'une part littéraire, d'autre part populaire. Nekrassov devint célèbre en chantant la misère du peuple. De sa poésie littéraire, on peut retenir le poème satirique du *Brigand*, l'élégie *La Patrie* (1846), un poème sur l'amour tragique : *Qu'il m'arrive de rouler la nuit par une rue sombre* (1847), un poème objectif et narratif sur la vie des paysans : *Vlas* (1854) et *Le Gel au nez rouge* (1863), idéalisant la paysanne russe. Cependant les vers les plus caractéristiques de sa manière sont ceux qu'il écrivit dans le style des chansons populaires : *Les Colporteurs* (1861) et *Qui vit heureux en Russie ?* (1865 - 1876). Écrit dans un style vigoureux, ce poème est une vaste satire réaliste. Nekrassov fut meilleur critique et journaliste que poète et Tourgueniev* a dit sévèrement de lui que «la poésie n'avait même pas rendu visite à ses vers». → ÉTYM. *Nekrassov* vient de l'ancien slavon et signifie «pas *(nie)* beau *(krasnyï)*».

**NEKRASSOV (Viktor Platonovitch)** ♦ Écrivain russe (Kiev 1911 - Paris 1987). Étudiant en architecture puis comédien, il fut mobilisé en 1941 et participa à la bataille de Stalingrad qu'il a décrite dans un roman célèbre *Dans les tranchées de Stalingrad* (1946). Le thème de la guerre est au cœur de la plupart de ses récits, sobres et soucieux de vérité : le retour du front et la difficile réadaptation à la vie quotidienne (*La Ville natale*, 1954), l'automutilation afin d'échapper à la mobilisation (*Senka*, 1956), l'insoumission (*Le Merlan cuit*, 1958), ou le retour d'un déporté après vingt ans de camp de concentration (*Kira Gueorguievna*, 1961). Attaqué par la critique officielle, puis par Khrouchtchev lui-même (1963) qui jugeait ses reportages trop complaisants à l'égard de l'Occident (*Des deux côtés de l'Océan*, 1962), il émigra en 1974 à Paris, où il a publié ses souvenirs (*Carnets d'un badaud*, 1976).

**NÉLATON (Auguste)** ♦ Chirurgien français (Paris 1807 - *id.* 1873). Chirurgien de Garibaldi et de Napoléon III, il acquit une célébrité européenne. [Acad. méd. 1856 ; Acad. sc. 1867]

**NELLIGAN (Émile)** ♦ Poète canadien d'expression française (Montréal 1879 - *id.* 1941). Rebelle à toute discipline, il se consacra à la poésie dès l'âge de dix-sept ans (1897) et fut le plus jeune membre de l'école littéraire de Montréal ; mais il glissa de la mélancolie à la névrose et sombra dans la folie en 1899, mourant en 1941 sans avoir recouvré la raison. Son œuvre poétique, publiée en 1903, composée avant sa vingtième année, est marquée par un réseau d'influences : admirateur de Rimbaud*, qu'il fit connaître au Canada, É. Nelligan est également proche de Baudelaire* par son goût du morbide et son refus de la réalité, proche aussi de Verlaine* auquel il s'assimile par son art des transpositions symboliques et musicales, frère de Rollinat*, enfin, quand il exprime sa détresse devant la montée de «Dégoût, Haine et Névrose». Poésie qui a sa source dans la vie intérieure et antérieure, l'œuvre de Nelligan expose, avec une grande maîtrise rythmique, les états de conscience d'un être qui se sentit sombrer «dans l'abîme du rêve».

**NELLORE** ♦ V. de l'Inde (Andhra Pradesh), sur la côte de Coromandel, à 150 km au N. de Madras. 404 922 hab. Exploitations de mica. Port de pêche.

**NELSON (Horatio, vicomte)** ♦ Amiral britannique (Burnham Thorpe, Norfolk 1758 - au large de Trafalgar 1805). Entré dans la marine à douze ans, il était lieutenant en 1777 et capitaine de vaisseau en 1779. Sous les ordres de l'amiral Hood, il participa aux sièges de Toulon (juin 1793), de Bastia et de Calvi (1794). Il fut blessé lors de ce dernier combat et perdit l'usage de l'œil droit. La victoire remportée au cap Saint-Vincent, au Portugal (févr. 1797), confirma ses grandes qualités d'homme de guerre. Il fut nommé contre-amiral et chevalier de l'ordre du Bain. En juil. 1797, étant à la tête d'une expédition contre Santa Cruz de Tenerife, il fut blessé et on dut l'amputer du bras droit. Après sa convalescence, il reçut le commandement d'une escadre chargée de surveiller la flotte française de Toulon, qui se préparait secrètement à l'expédition d'Égypte ; elle échappa à la surveillance de Nelson qui la rechercha dans toute la Méditerranée, la trouva finalement en rade d'Aboukir* et l'anéantit le 1er août 1798. Après cette victoire, il fut fait baron. Il se dirigea ensuite vers Naples afin de défendre le royaume envahi par les Français ; il incita les souverains à refuser la capitulation que le cardinal Ruffo avait signée avec les révolutionnaires napolitains et fit pendre l'amiral Caracciolo qui avait pris parti pour eux (1799). Le retour de Nelson à Londres fut triomphal et il fut fait duc de Bronte (1800). En 1801, sous le commandement de sir Hyde Parker, Nelson fut envoyé en mer Baltique afin de briser la «ligue de la neutralité armée» qui était en train de se former entre la Russie et le Danemark, la Suède et la France. Il détruisit la flotte danoise et l'escadre russe devant Copenhague, mettant fin ainsi au projet de coalition. Après la rupture de la paix d'Amiens (1803), Nelson reçut le commandement de la flotte britannique en Méditerranée. En 1805, la flotte française aux ordres de Villeneuve* quittait Toulon afin d'attirer les Britanniques vers les Antilles et permettre ainsi un débarquement français en Angleterre. Nelson poursuivit Villeneuve jusqu'aux Antilles. Mais la flotte française revint en Europe, suivie par les navires de Nelson. Elle fut bloquée à Cadix par Collingwood*. Nelson put alors l'attaquer, ainsi que la flotte espagnole, à Trafalgar (21 oct. 1805). Ce fut une grande victoire navale, assurant la maîtrise des mers à la Grande-Bretagne, mais Nelson y fut tué au combat. Ses dernières paroles («grâce à Dieu, j'ai fait mon devoir») sont restées légendaires. ▪ Statue à Trafalgar Square (Londres). → ÉTYM. Ce nom anglais signifie «fils *(son)* de Nell (*Neal* ou *Neall*, de l'irlandais *niadh* "champion")».

**NELSON** n. m. ♦ Fl. du Canada (Manitoba). Issu du lac Winnipeg, il se jette dans la baie d'Hudson (Port Nelson). Env. 650 kilomètres.

**NELSON** → ÉTYM. du n. de l'amiral *Nelson** ♦ V. de Nouvelle-Zélande dans la partie septentrionale de l'île du Sud située au fond de la baie de Tasman, dans une zone de culture intensive de fruits et de légumes. 56 364 hab. Port. Centre commercial. Conserveries et confitureries. Parc national.

**NELSON MANDELA CITY** → ÉTYM. du nom de Nelson Mandela* ; ***Port Elizabeth*** jusqu'en 2005 ♦ V. et port d'Afrique du Sud (Cap-Oriental). 651 993 hab. Indus. mécaniques et textiles (mohair). Cuirs. Indus. alimentaires.

**NEMANJA (ÉTIENNE)** → Étienne Nemanja

**NĚMCOVÁ (Božena)** ♦ Romancière tchèque (Vienne 1820 - Prague 1862). Elle débuta par un recueil de *Contes populaires* (1845 - 1847) composé avec goût et dans l'esprit romantique, mais se consacra bientôt à des récits réalistes à thèmes sociaux : *Baruška* (1853), *Bára la Sauvage* (1856) et surtout *La Grand-Mère* (1855), roman partiellement autobiographique qui est devenu un classique de la littérature tchèque.

**NÉMÉE** – en gr. ***Nemea*** ♦ Localité de la Grèce antique, dans l'Argolide (auj. nome de Corinthie), rattachée à la légende d'Héraclès* qui aurait débarrassé la région d'un redoutable lion. ▪ À 5 km de l'actuelle Némée (4 360 hab.), ruines d'un fameux temple dorique de Zeus (–IVe s.) dans lequel ont été incorporés les restes du temple archaïque. ♦ ***Jeux Néméens*** L'une des quatre plus grandes fêtes panhelléniques se célébrait à Némée tous les deux ou trois ans depuis le début du –VIe s. jusqu'à la fin du paganisme. Selon une tradition, les jeux avaient été fondés par les Sept Chefs de l'expédition contre Thèbes en l'honneur de Zeus Néméen ; selon une autre, le fondateur était Héraclès et les jeux célébraient son triomphe sur le lion. Une série d'odes triomphales de Pindare* a célébré les vainqueurs (les *Néméennes*).

**NEMEIRI (Djafar AL-)** ♦ Général et homme d'État soudanais (Omdurman 1930 - *id.* 2009). Arrivé au pouvoir à la faveur d'un coup d'État, président de 1969 à 1985, il se retourna contre ses anciens alliés communistes. Il instaura la loi islamique, abolit tout pluralisme, favorisant la reprise de la guerre civile entre le Nord islamique et le Sud chrétien et animiste. Il fut lui-même renversé par un coup d'État militaire alors qu'il se trouvait au Caire (1985).

**NÉMÉSIS** ♦ Une des divinités primordiales grecques, personnifiant l'Indignation, la Vengeance des dieux contre la démesure. Fille de Nyx (la Nuit), aimée de Zeus*, elle se métamorphosa en oie pour échapper à ses ardeurs. Mais Zeus se changea en cygne et s'unit à elle. La déesse pondit un œuf que l'on confia à Léda* ; de cet œuf sortit Hélène* (ou Hélène et Pollux).

**NÉMETH (László)** ♦ Écrivain hongrois (Nagybánya 1901 - Budapest 1975). Dentiste, il collabora à la revue *Occident**. Sa revue, le *Témoin*, devint le forum du mouvement des écrivains populistes. Les personnages de ses romans (*Le Deuil* ; *Le Crime*, 1936 ; *Esther Égeto*, 1956), tourmentés par des drames intérieurs, avancent vers l'autodestruction dans le cadre d'une province sombre, étouffée. Ses drames, *Le Traître* (1954) et *Apáczai* (1955), s'inspirent de l'histoire hongroise ou de la Bible (*Samson*, 1945 - 1957). Traducteur et essayiste, il eut un grand impact moral, tentant d'unir pensée européenne et nationalisme hongrois dans la perspective d'une troisième voie, dont la mise en œuvre incombait d'après lui à la classe moyenne issue de la paysannerie hongroise. → ÉTYM. Ce nom de famille hongrois signifie «allemand», du slave *nem* «muet» [pour désigner péjorativement ceux dont on ne comprend pas la langue].

**NEMIROVITCH-DANTCHENKO (Vladimir Ivanovitch)** ♦ Auteur dramatique et metteur en scène de théâtre soviétique (près de Tiflis 1858 - Moscou 1943). Auteur de romans (*Le Gagne-pain littéraire*, 1891) et de pièces de théâtre (*La Nouvelle Affaire*, 1890 ; *Le Prix de la* *vie*, 1896), il est plus connu comme fondateur avec Stanislavski* du Théâtre d'art de Moscou (1898). Critique remarquable par sa rigueur d'esprit, metteur en scène de Tchekhov et de Gorki, il a exercé une forte influence sur le développement de l'art dramatique dans son pays.

**NÉMIROVSKY (Irène)** ♦ Romancière russe d'expression française (Kiev 1903 - Auschwitz 1942). Elle naquit de parents juifs nouvellement fortunés qui la délaissèrent. En 1919, la révolution les força à quitter Saint-Pétersbourg pour Paris où elle connut un succès immédiat avec *David Golder* (1929, tourné en 1931 par J. Duvivier), banquier juif ruiné par le krack, puis avec *Le Bal* (1930), *Le Vin de solitude* (1935), nourris par la haine de sa mère, et *Les Chiens et les Loups* (1940). Son désir d'assimilation fit naître en elle des sentiments contradictoires vis-à-vis de sa religion. Menacée par les lois anti-juives, elle se convertit au christianisme en 1939, se réfugia en Bourgogne en 1941 et fut arrêtée en juillet 1942 puis déportée à Auschwitz où elle mourut. Ses autres romans ont eu une publication posthume, dont *La Vie de Tchekhov* (1946) ou *Suite française*, fresque sur l exode et l'Occupation (2004, prix Renaudot).

**NEMOURS (Jacques D'ARMAGNAC, duc DE)** ♦ Noble français (Paris v. 1437 - *id.* 1477). Il participa à la ligue du Bien public. Gouverneur de Paris et de l'Île-de-France, il conspira à nouveau contre Louis XI et fut décapité. ♦ **Louis d'Armagnac, duc de Nemours.** Homme de guerre français (v. 1472 - Cérignole 1503). Fils du précédent. Il prit part aux guerres d'Italie, fut défait par Gonzalve* de Cordoue et tué à Cérignole*.

**NEMOURS (Julien DE MÉDICIS, duc DE)** → **Médicis**

**NEMOURS (Louis Charles Philippe D'ORLÉANS, duc DE)** ♦ Prince français (Paris 1814 - Versailles 1896). Deuxième fils de Louis*-Philippe, pressenti pour le trône de Grèce en 1824, puis pour celui de Belgique (1831), que son père refusa pour ne point déplaire à la Grande-Bretagne, il prit part au siège d'Anvers (1832), puis à la conquête de l'Algérie (1834 - 1842). Pair de France, il vécut en exil après la révolution de février 1848. Revenu en France en 1871, il fut réintégré dans l'armée comme général de division, mais rayé des cadres en 1886.

**NEMOURS** → **Ghazaouet**

**NEMOURS** [77140] ◆ **ÉTYM.** du n. de *Nemausus*, divinité gauloise. → aussi Nîmes* ♦ Ch.-l. de cant. de la Seine-et-Marne, arr. de Fontainebleau, dans le Gâtinais, sur le Loing et le canal du Loing. 12 898 hab. (aggl. 20 308) *(Nemouriens)*. Le château (XII$^e$ s.), remanié aux XV$^e$ et XVII$^e$ s., abrite un musée : archéologie, arts et histoire de la région. Musée de préhistoire de l'Île-de-France. ▮ **Histoire** Nemours fut érigé en duché-pairie (1404) pour Charles III de Navarre et revint ensuite à la Couronne. Louis XIV donna à son frère Philippe d'Orléans le duché qui resta dans la maison d'Orléans jusqu'à la Révolution.

**NEMROD** ◆ **ÉTYM.** p.-ê. à rapprocher de l'hébr. *mârad* « être rebelle » ♦ Personnage biblique (Genèse, X, 8-11), fils de Coush, grand chasseur, donné comme roi de Babel* et fondateur de Ninive*. On l'a rapproché de Ninurta, dieu suméro-akkadien de la chasse et de la guerre.

**NENE** ou **NEN** n. f. ♦ Riv. d'Angleterre (166 km) arrosant les villes de Northampton et Peterborough, drainant la région des Fens (Norfolk) et se jetant dans le golfe du Wash.

**NENNI (Pietro)** ♦ Homme politique italien (Faenza 1891 - Rome 1980). Militant socialiste, il fut rédacteur en chef d'*Avanti*. Ayant rompu, depuis l'avènement du fascisme antiparlementaire, avec Mussolini, il dut quitter l'Italie. Il gagna la France en 1926 et devint secrétaire général du Parti socialiste italien (1930). Il participa à la guerre d'Espagne (1936 - 1939). De retour en France, il fut arrêté par la Gestapo (1943), livré à la police italienne et interné jusqu'à la chute du fascisme. Nommé ministre des Affaires étrangères par De* Gasperi (1946), il refusa le traité de paix de 1947. Il s'éloigna des communistes après l'écrasement de la révolte hongroise par l'URSS (1956) et préconisa l'alliance avec l'aile gauche des démocrates-chrétiens. Vice-président du Conseil d'A. Moro en 1963, il favorisa, en 1966, l'unité du Parti socialiste (PSI et PSDI) dont il devint président, unité rompue en 1970 ; démissionnant alors de son poste de ministre des Affaires étrangères (1968 - 1970), il fut, en 1973, réélu à la présidence du Parti socialiste.

**NÉO-CÉSARÉE** – auj. en turc *Niksar* ♦ V. de Turquie, en Asie Mineure, au S.-E. de Samsun, sous-préf. de la prov. de Tokat. 34 262 hab. ▮ **Histoire** L'antique Cabeira, connue sous le nom grec de *Neo-Kaisareia* à l'époque romaine, était la capitale du Pont* Polémoniaque. ▪ Patrie de saint Grégoire* le Thaumaturge, évêque v. 240, elle fut un des premiers évêchés. Elle fut prise par les Turcs en 1077.

**Néo-Destour** → **Destour**

**néokantisme** → **kantisme**

**Néolithique** n. m. ♦ Période préhistorique souvent appelée âge de la pierre polie à cause de la technique utilisée pour le façonnage des haches de pierre. Les premières poteries apparaissent, accompagnant les débuts de l'agriculture, de l'élevage et de la sédentarisation (« révolution néolithique »). Le Néolithique commence vers -8000 au Moyen-Orient et se termine avec les débuts de la métallurgie. → **Blangy-sur-Bresle, Çatal Höyük, Grand-Pressigny (Le), Hallstatt, Jéricho, Obeïd (El-), Ramad, Tassili des Ajjers.** En Europe occidentale, des sites mégalithiques furent érigés entre le -V$^e$ et le -III$^e$ millénaire (→ **Carnac, Gavr'inis, Longshan, Stonehenge**).

## néoclassicisme

n. m. ♦ Mouvement artistique né en réaction contre les excès du style rococo dans la seconde moitié du XVIII$^e$ s. et dont le manifeste est *Le Serment des Horaces* de David* (1784). Il témoigne du passage de l'esprit brillant et léger du XVIII$^e$ s. à la morale austère de la période révolutionnaire. Il puise ses thèmes et son style dans l'art de l'Antiquité gréco-romaine, redécouvert à travers les fouilles de Pompéi et d'Herculanum et les études de Winckelmann*, mais aussi chez les classiques tels que Poussin. La peinture est dominée en France par David et son atelier : Ingres*, Gros*, François Gérard*, Girodet*-Trioson, Pierre-Paul Prud'hon*, tandis que la sculpture trouve sa formulation la plus pure chez le Danois Bertel Thorvaldsen* et l'Italien Antonio Canova*. En architecture, Pierre Vignon, Charles Percier*, Pierre Fontaine* en France, Leo von Klenze*, Karl Friedrich Schinkel* en Allemagne, Robert Adam*, John Soane*, William Wilkins, Robert Smirke en Grande-Bretagne, Thomas Jefferson* aux États-Unis, développèrent un style monumental à partir du vocabulaire de l'Antiquité. Avec le même vocabulaire, Claude Nicolas Ledoux* et Étienne Louis Boullée* conçurent des œuvres révolutionnaires par leur caractère utopique et futuriste.

## néoplasticisme

n. m. ♦ Tendance et théorie artistiques développées aux Pays-Bas par le groupe et la revue *De* Stijl* « Le style ». Piet Mondrian* a été dès 1912 le représentant le plus strict de cette rationalisation des tendances vers l'abstraction apparues au début du XX$^e$ s. En 1920, dans son texte *Le Néoplasticisme*, il en énonça les règles : toute notion de subjectivité et donc, de dynamisme, de mouvement et de profondeur est condamnée. Bien que le peintre reste ému devant la nature, la règle néoplastique exige la division de la surface du tableau en plans rigoureusement abstraits et géométriques, fondés sur l'orthogonalité des lignes et sur l'emploi des couleurs pures et fondamentales, le jaune, le bleu, le rouge, alliées à des couleurs neutralisantes, le noir, le blanc, le gris, toutes traitées en aplat. Le néoplasticisme n'est pas seulement le reflet de nos sensations subjectives, mais l'expression de l'universel en nous. Par un rapport équilibré de l'espace, l'univers néoplastique, fondé sur l'angle droit, manifestation pure de ce qui est immuable, doit engendrer un homme nouveau qui n'hésitera plus à recourir à la machine, pour se consacrer à l'intellectualité. Du tableau et de l'architecture, cette nouvelle plastique passera dans la vie même, et l'art disparaîtra comme particularité. Certains artistes adeptes du néoplasticisme s'opposèrent à Mondrian, dont les architectes Rietveld, Oud*, Van* Doesburg et les peintres Vantongerloo* et César Domela*. Mondrian poursuivit seul ses recherches sur la rigueur néoplastique, mais il aura une grande influence sur la nouvelle génération de peintres et de sculpteurs abstraits, sur les architectes du Bauhaus*, dont Mies* van der Rohe, et aussi sur l'inventeur du « Merz*, » Kurt Schwitters*.

**néoplatonisme** → **platonisme**

**NÉOPTOLÈME** – en gr. ***Neoptolemos*** ♦ Autre nom de Pyrrhos*, fils d'Achille.

**néopythagorisme** → **pythagorisme**

**NÉOUVIELLE** (massif du) ◆ **ÉTYM.** gasc. « neige *(néu)* éternelle *(biélhe)* » ♦ Massif granitique des Hautes-Pyrénées entre le gave de Pau et la Neste d'Aure culminant au pic Long (3 192 m). Nombreux aménagements hydroélectriques. Réserve naturelle (faune et flore).

**NEP** n. f. [Novaïa Ekonomitcheskaïa Politika « Nouvelle politique économique »] ♦ Après l'échec du « communisme de guerre », Lénine admit : « Le passage immédiat aux formes purement socialistes dépasse nos forces. » Il préconisa alors la NEP, qui fut, dans une large mesure, un rétablissement du capitalisme. Les mesures prises de mars à oct. 1921 (dénationalisation du commerce intérieur et des petites entreprises industrielles, remplacement de la réquisition des produits agricoles par un impôt en nature) entraînèrent l'augmentation de la production agricole et industrielle de l'URSS. Mais, en revanche, la NEP favorisa la spéculation. Une nouvelle bourgeoisie (les *nepmans*) fit son apparition. Trotski, Kamenev et Zinoviev s'opposèrent à la NEP, qui fut dénoncée par Staline en 1928.

## NÉPAL

❚ n. m. → ÉTYM. p.-ê. sanskr. «pays (*ālaya*) au pied de la montagne (*nīpa*)» ♦ Pays d'Asie entre l'Inde et la Chine (Tibet). 147 181 km². 22 736 934 hab. (*Népalais*). LANGUE : népali. RELIGIONS : hindouistes et bouddhistes. MONNAIE : roupie népalaise. CAPITALE : Katmandou. RÉGIME : république fédérale.

**Népal.**

❚ **GÉOGRAPHIE** Le Népal est avant tout un État himalayen. La grande chaîne du Nord comprend le plus important groupe de sommets de plus de 8 000 m après celui du Karakoram, et l'on y trouve le point culminant de la Terre (Everest). Plus au sud, le «Moyen Pays» abrite de larges vallées et des bassins, comme celui de Katmandou (1 500 m), séparés par des crêtes qui dépassent 3 000 m. Les altitudes se relèvent de nouveau dans la chaîne du Mahabharat, qui domine le Teraï : bande marécageuse en bordure de la plaine du Gange défrichée depuis peu et où est rassemblé l'essentiel de la population. ❚ **La population** Les hautes montagnes abritent des populations bouddhistes d'origine et d'affinités tibétaines, mais l'immigration en provenance de l'Inde a été continue depuis des décennies, et les hindouistes forment environ 90 % de la population. ❚ **Les ressources** Les activités et les paysages sont étagés. Dans les hautes régions, l'élevage pastoral des ovins et des bovins domine. Les versants moyens sont aménagés en terrasses pour la culture de l'orge et des pommes de terre aux niveaux supérieurs, du maïs, du blé et des fruits sur les basses pentes et dans les vallées et les bassins. Le Teraï et les bassins les plus bas du Moyen Pays produisent du riz. Les forêts atteignent 4 000 m, mais elles sont partout dangereusement surexploitées, et bien des versants ont été largement déboisés. L'économie du Népal est longtemps restée fermée et son développement entravé par l'enclavement. Les vallées reculées du N.-O. connaissent une crise alimentaire. Cependant quelques routes ont été construites récemment. La construction de barrages a permis l'exportation d'électricité vers l'Inde et l'apparition de quelques industries modernes, comme les cimenteries et la confection utilisant des tissus de fibres artificielles et de coton. Le tourisme a connu une croissance spectaculaire, en raison de l'intérêt des édifices bouddhiques et de l'attrait du *trekking*. Pour protéger l'environnement, le gouvernement a limité le nombre annuel d'expéditions vers les plus hauts sommets. Malgré ces progrès, le Népal reste l'un des pays les plus pauvres du monde, et il est largement tributaire de l'Inde qui contrôle l'essentiel de ses échanges extérieurs. Le Népal a adhéré à l'OMC en 2004.

Népal ❚ Productions en 2008

| Produits | Quantités | Rang |
|---|---|---|
| ❚ Agriculture | | |
| Blé | 1 500 000 t | |
| Maïs | 1 800 000 t | |
| Riz | 3 800 000 t | 16ᵉ |
| Bovins (têtes) | 7 000 000 | |
| Buffles (têtes) (2005) | 3 624 000 | |
| ❚ Énergie | | |
| Hydroélectricité | 2 TWh | |

❚ **HISTOIRE** ❚ **De la dynastie Thakur aux Rajputs** L'histoire ancienne du Népal se confond avec la légende. Au VIIᵉ s. Amsuvarman fonda la dynastie Thakur. Des princes indiens fuyant la domination musulmane s'installèrent au Népal (dynastie d'Ayodhya au XIVᵉ s., et Malla du XIVᵉ au XVIIIᵉ s.). Des guerriers rajputs établirent à Gurkha leur propre dynastie (XVIᵉ s.) puis conquirent toutes les principautés népalaises (1768). ❚ **Les liens avec la Grande-Bretagne** En 1791, pour échapper à la Chine qui cherchait à imposer sa souveraineté, le Népal signa des traités commerciaux avec la Grande-Bretagne, liens qui perdurèrent jusqu'au départ des Britanniques du sous-continent indien. Le conflit latent entre le souverain et le Premier ministre issu de façon héréditaire de la famille aristocratique des Rana éclata en 1947 lorsque l'Inde, devenue indépendante, chercha à imposer sa tutelle au Népal. ❚ **Tribhuvana Bir Bikram** Le roi Tribhuvana Bir Bikram plus favorable que ses ministres à la présence britannique se réfugia à Dehli, d'où il fomenta un coup d'État qui lui permit d'instaurer une monarchie constitutionnelle et d'évincer les Rana. ❚ **Mahendra Bir Bikram** Son fils Mahendra* Bir Bikram, qui lui succéda en 1955, rétablit pour partie les prérogatives du souverain (1962). L'autoritarisme du régime conduisit à de violentes émeutes en 1979. La timidité de la réforme constitutionnelle concernant le droit de vote entraîna en 1990 de nouvelles émeutes qui contraignirent le souverain, Birendra Bir Bikram (au pouvoir à la mort de son père en 1972) à accepter une nouvelle constitution autorisant les partis politiques interdits depuis 1960. Dès lors, et à part une courte période (1994 - 1995) où les communistes constituèrent un gouvernement minoritaire, le parti du Congrès dirigea le pays. À partir de 1996, une insurrection maoïste, qui commit de nombreux attentats, déstabilisa peu à peu le pouvoir. ❚ **Gyanendra** En juin 2001, le roi fut assassiné par son fils, ainsi que les autres membres de la famille royale. Son frère, Gyanendra, lui succéda. Toujours aux prises avec les insurgés maoïstes, il durcit considérablement le régime et s'empara de tous les pouvoirs en 2005. Or, en avril 2006, d'importantes manifestations de contestation favorisèrent une alliance entre les partis politiques népalais et les maoïstes qui acceptèrent l'année suivante de déposer les armes en échange de leur participation au gouvernement. ❚ **La république** En décembre 2007, ils obtinrent la transformation de la monarchie en une république fédérale qui fut proclamée en mai 2008. Ram Baran Yadav, du parti du Congrès, remporta la première élection présidentielle en juillet. Prachanda, l'ancien chef des maoïstes, fut nommé Premier ministre mais il démissionna l'année suivante, après le rétablissement dans ses fonctions de l'ancien chef des armées. Madhav Kumar Nepal, chef historique du parti communiste, lui succéda mais le pays fut à nouveau en proie à l'agitation avec le retour des maoïstes dans l'opposition.

**Népal.** Le Machapuchare, au sud de l'Annapurna, vu de Pokhara.
*BIS/Phot. Sonneville © Archives Nathan*

**NEPER** (John) → Napier (John)

**NÉPHÉRITÈS** ♦ Nom grec de deux pharaons de la XXIXᵉ dynastie mendésienne. ♦ **NÉPHÉRITÈS Iᵉʳ.** Originaire de Mendès, dans le Delta, il fonda la XXIXᵉ dynastie (v. -398 - -393). Il débarrassa l'Égypte de la domination des Perses et conclut contre eux une alliance avec Lacédémone. ♦ **NÉPHÉRITÈS II.** Quatrième pharaon de la XXIXᵉ dynastie (v. -378). Il fut presque immédiatement détrôné par Nectanébès de Sébennytos (Nectanébo* Iᵉʳ).

**NEPHTALI** → ÉTYM. p.-ê. hébr. «ma lutte» ♦ Personnage biblique (Genèse, XXXV, 25), fils de Jacob* et de Bilha, servante de Rachel*. Ancêtre éponyme d'une tribu d'Israël, dont le territoire était situé au N. du lac de Tibériade.

**NÉPHTYS** – nom gr. de ***Nebtho*** ♦ Déesse égyptienne, sœur d'Osiris* et femme de Seth*.

**NEPOS (Cornelius)** → **Cornelius Nepos**

**NEPTUNE** ♦ Dieu romain identifié au Poséidon grec. Il ne possède pas de légendes antérieures à son assimilation avec Poséidon. → **Poséidon.**

**NEPTUNE** n. m. ♦ Huitième des planètes du Système solaire dans l'ordre croissant des distances au Soleil*. D'un diamètre d'environ 50 000 km, d'une masse 17 fois supérieure à celle de la Terre* et d'une densité de 1,64, Neptune contourne le Soleil en 164 ans et 280 jours sur une orbite pratiquement circulaire de 9 milliards de km de diamètre et fait un tour sur elle-même en un peu moins de 18 h. Découverte par les calculs (perturbations des trajectoires d'autres planètes) de J. Adams* et U. Le* Verrier et observée, d'après leurs indications, en 1846 par J. Galle*, elle ne put être vraiment étudiée que grâce à la mission *Voyager** 2 en 1989. On sait que son atmosphère, relativement épaisse, composée essentiellement d'hydrogène, d'hélium et de méthane, est très mouvementée. Son champ magnétique est assez faible, étrangement incliné (47°) par rapport à l'axe de rotation. Neptune possède 8 satellites : Triton, d'un diamètre de 2 705 km, est le corps le plus froid du Système solaire, avec une température au sol de –228 °C ; il possède des geysers d'azote et des volcans actifs et tourne dans le sens rétrograde ; Néréide n'a que 340 km de diamètre ; six autres satellites, très petits, furent découverts par *Voyager.* Neptune est entourée de 5 anneaux, constitués surtout de blocs de glace et de poussières.

**NÉRAC** [47600] ➝ ÉTYM. du gaul. *Nerius*, n. de pers., et suff. *-acum* ♦ Ch.-l. d'arr. du Lot-et-Garonne, sur la Baïse. 6 787 hab. *(Néracais).* Restes du château des XVe - XVIe s. (musée d'archéologie et d'histoire). Promenade de la Garenne. Pont Vieux gothique. Maisons du Moyen Âge et de la Renaissance dans le quartier du Petit-Nérac. ▪ Viticulture (côtes-de-buzet, eaux-de-vie). ▮ **Histoire** Nérac fut la capitale de la seigneurie d'Albret (1306) ; avec Marguerite d'Angoulême et surtout avec sa fille, Jeanne d'Albret, la ville devint le principal centre de l'humanisme et du protestantisme français au XVIe s. Marguerite de Valois y tint une cour brillante. L'*édit de Nérac* (1579) accorda 15 places de sûreté aux protestants. Nérac fut démantelée après la conquête de la Navarre par Louis XIII (1621).

**NÉRÉE** – en gr. ***Nêreus*** ♦ L'un des plus anc. dieux de la mer, appelé aussi « le Vieillard de la mer ». Fils de Gaïa* et de Pontos*, il épouse l'Océanide Doris* qui lui donne cinquante filles, les Néréides*. Il est considéré comme un dieu bienveillant pour les navigateurs, possédant le pouvoir de se métamorphoser et de prédire l'avenir.

**NÉRÉIDES** n. f. pl. ♦ Divinités marines, filles de Nérée* et de Doris*, au nombre de cinquante. Les plus célèbres d'entre elles sont Thétis*, Amphitrite* et Galatée*. Pour la plupart, elles représentent, chacune par son nom, un aspect particulier de la mer. On les imaginait très belles et joyeuses, parfois mi-femmes, mi-poissons, nageant parmi les tritons et les dauphins.

**NERETVA** n. f. ♦ Riv. de Bosnie-Herzégovine (275 km). Elle arrose Mostar et se jette dans l'Adriatique en Dalmatie (Croatie).

**NERI (PHILIPPE)** → **Philippe Neri**

**NÉRIS-LES-BAINS** [neri] [03310] ➝ ÉTYM. anc. en lat. *Aquae Nerii* « les Eaux du dieu Nerius (divinité gauloise) » ♦ Comm. de l'Allier, arr. de Montluçon. 2 708 hab. *(Nérisiens).* Restes d'arènes et de piscines romaines. Nécropole mérovingienne. Église romane des XIe - XIIe s. (vestige de la basilique du IVe s.). ▪ Station thermale réputée dont les eaux étaient déjà utilisées par les Romains.

**NERNST (Walther)** ♦ Physicien et chimiste allemand (Briesen 1864 - Ober-Zibelle 1941). Il inventa une lampe à incandescence *(lampe de Nernst)*, imagina une théorie de piles fondée sur l'ionisation des électrolytes et effectua des mesures aux très basses températures pour la détermination des chaleurs spécifiques. Selon le principe, dit de Nernst (ou troisième principe de la thermodynamique), la variation d'entropie dans une transformation est nulle au zéro absolu. [Prix Nobel de chimie 1920]

**NÉRON** ➝ ÉTYM. en lat. ***Lucius Domitius Claudius Nero ;*** orig. sabine, de la rac. indo-eur. *°ner* « homme, mâle » ♦ (Antium 37 - Rome 68). Empereur romain (54 - 68). Fils de Domitius Ahenobarbus* et d'Agrippine* la Jeune, il était par celle-ci le neveu de Caligula* et l'arrière-petit-fils d'Auguste*. Dévorée par l'ambition politique, Agrippine consacra toute son intelligence à faire accéder son fils au pouvoir ; elle le fit adopter par Claude* qu'elle avait épousé en secondes noces, et grâce aux manœuvres de Burrus*, préfet du prétoire à la mort de Claude, Néron fut proclamé empereur par la garde prétorienne. Sa mère avait placé auprès de lui, avec Burrus, le philosophe Sénèque*. Les premières années de son règne furent calmes ; mais par crainte d'un rival et pour ôter à sa mère un moyen de chantage, Néron empoisonna Britannicus* (55), puis, pour se libérer de la tutelle maternelle, fit tuer Agrippine (59). Burrus mourut en 62 et Sénèque se retira. Soumis à l'influence néfaste de Poppée* qu'il avait épousée après avoir répudié Octavie*, à celle de son favori Tigellin, préfet du prétoire, et à celle de Pétrone*, Néron sombra alors dans un despotisme sanglant et compliqué d'extravagances. Déséquilibré, doté d'une étrange sentimentalité alliée à une peur constante qui lui faisaient aimer et tuer ceux qui l'entouraient, il rêva de fonder un ordre nouveau sur ce qu'il appelait la beauté et le primat des valeurs esthétiques. Poète et acteur, il se livrait à des compétitions au cirque comme cocher et récitait des vers au théâtre. Lors du grand incendie de Rome (64), accusé d'être l'incendiaire, il détourna la responsabilité sur les chrétiens et déclencha contre eux une cruelle persécution. Ce désastre lui donna l'occasion de se faire construire sur l'Esquilin un étrange palais, la Maison* dorée *(Domus aurea)*, véritable microcosme dont il était le centre. S'appuyant sur la plèbe qu'il comblait de spectacles et de jeux, il déjoua les complots de l'aristocratie dont le plus célèbre fut celui de Pison* (65) qui vit périr Sénèque et Lucain*, et pour couvrir ses dépenses somptuaires, il s'appropria les fortunes sénatoriales. Le mécontentement grandit ; Vindex* appela la Gaule aux armes contre lui, Galba* fut proclamé empereur, et Néron, déclaré ennemi public, s'enfuit de Rome. Après une crise de paranoïa, il sombra dans l'apathie puis se fit tuer par un de ses affranchis et, d'après Suétone, s'écria en mourant : « Quel artiste périt avec moi ! » Ce règne anarchique fut cependant marqué par plusieurs succès extérieurs : Corbulon* repoussa les Parthes et Suetonius Paulinus réprima la révolte de Boadicée* en Grande-Bretagne.

**NERTCHINSK** ♦ V. de Russie, en Sibérie orientale, dans la région de Tchita. 17 000 hab. Indus. alimentaire. ▮ **Histoire** Fondée en 1654, la ville fut un grand marché de la fourrure au XVIIe s. Après les hostilités entre la Russie et la Chine (après 1680) y fut signé, en 1689, le traité qui établit la frontière (riv. Gorbitsa, chaîne des Stanovoï, riv. Argoun) et contribua au développement des relations politiques et commerciales entre les deux pays.

**NERTHE** n. f. ♦ Massif de la chaîne de l'Estaque, au N. de Marseille. La Nerthe est traversée par un long tunnel ferroviaire.

**NERUDA (Jan)** ♦ Poète, conteur et critique littéraire tchèque (Prague 1834 - *id.* 1891). Il débuta par un recueil de vers d'inspiration romantique : *Fleurs de cimetière* (1857). Puis, après une série de feuilletons tels que *Tableaux de l'étranger* (1873), dans lesquels il révéla ses dons d'observateur réaliste, il réunit dans plusieurs recueils de courts récits pleins de poésie et d'humour se rattachant principalement à un vieux quartier de Prague, riche de ses souvenirs d'enfance : *Arabesques* (1864 - 1880), *Contes de Malá Strana* (1878 - 1885), *Les Chants cosmiques* (1878). ➝ ÉTYM. Ce nom tchèque vient de *neródny* « inflexible » (surnom d'une personne difficile ou asociale).

**NERUDA (Ricardo Neftalí REYES, dit Pablo)** ➝ ÉTYM. du n. de Jan *Neruda**, qu'il admirait ♦ Poète chilien (Parral 1904 - Santiago 1973). Neruda passa son enfance près de la forêt, au milieu d'une nature entièrement vierge ; sa poésie en gardera toujours mémoire. C'est le poète de la terre et de l'amour. Dans les *Vingt Poèmes d'amour* (1924), la femme symbolise le monde qu'il est avide de connaître : « Corps de femme [...] mon corps de paysan sauvage te creuse et fait jaillir l'enfant du fond de la terre. » Dans *Résidence sur la terre* (1933 - 1935) se fait jour un pessimisme angoissé d'où le tire la révolution. La guerre civile espagnole le trouva aux côtés des républicains qu'il célébra dans *L'Espagne au cœur* (1938). Il exalta aussi la résistance russe *(Chant à Stalingrad).* Sa carrière de diplomate l'avait conduit dans le monde entier ; alors qu'il avait été élu sénateur en 1943, son adhésion au parti communiste l'exila de son pays. Quelque temps après son retour, il publia le *Chant général* (1950), chef-d'œuvre de poésie tellurique qui exalte avec un souffle puissant toute la vie du Nouveau Continent, les végétaux, les hommes, les animaux, dénonce l'imposture des conquérants et la tristesse des peuples exploités. Dans cette somme, le poème « Hauteurs de Machu Picchu » est un magnifique cri de douleur et de fraternité, riche d'images. Suivront, entre autres œuvres, *Tout l'amour*, 1953, *Mémorial de l'île Noire*, 1964, et une pièce de théâtre, *Splendeur et Mort de Joaquín Murieta*, 1967. ▪ Poète à l'imagination puissante et au lyrisme délicat, vigoureusement engagé dans son siècle, il fit entendre son cri de révolte dans le monde entier. [Prix Nobel de littér. 1971]

Pablo **Neruda** en 1971.
*Phot. © Cartier-Bresson/Magnum*

**NERVA** – en lat. ***Marcus Cocceius Nerva*** ♦ (Narnia, Ombrie 26 - Rome 98). Empereur romain (96 - 98). Juriste peu intéressé par la politique, il fut proclamé empereur après l'assassinat de Domitien*. Il passa les deux années de son règne à réparer les maux de son prédécesseur et sut préparer sa succession en adoptant Trajan* qu'il désigna comme futur empereur.

**NERVAL (Gérard LABRUNIE, dit Gérard DE)** ← **ÉTYM.** du n. du champ de *Nerva*, propriété de son grand-oncle maternel ♦ Écrivain français (Paris 1808 - *id.* 1855). Privé tôt de sa mère, il fut élevé parmi les paysages mélancoliques et les récits légendaires du Valois. Il se lia à Paris avec T. Gautier* et mena une vie insouciante qu'il évoqua dans *Les Petits Châteaux de Bohême* (1853) et *La Bohème galante* (1855). Fasciné par l'Allemagne, il fit une traduction célèbre du *Faust* de Goethe* (1827) et composa des contes (*La Main de gloire*, 1832) inspirés d'Hoffmann* ; mais déjà, dans des poèmes délicats comme *Fantaisie* (1832) apparaissait la première incarnation du mythe féminin qu'il poursuivit toute sa vie, la blonde Adrienne qui mourut au couvent. De 1836 à 1841, une passion malheureuse pour l'actrice Jenny Colon (dans son langage onirique, Aurélie ou Aurélia) accentua cet «épanchement du songe dans la vie réelle» : Adrienne et Jenny sont dès lors les deux incarnations (la «Sainte» et la «Fée») de son éternel féminin, qui se confond bientôt avec l'âme de la nature (Isis* ou Cybèle*), puis avec la Vierge Marie ou sa propre mère qui intercède pour sa rédemption. Ce syncrétisme religieux est d'ailleurs l'aboutissement des recherches ésotériques sur les mythologies et les cultes antiques, effectuées par Nerval lors de son *Voyage en Orient* (1843, relation en 1851) ou de ses études (1852) sur *Les Illuminés* (Cazotte*, Restif* de La Bretonne). Sujet désormais au délire, il transcrivit cependant les principaux épisodes de son aventure spirituelle dans *Les Filles* du feu* (1854), *Aurélia** ou *Pandora*, comme dans les sonnets des *Chimères** (1854). On le retrouva pendu, près du Châtelet. ▪ *Aurélia* (posth., 1855) est caractéristique de la quête de Nerval car, faisant référence à Apulée*, Dante* et Swedenborg*, Nerval est convaincu que le songe aide à «percer ces portes d'ivoire ou de corne qui nous séparent du monde invisible». Relation émouvante d'une expérience dramatique intimement vécue, l'œuvre de Nerval (en prose comme en vers) est une incantation à la fois précise et mystérieuse qui établit des correspondances entre le rêve et la vie, préfigurant en cela l'œuvre de Baudelaire* ou celle de Mallarmé*, aussi bien que les tentatives des surréalistes. Mais cet aspect essentiel de son œuvre ne saurait faire oublier l'esprit, la gaieté et le sens artistique raffiné du prosateur de la première période, et du voyageur érudit.

Gérard de **Nerval**, en 1855. Photographie de Nadar. Archives photographiques, Paris. *BIS/Phot. © Coll. Archives Larbor*

**NERVI (Pier Luigi)** ♦ Ingénieur et architecte italien (Sondrio 1891 - Rome 1979). Défendant des principes strictement fonctionnalistes, il montra dès ses premières réalisations une grande maîtrise dans la technique du béton armé. Il s'est presque exclusivement consacré à la création de bâtiments industriels ou à usage collectif. Dans le stade de Florence (1929 - 1931), il affirma avec force les structures et réalisa une prouesse technique en édifiant l'escalier hélicoïdal. Dans les hangars d'avions construits à Orvieto, Orbetello et Torre del Lago (1936 - 1941), il adopta des poutres multiples entrecroisées en béton armé permettant de grandes portées. Il s'attacha à étudier la résistance du béton en fonction de la forme donnée au matériau et inventa un nouveau type de béton (*ferrocemento*) ainsi que des modèles de coffrages. Il réalisa la voûte du palais des expositions de Turin (1948 - 1949) à partir d'éléments emboîtés de cinq centimètres d'épaisseur. Avec Breuer et Zehrfuss, il conçut la salle de conférence de l'Unesco en utilisant une couverture en voile plissé de béton armé. Il imagina ensuite la remarquable structure de la tour Pirelli à Milan, avec des piliers s'amin-

Pier Luigi **Nervi.** Le palais du Travail à Turin. *Phot. © Dagli Orti*

cissant progressivement, puis édifia le petit et le grand Palais des sports (1956 - 1958), le stade Flaminio à Rome (1959) et l'immense palais du Travail à Turin (1967). Il s'imposa comme l'un des maîtres de l'architecture en béton armé ; tirant parti de la maniabilité de ce matériau, il créa des structures très variées et sut rendre plastiquement explicite la logique constructive de ses édifices. ← **ÉTYM.** *Nervi* est un nom de lieu en Ligurie.

**NERVIÓN** n. m. ♦ Fl. d'Espagne (Pays basque), tributaire de l'Atlantique (72 km). Sa ria abrite d'importants chantiers navals. Sidérurgie à Sestao et Baracaldo. Il se jette dans l'océan à Bilbao.

**Nesle** (tour de) ♦ Anc. défense, vers l'O., de l'enceinte de Philippe Auguste, nommée d'abord tour Philippe Hamelin et située sur la rive g. de la Seine à l'emplacement de l'actuel palais de l'Institut*, face à la tour du Louvre ; elle aurait été le théâtre, selon la légende, des débauches des trois belles-filles de Philippe le Bel (v. 1314), évoquées dans un drame d'Alexandre Dumas.

**NESS** (loch) ← **ÉTYM.** écossais *loch* «lac» et *Ness*, n. de la riv. qui fait communiquer le lac avec la mer (de *°nesta* «qui mugit») ♦ Lac d'Écosse occupant sur 42 km le Glen More entre Inverness et Fort Augusta. Depuis le XIX^e^ s., le monstre Nessie alimente une légende toujours renouvelée et contribue au succès d'un des plus beaux sites touristiques des Highlands.

**NESSELRODE (Karl Vassilievitch,** comte**)** ♦ Homme politique russe (Lisbonne 1780 - Saint-Pétersbourg 1862). D'origine allemande, ami et disciple de Metternich, il fut nommé par Alexandre I^er^ ministre des Affaires étrangères (1816 - 1856). Membre du Conseil de l'État (1821), puis chancelier de l'empire (1845), il resta toute sa vie fidèle à la Sainte-Alliance et encouragea les souverains occidentaux à étouffer dans leurs États les aspirations nationales, en aidant notamment l'Autriche pendant la révolte nationale hongroise (1849).

**NESSOS** ou **NESSUS** ♦ Un des Centaures*, lié notamment à la légende de la mort d'Héraclès*. ▪ De son nom vient l'expression *tunique de Nessus*, signifiant un présent funeste.

**NESTE D'AURE** ou **GRANDE NESTE** ♦ Riv. des Hautes-Pyrénées (65 km), formée de plusieurs Nestes (Couplan, Moudang, Louron), qui descend du mont Perdu et du massif de Néouvielle* (source princ. au cirque de Troumouze). Elle alimente le canal de la Neste et de nombreuses centrales électriques, et se jette dans la Garonne.

**NESTOR** ♦ Roi légendaire de Pylos*, fils de Chloris*. Il vécut pendant trois générations par la grâce d'Apollon, repenti pour le meurtre des Niobides (→ **Niobé**). Il participa ainsi à l'expédition des Argonautes, à la chasse au sanglier de Calydon, à la lutte des Lapithes contre les Centaures et même à la guerre de Troie*, où il excelle surtout comme conseiller, par ses interventions modératrices et ses efforts pour ramener la concorde dans le camp grec. *L'Odyssée** lui réserve un retour heureux. Il accueille Télémaque* et lui donne des renseignements sur son père.

**NESTORIUS** ♦ Hérésiarque chrétien (Germanica Cesarea, Syrie, v. 380 - Khargeh 451). Patriarche de Constantinople de 428 à 431. Formé à l'école d'Antioche, il croyait en la séparation des deux natures du Christ, divine et humaine, en vertu de laquelle la Vierge Marie peut être appelée «mère du Christ» *(Christotokos)* mais non «mère de Dieu» *(Théotokos)*. Il fut condamné et banni par le concile d'Éphèse* (431). Mais ses doctrines (nestorianisme) gagnèrent la Perse et l'Église d'Orient, dite *nestorienne*, s'étendit en Asie centrale, en Inde et jusqu'en Chine, comptant plus de deux cents évêchés et des dizaines de millions de fidèles à l'époque de son apogée (XII^e^ s.). Il subsiste env. 90 000 chrétiens nestoriens, en Iran, en Irak, aux États-Unis, et quelques milliers en Inde.

**NESTROY (Johann)** ♦ Acteur et auteur dramatique autrichien (Vienne 1801 - Graz 1862). Tour à tour satirique, féerique et parodique, son théâtre, d'inspiration populaire, a enchanté la société viennoise de son temps. *À terre et au premier étage ou les Jeux du hasard* (1835) fut l'un de ses plus grands succès.

**NETANYA** → Nataniya

**NÉTANYAHOU (Benyamin)** ♦ Homme politique israélien (Tel Aviv 1949). Éduqué aux États-Unis, il représenta Israël à l'ONU puis succéda à Y. Shamir à la tête du Likoud (1993). En mai 1996, il fut élu Premier ministre. Fidèle disciple de V. Jabotinsky* et critique vis-à-vis des accords d'Oslo, il mena une politique favorisant notamment l'extension de la présence de colons juifs en milieu palestinien, ce qui entraîna l'enlisement du processus de paix avec les Palestiniens. Battu aux élections anticipées de mai 1999 par le travailliste E. Barak*, il quitta la direction du Likoud mais accepta en nov. 2002 le portefeuille des Affaires étrangères dans le gouvernement d'A. Sharon*. L'année suivante, en tant que ministre des Finances, il diminua considérablement les dépenses sociales, ce qui est à l'origine de la paupérisation d'une partie de la population. Opposé au retrait de Gaza, il démissionna du gouvernement fin 2005 et succéda à Sharon à la tête du Likoud. Il est à nouveau Premier ministre depuis avril 2009. ← ÉTYM. Ce nom hébreu signifie «Yâh(wèh) *(Yâhu)* a donné *(nâthan)*».

Benyamin **Nétanyahou** en 1996.
*Phot. © C. Vioujard/Gamma*

**NETCHAÏEV (Sergueï Guennadievitch)** ♦ Révolutionnaire russe (Ivanovo 1847 - Saint-Pétersbourg 1882). Il participa à l'agitation étudiante à Moscou et fonda un groupe révolutionnaire nihiliste et terroriste. Émigré à Genève (1868), après avoir fait assassiner un membre de son groupe méfiant à son égard, il rencontra Bakounine* sur lequel il exerça une profonde influence et qui collabora peut-être à son *Catéchisme révolutionnaire* (1868 - 1869), où il exhortait la jeunesse à «détruire le plus possible». Extradé de Suisse (1872), il mourut en prison.

**NÈTHE** n. f. – en néerl. ***Nete*** ♦ Riv. de Belgique, affl. du Rupel. Elle est formée par la réunion à Lier de la Grande Nèthe et de la Petite Nèthe. La Grande Nèthe (90 km) prend sa source sur le plateau campinois, reçoit à Geel la Molse Nete et, à Westerlo, la Grote Laak. La Petite Nèthe (64 km) prend sa source à Retie, passe à Herentals, puis reçoit l'Aa qui vient de Turnhout. La Nèthe canalisée (1 350 t) passe à Duffel.

**NETO (Agostino)** ♦ Homme politique et poète angolais (Cachicane, auj. Kayikane 1922 - Moscou 1979). Connu d'abord comme poète, il se lança en 1948 dans la lutte anticolonialiste et adhéra au parti communiste portugais clandestin. Cofondateur en 1956 du Mouvement populaire pour la libération de l'Angola (MPLA), il fut déporté au Cap-Vert (1960). En 1962, il regagna l'Angola où la guérilla avait déjà éclaté. Il s'appuya sur les pays non alignés et des leaders comme F. Castro, mais se heurta au Front national de libération de l'Angola (FLNA) dirigé par Jonas Savimbi*. Devenu président, à l'indépendance, en 1975, il s'opposa au partage du pouvoir avec les autres mouvements.

**NETZAHUALCÓYOTL** ♦ V. du Mexique, dans l'aggl. de Mexico. 1 136 300 hab. Elle est le symbole des croissances suburbaines du tiers-monde. Installée sur le site insalubre de l'ancien lac de Texcoco, elle a constitué le plus important bidonville du monde (500 000 hab.) en 1970. Auj. banlieue «régularisée», elle est, en population, la deuxième municipalité du Mexique.

**NEUBOURG (LE)** [27110] ← ÉTYM. «bourg neuf» ♦ Ch.-l. de cant. de l'Eure, arr. d'Évreux, dans la plaine du Neubourg. 3 833 hab. (aggl. 4 279) *(Neubourgeois)*. Église Saint-Paul du XVIe s. Ruines d'un château féodal. Aux environs, château du Champ-de-Bataille (1686 - 1701) abritant un riche mobilier d'époque. ▪ La *campagne* (ou *plaine*) *du Neubourg* est vouée à la grande culture (blé, betterave à sucre, plantes fourragères) et à l'élevage (lait, viande).

**NEUBRANDENBURG** ♦ V. d'Allemagne (Mecklembourg-Poméranie-Antérieure). Env. 70 000 hab. Carrefour de communications et centre indus. (matériaux de construction, machines agricoles, travail du cuir).

**NEUCHÂTEL** ← ÉTYM. en all. ***Neuenburg*** ; trad. fr. de l'all. : «nouvelle enceinte fortifiée» ♦ V. de Suisse, à l'extrémité N.-O. du *lac de Neuchâtel*, au pied du Jura. Ch.-l. du cant. de Neuchâtel. 32 333 hab. (aggl. 77 832) *(Neuchâtelois)*. La ville, construite en partie sur les pentes de la colline de Chaumont, s'étage jusqu'au lac dans un site pittoresque. Château (XIIe - XVIe s.) et collégiale (XIIe - XIIIe s.), maison des Halles (XVIe s.). ▪ Centre administratif et universitaire. Station touristique (station de sports d'hiver de Chaumont). ▪ Horlogerie. Indus. mécaniques et alimentaires et, de plus en plus, microtechnologie, débordant dans le canton.

**NEUCHÂTEL** (lac de) – en all. ***Neuenburgersee*** ♦ Lac de Suisse au pied du Jura. Long de 38 km, large de 3 à 8 km. 216 km². Il est réparti entre les cantons de Neuchâtel à l'O., Berne au N., Fribourg à l'E. et Vaud au sud. C'est le plus grand des lacs entièrement suisses. Traversé du S.-O. au N.-E. par la Thièle, il reçoit l'Areuse et le Seyon au N.-O. et la Broye au N.-E. Il est relié aux lacs de Bienne et de Morat par la Thièle et la Broye canalisées, et baigne les villes de Neuchâtel au N., et d'Yverdon au sud.

**NEUCHÂTEL** (canton de) ♦ Canton de l'O. de la Suisse. 803 km². 168 912 hab. *(Neuchâtelois)*, pour la plupart de religion protestante et de langue française. Le canton est formé de trois régions : une étroite bande côtière le long du lac, appelée *le Vignoble*, consacrée à la culture de la vigne et des arbres fruitiers ; une région intermédiaire, *les Vallées*, consacrée à l'élevage (prod. de gruyère) ainsi qu'à l'industrie (machines-outils, horlogerie) et constituée par le val de Ruz et le val de Travers ; et les *Montagnes neuchâteloises*, principal centre de l'industrie horlogère. ▮ **Histoire** La région de Neuchâtel, après avoir fait partie du royaume de Bourgogne, fut rattachée au XIe s. à l'Empire germanique. Elle fut cédée au roi de Prusse en 1707. Attribuée par Napoléon au général Berthier en tant que principauté, de 1806 à 1814, elle retourna à la Prusse jusqu'en 1848 tout en entrant dès 1815 dans la Confédération helvétique. Elle obtint définitivement son indépendance à l'égard de la Prusse en 1857.

**NEUENGAMME** ♦ Quartier au S.-E. de Hambourg. ▪ Camp de concentration de 1939 à 1945.

**Neue Zürcher Zeitung** ♦ Quotidien suisse germanophone fondé à Zurich en 1780. De tendance radicale et conservatrice, proche des milieux d'affaires, il jouit d'une grande influence en Suisse et d'une réelle audience internationale grâce notamment à sa rubrique économique. Il tire à 150 000 exemplaires.

**NEUF-BRISACH** [nøbʀizak] [68600] ← ÉTYM. la citadelle fut construite en face de *Breisach** ♦ Ch.-l. de cant. du Haut-Rhin, arr. de Colmar, sur le canal du Rhône au Rhin. 2 197 hab. (aggl. 4 579). *(Néo-Brisaciens)*. Anc. place forte construite par Vauban en 1699 sur un plan octogonal régulier. Place d'Armes cantonnée de puits (XVIIIe s.). Portes monumentales de Colmar et de Belfort (musée Vauban). ▪ Port. Métallurgie.

**NEUFCHÂTEAU** ♦ V. de Belgique (Région wallonne), prov. de Luxembourg, ch.-l. d'arr. 6 652 hab. Tour Griffon, seul vestige des anc. remparts. ▪ Indus. du bois. Tourisme. Anc. ardoisières souterraines à Warmifontaine.

**NEUFCHÂTEAU** [nøʃato] [88300] ← ÉTYM. «château neuf» ♦ Ch.-l. d'arr. des Vosges, au confluent de la Meuse et du Mouzon. 7 533 hab. *(Néocastriens)*. L'église Saint-Nicolas (XIIe - XIIIe s.), bâtie sur un tertre, se compose de deux nefs superposées conservant notamment une Mise au tombeau du XVIIe s. Hôtel de ville du XVIe s. (portail Renaissance ; escalier à voûte sculptée). Maisons des XVIIe - XVIIIe s. ▪ Carrefour routier. Indus. (menuiseries, produits laitiers).

**NEUFCHÂTEL-EN-BRAY** [nøʃatɛl] [76260] ♦ Ch.-l. de cant. de la Seine-Maritime, arr. de Dieppe, sur la Béthune. 5 103 hab. (aggl. 5 522) *(Neufchâtelois)*. En grande partie détruite en 1940, puis reconstruite, la ville conserve l'église Notre-Dame, romane et gothique (XIIIe et XVe s.). Musée des arts et traditions populaires. Aux environs, château de Mesnières, de la Renaissance : chapelle seigneuriale richement décorée (XVIe s.). ▪ Marché agricole, fabrication de fromages (bondons ou neufchâtels).

**NEUFCHÂTEL-HARDELOT** [62152] ♦ Comm. du Pas-de-Calais, arr. de Boulogne-sur-Mer. 3 585 hab. (aggl. 4 652). Aux environs, station balnéaire d'Hardelot-Plage.

**NEUHAUSEN AM RHEINFALL** ♦ V. de Suisse (cant. de Schaffhouse), sur le Rhin. Env. 10 000 hab. Chutes du Rhin. Châteaux de Wörth et de Laufen. ▪ Métall. de l'aluminium, indus. mécanique (matériel ferroviaire, armes). Électrochimie.

**NEUHOF** ou **NEUHOFF (Theodor,** baron **DE),** dit **le roi Théodore** ♦ Aventurier allemand (Cologne 1694 - Londres 1756). Officier, il se rendit en Suède, en Espagne où il fut le favori de Ripperda, puis en France où il se mêla aux spéculations de Law* et fut ruiné. Nommé résident de l'empereur Charles VI à Florence, il participa avec des émigrés corses à une expédition en Corse où il se fit nommer roi sous le nom de Théodore Ier (1736). Ayant dû quitter l'île peu après, il tenta encore en vain deux débarquements et se retira en Angleterre où il fut emprisonné pour dettes.

**NEUILLY-PLAISANCE** [93360] ← ÉTYM. de *Neuilly**-sur-Marne (dont elle a été détachée en 1892) et ellipse de «maisons de plaisance (petits manoirs où l'on se divertissait)» ♦ Ch.-l. de cant. de la Seine-Saint-Denis, arr. du Raincy. 18 236 hab. *(Nocéens)*.

**NEUILLY-SUR-MARNE** [93330] ← ÉTYM. anc. *Nobiliacus*, du lat. *novalia* «terres nouvellement défrichées» et suff. *-iacum* ou du lat. *Nobilis*, n. de pers., et suff. *-iacum* ♦ Ch.-l. de cant. de la Seine-Saint-Denis, arr. du Raincy. 32 754 hab. *(Nocéens)*. Église Saint-Baudile (fin du XII$^e$ s.) romane et gothique. Musée d'Art brut. ▪ Hôpitaux psychiatriques de Ville-Évrard et de Maison-Blanche.

**NEUILLY-SUR-SEINE** [92200] ➝ ÉTYM. → Neuilly*-sur-Marne ♦ Ch.-l. de cant. des Hauts-de-Seine, arr. de Nanterre, au N. du bois de Boulogne*. 59 848 hab. *(Neuilléens)*. Pont de Neuilly construit par Perronet au XVIII$^e$ s., transformé au XX$^e$ s. Folie Saint-James (XVIII$^e$ s.). Dans l'île de la Grande Jatte, temple de l'Amour (XVIII$^e$ s.) provenant du parc Monceau. Vestiges du château de Neuilly (XIX$^e$ s.). Musée de la Femme et coll. d'automates. Hôpital américain de Paris. ▪ Comm. résidentielle et tertiaire (sièges de sociétés) avec quelques industries. ♦ ***Traité de Neuilly*** Il fut signé le 27 nov. 1919 entre les Alliés et la Bulgarie. Celle-ci cédait des territoires à la Grèce (Thrace occidentale), à la Roumanie (Dobroudja), à la Yougoslavie (en Macédoine). Elle réduisait son armée à 20 000 hommes. → **Guerre mondiale (Première).**

**NEUMANN (Johann Balthasar)** ♦ Ingénieur militaire, architecte et urbaniste allemand (Eger, Bohême 1687 - Würzburg 1753). Il dirigea de nombreux travaux de fortification et entra au service des princes Schönborn. À partir de 1720, et durant trente ans, il dirigea la construction de la célèbre résidence de Würzburg dont Maximilien von Welsch avait d'abord été chargé. En 1723, il alla à Paris présenter ses plans à R. de Cotte* et à Boffrand* qui, eux aussi, donnèrent des projets. Hildebrandt fut à son tour appelé à Würzburg. Cependant, Neumann affirma sa personnalité dans la chapelle, la salle impériale et le monumental escalier dont la décoration peinte fut confiée à Tiepolo*. Il est l'auteur de nombreux châteaux (Bruchsal, 1729 - 1733 et Werneck, 1733 - 1737), dont le répertoire formel est caractéristique du baroque tardif ou de l'esprit rococo. Dans les églises de Vierzehnheiligen (1743 - 1772), de Neresheim (1747 - 1792) et Saint-Paulin de Trèves (1734 - 1754), il se montra remarquable technicien. Il avait le sens des masses clairement articulées, des rythmes dynamiques, jouant des interpénétrations d'espaces circulaires et elliptiques et utilisant de riches décorations intérieures stuquées d'une polychromie délicate. ➝ ÉTYM. Ce nom allemand signifie «homme *(Mann)* nouveau *(neu)*».

**NEUMANN (Franz Ernst)** ♦ Physicien allemand (Joachimsthal 1798 - Königsberg 1895). Il exposa la première théorie mathématique de l'induction dans laquelle il introduisit notamment la notion de potentiel en électrocinétique. Il s'intéressa également aux solides, étudia la réfraction dans les substances anisotropes ainsi que leur dilatation et proposa un système de projection et de notation cristallographiques.

**NEUMANN (Carl Gottfried)** ♦ Mathématicien allemand (Königsberg 1832 - Leipzig 1925), fils de Franz Ernst Neumann*. Il est l'auteur de recherches d'analyse et de physique mathématique. Son nom est resté attaché au problème de la détermination d'une fonction harmonique dans un volume, en connaissant les valeurs, en chaque point de la frontière, de sa dérivée normale.

**NEUMANN (Johannes** devenu **John VON)** ♦ Mathématicien américain d'origine hongroise (Budapest 1903 - Washington 1957). L'un des chefs de file de la pensée mathématique moderne, il s'est intéressé à la mécanique quantique qu'il présenta sous une forme axiomatique (*Fondements mathématiques de la mécanique quantique*, 1932) ; il participa à l'élaboration de la théorie des ensembles, poursuivant les recherches de Zermelo*, et ses travaux constituent un outil puissant pour les algébristes actuels. Il eut un rôle important dans l'essor de la cybernétique, participant au progrès des machines à calculer, imaginant une machine auto-reproductrice susceptible de produire des machines du même genre, mais s'améliorant progressivement au cours des «générations» (→ **Shannon**) ; s'intéressant à la théorie des jeux stratégiques, il publia, en collaboration avec O. Morgenstern*, en 1944, la *Théorie des jeux et du comportement économique*. Il contribua également au progrès de l'astronomie, complétant les études d'Eddington* concernant la relation masse-luminosité.

**NEUMÜNSTER** ♦ V. d'Allemagne du Nord (Schleswig-Holstein). 78 137 hab. Centre indus. (construc. mécaniques, textiles).

**NEUNKIRCHEN** ♦ V. d'Allemagne (Sarre), sur la Blies, affl. de la Sarre. 48 909 hab. Anc. centre minier et sidérurgique ; matériel ferroviaire.

**NEUQUÉN** ♦ V. d'Argentine, cap. de prov., au confluent du río Neuquén et du río Limay, qui forment le río Negro*. 203 000 hab. Ville pionnière en pleine croissance grâce à des immigrants italiens et espagnols. Les terrasses inondables sont devenues un long verger irrigué (pommes, poires destinées à l'exportation vers l'Europe et le Brésil). ♦ ***Province de Neuquén*** Prov. d'Argentine. → **Argentine** (carte). 94 078 km². 474 000 hab. Région aride bénéficiant des rivières issues des Andes pour l'irrigation de la vallée. Exploitation du pétrole et du gaz naturel. Centrale hydroélectrique de Chocón-Cerros-Colorados.

**NEURATH (Otto)** ♦ Philosophe et logicien allemand d'origine autrichienne (Vienne 1882 - Oxford 1945). Représentant du cercle de Vienne*, auteur d'un ouvrage sur le physicalisme (1931), il dirigea à Chicago l'*International Encyclopedia of Unified Science*, avec R. Carnap* et Ch. Morris*.

**NEURUPPIN** ♦ V. d'Allemagne (Brandebourg), sur le lac Ruppin. 32 694 hab. Marché agricole et centre d'indus. chimiques.

**Neuschwanstein** ♦ Château néogothique construit de 1869 à 1886 à la demande du roi Louis* II de Bavière par l'architecte Riedel sur les plans du décorateur de théâtre C. Jank et inspiré des légendes de Lohengrin et de Tannhäuser (salle des Chanteurs). Son coût exorbitant poussa le gouvernement bavarois à déposer le roi fou, le 10 juin 1888. Cette manie de construction s'est également exercée dans les châteaux de Linderhof et de Herrechiemsee, imité de Versailles.

**NEUSIEDL** (lac de) ou lac de **FERTÖ** ♦ Lac peu profond de l'Europe centrale (200 km² env.), à la frontière austro-hongroise (la plus grande partie appartient à l'Autriche).

**NEUSS** ➝ ÉTYM. anc. *Novaesium*, p.-ê. du lat. *novus* «nouveau» ♦ V. d'Allemagne (Rhénanie-du-Nord-Westphalie), sur la rive g. du Rhin, face à Düsseldorf*. 154 390 hab. Église gothique (Quirinuskirche, XI$^e$ - XII$^e$ s.). ▪ Port fluvial. Important nœud de communications et centre indus. actif (construc. de machines ; indus. chimiques et alimentaires). ▮ **Histoire** Ancienne forteresse romaine, qui devint en 1074 possession des évêques de Cologne, elle fut assiégée par Charles le Téméraire en 1474. Occupée par les Français de 1794 à 1813.

**NEUSTRIE** n. f. ➝ ÉTYM. du germ. *nebastra*, de l'indo-eur. °*nebhos* «brouillard» (désigne probablt une région située à l'ouest par rapport à l'Austrasie* «royaume de l'Est») ♦ Royaume franc constitué à la mort de Clotaire* I$^{er}$ (561) et limité par la mer du Nord, la Meuse et la Loire, avec pour villes principales Paris et Soissons. Il s'opposa à l'Austrasie* (→ **Chilpéric I$^{er}$, Sigebert I$^{er}$, Frédégonde, Brunehaut**). Clotaire* II réunit l'Austrasie à la Neustrie (613), mais, après la mort de Dagobert* I$^{er}$ (639), les deux royaumes furent séparés. La Neustrie tomba sous le pouvoir de maires du palais, notamment Ébroïn*. Battus à Tertry (687), les Neustriens passèrent sous le pouvoir des maires du palais d'Austrasie.

**NEUTRA (Richard Joseph)** ♦ Architecte américain d'origine autrichienne (Vienne 1892 - Wuppertal 1970). Il termina des études techniques en 1917 et subit au début de sa carrière l'ascendant de Loos* et de Wagner*. Il se rendit en Suisse et en Allemagne et, en 1922, avec comme collaborateur Mendelsohn, il remporta un concours ayant pour thème un centre d'affaires à Haïfa. Il se rendit en 1923 aux États-Unis et fit un stage auprès de F. L. Wright*. Il travailla ensuite à un important projet pour une ville d'un million d'habitants *(Rush City Reformed)*. Il s'installa en 1926 à Los Angeles, y construisit la Lowell Health House (1927 - 1929) et publia une étude sur les procédés de préfabrication : *Wie baut Amerika* (1927). Dans ses bâtiments collectifs et immeubles d'habitation, il adopta avec souplesse les principes du style international (Corona School à Los Angeles). Il s'imposa surtout comme un constructeur de maisons particulières (projet de maison préfabriquée *Diatown*), se spécialisant dans la réalisation de résidences luxueuses (maisons du cinéaste von Sternberg à San Fernando Valley [1936], de John Nesbitt à Brentwood [1942] et maison du désert ou Kaufmann House à Palm Spring [1946 - 1947]). Les influences de F. L. Wright y apparaissent infléchies dans le sens de l'austérité et de la rigueur formelle (strictes orthogonales) ; il insista sur les horizontales et chercha comme lui l'intégration à la nature, la compénétration de l'espace intérieur et extérieur par le jeu des toitures

Richard **Neutra.** Maison à Los Angeles. *Phot. © USIS-DITE*

plates en avancées, des terrasses, des parois vitrées, d'un plan d'eau, ainsi que par les effets de matériaux tirés souvent des ressources locales (bois, pierres). Adepte du plan libre et de la structure métallique, il exerça une influence notable sur plusieurs architectes américains.

**NEUVES-MAISONS** [54230] ♦ Ch.-l. de cant. de la Meurthe-et-Moselle, arr. de Nancy, sur la Moselle. 6 849 hab. *(Néodomiens)*. Anc. mines de fer. Métallurgie.

**NEUVIC** [19160] ➝ ÉTYM. «nouveau (fr. *neuf*) village (lat. *vicus*)» ♦ Ch.-l. de cant. de la Corrèze, arr. d'Ussel. 1 850 hab. *(Neuvicois)*. Église des XIIe et XVe s. Musée de la Résistance dans la maison natale d'H. Queuille*. ▪ Aux environs, barrage de *Neuvic-d'Ussel* sur la Triouzoune (plage, sports nautiques sur le lac de Neuvic) alimentant la centrale hydroélectrique de Sérandon.

**NEUVILLE-AUX-BOIS** [45170] ➝ ÉTYM. «domaine nouveau» ♦ Ch.-l. de cant. du Loiret, arr. d'Orléans. 3 874 hab.

**NEUVILLE-DE-POITOU** [86170] ♦ Ch.-l. de cant. de la Vienne, arr. de Poitiers. 4 058 hab. *(Neuvillois)*. Vestiges du château de Furigny. ▪ Marché agricole et viticole (vin du Haut-Poitou).

**NEUVILLE-EN-FERRAIN** [59960] ♦ Comm. du Nord, arr. de Lille. 9 527 hab. Tissus synthétiques.

**NEUVILLE-SAINT-RÉMY** [59554] ♦ Comm. du Nord, banl. N.-O. de Cambrai. 3 962 hab.

**NEUVILLE-SUR-SAÔNE** [69250] ♦ Ch.-l. de cant. du Rhône, arr. de Lyon, sur la Saône. 7 062 hab. *(Neuvillois)*. Chimie.

**NEUVY-LE-ROI** [37370] ➝ ÉTYM. *Neuvy* : «nouveau (fr. *neuf*) village (lat. *vicus*)» et *le Roi* : en l'honneur de François Ier ♦ Ch.-l. de cant. de l'Indre-et-Loire, arr. de Tours. 1 107 hab. *(Noviciens)*. Église des XIIe s. et XVIe s. (voûtes angevines ; œuvres d'art).

**NEUVY-SAINT-SÉPULCHRE** [36230] ♦ Ch.-l. de cant. de l'Indre, arr. de La Châtre. 1 654 hab. *(Neuviciens)*. L'église collégiale fut construite au XIe s. sur le modèle du Saint-Sépulcre de Jérusalem (remarquable rotonde). Elle renferme une relique du Précieux Sang qui fait l'objet d'un pèlerinage annuel.

**NEUWIED** ♦ V. d'Allemagne (Rhénanie-Palatinat), sur la rive d. du Rhin, au N. de Coblence. 70 000 hab. Château du XVIIIe s. ▪ Indus. métallurgiques et mécaniques ; travail du cuir et du bois.

**NEVA** n. f. ➝ ÉTYM. du finnois *Nevajoki* «le fleuve *(joki)* du marais *(neva)*» ♦ Fl. de Russie (74 km). Émissaire du lac Ladoga, il se jette dans le golfe de Finlande par un vaste delta ramifié sur lequel est construite la ville de Saint-Pétersbourg. En 1240, le prince Alexandre y remporta une victoire décisive sur les Suédois et fut dès lors appelé Nevski. → **Alexandre Nevski.**

**NEVADA** (sierra) n. f. ➝ ÉTYM. esp. «chaîne *(sierra)* enneigée *(nevada)*» ♦ Chaîne de montagnes du S. de l'Espagne formant la partie méridionale de la cordillère Bétique*, d'une longueur de 350 km et culminant au Mulhacén* (3 482 m).

**NEVADA (SIERRA)** n. f. ➝ ÉTYM. du n. de la chaîne espagnole ♦ Chaîne de montagnes des États-Unis, bordant l'État de Californie à l'E., et culminant au mont Whitney* (4 418 m). Elle sépare la Grande Vallée californienne du Grand Bassin (→ **Nevada**) et au S., du désert Mojave. Le versant O., arrosé et boisé, fournit de l'eau pour l'irrigation et la production d'électricité. Parcs nationaux : Yosemite*, Kings Canyon, Sequoia.

**NEVADA** n. m. ➝ ÉTYM. du n. de la *Sierra Nevada** ♦ État de l'O. des États-Unis → **États-Unis** (carte) 286 299 km². 1 998 257 hab. CAP. : Carson City. ▮ **Géographie** La plus grande partie de l'État se trouve dans le Grand Bassin (Great Basin), plateau séparant les chaînes occidentales et orientales des Rocheuses et contenant de nombreux reliefs (buttes, mesas, chaînes montagneuses N.-S.). Au N.-E. se trouve le partage entre les rivières tributaires de la Snake River (affl. de la Columbia, vers le Pacifique) et les rivières du Grand Bassin, notamment la Humboldt River, qui alimente le lac Humboldt. Au S.-E. coulent des tributaires du Colorado, celui-ci formant la frontière avec l'Arizona. Le climat est sec, très ensoleillé. ▮ **Économie** L'État est le plus aride des États-Unis ; toute l'agriculture y dépend de l'irrigation (fourrage, céréales, tomates, fruits). L'élevage est beaucoup plus important (bovins). Les richesses minérales sont l'or, le cuivre, l'argent, le manganèse et divers métaux rares. L'industrie comprend notamment le traitement du bois, du verre, les produits chimiques et insecticides. Une grande partie des revenus de l'État provient du tourisme, encouragé notamment par la liberté des jeux d'argent (→ **Las Vegas**), unique aux États-Unis. ▮ **Histoire** La région fut explorée par J. S. Smith (1827), Kit Carson, J. C. Fremont (1843). Voie de passage vers la Californie, elle fut parcourue par les Américains à partir de 1849 (ruée vers l'or) ; elle appartenait au Mexique qui la céda aux États-Unis en 1848 (en même temps que le Texas et le Nouveau-Mexique). Compris dans l'Utah (1850), le Nevada se développa anarchiquement autour des mines d'or et d'argent ; il devint le 36e État de l'Union dès 1864.

**NEVELSON (Louise)** née **BERLIAWSKY** ♦ Sculptrice américaine d'origine russe (Kiev 1900 - New York 1988). Ayant assisté Diego Rivera* pour l'exécution d'une peinture murale à New York (1932) et voyagé au Mexique (1949 - 1950), elle appliqua certains principes de l'art mexicain dans ses reliefs muraux, environnements constitués de débris de meubles et peints de façon monochrome en blanc, noir ou doré, l'ensemble étant pris dans un cadre rectangulaire. Contrastant avec la banalité des matériaux, l'ordonnance géométrique des compartiments, créant un rythme grave et serein, lui sert de support à une recherche d'ordre cosmique *(Sky Cathedral*, 1958 ; *Moon Garden + One*, 1958 ; *Dawn*, 1962). Ses dernières sculptures ont été réalisées dans des matériaux tels que l'acier ou le plexiglas.

**NEVERS** [58000] ➝ ÉTYM. anc. *Noviodunum* (gaul. «nouvelle *[novio]* ville fortifiée *[dunum]*») puis *Nevernum*, de *Nevera* (→ Nièvre) ♦ Ch.-l. du dép. de la Nièvre, au confluent de la Loire et de la Nièvre. 40 932 hab. (aggl. 57 515) *(Nivernais* ou *Neversois)*. Cathédrale Saint-Cyr-et-Sainte-Julitte (deux absides opposées, l'une romane à l'O., l'autre gothique à l'E.). Église Saint-Étienne (1063 - 1097), remarquable par son unité de style. Palais ducal (XVe - XVIe s.), chef-d'œuvre de l'architecture civile de la Renaissance. Vestiges de l'enceinte édifiée par Pierre de Courtenay au XIIe s. La Porte de Croux (1393) abrite le musée archéologique du Nivernais. Musée municipal : coll. de faïences et de verres filés de Nevers (atelier fondé à la fin du XVIe s.) ; peinture contemporaine. Couvent Saint-Gildard où vécut Bernadette* Soubirous de 1866 à 1879 (musée et châsse). ▪ Centre tertiaire (enseignement supérieur et technologique) et indus. (mécanique, accessoires pour automobiles, chimie, transformation du caoutchouc). Bœuf charolais. Faïencerie d'art. ▪ Aux environs, circuit automobile de Nevers-Magny-Cours. ▮ **Histoire** À l'origine forteresse gauloise *(Noviodunum)*, la ville fut l'un des foyers de la révolte gauloise de -52. Évêché au Ve s., elle devint capitale du comté de Nevers à la fin du IXe s. Le comte Pierre de Courtenay la fortifia et lui donna une charte (XIIe s.). Le comté, possédé successivement par les ducs de Bourgogne et la maison de Clèves, fut érigé en duché-pairie par François Ier en 1538. Il passa, par mariage, à la famille des Gonzague de Mantoue (1565). En 1659, Mazarin acheta le duché qui revint ensuite à son neveu Mancini et resta dans la famille jusqu'à la Révolution. ▪ La ville a souffert des bombardements au cours de la Deuxième Guerre mondiale.

Le **Neveu de Rameau** ♦ Roman de Diderot* (posth. 1805 dans une trad. allemande de Goethe ; 1821, version française de la trad. allemande ; 1891, texte original). Écrite principalement entre 1760 et 1777, l'œuvre se présente comme le dialogue entre *Lui* (Jean-François Rameau) et *Moi* (le philosophe Diderot). Le neveu de Rameau, personnage recréé à partir d'un individu réel, est un «singulier mélange de hauteur et de bassesse, de bon sens et de déraison». Parasite cultivé et passionné de musique, il est parfaitement amoral mais «quelquefois profond dans sa dépravation» : souvent, en effet, il traduit, de façon cynique, les pensées intimes et les inquiétudes de Diderot concernant le problème de la morale («On est dédommagé de la perte de son innocence par celle de ses préjugés»). Ce dialogue offre également un tableau satirique des mœurs intellectuelles parisiennes, brossé avec un réalisme original : attitudes et gestes sont évoqués avec verve en un style remarquablement expressif et séduisant.

**NEVILLE** ➝ ÉTYM. surnom dû au mariage au XIIe s. de Robert FitzMaldred avec l'héritière de Henri de Neville, de *Neuville* dans le Calvados ♦ Famille anglaise. ♦ **Ralph Neville,** 1er comte **de Westmorland** (1364 - 1425). Il épousa la fille de Jean de Gand, demi-sœur d'Henri IV. Il maria sa fille Cecily à Richard d'York ; elle fut la mère d'Édouard IV et de Richard III. ♦ **Richard Neville,** comte **de Warwick.** → **Warwick.**

**NEVIS** → **Saint-Kitts-et-Nevis**

**NEVSKI** → **Alexandre Nevski, Daniel Nevski**

**NEW AMSTERDAM** ➝ ÉTYM. «Nouvelle Amsterdam» ♦ V. du Guyana, sur l'estuaire de la Berbice au sud de Georgetown. 17 033 hab. Port. La ville fut créée en 1740 par les Hollandais.

**NEWARK** ♦ V. des États-Unis (New Jersey). 273 546 hab. dont 58,5 % de Noirs et 26 % d'Hispaniques (zone urbaine 2 032 989). Le port fait partie de celui de New York. 3e aéroport de New York (Newark Liberty International). Indus. variées. Centre financier.

**NEWARK-UPON-TRENT** ♦ V. d'Angleterre (Nottinghamshire), sur le Devon, au N.-E. de Nottingham. 106 287 hab. Château normand où mourut Jean sans Terre. Centre agricole et commercial.

**NEW BEDFORD** ♦ V. des États-Unis (Massachusetts). 97 768 hab. Ce fut, au début du XIXe s. et après Nantucket, la capitale de la pêche à la baleine, puis un centre d'industries textiles, enfin d'industries électriques et mécaniques.

**NEW BRITAIN** ♦ V. des États-Unis (Connecticut). 71 538 hab. (zone urbaine 143 000). Indus. (quincaillerie, machines automatiques).

**NEW BRUNSWICK** → **Nouveau-Brunswick**

**NEWBURY** ➝ ÉTYM. vieil angl. «nouvelle *(new)* place de marché *(burg)*» (là où la route d'Oxford à Winchester coupe la Kennet) ♦ V. d'Angleterre (West Berkshire), au S.-O. de Reading, sur la Kennet. 132 000 hab. Ruines d'un prieuré du XIIe s. Cloth Hall (maison des drapiers, XVIe s.). ▪ Indus. légères.

**NEWCASTLE (William CAVENDISH, 1er duc DE)** ♦ Homme politique anglais (v. 1592 - Welbreck 1676). Favori de Jacques* Ier, il fut le gouverneur du futur Charles* II. Resté fidèle au roi pendant la guerre civile, il leva, à ses frais, une armée de gentilshommes, commanda l'armée royale au N. de la Trent, et tenta d'empêcher le désastre de Marston Moor (1644). Il revint d'exil lors de la Restauration et fut fait duc. Il est l'auteur de pièces de théâtre et de traités sur l'élevage des chevaux.

**NEWCASTLE (Thomas PELHAM HOLLES, duc DE)** ♦ Homme politique britannique (1693 - Londres 1768). Il avait épousé la petite-fille de Marlborough* et joua pendant quarante ans un rôle prépondérant dans la vie politique britannique, grâce à sa fortune et à son sens des manœuvres parlementaires. Il fut d'abord secrétaire d'État (1724), fit ensuite nommer son frère Henry Pelham* Premier ministre, et lui succéda enfin (1754 - 1756). Pitt* amena sa chute en 1756, mais il retrouva bientôt son poste, laissant à Pitt la conduite de la guerre de Sept Ans. À partir de 1762, il passa à l'opposition.

**NEWCASTLE** ➝ ÉTYM. du n. de *Newcastle** upon Tyne ♦ V. d'Australie, l'un des ports les plus importants de Nouvelle-Galles du Sud, situé sur l'estuaire de la rivière Hunter, à proximité d'importants bassins houillers. 288 732 hab. La ville est située au N. de Sydney* à laquelle elle est reliée par route et voie ferrée, ainsi qu'aux zones riches en blé, laine et bétail du N. de l'État. Univ. autonome. Centre commercial très actif. Indus. métallurgiques. Aciéries, chantiers navals. Indus. textiles, chimiques et alimentaires. Verrerie.

**NEWCASTLE** ➝ ÉTYM. du n. de *Newcastle** upon Tyne ♦ V. d'Afrique du Sud (Kwazulu-Natal). 55 700 hab. Houille.

**NEWCASTLE** ♦ V. du Canada (Ontario), au N.-E. de Toronto, fusionnée dans Clarington (77 820 hab.). Centrale nucléaire de Darlington dans les environs.

**NEWCASTLE-UNDER-LYME** ♦ V. d'Angleterre (Staffordshire), dans la banl. de Stoke on Trent. 122 040 hab. Sidérurgie et céramique.

**NEWCASTLE UPON TYNE** ➝ ÉTYM. de l'angl. *new castle* «nouvelle enceinte» [construite par Guillaume* le Roux] ♦ V. d'Angleterre, ch.-l. du Tyne and Wear, sur la mer du Nord, principale ville de la conurbation de Tyne and Wear. 259 573 hab. D'origine romaine, la ville garde du Moyen Âge un château et une cathédrale. ▪ L'exportation des charbons du bassin de Durham est en recul et c'est sur l'indus. chimique que repose la base industrielle de la ville. La construc. automobile (Nissan et d'autres firmes japonaises) s'est installée plus récemment dans l'aggl. Les friches industrielles disparaissent. Newcastle est l'une des villes du N. de l'Angleterre dont le début de reconversion est réussi.

**NEWCOMB (Simon)** ♦ Mathématicien et astronome américain (Wallace, Nouvelle-Écosse 1835 - Washington 1909). On lui doit une importante étude sur les planètes et des valeurs de constantes fondamentales en astronomie admises par une conférence tenue à Paris en 1896 : constantes de la précession, de la nutation et de l'aberration annuelle, parallaxe solaire.

**NEWCOMEN (Thomas)** ♦ Mécanicien anglais (Darmouth 1663 - Londres 1729). La première machine à vapeur (employant la pression atmosphérique) utilisable naquit de son association avec T. Savery* (1705). Cette machine à feu, mise en service en 1712, fut considérablement améliorée par J. Watt* en 1767 et devint la machine à vapeur.

**New Deal** ➝ ÉTYM. angl. «nouvelle donne» ♦ Nom donné à la nouvelle méthode d'action gouvernementale et aux programmes socio-économiques préconisés aux États-Unis par le président F. D. Roosevelt pour triompher de la grande crise* de 1929. Le New Deal qui marqua une importante évolution de la société américaine, se traduisit par une politique de centralisation et une augmentation du pouvoir fédéral, qui prépara (avec l'aide des intellectuels) les mesures adoptées par le Congrès. L'État fédéral intervenait désormais dans la vie économique, par le biais de nombreuses lois portant sur la production, les échanges et les rapports industriels. Le New Deal est à l'origine du modèle d'aménagement du territoire que représente la Tennessee Valley Authority (TVA). Les rapports sociaux se modifièrent et allèrent dans le sens d'une plus grande justice. Les syndicats bénéficièrent ainsi d'un grand essor. Le New Deal se heurta à plusieurs reprises aux déclarations de la Cour suprême qui jugeait certaines lois inconstitutionnelles. ➝ **Roosevelt (Franklin Delano).**

**NEW DELHI** ♦ Cap. de l'Inde, partie de l'agglomération de Delhi* qui rassemble 294 783 hab. sur un total de 8 375 000 pour l'ensemble du district fédéral. Construite à partir de 1912, sur un plan très aéré, conçu par E. Landseer Lutyens et de H. Baker, New Delhi concentre l'essentiel des édifices gouvernementaux et les sièges des représentations diplomatiques. Un quartier d'affaires aux grands immeubles modernes est en voie d'aménagement aux abords de la ville ancienne (sièges de sociétés industrielles, banques, grands hôtels).

**NEW ENGLAND** ➝ **Nouvelle-Angleterre**

**NEWFOUNDLAND** ➝ **Terre-Neuve-et-Labrador**

**NEW HAMPSHIRE** n. m. ➝ ÉTYM. angl. «Nouveau Hampshire*», n. donné en 1629 par le capitaine John Mason, anc. gouverneur de cette province ♦ État du N.-E. des États-Unis ➝ **États-Unis** (carte). 24 192 km². 1 235 786 hab. CAP. Concord. ▮ **Géographie** À l'O. et au N., les reliefs appalachiens (White Mountains : mont Washington, 1 917 m ; mont Monadnock, au S., 965 m) sont bordés par la vallée du Connecticut (qui forme frontière avec le Vermont). L'E. est un plateau qui s'incline vers le S.-E. ; la plaine s'étend entre le Merrimack et la mer. ▮ **Économie** Plus de 80 % du New Hampshire sont recouverts de forêts. On y pratique l'élevage (bovins, volailles, produits laitiers), la culture (fourrages, pommes de terre) et l'arboriculture (pommes). Ses indus. sont variées : textile, mécanique, cuir, électronique. ▮ **Histoire** La région, après avoir été annexée au Massachusetts, puis rattachée à la Nouvelle-Angleterre, devint province en 1692. L'État proclama son indépendance en 1776 et fut parmi les treize premiers à ratifier la constitution fédérale (1788).

**NEWHAVEN** ➝ ÉTYM. angl. «nouveau (*new*) port (*haven*)» ♦ V. d'Angleterre (East Sussex), à l'E. de Brighton. 9 000 hab. Port et station balnéaire.

**NEW HAVEN** ♦ V. des États-Unis (Connecticut), sur le détroit de Long Island. 123 626 hab. dont 26 % de Noirs (zone urbaine 542 149 avec Meriden). Port. Siège de l'univ. Yale*. Le centre-ville a fait l'objet d'une politique de rénovation urbaine dans les années 1970. ▮ **Histoire** Fondée par des puritains, la ville eut au XVIIe s. un régime théocratique, et n'entra dans la colonie du Connecticut qu'en 1664. Elle fut la capitale de l'État avec Hartford jusqu'en 1875.

**NE WIN** ♦ Général et homme d'État birman (Prome 1911 - Rangoon 2002). Il combattit aux côtés des Japonais pendant la Deuxième Guerre mondiale afin d'obtenir l'indépendance de son pays colonisé par l'Angleterre, devint commandant en chef de l'armée birmane en 1943, puis milita aux côtés d'U Nu*. À la suite d'un coup d'État, il renversa celui-ci (1962) et devint Premier ministre, puis (de 1973 à 1981) chef de l'État. Il dirigea le Parti du programme socialiste birman jusqu'en 1988. ➝ **Birmanie.**

**NEW JERSEY** n. m. ➝ ÉTYM. du n. de l'île de *Jersey**, donné par sir George Carteret, anc. gouverneur de l'île ♦ État de l'E. des États-Unis ➝ **États-Unis** (carte). 21 300 km². 8 414 350 hab. CAP. : Trenton. ▮ **Géographie** Le territoire forme une série de zones qui s'abaissent des montagnes du N.-O. (Appalaches) jusqu'à la côte plate et marécageuse. ▮ **Économie** Le New Jersey pratique l'agriculture maraîchère et l'élevage industriel de volailles. Mais c'est surtout un État industriel grâce au marché des métropoles avoisinantes, notamment New York. Les principaux secteurs d'activité sont la production de matériel électrique et électronique, d'outillage, de petite mécanique, l'industrie chimique, la construction automobile, navale et aéronautique, la sidérurgie et la pétrochimie. Les ressources touristiques sont importantes. Université de Princeton. ▮ **Histoire** Annexée par l'Angleterre en 1664, le New Jersey devint indépendant en 1776 et fut l'un des treize premiers États en 1787. L'industrialisation, au XIXe s., fut stimulée par les marchés de New York à l'E. et de Philadelphie à l'O., tout proches de l'État, et par un régime favorable aux grandes sociétés. T. W. Wilson fut gouverneur de l'État (1910 - 1912).

**NEWMAN (John Henry)** ♦ Homme d'Église et écrivain britannique (Londres 1801 - Edgbaston, près de Birmingham 1890). Anglican, vicaire de Saint Clement's (1824) puis curé de Saint Mary's à Oxford (1828), il fut le centre du mouvement d'Oxford*, qui tendait à un christianisme plus pur, moins étatisé. Son évolution religieuse le conduisit à une conversion retentissante au catholicisme (1845). Prêtre (1847), il introduisit l'Oratoire en Angleterre (1848), mais échoua dans la fondation d'une université catholique à Dublin (1851 - 1858) ; en difficulté avec les catholiques extrémistes, notamment Manning*, mais soutenu par Léon XIII, il devint cardinal (1879). Il est l'auteur de nombreux *Tracts for the Times*, de l'*Apologia pro vita sua* (1864), de la *Grammaire de l'assentiment* (*Grammar of Assent*, 1870), de *Lettres au duc de Norfolk* où, contre Gladstone, il démontre la compatibilité du catholicisme romain et du civisme (1874). ➝ ÉTYM. Ce nom anglais signifie «homme (*man*) nouveau (*new*)».

**NEWMAN (Baruch, dit Barnett)** ♦ Peintre et sculpteur américain (New York 1905 - *id.* 1970). Tourné vers l'art abstrait, il fonda l'école de New York avec M. Rothko*, en réaction à la fois contre les avant-gardes européennes et contre le régionalisme américain. Il ne trouva son style propre, une abstraction parfois qualifiée de mystique, qu'en 1948, avec *Onement*, toile rouge traversée d'une bande orangée décentrée et dont le titre est extrait du mot *atonement* «expiation». Précurseur de la peinture Color Field, il nia les limites du châssis dans des tableaux au format toujours plus grand couverts de vastes plages de couleur : *Abraham* (1949), les séries *The Stations of the Cross* (1966), *Who's Afraid of Red, Yellow and Blue* (1966 - 1967). Son chef-d'œuvre, *Shining Forth (to George)*, de 1961, stricte bichromie de blanc traversée de façon fulgurante par trois «zips» verticaux noirs, est une méditation sur la mort, après son accident cardiaque de 1957 et la mort de son frère. La charge symbolique de son œuvre, s'accentuant par rapport à ses principes formels, l'amena à un art quasi religieux. Il exposa en 1963 au Jewish Museum le plan d'une synagogue (non réalisée), conçu avec le sculpteur Robert Murray. Ses sculptures *Here I* (1962), *Here II* et *Here III* (1965), puis *Broken Obelisk* (1963 - 1967) relèvent des mêmes recherches éthiques et de la même puissance formelle.

**NEWMAN (Paul)** ♦ Acteur et cinéaste américain (Shaker Heights, Ohio 1925 - Wesport, Connecticut, 2008). Ses yeux bleus, son élégance naturelle, la sobriété de son jeu lui valurent dès ses débuts (1955) l'adhésion du public, féminin surtout. Il fut l'interprète d'Arthur Penn (*Le Gaucher*, 1958), Leo McCarey (*La Brune brûlante*, 1958), Otto Preminger (*Exodus*, 1960), Robert Rossen (*L'Arnaqueur*, 1961), Alfred Hitchcock (*Le Rideau déchiré*, 1967), John Huston (*Juge et Hors-la-loi*, 1972) ou encore Scorcese (oscar du meilleur acteur pour *La Couleur de l'argent*, 1986) et il réalisa lui-même quelques films d'inspiration généreuse : *Rachel, Rachel* (1968), *De l'influence des rayons gamma sur le comportement des marguerites* (1972).

**Paul Newman, 1985.**
*Phot. © Hulton-Deutsch Collection/Corbis*

**NEWMARKET** ♦ V. d'Angleterre (Suffolk). 13 000 hab. Célèbre hippodrome créé par Jacques I$^{er}$. Berceau du Jockey Club.

**NEW MEXICO** → **Nouveau-Mexique**

**NEW ORLEANS** → **Nouvelle-Orléans (La)**

**NEW PLYMOUTH** ◆ **ÉTYM.** nommée en l'honneur des colons anglais venus de Plymouth ♦ V. de Nouvelle-Zélande, sur la côte S.-O. de l'île du Nord, proche du mont Egmont (2 519 m, sports d'hiver), reliée par voie ferrée à Wellington. 49 281 hab. Port. Important centre de produits laitiers. ▪ À proximité, gisement de gaz naturel de Kapuni* relié par gazoduc à Auckland*.

**NEWPORT** ♦ V. du N.-E. des États-Unis (Rhode Island). 26 740 hab. La ville conserve des témoignages architecturaux de son passé (elle fut fondée en 1639). Festival annuel de jazz (depuis 1954). ▪ Base navale. Indus. électrique. ▮ **Histoire** La ville fut la capitale de Rhode Island avec Providence jusqu'en 1900.

**NEWPORT** ◆ **ÉTYM.** angl. «nouveau *(new)* port» ou «nouvelle ville» ♦ V. d'Angleterre, ch.-l. de l'île de Wight. 20 000 hab.

**NEWPORT** ◆ **ÉTYM.** → Newport (Angleterre) – en gallois ***Casnewydd-ar-Wysg*** ♦ V. du pays de Galles (district de Newport. 190km². 137 011 hab.), sur l'estuaire de la Severn. 116 143 hab. Vestiges médiévaux (château et cathédrale). ▪ Port. Indus. chimique et de l'aluminium. L'activité des aciéries de Llanvern est en baisse, et constitue l'un des deux seuls pôles sidérurgiques du pays de Galles. L'exportation de charbon qui fut à la base de la croissance de la ville a disparu.

**NEWPORT NEWS** ♦ V. des États-Unis (Virginie), sur le côté N. du grand port de Hampton* Roads. 180 150 hab. dont 33,6 % de Noirs. Chantiers navals parmi les plus grands du pays (construc. de sous-marins atomiques). Indus. diverses.

**NEW PROVIDENCE** ♦ Petite île de l'archipel des Bahamas (207 km²) où se trouve la capitale, Nassau*.

**NEWRY** ♦ V. d'Irlande du Nord, ch.-l. du comté de Down. 24 000 hab. Située près de la frontière entre le N. et le S., la ville bénéficie des échanges transfrontaliers ; centre commercial, marché agricole. ▮ **Histoire** La première église protestante de l'Irlande y fut construite en 1578.

**Newsweek** ♦ Magazine d'information américain créé en 1933 par T. Martyn et A. Harriman. Racheté en 1961 par le *Washington Post*, *Newsweek* appartient au même type de «newsmagazine» que le *Time**, dont il est le concurrent direct, accordant une grande place aux reportages photographiques. Il tire à 4 millions d'exemplaires dans le monde.

**NEWTON (sir Isaac)** ♦ Mathématicien, physicien et astronome anglais (Woolsthorpe, Lincolnshire 1642 - Londres 1727). Entré à l'université de Cambridge en 1661, il fut contraint par la grande peste de Londres (1665 - 1666) à une retraite de deux ans dans son pays natal. C'est sans doute là que, «au sommet de ses forces créatrices», comme il le dit lui-même en 1714, il amorça la grande œuvre de sa vie, fruit d'une profonde méditation solitaire. Le point de départ de ses travaux fut l'étude de la structure de la matière et de la transmutation. C'est de ses études des associations des corps qu'il dégagea la notion de l'affinité chimique, sa théorie de l'attraction entre substances étant probablement à l'origine de ses recherches astronomiques. En 1668, il construisit le premier télescope. Devenu professeur de mathématiques à Cambridge, il donna (1669) la description de la dispersion de la lumière blanche par le prisme et la théorie des couleurs (cependant, la première édition de son *Optique* date de 1704 ; il y expose, entre autres, la théorie erronée de la nature corpusculaire de la lumière). Tandis qu'il développait ses recherches en optique, Newton progressait lentement dans le domaine de la mécanique. Ses doutes constructeurs et hardis l'amenèrent à créer un nouvel outil mathématique, le calcul des fluxions, fondement du calcul différentiel et du calcul intégral. Sur le continent, Leibniz* inventait de son côté «l'analyse infinitésimale», ce qui provoqua une controverse relative à la priorité de leur découverte (les fluxions de Newton n'étant rien d'autre que les dérivées de Leibniz). Newton participa également au progrès du calcul, donnant des développements de séries (notamment le *binôme de Newton*) et mettant au point une méthode de résolution numérique des équations. Ces découvertes lui permirent de publier en 1687 son œuvre maîtresse, les *Principes* mathématiques de philosophie naturelle*. Le mot révolution n'est pas exagéré pour décrire son importance. Car c'est à partir de là que l'Univers devient un tout intelligible, régi par quelques lois simples applicables aussi bien aux objets terrestres qu'aux corps célestes. Newton définit les notions fondamentales de la masse et de la force, énonce les trois lois de la dynamique (le principe d'inertie, déjà formulé par Galilée*, la proportionnalité entre la force et l'accélération et la loi de l'action et de la réaction), qui permettent de décrire tout mouvement ; enfin, il y expose sa théorie de la gravitation, d'après laquelle tous les corps s'attirent avec une force inversement proportionnelle au carré de leur distance, ce qui permet d'expliquer le mouvement des planètes et de la Lune, la précession des équinoxes, les marées et l'aplatissement de la Terre aux pôles. La mécanique de Newton reste toujours la base de la science, sauf pour deux cas extrêmes : les vitesses proches de celles de la lumière et le monde subatomique ; mais, là encore, la théorie newtonienne constitue une approximation souvent utile. ♦ ***Pomme de Newton*** Selon une anecdote tardive, Newton aurait été mis sur la voie de la découverte de l'attraction universelle en voyant tomber une pomme à ses pieds. ♦ ***Disque de Newton*** Disque comportant les couleurs du spectre solaire et paraissant blanc lorsqu'il tourne à une certaine vitesse, ce qui permit de démontrer empiriquement la composition de la lumière blanche. ◆ **ÉTYM.** Ce nom de famille est un nom de ville en Angleterre, du vieil anglais «nouvelle *(nīwe)* ville *(tūn)*».

Isaac **Newton**, par Godfrey Kneller (75,6 x 62,2 cm), 1702.
*BIS/Phot. © National Portrait Gallery-Archives Larbor*

Isaac **Newton**
Franges d'interférence dites anneaux de Newton.
*Phot. © Bevilacqua/Ricciarini*

**NEWTON (sir Charles Thomas)** ♦ Archéologue britannique (Bredwardine, Herefordshire 1816 - Margate 1894). Directeur des Antiquités grecques et romaines, il fit en Grèce et en Asie Mineure d'importantes découvertes archéologiques, en particulier celle du mausolée d'Halicarnasse (1856), et publia, notamment, *Discoveries at Halicarnassus, Cnidus and Branchidae* (1862), *Essays on Art and Archaeology* (1880).

**NEWTON (Helmut NEUSTÄDTER, dit Helmut)** ♦ Photographe australien d'origine allemande (Berlin 1920 - Los Angeles 2004). Après avoir travaillé à Singapour et en Australie, il se fixa à Paris et collabora aux plus grands magazines de mode *(Vogue, Elle, Jardin des modes, Queen)*. Influencé par Weegee, le photographe des faits divers sanglants new-yorkais des années 1930, et par l'univers poétique de Brassaï, il offrit sa vision du monde de la mode, de l'argent et du pouvoir, au travers d'images souvent très crues, nettes, profondes, pleines d'informations, prises en extérieur. Nombre de ses clichés, souvent en noir et blanc, montrent une femme sculpturale et glacée évoluant dans une atmosphère d'opulence (*Big Nudes*, 1980), parfois dans une ambiance sado-masochiste. On lui doit également des portraits de personnalités (Yves Saint-Laurent, Catherine Deneuve, Vanessa Redgrave).

**NEWTON** ♦ V. des États-Unis (Massachusetts) dans la zone urbaine de Boston. 83 000 hab. Cité résidentielle. Indus. de précision (électronique).

**NEWTOWNABBEY** ♦ V. d'Irlande du Nord (comté d'Antrim), dans la banl. N. de Belfast. 79 995 hab. Ville nouvelle formée en 1958 par la réunion de cinq villages, c'est actuellement la troisième ville d'Irlande du Nord. Indus. textile.

**NEW WESTMINSTER** ♦ V. du Canada (Colombie-Britannique), sur l'estuaire du Fraser, près de Vancouver. 58 549 hab. Port d'exportation (bois, cuivre, zinc, céréales). Indus. du bois. Indus. alimentaires (conditionnement du poisson).

**NEW WINDSOR** → **Windsor**

**NEW YORK** n. m. ◆ ÉTYM. du n. de la v. ♦ État du N.-E. des États-Unis. → **États-Unis** (carte). 127 433 km². 18 976 457 hab. CAP. : Albany. ▮ **Géographie** Le N. de l'État est occupé par le massif circulaire des Adirondacks, séparé, à l'E., des Appalaches par une dépression N.-S. (frontière du Vermont) et, au S., d'une zone de plateaux par la vallée de la Mohawk. Ces plateaux s'abaissent au N. vers la plaine qui borde le lac Ontario et s'élèvent à l'E. (monts Catskill, au S. des Adirondacks). Du N. d'Albany au coin S.-E. de l'État s'étend la vallée de l'Hudson, qui débouche dans la baie de New York. L'île de Long Island, à l'E. de la ville de New York, fait partie de l'État. ▮ **Économie** C'est le 1er État du pays pour l'industrie, le commerce et les activités financières. L'agriculture (notamment l'élevage laitier et les volailles) conserve une grande importance. L'industrie lourde (sidérurgie à Buffalo), l'industrie électrique et optique, les indus. de haute technologie, l'imprimerie et le papier, la confection sont particulièrement bien représentés à New York, autour de la ville et dans les principaux centres. La ville de New York est un centre commercial et financier mondial ; son port est le premier du pays. ▪ Nombreuses univ., dont Columbia, Cornell, l'univ. d'État et l'univ. de la ville de New York. Académie militaire de West Point. ▮ **Histoire** La colonisation du pays par les Hollandais, puis par les Anglais, commença par le site de la future ville de New York. L'E. de la région étant peuplé d'Iroquois, en guerre avec les Hurons (alliés à la France), les Anglais s'appuyèrent sur les premiers dans leur lutte contre les Français. D'importants combats de la guerre d'Indépendance (Long Island, 1776 ; Saratoga, 1777) se déroulèrent dans la colonie. Après l'indépendance, la capitale fut transférée à Albany (1797). Le rôle politique de l'État est resté primordial et deux de ses gouverneurs (Th. Roosevelt, Franklin D. Roosevelt) devinrent présidents des États-Unis.

**NEW YORK** – off. ***New York City*** ◆ ÉTYM. du n. du duc d'*York*, futur Jacques* II, à qui son frère, Charles II, fit don du territoire ♦ V. des États-Unis (État de New York) à l'embouchure de l'Hudson, sur l'océan Atlantique. 8 008 278 hab., dont 2 129 800 Noirs et 2 160 560 Hispaniques (*New-Yorkais*). New York est le cœur de la plus grande agglomération du pays (21 199 865 hab.). ▮ **La composition de la ville** La ville est formée par 5 districts (*boroughs*) : l'île de Manhattan*, le Bronx* (au N. séparé de Manhattan par la Harlem River), le Queens* et Brooklyn* (sur Long Island), Richmond (sur Staten Island). Elle est prolongée au N. par Mount Vernon, Yonkers*, New Rochelle et à l'O., sur la rive d. de l'Hudson, par plusieurs grandes villes du New Jersey (Jersey* City, Bayonne, Newark*, Elizabeth*, etc.). New York comprend de nombreuses petites îles, dont Ellis Island (bureaux d'immigration jusqu'en 1954, transformée en musée 30 ans plus tard) et Liberty Island où se trouve la statue due à Bartholdi. ▮ **Manhattan** La partie la plus célèbre de New York correspond aux deux tiers S. de l'île de Manhattan. Du S. au N., se succèdent le parc et le quartier résidentiel de Battery, le quartier financier autour de Wall Street (avec des bâtiments parmi les plus hauts du monde, dont faisaient partie les Twin Towers, détruites en sept. 2001), l'hôtel de ville (City Hall), le quartier chinois (Chinatown), le quartier intellectuel et artistique de Greenwich Village et la zone misérable du Bowery, puis, à partir de la 30e Rue et le long des principales avenues, Madison Square Garden, l'Empire State (surnom de l'État de New York) Building, la bibliothèque publique, la gare centrale (Grand Central), le Rockefeller Center et la cathédrale St. Patrick (néogothique) ; à hauteur de la 59e Rue, commence le parc rectangulaire dit Central Park, à l'O. duquel se trouve le Lincoln Center. Au N. (110e Rue) se trouve l'université Columbia et commence le quartier de Harlem*, ancien ghetto noir, aujourd'hui peuplé d'Hispaniques. Parmi les avenues, la Cinquième, Park Avenue et Broadway* sont les plus notables. Aux gratte-ciel de la première moitié du siècle s'ajoutent ceux relevant de l'architecture post-moderne. ▮ **Les musées et la vie culturelle** New York possède les plus riches musées des États-Unis : le Metropolitan* Museum of Art, le Museum* of Modern Art, le musée Guggenheim*, la collection Frick, le musée des Cloîtres (art médiéval ; cloîtres européens reconstruits dans un parc au N.-O. de Manhattan, Fort Tyron Park). Quelques spécimens d'architecture ancienne subsistent : St. Paul's Chapel (1764), St. Mark's in the Bowery (1799), l'hôtel de ville (1812). Les activités musicales (New York Philharmonic Orchestra, Metropolitan Opera) attirent à New York les plus grands musiciens (Dvořák* a été directeur du conservatoire ; Toscanini* y termina sa carrière).

▮ **ÉCONOMIE** Le port est l'un des premiers du monde. New York est la capitale financière du monde occidental et le plus grand centre commercial des États-Unis (ces deux activités étant surtout l'apanage de Manhattan). La zone urbaine constitue le deuxième centre industriel du pays après Los Angeles : imprimerie et édition, industries alimentaires, électricité, produits chimiques, mécanique, électronique et textiles. Dans les années 1950 et 1960, la ville a perdu de nombreux emplois industriels au profit de sa banlieue et des États du S. (la Sunbelt), cet exode des entreprises causant une crise financière. ▮ **Les transports** Les transports urbains sont très développés (train, métro, autobus). Plusieurs grands ponts et un tunnel franchissent l'East River, entre Manhattan et le Queens ou Brooklyn (Brooklyn Bridge, 1883 ; Manhattan Bridge, 1909). Le George Washington Bridge (1931) traverse l'Hudson, et le Verrazzano-Narrows Bridge (1964) relie Brooklyn et Staten Island. Les trois principaux aéroports de New York sont La Guardia (Queens), le John F. Kennedy International Airport (Idlewild, Queens) et Newark Liberty International (New Jersey).

▮ **HISTOIRE** ▮ **La Nouvelle-Amsterdam** La baie de New York fut visitée en 1525 par G. da Verrazzano (→ **Verrazane**), puis en 1609 par H. Hudson*, qui remonta la rivière portant aujourd'hui son nom. En 1614, les Hollandais construisirent un fort au S. de l'île de Manhattan et établirent en 1625 la capitale d'une colonie (Nouvelle-Hollande), qu'ils appelèrent *Nieuwe Amsterdam*. Peter Minuit*, en 1626, acheta aux Indiens la totalité de l'île pour le compte de la Compagnie hollandaise des Indes occidentales, contre quelques verroteries. ▮ **La domination britannique et l'anticolonialisme** En 1664, les Anglais s'emparèrent de la colonie, qu'ils nommèrent *New York* ; elle fut reprise par les Hollandais (1673) qui la perdirent l'année suivante. Enrichie au début du XVIIIe s. par le trafic d'esclaves (l'esclavage devait être supprimé en 1827 dans l'État de New York), New York devint rapidement un centre d'anticolonialisme, chassant par exemple le gouverneur britannique en 1775. Mais l'échec de Washington à Long Island (bataille d'août 1776) livra la ville aux Britanniques. ▮ **L'indépendance et l'essor de la ville** Après l'indépendance (1783), New York fut le siège du gouvernement américain (1785 - 1789) et resta capitale de l'État de New York jusqu'en 1797. Sa population atteignait 60 000 hab. en 1800. Ce n'est qu'en 1811 que la ville adopta le principe du plan en damier pour son urbanisme. Centre financier (bourse fondée en 1792), puis commercial, surtout après l'ouverture du canal Érié reliant le lac Érié et l'Hudson, New York devint vers 1850 le plus grand port des

**New York.** Vue prise depuis l'Empire State Building. *Phot. © Arch. Nathan*

États-Unis et son principal point d'immigration. La population comptait alors 550 000 hab. À partir de 1874, la ville s'étendit hors de Manhattan, atteignant sa superficie actuelle à la fin du XIX^e s. (1 500 000 hab. en 1890). Le développement urbain (le premier gratte-ciel, Flat Iron Building, date de 1902), l'équipement portuaire, les communications (métro à partir de 1904, ponts sur l'Hudson et l'East River, aérodromes) se développèrent rapidement. Le siège permanent de l'ONU se trouve à New York depuis 1952. ▮ **Victime du terrorisme** Lors de la série d'attentats terroristes perpétrés contre les États-Unis le 11 septembre 2001, deux avions de ligne furent précipités sur les tours jumelles du World Trade Center qui s'effondrèrent, l'attentat faisant des milliers de victimes et créant une zone urbaine anéantie au sud de Manhattan*, appelée *Ground Zero.* (→ **États-Unis.**)

**New York Herald Tribune** ♦ Quotidien américain issu de la fusion en 1924 du *New York Herald* créé par J. Gordon Bennett* en 1835 et du *New York Tribune* publié en 1841 par H. Greeley. Ce dernier fonda son journal afin de se lancer dans une «guerre morale» contre le sensationnalisme du *New York Herald* qui connut un grand succès au XIX^e s. et se doubla d'une édition européenne (1887). Après la fusion des deux rivaux, le *New York Herald Tribune*, proche des républicains, traversa une grave crise en 1966. Contraint de vendre son édition internationale (l'*International Herald Tribune*), il fusionna avec plusieurs journaux, constituant le *World Journal and Tribune* qui disparut en 1967.

**New York Times** ♦ Quotidien américain fondé en 1851 et racheté en 1896 par Adolph S. Ochs. Diffusée essentiellement sur la côte Est, de tendance libérale, la «Vieille Dame grise» s'adresse par le sérieux et la neutralité de ses informations aux classes aisées. Tirant à plus d'un million d'exemplaires, possédant une agence d'information (New York Times News Service), plusieurs journaux régionaux, des stations de télévision et de radio locales, le *New York Times* constitue l'un des principaux groupes multimédias des États-Unis.

**NEY (Michel)** duc **D'ELCHINGEN,** prince **DE LA MOSKOVA** ♦ Maréchal de France (Sarrelouis 1769 - Paris 1815). Fils d'un tonnelier, il s'engagea dans l'armée (1788). Capitaine en 1794, il était général de brigade deux ans plus tard, après la prise de Mannheim. Cet homme intrépide (on le surnomma «le brave des braves») se distingua à Hohenlinden* et s'occupa de l'organisation politique et militaire de la Suisse d'oct. 1802 à déc. 1803. Maréchal d'Empire en 1804, il remporta la victoire d'Elchingen (1805) qui fut suivie de la victoire d'Ulm*. Napoléon devrait le faire en 1808 *duc d'Elchingen*. Sa participation à la bataille de Friedland* fut décisive. Il fut ensuite envoyé en Espagne (1808) où il occupa la Galice et les Asturies. En 1812, il fit la campagne et la retraite de Russie pendant lesquelles il se couvrit de gloire, et fut fait *prince de la Moskova*. Il participa à la campagne de 1813 (Bautzen*, Lützen*) fut battu à Dennewitz. Il poussa Napoléon à abdiquer en 1814, se rallia à Louis XVIII qui le fit pair de France et gouverneur de Besançon. Le roi le chargea d'arrêter Napoléon à son retour de l'île d'Elbe mais Ney se rallia avec ses troupes à l'Empereur, le 13 mars 1815. Il fit preuve d'un grand courage à la bataille de Quatre-Bras (16 juin 1815) ainsi qu'à Waterloo. S'étant caché, il fut arrêté et il comparut devant la Chambre des pairs pour avoir trahi les Bourbons. Il fut condamné à mort, et fusillé le lendemain, près de l'observatoire de Paris (statue commémorative par Rude). ▪ *Mémoires* (1833). ➝ ÉTYM. *Ney* est une variante alsacienne de l'allemand *neu* «nouveau» (surnom de celui qui est nouveau dans le village ou nouvellement converti).

**NEYRAC-LES-BAINS** [07380] ♦ Station thermale de l'Ardèche (comm. de Meyras), sur l'Ardèche.

**NEZVAL (Vítězslav)** ♦ Poète tchèque (Biskupovice 1900 - Prague 1958). Il évolua du poétisme (mouvement tendant à la poésie pure) des années 1920 (*Le Pont*, 1922 ; *Pantomime*, 1924) vers le surréalisme avec *Adieu et Mouchoir* (1934), *La Femme au pluriel* (1936), *Prague aux doigts de pluie* (1936). Puis il fut entraîné au réalisme socialiste : *Staline* (1949), *Le Chant de la paix* (1950). Par sa tendance à exercer un contrôle sur la vie littéraire, dont le régime communiste lui donna plus tard les moyens, il se rapproche d'André Breton*, qu'il admirait (*La Rue Gît-le-Cœur*).

**NGAN-HOUEI** → **Anhui**

**N'GAOUNDÉRÉ** ♦ V. du Cameroun sur le plateau central de l'Adamaoua, cap. de la rég. de l'Adamaoua. 189 000 hab. Région d'élevage (abattoirs). Gisement de bauxite. Terminus du chemin de fer transcamerounais partant de Douala et traversant Édéa et Yaoundé.

**NGAU** (île) → **Fidji (îles)**

**NGAZIDJA** n. f. → **Comores**

**NGÔ Đình Diệm** ♦ Homme d'État vietnamien (Huế 1901 - Saigon 1963). Catholique fervent, il rallia autour de lui de nombreux partisans de même confession à qui il confia des postes à grandes responsabilités (d'où l'expression impropre de «parti catholique»). Après avoir été ministre de Bảo* Đại en 1933, il fut Premier ministre en 1954, devint en 1955, après un coup d'État, président de la république du Viêtnam du Sud et fut réélu à ce poste en 1961. → **Viêtnam.** Il instaura un régime autoritaire, perdit l'appui des Américains et fut assassiné à la suite d'un complot militariste. Sa famille, qui tenait presque tous les leviers du pouvoir, fut éliminée ou obligée de se réfugier à l'étranger.

**NGORONGORO** (cratère du) ➝ ÉTYM. probablt de *Lihorogoro*, n. d'un groupe de guerriers massaïs ♦ Ancienne caldeira volcanique de 20 km de diamètre, située dans le N. de la Tanzanie et occupée en partie par un lac salé. Réserve d'animaux. Tourisme.

**NGUYỄN** ➝ ÉTYM. vietnamien «entier, intact ; origine, cause ; premier» ; le plus répandu des n. vietnamiens (les souverains vietnamiens avaient l'habitude de donner leur nom à leurs sujets) ♦ Grande famille vietnamienne, originaire du Thanh Hóa dont l'ancêtre Nguyễn Kim obtint le gouvernement héréditaire des régions de Huế et du Sud où les Nguyễn se rendirent indépendants (XVI^e - XVIII^e s.). Affaiblie par la révolte des Tây* Sơn, chassée de Huế par l'armée des Lê*, la famille reconquit le pouvoir et unifia le pays en 1802, lui donnant le nom de Việt Nam en 1804. Gia* Long en fut le premier empereur, auquel succéda une longue dynastie. Elle se termina avec Bảo* Đại (Nguyễn Vĩnh Thụy), qui abdiqua en 1945. → **Viêtnam.**

**NGUYỄN Ái Quốc** → **Hồ Chí Minh**

**NGUYỄN Binh Khiêm** ♦ Lettré confucéen vietnamien (Trung Am, dans le Hải Dương, auj. Hải Hưng 1491 - *id.* 1585). Au service des rois Mạc, auteur de vers prophétiques très connus, il laissa aussi des poèmes en chinois et en langue nationale, montrant sa préoccupation de forger une expression écrite et apportant sa contribution à l'élaboration progressive du vietnamien.

**NGUYỄN Cao Kỳ** ♦ Général et homme politique vietnamien naturalisé américain (Sơn Tây 1930). À la suite d'un coup d'État militaire, il devint Premier ministre du Viêtnam du Sud en 1965. Il fut élu vice-président de la République (1967 - 1971), le président étant Nguyễn* Văn Thiệu. Il s'installa aux États-Unis de 1975 à 2004.

**NGUYỄN Du** ♦ Poète vietnamien (Thăng Long, auj. Hanoi 1765 - Huế 1820). Au service des empereurs de la dynastie des Lê, puis de celle des Nguyễn, il fut envoyé en ambassade en Chine en 1813 et écrivit un long roman en vers, le *Kim* Vân Kiều* ou *truyện Kiều (Histoire de Kiều)*, considéré comme le chef-d'œuvre de la littérature vietnamienne.

**NGUYỄN Thế Tổ** → **Gia Long**

**NGUYỄN Trãi** ♦ Ministre des empereurs de la dynastie des Lê et lettré (Nhị Khê, dans le Hà Đông 1380 - Đông Kinh, auj. Hanoi 1442). Auteur d'ouvrages politiques, historiques et de poèmes, il contribua avec Nguyễn* Binh Khiêm à l'élaboration de la langue nationale. Son épouse étant accusée d'avoir empoisonné l'empereur Lê* Thái Tông, il fut exécuté avec toute sa parentèle mâle. Il fut réhabilité en 1464, sous le règne de Lê* Thánh Tông.

**NGUYỄN Văn Thiệu** ♦ Général et homme d'État vietnamien (Phan Rang 1923 - Boston 2001). Il devint vice-président du Conseil et ministre de la Défense nationale après le coup d'État de 1965, puis président de la République du Viêtnam du Sud en 1967. Réélu en 1971, il obtint le soutien des États-Unis dans la conduite de la guerre du Viêtnam. Il démissionna le 21 avril 1975. → **Viêtnam.**

**NGUYỄN Vĩnh Thụy** → **Bảo Đại**

**NGWANE** → **Swaziland**

**NHA TRANG** ♦ V. du Viêtnam (Sud), ch.-l. de prov. située dans une rade. 263 093 hab. Ancien site cham, le temple de Pô Nagar, bien entretenu, sert encore au culte de la déesse Thiên Y A Na. Centre de recherches. Université (institut Pasteur ; institut océanographique ; école supérieure des ressources de la mer). ▪ Indus. diverses : exploitation de la pierre, construction mécanique. Artisanat. Commerce. Pêche et récolte des nids d'hirondelle dans les îles proches. Tourisme (très belle plage).

**NHK** → **Nippon Hoso Kyokai**

**NIAGARA** n. m. ➝ ÉTYM. p.-ê. langue des Mohawks «l'endroit coupé en deux» [les eaux de la rivière se divisent en deux chutes] ou iroquois «résonne [fait du bruit]» ♦ Fl. d'Amérique du Nord (54 km) formant au N.-E. une partie de la frontière entre les États-Unis et le Canada, et joignant le lac Ontario* au lac Érié*. Ses chutes et ses rapides ont entraîné la création du canal Welland* pour la navigation. → **Niagara Falls.**

**NIAGARA FALLS** ➝ ÉTYM. angl. «chutes du Niagara» ♦ V. des États-Unis (État de New York), à la frontière canadienne, non loin de Buffalo. 62 000 hab. La ville tire des chutes du Niagara* l'énergie hydroélectrique alimentant ses industries (électrochimie, électrométallurgie, etc.) et aussi son importance touristique.

**NIAMEY** ➝ ÉTYM. du n. zarma d'un des quatre villages à l'orig. de la ville, *Oua Niammané* «installez-vous ici», ordre donné par un chef local à ses prisonniers. ♦ Cap. de la république du Niger, située dans l'O. du pays sur la rive g. du Niger (pont Kennedy). 708 000 hab. (*Niaméyens*). ▪ Complexe textile. Grand marché de bétail et de viande.

**NIAUX** [njo] [09400] ♦ Comm. de l'Ariège, arr. de Foix. 201 hab. (*Niauxéens*). Grotte à plusieurs salles, ornées de peintures préhistoriques du Magdalénien* (–12 000 env.).

**Nibelungen** ou **Niflungen** ➝ **ÉTYM.** du vx norrois *Niflheimr* « pays du brouillard » ♦ Nains de la mythol. germanique habitant le monde souterrain. Ils règnent sur les richesses minières et possèdent un trésor que le héros Siegfried conquiert après avoir tué leur roi Nibelung et vaincu le nain Alberich (Aubéron). Le nom de Nibelungen est porté par les détenteurs successifs du trésor (Siegfried et ses guerriers, puis les Burgondes).

**Nibelungen (Chanson des)** – en all. ***Nibelungenlied*** ♦ Épopée allemande, écrite en Autriche au début du XIII$^{e}$ s., 39 chants, en 2 parties : mort de Siegfried, vengeance de Kriemhild. Le héros Siegfried a conquis le trésor des Nibelungen et a acquis des pouvoirs magiques. Pour obtenir la main de Kriemhild, il aide Gunther, roi burgonde et frère de celle-ci, à conquérir Brünhild*, farouche reine d'Islande, et joue même son rôle auprès d'elle. Plus tard, la supercherie est dévoilée et Brünhild fait tuer Siegfried par Hagen*, son fidèle vassal. Vingt-six ans après, Kriemhild, qui a épousé Etzel (Attila), attire Gunther et Hagen au pays des Huns. Ils sont vaincus par Dietrich von Berne (Théodoric). Kriemhild décapite Hagen avec l'épée de Siegfried ; elle-même est tuée par Hildebrand, un des chevaliers de Dietrich. ▪ Cette légende, dont le noyau primitif remonte au VI$^{e}$ s., se répandit chez les peuples germaniques ; épisodes et personnages se retrouvent dans l'*Edda* poétique* et dans la *Völsunga* saga* scandinave, mais le *Nibelungenlied* représente un état plus littéraire, plus « courtois ». Partiellement publiée en 1757 par Bodmer*, elle connut un regain de popularité à l'époque romantique : Wagner en tira sa *Tétralogie**.

**Nicaise** (saint) ♦ Évêque de Reims, le dixième selon la tradition, massacré devant son église lors d'une invasion des Vandales (407) ou des Huns (451). ▪ Fête le 14 déc.

## NICARAGUA

▮ n. m. ➝ **ÉTYM.** « pays des *Nicarao* », du n. de *Nicarao*, chef de tribu ♦ Pays d'Amérique centrale. 139 682 km$^{2}$. 5 142 098 hab. *(Nicaraguayens)*. LANGUES : espagnol (off.), langues indiennes. POPULATION : métis, Blancs d'origine espagnole, Noirs, Amérindiens. RELIGION : catholique. MONNAIE : córdoba. CAPITALE : Managua. RÉGIME : présidentiel. Le pays est divisé en 15 départements et 2 régions autonomes (Atlantique-Nord et Atlantique-Sud).

▮ **GÉOGRAPHIE** Le Nicaragua est le plus vaste pays d'Amérique centrale. Malgré un rythme de croissance démographique soutenu (2,9 % par an), il reste en grande partie sous-peuplé, et la faible densité moyenne (31 hab/km$^{2}$) masque de fortes disparités de peuplement. ▮ **L'Ouest** Depuis l'époque précolombienne, les terres basses de la région pacifique sont les plus peuplées (57 % de la population sur 15 % du territoire national). Cette région se compose d'une plaine littorale étroite et d'un vaste bassin d'effondrement que sépare une chaîne volcanique dont les sommets ne dépassent pas 1 800 m d'alt. Un épais tapis de cendres fertiles en a fait une région agricole prospère, tournée vers l'agriculture de plantation. Le bassin central est occupé par les lacs Managua et Nicaragua. La guerre civile a renforcé le poids des centres urbains, devenus des lieux d'accueil pour les familles paysannes (au moins 250 000 personnes déplacées). ▮ **L'Est** La vaste plaine côtière du versant caraïbe (côte des Mosquitos) est peu peuplée malgré un essor démographique récent (12 % de la population sur 56 % du territoire). Elle est séparée du bassin central par une chaîne montagneuse. Basse et lagunaire, cette côte est couverte d'épaisses forêts, entretenues par une pluviosité intense, et n'héberge que des groupes isolés de populations indiennes. Mal reliée à la zone pacifique, elle n'est pas véritablement intégrée à la nation nicaraguayenne.

**Nicaragua.**

▮ **SOCIÉTÉ** Culturellement, le Nicaragua constitue un pont entre la Mésoamérique et l'Amérique du Sud. On y trouve les traces de groupes ethniques venus du Sud (Chibchas) et du Nord (Mayas et Nahuas) qui ont occupé la dépression centrale et délaissé la côte caraïbe, occupée par d'autres populations (Miskitos [Mosquitos], Ramas, Sumus). L'hostilité des Indiens de la côte caraïbe, alliés aux Britanniques, a maintenu les Espagnols sur le versant pacifique jusqu'au milieu du XIX$^{e}$ s. (rattachement du royaume miskito en 1860). Malgré ces clivages ethniques, le Nicaragua est auj. un pays très métissé, où l'inégale répartition des richesses renforce les déséquilibres sociaux, appauvri par plusieurs années de guerre civile et de crise économique (chômage, manque de diversification de la production).

▮ **ÉCONOMIE** Les côtes du Pacifique accueillent les plantations de coton, bananes, canne à sucre, cacao. Une région urbaine articulée autour de la capitale Managua et des princ. villes du pays (León*, Granada*, Masaya), concentre l'essentiel d'une activité industrielle encore rudimentaire (indus. alimentaires et textiles ; cigarettes). Le café est surtout cultivé dans le Centre-Nord, région montagneuse également tournée vers l'élevage et les cultures vivrières (blé, maïs, haricots). Il existe vers l'intérieur d'importantes richesses minières (or, cuivre, zinc et plomb), encore peu exploitées.

Nicaragua ▮ Productions en 2008

| Produits | Quantités | Rang |
|---|---|---|
| Bananes | 47 000 t | |
| Café | 90 000 t | 16e |
| Canne à sucre | 4 500 000 t | |
| Coton fibre | 1 000 t | |
| Haricots secs | 170 000 t | 20e |
| Maïs | 480 000 t | |
| Bovins (têtes) | 3 500 000 | |

▮ **HISTOIRE** ▮ **La colonisation** Découvert par Colomb en 1502, le pays fut conquis vingt ans plus tard par Gil Gonzáles Dávila et ses successeurs. Malgré la résistance de certains groupes indigènes, les conquérants furent accueillis pacifiquement par le cacique Nicarao. La découverte de plusieurs mines n'empêcha pas le Nicaragua de rester une région marginale, rattachée à la capitainerie générale du Guatemala* durant toute la période coloniale. ▮ **De l'indépendance à la domination américaine** Ayant acquis son indépendance en 1821, le Nicaragua appartint à l'empire mexicain d'Iturbide jusqu'en 1823, puis rejoignit les Provinces-Unies d'Amérique centrale, dont il se détacha en 1838. Depuis, le pays eut à souffrir de nombreuses interventions étrangères qui renforcèrent le sentiment national de la population. Idéalement placé pour construire une voie interocéanique, le Nicaragua attira la convoitise des Britanniques (protectorat sur la côte des Mosquitos en 1848). L'opposition entre León (ville des libéraux) et Granada (foyer des conservateurs) permit à un aventurier nord-américain, William Walker, de s'emparer du pays, de rétablir l'esclavage et d'imposer l'anglais comme langue officielle (1855 - 1857). Après plusieurs années de domination des conservateurs, le libéral José Zelaya s'empara du pouvoir en 1893 mais dut se retirer en 1909 sous la pression des États-Unis, auxquels il refusait la construction d'un canal interocéanique. De 1912 à 1932, le Nicaragua fut occupé par les troupes nord- américaines, malgré la résistance nationaliste incarnée par Augusto Cesar Sandino*. ▮ **Le clan Somoza** Issu de la garde nationale formée par les États-Unis, le président Anastasio Somoza dirigea le pays de 1936 à 1956. Après son assassinat, ses fils lui succédèrent, Luis en 1956 - 1963 et Anastasio en 1967 - 1979, le clan Somoza accaparant l'essentiel des ressources du pays. Le tremblement de terre de 1972 montra la corruption et la faiblesse du régime, et, en 1978, l'assassinat de Pedro Joaquín Chamorro, chef de l'opposition conservatrice, déclencha un mouvement d'insurrection orchestré par le Front sandiniste de libération nationale, qui obligea le dictateur Anastasio Somoza* à quitter le pays (1979). ▮ **Les sandinistes** Les sandinistes au pouvoir engagèrent le Nicaragua dans un vaste programme de socialisation de l'économie : nationalisations, réforme agraire, confiscation des terres du clan Somoza (environ 1 million d'ha) et création de l'Aire de la propriété du peuple. Soucieux d'assurer l'unité nationale, ils combattirent les Indiens miskitos, soupçonnés de soutenir l'opposition armée (la *Contra*) et de vouloir leur indépendance (1981 - 1985). L'opposition des États-Unis, l'action de la Contra et la crise économique (36 000 % d'inflation en 1988) provoquèrent la chute du candidat sandiniste, Daniel Ortega*, lors des élections libres de 1990. ▮ **La démocratisation et la corruption** Violeta Chamorro*, veuve de Pedro Joaquín et candidate des conservateurs, fut élue présidente de la République, mais l'armée resta contrôlée par les sandinistes. Des bandes armées d'anciens sandinistes et d'anciens de la Contra continuèrent à se disputer les profits du trafic de drogue. Cependant, une nouvelle constitution fut promulguée (juillet 1995) afin de liquider l'héritage sandiniste (reconnaissance du rôle moteur du secteur privé dans l'économie de marché, suppression du service militaire obligatoire). Les conservateurs se maintinrent au pouvoir avec les présidents Arnoldo Alemán (1997 - 2002, emprisonné pour corruption) puis Enrique Bolaños. Cependant, à partir de 2004, l'anc. président Ortega soutenu par une partie des sandinistes et allié pour la circonstance à la droite ainsi qu'à d'anciens Contras et surtout à l'Église catholique, fit un retour en force aux élections locales puis fut élu à la présidentielle de 2006. Le Nicaragua appartient à la zone de libre-échange des Amériques en cours de construction par les États-Unis mais il cherche surtout à renforcer ses échanges et la coopération avec les pays socialistes d'Amérique latine réunis dans l'Alternative bolivarienne (Bolivie, Venezuela, Cuba, Honduras) afin de faire front à la crise financière mondiale déclenchée par les banques nord-américaines en 2008.

---

**NICARAGUA** (lac) ♦ Lac du Nicaragua (8 200 km²), appelé aussi Cocibolca ou lac de Granada. Il occupe, au S. du lac Managua*, une grande dépression intérieure séparée du Pacifique par une barrière volcanique large d'à peine 20 km. Ses eaux se déversent dans l'Atlantique par le río San Juan (200 km). Nombreuses îles, dont celle d'Ometepe, formée par deux volcans (276 km²).

**NICCOLINI (Giovanni Battista)** ♦ Auteur italien de tragédies (Bagni di San Giuliano, Pise 1782 - Florence 1861). Lié à Foscolo, il fut l'auteur d'un théâtre de forme classique mais de contenu libertaire et anticlérical, qui le rapprocha du romantisme (*Antonio Foscarini*, 1827 ; *Beatrice Cenci*, 1838 ; *Arnaldo da Brescia*, 1843). ➝ **ÉTYM.** Ce nom de famille italien vient de *Nicola* «Nicolas*».

**NICCOLÒ DELL'ABATE** ♦ Peintre italien (Modène v. 1509 - Fontainebleau 1571). Sa manière s'affirme dès ses premières réalisations (fresques du palais municipal de Modène, 1546) qui révèlent l'influence de Dosso* Dossi ainsi que celles du Corrège* et du Parmesan*. Appelé en 1552 en France, il fut un brillant disciple du Primatice*. Son œuvre donna une impulsion décisive à l'évolution de l'école de Fontainebleau (*La Continence de Scipion, L'Enlèvement de Proserpine*).

**NICE** [06000] ➝ **ÉTYM.** anc. *Nikaia*, du gr. *nikê* «victoire» ♦ Ch.-l. du dép. des Alpes-Maritimes, sur la baie des Anges, à l'embouchure du Paillon. 342 738 hab. (aggl. 529 241, 8ᵉ rang). (*Niçois*). Évêché. Cathédrale Sainte-Réparate du XVIIᵉ s. ; église Saint-Jacques du XVIIᵉ s., décoration baroque ; chapelles. Anc. palais Lascaris du XVIIᵉ s. Nombreux musées : d'Archéologie, d'Art moderne, des Beaux-Arts Jules-Chéret, d'Art naïf Anatole-Jakovsky, Masséna (art local), Matisse, Chagall, Dufy. Le *vieux Nice* forme un quartier pittoresque. La Promenade des Anglais, en bordure de mer, est mondialement connue. Station touristique hivernale et estivale de renom (2ᵉ pôle touristique de France) appréciée pour la douceur de son climat et son dynamisme culturel (carnaval en février). Nice a une population âgée en raison du nombre de retraités qui viennent s'y installer. Prédominance des activités tertiaires (85 % des emplois). Pôle commercial et universitaire, la ville est devenue un pôle technologique de dimension internationale (IBM, Texas Instruments, France Télécom) grâce au parc d'activités de Sophia-Antipolis (industr. de l'informatique et centres de recherche) et au centre de congrès d'Acropolis (un des plus réputés du monde), mais elle maintient aussi ses traditions (fleurs, parfums). Le port, spécialisé dans les croisières et les liaisons avec la Corse, ne peut concurrencer l'aéroport Nice-Côte d'Azur, le 2ᵉ de France après Paris pour le trafic (9,3 millions de passagers). ▮ **Histoire** Colonie grecque sous le nom de *Nikaia*, la ville fut conquise par les Romains au Iᵉʳ s. Elle n'était qu'une petite bourgade englobée dans la province romaine des Alpes Maritimes, dont la capitale était *Cemenelum* (Cimiez). Mais celle-ci déclina et Nice la remplaça progressivement après le IVᵉ s. Elle fut rattachée au comté de Provence (970) ; elle se révolta en 1166 contre Bérenger III, mais se soumit à Raymond Bérenger IV. Elle passa sous la domination des Angevins avec le reste de la Provence, puis se livra en 1388 à Amédée VII de Savoie. Nice et le *comté de Nice* passèrent ainsi à la Savoie. Plusieurs fois assiégée et prise (par Catinat en 1691, puis par Berwick), elle fut restituée à la Savoie. La Convention réunit le comté, occupé en sept. 1792, à la France le 31 janv. 1793 ; mais Nice revint au Piémont en 1814. Le début de l'urbanisation du Nice moderne date de cette époque sarde ; l'essor touristique de la ville avait pour contrepartie une crise économique due à la séparation d'avec la France. Napoléon III, s'alliant avec le Piémont contre l'Autriche, négocia la cession de Nice (1860 :

La baie de **Nice**. *Phot. © Boutin/Explorer*

traité de Turin, puis plébiscite). L'essor de la ville s'accéléra et elle devint l'une des capitales touristiques de l'Europe. Après 1950, elle reçut de nombreux réfugiés d'Afrique du Nord.

**NICÉE** – en gr. anc. ***Nikaia***, auj. ***İznik*** ♦ V. d'Asie Mineure (Bithynie), aujourd'hui en Turquie, sur le lac d'İznik (prov. de Bursa) 22 179 hab. Fondée en –316 par Antigonos sous le nom d'*Antigoneia*, elle fut prise par Lysimaque* qui la baptisa *Nikaia*, du nom de sa femme. Capitale de la Bithynie avant la fondation de Nicomédie (–264), elle prit de l'importance sous les Romains et était célèbre pour ses fêtes dionysiaques. Prise par les Seldjoukides en 1078, libérée et remise aux Byzantins par les croisés en 1097, elle fut la capitale de l'empire de Nicée. Sous la domination turque depuis 1333, elle devint le principal centre de production de céramique de l'Empire ottoman. ♦ ***L'empire de Nicée*** (1204 - 1261). Fondé par Théodore* Iᵉʳ Lascaris après la prise de Constantinople par les croisés, il fut avec l'empire de Trébizonde (➞ **Trabzon**) et le despotat d'Épire l'un des États qui assurèrent la continuité de l'Empire byzantin*. Il s'étendait à une grande partie de l'Asie Mineure et conquit ensuite une partie de la Thrace et de la Grèce. Les successeurs de Théodore Iᵉʳ furent Jean* III Doukas Vatatzès, Théodore* II Lascaris, Jean* IV Doukas Lascaris et Michel* VIII Paléologue. ♦ ***Conciles de Nicée*** ▪ Nicée I : 1ᵉʳ concile œcuménique réuni en 325 par Constantin pour régler la question de l'arianisme. Arius* y fut condamné et un symbole de foi fut adopté, qui demeure le fondement du *credo* chrétien. ▪ Nicée II : 7ᵉ concile œcuménique réuni en 787 par Constantin VI et l'impératrice Irène pour trancher la querelle de l'iconoclasme. Le culte des images y fut autorisé et même conseillé (distinction faite entre le culte de «dulie» adressé aux créatures représentées, et le culte de «latrie» adressé à Dieu seul). ♦ ***Symbole*** ou ***Credo de Nicée*** Profession de foi rédigée par les Pères du concile de Nicée I. Contre Arius*, elle affirme le Verbe «engendré, non créé» et le déclare «consubstantiel au Père» (*homoousios*).

**NICÉPHORE** (saint) ➝ **ÉTYM.** du gr. *Nikêphoros* «qui donne la victoire», de *nikê* «victoire» et *pherô* «porter» ♦ Patriarche de Constantinople en 806 (Constantinople v. 758 - en exil dans un monastère 829). Ancien commissaire impérial au concile de Nicée* II (787), il fut favorable aux images, mais n'en défendit pas moins l'empereur Nicéphore Iᵉʳ le Logothète contre le fanatisme des moines de Stoudios (➞ **iconoclastes, Théodore le Studite**). Il fut déposé et exilé par Léon V l'Arménien pour avoir refusé de rouvrir la querelle, qu'il jugeait tranchée (815). Auteur de *Réfutations* où il défend l'iconolâtrie (distinguée de l'idolâtrie) et d'une chronique de l'Empire byzantin, couvrant les années 602 à 769, connue sous le titre de *Breviarium Nicephori*. ▪ Fête le 13 mars.

**NICÉPHORE Iᵉʳ le Logothète** – en gr. ***Nikêphoros*** ♦ (mort en 811). Empereur byzantin (802 - 811). Grand logothète (surintendant des finances) de l'impératrice Irène*, porté sur le trône par un coup d'État, il pratiqua une politique modérée pour consolider les réformes des iconoclastes, sans éviter les démêlés avec le parti monastique. Pendant son règne, l'empire, affaibli par les luttes intestines et par les échecs d'Irène, dut renoncer à l'Italie, cédée à Charlemagne (803), payer tribut à Haroun* al-Rachid (807), faire face au soulèvement des Slaves du Péloponnèse (807) et au péril bulgare. Nicéphore fut vaincu et tué par le khan bulgare Krum qui fit de son crâne une coupe à boire.

**NICÉPHORE II PHOCAS** ♦ (en Cappadoce v. 921 - Constantinople 969). Empereur byzantin (963 - 969). D'une famille de militaires cappadociens, lui-même chef de guerre valeureux, il reçut très tôt des titres honorifiques pour ses campagnes victorieuses en Asie Mineure. Il reprit la Crète aux Arabes (961) et les poursuivit en Cilicie, remportant de brillantes victoires. Il fut facilement porté sur le trône à la mort de Romain* II, grâce à sa popularité auprès de l'armée. Après avoir épousé la veuve de son prédécesseur, la belle Théophano, il la quitta pour continuer ses campagnes. Il reconquit la Cilicie et Chypre, puis poussa son armée jusqu'en Syrie et en Mésopotamie, reprenant Antioche. En même temps, il luttait contre les Bulgares qu'il opposait habilement aux Russes et tenait en échec Othon le Grand en organisant la défense de l'Italie du Sud. Mais sa politique fiscale lui coûta l'hostilité du clergé et des milieux influents. Trahi par Théophano, il fut assassiné par l'amant de celle-ci, Jean* Ier Tzimiskès.

**NICÉPHORE III Botaniate** ♦ (mort apr. 1081). Empereur byzantin (1078 - 1081). Général en Asie Mineure, il se révolta contre le faible Michel* VII Doukas et, avec l'aide des Seldjoukides, le remplaça et épousa sa femme. Il ne se maintint sur le trône que grâce à l'habileté militaire d'Alexis* Ier Comnène qui finalement se révolta contre lui. Nicéphore abdiqua et se retira dans un monastère.

**NICÉPHORE GRÉGORAS** → **Grégoras (Nicéphore)**

**NICHAPOUR, NICHAPŪR** ou **NEYCHABUR** ♦ V. d'Iran (Khorassan). 208 860 hab. Mausolée de Khayyām* et de ʿAṭṭār*. Centre agricole et administratif. ▮ **Histoire** Cité prospère de l'Iran islamique, célèbre pour ses céramiques et son rayonnement intellectuel, elle fut détruite et sa population (estimée à plus d'un million) massacrée par les Mongols (1221).

**NICHIREN** ♦ Religieux bouddhiste japonais (près de Kamakura 1222 - Ikegami, auj. Tōkyō 1282). Après avoir appartenu au Tendaishu*, il créa en 1253 une secte piétiste, appelée Nichiren ou Hokkeshū. Il écrivit quelques ouvrages religieux, et prêcha avec violence et intolérance contre les autres sectes (Shingon, amidéisme, zen). Condamné pour avoir troublé l'ordre public, il fut exilé. Réhabilité, il établit sa secte et envoya des missionnaires jusqu'en Corée et en Sibérie. Certaines sectes modernes, telles que la Sōka* Gakkai, se réclament de son enseignement.

**NICHOLSON (William)** ♦ Chimiste et physicien britannique (Londres 1753 - Bloomsbury 1815). Avec Carlisle*, il découvrit l'électrolyse de l'eau (1800). Il imagina également un aéromètre. ➔ **ÉTYM.** Ce nom anglais signifie « le fils *(son)* de Nicolas *(Nichol)* ».

**NICHOLSON (Ben)** ♦ Peintre et sculpteur britannique (Denham, Buckinghamshire 1894 - Londres 1982). Après s'être tourné vers le cubisme, il se joignit à la Seven and Five Society en 1924 puis au groupe Abstraction-Création à Paris en 1932. Membre du groupe Unit One en 1933, il peignit des tableaux à géométrie abstraite proche de Mondrian* et de Arp* (*Painting*, 1937) et des bas-reliefs parfois monochromes (*Relief blanc*, 1942), visant à une « pureté architecturale » (*Nature morte*, 1945 - 1954). Dans ses dernières œuvres, il chercha à créer des effets de matière par grattage.

**NICHOLSON (Jack)** ♦ Acteur et cinéaste américain (Neptune, New Jersey 1937). Son faciès inquiétant, ses éclats de rire sardoniques le vouent aux rôles de méchant, avec des pointes d'humour noir. Révélé par *Easy Rider* (1969), il ne cessa de tourner : *Cinq pièces faciles* (1970), *Chinatown* (1972), *Profession : reporter* (1975), *Vol* au-dessus d'un nid de coucou* (1975) qui lui valut un oscar, *Shining* (1979), *L'Honneur des Prizzi* (1985), *Batman* (1989).

**NICIAS** – en gr. *Nikias* ♦ Stratège et homme politique athénien (mort à Syracuse -413). Appartenant à une riche famille de concessionnaires des mines d'argent de Laurion, il fut l'un des chefs du parti aristocratique et après la mort de Périclès s'opposa au démagogue Cléon. Il battit les Spartiates à Sphactérie (-425) et s'empara de Cythère (-424). Modéré, il conclut en -421 avec les Lacédémoniens une trêve de cinquante ans (*paix de Nicias*) qui ne fut en fait qu'un court répit de la guerre du Péloponnèse*. Opposé alors à la démagogie belliqueuse d'Alcibiade*, il accepta à contrecœur de partager avec celui-ci le commandement de la campagne de Sicile (-415). Il assiégea Syracuse*, mais, opérant avec lenteur et indécision, il ne put empêcher le Lacédémonien Gylippos* de renforcer la ville. Malade et déçu, il entreprit une retraite mais se laissa encercler et, arrêté, fut mis à mort par les Syracusains.

**NICOBAR** ♦ Groupe d'îles de l'océan Indien constituant avec les îles Andaman un territoire de l'Union indienne. 1 953 km². 277 000 hab. (avec Andaman). L'archipel est peuplé de pêcheurs animistes parlant un dialecte apparenté aux langues mōn*-khmer et dont les activités principales sont la pêche et la culture des cocotiers. Ces îles furent occupées par les Japonais durant la Deuxième Guerre mondiale. Plusieurs milliers de victimes ont péri lors du tsunami du 26 déc. 2004.

**NICODÈME** (saint) ➔ **ÉTYM.** du gr. *nikê* « victoire » et *demos* « peuple » ♦ Dans l'Évangile de Jean (III et XIX), pharisien devenu disciple de Jésus et qui aida Joseph d'Arimathie à l'ensevelir. ▪ Fête le 3 août.

**NICOL (William)** ♦ Physicien britannique (en Écosse v. 1768 - Édimbourg 1851). Il réalisa le premier polariseur (*prisme de Nicol* ou *nicol*, 1828).

**NICOLAI (Christoph Friedrich)** ♦ Critique allemand (Berlin 1733 - *id.* 1811). Libraire à Berlin, il fut une des figures les plus représentatives du déisme rationaliste et populaire qui caractérisa le siècle des Lumières (→ **Aufklärung**). S'il fut considéré comme le chef des philosophes éclairés de Berlin, c'est moins par ses écrits (dont un roman satirique dénonçant le fanatisme religieux : *Vie et Opinions de Sebaldus Nothanker*, 1773), que comme éditeur et animateur de nombreuses revues littéraires, critiques et encyclopédiques, en particulier les *Lettres littéraires* (1759 - 1765), dont Lessing* fut le principal rédacteur, et l'*Allgemeine deutsche Bibliothek* (1765 - 1792).

**NICOLAIER (Arthur)** ♦ Médecin et bactériologiste allemand (Cosel, Haute-Silésie 1862 - Berlin 1942). Il a donné la description et le mode d'action du bacille du tétanos (*bacille de Nicolaier*, 1884).

**NICOLA PISANO** ➔ **ÉTYM.** it. « Pisan, né à Pise » ♦ Sculpteur et architecte italien (en Apulie ou près de Pise, v. 1220 - Pise, v. 1283). Il créa un type architectural original avec la chaire du baptistère de Pise (1260), accordant aux reliefs une échelle monumentale jusque-là inaccoutumée. Leur réalisme, leur modelé, inspirés de l'art romain classique (sarcophages) font place dans ceux de la chaire du baptistère de Sienne (1260) à un foisonnement gothique de figures. Nicola Pisano fut en effet le premier à assimiler l'influence française, dans un gothique proprement toscan, continué par deux de ses élèves et collaborateurs, son fils Giovanni* Pisano et Arnolfo* di Cambio. Auteur du tombeau de saint Dominique à Bologne (1264 - 1267) et de la Fontana maggiore de Pérouse (1278), il aurait été selon Vasari l'un des architectes de Santa Trinità à Florence. Les peintres autant que les sculpteurs apprécièrent son rôle novateur, Duccio* notamment et Giotto*, auquel on l'a comparé.

**Nicola Pisano.** La *Fontana maggiore* à Pérouse. © *Kertlis/Fotolia*

**NICOLAS** (saint) ➔ **ÉTYM.** en gr. *Nikolaos*, de *nikê* « victoire » et *laos* « peuple » [it. *Niccolò*, esp. *Nicolás*, occit. *Nicolau*, all. *Nikolaus*, *Nicklaus*, *Klaus*, angl. *Nicholas*, *Nick*, russe *Nikolaï*, hongr. *Miklós*] ♦ Évêque de Myre, en Lycie (déb. IVe s.). La légende le présente nourrisson, refusant le vendredi le sein maternel et, plus tard, ressuscitant trois petits enfants égorgés et mis au saloir par un aubergiste (ou un boucher). Dans la mythologie enfantine des pays nordiques, il est le Père Noël *(Santa Claus)*. Patron de la Russie et des avocats. ▪ Fête le 6 déc.

**NICOLAS Ier le Grand** (saint) ♦ (Rome v. 800 - *id.* 867). 105e pape (858 - 867). Il définit avec énergie la primauté pontificale, résistant aux pressions et cassant les décisions du concile de Metz (863) qui acceptaient le divorce de Lothaire II, contraignant Hincmar de Reims à réintégrer Rothade, évêque de Soissons, luttant contre l'anarchie féodale italienne (déposition de Jean de Ravenne). Il prit le parti d'Ignace* contre Photios*. Auteur des *Responsa ad consulta Bulgarorum*, réponses à 106 questions du roi Boris de Bulgarie. ▪ Fête le 13 nov.

**NICOLAS II [Gérard de Bourgogne]** ♦ (Chevron, Savoie v. 980 - Florence 1061). 153e pape (1059 - 1061), ancien archevêque de Florence (1046) élu par le clergé à l'instigation de Pierre* Damien et d'Hildebrand (→ **Grégoire VII**) contre Benoît X. Par un concile (Rome, 1059), il fit réserver aux seuls cardinaux le droit d'élire le pape. Il fit alliance avec les Normands, nommant Robert* Guiscard duc des Pouilles et de Calabre (1059).

**NICOLAS III [Giovanni Gaetano Orsini]** ♦ (Rome entre 1210 et 1220 - près de Viterbe 1280). 186e pape (1277 - 1280). Il amena Charles d'Anjou à renoncer au titre de sénateur de Rome et à sa charge de vicaire de l'Empire en Toscane.

**NICOLAS IV [Girolamo Masci, dit en fr. Jérôme d'Ascoli]** ♦ (près d'Ascoli v. 1230 - Rome 1292). 189e pape (1288 - 1292), ancien général des Frères mineurs (1274), évêque de Palestrina (1281). Il couronna Charles II d'Anjou roi de Sicile (1289).

**NICOLAS V [Pietro Rainalducci]** ♦ (près de Rieti v. 1260 - Avignon 1333). Antipape en 1328. Franciscain « spirituel », élu pape à Rome grâce à Louis de Bavière, contre Jean* XXII. Il se soumit en 1330.

**NICOLAS V [Tommaso Parentuccelli]** ♦ (Sarzana 1397 - Rome 1455). 206e pape, de 1447 à 1455. Il signa avec Frédéric* III le concordat de Vienne (1448) et le couronna empereur à Rome (1452). Son pontificat vit la fin du concile schismatique de Bâle* et la soumission de Félix V (→ **Amédée**) en 1449 mais aussi la chute de Constantinople et la vaine tentative d'organiser une croisade italienne pour la délivrer. Il fut par excellence le pape de la Renaissance, entretint une cour de lettrés (Pogge, Valla, Manetti, Alberti), entreprit de grands travaux et fonda la Bibliothèque vaticane.

**NICOLAS** ou **NIKITA Ier PETROVIĆ NJEGOŠ** ♦ (Njegoš 1841 - Antibes 1921). Prince (1860 - 1910) puis roi de Monténégro (1910 - 1918). Neveu et successeur de Danilo Ier, il eut un grand prestige parmi les Slaves du Sud tant par son courage que par ses talents littéraires. Il combattit contre les Turcs (1876 - 1878, 1912 - 1913), doubla l'étendue de son petit pays dont il obtint l'indépendance et se proclama roi en 1910 (→ **Monténégro**). En 1914, il prit part à la guerre aux côtés des Alliés, mais suspecté de complicité secrète avec les puissances centrales, il fut déchu lors de la réunion du Monténégro et de la Serbie (1918) et resta exilé en France.

**NICOLAS I^er^ Pavlovitch** ♦ (Tsarskoïe Selo, auj. Pouchkine 1796 - Saint-Pétersbourg 1855). Empereur de Russie (1825 - 1855). Troisième fils du tsar Paul I^er^, il épousa en 1817 la princesse Charlotte (appelée en Russie Aleksandra Fedorovna), fille du roi de Prusse, Frédéric-Guillaume III. Le tsar Alexandre* I^er^ Pavlovitch, qui mourut le 1^er^ déc. 1825, avait désigné comme son successeur non l'aîné de ses frères, Constantin, vice-roi de Pologne, mais le cadet Nicolas, sans avertir celui-ci. Il en résulta une sorte d'interrègne, dont profitèrent les décabristes*. Leur coup d'État improvisé (14 déc. 1825) échoua grâce à Nicolas, qui fit canonner les rebelles sur la place Saint-Isaac à Saint-Pétersbourg. Cette tentative d'émeute renforça la tendance antiprogressiste de la politique intérieure du nouveau tsar. Couronné empereur de Russie à Moscou (1825), puis roi de Pologne à Varsovie (1829), Nicolas I^er^ se proclama ouvertement le champion de l'absolutisme. Appelé le «Tsar de fer» par ses admirateurs et «Nicolas la Trique» par les libéraux, il resta fidèle aux principes de la Sainte-Alliance, assumant le rôle de «gendarme de l'Europe». Après la révolution de 1830 en France, il ferma les ports russes aux navires français et entama des pourparlers avec la Prusse et l'Autriche en vue d'une action commune pour rétablir les Bourbons, mais ses alliés reconnurent Louis-Philippe, et il dut accepter le fait accompli. Ayant mobilisé une armée sur la demande du roi de Hollande Guillaume I^er^, pour mater la révolution belge (1830), il dut l'envoyer en Pologne, où éclata une révolte à Varsovie au mois de sept. 1831 et l'insurrection fut écrasée dans le sang. Nicolas I^er^ abolit la Constitution et la Pologne cessa d'exister en tant qu'État. Il intervint ensuite en Turquie et l'obligea, par le traité d'Unkiar*-Skelessi (1833), à fermer les Détroits aux navires de guerre des puissances occidentales. La même année, il signa avec l'Autriche l'accord de Münchengrätz garantissant l'indépendance de la Turquie, et proclama de nouveau avec Metternich le principe d'intervention. Sur la demande de François-Joseph d'Autriche, il envoya en Hongrie un corps expéditionnaire, dirigé par Paskievitch, qui écrasa le mouvement national hongrois (1848 - 1849). La France et la Grande-Bretagne s'étant montrées hostiles à cette politique d'ingérence, Nicolas I^er^ leur déclara la guerre (fév. 1854). Les Franco-Britanniques attaquèrent la Russie en Crimée et assiégèrent Sébastopol qui fut fortifiée par Totleben* et défendue par Menchikov puis plus tard par Gortchakov*. Le siège durait encore le 18 fév. 1855, date à laquelle Nicolas I^er^, désespéré par l'échec qui s'annonçait, mourut subitement en laissant le trône à son fils Alexandre* II.

**NICOLAS II Aleksandrovitch** ♦ (Tsarskoïe Selo, auj. Pouchkine 1868 - Iekaterinbourg 1918). Dernier empereur de Russie (1894 - 1917). Fils d'Alexandre* III, il lui succéda le 1^er^ nov. 1894 et fut couronné à Moscou en mai 1895. Le 26 nov. 1894, il épousa la princesse Alice (appelée en Russie Aleksandra Fedorovna), fille du grand-duc de Hesse-Darmstadt Louis IV. À l'intérieur, il considéra la défense de ses droits d'autocrate comme un devoir moral et religieux. À l'extérieur, il poursuivit la politique européenne de son père. Il confirma l'alliance franco-russe, visita la France en 1896 et reçut le président Félix Faure en Russie en 1897. Par une note, il proposa à toutes les puissances une réduction des armements, ainsi que l'installation d'un tribunal international, chargé d'arbitrer les conflits entre les États (la première conférence mondiale de la paix eut lieu en 1899 à La Haye). Pourtant, il engagea son pays dans la guerre russo-japonaise (1904 - 1905). La défaite russe en Extrême-Orient fut l'une des causes de la révolution* de 1905. Sur le conseil de Witte*, Nicolas II promit de convoquer une douma législative (17 oct. 1905), mais pendant la réaction de Stolypine* (1906 - 1907), les révoltes furent sévèrement réprimées, ce qui valut à l'empereur le surnom de *Nikolaï Krovavyï* («Nicolas le Sanglant»), confirmé par le massacre des 270 grévistes des mines de la Léna en Sibérie (avr. 1912). L'annexion de la Bosnie-Herzégovine par l'Autriche-Hongrie en 1908 provoqua un vif mécontentement en Russie, mais Nicolas II céda devant la menace d'une intervention allemande et abandonna la Serbie, qui fut directement intéressée dans cette annexion. Après la déclaration de guerre de l'Autriche à la Serbie, Nicolas II proclama la mobilisation générale (30 juil. 1914) qui déclencha la Première Guerre mondiale (1^er^ août). Dominé par la tsarine, Nicolas II subit l'influence néfaste de Raspoutine*, qui lui imposa des ministres suspects. Il fut obligé d'abdiquer après la révolution* de février 1917, le 2 (15) mars. Le gouvernement provisoire décida d'arrêter les souverains le 20 mars (2 avr.). Transféré à Tobolsk, puis à Iekaterinbourg, Nicolas II y fut exécuté avec tous les siens par les bolcheviks, le 17 juil. 1918.

**NICOLAS DE CUSE** ou **DE KUES (Nikolaus KREBS** ou **CHRYPFFS** dit**)** ♦ Théologien, savant et philosophe allemand (Kues, diocèse de Trèves 1401 - Todi, Ombrie 1464). Docteur en droit de l'université de Padoue, il avait également étudié la médecine. Ordonné prêtre, il devint cardinal, évêque de Brixen et gouverneur de Rome et fut chargé d'importantes missions dont celle de réformer en Allemagne les abus de l'Église. Dans le *De concordantia catholica* (1433), il prôna un juste milieu entre le pouvoir pontifical et les droits du concile ; son *De pace fidei* (écrit en 1453, à la prise de Constantinople par les Turcs) tente de montrer qu'au-delà de la diversité des confessions et des rites (christianisme, islam, bouddhisme) il existe une croyance en un Dieu unique. Philosophe, il est l'auteur du *De docta ignorantia* (1440). La docte (ou savante) ignorance est celle qui est consciente de ses limites ; l'homme ne peut penser Dieu, l'infini où les contraires coïncident, que par une méthode analogique ; les conséquences de cette affirmation consistent en une critique de la cosmologie d'Aristote* *(De caelo)* qui fait de Nicolas de Cuse un précurseur de Copernic*.

**NICOLAS DE FLÜE** (saint) ♦ Saint patron de la Suisse sous le nom de Frère Nicolas (Flüeli, près de Sachseln 1417 - Ranft 1487). D'abord soldat puis paysan, il vécut ensuite en ermite dont l'autorité morale était reconnue par tous. Son intervention permit d'éviter une guerre civile en Suisse et conduisit au Convenant de Stans (1487). Canonisé en 1947.

**NICOLE** (sainte) → **Colette (sainte)**

**NICOLE (Pierre)** ♦ Moraliste français (Chartres 1625 - Paris 1695). Il enseigna aux Petites Écoles de Port*-Royal, soutint des polémiques en faveur du jansénisme*, collabora à la *Logique* de Port-Royal* (1662) et au *Nouveau Testament de Mons* (1667). Après la reprise des persécutions (1679), il rejoignit A. Arnauld* aux Pays-Bas, séjourna dans les Flandres, mais regagna Paris en 1683 et se réconcilia avec les autorités. Auteur des *Essais de morale* (1671 - 1678).

**NICOLLE (Charles)** ♦ Bactériologiste français (Rouen 1866 - Tunis 1936). Collaborateur de Pasteur*, puis directeur de l'institut Pasteur de Tunis (1903 - 1936), il fit des recherches sur la fièvre de Malte, découvrit notamment le virus filtrant de la grippe, des procédés nouveaux de préparation des vaccins contre la coqueluche et le chancre mou ; il décrivit le typhus exanthématique, montrant que celui-ci se transmet par le pou du corps, ce qui rendit possible la prophylaxie de cette maladie. [Acad. sc. 1929 ; prix Nobel de physiol. ou méd. 1928]

**NICOMAQUE DE GÉRASE** – en gr. ***Nikomakhos*** ♦ Mathématicien grec (fin du I^er^ s.). Auteur d'une *Introduction arithmétique* et d'un *Manuel d'harmonique* qui eut un grand retentissement au Moyen Âge.

**NICOMÈDE I^er^** ◆ ÉTYM. en gr. *Nikomêdês*, de *nikê* «victoire» et *mêdomai* «penser, méditer» ♦ Roi de Bithynie (de –278 à –250). Premier prince de sa dynastie à prendre le titre de roi, il fonda la ville de Nicomédie (→ **İzmit**).

**NICOMÈDE II Épiphane** ♦ Roi de Bithynie (de –149 à –127). Fils de Prusias* II ; menacé d'être mis à mort par son père, il le renversa et le fit périr, épisode qui inspira Corneille* (→ **Nicomède**). Allié d'abord aux Romains, puis à Mithridate*, il fut forcé par Rome de renoncer à la Paphlagonie.

**Nicomède** ♦ Tragédie de P. Corneille* (1651) dont le sujet est emprunté à l'historien latin Justin *(Histoires)*. Le faible Prusias, roi de Bithynie, dominé par sa seconde femme, Arsinoé, a éloigné son fils Nicomède, né d'un premier lit, et fait revenir de Rome, où il a été élevé, Attale, son second fils, enfant d'Arsinoé. Docile vassal de la puissance romaine, Attale est amoureux de Laodice, reine d'Arménie, mais la jeune femme lui préfère Nicomède, cœur loyal et guerrier valeureux. L'ambassadeur romain, Flaminius, s'attarde en Bithynie pour comploter avec Arsinoé contre Nicomède, empêcher son mariage avec Laodice, et l'écarter définitivement du trône. Mais Nicomède revient à la cour de Prusias et tente de dresser son père contre les Romains. Menacé d'être livré en otage à ses ennemis, Nicomède sera libéré par le peuple de Bithynie, conduit par Attale lui-même qui a enfin compris quel allié déloyal Rome était pour lui. Il va rétablir l'ordre, rendre à son père le trône que le peuple voulait lui attribuer et assurer Prusias de son dévouement. Cette générosité triomphe des dernières résistances du roi et d'Arsinoé. Flaminius assure Nicomède de l'estime des Romains et peut-être même de leur amitié.

**NICOMÈDE IV Philopator** ♦ Roi de Bithynie (de –91 à –74). Petit-fils de Nicomède II. Allié de Rome, il fut deux fois chassé de ses États par Mithridate* et rétabli par les Romains auxquels il légua son royaume (–74). La Bithynie devint province romaine.

**NICOMÉDIE** → **İzmit**

**NICOPOLIS** – auj. ***Nikopol*** ♦ Petite ville de Bulgarie, sur le Danube. Bataille (28 sept. 1396) durant laquelle les chrétiens, avec à leur tête Sigismond* d'Allemagne, furent écrasés par Bayazid* I^er^. Cette défaite laissa libre champ aux Turcs dans les Balkans.

**NICOSIE** ◆ ÉTYM. en gr. mod. ***Lefkosía*** ; du gr. *leukos* «blanc» [par allus. à l'aspect du site] ♦ Cap. de Chypre, dans la plaine de Mésorée, partagée depuis 1974 en deux secteurs par une ligne de démarcation entre Grecs, au S., et Turcs, au N. 47 832 hab. *(Nicosiens)* (aggl. 273 642). La v. est plus étendue et plus active au S. Enceinte vénitienne (1567) ; cathédrale Sainte-Sophie (XIII^e^ s.) et autres monuments gothiques (→ **Eudes de Montreuil**). ▮ **Histoire** Cap. du royaume franc des Lusignan*. → **Chypre.**

**NICOT (Jean)**, seigneur **DE VILLEMAIN** ♦ Diplomate et érudit français (Nîmes v. 1530 - Paris 1600). Secrétaire d'Henri II, ambassadeur de François II au Portugal (1559 - 1561), il a introduit en France le tabac, connu d'abord sous le nom de «nicotiane». On lui doit le premier dictionnaire de la langue française consacré à cette langue seule (*Trésor de la langue française tant ancienne que moderne*, 1606). ➝ ÉTYM. *Nicot* est probablement une abréviation de *Nicodème*.

**NICOYA** (péninsule de) ♦ Longue péninsule de la côte N. du Costa Rica (Amérique centrale) sur le Pacifique, délimitant le *golfe de Nicoya*. Gisements aurifères.

**NIDA** ♦ Riv. de Pologne, affl. rive g. de la Vistule (151 km).

**NIDWALD** – en all. *Nidwalden* → **Unterwald**

**NIEBUHR (Carsten)** ♦ Voyageur et géographe allemand d'origine danoise (Lüdingworth, Hanovre 1733 - Meldorf, Holstein 1815). Il participa à une mission scientifique en Arabie (1761 - 1767) au cours de laquelle il recueillit une abondante documentation : *Description de l'Arabie* (1773) ; *Relation du voyage en Arabie* (1776 - 1786).

**NIEBUHR (Reinhold)** ♦ Théologien protestant américain (Wright City, Missouri 1892 - Stockbridge, Massachusetts 1971). Pasteur à Detroit, puis professeur de morale à la faculté de théologie protestante de New York, il s'intéressa aux problèmes du monde ouvrier et du syndicalisme et milita dans le Parti socialiste américain. Disciple de K. Barth*, il a insisté sur la nécessité de l'engagement du chrétien dans le monde social (*Moral Man and Immoral Society*, 1932 ; *An Interpretation of Christian Ethics*, 1936 ; *Christian Realism and Political Problems*, 1954).

**NIEDERBRONN-LES-BAINS** [nidɛʀbʀɔn] [67110] ➝ ÉTYM. anc. *Niederburne* germ. «qui est en bas *(nieder)* de la source *(brunn)*» ♦ Ch.-l. de cant. du Bas-Rhin, arr. de Haguenau. 4 319 hab. (aggl. 12 992) *(Niederbronnois)*. Musée (vestiges gallo-romains). ▪ Centre d'excursions. Station hydrominérale et climatique.

**NIEDERMEYER (Louis)** ♦ Compositeur et pédagogue français, d'origine suisse (Nyon 1802 - Paris 1861). Élève de I. Moscheles, à Vienne, il se fixa à Paris (1823) où l'amitié de Rossini ne suffit pas à assurer le succès de ses opéras. Il abandonna alors le théâtre pour la musique religieuse. Il a fondé l'école de musique sacrée à laquelle il a donné son nom. ➝ ÉTYM. Ce nom allemand vient de *nieder* «bas, inférieur» et de *Meier* «métayer».

**NIEL (Adolphe)** ♦ Maréchal de France (Muret 1802 - Paris 1869). Il prit part à la guerre de Crimée (1854 - 1855), et fut fait maréchal après s'être distingué à la bataille de Solferino lors de la campagne d'Italie (juin 1859). Nommé ministre de la Guerre (1867), il entreprit une œuvre de réorganisation de l'armée française (extension du recrutement, création de la garde nationale mobile). ➝ ÉTYM. *Niel* est l'aphérèse de *Daniel*.

**NIEL** ♦ Comm. de Belgique (Région flamande), prov. et arr. d'Anvers, sur le Rupel. 8 922 hab. Briqueterie.

**NIELSEN (Carl August)** ♦ Compositeur danois (Nørre Lyndelse 1865 - Copenhague 1931). Violoniste, chef d'orchestre, professeur au conservatoire de Copenhague dont il fut le directeur, il a joué un rôle de premier plan dans la vie musicale de son pays. Marqué d'abord par l'influence de Wagner et de Brahms, il a développé une conception neuve de la tonalité («tonalité évolutive»), demeurant toujours fidèle à une écriture claire et personnelle, d'une grande fermeté de contours, au contrepoint riche et complexe. Son œuvre comprend des opéras (*Saül et David*, 1902 ; *Mascarade*, 1906), six symphonies (1892 - 1925), trois concertos (violon, flûte, clarinette), de la musique de chambre, et des pièces chorales d'inspiration populaire. Il est, après Sibelius, le plus grand compositeur qu'ait produit l'Europe du Nord au XX^e^ s.

**NIEMCEWICZ (Julian Ursyn)** ♦ Homme politique et écrivain polonais (Skoki, Lituanie 1757 - Paris 1841). Auteur très prolixe, touchant à presque tous les genres, il écrivit la première comédie politique originale en Pologne, *Le Retour du député* (1790). Il devint en 1794 l'aide de camp de Kościuszko et fut interné à Saint-Pétersbourg (1794 - 1796) après la défaite de Maciejowice*. Après de longs séjours en Angleterre et aux États-Unis, il rentra en Pologne (1807) et publia en 1816 ses *Chants historiques*, sorte de manuel populaire d'histoire nationale. Exilé en France pour avoir participé à l'insurrection de 1830 - 1831, il écrivit également des fables, des romans, des mémoires et une *Histoire de Sigismond III*.

**NIÉMEN** n. m. – en russe ***Neman*** ou ***Nieman***, en all. ***Memel***, en polon. ***Niémen***, en lituanien ***Nemunas*** ➝ ÉTYM. d'un anc. n. d'orig. indo-eur. *°namas* «bois, région boisée» ♦ Fl. d'Europe orientale (937 km). Né dans les «hauteurs de Minsk», il suit son cours vers l'O. et arrose un large bassin en grande partie marécageux en Biélorussie ; puis, en passant par Grodno, il s'oriente vers le N. et pénètre en Lituanie. À Kaunas, il se dirige de nouveau vers l'O. et sert de frontière entre la Lituanie et la région de Kaliningrad. Il se déverse dans le golfe de Kourski (mer Baltique) après avoir arrosé Sovietsk (anc. Tilsit*). Affl. princ. : Vilia (rive d.), Chtchara, Slivotch et Soudokh (rive g.). Pris par les glaces de déc. à mars, il est navigable pour les petits navires jusqu'au village de Belista (à env. 700 km de l'embouchure). Flottage. Station hydroélectrique près de Kaunas. Le Niémen est relié par des canaux avec le Dniepr, la Visla et le Pregolia. ▪ Le groupe aérien français *Normandie-Niémen* fut engagé dans la région du Niémen aux côtés des forces soviétiques de 1942 à 1945.

**NIEMEYER (Oscar)** ♦ Architecte brésilien (Rio de Janeiro 1907). Après avoir étudié aux Beaux-Arts de Rio de Janeiro jusqu'en 1934, il travailla auprès de Lúcio Costa* et fut chargé de diriger à sa suite la construction du ministère de l'Éducation et de la Santé à Rio de Janeiro (1936 - 1943) pour lequel Le* Corbusier fut l'architecte-conseil. Il subit fortement l'influence de ce dernier et après avoir réalisé notamment un hôtel sur pilotis à Ouro Preto, il fit preuve d'une grande imagination formelle en édifiant à la demande de Kubitschek l'ensemble de Pampulha (1942 - 1944) : restaurant circulaire, yacht-club au toit renversé à double pente et terrasse s'avançant dans l'eau. Il donna un projet pour le siège de l'ONU (1947). Il étudia notamment l'utilisation du béton armé dans le développement des surfaces courbes complexes (usine Duchen, 1950). Il réalisa ensuite avec de nombreux collaborateurs les pavillons d'exposition dans le parc d'Ibirapuera à São Paulo : palais des Nations, des États, des Industries (1951 - 1954). Après de multiples ouvrages, il fut chargé par le président Kubitschek d'exécuter les bâtiments officiels de la nouvelle capitale Brasília*. Il édifia d'abord le palais de l'Aurore (1958) dont la longue horizontale est scandée par les piliers extérieurs en voile de béton aux formes de losanges incurvés. Sur la place des Trois-Pouvoirs, il conçut une composition claire, équilibrée et spectaculaire, en établissant des rapports savants entre bâtiments horizontaux et verticaux et en tirant parti du contraste des volumes rectangulaires et courbes (palais de Justice, palais du Planato et palais du Parlement). On lui doit la cathédrale, la série des ministères et un théâtre. Il a également conçu le musée d'Art contemporain, en forme de soucoupe volante, de Niterói dans la baie de Rio (1996), le musée Oscar Niemeyer, énorme œil érigé sur une colonne, à Curitiba (2002). Après le coup d'État militaire de 1964, Niemeyer a beaucoup travaillé à l'étranger. Il a notamment édifié à Paris le siège du Parti communiste français, place du Colonel Fabien (1980). En 2008, il a lancé l'énorme chantier de la place Niemeyer à La Havane. Il a su créer des rapports élégants entre les courbes et les orthogonales, jouant des contrastes entre le béton armé et les éléments en verre et acier, et préférant les effets linéaires aux effets de masse, mais il a souvent été critiqué pour son indifférence à l'égard de certains problèmes d'ordre strictement fonctionnel. [Prix Pritzker 1988]

Oscar **Niemeyer.** Chapelle Saint-François-d'Assise de Pampulha, Brésil.
*Phot. © Lauros/Giraudon*

**NIEMÖLLER (Martin)** ♦ Pasteur et théologien allemand (Lippstadt 1892 - Wiesbaden 1984). Pasteur à Berlin-Dahlem (1931 - 1937), il prit rapidement position pour l'Église confessante contre l'idéologie nazie et son «christianisme positif». Il fut interné en camp de concentration dès 1937. Après la Libération, il milita contre le réarmement de l'Allemagne.

**NIÉPCE** [njɛps] **(Nicéphore)** ♦ Physicien français (Chalon-sur-Saône 1765 - Saint-Loup-de-Varennes 1833). Il conçut un moteur à explosion destiné à la propulsion d'un bateau (1807). Il s'intéressa à la lithographie. Utilisant la chambre noire et du papier enduit de chlorure d'argent, il obtint par l'action de la lumière des images négatives qu'il ne parvint pas à fixer (1816). Déçu par ses premiers résultats, il abandonna les sels argentiques et, en 1820, utilisa le bitume de Judée grâce auquel il obtint des images positives directes sur métal, et, en 1827, réalisa par ce procédé des épreuves d'après nature nommées «points de vue». En 1829, il s'associa avec Daguerre* qui utilisait également la chambre noire pour ses «dioramas». Il est considéré comme l'inventeur de la photographie. ➝ ÉTYM. *Niépce* est une variante de *nièce* [le *p* a été ajouté d'après le latin *neptis*, d'où vient le nom féminin *nièce*].

**NIÉPCE DE SAINT-VICTOR (Abel)** ♦ Officier et inventeur français (Saint-Cyr, près de Chalon-sur-Saône 1805 - Paris 1870). Neveu de Nicéphore Niépce*, il inventa la photographie sur verre par émulsion d'albumine, et un procédé d'héliogravure sur métaux.

**NIEPPE** [59850] ♦ Comm. du Nord, arr. de Dunkerque. 7 470 hab.

**NIETZSCHE (Friedrich)** ➝ ÉTYM. d'après la tradition familiale, il serait le descendant d'un comte polonais nommé *Niëtsky* (en fait, sa famille était de la petite bourgeoisie saxonne) ♦ Philosophe allemand (Röcken, Thuringe 1844 - Weimar 1900). Après une éducation luthérienne dans un milieu exclusivement féminin et des études de philologie et de philosophie, il obtint une chaire de philologie à Bâle (1869). Lié avec

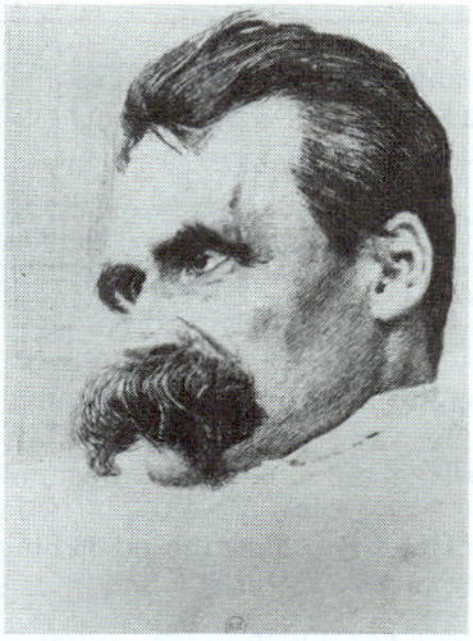

Friedrich **Nietzsche.**
Gravure de Hans Olde, 1899, d'après la série de photos *Nietzsche malade.*
*Phot. © Arch. Nathan*

R. Wagner*, en qui il admirait alors «le contraire de toutes les vertus allemandes», ainsi qu'avec Cosima von Bülow, amie du musicien, et influencé par Schopenhauer*, il vit dans la tragédie la victoire des Grecs sur le pessimisme, grâce à la synthèse de l'esprit apollinien (forme, arts plastiques) et de l'enthousiasme dionysiaque (musique) [*La Naissance de la tragédie,* 1872]. Dans les *Considérations inactuelles* (1873 - 1876), il formula une mise en question de la culture allemande et du système scientifique de la civilisation, tout en exprimant déjà des réserves sur Wagner, devenu nationaliste prussien et pieux, et dont il se sépara en 1878. Malade, il quitta l'enseignement (1878) et, à part des relations affectives avec Lou Andreas*-Salomé (qu'il demanda en mariage), il vécut de plus en plus solitaire et incompris, séjournant en Suisse, en Italie et dans le midi de la France. Dénonçant les préjugés moraux et annonçant la transmutation générale des valeurs, ses ouvrages sont écrits dans un style aphoristique, critique et polémique (*Humain* trop humain,* 1878 ; *Aurore,* 1881 ; *Le Gai* Savoir,* 1883 - 1887 ; *Par*-delà le bien et le mal,* 1886 ; *La Généalogie* de la morale,* 1887 ; *Le Crépuscule des idoles, L'Antéchrist, Le Cas Wagner* et *Ecce Homo,* son autobiographie, 1888) ou dans un style lyrique et visionnaire (*Ainsi* parlait Zarathoustra,* 1883 - 1885). Atteint de paralysie générale (1889), Nietzsche fut d'abord interné, puis soigné par sa mère et sa sœur ; celle-ci contribua à faire connaître ses œuvres, mais fut aussi en partie responsable, avec son mari Foerster, nationaliste prussien et antisémite, de leur récupération par l'idéologie nazie. ▪ «Disciple du philosophe Dionysos» ou des penseurs présocratiques, poète, physiologiste et législateur *(La Naissance de la philosophie à l'époque de la tragédie),* Nietzsche substitue à la traditionnelle recherche du vrai celle du sens, le problème de la généalogie des valeurs et du principe des évaluations, montrant comment s'opèrent les déplacements et les renversements de perspective. Si la «volonté de puissance» sous sa forme active est créatrice de valeurs qui affirment la vie, d'une morale aristocratique, les forces réactives triomphent en opposant à la vie un idéal qui «n'a cessé de mentir en jetant l'anathème sur la réalité» : l'idéal de Socrate, le premier décadent, celui du platonisme avec son monde intelligible immuable, ceux du judaïsme et du christianisme avec leur morale d'esclaves, celui de l'humanisme moderne dont l'égalitarisme trahit des origines plébéiennes et chrétiennes. Aussi faut-il, selon Nietzsche, opérer une transmutation générale des valeurs, conquérir la liberté en s'affranchissant des valeurs établies. Ainsi, en même temps que la mort de Dieu et du dernier homme, le plus méprisable de tous car il a perdu le sens de son propre dépassement, Zarathoustra annonce la venue du surhomme qui créera des valeurs nouvelles et dont la volonté de puissance sera l'affirmation la plus totale de la vie, coïncidant avec l'acceptation la plus joyeuse de l'éternel retour.

**NIEUL-SUR-MER** [17137] ➝ ÉTYM. anc. *Nuel* gaul. «nouvelle *(novio)* clairière *(ialo)*» ♦ Comm. de Charente-Maritime, arr. de la Rochelle. 5 641 hab.

**NIEUPORT (Édouard DE NIÉPORT, dit Édouard)** ♦ Aviateur et ingénieur français (Blida 1875 - sur le champ d'aviation de Charny, près de Verdun 1911). Un des premiers constructeurs d'avions (1909), il contribua à l'essor de l'aviation par ses études aérodynamiques. Il fut champion du monde de vitesse (177 km/h), détint le record mondial de distance parcourue entre le lever et le coucher du soleil (1 225 km).

**NIEUWEVELD** (monts) ♦ Monts d'Afrique du Sud, appartenant au système du Karroo au S. du pays. Ils culminent à 1 913 mètres.

**NIEUWPOORT** – en fr. ***Nieuport*** ♦ V. de Belgique (Région flamande), prov. de Flandre-Occidentale, arr. de Veurne, à l'embouchure de l'Yser, à la rencontre des canaux de Plassendale et de Dunkerque (6 ponts-écluses). 10 940 hab. Port de pêche et de plaisance ; station touristique de Nieuwpoort-aan-Zee. Statue équestre du roi Albert entourée d'une rotonde (1938). **▌Histoire** À la suite d'une modification du cours de l'Yser (1116), Philippe d'Alsace put y créer un nouveau port (Nieuwpoort). En 1600, Maurice de Nassau y battit l'archiduc Albert. Lors de l'invasion de 1914, la plaine fut inondée pour arrêter l'avance allemande. La ville fut détruite pendant la Première Guerre mondiale.

**NIEVO (Ippolito)** ♦ Écrivain italien (Padoue 1831 - en mer Tyrrhénienne 1861). Étudiant en droit, il fut marqué par l'enseignement moral de Mazzini et, après avoir participé à la campagne de 1859, suivit Garibaldi dans l'expédition des Mille. C'est à son retour de Sicile qu'il disparut dans un naufrage. Son œuvre débute par un roman bouffon, l'*Anti-aphrodisiaque pour l'amour platonique* (posth. 1956), auquel on peut rattacher le voltairien *Baron de Nicastro* (1859). Mais avec le *Novelliere Campagnuolo* (1855 - 1856), le roman *Il conte pecoraio* (1857), les poésies des *Lucioles* (1858) et des *Amori garibaldini* (1860), Nievo donne plutôt cours à une veine rustique, sentimentale et libérale. Son chef-d'œuvre, rédigé à la hâte entre 1857 et 1858, reste *Les Confessions d'un Italien* (posth. 1867, sous le titre de *Confessions d'un octogénaire*), roman inégal dans son dessein de représenter la formation de l'indépendance italienne à travers une prétendue autobiographie, mais dont la première partie (une vie d'enfant dans un château du Frioul à la fin du XVIII^e^ s.) stupéfie par une constante fraîcheur d'invention et le portrait pervers et attachant de sa petite héroïne, la Pisana, face au narrateur.

**NIÈVRE** n. f. ➝ ÉTYM. anc. *Nevera,* de la rac. hydronym. pré-indo-eur. *°nevara* ♦ Affl. de la Loire (rive d.), confluant à Nevers (53 km). Elle est constituée de la *Nièvre de Champlemy* et de la *Nièvre de Bourras* et se grossit de la *Nièvre de Prémery* à l'O. de Guérigny.

**NIÈVRE** n. f. [58] ➝ ÉTYM. du n. de la riv. ♦ Dép. du centre-Est de la France, région Bourgogne. 6 817 km². 225 198 hab. CH.-L. : Nevers. CH.-L. D'ARR. : Château-Chinon, Clamecy, Cosne-Cours-sur-Loire. Cour d'appel : Bourges. Académie : Dijon. ➝ **Bourgogne.**

**NIĞDE** ♦ V. de Turquie, en Anatolie centrale, au S.-O. de Kayseri, ch.-l. de prov. 100 418 hab. La ville conserve les ruines d'une citadelle seldjoukide (fin XI^e^ s., restaurée fin XV^e^ s.), plusieurs mosquées (XIII^e^ et XIV^e^ s.), une médersa (1409) et de beaux mausolées. ▪ Centre de commerce.

**NIGER** n. m. ➝ ÉTYM. du touareg *egereou n-igereouen* «le fleuve des fleuves», compris à tort par les Européens comme *Niger* «le fleuve noir», c.-à-d. «le fleuve des Noirs» ♦ Fl. d'Afrique occidentale, (4 200 km). Son bassin (2 000 000 km²) couvre la Guinée, le Mali, le Bénin et le Nigeria. Son cours comporte deux grandes parties : l'une traversant des régions de savane et de sahel, l'autre arrosant des zones de forêt claire et de forêt dense. Son régime, de type fluvial tropical, est rendu très complexe par l'étalement, en un vaste «delta intérieur», de son cours moyen en zone sahélienne où il perd une grande partie de ses eaux par évaporation. Il prend sa source à 800 m d'alt. dans le Fouta-Djalon, sur le versant N.-O. de la Dorsale guinéenne et se jette dans le golfe de Guinée en formant un vaste delta marécageux de 25 000 km² encombré de mangroves (Port-Harcourt).

## NIGER

▌n. m. – off. ***république du Niger*** ➝ ÉTYM. du n. du fl. ♦ Pays d'Afrique occidentale, situé au S. du tropique du Cancer. 1 267 000 km². 15 523 000 hab. *(Nigériens).* LANGUES : français (off.), haoussa, djerma, peul, songhaï, berbère. POPULATION : Touaregs, Peuls, Songhaïs, Haoussas. RELIGION : musulmans. MONNAIE : franc CFA. CAPITALE : Niamey. RÉGIME : présidentiel.

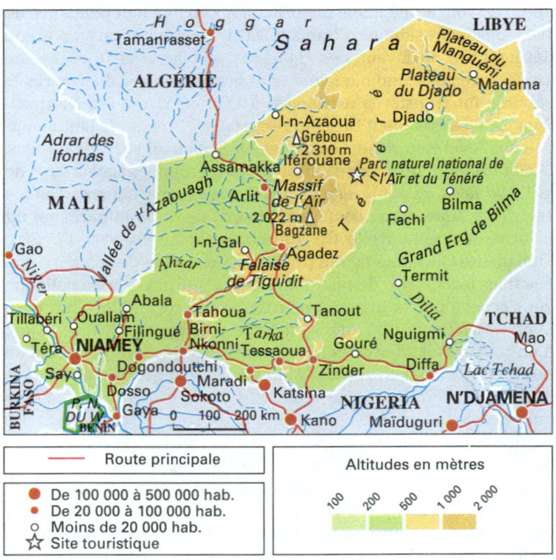


**Niger.**

**GÉOGRAPHIE** Le Niger est traversé par le vaste plateau de l'Aïr* qui sépare les deux grandes dépressions de l'Afrique occidentale : la cuvette du lac Tchad et le bassin occidental du fleuve Niger. Les vallées fossiles de l'Azaouagh et du Dallol Bosso, affluents du Niger qui drainent les rares pluies des plateaux sahariens, se transforment rapidement en une série de mares qui s'évaporent en saison sèche, mais permettent aux nomades peuls ou touaregs de nourrir leur bétail durant quelques mois. Le climat, en grande partie sahélien et désertique, oblige les éleveurs à pratiquer une transhumance de plusieurs centaines de kilomètres qui les amène parfois jusqu'aux bords du fleuve où le climat de type soudanais permet des cultures autres que celle du mil.

**ÉCONOMIE** L'économie est essentiellement agricole. Le pays participe depuis des siècles aux échanges entre le désert producteur de sel, le sahel et la savane (culture du mil et du sorgho, élevage du bétail, séchage du poisson), et les pays forestiers du Sud producteurs de noix de kola ou importateurs de produits européens. Les cultures d'exportation, développées depuis l'époque coloniale, sont l'arachide, le tabac et le coton. Le groupe français Areva a perdu son monopole sur l'uranium du Niger (gisements d'Arlit et d'Akouta dans l'Aïr). On exploite également des gisements à ciel ouvert de phosphates, de charbon et de fer dans la vallée du Niger, d'étain dans l'Aïr. L'or est un peu exploité. En revanche, l'exploitation du pétrole, confiée à l'Américain Exxon, n'a pas encore démarré. En 2009, un contrat a été signé avec la société française Areva, pour l'exploitation du gisement d'uranium d'Imouraren, en pays touareg, le deuxième du monde. Le Niger souffre de son enclavement, de la pénurie alimentaire (qui a notamment touché les nomades, Peuls* et Touaregs*, l'été 2005) et de la contrebande avec le Nigeria.

**HISTOIRE** **De la préhistoire à l'islamisation au XIXe s.** Le Niger est riche en vestiges néolithiques. Des populations se mirent en place au cours du Ier millénaire sur des éminences protégées des crues du fleuve, et développèrent une civilisation caractérisée par l'abondance de céramiques et de statuettes en terre cuite. Au VIIe s., le royaume de Gao* étendit son influence vers l'E. sur la rive gauche du fleuve tandis que celui du Kanem* se développa dès le IXe s. dans la cuvette tchadienne. Devenus de grands et durables empires, ces royaumes se disputèrent le pays haoussa dans le S. où des villes nées du commerce transsaharien avec la Libye gagnèrent leur autonomie à partir du XVIe s. Les Haoussas, islamisés superficiellement au XIIIe s. par des missionnaires musulmans venus de l'empire du Mali*, furent convertis au début du XIXe s. par le réformateur Ousman dan Fodio dont l'empire de Sokoto* englobait le S. du Niger. **La colonisation** En 1899, les Français pénétrèrent le S. du pays où les exactions de la colonne Voulet*-Chanoine* suscitèrent une opposition durable à la colonisation. Dans le N., les Touaregs de l'Aïr et les Toubous s'opposèrent, jusqu'à la Première Guerre mondiale, à l'implantation française. Territoire militaire en 1901, le Niger fut inclus dans l'A-OF en 1904 après négociation des frontières méridionales avec les Britanniques. **L'indépendance** Membre de la Communauté en 1958 après un vote à une faible majorité, il accéda à l'indépendance en 1960 sous la présidence d'Hamani Diori. Pour éviter un trop grand déséquilibre en faveur des Haoussas établis dans la région de Zinder, proche économiquement des grands centres du Nigeria, la capitale fut transférée à Niamey, à l'O., où vivent les Djermas-Songhaïs. Le président Diori fut renversé en 1974 par le lieutenant-colonel Seyni Kountché. Le colonel Ali Saïbou lui succéda en 1987. L'effondrement du prix de l'uranium et les menées subversives de la Libye liées au soulèvement des Touaregs marquèrent l'année 1991. À la suite d'une conférence nationale, le multipartisme fut institué et une nouvelle Constitution adoptée en 1992. En 1993, Mahamane Ousmane fut élu président. La défaite de son parti aux élections législatives de 1995 donna lieu à une grave crise politique qui s'acheva par la prise du pouvoir par le colonel Ibrahim Baré Maïnassara (janv. 1996), qui se fit élire président mais fut tué lors d'un coup d'État en avr. 1999. Peu après, des élections portèrent au pouvoir le colonel en retraite Mamadou Tanja qui dut faire face à la menace islamiste, à une mutinerie (2002), et depuis fév. 2007 à une relance meurtrière de la rébellion touareg du Mouvement des Nigériens pour la justice (MNJ) qui revendique un meilleur partage des richesses du sous-sol. En août 2009, la suppression de la limitation des mandats présidentiels a suscité grèves et manifestations et le renversement, en février 2010, du président Tandja par l'armée au nom d'un Conseil suprême pour la restauration de la démocratie (CSRD).

## NIGERIA

n. m. – off. ***République fédérale du Nigéria*** → ÉTYM. n. créé en 1897 par Flora Shaw, journaliste au *Time*, à partir du n. du fl. *Niger** ♦ Pays d'Afrique occidentale baigné par le golfe de Guinée (golfe du Bénin à l'O., golfe du Biafra à l'E.). 923 773 km². 154 884 000 hab. *(Nigérians)*. LANGUES : anglais (off.), français (langue étrangère prioritaire), haoussa, yorouba, ibo, fulani (peul). POPULATION : on compte près de 250 communautés liées à 4 ethnies principales : les Yoroubas* au S.-O., les Ibos* au S.-E., les Haoussas* et les Fulanis (Foulbés, Peuls*) au N. et à l'E. RELIGIONS : musulmans, chrétiens, animistes. MONNAIE : naira. CAPITALE FÉDÉRALE : Abuja. RÉGIME : présidentiel (militaire). Le Nigeria comprend 36 États et le Territoire de la capitale fédérale.

**GÉOGRAPHIE** Le Nigeria est marqué par une forte opposition entre le N. musulman, le S.-O. et le S.-E. animistes et chrétiens plus peuplés et plus riches. Tout recensement donne lieu à un rééquilibrage de nature politique pour ne pas favoriser une région plus qu'une autre, autant pour des raisons économiques (le partage des revenus du pétrole) que religieuses (un Nord en grande majorité musulman avec des États qui ont institué la charia, et un Sud plutôt chrétien et animiste). S'étendant des rives du golfe de Guinée à celles du lac Tchad, le Nigeria présente tous les climats intermédiaires et toutes les cultures correspondantes entre la forêt équatoriale et le sahel. Le trait le plus marquant de son relief est constitué par la double dépression du Niger* et de son principal affluent la Bénoué, en forme d'Y, dont les 2 branches séparent la zone S. de celle du N., enserrant un plateau central très étendu, le plateau de Jos (mont Sara, 1 698 m). Les contreforts de l'Adamaoua* au S.-E. (pic Vogel, 2 042 m) et les monts Mandara à l'E. marquent la frontière avec le Cameroun. Le plateau de Jos donne naissance au Sokoto et au Kaduna. Ce plateau est couvert d'une végétation de forêt sèche ou de savane arborée, qui s'éclaircit en raison du déboisement et à mesure que l'on aborde la dépression tchadienne et le sahel nigérien. La forêt-galerie et les zones cultivées bordent les rivières. La côte, baignée par le golfe du Biafra, à l'E., et le golfe du Bénin, à l'O., est constituée par le delta du Niger dont les rives sont bordées de mangroves et le sol recouvert d'une forêt tropicale humide. Ailleurs, la côte est percée par les embouchures de nombreuses rivières se jetant dans la mer, à l'E., ou dans les lagunes.

**ÉCONOMIE** **Agriculture** L'économie est agricole par tradition et présente une grande diversité de productions vivrières et commerciales. Le mil et le sorgho sont les nourritures de base ; dans le N., le riz, la banane et le manioc dans le S. ; le maïs et la patate douce sont cultivés partout où l'humidité du sol le permet. Les cultures d'exportation (coton et arachide dans le centre et dans le N. ; canne à sucre et tabac) se maintiennent. Dans le N., la contrebande d'arachide en provenance du Niger est importante et tend à gonfler la production locale. Dans le S., la forêt équatoriale humide est exploitée pour son bois (ébène, bois pour contreplaqué) et l'on y cultive l'hévéa (caoutchouc), le palmier à huile (les «rivières de l'huile» à l'époque des comptoirs) et le cacaoyer. Sur le plateau et sur son rebord septentrional, on pratique l'élevage du gros et du petit bétail. Le porc est élevé par les chrétiens et les animistes du

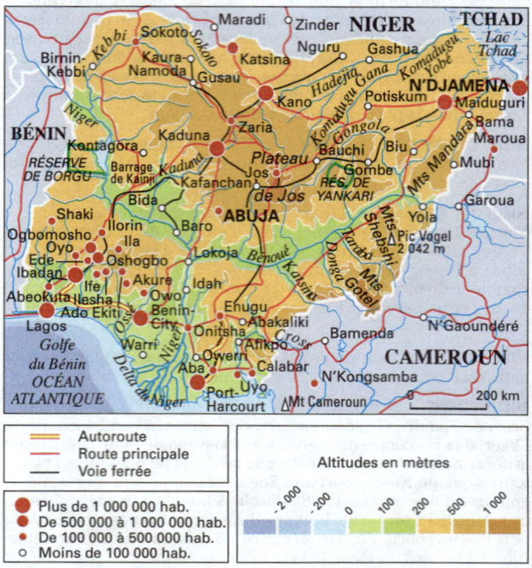


Nigeria.

Nigeria ▮ Productions en 2008

| Produits | Quantités | Rang |
|---|---|---|
| ▮ Agriculture | | |
| Arachides | 3 800 000 t | 3e |
| Cacao | 500 000 t | 4e |
| Caoutchouc | 140 000 t | 9e |
| Coton fibre | 160 000 t | 13e |
| Maïs | 6 700 000 t | 13e |
| Manioc | 35 000 000 t | 1er |
| Millet | 8 000 000 t | 2e |
| Riz | 3 200 000 t | 18e |
| Soja (graines) | 600 000 t | 12e |
| Sorgho | 9 000 000 t | 2e |
| Bovins (têtes) | 16 000 000 | 17e |
| Ovins (têtes) | 32 000 000 | 18e |
| Porcins (têtes) | 6 700 000 | |
| Pêche | 600 000 t | |
| ▮ Mines et énergie | | |
| Étain | 2 000 t | 10e |
| Pétrole | 110 000 000 t | 13e |

S. ▮ **Ressources naturelles** La grande richesse du Nigeria se trouve dans le sous-sol : étain du plateau de Jos extrait depuis des siècles ; zinc ; la plus grande production mondiale de columbite ou minerai de niobium, utilisé dans la fabrication des aciers spéciaux destinés aux supraconducteurs ; charbon, et surtout gaz et pétrole extraits de gisements en mer au large du delta du Niger qui assurent 95 % des recettes à l'exportation et 80 % du budget de l'État. Mais la vétusté des installations (explosion d'un pipeline en 1998) et l'insécurité dans le delta du Niger entraînent un ralentissement des activités pétrolières. Le barrage de Kainji* sur le Niger assure une part notable de l'énergie destinée à alimenter des industries de transformation.

▮ **HISTOIRE** ▮ **La préhistoire et l'Antiquité** Riche en vestiges préhistoriques, le Nigeria a été le cadre, un millénaire avant notre ère, de deux des grands événements qui ont marqué les débuts de l'histoire africaine : la dispersion des peuples de langue bantoue et la métallurgie du fer. Les peuples bantous* auraient eu pour foyer originel le S.-E. du Nigeria. Ils se seraient dispersés vers le S. par suite des mouvements de population consécutifs à l'assèchement du Sahara. Le plateau de Jos vit l'apparition de la métallurgie du fer 500 ans avant notre ère. Le site minier de Nok* a livré les plus anciennes sculptures en terre cuite connues au S. du Sahara. La richesse de la région en minerais de fer, d'étain et de zinc se manifesta à travers les différentes civilisations qui surgirent tour à tour dans la basse vallée du Niger. ▮ **Les cités-États** Dans cette région forestière à la circulation difficile, les unités politiques ne dépassèrent pas la dimension de cités-États très peuplées vivant d'agriculture et d'artisanat et tenant leur richesse des échanges entre la forêt et la savane. Le site d'Igbo-Ukwu, découvert en 1898, près d'Onitsha a révélé des objets en bronze, les plus anciens d'Afrique noire (Xe s.). L'histoire des peuples du Nigeria commence avec Ife*, la cité sainte des Yoroubas qui domina politiquement la région du XIIe au XVe s. Le pouvoir passa ensuite à d'autres villes yoroubas : Owo ; Oyo (XVIe - XVIIe s.), à l'O. ; Bénin au S.-E. (XVe - XVIIIe s.). ▮ **Le protectorat britannique** Les Européens prirent contact avec le royaume du Bénin dès le XVIe s. et firent le commerce de l'ivoire puis des esclaves à partir de l'embouchure des rivières, ce qui valut à la région son nom de Côte des Esclaves. Les Britanniques s'intéressèrent au pays au début du XIXe s. pour se procurer de l'huile de palme, de l'étain, du coton, du caoutchouc. La traite des esclaves, attisée par la vente de fusils, contribua à déséquilibrer les pouvoirs locaux. Le Bénin, qui tenta de s'opposer à l'établissement du protectorat britannique (1885), fit l'objet d'une expédition punitive britannique en 1897, et les attributs de sa souveraineté (bronzes, ivoires) furent vendus aux enchères en Europe. Au N., la région au-delà du plateau de Jos, près de la frontière du Niger* fut islamisée au début du IIe millénaire. Elle a participé à l'histoire du Sahel (→ **Songhaïs, Kanem**) et des principautés haoussas*. Au début du XIXe s. elle fut au centre du soulèvement du réformateur fulani Ousman dan Fodio. Les Britanniques, qui avaient exploré la région (→ **Clapperton**) au XIXe s., passèrent des accords de protectorat avec les sultans du N. (1900). En 1914, le haut-commissaire Frederick Lugard réunit les deux territoires du N. et du S. sur la base d'une administration indirecte *(Indirect Rule)*. ▮ **La Fédération du Nigeria et l'indépendance** Après la Deuxième Guerre mondiale, la vie politique s'anima autour de partis représentant les classes sociales ou les pouvoirs spécifiques des trois grandes régions. Ce clivage poussa les législateurs successifs à créer une structure centrale forte en parcellisant les pouvoirs locaux. La fédération du Nigeria fut ainsi composée de quatre États à sa création en 1954, de douze en 1967 (cause de la guerre du Biafra), de 21 en 1987, de 30 en 1990, et dotée d'une nouvelle capitale fédérale, Abuja* qui remplaça Lagos en 1982. Cette fédération accéda à l'indépendance en 1960 en tant que membre du Commonwealth. En 1961, elle intégra la partie septentrionale à majorité musulmane de l'ancien Cameroun* britannique. La république fut proclamée en 1963. ▮ **La guerre du Biafra et ses conséquences** En 1967, les Ibos du S.-E., dont les structures sociales avaient favorisé le développement économique créèrent l'État du Biafra*, alors que de riches gisements pétrolifères venaient d'être découverts. La guerre civile qui s'ensuivit et opposa le Biafra aux deux autres régions dura trois ans, fit près d'un million de morts et donna un poids considérable à l'armée dont les coups d'État ponctuèrent la vie politique (généraux Ironsi, janv. 1966 ; Gowon, juil. 1966 ; Mohammed, 1975 ; Obasanjo, 1976 ; Buhari, 1984 ; Babangida 1985) avec le passage au pouvoir d'un seul civil, Shehu Shagari (1979 - 1984). La démographie galopante et la dégradation économique, due au ralentissement des exportations de pétrole, furent les causes principales des crises politiques. La guerre du Biafra se prolongea par un banditisme endémique résultant de la démobilisation sans reclassement de milliers de soldats. ▮ **Depuis la fin des années 1980** L'avènement de la république islamique en Iran eut de profondes répercussions dans le N. musulman et des troubles, dirigés contre le pouvoir ou les minorités chrétiennes, ensanglantèrent les grandes villes musulmanes à la fin des années 1980. En juin 1993, le général Babangida autorisa la tenue d'élections pluralistes. Mais il contesta la victoire d'un Yorouba musulman, Moshood Abiola, et fit nommer un autre Yorouba, Ernest Shonekan, à la tête du gouvernement, lui-même remplacé en nov. par le général Sani Abacha. Abiola s'étant proclamé président de la République (juin 1994), le régime militaire le fit emprisonner et mena une répression accrue en 1995 : épuration au sein de l'armée au lendemain de la dénonciation d'un complot entraînant l'emprisonnement de l'ancien président Obasanjo ; pendaison de neuf opposants d'origine ogoni (dont l'écrivain Ken Saro-Wiwa). Le régime dictatorial et l'embargo qu'il entraîna évincèrent le Nigeria de la scène internationale mais sa participation déterminante aux opérations de maintien de la paix au Liberia et en Sierra Leone accentuèrent son poids régional. À la mort de S. Abacha en 1998, le chef d'état-major des armées, Abdulsalam Abubakar, le remplaça et fit libérer O. Obasanjo, élu président en 1999. L'élection de son successeur en avril 2007, Umaru Yar'Adua, appartenant au même parti (Parti démocratique populaire), se déroula dans un climat de violence et de corruption. L'attribution de la presqu'île de Bakassi au Cameroun par la Cour internationale de justice suscite une vive opposition. Les violences politico-religieuses se poursuivent par intermittence dans le Nord et le centre (500 morts à Jos, en nov. 2008). En réponse à l'action des guérillas dans les zones pétrolières qui revendiquent une meilleure répartition des richesses, le gouvernement a décidé d'accorder 10 % des recettes pétrolières aux populations du delta. Le pouvoir est assumé depuis nov. 2009, en raison de la maladie du chef de l'État Umaru Yar-'Adua, par le vice-président Goodluck Jonathan. En janv. 2010 de graves émeutes opposant chrétiens et musulmans ont éclaté à Jos dans le centre du pays.

**NIGG (Serge)** ♦ Compositeur français (Paris 1924 - Paris 2008). Élève de Messiaen*, il fut influencé par Stravinski (*Timour*, poème symphonique, 1944 ; *Concerto* pour cordes, piano et percussion, 1946). Sa rencontre avec R. Leibowitz* l'attira vers le dodécaphonisme (*Variations* pour piano et dix instruments, 1947 ; *Mélodies* sur des poèmes d'Éluard, 1948). Il s'en détacha pour une écriture plus traditionnelle (*Pour un poète captif*, poème symphonique, 1950 ; *Concerto* pour piano et orchestre, 1954). Ses œuvres suivantes, de caractère néoromantique, marquent son souci de recherche : *Concerto* pour violon et orchestre (1957), *Jérôme Bosch-Symphonie* (1960), *Le Chant du dépossédé*, cantate d'après Mallarmé (1964), *Visages d'Axël*, pour orchestre, d'après Villiers de L'Isle-Adam (1966), *Fulgur*, triptyque symphonique d'après l'*Héliogabale* d'A. Artaud (1969), *Quatuor à cordes* (1983), *Concerto pour alto*, (1988), *Poème* pour orchestre (1990) [Acad. des bx-arts 1989].

**NIGGLI (Paul)** ♦ Minéralogiste suisse (Zofingen 1888 - Zurich 1953). Auteur de recherches sur les espèces minérales et sur leur classification, il appliqua les lois de la thermodynamique et de la cristallochimie à l'étude de l'évolution du magma et de ses dérivés (1935 - 1938).

**NIGHTINGALE (Florence)** ♦ Infirmière britannique (Florence 1820 - Londres 1910). Fondatrice d'un hôpital pour dames invalides (Londres, 1853), elle créa des hôpitaux militaires de campagne pendant l'expédition de Crimée, la guerre de Sécession et la guerre franco-allemande de 1870 - 1871. Elle organisa la formation du personnel hospitalier et publia *Notes on Nursing* (1859). ➝ ÉTYM. Ce nom anglais signifie « rossignol », surnom d'une personne qui a une belle voix (→ aussi Nachtigal).

**NIGIDIUS FIGULUS (Publius)** ♦ Sénateur, écrivain et philosophe romain (–98 - –44), il fut exilé en –46 après avoir pris le parti de Pompée*. Il est considéré comme le fondateur du néopythagorisme. → **pythagorisme.**

**NIGRITIE** [nigʀisi] n. f. ➝ ÉTYM. en lat. ***Nigritia***, de *niger* « noir » ♦ Ancien nom donné à la zone soudanaise (→ **Soudan**) comprise entre le Sahara, le Nil et la zone guinéenne.

**nihilistes**

n. m. pl. ➝ ÉTYM. du lat. *nihil* « rien » ♦ Nom donné à la génération de jeunes intellectuels révolutionnaires russes des années 1850 et qui fut utilisé pour la première fois par Tourgueniev* dans son roman *Père et Fils* (1862) pour qualifier Bazarov, son personnage de révolté radical. Par extension sont ainsi désignés les révolutionnaires, aux tendances souvent différentes, qui luttèrent contre le tsarisme à la fin du XIXe s., par exemple dans le mouvement d'inspiration populiste « Terre et volonté » (Zemlia i Volia) ou dans « La Volonté du peuple » (Narodnaïa Volia) qui eut recours au terrorisme (assassinat du tsar Alexandre* II). ➝ **narodniki.** Le portrait de révolutionnaires fanatiques dans *Les Démons** de Dostoïevski a renforcé l'image destructrice de ces courants auxquels les marxistes russes **(➝ Lénine)** se sont opposés. Le *Catéchisme du révolutionnaire* de Netchaïev* est souvent considéré comme typique d'un nihilisme radical. Nietzsche* a fait des nihilistes russes des figures typiques de la volonté de néant (c'est-à-dire du nihilisme) qu'il voit à l'œuvre dans la tradition philosophique issue de Platon* et dans la tradition religieuse judéo-chrétienne, animées, selon lui, d'une haine de la vie, d'un désir de mort. C'est sans doute à F. H. Jacobi* qu'on doit le premier usage, péjoratif, du terme nihilisme pour désigner les philosophies qui reposent sur le principe de la mort de Dieu.

**NIHON** ou **NIPPON** ♦ Nom japonais désignant les îles japonaises et signifiant « origine du soleil ».

**Nihongi** ou **Nihonshoki** ♦ Annales historico-mythologiques du Japon, composées en langue chinoise classique et comprenant 30 livres. C'est un complément du *Kojiki**. Le *Nihongi* fut écrit 8 ans après celui-ci, en 720. Il éclaire sur la connaissance de la protohistoire et des anciennes coutumes du Japon.

**NIHON-KAI** ➝ **Japon (mer du)**

**NIJINSKA (Bronislava)** ♦ Danseuse et chorégraphe russe d'origine polonaise (Minsk 1891 - Los Angeles 1972), sœur de Nijinski. Elle a composé de nombreux ballets pour la troupe de S. de Diaghilev, pour l'Opéra de Paris, pour les compagnies d'Ida Rubinstein, du colonel de Basil et du marquis de Cuevas. Elle a collaboré aux États-Unis avec l'American Ballet Theatre et fondé à Hollywood une école de danse.

**NIJINSKI (Vaslav Fomitch)** ♦ Danseur et chorégraphe russe, d'origine polonaise (Kiev 1889 - Londres 1950). Après avoir débuté au Théâtre Mariinski de Saint-Pétersbourg (1907), il fut engagé par S. de Diaghilev pour la première tournée des Ballets russes, à Paris (1909). Il devait y affirmer, durant quatre années, des qualités exceptionnelles : perfection de la technique, beauté de l'expression, pouvoir de séduction. Ses interprétations font date dans l'histoire de la danse (*La Sylphide**, *Schéhérazade**, *Petrouchka**, *Daphnis* et Chloé*, et surtout *Le Spectre de la rose*, *L'Après*-midi d'un faune* et *Le Sacre* du printemps*, où l'ampleur prodigieuse de ses bonds, d'une grâce magique, fit l'émerveillement de tous). Au cours d'une tournée en Amérique du Sud, il avait épousé une jeune danseuse hongroise, Romola de Pulszky (1913). À l'annonce de cette nouvelle, Diaghilev décida de rompre l'engagement qui le liait au danseur. Une réconciliation suivit, mais la santé mentale de Nijinski, déjà altérée, périclita. Il devait sombrer dans la folie (1918), dont témoignent son *Journal* (posth. 1953, 1991) et ses *Cahiers* (posth. 1995), traînant désormais de clinique en clinique une existence misérable. Ses trois ballets, *L'Après-midi d'un faune* (mus. de Debussy), *Jeux* et *Le Sacre du printemps* (mus. de Stravinski), furent discutés, mais son génie foudroyé de danseur a laissé un impérissable souvenir.

**NIJLEN** ♦ Comm. de Belgique (Région flamande), prov. d'Anvers, arr. de Malines, entre la Grande et la Petite Nèthe. 20 978 hab. Indus. diversifiées. Taille du diamant.

**NIJNEKAMSK** ♦ V. de Russie, rép. du Tatarstan, sur la Kama. 225 500 hab. Pétrochimie. Pneumatiques.

**NIJNEVARTOVSK** ♦ V. de Russie, territoire des Khantys-Mansis, sur l'Ob. 239 000 hab. Centre d'exploitation pétrolière. Pétrochimie. Travail du bois.

**NIJNI-NOVGOROD** ➝ ÉTYM. « ville neuve d'en bas », du russe *nijniï* « d'en bas, inférieur » et de *Novgorod** – de 1932 à 1990 ***Gorki*** ♦ V. de Russie, ch.-l. de région et grand port fluvial au confluent de la Volga et de l'Oka. 1 311 200 hab. Centre culturel (univ. fondée en 1918) et artistique. Kremlin avec une enceinte (1500 - 1505) cantonnée de onze tours. Cathédrale de l'Archange (1628 - 1631), caractéristique du baroque moscovite Narychkine, abritant le cénotaphe de Kouzma Minine. Anc. monastère de l'Annonciation (1365). Cathédrale de la Nativité, à trois niveaux, construite de 1697 à 1718 à l'initiative de G. D. Stroganov (éléments décoratifs Renaissance, intérieur baroque). Cathédrale de la Transfiguration, encore appelée « Vieille Foire », édifiée sur un projet de Montferrand (1786 - 1858), architecte de la cathédrale Saint-Isaac à Saint-Pétersbourg. ▪ Indus. mécanique (automobile), pétrolière et alimentaire. Verrerie. Traitement du bois. Nœud ferroviaire. ▪ Aux environs, centrale hydroélectrique. ▮ **Histoire** Fondée en 1221 par un prince de Souzdal-Vladimir, Nijni-Novgorod fut intégrée à l'État moscovite (1392) dont elle devint une des villes les plus florissantes. En 1611 - 1612, Kouzma Minine et le prince Pojarski y dirigèrent le soulèvement contre l'invasion polonaise. Ses foires annuelles furent, de 1817 à 1917, les plus importantes manifestations commerciales de la Russie.

**NIJNI TAGUIL** ♦ V. de Russie, région d'Iekaterinbourg, sur la Taguil (414 km) à l'E. de l'Oural. 390 600 hab. Centre d'indus. sidérurgique et mécanique.

**Nika** (sédition) ♦ Nom donné à l'insurrection du peuple de Constantinople, déclenchée en 532 par les factions du cirque. ➝ **bleus et verts.** L'émeute prit ce nom à cause du cri de ralliement *Nika !* (« Vaincs ! » ou « Victoire ! »), utilisé par les révoltés. Ceux-ci, maîtres de la ville pendant quelques jours, mirent le feu à Sainte-Sophie et aux bâtiments de l'administration. L'empereur Justinien* Ier, sur le point de prendre la fuite, fut encouragé par l'énergique impératrice Théodora*. Le général Bélisaire* avec ses mercenaires réprima la révolte par le massacre de 30 000 insurgés dans l'hippodrome.

**Nijinski.** Nijinski dans *La Péri*, par Léon Bakst. Bibliothèque de l'Arsenal, Paris. *Phot. © Giraudon*

**Nikkei** ➝ ÉTYM. abrév. du nom de la firme de renseignements économiques, *Nihon Keizai Shimbun* ♦ Indice de la Bourse de Tōkyō calculé sur la base de 225 valeurs japonaises, créé en 1949.

**NIKKŌ** ♦ V. japonaise (Honshū), préf. de Tochigi, située à 135 km au N. de Tōkyō. 16 379 hab. Elle est célèbre pour ses deux ensembles de sanctuaires (Tōshōgū) et de temples élevés vers 1636, dans le style chinois de l'époque des Ming*, pour le pont sacré (shinkyō) et le parc naturel dont les cascades du lac Chūzenji sont l'un des sites favoris de promenade des Japonais. L'ensemble couvre 140 698 ha.

**NIKOLAÏEV** ➝ **Mykolaïv**

**NIKOLAIS (Alwin)** ♦ Chorégraphe américain (Southington, Connecticut 1912 - New York 1993). Directeur du théâtre de marionnettes de Hartford (1935 - 1937), il fonda sa propre compagnie de ballets (1937 - 1939) et forma la Playhouse Dance Company (1951). Il inaugura une expérience originale de théâtre total en créant *Masks, Props and Mobiles* (1953). L'Alwin Nikolais Dance Company (1956) se produisit dans de nombreux spectacles : *Kaleidoscope* (1956), *Imago* (1963), *Somniloquy* (1967), *Structures* (1970), *Cross Fade* (1974), *Temple, The Tribe* (1975), *New Temple* (1978), *Schéma* (Opéra de Paris, 1980), *Pond* (1982), *Aurora* (avec la Murray Louis Dance Company, 1992). Il a dirigé le Centre national de danse contemporaine d'Angers (1978 - 1981). Ses spectacles chorégraphiques sont conçus comme des jeux corporels, des modelages de formes et de sonorités.

**NIKON (Nikita Minine)** ♦ Prélat russe (Veldemanovo 1605 - Iaroslavl 1681). Fils de moujik, il devint successivement métropolite de Novgorod en 1649, puis patriarche de Moscou en 1652, grâce à l'amitié du tsar Alexis. Fin lettré et partisan du retour à l'orthodoxie grecque, il fit réviser les traductions de l'Écriture sainte et voulut épurer les rites russes, suscitant en retour le schisme des «vieux-croyants» dirigés par Avvakoum*. Nommé régent par Alexis durant son absence aux armées (1657), il tomba en disgrâce l'année suivante, fut condamné par le concile de Moscou (1667), puis exilé. Rappelé à Moscou par le tsar Théodore en 1681, il mourut durant le voyage de retour.

**NIKOPOL** ♦ V. d'Ukraine, sur le Dniepr. 131 774 hab. Exploitation d'un riche gisement de manganèse situé dans la région.

**NIKSAR** → **Néo-Césarée**

**NIL** n. m. ◂ ÉTYM. p.-ê. du sémitique *nahal* «fleuve» [le Nil serait le fleuve par excellence] ♦ Fl. d'Afrique du N.-E. De direction S.-N., c'est le deuxième fleuve du monde par sa longueur (6 671 km) après l'Amazone. Son bassin (2 849 000 km²) couvre la Tanzanie, le Kenya, le Rwanda, le Burundi, le Congo, le Soudan, l'Éthiopie et l'Égypte. Né au N. du lac Tanganyika (Burundi), il porte successivement les noms de Kasumo puis de Kagera, traverse ensuite le lac Victoria (Nil Victoria), franchit les chutes de Rimpon et d'Owen, pénètre dans le lac Kioga, traverse les chutes Murchison, puis le lac Albert (Mobutu), coule dans la plaine du Soudan méridional où il prend le nom de Bahr el-Djebel, et franchit une zone marécageuse. Il reçoit le Bahr* el-Ghazal (rive g.) et pénètre dans les marais du lac Nô. Il prend ensuite le nom de Bahr el-Abiad (Nil Blanc) et reçoit le Sobat (rive d.). À la hauteur de Khartoum, il s'accroît du Bahr el-Azrak (Nil Bleu) et, plus loin, de l'Atbarah et de l'oued Malik. Le Nil franchit alors les régions désertiques de Nubie et de Haute-Égypte par une succession de «cataractes» ou rapides, numérotées de 6 à 1 entre Khartoum et Assouan. C'est au niveau de la 2ᵉ cataracte que s'effectue son entrée en Égypte. Entre Assouan et Le Caire, le fleuve coule dans une vallée étroite et fertile, et se jette, à 160 km au N. du Caire, dans la Méditerranée, en un vaste delta marécageux d'une superficie de 23 000 km² dont les deux principales branches sont celles de Rosette et de Damiette. Le régime du Nil est assez particulier ; les crues commencent en juin et sont portées vers le cours inférieur par le Nil Bleu et l'Atbarah, gonflés par les pluies tropicales. En Égypte, le niveau maximal des crues se situe en septembre. Les eaux limoneuses qui inondent alors le pays sont captées et redistribuées sur les terres avoisinantes grâce aux barrages de Ziftah, d'Assiout, d'Hammadi, d'Esna et surtout aux deux barrages géants d'Assouan. → **Assouan, Sadd-el-Ali.**

**NIL BLANC** → **Bahr el-Abiad**

**NIL BLEU** → **Bahr el-Azrak**

**NILGIRI** n. m. ◂ ÉTYM. du sanskr. *Nīlagirih* «la montagne *(giri-)* bleu sombre *(nīla)*» ♦ Partie la plus haute et la plus large des Ghâts de l'O. en Inde atteignant 3 000 m. Plantations de théiers, cultures de fruits tempérés et de pommes de terre. Les Britanniques y ont aménagé des stations d'altitude fréquentées par les populations aisées du S. de la péninsule.

**NILVANGE** [57240] ◂ ÉTYM. du germ. *Niwilo,* n. de pers., et suff. *-ingas* ♦ Comm. de la Moselle, arr. de Thionville. 5 286 hab. *(Nilvangeois).* Métallurgie.

**NIMBA** (mont) ♦ Sommet de la Dorsale* guinéenne (1 752 m), au S.-E. de la Guinée. Exploitation intensive d'un minerai de fer à haute teneur. Réserve naturelle.

**NIMÈGUE** – en néerl. ***Nijmegen*** ◂ ÉTYM. anc. en gaul. *Noviomagus* «nouvelle *(novio)* place *(magos)*» ♦ V. des Pays-Bas (Gueldre), sur le Waal (rive g.), bras occidental du Rhin. 160 907 hab. (aggl. 278 595). Univ. catholique. Église Saint-Étienne (XIIIᵉ - XVᵉ s.). Hôtel de ville du XVIᵉ s. La plupart des monuments anciens furent détruits en 1944 et en 1945. ▪ Centre indus. Construc. mécaniques et électriques. Confection. Papeterie. ▮ **Histoire** Née d'une colonie romaine *(Noviomagus),* la ville fut un camp militaire. Ville impériale en 1230, elle passa aux comtes de Gueldre en 1247 puis fut prise par les Espagnols en 1585 et par Turenne en 1672. Les Français l'occupèrent de 1795 à 1814.

Alwin **Nikolais.** *Graph* au Théâtre de la Ville, Paris. *Phot. © Bernand*

**Nimègue** (traités de) ♦ Suite de traités (1678 - 1679) mettant fin à la guerre de Hollande*, signés entre la France, les Provinces-Unies, l'Espagne et l'Empire. L'Espagne dut céder à la France la Franche-Comté et un certain nombre de places. Ces traités consacraient la prééminence française et marquèrent l'apogée du règne de Louis XIV.

**NÎMES** [30000] ◂ ÉTYM. du gaul. *Nemausus* (V. ci-dessous) [→ aussi Nemours] ♦ Ch.-l. du dép. du Gard, en lisière des Garrigues. 133 424 hab. (aggl. 144 239) *(Nîmois).* De nombreux monuments romains, témoignant de la splendeur ancienne de la ville, sont situés dans un large cercle débordant le vieux Nîmes. L'amphithéâtre (les Arènes) en forme d'ellipse date du Iᵉʳ s. : il comprend deux étages de portiques et 34 rangs de gradins. Près de 24 000 personnes pouvaient y prendre place. Maison* carrée. Jardin de la Fontaine. Le temple de Diane et la tour Magne, octogonale, mesurant plus de 30 m, sont probablement des édifices romains, mais leur origine reste énigmatique. Au *Castellum* (château d'eau romain) aboutissait l'aqueduc, alimentant la ville en eau. Dans le *vieux Nîmes* est édifiée la cathédrale Notre-Dame-et-Saint-Castor (1096) ; plusieurs fois ruinée, elle fut reconstruite au XIXᵉ s. dans le style romano-byzantin. Musées. Carré d'Art (centre d'art contemporain, médiathèque) dû à Norman Foster (1993). ▪ La ville tente de s'affirmer face à sa puissante voisine, Montpellier, qui draine depuis les années 1970 les activités industrielles et tertiaires. Tout en conservant ses traditions (féria, tauromachie), elle cherche à développer un label de qualité autour de deux axes : la chimie-pharmacie et l'agroalimentaire (conserves de fruits, confitures, fruits et légumes, eau gazeuse Perrier). La chaussure et le textile sont en déclin (bonneterie avec Éminence). Située sur l'axe autoroutier Paris-Perpignan-Espagne et point de départ de l'A54 vers Marseille, elle développe également ses infrastructures aéroportuaires (Nîmes-Arles-Camargue) pour se placer parmi les grandes villes de l'arc méditerranéen. ▮ **Histoire** L'origine de Nîmes fut la source dont elle devait tirer son nom (le génie de la fontaine était appelé *Nemausus*). Les Romains y succédèrent aux Volsques arécomiques (–121), et la ville connut un rapide essor : Agrippa* y fonda une colonie de vétérans (–19), Auguste l'agrandit, et Antonin le Pieux, dont la famille maternelle était originaire de la ville, l'amena à son apogée. Vandales, Wisigoths, Francs, Sarrasins s'y succédèrent, du Vᵉ s. à l'avènement des Carolingiens. La ville dépendit ensuite des comtes de Toulouse, puis de la maison d'Aragon. Victime de la croisade contre les albigeois, elle fut rattachée au domaine royal en 1229. Au XVIᵉ s., elle devait constituer l'un des principaux foyers du calvinisme et être le théâtre d'un important massacre de catholiques, la Michelade. Soumis par Louis XIII en 1629, les huguenots y obtinrent la tolérance religieuse (pacification de Nîmes). Les haines religieuses y persistèrent pendant les XVIIᵉ et XVIIIᵉ s.

**NIMIER (Roger)** ♦ Romancier français (Paris 1925 - Saint-Cloud 1962). Pour avoir appartenu «à cette génération heureuse qui aura eu vingt ans pour la fin du monde civilisé», en l'occurrence la Deuxième Guerre mondiale, R. Nimier se voulut le témoin «sans amour, mais avec passion» d'une jeunesse désengagée, hostile aux idéologies comme aux morales. Dans *Les Épées* (1948) et surtout *Le Hussard bleu* (1950) s'exprime un mépris volontiers provocant, cynisme apparent, dissimulant peut-être une sensibilité romantique. Après *Les Enfants tristes* (1951), *Histoire d'un amour* (1953), R. Nimier se consacra à ses activités de journaliste et de critique littéraire (*Journées de lecture* ; posth. 1965), avant de trouver la mort dans un accident de voiture. Deux romans parurent après sa mort, *D'Artagnan amoureux ou Cinq ans avant* (1962) et *L'Étrangère* (1968). ◂ ÉTYM. *Nimier* vient probablement de *Nemier*, du germanique *Namhari,* nom de personne, du vieux haut allemand *neman* «prendre» et *hari* «armée».

**NIMITZ (Chester William)** ♦ Amiral américain (Fredericksburg, Texas 1885 - Yerba Buena Island, baie de San Francisco 1966). Chef d'état-major des forces sous-marines de l'Atlantique lors de la Première Guerre mondiale, il exerça divers commandements entre les deux guerres, avant de devenir, après Pearl* Harbor (1941), commandant en chef de la flotte du Pacifique. Le Pacifique central lui fut affecté comme théâtre d'opérations et il y dirigea la reconquête américaine avec MacArthur*. Conjointement avec ce dernier, il reçut la capitulation japonaise le 2 sept. 1945. → **Guerre mondiale (Deuxième).**

**NIMRUD** ♦ Site archéologique à 35 km au S.-E. de Mossoul (Irak) où furent découvertes les ruines de l'ancienne *Kalkhu* (la *Kalah* biblique, Genèse X, 11), capitale assyrienne fondée par Assurnazirpal* II en –879 et détruite par les Mèdes en –612. ▪ Fouilles par Layard (1845) puis Rassam, reprises par Mallowan (1949). Ruines des palais d'Assurnazirpal II, Salmanasar* III, Adad-Nirāri* III, Assarhaddon*.

**NIN (Anaïs)** ♦ Écrivain américain (Neuilly 1903 - Los Angeles 1977). Fille du compositeur Joaquín Nin* y Castellano, et d'une danseuse franco-danoise, elle vécut dans un milieu cosmopolite, en Europe

**Ninive.** Bas-relief provenant du palais d'Assurbanipal représentant des prisonniers de guerre. Musée du Louvre, Paris.
*Phot. © Nimatallah/Ricciarini*

et aux États-Unis. Elle fut l'amie de nombreux écrivains, dont D. H. Lawrence* à qui elle consacra un essai (*D. H. Lawrence, An Unprofessional Study,* 1932) et H. Miller*, avec lequel elle composa des *Contes érotiques* et dont elle préfaça *Tropique du Cancer*. Elle est surtout connue par son monumental *Journal* (1966 - 1980), tenant à la fois de l'auto-analyse et de la recherche d'une écriture «au féminin» (1966 - 1969, fragments publiés en français). Elle écrivit aussi un poème en prose (*La Maison de l'inceste,* 1936), des nouvelles (*Under the Glass Bell,* 1944) et des romans, en partie autobiographiques : *Les Miroirs dans le jardin* (1946), *Une espionne dans la maison de l'amour* (1954), *La Séduction du minotaure* (1961), et *Le Roman du futur* (1969).

**NINGBO** ou **NING-PO** ♦ V. de Chine (Zhejiang). 1 696 811 hab. Port. Indus. textile et mécanique. ▮ **Histoire** Ningbo fut l'un des cinq premiers ports ouverts au commerce étranger par le traité de Nankin*. → **Opium (guerres de l').**

**NINGXIA** ou **NING-HIA** n. m. ♦ Région autonome Hui de la Chine, dans le N. du pays, traversée par le cours moyen du Huang he. → **Chine** (carte). 66 400 km$^2$. 5 486 393 hab. dont env. un tiers de Hui*, ainsi que des Mongols, des Mandchous. CAP. : Yinchuan. Céréales, pomme de terre, oléagineux, betterave à sucre. Chanvre, coton. Important effort de reboisement. Gypse (1,3 milliard de t, 1re réserve du pays), pétrole, charbon (Shizuishan), phosphore. Indus. mécanique et textile. Pétrochimie. Centrale hydroélectrique à Qingtongxia.

**NINIVE** → ÉTYM. de l'assyrien *Ninuva* (ou *Ninwa*), de sens inconnu ♦ Anc. ville d'Assyrie, sur le Tigre (ruines à Quyundjik et Nabi-Yunus, en face de Mossoul, Irak). Habitée dès l'époque protohistorique (–IIIe millénaire), elle devint capitale de l'ancien Empire assyrien sous Shamshi*-Adad Ier. Mais sa splendeur date de Sennachérib* qui la fortifia, la munit d'adductions d'eau et y bâtit un immense palais. Ses successeurs Assarhaddon* et Assurbanipal* y eurent aussi le leur. La bibliothèque d'Assurbanipal comportait env. 25 000 tablettes en cunéiformes (→ **Gilgamesh**). La ville fut détruite par les Mèdes et les Néo-Babyloniens en –612 (→ **Assyrie**). Après l'échec de Botta (1842), les fouilles furent menées par Layard (1847), Loftus, Rassam, et fournirent au British Museum de magnifiques bas-reliefs ; elles demeurent inachevées. ▮ **Légende** → **Sardanapale.**

**NIÑO (Pedro Alonso),** dit **el Negro** ♦ Navigateur espagnol (Moguer 1468 - v. 1505). Il participa à la 3e expédition de C. Colomb (1498) et explora les côtes du Venezuela (en particulier l'île Margarita) où il précéda de peu A. de Hojeda (1499 - 1500).

**NINOVE** ♦ V. de Belgique (Région flamande), prov. de Flandre-Orientale, arr. d'Aalst, sur la Dendre. 35 874 hab. Château de Voorde (XVIe s.). Église abbatiale (XVIIe - XVIIIe s.). Moulins à vent. ▪ Indus. agroalimentaire et textile.

**NIN Y CASTELLANO (Joaquín)** ♦ Compositeur et musicologue cubain, d'origine espagnole (La Havane 1879 - *id.* 1949). Élève de V. d'Indy, il fut professeur à la Schola cantorum. Animateur de la vie musicale à La Havane, il a laissé une œuvre peu abondante (un mimodrame, un ballet, de la musique de chambre) et s'est attaché à redonner vie aux œuvres de la musique espagnole populaire du passé (chansons, noëls, sonates). Père d'Anaïs Nin*.

**NIOBÉ** ♦ Fille de Tantale* et épouse d'Amphion*, roi de Thèbes*. Elle a de lui sept fils et sept filles. Orgueilleuse et fière, elle se vantait d'être supérieure à Léto* qui n'avait que deux enfants. Vengeant leur mère offensée, Apollon* et Artémis* tuent les enfants de Niobé *(Niobides)* à coups de flèches. Seule Chloris*, future mère de Nestor* en réchappe.

**NIOLO** n. m. ♦ Région de hautes montagnes du centre de la Corse, parcourue par le cours supérieur du Golo.

**NIORT** [79000] → ÉTYM. anc. en gaul. *Novium Ritum* «le nouveau *(novio)* gué *(ritu)*» ♦ Ch.-l. du dép. des Deux-Sèvres, sur la Sèvre Niortaise. 56 663 hab. (aggl. 66 092) *(Niortais)*. Le donjon (v. 1170), constitué de 2 tours massives que relie un corps de logis du XVe s., abrite un musée d'ethnologie régionale enrichi des coll. archéologiques, lapidaires et numismatiques du musée du Pilori. Anc. hôtel de ville (XIe - XVe s.), à l'emplacement du pilori médiéval. Église Notre-Dame des XVe et XVIIIe s. (tapisseries d'Aubusson). Musée des Beaux-Arts. Maisons des XVe - XVIe s. ▪ Carrefour routier et marché (foire annuelle), Niort, siège de nombreuses assurances mutualistes, est une ville d'activités tertiaires. Les indus. du bois (contreplaqué et panneaux de particules) et des biens d'équipement ont relayé la traditionnelle ganterie et chamoiserie, développée depuis le XIVe s. Gare TGV. ▮ **Histoire** Le bourg gallo-romain est né à l'emplacement d'un gué sur la Sèvre. Aux confins du Marais, du Poitou et de la Vendée, il joua dès le Moyen Âge un rôle de contact entre ces régions, que renforcèrent la construction du château fort par Henri II Plantagenêt et l'octroi d'importantes franchises municipales, ainsi que le creusement du port sur la Sèvre Niortaise. Dès le XIIIe s., les activités liées à la préparation des cuirs s'implantèrent et contribuèrent à la prospérité de la ville. Disputée pendant la guerre de Cent Ans, Niort fut reprise aux Anglais par Du Guesclin en 1372. Acquise à la Réforme, elle fut au XVIe et au XVIIe s. un foyer calviniste actif, et la révocation de l'édit de Nantes affecta gravement son essor en la privant d'une grande partie de sa population.

**NIOUÉ** → **Niue**

**NIPIGON** (lac) ♦ Lac du Canada (Ontario), relié au lac Supérieur. 4 848 km$^2$.

**NIPISSING** (lac) → ÉTYM. cree «les petits saules» ou «lac des saules» ♦ Lac du Canada (Ontario) qui se déverse à l'O. dans la baie géorgienne du lac Huron. Env. 850 km$^2$. Minerai d'uranium.

**NIPKOW (Paul)** ♦ Ingénieur allemand (Lauenburg, Poméranie 1860 - Berlin 1940). Il imagina le disque perforé (1884) avec lequel il réalisa les premières analyses et synthèses d'images.

**NIPPON** → **Nihon**

**Nippon Hoso Kyokai** [NHK] ♦ Organisme public de radio-télévision japonais créé en 1926. Détentrice du monopole de diffusion jusqu'en 1950, la NHK possède trois chaînes de radio et quatre de télévision (dont une pédagogique), qui font une large place à l'éducation et à l'information, ainsi que trois satellites pour la diffusion de ses programmes.

**NIPPUR** – auj. ***Nuffar*** ♦ Anc. ville de basse Mésopotamie, principal centre religieux de Sumer à la fin du –IVe et au –IIIe millénaire. Ruines des temples d'Enlil, d'Inanna, d'Ishtar. On y a exhumé des dizaines de milliers de tablettes cunéiformes, source principale de la littérature sumérienne et babylonienne.

**NIRENBERG (Marshall Warren)** ♦ Biochimiste américain (New York 1927 - *id.* 2010). Utilisant un ARN-messager synthétique, il réussit, avec H. Khorana*, à déchiffrer le code génétique (dont il montra l'universalité) en déterminant la séquence des bases codant pour chacun des 20 acides aminés. [Prix Nobel de physiol. ou méd. 1968, avec R. Holley* et H. Khorana]

**NIŠ** ♦ V. de Serbie. 234 863 hab. Vestiges de remparts d'une anc. citadelle byzantine. Tombeaux byzantins. Forteresse ottomane. ▪ Centre commercial et indus. ▮ **Histoire** Mentionnée dès 140 sous le nom de *Naissus*, elle fut la patrie de Constantin le Grand. Détruite par les Huns (441), elle passa sous domination ottomane de 1375 à 1878.

**NISARD (Désiré)** ♦ Critique littéraire français (Châtillon-sur-Seine 1806 - San Remo 1888). Auteur d'articles d'opinion républicaine dans *Le National* et le *Le Journal des débats*, il se rallia au régime du Second Empire et fit une brillante carrière universitaire. Directeur d'une édition des classiques latins, il a laissé une *Histoire de la littérature française* (1844 - 1861), surtout intéressante pour la période classique (XVIIe s.). [Acad. fr. 1850] → ÉTYM. *Nisard* est l'hypocoristique (avec aphérèse) de *Denis**.

**NITERÓI** ♦ V. du Brésil, anc. cap. de l'État de Rio de Janeiro, sur la côte S.-E. de la baie de Guanabara, reliée à Rio par un pont de 14 km. 459 000 hab. Université. Ville industrielle. Musée d'art contemporain (par Oscar Niemeyer).

**NITHARD** ♦ Chroniqueur français (mort v. 844). On lui doit une *Histoire des fils de Louis le Pieux* qui contient le texte des *Serments* de Strasbourg*.

**NITÔKRIS** – n. gr. de ***Nitakrit*** ♦ Reine d'Égypte qui aurait gouverné comme pharaon à la fin de la VIe dynastie (–XXIVe s.) et aurait entraîné dans sa mort les meurtriers de son époux. Cette figure légendaire pourrait recouvrir celle de Néith, femme de Pépi* II.

**NITRA** ♦ V. de l'O. de la Slovaquie, sur la Nitra. 87 285 hab. Château. Cathédrale mi-gothique, mi-baroque (XIIIe, XIVe et XVIIe s.). Église du XIIe s. Édifices baroques. ▪ Vieux centre admin. et religieux.

**NITRIE** (désert de) ou **OUADI NATROUM** ♦ Désert de Basse-Égypte, au S.-O. du delta. Des ermites s'y retirèrent aux IVe et Ve s.

**NITTI (Francesco Saverio)** ♦ Homme politique italien (Melfi 1868 - Rome 1953). Économiste, député radical (1904), il succéda à Orlando à la tête du gouvernement (juin 1919-juin 1920). Devant la montée de l'agitation nationaliste déclenchée par le traité de Saint*-Germain-en-Laye, il dut démissionner. Opposé au fascisme, il s'exila et fut déporté par les nazis en 1943. ➝ ÉTYM. *Nitti* est l'hypocoristique (avec aphérèse) de *Benedetto*.

**NIUE**

▮ n. f. ♦ Île de Polynésie occidentale, constituant un État autonome en libre-association avec la Nouvelle-Zélande, à l'est de Tonga. 258 km$^2$. 1 600 hab. LANGUE : anglais. MONNAIE : dollar néo-zélandais. CAP. : Alofi (811 hab.). La plus élevée des îles coralliennes (68 m). Coprah, miel, citrons.

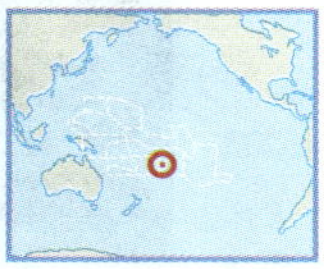

▮ **HISTOIRE** Appelée île des Sauvages par Cook qui la découvrit en 1774, évangélisée en 1846, Niue devint un protectorat britannique en 1900 et fut annexée l'année suivante par la Nouvelle-Zélande. Elle devint en 1974 un territoire de «libre-association» avec la Nouvelle-Zélande qui subventionne en presque totalité cette île isolée à 2 000 km au N.-E. Une grande partie de la population s'est établie en Nouvelle-Zélande.

**NIVE** n. f. ♦ Affl. de l'Adour (78 km), né dans les Pyrénées de la réunion de plusieurs torrents. Il traverse Saint-Jean-Pied-de-Port, Cambo-les-Bains et conflue à Bayonne.

**NIVELLE (Jean de)** → **Jean II de Nivelle**

**NIVELLE (Georges Robert)** ♦ Général français (Tulle 1858 - Paris 1924). Officier d'artillerie, il participa à l'expédition de Chine (1900), puis servit en Afrique du Nord. Placé à la tête du IVe régiment d'artillerie (1911), il se battit en Alsace et sur l'Ourcq au début de la Première Guerre mondiale. Nommé commandant de division du 3e corps d'armée (1915), puis de la IIe armée (1916), il contribua par plusieurs contre-offensives à arrêter l'avance des forces allemandes sur Verdun (1916). Remplaçant Joffre* à la tête des armées du Nord et du Nord-Est, il fut relevé de ses fonctions et remplacé par Pétain* après l'échec de l'offensive du Chemin* des Dames ; mais la commission chargée d'étudier les causes de cet échec ne révéla point d'erreurs tactiques de la part de Nivelle. ➝ ÉTYM. Ce nom de famille vient du germanique *Niwilo*, de *niwi* «nouveau».

**NIVELLE DE LA CHAUSSÉE** → **La Chaussée**

**NIVELLES** – en néerl. ***Nijvel*** ♦ V. de Belgique (Région wallonne), prov. du Brabant wallon, ch.-l. d'arr., sur la Thines, affl. de la Samme. 24 622 hab. (*Nivellois* dits «Aclots»). Plus de 500 maisons anciennes, ainsi que la collégiale, furent brûlées en 1940, mais la ville a été parfaitement reconstruite. La collégiale Sainte-Gertrude, commencée au XIe s., est le plus imposant monument mosano-rhénan du pays (restes de l'église mérovingienne des VIIe et VIIIe s.). Église des Récollets, fondée par Marguerite d'Autriche en 1525. Musée d'archéologie. Célèbre procession où l'on expose le cercueil de sainte Gertrude et où l'on présente les géants Argayon. ▪ Nœud de communications. Centre commercial et industriel (matériel ferroviaire et indus. de pointe en rapport avec des laboratoires universitaires). ▮ **Histoire** Itte, femme de Pépin de Landen, et Gertrude, sa fille, y fondèrent en 645 un monastère. La ville était réputée pour ses toiles fines (batiste), mais, à la suite de l'émeute de 1647, les tisserands portèrent cette industrie à Valenciennes, Cambrai et Douai.

**NIVERNAIS** n. m. ➝ ÉTYM. de *Nevers** ♦ Région de Bourgogne située entre le massif du Morvan et la vallée de la Loire. Elle comprend d'E. en O. la plaine bocagère du Bazois*, riche région agricole associant culture et élevage ; les plateaux forestiers du Nivernais qui culminent à 444 m ; la plaine alluviale du Val de Loire nivernais, où alternent vergers et prairies dans les fonds et vignobles à la naissance des coteaux.

**Nivernais** (canal du) ♦ Canal unissant la Seine à la Loire, construit de 1785 à 1842. Long de 174 km, il suit le cours de l'Yonne depuis Auxerre jusqu'à La Chaise, puis celui de l'Aron, et atteint la Loire à Decize. Déserté par les péniches en raison de son extrême sinuosité, il se prête à la navigation de plaisance.

**NIVILLAC** [56130] ➝ ÉTYM. anc. *Nuilac*, du lat. *Nobilius*, n. de pers., et suff. *-iacum* ♦ Loc. du Morbihan, arr. de Vannes, comm. de La Roche-Bernard. 3 192 hab.

**NIXON (Richard Milhous)** ♦ Homme d'État américain (Yorba Linda, Californie 1913 - New York 1994). Avocat en Californie, il fut mobilisé dans la marine, s'affilia au parti républicain en 1945, fut élu sénateur en 1951. Il se distingua par son zèle d'inquisiteur anticommuniste. Vice-président d'Eisenhower* de 1953 à 1961, il exerça en fait le pouvoir pendant la maladie du président. Il consacra sa réputation d'opposition à l'URSS lors d'une mission à Moscou en 1958. Candidat à la Maison-Blanche en 1960, il fut battu par John F. Kennedy. En 1968, il revint à la politique, mais avec des idées différentes de celles qu'il avait naguère défendues, et fut élu président sur un programme qui promettait «une nouvelle prospérité, sans inflation, sans guerre». Il favorisa le désengagement des troupes américaines du Viêtnam, tout en continuant d'apporter une aide militaire massive, en même temps qu'il négociait avec Pékin des accords économiques et avec Moscou des accords sur la production et l'emploi des armes atomiques. Sa réélection en 1972 fut suivie de revers. De graves difficultés économiques entraînant la baisse du dollar et, surtout, le scandale du Watergate* le contraignirent à renoncer à son mandat en 1974. Le vice-président G. Ford* lui succéda. ➝ ÉTYM. Le nom anglais *Nixon* est une variante de *Nickson* et signifie «fils *(son)* de Nicolas *(Nick)*».

**NIZĀMĪ** ou **NEZĀMĪ (Abū Muḥammad Ilyas)** ♦ Poète persan (Giandja 1141 - *id.* 1209). Il est surtout célèbre par sa *Khamsé* (littéralement «ensemble de cinq») constituée par cinq *masnavis* (poèmes didactiques). Mis à part le *Trésor des mystères* qui expose des principes moraux et mystiques animés d'anecdotes, les autres poèmes relatent des épopées romanesques. *Khosrau et Shirin* décrit les exploits et les amours du roi sassanide Khosrō II Parviz. *Laïla et Majnūn* reprend une vieille légende arabe illustrant un «amour fou» qui ne se réalise que dans la mort. *Les Sept Idoles* raconte sept histoires merveilleuses dites par chacune des sept favorites du roi sassanide Bahrām Gūr. Enfin, le *Livre d'Alexandre* s'inspire de l'image orientale d'Alexandre* le Grand et le glorifie en tant que sage, prophète et conquérant. Poète difficile, Nizāmī atteint une haute qualité esthétique par le choix particulier des métaphores et les associations originales de mots.

**NI Zan** ou **NI Tsan** ♦ Peintre, poète, musicien et concepteur de jardins chinois (1301 - 1374). Représentant de la tradition lettrée, il excella dans la peinture de paysages.

**NIZAN (Paul)** ♦ Philosophe, essayiste et romancier français (Tours 1905 - Audruicq, près de Dunkerque 1940). Il entra à l'École normale en 1924 (en même temps que R. Aron et J.-P. Sartre). La révolte contre un monde où il se sentait contraint et le dégoût de «cet exercice officiel qu'on appelle encore philosophie» amenèrent le jeune Nizan à quitter brusquement la France pour Aden (1925). Il n'y trouva qu'une «image fortement concentrée de notre mère l'Europe» (*Aden Arabie*, 1931). De retour en France, il s'inscrivit au parti communiste (1927). Après l'agrégation, il abandonna l'enseignement pour se consacrer au journalisme et à la littérature. Auteur d'un pamphlet visant les philosophes universitaires, *Les*

Paul **Nizan** (à gauche) avec Malraux et Gide au Congrès international des écrivains en 1935. *Phot. © Harlingue/Roger-Viollet*

*Chiens de garde* [de la bourgeoisie] (1932), d'une étude sur *Les Matérialistes de l'Antiquité* (1936), d'un essai sur les accords de Munich (*Chroniques de septembre*, 1939), il écrivit aussi des romans. C'est à travers son expérience qu'il analysa les aliénations de la petite bourgeoisie dans *Antoine Bloyé* (1933), la vie d'un jeune professeur communiste au sein de la bourgeoisie provinciale dans *Le Cheval de Troie* (1934), les expériences politiques révolutionnaires de jeunes intellectuels dans *La Conspiration* (1938). Il quitta le PCF après la signature du pacte germano-soviétique, ce qui lui valut des attaques, notamment de la part de L. Aragon*. Mobilisé au début de la guerre, il fut tué peu après. Son œuvre fut presque oubliée jusqu'en 1960, date à laquelle fut réédité *Aden Arabie* avec une préface de Sartre. ➝ **ÉTYM.** Ce nom de famille vient d'un nom de lieu en Haute-Garonne et en Gironde.

**NJEGOŠ** (Petar II **Petrovíc**, dit) ➝ **Pierre II Petrovíc Njegoš**

**NKOMO (Joshua Mqabuko Nyogolo)** ♦ Homme politique du Zimbabwe (Semokwe 1917 - Harare 1999). Président et fondateur, en 1957, du Conseil national africain (ANC), il créa et présida l'Union populaire africaine du Zimbabwe (Zapu). Devenu coprésident du Front patriotique avec Robert Mugabe* en 1977, il s'opposa à ce dernier lors de l'indépendance en 1980 et fut chassé du gouvernement pour complot en 1982. Mugabe, peu après son accession à la présidence en 1987, intégra la Zapu à son propre parti et, en 1990, nomma vice-président Nkomo qui le resta jusqu'à sa mort.

**N'KONGSAMBA** ♦ V. du Cameroun. 110 600 hab. Café. Tourisme (chutes d'Ekom).

**NKRUMAH (Kwame)** ♦ Homme d'État ghanéen (Accra 1909 - Bucarest 1972). Premier ministre de la Côte-de-l'Or depuis 1952, puis du Ghana indépendant (1957), il fut l'initiateur de la Conférence des États africains indépendants d'Accra (1958) et devint président de la République en 1960. Ne dédaignant pas le culte de la personnalité, il professa un panafricanisme militant, engageant son pays dans une union plus formelle que réelle avec le Mali de Modibo Keita* et la Guinée de Sékou Touré*. Ses projets grandioses et coûteux (barrage d'Akosombo), ses méthodes dictatoriales et son penchant proclamé pour le socialisme militant aboutirent à la prise du pouvoir par le général Ankrah en 1966.

**NKVD** [Narodnyï Komissariat vnoutrennykh del «commissariat du peuple aux Affaires intérieures»] ♦ Organisme de police soviétique. Après avoir absorbé la Guépéou* (10 juil. 1934), il devint l'organisme de la police générale chargé de la sécurité d'État. Dirigé par Iagoda (1934 - 1936, exécuté en 1938) puis par Iejov (1936 - 1938, exécuté en fév. 1939), et ensuite par Beria*, il joua un rôle prépondérant dans les «purges» ordonnées par Staline* et dans les déportations au Goulag. En 1941, les missions de police politique du NKVD passèrent à un nouvel organisme, le NKGB (Narodnyï Komissariat gossoudarstvennoï bezopasnosti, «commissariat du peuple pour la sécurité de l'État»). En 1946, tous les commissariats du peuple furent baptisés ministères : le MVD (anc. NKVD) et le MGB (anc. NKGB) furent dirigés respectivement par Krouglov et Abakoumov, mais Beria demeura le chef de la police politique jusqu'à déc. 1953, date à laquelle il fut exécuté. En 1954, le MGB devint le KGB*.

**NO** (lac) ♦ Cuvette lacustre du Soudan* méridional où se forme le Nil Blanc (➝ **Bahr el-Abiad**) par la jonction du Bahr* el-Ghazal et du Bahr* el-Djebel. Peu profonde, comblée par les apports des rivières convergentes, elle est aujourd'hui une vaste zone de marécages.

**NOAH (Yannick)** ♦ Joueur de tennis français (Sedan 1960). Grâce à un jeu spectaculaire d'attaquant, il remporta en 1983 le tournoi de Roland-Garros face à Matts Willander. Il fut le capitaine de l'équipe de France masculine qui remporta la Coupe Davis en 1991.

**NOAILLES** ➝ **ÉTYM.** n. de lieu (V. ci-dessous), du lat. *novalia* «terres nouvellement défrichées» ♦ Famille française originaire de Noailles (Corrèze). ♦ **Antoine de Noailles** (Noailles 1504 - Bordeaux 1562). Amiral de France. Il se distingua à Cérisoles* (1544), et fut ambassadeur à Londres. ♦ **François de Noailles** (Noailles 1519 - Bayonne 1585). Frère du précédent. Il fut évêque de Dax et ambassadeur à Londres, à Venise et à Constantinople et l'un des artisans de l'alliance entre la France et la Turquie. ♦ **Anne Jules de Noailles,** comte **d'Ayen** et 2e duc **de Noailles** (Paris 1650 - Versailles 1708). Gouverneur du Languedoc, il y appliqua la politique des dragonnades*. Il combattit en Espagne et fut fait maréchal de France. ♦ **Louis Antoine de Noailles** (Teyssière, près d'Aurillac 1651 - Paris 1729). Frère du précédent. Champion du gallicanisme, il devint archevêque de Paris (1695) et cardinal (1700). Il fit des tentatives de conciliation entre Bossuet et Fénelon et s'opposa longtemps à la bulle *Unigenitus**. ♦ **Adrien Maurice de Noailles,** comte **d'Ayen** et 3e duc **de Noailles** (Paris 1678 - *id.* 1766). Fils d'Anne Jules de Noailles, il épousa une nièce de Mme de Maintenon, ce qui facilita sa carrière. Après avoir pris part à la guerre de Succession* d'Espagne, il aida le Régent à faire casser le testament de Louis XIV. Président du conseil des Finances (1715 - 1718), il fut écarté pour son opposition à Law*. Il combattit de nouveau (Philippsburg, 1734 ; Dettingen, 1743), devint maréchal de France, puis ministre des Affaires étrangères (1744 - 1745) et conclut une alliance avec la Prusse. Il a laissé des mémoires et une correspondance.

**NOAILLES (Louis Marie,** chevalier **d'Arpajon,** vicomte **de)** ♦ Général français (Paris 1756 - La Havane 1804). Fils du maréchal de Mouchy*, il participa aux côtés de La* Fayette à la guerre d'Indépendance américaine. Membre de l'Assemblée de notables* (1787 - 1788), puis député de la noblesse aux États généraux (1789), il se prononça en faveur de l'abolition des privilèges (nuit du 4 août 1789). Émigré en 1792 aux États-Unis, il combattit avec Rochambeau à Saint-Domingue et fut mortellement blessé au cours d'une bataille.

**NOAILLES (Anna,** princesse **Brancovan,** comtesse **Mathieu de)** ♦ Femme de lettres française (Paris 1876 - *id.* 1933). D'origine grecque par sa mère, elle recueillit très tôt l'héritage de la culture française et en retint la tendance à l'universalité. Retrouvant, dans une forme néoclassique, les sources d'un lyrisme tari depuis le romantisme, elle exprima, dès ses premiers vers, une passion frémissante de la lumière et des paysages français (*Le Cœur innombrable,* 1901 ; *L'Ombre des jours,* 1902). Puis, étendant son regard à de plus vastes horizons, elle célébra l'enchantement de la beauté du monde (*Les Éblouissements,* 1907). Un amour païen de la vie s'exhale encore dans des recueils où résonnent pourtant les accents d'une gravité nouvelle (*Les Vivants et les Morts,* 1913 ; *Les Forces éternelles,* 1921). Les thèmes de la fuite du temps, de l'adieu à la jeunesse, de la solitude, de la mort inéluctable se développent avec une insistance plus pathétique encore dans *L'Honneur de souffrir* (1927). Romancière, Anna de Noailles a publié *La Nouvelle Espérance* (1903), *Le Visage émerveillé* (1904) ainsi que des mémoires, *Le Livre de ma vie* (1932).

Anna de **Noailles.** Portrait par George Laszlo, 1913. Palais de Tokyo, Paris.
*BIS/Phot. H. Josse © Archives Larbor-DR*

**NOAMI** ♦ Peintre japonais (Kyōto 1397 - *id.* 1471) au service des shoguns Ashikaga*, réputé pour ses paysages, sa calligraphie et ses poèmes. Il fut également maître de la cérémonie du thé.

**NOBEL (Alfred)** ♦ Industriel et chimiste suédois (Stockholm 1833 - San Remo, Italie 1896). Ses recherches sur la nitroglycérine, explosif liquide extrêmement puissant mais qu'on ne savait pas manipuler, l'amenèrent à l'invention d'un détonateur capable de contrôler la mise à feu, puis, en 1867, il découvrit le procédé permettant la transformation du liquide explosif en pâte (qu'il appela dynamite), facile à utiliser ; en 1875, il mit au point la dynamite gomme (plastic). Avec

Alfred **Nobel.** *Phot. © Boyer/Roger-Viollet*

sa fortune, il instaura par testament 5 prix annuels considérés comme les plus hautes récompenses dans les domaines de la physique, de la chimie, de la physiologie ou de la médecine, de la littérature et de la paix, distribués régulièrement le 10 décembre depuis 1901. En 1968 fut créé un prix Nobel de sciences économiques. ➝ ÉTYM. Le nom *Nobel* vient du latin *nobilis* «noble».

**NOBILE (Umberto)** ♦ Aviateur, explorateur et général italien (Lauro, Avellino 1885 - Rome 1978). En 1926, il réalisa avec Amundsen* la première expédition de survol du pôle Nord à bord du dirigeable *Norge*. Il repartit en 1928 sur le dirigeable *Italia* qui s'abîma au large du Spitzberg (ou Svalbard). Un brise-glace soviétique sauva Nobile et son équipage, mais Amundsen* périt en tentant de leur porter secours. Après avoir démissionné de l'armée en 1930, Nobile devint expert en aéronautique au service de l'URSS de 1932 à 1936. De retour dans son pays, après un séjour aux États-Unis, il fut élu député (1947).

**Noces de Cana** ♦ Épisode évangélique, rapportant le premier miracle accompli par Jésus (Jean, II, 1 - 12). Lors d'un repas de mariage auquel Jésus et la Vierge ont été invités, le vin vient à manquer. Jésus fait remplir six cruches avec de l'eau, qu'il transforme en vin. Les Noces de Cana sont à mettre en parallèle avec la Cène et l'Eucharistie (l'eau devient vin, le vin se transforme en sang) ; elles symbolisent l'avènement du christianisme (le vin de l'Évangile remplace l'eau de l'ancienne Loi). ▪ La représentation des Noces de Cana était à l'origine d'une grande simplicité : les époux entourés de la Vierge et du Christ et de quelques autres convives se tiennent autour d'une table dressée sur des tréteaux. Cette iconographie a évolué à la Renaissance et à l'époque baroque vers une représentation païenne de banquets aristocratiques qui trouve son apogée chez Véronèse. Les réfectoires des monastères accueillent fréquemment cette scène. ♦ ***Les Noces de Cana*** Tableau de Véronèse (1563) peint pour le réfectoire de Saint-Georges le Majeur à Venise. Prétexte à peindre des contemporains, la scène est ici transposée dans l'univers de l'aristocratie vénitienne du XVIe s. et montre un banquet où l'on a voulu reconnaître François Ier, Charles Quint, Marie d'Angleterre, Soliman le Magnifique et le peintre lui-même. Ce tableau est très proche d'une autre toile de l'artiste exécutée en 1573 sur le thème de la Cène et réintitulée *Le Repas chez Lévi* à la suite de poursuites ecclésiastiques. Les deux œuvres, préfigurant la peinture baroque, témoignent du sens de la mise en scène et du trompe-l'œil.

Les **Noces de Figaro** – en it. ***Le Nozze di Figaro*** ♦ Opéra bouffe en 4 actes de Mozart* (1786) sur un livret de Lorenzo Da Ponte, d'après la comédie de Beaumarchais *Le Mariage* de Figaro* (1784). L'œuvre témoigne d'une synthèse exemplaire entre le chant et la phrase musicale, et exige une très grande virtuosité. Grâce au nombre réduit des airs (14 sur les 28 morceaux de l'opéra) et à l'importance des ensembles, elle gagne en vivacité et en mouvement. L'intention satirique et sociale de la comédie a été quelque peu trahie par le librettiste, mais l'opéra y gagne en charme et en fraîcheur.

**NODIER (Charles)** ♦ Écrivain français (Besançon 1780 - Paris 1844) qui fit de son salon, à l'Arsenal*, le centre de la vie littéraire à Paris (1824 à 1830) et du mouvement romantique (→ **Cénacle**). Conscient de l'importance du rêve («Le sommeil [...] est l'état le plus lucide de la pensée»), il écrivit des *Contes* où le fantastique se mêle à l'humour et à l'émotion, comme *Trilby ou le Lutin d'Argail* (1822), et *La Fée aux miettes* (1832), où la folie des «lunatiques» apparaît comme le moyen de réunir le rêve et la réalité. Les fantasmes de *Smarra ou les Démons de la nuit* (1821) illustrent bien la tentative littéraire de Nodier : montrer que nous sommes constamment entre deux mondes, dont l'un, la Terre, n'est «qu'un lieu de passage», idée qui inspirera Nerval*, les surréalistes et l'onirisme littéraire. [Acad. fr. 1833] ➝ ÉTYM. *Nodier* vient du nom de personne germanique *Nodhari*, de *nod* «besoin» et *hari* «armée».

**NOÉ** ➝ ÉTYM. en hébr. ***Nôaḥ***, p.-ê. «repos» ♦ Patriarche biblique (Genèse, VI - IX), fils de Lamech*, père de Sem*, Cham* et Japhet*. Unique juste sauvé du Déluge pour être la souche d'une humanité nouvelle. ♦ ***Arche de Noé*** Bâtiment flottant dans lequel le patriarche embarque avec lui toutes les races animales ; elle s'arrête «sur les monts d'Ararat*.» Ensuite Noé plante la vigne, s'enivre, maudit Cham qui s'est moqué de sa nudité. Dans la légende sumérienne, le héros parallèle à Noé est Outa-Napishtim.

**NOËL (Marie ROUGET, dite Marie)** ➝ ÉTYM. «à cause de Noël dont la lumière et l'allégresse avaient été ma grâce depuis l'enfance» (cité in *La Neige qui brûle*, R. Escholier, Fayard, 1957) ♦ Poète française (Auxerre 1883 - *id.* 1967). Son œuvre, aussi touchante par sa grâce que par sa ferveur et son humilité, exprime, souvent par le mode de la chanson populaire, une foi chrétienne tout imprégnée de spiritualité franciscaine. Marie Noël a publié *Les Chansons et les Heures* (1920), *Le Rosaire des joies* (1930), *Chants et Psaumes d'automne* (1947), *Les Chants d'arrière-saison* (1961) ainsi que des *Contes* (1945) et des *Notes intimes* (1959).

**NOËL (Bernard)** ♦ Écrivain français (Sainte-Geneviève-sur-Argence, Aveyron 1930). La volonté de faire du langage à la fois l'objet et le sujet de la fiction anime *Le Château de Cène*, ouvrage onirico-érotique publié sous pseudonyme en 1969, ainsi que ses autres romans, *Les Premiers Mots* (1973), *Le 19 octobre 1977* (1979), *Portrait du monde* (1988) et *Le Roman d'Adam et Ève* (1996). La même obsession, liée à une grande place ménagée à la dimension phy-

Les **Noces de Cana.** Tableau de Véronèse (6,66 × 9,90 m). Musée du Louvre, Paris. *Phot. © RMN*

sique de l'acte d'écrire, se retrouve également dans son œuvre poétique (*Extraits du corps*, 1958 ; *À vif enfin la nuit*, 1967 ; *Le Livre de Coline*, 1973) et dans un livre formellement atypique *Journal du regard*, 1988.

**Noël** n. m. ♦ Fête chrétienne instituée au IVe s. commémorant la naissance de Jésus, le 25 décembre. Cette date symbolique a été choisie pour remplacer la fête païenne du *Sol invictus*, renaissance du soleil au solstice d'hiver. ▪ Pour l'iconographie : → **Nativité.** ▪ La tradition musicale des «Noëls» a produit depuis le XVe siècle un important répertoire de chansons françaises d'origine populaire en langue vulgaire (*Livre de Noëls* de Michel Corrette*). Le thème de la Nativité, associé au genre pastoral, est chanté dans les «Oratorios de Noël» de Bach et de Schütz, les pastorales du *Messie* de Haendel et de *L'Enfance du Christ* de Berlioz : il a inspiré Corelli (*Concerto grosso pour la nuit de Noël*), Messiaen (*La Nativité du Seigneur*, œuvre pour orgue), André Jolivet (*Pastorales de Noël*, trio pour flûte basson et harpe), Honegger (*Cantate de Noël*), Britten qui perpétue la tradition anglaise des Christmas Carols (*Ceremony of Carols* pour chœur d'enfants).

**NOËS-PRÈS-TROYES (LES)** [10420] ◆ ÉTYM. de la langue d'oïl *noe* «lieu marécageux» ♦ Comm. de l'Aube, arr. de Troyes. 3 466 hab.

**NOETHER (Max)** ♦ Mathématicien allemand (Mannheim 1844 - Erlangen 1921). Il fut l'un des fondateurs de la géométrie algébrique et exerça une grande influence sur les mathématiciens de l'époque. ♦ **Emmy Noether.** Mathématicienne allemande (Erlangen 1882 - Bryn Mawr, Pennsylvanie 1935). Fille du précédent. Fondatrice de l'algèbre abstraite moderne, elle développa ses idées principales à l'aide d'un petit nombre d'axiomes et de concepts généraux (anneau et idéal en particulier). On lui doit également un théorème qui établit un lien entre les lois de conservation et la structure de l'espace-temps (1918).

Le **Nœud de vipères** ♦ Roman de François Mauriac* (1932). Reclus dans sa propriété en Gironde, un vieil homme malade tend ses dernières forces pour spolier de son héritage sa «famille aux aguets, qui attend le moment de la curée». Dans une lettre à sa femme à laquelle l'attache un amour-haine féroce, il livre son cœur, «ce nœud de vipères [...] saturé de leur venin» ; «homme qu'on n'avait pas aimé, [...] pour qui personne au monde n'avait souffert», il a organisé autour de lui, avec volupté, un enfer domestique. Pourtant, au moment où va s'achever cette existence de réprouvé, Dieu viendra à la rencontre du vieil incroyant.

**NŒUX-LES-MINES** [62290] ◆ ÉTYM. de la langue d'oïl *noe* «lieu marécageux» ♦ Ch.-l. de cant. du Pas-de-Calais, arr. de Béthune. 11 966 hab. (*Nœuxois*). Anc. houillère.

**NOGARET (Guillaume DE)** ♦ Homme politique français (Saint-Félix, près de Toulouse, v. 1270 - 1313). Professeur de droit à Montpellier (1291), il entra au service de Philippe* IV le Bel (1296) et fut nommé chancelier (1302) et garde du sceau royal (1307). Il mena la lutte contre Boniface* VIII qu'il cita à comparaître devant le concile lors de l'attentat d'Anagni* (1303). Il fut à l'origine de l'arrestation des Templiers (1307). ◆ ÉTYM. Ce nom de famille vient d'un nom de lieu et signifie «lieu planté de noyers», de l'occitan *noguièr* «noyer».

**NOGENT** – anc. ***Nogent-en-Bassigny*** [52800] ◆ ÉTYM. → Nogent*-sur-Marne ♦ Ch.-l. de cant. de la Haute-Marne, arr. de Chaumont, sur la Traine. 4 343 hab. (*Nogentais*). Centre de la coutellerie.

**NOGENT-LE-ROI** [28210] ◆ ÉTYM. anc. *Novigentum Castrum, Novionum*, gaul. «nouveau (*novio*) marché (*magos*)» et *le Roi* en hommage à Philippe* Auguste à qui Isabelle de Blois fit don du domaine en 1218 ♦ Ch.-l. de cant. de l'Eure-et-Loir, arr. de Dreux. 4 142 hab. (aggl. 5 982) (*Nogentais*). Église Saint-Sulpice de style gothique flamboyant (vitraux du XVIe s.). Maisons à pans de bois (XVIe s.).

**NOGENT-LE-ROTROU** [28400] ◆ ÉTYM. *Nogent* : anc. *Nogionum*, gaul. «le nouveau (*novio*) marché (*magos*)» et *Rotrou*, n. du 1er comte du Perche (du germ. *Hrod-trud*) ♦ Ch.-l. d'arr. de l'Eure-et-Loir. 11 524 hab. (aggl. 12 749) (*Nogentais*). Château Saint-Jean (XIe - XIIIe s.) que fit construire Rotrou, comte du Perche v. 1050 et qui appartint notamment à Sully. Églises Notre-Dame et Saint-Hilaire (chœur à 7 pans) du XIIIe s. Hôtel-Dieu (XVIIe s.) abritant le cénotaphe du duc et de la duchesse de Sully par B. Boudin (1642). ▪ Marché agricole (volailles, cidre). Élevage de percherons. Abattoir. Accessoires pour automobiles. Laboratoires pharmaceutiques.

**NOGENT-SUR-MARNE** [94130] ◆ ÉTYM. anc. *de Vico Novigento* «ville nouvelle», du gaul. *novientos*, de *novio* «nouveau» ♦ Ch.-l. d'arr. du Val-de-Marne, à l'E. du bois de Vincennes, sur la rive d. de la Marne. 28 191 hab. (*Nogentais*). Église Saint-Saturnin (XIe - XIIIe - XVe s. : tombeau de Watteau). Centre culturel André-Malraux dans un pavillon des anc. halles de Baltard à Paris. Maison nationale de retraite des artistes. Fondation Smith-Lesouëf, rattachée à la Bibliothèque nationale de France. ▪ Centre nautique. Port de plaisance.

**NOGENT-SUR-OISE** – anc. ***Nogent-les-Vierges*** [60180] ◆ ÉTYM. → Nogent*-sur-Marne ♦ Ch.-l. de cant. de l'Oise, arr. de Senlis, au N. de Creil. 19 151 hab. (*Nogentais*).

**NOGENT-SUR-SEINE** [10400] ◆ ÉTYM. → Nogent*-sur-Marne ♦ Ch.-l. d'arr. de l'Aube, sur la Seine. 5 963 hab. (*Nogentais*). Église Saint-Laurent de style gothique flamboyant et Renaissance (œuvres d'art). Musée archéologique. ▪ Aux environs, centrale nucléaire, sur la rive d. de la Seine. Anc. abbaye du Paraclet*. ▮ **Histoire** Nogent, fondé v. 859, appartint aux religieux de Saint-Denis puis aux comtes de Champagne et fut réuni à la Couronne en 1314. En 1814, Napoléon y établit son quartier général, mais la ville fut occupée par les Autrichiens qui l'incendièrent.

**NOGI Maresuke** (comte) ♦ Général japonais (Edo 1849 - Tōkyō 1912), vainqueur des Russes à Port-Arthur et à Moukden en 1904 - 1905. Il se suicida selon les rites (son épouse également) lors de la mort de l'empereur Meiji*, pour ne pas lui survivre.

**NOGUCHI Hideyo** ♦ Médecin bactériologiste japonais (Inawashiro 1876 - Accra 1928). Il trouva une réaction mettant en évidence l'agent de la syphilis (tréponème) et étudia la fièvre jaune.

**NOGUCHI Isamu** ♦ Sculpteur et paysagiste américain d'origine japonaise (Los Angeles 1904 - New York 1988). On lui doit le jardin de pierres japonais du palais de l'Unesco à Paris (1958).

**NOGUÈRES** [64150] ◆ ÉTYM. de l'occit. *nouguère* «lieu planté de noyers» ♦ Comm. des Pyrénées-Atlantiques, arr. de Pau. 145 hab. (*Noguériens*).

**NOGUÈS (Charles Auguste Paul)** ♦ Général français (Monléon-Magnoac, Hautes-Pyrénées 1876 - Paris 1971). Il participa à la guerre du Rif (1924 - 1926) et fut nommé résident général au Maroc (1936). Commandant en chef des opérations en Afrique du Nord (1939), il se déclara partisan de la poursuite de la guerre dans l'empire en juin 1940, mais se rallia très vite à Pétain et fit arrêter les parlementaires français du *Massilia* (venus au Maroc). En nov. 1942, il tenta d'organiser la résistance au débarquement allié. Rallié à Darlan, puis au général Giraud, il fut obligé de quitter son poste lors de l'arrivée du général de Gaulle à Alger et s'exila au Portugal. Jugé par contumace en 1947, il vint en France se constituer prisonnier (1954) puis, mis en liberté provisoire, il retourna au Portugal. En 1955, sur la demande du gouvernement E. Faure, il joua un rôle décisif dans les négociations sur le retour du sultan Mohammed* V au Maroc. ◆ ÉTYM. *Noguès* vient de l'occitan *noguièr* «noyer» (désigne un ensemble d'arbres).

**NOGUÈS (Maurice)** ♦ Pilote français (Rennes 1889 - Corbigny, Nièvre 1934). Il servit dans une escadrille de bombardement pendant la Première Guerre mondiale. En 1922, il réalisa la première liaison commerciale Bucarest-Constantinople-Ankara et, en 1931, inaugura le premier service postal France-Indochine.

**NOHANT-VIC** [36400] ◆ ÉTYM. *Nohant*, anc. en gaul. *Noentum* «nouveau (*novio*) village (suff. *-entum*)» ou «lieu de la noue ("marais")» ♦ Comm. de l'Indre, arr. de La Châtre, constituée de deux villages, Nohant et Vic, distants de 3 km. 500 hab. (*Vicquois*). Maison où George Sand, la «bonne dame de Nohant», vécut son enfance et les dernières années de sa vie (musée). À Vic, église Saint-Martin du XIe s. (fresques du XIIe s.).

**NOIR (Yvan SALMON, dit Victor)** ♦ Journaliste français (Attigny, Vosges 1848 - Auteuil 1870). Le prince Pierre Bonaparte ayant fait paraître dans *L'Avenir de la Corse* un article où il calomniait les rédacteurs de *La Revanche*, P. Grousset, directeur de cette feuille à Paris, chargea U. de Fonvielle et V. Noir de lui demander réparation. Ce dernier fut tué par le prince d'un coup de pistolet ; son enterrement fut l'occasion d'une importante manifestation républicaine contre le régime impérial, sous le ministère É. Ollivier*.

**NOIR** (causse) ♦ Partie des Grands Causses entre la Jonte et la Dourbie, autrefois couvert d'épaisses forêts de pins, d'où son nom. Tourisme (Montpellier*-le-Vieux ; grottes de Dargilan*).

**NOIRE** (mer) – anc. ***Pont-Euxin*** ♦ Mer continentale (461 000 km², dont 38 000 pour la mer d'Azov) comprise entre l'Ukraine et la Russie au N., la Géorgie à l'E., la Roumanie et la Bulgarie à l'O. et la Turquie au S. Elle communique avec la Méditerranée à travers la mer de Marmara par les détroits du Bosphore et des Dardanelles, et avec la mer d'Azov par le détroit de Kertch. Ses nombreux tributaires (→ **Boug, Dniepr, Dniestr, Danube, Kizil Irmak, Rioni, Sakarya**) rendent ses eaux peu salées. La pêche, très active sur les côtes du N. (notamment en Crimée), y est compromise par la présence d'hydrogène sulfuré au-dessous de 200 m (prof. max. 2 245 m env.). La mer Noire, qui abrite de nombreux centres balnéaires et touristiques, joue un rôle économique important grâce au trafic actif des ports roumains (Constantza), bulgares (Burgas, Varna), turcs (Samsun, Sinope, Trabzon, Zonguldak), ukrainiens (Feodossia, Kherson, Mykolaïv, Odessa, Sébastopol, Yalta), russes (Novorossisk, Sotchi) et géorgiens (Batoumi, Soukhoumi). ▪ Zone stratégique de premier plan dans la question d'Orient et durant la guerre de Crimée, la mer Noire fut le théâtre de la mutinerie du cuirassé *Potemkine*, en 1905. En 1992, les États riverains ont créé une zone de coopération économique.

**NOIRET (Philippe)** ♦ Acteur français (Lille 1930 - Paris 2006). Il débuta au cabaret (avec J.-P. Darras) et au théâtre (chez Jean Vilar), puis au cinéma avec Agnès Varda (*La Pointe courte,* 1956). Son parcours fut ensuite jalonné de succès avec des films comme *Zazie dans le métro* (1962), *Thérèse Desqueyroux* (1962), *Alexandre le Bienheureux* (1968), *La Grande Bouffe* (1973), *Les Ripoux* (1984), *Cinema Paradiso* (1989), *Tango* (1993). Il trouva en Bertrand Tavernier un auteur à sa mesure : *L'Horloger de Saint-Paul* (1974), *Que la fête commence* (1975), *Le Juge et l'Assassin* (1976), *Coup de torchon* (1981), *La Vie et rien d'autre* (1989). Son emploi était celui d'une «rondeur» au caractère malicieux ou inquiétant.

**NOIRMOUTIER** ➝ ÉTYM. de *Hermoutier* (V. ci-dessous Hist.), de *Herus,* anc. n. de l'île ou n. de pers. (avec attraction de *noir*) et lat. *monasterium* «monastère» ♦ Île de l'Atlantique, au S. de l'estuaire de la Loire, reliée au continent par une chaussée submersible (le Gois*) et par un pont depuis 1971. 9 170 hab. *(Noirmoutrins).* Elle constitue un cant. de la Vendée (CH.-L. : Noirmoutier-en-l'Île). Longueur 20 km. ▪ Cultures maraîchères et florales (mimosa). Pêche (bar, crustacés) au port de L'Herbaudière. Ostréiculture dans la baie de Bourgneuf. Marais salants. Tourisme. ▮ **Histoire** L'île doit son nom à un monastère (l'Hermoutier) créé par saint Philibert v. 675. Longtemps propriété de la famille La Trémoille, elle ne fut réunie à la Couronne qu'en 1720. Les Vendéens commandés par Charette s'en emparèrent en 1793 ; l'île fut reconquise en janv. 1794 par les républicains qui y fusillèrent le général d'Elbée.

**NOIRMOUTIER-EN-L'ÎLE** [85330] ♦ Ch.-l. de cant. de l'île de Noirmoutier, dans le dép. de la Vendée, arr. des Sables-d'Olonne. 5 001 hab. *(Noirmoutrins).* Église Saint-Philibert, romane et gothique (cénotaphe de saint Philibert). Château du XV^e^ s. avec donjon du XI^e^ s., auj. musée : histoire locale ; faïences anglaises (XVIII^e^ - XIX^e^ s.) ; ornithologie et minéralogie. Place d'armes où fut fusillé le général d'Elbée. ▪ Port et station balnéaire.

**NOISIEL** [77186] ➝ ÉTYM. anc. *Nuisellum* «petite noiseraie», du lat. *nux* «noix» et dimin. *-ellum* ♦ Ch.-l. de cant. de la Seine-et-Marne, arr. de Torcy, sur la Marne. 15 502 hab. *(Noisieliens).* Élément de la ville nouvelle de Marne*-la-Vallée. Anc. usine Menier (structure métallique à remplissage céramique, 1871).

**NOISY-LE-GRAND** [93160] ➝ ÉTYM. anc. *Nociacum,* du lat. *nux* «noix» et suff. *-acum* ♦ Ch.-l. de cant. de la Seine-Saint-Denis, arr. du Raincy, à l'E. de Paris. 58 217 hab. *(Noiséens).* Élément de la ville nouvelle de Marne*-la-Vallée.

**NOISY-LE-ROI** [78590] ➝ ÉTYM. *Noisy :* anc. *Nusiacum,* du lat. *nux* «noix» et suff. *-acum* et *le Roi,* en l'honneur de Louis XIV qui acheta la terre de Noisy en 1676 ♦ Comm. des Yvelines, arr. de Saint-Germain-en-Laye. 7 718 hab. (aggl. 16 778) *(Noiséens).*

**NOISY-LE-SEC** [93130] ➝ ÉTYM. *Noisy :* anc. *Nucitum,* du lat. *nux* «noix» et suff. *-itum* et *le Sec* évoque l'aridité du lieu ♦ Ch.-l. de cant. de la Seine-Saint-Denis, arr. de Bobigny, au N.-E. de Paris. 37 312 hab. *(Noiséens).*

**NOK** ♦ Anc. civilisation du Nigeria dans la vallée de Nok, près de Jos. Les sculptures en terre cuite de Nok (-500 - 200) sont les plus anciennes découvertes à ce jour au S. du Sahara. Elles représentent des têtes de statues finement sculptées et disproportionnées par rapport au reste du corps. Elles sont associées à des vestiges de métallurgie du fer (scories provenant de fonte de fer, tuyères) et préfigurent les arts ultérieurs d'Ife et du Bénin.

**NOLA** – en fr. ***Nole*** ♦ V. d'Italie, en Campanie (prov. de Naples). 32 730 hab. ▮ **Histoire** Hannibal* qui l'assiégeait y fut battu deux fois par Marcellus (-216 et -215). Dans cette ville, Auguste mourut en 14, saint Félix naquit et fut prêtre (v. 200 - 220) et saint Paulin fonda un monastère.

**NOLAND (Kenneth)** ♦ Peintre américain (Ashville, Caroline du Nord 1924 - New York 2010). En réaction contre l'action painting et l'expressionnisme abstrait, il poursuivit des recherches théoriques sur la couleur, selon les principes de l'abstraction chromatique ou *color field.* Dans les années 1950, ses œuvres aux tracés géométriques stricts se rapprochent du Hard Edge. Dans la ligne de Gottlieb, Helen Frankenthaler*, Morris Louis*, il nie toute trace d'implication personnelle dans ses œuvres, affirme la planéité de la toile, nie la perspective illusionniste, et poursuit les recherches d'Albers sur la couleur pure dans ses séries de chevrons (*Air,* 1964), de bandes parallèles, de cercles concentriques (*Sunshine,* 1961). Noland rompit par la suite ses stricts aplats de peinture acrylique par des effets d'empâtements, tout en restant fidèle à la géométrie des lignes.

**NOLAY** [21340] ➝ ÉTYM. du lat. *Nonulus,* n. de pers., et suff. *-acum* ♦ Ch.-l. de cant. de la Côte-d'Or, arr. de Beaune, sur la Cuzanne. 1 547 hab. *(Nolaytois).* Halles du XIV^e^ s. ▪ Aux environs, cirque du Bout du Monde.

**NOLDE (Emil HANSEN, dit Emil)** ➝ ÉTYM. n. de sa v. natale ♦ Peintre et graveur allemand (Nolde, Schleswig-Holstein 1867 - Seebüll, Schleswig-Holstein 1956). D'abord élève de sculpture sur bois à Flensburg, il devint professeur à l'École des beaux-arts de Saint-Gall. À partir de 1898, il se consacra entièrement à la peinture. Il séjourna à Paris en 1899 - 1900 et, en 1902, s'installa à Berlin. À partir de 1906, lié au groupe Die Brücke*, il exposa irrégulièrement puis il entra en contact avec les membres du Cavalier* bleu, tout en se montrant soucieux de conserver son indépendance. Il avait pris en 1904 le nom de son village natal. D'abord sensible à l'influence indirecte de l'impressionnisme, et aussi de Daumier*, il utilisa une touche insistante et épaisse qui dénotait déjà ses tendances expressionnistes (*Roses rouges et jaunes,* 1907). Celles-ci s'amplifièrent sous l'influence de Munch* et de Van* Gogh. Il peignit des scènes de mœurs où la violence de l'expression, la brutalité des formes sommaires tendent souvent vers la caricature (*Dans la loge,* 1911 ; *Villageois à l'auberge,* 1912), des paysages tourmentés révélant une approche de la nature d'ordre émotionnel (*La Mer,* 1915), tandis que son tempérament visionnaire s'exprimait surtout dans les scènes religieuses ou allégoriques traitées avec une férocité qui rappelle Ensor* (*Siméon,* 1915 ; triptyque de *Sainte Marie l'Égyptienne ;* la *Vie du Christ*). À la suite d'un voyage en Nouvelle-Guinée (1913 - 1915), il représenta des types indigènes et des masques en soumettant les formes à des distorsions expressives et en utilisant une pâte dense et des rapports de tons stridents qui accentuent la sensualité brutale, le caractère sarcastique et «magique» de ses visions. Une grande partie de ses toiles fut confisquée par les nazis. Son œuvre gravé, comme ses tableaux, s'inscrit dans le courant de l'expressionnisme allemand. Il a aussi laissé une autobiographie : *Das eigene Leben ; Jahre der Kämpfe,* 1934.

Emil **Nolde.** *Nature morte aux danseuses* (73 x 89 cm).
MNAMGP, Paris. *BIS/Phot. L. Joubert © Archives Larbor © ADAGP, Paris*

**NOLHAC** [nɔlak] **(Pierre GIRAULD DE)** ♦ Poète, érudit et historien français (Ambert 1859 - Paris 1936). Auteur d'ouvrages sur les humanistes (*Érasme en Italie,* 1888 ; *Pétrarque et l'humanisme,* 1892 ; *Ronsard et l'humanisme,* 1921) et sur l'histoire anecdotique des personnages qui furent liés à la vie du château de Versailles, dont il fut conservateur (*La Reine Marie-Antoinette,* 1889 ; *Louis XV et Marie Leczinska,* 1900), il publia également des recueils de poèmes dans le style de l'école parnassienne *Paysages de France et d'Italie* (1894). [Acad. fr. 1922]

**NOLI (Antonio DA),** parfois connu sous le nom d'**Antoniotto Uso di Mare** ♦ Navigateur génois (Gênes v. 1415 - v. 1461). Entré au service de Don Henri du Portugal (Henri le Navigateur), il explora, avec le Vénitien Ca'* da Mosto, la côte du Sénégal et de Gambie (1455 - 1456). Une partie de sa relation de voyage fut publiée dans les *Annali di geografia e di statistica* (Groberg de Hemsoé, Gênes, 1802).

**NOLI (Fan)** ♦ Écrivain, homme politique et prélat albanais (Ibrik-Tepe, près d'Edirne 1882 - Fort Lauderdale, Floride 1965). Émigré à New York en 1906, il revint en Albanie et devint hiératique de l'Église orthodoxe d'Albanie, qu'il parvint à transformer en Église autocéphale en 1922. Président d'un gouvernement démocratique, il fut renversé en 1924 par Ahmed Zogu (→ **Zog**), qu'il fustigea dans le *Chant au Salep-Sultan.* Il écrivit des drames (*Israélites et Philistins,* 1902) et surtout des poèmes à thèmes bibliques.

**NOLLET** (abbé **Jean Antoine**) ♦ Physicien français (Pimprez, Île-de-France 1700 - Paris 1770). Disciple de Du* Fay, il fut le premier à pratiquer un enseignement de physique expérimentale (collège de Navarre). Expérimentateur, il prouva que le son est conduit par l'eau (1743) et pensa à utiliser l'électricité en thérapeutique. Il décrivit également deux types de machines à dessiner, la chambre noire et la chambre claire, permettant de représenter sur un plan les objets tridimensionnels. [Acad. sc. 1739]

**Nombres (Livre des)** ➝ ÉTYM. traduction du lat. *Numeri* et du gr. *Arithmoi* «dénombrements», à cause des recensements et généalogies de ce texte ♦ Quatrième livre du Pentateuque* traditionnellement attribué à Moïse*, appelé en hébreu *Be-midbâr*, «Dans le désert», d'après la première phrase. 36 chapitres combinent des prescriptions rituelles complémentaires à celles du Lévitique* et le récit du long séjour du peuple d'Israël* dans le désert entre le Sinaï et les plaines de Moab*, rythmé par les révoltes contre Moïse et les guerres contre les populations qui veulent entraver la marche du peuple de Dieu (Édomites*, Amorites*, Moabites ; le roi de ces derniers tente en vain de faire maudire Israël par le devin Balaam*).

## nominalisme

n. m. ♦ Doctrine philosophique selon laquelle il n'existe pas d'idées générales, abstraites, universelles mais des mots et des noms généraux issus de conventions. Le terme renvoie à l'époque médiévale où le plus fameux nominaliste fut Guillaume* d'Occam. Mais la dispute est plus ancienne : les nominalistes s'opposent à Platon*, pour qui il existe des entités comme la Beauté en soi ou le Bien en soi, car ils reconnaissent seulement l'existence d'individus beaux mais non l'idée de beauté. L'opposition entre les deux traditions peut-être résumée par la plaisanterie selon laquelle il faut couper la barbe du vieux Platon avec le rasoir d'Occam. Autrement dit, pour reprendre une formule que Bertrand Russell* pouvait faire sienne : «Il ne faut pas forger d'entités inutiles.» Les liens entre le nominalisme et l'empirisme sont complexes (➝ **Locke, Hume**) et le débat a pris des aspects multiples, par exemple dans la discussion sur la nature du langage entre Hobbes*, pour qui les mots sont des conventions, et Descartes*, pour qui ils correspondent à des choses réelles. Le refus des universaux en tant qu'ils contredisent la spécificité de chaque individu est un des points clés du système de Spinoza*, tandis que Condillac* réduit la réalité de l'idée à celle d'un mot et considère que la raison consiste à construire une «langue bien faite». Chez Nietzsche*, le privilège absolu accordé dans le processus de la connaissance à la perception conduit aussi à une théorie conventionnaliste et nominaliste du langage et de la raison. Le nominalisme ne constitue donc pas une école mais il désigne, par convention, une série de problèmes et de positions philosophiques.

**NOMINOÉ, NOMENOÉ** ou **NOMINOË** ♦ Comte de Rennes puis duc de Bretagne (mort près de Vendôme en 851). Après avoir combattu les Francs v. 824, pourchassé les pirates normands et vaincu Charles le Chauve, il se fit proclamer roi d'Armorique et laissa le pouvoir à son fils Erispoé qui continua son œuvre d'unification de la Bretagne.

**NONANCOURT** [27320] ➝ ÉTYM. de l'anc. fr. *nonnain* «religieuse» ou du germ. *Nonna*, n. de femme, et bas lat. *curtis* «domaine» ♦ Ch.-l. de cant. de l'Eure, arr. d'Évreux, sur l'Avre. 2 320 hab. (aggl. 11 391) *(Nonancourtois)*. Église Saint-Martin de 1511 (vitraux Renaissance).

**NONIUS (Petrus)** ➝ **Nunes (Pedro)**

**NONNOS** ♦ Poète grec (Panopolis, Égypte, Vᵉ s.), chef d'une école sans grand éclat (➝ **Musée**). Son poème épique *Les Dionysiaques*, en 48 chants et en hexamètres, raconte la vie de Dionysos et sa campagne contre l'Inde. C'est la dernière et tardive épopée grecque païenne, où une riche imagination est submergée par l'érudition alexandrine et une rhétorique exubérante. ▪ Converti au christianisme, Nonnos composa une *Paraphrase de l'Évangile selon saint Jean*.

**NONO (Luigi)** ♦ Compositeur italien (Venise 1924 - *id.* 1990). Élève de Malipiero, Maderna et Scherchen, adepte de la technique sérielle (➝ **sérialisme**) dont il fut le plus éminent représentant en Italie avec L. Berio*, il a affirmé très tôt une sensibilité vibrante dans des ouvrages que caractérise une volonté passionnée d'engagement politique. Animé par un idéal de fraternité humaine, il assigna à la musique une fonction militante et libératrice. Un don mélodique exceptionnel, la couleur et la diversité de timbres de ses œuvres orchestrales, et la richesse polyphonique de ses œuvres chorales le définissent comme l'un des grands lyriques contemporains. Pour la scène, il a composé *Le Manteau rouge*, ballet, d'après García Lorca (1954), *Intolleranza*, opéra (1961) ; de ses œuvres instrumentales, on retiendra *Polifonica-Monodia-Ritmica* (1951), *Canti per tredici strumenti* (1954), *Incontri* (1955), *Varianti* (1957), *Diario polacco*, pour orchestre (1958) ; pour les voix : *Épitaphe pour García Lorca* (1952 - 1953), *La Victoire de Guernica*, pour chœur et orchestre, d'après P. Éluard (1954), *La Terra e la Campagna*, d'après C. Pavese (1958), *Ha venido*, d'après Machado (1960), *Sul ponte di Hiroshima* (1962), *La Fabbrica illuminata*, pour voix et bande magnétique (1965). Suivirent *Como una ola de fuerza y luz* pour soprano, piano, orchestre et bande magnétique (1972), *Fragmente Stille an Diotima* pour quatuor à cordes (1980), l'opéra *Verso Prometeo* (Venise, 1984), ou encore «*Hay que caminar sognando*» pour 2 violons (1989).

Luigi **Nono**.
*Phot. © Bernand*

**NONTRON** [24300] ➝ ÉTYM. du germ. *Nantirionus*, n. de pers. ♦ Ch.-l. d'arr. de la Dordogne. 3 500 hab. (aggl. 4 290) *(Nontronnais)*. Ville pittoresque sur un promontoire escarpé que dominent un château restauré au XVIIIᵉ s. et des remparts. ▪ Coutellerie. Chaussures.

**NONZA** [20217] ➝ ÉTYM. du lat. *Norantius*, n. de pers. ♦ Comm. de la Haute-Corse, arr. de Bastia, sur la côte occidentale du cap Corse. 67 hab. *(Nonzais)*. Le village est bâti sur une falaise haute de 150 m plongeant à pic dans la mer. Église Sainte-Julie du XVIᵉ s. (autel baroque). Tour génoise (1550).

**NOONE (Jimmie)** ♦ Clarinettiste de jazz américain (Cut Off, Louisiane 1895 - Los Angeles 1944). Après avoir débuté à La Nouvelle-Orléans en 1913, il gagna Chicago dès 1917 pour jouer dans les orchestres de Freddy Keppard puis de King Oliver*, et créa ensuite diverses formations dont l'Apex Club avec Earl Hines* (1928). Quelques mois avant sa mort il participa brièvement au Revival (➝ **Nouvelle-Orléans [La]**), jouant notamment avec Kid Ory* (1943). Considéré comme l'un des plus grands clarinettistes de jazz, il possédait une technique remarquable et un vibrato caractéristique de l'école créole. Princ. enregistrements : *Apex Blues* (1928), *Hell in my Heart* (1937), *High Society* (avec Kid Ory, 1944).

**NORANDA** ➝ **Rouyn-Noranda**

**NORBERT** (saint) ♦ (Gennep, près de Xanten, Rhénanie v. 1080 - Magdeburg 1134). Mondain converti, prêtre (1115), il devint prédicateur itinérant (1118) en Flandre et fonda, près de Laon, l'ordre des prémontrés* (1120) ou «chanoines blancs» sous la règle augustinienne. Évêque de Magdeburg en 1126. ▪ Fête le 6 juin. ➝ ÉTYM. *Norbert* vient du nom de personne germanique *Nordberht*, du vieux haut allemand *nordh* «celui qui vient du Nord» et *berht* «illustre».

**NORD** (mer du) ♦ Dépendance de l'océan Atlantique*, bordée à l'O. par la Grande-Bretagne, les îles Orcades et Shetland, à l'E. par la France, la Belgique, les Pays-Bas, l'Allemagne et le Danemark, et s'étendant sur 570 000 km².

▌**GÉOGRAPHIE** La mer du Nord s'ouvre sur la Baltique à l'E. par les détroits du Skagerrak*, du Kattegat*, du Grand et du Petit Belt (➝ **Belt**), de l'Øresund* ; elle s'ouvre sur la Manche au S. par le pas de Calais et sur l'Atlantique à l'O., au N. du seuil formé par les îles Orcades et Shetland, au niveau du 61ᵉ parallèle N. La profondeur de la mer du Nord dépasse rarement 100 m, sauf au large des côtes écossaises (dépression du Devil's Hole, 240 m) et le long des côtes méridionales de Norvège (auge norvégienne, 600 à 700 m). Au centre, s'étend le haut-fond (13 à 20 m) du Dogger* Bank. Les côtes britanniques sont bordées de falaises, mais les côtes du S.-E. (Belgique, Pays-Bas) sont basses et sableuses. En Scandinavie, elles sont profondément échancrées de fjords. L'amplitude des marées varie de 1,50 m à 6 m. Les courants de marée sont assez violents en bordure des côtes britanniques et le long des côtes flamandes, où ils peuvent occasionner des raz de marée et des inondations catastrophiques (inondations de la Zélande en 1949 et 1953). La mer du Nord subit en outre l'influence du courant tiède de la dérive nord-atlantique. Les eaux fluviales et les eaux peu salées de la Baltique, pénétrant par le Kattegat, abaissent en surface le taux de salinité à 31 ‰. En revanche, les influences océaniques, qui pénètrent par le pas de Calais et au N. entre les Shetland et la Norvège, l'élèvent jusqu'à 35 ‰. Les températures moyennes de la mer du Nord sont de 6,5 °C en février et de 17,5 °C en août. Le gel est généralement limité à la côte danoise (mer des Wadden) et aux estuaires des fleuves.

▌**ÉCONOMIE** La mer du Nord, grande voie de passage vers les pays d'Europe occidentale, connaît un trafic intense et a une grande importance économique. Deux des trois plus grands ports mondiaux, Londres* et Rotterdam*, se trouvent sur ses rives. La pêche (hareng, morue) est largement pratiquée. Belgique : ➝ **Ostende, Nieuwpoort, Zeebrugge, Bruges.** Pays-Bas : ➝ **Flessingue, IJmuiden, Scheveningen.** Allemagne : ➝ **Cuxhaven, Bremerhaven.** Grande-Bretagne : ➝ **Kingston, Lowestoft, Great Yarmouth, Dundee, Aberdeen.** Danemark : ➝ **Féroé [îles], Jutland [presqu'île du], Dogger Bank.** La somme des prises est évaluée à 2,15 millions de t par an (dont 43 % pour le hareng). Le premier gisement de gaz naturel a été découvert en 1964 en zone britannique (West Sole), le premier gisement pétrolifère en 1969 en zone norvégienne (Ekofisk). Aujourd'hui l'essentiel des champs de gaz naturel et des gisements pétrolifères exploités est en zone britannique (Indefatigable, Leman Bank pour le gaz, Forties, Montrose, Auk Beryll, Argyll, Piper et Brent pour le pétrole) et en zone norvégienne (Ekofisk, Frigg et Statfjord). Les réserves totales de la mer du Nord sont estimées à 2,4 milliards de t de pétrole et à 2 300 milliards de m$^3$ de gaz.

**NORD** (canal du) ♦ Détroit entre la côte N.-E. de l'Irlande et de l'Écosse, d'une largeur de 35 km, et séparant la mer d'Irlande de l'océan Atlantique.

**NORD** (cap) – en norv. ***Nordkapp*** ♦ Cap de Norvège sur la côte N. de l'île de Magerøy. Point le plus septentrional d'Europe continentale (71° 10' lat. N.). C'est une haute table rocheuse.

**Cap Nord.** *Phot. © Arch. Rencontre*

**NORD** (île du) → **Nouvelle-Zélande**

**NORD (TERRITOIRE DU)** – en angl. ***Northern Territory*** ♦ Un des deux territoires intérieurs du Commonwealth d'Australie administrés fédéralement (l'autre étant le territoire fédéral abritant la cap. Canberra*), situé dans le centre N. du continent, baigné au N. par les mers de Timor et d'Arafura et ne comprenant plus l'île Melville* depuis 2003. 1 304 200 km$^2$. 210 674 hab. (nombreuses réserves d'aborigènes). ▪ La majeure partie du territoire s'étend dans une zone aride, à l'exception de la terre d'Arnhem*, au relief peu accentué sauf au S. dans les monts Macdonnell*. Son économie est caractérisée par l'élevage bovin au N. (exportation) et ovin aux alentours d'Alice Springs. Luzerne, riz, fruits et légumes dans la zone côtière. Les principales ressources minières sont le manganèse, le cuivre, le fer, l'or et une importante réserve de bauxite, de gaz naturel et d'uranium. Tourisme en expansion.

**NORD** n. m. [59] ♦ Dép. du N. de la France, région Nord-Pas-de-Calais. 5 743 km$^2$. 2 555 020 hab. CH.-L. : Lille. CH.-L. D'ARR. : Avesnes-sur-Helpe, Cambrai, Douai, Dunkerque, Valenciennes. Cour d'appel : Douai. Académie : Lille. → **Nord-Pas-de-Calais.**

**Nord** (canal du) ♦ Canal reliant l'Oise à la Scarpe, de Noyon à Douai (95 km) ; il permet une meilleure liaison entre les régions industrielles du Nord et de Paris, en dégageant le canal de Saint*-Quentin.

**Nord** (canal de la mer du) – en néerl. ***Noordzee Kanaal*** ♦ Canal inauguré en 1876, il part d'Amsterdam et occupe la largeur de l'embouchure de l'IJ (500 m) rejoignant le port d'IJmuiden sur la mer du Nord. Longueur : 24 km. À l'E., le canal est isolé de l'IJ par un barrage de 2 km de long sur 40 m de large.

**NORDEN** ♦ Région de l'Europe du Nord comprenant le Danemark, la Suède, la Norvège, la Finlande et l'Islande (dits traditionnellement *pays nordiques*). Ces cinq États sont regroupés au sein de la Coopération nordique et ils ont développé un marché commun de l'emploi, une libre circulation des individus et de nombreuses collaborations culturelles depuis les années 1950.

**NORDENSKJÖLD** ou **NORDENSKIÖLD (Adolf Erik,** baron) ◆ ÉTYM. du suéd. *norden* « Nord » et *skjöld* « bouclier » ♦ Naturaliste et explorateur suédois (Helsinki 1832 - Dalbjö, Lund 1901). Il fut membre ou chef de plusieurs expéditions dans les régions arctiques (1868, exploration du Spitzberg ; 1870, côte occidentale du Groenland ; 1872 - 1873, expédition vers le pôle Nord) et, avec Palander, à bord de la *Véga*, découvrit le passage maritime du Nord-Est (1878 - 1880). Outre le récit du « *Voyage de la Véga* » (tr. fr. 1883 - 1884), il a laissé des travaux de géographie historique. ♦ **Otto Nordenskjöld** ou **Nordenskiöld.** Explorateur suédois (Sjögelö 1869 - Göteborg 1928). Neveu du précédent. Il explora la Patagonie et la Terre de Feu (1895 - 1897 et 1920 - 1921), l'Alaska (1898), le Groenland oriental (1900 et 1909), l'Antarctique (1901 - 1903) et le Svalbard (ou Spitzberg, 1906).

**NORD-EST** (passage du) ♦ Passage maritime de l'Europe vers l'Asie par l'océan Arctique (au N. de la Sibérie) et le détroit de Béring. Les navigateurs tentèrent d'en trouver la route depuis le XV$^{e}$ s., notamment pour atteindre par mer la Chine et l'Inde. → **Barents, Willoughby** (XVI$^{e}$ s.), Hudson (XVII$^{e}$ s.), Behring (XVIII$^{e}$ s.). C'est A. Nordenskjöld* qui le reconnut en 1878 - 1880.

**NORDESTE** → **Brésil**

**NÖRDLINGEN** ♦ V. d'Allemagne (Bavière), au N.-O. d'Augsbourg, sur l'Eger, au cœur du Riess. 19 371 hab. Nombreux monuments médiévaux (XIV$^{e}$ - XVI$^{e}$ s.). Indus. textile ; mécanique de précision. ▌**Histoire** Victoire des Impériaux sur Bernard* de Saxe-Weimar qui commandait aux Suédois, au cours de la guerre de Trente* Ans (1634). Victoire de Condé* et de Turenne* sur le général bavarois Mercy* (1645).

**NORD-OUEST** (passage du) ♦ Passage maritime entre l'Atlantique Nord et le Pacifique, par l'archipel Arctique canadien, la mer de Beaufort, au N. de l'Alaska, et le détroit de Béring. Après de nombreux échecs, du XVI$^{e}$ au XIX$^{e}$ s. (désastre de l'expédition J. Franklin, 1845 - 1848), McClure* le franchit d'O. en E., mais après avoir abandonné son navire (1850 - 1854). Amundsen* réussit le premier à le franchir entièrement par voie maritime (1903 - 1906).

**NORD-OUEST (TERRITOIRES DU)** – en angl. ***Northwest Territories*** ♦ Partie septentrionale du Canada. → **Canada** (carte). 1 346 106 km$^2$. 41 464 hab. (Européens ; Inuits ; Indiens). Les Territoires comprennent les îles de la baie d'Hudson, de la baie d'Ungava et les îles arctiques. CAP. : Yellowknife. Les Territoires du Nord-Ouest sont gérés par le gouvernement fédéral. ▪ Les Territoires sont presque entièrement situés dans les zones subarctique et arctique ; au S., une zone de transition est couverte de forêts. Le climat (très variable) est toujours très rigoureux et continental : moyenne de janvier à mars autour de –27 °C près de Mackenzie ; dans l'Arctique, gel de septembre à juillet. Au N. du Grand Lac des Esclaves*, le sol est gelé en permanence. On peut distinguer quatre régions : montagnes à l'O. (Mackenzie, Franklin et Richardson) culminant à 2 773 m ; basses terres sédimentaires de la riv. Mackenzie*, parsemées de lacs → **Esclaves (Grand Lac des), Ours (Grand Lac de l')** ; Bouclier canadien dans le reste des Territoires, bordé par des montagnes et par une côte à fjords au N., enfin îles de l'Arctique (île de Baffin*, île Victoria*). ▪ Les ressources naturelles provenaient surtout de la faune ; mais les caribous, les bœufs musqués et les baleines ont été décimés depuis la fin du XIX$^{e}$ s. (de 2 000 000 à 200 000 caribous). La chasse aux fourrures (renards blancs, phoques) et la pêche produisent d'importants revenus ; l'agriculture est limitée au S. du district Mackenzie (céréales, légumes). Les forêts ne sont exploitées que dans la vallée du Mackenzie. Richesses minières : pétrole (Norman Wells), radium, argent, cuivre et uranium (Grand Lac de l'Ours |→ **Port Radium|**), or (Yellowknife), cuivre et zinc, exploités depuis 1966 (Pine Point). ▌**Histoire** La Compagnie de la baie d'Hudson céda la région au Canada en 1870, en même temps que le Yukon, l'Alberta, la Saskatchewan et le Manitoba. La frontière S. des territoires fut fixée au 60$^{e}$ parallèle (1912). En 1992, les revendications territoriales des Inuits aboutirent à la signature d'un accord entre les responsables inuits, fédéraux et territoriaux, pour la division des Territoires du Nord-Ouest et la création en avril 1999 d'un nouveau territoire, le Nunavut* (« notre terre »), doté d'un gouvernement distinct.

**Nord-Ouest (Compagnie du)** ♦ Compagnie rivale de celle de la baie d'Hudson*, fondée en 1787 à Montréal. Elle s'opposa violemment à sa rivale, avant de s'unir à elle en 1821. ▪ Mackenzie* explora le N.-O. du Canada pour son compte.

**NORD-OUEST (TERRITOIRE DU)** – en angl. ***North West Territory*** ♦ Ancien territoire des États-Unis (région des Grands Lacs et de l'Ohio) correspondant aux États suivants : Ohio, Indiana, Illinois, Michigan, Wisconsin, Minnesota. Devenu britannique en 1763, il fut attribué aux États-Unis par le traité de Paris (1783). Les difficultés suscitées par les Britanniques, qui s'appuyaient sur les tribus indiennes, aboutirent à la guerre de 1812. Le traité de Gand (1814) confirma la possession du territoire par les États-Unis.

**NORD-PAS-DE-CALAIS** n. m. ♦ Région administrative du N. de la France, comptant 2 dép. : Nord et Pas-de-Calais. 12 414 km$^2$ (2,3 % du territoire, 18$^{e}$ rang). 3 996 588 hab. (7 %, 4$^{e}$ rang). 5,5 % du PIB (4$^{e}$ rang). CH.-L. : Lille.

▌**GÉOGRAPHIE** Réunissant la Flandre et l'Artois, la région possède une image de « plat pays » qu'il faut nuancer. Les collines crayeuses de l'Artois (jusqu'à 200 m), doucement inclinées vers la Belgique et vers le rivage, sont un pays de campagnes ouvertes, que traversent les vallées de la Canche et de l'Authie. Celles-ci s'ouvrent à l'O. sur la « boutonnière » du Boulonnais. Cette extrémité plus relevée du bombement artésien s'achève en falaises abruptes aux caps Blanc Nez et Gris Nez. Vers l'E., les champs ouverts de la plaine faiblement ondulée du Cambrésis contrastent avec les ensembles variés, plutôt bocagers (100 - 150 m) que constituent la Thiérache et le Hainaut, aux belles forêts encadrant la Sambre et qui annoncent le massif des Ardennes. Au N.-O., la plaine de Flandre intérieure, formée d'argiles du tertiaire (50 - 80 m, 107 m en Pévèle), n'est interrompue que par des lignes d'arbres et une succession de « monts » sablonneux (Éperlecques, 96 m ; Cassel, 177 m ; des Cats,

Nord-Pas-de-Calais.

164 m) ; la Flandre maritime, nue, sillonnée de canaux, tardivement conquise sur la mer, s'en protège par un cordon de dunes. Partout le climat est frais, nébuleux, régulièrement humide (541 mm/an à Dunkerque, 1 000 mm en Artois).

**▮ POPULATION** La région du Nord et du Pas-de-Calais est depuis longtemps très peuplée : s'affirmant dès le Moyen Âge comme un carrefour commercial et un foyer d'industrie textile, elle est devenue naturellement le berceau de la révolution industrielle française grâce à ses gisements de houille et à ses traditions capitalistes. Comptant déjà 1 270 000 hab. en 1801, elle a connu une croissance exceptionnelle au XIXe s. : 2 027 000 hab. en 1861, 3 030 000 en 1911. Si la crise des industries traditionnelles a fait diminuer la population (4 197 551 hab. en 1968 ; 3 932 939 en 1982), une très légère reprise a toutefois été observée ensuite.

**▮ ÉCONOMIE ▮ Agriculture** Bien que légèrement sous-représenté dans l'emploi régional (2,3 % ; France : 2 %), ce secteur, qui associe en proportions égales les cultures et l'élevage, donne à la région le 1er rang pour les endives (220 000 t), le 2e rang pour la pomme de terre (près de 2 millions de t), le 3e rang pour la betterave sucrière (4,2 millions de t), le 6e rang pour le blé (1,9 million de t) et recense env. 700 000 bovins et 520 000 porcins. En dépit de la bonne productivité de ses exploitants, elle ne représente pourtant que 1,7 % du PIB régional. Elle est à l'origine d'une industrie agroalimentaire spécialisée dans le sucre (betterave), la bière (houblon) et la farine (blé), ainsi que dans la conserverie de poisson (Boulogne est le 1er port de pêche français pour le tonnage pêché et le 2e pour la valeur des prises). **▮ Industrie** Le Nord-Pas-de-Calais est une vieille région industrielle en crise mais ayant encore de solides atouts (6,3 % du PIB industriel). Au S., le «pays noir» s'étend de Béthune à Valenciennes : ses importants gisements houillers ont été largement exploités (1913 : 30 millions de t ; 1965 : 25 millions de t) mais sont maintenant abandonnés (1975 : 7,7 millions de t ; derniers puits fermés en 1990). Tout le bassin minier a traversé une crise profonde, dont témoignent les nombreuses friches industrielles et commerciales, qui ajoutent encore à l'âpreté du paysage. La sidérurgie, malgré ses efforts d'adaptation (regroupements, fusions, automatisation et gains de productivité) et de diversification, souffre d'une baisse constante de la demande nationale et internationale. Les reconversions sont difficiles à l'E. de la région, dans l'Avesnois et la vallée de la Sambre. Les secteurs du textile et de la construction navale sont, quant à eux, totalement sinistrés. Mais la région, au potentiel humain important et aux traditions industrielles fortes, lutte pour retrouver sa prospérité. Elle reste malgré tout au premier rang national pour l'acier et l'industrie lainière, et conserve une importante indus. du verre (les Verreries-Cristalleries d'Arques emploient plus de 10 000 personnes). Elle a su attirer les grandes entreprises automobiles (Douvrin, Cuincy, Valenciennes) et emploie encore 65 000 salariés dans les indus. métall. et mécanique (3e rang national). Elle compte quelques belles réussites dans les activités de distribution (Les 3 Suisses, La Redoute, Auchan), accueille une usine d'aluminium géante ultramoderne à Dunkerque (Pechiney), met en place un centre d'affaires à Lille (Euralille) et poursuit son développement universitaire (3 universités à Lille [4e ville de France pour le nombre des étudiants], une à Valenciennes, une à Dunkerque et une à Arras). Le tourisme se développe surtout avec la clientèle britannique. **▮ Communications et urbanisation** La région bénéficie aujourd'hui d'une excellente situation géographique au cœur de l'espace européen, à moins de 200 km de Londres, de Cologne, de Paris et d'Anvers, et à moins de 100 km de Bruxelles. Elle peut s'y affirmer comme un véritable carrefour, avec ses ports : Dunkerque (56,6 millions de t de marchandises en 2006 [3e port français]), Calais (11,6 millions de passagers en 2007 [1er]), Boulogne ; son réseau autoroutier (Paris-Lille-Anvers, Paris-Valenciennes-Bruxelles, Paris-Arras-Calais, Paris-Boulogne-Calais-Dunkerque) et transversal (Dunkerque-Valenciennes) et ses liaisons Eurostar Paris-Calais-Londres via le tunnel sous la Manche (8,28 millions de passagers en 2007), puis vers Bruxelles et Amsterdam, enfin vers Cologne. La reprise économique, malgré un taux de chômage encore élevé (10,5 % en 2007), est sans doute à l'origine de la légère remontée démographique des années 1980 et 1990. La région est l'une des plus urbanisées de France (86 % dans les aggl., 97 % dans les aires urbaines). Les densités rurales élevées et le semis très dense des villes (en particulier dans le dép. du Nord) donnent au peuplement une densité proche de celles de la Belgique et des Pays-Bas : 325 hab./km² (soit trois fois la densité française moyenne : 113 hab./km²). L'urbanisation du Nord-Pas-de-Calais prend une forme originale en France, avec ses conurbations, comme celle de Lille-Roubaix-Tourcoing-Villeneuve d'Ascq, ou ses habitats industriels qui ont progressivement incorporé d'anc. villages et petites villes en nébuleuses urbaines comme Lens-Liévin-Hénin-Liétard. Lille, la capitale régionale, affirme la suprématie que lui confère son rang de 4e ville française. Le réseau urbain s'organise en deux arcs : la ligne de villes méridionales, qui jalonnait à l'époque romaine l'itinéraire de Cologne à Boulogne par Bavay, Cambrai et Arras, a perdu de son importance au profit de celle, développée à l'époque médiévale et renforcée par la révolution industrielle, qui s'étend de Maubeuge et Valenciennes à Saint-Omer par Douai, Lens et Béthune. Plus au N., Armentières subit l'attraction de la métropole lilloise. La côte est également très urbanisée, avec Dunkerque, Calais et Boulogne. Seul le S.-O. de la région l'est moins, avec deux communes littorales vouées à la villégiature estivale : Berck, Étaples et Le Touquet-Paris-Plage. Héritière d'un passé très riche, la région est marquée par l'esprit d'entreprise et le renouveau économique, par l'attachement à la maison, toujours soigneusement entretenue et par la faible propension de ses habitants à quitter le pays, même en période de difficultés.

**NORE** (pic de) ♦ Point culminant de la Montagne* Noire (1 211 m), sur la limite des dép. de l'Aude et du Tarn. Relais de radiotélévision.

**NORFOLK** (duc **DE**) → **Howard**

**NORFOLK** n. m. ➝ ÉTYM. vieil angl. «le peuple *(folc)* du Nord *(°Nor)*» (→ aussi Suffolk) ♦ Comté du S.-E. de l'Angleterre, entre le golfe du Wash et la mer du Nord. 5 355 km². 796 733 hab. CH.-L. : Norwich. Région de plaines humides qui, drainées et amendées, comptent parmi les princ. régions céréalières et fourragères de Grande-Bretagne. Tourisme balnéaire sur le littoral.

**NORFOLK** ♦ V. des États-Unis (Virginie) près de l'extrémité de la baie de Chesapeake. 234 403 hab. dont 39 % de Noirs (zone urbaine 1 569 541 avec Newport News). Port (→ **Hampton Roads**). Indus., construc. navales.

**NØRGÅRD (Per)** ♦ Compositeur danois (Copenhague 1932). Élève de V. Holmboe puis de N. Boulanger*, il est sans doute la plus forte personnalité musicale du Danemark depuis Carl Nielsen*. Il est notamment l'auteur de *Constellations* pour 12 cordes (1958), de quatuors à cordes, de six symphonies (dont la n° 4 est inspirée des toiles et des écrits de l'artiste schizophrène suisse Adolf Wölffli, 1980 - 1981) et d'opéras (*Divine Circus*, 1982 ; *Nuit des hommes*, 1996). ➝ ÉTYM. Ce nom danois vient de *nord* «nord» et *gård* «enclos».

**NORGE (Georges MOGIN, dit Géo)** ♦ Poète belge d'expression française (Bruxelles 1898 - Mougins 1990). Restée à l'écart du formalisme des avant-gardes, la poésie de Norge n'en atteste pas moins l'impossibilité d'un retour au classicisme. Volontairement rude, usant de mots crus et de rythmes nerveux, son vers imite la diction populaire ou la chanson traditionnelle et puise à la source des expressions enfantines, argotiques ou dialectales (*L'Imagier*, 1942 ; *La Langue verte*, 1954 ; *Le Vin profond*, 1969 ; *Les oignons sont en fleurs*, 1980 ; *Le Stupéfait*, 1988 ; *Feuilles de chou*, 1989).

**NORILSK** ♦ V. de Russie, territoire de Krasnoïarsk en Sibérie orientale. 135 100 hab. Indus. métallurgique (cuivre, nickel). C'est la plus grande ville indus. à cette latitude.

**NORIQUE** n. m. – en lat. ***Noricum*** ♦ Anc. région de l'Europe centrale située entre le Danube au N., la Pannonie* à l'E. et la Rhétie* à l'O. Habitée par les Celtes tauriques, dont le centre principal était *Noreia* (Neumarkt), elle subit les invasions des Boïens* et des Gètes* et devint province romaine sous Auguste* (–16).

***Norma*** ♦ Opéra en 2 actes de V. Bellini* sur un livret de Felice Romani d'après Alexandre Soumet et Chateaubriand (Milan, 26 déc. 1831). L'action de cette tragédie à l'antique oppose, en Gaule, les druides à l'occupant romain. La cavatine *Casta diva*, invocation à la Lune de l'héroïne à l'acte I, est devenue le prototype du bel canto romantique.

**NORMAN (Jessye)** ♦ Cantatrice soprano américaine (Augusta, Géorgie 1945). Elle s'est illustrée autant dans le lied et la mélodie qu'à l'opéra.

**NORMANDIE** n. f. ➝ ÉTYM. anc. *Normannia* «le pays des hommes du Nord», du vx norv. *nordmann* «homme du Nord» ♦ Anc. province française dont les territoires correspondaient à ceux des actuelles régions de Haute*- et Basse*-Normandie. **▮ De la Lyonnaise romaine au duché de Normandie** Elle ne connut aucune unité jusqu'à la conquête romaine (–56). Elle était alors occupée par des peuples très variés, rattachés à la Belgique ou à la Gaule celtique. Les Romains en firent la Lyonnaise IIe au Ier s. Soumise par les Francs* (Ve s.), elle devait être rattachée à la Neustrie*. Les VIe et VIIe s. y furent marqués par l'essor du monachisme (Jumièges, Fécamp, Fontenelle fondée par saint Wandrille). L'unité politique fut concédée aux Normands (→ **Vikings**) par le roi de France au IXe s. Maîtres de la haute Normandie, ils conquirent peu à peu la basse Normandie, et le duché leur fut officiellement confirmé en 945. Ils pratiquèrent une politique d'alliance avec les Capétiens. Sous leur administration particulièrement ferme, le pays connut un redressement général : tandis que l'économie reprenait, les anc. abbayes furent relevées et de nouvelles furent fondées (Mont-Saint-Michel). **▮ De Guillaume le Conquérant à la guerre de Cent Ans** Malgré quelques révoltes, comme celle qui troubla les débuts du règne de Guillaume* le Conquérant, la féodalité s'organisa de façon presque parfaite et fut totalement mise au service du pouvoir central. Au XIe s., les Normands étaient en mesure de conquérir l'Angleterre. L'empire anglo-normand, menacé sous Robert* II Courteheuse qui se révolta contre son père Guillaume le Conquérant, avec l'aide du roi de France Philippe Ier, fut reconstitué sous Henri Ier Beauclerc, et la Normandie passa en même temps que l'Angleterre à la dynastie des Plantagenêts (XIIe s.). Cependant, dès le XIIIe s., Philippe* Auguste, après avoir échoué à

**Normandie.** La Manneporte à Étretat. *Phot.© Dorothée Claude/Fotolia*

s'emparer de la province sous Richard* Cœur de Lion, y parvint sous Jean* sans Terre, et Henri* III d'Angleterre devait renoncer officiellement à sa possession en 1259. Le pays conserva pourtant une certaine indépendance et contraignit par ses révoltes les rois de France à lui accorder une charte (1315), dont les clauses devaient rester en vigueur jusqu'au XVII^e s. : il disposait d'un tribunal, l'Échiquier, devenu parlement en 1515, et d'états provinciaux. La guerre de Cent* Ans en fit naturellement un de ses principaux champs de bataille et le rendit à l'Angleterre. ▮ **La Normandie française** Il ne devait être repris par Charles VII qu'en 1450, par la victoire de Formigny*. La restauration économique qu'il connut au XVI^e s. devait être interrompue par les guerres de Religion*. La Réforme avait rencontré un grand succès en Normandie, et, malgré l'émigration importante provoquée par la révocation de l'édit de Nantes*, le noyau protestant devait subsister. Le XVII^e s. fut néanmoins marqué par une grande prospérité (développement de l'industrie textile à Rouen, à Elbeuf, dans le Cotentin, faïenceries, forges), en contraste avec la misère du début du siècle (révolte des nu-pieds). Le développement du commerce maritime devait se poursuivre au XVIII^e s., tandis que s'amorçait la transformation agricole du pays vers l'élevage. Le particularisme trouva sa dernière expression avec l'insurrection des girondins*. ♦ ***Débarquement en Normandie*** À partir du 6 juin 1944, l'opération Overlord, sous le commandement du général Eisenhower*, consista à débarquer sur les côtes normandes entre Saint-Martin-de-Varreville (Cotentin) et Ouistreham (plages d'Utah, Omaha, Gold, Juno, Sword) 3 500 000 Américains, Britanniques et Canadiens (150 000 le premier jour, 1 000 000 au bout d'un mois) appuyés au début par 2 000 avions. Une préparation minutieuse, d'intenses bombardements stratégiques, la surprise (les Allemands attendaient le débarquement dans le Pas-de-Calais) permirent aux Alliés d'établir en six jours une tête de pont de 10 à 20 km. Tandis que les renforts affluaient (→ **Arromanches**) et que se déroulait la bataille pour Caen (pris le 9 juil.), les Américains coupaient en deux le Cotentin (chute de Cherbourg, 26 juin) et exploitaient le succès en direction de Saint-Lô. L'offensive de Bradley* (25 juil.) rompit le front allemand et par la «trouée d'Avranches» (ville prise le 31 juil.) déferla le raid de Patton* vers la Bretagne puis vers l'E. (libération de Paris par Leclerc*, 24 - 25 août). Cependant les Anglo-Canadiens, après la prise de Falaise (16 août) et l'encerclement, avec le concours de Patton, d'une partie de la VII^e armée allemande (19 août), progressaient parallèlement à la côte : ils atteignirent Abbeville (2 sept.) et Lille (3 sept.). Les 11 - 12 septembre, les forces d'Overlord firent leur jonction avec les forces franco-américaines d'Anvil (→ **Provence**) et l'assaut des Alliés contre l'Allemagne commença. → **Guerre mondiale (Deuxième).**

**NORMANDIE** (pont de) ♦ Pont à haubans qui franchit la Seine entre Honfleur et la zone industrielle du Havre (long. : 2 200 m ; hauteur des pylônes : 214 m). Inauguration en 1995.

**NORMANDIE (BASSE-)** → Basse-Normandie

**NORMANDIE (HAUTE-)** → Haute-Normandie

**Normandie-Niémen** (régiment) ♦ Formation aérienne de chasse appartenant aux forces françaises. Elle participa aux offensives de Russie Blanche et fut intégrée à une division aérienne soviétique de 1942 à 1945.

**NORMANDS** → Vikings

**NORNES** (les) ➝ ÉTYM. du vx norv. *norn* «furie, mégère» ♦ Divinités du destin dans la mythologie germanique. Ce sont trois femmes : Urd (connaissant le passé), Wertandi (le présent), Skuld (l'avenir). Elles se tiennent au pied de l'arbre Yggdrasil*, qu'elles arrosent avec l'eau de la fontaine Urd.

**NORODOM** ♦ Prince Ang Vodey (1835 - 1904). Roi du Cambodge sous le nom de Norodom (1860 - 1904), fils d'Ang* Duong. D'abord menacé par ses frères, il se réfugia au Siam, qui le rétablit sur son trône (1862). Pour échapper à cette tutelle, il plaça son royaume sous le protectorat de la France (1863). Il établit sa capitale à Phnom* Penh. Défendu par les Français contre des révoltés ambitieux et illuminés, il accepta difficilement le désir des autorités coloniales de réorganiser et de moderniser le pays. Il réussit à conserver la couronne jusqu'à sa mort.

**NORODOM SIHAMONI** ♦ Roi du Cambodge (Phnom Penh 1953). Il succéda à son père Norodom* Sihanouk en oct. 2004.

**NORODOM SIHANOUK** ♦ Souverain et homme d'État cambodgien (Phnom Penh 1922). Petit-neveu du roi Sisowath Monivong, il fut couronné en 1941 dans le cadre du protectorat français. Il réclama dès 1945 l'indépendance du pays, qu'il obtint en 1953. → **Cambodge.** Déçu par l'évolution du régime constitutionnel et démocratique instauré en 1947, il abdiqua (1955) en faveur de son père, Norodom Suramarit, pour se consacrer librement aux affaires politiques. Plusieurs fois Premier ministre, chef de l'État à la mort de son père (1960), il fit des réformes qui aboutirent à des difficultés économiques et sociales et se heurta aux rivalités des clans et à l'hostilité des intellectuels. En 1970, un complot lui retira le pouvoir au profit du général Lon* Nol. Réfugié à Pékin, il forma un gouvernement en s'alliant aux Khmers* rouges. Après la victoire de ceux-ci, il revint à Phnom Penh (1975), mais démissionna très vite et ne fut plus qu'un otage (1976). Échappé du Cambodge en 1979, il lutta contre le régime instauré par le Viêtnam, forma un gouvernement coalisant les trois tendances de la résistance (1982), puis négocia une entente entre les quatre factions, créa en 1991 un Conseil national suprême (CNS), dont il occupa la présidence. À la suite de l'accord de Paris (23 oct. 1991), il rentra à Phnom Penh et dut faire face à une situation difficile. Cependant l'Assemblée cambodgienne, issue des élections législatives de mai 1993, adopta en sept. de la même année une Constitution qui rétablit la monarchie et Norodom Sihanouk remonta sur le trône jusqu'en oct. 2004 où, gravement malade, il se retira. Son fils, Norodom* Sihamoni lui succéda.

**NORRIS (Frank)** ♦ Journaliste et romancier américain (Chicago 1870 - San Francisco 1902). Après des études à Paris et aux États-Unis, il devint le correspondant en Afrique du Sud du *San Francisco Chronicle.* Son roman *McTeague* (1899), illustration de la vie des taudis de San Francisco, fut remarqué pour son réalisme. Mais il fut consacré par les deux premiers volumes d'une «trilogie du blé» inachevée : *La Pieuvre* (1901) et *La Fosse* (posth. 1903), qui exposent les luttes des fermiers du Far West contre les trusts ferroviaires et les spéculations des boursiers de Chicago. *Vandover and the Brute* (posth. 1914) est l'étude naturaliste, puissante, mais outrée et extravagante, d'une dégénérescence. Norris a pris pour thèmes l'avarice, les instincts bestiaux, la violence et la sexualité. Influencé par R. Kipling et l'évolutionnisme, il fut l'un des plus vigoureux muckrakers*. Ses œuvres, où l'influence de Zola est sensible, ont été rassemblées en 10 volumes (1928).

**NORRISH (Ronald George Wreyford)** ♦ Chimiste britannique (Cambridge 1897 - *id.* 1978). Il mit au point avec G. Porter une méthode permettant d'étudier des phénomènes qui se déroulent en un dix-milliardième de seconde. Cette méthode est fondée sur la mise en présence de deux réactifs dans un état d'équilibre et sur le déclenchement de la réaction par un agent extérieur pendant un temps déterminé et extrêmement court. [Prix Nobel de chim. 1967, avec M. Eigen* et G. Porter]

**NORRKÖPING** ♦ V. et port du S.-E. de la Suède, sur la riv. Motalaström, au fond du fjord de Bråvike. 125 463 hab. Carrefour de communications (routier, ferroviaire, aérien et maritime) et ville industrielle : indus. du bois, construc. mécaniques, électronique.

**NORRLAND** n. m. ➝ ÉTYM. suéd. «pays du Nord» ♦ Région septentrionale de la Suède, s'étendant au N. de la Dalécarlie*. Grands espaces faiblement peuplés. Les ressources sont essentiellement tirées des forêts de résineux et de bouleaux, des gisements ferreux de Laponie.

**NORTH (Frederick),** 2^e comte **DE GUILFORD** et 8^e baron **NORTH** ♦ Homme politique britannique (Londres 1732 - *id.* 1793). Tory, Premier ministre en 1770 - 1782, il appliqua la politique de George* III qui aboutit à la guerre de l'Indépendance des colonies d'Amérique et dut se retirer en 1782, au moment où le roi se détournait des affaires. Il s'allia ensuite à Fox*, fit partie du cabinet de Portland et mena l'opposition contre Pitt*.

**NORTHAMPTON** ➝ ÉTYM. anc. *Hamtun, Northhantone* «propriété, ferme (près d'un manoir)», du vieil angl. *hām* «ferme» et *tūn* «village, endroit» ; *North* a été rajouté au XI^e s. pour la distinguer d'une ville homonyme, appelée dès lors *Southampton* ♦ V. du centre de l'Angleterre, ch.-l. du Northamptonshire, sur la Nene, entre Londres et Birmingham. 194 477 hab. Église du Saint-Sépulcre de forme circulaire (XII^e s.). ▪ Indus. du cuir et de la chaussure. Brasseries. Construc. mécaniques. **Histoire** Fondée par les Saxons, Northampton fut, en 1460, le siège de l'une des principales batailles de la guerre des Deux*-Roses, qui vit la victoire des partisans des York sur Henri VI et les Lancastre.

**NORTHAMPTONSHIRE** n. m. ← **ÉTYM.** angl. «comté *(shire)* de Northampton» ♦ Comté de l'Angleterre centrale. 2 367 km². 629 676 hab. CH.-L. : Northampton. L'industrie est concentrée sur les axes qui partent de Londres vers les Midlands et le Yorkshire. L'espace interstitiel est à vocation agricole.

**NORTH CAROLINA** → **Caroline du Nord**

**NORTH DAKOTA** → **Dakota du Nord**

**NORTHROP (John Howard)** ♦ Biochimiste américain (Yonkers, New York 1891 - Wickenberg, Arizona 1987). Cherchant à élucider la nature des enzymes et s'inspirant des travaux de J. Sumner* qui venait de cristalliser l'uréase, il parvint à obtenir la pepsine, puis la trypsine et la chymotrypsine, sous trois formes différentes ; il prouva ensuite, par étude de la cinétique chimique, que les protéines cristallisées sont bien des enzymes. Il effectua des travaux analogues avec les virus-protéines, montrant la possibilité de les cristalliser et établissant leur composition protéique. [Prix Nobel de chim. 1946, avec J. Sumner et W. Stanley*]

**NORTHUMBERLAND** (duc **DE**) → **Dudley (John)**

**NORTHUMBERLAND** n. m. ← **ÉTYM.** angl. «territoire de ceux qui vivent au nord de la rivière Humber» ♦ Comté du N.-O. de l'Angleterre, à la frontière de l'Écosse. 5 033 km². 307 186 hab. CH.-L. : Morpeth. Région de collines aux sols peu fertiles, utilisés par l'élevage ovin. Le Northumberland National Park est sur le flanc S. des monts Cheviot.

**NORTHUMBRIE** n. f. – en angl. ***Northumbria*** ♦ Royaume fondé au Ve s. par les Angles, au N. de l'Humber. Il atteignit son apogée sous les règnes d'Edwin* (617 - 632) puis d'Oswald* (635 - 642) et d'Oswy* (ou Oswiu) [642 - 670]. York*, métropole de la Northumbrie, propagea la civilisation chrétienne. La Northumbrie fut annexée par Egbert* le Grand, roi du Wessex (827).

**NORTON (Thomas)** ♦ Auteur dramatique anglais (Londres 1532 - Sharpenhoe, Bedfordshire 1584). En collaboration avec Thomas Sackville*, il est l'auteur de la première tragédie profane du théâtre anglais, *Gorboduc ou Ferrex et Porrex* (1560), œuvre composée dans l'esprit de Sénèque.

**NORT-SUR-ERDRE** [44390] ← **ÉTYM.** p.-ê. de l'anc. fr. *onor* «fief» ♦ Ch.-l. de cant. de la Loire-Atlantique, arr. de Châteaubriant. 5 885 hab. *(Nortais).*

## NORVÈGE

n. f. – off. ***royaume de Norvège*** ← **ÉTYM.** en bokmål ***Norge*** ; en nynorsk ***Noreg,*** du vx norrois *Norvegr* «chemin *(vegr)* du Nord *(noror)*» ♦ Pays de l'Europe du Nord, formant la bordure occidentale de la Scandinavie. Il comprend les îles Svalbard* et Jan* Mayen dans l'Atlantique nord, l'île Bouvet, l'île Pierre-Ier et la terre de la Reine*-Maud en Antarctique. 323 879 km² (métropole). 4 681 134 hab. *(Norvégiens)* (dont 30 000 Lapons et 2 % d'étrangers). LANGUES : norvégien, avec deux variantes, le bokmål («langue du livre»), le plus courant, et le nynorsk («nouveau norvégien»), utilisé aujourd'hui par 17 % de la population et souvent dans la littérature. RELIGION : luthérienne (en majorité). MONNAIE : couronne norvégienne. CAPITALE : Oslo. RÉGIME : monarchie parlementaire. Le royaume est divisé en 19 comtés *(fylke)* et 454 communes.

**GÉOGRAPHIE** Le pays s'étend sur 1 750 km de long et a 1 619 km de frontière avec la Suède. Le relief de la Norvège est particulièrement accidenté. Le pays, dominé par la chaîne de montagnes scandinave (maximum 2 470 m) qui occupe 62 % de sa superficie, possède très peu de plaines. Le climat est maritime : malgré les hautes latitudes, les hivers sont doux (au niveau des Lofoten la température moyenne du mois le plus froid descend à peine sous 0 °C). Le pays bénéficie du passage d'une dérive du Gulf Stream et même les ports du nord du pays (Bodø, Narvik, Tromsø) sont rarement pris par les glaces. Les précipitations sont très importantes le long de la côte, atteignant par exemple 2 000 mm/an à Bergen. Terre et eau sont largement imbriquées : le pays compte 165 000 lacs. La côte est très découpée et sa longueur est évaluée à 20 000 km. Les anciennes vallées glaciaires y ont formé des fjords souvent profonds et aux parois abruptes, d'une grande beauté, qui constituent le principal attrait touristique du pays (caractérisé parfois comme «une Suisse dans la mer») mais qui limitent les communications par voie de terre. Le transport maritime, traditionnellement privilégié, joue encore un rôle important (50 % des transports de marchandises). Le transport aérien s'est beaucoup développé et le trafic des lignes intérieures est supérieur à celui des autres pays du Norden*.

**POPULATION** La majeure partie de la population étant concentrée dans la région d'Oslo et le long du littoral du S.-O., les régions du Nord ont tendance à se dépeupler. Les pouvoirs publics favorisent le maintien de la population dans ces régions périphériques par

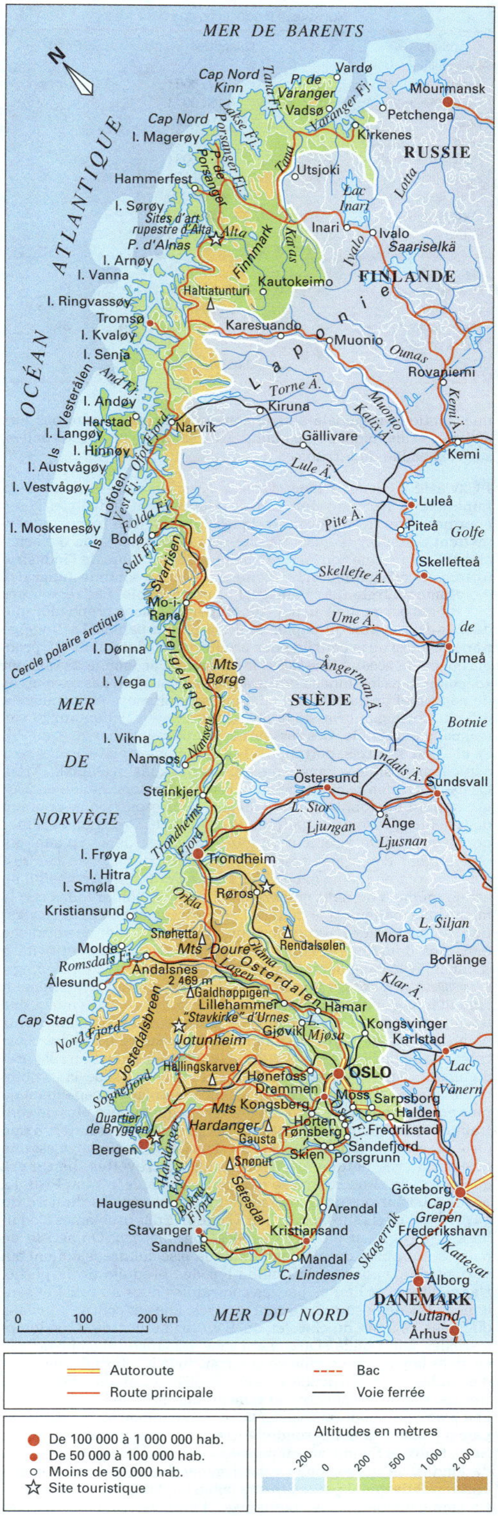


**Norvège.**

Norvège ▮ Productions en 2008

| Produits | Quantités | Rang |
|---|---|---|
| ▮ Agriculture | | |
| Avoine | 280 000 t | 18e |
| Blé (2009) | 460 000 t | |
| Bois | 9 000 000 m³ | |
| Orge | 500 000 t | |
| Pommes de terre | 400 000 t | |
| Bovins (têtes) | 900 000 | |
| Ovins (têtes) | 2 200 000 | |
| Porcins (têtes) | 800 000 | |
| Pêche | 3 300 000 t | 12e |
| ▮ Mines et énergie | | |
| Fer | 620 000 t | |
| Gaz naturel | 99 000 000 000 m³ | 5e |
| Houille | 3 000 000 t | |
| Hydroélectricité | 140 TWh | 6e |
| Nickel (2006) | 1 000 t | |
| Pétrole | 116 000 000 t | 12e |

une politique régionale active, comportant des subventions aux activités économiques et le maintien de services, en petites unités, sur l'ensemble du territoire.

**▮ ÉCONOMIE ▮ Industrie ▮ *L'hydroélectricité*** Avec un sous-sol pauvre en minerais, la Norvège doit son développement industriel à ses énormes potentiels hydroélectriques. Ses aménagements lui permettent d'assurer la quasi-totalité de sa consommation d'électricité et l'ont rendue concurrentielle pour les secteurs de l'industrie fortement consommateurs d'énergie : électrochimie (engrais), électrométallurgie (ferro-alliages) et pétrochimie. Les ressources forestières permettent au pays d'occuper une place prépondérante dans la fabrication du papier et de la pâte à papier. La Norvège importe aussi de la bauxite pour produire de l'aluminium (1er prod. européen en 2006). **▮ *Le pétrole et le gaz naturel*** L'économie a vraiment « décollé » dans les années 1970 grâce à l'exploitation des ressources de pétrole et de gaz naturel : depuis, sa croissance économique a été plus forte que celle de la plupart des pays occidentaux et son chômage plus faible. Ces ressources contribuent pour 20 % au PIB et pour 50 % aux exportations. Les principales plateformes sont actuellement situées dans la mer du Nord : Ekofisk*, Gullfaks, Troll, Oseberg, Ormen Lange et Snorre. Frigg a été démantelée en 2004 et Statfjord ne donne plus que du gaz. La prospection se poursuit dans la mer de Norvège (pétrole de Heidrun et Draugan) et la mer de Barents (où le gisement de gaz Snøhvit est déjà exploité) qui recèleraient d'énormes réserves. Les industries liées à ces ressources sont en pleine expansion. **▮ *Les autres secteurs industriels*** Il en est de même d'un petit nombre d'activités de pointe telles que la micro-informatique et le matériel de communication et de navigation. La plupart des autres secteurs industriels sont en revanche dans des domaines à faible croissance et leur compétitivité a diminué avec l'augmentation des salaires et des prix en Norvège. **▮ *Les industries et activités liées à la mer*** L'industrie navale, traditionnellement importante, a souffert de la crise mondiale, mais moins que d'autres pays car la construction de plateformes et d'équipements pour l'extraction pétrolière en mer a remplacé en partie les constructions de navires. Les activités liées à la mer jouent un rôle prédominant dans la vie économique et le pays possède la 3e flotte mondiale. Les pavillons de complaisance remplacent cependant de plus en plus souvent le pavillon norvégien qui impose plus de contraintes, et les activités maritimes ont globalement souffert d'une forte régression depuis 1980. **▮ Pêche et agriculture** La Norvège est une des premières nations de pêche (morue, crevettes, lieu noir), quoique celle-ci ne contribue que pour moins de 1 % au PNB. La pêche joue surtout un rôle essentiel dans les régions du nord du pays ; toutefois, la surexploitation a conduit à des problèmes d'équilibre écologique et plusieurs espèces ont disparu. On assiste en outre à un rapide développement de la pisciculture (saumon) qui permet de compenser la diminution des produits de la pêche. L'agriculture est limitée par les contraintes dues au relief et seulement 3 % de la superficie sont cultivés. Elle est concentrée dans quelques régions du S.-E. et du S.-O. et autour de Trondheim (céréales, lait, viande). Largement subventionnée, elle joue un rôle clé dans la politique régionale et a contribué à l'effort de maintien d'un milieu rural particulièrement vivant. L'exploitation forestière, très restructurée, concerne 20 % de la superficie du pays et occupe une place prépondérante dans la vie économique (exportation de pâte à papier, pâte à la soude). **▮ Échanges** À l'exception des géants Norskhydro et Statoil, aux dimensions internationales, la structure de l'industrie norvégienne est en général caractérisée par des unités relativement petites et une faible implantation à l'étranger. Comme celle de tous les petits pays, l'économie norvégienne est cependant dépendante du marché international. Ses principaux partenaires sont la Grande-Bretagne, la Suède, l'Allemagne et les autres pays européens. 18 % de ses échanges se font avec les pays en voie de développement. Relativement à sa taille, la Norvège est un des pays qui consacrent le plus d'efforts à l'aide extérieure (1,1 % de son PIB). Le niveau de vie est parmi les plus élevés du monde. Son PNB est au 2e rang mondial, après le Luxembourg (2007) ; il dépasse celui de la Suède, mais les réformes sociales y sont un peu moins avancées. Elles se sont cependant beaucoup développées ces dernières décennies avec une volonté marquée de faire bénéficier l'ensemble du pays des revenus tirés du pétrole : amélioration des retraites et de la sécurité sociale, allongement des vacances, notamment.

**▮ HISTOIRE ▮ Des Vikings à l'Union de Kalmar** L'histoire de la Norvège ne commence à être connue qu'à partir du IXe s., quand les Vikings* partirent des côtes O. de la Scandinavie pour des expéditions dans toute l'Europe. Les petits royaumes qui la composaient alors furent unifiés pour la première fois par Harald* Ier Hårfager en 872, puis christianisés au XIe s. par Olav* II le Saint. La victoire des Anglais et des Danois sur Olav (Stiklestad, 1030) ouvrit une période d'anarchie qui ne devait prendre fin qu'en 1201, avec le roi Sverre. Le XIIIe s. vit l'apogée de la Norvège qui se trouva, sous Haakon* IV, à la tête d'un vaste empire s'étendant sur le Groenland et l'Islande et disposant d'une organisation et d'une culture très en avance par rapport au reste de la Scandinavie. Bon nombre de sagas remonteraient à cette époque, qui marqua aussi la première floraison de la peinture norvégienne, sous forme d'*antependia* (parements d'autel), et l'apogée de la construction des églises en bois sculpté. Le déclin s'amorça dès le XIVe s. : le commerce de la mer du Nord fut assuré par les Allemands, et la Hanse* contrôla toute l'économie, tandis que la peste noire ravageait le pays qui, à la suite de mariages et de successions, passa à la Suède avec Magnus* Eriksson, puis au Danemark avec la reine Marguerite* (1363), avant d'entrer dans l'Union de Kalmar* (1397). → **Danemark, Suède.** **▮ La domination danoise** La rupture de cette union, en 1523, n'amena pas l'indépendance de la Norvège, mais la plaça sous la domination de fait du Danemark, qui allait durer pendant trois siècles. Ce pays imposa en effet à la Norvège le luthéranisme et la contraignit, du fait de ses échecs militaires, à céder successivement à la Suède le Jämtland et l'Härjedalen (Brömsebro*, 1645) et le Boshuslän (Roskilde*, 1658). Le renouveau culturel et économique que la Norvège connut alors devait être interrompu par les guerres napoléoniennes et le blocus anglo-suédois qui répondit au blocus* continental. **▮ La domination suédoise** Le traité de Kiel (1814) marqua le passage à la domination suédoise, imposée par Bernadotte, et la fin de celle du Danemark qui avait pourtant tenté de l'empêcher en émancipant la Norvège par l'établissement d'un parlement, le *Storting*, et de la constitution la plus libérale de l'époque, la constitution d'Eidsvold (1814). Celle-ci devait être respectée par la Suède et assurer au pays une certaine indépendance. **▮ L'indépendance** Cependant, la montée du sentiment national amena en 1905 la rupture définitive de l'union avec la Suède et l'avènement au trône de Norvège de Haakon* VII (1905 - 1957), auquel succédèrent Olav V (1957 - 1991), puis Harald V. Les écrivains et les artistes ne furent pas étrangers à ce regain de patriotisme. Rejetant tour à tour la culture danoise, plus urbaine et plus raffinée, leur propre tradition populaire, réaliste et fruste, ou encore le puritanisme hérité d'un protestantisme rigide, ils forgèrent entre 1860 et 1930 un art original, marqué à la fois par la tentation mystique et un naturalisme romantique. Ibsen*, ardent défenseur de la liberté nationale, s'attaqua aussi à l'institution du mariage ; son ami

**Norvège.** © *PhotoDisc*

et rival, B. Bjørnson*, se fit le chantre de la condition paysanne, tous deux étant soutenus dans leur recherche d'un art authentique norvégien par le compositeur Edvard Grieg*. Plus tard, Knut Hamsun* exalta le primitivisme, tandis que Sigrid Undset* stigmatisa l'émancipation des femmes. Le peintre Munch* est, avec Ibsen et G. Vigeland, l'élève de Rodin, celui qui sut le mieux exprimer les tourments personnels et les angoisses collectives. Peut-être faut-il aussi voir dans cette éclosion culturelle une réponse à la forte expansion économique, industrielle et sociale (suffrage universel dès 1898) que connut le pays pendant le XIX^e s. **▮ Les deux guerres mondiales** La Norvège parvint à maintenir sa neutralité en 1914, mais l'importance stratégique de ses côtes et de Narvik amena l'occupation allemande en 1940. Malgré la formation d'un gouvernement de collaboration sous la direction de Quisling*, la résistance fut très active dans l'ensemble de la population. → **Guerre mondiale (Deuxième).** **▮ L'alternance politique** Après la guerre, les travaillistes, qui avaient exercé le pouvoir depuis 1935, le retrouvèrent. Ils furent battus aux élections en 1965 et, depuis cette date, on assiste à une alternance entre ces derniers et des coalitions des 4 partis non socialistes (conservateurs, centristes, chrétiens populaires, libéraux), sans que soient modifiées les options fondamentales du pays, qui avait adhéré à l'Otan (1949) sans admettre la présence de troupes étrangères et au Conseil nordique (1957). Cependant, tout comme celle de 1972, la demande d'adhésion à l'Union européenne présentée en 1992 a dû être retirée, une majorité de Norvégiens s'étant prononcée contre lors du référendum de 1994. La travailliste Gro Harlem Brundtland*, nommée Premier ministre en1990, le resta malgré cet échec jusqu'à sa démission en 1996. Les travaillistes furent encore au pouvoir jusqu'en 1997 puis de 2000 à sept. 2001 et depuis 2005 avec Jens Stoltenberg à la tête d'une coalition (centristes, socialistes, travaillistes) dont le programme met l'accent sur la politique environnementale.

---

**NORVILLE (LA)** [91290] → ÉTYM. du germ. *Nodhari*, n. de pers., et suff. *-iacum*, et du lat. *villa* «domaine» ♦ Comm. de l'Essonne, arr. de Palaiseau, banlieue S.-E. d'Arpajon. 3 944 hab.

**NORWICH** → ÉTYM. vieil angl. «village *(wīc)* du Nord *(Nor)*» ♦ V. d'Angleterre, ch.-l. du Norfolk, sur le Wensum. 121 553 hab. Cathédrale mêlant les styles roman et gothique primitif; églises et maisons anc. Université. Centre commercial et marché agricole. Construc. mécaniques, indus. agroalimentaires, imprimeries. **▮ Histoire** L'anc. *Nordwic*, fondée par les Angles, connut au Moyen Âge une grande prospérité. Rattachée au royaume d'East Anglia, elle fut, à partir de 1094, une riche ville épiscopale qui s'enrichit dans le travail de la laine développé par des immigrants flamands et hollandais entre le XIV^e et le XVI^e s.

**NORWID (Cyprian Kamil)** ♦ Poète, auteur dramatique, peintre et sculpteur polonais (Laskowo-Głuchy, près de Varsovie 1821 - Paris 1883). Après ses débuts de poète à Varsovie (1840), il quitta la Pologne pour l'Italie (1842) où il étudia la peinture et la sculpture avant de s'établir à Paris en 1849. Solitaire et méconnu, vivant de ses dessins, il écrivit un dialogue philosophique en vers sur le rôle de la beauté et de la vérité dans l'art, *Promethidion* (1851), des poèmes, *Le Piano de Chopin* (1863), *Poésies* (1863) et *Vade mecum* (1865 - 1866) ainsi que des drames où il évoqua le passé de la Pologne (*Wanda*, 1851) et de l'Égypte antique (*Cléopâtre*, 1870 - 1872). Très intellectuelle, l'œuvre de Norwid, où le lyrisme masqué et l'ironie romantique s'expriment par des symboles d'une extrême profondeur, fut redécouverte par l'éditeur Zenon Przesmycki (1861 - 1944). Elle est considérée aujourd'hui comme l'un des sommets de la littérature polonaise.

**Nosferatu le vampire** – en all. ***Nosferatu, eine Symphonie des Grauens*** ♦ Film allemand de F. W. Murnau* (1922). Le comte Orlock, alias Nosferatu, sort de son cercueil à la nuit tombée pour sucer le sang des humains. Un jeune homme va lui rendre visite, dans son château des Carpates. Toutes sortes de calamités vont s'ensuivre. Il s'agit d'une adaptation (non créditée) de *Dracula*, le roman de Bram Stoker, la première et la plus riche de sens. Le fantastique imprègne chaque décor, chaque image, et n'est jamais artificiel. Murnau a eu le génie de tourner presque entièrement en extérieurs, en Slovaquie, en Silésie et dans des ports de la Baltique. Il en résulte une impression d'angoisse métaphysique, qu'aucune autre version n'est parvenue à retrouver (Werner Herzog* s'y est essayé, en 1979, avec son *Nosferatu, fantôme de la nuit*). Les surréalistes ont toujours voué un culte au film de Murnau, et fait un sésame de ce simple sous-titre : «Quand il eut passé le pont, les fantômes vinrent à sa rencontre».

**NOSKE (Gustav)** ♦ Homme politique allemand (Brandebourg 1868 - Hanovre 1946). Membre du Parti social-démocrate allemand, il ordonna et organisa la répression de l'insurrection spartakiste (→ **Liebknecht, Luxemburg**). Ministre de la Reichswehr (1919), il se retira après l'échec du putsch de Kapp* et du général von Lüttwitz qu'il avait soutenu (1920).

**NOSSACK (Hans Erich)** ♦ Écrivain allemand (Hambourg 1901 - *id.* 1977). Les nazis lui interdirent de publier à partir de 1933. En 1943, tous ses manuscrits brûlèrent dans un bombardement. Son œuvre (poèmes, drames, romans : *Interview avec la mort*, 1948 ; *Spirale*, 1956 ; *Le Frère cadet*, 1958 ; *Avant la dernière révolte*, 1961) traite dans un style clair et sobre des thèmes qui mêlent le réalisme au fantastique.

**NOSTRADAMUS (Michel DE NOSTRE-DAME, dit)** → ÉTYM. mauvaise latinisation de *Notre-Dame* ou «ce qui est nôtre *[nostra]* nous le donnons *[damus]*» ♦ Médecin et astrologue français (Saint-Rémy-de-Provence 1503 - Salon 1566). Soignant la peste à Aix-en-Provence, il découvrit dans les rats l'agent de la contagion ; il devint le médecin de Charles IX. Il est célèbre par ses prédictions : *Centuries astrologiques* (1555).

**NOSY BE** ou **NOSSY BE** ♦ Île malgache, située au N.-O. de Madagascar dans le canal du Mozambique. 388 km². Env. 30 000 hab. CAP. : Hellville. Elle est volcanique et son climat équatorial, soumis à la mousson de l'océan Indien, est favorable à la culture de la canne à sucre, des épices (vanille, poivrier) et des plantes à parfum (ylang-ylang). ▪ Station océanographique. Tourisme.

**notables (Assemblée de)** ♦ Assemblée, composée essentiellement de privilégiés, qui se réunit le 22 fév. 1787. Les difficultés financières et la menace de banqueroute (en partie consécutive à la participation de la France à la guerre de l'Indépendance de l'Amérique) avaient poussé Calonne* à en décider la réunion le 29 déc. 1786. L'Assemblée se montra hostile aux projets de réformes fiscales (→ **Loménie de Brienne**). Une seconde Assemblée fut convoquée par Necker* (nov. 1788).

**NO T'AEU** → **Roh Tae-woo**

**NOTEĆ** n. f. ♦ Riv. de Pologne (388 km) qui prend sa source en Cujavie, traverse le lac Gopło (24 km de long, 2 340 ha) et rejoint la Warta (rive d.) par un canal artificiel de 32 km.

**NOTHOMB (Amélie)** ♦ Romancière belge d'expression française (Kobe 1967). Tout à la fois comiques et violents, parfois tragiques, ses romans témoignent d'une réflexion personnelle sur des sujets à caractère psychologique et social. L'expérience de l'amour absolu occupe une place centrale dans son œuvre (*Hygiène de l'assassin*, 1992 ; *Les Combustibles*, 1994 ; *Les Catilinaires*, 1995). *Stupeur et Tremblements* (1999, porté à l'écran par A. Corneau en 2003), *Métaphysique des tubes* (2000), qui se déroulent au Japon où elle est née, *Le Sabotage amoureux* (1993) ou *Robert des noms propres* (2002), sont largement autobiographiques. → ÉTYM. *Nothomb* est un nom de lieu en Belgique (commune d'Attert).

**NOTKER III l'Allemand *[Teutonicus]* ou le Lippu *[Labeo]*** ♦ Écrivain et bénédictin suisse (en Thurgovie v. 950 - Saint-Gall 1022). Il passa la plus grande partie de sa vie au couvent de Saint-Gall qui était alors l'un des foyers de la culture humaniste. Auteur de traductions en allemand et de commentaires de *La Consolation de la philosophie* de Boèce, des *Noces de Philologie et Mercure* de Martianus Capella et du *Psautier*, il fut l'un des premiers à faire de l'allemand une langue littéraire et philosophique.

**NOTRE-DAME-DE-BEL-AIR** ♦ Point culminant des monts du Menez (Côtes-d'Armor) à 340 m, où s'élève une chapelle (fin XIX^e s.).

**NOTRE-DAME-DE-BELLECOMBE** [73590] ♦ Comm. de la Savoie, arr. d'Albertville au-dessus de l'Arly. 510 hab. *(Bellecombains)*. Station d'été et de sports d'hiver (1 134 - 2 030 m).

**NOTRE-DAME-DE-BONDEVILLE** [76960] → ÉTYM. *Bondeville* «domaine (lat. *villa*) de Bonido (n. de pers. germ.)» ♦ Ch.-l. de cant. de la Seine-Maritime, banl. N.-O. de Rouen. 7 652 hab. *(Bondevillais)*. Indus. pharmaceutique.

**NOTRE-DAME-DE-GRAVENCHON** [76330] → ÉTYM. *Gravenchon*, anc. n. du village, p.-ê. du nordique «lieu des graviers» ♦ Comm. de la Seine-Maritime, arr. du Havre, sur la Seine. 8 618 hab. *(Gravenchonnais)*. Raffinerie de pétrole à Port-Jérôme et Gravenchon.

**NOTRE-DAME-DE-LORETTE** ♦ Colline de l'Artois (Pas-de-Calais) qui fut reprise aux Allemands en mai 1915 au cours de la bataille de l'Artois. Cimetière national de 20 000 tombes.

**Notre-Dame de Paris** (cathédrale) ♦ Église métropolitaine de Paris, située dans l'île de la Cité*. Entreprise par l'évêque Maurice de Sully en 1163, elle fut terminée dans son gros œuvre en 1245 ; mais on travailla à l'édifice jusqu'en 1345, et l'évolution du style (des débuts de l'art gothique à son épanouissement) est sensible dans l'architecture comme dans la statuaire. Viollet*-le-Duc restaura le monument de 1845 à 1864, effaçant les déprédations subies notamment durant la Révolution et rétablissant la flèche centrale (90 m). Dominant un vaste parvis, la façade occidentale présente une ordonnance d'une grande clarté. Les deux tours quadrangulaires sont reliées à leur base par une élégante galerie à jour ; au-dessous, la grande rose, flanquée de deux baies géminées, puis la galerie des Rois, surmontant les trois portails ; celui du Jugement, le plus important, est encadré par le portail de la Vierge (au N.) et celui de Sainte-Anne (au S.). Jadis polychromes, d'innombrables statues et reliefs, illustrant l'Histoire sainte, représentent les signes du zodiaque et les travaux des mois ou symbolisent les vertus et les vices, répartis autour des vantaux ornés de pentures en fer forgé. Long de 130 m (sur 48 m de large), l'intérieur s'élance de 35 m sous la voûte d'ogive ; encadrée de doubles collatéraux, eux-mêmes surmontés de tribunes qui se poursuivent autour du chœur et de l'abside. La nef est entourée de vingt-neuf chapelles logées entre les contreforts et construites de 1296 à 1320 par Pierre* de Chelles. Son père Jean* de Chelles, assisté de Pierre* de Montreuil, ouvrit aux branches du transept les deux roses qui conservent en partie, comme celle de la façade, leurs vitraux du XIII^e s. Autour du chœur subsistent quelques bas-reliefs de la clôture de pierre due à Jean Ravy (XIV^e s.), auteur également des arcs-boutants de 15 m de volée qui entourent le chevet de la cathédrale.

**Notre-Dame de Paris** ♦ Roman de V. Hugo* (1831) qui évoque un Moyen Âge pittoresque, représentatif de l'engouement du romantisme pour le «gothique». Pour ressusciter le Paris de Louis XI, l'auteur, après s'être livré à des recherches historiques, recrée la «couleur locale» par la force de son imagination et brosse de grandioses fresques des masses populaires (la Cour* des Miracles, au XV^e s.) ou revient sans cesse à la cathédrale, monde architectural et Bible vivante. Les personnages ne sont que les éléments de cet ensemble : associant le sublime et le grotesque, V. Hugo oppose en antithèses puissantes le prêtre maléfique, Frollo, au monstre bénéfique, Quasimodo*, principaux personnages du drame dont la jeune bohémienne Esméralda est la victime, illustrant la fatalité des passions.

**NOTTINGHAM** ➝ ÉTYM. anc. *Snotengaham* «la prairie, le village de la famille de Snot», du vieil angl. *tūn* «ferme» et *ham* «village» [la perte de la lettre *S* est due à l'influence normande] ♦ V. d'Angleterre, ch.-l. du Nottinghamshire, sur la Trent. 266 995 hab. La ville garde quelques monuments de son passé médiéval. Univ. Grand centre industriel dont l'origine est due à la houille de la vallée de la Trent. Les industries sont diversifiées : cycles (Raleigh), chimie, produits pharmaceutiques, construc. mécaniques. Mais les restructurations qui affectent l'industrie britannique ont touché la ville, révélant une certaine fragilité de la base économique, mal relayée par le développement insuffisant des activités tertiaires. L'influence régionale de Nottingham est fortement concurrencée par celle de Leicester.

**NOTTINGHAMSHIRE** n. m. ➝ ÉTYM. angl. «comté *(shire)* de Nottingham» ♦ Comté du centre de l'Angleterre. 2 164 km². 748 503 hab. CH.-L. : Nottingham. Pays de forêts dont la plus célèbre est la forêt de Sherwood où s'illustra Robin des Bois. Si le Nottinghamshire est fortement industrialisé, la part de l'agriculture n'est pas négligeable dans l'occupation du sol.

**NOUADHIBOU** ➝ ÉTYM. zénagui «longue presqu'île» – anc. ***Port-Étienne*** ♦ Port de la Mauritanie sur la rive E. de la presqu'île du cap Blanc, fermant la baie du Lévrier. Il est relié par la seule voie ferrée du pays (675 km) aux gisements de la kedia d'Idjil. 72 337 hab. Pêche. Ensemble indus. (frigorifiques et conserveries). Aéroport international.

**NOUAKCHOTT** ➝ ÉTYM. zénagui *inwakchuz*, de *in* «l'endroit» et *akchuz* «coquillage» (la ville repose sur une couche aquifère riche en coquillages) ♦ Cap. de la République islamique de Mauritanie, fondée en 1958 aux portes du désert, près de la côte atlantique (on l'a surnommée la «Brasília des sables»). 600 000 hab. *(Nouakchottois)*. En 1986 y a été inauguré le premier port en eau profonde du pays, construit par la Chine. Centre administratif et commercial. Usine de dessalement d'eau de mer.

**NOUGARO (Claude)** ♦ Auteur, compositeur et interprète français (Toulouse 1929 - Paris 2004). Qu'il chante sa ville natale *(Toulouse)*, l'amour *(Cécile, ma fille)* ou le jazz *(le Jazz et la Java, Armstrong)*, ce fils de baryton swingue sur les mots et la musique intégrant avec un même bonheur différents styles musicaux notamment brésilien *(Bidonville)* ou rock *(Nougayork)*.

**NOUGÉ (Paul)** ♦ Écrivain belge d'expression française (Bruxelles 1895 - *id.* 1967). Figure de proue du surréalisme bruxellois, il lança en 1924, avec Camille Goemans et Marcel Lecomte, les tracts de la revue *Correspondance* (1924 - 1926), où se trouvaient parodiées les célébrités littéraires du moment. Contre les surréalistes français et les facilités de l'écriture automatique, ce biochimiste de formation, admirateur de Valéry, allait défendre, dans ses écrits théoriques (*Histoire de ne pas rire*, édité en 1956) et dans son œuvre poétique (*L'expérience continue*, édité en 1966), la rigueur des constructions maîtrisées. À l'instar des tableaux de Magritte*, avec qui Nougé collabora étroitement à partir de 1927, ses poèmes dénoncent partout les pouvoirs du langage en se servant de formes usuelles et d'exemples stéréotypés, habilement transposés (*Clarisse Juranville*, 1927).

**NOUKOUS** ♦ V. d'Ouzbékistan, cap. de la Karakalpakie, sur le delta de l'Amou-Daria. 199 000 hab. Indus. alimentaire et textile.

**NOUMÉA** ➝ ÉTYM. de *Ndumbea*, n. de peuple ♦ Ch.-l. de la Nouvelle-Calédonie, fondé en 1854 sur une presqu'île à l'extrémité S.-O. du pays, sur la mer de Corail, au fond d'une rade. 65 110 hab., soit environ la moitié de la population du pays. Une nouvelle ville, Dumbéa-sur-Mer, s'est créée au nord de Nouméa pour absorber la croissance de la population. Institut français d'Océanie à proximité. Centre culturel Tjibaou (réalisé par R. Piano*). Port. Centre administratif, commercial et indus. Le nickel est traité dans les environs, à Doniambo (fonderies et production de sulfure de nickel, alimentées en énergie par la centrale de Yaté*). Usines de conserves de viande. Bois.

**NOUREÏEV** ou **NOUREEV (Rudolf)** ➝ ÉTYM. «fils de Nouri» (de l'ar. *nūriyy* «lumineux»), n. sous lequel fut enregistré par erreur son père, dont le vrai nom était Fasli (n. tartare) ♦ Danseur et chorégraphe d'origine soviétique, naturalisé britannique puis autrichien (dans le Transsibérien, près d'Irkoutsk 1938 - Paris 1993). Danseur étoile de la troupe du théâtre Kirov de Leningrad, il fit sa première apparition en Europe occidentale à la tête de cette compagnie (Paris, 1961). Danseur d'élévation d'une exceptionnelle virtuosité, il interpréta notamment *Le Lac des cygnes* et *La Bayadère*. Son triomphe l'incita à demeurer en Occident. Engagé par le marquis de Cuevas, il commença une carrière internationale. Invité à Covent Garden, il y fut le partenaire de Margot Fonteyn (*Marguerite et Armand*, 1963). Directeur de la danse à l'Opéra de Paris (1983 - 1989), il y fut ensuite chorégraphe (*Roméo et Juliette*, 1991 ; *La Bayadère*, 1992). Il a fait des apparitions au cinéma (*Valentino* de K. Russel, 1977 ; *Exposed* de J. Toback, 1982).

Rudolf **Noureïev.** Noureïev dans *Apollon musagète* de Stravinski, chorégraphie de Balanchine, au Palais des Sports de Paris. *Phot. © Bernand*

**NOURISSIER (François)** ♦ Écrivain français (Paris 1927). Critique littéraire et essayiste, il est l'auteur d'une œuvre romanesque qui constitue, notamment avec la trilogie *Un malaise général* (*Bleu comme la nuit*, 1958 ; *Un petit bourgeois*, 1964 ; *Une histoire française*, 1966), une sorte d'autobiographie indirecte, marquée par un constant souci de lucidité, mêlant l'évocation transposée des souvenirs d'enfance, la réflexion sur la création et la chronique sociale et amoureuse. On lui doit également *Le Maître de maison* (1968) et *L'Empire des nuages* (1981). [Acad. Goncourt 1977 - 2008 ; président 1996 - 2002] ➝ ÉTYM. Ce nom de famille signifie «nourricier».

**NOURISTAN** ou **NŪRISTĀN** n. m. ➝ ÉTYM. «pays de la lumière [de la foi]» ♦ Nom donné à l'anc. Kafiristan après sa conquête et son islamisation par les Afghans en 1896. 112 000 hab. *(Nouristanis)*. Il se compose d'un réseau de vallées descendant du versant S. de l'Hindū* Kush dans lesquelles la population vit dans de gros villages s'étageant entre 1 400 et 2 950 m d'alt. Les habitants ont conservé un fort particularisme culturel (langues, croyances, architecture, artisanat du bois, division du travail : agriculture féminine, élevage masculin).

Les **Nourritures terrestres** ♦ Œuvre d'André Gide* (1897). Dans ce livre, dont le ton lyrique n'exclut pas le caractère didactique, l'écrivain prescrit au jeune Nathanaël d'abandonner toute règle morale et toute habitude de pensée pour goûter avec ferveur la vie dans sa spontanéité et pour mieux connaître le monde et soi-même. Cette exaltation du sensualisme et ce culte de la dispo nibilité impliquent cependant un effort personnel, un don total de soi : «Que l'importance soit dans ton regard, non dans la chose regardée.» Succession de rêveries poétiques qui s'inspirent de sources multiples (contes orientaux, grands textes bibliques et discours inspirés de Nietzsche*), cette œuvre exerça une influence considérable.

**NOUVEAU (Germain)** ♦ Poète français (Pourrières, Var 1851 - *id.* 1920). Il fréquenta la bohème littéraire, notamment Verlaine* et Rimbaud*. Ses premiers poèmes lui assurèrent la notoriété ; mais, transformant radicalement sa vie, il composa une œuvre d'inspiration mystique, la *Doctrine de l'amour* (achevée en 1881 mais publiée, sous le pseudonyme d'Humilis, en 1904, sans l'accord de l'auteur). Vinrent ensuite des poèmes d'amour sensuel, les *Valentines*, écrits entre 1885 et 1887 (posth. 1922). Optant définitivement pour le renoncement chrétien, Germain Nouveau termina son existence en voyages à pied et en pèlerinages, continuant à dire dans ses vers (dont l'expression est à l'image de la violence de ses sentiments) l'alternative devant laquelle il se trouva toute sa vie, sensualité ou mysticisme (*Œuvres poétiques*, 1953 - 1955).

## nouveau roman

♦ Expression née dans les années 1950 pour désigner l'ensemble des écrivains (Samuel Beckett*, Michel Butor*, Claude Ollier*, Robert Pinget*, Alain Robbe*-Grillet, Jean Ricardou*, Nathalie Sarraute*, Claude Simon*) que Jérôme Lindon publiait aux éditions de Minuit. Le nouveau roman n'a jamais été une école ni un groupe littéraire et les seuls points communs à ces écrivains sont de l'ordre du refus. Qu'il s'agisse de *Tropismes** (1939) de Sarraute, de *Molloy* (1951) de Beckett, des *Gommes* (1953) de Robbe-Grillet, de *La Modification** (1957) de Butor, de *La Mise en scène* (1958) de Claude Ollier*, de *La Route* des Flandres* (1960) de Simon ou de *Quelqu'un* (1965) de Pinget, l'intrigue disparaît complètement au profit d'un travail qui, au lieu de prétendre à un message existentiel, devient, selon l'expression de Raymond Jean, «une aventure du signifiant», c'est-à-dire l'aventure de l'écriture qui se confronte à elle-même. Ces écrivains abandonnent le cadre traditionnel du roman réductible à une histoire avec des personnages, soit pour analyser toutes les situations possibles du discours (*L'Usage de la parole* de Sarraute, 1980), soit pour créer, à l'intérieur du récit, l'impression d'une simultanéité des points de vue (*Passage de Milan* de Butor, 1954), soit encore pour montrer l'impuissance de la langue à rendre compte du réel (*L'Inquisitoire* de Pinget, 1962). Le lecteur se trouve alors confronté à un récit qui lui échappe, comme si le narrateur ne maîtrisait plus le discours ou n'en possédait que des fragments sensoriels, perdus dans sa mémoire (*L'Herbe* de Simon, 1958). L'existence formelle du roman est donc totalement remise en question et, si l'on peut percevoir dans *La Prise de Constantinople*, de Ricardou (1965), la trace du roman d'anticipation ou dans *Truquage en amont*, d'Ollier (1992), celle du roman policier, c'est toujours au prix d'une volonté de donner aux formes anciennes une manifestation inattendue, voire déroutante, parce qu'elle prend d'abord en compte le mot ou la phrase dans son rapport au son. Dans cette mesure, le cinéma et le théâtre (mis en scène ou écrit pour la radio ou la télévision) entrèrent également dans les préoccupations de ces écrivains (à l'exception de Simon et de Butor). Ce sont principalement Ricardou (*Problèmes du nouveau roman*, 1967 ; *Pour une théorie du nouveau roman*, 1971) et Robbe-Grillet (*Pour un nouveau roman*, 1963) qui se lancèrent dans une théorie très controversée, en insistant notamment sur la place du regard dans le travail de l'écrivain : on parla de l'«école du regard». Parallèlement, des écrivains comme Sarraute ou Beckett prenaient leurs distances ou montraient qu'ils n'avaient jamais eu l'intention de participer à un groupe défini. D'autres écrivains ont été ponctuellement rapprochés du nouveau roman : Marguerite Duras* avec *Moderato cantabile* (1958), Claude Mauriac* avec *Le Dîner en ville* (1959) ou Raymond Jean avec *La Conférence* (1961). Les premiers écrits de Philippe Sollers*, ceux de Jean Thibaudeau, de Jean-Louis Baudry, de Jean-Pierre Faye ou de Maurice Roche sont également marqués par l'emprise du nouveau roman dont on peut suivre la trace jusque dans l'œuvre du Québécois Hubert Aquin*.

**NOUVEAU-BRUNSWICK** n. m. – en angl. ***New Brunswick*** ➜ **ÉTYM.** nommé ainsi en l'honneur de George* III, roi de Grande-Bretagne et d'Irlande, issu de la maison allemande de *Brunswick* ♦ Prov. du Canada. ➜ **Canada** (carte). 72 908 km². 729 997 hab. LANGUES : anglais, français. CAP. : Fredericton. **Géographie** la province correspond à un prolongement du système appalachien. Le S. est formé de roches précambriennes, le centre de roches métamorphiques culminant à 820 m (mont Carleton). L'E. de la province est une plaine. La plupart des rivières (Nipisiguit, Miramichi) coulent du S.-O. au N.-E. ; la rivière Saint-Jean coule vers le S. et la baie de Fundy. Le climat est plus continental que maritime (moyenne de janv. : –7,2 °C ; de juil. : 16 °C). **Économie** L'agriculture, d'abord de subsistance, s'est spécialisée ; élevage laitier, fourrage, pommes de terre, fruits (pommes, baies). La forêt alimente une importante industrie du bois. Pêche (crustacés, sardines, morues). Importants équipements hydroélectriques (notamment de la riv. Saint-Jean et de ses affl.). Outre les indus. du bois et du traitement du poisson, la province abrite des industries alimentaires. Grand axe routier. **Histoire** La région fut découverte par J. Cabot (1497), puis par J. Cartier (1534) et explorée par Champlain et de Monts (établissement à l'embouchure de la riv. Sainte Croix). ➜ **Acadie.** Après de vives contestations entre Anglais et Français, les premiers l'obtinrent par le traité d'Utrecht (1713) ; ils expulsèrent les Acadiens français en 1755. Des colons écossais, puis des loyalistes anglais venus des États-Unis colonisèrent la province, créée en 1784. Le Nouveau-Brunswick reçut un gouvernement en 1849, un an après la Nouvelle*-Écosse, et rejoignit la confédération canadienne, malgré de vives oppositions, en 1867.

**NOUVEAU-HANOVRE** ➜ Lavongaï

**NOUVEAU-MECKLEMBOURG** ➜ Nouvelle-Irlande

**NOUVEAU-MEXIQUE** n. m. – en angl. ***New Mexico*** ♦ État du S.-O. des États-Unis. ➜ **États-Unis** (carte). 315 115 km². 1 816 046 hab. dont 135 000 Indiens (Navajos, Apaches, Pueblos) et 42 % d'Hispaniques. LANGUES : anglais, espagnol, langues indiennes. CAP. : Santa Fe. **Géographie** L'État est formé de hauts plateaux entamés par de profonds canyons (à l'E., une portion du Llano Estacado, à l'O. une partie des plateaux du Colorado, beaucoup plus accidentés) et des chaînes montagneuses orientées N.-S., dans le centre (S. de la chaîne Sangre de Cristo avec le Wheeler Peak, 4 011 m ; Black Range dans le S.). L'État est traversé du N. au S. par le Rio Grande et plus à l'E. par la Pecos River. Le climat est assez sec et ensoleillé, mais les hivers sont froids (moyennes entre 4 °C et –2 °C). **Économie** L'agriculture est pratiquée à l'E. du Rio Grande, notamment par irrigation : coton, fourrage, sorgho, blé, maïs, betteraves à sucre, fruits. On y élève des bovins et des moutons. Les ressources minérales font du Nouveau-Mexique le 8e producteur des États-Unis (pétrole, gaz naturel, potasse, cuivre, uranium ; l'or, l'argent, le plomb et le zinc, autrefois exploités, ont perdu leur importance). L'État abrite le centre de recherche atomique de Los Alamos. Le tourisme est très actif, grâce aux beautés naturelles (canyons, grottes de Carlsbad, formations rocheuses, déserts), aux vestiges des civilisations indiennes et aux villages indiens. **Histoire** Explorée par Coronado (1540 - 1542), Antonio de Espejo et Bernardino Beltrán (1582 - 1583), la région fut colonisée dès la fin du XVIe s. par les Espagnols (San Juan, 1598 ; Santa Fe, 1609) ; chassés par les Indiens révoltés (les Apaches en 1676, les Pueblos un peu plus tard), ceux-ci la reconquirent en 1692. Province mexicaine, quand le Mexique* devint indépendant (1821 - 1823), mais déjà pénétré par l'immigration américaine, le pays fut occupé sans résistance (1846) et cédé aux États-Unis en même temps que le Texas (1848). La lutte contre les Apaches s'y prolongea jusqu'en 1886. Territoire en 1850, le Nouveau-Mexique devint en 1912 le 47e État de l'Union. La première bombe atomique y fut expérimentée durant la dernière phase de la Deuxième Guerre mondiale.

**NOUVEAU-QUÉBEC** n. m. ♦ Nom donné à l'anc. district d'Ungava lors de son rattachement au Québec. Auj. territoire de la municipalité de la Baie-James, dans le Nord-du-Québec.

## nouveau réalisme

♦ Mouvement éphémère (1960 - 1963, poursuivi en partie jusqu'en 1970), qui doit son nom au critique Pierre Restany. Il a rassemblé des artistes hétérogènes ayant en commun «de nouvelles approches perceptives du réel», voyant «le monde comme un tableau dont ils s'approprient des fragments dotés d'universelle signifiance», mettant en évidence la civilisation du déchet. Une grande inventivité les réunit : «pinceaux vivants» d'Yves Klein*, accumulations d'Arman* (buste de femme en plastique rempli de gants en caoutchouc), empaquetages de Christo*, affiches lacérées de Raymond Hains, Mimmo Rotella* et Jacques Mahé de la Villeglé, machines à peindre de Jean Tinguely* et femmes plantureuses en papier mâché de Niki de Saint* Phalle.

**NOUVEL (Jean)** ♦ Architecte français (Fumel 1945). Dans la ligne de l'avant-garde, mais avec quelques apports traditionalistes, il a réalisé l'Institut du Monde arabe à Paris, en collaboration avec Architecture Studio, Gilbert Lezenes et Pierre Soria (1987), ainsi que le palais des congrès de Tours (1991), le siège de la fondation Cartier à Paris (1994), le musée de la Publicité au Louvre (1999), le musée du Quai* Branly (2006), le Concert Hall de Copenhague (2008). Il a rénové l'Opéra de Lyon, rouvert en 1993. On lui doit l'extension du

Jean **Nouvel.** L'Institut du monde arabe, Paris.
*Phot. © Bassignac/Gamma*

musée de la Reine Sofia à Madrid (2005) et le complexe aquatique du Havre. Il a également conçu le projet de la Tour sans fin pour la Défense (maquette : 1989). [Prix Pritzker 2008].

**NOUVELLE-AMSTERDAM** (île de **LA**) ou **AMSTERDAM** (île) ♦ Île située au S. de l'océan Indien, faisant partie des terres Australes* et Antarctiques françaises. 55 km² env. Elle est de formation récente, massive et d'origine volcanique, et culmine à 911 m. D'un climat océanique relativement tempéré (précipitations assez abondantes, vents), elle est couverte de prairies, d'étangs et de marais tourbeux. C'est une des rares îles australes à posséder quelques arbres. Sa faune est peu abondante (rookeries de manchots, otaries). ▮ **Histoire** Aperçue par Sebastián del Cano (voyage de Magellan, 1522), visitée par Van Diemen qui lui donna son nom (1633), puis par d'Entrecasteaux (1792), elle devint possession française en 1893. Une station météorologique et de communications, établie en 1949, abrite en permanence une trentaine de chercheurs. → **Saint-Paul (île).**

**NOUVELLE-ANGLETERRE** – en angl. ***New England*** ♦ Région du N.-E. des États-Unis, formée par les anciennes colonies anglaises fondées au XVII$^e$ s., sur la côte atlantique et par les États qui en sont issus. → **Connecticut, Maine, Massachusetts, New Hampshire, Rhode Island, Vermont.**

**NOUVELLE-BRETAGNE** – en angl. ***New Britain*** ➝ ÉTYM. anc. en all. ***Neupommern*** «Nouvelle-Poméranie» ♦ Île princ. de l'archipel Bismarck, en Papouasie-Nouvelle-Guinée, située au N.-E. de la Nouvelle-Guinée, baignée au S. par la mer des Salomon. Elle forme un arc de cercle S.-O.-N.-E. 37 000 km². 404 641 hab. (Mélanésiens, Européens et Chinois). V. PRINC. : Rabaul. ▪ Terre accidentée et montagneuse, elle est constituée de volcans actifs qui s'élèvent à plus de 2 000 m. Le climat est de type équatorial, les forêts sont denses. Les plaines sont limitées sur la zone côtière ; la plus riche se situe à l'extrémité septentrionale dans la péninsule de la Gazelle ; culture du cacao par des planteurs organisés en coopératives. Coprah. Cacao. Noix de coco. ▮ **Histoire** Découverte en 1700 par William Dampier*, l'île fut protectorat allemand de 1884 à 1914, puis confiée sous mandat à l'Australie. Prise par les Japonais en 1942 (→ **Rabaul**), elle fut réoccupée par les Australiens en 1945 et fait partie de la Papouasie-Nouvelle-Guinée depuis 1975.

**NOUVELLE-CALÉDONIE** n. f. ♦ Collectivité territoriale française, occupant une île de la Mélanésie*, dans la mer de Corail. Située au N. du tropique du Capricorne, cette île (la Grande Terre) s'étire sur 400 km de long du N.-O. au S.-E., sa largeur variant entre 40 et 50 km. Avec ses dépendances, les trois îles Loyauté*, l'île des Pins*, les îles Bélep, 4 îlots coralliens Huon, 11 îlots coralliens de Chesterfield, le territoire couvre au total env. 18 575 km². 216 132 hab. *(Néo-Calédoniens)* dont 44 % de Mélanésiens (*Canaques* ou *Kanaks*), 34 % d'Européens auxquels s'ajoutent des Indonésiens, des Polynésiens et des Asiatiques. CH.-L. : Nouméa.

▮ **GÉOGRAPHIE** La Grande Terre (appelée «Le Caillou») est ceinturée par un récif-barrière corallien (l'un des plus beaux du monde) qui l'isole. Elle est formée par une longue arête montagneuse qui culmine dans le N. (mont Panié, 1 629 m) et au S. (pic Humboldt, 1 618 m) ; elle s'abaisse progressivement en une succession de gradins et de collines vers l'O., tandis qu'à l'E. elle chute rapidement. Son climat est subtropical humide, dominé par l'alizé S.-E. - N.-O. Ce régime oppose une côte orientale plus arrosée (2 000 à 3 000 mm), à la végétation exubérante (cocotiers, lianes, fleurs éclatantes), à un versant occidental plus abrité et plus sec (1 000 mm), domaine de la savane avec une forêt de niaoulis, seul arbre qui résiste aux brûlis pratiqués par les populations pour régénérer les pâturages extensifs. Des cyclones peuvent survenir en été. Les rivières sont courtes et régulières.

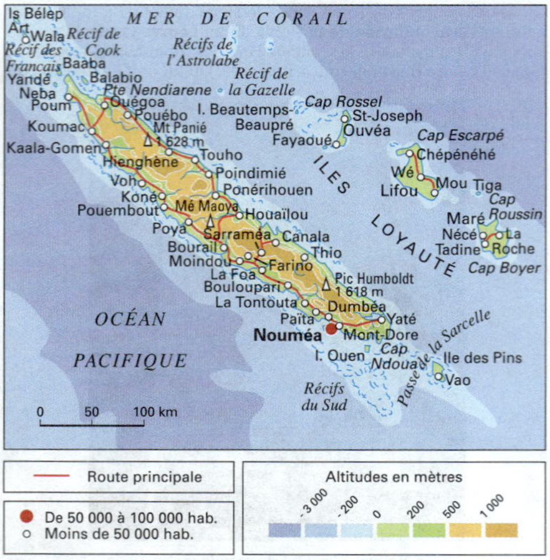

Nouvelle-Calédonie.

▮ **ÉCONOMIE** ▮ **L'agriculture** L'igname, le taro, la patate douce, le manioc et le maïs constituent l'agriculture de subsistance, à laquelle il faut ajouter la pêche dans les îles et sur les rivages. Les Européens ont introduit une agriculture de plantations avec le café et l'exploitation du cocotier (coprah), ainsi que l'élevage extensif dans les plaines de la côte O. Cet élevage, en gelant au profit des nouveaux venus un espace agricole qui, malgré la grandeur de l'île, ne peut guère être étendu, est au cœur du problème foncier qui oppose les Mélanésiens aux Européens. En effet, l'agriculture n'entre que pour une faible part dans la production intérieure brute (5 %), alors que le tiers des habitants en vit, dont 95 % de Mélanésiens dans les zones les moins fertiles, en particulier sur la côte orientale. ▮ **Les ressources minières** Le véritable fondement de l'économie néo-calédonienne est le nickel (env. 120 000 t par an), un minerai recherché car dépourvu d'arsenic, extrait sur la côte N.-E., en particulier à Thio* et à Poya, traité à Doniambo*, près de Nouméa, grâce à l'énergie produite par la centrale de Yaté*. La construction d'une nouvelle usine pouvant produire 60 000 t par an est amorcée dans le N. de l'île, à Koniambo. Un nouveau complexe minier et industriel s'est installé en 2009 au S.-E., sur le plateau de Goro qui recèle l'un des gisements de cobalt et de nickel les plus importants du monde. Le nickel représente les 3/4 des exportations du pays (minerai ou métal). Les ressources minières comprennent également du chrome, du cobalt, du fer, du cuivre, de l'or, du manganèse, du plomb, de l'argent. Une partie importante de la main-d'œuvre travaillant dans le secteur minier est polynésienne (wallisienne, tahitienne) ou sud-asiatique (indonésienne, vietnamienne). ▮ **La pêche et le tourisme** La pêche à la crevette est en plein développement. La Nouvelle-Calédonie tente de développer son secteur touristique à l'image des petits États de la région.

▮ **HISTOIRE** ▮ **La découverte de l'île** L'île, peuplée par des Mélanésiens, fut découverte par J. Cook* qui la nomma en 1774 ; d'Entrecasteaux* la visita en 1793 et en 1843 une mission catholique française s'y établit. À la suite du massacre des marins français de l'*Alcmène* par les Canaques (1850), le contre-amiral Febvrier Despointes prit possession de l'île au nom de la France (1853). Nouméa* fut fondée l'année suivante et la Nouvelle-Calédonie fut rattachée aux Établissements français d'Océanie (Polynésie française [Tahiti]) puis devint colonie autonome en 1860. L'île et certaines de ses dépendances (→ **Pins [île des]**) servirent pendant plusieurs années (1864-1896) de colonie pénitentiaire, en particulier en 1872 pour les communards (Louise Michel, Rochefort) alors que des immigrants libres y étaient attirés. ▮ **De la révolte des Canaques (1878) à l'autonomie interne (1984)** En 1878, l'abus des concessions de terres aux colons entraîna une révolte des Canaques qui fut durement réprimée. Ralliée aux Forces françaises libres en 1940, la Nouvelle-Calédonie contribua à la création du bataillon du Pacifique. Une base militaire américaine y fut installée en 1942. La colonie fut érigée en Territoire français d'outre-mer (TOM) en 1946. Dirigée par un haut-commissaire assisté d'un conseil de gouvernement, elle obtint l'autonomie de gestion (1976), puis un statut d'autonomie interne (juil. 1984). ▮ **Les affrontements entre indépendantistes et anti-indépendantistes** Constatant l'impossibilité, pour le Front national de libération kanak socialiste (FLNKS), composé de Mélanésiens, de réunir une majorité pour imposer l'indépendance, son chef, J.-M. Tjibaou*, décida de boycotter les élections de nov. 1984 qui furent remportées par les partisans du Rassemblement pour la Calédonie dans la République (RPCR) dirigé par J. Lafleur et regroupant les Européens, les Mélanésiens opposés à l'indépendance et les autres communautés immigrées. Il s'ensuivit une période de troubles et de violences. En 1985 J.-M. Tjibaou accepta la réforme régionale partageant le territoire en 4 régions : le Nord, le centre, les îles Loyauté, en majorité «indépendantistes» et la région Sud, celle de Nouméa, la plus peuplée et possédant les infrastructures, fief des «nationaux». Le maintien de la Nouvelle-Calédonie dans la République française fut décidé par référendum en 1987. ▮ **Les accords de Matignon** En 1988, un accord entre Tjibaou et Lafleur, parrainé par le gouvernement de M. Rocard, fixa à 10 ans la période transitoire d'une «autonomie provinciale» financée par la métropole, comme préalable à un vote d'autodétermination prévu pour 1998. L'assassinat de J.-M. Tjibaou, en 1989, ne remit pas l'accord en question. ▮ **L'accord de 1998** Un nouvel accord fut signé en 1998 à Nouméa, prévoyant la mise en place d'une large autonomie de la Nouvelle-Calédonie, qui doit progressivement disposer de son entière souveraineté, ainsi qu'un référendum sur l'accession à l'indépendance, prévu entre 2013 et 2018.

**NOUVELLE-ÉCOSSE** n. f. – en angl. ***Nova Scotia*** ➝ ÉTYM. ainsi nommée en l'honneur de Jacques* I$^{er}$ Stuart, roi d'Angleterre et d'*Écosse* ♦ Prov. du Canada, faisant partie des Provinces maritimes. → **Canada** (carte). 55 284 km². 913 462 hab. CAP. : Halifax. ▮ **Géographie** La moitié S. de la péninsule est formée de rocs cristallins ; elle s'élève depuis la côte jusqu'à env. 200 m d'alt. ; des chaînes ne dépassant pas 300 m s'étendent le long de la baie de Fundy* (North Mountains) et vers le N.

## nouvelle figuration

♦ Mouvement artistique apparu à Paris vers 1961 et situé entre l'abstraction et le nouveau réalisme. Lancée par Appel*, Jorn*, Rebeyrolle, Bacon*, Dubuffet*, et confuse au début, la nouvelle figuration se précisa par son opposition au pop* art. Le réel est transcrit pour lui-même, dans une figuration froide, dénuée d'émotions. Le mouvement se perpétua ensuite avec Arroyo*, Adami*, Erró*, Télémaque, Monory*, Stämpfli, Rancillac*, qui soulignent, comme l'indique en 1964 le titre de l'exposition «Mythologies quotidiennes», l'importance dans leurs tableaux des réalités quotidiennes mises en rapport avec la politique, les médias et la société de consommation. Leur style s'inspire de la technique des bandes dessinées et du cinéma, par le découpage des œuvres en grands aplats colorés. Le mouvement continua à se développer avec le Salon de la jeune peinture, puis s'affaiblit à la fin des années 1970, avec l'évolution individuelle des peintres.

(Cobequid Mountains). Au N., les hauteurs du Cap-Breton atteignent 400 m. Des plaines, dépressions et vallées correspondent aux terrains plus tendres. Nombreux lacs et cours d'eau. Le climat est humide, océanique avec de fortes influences continentales (hivers froids). ▮ **Économie** Seuls 5 % des terres ont une vocation agricole (élevage laitier, volailles, œufs ; airelles). Forêts. Mines de charbon (en diminution ; rentabilité insuffisante) ; pierres de taille ; sel ; gypse. La pêche (homards, coquillages ; morue, hareng) se développe rapidement et une très grande usine de conditionnement de poisson a été implantée sur la côte S. (Lunenburg). ▪ L'industrie est relativement peu développée : aciérie à Sydney, usines d'eau lourde (Glace Bay, détroit de Canso). L'exploration du plateau continental au large a révélé la présence d'importantes réserves d'hydrocarbures et de gaz, dont l'exploitation fait l'objet d'un accord entre le gouvernement fédéral et le gouvernement canadien. Développement du tourisme. ▮ **Histoire** La région fut découverte par J. Cabot* en 1497 ; elle avait sans doute été atteinte par les Normands vers le XI$^{e}$ s. Les Français y fondèrent Port-Royal (auj. Annapolis) en 1604, mais furent chassés par les Anglais venus de Virginie. Une charte concédée par le roi d'Angleterre Jacques I$^{er}$ à William Alexander créa la *Nova Scotia* (1621). Les Français s'y établirent de nouveau après le traité de Breda (1667), et les luttes entre eux et les Anglais aboutirent au traité d'Utrecht (1713) et à la cession définitive à l'Angleterre. → **Acadie.** Les Britanniques ayant expulsé les colons d'origine française (1755), la Nouvelle-Écosse fut peuplée d'Anglais loyalistes ayant quitté les États-Unis. En 1784, le Nouveau-Brunswick fut séparé de la province, et l'île de Cap-Breton lui fut réunie en 1819. La Nouvelle-Écosse reçut un gouvernement en 1848 et entra dans la Confédération canadienne en 1867.

**NOUVELLE-FRANCE** ♦ Terme désignant certaines possessions françaises d'Amérique du Nord, au XVII$^{e}$ et au XVIII$^{e}$ s. → **Canada.**

**NOUVELLE-GALLES DU SUD** n. f. – en angl. ***New South Wales*** → ÉTYM. ainsi nommée en 1770 par James Cook à cause d'une certaine ressemblance avec le pays de Galles ♦ État du S.-E. du Commonwealth d'Australie, baigné par l'océan Pacifique (mer de Tasman) ; il englobe le territoire fédéral de Canberra. 801 428 km². 6 817 182 hab. (État le plus peuplé d'Australie). CAP. : Sydney. ▪ La Nouvelle-Galles du Sud comporte trois régions naturelles parallèles à l'océan Pacifique : les plaines côtières où se jettent de nombreuses rivières aux vallées alluviales et qui s'étendent le long des baies que forme la côte ; les plateaux et les montagnes de la cordillère Australienne* (→ **Alpes australiennes, Blue Mountains**), qui forment une ligne de partage des eaux ; les plaines inclinées de l'O. Le climat est généralement doux, tempéré, bien que parfois de hautes températures soient notées au N.-O. et des froids vifs au S. des plateaux. La moyenne des pluies varie de 2 032 mm au N.-E. à 178 mm au N.-O. L'absence d'eau est un problème grave à l'O. de la cordillère Australienne, sauf dans les zones irriguées du Murray* et de son affluent le Murrumbidgee ; le Darling* est assujetti à des sécheresses régulières. ▮ **Économie** Fondée sur l'agriculture et l'élevage, elle est consacrée dans son ensemble à l'association agriculture-élevage. L'élevage du mouton (mérinos sur les plaines et les pentes de l'O.) est l'activité agricole dominante, l'élevage bovin pour la boucherie et la laiterie prédomine sur la côte et les plateaux. Le blé est la céréale par excellence ; on le trouve au pied S.-O. de la cordillère Australienne (Wheat Belt). La Nouvelle-Galles du Sud est le principal producteur de bois des États australiens (eucalyptus et plantations de bois tendres fournissent 1/4 de la production). Au N. de la zone côtière, on cultive la canne à sucre. Gisements considérables de minerais variés, le charbon étant le plus exploité (→ **Newcastle, Bulli**) ; l'énergie électrique provient à 90 % des stations thermiques (même après l'achèvement du projet des Snowy* Mountains, 20 % seulement proviendront de l'hydroélectricité). Gisements d'argent, plomb et zinc (→ **Broken Hill**), cuivre, étain, or, opale (Lightning Ridge). Les industries sont principalement localisées à Sydney, qui abrite les 2/3 des usines ; centres industriels importants. → **Newcastle, Wollongong, Broken Hill.** Métall., sidérurgie et indus. dérivées ; indus. textile, alimentaire et chimique. Économiquement, la Nouvelle-Galles du Sud est l'État le plus important d'Australie. ▮ **Histoire** D'abord colonie pénitentiaire, la Nouvelle-Galles du Sud reçut de nombreux colons à la fin du XVIII$^{e}$ s. (élevage du mouton). À l'origine, la colonie comprenait la Tasmanie*, le Victoria*, l'Australie*-Méridionale, le Queensland* et la Nouvelle*-Zélande. Ces divers territoires devinrent des colonies distinctes entre 1825 et 1863.

**NOUVELLE-GÉORGIE** n. f. ♦ Île de la chaîne O. des Salomon*.

**NOUVELLE-GRENADE** ♦ → **Colombie**

**NOUVELLE-GUINÉE** n. f. – en angl. ***New Guinea***, en néerl. ***Nieuw Guinea*** ♦ La plus grande île du monde après l'Australie et le Groenland, située dans le S.-O. de l'océan Pacifique, en Mélanésie. Elle est séparée, au S., de l'Australie par le détroit de Torres* et la mer d'Arafura*, bordée à l'E. par la mer des Salomon et la mer de Bismarck et au N. par l'océan Pacifique. → **Indonésie, Océanie.** 775 210 km². Elle est peuplée de Papous*. La Nouvelle-Guinée est séparée administrativement en deux parties : à l'O., la Papouasie occidentale constitue une province indonésienne ; l'E. constitue la partie la plus importante de l'État indépendant de Papouasie*-Nouvelle-Guinée.

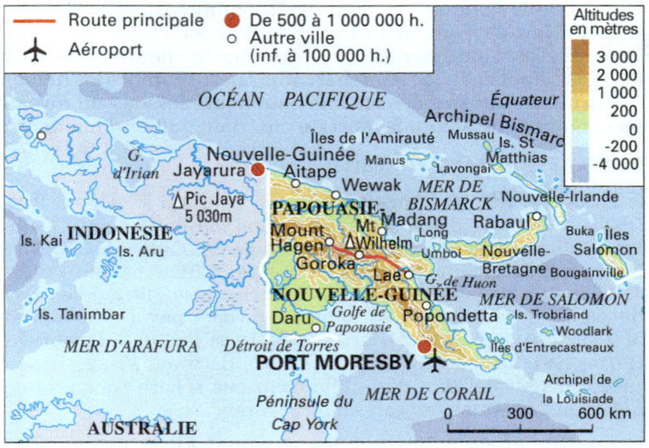


Nouvelle-Guinée.

**Nouvelle Héloïse (Julie ou la)** ♦ Roman épistolaire de J.-J. Rousseau* (1761), dont le sous-titre est *Lettres de deux amants d'une petite ville au pied des Alpes.* Deux personnages séduisants et vertueux, Julie d'Étanges et son précepteur Saint-Preux, s'aiment d'une passion irrésistible ; mais une mésalliance est impossible et Julie épouse M. de Wolmar. Désormais, elle qui «n'aima si chèrement la vertu même que comme la plus douce des voluptés» sera une épouse et une mère irréprochable, retrouvant son équilibre dans la vie rustique et familiale de Clarens que M. de Wolmar, lui-même, invitera Saint-Preux à partager. En fait, ce récit d'un amour malheureux, prétexte à des analyses pénétrantes ou à des effusions exaltées et situé dans un cadre harmonieux «qui ravit les sens, émeut le cœur, élève l'âme», est aussi un roman philosophique et moral qui illustre les charmes et les bienfaits de la vie rustique, propice à l'épanouissement des qualités naturelles. Cette transposition poétique des idées, des sentiments et des rêves de Rousseau connut un succès prodigieux et contribua à développer le goût pour «la coupe amère et douce de la sensibilité», uni à la vision subjective des paysages, préparant ainsi la voie au romantisme.

**NOUVELLE-IRLANDE** – en angl. ***New Ireland*** → ÉTYM. anc. en all. ***Neumecklenburg*** «Nouveau-Mecklembourg» ♦ Île de Papouasie-Nouvelle-Guinée dans l'archipel Bismarck*, située au N. de la Nouvelle-Bretagne dont elle est séparée par le canal Saint-Georges et qui se prolonge à l'O. par l'île Lavongaï*. Au N. se trouve le petit archipel des Tabar composé d'une demi-douzaine d'îles et îlots. L'île est tout en longueur (320 km sur 15 km). 9 600 km². 87 194 hab. (Mélanésiens, Européens et Chinois). C'est une île d'origine volcanique et montagneuse (mont Taron au S., 2 379 m) soumise à l'influence maritime du fait de son étroitesse. Les cocoteraies en bord de mer fournissent du coprah et les plantations de cacao sont en altitude. Pêche. ▮ **Histoire** La Nouvelle-Irlande fut découverte par les Hollandais en 1616 : une tentative de colonisation par les Allemands échoua en 1880. Protectorat allemand en 1884, elle fut placée sous mandat de l'Australie en 1921. Elle fut occupée par les Japonais en 1942, libérée par les Alliés l'année suivante et placée sous tutelle australienne de 1949 à 1972. → **Papouasie-Nouvelle-Guinée.**

**NOUVELLE-ORLÉANS (LA)** – en angl. ***New Orleans*** → ÉTYM. nommée en l'honneur du régent, Philippe duc d'*Orléans** ♦ V. des États-Unis (Louisiane), sur le Mississippi, au S. du lac Pontchartrain. 484 674 hab. dont 61 % de Noirs (zone urbaine 1 337 726). La ville conserve de nombreux témoignages de son passé français et espagnol, notamment le quartier ancien appelé «le Vieux Carré» (nombreuses maisons de style créole). Ce caractère historique et la célébration du Mardi gras en font une des grandes villes touristiques des États-Unis. Plusieurs universités. ▪ Le port fluvial est très actif. Indus. chimique : pétrole. ▮ **Histoire** Fondée par Le Moyne de Bienville

v. 1718, La Nouvelle-Orléans fut le siège du gouverneur de la Louisiane (1722). Cédée à l'Espagne en 1762, elle fut restituée à la France en 1800, puis passa aux États-Unis (1803) avec le reste de l'État. Elle était déjà un port important. Après qu'en 1803 Napoléon Ier eut vendu la Louisiane aux États-Unis, la ville fut le site de la victoire d'Andrew Jackson sur les Britanniques (janv. 1815). Capitale de la Louisiane, La Nouvelle-Orléans connut une période de prospérité matérielle et culturelle. Mais la prise de la ville par l'amiral Farragut et l'occupation nordiste (1862), puis le transfert de la capitale à Baton Rouge (1880), marquèrent un déclin relatif. Dans les premières décennies du XXe s., la ville retrouva la prospérité économique grâce à la découverte du pétrole en Louisiane et à l'essor du commerce du coton et du sucre. C'est à partir de 1900 qu'apparut à La Nouvelle-Orléans un style musical directement issu des ragtimes et des blues et utilisant la polyphonie à trois voix (cornet, clarinette, trombone). Caractérisée par le jeu collectif de ses interprètes, cette musique syncopée fut connue sous le nom de sa ville natale et est considérée comme étant à l'origine du jazz. Après une période de déclin (1929 - 1945), elle retrouva un regain mondial de popularité sous le nom de «New Orleans Revival». Ses principaux représentants sont King Oliver*, Jelly Roll Morton*, Kid Ory*, Johnny et Baby Dodds* et, pour le New Orleans Revival, Sidney Bechet*, George Lewis*. En août 2005, l'ouragan Katrina provoqua la montée des eaux du Mississippi et du lac Pontchartrain, faisant rompre les digues construites pour protéger la ville située au-dessous du niveau de la mer et entraînant la mort de plus d'un millier d'habitants.

**NOUVELLE-POMÉRANIE** → Nouvelle-Bretagne

La **Nouvelle Revue française** ♦ Revue littéraire fondée en 1909. Doublée dès 1911 d'une maison d'édition, devenue depuis Gallimard*, la *NRF* fut animée notamment par A. Gide*, J. Copeau*, H. Ghéon*, J. Schlumberger*, et dirigée par J. Rivière* (1919 - 1925), J. Paulhan* (1925 - 1940), Drieu* la Rochelle (1940 - 1943). Elle cessa de paraître de 1943 à 1953, puis fut dirigée par J. Paulhan et M. Arland* (1953 - 1968), M. Arland seul (1968 - 1977), G. Lambrichs (1977 - 1987), Jacques Réda (1987 - 1996), Bertrand Visage (1996 - 1998), puis Michel Braudeau. Elle contribua à faire connaître de nombreux écrivains français ou étrangers.

**Nouvelles exemplaires** – en esp. ***Novelas ejemplares*** ♦ Recueil de nouvelles de Cervantès* (1613).

**NOUVELLES-HÉBRIDES** → Vanuatu

**NOUVELLE-SIBÉRIE** n. f. – en russe ***Novossibirskie Ostrova*** ♦ Archipel de Russie dans l'océan Arctique, entre la mer des Laptev et la mer de Sibérie orientale (rép. de Sakha), couvrant environ 38 000 km². Il est constitué par trois groupes : îles d'Anjou, de Liakhov* et de De Long (228 km²). Il fut découvert par P. F. Anjou en 1820 - 1824.

**nouvelle vague**

♦ Slogan lancé en 1958 dans *L'Express* par Françoise Giroud, pour désigner un groupe de cinéastes (et, par extension, toute une génération d'artistes) soucieux de s'affirmer en dehors des codes, professionnels et narratifs alors en vigueur et de renouveler le matériau cinématographique. Le clan le plus actif, comprenant François Truffaut*, Claude Chabrol*, Jean-Luc Godard*, Jacques Rivette* et Éric Rohmer*, était issu des *Cahiers du Cinéma*, qui avaient préparé le terrain au niveau critique ; il englobait des réalisateurs déjà en place, mais étrangers au système, comme Alain Resnais* et Jean-Pierre Melville*, ou marginaux, comme Jacques Rozier. Cette révolution esthétique fut aidée par l'action de producteurs dynamiques (Pierre Braunberger, Georges de Beauregard), le rajeunissement des interprètes (Jean-Paul Belmondo*, Jean-Claude Brialy) et la simplification des techniques de tournage.

## NOUVELLE-ZÉLANDE

**I** n. f. – en angl. ***New Zealand*** → **ÉTYM.** en maori ***Aotearoa*** «terre du long nuage» ♦ État insulaire du Pacifique S.-O. (Océanie), séparé de l'Australie par la mer de Tasman. Territoires extérieurs : atoll de Tokelau (3 îlots de 10 km² et de 1 600 hab. env.) dans les îles Gilbert* et Ellice ; dépendance de Ross* ; îles Kermadec* ; Auckland* ; Campbell, Antipodes ; Bounty ; Snares ; Solander et les îles Cook* qui ont le statut de territoires autonomes d'outre-mer. La Nouvelle-Zélande est formée de deux grandes îles orientées N.-E. - S.-O., l'île du Nord (114 821 km²) et l'île du Sud (149 463 km²) complétées par l'île Stewart et les îles Chatham. Elle couvre 267 844 km² (sans les territoires d'outre-mer). 4 027 947 hab. *(Néozélandais)*. LANGUES : anglais et maori (off.), langues polynésiennes. POPULATION : Blancs d'origine européenne ; Maoris, 14 %. MONNAIE : dollar néo-zélandais. CAPITALE : Wellington. RÉGIME : démocratie parlementaire.

**I GÉOGRAPHIE** La Nouvelle-Zélande n'a pas été comme l'Australie et la Nouvelle-Guinée reliée par un pont terrestre au S.-E. asiatique durant les périodes froides de l'ère quaternaire, aussi sa flore et sa faune se sont-elles développées d'une façon totalement indépendante. Les deux îles principales s'allongent sur 1 500 km et ne dépassent pas 200 km dans leur plus grande largeur. Les côtes sont déchiquetées et un relief très montagneux de nature volcanique domine les plaines côtières. **I L'île du Nord** L'archipel se trouve sur la «ceinture de feu» du Pacifique et le volcanisme s'y manifeste, surtout dans l'île du Nord (l'«île Fumante»), par des volcans encore actifs (mont Ruapehu, 2 797 m), des lacs glaciaires, des sources chaudes, des chaînes montagneuses et des lignes de faille en activité (geyser de Rotorua). Les autres sommets importants sont le Ngauruhoe (2 287 m) et le mont Egmont (ou Taranaki, 2 518 m). Au N., un isthme au milieu duquel se trouve Auckland*, bordé par le golfe de Hauraki, conduit à la grande presqu'île de Whangarei. **I L'île du Sud** L'île du Sud, appelée aussi «île de Jade» en raison de la présence de néphrite, possède deux grandes plaines (Canterbury et Méridionale) propices à l'agriculture. Les Alpes* néo-zélandaises du S. traversent l'île du N. au S. (mont Cook, 3 754 m) et donnent naissance à de nombreuses rivières dont les cours supérieurs, constitués de vallées glaciaires, forment de nombreux lacs allongés. **I Le climat** Le climat est tempéré, modéré par la proximité de l'océan, mais les montagnes se couvrent de neige durant la saison froide et l'on trouve quelques glaciers. De par son allongement N.-S., le pays reçoit des influences subtropicales dans l'île du Nord et froides dans l'île du Sud, surtout en hiver. Les pluies sont abondantes (1 300 mm à Wellington), sauf sur certaines régions de la côte E. (plaine de Canterbury). **I Les forêts** Un déboisement inconsidéré des forêts de conifères a entraîné une forte érosion des sols dans l'île du Nord, déclenchant, à partir des années 1970, une campagne de protection de l'environnement et une reforestation avec des espèces étrangères à feuilles caduques, mais une grande partie des pâturages créés a été conservée.

**Nouvelle-Zélande.**

**I ÉCONOMIE** Les terres volcaniques, favorables à la culture et à l'élevage en raison du climat chaud et humide, nourrissent un cheptel important (vaches laitières, bœufs ; moutons, mérinos et croisés).

**Nouvelle-Zélande** ▌Productions en 2008

| Produits | Quantités | Rang |
|---|---|---|
| ▌Agriculture | | |
| Blé | 330 000 t | |
| Bois | 21 000 000 $m^3$ | 15^e^ |
| Orge | 350 000 t | |
| Pommes | 360 000 t | |
| Vin | 180 t | |
| Bovins (têtes) | 9 600 000 | |
| Ovins (têtes) | 39 000 000 | 6^e^ |
| Pêche | 600 000 t | |
| ▌Mines et énergie | | |
| Argent | 28 t | |
| Fer | 2 200 000 t | |
| Gaz naturel | 4 000 000 000 $m^3$ | |
| Houille | 5 700 000 t | |
| Hydroélectricité | 22 TWh | |
| Or | 10 t | |
| Plomb | 7 000 t | |

L'élevage est pratiqué dans des fermes familiales selon les méthodes les plus modernes. Il en résulte que le pays est l'un des premiers exportateurs de viande, de laine et de produits laitiers du monde. Dans les plaines, on cultive le blé, le maïs et l'avoine. L'île du Nord s'est lancée dans la viticulture et l'arboriculture (agrumes, pommes, kiwis). L'insularité du pays et l'existence d'un plateau continental compris dans la zone de pêche exclusive ont favorisé la création d'une flotte de pêche et de conserveries. L'industrie forestière a été développée dans un but de diversification (pâte à papier, bois de construction et de placage). L'économie néo-zélandaise a décollé à l'occasion de la Deuxième Guerre mondiale, en approvisionnant les Alliés en produits alimentaires (laiteries, fromageries, conserves de viande) et en développant un secteur de petites industries (transport, confection, chaussure, imprimerie, matériel de communications). La plus grande partie de l'énergie électrique est fournie par les centrales hydroélectriques et il existe de fortes potentialités géothermiques. Par ailleurs, les fonds sous-marins contiennent des dépôts de gaz naturel dont 4 sites sont en exploitation. Le tourisme s'est élevé à env. 2 400 000 entrées en 2005. La Nouvelle-Zélande demeure un pays d'immigration ; celle-ci a été forte entre 1960 et 1970.

▌**HISTOIRE** ▌**Les Maoris** Les îles étaient désertes lorsque les Maoris vinrent s'y installer à partir de 650 de notre ère. En un long millénaire, tout en gardant le contact avec les autres îles, ils introduisirent de nouvelles plantes vivrières et développèrent une civilisation fondée sur la patate douce ; ainsi la population put s'accroître. ▌**L'arrivée des Européens** La Nouvelle-Zélande fut découverte par le Hollandais A. Tasman* qui aborda à Golden Bay, à l'extrême N. de l'île du Sud (1642). Plusieurs de ses marins ayant été tués par les Maoris, aucun navigateur ne fréquenta les parages jusqu'au premier voyage de Cook* qui fit le tour de l'archipel en 1769 et le revendiqua au nom de la Grande-Bretagne. Il fut suivi par les Français Surville (1769) et Dufresne qui y trouva la mort lors d'un affrontement avec les Maoris (1772). La réputation belliqueuse des Maoris, organisés militairement, et leur aspect (le corps entièrement couvert de tatouages), ralentirent l'installation des Européens. Les premiers qui s'y aventurèrent furent des missionnaires, des pêcheurs de baleines et des commerçants (un millier d'Européens en 1839). ▌**La colonisation** La Grande-Bretagne entérina la prise de possession de Cook par le traité de Waitangi (1840) entre la Couronne et la Confédération unie des tribus de Nouvelle-Zélande. Les Maoris conservaient leurs droits sur la terre et sur la pêche et accordaient des droits et des privilèges aux Britanniques. Avec l'arrivée en masse des colons (fermiers ou émigrés attirés par la ruée vers l'or), commencèrent les spoliations suivies des rébellions de la population (guerres maories : 1843 - 1847, 1860 - 1869), et les ravages des épidémies (la population diminua de plus de moitié entre 1840 et 1870). Le pays, qui était administré à partir de la Nouvelle*-Galles du Sud (Australie), fut érigé en colonie (1851) et doté d'une assemblée élue et d'une Constitution (1852). Le pluripartisme se mit en place à la fin du siècle et le parti libéral fit voter des lois révolutionnaires pour l'époque : élections au suffrage universel pour les hommes seulement (1889) ; droit de vote aux élections parlementaires pour les femmes (1893) ; retraite des vieux travailleurs (1898). ▌**L'accès à l'indépendance** Le pays accéda à l'autonomie interne en 1907. Il participa aux guerres anglo-boers (→ **Afrique du Sud**) et à celles de 1914 - 1918 et de 1939 - 1945 contre l'Allemagne et le Japon, avec, à chaque fois, une forte participation maorie. La Nouvelle-Zélande avait acquis son indépendance dans le cadre du Commonwealth* en 1931. Elle adhéra à tous les traités régionaux organisant la défense des alliés des Occidentaux de la région Pacifique. ▌**Depuis 1945** Depuis 1945, la vie politique est organisée autour de deux grands partis, le Parti travailliste et le Parti national (conservateur), qui ont vu leurs leaders former des gouvernements successifs et mener une politique néolibérale. En 1999, les élections ont porté au pouvoir une coalition de gauche menée par Helen Clark, décidée à mettre en œuvre un train de mesures sociales. Alors que le pays était lui aussi victime de la crise financière mondiale, le chef de file du parti conservateur, John Key, lui a succédé fin 2008. De par sa position géographique et sa composition ethnique, le pays entend avoir une influence sur les autres archipels de la Polynésie qui ont besoin de crédits et d'assistance (Forum du Pacifique Sud en 1971). C'est pourquoi il a entrepris de promouvoir la culture maorie et même de revenir sur les spoliations antérieures. Il œuvre également pour la dénucléarisation totale de la région.

**Nouvelle-Zélande.** Paysage d'hiver.
*Phot. © Ant Clausen /Shutterstock*

**NOUVELLE-ZEMBLE** n. f. → **Novaïa Zemlia**

Le **Nouvel Observateur** ♦ Hebdomadaire politique et culturel français fondé en 1964 et issu de *L'Observateur* (devenu *France-Observateur* en 1954, proche des idées du PSU). Sous l'impulsion de J. Daniel*, le «*Nouvel Obs*» devint le principal magazine de la gauche non communiste, soutenant notamment F. Mitterrand. À partir de 1970, il se transforma, sur le modèle du *Time**, et s'ouvrit à la publicité. Doté d'importants services télématiques, il tire à 450 000 exemplaires.

**NOUZI** ou **NUZI** ♦ Site archéologique de Mésopotamie au S.-O. de Kirkūk, attesté depuis le V^e^ millénaire. Les archéologues y ont exhumé des tablettes cunéiformes en akkadien, datant du –III^e^ millénaire, qui constituent une source importante pour la connaissance des lois et coutumes en vigueur au début de l'ère biblique en Mésopotamie. Vestiges d'un temple du –XV^e^ s.

**NOUZONVILLE** [08700] → ÉTYM. «domaine (lat. *villa*) de *Notho (Nozo)* [n. de pers. germ.]» ♦ Ch.-l. de cant. des Ardennes, arr. de Charleville-Mézières, sur la Meuse. 6 869 hab. (aggl. 8 072) *(Nouzonnais)*. Centre industriel (mécanique).

**NOVA (Juan DE)** ♦ Navigateur espagnol (2^e^ moitié du XV^e^ s. - déb. du XVI^e^ s.). Entré au service du Portugal, il découvrit l'île de l'Ascension* (1501) et l'île Sainte*-Hélène (1502).

**NOVAÏA ZEMLIA** ou **NOUVELLE-ZEMBLE** n. f. ♦ Archipel de Russie (région d'Arkhangelsk) situé entre la mer de Barents (O.) et la mer de Kara. Il est constitué par deux grandes îles, Severnyï «septentrionale» et Ioujnyï «méridionale», séparées par le détroit de Matochkine Char et par plusieurs petites îles. Il forme un croissant allongé (superficie totale 82 600 km²). L'archipel (alt. max. 1 547 m) et l'île Vaïgatch au S. (3 400 km², alt. max. 171 m) constituent une prolongation de la chaîne montagneuse Paï-Khoï, branche de l'Oural. Couvert de glaces au N. et de toundra au S., il est inhabité. Stations météorologiques. Polygone nucléaire fermé mais encore radioactif.

**NOVA IGUAÇU** ♦ V. du Brésil (État de Rio de Janeiro), dans la banl. pauvre du N. de Rio. 1 286 000 hab.

**NOVÁK (Vitězslav)** ♦ Compositeur tchèque (Kamenice, Bohême 1870 - Skuteč, Bohême 1949). Élève de Dvořak, ami de Janáček, il écrivit notamment deux grandes symphonies vocales (*Symphonie d'automne*, 1934 ; *Symphonie de mai*, 1943), les poèmes symphoniques *Dans les Tatras* (1902) et *L'Éternel Désir* (1901), la cantate *La Tempête* (1910), quatre opéras dont *La Lanterne* (1922), des chœurs, de la musique de chambre dont trois quatuors à cordes (1899, 1905, 1939) et des pièces pour piano. ➝ ÉTYM. *Novák* vient du tchèque *novy* « nouveau » (surnom attribué au nouvel arrivant dans un lieu).

**NOVALIS (Friedrich,** baron **VON HARDENBERG,** dit) ♦ Poète allemand (Wiedersteht, Saxe 1772 - Weissenfels 1801). Élève de Schiller, influencé par l'idéalisme de Fichte et les théories esthétiques des frères Schlegel*, mais surtout marqué par la mort prématurée de sa fiancée Sophie von Kühn, il écrivit ses *Hymnes* à la nuit*, où transparaît son mysticisme philosophique. Il publia également les *Disciples à Saïs* (1788 - 1799), essai poético-philosophique (souvent hermétique dans son interprétation allégorique de la nature) et un roman éducatif (inachevé), *Henri d'Ofterdingen* (posth. 1802), long voyage dans les « chemins intérieurs » de l'être humain. Ses *Cantiques* et *La Chrétienté ou l'Europe* (1799) expriment la nostalgie de la foi religieuse du Moyen Âge et d'une théocratie. Ainsi son « idéalisme magique » (influencé en partie par les théories de E. X. von Baader*) mêle sans cesse le sentiment de la nature à la foi chrétienne.

Friedrich **Novalis.** Gravure, Bibliothèque nationale de France, Paris. *BIS/Phot. © Coll. Archives Larbor*

**NOVA LISBOA** ➝ **Huambo**

**NOVARE** – en it. ***Novara*** ♦ V. d'Italie, dans le Piémont, ch.-l. de prov. sur un affl. du Pô. 100 910 hab. Basilique San Gaudenzio (XVIe - XVIIe s.) surmontée d'une coupole élevée au XIXe s. par Antonelli, qui refit aussi la cathédrale ; baptistère (Ve s.). Palais du Podestat (XVe s.), palais communal (XIIIe s.) et musée (archéologie, peintures). ▪ Indus. textile et chimique ; imprimeries. ▮ **Histoire** Fondée par César, la ville fut détruite par les Barbares au Ve s. Au XIIe s., elle adhéra à la Ligue lombarde, puis à la Ligue gibeline. Les Français y furent vaincus par les Suisses de Maximilien Sforza en 1513. Charles-Albert de Sardaigne s'y fit battre en 1849 par les troupes autrichiennes commandées par Radetzky*.

**NOVARINA (Valère)** ♦ Dramaturge, metteur en scène et peintre franco-suisse (Chêne-Bougeries, canton de Genève 1947). Il aborde le théâtre comme un lieu de libération de la parole et invente une langue poétique singulière où prévalent mots d'enfance, proverbes, chansons, paroles prophétiques ou blasphématoires, rébus, écho des sonorités. Son exigence est de faire dire le texte théâtral d'une manière nouvelle : « C'est en partant des lettres, en butant sur les consonnes, en soufflant les voyelles, en mâchant, en mâchant ça fort, qu'on trouve comment ça se respire et comment c'est rythmé ». *L'Atelier volant* (1974), *Vous qui habitez le temps* (1989), *Le Drame de la vie* (1986), *Le Discours aux animaux* (1987), *La Chair de l'homme* (1995), *L'Espace furieux* (1997), *L'Opérette imaginaire* (1998), *L'Acte inconnu* (2007).

**novatianisme**

n. m. ♦ Doctrine de Novatien*, condamnée par un synode romain en 251. Elle se développa aux IVe - Ve s. dans l'Occident chrétien au sein de l'Église dite *novatienne*, et jusqu'au VIIe s. en Orient. Le novatianisme excluait la réadmission dans l'Église des *lapsi*, chrétiens ayant abjuré leur foi pour échapper au martyre, et contestait le droit des prêtres à remettre les péchés.

**NOVATIEN** – en lat. ***Novatianus*** ♦ Prêtre romain (IIIe s.) et antipape. Auteur d'un traité sur la Trinité à l'orthodoxie incontestable (*De Trinitate*), il se fit nommer évêque de Rome contre le pape Corneille* (251), fut excommunié et constitua une Église schismatique (➝ **novatianisme**). Il mourut victime de la persécution dioclétienne.

**NOVEMPOPULANIE** [nɔvɛmpɔpylani] n. f. ♦ Province de la Gaule romaine ainsi appelée, selon la tradition, parce qu'elle regroupait neuf peuples. Elle formait une partie de la province d'Aquitaine et était aussi nommée Aquitaine III. ➝ **Aquitaine.**

**NOVERRE (Jean Georges)** ♦ Danseur et chorégraphe français (Paris 1727 - Saint-Germain-en-Laye 1810). Il débuta à la cour de Louis XV (1742) ; à l'issue d'un séjour en Allemagne (1747), il rentra en France où il régla ses premiers ballets. Il se rendit ensuite à Londres (1755 - 1757) où la rencontre de Garrick le conduisit à préciser les grandes lignes de sa réforme de la danse. C'est à Lyon qu'il monta les *Fêtes du sérail*, *Les Réjouissances flamandes*, *La Mort d'Ajax*, *Orphée aux Enfers* et publia ses célèbres *Lettres sur la danse et sur les ballets* (1760). Il y définit la danse comme « une peinture vivante des passions, de mœurs, des usages ». Il recommanda aux danseurs l'étude de l'histoire, de la mythologie, de la musique, de l'anatomie, du dessin et leur conseilla de travailler en collaboration étroite avec le musicien. Il exigea que soit bannie du ballet toute manifestation de pure virtuosité. Appelé à Vienne (1767), il collabora avec Gluck (*Iphigénie en Tauride*, *Alceste*). Il vécut à Londres durant la Révolution ; de retour en France, il consacra les dernières années de sa vie à la rédaction d'un dictionnaire de la danse.

**NOVES** [13550] ➝ ÉTYM. de l'occit. *nòvas (terras)* « (terres) nouvellement défrichées » ♦ Comm. des Bouches-du-Rhône, arr. d'Arles. 4 440 hab. (*Novais*). Vestiges d'une enceinte. Église des XIIe et XIVe s. ➝ **Laure.**

**NOVÉ ZÁMKY** ♦ V. de Slovaquie, sur la Nitra. 42 262 hab. Ruines d'une forteresse érigée au XVIe s. contre les Turcs. ▪ Carrefour ferroviaire sur la ligne Budapest-Bratislava. Construc. mécaniques, indus. alimentaire.

**NOVGOROD** ➝ ÉTYM. russe « nouvelle ville » – auj. ***Veliki Novgorod*** ♦ V. de Russie, ch.-l. de région, sur le Volkhov, à 9 km du lac Ilmen. 217 200 hab. Outre le kremlin (XIe, XIVe, XVe s.) dont l'enceinte est flanquée de neuf tours, elle a conservé une quarantaine d'églises, de composition très simple, édifiées par des princes, puis par des corporations ou de riches marchands : cathédrale Sainte-Sophie (1045 - 1050, fragments de fresques de 1144, portes du XIIe s. provenant de Magdeburg) ; collégiale Saint-Nicolas (1113) ; église de la Transfiguration-du-Sauveur (1374, fresques de Théophane le Grec, 1378) ; église Saint-Théodore-le-Stratélate (1360 - 1361, fresques de 1360 ou 1370) ; et, aux environs de Novgorod, collégiale Saint-Georges (1119) et église du Sauveur-du-Mont-Nereditsa (1198, fresques). Musée d'Art et d'Histoire (remarquable coll. d'icônes et de miniatures). Traitement du bois (meubles). Indus. électronique. Nœud ferroviaire. ▮ **Histoire** Novgorod fut fondée par les Varègues. La ville devint en 862 la capitale d'une principauté sous Riourik*. Le successeur de ce dernier, Oleg* le Sage, ayant conquis Kiev, y transporta sa capitale (882). D'abord tributaire des grands princes de Kiev, puis annexée à leur territoire, elle fut administrée par leurs fils aînés. Enrichie par son florissant commerce (pelleteries), Novgorod acquit une grande autonomie après le démembrement de la Russie kiévienne (1132) et devint une république féodale, gouvernée par la *vietche* (assemblée de tous les citadins, où prédominaient les riches propriétaires et les marchands). Menacée par les chevaliers Teutoniques, elle dut faire appel au prince Alexandre Nevski qui la sauva (1242) mais lui imposa un tribut. Alliée aux Polonais pour faire face à l'expansion russe, Novgorod fut annexée par le prince de Moscou, Ivan III, en 1478. La ville, ouverte aux influences européenne et byzantine et ayant échappé à l'invasion mongole, connut un développement artistique ininterrompu du XIe au début du XVIe s. L'école de peinture de Novgorod est illustrée par un courant byzantinisant et raffiné et un courant d'inspiration populaire, aux couleurs vives et fortes, aux figures courtes et trapues.

**NOVIKOV (Sergueï Petrovitch)** ♦ Mathématicien russe (Gorki 1938). Ses travaux portent essentiellement sur la topologie algébrique. [Médaille Fields 1970]

**NOVI LIGURE** ♦ V. d'Italie, dans le Piémont (prov. d'Alexandrie), au pied de l'Apennin. 27 223 hab. Centre sidérurgique et nœud ferroviaire important.

**NOVI SAD** ♦ V. de Serbie, cap. de la province autonome de Voïvodine*, sur le Danube. 298 139 hab. Elle englobe le bourg de Petrovaradin*, situé sur la rive opposée. Port fluvial et centre industriel (indus. alimentaire et mécanique, métall.).

**NOVIUS** ♦ Poète comique latin (-Ier s.). Dix-sept titres et divers fragments subsistent de son œuvre, constituée d'*atellanes*, comédies bouffonnes d'inspiration populaire, auxquelles il donna, comme Pomponius de Bologne, son contemporain, une forme littéraire.

**NOVOKOUZNETSK** – anc. ***Kouznetsk*** et, de 1932 à 1961, ***Stalinsk*** ♦ V. de Russie dans le Kouzbass, en Sibérie occidentale, sur le Tom. 550 100 hab. Indus. métallurgique, chimique, houillère et mécanique. Nœud ferroviaire.

**NOVOMESKÝ (Laco)** ♦ Poète et homme politique slovaque (Budapest 1904 - Prague 1976). Il débuta par des vers d'inspiration sociale dans *Dimanche* (1927), *Rhomboïde* (1932), *Les Fenêtres ouvertes* (1935), *Le Saint hors du village* (1939). Ministre slovaque, il fut arrêté en 1950, et libéré en 1956. Il publia ses souvenirs dans des poèmes : *La Villa Thérèse* (1963), *De là-bas* (1964).

**NOVOMOSKOVSK** – anc. ***Bobriki*** et, de 1934 à 1961, ***Stalinogorsk*** ♦ V. de Russie, région de Toula, près d'un bassin houiller. 134 000 hab. Indus. chimique et alimentaire. Centrale thermique.

**NOVOROSSIISK** ♦ V. de Russie, territoire de Krasnodar, sur la mer Noire. 231 900 hab. Port. Grand centre de fabrication du ciment. Travail de métaux. Indus. mécanique et alimentaire. Exportation de pétrole et de blé.

**NOVOSIBIRSK** ➝ **ÉTYM.** «nouvelle ville de Sibérie», du russe *novyï* «nouveau», *Sibir'* «Sibérie» et *-sk*, suff. désignant les n. de villes – jusqu'en 1925 ***Novonikolaïevsk*** ♦ V. de Russie, ch.-l. de région, en Sibérie occidentale, sur l'Ob et le Transsibérien. 1 425 600 hab. Centre culturel et scientifique (➝ **Akademgorod**). Univ. Grand port exportateur de pétrole (nouveau terminal en 2001) et de blé. Centre de fabrication de ciment. Indus. mécanique et alimentaire.

**NOVOTCHERKASSK** ♦ V. de Russie, région de Rostov. 170 900 hab. Centre culturel (plusieurs écoles supérieures). Équipement pour l'indus. pétrolière. Indus. alimentaire. Matériaux de construction. ▮ **Histoire** La ville fut fondée en 1805.

**NOVOTNÝ (Antonín)** ♦ Homme d'État tchécoslovaque (Letňany, près de Prague 1904 - Prague 1975). Membre du Parti communiste tchécoslovaque depuis 1921, puis incarcéré par les nazis de 1941 à 1945, il devint en 1953 secrétaire général du PC et fut président de la République de 1957 à 1968. Sous Novotný, la Tchécoslovaquie connut une période de néostalinisme. ➝ **ÉTYM.** Ce nom est une variante de *Novak**.

**Novum Organum** ou **Nouvelle méthode pour l'interprétation de la nature** ♦ Deuxième partie de l'*Instauratio Magna* de Francis Bacon* (1620). Après une critique des préjugés, «idoles» ou erreurs de l'esprit, l'ouvrage propose «un programme des sciences de la nature [...] la connaissance des formes ou essences, en partant des faits, au moyen de l'induction» (É. Bréhier).

**Novyï Mir** ➝ **ÉTYM.** russe «Monde nouveau» ♦ Revue littéraire soviétique fondée en 1925 à Moscou. Elle contribua à faire connaître Maïakovski, Pasternak, Akhmatova, Babel, V. Nekrassov, Soljenitsyne et publia également en russe les œuvres de Scott Fitzgerald, J. D. Salinger et J.-P. Sartre. Elle fut notamment dirigée par Simonov*(1946 - 1950, 1954 - 1958) et par Tvardovski* (1950 - 1954, 1958 - 1970).

**NOWA HUTA** ➝ **ÉTYM.** polon. «nouvelle fonderie» ♦ Aggl. indus. du S. de la Pologne, située dans la banlieue E. de Cracovie. Plus de 200 000 hab. Elle abrite depuis 1950 un grand centre d'industries sidérurgiques et métallurgiques.

**NOYAL-PONTIVY** [56920] ➝ **ÉTYM.** anc. *Nuial*, p.-ê. var. de *novalis* «terre nouvellement défrichée» ♦ Comm. du Morbihan, arr. de Pontivy. 3 285 hab. Église du XVᵉ s. (décor flamboyant). ▪ Aux environs, chapelle Sainte-Noyale du XVᵉ s. (peintures sur lambris du XVIIᵉ s.).

**NOYAL-SUR-VILAINE** [35530] ➝ **ÉTYM.** ➝ Noyal*-Pontivy ♦ Comm. de l'Ille-et-Vilaine, arr. de Rennes. 4 698 hab.

**NOYELLES-GODAULT** [62950] ➝ **ÉTYM.** *Noyelles* : du bas lat. *°Nevalia* (de *novalia*) «terres nouvellement défrichées» ou du germ. *niwialho* «la basse (prairies le long des ruisseaux)» ♦ Comm. du Pas-de-Calais, arr. de Lens, banlieue E. d'Hénin-Beaumont. 5 539 hab. *(Noyellois)*.

**NOYELLES-SOUS-LENS** [62221] ♦ Comm. du Pas-de-Calais, banlieue E. de Lens. 7 359 hab.

**NOYERS** [nɔjɛʀ] [89310] ♦ Ch.-l. de cant. de l'Yonne, arr. d'Avallon, sur le Serein. 789 hab. *(Nucériens)*. Anc. ville fortifiée. Remparts du XIIIᵉ au XVIᵉ s., ornés de seize tours. Place à arcades et maisons à pans de bois (XIVᵉ - XVᵉ s.). Nombreuses maisons anc. Église Notre-Dame (1491 - 1515) avec façade Renaissance. Petit musée : coll. gallo-romaines ; art naïf.

**NOYON** [nwajɔ̃] [60400] ➝ **ÉTYM.** anc. en gaul. *Noviomago* «nouveau *(novio)* marché *(magos)*» (➝ aussi Nogent-le-Rotrou, Nyons) ♦ Ch.-l. de cant. de l'Oise, arr. de Compiègne. 14 471 hab. (aggl. 16 540) *(Noyonnais)*. Vestiges gallo-romains. Cathédrale Notre-Dame, l'un des plus purs exemples du premier style gothique (XIIᵉ - XIVᵉ s.). Bibliothèque du chapitre (XVIᵉ s.) avec galerie à piliers de bois. Maison natale de J. Calvin reconstruite en 1927 (musée). Musée du Noyonnais. Petit centre indus. ▮ **Histoire** La ville est de fondation gallo-romaine. Charlemagne y fut couronné roi des Francs (768). Ce fut l'une des premières cités françaises à obtenir une charte des libertés communales (1108). En 1516, un traité d'alliance y fut signé entre François Iᵉʳ et Charles Quint. Lors de la Première Guerre mondiale, Noyon a beaucoup souffert : prise par les Allemands (sept. 1914), reprise par les Français (mars 1917) qui durent l'évacuer après de violents combats (mars-avr. 1918), elle ne fut libérée qu'en août 1918.

**NOYORI Ryoji** ♦ Chimiste japonais (Kobe 1938). Il développa, dès 1980, les catalyseurs chiraliens (molécules permettant de synthétiser une seule forme chirale d'un produit) découverts par W. Knowles* en 1968. Ses travaux sont exploités dans la fabrication des produits pharmacologiques et agrochimiques, ainsi que dans celle des aromatisants et édulcorants. [Prix Nobel de chimie 2001, avec W. Knowles et K. B. Sharpless*]

**NOZAY** [44170] ➝ **ÉTYM.** du lat. *Nautius*, n. de pers., et suff. *-acum* ♦ Ch.-l. de cant. de la Loire-Atlantique, arr. de Châteaubriant. 3 155 hab. *(Nozéens)*. Menhirs.

**NOZEROY** [39250] ➝ **ÉTYM.** «noiseraie» ♦ Ch.-l. de cant. du Jura, arr. de Lons-le-Saunier. 422 hab. *(Nozeréens)*. Anc. ville féodale. Restes de remparts. Ruines d'un château. Église en grande partie du XVᵉ s.

**NOZICK (Robert)** ♦ Philosophe américain (New York 1938 - Cambridge 2002). Il est l'auteur d'*Anarchie, État et Utopie* (1974), son ouvrage principal, dans lequel il s'attaque à la question de la redistribution des richesses, défend la légitimité morale de l'État minimal et rejette les versions modernes du contractualisme, notamment celle défendue par John Rawls, selon laquelle une redistribution inégalitaire est juste si elle profite aux plus pauvres. Profondément «libertarien» et anti-communautarien, Nozick a cependant nuancé certaines de ses positions dans l'un de ses derniers livres, *The Examined Life* (1989).

**NOZIÈRE (Violette)** ♦ (Neuvy-sur-Loire, Nièvre 1915 - 1966). Accusée d'avoir empoisonné ses parents (seul son père fut tué), elle comparut devant les assises de la Seine en 1934. Les surréalistes, à qui elle inspira plusieurs poèmes et peintures exaltant la résistance à l'autorité parentale, contribuèrent à sa célébrité. Condamnée à mort, elle fut graciée, puis libérée après 10 ans de prison, et réhabilitée en 1963. ➝ **ÉTYM.** Ce nom vient d'un nom de lieu désignant un endroit planté de noyers.

**NU (U)** ♦ Homme politique birman (Wakema, près de Rangoon 1907 - Rangoon 1995). Premier ministre (1948 - 1958 et 1960 - 1962), il fut renversé par le général Ne Win en 1962. Au cours de la période mouvementée qui suivit la démission de ce dernier, il se proclama chef d'un éphémère gouvernement provisoire (sept. 1988), puis il fut placé en résidence surveillée jusqu'à la fin de 1992. ➝ **Birmanie.**

**NU'AYMA (Mikhā'īl)** ♦ Écrivain chrétien libanais (Baskinta 1889 - Beyrouth 1988). De culture russe, il est l'auteur d'un recueil de sentences ainsi que de poèmes, de pièces de théâtre et d'essais où la langue classique côtoie la langue parlée. Dans sa poésie, il s'efforça de se détacher de la rigidité de la prosodie classique. On lui doit aussi une biographie remarquée de Khalil Gibran*.

**NUBIE** n. f. ➝ **ÉTYM.** p.-ê. du vieil égypt. *nub* «or» ♦ Région désertique de l'Afrique nord-orientale. *(Nubiens)*. Elle s'étend d'Assouan* (Égypte) à Khartoum* (Soudan) et correspond au bassin du Nil de la 1ʳᵉ à la 6ᵉ cataracte et aux déserts avoisinants, le désert Libyque (ou occidental) à l'O. du Nil et le désert Arabique à l'E. À l'O. du Nil, le relief est plat, mais se relève le long des côtes de la mer Rouge par des massifs cristallins et volcaniques (monts de l'Etbaï) dont certains sommets atteignent plus de 2 000 m. La présence du Nil* et de son affl. l'Atbarah* favorise dans ces régions la culture du coton, des dattes et de la canne à sucre. ▮ **Histoire** À l'époque des pharaons, cette région était connue sous le nom de pays de Coush ; les Grecs et les Romains l'appelèrent Éthiopie. Dès les premières dynasties de l'Ancien Empire, les pharaons se tournèrent vers ces «pays du Sud». Ils établirent leur protectorat sur la Basse-Nubie ou Ouaouat (du nom de la tribu la plus voisine d'Assouan) d'où ils importaient or, diorite et bois précieux (➝ **Éléphantine**) et qui leur fournissait des mercenaires pour l'armée. Sous la XIIᵉ dynastie, Amménémès* Iᵉʳ et Sésostris* Iᵉʳ établirent la frontière à Semneh, au-delà de la 2ᵉ cataracte. Après l'invasion des Hyksos*, Thoutmôsis* Iᵉʳ mena une campagne au-delà de Semneh (–1529 - –1528) et fonda la province de Cоush. Un vice-roi égyptien fut installé à Kerma. Des temples furent construits à Soleb, Barbal et plus tard à Abou* Simbel et Philae*, mais l'égyptianisation de la Nubie ne se fit pas sans de sanglantes répressions. Profitant de la période d'anarchie en Égypte, amenée par la fondation de la XXIIᵉ dynastie libyenne en –950 (➝ **Chéchonq Iᵉʳ**), le pays de Coush recouvra son indépendance et la Iʳᵉ dynastie fut fondée à Napata, en amont de la 4ᵉ cataracte. Au –VIIIᵉ s., le roi de Coush, Chabako, annexa l'Égypte à la Nubie et se proclama unique pharaon de Méroé à la Méditerranée, Napata demeurant sa résidence principale. Mais cette XXVᵉ dynastie coushite (ou éthiopienne) fut ren-

**Nubie.** *Scarabée du lac* (9,5 x 7,1 x 4,2 cm).
The Metropolitan Museum of Art, New York.
*BIS/© Archives Larbor*

versée par les Assyriens en –671. Repliés en Nubie, les descendants de la XXV$^e$ dynastie continuèrent à régner sur la Nubie, à Napata, puis à Méroé (à partir du –VI$^e$ s.). Mais, au –IV$^e$ s., le royaume nubien, ayant perdu tout contact avec la civilisation égyptienne, disparut sous les coups du roi éthiopien d'Aksoum (v. –350).

Les **Nuées** – en gr. ***Nephelai*** ♦ Comédie d'Aristophane* (–423). Fils prodigue envoyé par son père apprendre de Socrate l'art de rendre bonnes les mauvaises causes, Philippide assiste à la mise en pièces du bien par le mal. Revenu chez lui, le jeune homme met les créanciers en fuite et, comme il a appris à ne rien respecter, il soufflette son père qui se venge en incendiant la maison de Socrate. La pièce procède à une attaque en règle contre les sophistes, mais en accablant Socrate elle témoigne d'une flagrante injustice, puisque le philosophe n'eut jamais rien de commun avec les sophistes, ses adversaires.

**NUERS** n. m. pl. ♦ Peuple nilotique du Soudan, vivant dans les plaines marécageuses du haut Nil, du Sobat et du Bahr al-Ghazal. Ce sont des semi-nomades, éleveurs de bétail.

**NUESSLEIN-VOLHARD (Christiane)** ♦ Biologiste allemande (Magdebourg 1942). Ses travaux, comme ceux de E. Wieschaus, permirent l'identification des gènes responsables du développement précoce de l'embryon. [Prix Nobel de physiol. ou méd. 1995, avec E. Wieschaus et E. Lewis*]

**NUEVO BAZTÁN** ♦ Village d'Espagne, dans la province de Madrid. 5 828 hab. Fondé par un ministre du roi Louis I$^{er}$ d'Espagne, J. Goyeneche, ce village fut réalisé par José de Churriguera entre 1709 et 1715 (église, palais du ministre).

**NUEVO LAREDO** ♦ V. du Mexique septentrional (État de Tamaulipas), sur la rive d. du río Grande del Norte et jumelle de la ville américaine de Laredo (Texas). 348 387 hab. Important centre indus. (indus. *maquiladoras*, assemblage en sous-traitance) et commercial à la frontière des États-Unis.

**NUEVO LEÓN** n. m. ♦ État du Mexique septentrional, dans la sierra Madre orientale, dont la frontière N. est formée par le río Grande del Norte. 64 924 km². 4 199 292 hab. CAP. : Monterrey. Terroir aride voué aux cactus, dont la population se concentre à plus de 90 % dans les villes. ▪ Agriculture dans les régions irriguées (coton, céréales, canne à sucre). Élevage. Zinc, cuivre, plomb. Indus. métallurgiques et chimiques. Textiles.

**NUFUD** n. m. → **Néfoud**

**Nuit de cristal** ← ÉTYM. en référence aux vitrines brisées – en all. ***Kristallnacht*** ♦ Nuit du 9 au 10 novembre 1938 au cours de laquelle les nazis commirent des actes de violence contre la communauté juive d'Allemagne et des territoires annexés (Autriche et Sudètes). Ce pogrom s'accompagna de la destruction de synagogues, de magasins, d'habitations et fit de nombreuses victimes (meurtres, camps de concentration). Déjà écartés de la vie économique du pays et privés de leurs droits, les Juifs subirent alors le début de l'offensive totale qui mena au génocide.

**Nuit des longs couteaux** – en all. ***Nacht den langen Messe*** ♦ Nuit du 30 juin 1934, durant laquelle l'État nazi épura le parti, éliminant les principaux dirigeants de la Sturmabteilung (SA), dont leur chef, Ernst Röhm. Par le biais de cette élimination effectuée par les SS, Hitler, qui en profita également pour supprimer certains opposants conservateurs (von Schleicher*), s'assura le soutien des militaires allemands hostiles au projet de Röhm de transformer la SA en une armée populaire ainsi que celui des milieux d'affaires inquiets de l'agitation sociale entretenue par Röhm et ses partisans.

La **Nuit des rois ou Ce que vous voudrez** – en angl. ***Twelfth Night or What You Will*** ♦ Comédie en 5 actes de W. Shakespeare* (v. 1600). Viola et Sebastian, des jumeaux que seul leur sexe distingue, sont séparés par un naufrage. Viola, déguisée en page, entre sous le nom de Cesario au service du duc Orsino, amoureux de la comtesse Olivia. Olivia, elle, tombe amoureuse de Cesario-Viola, venu intercéder auprès d'elle en faveur de son maître. Mais quand arrive Sebastian, c'est vers ce dernier que son cœur se tourne, tandis que Viola, amoureuse du duc Orsino, parvient à le conquérir en se montrant sous son vrai jour. De nombreux personnages compliquent encore l'intrigue et donnent une allure de farce à cette pièce que domine la figure de Viola.

La **Nuit du chasseur** – en angl. ***The Night of the Hunter*** ♦ Film américain de Charles Laughton* (1955) d'après un roman de David Grubb, adapté par James Agee, avec Robert Mitchum, Shelley Winters, Lilian Gish. En 1930, en Virginie, un faux prêcheur à l'âme vile poursuit deux enfants qui lui cachent un trésor. Une sainte femme aura raison de ce Croquemitaine. Cet unique film réalisé par l'acteur Charles Laughton est un extraordinaire conte de fées pour grandes personnes, admirablement photographié (en noir et blanc) et interprété, dans un style qui rappelle à la fois les mélodrames de Griffith*, le roman gothique et l'expressionnisme allemand.

**NUITS** (côte de) ♦ Région de grands crus en Côte-d'Or (Bourgogne), au N. de la côte de Beaune. Vins à Gevrey*-Chambertin, Morey-Saint-Denis, Chambolle*-Musigny, Vougeot*, Vosne*-Romanée, Nuits*-Saint-Georges, Prémeaux ; côtes-de-nuits-villages à Comblanchien*, Fixin, Brochon, Corgoloin, Prissey.

Les **Nuits** – en angl. ***The Complaint, or Night-Thoughts on Life, Death and Immortality*** ♦ Œuvre principale d'E. Young* (1742 - 1745). Prenant le contrepied des conceptions des *Essais sur l'homme* de Pope, Young y affirme la nécessité de croire en l'immortalité de l'âme pour justifier la morale. Traduit en français en 1812, ce poème fut alors divisé en quinze « nuits ».

Les **Nuits** ♦ Poèmes d'A. de Musset* (1835 - 1837) qui se présentent sous la forme d'un entretien lyrique du poète (l'homme trahi par l'amour) et sa muse (le génie créateur) ou son double (la solitude). Dans la *Nuit de mai* (1835), la muse se présente en consolatrice au poète accablé et l'incite, en vain, à chanter sa souffrance. La *Nuit de décembre* (1835), poème en octosyllabes, présente le dialogue entre Musset tourmenté par « le boiteux ennui » et « un étranger vêtu de noir », son double hallucinant et mélancolique. La muse réapparaît, dans la *Nuit d'août* (1836), pour reprocher au poète son désir frénétique de jouir de la vie. Enfin, la *Nuit d'octobre* (1837) est le récit, d'abord indigné, puis apaisé, que le poète fait à la muse de « son triste amour », épreuve féconde comme l'est la souffrance pour tout être humain. Traduction immédiate et sincère des émotions les plus intimes de Musset (notamment sa rupture avec George Sand), ces poèmes à l'éloquence passionnée évoquent donc également, par étapes successives, le problème des bienfaits de la douleur.

**NUITS-SAINT-GEORGES** [21700] ← ÉTYM. *Nuits* : du lat. *nucarium* « noyer » ou du prélatin *°nauda* « lieu marécageux » et *Saint-Georges* : n. d'un vignoble ♦ Ch.-l. de cant. de la Côte-d'Or, arr. de Beaune, situé au pied de la côte de Nuits*. 5 573 hab. *(Nuitons)*. Église romane Saint-Symphorien (fin XIII$^e$ s.). Beffroi du XVII$^e$ s. Musée archéologique et musée militaire. ▪ Viticulture (nuits-saint-georges).

La **Nuit transfigurée** – en all. ***Verklärte Nacht*** ♦ Sextuor à cordes opus 4 (1899) d'Arnold Schoenberg* d'après un poème de Richard Dehmel, créé à Vienne en 1903. Schoenberg en réalisa lui-même deux transcriptions pour orchestre à cordes (1917 et 1943). Relevant de la période encore « tonale » du compositeur, l'œuvre devint rapidement, après divers malentendus, une de ses plus jouées. C'est une des premières de l'histoire de la musique à effectuer la synthèse entre Wagner et Brahms.

**NU JIANG** ou **NOU-KIANG** → **Salouen**

**NUKU'ALOFA** ♦ Cap. des îles Tonga*, sur la côte N. de l'île Tongatapu. 34 311 hab.

**NUKU HIVA** ♦ La plus grande des îles Marquises*. 117 km². Vaste baie de Taiohae. Port princ. : Hakapehi.

**NUMANCE** – en lat. ***Numantia*** ♦ V. de l'ancienne Espagne (près de l'actuelle Soria*) qui résista avec acharnement à la conquête romaine. Après un long siège et un blocus systématique (–134 - –133), Scipion* Émilien réduisit les habitants par la famine et rasa la ville. ▪ On a découvert sur le site les restes de trois étages archéologiques.

**Numance** – en esp. ***El cerco de Numancia*** ♦ Drame de Cervantès* (v. 1582). Il relate, avec maints épisodes pathétiques, l'héroïque résistance de la ville de Numance*, assiégée et finalement détruite par Scipion Émilien.

**NUMA POMPILIUS** ♦ Second roi légendaire de Rome (v. –715 - v. –672). Sabin pieux et pacifique, inspiré par la nymphe Égérie*, il aurait organisé la vie religieuse romaine, fondant les collèges religieux des vestales, des pontifes, divisa l'année en 12 mois et distingua les jours fastes et néfastes.

**NUMENIUS** – en gr. ***Nouménios*** ♦ Philosophe grec (Apamée, Syrie, II$^e$ s.). On ignore presque tout de sa vie. Origène* et Eusèbe ont transmis des passages de ses traités : *Platon et les Académiciens ; Doctrines secrètes de Platon ; Sur les nombres ; Sur le Bien*. Néopythagoricien, il fut aussi un précurseur du néoplatonisme*.

**NUMÉRIEN** – en lat. ***Marcus Aurelius Numerianus*** ♦ (mort en 284). Empereur romain (284). Fils de l'empereur Carus*, il lui succéda avec son frère Carin* mais fut assassiné par Aper, préfet du prétoire.

**NUMIDIE** n. f. – en lat. ***Numidia*** ♦ Nom donné par les Romains à la région d'Afrique du Nord s'étendant entre le territoire de Carthage à l'E. et l'oued Moulouya à l'O., et correspondant à une partie de l'Algérie actuelle. Au –III$^e$ s., la Numidie était peuplée par des Berbères semi-nomades répartis en deux tribus, les Massaesyles à l'O. et les Massyles à l'E. autour de Cirta. Excellents cavaliers, engagés en grand nombre dans l'armée carthaginoise, ils étaient sollicités par Rome qui cherchait à obtenir leur alliance. Au cours de la deuxième guerre punique, Masinissa*, chef des Massyles, dépossédé de ses territoires par Syphax*, chef des Massaesyles et allié de Carthage, sollicita l'appui de Rome. Vainqueur de Syphax grâce à son alliance avec Scipion* l'Africain (–202), Masinissa reçut les terres situées à l'O. de Carthage jusqu'à la Moulouya. Il réalisa le premier l'unité du royaume numide auquel il tenta de donner une civilisation de type hellénistique, et fit de Cirta* sa capitale (→ **Masinissa**). À la mort de Masinissa (-148), Scipion* Émilien partagea la Numidie entre les trois fils de ce dernier. Prenant soin de ne jamais laisser le royaume se réunifier politiquement, Rome obligea le dernier fils de Masinissa, Micipsa, à diviser à sa mort (-118) son royaume entre Hiempsal et Adherbal*, ses fils légitimes, et Jugurtha*, le fils naturel de son frère. Mais ce dernier, voulant reconstituer le royaume de Masinissa, fit tuer ses cousins et tint Rome en échec pendant sept ans (-113 - -105). Il fut finalement vaincu par Sylla. La Maurétanie reçut la partie occidentale de la Numidie entre la Moulouya et le Rummel (→ **Maurétanie**). La Numidie restait autonome sous un roi vassal de Rome. Après la défaite de Juba* Ier à Thapsus* (-46), la Numidie forma la province d'*Africa Nova* (→ **Afrique [province romaine d']**). Juridiquement détaché de la province d'Afrique au Ier s. par Caligula*, le pays redevint indépendant sous Septime* Sévère. Les Romains donnèrent alors un grand essor à l'agriculture et à l'urbanisation (Timgad, Lambèse, Tebessa). La christianisation s'y était faite rapidement dès le IIe s., mais au IVe s., le pays devint le principal centre du donatisme (→ **Donat**), schisme qui trouva son terrain d'élection dans les milieux ruraux en réaction contre le christianisme romain, religion de la classe urbaine aisée. La Numidie souffrit très vite du déclin de l'empire, et après avoir été ébranlée par la conquête vandale (429 - 533) elle passa définitivement sous la domination arabe au VIIIe s. → **Algérie.**

**NUMITOR** ♦ Roi légendaire d'Albe, fils de Procas* et grand-père de Romulus*.

**NUNAVIK** n. m. ♦ Territoire du Québec (Canada), bordé par la baie d'Hudson à l'O., le détroit d'Hudson et la baie d'Ungava au N. 500 000 km$^2$. 10 700 hab., en majorité des Inuits. La création d'un gouvernement autonome se poursuit depuis 1999. Ville principale : Kuujjuaq.

**NUNAVUT** n. m. ◂ ÉTYM. inuktitut « notre terre » ♦ Territoire du Canada formé de l'île de Baffin, de l'île d'Ellesmere et de la plupart des îles de l'Arctique canadien. 2 093 190 km$^2$. 29 474 hab. (*Nunavummiut*, dont 85 % d'Inuits). CAPITALE : Iqaluit. Pêche. Réserves de pétrole et de gaz. ▪ Territoire autonome depuis le 1er avril 1999, le Nunavut dispose d'une assemblée législative élue au suffrage universel et d'un gouvernement dirigé par un Premier ministre.

**Nunavut.** Cimetière des baleines. *Phot. © Gamma*

**NUNES (Pedro)** – en lat. ***Petrus Nonius*** ♦ Astronome et mathématicien portugais (Alcacer do Sal 1492 - Coimbra 1577). Il montra que le chemin le plus court entre deux points de la surface terrestre est l'arc de grand cercle et non, selon l'opinion commune à son époque, la courbe coupant les méridiens sous un angle constant (1537). Il étudia le problème du plus grand commun diviseur de deux expressions algébriques et résolut le problème du crépuscule le plus court. Il inventa un appareil ingénieux, le *nonius*, permettant de mesurer avec précision les petits angles (1542), mais qui, fragile, fut supplanté par le vernier au siècle suivant.

**NUNES (Emanuel)** ♦ Compositeur portugais (Lisbonne 1941). Installé à Paris en 1964, il enseigna la composition à Fribourg-en-Brisgau (1986 - 1992), puis à Paris. Il a écrit notamment *Litanies du feu et de la mer n° 1* (1969) et *n° 2* (1971) pour piano, *Ruf* pour orchestre et bande (1974 - 1976), *Grund* pour flûte alto solo et 8 flûtes altos et/ou basses pré-enregistrées (1982), *Musik der Frühe* pour ensemble instrumental (1980 - 1984), *Tif'Ereth* pour 6 groupes instrumentaux et 6 solistes (1985), *Quodlibet* pour 6 percussions, 28 instruments solistes et orchestre (1990 - 1991), *Épures du serpent vert* (2002 - 2007).

**NÚÑEZ (Álvar)** → **Cabeza de Vaca**

**NÚÑEZ DE ARCE (Gaspar)** ♦ Homme politique, poète et dramaturge espagnol (Valladolid 1834 - Madrid 1903). Il se voulut utile à la société en dissertant sur les conflits entre la religion et la science, la morale et l'instinct. Sa poésie, parfois politique, trouva un large écho à l'étranger : *Ramon Lull* (1875), *Gritos de combate* (« Cris de combat », 1875) dédiés à Darwin et Voltaire. Il est également l'auteur de *El haz de leña* (« Le Fagot de bois », pièce de théâtre, 1872).

**NUNGESSER** [nœ̃ʒesɛʀ] **(Charles)** ♦ Officier et aviateur français (Paris 1892 - dans l'Atlantique nord 1927). Un des as de la chasse pendant la Première Guerre mondiale, il disparut avec Coli, à bord de son avion *L'Oiseau blanc*.

**NŪR AL-DĪN MAḤMŪD AL-MĀLIK AL-'ĀDIL IBN ZANKĪ** ♦ Atabeg d'Alep (1118 - Damas 1174). Fils de Zankī*, il secourut Damas, menacée par les croisés (sept. 1148). Il acheva la conquête du comté d'Édesse et prit aux Francs plusieurs forteresses. Il fit occuper l'Égypte par Chīrkūh (1163 - 1169), où son neveu Saladin mit fin à la dynastie fatimide en se proclamant sultan et en rétablissant le sunnisme (1171). Outre ses qualités guerrières, Nūr al-Dīn fut un protecteur des arts et des sciences, fondateur d'hôpitaux, écoles et bibliothèques.

**Nürburgring** ♦ Circuit automobile d'Allemagne (Rhénanie-Palatinat), dans les monts boisés du haut Eifel, à 50 km à l'O. de Coblence. Diverses courses réputées (dont une de 24 h) se déroulent sur sa boucle de 4,5 km au relief accidenté.

**NUREMBERG** – en all. ***Nürnberg*** ◂ ÉTYM. en haut all. *Nourenberc, Norenberc*, de *berg* « montagne » et d'un 1er élément obsc. (les étym. *Neronberg* « montagne de Néron » ou *Neu-Rom-Berg* « montagne de la nouvelle Rome » sont populaires) ♦ V. d'Allemagne (Bavière) en moyenne Franconie, sur la Pegnitz. 499 237 hab. Le noyau de la ville médiévale s'organise à l'intérieur d'une enceinte des XVe - XVIe s., renforcée de 128 portes. L'église gothique Saint-Laurent (XIVe - XVe s.), Saint-Sébald (XIIIe s.) et le château impérial ont été les moins touchés par la guerre. Une grande partie du quartier médiéval, endommagée ou détruite pendant la Deuxième Guerre mondiale, a été restaurée (Mauthalle, anc. grenier à blé du XVe s. ; maison d'A. Dürer) ou même complètement reconstituée après 1945 d'après des documents d'époque. La ville moderne s'est développée extra-muros. Le développement urbain et industriel de Nuremberg se projette sur les villes voisines d'Erlangen* (univ.) et de Fürth* (indus.). ▪ Nuremberg, qui est depuis le Moyen Âge une florissante cité commerçante (importante foire des jouets), a ajouté à cette fonction traditionnelle des activités industrielles modernes : construc. mécaniques et électriques, produits alimentaires, pains d'épices *(Lebkuchen)*, manufactures de jouets réputées. La ville a été dotée d'un port en 1972 sur le canal Rhin-Main-Danube. ▮ **Histoire** Fondée v. 1050 près du tombeau de saint Sébald, Nuremberg appartint longtemps aux Hohenzollern. Frédéric II la déclara ville libre impériale au XIIIe s. En 1256, elle adhéra à la Confédération du Rhin et devint rapidement une importante cité commerciale, établissant des échanges entre les ports de la Méditerranée et les ports allemands de la Baltique. Elle atteignit son apogée aux XIVe - XVIe s., vit naître A. Dürer* et devint une métropole artistique (Veit Stoss*, P. Vischer*). Mais les grandes découvertes (nouvelles routes commerciales passant par le cap de Bonne-Espérance) et les guerres européennes des XVIIe - XVIIIe s. furent à l'origine de son déclin. En 1806, Nuremberg fut rattachée à la Bavière et connut à nouveau une certaine prospérité. La première ligne allemande de chemin de fer relia Nuremberg à Fürth en 1835. Hitler en fit le siège du congrès annuel du Parti national-socialiste.

**Nuremberg** (lois de) – en all. *Nürnberg Gesetze* ♦ Lois antisémites de l'État nazi (1935). Elles privaient les Juifs de la citoyenneté allemande et de la totalité de leurs droits civiques, leur interdisant au nom de la « pureté du sang allemand », toute relation sexuelle avec des Aryens, ainsi que les mariages mixtes. Des mesures économiques complétèrent ces lois, excluant les Juifs de l'exercice de certaines professions (professions libérales, enseignement, journalisme, théâtre, cinéma).

**Nuremberg** (procès de) ♦ Procès intenté, devant le tribunal militaire international, à 24 dirigeants et à 8 organisations de l'Allemagne nazie (20 nov. 1945 - 1er oct. 1946). Les accusations portaient sur des crimes de guerre et des crimes contre la paix et contre l'humanité. Ne comparurent pas : Robert Ley (suicidé le 25 oct. 1945), Gustav K rupp* (cas disjoint pour raison de santé), Martin Bormann* (« en fuite », probablement mort en mai 1945). Furent condamnés à mort : Bormann* (par contumace), Franck, Frick, Göring*, Jodl*, Kaltenbrunner, Keitel*, Ribbentrop*, Rosenberg*, Sauckel, Seyss*-Inquart, Steicher ; les condamnés furent exécutés par pendaison le 16 oct. 1946, sauf Göring, qui s'était suicidé la veille. Furent condamnés à des peines de prison : Dönitz*, Funk*, Hess*, Neurath, Raeder*, Schirach, Speer*. Fritsch, Papen* et Schacht* furent acquittés. La Gestapo*, le Parti national-socialiste, les SS* et le SD (service de sûreté) furent condamnés à titre collectif.

**NURHACI** ♦ Chef militaire chinois (1559 - 1626) d'ethnie jürchet. Il unifia les tribus en 1583 et organisa le système militaire, politique et économique des Huit Bannières. Il prit le titre de khan en 1616 et ouvrit les hostilités contre les Ming* auxquels il infligea de lourdes défaites. En 1625, il transféra sa capitale à Shengjing (Moukden*). Son fils Huangtaiji lui succéda et prit en 1636 le titre d'empereur, changeant le nom dynastique de Jin en Qing*, et le nom de sa tribu en Manzhou (Mandchou).

Les **Nymphéas.** *Reflets verts*, tableau de Monet (2 panneaux de 2 × 4,25 m), détail. Musée de l'Orangerie, Paris. *Phot. © Hubert Josse*

**NŪRĪ ('Abd al-Mālik)** ♦ Écrivain irakien (1921 - 2002). Chef de file de l'école réaliste irakienne, il est l'auteur de pièces de théâtre (*Les Messagers de l'Humanité*, 1946), de nouvelles et de romans (*Le Petit Homme*, 1953 ; *Le Chant de la terre*, 1954).

**NURMI (Paavo)** ♦ Athlète finlandais (Turku 1897 - Helsinki 1973). Il remporta neuf médailles d'or et trois d'argent aux jeux Olympiques d'Anvers (1920), de Paris (1924) et d'Amsterdam (1928), sur 1 500, 5 000 et 10 000 m, dominant le demi-fond et le fond mondial dans les années 1920. Plus grand coureur de l'entre-deux-guerres, très populaire, il fut disqualifié pour professionnalisme en 1932. ➛ ÉTYM. Ce nom finnois signifie «pré».

**NURSE** (sir **Paul Maxime**) ♦ Biologiste britannique (Norfolk 1949). Il identifia l'un des facteurs clés de la régulation du cycle cellulaire, les kinases dépendantes des cyclines et montra que leur fonction, identique dans tous les organismes, s'est conservée tout au long de l'évolution. Prix Nobel de physiologie ou médecine 2001, avec L. H. Hartwell* et R. T. Hunt*

**Nusatenggara** ♦ Nom indonésien des Petites Îles de la Sonde, qui comprennent les provinces de Bali*, Nusatenggara Barat (ouest), 20 177 km², 3 821 794 hab., cap. Mataram (Lombok), et Nusatenggara Timur (est), 47 876 km², 3 929 039 hab., cap. Kupang (Timor occidental). Région aride et relativement pauvre. Peu d'activités industrielles.

**NUUK** ➛ ÉTYM. anc. *Godthåb* «bonne espérance» ♦ Port et cap. du Groenland, sur le détroit de Davis. 14 719 hab. Centre de radiocommunications. ▮ **Histoire** Godthåb fut fondé en 1721 par un missionnaire norvégien, Hans Egede, et prit le nom inuit de Nuuk en 1979.

**NÜZHEN** → **Jürchets**

**NYASA** et **NYASALAND** → **Malawi**

**NYBORG** ➛ ÉTYM. danois «château neuf» ♦ V. du Danemark, sur la côte E. de la Fionie, au fond du Nyborgfjord. 16 043 hab. Restes de l'anc. forteresse (1170) destinée au Moyen Âge à fermer le passage du Grand Belt* aux pirates. Église gothique (XIVᵉ s.). ▪ Port de transit, relié par ferry-boat à Korsør. Port de pêche et de plaisance, port pétrolier. Indus. plastique, chimique, métallurgique et agroalimentaire.

**NYERERE (Julius)** ♦ Homme politique tanzanien (Butiama 1922 - Londres 1999). Premier ministre du Tanganyika indépendant en 1961, il fut élu président de la République l'année suivante. En 1964, il devint président de l'Union de la République de Tanzanie* (Tanganyika et Zanzibar), et fut réélu constamment jusqu'en 1985, date à laquelle Ali Hassan Mwinyi lui succéda. Dans la déclaration d'Arusha (1965), cet ancien instituteur surnommé le *mwalimu* («maître» en swahili) lança l'idée d'un «socialisme» africain fondé sur l'esprit communautaire traditionnel et la responsabilité *(Ujamaa)*.

**NYÍREGYHÁZA** ♦ V. de Hongrie, ch.-l. du comitat de Szabolcs-Szatmár-Bereg, dans le N.-E. du pays. 118 795 hab. Temple luthérien. Intéressantes maisons paysannes.

**NYKÖPING** ♦ V. de Suède, au S. de Stockholm, sur la Baltique. Ch.-l. du comté de Södermanland. 50 191 hab. Une des plus anciennes villes de Suède. Musée. ▪ Port. Centre de services. Indus. diversifiée : mécanique (automobile), chimie, électronique.

Les **Nymphéas** ♦ Série de tableaux de Claude Monet*. La série des *Nymphéas*, dont les premières versions apparurent dès 1897, a été entièrement conçue dans le jardin, créé en 1893, de la maison de Monet à Giverny. Les toiles de 1898 à 1900 montrent encore le pont japonais, mais toute référence à la terre disparaît en 1926 dans ces immenses panoramas de fleurs et d'eau où miroite la lumière. Sur 250 toiles environ que comporte la série, 10 compositions furent données à l'État français en 1922, après une longue négociation menée à l'initiative de Clemenceau. Elles sont exposées dans les salles ovales de l'Orangerie des Tuileries, inaugurées en 1927. Les critiques eurent des avis partagés sur ces œuvres, Lionello Venturi les considérant comme un «jeu d'artifice», «la plus grave erreur commise par Monet», tandis que d'autres y virent une «création pure», l'imitation des reflets de l'eau n'étant pour Monet qu'une façon de camoufler ses audaces, sans référence réelle à la nature. Kandinsky* s'en inspirera, de même que les peintres de l'abstraction lyrique et du paysagisme abstrait.

**NYON** ➛ ÉTYM. anc. en gaul. *Noviodunum* «le nouveau *(novio)* fort *(dunum)*» ♦ V. de Suisse (Vaud), sur la rive d. du lac Léman. 17 615 hab. Vestiges romains. Le château (XIIᵉ s.), restauré au XVIᵉ s., abrite le musée d'archéologie et d'histoire régionale. Faïences peintes. ▮ **Histoire** L'ancienne *Noviodunum*, fondée par César en –45, était une des cités les plus puissantes de l'Helvétie*.

**NYONS** [njɔ̃] [26110] ➛ ÉTYM. anc. en gaul. *Noimagos* «nouveau *(novio)* marché *(magos)*» (→ aussi Nogent-le-Rotrou, Noyon) ♦ Ch.-l. d'arr. de la Drôme, sur l'Eygues, dans la plaine du Tricastin. 6 723 hab. *(Nyonsais)*. Vestiges d'une enceinte (XIVᵉ s.). Tour Randonne (XIIIᵉ s.). Quartier des Forts (maisons du XIVᵉ s.). Pont des XIIIᵉ - XIVᵉ s. Musée de l'olivier. ▪ Marché (huile d'olive, olives, truffes, confitures, pâtes de fruits). Moulins à huile. Viticulture (côtes-du-rhône).

**NYROP (Kristoffer)** ♦ Philologue danois (Copenhague 1858 - *id.* 1931). Éminent spécialiste de la langue française, il est l'auteur d'un *Manuel phonétique du français parlé* (trad. fr. par E. Philippot) et d'une *Grammaire historique de la langue française*, en français (1899 - 1930).

**NYSA** ♦ Nom de plusieurs villes antiques consacrées à Dionysos («dieu de Nysa»), notamment en Inde (à l'O. de l'Indus), en Grèce et en Asie Mineure (près d'Éphèse).

**NYSA ŁUŻYCKA** → **Neisse de Lusace**

**NYSSE** – en lat. ***Nyssa*** ♦ Anc. ville d'Asie Mineure (Cappadoce). Saint Grégoire* de Nysse en fut évêque.

**NYSSE** – en lat. ***Nyssa*** ♦ Anc. ville d'Asie Mineure, près d'Éphèse. Fondée au –IIIᵉ s. par un roi séleucide, elle était florissante à l'époque romaine. Ruines d'importants monuments romains près de l'actuel village de Sultanhisar : théâtre, *géronticon* (salle du conseil des Anciens), portiques ornés de mosaïques.

**NYSTAD** – n. suéd. de ***Uusikaupunki*** ♦ V. de Finlande. Par le *traité de Nystad* (10 sept. 1721) qui mit fin à la guerre du Nord, la Suède cédait à la Russie la Livonie*, l'Estonie*, l'Ingrie*, la Carélie* occidentale ainsi que la ville de Vyborg* et les îles Saaremaa et Khiouma.

**Nyugat** → **Occident**

# O

**O** (**François,** marquis **D'**) ♦ Homme politique français (Paris v. 1535 - *id.* 1594). Il appartenait à une ancienne famille de Normandie qui s'éteignit avec lui. Favori d'Henri III, qui le nomma surintendant des Finances (1578), puis gouverneur d'Île-de-France, il contribua à la conversion d'Henri IV.

**OACI** n. f. → **Organisation de l'aviation civile internationale**

**OAHU** ♦ Île des États-Unis (Hawaii). 1 573 km². 818 000 hab. C'est la troisième île de l'archipel pour la superficie et elle regroupe 77 % de la population de l'État. Elle est constituée par deux anciens volcans, devenus aujourd'hui deux chaînes parallèles reliées par une plaine et entourées de formations volcaniques plus récentes. Sur l'île se trouvent Honolulu*, la base de Pearl* Harbor, la plupart des villes de l'archipel (Aiea, Kailua, Kaneohe, Wahiawa, la seule ville de l'intérieur) et des plages célèbres (Waikiki).

**OAKLAND** ← **ÉTYM.** angl. «le pays *(land)* des chênes *(oak)*» ♦ V. des États-Unis (Californie) dans l'agglomération de San Francisco. 399 484 hab. dont 44 % de Noirs, 15 % d'Asiatiques et 14 % d'Hispaniques (zone urbaine 2 392 557 hab.). Oakland est la deuxième ville au sein de la zone métropolitaine de San Francisco (7 039 362 hab.). Important port de commerce et centre indus. (indus. alimentaires, automobiles, électricité, etc.).

**OAK RIDGE** ♦ V. des États-Unis (Tennessee) près de Knoxville. 27 387 hab. La ville fut créée en 1942 pour abriter le centre atomique américain (traitement de l'uranium) ; elle atteignit 75 000 hab. (1945) puis déclina. D'abord centre militaire, Oak Ridge est devenue une ville industrielle classique.

**OAS** n. f. [Organisation armée secrète] ♦ Organisation qui, après l'échec du putsch militaire d'Alger (21 avr. 1961), fut constituée, à l'instigation des généraux Jouhaud et Salan, et d'hommes politiques comme Susini, et qui tenta par tous les moyens (y compris le terrorisme) de s'opposer à la politique algérienne du général de Gaulle. Son action s'intensifia lors de la signature des accords d'Évian (mars 1962) ; mais, peu après, les principaux chefs de l'OAS (Jouhaud, Salan, Degueldre) étaient arrêtés.

**OASIS** (département des) ♦ Ancien département d'Algérie, couvrant près de la moitié du Sahara algérien, jusqu'au massif du Hoggar et de ses dépendances. Il a été divisé en 7 wilayas, en 1984 : Laghouat, Ouargla, Tamanrasset, El-Oued, Ghardaïa, Biskra et Illizi. ▪ La majeure partie des exploitations algériennes de pétrole et de gaz se situe dans la région.

**OATES** (**Titus**) ♦ Aventurier anglais (Oakham 1649 - Londres 1705). Il prétendit dénoncer un complot «papiste», tramé par les jésuites,

Baie d'**Oakland.** *Phot. © Mark Yarchoan/Shutterstock*

et réussit à émouvoir l'opinion. Il finit par être confondu et jeté en prison, après avoir provoqué des persécutions contre les catholiques.

**OATES (Joyce Carol)** ♦ Romancière, poète et nouvelliste américaine (Millerport, État de New York 1938). Son œuvre décrit la condition féminine dans l'Amérique contemporaine, sans jamais verser dans le roman à thèse. *Eux* (1969), *Le Pays des merveilles* (1971), *La Séduction et autres nouvelles* (1975), *Les Chutes* (2005), dénoncent l'aliénation de la femme aux valeurs masculines sans idéaliser l'héroïne, avec un ton de vérité ironique qui lui a valu un très large public. Universitaire, elle est également l'auteur d'études critiques (*New Heaven, New Earth : the Visionary Experience in Literature*, 1974) et d'une biographie de Marilyn Monroe, *Blonde* (2000). ➝ ÉTYM. *Oates* vient du prénom *Ode* (moyen anglais).

**OAXACA** ou **OAXACA DE JUÁREZ** ➝ ÉTYM. *Oaxaca :* de l'aztèque *Huaxyacac* «au nez [à la pointe] *(yaca-)* du bois d'acacias *(huaxin)*» et *Juárez* en l'honneur de Benito *Juárez** ♦ V. du Mexique méridional, cap. de l'État du même nom. 258 008 hab. Située à 1 500 m d'alt. au pied de la sierra Madre du Sud, c'est une vieille ville qui conserve des vestiges de l'époque coloniale (places ; cathédrale XVI$^{e}$ - XVII$^{e}$ s. ; églises, marché). Musée Rufino Tamayo. ▪ Indus. textiles et chimiques. ▪ À proximité, site de Monte* Albán. ♦ ***État d'Oaxaca*** Baigné par le Pacifique, il s'étend sur les hautes terres montagneuses de la Mixteca et conserve un fort peuplement indien. 93 952 km$^2$. 3 506 821 hab. Cultures de canne à sucre, café, cacao, coton ; céréales en alt. Grandes richesses minérales (argent, cuivre, manganèse ; importants gisements de fer). Pêche (tortues). Tourisme en développement sur la côte du Pacifique (Huatulco).

**OB** ou **OBI** n. m. ➝ ÉTYM. probablt du zyriène «escarpement de neige» ♦ Fl. de Russie (3 650 km, 5 410 km avec l'Irtych, son princ. affluent). Né de la confluence de la Katoun et de la Biïa dans l'Altaï, il draine un bassin de près de 3 000 000 km$^2$ (le double de celui de la Volga) et se jette dans l'océan Arctique (mer de Kara) après avoir reçu les eaux des riv. Tom, Choulym, Ket et Vakh (rive d.), et celles de l'Irtych (rive g.). Importante voie navigable. Centrale hydroélectrique près de Novossibirsk.

**OBALDIA (René DE)** ♦ Auteur dramatique et romancier français (Hong Kong 1918). Déjà sensible dans ses recueils poétiques (*Les Richesses naturelles*, 1952 ; *Innocentines*, 1969), une invention verbale d'une profonde originalité nourrit les romans de R. de Obaldia, *Fugue à Waterloo* (1956), *Le Centenaire* (1959), *Tamerlan des cœurs* (1964), qui dénoncent avec une ironie provocatrice les atrocités de l'Histoire. Auteur dramatique abondant, l'écrivain s'est livré à la même entreprise de démolition dans des pièces irrévérencieuses telles que *Génousie* (1960), parodie onirique des colloques savants, *Le Satyre de la Villette* (1963), qui raille les modes de la télévision et de la sexualité, *Du vent dans les branches de sassafras* (1965), réjouissant «western de chambre», ou *Classe terminale* (1973), qui appelle à la libération du désir. [Acad. fr. 1999]

**OBAMA (Barack Hussein)** ♦ Homme d'État américain (Honolulu 1961). 44$^{e}$ président des États-Unis (2009). Né d'un père kényan et d'une mère blanche originaire du Kansas qui se séparèrent ensuite, il passa une partie de son enfance à Jakarta. Diplômé de l'université de Columbia de New York en sciences politiques et en relations internationales, il travailla comme animateur social dans un quartier noir de Chicago (1984 à 1987) après s'être converti au protestantisme. Il entra ensuite à Harvard en droit, où il fut le premier président métis de la prestigieuse revue de l'université et devint avocat. Sénateur démocrate de l'Illinois depuis 2004, il obtint 59 % des voix contre J. McCain à l'élection présidentielle de 2008. L'accession d'un Africain-Américain à la Maison Blanche suscita un immense espoir au sein des classes les plus pauvres et des communautés de couleur et constitua un événement exceptionnel salué par le monde entier. Toutefois, au cours de l'année 2009, sa volonté de créer un système de couverture médicale fut accueillie avec réticence par les Américains. L'attribution du prix Nobel de la paix, destiné à l'encourager dans son effort de rupture de la politique américaine à un moment où son soutien dans l'opinion faiblissait, fut jugée discutable par certains arguant du fait que, malgré ses promesses de mettre fin à la guerre en Irak* et en Afghanistan*, il venait d'y envoyer des renforts supplémentaires, et n'était pas parvenu à faire avancer la question proche-orientale. [Prix Nobel de la paix 2009]

**Obama. Investiture du président Barack Obama au Capitole, le 20 janvier 2009, Washington.**
*Phot. © Paul J. Richards/ AFP*

**OBAN** ➝ ÉTYM. du gaél. *An t-Oban Latharnach* «la petite baie de Lorn (n. de région)» ♦ V. d'Écosse (Argyll and Bute). 7 400 hab. Point de départ des ferries pour les Hébrides du S. Distillerie de whisky. Station balnéaire.

**OBEID** (tell **EL-**) ♦ Site de basse Mésopotamie, près d'Ur, auj. en Irak, fouillé à partir de 1919. ▪ La civilisation d'El-Obeid représente le plus ancien stade de la civilisation sumérienne protohistorique. Elle dura du début du -IV$^{e}$ millénaire à -3300 env., se caractérisant par une céramique monochrome noire ou brun foncé à décor géométrique et par son outillage de pierre. Remarquablement représentée à Eridu*, elle se répandit jusqu'à la haute Mésopotamie et à la Méditerranée (Ras Shamra). ▪ Des époques postérieures, on retrouva notamment un temple datant de la I$^{re}$ dynastie d'Ur (1$^{re}$ moitié du -III$^{e}$ millénaire). → **Sumer.**

**OBEÏD (EL-)** ♦ V. du centre du Soudan, dans le Kordofan. 823 400 hab. Commerce de gomme arabique et de millet.

**OBERAMMERGAU** ➝ ÉTYM. all. «le pays *(Gau)* du haut *(ober)* Ammer (n. de riv.)» ♦ V. d'Allemagne méridionale (Bavière), dans les Préalpes de Bavière. 5 365 hab. Station climatique, célèbre pour ses nombreux ateliers de sculpture sur bois et son *Mystère de la Passion* monté et joué tous les dix ans par les habitants depuis le XVII$^{e}$ s.

**OBERHAUSBERGEN** [67200] ➝ ÉTYM. anc. *Hugesbergen*, du germ. *Hugo*, n. de pers., de *ober* «situé en haut» et de *berg* «montagne» ♦ Comm. du Bas-Rhin, arr. de Strasbourg. 4 518 hab.

**OBERHAUSEN** ♦ V. d'Allemagne (Rhénanie-du-Nord-Westphalie), dans la partie O. du bassin de la Ruhr*, sur le canal Rhin-Herne. 222 000 hab. Important centre indus. (houillères, sidérurgie).

**OBERKAMPF (Christophe Philippe)** ♦ Industriel français d'origine bavaroise (Weissenbach 1738 - Jouy 1815). Installé à Paris en 1757, il fonda peu après la manufacture de Jouy-en-Josas, première fabrique de toiles peintes ou indiennes de Jouy, et la première filature de coton à Essonnes. Naturalisé français (1770), il fut anobli en 1787, et Napoléon I$^{er}$ le décora de sa propre croix de la Légion d'honneur. ➝ ÉTYM. Ce nom allemand signifie «le champ *(Kamp)* d'en haut *(ober)*».

**OBERLAND BERNOIS** n. m. ➝ ÉTYM. «haut pays de Berne» ♦ Région montagneuse de Suisse (cant. de Berne) formée par la haute vallée de la Sarine et le bassin supérieur de l'Aar et de ses affl. en amont de Thoune. Elle comprend le flanc N. des Alpes bernoises (dont la face N.-O. du massif de l'Aar) et voisine avec les sommets de l'Eiger, de la Jungfrau, du Finsteraarhorn. Grande région touristique : Adelboden, Grindelwald, Gstaad, Kandersteg, Mürren, Wengen. Chemin de fer du Lötschberg.

**OBERLIN (Jean Frédéric)** ♦ Théologien et philanthrope alsacien (Strasbourg 1740 - Waldersbach, Ban de la Roche 1826). Étudiant en théologie à Strasbourg, admirateur de Rousseau, mais aussi de Swedenborg, il devint pasteur à Waldersbach (1767). Dans cette région alors très défavorisée de l'Alsace, il contribua à améliorer l'agriculture, à introduire le tissage du coton, à créer une caisse d'épargne et de prêt. Il développa l'instruction en s'inspirant des méthodes pédagogiques de Pestalozzi*. ➝ ÉTYM. *Oberlin* est le diminutif alsacien de *Albert**.

***Oberman*** ♦ Roman épistolaire de Senancour* (1804). Les 89 lettres qui composent cette œuvre quasi-autobiographique offrent des confidences de l'auteur sur ses déceptions sentimentales et son inadaptation à la société. Elles manifestent également son désir d'éternité. Oberman, dont le nom signifie «l'homme des hauteurs», s'adonne à des recherches mystiques et exprime, avant les romantiques, le thème de l'étranger.

**OBERNAI** [67210] ➝ ÉTYM. du germ. *ober* «d'en haut» et de son anc. n. *Ehenheim* «village *(heim)* sur l'Ehn» ♦ Ch.-l. de cant. du Bas-Rhin, arr. de Sélestat, sur l'Ehn. 10 471 hab. (aggl. 11 691). *(Obernois)*. Ville pittoresque. Enceinte médiévale. Beffroi (XIII$^{e}$ s.). Halle aux blés (XVI$^{e}$ s.). Hôtel de ville (XV$^{e}$ - XVI$^{e}$ s.). Puits de la Renaissance. Maisons anc. Musée du Cheval et de l'Attelage. ▪ Indus. diversifiées. Viticulture (pinot). Brasserie.

**OBÉRON** ou **AUBÉRON** ➝ ÉTYM. du germ. *Adalbero* ou *Alberich* ♦ Roi des elfes qui joue un rôle important dans la chanson de geste anonyme *Huon* de Bordeaux* (déb. XIII$^{e}$ s.). Ce nain, qui connaît les pensées humaines et les secrets du Paradis, se fait le champion de la loyauté et de la pureté. ▪ Il réapparaît dans les œuvres de Chaucer*, de Spenser*, de Shakespeare* (*Le Songe* d'une nuit* *d'été)* et de Ch. M. Wieland*. En musique, le sujet a inspiré Weber (*Oberon*, Londres 1826, sur un livret anglais de Planché d'après Wieland).

**OBERTH (Hermann)** ♦ Ingénieur allemand (Hermannstadt 1894 - Nuremberg 1989). Spécialiste des fusées civiles et militaires, il dirigea une équipe à laquelle appartenait W. von Braun*. Il est l'un des précurseurs de l'astronautique.

**OBEY (André)** ♦ Auteur dramatique français (Douai 1892 - Montsoreau 1975). Romancier, il se consacra bientôt au théâtre, sous l'influence de Jacques Copeau. Son œuvre s'inspire de personnages légendaires ou mythiques : *Noé* (1931), *Le Viol de Lucrèce* (1931), *Vénus et Adonis* (1932), *Le Trompeur de Séville* (1937), *Lazare* (1951). ⁃ ÉTYM. Ce nom vient du germanique *Odberht*, de *od-* « richesse » et *berht* « illustre ».

**OBJAT** [19130] ⁃ ÉTYM. du lat. *Obvius*, n. de pers., et suff. *-acum* ♦ Comm. de la Corrèze, arr. de Brive-la-Gaillarde. 3 372 hab. (aggl. 4 116).

## objectivistes

n. m. pl. ♦ Groupe de poètes américains apparu au début des années 1930 : Charles Reznikoff (1894 - 1976), Carl Rakosi (né en 1903), Louis Zukofsky (1904 - 1978) et George Oppen (1908 - 1984). Influencée par William Carlos Williams* et par Ezra Pound*, qui les soutint activement de 1927 à 1934, leur poésie recherche une transcription factuelle et sans commentaire du réel. *An Objectivists Anthology* (1932) fut leur unique publication de groupe, puis chacun suivit son chemin. Reznikoff, travaillant le prosaïsme, tira *Témoignage* (1965) des archives des tribunaux de la fin du XIX^e s., et *Holocauste* (1975) des procès de Nuremberg et du procès d'Eichmann ; il a également laissé un roman, *Le Musicien* (posth., 1977). Rakosi, plus ironique, garda le silence pendant deux décennies, puis publia *Amulet* (1967) et *Ere-Voice* (1971). Oppen, résolument économe dans son écriture, publia *Série discrète* (1934), puis se tut, lui aussi, très longtemps ; il revint avec *The Materials* (1962), *D'être en multitude* (1968, prix Pulitzer), *Primitif* (1978). Zukofsky est, par son abstraction, considéré comme le plus difficile : de 1928 à 1968, il travailla à un poème de 800 pages, *A*. De nombreux jeunes poètes américains ont, à partir des années 1960, reconnu leur dette envers les objectivistes.

**Oblomov (Une journée dans la vie d')** ⁃ ÉTYM. du prénom *Oblom*, du russe *oblomat* « briser, détruire » (probablt surnom d'une pers. maladroite) ♦ Roman de I. Gontcharov* (1859). Le héros, Oblomov, jeune homme indolent et incapable du moindre effort, déçoit la femme qu'il aime, disparaît de la société et fait de sa logeuse sa maîtresse. Poussée par son entourage, elle lui soutire toute sa fortune et il finit par en mourir. Le nom d'Oblomov est devenu un nom commun et le mot *oblomovchtchina* (« oblomovisme ») désigne en russe l'inertie, la passivité.

**OBOCK** ou **OBOK** ♦ V. de la république de Djibouti*. 6 500 hab. Port. ▪ Elle fut en 1882 le chef-lieu de la colonie d'Obock, supplanté en 1892 par Djibouti*.

**OBODRITES** ou **ABODRITES** n. m. pl. ♦ Population slave qui occupa la région située entre l'Elbe inférieure et la mer Baltique (la Wagria, le Holstein de l'E. et le Mecklembourg) dès le VII^e s. Les Obodrites s'allièrent à Charlemagne contre les Saxons et poursuivirent la lutte contre eux jusqu'à la victoire définitive d'Henri* le Lion, duc de Saxe. Ils subirent alors la domination germanique et se convertirent au christianisme.

**OBOTE (Apollo Milton)** ♦ Homme d'État ougandais (Ankokoro 1925 - Johannesburg 2005). Fondateur avec J. Kenyatta* de la Kenya African Union puis de l'Uganda People's Congress (1959), il devint Premier ministre en 1962, puis président de la République en 1966. Renversé par Amin* Dada en 1971, il fut de nouveau président de 1980 à 1985. → **Ouganda.**

**OBRA** n. f. ♦ Riv. de Pologne (250 km) qui prend sa source au N.-O. de Kalisz, en Grande Pologne, et partage ses eaux entre l'Oder (rive d.) et la Warta (rive g.).

**OBRADOVIĆ (Dositej)** ♦ Écrivain serbe (Čakovo 1742 - Belgrade 1811). Après de longs séjours dans différents pays d'Europe, où il subit l'influence de la philosophie des Lumières, il fonda à Belgrade la première université serbe (1808) et devint le premier ministre de l'Instruction publique. Anticlérical et soucieux de s'adresser à un large public, il s'efforça dans ses écrits didactiques de se rapprocher de la langue populaire : *Fables* (1788), *Conseils d'un esprit sain* (1784), *Vie et Aventures de Dositej Obradović*, autobiographie (1783).

**OBRECHT (Jacob)** ♦ Compositeur néerlandais (Bergen op Zoom ?, v. 1450 - Ferrare 1505). Il occupa des postes à Cambrai, Bruges, Anvers, et séjourna deux fois à Ferrare. Il composa quelques chansons, mais se consacra pour l'essentiel à la musique religieuse (messes, motets).

**OBREGÓN (Álvaro)** ♦ Homme d'État mexicain (Siquisiba, Sonora 1880 - San Angelo, près de Mexico 1928). Venu au secours de Carranza*, il vainquit Pancho Villa (1914) et devint ministre de la Guerre (1917), puis, après l'assassinat de Carranza, président de la République (1920 - 1924). Il mena une politique sociale contre l'Église et les grands propriétaires terriens et patronna la réforme de l'instruction publique de Vasconcelos. Il mourut assassiné par un catholique.

**OBRÉNOVITCH** ou **OBRENOVIĆ** ♦ Dynastie serbe fondée en 1817 par Miloch I^er. Rivaux des Karageorgévitch*, les Obrénovitch furent chassés du pouvoir de 1842 à 1858 mais revinrent et demeurèrent jusqu'à l'assassinat du roi Alexandre (1903). → **Michel, Milan, Miloch Obrénovitch.**

**O'BRIEN** ⁃ ÉTYM. de l'irl. *ó* « petit-fils, descendant » et *Brien*, n. celt. « chef » ♦ Famille irlandaise, remontant à Brian Borce (1014) qui régna sur l'Irlande au XI^e s. Le maréchal de Mac*-Mahon appartenait à une de ses branches. ♦ **William Smith O'Brien** (Dromoland, Clare 1803 - Bangor, Carnarvon 1864). Député au Parlement, partisan de l'émancipation, il ne se rallia à O'Connell* qu'en 1843 et s'en détacha bientôt pour prendre la tête du mouvement extrémiste de la Jeune*-Irlande. Arrêté quand échoua le soulèvement qu'il avait tenté en 1848, il fut condamné à mort, gracié, déporté, puis libéré en 1854.

**O'BRIEN (Flann)** ♦ Écrivain irlandais (Strabane 1911 - Dublin 1966). Il écrivit des romans comiques dans lesquels il mélangea érudition, jeux linguistiques et sens de l'absurde, dont le plus brillant est sans doute *At Swim Two Birds* (*Kermesse irlandaise*, 1939), suivi de *The Third Policeman* (*Le Troisième Policier*, 1940).

**O'BRIEN (Edna)** ♦ Romancière irlandaise (Tuamgraney, comté de Clare 1932), issue d'un milieu catholique rural. Ses thèmes de prédilection, l'Irlande, le carcan de la religion et la condition de la femme, sont présents dès ses premiers romans (notamment dans la trilogie qui s'ouvre avec *Les Filles de la campagne*, 1960). Installée à Londres depuis les années 1950, elle y a publié un portrait de son compatriote *James Joyce* (1999) et de nombreux romans et nouvelles (*La Nuit du splendide isolement*, 1994). Elle s'est inspirée d'un fait divers pour aborder l'inceste et l'avortement avec *Tu ne tueras point* (1996).

**OBRIGHEIM** ♦ V. d'Allemagne (Bade-Wurtemberg), sur le Neckar. 5 227 hab. Centrale nucléaire.

**Observatoire de Paris** ♦ Fondé en 1667 par Louis XIV, il fut affecté aux observations d'astronomie et de météorologie. Sa construction, décidée par Colbert, fut confiée à C. Perrault* (de 1667 à 1672) qui l'axa sur la ligne méridienne de Paris ; sa direction fut assurée par Cassini*. La coupole fut édifiée sous Louis-Philippe à la demande d'Arago*. L'observatoire de Paris (placé sous la tutelle du ministère de l'Éducation nationale), auquel fut rattaché en 1927 celui de Meudon* et en 1954 celui de Nançay*, assure un service régulier d'observation, et est le siège du Laboratoire primaire du temps et des fréquences et du Bureau central du Service international de la rotation terrestre.

**OBSTFELDER (Sigbjørn)** ♦ Écrivain norvégien (Stavanger 1866 - Copenhague 1900). Le meilleur représentant, en Norvège, de l'expressionnisme et du symbolisme, il a ouvert les voies au modernisme formel dans son pays avec *Poèmes* (1893) et quelques nouvelles ou très courts romans dont *Le Journal d'un pasteur* (1900). Il évoque Maeterlinck* par la mélancolie et surtout par le sentiment des forces occultes qui veillent en l'homme.

**OBUCHI (Keizo)** ♦ Homme d'État japonais (Nakanojo, préf. de Gunma 1937 - Tokyo 2000). Président du parti libéral démocrate à l'instigation de N. Takeshita*, il fut nommé Premier ministre en 1998 mais décéda en cours de mandat. Il amorça le redressement économique de son pays et parvint à faire entériner par le Parlement une coopération militaire étroite avec les États-Unis.

**OBWALD** – en all. ***Obwalden*** → **Unterwald**

**OCAGNE (Maurice D')** ♦ Mathématicien français (Paris 1862 - Le Havre 1938). Il est l'inventeur de la nomographie (1884), procédé de calcul consistant à remplacer les équations par des représentations graphiques dont les points d'intersection donnent les solutions. La nomographie trouve de nombreuses applications dans la construction de routes, ponts, etc. [Acad. sc. 1922]

**OCAMPO (Victoria)** ♦ Écrivain argentin (Buenos Aires 1890 - *id.* 1979). Issue d'une vieille famille de l'oligarchie créole, d'origine espagnole, elle a occupé pendant plus d'un demi-siècle une place capitale dans les relations culturelles entre les principaux pays occidentaux. La revue *Sur* qu'elle fonda à Buenos Aires en 1931 et les éditions du même nom ont joué un rôle déterminant dans le monde hispanophone. Borges*, associé dès les débuts à l'entreprise, symbolise à lui seul l'esprit cosmopolite et universel de *Sur*. Auteur d'essais impressionnistes et autobiographiques réunis sous le titre *Testimonios* (« Témoignages »), Victoria Ocampo a laissé de surcroît une des plus importantes correspondances littéraires du XX^e s. Malraux l'avait surnommée « l'Impératrice de la pampa ».

**OCAMPO (Silvina)** ♦ Écrivain argentin (Buenos Aires 1903 - 1993). Sœur de Victoria Ocampo*, épouse d'Adolfo Bioy* Casares, elle se consacra d'abord à la peinture et fut tour à tour l'élève de Fernand Léger et de Giorgio De Chirico. À partir des années 1940, elle se voua entièrement à la littérature, publiant essentiellement des recueils de poésie (*Énumération de la patrie*, 1942 ; *Poèmes d'amour désespéré*, 1949 ; *Jaune ciel*, 1972) et des nouvelles (*Autobiographie d'Irène*, 1948 ; *La Furie*, 1959 ; *Les Invités*, 1961 ; *Les Jours de la nuit*, 1972). Ses deux derniers recueils, *Y así sucesivamente* (1987) et *Cornelia Frente al espejo* (1988), ont été traduits en français sous le titre *Mémoires secrètes d'une poupée* (1993). Borges, qui fut son ami pendant près d'un demi-siècle, tenait Silvina Ocampo pour « l'un des plus grands poètes de langue espagnole ».

**O'CASEY (Sean)** ♦ Auteur dramatique irlandais (Dublin 1880 - Devon 1964). Il participa à la révolte de 1916, à la révolution de 1920, puis à la guerre civile de 1922. Ses pièces traitent essentiellement de la classe ouvrière et des aspirations nationales irlandaises. Les plus célèbres sont *L'Ombre d'un franc-tireur* (1923), *Junon et le Paon* (1924) et surtout *La Charrue et les Étoiles* (1926), qui fut l'occasion d'une violente polémique, les nationalistes irlandais ayant eu l'impression que O'Casey déplorait l'insurrection de Pâques 1916. Tantôt disposés par lassitude à l'acceptation d'une condition misérable, tantôt enflammés par la lutte révolutionnaire et prêts au sacrifice suprême, ses personnages sont campés avec force et non sans humour. Installé en Angleterre et en froid avec l'Irlande, O'Casey produisit des pièces d'une originalité moins éclatante, mais connut un regain de popularité avec ses dernières œuvres (*Roses rouges pour moi*, 1943 ; *Derrière le rideau vert*, 1962). ➝ ÉTYM. *O'Casey* vient du gaélique *O'Cathasaigh* « descendant de Cathasach' (vigilant ou bruyant) ».

Sean **O'Casey.**
*Phot. © Coll. Roger-Viollet*

**OCCAM (GUILLAUME D')** → **Guillaume d'Occam**

**OCCHIALINI (Giuseppe)** ♦ Physicien italien (Fossombrone 1907 - Paris 1993). Spécialiste des rayons cosmiques, il découvrit, avec P. Blackett*, la création des paires électron-positon (1933). En 1946, avec C. Powell*, il confirma expérimentalement l'existence du pion, prédite par H. Yukawa* en 1935. [Prix Ricardo Wolf de phys. 1979]

**OCCIDENT** (empire d') – en lat. ***Imperium Romanum*** ♦ Nom donné lors du partage de l'Empire romain (395) au royaume où régnait Honorius*. Supprimé en 476, il fut rétabli lors du couronnement de Charlemagne (800). → **Saint Empire romain germanique.**

**Occident** – en hongr. ***Nyugat*** ♦ Revue littéraire hongroise parue en 1908 (et jusqu'en 1941). La revue permit à de jeunes écrivains de s'exprimer et publia des œuvres d'avant-garde. Y ont participé Ady*, Babits*, Karinthy, Móricz*, Kosztolányi*.

## occidentalistes

n. m. pl. ♦ Mouvement littéraire russe du début du XIX^e s. dont les adeptes tels que Bielinski*, Herzen*, Tchaadaïev*, Tourgueniev* préconisaient pour la Russie une évolution prenant l'Occident pour modèle. Ils s'opposaient aux slavophiles*.

**OCCITANIE** n. f. – en lat. ***Occitania Provincia*** ♦ Un des noms des pays de langue d'oc (ou occitan) au Moyen Âge.

**OCCLEVE** ou **HOCCLEVE (Thomas)** ♦ Poète anglais (v. 1368 - v. 1450). Clerc au Privy Seal Office (garde des Sceaux) de Londres pendant vingt-quatre ans, il fut l'ami de Chaucer, dont il fit le portrait, et son meilleur poème (*Mère de Dieu*), une oraison à la Vierge, fut longtemps attribué à ce dernier. *La Mâle Règle de T. Occleve*, autobiographique, donne des images de la ville de Londres à cette époque. Il s'inspira d'un traité latin d'Aegidius Colonna pour composer le *Gouvernail des princes* (*The Regement of Princes*, 1411 - 1412), long poème destiné à flatter le futur Henri V.

**OCDE** n. f. → **Organisation de coopération et de développement économiques**

**OCÉAN** n. m. – en gr. ***Ôkeanos*** ♦ Élément cosmogonique de la légende grecque, formé par l'eau qui entoure le disque de la Terre comme un fleuve. Sur ses bords mystérieux habitaient des peuples fabuleux. Personnifié, il devint l'aîné des Titans* qui s'unit à sa sœur Téthys* et a d'elle plus de trois mille fils, les fleuves, autant de filles, les Océanides*.

**OCÉAN** (île) – en angl. ***Ocean Island*** → **Gilbert et Ellice (îles)**

**OCÉANIDES** n. f. pl. – en gr. ***Ôkeanides*** ♦ Nymphes, filles d'Océan* et de Téthys*, qui personnifient les sources, les ruisseaux, les vagues de la mer. Parmi les Océanides (trois mille, selon Hésiode), les plus célèbres sont Clymène*, Dioné*, Doris* et Styx*. Les Océanides forment le chœur dans le *Prométhée enchaîné* d'Eschyle.

## OCÉANIE

▮ n. f. ➝ ÉTYM. n. formé sur *océan* par Malte*-Brun au XIX^e s. ♦ Une des « cinq parties » du monde, qui comprend l'Australie* et des groupes d'îles ayant accédé à l'indépendance ou à l'autonomie interne, égrenées dans l'océan Pacifique* entre l'Asie et l'Amérique. → **Australie, Mélanésie, Micronésie, Nouvelle-Zélande, Polynésie.** S'étendant au S. de l'équateur, ce qui vaut à la région son appellation géopolitique de « Pacifique-Sud », l'Océanie et ses nombreux micro-États, parfois constitués d'une seule île, s'organisent de plus en plus autour d'un pôle économique et culturel constitué par l'Australie et la Nouvelle-Zélande. Cette dernière a redécouvert sa vocation polynésienne en favorisant le renouveau de la culture maorie, Hawaii restant pour sa part fortement ancré aux États-Unis. Il faut également prendre en compte la forte pénétration japonaise en Micronésie et en Mélanésie dans le domaine des investissements et du tourisme. La décolonisation de l'Afrique dans les années 1960 a quelque peu occulté celle de l'Océanie durant la même période ainsi que l'autonomie politique et économique prise par l'Australie et la Nouvelle-Zélande à l'égard de la Grande-Bretagne. Les États indépendants de la région sont réunis dans une organisation régionale : le Forum du Pacifique*-Sud.

**OCÉANIE (ÉTABLISSEMENTS FRANÇAIS DE L')** ♦ Nom donné de 1885 à 1946 à la colonie, auj. pays d'outre-mer (POM), de la Polynésie* française.

**ÓC EO** ou **GÒ ÓC EO** ♦ Site protohistorique du S. du Viêtnam, près de la côte O. de la presqu'île de Cà Mau. Les découvertes archéologiques de L. Malleret dans les années 1940 montrent l'existence d'un port relevant du royaume indianisé du Founan (I^er - II^e s.), étape commerciale importante entre le monde occidental, l'Inde et l'Extrême-Orient. Des découvertes récentes permettent de parler d'une civilisation de Óc Eo, couvrant toute la plaine de Cà Mau et permettant de suivre l'histoire de l'indianisation du delta du Mékong.

**OCH** ♦ V. du Kirghizstan, ch.-l. de région, dans l'extrémité E. de la vallée du Fergana. 217 000 hab. Pèlerinage islamique. Indus. textile (soie, coton) et alimentaire.

**OCHINO (Bernardino TOMMASINI, dit)** ou **BERNARDIN DE SIENNE** ♦ Prédicateur et réformateur italien (Sienne 1487 - Slavkov, Moravie, 1564). Entré d'abord dans l'ordre des franciscains de l'Observance, il choisit en 1534 celui des capucins dont il fut nommé général (1538). Converti au calvinisme (1545), il devint un violent détracteur du catholicisme.

**OCHOA Y ALBORNOZ (Severo)** ♦ Médecin américain d'origine espagnole (Luarca, Oviedo 1905 - Madrid 1993). Il découvrit et isola, en 1955, la première enzyme assurant la synthèse de l'ARN, la polynucléotide phosphorylase. Ce travail, parallèle à celui d'A. Kornberg*, ouvrit la voie à la préparation *in vitro* des polynucléotides et joua un rôle important dans le décryptage du code génétique. [Prix Nobel de physiol. ou méd. 1959, avec A. Kornberg]

**OCHOZIAS** ♦ Roi d'Israël (v. –852 - –851), fils d'Achab* (I Rois, XXII, 52-II Rois, I, 18).

**OCHOZIAS** ♦ Roi de Juda (v. –842), fils de Joram* de Juda et d'Athalie* (II Rois, VIII-IX).

**OCHS (Pierre)** ♦ Homme politique suisse (Nantes 1752 - Bâle 1821). Magistrat suprême des corporations (1782), il se rallia aux idées révolutionnaires et devint, malgré lui, un instrument du gouvernement français. Chargé par Bonaparte de préparer la Constitution de la République helvétique (déc. 1797), il fut nommé membre du directoire helvétique (août 1798), mais dut démissionner peu après le coup d'État du 30 Prairial an VII. Il a laissé une *Histoire de la ville et du pays de Bâle*. ➝ ÉTYM. Ce nom allemand signifie « bœuf ».

**OCKEGHEM (Johannes)** ♦ Compositeur franco-flamand (Termonde ? v. 1420 - Tours v. 1495). Chantre et maître de chapelle à la cour de

Plus de 1 000 000 hab.
De 500 000 à 1 000 000 hab.
De 100 000 à 500 000 hab.
Moins de 100 000 hab.
Altitudes en mètres
1 500
500
200
100
0
Dépr.
0
- 4 000
- 6 000
Tropique du Cancer
Équateur
Tropique du Capricorne
LIGNE DE CHANGEMENT DE DATE
OCÉAN
PACIFIQUE
MER DES PHILIPPINES
MER D'ARAFURA
MER DE CORAIL
MER DES FIDJI
MER DE TASMAN
Détr. de Torres
Détr. de Bass
Micronésie
Mélanésie
Polynésie
JAPON
Îles Ryukyu (Jap.)
Is Volcano (Jap.)
Is Bonin (Jap.)
Minamitori (Marcus) (Jap.)
Is MIDWAY (É.-U.)
Îles Hawaii
HAWAII (É.-U.)
Oahu
Hawaii
Honolulu
JOHNSTON (É.-U.)
WAKE (É.-U.)
MARIANNES DU NORD (É.-U.)
Îles Mariannes
Saipan
GUAM (É.-U.)
PHILIPPINES
Is Yap
KOROR
BELAU
Îles Carolines
Is Truk
PALIKIR
Pohnpei
ÉTATS FÉDÉRÉS DE MICRONÉSIE
ÎLES MARSHALL
Îles Ratak
Îles Ralik
DALAP-ULIGA-DARRIT
TARAWA
BAIRIKI
Îles Gilbert
Banaba
YAREN
NAURU
KIRIBATI
HOWLAND (É.-U.)
BAKER (É.-U.)
Îles Phoenix
JARVIS (É.-U.)
PALMYRA (É.-U.)
Kiritimati
Îles de la Ligne
Starbuck
Malden
Caroline
Flint
TOKELAU (N.-Z.)
TUVALU
FONGAFALE
WALLIS ET FUTUNA (Fr.)
Mata-Utu
SAMOA OCC.
SAMOA (É.-U.)
APIA
Fagatogo
NIUE (N.-Z.)
ÎLES COOK (N.-Z.)
Manihiki
Aitutaki
Rarotonga
Arch. de la Société
Papeete
Tahiti
POLYNÉSIE-FRANÇAISE
Îles Marquises
Îles Tuamotu
Mururoa
Îles Tubuaï (Is Australes)
Îles Gambier
PITCAIRN (G.-B.)
TONGA
NUKU'ALOFA
FIDJI
SUVA
Viti Levu
Vanua Levu
Rotuma
Nouvelles-Hébrides
VANUATU
PORT-VILA
Îles Santa Cruz
ÎLES SALOMON
HONIARA
Guadalcanal
Îles Salomon
Bougainville
Nlle-Bretagne
Nlle-Irlande
Arch. Bismarck
PAPOUASIE-NOUVELLE-GUINÉE
PORT-MORESBY
Lae
Arch. de la Louisiade (Austr.)
Nouvelle-Guinée
Irian Jaya
Jayapura
Îles Moluques
INDONÉSIE
DILI
TIMOR ORIENTAL
NOUVELLE-CALÉDONIE (Fr.)
Nouméa
Is Loyauté
NORFOLK (Austr.)
Lord Howe (Austr.)
AUSTRALIE
Brisbane
Gold Coast
Newcastle
Sydney
Wollongong
CANBERRA
Melbourne
Adelaide
Tasmanie
Hobart
Îles Kermadec (N.-Z.)
NOUVELLE-ZÉLANDE
Île du Nord
Auckland
WELLINGTON
Île du Sud
Christchurch
Stewart
Is Chatham (N.-Z.)
Is Bounty (N.-Z.)
Is Antipodes (N.-Z.)
Is Auckland (N.-Z.)
Campbell (N.-Z.)
Îles Macquarie (Austr.)
0
2000 km
140°
160°
180°
160°
140°
30°
20°
10°
10°
20°
30°
40°
50°


**Océanie.**

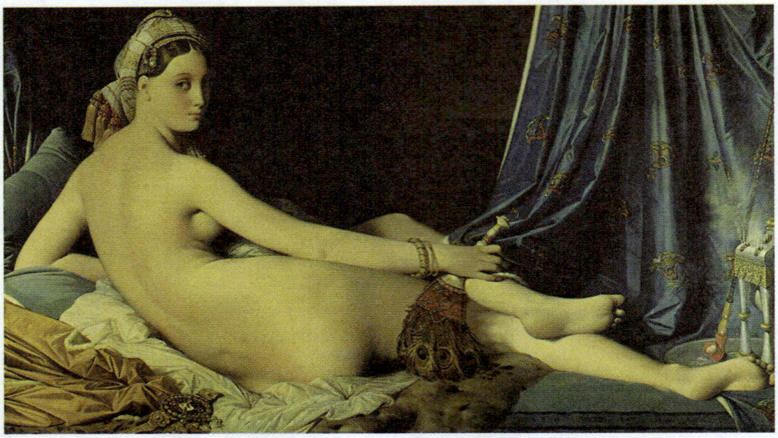

**Odalisque couchée.**
Tableau d'Ingres (91 x 162 cm), 1814. Musée du Louvre, Paris.
*BIS/Phot. H. Josse © Archives Larbor*

France, sous Charles VII, Louis XI et Charles VIII, il reçut de son vivant l'hommage de ses plus illustres contemporains, dont Érasme. Son art raffiné du contrepoint et du canon se caractérise par la rigueur, la puissance et l'expressivité. Il a excellé dans les grandes formes de la musique sacrée.

**O'CONNELL (Daniel)** ♦ Homme politique irlandais (près de Cahirciveen, Kerry 1775 - Gênes 1847). Issu d'une vieille famille traditionaliste, catholique et ruinée, il commença ses études en France et les poursuivit à Lincoln's Inn avant de devenir un brillant avocat. Cependant, il s'était intéressé dès 1800 au problème de l'émancipation irlandaise, qu'il lia au problème des catholiques. Son éloquence, son habileté, son dynamisme devaient lui valoir une immense popularité. Il fonda en 1823 l'Association catholique qui s'étendit rapidement à toute l'Irlande. Grâce à l'institution de la rente catholique, elle disposa de sommes considérables et devint un véritable gouvernement parallèle. Dissoute en 1825, elle se reforma immédiatement. L'élection triomphale de O'Connell, inéligible puisque catholique, montra l'ampleur du mouvement et obligea le gouvernement de Wellington*, poussé par Peel*, à accorder le *Bill* d'émancipation des catholiques (1829). Celui-ci ne résolut en fait aucun problème et O'Connell poursuivit la lutte, prenant appui sur les whigs et demandant, avec eux, la réforme parlementaire (1832), puis le rappel de l'Union, c'est-à-dire l'autonomie. Il joua alors un rôle de premier plan aux Communes. Élu maire de Dublin, il poursuivit une active propagande, et réunit des foules considérables (près d'un million d'auditeurs au mont Tara en 1843). Arrêté, il vit sa condamnation cassée par les Lords. Cependant, son recul devant le gouvernement britannique (Clontarf, 1843), ses méthodes reposant sur la résistance passive et les manifestations de masse, mais rejetant toute violence et respectant la légalité, avaient détourné de lui les extrémistes de la Jeune-Irlande. Il avait su donner à l'Irlande l'impulsion qui la conduirait à l'indépendance. ➝ ÉTYM. Ce nom de famille vient du gaélique *Ó Conaill* «descendant de Conall' (peut-être de *cú* chien et *gal* valeur)».

**O'CONNOR** ➝ ÉTYM. du gaél. *Ó Conchobhair* «descendant de Conchobar' (de *cú* "chien" et *cobhar* "aide")» ♦ Famille irlandaise qui donna des rois au Connaught (auj. Connacht).

**O'CONNOR (Feargus Edward)** ♦ Homme politique irlandais (Connorville, près de Cork, Irlande, v. 1794 - Londres 1855). Entré en 1832 au Parlement comme partisan de O'Connell*, il se détourna de la question irlandaise pour s'intéresser aux questions sociales et devint le plus célèbre leader du chartisme* dont il fit un mouvement de protestation de masse. Orateur très populaire, il dirigea un journal à grand tirage, le *Northern Star* (1837). Vers 1846, il orienta ses revendications vers le partage des grandes propriétés, et son échec (1848) précéda de peu sa démence.

**O'CONNOR (Mary Flannery)** ♦ Romancière américaine (Savannah 1925 - Milledgeville 1964). Elle a écrit des nouvelles baroques sur le Sud rural, l'aliénation, les rapports de l'homme et du divin. Sa manière est concise, bizarre, violente, et l'inspiration est d'un catholicisme fervent : *A Good Man Is Hard to Find* (1955), *Everything That Rises Must Converge* (1965), *Complete Stories* (1971).

**OCTAVE** → Auguste

**OCTAVIE** – en lat. *Octavia* ♦ Sœur d'Auguste* (v. –70 - –11). À la suite des négociations de Brindisi* (–40), elle épousa Antoine* qui la délaissa pour Cléopâtre*. De son premier époux, elle avait eu Marcellus qu'Auguste destinait à l'Empire et qu'il fit épouser à sa fille Julie*.

**OCTAVIE** – en lat. *Octavia* ♦ (v. 42 - île de Pandateria 62). Fille de Claude* et de Messaline*, sœur de Britannicus*. Elle fut mariée en 53 au futur Néron* qui la répudia (62) pour épouser Poppée*, puis l'exila dans l'île de Pandateria* et la contraignit à s'ouvrir les veines.

**OCTAVIEN** → Auguste

**OCTEVILLE** ➝ ÉTYM. anc. *Otheville* «domaine (lat. *villa*) d'Uhta (n. de femme germ.)» ♦ Anc. ch.-l. de cant. de la Manche, qui a fusionné avec Cherbourg* en 2000.

**OCTEVILLE-SUR-MER** [76930] ➝ ÉTYM. → Octeville ♦ Comm. de la Seine-Maritime, arr. du Havre. 4 834 hab.

**Octobre** (révolution d') → révolution d'octobre 1917

**octobre 1789** (journées des 5 et 6) ♦ Journées révolutionnaires provoquées par le mécontentement du peuple parisien consécutif à la crise économique et à la crainte d'un «complot aristocratique». Conseillé par les monarchiens*, Louis XVI, qui n'avait sanctionné ni l'abolition de la féodalité (nuit du 4 août* 1789), ni la Déclaration des droits de l'homme et du citoyen (26 août), envisagea le transfert de l'Assemblée constituante en province et surtout décida le rappel des troupes à Versailles. Le 5 oct., une foule importante de femmes se dirigea vers Versailles, où une délégation fut reçue par le roi. Louis XVI promit de reconnaître l'abolition de la féodalité et la Déclaration des droits et d'assurer le ravitaillement de Paris. La* Fayette, arrivé à Versailles dans la soirée avec un second cortège de gardes nationaux, de bourgeois et d'artisans, ne put empêcher la foule de pénétrer dans le château après avoir massacré les gardes du corps, le 6 oct. au matin. Après avoir rétabli quelque peu l'ordre parmi les émeutiers révolutionnaires, il parut au balcon du château avec le roi, la reine et le dauphin, ayant engagé Louis XVI à ce geste de réconciliation symbolique. Le soir même, la famille royale, escortée par une foule de 30 000 hommes et femmes ramenant «le boulanger, la boulangère et le petit mitron» gagnait Paris et s'installait aux Tuileries, suivie par l'Assemblée* constituante le 19 oct. 1789.

**Odalisque couchée** ♦ Tableau d'Ingres* (1814) dit *La Grande Odalisque*. En peignant ce nu orientaliste commandé par la reine Caroline de Naples, Ingres, plus préoccupé par l'élégance des formes que par leur réalité, se permit d'audacieuses licences anatomiques et perspectives. L'œuvre fit scandale, non à cause de la nudité de la femme, mais à cause des trois vertèbres en trop qu'aurait présentées son dos.

**ODA Nobunaga** ♦ Seigneur de guerre japonais (Owari 1534 - Kyōto 1582). Après avoir battu presque tous ses rivaux, il déposa le dernier des shoguns Ashikaga* et se proclama chef militaire du Japon (1573). Il s'efforça de pacifier les autres seigneurs en les courbant sous son autorité, aidé par deux généraux, Hideyoshi* et Tokugawa* Ieyasu. Il fut tué par traîtrise alors qu'il était au faîte de sa puissance. Hideyoshi recueillit son héritage et continua sa politique d'unification.

**ODENATH** ou **ODHEINAT (Septimius)** ♦ Prince de Palmyre (mort à Émèse 267). Chef arabe d'origine nabatéenne*, il acquit son indépendance sous Valérien* et lutta d'abord aux côtés de Chahpour* Ier contre la Syrie romaine (256), puis fut chargé de la défense de l'Orient romain par Gallien*, qu'il força à lui conférer le titre d'*imperator*. À sa mort, sa femme Zénobie* lui succéda.

**ODENSE** ➝ ÉTYM. de *Odin** ♦ V. du Danemark, en Fionie, municipalité du Danemark-du-Sud, troisième ville du pays. Située sur le fleuve Odense (Odense Å) et reliée au *fjord d'Odense* par un canal. 152 060 hab. Univ. depuis 1966 (la troisième du Danemark). ▪ Cathédrale Saint-Knud (XIIIe s.), église Notre-Dame (XIIIe s.), château

(1720), hôtel de ville (1880 - 1883), musée Andersen. Musée de plein air (le village de Fionie, reconstitution de vieilles maisons rurales). ▪ Port. Centre industriel diversifié : indus. électriques et mécaniques, filatures, agroalimentaire, brasseries. Port de commerce (produits agricoles), chantiers navals. Aéroport. Carrefour ferroviaire. ▮ **Histoire** Le roi Canut* IV (ou Knud IV) aurait été tué dans l'église de Saint-Alban en 1086 et canonisé en 1101. La ville devint alors un lieu de pèlerinage.

**ODENWALD** n. m. ➝ **ÉTYM.** de l'all. *Öde* «désert» et *Wald* «forêt» ♦ Massif boisé d'Allemagne (Hesse) s'étendant entre les vallées du Rhin moyen à l'O., du Main au N. et du Neckar au S., entre Darmstadt, Mannheim et Miltenberg. Formé de roches cristallines (à l'E.) et gréseuses (à l'O.), il s'abaisse vers le S. en direction de la vallée du Neckar et culmine à 626 m (mont du Katzenbuckel). Assez pauvre, il est voué à une agriculture à temps partiel et forme un parc régional.

**Odéon (théâtre de l')** ♦ Inauguré en 1782, ce théâtre parisien fut construit pour accueillir la Comédie-Française. Appelé Théâtre de la Nation (1789), Théâtre de l'Égalité (1794), il reçut le nom d'Odéon en 1796. Il subit au XX^e^ s. des changements de statut, doté de directeurs autonomes (André Antoine*, Firmin Gémier*, Jean-Louis Barrault*) ou administré par la Comédie-Française. Il devint Théâtre de l'Europe six mois par an (directeur G. Strehler*) à partir de 1983 puis à temps complet en 1990, avec une totale indépendance vis-à-vis de la Comédie-Française. Théâtre national entièrement subventionné par le ministère de la Culture, il a été dirigé notamment par G. Lavaudant (1990 - 2007) puis Olivier Py* (2007) et a été entièrement restauré (2003 - 2006).

**ODER** n. m. – en polon. et en tchèque ***Odra*** n. f. ♦ Fleuve d'Europe centrale (854 km), né à l'extrémité E. des Sudètes, en République tchèque, près de la porte de Moravie. Il arrose Ostrava, avant de pénétrer en haute Silésie. Devenu navigable à Racibórz, il passe à Opole, Wrocław, reçoit la Neisse de Lusace en amont de Eisenhüttenstadt en Allemagne, où il forme la frontière germano-polonaise (➝ **Oder-Neisse**), arrose Francfort-sur-l'Oder, et conflue avec la Warta avant de se jeter dans la Baltique par le golfe de Szczecin. Le canal de Bydgoszcz le relie à la Vistule et celui de l'Oder à la Spree, à Berlin.

**Oder-Neisse** (ligne) – en polon. ***Odra-Nysa*** ♦ Limite occidentale de la Pologne qui part de la côte baltique, traverse l'île d'Uznam, rejoint l'Oder au S. de Szczecin et suit le cours du fleuve, puis de son affluent la Neisse de Lusace, jusqu'à la frontière tchèque. Frontière provisoire fixée après la défaite allemande et approuvée par les accords de Potsdam en 1945, elle fut reconnue par la RDA en 1950 et par la RFA en 1970. Un traité, signé à Varsovie en 1990, après la réunification allemande, reconnaît définitivement la frontière orientale de l'Allemagne, consacrant l'abandon à la Pologne de 104 000 km$^2$ autrefois allemands.

Les **Odes** ♦ Œuvre d'Horace*, formée de 3 livres publiés en –23 et d'un quatrième publié après –17. Sur le modèle des œuvres lyriques grecques d'Alcée*, de Sappho* et de Pindare*, Horace y entremêle des thèmes mythologiques, nationaux et personnels.

**Odes** ♦ Recueil de poésies de Ronsard* (5 livres, 1550 - 1552) par lesquelles le poète a l'ambition de restaurer en français le lyrisme antique, en s'inspirant successivement de Pindare*, d'Horace* et d'Anacréon*. Les poèmes les plus marquants sont ceux qui abordent les thèmes épicuriens chers à Horace.

**Odes et Ballades** ♦ Recueil de poésies lyriques de V. Hugo* (1828) qui réunit l'ensemble de sa production poétique depuis 1822. Se faisant le disciple de Chateaubriand* et l'admirateur de Lamartine*, V. Hugo groupe, dans les *Odes*, des pièces officielles qui expriment ses convictions légitimistes et catholiques et des pièces intimes concernant son enfance ou ses espoirs amoureux. Les *Ballades* illustrent le «genre troubadour» (mis à la mode par W. Scott* et Ch. Nodier*) ; elles manifestent déjà la virtuosité rythmique de Hugo. Enfin, les préfaces successives définissent les conceptions de l'auteur sur l'essence de la poésie et la fonction du poète, «sentinelle» de l'humanité et «écho» de Dieu.

**ODESSA** ♦ V. des États-Unis (Texas). 90 943 hab. Centre de l'extraction pétrolière, sur une réserve très importante. Indus. chimique.

**ODESSA** ➝ **ÉTYM.** V. ci-dessous ♦ V. d'Ukraine, ch.-l de région et princ. port de la mer Noire. 1 007 131 hab. Centre culturel (univ. fondée en 1865) et indus. : raffinerie de pétrole, centrale thermique, construc. navales et mécaniques (machines agricoles), indus. alimentaire, travail du cuir. ▪ Aux environs, stations balnéaires et climatiques. ▮ **Histoire** Fondée en 1794 par Catherine II, près du site de l'ancien port grec d'*Odessos*, la ville, base navale et commerciale de la mer Noire, se développa sous l'impulsion du duc Armand Emmanuel de Richelieu, gouverneur de la province d'Odessa (1803 - 1814). Troisième ville de la Russie et premier port d'exportation de céréales au XIX^e^ s., Odessa devint en 1905 un foyer d'agitation révolutionnaire (épisode du cuirassé *Potemkine**). Occupée par les Autrichiens en 1918, puis par les alliés de Denikine qui soutenaient le mouvement contre-révolutionnaire (1918 - 1919), elle fut définitivement prise par l'Armée rouge en 1920. En grande partie détruite par les Allemands qui l'occupèrent en 1941 (➝ **Rundstedt**) et qui exterminèrent l'importante communauté juive qui y résidait, la ville fut reconquise par les troupes de Malinovski en 1944.

**Odessa.** Séminaire orthodoxe.
*Phot. © Nino Cirani/Ricciarini*

**Odes triomphales** ou **Épinicies** ➝ **Pindare**

**ODET** n. m. ➝ **ÉTYM.** même orig. que *Ornain** ♦ Fl. côtier du Finistère (56 km). Il traverse Quimper et débouche dans l'Atlantique à Bénodet.

**ODETS (Clifford)** ♦ Acteur et auteur dramatique américain (Philadelphie 1906 - Los Angeles 1963). Il est l'auteur d'un théâtre prolétarien d'inspiration marxiste qui critique avec force le système économique américain. Œuv. princ. : *Éveille-toi et chante* (1935), *En attendant Lefty* (1935).

**ODHEINAT** ➝ **Odenath**

**ODILE** (sainte) ➝ **ÉTYM.** du vx haut all. *uodal* «bien foncier ; patrie» ♦ Religieuse alsacienne (v. 660 - v. 720). Fondatrice du monastère de Hohenburg (Mont-Sainte-Odile, Alsace). Sa *Vie* (écrit anonyme du X^e^ s.) comporte une partie légendaire : fille d'un duc d'Alsace, elle serait née aveugle ; sur le point d'être mise à mort, elle aurait échappé au supplice grâce à sa mère et aurait été miraculeusement guérie, sur les lieux où elle fonda plus tard son monastère. Patronne de l'Alsace. ▪ Fête le 14 déc.

**ODILON** (saint) ♦ Religieux français (Mercœur, en Auvergne 962 - Souvigny 1049). Cinquième abbé de Cluny*, de 994 à 1049, il développa l'ordre clunisien, faisant passer de 37 à 65 le nombre des maisons affiliées et établissant les principes de l'administration (soumission absolue à la maison mère). Il institua la Trêve de Dieu et la fête des Morts. ▪ Fête le 4 janv.

**ODIN** ➝ **ÉTYM.** vx scand. correspondant à l'all. *Wotan* «fureur» ♦ Principal dieu germanique, de la famille des Ases*, époux de Frîja*. Il est le dieu de la guerre, de l'écriture runique, de la poésie. Il est aussi magicien (chaman), et rusé. Son séjour est le Walhalla* ; il fait périr les guerriers pour les y appeler et préparer d'autres combats, contre les démons. Ses animaux sont le loup et le corbeau ; son cheval est Sleipnir, à huit jambes ; son arme est le javelot ; il possède l'anneau magique Draupnir ; il est borgne. Il recevait des sacrifices humains.

**ODOACRE** ♦ (v. 433 - Ravenne 493). Roi des Hérules* (476 - 493). D'abord au service des Romains, il se révolta et déposa l'empereur Romulus* Augustule (476) dont il tua le père, Oreste*. Maître de l'Italie, il renvoya les insignes impériaux à Zénon*, empereur d'Orient, rétablissant ainsi l'unité de l'Empire. Ce dernier, inquiet de sa puissance croissante, lança contre lui Théodoric* le Grand qui l'assiégea dans Ravenne (490 - 493) et l'assassina.

**ODOÏEVSKI (Vladimir Fedorovitch)** ♦ Écrivain russe (Moscou 1804 - *id.* 1869). Il est l'auteur de nouvelles fantastiques (*L'Asile d'aliénés*, 1824) qui témoignent de l'influence de E. T. A. Hoffmann*, et de nouvelles philosophiques (*Les Nuits russes*, 1844).

**ODON** (saint) ♦ (près de Tours v. 879 - Tours 942). Abbé de Baume-les-Messieurs (924) et deuxième abbé de Cluny* (927) dont il fit le centre de la réforme monastique, il étendit son action réformatrice en Bourgogne et en Italie, à Rome notamment, où il accomplit quatre voyages. ▪ Fête le 18 nov.

**O'DONNELL Y JORRIS (Leopoldo)** ♦ Général et homme politique espagnol (Tenerife 1809 - Biarritz 1867). Il combattit contre les carlistes et à Cuba (1844 - 1848), puis participa au pronunciamiento de 1854 qui chassa la reine Marie*-Christine. Ministre d'Espartero*, auquel il succéda comme chef du gouvernement (1856), il démissionna devant l'opposition de Narváez*. Rappelé de 1858 à 1863, il entreprit l'expédition victorieuse de Tétouan (1860). Il fut, après la victoire, fait *duc de Tétouan* et revint une dernière fois au pouvoir comme chef du parti modéré (1866).

**ODORIC DE PORDENONE** (bienheureux) ♦ Missionnaire italien (Pordenone, Frioul, v. 1265 - Udine 1331). Frère mineur, prêtre (1290), il voyagea en Tartarie, puis (1314 - 1330) en Inde, à Sumatra et Bornéo, en Chine, au Tibet. À son retour, il dicta un récit de ses voyages (*Histoires*, appelé aussi *Itinéraire* ou *Pérégrination*).

**ODOS** [65310] ➝ ÉTYM. du lat. *Odus*, n. de pers., et *-ossum*, suff. aquitain ♦ Comm. des Hautes-Pyrénées, banlieue S. de Tarbes. 3 285 hab.

**ODRA** → **Oder**

L'**Odyssée** – en gr. *Odusseia* ➝ ÉTYM. de *Odusseus* «Ulysse*» ♦ Épopée grecque en vingt-quatre chants (12 109 vers), attribuée, comme *L'Iliade**, à Homère*. Son sujet est le retour d'Ulysse* dans sa patrie après la guerre de Troie*. L'existence de trois parties assez nettes dans le récit corrobore l'hypothèse de trois poèmes primitifs réunis postérieurement en un seul. Dans la première partie appelée «Télémachie» (chants I-IV), Télémaque*, conseillé par Mentor*, part aux nouvelles de son père Ulysse, à Pylos (→ **Nestor**) et à Sparte, tandis qu'à Ithaque* les prétendants, installés dans le palais du roi absent, disputent la main de sa femme Pénélope* et dilapident sa fortune. La partie centrale est constituée par les «Récits d'Ulysse» (chants V-XII). Libéré par Calypso*, le héros fait naufrage sur les côtes de l'île des Phéaciens* (Skeria ou Corcyre). Accueilli par le roi Alcinoos* (→ **Nausicaa**), il écoute un aède raconter l'histoire du cheval de Troie*. Il fait alors le récit de ses aventures aux pays des Cicones, des Lotophages*, des Cyclopes* (→ **Polyphème**), des Lestrygons*, des Cimmériens, aux Enfers, de l'ensorcellement de ses compagnons par Circé*, de ses stratagèmes pour échapper aux Sirènes*, à Charybde* et Scylla, enfin de son idylle avec Calypso et de son départ d'Ogygie*. Dans la dernière partie, la «Vengeance d'Ulysse» (chants XIII-XXIV), le héros, rentré à Ithaque (→ **Eumée, Euryclée**), rencontre son père Laërte*, puis s'introduit déguisé dans son palais, massacre les prétendants, et rétablit la paix à Ithaque. ▪ *L'Odyssée*, roman féerique et d'aventures, est aussi une encyclopédie de géographie fabuleuse, à l'origine de laquelle serait, selon Victor Bérard, un «périple phénicien» (récit de navigateur phénicien). Le divin y intervient moins que dans *L'Iliade* et les mœurs paraissent moins rudes ; un personnage central y déploie ses qualités physiques et intellectuelles et y évolue du point de vue psychologique. Par ces aspects ainsi que par des différences linguistiques entre les deux épopées, la composition de *L'Odyssée* paraît plus récente que celle de *L'Iliade*. On la fixe généralement vers la fin du –VIIIe s.

**OEA** n. f. → **Organisation des États américains**

**ŒCOLAMPADE** (**Johannes HAUSSCHEIN** ou **HUSSCHIN**, dit en fr.) ♦ Humaniste et réformateur religieux allemand (Weinsberg, près de Heilbronn 1482 - Bâle 1531). À Bâle où il était professeur, il connut Érasme*. Ayant adhéré aux idées de la Réforme, il y réorganisa l'Église et l'Université et tenta, en vain, de réconcilier Zwingli*, dont il était l'ami, et Luther*. Il est l'auteur de *Commentaires de l'Écriture*.

**œcuménisme**

n. m. ♦ Mouvement et doctrine s'attachant au rapprochement des diverses confessions chrétiennes, en vue de réaliser l'universalité du christianisme. Né dans les milieux protestants et anglicans (→ **Oxford (mouvement d')**), l'œcuménisme connut un premier essor dans les années 1920 (Conférence de Stockholm, 1925, → **Söderblom (Nathan)**, conversations de Malines, → **Mercier (Désiré)**) en dépit des réticences de Rome (encyclique *Mortalium animos*, 1928). En 1937, les mouvements *Life and Work* (1925) et *Foi et Constitution* (1927) fusionnèrent en un secrétariat commun animé par le Néerlandais Visser* t'Hooft et le Français Marc Boegner*. Leur action aboutit à la fondation du Conseil* œcuménique des Églises (COE, Conférence d'Amsterdam, 1948) rassemblant anglicans, protestants et orthodoxes. Demeurée longtemps en marge du mouvement œcuménique, malgré l'œuvre de quelques pionniers (Ferdinand Portal, Yves Congar*, dom Lambert Beauduin et Paul Couturier qui institua la «semaine annuelle de prières pour l'unité» en 1935), Rome assouplit sa position lors du concile de Vatican* II (décret *Unitatis redintegratio*, 1964). Fondé en 1960 par Jean XXIII, le Secrétariat pour l'unité des chrétiens engagea le dialogue avec le COE. Après une politique d'ouverture sous Paul VI (levée des excommunications entre Rome et Constantinople, visite du pape au COE, ouverture d'un dialogue officiel avec l'anglicanisme, → **Ramsey (Arthur M.)**), les tensions entre catholiques et orthodoxes consécutives à l'effondrement du communisme à l'Est, la «nouvelle évangélisation» promue par Rome (→ **Jean*-Paul II**) et l'accès des femmes à l'ordination dans l'Église anglicane portèrent atteinte à la dynamique œcuménique à partir des années 1980.

**ŒDIPE** ➝ ÉTYM. en gr. *Oidipous* «[celui qui a les] pieds enflés», de *oidein* «s'enfler, se gonfler» et *pous* (gén. *podos*) «pied» ♦ Personnage de la mythologie grecque. Issu de la famille des Labdacides, fils de Laïos*, roi de Thèbes, et de Jocaste*, Œdipe est éloigné du palais paternel dès qu'un oracle apprend à ses parents qu'il tuerait son père et épouserait sa mère. Exposé sur le Cithéron*, il est recueilli et élevé par Polybos, roi de Corinthe. Fuyant sa patrie pour échapper à la prédiction, il se querelle, sur une route de Phocide, avec un voyageur et le tue : c'était Laïos, son père. Arrivé devant Thèbes, il sait répondre aux énigmes que le Sphinx* posait aux passants et le monstre meurt. En témoignage de gratitude, les habitants de la ville proclament Œdipe roi et Jocaste devient son épouse. C'était l'accomplissement de l'oracle. ▪ Selon Sophocle*, la ville de Thèbes est alors ravagée par la peste et Œdipe décide de faire rechercher l'assassin de Laïos qui devait s'y cacher. Une enquête minutieusement menée lui révèle que ce coupable, objet de la colère des dieux, n'est autre que lui-même et que Jocaste est sa mère. À cette nouvelle, Jocaste se pend et Œdipe se crève les yeux. Chassé par ses fils, il part sur les routes de l'Attique, guidé par sa fille Antigone*. Dans un bois, à Colone, il disparaît mystérieusement, objet de la pitié des dieux, au milieu des éclairs et des grondements de tonnerre. ▪ De la trilogie que lui a consacrée Eschyle, il ne subsiste que *Sept* contre Thèbes*, évocation de la rivalité meurtrière d'Étéocle* et de Polynice*, fils d'Œdipe. Avec ses chefs-d'œuvre : *Antigone** (v. –442), *Œdipe roi* (v. –430) et *Œdipe à Colone* (v. –401), Sophocle* a su conférer à la légende une puissance tragique inégalée. Ni Euripide (*Les Phéniciennes**, –408) ni Sénèque (*Œdipe*) ne sont parvenus à enrichir ou à illustrer la légende de façon durable. ▪ La littérature dramatique française est riche d'œuvres inspirées par la figure d'Œdipe et de sa descendance. Citons les œuvres de Robert Garnier (*Antigone*, 1580), de Corneille (*Œdipe*, 1659), de Voltaire (*Œdipe*, 1718), d'André Gide (*Œdipe*, 1931), de Jean Cocteau (*La Machine infernale*, 1934) et de Jean Anouilh (*Antigone*, 1944). ▪ En musique, il faut citer l'opéra-oratorio d'I. Stravinski et J. Cocteau (*Œdipus Rex*, 1927) et l'opéra de Georges Enesco* (*Œdipe*, Paris, 1936). ▪ Complexe d'Œdipe. → **Freud.**

**OEHLENSCHLÄGER (Adam Gottlob)** ♦ Poète et dramaturge danois (Vesterbro, près de Copenhague 1779 - Copenhague 1850). Chef de file du romantisme national, il écrivit sa première œuvre importante en 1802 (*Les Cornes d'or*), puis publia deux recueils de poèmes. Les sujets de ses tragédies *Baldur le Bon* et *Hakon Jarl* sont puisés dans la mythologie nordique. En 1801, il entreprit un long voyage à travers l'Europe, composant à Paris sa tragédie *Palnatoke* et ses *Poèmes du Nord* (*Nordiske Digte*, 1807). Son œuvre la plus célèbre est la transcription dramatique du conte d'*Aladin ou la Lampe merveilleuse* (1804). Il fut couronné en Suède (à Lund) «roi des poètes du Nord». Selon Georg Brandes*, «il marqua le point de départ de la vie spirituelle moderne au Danemark».

**ŒHMICHEN (Étienne)** ♦ Ingénieur français (Châlons-sur-Marne 1884 - Paris 1955). Il construisit un appareil à voilure tournante qui lui permit de rester en l'air pendant dix minutes (1921) et fut le premier à parcourir un kilomètre en circuit fermé dans un hélicoptère de sa construction (1924). Il étudia également les principales théories de l'aérodynamique et la mécanique des fluides. ➝ ÉTYM. *Œhmichen* vient du nom de personne germanique *Ommo*, hypocoristique de *Audmer*.

**ŌE Kenzaburō** ♦ Écrivain japonais (Ose, île Shikoku 1935). Très tôt distingué par le public et par ses pairs grâce à un recueil de nouvelles *Le Faste des Morts* (1957), Ōe a placé son œuvre sous le signe de la protestation, sans engagement politique, contre les valeurs du Japon contemporain. La mise en scène de personnages marginaux (victimes de la bombe A, handicapés mentaux inspirés par son propre fils) et le recours fréquent à une veine fantastique mettent en relief la cruauté ou l'absurdité de la construction sociale. Œuv. princ. : *Une affaire personnelle* (1964) ; *Le Jeu du siècle* (1967) ; *Dites-nous comment survivre à notre folie* (1969) ; *Une existence tranquille* (1995). [Prix Nobel de littér. 1994]

**OELZE (Richard)** ♦ Peintre allemand (Magdeburg 1900 - Postcholz, près de Hameln 1980). Élève au Bauhaus* de 1921 à 1925, il s'orienta ensuite vers le surréalisme* lors d'un séjour à Paris dans les années 1930. Il participa en 1933 à l'exposition du Salon des surindépendants avec Breton, Dalí, Éluard. Après l'interruption de la guerre, il s'installa de 1946 à 1962 à Worpswede (près de Brême), où il exécuta, dans un certain isolement, des paysages étranges, angoissants, minéraux, selon la technique de l'automatisme chère à Max Ernst. Héritier des artistes visionnaires, Blake ou Füssli, il exécuta en 1935 - 1936 son célèbre tableau, *L'Attente*, proche du réalisme magique de Willink par la suggestion d'une forte tension, d'un mystère.

**OERLIKON** → **Örlikon**

**OERSTED (Christian)** → **Ørsted (Christian)**

**OESLING** – en all. *Ösling* ♦ Région N. du Luxembourg faisant partie des Ardennes* et s'opposant au *Gutland* («Bon Pays»).

**OETA** ou **ITI** – en gr. mod. *Íti* ♦ Massif boisé de la Grèce centrale, entre la vallée du Sperkhios et la Phocide (2 152 m). À ses pieds s'ouvre le défilé des Thermopyles*. Héraclès* s'y fait brûler sur un bûcher.

**OEXMELIN (Alexandre Olivier)** ♦ Médecin et chroniqueur d'origine française (v. 1645 - v. 1710). Il séjourna de 1666 à 1672 puis de 1679 à 1683 dans l'île de la Tortue, d'abord comme «engagé» de la Compagnie française des Indes occidentales, puis comme médecin à bord de navires pirates. De retour en Europe, il publia l'*Histoire des aventuriers, flibustiers et boucaniers qui se sont signalés dans les Indes occidentales* (1684).

**OFANTO** n. m. – anc. en lat. ***Aufidus*** ♦ Fl. d'Italie méridionale (134 km). Né dans la prov. de Vellino, il arrose la Campanie et les Pouilles*, avant de se jeter dans l'Adriatique.

**OFFA** ♦ (mort en 796). Roi de Mercie (757 - 796). Neveu d'Ethelbald à qui il succéda, il imposa sa tutelle au Kent, au Sussex et à l'East-Anglia. Il signa un traité de commerce avec Charlemagne en 796 et protégea l'Église.

**OFFALY** ➝ ÉTYM. en gaél. ***Uabh Fáilghe*** «endroit où sont les descendants de Failghe (n. de pers.)» – anc. ***King's County*** ♦ Comté de la rép. d'Irlande, dans la moitié orientale de la plaine centrale. 70 868 hab. 1 997 km$^2$. CH.-L. : Tullamore. Élevage.

**OFFEMONT** [90300] ➝ ÉTYM. anc. *Offemunt* «montagne d'Offo», du germ. *Offemot*, n. de pers., avec attraction de *mont* ♦ Ch.-l. de cant. du Territoire de Belfort, banlieue N. de Belfort. 3 976 hab.

**OFFENBACH (Jacques)** ➝ ÉTYM. de *Offenbach*-sur-le-Main*, v. natale de son père ♦ Compositeur français d'origine allemande (Cologne 1819 - Paris 1880). Fils d'un chantre à la synagogue de Cologne, il étudia le violoncelle au Conservatoire de Paris. Violoncelliste, puis chef d'orchestre, il ouvrit à Paris son propre théâtre, les Bouffes-Parisiens (1855). Après 1866, il poursuivit, sur d'autres scènes parisiennes (dont les Variétés et le Palais-Royal), une carrière brillante. Avec ses librettistes Meilhac* et Halévy*, dont la verve parodique et la fantaisie inventive s'accordaient à son propre génie comique, il a laissé une œuvre truculente, riche de trouvailles mélodiques et de gaieté, menée avec un véritable art du pastiche moqueur et qui est le reflet fidèle d'un certain esprit parisien, sous le Second Empire. De la centaine d'opérettes qu'il a composées, on retiendra *Orphée aux Enfers* (1858), *La Belle* Hélène* (1864), *La Vie* parisienne* (1866), *La Grande-Duchesse de Gérolstein* (1867), *La Périchole* (1868), *Les Brigands* (1869), *Madame Favart* (1878), *La Fille du tambour-major* (1879), ouvrages où triompha sa principale interprète, Hortense Schneider. C'est après sa mort que furent représentés les *Contes* d'Hoffmann* (1881), opéra où il atteint les sommets du réalisme fantastique.

Jacques **Offenbach.** *Orphée aux Enfers*, dessin de François-Ferdinand d'Orléans. Château de Compiègne. © *D. Arnaudet/RMN*

**OFFENBACH-SUR-LE-MAIN** ♦ V. d'Allemagne (Hesse), dans la banl. S.-E. de Francfort. 118 000 hab. Château du XVI$^e$ s. ▪ Port sur le Main. Princ. centre indus. de la Hesse après Francfort, réputé pour le travail des peaux (tanneries, mégisseries). Métall. et construc. de machines ; produits chimiques ; textiles.

**OFFENBURG** ♦ V. d'Allemagne (Bade-Wurtemberg), sur la Kinzig, en lisière de la Forêt-Noire, au centre d'une riche région vinicole. Env. 59 000 hab. Centre touristique.

**Offices** (palais des) – en it. ***Palazzo degli Uffizi*** ♦ Palais de Florence, construit pour Cosme I$^{er}$ par Vasari, de 1560 à 1580, pour abriter les bureaux *(Uffizi)* de Toscane. ▪ *Le musée des Offices* est l'un des plus riches musées de peinture du monde ; il abrite une incomparable collection de tableaux surtout des maîtres italiens, réunie par les Médicis jusqu'au XVII$^e$ s. Des XIII$^e$ - XIV$^e$ s. : œuvres de Cimabue*, Giotto*, S. Martini*. Du XV$^e$ s. : œuvres de P. Uccello*, Fra Angelico*, Piero* della Francesca, F. Lippi*, Botticelli* (*La Naissance* de Vénus, Le Printemps**), Verrocchio*, Léonard* de Vinci (*L'Annonciation*), H. Van* der Goes (*L'Adoration des bergers*), Dürer*, Cranach*. Du XVI$^e$ s. : œuvres de Raphaël* (*Madone au chardonneret*), Michel*-Ange, Titien* (*Vénus d'Urbino*), le Tintoret*, Andrea* del Sarto, Rubens*, Van* Dyck, le Caravage*, C. Lorrain*, Rembrandt*.

L'**Offrande musicale** – en all. ***Das musikalische Opfer*** ♦ Œuvre de J.-S. Bach* consistant en une fugue à 3 voix intitulée *ricercar*, 6 canons, une fugue canonique, une sonate en trio, une fugue à 6 voix également dénommée *ricercar*, et 3 autres canons, le tout sur un thème proposé au compositeur par Frédéric II de Prusse («thème royal») lors de leur rencontre à Potsdam le 7 mai 1747. Bach envoya au roi *L'Offrande musicale*, gravée à ses frais et accompagnée d'une lettre de dédicace, de Leipzig le 7 juil. suivant. Rien dans l'édition n'indiquait l'ordre des morceaux et, sauf deux exceptions, l'instrumentation n'était pas précisée. En outre, l'œuvre n'était pas présentée dans un état permettant une exécution immédiate : les canons étaient notés à une seule voix, sous forme «énigmatique». Le thème royal n'est pas neutre, et se prête aisément à un traitement expressif. Le second *ricercar* est la seule fugue de Bach à 6 voix (il en existe une célèbre orchestration due à Anton Webern).

**OFFRANVILLE** [76550] ➝ ÉTYM. «domaine (lat. *villa*) de Wulfram (n. de pers. germ.)» ♦ Ch.-l. de cant. de la Seine-Maritime, arr. de Dieppe. 3 470 hab. Indus. mécanique.

**O'FLAHERTY (Liam)** ♦ Écrivain irlandais (Inishmore, îles d'Aran 1896 - Dublin 1984). Né dans la misère, il participa à la Première Guerre mondiale puis à la guerre civile irlandaise dans le camp républicain. Son œuvre, d'un réalisme noir, décrit l'histoire tourmentée de son pays, tout en dressant un portrait de la condition humaine d'une lucidité impitoyable : *Le Mouchard* (*The Informer*, 1925 ; porté à l'écran par John Ford), *Le Puritain* (*The Puritan*, 1931), *Famine* (1937).

**OGADEN** ♦ Région de l'Éthiopie au S.-E. des monts Aroussis et du Harar, constituée de hauts plateaux s'abaissant progressivement vers la frontière somalienne. 25 000 km$^2$ env. Couverte d'une steppe à épineux, l'Ogaden est traversée par les fleuves Djouba*, Chebélé et leurs affluents. ▮ **Histoire** Habitée autrefois par les Gallas (ou Oromos), l'Ogaden a fait l'objet des migrations des nomades somalis depuis les XVI$^e$ et XVII$^e$ s. Des groupes de Gallas et des populations métissées sédentaires habitent les vallées. La région a été conquise par Ménélik* II et intégrée à l'Éthiopie. En 1900, elle fut le théâtre du soulèvement religieux de Mohammed ben Abdallah Hassan dit le «Mad Mullah». Le conflit qui éclata en 1977 entre la Somalie* et l'Éthiopie eut pour cause essentielle la volonté de la Somalie indépendante de réunir dans le même État toutes les populations de langue somalie.

**OGAREV (Nikolaï Platonovitch)** ♦ Révolutionnaire, publiciste et poète russe (Saint-Pétersbourg 1813 - Greenwich 1877). Adversaire farouche de l'autocratie et de la féodalité, il émigra à Londres en 1856 et seconda son ami d'enfance Herzen* dans la rédaction de *L'Étoile polaire* et *La Cloche* (en russe *Kolokol*). Partisan du «socialisme russe paysan», il exprima dans ses poèmes (*Poésie*, 1856) ses idées démocratiques, mais aussi la déception et le regret d'un bonheur manqué.

**OGASAWARA** ♦ Nom japonais des îles Bonin, disposées en trois groupes et situées au S. de Kyūshū. Annexées par le Japon en 1875, sous administration américaine de 1945 à 1968. Parc naturel de 6 434 ha.

**OGATA KENZAN** → **Kenzan Ogata**

**OGATA KŌRIN** → **Kōrin Ogata**

**OGBOMOSHO** ♦ V. du Nigeria en pays yorouba (État d'Oyo). 166 034 hab. Cacao. Centre commercial.

**OGDEN** ♦ V. des États-Unis (Utah), au N. de Salt* Lake City. 77 226 hab. Centre ferroviaire et commercial de la région (produits agricoles, bétail).

**OGHOUZ** ou **OGUZ** → **Turkmènes**

**OGIER LE DANOIS** ♦ Personnage de l'épopée française qui apparaît dans *La Chanson de Roland** et est le héros de la *Chevalerie Ogier*, composée par Raimbert de Paris (fin du XII$^e$ s.) et rattachée au cycle de *Doon* de Mayence*. Pour venger son honneur sali par Charlemagne, Ogier lutte contre l'empereur avec bravoure, avant de se repentir et de devenir moine bénédictin.

**OGINO Kyūsaku** ♦ Médecin japonais (Toyohashi 1882 - Niigata 1975). Auteur de recherches sur le cycle de l'ovulation, il fut l'inventeur d'une méthode permettant théoriquement de calculer les périodes probables de fécondité de la femme (*méthode Ogino* ou *Ogino-Knaus*).

**OGLETHORPE (James Edward)** ♦ Général et philanthrope britannique (Londres 1698 - Cranham Hall, Essex 1785). Ayant obtenu une charte du roi George II, il fonda en 1732 - 1733 la colonie de Géorgie* et la ville de Savannah pour y accueillir les détenus pour dettes et les protestants persécutés d'Europe. La fondation de cette colonie fut à l'origine d'une guerre avec les Espagnols de Floride, qu'Oglethorpe battit en 1743. ➝ ÉTYM. Ce nom de famille vient du vieux norrois *Oddketill*, nom de personne (de *odd* « pointe d'une épée » et *ketill* « chaudron ») et de *°orp* « village ».

**OGLIO** n. m. ♦ Riv. italienne (280 km), affl. de la rive g. du Pô. Né dans le massif de l'Adamello, l'Oglio se jette dans le Pô au S. de Mantoue.

**OGNON** n. m. ➝ ÉTYM. anc. *Hornonem*, p.-ê. rac. hydronym. *union-* ou *onion-* ♦ Riv. de l'E. de la France (190 km). Né dans les Vosges près du ballon de Servance, l'Ognon arrose Montbozon, Marnay et se jette dans la Saône (rive g.), au S. de Gray.

**ÖGÖDEI** ♦ (1186 - 1241). Grand khan des Mongols (1229 - 1241). Troisième fils de Gengis* Khān et ayant reçu en héritage en 1229 l'E. du lac Baïkal*, il établit sa capitale à Qaraqorom*, annexa le royaume des Jin* et envahit la Chine du Nord. Il décida des raids en Corée, sur la Perse et l'Europe orientale. À sa mort, sa veuve Töregene assura la régence pour son fils Güyük*.

**OGOOUÉ** n. m. ➝ ÉTYM. de *Ogôwô wa Riwirô* « le fleuve de Riwiro (n. d'un chasseur légendaire) » ♦ Fl. d'Afrique équatoriale (1 200 km), qui prend sa source au Congo, passe à Masuku et se jette dans l'Atlantique en formant un delta où se situe Port-Gentil. Il est navigable jusqu'à N'Djolé.

**OGYGIE** – en gr. ***Ôgugia*** ♦ L'île de Calypso*, dans *L'Odyssée**. On la situait près de Gibraltar. ▪ Nom donné parfois, dans la littérature classique, à la Béotie et à l'Attique, où régnait Ogygos*, à l'époque du premier déluge.

**OGYGOS** – en gr. ***Ôgugos*** ♦ Roi fabuleux de Béotie* et d'Attique* (➝ **Ogygie**). Son nom est lié à un déluge qui aurait noyé ses territoires, trois siècles avant le déluge de Deucalion.

**OHANA (Maurice)** ♦ Compositeur français d'origine espagnole (Casablanca 1914 - Paris 1992). Élève de A. Casella* et de Daniel*-Lesur, il a recherché dans les traditions méditerranéenne et médiévale les moyens d'échapper à la sécheresse des techniques sérielles et aux facilités de l'académisme. Œuv. princ. : *Llanto por Ignacio Sánchez Mejías*, 1950 ; opéra de chambre *Syllabaire pour Phèdre*, 1967 ; opéra *La Célestine*, 1988. ➝ ÉTYM. *Ohana* est un nom hébraïco-berbère d'origine marocaine, qui signifie « fils (*o*, préfixe de filiation) d'Anne (*Hana*) ».

**OHANET** ♦ Gisement pétrolier du Sahara algérien, au N.-O. d'Edjelé, relié par oléoduc à Hassi Messaoud.

**O'HARA (John Henry)** ♦ Romancier américain (Pottsville, Pennsylvanie 1905 - Princeton 1970). Ses œuvres à gros tirages traitent surtout de la désintégration humaine en milieu urbain (*Appointment in Samarra*, 1934 ; *Butterfield-8*, 1935). Collaborateur du *New Yorker*, il a utilisé ses nouvelles pour en faire une comédie musicale célèbre, *Pal Joey* (1940). Son style, notamment au début de sa carrière, est celui de l'école des « durs » et comporte un usage intensif d'argot new-yorkais. ➝ ÉTYM. Le nom gaélique *O'hEaghra* signifie « descendant de Eaghra' » (nom de personne).

**O. HENRY (William Sydney PORTER, dit)** ♦ Écrivain américain (Greensboro, Caroline du Nord 1862 - New York 1910). Fils d'un médecin, il travailla d'abord dans un dispensaire, puis s'installa au Texas, dans un ranch, avant de devenir employé de banque. Accusé de détournements de fonds, il s'enfuit en Amérique du Sud où il mena une vie vagabonde. Emprisonné en 1898 pour cinq ans à Columbus (Ohio), il publia des nouvelles, sous divers pseudonymes, dont celui d'O. Henry (nom de l'un de ses gardiens). Ses quelque six cents nouvelles furent groupées en recueils : *Des choux et des rois* (1904), inspiré par un séjour en Amérique centrale ; *Les Quatre Millions* (1906) ; *Cœurs du Far West* (1907) ; *Le Gentil Escroc* (1908) ; *Pierres qui roulent* (1913). Maître incontesté de la nouvelle humoristique en Amérique, O. Henry donna son nom à un prix fondé en 1918.

**O'HIGGINS (Bernardo)** ♦ Homme d'État chilien (Chillán 1776 - Lima 1842). Général en chef de l'armée chilienne, il fut battu par les Espagnols (1814). Passé en Argentine, il en revint à la tête d'une armée levée par San* Martín. Victorieux à Chacabuco, il fut nommé « directeur suprême de la nation » et proclama l'indépendance (1818). Il entreprit la mise en valeur du pays mais fut renversé en 1823. Il se retira au Pérou. ♦ ***Région Libertador Bernardo O'Higgins*** ➝ **Libertador Bernardo O'Higgins.**

**OHIO** n. m. ➝ ÉTYM. abrév. de l'iroquois *Ohionhiio* « belle rivière » ♦ Riv. des États-Unis, affl. rive g. du Mississippi. 1 580 km. Formé à Pittsburgh (Pennsylvanie) par la réunion de l'Allegheny et de la Monongahela, l'Ohio coule vers le S.-O. puis vers l'O., formant la frontière entre les États d'Ohio et de Virginie occidentale, puis du Kentucky ; en aval de Cincinnati, il sépare l'Indiana du Kentucky, puis cet État de l'Illinois. Il arrose Pittsburgh*, Huntington, Cincinnati*, Louisville*. Ses affluents de gauche sont les rivières qui ont traversé le plateau (Kentucky, Cumberland, Tennessee), ceux de droite sont les cours d'eau de la région morainique (Miami, Wabash). L'Ohio apporte en moyenne 8 400 m³/s au Mississippi* (équivalent du Danube), soit plus que le fleuve lui-même, au confluent. Les basses eaux (été) peuvent n'être que de 1 000 m³/s, mais les hautes eaux du printemps peuvent dépasser 30 000 m³/s et son cours peut être extrêmement violent. La rivière, difficilement navigable (rapides), est aménagée (canaux de dérivation, écluses) ; c'est une grande voie de passage. ▪ Les *pays de l'Ohio*, formant le N.-E. de la Grande Plaine américaine, constituent une région naturelle englobant les États de l'Ohio, de l'Indiana, de l'Illinois et du Kentucky.

**OHIO** [ɔajo] n. m. ➝ ÉTYM. du n. de la riv. ♦ État de l'E. des États-Unis. ➝ **États-Unis** (carte). 106 289 km². 11 353 140 hab. dont 11 % de Noirs. CAP. : Columbus. ▮ **Géographie** Il se compose de trois parties naturelles : la plaine des Lacs, au N.-E., la plaine centrale (O. et S.) avec un relief glaciaire ; à l'E. le plateau des Alleghanys, prolongeant les reliefs de Pennsylvanie. Au N., les rivières coulent vers le lac Érié, au S., sur une longueur triple, vers l'Ohio. ▮ **Économie** L'agriculture occupe environ la moitié de la surface (céréales, soja, tabac, pommes de terre, fruits). On y pratique une culture intensive et scientifique. L'élevage est axé sur les bovins, les porcs et les volailles. Le sol recèle d'importantes ressources minérales (charbon, sel, pétrole, gaz naturel). L'État possède des indus. lourdes (sidérurgie), chimiques (caoutchouc) et mécaniques. Les transports industriels dépendent en grande partie des voies d'eau (Ohio, canaux) et des chemins de fer. ▪ Nombreux collèges et universités (Columbus, Kent, Bowling Green, Cleveland, Cincinnati). ▮ **Histoire** Explorée par Cavelier de La Salle v. 1670, la région était habitée par les Iroquois. La compagnie de l'Ohio, fondée par les Anglais, colonisa le pays et parvint à éliminer les Français (1763, traité de Paris). La région fut cédée aux États-Unis en 1783 et une période de lutte contre les Indiens s'acheva par le traité de Greenville (1795). L'Ohio devint le 17ᵉ État de l'Union en 1803. En 1812 - 1813, la guerre contre les Britanniques et leurs alliés Indiens fut menée à bien par le général W. Harrison. Le grand développement économique de l'État date de la fin du XIXᵉ s.

**Oh les beaux jours** ♦ Pièce en 2 actes de Samuel Beckett* (créée en angl. 1961, en fr. 1963). Enterrée d'abord jusqu'à la taille puis jusqu'au cou dans un mamelon de terre, Winnie vaque à ses occupations dérisoires tandis que Willy, son compagnon, éructe des borborygmes. Son champ d'action se réduit peu à peu, seuls les mots lui restent, qui finiront par la lâcher eux aussi. Cette œuvre se développe dans un espace qui se rétrécit et où seule la parole dissociée du corps peut encore émerger avant la pétrification. L'avenir de Winnie, comme celui de tout être, est vide et forclos, la mort mine la vie.

**OHLIN (Bertil)** ♦ Économiste et homme politique suédois (Klippan 1899 - Vålådalen 1979). Leader du Parti travailliste (1944), ministre du Commerce (1944 - 1945), il a appliqué les principes du marginalisme à l'étude du commerce international et ouvert la voie à l'analyse macroéconomique moderne (*Le Commerce interrégional et le Commerce international*, 1933). [Prix Nobel de sc. écon. 1977, avec J. Meade*]

**OHM (Georg Simon)** ♦ Physicien allemand (Erlangen 1789 - Munich 1854). Initiateur d'une terminologie scientifique pour les phénomènes d'électrocinétique, il définit des grandeurs électriques telles que la différence de potentiel ou le courant, et découvrit, en 1827, la relation de proportionnalité entre la tension et l'intensité dans un circuit électrique (*loi d'Ohm*), définissant de ce fait avec précision les concepts de résistance (facteur de proportionnalité) et de résistivité, ainsi que leurs inverses. Son nom fut donné à l'unité de résistance électrique. ➝ ÉTYM. Ce nom vient de l'allemand littéraire et signifie « oncle ».

**OHNET (Georges)** ♦ Romancier français (Paris 1848 - *id.* 1918). Il débuta après 1870 comme journaliste politique, puis connut un grand succès au théâtre avec son drame *Régina Sarpi* (1875). Il acquit la notoriété par une série de romans, groupés sous le titre *Les Batailles de la vie*. Illustrant l'opposition (vivement ressentie à l'époque) de l'aristocratie et de la ploutocratie naissante, mais présentant des analyses psychologiques conventionnelles, *Serge Panine* (1881), *Le Maître de forges* (1882) et *La Grande Marnière* (1885) connurent un succès considérable, qui ne se démentit pas quand l'auteur adapta ces récits au théâtre.

**OHŘE** – en all. ***Eger*** ♦ Riv. d'Europe centrale (310 km), prenant sa source en Allemagne, puis pénétrant en République tchèque, où elle longe le massif montagneux de l'Erzgebirge avant de se jeter dans l'Elbe à Litoměřice. Elle arrose Karlovy Vary.

**OHRHAN GAZI** ♦ Chef ottoman (1326 - 1359). Fils d'Osman* Iᵉʳ, il fit de Brousse sa capitale, soumit quelques principautés d'Anatolie, commença à s'installer solidement en Europe (1354) et intervint dans la politique intérieure de Constantinople. Il fonda de nombreuses mosquées et écoles. Père de Murat* Iᵉʳ.

**OHRID** ou **OKHRID** ➝ ÉTYM. macédonien « sur (*o-*) le rocher (*hrid*) » ♦ V. de Macédoine, sur le lac du même nom. 27 598 hab. Centre touristique. Ville ancienne qui fut, aux IXᵉ - Xᵉ s., un foyer chrétien important. Forteresse (Xᵉ s.). Cathédrale ornée de belles fresques du XIᵉ s. Églises byzantines (XIᵉ - XIVᵉ s.). Musée (icônes).

**Ohrid.** *La Présentation de la Vierge au temple,* fresque byzantine, église de Saint-Clément.
*Phot. © Arch. Smeets*

**OHRID** (lac d') ♦ Lac de la péninsule Balkanique (349 km²), à 695 m d'altitude, partagé entre la Macédoine et l'Albanie. Son émissaire est le Drim (ou Drin) Noir.

**OHRMAZD** ou **ORMUZD** ➝ ÉTYM. contraction pahlavie pour *Ahurā Mazdā* ♦ Dans la religion mazdéenne, dieu incarnant le principe du bien contre son frère jumeau Ahriman*. Fils de Zurvan*.

**OIGNIES** [62590] ➝ ÉTYM. anc. *Oisniacum,* du germ. *Augo,* n. de pers., et suff. *in-* et *-iacas* ♦ Comm. du Pas-de-Calais, arr. de Lens. 10 531 hab. *(Oignignois).*

**OÏMIAKON** ♦ Village de Russie (rép. de Sakha, sur l'Indiguirka). Un des pôles mondiaux du froid (–70 °C).

**OÏRATS** n. m. pl. ♦ Important groupe de peuples turco-mongols qui, en 1207, se soumit à Gengis Khān. Ses tribus s'établirent dans la région du lac Baïkal*. Les Mandchous de la dynastie chinoise des Qing* les écrasèrent en 1757. Il ne reste plus de ce peuple autrefois important qu'une centaine de milliers d'individus disséminés dans les monts de l'Altaï*.

**OIRON** [79100] ➝ ÉTYM. anc. *(villa) Orioni* «(domaine) d'Aurius (n. de pers. lat. et suff. *-onem*)» ♦ Comm. des Deux-Sèvres, arr. de Bressuire. 945 hab. *(Oironnais).* Collégiale Saint-Maurice de styles flamboyant et Renaissance (tombeaux des Gouffier, XVIᵉ s.). Château des Gouffier des XVIᵉ - XVIIᵉ s. (galerie Renaissance ornée de peintures murales évoquant l'Énéide ; plafond Louis XIII à caissons peints).

**OISANS** n. m. ➝ ÉTYM. de *Uceni,* n. d'une peuplade gauloise ♦ Région des Alpes françaises délimitée par les vallées de la Romanche, de la Durance et du Drac. C'est un ensemble montagneux de roches cristallines où culminent 3 sommets : les Écrins (4 102 m), le mont Pelvoux (3 943 m à la pointe Puiseux), la Meije (3 983 m). La Romanche y prend sa source. Ses ressources en électricité hydraulique sont largement exploitées. On y pratique l'élevage. Une partie du massif est protégée grâce au parc naturel des Écrins. Le tourisme montagnard y est très développé : alpinisme et ski d'hiver comme d'été (glacier des Deux-Alpes, de L'Alpe-d'Huez et de la Meije). Le Tour de France cycliste a également contribué à faire connaître la région grâce aux célèbres ascensions de L'Alpe-d'Huez et du col du Lautaret.

**OISE** n. f. ➝ ÉTYM. anc. *Isara* ♦ Riv. du Bassin parisien (302 km), un des princ. affl. de la Seine, sur la rive d. Elle prend sa source au S.-E. de Chimay, en Belgique, et entre en France après un parcours de 15 km. Presque entièrement navigable, canalisée sur 104 km, elle arrose Hirson, La Fère, Compiègne, Creil, pour rejoindre la Seine en aval de Conflans-Sainte-Honorine. Princ. affl. : Aisne, Serre, Thérain.

**OISE [60]** n. f. ➝ ÉTYM. du n. de la riv. ♦ Dép. du N. de la France, région Picardie. 5 860 km². 766 441 hab. CH.-L. : Beauvais. CH.-L. D'ARR. : Clermont, Compiègne, Senlis. Cour d'appel : Amiens. Académie : Amiens. ➝ **Picardie.**

L'**Oiseau de feu** ♦ Ballet en un acte et 2 tableaux, livret et chorégraphie de M. Fokine*, musique de I. Stravinski*. La création eut lieu en 1910 à l'Opéra de Paris, par les Ballets* russes de Diaghilev*, avec Fokine et Cecchetti dans les rôles principaux. Les costumes de l'Oiseau de feu et de la Princesse avaient été dessinés par L. Bakst*. Ce ballet est devenu par la suite l'un des piliers du répertoire des Ballets russes. Il fut repris par Bolm (1945, Ballett Theatre), Balanchine (1949, New York), tous deux dans des décors de M. Chagall*, puis par S. Lifar (Opéra de Paris, 1954) et Béjart (1970).

Les **Oiseaux** – en gr. *Ornithes* ♦ Comédie d'Aristophane* (–414). Dans le dessein de fuir les tracas et les scandales de leur cité, deux sages athéniens décident d'aller fonder une ville à mi-hauteur, entre ciel et terre. Accueillis d'abord avec hostilité par le chœur des oiseaux, ils parviennent à s'entendre avec les habitants de l'air, et tous décident de fonder Coucouville-les-Nuées (Nephélococcygie). La ville à peine construite, commence le défilé des requêtes des hommes et des dieux. Les uns ayant été chassés pour leur cupidité, les autres bien accueillis pour leur désintéressement, Nephélococcygie deviendra la cité du bonheur, à l'image de ce qu'aurait pu devenir Athènes si elle avait retenu les conseils d'Aristophane, inspirés par une méfiance égale envers les hommes et les dieux.

**OISSEL** [76350] ➝ ÉTYM. gaul. «petit (suff. dimin. *-ellum*) enclos *(°oscia, °olcia)*» ou de *uxellos* «élevé, noble» (qualifie un dieu) ♦ Comm. de la Seine-Maritime, arr. de Rouen. 11 053 hab. *(Osseliens).* Transports.

**OÏSTRAKH (David Fedorovitch)** ♦ Violoniste soviétique (Odessa 1908 - Amsterdam 1974). Se produisant surtout en Russie jusqu'à la guerre, il mena après 1945 une très grande carrière de concertiste, puis de chef d'orchestre.

**OIT** n. f. ➝ **Organisation internationale du travail**

**OJEDA (Alonso DE)** ➝ **Hojeda (Alonso de)**

**ŌJIN TENNŌ** ♦ 15ᵉ empereur du Japon. Selon la tradition il aurait vécu de 201 à 310. Célèbre pour ses exploits militaires, il fut divinisé et devint par la suite le kami de la guerre, sous le nom de Hachiman (ou des «huit bannières»).

**OJOS DEL SALADO** ♦ Volcan des Andes, dans le N. du Chili (6 893 m). Bien que «plus haut volcan du monde», il est de proportion modeste car il repose sur le haut plateau d'Atacama qui atteint déjà plus de 5 000 m d'altitude.

**OKA** n. f. ♦ Riv. de Russie, affl. rive d. de la Volga qu'elle rejoint à Nijni-Novgorod (1 500 km). Née dans les hauteurs de la Russie centrale, elle arrose Orel, Riazan, Dzerjinsk, Nijni-Novgorod. Elle reçoit les eaux de la Moskova, près de Kolomna.

**OKAKURA Kakuzō,** dit **Tenshin** ♦ Lettré et esthète japonais (Yokohama 1862 - Akakura 1913). Fondateur de l'Institut japonais des beaux-arts de Tōkyō en 1898, il est surtout connu comme auteur du *Livre du thé* (1906). La plupart de ses œuvres furent rédigées en anglais, dans une tentative de témoigner de la dimension universelle de la culture japonaise.

**OKAVANGO** n. m. ♦ Fleuve d'Afrique, né à 1 780 m d'altitude en Angola, où il est appelé Cubango (1 600 km). Il descend vers le sud, s'élargit et forme la frontière avec la Namibie. Il arrive ensuite dans le désert de Kalahari* (Botswana), formant un delta de 16 835 km² constitué de marécages s'asséchant plus ou moins selon l'importance annuelle des pluies et de l'évaporation.

**OKAYAMA** ♦ V. du Japon (Honshū), ch.-l. de préf. 674 746 hab. Château féodal élevé en 1573. ▪ Indus. de la céramique. Important centre indus. et commercial (caoutchouc, machines, chimie).

**O' KEEFFE (Georgia)** ♦ Peintre américain (Sun Prairie, Wisconsin 1887 - Santa Fe, Nouveau-Mexique 1986). Elle évolua vers l'abstraction et exposa, à partir de 1917, à New York dans la galerie avant-gardiste «291» dirigée par Alfred Stieglitz*, qu'elle épousa en 1924. Proche du groupe des régionalistes, elle adopta un style proche du précisionnisme. En 1924, elle peignit ses premières séries de fleurs, monumentales, ascétiques (*White Rose,* 1927), puis des ossements, os du bassin ou crânes d'animaux, à la fois organiques et géométriques (*Cow's Skull : Red, White and Blue,* 1931). Ses séjours près du Lake George lui inspirèrent des paysages (*Lake George Window,* 1929). La Grande Dépression l'amena à une réflexion proche du courant misérabiliste dans ses peintures de fermes du Nouveau-Mexique. Au statisme gelé du précisionnisme, elle opposa un univers puissant, évocateur des vestiges du passé et du mystère de la vie, notamment dans ses œuvres non figuratives, souvent chargées de symbolisme.

**O'KELLY (Sean)** ♦ Homme d'État irlandais (Dublin 1882 - *id.* 1966). Après avoir fondé avec A. Griffith* le Sinn* Féin en 1905, il prit part à l'insurrection nationaliste de Pâques 1916 et présida le premier Parlement irlandais (Dail Eireann) de 1919 à 1922. Membre de la minorité républicaine dirigée par De* Valera, hostile au traité de Londres, il devint président de l'Eire en 1945, puis de la république d'Irlande, jusqu'en 1959.

**OKEN (Lorenz OCKENFUSS, dit)** ♦ Naturaliste allemand (Bohlsbach, Bade 1779 - Zurich 1851). Fondateur de l'école des philosophes de la nature, il décrivit les os crâniens en cherchant à définir un système de comparaison des races humaines. Il est l'auteur d'une *Esquisse d'un système d'anatomie et de physiologie* (1821) et d'une *Histoire naturelle générale* (1833 - 1841).

**OKHOTSK** (mer d') ♦ Mer intérieure d'Asie nord-orientale, délimitée par la côte de la Sibérie, la presqu'île du Kamtchatka, les îles Kouriles et l'île de Sakhaline (env. 1 603 000 $km^2$). Prof. max. 3 521 m, prof. moy. 840 m. Elle est fermée au N. par les glaces de nov. à mai. La pêche indus. (crabes) en fait l'enjeu d'une rude compétition entre pêcheurs soviétiques et japonais.

**OKHRID** → Ohrid

**OKINAWA** ← ÉTYM. jap. «baie *(oki)* aux amarres *(nawa)*» ♦ Île princ. de l'archipel des Ryūkyū* (appartenant au Japon) et située au S. de celui-ci. 1 361 594 hab. Sa population à la culture originale (forte influence du matriarcat) parle une langue qui semble apparentée au japonais. Culture du riz, de la patate douce et de fruits tropicaux. Pêche. ▮ **Histoire** Elle fut le théâtre de sanglants combats en 1945. Passée sous l'administration des États-Unis, elle fut rétrocédée au Japon en 1972, les Américains y conservant cependant leurs bases militaires.

**Okinawa.** Le château de Shuri. *Phot. © Nancy Kennedy/Shutterstock*

**OKLAHOMA** n. m. ← ÉTYM. mot choctaw «le peuple rouge» ♦ État du centre des États-Unis. → **États-Unis** (carte). 181 090 $km^2$. 3 450 664 hab. CAP. : Oklahoma City. ▮ **Géographie** L'O. de l'État est constitué par une plaine qui s'élève d'E. en O. et qui est traversée de nombreuses rivières (affl. de la Red River et, au N., de l'Arkansas). Des dépôts de gypse y forment des reliefs érodés et abrupts (Glass Mountains, «montagnes de verre»). À l'E., le bassin de l'Arkansas est bordé par des régions montagneuses : l'extrémité O. des Ozarks, au N.-E. ; une partie des monts Ouachita, au S.-E. Plus à l'O., les monts Wichita. Le climat est continental, plus froid et plus sec à l'O. ▮ **Économie** Grâce à la lutte contre l'érosion, à l'irrigation dans l'O., la production de blé est la 3$^{e}$ des États-Unis. Le coton demeure important. On y cultive également de l'avoine, du maïs, des arachides, du sorgho, du riz, des fruits et des légumes ; on y élève des bovins. Les ressources minérales les plus importantes sont constituées par le pétrole (3$^{e}$ État producteur) et le gaz. Les réserves métalliques sont très variées. Les industries alimentaires (viande), les raffineries de pétrole et la pétrochimie, la métallurgie, la fabrication du verre dépendent directement des ressources naturelles. ▮ **Histoire** Visitée par les Espagnols au XVI$^{e}$ s., la région fit partie (1682) de la Louisiane française et fut vendue avec elle par Napoléon I$^{er}$ aux États-Unis (1803). Réserve indienne des «Cinq Nations» (Cherokee, Choctaw, Chickasaw, Creek, Séminole) en 1819, elle leur fut disputée en raison de l'aide apportée par les Indiens aux Sudistes (1870). L'Oklahoma devint en 1907 le 46$^{e}$ État de l'Union. ▪ L'érosion des terres et la rentabilisation des entreprises ont causé dans les années 1930 la ruine et l'exode des *Okies,* que Steinbeck* a contés dans *Les Raisins* de la colère.*

**OKLAHOMA CITY** ♦ V. des États-Unis (Oklahoma). 506 132 hab. dont 16 % de Noirs (zone urbaine 1 083 346). Univ. de la ville et école de médecine de l'univ. d'État. Centre commercial et industriel d'une riche région agricole (céréales, élevage), la ville et ses environs sont devenus après 1928 l'un des grands producteurs de pétrole du pays. Les derricks apparurent en ville même, et jusque sur les pelouses du capitole de l'État.

**OKOUDJAVA (Boulat Chalvovitch)** ♦ Poète russe (Moscou 1924 - Paris 1997). Fils d'un Géorgien communiste assassiné en 1937 et d'une mère arménienne qui passa dix-neuf ans dans les camps avant d'être réhabilitée, il s'engagea comme volontaire en 1942. Il acquit, dans les années 1960, une grande popularité grâce à ses chansons, véritables poèmes sur les rues de Moscou, la haine de la guerre, le goût de la liberté, les peines et les joies de l'amour, la fraternité humaine (*Le Joyeux Tambour,* 1964 ; *Arbat, mon Arbat !,* 1976). Ses souvenirs du front (*La Cuiller,* 1961), ses romans historiques (*Pauvre Avrossimov,* 1969 ; *L'Amour toujours ou les Tribulations de Chipov,* 1971 ; *Le Voyage des dilettantes,* 1976 - 1978 ; *Un banquet pour Napoléon,* 1983) révèlent le même amour de la liberté.

**OKOUNKOV (Andreï)** ♦ Mathématicien russe (Moscou 1969). Ses recherches, qui permettent de relier la théorie des probabilités, la théorie des représentations et la géométrie algébrique, sont particulièrement importantes pour leurs applications en physique théorique. [Médaille Fields 2006]

**OKRI (Ben)** ♦ Poète et écrivain nigérian d'expression anglaise (Minna 1959). Une enfance à Londres, un retour à Lagos pendant la guerre du Biafra, puis des études de littérature au Royaume-Uni ont façonné chez Ben Okri une aptitude à passer de l'imaginaire de l'enfance au monde de violence et de mensonge où se trouve plongé son pays. Considéré comme un des représentants du «réalisme magique», il a écrit entre autres : *Étonner les dieux* (1998), *En Arcadie* (2003), *Un Amour dangereux* (2004) et surtout *La Route de la faim* (1993), premier volet d'une trilogie sur un enfant-esprit qui préfère le monde merveilleux de l'imaginaire à la vie réelle.

**OKSANEN (Karl August Engelbrekt AHLQVIST, dit A.)** ♦ Poète et linguiste finlandais d'expression finnoise (Kuopio 1826 - Helsinki 1889). Professeur de finnois et recteur de l'université d'Helsinki, il établit la versification finnoise sur des modèles occidentaux dans *Théorie de la prosodie finnoise d'un point de vue linguistique* (1863). Ses poèmes (*Étincelles ; Premier Essaim,* 1868 ; *Deuxième Essaim*), admirés de son vivant, furent moins appréciés par la suite.

**ŌKUMA Shigenobu** ♦ Homme politique japonais (Saga, Kyūshū 1838 - Tōkyō 1922). Il succéda en 1898 à Itō Hirobumi à la présidence du Conseil et fonda l'université de Waseda à Tōkyō. Blessé dans un attentat, il abandonna la vie politique en 1889, puis reprit ses fonctions quelques années plus tard. Il déclara la guerre à l'Allemagne en août 1914, puis signa avec la Russie un traité d'alliance en 1916 en vue d'un partage de la Chine.

**OKU Yasukata** ♦ Maréchal japonais (Fukuoka 1846 - Tōkyō 1930). Il fut chef d'état-major de 1906 à 1912 après avoir combattu victorieusement en Chine et contre la Russie.

**OKW** n. m. [Oberkommando der Wehrmacht] «commandement suprême des forces armées» ♦ Organisme par lequel Hitler remplaça le ministère de la Guerre et le commandement en chef des armées (général von Fritsch), le 4 fév. 1938. Dirigé par Keitel* et Jodl*, il fut l'exécutant de la stratégie hitlérienne jusqu'en 1945.

**OLAF** → Olav

**OLAH (George A.)** ♦ Chimiste américain d'origine hongroise (Budapest 1927). Il a mis en évidence les *carbocations,* composés intervenant dans certaines réactions chimiques mais de durée de vie extrêmement courte dans les conditions normales. Les applications industrielles actuelles concernent principalement la fabrication des carburants. [Prix Nobel de chimie 1994]

**ÖLAND** ← ÉTYM. suéd. «la région *(land)* de l'île *(öl)*» ♦ Île de Suède, dans la Baltique, en face de Kalmar à laquelle elle est reliée par un pont de 6 km de long. 1 339 $km^2$. 24 503 hab. V. PRINC. : Borgholm. De forme très allongée (135 km de long, 4 à 15 km de large), l'île est surtout constituée de falaises calcaires. Vestiges runiques. ▪ Lieu de villégiature. Agriculture (cultures maraîchères).

**OLARGUES** [34390] ← ÉTYM. anc. en lat. *Olargium* «domaine d'Olus (n. de pers.)» ♦ Ch.-l. de cant. de l'Hérault, arr. de Béziers. 571 hab. *(Olarguais).* Village pittoresque bâti sur une butte rocheuse insérée dans une boucle du Jaur. Pont médiéval. Ruines de l'anc. château.

**OLAUS MAGNUS (Olof MÅNSSON, latinisé en)** ♦ Prêtre et diplomate suédois (Linköping 1490 - Rome 1557). Il est surtout connu par ses ouvrages sur la Suède du XVI$^{e}$ s. (*Carta marina,* 1536 ; *Historia de gentibus septentrionalibus,* 1555).

**OLAUS PETRI (Olof PETERSSON, latinisé en)** ♦ Réformateur suédois (Örebro 1493 - Stockholm 1552). Il étudia successivement à Uppsala, Leipzig et Wittenberg (1516 - 1518) où il adhéra au luthéranisme. Prédicateur à Stockholm (1523), fait chancelier par le roi Gustave I$^{er}$ Vasa (1531), il contribua largement à implanter la Réforme en Suède (premier manuel liturgique suédois, 1529 ; traduction en suédois du Nouveau Testament). Ayant perdu la faveur du roi, en raison de critiques qu'il lui aurait adressées (1539), Olaus Petri fut condamné à mort pour haute trahison, puis gracié. Il a laissé une *Chronique suédoise,* précieuse pour la connaissance de l'histoire de la Suède dans la première moitié du XVI$^{e}$ s., et un drame biblique, *Tobiae Comedia* (1550).

**OLAV** ♦ Nom de plusieurs rois de Danemark. ♦ **OLAV I$^{er}$ Hunger.** Roi de Danemark (de 1086 à 1095). Son surnom de *Hunger* (faim) lui vint de la famine qui frappa le pays sous son règne. ♦ **OLAV II Haakonsson** (Akershus 1370 - Falsterbo 1387). Fils d'Haakon VI de Norvège et de Marguerite* Valdemarsdotter, il devint roi de Danemark en 1376 et roi de Norvège en 1380 sous la tutelle de sa mère.

**OLAV** ← ÉTYM. du vx norv. *Anleifr,* de *ano* «aïeul» et *leifr* «restant» ♦ Nom de plusieurs rois de Norvège. ♦ **OLAV I$^{er}$ Trygvesson** (v. 964 - 1000). Roi de Norvège (995 - 1000) descendant d'Harald Hårfager. Après avoir vécu chez les Varègues de Novgorod, il séjourna en Angle-

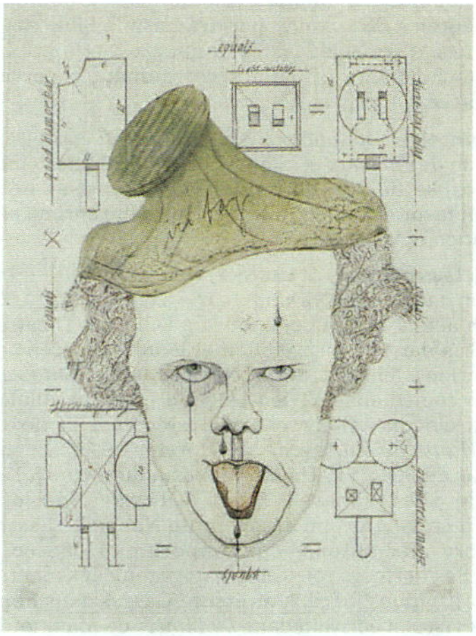

Claes **Oldenburg.** *Autoportrait symbolique avec équation.* Collection Moderna Museet, Stockholm. *Phot. © Documentation du MNAMGP, Paris/Béatrice Hatala*

terre. Il se convertit au christianisme et tenta de l'introduire en Norvège. Il fut battu par Sven de Danemark et Olav Skötkonung de Suède au combat naval de Svolder où il périt. ♦ **OLAV II Haraldsson,** dit **le Gros** ou **le Saint** (v. 995 - Stiklestad, près de Trondheim 1030). Roi de Norvège (1015 - 1028). Après avoir participé à des expéditions de Vikings, il tenta d'imposer le christianisme par la force. Il fut battu par les nobles norvégiens païens soutenus par le roi danois Canut* le Grand. Réfugié à Novgorod, il échoua dans le projet de reconquête de son royaume et fut tué. ♦ **OLAV III Haraldsson,** dit **Kyrre** le Tranquille (mort en 1093). Roi de Norvège (1066 avec son frère Magnus II ; 1069 - 1093). Il fonda Bergen. ♦ **OLAV IV Magnusson** (1100 - 1115). Roi de Norvège (1103 - 1115). Il régna avec ses frères. ♦ **OLAV Haakonsson.** → **Olav Ier Hunger.** ♦ **OLAV V** (Appleton House, près de Sandringham 1903 - Oslo 1991). Régent (1955) puis roi de Norvège (1957 - 1991).

**OLDBURY** ♦ Faubourg *(Borough)* de la banlieue O. de Birmingham (Worcestershire). 55 000 hab. Indus. chimiques et mécaniques. Centrale atomique.

**OLDENBARNEVELT (Jan VAN)** ♦ Homme politique hollandais (Amersfoort 1547 - La Haye 1619). Grand pensionnaire (gouverneur) de Hollande, il servit Guillaume* le Taciturne. Il contribua puissamment à l'établissement de la république des Provinces*-Unies (alliance avec la France et l'Angleterre, développement du commerce, trêve de douze ans avec l'Espagne, 1609). Il défendit la république contre Maurice* de Nassau qui le fit exécuter.

**OLDENBOURG** n. m. – en all. ***Oldenburg*** → ÉTYM. du n. de la v. ♦ Anc. État d'Allemagne, situé au N.-O., en bordure de la mer du Nord, et qui comprenait, outre le pays d'Oldenbourg, les provinces de Lübeck et de Birkenfeld. Sa capitale était Oldenbourg. Les *comtes d'Oldenbourg*, connus dès le XIe s., obtinrent leur indépendance sous Henri le Lion (1180). En 1460, le comte Christian VIII acquit le Holstein, devint roi de Danemark (Christian Ier) et laissa l'Oldenbourg à son frère. La branche cadette s'étant éteinte, le pays revint en 1667 au roi de Danemark, qui le partagea avec le duc de Holstein-Gottorp. En 1773, Christian VII de Danemark échangea avec le futur Paul Ier de Russie, chef des Holstein-Gottorp, l'Oldenbourg contre le Holstein. Devenu duché du Saint Empire, l'Oldenbourg passa ensuite à Frédéric-Auguste, de la branche de Lübeck des Holstein-Gottorp et ses descendants le conservèrent jusqu'en 1918. L'Oldenbourg, ayant adhéré à la Confédération* du Rhin (1808), forma sous l'Empire le département français des Bouches-du-Weser. Il seconda la politique de Bismarck* et entra dans le Zollverein*, puis dans l'Empire allemand (1871). Il fait actuellement partie du Land de Basse-Saxe. ▪ Des lignes cadettes issues de la maison d'Oldenbourg accédèrent aux trônes de Russie (branche des Holstein-Gottorp avec Pierre* III), de Suède (branche de Lübeck, 1751 - 1818), et de Danemark, lors de l'extinction de la branche aînée (branche de Schleswig-Holstein-Sonderburg-Glücksburg, 1863).

**OLDENBOURG** – en all. ***Oldenburg*** → ÉTYM. anc. *Aldenbourg,* bas all. «vieux *(old)* château *(burg)*» ♦ V. d'Allemagne (Basse-Saxe), sur une boucle de la Hunte et le canal Ems-Hunte. 159 000 hab. Château des grands-ducs de Holstein-Gottorp (XVIIe - XVIIIe s.). ▪ Centre admin. et princ. débouché agricole et commercial d'un arrière-pays fertile (cultures maraîchères et florales). Important marché aux bestiaux. Indus. alimentaires (conserves de viande), au cœur d'une région de production intensive de viande de porc.

**OLDENBURG (Claes)** ♦ Artiste américain d'origine suédoise (Stockholm 1929). En 1952, il rejoignit à New York un groupe d'artistes du junk art hostiles à l'idéalisme de l'expressionnisme abstrait*. Il devint l'une des vedettes du pop* art en 1962 avec *The Store* («le magasin»), dans lequel il exposait des répliques en plâtre peint d'objets de consommation, de pâtisseries, de légumes. À partir de 1962 apparurent ses sculptures molles ; au lieu de les traiter, comme Dalí*, de manière onirique, il en appliqua les critères à des objets réels (*Typewriter,* 1963, allusion à la machine à écrire de Duchamp* ; *The Home,* 1963 - 1966) qui, ne donnant à toucher que l'instable, créent une impression d'angoisse. Puis il réalisa des œuvres monumentales, offrant une réflexion sur la notion même de monument, sur l'œuvre «in situ», et sur la mythologie américaine (*Lipstick Monument,* 1969, retravaillé en 1974). Après une série de projets d'architecture et de monuments à fort symbolisme sexuel, il a réalisé en 1990 une *Bicyclette ensevelie* pour La Villette à Paris et, en 1992, une série d'instruments de musique mous *(Soft Saxophone, Scale A).*

**OLDHAM** ♦ V. d'Angleterre (Greater Manchester), dans la banl. N. 217 393 hab. Forte minorité ethnique originaire d'Inde. Les filatures de coton sont en crise. Centre commercial et construc. mécaniques.

**OLDUVAI** ou **OLDOWAY** (gorges d') ♦ Site préhistorique du N. de la Tanzanie où Louis et Mary Leakey* découvrirent entre 1953 et 1975 les restes de plusieurs hominidés qui sont ceux des premiers hommes *Homo habilis* (datant d'env. 1,8 million d'années), de leurs structures d'habitat et de leur industrie composée de galets taillés et d'éclats (faciès oldowayen).

**OLEG le Sage** ♦ (mort en 912). Grand prince de Kiev (882 ?-912). Prince varègue, il succéda à Riourik* à Novgorod (v. 879), puis, après 880, conquit Kiev* qui devint la capitale d'un État russe sous contrôle varègue, s'étendant de la Neva à la mer Noire et axé sur la route commerciale reliant les pays nordiques aux contrées méditerranéennes. En 907, il parut devant Constantinople et obtint des Byzantins un traité de commerce, renouvelé et élargi en 911.

**OLEMPS** [12510] ♦ Comm. de l'Aveyron, banlieue S.-O. de Rodez. 3 020 hab.

**OLEN** ♦ Comm. de Belgique (Région flamande), prov. d'Anvers, arr. de Turnhout, sur le canal Albert. 11 467 hab. Métallurgie non ferreuse (centre producteur de radium, le plus important du monde).

**OLENEK** ou **OLENIOK** ♦ Fl. de Sibérie, rép. de Sakha* (2 292 km), tributaire de la mer des Laptev. Riche en poissons, il est navigable sur son cours inférieur, de juin à sept.

**OLÉRON** (île d') ♦ Île de l'océan Atlantique (Charente-Maritime), au S. de l'embouchure de la Charente, séparée du continent par le pertuis de Maumusson et de l'île de Ré par celui d'Antioche. C'est la plus grande des îles françaises après la Corse (long. : 30 km ; larg. max. : 11 km ; 175 km²). Depuis 1966, un pont la relie au continent. Env. 18 250 hab. *(Oléronais).* V. PRINC. : Le Château*-d'Oléron, Saint*-Pierre-d'Oléron. ▪ Ostréiculture. Aquaculture. Pêche (port de la Cotinière). Viticulture. Tourisme (forêt domaniale de Saint-Trojan. → **Saint-Trojan-les-Bains**). ▪ **Histoire** L'île fut habitée dès les temps préhistoriques (mégalithes) ; c'est l'*Ularius* des Vénètes. Elle fut réunie à la Couronne sous Charles V, après avoir appartenu aux comtes d'Anjou, puis aux ducs d'Aquitaine. Occupée en 1940, l'île fut libérée les 30 avr. et 1er mai 1945. ▪ Les Jugements ou Rôles d'Oléron, décisions du droit maritime de l'Océan (XIe ou XIIe s.), ont bénéficié d'une grande autorité comme code maritime jusqu'au XVIIe s. (ils devinrent la loi commune du Ponant).

**OLETTE** [66360] → ÉTYM. du catalan *oleta (auleda)* «lieu planté de chênes verts» ♦ Ch.-l. de cant. des Pyrénées-Orientales, arr. de Prades. 345 hab. *(Olettois).* Centrale hydroélectrique sur la Têt.

**OLGA** (sainte) ♦ Princesse de Kiev* (morte en 969). Fille présumée d'Oleg* le Sage, épouse du grand prince Igor* dont elle fut veuve en 945. Elle exerça la régence jusqu'à l'avènement de son fils Sviatoslav* Ier (964). Convertie en 954, elle tenta en vain de répandre le christianisme dans son pays.

**OLI** ou **OLID (Cristóbal DE)** ♦ Navigateur et conquistador espagnol (Baeza ou Linares, Jaén 1488 - Naco, Honduras 1524). Il participa à la conquête du Mexique avec H. Cortés* qui, en 1523, le chargea d'une expédition au Honduras*. S'étant opposé au pouvoir de Cortés et ayant déclaré le Honduras indépendant, Oli fut tué par Francisco de Las Casas, sur l'ordre de Cortés.

**OLIBRIUS** → **Olybrius**

**OLIER (Jean-Jacques,** connu sous le nom de Monsieur**)** ♦ Prêtre français (Paris 1608 - *id.* 1657). Curé de Saint-Sulpice (1642 - 1652), il réforma sa paroisse, y créant un séminaire (1645) qui essaima et pour lequel il fonda la compagnie des prêtres de Saint-Sulpice (sulpiciens). Avec Monsieur de La Dauversière, il créa la société de Notre-Dame de Montréal qui, à partir de 1642, envoya des colons et des sulpiciens au Canada. Ses écrits expriment une spiritualité à la fois sévère et chaleureuse, proche de celle de Bérulle*, qui exerça une influence profonde sur la formation du clergé français (*La Journée chrétienne*, 1655 ; *Catéchisme chrétien pour la vie intérieure*, 1656 ; *Introduction à la vie et aux vertus chrétiennes*, 1657).

**OLINDA** ♦ V. du Brésil (État du Pernambouc), dans l'aggl. de Recife. 361 000 hab. Très bel ensemble d'églises baroques des XVIIe et XVIIIe s. **Histoire** Fondée par les Portugais en 1535, elle fut la capitale du Pernambouc jusqu'en 1817.

**OLIPHANT (Markus Lawrence Elwin)** ♦ Physicien britannique (Adélaïde, Australie 1901 - Canberra 2000). Collaborateur de Rutherford*, il participa à de nombreuses expériences en physique des particules, notamment en bombardant des atomes par des neutrons rapides. Il inventa le synchrocyclotron en 1945 avec McMillan*. ➝ ÉTYM. *Oliphant* vient de l'ancien français et du moyen anglais *olifant* « éléphant ; ivoire » (désigne un marchand d'ivoire ou un sonneur de cor).

**OLIVA** → Oliwa

**OLIVARES (Gaspar DE GUZMÁN, comte et duc D')** ♦ Homme politique espagnol (Rome 1587 - Toro 1645). Favori de Philippe* IV, il exerça le pouvoir de 1621 à 1643. Homme énergique, il lutta contre la corruption générale et tenta d'assainir les finances, mais son ambition et peut-être son sens de la grandeur espagnole le jetèrent dans des entreprises audacieuses : il reprit sans succès la guerre avec les Provinces-Unies (→ **Spinola**), jeta l'Espagne dans la guerre de Trente* Ans (1636) et fut contraint par cette politique à des mesures de fiscalité oppressives qui provoquèrent de graves troubles intérieurs et, par contrecoup, son bannissement. Il avait été le protecteur de Rubens, Vélasquez, Murillo, Lope de Vega.

**OLIVEIRA (Manoel PINTO DE)** ♦ Cinéaste portugais (Porto 1908). Il débuta en 1929 par le tournage d'un documentaire poétique, *Douro, faina fluvial*, terminé en 1931. Suivirent des longs métrages, peu nombreux et d'une haute exigence narrative et plastique, souvent teintés d'ironie : *Aniki Bobó* (1942), *Le Passé et le Présent* (1971), *Amour de perdition* (1978), *Francisca* (1981), *Les Cannibales* (1988), *La Divine Comédie* (1991), *Val Abraham* (1992), admirable adaptation déguisée de *Madame Bovary*, *La Lettre* (1999), d'après *La Princesse de Clèves*, *Parole et Utopie* (2000), *Porto de mon enfance* (2001), faussement autobiographique, *Christophe Colomb, l'énigme* (2008). En 2007, avec *Belle toujours*, il imagine les retrouvailles du couple de *Belle de jour*, de Buñuel, trente ans plus tard.

**OLIVER (Joe, dit King)** ♦ Cornettiste, chef d'orchestre et compositeur de jazz américain (près de La Nouvelle-Orléans, 1885-Savannah, 1938). Après avoir débuté à La Nouvelle-Orléans, il partit pour Chicago en 1918 et y constitua le Creole Jazz Band dans lequel jouèrent notamment Louis Armstrong* et Johnny Dodds*. Après le départ de ses meilleurs musiciens, il constitua en 1924 un orchestre plus important, les Dixie Syncopators (ou Savannah Syncopators), avec lequel il gagna New York mais il ne rencontra pas le succès. Il a été l'un des premiers musiciens de style Nouvelle*-Orléans à avoir su libérer cette musique de son répertoire folklorique. Princ. enregistrements : *Dippermouth Blues* (1923), *Someday Sweetheart* (1926), *New Orleans Shout* (1929).

**OLIVER (Raymond)** ♦ Cuisinier français (Langon 1909 - Paris 1990). Chef au Grand Véfour, restaurant parisien qu'il reprit en 1948, il perpétua la cuisine française de tradition, notamment celle du Sud-Ouest, tout en lui apportant une touche personnelle novatrice. Mais c'est comme pionnier des émissions de cuisine à la télévision qu'il acquit une large notoriété publique.

**Oliver Twist** – en angl. ***The Adventures of Oliver Twist*** ♦ Roman de Charles Dickens* (1838). Enfant abandonné, Oliver Twist s'enfuit de l'hospice où on le maltraite et tombe aux mains de malfaiteurs londoniens qui cherchent à faire de lui un délinquant à leur service en lui apprenant à voler. Le destin fera triompher sa bonne nature en permettant que soit connu le secret de sa naissance, illégitime mais noble. Ce roman social et philanthropique, caractéristique du premier Dickens, frappa surtout par sa description des bas-fonds de Londres qui parvint à ébranler la bonne conscience de la bourgeoisie anglaise. Mais dans son moralisme un peu mièvre il en confortait par ailleurs plus d'un préjugé. D. Lean a porté le roman à l'écran (1948).

**OLIVET (Pierre Joseph THOULIER, abbé D')** ♦ Grammairien français (Salins, Franche-Comté 1682 - Paris 1768). Jésuite (1700), il quitta la Compagnie avant d'avoir prononcé ses vœux définitifs pour se consacrer à ses travaux sur la langue et la littérature. Admirateur de Cicéron, dont il traduisit le *De Natura deorum*, il publia notamment une *Histoire de l'Académie* (1729) qui fait suite à celle de Pellisson et des *Essais de grammaire* (1732). [Acad. fr. 1723]

**OLIVET** [45160] ➝ ÉTYM. allus. au mont des *Oliviers** ♦ Ch.-l. de cant. du Loiret, arr. d'Orléans, sur le Loiret. 19 195 hab. *(Olivetains)*. Parc floral de la Source (30 ha). Pépinière et roseraies.

**OLIVÉTAN (Pierre ROBERT, dit)** ♦ Réformateur français (Noyon 1506 - en Italie 1538). Cousin de Calvin, il adhéra à la Réforme, enseigna le grec et l'hébreu à Strasbourg, puis traduisit la Bible (1535), pour la première fois, d'après les textes originaux. Cette première Bible protestante fut financée par les communautés de vaudois qui venaient de se rallier à la Réforme.

**OLIVIER (François)** ♦ Homme politique français (Paris 1487 - Amboise 1560). Garde des Sceaux et chancelier (1545), il fut un moment disgracié à cause de son opposition aux dépenses de Diane de Poitiers*. Il favorisa la politique des Guise et réprima sévèrement la conjuration d'Amboise.

**OLIVIER (sir Laurence KERR, dit Laurence)** ♦ Acteur, metteur en scène et cinéaste britannique (Dorking 1907 - Londres 1989). Considéré comme un acteur classique, il entra à l'Old Vic Theatre (1937), et s'y spécialisa dans l'interprétation et la mise en scène du théâtre shakespearien (*Henry V*, 1937 ; *Coriolan*, 1938 ; *Roméo et Juliette*). Marié à la comédienne Vivien Leigh, il mena parallèlement une carrière de cinéma à Hollywood où il interpréta le rôle d'Heathcliff dans *Les Hauts de Hurlevent* de W. Wyler (1939). Nommé en 1944 codirecteur de l'Old Vic Theatre, il porta lui-même à l'écran trois œuvres de Shakespeare : *Henri V* (1945), *Hamlet* (1948) et *Richard III* (1955). Devenu directeur du National Theatre (1962), il se consacra aux auteurs contemporains (Ionesco, Anouilh, Osborne). Ses derniers rôles cinématographiques montrent un art pour les prestations les plus diverses : Gassus dans *Spartacus* de S. Kubrick (1960), l'écrivain dans *Le Limier* de Mankiewicz (1972).

Laurence **Olivier** dans le rôle de Hamlet (film, 1948). *Phot. © Coll. Rui Nogueira*

**OLIVIERS (mont des)** – auj. ***djebel el-Tūr*** ♦ Montagne (plus de 800 m), à l'E. de Jérusalem. Les Évangiles y situent la dernière veillée et l'arrestation de Jésus*. → **Gethsémani.**

**OLIWA** ou **OLIVA** ♦ Anc. localité de Pologne (auj. faubourg de Gdańsk). Abbaye cistercienne fondée en 1170 (auj. cathédrale), où fut signée entre la Suède, la Prusse et la Pologne, *la paix d'Oliwa* (1660), par laquelle Jean* II Casimir de Pologne céda la Livonie* à la Suède et renonça à la suzeraineté sur la Prusse* orientale.

**OLLAINVILLE** [91290] ➝ ÉTYM. anc. *Aolini villa* « domaine (lat. *villa*) d'Aldolenus (germ. *Audolen*, n. de pers.) » ♦ Comm. de l'Essonne, arr. de Palaiseau. 3 896 hab.

**OLLIER (Claude)** ♦ Écrivain français (Paris 1922). Requis par le STO en 1943, il devint par la suite fonctionnaire de l'administration chérifienne (1950 - 1955), puis il se consacra à l'écriture. Il fut reconnu comme un écrivain du nouveau* roman avec son premier récit, *La Mise en scène* (1958), premier volet d'une « suite fictionnelle », *Le Jeu d'enfant*, qui comprend sept autres récits : *Le Maintien de l'ordre* (1961), *Été indien* (1963), *L'Échec de Nolan* (1967), *La Vie sur Epsilon* (1972), *Enigma*, (1973), *Our ou Vingt ans après*, (1974) et *Fuzzy Sets* (1975). La narration y joue avec les codes traditionnels du romanesque hérités du XIXe siècle, que l'écrivain perçoit comme obsolètes. L'œuvre narrative de Claude Ollier se complète de *Marrakch Medine* (1979), *Mon double à Malacca* (1982), *Une histoire illisible* (1986), *Déconnection* (1988), *Truquage en amont* (1992) et *Outback ou l'Arrière-monde* (1995), *Aberration* (1997), *Missing* (1998). Un recueil d'entretiens, *Cité de mémoire* (1996), constitue un exemple aigu de réflexion sur l'écriture. On lui doit en outre des pièces radiophoniques. ➝ ÉTYM. *Ollier* désignait en ancien français le fabricant ou le marchand d'huile.

**OLLIOULES** [83190] ➝ ÉTYM. anc. *Olivola* « petite oliveraie », du lat. *oliva* « olivier » et suff. dimin. à valeur collective *-ula* ♦ Ch.-l. de cant. du Var, arr. de Toulon. 12 198 hab. *(Ollioulais)*. Ruines d'un château du XIIIe s. Église de style roman provençal. Maisons à arcades. ▪ Marché de fleurs. ▪ Aux environs, gorges d'Ollioules creusées par la Reppe.

**OLLIVIER (Émile)** ♦ Homme politique français (Marseille 1825 - Saint-Gervais-les-Bains 1913). Avocat, il fut élu député (1857) et siégea avec l'opposition républicaine (groupe des cinq : Darimon, J. Favre*, Hénon, L. J. E. Picard) au sein du Corps législatif. L'orientation plus libérale du régime l'amena à se rallier à la politique impériale. Fondateur du Tiers Parti (1863), il prit position contre la politique autoritaire de Rouher*. Après la démission de ce dernier (1869), il fut chargé par Napoléon III de former un nouveau ministère (début janv. 1870) et nommé lui-même ministre de la Justice et des Cultes. La tentative pour rétablir un régime vraiment parlementaire ne put sauver l'Empire en dépit du plébiscite apparemment favorable du 8 mai 1870. L'affaire Victor Noir*, le développement des mouvements de grève (Aubin, Le Creusot, etc.) et surtout la détérioration des relations avec la Prusse en précipitèrent la chute. Après la déclaration de la guerre (juil. 1870), que le ministre fit voter, suivant sa propre expression, «d'un cœur léger», et les premiers échecs de l'armée française devant les Prussiens, É. Ollivier fut remplacé par Cousin*-Montauban (9 août). Émigré en Italie, où il resta jusqu'en 1873, il a laissé plusieurs ouvrages sur le Second Empire (*Le Ministère du 2 janvier*, 1875 ; *L'Empire libéral*, 1894-1902). [Acad. fr. 1870]

**OLMEDO (José Joaquín)** ♦ Homme politique et poète équatorien (Guayaquil 1780 - *id.* 1847). Ami de Bolívar*, il contribua à la réunion de son pays à la Grande-Colombie (1822). Quand l'Équateur devint indépendant (1830), il en rédigea la Constitution. Poète néoclassique, il composa une *Ode à la victoire de Junín (Hymne à Bolívar)*.

**OLMÈQUES** n. m. pl. ✦ ÉTYM. de *Olmeca* «les gens du pays du caoutchouc» ♦ Nom donné aux représentants d'une culture établie dans la jungle tropicale de la côte du golfe du Mexique de –2000 à –500. C'est l'une des plus anciennes civilisations américaines et ses principales caractéristiques se sont diffusées sur l'ensemble du territoire mésoaméricain. L'architecture des centres urbains est assez rudimentaire, mais la culture olmèque est célèbre pour le travail du jade, la sculpture sur pierre (énormes têtes monolithiques, bas-reliefs), le culte du jaguar, le jeu de balle, le calendrier de 260 jours et les prémices d'une écriture. Les principaux sites olmèques sont La Venta*, Tres Zapotes et Cerro de Las Mesas.

**OLMERT (Ehud)** ♦ Homme d'État israélien (Binyamina, Israël 1945). Membre du Likoud, il fut maire de Jérusalem (1993 - 2003) puis vice-Premier Ministre et ministre des Finances (2003 - 2006) et devint Premier ministre en remplacement d'A. Sharon* en avril 2006. Il fut à la tête jusqu'en 2008 du parti Kadima*, vainqueur aux législatives de mars 2006, et dirigea un gouvernement de coalition jusqu'en mars 2009.

**OLMETO** [20113] ✦ ÉTYM. «ensemble d'ormes», du corse *ólmu* «orme» et suff. collectif *-eto* ♦ Ch.-l. de cant. de la Corse-du-Sud, arr. de Sartène. 1 115 hab. On y voit la maison où mourut, en 1863, Colomba Carabelli, l'héroïne qui inspira Prosper Mérimée pour *Colomba**.

**OLMI (Ermanno)** ♦ Cinéaste italien (Bergame 1931). Ses fictions probes et dépouillées sont ancrées dans la réalité quotidienne du moment : *Le temps s'est arrêté* (1959), *Il Posto* (1961), *Les Fiancés* (1963). Son chef-d'œuvre reste *L'Arbre aux sabots* (1978), fresque paysanne d'une émouvante simplicité. En 1982, il a fondé à Bassano un groupe de recherches cinématographiques, Ipotesi Cinema, qui témoigne de la pérennité des idéaux du néoréalisme. Autres films : *La Légende du Saint Buveur* (1988), *Le Métier des armes* (2001).

**OLMO (Lauro)** ♦ Poète, narrateur et auteur de théâtre espagnol (Barco de Valdeorras, prov. d'Orense 1922 - Madrid 1994). La guerre civile interrompit ses études et, pratiquement autodidacte, il débuta avec un livre de contes, *Doce cuentos y uno más* («Douze contes et un de plus», 1955), puis se consacra au théâtre avec *La Camisa* («La Chemise», 1962) qui obtint un vif succès en Espagne et à l'étranger.

**OLMÜTZ** – auj. ***Olomouc*** ♦ → **Olomouc.** ▮ **Histoire** La *reculade d'Olmütz* (28 - 29 nov. 1850) consomma la renonciation du roi de Prusse Frédéric*-Guillaume IV à ses projets d'«union restreinte» de l'Allemagne du Nord sous sa direction : en le menaçant de guerre, le cabinet autrichien de Schwarzenberg* réussit à maintenir l'ancienne confédération germanique.

**OLOF SKÖTKONUNG** ♦ (mort en 1026). Roi de Suède (v. 994 - 1026). Allié à Sven de Danemark, il vainquit Olav* Ier de Norvège (Svolder, 1000). Il favorisa l'expansion du christianisme auquel il s'était converti en 1008.

**OLOMOUC** ✦ ÉTYM. anc. en all. ***Olmütz***, p.-ê. du vx morave *°Holymouc* «les rochers *(mouc)* chauves *(holy)*» ♦ V. de la République tchèque, en Moravie septentrionale, sur la Morava. 100 168 hab. Univ. Palacký. La ville conserve des monuments anciens : la cathédrale (1131, restaurée), le doyenné de la cathédrale (XVIIe s.), le palais archiépiscopal (1670), des églises baroques, l'hôtel de ville (XIVe s.) et plusieurs hôtels de style Renaissance. ▪ Carrefour ferroviaire et routier. Centre industriel : construc. mécaniques ; indus. agroalimentaire. Marché agricole. ▮ **Histoire** → **Olmütz.**

**OLONNE-SUR-MER** [85340] ✦ ÉTYM. du celt. *olona* «hauteur au-dessus de l'eau» ou du germ. *Odilo(no)*, n. de pers. ♦ Comm. de la Vendée, arr. des Sables-d'Olonne. 10 060 hab. Château de Pierre-Levée (XVIIIe s.).

**OLONOIS (François NAU, dit L')** ♦ Pirate français (Les Sables-d'Olonne 1630 - île Baru, golfe de Darién 1671). Après avoir été boucanier, établi à l'île de la Tortue, il prit le commandement d'un bateau pirate et combattit les Espagnols. Célèbre pour sa cruauté, il s'empara de Maracaibo en 1666 mais mourut, tué par les Indiens, après avoir échoué sur les côtes du Mexique.

**OLORON** (gave d') ♦ Torrent des Pyrénées-Atlantiques (130 km), formé par la réunion à Oloron*-Sainte-Marie des gaves d'Aspe et d'Ossau*. Il arrose Navarrenx, Sauveterre-de-Béarn, et se jette dans le gave de Pau à Peyrehorade.

**OLORON-SAINTE-MARIE** [64400] ♦ Ch.-l. d'arr. des Pyrénées-Atlantiques, au confluent des gaves d'Ossau et d'Aspe qui, réunis, forment le gave d'Oloron. 10 992 hab. (aggl. 16 081) *(Oloronais)*. L'église Sainte-Marie, anc. cathédrale (XIIIe s., chœur reconstruit au XIVe s.), possède un remarquable portail roman. Église romane Sainte-Croix (coupole sur nervures, XIIIe s.). ▪ Aéronautique. Chocolaterie. Métallurgie. Bérets. ▮ **Histoire** Les invasions barbares détruisirent la ville romane. Au XIe s., le vicomte de Béarn releva la cité dévastée et en fit un centre militaire et commerçant. La ville fut le siège d'un évêché du IVe s. jusqu'en 1790.

**OLP** n. f. → **Organisation de libération de la Palestine**

**OLSZEWSKI (Karol)** ✦ ÉTYM. du polon. *olcha, olsza* «aulne», *-ew*, suff. possessif, et suff. *-ski* ♦ Physicien et chimiste polonais (Broniszów, Galicie 1846 - Cracovie 1915). Il parvint en 1883, avec Wróblewski, à liquéfier certains gaz dits «permanents» : l'azote, l'oxygène, l'oxyde de carbone (ils furent les premiers à obtenir de «vrais» liquides, limités par un ménisque). → **Cailletet.** On lui doit également un appareillage permettant la soudure à l'arc (1885).

**OLSZTYN** ♦ V. du N.-E. de la Pologne, ch.-l. de la voïvodie de Warmie-Mazurie. 174 941 hab. Foyer culturel et scientifique. Centre de villégiature et important nœud ferroviaire. Matériel agricole. Indus. chimique et alimentaire.

**OLT** n. m. ♦ Riv. de Roumanie (736 km), affl. rive g. du Danube, née en Transylvanie (Carpates orientales). Elle débouche en Valachie par le défilé de Turnu Roşu («la tour rouge»), oblique vers le S. et rejoint le Danube à Turnu Măgurele.

**OLTEN** ♦ V. de Suisse (cant. de Soleure), au pied du Jura, sur l'Aar. 16 707 hab. (aggl. Olten-Zofingen 101 909). Important nœud ferroviaire au croisement des lignes Genève-Romanshorn et Bâle-Italie. Indus. métallurgique et textile, chaussures.

**OLTÉNIE** ou **PETITE VALACHIE** n. f. – en roum. ***Oltenia*** ♦ Partie de la plaine de Valachie située à l'O. de l'Olt, limitée par le Banat à l'O., la Transylvanie au N. et le Danube au S. Importants gisements de pétrole et de gaz, de lignite et de sel. Grande région agricole (céréales, vignes, fruits, produits maraîchers).

**OLYBRIUS** ou **OLIBRIUS** – en lat. ***Anicius Olybrius*** ♦ (mort en 472). Empereur romain d'Occident (472). Gendre de Valentinien* III, il fut élevé à l'Empire par Ricimer*, qui avait déposé et tué l'empereur Anthémius*, et mourut peu après.

**OLYMPE** n. m. – en gr. mod. ***Ólimbos*** ✦ ÉTYM. p.-ê. «situé en position tranchante, qui coupe le passage», d'une rac. indo-eur. *°olu* «couper, tailler» et finale *-mpos*, d'un suff. *°-nkw*, qui indique une position, une orientation ♦ Massif montagneux de Grèce entre la Thessalie et la Macédoine, dominant le golfe Thermaïque, et séparé de l'Ossa par la vallée de Tempé. Point culminant de la Grèce (Pantheon, 2 911 m). Parc national. Pâturages en été, ski en hiver. ▪ Nom donné à de nombreux sommets en Grèce. ▮ **Mythologie** Montagne sainte du polythéisme grec, l'Olympe abrite sur sa cime la plus haute le palais de Zeus* où se réunissent les *Olympiens* pour délibérer ou pour festoyer. On confondit peu à peu les hauteurs grandioses et inaccessibles de la demeure divine avec le ciel et *Olympe* devint ainsi le synonyme de *ciel*. C'est dans les mythes théogoniques relatifs à l'Olympe des Hellènes que la religion naturiste préhellénique s'humanise, les divinités chtoniennes d'origine orientale perdent leur prépondérance au profit des divinités ouraniennes, un équilibre des éléments mâle et féminin s'établissant. Ainsi les Olympiens, après avoir vaincu les Titans* et, plus tard, les Géants* et le monstre Typhon* qui représentent les forces chaotiques et désordonnées, sont constitués en société familiale, dont le caractère patriarcal deviendra net avec l'apport culturel des Doriens.

**OLYMPIA** ♦ V. des États-Unis, cap. de l'État de Washington, à l'extrême S. du Puget* Sound. 42 514 hab. Port d'exportation. Ostréiculture.

**Olympia** ♦ Œuvre de Manet*. Cette toile, peinte (1863) pour le Salon de 1865, inspirée par la *Vénus d'Urbino* de Titien et aussi par la *Maja* desnuda* de Goya, constitue une étape importante dans l'évolution du peintre, après le *Déjeuner sur l'herbe*. Le contraste du nu, aux larges aplats clairs, et du fond très sombre fut violemment critiqué, ainsi que le raccourci du bras gauche (non

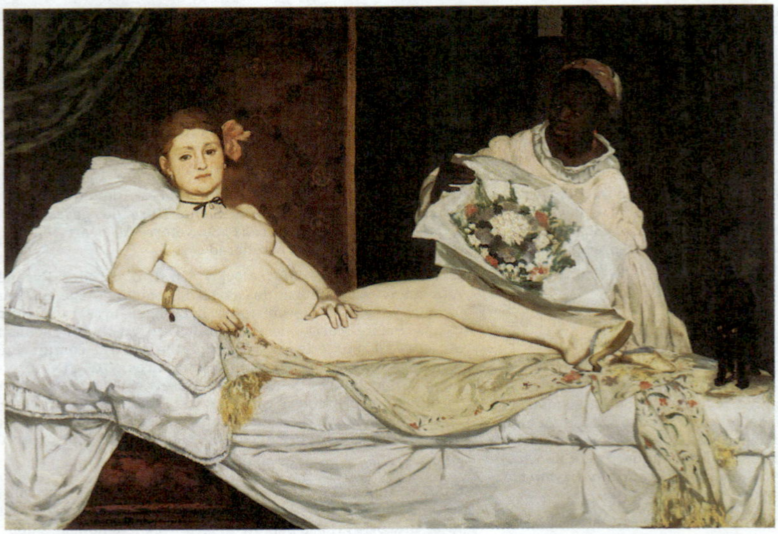

**Olympia.**
Tableau de Manet, peinture à l'huile (1,30 × 1,90 m). Musée d'Orsay, Paris.
*BIS/Phot. H. Josse © Archives Larbor*

conforme aux règles académiques de la perspective) ; en outre, la pudibonderie de l'époque se choqua du «réalisme» du sujet (une prostituée à qui la servante annonce son client). La répartition des zones claires (le nu, le lit, le bouquet et la robe claire de la femme noire) et des zones sombres (le fond, la tête de la Noire, le chat), la fermeté du trait cernant les formes, la sérénité de la composition, les libertés prises avec la perspective classique font de ce tableau un précurseur de certaines tendances de l'art du XX$^{e}$ s. (notamment de Matisse).

**Olympia** ♦ Un des premiers music-halls parisiens, sur le boulevard des Capucines, créé en 1893, sur le modèle anglais, par Joseph Oller. Sous l'impulsion notamment de Jacques-Charles (1911 - 1914), il devint un des hauts lieux de la chanson française. Transformé en cinéma de 1929 à 1954, il renoua avec la tradition du music-hall français grâce à Bruno Coquatrix qui le dirigea de 1954 à 1979. En 1997, la salle fut déplacée de quelques mètres et reconstruite à l'identique.

**OLYMPIAS** – en gr. ***Olumpias*** ♦ Reine de Macédoine (v. –375 - Pydna –316). Fille de Néoptolème, roi d'Épire, elle épousa Philippe* II et eut pour fils Alexandre* le Grand. Répudiée par Philippe, elle se retira auprès de son père. Elle intrigua contre Philippe et, après son assassinat, elle fit mettre à mort sa deuxième femme Cléopâtre et la fille de celle-ci. Ambitieuse et avide, elle disputa le pouvoir au régent Antipatros, pendant les campagnes d'Alexandre. Après la mort du conquérant, elle se réfugia de nouveau en Épire, puis s'allia à Polyperchon, successeur d'Antipatros. Prenant le pouvoir, elle fit assassiner le demi-frère d'Alexandre, Philippe, sa femme et leurs fidèles. Mais Cassandre* l'assiégea dans Pydna, prit la ville et livra Olympias aux parents de ses victimes qui la massacrèrent.

**OLYMPIE** – en gr. ***Olumpia*** ♦ Sanctuaire de l'ancienne Grèce en Élide (N.-O. du Péloponnèse), dans le triangle formé par le mont Kronion et le confluent de l'Alphée et du Kladéos. Des cultes très anciens consacrèrent tôt le sol d'Olympie. Mais son importance à l'époque historique est due surtout à la célébration des *jeux Olympiques**. Plus qu'un centre religieux et sportif, Olympie devint le rendez-vous du monde grec, point de repère de son unité, centre diplomatique, musée religieux et artistique. La légende reflète la succession des peuples ou des maîtres du pays. Ainsi à l'origine des jeux Olympiques seraient tantôt les compétitions des Curètes, compagnons de Zeus* enfant, tantôt le concours (course de chars) entre l'Achéen Pélops* et Œnomaos, tantôt, dans la tradition dorienne, la victoire d'Héraclès* sur Augias. Au –V$^{e}$ s. à l'apogée du sanctuaire et de l'esprit olympique, les cités grecques, surtout les colonies, bâtissaient les *trésors* et envoyaient de riches offrandes ; la ville d'Élis éleva le magnifique temple de Zeus olympien et Phidias* façonna la colossale statue chryséléphantine (d'or et d'ivoire) de Zeus. Vers le milieu du –IV$^{e}$ s. commença le déclin qui est d'ailleurs celui de l'ancienne religion et de la civilisation grecques. Le territoire sacré fut souvent violé. Les Arcadiens s'en emparèrent de –364 à –362, les Macédoniens en –342, puis les Romains en devinrent les maîtres (–II$^{e}$ s.). Pillée par Sylla (–80), livrée à la mégalomanie de Néron, Olympie connut les bienfaits d'Hadrien et d'Hérode Atticus, puis fut dépouillée pour l'embellissement de Constantinople. Après la destruction des temples païens ordonnée par Théodose* II en 426, un tremblement de terre ruina les édifices civils. Complètement abandonné, le site fut couvert par les alluvions de l'Alphée. ▪ Les premières fouilles furent entreprises par un groupe de Français participant à l'expédition du maréchal Maison* en Morée (1829). Un demi-siècle plus tard (1875 - 1881), un groupe d'archéologues allemands sous la direction de l'historien E. Curtius* mit au jour les ruines en exhumant 130 statues et de nombreux objets d'art. Plus tard, W. Dörpfeld entreprit des recherches orientées vers la préhistoire. En 1953, l'École allemande mit au jour le *Léonidaion* et, à partir de 1958, déblaya le stade. ▪ Le site archéologique, à quelques kilomètres du village actuel, est l'un des plus importants de la Grèce. Les installations sportives et les bâtiments civils se situent autour de l'Altis (bois sacré) ; le gymnase dorique (–II$^{e}$ s.), la palestre (–III$^{e}$ s.), la basilique byzantine (V$^{e}$ s.), les thermes classiques et romains, le *Léonidaion* (–350), qui fut le plus grand hôtel de l'Antiquité avec ses 80 chambres, le *Bouleutérion*, siège du sénat olympique (–IV$^{e}$ s.), le portique sud (–IV$^{e}$ s.), peut-être le marché, la maison de Néron (60) à l'emplacement de l'*Hellanodikéion* (–400), l'*Exèdre* d'Hérode Atticus (II$^{e}$ s.), réservoir d'eau, le *Prytanée* (–V$^{e}$ s.), réfectoire des athlètes. Dans l'Altis, à côté des traces préhistoriques (–XV$^{e}$ s.), se trouvent les ruines du *Métroon* (déb. du –IV$^{e}$ s.), temple dorique de Rhéa, et de l'*Héraion* (v. –650), temple ionique d'Héra, le plus ancien des temples grecs de grandes dimensions (50 × 20 m) ; c'est là que l'on a trouvé l'*Hermès* de Praxitèle*. Du célèbre temple de Zeus Olympien, construit par l'Éléen Libon de –470 à –457, il ne reste que peu d'éléments architecturaux ; d'ordre dorique et de dimensions colossales (64 × 27,60 m), il abritait la statue de Zeus, œuvre de Phidias. ▪ Le musée d'Olympie renferme notamment les deux frontons du temple de Zeus, chacun constitué de 21

**Olympie.** Détail du fronton ouest du temple de Zeus, -V$^{e}$ s. Musée d'Olympie. *Phot. © Arch. Smeets*

statues représentant respectivement le combat des Centaures et des Lapithes et les préparatifs du concours entre Pélops et Œnomaos ; six des douze métopes du même temple et quelques célèbres statues.

**OLYMPIO** ♦ Double poétique de V. Hugo*, «figure dans laquelle [dit-il] il se personnifie, et s'incarne. C'est encore l'homme, mais ce n'est plus le moi». → **Voix intérieures (Les), Rayons et les Ombres (Les).**

**Olympiques (jeux)** ♦ D'abord compétitions sportives locales d'Élide* tombées en désuétude, les jeux d'Olympie furent rétablis par le roi semi-légendaire d'Élide Iphitos, contemporain du législateur Lycurgue* de Sparte (–IXe s. ?), sur le conseil de l'oracle de Delphes pour remédier aux guerres qui décimaient les populations. La trêve sacrée conclue en même temps avec Sparte et Pisa consacrait l'inviolabilité de l'Élide et l'interruption des hostilités pendant le mois sacré, celui des Jeux célébrés pendant la nouvelle lune du solstice d'été ; on appelait *olympiade* l'intervalle de quatre ans séparant deux célébrations des Jeux. La liste des vainqueurs inaugurée en –776 devint plus tard une référence chronologique, aussi l'an –776 marque-t-il à la fois la première célébration officielle (historique) des jeux Olympiques et le départ de la chronologie grecque comptée par *olympiades.* Cette fête réunit tout le monde grec dès le –VIIe s. Aux compétitions ne participaient que des Grecs ayant pleins droits de citoyenneté. Le sénat d'Élis, appelé sénat olympique pendant la période des Jeux, avait le pouvoir d'exclure une cité ou d'imposer une amende pour violation de la trêve sacrée ou pour crime contre l'hellénisme. Les concurrents prêtaient serment de respecter le règlement et les vainqueurs recevaient comme prix une couronne de branches tressées d'olivier. Le premier concours gymnique était la course à pied d'un stade (192,25 m), puis s'ajoutèrent successivement la course double, la course de 24 stades (4 614 m), le pentathlon (saut, disque, javelot, course à pied, lutte), le pugilat, le pancrace, la course des hoplites. Les courses de chars et, plus tard, de chevaux montés se déroulaient à l'hippodrome. De grands honneurs étaient réservés aux *olympioniques* dans leurs cités. Les Macédoniens furent admis après leur victoire de Chéronée et les Romains s'imposèrent après la conquête de la Grèce (–146). La célébration des Jeux fut interdite en 394 par un édit de Théodose Ier. ▪ Les jeux Olympiques de l'ère moderne ont été organisés à partir de 1896 sur l'initiative de Pierre de Coubertin* pour renouer avec la tradition pacifiste et les idéaux de l'éducation physique nés à Olympie. Sommet des compétitions sportives internationales, les jeux Olympiques réunissent tous les quatre ans des milliers de concurrents de tous pays. Leur programme comprend aujourd'hui presque tous les sports. Leur organisation est confiée à une ville par le Comité international olympique (CIO). Perturbés par les deux guerres mondiales ainsi que par certains problèmes politiques (nazisme aux Jeux de Berlin en 1936 ; terrorisme à Munich en 1972 ; boycott des Jeux de Moscou en 1980 par les Occidentaux puis des Jeux de Los Angeles en 1984 par les pays de l'Est), les Jeux sont désormais confrontés à des difficultés d'ordre sportif tels la fin de l'amateurisme, le développement du dopage et du sport-spectacle au détriment de disciplines traditionnelles mais peu pratiquées. Les Jeux ont été célébrés dans les villes suivantes : Athènes (1896, 2004), Paris (1900, 1924), Saint Louis, Missouri (1904), Londres (1908, 1948), Stockholm (1912), Anvers (1920), Amsterdam (1928), Los Angeles (1932, 1984), Berlin (1936), Helsinki (1952), Melbourne (1956), Rome (1960), Tōkyō (1964), Mexico (1968), Munich (1972), Montréal (1976), Moscou (1980), Séoul (1988), Barcelone (1992), Atlanta (1996), Sydney (2000), Pékin (2008). Londres a été choisie pour accueillir les jeux de 2012, Rio de Janeiro ceux de 2016. ♦ ***Jeux Olympiques d'hiver*** Réservés aux sports de neige et de glace, ils ont eu lieu à partir de 1924 : Chamonix (1924), Saint-Moritz, Suisse (1928, 1948), Lake Placid, New York (1932, 1980), Garmisch-Partenkirchen, Allemagne (1936), Oslo (1952), Cortina d'Ampezzo (1956), Squaw Valley, Nevada (1960), Innsbruck (1964, 1976), Grenoble (1968), Sapporo (1972), Sarajevo (1984), Calgary (1988), Albertville (1992), Lillehammer, Norvège (1994), Nagano, Japon (1998), Salt Lake City (2002), Turin (2006), Vancouver (2010). Ceux de 2014 doivent avoir lieu à Sotchi.

**OLYNTHE** – en gr. ***Olunthos*** ♦ Anc. ville de Grèce en Chalcidique, à 5 km du golfe Toronaïque (de Kassandra). Pendant les guerres médiques*, elle fut prise par Artabaze qui noya, dit-on, tous ses habitants dans un étang. Repeuplée par le déplacement obligatoire d'habitants des villes voisines qu'imposa le roi de Macédoine Perdiccas II, Olynthe connut un rapide essor. Elle opposa une farouche résistance de quatre ans aux Spartiates (–383 - –379). La menace macédonienne contre Olynthe fut le signal d'alarme pour les cités grecques, surtout Athènes, que Démosthène*, par ses trois *Olynthiennes**, décida à la lutte. Malgré l'aide athénienne, la ville, prise par Philippe* II en –348, fut rasée et ses habitants vendus comme esclaves. ▪ Vestiges et traces de la ville antique et d'un habitat néolithique.

**Olynthiennes (Les)** ♦ Trois harangues de Démosthène*, prononcées en –349. L'orateur essaie de persuader les Athéniens de porter secours à Olynthe*, attaquée par Philippe*II de Macédoine. Il blâme l'avilissement et la mollesse de ses concitoyens et les appelle à renoncer aux fêtes et aux spectacles pour financer la guerre.

**OM** n. m. ← ÉTYM. probablt du tatar «tranquille» [en parlant d'un cours d'eau] ♦ Riv. de Russie, en Sibérie occidentale (1 091 km). Né dans les marais de Bassiougan, il arrose la steppe de Baraba et se jette dans l'Irtych (rive d.) à Omsk.

**OMAGH** ← ÉTYM. en irl. *An Omaigh* «la plaine» ♦ V. d'Irlande du Nord, ch.-l. du comté de Tyrone, sur le Strule. 47 952 hab. Marché agricole.

**OMAHA** ♦ V. des États-Unis (Nebraska), sur le Missouri. 390 007 hab. (zone urbaine 716 998). Université. À l'O. de la ville se trouve l'établissement pédagogique connu sous le nom de *Boy's Town*, communauté régie entièrement par les enfants qui la forment. Centre commercial de produits agricoles : marché du bétail et des céréales. Indus. agricoles ; raffineries de pétrole, équipement ferroviaire, etc. Nombreuses compagnies d'assurances.

**OMALIUS D'HALLOY (Jean-Baptiste Julien,** baron **D')** ♦ Administrateur et géographe belge (Liège 1783 - Bruxelles 1875). Secrétaire général de la province de Liège (1815), gouverneur de la province de Namur (1815), conseiller d'État, sénateur (1848), il réalisa, à la demande de Napoléon Ier, la carte géologique de l'Empire français.

**OMAN** (mer d') ou mer d'**ARABIE** ♦ Mer formée au S.-O. de l'Asie par l'océan Indien et qui borde la côte S.-E. de la péninsule Arabique à l'O. et les côtes du Pakistan et de l'Inde occidentale à l'E.

**OMAN** (golfe d') n. m. ♦ Golfe situé au débouché du golfe Arabo-Persique, avec lequel il communique par le détroit d'Ormuz. Ses eaux se déversent dans la mer d'Oman après avoir baigné les côtes méridionales d'Iran et la côte orientale de la péninsule Arabique.

## OMAN

▪ – off. ***sultanat d'Oman,*** en ar. ***Salṭanat ʿUmān,*** jusqu'en juil. 1970 ***sultanat de Mascate-et-Oman*** ← ÉTYM. p.-ê. de *Oman* ben Ibrāhīm al-Khalīl, n. du fondateur de la ville à l'origine du sultanat ou de l'ar. *amana* «se tenir d'une manière permanente dans un lieu» ♦ Pays de la péninsule Arabique. → **Arabie** (carte). 212 460 km². 2 508 837 hab. *(Omanais).* LANGUE : arabe. RELIGION : musulmans (de rite ibadite, 70 % ; sunnites, 25 % ; chiites, 5 %). MONNAIE : riyal omanais. CAPITALE : Mascate. RÉGIME : monarchie absolue. Le sultanat est divisé en 8 régions.

▪ **GÉOGRAPHIE** Le sultanat commande au N. le détroit d'Ormuz par un promontoire rocheux, le cap Musandam, qui est coupé du reste du pays. Le long de la côte septentrionale se dressent d'O. en E. les monts Hajar. À l'O., le djebel Akhdar («la montagne verte») qui culmine à 3 018 m et borde au S. la plaine de la Bāṭinah. Au S. de l'Hajar oriental s'étend une large plaine, s'ouvrant au N.-E. sur la mer, et bordée au S. par le désert de sable de Wahiba. Au S.-O., commence le désert du Rub' al-Khali («le quartier vide»). 800 km de désert séparent l'Oman du Nord de la région méridionale du Dhofar composée d'une étroite bande côtière, puis de montagnes, domaine du bétail, et d'une partie désertique. Le pays est divisé en deux grandes zones climatiques, de type méditerranéen au N. et à l'E., de type tropical avec effet de mousson au S. et à l'O.

▪ **ÉCONOMIE** ▪ **Les hydrocarbures** Le pays est passé du Moyen Âge au XXe s. dans les années 1970. Jadis fondée sur l'exportation de dattes, d'agrumes et de poissons, l'économie omanaise repose aujourd'hui presque exclusivement sur les hydrocarbures (70 % du PNB, plus de 80 % des recettes de l'État). Les réserves en pétrole (24e producteur mondial) sont estimées à 5 milliards de barils, alors que celles de gaz représentent 1 000 milliards de m³. Ces réserves étant limitées (aux environs de 2020 pour le pétrole), le sultanat règle prudemment sa production et mène une politique très active de prospection. Il exporte 90 % de sa production d'hydrocarbures. Le Japon est son premier client. La principale raffinerie est située à Mīna al-Fahal. Soucieux de protéger son indépendance, le sultanat n'est pas membre de l'Opep. ▪ **L'agriculture, l'élevage et la pêche** La plaine de la Bāṭinah et les oasis de l'intérieur ainsi que la région du Dhofar sont propices à l'agriculture (palmiers-dattiers, arbres fruitiers, oliviers, orangers, citronniers, figuiers, grenadiers, manguiers, vigne ; céréales : blé, millet, maïs). La luzerne et les légumes sont aussi cultivés sur les pentes montagneuses de l'Akhdar. Noix de coco, bananes, encens dans le Dhofar. Élevage des volailles en pleine expansion. Pêche et aquaculture. Le tourisme de luxe se développe. Néanmoins, l'amélioration des communications à l'intérieur de la péninsule offre de nouvelles perspectives (exportations vers les Émirats arabes unis).

**Les mines et l'industrie** Le sultanat est également riche en minerai : cuivre (Sohar), manganèse, phosphates, gypse, chrome et marbre. Avec une industrie représentant 3,7 % du PIB, Oman est le moins industrialisé des pays du Conseil de coopération du Golfe (CCG) et le secteur privé reste très marginal. Le développement industriel est ralenti par la volonté du régime de limiter l'influence des investisseurs étrangers. Les efforts de diversification portent également sur le tourisme et l'activité portuaire (réexportations). L'économie est très dépendante de la main-d'œuvre étrangère : le secteur public emploie 530 000 travailleurs étrangers contre 406 000 nationaux.

**HISTOIRE** **La terre de Magan** Oman fut probablement la terre de Magan (mentionnée dans les tablettes sumériennes), royaume du –IIIe millénaire. En –536, les Perses s'en emparèrent. Conquis à l'islam au milieu du VIIe s., nominalement rattaché au califat de Bagdad, le pays d'Oman se rallia au kharijisme* (dissidence islamique) et repoussa les tentatives d'Haroun al-Rachid pour rétablir l'orthodoxie sunnite. **L'occupation portugaise** Au XVIe s., les Portugais occupèrent les ports et les points stratégiques du pays. Ils s'y maintinrent jusqu'en 1650 lorsque un membre de la dynastie des Yarubides reprit Mascate et les côtes. La prise de Mombasa en 1665 marqua le départ définitif des Portugais. **Le sultanat de Mascate-et-Oman** En 1793, le sultanat de Mascate-et-Oman fut fondé par un descendant d'Aḥmad ibn Sa'īd, dont la famille gouverne encore le sultanat. Le XVIIe s. marqua le redéploiement de l'expansion omanaise sur la côte orientale d'Afrique et l'apogée de sa puissance économique : les 5/8 du commerce de la région transitaient en effet par Mascate qui avait supplanté Bassora. En 1798, les Britanniques conclurent un traité d'amitié avec le sultan, traité renouvelé en 1891. Au XIXe s., ils renforcèrent leur domination dans le Golfe. Le sultan Sa'īd ibn Sulṭān (1806 - 1856) développa ses possessions africaines et créa la première plantation de girofle à Zanzibar. **Les royaumes de Mascate et de Zanzibar** À sa mort, l'Empire omano-africain éclata en deux royaumes indépendants : Mascate et Zanzibar. Ce dernier devint un protectorat britannique en 1890. Avec l'abolition du trafic d'esclaves à Zanzibar (1897), la prospérité économique d'Oman commença à décliner. Au cours du siècle, Oman subit plusieurs incursions des wahhabites*. L'imamat ibadite fut restauré avec l'élection du cheikh Salim ibn Rachīd al-Kharūsi. Le pays fit alors place à deux États : Mascate et Oman. Face à une rébellion des forces de l'imam (1915 - 1920), le sultan demanda l'intervention des forces britanniques. Un traité signé entre l'imam et le sultanat mit fin à la guerre civile (1920). Après une nouvelle tentative de restauration de l'imamat, le sultan reprit le contrôle de l'ensemble du pays avec l'aide de l'armée britannique (1957 - 1958). L'imam et ses partisans se réfugièrent alors en Arabie saoudite. En 1963 éclata la rébellion du Dhofar, qui s'organisa en Front populaire de libération du Golfe arabe occupé, avant d'être écrasée en 1975 grâce à l'intervention britannique. **Le sultanat d'Oman** En juil. 1970, le sultan Sa'īd ibn Taymūr fut déposé par son fils, Qābūs (avec les encouragements des Britanniques), lequel entreprit la modernisation du pays qui prit alors le nom de sultanat d'Oman. Le sultanat a toujours tenu à affirmer son indépendance à l'égard de la Ligue arabe, dont il est membre, et il fut, avec le Soudan, le seul pays arabe à ne pas rompre les relations diplomatiques avec l'Égypte, après les accords de Camp David. Voulant faire contrepoids à l'influence wahhabite, il s'est également efforcé de conserver des relations cordiales avec l'Iran et l'Irak. Les relations informelles qu'il entretenait depuis 1994 avec Israël ont été gelées fin 2000 avec la reprise de l'Intifada en Palestine.

---

**OMAR Ier** – en ar. *'Umar Abū Ḥafṣa ibn al-Khaṭṭāb* → ÉTYM. de l'ar. *'amara* « habiter, cultiver ; être prospère, civilisé » ♦ Second calife des musulmans (La Mecque v. 581 - Médine 644). Il commença par combattre l'islam naissant. Une fois converti, il devint un des défenseurs les plus énergiques de Mahomet*. Sous son califat (634 - 644), la conquête de la Mésopotamie, de la Syrie, de la Palestine et de l'Égypte fut achevée. Dans ces nouvelles provinces, il conserva l'administration antérieure et isola les troupes arabes dans de nouvelles cités militaires. Il instaura l'ère de l'Hégire fixée au 16 juil. 622. Il fut le premier calife à s'être nommé *Amīr al-Mūminīn* (« Émir des croyants »). Il fut assassiné par un esclave persan dans la mosquée de Médine. La tradition orthodoxe le présente comme calife exemplaire : chef courageux, énergique, austère et juste.

**OMAR KHAYAM** → Khayyām ('Umar)

**OMBRIE** n. f. – en it. *Umbria* → ÉTYM. étym. obsc. (l'étym. du gr. *ombros* « pluie, averse » est populaire) ♦ Région d'Italie. → **Italie** (carte). 8 456 km². 825 826 hab. *(Ombriens)*. CH.-L. : Pérouse. Elle est formée des provinces de Pérouse et Terni. **Géographie** Le relief est en grande partie montagneux. L'épaisse masse calcaire de l'Apennin devient vers l'O. un effritement de massifs nettement moins élevés (800 à 1 000 m) et de collines entre lesquels s'intercalent des bassins intérieurs (lac Trasimène, dépressions de Pérouse, Assise et Foligno). Les activités opposent les bassins densément occupés et la montagne délaissée. Dans les bassins irrigués, on cultive du maïs et des plantes fourragères, mais l'olivier constitue la ressource majeure sur les premières pentes. La vigne a régressé et se cantonne aux environs d'Orvieto. Les montagnes se vident et l'élevage n'est plus une activité dominante. D'importantes centrales hydroélectriques alimentent en énergie l'électrométallurgie et l'électrochimie lourdes de Terni. La proximité de Rome attire de petites firmes spécialisées. Seule région péninsulaire ne disposant pas d'un liseré côtier, l'Ombrie est également à l'écart des grands axes de communication, mais reste une grande région touristique grâce à la beauté de ses paysages et de ses villes d'art. Pérouse, capitale historique, ne parvient pas à imposer son rayonnement sur l'ensemble de cette région intérieure, tournée vers les grands centres de Rome et de Florence. **Histoire** S'étendant, à l'origine, de la plaine du Pô au Picenum*, le territoire des Ombriens fut bientôt réduit par la poussée des Gaulois au N., des Sabins* au S. et des Étrusques* à l'O. et passa très vite sous la domination des Romains aux côtés desquels les Ombriens combattirent au cours de la guerre samnite (–IVe s.).

**OMBRONE** n. m. ♦ Fl. d'Italie (161 km). Né dans les monts du Chianti, il coule en Toscane, irrigue la Maremme et se jette dans la mer Tyrrhénienne.

**OMC** n. f. → **Organisation mondiale du commerce**

**OMDOURMAN** ou **OMDURMAN** – en ar. *Umm Durmān* ♦ V. du Soudan, sur la rive g. du Nil, face à Khartoum dont elle constitue une dépendance. 1 271 000 hab. V. arabe traditionnelle contrastant avec la capitale. **Histoire** Ce fut la capitale du Mahdī à partir de 1884, puis de son successeur. Kitchener s'en empara en 1898.

**O'MEARA (Barry Edward)** ♦ Médecin irlandais (en Irlande 1786 - Londres 1836). Médecin de Napoléon Ier à Sainte-Hélène (1815), il fut relevé de ses fonctions par Hudson Lowe* (1818) pour avoir pris trop ouvertement le parti de l'Empereur. Il publia, entre autres, *Napoléon en exil ou l'Écho de Sainte-Hélène* (1822).

**OMEYADES** ou **UMAYYADES** n. m. pl. → ÉTYM. de l'ar. *'umawiyyah*, de *'amah* « esclave » ♦ Membres de la dynastie fondée par le calife Mu'āwiya* qui régna sur l'ensemble de l'empire musulman de 650 à 750, puis sur l'Espagne (756 - 1030). Rompant avec la tradition des premiers califes, Mu'āwiya introduisit le principe dynastique dans le califat. Établie en Syrie, la dynastie omeyade assuma les traditions de civilisation existant dans ce pays et sut en développer l'urbanisation. Elle dota l'ensemble de l'empire d'une solide armature administrative en intégrant les Syriens convertis aux conquérants arabes. Elle favorisa le développement intellectuel qui se manifesta par l'apparition des sciences juridiques. Les Omeyades continuèrent la conquête commencée par les premiers califes. En Occident, Kairouan fut fondée en 670 ; l'Afrique du Nord fut entièrement soumise (707) ; l'invasion et la conquête de l'Espagne furent entreprises par le gouverneur Mūsā* ibn Nuṣayr aidé par Ṭariq* ibn Ziyād (712). En Orient, la Perse fut soumise, l'Afghanistan et la Transoxiane occupés, le Turkestan chinois envahi ; la pénétration dans le Sind, le Panjab et l'Inde commença (711). Ainsi, de l'Atlantique au seuil du monde chinois, l'islam n'aura jamais été aussi vaste sous le contrôle d'un pouvoir unique. Mais les Omeyades devaient faire face à l'hostilité des milieux médinois qui leur reprochaient d'accorder une importance démesurée aux activités temporelles. L'opposition des chiites, qui niaient la légitimité des Omeyades, fut menaçante. Les premiers califes Yazīd, 'Abd* al-Mālik et al-Walīd surent réprimer les chiites sans pouvoir les anéantir. Sous Marwān II, les descendants d''Abbās, oncle du Prophète, profitèrent de l'état d'anarchie qui sévissait en Irak et en Perse pour diriger le soulèvement populaire appuyé par les chiites et proclamer, à Kūfa, Abū* al-'Abbās calife (749). Les Omeyades, traqués, furent massacrés (750). Seul 'Abd al-Raḥmān parvint à s'échapper. Il s'enfuit jusqu'au Maghreb ; quelques années plus tard, il débarqua en Espagne accompagné de troupes composées de Berbères et d'Arabes syriens ; il prit Cordoue en 756 et fonda un émirat omeyade en soumettant la plus grande partie de la péninsule. En dépit de nombreux actes de résistance (à Tolède, Cordoue et les campagnes) 'Abd al-Raḥmān III (912 - 961) acheva la soumission des provinces hispaniques islamisées et les unifia. Il se proclama calife, affirmant son autorité spirituelle à l'égard des Abbassides. À la fin du Xe s., sous le calife Hichām II, la victoire du *ḥājib* Muḥammad ibn Abū 'Āmir (qui se surnomma *al-Manṣūr** : « le Victorieux ») sur la coalition des Rois Catholiques et la prise de Saint-Jacques-de-Compostelle (997) renforcèrent les frontières septentrionales du territoire. Aux Xe et XIe s., l'Espagne musulmane connut une culture raffinée et variée (littérature poétique, essais philosophiques, traités théologiques) qui rivalisa avec le milieu irakien (Bassora et Bagdad). Ḥakam* II rassembla une énorme bibliothèque et la mosquée de Cordoue devint une véritable université. Malgré l'échec de la tentative d'usurpation du califat par al-Manṣūr, les Omeyades, en proie aux luttes intestines, s'affaiblirent peu à peu. À la fin du califat de Cordoue (1030), le pays allait être partagé entre une quinzaine de roitelets.

**OMO** ♦ Fleuve d'Éthiopie dont la basse vallée présente des couches sédimentaires d'environ 1 km d'épaisseur. Les dépôts d'origine volcanique ont pu être datés de 3,4 millions à 1 million d'années. De très nombreux ossements d'hominidés (australopithèques et hommes) y ont été recueillis. → **Arambourg.**

**OMPHALE** – en gr. *Omphalê* ♦ Reine légendaire de Lydie*, liée à la légende d'Héraclès*. Pour se purifier d'un meurtre, le héros devient son esclave. À son service, il débarrasse le pays des monstres et des pillards, soumet ses ennemis et remporte de riches butins. Omphale, pleine d'admiration, le libère et l'épouse. Selon une variante de l'époque hellénistique, Héraclès est en même temps l'esclave et l'amant d'Omphale ; la reine l'oblige à porter des robes de femme et à filer la laine à ses pieds (thème iconographique).

**OMRE (Arthur)** ♦ Romancier norvégien (Brunlanes 1887 - Oslo 1967). Il refléta par son œuvre l'atmosphère des années 1930 en se penchant sur les origines sociales et psychologiques du crime dans ses nouvelles et ses romans : *Contrebandiers* (1936), *La Fuite* (1936), *Le Pont des soupirs* (1937) et *Kristinus Bergman* (1938), où l'on sent l'influence d'Hemingway. Puis il publia des recueils de nouvelles : *Il arrive parfois* (1941), *Brise changeante* (1950), *Pièces d'or et autres récits* (1954).

**OMRI** ♦ Roi d'Israël (v. –884 - –874). Vainqueur de l'usurpateur Zimri, il fonda une capitale, Samarie*, et une dynastie, la *maison d'Omri* (→ **Achab, Ochozias, Joram d'Israël**), réprouvée comme idolâtre par la Bible (I Rois, XVI, 16 sqq). Il lutta contre la Syrie et établit sa domination sur Moab*.

**OMS** n. f. → **Organisation mondiale de la santé**

**OMSK** ← ÉTYM. du n. de la riv. *Om** et suff. *-sk* qui désigne une ville ♦ V. de Russie, ch.-l. de région, en Sibérie occidentale, port fluvial, au confluent de l'Om et de l'Irtych. 1 113 900 hab. Centrale thermique. Indus. mécanique (machines agricoles), chimique, textile (laine) et alimentaire. Traitement du cuir et du bois. Important centre de raffinage de pétrole. Centre ferroviaire sur le Transsibérien. ▮ **Histoire** Fondée en 1716 autour d'un fort établi contre les Kirghiz, la ville devint dès le milieu du XIX^e s. le principal centre commercial, administratif et militaire de la Sibérie occidentale (Dostoïevski y fut déporté). Durant la guerre civile, l'amiral Koltchak* prit à Omsk le titre de régent suprême (nov. 1918) et en fit sa capitale (1918 - 1919) après avoir écrasé les socialistes modérés. Conquise par les Soviétiques (nov. 1919), elle fut la capitale de la Sibérie avant Novossibirsk.

**ONAN** ← ÉTYM. de l'hébr. *'ônân* «fort, vigoureux» ♦ Personnage biblique (Genèse, XXXVIII, 4-10), fils de Juda*. La loi du lévirat l'ayant obligé à épouser la veuve de son frère, il «fraude par terre» pour ne pas lui donner de descendant. *Péché d'Onan*, l'onanisme.

**ONASSIS (Aristotélis, dit Aristote)** ♦ Armateur grec (Smyrne, auj. İzmir 1906 - Neuilly-sur-Seine 1975). Émigré d'Asie Mineure, réfugié en Grèce (1922) après le massacre de sa famille par les Turcs, puis en Argentine, il exerça divers métiers (importateur de tabac, consul de Grèce en Argentine) et acheta ses premiers bateaux en 1936. Il se spécialisa après la guerre dans le transport du brut par superpétroliers et créa sa compagnie d'aviation, Olympic Airways, en 1957. Il épousa en 1968 la veuve du président Kennedy.

**Oncle Sam** – en angl. *Uncle Sam* ♦ Expression employée pour désigner ironiquement les États-Unis. Elle a été inspirée lors de la guerre anglo-américaine de 1812 par un fournisseur de viande, Samuel Wilson, surnommé Uncle Sam par allusion aux lettres US imprimées sur les emballages de nourriture destinés à l'armée. ▪ L'hypothèse selon laquelle Uncle Sam viendrait de US Am (United States of America) est erronée.

**Oncle Vania** – en russe *Diadia Vania* ♦ Œuvre dramatique de Tchekhov* (1897). Les scènes de la vie de campagne troublées par les éclats qui opposent l'égoïste professeur Serebriakov à l'oncle Vania créent l'atmosphère propre aux œuvres de Tchekhov, la qualité des vies paisibles et sensibles de personnages aux racines profondes. La sobriété de l'action qu'aucune conclusion ne dramatise, les demi-teintes de l'analyse des caractères (l'oncle Vania, Sonia), le langage dépouillé laissent prévoir l'évolution ultérieure de l'art théâtral de Tchekhov.

**ONDAATJE (Michael)** ♦ Romancier et poète canadien d'origine sri lankaise, d'expression anglaise (Colombo 1943). Installé à Toronto depuis 1962, il cultive une écriture pleine d'exotisme, d'éclectisme et de surréalisme. Dans des œuvres pseudo-documentaires comme *Collected Works of Billy the Kid* (1970) et *Coming through Slaughter* (1976), la photographie, les interviews, les chansons entrecoupent la narration. *Le Patient anglais* (1992) a été porté à l'écran ; *Le Fantôme d'Anil* (2000) a pour toile de fond son pays natal.

**ONDRES** [40440] ← ÉTYM. pl. du gasc. *oundre* «ornement» ♦ Comm. des Landes, arr. de Dax. 3 650 hab.

**ONEGA** (lac) ♦ Lac de Russie, en Carélie (9 700 km²). La Svir y prend sa source et déverse ses eaux dans le lac Ladoga. Le lac Onega est relié à la mer Blanche par le canal Baltique-mer Blanche. Sur sa rive O. est située Petrozavodsk, cap. de la Carélie.

**O'NEILL** ← ÉTYM. de l'irl. *ó* «petit-fils, descendant» et *Neil*, du gaél. *Niall* (probablt «champion») ♦ Famille royale irlandaise qui prétendait descendre de Niall des Neuf Otages (405), premier roi d'Irlande. Sa branche la plus importante, rivale des O'Donnell, fut celle d'Ulster, qui, tout en étant vassale de l'Angleterre, maintint l'indépendance de l'Irlande jusqu'au XVI^e s. ♦ **Hugh O'Neill** 2^e comte **de Tyrone.** Homme de guerre irlandais. (v. 1540 - Rome 1616). Il servit les Anglais avant de se rebeller contre eux. Après une première période de succès (1595 - 1599), il fut écrasé en raison du retard des secours espagnols (1603) et contraint de s'exiler. ♦ **Owen Roe O'Neill.** Homme de guerre irlandais. (v. 1590 - 1649). Neveu du précédent. Il servit 30 ans l'Espagne avec éclat avant de prendre la tête de la révolte irlandaise en 1642. Il avait formé la Confédération de Kilkenny et remporté plusieurs victoires quand sa mort brutale permit le succès de Cromwell* et la fin de l'indépendance.

**O'NEILL (Eugene)** ♦ Auteur dramatique américain (New York 1888 - Boston 1953). Fils d'acteurs, autodidacte, il eut une jeunesse aventureuse et découvrit sa vocation théâtrale durant le séjour qu'il fit dans un sanatorium. Montées par le Guild Theatre et par la troupe des Provincetown Players, ses premières œuvres furent d'inspiration naturaliste : *Derrière l'horizon* (1919) et *Anna Christie* (1920). Avec *Le Singe velu* (1921), sa première œuvre dramatique d'importance, O'Neill inaugura une seconde manière, celle d'un symbolisme teinté de mysticisme poétique. Au-delà de la dénonciation du matérialisme et des injustices sociales, un pessimisme radical s'y fait jour. Avec les années, son œuvre inclina insensiblement à l'autobiographie : *Empereur Jones* (1921), *Le Désir sous les ormes* (1924), *Le deuil sied à Électre* (1931), *Le marchand de glace est passé* (1939), *Long voyage vers la nuit* (le portrait à peine déguisé de sa propre famille : une mère toxicomane, un père frustré et un frère alcoolique, 1940), *La Marque du poète* (1958). Influencé par Strindberg, Freud et les auteurs dramatiques grecs, O'Neill a révolutionné le théâtre de Broadway, souvent léger, voire larmoyant, en mettant en scène la tragédie de la vie familiale américaine. Il s'est également montré maître de la comédie (*Ah, solitude*, 1933). [Prix Nobel de littér. 1936]

**ONET-LE-CHÂTEAU** [12850] ♦ Comm. de l'Aveyron, banlieue N.-O. de Rodez. 9 922 hab.

**ONETTI (Juan Carlos)** ♦ Écrivain uruguayen (Montevideo 1909 - Madrid 1994). Il a exercé tout au long de sa vie diverses activités, sans jamais sacrifier sa vocation littéraire, et fonda le prestigieux hebdomadaire *Marcha*. Dans *La Vie brève* (1950), il créa la première grande cosmogonie continentale, comme le fera plus tard le Colombien García Márquez à travers Macondo. La ville d'Onetti se nomme Santa María, et elle réunit des traits constitutifs de Buenos Aires, de Montevideo et de Paraná. Elle sera la scène de son œuvre postérieure dont le sommet est *El Astillero, Le Chantier* (1961).

**ONFRAY (Michel)** ♦ Philosophe français (Chambois, Orne, 1959). Fondateur de l'Université populaire à Caen en 2002, il se réclame de l'héritage des cyniques antiques, d'Aristippe de Cyrène, du matérialisme sensualiste de La Mettrie, ainsi que de Nietzsche (*La Sagesse tragique : du bon usage de Nietzsche*, 2006) et prône une philosophie de l'hédonisme (*L'Art de jouir : pour un matérialisme hédoniste*, 1991 ; *Journal hédoniste*, 4 tomes, 1996 - 2007) reposant sur l'exaltation des sens, notamment le goût (*La Raison gourmande*, 1995). Il se fait également le partisan d'un athéisme virulent (*Traité d'athéologie*, 2005) et d'un individualisme libertaire. Il écrit également une *Contre-Histoire de la philosophie* (dont les six premiers tomes sont parus entre 2006 et 2009).

**ŌNIN NO RAN** ♦ Nom donné au Japon à la guerre civile qui eut lieu dans le centre de l'île de Honshū pendant l'ère Ōnin (1467 - 1477) et qui dura dix années. Elle vit s'affronter, pour des motifs de suprématie, la plupart des seigneurs de guerre du Japon. La ville de Kyōto fut, pendant cette sanglante période, presque entièrement détruite.

**ONITSHA** ♦ V. du Nigeria (État d'Anambra), sur la rive g. du Niger. 657 745 hab. Marché agricole et centre indus. → **Biafra.**

**ONK** (djebel) ♦ Massif montagneux de l'Algérie orientale, en bordure du Sahara, situé à l'E. des monts de Nemencha et au S. des monts de Tébessa. Extraction de phosphates.

**ONNAING** [59264] ← ÉTYM. du germ. *Huningus*, n. de pers. ♦ Comm. du Nord, arr. de Valenciennes. 8 779 hab. Indus. automobile.

**On ne badine pas avec l'amour** ♦ «Proverbe» en 3 actes d'Alfred de Musset* (publié en 1834, créé en 1861). Camille, qui doit épouser son cousin Perdican, refuse les avances de ce dernier. Il se tourne alors vers la sœur de lait de Camille, Rosette, qui subit dramatiquement ce jeu amoureux. Mais, surprenant Camille et Perdican, qui s'avouent leur amour, Rosette meurt de chagrin, les contraignant ainsi à se séparer définitivement. Rappelant les amours tumultueuses de Musset et de George Sand*, la pièce mêle avec une légèreté subtile la fantaisie et l'émotion, le badinage et le drame.

**ONON** n. m. ♦ Riv. de Russie et de Mongolie, en Sibérie orientale, sous-affluent de l'Amour (1 032 km dont 410 km en Mongolie). Né dans les monts de Khenteï (Mongolie), l'Onon arrose la région de Tchita et, réuni à l'Ingoda (708 km), forme la Chilka.

**ONSAGER (Lars)** ♦ Physicien et chimiste américain d'origine norvégienne (Christiana, auj. Oslo 1903 - Miami 1976). Il fut l'un des fondateurs de la thermodynamique des processus irréversibles. La thermodynamique classique décrit uniquement les transformations qui mènent vers l'état d'équilibre et vers le désordre, et qui s'accompagnent d'une augmentation de l'entropie. Dans les organismes vivants, au contraire, les phénomènes sont irréversibles et les systèmes deviennent de plus en plus ordonnés. Onsager fut l'un des premiers à étudier les systèmes hors équilibre et à montrer que la diminution apparente d'entropie est due à l'échange avec le milieu extérieur. Il découvrit les relations de réciprocité qui portent son nom concernant les coefficients phénoménologiques décrivant les processus proches de l'équilibre. [Prix Nobel de chim. 1968]

**ONSORI** ♦ Poète persan (mort en 1040). Grand panégyriste, il assuma la fonction de poète officiel auprès du gouverneur du Khorassan, puis auprès du sultan Mahmud* de Ghazni, ensuite à la cour de Mas'ūd.

**ONTAKE SAN** n. m. ♦ Sommet du massif central des « Alpes japonaises » (Honshū). 3 063 m.

**ONTARIO** (lac) ← ÉTYM. de l'iroquois *oniatariio* « beau lac », de *kaniataré* « lac » et *iio* « beauté » ♦ Le plus oriental des Grands Lacs américains. 18 000 $km^2$. Situé à une moindre altitude que les autres lacs, il communique avec le lac Érié par les chutes du Niagara ; vers l'O., le Saint-Laurent aménagé lui donne un débouché maritime. Il sépare le Canada (Ontario) des États-Unis (New York). La navigation y est rarement entravée par les glaces. Toronto*, Rochester*, Hamilton* se trouvent sur ses rives.

**ONTARIO** n. m. ← ÉTYM. du n. du lac ♦ Prov. du Canada. → **Canada** (carte). 1 076 395 $km^2$. 12 160 282 hab. (la plus peuplée des prov. canadiennes). ▪ CAP. : Toronto. ▮ **Géographie** Le coin S.-E. de la prov., entre la Georgian Bay (lac Huron*), la riv. Ottawa et le lac Ontario, est une plaine surélevée dont le principal accident est l'escarpement du Niagara ; les 7/8 de la population se trouvent dans cette zone. On parle de corridor urbain (la « Grand Rue »), de Windsor à Québec en englobant Toronto. Le S. de l'Ontario fait, lui, partie d'une concentration urbaine allant de Chicago à New York via la vallée Mohawk. Plus au N., entre la frontière du Manitoba et celle du Québec, s'étendent les terres du bouclier canadien, plus accidentées et parsemées de lacs (Saint-Joseph, Nipigon*, Abitibi*). Le N. correspond aux basses terres bordant la baie d'Hudson et la baie James ; il est drainé par des rivières coulant vers le N.-E., alors que les cours d'eau du S. sont presque tous tributaires du Saint-Laurent*. Le climat du S. est relativement clément (moy. d'hiver, env. –4 °C aux bords du lac Érié). ▮ **Économie** L'Ontario abrite 38,4 % de la population et produit 39 % du PIB national ; c'est la $1^{re}$ région économique du Canada, fournissant par ex. plus de 90 % du matériel automobile, des machines agricoles et des industries de haute technologie. L'agriculture (S. de la prov.) est diversifiée : céréales, notamment blé et maïs (au S.-O. entre les lacs Érié et Huron), légumes et fruits (rives S.-O. du lac Ontario), tabac (côte N. du lac Érié). L'élevage des bovins et porcins, les produits laitiers et les volailles fournissent un revenu très important. Les forêts (17 % des forêts canadiennes) représentent 72 % des terres de la prov. (dont 63 % sont productives). Les pêcheries des Grands Lacs et des lacs de l'intérieur emploient plus de 3 000 personnes ; les fourrures (40 % chassées ; 60 % d'élevage) correspondent à un revenu 6 fois plus important (visons, castors, etc.). Les richesses minérales sont très variées : nickel et cuivre (notamment près de Sudbury), or, minerai de fer, uranium ; gaz naturel. Hydroélectricité et centrales nucléaires. Les principales industries, localisées dans le S. (notamment autour de Toronto), sont les indus. alimentaires (viande, brasseries, conserves), la sidérurgie, les indus. mécaniques, l'aéronautique, les indus. électriques, la pétrochimie, l'habillement et l'imprimerie. Les indus. de haute technologie sont localisées dans le triangle Cambridge-Guelph-Kitchener-Waterloo, qui constitue un technopôle ; l'indus. automobile est représentée à Oakville et Oshawa, la métallurgie du nickel à Port Colborne, le traitement des minerais radioactifs à Port Hope ; une usine nucléaire se trouve à Chalk River. Les transports par eau (Grands Lacs, Saint-Laurent) donnent à l'Ontario la $2^{e}$ place, après le Québec, dans l'activité portuaire canadienne. Plus de 15 000 km de ch. de fer. Liaisons aériennes très actives (aéroport de Toronto). Pour des raisons historiques et légales, les ressortissants des États-Unis sont fortement implantés dans l'indus. manufacturière. ▮ **Histoire** La région fut explorée par Étienne Brulé, puis par Champlain (1615). Cédée à la Grande-Bretagne en 1763 (traité de Paris), elle fut peu après incluse dans la colonie de Québec. En 1791, la région, détachée du Québec (Bas-Canada), forma le Haut-Canada. Les colons anglo-saxons restèrent fidèles à la Grande-Bretagne après l'indépendance américaine et York, la capitale du Haut-Canada (aujourd'hui Toronto), fut incendiée en 1812, pendant la guerre anglo-américaine. Les premières actions pour l'autonomie ayant échoué (1837), la région fut remise en 1841 au Bas-Canada, dont elle se sépara en 1867 pour devenir province de l'Ontario au sein de la Confédération canadienne.

**ONU** n. f. → **Organisation des Nations unies**

**ONZAIN** [41150] ← ÉTYM. du lat. *Ursinus (fundus)*, n. de pers. gallo-rom., et suff. *-anum* ou de *undecimum (milliarum)* « onzième (milliaire) » ♦ Comm. du Loir-et-Cher, arr. de Blois. 3 141 hab. (aggl. 6 038). Fromagerie.

**OÔ** (lac d') ♦ Petit lac des Pyrénées, près de Luchon, dans le val d'Astau (1 504 m d'alt.), traversé par la Neste d'Oô. Il alimente la centrale hydroélectrique d'Oô.

**ŌOKA Shōhei** ♦ Écrivain japonais (Tōkyō 1909 - *id.* 1988), professeur et traducteur de littérature française. Ayant participé à la guerre dans le Pacifique, il en revint avec des notes qui lui permirent d'écrire de terribles récits de guerre à trame psychologique : *Journal d'un prisonnier de guerre* (1949) ; *Nobi* qui fut traduit sous le titre *Les Feux* (1952) ; *Journal de guerre de Leyte* (1971).

**OORT (Jan Hendrik)** ♦ Astronome néerlandais (Franeker 1900 - Wassenaar, près de La Haye 1992). Auteur de travaux sur la cinématique de la Galaxie, il découvrit sa rotation différentielle (1926), détermina sa masse, découvrit sa forme en spirale et émit en 1932 l'hypothèse, confirmée depuis, de l'existence dans l'univers de la « masse cachée » (invisible). Il montra que le Soleil tourne selon un cercle, autour du centre galactique désigné par Shapley*, à la vitesse de 215 km/s et à la distance de 28 000 années-lumière environ ; on lui doit également des études sur le rayonnement de l'hydrogène intergalactique dans la raie 21 cm qui fournirent des précisions sur la structure de notre Galaxie et des données importantes sur la masse en hydrogène de quelques galaxies voisines. Il découvrit, en 1950, l'existence à une distance de 0,6 à 2,3 années-lumière (40 000 à 50 000 unités astronomiques) d'une vaste concentration de comètes, appelée *nuage de Oort*. [Acad. sc. 1962]

**OOSTENDE** → **Ostende**

**OOSTKAMP** ♦ Comm. de Belgique (Région flamande), prov. de Flandre-Occidentale, arr. de Bruges. 21 948 hab. Église romane. Parcs et châteaux. ▪ Construc. métalliques et électriques.

**OPARINE (Alexandr Ivanovitch)** ♦ Biochimiste russe (Ouglitch, près de Moscou 1894 - Moscou 1980). Il formula, dès 1924, sa théorie chimique de l'origine de la vie : les molécules simples de l'atmosphère primitive évoluent, avec l'apport d'énergie des éclairs et des rayonnements, vers les molécules constitutives du vivant (les acides aminés).

**OPAVA** – anc. en all. ***Troppau*** ♦ V. de la République tchèque, sur l'Opava, en Silésie. 59 156 hab. Cathédrale gothique Sainte-Marie (XIII$^{e}$ s.), église du Saint-Esprit (1234), « tour de l'Horloge ». Musée silésien. ▪ Centre industriel : construc. mécaniques ; indus. textile et agroalimentaire. ▮ **Histoire** → **Troppau.**

**Opep** n. f. → **Organisation des pays exportateurs de pétrole**

**Opéra (théâtre de l')** ♦ Monument de Paris. Siège de l'Académie nationale de musique et de danse qui, après avoir occupé plusieurs salles depuis 1669, s'y installa en 1875. L'édifice fut élevé de 1862 à 1875 par Charles Garnier* qui en fit le plus grand théâtre du monde

**Opéra Garnier.**

*Phot. © HPP/Xavier Desmier/Rapho*

pour la superficie (env. 11 000 m²). Caractéristique du style du Second Empire par son ornementation fastueuse (statuaire abondante avec, notamment, *La Danse* de Carpeaux*), il offre une façade imposante coupée d'une loggia aux colonnes corinthiennes, en pierre, surmontée d'un attique très orné et couronnée d'un large dôme qui précède un immense fronton triangulaire. À l'intérieur, un superbe escalier mène au grand foyer, décoré par Paul Baudry, et à la salle dotée de cinq étages de loges et d'un plafond décoré par M. Chagall* (1964). Bibliothèque très riche. Depuis l'inauguration de l'Opéra de Paris Bastille, le Palais Garnier est en principe réservé à la danse. Les deux théâtres relèvent de l'administration de l'Opéra de Paris. → **Opéra de Paris Bastille.**

**Opéra-Comique (théâtre de l')** ♦ Théâtre parisien dont le nom évoque un genre musical issu des spectacles de foires, apparu au début du XVIII^e s. à Paris. En 1783, le premier théâtre de l'Opéra-Comique fut construit à l'emplacement actuel, place des Italiens (aujourd'hui Boieldieu), d'après les plans de l'architecte Heurtier pour le duc de Choiseul, afin d'abriter la Comédie-Italienne qui venait de quitter l'hôtel de Bourgogne. Il fut nommé «salle Favart» en hommage au librettiste Favart*, qui en fut le directeur. Plusieurs fois détruit ou rénové (1838, 1879, 1887), il acquit son aspect actuel en 1898 (→ **Bernier**). Sa façade donnant sur la place est ornée de six colonnes formant péristyle, de sculptures et de statues représentant la Musique et la Poésie, et il abrite une salle de 1 900 places. Théâtre national de l'Opéra-Comique depuis 2005, il a «pour mission d'assurer, en direction du public le plus large, la production et la diffusion d'œuvres lyriques et de spectacles. Il met en valeur la diversité des expressions, de l'opéra baroque à la création contemporaine et le patrimoine de l'Opéra-Comique». Sa direction est assurée par J. Deschamps* depuis 2007.

**Opéra-Comique.**
*Phot. © Patrick Kovarik/AFP*

**Opéra de Paris Bastille** ♦ Théâtre lyrique relevant de l'administration de l'Opéra de Paris, situé place de la Bastille. Dû à l'architecte canadien Carlos Ott, il a été inauguré le 13 juil. 1989 et ouvert au public en mars 1990. Il comprend notamment une grande salle de 2 700 places, avec deux grands balcons et quatre rangs de loges, et une salle modulable de 600 à 1 000 places. M.-W. Chung* en fut le directeur musical de 1989 à 1994.

L'**Opéra de quat'sous** – en all. ***Die Dreigroschenoper*** ♦ «Drame avec musique» de Bertolt Brecht* (1928), d'après *The Beggar's Opera* de John Gay* (1728), musique de Kurt Weill*. Dans les bas-fonds de Londres, Peachum, le «roi des mendiants», tente d'empêcher le mariage de sa fille Polly avec Mackie-le-Surineur. Sur le thème de la lutte des classes, Brecht a créé ici un monde d'une poésie à la fois cruelle et pleine d'humour, et certains de ses personnages sont devenus des mythes, comme Mackie ou Jennie. ♦ ***L'Opéra de quat'sous*** Film allemand de G. W. Pabst* (1931), avec, dans la version all., Rudolf Forster, Carola Neher. Brecht avait projeté une transposition de sa pièce à l'écran, sous le titre *La Bosse*. Pabst ayant modifié le scénario à sa façon, Brecht lui intenta un procès (qu'il perdit). Le cinéaste avait pourtant mis l'accent sur cette satire féroce d'une société corrompue, en l'intégrant adroitement à l'ambiance *(stimmung)* expressionniste. Il tourna en même temps une version française (avec Albert Préjean et Florelle) plus proche d'un climat de fantaisie crapuleuse, et également remarquable.

**OPHÉLIE** ◆ ÉTYM. du gr. *ophelos* «utilité, profit ; trésor» ♦ Personnage de *Hamlet** de W. Shakespeare. Fille du chambellan Polonius, d'abord courtisée puis violemment rejetée par Hamlet, elle devient folle et se noie après la mort de son père. La vision de son corps flottant sur l'eau a inspiré les peintres (J. E. Millais*) et les poètes (Rimbaud, G. Heym).

**OPHIR** n. m. ♦ Dans la Bible (Livre des Rois), pays d'Orient où les flottes d'Hiram* I^er et de Salomon* envoyèrent des vaisseaux en partance d'Asiongaber «près d'Elath, dans le rivage de la mer Rouge» pour ramener des talents d'or. On pense aujourd'hui que ce pays désigne l'Afrique *(Afer)* ou la péninsule Ibérique.

**OPHULS (Max OPPENHEIMER, dit Max)** ◆ ÉTYM. n. trouvé par son professeur, Fritz Holl, metteur en scène au Théâtre national de Stuttgart, tout en gardant les mêmes initiales ♦ Cinéaste français d'origine allemande (Sarrebruck 1902 - Hambourg 1957). Issu d'une famille de bonne bourgeoisie rhénane, il se voua très jeune au théâtre. Tenu pour frivole et maniéré alors que son œuvre est celle d'un moraliste inquiet et d'un artiste raffiné, il a enrichi le cinéma de quelques films charmants et toujours profonds, qui sont autant d'hommages à la beauté de la femme, à sa grâce et à son intelligence, qui sont pour Ophuls les uniques recours de l'homme contre la pesanteur, la tristesse et la mort. Réal. princ. : *Liebelei* (1932), *La Tendre Ennemie* (1936), *La Ronde** (1950), *Le Plaisir* (1952), *Madame de* (1953) et enfin *Lola* Montès* (1955), qui eut à souffrir de mutilations réclamées par les producteurs. ♦ **Marcel Ophuls.** Cinéaste français d'origine allemande (Francfort-sur-le-Main 1927), fils du précédent. Il s'est orienté vers le documentaire historique, en forme de lucide remise en question du passé (*Le Chagrin et la Pitié*, 1971).

**OPIMIUS** – en lat. ***Lucius Opimius*** ♦ Homme politique romain (-II^e s.). Consul en -121, il lutta contre les lois agraires de Caius Gracchus* au meurtre duquel il contribua.

**OPITZ (Martin)** ♦ Poète et auteur dramatique allemand (Bunzlau 1597 - Gdańsk 1639). Fortement influencé par la pensée de Heinsius, il a joué un rôle important dans l'évolution du théâtre allemand au XVII^e s. Moins que par son *Livre de la poésie allemande* (1624), où il rappelle la poésie aux règles, à l'imitation de Malherbe en France, ce sont ses traductions du théâtre grec (*Les Troyennes*, d'Euripide) ou du théâtre anglais dans le goût italien (*Liebskampf*, 1630), ses livrets d'opéras *(Daphné)* ou d'oratorios (*Judith*, 1635) qui ont marqué le théâtre de son pays.

**Opium** (guerres de l') ♦ Nom donné à deux guerres ayant opposé les Européens aux Chinois au XIX^e s. L'empereur de Chine voulut empêcher la Grande-Bretagne d'importer de l'opium en Chine. Il s'ensuivit une guerre en 1839 - 1842. Le traité de Nankin (le premier des «traités inégaux») força l'ouverture commerciale de la Chine et donna Hong Kong aux Britanniques. La seconde mit aux prises la Chine et la Grande-Bretagne (arraisonnement d'un navire chinois sous licence anglaise) alliée à la France (assassinat d'un missionnaire français) en 1858 - 1860. La capitale fut pillée et le merveilleux palais d'Été, incendié et rasé. Les traités de T'ien-tsin (Tianjin*) et de Pékin accentuèrent l'ouverture économique et politique, et légalisèrent la vente d'opium. L'une des conséquences néfastes des défaites impériales fut l'insurrection Taiping*.

**OPOLE** ♦ V. du S.-O. de la Pologne, sur l'Oder, ch.-l. de voïvodie et centre économique de la Silésie* centrale, dite *Silésie d'Opole*. 127 602 hab. Carrefour ferroviaire et fluvial. Cimenteries. Textiles. ♦ ***Voïvodie d'Opole*** Située de part et d'autre de l'Oder, entre la haute et la basse Silésie, c'est une grande région agricole. 9 412 km². 1 041 900 hab.

**Opéra de Paris Bastille.** *Phot. © Dagli Orti*

**OPPENHEIM (Dennis)** ♦ Artiste américain (Electric City, Washington 1938). Travaillant essentiellement dans la ligne du land* art, de l'art conceptuel*, et aussi de l'art corporel, il va au-delà des pratiques de Smithson*, par exemple, par son implication personnelle dans l'acte esthétique, dont il cherche à souligner l'impuissance. À la fois éthiques et politiques, ses interventions ne se limitent pas à ses *earthworks*, traces dans le paysage (*Devil's Hole*, Californie, 1978), mais touchent à la sculpture (*An Attempt to Raise Hell*, 1974 ; *Above the Wall of Electrocution*, 1989). Étranges et chargées de menaces, ses œuvres rappellent la fonction de l'artiste comme cristalliseur d'énergie. ◆ **ÉTYM.** *Oppenheim* a la même étymologie que *Oppenheimer**.

**OPPENHEIMER (Julius Robert)** ♦ Physicien américain (New York 1904 - Princeton 1967). Auteur de travaux concernant la théorie quantique. Nommé directeur du centre de Los Alamos (1943), il élabora, avec une équipe d'éminents physiciens rassemblés par lui, la première bombe atomique (bombe A). Président de la commission consultative sur l'énergie atomique, puis relevé de cette fonction en 1954 (soupçonné de collaboration avec les Soviétiques), il reçut le prix Enrico Fermi en 1963. Oppenheimer est l'auteur d'écrits sur le rôle de la science dans le monde contemporain, notamment *The Open Mind* et *Science and the Common Understanding*. ◆ **ÉTYM.** *Oppenheimer* vient de *Oppenheim*, nom d'une ville de la Hesse, de *oppen* (peut-être en rapport avec les marécages) et *Heim* «foyer», suivi de *-er*, suffixe d'appartenance des noms d'habitants.

**OPPENORD, OPPENORDT** ou **OPPENOORDT (Gilles, Marie)** ♦ Architecte, décorateur et ornemaniste français (Paris 1672 - *id.* 1742). Il fut élève de J. H. Mansart et, après un séjour à Rome (1692 - 1698), il donna pour l'église Saint-Sulpice (Paris) les plans du maître-autel (en partie détruit), travailla au chœur et aux portails nord et sud (vers 1720). Il fut architecte du duc d'Orléans, donna les plans des Écuries du prince de Condé au château d'Enghien. Par ses motifs décoratifs où dominent les formes en arabesques (recueils gravés et publiés par Gabriel Huquier de 1737 à 1751), il fut l'un des plus importants propagateurs du style rococo ou rocaille. On l'appela le «Borromini français».

**Opus Dei** ♦ Institution destinée à la formation d'élites catholiques, fondée en 1928 par Josemaría Escrivá* de Balaguer. Il reçut le statut d'institut séculier (1947), puis celui de prélature personnelle (1982) le plaçant sous l'autorité directe du pape. Une branche féminine fut fondée en 1930. Implanté d'abord en Europe occidentale, en Amérique latine, en Amérique du Nord, en Afrique et en Asie, l'Opus Dei étendit son champ d'action vers l'Europe de l'Est à la fin des années 1980. Pièce essentielle de la «nouvelle évangélisation» (→ **Jean-Paul II**), il fut parfois contesté pour ses liens avec le régime franquiste ainsi que pour ses pratiques de prosélytisme. L'Opus Dei regroupe aujourd'hui près de 2 000 prêtres attachés à la Société sacerdotale de la Sainte-Croix, ainsi que 80 000 membres laïcs, divisés en «numéraires», en «agrégés» et en «surnuméraires» qui peuvent être mariés. Tous visent à la sanctification dans les activités séculières, sans se lier par des vœux.

**OPWIJK** ♦ Comm. de Belgique (Région flamande), prov. du Brabant flamand, arr. de Halle-Vilvoorde. 12 393 hab. Marché agricole. Construc. métalliques.

**ORADEA** ◆ **ÉTYM.** – en all. ***Grosswardein***, en hongr. ***Nagyvarad*** ♦ V. de Roumanie, près de la frontière hongroise. Ch.-l. du district de Bihor, sur le Criş Rapide. 205 077 hab. Cathédrale du XVIIIe s., palais de l'Évêché. ▪ Centre indus. : machines-outils, fabrication d'alumine et de produits chimiques ; indus. textile et alimentaire. ▪ Aux environs, sources thermales. ▮ **Histoire** Citadelle hongroise rasée par les Tatars en 1241, la ville fut reconstruite au XIVe s. et occupée par les Turcs jusqu'au XVIIIe s., puis intégrée à l'empire d'Autriche-Hongrie. En 1919, elle fut cédée à la Roumanie, puis à la Hongrie en 1940 ; elle redevint roumaine en 1945.

**ORADOUR-SUR-GLANE** [87520] ◆ **ÉTYM.** *Oradour*, de l'occit. *orador* «oratoire» et *Glane*, n. de riv., du gaul. *glano* «limpide, transparent» ♦ Comm. de la Haute-Vienne, arr. de Rochechouart, 2 025 hab. *(Radounauds)*. ▮ **Histoire** Le 10 juin 1944, les SS de la division «Das Reich», par mesure de représailles contre les attaques des maquisards, massacrèrent 642 personnes, dont 245 femmes et 207 enfants, qui périrent enfermés dans l'église volontairement incendiée. Les ruines ont été conservées, et le village reconstruit à proximité. Le nom d'Oradour demeure comme l'un des symboles de la barbarie nazie.

**ORAISON** [04700] ◆ **ÉTYM.** p.-ê. du lat. *Aurasius*, n. de pers. ♦ Comm. des Alpes-de-Haute-Provence, arr. de Digne, sur la Durance. 4 114 hab. (aggl. 4 879) *(Oraisonnais)*. Centrale hydroélectrique sur une dérivation de la Durance.

**Oraisons funèbres** ♦ Ensemble de 12 éloges funèbres que Bossuet* prononça entre 1656 et 1687. Trois recueils parurent du vivant de Bossuet (1672, 1680, 1689) mais l'édition intégrale est posthume (1731). Le prédicateur veut «dans un seul malheur déplorer toutes les calamités du genre humain et dans une seule mort faire voir la mort et le néant de toutes les grandeurs humaines», car Dieu sacrifie les grands de ce monde à l'instruction du reste des hommes (*Oraison d'Henriette* de France*, 1669). Aussi chaque oraison est-elle bâtie selon une composition rigoureuse qui met en relief une pensée simple : l'*Oraison d'Henriette* d'Angleterre* (1670) illustre la vanité et le néant de la destinée humaine dont la seule grandeur réside dans une mort sainte. De même, l'orateur exalte-t-il, dans l'*Oraison de Condé** (1687), non seulement l'illustre capitaine, mais surtout le chrétien fervent. S'adaptant souplement à son auditoire et à son sujet, Bossuet manie les tours expressifs ou les périodes oratoires, un vocabulaire concret ou une rhétorique fastueuse, l'éloquence «brûlante et rapide» (d'Alembert) ou la gravité lyrique, mais il se montre toujours «énergique et [...] délié dans tous les actes du discours» (Valéry).

**ORAL** – anc. ***Ouralsk*** ♦ V. du Kazakhstan, ch.-l. de région, sur l'Oural. 195 500 hab. Indus. métall. Indus. alimentaire.

**ORAN** ◆ **ÉTYM.** en ar. ***Wahrān*** ; du nom d'un chef berbère ou en ancien berbère «les lions» ♦ V. d'Algérie, ch.-l. de wilaya, sur le golfe d'Oran, à l'E. de Mers el-Kébir. 610 382 hab. Université. Port. Centre commercial et indus. ▮ **Histoire** Elle fut fondée en 903 par des musulmans andalous sur le site d'une ancienne colonie romaine et devint un important centre d'échanges puis un repaire de pirates au XVe s. Après Mers el-Kébir, elle fut prise en 1509 par Jiménez de Cisneros. Les Espagnols s'y installèrent et construisirent des fortifications (fort Santa Cruz). Ils la conservèrent (sauf entre 1708 et 1732) jusqu'en 1790, année où la ville fut détruite par un séisme. Elle fut occupée par les Français en 1831.

**ORANGE** n. m. ◆ **ÉTYM.** en hottentot ***Garib***, appelé ***Groote Rivier*** par les Boers et ***Orange*** par les Hollandais en 1777 en l'honneur de la famille d'*Orange* (→ Nassau) ♦ Fl. de l'Afrique australe (1 860 km) qui prend sa source dans le Lesotho, reçoit son princ. affl. rive d., le Vaal, et se jette dans l'Atlantique. L'aménagement de son cours a pour but de créer des terres irriguées et d'augmenter la production d'électricité du pays (barrages H. Verwoerd en 1972, P. K. Le Roux en 1977, Torquay).

**ORANGE** → **État libre (D'ORANGE)**

**ORANGE** [84100] ♦ Ch.-l. de cant. du Vaucluse, arr. d'Avignon. 27 989 hab. *(Orangeois)*. À l'extrémité du *cardo*, l'arc triomphal, construit entre 10 et 25, est le plus ancien des arcs à trois baies conservés. Le décor sculpté des deux attiques superposés commémore les exploits des vétérans de la IIe légion. Datant de l'époque d'Auguste, le théâtre (mur de scène, *cavea* pouvant accueillir 10 000 spectateurs) est le mieux conservé d'Europe. Anc. cathédrale (XIIe s.). ▪ Marché agricole (fruits et primeurs). Conserveries. Base aérienne militaire. Centre touristique. ▪ Chorégies (créées en 1869). ▮ **Histoire** *Arausio*, bourgade celtique, devint *Colonia Julia Secundanorum*, colonie romaine sous Auguste, et de nombreux monuments y furent alors élevés. Évêché au IVe s., il s'y tint plusieurs conciles. Au XIIIe s., Orange devint une principauté. Celle-ci revint, par le jeu des alliances, à la branche hollandaise de la famille de Nassau (XVIe s.) qui conserve encore le titre de prince d'Orange. En 1673, Louis XIV fit raser le château des princes d'Orange, situé sur la colline Saint-Eutrope. En 1702, la principauté d'Orange fut réunie à la France.

**Orange.** L'arc de triomphe romain. *Phot. © J. Guillard/Scope*

**Orange mécanique** – en angl. ***A Clockwork Orange*** ♦ Film britannique de Stanley Kubrick* (1971), d'après le roman d'Anthony Burgess*, avec Malcolm McDowell. Des voyous sèment la terreur dans une ville indéterminée ; leur chef, arrêté, subit une cure de «décriminalisation» qui le réduit à l'état de larve... Cette parabole grinçante, qui fait le procès d'un monde en proie à la violence, mais aussi, plus insidieusement, souligne la vanité de toute tentative de prophylaxie sociale, confirme le talent visionnaire de S. Kubrick.

Éclairages crus, maquillage agressif, langage chiffré, musique lancinante (qui mêle la *Neuvième Symphonie* de Beethoven à *Chantons sous la pluie*), jeu paroxystique des acteurs, tout concourt à une sorte de féerie baroque, alimentée à la plus sanglante des réalités.

**ORANGE-NASSAU** → Nassau

**Orangerie** (musée de l') ♦ Musée national installé à Paris dans l'ancienne orangerie du palais des Tuileries. La collection de peintures Walter-Guillaume (Renoir*, Soutine*), ainsi que les *Nymphéas* de Monet y sont présentés.

**ORANIENBURG** ♦ V. d'Allemagne (Brandebourg), sur la Havel. 27 718 hab. Château baroque. ▮ **Histoire** Le camp de concentration d'*Oranienburg-Sachsenhausen*, établi dès 1933 pour les opposants au nazisme, devint le centre administratif du système concentrationnaire nazi. Il se dédoubla pour former le camp de Gross Rosen.

**Oratoire (l')** ♦ Congrégation de prêtres fondée à Rome par saint Philippe* Neri (1575). Les maisons sont autonomes ; elles tiennent un congrès tous les dix ans. Il fut introduit en Angleterre par J. Newman* (1848). ♦ ***Oratoire de France***, ou ***de Jésus et Marie Immaculée*** Fondé par le cardinal de Bérulle* sur le modèle de l'Oratoire italien (1611) ; ses constitutions furent élaborées sous Condren*. ▪ Oratoriens célèbres : → **Jean Eudes (saint), Malebranche, Massillon, Simon (Richard).** Supprimé en 1792, l'Oratoire fut restauré en 1852 par les oratoriens Pététot et Gratry* ; dispersé en 1880 puis en 1903 ; rétabli en 1920 par le P. Courcoux. Il compte aujourd'hui une centaine de membres généralement affectés à des tâches d'enseignement et d'aumônerie.

**Oratoire** (l') ♦ Temple calviniste à Paris. Anc. chapelle des oratoriens, construite pour le cardinal de Bérulle* par Jacques Lemercier* et Clément Métezeau* (1621 à 1630), l'édifice fut restauré lors des dégagements des abords du Louvre. ▪ En 1811, l'Oratoire devint un temple, siège du Consistoire réformé.

**ORB** n. m. → ÉTYM. p.-ê. du lat. *orba* « [rivière] aveugle » ♦ Fl. côtier du S. de la France (145 km). Né dans le S. du causse du Larzac, il arrose Béziers et Bédarieux et se jette dans la Méditerranée. Le régime pluvial méditerranéen qui caractérise son bassin entraîne des crues soudaines et violentes.

**ORBAIS-L'ABBAYE** [51270] ♦ Comm. de la Marne, arr. d'Épernay. 567 hab. Anc. abbaye bénédictine fondée au VIIe s. L'église des XIIe - XIIIe s., dont il ne subsiste que le chœur, le transept et une travée de la nef, est vraisemblablement due à Jean d'Orbais, premier architecte de la cathédrale de Reims.

**ORBAY (François D')** ♦ Architecte, dessinateur et graveur français (Paris 1634 - *id.* 1697). Élève, puis collaborateur de Le* Vau, il fit un voyage à Rome en 1660, fut nommé membre de l'Académie royale d'architecture en 1671 et devint le collaborateur de Hardouin*-Mansart. Il est l'auteur de l'hôpital de la Trinité et des Carmélites de Lyon, de la cathédrale de Montauban et de l'hôtel des Comédiens à Paris (dont il ne reste que quelques vestiges). Certains historiens lui prêtent aujourd'hui un rôle important dans les principales réalisations architecturales entreprises sous Louis XIV, notamment dans la conception de la colonnade du Louvre* (1667 - 1673) généralement attribuée à Perrault.

**ORBE** n. f. ♦ Riv. du Jura suisse (57 km). Elle prend sa source dans le Jura français au S.-E. de Morez*, traverse le lac des Rousses*, la vallée de Joux*, les lacs de Joux et Brenet, puis disparaît dans des gouffres naturels pour reparaître à 222 m en contrebas par la *source de l'Orbe*, arrose le bourg d'Orbe, puis prend le nom de Thièle. → **Thièle.**

**ORBEC** [14290] → ÉTYM. scand. « le ruisseau *(bekkr)* plein de graviers *(or)* » ♦ Ch.-l. de cant. du Calvados, arr. de Lisieux. 2 564 hab. (aggl. 3 536) *(Orbecquois)*. Église Notre-Dame du XVe s. (vitraux du XVIe s.). Maisons à colombages (XVe - XVIe s.). Musée.

**ORBEY** [68370] ♦ Comm. du Haut-Rhin, arr. de Ribeauvillé, sur la Weiss. 3 548 hab. *(Orbelais)*. Lieu de séjour. Centre d'excursions. ▪ Théâtre de bombardements et de violents combats au cours des deux dernières guerres (musée).

**ORBIGNY (Alcide DESSALINES D')** ♦ Naturaliste, paléontologue et ethnologue français (Couëron, Loire-Atlantique 1802 - Pierrefitte-sur-Seine 1857). Ses premiers travaux portèrent sur les foraminifères (1825). D'une expédition en Amérique du Sud, il rapporta des documents sur la flore, la faune et sur les tribus (Guaranis, Patagons, Araucans, Aymaras) dont il étudia les caractères physiques, la civilisation, la langue. Élève de Cuvier, il fut un des fondateurs de la paléontologie stratigraphique et émit l'hypothèse des créations successives. ♦ **Charles Dessalines d'Orbigny.** Géologue français (Couëron, Loire-Atlantique 1806 - Paris 1876), frère du précédent. On lui doit une *Description géologique des environs de Paris* (1838), un *Dictionnaire universel d'histoire naturelle* (1839 - 1849), un *Manuel de géologie* (1852).

**ORCADES** (îles) → ÉTYM. en angl. ***Orkney Islands*** ; p.-ê. du lat. *orca* « baleine » (en raison de l'aspect du site) et du vx norrois *ey* « île » ♦ Archipel britannique au N. de l'Écosse, formant un district écossais. 990 km². 19 245 hab. CH.-L. : Kirkwall. Les Orcades constituent une zone d'autorité insulaire. L'archipel est formé de 70 îles dont une trentaine est habitée. Les principales sont, au S., Hoy, Mainland, Scapa Flow, South Ronaldsay et, au N., North Ronaldsay, Sanday, Stronsay, Westray. Les îles du S. encadrent la vaste baie de Scapa Flow, une ancienne base de la Royal Navy. L'économie a été stimulée par le pétrole, le port de Flotta étant le terminal en provenance des champs pétroliers de Piper, Tartan et Claymore et le point de départ de la réexpédition des hydrocarbures vers les raffineries européennes.

**ORCADES DU SUD** n. f. pl. ♦ Archipel du Territoire britannique de l'Antarctique, situé à la limite des océans Atlantique et Antarctique (terres Australes), au bord du continent Antarctique et comprenant les îles Coronation, Signy, Powell et Laurie (à l'E.). Découvertes par le Britannique Powell (1821), les îles ont été séparées des Malouines* en 1962 après la signature du traité de l'Antarctique. Elles sont administrées par un haut-commissaire résidant par commodité aux Malouines. Les Britanniques ont installé une station météorologique sur l'île Coronation et les Argentins, qui revendiquent l'archipel, une autre sur l'île Laurie.

**ORCAGNA (Andrea di Cione ARCANGELO, dit)** ♦ Peintre, sculpteur et architecte florentin (connu de 1343 à 1368). Il reste de lui essentiellement le retable sévère de Santa Maria Novella (1354 - 1357) et le tabernacle gothique d'Orsanmichele, avec ses reliefs de la *Dormition* et de l'*Assomption de la Vierge* (1352 - 1359). Maître d'œuvre de la cathédrale d'Orvieto* de 1359 à 1362, il eut à donner son avis, à Florence, sur la continuation de Santa Maria del Fiore. Son frère NARDO (mort v. 1366) décora la chapelle Strozzi, à Santa Maria Novella. Son autre frère JACOPO (mort apr. 1398) acheva son *Retable de saint-Matthieu* (1367 - 1369).

**ORCHA** ♦ V. de Biélorussie, région de Vitebsk, sur le Dniepr. 124 500 hab. Indus. mécanique, textile et alimentaire. Nœud ferroviaire.

**ORCHIES** [ɔʀʃi] [59310] → ÉTYM. anc. *Uriaca*, p.-ê. du n. de la riv. *Orque* (lat. *Urca*) ♦ Ch.-l. de cant. du Nord, arr. de Douai, dans la Pévèle. 7 472 hab. (aggl. 8 628) *(Orchésiens)*. Commerce de semences. Chicorée. Indus. diversifiées.

**ORCHOMÈNE** [ɔʀko-] – en gr. ***Orkhomenos*** ♦ Anc. ville de Grèce en Arcadie. Florissante au -Ve s., elle fut prise et ravagée par les Athéniens pendant la guerre du Péloponnèse. Opposée aux Macédoniens et à la Ligue achéenne, dévastée à l'époque romaine, elle fut rebâtie au Ier s. ▪ Vestiges d'un temple dorique du -VIe s. et d'un sanctuaire d'Artémis.

**ORCHOMÈNE** – en gr. ***Orkhomenos*** ♦ Anc. ville de Grèce en Béotie, près du lac Copaïs. Capitale des Minyens, ce fut l'une des villes les plus anciennes et les plus riches de la Grèce. Selon la tradition, Orchomène avait imposé à Thèbes un tribut, dont les Thébains furent affranchis par Héraclès*. Membre de la Confédération béotienne au -VIIe s., elle collabora avec les Perses pendant les guerres médiques*. Dirigée par le parti aristocratique, elle se brouilla avec Thèbes quand la démocratie prévalut dans cette cité. Détruite par les Thébains en -364, puis en -349, elle fut relevée par les Phocidiens la première fois, par les Macédoniens, la seconde, et disparut à l'époque romaine. ▪ Les fouilles, inaugurées en 1880 par Schliemann*, ont mis au jour une tombe à coupole *(trésor de Minyas)*, des traces d'une cité néolithique (-VIe - -IVe millénaire), d'une maison à abside et à mégaron (-2000) où l'on a exhumé d'admirables exemples de poterie *minyenne*.

**ORCIÈRES** [05170] → ÉTYM. anc. *Urseria* p.-ê. « retraite d'un ours », du lat. *ursus* « ours » et suff. *-arium* ♦ Ch.-l. de cant. des Hautes-Alpes, arr. de Gap, dans le Champsaur. 810 hab. *(Orsatus)*. Station de sports d'hiver au N., à *Orcières-Merlette* (1 820 - 2 655 m).

**ORCIVAL** [63210] → ÉTYM. lat. « la vallée *(vallis)* d'Ursus (ou Auricius) [n. de pers.] » ♦ Comm. du Puy-de-Dôme, arr. de Clermont-Ferrand. 244 hab. *(Orcivalois)*. La basilique (art roman auvergnat, XIIe s.) renferme huit chapiteaux sculptés et une Vierge en majesté (XIIe s.), objet de nombreux pèlerinages. ▪ Aux environs, château de Cordès (XVe s., restauré au XVIIe s.).

**ORDENER (Michel,** comte) ♦ Général français (Saint-Avold 1755 - Compiègne 1811). Il fut chargé d'arrêter le duc d'Enghien* (mars 1804). Blessé à Austerlitz, il se retira du service actif. Son corps repose au Panthéon. → ÉTYM. Ce nom de famille vient du moyen haut allemand *ordenaere* « organisateur ».

**ORDERIC VITAL** ♦ Historien français (Attingham, Angleterre, v. 1075 - après 1143). Membre d'une abbaye du diocèse de Lisieux, il a laissé une *Histoire ecclésiastique* qui s'étend de Jésus-Christ à 1140.

**Ordet** ♦ Film danois de Carl Th. Dreyer* (1955), d'après la pièce de Kaj Munk. Dans le Jutland des années 1930, le fils d'un patriarche puritain se croit détenteur de la parole divine et passe pour fou auprès des siens. Il réussit pourtant, à la demande d'une fillette qui lui a conservé sa confiance, à ressusciter sa belle-sœur morte en couches. *Ordet* constitue un des sommets du mysticisme à l'écran, exprimé en images d'une sobre grandeur. À des séquences d'un réalisme presque insoutenable (l'accouchement et son issue tragique) succède un final radieux. Ce chef-d'œuvre d'élévation spirituelle et de probité artistique obtint le Lion d'or de la biennale de Venise en 1955.

**ORDJONIKIDZE (Grigori Konstantinovitch)** ♦ Homme politique géorgien (Gorecha, gouv. de Koutaïssi, Géorgie 1886 - Moscou 1937). Bolchevik dès 1903, il participa à la révolution de Transcaucasie (1905 - 1907), et fut emprisonné puis exilé. En 1917, il participa à l'insurrection de Petrograd, et, après la prise du pouvoir par les bolcheviks, fut nommé commissaire extraordinaire d'Ukraine, président du comité central du parti bolchevik (1926) et membre du bureau politique. Staline l'aurait poussé au suicide.

**ORDJONIKIDZE** → **Vladikavkaz**

**Ordonnances à mille pièces d'or** – en chin. ***Qianjinfang*** ♦ Nom abrégé de deux célèbres traités médicaux chinois, *Qianjin yaofang* et *Qianjin yifang*, rédigés par Sun* Simao. Le premier intéresse la médecine en général et accorde une place importante à la gynécologie et à la pédiatrie ; le second, complément du premier, traite notamment de la pharmacopée avec la mention de plus de 800 plantes médicinales.

**ORDOS** n. m. – en chin. ***Hetao*** ou ***He-tao*** ♦ Plateau de Chine du Nord, enclos dans la boucle du Huang* he, autrefois fief des Mongols orientaux. Cette région vit s'éclore, du –IIe millénaire au début de notre ère, une culture du bronze caractérisée par un art animalier très élaboré, appartenant à l'art dit «des steppes».

**Ordre (parti de l')** ♦ Nom donné sous la IIe République au Parti conservateur qui se constitua après l'insurrection de juin* 1848, regroupant des monarchistes, des républicains conservateurs, parfois même modérés, unis par leur opposition aux socialistes. Après avoir soutenu la candidature de Louis Napoléon Bonaparte à la présidence de la République (déc. 1848), le parti de l'Ordre fut victorieux aux élections de mai 1849.

**Ordre moral** (l') ♦ Expression, déjà utilisée par Napoléon III (1869), désignant la politique de coalition monarchiste et conservatrice qui renversa Thiers (24 mai 1873) et porta Mac*-Mahon à la présidence de la IIIe République.

**ORDU** ♦ V. de Turquie orientale, sur la mer Noire, ch.-l. de prov. 134 005 hab. Port. Centre de commerce.

L'**Or du Rhin** – en all. ***Das Rheingold*** ♦ Opéra de Richard Wagner*. → **Tétralogie.**

**ÖREBRO** ♦ V. de Suède centrale, à l'O. de Stockholm et au bord du lac Hjälmaren. Ch.-l. de comté. 128 977 hab. Basilique Nikolai Kyrkan (fin XIIIe s.). ▪ Ville de commerces et de services, faiblement industrialisée (construc. mécaniques, agroalimentaire).

**OREGON** n. m. ← **ÉTYM.** p.-ê. de l'esp. *oregano* «origan, marjolaine» ou *ourigan, oragan, ouragon* «écuelle d'écorce» ou *Orejones* «aux larges oreilles (n. que les Espagnols donnaient aux Indiens qui élargissaient les lobes de leurs oreilles)» ♦ État du N.-O. des États-Unis. → **États-Unis** (carte). 249 281 km². 3 421 399 hab. CAP. : Salem. ▮ **Géographie** La région côtière, montagneuse, est formée par la chaîne côtière (Coast Range) et, au S., par les monts Klamath. La chaîne côtière est bordée à l'E. par la vallée de la Willamette où se trouve Portland. Plus à l'E., la chaîne des Cascades (Cascade Range) traverse l'État du N. au S. Toute la partie E. (les 2/3 de l'État) forme un plateau inférieur d'une altitude moyenne de 1 500 m, où se trouvent plusieurs chaînes (Blue Mountains) et des canyons ; sa partie S. est aride, parfois désertique ; le N. est une région d'élevage et de céréales. ▮ **Économie** L'exploitation des forêts de conifères, des ressources minières et des eaux de l'État a donné naissance à de nombreuses industries : indus. du bois, électrochimie, électrométall., pêche (saumons, etc.), chantiers navals, constructions mécaniques, raffineries de pétrole. L'agriculture s'étend à l'élevage, à la culture des légumes et des fruits. ▮ **Histoire** La région fut explorée autour de 1800 et les Américains y fondèrent alors des établissements. Territoire (1848), l'Oregon s'étendait jusqu'au Canada (la frontière ne fut fixée qu'après des discussions avec les Britanniques). Après la création du Washington*, l'Oregon fut admis au rang d'État (1859).

**OREKHOVO-ZUEVO** ♦ V. de Russie, région de Moscou, sur la Kliazma (affl. g. de l'Oka, 686 km). 122 300 hab. Indus. textile.

**OREL** ← **ÉTYM.** du n. de la riv. *Orlik* ♦ V. de Russie, ch.-l. de région, sur le cours supérieur non navigable de l'Oka. 333 600 hab. Indus. alimentaire et mécanique (machines agricoles et textiles). Fabrication de chaussures. Confection. ▪ La ville fut fondée en 1564.

**ORELLANA (Francisco DE)** ♦ Explorateur espagnol (Trujillo, Estrémadure ? - Amazonie 1550). Compagnon de Pizarro, il explora les régions à l'E. de la cordillère des Andes, atteignit le Napo puis l'Amazone* dont il descendit le cours jusqu'à l'Atlantique (1541).

**ORENBOURG** ← **ÉTYM.** mot russe germanisé «ville (all. *Burg* "ville, forteresse") sur la rivière Or (affluent de l'Oural)» [le site de la v. a été déplacé et n'a plus de lien géographique avec cette rivière] – de 1938 à 1957 ***Tchkalov*** ♦ V. de Russie, ch.-l. de région, sur l'Oural. 548 800 hab. Centre culturel. Indus. mécanique (machines agricoles et de forage) et alimentaire. Nœud ferroviaire. ▮ **Histoire** La ville, fondée en 1735, fut assiégée en vain par l'armée insurrectionnelle de Pougatchev* (1773 - 1774).

**ORÉNOQUE** n. m. ← **ÉTYM.** en esp. ***Orínoco*** ; mot indien «le fleuve (*co* "eau, rivière") argileux (*orino* "argile")» ou de *ori-noko* «endroit où on pagaie très fort» ou corruption du mot tamanak *orinucu* «la rivière» ♦ Fl. du Venezuela. → **Venezuela** (carte). Long de 3 000 km, il prend sa source dans la sierra Parima, à la frontière brésilienne, dévale le plateau des Guyanes (État d'Amazonas), et sépare dans son cours moyen le Venezuela de la Colombie, d'où lui viennent ses affl. rive g., Guaviare et Meta. S'orientant vers l'E., l'Orénoque traverse les *llanos*, les villes de Ciudad Bolívar et de Ciudad Guayana où il conflue avec le Caroní avant de se jeter dans l'Atlantique par le delta Amacuro (25 000 km²). Ce delta est formé de nombreux bras dont le principal, au S., Boca Grande, est navigable par les navires de mer. Dans son cours supérieur, le Cassiquiare fait communiquer l'Orénoque avec le bassin de l'Amazone, par le río Negro. Quatrième fleuve du monde par son débit, navigable sur 700 km, son bassin (960 000 km²) couvre en totalité la région de la Guyane et, dans la région des llanos, détient des réserves exceptionnelles de bitume (pétrole lourd) évaluées à 300 milliards de tonnes.

**Orénoque.** *Phot. © N.F. Escudero/Hoa Qui*

**ORENSE** ← **ÉTYM.** en lat. *Aurensis*, de *aurum* «or» ♦ V. d'Espagne (Galice), ch.-l. de prov. sur le Minho. 107 186 hab. Cathédrale San Martín (XIIIe s.). Princ. centre commercial de la Galice intérieure. ▪ L'antique *Aquae Urentes* fut la cap. des Suèves* aux VIe et VIIe s.

**ORESME (Nicolas ou Nicole)** ♦ Philosophe français (en Normandie v. 1320 - Lisieux 1382). Précepteur du futur Charles* V, puis évêque de Lisieux (1377), il traduisit plusieurs ouvrages d'Aristote, écrivit un traité des monnaies *(De l'origine, nature et mutation des monnaies)*. Dans *De caelo et mundo*, traité de géométrie et de cosmographie, il envisage la possibilité de la rotation de la Terre autour de son axe (→ **Copernic**).

**ORESTE** – en gr. ***Orestês*** ♦ Personnage de la mythologie grecque, issu de la famille des Atrides (→ **Atrée**), fils d'Agamemnon* et de Clytemnestre*. Averti par sa sœur Électre* des circonstances de la mort de son père, il se vengea, avec l'aide de son ami Pylade*, en tuant sa mère et le complice de celle-ci, Égisthe*. Ce parricide lui valut d'être longtemps poursuivi par les Érinyes*. Après son acquittement par l'Aréopage*, grâce à l'intervention d'Athéna*, il épousa Hermione* et régna à Mycènes. ▪ Le personnage apparaît dans de nombreuses œuvres, tant classiques que modernes. Parmi les principales, on citera : *L'Orestie**, trilogie d'Eschyle (–458) ; *Électre*, de Sophocle (v. –425) ; *Andromaque* (v. –426), *Iphigénie* en Tauride* (–414), *Électre* (–413), *Oreste* (–408) d'Euripide* ; *Andromaque**, de Racine (1667) ; *Électre*, de Crébillon (1708) ; *Oreste*, de Voltaire (1750) ; *Iphigénie en Tauride*, de Goethe (1779 - 1787) ; *Électre*, de Jean Giraudoux (1937) ; *Les Mouches*, de Sartre (1943).

**ORESTE** ♦ Homme politique romain (mort à Plaisance en 476). Après avoir détrôné Julius* Nepos grâce à Odoacre*, il plaça son fils Romulus* Augustule sur le trône et gouverna l'Italie en son nom. Il fut vaincu et tué par Odoacre.

L'**Orestie** – en gr. ***Oresteia*** ♦ Trilogie d'Eschyle*, composée d'*Agamemnon**, des *Choéphores** et des *Euménides**, qui fut représentée en –458. C'est la seule trilogie d'Eschyle et du théâtre grec qui nous soit parvenue en entier. Elle est considérée comme le sommet de la dramaturgie d'Eschyle. Le drame satyrique *Protée*, qui accompagnait la trilogie, est aujourd'hui perdu.

**ØRESUND** n. m. ♦ Détroit unissant la mer Baltique au Kattegat, entre l'île de Sjælland (Danemark) et l'extrémité S. de la Suède. 4,5 km au point le plus étroit. Un pont relie Malmö à Copenhague.

**OREZZA** ♦ Localité de la Haute*-Corse, arr. de Corte. Sources thermales.

**Orfeo** ♦ Opéra en 5 actes de Striggio, musique de Monteverdi* (Mantoue, 1607). Composé à la commande du duc Vincent de Gonzague, l'ouvrage fut représenté pour les fêtes du carnaval et obtint un succès considérable. Par l'emploi d'un récitatif mélodique, l'*Orfeo* réalisait une synthèse des plus récents modes de chant : air de cour, de ballet, madrigal, canzone, recitativo secco, arioso. Dissimulé derrière la scène, un orchestre de trente-six instruments participait à la vie du drame. Avec ce chef-d'œuvre, Monteverdi fut le premier à « articuler la musique de telle façon qu'elle fût consciente à chaque instant de sa fonction au service du drame » (A. Berg). Le thème a été traité également par Gluck*, 1762, et par Haydn*, 1791 (*Orfeo ed Euridice*, créé à la scène par la Callas en 1951).

**ORFF (Carl)** ♦ Compositeur allemand (Munich 1895 - *id.* 1982). Il se consacra à la direction d'orchestre, puis à l'enseignement, fondant à Munich (1924) la Gunther Schule de gymnastique rythmique et de danse classique où il appliqua une méthode d'enseignement musical établie sur l'éducation par le rythme. Esprit de vaste culture, marqué par les influences de la tragédie grecque, des jeux improvisés du Moyen Âge et des musiques orientales, il a recours aux formes archaïques du théâtre sacré, de la danse rituelle, et tend, dans ses œuvres les plus caractéristiques, à réduire le chant à une psalmodie, parfois même à une récitation monocorde. L'orchestre, riche en percussions, ne forme plus qu'un fond sonore que domine la parole, empruntant à des textes latins, grecs, allemands ou français leur pouvoir incantatoire. On lui doit notamment : *Carmina burana*, cantate (1937), *Der Mond* (1938), *Catulli carmina* (1942), *Antigonæ* (1948), *Trionfo di Afrodite* (1951), *Commedia de Christi resurrectione* (1955), *Œdipus der Tyrann* (1959), *Prometheus* (1967).

**ORFILA (Mathieu Joseph Bonaventure)** ♦ Médecin et chimiste français d'origine espagnole (Mahón, île de Minorque 1787 - Paris 1853). Il s'est intéressé à la toxicologie et particulièrement à l'empoisonnement par l'anhydride arsénieux. Il a fondé le musée Dupuytren. ➝ ÉTYM. *Orfila* est un nom d'origine germanique et vient de *wulf* « loup ».

**Organisation de coopération et de développement économiques** [OCDE] ♦ Organisme créé en 1961, succédant à l'Organisation européenne de coopération économique (OECE) fondée en 1948. Son siège est à Paris. Elle a pour fonction de coordonner les politiques économiques de ses 31 États membres, de faire bénéficier les pays les moins développés de l'expérience des pays industrialisés et de favoriser le développement du commerce international (lutte contre le protectionnisme). Elle publie deux fois par an un rapport sur l'économie mondiale.

**Les 31 États membres de l'Organisation de coopération et de développement économiques (OCDE) en 2010 et leur date d'entrée**

| | | | |
|---|---|---|---|
| Allemagne | 27 septembre 1961 | Italie | 29 mars 1962 |
| Australie | 7 juin 1971 | Japon | 28 avril 1964 |
| Autriche | 29 septembre 1961 | Luxembourg | 7 décembre 1961 |
| Belgique | 13 septembre 1961 | Mexique | 18 mai 1994 |
| Canada | 10 avril 1961 | Norvège | 4 juillet 1961 |
| Chili | 11 janvier 2010 | Nouvelle-Zélande | 29 mai 1973 |
| Corée (République de) | 12 décembre 1996 | Pays-Bas | 13 novembre 1961 |
| Danemark | 30 mai 1961 | Pologne | 22 novembre 1996 |
| Espagne | 3 août 1961 | Portugal | 4 août 1961 |
| États-Unis | 12 avril 1961 | Slovaquie | 14 décembre 2000 |
| Finlande | 28 janvier 1969 | Royaume-Uni | 2 mai 1961 |
| France | 7 août 1961 | Suède | 28 septembre 1961 |
| Grèce | 27 septembre 1961 | Suisse | 28 septembre 1961 |
| Hongrie | 7 mai 1996 | Tchèque (République) | 21 décembre 1995 |
| Irlande | 17 août 1961 | Turquie | 2 août 1961 |
| Islande | 5 juin 1961 | | |

**Organisation de l'aviation civile internationale** [OACI] en angl. [ICAO] ♦ Institution spécialisée de l'ONU, créée en 1947 et dont le siège est à Montréal*. Elle a pour rôle d'uniformiser les normes, les pratiques recommandées et les procédures ainsi que de promouvoir des mesures de sécurité en matière de navigation et de transport aériens.

**Organisation de libération de la Palestine** [OLP] ♦ Organisation palestinienne fondée en 1964 et ayant pour but à l'origine de « libérer la Palestine ». Contrôlée lors de sa création en 1964 par les pays arabes, l'OLP s'affranchit de leur tutelle au lendemain de la défaite des forces syriennes, jordaniennes et égyptiennes, lors de la guerre des Six Jours en 1967 (➝ **israélo-arabe [conflit]**). Sous l'impulsion d'organisations nationalistes palestiniennes dont le Fatah* qui la rejoignirent en 1968, l'OLP, dirigée par Y. Arafat*, se radicalisa : sa charte, adoptée en 1968, prévoyait la destruction d'Israël, la création d'un État palestinien et le recours à la lutte armée. Mais la rupture avec la Jordanie en 1971 qui contraignit l'OLP à s'installer au Liban, sa reconnaissance par la Ligue arabe puis par l'ONU en 1974 et la perte de ses dernières bases militaires au Liban après la guerre menée par Israël (1983) conduisirent l'OLP à désavouer l'action terroriste menée par certains de ses membres et à s'engager dans la voie diplomatique. Elle dut cependant faire face à la scission des fractions les plus radicales qui contribua à son affaiblissement. Le mouvement Intifada* à partir de 1988 raviva l'OLP qui, tout en proclamant la création d'un État palestinien, s'orientait implicitement vers la reconnaissance de l'existence d'Israël. L'OLP signa en sept. 1993 avec Israël un accord qui, outre une reconnaissance mutuelle, instaurait un gouvernement palestinien autonome dans la région de Jéricho et de Gaza. Cet accord suscita au sein de l'OLP une forte opposition, qui regroupa notamment le Front* populaire pour la libération de la Palestine et le Front* démocratique et populaire pour la libération de la Palestine. Devenue parti de gouvernement après avoir remporté les différentes élections de l'Autorité palestinienne (notamment l'élection d'Arafat à la présidence), l'OLP connaît une situation politique de plus en plus difficile au fur et à mesure de l'enlisement du processus de paix dans lequel elle est très impliquée. Elle est en effet confrontée au radicalisme de mouvements palestiniens islamistes tels que le Hamas qui l'a devancée aux législatives de 2006. Mahmoud Abbas* a succédé à Arafat à la mort de ce dernier en 2004. ➝ **Palestine.**

**Organisation de l'unité africaine** [OUA] ♦ Organisation créée à Addis*-Abeba en 1963 par 32 pays et regroupant tous les États indépendants d'Afrique sauf le Maroc (53 à partir de 1994, l'Afrique du Sud ayant adhéré à l'arrivée au pouvoir de Nelson Mandela). L'idée panafricaine, née de la conférence de Bandung*, s'affirma avec celle d'Accra*. Au début des années 1960, le clivage Est-Ouest et les troubles consécutifs à l'indépendance ayant provoqué la création d'organisations antagonistes (« groupe de Monrovia » et « groupe de Brazzaville »), les nouveaux États indépendants d'Afrique décidèrent de créer une organisation affirmant « l'égalité souveraine des États membres, la non-ingérence dans leurs affaires intérieures et le respect de leur souveraineté, de l'intégrité territoriale et du droit inaliénable de chacun d'eux à une existence indépendante ». La charte de l'OUA confirma le principe de l'intangibilité des frontières issues de la colonisation. L'OUA a été remplacée par l'Union* africaine en 2001.

**Organisation des États américains** [OEA], en angl. ***Organization of American States*** [OAS] ♦ Organisation créée en 1948 et rassemblant 35 États. Dirigée essentiellement, sous l'influence des États-Unis, contre les mouvements communistes (exclusion de Cuba en 1962, levée en 2009 ; suspension du Honduras en 2009), elle a pour but le maintien de la paix entre les États du continent américain et le règlement des problèmes communs notamment dans les domaines économique et politique (soutien au processus démocratique). Siège à Washington.

**Organisation des Nations unies** [ONU], en angl. [UNO] ♦ Organisation internationale qui remplaça la Société* des Nations en 1946

**Organisation des Nations unies.**
Le siège de l'ONU à New York. *Phot. © USIS-DITE*

**Les 192 États membres de l'Organisation des Nations unies (ONU) en 2010 et leur date d'entrée**

| | | | | | |
|---|---|---|---|---|---|
| Afghanistan | 19 novembre 1946 | France | 24 octobre 1945 | Oman | 7 octobre 1971 |
| Afrique du Sud | 7 novembre 1945 | Gabon | 20 septembre 1960 | Ouganda | 25 octobre 1962 |
| Albanie | 14 décembre 1955 | Gambie | 21 septembre 1965 | Ouzbékistan | 2 mars 1992 |
| Algérie | 8 octobre 1962 | Géorgie | 31 juillet 1992 | Pakistan | 30 septembre 1947 |
| Allemagne | 18 septembre 1973 | Ghana | 8 mars 1957 | Palaos | 15 décembre 1994 |
| Andorre | 28 juillet 1993 | Grèce | 25 octobre 1945 | Panamá | 13 novembre 1945 |
| Angola | 1er décembre 1976 | Grenade | 17 septembre 1974 | Papouasie-Nouvelle-Guinée | 10 octobre 1975 |
| Antigua-et-Barbuda | 11 novembre 1981 | Guatemala | 21 novembre 1945 | Paraguay | 24 octobre 1945 |
| Arabie Saoudite | 24 octobre 1945 | Guinée | 12 décembre 1958 | Pays-Bas | 10 décembre 1945 |
| Argentine | 24 octobre 1945 | Guinée-Bissau | 17 septembre 1974 | Pérou | 31 octobre 1945 |
| Arménie | 2 mars 1992 | Guinée-Équatoriale | 12 novembre 1968 | Philippines | 24 octobre 1945 |
| Australie | 1er novembre 1945 | Guyana | 20 septembre 1966 | Pologne | 24 octobre 1945 |
| Autriche | 14 décembre 1955 | Haïti | 24 octobre 1945 | Portugal | 14 décembre 1955 |
| Azerbaïdjan | 2 mars 1992 | Honduras | 17 décembre 1945 | Qatar | 21 septembre 1971 |
| Bahamas | 18 septembre 1973 | Hongrie | 14 décembre 1955 | Roumanie | 14 décembre 1955 |
| Bahreïn | 21 septembre 1971 | Inde | 30 octobre 1945 | Royaume-Uni | 24 octobre 1945 |
| Bangladesh | 17 septembre 1974 | Indonésie | 28 septembre 1950 | Russie | 24 octobre 1945 |
| Barbade | 9 décembre 1966 | Iran | 24 octobre 1945 | Rwanda | 18 septembre 1962 |
| Belgique | 27 décembre 1945 | Irak | 21 décembre 1945 | Sainte-Lucie | 18 septembre 1979 |
| Belize | 25 septembre 1981 | Irlande | 14 décembre 1955 | Saint-Kitts-et-Nevis | 23 septembre 1983 |
| Bénin | 20 septembre 1960 | Islande | 19 novembre 1946 | Saint-Marin | 2 mars 1992 |
| Bhoutan | 21 septembre 1971 | Israël | 11 mai 1949 | Saint-Vincent-et-les-Grenadines | 16 septembre 1980 |
| Biélorussie | 24 octobre 1945 | Italie | 14 décembre 1955 | Salomon (îles) | 19 septembre 1978 |
| Birmanie | 19 avril 1948 | Jamaïque | 18 septembre 1962 | Salvador (El) | 24 octobre 1945 |
| Bolivie | 14 novembre 1945 | Japon | 18 décembre 1956 | Samoa | 15 décembre 1976 |
| Bosnie-Herzégovine | 22 mai 1992 | Jordanie | 14 décembre 1955 | São Tomé-et-Príncipe | 16 septembre 1975 |
| Botswana | 17 octobre 1966 | Kazakhstan | 2 mars 1992 | Sénégal | 28 septembre 1960 |
| Brésil | 24 octobre 1945 | Kenya | 16 décembre 1963 | Serbie | 1er novembre 2000 |
| Brunei | 21 septembre 1984 | Kirghizstan | 2 mars 1992 | Seychelles | 21 septembre 1976 |
| Bulgarie | 14 décembre 1955 | Kiribati | 14 septembre 1999 | Sierra Leone | 27 septembre 1961 |
| Burkina Faso | 20 septembre 1960 | Koweït | 14 mai 1963 | Singapour | 21 septembre 1965 |
| Burundi | 18 septembre 1962 | Laos | 14 décembre 1955 | Slovaquie | 19 janvier 1993 |
| Cambodge | 14 décembre 1955 | Lesotho | 17 octobre 1966 | Slovénie | 22 mai 1992 |
| Cameroun | 20 septembre 1960 | Lettonie | 17 septembre 1991 | Somalie | 20 septembre 1960 |
| Canada | 9 novembre 1945 | Liban | 24 octobre 1945 | Soudan | 12 novembre 1956 |
| Cap-Vert | 16 septembre 1975 | Liberia | 2 novembre 1945 | Sri Lanka | 14 décembre 1955 |
| Centrafricaine (République) | 20 septembre 1960 | Libye | 14 décembre 1955 | Suède | 19 novembre 1946 |
| Chili | 24 octobre 1945 | Liechtenstein | 18 septembre 1990 | Suisse | 10 septembre 2002 |
| Chine | 24 octobre 1945 | Lituanie | 17 septembre 1991 | Suriname | 4 décembre 1975 |
| Chypre | 20 septembre 1960 | Luxembourg | 24 octobre 1945 | Swaziland | 24 septembre 1968 |
| Colombie | 5 novembre 1945 | Macédoine | 8 avril 1993 | Syrie | 24 octobre 1945 |
| Comores | 12 novembre 1975 | Madagascar | 20 septembre 1960 | Tadjikistan | 2 mars 1992 |
| Congo (République du) | 20 septembre 1960 | Malaisie | 17 septembre 1957 | Tanzanie | 14 décembre 1961 |
| Congo (République démocratique du) | 20 septembre 1960 | Malawi | 1er décembre 1964 | Tchad | 20 septembre 1960 |
| Corée (République de) | 17 septembre 1991 | Maldives | 21 septembre 1965 | Tchèque (République) | 19 janvier 1993 |
| Corée (République populaire démocratique de) | 17 septembre 1991 | Mali | 28 septembre 1960 | Thaïlande | 16 décembre 1946 |
| Costa Rica | 2 novembre 1945 | Malte | 1er décembre 1964 | Timor oriental | 27 septembre 2002 |
| Côte d'Ivoire | 20 septembre 1960 | Maroc | 12 novembre 1956 | Togo | 20 septembre 1960 |
| Croatie | 22 mai 1992 | Marshall (îles) | 17 septembre 1991 | Tonga | 14 septembre 1999 |
| Cuba | 24 octobre 1945 | Maurice | 24 avril 1968 | Trinité-et-Tobago | 18 septembre 1962 |
| Danemark | 24 octobre 1945 | Mauritanie | 27 octobre 1961 | Tunisie | 12 novembre 1956 |
| Djibouti | 20 septembre 1977 | Mexique | 7 novembre 1945 | Turkménistan | 2 mars 1992 |
| Dominicaine (République) | 24 octobre 1945 | Micronésie | 17 septembre 1991 | Turquie | 24 octobre 1945 |
| Dominique | 18 décembre 1978 | Moldavie | 2 mars 1992 | Tuvalu | 5 septembre 2000 |
| Égypte | 24 octobre 1945 | Monaco | 28 mai 1993 | Ukraine | 24 octobre 1945 |
| Émirats arabes unis | 9 décembre 1971 | Mongolie | 27 octobre 1961 | Uruguay | 18 décembre 1945 |
| Équateur | 21 décembre 1945 | Monténégro | 28 juin 2006 | Vanuatu | 15 septembre 1981 |
| Érythrée | 28 mai 1993 | Mozambique | 16 septembre 1975 | Venezuela | 15 novembre 1945 |
| Espagne | 14 décembre 1955 | Namibie | 23 avril 1990 | Viêtnam | 20 septembre 1977 |
| Estonie | 17 septembre 1991 | Nauru | 14 septembre 1999 | Yémen | 30 septembre 1947 |
| États-Unis | 24 octobre 1945 | Népal | 14 décembre 1955 | Zambie | 1er décembre 1964 |
| Éthiopie | 13 novembre 1945 | Nicaragua | 24 octobre 1945 | Zimbabwe | 25 août 1980 |
| Fidji | 13 octobre 1970 | Niger | 20 septembre 1960 | | |
| Finlande | 14 décembre 1955 | Nigeria | 7 octobre 1960 | | |
| | | Norvège | 27 novembre 1945 | | |
| | | Nouvelle-Zélande | 24 octobre 1945 | | |

et dont le but est d'assurer le maintien de la paix et de la sécurité internationales. Elle tient son mandat de la *charte des Nations unies*, signée à San Francisco le 26 juin 1945 par les représentants de 51 nations en guerre contre l'Axe. Elle compte 192 États en 2010. Son siège est à New York. Les organes de l'ONU sont l'Assemblée générale qui comprend les pays membres, le Conseil* de sécurité, qui est l'organe exécutif sur le plan politique, le Conseil de tutelle, chargé d'administrer les territoires sous tutelle, le Conseil économique et social, la Cour* internationale de justice et le Secrétariat général où se sont succédé 8 secrétaires : Trygve Lie*, norvégien (1946 - 1952) ; Dag Hammarskjöld, suédois (1953 - 1961) ; U. Thant, birman (1961 - 1971) ; Kurt Waldheim*, autrichien (1972 - 1981) ; Javier Perez* de Cuellar, péruvien (1982 - 1991) ; Boutros Boutros* Ghali, égyptien (1992 - 1996) ; Kofi Annan*, ghanéen (1997 - 2006) ; Ban* Ki-moon, sud-coréen (2007). L'ONU est dotée de pouvoirs plus étendus que la SDN, et son rôle a été redéfini après la disparition des régimes communistes, en vue d'en faire le principal moyen d'arbitrage des conflits régionaux. Mais, elle a vu souvent son action paralysée soit par l'opposition d'une grande puissance grâce au droit de veto conféré à chaque membre permanent du Conseil de sécurité, soit par l'absence d'une volonté internationale commune, ôtant ainsi toute efficacité aux sanctions votées par ce Conseil. Elle intervient aussi par l'intermédiaire de ses institutions spécialisées (Food* and Agriculture Organization, Organisation* internationale du travail, Organisation* mondiale de la santé, Unesco*). [Prix Nobel de la paix 2001 avec Kofi Annan*]

**Les 193 États membres de l'Organisation mondiale de la santé (OMS) en 2010**

| | | | | | |
|---|---|---|---|---|---|
| Afghanistan | Cameroun | Fidji | Laos | Norvège | Sierra Leone |
| Afrique du Sud | Canada | Finlande | Lesotho | Nouvelle-Zélande | Singapour |
| Albanie | Cap-Vert | France | Lettonie | Oman | Slovaquie |
| Algérie | Centrafricaine (République) | Gabon | Liban | Ouganda | Slovénie |
| Allemagne | Chili | Gambie | Libye | Ouzbékistan | Somalie |
| Andorre | Chine | Géorgie | Liberia | Pakistan | Soudan |
| Angola | Chypre | Ghana | Lituanie | Palaos | Sri Lanka |
| Antigua-et-Barbuda | Colombie | Grèce | Luxembourg | Panamá | Suède |
| Arabie Saoudite | Comores | Grenade | Macédoine | Papouasie-Nouvelle-Guinée | Suisse |
| Argentine | Congo (République du) | Guatemala | Madagascar | Paraguay | Suriname |
| Arménie | Congo (République démocratique du) | Guinée | Malaisie | Pays-Bas | Swaziland |
| Australie | Cook (îles) | Guinée-Bissau | Malawi | Pérou | Syrie |
| Autriche | Corée (République de) | Guinée-Équatoriale | Maldives | Philippines | Tadjikistan |
| Azerbaïdjan | Corée (République populaire démocratique de) | Guyana | Mali | Pologne | Tanzanie |
| Bahamas | Costa Rica | Haïti | Malte | Portugal | Tchad |
| Bahreïn | Côte d'Ivoire | Honduras | Maroc | Qatar | Tchèque (République) |
| Bangladesh | Croatie | Hongrie | Marshall (îles) | Roumanie | Thaïlande |
| Barbade | Cuba | Inde | Maurice | Royaume-Uni | Timor oriental |
| Belgique | Danemark | Indonésie | Mauritanie | Russie | Togo |
| Belize | Djibouti | Iran | Mexique | Rwanda | Tonga |
| Bénin | Dominicaine (République) | Irak | Micronésie | Sainte-Lucie | Trinité-et-Tobago |
| Bhoutan | Dominique | Irlande | Moldavie | Saint-Kitts-et-Nevis | Tunisie |
| Biélorussie | Égypte | Islande | Monaco | Saint-Marin | Turkménistan |
| Birmanie | Émirats arabes unis | Israël | Mongolie | Saint-Vincent-et-les-Grenadines | Turquie |
| Bolivie | Équateur | Italie | Monténégro | Salomon (îles) | Tuvalu |
| Bosnie-Herzégovine | Érythrée | Jamaïque | Mozambique | Salvador (El) | Ukraine |
| Botswana | Espagne | Japon | Namibie | Samoa | Uruguay |
| Brésil | Estonie | Jordanie | Nauru | São Tomé-et-Principe | Vanuatu |
| Brunei | États-Unis | Kazakhstan | Népal | Sénégal | Venezuela |
| Bulgarie | Éthiopie | Kenya | Nicaragua | Serbie | Viêtnam |
| Burkina Faso | | Kirghizstan | Niger | Seychelles | Yémen |
| Burundi | | Kiribati | Nigeria | | Zambie |
| Cambodge | | Koweït | Niue | | Zimbabwe |

**Organisation des pays exportateurs de pétrole** [Opep] ♦ Organisation créée en 1960 pour fixer les prix du pétrole, par cinq pays : l'Iran, l'Irak, le Koweït, l'Arabie saoudite et le Venezuela. Neuf autres membres les ont rejoints : le Qatar, l'Indonésie (jusqu'en 2008), la Libye, les Émirats arabes unis, l'Algérie, le Nigeria, l'Équateur, le Gabon (qui a quitté son siège en 1994) et l'Angola (qui a adhéré en 2007). Incapable de maintenir la cohésion entre ses membres, elle mena une politique de hausse des prix du baril qui se solda par les chocs pétroliers de 1973 et de 1979, puis par l'infléchissement de sa prédominance en matière énergétique.

**Organisation du traité de l'Asie du Sud-Est** [Otase], en angl. [SEATO] ♦ Alliance défensive contre toute agression et subversion communiste dans la région créée en 1954 (et dissoute en 1977). L'Australie, la Nouvelle-Zélande, les États-Unis, la Grande-Bretagne, la France, les Philippines, la Thaïlande en étaient membres, le Pakistan s'en était retiré en 1973.

**Organisation du traité de l'Atlantique Nord** [Otan], en angl. [NATO] ♦ Organisation fondée en 1949, groupant la Belgique, le Canada, le Danemark, les États-Unis, la France (retirée de l'Otan en 1966, tout en restant membre de l'alliance), la Grande-Bretagne, l'Islande, l'Italie, le Luxembourg, la Norvège, les Pays-Bas et le Portugal ; elle fut étendue en 1952 à la Turquie et à la Grèce, en 1955 à la République fédérale d'Allemagne et en 1982 à l'Espagne. L'Otan, dont le siège se trouve à Bruxelles, a pour but de «sauvegarder la paix et la sécurité et de développer la stabilité et le bien-être dans la région de l'Atlantique nord», assurant aux Européens l'alliance des États-Unis contre toute agression. Après l'effondrement des régimes communistes et la disparition du pacte de Varsovie*, l'Otan entreprit une redéfinition de sa stratégie. Après la création en 1991 du Conseil de coopération nord-atlantique (Cocona), comprenant notamment les anciens membres du pacte de Varsovie, l'Otan a signé en 1997 un Acte fondateur avec la Russie prévoyant en particulier la mise en place d'un Conseil conjoint permanent «sur les questions de sécurité d'intérêt commun». En 1999, un plan d'action pour l'adhésion (MAP) a été mis en place, permettant dans un premier temps l'intégration de la Pologne, la République tchèque et la Hongrie et, dans un deuxième temps, celle de la Bulgarie, l'Estonie, la Lettonie, la Lituanie, la Roumanie, la Slovaquie, la Slovénie, en 2004, puis l'Albanie et la Croatie en 2009. Les interventions de l'Otan s'effectuent désormais le plus souvent dans le cadre de résolutions de l'ONU comme ce fut le cas en ex-Yougoslavie. En 1996, la France reprit sa place au sein du Comité militaire, puis, en 2009, dans la chaîne des commandements intégrés.

**Les 28 États membres de l'Organisation du traité de l'Atlantique Nord (OTAN) en 2010**

| | | |
|---|---|---|
| Albanie | France | Pologne |
| Allemagne | Grèce | Portugal |
| Belgique | Hongrie | Roumanie |
| Bulgarie | Islande | Royaume-Uni |
| Canada | Italie | Slovaquie |
| Croatie | Lettonie | Slovénie |
| Danemark | Lituanie | Tchèque (République) |
| Espagne | Luxembourg | Turquie |
| Estonie | Norvège | |
| États-Unis | Pays-Bas | |

**Organisation internationale du travail** [OIT] ♦ Institution spécialisée, créée en 1919, entrée dans le cadre de l'ONU en 1946 (siège à Genève*) et dirigée par une Conférence générale et un Conseil d'administration tripartites, composés de délégués des gouvernements et de représentants des travailleurs et des employeurs. Le Bureau international du travail (BIT) est son secrétariat permanent. L'OIT, lauréate du prix Nobel de la paix en 1969, est destinée à améliorer les conditions du travail et à promouvoir plus de justice sociale dans le monde. Ses activités sont l'élaboration d'un droit international du travail par voie de convention (que les États sont invités à ratifier), et l'exécution de divers programmes mondiaux portant notamment sur la lutte contre le chômage dans les pays en voie de développement.

**Organisation mondiale de la santé** [OMS] ♦ Organisation internationale dépendant de l'ONU créée en 1948 dans le but «d'amener les peuples au niveau de santé le plus élevé possible». L'OMS, dont le siège est à Genève, se propose notamment d'aider les gouvernements à renforcer leurs services de santé, d'informer, de conseiller et de donner toute assistance, de favoriser l'amélioration de la nutrition et de l'hygiène, de promouvoir la coopération entre les groupes scientifiques et professionnels, de proposer des conventions et des accords internationaux, de stimuler et guider la recherche, d'établir les normes internationales pour les aliments, les produits biologiques et pharmaceutiques. Elle compte 193 membres en 2010.

**Organisation mondiale du commerce** [OMC] ♦ Organisation commerciale regroupant initialement en 1994 les 123 pays signataires du General* Agreement on Tariffs and Trade (Gatt). Son siège est à Genève. L'OMC veille à la mise en œuvre des accords commerciaux conclus dans le cadre du Gatt, auquel elle se subs-

**Les 153 États membres de l'Organisation mondiale du commerce (OMC) en 2010 et leur date d'entrée**

| | | | | | |
|---|---|---|---|---|---|
| Afrique du Sud | 1er janvier 1995 | Fidji | 14 janvier 1996 | Niger | 13 décembre 1996 |
| Albanie | 8 septembre 2000 | Finlande | 1er janvier 1995 | Nigeria | 1er janvier 1995 |
| Allemagne | 1er janvier 1995 | France | 1er janvier 1995 | Norvège | 1er janvier 1995 |
| Angola | 23 novembre 1996 | Gabon | 1er janvier 1995 | Nouvelle-Zélande | 1er janvier 1995 |
| Antigua-et-Barbuda | 1er janvier 1995 | Gambie | 23 octobre 1996 | Oman | 9 novembre 2000 |
| Arabie Saoudite | 11 décembre 2005 | Géorgie | 14 juin 2000 | Ouganda | 1er janvier 1995 |
| Argentine | 1er janvier 1995 | Ghana | 1er janvier 1995 | Pakistan | 1er janvier 1995 |
| Arménie | 5 février 2003 | Grèce | 1er janvier 1995 | Panamá | 6 septembre 1997 |
| Australie | 1er janvier 1995 | Grenade | 22 février 1996 | Papouasie- | |
| Autriche | 1er janvier 1995 | Guatemala | 21 juillet 1995 | Nouvelle-Guinée | 9 juin 1996 |
| Bahreïn | 1er janvier 1995 | Guinée | 25 octobre 1995 | Paraguay | 1er janvier 1995 |
| Bangladesh | 1er janvier 1995 | Guinée-Bissau | 31 mai 1995 | Pays-Bas | 1er janvier 1995 |
| Barbade | 1er janvier 1995 | Guyana | 1er janvier 1995 | Pérou | 1er janvier 1995 |
| Belgique | 1er janvier 1995 | Haïti | 30 janvier 1996 | Philippines | 1er janvier 1995 |
| Belize | 1er janvier 1995 | Honduras | 1er janvier 1995 | Pologne | 1er juillet 1995 |
| Bénin | 22 février 1996 | Hong Kong, Chine | 1er janvier 1995 | Portugal | 1er janvier 1995 |
| Birmanie | 1er janvier 1995 | Hongrie | 1er janvier 1995 | Qatar | 13 janvier 1996 |
| Bolivie | 12 septembre 1995 | Inde | 1er janvier 1995 | Roumanie | 1er janvier 1995 |
| Botswana | 31 mai 1995 | Indonésie | 1er janvier 1995 | Royaume-Uni | 1er janvier 1995 |
| Brésil | 1er janvier 1995 | Irlande | 1er janvier 1995 | Rwanda | 22 mai 1996 |
| Brunei | 1er janvier 1995 | Islande | 1er janvier 1995 | Sainte-Lucie | 1er janvier 1995 |
| Bulgarie | 1er décembre 1996 | Israël | 21 avril 1995 | Saint-Kitts-et-Nevis | 21 février 1996 |
| Burkina Faso | 3 juin 1995 | Italie | 1er janvier 1995 | Saint-Vincent-et- | |
| Burundi | 23 juillet 1995 | Jamaïque | 9 mars 1995 | les-Grenadines | 1er janvier 1995 |
| Cambodge | 13 octobre 2004 | Japon | 1er janvier 1995 | Salomon (îles) | 26 juillet 1996 |
| Cameroun | 13 décembre 1995 | Jordanie | 11 avril 2000 | Salvador (El) | 7 mai 1995 |
| Canada | 1 janvier 1995 | Kenya | 1er janvier 1995 | Sénégal | 1er janvier 1995 |
| Cap-Vert | 23 juillet 2008 | Kirghizstan | 20 décembre 1998 | Sierra Leone | 23 juillet 1995 |
| Centrafricaine (République) | 31 mai 1995 | Koweït | 1er janvier 1995 | Singapour | 1er janvier 1995 |
| Chili | 1er janvier 1995 | Lesotho | 31 mai 1995 | Slovaquie | 1er janvier 1995 |
| Chine | 11 décembre 2001 | Lettonie | 10 février 1999 | Slovénie | 30 juillet 1995 |
| Chypre | 30 juillet 1995 | Liechtenstein | 1er septembre 1995 | Sri Lanka | 1er janvier 1995 |
| Colombie | 30 avril 1995 | Lituanie | 31 mai 2001 | Suède | 1er janvier 1995 |
| Communautés européennes | 1er janvier 1995 | Luxembourg | 1er janvier 1995 | Suisse | 1er juillet 1995 |
| Congo (République du) | 27 mars 1997 | Macao, Chine | 1er janvier 1995 | Suriname | 1er janvier 1995 |
| Congo (République | | Macédoine | 4 avril 2003 | Swaziland | 1er janvier 1995 |
| démocratique du) | 1er janvier 1997 | Madagascar | 17 novembre 1995 | Taiwan | 1er janvier 2002 |
| Corée (République de) | 1er janvier 1995 | Malaisie | 1er janvier 1995 | Tanzanie | 1er janvier 1995 |
| Costa Rica | 1er janvier 1995 | Malawi | 31 mai 1995 | Tchad | 19 octobre 1996 |
| Côte d'Ivoire | 1er janvier 1995 | Maldives | 31 mai 1995 | Tchèque (République) | 1er janvier 1995 |
| Croatie | 30 novembre 2000 | Mali | 31 mai 1995 | Thaïlande | 1er janvier 1995 |
| Cuba | 20 avril 1995 | Malte | 1er janvier 1995 | Togo | 31 mai 1995 |
| Danemark | 1er janvier 1995 | Maroc | 1er janvier 1995 | Tonga (îles) | 27 juillet 2007 |
| Djibouti | 31 mai 1995 | Maurice | 1er janvier 1995 | Trinité-et-Tobago | 1er mars 1995 |
| Dominicaine (République) | 9 mars 1995 | Mauritanie | 31 mai 1995 | Tunisie | 29 mars 1995 |
| Dominique | 1er janvier 1995 | Mexique | 1er janvier 1995 | Turquie | 26 mars 1995 |
| Égypte | 30 juin 1995 | Moldavie | 26 juillet 2001 | Ukraine | 16 mai 2008 |
| Émirats arabes unis | 10 avril 1996 | Mongolie | 29 janvier 1997 | Uruguay | 1er janvier 1995 |
| Équateur | 21 janvier 1996 | Mozambique | 26 août 1995 | Venezuela | 1er janvier 1995 |
| Espagne | 1er janvier 1995 | Namibie | 1er janvier 1995 | Viêtnam | 11 janvier 2007 |
| Estonie | 13 novembre 1995 | Népal | 23 avril 2004 | Zambie | 1er janvier 1995 |
| États-Unis | 1er janvier 1995 | Nicaragua | 3 septembre 1995 | Zimbabwe | 5 mars 1995 |

titue, poursuit les négociations sur les domaines laissés en suspens en 1994 et arbitre les litiges commerciaux entre les membres (153 en 2010).

**Organisation pour la sécurité et la coopération en Europe** [OSCE] ♦ Organisation politique créée en 1973 en vue d'instaurer un dialogue entre les membres de l'Otan et ceux du pacte de Varsovie. La première conférence tenue à Helsinki (1973 - 1975) s'acheva par l'adoption d'un Acte final portant sur la reconnaissance et la sécurité des frontières, la coopération économique et technologique et la libre circulation des hommes et des idées entre l'Est et l'Ouest. En 1990, la conférence de Paris permit la signature d'un traité de désarmement et entérina la fin de la division de l'Europe en deux blocs. Appelée jusqu'en 1995 CSCE (Conférence sur la sécurité et la coopération en Europe), l'OSCE se consacre désormais au désarmement, à la défense des valeurs démocratiques et à la prévention de tout conflit en Europe par l'arbitrage. Les principaux organes de l'OSCE, qui compte 56 États membres en 2010, sont le Conseil des ministres réunissant une fois au moins par an les ministres des Affaires étrangères des pays membres, le Secrétariat (siège à Prague), le Centre de prévention des conflits (Vienne), le Bureau des élections libres (Varsovie).

**Organon** ♦ Titre sous lequel sont rangées les œuvres logiques d'Aristote*. L'utilisation de ce terme, qui n'est pas de lui, signifierait que la logique n'est pas une partie mais l'instrument (en gr. *organon*) du savoir. Ce corpus comprend *Les Catégories**, *L'Herméneia* («De l'interprétation») qui est une étude de la proposition, *Les Analytiques**, *Les Topiques*, *La Réfutation des sophistes*.

**ORGE** n. f. ♦ Affl. de la Seine (50 km) coulant en Île-de-France.

**ORGEVAL** [78630] ✦ **ÉTYM.** «le val d'Otgari (n. de pers. germ.)» ♦ Comm. des Yvelines, arr. de Saint-Germain-en-Laye. 4 801 hab.

**ORGNAC** (aven d') ♦ Grotte de l'Ardèche près de Barjac explorée en 1935 par R. de Joly. Stalagmites géantes. Gisements du Paléolithique* inférieur et moyen.

**ORHAN VELI** ♦ Poète turc (Bey Koz, Bosphore 1914 - İstanbul 1950). Il exerça une grande influence sur la poésie turque contemporaine en rompant avec toute la poétique classique (mètre conventionnel, rythme, lexique et thèmes). Il affronta une violente opposition des cercles conservateurs mais, à sa mort, la réputation de son œuvre était fermement établie. Il introduisit la langue parlée turque et sa richesse idiomatique dans la poésie et revalorisa les poèmes et les chansons populaires.

**ORHY** (pic d') ♦ Sommet des Pyrénées-Atlantiques à la frontière espagnole (2 017 m).

**ORIBASE** – en gr. ***Oreibasios*** ♦ Médecin grec (Pergame 325 - Byzance 403). Attaché à la personne de l'empereur Julien, il fut banni par Valentinien Ier et Valens, puis rappelé auprès des empereurs en raison de la réputation qu'il avait acquise comme médecin auprès des Barbares. Son encyclopédie commentée des connaissances médicales *(Collection médicale)* donne un aperçu de la médecine grecque du IVe s. ; ses livres furent enseignés à la faculté de médecine de Paris jusqu'au XVIIe s.

**ORIENT** (forêt d') ♦ Massif forestier de la Champagne d'une superficie de 10 000 ha environ, englobant le lac de la forêt d'Orient, ou réservoir Seine (2 300 ha), destiné à régulariser le cours du fleuve : captées en aval de Bar-sur-Aube, les eaux sont restituées à la périphérie de Troyes par le canal de la Morge*, rivière dont le bassin

**Les 56 États membres de l'Organisation pour la sécurité et la coopération en Europe (OSCE) en 2010 et leur date d'entrée**

| | | | |
|---|---|---|---|
| Albanie | 19 juin1991 | Liechtenstein | 25 juin 1973 |
| Allemagne | 25 juin 1973 | Lituanie | 10 sept. 1991 |
| Andorre | 25 avril 1996 | Luxembourg | 25 juin 1973 |
| Arménie | 30 janvier 1992 | Macédoine | 12 oct. 1995 |
| Autriche | 25 juin 1973 | Malte | 25 juin 1973 |
| Azerbaïdjan | 30 janvier 1992 | Moldavie | 30 janvier 1992 |
| Biélorussie | 30 janvier 1992 | Monaco | 25 juin 1973 |
| Belgique | 25 juin 1973 | Monténégro | 29 juin 2006 |
| Bosnie-Herzégovine | 30 avril 1992 | Norvège | 25 juin 1973 |
| Bulgarie | 25 juin 1973 | Ouzbékistan | 30 janvier 1992 |
| Canada | 25 juin 1973 | Pays-Bas | 25 juin 1973 |
| Croatie | 24 mars 1992 | Pologne | 25 juin 1973 |
| Chypre | 25 juin 1973 | Portugal | 25 juin 1973 |
| Danemark | 25 juin 1973 | Roumanie | 25 juin 1973 |
| Espagne | 25 juin 1973 | Royaume-Uni | 25 juin 1973 |
| Estonie | 10 sept. 1991 | Russie | 25 juin 1973 |
| États-Unis | 25 juin 1973 | Saint-Marin | 25 juin 1973 |
| Finlande | 25 juin 1973 | Serbie | 10 nov. 2000 |
| France | 25 juin 1973 | Slovaquie | 1er janvier 1993 |
| Géorgie | 24 mars 1992 | Slovénie | 24 mars 1992 |
| Grèce | 25 juin 1973 | Suède | 25 juin 1973 |
| Hongrie | 25 juin 1973 | Suisse | 25 juin 1973 |
| Islande | 25 juin 1973 | Tadjikistan | 30 janvier 1992 |
| Irlande | 25 juin 1973 | Tchèque (République) | 1er janvier 1993 |
| Italie | 25 juin 1973 | Turquie | 25 juin 1973 |
| Kazakhstan | 30 janvier 1992 | Turkménistan | 30 janvier 1992 |
| Kirghizstan | 30 janvier 1992 | Ukraine | 30 janvier 1992 |
| Lettonie | 10 sept. 1991 | Vatican | 25 juin 1973 |

a été inondé. Un second réservoir, d'une superficie de 2 500 ha, est en cours d'aménagement. ▪ Le *parc naturel régional de la Forêt-d'Orient,* créé en 1970, d'une superficie de 69 200 ha, englobe la forêt et le lac d'Orient et 47 comm. dont Brienne-le-Château.

**ORIENT (EMPIRE ROMAIN D') → byzantin (Empire)**

**Orient** (question d') ♦ Nom donné à l'ensemble des problèmes politiques posés à la diplomatie européenne à partir du XVIIIe s. par la décadence de l'Empire ottoman et par son éventuelle liquidation. → **ottoman (Empire), Turquie.**

Les **Orientales** ♦ Recueil de poésies lyriques de V. Hugo* (1829). Défendant dans sa préface le principe de la liberté dans l'art, aussi bien pour le choix du sujet que pour l'expression, V. Hugo consacra la vogue de la poésie pittoresque, l'attrait du Moyen Âge et de l'exotisme en présentant des tableaux d'une grande richesse de coloris et d'images («Sarah la baigneuse»), affirmant en outre sa virtuosité par des jeux rythmiques («Les Djinns») ou la musicalité de certaines pièces («Clair de Lune»). *Les Orientales* ne sont cependant pas un «livre inutile de pure poésie»; le recueil contribue à la défense de la lutte menée pour leur indépendance par les Grecs contre les Turcs («L'Enfant»).

**ORIGÈNE** – en gr. ***Ôrigenês*** ♦ Docteur chrétien de langue grecque (Alexandrie v. 185 - Tyr v. 254). De famille chrétienne (son père mourut martyr en 202), il succéda à Clément* d'Alexandrie à la tête du didascalée chrétien d'Alexandrie. La tradition veut qu'il ait approfondi ses études philosophiques auprès d'Ammonios* Saccas. Mais ce point est sujet à caution car on tend aujourd'hui à distinguer nettement Origène le chrétien d'un autre Origène (le platonicien) qui, lui, aurait suivi l'enseignement d'Ammonios et rencontré Plotin*. En rivalité avec son évêque Demetrius qui lui reprocha de s'être fait ordonner prêtre sans son consentement et aussi de s'être autrefois fait volontairement émasculer, il se fixa à Césarée de Palestine (231). Il subit la torture sous Dèce et mourut des suites de ses blessures. Il a écrit de nombreux traités ascétiques, dogmatiques *(De principiis)*, polémiques *(Contre Celse)* et surtout des ouvrages d'exégèse *(Homélies, Commentaires)* interprétant l'Écriture dans un triple sens littéral, moral, mystique. Ses *Hexaples* présentaient la Bible sur six colonnes (texte hébreu, transcription et versions grecques). Représentant de la gnose dite orthodoxe, il fut le premier à proposer un système complet du christianisme, intégrant les théories néoplatoniciennes. Plusieurs points de sa doctrine furent condamnés par la suite (concile de Constantinople, 553).

De l'**origine des espèces** ♦ Ouvrage principal de C. Darwin* (1859). Son titre complet est *De l'origine des espèces au moyen de la sélection naturelle, ou la Lutte pour l'existence dans la nature* (en angl. *On the Origin of Species by Means of Natural Selection, or the Preservation of Favoured Races in the Struggle for Life*). Darwin y expose sa théorie de l'évolution des espèces. → **Darwin, évolutionnisme.**

**ORIHUELA** ♦ V. d'Espagne (Communauté autonome de Valence), prov. d'Alicante, dans la région du Levant, sur le Segura. 80 468 hab. (aggl.). Cathédrale gothique (XIVe - XVe s.), palais épiscopal (XVIIIe s.). Centre commercial au milieu d'une riche *huerta* plantée d'orangers.

**ORIOLA (Christian D')** ♦ Escrimeur français (Perpignan 1928 - Nîmes 2007). Véritable artiste de l'escrime, il domina le fleuret mondial de 1948 à 1958 avec 7 titres de champion du monde et 4 titres olympiques. ◂ ÉTYM. Ce nom vient du latin *aureola* «auréole, couronne».

**ORION** – en gr. ***Ôriôn*** ♦ Géant mythique d'une grande beauté et chasseur renommé dans la légende grecque. Ayant débarrassé l'île de Chios des fauves, il veut épouser la fille du roi, mais celui-ci, opposé à ce mariage, l'enivre et l'aveugle. Orion retrouve la vue en s'exposant aux rayons du soleil levant. Éos*, amoureuse de lui, l'enlève et le transporte à Délos, où il devient compagnon d'Artémis*. Le chasseur poursuit les Pléiades* pendant cinq ans, puis il veut faire violence à l'une des suivantes d'Artémis ou à elle-même. La déesse envoie alors contre lui un scorpion qui le pique au talon et provoque sa mort. Orion et le Scorpion sont changés en constellations.

**ORION** ◂ ÉTYM. du n. du géant mythique ♦ Constellation de la zone équatoriale comportant plusieurs étoiles et formations visibles à l'œil nu : *Nébuleuse d'Orion,* nébuleuse galactique à raies d'émission s'étalant dans l'*Épée d'Orion,* filet lumineux formé de 3 étoiles très rapprochées, au-dessous du *Baudrier d'Orion* constitué par 3 étoiles placées au milieu en ligne oblique. Bételgeuse* et Rigel* sont ses étoiles principales.

**ORISSA** n. m. ♦ État de l'Inde ouvert sur le golfe du Bengale. 155 722 km$^2$. 36 804 660 hab. LANGUE : oriya (off.). CAP. : Bhubaneshwar. Le delta de la Mahanadi est une grande région de riziculture, rendue plus productive par l'aménagement du fleuve. L'intérieur, formé de plateaux et de moyennes montagnes, est moins peuplé et conserve de grandes forêts. Les ressources minières importantes (manganèse, mica, bauxite, fer et charbon) ont permis l'implantation d'usines de traitement (sidérurgie notamment, à Raurkela).

**ORIZABA** ♦ V. du Mexique central (État de Veracruz). 117 273 hab. Indus. alimentaires (brasseries), textiles. Cimenteries.

**ORIZABA** (pic d') ou **CITLALTÉPETL** n. m. ♦ Pic volcanique du Mexique central, dressé au pied de la sierra Madre orientale et le plus souvent couvert de neige. Point culminant du Mexique (5 754 m).

**ÖRKÉNY (István)** ♦ Écrivain hongrois (Budapest 1912 - *id.* 1979). Né dans une famille de la grande bourgeoisie, ingénieur chimiste, il s'imposa, avec un style dépourvu de toute fioriture, comme le maître de la nouvelle. Son ironie tourne au grotesque *(Minimythes)* ou au burlesque (*La Famille Tot,* 1964 - 1966).

**ORKNEY → Orcades**

**ORLAN** ♦ Artiste française (Saint-Étienne 1947). Travaillant sur le statut du corps dans la société contemporaine, elle métamorphose son propre corps en le prenant comme objet de sculpture. Grâce aux moyens artistiques et technologiques, elle détourne la chirurgie esthétique et l'imagerie numérique des usages habituels.

**ORLANDO (Vittorio Emanuele)** ♦ Homme politique italien (Palerme 1860 - Rome 1952). Juriste, professeur, député (1897 - 1925), il occupa plusieurs fonctions ministérielles. C'est en tant que président du Conseil (1917 - 1919) qu'il participa à la Conférence de la paix ; ne pouvant faire respecter aux Alliés les promesses concernant les «terres irrédentes» (Dalmatie, Istrie), il démissionna. Adversaire du fascisme, il ne revint à la vie politique qu'après la Deuxième Guerre mondiale et fut élu député en 1946. Il a publié des *Mémoires* (1961). ◂ ÉTYM. *Orlando* est une autre forme de l'italien *Rolando* «Roland».

**ORLANDO** ♦ V. des États-Unis (Floride). 185 951 hab. (zone urbaine 1 644 561). La ville doit son expansion au tourisme depuis l'ouverture du parc d'attractions Disneyworld, dont le succès a suscité l'installation d'autres complexes du même genre le long de l'axe Tampa-Orlando-Cap Canaveral.

**ORLÉANAIS** n. m. ♦ Ancien royaume franc, qui forma un comté sous les Carolingiens. Il faisait partie du domaine royal dès Hugues Capet. Confié en apanage à plusieurs princes du sang sous Philippe VI, Charles V et Louis XIII, il fut définitivement rattaché au domaine royal en 1626. Ses limites chevauchaient celles des départements actuels du Loiret, du Loir-et-Cher et de l'Eure-et-Loir.

**ORLÉANS** (maison d') ♦ Nom de quatre familles princières françaises. ▪ La première fut représentée par PHILIPPE (1336 - 1375), duc d'Orléans (1344 - 1375), fils de Philippe VI, et mort sans postérité. ▪ La deuxième est issue de LOUIS (mort en 1407), fils de Charles V (duc d'Orléans en 1392) et dont le petit-fils régna sous le nom de Louis XII. ▪ La troisième fut représentée par GASTON, frère de Louis XIII, mort sans postérité mâle. ▪ La quatrième est issue de PHILIPPE, frère de Louis XIV et dont le descendant régna sous le nom de Louis-Philippe. ▪ Les membres les plus importants des différentes maisons d'Orléans sont traités ci-dessous (par ordre chronologique des dates de naissance).

**ORLÉANS (Louis,** duc **D')** ♦ (Paris 1372 - *id.* 1407). Deuxième fils de Charles V et frère de Charles* VI. Protégé par la reine Isabeau de Bavière, il lutta pour le pouvoir contre les ducs de Bourgogne Philippe* II le Hardi puis Jean* sans Peur. Son assassinat par les hommes de Jean sans Peur déclencha la guerre civile. → **armagnacs, bourguignons.** Il fut le père de Dunois* et de Charles d'Orléans.

**ORLÉANS (Charles D') → Charles d'Orléans**

**ORLÉANS (Gaston,** comte **D'EU,** duc **D')** ♦ (Fontainebleau 1608 - Blois 1660). Troisième fils de Henri IV et frère de Louis XIII. Dépourvu de caractère, mais non de culture, il ne cessa d'intriguer contre Richelieu, puis contre Mazarin, toujours sans succès, et laissa condamner ses complices (Ornano* et Chalais*, Montmorency*, Cinq*-Mars et de Thou*). Lieutenant général du royaume après la mort de Louis XIII, il fut mêlé à la Fronde, allant d'une faction à l'autre. Mazarin le fit exiler à Blois (1652) où il finit ses jours. De son premier mariage, avec Mlle de Montpensier, était née une fille, la Grande Mademoiselle.

**ORLÉANS (Philippe,** duc **D')** ♦ (Saint-Germain-en-Laye 1640 - Saint-Cloud 1701). Second fils de Louis XIII et frère de Louis XIV, il était généralement appelé *Monsieur*. Il épousa Henriette*-Anne d'Angleterre, puis Charlotte* Élisabeth de Bavière, princesse Palatine, eut pour fils le futur Régent, mais était connu pour son homosexualité (notamment pour ses relations avec le chevalier de Lorraine). Il se comporta brillamment à la guerre (victoire de Cassel*, 1677).

**ORLÉANS (Philippe,** duc **D')** ♦ (Saint-Cloud 1674 - Versailles 1723). Régent de France. Fils de Philippe d'Orléans, frère de Louis XIV, et de Charlotte* Élisabeth de Bavière, il porta d'abord le titre de duc de Chartres. Sous l'influence de son précepteur l'abbé Dubois*, il épousa Mlle de Blois, fille de Louis XIV et de Mme de Montespan*, et se révéla habile capitaine, particulièrement à Neerwinden* et en Espagne : après l'Aragon et la Catalogne, il prit Lérida (1707 - 1708). Mais accusé de comploter pour s'emparer du trône d'Espagne, il fut exilé de la cour, tandis que Louis XIV, par son testament, donnait le pouvoir effectif au duc du Maine* pendant la minorité de Louis XV. Ce testament devait être cassé par le Parlement en 1715 et le duc d'Orléans devint Régent. Son arrivée au pouvoir correspondit à une réaction générale qui se manifesta aussi bien dans les mœurs, qui devinrent très libres, par opposition au rigorisme imposé par Mme de Maintenon* (ce fut l'époque des «roués»), qu'en matière religieuse où le Régent fut amené, par son indifférence même, à libérer les jansénistes, et en matière politique. La haute aristocratie, dont Saint*-Simon peut être considéré comme le porte-parole, prit sa revanche et s'empara du pouvoir qu'elle exerça par une multitude de conseils (polysynodie), faisant la preuve de son incapacité dès 1718. Le Parlement obtint le droit de remontrance et cette concession, qui allait entraver la monarchie pendant le reste du XVIIIe s., fut d'abord un handicap pour le Régent lui-même, qui dut compter avec la pression de l'opinion. Intelligent, brillant, mais paresseux et débauché, il devait faire face à une situation financière particulièrement critique, troublée encore par l'échec du système de Law*, dont les frères Pâris* assurèrent la liquidation sans parvenir à rétablir l'équilibre. Elle fut en partie compensée par une heureuse politique étrangère menée par Dubois* (Quadruple-Alliance*).

**ORLÉANS (Louis Philippe Joseph,** duc **D'),** dit **Philippe Égalité** ♦ (Saint-Cloud 1747 - Paris 1793). Duc de Montpensier, de Chartres, puis d'Orléans, il avait épousé l'arrière-petite-fille de Louis XIV, Adélaïde de Bourbon-Penthièvre en 1769 et possédait une fortune considérable, qu'il devait en partie mettre au service de ses ambitions politiques. Franc-maçon (grand maître maçonnique en 1786), adepte des idées nouvelles et admirateur du régime politique britannique, il s'opposa au ministère de Maupeou et fut exilé (1771 - 1772). Après avoir servi quelque temps dans la marine sous Louis XVI, il saisit toutes les occasions pour afficher son hostilité au régime et à la cour. Député de la noblesse aux états généraux (1789), il se rallia parmi les premiers au tiers état. Lié à Mirabeau*, il songea peut-être à prendre la place de Louis XVI ou du moins à se faire nommer régent. Exilé en Angleterre après les journées révolutionnaires des 5 et 6 oct. 1789, il revint en France en 1790. Élu député à la Convention (1792, où il prit le nom de *Philippe Égalité*), il vota la mort du roi, son cousin. Son fils, le futur Louis-Philippe, ayant émigré avec Dumouriez*, le duc d'Orléans fut suspecté et arrêté par les montagnards. Il fut condamné à mort et guillotiné.

**Orléans.** *Portrait du duc d'Orléans, futur Philippe Égalité, en uniforme de colonel-général des hussards.* École française du XVIIIe s. Musée Massey, Tarbes. *Phot. © Giraudon*

**ORLÉANS (Ferdinand,** duc **D')** ♦ (Palerme 1810 - Neuilly-sur-Seine 1842). Fils aîné de Louis*-Philippe, duc de Chartres, puis d'Orléans, il prit part en 1832 au siège d'Anvers, puis à la conquête de l'Algérie. En 1836, il créa le corps des chasseurs à pied *(chasseurs d'Orléans)*. Marié à la princesse Hélène de Mecklembourg, il eut deux fils, le COMTE DE PARIS (1838 - 1894) et le DUC DE CHARTRES (1840 - 1910). Il fut tué dans un accident de voiture.

**ORLÉANS** [45000] ← ÉTYM. du lat. *Aurilianus*, n. de pers. (V. ci-dessous) ♦ Ch.-l. du dép. du Loiret et de la région Centre, sur la Loire. 113 126 hab. (aggl. 263 292, 21e rang) *(Orléanais)*. Évêché. **▮ Les monuments et la culture** La cathédrale Sainte-Croix, en partie détruite pendant les guerres de Religion, a été reconstruite au XVIIe dans le style gothique ; la façade occidentale et les tours sont du XVIIIe s. Église Notre-Dame-de-Recouvrance (XVIe - XVIIe s.), ancienne église Saint-Pierre-le-Puellier (XIIe - XIIIe s.), église Saint-Aignan (XVe s.), église Saint-Donatien (XVIe - XVIIe s.), église Saint-Euverte (XVe - XVIIe s.). Hôtel de ville de style Renaissance où mourut François II. Hôtels anciens. Musée des Beaux-Arts. Musée historique et archéologique de l'Orléanais. Centre chorégraphique national. **▮ L'économie** Comme les autres villes situées dans l'orbite de la capitale, Orléans a perdu de son importance relative dès le début du XIXe s., mais c'est une de celles qui ont le plus bénéficié, depuis les années 1950, du desserrement des activités parisiennes. Elle est reliée à Paris par l'autoroute A10 et par de nombreux trains (plusieurs milliers d'Orléanais font quotidiennement la navette). Son tissu économique est équilibré, avec quelques spécialisations dans la construction électrique et électronique, la pharmacie, les cosmétiques, la mécanique et l'agroalimentaire. La ville a bénéficié depuis 1945 de décentralisations, d'abord industrielles puis tertiaires. En 1959, elle «franchit» la Loire avec la création de la ville nouvelle d'Orléans-la-Source sur la rive gauche. Cet espace devient le lieu privilégié de l'enseignement et de la recherche, avec l'université et de nombreux laboratoires de recherche publics et privés (BRGM, CNRS, Inra, Sandoz) groupant 2 300 chercheurs. **▮ Histoire** La cité carnute de *Genabum* occupait, au cœur d'une zone de passage très fréquentée, une situation qui lui valut d'être souvent convoitée par les conquérants au cours de son histoire. Devenue *Aurelianum* après la conquête romaine, elle fut assiégée par Attila au début du IVe s., puis prise par Clovis en 498, qui y fit tenir le premier concile réuni en France. À l'époque de Charlemagne, la ville acquit le prestige d'une capitale intellectuelle, sous l'impulsion de l'évêque Théodulf, abbé de Fleury (auj. Saint-Benoît-sur-Loire) qui y créa plusieurs écoles dont la réputation dépassa rapidement les limites de l'Orléanais. Ces écoles devaient accéder en 1305, sous le pontificat de Clément V, au rang d'université. Sous les Capétiens, aux Xe et XIe s., Orléans devint ville royale, et capitale de fait de la France : trois rois s'y firent sacrer. En 1428, la ville, qui s'était rangée dans le parti des armagnacs, derrière le «roi de Bourges» (le futur Charles VII), fut investie par les Anglais. Elle fut délivrée par Jeanne d'Arc le 8 mai 1429, après un siège de sept mois. Orléans connut au XVIIe et au XVIIIe s. une ère de grande prospérité, fondée sur un commerce et une industrie que vivifiaient la navigation sur la Loire et la création de manufactures nouvelles. Ce mouvement se poursuivit après la Révolution, pendant laquelle Orléans était restée relativement paisible, puis pendant tout le XIXe s. Des combats acharnés se déroulèrent en 1870 autour de la ville, point d'appui de la Ire armée de la Loire chargée de délivrer Paris. Pendant la dernière guerre, Orléans fut durement éprouvée par les bombardements allemands et alliés en 1940 et 1944.

**Orléans (canal d')** ♦ Une des branches, aujourd'hui désaffectée, du canal du Loing (76 km). L'autre branche est le canal de Briare.

**ORLÉANS (la pucelle d') → Jeanne d'Arc**

**ORLÉANSVILLE → Chleff**

**ORLEY (Bernard VAN) → Van Orley (Bernard)**

**ÖRLIKON** ou **OERLIKON** ♦ Anc. comm. de Suisse aujourd'hui rattachée à Zurich* (N.-E.). Constructions mécaniques (locomotives), outillage électrique. Indus. textile. La manufacture d'armes (Örlikon-Bührle) reste célèbre.

**ORLY** [94310] ← ÉTYM. anc. *Aureliacum,* du lat. *Aurelius,* n. de pers. gallo-rom., et suff. *-acum* ♦ Ch.-l. de cant. du Val-de-Marne, arr. de Créteil. 20 470 hab. *(Orlysiens).* Aéroport commercial international géré par les Aéroports de Paris et doté de deux aérogares : Orly-Sud, aérogare principale inaugurée en 1961, et Orly-Ouest, inaugurée en 1971, consacrée surtout au trafic national. En 2008, le trafic a été de 26,2 millions de passagers.

**Ormée** n. f. ♦ Mouvement municipal qui se forma à Bordeaux pendant la Fronde* (1651). Il se rangea aux côtés des princes contre Mazarin* et imposa son autorité à la ville et à l'oligarchie municipale. Ce mouvement présentait un programme fraternel à caractère révolutionnaire (réforme hardie de la procédure judiciaire, par ex.). L'arrivée des troupes royales fit échouer le soulèvement et l'un de ses chefs fut exécuté.

**ORMESSON (LEFÈVRE D')** ← ÉTYM. du lat. *olmus* « orme » ♦ Famille française qui eut pour fondateur OLIVIER I^er^ LEFÈVRE D'ORMESSON (1525 - 1600), conseiller de Michel de l'Hospital* et président de la Cour des comptes. ♦ **Olivier III Lefèvre d'Ormesson.** Magistrat français (1617 - 1686). Rapporteur du procès Fouquet*, il refusa la peine de mort pour l'accusé et fut contraint à se retirer, en vendant sa charge. Ses mémoires constituent un précieux document sur cette affaire. ♦ **Marie François de Paule Lefèvre,** marquis **d'Ormesson.** Magistrat français. (1710 - 1775). Conseiller au Parlement, intendant des Finances (1756) et conseiller d'État, il soutint la réforme de Maupeou* et inspira la déclaration sur l'amélioration de la perception de la taille.

**ORMESSON (Wladimir Olivier LEFÈVRE,** comte **D')** ♦ Diplomate et écrivain français (Saint-Pétersbourg 1888 - Ormesson 1973). Collaborateur au *Temps* et au *Figaro,* il fut ambassadeur au Vatican (mai-oct. 1940, 1948 - 1956), en Argentine (1945 - 1948), et publia plusieurs ouvrages : *Enfances diplomatiques* (1931), *La Révolution allemande* (1934), *Le Clergé et l'Académie* (1965). [Acad. fr. 1956]

**ORMESSON (Jean LEFÈVRE,** comte **D')** ♦ Journaliste et écrivain français (Paris 1925). Neveu de Wladimir d'Ormesson*. Directeur du *Figaro* (1974 - 1977), il est l'auteur d'essais et de romans : *Un amour pour rien* (1960), *Au revoir et merci* (1966), *La Gloire de l'Empire* (1971), *Au plaisir de Dieu* (1974), *Le Vent du soir* (1985), *Tous les hommes en sont fous* (1986), *Le Bonheur à San Miniato* (1987), *Histoire du Juif errant* (1990), *Voyez comme on danse* (2001). [Acad. fr. 1974]

**ORMESSON-SUR-MARNE** [94490] ← ÉTYM. du n. de la famille Lefèvre d'*Ormesson** ♦ Ch.-l. de cant. du Val-de-Marne, arr. de Nogent-sur-Marne. 9 793 hab. *(Ormessonnais).* Château (XVI^e^ - XVIII^e^ s.), avec un parc dessiné par Le Nôtre. ▮ **Histoire** La famille Lefèvre d'Ormesson y acquit le château au XVII^e^ s.

**ORMIYA** – anc. ***Rezaiyeh*** ♦ V. d'Iran, ch.-l. de la prov. d'Azerbaïdjan-Occidental, près du lac du même nom. 583 255 hab. Mosquée du XII^e^ s. Importante minorité chrétienne de rite chaldéen. Selon certaines traditions, Ormiya serait le lieu de naissance de Zarathoustra*. Centre agricole et administratif.

**ORMIYA** (lac d') ♦ Le plus grand lac d'Iran (Azerbaïdjan). Long de 140 km et large de 55 km, il couvre une superficie de 5 775 $km^2$. Ses eaux surchargées de sels sont impropres à toute vie animale ou végétale.

**ORMIZD** ♦ Nom de cinq rois sassanides de Perse. ♦ **ORMIZD I^er^.** Roi de 272 à 273, favorable à Mani*. ♦ **ORMIZD II.** Roi de 302 à 309 ou 310. ♦ **ORMIZD III.** Roi de 457 à 459 (→ **Pérôz**). ♦ **ORMIZD IV.** Roi de 579 à 590, fils de Khosrō* I^er^, assassiné avec la complicité de son fils Khosrō* II lors des troubles qui suivirent la révolte du général Bahrām Tchobēn. ♦ **ORMIZD V.** Roi en 632, assassiné par les troupes de Yazdgard III.

**ORMONDE** ♦ Nom porté par la famille anglo-irlandaise des Butler. ♦ **James Butler,** 1^er^ duc **d'Ormonde** (Londres 1610 - Kingston Lacy 1688). Il réprima la révolte irlandaise de 1640, resta fidèle au roi et favorisa la restauration de Charles* II. Il fut de nouveau lord-lieutenant d'Irlande en 1662 - 1669 et 1676 - 1685. ♦ **James Butler,** 2^e^ duc **d'Ormonde** (Dublin 1665 - Avignon 1745). En grand crédit auprès de la reine Anne*, il prit la suite de Marlborough* à la tête de l'armée et fut disgracié par George* I^er^.

**ORMUZ** ou **HORMUZ** (île d') ♦ Île iranienne sur le détroit d'Ormuz entre le golfe Arabo-Persique et la mer d'Oman. 37 $km^2$. 3 817 hab. ▮ **Histoire** Son port, grand centre commercial et base portugaise sur la route des Indes (1514 - 1622), perdit de son importance au profit de Bandar* Abbas. Le développement des exportations pétrolières des pays riverains du golfe Arabo-Persique, dont plus des 2/3 transitent par le détroit d'Ormuz (large d'une soixantaine de kilomètres), confère une position stratégique de première importance à cette île ainsi qu'à ses deux proches voisines, les îles de Qachm et de Lārak.

**ORMUZD** → **Ormizd**

**ORNAIN** n. m. ← ÉTYM. anc. *Odonna,* rac. hydronym. assez rare ♦ Sous-affluent (120 km) de la Marne. Il arrose Bar*-le-Duc et traverse le Bar.

**ORNANO** ← ÉTYM. n. de résidence ♦ Famille d'origine corse. ♦ **Sampiero d'Ornano** ou **SAMPIERO CORSO** (Bastelica 1501 - La Rocca 1567). Il servit François* I^er^ et Henri* II, et tenta d'arracher la Corse à la domination génoise. Il étrangla sa femme qui avait entrepris des négociations avec les Génois, et mourut lui-même assassiné. ♦ **Alphonse d'Ornano.** Maréchal de France (v. 1548 - Bordeaux 1610). Fils du précédent. Élevé à la cour de Henri II, il resta fidèle à Henri* III contre la Ligue* et se rallia à Henri* IV, aidant Lesdiguières* à pacifier le Dauphiné. ♦ **Jean-Baptiste d'Ornano** comte **de Monlaur.** Maréchal de France (Sisteron 1581 - Vincennes 1626). Fils du précédent. Il prit part aux complots de Gaston d'Orléans* (il était surintendant général de sa maison), fut impliqué dans la conspiration de Chalais*, et mourut en prison. ♦ **Philippe Antoine d'Ornano.** Maréchal de France (Ajaccio 1784 - Paris 1863). Après une brillante carrière militaire sous l'Empire, il accompagna Napoléon jusqu'à son embarquement pour l'île d'Elbe, fut exilé par les Bourbons, et devint maréchal de France sous Napoléon III.

**ORNANS** [ɔʀnɑ̃] [25290] ← ÉTYM. du germ. *Aur-win,* n. de pers., et suff. *-ing* ♦ Ch.-l. de cant. du Doubs, arr. de Besançon, sur la Loue. 4 037 hab. *(Ornanais).* Hôtels (XV^e^, XVII^e^ et XVIII^e^ s.). Maison natale de G. Courbet* (musée).

**ORNE** n. f. ← ÉTYM. anc. *Orna* ♦ Affl. de la Moselle, en Lorraine (86 km). Née dans la Woëvre, elle creuse les côtes de Moselle. Sa vallée est industrielle. → **Homécourt, Joeuf, Moyeuvre-Grande.**

**ORNE** n. f. ← ÉTYM. anc. *Olina,* de la rac. hydronym. *ol-* « couler » et suff. prélatin *-ina* ♦ Fl. de Normandie qui prend sa source près de Sées* (152 km). Elle arrose Argentan*, Caen* et se jette dans la Manche à Ouistreham*. Le fleuve est doublé d'un canal, de Caen à Ouistreham.

**ORNE [61]** n. f. ← ÉTYM. du n. du fl. ♦ Dép. du N.-O. de la France, région Basse-Normandie. 6 103 $km^2$. 292 337 hab. CH.-L. : Alençon. CH.-L. D'ARR. : Argentan, Mortagne-au-Perche. Cour d'appel : Caen. Académie : Caen. → **Basse-Normandie.**

**ORO** (monte d') ← ÉTYM. du lat. *aurum* « or » ou d'une rac. hydronym. et oronym. pré-indo-eur. *°or* ♦ Sommet du centre de la Corse (alt. 2 391 m).

**ORODE II** – en gr. ***Orôdês*** ♦ Roi des Parthes (de –55 à –37). Il aida son frère Mithridate III à empoisonner leur père Phraate III (–57), puis lui succéda lorsqu'il fut renversé par les nobles. Son règne marqua l'apogée de l'Empire parthe, surtout grâce à la victoire de son général (→ **Suréna**) sur les Romains (→ **Crassus**) à Carrhes (–53). Il fut lui-même assassiné par son fils Phraate IV.

**ORONTE** → **Nahr al-'Asi**

**OROSE (Paul)** – en lat. ***Paulus Orosius*** ♦ Historien et apologiste chrétien (né à Tarragone, v. 390). Il vécut longtemps à Hippone auprès de saint Augustin qui lui conseilla d'écrire les sept livres de son *Histoire contre les païens* (415 - 417).

**OROYA (LA)** ♦ V. du Pérou, dans la Cordillère centrale, à 3 726 m d'alt. 19 204 hab. Mines de cuivre et le plus important centre métallurgique du Pérou (fonderies). Métal transporté en train à El Callao.

**OROZCO (José Clemente)** ♦ Peintre mexicain (Zapotlán 1883 - Mexico 1949). Dans ses premières œuvres exposées, qui traitaient de la prostitution (*Casa de lágrimas,* 1915), il manifestait ses préoccupations sociales. Engagé dans la lutte révolutionnaire, il publia ensuite des caricatures. Il signa avec D. Rivera* et Siqueiros* le *Manifeste de l'art révolutionnaire* (1921) et fut chargé de nombreuses décorations murales, destinées aux bâtiments officiels, dans lesquelles il exprima avec un lyrisme vigoureux sa sympathie

José Clemente **Orozco.**
*Man of Fire* (61 x 48,3 cm), 1941. *BIS/ © Courtesy of Mary-Anne Martin, Fine Art, New York © ADAGP, Paris*

pour le peuple et les opprimés (École préparatoire de Mexico, 1923-1927). Aux États-Unis, il réalisa *Prométhée* (pour le Pomona College, Californie, 1930) puis décora la New School for social research à New York (1931). De retour au Mexique, il peignit *Catharsis* pour le palais des Beaux-Arts de Mexico (1932-1934). De 1936 à 1939, il travailla à Guadalajara (palais du gouverneur et université) puis de nouveau à Mexico (Cour suprême, 1941 ; École normale, 1948). Il a contribué à l'élaboration d'un expressionnisme spécifiquement mexicain en adoptant une figuration lisible et rude, recourant à des simplifications de la figure humaine et à une certaine schématisation. ➝ ÉTYM. Ce nom de famille vient d'un nom de lieu en Biscaye, de *oru* « lopin de terre ».

**ORPHÉE** – en gr. ***Orpheus*** ♦ Aède mythique de Thrace, fils du roi Œagre et de la muse Calliope*. Sa légende, l'une des plus obscures de la mythologie grecque, est liée à la religion des mystères ainsi qu'à une littérature sacrée allant jusqu'aux origines du christianisme. Orphée invente la cithare, ou reçoit d'Apollon* la lyre à 7 cordes et en ajoute 2, atteignant ainsi le nombre des Muses, 9. Son chant charmait les dieux et les mortels, apprivoisait les fauves, parvenait même à émouvoir les êtres inanimés. Par ce pouvoir, unissant la poésie et la musique, il est très utile à l'expédition des Argonautes*, au cours de laquelle il triomphe des Sirènes*. C'est aussi par ses mélodies qu'il apaise Cerbère* et charme les divinités infernales, quand il descend aux Enfers pour obtenir le retour à la vie de son épouse disparue (→ **Eurydice**). Affligé par la perte définitive de celle-ci, Orphée reste jusqu'à la fin inconsolable et solitaire. Selon la version la plus répandue sur sa mort, il est mis en pièces par les Ménades*, soit pour avoir dédaigné l'amour des femmes de Thrace, soit pour avoir exclu les femmes des mystères. Selon une autre version, Orphée est foudroyé par Zeus pour avoir révélé ses expériences du royaume des morts à ses mystes. ▪ L'histoire tragique d'Orphée et d'Eurydice, depuis Virgile *(Géorgiques)* et Ovide *(Métamorphoses)* a donné naissance à une grande tradition littéraire, musicale et artistique. Citons parmi les œuvres les plus connues : les opéras de Monteverdi → **Orfeo**, Gluck, Haydn *(Orfeo ed Euridice)*, Offenbach *(Orphée aux Enfers)*, le drame chorégraphique de Roger-Ducasse, le ballet de Balanchine-Stravinski, les tableaux de Bruegel le Jeune, le Tintoret, Rubens, N. Poussin, Delacroix, les films de J. Cocteau et de Marcel Camus (*Orfeu Negro* « Orphée noir »).

## orphiques (poèmes)

n. m. pl. ♦ On donnait ce nom générique à une littérature apocryphe rattachée au nom d'Orphée* et comprenant des ouvrages de formes et d'époques différentes. Les plus anciens, datant du -VIe s., sont essentiellement les restes des œuvres théogoniques attribuées à l'aède mythique ou interpolées aux poèmes homériques et hésiodiques et dus probablement à des savants tels qu'Onomacrite d'Athènes ou Phérécyde de Scyros. Les œuvres orphiques postérieures sont 88 hymnes du Ier et du IIe s., chantés dans les mystères orphiques, les *Argonautica* et les *Lithica*, poèmes philosophiques du IVe s.

## orphisme

n. m. ♦ Religion initiatique de la Grèce antique qui tire son nom d'Orphée*. C'est un ensemble de doctrines théogoniques-cosmogoniques et eschatologiques (immortalité de l'âme et cycle des réincarnations jusqu'à la purification définitive), de rites mystiques et de règles pour une *vie orphique* (ascèse et initiation). Apparu dès le -VIe s. comme un courant réformateur, l'orphisme resta toujours une secte religieuse bien qu'accrédité par des intellectuels comme Euripide et Aristophane, par la philosophie pythagoricienne, platonicienne et, surtout, néopythagoricienne et néoplatonicienne. Il put néanmoins s'infiltrer dans une religion adoptée par la cité athénienne, celle des mystères d'*Éleusis**, créée par syncrétisme des cultes orphiques, dionysiaques et chtoniens ou agraires (de Déméter). Enfin, par la préoccupation principale de la vie future et par sa tendance monothéiste, l'orphisme a élaboré le passage du paganisme au christianisme. → **orphiques (poèmes)**.

**ORRES (LES)** [05200] ➝ ÉTYM. pl. de l'occit. *òrri, ouèrri* « grenier à blé » ou « vivier » ♦ Comm. des Hautes-Alpes, arr. de Gap. 446 hab. Station d'été et de sports d'hiver (1 650-2 770 m).

**ORRY (Jean)** ♦ Homme politique français au service de l'Espagne (Paris 1652 - *id.* 1719). Envoyé par Chamillart* au service de Philippe V (1701), il accomplit une réforme de l'administration espagnole sur le modèle français, ce qui le rendit très impopulaire et provoqua finalement son renvoi (1715). ♦ **Philibert Orry.** (Troyes 1689 - près de Nogent-sur-Seine 1747). Fils du précédent. Contrôleur général des Finances sous Louis XV (1730-1745) pendant le ministère de Fleury*, puis directeur des Bâtiments, Arts et Manufactures, il joua un rôle important dans le redressement de l'économie, favorisé par une heureuse conjoncture. Les finances furent rétablies par des économies et des réformes administratives, le commerce et l'industrie encouragés, la construction de routes et de canaux entreprise. Son intransigeance lui avait fait de nombreux ennemis et il donna sa démission (1745) quand la haute finance reprit du crédit auprès de Mme de Pompadour.

**ORRY-LA-VILLE** [60560] ➝ ÉTYM. anc. *Auriacum*, du lat. *Aurius*, n. de pers., et suff. *-acum* ♦ Comm. de l'Oise, arr. de Senlis. 3 307 hab. (aggl. 5 769).

**ORSAY** [91400] ➝ ÉTYM. anc. *Orceiacum*, du lat. *Orcius* (ou *Auricius*), n. de pers. gallo-rom., et suff. *-acum* ou du gaul. *orco-* « petit cochon » ♦ Ch.-l. de cant. de l'Essonne, arr. de Palaiseau, sur l'Yvette. 16 236 hab. *(Orcéens)*. Université de Paris-Sud ou Paris XI (faculté des sciences). École polytechnique. Commissariat à l'énergie atomique. Institut de physique nucléaire. Nombreux laboratoires de recherche. Électronique. Informatique. Indus. pharmaceutique. Optique.

**Orsay** (musée d') ♦ Musée national français consacré à l'art européen de la seconde moitié du XIXe s. (en principe de 1848 à 1914). Installé à Paris dans l'ancienne gare d'Orsay, qui fut réaménagée pour l'occasion, il a été inauguré en 1986. Les collections proviennent du musée du Luxembourg, du Louvre, du Jeu de Paume et regroupent aussi bien des peintures et des sculptures que des maquettes d'architecture, des photographies, des objets d'art ou du mobilier.

**ORSENNA (Erik ARNOULT, dit Erik)** ➝ ÉTYM. Il a pris son pseudonyme dans *Le Rivage des Syrtes* de Julien Gracq ♦ Écrivain français (Paris 1947) Haut fonctionnaire, il raconte avec humour son expérience de conseiller culturel auprès du président François Mitterrand dans *Grand amour* (1993). Auteur de romans (*La Vie comme à Lausanne*, 1977 ; *Une comédie française*, 1980), il a connu la célébrité avec *L'Exposition coloniale* (1988) qui fut suivi de *Longtemps* (1998) et *Madame Bâ* (2003). Il a écrit une biographie de Le Nôtre (*Portrait d'un homme heureux : Le Nôtre 1613-1700*, 2000). *Voyage au pays du coton* (2006) est une enquête à travers le monde sur les effets de la mondialisation. *La Chanson de Charles Quint* (2008) est un ouvrage intime sur la disparition d'une femme aimée. [Acad. fr. 1998]

**ORSEOLO** ♦ Famille noble italienne qui donna des doges à la république de Venise. ♦ **Pietro Orseolo.** (mort à Saint-Michel-de-Cuxa, Roussillon 1027). Doge en 976. ♦ **Pietro II Orseolo.** Fils de Pietro. Il fut doge de 991 à 1009 et termina la reconstruction du palais des Doges commencée par son père. Il étendit la domination de Venise sur la Dalmatie (1000). ♦ **Ottone Orseolo.** Fils de Pietro II, il lui succéda comme doge. ♦ **Pierre Orseolo.** (v. 1011 - 1046). Fils d'Ottone. Roi de Hongrie (1038-1046).

**ORSINI** ➝ ÉTYM. dimin. de l'it. *orso* « ours » (symbole de force) ♦ Famille romaine guelfe rivale des Colonna et qui fournit trois papes à l'Église (Célestin* III, Nicolas* III et Benoît* XIII). ♦ **Matteo Rosso Orsini.** Il gouverna Rome après la mort de Grégoire IX (1241) et lutta contre Frédéric II, empereur germanique. ♦ **Giovanni Orsini.** Fils de Matteo Rosso. Il devint le pape Nicolas III (1277-1280). ▪ Dans la lutte entre Boniface VIII et le roi de France Philippe IV le Bel, les Orsini soutinrent vainement Boniface VIII à la différence des Colonna qui soutenaient le roi de France. ♦ **Napoleone Orsini** (v. 1263 - Avignon 1342). Cardinal, il suivit le Saint-Siège à Avignon. ▪ Au XIIIe s., les Orsini prirent San Marin (1266), Nepi (1293), Nola (1295). ♦ **Virginio Orsini** (mort à Naples en 1497). Condottiere au service de Sixte IV, il battit les Napolitains alliés aux Colonna à Campomorte (1482). Il s'allia ensuite à Charles VIII de France (1494), fut fait prisonnier par César Borgia qui le fit empoisonner. ▪ Avec l'avènement de Jules II (1503), les Orsini triomphèrent des Borgia*. ▪ La princesse des Ursins* (corruption de *Orsini*) avait épousé FLAVIO ORSINI, duc de Bracciano.

**ORSINI (Felice)** ♦ Révolutionnaire italien (Meldola, près de Forli 1819 - Paris 1858). Affilié à la Jeune*-Italie, il prit part au soulèvement libéral de 1843. Condamné (1844), il bénéficia de l'amnistie du pape Pie IX (1846). L'un des principaux agents de G. Mazzini*, il fut élu à l'Assemblée constituante après l'instauration de la République romaine (1849) et se distingua aux côtés de Garibaldi* dans la lutte contre les forces françaises (expédition de Rome) → **Oudinot.** Il fut condamné à mort en 1855 pour avoir participé à plusieurs tentatives de soulèvement, s'évada et gagna l'Angleterre, d'où il prépara son attentat contre Napoléon* III (avec Pieri, Rudio et Gomez). Après cet attentat manqué, mais qui fit de nombreuses victimes (14 janv. 1858), Orsini, défendu par J. Favre*, fut condamné à mort et exécuté. Cette tentative, qui contribua en France au renforcement de la répression (loi de sûreté générale, 1858), devait aussi amener Napoléon III à soutenir le mouvement pour l'unité italienne. → **Italie (campagne d')**.

**ORSK** ♦ V. de Russie, région d'Orenbourg, sur l'Oural. 250 600 hab. Indus. métallurgique (cuivre, nickel), pétrolière et alimentaire. Construction de machines. Nœud ferroviaire.

**ØRSTED (Christian)** ♦ Physicien danois (Rudkøbing 1777 - Copenhague 1851). Il découvrit l'électromagnétisme en observant qu'une aiguille aimantée est déviée par le courant électrique, le sens de la déviation dépendant du sens du courant (1820). Il étudia également la compressibilité des gaz et des liquides. Sous sa forme francisée *(œrsted)*, son nom a été donné à une unité de mesure d'intensité de champ magnétique. [Acad. sc. 1842] ➝ **ÉTYM.** *Ørsted* vient d'un nom de lieu danois, de *ør* «banc de sable» et *sted* «lieu».

**ORS Y ROVIRA (Eugenio D')** ♦ Essayiste et critique d'art espagnol, d'origine catalane (Barcelone 1882 - Villanueva 1954). Écrivain bilingue (espagnol et catalan), il est l'auteur d'essais et de romans philosophiques : *Secret de la philosophie* (1947), *Eugenio et son démon* (1943). Sa *Civilisation dans l'histoire* a contribué à élargir l'horizon de la pensée espagnole. Critique d'art, il a élaboré une théorie du baroque dans lequel il voit une constante stylistique et historique (*Du baroque*, *L'Art de Goya*, 1928).

**ORTA (Garcia DA)** ou **Garcia ab Horto** ♦ Médecin et voyageur portugais (Elvas v. 1490 - 1570). Il accompagna une expédition aux Indes orientales et fut le premier à étudier le choléra asiatique.

**ORTEGA (Daniel)** ♦ Homme politique nicaraguayen (La Libertad 1945). Militant sandiniste, il participa à la chute du dictateur Somoza et fit partie, avec Violeta Chamorro*, de la junte de gouvernement de Reconstruction nationale (1979), dont il devint le coordinateur en 1981. Chef charismatique, il orienta le pays vers un modèle de développement socialiste. Président de la République de 1985 à 1990, il dut faire face à des difficultés économiques (embargo des États-Unis) ainsi qu'aux attaques de la *Contra* antisandiniste (soutenue par les États-Unis) et mit en place un régime de répression. Il revint sur ses pratiques autoritaires pour s'allier aux libéraux en 1996 — ce qui provoqua une scission au sein du parti sandiniste — puis rallia l'Église catholique. Il gomma toute référence révolutionnaire dans son programme à l'élection présidentielle de 2006 qu'il remporta.

**ORTEGA Y GASSET (José)** ♦ Philosophe et écrivain espagnol (Madrid 1883 - *id.* 1955). Grand admirateur de la pensée germanique, c'est avec sévérité qu'il analysa le destin de l'Espagne contemporaine. Fondateur de la *Revista de Occidente*, il contribua à propager des idées novatrices dans son pays et à ouvrir ce dernier sur l'Europe. Bien que ses réflexions sur le développement de l'art et de la philosophie et sur la crise du monde moderne soient empreintes d'un certain pessimisme, il resta attaché à la civilisation occidentale et au libéralisme. Dépassant l'idéalisme kantien qui l'avait d'abord influencé, il insista sur la relation concrète de l'homme au monde, affirmant la nécessité pour la raison et la culture d'être au service de la vie. Député aux Cortes (1931 - 1933), promoteur spirituel de la république espagnole, il vécut en exil (1936 - 1945), mais ne cessa pas d'exercer une influence déterminante sur les milieux intellectuels (*L'Espagne invertébrée*, 1922 ; *La Déshumanisation de l'art* et *Idée sur le roman*, 1926 ; *La Révolte des masses*, 1930 ; *Histoire comme système*, 1941). ➝ **ÉTYM.** *Ortega* est un nom de lieu (du grec par le latin *ortyx* «caille») ; *Gasset* est de même origine que *García**.

**ORTF** ➝ **Radiodiffusion-télévision française**

**ORTHEZ** [ɔʀtɛs] [64300] ➝ **ÉTYM.** du lat. *hortensis (vicus)* «(village) pourvu de jardins» ♦ Ch.-l. de cant. des Pyrénées-Atlantiques, arr. de Pau, sur le gave de Pau. 10 121 hab. (aggl. 10 626) *(Orthéziens)*. Église des XII^e^ et XV^e^ s. Tour Moncade (XIII^e^ s.), seul vestige de la forteresse construite par le vicomte de Béarn. Pont-Vieux (XIV^e^ s.) doté d'une tour médiane. Maisons anc. dont celle de Jeanne d'Albret (1500). ▪ Élevage. Indus. textile, alimentaire (jambon de Bayonne). Chaussures. Emballages. Prothèses industrielles. ▮ **Histoire** Les comtes de Foix habitèrent le château. La ville fut prise et mise à sac par les protestants en 1569. En 1814, le maréchal Soult y fut vaincu par Wellington.

**ORTLER** ou **ORTLES** n. m. ♦ Massif des Alpes italiennes, dans le Trentin, limité par les vallées de l'Adige et de l'Adda. 3 905 m.

**ORURO** ♦ V. de Bolivie, située à 3 700 m dans les Andes, au S. de La Paz. 216 700 hab. Centre minier (étain). ♦ ***Département d'Oruro*** 53 588 km$^2$. 444 100 hab. Il abrite le lac de Poopó et la saline de Coipasa. Importantes mines d'étain. Raffinage.

**Orval** (abbaye d') ♦ Abbaye de Belgique (prov. de Luxembourg), près de Villers-devant-Orval. Fondée v. 1070 sous la règle de saint Benoît, elle devint cistercienne en 1132 et fut l'une des plus riches des Pays-Bas. Incendiée en 1537 puis en 1793 par les troupes françaises, elle fut relevée par les cisterciens en 1926. Ruines de l'église du XII^e^ s.

**ORVAULT** [44700] ➝ **ÉTYM.** langue d'oïl «vallées *(vaus)* d'or *(oires)*» ♦ Ch.-l. de cant. de la Loire-Atlantique, banl. N.-O. de Nantes. 23 554 hab. *(Orvaltais)*.

**ORVIETO** ♦ V. d'Italie, en Ombrie (prov. de Terni), sur un affl. du Tibre, la Paglia. 20 705 hab. L'ancienne *Urbs Vetus* fut fondée par les Étrusques, qui ont laissé une nécropole découverte en 1874. Cathédrale du XIII^e^ s. de styles roman et gothique, célèbre pour ses fresques (Signorelli, Fra Angelico) et les mosaïques de sa façade. Palais des Papes (XIII^e^ s.). Puits de Saint-Patrice. Palais du Peuple romano-gothique. ▪ La région d'Orvieto produit un vin blanc réputé.

**Orvieto.** Campagne et vignes. *Phot. © Adrian Starmer /Shutterstock*

**ORWELL (Eric Arthur BLAIR, dit George)** ➝ **ÉTYM.** *George :* n. du saint patron de l'Angleterre ; *Orwell :* n. d'une riv. du Suffolk qu'il affectionnait ♦ Essayiste et romancier britannique (Motihari, Bengale 1903 - Londres 1950). Étudiant boursier à Eton, il ne s'intégra pas à ce milieu et préféra

## orthodoxes (Églises)

♦ Appellation courante de l'Église byzantine séparée de Rome en 1054 (➝ **Cérulaire, schisme**) et des Églises de même rite. Elles professent les dogmes fondamentaux du christianisme mais ne reconnaissent que les sept conciles* œcuméniques tenus avant le schisme de Photios* (jusqu'à Nicée II, 787). Elles refusent comme innovations les dogmes et usages introduits depuis lors chez les catholiques, notamment le *filioque**, le purgatoire, l'immaculée conception de Marie, la suprématie du pape (considéré seulement comme un des cinq patriarches) et a fortiori son infaillibilité doctrinale. Pour elles, le Christ est le seul chef de l'Église ; celle-ci exprime son autorité par la réunion des évêques (synodes). Les Églises orthodoxes comportent des *patriarcats :* Constantinople, Alexandrie, Antioche, Jérusalem ; des *Églises autocéphales* (désignant leur primat) : Grèce, Chypre, Roumanie, Russie, Serbie, Bulgarie, Géorgie, République tchèque, Pologne, Albanie ; des *Églises autonomes* (leur primat doit être consacré par l'Église dont elles dépendent) : Finlande, Chine ; et des communautés dispersées, notamment aux États-Unis, au Canada, en Argentine, en Australie et en France. ▮ **Histoire** Avant le schisme. ➝ **Église.** Les excommunications de 1054 ne visaient que des personnes, et les contemporains n'y virent pas le départ d'un schisme ; celui-ci existait, de fait, bien antérieurement et il alla en s'aggravant. Les autres patriarcats imitèrent Constantinople : à Antioche, après 1098, il y eut deux hiérarchies ecclésiastiques (grecque et latine) ; Jérusalem se sépara en 1188. L'irréparable fut consommé avec la quatrième croisade et le pillage de Constantinople par les Latins (1204). Des unions, pour motifs politiques, furent réalisées aux conciles de Lyon* (1274, rompue en 1281) et de Ferrare-Florence (1439, rompue à la chute de Constantinople, 1453) ➝ **Bâle, Ferrare, Florence [concile de].** Mais l'Église orthodoxe, dans son ensemble, refusa les concessions faites alors par les empereurs. L'Église orthodoxe connut son plus grand rayonnement spirituel au XIV^e^ s. avec saint Grégoire* Palamas, Nicolas Cabasilas*, et, en Russie, Serge* de Radonège. Après la chute de l'Empire byzantin, l'Église subsista, contrôlée et parfois persécutée par les Turcs. Le mont Athos* resta le principal foyer de spiritualité, mais c'est la Russie qui devint le fief de l'orthodoxie : Moscou, érigée en patriarcat autocéphale en 1589, se considéra comme la «troisième Rome». Au XVII^e^ s., la Russie fut divisée par le schisme *(raskol)* des «vieux-croyants», condamnés au synode de Moscou, 1666 - 1667 (➝ **Avvakoum, Nikon**) ; le patriarcat fut supprimé en 1721 et Pierre le Grand affirma son emprise sur l'Église. Après une renaissance au XIX^e^ s. et la formation d'Églises autocéphales dans les Balkans libérés des Turcs, le XX^e^ s. fut celui de la persécution communiste (de 1917 aux années 1980 en Russie). Les Églises orthodoxes ont cherché à se rapprocher entre elles (➝ **Athênagoras**), ainsi que des Églises* orientales monophysites (depuis 1964) et des catholiques. ➝ **Vatican II.**

s'engager dans la police en Birmanie (1922 - 1927), période évoquée dans *Burmese Days* (1933). De retour en Europe, il publia quelques essais, notamment sur le chômage, dans des revues parisiennes. Mais il ne devait prendre son nom de plume qu'en 1933 pour la publication de *Dans la dèche à Paris et à Londres*, où est relatée, comme dans *La route qui mène au quai Wigan* (1937), son expérience de la misère. George Orwell, qui se voulait un «Monsieur Tout-le-monde», méprisait les intellectuels de gauche, «les doctrinaires». Son roman le plus célèbre, *1984** (publ. en 1949), évoque avec force et sensibilité la déshumanisation qui guette notre monde fasciné par les techniques totalitaires. À la différence du *Meilleur des mondes* de Huxley*, la satire y est directement politique et d'actualité, comme dans *La Ferme des animaux* (1945), allégorie peut-être inspirée de Swift et qui s'en prend au régime de dictature prolétarienne (où «tous [les animaux] sont égaux, mais certains plus égaux que les autres»). *La Catalogne libre* (1938), issu d'une expérience personnelle dans la guerre d'Espagne, dénonçait déjà l'écrasement de l'aile gauche anarchiste par les communistes. Orwell s'en était pris violemment à l'hitlérisme dans *Un peu d'air, s'il vous plaît* (*Coming up for Air*, 1939). Son œuvre complète a été publiée à Londres en 1968 *(Collected Essays, Journalism and Letters of George Orwell)*.

**ORY (Edward,** dit **Kid)** ♦ Tromboniste et chef d'orchestre de jazz américain (La Place, Louisiane 1886 - Honolulu 1973). Il débuta à La Nouvelle-Orléans en 1913, et dirigea un orchestre où jouèrent King Oliver*, Johnny Dodds* et Louis Armstrong*. En 1944 il devint l'un des meilleurs représentants du New Orleans Revival **(→ Nouvelle-Orléans [La])**. Son jeu de trombone *(tailgate)*, puissant et direct, efficace dans les «collectives» mais plus limité dans les solos, était caractéristique du style Nouvelle-Orléans. Princ. enregistrements : *Blues for Jimmy* (1944), *Weary Blues* (1945) ; avec Louis Armstrong, *Muskrat Ramble* (1925), *Ory's Creole Trombone* (1927), *Sugar Foot Stomp* (avec King Oliver, 1926), *Black Bottom Stomp* (avec Jelly Roll Morton, 1926), *Gatemouth* (avec Johnny Dodds, 1926).

**ORZESZKOWA (Eliza)** ♦ Romancière polonaise (Milkowszczyzna, près de Grodno 1841 - Grodno 1910). Après l'échec de l'insurrection polonaise de 1863, elle se consacra à des romans à thèse sur les problèmes sociaux et économiques : *Image des années de famine* (1866), *Marthe* (1873) sur la condition des femmes ; *Meir Ezofowicz* (1878) sur la vie des Juifs ; *Sur le Niémen* (1889), sorte de fresque sur la vie de la petite noblesse ; *Le Rustre* (1889), roman psychologique où elle exposa ses idées socialistes, non dénuées d'un certain sentimentalisme rural. ▪ **ÉTYM.** Ce nom vient du polonais *orzech* «noix»

**OSA** (péninsule d') n. f. ♦ Péninsule de la côte S. du Costa Rica (Amérique centrale), sur le Pacifique, délimitant le golfe Dulce.

**ŌSAKA** ▪ **ÉTYM.** jap. «grande *(ō)* colline *(saka)*» ♦ Ville du Japon (Honshū), ch.-l. de préf., à l'embouchure de la Yodogawa, sur la mer Intérieure, non loin de Kyōto, au débouché de la plaine du Kansai. 2 628 811 hab. C'est la deuxième ville du Japon après Tōkyō et le centre de la conurbation indus. Ōsaka-Kōbe qui s'étend sur 75 km. La ville est parcourue de canaux (on l'appelle parfois la «Venise du Japon»). Un nouvel aéroport est construit dans une île artificielle à 5 km de la côte. ▪ Nombreuses indus. (métall., machines-outils, appareillage électrique, indus. textiles). Le port est l'un des plus importants du Japon. ▮ **Histoire** Elle fut fondée au IIIe s. et agrandie à la fin du XVIe s. Le shogun Hideyoshi* y fit élever un immense château. Très éprouvée par les bombardements de 1945, elle fut entièrement reconstruite, ainsi que son château, transformé en musée historique. Elle donna asile, en 1970, à une grande exposition internationale qui contribua à son embellissement et à son enrichissement.

**OSBORNE (Thomas) → Danby (comte de)**

**OSBORNE (John)** ♦ Auteur dramatique britannique (Londres 1929 - Shrewsbury, Shropshire 1994). Chef de file, durant quelques années, de la génération des «jeunes gens en colère» *(Angry Young Men)*, il décrit dans son théâtre la vanité de l'anticonformisme et l'échec de toute révolte. Œuvr. princ. : *La Paix du dimanche* (1956), *Le Comique* (1957), *Épitaphe pour George Dillon* (1958), *Témoignage irréfutable* (1964), *Hôtel à Amsterdam* (1968), *À l'ouest de Suez* (1971), *Une certaine indifférence* (1973). ▪ **ÉTYM.** *Osborne* vient du vieux norrois *Ásbjorn*, de *ás* «dieu» et *björn* «ours».

**OSCAR** ♦ Nom de plusieurs rois de Suède. ♦ **OSCAR Ier** (Paris 1799 - Stockholm 1859). Roi de Suède et de Norvège (1844 - 1859). Il fit des réformes parlementaires en 1845 et 1848. ♦ **OSCAR II** (Stockholm 1829 - *id.* 1907). Roi de Suède (1872 - 1907) et de Norvège (1872 - 1905). Il vit la fin de l'union entre la Norvège et la Suède (1905). Il publia des traductions de Goethe et de Shakespeare et des romans historiques.

**OSCE** n. f. **→ Organisation pour la sécurité et la coopération en Europe**

**OSÉE** ▪ **ÉTYM.** en hébr. *Hôshéa'* «il a sauvé» ♦ Personnage biblique, prophète d'Israël entre –750 et –725. C'est le seul prophète du royaume du Nord dont la Bible conserve les oracles. ♦ ***Le «Livre d'Osée»*** Livre de la Bible, un des Petits Prophètes*. 14 chapitres, où l'histoire personnelle du prophète (son mariage malheureux avec une prostituée) apparaît comme l'image de la relation d'infidélité établie entre le peuple d'Israël et son Dieu.

**OSÉE** ♦ Dernier roi d'Israël* (v. –730 - –721), détrôné par Salmanazar. Cf. II Rois, XVII.

**ÖSEL → Saaremaa**

**OSHAWA** ♦ V. du Canada (Ontario), sur la rive N. du lac Ontario. 141 590 hab. (zone urbaine 330 594). Centre de l'indus. automobile (usines de la General Motors). Grande usine de pneumatiques aux environs immédiats (Whitby). Indus. textile, électronique.

**OSHEROFF (Douglas C.)** ♦ Physicien américain (Aberdeen, Washington 1945). [Prix Nobel de phys. 1996, avec D. Lee* et R. Richardson]

**ŌSHIMA Nagisa** ♦ Cinéaste japonais (Kyōto 1932). Dans des films d'une rare violence, il a exposé des points de vue anticonformistes et subversifs, montrant les problèmes auxquels se heurte la gauche japonaise révolutionnaire : *Quartier d'amour et d'espérance* (1959), *Nuit et Brouillard du Japon* (1960). Après de nombreux films pour la télévision et plusieurs essais, il réalisa *La Pendaison* (1968), *Le Journal d'un voleur de Shinjuku* (1969), *La Cérémonie* (1971), *L'Empire des sens* (1976), qui met en scène des comportements transgressant toutes les règles, *Furyo* (1982), *Max, mon amour* (1986).

**OSHOGBO** ♦ V. du Nigeria, cap. de l'État d'Osun. 250 900 hab.

**OSIANDER (Andreas HOSEMANN,** dit **Andreas)** ♦ Théologien protestant allemand (Gunzenhausen, Brandebourg 1498 - Königsberg 1552). Étudiant en théologie à Ingolstadt, puis professeur d'hébreu au couvent des augustins de Nuremberg, il adhéra à la Réforme, participa au colloque de Marburg (1519), à la diète d'Augsbourg (1530), et signa le traité de Schmalkalden. Ayant dû quitter Nuremberg, il devint prédicateur et professeur de théologie à la nouvelle université de Königsberg (1549), où il enseigna une doctrine sur la justification qui, différant à maints égards de celle de Luther, suscita de violentes polémiques à la mort de ce dernier. La doctrine d'Osiander fut condamnée en 1566. Auteur des *Harmoniae Evangelicae libri IV* (publiés à Bâle, 1537), de la *Biblia sacra* (1660), Osiander fut le premier à publier les théories de Copernic (1543).

**OSIJEK** ♦ V. de Croatie, port fluvial sur la Drave, dans la plaine pannonienne (Podravina). 114 616 hab. Indus. diverses (savonneries, fabrique d'allumettes, fonderies, textiles, construc. mécaniques). ▪ La ville a subi d'importantes destructions pendant la guerre serbo-croate de 1991.

**OSIRIS** ▪ **ÉTYM.** nom gr. d'*Us-yri* «celui qui est sur le trône», c'est-à-dire «le roi» ♦ Dieu égyptien anthropomorphe représenté sous l'aspect d'une momie, les bras croisés sur la poitrine, tenant d'une main le sceptre, de l'autre le fouet, portant l'étroite barbe tressée des pharaons et des dieux et coiffé de la couronne *atef* de la Haute-Égypte, mitre blanche surmontée de deux plumes d'autruche. Osiris avait été adoré à l'origine comme dieu des forces végétales, et sa personnalité s'enrichit au fur et à mesure que son culte s'étendit. Image tantôt du grain qui renaît, tantôt du Nil qui connaît une nouvelle crue, tantôt de la Lune qui resplendit de nouveau ou même du Soleil qui réapparaît après la nuit, il devint le dieu du recommencement par excellence et, de là, le dieu des morts, garant de la survie humaine dans le monde souterrain, le type même de l'homme promis à une renaissance spirituelle après la mort. À la fin de la Ve dynastie, le roi mort était déjà un Osiris ; à la veille du Moyen Empire, tous les morts étaient eux aussi des Osiris. La mythologie populaire constitua alors la triade Osiris-Isis*-Horus* et se chargea de construire autour du dieu une légende qui tentait d'en concilier les différents aspects : jaloux de son frère Osiris, «l'être perpétuellement bon» aimé de toute la

**Osiris.**
Détail d'une fresque du tombeau de Horemheb (Thèbes-ouest, Vallée des Rois), vers -1308.
*Phot. © Alfio Garozzo/akg-images*

terre, Seth* décida de le tuer ; il enferma son corps dans un coffre de bois qu'il jeta dans le Nil ; partie à la recherche de son époux, Isis retrouva le corps à Byblos* et le ramena en Égypte ; mais Seth ayant découvert la cachette où Isis l'avait déposé dépeça le cadavre et en dispersa les morceaux. Ressuscité par les soins d'Anubis* et d'Isis, Osiris régna désormais sur les morts qui, traités selon ses enseignements, pouvaient comme lui atteindre la vie éternelle. De son époux défunt, Isis aurait conçu un fils, Horus, destiné à venger son père. Doublement bienfaisant sur terre et dans la mort, toujours dispensateur de vie, Osiris fut le dieu que l'on adora avec la plus grande ferveur. Son culte, originaire d'Abydos*, franchit les limites de l'Égypte et gagna la Grèce et l'Empire romain. → **Isis.**

**ÖSKEMEN** – anc. ***Oust-Kamenogorsk*** ♦ V. du Kazakhstan, ch.-l. de région, au pied de l'Altaï et sur l'Irtych. 310 900 hab. Métall. du plomb et du zinc, du titane et du magnésium. Indus. mécanique et alimentaire. Importante centrale hydroélectrique. ▮ **Histoire** La ville fut fondée en 1720.

**OSLER (sir William)** ♦ Médecin britannique d'origine canadienne (Bond Head 1849 - Oxford 1919). Il fit des recherches sur l'endocardite infectieuse maligne à évolution lente (*maladie d'Osler* ou *de Jaccoud-Osler*) et sur l'angiomatose hémorragique familiale (*maladie de Rendu-Osler*).

**OSLO** ← **ÉTYM.** du vx norrois *os* (non identifié) et *lo* «clairière» ou de *oss* (déformation de *áss*) «dieu» et du lat. *lucus* «forêt sacrée, temple entouré de forêts» ♦ Cap. de la Norvège, au S.-E. du pays, au fond du fjord d'Oslo, qui s'ouvre sur le Skagerrak. 548 617 hab. Importante univ. Le centre de la ville, d'abord situé près de la forteresse Akershus (reconstruite au XVII^e s.), s'est déplacé vers l'O. Les activités se concentrent autour du port, de l'hôtel de ville (construit de 1931 à 1950) et de la *Karl Johan Gate*, artère principale. À l'E. se situe maintenant le quartier ouvrier. Cathédrale (fin XVII^e s., restaurée). Galerie nationale, musée foklorique national de plein air. Musée norvégien de la navigation, bateau des Vikings, musée du Kon-Tiki. Musée E. Munch. Parc de Frogner (sculptures de Gustav Vigeland). À Holmenkollen, tremplin de saut utilisé pour les compétitions internationales de ski. ▪ Le port joue un grand rôle dans l'économie de la ville, mais sa portée est moins nationale qu'auparavant et les chantiers navals, une des branches traditionnelles d'activités, sont aujourd'hui de faible importance. Centre indus. : mécanique, électronique, imprimerie, agroalimentaire, métallurgie. Aéroports d'Oslo-Fornebu et Gardermoen. ▮ **Histoire** Fondée au XI^e s. par Harald III, la ville d'Oslo fut détruite par un incendie en 1624. Reconstruite par le roi Christian IV, elle prit le nom de Christiania qu'elle conserva jusqu'en 1925. Lorsque la Norvège fut séparée du Danemark en 1814, elle devint la capitale du pays.

**OSMAN** ♦ Nom de sultans ottomans. ♦ **OSMAN I^er GAZI** (Söğüt 1259 - *id.* 1326). Fondateur de la dynastie ottomane (1281 - 1326). Fils d'Ertoğrul, il se proclama indépendant, prit le titre de sultan et progressa vers Iznik et Brousse. Père d'Ohrhan* Gazi. ♦ **OSMAN II** (Constantinople v. 1603 - *id.* 1622). Sultan ottoman (1618 - 1622). Il prit part à la guerre contre la Pologne (1621) et fut renversé à la suite d'une révolte des janissaires. ♦ **OSMAN III** (Constantinople v. 1699 - *id.* 1757). Sultan ottoman (1754 - 1757). Son règne fut une période de paix.

**OSMANİYE** ♦ V. de Turquie, ch.-l. de prov. en Asie mineure, en bordure Est de la plaine de Cilicie. 180 477 hab. Marché et centre industriel (coton).

**OSMANLIS** n. m. pl. ♦ Membre d'une des tribus turkmènes qui vinrent s'installer en Asie Mineure avec l'invasion seldjoukide* (XIII^e s.). Les Osmanlis dirigés par Ertoğrul s'établirent dans la région de Söğüt où le sultan seldjoukide 'Alā al-Dīn leur assigna un territoire devenu le noyau du futur Empire ottoman.

**OSMAN PACHA GAZI** ou **OSMAN NOURI PACHA** ♦ Général turc (Tokat, Anatolie 1832 - Constantinople 1900). Il participa à la répression des insurrections de Crète (1867) et de Serbie (1876) et se distingua en Crimée et au Yémen. Il défendit Plevna contre deux armées russes (août-déc. 1877). Après avoir réorganisé l'armée et avoir été ministre de la Guerre (1878 - 1888), il vainquit les Grecs en 1897.

**OSMOND (Floris)** ♦ Métallurgiste français (Paris 1849 - Saint-Leu 1912). Il créa la métallographie microscopique et l'analyse thermique. L'étude qu'il fit de la trempe de l'acier lui permit de remarquer les points de transformation et de préciser la composition des produits sidérurgiques.

**OSNABRÜCK** ♦ V. d'Allemagne (Basse-Saxe), entre le Teutoburgerwald et les Wiehengebirge, sur la Hase, affl. de l'Ems. 163 020 hab. Hôtel de ville de style gothique tardif (1487 - 1512) ; cathédrale Saint-Pierre (XIII^e s.), église-halle Sainte-Marie (XIV^e s.). ▪ Carrefour de communications (voies ferrées internationales), relié à la Ruhr par le Mittellandkanal. Centre commercial et industriel : sidérurgie ; construc. mécaniques (châssis automobiles, matériel de précision) ; indus. textiles (filatures, tissages) ; papeteries. ▮ **Histoire** Siège d'un évêché fondé par Charlemagne (783), la ville s'enrichit dans le commerce de la toile. Les préliminaires du traité de Westphalie (1648) s'y déroulèrent.

**OSNY** [95520] ← **ÉTYM.** du germ. *Audo*, n. de pers., et suff. *-iniacum* ♦ Comm. du Val-d'Oise, arr. de Pontoise, sur la Viosne. 14 309 hab. Élément de la ville nouvelle de Cergy*.

**OSORKON** ♦ Nom de trois pharaons des XXII^e et XXIII^e dynasties, d'origine libyenne. ♦ **OSORKON I^er** (v. –929 - –893). ♦ **OSORKON II** (v. –870 - –847). ♦ **OSORKON III le Pontife** (v. –757 - –748).

**OSORNO** ♦ Volcan du Chili central, au cône enneigé, à 2 652 m d'altitude.

**OSORNO** ♦ V. du Chili, dans une région de lacs (lac Llanquihue) et de volcans. 132 000 hab. Tourisme et industrie agroalimentaire.

**OSQUES** n. m. pl. – en lat. ***Osci*** ♦ Peuple de langue sabellique de l'Italie ancienne, établi en Campanie*, influencé par les Grecs et soumis par les Samnites*, mais qui conserva sa langue jusqu'au –I^er s.

**OSS** ♦ V. des Pays-Bas (Brabant-Septentrional). 76 652 hab. Indus. agroalimentaires et électroniques.

**OSSA** n. m. ♦ Massif montagneux de Grèce entre le Mavrovouni et l'Olympe, isolant la Thessalie de la mer Égée. 1 978 m au Kissavos. ▪ Dans la mythologie, les géants Aloades* entassent le Pélion sur l'Ossa pour attaquer les Olympiens.

**OSSAU** (gave d') ← **ÉTYM.** du lat. *ursus* «ours» ♦ Torrent des Pyrénées-Atlantiques (80 km) qui arrose la vallée du même nom. Il prend sa source près du pic du Midi d'Ossau, traverse Les Eaux-Chaudes, Laruns et rejoint le gave d'Aspe à Oloron-Sainte-Marie pour former le gave d'Oloron.

L'**Osservatore Romano** ♦ Journal officieux du Saint-Siège (quotidien, en italien), fondé en 1861 et imprimé dans la cité du Vatican depuis 1930. Certaines rubriques («Nos informations», «Saint Siège», «Cité du Vatican») ont un caractère officiel. Il publie de larges extraits pontificaux (encycliques, bulles, messages divers) et fait autorité pour les discours du pape jusqu'à leur publication dans les *Acta Santae Sedis*. Il est prolongé par des sélections hebdomadaires en italien, en français, en espagnol, et, le dimanche, par un hebdomadaire populaire illustré, sans aucun caractère officiel, *L'Osservatore della domenica*.

**OSSÈTES** ou **OSSES** n. m. pl. ← **ÉTYM.** du russe *osietin*, de *As*, n. d'une tribu apparentée aux Alains ♦ Peuple du Caucase (Ossétie), d'origine iranienne. Il se subdivise en quatre groupes : Tangaours, Digouriens, Kourtatines et Alaguirs. Les Ossètes parlent une langue de la famille iranienne et sont majoritairement orthodoxes. Il existe une minorité musulmane.

**OSSÉTIE** n. f. ← **ÉTYM.** de *Ossètes** ♦ Région du Grand Caucase, partagée entre la République d'Ossétie du Nord (Fédération de Russie) et, jusqu'en 1990, la région autonome d'Ossétie du Sud (Géorgie). ♦ ***République d'Ossétie du Nord*** off. ***république d'Ossétie-Alanie*** République de la Fédération de Russie. 8 000 km². 650 400 hab. *(Ossètes)*. LANGUES : ossète, russe. POPULATION : Ossètes, 53 % ; Russes, 30 % ; Ingouches, Caucasiens. RELIGION : orthodoxe. CAP. : Vladikavkaz. L'Ossétie du Nord comprend 8 districts. → **Russie** (tableau des divisions admin.). ♦ ***Ossétie du Sud*** Anc. région autonome de Géorgie. 3 900 km². 99 000 hab. *(Ossètes)*. LANGUES : ossète, géorgien. POPULATION : Ossètes, 66 % ; Géorgiens, 29 %. RELIGION : orthodoxe. CAP. : Tskhinvali, sur la Liakha. ▮ **Économie** L'activité agricole est représentée par la culture du blé, du maïs, des légumes et de la vigne. Élevage ovin. Indus. métallurgiques (métaux non ferreux), mécaniques et alimentaires. Traitement du bois. ▮ **Histoire** Après la guerre victorieuse des Russes contre la Turquie (1768 - 1774), l'Ossétie fut annexée par la Russie. En fév. 1918, le régime soviétique y fut instauré. Disputée entre les bolcheviks et les Russes blancs (1919 - 1920), l'Ossétie fit partie de la République socialiste soviétique autonome des Montagnes (1921). En 1922 fut créée la région autonome d'*Ossétie du Sud*, comprise dans la RSS de Géorgie. En juillet 1924, la république des Montagnes fut supprimée et l'*Ossétie du Nord* devint une région autonome de la République socialiste fédérative soviétique de Russie, puis une RSS autonome en 1936. Elle proclama sa souveraineté au sein de la fédération de Russie en 1991 et s'opposa aux Ingouches lors d'un violent conflit territorial (1992 - 1993). Répondant à un mouvement nationaliste ossète actif, le Parlement géorgien a dissous, en 1990, la région autonome, déchaînant un conflit sanglant (1990 - 1992). L'Ossétie du Nord a dû faire face à l'arrivée de nombreux Ossètes du Sud, ce qui a provoqué des conflits avec la population ingouche majoritaire dans le district de Prigorodny, rattaché à l'Ossétie du Nord en 1944 après la déportation des Ingouches en Asie centrale. L'Ossétie du Nord est également touchée par les débordements de la guerre en Tchétchénie voisine. Ainsi, en sept. 2004, un commando pro-tchétchène a pris, dans une école de Beslan, plusieurs centaines d'otages dont la plupart périrent lors de l'assaut des troupes russes. L'Ossétie du Sud a autoproclamé son indépendance en 1992 et a confirmé ce choix au référendum de 2006. Après l'attaque de Tskhinvali par les forces géorgiennes (août 2008), les Ossètes ont chassé tous les Géorgiens du territoire et obtenu la reconnaissance par Moscou de leur indépendance en dépit de vives protestations occidentales.

**Ossian (Poèmes d')** – en angl. ***Fragments of Ancient Poetry Collected in the Highlands of Scotland and Translated from the Gaelic or Erse Language*** ♦ Chants épiques de James Macpherson* (1760), attribués à Oisin, dit Ossian, fils du barde et guerrier légendaire Fingal, qui aurait vécu au IIIe s. C'est la tradition orale qui permit à J. Macpherson de composer les poèmes ossianiques auxquels s'ajoutèrent *Fingal** (1761) et *Temora* (1763), en huit livres. Écrits dans une prose rythmée riche en métaphores, ces chants de guerre et d'amour d'un pays de brume et de rochers eurent en Europe une immense influence. Il fallut deux siècles pour attribuer la complète paternité du cycle ossianique à J. Macpherson.

**OSTENDE** – en néerl. ***Oostende*** ♦ V. de Belgique (Région flamande), prov. de Flandre-Occidentale, ch.-l. d'arr., sur la mer du Nord. 69 115 hab. Musée des Beaux-Arts et musée Ensor. ▪ Principal port de pêche de la Belgique (homards, huîtres). Chantiers navals. Indus. chimiques (savon) et mécaniques. Indus. alimentaires. Indus. du bois. Centre de cure thermale et marine, station balnéaire et ville de congrès. Gare maritime. ▮ **Histoire** Village de pêcheurs (Ostendeter-Streepe) au XIe s., fortifié par le prince d'Orange en 1583, Ostende fut rattaché à la France de 1794 à 1814. Occupée par les Allemands en 1914, la ville subit de nombreux bombardements. La digue fut endommagée en 1940.

**Ostende** (canal d') ♦ Canal de Belgique (23 km) reliant Bruges à Ostende et accessible aux bateaux de 2 000 t.

**OSTERMEIER (Thomas)** ♦ Metteur en scène allemand (Soltau 1968). Attiré par des pièces contemporaines (S. Kane, J. Fosse*, M. von Mayenburg) pour lesquelles il fut très tôt remarqué dans le monde du théâtre berlinois, il enrichit peu à peu son répertoire d'œuvres plus classiques comme *Nora* et *Maison de poupée* de Ibsen, *Hamlet* de Shakespeare ou *Woyzeck* et *La Mort de Danton* de Büchner, qu'il monta notamment à Berlin à la Schaubühne qu'il codirige depuis 1999.

**OSTERMEYER (Micheline)** ♦ Athlète et pianiste française (Rang-du-Fliers 1922 - Bois-Guillaume 2001). Athlète complète, elle remporta huit titres de championne de France dans 5 disciplines différentes (poids, disque, 80 mètres haies, 60 mètres et heptathlon) entre 1945 et 1950 et 3 médailles aux jeux Olympiques de Londres en 1948, avant de se consacrer à une carrière de pianiste de concert.

**ÖSTERSUND** ♦ V. du N. de la Suède, au bord du lac Storsjön. Ch.-l. du comté du Jämtland. 58 583 hab. Musée de plein air. Grandes écoles. ▪ Centre de services. Indus. du bois. Construc. mécaniques. Station touristique.

**OSTIAK(S)** ou **OSTYAK(S)** n. m. (pl.) ♦ Tribus paléosibériennes de chasseurs, installées dans la zone forestière de la moyenne vallée de l'Ob'*.

**OSTIE** – en it. ***Ostia*** ♦ Loc. d'Italie (comm. de Rome), non loin de l'embouchure du Tibre, à 24 km de Rome, fondée près des ruines de l'anc. Ostie romaine. ▪ À quelques kilomètres, sur la côte, *Lido di Ostia* ou *Lido di Roma*, station balnéaire reliée à la capitale par une autoroute et un métro. ▮ **Histoire** L'anc. ville d'Ostie *(Ostia Antica)*, actuellement à l'intérieur des terres, était le port maritime de Rome. Elle fut fondée, selon la légende, par Ancus* Martius. Mais son véritable rôle ne commença qu'avec la deuxième guerre punique* (–IIIe s.) pendant laquelle elle servit de base militaire. Elle devint par la suite un important port de commerce. Elle fut mise à sac par Marius* et reconstruite par Sylla*. Pour lutter contre l'ensablement, l'empereur Claude* fit construire sur la rive droite du Tibre de nouveaux bassins qui furent agrandis sous Trajan*. Bien qu'en concurrence croissante avec Pozzuoli, le port connut son apogée au Ier s. Son déclin commença au IVe s. sous le règne de Constantin* en raison de la perte du monopole commercial de Rome en Méditerranée occidentale ; la malaria fit bientôt abandonner la ville. Elle se releva au IXe s. mais ne connut qu'une renaissance précaire. ▪ Les fouilles entreprises au XIXe s. et poursuivies de façon systématique à partir de 1909 ont mis au jour la majeure partie de la ville antique : thermes de Neptune (mosaïques), théâtre, *Mithraeum* (sanctuaire du dieu Mithra), *Capitolium*, bel ensemble de la place des Corporations, maisons à plusieurs étages *(insulae)* et intéressante nécropole (*Isola Sacra*, IIe - IVe s.).

**Ostie.** Bateau transportant des marchandises (mosaïque du port antique). *Phot. © The Art Archive/Dagli Orti*

**OSTRAVA** ♦ V. de la République tchèque, sur l'Oder, à 15 km de la frontière polonaise. Ville principale de la Moravie septentrionale et de la Silésie tchèque. 309 098 hab. Église Saint-Venceslas (XIIIe s.). Hôtel de ville (1687), transformé en musée. ▪ Carrefour ferroviaire et routier. Située sur un important gisement de houille, Ostrava forme le cœur d'une conurbation industrielle : indus. mécanique, métallurgique, chimique ; centrales thermiques. → **Frýdek-Místek, Karviná.**

**OSTRICOURT** [59162] ➝ **ÉTYM.** «domaine (bas lat. *curtis*) d'Austaric (n. de pers. germ.)» ♦ Comm. du Nord, arr. de Lille. 5 412 hab.

**OSTROGOTHS** ➝ **ÉTYM.** germ. «Goths de l'Est» ou «brillants» ♦ Nom des Goths orientaux soumis par les Huns* v. 375 et intégrés à leur empire jusqu'à la mort d'Attila (453). Ils s'établirent ensuite en Pannonie avec l'accord de l'empire d'Orient mais, ayant attaqué Constantinople (487), ils furent détournés par Zénon* vers l'Italie qu'ils conquirent sous Théodoric* le Grand (488 - 493). Après la régence d'Amalasonte* et le règne de Théodat*, Justinien Ier chargea Bélisaire* et Narsès* de reconquérir l'Italie sur les rois Vitigès* et Totila* (536 - 552). La résistance cessa en 555.

**OSTROŁĘKA** ♦ V. de Pologne, voïvodie de Mazovie, sur la rive g. du Narew. 54 156 hab. ▮ **Histoire** Théâtre d'une victoire française dirigée par Savary* en 1807, puis de furieux combats entre les Russes et les Polonais insurgés qui furent battus en 1831.

**OSTROM (Elinor)** ♦ Économiste américaine (Los Angeles 1933). Elle a étudié le fonctionnement des sociétés humaines et a notamment travaillé sur l'optimisation des ressources naturelles. Elle a montré comment les biens communs peuvent être pris en charge par des associations d'usagers, contrairement à l'idée classique selon laquelle la gestion de la propriété commune, pour être efficace, doit relever des autorités publiques ou du marché. [Prix Nobel d'écon. 2009 avec O. Williamson*]

**OSTROVSKI (Aleksandr Nikolaïevitch)** ♦ Auteur dramatique russe (Moscou 1823 - Chtchelikovo, gouv. de Kostroma 1886). À la suite de Gogol, il a enrichi la scène russe d'un répertoire proprement national. Peintre d'une bourgeoisie encore disposée à s'humilier devant l'aristocratie, il en a décrit les préjugés (*Pauvreté n'est pas vice*, 1854) et les vaines aspirations à la dignité et au bonheur (*L'Orage*, 1859). Son œuvre la plus originale, où se conjuguent l'humour et la magie, *La Forêt* (1871), en annonce une autre, *Snegourotchka* (1873), d'inspiration typiquement populaire. Avant de devenir responsable des théâtres de Moscou (1886), il fut l'auteur de nombreuses mises en scène marquées d'un puissant réalisme. ➝ **ÉTYM.** Ce nom polonais vient d'un nom de lieu, de *ostrów*, qui évoque une île sur une rivière et une prairie humide.

**OSTROVSKI (Nikolaï Alekseïevitch)** ♦ Romancier soviétique (Vilija, Volhynie 1904 - Moscou 1936). Son roman autobiographique, *Et l'acier fut trempé* (1932 - 1934), le rendit aussitôt célèbre. Le héros, jeune et aveugle, lutte pour le triomphe de la révolution et du socialisme.

**OSTRÓW WIELKOPOLSKI** ♦ V. de Pologne, voïvodie de Grande Pologne. 72 434 hab. Indus. métallurgique. Meubles.

**OSTWALD (Wilhelm)** ♦ Chimiste allemand (Riga 1853 - Grossbothen, près de Leipzig 1932). Élève et collaborateur d'Arrhenius*, il s'intéressa d'abord à l'électrolyse, étudia l'action des acides sur la vitesse des réactions et établit la loi, qui porte son nom, concernant l'influence de la dilution d'un électrolyte sur le degré d'ionisation. Il travailla ensuite sur la catalyse qu'il fut le premier à envisager du point de vue de la cinétique chimique. Il élabora une méthode de préparation industrielle de l'acide nitrique à partir de l'ammoniac. Niant l'existence des atomes (objets que personne n'a vu), il faisait partie d'un courant dit «énergétiste», subordonnant le concept de matière à celui d'énergie. [Prix Nobel de chim. 1909] ➝ **ÉTYM.** Le nom allemand *Ostwald* signifie «forêt *(Wald)* de l'Est *(Ost)*».

**OSTWALD** [67540] ♦ Comm. du Bas-Rhin, arr. de Strasbourg. 10 761 hab.

**OSUNA (Pedro de Alcántara Téllez y Girón, dit El Grande)** ♦ (Valladolid 1579 - Madrid 1624). Homme politique espagnol. Après s'être distingué au combat en Flandre, il prit position en faveur des Provinces-Unies et des morisques*. La protection du duc de Lerma* lui valut d'être nommé vice-roi de Sicile, puis de Naples, où il s'opposa à l'établissement de l'Inquisition. Rappelé en 1620, il fut mis en jugement dès l'avènement de Philippe* IV et mourut en prison.

**OSWALD** (saint) ➝ ÉTYM. en germ. *Auswald*, de *aus-* (rac. indo-eur. « briller ») et *waldan* « gouverner » ♦ (v. 602 - Maserfield 642). Roi de Northumbrie (635 - 642). Fils d'Ethelfrith*, il battit les Gallois et favorisa le christianisme. Il fut vaincu et tué par Penda*, roi de Mercie.

**OSWALD VON WOLKENSTEIN** ♦ Poète de langue allemande (château de Wolkenstein, Tyrol méridional 1377 - château de Schöneck, Tyrol 1445). « Grand virtuose du rythme et de la rime » (G. Zink), utilisant avec verve toutes les possibilités de sa langue, il a tour à tour évoqué dans ses poèmes ses voyages et ses expériences amoureuses. Sa poésie exprime surtout son attachement sensuel à la vie.

**OŚWIĘCIM** ➝ ÉTYM. polon. « (place forte d') Oświęcim (n. de pers.) » – plus connue sous son nom all. ***Auschwitz*** ♦ V. de Pologne, voïvodie de Petite-Pologne, au S.-E. de Katowice. 40 686 hab. Centre indus. où fut construit entre 1949 et 1955 le plus grand combinat chimique de Pologne (caoutchouc, matières synthétiques). ■ Durant la Deuxième Guerre mondiale, les Allemands y créèrent le camp de concentration d'Auschwitz*.

**OSWY** ou **OSWIU** ♦ ( ? - 670). Roi de Northumbrie (642 - 670). Fils d'Ethelfrith* et frère d'Oswald*, il vainquit le roi de Mercie, Penda* (654). Il favorisa le christianisme et présida le concile de Whitby (664) où triompha la liturgie romaine.

L'**Otage** ♦ Drame en 3 actes de Paul Claudel* (publ. 1911, créé 1914). Première partie d'une trilogie qui comporte aussi *Le Pain dur* (1919) et *Le Père humilié* (1920), la pièce met en scène la douleur d'un mariage de raison. Sygne de Coûfontaine, qui est parvenue à reconstituer son patrimoine, héberge clandestinement le pape. Arrive alors Toussaint Turelure, un révolutionnaire devenu préfet, qui la menace de faire arrêter le pape, son otage, si elle ne consent pas à l'épouser. Elle lui donnera son corps mais non son cœur. Ce drame peint cruellement le mariage de la vieille aristocratie et de la bourgeoisie triomphante pendant la Restauration et la monarchie de Juillet ; il s'agit symboliquement pour Claudel, de l'acte de naissance de la société moderne. Sygne s'immolera aux exigences d'une loi dont l'Église viendra ratifier la dureté.

**OTAKAR** ➝ **Ottokar**

**Otan** n. f. ➝ **Organisation du traité de l'Atlantique Nord**

**Otase** n. f. ➝ **Organisation du traité de l'Asie du Sud-Est**

**OTAVALO** ♦ V. d'Équateur (Ibarra), dans les Andes septentrionales. 44 159 hab. La ville est animée le samedi par un marché important rassemblant toutes les productions agricoles et artisanales des communautés indigènes otavalos. Industries textiles et commercialisation internationale. Grand centre touristique.

**OTERO (Blas DE)** ♦ Écrivain espagnol (Bilbao 1916 - Madrid 1979). Licencié en droit, il se consacra à la poésie à caractère social où il dénonça les injustices de l'Espagne de Franco. Ses œuvres les plus remarquables sont *Cánticos espirituales* (« Cantiques spirituels », 1942), *Redoble de Conciencia* (« Tambour de la conscience », 1952) et *Pido la Paz y la Palabra* (« Je demande la paix et la parole », 1955), qui lui a valu une célébrité internationale. En 1962, il publia *En castellano hacia la immensa mayoria* (« En castillan pour l'immense majorité »). ➝ ÉTYM. Ce nom espagnol signifie « butte, tertre ».

**OTFRID** ou **OTFRIED DE WISSEMBOURG** ♦ Moine et poète de langue allemande (seconde moitié du IX$^{e}$ s.). Élève de Raban Maur à Fulda, puis moine à l'abbaye de Wissembourg, il est l'auteur du *Livre des Évangiles*, écrit entre 850 et 873 et dédié au roi Louis le Germanique et à l'évêque de Constance. Ce poème didactique en vers rimés (plus de 16 000 vers) retrace la vie du Christ, de la naissance à sa Passion et à sa mort, et s'achève par une évocation du Jugement dernier.

**OTHE** (pays d') ♦ Massif de l'E. du Bassin parisien, situé au S. de Troyes. Compris entre l'Yonne, la Vanne, la Seine et l'Armance, il est couvert de belles forêts.

**Othello ou le Maure de Venise** – en angl. ***Othello, the Moor of Venice*** ♦ Drame en 5 actes de W. Shakespeare* (1604). Général maure au service de Venise, Othello a épousé la belle et vertueuse Desdémone. Officier d'Othello, Iago tente de séduire Desdémone, qui le repousse. Pour se venger, il persuade Othello que Desdémone a pour amant l'honnête Cassio. Devenu fou de jalousie, Othello étrangle Desdémone, mais, comprenant qu'il a été abusé, il se poignarde de désespoir. ■ La pièce a inspiré des opéras à Rossini* (1816) et à Verdi* (v. ci-dessous), une ouverture symphonique à Antonín Dvořák* (op. 63) et un tableau à Delacroix*. Elle a été adaptée en vers français par Alfred de Vigny* (*Le More de Venise*, 1829) et adaptée au cinéma par O. Welles (1952). ▮ **Othello** Opéra de Verdi sur un livret d'A. Boito* (Milan, 1887). Avec cet ouvrage, que sa construction et sa finesse psychologique haussent au-dessus de son modèle, Verdi inaugura l'usage d'une « déclamation mélodique » qui marqua tout l'opéra du XX$^{e}$ siècle.

**OTHIS** [77280] ➝ ÉTYM. du lat. *hostis* « étranger » (pour disposer de main-d'œuvre, les seigneurs faisaient appel à des étrangers à qui ils concédaient des terres à travailler) ♦ Comm. de la Seine-et-Marne, arr. de Meaux. 6 479 hab. *(Othissois)*. Église de la Nativité-de-la-Vierge du XV$^{e}$ s. (façade Renaissance).

**OTHMAN** – en ar. ***ʿUthmān ibn ʿAffān*** ♦ Troisième calife musulman (de 644 à 656). Il fut le premier notable mekkois converti. Pour succéder à Omar, il fut préféré à Ali. Accusé de favoriser les siens et ses gouverneurs dans la distribution du butin acquis pendant les conquêtes d'Afrique, d'Asie Mineure et de Perse, il souleva une forte opposition en Irak et en Égypte. En fixant le texte officiel du Coran, il s'attira, à Médine, le mécontentement de plusieurs anciens compagnons du Prophète ainsi que la contestation de ʿĀ'icha, fille d'Abū Bakr et femme préférée de Mahomet. Il fut tué par un des frères de ʿĀ'icha.

**OTHNIËL** ♦ Juge d'Israël (-XII$^{e}$ s.). Juges, I, 13 ; III, 9.

**OTHON** ➝ ÉTYM. en lat. ***Marcus Salvius Otho***, du germ. *ōdo* « biens, richesse » ♦ (Ferentinum 32 - Betriacum 69). Empereur romain (69). D'abord favori de Néron*, il refusa de lui céder de bon gré sa femme Poppée* et fut envoyé comme gouverneur en Lusitanie (58 - 68). Il appuya Galba* contre Néron, puis, voyant que Galba désignait Pison comme successeur, il le fit massacrer (69) et fut reconnu comme empereur dans tout l'empire, sauf en Germanie où les légions avaient proclamé Vitellius*. Il entra en lutte contre ce dernier, mais, écrasé à Bédriac*, il se donna la mort.

**OTHON** ou **OTTON** ♦ Nom de plusieurs empereurs germaniques. ♦ **OTHON** ou **OTTON I$^{er}$ le Grand** (Walhausen 912 - Memleben 973). Roi de Germanie (936 - 973) et empereur germanique (962 - 973). Fils d'Henri* I$^{er}$ l'Oiseleur, il dut faire face à plusieurs révoltes : celle de son frère Henri et d'Eberhard, duc de Franconie (938 - 939), celle de son fils Liudolf et de Conrad, duc de Lorraine (953 - 954). Il triompha des féodaux avec l'appui de l'Église et déposséda les ducs allemands au profit de sa famille. Il imposa son autorité à la Lorraine en 944 et intervint en France où il se prononça en faveur du Carolingien Louis IV (948). Il fonda surtout sa puissance sur le prestige que lui valurent ses victoires sur les Hongrois et sur les Slaves ➝ **Hermann Billung**. Il intervint en Italie où il se fit reconnaître roi de Pavie en 951, puis à sa seconde expédition, couronner empereur à Rome par le pape Jean* XII (962), fondant ainsi le Saint Empire romain germanique. Il plaça la papauté en tutelle et déposa Jean XII en 963, puis Benoît V en 964. Il organisa des missions d'évangélisation dans les terres de l'est chez les Slaves et fonda l'évêché de Magdebourg (968). Pour protéger l'empire, il fonda des marches militaires aux frontières, telle l'Ostmark (la future Autriche). ♦ **OTHON** ou **OTTON II** (955 - Rome 983). Roi de Germanie (961 - 973) et empereur germanique (973 - 983). Fils d'Othon I$^{er}$ et mari de Théophano* (972), il s'occupa surtout de se rendre maître de l'Italie, mais fut vaincu au cap Colonne par les Sarrasins (982), ce qui permit aux Slaves de se libérer de l'emprise allemande à l'est de l'Elbe. ♦ **OTHON** ou **OTTON III** (980 - Paterno, près de Viterbe 1002). Roi de Germanie (983) et empereur germanique (983 - 1002). Fils d'Othon II, il régna d'abord sous la régence de sa mère Théophano, puis de sa grand-mère Adélaïde. Il descendit en Italie en 996, nomma son cousin pape (Grégoire V) et se fit sacrer empereur par lui. En 999, il nomma pape son ancien précepteur Gerbert* (Sylvestre II). Il fit de Rome sa capitale et, sous l'influence du pape, rêva de reconstituer l'empire chrétien. Il eut pour successeur Henri de Bavière. ➝ **Henri II.**

**OTHON** ou **OTTON IV DE BRUNSWICK** ♦ (v. 1174 - au Harzburg 1218). Roi des Romains (1198) et empereur germanique (1209 - 1218). Fils de Henri* le Lion, il fut élu roi des Romains à la mort d'Henri VI par le parti guelfe en concurrence avec Philippe* de Souabe de la famille des Hohenstaufen, soutenu par le parti gibelin. Reconnu et couronné empereur par le pape Innocent* III après l'assassinat de son rival, il entreprit la conquête du royaume de Sicile, contrairement à ses accords avec le Saint-Siège, et fut excommunié (1210). Innocent lui opposa le fils d'Henri VI, Frédéric* II (1212). Après sa défaite à Bouvines* devant Philippe* Auguste, allié des gibelins (1214), Othon ne jouit plus d'aucun appui en Allemagne.

**OTHON** ou **OTTON DE NORDHEIM** ♦ (mort en 1083). Duc de Bavière (1061 - 1070). Prince saxon, il conspira constamment contre l'empereur Henri* IV qui lui enleva la Bavière. Il continua à participer aux révoltes saxonnes contre ce dernier.

**OTHON** ou **OTTON I$^{er}$ DE WITTELSBACH** ♦ (v. 1120 - Pfullendorf 1183). Duc de Bavière (1180 - 1183). Frédéric* Barberousse lui donna le duché de Bavière, dont il avait dépouillé Henri le Lion. La famille des Wittelsbach régna sur la Bavière jusqu'en 1918.

**OTHON** ou **OTTON I$^{er}$** ♦ (Munich 1848 - Fürstenried 1916). Roi de Bavière (1886 - 1913). Atteint de démence comme son frère Louis* II, auquel il succéda en 1886, il resta interné jusqu'à sa mort. Son cousin Louis* III lui succéda en 1913.

**OTHON** ou **OTTON I$^{er}$** ♦ (Salzbourg 1815 - Bamberg 1867). Roi de Grèce (1832 - 1862). Fils de Louis I$^{er}$ de Bavière, il fut désigné pour occuper le trône de Grèce par la conférence de Londres. Devenu impopulaire à cause des abus de ses conseillers bavarois, il dut accorder une Constitution (1844) à la suite d'une insurrection. Incapable de répondre aux problèmes intérieurs et aux aspirations nationales des Grecs pendant la crise orientale, il fut renversé par une révolte en 1862. → Grèce.

**OTHON** ou **OTTON DE BAMBERG** (saint) ♦ (en Souabe, v. 1060 - Bamberg 1139). Évêque de Bamberg (1102 - 1124). Il évangélisa la Poméranie*, à la demande de Boleslas III de Pologne. ▪ Fête le 2 juil.

**OTHON** ou **OTTON DE FREISING** ♦ Historien allemand (v. 1111 - Morimond, Bourgogne 1158). Petit-fils de l'empereur Henri IV, il fut abbé de Morimond (1136) puis évêque de Freising (1137) et réforma les mœurs ecclésiastiques. Il exerça une certaine influence politique sous Frédéric Barberousse. Il est l'auteur des *Gesta Frederici I imperatoris*.

**OTHRYS** ♦ Massif montagneux de Grèce (1 726 m) qui se dresse entre la Phtiotide et la Thessalie. ▪ MYTHOLOGIE Les Titans* y menèrent leur guerre contre Zeus.

**OTRANTE** – en it. ***Otranto*** ♦ V. d'Italie, dans les Pouilles (prov. de Lecce), sur la mer Ionienne, à l'extrémité orientale de la péninsule, dans la terre de ce nom, sur le *canal d'Otrante*. 5 282 hab. Cathédrale (XIIe - XVe s.) au célèbre pavement de mosaïques du XIIe s.

**OTRANTE** (canal d') ♦ Détroit d'une largeur de 70 km, séparant l'Adriatique de la mer Ionienne.

**OTTAWA** ➔ **ÉTYM.** du n. des *Outaouais** ou de *Odah-Was* «les pendants d'oreilles», n. de tribu ♦ Cap. fédérale du Canada (Ontario). 812 129 hab. (zone urbaine 1 130 761, avec Hull) *(Outaouais)*. La ville est bâtie sur un ensemble de collines dans un site agréable sur la riv. des Outaouais*. Parlement de style néogothique (1859 - 1865 ; reconstruit après un incendie en 1916). Bibliothèque nationale. Musée des Beaux-Arts. Universités. ▪ Centre des principales institutions politiques, scientifiques et culturelles du pays. Indus. du bois. Indus. alimentaires. Imprimeries. Industries de haute technologie dans la vallée de Kanata qui prolonge la banlieue O. ▮ **Histoire** La ville s'appela Bytown jusqu'en 1854, du nom de son fondateur By (1827). En 1857, la reine Victoria la choisit comme capitale du Canada-Uni, réglant ainsi la rivalité entre Montréal et Toronto. ♦ ***Conférence d'Ottawa*** Conférence économique entre la Grande-Bretagne et ses dominions (1932), qui aboutit aux *accords d'Ottawa* établissant le principe de la «préférence impériale» accordée par la Grande-Bretagne aux produits du Commonwealth.

**OTTERLO** ♦ Localité des Pays-Bas, comm. d'Ede (Gueldre), à l'entrée O. du parc national de la Veluwe* abritant le musée national Kröller-Müller (1938) : peintures hollandaises du XVIe s., céramiques et, surtout, importante coll. de sculptures et de peintures modernes, en particulier œuvres de Van Gogh et de Mondrian ; parc de sculptures contemporaines de 10 ha (1960).

**OTTIGNIES-LOUVAIN-LA-NEUVE** ♦ V. de Belgique (Région wallonne), prov. du Brabant wallon, arr. de Nivelles, sur la Dyle. 30 188 hab. Louvain-la-Neuve, seule ville nouvelle de Belgique, a été construite autour du campus de l'Université catholique destiné à accueillir les facultés francophones transférées de Louvain* entre 1972 et 1979. Musée Hergé (par Portzamparc*). Vieilles fermes dans les localités plus rurales, comme Céroux-Mousty. ▪ Parc indus. et scientifique ; chimie fine.

**OTTMARSHEIM** [68490] ➔ **ÉTYM.** germ. «village *(heim)* d'Otmar» (ou Audamar), n. de pers. ♦ Comm. du Haut-Rhin, arr. de Mulhouse. 1 926 hab. *(Ottmarsheimois)*. Église Saint-Pierre-et-Saint-Paul (v. 1040), anc. abbatiale (peintures murales du XVe s.). ▪ Centrale hydroélectrique sur le grand canal d'Alsace. Métallurgie. Chimie.

**OTTO (Nikolaus)** ♦ Ingénieur allemand (Holzhausen 1832 - Cologne 1891). Il mit au point et présenta en 1876 le moteur à quatre temps dont la théorie avait été établie en 1862 par Beau* de Rochas.

**OTTO (Rudolf)** ♦ Philosophe allemand et historien des religions (Peine 1860 - Marburg 1937). Professeur à Breslau (1904 - 1917), puis à Marburg (1917 - 1929), il publia un ouvrage sur *Le Sacré* (*Das Heilige*, 1917) qui marqua une date importante dans l'étude du sentiment religieux, dont l'auteur donne une description phénoménologique en montrant son caractère non rationnel et ambivalent (fascination et terreur à l'égard du sacré).

**OTTOBEUREN** ♦ V. d'Allemagne (Bavière) dans l'Allgäu souabe. 7 500 hab. Abbaye bénédictine fondée en 764 et transformée au XVIIIe s. en un ensemble architectural majestueux, l'une des réalisations majeures de l'art baroque en Allemagne du Sud. L'église abbatiale (Klosterkirche), conçue par J. M. Fischer* et décorée dans le meilleur style rococo par les Zeiller et J. M. Feuchtmayer impressionne par ses dimensions (nef de 90 m, tours hautes de 82 m), par la puissance de sa coupole, la richesse des stucs, les stalles et les orgues du chœur (1766).

**OTTOKAR PŘEMYSL** ➔ **ÉTYM.** *Ottokar* : en germ. *Odowakar* «conservateur de biens» ♦ Nom de plusieurs rois de Bohême. ♦ **OTTOKAR Ier PŘEMYSL** (mort en 1230). Roi de Bohême (1197 - 1230). Fils de Ladislas* II, il se fit concéder le titre de roi par l'empereur germanique Philippe de Souabe. Il favorisa dans ses États la colonisation allemande. ♦ **OTTOKAR II PŘEMYSL** (v. 1230 - près de Dürnkrut 1278). Roi de Bohême (1253 - 1278). Petit-fils du précédent, il acquit la Moravie (1249) puis rattacha à ses États la Styrie (1260), la Carinthie, la Carniole et l'Istrie (1269). Il combattit les païens en Prusse et y fonda la ville de Königsberg. Sa puissance fut brisée par l'empereur germanique Rodolphe* Ier de Habsbourg, dont il avait contesté l'élection, et il ne conserva que la Bohême et la Moravie (1276).

**OTTOKAR DE STYRIE** ♦ Chroniqueur allemand (fin du XIIIe s. - début du XIVe s.). Auteur d'une *Chronique autrichienne* en vers (v. 1310).

**OTTOMAN (EMPIRE)** ➔ **ÉTYM.** du n. de *Osman** (ou *Othman* ; ar. *'Utmān*) Ier Gazi ♦ Édifié sur les ruines de l'État seldjoukide et de l'Empire byzantin, l'Empire ottoman s'étendit rapidement en Europe jusqu'aux frontières austro-hongroises, au Proche-Orient, où les frontières iraniennes furent souvent violées, et enfin au nord de l'Afrique (sauf au Maroc). Il constitua une grande puissance méditerranéenne, héritière de l'Empire romain et du califat arabe (XVIe s.-déb. XVIIe s.). Mais dès le début du XVIIe s. un lent déclin commença pour l'empire dont l'organisation et les institutions figées ne correspondaient plus aux exigences de l'évolution historique. Aucun des souverains ne put empêcher le processus de décomposition qui le morcela, du fait du réveil des nationalismes balkaniques et arabes comme de la politique interventionniste et impérialiste des nouvelles grandes puissances industrielles (XIXe s.-déb. XXe s.). L'intégrité de l'Anatolie même ne fut préservée qu'avec la suppression de l'empire agonisant et l'instauration de la république turque (1923). ▮ **Les origines et la formation de l'Empire ottoman (1290 - 1451)** ▮ ***Les Osmanlis*** À l'époque du déclin du pouvoir des Seldjoukides* apparurent les puissances locales des tribus turques installées un siècle plus tôt sur les frontières turco-byzantines, aux extrémités occidentales de l'Anatolie (mil. XIIe s.). Constituant des émirats autonomes *(beylik)*, ces tribus devinrent totalement indépendantes à la fin du XIIIe s. Parmi elles figurait la tribu des Osmanlis*. Appartenant à la branche oghuz des Turcs, les Osmanlis reçurent, sous leur chef Ertoğrul, la région de Söğüt (Seuyut) pour la défendre contre les Byzantins (1260). Osman*, fils et successeur d'Ertoğrul, attaqua les Grecs et plaça sous son contrôle une partie de la Bithynie byzantine. Son fils Ohrhan* Gazi occupa Brousse (1326), Nicée (1331), Nicomédie (1337) et, à sa mort, les Osmanlis possédaient les deux rives des Dardanelles et étaient déjà solidement implantés en Thrace. ▮ ***Murat Ier et Bayazid Ier*** Mais le véritable créateur de la puissance ottomane en Europe orientale fut Murat* Ier (1359 - 1389). Il prit Andrinople (1363), occupa la Macédoine, la Thrace orientale et la Bulgarie. En Anatolie, malgré certains avantages acquis, son action ne fut pas décisive. Cependant, en créant une administration centralisée (le *divan*) dirigée par le grand vizir et une armée redoutable (→ **janissaires**), il jeta les bases d'un grand État que l'œuvre de son fils Bayazid* Ier consolida. Ce dernier conquit la quasi-totalité des émirats turcs d'Anatolie et continua l'invasion de l'Europe balkanique jusqu'aux frontières hongroises (1393 - 1395). Il renforça ses positions en triomphant de la croisade lancée par Sigismond (roi de Hongrie) et encouragée par le pape Boniface IX (Nicopolis, sept. 1396). Mais à la suite de l'attaque des troupes mongoles dirigées par Tamerlan et de sa défaite à Ankara

**Empire ottoman.** *Soliman II le Magnifique, à la chasse*, XVIe s. Bibliothèque de Topkapı, Istanbul. *BIS/Phot. G. Tomsich © Archives Larbor*

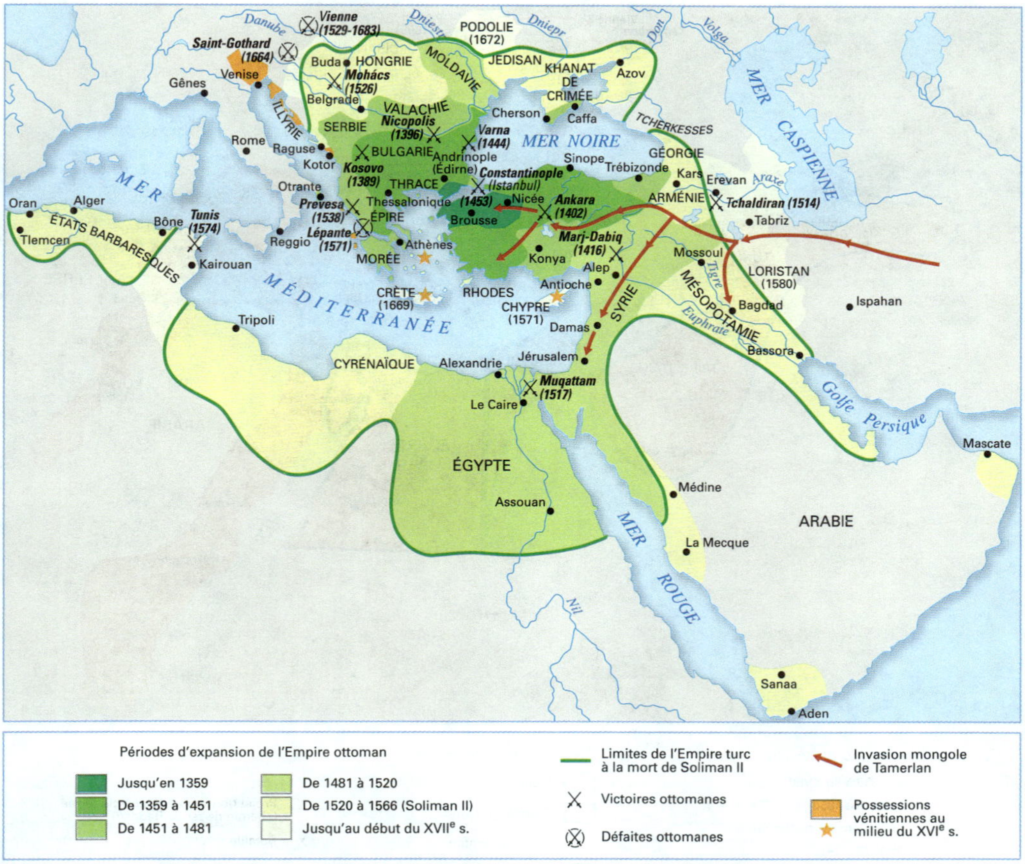


**Empire ottoman.** L'expansion de l'Empire ottoman.

(1402), Bayazid perdit les émirats turcs d'Anatolie que son vainqueur reconstitua. ▮ ***Mehmet Ier et Murat II*** Ce fut Mehmet* Ier qui réintégra ces émirats dans l'Empire ottoman (1421). Murat* II élargit ses possessions tant en Europe qu'en Asie Mineure et repoussa une nouvelle croisade (Varna, nov. 1444). Ce souverain installa sa capitale à Andrinople (Edirne), qui devint un grand centre intellectuel et artistique. À sa mort (1451), l'empire était déjà solide. Son armée fut puissante et son administration efficace. Pourtant les Ottomans ne purent encore contester la suprématie maritime des Occidentaux où Génois et surtout Vénitiens dominaient toujours. ▮ **L'apogée de l'Empire ottoman (1451 - 1566)** ▮ ***Le prise de Constantinople*** La première action d'éclat de Mehmet* II (1451 - 1481) fut la prise de Constantinople (29 mai 1453) ; il y installa sa capitale en 1457 - 1458. Durant son règne (1451 - 1481), les Turcs étendirent leur domination sur le Péloponnèse, l'Albanie, la Bosnie, la Moldavie. À la suite d'une guerre, Venise dut pour la première fois payer un tribut annuel afin de conserver ses possessions et ses privilèges commerciaux. Le successeur de Mehmet II, Bayazid* II (1481 - 1512), consolida l'administration mais ne put venir à bout des mamelouks* d'Égypte. Ces deux souverains encouragèrent le peuplement turc à Constantinople et en Europe balkanique. Sélim Ier (1512 - 1520) s'attacha à conquérir les pays d'islam : il occupa successivement l'Anatolie orientale, l'Azerbaïdjan, la Cilicie, le Kurdistan, la Syrie, la Palestine et l'Égypte. ▮ ***Soliman le Magnifique*** Son fils Soliman* II (1520 - 1566), le plus célèbre des souverains ottomans, continua triomphalement l'œuvre de conquête de ses prédécesseurs tant sur le front oriental que sur le front occidental. Il plaça la quasi-totalité des pays arabo-musulmans sous son autorité (Irak, Afrique du Nord [sauf le Maroc] en plus des conquêtes de Sélim). En Europe, il occupa Belgrade, Rhodes, la Hongrie et la Transylvanie. Maître de cet immense empire, il entra en rivalité avec Charles* Quint en Europe centrale, en Méditerranée, en Afrique du Nord tandis que le roi de France, François Ier, cherchait à obtenir son alliance. À cette époque, la flotte turque dominait déjà la Méditerranée orientale et ses incursions en Méditerranée occidentale, souvent menaçantes, contribuèrent à maintenir la flotte espagnole loin des rivages des pays d'Orient. Pour exercer son autorité absolue, le sultan s'appuyait sur un appareil administratif centralisé. Le gouvernement était dirigé par le grand vizir assisté d'un certain nombre de vizirs, révocables à tout moment, de deux juges militaires *(kadi-asker)*, du secrétaire des finances *(defterdar)*, du grand amiral *(kapudan pacha)* et du chef des janissaires* *(agha)*. La protection de l'empire était assurée par une puissante armée qui comprenait des troupes régulières payées par le Trésor et composées de janissaires, de canonniers, d'armuriers, de cavaliers *(sipahi)*, et des troupes irrégulières. La marine, constituée principalement de corsaires, fut un élément essentiel de la suprématie turque. Elle disposait d'arsenaux en Méditerranée et en mer Noire. Mais la faille de l'empire se trouvait dans l'organisation du commerce : déjà, la structure des échanges entre l'Occident, fournissant des produits manufacturés, et l'Orient, livrant des matières premières, était opérante. Avec le temps, elle ne fit que se renforcer. Et dès la fin du XVIe s. la concurrence de la route du Cap pour le commerce avec l'Extrême-Orient devint effective. ▮ **Le commencement du déclin (XVIIe - XVIIIe s.)** Les successeurs de Soliman, malgré quelques succès (conquête de Chypre, 1570 - 1571 ; prise de Tunis, 1574 ; occupation de la Géorgie, 1590), ne furent pas en mesure d'éviter d'éclatantes défaites (Lépante, 1571 ; Moldavie, Hongrie). Ahmed* Ier (1604 - 1617) dut faire face à des révoltes dans l'empire. Le corps des janissaires, avec le meurtre du sultan Osman* II (mai 1622), commença à intervenir dans les crises de succession. Les intrigues de palais fomentées par les sultanes mères n'aidèrent pas à empêcher les désordres, la désagrégation administrative et les révoltes militaires. Cependant plusieurs membres de la famille Köprülü* furent nommés successivement au poste de grand vizir et purent rétablir l'ordre et mener une œuvre de redressement. Après l'échec du second siège de Vienne (1683), les armées ottomanes subirent plusieurs défaites et la paix de Karlowitz (1699) fut le premier traité défavorable signé par le sultan, qui perdait presque toutes ses possessions en Hongrie. Avec le XVIIe s. finissant, apparut pour la première fois la puissance russe dans le domaine ottoman. Au XVIIIe s., l'empire n'enregistra que des revers : le traité de Passarowitz (1718) fut favorable aux Autrichiens ; les Turcs durent céder à la Perse les provinces du Caucase (1736). Une guerre turco-russe con-

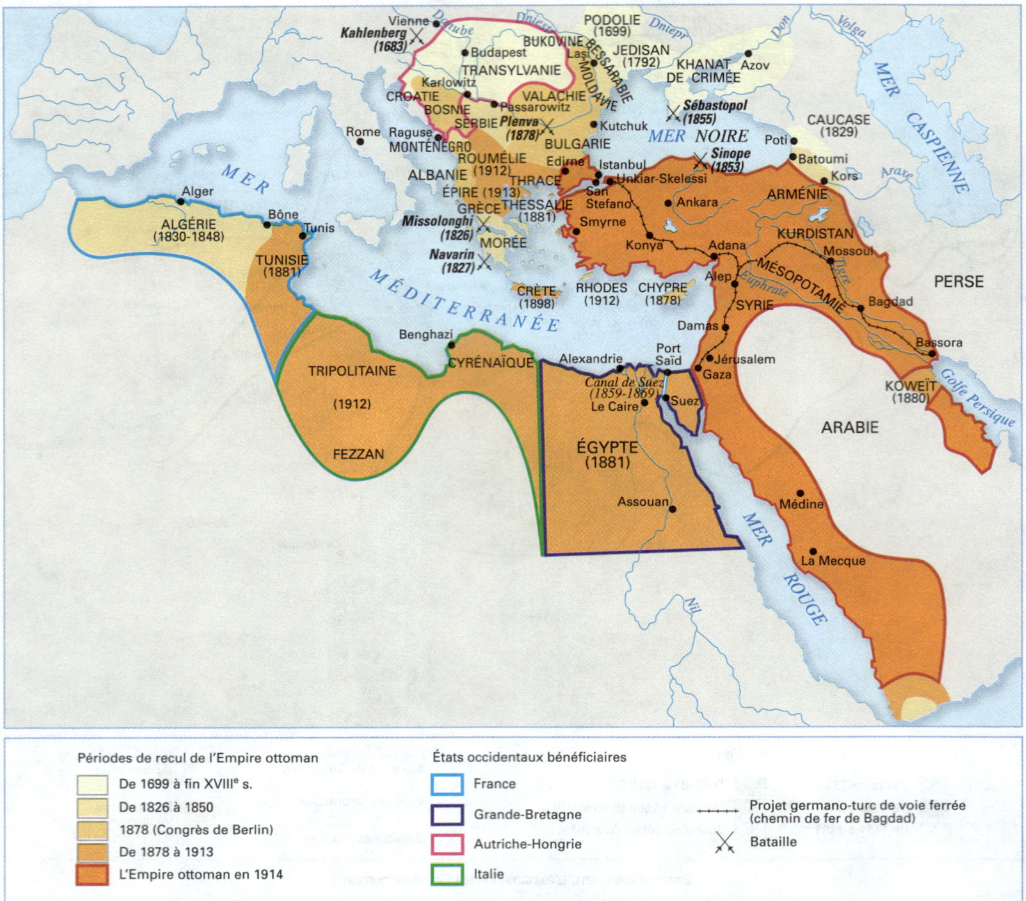


**Empire ottoman.** Le recul de l'Empire ottoman.

sacra la présence des Russes dans la mer Noire (1774) et le traité de Kutchuk-Kaïnardji peut être considéré comme le point de départ de la question d'Orient* dans laquelle l'Empire ottoman allait devenir l'enjeu d'une lutte entre la Grande-Bretagne, la Russie, la France et l'Autriche. **▮ L'Empire en crise (fin XVIIIe - fin XIXe s.)** **▮ *Les tentatives de réforme*** Après la guerre contre les Russes et les Autrichiens, Sélim* III dut signer la paix de Svištov (1791) qui consacra un statu quo avec les Autrichiens et la paix de Iaşi (1792) qui permit aux Russes d'obtenir de nouveaux territoires. Cependant plusieurs provinces se révoltèrent (Syrie, Hedjaz, Bulgarie, Serbie), et l'expédition de Bonaparte en Égypte (1798 - 1802) constitua une difficulté supplémentaire. Cherchant à réorganiser l'armée (1802), Sélim III fut déposé par les janissaires en révolte. Sentant la nécessité d'une politique de réformes, Mahmud* II (1808 - 1839) supprima le corps des janissaires (1826) qu'il fit massacrer. Son action, limitée, fut élargie par Abdülmacid* Ier (1839 - 1861) qui inaugura la période des *Tanzimat** caractérisée par l'introduction de réformes dans le système législatif, l'appareil scolaire et les corps administratifs. **▮ *Le démantèlement de l'Empire*** Cette politique fut menée au moment même où l'empire se trouvait secoué par les divers nationalismes : Ali* Pacha de Tebelen tint tête pendant vingt ans aux Ottomans (Épire), Méhémet* Ali s'émancipa en Égypte et s'imposa en Arabie et au Soudan. Le mouvement national grec, après l'action de Rhigas* (1797), visa à l'indépendance totale (1821) qu'il put obtenir (1830) grâce à la lutte implacable qu'il mena et aux soutiens russe et britannique. La Serbie, la Moldavie et la Valachie devinrent autonomes. Plus tard, la guerre de Crimée* (1854 - 1855) et le traité de Paris (1856) aboutirent à l'union de la Moldavie et de la Valachie qui formèrent en 1862 la Roumanie*. Mais divers troubles ne purent être évités malgré la libéralisation du régime ottoman pendant l'avènement d'Abdülhamid* II (1876 - 1909). Une guerre éclata entre Russes et Turcs. La défaite ottomane constitua une nouvelle étape dans le démembrement de l'empire (1878) : la Serbie devint totalement indépendante ; la Roumélie orientale peuplée de Bulgares acquit l'autonomie ; la Grèce reprit la Thessalie tandis que la Grande-Bretagne, la France et l'Italie se partagèrent l'Afrique du Nord (Égypte, Tunisie, Libye) à l'avance. **▮ La fin de l'Empire (fin XIXe s. - 1923)** **▮ *La question balkanique*** Après une courte période libérale, Abdülhamid* II suspendit la Constitution, rétablit le pouvoir absolu et se fonda sur une idéologie panislamique dont certaines minorités furent les victimes (massacres des Arméniens, 1894 et 1896). Il ne parvint cependant ni à stabiliser la situation politique ni à assainir l'économie et, à propos de la Macédoine, réclamée à la fois par les Turcs, les Bulgares, les Grecs et les Serbes, la « question balkanique » resta posée. **▮ *Le mouvement des Jeunes-Turcs*** Dans cette atmosphère éclata la révolution des Jeunes*-Turcs animant les comités Union et Progrès. Des officiers et des intellectuels libéraux renversèrent le sultan (1909) et désignèrent Mehmet* V (1909 - 1918) comme son successeur. Mais les Jeunes-Turcs abandonnèrent vite leur programme libéral et prônèrent un panturquisme ultranationaliste. L'empire perdit la Tripolitaine (1911), presque toute la Thrace (1912). En 1913, le triumvirat jeune-turc (Enver*-Tal'at*-Djamāl*) accentua la politique autoritaire du pouvoir et eut recours au soutien germanique. Ils entraînèrent l'empire dans la guerre, aux côtés de l'Allemagne. Après la défaite, l'action de Mustafa* Kemal qui dirigea la lutte nationale eut pour conséquence la suppression de l'empire et l'instauration d'une république (1923). → **Turquie.**

**OTTON** → **Othon**

**OTTONIENNE** (branche) ♦ Dynastie allemande d'origine saxonne fondée en 919 par Henri* Ier l'Oiseleur. → **Othon, Henri II.**

**OTWAY (Thomas)** ♦ Poète dramatique anglais (Trotten 1652 - Londres 1685). Ses débuts dans la carrière dramatique furent marqués par des adaptations de Corneille, de Racine (*Titus et Bérénice,* 1677) et de Molière (*Les Fourberies de Scapin,* 1677), ainsi que par une transposition du *Roméo et Juliette* de Shakespeare dans l'histoire romaine (*L'Histoire de la chute de Caius Marcus,* 1680). Ses œuvres fondamentales demeurent *L'Orpheline* (1680) et surtout *Venise sauvée* (1682), dernière résurgence du drame élisabéthain au XVIIe s. dont le sujet fut repris par Hugo von Hofmannsthal*.

**ÖTZTAL** n. m. ♦ Nom désignant en Autriche, dans le Tyrol du Nord, d'une part un massif cristallin (Ötztaler Alpen) culminant à la Wildspitze (3 768 m) et totalisant, entre bassin de l'Inn et bassin de l'Adige, 134 km$^2$ de glaciers ; d'autre part une vallée glaciaire (Ötztaler Ache), coupée de cascades (Stuibenfälle), réchauffée par le souffle du foehn, et vouée de plus en plus au tourisme, autour de Sölden* en particulier. En été, le col du Timmelsjoch (2 474 m) permet de descendre en Italie dans le Val Passivia, en direction de Merano.

**OUA** n. f. → **Organisation de l'unité africaine**

**OUACHITA** ou **WACHITA** (monts) ♦ Région de collines dans le centre S. des États-Unis (Arkansas et Oklahoma). C'est, comme les monts Ozark*, un affleurement hercynien. ▪ La Ouachita *(Ouachita River)*, née dans les monts Ouachita (Arkansas), coule vers l'E. puis le S. et se jette dans la Red River (Louisiane). 800 km. Barrages.

**OUADDAÏ** ou **OUADAÏ** n. m. → ÉTYM. de l'ar. *Er Radjel el Beoueddi el mām el Ouaddaï* «l'homme qui apporte les présents» [Ouaddaï était un lieu de transit pour les pèlerins qui allaient d'Afrique à La Mecque et *Ouaddaï* serait le nom d'un fonctionnaire chargé de récolter un impôt] ♦ Région saharienne du Tchad aux confins du Soudan, formée de plateaux granitiques aux vallées cultivées. V. PRINC. : Abéché. ▮ **Histoire** La région correspond à l'ancien royaume du Soudan tchadien ; soumis depuis le XVe s. à une dynastie venue du Darfour, il ne fut islamisé qu'au XVIIe s. et s'étendit sur la région du Chari au XVIIIe s. Placé sous protectorat français en 1909, il fut rattaché au Tchad en 1912.

**OUADI NATROUM** ou **WĀDĪ NATRŪM** n. m. ♦ Région de la Basse-Égypte, à l'O. du Nil, formée d'une quinzaine de lacs s'étendant au fond d'une dépression de 25 km de longueur. On extrait de ceux-ci du sel commun et du natron (carbonate de soude) qui servait à la momification, utilisé maintenant pour le blanchiment du lin et la fabrication du verre. Couvents coptes. → **Nitrie.**

**OUAD-MÉDANI** ♦ V. du Soudan sur le Nil Bleu, au S. de Khartoum. 1 029 700 hab. Centre de l'indus. cotonnière. Reliée par voie ferrée à Khartoum et à Port-Soudan, sur la mer Rouge.

**OUAGADOUGOU** → ÉTYM. de *woogho do* dans *Gnam yelamé tid wa tid woogho do* «Vous nous avez demandés pour nous honorer» [Merci de votre accueil] [allus. à la réponse historique du Moro Naba Oubri, chef des conquérants mossis, prononcée en réponse à l'accueil du chef des Nioniossé, la population d'origine] ♦ Cap. du Burkina Faso, située au cœur du pays sur le plateau mossi, reliée par voie ferrée (1 000 km) à Abidjan (Côte d'Ivoire) par Bobo-Dioulasso. 1 475 223 hab. *(Ouagalais)*. ▪ Indus. légères. Abattoirs, entrepôts frigorifiques, Centre culturel (festival de cinéma). ▮ **Histoire** Fondée au XVe s. par Oubri, le petit-fils d'Ouédraogo l'ancêtre des Mossis, Ouagadougou abrite le palais du Moro Naba.

**OUAHRAN** → **Oran**

**OUARGLA** → ÉTYM. du n. d'une tribu ♦ Oasis du Sahara algérien, au S.-O. du Souf, entre le Mzab et le Grand Erg oriental, formant une wilaya. 270 030 km$^2$. 286 547 hab. Ancien carrefour important pour les caravanes et les nomades. Très riche palmeraie (dattiers). D'importants gisements pétroliers se trouvent au S.-E. de Ouargla. → **Gassi (El-), Hassi Messaoud.**

**OUARSENIS** n. m. ♦ Massif montagneux de l'Algérie, partie de l'Atlas tellien, situé entre la vallée longitudinale du Chéliff au N. et les Hauts Plateaux au S.

**OUARZAZATE** ♦ V. du Maroc, ch.-l. de prov., située entre le Haut Atlas et l'Anti-Atlas, sur l'oued du même nom, à l'O. de la vallée du Draa. 56 616 hab. Centre artisanal (tapis). Palmeraie. Aéroport international. À proximité se trouvent des mines de manganèse.

**Ouarzazate.** *Phot. ©P. Maitre/Cosmos*

**OUBANGUI** n. m. ♦ Riv. d'Afrique équatoriale (1 160 km), née de la réunion du Ouellé et du M'Bomou. D'abord orientée E.-O., elle coule ensuite vers le S., traçant la frontière entre la Rép. centrafricaine et la Rép. démocratique du Congo. Elle passe à Bangui, puis marque la frontière entre le Congo et la Rép. démocratique du Congo et rejoint le fl. Congo en aval de Mbandaka. L'Oubangui est, comme le Congo, la grande voie de communication de la région.

**OUBANGUI-CHARI** n. m. ♦ Anc. territoire français membre de l'Afrique-Équatoriale française, devenu indépendant sous le nom de République centrafricaine* (1958).

**OUCHE** n. f. → ÉTYM. anc. *Ascara*, de la rac. *osc-* et suff. hydronym. *-ara* ♦ Affl. de la Saône (rive d.). 85 km. Son cours se dirige d'abord vers le S., avant de tracer un demi-cercle S.-N.-N.-S., dont le sommet est au S. de Dijon. L'Ouche conflue près de Saint-Jean-de-Losne, à l'O. de Dole.

**OUCHE** (pays d') ♦ Région de Normandie qui s'étend sur les dép. de l'Eure* et de l'Orne* entre la Charentonne et l'Iton*. Prairies et forêts. → **Conches-en-Ouche.**

**OUCHY** ♦ Faub. et port de Lausanne (Vaud) sur le lac Léman.

**OUD (Jacobus Johannes Pieter)** ♦ Architecte et designer néerlandais (Purmerend 1890 - Wassenaar 1963). Après ses études à l'École des arts appliqués d'Amsterdam, puis à l'université de Delft, il s'installa à Leyde, la ville de Theo Van* Doesburg, mais ne resta membre du Stijl que peu de temps. Il lança l'architecture fonctionnelle aux Pays-Bas et créa des logements sociaux et de grands ensembles à Hoek van Holland, en 1926 - 1927, et à Kiefhoek, en 1928 - 1929, puis une maison de convalescence, près d'Arnheim, en 1952 - 1960.

**OUDENAARDE** → ÉTYM. flam. «à la vieille *(aldan)* terre *(arda)*» – en fr. ***Audenarde*** ♦ V. de Belgique (Région flamande), prov. de Flandre-Orientale, ch.-l. d'arr., sur l'Escaut. 28 820 hab. Hôtel de ville du XVIe s. ; églises des XIIIe et XVe s. ▪ Indus. textile. Brasserie (bière brune). ▮ **Histoire** Pendant la guerre de Succession* d'Espagne, le duc de Vendôme y fut vaincu par le prince Eugène de Savoie et le duc de Marlborough (1708).

**OUDH** n. m. ♦ Ancien royaume indo-musulman du N. de l'Inde (centre de l'Uttar* Pradesh) qui fut fondé à Ayodhya (Oudh). Il devint britannique en 1856, et on lui adjoignit alors la région d'Agra. En 1902, il prit le nom de United Provinces of Agra and Oudh. Les nababs de la ville de Lucknow portèrent le titre d'Oudh.

**OUDIN (César)** ♦ Érudit et traducteur français (mort en 1625). Il fut le secrétaire et l'interprète du futur Henri IV et traduisit en particulier le *Don Quichotte* de Cervantès. ♦ **Antoine Oudin.** Érudit et traducteur français (mort en 1651). Fils du précédent, il est l'auteur d'un célèbre recueil de locutions familières (*Curiositez françoises*, 1649), de grammaires italiennes et espagnoles et de dictionnaires bilingues, parmi lesquels le *Trésor des deux langues espagnole et françoise* (1645).

**OUDINOT (Nicolas Charles)**, duc **DE REGGIO** ♦ Maréchal de France (Bar-le-Duc 1767 - Paris 1847). Lieutenant-colonel des volontaires de la Meuse en 1792, il se distingua en Italie (1799), à Austerlitz (1805), à Ostrołęka et à Friedland (1807), fut promu maréchal après avoir contribué à la victoire de Wagram (1809). Il prit encore part aux campagnes de Russie (1812), d'Allemagne (1813) et de France (1814). Rallié à Louis XVIII, il fut fait pair de France, grand chancelier de la Légion d'honneur et devint gouverneur des Invalides en 1842. ♦ **Nicolas Charles Victor Oudinot,** duc **de Reggio.** Général français (Bar-le-Duc 1791 - Paris 1863). Fils du précédent. Aide de camp de Masséna au Portugal (1810), il participa aux dernières campagnes de l'Empire. Rallié à Louis XVIII (1814), il donna sa démission après la révolution de 1830 ; puis, ayant repris ses fonctions (1835), servit en Algérie. Placé à la tête des troupes françaises chargées de renverser la République romaine, il prit Rome* en juil. 1849. → ÉTYM. *Oudinot* vient du nom germanique *Auda*, nom de personne (de *od* «richesse»).

**OUDMOURTES, VOTYAKS** ou **VOTIAKS** n. m. pl. → ÉTYM. *Oudmourtes* : du votyak *oud*, n. d'une tribu, et *murt* «homme» ♦ Peuple d'origine finno-ougrienne, établi entre la Viatka et la Kama. Plus de 700 000 Oudmourtes habitaient en Russie en 1989, essentiellement dans les républiques d'Oudmourtie* et du Tatarstan*.

**OUDMOURTIE** n. f. – off. ***république d'Oudmourtie,*** en russe ***Respoublika Oudmourtskaïa*** → ÉTYM. de *Oudmourtes** ♦ République de la fédération de Russie. → **Russie** (carte et tableau des divisions admin.). 42 100 km$^2$. 1 570 500 hab. *(Oudmourtes)*. LANGUE : oudmourte. POPULATION : Oudmourtes, 31 % ; Russes, 59 % ; Tatars, 7 %. RELIGION : orthodoxe. CAPITALE : Ijevsk. L'Oudmourtie est divisée en 25 districts. Pays de plaines et de collines, elle est très boisée (40 % du territoire). ▪ L'activité agricole est représentée par la culture des céréales (seigle, avoine, blé) et l'élevage bovin. Indus. métallurgique, mécanique (automobiles) et alimentaire. Traitement du bois. ▮ **Histoire** Dominée par les Tatars (XIIIe - XVIe s.), l'Oudmourtie fit partie de l'Empire russe en 1552. En 1773 - 1775, les Oudmourtes participèrent à la révolte de Pougatchev*. En nov. 1917, le régime soviétique fut instauré à Ijevsk, puis sur l'ensemble du territoire (fév. 1918). Après la guerre civile fut créée la région autonome de Vot (en russe Votskaïa Oblast, nov. 1920) qui devint république socialiste soviétique d'Oudmourtie en déc. 1934 et proclama sa souveraineté au sein de la fédération de Russie en 1991.

**OUDNEY (Walter)** ♦ Explorateur britannique (Édimbourg 1791 - Murmur, Soudan central 1824). Il participa comme naturaliste à l'expédition de Clapperton* et Denham* de Tripoli à Kouka (cap. du Bornou) par le lac Tchad (1822).

**OUDRY (Jean-Baptiste)** ♦ Peintre, dessinateur, décorateur et graveur français (Paris 1686 - Beauvais 1755). Élève de Largillière*, il pratiqua d'abord la peinture religieuse et le portrait, puis se consacra à la peinture d'animaux, à la nature morte et au paysage. Nommé peintre des chasses royales, il fut aussi directeur de la manufacture de tapisseries de Beauvais à partir de 1734 puis surinspecteur des Gobelins (1736) et conçut plusieurs séries de cartons (*Les Verdures fines*, 1736 ; *Les Chasses de Louis XV*, 1734-1745). Sa production de peintre animalier continue l'œuvre de Desportes*. Il peignit aussi des paysages sensibles et exécuta des natures mortes qui témoignent de sa grande virtuosité technique (*Canard blanc*, 1753). Il illustra de deux cent trente dessins les *Fables* de La Fontaine. ➝ ÉTYM. Ce nom de famille vient du nom de personne germanique *Wuldhari*, du vieux haut allemand *vuldar* «gloire» et *hari* «armée».

Jean-Baptiste **Oudry.** *Fables de La Fontaine : Le Renard et la Cigogne* (120,5 x 78 cm), 1747. Musée national du château, Versailles. *BIS/Phot. H. Josse © Archives Larbor*

**OUED (EL-)** ➝ ÉTYM. de l'ar. *wād* «vallée, fleuve» (désigne, par ext., un cours d'eau temporaire dans les régions sèches) ♦ Oasis du Sahara algérien, formant une wilaya, dans le Souf, à proximité de la frontière tunisienne. 70 911 hab. Importante palmeraie. Marché. Centre touristique, célèbre pour son style architectural d'où son appellation de «cité des mille coupoles».

**OUELLÉ** ou **UÉLÉ** n. m. ♦ Riv. d'Afrique centrale (1 300 km) qui coule au N. de la Rép. démocratique du Congo et forme avec le M'Bomou une des branches supérieures de l'Oubangui.

**OUELLETTE (Fernand)** ♦ Écrivain canadien d'expression française (Montréal 1930). Cofondateur de la revue *Liberté* (1959) avec Jacques Godbout et J.-G. Pilon, et organisateur avec Pilon de la «Rencontre québécoise internationale des écrivains» (1972), il s'est fait connaître comme le poète de la recherche de l'absolu, dans la lumière des romantiques allemands (*Poésie*, 1972 ; *En la nuit, la mer*, 1981 ; roman : *Lucie ou un midi de novembre* (1985)). Érotisme et mysticisme trament son écriture lapidaire. Réalisateur à Radio-Canada (1960 - 1991), Ouellette est aussi critique, théoricien et essayiste.

**OUEN** [wɛ̃] ou **DADON** (saint) ♦ Évêque de Rouen (Sancy, Soissonnais v. 600 - Clichy v. 684). Référendaire de Dagobert* Iᵉʳ, il fonda l'abbaye de Rebais (vallée du Grand Morin), fut appelé à l'épiscopat en même temps que saint Éloi* (640) et fut consacré l'année suivante. Il contribua au développement du monachisme normand et négocia la paix entre Neustrie et Austrasie. Auteur d'une *Vie de saint Éloi*. ▪ Fête le 14 août.

**OUENZA** (djebel) ♦ Montagne de l'Algérie orientale, proche de la Tunisie, au N. des monts de Tébessa. 1 288 m. Gisement de minerai de fer exporté par Annaba.

**OUESSANT** [29242] ➝ ÉTYM. anc. *Uxisama* «la très haute [point de repère pour les navigateurs]», du gaul. *ux- [uxellos]* «haut» et suff. superlatif *-samo* ♦ Ch.-l. de cant. du Finistère, arr. de Brest, formé par l'*île d'Ouessant*, située au large de la côte de Léon. 932 hab. *(Ouessantins)*. L'île, plateau de 15 km² (point culminant 60 m), forme un cant. du Finistère, englobé, depuis 1969, dans le parc naturel régional d'Armorique*. Sur la côte O., phare de Créac'h (l'un des plus puissants du monde). ▪ Moutons de pré-salé. Pommes de terre. Tourisme estival.

**OUEZZANE** ou **OUEZZAN** ♦ V. du Maroc (prov. de Rabat), située en pays prérifain, en contact avec la plaine du Gharb. 57 972 hab. Centre commercial. ▪ Zaouïa du chérif idrisside Moulay Abdallah ibn Brattim, saint patron de la confrérie religieuse des Taibiya, érigée en 1727.

**OUFA** n. f. ➝ ÉTYM. p.-ê. du bachkir *ufak* «petit» ♦ Riv. de Russie (918 km). Née dans l'Oural central, elle arrose les régions de Tcheliabinsk et d'Iekaterinbourg, ainsi que la Bachkirie, où elle se jette dans la Belaïa. Centrale hydroélectrique à Pavlovsk.

**OUFA** ou **UFA** ➝ ÉTYM. du n. de la riv. ♦ V. de Russie, cap. de la Bachkirie, sur la rive d. de la Belaïa à sa jonction avec l'Oufa dans le Second-Bakou. 1 042 400 hab. Centre culturel. Univ. fondée en 1957. ▪ Indus. pétrolière, chimique, mécanique et alimentaire. Traitement du bois.

**OUFKIR (Muhammad)** ♦ Général marocain (Bou Denib 1920 - Rabat 1972). Ministre de l'Intérieur du Maroc en 1965, il fut accusé en France d'être l'instigateur de l'enlèvement de Ben* Barka et condamné par contumace à la réclusion perpétuelle par la cour d'assises de la Seine (1967). Ministre de la Défense en 1971 et considéré comme le plus fidèle serviteur de la monarchie, il fut néanmoins accusé d'être l'organisateur du complot qui avait failli coûter la vie au roi. Il périt au palais royal et, selon le roi Hassan* II lui-même, par «suicide de trahison». ➝ ÉTYM. Ce nom arabe signifie «l'appauvri».

## OUGANDA

▮ n. m. – off. ***République d'Ouganda***, en angl. ***Uganda*** ➝ ÉTYM. swahili «pays du peuple de Ganda», du *u* «pays» et *Ganda*, n. de peuple «les guerriers» ♦ Pays enclavé d'Afrique centrale traversé par l'équateur. 241 038 km². 32 955 000 hab. *(Ougandais)*. LANGUES : anglais (off.), bantoues (luganda, souahéli) et nilotiques (acholi, luo). POPULATION : Acholis, Gandas, Karamojongs, Langos. RELIGIONS : chrétiens, musulmans, animistes. MONNAIE : shilling ougandais. CAPITALE : Kampala. RÉGIME : présidentiel. L'Ouganda est divisé en 56 districts regroupés en 4 régions géographiques.

▮ **GÉOGRAPHIE** Pays de hauts plateaux (1 000 à 1 400 m) enserrés entre le Rift occidental (→ **Ruwenzori**) et le Rift oriental, l'Ouganda se trouve au cœur de la région des grands lacs d'Afrique centrale. Constitué de collines très peuplées au S. et sur les bords du lac Victoria, le relief s'adoucit vers le N., se couvrant d'une végétation de savane pour devenir aride dans le Karamoja* au N.-E. L'ensemble de l'Ouganda est drainé par les eaux du Nil*, par un système hydrographique complexe. Il comporte la moitié du lac Victoria* et son émissaire le Nil Victoria (chutes d'Owen, lac Kyoga, chutes de Kabalega) qui se jette dans le lac Albert. Ce dernier est alimenté par les eaux du lac Édouard*, alimenté lui-même par le lac George qui se trouve en totalité en Ouganda. Le Nil Albert pour-

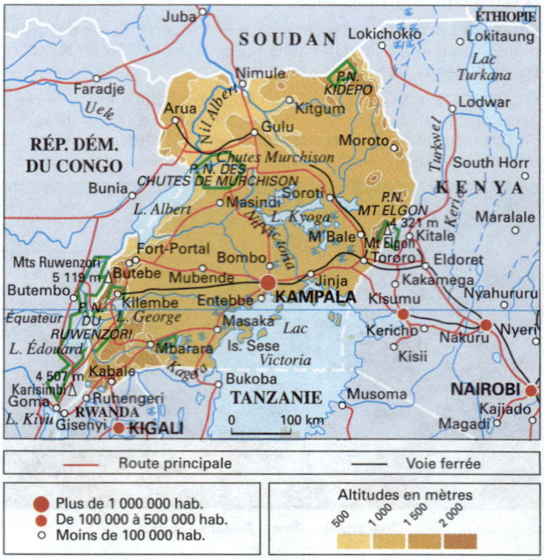


**Ouganda.**

**Ouganda** | Productions en 2008

| Produits | Quantités | Rang |
|---|---|---|
| Arachides | 160 000 t | |
| Bananes plantains | 9 300 000 t | 1er |
| Bois | 41 000 000 m³ | |
| Café | 170 000 t | 12e |
| Coton fibre (2007) | 65 000 t | |
| Maïs | 1 250 000 t | |
| Manioc | 4 600 000 t | 12e |
| Millet | 730 000 t | 8e |
| Patates douces | 2 600 000 t | 2e |
| Thé | 36 000 t | 13e |
| Bovins (têtes) | 7 100 000 | |
| Pêche | 380 000 t | |

suit son cours vers le Soudan à travers un paysage de savane. La forêt primaire, qui se modifie avec l'altitude, couvre les pentes du Ruwenzori. **L'économie** L'économie est essentiellement agricole. Le pays est autosuffisant même si les troubles politiques et les conflits ont fait baisser la production. Le sorgho, la patate douce, le manioc, les haricots et la banane sont les principales cultures vivrières. Les cultures commerciales (café, canne à sucre, coton, thé) ont été introduites à l'époque coloniale. Le café représente plus de 30 % des recettes à l'exportation. L'association de l'agriculture et de l'élevage est à la base des rapports sociaux. Dans le N., l'élevage est le seul revenu et souvent la seule nourriture, comme au Karamoja. La pêche est abondante dans les nombreux lacs qui baignent le pays et dans les bassins aménagés pour la pisciculture. L'exploitation du gisement de cuivre de Kilembe a fortement pâti des conflits et de la chute du prix du cuivre. L'usine hydroélectrique construite sur les chutes d'Owen fournit de l'énergie aux petites industries de la région d'Entebbe et de Kampala.

**HISTOIRE** **La préhistoire** L'Ouganda est proche des grands gisements paléontologiques du Kenya et un outillage daté de 2,5 millions d'années a été découvert dans les couches sédimentaires du Rift occidental à la frontière avec la Rép. démocratique du Congo. À l'embouchure de la Kagera*, des fouilles ont mis au jour des galets plats non retouchés assimilés au Kafouen (un million d'années env.). **Des Bantous et des Nilotiques aux Bagandas** Les Bantous arrivèrent au seuil de notre ère et s'établirent sur les rives du lac Victoria après avoir défriché la forêt. Ils furent suivis par des peuples de langues nilotiques qui arrêtèrent leurs troupeaux à la lisière de la forêt. Cette limite entre Bantous et Nilotiques marqua désormais une ligne de fracture entre deux familles de langues, mais non entre deux modes de vie, des structures politiques des peuples du Nil étant adoptées par les Bantous, des techniques culturales ou métallurgiques des Bantous s'imposant aux Nilotiques. Des Chwezis puis des Luos venus du N. arrivèrent dans le pays au XVIe s. Dans le S., les Gandas fondèrent un royaume centralisé sur le modèle des autres royaumes interlacustres. **La domination britannique** En 1862, leur *kabaka* (souverain) Mutesa accueillit les explorateurs britanniques Speke* et Grant. À la fin du XIXe s., le pays devint un enjeu entre Allemands et Britanniques qui s'appuyèrent respectivement sur les missions catholiques et protestantes. → **Ouganda (martyrs de l')**. De 1890 à 1894, les Britanniques entreprirent de réunir le royaume du Bouganda et l'ancienne province septentrionale d'Equatoria pour établir leur protectorat. À partir de 1910, ils étendirent au N. du pays les prérogatives du *kabaka*, établissant ainsi leur premier modèle d'« administration indirecte ». La colonisation blanche fut arrêtée en 1916. L'économie profita du dernier conflit mondial. **L'indépendance et les dictatures d'Amin Dada et d'Obote** Le pays accéda à l'indépendance dans le cadre du Commonwealth en 1962 sous le nom d'Ouganda, présidé par le *kabaka* Mutesa II, et gouverné par un Premier ministre originaire du N., Milton Obote. Voulant briser la puissance économique et politique du Bouganda, Obote déposa Mutesa en 1966 avec l'aide de son chef d'état-major Idi Amin Dada, originaire d'une petite ethnie du N.-O., et proclama la république l'année suivante. Amin Dada profita de l'absence d'Obote pour prendre le pouvoir en 1971 et dirigea le pays d'une main de fer, s'acharnant notamment sur les Gandas. L'expulsion, en 1972, de la communauté indo-pakistanaise plongea le pays dans le marasme économique. L'annexion d'une minuscule partie du territoire tanzanien à l'embouchure de la Kagera fut le prétexte à l'intervention de la Tanzanie qui rétablit un régime civil avec Yusuf Lule (1979), remplacé presque aussitôt par Godfrey Binaisa, puis imposa le retour d'Obote en 1980. Mais ce dernier revint à des méthodes dictatoriales dont furent victimes les gens du S., et un mouvement de guérilla dirigé par Yoweri Museveni s'implanta en pays ganda. Il chassa Obote en 1985 mais ne put réduire la guérilla de l'Armée de Résistance du Seigneur (LRA). **Le redressement** Le pays se redressa à partir de 1990. En 1993, Museveni fit introniser le fils du *kabaka* sous le nom de Mutebi II pour se concilier les Gandas. En 1994, il aida le Front patriotique rwandais à prendre le pouvoir à Kigali et, en 1997, les forces de Kabila à s'emparer de l'ex-Zaïre. Ses troupes abandonnèrent la région en 2002 après des affrontements avec l'armée rwandaise pour le contrôle des richesses du Zaïre. Il autorisa le retour au multipartisme en 2005 et son élection en fév. 2006 avec 59 % des voix fut contestée par l'opposition. Les pourparlers de paix avec la LRA, même en échange de l'immunité, ont échoué, et son chef, Joseph Kony s'est réfugié en RDC. En sept. 2009, des manifestations en faveur de Mutebi II ont été durement réprimées.

---

**Ouganda** (martyrs de l') ♦ Nom donné à vingt-deux Ougandais, dont Charles Lwanga, qui furent martyrisés, peu après leur baptême, à Namugongo (Ouganda) en 1886 ; ils ont été canonisés lors du concile de Vatican II. ▪ Fête le 3 juin.

**OUGARIT** ou **UGARIT** ♦ Anc. cité de la Méditerranée orientale dont les vestiges ont été retrouvés à Ras Shamra, au N. de Lattaquié (Syrie). Fouilles par C. Schaeffer (à partir de 1929). **Histoire** Les fouilles archéologiques ont distingué cinq niveaux dont le plus ancien (niveau V) remonte au Néolithique. Au cours des -IVe et -IIIe mill. (niveaux IV et III), la cité fut en relation avec la Mésopotamie et vit l'installation des « Phéniciens » (déb. -IIIe mill. → **Cananéens**) ; mais sa prospérité tomba, contrecoup de la chute d'Akkad, à la fin du -IIIe mill. Pourtant le commerce reprit (niveau II, déb. -IIe mill.) et Ougarit entretint d'étroites relations avec l'Égypte de la XIIe dynastie ; elle fut aussi un comptoir crétois. Les invasions hyksos amenèrent une décadence. Avec l'occupation égyptienne (XVIIIe dynastie, -XVIe s.), Ougarit connut sa période la plus prospère, assez brève, car elle fut ruinée par un tremblement de terre au -XIVe s. Au -XIIIe s., Ougarit fut une colonie mycénienne, mais elle ne se releva que pour être détruite par les Peuples* de la Mer v. -1200. Comptoir grec au -VIe s., elle déclina rapidement. ▪ Aux niveaux II et I correspondent les principaux monuments retrouvés : temples de Dagon et de Baal, palais, fortifications, tombes voûtées. Des archives ont permis la découverte et le déchiffrement (dès 1930) de l'*ougaritique*, dialecte sémitique du N.-O. noté par une écriture alphabétique de nature cunéiforme. Les poèmes ougaritiques (*Baal et Anat, Poème de Yâm, Légende de Keret, Légende de Danel*, etc.) sont les seuls textes littéraires cananéens connus ; ils datent du -XIVe s. → **Phénicie.**

**Ougarit.** Couvercle de pyxide en ivoire représentant la déesse de la Fécondité (13,7 x 11,5 cm), Minet el-Beida, - XIIIe s. Musée du Louvre, Paris.
*BIS/Phot. H. Josse © Archives Larbor*

**OUGHTRED (William)** ♦ Mathématicien anglais (Eton 1574 - Albury 1660). Il introduisit le signe × de la multiplication et contribua à l'utilisation des abréviations trigonométriques.

**OUGRIENS** n. m. pl. ♦ Désignation d'une fraction des peuples ouraloaltaïens, comprenant les Ostiaks* et les Vogoules*.

**OUIDAH** → ÉTYM. « ceux qui sont allés vers l'intérieur », de *oué* « maison » (par opposition à un groupe qui s'était dirigé vers la mer) ♦ V. du Bénin, sur la côte O. Plus de 40 000 hab. Plantations de café et de palmiers à huile. Port de pêche. **Histoire** Ce fut le centre du trafic des esclaves qui domina jusqu'au XIXe s. toute la vie du royaume. En 1721, les Portugais y établirent un comptoir qui se réduisit en une petite enclave jusqu'en 1961.

**OUÏGOUR(S)** n. m. (pl.) ♦ Peuple proto-turc qui remplaça les Tujue en Asie centrale vers le VIIIe s. et qui dut se replier dans la région de Dunhuang* devant l'invasion des Kirghiz. Les Ouïgours constituent l'une des plus importantes des 55 ethnies minoritaires de Chine, vivant principalement dans la région autonome ouïgoure du Xinjiang.

**OUISTREHAM** [wistʀɘam] [14150] ➛ ÉTYM. «village à l'ouest (de l'embouchure de l'Orne)», de l'anglo-saxon *westre* «ouest» et *ham* «ferme, village» ♦ Ch.-l. de cant. du Calvados, arr. de Caen, à l'embouchure de l'Orne, au débouché du canal de Caen à la mer. 8 679 hab. (aggl. 15 666) *(Ouistrehamais)*. Église Saint-Samson du XIIe s. (façade à pignons). Musée du Débarquement. ▪ Ports de pêche et de plaisance. Départ du ferry à destination de Portsmouth. Station balnéaire à Riva-Bella.

**OUJDA** ou **OUDJDA** ♦ V. du N.-E. du Maroc, ch.-l. de prov., située à proximité de la frontière algérienne, à l'E. de l'oued Isly*. 400 738 hab. Centre commercial.

**OUJHOROD** ♦ V. d'Ukraine, ch.-l. de l'Ukraine subcarpatique, sur l'Ouj. 117 028 hab. Univ. (depuis 1945). Indus. alimentaire. Travail du bois. Centrale thermique.

**OULAN-BATOR** ➛ ÉTYM. de *Ulān-Bātor-Choto* «la ville *(choto)* du vaillant [ou rouge] *(ulān)* héros *(bātor)*» ; anc. ***Ourga*** ♦ Cap. de la république de Mongolie, située dans la vallée marécageuse de Tola, à la limite du désert de Gobi, sur un plateau balayé par les vents. 893 400 hab. La ville est reliée par voie ferrée à Irkoutsk (Russie) et à Pékin. ▪ Simple centre religieux jusqu'en 1921, elle est auj. un centre industriel (transformation des produits de l'élevage), de construc. mécaniques (locomotives), et minier. Univ. Station de radiodiffusion.

**OULAN-OUDE** ➛ ÉTYM. mongol «portail *(üüd)* rouge *(ulān)*» – jusqu'en 1934 ***Verkhneoudinsk*** ♦ V. de Russie, cap. de la Bouriatie, sur la rive d. de la Selenga. 359 400 hab. Centre culturel. Usine de locomotives et de wagons. Verrerie. Indus. alimentaire (viande). Nœud ferroviaire.

**OULD DADDAH (Moktar)** ♦ Homme d'État mauritanien (Boutilimit 1924 - Paris 2003). Président de la République islamique de Mauritanie, de son indépendance (1961) à 1978. Il fut renversé par un coup d'État militaire. Exilé en France, il put retourner dans son pays en 2001.

**OULED NAÏL** (monts des) ♦ Massif montagneux de l'Algérie méridionale, partie de l'Atlas saharien, entre le djebel Amour à l'O. et les monts du Zab à l'E., habité par des tribus nomades ou semi-nomades de la *confédération des Ouled Naïl*. Au pied du versant N. s'étendent plusieurs chotts dont celui du Hodna à l'E.

**OULIANOVSK** ➛ ÉTYM. de *Oulianov*, n. de Lénine* qui y est né, et suff. *-sk* ; jusqu'en 1924 ***Simbirsk*** ♦ V. de Russie, ch.-l. de région, sur la Volga. 635 600 hab. Indus. mécanique et alimentaire. Traitement du cuir. ▮ **Histoire** Fondée en 1648, la ville fut le centre de l'insurrection dirigée par Stenka Razine* qui fut battu aux environs.

**OULIPO** ♦ Atelier d'expérimentation littéraire dont le nom est l'acronyme de «*Ou*vroir de *Li*ttérature *Po*tentielle». Le groupe, qui se réunit pour la première fois en nov. 1960 autour de François Le Lionnais et de Raymond Queneau, cherche à réintroduire la notion de contrainte formelle dans la création littéraire (lipogrammes, structures mathématiques, etc.). Principaux oulipiens : Italo Calvino*, Jacques Jouet, Harry Mathews, Georges Perec*, Raymond Queneau*, Jacques Roubaud*. L'OuLiPoPo (*Ou*vroir de *Li*ttérature *Po*licière *Po*tentielle), créé en 1973, et l'OuPeinPo (*Ou*vroir de *Pein*ture *Po*tentielle), créé en 1980, appliquent des méthodes similaires dans leurs domaines respectifs.

**OULITSKAÏA (Ludmila)** ♦ Romancière russe (Moscou 1943). Renvoyée de sa chaire de génétique, elle commença à écrire pour les enfants (spectacles de marionnettes, théâtre, dessins animés) et la radio mais dut attendre la fin de l'ère soviétique pour voir ses œuvres publiées. Ses romans, contemporains, aux descriptions intimistes et réalistes, ont été récompensés dans plusieurs pays européens : *Sonietchka* (1992), *Le Cas du docteur Koukotski* (2000), *Sincèrement vôtre* (2005).

**OULLINS** [ulɛ̃] [69600] ➛ ÉTYM. p.-ê. du lat. *Odelinus* (ou du germ. *Odo* et suff. *-ingas*), n. de pers., ou de °*olla* «marmite» ♦ Ch.-l. de cant. du Rhône, dans la banlieue S. de Lyon, sur la rive d. du Rhône. 25 183 hab. *(Oullinois)*.

**OULU** – en suéd. ***Uleåborg*** ♦ V. de Finlande, ch.-l. de comté, dans la partie N. du golfe de Botnie, à l'embouchure de l'Oulujoki. 131 585 hab. Cathédrale (1770 - 1776, restaurée en 1832). Univ. (1958). ▪ Port. Indus. du bois (scieries, pâte à papier, cellulose). Construc. mécaniques, électronique. Indus. agroalimentaire. Indus. chimique. Port de commerce.

**OULUJÄRVI** ♦ Lac de Finlande septentrionale, tributaire du golfe de Botnie par l'Oulujoki. 893 km².

**OUM ER-REBIA** ou **OUM ER-R'BIA** (oued) ➛ ÉTYM. ar. «la mère du printemps» ♦ Fl. du Maroc (556 km) qui prend sa source dans le Moyen Atlas dont il longe le versant O., traverse le Tadla puis la Meseta marocaine et se jette dans l'Atlantique à Azzemour. Nombreux barrages sur son cours (Im-Fout et Bin el-Ouidane).

**OUM KALSOUM** ou **UMM KULTHUM (Fatima IBRAHIM, dite)** ➛ ÉTYM. ar. «mère *('umm)* du joufflu *(kulthūm)*» [n. d'une fille ou d'une nièce de Mahomet] ♦ Chanteuse égyptienne (Tamāy al-Zahīra, prov. de Dakahlieh 1898 - Le Caire 1975). Célèbre dans tout le monde arabe (surnommée «l'Astre de l'Orient»), elle régénéra le chant arabe traditionnel grâce à une voix exceptionnelle (qui couvrait toute la tessiture de la gamme orientale), au timbre lui permettant de subtiles modulations au cours de longues chansons, mêlant thèmes religieux et profanes. Elle a également joué dans plusieurs films.

**OUOLOFS** ou **WOLOFS** n. m. pl. ➛ ÉTYM. p.-ê. d'un mot africain formé de *wa* «les gens de...» et *Lof*, n. du territoire de N'Diaye (V. ci-dessous) ♦ Peuple du centre du Sénégal, originaire de l'ancien royaume du Dyolof, dont les institutions hiérarchisées rappellent celles de l'empire du Ghana*. D'après la tradition orale, le Dyolof aurait été fondé par N'Diadiane N'Diaye au XVe s. ; le royaume du Cayor s'en serait détaché peu après. Une trentaine de rois *(bour ba Dyolof)* se seraient succédé jusqu'à la conquête française avec une forte influence des *linguères* (régentes). Ethnie dominante du Sénégal, les Ouolofs sont essentiellement agriculteurs, et accessoirement éleveurs. Ce sont des adeptes du mouridisme, une confrérie musulmane sénégalaise fondée par Ahmadou Bamba à la fin du XIXe s. et dont le centre se trouve à Touba (centre du Sénégal). Les Ouolofs sont organisés en castes, y compris les castes professionnelles (forgerons, tanneurs).

**OUOLOGUEM (Yambo)** ♦ Écrivain malien d'expression française (Bandiagara 1940). Il fit ses études de philosophie et enseigna en France. Auteur controversé et décrié du *Devoir de violence* — qui fit de lui le premier lauréat noir du Prix Renaudot (1968) —, il n'a guère publié depuis. Ce récit de sept siècles d'une dynastie fictive, dans une parodie d'empire africain, vendant ses sujets et prête à tous les compromis, fut très mal reçu par une Afrique qui découvrait la liberté et la nécessité de valoriser un passé occulté par l'époque coloniale. Du milieu parisien surgirent aussi des accusations de plagiat. En réponse, l'auteur publia l'année suivante une *Lettre à la France nègre* (1969).

**OUPEYE** ♦ Comm. de Belgique (Région wallonne), prov. et arr. de Liège, sur la Meuse et le canal Albert. 23 633 hab. Laminoirs de Chertal. Carrière de craie (Halembaye).

**OURAL** n. m. ➛ ÉTYM. du n. de la montagne ♦ Fl. de Russie (2 428 km). Né dans l'Ouraltaou (chaîne de l'Oural du S., 290 km, alt. jusqu'à 1 068 m), il reçoit les eaux de l'Or, de l'Ilek (rive g.) et du Sakmara (rive d.) et se déverse dans la mer Caspienne, après avoir arrosé l'Oural méridional, le Kazakhstan occidental, ainsi que les villes de Magnitogorsk, Orsk, Orenbourg, Ouralsk et Atyraou. Navigable jusqu'à Ouralsk (Orenbourg au printemps), il est riche en poisson.

**OURAL** n. m. ➛ ÉTYM. du vogoul *ur-āla* «sommet de la montagne», de *ur* «montagne» et *āla* «haut, toit», ou du tatar «ceinture» ♦ Système montagneux de Russie, s'étendant du N. au S., entre la mer de Kara (océan Arctique) et la mer Caspienne. Plus de 2 000 km de longueur sur 40 à 150 km de large. Constitué par une longue chaîne montagneuse presque ininterrompue et par de petites chaînes parallèles, il sépare la partie européenne de la Russie de la Sibérie asiatique. Au N., l'*Oural polaire*, couvert de toundra et de petits glaciers, atteint 1 895 m à la montagne Narodnaïa. Les collines de l'*Oural central*, d'une alt. moyenne de 500 m, sont entrecoupées par des passages (nombreuses routes et voies ferrées). L'*Oural méridional*, couvert de forêts jusqu'à une alt. de 1 000 m, culmine au mont Iamantaou (1 640 m). Parmi ses rivières, les plus importantes sont la Kama et son affluent la Belaïa (nées à l'O.), et l'Oural (né à l'E.). Appelé parfois «le musée des minerais», l'Oural est extrêmement riche en fer, cuivre, chrome, nickel, manganèse, magnésium, or, platine, ainsi qu'en métaux rares, découverts pour la première fois dans la région, comme l'*ouralite*, l'ilménite et le ruthénium. La sidérurgie y est très développée (un tiers de la production globale de l'URSS en 1990), mais elle est, aujourd'hui, en crise, ses équipements vieillis. Le fer local n'assume plus que la moitié des besoins et rend nécessaire l'exportation (comme celle du charbon à coke) soit du Kouzbass, soit du Kazakhstan. Indus. forestières. À l'O., entre l'Oural et la Volga, s'étend la région pétrolière du Second-Bakou.

**OURALSK** → **Oral**

**OURANOS** ou **URANUS** ♦ Personnification du Ciel dans la mythologie grecque, engendré par Gaïa* (la Terre). Premier élément mâle dans *La Théogonie** hésiodique, il s'unit à sa mère ; de cette union naquirent les Titans* et les Titanides*, les Cyclopes*, les Hécatonchires*. Le dernier des Titans, Cronos*, armé par sa mère d'une faucille, trancha les testicules de son père et les jeta dans la mer. Le sang d'Ouranos féconda de nouveau Gaïa qui engendra les Géants*, les Érinyes* et les nymphes des frênes.

**OURARTOU** → **Urartu**

**OURCQ** n. m. ♦ Affl. de la Marne (80 km), arrosant Fère*-en-Tardenois. ▪ Le *canal de l'Ourcq* (108 km) fait communiquer l'Ourcq avec la Seine, qu'il rejoint à Paris. Il passe à Pantin*. ♦ ***Bataille de l'Ourcq*** Elle opposa les Français commandés par Maunoury* et les Allemands de Kluck* (5 - 9 sept. 1914).

**OURGA** → Oulan-Bator

**OURGUENTCH** – jusqu'en 1929 ***Novoourguentch*** ♦ V. d'Ouzbékistan, ch.-l. de la région du Khorezm, sur l'Amou-Daria. 139 100 hab. Remarquables mausolées musulmans (deuxième moitié du XII^e^ s. et XIV^e^ s.). ▪ Indus. textile (coton). Machines agricoles.

**OURO PRETO** → ÉTYM. port. «or *(ouro)* noir *(preto)*» ♦ V. du Brésil (État du Minas Gerais). 56 000 hab. Centre touristique. La ville, qui dut sa fortune à la découverte de l'or en 1694 et qui fut la capitale de l'État du Minas Gerais jusqu'en 1897, possède le plus bel ensemble brésilien d'architecture baroque du XVIII^e^ s. avec 13 églises, des maisons anciennes, des fontaines. La ville est classée au patrimoine de l'humanité par l'Unesco. Importante école de géologie.

**OUROUMTSI** → Urumqi

**OURS (GRAND LAC DE L')** – en angl. ***Great Bear Lake*** ♦ Grand lac du N.-O. du Canada (Territoires du Nord-Ouest), sur le cercle arctique. 31 328 km². Il est drainé par la *rivière de l'Ours.* ▪ Mines d'uranium.

**OURSE (GRANDE)** n. f. – en lat. ***Ursa major*** ♦ Constellation boréale circumpolaire dont les 7 étoiles principales rappellent grossièrement la forme d'un chariot avec sa caisse ; elle contient une importante galaxie spirale M 81 et une nébuleuse planétaire du Hibou M 97.

**OURSE (PETITE)** n. f. – en lat. ***Ursa minor*** ♦ Constellation boréale de même forme générale que la Grande Ourse*, son étoile α est l'Étoile Polaire*.

**OURTHE** n. f. ♦ Riv. de Belgique, formée par la réunion, à Engreux, de l'Ourthe occidentale, qui prend sa source au plateau de Recogne, et de l'Ourthe orientale qui prend sa source à Ourthe, près de la frontière du grand-duché de Luxembourg et arrose Houffalize. L'Ourthe alimente le barrage de Nisramont, passe à Laroche-en-Ardenne, près des grottes de Hotton, à Durbuy, à Comblain-au-Pont où elle reçoit l'Amblève, à Esneux, à Chênée où elle reçoit la Vesdre, avant de se jeter dans la Meuse à Liège. Vallée très touristique.

**OURY (Max Gérard TENENBAUM, dit Gérard)** → ÉTYM. Il prit le nom de sa mère pour pseudonyme ♦ Réalisateur français (Paris 1919 - Saint-Tropez 2006). Après des débuts de comédien (auprès de Jacques Becker, Yves Allégret et Édouard Molinaro), il choisit la réalisation et tourna des films populaires. Des scénarios souvent proches de l'actualité, jouant sur les poursuites et les subterfuges, riches de nombreux gags et de quelques belles répliques («ya pas d'hélice, hélas, c'est là qu'est l'os», dans *La Grande Vadrouille*) et la confrontation de couples de vedettes (*Le Corniaud,* 1964 et *La Grande Vadrouille,* 1967, avec Bourvil et Louis de Funès ; *Le Cerveau,* 1968, avec Yves Montand et Jean-Paul Belmondo ; *La Folie des grandeurs,* 1971, avec Montand et de Funès ; *Les Aventures de Rabbi Jacob,* 1973, avec Henri Guybet et de Funès) assurèrent à ces films d'énormes succès commerciaux.

**OURY (Jean)** ♦ Psychiatre français (Paris 1924). Un des principaux représentants de la psychiatrie institutionnelle, avec Lucien Bonnafé et François Tosquelles, il a développé à partir de 1953 cette approche à la clinique La Borde à Cour-Cheverny, où travailla F. Guattari*. ♦ **Fernand Oury.** Pédagogue français (Paris 1920 - 1998). Frère du précédent. Pionnier de la pédagogie institutionnelle (en collab. avec A. Vasquez, *Vers une pédagogie institutionnelle,* 1967). → ÉTYM. *Oury* vient du germanique *Odalric,* nom de personne (du vieux haut allemand *uodal* «bien foncier» et *-ric* «puissant»).

**OUSE** n. f. ♦ Nom de plusieurs rivières d'Angleterre. La Grande Ouse (185 km) se jette dans le golfe du Wash et l'Ouse du Yorkshire (259 km) est l'une des rivières qui forment la Humber*.

**OUSMAN DAN FODIO** → ÉTYM. «Fils de lettré» ♦ Réformateur religieux et homme politique d'Afrique occidentale (Gobir, Niger-Nigeria 1754 - Sokoto 1817). Fondateur de l'empire du Sokoto*. Fils d'un chef religieux d'origine toucouleur, Ousman dan Fodio se révolta contre les pratiques animistes du roi haoussa du Gobir qui l'exila. Il regroupa des disciples parmi les Peuls islamisés et les Haoussas qui le nommèrent commandeur des croyants (1804). Soumettant successivement les principales cités haoussas comme Zaria, Katsina et Kano, il conquit le N. du Nigeria. Contenu au N. par le Bornou, il lança la guerre sainte vers le S. et l'Adamaoua. Il se retira pour finir ses jours à Sokoto, la cité qu'il avait fondée en 1809.

**OUSPENSKI (Gleb Ivanovitch)** ♦ Conteur russe (Toula 1843 - Strelna, gouv. de Saint-Pétersbourg 1902). Ses premières nouvelles décrivent la vie des faubourgs de Toula (*Les Coutumes de la rue Rasteriaïeva,* 1866), puis il peignit avec beaucoup d'humanité la vie des paysans dans *La Puissance de la terre* (1882).

**OUSSOURI** ♦ Riv. de l'Asie orientale (897 km), affl. de l'Amour qu'elle rejoint à Khabarovsk. Elle forme sur une grande partie de son cours la frontière entre l'Extrême-Orient russe et la Mandchourie chinoise (Heilongjiang).

**OUSSOURISK** – anc. ***Nikolsk-Oussourisk*** et, de 1935 à 1957, ***Vorochilov*** ♦ V. de Russie en Sibérie extrême-orientale, sur l'Oussouri. 157 800 hab. Ateliers de ch. de fer. Raffineries de pétrole. Combinat de beurre et de graisse. Sucrerie.

**OUST** n. m. ♦ Affl. de la Vilaine (155 km). Il est suivi par l'ancien canal de Nantes à Brest.

**oustachis**

n. m. pl. → ÉTYM. en croate *ustaše* «insurgés» ♦ Membres d'un mouvement nationaliste croate, fondé en 1929, qui avait pour chef Ante Pavelić*. Employant des procédés terroristes, ils organisèrent l'attentat dirigé contre le roi Alexandre de Yougoslavie (Marseille, 1934). Hitler leur ayant accordé en 1941 l'indépendance de la Croatie (accrue de la Bosnie-Herzégovine), ils soutinrent les Allemands contre les Partisans de Tito et firent subir un génocide à la minorité serbe.

**OUSTIOURT** n. m. ♦ Plateau désertique d'Asie centrale, Kazakhstan et Ouzbékistan, entre la mer d'Aral et la mer Caspienne (200 - 370 m d'alt.), parsemé de dépressions salines.

**OUST-KAMENOGORSK** → Öskemen

**OUTAMARO** → Utamaro

**OUTAOUAIS** (rivière des) – en angl. ***Ottawa*** ♦ Riv. du Canada, princ. affl. du Saint-Laurent (rive g.). Elle prend naissance au lac Victoria, sert de frontière aux prov. d'Ontario et de Québec, arrose Ottawa et se jette dans le lac des Deux-Montagnes, en aval de Montréal, d'où elle gagne en trois branches le Saint-Laurent. → **Gatineau.**

**OUTAOUAIS** ou **OTTAWA(S)** n. m. (pl.) → ÉTYM. algonquin «il fait du commerce» ♦ Peuple indien d'Amérique du Nord, de langue algonquine, originaire du N. du lac Huron. Leur territoire est traversé par la rivière Ottawa. Avec les Potawatomis et les Chippewas, ils formaient le Conseil des Trois Tribus. Ils vivaient de chasse, de pêche, de la récolte de riz sauvage et de petite agriculture. Ils sont surtout connus comme négociants en fourrures, faisant partie du grand cercle de commerce huron, et à travers leur chef, Pontiac, qui combattit contre les Anglais aux côtés des Français. Vaincus par les Iroquois en 1660, ils se dispersèrent vers l'O. Actuellement, certains vivent aux États-Unis (Kansas, Oklahoma), tandis que d'autres ont retrouvé leurs terres traditionnelles de la région des Grands Lacs.

**OUTREAU** [62230] → ÉTYM. «au-delà de l'eau» ♦ Ch.-l. de cant. du Pas-de-Calais, banl. S. de Boulogne-sur-Mer. 15 222 hab. *(Outrelois).*

**OUTREMONT** ♦ Anc. v. du Canada, formant un arrondissement de la ville de Montréal. Centre résidentiel.

**OUVÉA** → Uvéa

**OUVÈZE** n. f. ♦ Rivière du midi de la France (85 km), affl. (rive d.) de la Sorgue*. Elle traverse les Baronnies, arrose Vaison*-la-Romaine, pénètre dans le comtat Venaissin et conflue à Bédarrides*.

**OUVRARD (Gabriel Julien)** ♦ Financier français (Cugand, Vendée 1770 - Londres 1846). Il spécula sur la fabrication du papier pendant la Révolution, fut nommé grâce à Barras munitionnaire général de la marine en 1797, poste où il fit une fortune rapide et scandaleuse. Emprisonné en 1800, libéré peu après par l'entremise de Cambacérès et de Joséphine, il fut banquier du gouvernement et soumissionnaire des fournitures de l'armée, ce qui lui permit de s'enrichir encore. Il avait également le monopole du commerce avec les colonies espagnoles. Napoléon, qui avait pris ombrage de sa puissance, le contraignit à déposer son bilan en 1806. Arrêté à plusieurs reprises, il fut emprisonné de 1809 à 1814, après avoir escroqué le ministre des Finances. En 1817, sa fortune permit au duc de Richelieu de régler les indemnités de guerre. Il fut nommé munitionnaire général de l'armée d'Espagne en 1823 ; accusé de faire des bénéfices exagérés et frauduleux, il fut encore emprisonné plusieurs fois. Il a laissé des *Mémoires* (1826). → ÉTYM. Ce nom signifie «ouvrier».

**OUYANG Xiu** ou **NGEOU-YANG Sieou** ♦ Lettré et fonctionnaire impérial chinois (1007 - Yingzhou 1072). Il fut l'une des figures importantes de la scène politique et littéraire du milieu de la dynastie des Song* du Nord et compta parmi ses disciples Su Shi, Zeng Gong, Wang* Anshi, auquel il s'opposa quant aux réformes que ce dernier proposait. Vers la fin de sa vie, sa droiture et ses remontrances à la Cour lui valurent d'être démis de ses fonctions. Il est l'auteur de poèmes, de proses, d'essais, de biographies.

## OUZBÉKISTAN

▮ n. m. – off. ***république d'Ouzbékistan*** en ouzbek ***Uzbekistan Republikasi*** ➝ **ÉTYM.** « pays des Ouzbeks », de *Uzbek* Khan, chef de la Horde* d'or [de *uz* « autonome » et *bek* « tout à fait »] et de *stan* « pays » emprunté au persan ♦ Pays d'Asie centrale. 447 400 km². 25 000 000 hab. *(Ouzbeks)*. POPULATION : Ouzbeks, 71,3 % ; Russes, 8,3 % ; Tadjiks, 4,7 % ; Kazakhs, 4 %. LANGUE : ouzbek. RELIGION : islam. MONNAIE : soum. CAPITALE : Tachkent. RÉGIME : présidentiel. Il englobe la république de Karakalpakie* et 12 régions : Andijan*, Boukhara*, Djizak, Fergana*, Kachkadaria, Khorezm, Namangan*, Navoï, Samarkand*, Sourkhandaria, Syrdaria et Tachkent*.

▮ **GÉOGRAPHIE** Pays continental éloigné de toute mer ouverte, l'Ouzbékistan est marqué par l'opposition entre la dépression aride de l'Aral (désert du Kyzylkoum) traversée par l'Amou-Daria, les riches piémonts du Sud avec le Zeravchan (région de Boukhara et Samarkand), le bassin du Fergana* aux oasis millénaires et les avant-monts du Pamir et du Tian shan. La population est concentrée dans les zones irrigables du piémont et le long des fleuves où l'agriculture traditionnelle alliait l'élevage ovin (astrakan), une polyculture vivrière et la sériciculture. L'annexion à l'Empire russe a vu l'extension du coton devenu monoculture dans la période soviétique, entraînant le développement de toute une industrie (machines agricoles, engrais), à l'exclusion du textile resté en Russie, mais aussi une catastrophe écologique pour la mer d'Aral*. Connu pour ses activités traditionnelles (tapis, soie, faïences), l'Ouzbékistan a développé, grâce à ses ressources minières (gaz, pétrole, houille, plomb, zinc, manganèse, or) une base industrielle lourde qu'il faut aujourd'hui compléter par des industries de transformation (électronique, construc. mécaniques). Hostile au libéralisme, la république manque cruellement de ressources financières et techniques.

**Ouzbékistan** ▮ Productions en 2008

| Produits | Quantités | Rang |
|---|---|---|
| ▮ Agriculture | | |
| Blé | 6 000 000 t | 19e |
| Coton fibre | 4 000 000 t | 6e |
| Orge | 100 000 t | |
| Raisin | 880 000 t | |
| Riz | 200 000 t | |
| Soie | 18 000 t | 3e |
| Tabac (2005) | 20 000 t | |
| Tomates | 1 700 000 t | 12e |
| Bovins (têtes) | 7 000 000 | |
| Ovins (têtes) | 1 000 000 | |
| ▮ Mines et énergie | | |
| Argent | 85 t | |
| Gaz naturel | 62 000 000 000 m³ | 15e |
| Or | 85 t | 9e |
| Pétrole | 5 400 000 t | |
| Uranium | 2 300 t | 6e |

**Ouzbékistan.** Le mausolée Gur-Emir abritant le corps de Tamerlan à Samarkand. *Phot. © Nino Cirani/Ricciarini*

▮ **HISTOIRE** Cette partie de l'Asie centrale fut conquise par Cyrus* au VIe s. av. J.-C., puis par Alexandre* le Grand en -328. ➝ **Sogdiane.** Au VIe s., elle fut dominée par les Turcs, aux VIIe - VIIIe s. par les Arabes, et aux Xe - XIIe s. de nouveau par les Turcs, époque à laquelle la contrée reçut le nom de *Turkestan**. Au début du XVIe s., elle fut conquise par les Ouzbeks, qui y fondèrent les grands khanats de Boukhara* et du Khorezm*, puis le khanat de Kokand* au XVIIIe s. En 1868, les trois khanats se reconnurent vassaux de l'Empire russe. Après la révolution d'Octobre, un conseil contrôlé par les bolcheviks fut formé à Tachkent. Les Ouzbeks convoquèrent un congrès à Kokand (déc. 1917) et y formèrent un gouvernement national, qui fut supprimé par les communistes en fév. 1918. En avril 1918 fut créée la république socialiste soviétique autonome du Turkestan, qui faisait partie de la RSFS de Russie. Malgré des mesures d'apaisement prises sur l'ordre de Lénine, le régime soviétique fut obligé de faire face à un mouvement de résistance, la révolte des Basmatchis (1919 - 1922). En 1922, les khanats de Khiva et de Boukhara devinrent les républiques socialistes soviétiques du Khorezm et de Boukhara. Après la délimitation territoriale des républiques du Turkestan, de Boukhara et du Khorezm (qui furent partagées entre le Kazakhstan, le Kirghizstan, l'Ouzbékistan, le Tadjikistan et le Turkménistan), l'Ouzbékistan devint en 1924 une RSS fédérée d'URSS. État indépendant depuis le 31 août 1991, l'Ouzbékistan s'est engagé, sous la présidence autoritaire d'Islam Karimov, ancien dirigeant communiste, dans une politique de réformes très limitée. La répression sanglante

**Ouzbékistan.**

contre les islamistes et la société civile (émeutes d'Andijan en 2005) l'ont amené à s'éloigner des États-Unis et à se rapprocher de nouveau de Moscou.

---

**OVALAU** (île) → **Fidji (îles)**

**OVERBECK (Johann Friedrich)** ♦ Peintre, fresquiste, graveur et dessinateur allemand (Lübeck 1789 - Rome 1869). Déçu par l'enseignement reçu à Vienne, il fonda avec Franz Pforr* la confrérie de Saint-Luc (1809). En 1810, les deux peintres s'installèrent à Rome dans le couvent désaffecté de Saint-Isidore et, rejoints par plusieurs artistes, ils formèrent le groupe des Nazaréens. Overbeck, converti au catholicisme en 1813, devint le maître à penser du groupe ; il prônait un retour à la « pureté » et à la naïveté des maîtres du Quattrocento. Il participa à la décoration de la Casa Bartholdy (1816) et du casino de la villa Massimi (1828). Il pasticha Raphaël et le Pérugin dans des œuvres aux coloris pâles et peu ombrés, aux contours précis, qui révèlent surtout un sentimentalisme religieux.

**OVERIJSE** ♦ Comm. de Belgique (Région flamande), prov. du Brabant flamand, arr. de Halle-Vilvoorde, sur l'IJse, dans la banl. S.-E. de Bruxelles. Comm. sans facilités pour les nombreux francophones immigrés. 24 164 hab. Église (1489 - 1520). Château des comtes de Hoorne (XVI^e - XVII^e s.), où résida Joseph Bonaparte. ▪ Roseraies ; cultures sous verre (raisins, tomates, fraises, pêches) en recul devant l'urbanisation de la périphérie bruxelloise.

**OVERIJSSEL** n. m. ➝ ÉTYM. néerl. « au-delà *(over)* de l'IJssel* » ♦ Prov. des Pays-Bas. 3 811 km². 1 116 374 hab. CH.-L. : Zwolle*. V. PRINC. : Deventer*, Enschede*, Hengelo*. La province, aux sols sableux ou tourbeux, est arrosée par l'IJssel. ▪ Élevage. Céréales, pommes de terre. La province s'est fortement industrialisée : textile, métallurgie, chimie (Twente). Indus. alimentaires. ▮ **Histoire** L'Overijssel ou Oversticht, après avoir fait partie de l'évêché d'Utrecht, fut incorporé en 1528 au royaume hollandais des Habsbourg. Au Moyen Âge, les villes hanséatiques de Deventer, Kampen et Zwolle furent les plus importantes des Pays-Bas.

**ØVERLAND (Arnulf)** ♦ Poète norvégien (Kristiansund 1889 - Oslo 1968). Après la Première Guerre mondiale il se rallia au groupe marxiste de la revue *Mot Dag*. Dans ses recueils de vers, il exprime sa compassion pour l'opprimé, son indignation contre l'oppresseur : *Pain et Vin* (1919), *La Montagne bleue* (1927), *Commandements* (1929), *Front rouge* (1937). Rescapé d'un camp de concentration où il avait passé quatre ans, il publia un recueil poétique, *Nous survivons à tout* (1945), et *Retour à la vie* (1946). Dans ses derniers recueils de vers, il revint à un style plus lyrique : *Les Minutes de la vie* (1965). ➝ ÉTYM. Ce nom vient du norvégien *over* « au-dessus » et *land* « pays ».

**OVERPELT** ♦ Comm. de Belgique (Région flamande), prov. de Limbourg, arr. de Maaseik, sur la Dommel. 13 581 hab. Sur le canal de la Campine, métallurgie non ferreuse (cadmium, cobalt, plomb, zinc) dans le quartier industriel d'Overpelt-Werkplaatsen (Overpelt-Usines).

**OVIDE** ➝ ÉTYM. en lat. ***Publius Ovidius*** [de *ovis* « brebis »] ***Naso*** ♦ Poète latin (Sulmona, Abruzzes, –43 - Tomes, auj. Constantza 17 ou 18). Favori de la haute société, plus intellectuel que poète, il exploita toutes les tendances de la poésie élégiaque. Il composa des œuvres d'inspiration érotique comme *Les Amours* qui chantent sa passion imaginaire pour Corinne, *Les Héroïdes*, lettres fictives d'héroïnes mythologiques (Didon, Phèdre), *Les Fards*, *L'Art d'aimer* et *Les Remèdes d'amour*, traités parodiques sur la société élégante de Rome. Lassé de ces jeux littéraires alexandrins, Ovide rêva d'une œuvre plus ambitieuse et, après le succès de sa tragédie *Médée*, entreprit *Les Métamorphoses**, poème mythologique en 15 livres. En même temps, il s'appliquait à des recherches érudites dans *Les Fastes*, calendrier commenté. Brutalement exilé à Tomes (en l'an 8) sous le prétexte d'avoir fait preuve d'immoralité dans *L'Art d'aimer*, il envoya à Rome pendant dix ans des poèmes épistolaires à ses amis, *Les Tristes** et *Les Pontiques**, échos de la douleur de l'exilé, œuvres originales, malgré l'artifice littéraire.

**OVIEDO** ➝ ÉTYM. de *Oveto*, n. de montagne ♦ V. d'Espagne, cap. de la Communauté autonome des Asturies. 216 607 hab. Univ. (fin XVI^e s.). Basilique San Julián de los Prados et anc. palais royal du IX^e s. Cathédrale gothique. ▪ Centre indus. (métall., fabrique d'armes et d'explosifs). ▮ **Histoire** Anc. cap. du royaume des Asturies, la ville fut fondée par Pélage* au VIII^e s. Centre d'une violente insurrection communiste en 1934.

**OWEN (Robert)** ♦ Réformateur et socialiste britannique (Newtown, Montgomeryshire 1771 - *id.* 1858). Copropriétaire d'un établissement textile à New Lanark, en Écosse, il y appliqua avec succès un programme de réformes visant l'amélioration de la situation des ouvriers de l'entreprise. Cherchant à étendre son expérience, il proposa dans ses *Nouveaux Points de vue sur la société* ou *Essais sur la formation du caractère humain* (1812) un plan de transformation de la législation sociale du travail. Puis il tenta de fonder en Amérique une colonie communiste (New Harmony, Indiana), mais échoua. De retour en Angleterre, il exposa dans un périodique (*The New Moral World*, 1836-1844) ses théories communistes et utopiques qui contribuèrent au développement du mouvement chartiste, influencèrent le socialiste français Cabet*, mais furent critiquées par Fourier*. ➝ ÉTYM. *Owen* vient du gallois *Owain*, autre forme de *Ewan* (probablement « Eugène* »).

**OWEN (sir Richard)** ♦ Anatomiste et paléontologue britannique (Lancaster 1804 - Londres 1892). Ses recherches portent sur l'anatomie comparée, la zoologie et la paléontologie (craniologie).

**OWEN (Wilfred)** ♦ Poète britannique (Oswestry, Shropshire 1893 - France 1918). Ses premiers poèmes, écrits en 1913, alors qu'il était précepteur près de Bordeaux, sont consciemment influencés par Keats*. À partir de janv. 1917, il devint le poète de la guerre, dont il dénonça la cruauté avec un pouvoir d'évocation exceptionnel. Il fut rapatrié en juin 1917 pour invalidité et se lia d'amitié avec Siegfried Sassoon*, dont les conceptions poétiques influencèrent les siennes. Il repartit en France comme officier en août 1918 et mourut le 8 nov. au champ d'honneur, trois jours avant l'armistice. Ses poèmes, aussitôt célèbres, furent mis en musique par Benjamin Britten* dans son *War Requiem* (1962). La virtuosité du jeu complexe de leurs assonances fait leur extrême modernité.

**OWEN GLENDOWER** ♦ Chef gallois (v. 1359 - Monington, Herefordshire 1416). Il se révolta contre Henri* IV d'Angleterre en 1400 mais fut vaincu en 1409.

**OWENS (James CLEVELAND, dit Jesse)** ➝ ÉTYM. *Jesse* : des initiales de *J*ames *C*leveland ♦ Athlète américain (Decatur, Alabama 1914 - Tucson 1980). Cet athlète d'exception battit coup sur coup en 1935, lors d'un meeting à l'université d'Ann Arbor (Michigan), trois records du monde. Il remporta quatre titres olympiques aux Jeux de Berlin de 1936, dans les épreuves de 100 m, 200 m, 4 × 100 m et saut en longueur.

**OWHADI (Rokn al-Dīn)** ♦ Poète persan (XIV^e s.). Il est surtout célèbre par son grand poème, *La Coupe de Djamshīd*, qui traite de problèmes mystiques, moraux et sociaux.

**OXENSTIERNA (Axel,** comte**)** ♦ Homme politique suédois (Fånö 1583 - Stockholm 1654). Conseiller du roi Gustave* II Adolphe dès 1611, il négocia la paix avec le Danemark et la Russie. Après la mort du roi Gustave Adolphe, il devint tuteur de la reine Christine*. Il continua la politique d'alliance avec la France et d'intervention en Allemagne, ce qui lui permit d'imposer aux Danois la paix de Brömsebro (1645) et de consolider la suprématie suédoise aux traités de Westphalie* (1648). Ses heurts avec la reine Christine lui firent perdre son influence, mais il resta chancelier jusqu'à sa mort.

**OXFORD** ➝ ÉTYM. anc. *Oxnaford*, vieil angl. « le gué *(ford)* des bœufs *(oxa)* » ♦ V. d'Angleterre (Oxfordshire), au N.-O. de Londres, sur la Tamise. 134 248 hab. *(Oxoniens)*. Elle abrite l'une des deux plus prestigieuses universités britanniques avec Cambridge. Ville d'art grâce aux nombreux collèges de l'université, à la cathédrale alliant le roman et le gothique et à l'église Saint Peter in the East, œuvre de sir Christopher Wren. Bibliothèque bodleienne abritant une collection de manuscrits et d'incunables. L'université accueille environ 9 000 étudiants répartis dans vingt-quatre collèges, dont les plus fameux sont : University (1249), Balliol (1263), Merton (1264), Exeter (1314), Oriel (1326), Queen's (1340), New College (1379), Lincoln (1427), All Souls (1438), Magdalen (1458), Brasenose (1509), Corpus Christi (1517), Christ Church (1546), Trinity (1554), St. John's (1555), Jesus (1571), Wadham (1612), Pembroke (1624) et Worcester (1714). Les autres monuments notables sont la rotonde de Radcliffe Camera, servant de bibliothèque scientifique, et le Sheldonian Theatre. Deux maisons d'éditions scientifiques, Oxford University Press et Clarendon Press, sont directement rattachées à l'université. ▪ La proximité de Londres et l'université ont favorisé le développement de l'indus. (contruc. automobile et électrique, informatique). ▮ **Histoire** *Oxnaford* fut fondée au VIII^e s. autour du prieuré de Sainte-Frideswide et mentionnée pour la première fois en 912 dans la *Chronique anglo-saxonne*. Elle prit, par le commerce, un certain essor, qui s'accrut à l'époque normande. Elle subit plusieurs attaques danoises (X^e - XI^e s.). En 1258, les *provisions d'Oxford** y furent signées, mais du XIII^e au XVI^e s. l'importance historique de la ville décrut au profit de celle de l'université. Fondée en 1133 par le théologien Robert Pullen et quelques étudiants chassés de Paris, l'université d'Oxford connut dès le XIII^e s. un grand développement à la fois intellectuel et religieux : des congrégations de dominicains, de franciscains et de carmes s'y installèrent, et des maîtres prestigieux y enseignèrent (Roger Bacon*, Duns* Scot, John Wyclif, qui fut à l'origine du mouvement des lollards*, Robert Grosseteste*, Érasme*). À cette époque, les frictions entre l'université et la population de la ville étaient courantes. La plus grave d'entre elles, en 1209, entraîna le départ de plusieurs maîtres et étudiants, qui allèrent fonder l'université de Cambridge*. À partir du XVI^e s., les querelles politico-religieuses s'intensifièrent. Très traditionaliste, l'université soutint Henri VIII et l'anglicanisme. Au XVII^e s., elle fut quelque temps (1642 - 1646) la capitale des royalistes et au XVIII^e s. soutint les jacobites. C'est encore d'Oxford que partit, en 1833, le mouvement tractarien **(→ Oxford [mouvement d'])**.

**Oxford** (provisions ou statuts d') ♦ Concessions faites par le roi Henri* III aux barons révoltés conduits par Simon de Montfort* (1258). Elles instituaient la réunion d'un parlement trois fois par an et un conseil permanent auprès du souverain. Le roi les annula dès 1266.

**Oxford** (mouvement d') ♦ Le mouvement d'Oxford, dit aussi *tractarien*, groupa des clergymen et intellectuels désireux de réformer l'Église anglicane (pour éviter une réforme imposée par un gouvernement libéral) et de la libérer de l'emprise de l'État. Ses principales figures furent John Keble qui donna le branle avec son sermon sur l'«apostasie nationale» (14 juil. 1833), Edward Pusey* et John Henry Newman* qui rédigea la majeure partie des *Tracts for the Times* (1833 - 1841). Ceux-ci exprimaient des tendances de plus en plus proches du catholicisme, mais la conversion de Newman (1845) n'entraîna pas celle des principaux chefs du mouvement. L'Église anglicane rétablit pourtant des usages jugés «papistes» : communion fréquente, confession auriculaire, culte de la Vierge et des saints, ornements, limitant par là même l'expansion du renouveau catholique dans l'Angleterre du XIXe s.

**OXFORDSHIRE** ➝ ÉTYM. de *Oxford** et angl. *shire* «comté» ♦ Comté du centre de l'Angleterre, au N.-O. de Londres. 2 611 km². 605 492 hab. CH.-L. : Oxford. Comté de collines rurales, dont la proximité de Londres tend à développer les industries.

**OXUS** n. m. → Amou-Daria

**OXYRHYNCHOS** – en égypt. *Pimazi*, auj. *al-Bahnasah* ♦ Anc. ville de Haute-Égypte sur la rive g. du Nil à 200 km au S.-O. du Caire. Elle était consacrée au dieu Seth*, incarné dans son animal sacré, le poisson oxyrhynque qui, selon la légende, avait mangé le sexe d'Osiris* démembré. ▪ On y a retrouvé un grand nombre de papyrus d'époque romaine et byzantine (Ier au Xe s.).

**ŌYAMA Iwao** ♦ Maréchal et homme politique japonais (Kagoshima 1842 - Tōkyō 1916). Il fut plusieurs fois ministre. Il prit Port-Arthur (Lüshun*) en 1894 et fut fait «duc de Moukden» et conseiller de l'empereur Meiji.

**OYAPOCK** n. m. (rio) – en port. *Oiapoque* ♦ Fl. d'Amérique du Sud (500 km) qui forme la frontière entre la Guyane française et le Brésil (État de l'Amapá) et prend sa source dans la sierra Tumucumaque à la frontière brésilienne. Il se jette dans l'Atlantique *(baie de l'Oyapock)*. Nombreuses chutes.

**Oyashio** n. m. ♦ Courant marin froid venu de l'océan glacial Arctique et longeant les côtes japonaises après avoir traversé la mer d'Okhotsk* et longé les Kouriles*. Il se heurte au courant chaud (Kuroshio*) venu du S. Ses eaux refroidissent considérablement les côtes N. des îles japonaises.

**OYE-PLAGE** [62215] ➝ ÉTYM. du germ. *auwja* «prairie humide» ou de *augjo* «île maritime» ♦ Comm. du Pas-de-Calais. 5 882 hab. Sur le littoral, petite station balnéaire.

**OYO** ♦ V. du Nigeria (État d'Oyo). 275 034 hab. Centre agricole (cacao). ▪ Cap. de l'anc. royaume yorouba* (résidence du chef temporel) qui supplanta Ife à partir du XVIe s.

**OYONNAX** [ɔjɔnа] [01100] ♦ Ch.-l. de cant. de l'Ain, arr. de Nantua, sur l'Ange. 24 162 hab. (aggl. 31 260) *(Oyonnaxiens)*. Musée du Peigne et des Matières plastiques. ▪ Indus. des matières plastiques et de la lunetterie (Plastics Valley).

**OZ (Amos KLAUSER, dit Amos)** ♦ Écrivain israélien (Jérusalem 1939). Membre du kibboutz Hulda de 1957 à 1982, il milita dans les associations israéliennes de gauche (*Les Voix d'Israël*, trad. française 1983). Son abondante œuvre en prose (*Mon Michaël*, 1968 ; *La Colline du mauvais conseil*, 1976 ; *La Boîte noire*, 1987 ; *Ne dis pas la nuit*, 1994 ; *Une panthère dans la cave*, 1995 ; *Une histoire d'amour et de ténèbres*, 2001 ; *Soudain dans la forêt profonde*, 2006) lui a valu une notoriété mondiale. Il cosigna, en déc. 2003, le «pacte de Genève», projet virtuel d'accord de paix au Proche-Orient.

**ÖZAL (Turgut)** ♦ Homme d'État turc (Malatya 1927 - Ankara 1993). Ingénieur de formation, il travailla à la Commission du Plan, puis dans le secteur privé. Sous-secrétaire d'État en 1979, il assuma, après l'intervention militaire de sept. 1980, les fonctions de vice-Premier ministre chargé des affaires économiques, lançant un important programme de privatisations. Ayant fondé en mai 1983 le parti de la Mère Patrie (ANAP), vainqueur des élections de nov. 1983, il devint Premier ministre, puis fut élu président de la République en nov. 1989.

**OZANAM (Frédéric)** ♦ Historien et écrivain catholique français (Milan 1813 - Marseille 1853). Il fut l'un des fondateurs de la société de Saint-Vincent-de-Paul (1833) et collabora, avec Lacordaire*, au journal des républicains catholiques (*L'Ère nouvelle*, 1848). Œuv. princ. : *Essai sur la philosophie de Dante* (1839), *Études germaniques* (1847-1849), *La Civilisation au Ve siècle* (1856), *Discours sur la société de Saint-Vincent-de-Paul* (1870). Il fut béatifié en 1997. ➝ ÉTYM. *Ozanam* vient de *hosanna*.

**OZARK** (monts) ♦ Région montagneuse et forestière du centre-S. des États-Unis, s'étendant de Saint Louis (Missouri) à la rivière Arkansas (Arkansas). C'est un affleurement hercynien, arasé, dans la grande plaine centrale.

**OZAWA Seiji** ♦ Chef d'orchestre japonais (Sheniang, Liaoning 1935). Il dirigea le Boston Symphony Orchestra de 1973 à 2002 puis l'Opéra de Vienne. Il a enregistré beaucoup de musique française (Messiaen, Berlioz, Poulenc, Ravel, Debussy) et des œuvres de compositeurs japonais contemporains. ➝ ÉTYM. Ce nom japonais signifie «petite *(o)* vallée *(sawa)*».

**OZENFANT (Amédée)** ♦ Peintre français (Saint-Quentin 1886 - Cannes 1966). Attiré par l'architecture et la théorie esthétique, il fonda avec Apollinaire et Max Jacob* une revue, *L'Élan*. Avec Jeanneret (Le Corbusier*), il publia en 1928 le manifeste du «purisme». La même année, il écrivit un ouvrage de synthèse sur *L'Art*. Il élabora un style très dépouillé, où les contours d'objets familiers sont schématisés et les masses géométrisées, la couleur étant réduite à quelques zones unies. Vers la fin de sa vie, cependant, il introduisit des effets de lumière dans ses œuvres. ➝ ÉTYM. *Ozenfant* vient de *Auxenfans* «(la maison) aux enfants».

**OZIAS** → Azariah

**OZOIR-LA-FERRIÈRE** [77330] ➝ ÉTYM. *Ozoir* : du lat. *oratorium* «endroit où l'on prie» et *Ferrière* : du lat. *ferrarius* «de fer» (il y avait de nombreuses forges dans la région autrefois) ♦ Comm. de la Seine-et-Marne, arr. de Torcy. 20 707 hab. *(Ozoiriens)*.

**OZU Yasujirō** ♦ Cinéaste japonais (Tōkyō 1903 - *id.* 1963). Il débuta par des films comiques, avant de se tourner vers la peinture de la vie quotidienne des classes moyennes, employés, petits bourgeois, bien ancrés dans la tradition japonaise. Son style, d'une grande sobriété, très lent, éliminant au maximum tout contenu dramatique, privilégie des moments de silence, d'immobilité, qui atteignent une grande tension psychologique : *La Vie d'un employé de bureau* (1930), *Je suis né, mais...* (1932), *Printemps tardif* (1949), *Voyage* à Tōkyō* (1953), *Le Goût du saké* (1962).

# P

**Paalen (Wolfgang)** ♦ Peintre mexicain d'origine autrichienne (Vienne 1905 - Mexico 1959). Il exposa en 1925 des œuvres inspirées par Cézanne et s'intéressa à l'art océanien et préhistorique, en particulier aux fresques d'Altamira. Lié un moment au surréalisme, il se fixa en 1939 au Mexique où il fonda la revue *Dyn*. Rompant avec le surréalisme en 1941, il publia en 1945 un important essai critique, *Form and Sense*. Après un séjour à Paris, il retourna au Mexique et mit fin à ses jours en 1959. Les objets surréalistes de Paalen sont parmi les plus poétiques et les plus inquiétants de ce mouvement (*La Housse*, 1937). Plus tard, certaines de ses compositions sont de véritables orgies de couleurs dont l'aspect cosmique dénote son intérêt pour la physique contemporaine (*Polarité chromatique*, 1940 ; *Espace sans limite*, 1942). Après une période très structurée, au graphisme saccadé et en faisceau (*Les Signes*, 1944), sa composition se libère vers les années 1951 - 1952, et ses toiles appartiennent alors plus à l'abstraction lyrique qu'au surréalisme (*Le Scarabée d'or*, 1953).

**Paasikivi (Juho Kusti)** ♦ Homme d'État finlandais (Tampere 1870 - Helsinki 1956). Membre du parti conservateur, il fut président de la République de 1946 à sa mort, alors que se succédaient plusieurs gouvernements de coalition. ➛ **ÉTYM.** Ce nom vient du finnois *paasi* «roc, rocher» et *kivi* «pierre».

**Pabianice** ♦ V. de Pologne, voïvodie de Łódź. 70 089 hab. Indus. chimique et textile.

**Pablo (Luis de)** ♦ Compositeur espagnol (Bilbao 1930). Adepte de l'esthétique de Webern et de celle de John Cage, dont il a réalisé la synthèse dans des œuvres qui ressortissent pour une grande part au domaine de la «musique aléatoire» (*Radial*, pour huit groupes de trois instruments, 1960 ; *Polar*, pour onze instruments, 1961 ; *Escena*, pour chœur mixte et dix-huit instruments, 1964 ; *Iniciativas*, pour orchestre, 1965 ; la série des *Módulos I, II, III, IV, V*, 1964 - 1967), il a poursuivi ses recherches au théâtre avec *Por diversos motivos* et *Protocolo* (1969). Animateur de la vie musicale madrilène, il jouit d'une grande réputation dans les milieux de l'avant-garde européenne. Il a donné trois opéras, *Kiu* (1979), *El viajero indiscreto* (1983) et *La Madre invita a comer* (1992).

**Pabst (Georg Wilhelm)** ♦ Cinéaste allemand d'origine autrichienne (Vienne 1885 - *id.* 1967). Dénonçant les séductions de la banalité, il voulut exprimer dans son œuvre la réalité sociale de l'Allemagne vaincue, au lendemain de la Première Guerre mondiale. Ce réalisme démonstratif, non exempt d'un romantisme désordonné : *Loulou** (1929), *Trois Pages d'un journal* (1929), a inspiré des œuvres parfois inégales, mais de la plus haute qualité par leur signification humaine : *La Rue* sans joie* (1925), *Quatre de l'infanterie* (1930), *L'Opéra* de quat'sous*, d'après Brecht (1931), *La Tragédie de la mine* (1931). Parmi ses dernières œuvres, il faut signaler

Georg Wilhelm **Pabst.** Louise Brooks dans le film *Loulou*, 1929. © *Photos12.com-Collection Cinéma*

un *Don Quichotte* réalisé en France (1934) et interprété par Chaliapine, et *Le Procès* (1947). ➝ ÉTYM. Ce nom de famille vient de l'allemand *Papst* «pape» (sobriquet).

**PACA** → Provence-Alpes-Côte d'Azur

**PACCA (Bartolomeo)** ♦ Prélat italien (Bénévent 1756 - Rome 1844). Cardinal en 1801, il devint secrétaire d'État en 1808. Pour avoir influencé Pie* VII dans la signature de la bulle d'excommunication de Napoléon, il fut enlevé de Rome en même temps que le pape (1809) et enfermé à Fénestrelle (Piémont). De nouveau avec le pape, il lui fit signer la rétractation du concordat de Fontainebleau (1813). De retour à Rome (1814), il fit rétablir l'ordre des Jésuites (1816). Il a laissé d'intéressants *Mémoires* (1830).

**PACCHIONI (Antonio)** ♦ Médecin italien (Reggio nell'Emilia 1665 - Rome 1726). Il fit des recherches sur les méninges, en particulier sur la dure-mère. On lui doit la description des granulations qui portent son nom : expansions du feuillet arachnoïdien des méninges jusque dans la dure-mère.

**PACÉ** [35740] ➝ ÉTYM. du lat. *Paccius*, n. de pers., et suff. *-acum* ♦ Comm. de l'Ille-et-Vilaine, arr. de Rennes. 7 885 hab.

**Pacem in terris** (encyclique) → Jean XXIII

**PACHE (Jean Nicolas)** ♦ Homme politique français (Paris 1746 - Thin-le-Moutier, Ardennes 1823). Adepte enthousiaste des idées révolutionnaires, il pencha d'abord pour les girondins et prit la succession de Servan comme ministre de la Guerre d'oct. 1792 à fév. 1793. Rallié aux montagnards et maire de la Commune* de Paris (fév. 1793 - mai 1794), c'est lui qui fit graver sur les monuments publics la devise «Liberté, Égalité, Fraternité».

**PACHECO (Francisco)** ♦ Peintre et théoricien espagnol (Sanlúcar de Barrameda 1564 - Séville 1654). Il étudia à Séville, fit un voyage en Flandre, se rendit à Madrid et à Tolède où il rencontra le Greco* (1611). À Séville, il fonda une académie de peinture renommée et eut pour élèves A. Cano* et Vélasquez*. Dans ses grandes compositions, l'influence du maniérisme tend progressivement à disparaître au profit d'une observation plus réaliste et de l'utilisation d'un clair-obscur contrasté. Il peignit aussi de vigoureux portraits. Il fut l'un des plus éminents initiateurs du «ténébrisme» en Espagne et joua un important rôle de théoricien. Il publia *Libro de descripción de verdaderos retratos*, commencé en 1599, et *Arte de la pintura*, 1639. ➝ ÉTYM. *Pacheco* est peut-être le diminutif de *Francisco*.

**PACHELBEL (Johann)** ♦ Compositeur allemand (Nuremberg v. 1653 - *id.* 1706). Organiste à Eisenach, Erfurt, Stuttgart, Gotha, puis à Saint-Sebald de Nuremberg, il a laissé des œuvres pour clavier (préludes, fugues, toccatas, chorals, sonates, chaconnes) ainsi que des œuvres vocales (motets, cantates, magnificats, airs, messes) et de la musique de chambre. L'importance de Pachelbel réside essentiellement dans ses œuvres pour orgue, qui synthétisent les différentes esthétiques de son époque. Elles se caractérisent par la souplesse de l'écriture, la simplicité de l'harmonie et la beauté mélodique. Son influence sur J.-S. Bach* est indéniable.

**PACHER (Michael)** ♦ Peintre et sculpteur autrichien (Neustift, près de Brixen v. 1435 - Salzbourg 1498). Il est l'auteur du retable de Sankt-Wolfgang, en Autriche (1471 - 1481), et du retable des *Pères de l'Église*, dit aussi *de Brixen* (v. 1483). Sa façon d'établir les figures dans l'espace, de leur conférer un caractère monumental, son art de l'éclairage et des raccourcis, l'aspect dur et tranchant de ses volumes trahissent l'influence de la peinture padouane et vénitienne, particulièrement celle de Mantegna*. Cependant, son attachement au décor flamboyant, son goût pour les costumes somptueux, la tension expressive des figures et les formes tourmentées révèlent un tempérament germanique, sans doute l'un des plus puissants de la peinture du XVe s.

**PACHUCA** ♦ V. du Mexique central, cap. de l'État d'Hidalgo, sur les hauts plateaux du centre, au N. de Mexico. 267 751 hab. Monuments de l'époque coloniale. ▪ Mines d'or et d'argent.

**PACIFIQUE** n. m. (océan), – anc. ***Grand Océan*** ➝ ÉTYM. nommé en lat. *Mare Pacificum* par Magellan qui le trouva relativement calme après les effroyables tempêtes qu'il venait d'essuyer ♦ Océan compris entre l'Amérique à l'E., l'Asie et l'Australie à l'O. De forme grossièrement circulaire, il est largement ouvert au S. vers l'Antarctique et communique au N. avec l'océan Arctique par le détroit de Béring*. Avec une superficie d'env. 180 000 000 km$^2$ si l'on inclut les mers bordières (mers de Béring*, d'Okhotsk*, du Japon*, de Chine*, mer Jaune*, de Célèbes*), c'est la plus grande masse maritime du globe. ▮ **Relief** Les côtes du Pacifique ont des contours très variés ; les côtes américaines sont pour la plupart montagneuses et rectilignes, à l'exception de l'extrême N. (Alaska) et de l'extrême S. (Patagonie), tandis que les côtes asiatiques sont plutôt basses et irrégulières. Le Pacifique comporte des dorsales dont les sommets sont des îles volcaniques (Hawaii, Tuamotu, île de Pâques) ; il est bordé au N. et à l'O. par une guirlande insulaire et volcanique appelée la ceinture de feu du Pacifique et qui comprend les îles Aléoutiennes*, Kouriles*, Mariannes*, Philippines*, Tonga*, Kermadec* ; c'est là qu'on a sondé les plus grandes profondeurs connues du globe : plus de 10 000 m dans les fosses des Kouriles, des Mariannes et des Philippines. D'autres fosses atteignent plus de 7 000 m le long des côtes du Chili et du Pérou. ▮ **Éruptions volcaniques et tsunamis** Au volcanisme insulaire s'associent des tremblements de terre qui engendrent dans la mer des ondes appelées *tsunamis* de leur nom japonais, et qui causent des ravages en abordant les côtes. ▮ **Récifs et courants** En outre, le Pacifique, dans sa partie tropicale, est parsemé de récifs coralliens qui se sont développés autour de montagnes basaltiques (atolls) ou aux abords d'îles non coralliennes (récifs-barrière). Enfin, le Pacifique est parcouru de courants, dont le courant de Humboldt*, le Kuroshio* et l'Oyashio*. ▮ **Histoire** L'océan Pacifique fut découvert par Balboa* en 1513. En 1520, Magellan*, pénétrant par le cap Horn, lui donna son nom actuel (V. ci-dessus). Il a pris une véritable importance économique à partir de la Deuxième Guerre mondiale : elle est due à l'essor industriel du Japon et de l'Australie et au développement des échanges commerciaux entre les États-Unis et le Japon. ♦ ***Guerre du Pacifique (1941 - 1945)*** → Guerre mondiale (Deuxième).

**Pacifique-Sud (Forum du)** ♦ Organisation réunie pour la première fois en Nouvelle-Zélande en 1971 et regroupant la majeure partie des États souverains d'Océanie. Le Forum du Pacifique-Sud œuvre notamment pour la dénucléarisation de la région, le respect des zones économiques exclusives de pêche de 200 milles et la protection des ressources marines. Il comprend l'Australie, les îles Cook, la fédération de Micronésie, Fidji, Kiribati, Nauru, la Nouvelle-Zélande, Niue, la Papouasie-Nouvelle-Guinée, la république des îles Marshall, les îles Salomon, Tonga, Tuvalu, Vanuatu et les Samoa-Occidentales.

**PACINO (Alfredo, dit Al)** ♦ Comédien américain (New York 1940) formé à l'Actors Studio. Révélé en 1972 par *Le Parrain* de Coppola* (il joua d'ailleurs dans toute la trilogie), à nouveau mafioso dans *Scarface* (1983), cet acteur au jeu très physique incarna également de manière brillante et efficace les policiers (*Serpico*, 1973 ; *Heat*, 1995) ou les bandits (*Un après-midi de chien*, 1975). Il rendit hommage au théâtre avec sa première réalisation cinématographique, en 1996 : *Looking for Richard*, adapté de *Richard III* de Shakespeare, documentaire sur le travail de l'acteur mêlé d'extraits de la pièce filmée où il tient le rôle-titre. ➝ ÉTYM. *Pacino* est un nom de baptême médiéval italien, diminutif de *Pace*, *Paci* (du latin *pax* «paix»), nom de bon augure «que tu apportes la paix !».

Al **Pacino** sur le tournage de *Chinese coffee*, en 1997. *Phot. © Oliveira/Rex Features/SIPA*

**PACINOTTI (Antonio)** ♦ Physicien italien (Pise 1841 - *id.* 1912). Il imagina en 1864 l'induit en anneau des machines électriques et montra que sa machine fonctionnait aussi en tant que moteur (première dynamo).

**PACIOLI (Luca)** dit **Luca di Borgo** ♦ Moine et mathématicien italien (Borgo San Sepolcro v. 1445 - Rome 1517). Son ouvrage le plus important, *Summa de arithmetica, geometria, proportioni et proportionalita* (1494), est une sorte d'encyclopédie rassemblant toutes les connaissances mathématiques depuis l'Antiquité ; apportant

Luca **Pacioli**. *Portrait de Fra Luca Pacioli et de Giovane Ignolo* par Jacopo de'Barbari (98×108 cm). Galerie nationale Capodimonte, Naples. *Phot. © Giraudon*

très peu de nouveau au point de vue mathématique, il signale les auteurs dont il s'est inspiré ou qu'il a copiés. La première partie contient l'arithmétique théorique traditionnelle et la seconde traite de géométrie pratique. Son intérêt pour l'art, et tout particulièrement pour l'architecture, l'amena à la définition d'un système idéal de proportions dans un traité illustré par Léonard de Vinci (*De divina proportione*, 1509) où il utilise notamment le nombre d'or. Pacioli joua un rôle important au sein du centre artistique et intellectuel qu'était la cour d'Urbino. Sous son influence, Piero* della Francesca écrivit ses traités sur la perspective et les rapports mathématiques qui doivent régir l'œuvre picturale.

**PACÔME** (saint) ♦ (Haute-Égypte 286 - *id.* 346). Fondateur du cénobitisme, à Tabennêsi (323). Sa *Règle* copte est connue par une version de saint Jérôme ; elle influença tout le monachisme. ▪ Fête le 9 mai.

**PACTOLE** n. m. – en gr. ***Paktôlos*** ♦ Riv. de l'anc. Lydie (Asie Mineure), affl. de l'Hermos (Gediz). Elle baignait Sardes* et, avec les paillettes d'or qu'elle roulait, était la source des richesses fabuleuses de Crésus*. Cf. la légende de Midas* et le mot *pactole (in Le Robert)*.

**PACUVIUS (Marcus)** ♦ Poète dramatique latin (Brindisi –220 - Tarente v. –132). Neveu du poète Ennius*, il composa douze *palliatae*, tragédies à personnages grecs, où prédomine l'influence d'Euripide, et une *praetexta*, *Paulus*, tragédie romaine. Il ne subsiste que des fragments (environ 400 vers) de son œuvre.

**PACY-SUR-EURE** [27120] ➝ **ÉTYM.** → Pacé ♦ Ch.-l. de cant. de l'Eure, arr. d'Évreux, sur l'Eure. 4 751 hab. (aggl. 6 662) *(Pacéens)*. Église Saint-Aubin du XIIe s., remaniée au XVIe s. (*Vierge à l'Enfant* du XVIe s.).

**PADANG** ➝ **ÉTYM.** malais «plaine» ♦ V. d'Indonésie, cap. de la prov. de Sumatera Barat (Sumatra-Ouest), en pays minangkabau. 721 500 hab. Port à Telukbayur. Exportations : coprah, café, caoutchouc. Usine de ciment. ▪ Les Hollandais y établirent un comptoir en 1667.

**PADDINGTON** ♦ Quartier d'habitation du West End à Londres entre Regent's Park et Hyde Park.

**PADERBORN** ♦ V. d'Allemagne (Rhénanie-du-Nord-Westphalie), au pied de l'Erzgegebirge, sur la Pader. 142 686 hab. Cathédrale du XIIIe s. ; église Saint-Barthélemy (halle romane de la fin du XIe s.). ▪ Centre indus. : cimenteries ; indus. mécanique ; indus. informatique (Nixford). ▌**Histoire** Charlemagne y rencontra en 799 le pape Léon III. Promue au rang d'évêché en 805, Paderborn fut dès le XIIIe s. une florissante cité hanséatique, importante étape sur le *Hellweg*, route commerciale joignant la Flandre à la Saxe.

**PADEREWSKI (Ignacy Jan)** ♦ Pianiste et homme politique polonais (Kuryłówka, Podolie 1860 - New York 1941). Virtuose dont la célébrité fut mondiale, il fit bénéficier la cause de l'indépendance de la Pologne de son immense prestige. Patriote intransigeant devenu après la Première Guerre mondiale président du Conseil et ministre des Affaires étrangères, il participa à ce titre à la signature du traité de Versailles (1919). Il poursuivit encore ses activités en faveur de son pays après 1939, quand, devenu le chef du gouvernement polonais en exil, il exerça les prérogatives d'un président de la République. Compositeur, il a laissé des opéras, une symphonie, de la musique pour piano et des mélodies, le tout dans un style très traditionnel. ➝ **ÉTYM.** *Paderewski* vient du nom de lieu *Paderew*(probablement de *Podarz*, nom de personne).

**PADIRAC** (gouffre de) ♦ Gouffre du causse de Gramat (Lot) d'une profondeur de 75 m. Il conduit à une rivière souterraine de plus de 6 km qui se jette dans la Dordogne. Site touristique (galeries à concrétions) ouvert au public en 1898. Spéléologie.

**PADMA** n. f. ♦ Fl. du Bangladesh et de l'Inde. C'est le plus important des bras du Gange dans son delta.

**PADMASAMBHAVA** ➝ **ÉTYM.** sanskr. «né *(sambhava)* du lotus *(padma)*» ♦ Religieux bouddhiste indien, originaire du Cachemire (VIIIe s.). Il se rendit au Tibet sur l'invitation d'un de ses maîtres, s'y installa et y prêcha le bouddhisme tantrique, inaugurant ainsi une école de bouddhisme tibétain, celle des rNying-ma-pa, la première au Tibet. Il est maintenant vénéré comme un grand saint par les Tibétains.

**PADOUE** – en it. ***Padova*** ♦ V. d'Italie, en Vénétie, ch.-l. de prov. 204 870 hab. *(Padouans)*. Université. Basilique Saint-Antoine, dite «il Santo» (XIIIe s.), qui abrite le tombeau du saint. À côté, Scuola di Sant'Antonio (fresques du XVIe s., en partie de Titien) et oratoire Saint-Georges (fresques d'Altichiero). Sur la place, statue équestre du Gattamelata par Donatello. Dans la chapelle des Scrovegni, à l'Arena, fresques par Giotto (début du XIVe s.) ; dans l'église des Ermites (chapelle Ovetari), fragments de celles de Mantegna ayant subsisté après les bombardements de 1944. Parmi les bâtiments civils : le palais de justice (XIIIe - XVe s.) avec fresques du XVe s. dans le *Salone* ; la salle d'anatomie de l'université (XVIe s.). Riche musée municipal (peintures, bronzes). ▪ Centre commercial et industriel. Nœud de communications. Tourisme. ▌**Histoire** Municipe romain (v. –215), elle fut dévastée par Alaric (409) puis par Attila (452) et passa aux Lombards. Frédéric II, empereur germanique, y fonda en 1221 une université qui devint fameuse pour l'enseignement du droit. Padoue connut l'affrontement entre guelfes et gibelins au XIIIe s., puis se donna aux Carrara en 1318. En 1405, Venise la prit et la

**Padoue.** Basilique Saint-Antoine et statue du Gattamelata.
*Phot. © R. G. Everts/Rapho*

garda jusqu'au traité de Campoformio (1797) par lequel Bonaparte livra la république de Venise et ses possessions aux Autrichiens. Elle rejoignit le royaume d'Italie (1805 - 1814) et fut le ch.-l. du dép. de la Brenta. De nouveau livrée à l'Autriche en 1814, elle se révolta en 1848. En 1866, elle se fondit dans l'unité italienne. C'est près de Padoue, après la victoire de Vittorio Veneto, que les Autrichiens signèrent l'armistice du 3 nov. 1918 qui mit fin pour l'Italie à la Première Guerre mondiale.

**PAEPE (César de)** ♦ Socialiste belge (Ostende 1842 - Cannes 1890). Ouvrier typographe, puis médecin, il fonda avec quelques amis la société «Le Peuple» qui devint la section belge de la Ire Internationale. En 1885, il créa le Parti ouvrier belge. Influencé par Proudhon et Marx, il semble se rattacher à ce «socialisme mixte, à la fois mutuelliste et marxiste, qu'on appelle collectivisme» (E. Halévy). Il a écrit *Recherches sur les principes fondamentaux de l'économie sociale* (1879), *Le Suffrage universel et la capacité politique de la classe ouvrière* (1890).

**PAER (Ferdinando)** ♦ Compositeur italien (Parme 1771 - Paris 1839). Chef d'orchestre à la cour de Dresde, il fut maître de chapelle de Napoléon Ier (1807 - 1812), directeur de l'Opéra-Comique puis directeur de la musique de chambre de Louis-Philippe (1832). Un an avant *Fidelio* de Beethoven, il donna un opéra sur le même sujet (*Leonora* 1804).

**PAESIELLO (Giovanni)** → **Paisiello**

**PAESTUM** [pɛstɔm ; -um] – en gr. ***Poseidônia*** ♦ Anc. ville d'Italie sur le golfe de Salerne (Lucanie), dans la Grande* Grèce (commune actuelle de Capaccio). Fondée par des colons de Sybaris* vers la fin du –VIIe s., prise par les Lucaniens au –IVe s., elle devint colonie romaine v. –273. Elle fut ravagée par les Sarrasins en 877. ▪ Le pseudo-temple de Poséidon est l'un des plus beaux témoignages de l'architecture grecque classique (–Ve s.). Les tombes d'une nécropole, découverte en 1969 à proximité du temple, ont révélé les seules peintures grecques de style classique qui soient parvenues jusqu'à nous.

**PAG** ♦ Île de Croatie, dans l'archipel dalmate. 280 km$^2$. 8 398 hab.

**PAGALU** → **Annobón**

**PAGAN** ou **BAGAN** ♦ V. de Birmanie centrale, sur l'Irrawaddy. Le site, maintenant formé de plusieurs villages, comportait, à la fin du XIIIe s., plus de 5 000 monuments bouddhiques, monastères et palais. Il n'en reste plus que 2 000 environ. ▪ Artisanat de la laque dans les villages. ▌**Histoire** Fondée, d'après la légende, en 108, Pagan n'eut d'existence historique qu'à partir du règne d'Anawratha (1044 - 1077). Capitale de l'empire birman lors de son apogée, elle fut partiellement détruite par les armées de Kūbilaï Khān en 1287, et tomba définitivement sous les coups des Chans en 1299. Cœur historique de la Birmanie, c'est aujourd'hui une ville-sanctuaire.

**PAGANINI (Niccolò)** ♦ Violoniste et compositeur italien (Gênes 1782 - Nice 1840). Enfant prodige, il se produisit très tôt en public. Après des études musicales approfondies à Parme, il entreprit en Italie, puis dans toute l'Europe, de nombreuses tournées qui lui valurent une extraordinaire renommée. Doué d'un étonnant génie d'interprète, il déchaîna l'enthousiasme de ses contemporains par le caractère réellement démoniaque de son jeu. Pour son instrument, il a composé diverses pièces (24 *Caprices* pour violon seul, 1820 ; des concertos, sonates, variations et quatuors pour violon et guitare) d'une rare difficulté d'exécution. Il a fortement contribué à l'évolution de l'art du violon par de nombreuses innovations techniques. ➝ **ÉTYM.** Ce nom est le diminutif de *Pagani*, de l'italien *pagano* «païen».

**PAGASÉTIQUE** (golfe) ♦ Golfe de la mer Égée en Grèce (Thessalie). → **Volos.**

**PAGÈS (Bernard)** ♦ Sculpteur français (Cahors 1940). Dans les années 1960, le nouveau réalisme l'introduisit à l'usage de matériaux simples tels que les morceaux de bois. À partir de 1972, il se consacra à ses *Nomenclatures* et à ses *Assemblages* (*Piquets*, 1975), selon le mode structuraliste. Homme d'équilibre, il s'orienta vers les matériaux lourds, difficiles à sculpter, mais vrais, en se défiant des excentricités faciles qui menacent la sculpture contemporaine. Ainsi que l'indiquait déjà son *Abri de jardin*, construction anonyme de 1970, il recherche, dans son cheminement de refus, ses attaches avec la terre. Le travail des matériaux bruts, l'analogie avec les éléments naturels et un certain ludisme caractérisent ses interventions dans le paysage (*Hommage à Albert Camus*, 1985 ; *Hommage à Gaston Bachelard*, 1986 ; série des *Devers* dans les années 1990 puis des *Surgeons* et des *Pals* à partir de 2000). ➝ ÉTYM. L'ancien occitan *pagès* signifie « paysan ».

**PAGET (sir James)** ♦ Chirurgien britannique (Yarmouth 1814 - Londres 1899). Il laissa son nom à différentes maladies, dont une maladie osseuse (1876) et une affection cancéreuse du mamelon.

**PAGNOL (Marcel)** ♦ Écrivain et auteur dramatique français (Aubagne 1895 - Paris 1974). Il abandonna une carrière de professeur d'anglais après ses débuts d'auteur dramatique (*Les Marchands de gloire*, avec Paul Nivoix, 1925) puis sembla s'orienter vers l'avant-garde (*Jazz*, 1926) à laquelle il préféra bientôt le naturalisme, avec une comédie de mœurs, *Topaze** (1928). Après deux pièces qui constituent l'évocation colorée, sur un mode à la fois débonnaire et mélodramatique, du folklore marseillais, *Marius** (1929) et *Fanny* (1931), il devait connaître la consécration populaire. Le succès de leur adaptation cinématographique l'encouragea à réaliser d'autres films : *César* (1936), troisième volet de cette trilogie marseillaise, mais aussi *Angèle* (1934), *Regain* (1937), *La Femme du boulanger* (1939) d'après des œuvres de Jean Giono*. Revenu au théâtre avec *Judas* (1955) et *Fabien* (1956), il a publié en une trilogie ses souvenirs d'enfance et de jeunesse (*La Gloire de mon père*, 1957 ; *Le Château de ma mère*, 1958 ; *Le Temps des secrets*, 1960). [Acad. fr. 1946] ➝ ÉTYM. *Pagnol* est l'aphérèse de *espagnol* (à l'origine, nom d'émigrés espagnols).

**PAGNY-SUR-MOSELLE** [54530] ➝ ÉTYM. anc. *Paterniacum*, du lat. *Paternius*, n. de pers. (de *panneus* « déguenillé ») et suff. *-acum* ♦ Comm. de la Meurthe-et-Moselle, arr. de Nancy. 4 078 hab.

**PAGO PAGO** ♦ Centre administratif des Samoa*-Américaines, dans l'île de Tutuila*. 4 278 hab. Ancienne base navale des États-Unis. ▪ Usines de conserves de thon. Tourisme.

**PAHANG** – off. ***Pahang Darul Makmur*** ♦ État de la fédération de Malaisie, bordant la mer de Chine. 35 965 km². 1 231 176 hab. CAP. : Kuantan. L'État est placé sous l'autorité d'un sultan. ▪ Exploitation forestière ; plantations (thé, palmier à huile) ; cultures maraîchères. Mines d'or. Pêche. Tourisme. ▮ **Histoire** Vassal de Melaka puis de Johor, Pahang se proclama sultanat autonome en 1881, mais dut accepter le protectorat britannique en 1887 et entra en 1896 dans l'union des États malais fédérés ; en 1947, il se joignit à la fédération de Malaisie.

**PAHLAVĪ** ou **PAHLEVI** ♦ Nom de la langue et de la littérature du moyen perse désignant aussi la dynastie fondée par Rizāh Chāh qui déposa les Kadjars* (1925), et qui fut renversée par la révolution islamique (1979). ➝ **Rizā Chāh, Muḥammad Rizā Chāh.**

**PAHOUINS** ➝ **Fangs**

**PÄIJÄNNE** (lac) ♦ Lac de Finlande méridionale, tributaire du golfe de Finlande par le Kymijoki. 1 054 km². Il baigne Jyväskylä.

**PAIK Nam June** ♦ Artiste américain d'origine coréenne (Séoul 1932 - Miami 2006). Ayant quitté la Corée en 1949, il rencontra les musiciens John Cage et Stockhausen et devint membre du groupe Fluxus* en 1961, mêlant dans ses représentations publiques happenings visuels et sons. En 1964, il créa sa première bande vidéo, la visite du pape Paul VI à New York. Il utilisa la vidéo en liaison avec la musique électronique et détourna le pouvoir de la télévision en en manipulant les images par des déformations magnétiques (*Moon is the oldest T. V.*, 1965/1976 - 1985). L'utilisation des images par satellite lui est un prétexte de communication entre l'Orient et l'Occident.

**PAILLASSE** ♦ Personnage de la farce, à l'imitation du *Pagliaccio* napolitain. Valet de Pantalon, il est réputé pour sa sottise. C'est également le titre du bel opéra vériste de Leoncavallo* (*Paillasse*, 1892).

**PAILLERON (Édouard)** ♦ Auteur dramatique français (Paris 1834 - *id.* 1899). Il débuta au théâtre par quelques pièces en vers, mais le meilleur de son œuvre dramatique est constitué par des comédies de mœurs, spirituelles et habilement construites, où s'exprime une satire sans méchanceté. Œuv. princ. : *L'Étincelle* (1879), *Le monde où l'on s'ennuie* (1881), *La Souris* (1887), *Cabotins* (1894). [Acad. fr. 1882] ➝ ÉTYM. Ce nom est un dérivé de *pailler* « grenier à paille ».

**PAIMPOL** [22500] ➝ ÉTYM. en bret. *Pempoull* « la tête de l'étang », de *penn* « tête, bout » et *poul* « mare, étang, lagune » [allus. à la situation de jadis où la mer bordait la v. à l'est et pénétrait dans une dépression où affluaient des ruisseaux, formant une vaste étendue d'eau] ♦ Ch.-l. de cant. des Côtes-d'Armor, arr. de Saint-Brieuc, dans le Trégorrois, au fond d'une vaste baie. 7 932 hab. *(Paimpolais)*. Anc. port de pêche à la morue vers l'Islande et Terre-Neuve, Paimpol se consacre aujourd'hui à la pêche côtière et à l'ostréiculture. Marché de primeurs. Navigation de plaisance. Tourisme. ▪ Pierre Loti a célébré la ville dans son roman *Pêcheur* d'Islande*.

**PAIMPONT** (forêt de) ♦ Forêt de Bretagne s'étendant à l'O. de Rennes et au N. du camp de Coëtquidan sur 7 060 ha. On l'identifie à la forêt de Brocéliande* des romans de la Table ronde.

**PAIN DE SUCRE** n. m. – en port. ***Pão de Açúcar*** ♦ Relief granitique de forme conique caractéristique des régions de climat tropical humide. Le plus fameux est celui de l'entrée de la baie de Guanabara qui surplombe la ville de Rio de Janeiro.

**PAINE (Thomas)** ♦ Homme politique et pamphlétaire britannique (Thetford, Norfolk 1737 - New York 1809). De famille quaker et très pauvre, émigré en Amérique en 1774, il rencontra Franklin. Celui-ci l'envoya à Philadelphie où il fit carrière dans le journalisme. Directeur du *Pennsylvania Magazine*, il collaborait aussi au *Pennsylvania Journal*, son concurrent. La série de pamphlets qu'il publia de 1776 à 1783 (réunis sous le titre *La Crise américaine*) est dans l'esprit de la *Déclaration* d'indépendance*. Son essai *Le Bien public* (1780), attaque directe des monarchies et des aristocraties héréditaires, fut largement diffusé et exerça une grande influence sur la formation de la conscience politique américaine. *Le Sens commun* (1776) joua le rôle d'un détonateur intellectuel dans le déclenchement de la révolution américaine. Renvoyé de l'armée de Washington en 1774, il perdit bientôt son poste de secrétaire de la commission des Affaires étrangères à cause de son caractère impulsif. De retour en Angleterre, il y fut accusé de haute trahison à la suite de son écrit *Les Droits de l'homme* (1791) qui réfute les *Réflexions sur la Révolution française* de Burke. Il devint alors citoyen français et entra à la Convention comme délégué girondin. Ce fut dans la prison du Luxembourg où Robespierre le fit enfermer qu'il rédigea *Le Siècle de raison* (1794 - 1796) improprement appelé « Bible de l'athée » et dont le sous-titre est *Recherches sur la vraie théologie et sur la théologie fabuleuse*. Sa *Dissertation sur les premiers principes du gouvernement* (1795) constitue un énoncé de la doctrine démocratique. Il retourna aux États-Unis en 1802. ➝ ÉTYM. *Paine* vient du prénom *Pain*, du latin *paganus* « païen ».

**PAINLEVÉ (Paul)** ♦ Mathématicien et homme politique français (Paris 1863 - *id.* 1933). Ses travaux concernent notamment les équations différentielles dont il fonda la théorie analytique, les fonctions de variables complexes et la mécanique générale (frottement et mécanique des fluides en particulier). Intéressé par l'aviation, envisageant, face à une opinion sceptique, les possibilités du plus lourd que l'air, il fut le premier passager de Wilbur Wright* (1908) et d'Henri Farman*. Il obtint du Parlement le vote du premier crédit pour l'aviation (1910) ; entré la même année à la Chambre des députés, il fut ministre de l'Instruction publique (1915 - 1916) et de la Guerre (mars-nov. 1917) ; il devint président du Conseil en 1917 (sept.-nov.) puis de nouveau en 1925, après avoir été l'un des fondateurs du Cartel des gauches. Ministre de la Guerre quasi permanent de 1925 à 1929, il prit les premières décisions concernant la ligne Maginot et fit voter le service militaire d'un an (1928). Ses cendres ont été transférées au Panthéon en 1933. [Acad. sc. 1900] ➝ ÉTYM. Ce nom est un surnom de boulanger.

**PAÏOLIVE** (bois ou rochers de) ♦ Chaos calcaire du Bas-Vivarais, au S.-E. des Vans, de part et d'autre du Chassezac. L'érosion des calcaires a donné naissance à des rochers ruiniformes, qu'ombragent des chênes rouvres.

**PAIR-NON-PAIR** ♦ Grotte préhistorique ornée de Gironde (comm. de Marcamps) découverte en 1881 par F. Daleau. Les représentations gravées de bovidés, chevaux et bouquetins sont datées du Gravettien*.

El **País** ➝ ÉTYM. esp. « le Pays » ♦ Quotidien espagnol créé en 1976. Par l'importance de la place accordée dans ses colonnes au débat politique et le sérieux de ses informations, il contribua à la consolidation de la démocratie en Espagne. Devenu l'un des principaux quotidiens du pays, proche du centre gauche, il tire à env. 440 000 exemplaires et possède aussi plusieurs stations de radio.

**Païsa** – en it. ***Paisà*** ♦ Film italien de Roberto Rossellini* (1946). Six épisodes de la bataille d'Italie, de 1943 à 1945, interprétés « à chaud » par des non-professionnels : le débarquement des GI en Sicile, les *sciuscià* de Naples, le racolage des libérateurs par les prostituées romaines, la guérilla à Florence, la paix d'un monastère dans l'Apennin, la lutte farouche des partisans dans les marais Pontins. Cet assemblage de tableaux aux couleurs de la souffrance et de la mort (à l'exception de l'intermède franciscain, contrepoids aux horreurs de la guerre) ne prétend ni à l'exhaustivité ni à l'universalité. Il trouve pourtant l'une et l'autre, par sa simplicité même.

**PAISIELLO** ou **PAESIELLO (Giovanni)** ♦ Compositeur italien (Roccaforzata, Tarente 1740 - Naples 1816). Ses débuts sur les grandes scènes lyriques d'Italie en firent un rival heureux de Piccinni, Pergolèse et Cimarosa. Nommé maître de chapelle de Catherine II, à Saint-Pétersbourg (1776 - 1784), puis de Ferdinand IV, à Naples (1784 - 1799), il devint maître de musique du Premier consul (1801), puis musicien de Murat et de Joseph Bonaparte. Le retour des Bourbons précipita sa disgrâce. On lui doit une centaine d'ouvrages de théâtre, dont *La Serva padrona* (1781), *Il Barbiere di Siviglia* (1782) et *La Bella Molinara* (1788) ; de la musique d'église (messes, motets, cantates, oratorios) ; symphonique (symphonies, concertos) ; de chambre (sonates, quatuors). Plus inspiré dans le genre de l'opéra bouffe que dans celui de l'opera seria, le style de Paisiello révèle des tendances déjà romantiques. Son sens de la variété rythmique et de l'invention mélodique s'enrichit de l'emploi de formes très libres et d'une instrumentation colorée.

**PAISIJ** ♦ Moine bulgare du mont Athos (Bansko v. 1722 - monastère de Hilandar 1798). Il instruisit les Bulgares de leur glorieux passé dans une *Histoire des Slaves bulgares* (1762).

**PAISLEY (Ian Richard)** ♦ Pasteur et homme politique d'Irlande du Nord (Ballymena 1926). Ministre presbytérien dissident (il fonda l'Église presbytérienne libre d'Irlande du Nord en 1951), il se fit remarquer par ses sermons violemment anticatholiques. Partisan farouche du maintien de l'union de l'Ulster et de la Grande-Bretagne, il devint le leader de l'agitation protestante la plus extrémiste et fonda le DUP (parti démocrate unioniste). Député dès 1970 du Parlement de Belfast, du Parlement britannique, puis du Parlement européen (jusqu'en 2004), il s'opposa à l'accord de paix de 1998, refusant toute entente avec les catholiques jusqu'à sa nomination au poste de Premier ministre d'un gouvernement biconfessionnel (2007 - 2008).

**PAISLEY** ♦ V. industrielle d'Écosse, ch.-l. du Renfrewshire. 100 000 hab. Abbaye de style gothique rayonnant. ▪ Constructions navales. Textile et indus. chimique. Aéroport de Glasgow.

**PAIX** (rivière de la) – en angl. *Peace River* ♦ Riv. du Canada (Colombie-Britannique et Alberta). 1 923 km. Née dans les Rocheuses, elle conflue avec la riv. de l'Esclave* près du lac Athabasca. Très importants aménagements hydroélectriques en cours.

La **Paix** – en gr. ***Eirênê*** ♦ Comédie d'Aristophane* (-421). Composée dans l'attente longtemps déçue de la paix qui devait se conclure entre Sparte et Athènes, la pièce a pour héros Trygée, vieux et sage vigneron athénien déterminé à hâter le retour de la concorde entre les deux cités. Volant jusqu'à l'Olympe sur un scarabée géant, il apprend d'Hermès que la Guerre, décidée à exterminer la Grèce, a enfermé la Paix au fond d'une caverne. Avec l'aide du chœur, composé de laboureurs, Trygée exhume la belle déesse captive puis redescend à Athènes en sa compagnie et, en dépit de la fureur de tous les profiteurs de guerre, il célèbre sa victoire en épousant Opôra, divinité des moissons. D'une plaisante verdeur de langage, la pièce se caractérise par un optimisme joyeux.

**PAJOU (Augustin)** ♦ Sculpteur français (Paris 1730 - *id.* 1809). Élève de J.-B. Lemoyne*, il séjourna à Rome de 1752 à 1756. Il fut le rival de Caffieri et le sculpteur de Mme du Barry dont il fit plusieurs portraits. Il réalisa la décoration sculptée de l'opéra de Versailles (1768 - 1770), qui témoigne de son habileté technique et de sa fantaisie inventive dans le domaine de l'ornementation. Il sculpta plusieurs statues de grands hommes commandées par Louis XVI *(Descartes, Pascal, Bossuet)* et des portraits *(Hubert Robert,* 1789 ; *Mme Vigée-Lebrun,* 1783), et obtint un succès de scandale avec sa *Psyché abandonnée* (1785 - 1791) dont le modelé souple et les attitudes gracieuses sont caractéristiques d'une grande partie de sa production.

**PAK Chŏnghŭi, BAG Jeong-Hui** ou **PARK Chung-Hee** ♦ Général et homme d'État sud-coréen (Sonsan-gun 1917 - Séoul 1979). Le 16 mai 1961, il fomenta un coup d'État et remplaça à la présidence de la république de Corée du Sud le président Yun Posŏn, démissionnaire. Il fut élu constitutionnellement en 1963 et réélu constamment jusqu'à son assassinat.

**PĂK-DJE, PAEKCHE** ou **BAEGJE** ♦ Ancien royaume coréen du N. de la péninsule, qui dura de -18 jusqu'en 660 et compta 31 souverains. Il fut finalement vaincu par les forces chinoises des Tang* et le royaume coréen de Silla*.

**PAKHTUNISTAN** ou **PASHTOUNISTAN** n. m. ♦ Région des montagnes occidentales du Pakistan. Env. 2 500 000 hab. Les populations musulmanes de langue pashtô (Pashtouns*) qui l'occupent sont animées d'un très fort sentiment d'autonomie et échappent au contrôle du pouvoir central. Elles pratiquent un élevage semi-nomade. Le Pakhtunistan est depuis les années 1950 l'objet d'un litige entre le Pakistan et l'Afghanistan, l'Afghanistan ayant en effet encouragé les volontés séparatistes des Pashtouns* vivant de part et d'autre de la frontière pakistano-afghane.

**PA Kin** → Ba Jin

## PAKISTAN ou PĀKISTĀN

▮ n. m. – off. ***République islamique du Pakistan*** ◆ **ÉTYM.** de *Pakstan* : initiales de *Punjab, Afghan Province, Kashmir, Sind* et *-stan* de *Baluchistan,* jeu de mots avec l'urdu « pays *(ostān)* des purs *(pāk)* » ♦ Pays de l'Asie méridionale. 796 095 km². 162 992 500 hab. en 2008 *(Pakistanais)*. LANGUES : ourdou et anglais. RELIGION : musulmans 97 %. MONNAIE : roupie pakistanaise. RÉGIME : présidentiel. CAPITALE : Islamabad.

▮ **GÉOGRAPHIE** Dans sa forme actuelle, le Pakistan est né en 1971, après la sécession de son ancienne Province orientale, devenue État souverain sous le nom de Bangladesh*. La partie la plus active du pays est constituée par les plaines du bassin de l'Indus, tandis que l'encadrement montagneux reste plus marginal. Les chaînes du Baluchistan et les monts Sulaman forment la frontière avec l'Afghanistan tandis que les régions septentrionales font partie du

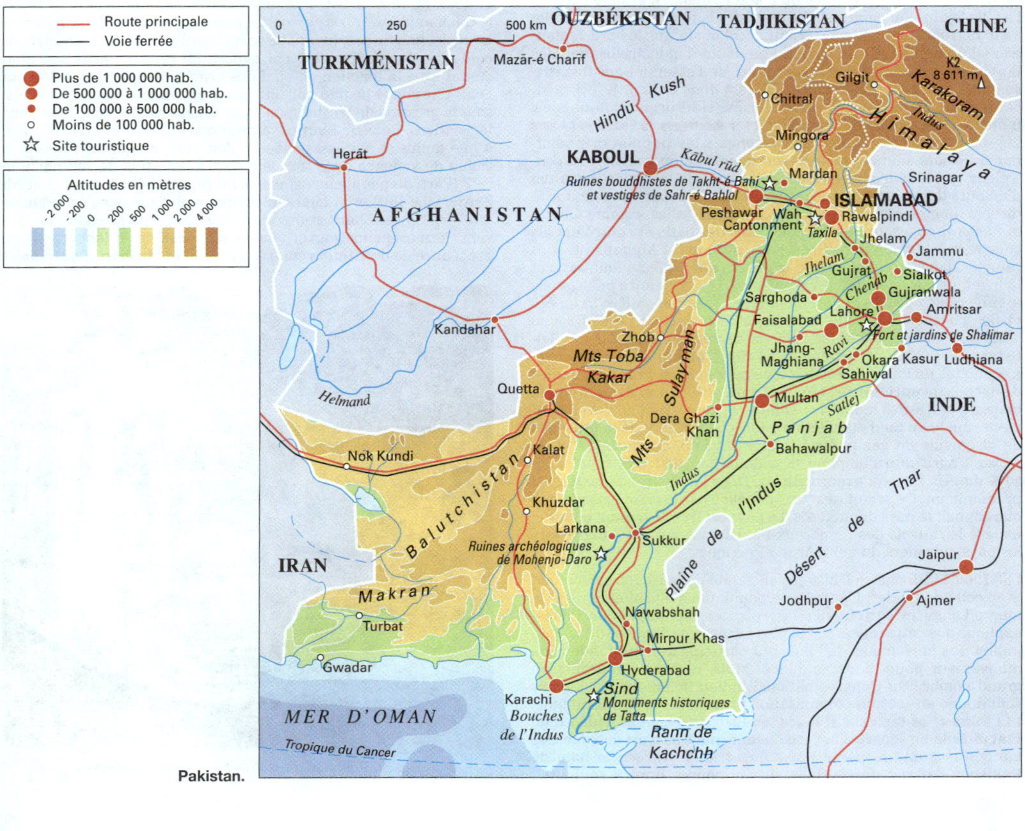

Pakistan.

**Pakistan** ▮ Productions en 2008

| Produits | Quantités | Rang |
|---|---|---|
| ▮ Agriculture | | |
| Blé | 22 000 000 t | 6e |
| Canne à sucre | 54 000 000 t | 6e |
| Coton fibre | 3 500 000 t | 4e |
| Dattes | 500 000 t | 5e |
| Maïs | 3 600 000 t | |
| Millet | 300 000 t | 15e |
| Oranges | 1 700 000 t | 11e |
| Riz | 8 900 000 t | 12e |
| Sucre | 4 400 000 t | 9e |
| Bovins (têtes) | 30 000 000 | 9e |
| Buffles (têtes) (2006) | 23 300 000 | |
| Ovins (têtes) | 26 500 000 | 9e |
| Pêche | 610 000 t | |
| ▮ Énergie | | |
| Gaz naturel | 32 000 000 000 m³ | |
| Houille | 3 800 000 t | |
| Hydroélectricité | 35 TWh | |

système himalayen. Le Pakistan contrôle en effet une partie importante du Cachemire, où une ligne de cessez-le-feu marque depuis 1949 la limite de souveraineté avec l'Inde. Les plaines de l'Indus comportent deux régions distinctes. **▮ Le Panjab** Au N., le Panjab («pays des cinq rivières») est une zone de piémont traversée par l'Indus, et quatre grands affluents issus comme lui de l'Himalaya, la Jhelam, la Chenab, la Ravi et la Satlej. Le climat est assez sec, avec des étés modérément pluvieux, et des hivers secs et relativement frais. La faible pluviosité a été compensée par le développement de l'irrigation, à partir des rivières himalayennes et grâce au creusement de nombreux puits. La production agricole a été modernisée et offre d'abondantes récoltes de blé, de millet, de maïs et de canne à sucre. Cette agriculture prospère a favorisé le développement industriel, facilité par l'énergie hydroélectrique produite par les barrages construits à la sortie de l'Himalaya. La frontière indo-pakistanaise coupe en deux la région historique du Panjab ; sa proximité a gêné le développement de la principale ville pakistanaise, Lahore, et le partage des eaux fluviales entre les deux pays a dû être réglé par un compromis. **▮ Le Sind** Le climat est beaucoup plus sec dans le Sind, où la mousson d'été n'apporte que peu de précipitations. L'irrigation à partir de l'Indus (barrage de Sukkur) a cependant permis le développement dans la basse vallée et dans le delta de la culture du coton et du blé à grande échelle. La ville la plus ancienne est Hyderabad, à la tête du delta, mais elle a été détrônée par Karachi, création coloniale, sur le bord septentrional du delta. Celle-ci a connu un début d'industrialisation dès la période britannique, et a fait l'objet de l'essentiel des investissements après l'indépendance. Elle est donc de loin le principal centre industriel du pays (raffineries, sidérurgie, cotonnades, industrie mécanique et chimique). **▮ Les montagnes de l'ouest et du nord** Les montagnes de l'ouest sont sèches : les populations semi-nomades sont animées de forts sentiments autonomistes, mal contrôlées par le pouvoir central. Une partie de la région constitue d'ailleurs des «zones tribales», placées en principe sous l'autorité directe du gouvernement fédéral. Quelques villes, comme Quetta et Peshawar, se sont développées dans des oasis et contrôlent les cols vers l'Afghanistan. Près de 3 millions d'Afghans se sont réfugiés dans la région lors de la guerre qui a affecté leur pays, et leur retour pose de difficiles problèmes. Le Cachemire pakistanais est une région de très hautes montagnes, avec des vallées irriguées et des pacages d'altitude. **▮ Administration et économie** Le sud a une assemblée locale, mais les régions septentrionales (Gilgit, Baltistan, Diamir) sont administrées directement par Islamabad. L'économie du Pakistan est dominée par quelques grandes familles de riches propriétaires fonciers qui possèdent également la majeure partie des industries. Celles-ci connaissent un développement rapide au Sind et au Panjab. Elles bénéficient de la présence de gisements de gaz naturel (Multan et Sui), de chromite et de gypse. L'agriculture emploie 45 % de la pop. active et représente 20 % du PIB. Le pays exporte du riz. Dans l'industrie, le textile est prédominant. Ce secteur est très pénalisé par la crise énergétique que connaît le pays depuis 2008. Le pays est très fortement endetté, malgré les envois des nombreux Pakistanais qui ont émigré vers les pays pétroliers du golfe Arabo-Persique.

**▮ HISTOIRE ▮ L'islamisation** L'histoire ancienne de la région se confond avec celle de l'Inde*. L'arrivée de populations musulmanes par la mer d'Oman et surtout par les cols des montagnes de l'ouest explique que cette région soit la plus fortement islamisée du monde indien. Les musulmans de l'Inde ont participé avec les hindous au mouvement pour l'indépendance. Mais, d'abord adhérents en grand nombre du Congrès national indien (fondé en 1885), ils se sont donné en 1906 une organisation propre, la Ligue musulmane. **▮ La naissance du Cachemire et la partition** Progressivement, l'idée d'un État musulman séparé a fait son chemin, mais ce n'est que dans les années 1940 que le poète Muhammad Iqbāl* forgea le nom de Pakistan à partir des initiales des provinces dont il souhaitait qu'elles se séparent de l'Inde (Panjab, Afghanistan, Cachemire, Sind, Baluchistan). En 1947, l'indépendance fut accordée à deux États, l'Inde et le Pakistan, qui comprenait alors 2 provinces : le Pakistan-Occidental et le Pakistan-Oriental (une partie du Bengale). Ce dernier fit sécession du reste du pays en 1971, après une guerre de quelques mois et une intervention de l'armée indienne. Les relations avec l'Inde achoppent régulièrement sur la question du Cachemire qui en 1965 donna lieu à un conflit armé. **▮ D'Alī Jinnāh au général Zia** Depuis 1947, le Pakistan a connu une forte instabilité politique. La démocratie parlementaire mise en place par le président de la Ligue musulmane, Muhammad Alī Jinnāh*, ne lui survécut que peu de temps. Les phases de dictature militaire ont alterné avec de brefs retours à la démocratie et au pouvoir civil. Les généraux Ayyūb* Khān et Yahyā* Khān durent laisser le pouvoir à Ali Bhutto* en 1971 après la défaite dans la guerre du Bengale. Mais le gouvernement civil de ce dernier fut renversé en 1977 par le coup d'État du général Zia* Ul-Hak, qui fit exécuter Bhutto. Le Pakistan joua un rôle actif dans la guerre de résistance à l'occupation soviétique (1979 - 1989) en Afghanistan. Il fut l'un des centres de la résistance et la tête de pont de l'aide occidentale mais dut, en contrepartie, faire face à un afflux de réfugiés afghans. **▮ De Benazir Bhutto à Nawaz Sharif** La mort de Zia dans un accident d'avion (1988) permit l'organisation d'élections, gagnées par le parti de la fille de Bhutto, Benazir, mais celle-ci fut évincée par l'action conjuguée de l'armée et de la droite islamique en 1990. Malgré des oppositions très actives, le caractère islamique de l'État s'accentua peu à peu au fil des années. Cependant Benazir Bhutto*, au lendemain des élections législatives d'oct. 1993, reprit la tête du gouvernement, jusqu'en 1996 où, accusée de corruption, elle fut démise de ses fonctions. Les élections qui suivirent en 1997 ramenèrent au pouvoir la droite islamique dirigée par Nawaz Sharif. Le Pakistan fut alors confronté à des conflits internes entre communautés chiite et sunnite, et à des affrontements périodiques à la frontière du Cachemire, avec l'Inde. L'arrivée au pouvoir à New Delhi des nationalistes hindous en 1998 entraîna un regain de tension entre les deux pays, Karachi ayant pratiqué plusieurs essais nucléaires en réponse à ceux de l'Inde. **▮ Le régime du général Musharraf** Le général Musharraf renversa N. Sharif en oct. 1999. Après les attentats du 11 septembre 2001 aux États-Unis, il se rangea dans le camp américain, récusant tout soutien aux talibans qui protégeaient Ben* Laden. Cette politique, ainsi que le programme de rigueur imposé par le FMI, fut perçue par la population comme une acceptation de l'impérialisme américain ne pouvant être contré que par les fondamentalistes religieux. Ceux-ci réalisèrent une percée significative aux législatives de 2002 malgré le régime autoritaire de Musharraf qui avait tout de même écarté les candidatures de N. Sharif et de B. Bhutto. En oct. 2005, une catastrophe humanitaire toucha le Cachemire où 85 000 personnes périrent lors d'un violent séisme. La réélection du président Musharraf par le Parlement, en 2007, fut contestée par l'opposition qui déposa un recours en raison d'un cumul avec la fonction de chef des armées. Le président décréta l'état d'urgence justifié par une insurrection islamique ; toutefois, sous la pression de Washington, il dut annoncer la tenue d'élections législatives. Benazir Bhutto, rentrée triomphalement d'exil grâce à une amnistie, fut assassinée en déc. 2007, ce qui provoqua une vague de violence dans tout le pays. La direction de son parti, le PPP (Parti du peuple pakistanais), fut reprise par son veuf, Asif Ali Zardari. Le PPP et la Ligue musulmane, dirigée par l'ex-Premier ministre Nawaz Sharif, remportèrent les législatives en février suivant, formèrent un gouvernement d'opposition et lancèrent une procédure de destitution contre le président Musharraf qui démis-

Bus au **Pakistan.** *Phot. © Pichugin Dmitry/Shutterstock*

sionna en août. Héritier de la dynastie Bhutto, Asif Ali Zardari fut nommé président de la République en sept. 2008 mais il reste une figure très controversée en raison de onze ans passés en prison pour corruption et assassinat. Il doit de surcroît faire face au défi islamiste (nombreux attentats), à une grave crise économique, politique et militaire, à une crispation des relations avec l'Inde* (attentats à Bombay en 2008) et à la pression des États-Unis dans la lutte contre le terrorisme sur le front pakistano-afghan, les talibans ayant conquis certaines régions d'Afghanistan et de l'ouest du Pakistan

**PĀLA** → ÉTYM. sanskr. «protecteur, roi, prince» ♦ Dynastie indienne de rois du Bengale fondée vers 750 et qui gouverna le Bengale et le Bihar jusque v. 1200. Ses souverains, fervents bouddhistes, inaugurèrent un art qui serait à l'origine de nombreuses formes népalaises et tibétaines. La dynastie fut détruite par les musulmans de Delhi, et celle des Sēna la remplaça.

**PALACKÝ (František)** ♦ Historien et homme politique tchèque (Hodslavice, Moravie 1798 - Prague 1876). Considéré comme le «père de la Nation», il transforma l'intérêt purement scientifique de Dobrovský* pour la langue tchèque en réelle cause nationale, d'abord par son *Histoire de la Bohême,* publiée en allemand (1836 - 1867) puis en tchèque (1848), et par son activité politique qui oscillait entre le slavisme (il présida le congrès panslave de Prague en 1848), la revendication du «droit d'État» de la Bohême (que le dualisme autro-hongrois excluait *de facto*) et une certaine collaboration avec les institutions impériales (il fut critiqué en cela par les Jeunes-Tchèques, plus radicaux).

**PALADE (George Emil)** ♦ Médecin et biologiste américain d'origine roumaine (Iaşi, 1912 - Del Mar, Californie 2008). Grâce à des techniques très élaborées de fractionnement et d'observation au microscope électronique, mises au point en partie par lui, il étudia les organites cellulaires et découvrit les ribosomes (ou *grains de Palade*), qui contrôlent la synthèse cellulaire des protéines. [Prix Nobel de physiol. ou méd. 1974, avec A. Claude* et C. de Duve*]

**PALADRU** (lac de) → ÉTYM. p.-ê. surnom d'un homme déguenillé (du franco-prov. *pelliandru*) ♦ Lac de l'Isère (390 ha), au S.-E. de La Tour-du-Pin. Au S. du lac, vestiges de deux sites archéologiques. ▪ Tourisme.

**PALAFOX (José de),** duc **de Saragosse** ♦ Général espagnol (Saragosse 1776 - Madrid 1847). Il souleva l'Aragon contre les Français (1808) et s'illustra par sa défense de Saragosse* en 1809.

**PALAIS (Le)** [56360] ♦ Ch.-l. de cant. du Morbihan, arr. de Lorient, sur la côte E. de Belle-Île. 2 457 hab. *(Palantins).* Citadelle (XVIe s.), où séjourna Vauban. Musée historique. ▪ Petite station balnéaire, port.

**Palais (Grand et Petit)** ♦ Édifices de Paris, situés entre le Cours-la-Reine et les Champs-Élysées. Le *Grand Palais,* construit de 1897 à 1900 par Deglane, Louvet et Thomas, est très caractéristique de l'Art nouveau : quadriges colossaux de G. Recipon ; bassin par R. Larche. Sa partie O. est affectée au palais de la Découverte (1937), institut culturel et musée scientifique (planétarium). Le Grand Palais est doté de galeries nationales d'expositions temporaires (créées en 1964, terminées en 1971). ▪ Le *Petit Palais,* édifié en 1900 par Ch. Girault, présente une décoration intérieure par Maurice Denis* et Albert Besnard*. Il est occupé en partie par le musée des Beaux-Arts de la Ville de Paris (les sections d'art contemporain ont été transférées au Musée national d'Art* moderne) ; il abrite également des expositions temporaires.

**Palais-Bourbon** → **Bourbon (palais)**

**PALAISEAU** [91120] → ÉTYM. «petit palais» ♦ Ch.-l. d'arr. de l'Essonne. 28 965 hab. *(Palaisiens).* Église Saint-Martin à trois nefs des XIIe et XVe s. ▪ Centre résidentiel. École polytechnique. Office national d'études et de recherches aérospatiales. Centre d'innovation technologique.

**Palais-Royal** ♦ Ensemble de bâtiments et de jardins, à Paris (1er arr.). Bâti et aménagé pour Richelieu sur les plans de J. Lemercier (1633), le *Palais-Cardinal* comprenait une salle de théâtre (détruite en 1753). Légué au roi par Richelieu dès 1636, il devint *Palais-Royal* (1643) quand Anne d'Autriche y habita avec le jeune Louis XIV. Le Régent, Philippe d'Orléans, en fit sa résidence. À la suite d'un incendie, le palais fut considérablement modifié par Contant* d'Ivry pour Philippe d'Orléans (le futur Philippe Égalité). Victor Louis* aménagea les jardins flanqués de maisons à arcades ; les galeries de Bois (au S.) devinrent un rendez-vous d'affaires et de galanterie très fréquenté ; furent également construits (1787 - 1790) le théâtre du Palais-Royal et la salle du Théâtre-Français → **Comédie-Française.** Foyer d'agitation populaire sous la Révolution (discours de Camille Desmoulins, en 1789), siège du Tribunat (1799), le Palais-Royal revint aux Orléans sous Louis XVIII. Pierre Fontaine* édifia alors la double colonnade de la galerie d'Orléans. Incendiés sous la Commune, les bâtiments furent restaurés de 1872 à 1876 et abritent aujourd'hui le Conseil d'État, le Conseil constitutionnel et le ministère de la Culture. L'installation des colonnes de Buren* dans la cour d'honneur (1986) a fait l'objet d'une polémique.

**Palais-Royal.** La cour d'honneur, avec les colonnes de Buren.
*Phot. © de Selva/Tapabor*

**PALAIS-SUR-VIENNE (Le)** [87410] ♦ Comm. de la Haute-Vienne, banlieue N.-E. de Limoges. 5 726 hab. *(Palaisiens).* Raffinerie de cuivre. ▮ **Histoire** Siège d'une diète carolingienne en 832.

**PALAMAS (Gregorios)** → **Grégoire Palamas (saint)**

**PALAMAS (Kostis)** ♦ Poète grec (Patras 1859 - Athènes 1943). Il domina la vie littéraire de son pays pendant un demi-siècle et fut le chef de l'école athénienne qui généralisa l'usage de la langue démotique dans la littérature. Parnassien à ses débuts, il donna le meilleur de lui-même à partir de son adhésion au symbolisme : *Les Yeux de mon âme* (1892), *Ïambes et Anapestes* (1897), *Le Tombeau* (1898), *La Vie immuable* (1904). Dans deux grandes compositions épico-lyriques, *Les Douze Paroles du Tzigane* (1907) et *La Flûte du roi* (1910), il essaya de symboliser le devenir de la civilisation et de l'hellénisme. Il faut encore citer ses *Exercices satiriques* (1907 - 1909), poèmes de brûlante satire politique, la nouvelle *Mort de Pallicare* (1891), le drame *Trisevjeni* et ses études critiques. Palamas exerça une grande influence sur la poésie grecque des premières décennies du siècle.

**PALAMÈDE** – en gr. ***Palamêdês*** ♦ Héros de la guerre de Troie*. Ayant déjoué la ruse d'Ulysse* qui simulait la folie pour se soustraire à l'expédition, il est victime d'une accusation de trahison montée de toutes pièces par celui-ci. Jugé et condamné à mort, Palamède est lapidé par les Grecs. Son père Nauplios le venge en provoquant le naufrage de la flotte grecque et en suscitant l'infidélité des femmes des héros absents à Troie. On attribuait à Palamède, qui fut élève de Chiron*, un grand nombre d'inventions : certains caractères de l'alphabet et parfois les nombres, la monnaie, les jeux de dames, de dés et d'osselets.

## PALAOS ou PALAU ou BELAU

▮ n. f. pl. ou n. m. – off. ***République des Palaos*** ♦ État de l'archipel des îles Carolines, dans le Pacifique occidental, comprenant 26 îles et 300 îlots. 488 km². 19 907 hab. *(Palaois).* LANGUES : anglais et paluan. MONNAIE : dollar. CAPITALE : Melekeok. La plus grande des îles est Babelthuap (368 km²), mais la majeure partie de la population habite dans la petite île de Koror (18 km² ; 12 676 hab.). ▪ Pêche.

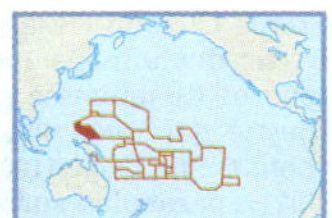

▮ **HISTOIRE** En 1978, les Palaos ont refusé de faire partie de la fédération de Micronésie pour devenir, en 1981, une république autonome associée aux États-Unis. Les relations avec les Américains se sont tendues lorsque ces derniers ont voulu introduire des armes nucléaires dans leur base militaire. En 1994 toutefois, les Palaos ont signé un contrat de libre association avec les États-Unis et sont devenues membre de l'ONU.

**PALAPRAT (Jean)** ♦ Écrivain français (Toulouse v. 1650 - Paris 1721). Avocat, puis capitoul dans sa ville natale, il vécut à Paris après 1688 et voyagea en Italie. Il composa avec Brueys sept comédies, dont *Le Grondeur* (1691).

**PALATIN** (mont) – en lat. ***Palatinus mons*** ♦ Colline de Rome située entre le Tibre et le Forum, séparée de l'Aventin* par une étroite vallée. Partie la plus anciennement habitée de Rome (*Roma quadrata* de Romulus), le Palatin devint à l'époque d'Auguste la colline impériale par excellence, et finit par être occupé entièrement par les palais (*Domus Augustana,* maison de Livie, palais de Tibère, de Caligula, palais Flavien). Ses ruines ont été partiellement recouvertes au Moyen Âge par des forteresses et au XVIe s. par la *villa* (ou jardins) des Farnèse.

**PALATINAT** n. m. → ÉTYM. de (comte) *palatin* (du lat. *palatium* «palais») ; en all. ***Pfalz*** ♦ Région historique d'Allemagne, dont les villes principales étaient Spire, Mannheim, Heidelberg, Neustadt. Le terme, qui désignait à l'origine les domaines des comtes palatins représentant dans chaque région l'autorité impériale, fut réservé au XIIe s. à ceux des comtes palatins du Rhin, anciens comtes palatins de Lotharingie*. Cette dignité fut donnée par Frédéric* Barberousse à son demi-frère Conrad (1156). La région passa ensuite à la Saxe avec les Welfen puis, avec les Wittelsbach*, à la Bavière dont elle fut séparée par le pacte de Pavie (1329), au profit d'une branche cadette des Wittelsbach. Celle-ci obtint le titre électoral en 1355, contre la cession du Haut-Palatinat. Au XVe s., le Palatinat connut une ère de prospérité et s'agrandit (Robert III fut élu empereur en 1400). Après une division au XVe s., il passa presque tout entier à la branche de Simmern. Devenu un centre actif de résistance intellectuelle et religieuse à l'hégémonie impériale (l'université de Heidelberg, fondée en 1386, devint un des foyers du calvinisme), le Palatinat prit la tête de l'Union évangélique, avec Frédéric IV et surtout Frédéric* V. Aussi la guerre de Trente* Ans fut-elle pour lui un désastre. Au traité de Westphalie*, son électeur retrouva une partie de ses États, dont le reste était laissé à la Bavière. Le Palatinat devait cependant passer par héritage à la ligne catholique de Neubourg, et fut alors ravagé par les armées de Louis XIV qui prétendait défendre les droits de sa belle-sœur (→ **Augsbourg [ligue d']**). À la fin du XVIIIe s., Charles-Théodore hérita de la Bavière (1777) et son successeur Maximilien* Ier-Joseph échangea son titre d'électeur contre celui de roi de Bavière (1805). Démantelé lors de l'occupation française, le Palatinat suivit les destinées de la Bavière jusqu'en 1945, et donna une grande partie de son territoire à la Sarre en 1919. Il fait actuellement partie du Land de Rhénanie-Palatinat.

**PALATINAT (HAUT-)** → **Haut-Palatinat**

**PALATINE** (princesse) → **Gonzague (Anne de), Charlotte-Élisabeth de Bavière**

**Palatine** (école) ou **école du Palais** ♦ École de la cour carolingienne où enseigna Alcuin*, de 782 à 796 environ. Elle fut un des points de départ de la renaissance carolingienne.

**PALAU** → **Palaos**

**PALAVAS-LES-FLOTS** [palavas] [34250] ◆ ÉTYM. anc. *Pavallanum*, de l'occit. *pavello* «jonc des chaisiers» ou à rapprocher de l'occit. *palu vasat* «marais vaseux» ou du lat. *Papilus*, n. de pers., et suff. *-anum* ♦ Comm. de l'Hérault, arr. de Montpellier, à l'embouchure du Lez. 5 421 hab. *(Palavasiens)*. Station balnéaire et climatique. Pêche.

**PALAWAN** – anc. en esp. ***Paragua*** ♦ Île des Philippines, couverte de forêts et presque inhabitée. 640 486 hab. CH.-L. : Puerto-Princesa. 755 412 hab. Pêche, tourisme (plongée sous-marine).

**PALAZZESCHI (Aldo GIURLANI, dit Aldo)** ♦ Écrivain italien (Florence 1885 - Rome 1974). Il fréquentait les futuristes et avait déjà publié des vers, lorsqu'il donna, en 1911, *Il Codice di Perelà*, roman allégorique qui narre, avec un humour troublant, l'impossible mission rédemptrice tentée par Perelà, être de fumée. Se détachant du futurisme et du fascisme, il publia en 1934 un roman de structure plus classique, *Les Sœurs Materassi* et, dans la même ligne, *Les Frères Cuccoli* (1948) et *Un prince romain* (*Roma*, 1953). Mais à partir des années 1950, il revint à l'énergique fantaisie de ses œuvres de jeunesse avec les nouvelles de *Bêtes de notre temps* (*Bestie del '900*, 1951), donnant dans la décennie suivante trois romans : *Le Doge* (1967), *Stefanino* (1969), *Storia di una amicizia* (1971), paraboles surréelles et loufoques sur le pouvoir, le sexe, l'amitié, qui témoignent et du regain de sa créativité et de ses liens (superficiels) avec l'avant-garde de l'époque. À côté de ses nouvelles fantasques et saugrenues (*Il Palio dei buffi*, 1937 ; *Il Buffo integrale*, 1966), il faut rappeler le renouveau poétique dont font preuve ses deux derniers recueils : *Cuor mio* (1968) et *Via delle cento stelle* (1972).

**PALEMBANG** ◆ ÉTYM. indonésien «lieu où il y a *(pa-)* un flux et un reflux *(lembang [limbang])*» [le niveau de l'eau dans l'ancienne ville montée sur pilotis devait beaucoup varier selon les marées] ♦ V. d'Indonésie, cap. de la prov. de Sumatera Selatan (Sumatra Sud), sur le fl. Musi et sur la côte S.-E. de Sumatra. 1 352 300 hab. Centre commercial et indus. (pétrochimie), port important. Exportation de pétrole, caoutchouc, café. Usine d'engrais. **▌Histoire** Première capitale de l'État malais de Srivijaya du VIIe au XIe s., Palembang fut plus tard le siège d'un sultanat, du XVIe s. jusqu'à 1824.

**PALENCIA** ♦ V. d'Espagne (Castilla-León), ch.-l. de prov. 82 286 hab. Cathédrale gothique. Centre indus. ▪ Alphonse VIII y fonda la première université d'Espagne en 1208.

**PALENQUE** ◆ ÉTYM. trad. esp. de *otulum* «maisons fortifiées» ♦ Site archéologique situé au Yucatán*, dans la forêt, au N. de l'État de Chiapas*. Palenque fut jusqu'au Xe s. une capitale maya*. Ses vestiges (en particulier la pyramide nécropole dite des Inscriptions, les édifices construits sur une vaste plateforme dite El Palacio, les temples dits du Soleil et de la Croix-Feuillue) forment un ensemble remarquable de monuments datant des VIe - Xe s.

**Paléolithique** n. m. ♦ Période préhistorique allant de l'apparition du premier homme, il y a 2,5 millions d'années, jusqu'au Mésolithique* (–8000). D'un point de vue culturel, la taille de la pierre, la chasse et la cueillette caractérisent cette période divisée en trois parties. Le Paléolithique inférieur (de –2,5 millions à –200 000) a commencé en Afrique où ont été retrouvés les plus anciens outils taillés par les *Homo habilis* ou par certains Australopithèques. Il y a 1,5 million d'années les *Homo erectus* les ont remplacés et ont également occupé d'autres régions du monde (Asie, Europe). Les principaux faciès culturels de cette période sont l'Oldowayen (→ **Olduvai**) et l'Acheuléen*. Le Paléolithique moyen (de –200 000 à –35 000) correspond au développement de l'Atérien*, du Moustérien* et du débitage Levallois*. C'est à cette époque qu'apparurent les premières sépultures. Le Paléolithique supérieur (de –35 000 à –8000) a commencé en Europe occidentale par le Châtelperronien* encore associé à l'homme de Neandertal. L'Aurignacien* qui lui a succédé est, en revanche, toujours associé à *Homo sapiens sapiens*, l'homme moderne, et à lui seul. L'art est apparu à l'Aurignacien puis s'est développé au Gravettien* et au Solutréen* pour connaître son apogée au Magdalénien*, dernière culture du Paléolithique en Europe occidentale.

**PALÉOLOGUE** ◆ ÉTYM. en gr. ***Palaiologos*** «qui parle à la manière antique», de *palaios* «vieux» et *logos* «parole» ♦ Famille byzantine mentionnée dès le milieu du XIe s. Elle parvint au trône de Constantinople en 1261 avec Michel VIII qui, proclamé empereur de Nicée* (1258), reconquit l'empire sur les Latins. La dynastie des Paléologues régna pendant deux siècles, en alternant avec les Cantacuzènes. → **Michel VIII Paléologue, Andronic, Michel IX Paléologue, Jean V, Manuel II, Jean VII, Jean VIII, Constantin XI Paléologue Dragasès.** La même famille donna plusieurs souverains au despotat de Mistra*, et, par un mariage avec une héritière du comté de Montferrat, une nouvelle maison de Montferrat (1305 - 1553).

**PALERME** – en it. ***Palermo*** ◆ ÉTYM. du grec *Panormos* «excellent *(pan-)* mouillage *(hormos)*» ♦ V. d'Italie, ch.-l. de la Sicile et ch.-l. de prov. 686 722 hab. Université. La ville s'étend au fond d'un large golfe dominé par le mont Pellegrino, en bordure de la Conca d'Oro. Cathédrale (XIIe - XVIIIe s., mosaïques), églises de style arabe et byzantin (San Giovanni degli Eremiti, San Cataldo, la Martorana aux mosaïques somptueuses), chapelle Palatine (splendides mosaïques du XIIe s.) dans le palais des Normands. Piazza Pretoria, monumentale fontaine de marbre ; palais de la Zisa (XIIe s.) ; catacombes des Capucins. Galerie régionale de Sicile (pinacothèque) ; musée archéologique (métopes du temple de Sélinonte). ▪ Port sur la mer Tyrrhénienne, exportant des agrumes, du vin et du soufre, et centre industriel : indus. alimentaire, mécanique, indus. des matières plastiques et du pneu. **▌Histoire** Fondée par les Phéniciens sous le nom de *Panormos*, Palerme devint romaine en –254. L. C. Metellus y battit les Carthaginois (–251). La ville fut conquise par les Arabes sur les Byzantins en 835. Les Arabes développèrent et intensifièrent son trafic commercial et la dotèrent de palais, mais furent vaincus par Robert Guiscard en 1072 et Palerme fit alors partie du royaume normand. Passée aux Angevins, elle se révolta contre Charles* Ier d'Anjou → **Vêpres siciliennes**, 1282. Elle passa ensuite aux Aragonais, puis aux Bourbons de Naples. La ville subit des tremblements de terre, notamment en 1693, 1726 et 1823. Elle se révolta contre le roi en 1820 et 1848, et fut prise par Garibaldi et les Mille (1860) et rejoignit en 1861 le nouveau royaume d'Italie.

**PALESTINE** n. f. ◆ ÉTYM. de l'hébr. *Pelèshèth* «pays des Philistins *(Pelishtî)*» ♦ Contrée du Proche-Orient dont les frontières ont varié au cours de l'histoire et qui englobait sous le mandat britannique le territoire de l'actuel État d'Israël, la Cisjordanie et la bande de Gaza.

**▌HISTOIRE ▌Canaan** Peuplée dès la préhistoire, la région constitua une voie de passage privilégiée entre l'Asie et l'Afrique orientale. La civilisation cananéenne (→ **Canaan**) qui s'y développa à partir du –IIIe millénaire fut tour à tour sous l'influence des Mésopotamiens venus de Chaldée au –XVIIIe s. et des Égyptiens (–XVIe - –XIIIe s.) et prit fin lors de l'invasion des Philistins* (–XIIe s., qui donnèrent leur nom au pays [V. ci-dessus]). **▌La Bible** La Bible (qui n'est pas un livre d'histoire → **Israël**) constitue la principale source d'informations sur les luttes en Canaan qui opposèrent les Hébreux aux Philistins, Araméens, Ammonites, Édomites, Moabites, Amalécites. Après la mort de Salomon, l'État hébreu fut divisé en –931 en royaume d'Israël* au N. (conquis par les Assyriens en –721) et de Juda* au S. (conquis par les Babyloniens en –587 - –586). Sous les Perses (–538 - –333), un édit de Cyrus autorisa les Juifs exilés à regagner la Judée (reconstruction du Temple de Jérusalem). Après la conquête d'Alexandre le Grand (–333), le pays fut soumis aux Lagides (–323 - –197), puis aux Séleucides (–197 - –129). L'État hébreu connut un nouvel essor avec la dynastie des Asmonéens* (Jean Hyrcan). **▌La province de Syro-Palestine** Sous la domination romaine (à partir de –64) qui vit la naissance du christianisme (→ **Jésus**), la Palestine fut agitée par deux révoltes juives : la première (66 - 70) réprimée par Titus, la seconde dirigée par Simon Bar* Kokhba (132 - 135) et après laquelle le pays devint province de Syro-Palestine et colonie romaine interdite aux Juifs. **▌De la domination byzantine à la domination turque** Après la domination byzantine, la Palestine fut quelque temps occupée par les Perses (614 - 629), puis conquise par les Arabes (636, Omeyades, Abbassides, puis Fatimides) et par les croisés (XIe s., royaume latin de Jérusalem). Reprise par Saladin (1187), elle passa sous la tutelle des mamelouks bahrites (1250 - 1382), puis burdjites (1382 - 1517). Épargnée par Tamerlan (1401), elle fut occupée par les Turcs (1516) et rattachée à l'Empire ottoman. ▮ **La présence occidentale** Agitée périodiquement par les rivalités entre les diverses communautés chrétiennes, la Palestine connut cependant, dès le XVI^e s., un important essor économique. Revendiquée par le vice-roi d'Égypte, Méhémet Ali, en échange de la Morée, la région redevint également à cette époque un des enjeux de la politique des puissances occidentales : la querelle des Lieux saints fut l'un des motifs de la guerre de Crimée (1854 - 1855). ▮ **L'immigration et les deux guerres mondiales** À la fin du XIX^e s. commença l'immigration juive, organisée à partir de 1897 par le mouvement sioniste soutenu par les grandes puissances européennes (→ **sionisme**). À la veille de la Première Guerre mondiale, et en dépit d'une immigration assez importante en provenance de la Russie tsariste, les statistiques ottomanes donnaient à la Palestine 690 000 hab., dont 57 000 Juifs. Avant le démantèlement de l'Empire ottoman, le gouvernement britannique signa avec le gouvernement français des accords secrets de partage (accords Sykes-Picot, 1916) des provinces arabes de l'Empire ottoman, en contradiction avec les garanties fournies aux Arabes, puis reconnut par la déclaration Balfour* (1917) le projet de création d'un Foyer national juif en Palestine. Les heurts qui opposèrent rapidement les populations juive et arabe mirent en évidence les dangers de la réalisation d'un plan sioniste d'immigration juive illimitée. Aussi les autorités britanniques imposèrent-elles à plusieurs reprises des quotas restrictifs. Au lendemain de la Deuxième Guerre mondiale, les Juifs entrèrent en conflit ouvert avec l'administration britannique. ▮ **Le partage et la création de l'État d'Israël** Après avoir proposé plusieurs plans pour régler la question, la Grande-Bretagne porta l'affaire devant l'ONU, qui décida le partage de la Palestine. Mais la décision de diviser le pays en deux États, arabe et juif (nov. 1947), fut rejetée par les États arabes et provoqua une guerre civile judéo-arabe (fin 1947 - déc. 1948) et le début de l'exode des Palestiniens. L'État d'Israël* fut proclamé par David Ben* Gourion le 14 mai 1948 sans que les frontières soient définies. ▮ **Le conflit israélo-arabe** Le jour même, plusieurs pays arabes (Égypte, Transjordanie, Syrie, Liban et Irak) déclarèrent la guerre au nouvel État. Au terme de la première guerre israélo-arabe (1948 - 1949), ce qui restait de la Palestine arabe (la Cisjordanie) fut annexé au royaume de Jordanie, alors que la bande de Gaza était placée sous administration égyptienne. À la suite de la guerre des Six Jours (juin 1967), les Israéliens occupèrent la totalité de la Palestine. Depuis lors, les organisations palestiniennes recourant à toute forme de résistance, y compris la lutte armée et le terrorisme, ne cessèrent de revendiquer la Palestine, et l'ONU adopta plus de 400 résolutions en faveur du retour des Palestiniens dans leurs foyers. La principale organisation palestinienne, l'OLP (Organisation* de libération de la Palestine) de Yasser Arafat*, créée en 1964, fut reconnue par l'ONU en 1974. → **israélo-arabe (conflit)**. En déc. 1987 débuta à Gaza, parmi les Palestiniens de l'intérieur une révolte (Intifada*), qui s'étendit à l'ensemble des territoires occupés par l'armée israélienne. ▮ **L'Autorité palestinienne** En nov. 1988, Arafat proclama à Alger la création d'un État «en Palestine» (6 020 km², 3 770 000 hab.), reconnu par de nombreux pays dont l'Égypte, tandis qu'Israël excluait toujours la négociation directe avec l'OLP. Cependant, en sept. 1993 Israël et l'OLP signaient un accord de reconnaissance mutuelle et une Déclaration de principe sur l'autonomie des territoires occupés. Les troupes israéliennes évacuèrent en mai 1994 une partie de Gaza et de Jéricho, puis, fin 1995 et en 1996, plusieurs villes de Cisjordanie, passées sous contrôle de l'Autorité palestinienne, dont Y. Arafat devint le premier président élu. Des négociations eurent lieu pour aboutir à la paix dans la région. Néanmoins, le problème du statut de Jérusalem, du droit au retour des réfugiés palestiniens, du démantèlement des colonies et des nouvelles frontières de l'État palestinien ne trouva aucune solution. Cet enlisement, doublé d'un regain de violence (attentats suicides du Hamas* et des «martyrs d'Al-Aksa», répression israélienne) entraînèrent une deuxième Intifada et le retour d'A. Sharon au pouvoir en Israël (2001). Dès lors, celui-ci isola militairement Yasser Arafat à Ramallah, l'accusant de susciter les attentats anti-israéliens tout en le privant de toute action. Après les attentats du 11 sept. 2001 aux États-Unis, A. Sharon déclara mener également la lutte contre le «terrorisme» dans les territoires palestiniens et fit envahir la Cisjordanie (mars 2002) et Gaza (oct. 2004) pour éradiquer le terrorisme. Un poste de Premier ministre de l'Autorité palestinienne fut créé en mars 2002 et occupé par Abou Mazen (Mahmoud Abbas*) qui, en trop grand désaccord avec Arafat, démissionna, puis par Ahmed Qoreï (oct. 2003). En réponse aux attentats palestiniens, Israël a construit un mur de sécurité, qui sépare l'État d'Israël de la Cisjordanie, bien que son tracé s'écarte de la Ligne d'armistice de 1949 à l'intérieur de ce territoire, et qui a considérablement dégradé la situation de la population palestinienne qui dépend majoritairement de l'aide humanitaire. Le taux de chômage atteint 67 % à Gaza, 48 % en Cisjordanie et la population souffre de malnutrition. ▮ **Après la mort d'Arafat** Cependant, au lendemain de la mort de Yasser Arafat (nov. 2004), Mahmoud Abbas fut élu à la tête de l'Autorité palestinienne. Il obtint des organisations islamistes palestiniennes une trêve afin de reprendre le dialogue avec Israël (sommet de Charm-el-Cheikh, janv. 2005). Au cours de l'été 2005, l'occupation israélienne de Gaza prit fin sur décision du gouvernement d'A. Sharon. Les élections législatives qui se tinrent en janvier 2006 virent la victoire du mouvement islamiste Hamas* sur le Fatah, parti du président Mahmoud Abbas, et la démission immédiate du Premier ministre, Ahmed Qoreï, remplacé par Ismaïl Haniyeh. En réaction à l'élection d'un parti islamiste refusant de reconnaître l'État d'Israël, Israël et l'Occident gelèrent l'aide internationale à l'Autorité palestinienne, paralysant l'économie, et l'armée israélienne arrêta plusieurs dizaines de responsables du Hamas. À Gaza et en Cisjordanie, l'antagonisme entre les deux partis prit l'ampleur d'une guerre civile et il fallut attendre un an la formation d'un gouvernement d'union nationale (février 2007). ▮ **La scission entre Gaza et la Cisjordanie** Mais à partir de juin 2007, le président Abbas dut nommer un nouveau gouvernement, dirigé par le centriste Salam Fayyad, et transférer l'Autorité palestinienne en Cisjordanie en raison de la prise totale de contrôle de la bande de Gaza par le Hamas. Depuis, le peuple palestinien est géographiquement coupé en deux. C'est pourquoi la fonction de Mahmoud Abbas, désigné président de la Palestine en nov. 2008 (cumulée à celle de président de l'Autorité palestinienne), reste relativement virtuelle tant que les deux régions ne sont pas réconciliées. En déc. 2008, après avoir essuyé pendant plusieurs mois des tirs de roquettes en provenance de Gaza, Israël a riposté par une attaque militaire de grande envergure dans l'intention d'éliminer les chefs du Hamas. Depuis, Gaza continue d'être soumise au blocus et la colonisation se poursuit en Cisjordanie. En 2010, le président Abbas a rappelé à la nouvelle administration américaine d'Obama, désireuse de relancer des négociations, que les principaux points de discorde avec Israël restent que ce dernier refuse le gel de la colonisation, la reconnaissance des frontières de 1967 et le droit au retour des réfugiés palestiniens et s'oppose à ce que Jérusalem soit la capitale de deux États. → **israélo-arabe** (conflit).

**PALESTRINA (Giovanni Pierluigi DA)** ◆ **ÉTYM.** du n. de sa v. de naissance, *Palestrina** ♦ Compositeur italien (Palestrina v. 1525 - Rome 1594). Organiste et maître de chant à la cathédrale de sa ville natale (1544), il fut appelé à Rome par Jules III pour y diriger la maîtrise de la chapelle Giulia (1551). Destitué par Paul IV en 1555, en raison de son mariage (avec Lucrezia Gori en 1547) et parce qu'il avait composé des œuvres profanes, il fut successivement directeur de la musique à Saint-Jean-de-Latran, à Sainte-Marie-Majeure, à Tivoli, au service du cardinal d'Este, puis à Saint-Pierre-de-Rome (1571) jusqu'à sa mort. Ami de Philippe de Neri, apprécié de plusieurs princes en Europe, il connut à la fin de sa vie une gloire incontestée. ▪ On lui doit une centaine de messes (de 4 à 8 voix), plus de 600 motets (de 4 à 12 voix), des offertoires, hymnes, psaumes, cantiques, lamentations, madrigaux spirituels et profanes, *ricercari* pour orgue. C'est dans ses messes (*Papae Marcelli*, 1567 ; *Assumpta est Maria*, 1585 ; *Ascendo ad Patrem*, posth. 1601) qu'il a le mieux exprimé son sentiment religieux. Construites sur des fragments de madrigaux ou de motets, sur un *cantus firmus* tiré du plain-chant ou sur des thèmes originaux, plus rarement sur des thèmes de chansons populaires, elles sont toujours d'une architecture équilibrée, sévère et pure. S'il soigne l'intelligibilité du texte (*Credo*), il n'exclut pas le lyrisme (*Kyrie* et *Agnus Dei*) et ménage des passages pleins de force et d'ampleur (le *Gloria* et le *Sanctus* sont de véritables hymnes à la joie). Mais l'ordonnance de ses messes est immuable, tandis que ses motets, offertoires et madrigaux spirituels sont d'une grande liberté.

**PALESTRINA** ♦ V. d'Italie, dans le Latium (prov. de Rome). 17 234 hab. Site de tombes étrusques ayant livré des objets d'or, d'argent, d'ivoire et de bronze (–VII^e s.), conservés au musée Prenestino Barberiniano (palais Barberini), ainsi que la mosaïque provenant du temple de la Fortune (–I^er s.) dont subsistent des ruines. ▮ **Histoire** → **Préneste.**

**PALESTRO** → **Lakhdaria**

**PALESTRO** ♦ V. d'Italie du N. (prov. de Pavie). 2 014 hab. ▮ **Histoire** Les Franco-Piémontais y vainquirent les troupes autrichiennes lors de la campagne d'Italie (30 mai 1859).

**PALGHAT** ♦ V. de l'Inde (Kerala). 130 736 hab. Elle doit son importance à sa position dans le seul passage facile à travers la barrière des Ghâts (*trouée de Palghat*).

**PALIKAO** ♦ Forme francisée du nom du pont Baliqiao (Pont à Huit Lieues) près de Pékin, où eut lieu le 21 sept. 1860 la bataille décisive qui vit la défaite de l'armée mandchoue, ouvrant ainsi la voie de Pékin au corps expéditionnaire franco-britannique. → **Cousin-Montauban, Opium (guerres de l')**

**PALIMÉ** → **Kpalimé**

**PALISOT DE BEAUVOIS (Ambroise Marie François Joseph,** baron **DE)** ♦ Voyageur et naturaliste français (Arras 1752 - Paris 1820). Au retour de ses voyages en Afrique, à Saint-Domingue et en Amérique du Nord, il publia un ouvrage sur les *Insectes recueillis en Afrique et en Amérique* (1805 - 1821). Il s'est consacré aussi à l'étude des graminées et des mousses (*Muscologie ou Traité sur les mousses*, 1822).

**PALISSOT DE MONTENOY (Charles)** ♦ Auteur comique et publiciste français (Nancy 1730 - Paris 1814). Dans ses comédies, *Le Cercle* (1755) et surtout *Les Philosophes* (1760), il attaqua Diderot*, J.-J. Rousseau*, Helvétius* et Charles Duclos*.

**PALISSY (Bernard)** ♦ Céramiste et savant français (Lacapelle-Biron, près d'Agen v. 1510 - Paris 1589 ou 1590). Il voyagea avant de s'installer comme verrier à Saintes. Après des années de recherches, allant jusqu'à brûler ses meubles et le plancher de sa maison pour entretenir son four, il découvrit le secret de la composition des émaux. Dès lors, bien que devenu huguenot, il fut protégé par le connétable de Montmorency et par Catherine de Médicis. Plus tard, il fut emprisonné à la Bastille (1589) pour avoir refusé d'abjurer la foi protestante et y mourut. Il fut aussi le précurseur de la paléontologie par ses observations sur les fossiles. Il écrivit plusieurs traités dont le *Discours admirable de l'art de terre, de son utilité, des émaux et du feu* et le *Discours admirable de la nature des eaux et des fontaines*. ➝ ÉTYM. Ce nom de famille vient de l'ancien français *palisse* «haie».

**PALITANA** ♦ V. de l'Inde (Gujarat), dans la péninsule du Kathiawar. 51 934 hab. C'est un centre de pèlerinage important pour les jaïna (→ **jaïnisme**) qui se rendent à la colline proche de Sátrunjaya où se trouvent une centaine de temples.

**PALK** (détroit de) ♦ Détroit large de 100 km environ, situé entre le N. de l'île de Sri Lanka et les côtes méridionales de l'Inde et faisant communiquer le golfe du Bengale et celui de Manaar.

**PALLADIO (Andrea di Pietro DALLA GONDOLA, dit Andrea)** ➝ ÉTYM. allus. à Athéna *Pallas** ♦ Architecte italien (Padoue 1508 - Vicence 1580). Il fut tailleur de pierre jusque v. 1540. L'amitié de l'humaniste Trissino, des voyages à Rome (1541, 1547, 1549) où il apprécia les monuments antiques sur lesquels il rédigea un guide (*Antiquités de Rome*, 1554), une profonde connaissance de Vitruve* qu'il réédita (1556), une grande assimilation des productions de ses contemporains (Bramante*, Jules* Romain, Serlio*) lui permirent de rassembler les données architecturales, théoriques et pratiques, pour mener à bien l'adaptation des éléments antiques (colonne, fronton, baie) à des programmes modernes conformes au goût et aux besoins de la classe dominante. Que ce soit à la ville ou à la campagne, il eut toujours le souci d'organiser ses formes en fonction des possibilités qu'offre l'environnement. Le palais, la villa, l'église, le théâtre furent les quatre types d'édifices que Palladio imprégna de son style. ▮ **Les palais** Il para Vicence d'un nombre important de palais. Pour le palazzo della Ragione (dit la «Basilique», 1545), il répéta le motif original de l'arcade retombant sur deux colonnes pourvues latéralement d'un petit entablement. L'emploi du bossage sur la façade du palais Thiene (1556) révèle l'enseignement des architectes contemporains. Les éléments d'un *cortile* furent déplacés sur la façade du palais Chiericati (1566), où la prédominance des vides sur les pleins crée une sorte de circulation entre l'enveloppe du palais et les alentours. On retrouve sur la haute façade du palais Valmarana (1566) cette même utilisation d'idiomes classiques hors de leur contexte. ▮ **Les villas** Dans ses villas, Palladio sut systématiser l'idée d'un plan autonome enfermant toutes les fonctions de ces unités socio-économiques. Il proposa de multiples solutions, combinant toujours une partie centrale destinée aux maîtres et des parties latérales abritant les habitations des employés, les étables, les entrepôts. Il adopta ainsi soit un système central (villa Trissino, v. 1553 ; villa Rotonda, 1568 - 1571), soit un développement horizontal (villa Barbaro, à Maser, 1555 - 1559, villa Emo, 1559), soit une clôture semi-circulaire (Badoer, Mocenigo) ; soit un plan à corps articulés autour de cours ouvertes et fermées (Sarego, 1568 - 1569). Souvent, l'agencement se trouve dicté par le site ; le déploiement des longs côtés de la villa Barbaro est destiné à insister sur l'écran continu de la colline boisée sur lequel se découpent les ailes et le corps central. Toutes ces villas surgissent dans le paysage telles des «fabriques conçues par un peintre humaniste» (Chastel). ▮ **Les églises** Mais si certaines façades reproduisent celles de temples antiques, il n'en va pas de même pour les églises que Palladio bâtit à Venise : à Saint-Georges-Majeur (1566 - 1580), au Rédempteur (1577 - 1580), la façade, devant refléter la division intérieure (nef centrale et bas-côtés), est composée de deux façades classiques jouant l'une dans l'autre, selon l'esthétique maniériste. ▮ **Le théâtre Olympique de Vicence** À la veille de sa mort, Palladio dessina le théâtre Olympique de Vicence (1580), sommet de sa manière chromatique produite par la dilatation de la lumière. Cette salle semi-elliptique, dominée par le proscenium traité en façade monumentale percée par trois ouvertures où s'exercent les effets d'une perspective accélérée, est enveloppée par la galerie qui couronne les gradins. ▮ **Le style palladien** Considéré comme le grand maître de la synthèse des classicismes grec et romain, Palladio acquit une grande vogue en Occident du XVII$^{e}$ s. au début du XIX$^{e}$ s. Ses *Quatre Livres d'architecture* (1570) furent partout étudiés. Le mouvement du néopalladianisme naquit, au début du XVII$^{e}$ s., en Angleterre, avec I. Jones*. Il y fut développé au XVIII$^{e}$ s. par Colin, Campbell, lord Burlington, W. Kent. Ce courant domina le monde occidental au XVIII$^{e}$ s. : en Pologne, il fut représenté par Merlini, Zawadski ; en Tchécoslovaquie, par C. F. Schuricht ; en Russie par Giacomo Quarenghi* et ses disciples ; aux États-Unis par P. Harrison, T. Jefferson. Palladio devint la référence suprême du néoclassicisme parce que, comme l'a dit Goethe, il fut le seul génie qui sut adapter l'antique aux formules de vie contemporaine.

Andrea **Palladio.** La villa Rotonda. *Phot. © Arch. Rencontre*

**PALLANZA** ♦ Fraction de la commune italienne de Verbania, dans le Piémont*. Station touristique, sur le lac Majeur*.

**PALLAS** ♦ Un des Géants* de la mythologie grecque. Il voulut violer Athéna* qui, selon une variante, était sa fille. Celle-ci l'écorcha et fit de sa peau une cuirasse qu'elle portait pendant le combat contre les Géants.

**PALLAS** ♦ Surnom d'Athéna*. Une légende tardive en faisait une fille de Triton*, amie de jeunesse d'Athéna, tuée accidentellement lors d'un de leurs jeux. Pour l'honorer, Athéna prit son nom et façonna le *Palladion*, statue douée de propriétés magiques.

**PALLAS** ♦ Affranchi et favori de l'empereur Claude* (mort en 60). Il lui fit épouser Agrippine* et adopter Néron*. Puis, avec Agrippine, il empoisonna l'empereur et mourut lui-même empoisonné par Néron, qui confisqua ses biens.

**PALLAS (Peter Simon)** ♦ Naturaliste et ethnographe allemand (Berlin 1741 - *id.* 1811). Il prit part à plusieurs expéditions scientifiques en Sibérie (pour observer le passage de Vénus sur le Soleil, 1768 - 1769), en Russie, en Crimée, après lesquelles il publia ses relations de voyages (avec cartes), un ouvrage sur la flore russe (*Flora russica*, 1784) et des *Recueils et documents sur les peuplades mongoles* (1776). Il est aussi l'auteur d'ouvrages de sciences naturelles (*Zoographia Russiae asiaticae*, 1811) et d'une description des langues (*Vocabularium linguarum totius orbis*).

**PALLAVA** ♦ Dynastie indienne de l'Inde du S.-E. qui régna dans la région de Madras* du III$^{e}$ au IX$^{e}$ s. Sous son égide furent creusés dans le roc de nombreux temples hindous et élevés les premiers grands temples construits du S. de l'Inde. Puissance maritime, elle créa de nombreux ports sur la côte de Coromandel* et commerça probablement avec Ceylan et la Malaisie. La dynastie des Chola* la supplanta à la fin du IX$^{e}$ siècle.

**PALLAVICINI** ♦ Famille noble italienne de Lombardie. ♦ **Oberto Pallavicini.** Homme de guerre (mort en 1269). Chef des gibelins de Lombardie, il soutint l'empereur germanique Frédéric II. ♦ **Pietro Sforza Pallavicini.** Homme d'Église (Rome 1607 - *id.* 1667). Professeur de théologie jusqu'en 1651. Cardinal, il écrivit une histoire du concile de Trente (1656 - 1657).

**PALLICE (LA)** ♦ Avant-port et faubourg industriel de La Rochelle*. ▪ Pont reliant l'île de Ré au continent.

**PALMA le Vieux (Iacopo NEGRETTI, dit en it. Palma il Vecchio et en fr.)** ♦ Peintre italien (Serina, près de Bergame, v. 1480 - Venise 1528). Il est douteux qu'il ait été l'élève de G. Bellini, à Venise où il arriva jeune. Son art montre l'influence des peintres de Bergame et surtout celle de Giorgione*, dont il chercha à retrouver la somptuosité blonde dans certaines *Madones* ou dans les *Trois Sœurs* (Dresde). Il acheva des toiles laissées en chantier par la mort de ce maître. Il est l'auteur de vastes compositions d'église : *Polyptyque de sainte Barbe* (Santa Maria Formosa, Venise), *La Vierge entre deux saints* (San Stefano, Vicence).

**PALMA le Jeune (Iacopo di Antonio NEGRETTI, dit en it. Palma il Giovane et en fr.)** ♦ Peintre italien (Venise 1544 - *id.* 1628). Fils et élève d'Antonio Palma, et petit-neveu de Palma* le Vieux. Après avoir travaillé très jeune avec Titien* et séjourné huit ans à Rome, il peignit, dans la manière du Tintoret*, de grandes compositions pour les églises de Venise. Après l'incendie de 1577, il participa à la décoration du palais des Doges, avec, notamment, un *Jugement dernier* mouvementé, dans la salle du Scrutin. Il décora également l'oratoire des Crociferi (v. 1578 - 1590). On le classe parmi les représentants les plus caractéristiques du maniérisme vénitien.

**PALMA (île de LA)** ♦ Île volcanique de l'archipel espagnol des Canaries*. 726 km$^{2}$. 85 933 hab. CH.-L. : Santa Cruz de La Palma.

**Palma le Vieux.** *Jacob et Rachel* (1,47 x 2,5 m), détail. Staatliche Kunstsammlungen, Dresde. *BIS/© Archives Larbor*

**PALMA** ou **PALMA DE MAJORQUE** ◆ **ÉTYM.** probablt du lat. *palma* « datte » ou « branches, pousses » ♦ V. d'Espagne, cap. de la Communauté autonome des Baléares, sur la côte S. de l'île de Majorque. 383 107 hab. La vieille ville conserve de beaux monuments : la cathédrale (XIII^e - XVII^e s., vitraux de la chapelle San Pere par M. Barceló), chef-d'œuvre de l'art catalan ; l'église San Francisco et son cloître roman (XIV^e s.) ; la Casa Consistorial et le château de Bellver ; dominant la ville l'Almudaina, anc. palais des rois de Majorque. ▪ Importante station touristique, en constant développement autour de la baie de Palma (construc. hôtelières).

**PALMAS (LAS)** ◆ **ÉTYM.** anc. *Ciudad de las Palmas* « ville des palmiers », n. donné par les colons espagnols en raison de l'abondance des palmiers-dattiers ♦ V. d'Espagne, cap. de la Communauté autonome des Canaries (en alternance avec Santa Cruz de Tenerife), ch.-l. de prov. 377 203 hab. Port d'escale et de cabotage. Centre touristique.

**PALME (Olof)** ♦ Homme politique suédois (Stockholm 1927 - *id.* 1986). Il adhéra au parti social-démocrate en 1949 et devint en 1954 secrétaire du Premier ministre T. Erlander, à qui il succéda en 1969 à la tête du parti social-démocrate et du gouvernement. Il contribua à permettre à la Suède de jouer un rôle international, mais il se heurta à des difficultés économiques. Mis en minorité en 1976 par la coalition centriste de T. Fälldin, il dut démissionner ; cependant les élections législatives de 1982 le ramenèrent au pouvoir. → **Suède.** Son assassinat n'a pas été élucidé.

**PALMER (Samuel)** ♦ Peintre, dessinateur et aquarelliste britannique (Walworth, Londres 1805 - Reigate, Surrey 1881). Admirateur de Joseph Turner* et de David Cox, il rencontra en 1822 John Linnel qui lui fit découvrir Dürer, Lucas de Leyde et lui présenta Blake* dont il subit fortement l'influence. De 1826 à 1832 il se fixa à Shoreham et autour de lui se groupèrent quelques peintres dits « les Anciens ». Esprit mystique et visionnaire, il représenta des paysages où il accumula les détails dans un schéma de composition souvent symbolique. Il sut exprimer une vision très personnelle et recréer d'une façon originale et naïve les conventions de la pastorale *(Bergers sous la pleine lune)*. ◆ **ÉTYM.** Ce nom vient de l'anglais et signifie « pèlerin ».

**PALMER** (terre) → **Graham (terre de)**

**PALMERSTON (Henry TEMPLE,** 3^e vicomte**)** ♦ Homme politique britannique (Broadlands, Hampshire 1784 - Brocket Hall, Hertfordshire 1865). Il entra aux Communes en 1807 comme député tory, mais évolua bientôt et quitta le cabinet Wellington* pour se rapprocher des whigs sous l'influence de Canning*. Ministre des Affaires étrangères de Grey* (1830 - 1841) puis de Russell* (1846 - 1851), il se distingua par sa fermeté face aux puissances germaniques, à la France et à la Russie, mais aussi à ses collègues ou à la cour, ce qui lui valut à la fois une immense popularité et de violentes antipathies. Il entrava en effet l'action de la France en Belgique (1830), en Espagne (1834), et en Égypte (1841), celle de la Russie sur l'Empire ottoman (traité des Détroits*, 1841). Ses interventions en Chine (guerre de 1841 - 1842), en Grèce (affaire Pacifico, 1850) et en Europe (soutien des libéraux en Suisse, en France, en Italie), provoquèrent au Parlement une violente réaction. Il répliqua à la motion de censure déposée contre sa politique par un célèbre discours où il compara les droits des citoyens britanniques à ceux des citoyens romains. Appelé comme Premier ministre (1855 - 1865) lors de la guerre de Crimée, il remporta de brillants succès avec le traité de Paris (1856) et la seconde guerre de Chine. Mais il ne put ni empêcher la France de bénéficier de l'unité italienne et de la construction du canal de Suez, ni la Prusse de s'emparer des duchés (→ **Duchés [guerre des]**) et faillit provoquer une grave rupture avec les États-Unis en soutenant les sudistes lors de la guerre de Sécession*. ◆ **ÉTYM.** *Palmerston* vient de l'anglais *palmer* « pèlerin » et du vieil anglais *tūn* « ville ».

**PALMIRA** ♦ V. de Colombie dans la vallée du Cauca. 278 358 hab. La ville est située dans la zone caféière de la Cordillère centrale des Andes.

**PALMYRE** ◆ **ÉTYM.** en gr. ***Palmura,*** traduisant l'antique *Tadmor* « cité des palmiers » ♦ Oasis du désert de Syrie, au N.-E. de Damas, capitale de la Palmyrène. ▮ **Histoire** Mentionnée dès le -III^e millénaire, Tadmor subit l'influence des Amorites, des Araméens, puis des Arabes. Elle s'hellénisa après la conquête d'Alexandre puis, au I^er s., entra dans l'orbite de Rome. Après la chute de Pétra* (106), elle s'assura le monopole du commerce caravanier entre l'Inde et la Méditerranée (par la Mésopotamie puis le désert) et acquit une grande prospérité. De 260 à 272, elle devint même une véritable puissance (→ **Odenath, Zénobie**) mais fut brisée par Rome (→ **Aurélien**). ▪ Le palmyrénien est un dialecte araméen occidental où se dénotent certaines influences d'araméen oriental, témoins des liens avec la Mésopotamie. ▪ La religion était centrée sur la triade Bêl (peut-être un ancien dieu Bôl, transformé sous l'influence babylonienne. → **Bêl**), Yarhibôl (le Soleil), Aglibôl (la Lune). ▪ La plupart des monuments dont les ruines subsistent datent du début du II^e s. : sanctuaire de Bêl ; rue bordée d'arcades et arche monumentale ; théâtre ; caveaux et tours funéraires.

**PALO ALTO** ♦ V. des États-Unis (Californie), au S. de la baie de San Francisco. 58 598 hab. (zone urbaine avec San Francisco 7 039 362). Siège de l'université (privée) Stanford qui est à l'origine du développement des industries de haute technologie dans la Silicon* Valley.

**PALOMAR** (mont) ♦ Montagne des États-Unis (Californie) au N.-E. de San Diego. 1 871 m. L'*observatoire du mont Palomar* possède un télescope de 5 m d'ouverture.

**PALOS** ♦ Cap du S.-E. de l'Espagne, sur la Méditerranée, au N. de Carthagène.

**PALOS** ou **PALOS DE LA FRONTERA** ♦ Petit port d'Espagne (prov. de Huelva), auj. ensablé, sur la côte S.-O., au fond du golfe de Cadix*, à l'embouchure du río Tinto. 8 529 hab. ▪ Christophe Colomb* s'y embarqua pour l'Amérique le 3 août 1492.

**PALSGRAVE (John)** ♦ Humaniste anglais (Londres v. 1480 - Wadenhoe, Northamptonshire 1554). Maître ès arts à l'université de Paris, il écrivit en anglais la première grammaire française, *Esclarcissement de la langue françoyse* (1531), dédiée à Henri VIII.

**PALUDAN-MÜLLER (Fredrik)** ♦ Écrivain danois (Kjerteminde 1809 - Copenhague 1876). Après des poèmes dont les sujets sont empruntés à l'Antiquité grecque (*Amour et Psyché,* 1834, *Vénus,* 1841, *Noces d'une dryade,* 1844), il écrivit son principal ouvrage, le roman en vers *Adam Homo* (3 vol., 1841 - 1848). D'inspiration byronienne, cette œuvre a été appelée le « Faust danois ».

**PALUEL** [76450] ◆ **ÉTYM.** « le petit marais », de la langue d'oïl *palu(d)* « marais » et suff. dimin. *-el* ♦ Comm. de la Seine-Maritime, arr. de Dieppe. 416 hab. Centrale nucléaire.

**Pamela ou la Vertu récompensée** – en angl. ***Pamela or Virtue Rewarded*** ♦ Roman par lettres de Samuel Richardson* (1740). Fille de paysans, élevée par une noble dame qui, à sa mort, la confie à son fils, Pamela résiste aux avances de ce dernier, jeune libertin sans scrupules. Elle parviendra à le rendre amoureux et à s'en faire épouser. Raconté par l'héroïne sur un ton de vertueuse indignation, ce roman apparaît aujourd'hui comme la première expression du sentimentalisme bourgeois. Il inspira Rousseau*, Diderot*, Goethe* et fut parodié par Fielding*.

**PAMIERS** [09100] ◆ **ÉTYM.** de *Apamée**, v. de Syrie, n. donné par Roger II, comte de Foix, en souvenir de la première croisade ♦ Ch.-l. d'arr. de l'Ariège, sur l'Ariège. 13 417 hab. (aggl. 17 715) *(Appaméens)*. Évêché. Vestiges de fortifications. Cathédrale Saint-Antonin reconstruite au XVII^e s. (portail roman). Église Notre-Dame-du-Camp du XVII^e s. (façade en brique). ▪ Marché agricole. Métallurgie. ▮ **Histoire** En 1295, Pamiers devint le siège d'un évêché. Avec l'arrestation du premier évêque de Pamiers naquit l'opposition entre Philippe le Bel et Boniface VIII. Au XVII^e s. un conflit éclata entre le roi de France et le pape, conséquence de l'opposition de l'évêque de Pamiers à Louis XIV (affaire de la Régale*).

**PAMIR** n. m. ◆ **ÉTYM.** probablt d'une langue iran., p.-ê. *pāyemihr* « pied du Soleil » (c'est-à-dire « aux pieds de Mithra [dieu solaire] ») ♦ Massif montagneux d'Asie centrale s'étendant en grande partie sur le Tadjikistan, le Khirgizstan, se prolongeant sur l'E. de l'Afghanistan et le Xinjiang chinois, et culminant à 7 719 m au Kongur tagh, en Chine. Les vallées, à une altitude d'au moins 3 000 m, sont utilisées par les Kirghiz pour l'élevage de leurs troupeaux (moutons, chèvres et yacks). Les montagnes sont parsemées de glaciers immenses et de lacs morainiques.

**PAMPA** n. f. ◆ **ÉTYM.** tupi ou guarani « plaine ouverte » ♦ Vaste plaine de l'Argentine, couvrant 1/5 du pays. Elle doit sa fertilité à une épaisse couche de lœss et bénéficie d'un climat favorable aux cultures céréalières et oléagineuses. La Pampa se divise en plusieurs régions : Pampa vallonnée, la plus exploitée, proche du río Paraná ; Pampa humide, trop plate, avec des difficultés de drainage ; Pampa des sierras méridionales et occidentales (Córdoba) ; à l'O., les plaines marquées par une forte aridité font partie de la Pampa sèche vouée à l'élevage et à l'agriculture extensive. Cette région joue un rôle fondamental dans la vie économique argentine, comme productrice de blé, de maïs, de soja et de bovins (viande, lait, cuir, laine) destinés à l'exportation ou aux industries situées sur le Paraná et le río de la Plata. Les campagnes se dépeuplent. Les *estancias* font l'objet de contrats entre les propriétaires et des sociétés d'exploitation mécanisées. La population est urbanisée à plus de 85 % du fait de trois grandes villes (Buenos Aires, Córdoba, Rosario, Santa Fe, Bahía Blanca) qui servent de centres de regroupement et de transformation avant exportation. ♦ ***Province de La Pampa*** → **Argentine** (carte). 143 000 km². 299 000 hab. CAP. : Santa Rosa. Zone de transition entre la Pampa humide et la Pampa sèche. Blé. Élevage.

**PAMPELUNE** – en esp. ***Pamplona*** ← ÉTYM. anc. *Pompeiolos* « ville de Pompée » (V. ci-dessous) ♦ V. d'Espagne, cap. de la Communauté autonome de Navarre, sur l'Arga. 194 894 hab. Très belle cathédrale gothique (1394 - 1501), cloître du XIVe s., *casa consistorial* (fin XVIIe s.). ▪ Centre commercial (foires célèbres) et indus. ▮ **Histoire** La fondation de la ville fut attribuée à Pompée*. Envahie plus tard par les Goths et les Maures, elle fut capitale du royaume de Navarre de 905 jusqu'à son annexion au XVIe s.

**PAMPHYLIE** n. f. ← ÉTYM. en gr. ***Pamphulia*** « composé de tribus de toutes sortes » ♦ Anc. région côtière du S. de l'Asie Mineure, entre la Cilicie* à l'E. et la Lycie* à l'O., limitée par la Pisidie* au N. Colonisée dès le –IIe millénaire par des peuples très divers, elle fut d'abord soumise aux Perses, puis à Alexandre, aux Séleucides* et à Pergame*. Devenue province romaine en –24, elle fut réunie par Claude à la Lycie (43).

**PAMUK Orhan** ♦ Écrivain turc (İstanbul 1952). Il suivit des études d'architecture et de journalisme avant de se consacrer à la littérature. Au fil de ses romans, dont la plupart se passent à İstanbul, il analyse les déchirements de la société turque, entre tradition et modernité (*Le Livre noir*, 1990 ; *La Vie nouvelle*, 1995 ; *Neige*, 2002) ainsi que ses rapports à l'Occident à travers notamment un retour sur le passé ottoman (*Le Château blanc*, 1985 ; *Mon nom est Rouge*, 2001). Avec ses contours tranchés, ses thèmes récurrents et ses obsessions (qui pourraient presque virer au burlesque), l'œuvre d'Orhan Pamuk est exigeante autant que populaire. Ses déclarations sur le génocide arménien et le problème kurde lui ont valu d'être la cible de la justice turque pour « insulte à l'identité de la Turquie ». [Prix Nobel de littér. 2006]

**PAMUKKALE** → **Hiérapolis**

**PAN** ♦ Dieu des bergers d'Arcadie*, d'où son culte se répandit dans toute la Grèce. Divinité de la fécondité, il est représenté comme un démon semblable à Silène* et aux Satyres* : pieds et queue de bouc, torse velu d'homme, face barbue et surmontée de cornes. Il protège et féconde les troupeaux, préside les danses des nymphes en jouant de la syrinx, mais parfois ses apparitions inattendues inspirent une terreur subite *(panique)*. D'une puissance sexuelle jamais rassasiée, il poursuit les nymphes (→ **Écho, Séléné, Syrinx**) et les jeunes garçons. Selon une tradition, il est fils d'Hermès*. Nouveau-né d'une laideur monstrueuse, il fut rejeté par sa mère, mais Hermès le présenta aux dieux de l'Olympe qui, à sa vue, éclatèrent de rire. Dionysos, particulièrement amusé, l'accueillit comme un de ses compagnons. Plus tard, les Alexandrins en rapprochant le nom du dieu du mot grec *pan* (le tout) en firent une incarnation de l'Univers. Le récit fait par Plutarque d'une voix qui clame sur la mer : « Le grand Pan est mort » fut par la suite interprété comme annonçant la fin du paganisme.

## PANAMÁ

▮ n. m. – off. ***république de Panamá***, en esp. ***República de Panamá*** ← ÉTYM. p.-ê. guarani « papillon » (le site était riche en papillons) ♦ Pays d'Amérique centrale. 75 517 km². 2 839 177 hab. *(Panaméens)*. LANGUES : espagnol (off.), anglais et langues amérindiennes. POPULATION : métis, Amérindiens, Noirs, Asiatiques. RELIGION : catholique. MONNAIE : balboa (équivalent du dollar nord-américain). CAPITALE : Panamá. RÉGIME : présidentiel. Le pays est divisé en 9 provinces 3 territoires spéciaux.

▮ **GÉOGRAPHIE** Le Panamá est une étroite passerelle (90 km en son point le plus étroit) qui s'étire sur 725 km entre l'Amérique du Sud et celle du Nord. Son relief tourmenté, marqué par la présence de nombreuses chaînes montagneuses (cordillère de San Blas et serranía del Darién à l'E., sierra de Tabasará à l'O.), constitue un obstacle aux communications. Le volcanisme ne concerne que l'O. du pays (volcan Barú ou Chiriquí). Pour des raisons plus politiques que géographiques, la route Panaméricaine s'interrompt avant la frontière colombienne, à la hauteur de Yaviza. Le canal de Panamá

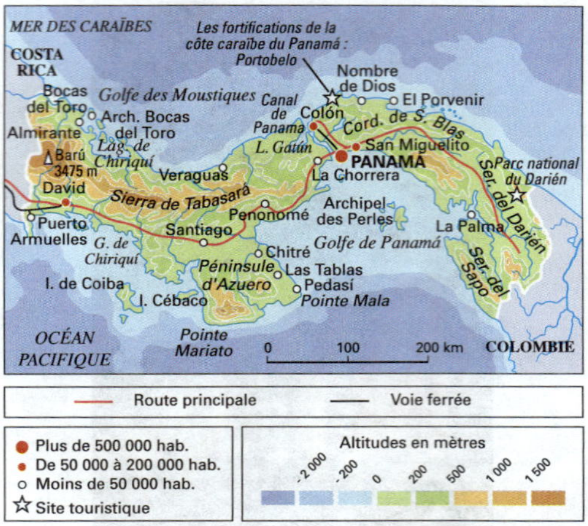


**Panamá.**

(→ **Panamá** [canal de]) n'est enjambé que par un seul pont, baptisé « pont des Amériques », construit par les États-Unis et inauguré en 1962 (1 670 m de long, 118 m de haut).

▮ **ÉCONOMIE** L'industrie est peu développée à l'encontre d'un secteur tertiaire plus rémunérateur, tourné vers les activités de services (zone franche de Colón). Le tourisme est en plein essor. Des pratiques plus ou moins légales contribuent à la richesse nationale : pavillons de complaisance (le Panamá prête son pavillon à la deuxième flotte mondiale), contrebande et blanchiment de l'argent de la drogue, couvert par le secret bancaire du Centre financier international (CFI). Les capitaux étrangers contrôlent une grande partie de l'activité nationale. Les plantations de canne à sucre, de café et surtout de bananes (principal produit d'exportation et deuxième source de devises après le canal) appartiennent à des sociétés américaines employant une main-d'œuvre noire.

▮ **SOCIÉTÉ** La colonisation espagnole a rapidement fait disparaître des populations indiennes influencées par les civilisations sud-américaines (céramique polychrome de la péninsule d'Azuero). Aujourd'hui, la population est très métissée, sauf dans les régions les plus reculées (Indiens cunas de l'archipel de San Blas). Les zones rurales (40 % de la pop.) souffrent de sous-développement, alors que l'essentiel du peuplement et des activités se concentre sur le canal et dans la ville de Panamá*. L'ancienne *zone du canal* (10 miles de large, 1 432 km²) est marquée par la présence de nombreux forts, bases aériennes et zones d'entraînement des Marines. Coupant le pays en deux, elle a focalisé les revendications nationalistes des Panaméens (émeutes antiaméricaines de 1964). Les relations avec les États-Unis sont l'un des enjeux majeurs de la politique nationale, dans un pays où la monnaie, le balboa, n'est que le nom local du dollar et n'existe pas en billets de banque.

▮ **HISTOIRE** ▮ **La période coloniale** Depuis l'époque coloniale, le Panamá joue un rôle central dans les échanges interocéaniques. Découvert par Rodrigo de Bastidas en 1501 et par Colomb l'année suivante, il fut traversé en 1513 par Vasco Núñez de Balboa*, premier Européen à avoir aperçu l'océan Pacifique. La ville de Panamá, fondée en 1519 au fond du golfe de Panamá, était reliée à celle de Nombre de Dios, sur le versant atlantique, par une route transisthmique. Tout l'argent du Pérou passait par cet axe stratégique qui attirait la convoitise des pirates et des flibustiers. Pour se défendre, les Espagnols fortifièrent la côte (fort de San Lorenzo, à l'embouchure du río Chagres). En 1671, l'Anglais Henry Morgan s'empara de la ville de Panamá*. Véritable débouché des mines péruviennes, le Panamá dépendit successivement de la vice-royauté du Pérou, de la Nouvelle-Grenade, puis de la Colombie, après l'indépendance de ce pays (1821). La découverte de l'or en Californie (1848) rendit à l'isthme son rôle de voie de passage, perdu au XVIIIe s. après la destruction de Porto Belo par les Britanniques (1739). ▮ **Le canal** Entre 1850 et 1855 les États-Unis achevèrent un chemin de fer interocéanique, relayé par la construction du canal de Panamá*. L'idée d'un canal date de 1524 mais n'a été concrétisée par les Nord-Américains qu'en 1914, après l'échec de Ferdinand de Lesseps*. Le canal renforça le rôle du Panamá comme plaque tournante du commerce mondial. ▮ **L'indépendance** Le pays naquit en 1903 grâce à l'appui des États-Unis, qui suscitèrent une révolte afin de séparer le Panamá de la Colombie. Son économie dépendait en partie de la rente annuelle versée par les administrateurs du canal et des emplois créés pour son entretien. De 1968 à 1981, date de sa mort dans un accident d'avion, le général Omar Torrijos lutta pour obtenir la restitution de ce secteur stratégique : le traité Carter-Torrijos (1977) accorda au Panamá une répartition plus équitable des bénéfices, la cogestion du canal avec les États-Unis et la disparition progressive de la zone du canal (pour l'an 2000). Malgré cet accord, les relations des Panaméens avec les États-Unis restèrent tendues. L'opération militaire baptisée «Juste Cause», lancée en déc. 1989 contre le général Noriega, homme fort du régime inculpé en 1988 de trafic de drogue, ne fit que renforcer le sentiment national (plusieurs centaines de morts du côté panaméen). Cet épisode montra la fragilité de la démocratie panaméenne et l'ambiguïté des intentions des États-Unis envers un pays par lequel transite une grande partie de leur commerce maritime. **Depuis la chute de Noriega** Cependant, les bases militaires nord-américaines ont été évacuées et le canal a été remis officiellement à la République de Panamá en déc. 1999, comme prévu par les accords. Depuis la chute de Noriega, la présidence est exercée en alternance par le Parti arnulfiste (PA ; droite modérée) [1990 - 1994, avec G. Andara imposé par les États-Unis, puis 1999 - 2004] et le Parti révolutionnaire démocratique (PRD) [1994 - 1999 et de 2004 à 2009 avec Martín Torrijos, fils du général Torrijos]. R. Martinelli du Parti du changement démocratique a été élu en 2009. Le pays attend beaucoup des retombées de l'élargissement du canal qui devrait être effectif en 2015.

---

**PANAMÁ** (golfe de) n. m. ♦ Golfe formé par le Pacifique sur la côte méridionale de l'isthme de Panamá et s'étendant entre la péninsule d'Azuero* et la serranía del Sapo à la frontière de la Colombie. Surplombé de massifs montagneux, surtout au S.-O. de l'isthme, il abrite des îles dont l'archipel des Perles. Panamá* et son port Balboa* (zone du canal) occupent le fond du golfe.

**PANAMÁ** – en esp. ***Ciudad de Panamá*** ♦ Cap. de la république de Panamá, sur le Pacifique, près de l'extrémité du canal (Balboa) et au fond du golfe de Panamá. 1 388 357 hab. Le centre ancien, très dégradé, conserve des maisons coloniales. ▪ Principal centre industriel du pays (indus. alimentaire, brasseries), Panamá est surtout une plaque tournante du commerce mondial (nombreuses banques, Centre financier international). **Histoire** Fondée en 1519, la ville fut déplacée après sa destruction, en 1671, par les pirates d'Henry Morgan (ruines de Panamá Viejo).

**Panamá** (congrès de) ♦ Congrès réuni en 1826 sur l'initiative de Bolívar*, qui tentait alors de susciter une vaste confédération de l'ensemble des États d'Amérique latine, auxquels il rêvait d'associer l'Amérique centrale et en particulier le Mexique. Ce congrès se solda par un échec.

**Panamá** (canal de) ♦ Canal interocéanique reliant l'Atlantique au Pacifique à travers l'isthme de Panamá, sur une longueur de 79,6 km. Après l'échec de F. de Lesseps (→ **Panamá [affaire de]**), les travaux furent repris par les Américains en 1904. Inauguré en 1914, le canal est pourvu d'écluses aux deux extrémités : écluses de Gatún entre l'Atlantique et le lac de Gatún*, de Pedro Miguel et de Miraflores, près du Pacifique. Il est accessible aux bateaux de 65 000 tonnes et reçoit env. 14 000 navires par an. L'ancienne zone du canal, administrée par les États-Unis depuis 1964, a été restituée au Panamá en décembre 1999 (traité Carter-Torrijos de 1977). Les principaux ports desservant le canal s'y trouvent (Colón*, Cristóbal*, Balboa*). Une troisième voie d'eau, qui permettra le passage de navires atteignant 150 000 tonnes, est en construction depuis 2007.

**Panamá** (affaire de) ♦ Le plus important scandale financier de la IIIe République*. Après avoir obtenu du gouvernement colombien une concession territoriale, F. de Lesseps* réunit à Paris un congrès international en vue de la construction du canal interocéanique de Panamá (1879 - 1881). Sous-estimant les difficultés techniques de l'entreprise, dont les ingénieurs avaient évalué le coût à 1 200 millions et qui causa la mort de nombreux ouvriers, F. de Lesseps s'engagea dans des dépenses inconsidérées, faisant appel au public et à plusieurs financiers (L. Arton, C. Herz, le baron J. de Reinach*). Une grande partie des sommes collectées fut utilisée dans des campagnes de presse pour soutenir le projet. En 1887, Lesseps renonçant à sa première idée fit appel à Eiffel* pour construire un canal à écluses et dut, pour ce faire, lancer de nouveaux emprunts. Ayant réussi à se procurer le concours de plusieurs parlementaires et ministres, il obtint le vote d'une loi autorisant un emprunt à lots (remboursables par tirage au sort, juin 1888) ; mais il était trop tard et la compagnie dut être liquidée (fév. 1889). La banqueroute atteignit près de 85 000 souscripteurs. En raison de la collusion entre le pouvoir et la haute finance, on tenta d'étouffer le scandale jusqu'en 1891, date à laquelle une enquête fut ouverte pour abus de confiance et escroquerie contre F. de Lesseps (et son fils), et des poursuites furent lancées contre les financiers Reinach* (qui fut trouvé mort à son domicile), C. Herz (qui passa en Grande-Bretagne). F. de Lesseps fut condamné à cinq ans de prison, les ingénieurs, dont Eiffel, à deux ans (la sentence fut d'ailleurs cassée pour vice de procédure peu après, sans renvoi). Parmi les personnalités politiques impliquées dans l'affaire, seul le ministre Baïhaut, qui avoua avoir été acheté, fut condamné. Mais ce scandale eut d'importantes répercussions politiques et idéologiques (violentes campagnes de presse contre la finance juive lancée par l'antisémite Drumont* dans son journal *La Libre Parole*).

**PANAME** ♦ Nom populaire de Paris*.

**Panaméricaine** (route) ♦ Réseau routier desservant les principales villes d'Amérique latine. Projetée en 1923 et commencée en 1936, cette route part de Laredo (Texas). Elle traverse l'Amérique centrale jusqu'à Panamá, les Andes de la Colombie (Bogotá), de l'Équateur (Quito), puis suit la côte Pacifique à travers le Pérou (Lima), le Chili (Santiago) jusqu'à Puerto Montt. D'autres tronçons traversent le Venezuela, le Brésil (Porto Velho, Cuiabá, Brasília, Rio de Janeiro, São Paulo), Buenos Aires par Montevideo et traverse l'Argentine pour rejoindre Santiago.

**PANAY** ♦ Île des Philippines (Visayas). 11 515 km². 3 501 560 hab. V. PRINC. : Iloilo* City.

**PANAZOL** [87350] ♦ Comm. de la Haute-Vienne, banlieue E. de Limoges. 9 731 hab.

**PAÑCATANTRA** n. m. ← ÉTYM. sanskr. «les cinq livres» ♦ Recueil de contes en prose mêlée de strophes, formé en Inde entre le Ier et le VIe s. On en connaît plusieurs recensions en sanskrit, ainsi que des réécritures qui portent d'autres noms *(Hitopadesa)* ou ont été intégrées à d'autres œuvres (*Océan des rivières de contes* de Somadeva*). Traduites en pahlavi peu avant 570, ces fables le furent ensuite en syriaque, en arabe (*Kalila** et *Dimna*), puis en persan, en grec, en latin... Versions et sous-versions (on connaît plus de 200 traductions) ont durablement influencé la tradition des fables jusqu'à La Fontaine qui prétend devoir presque tout à son auteur. Ce dernier, Pilpay ou Bidpai pour le fabuliste, est la lecture arabe du sanskrit Vidyâpati ; la tradition la plus ancienne attribue les récits à un brahmane du nom de Vichnousarman.

**PANČEVO** ♦ V. de Serbie (Voïvodine). 126 069 hab. Raffinage pétrolier et indus. chimique.

**panchen lama**

n. m. ♦ Titre du supérieur du monastère de Tashilumpo, à Rigezi* (Tibet), vénéré à l'égal du dalaï-lama. Le titre exact, panchen erdini, «Précieux érudit», fait référence à la réincarnation du Bouddha Amitābha. Le dernier panchen erdini, Qoigyi Gyaincain, est mort lors d'une tournée d'inspection au Tibet en 1989, à Rigezi.

**PANCHIAO** ou **BANQIAO** ♦ V. de l'île de Taiwan, dans la banl. S. de Taipei. 547 625 hab. Indus. textile et mécanique.

**PANCKOUCKE** ♦ Famille d'éditeurs français. ♦ **Charles Joseph Panckoucke** (Lille 1736 - Paris 1798). Libraire et possesseur d'une maison d'édition, il publia, entre autres, une édition des œuvres de Voltaire et de celles de Buffon, acheta le *Mercure de France*, auquel il donna un essor considérable, publia l'*Encyclopédie* de Diderot, fit paraître une *Encyclopédie méthodique et par ordre de matières* (1772, achevée 1832) et fonda en novembre 1789 le journal *Le Moniteur* universel*, ou la *Gazette nationale*. ♦ **Charles Louis Panckoucke** (1780 - 1844). Fils du précédent. Il publia un *Dictionnaire des sciences médicales* (1812 - 1822) et surtout une *Bibliothèque latine-française* (1825 - 1839) pour laquelle il donna la traduction d'œuvres de Tacite. ← ÉTYM. Ce nom vient du flamand *pannecoucke* «crêpe» (surnom de marchand).

**PANDATERIA** ou **PANDATARIA** – auj. ***Ventotene*** ♦ Île volcanique de la mer Tyrrhénienne au large de Cumes* (Campanie). Lieu d'exil de Julie*, d'Agrippine* l'Aînée et d'Octavie*.

**PĀṆḌAVA** ♦ Noble famille de chefs de clan de l'Inde védique, à laquelle appartenaient les cinq frères héros du grand poème épique de l'Inde, le *Mahābhārata**.

**PANDION** ♦ Nom de deux rois légendaires d'Athènes*. Le premier est le fils d'Érichthonios*, père lui-même d'Érechthée* et de Philomèle*. Le second est un arrière-petit-fils du précédent, père d'Égée*. Détrôné par ses cousins, il se réfugia à Mégare et devint roi de cette cité.

**PANDORE** ← ÉTYM. en gr. ***Pandôra*** «bienfaisante [qui donne tout]» ♦ La première femme, dans *Les Travaux* et les Jours* d'Hésiode. Façonnée par Héphaïstos à l'image des déesses, elle est envoyée par Zeus comme châtiment aux hommes à qui Prométhée avait apporté le feu dérobé au Ciel. Les dieux et les Charites la parent de tous les dons : beauté, charme, habileté manuelle. Hermès lui donne la ruse et la fourberie, la parole séduisante et l'art de tromper. On lui confie aussi une jarre contenant tous les maux. Épiméthée*, malgré le conseil de son frère Prométhée, l'épouse. Dévorée de curiosité, Pandore soulève le couvercle de la jarre, répandant tous les maux sur la Terre. Pandore devint la mère de Pyrrha*, la femme de Deucalion.

**PĀṆḌYA** ♦ Dynastie indienne de l'Inde du Sud qui régna sur une partie de cette région du IIe s. au déb. du XIVe s. et dont la capitale était à Madurai*. Les invasions musulmanes la détruisirent.

**PANETH (Friedrich Adolph)** ♦ Physicien et chimiste autrichien (Vienne 1887 - *id.* 1958). Auteur, avec Hevesy* de Heves, des premières expériences utilisant les traceurs radioactifs (1913), il participa par ses travaux sur les radicaux libres (1925) à la compréhension des mécanismes de réactions en chaîne et s'intéressa, entre autres, à la datation des météorites.

**PANÉTIUS** – en gr. ***Panaitios*** ♦ Philosophe grec du moyen stoïcisme (Rhodes v. –180 - Athènes v. –110). Il étudia à Pergame et à Athènes, se rendit à Rome où il fréquenta les milieux cultivés, puis dirigea le Portique*. Posidonius* fut son disciple. Seul le *De Officiis* de Cicéron*, qui prend pour modèle un *Traité des devoirs* de Panétius qui ne nous est pas parvenu, nous renseigne sur sa doctrine morale qui se caractérise par un net assouplissement de la rigidité éthique stoïcienne et une inflexion vers la morale appliquée et la casuistique. Panétius aurait en outre récusé la théorie stoïcienne de la conflagration universelle du monde, lui préférant la thèse platonico-aristotélicienne de l'éternité du monde.

**PANGALOS (Theódoros)** ♦ Général et homme d'État grec (Salamine 1878 - Athènes 1952). Profitant de l'instabilité politique qui suivit la proclamation de la république (1924), il s'empara du pouvoir (1925), établit sa dictature et se fit élire président (1926). Il fut renversé quelques mois plus tard par le général Condylis*.

**PANGÉE** n. f. ♦ Continent unique formé de la quasi-totalité des continents actuels constitué il y a 200 à 300 millions d'années. Il se disloqua il y a env. 180 millions d'années, donnant naissance au Gondwana (regroupant l'Amérique du Sud, l'Antarctique, l'Afrique, l'Inde et l'Australie) au Sud, et à la Laurasie (regroupant l'Amérique du Nord, l'Europe et une partie de l'Asie) au Nord.

**PANGÉE** n. m. – en gr. ***Paggaion*** ♦ Massif montagneux de Grèce (Macédoine), isolant de la mer Égée les plaines de Drama et de Serrès. 1 956 m. ▪ Dans l'Antiquité, les mines d'or du Pangée suscitèrent les convoitises et furent longuement disputées aux Thraces par Thasos, Athènes et la Perse. Philippe* II de Macédoine en fit une possession macédonienne. L'antique Amphipolis* était située sur un contrefort S.-O. du Pangée.

**PANGLOSS** ♦ Personnage de *Candide* ou l'Optimisme* (1759), conte de Voltaire*. Incarnation de la thèse de Leibniz* que Voltaire déforme pour la combattre («Tout est pour le mieux dans le meilleur des mondes possibles»), le précepteur Pangloss («tout en langue») garde, malgré les leçons de l'expérience, son optimisme inébranlable.

**PANGU** ou **P'AN-KOU** ♦ Grand démiurge de la mythologie chinoise, qui aurait «ouvert le Ciel et fendu la Terre». Il est considéré comme le Grand Ancêtre originel du peuple chinois, et vénéré comme créateur de l'univers par les taoïstes.

**PANHARD** [pɑ̃aʀ] ♦ Famille d'ingénieurs et de constructeurs d'automobiles français. ♦ **René Panhard** (Paris 1841 - La Bourboule 1908). Il fonda avec Émile Levassor la Société Panhard et Levassor (1886) afin d'exploiter les brevets de Daimler* ; ils construisirent la première voiture automobile à essence (1891) qui effectua la traversée de Paris et, conduite par le fils de René, Hippolyte, le trajet Paris-Nice (1893). ♦ **Paul Panhard** (Versailles 1881 - Neuilly-sur-Seine 1969). Neveu du précédent. Il se consacra au développement de la société qui acquit de nombreux brevets. ♦ **Jean Panhard** (Paris 1913). Fils du précédent. Il dirigea la Société Panhard et Levassor, qui fut absorbée en 1965 par Citroën, puis la Société de constructions mécaniques Panhard et Levassor (1965 - 1981).
➛ **ÉTYM.** *Panhard* est l'altération de *Penhard*, francisation du breton *pennhêr* «principal héritier, fils unique» (de *penn* «tête» et *hêr* «héritier») ou de *Panher (Penhaerz)*, lieu-dit «le bout du hameau».

**PANIKKAR (Kavalam Mādhava)** ♦ Diplomate indien (Travancore, Kerala 1895 - Mysore 1963), plusieurs fois ambassadeur, notamment en France. Il fut également un auteur d'ouvrages historiques et un poète d'expression malayālam.

**PANINE (Nikita Ivanovitch,** comte**)** ♦ Homme d'État russe (Gdańsk 1718 - Saint-Pétersbourg 1783). Ministre plénipotentiaire au Danemark (1747), puis en Suède (1748 - 1760), tuteur du futur tsar Paul Ier, il contribua à l'accession au trône de Catherine II qui en fit l'un de ses ministres. Président du collège des Affaires étrangères (1763 - 1781), il se montra favorable à une alliance, en un «Système du Nord», des États du nord de l'Europe contre l'Autriche et la France. Mais le rapprochement avec l'Autriche voulu par Catherine II en 1780 marqua la fin de ce projet et de l'influence politique de Panine.

**PĀNINI** ♦ Célèbre grammairien du N. de l'Inde (v. le –IVe s.). Ses œuvres, souvent commentées (➛ **Patañjali**), contribuèrent à fixer le sanskrit classique et sont à l'origine d'une science logique de la grammaire. La précision de ses analyses morphosyntaxiques en fait le premier linguiste connu qui se soit attaché à la description précise, explicite et complète d'une langue.

**PANIZZA (Oskar,** dit en fr. **Oscar)** ♦ Écrivain allemand (Bas-Kissingen 1853 - sanatorium de Mainschloss, près de Bayreuth 1921). Médecin aliéniste qui sombra lui-même dans la folie, il est l'auteur de pamphlets religieux (*L'Immaculée Conception des papes*, 1893), d'une «tragédie céleste», *Le Concile d'amour* (1895), pièce d'un humour subversif inspirée par une haine violente du dogme catholique, de pamphlets politiques (*Dialogues dans le goût de Hutten ; Psychopathia criminalis*, 1898) et de nouvelles (*Journal d'un chien*, 1892 ; *Visionnen der Dämmerung*, 1913, dont une partie a été publiée en fr. sous le titre *Un scandale au couvent*, 1979). ▪ *Illustration* : ➛ Grosz.

**PANJAB, PENDJAB, PENJAB** ou **PUNJAB** n. m. ➛ **ÉTYM.** persan «(le pays des) cinq *(panj)* rivières *(ab)*» ♦ Région du N. du monde indien, au pied de l'Himalaya. Le Panjab est traversé par cinq rivières issues de la haute chaîne, qui lui ont donné son nom. Sa position sur le seuil qui sépare les plaines de l'Indus de celles du Gange (seuil indogangétique) lui a donné un rôle important dans l'histoire de l'Inde, et il a vu se développer de grandes civilisations. Les travaux d'irrigation sur les rivières himalayennes et l'esprit d'entreprise de ses habitants en ont fait une des régions agricoles les plus productives du monde indien. La coexistence de musulmans, de sikhs et d'hindous est devenue impossible lors de l'indépendance, et la division de la région entre l'Inde et le Pakistan s'est accompagnée d'importants déplacements de population. Au Pakistan, le Panjab constitue une province dont la capitale est Lahore.

**PANJAB** n. m. – en angl. ***Punjab*** ♦ État de l'Inde. 50 300 km². 24 358 999 hab. LANGUE : punjabi (off.). CAPITALE : Chandigarh. L'État a été amputé en 1966 à la demande des sikhs de la partie où les hindous étaient les plus nombreux et qui a formé le Haryana*. À prédominance sikh, le Panjab constitue l'un des États les plus florissants de l'Inde. Son agriculture dynamique en a fait le grenier à blé. Les industries diversifiées sont le fait de petits ateliers (outillage et articles de consommation courante). Le taux d'alphabétisation est, avec celui du Kerala, l'un des plus forts de l'Inde (41 %). Une petite minorité de sikhs voudrait obtenir la formation d'un État indépendant (le Kalistan), et n'hésite pas depuis le milieu des années 1970 à recourir aux actions terroristes.

**PANJIM** ➛ Goa

**PANKHURST (Emmeline GOULDEN,** Mrs.**)** ♦ Féministe britannique (Manchester 1858 - Londres 1928). Femme d'un avocat féministe, elle fonda l'Union féminine sociale et politique (1903) et milita d'une façon spectaculaire, à la tête de ses suffragettes, pour le vote des femmes. Elle fut plusieurs fois arrêtée, obtint gain de cause en 1918 et fut ensuite candidate conservatrice aux Communes.

**PANKOW** ♦ Quartier résidentiel du N.-E. de Berlin, du nom d'un petit affl. de la Spree. ▮ **Histoire** Situé en 1945 dans le secteur soviétique, il devint le siège des instances de la RDA et la résidence des dignitaires du régime.

**PANNE (LA)** ➛ De Panne

**Pannesière-Chaumard** (barrage de) ♦ Barrage sur l'Yonne (Nièvre), dont la retenue forme un lac de 520 ha (site touristique). Il fut construit en 1950 pour régulariser le débit de l'Yonne et de la Seine et pour la production d'énergie électrique.

**PANNINI** ou **PANINI (Giovanni Paolo)** ♦ Peintre italien (Plaisance 1691 - Rome 1765). Il étudia l'architecture et la scénographie auprès des Bibiena* à Bologne, puis travailla à Rome où il se fit peintre de *vedute* (vues de ville) au style sec et précis et chroniqueur des fêtes et cérémonies publiques *(Benoît XIV recevant Charles III, roi de Naples)*. Il exécuta aussi des vues de monuments antiques, des scènes religieuses ayant pour cadre de vastes architectures *(Jésus et les marchands du Temple)* et surtout des compositions fantaisistes de ruines, d'une facture plus souple et lumineuse et qui, révélant un sentiment presque romantique de la nature, inspirèrent Hubert Robert*.

**PANNONIE** n. f. – en lat. ***Pannonia*** ♦ Anc. région de l'Europe centrale entre le Norique* à l'O., l'Illyrie* au S., le Danube au N., correspondant à l'O. de l'actuelle Hongrie et à une partie de la Croatie. Habitée par des Illyriens puis par des Celtes* et des Boïens*, elle fut conquise par Rome entre –35 et –9 ; elle devint province romaine en l'an 9 et fut divisée en *Pannonie supérieure*, cap. *Savaria* (Szombathely) et *Pannonie inférieure*, cap. *Sirmium* (Mitrovica). Envahie successivement aux Ve et VIe s. par les Huns*, les Ostrogoths* et les Lombards*, elle demeura finalement aux mains des Hongrois en 894.

**PANNONIEN (BASSIN)** ou **PLAINES PANNONIENNES** ♦ Ensemble de plaines limité à l'O. et au S. par les Alpes orientales et dinariques, au N. et à l'E. par les Carpates. Cette vaste cuvette est partagée entre la Hongrie, le N. de l'ex-Yougoslavie et l'extrémité O. de la Roumanie. À cette zone géologique appartiennent la Slavonie*, la Podravina* et la Posavina* (➛ **Croatie**) et la Voïvodine*.

**PANNONIUS (János CSEZMICEI,** latinisé en **Janus)** ♦ Poète hongrois (Csezmice ? 1434 - Medvegrad 1472). Après des études à Ferrare et Padoue, où il se rendit célèbre par ses épigrammes et ses panégyriques, il devint évêque de Pécs et chancelier du roi Matthias Corvin. Ambassadeur en Italie, il connut en 1465 les idées du néoplatonisme et se lia avec Marsile Ficin*. Il désapprouva l'expansionnisme du roi et il prit part à la lutte contre les Turcs. Il participa à une conspiration et mourut en s'enfuyant, après l'échec de celle-ci. Humaniste érudit, il écrivit des poésies latines chantant l'amour et la patrie. Premier poète de la Renaissance en Hongrie, il eut une grande influence sur la poésie profane hongroise du XVIe s.

**PANOFSKY (Erwin)** ♦ Historien et théoricien de l'art américain d'origine allemande (Hanovre 1892 - Princeton 1968). Ses œuvres historiques tendent à dégager des modalités créatrices spécifiques de chaque époque, en considérant l'art en relation avec la culture dans son ensemble (*Albrecht Dürer*, 1943 ; *Gothic architecture and scholasticism*, 1951). Ses *Essais d'iconologie* (1939) inaugurent une théorie générale de la représentation en art, que développera la sémiotique.

**PANOVA (Vera Fedorovna)** ♦ Femme de lettres soviétique (Rostov-sur-le-Don 1905 - Leningrad 1973). Son métier de journaliste lui permit de connaître la vie de divers milieux prolétariens. Elle écrivit avec sensibilité et tact des œuvres comme *Les Compagnons* (1946), *Kroujilikha* (1947), *Clair Rivage* (1949), *Les Saisons* (1953), *Serioja* (1955), *Le Roman sentimental* (1958), *À l'aube* (1966). Outre des romans et nouvelles, elle aborda le théâtre (*Bourrasque*, 1942 ; *Jeunes filles*) et le cinéma. Son analyse des rapports humains témoigne d'une grande finesse psychologique.

**PANSHIR** ou **PANDJCHIR** n. m. ♦ Province d'Afghanistan située au N.-E. de Kaboul. La vallée du Panshir est une zone encaissée entre deux barrières montagneuses d'env. 4 000 m d'altitude où coule la rivière du même nom. ▪ Le commandant Massoud* en fit un bastion de la résistance armée aux talibans.

**Pantagruel (Les Horribles et Épouvantables Faits et Prouesses du très renommé)** ♦ Roman de Rabelais* (1532). Bien qu'il ait été publié avant *Gargantua* (1534), *Pantagruel* occupe la deuxième place dans l'ordre narratif de l'œuvre de Rabelais. Il parut sous le pseudonyme d'Alcofribas Nasier. ▪ Le géant Pantagruel, fils de Gargantua, qui visite les universités de province et de Paris, reçoit de son père une «Lettre sur l'éducation» où s'expriment, avec lyrisme, l'enthousiasme des humanistes pour la culture et la sagesse antiques, le rêve d'une connaissance universelle qui anime Rabelais et son souci d'assurer la formation morale par la foi religieuse. Puis Pantagruel, après avoir dénoncé la jurisprudence médiévale, rencontre Panurge* qui l'accompagnera dans la guerre contre les Dipsodes.

**PANTALON** ← ÉTYM. du n. de saint *Pantaleone* «Pantaléon», patron de Venise (sobriquet appliqué aux Vénitiens) ♦ Type de la commedia* dell'arte, originaire de Venise. Vieillard amoureux et salace, d'une avarice sordide, il est la cible perpétuelle de tous les valets d'intrigue.

**PANTANAL** n. m. ← ÉTYM. port. «marécage» ♦ Grand marais au centre de l'Amérique du Sud, sur les territoires du Brésil, du Paraguay et de la Bolivie, qui s'étend sur plus de 150 000 km², entre 80 et 130 m d'alt. La région est inondée en période de hautes eaux du Paraguay et de ses affluents, les crues progressant du N. vers le S. d'oct. à mars. C'est une véritable réserve biologique, d'une richesse exceptionnelle, mais sa faune et sa flore sont insuffisamment protégées. Élevage bovin transhumant (5 millions de têtes), chasse et pêche.

**PANTELLERIA** ♦ Île italienne, entre la Tunisie et la Sicile, rattachée à la prov. de Trapani. 83 km². 7 672 hab. Relief volcanique culminant à la Montagna Grande (836 m). L'île vit de la culture de la vigne (raisin de table), de l'élevage des ovins et des ânes et de la pêche aux éponges. Prod. de câpres.

**Panthéon** ← ÉTYM. du gr. *pan* «tout» et *theos* «dieu» ♦ Temple de Rome construit par Agrippa en –27 au champ de Mars et reconstruit sous les règnes d'Hadrien*, d'Antonin* le Pieux et de Septime* Sévère. D'abord consacré à Jupiter *Vindicator*, il fut ensuite dédié à l'ensemble des dieux, puis transformé par le pape Boniface* IV en une église vouée à Sainte-Marie-aux-Martyrs et communément appelée Santa Maria Rotonda. Tombeaux de Raphaël et d'Annibale Carrache, des rois Victor-Emmanuel II et Humbert Iᵉʳ, de la reine Marguerite.

**Panthéon** n. m. ♦ Monument de Paris, situé sur la montagne Sainte-Geneviève, au cœur du Quartier* latin (5ᵉ arr.). L'édification de ce vaste sanctuaire, destiné d'abord à être l'église Sainte-Geneviève, fut commencée de 1764 à 1780 par Soufflot*, poursuivie par Rondelet* (1780 à 1789) et achevée en 1812 (suppression des clochers et obturation des fenêtres). Soufflot donna des proportions monumentales à l'église, décora la façade principale d'un péristyle de colonnes corinthiennes surmontées d'un fronton triangulaire (sculpté par David* d'Angers) et éleva un dôme ceint de colonnes et coiffé d'un lanterneau (83 m du sol). L'intérieur en croix grecque renferme des peintures murales par Bonnat*, Cabanel*, Detaille, Puvis* de Chavannes (*Sainte Geneviève veillant sur Paris*, 1874). À la coupole, *Apothéose de sainte Geneviève* par Gros (1811). Transformé par la Révolution en un panthéon consacré aux grands hommes, rendu au culte catholique en 1806, temple de la Gloire en 1830, de nouveau église catholique de 1851 à 1870, le monument est voué au souvenir des grands hommes depuis les funérailles de Victor Hugo (1885) Y reposent notamment Marcelin Berthelot, Louis Braille, Sadi et Lazare Carnot, Condorcet, Pierre et Marie Curie, Alexandre Dumas, Gambetta, l'abbé Grégoire, Hugo, Jaurès, Malraux, Monge, Jean Moulin, Paul Painlevé, Rousseau, Victor Schoelcher, Soufflot, Voltaire, Zola.

**Panthères noires** – en angl. ***Black Panthers*** ♦ L'une des principales «organisations de libération» de la communauté noire aux États-Unis, fondée en 1966 à Oakland (Californie) par Huey P. Newton et Bobby G. Seale. Constituée à l'origine pour protéger les Noirs contre les violences policières, l'organisation afficha des positions de plus en plus extrémistes en faveur d'un pouvoir noir (Black Power) et constitua des milices armées. Les Panthères noires ont perdu de leur influence au profit des gangs qui vivent du commerce de la drogue.

**PANTIN** [93500] ♦ Ch.-l. de cant. de la Seine-Saint-Denis, arr. de Bobigny, au N.-E. de Paris. 49 919 hab. *(Pantinois)*. Église Saint-Germain-l'Auxerrois (XVIIᵉ, XVIIIᵉ s.). Cimetière parisien. ▪ Port sur le canal de l'Ourcq. Les grands moulins de Pantin ont fermé en 2001. Activités tertiaires. Centre national de la danse.

**PÁNUCO** n. m. (río) ♦ Fl. du Mexique central (680 km) qui prend sa source dans la sierra Madre orientale, et se jette dans le golfe du Mexique à Tampico. Nom attribué au site précolombien de civilisation huaxtèque mis au jour dans sa vallée.

**PANURGE** ← ÉTYM. du gr. *panourgos* «rusé, apte à tout faire» ♦ Personnage du *Pantagruel** de Rabelais*. Son ingéniosité sans scrupule et son goût de la mystification en font un type littéraire truculent. ▪ Dans le *Tiers*, le *Quart* et le *Cinquième Livre*, les étapes burlesques de son voyage en quête du bonheur sont l'occasion pour

Giovanni Paolo **Pannini.**
*Galerie de vues de la Rome antique* (2,31 x 3,03 m), 1758.
Musée du Louvre, Paris.
*BIS/Phot. © Archives Nathan*

Rabelais de critiquer la justice, puis d'attaquer à la fois l'Église romaine (île des Papimanes) et la Réforme (îles des Papefigues) pour mieux célébrer «Messer Gaster» (le ventre), symbole des besoins qui régissent la Nature. S'étant moqué au passage de la sottise humaine (Dindenault et ses moutons), Panurge consulte l'oracle de la Dive Bouteille qui l'incite, symboliquement, à s'enivrer de science.

**PANZINI (Alfredo)** ♦ Écrivain italien (Senigallia, Ancône 1863 - Rome 1939). Il se fit connaître en 1907 avec *La Lanterne de Diogène*, journal poétique d'un voyage à bicyclette. L'arrière-plan idyllique d'une Italie traditionnelle et le style à la fois ironique et familier de ce texte se retrouveront dans *Voyage d'un pauvre homme de lettres* (1919) et *Il Padrone sono me !* «Le maître, c'est moi !» (1922). Attentif à la pureté de la langue (et à la saveur des dialectes), Panzini fut académicien d'Italie. ➝ ÉTYM. *Panzini* vient de l'italien *panza* «ventre» [qui a un gros ventre].

**PAOLI (Pasquale ou Pascal)** ♦ Patriote corse (Morosaglia, Corse 1725 - Londres 1807). Exilé en Italie avec son père, il servit dans l'armée napolitaine. De retour dans son pays natal en 1755, il fut nommé général en chef de l'armée de Corse et, vainqueur des Génois auxquels il ne laissa que le littoral, tenta d'organiser un gouvernement démocratique régulier. Il contribua à développer l'agriculture et le commerce corses, et à fonder une université à Corte. Lorsque les Génois vendirent à la France leurs droits sur la Corse (1768), P. Paoli s'opposa par les armes aux Français. Charles Marie Bonaparte* lutta à ses côtés puis l'abandonna pour se rallier au gouvernement royal. Vaincu à Ponto-Novo (8 mai 1769), Paoli émigra en Angleterre. Rappelé par l'Assemblée nationale constituante (1790), il fut commandant de la garde nationale et président du directoire départemental de la Corse. Mais, en 1793, il prit position contre la Convention et fit appel aux Britanniques. Contrairement à son attente, ceux-ci nommèrent dans l'île un autre vice-roi : Elliot. P. Paoli mourut en exil en Angleterre.

**PAOLOZZI (sir Eduardo)** ♦ Artiste britannique (Leith, près d'Édimbourg 1924 - Londres 2005). Il se rendit à Paris de 1947 à 1950 et s'intéressa au dadaïsme et au surréalisme, et plus particulièrement à la technique du collage. À son retour en Grande-Bretagne, il contribua à lancer le pop art anglais et devint membre de l'Independent Group. Il utilise pour ses collages et ses «scrapbooks» des illustrations de revues et de bandes dessinées, et intitule ses œuvres des «métaphores ready-made» représentant les rêves populaires. Il réalisa dans les années 1960 des sculptures en bronze, en aluminium ou en bois, selon deux tendances principales : des assemblages de déchets fondus, et les «personnages mécaniques» constitués d'éléments mécaniques peints en couleurs vives. À partir de 1980, le corps humain devint prépondérant dans ses sculptures (*The Wealth of Nations*, 1993).

**PAOUSTOVSKI (Konstantin Gueorguievitch)** ♦ Conteur et romancier soviétique (Moscou 1892 - *id.* 1968). Héritier des traditions d'humanisme de la littérature russe, il a empreint ses récits de chaleur humaine. Que ce soit dans ses recueils (*Navires qui se rencontrent*, 1928 ; *Les Nuages brillants*, 1929) ou dans ses nouvelles (*Kara-Bougaz*, 1932 ; *Colchide*, 1934 qui décrit lyriquement les transformations que les Soviétiques apportent à la nature ; *La Neige*), on retrouve partout cette poésie, cet humanisme qui font tout le charme de sa prose. Il a également publié un cycle autobiographique en six tomes : *Histoire d'une vie* (1945 - 1963).

**PAPADIAMANDIS (Alexandros)** ♦ Écrivain grec (île de Skiathos, Sporades 1851 - *id.* 1911). Il a évoqué, dans ses nouvelles, (*L'Infanticide*, 1903 ; *Nouvelles de Pâques, Nouvelles de Noël, Nouvelles du Jour de l'An*, posth. 1912 - 1925) le petit peuple de son île natale, dans un style réaliste et naïf, empreint d'une profonde religiosité. Malgré son purisme, qui l'a placé en marge du courant littéraire progressiste de son époque, il s'est affirmé comme l'un des nouvellistes les plus populaires de la Grèce moderne.

**PAPADOPOULOS (Georgios)** ♦ Général et homme d'État grec (Eleokhorion, Achaïe 1919 - Athènes 1999). Chef de la junte militaire qui s'empara du pouvoir à Athènes par le coup d'État du 21 avril 1967, il prit la tête du gouvernement en décembre 1968, la direction des ministères de la Défense et des Affaires étrangères, ainsi que la supervision de la politique économique. En 1972, il assuma aussi la régence en renvoyant le général Zoïtakis. Il proclama ensuite (1er juin 1973) la déchéance de la monarchie et l'établissement de la république et fut nommé président pour huit ans. Renversé en 1973, il fut inculpé de haute trahison et condamné à mort en 1975, mais ne fut pas exécuté. ➝ ÉTYM. Ce nom de famille grec signifie «fils *(poulos)* du prêtre *(papas)*».

**PAPAGOS (Alexandros)** ♦ Maréchal grec (Athènes 1883 - *id.* 1955). Ministre de la Guerre (1935) et chef d'état-major de l'armée (1936 - 1940) sous le ministère Metaxás, il commanda l'armée grecque lors de la Deuxième Guerre* mondiale : il repoussa les Italiens en Épire et jusqu'en Albanie (nov. 1940 - janv. 1941), mais fut capturé par les Allemands (avr. 1941) et interné en Allemagne jusqu'en 1945. Il reçut à son retour la dignité de maréchal. Lors de la guerre civile, il dirigea les opérations contre les communistes (1949) puis il regroupa les partis de droite dans le Rassemblement hellénique et prit la tête du gouvernement (1952 - 1955).

**PAPANASTASIOU (Alexandros)** ♦ Homme politique grec (Tripolis, Arcadie 1876 - Athènes 1936). Avec le «groupe des Sociologues» qu'il fonda (1907), il milita pour la réforme agricole et réussit la distribution de la terre des grandes propriétés aux paysans (1911). Premier ministre en 1924, il proclama la république. Chef d'un parti travailliste et agricole, il fut de nouveau président du Conseil en 1932 et dirigea plusieurs ministères. Il travailla pour une Union balkanique et présida plusieurs conférences interbalkaniques dans ce but.

**PAPANDRÉOU (Georgios)** ♦ Homme politique grec (Kalengi, Péloponnèse 1888 - Athènes 1968). Fondateur du Parti démocratique (1935), futur Parti social-démocrate, il fut exilé, en 1938, par la dictature de Metaxás*. À la tête d'un gouvernement d'union nationale formé au Caire en avr. 1944 et installé peu après dans Athènes libérée, il voulut désarmer les forces de la Résistance, provoquant ainsi une crise politique et l'affrontement entre les partisans de la gauche et les troupes britanniques. Chef du Parti libéral (1954), il créa le Parti libéral démocratique (1959) et constitua, avec d'autres composantes de l'opposition, l'Union du centre qui l'emporta aux élections de nov. 1963 et obtint la majorité absolue aux élections de fév. 1964. Mais sa tentative pour épurer l'armée de ses extrémistes de droite se heurta au refus du roi Constantin* II qui l'obligea à démissionner en juil. 1965. De violentes manifestations antimonarchistes se déroulèrent, et la crise politique ainsi commencée conduisit à l'avènement de la junte militaire en avr. 1967. ➝ ÉTYM. *Papandréou* vient du grec *papas* «prêtre» et *Andreas* «André».

**PAPANDRÉOU (Andréas)** ♦ Homme politique grec (île de Chio 1919 - Ekali, près d'Athènes 1996). Fils de Georgios Papandréou*, économiste, citoyen américain jusqu'en 1963, il fonda, à la chute de la dictature des colonels, le Parti socialiste panhellénique (PASOK) qui emporta la majorité absolue des sièges aux élections législatives d'oct. 1981. Son gouvernement démocratisa le pays (droit de vote à 18 ans, abolition de la peine de mort, laïcisation des institutions, rapatriement de certains réfugiés politiques). Confronté aux difficultés économiques et à des scandales financiers, il perdit les élections de juil. 1989 qui amenèrent au pouvoir la Nouvelle Démocratie. Mais en oct. 1993, le PASOK retrouva la majorité absolue aux élections législatives et A. Papandréou redevint chef du gouvernement mais fut remplacé par K. Simitis en janv. 1996 en raison d'une grave maladie.

## pape

n. m. ♦ Titre de l'évêque de Rome, chef de l'Église catholique romaine. → **catholicisme, christianisme.** Le pape est également le chef temporel de l'État de la cité du Vatican* et était, dans le passé, le chef des États de l'Église*. La primauté religieuse de l'évêque de Rome sur les autres patriarches chrétiens s'affirma à partir du IVe s. et sa suprématie sur les souverains à la suite de la réforme grégorienne (→ **Grégoire VII**) et de la lutte du Sacerdoce et de l'Empire (→ **Investitures [querelle des], Décrétales [Fausses] ; Worms [concordat de]**). L'élection pontificale est réservée aux cardinaux depuis la bulle *In nomine Domini* de Nicolas II (1059 - 1061) et l'infaillibilité doctrinale du pape a été proclamée par le Ier concile du Vatican en 1870. Les papes dont la légitimité n'est pas reconnue par l'Église sont appelés antipapes.

**PAPE-CARPENTIER (Marie)** ♦ Pédagogue française (La Flèche 1815 - Villiers-le-Bel 1878). Après avoir travaillé dans la première école maternelle française, elle fut chargée de la direction de l'École normale maternelle (1848) puis de l'inspection générale des salles d'asile (classes maternelles) et publia des ouvrages pédagogiques (*Enseignement pratique dans les écoles maternelles*, 1849 ; *Histoires et leçons de choses pour les enfants*, 1858 ; *Enseignement par les yeux*, 1869-1875 ; *Cours d'éducation primaire*).

**PAPEETE** ➝ ÉTYM. probablt du tahitien *pape ete* «(c'est) de l'eau *(pape)* dans des corbeilles *(ete)*» [dû à une mauvaise compréhension des premiers explorateurs qui demandaient aux indigènes le nom de leur pays] ♦ Cap. de la Polynésie française sur la côte N.-O. de l'île de Tahiti. 25 553 hab. C'est l'un des plus grands centres de peuplement urbain du Pacifique Sud. Port exportateur de coprah et de vanille. Siège de la base aéronavale du Centre d'expérimentation du Pacifique (CEP), fermé en 1996. Centre touristique.

**PAPEN (Franz VON)** ♦ Homme politique allemand (Werl, Westphalie 1879 - Obersasbach 1969). Ancien officier, simple député du Centre catholique au parlement de Prusse (1923 - 1932), il fut appelé à la Chancellerie par le maréchal Hindenburg* en 1932 (→ **Allemagne**) et forma le «cabinet des barons». Levant immédiatement l'interdiction qui frappait les SA*, il déclencha une vague de violences à laquelle il répondit en proclamant la loi martiale à Berlin. N'étant «pris au sérieux ni par ses amis ni par ses ennemis» (François*-Poncet), il dut s'incliner devant l'intransigeance d'Hitler et sa démission le 17 nov. 1932 prépara l'accession de celui-ci au pouvoir. Acquitté par le tribunal de Nuremberg*, il fut condamné par un

## Papes et antipapes

| | |
|---|---|
| **Papes** | |
| St Pierre | Mort en 64 |
| St Lin | 67-79? |
| St Clet | 79-89? |
| St Clément Ier | 89-97 |
| St Évariste | 97-105? |
| St Alexandre Ier | 105-115? |
| St Sixte Ier | 115-125? |
| St Télesphore | 125-136 |
| St Hygin | 136-140 |
| St Pie Ier | 140-155? |
| St Anicet | 155-166? |
| St Soter | 166-174? |
| St Eleuthère | 174-189? |
| St Victor Ier | 189-199 |
| St Zéphyrin | 199-217 |
| St Calixte | 217-222 |
| St Urbain Ier | 222-230 |
| St Pontien | 230-235 |
| St Antère | 235-236 |
| St Fabien | 236-250 |
| St Corneille | 251-253 |
| St Lucius Ier | 253-254 |
| St Étienne Ier | 254-257 |
| St Sixte II | 257-258 |
| St Denys | 259-268 |
| St Félix Ier | 269-274 |
| St Eutychien | 275-283? |
| St Caïus | 283?-296 |
| St Marcellin | 296-304 |
| *vacance du Saint Siège* | |
| St Marcel Ier | 308-309 |
| St Eusèbe | 309-310 |
| St Miltiade | 311-314 |
| St Sylvestre Ier | 314-335 |
| St Marc | 336 |
| St Jules Ier | 337-352 |
| Libère | 352-366 |
| St Damase Ier | 366-384 |
| St Sirice | 384-399 |
| St Anastase Ier | 399-401 |
| St Innocent Ier | 401-417 |
| St Zosime | 417-418 |
| St Boniface Ier | 419-422 |
| St Célestin Ier | 422-432 |
| St Sixte III | 432-440 |
| St Léon Ier le Grand | 440-461 |
| St Hilaire | 461-468 |
| St Simplice | 468-483 |
| St Félix III | 483-492 |
| St Gélase Ier | 492-496 |
| Anastase II | 496-498 |
| St Symmaque | 498-514 |
| St Hormisdas | 514-523 |
| St Jean Ier | 523-526 |
| St Félix IV | 526-530 |
| Boniface II | 530-532 |
| Jean II | 533-535 |
| St Agapet | 535-536 |
| St Silvère | 536-537 |
| Vigile | 537-555 |
| Pélage Ier | 555-560 |
| Jean III | 561-574 |
| Benoît Ier | 575-578 |
| Pélage II | 579-590 |
| St Grégoire Ier le Grand | 590-604 |
| Sabinien | 604-606 |
| Boniface III | 607 |
| St Boniface IV | 608-615 |
| Adéodat Ier | 615-618 |
| Boniface V | 619-625 |
| Honorius Ier | 625-638 |
| Séverin | 640 |
| Jean IV | 640-642 |
| Théodore Ier | 642-649 |
| St Martin Ier | 649-654 |
| St Eugène Ier | 654-657 |
| St Vitalien | 657-672 |
| Adéodat II | 672-676 |
| Donus | 676-678 |
| St Agathon | 678-681 |
| St Léon II | 682-683 |
| St Benoît II | 684-685 |
| Jean V | 685-686 |
| Conon | 686-687 |
| St Serge Ier | 687-701 |
| Jean VI | 701-705 |
| Jean VII | 705-707 |
| Sisinnius | 708 |
| Constantin | 708-715 |
| St Grégoire II | 715-731 |
| St Grégoire III | 731-741 |
| St Zacharie | 741-752 |
| Étienne II | 752-757 |
| St Paul Ier | 757-767 |
| Étienne III | 768-772 |
| Adrien Ier | 772-795 |
| St Léon III | 795-816 |
| Étienne IV | 816-817 |
| St Pascal Ier | 817-824 |
| Eugène II | 824-827 |
| Valentin | 827 |
| Grégoire IV | 828-844 |
| Serge II | 844-847 |
| St Léon IV | 847-855 |
| Benoît III | 855-858 |
| St Nicolas Ier le Grand | 858-867 |
| Adrien II | 867-872 |
| Jean VIII | 872-882 |
| Marin Ier | 882-884 |
| St Adrien III | 884-885 |
| Étienne V | 885-891 |
| Formose | 891-896 |
| Boniface VI | 896 |
| Étienne VI | 896-897 |
| Romain | 897 |
| Théodore II | 898 |
| Jean IX | 898-900 |
| Benoît IV | 900-903 |
| Léon V | 903 |
| Serge III | 904-911 |
| Anastase III | 911-913 |
| Landon | 913-914 |
| Jean X | 914-928 |
| Léon VI | 928 |
| Étienne VII | 928-931 |
| Jean XI | 931-935 |
| Léon VII | 936-939 |
| Étienne VIII | 939-942 |
| Marin II | 942-946 |
| Agapet II | 946-955 |
| Jean XII | 955-963 |
| Léon VIII | 963-965 |
| Jean XIII | 965-972 |
| Benoît VI | 973-974 |
| Benoît VII | 974-983 |
| Jean XIV | 983-984 |
| Jean XV | 985-996 |
| Grégoire V | 996-999 |
| Sylvestre II | 999-1003 |
| Jean XVII | 1003 |
| Jean XVIII | 1003-1009 |
| Serge IV | 1009-1012 |
| Benoît VIII | 1012-1024 |
| Jean XIX | 1024-1032 |
| Benoît IX | 1032-1044 |
| Sylvestre III | 1045 |
| Grégoire VI | 1045-1046 |
| Clément II | 1046-1047 |
| Benoît IX à nouveau | 1047-1048 |
| Damase II | 1048 |
| St Léon IX | 1049-1054 |
| Victor II | 1055-1057 |
| Étienne IX | 1057-1058 |
| Nicolas II | 1059-1061 |
| Alexandre II | 1061-1073 |
| St Grégoire VII | 1073-1085 |
| St Victor III | 1086-1087 |
| Bx Urbain II | 1088-1099 |
| Pascal II | 1099-1118 |
| Gélase II | 1118-1119 |
| Calixte II | 1119-1124 |
| Honorius II | 1124-1130 |
| Innocent II | 1130-1143 |
| Célestin II | 1143-1144 |
| Lucius II | 1144-1145 |
| Bx Eugène III | 1145-1153 |
| Anastase IV | 1153-1154 |
| Adrien IV | 1154-1159 |
| Alexandre III | 1159-1181 |
| Lucius III | 1181-1185 |
| Urbain III | 1185-1187 |
| Grégoire VIII | 1187 |
| Clément III | 1187-1191 |
| Célestin III | 1191-1198 |
| Innocent III | 1198-1216 |
| Honorius III | 1216-1227 |
| Grégoire IX | 1227-1241 |
| Célestin IV | 1241 |
| *vacance du Saint Siège* | |
| Innocent IV | 1243-1254 |
| Alexandre IV | 1254-1261 |
| Urbain IV | 1261-1264 |
| Clément IV | 1264-1268 |
| *vacance du Saint Siège* | |
| Bx Grégoire X | 1271-1276 |
| Bx Innocent V | 1276 |
| Adrien V | 1276 |
| Jean XXI | 1276-1277 |
| Nicolas III | 1277-1280 |
| Martin IV | 1281-1285 |
| Honorius IV | 1285-1287 |
| Nicolas IV | 1288-1292 |
| *vacance du Saint Siège* | |
| St Célestin V | 1294 |
| Boniface VIII | 1294-1303 |
| Bx Benoît XI | 1303-1304 |
| Clément V | 1305-1314 |
| *vacance du Saint Siège* | |
| Jean XXII | 1316-1334 |
| Benoît XII | 1334-1342 |
| Clément VI | 1342-1352 |
| Innocent VI | 1352-1362 |
| Bx Urbain V | 1362-1370 |
| Grégoire XI | 1370-1378 |
| Urbain VI | 1378-1389 |
| Boniface IX | 1389-1404 |
| Innocent VII | 1404-1406 |
| Grégoire XII | 1406-1415 |
| Martin V | 1417-1431 |
| Eugène IV | 1431-1447 |
| Nicolas V | 1447-1455 |
| Calixte III | 1455-1458 |
| Pie II | 1458-1464 |
| Paul II | 1464-1471 |
| Sixte IV | 1471-1484 |
| Innocent VIII | 1484-1492 |
| Alexandre VI | 1492-1503 |
| Pie III | 1503 |
| Jules II | 1503-1513 |
| Léon X | 1513-1521 |
| Adrien VI | 1522-1523 |
| Clément VII | 1523-1534 |
| Paul III | 1534-1549 |
| Jules III | 1550-1555 |
| Marcel II | 1555 |
| Paul IV | 1555-1559 |
| Pie IV | 1559-1565 |
| St Pie V | 1566-1572 |
| Grégoire XIII | 1572-1585 |
| Sixte Quint | 1585-1590 |
| Urbain VII | 1590 |
| Grégoire XIV | 1590-1591 |
| Innocent IX | 1591 |
| Clément VIII | 1592-1605 |
| Léon XI | 1605 |
| Paul V | 1605-1621 |
| Grégoire XV | 1621-1623 |
| Urbain VIII | 1623-1644 |
| Innocent X | 1644-1655 |
| Alexandre VII | 1655-1667 |
| Clément IX | 1667-1669 |
| Clément X | 1670-1676 |
| Bx Innocent XI | 1676-1689 |
| Alexandre VIII | 1689-1691 |
| Innocent XII | 1691-1700 |
| Clément XI | 1700-1721 |
| Innocent XIII | 1721-1724 |
| Benoît XIII | 1724-1730 |
| Clément XII | 1730-1740 |
| Benoît XIV | 1740-1758 |
| Clément XIII | 1758-1769 |
| Clément XIV | 1769-1774 |
| Pie VI | 1775-1799 |
| Pie VII | 1800-1823 |
| Léon XII | 1823-1829 |
| Pie VIII | 1829-1830 |
| Grégoire XVI | 1831-1846 |
| Pie IX | 1846-1878 |
| Léon XIII | 1878-1903 |
| St Pie X | 1903-1914 |
| Benoît XV | 1914-1922 |
| Pie XI | 1922-1939 |
| Pie XII | 1939-1958 |
| Jean XXIII | 1958-1963 |
| Paul VI | 1963-1978 |
| Jean-Paul Ier | 1978 |
| Jean-Paul II | 1978-2005 |
| Benoît XVI | 2005- |
| **Antipapes** | |
| St Hippolyte | 227-235 |
| Novatien | 251 |
| Félix II | 355-365 |
| Ursinus | 366-367 |
| Eulalius | 418-419 |
| Constantin II | 767-769 |
| Anastase le Bibliothécaire | 855 |
| Christophe | 903-904 |
| Benoît V | 964-966 |
| Boniface VII | 974 |
| | 984-985 |
| Jean XVI | 997-998 |
| Benoît X | 1058-1060 |
| Honorius II | |
| (Cadalus Pallavicinus) | 1061-1072 |
| Clément III | |
| (Guibert de Ravenne) | 1080-1100 |
| Sylvestre IV | 1105-1111 |
| Grégoire VIII | |
| (Maurice Bourdin) | 1118-1121 |
| Anaclet II | 1130-1138 |
| Victor IV | |
| (Gregorio Conti) | 1138 |
| Victor IV | |
| (Ottaviano de Monticello) | 1159-1164 |
| Pascal III | 1164-1168 |
| Calixte III (Jean Morson) | 1168-1178 |
| Innocent III | |
| (Lando Frangipane) | 1179-1180 |
| Nicolas V | |
| (Pietro Rainalducci) | 1328-1330 |
| **Grand schisme d'Occident 1378-1417** | |
| **Avignon** | |
| Clément VII | |
| (Robert de Genève) | 1378-1394 |
| Benoît XIII | |
| (Pedro de Luna) | 1394-1423 |
| Clément VIII | |
| (Gil Sánchez de Muñoz) | 1423-1429 |
| Benoît XIV | |
| (Bernard Garnier) | 1425-1430 |
| **Pise** | |
| Alexandre V | 1409-1410 |
| Jean XXIII | |
| (Baldassare Cossa) | 1410-1415 |
| Félix V | |
| (Amédée VIII de Savoie) | 1439-1449 |

tribunal allemand et relâché en 1949. Il a publié ses mémoires : *Der Wahrheit eine Gasse* (1952) ; *Vom Scheitern einer Demokratie* (1968).

**Papes (palais des)** → Avignon

**PAPHLAGONIE** n. f. – en gr. et en lat. ***Paphlagonia*** ♦ Anc. région côtière du N. de l'Asie Mineure, entre la Bithynie* à l'O., le Pont* à l'E. et la Galatie* au S. V. PRINC. : Sinope*. Indépendante aux –III^e et –II^e s., elle fut léguée au –I^er s. par son dernier souverain au père de Mithridate* VI Eupator et annexée par les Romains en –63 avec la Bithynie, puis rattachée à la province de Bithynie et Pont.

**PAPHOS** – auj. ***Kouklia*** ♦ Nom de deux anc. villes voisines sur la côte O. de Chypre. La légende attribue la fondation de l'une d'entre elles à Paphos, fils de Pygmalion*. ♦ ***Palé-Paphos «Antique Paphos»*** Fondée par les Phéniciens v. le –X^e s., puis colonisée par les Grecs, elle fut célèbre pour le culte qu'on y rendait à Aphrodite*, identifiée à la divinité sémitique d'Ashtart et surnommée *Paphia*. ♦ ***Néa-Paphos*** «Nouvelle Paphos» Fondée par les Achéens selon la tradition grecque (donc plus ancienne que sa voisine), elle devint capitale de l'île à l'époque romaine.

**PAPIAS** (saint) ♦ Père apostolique, évêque de Hiérapolis, en Phrygie (II^e s.). Disciple de Jean d'Éphèse ; auteur d'*Exégèse des paroles du Seigneur* dont subsistent des fragments. ▪ Fête le 22 févr.

**PAPILLON (Marc)** ♦ Poète français (Lasphrise, près d'Amboise 1555 - *id.* 1599). Surnommé le capitaine de Lasphrise, il participa dans les rangs catholiques aux guerres de Religion, puis se rallia à Henri IV. Son recueil, *Les Premières Œuvres poétiques du capitaine Lasphrise* (1597), constitue un véritable éloge de l'amour qui utilise avec le même bonheur le ton du raffinement pétrarquiste et celui, direct, d'un érotisme plus gaillard. L'ouvrage contient notamment *Les Amours de Théophile* et *L'Amour passionnée de Noëmie*.

**PAPIN (Denis)** ♦ Inventeur français (Chitenay, près de Blois 1647 - Londres 1714). Il discerna le premier la force élastique de la vapeur d'eau et passa sa vie à inventer et à perfectionner diverses machines utilisant cette force. Chassé en Angleterre par la révocation de l'édit de Nantes, après avoir travaillé auprès de Huygens* à Paris, il réalisa sa «marmite» pour laquelle il imagina la soupape de sûreté. Parti résider à Kassel (Allemagne), il établit le principe d'une machine à vapeur à piston (1687). Il réalisa également un bateau à quatre roues à aubes qu'il ne réussit jamais à faire fonctionner à la vapeur (1707). → **Jouffroy d'Abbans.** Oublié, il mourut dans la misère en Angleterre. ➔ **ÉTYM.** Ce nom signifie «mangeur de bouillie», de l'ancien français *papin* «bouillie», de *paper* «manger gloutonnement» (surnom).

**PAPINEAU (Louis-Joseph)** ♦ Homme politique canadien (Montréal 1786 - Montebello 1871). Il combattit le projet d'union du Haut et du Bas-Canada, présida l'Assemblée législative du Bas-Canada (1815 - 1823, 1825 - 1837) et défendit les revendications des Canadiens français (92 résolutions, 1834). Il fut l'un des instigateurs de la rébellion de 1837, à laquelle il ne prit pas part personnellement. Il se réfugia aux États-Unis, puis en France, et ne retrouva guère d'influence à son retour dans son pays. ➔ **ÉTYM.** *Papineau* est le diminutif de *Papin**.

**PAPINEAU-COUTURE (Jean)** ♦ Compositeur canadien (Outremont, Québec 1916 - 2000). Petit-fils de l'un des pionniers de la musique canadienne du XIX^e s., il fut l'élève de N. Boulanger. À des œuvres d'inspiration néoclassique (*Symphonie*, 1948 ; *Psaume 150*, 1954) firent suite à partir de 1956 *(Suite pour violon seul)* des œuvres de style «constructiviste», organisées autour d'un pivot sonore, rythmique ou mélodique (*Miroirs*, pour orchestre, 1963 ; *Concerto pour piano*, 1965 ; *Slano* pour trio à cordes, 1976).

**PAPINI (Giovanni)** ♦ Écrivain italien (Florence 1881 - *id.* 1956). Papini débuta dans les revues littéraires, où il se montra un critique mordant (*Éreintements*, 1916), et défendit le futurisme de Marinetti contre le «décadentisme» de D'Annunzio (revue *Lacerba*, 1913). Athée militant et nationaliste, Papini effectua une spectaculaire conversion au catholicisme, mettant désormais l'impétuosité de son style au service de la cause religieuse. *L'Histoire du Christ* (*Storia di Cristo*, 1921), qui connut une notoriété internationale, fut suivie d'autres ouvrages plus ou moins hétérodoxes (*Saint Augustin*, 1929 ; *Gog*, 1931) ; enfin, *Le Diable* (1953), source de nombreuses controverses, fut censuré par le Saint-Siège. Papini a également donné *Les Cent Pages de poésie* (1915), et un texte autobiographique, *Un homme fini* (1912). ➔ **ÉTYM.** *Papini* est un diminutif de *Papi*, hypocoristique de *Giacopo* «Jacques».

**PAPOUASIE** n. f. ➔ **ÉTYM.** de *papous** ♦ Nom des anciens territoires de Nouvelle-Guinée administrés par l'Australie (Territory of New Guinea and Papua), comprenant aussi l'archipel Bismarck. → **Papouasie-Nouvelle-Guinée.**

**PAPOUASIE** n. f. – anc. ***Nouvelle-Guinée occidentale, Irian Barat,*** puis ***Irian Jaya*** ♦ Prov. d'Indonésie (Papua, ex-Irian Jaya), occupant la partie occidentale de la Nouvelle-Guinée dont a été détaché l'extrême ouest en 2003. 365 466 km². 1 641 430 hab. CAP. : Jayapura. À l'intérieur, s'étend une chaîne montagneuse, dont certains sommets portent des neiges éternelles : les monts Jayawijaya (5 884 m) et Trikora (4 730 m). La forêt tropicale recouvre encore une grande partie du territoire et fait l'objet d'exploitation depuis les années 1970. Les autres ressources naturelles sont le pétrole, le nickel, le cuivre, l'or et l'argent. Les autochtones, morcelés en une multitude de groupes distincts, parlent des langues papoues à l'intérieur et au S., des langues malayo-polynésiennes au N. et à l'O. Ils pratiquent la culture des tubercules, l'élevage porcin, la chasse et la cueillette. Leur art, intimement lié à la religion traditionnelle, est très élaboré. En raison de sa faible densité de peuplement, la Papouasie occidentale figure parmi les provinces indonésiennes ouvertes à la «transmigration» (colonisation agricole), concernant surtout les Javanais, musulmans, et les Balinais, hindouistes. Leur présence, jointe à l'arrivée d'immigrants spontanés venus de Célèbes et de Moluques, a contribué en 25 ans à tripler la population de la province, dont la composition ethnique et religieuse s'est trouvée considérablement modifiée. ▌**Histoire** Bien avant l'arrivée des Européens au XVI^e s., les régions côtières, principalement les îles de l'O. (proprement appelées Papua) se trouvaient dans la mouvance du sultanat de Ternaté, ce dont les Hollandais tirèrent argument pour inclure la Nouvelle-Guinée occidentale dans les Indes néerlandaises. Toutefois, lorsqu'ils reconnurent en 1949 l'indépendance de l'Indonésie, les Pays-Bas conservèrent ce territoire. Après une longue période de tension, l'intervention de l'ONU permit en 1963 son transfert à l'Indonésie, officiellement confirmé en 1969 par un «acte de libre choix». Le Congrès papou, qui conteste ce transfert, a proclamé l'indépendance en juin 2000, ce qui a considérablement ravivé la tension entre Jakarta et cette province. Après l'assassinat du principal leader indépendantiste en déc. 2001, une guérilla peu armée mais durement réprimée (en raison des installations et de la production minière) se poursuit.

## PAPOUASIE-NOUVELLE-GUINÉE

▌n. f. – en angl. ***Papua New Guinea*** ♦ Pays de l'océan Pacifique S.-O. constitué de l'union des deux parties orientales de la Nouvelle-Guinée : la Papouasie, comprenant les îles d'Entrecasteaux*, Trobriand*, Woodlark*, l'archipel de la Louisiade* ; et le Territoire de la Nouvelle-Guinée avec l'île Bougainville* et l'archipel Bismarck*. → **Océanie** (carte). 462 840 km². 6 473 910 hab. en 2008 *(Papouans-Néo-Guinéens)*. LANGUES : anglais (off.), pidjin (créole), motu (papou) et de nombreux dialectes. POPULATION : Papous en Nouvelle-Guinée, Mélanésiens dans les îles. RELIGIONS : animisme, christianisme. MONNAIE : kina. CAPITALE : Port Moresby. RÉGIME : démocratie parlementaire.

▌**GÉOGRAPHIE** ▌**Relief et climat** Le relief de la Nouvelle-Guinée, de formation récente, est axé sur la chaîne centrale qui s'étend d'O. en E. Cette chaîne s'élargit en son centre et possède des volcans actifs (tremblements de terre fréquents). Véritable épine dorsale, elle culmine au centre (mont Wilhelm, 4 509 m) et dans l'extrême S.-E. (mont Suckling, 3 676 m ; mont Victoria 4 037 m). Les montagnes, difficilement pénétrables, où les petites communautés vivent isolées, donnent naissance à une multitude de rivières et de fleuves. Elles s'abaissent brusquement sur de profondes plaines sédimentaires au S.-E. et marécageuses au N. Une petite chaîne isole une dépression au N., où coule le fleuve Sepik. La côte, découpée au S., se prolonge à l'E. par une barrière de corail qui voisine avec des fosses sous-marines profondes (fosse des Salomon au N. des îles Trobriand, 7 885 m). Les îles, également d'origine volcanique, sont couvertes d'une forêt dense. Le climat est de type équatorial de montagne, à forte pluviosité (de 2 000 à 5 000 mm).

▌**ÉCONOMIE** La forêt couvre toutes les régions montagneuses et les îles ainsi qu'une partie des plaines, mais elle est détruite par les cultures sur brûlis en moyenne altitude, zone exempte de malaria qui concentre l'essentiel de la population, et surtout par son exploitation par les producteurs d'huile de palme. Le taro, la patate douce, l'igname, la banane, le maïs et le riz constituent les principales cultures vivrières des populations. L'agriculture de plantation fut introduite dans le Nord dès l'époque allemande, mais guère avant 1945 dans l'ancienne partie australienne. Aujourd'hui, la Papouasie-Nouvelle-Guinée produit du café, du thé, du cacao, de la canne à sucre, du caoutchouc, du pyrèthre, la moitié des plantations étant aux mains de la population locale. En raison des difficultés d'accès, la prospection du sous-sol fut tardive, et le pays s'est révélé être très riche en minerais de toutes sortes : cuivre à Bougainville*, cuivre, or et argent en Nouvelle-Guinée, exploités depuis la fin des années 1950, pétrole depuis la fin des années 1990, et gaz depuis 2010. Bois de placage. L'un des grands problèmes du pays est l'absence de voies de communication.

▌**HISTOIRE** ▌**La préhistoire et l'Antiquité** Des chasseurs-cueilleurs auraient habité la Nouvelle-Guinée et les îles de l'archipel Bismarck il y a 30 000 ans. Des populations pratiquaient déjà une forme élémentaire d'agriculture il y a 8 000 ans. Le Néolithique fut introduit par des populations austronésiennes, originaires du Sud-Est asiatique, dès –2 500 et, 1 000 ans plus tard, l'archipel Bismarck devint un centre de diffusion de la culture Lapita*, caractérisée par l'usage de la poterie. Des migrations moins significatives, en provenance du N.-O., ne cessèrent guère par la suite. ▌**L'époque coloniale** L'île de

Nouvelle-Guinée fut découverte par le Portugais Jorge de Meneses (1526) et reçut son nom en 1546 de l'Espagnol Ortiz de Retes. L'Espagnol L. Váez de Torres* franchit le détroit qui porte son nom et reconnut l'insularité de la Nouvelle-Guinée. Les premiers navigateurs qui tentèrent d'explorer les côtes furent W. Dampier* (1699 - 1700) et P. Carteret* (1767), puis J. Cook* qui en fit le tour. La pénétration de l'île débuta à la fin du XIXe s. et la reconnaissance des montagnes du centre fut entreprise de façon systématique vers 1950. Les Néerlandais revendiquèrent la partie occidentale de la Nouvelle-Guinée en 1828 (→ **Irian Jaya**). La colonie australienne du Queensland* réclama l'annexion du S.-E. de l'île (Papouasie) au nom de la Grande-Bretagne, qui rejeta le projet. Sur la côte N.-E., l'établissement de la Compagnie allemande de Nouvelle-Guinée aboutit à la signature du traité de 1885 : création du protectorat allemand nommé Kaiser Wilhelmsland comprenant également l'archipel Bismarck ; annexion à la Couronne britannique en 1888 du S.-E. et des petites îles orientales, administrés par le Commonwealth d'Australie en 1906 sous le nom de Territoire de Papouasie. Comme dans leurs autres possessions d'outre-mer, les Allemands introduisirent des cultures d'exportation (hévéa, café), mais choisirent Rabaul, plus proche des zones d'exploitation, dans l'île de Nouvelle-Bretagne, comme centre administratif. Les Australiens occupèrent le Kaiser Wilhelmsland lors de la Première Guerre mondiale et le reçurent en mandat de la SDN (1921). Les Japonais s'y installèrent durant la Deuxième Guerre mondiale et tentèrent en vain d'investir Port Moresby qui fut bombardé et servit de base offensive américaine pour la reconquête des Philippines (1943). En 1949, l'ONU, confirma la tutelle australienne sur la Nouvelle-Guinée orientale et ses dépendances et recommanda une union administrative avec la Papouasie. ▮ **L'indépendance** Les deux territoires s'intégrèrent progressivement et acquirent leur indépendance (1975) sous le nom de Papouasie-Nouvelle-Guinée tout en restant dans le Commonwealth. L'île de Bougainville, à l'E., riche en cuivre, revendiqua l'indépendance à partir de cette date. Le conflit armé opposant les troupes gouvernementales aux rebelles fit des milliers de morts en presque trente ans. Un accord intervint en 2000 au terme duquel un gouvernement autonome fut élu en 2005.

---

**PAPOUS** n. m. pl. ← **ÉTYM.** du malais *pua-pua* «crépu» ♦ Population de Nouvelle-Guinée et des îles voisines. Ils sont plus pigmentés que les Mélanésiens, mais leurs caractéristiques sont d'ordre culturel. Ce sont des chasseurs-cueilleurs nomades pratiquant la culture itinérante sur brûlis, parlant des langues pré-malayo-polynésiennes (centaines de dialectes différents) dans les régions isolées de l'intérieur, mais utilisant de plus en plus ces langues malayo-polynésiennes dans les régions soumises aux échanges. Les Papous fabriquent de grands masques polychromes en bois et en vannerie. On appelle également Papous les habitants de la Papouasie*-Nouvelle-Guinée.

**Papou** de Nouvelle-Guinée. *BIS/Phot. Sonneville © Archives Nathan*

**PAPPUS** ou **PAPPOS D'ALEXANDRIE** ← **ÉTYM.** du gr. *pappos* «grand-père» ♦ Mathématicien et compilateur grec (début du IVe s.). Son ouvrage la *Collection mathématique*, est d'une grande valeur historique ; on y trouve des reproductions de nombreux passages des mathématiciens antérieurs et des solutions nouvelles à des problèmes existants et de nouveaux énoncés ; il faut remarquer notamment des théorèmes concernant le rapport anharmonique et l'involution, l'énoncé du *problème de Pappus* (lieu à quatre droites) et la première définition (la seule laissée par les Anciens) du centre de gravité.

**PAPUA** → **Papouasie-Nouvelle-Guinée**

**PÂQUES** (île de) – en polynésien ***Rapa Nui***, en esp. ***Isla de Pascua***, en angl. ***Easter Island*** ← **ÉTYM.** nommée en néerl. *Paasch Eyland*, car elle fut découverte le lendemain du jour de Pâques ♦ Île de Polynésie dans le Pacifique oriental. Découverte par le navigateur néerlandais Roggeveen* en 1722, elle est possession chilienne depuis 1888 et est rattachée à la région admin. de Valparaíso. L'île, d'origine volcanique (540 m alt.),

Île de **Pâques.** Statues monolithiques. *Phot. © Vladimir Korostyshevskiy /Shutterstock*

peu habitée (118 km², 3 800 hab.), reste célèbre par ses sculptures de type mégalithique et ses monuments érigés, il y a un millénaire, par des immigrants polynésiens.

**Pâques** n. f. pl. ♦ Fête chrétienne commémorant la résurrection du Christ, établie, depuis le concile de Nicée (325), au premier dimanche après la pleine lune qui suit l'équinoxe de printemps. Fixée entre le 22 mars et le 25 avril, sa date varie suivant les computs ecclésiastiques : de ce fait le jour de Pâques catholique et le jour de Pâques orthodoxe ne correspondent que rarement. Certaines années, la fête chrétienne concorde avec la Pâque juive (→ **Pessah**). Pâques clôt la période du Carême et ouvre une période de cinquante jours marquée par le dimanche de Quasimodo et par les fêtes de l'Ascension et de la Pentecôte.

**PARÁ** ♦ État du Brésil (région Nord) → **Brésil** (carte). 1 246 833 km². 6 192 000 hab. CAPITALE : Belém. Élevage bovin, caoutchouc, noix du Brésil, poivre. Le barrage hydroélectrique de Tucuruí sur le Tocantins alimente les usines d'alumine de Belém et São Luis. L'État du Pará recèle des minerais de fer et de manganèse dans la serra de Carajás, de l'or dans la serra Pelada à 800 km au S. de Belém, de la bauxite à Trombetas. Nœud routier (Transamazonienne) et ferroviaire sur le Tocantins. Cet État équatorial et forestier, en pleine transformation, est le théâtre de violents conflits d'appropriation des terres.

**PARACAS** ♦ Localité du Pérou à 450 km au S. de Lima. Paracas a donné son nom à une culture précolombienne (de –1200 à 100). Grandes nécropoles (momies entourées de tissus décorés).

**PARACELSE** (**Theophrast Bombast von Hohenheim,** dit en lat. **Philippus Aureolus Theophrastus Paracelsus** et en fr.) ← **ÉTYM.** du gr. *para* «près de» et du lat. *celsus* «haut, grand» [p.-ê. en rapport avec son nom *Hohenheim* «maison d'en haut» ; *para* est le début du titre de plusieurs de ses ouvrages] ♦ Médecin et alchimiste suisse (Einsiedeln, près de Zurich, v. 1493 - Salzbourg 1541). À Bâle, où il enseigna la médecine, il fit scandale en critiquant les théories de Galien* et d'Avicenne* (et, dit-on, en brûlant leurs œuvres). Sa théorie médicale avait pour base l'idée alchimiste des correspondances ou analogies entre les différentes parties du corps humain (microcosme) et celles de l'univers (macrocosme). Il contribua au développement de la chimie.

**Paraclet (Le)** ♦ Abbaye fondée en 1129 par Abélard* et dont Héloïse fut la première abbesse. Seuls les murs d'enceinte subsistent (près de Nogent-sur-Seine, dép. de l'Aube).

**PARADIS (GRAND)** n. m. – en it. ***Gran Paradiso*** ♦ Massif des Alpes occidentales (Italie), appartenant à l'ensemble des Grées* et dominant au S.-O. la Vallée d'Aoste*. Il culmine à 4 061 m et est un important centre touristique (parc national).

Les **Paradis artificiels** ♦ Œuvre de Baudelaire* (1860), sous-titrée *Opium et haschisch*. Elle comprend deux parties, «Le Poëme du haschisch» et «Un mangeur d'opium», auxquelles on a pris l'habitude d'ajouter, depuis l'édition posthume de 1869, l'essai *Du vin et du hachish* (1851). *Les Paradis artificiels* sont en fait le seul livre que Baudelaire considéra comme achevé. Bien qu'«Un mangeur d'opium» soit la présentation, la traduction partielle et l'adaptation de l'ouvrage de Thomas De* Quincey, *Confessions of an English Opium-Eater* (1821), le livre dans son ensemble est bien celui d'un poète qui, s'il fut un «toxicomane modéré», chercha à montrer que la drogue unique est la Poésie.

Le **Paradis perdu** – en angl. ***Paradise Lost*** ♦ Poème biblique de John Milton* publié en 1667 (version en dix chants) et 1674 (douze chants), d'abord conçu sous forme de mystère théâtral puis transformé en épopée. L'action ne suit pas le déroulement chronologique : dans les livres I et II, les anges révoltés sont jetés dans un enfer qui rappelle les évocations fantastiques de Bruegel, alors que la rébellion initiale des anges contre Dieu est exposée dans le livre III. Satan rôde autour de l'Éden (IV), mais la création d'Adam et d'Ève n'a pas lieu avant le livre V. Le livre IX décrit la tentation où Satan s'adresse à Ève comme un courtisan du XVIIe s. à sa maîtresse. Les livres XI et XII annoncent *Le Paradis reconquis* : Dieu a accepté le repentir d'Adam et d'Ève. Très admirée par les romantiques, l'épopée de Milton, non rimée, a forgé et porté à son apogée le vers libre anglais qui tient par sa seule cadence, inspirée des mètres latins.

Le **Paradis reconquis** – en angl. ***Paradise Regained*** ♦ Poème biblique en quatre livres de John Milton* (1671). Alors que dans *Le Paradis perdu* la présentation du fils de Dieu aux anges (III) provoquait la rébellion de Lucifer, ce dernier est ici précipité à terre «comme Antée par Hercule» par le Christ, au cours des quarante jours qu'il passera au désert (Évangile selon saint Luc).

**PARADJANOV (Sarkis Iossifovitch PARADJANIAN, dit Sergueï)** ♦ Cinéaste géorgien (Tbilissi 1924 - Erevan 1990). Il se définissait lui-même comme un auteur «maudit». Dès *Les Chevaux de feu* (1965), il affirma sa singularité nationale. Son film suivant, *Sayat Nova ou la Couleur de grenade* (1971), biographie d'un poète arménien, eut maille à partir avec la censure soviétique. En 1974, Paradjanov fut emprisonné pour homosexualité et de trafic d'icônes, et ne put tourner à nouveau qu'en 1984 *(La Légende de la forteresse de Souram)*. La maladie interrompit la réalisation d'un ultime film, *La Confession*.

**Paradoxe sur le comédien** ♦ Essai de Diderot* (écrit v. 1773, remanié en 1778, publié en 1830). Il étudie les rapports de l'acteur et du personnage, en opposant les jeux de deux célèbres comédiennes, la Clairon* et Mlle Dumesnil*, puis aborde la création artistique. Il s'agit d'un dialogue dont l'un des interlocuteurs est le porte-parole de Diderot. Pour lui, au théâtre, l'illusion de la vérité est supérieure à la vérité. Le grand acteur est celui qui, par un dédoublement lucide, appuyé sur le jugement et la pénétration psychologique, obtient une véracité de comportement auquel une identification nuirait. Ce texte contient des principes dramaturgiques qui aboutiront à la distanciation brechtienne.

**PARAGUA** → Palawan

**PARAGUANÁ** (péninsule de) ♦ Péninsule du Venezuela (État du Falcón), dans la mer des Caraïbes, située face à la péninsule de La Guajira (Colombie), dont elle est séparée par le golfe de Venezuela. ▪ Terminal d'oléoducs et de grandes raffineries de pétrole de Punta Cardón et d'Amuay (2/3 de la capacité de raffinage national). Salines.

**PARAGUAY** n. m. (río) → ÉTYM. guarani «l'eau qui va à l'eau» ♦ Fl. d'Amérique du Sud (2 200 km) qui prend sa source dans le Mato Grosso (Brésil) et conflue avec le Paraná (rive d.) à Corrientes (Argentine). Il inonde périodiquement la région du Pantanal avant de former la frontière entre le Brésil et le Paraguay, puis avec l'Argentine. Il traverse Concepción, Asunción et reçoit le Pilcomayo avant de confluer avec le fleuve Paraná.

## PARAGUAY

▮ n. m. – off. ***république du Paraguay***, en esp. ***República del Paraguay*** → ÉTYM. du n. du fl. ♦ Pays d'Amérique du Sud. 406 752 km². 4 280 000 hab. *(Paraguayens)*. LANGUES : espagnol et guarani. POPULATION : majorité d'indigènes guaranis (65 %). RELIGION : chrétienne à dominante catholique. MONNAIE : guarani. CAPITALE : Asunción. RÉGIME : démocratie présidentielle. Le Paraguay est divisé en 17 départements, plus le district de la capitale.

▮ **GÉOGRAPHIE** Le fleuve Paraguay sépare le pays en deux régions géographiques différentes. ▮ **L'ouest** Le Paraguay occidental ou Chaco*, prolongation du Chaco argentin, couvre les 2/3 du pays.

Paraguay ▮ Productions en 2008

| Produits | Quantités | Rang |
|---|---|---|
| ▮ Agriculture | | |
| Blé | 800 000 t | |
| Café | 2 500 t | |
| Canne à sucre | 4 200 000 t | |
| Coton fibre | 64 000 t | |
| Maïs | 1 900 000 t | |
| Manioc | 4 800 000 t | 13e |
| Maté | 88 000 t | 3e |
| Oranges | 200 000 t | |
| Riz | 130 000 t | |
| Soja (graines) | 6 000 000 t | 6e |
| Tabac | 15 000 t | |
| Bovins (têtes) | 1 000 000 | |
| Ovins (têtes) | 500 000 | |
| Porcins (têtes) | 1 600 000 | |
| ▮ Énergie | | |
| Hydroélectricité | 52 TWh | 12e |

**Paraguay.**

Un accord signé en 2009 a mis fin au conflit entre le Paraguay et la Bolivie pour la possession de cette région. En raison de son climat, caractérisé par une très longue saison sèche (moins de 800 mm par an) et une forte chaleur, cette plaine ne porte qu'une maigre steppe arborée. C'est le domaine de l'élevage extensif, dans une région très peu peuplée. ▮ **L'est** La région orientale est légèrement vallonnée (altitude max. 842 m) et drainée par les affluents du Paraná. La forte chaleur et les pluies abondantes (2 000 mm par an) favorisent la forêt. Depuis quelques décennies, cette dernière est fortement défrichée au profit de l'élevage et des cultures tropicales à partir d'un véritable mouvement de colonisation. Entre le fleuve et le plateau oriental, d'Asunción à Villarrica, s'étend une plaine fertile large de 100 à 200 km, cœur historique du pays. Très peuplée, c'est le domaine des petites exploitations d'autosubsistance (manioc, céréales) où le coton constitue la seule ressource commerciale. Au centre-N., se maintiennent des plantations d'arbustes traditionnels de quebracho (tanin) et de yerba maté (infusion amère appréciée dans tout le Río de La Plata). Les aménagements binationaux sur le fleuve Paraná sont considérables. Avec une capacité de 14 000 MW, le barrage d'Itaipú construit avec le Brésil est l'une des plus grandes centrales hydroélectriques du monde. Avec l'Argentine, le premier barrage de Yaciretá (3 000 MW), en service depuis 1995, est le premier d'une série d'aménagements. Longtemps isolé au cœur du continent, le Paraguay se désenclave rapidement grâce à la construction de routes vers le Brésil et l'Argentine. Le projet Hydrovía prévoit même la réhabilitation de la navigation sur le fleuve Paraná pour transporter les productions agricoles brésiliennes méridionales et paraguayennes jusqu'au port du Río de La Plata. Le pays, dont 43 % des habitants vivent encore dans les campagnes, a conservé une économie agropastorale et sylvicole. Ce secteur représente 21 % du PIB, emploie 30 % de la population active et fournit 1/3 des recettes des exportations (viande bovine, soja en forte augmentation). Le secteur industriel n'emploie que 16 % de la population. Le pays ne possède aucune ressource naturelle importante et doit importer tout son pétrole, du fer et de l'acier. Une entreprise sidérurgique (ACEPAR) a été créée en 1986 et privatisée en 1991. Toutes les productions tropicales enregistrent une forte croissance. Le Paraguay connaît une crise structurelle grave que n'arrivent pas à enrayer les investissements étrangers, en particulier brésiliens. Il demeure un des pays les plus pauvres de l'Amérique du Sud et n'a pas encore bénéficié de sa participation au Mercosur. Une forte émigration s'effectue vers le Brésil et les villes du río de La Plata.

▮ **HISTOIRE** ▮ **La colonisation** Avant sa conquête par Díaz de Solís (1515) et son exploration par Diego García (1525), le pays était peuplé d'Indiens tupi-guaranis. C'est surtout comme pays de transit par voie fluviale entre La Plata et le Pérou que le Paraguay représentait un intérêt pour les Espagnols. La capitale, Asunción, fut fondée en 1537. Le Paraguay fut rattaché à la vice-royauté du Pérou. Les colons se mêlèrent vite à la population indienne, donnant naissance à un type métis prédominant. Les jésuites arrivèrent en 1585, fondant une des plus remarquables réalisations missionnaires ; ayant reçu de Philippe II l'administration d'une contrée à l'E. du fleuve Paraná, ils parvinrent, entre 1610 et 1767, à réunir les Indiens en «réductions», sortes de communautés théocratiques sous la direction des Pères. Ces petites républiques, organisées contre les Portugais venus du Brésil, conservèrent farouchement leur indépendance économique (commerce du maté) et politique. Ce mode de colonisation paternaliste contribua à préserver la culture et la langue des Guaranis, autant parlée aujourd'hui que l'espagnol. Néanmoins, cet État dans l'État suscita l'opposition des colons espagnols et, en 1767, les jésuites furent expulsés : leur œuvre, qui semblait avoir atteint son apogée, s'effondra rapidement. **L'indépendance** Le Paraguay proclama en 1811 son indépendance, ratifiée en 1813. Il se développa sous la dictature de Francia* (1814 - 1840) puis sous celle de Solano López : ce dernier entraîna le pays dans la sanglante guerre du Paraguay (1865 - 1870) menée contre le Brésil, l'Argentine et l'Uruguay réunis (sur les 300 000 individus restants on comptait un homme pour vingt-huit femmes). La découverte du pétrole dans le Chaco provoqua une nouvelle guerre contre la Bolivie (guerre du Chaco*, 1932 - 1935). **Colorados et azules** Le Paraguay se reconstruisit peu à peu, toujours partagé par les rivalités entre *colorados* (libéraux) et *azules* (conservateurs). Dès 1954, le général Stroessner exerça, avec l'appui du parti Colorado, un pouvoir dictatorial, toute opposition étant supprimée et le Parti communiste étant mis hors la loi. Le général Rodríguez (du parti Colorado) le renversa en 1989. Le gouvernement élu mena de nombreuses réformes économiques (privatisations, réaménagement du système fiscal). En tout, le parti Colorado occupa le pouvoir sans partage pendant plus de 60 ans malgré des tentatives de putsch en 1996 et en 2000 du général Oviedo, leader de l'UNACE (Union nationale des colorados ethniques). Les présidents R. Cubas Grau (1998), L. Gonzalez Macchi (1999) puis N. Duarte Frutos (2003) se succédèrent dans un climat politique de plus en plus tendu en raison d'une grave corruption et d'une lourde bureaucratie. **Le changement** L'hégémonie du Colorado prit fin avec la présidentielle de 2008 et l'élection du candidat de gauche, l'ancien évêque Fernando Lugo engagé depuis toujours dans la défense des populations les plus pauvres.

---

**PARAÍBA** n. m. → ÉTYM. du n. de la riv. ♦ État du Brésil (région Nordeste) → **Brésil** (carte). 53 952 km². 3 444 000 hab. CAPITALE : João Pessoa. L'État offre un paysage contrasté, à l'image de la géographie du Nordeste, entre le littoral humide propice à la culture de la canne à sucre, l'Agreste plus élevé aux cult. diversifiées et le Sertão semi-aride dont la population migre vers les métropoles. Coton, sisal, ananas.

**PARAÍBA DO SUL** n. m. (rio) → ÉTYM. guarani «rivière impraticable du Sud», de *para* «rivière» et *aíba* «mauvais, dangereux» ♦ Fl. du Brésil (1 058 km), issu de la serra do Mar (État de São Paulo) qu'il sépare de la serra da Mantiqueira. Il traverse l'État de Rio de Janeiro, où il arrose Volta Redonda et Campos. Il est devenu un axe industriel de première importance (indus. mécanique et d'armement).

**PARAIN (Brice)** ♦ Philosophe et essayiste français (Courcelles-sous-Jouarre 1897 - 1971). Ses premiers ouvrages constituent un effort pour comprendre les grands mouvements de l'époque (le communisme, le surréalisme, puis l'existentialisme) ; *Essai sur la misère humaine* (1934), *Retour à la France* (1936), en dénoncent également la faillite dont Parain voit l'origine dans le mensonge inhérent au langage. «Pour que la vie ne soit pas une sorte de délire, il faut que la vérité ne soit absente de nulle part.» Philosophe qu'anime le refus d'une communication mensongère (cf. son autobiographie littéraire *De fil en aiguille,* 1960), B. Parain est obsédé par les problèmes du langage, qui ont inspiré sa réflexion : *Essai sur le Logos platonicien* (1942), *Recherches sur la nature et les fonctions du langage* (1943).

**PARĀKKAMĀ-BĀHU** ou **PARAKRAMĀ-BĀHU** ♦ Nom porté par plusieurs dynasties de l'île de Ceylan, du milieu du XIIe s. env., jusqu'au début du XVIe s. Ils établirent leur capitale à Polonnāruwa et y laissèrent d'importants témoins de l'art de leur temps. Il étaient de fervents bouddhistes. Ils eurent à repousser les attaques des Tamouls du S. de l'Inde et accueillirent les premiers navigateurs portugais.

**PARAKOU** → ÉTYM. «la ville cosmopolite», de *Kpara* «ville» et *krou* «brassage des peuples» ou «le village où les hommes se refusent à mourir» ♦ V. du Bénin, reliée par voie ferrée à Cotonou. 110 000 hab. Exploitations forestières. Kapok.

**PARALIE** → ÉTYM. en gr. *Paralia* «bord de mer» ♦ Littoral de Grèce (Attique), subdivision du territoire de l'antique Athènes après la réforme de Clisthène*.

**Paralipomènes (Livres des)** → ÉTYM. en gr. *paraleipomena* «choses omises» ♦ Titre donné par les Septante et la Vulgate aux livres bibliques des Chroniques*.

**PARAMARIBO** → ÉTYM. guarani «habitation *(maribo)* près de l'eau *(para)*» ♦ Cap. du Suriname, à l'embouchure de la riv. Suriname sur l'océan Atlantique. 242 946 hab. La diversité des cultes ajoute à cette ville de style hollandais une physionomie particulière (temples, églises, synagogues, mosquées). ▪ Port. Industrie de transformation de la bauxite. Aéroport à Zanderij.

**PARAMÉ** ♦ Anc. comm. qui a fusionné avec Saint-Malo. Importante station balnéaire. → **Saint-Malo.**

**PARANÁ** n. m. (río ou rio) – guarani «rivière qui unit à la mer» → ÉTYM. de *para* «eau» et *ana* «parent, union» ♦ Fl. d'Amérique du Sud (4 500 km pour un bassin de 3 100 000 km²). Il sert de limite aux États brésiliens de São Paulo et du Paraná qu'il sépare du Mato Grosso do Sul et forme la frontière entre le Paraguay et le Brésil, puis entre le Paraguay et l'Argentine. Il longe du N. au S. le Chaco et la Mésopotamie argentine et baigne Paraná et Rosario avant de rejoindre l'Atlantique, où ses eaux se confondent avec celles de l'Uruguay pour former le río de la Plata. Le *haut Paraná* est tropical et forestier, tandis que le *bas Paraná* est inclus dans la Pampa humide, où se pratique un élevage extensif. Cultures dans la vallée : tabac, riz, agrumes.

**PARANÁ** ♦ V. d'Argentine, cap. de la prov. d'Entre Ríos, sur la rive g. du fl. Paraná, face à Santa Fe. 320 000 hab. Port fluvial, centre commercial.

**PARANÁ** → ÉTYM. du n. du fl. ♦ État du Brésil (région Sud) → **Brésil** (carte). 199 324 km². 9 563 000 hab. CAPITALE : Curitiba. Il forme frontière avec le Paraguay et l'Argentine à Foz de Iguaçu où se déversent les cataractes les plus imposantes d'Amérique du Sud. Près de ce site a été aménagée en 1982 l'usine hydroélectrique d'Itaipú (18 turbines) qui fournit toute l'électricité de São Paulo ainsi que celle du Paraguay. À la barrière montagneuse côtière à végétation tropicale s'opposent les plateaux intérieurs fertiles voués aux plantations de café. Aujourd'hui, blé, soja et élevages de volailles remplacent progressivement les caféiers. La modernisation de l'agriculture entraîne un exode rural vers l'Amazonie. Le principal port, Paranaguá, est spécialisé dans l'exportation du soja et de la viande de poulet.

**PARANAÍBA** n. m. ♦ Riv. du Brésil (957 km) née dans l'État de Minas Gerais qu'elle sépare en partie de l'État de Goiás ; elle conflue avec le rio Grande pour former le Paraná.

Les **Parapluies de Cherbourg** ♦ Film musical français de Jacques Demy* (1964), musique de Michel Legrand, avec Catherine Deneuve, Nino Castelnuovo, Anne Vernon. À Cherbourg, à la fin des années 1950, un couple se trouve désuni par la guerre d'Algérie. Le livret n'est qu'un prétexte, pour un cinéaste issu de la Nouvelle* Vague, à vagabonder dans un petit monde de sentiments éphémères et de nostalgie aimable, sur fond de décors très stylisés de Bernard Evein. Cette première comédie musicale, et l'une des rares tournées en France, dont les dialogues sont entièrement chantés, obtint la Palme d'or à Cannes et connut un immense succès international.

**PARAY (Paul)** ♦ Chef d'orchestre et compositeur français (Le Tréport 1886 - Monte-Carlo 1979). Il fut chef d'orchestre des Concerts Lamoureux (1923 - 1928), directeur musical du casino de Monte-Carlo (1928 - 1945) et président-chef d'orchestre des Concerts Colonne (1932 - 1940 puis 1944 - 1956). De 1951 à 1963 il dirigea l'orchestre de Detroit, qu'il mena à une renommée mondiale. Il composa notamment une *Messe pour le 500e anniversaire de la mort de Jeanne d'Arc* (1931). → ÉTYM. *Paray* vient du latin *paries* «clôture».

**PARAY-LE-MONIAL** [71600] → ÉTYM. *Paray,* de la langue d'oïl *pareit, paroi* «mur de bâtiment ou de clôture» et *Monial,* en raison des nombreuses communautés religieuses qui s'y sont établies ♦ Ch.-l. de cant. de la Saône-et-Loire, arr. de Charolles, sur la rive d. de la Bourbince. 9 191 hab. *(Parodiens).* Église de l'anc. prieuré bénédictin (début XIe s.), élevée au rang de basilique en 1875 et placée sous le vocable du Sacré-Cœur. Entrepris en 1109 sur le modèle de Cluny, l'édifice constitue un parfait exemple du style roman bourguignon par l'équilibre de ses formes (clocher octogonal à la croisée du tran-

**Paray-le-Monial.** La basilique du Sacré-Cœur.
*Phot. © J.-L. Barde/Scope*

sept, narthex surmonté de deux tours carrées, chevet harmonieusement étagé). La dévotion au Sacré-Cœur s'y est développée au XIX^e s. à la suite de la béatification de Marguerite*-Marie Alacoque (pèlerinages).

**PARAY-VIEILLE-POSTE** [91550] ➝ ÉTYM. *Paray* → Paray-le-Monial et *Poste* «relais de chevaux» ♦ Comm. de l'Essonne, arr. de Palaiseau, à proximité de l'aéroport d'Orly. 7 188 hab. *(Paraysiens)*. Construc. mécaniques.

**PARÇAY-MESLAY** [37210] ➝ ÉTYM. *Parçay*, du lat. *Patricius*, n. de pers., et suff. *-acum* et *Meslay*, anc. *Moelleium*, du lat. *mespilum* «nèfle» et suff. collectif *-etum* ♦ Comm. de l'Indre-et-Loire, arr. de Tours. 2 198 hab. ♦ ***Grange de Meslay*** De l'anc. exploitation des moines de l'abbaye de Marmoutier ne subsiste que la grange aux dîmes, remarquable exemple d'architecture civile du XIII^e s. (charpente du XV^e s.).

**Par-delà le bien et le mal** – en all. ***Jenseits von Gut und Böse*** ♦ Ouvrage philosophique de Nietzsche* (1886). Critiquant le modernisme dans toutes ses expressions (philosophie, arts, sciences et politique) dont il dénonce les préjugés intellectuels et moraux d'origine plébéienne et chrétienne, il lui oppose «un étalon contraire, aussi peu moderne que possible, qui se distingue par sa noblesse et son caractère approbateur», l'idée de la sélection d'une nouvelle aristocratie. → **Généalogie de la morale (La).**

**Pardo (El)** ♦ Palais des environs de Madrid, construit par Charles Quint à partir de 1547 à l'emplacement d'un rendez-vous de chasse. Philippe* IV le fit décorer par Rubens. Il fut agrandi par Charles* III au XVIII^e s. et servit de résidence officielle au général Franco*.

**PARDO BAZÁN (Emilia,** comtesse **DE)** ♦ Romancière espagnole (La Corogne 1852 - Madrid 1921). Grande admiratrice des écrivains russes et surtout de Zola*, mais fervente catholique, elle sut tirer parti du naturalisme français en le combinant avec le réalisme traditionnel. Son meilleur roman *Le Château d'Ulloa* (*Los Pazos de Ulloa*, 1886) montre la déchéance de l'aristocratie en Galice, sa province natale.

**PARDUBICE** ♦ V. de la République tchèque, en Bohême orientale, au confluent de l'Elbe et de la Chrudimka. 88 316 hab. La ville conserve de vieux quartiers aux maisons de style Renaissance. Château (début XVI^e s.). Musée. ▪ Carrefour ferroviaire et centre indus. : pétrochimie, indus. alimentaire.

**PARÉ (Ambroise)** ♦ Chirurgien français (Bourg-Hersent, près de Laval, v. 1509 - Paris 1590). Autodidacte (il ne connaissait ni le latin ni le grec), devenu barbier-chirurgien en 1536, il fut successivement chirurgien d'Henri II, de François II, de Charles IX et d'Henri III. Il inventa la méthode de ligature des artères qu'il substitua à leur cautérisation lors d'amputations et des moyens d'extraction des projectiles tenant compte de la position du blessé. Il est l'auteur de plusieurs traités : *Méthode de traiter les plaies faites par les arquebuses* [...] ; *Méthode curative des plaies et fractures de la tête* [...] ; *Dix Livres de chirurgie* [...], d'un grand ouvrage encyclopédique *Des monstres et prodiges* (1573) ainsi que de *Apologie et traité concernant les voyages faits en divers lieux* (1585) où il raconte son expérience et montre un esprit empirique remarquablement moderne. Il est considéré comme le père de la chirurgie moderne. ➝ ÉTYM. Ce nom signifie «paré, apprêté» (surnom de pareur, celui qui aplanit, peigne le drap).

**PAREMPUYRE** [33290] ♦ Comm. de la Gironde, arr. de Bordeaux, dans le Médoc. 6 613 hab. Viticulture.

**PARENT (Claude)** ♦ Architecte français (Neuilly-sur-Seine 1923). Après s'être intéressé à Le Corbusier*, il remit en question les formules constructives de la modernité, et fonda avec Paul Virilio le groupe Architecture Principe. Il créa des maisons particulières (Maison Drusch à Versailles, 1963 - 1965), exaltant les lignes obliques, et écrivit plusieurs textes sur la «fonction oblique». Après la maison des jeunes et de la culture de Troyes (1963) et l'église Sainte-Bernadette de Nevers (1963 - 1966), il construisit en collaboration dans la Cité universitaire de Paris le pavillon de l'Iran, devenu Fondation Avicenne, édifice spectaculaire composé de deux volumes suspendus entre trois portiques en acier noir. Grand Prix d'architecture en 1979, il a démissionné de l'ordre des Architectes en 1982 et publié *L'Architecte, bouffon social* (1982). [Acad. des bx-arts 2005]

**PARENTIS-EN-BORN** [tis] [40160] ➝ ÉTYM. anc. *Parentinis fundis* «terres de Parentinius (n. de pers.)» ♦ Ch.-l. de cant. des Landes, arr. de Mont-de-Marsan, près de l'étang de Biscarrosse et de Parentis. 4 429 hab. *(Parentissois)*. Exploitation du plus important gisement de pétrole français, auj. en déclin.

Les **Parents terribles** ♦ Drame en 3 actes de Jean Cocteau* (1938). Au sein d'une famille qui mène une vie de bohème se noue un drame : le père, Georges, et le fils, Michel, aiment la même jeune fille. Tous les mensonges seront bons pour préserver l'unité de la famille. Le bonheur de Michel et de la jeune Madeleine conduira la mère au suicide. Tragédie moderne, ce drame démonte les amours passionnelles entre mère et fils. ▪ En 1948, Cocteau donna de sa pièce une version cinématographique, avec une distribution inchangée (Jean Marais, Josette Day, Gabrielle Dorziat, Yvonne de Bray, Marcel André), et en respectant scrupuleusement la structure scénique de l'œuvre, ses décors, son atmosphère (on entend même, au début, frapper les trois coups). Le film réussit la gageure d'être pourtant du pur cinéma, où jamais l'on n'est gêné par l'effet de théâtralité.

**PARETO (Vilfredo)** ♦ Économiste et sociologue italien (Paris 1848 - Céligny, Suisse 1923). Ingénieur avec une thèse sur *L'Élasticité des corps solides*, il se consacra ensuite à l'économie politique qu'il enseigna après L. Walras* à l'université de Lausanne où il occupa à partir de 1912 la chaire de sociologie. Cherchant à faire de l'économie une science objective, il a formulé une théorie de l'«optimum économique», mettant l'accent sur sa relativité dans un système de libre concurrence. L'économie politique n'est pour Pareto qu'une partie de la sociologie, étude objective des actions humaines qui doit distinguer entre les actions logiques et les actions non logiques. Toutes les actions humaines se composent d'une partie variable, les «dérivations» (intellectualisations et rationalisations), et d'une partie constante, les «résidus» (instincts, sentiments, passions). Sa conception de la société est fondée sur une distinction entre les élites et les autres couches sociales ; il affirme la nécessité de la «circulation des élites» comme condition de l'équilibre social. Œuv. princ. : *Cours d'économie politique* (1896), *Manuel d'économie politique* (1906), *Traité de sociologie générale* (1916). ➝ ÉTYM. Ce nom vient de *Pareto*, nom de lieu en Ligurie.

**PARET Y ALCÁZAR (Luis)** ♦ Peintre et dessinateur espagnol (Madrid 1747 - *id.* 1799). Il reçut des conseils d'un élève de Boucher, voyagea en France et en Italie et subit surtout l'influence de la peinture française. Il peignit des vues de ports d'Espagne, des portraits, des scènes de genre *(Le Bal masqué)* et représenta des scènes relatant les événements contemporains *(Le Serment de Ferdinand VII)*, d'une facture souple et brillante. Son art, spirituel et gracieux, fut apprécié par le roi Charles III.

**PARFIT (Derek)** ♦ Philosophe britannique, spécialiste de philosophie morale (1942). *Reasons and Persons*, paru en 1984, eut un grand retentissement dans le monde anglo-saxon mais n'est pourtant toujours pas traduit en français, malgré l'intérêt qui lui a témoigné Paul Ricœur. L'auteur s'y intéresse aux rapports entre éthique, théorie de la rationalité et identité personnelle et insiste sur la nécessité de développer une éthique strictement non religieuse concentrée sur des problèmes moraux déterminés et débarrassée de toute analyse méta-éthique du langage et de la logique.

**PARIA** (golfe de) ♦ Golfe du Venezuela, au N. du delta de l'Orénoque, et délimité par l'île de la Trinité, à l'E., et, à l'O., par la péninsule du Paria. Constituée d'une chaîne montagneuse, la péninsule ferme le golfe qui communique avec l'Atlantique par des détroits.

**PARÍCUTIN** n. m. ♦ Cône de scories volcanique du Mexique central (État de Michoacán) au S.-O. de Morelia. Il fut construit par une éruption qui dura de 1943 à 1952 et atteint une hauteur de 424 m.

**PARIEU (Marie Louis ESQUIROU DE)** ♦ Homme politique français (Aurillac 1815 - Paris 1893). Élu député à l'Assemblée constituante (1848), puis à l'Assemblée législative (1849), il fut nommé ministre de l'Instruction publique après Falloux*, dont il fit voter la loi sur la liberté de l'enseignement (1850).

**PARIGNÉ-L'ÉVÊQUE** [72250] ➝ ÉTYM. *Parigné*, du lat. *Patrinius*, n. de pers. (de *paternus* «qui appartient au père»), et suff. *-acum* et *l'Évêque* parce que les évêques du Mans étaient propriétaires de la majeure partie des terres depuis le VII^e s. ♦ Comm. de la Sarthe, arr. du Mans. 4 503 hab.

**PARINI (Giuseppe)** ♦ Poète italien (Bosisio, Côme 1729 - Milan 1799). Ordonné prêtre (1754) après une adolescence besogneuse, il fut précepteur pendant huit ans chez le duc Serbelloni (1754 - 1762), avant d'être nommé professeur d'éloquence puis surintendant des écoles publiques de Brera. Il est l'auteur de nombreuses *Odes* développant des thèmes civiques (*La Vita rustica*, 1757 ; *La Salubrità dell'aria*, 1759 ; *L'Impostura*, 1761) ou des sujets amoureux (*Il Messaggio*, 1793). Pour avoir observé la frivolité de la haute société milanaise, il la dépeignit dans un vaste poème, en hendécasyllabes blancs, *Le Jour*, composé de quatre chants : *Matin* (1763) ; *Midi* (1765) ; *Soir* et *Nuit* (posth. 1801). Opposant le faste et la futilité d'un jeune élégant au labeur du petit peuple et cachant son indignation morale sous l'ironie d'un ton épique, Parini critique âprement les mœurs de la noblesse milanaise de l'époque.

**PARIS (Matthew)** ♦ Moine bénédictin, chroniqueur et dessinateur anglais (mort en 1259). Entré au monastère de Saint-Albans en 1217, il fut chargé de nombreuses missions. En France, il dirigea l'enquête qui mit fin aux excès de Robert le Bougre (1239). → **Inquisition.** En Norvège, il travailla à la réforme monastique (1248). Il est l'auteur des *Chronica majora* qui sont une source originale pour la période 1235 - 1259 et dont il donna plusieurs abrégés, de vies de saints anglais en vers anglo-normands, de cartes d'Angleterre, de Palestine, de l'itinéraire de Londres en Apulie. Il est la plus ancienne source d'héraldique britannique (130 écus).

**PARIS** [paris] **(Gaston)** ♦ Érudit français (Avenay, Marne 1839 - Cannes 1903). Il succéda à son père, PAULIN PARIS (Avenay 1800 - Paris 1881), comme professeur au Collège de France, dont il fut nommé administrateur en 1895. Spécialiste de littérature médiévale, il contribua à promouvoir un enseignement scientifique de la philologie, fonda la *Revue critique* (1866) et *Romania* (1872). Auteur d'une *Histoire poétique de Charlemagne* (1865), d'ouvrages sur *La Poésie au Moyen Âge* (1885 et 1895), *La Littérature française au Moyen Âge* (1888), *Les Légendes du Moyen Âge* (1903), il a formulé une théorie sur l'origine de la chanson de geste, qui fut mise en question par J. Bédier*. [Acad. fr. 1895]

**PARIS** (prince **Henri Robert D'ORLÉANS,** comte **DE**) ♦ Chef de la maison de France (Le Nouvion-en-Thiérache 1908 - Cherizy, Eure-et-Loir 1999). Fils de Jean d'Orléans, duc de Guise (1874 - 1940) et d'Isabelle d'Orléans (1878 - 1961), tous deux arrière-petits-enfants de Louis*-Philippe, roi des Français, il hérita du titre de *comte de Paris*, déjà porté par Eudes* (vers 880), fils de Robert* le Fort, titre rétabli par le roi Louis-Philippe en faveur de son petit-fils Louis-Philippe d'Orléans (1838 - 1894). Il vécut en exil après 1926, date de la mort de son oncle Philippe, duc d'Orléans, mort qui faisait de son père l'héritier de la couronne de France. Installé à Larache (Maroc espagnol), il se rendit incognito à Alger (déc. 1942) où ses fidèles tentèrent d'éliminer Darlan* et de réaliser sous sa direction l'unité des Français dans la guerre. L'opposition des Américains contribua essentiellement à faire échouer son plan après l'assassinat de l'amiral. Il rentra en France à la suite de l'abrogation des lois d'exil (1950). ♦ **Henri Philippe Pierre Marie d'Orléans,** duc **DE FRANCE,** comte **DE PARIS,** fils aîné du précédent. (Woluwe-Saint-Pierre 1933). Il est depuis 1999 le prétendant orléaniste au trône de France.

**PARIS [75]** → **ÉTYM.** du n. des *Parisii* («les actifs, les artisans»), peuple celtique (V. ci-dessous) ♦ Capitale de la France, constituant un département.

**LA POPULATION** Indissociable de l'aggl. dont elle est le centre, la commune de Paris est constituée de 20 arrondissements (fixés par la loi de 1859) et compte 2 125 246 hab. *(Parisiens)* sur une superficie de 105 km². → **Île-de-France** (carte). Sa population a diminué depuis les années 1970 (2 293 639 hab. en 1975) au bénéfice des autres communes d'une aggl. qui recense 9 480 707 hab. répartis sur 396 communes. Ce «dépeuplement» des centres est commun à toutes les grandes métropoles mondiales. La composition de la population parisienne diffère de celle des autres agglomérations françaises par un niveau de qualification très élevé, une très forte proportion d'adultes (la ville attire les jeunes adultes des autres régions et y renvoie les retraités) et la présence de nombreux étrangers (15 % de la population totale). **Les banlieues** Les frontières de l'agglomération sont difficiles à cerner car ses limites ne correspondent pas exactement au découpage administratif des communes. Elles sont, de plus, en constante évolution. On distingue cependant l'«agglomération restreinte» qui, outre Paris, regroupe les trois départements de la Petite Couronne (Hauts-de-Seine, Seine-Saint-Denis, Val-de-Marne), banlieue dont la croissance démographique se ralentit tout en restant positive. Les départements de la Grande Couronne (Yvelines, Val-d'Oise, Seine-et-Marne, Essonne) constituent la grande banlieue. Ils connaissent une forte croissance démographique, en particulier la Seine-et-Marne (+34,5 % entre 1982 et 1999). **Une situation de carrefour** Situé sur la Seine, au cœur du Bassin parisien au centre duquel converge le réseau hydrographique constitué par la Seine et ses affl., l'Oise et la Marne, important carrefour routier contrôlant la croisée des routes N.-S. et E.-O., Paris dut aux avantages de sa situation de devenir, dès le XIIIe s., le plus important foyer commercial, politique, économique et culturel de la France. Capitale politique, Paris est le siège du gouvernement, des corps constitués, des grands corps de l'État et de nombreux organismes internationaux. **Une commune** «Commune régie par le Code de l'administration communale» (lois de 1975 et 1982), la capitale est dirigée par un maire (J. Chirac de 1977 à 1995, J. Tibéri de 1995 à 2001, B. Delanoë depuis 2001), élu au suffrage universel indirect, assisté d'un Conseil de Paris de 163 élus et de 20 maires d'arrondissement. Ce conseil est responsable de l'aménagement urbain, des finances et des affaires économiques, de l'urbanisme et du logement, de l'action sociale et culturelle, sous le contrôle du préfet de Paris qui s'occupe, pour sa part, des affaires judiciaires et militaires. Le préfet de police est responsable du maintien de l'ordre et de la sécurité publique.

**Paris.** *La Fontaine Stravinski* par Niki de Saint Phalle et Tinguely, à Beaubourg. *Phot. © M. Southern/Eye Ubiquitous/Corbis. © Adagp, Paris, 2003*

**URBANISME** Bien que remodelé au milieu du XIXe s. par les travaux du préfet Haussmann* (larges avenues bordées d'immeubles réalisées à des fins hygiénistes et de maintien de l'ordre), Paris conserve les traces de son développement concentrique de part et d'autre de la Seine, enjambée par 37 ponts (dont 4 passerelles). Le fleuve enserre l'île Saint-Louis et l'île de la Cité, noyau initial de la ville, cadre privilégié de son passé religieux (Notre-Dame de Paris et Sainte-Chapelle) et siège de l'autorité royale puis judiciaire (Palais de Justice et Conciergerie). ***La rive droite*** Elle est traditionnellement commerçante (regroupement des diverses corporations dès le Moyen Âge). ***Des Halles au bois de Vincennes*** Le quartier des Halles, principal marché parisien depuis le XIIe s. et longtemps célèbre pour ses pavillons métalliques par Baltard (XIXe s.), a connu depuis les années 1950 des modifications importantes : les pavillons ont disparu (un exemplaire a été reconstruit à Nogent-sur-Marne) et le marché transféré vers Rungis pour laisser place à un complexe commercial (Forum), des parkings et une gare RER souterrains, la surface étant réservée à un jardin paysagé mettant en valeur l'église Saint-Eustache. Sur le plateau Beaubourg s'élève, depuis 1977, le Centre national d'art et de culture Georges-Pompidou. Au-delà de l'anc. place de Grève, se trouve l'Hôtel de Ville, siège de l'administration parisienne et théâtre, notamment depuis 1789, des principaux événements de l'histoire de la capitale. Le quartier du Marais*, plus à l'E., très en vogue au XVIIe s., recèle de remarquables ensembles architecturaux : place des Vosges, hôtels de Sens, de Carnavalet, de Sully, de Rohan-Soubise (siège des Archives nationales). Il est prolongé par le quartier de la Bastille (où le nouvel Opéra a été inauguré en 1989), puis par celui de Bercy jusqu'au bois de Vincennes. ***Des Grands Boulevards au bois de Boulogne*** Plus à l'O. se situent les Grands Boulevards, où les commerces, cinémas, théâtres avoisinent les grandes compagnies d'assurances, la Banque de France, la Bourse. Le faubourg Saint-Honoré concentre le commerce de luxe et abrite le Palais de l'Élysée. À partir de là, les principales artères mènent à l'Opéra Garnier et à la Madeleine, emplacement des grands magasins, des sièges de grandes banques et des bureaux, des boutiques d'antiquaires et des galeries de peinture. Entre cet espace central et la limite que représente pour la ville le boulevard périphérique, d'autres quartiers de la rive droite affichent leur spécificité : plus populaires à Belleville et Ménilmontant ; plus tournés vers les loisirs (en particulier la nuit) autour de Montmartre et du Sacré-Cœur ; plus riches dans l'O., d'Auteuil à la porte Dauphine en lisière du bois de Boulogne et de Neuilly. ***Du Louvre à la Défense*** La rive droite est également le siège de l'axe historique parisien, partant de la cour carrée du Louvre* pour atteindre la Défense* et, plus à l'O. encore, le château de Saint-Germain-en-Laye. Cette perspective prestigieuse est jalonnée de monuments symboles de l'histoire de France : palais du Louvre, palais et jardins des Tuileries (avec l'arc du Carrousel et la Pyramide), place de la Concorde (avec l'obélisque), avenue des Champs-Élysées, place Charles-de-Gaulle (anc. de l'Étoile) avec l'Arc de Triomphe, Grande Arche. ***La rive gauche*** Elle conserve sa vocation intellectuelle et religieuse née au Moyen Âge. ***Le Quartier latin*** Le Quartier* latin, sur les pentes de la montagne Sainte-Geneviève (couronnée depuis 1812 par le Panthéon), est depuis le XIIe s. le secteur privilégié de l'université. Malgré la création en 1970 d'universités décentralisées en banlieue, le quartier conserve son rayonnement intellectuel, avec la Sorbonne, le Collège de France, l'Institut de France, de nombreux établissements d'enseignement, des bibliothèques et librairies. L'ancienne vocation religieuse est visible grâce à de nombreux édifices tels que les restes de l'abbaye de Saint-Germain-des-Prés (VIe s.), l'ancien hôtel des abbés de Cluny (édifié au XVe s. près des thermes romains qui évoquent la Lutèce du IIIe s., l'ensemble devenu musée en 1844), l'église Saint-Étienne-du-Mont (XVIe s.), ainsi que le Val-de-Grâce. ***Des Gobelins à Montparnasse*** Le S.-E. a conservé de nombreux couvents, parfois transformés en hôpitaux, notamment dans les quartiers des Gobelins, de l'Observatoire (Port-Royal) et de Saint-Sulpice. Ce secteur est également doté de nombreux espaces verts, dont le Jardin des Plantes (Muséum national d'histoire naturelle) et le jardin du Luxembourg dont le palais abrite le Sénat. Plus au S., le quartier Montparnasse, après avoir eu, dans l'entre-deux-guerres, une notoriété internationale grâce aux artistes et hommes de lettres qui le fréquentaient, connaît un renouveau certain avec le centre commercial et d'affaires Maine-Montparnasse (tour Montparnasse, la plus haute de Paris : 200 m) et la gare Montparnasse (départ du TGV Atlantique). ***De l'Assemblée nationale à la tour Eiffel*** À l'O. du faubourg Saint-Germain s'étend, depuis le Palais-Bourbon (siège de l'Assemblée nationale), un quartier calme regroupant de belles demeures, de nombreux ministères et ponctué d'imposants monuments (hôtel des Invalides, École militaire, Champ-de-Mars et tour Eiffel).

**ÉCONOMIE** Dès la fin du XIX^e s., les industries importantes ont quitté la ville historique pour s'installer en banlieue, proche dans un premier temps, plus éloignée ensuite. On oppose classiquement les banlieues N. et N.-E., industrielles et populaires, à celles de l'O. et du S.-O., résidentielles et bourgeoises. **Industrie** Industrie de la Région parisienne. → **Île-de-France.** La capitale proprement dite reste le domaine de l'industrie fine : confection et haute couture, activités à caractère culturel (impression, édition, cinéma), industrie du produit de luxe (bijouterie, joaillerie). L'indus. parisienne n'occupe plus que 5,3 % de la pop. active de la ville. **Activités tertiaires** Paris s'affirme avant tout comme un centre d'activités tertiaires (plus de 89 % des actifs), et possède le troisième parc de bureaux du monde (35 millions de m² pour l'agglomération à égalité avec Londres), même si l'immobilier de bureaux a traversé une grave crise de surproduction dans les années 1990. La capitale reste, pour les entreprises privées, un lieu prestigieux pour y établir leur siège social (3/4 des 500 premières entreprises nationales). Elle attire aussi en très grand nombre des entreprises étrangères installées en France. Une part importante des relations internationales transite par Paris. Les aéroports parisiens absorbent plus des 3/4 du trafic de passagers et 70 % du fret aérien français. → **Orly, Roissy-en-France, Issy-les-Moulineaux, Le Bourget.** Le port de Gennevilliers est le premier port fluvial de France (en 3^e position par le trafic après les deux ports maritimes de Marseille et du Havre). Le commerce parisien se transforme, même si les quartiers traditionnels subsistent (en particulier sur les Grands Boulevards). Les années 1970 - 1980 ont vu apparaître des centres commerciaux intégrés, constitués d'une galerie marchande et d'un «hypermarché» (place d'Italie, porte de Bagnolet, Bercy, Docks en Seine). De nouveaux centres se sont créés en banlieue depuis les années 1960, dans les zones réaménagées (Cergy, Vélizy, Rosny-sous-Bois). ***L'enseignement et la recherche*** L'enseignement et la recherche restent deux piliers de l'activité parisienne : env. 500 000 étudiants, 17 universités et nombre de grandes écoles, près des deux tiers des organismes de recherche privés et publics de France sont situés dans l'agglomération. ***Le tourisme*** Les activités touristiques se sont considérablement développées. Paris est au 1^er rang mondial pour la fréquentation touristique (27 millions de touristes en 2005) et les congrès. Disneyland reçoit près de 12 millions de visiteurs par an. Le château de Versailles, le centre Pompidou, la tour Eiffel et le Louvre en reçoivent chacun de 5 à 7 millions. **Communications** Cette concentration de l'activité et le déséquilibre de sa répartition (40 % des emplois sont dans la ville de Paris même pour 22 % de la population résidente) posent d'énormes problèmes quotidiens de circulation (migrations pendulaires). Le réseau routier est sursaturé aux heures de pointe : la rocade du boulevard périphérique ne peut endiguer le flot de véhicules drainé par les autoroutes radiales qui convergent vers la capitale. L'instauration des «axes rouges» (arrêt et stationnement strictement interdits) améliorent faiblement la circulation intra-muros. Les couloirs réservés aux autobus, taxis et vélos ont été multipliés. La question du stationnement reste aiguë malgré la construction de nombreux parcs souterrains et la mise en place systématique d'horodateurs. Le réseau de transports en commun, même s'il est l'un des plus denses du monde, subit la concurrence de l'automobile. Il relève de la compétence de la Régie autonome des transports parisiens (RATP) d'une part (autobus, métropolitain, et une partie du Réseau express régional [RER] depuis sa création en 1970), de la SNCF pour une autre part (RER et SNCF-banlieue). Les boulevards de ceinture du sud de Paris sont desservis par une ligne de tramway depuis 2007. La tendance actuelle est à l'extension des lignes de grande banlieue, à l'interconnexion des différents réseaux, et à la construction d'une nouvelle ligne RER traversant Paris d'E. en O. (EOLE : Est-Ouest-Liaison-Express). **Structure de l'agglomération** Même si la ségrégation et le zonage ne sont pas aussi prononcés que dans certaines métropoles étrangères, on observe dans l'ensemble de l'aggl. parisienne une différenciation socioéconomique par secteurs (plus riche à l'O. et au S.-O., plus modeste au N.-N.-E., les statuts moyens occupant plutôt les autres directions) tandis que, suivant les vagues du développement, l'âge et la taille des logements, comme ceux des ménages qui les occupent, se disposent en auréoles concentriques du centre vers la périphérie. La création de cinq villes nouvelles, dans les années 1960, tendait à briser la structure concentrique en créant de nouveaux pôles d'emploi, mais le développement de l'urbanisation a rejoint ces centres secondaires, auj. englobés dans l'agglomération. Depuis les années 1980, la politique de structuration de l'espace parisien s'oriente vers un rééquilibrage des activités vers l'E. (afin de contrebalancer le développement du quartier des affaires de La Défense vers l'O.). Les quartiers E. proches de la Seine sont devenus le lieu privilégié de nouvelles réalisations, avec le Palais omnisports de Paris-Bercy (POPB), l'Opéra Bastille, le ministère de l'Économie et des Finances, et la Bibliothèque* nationale de France dans le quartier Tolbiac.

**HISTOIRE** **De Lutèce à la cité gallo-romaine** Les fouilles récentes démontrent que, contrairement à ce que soutient la tradition, il y a très peu de chances qu'il faille identifier la Lutèce gauloise mentionnée par César en –53 et –52 à l'île de la Cité*. La tendance actuelle de

**Paris.** La Seine et le chevet de Notre-Dame de Paris. © *PhotoDisc*

la recherche situerait cette place du peuple celte des Parisii dans la boucle de Nanterre. C'est véritablement avec la création de la Lutèce gallo-romaine sur la montagne Sainte-Geneviève que naquit Paris. Cette fondation se fit au début du I^er siècle selon un plan quadrillé assez strict destiné à recevoir pendant tout le Haut-Empire la parure monumentale classique d'une ville romaine (forum, thermes, lieux de spectacles). De ces monuments ne subsistent que l'Amphithéatre (I^e siècle ?), appelé couramment «les arènes», et les thermes de Cluny*. Lutèce repliée dans l'île de la Cité devint à partir du IV^e siècle une place forte importante. **La capitale du royaume** C'est là qu'en 360 Julien fut proclamé empereur. Menacée par les Huns d'Attila (451), puis par les Francs (v. 460), la ville, qu'aurait préservée l'intervention de sainte Geneviève*, reprit son essor quand Clovis l'adopta comme capitale (486). Abbayes et prieurés se multiplièrent alors sur la rive droite (Saint*-Germain-l'Auxerrois) comme sur la rive gauche (la future Saint*-Germain-des-Prés), assurant à la ville un grand rayonnement religieux. Délaissé par les derniers Mérovingiens, puis par Charlemagne (pour Aix-la-Chapelle), plusieurs fois victime des raids des Normands au IX^e s. (mais sauvée par l'évêque Gozlin et le comte Eudes durant le siège de 885 - 886), Paris dut attendre l'avènement de la dynastie capétienne (987) pour connaître, comme capitale du royaume, une extension urbaine et un développement économique considérables. Le règne de Philippe Auguste, notamment, vit l'édification d'une enceinte complète, tandis que les rues principales étaient pavées et que des ponts reliaient la rive droite (essentiellement commerçante depuis qu'un marché y avait été installé par Louis VI) et la rive gauche (secteur de l'Université à partir de 1215) à la Cité, centre politique (avec le palais royal) et religieux (avec Notre*-Dame, dont Maurice de Sully* avait entrepris la construction en 1163). **La plus grande cité de l'Occident** L'université de Paris fut le principal centre théologique et philosophique de la chrétienté médiévale. Albert le Grand, Bonaventure, Thomas d'Aquin, Gerson y enseignèrent. Doté d'une puissante corporation de «marchands de l'eau» (origine du blason de Paris), faisant pièce à l'autorité royale par celle du prévôt des marchands, devenu l'une des premières places du commerce d'argent, Paris fut au XIII^e s. la plus grande cité (100 000 hab.) de l'Occident chrétien. **Un foyer révolutionnaire** Le pouvoir municipal accru allait faire de la ville, durant le XIV^e et le XV^e s., un foyer d'agitation communaliste et révolutionnaire. Au cours de cette sombre période (guerre de Cent Ans succédant à la peste de 1348), Paris fut le théâtre de l'insurrection d'Étienne Marcel (1358), des révoltes de 1382 et 1413, de la rivalité des bourguignons et des armagnacs (qui furent massacrés par la population parisienne en 1418). Pactisant avec les Anglais, la ville fut assiégée en vain par Jeanne d'Arc (en 1429), puis fut reprise par la dynastie légitime (Charles VII) en 1436. Au XV^e s., les enluminures des frères Limbourg *(Très Riches Heures du duc de Berry)* et de Jean Fouquet *(Heures d'Étienne Chevalier)* furent les premières représentations minutieuses de la Cité. **La Renaissance** Il fallut attendre François I^er pour que Paris, longtemps suspect, devînt à nouveau la résidence des rois ; le Vieux Louvre* (édifié par Philippe Auguste) fut en partie remplacé par des bâtiments Renaissance ; la construction de l'Hôtel* de Ville, de Saint*-Eustache, puis, sous les derniers Valois, des Tuileries* et du Pont*-Neuf fut entreprise. À mesure que la ville s'affirmait comme la capitale du royaume, la vie culturelle s'y intensifia : Guillaume Budé fonda le Collège* de France, Ronsard et toute la Pléiade étudièrent le grec au collège de Coqueret. Vers la fin du XVI^e s., Agrippa d'Aubigné fut le témoin des conflits religieux qui mirent Paris à feu et à sang. Dans sa majorité ardemment catholique, la ville fut de nouveau ensanglantée par les guerres de Religion (à partir de 1534). Après la Saint-Barthélemy (1572), la journée des Barricades (1588) força Henri III à s'enfuir avant de faire subir un nouveau siège à la capitale que décima alors une terrible famine (1589). **L'embellissement sous Henri IV et Louis XIII** Ce fut Henri IV, rendu maître de Paris grâce à son abjuration en 1594, qui veilla à l'embellissement de la cité (création de l'actuelle place des Vosges*, de la place Dauphine, des quais de l'Arsenal, de l'Horloge, des Orfèvres) comme à sa prospérité. Poursuivant son extension, la ville s'agrandit sous Louis XIII par de nouveaux quartiers (le Marais* et, plus au N., le faubourg Saint-Honoré et le quartier de la Bastille*), ce qui exigea une nouvelle enceinte (1631) correspondant au tracé des actuels Grands Boulevards. L'île Saint*-Louis fut aménagée, et de nouveaux secteurs se peuplèrent sur la rive gauche, aux abords du palais du Luxembourg*, construit par Marie de Médicis, et du Val*-de-Grâce, édifié par Anne d'Autriche. Dans le même temps, l'importance culturelle de Paris se manifestait par la création de l'Imprimerie royale (1620), du Jardin des Plantes* (1626) et de l'Académie* française (1635). **Les travaux sous le règne de Louis XIV** Après les troubles de la Fronde* (1648 - 1652), la ville, à laquelle désormais Louis XIV préférait Versailles (1680), resta cependant le siège du Parlement et (partiellement) la capitale administrative. Glorifiant la monarchie et son souverain, de nombreux bâtiments furent édifiés sous l'autorité de Colbert (qui fit appel notamment à Perrault* et à Mansart*) : la colonnade du Louvre, l'Observatoire*, les Invalides*, la Salpêtrière*, l'actuel palais de l'Institut* (1661), les arcs de triomphe des portes Saint-Denis et Saint-Martin, tandis qu'étaient créées les places Vendôme*, du Carrousel, des Victoires, dessinés les jardins des Tuileries* et instituée la manufacture des Gobelins*. L'organisation d'académies (des Inscriptions, des Sciences) favorisa le rayonnement intellectuel et artistique de la capitale. L'Académie royale de musique entraîna la floraison de la musique baroque dans les églises parisiennes (Lully, Lalande, Couperin, Charpentier, Campra). **La vie parisienne au XVIIIe s.** La vie littéraire et artistique allait se poursuivre durant le XVIIIe s. avec la multiplication des cafés (le Procope, la Régence), des théâtres (Odéon*, la future salle de la Comédie*-Française au Palais*-Royal) et des salons (marquise de Lambert, Mme du Deffand, Mme Geoffrin) où circulèrent les idées des Encyclopédistes. Les romans de Restif de La Bretonne et *Le Tableau de Paris* de S. Mercier mirent en scène la vie parisienne. Le développement du négoce et de la banque, la fièvre d'affairisme (→ **Law**) et de spéculation immobilière faisaient se bâtir des immeubles de rapport à côté de superbes hôtels particuliers (les actuels ministère de la Marine et hôtel Crillon, flanquant la place Louis-XV, auj. de la Concorde*, qu'un pont relia à la rive gauche). Paris continuant son expansion vers l'O. (l'École militaire) comme vers le N. (le quartier de la Chaussée-d'Antin) atteignit, à la veille de la Révolution, le chiffre de 650 000 hab., à l'intérieur du mur d'octroi dit «des fermiers généraux» (1784), qui allait lui donner son cadre jusqu'en 1860. **De la Révolution à la monarchie de Juillet** La prise de la Bastille* (1789) replaça la capitale à la tête de la France ; les grandes journées révolutionnaires devaient s'y décider ou s'y dérouler, qu'elles fussent pacifiques (fêtes de la Fédération* nationale, en 1790, ou de l'Être* suprême, en 1794) ou sanglantes (→ **Révolution française**). Napoléon, ambitionnant de faire de la ville la capitale de l'Europe, y fit effectuer de grands travaux (agrandissement du Louvre ; érection de l'arc* de triomphe de l'Étoile, de la colonne Vendôme), en accéléra l'équipement (création de marchés et d'abattoirs ; ouverture du canal de l'Ourcq ; alimentation de la ville en eau potable). Ces embellissements (la Madeleine*, le Panthéon*) et aménagements (réseau d'égouts) allaient être poursuivis durant la Restauration, puis sous la monarchie de Juillet. **Le Second Empire et les travaux d'Haussmann** C'est le Second Empire, cependant, qui donna à Paris son nouveau visage et renforça la centralisation administrative, économique, sociale et culturelle. Hugo et Balzac décrivirent à merveille le Paris de cette époque, ainsi que Musset, Eugène Sue, Murger, Nerval, Dumas fils et le chansonnier Béranger. Entre-temps, Paris était devenu une capitale internationale de la musique attirant Rossini, Donizetti, Chopin, Liszt, Wagner, Offenbach. La ville, dotée de deux préfets (de la Seine, de police) et d'un Conseil, divisé en vingt arrondissements (1860) administrés par un maire et ses adjoints, subit une transformation considérable, inspirée à la fois par un souci d'urbanisme et des préoccupations politiques et policières. Haussmann* remodela la cité, éventra le centre de grandes percées rectilignes, bordées d'immeubles habités par les classes aisées, refoulant ainsi les masses ouvrières dans les quartiers périphériques, notamment à l'E. ; il réorganisa les Halles centrales (vastes pavillons de V. Baltard*), fit construire de nombreux ponts, tandis que s'élevait l'Opéra Garnier et que de vastes parcs étaient créés par Alphand à l'E. (bois de Vincennes*) comme à l'O. (bois de Boulogne*). Paris connut alors, du fait de son essor industriel, un développement démographique considérable (1 800 000 hab. en 1871). Parallèlement s'accentuait entre l'E. et l'O. de la capitale un déséquilibre social déjà sensible lors des insurrections de 1830 et 1848 (→ **révolution de juillet 1830, révolution de février 1848**) et qui devait s'exprimer dramatiquement durant la Commune de Paris (mars à mai 1871), succédant au siège de cinq mois établi par les Allemands (→ **Commune de Paris**). **Les expositions universelles et le rayonnement européen** Sous la IIIe République, la capitale retrouva sa prospérité économique (que révélèrent les Expositions de 1878, de 1889, avec l'érection de la tour Eiffel*, et de 1900, qui vit la construction du Grand et du Petit Palais*, du pont Alexandre-III) et une influence culturelle d'échelle européenne. Alors que Zola décrivait un Paris très sombre, les peintres impressionnistes (Monet, Renoir, Sisley, Pissarro) en donnèrent une image plus attrayante. Au début du XXe s., Paris était la capitale mondiale de la peinture, attirant de nombreux artistes étrangers (le Bateau*-Lavoir, la Ruche*). Montmartre* était le centre de la vie bohème que représenta Toulouse-Lautrec ; Bruant triomphait au cabaret du Chat noir et Yvette Guilbert au Moulin-Rouge. Le paysage parisien se compléta avec le Sacré-Cœur, tandis que des quartiers nouveaux apparaissaient, surtout à l'O. de la ville (Trocadéro*, Passy*, Auteuil*). **L'entre-deux-guerres** Après la Première Guerre mondiale, la capitale commença à élargir ses limites géographiques sur tout le département de la Seine, appelant un effort considérable dans le domaine des communications ; parallèlement, l'utilisation d'un nouveau matériau (le béton) permettait le renouvellement architectural qu'apportèrent les réalisations de Perret* et Le* Corbusier. Montparnasse* connaissait alors une animation artistique considérable : dans les cafés du boulevard on rencontrait Fargue, Breton, Cocteau, Aragon, Éluard, Hemingway, Picasso. À la même époque, des accès de fièvre secouaient l'opinion et entraînaient les manifestations d'extrême droite (1934) et les ripostes des partis ouvriers qui aboutirent à la constitution du Front* populaire (1936). **L'Occupation et la Libération** La Deuxième Guerre mondiale vit Paris occupé par la Wehrmacht dès juin 1940 : la période sombre de l'occupation allemande fut marquée par les arrestations et les déportations de Juifs (grande rafle de juil. 1942), les actions de la Résistance, les exécutions d'otages, notamment au mont Valérien*. Le Conseil national de la Résistance déclencha, à l'approche des troupes alliées, l'insurrection des FFI que soutint la police municipale (19 août 1944), préparant ainsi la libération de la ville où entrait, le 24 août 1944, la 2e division blindée de Leclerc*. Le 26, les troupes françaises, conduites par le général de Gaulle, descendaient les Champs-Élysées. **Depuis 1945** Dans les années 1945 - 1960, le quartier de Saint-Germain-des-Prés fut le haut lieu des intellectuels (Sartre, Beauvoir), et c'est au Quartier latin que s'affrontèrent étudiants et forces de l'ordre en mai* 1968. En 1975, le régime administratif de la ville fut modifié.

**Paris.** Le front de Seine et la tour Eiffel. *Phot. © X. Richer/Photononstop*

**Paris** (traité de) ♦ Traité signé entre Louis IX et Raymond VII de Toulouse en 1229 et qui mit fin à la croisade des albigeois. Il rattachait au domaine royal les sénéchaussées de Nîmes-Beaucaire et de Carcassonne-Béziers.

**Paris** (traité de) ♦ Traité de 1259 qui mit provisoirement fin au conflit franco-anglais. Le roi d'Angleterre Henri III renonçait à tous les droits sur les territoires annexés par Philippe Auguste tandis que Louis IX lui restituait le Limousin, le Périgord, la Guyenne, le Quercy, l'Agenais et une partie de la Saintonge.

**Paris** (traité de) ♦ Traité signé le 10 fév. 1763 par la France, la Grande-Bretagne et le Portugal pour mettre fin à la guerre de Sept* Ans. La Grande-Bretagne reçut de la France le Canada, les territoires à l'E. du Mississippi, plusieurs îles des Antilles, le Sénégal et les possessions de l'Inde ; de l'Espagne, elle reçut la Floride (la France devant céder la partie O. de la Louisiane à l'Espagne qui reçut aussi Cuba et les Philippines). La France recouvrait Belle-Île, la Martinique, la Guadeloupe et des comptoirs en Afrique et en Inde.

**Paris** (traité de) ♦ Traité signé le 15 mai 1796. À la suite de l'armistice de Cherasco*, le roi de Sardaigne cédait à la France la Savoie et les comtés de Nice, de Tende et de Beuil.

**Paris** (traité de) ♦ Traité signé le 30 mai 1814 entre les Alliés (Grande-Bretagne, Autriche, Prusse, Russie) et la France. Celle-ci, abandonnant ses conquêtes de la Révolution et de l'Empire, retrouvait ses frontières de 1792, conservant cependant Mulhouse, Montbéliard, Chambéry, Annecy, le comtat Venaissin, une partie de la Savoie, les places fortes de Philippeville, Marienbourg, Sarrelouis et Landau. Elle retrouvait ses colonies, sauf l'île de France (île Maurice) et cédait à la Grande-Bretagne Sainte-Lucie et Tobago.

**Paris** (second traité de) ♦ Traité signé le 20 nov. 1815 entre la France et les Alliés coalisés contre elle (Autriche, Grande-Bretagne, Prusse, Russie). La France s'y fit enlever Philippeville, Marienbourg et Bouillon au profit des Pays-Bas ; la Prusse annexait la Sarre, Landau était rattaché au Palatinat bavarois ; la plus grande partie du pays de Gex rattachée à la Confédération suisse ; enfin Chambéry et Annecy étaient rendues au roi de Sardaigne. En outre, la France devait verser une indemnité de 700 millions, restituer les œuvres d'art prises par Napoléon et entretenir une armée d'occupation de 150 000 hommes répartis dans le N. et l'E. du pays, pendant trois ans.

**Paris** (traité de) ♦ Traité marquant la fin de la guerre de Crimée* (1854 - 1856), à l'issue du *congrès de Paris*, qui réunit à partir du 25 fév. 1856 les ministres des Affaires étrangères de la Russie, de la Turquie, de la Grande-Bretagne, de la Sardaigne, de l'Autriche et de la Prusse, sous la présidence de Walewski*, ministre français des Affaires étrangères. La Russie vaincue cédait le sud de la Bessarabie à la Moldavie, reconnaissait l'intégrité de l'Empire ottoman dont le sultan accorderait dorénavant aux chrétiens les mêmes droits qu'à ses autres sujets. Le traité, signé le 30 mars 1856, stipulait par ailleurs la neutralisation de la mer Noire et la libre circulation sur le Danube.

**Paris** (conférences de) ♦ Conférence de la paix, après la Première Guerre mondiale (18 janv. 1919 - 10 août 1920). Elle réunit les vingt-sept puissances victorieuses, alliées ou associées, excluant les puissances vaincues. Les décisions furent prises, en fait, par le conseil des Quatre, à savoir les États-Unis (Wilson), la Grande-Bretagne (Lloyd George), la France (Clemenceau) et l'Italie (Orlando). La conférence élabora le pacte de la Société des Nations et les traités de Versailles*, Saint*-Germain-en-Laye, Neuilly*, Trianon*, Sèvres*. ▪ Conférence réunissant, après la Deuxième Guerre mondiale (25 avr. - 12 juil. 1946), les ministres des Affaires étrangères des États-Unis (Byrnes), de la Grande-Bretagne (Bevin), de l'URSS (Molotov) et de la France (Bidault). Elle fixa les frontières de la Bulgarie, de la Hongrie et de la Roumanie, mais elle achoppa sur la question allemande.▪ Conférence «des 21 nations» (29 juil. - 15 oct. 1946) qui avaient combattu les pays de l'Axe. Elle prépara l'élaboration des traités de paix avec l'Italie, la Roumanie, la Hongrie, la Bulgarie, la Finlande, signés à Paris le 10 février 1947. L'Italie cédait des territoires à la France (dans les Alpes), à la Yougoslavie (en Istrie), à la Grèce (le Dodécanèse) et renonçait à ses colonies. La Bulgarie restituait les territoires conquis sur la Yougoslavie et la Grèce (Macédoine, Thrace) mais conservait la Dobroudja méridionale cédée par la Roumanie en 1940. La Roumanie cédait à l'URSS la Bessarabie et la Bucovine du Nord, mais récupérait la Transylvanie sur la Hongrie. La Finlande confirmait la cession, à l'URSS, des zones de Petsamo et de Salla et de la Carélie méridionale. Ces pays devaient payer d'importantes réparations, diminuer leurs armements, donner des garanties sur leur régime politique et l'élimination du fascisme et du nazisme. La liberté de navigation sur le Danube était assurée.

**Paris** (traités de) ♦ Traités de 1947 signés entre les puissances victorieuses et l'Italie, la Roumanie, la Bulgarie, la Hongrie et la Finlande. L'Italie cédait à la France quelques territoires, entre autres les hautes vallées de la Roya, de la Tinée et de la Vésubie, Tende et La Brigue ; une partie de l'Istrie et Zara à la Yougoslavie ; elle cédait les îles du Dodécanèse à la Grèce. Elle payait de lourdes indemnités aux pays avec lesquels elle avait été en guerre. La Roumanie cédait la Bessarabie et la Bucovine du Nord à l'URSS ; la Hongrie restituait la Transylvanie à la Roumanie. La Bulgarie était ramenée à ses frontières du 1^er^ janvier 1941. La Finlande cédait à l'URSS la Carélie méridionale avec Vyborg, les régions de Petsamo et de Salla ainsi que le droit d'installer une base militaire à Porkkala.

**Paris** (école de) ♦ Nom donné v. 1925 aux peintres et sculpteurs venus se joindre à l'école moderne française à Paris, notamment Pascin*, Soutine*, Modigliani*, Chagall*, Vertès, Foujita*, Brancusi*. Des musiciens se joignirent à l'école de Paris, tels Beck, Harsányi, Martinu*, Mihalovici*, Tansman, Tcherepnine*. ▪ On appelle «seconde école de Paris» des peintres abstraits postérieurs à la Deuxième Guerre mondiale, tels que Staël*, Atlan*, Estève*, Vieira* da Silva.

**PÂRIS** [paʀis] ♦ Fils cadet de Priam* et d'Hécube*. Peu avant sa naissance, Hécube rêva qu'elle enfantait une torche qui incendiait Troie*. Craignant une malédiction, elle fit exposer l'enfant sur le mont Ida. Les bergers le recueillirent, l'élevèrent et lui donnèrent le nom d'*Alexandre* («protecteur des hommes»). Plus tard, il est reconnu et prend sa place à la maison royale. Choisi par les dieux comme juge dans la dispute opposant Héra*, Athéna* et Aphrodite* pour la pomme d'or lancée malicieusement par Éris (la Discorde) et dédiée «à la plus belle», Pâris donne la pomme à Aphrodite. Celle-ci lui promet l'amour d'Hélène* (la plus belle des mortelles). L'enlèvement d'Hélène, femme de Ménélas*, provoque la guerre de Troie. Dans *L'Iliade**, Pâris, l'auteur du rapt, est vaincu lors d'un combat singulier par Ménélas et sauvé au dernier moment grâce à l'intervention d'Aphrodite. C'est une de ses flèches, dirigée par Apollon, qui blesse mortellement Achille* au talon. Il est tué lui-même par Philoctète*.

**PÂRIS** [paʀi] (les frères) ♦ Financiers français dont le plus connu fut JOSEPH PÂRIS dit PÂRIS-DUVERNEY (Moirans, Dauphiné 1684 - Paris 1770). Chargé par le comte de Noailles des finances du royaume, il fut évincé par Law et tenta de s'opposer au «système» de ce dernier en créant une assemblée générale d'actionnaires ; mais il fut finalement exilé en Dauphiné. Après la banqueroute et la fuite de Law, il joua un rôle important dans la réorganisation des finances. De retour d'un nouvel exil, il fonda la première école militaire.

**PÂRIS** [paʀis] **(François DE) dit le diacre Pâris** ♦ Religieux français (Paris 1690 - *id.* 1727). Fils d'un conseiller au Parlement, janséniste ardent, il refusa d'être ordonné prêtre par humilité et fut l'un des «appelants» lors de la promulgation de la bulle *Unigenitus*. Il mena une vie consacrée à l'instruction du peuple et à la bienfaisance, distribuant toute sa fortune. Sa réputation de sainteté s'accrut encore après sa mort, dans les milieux jansénistes, et sa tombe, au cimetière Saint-Médard, fut le théâtre de manifestations d'hystérie collective des convulsionnaires. → **jansénisme.**

**PARISE (Goffredo)** ♦ Écrivain italien (Vicence 1929 - Trévise 1986). Parti d'une description très ironique de l'étouffement provincial (*Odeur de sainteté [Il prete bello]*, 1954 ; *Les Fiançailles*, 1956), son parcours romanesque le conduisit à aborder le thème de l'aliénation, moderne et existentielle, ce à quoi il s'employa en raréfiant peu à peu les déterminations socio-historiques de ses personnages jusqu'à en faire des protagonistes abstraits dans des textes d'une efficace froideur expérimentale (*Le Patron*, 1965 ; *L'Absolu naturel*, 1967). Sa dernière œuvre, les nouvelles de l'*Abécédaire* (*Sillabario n° 1*, 1972, et *n° 2*, 1982), laisse filtrer une sérénité un peu résignée mais imprévue après l'horreur déshumanisante de *Crematorio di Vienna* (1969).

**PARISIEN (BASSIN)** n. m. ♦ Cuvette sédimentaire limitée par des massifs anciens : le Massif armoricain à l'O., le Massif central au S., les Ardennes au N.-E. et les Vosges à l'E. Le Bassin parisien est formé d'une succession de couches sédimentaires approximativement concentriques, inclinées vers le centre de la cuvette où se trouve Paris et se terminant à l'E. par des cuestas : les plus anciennes affleurent sur le pourtour, les plus récentes apparaissent au centre. Il se divise en quatre grands ensembles : au centre, l'Île-de-France, formée de plateformes tertiaires souvent recouvertes de limons ; au N. et à l'O., la Picardie et la Normandie, plateaux crayeux, eux aussi recouverts de limons ; au S., les pays de la Loire, où plaines et plateaux alternent ; enfin, à l'E., les pays de «côtes» : Bourgogne, Champagne, Lorraine. Le Bassin parisien occupe en surface le quart du territoire national. Il est drainé par la Seine et ses affluents, la Loire, la Meuse, la Moselle.

Le **Parisien** ♦ Quotidien d'information populaire français lancé en 1944 et issu du mouvement de Résistance Organisation civile et militaire (OCM) dirigé par C. Bellanger et E. Amaury. Il parut jusqu'en 1986 sous le titre *Le Parisien libéré*. Devenu dans les années 1960 le premier quotidien du matin, diffusant principalement en Île-de-France, il connut un lent déclin marqué par un grave conflit social (1975 - 1977). Une nouvelle maquette et le passage à la couleur ont fait remonter ses ventes (1986).

**PARISIENNE (RÉGION)** → Île-de-France

**PARISIS** n. m. ♦ Petit pays de l'Île-de-France situé au N.-O. de Paris, limité par l'Oise, la Seine et le pays de France. Il fait partie du Val*-d'Oise.

**Paris-Match** ♦ Hebdomadaire français illustré lancé en 1949 par J. Prouvost*. Successeur du *Match* d'avant-guerre, il mêle, sur le modèle des magazines américains, grands reportages, faits divers et actualité, préférant l'image au texte. Il a été racheté en 1976 par D. Filipacchi.

**Paris-Soir** ♦ Quotidien français fondé en 1923 et racheté en 1930 par J. Prouvost*. En quelques années, ce dernier en fit le premier journal du soir. Grâce à la qualité de ses collaborateurs (P. Lazareff*, le photographe Renaudon), à l'importance accordée à la mise en page et aux illustrations, à sa neutralité politique et à la valorisation de certaines rubriques, tels les faits divers et le sport, *Paris-Soir* dépassa les 2 millions d'exemplaires en 1940. Replié en zone non occupée, le journal eut plusieurs éditions en province jusqu'en 1943, et une à Paris, contrôlée par les Allemands, qui a disparu en 1944.

**Paris, Texas** ♦ Film franco-allemand de Wim Wenders* (1984). Un homme marche dans le désert, muet et frappé d'amnésie. Recueilli par son frère, il reprend goût à la vie et tente de renouer le dialogue avec la femme qu'il a aimée et qui lui a donné un fils, avant de repartir, solitaire, vers son destin. Sur un mince scénario de Sam Shepard, Wim Wenders a brodé une subtile et émouvante variation sur le thème de l'errance, son motif de prédilection. Une musique lancinante de Ry Cooder accompagne ce *road movie*, Palme d'or au festival de Cannes. «Paris» désigne ici une petite bourgade au sud des États-Unis.

**PARIZEAU (Jacques)** ♦ Homme politique canadien (Montréal 1930). Économiste, fervent indépendantiste, il fut ministre des Finances du gouvernement Lévesque* (1976 - 1984) et joua un rôle important dans la politique de réformes économiques visant à permettre aux Québecois francophones de «prendre leurs affaires en main». Chef du Parti québécois (1987), il devint, au lendemain de la victoire de sa formation aux élections provinciales de sept. 1994, Premier ministre du Québec. Il démissionna de son poste en 1996, peu après l'échec du référendum sur la souveraineté du Québec.

**PARK (Mungo)** ♦ Chirurgien et explorateur britannique (Foulshiels, Selkirkshire 1771 - Boussa, Nigeria 1806). Lors d'une première expédition en Afrique (1795 - 1797), il atteignit Pisania (Gambie) où il rassembla des renseignements sur le peuple et la langue mandingues ; il poursuivit son voyage jusqu'au fleuve Niger dont il remonta le cours jusqu'en amont de Ségou ; mais l'hostilité des Maures l'obligea à rebrousser chemin. Décidé à mener à bien le projet d'Houghton* d'atteindre Tombouctou, il entreprit un second voyage (1805) au cours duquel il mourut sur le Niger. Son journal *(Travels in the Interior of Africa)*, rédigé pour le compte de l'*African Society*, fut publié en 1815 - 1816 ; il contient une précieuse documentation sur les Maures et les différents peuples de Sénégambie et des bords du Niger.

**PARK CHUNG-HEE** → **Pak Chŏnghŭi**

**PARKER (Charlie)** dit **Bird** ou **Yardbird** ♦ Saxophoniste alto et compositeur de jazz américain (Kansas City 1920 - New York 1955). Après avoir débuté à Kansas City en 1937, il joua à New York dans la formation d'Earl Hines* (1943), puis dans celle de Billy Eckstine (1944). Il y rencontra Dizzy Gillespie* avec lequel il forma un quintette qui fut à l'origine du be-bop. À la suite d'une dépression nerveuse, il cessa toute activité pendant plus d'un an (1946 - 1947). Il constitua ensuite un quintette avec notamment Max Roach* et Miles Davis*, alors à ses débuts. Certainement l'un des plus grands improvisateurs de l'histoire du jazz, il joua un rôle de tout premier plan dans le développement des formes modernes de cette musique. Princ. enregistrements : *Billie's Bounce, Koko* (1945), *A Night in Tunisia, Lover Man* (1946), *Don't Blame Me* (1947) ; *Salt Peanuts, Hot House* (avec Dizzy Gillespie, 1945 - 1953). ◆ **ÉTYM.** *Parker* est un mot anglais qui signifie «garde-chasse».

**PARKINSON (James)** ♦ Médecin britannique (Hoxton, Middlesex 1755 - Londres 1824). Il est connu par sa description de la paralysie agitante (dite *maladie de Parkinson*). ◆ **ÉTYM.** Ce nom anglais signifie «fils *(son)* de Parkin (nom de personne [de *Piers, Peter* "Pierre" et diminutif flamand *-kin*])».

**Parlement (Court)** – en angl. ***Short Parliament*** ♦ Nom du 4e Parlement anglais convoqué par Charles* Ier (avril à mai 1640). Sous la conduite de Pym* et de Hampden, il s'opposa au roi qui le renvoya. ♦ ***Long Parlement,*** en angl. ***Long Parliament*** Nom du 5e Parlement convoqué par Charles* Ier (1640 - 1660). Il fut «purgé» en 1648 et renvoyé par Cromwell*, rappelé à sa mort, et finalement contraint de se dissoudre lui-même par Monk*. ♦ ***Parlement Croupion,*** en angl. ***Rump Parliament*** Nom donné à ce qui restait du LongParlement «purgé» par Cromwell* (1648) et uniquement formé de puritains. ♦ ***Parlement Barebone,*** en angl. ***Barebone's Parliament*** Parlement (1653) par lequel Cromwell* tenta de remplacer le Long Parlement et qui prit le nom d'un de ses membres. Formé de puritains et d'anabaptistes, il déploya un zèle brouillon et fanatique. Cromwell préféra le renvoyer et se faire nommer protecteur. ♦ ***Parlement Convention*** Il succéda (1660) au Long Parlement, rappela Charles* II et pratiqua une politique de réaction (exécution de régicides, licenciement de l'armée républicaine).

**PARLER** ♦ Famille d'architectes allemands de la seconde moitié du XIVe s. ♦ **Heinrich Parler l'Ancien.** Il fut l'architecte de la cathédrale Sainte-Croix à Schwäbisch Gmünd (1351) en Souabe. ♦ **Peter Parler** (Schwäbisch Gmünd 1330 - Prague 1399). Il travailla en Bohème dès 1352, à la cathédrale Saint-Vit de Prague dont il fut le maître d'œuvre. En 1357, il construisit à Prague un pont sur la Vltava*, le pont Charles. Avec ses deux frères Michael et Johann von Gmünd, il travailla à la cathédrale de Strasbourg, au Dôme de Milan et à la cathédrale d'Ulm.

**Parliament Act** ◆ **ÉTYM.** angl. «loi sur le Parlement» ♦ Loi votée en 1911 en Grande-Bretagne visant à réduire les pouvoirs de la Chambre des lords. La durée des législatures fut ainsi ramenée de sept à cinq ans. De plus les Lords ne purent plus exercer leur pouvoir suspensif en matière financière et leur droit de veto concernant la ratification d'un projet de loi fut limité à deux ans. Ces mesures intervinrent après que les Lords eurent repoussé les mesures libérales proposées par Asquith* et Lloyd* George. En 1949, un nouveau Parliament Act ramena le droit de veto des Lords à un an, à condition que le projet de loi ainsi visé ne porte pas sur l'allongement de la législature d'un Parlement (un tel projet requérant alors l'unanimité des deux Chambres).

**PARMAIN** [95620] ◆ **ÉTYM.** p.-ê. de l'anc. fr. *parmain* désignant une variété de poire ou du lat. *Parmanus* «de Parme» ♦ Comm. du Val-d'Oise, arr. de Pontoise. 5 274 hab.

**PARME** – en it. ***Parma*** ◆ **ÉTYM.** p.-ê. de *Parma,* n. de riv. ♦ V. d'Italie, ch.-l. de prov., en Émilie-Romagne, entre l'Apennin et le Pô. 163 457 hab. *(Parmesans)*. Université fondée au XVe s. Cathédrale (XIIe s.) à campanile gothique et coupole décorée de *L'Assomption de la Vierge* par le Corrège, baptistère romano-gothique (XIIe - XIIIe s.), dû à Antelami qui l'orna de sculptures ; admirables fresques du XIIIe s. Églises Saint-Jean-l'Évangéliste (XVIe - XVIIe s.), avec des fresques du Corrège, et Santa Maria della Steccata (XVIe s.) avec des fresques du Parmesan. Palais de la Pilotta (XVIe - XVIIe s.) abritant la Galerie nationale et le théâtre Farnèse construit par G. B. Aleotti, sur le modèle de celui de Vicence*, en 1618 (restauré). «Chambre du Corrège» du couvent Saint-Paul décorée par le maître (→ **Corrège**). ▪ Indus. alimentaires (pâtes, sucreries). Indus. chimiques et mécaniques. Tourisme. La région produit un jambon renommé et le fromage appelé *parmesan.* ▪ Les célèbres violettes de Parme ont fait de la couleur *parme* un synonyme de mauve. ▮ **Histoire** Fondée par les Étrusques, elle devint en –183 une colonie romaine qui reçut sous Auguste le nom de *Julia Augusta.* Gibeline, alliée à Frédéric II, elle devint guelfe avec les Rossi, partisans du pape (1247). En 1344, Azzo Da Coreggio la vendit à Obizzo III d'Este qui la revendit en 1346 à Luchino Visconti. En 1511, Parme fut annexée par le Saint Siège et, lors du pontificat de Paul III, passa à son fils naturel Pier Luigi Farnèse* (1545). Les Farnèse régnèrent sur Parme et Plaisance jusqu'en 1731. Parme fut attribuée par la suite au fils d'Élisabeth Farnèse, don Carlos, qui la céda à l'Autriche (1735). Après la paix d'Aix-la-Chapelle (1748), elle fut attribuée à un autre fils d'Élisabeth Farnèse, don Philippe, qui eut pour successeur son fils Ferdinand. À la mort de ce dernier (1802), Napoléon annexa le duché de Parme et de Plaisance. Parme devint alors le chef-lieu du département du Taro et Cambacérès reçut le titre de *duc de Parme.* En 1814, Parme fut donnée avec Guastalla à l'ex-impératrice des Français, Marie-Louise, devenue la maîtresse, puis la femme de Neipperg. À sa mort (1847), Parme passa à Charles-Louis, duc de Lucques (descendant des Bourbon-Parme), qui en fut chassé en 1849. Son fils Charles III mourut assassiné en 1854. Le fils de ce dernier, Robert, régna sous la régence de sa mère Louise Marie-Thérèse de Bourbon, fille du duc de Berry. Il fut chassé en 1859 et le duché s'unit en 1860 au nouveau royaume d'Italie.

**PARMEGIANI (Bernard)** ♦ Compositeur français (Paris 1927). Il a consacré l'essentiel de sa production au domaine électroacoustique (*Capture éphémère,* 1968 ; *L'Enfer,* 1972 ; *De natura sonorum,* 1975 ; *Le Présent composé,* 1990). Il a également composé pour la danse, le cinéma, la télévision, la publicité...

**PARMÉNIDE** ◆ **ÉTYM.** en gr. *Parmenidês,* p.-ê. «qui appartient à Parménis» ♦ Philosophe grec de l'école d'Élée* (Élée v. –544 - v. –450). Il suivit vraisemblablement les leçons de Xénophane*. Il aurait été législateur de sa ville natale avant de gagner Athènes v. –504 où, avec son disciple Zénon* (d'Élée), il combattit la philosophie matérialiste des Ioniens*. Il nous est parvenu une cinquantaine de vers de son poème, *De la nature,* où il trace deux voies distinctes : celle de la Vérité qui affirme que seul l'être est et que le non-être n'est pas, que l'être est donc inengendré, impérissable, immuable, toujours identique à lui-même et sphérique ; celle de l'Opinion (ou de la *Doxa*), qui porte sur la pluralité en devenir et qui est celle d'une connaissance de second ordre où se mêlent inextricablement vérité et mensonge. Même si le Poème de Parménide est extrêmement difficile à reconstruire, au vu de l'état de nos sources, il peut être considéré comme «le premier discours ontologique de l'Occident» (C. Ramnoux). Son influence sur Platon et les néoplatoniciens fut considérable.

**Parménide** – en gr. *Parmenidês* ♦ Dialogue de Platon*. Socrate et ses interlocuteurs (Zénon d'Élée et Parménide) font un examen critique de la théorie des idées auquel fait suite un exercice dialectique sur la question de l'un et du multiple.

**PARMÉNION** ♦ Général macédonien (mort à Ecbatane v. –330). Lieutenant de Philippe II, puis d'Alexandre le Grand, il contribua à l'organisation de l'armée et aux victoires macédoniennes. Ayant voulu dissuader Alexandre de continuer sa campagne en Asie, il lui suggéra d'accepter la paix offerte par Darios. Impliqué dans un complot, il fut mis à mort.

**PARMENTIER (Antoine Augustin)** ♦ Pharmacien militaire et agronome français (Montdidier 1737 - Paris 1813). Apothicaire major de l'hôtel royal des Invalides (1772), il publia un travail consacré à l'examen chimique de la pomme de terre (1773), dont il répandit la culture en France. Cet ouvrage lui valut le prix fondé par l'académie de Besançon pour récompenser les recherches sur les végétaux de remplacement pour l'alimentation humaine. Auteur d'études sur la conservation des vins, des farines, des produits laitiers, il fut nommé premier pharmacien des armées et inspecteur général du service de santé (1805 - 1813) et contribua à promouvoir la vaccination antivariolique. [Acad. sc. 1795] ◆ **ÉTYM.** *Parmentier* est la contraction de *parementier* (artisan spécialisé dans les parements d'habits et par extension tailleur).

**PARMESAN (Francesco MAZZOLA,** dit en it. **il Parmigianino,** et en fr. **LE)** ◆ **ÉTYM.** «de Parme» ♦ Peintre italien (Parme 1503 - Casalmaggiore 1540). Issu d'une famille de peintres, il travailla à Parme avec le Corrège* dès 1519. À cette influence majeure s'ajoutèrent celles de Raphaël* et de Michel*-Ange, dont il connut les œuvres au cours d'un séjour à Rome (1524 - 1527). Il sut pourtant dominer ces leçons,

Le **Parmesan.** *La Vierge au long cou* (2,16 × 1,32 m).
Musée des Offices, Florence. *Phot. © Scala © Arch. Larbor*

et même sa virtuosité personnelle (*Autoportrait dans un miroir convexe*, 1523-1524, Vienne), pour élaborer un style où l'élégance un peu sophistiquée des formes n'exclut pas la vigueur : *La Vision de saint Jérôme* (1527, Londres), *La Madone à la rose* (1527, Dresde), *La Vierge au long cou* (1534 - 1540, Florence). Après avoir travaillé à Bologne, il regagna Parme en 1531 et y peignit les fresques de Santa Maria della Steccata, aux somptueuses figures bibliques ou décoratives (1531 - 1539). Portraitiste remarquable, il allia à la richesse aristocratique de ses effigies une psychologie faite de suggestion et de mélancolie : *Jeune Prélat* (galerie Borghèse, Rome), *La Femme au turban* (Parme), *La Courtisane Antea* ou *Femmes au renard* (Naples). Il exerça une grande influence dans toute l'Italie où furent diffusées ses gravures, et en France par le Primatice* et Niccolò* dell'Abate, qui furent les héritiers de son style.

**PARNAÍBA** n. m. (rio) ♦ Fl. du Brésil (1 414 km) qui marque la limite entre les États du Maranhão et du Piauí. Barrage et usine hydroélectrique de Boa Esperança.

**PARNASSE** n. m. → **ÉTYM.** en gr. ***Parnasos,*** du hittite *parna* «maison, demeure» ♦ Massif montagneux de Grèce, en Phocide. 2 457 m. Delphes* est située sur son versant S. Mines de bauxite. Station de ski. Dans l'Antiquité, le Parnasse avait un caractère sacré : Deucalion* et Pyrrha y abordèrent avec leur arche après le déluge ; l'antre corycien était consacré à Pan et aux nymphes ; les Muses* résidaient dans ses forêts, qu'elles quittèrent, d'après la tradition tardive, pour celles de l'Hélikon*.

Le **Parnasse contemporain** ♦ «Recueil de vers nouveaux», publié par l'éditeur Lemerre en 3 volumes successifs (1866, 1871 et 1876). Formulation théorique de ceux qui se voulurent, par réaction contre le romantisme, des «parnassiens», la première livraison notamment (qui contient des poèmes de Gautier*, Banville*, Leconte* de Lisle, Baudelaire*, Heredia*, Coppée*, Catulle Mendès*, Sully* Prudhomme, Verlaine* et Mallarmé*) atteste la vitalité d'un mouvement poétique comprenant des artistes de tendance et de valeur très diverses, mais rapprochés par des aspirations communes : la recherche de la perfection formelle et le culte de «l'art pour l'art» préconisé par Gautier.

**PARNELL (Charles Stewart)** ♦ Homme politique irlandais (Avondale, Wicklow 1846 - Brighton 1891). Issu d'une famille de grands propriétaires protestants d'origine anglaise, il se fit cependant le défenseur de la cause irlandaise (l'exécution de trois fenians, les martyrs de Manchester, en 1867, fut pour lui déterminante). Député aux Communes en 1874, il prit la tête du Parti autonomiste irlandais (Home Rule Party) dont il fit un parti puissant et discipliné. Redonnant son importance à l'action parlementaire, il joua, grâce à son énergie, à son autorité et à son habileté, un rôle considérable au Parlement, d'abord en reprenant la tactique de l'obstruction inaugurée par Biggar, ensuite en jouant le rôle d'arbitre entre conservateurs et libéraux. La grande crise agraire de 1878 le poussa à faire siennes les revendications de la paysannerie : il prit la direction de la Irish Land League et lutta contre la loi répressive de 1880. Emprisonné, il signa un compromis (Kilmainham Treaty), par lequel il s'engageait à faire cesser l'agitation, encore accrue par son incarcération, en échange de concessions du gouvernement britannique. Sa politique fut remise en cause par l'assassinat du secrétaire pour l'Irlande à Phoenix Park (1886). Accusé lui-même d'y avoir pris part, il démontra son innocence, et, grâce à sa position de force au Parlement et au ralliement de Gladstone* à l'idée de Home* Rule, il avait l'espoir de faire triompher ses vues quand sa carrière politique fut arrêtée : sa liaison avec la femme d'un de ses principaux collaborateurs, O'Shea, détourna de lui une partie de l'opinion puritaine, Gladstone, l'Église d'Irlande et finalement la majorité de son parti. → **ÉTYM.** *Parnell* était un nom de femme au Moyen Âge, du latin *Petronilla.*

**PARNÈS** n. m. – en gr. mod. ***Párnitha*** ♦ Massif boisé de Grèce (Attique) au N. d'Athènes. 1 413 m. Grotte préhistorique abritant à l'époque classique un sanctuaire de Pan.

**PARNY (Évariste Désiré DE FORGES,** vicomte **DE)** ♦ Poète français (île Bourbon 1753 - Paris 1814). Il est l'auteur de *Poésies érotiques* (1778 - 1781), hommage délicat à la grâce féminine. Rêve nostalgique de la femme aimée «Enfin, ma chère Éléonore», ou désir idyllique d'une paix intérieure «Projet de solitude», ces poèmes, par leur grâce et leur finesse, annoncent le lyrisme romantique. Certaines *Chansons madécasses* (1787) ont été mises en musique par Ravel* (1925 - 1926).

La **Parole en archipel** ♦ Recueil de poèmes de René Char* (1962), qui reprend des plaquettes antérieures (*Lettera amorosa*, 1953 ; *La Paroi et la Prairie*, 1952 ; *Poèmes de deux années*, 1955 ; *La bibliothèque est en feu*, 1956) et s'achève sur deux parties inédites (*Au-dessus du vent* et *Quitter*). Un madrigal de Monteverdi, la grotte de Lascaux, le musée Rodin, la région de L'Isle-sur-la-Sorgue, toutes les expériences de Char sont reprises dans une parole brève qui, au-delà de son hermétisme, se donne comme le surgissement de la poésie.

**Paroles** ♦ Recueil de poèmes de Jacques Prévert* (1945). Si le grand public garde surtout en mémoire les chansons de Kosma (*Les Feuilles mortes, Barbara*), l'œuvre n'en manifeste pas moins l'engagement libertaire de son auteur qui, dénonçant les militaires, le clergé, la petite bourgeoisie, sut créer un univers à la fois comique par le jeu sur les mots et les expressions prises au pied de la lettre, attachant et dépouillé. Les pièces les plus célèbres en sont «Tentative de description d'un dîner de têtes à l'Élysée», «Inventaire», «La Pêche à la baleine».

**Paroles d'un croyant** ♦ Œuvre de Lammenais* (1834). Dans cette œuvre «dédiée au peuple» et écrite dans un style d'inspiration biblique, l'auteur défend la démocratie comme étant fondée sur les Évangiles eux-mêmes. Parue peu après la condamnation du journal *L'Avenir* par le Saint Siège, elle fut également condamnée par l'encyclique *Singulari nos* (juil. 1834) et acheva la rupture de Lamennais avec l'Église catholique.

**PARON** [89100] ♦ Comm. de l'Yonne, arr. de Sens. 4 845 hab. Câbles.

**PAROPAMISOS** n. m. ♦ Anc. nom grec du Kōh-é Bābā* et des montagnes adjacentes en Afghanistan central. Le néologisme *Paropamisades* désigne parfois aujourd'hui l'ensemble du système montagneux de l'Afghanistan central, à l'O. de l'Hindū Kush*.

**PAROS** ♦ Île grecque de la mer Égée (Cyclades), à l'O. de Naxos. 194 km$^2$. Env. 11 000 hab. CH.-L. : Paros, port sur la côte O. (3 708 hab.). Église byzantine (VI$^e$ - X$^e$ s.) ; musée abritant notamment un *marbre de Paros,* fragment d'une table chronologique (→ **Arundel (marbres d')**) et une inscription sur la vie du poète Archiloque*, natif de Paros. ▪ Anc. carrières de marbre blanc du mont Marpissa. ▮ **Histoire** Colonisée d'abord par les Crétois, puis par les Ioniens, Paros florissait dès le -VIII$^e$ s. Ses ateliers de sculpture étaient fameux au -VI$^e$ s. Alliée des Perses en -490, l'île fut soumise plus tard par les Athéniens, puis passa successivement aux Macédoniens, aux Ptolémées et aux Romains. → **Cyclades.**

**PARQUES** n. f. pl. → **ÉTYM.** en lat. ***Parcae,*** de *parcere* épargner, allusion au fait qu'elles n'épargnaient personne ♦ Divinités du Destin dans la religion romaine, identifiées aux Moires* grecques. Elles étaient représentées sur le Forum par trois statues appelées les *Tria Fata,* les «trois Destinées».

**PARR (Martin)** ♦ Photographe britannique (Epsom 1952). Il a imposé la photographie documentaire en Grande-Bretagne, décrivant avec sens du détail, humour et décalage, voire cruauté, les conditions de vie de la classe populaire. Avec un goût prononcé pour le kitsch, il veut rendre le banal digne d'intérêt tout en observant

Martin **Parr.** *USA Californie, Venice Beach*, 1998. *Phot. © Martin Parr/Magnum*

le relâchement des liens communautaires, l'enthousiasme pour la société de consommation (*Common Sense*, 1989), la recherche frénétique des loisirs, le tourisme de masse (*One Day Trip*, 1989 ; *The Last Resort*, 1983 - 1986), la «foire aux vanités» de la classe moyenne anglaise (*The Coast of Living*, 1988 - 1989) et le luxe ostentatoire des nouveaux riches (*Luxury* 2009).

**PARRHASIOS** ♦ Peintre grec originaire d'Éphèse*, travaillant à Athènes* v. –400. L'un des maîtres, avec Zeuxis*, du tableau de chevalet qui remplaça alors la fresque monumentale, il fut cependant le principal adversaire de celui-ci. À l'innovation du jeu de lumière et d'ombre, il opposa la prépondérance du dessin et la force expressive de la ligne. Il traita des sujets mythologiques, toujours soucieux d'en dégager l'allégorie. Son tableau représentant le peuple athénien *(Dêmos)* suscita l'admiration des anciens.

**PARROCEL (Joseph)** ♦ Peintre, dessinateur et graveur français (Brignoles 1646 - Paris 1704). Issu d'une famille de peintres, il fut d'abord l'élève de son frère LOUIS (1634 - 1694), puis, à Rome, du peintre de batailles J. Courtois*. Admirateur de S. Rosa* et des Vénitiens, il revint en France en 1675 et devint membre de l'Académie en 1676. Il peignit quelques tableaux à sujet religieux, des scènes de genre et de chasse, mais se consacra surtout à la peinture de batailles et à des scènes de la vie de camp. Moins en faveur que Van* der Meulen, il obtint cependant quelques commandes officielles, grâce à l'appui de Louvois (onze tableaux pour Louis XIV). Tempérament imaginatif, il affectionnait les scènes mouvementées, employait une touche grasse et nerveuse et des éclats de couleurs rares ; il fut l'un des initiateurs des scènes de «fêtes galantes» (*La Foire de Bezons*, v. 1700).

**PARROT (André)** ♦ Pasteur protestant et archéologue français (Désandans, Doubs 1901 - Paris 1980). Il dirigea les fouilles de Lagash (1931 - 1933), Larsa (1933) et surtout Mari* (1933 - 1957). Il devint conservateur en chef au musée du Louvre (antiquités orientales et arts musulmans) en 1946. Auteur de *Archéologie mésopotamienne* (1946 - 1953), *Ziggurats et tour de Babel* (1949), *Mission archéologique de Mari* (1958 - 1959), *Sumer* (1960), *Assur* (1961) et fondateur des *Cahiers d'archéologie biblique* (1952). ➝ ÉTYM. *Parrot* est une variante de *Perrot*, hypocoristique de *Pierre*.

**PARRY** (sir **William Edward**) ♦ Navigateur britannique (Bath 1790 - Bad Ems 1855). Il a exploré les régions arctiques, en 1818 l'île de Baffin avec Ross, en 1821 - 1823 et 1824 - 1825 le N. du Spitzberg (ou Svalbard).

**PARRY** (îles) ➝ ÉTYM. du n. de sir William *Parry** qui faisait partie de l'expédition qui découvrit ces îles ♦ Partie de l'archipel arctique canadien (Territoires du Nord-Ouest, district de Franklin) au S.-O. de l'île Banks, baignée à l'E. par l'océan Glacial Arctique. Les îles principales sont Bathurst, Cornwallis, Melville et Prince-Patrick. Elles sont désertes et inhospitalières.

**PARSA** → **Persépolis**

**Parsifal** ♦ Drame musical en 3 actes et 5 tableaux, poème et musique de Richard Wagner* (Bayreuth, 1882). Inspiré de la légende du Graal, transmise par Chrétien de Troyes et adaptée par son disciple, le trouvère allemand Wolfram von Eschenbach, le poème de Wagner, conçu dès 1857, mêle la spiritualité chrétienne et la tradition ésotérique universelle. Séduit par la fascinante Kundry, fille du magicien Klingsor, le chaste Parsifal triomphe de ses ennemis en s'emparant de la lance de l'enchanteur. Par elle, il guérit la blessure du malheureux Amfortas et reconquiert le Saint-Graal dont il devient le roi, dans l'enchantement du Vendredi saint. Ultime message du compositeur, l'ouvrage développe une affirmation des pouvoirs du Bien sur le Mal, au sein d'une humanité régénérée par le sacrifice de l'artiste en qui s'incarnent, par le renoncement au monde, toute exigence et toute pureté. Son interprétation, dans un sens strictement chrétien, a inspiré à Nietzsche, par réaction, son *Zarathoustra*.

**parsis**

n. m. pl. ♦ Descendants des zoroastriens de Perse qui émigrèrent en Inde à partir du VIII^e s. pour échapper à la persécution musulmane (certains zoroastriens restèrent en Perse → **guèbres**). Ils se concentrèrent dans le Gujarat (Surat et surtout Bombay). Ils conservèrent leurs particularités, notamment la coutume de ne pas enterrer les morts mais de les exposer aux vautours sur des «tours du silence», pour ne pas souiller la terre. C'est auprès d'eux qu'au XVIII^e s. Anquetil-Duperron recueillit l'Avesta. Ils forment aujourd'hui une communauté prospère et européanisée d'env. 100 000 personnes.

**PARSONS** (sir **Charles Algernon**) ♦ Ingénieur britannique (Londres 1854-au cours d'une croisière aux Indes 1931). Inventeur d'un type de turbine à vapeur et à réaction encore utilisé sur un grand nombre de navires.

**PARSONS (Talcott)** ♦ Sociologue américain (Colorado Springs 1902 - Munich 1979). Auteur d'une sociologie de l'action sociale et de ses motivations, il considérait les rapports sociaux comme un ensemble d'informations (*The Structure of the Social Action*, 1937 ; *The Social System*, 1951 ; *Structure and Progress in Modern Society*, 1959).

**PÄRT (Arvo)** ♦ Compositeur autrichien d'origine estonienne (Paide 1935). Il passa sa jeunesse à Tallinn, et après une phase sérielle, s'intéressa au principe du collage (2^e *Symphonie*, 1966), puis à la musique des XIV^e, XV^e et XVI^e s. (3^e *Symphonie*, 1971). Il s'installa à Vienne (1980), puis à Berlin (1982), se consacrant de plus en plus à des œuvres ouvertement «ecclésiastiques», à la recherche du «silence éternel» au cœur même du son (*Passion selon saint Jean* pour 4 voix d'homme, chœur et orgue, 1982).

**Partage de midi** ♦ Drame en 3 actes de Paul Claudel* (1906). Cette pièce, par certains côtés autobiographique, a pour héros Mesa et Ysé, épouse de De Ciz, dont la rencontre, sur un navire à destination de l'Orient, va susciter la passion la plus exaltée que deux êtres puissent éprouver l'un pour l'autre. Interdit par les lois divines et humaines, cet implacable amour ne trouvera d'issue que dans la mort des deux amants.

**PARTHENAY** [79200] ➝ ÉTYM. anc. *Parteniacum*, du lat. *Parthenus*, n. de pers., et suff. *-acum* ♦ Ch.-l. d'arr. des Deux-Sèvres, sur la rive d. du Thouet. 10 466 hab. (aggl. 16 873) *(Parthenaisiens)*. Anc. collégiale Sainte-Croix du XII^e s. (clocher du XV^e s.). Restes des anc. églises des Cordeliers (XIII^e - XV^e s.) et Notre-Dame-de-la-Couldre (XII^e s.). Vestiges de l'anc. château du XIII^e s. et des remparts de la citadelle (portes). Pont gothique. Nombreuses maisons des XV^e et XVI^e s. Aux environs, à Parthenay-le-Vieux, anc. église prieurale Saint-Pierre, des XI^e et XII^e s. ▪ Marché agricole (bovins de race parthenaise). ▮ **Histoire** Importante étape sur la route de Saint-Jacques-de-Compostelle, Parthenay était au Moyen Âge la capitale de la Gâtine. La ville fut érigée en duché-pairie pour le maréchal de La Meilleraye en 1663 et acquise par le comte d'Artois en 1776. Elle fut pendant la guerre de Vendée l'un des foyers de l'insurrection royaliste, et l'armée républicaine de Westermann l'occupa en juin 1793.

**Parthénon** n. m. ➝ ÉTYM. gr. «salle des vierges» ♦ Temple d'Athéna*, le monument le plus prestigieux de l'Acropole* d'Athènes et de la Grèce. Son édification, décidée à l'instigation de Périclès*, fut confiée aux architectes Ictinos* et Callicratès* qui travaillèrent sous la direction de Phidias*. Construit de –447 à –432 en marbre pentélique sur les fondements d'un temple resté inachevé et incendié

**Parthénon.** Frise des Panathénées (159 m), détail. Musée de l'Acropole, Athènes. *BIS/Phot. Archaeological Receipts Fund © Archives Nathan*

par les Perses en -480, le Parthénon est un temple dorique périptère, de dimensions assez modestes (69,51 m × 30,88 m). Sa décoration sculpturale était l'œuvre de Phidias et de son atelier. La galerie extérieure comprend 46 colonnes doriques qui supportaient notamment la frise dorique (quelques éléments de 92 métopes de cette frise restent en place) et les frontons de deux façades (→ **Phidias**). L'intérieur, fermé sur les côtés longs par des murs, était ouvert aux façades avec des portiques à 6 colonnes doriques. La frise ionique des Panathénées entourait tout le temple sous le plafond des galeries. Entre le pronaos (vestibule d'entrée à l'E.) et l'opisthodome (vestibule arrière à l'O.), le temple proprement dit était divisé par un mur en deux parties, l'Hécatompédon («long de cent pieds») évoquait le temple archaïque, et le Parthénon dont le nom, d'origine discutée, devait désigner, à partir du -IVe s., l'ensemble de l'édifice. L'Hécatompédon (à l'E.) était le sanctuaire qui abritait la statue chryséléphantine d'Athéna, haute de 12 m, œuvre de Phidias. Une colonnade dorique, sur laquelle se superposait une deuxième rangée de colonnes plus menues, flanquait les trois côtés de la salle. Le Parthénon, orné de quatre colonnes ioniques, abritait peut-être les trésors sacrés et, plus tard, le trésor de la cité. ▪ Au VIe s., le Parthénon fut transformé en église de la Vierge. En 1687, lors de la guerre turco-vénitienne, le temple qui abritait une poudrière turque fut gravement endommagé quand un obus vénitien provoqua une explosion qui détruisit toute la partie centrale. Transformé ensuite en mosquée (1688 - 1749) avec l'adjonction d'un minaret, le Parthénon fut amputé de la plus grande partie de sa décoration sculpturale (dont les frontons) par lord Elgin* (1802). Ces sculptures sont exposées au British Museum. Le musée du Louvre et le musée de l'Acropole possèdent quelques éléments de la frise et des métopes.

**PARTHÉNOPE** – en gr. *Parthenopê* ♦ Nom semi-légendaire d'une anc. ville d'Italie (Campanie), fondée par les Grecs de Cumes* v. -600 et qui reçut en -500 le nom de *Palaiopolis* («ancienne ville») quand fut établie dans les environs *Néapolis*, sur le site actuel de Naples*.

**parthénopéenne (République)** ♦ Créée par Championnet* le 23 janv. 1799 sur le territoire du royaume de Naples* qui était gouverné par les Bourbons. Naples fut reprise le 13 juin 1799 par le cardinal Ruffo et Fra* Diavolo ; de violentes représailles furent exercées sur les libéraux napolitains qui avaient soutenu les Français.

**PARTHES** n. m. pl. ♦ Peuple semi-nomade, d'origine iranienne, installé au S.-O. de la mer Caspienne *(Parthie)*. Leur organisation sociale reposait sur la prééminence d'une aristocratie guerrière. Vers -250, ils fondèrent une dynastie indépendante de l'Empire séleucide. → **Arsace, Arsacides.** Avec Mithridate* Ier, leur puissance s'étendit en Iran (à partir de -160) et en Babylonie, conquise sur les Séleucides (-141). L'Empire parthe fut à son apogée sous Orode* II dont le général en chef (→ **Suréna**) écrasa les Romains (→ **Crassus**) à Carrhes (Harran) en -53. Les Parthes poussèrent jusqu'en Syrie et en Palestine, tinrent Antoine en échec en Arménie et, en -20, conclurent avec Rome un traité fixant leur frontière commune sur l'Euphrate. Par la suite, les luttes continuèrent et l'Arménie passa sous la suzeraineté romaine en 63. → **Corbulon.** Trajan l'occupa ainsi que la Mésopotamie et l'Assyrie (114 - 117), Septime Sévère saccagea Ctésiphon*, la capitale parthe, et étendit l'Empire romain jusqu'à Ninive (198 - 200). En 224, le dernier roi parthe (→ **Artaban**) fut vaincu par la révolte d'Ardachêr*, fondateur de la dynastie perse sassanide*.

**PARTHIE** ou **PARTHIÈNE** n. f. ♦ Anc. région située au N. du plateau iranien et au S.-E. de la mer Caspienne, dont elle était séparée par les montagnes d'Hyrcanie (Elbourz). Elle fit partie de l'Empire perse dès Cyrus II qui la conquit v. -540, passa à Alexandre le Grand (-331), puis à Séleucos Ier (-301), avant d'accéder à l'indépendance v. -250 et de devenir le foyer de l'Empire arsacide. → **Parthes.**

**PARTICELLI (Michel)** → **Émery (Michel Particelli d')**

**PĀRVATĪ** ◂ ÉTYM. sanskr. «celle de la montagne» ♦ Divinité hindoue, śakti de Shiva*, parfois considérée, sous le nom de Devī, comme une divinité suprême. Elle peut prendre une multitude d'aspects, dont les plus connus sont ceux de Kālī* et de Durgā*. Fille de l'Himalaya, elle représente la puissance de la nature.

**PARYSATIS** ♦ Reine des Perses (morte en -395), tante et épouse de Darios* II, mère d'Artaxerxès* II et de Cyrus* le Jeune. Voulant préparer pour ce dernier la voie du trône, elle lui fit donner le pouvoir en Asie Mineure. Après l'échec de l'attentat contre Artaxerxès II (-404), elle obtint la vie sauve pour son fils favori. Elle trempa encore dans de nombreux complots et empoisonna Stateira, épouse d'Artaxerxès II.

**PASADENA** ♦ V. des États-Unis (Californie), sur le versant N. des montagnes de Santa Monica, près de Los Angeles. 133 936 hab., dont 27 % d'Hispaniques, 19 % de Noirs et 8 % d'Asiatiques (zone urbaine 9 519 338). Siège du California Institute of Technology (Caltech), célèbre université privée comprenant de nombreux laboratoires de recherche (Nasa, observatoire du mont Palomar*). ▪ Centre commercial (produits agricoles de la vallée de San Gabriel) et résidentiel. La ville fut au XIXe s. un centre de villégiature et de repos (sanatorium).

**PASARGADES** ♦ Ancienne cité royale de Perse, d'où la famille achéménide était originaire, et dont Cyrus II le Grand fit sa capitale. Elle resta la capitale jusqu'à la fondation de Persépolis. Ruines situées près de Chirāz* et de Persépolis*. Tombeau de Cyrus II.

**PASCAL Ier** (saint) ♦ 98e pape (de 817 à 824). Romain. Il obtint de Louis le Pieux une Constitution (817) garantissant à la papauté la possession perpétuelle de ses territoires (→ **Étienne II, Adrien Ier**) et son indépendance à l'égard de l'Empire. Il couronna Lothaire (823) et envoya Ebbon* de Reims en Scandinavie. ▪ Fête le 11 fév.

**PASCAL II [Rainier]** ♦ (Bieda, près de Ravenne v. 1050 - Rome 1118). 158e pape (de 1099 à 1118). Il poursuivit l'action de Grégoire* VII dans la querelle des Investitures*. Henri IV lui opposa plusieurs antipapes : Théodoric (1100), Albert (1102), Sylvestre* IV (1105). Pascal II favorisa alors le fils d'Henri IV. Mais, quand celui-ci accéda au trône sous le nom d'Henri V, la lutte reprit (1106). Ni le concordat de Sutri (12 fév. 1111), ni l'emprisonnement du pape (fév. - avr. 1111) qui céda mais se rétracta (concile du Latran, 1112), ni la descente de l'empereur sur Rome (1117) ne résoudront le différend.

**PASCAL III [Guido DA CREMA]** ♦ (Crema, Lombardie, v. 1100 - Rome 1168). Antipape de 1164 à sa mort, contre Alexandre* III. Soutenu par Frédéric* Barberousse, il avait succédé à l'antipape Victor* IV (ou V).

**PASCAL (Blaise)** ♦ Mathématicien, physicien et philosophe français (Clermont-Ferrand 1623 - Paris 1662). ▮ **La machine à calculer** Son père, Étienne Pascal, qui avait remarqué ses dons exceptionnels, veilla sur son instruction et, venu habiter Paris (1631), le fit admettre aux réunions de savants de l'abbé Mersenne*, auxquelles lui-même participait. Auteur à seize ans d'un *Essai sur les coniques* dans lequel il généralisait des méthodes exposées par Viète*, Pascal conçut trois ans plus tard une machine arithmétique, dite *machine de Pascal*, capable d'effectuer les quatre opérations et qui lui valut immédiatement une grande célébrité ; il en fit exécuter une cinquantaine d'exemplaires (la première machine de ce type avait été réalisée par W. Schickard*, mais elle ne connut aucune diffusion et Pascal en ignorait l'existence). C'est durant cette période, à Rouen, que la famille subit l'influence janséniste (1639 - 1647). ▮ **Les études sur le vide** P. Petit étant venu effectuer devant son père et lui l'expérience de Torricelli (1646), Pascal la refit publiquement, puis, rentré à Paris, publia ses *Expériences nouvelles touchant le vide* (1647). N'osant pas encore affirmer l'absurdité de «l'horreur du vide», il imagina la célèbre expérience du puy de Dôme, réalisée par son beau-frère (le niveau de mercure baissant dans le tube à mesure qu'on s'élevait prouvait non seulement l'inexistence du vide mais aussi la pesanteur de l'air) ; cette entreprise permit à Pascal d'affirmer que «la nature n'a aucune répugnance pour le vide...». Il rédigea alors les traités de l'*Équilibre des liqueurs* et de la *Pesanteur de la masse de l'air* (publ. 1663), dans lesquels il décrivit des dispositifs expérimentaux et analysa les phénomènes d'hydrostatique, précisant la notion de pression et ébauchant une transposition du principe de Torricelli pour les systèmes pesants. ▮ **Mathématiques et géométrie** Mais ses contributions en mathématiques sont plus notables encore. Son fameux triangle (*Traité du triangle arithmétique*, 1654) se prête à de multiples usages (formation des nombres triangulaires et pyramidaux, combinaisons, puissances du binôme, «problème des partis»). Il est à la base de la «géométrisation du hasard», dont le point de départ fut une discussion avec le chevalier de Méré* et qui donna lieu à une longue correspondance avec Fermat*, dans laquelle ils fondèrent le calcul des probabilités. On lui doit également d'importants résultats en géomé-

Blaise Pascal par François Quenel le Jeune.
XVIIè s. Châteaux de Versailles et de Trianon.
*BIS /Phot. © Collection Archives Nathan*

trie projective (en particulier en ce qui concerne les coniques) ainsi que les bases du calcul infinitésimal (de l'intégration notamment). Il fut encore à l'origine du raisonnement par induction mathématique. De 1651 à 1654, fréquentant la société des «honnêtes gens» (notamment les libertins Méré et Miton), il prit conscience de l'importance de l'«art d'agréer» (art de séduire et de pénétrer les esprits) que l'on trouve dans une étude que certains lui attribuent, le *Discours sur les passions de l'amour* (1652). Poursuivant ses recherches scientifiques, il lança un défi à tous les mathématiciens sur la «roulette» (problème de la cycloïde), courbe qu'il étudia particulièrement, utilisant la technique des indivisibles qu'il avait admirablement mise au point (une méthode de calcul d'aire des figures). ▮ **Le jansénisme** Sous l'influence de sa sœur Jacqueline (entrée en religion), puis d'événements où il vit l'œuvre de la Providence, bouleversé enfin par son extase du 23 nov. 1654 (notée dans son *Mémorial*), il fit retraite à Port-Royal ; là, il se rapprocha des jansénistes (*Entretien avec M. de Sacy*) qu'il défendit dans les dix-huit lettres polémiques dites *Les Provinciales** (1656 - 1657), qui attaquaient les jésuites sur leur interprétation de la grâce. La conception mystique d'un Dieu caché apparaît dans les *Lettres à Mademoiselle de Roannez* et surtout dans les notes (appelées *Pensées**) relevées dès 1657 dans le dessein d'écrire une *Apologie de la religion chrétienne* qui aurait été destinée aux indifférents et aux incrédules. Ce désir de convaincre avait motivé *L'Art de persuader* (v. 1657) où s'exprimaient ses principes littéraires, qui annoncent la doctrine classique. ▮ **Un philosophe et un écrivain** Distinguant l'ordre naturel de l'ordre surnaturel, il fait appel dans son œuvre, successivement, à l'«esprit de géométrie» (le raisonnement mathématique) et à «l'esprit de finesse» (la logique du cœur). Homme de science et de foi, il veut entraîner l'adhésion par des démonstrations serrées, soutenues par des phrases impérieuses au vocabulaire dépouillé ; mais il sait aussi toucher l'imagination et le cœur par une «vraie éloquence», tantôt dramatique (répétitions, antithèses), tantôt pathétique (interrogations, exclamations passionnées), mais toujours mesurée. Cette recherche (sensible dans *Les Provinciales* et plus nettement dans les *Pensées*) d'un style «naturel», où l'expression (mise totalement au service de l'idée) veut être claire pour être efficace, apparaît significative de l'évolution de la prose française au XVIIe s. ♦ ***Principe de Pascal*** Principe d'hydrostatique pouvant s'énoncer ainsi : «Dans un fluide incompressible en équilibre, les pressions se transmettent intégralement.» ▪ Son nom fut donné à l'unité de pression. ➝ ÉTYM. Ce nom de famille signifie «relatif à Pâques».

**PASCAL (Jacqueline),** en rel. sœur **Sainte-Euphémie** ♦ (Clermont-Ferrand 1625 - Paris 1661). Sœur de Blaise Pascal*, elle entra à Port*-Royal (1652), influa sur la conversion définitive de son frère et fut, dans le groupe janséniste, une des plus fermes adversaires de tout compromis.

**PASCH (Moritz)** ♦ Logicien allemand (Breslau, auj. Wrocław 1843 - Bad Homburg 1930). On lui doit l'une des premières axiomatisations de la géométrie (1882).

**PASCIN (Julius PINKAS, dit Jules)** ♦ Peintre américain d'origine bulgare (Vidin, Bulgarie 1885 - Paris 1930). Né d'un père juif espagnol et d'une mère italienne, il se forma à Vienne puis à Munich. Pour gagner sa vie, il exécuta des dessins humoristiques et satiriques. Il arriva en 1905 à Paris, et participa dès 1912 - 1913 à de grandes expositions à Berlin, Cologne et New York («Armory Show»). Lorsque la guerre éclata, il se réfugia aux États-Unis. Au cours de voyages (Floride, Texas, Mexique, Cuba), il croqua sur le vif au crayon, à l'encre de Chine et à l'aquarelle, des scènes d'un humour parfois féroce (*Marché à La Nouvelle-Orléans*, 1918 ; *Le Matin au Pullman-car*, 1919). De retour à Paris en 1920, il mena une existence de noctambule fastueux, entrecoupée de voyages en Tunisie et en Algérie. ▪ Jusqu'en 1907, les dessins de Pascin, influencés par le style «Sécession» et le Jugendstil, étaient assez léchés, mais vibrant néanmoins grâce à l'utilisation du pointillé qui accompagne souvent le contour de la forme (*Le Café-Terrasse*, 1906 ; *Les Deux Filles*, 1907). À partir de 1908, malgré les influences du fauvisme, sa palette resta nuancée (*Femme nue debout*, 1908). En 1913, on peut percevoir, dans certaines de ses toiles, l'aspect nacré qui est l'une des caractéristiques de ses dernières œuvres (*Au bal Tabarin*). Sensible au cubisme, il raffermit ensuite son dessin d'où l'élément figuratif disparaît parfois complètement (*Femme dans un paysage*, 1916). Cette recherche du volume et de la structure est surtout visible dans les dessins qu'il exécuta en Floride (1915) ou à La Nouvelle-Orléans (1918). En 1918, il réalisa quelques sculptures inspirées par l'art primitif. C'est après son retour à Paris et ses voyages en Afrique du Nord qu'il affirma sa manière dite «nacrée». Le peintre disperse sur les corps de femmes allongées, enlacées une lumière cendrée, gonflée d'ombres (*Deux femmes*, 1928). La nostalgie, la voluptueuse tristesse de ses «filles», sa vie errante et dissipée, font de Pascin l'un des peintres «maudits» les plus représentatifs de l'école de Paris.

**PASCOLI (Giovanni)** ♦ Poète italien (San Mauro, Romagne 1855 - Bologne 1912). Après une enfance attristée par des deuils successifs (son père fut assassiné, sa mère mourut l'année suivante) et un court emprisonnement (1878) dû à sa participation aux mouvements politiques internationaux, Pascoli, qui avait été l'élève de Carducci* à Bologne, mena de pair sa carrière d'enseignant (Livourne, Bologne, Messine, Pise) et son œuvre de poète, à laquelle il put, à partir de 1895, se livrer dans sa maison de campagne de Castelvecchio, où il vécut auprès de sa sœur. ▪ Manifestant une sensibilité ouverte à la nature, aux spectacles d'une vie simple et sereine, il adopta un ton élégiaque dans le recueil *Myricae* (publié en 1891), d'inspiration pastorale, puis mêla la générosité sociale au lyrisme bucolique dans les deux volumes de *Poemetti* (1904 et 1909). En 1903, il donna son chef-d'œuvre : *Les Chants de Castelvecchio*. À partir de là, *Les Poèmes conviviaux* (*Poemi conviviali*, 1904) évoquent l'évolution de l'Antiquité que les *Poèmes italiques* (1911) tentent de faire revivre à partir de portraits psychologiques et littéraires. Dans cette veine moins heureuse prennent place *Les Chansons du roi Enzio* (1909) et les *Poèmes du Risorgimento* (posth. 1913). Ces thèmes se retrouvent dans les remarquables *Chants latins* (*Carmi latini*) que Pascoli composa de 1885 à 1911. Les deux volumes (posth. 1914 et 1930) sont composés de poésies lyriques, de chants inspirés de l'Antiquité romaine, avant de retracer le passage du paganisme au christianisme. ▪ La poétique de Pascoli (résumée dans les écrits intitulés *Le Petit Enfant*, [1897] où il compare le poète, selon une image déjà utilisée par Leopardi*, à un «petit enfant éternel qui voit tout avec émerveillement, comme la première fois») s'est révélée, aux yeux de la critique récente, comme douée d'une modernité (fragmentation du langage, onomatopées, analogies, impressionisme) que ne laissait pas présumer sa place dans les anthologies scolaires.

**PAS DE CALAIS** ➝ ÉTYM. «détroit de Calais» ; en angl. ***Strait of Dover*** «détroit de Douvres» ♦ Détroit entre la France et la Grande-Bretagne, large de 31 km et long de 180 km, qui permet le passage de la Manche à la mer du Nord. Deux lignes de trafic se croisent : dans le sens longitudinal passe l'essentiel du tonnage pour les ports de la mer du Nord en provenance et à destination de l'Atlantique ; dans le sens transversal, un grand nombre de ferries et d'aéroglisseurs relient Boulogne, Calais, Dunkerque, Ostende d'une part, Ramsgate, Douvres et Folkestone d'autre part. Ce trafic est modifié depuis 1994 par la mise en service d'un tunnel ferroviaire accessible aux voitures et aux poids lourds entre Calais et Douvres (➝ **Manche**).

**PAS-DE-CALAIS [62]** n. m. ➝ ÉTYM. du n. du *Pas* de Calais* ♦ Dép. du N. de la France, région Nord-Pas-de-Calais. 6 671 km². 1 441 568 hab. CH.-L. : Arras. CH.-L. D'ARR. : Béthune, Boulogne-sur-Mer, Calais, Lens, Montreuil-sur-Mer, Saint-Omer. Cour d'appel : Douai. Académie : Lille. ➝ **Nord-Pas-de-Calais.**

**PASDELOUP (Jules Étienne)** ♦ Chef d'orchestre français (Paris 1819 - Fontainebleau 1881). Fondateur de la société des Jeunes Artistes du Conservatoire (1851), il inaugura les Concerts populaires, au cirque d'Hiver, à Paris (1861), mettant ainsi la culture musicale à la portée d'un large public. Après une longue période d'interruption, les Concerts Pasdeloup reprirent en 1920, sous la direction de Rhené-Baton, puis d'Albert Wolff. ➝ ÉTYM. *Pasdeloup* évoque un lieu où passe le loup.

**PASEK (Jan Chryzostom)** ♦ Écrivain polonais (Węgrzynowice, près de Rawa, Mazovie v. 1636 - Niedzieliski ? v. 1701). Petit propriétaire terrien, il prit part aux guerres contre la Suède, la Hongrie, le Danemark et la Russie. Dans ses *Mémoires* (publ. seulement en 1836), il décrivit ses péripéties des années 1656 - 1688 et fit revivre la société de son temps. Son style, spontané, est celui d'un extraordinaire causeur. Selon Mickiewicz, les *Mémoires* sont «un monument historique et une œuvre d'art» ; ils restent une source d'inspiration pour les écrivains polonais modernes (Sienkiewicz*, Gombrowicz*).

**PASHTOUN(S)** ou **PAKHTOUN(S)** n. m. (pl.) ♦ Peuple de langue iranienne (pashtô/pakhtô) vivant entre les confins irano-afghans et la vallée de l'Indus (env. 20 millions). Au Pakistan, où ils représentent 13 % de la population, l'usage britannique a popularisé l'appellation indienne de Pathans pour les désigner. En Afghanistan, où ils constituent le groupe ethnique le plus important sans toutefois être majoritaires, ils sont couramment désignés par l'appellation persane d'Afghans (d'où le nom du pays). La scission politique du monde pashtoun date de la délimitation de la frontière indo-afghane en 1893. L'évolution ultérieure a été plutôt favorable aux Pashtouns pakistanais sur le plan économique mais politiquement plutôt favorable aux Pashtouns d'Afghanistan, qui y ont monopolisé le pouvoir. L'espoir d'une réunification né de la partition des Indes en 1947 ne se concrétisa pas, mais une idéologie panpashtoun a subsisté et entretient une tension permanente entre les deux pays (➝ **Pakhtunistan**). Subdivisés en nombreuses tribus apparentées les unes aux autres au sein d'une mégastructure généalogique complexe, d'une ampleur unique au monde, qui remonte à un ancêtre commun mythique, les Pashtouns sont des musulmans sunnites à l'exception de trois tribus totalement ou partiellement chiites dans les monts Sulaymān*. L'émigration de mercenaires est une tradition dont sont issues plusieurs dynasties indiennes (➝ **Lōdī**).

**PAŠIĆ (Nikola)** ♦ Homme politique serbe (Zaječar 1845 - Belgrade 1926). Fondateur du parti radical serbe (1880), condamné à mort en 1883, il s'exila et ne rentra en Serbie qu'en 1889. Il dirigea le gouvernement de 1891 à 1892, de 1904 à 1908 et de 1910 à 1918. Partisan d'une grande Serbie rassemblant tous les Slaves du Sud, il favorisa une alliance avec la Russie contre l'Autriche. En 1917, à la tête du gouvernement serbe en exil à Corfou, il signa avec les Croates et les Slovènes un pacte pour la création d'un royaume commun. → **Yougoslavie.** Premier ministre de 1921 à 1926, il mena alors une politique autoritaire et centralisatrice (Constitution de 1921) qui provoqua l'hostilité des Croates.

**PASIONARIA → Ibárruri (Dolorès)**

**PASIPHAÉ** ♦ Fille d'Hélios* (le Soleil) et d'une Océanide, sœur de la magicienne Circé*. Elle épouse Minos*, le roi de Cnossos*, et lui donne Ariane*, Androgée* et Phèdre*. Dans la légende, elle est célèbre surtout pour son union contre nature avec le taureau de Crète (**→ Minos**). Pour satisfaire sa passion, inspirée par Poséidon, Pasiphaé fait fabriquer par Dédale* une génisse de bois creux et s'enferme à l'intérieur, attirant ainsi l'animal. De cette union monstrueuse naît le Minotaure*. Jalouse des amours adultères de Minos, Pasiphaé lui jette un sort : de son corps sortent des scorpions et des serpents qui provoquent la mort de ses amantes.

**PASKEÏEVITCH (Ivan Fedorovitch)** ♦ Maréchal russe (Poltava 1782 - Varsovie 1856). Commandant de division, il se distingua durant les campagnes contre la France (1812 - 1814). Pendant la guerre contre la Perse, il fut nommé par Nicolas Ier commandant en chef de l'armée du Caucase (1825). Après avoir conquis l'Arménie persane, il s'empara d'Erevan (1827) et signa le traité de Tourkmantchaï (1828) par lequel le Caucase du Sud fut annexé à la Russie. En 1829, il se battit contre les Turcs, puis, promu feld-maréchal, réprima l'insurrection polonaise et entra à Varsovie* (8 sept. 1831), ce qui lui valut le poste de gouverneur général de la Pologne (1832). En 1849, il commanda les forces qui réprimèrent le soulèvement armé en Hongrie.

**PASMORE (Victor)** ♦ Peintre britannique (Chelsham, Surrey 1908 - Malte 1998). Après une période (1936 - 1947), au cours de laquelle il s'adonna à un style voisin de l'impressionnisme, il renoua avec l'art abstrait. Certaines de ses recherches étaient alors proches de Mondrian, mais encore marquées par l'emprise d'une «matière graphique» qu'il avait trouvée en particulier chez Van Gogh (*Motif ovale en ocre, brun et rose,* 1951). Il commença ensuite à travailler sur des reliefs et des constructions-montages. Dans ses œuvres les plus récentes, il créa des «espaces irrationnels», en utilisant des plans cassés, des lignes arrêtées qui découpent la surface principale, et les plans constitués d'éléments collés, en décrochement continuel (*Prospective Paintings,* 1971). Cette démarche très recherchée est réalisée avec une remarquable économie de moyens.

**PASOLINI (Pier Paolo)** ♦ Poète, romancier et cinéaste italien (Bologne 1922 - près de Rome 1975). Il manifesta sa passion pour la poésie populaire en réalisant une *Anthologie de la poésie populaire* que suivit le recueil *Poésie dialectale du XXe siècle.* Lui-même s'adonna à la création littéraire en composant divers ouvrages poétiques (*Poésie en forme de rose ; Où est ma patrie ?,* 1949 ; *Les Cendres de Gramsci,* 1957) à l'expression originale empruntant au dialecte du Frioul. Ont paru successivement *Les Enfants de la vie* (1955) qui évoque avec réalisme la jeunesse misérable des faubourgs de Rome, *Une vie violente* (1959) où l'écrivain dénonce les déchirements politiques et sociaux. Dès 1961, c'est par le cinéma que Pasolini accusa le monde bourgeois, recourant à l'allégorie et à la parabole dans *L'Évangile selon saint Matthieu* (1964), *Des oiseaux petits et gros* (*Uccellacci e uccellini,* 1965), *Œdipe roi* (1967), *Théorème** (1968), *Porcherie* (1970), *Les Contes de Canterbury* (1972). Dans *Médée* (1969), ses préoccupations morales et politiques se doublent de recherches psychanalytiques. ➝ **ÉTYM.** Ce nom de famille vient du prénom *Paci* (ou *Pasi* en Italie du Nord), du latin *pax* «paix».

Pier Paolo **Pasolini.** *Phot. © Coll. Rui Nogueira*

**PASQUA (Charles)** ♦ Homme politique français (Grasse 1927). Député UDR (1968 - 1973), sénateur RPR puis UMP (1977 - 1986, 1988 - 1993, 1995 - 1999, 2004 -), député européen (1999 - 2004), il fut ministre de l'Intérieur de 1986 à 1988 dans le premier gouvernement de cohabitation. Proche de J. Chirac, il s'en distingua toutefois à partir de 1988, notamment dans le domaine de la construction européenne, se faisant le défenseur de la tradition nationaliste du gaullisme. Lors de la deuxième période de cohabitation (1993 - 1995), il fut ministre de l'Intérieur et de l'Aménagement du territoire. Il fonda le Rassemblement* pour la France en 1999. ➝ **ÉTYM.** *Pasqua* vient du latin *paschalis* «pascal».

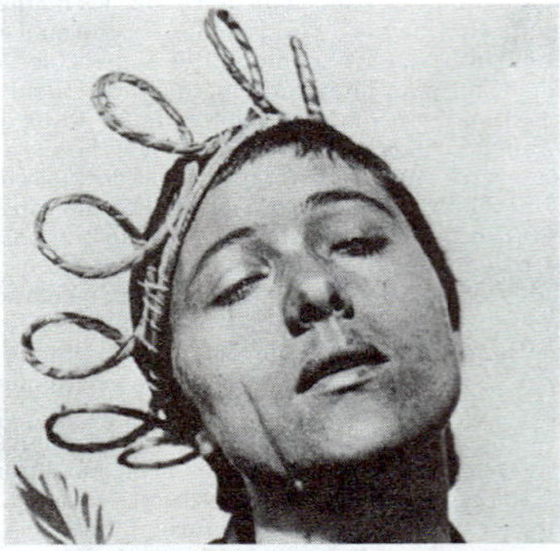

La **Passion de Jeanne d'Arc.** Renée Falconetti.
*Phot. © Coll. Rui Nogueira*

**PASQUIER (Étienne)** ♦ Avocat, humaniste et historien français (Paris 1529 - *id.* 1615). Après avoir donné des poésies galantes, il composa (de 1560 à sa mort) les 9 livres des *Recherches de la France* où il examinait avec probité et érudition les origines des institutions françaises, étudiant particulièrement les progrès de l'autorité royale. Abordant à la fois l'évolution des mœurs, des croyances, des idées et des lettres, intéressé par la dimension sociale du langage, il peut être considéré comme le premier historien de la France. ➝ **ÉTYM.** Ce nom vient de l'ancien français *paquier* «pâturage [ou droit sur les pâturages]».

**PASQUIER (Étienne,** baron **puis** duc**)** ♦ Homme politique français (Paris 1767 - *id.* 1862). Conseiller au Parlement, emprisonné sous la Terreur, il fut conseiller d'État et préfet de police sous l'Empire. Rallié aux Bourbons, il présida la Chambre des députés (1816), fut ministre de la Justice dans le cabinet Richelieu (1817 - 1818), ministre des Affaires étrangères dans les cabinets Decazes et Richelieu (1819 - 1821) puis devint pair en 1821. Rallié à Louis-Philippe qui le fit chancelier de France, il quitta la vie politique en 1848. [Acad. fr. 1842]

**PASQUIN** ♦ Type de valet de la commedia* dell'arte. Volubile et vantard, son insolence et sa gloutonnerie n'ont d'égal que sa ruse et sa sagacité.

**PASQUINI (Bernardo)** ♦ Compositeur italien (Massa Valdinievole 1637 - Rome 1710). Organiste de plusieurs églises romaines, il dirigea les concerts de la reine Christine de Suède, fut claveciniste du prince Borghèse et mit en scène de nombreux spectacles pour Ferdinand de Médicis. En outre, il joua devant Louis XIV, à Paris, et Léopold Ier, à Vienne. Il eut de nombreux disciples, dont Kerll, Krieger et D. Scarlatti. On lui doit de la musique pour clavier (toccatas, partitas, suites, sonates), de la musique vocale (airs, motets, cantates, oratorios) ainsi que de nombreux opéras. Dans son théâtre lyrique, Pasquini montre une prédilection pour les spectacles fastueux et les longs airs mélodiques très ornés. Son style devient plus dramatique dans ses dernières œuvres. C'est avec sa musique pour clavier qu'il donne toute sa mesure : sa virtuosité lui permet une plus grande liberté d'expression. Ses toccatas en deux mouvements annoncent le couple toccata et fugue.

**PASSAGE (LE)** [47520] ➝ **ÉTYM.** «lieu où l'on passe» et aussi «barrière» ♦ Comm. du Lot-et-Garonne, arr. d'Agen, sur la Garonne. 8 827 hab.

**PASSAMAQUODDY** (baie de) ♦ Baie de l'Atlantique à la frontière des États-Unis (Maine) et du Canada (Nouveau-Brunswick) ; elle s'ouvre sur la baie de Fundy.

**PASSARGE (Siegfried)** ♦ Voyageur et géographe allemand (Königsberg 1867 - Brême 1958). Il explora le Cameroun (1893 - 1894), le désert du Kalahari (1896 - 1899) et le Venezuela (1901 - 1902) et se consacra surtout à la géomorphologie.

**PASSAROWITZ** – auj. ***Požarevac*** ♦ V. de Serbie. L'Autriche, Venise et la Turquie y conclurent un traité en 1718 : la Turquie cédait à l'Autriche le Banat, la Valachie occidentale et la Serbie du N., mais reprenait la Morée à Venise.

**PASSAU** ➝ **ÉTYM.** probablt déformation de *Castra Batava,* n. de colonie romaine ♦ V. d'Allemagne (Bavière), au confluent du Danube et de l'Inn, à la frontière avec l'Autriche. 50 651 hab. Port fluvial. Belle ville baroque, foyer de la Contre-Réforme. ▮ **Histoire** Un traité y fut conclu (1552) entre Maurice* de Saxe et Ferdinand* Ier, agissant au nom de Charles Quint. Il assurait la liberté religieuse aux princes protestants.

**PASSERAT (Jean)** ♦ Humaniste et poète français (Troyes 1534 - Paris 1602), professeur d'éloquence au Collège royal. Il a laissé des satires, des poèmes, et contribua à *La Satire* Ménippée* (1594).

**PASSERO** (cap) ♦ Cap de l'extrémité S.-E. de la Sicile.

**PASSEUR (Étienne MORIN, dit Steve)** ➝ ÉTYM. *Steve* : forme angl. de *Étienne* ; *Passeur* : en souvenir d'une amie qu'il transportait en barque et qui l'appelait «mon petit passeur» ♦ Auteur dramatique français (Sedan 1899 - Paris 1966). Un humour glacé, un cynisme brutal dans la peinture de caractères passionnés jusqu'à l'extravagance ont fait l'originalité de son théâtre (*L'Acheteuse*, 1930).

La **Passion de Jeanne d'Arc** ♦ Film français de Carl Th. Dreyer* (1928), avec Renée Falconetti. Le procès de Jeanne la Lorraine, sa détermination face à ses juges, ses aveux suivis de sa rétractation, sa mort sur le bûcher. Le film tend au dépouillement des formes et à l'abstraction : des décors nus, des visages sans fard, une alternance oppressante de gros plans de Jeanne et de ses juges. Le résultat atteint à une force plastique saisissante. Ce fut le chant du cygne de l'art muet.

Les **Passions de l'âme** ♦ Ouvrage de Descartes* écrit en français et publié en 1649 à Paris. Il débute par une théorie de l'âme qui est localisée dans la glande pinéale. L'analyse des différentes passions qui suit cette partie proprement philosophique est subtile et d'une grande force littéraire. La définition de la générosité évoque Corneille.

**Passion selon saint Jean** ♦ Œuvre de J.-S. Bach* (BWV 245), entendue pour la première fois dans l'église Saint-Nicolas de Leipzig le 7 avr. 1724, et reprise dans une version révisée dans l'église Saint-Thomas le 30 mars 1725. C'est avec la *Passion* selon saint Matthieu* une des deux passions de Bach ayant survécu complètes. Des deux, c'est la plus courte et la plus dramatique.

**Passion selon saint Matthieu** ♦ Œuvre de J.-S. Bach* (BWV 244), entendue sans doute pour la première fois dans l'église Saint-Thomas de Leipzig le 11 avr. 1727, puis dans une version révisée le 15 avr. 1729, le 30 mars 1736 et dans les années 1740. Les textes libres sont de Picander. De dimensions considérables, l'œuvre possède, entre autres caractéristiques, celle de faire appel à deux orchestres, deux chœurs et deux groupes de solistes. L'audition intégrale dirigée par Mendelssohn* à Berlin en 1829 fut une étape essentielle dans la renaissance de Bach au XIXe s.

**PASSY (Hippolyte Philibert)** ♦ Homme politique et économiste français (Garches 1793 - Paris 1880). Député (1830), il affirma son opposition à la colonisation de l'Algérie. Ministre des Finances (1834, 1839 - 1840, 1848 - 1849) et du Commerce (1836), il fit partie de la commission contre l'esclavage (1841) et quitta les affaires publiques après le coup d'État de 1851. En économie, il fut un des promoteurs du libre-échange.

**PASSY (Frédéric)** ♦ Économiste français (Paris 1822 - Neuilly-sur-Seine 1912). Neveu d'Hippolyte Passy. Auteur d'ouvrages d'économie politique (*Leçons d'économie politique*, 1861), il est surtout connu comme fondateur de la *Ligue internationale de la paix* (1867) et de la *Société pour l'arbitrage entre les nations* (1870). [Prix Nobel de la paix 1901, avec Dunant]

**PASSY** [74190] ➝ ÉTYM. → Pacé ♦ Comm. de la Haute-Savoie, arr. de Bonneville. 10 104 hab. *(Passerands)*. Centrale hydroélectrique sur une dérivation de l'Arve. ▪ À proximité, réserve naturelle (2 000 ha) ; station climatique.

**PASSY** ♦ Anc. comm. du dép. de la Seine, située au N. d'Auteuil et annexée à Paris en 1860 (16e arr.). Hameau de bûcherons au XIIIe s., doté d'un pavillon de chasse (XVe s.) transformé en château au XVIe s., Passy connut une grande vogue au XVIIIe s. en raison des eaux ferrugineuses qui y furent exploitées. Des financiers y élevèrent alors de riches demeures, tandis qu'au XIXe s. venaient s'y installer artistes et écrivains (la maison de Balzac, dans la pittoresque rue Berton [l'entrée est aujourd'hui rue Raynouard]). Situé près du bois de Boulogne, c'est essentiellement un quartier résidentiel.

**PASTERNAK (Boris Leonidovitch)** ♦ Écrivain soviétique (Moscou 1890 - Peredelkino, près de Moscou 1960). Ami de Maïakovski*, il fut d'abord influencé par le futurisme. Son premier recueil (*Un jumeau dans le nuage*, 1914) révéla l'originalité de son talent. En 1922, son recueil de poèmes *Ma sœur la vie* le rendit aussitôt célèbre. Un second volume suivit en 1923, *Thèmes et Variations*. Sa poésie annonçait alors l'imaginisme par sa vision analytique des choses. En 1922, il fit paraître *L'Enfance de Luvers*, livre écrit en prose poétique et qui témoigne de ses dons d'observation. Il aborda le thème de la révolution dans ses poèmes *L'Année 1905* (1925 - 1926) et *Lieutenant Schmidt* (1926 - 1927). Puis, revenant à une poésie plus profondément individualiste, il publia en 1932 son recueil *La Seconde Naissance*. En 1931, parut un essai autobiographique, *Sauf-Conduit*. À cette époque, en désaccord avec la

Boris **Pasternak**.
*Phot. © USIS*

poésie soviétique officielle, il se consacra plus particulièrement à des traductions (poésie géorgienne, Shakespeare, Goethe, Shelley, Verlaine, Rilke). En 1943 et 1945 parurent successivement deux recueils de poèmes lyriques, *Dans les trains du petit jour* et *Espace terrestre*, suivis, durant l'après-guerre, des cycles *Poèmes tirés du roman* (1954) et *Quand il fera beau* (1956 - 1959). Enfin, c'est en Italie que fut publié son roman *Le Docteur* Jivago* (1957), son œuvre principale, interdit en Union soviétique jusqu'en 1988. En 1958, le prix Nobel de littérature lui fut décerné, mais il ne put le recevoir ayant été exclu de l'Union des écrivains soviétiques la même année. Pasternak fut totalement réhabilité en 1987. ➝ ÉTYM. Ce nom vient du russe *pasternak* «panais» (marchand de légumes).

**PASTEUR (Louis)** ♦ Chimiste et biologiste français (Dole 1822 - Villeneuve-l'Étang, près de Garches 1895). Ses premiers travaux concernèrent la cristallographie ; il découvrit la relation entre la forme et la composition d'un cristal et son pouvoir polarisant ; ces résultats ont été à la base de la stéréochimie. Mais il est surtout connu en tant que fondateur de la microbiologie. Toutes ses découvertes, même les plus fondamentales, eurent toujours pour point de départ un problème pratique. Le premier concernait la fermentation, les diverses maladies du vin et sa transformation en vinaigre (1863). C'est à cette occasion qu'il découvrit l'existence de micro-organismes spécifiques responsables de tous les phénomènes de fermentation ou de putréfaction, les «ferments», montra que les uns ne peuvent pas vivre sans oxygène, tandis que les autres sont anaérobies et que le chauffage rapide à 55 °C *(pasteurisation)* permet de les détruire. L'existence des organismes vivants responsables des réactions chimiques et la possibilité de vie en l'absence d'oxygène étaient deux hypothèses en opposition totale avec le savoir de l'époque. La première hostilité du milieu scientifique fut cependant rapidement vaincue grâce à l'efficacité immédiate de Pasteur. C'est aussi à cette époque que ces expériences lui permirent de réfuter définitivement la doctrine de la «génération spontanée». À partir de 1865 il s'intéressa (à propos des maladies ravageant les vers à soie) aux maladies infectieuses, et il montra que des micro-organismes spécifiques en étaient la cause. Étudiant le charbon des moutons, puis le choléra des poules et enfin la rage, il découvrit, avec C. É. Chamberland* et É. Roux*, que l'injection du microbe atténué rendait les animaux insensibles à la maladie : ce fut la découverte du vaccin préventif. C'est en 1885 que, assisté de Roux, il appliqua pour la première fois le vaccin à l'homme : il s'agissait du cas désespéré d'un enfant mordu par un chien enragé. Le succès assura à Pasteur une gloire mondiale. Convaincu que la science constituait le moyen d'améliorer le sort de l'humanité, ardent patriote, travailleur acharné (malgré la paralysie partielle dont il fut atteint à partir de 1868), expérimentateur habile et doué d'une grande intuition, Pasteur incarne toujours l'image du savant désintéressé totalement dévoué à sa tâche. [Acad. sc. 1862 ; Acad. fr. 1881]

**Pasteur (Institut)** ♦ Établissement scientifique français inauguré le 14 nov. 1888, fondé par souscription internationale selon le vœu de Pasteur* au lendemain de ses découvertes sur la rage. C'est une fondation privée reconnue d'utilité publique, avec pour activités essentielles : la recherche fondamentale (microbiologie, biologie du développement, immunologie) et ses applications biomédicales et biotechnologiques, l'enseignement post-universitaire, un centre de référence, des productions spécialisées (allergènes, vaccins, sérums) et des services (analyses, vaccinations, soins médicaux, transfusions sanguines). L'Institut est financé par l'État, les redevances industrielles et les dons privés. La maison mère est située à Paris (15e arr.), où travaillent plus de 3 000 personnes ; il existe en outre 32 instituts Pasteur en France et à l'étranger.

**PASTEUR VALLERY-RADOT (Louis)** ♦ Médecin et écrivain français (Paris 1886 - *id.* 1970). Petit-fils de L. Pasteur*, dont il publia les *Œuvres complètes* (1924 - 1939), la *Correspondance* (1952) et sur lequel il écrivit un ouvrage, *Pasteur, cet inconnu* (1954), il s'est spécialisé dans l'étude de l'anaphylaxie et des maladies du rein. [Acad. méd. 1936 ; Acad. fr. 1944]

**PASTO** ou **SAN JUAN DE PASTO** ♦ V. de Colombie, cap. du dép. de Nariño dans le S. de la cordillère des Andes. 383 846 hab. Marché d'une région agricole (pommes de terre, maïs, fèves ; élevage).

**PASTORET (Pierre,** comte puis marquis **DE)** ♦ Homme politique français (Marseille 1756 - Paris 1840). Procureur général syndic de la Seine (1791), député à la Législative (1791 - 1792) où il siégea parmi les monarchistes constitutionnels (feuillants*), il émigra après le 10 août 1792. Membre du Conseil des Cinq-Cents (1795), exilé après le 18 Fructidor (4 sept. 1797) jusqu'en 1800, il enseigna ensuite le droit et la philosophie tout en assumant diverses fonctions politiques, mais refusa de prêter serment en 1830. Il est l'auteur d'un *Éloge de Voltaire* (1779) et d'une *Histoire de la législation* (1817 - 1837). [Acad. fr. 1820]

**pastoureaux**

n. m. pl. ♦ Paysans qui formèrent des bandes vers 1250 pour aller délivrer Louis* IX en Égypte. Le mouvement dégénéra en pillages et les pastoureaux furent exterminés sur l'ordre de la régente Blanche de Castille (1251).

**PATAGONIE** n. f. ➛ **ÉTYM.** de *Patagones*, n. donné par Magellan aux indigènes de l'endroit, probablt allus. à *Patagón*, monstre à tête de chien dans un roman de chevalerie, et non un juron ♦ Région d'Argentine, au S. de la Pampa. → **Argentine** (carte). 800 000 km². Le nom de Patagonie s'applique à toute l'extrémité méridionale du continent américain (Argentine et Chili). On passe, du N. au S., du climat tempéré au climat froid subpolaire et de l'O. à l'E., des Andes pluvieuses couvertes de forêts et parsemées de lacs (Nahuel Huapi, Argentino) à un vaste plateau pierreux au climat aride, n'autorisant qu'une végétation steppique, sauf dans les vallées irriguées. L'élevage extensif d'ovins domine surtout dans les pâturages humides de la Terre de Feu. Sur le littoral, souvent escarpé, se sont aménagés des petits ports comme Trelew pour expédier les laines, le pétrole du Chubut, de Santa Cruz par Comodoro Rivadavia, le gaz et le pétrole de la Terre de Feu, le charbon de Río Turbio, le fer de Sierra Grande. Des mesures nationales ont privilégié les installations industrielles à Puerto Madryn (aluminium), le commerce et l'électronique à Ushuaia.

**PĀṬALIPUTRA** → **Patna**

**PATAN** – anc. ***Lalitpur*** ♦ V. du Népal, dans la vallée de Katmandou, et anc. capitale de l'État. 162 991 hab. C'est une ville-musée aux nombreux monuments du XVII^e^ s., réputée de fondation très ancienne. Artisanats divers (poterie, tapis, objets en bois).

**PATAÑJALI** ➛ **ÉTYM.** du sanskr. *pat* «voler, se hâter» et *añjali* «révérence» ♦ Philosophe et grammairien indien (v. –IIe s.), commentateur de Pāṇini*. Il est l'auteur d'aphorismes sur le yoga qui ont été révélés en Europe par Schopenhauer.

**patarins**

n. m. pl. ♦ Membres d'un mouvement religieux milanais et lombard (v. 1055 - 1075) qui luttèrent contre la richesse du haut clergé, dans le sens de la réforme grégorienne (→ **Grégoire VII**). Ce mouvement était orthodoxe, mais aux XIIe - XIIIe s. on appela aussi patarins les tenants des hérésies populaires lombardes proches des cathares*.

**PATAUD** ♦ Abri-sous-roche de Dordogne (comm. des Eyzies-de-Tayac-Sireuil). Son importante stratigraphie a permis de préciser la chronologie des débuts du Paléolithique* supérieur (Aurignacien*, Gravettien*). Des restes d'*Homo sapiens sapiens* et des œuvres d'art (peintures, sculptures) y ont été découverts par H. L. Movius entre 1958 et 1964.

**PATAY** [45310] ➛ **ÉTYM.** anc. *Papitagus*, du lat. *Papitus*, n. de pers. (de *pavitus* «frappé, battu»), et suff. *-acum* ♦ Ch.-l. de cant. du Loiret, arr. d'Orléans. 2 027 hab. *(Patichons)*. ▮ **Histoire** Défaite des armées anglaises devant Jeanne d'Arc le 18 juin 1429.

**PATCH (Alexander McCarrell)** ♦ Général américain (Fort Huachuca, Arizona 1889 - San Antonio, Texas 1945). Nommé général en 1942, il dirigea la défense de la Nouvelle-Calédonie, puis acheva la conquête de Guadalcanal*. En août 1944, il débarqua en Provence* à la tête de la VIIe armée, libéra la Franche-Comté puis, intégré au VIe groupe d'armées (Devers), il entra en Lorraine, en Alsace, en Allemagne (Worms, Heidelberg) ; obliquant vers le S., il conquit alors la Bavière. La 2e DB de Leclerc* était sous son commandement.

**PATENIER** ou **PATINIR (Joachim)** ♦ Peintre flamand (Dinant ou Bouvignes v. 1480 - Anvers 1524). Inscrit à la guilde d'Anvers en 1515, il fit en 1520 - 1521 la connaissance de Dürer* qui apprécia son talent. Il subit surtout l'influence de Bosch* *(La Tentation de saint Antoine)* et sans doute celle de Gérard David*. L'un des premiers, il modifia le rapport figure-paysage au profit de ce dernier. Son parti pris de vue plongeante lui permet de développer de vastes panoramas dont les détails sont rendus avec minutie et pittoresque et qui s'intègrent à l'ensemble de la composition grâce à une perspective aérienne, d'un chromatisme subtilement nuancé, et une

Joachim **Patenier.** *Paysage avec saint Jérôme,* détail. Musée du Prado, Madrid. *BIS/Phot. Oronoz © Archives Larbor*

ordonnance de plans à dominante successivement verte, brune et bleue. Il savait suggérer un climat poétique particulier *(La Fuite en Égypte)* et les formules qu'il fixa furent reprises par de nombreux paysagistes flamands au cours du XVIe s.

**PATER (Jean-Baptiste Joseph)** ♦ Peintre et dessinateur français (Valenciennes 1695 - Paris 1736). Fils d'un sculpteur ornemaniste, il fut en 1713 l'élève de Watteau*. Comme Lancret*, Pater imita son maître et peignit avec une facture légère et dans des tonalités claires des scènes galantes et des fêtes villageoises. Il représenta aussi des scènes de mœurs, notamment des *Femmes au bain* dont l'esprit galant plaisait au public. ➛ **ÉTYM.** Ce nom de famille vient du néerlandais et signifie «père supérieur» (surnom d'un homme grandiloquent).

**PATER (Walter Horatio)** ♦ Critique essayiste et romancier britannique (Shadwell, Londres 1839 - Oxford 1894). D'origine hollandaise, Pater fit ses études à Oxford, où il enseigna après avoir renoncé au sacerdoce qui le tentait. Ses cours d'esthétique eurent une grande influence sur la génération des années 1880 - 1890. Son culte de la beauté le conduisit en Italie où il admira les chefs-d'œuvre de la Renaissance, qu'il devait étudier dans *Studies in the History of the Renaissance* (1873). *Marius l'Épicurien*, roman procédant par évocations d'«états d'âme», constitue un bon exemple de l'esthétisme de la fin du XIXe s. On doit encore à Pater des *Portraits imaginaires* (1887) dont les héros «attendent tous un nouvel âge d'or, l'avènement d'une perfection éthique ou formelle» et de remarquables nouvelles comme *L'Enfant dans la maison* (1894).

**PATERSON** ♦ V. des États-Unis (New Jersey). 149 222 hab. dont 36 % de Noirs. Centre résidentiel et de commerce. Indus. variées (textile au XIXe s.).

**PATHANISTAN** n. m. → **Pakhtunistan**

**PATHÉ** (les frères) ♦ Ingénieurs français. ÉMILE PATHÉ (Paris 1860 - *id.* 1937) et CHARLES PATHÉ (Chevry-Cossigny 1863 - Monte-Carlo 1957). Ils fondèrent, avec Henri Lioret*, l'industrie phonographique française (ils remplacèrent le cylindre par le disque). Charles, premier fabricant de pellicule vierge, créa également le premier laboratoire de tirage de films (1905) et imagina, en 1909, le premier journal d'actualités cinématographiques. ➛ **ÉTYM.** Ce nom de famille vient de l'ancien français *paté* «qui a de larges pattes», surnom d'un homme lourdaud.

**Pathelin (La Farce de maître Pierre)** ♦ Farce française d'auteur inconnu (v. 1464). Avocat sans cause, Pathelin se voit reprocher par sa femme Guillemette de ne pouvoir lui donner du drap pour se vêtir. Il extorque à Maître Guillaume Joceaulme, le drapier, une pièce de drap qu'il s'engage à lui payer le soir même au cours d'un bon dîner. Quand Joceaulme arrive, prêt à faire bombance, il trouve Pathelin agité, en proie au délire. Guillemette le persuade qu'il a été victime d'une hallucination. Cependant, le berger du drapier, Thibaut l'Agnelet, assigné devant le juge par son maître et inquiet du châtiment qui l'attend pour avoir assommé plusieurs moutons, vient confier sa cause à Pathelin. Il est convenu que le berger ne répondra que par des bêlements aux questions du juge. Devant le tribunal, Joceaulme, stupéfait de revoir Pathelin en bonne santé, embrouille son discours, confondant soudain drap et moutons tandis que Thibaut bêle à perdre haleine. Hors de lui, le juge renvoie les parties dos à dos, mais lorsque Pathelin sollicite du berger ses honoraires, celui-ci répond à son tour par des bêlements. À trompeur, trompeur et demi. Cette joyeuse comédie de mœurs et de caractères est aussi la première comédie française.

**Pather Panchali** ➛ **ÉTYM.** «La Complainte du sentier» ♦ Film indien de Satyajit Ray* (1955) d'après le roman écrit en bengali de B. B.

Banerji*. La vie quotidienne d'un petit paysan du Bengale, Apu, dans un village voué à la misère. Ce film, adapté d'un classique de la littérature bengali, constitue le premier volet d'une trilogie cinématographique qui se poursuivra avec *Aparajito* (1956) et *Le Monde d'Apu* (1959), où l'on retrouvera le jeune héros affronté au rythme frénétique et aux désillusions de la « grande cité ». Il fut réalisé par un cinéaste débutant avec un budget dérisoire, dans une optique proche du film russe *L'Enfance de Gorki* (Marc Donskoï*, 1938) et, pour le style, du néoréalisme italien. Il révéla le cinéma indien à l'Occident et fut pour son auteur le point de départ d'une carrière prestigieuse.

**Pathet Lao** n. m. ➝ ÉTYM. « pays lao » ♦ Mouvement de résistance constitué en 1950 au Laos* autour du prince Souphanouvong* et allié à la résistance communiste au Viêtnam. Devenu en 1956 Front patriotique du Laos *(Neo Lao Haksat)*, il s'imposa en 1975 et profita de sa situation pour imposer à la direction du pays le Parti populaire révolutionnaire lao (communiste), tenu en retrait jusque-là.

**PATIALA** n. m. ♦ V. de l'Inde (Panjab). 323 309 hab. Anc. capitale d'un État princier, fondé en 1763. Centre commercial en voie d'industrialisation.

**PATIN (Gui)** ♦ Médecin et écrivain français (Hodenc-en-Bray, Picardie 1601 - Paris 1672). Docteur en médecine (1624), il fut successivement professeur, censeur et doyen de la faculté de médecine de Paris. Auteur de traités de médecine, il est davantage connu par ses *Lettres*, qui constituent une chronique de son époque.

**PATINIR (Joachim)** → **Patenier (Joachim)**

**PATINKIN (Don)** ♦ Économiste israélien d'origine américaine (Chicago 1922 - 1995). Ses travaux exposés dans *Money, Interest and Prices* (1956) déterminent un modèle économique dont l'équilibre global est fondé sur l'échange de quatre types de biens : les services du travail, les produits, les biens et services, la monnaie et les titres.

**PATIÑO (José)** ♦ Homme politique espagnol (Milan 1667 - San Ildefonso 1736). Il joua un rôle capital dans le redressement colonial et maritime de l'Espagne sous Philippe* V, dont il fut le principal conseiller à partir de 1733. Il fonda notamment les compagnies qui desservaient le Venezuela, les Antilles et les Philippines, et entreprit la construction de l'arsenal d'El Ferrol.

**PATMOS** ♦ Île grecque du Dodécanèse, au S. de Samos. 34 km². 2 534 hab. CH.-L. : Patmos. Monastère de Saint-Jean-le-Théologue (XIe - XVe s.) : fresques byzantines, bibliothèque de manuscrits et de codes. ▮ **Histoire** L'*Apocalypse* fut écrite à Patmos par un nommé Jean que la tradition identifie à l'évangéliste. L'empereur byzantin Alexis* Ier Comnène fonda le monastère (XIe s.) qui devint un centre de la vie monastique et qui abrita à partir de 1669 une école théologique.

**PATNA** ♦ V. de l'Inde, capitale du Bihar. 1 707 429 hab. Elle s'est développée sur le Gange, sur le site de Pataliputra, fondée au –VIe s. et anc. capitale au –IIIe s. de la dynastie des Maurya. La ville actuelle a d'importantes fonctions commerciales, industrielles et administratives.

**PATOČKA (Jan)** ♦ Philosophe tchécoslovaque (Turnov 1907 - Prague 1977). Il se place, par des textes sur la phénoménologie et sur l'art, dans la tradition de Husserl* (*Essais hérétiques sur la philosophie de l'histoire*, 1977). Un des fondateurs de la « Charte 77 », il fut l'une des figures de l'opposition au régime communiste. Il mourut peu après avoir subi des interrogatoires « poussés ». Ses écrits politiques de 1934 à 1977 ont été regroupés et traduits en français sous le titre : *Liberté et sacrifice : écrits politiques* (1990).

**PATOU (Jean)** ♦ Couturier français (Paris 1887 - *id.* 1936). Principal concurrent de Chanel, il imposa une ligne longue et fluide qui exaltait le style de la « garçonne ». Sa maison, ouverte en 1919, survécut à la crise de 1929 grâce aux succès de parfums tels « Amour-amour » ou « Que sais-je ? » et se perpétua après la mort de Patou. ➝ ÉTYM. Ce nom est probablement un surnom en rapport avec *patte* (celui qui a de grandes jambes ou une démarche pesante).

**PATRAS** – en gr. anc. ***Patrai***, en gr. mod. ***Patra*** ♦ V. de Grèce au N.-O. du Péloponnèse, ch.-l. du nome d'Achaïe*, à l'entrée du golfe de Corinthe. Aggl. 175 000 hab. Université. Château byzantin remanié par les Francs, les Vénitiens et les Turcs. Odéon romain restauré. 3e ville et port de Grèce après Athènes-Le Pirée et Salonique, 2e port de passagers grâce au développement des liaisons par ferry-boats avec l'Italie via Igoumenitsa et Corfou. Centre administratif de la Grèce occidentale. Indus. agroalimentaires, textiles (coton), chimiques. Cimenteries. ▮ **Histoire** Patras fut fondée par les Achéens qui réunirent trois bourgades habitées par les Pélasges, puis par les Ioniens et enfin par les Achéens. Pendant la guerre du Péloponnèse, elle fut l'alliée d'Athènes et, à l'époque macédonienne, participa à la Ligue achéenne. Sous les Romains, elle devint la première ville du Péloponnèse. Saint André* y prêcha et, selon la tradition, y aurait été crucifié. La ville résista en 805 aux Slaves du Péloponnèse révoltés contre les Byzantins. Elle était très prospère pendant la conquête franque (XIIIe s.). Les Vénitiens l'enlevèrent au despotat de Mistra (1408 - 1430) et aux Turcs (1687 - 1715). Incendiée par les Turcs en 1821, elle fut libérée en 1828 par le général Maison lors de l'expédition de Morée*.

**PATRICK** ou **PATRICE** (saint) ♦ Apôtre de l'Irlande (Cumberland, Grande-Bretagne v. 389 - Glamorganshire 461). Enlevé par des pirates d'Irlande, il passa là six ans en esclavage, acheva sa formation en Gaule, sans doute à Auxerre, auprès de saint Amatre, puis de saint Germain*, et repartit évangéliser l'Irlande (432) sans qu'on puisse préciser le détail de son action. Patron de l'Irlande, où la Saint-Patrick (17 mars) est fête nationale. ➝ ÉTYM. *Patrice* vient du latin *Patricius* « le patricien ; celui qui appartient à la noblesse » (de *pater* « père »).

Le **Patriote français** ♦ Journal fondé en mai 1789 par Brissot*. Il fut interdit après la publication du 1er numéro, mais reparut de juil. 1789 à août 1793 et fut l'un des principaux organes des girondins (ou brissotins).

**patriotes**

n. m. pl. ♦ Nom donné lors de la Révolution française aux partisans des idées nouvelles. Sous l'Assemblée* nationale constituante, ils s'opposèrent aux aristocrates et aux monarchiens*. Les patriotes ne formaient pas cependant un groupe politique homogène ; l'aile droite était constituée de monarchistes constitutionnels (La* Fayette, Talleyrand*, Sieyès*) ; plus à gauche se trouvait alors le triumvirat Barnave*, A. Lameth*, Duport*, lesquels se joignirent aux monarchistes constitutionnels en 1791 ; à l'extrême gauche enfin, des démocrates, partisans du suffrage universel (l'abbé Grégoire*, Pétion* et Robespierre*). On a parfois appelé « patriotes du 10 août 1792 » les girondins*, par opposition aux « patriotes du 2 septembre 1793 », désignant les montagnards.

**Patriotes** (ligue des) ♦ Ligue nationaliste fondée en 1882 par Déroulède*, avec pour journal *Le Drapeau* (1882 - 1889), favorable à une démocratie plébiscitaire (antiparlementaire) et souhaitant une prompte revanche militaire sur l'Allemagne. Elle défendit le boulangisme et fut pour cette raison dissoute par le gouvernement (1889). Reconstituée en 1895 sous le nom de Ligue patriotique des intérêts français, elle fit partie des mouvements antidreyfusards. Dirigée par Barrès (1914), puis Castelnau (1923), elle disparut à la veille de la Deuxième Guerre mondiale.

**PATROCLE** – en gr. ***Patroklês*** ♦ Héros de la guerre de Troie* dans *L'Iliade** et les poèmes cycliques. Son amitié avec Achille* reste proverbiale. Fils du roi de Locride, il doit s'exiler très jeune, après un meurtre commis dans un accès de colère. Accueilli et purifié par Pélée, il devient le compagnon de son fils Achille et prend part à l'expédition grecque. Quand Achille se brouille avec Agamemnon, Patrocle le suit dans sa retraite. Mais devant le péril qui menace l'armée achéenne, autorisé par Achille, il revêt l'armure de celui-ci, repousse les Troyens, tue plusieurs d'entre eux, mais est tué lui-même par Hector* en combat singulier. La nouvelle de sa mort détermine le retour d'Achille au combat. Il reprend le cadavre de son ami et lui fait des funérailles grandioses.

**Patrologie** n. f. ♦ Collection des écrits des Pères de l'Église. *Patrologie latine* (217 vol. in-4°, 1844 - 1855) et *Patrologie grecque* (162 vol. in-4°, 1857 - 1866) éditées par l'abbé Migne*.

**PATRU (Olivier)** ♦ Avocat français (Paris 1604 - *id.* 1681), réformateur de l'éloquence judiciaire. Admis (1640) à l'Académie française, il fut à l'origine du traditionnel discours de remerciement. Connu pour son amitié avec Boileau, il fut aussi l'auteur de la *Vie de Perrot d'Ablancourt* (publ. 1681) et l'un des principaux rédacteurs du *Dictionnaire* de Richelet*.

**PATTI (Adelina)** ♦ Cantatrice italienne (Madrid 1843 - Craig-y-Nos Castle, près de Swansea 1919). Soprano léger, elle débuta à New York dans *Lucie de Lammermoor* (1859) et fit ensuite une des carrières les plus glorieuses de toute l'histoire du théâtre lyrique. Elle triompha dans les rôles de Chérubin des *Noces de Figaro*, Zerline de *Don Juan*, Rosine du *Barbier de Séville*, Marguerite de *Faust*, et dans le répertoire italien du XIXe s.

**PATTON (George)** ♦ Général américain (San Gabriel, Californie 1885 - Heidelberg 1945). Spécialiste des chars, il débarqua au Maroc en nov. 1942 à la tête d'une division blindée, combattit en Tunisie et en Sicile (1943), puis commanda la IIIe armée américaine, tenue en réserve lors du débarquement de Normandie. Il exploita victorieusement la trouée d'Avranches et atteignit Rennes le 4 août 1944. Il lança alors ses troupes dans toute la Bretagne puis, laissant aux Forces* françaises de l'intérieur le soin d'en achever la libération, il se retourna vers l'E., libéra Orléans et Chartres (17 et 18 août), puis Nancy (15 sept.), Metz et ses forts (22 nov. - 13 déc.) ; enfin, il contre-attaqua en direction de Bastogne* lors de l'offensive de Rundstedt* dans les Ardennes* (déc.). Après d'importants succès en mars 1945 près de Mayence, il franchit le Rhin le 22 à Oppenheim, entra à Leipzig (14 avr.) puis en Bohême. Il dut s'arrêter, sur ordre, à 90 km de Prague pour laisser le champ libre aux Soviétiques. Le 25 avr., il fit sa jonction avec les forces de Koniev*. Il fut tué dans un accident d'automobile. → **Guerre mondiale (Deuxième).** → **ÉTYM.** *Patton* vient de l'anglais *Pat (Pate)*, abréviation du prénom *Patrick*.

**PÁTZCUARO** ♦ V. du Mexique central (État de Michoacán), près du lac du même nom. 51 124 hab. Nombreux monuments coloniaux ; basilique Nuestra Señora de la Salud (1543) ; musée des Arts populaires. L'île de Janitzio, au centre du lac, est célèbre pour ses pêcheurs utilisant les filets «papillon».

**Pátzcuaro.** Pêcheur et filet «papillon». *Phot. © Arch. Rencontre*

**PAU** [64000] → **ÉTYM.** occit. «pieu, palissade» ♦ Ch.-l. du dép. des Pyrénées-Atlantiques, sur le gave de Pau. 78 732 hab. (aggl. 149 852) *(Palois).* Le château du XIII$^{e}$ s., donjon du XIV$^{e}$ s., restauré au XIX$^{e}$ s., renferme de très belles tapisseries des Gobelins et des Flandres, ainsi qu'une importante documentation sur Henri IV (né à Pau) et un musée régional du Béarn. Musée des Beaux-Arts : peintures espagnoles, flamandes, françaises et italiennes. Musée Bernadotte dans la maison natale du futur Charles* XIV de Suède. ▪ Université. Cour d'appel. École des troupes aéroportées parachutistes. Complexe chimique et d'électrométallurgie de l'aluminium fondé sur le gaz de Lacq*. Construc. aéronautiques. Chimie. Agroalimentaire. Circuit automobile en ville. Hippodrome. ▮ **Histoire** Les vicomtes de Béarn bâtirent un château autour duquel le village se développa. Au XV$^{e}$ s., Pau devint la capitale du Béarn, puis celle des rois de Navarre. Le futur Henri IV y naquit en 1553, sa mère Jeanne d'Albret, convertie au protestantisme, y persécuta les catholiques. Quand elle mourut, Catherine, sœur d'Henri, devint régente du Béarn. En 1620, Louis XIII rétablit le culte catholique dans la ville, et le Béarn fut réuni à la Couronne.

**PAU** (gave de) → **ÉTYM.** du n. de la v. de *Pau** ♦ Riv. des Pyrénées occidentales (120 km) formée de plusieurs gaves (Gavarnie et Héas) qui descendent des cirques de Gavarnie et de Troumouse. Il arrose Argelès, Lourdes, Pau, Orthez, et se jette dans l'Adour à 20 km de l'océan Atlantique. Il alimente une quinzaine de centrales hydroélectriques.

**PAUILLAC** [33250] → **ÉTYM.** anc. *Pauliacus*, du lat. *Paullius*, n. de pers., et suff. *-acum* ♦ Ch.-l. de cant. de la Gironde, arr. de Lesparre-Médoc, sur la Gironde. 5 175 hab. *(Pauillacais).* Port sur la Gironde. Station de radoub. Vins célèbres (château-lafite, château-latour, mouton-rothschild).

**PAUL** (saint) → **ÉTYM.** gr. *Paulos*, du lat. *Paulus* ; son nom juif est *Saül* ♦ (Tarsus v. 5-15 - Rome entre 62 et 68). Apôtre* du christianisme, dont nous connaissons la vie et l'œuvre par ses épîtres* et par les Actes* des Apôtres. D'une famille pharisienne, il persécuta d'abord les premiers chrétiens, mais fut convaincu de la messianité du Christ à la suite d'une vision sur le chemin de Damas (vers 32). Il prit alors contact avec les disciples de Jésus et prêcha en Syrie et en Cilicie. Vers 43, il rejoignit Barnabé* à Antioche où l'Église leur confia une mission d'évangélisation : c'est au cours de cette mission qu'il devint l'«Apôtre des gentils», non pas en s'adressant aux païens, mais en rompant avec la tradition qui exigeait qu'ils se fissent juifs avant d'être chrétiens. En dépit de la vive opposition qu'elle suscita, cette attitude lui permit de fonder, avec l'aide de ses compagnons (Barnabé, Silas*, Timothée*, Tite*) plusieurs communautés chrétiennes au cours de trois voyages dans l'Orient hellénisé : Asie Mineure (Galatie, Éphèse), Macédoine (Philippes), Grèce (Corinthe). Arrêté à Jérusalem (les Romains voyaient en lui un fauteur de troubles), assigné à résidence à Césarée (vers 57 - 59), il fut transféré à Rome (vers 60) et sans doute exécuté après 62. ▪ Fortement contestée de son vivant par l'Église de Jérusalem (saint Pierre* et surtout saint Jacques*), l'œuvre de Paul fut exaltée par les Actes des Apôtres et son influence assurée par l'intégration de ses lettres au corpus du Nouveau Testament. Malgré le danger d'une interprétation extrémiste (il inspira aussi bien Marcion* que Mani*), elle contribua à transformer le christianisme en religion nouvelle en établissant qu'Israël n'avait plus le privilège d'être le seul peuple élu : destinataires de la grâce, les païens n'ont aucune raison de se soumettre aux prescriptions du judaïsme (la «circoncision»). Après avoir marqué saint Augustin*, le paulinisme influença durablement toute la pensée moderne, aussi bien catholique que protestante. ♦ ***Les «Épîtres de Paul»*** Parties du Nouveau Testament* : on considère généralement comme authentiques les lettres aux Romains*, aux Corinthiens*, aux Galates*, aux Philippiens*, la première lettre aux Thessaloniciens* et celle à Philémon* ; certains ajoutent la deuxième lettre aux Thessaloniciens et la lettre aux Colossiens*. La lettre aux Éphésiens*, les lettres à Timothée* et à Tite* seraient dues à des disciples de Paul. L'Épître aux Hébreux* a été intégrée tardivement au corpus. Une épître aux Laodicéens, apocryphe, figure souvent dans les manuscrits latins de la Bible et dans les versions romanes ou occitanes. Les Actes de Paul et l'Apocalypse de Paul sont apocryphes, de même que la Correspondance de Paul et de Sénèque.

**PAUL I$^{er}$** (saint) ♦ 93$^{e}$ pape (de 757 à 767). Romain. Frère du pape Étienne* II, il réorganisa le pouvoir temporel de la papauté (pouvoir que son «primicier» Christophe exerça durement) et renouvela l'alliance avec Pépin le Bref. Il accueillit les moines byzantins chassés par les iconoclastes*. ▪ Fête le 28 juin.

**PAUL II [Pietro BARBO]** ♦ (Venise 1417 - Rome 1471). 209$^{e}$ pape (1464 - 1471). Il échoua dans ses efforts pour organiser une croisade contre les Turcs et dans ceux qu'il déploya contre Louis* XI pour faire rapporter la pragmatique* sanction de Bourges. Il supprima les abréviateurs apostoliques, ce qui le fit passer pour ennemi des humanistes, qui bénéficiaient jusqu'alors de cette sinécure.

**PAUL III [Alessandro FARNESE]** ♦ (Canino 1468 - Rome 1549). 218$^{e}$ pape (1534 - 1549). Cardinal à 26 ans, prince humaniste et fastueux, il n'en fut pas moins le pape de la Réforme catholique (→ **Contre-Réforme**) : préparation et réunion du concile de Trente* (1545) qu'il suspendit en 1549 par suite de désaccords avec Charles Quint ; approbation de la Compagnie de Jésus* (1540) ; réorganisation de l'Inquisition* (1542) ; nomination de cardinaux acquis à l'idée de réforme. Il fit élever à Rome le palais Farnèse* par Sangallo* le Jeune puis par Michel*-Ange, fit exécuter par celui-ci le *Jugement dernier* de la Sixtine* (1536 - 1541) et les fresques de la Pauline* (1542 - 1550) et lui confia la direction des travaux de Saint*-Pierre (1546). ▪ Stendhal s'inspira du personnage d'Alexandre Farnèse jeune pour le caractère de Fabrice* del Dongo dans *La Chartreuse de Parme*.

**PAUL IV [Gian Pietro CARAFA]** ♦ (près d'Avellino, Campanie 1476 - Rome 1559). 221$^{e}$ pape (1555 - 1559), ancien évêque de Chieti (1504), archevêque de Brindisi (1518), fondateur, avec saint Gaétan de Thiène, de l'ordre des théatins (Rome, 1524), cardinal archevêque de Naples (1536). Il fut un pape sévère et réformateur (→ **Contre-Réforme, Inquisition**), fit publier un catalogue des livres prohibés (1559 ; → **Index**), mais se montra méfiant à l'égard du concile de Trente* qu'il ne rouvrit pas. Hostile à la domination espagnole sur le royaume de Naples, il dut signer la paix après la défaite de son neveu Carlo Carafa* et l'invasion des États pontificaux par le duc d'Albe* (1556).

**PAUL V [Camillo BORGHESE]** ♦ (Rome 1552 - 1621). 231$^{e}$ pape (1605 - 1621). Il fit appliquer les décrets du concile de Trente sur la résidence des clercs, excommunia le doge et le Sénat de Venise (1606 ; l'arbitrage d'Henri IV mit fin au conflit en 1607), condamna les théories de Galilée* et de Copernic* (1616), fit achever Saint*-Pierre par Maderna*.

**PAUL VI [Giovanni Battista MONTINI]** ♦ (Concesio, Brescia 1897 - Castel Gandolfo 1978). 260$^{e}$ pape (1963 - 1978). Ordonné en 1920, il fit presque toute sa carrière à la secrétairerie d'État, dont il était prosecrétaire pour les affaires ordinaires quand Pie XII, en 1954, le nomma archevêque de Milan sans le créer cardinal, en sorte qu'il ne participa pas au conclave de 1958. Il fut créé cardinal la même année par Jean XXIII. Dès son élection à la papauté, il annonça sa volonté de poursuivre dans la voie tracée par Jean XXIII. Il continua le II$^{e}$ concile du Vatican* dont il prolongea l'esprit «œcuménique» par des gestes de portée mondiale : voyage à Jérusalem où il rencontra le patriarche de Constantinople Athênagoras* (janv. 1964), à Bombay (déc. 1964), à New York et allocution à l'ONU (oct. 1965), à Bogotá (août 1968), à Genève sur l'invitation du Conseil* œcuménique des Églises (juin 1969), en Ouganda (août 1969), en Asie du Sud-Est, en Océanie, en Australie (nov.-déc. 1970). Il mit en œuvre la réforme décidée par le concile : réorganisation de la curie (1967) ; réforme de la liturgie, simplifiée et pouvant être célébrée désormais en langue vulgaire (1969) ; réforme du calendrier festival (1969). Il promulgua les encycliques *Sacerdotalis celibatus* (1967), réaffirmant la nécessité du célibat des prêtres de rite romain ; *Populorum progressio* (1967) sur le progrès des peuples et le sous-développement ; *Humanae vitae* (1968), contre la contraception, mais admettant le contrôle «naturel» des naissances.

**PAUL I$^{er}$** ♦ (Athènes 1901 - *id.* 1964). Roi de Grèce (1947 - 1964). Fils cadet de Constantin* I$^{er}$, il succéda à son frère Georges* II. Il servit dans la marine grecque pendant l'expédition d'Asie Mineure (1920) et pendant la Deuxième Guerre mondiale. Son fils Constantin* II lui succéda.

**PAUL I$^{er}$ Petrovitch** ♦ (Saint-Pétersbourg 1754 - *id.* 1801). Empereur de Russie (1796 - 1801). Fils de Pierre* III et de Catherine* II la Grande, qui le tint à l'écart du pouvoir, il prit, dès son avènement, le contre-pied de la politique intérieure de sa mère. Il rétablit la succession au trône par ordre de primogéniture, édicta diverses mesures en faveur des paysans, des serfs et du clergé rural et diminua le nombre des gouvernements. Ennemi de la Révolution française, il ferma les frontières, établit la censure et adhéra à la deuxième coalition* contre la France (occupation des îles Ioniennes, succès de Souvorov* en Italie et en Suisse, 1799). Après la défaite de Zurich* (sept. 1799), il modifia sa politique extérieure, expulsa les Bourbons de Mitau (Ielgava), s'allia avec Bonaparte et forma contre la Grande-Bretagne une «ligue des neutres» en vue de fermer la Baltique aux Britanniques (déc. 1800). Il fut assassiné lors d'un complot fomenté à la cour en mars 1801. Il eut plusieurs fils dont Alexandre* Ier (qui lui succéda), Constantin* Pavlovitch et Nicolas* Ier.

**PAUL (Hermann)** ♦ Linguiste allemand (près de Magdeburg 1846 - Munich 1921). Auteur de *Principes de linguistique historique* (1880), il est surtout connu pour son dictionnaire (1896) et sa grammaire de l'allemand (5 vol., 1915 - 1920).

**PAUL (Wolfgang)** ♦ Physicien allemand (Lorenzkirch, Saxe 1913 - Bonn 1993). Inventeur du «piège» ionique qui porte son nom (dispositif permettant de maintenir quelques ions dans un petit espace limité par un champ électrique variable), des pièges à particules neutres, du spectrographe de masse quadripolaire (appareil permettant de séparer et d'identifier des particules de masses différentes), il est également l'auteur de l'aimant hexapolaire, utilisé notamment dans le maser à hydrogène de N. Ramsey*. [Prix Nobel de phys. 1989, avec H. Dehmelt* et N. Ramsey]

**PAUL-BONCOUR (Joseph)** ♦ Homme politique français (Saint-Aignan, Loir-et-Cher 1873 - Paris 1972). Ministre du Travail (1911), il fonda l'Union socialiste républicaine (1931) après avoir milité à la SFIO. Sénateur (1931 - 1940), délégué de la France à la SDN (1932 et 1936), il constitua un éphémère cabinet (déc. 1932 - janv. 1933), puis fut chargé des Affaires étrangères (1933, 1938). Il vota contre les pleins pouvoirs au maréchal Pétain en 1940 et participa à la conférence de San Francisco où il signa la charte des Nations unies (1946). Il a publié ses mémoires (*Entre-deux-guerres ; Souvenirs de la IIIe République*, 1946).

**PAUL DE LA CROIX** (saint) **[Paolo Francesco DANEI]** ♦ Religieux italien (Ovada, république de Gênes 1694 - Rome 1775), fondateur de la congrégation des PP passionistes. Animé d'une intense dévotion pour la Passion de Jésus-Christ, il fonda un monastère au mont Argentario (Orbetello). Sa *règle*, modifiée à cause de son excessive austérité, fut finalement approuvée par Benoît XIV (1741). D'autres maisons furent alors fondées, ainsi qu'une congrégation féminine (passionistines) en 1771. ▪ Fête le 19 oct.

**PAUL DE THÈBES** (saint) ♦ Traditionnellement, premier ermite qui aurait précédé saint Antoine en Thébaïde. Mais sa *Vie*, par saint Jérôme, semble légendaire. ▪ Fête le 15 janv.

**PAUL DIACRE (Paul WARNEFRIED, dit)** ♦ Historien (dans le Frioul v. 720 - Mont-Cassin v. 799). Il est l'auteur d'une *Chronique des Lombards* et de l'hymne *Ut queant laxis*.

**PAUL ÉMILE** – en lat. ***Lucius Aemilius Paullus*** ou ***Paulus*** ♦ Général romain (mort à Cannes en -216). Consul en -219 puis en -216 avec Varron*, il fut vaincu et tué à la bataille de Cannes* lors de la deuxième guerre punique*. ♦ **PAUL ÉMILE le Macédonique** en lat. ***Lucius Aemilius Paullus*** ou ***Paulus (Macedonicus)*** (-227 - -160). Fils du précédent. Consul en -168, il vainquit Persée à Pydna* et s'empara de la Macédoine.

**Paulette** (édit de la) ➝ **ÉTYM.** du nom du financier *Paulet* ♦ Ordonnance d'Henri IV rendant héréditaires les offices, moyennant une taxe (1604). Une tentative pour suspendre ce système fut à l'origine de la Fronde* parlementaire (1648).

**Paul et Virginie** ♦ Roman idyllique de Bernardin* de Saint-Pierre. Il figure dans le dernier volume des *Études* de la nature* (1788) comme une illustration des idées de Rousseau* dont l'auteur est le disciple. Voulant, en effet, «réunir à la beauté de la nature entre les tropiques la beauté morale d'une petite société», l'auteur évoque au sein des paysages magnifiques de l'île de France (île Maurice) l'amour naissant chez deux adolescents qui ignorent naturellement le mal («Leur théologie était toute en sentiment, comme celle de la nature, et leur morale toute en action, comme celle de l'Évangile»). Cette idylle sentimentale connut un succès considérable, auquel contribuèrent les descriptions suggestives de paysages exotiques à la «pompe à la fois magnifique et sauvage».

**PAULHAN (Frédéric)** ♦ Philosophe français (Nîmes 1856 - Paris 1931). Collaborateur à la *Revue de philosophie*, il a publié de nombreux ouvrages de psychologie : *Éléments de l'esprit* (1889), *Types intellectuels* (1896), *Psychologie de l'invention* (1900). ➝ **ÉTYM.** *Paulhan* est un nom de lieu dans l'Hérault, du latin *Paulianum* «domaine de Paulius (nom de personne, et suffixe *-anum*)».

**PAULHAN (Jean)** ♦ Écrivain français (Nîmes 1884 - Neuilly-sur-Seine 1968). Fils de Frédéric Paulhan. Chercheur d'or, planteur, puis professeur à Madagascar (1907 - 1911), il publia à son retour en France *Les Hain-Teny mérinas* (1913), ouvrage sur la poésie malgache, et fut nommé professeur de langues orientales. Mobilisé comme sergent dans les zouaves au début de la Première Guerre mondiale, il a évoqué son expérience dans *Le Guerrier appliqué* (1917). Secrétaire (1920), puis directeur de La *Nouvelle* Revue française* (1925), il n'a cessé de jouer le rôle d'«éminence grise de la littérature française», tout en occupant une place importante comme théoricien de la langue et de la littérature et comme critique d'art. Ayant abandonné la direction de la *NRF* en 1940 (qu'il reprit en 1953), il fonda dans la clandestinité sous l'occupation allemande les *Lettres françaises* (avec J. Decour). Outre des réflexions sur la création littéraire et l'écriture (*Entretien sur des faits divers*, 1930 ; *Les Fleurs de Tarbes*, 1941 ; *Clef de la poésie*, 1944), il écrivit plusieurs essais sur l'art (*Braque le patron*, 1946 ; *Fautrier l'enragé* (1946 - 1948) ; *L'Art informel*, 1962). [Acad. fr. 1963]

**PAULI (Johannes)** ♦ Théologien et écrivain alsacien (Pfedersheim entre 1450 et 1454 - Thann 1533). Il compta parmi les grands prédicateurs alsaciens ; mais il est surtout connu pour son recueil d'histoires gaies et sérieuses où les héros sont des fils de paysans, des lansquenets, des cochers (*Blague et Sérieux*, 1522).

**PAULI (Wolfgang)** ♦ Physicien suisse d'origine autrichienne (Vienne 1900 - Zurich 1958). Un des fondateurs de la mécanique quantique, il est surtout connu pour le principe qui porte son nom, appelé encore *principe d'exclusion*. D'après ce principe, deux électrons (et, plus généralement, deux particules de matière identiques) ne peuvent pas se trouver simultanément au même endroit avec les mêmes caractéristiques quantiques. Aussi abstrait qu'il puisse paraître, ce principe est à la base de l'explication de la structure des atomes (répartition des électrons dans les niveaux d'énergie) et de toutes les propriétés de la matière. Il justifie théoriquement, quoique *a posteriori*, le tableau périodique de Mendeleïev*. Ce fut également Pauli qui, afin d'expliquer le processus de la radioactivité $\beta$, imagina, pour la première fois (v. 1930), l'existence d'une particule (le neutrino) qui n'avait pas été observée, et dont il prédit les propriétés étranges, par ex. la masse nulle (elle fut découverte expérimentalement 25 ans plus tard par C. Cowan et Reines*). [Prix Nobel de phys. 1945]

**PAULIN (Pierre)** ♦ Designer français (Paris 1927 - Montpellier 2009). Il renouvela la forme du mobilier français en s'inspirant de la sobriété des modèles scandinaves. Il réalisa, pour l'administration, du mobilier urbain aux tons neutres et aux formes simples. À la demande de Pompidou puis de Mitterrand, il réalisa pour le palais de l'Élysée de nombreuses pièces de prestige (bureaux, tables, canapés...) dans un style contemporain. Il est également novateur par la forme sculpturale, la matière et les coloris de plusieurs séries de fauteuils en mousse, tout en courbes, dont il fut le premier à envelopper la structure de tissu élastique aux couleurs vives (*Mushroom*) et qui symbolisent parfaitement les années 1960 - 1970.

**PAULIN DE NOLE** (saint) – en lat. ***Meropius Pontius Paulinus*** ♦ Poète latin chrétien (Bordeaux 353 - Nole, Campanie 431). Disciple d'Ausone, gouverneur de Campanie, il renonça au monde en 393, à Nole, dont il devint évêque en 409. Il a laissé des *Épîtres* à Ausone, 35 poèmes dont 14 en l'honneur de saint Félix* de Nole et une *Correspondance*. ▪ Fête le 22 juin.

**Pauline** (chapelle) ♦ Chapelle vaticane bâtie pour Paul III par Antonio da Sangallo le Jeune (v. 1537 - 1540). Sur les murs latéraux, Michel*-Ange peignit *La Conversion de saint Paul* (1542 - 1545) et *La Crucifixion de saint Pierre* (1545 - 1550).

**PAULING (Linus Carl)** ♦ Chimiste américain (Portland 1901 - près de Big Sur, Californie 1994). L'application de la mécanique quantique à la chimie lui permit d'obtenir des résultats fondamentaux concernant la liaison chimique et la structure des molécules. Intéressé par les molécules biologiques, il a établi, par la diffraction des rayons X et la spectroscopie infrarouge, qu'il existe deux types de chaînes protéiques : $\alpha$, enroulée en hélice, qui forme la majorité des protéines globulaires, et $\beta$, en forme de zigzag. Ses travaux sont à l'origine de ceux de A. Todd* et F. Sanger* sur la structure des protéines. Militant contre les essais atomiques, il a été le premier à recevoir deux prix Nobel à part entière. [Prix Nobel de chim. 1954 ; prix Nobel de la paix 1962]

**PAULUS** [polys] **(Jean-Paul HABANS, dit)** ♦ Chanteur français de café-concert (Saint-Esprit, près de Bayonne 1845 - Saint-Mandé 1908). Aimé du public populaire pour sa verve et son entrain, il connut la célébrité dans les débuts de la IIIe République, avec des chansons d'inspiration cocardière (*En r'venant d'la r'vue, Les Pioupious d'Auvergne, Le Père la Victoire*). Après avoir été à l'Eldorado, à la Scala et à l'Alcazar d'été l'idole des Parisiens, il devait mourir dans la gêne.

**PAULUS (Friedrich)** ♦ Maréchal allemand (Breitenau, Hesse 1890 - Dresde 1957). Ayant contribué, comme adjoint de Halder à l'État-Major général, à la mise au point du plan d'attaque contre l'URSS (1941), il y commanda un corps blindé, puis la VIe armée. Lors de l'offensive de l'été 1942, il fut chargé de prendre Stalingrad, conquit effectivement une partie de la ville, mais y fut encerclé et dut capituler (2 fév. 1943). Il fut interné en URSS, puis transféré en Allemagne de l'Est (1953).

**paume (serment du Jeu de)** → **Jeu de paume**

**PAURĀVA** → **Pôros**

**PAUSANIAS** ➝ ÉTYM. gr. «qui calme la douleur», de *pauein* «calmer» et *ania* «douleur, chagrin» ♦ Général spartiate de la famille des Agides* (mort v. -470). Commandant l'armée grecque, il remporta contre l'armée perse de Mardonios la victoire de Platées* (-479). Il enleva ensuite aux Perses une grande partie de Chypre et Byzance (-477). Ses ambitions accrues par ces succès le rendirent suspect de complicité avec Xerxès. Acquitté lors d'un premier procès, il s'installa d'abord à Byzance où il se rendit odieux par son faste oriental, puis, chassé par les Athéniens, il dut fuir en Troade. Rappelé à Sparte et démasqué, il se réfugia dans le temple d'Athéna où on l'emmura. ♦ **PAUSANIAS** (mort v. -380). Roi de Sparte (-408 - -395). Petit-fils du précédent. Modéré, il aida secrètement Thrasybule* à renverser les Trente Tyrans (-403) imposés à Athènes par Lysandre*. Accusé plus tard d'être responsable d'un échec lacédémonien en Béotie (-395), il s'exila à Tégée.

**PAUSANIAS** ♦ Voyageur et géographe grec (p.-ê. Magnésie du Sipyle, Lydie - Rome IIe s.). Il parcourut toute la Grèce, l'Italie, l'Orient et v. 174 se fixa à Rome. Sa *Description de la Grèce (Periegêsis)*, en 10 livres, donne l'inventaire détaillé des sites, notamment des sanctuaires, qu'il a visités et des récits et légendes qui s'y rapportent. Son caractère attentif, voire crédule, en font un témoin irremplaçable de la Grèce à l'époque romaine, avant les destructions du IIIe s.

**pauvres (Petites Sœurs des)** ♦ Congrégation religieuse fondée par sainte Jeanne Jugan à Saint-Servan en 1839 et approuvée par le Saint-Siège en 1878. Outre les trois vœux, les religieuses prononcent celui d'hospitalité. Elles se consacrent à l'assistance aux vieillards. La congrégation est répandue dans 24 pays.

**PAVAROTTI (Luciano)** ♦ Ténor italien (Modène 1935 - Modène 2007). Après avoir remporté le concours international de chant de Reggio nell'Emilia (1961), il débuta dans cette ville et connut un succès immédiat, en particulier à Amsterdam dans le rôle d'Edgardo, de *Lucia di Lammermoor*. Il mena une très brillante carrière internationale, se consacrant principalement au répertoire italien.

**PAVELIĆ (Ante)** ♦ Homme politique croate (Bradina, Herzégovine 1889 - Madrid 1959). Député de Zagreb, il prit la tête en 1929 du mouvement nationaliste des oustachis contre la politique centralisatrice de la Serbie*. Exilé à l'étranger, il organisa l'assassinat du roi Alexandre* Ier à Marseille (1934). Chef de l'État croate en 1941 (➝ **Croatie**), il aligna sa politique sur celle de l'Italie et de l'Allemagne, et dirigea le massacre des Serbes et des Juifs de Croatie. En 1945, il s'enfuit en Argentine puis s'établit en Espagne.

**PAVESE (Cesare)** ♦ Écrivain italien (San Stefano Belbo, Piémont 1908 - Turin 1950). Après un bref passage dans l'enseignement, il commença à traduire les auteurs britanniques (Dickens, De Foe) et américains (Melville, Faulkner et Steinbeck), puis se vit confier la direction littéraire des éditions Einaudi à Turin. Parallèlement, Pavese avait composé des poèmes, *Travailler fatigue* (1936) où apparaît déjà le thème de la solitude du poète, sa lutte contre le «vice absurde» qu'est son penchant vers la mort, dont on retrouvera les échos amplifiés dans ses derniers recueils poétiques, *La Terre et la Mort* (1945) et *La mort viendra et elle aura tes yeux* (posth. 1951). ▪ Astreint à un séjour forcé en Calabre (1935 - 1936) en raison de ses opinions antifascistes, l'écrivain traversa une grave crise et commença à rédiger son journal (*Le Métier de vivre*, posth. 1952) où s'exprime la tension angoissée qui le conduisit au suicide. Tiraillé entre son désir de «conserver un regard ouvert sur la réalité immédiate, quotidienne, rugueuse» et la tentation de se détacher de la nature et des hommes pour revenir à soi, Pavese exprima sa difficulté d'être dans des romans où une langue précise sert une lucidité aiguë : *La Prison* (1939), *Tes pays* (1941), *La Plage* (1942) et *Vacances d'août* (1941 - 1944, publ. 1946), où apparaît le double thème de la nature et du passé qui hante l'écrivain. Après la Libération, Pavese, établi à Turin, poursuivit parallèlement son travail d'éditeur et son œuvre littéraire. *Dialogues avec Leucò* (1947), splendide livre sur les mythes, *La Maison sur la colline* (1948), puis *La Lune et les feux de joie* (1949), «souvenir de l'enfance et du monde», exprimèrent encore la conception de l'écrivain sur l'amour et la guerre (l'un et l'autre reposant sur des rapports de violence agressive), son dégoût de la «frivolité» tragique qui relie les êtres, et son amour pour la campagne, dépeinte avec un réalisme très sobre. Il écrivit encore *Le Bel Été* (1950). Après cette période de création intense, un «calme et las renoncement» conduisit Pavese au suicide. ➝ ÉTYM. Ce nom italien signifie «de Pavie».

**PAVIĆ (Milorad)** ♦ Poète et écrivain serbe (Belgrade 1929 - *id* 2009). Universitaire spécialiste de la littérature serbe baroque et du symbolisme (*Histoire de la littérature serbe à l'âge du baroque*, 1991), il est également une grande figure du roman serbe moderne, remarquable par la forme originale de ses œuvres mêlant une grande complexité des constructions narratives et par une utilisation récurrente de références ésotériques et symboliques. Le *Dictionnaire Khazar* (1984) est un roman-lexique de 100 000 entrées pouvant se lire dans n'importe quel ordre. De même, *L'Envers du vent* (1991) est réversible et chacun des deux sens de lecture raconte une intrigue différente.

**PAVIE (Auguste Jean-Marie)** ♦ Diplomate et explorateur français (Dinan 1847 - Thourie, Ille-et-Vilaine 1925). Sergent de l'infanterie coloniale en Cochinchine (1869 - 1870) où il revint, participant à la construction de la ligne télégraphique Phnom Penh-Bangkok (1879), il fut successivement vice-consul à Luang Prabang (1886), consul général à Bangkok (1891) et commissaire général du Laos. Il contribua à étendre l'influence française en Indochine, en particulier contre les prétentions du Siam (1893, traité par lequel le Siam renonçait à la rive gauche du Mékong). Ses explorations enrichirent la connaissance des régions de l'Annam, du Tonkin et du Yunnan.

**PAVIE** – en it. *Pavia* ♦ V. d'Italie, ch.-l. de prov., en Lombardie, sur le Tessin. 71 214 hab. Université fondée au XIVe s. Église Saint-Pierre (XIIe s.) abritant le tombeau de saint Augustin ; cathédrale (XVe s.) ; église Saint-Michel romane (XIIe s.) ; château des Visconti (XIVe s.). ▪ À 9 km au N., chartreuse de Pavie (XVe - XVIe s.), chef-d'œuvre de l'art lombard : façade en marbre polychrome, bas-reliefs et motifs ornementaux ; intérieur gothique, fresques et peintures de Bergognone, gisants par C. Solari, mausolée de G. G. Visconti par C. Romano (XVe s.). Cloîtres décorés. ▪ Ville carrefour, Pavie est un centre d'industries mécaniques. Tourisme. ▮ **Histoire** Anc. *Ticinum* des Insubres, la ville fut anéantie par Odoacre (476). Sous les Lombards, elle devint capitale de leur royaume (572), mais sa prise par Charlemagne en 774 mit fin au règne des Lombards. C'était une cité gibeline, Othon Ier (951) et Frédéric Ier Barberousse (1154) vinrent s'y faire couronner rois d'Italie. En 1360, elle fut annexée par les Visconti de Milan. ▪ Les Français y furent vaincus par les Impériaux, sous les ordres de Lannoy, et François Ier fut fait prisonnier (1525). Lautrec, pour venger cette défaite, pilla la ville (1527). Elle passa aux Espagnols (1540), à l'Autriche (1714), puis à la France (1796). Elle fit partie du royaume d'Italie créé par Napoléon Ier et fut chef-lieu du département de l'Olona. Livrée à l'Autriche en 1814 par les traités de Vienne, elle fut libérée en 1859 par la victoire franco-sarde. Elle se fondit dans le royaume d'Italie en 1860.

**Pavie.** La chartreuse. *Phot. © Albo/Shutterstock*

**PAVILLON (Nicolas)** ♦ Prélat français (Paris 1597 - Alet 1677). Disciple de saint Vincent de Paul, nommé évêque d'Alet en 1639, il joua un rôle de premier plan dans le mouvement janséniste. Il fut l'un des évêques qui refusèrent de signer le formulaire (*Avis sur le formulaire*, 1663) et s'opposa à Louis XIV dans l'affaire de la régale. Les *Instructions sur le rituel du diocèse d'Aleth* qu'il avait publiées en 1667 furent condamnées par Rome à l'instigation des jésuites (1668).

**Pavillons noirs** ➝ Hô

**PAVILLONS-SOUS-BOIS (LES)** [93320] ➝ ÉTYM. au XVIIIe s., le duc d'Orléans avait fait édifier à l'entrée de la grande avenue menant de la route royale à son château de Raincy des *pavillons*, là où la ville se développa plus tard ♦ Ch.-l. de cant. de la Seine-Saint-Denis, arr. de Bobigny, sur le canal de l'Ourcq. 18 420 hab. *(Pavillonnais)*.

**PAVILLY** [76570] ➝ ÉTYM. anc. *Pauliacum*, du lat. *Pavilius*, n. de pers., et suff. *-acum* ♦ Ch.-l. de cant. de la Seine-Maritime, arr. de Rouen, 6 140 hab. *(Pavillais)*.

**PAVIN** (lac) ♦ Lac de cratère, situé dans les monts Dore à 1 197 m d'alt. (superf. 44 ha) et formé par l'une des dernières éruptions d'Auvergne (-7 000 ans).

**PAVLODAR** ♦ V. du Kazakhstan, ch.-l. de région, sur l'Irtych. 300 500 hab. Indus. alimentaire. Fonderies. Métall. de l'aluminium. Indus. mécanique (moissonneuses-batteuses).

**PAVLOV (Ivan Petrovitch)** ♦ Physiologiste et médecin russe (Riazan 1849 - Leningrad 1936). Il fut amené par ses travaux sur la digestion, notamment sur le réflexe salivaire, à formuler la notion de réflexe conditionné ou acquis «provoqué, en l'absence de l'excitant normal, par un excitant qui lui a été préalablement associé» (1903). Avec ses élèves, il étudia expérimentalement les conditions de sa formation et de sa disparition, en établit les lois et en donna une interprétation physiologique, en y voyant des liaisons nerveuses nouvelles et temporaires. Étendant ses recherches à la psychologie humaine, il affirma qu'elle est régie par les mêmes lois que la psychologie animale, dont elle se distingue par la création d'un second système de signalisation (le langage et les concepts) se superposant au système de signalisation sensoriel. Ses travaux convergent donc vers l'idée de l'unité fondamentale du physiologique et du psychologique. Ils influencèrent considérablement les études de physiologie nerveuse, ainsi que celles de psychologie normale et pathologique. Œuv. princ. : *Vingt ans d'expérience dans le domaine de l'activité nerveuse supérieure des animaux,* 1922 ; *Le Réflexe conditionné,* 1935. [Prix Nobel de phys. ou méd. 1904] ◆ ÉTYM. Ce nom russe vient de *Pavel* « Paul » avec le suffixe *-ov.*

**PAVLOVA (Anna)** ♦ Danseuse russe (Saint-Pétersbourg 1882 - La Haye 1931). Dès ses débuts au théâtre Marie, elle fut remarquée pour sa grâce émouvante et fragile. Promue première danseuse (1906), elle excella dans les grands rôles du répertoire *(Le Lac des cygnes, Esméralda, La Belle au bois dormant).* C'est en 1909 qu'elle rallia la compagnie des Ballets russes, de S. de Diaghilev, où elle eut V. Nijinski pour partenaire. De retour en Russie (1913), elle quitta bientôt son pays et se fixa à Londres où elle fonda sa propre compagnie.

**PAWLIKOWSKA-JASNORZEWSKA (Maria)** ♦ Poète et auteur dramatique polonaise (Cracovie 1891 - Manchester 1945). Liée au groupe d'avant-garde Skamander, elle introduisit des procédés modernes dans ses poèmes lyriques dont on retrouve les thèmes dans ses pièces de théâtre : *Le Blé d'Égypte* (1932), *Les Cavaliers bleus* (1933), *Le Retour de la mère* (1935) et *Les Fourmis* (1936).

**PAWNEE(S)** n. m. (pl.) ◆ ÉTYM. de l'indien *pariki* « corne » (à cause des morceaux d'os disposés dans leur coiffure) ♦ Peuple indien des États-Unis, de langue caddoan. Au début du XVII$^e$ s., ils étaient organisés en quatre bandes principales, dont trois étaient établies le long du fleuve Arkansas, tandis que les Skidi Pawnees avaient migré vers le N., jusqu'à la Platte River. Ils vivaient en villages permanents, pratiquant l'agriculture, mais ils appartenaient à l'aire culturelle des Grandes Plaines. Leur religion avait une structure complexe et les Skidi Pawnees étaient le seul peuple au N. du Mexique à pratiquer le sacrifice humain, rituel qui ne fut abandonné qu'en 1816. Après la guerre d'Indépendance, ils devinrent les éclaireurs les plus fameux de toute l'armée américaine et s'allièrent aux Blancs contre d'autres groupes indiens pendant la guerre des Plaines. Ils furent malgré tout déportés vers le Territoire indien de l'Oklahoma, où vivent leurs descendants.

**PAWTUCKET** ♦ V. des États-Unis (Rhode Island) dans la zone urbaine de Providence. 72 958 hab. Petit centre industriel.

**PAXTON (sir Joseph)** ♦ Jardinier, ingénieur et architecte anglais (Milton-Bryant, Bedfordshire 1803 - Sydenham 1865). Fils de fermier, il devint chef jardinier du duc de Devonshire et construisit sa première serre en 1828. Avec la grande serre de Chatsworth (1837 - 1840), il mit au point un type d'éléments préfabriqués en verre montés sur châssis métallique léger qu'il réutilisa dans le pavillon du Crystal Palace, élevé en six mois à Hyde Park pour l'Exposition universelle de 1851 (remonté à Sydenham, brûlé en 1936). Le strict fonctionnalisme et l'audace de cette construction font de Paxton un précurseur de l'architecture moderne.

**PAXTON (Robert Owen)** ♦ Historien américain (Lexington, Virginie 1932). Il s'est intéressé à *L'Armée de Vichy* (1966) et plus largement au régime dirigé par Pétain de 1940 à 1944. S'appuyant sur les archives britanniques, américaines et allemandes, *La France de Vichy* (1973) renouvela profondément la perception de la nature du régime, Paxton insistant notamment sur le degré d'initiative de Vichy vis-à-vis des Allemands. Il a aussi publié *Le Fascisme en action* (2004).

**PAYEN (Anselme)** ♦ Chimiste français (Paris 1795 - *id.* 1871). Il analysa de nombreuses substances alimentaires, dont le grain de blé. En collaboration avec Persoz*, il isola la première enzyme, un catalyseur biologique, agent de saccharification de l'amidon (1833), et fut le premier à interpréter l'action de ce genre de substance qu'il nomma diastase. Sa principale activité était cependant la chimie industrielle. [Acad. sc. 1842] ◆ ÉTYM. Ce nom vient de l'ancien français et signifie « paysan » (et aussi « enfant baptisé tardivement »).

**PAYERNE** – en all. ***Peterlingen*** ◆ ÉTYM. anc. en lat. *Paterniacum* « domaine de Paternius » (n. de pers.) ♦ V. de Suisse (Vaud), sur la Broye, au S.-O. du lac de Morat. 7 859 hab. Église abbatiale (X$^e$ - XII$^e$ s.). ▪ Indus. alimentaire. Matériaux de construction. Manufacture de tabac.
**▮ Histoire** La ville fut une résidence des souverains de Bourgogne. La reine Berthe y fit fonder, en 962, un monastère dépendant de Cluny dont il reste l'église.

**PAYNE (Thomas)** → **Paine (Thomas)**

Le **Paysan de Paris** ♦ Récit de Louis Aragon* (1926). Il s'agit en fait d'une balade à travers Paris qui juxtapose de multiples formes (citations, collages, poèmes, saynètes, souvenirs...) pour créer une impression de rêverie lyrique autour de deux lieux principaux : le Passage de l'Opéra et les Buttes-Chaumont. Texte de la période surréaliste d'Aragon, *Le Paysan de Paris* profite de tous les artifices de l'écriture pour faire surgir le merveilleux du quotidien.

**PAYSANDÚ** ♦ V. d'Uruguay, ch.-l. de dép., sur le fl. du même nom, au centre O. du pays. 73 272 hab. Au cœur d'une région agricole (céréales, agrumes) lui assurant de la matière première pour ses indus. (agroalimentaires, textiles, tanneries). ♦ ***Département de Paysandú.*** 13 922 km$^2$. 113 000 hab. Région agricole (céréales, agrumes).

Les **Paysans** ♦ Roman d'Honoré de Balzac* (1844 ; éd. posth., terminée et arrangée par M$^{me}$ Hanska, 1855), qui fait partie des *Scènes de la vie de campagne* de *La Comédie* humaine.* L'intrigue tourne autour de la rivalité entre le général de Montcornet et les paysans dirigés par Gaubertin. Montcornet veut mettre en friche la terre de sa propriété des Aigues. La lutte aboutit à la vente du domaine ; mais les paysans n'y gagnent rien car les nouveaux propriétaires le dépècent pour assurer leurs profits.

**Paysans** (guerre des) – en all. ***Bauernkrieg*** ♦ Révolte générale des paysans allemands (1524 - 1526), qui se produisit en Souabe, en Franconie, en Thuringe, en Alsace et dans les Alpes autrichiennes. La cause principale en était les conditions misérables des campagnes, qui avaient déjà provoqué des troubles au XV$^e$ s. La question religieuse vint s'y ajouter avec la doctrine révolutionnaire des anabaptistes de Münzer*. Des nobles mécontents participèrent également à la révolte (Götz von Berlichingen*). Luther*, après avoir encouragé la naissance du mouvement, s'en distingua et demanda sa répression. Celle-ci, commencée par la ligue de Souabe*, fit plus de 100 000 morts.

## PAYS-BAS

**▮** n. m. pl. – en néerl. ***Nederland,*** off. ***royaume des Pays-Bas*** ◆ ÉTYM. trad. du néerl. *neder* « bas » et *land* « pays », en raison de la situation du pays par rapport au niveau de la mer ♦ Pays de l'Europe du Nord-Ouest. 41 500 km$^2$, dont 9 % d'espaces aquatiques. 16 357 992 hab. *(Néerlandais).* CAPITALE : Amsterdam, La Haye étant le siège du gouvernement. LANGUES : néerlandais (off.) et frison. RÉGIME : monarchie constitutionnelle. MONNAIE : euro. ▪ Le pays est divisé en 12 provinces : Brabant-Septentrional, Drenthe, Flevoland, Frise, Groningue, Gueldre, Hollande-Méridionale, Hollande-Septentrionale, Limbourg, Overijssel, Utrecht, Zélande. → **Randstad Holland.**

### GÉOGRAPHIE

Le territoire des Pays-Bas culmine à 321 m dans le Limbourg, mais se trouve le plus souvent à moins de 50 m d'alt. et même au-dessous du niveau de la mer (min. : –6,7 m) pour plus du quart de sa superficie, dans les régions littorales (polders). Celles-ci, argileuses et tourbeuses, sont séparées de la mer par un cordon sableux, qui devient discontinu en Zélande et en Frise (îles de la Frise occidentale). L'E. et le S. du pays possèdent un sous-sol sableux, qui a pour origine l'alluvionnement de la Meuse et du Rhin et l'accumulation glaciaire et périglaciaire. L'eau joue un rôle essentiel. La mer et les fleuves ont été à la fois source de danger et de profit ; la poldérisation exige un strict contrôle de l'hydrographie, que le moulin à vent, puis la machine à vapeur et le moteur électrique ont peu à peu perfectionné. Le climat (océanique frais) n'est pas exceptionnellement humide (de 700 à 800 mm annuels en moy.), mais les précipitations, la nébulosité et les vents violents sont fréquents, surtout dans les régions littorales, qui bénéficient en revanche d'hivers plus cléments.

### ÉCONOMIE

**▮ Agriculture** Employant 3 % de la population active et comptant peu de grandes exploitations, elle se caractérise par sa modernité, son intensivité et son orientation commerciale : les produits agricoles représentent le quart de la valeur des exportations néerlandaises. Plus que la grande culture (céréales, betteraves à sucre), ce sont l'élevage et l'horticulture qui singularisent le mieux l'agriculture néerlandaise ; la spécialisation dans l'élevage bovin est très ancienne (race frisonne pie noir), mais s'y sont ajoutés depuis la Deuxième Guerre mondiale des élevages « hors sol » de porcs et de

Pays-Bas ▮ Productions en 2008

| Produits | Quantités | Rang |
|---|---|---|
| ▮ Agriculture | | |
| Betteraves à sucre (2009) | 5 350 000 t | 12$^e$ |
| Blé | 1 300 000 t | |
| Pommes de terre | 6 900 000 t | 9$^e$ |
| Bovins (têtes) | 3 990 000 | |
| Ovins (têtes) | 1 540 000 | |
| Porcins (têtes) | 11 700 000 | 15$^e$ |
| Pêche | 500 000 t | |
| ▮ Mines et énergie | | |
| Gaz naturel | 68 000 000 000 m$^3$ | 12$^e$ |
| Zinc | 230 000 t | |

**Pays-Bas.**

volailles. L'horticulture exploite plus de 100 000 ha (5 % de la surface agricole utile), dont un dixième en serres ; les cultures maraîchères et florales, surtout présentes en Hollande, tendent à se diffuser dans d'autres régions. Les bois n'occupent que 8 % de la superficie totale. La pêche n'a plus la même importance que dans le passé. **Industrie** L'agroalimentaire constitue la principale branche industrielle. Si les Pays-Bas disposent d'une source d'énergie précieuse avec le gaz de Groningue, ils sont mal dotés en ressources du sous-sol et dépendent largement de l'extérieur pour beaucoup de matières premières : minerai de fer, bauxite, pétrole ; oléagineux. L'exploitation du charbon du Limbourg a été abandonnée ; la sidérurgie (IJmuiden) reste d'ampleur modeste (5 millions de t d'acier par an), tandis que la chimie à base de pétrole a connu un grand développement dans les aires portuaires, en particulier à Rotterdam. La construction électrique et électronique constitue un autre point fort, avec notamment la firme Philips (Eindhoven). **Secteur tertiaire** Les activités de production régressent au profit des services, en particulier dans la Randstad Holland. Le secteur tertiaire est, en effet, fortement exportateur. Si les profits du tourisme (villes d'art, littoral) sont largement annulés par les dépenses des Néerlandais à l'étranger, les Pays-Bas sont bien représentés dans les domaines des transports et des services aux entreprises ; leurs compagnies détiennent une part importante du trafic de l'Union européenne. La croissance des années 2000 (3,5 % en 2007) a largement résulté de la bonne santé des exportations (en fait la moitié des exportations sont des réexportations) mais elle n'en a été que plus exposée à la crise internationale. Les Pays-bas ont connu une récession en 2008 et en 2009.

## HISTOIRE

**L'Antiquité et le Moyen Âge** Peuplés par des Celtes un siècle avant notre ère, les Pays-Bas, conquis par les Romains qui apprirent aux autochtones à drainer les terres et à creuser des canaux, furent appelés Germanie inférieure (Bataves et Frisons étant assimilés aux Germains). Après les invasions barbares (IIIe et IVe s.), la répartition ethnique était identique à celle de la période préromaine : Saxons dans l'E., Frisons sur la côte, Francs au S. des grands fleuves. La christianisation fut lente et l'évangélisation effective date de la domination carolingienne. Les traités de Verdun (843), de Mersen (870) et de Ribemont (880) brisèrent l'unité territoriale des Pays-Bas : l'Escaut servit de frontière entre les royaumes de Charles le Chauve et de Lothaire. Au XIIIe s., une transgression marine transforma le lac Flevo en un golfe marin, le Zuiderzee*. Les bouleversements qui en résultèrent hâtèrent la disparition des petites seigneuries au profit des grands féodaux comme les comtes de Hollande, de Gueldre, de Frise, ou les évêques d'Utrecht. Grâce aux dissensions entre seigneurs, les communes acquirent peu à peu leur indépendance et s'enrichirent (exportation de hareng ; importation de sel, de laine). Les principaux ports, avec Amsterdam, s'affilièrent à la Hanse. **La domination de la Bourgogne** Les Pays-Bas passèrent à la Bourgogne quand Philippe le Hardi, qui, en 1369, avait épousé Marguerite, héritière du comté de Flandre puis du Brabant (à la mort de Jeanne de Brabant, en 1405), les reçut à la mort du père de Marguerite, Louis de Mâle (1384). À l'exception de la Gueldre, érigée en duché depuis 1339, les Pays-Bas furent réunis au domaine bourguignon quand Jacqueline* de Bavière dut céder ses domaines à Philippe le Bon, son cousin (1428 - 1432). Ce fut une époque de haute civilisation. Charles le Téméraire désirait reconstituer la Lotharingie en réunissant, par l'annexion de la Lorraine, ses États de «par-deçà» (Pays-Bas) à ceux de «par-delà» (Bourgogne, Franche-Comté). Cette politique l'entraîna dans une série de guerres désastreuses ; il mourut à Nancy en 1477. **La domination des Habsbourg** Sa fille, Marie, épousa alors Maximilien d'Autriche, et les Pays-Bas passèrent sous la domination des Habsbourg. En 1482, Maximilien signa avec Louis XI le traité d'Arras qui laissait à la France la Bourgogne ducale et la Picardie. En 1493, Philippe le Beau devint maître des Pays-Bas mais épousa l'héritière de la maison d'Espagne. Son fils Charles Quint compléta le bloc des Pays-Bas, dix-sept provinces groupées en un cercle de Bourgogne (1548), dota le pays d'une administration centralisée, mais écrasa ses sujets d'impôts alors qu'épices, or et diamants affluaient d'Amérique. Luthéranisme et calvinisme provoquèrent à la même époque le rétablissement de l'Inquisition. En 1555, Charles Quint abdiqua en faveur de Philippe II, qui provoqua le mécontentement par sa politique catholique (révolte des gueux*). Gouverneur (1567), le duc d'Albe* appliqua des mesures draconiennes (les comtes d'Egmont* et de Hoorne* en furent les victimes les plus connues). En conséquence, la Zélande et la Hollande, refuge des calvinistes, firent sécession avec Guillaume* d'Orange (1572). Il fallut attendre la pacification de Gand (1576) pour retrouver un moment l'unité des Pays-Bas. Flandre et Hainaut devinrent alors calvinistes, et Juan d'Autriche dut évacuer les provinces du Sud (Édit perpétuel, 1577). **Les Provinces-Unies** Les catholiques formèrent la *confédération d'Arras* pour lutter contre les orangistes qui lui opposèrent l'*Union d'Utrecht*, acte de naissance des Provinces*-Unies. Alexandre* Farnèse négocia toutefois la paix d'Arras avec les provinces catholiques et réussit à s'emparer d'Anvers (1585). Avec la trêve de Douze Ans (1609), l'existence autonome des Provinces-Unies fut entérinée. Isabelle, fille de Philippe II, favorisa à partir de 1621 (mort de l'archiduc Albert) un catholicisme intransigeant qui eut pour résultat la naissance de foyers de la Contre-Réforme à Bruges, Ypres, Malines et Louvain. L'Espagne céda le Brabant-Septentrional et la Flandre zélandaise aux Provinces-Unies en 1648, alors que les Hollandais contrôlaient les bouches de l'Escaut. **La domination coloniale** Ce fut le début de l'hégémonie hollandaise sur mer. Pour ruiner les empires coloniaux portugais et espagnol et stimuler le commerce, des sociétés par actions avaient été créées dès 1602 (Compagnie des Indes orientales). Les îles de la Sonde devinrent les *Indes néerlandaises*. Une compagnie était installée en Afrique australe. À l'embouchure de l'Hudson, en Amérique du Nord, fut fondée La Nouvelle-Amsterdam qui deviendra New* York. Des banques furent créées à Middelbourg, Delft, Rotterdam et Amsterdam (1609) et financèrent l'aménagement de polders. **La vie intellectuelle et artistique au XVIIe s.** Célèbre pour ses imprimeurs (Elzévir), la Hollande, pays ouvert aux réfugiés politiques et religieux, fut la «librairie générale de l'Europe». Ses universités (comme Leyde) rayonnaient. Le XVIIe s. fut le siècle d'or des Pays-Bas sur le plan artistique. Cette renommée intellectuelle des Pays-Bas remontait à Érasme* ; elle fut renforcée par la venue de Descartes*, qui exerça une grande influence sur la métaphysique de Geulincx* et de P. Bayle*. En matière de philosophie, la figure dominante fut cependant Spinoza* qui développa une pensée politique et théologique libérale influencée par les problèmes de son temps. Ceux-ci se reflètent également dans l'œuvre du juriste Grotius* qui lia humanisme et droit naturel. Le XVIIe s. fut aussi le siècle d'or de la peinture. Les caractéristiques propres à l'art hollandais, par opposition à l'art flamand plus chatoyant et sensuel, apparurent dès la fin du Moyen Âge. (→ **Bosch, Lucas de Leyde**). L'oscillation entre réalisme aigu et désir de figurer l'invisible devint cependant encore plus sensible avec l'abandon progressif des sujets religieux au profit de la peinture de genre (Steen*, Metsu*, Terborch*, de Hooch*), de la nature morte (Claesz*, Heda*, Kalf), du paysage (J. et S. Van Ruysdael*, Van* Goyen, Cuyp*) ou du portrait (F. Hals*). Si Vermeer* dut attendre le XIXe s. pour être reconnu, il en va tout autrement de Rembrandt* qui connut la gloire de son vivant, fut à la tête d'un atelier très productif et imposa un style durable. **La prospérité économique** L'intense activité artistique qui caractérisa le XVIIe s. était aussi liée à la prospérité économique. Or cette dernière contrariait les intérêts anglais et une guerre (surtout navale) éclata en 1652. Par la paix de Westminster, les Pays-Bas durent reconnaître l'*acte de Navigation* de Cromwell qui portait un coup très dur à leur commerce maritime. Le pays conclut alors une alliance défensive avec la France (1662) et surprit la flotte anglaise dans la Tamise : la paix de Breda* accorda l'Insulinde et le Suriname aux Pays-Bas, qui perdirent La Nouvelle-Amsterdam. Devant les succès de Louis XIV, une triple alliance fut conclue entre les Provinces-Unies, l'Angleterre et la Suède. Mais une action diplomatique détacha ces deux dernières puissances des Pays-Bas, qui furent envahis par l'armée française en 1672. Guillaume* III fit ouvrir les écluses et crever les digues. En 1674, il épousa Marie, fille aînée de Jacques II d'Angleterre, et la guerre avec la France s'acheva sans perte pour les Provinces-Unies (paix de Nimègue*, 1678). Néanmoins, Guillaume III adhéra (1689) à la ligue d'Augsbourg contre la France. En 1717, les Provinces-Unies entrèrent dans l'alliance franco-britannique contre l'Espagne. Elles durent aussi participer à la guerre de Succession d'Autriche (1740 - 1748) contre la France et partager la défaite de Fontenoy. Après Jemappes, les Français occupèrent les Pays-Bas et rétablirent la navigation sur l'Escaut. **Le XIXe siècle** La victoire de Fleurus (1794) leur permit d'occuper totalement le pays, qui fut constitué en république en 1795 (→ **Batave [république]**) et doté d'une Constitution à la française (1798). Érigé en royaume en 1806, le pays fut placé sous la souveraineté de Louis Bonaparte, détrôné en 1810 pour avoir appliqué trop mollement les ordres (Blocus continental) de Napoléon Ier. La perte de la dernière colonie néerlandaise (Java) et la nouvelle de la défaite française de Leipzig firent éclater une révolte en 1813 : le futur Guillaume Ier prit le titre de «prince souverain». Après Waterloo, la Grande-Bretagne restitua les colonies hollandaises sauf Le Cap, Ceylan et une partie de la Guyane. En 1814 fut admis le principe de la réunion des Provinces-Unies avec les anciens Pays-Bas autrichiens et l'évêché de Liège, c'est-à-dire avec l'actuelle Belgique, décision entérinée par le congrès de Vienne qui y ajouta le duché de Luxembourg, Bruxelles et La Haye se partageant le rôle de capitale. Mécontents, les éléments belges catholiques et libéraux furent les protagonistes de la révolution belge de 1830. → **Belgique.** Sous l'influence des révolutions européennes, en 1848, Guillaume II promulgua une nouvelle Constitution et les principes protectionnistes ainsi que l'esclavage dans les colonies furent abolis. De gigantesques travaux furent entrepris : canal de la mer du Nord, d'Amsterdam à IJmuiden, Nieuwe Waterweg. → **Rotterdam.** Ces aménagements modifièrent progressivement les conditions de vie de ces paysans que Van* Gogh sut rendre avec un réalisme et une compassion admirables. À la mort de Guillaume III (1890), sa fille, Wilhelmine, ne recueillit qu'une partie de l'héritage car le Luxembourg (qui passa à la maison de Nassau) suivit la loi salique. **Les deux guerres mondiales** Pendant la Première Guerre mondiale, la neutralité des Pays-Bas fut respectée. L'entre-deux-guerres fut une période de prospérité économique : assèchement du Zuiderzee, exploitation des charbonnages du Limbourg, création de nombreuses coopératives et concentrations industrielles. Artistiquement, la période fut dominée par le mouvement De Stijl*. Mondrian* et Van* Doesburg, ses protagonistes, prônèrent une nouvelle conscience esthétique, réunissant les arts plastiques et

**Pays-Bas.** Moulin à vent. *Phot. © J. G./Shutterstock*

l'architecture. → **néoplasticisme.** Envahis le 10 mai 1940, les Pays-Bas subirent l'occupation allemande jusqu'en 1945. **L'après-guerre** Au lendemain de la guerre, ils décidèrent la suppression des barrières douanières : la conférence du Benelux* eut lieu à La Haye en mars 1949. Un autre pacte, en 1948, avait été signé entre le Benelux, la Grande-Bretagne et la France. Les Pays-Bas adhérèrent avec les autres États du Benelux au Conseil de l'Europe (1949), à la CECA (1951), au Marché commun de l'Europe des Six (traité de Rome, 1957) et à l'Euratom. De grands travaux furent lancés (plan Delta*), et un système très avancé de protection sociale mis en place. Sur le plan colonial, une «conférence de la Table ronde» se tint à La Haye en 1949 pour reconnaître l'indépendance de la république d'Indonésie*. La Nouvelle-Guinée fut remise à l'administration indonésienne en 1963. Le Suriname* devint indépendant en 1975 ; seules les Antilles* néerlandaises restèrent attachées à la Couronne. **Le règne de Beatrix** En 1980 la reine Juliana abdiqua en faveur de sa fille Beatrix*. La fusion des partis protestant et catholique fut à l'origine du parti chrétien-démocrate qui détint le poste de Premier ministre à partir de 1977 (avec Andreas Van Agt, puis, de 1982 à 1994 avec Ruud Lubbers) et gouverna soit avec les libéraux soit avec les socialistes. Mais aux élections législatives de 1994, les chrétiens-démocrates subirent une lourde défaite et ne participèrent pas au gouvernement de coalition formé des socialistes et des libéraux, sous la direction du socialiste Wim Kok. Très favorables à l'achèvement de l'unification européenne, les Pays-Bas sont difficilement parvenus, sous leur présidence, à faire conclure l'accord de Maastricht* (déc. 1991). W. Kok mit un terme à ses fonctions en 2002 et le gouvernement démissionna. La campagne des législatives fut profondément bouleversée par l'assassinat du chef de la droite populiste dont la liste fit une percée spectaculaire. Jan Peter Balkenende, chrétien-démocrate, fut nommé Premier ministre en juillet. Son premier gouvernement, incluant des populistes, ne dura que quelques mois, les trois suivants furent constitués avec, notamment, des travaillistes (janv. 2003, juin 2006, février 2007). En juin 2005, les Néerlandais se prononcèrent contre le projet de Constitution européenne soumis à référendum. La position des travaillistes contre le maintien de troupes néerlandaises en Afghanistan fit tomber le gouvernement en février 2010 et J. P. Balkenende dut démissionner.

---

Le **Pays de cocagne** ♦ Tableau de Pieter Bruegel* l'Ancien (1566, Alte Pinakothek, Munich). Évocation du «luilekkerland», le pays des douces friandises de la tradition populaire flamande, ce tableau fut l'objet de multiples interprétations ésotériques. Réalisé l'année de la répression du duc d'Albe, il peut être vu également comme une mise en garde du peintre contre les excès de ses compatriotes, excès qui conduisent à la paresse physique et morale et anéantissent la résistance à la tyrannie.

**PAYS DE LA LOIRE** n. m. pl. ♦ Région administrative de l'O. de la France, comptant 5 dép. : Loire-Atlantique, Maine-et-Loire, Mayenne, Sarthe et Vendée. 32 082 km² (5,9 % du territoire, 5e rang). 3 222 061 hab. (5,5 %, 5e rang). 5 % du PIB (5e r.). CH.-L. : Nantes. La région est constituée du bas Poitou (au S.), de l'Anjou (à l'E.), du Maine (au N.) et du Pays nantais (à l'O.).

**GÉOGRAPHIE** La région repose aux trois quarts sur les terrains anciens du Massif armoricain. Au N. de la Loire, dans le Maine et le Segréen, grès et granites engendrent des paysages de bocage, proches de ceux de Bretagne et de Normandie occidentale. Le relief s'abaisse progressivement des Alpes mancelles, qui prolongent les collines de Normandie au N. (417 m au mont des Avaloirs), vers le sillon de Bretagne à l'O. (91 m) et vers la Loire au S. (13 m à Ancenis). Sur la rive g. du fleuve, les schistes vendéens portent un bocage verdoyant, tandis qu'au N.-E. les calcaires crétacés du haut Maine (ou Maine blanc) et les sables tertiaires du Beaugeois font alterner des «campagnes» plus ouvertes avec des forêts de pins et de châtaigniers. À l'E., le Saumurois s'ouvre encore davantage : le vignoble et de riches cultures maraîchères se partagent son plateau crayeux. Au S., une bande de calcaire jurassique, prolongeant jusqu'à la mer la plaine du Poitou, sépare le Bocage vendéen d'une singulière contrée de polders anciens, le Marais* poitevin. Les paysages mouillés de la Grande-Brière, au N. de la Loire, répondent au Marais breton, au S., où les prairies d'élevage deviennent marais salants sur le littoral. La Loire confère à l'ensemble de la région la proverbiale «douceur angevine» de son climat. Si l'humidité générale est assez forte (800 - 900 mm par an au N.), les précipitations moyennes ne sont plus que de 550 mm au cœur de l'Anjou.

**POPULATION** Stable au XIXe s., elle a perdu 211 000 hab. entre 1891 et 1931 (2 157 000 hab.) avant de se remettre à croître au rythme national moyen après la guerre (1946 - 1990 : +37 % ; France : +39,6 %), ce qui démontre, compte tenu de l'attirance exercée par la capitale, la vitalité démographique de la région. La croissance a été relativement soutenue à la fin du XXe siècle (1982 - 1999 : +288 000 hab., +13,3 %). Il existe de fortes distorsions dans les densités : si la Loire-Atlantique compte jusqu'à 166 hab. par km², ils ne sont plus que 55 dans la Mayenne.

**ÉCONOMIE** **Agriculture** Deuxième région agricole française, les Pays de la Loire se sont spécialisés dans l'élevage (75 % de la valeur finale), avec 2,5 millions de bovins (1er rang), 32 millions d'hl de lait collectés chaque année (2e rang) et 1,8 million de porcins et la culture de la mâche. Grâce au climat et aux sols, les pépinières, l'horticulture et la viticulture (muscadet, anjou, layon, saumur fournissent 1,4 million d'hl/an) font la richesse des «vaux». Les structures, longtemps caractérisées par un morcellement excessif, s'améliorent, la surface agricole utilisée (SAU) atteignant 77 ha par exploitation. L'agriculture fait encore travailler 5,5 % de la pop. active (France 2 %). **Industrie** La région s'est dotée depuis longtemps d'une industrie agroalimentaire (laiteries, abattoirs, conserveries, biscuiteries) et a compensé le déclin de ses industries traditionnelles liées aux activités maritimes (chantiers navals de Saint-Nazaire) grâce à l'implantation d'activités nouvelles, dont certaines de haute technologie : Renault au Mans, Bull à Angers, Matra à Nantes. La région du Choletais, originale par la dispersion des activités industrielles en zone rurale, reste compétitive grâce à son tissu d'entreprises spécialisées dans la chaussure (Éram), la confection, la petite mécanique. Saint-Nazaire, avec son port, et Nantes, «métropole d'équilibre», constituent un pôle industriel et commercial unique dans une région à physionomie rurale, desservie par les autoroutes A11 et A87 et le TGV-Atlantique (Le Mans, Angers et Nantes). Pour l'activité portuaire, l'ensemble Nantes-Saint-Nazaire est au 5e rang nat. (34 millions de t en 2008). **Activités tertiaires** Les activités de commerce et de services ont connu un fort mouvement de rattrapage depuis deux décennies. Elles occupent 67 % des actifs et contribuent pour 71 % au PIB régional. Il existe des universités à Nantes, Angers et Le Mans. Le tourisme est particulièrement développé sur

Le **Pays de Cocagne.** Tableau de Bruegel l'Ancien (52 x 78 cm), 1566. *BIS/ © Alte Pinakothek, Munich/ Phot. © Coll. Archives Nathan*

**Pays de la Loire.**

le littoral, qui bénéficie, à chaque extrémité, d'un parc naturel régional : Brière au N., Marais poitevin au S. À l'attrait des plages (Le Croisic, La Baule, Saint-Jean-de-Monts, Les Sables-d'Olonne), s'ajoute celui des îles : Noirmoutier, facilement accessible par un pont, et Yeu. ▮ **Urbanisation** Le réseau des villes s'articule selon un axe N.-E.-S.-O., avec trois aggl. importantes que relient les moyens de communication modernes : Le Mans, Angers et Nantes-Saint-Nazaire. De part et d'autre de cet axe, des villes moyennes complètent le réseau : Laval au N., La Roche-sur-Yon, Cholet, Saumur, Les Sables-d'Olonne au S. Capitale administrative et universitaire, Nantes joue même un rôle au-delà des limites régionales. La région conserve plus ou moins une image rurale mais la population vit dans les agglomérations urbaines pour les deux tiers.

**PAYS NOIR** n. m. → Black Country

**PAZ (Octavio)** ♦ Poète et essayiste mexicain (Mexico 1914 - *id.* 1998). Au cours de sa vie vagabonde, il se lia d'amitié avec les surréalistes. Il publia en 1949 *Liberté sur parole*. Son œuvre poétique évoque notamment les souffrances et l'amertume de l'amour. *Pierre de soleil* (1957) est un poème où se mêle au thème de l'amour et de la liberté le «cauchemar de l'histoire» ; *L'Arc et la Lyre*, un art poétique. De sang indien, Paz fut marqué par une tradition qui oppose deux cultures : aztèque et hispanique ; son essai *Le Labyrinthe de la solitude* (1957) est une recherche passionnée de «l'essentiel mexicain». Il a réuni sous le titre *El fuego de cada día* quelques-uns de ses nombreux poèmes. [Prix Nobel de littér. 1990]

**PAZ (LA)** → ÉTYM. esp. «la paix» ♦ Cap. gouvernementale de la Bolivie située dans une étroite cuvette des Andes vers 3 700 m d'alt. La ville est dominée par l'Illimani*. 835 300 hab. (aggl., avec El Alto, 1 782 000) *(Paceniens)*. La Paz est le siège du gouvernement depuis 1900. Carrefour commercial entre l'Altiplano et les vallées tropicales de l'Est *(Yungas)*. Université de San Andrés. La ville, limitée par sa topographie, s'est étendue au N. sur le plateau froid et venté où se situe l'aéroport. Un vaste ensemble de lotissements populaires, dans la municipalité d'El Alto, à 4 000 m d'alt., comprend une population de près de 900 000 hab., soit davantage que la ville de La Paz elle-même. À l'opposé, les quartiers aisés se glissent dans des replis de la cordillère, plus chauds et protégés des vents, aux altitudes inférieures (vers 3 500 m d'altitude). ▮ **Histoire** La ville fut fondée par les Espagnols en 1548 sur le chemin des caravanes allant de Potosí à Lima. ▮ **Département de La Paz**, 133 985 km², 2 757 000 hab.

**PAZ (LA)** ♦ V. du Mexique, cap. de l'État de Basse-Californie du Sud, sur une baie du golfe de Californie. 189 176 hab. Port de pêche. Centre touristique (station balnéaire, pêche sportive).

**PAZARDŽIK** ♦ V. de Bulgarie, ch.-l. de région, sur la Marica, près de Plovdiv. 127 918 hab. Caoutchouc synthétique. Indus. agroalimentaire. Machines-outils.

**PAZ DEL RÍO** ♦ V. de Colombie à 120 km au N. de Bogotá. 5 083 hab. Minerai de fer. 1re sidérurgie colombienne.

**PAZ ESTENSSORO (Víctor)** ♦ Homme d'État bolivien (Tirija 1907 - *id.*2001). Il fut l'un des fondateurs du Mouvement nationaliste révolutionnaire (MNR) et devint président de la République (1952 - 1956) lorsque le MNR prit le pouvoir. Sous sa présidence, le gouvernement nationalisa les trois plus grandes mines d'étain, promulgua une réforme agraire (1953) et accorda le droit de vote aux Indiens. De nouveau président de la République (1960 - 1964), il fut renversé par un coup d'État militaire. Exilé au Pérou jusqu'en 1971, élu pour la troisième fois à la présidence (1985), il bénéficia, grâce à l'appui de l'Action démocratique nationaliste, d'une large majorité. Il mena alors jusqu'à la fin de son mandat (1989) une politique néolibérale faisant de la Bolivie le «bon élève» du FMI mais provoquant aussi une grave récession économique.

**PAZYRYK** ♦ Site de Sibérie méridionale (Altaï) où furent découvertes en 1929 de nombreuses tombes contenant des chambres à parois de bois, caractéristiques d'une culture apparentée à celle des Scythes* de la steppe et datant du -Ve au Ier s. Dans ces sépultures furent trouvés, dans un remarquable état de conservation, corps, vêtements, mobilier, chevaux. Quelques pièces se trouvent au musée de l'Ermitage à Saint-Pétersbourg.

**PAZZI** ♦ Famille de banquiers florentins, guelfe et rivale des Médicis* dans les affaires publiques. En 1478, FRANCESCO DE' PAZZI (Florence 1444 - *id.* 1478) fomenta un complot avec l'aide du neveu du pape Sixte* IV, Girolamo Riario*, contre les Médicis. Seul Julien de Médicis mourut et Laurent le Magnifique massacra es conjurés. Il bannit les autres Pazzi de Florence. ♦ ***La chapelle des Pazzi*** Commandée par Andrea de' Pazzi, elle fut édifiée par Brunelleschi* à partir de 1433 et continuée ultérieurement par Giuliano* da Maiano. Elle jouxte Santa Croce et, dans sa rigueur et son élégance, passe pour le modèle de l'architecture renaissante.

**PCF** n. m. → **communiste français (Parti)**

**PEACE RIVER** → **Paix (rivière de la)**

**PEACOCK (Thomas Love)** ♦ Écrivain britannique (Weymouth, Dorsetshire 1785 - Lower Halliford, Middlesex 1866). De famille bourgeoise, il reçut une éducation indépendante. Ami de Shelley, qu'il avait rencontré à Londres en 1812, il n'en fut pas moins l'adversaire déclaré des lakistes. Ainsi, les protagonistes de *L'Abbaye de Cauchemar* (1818) caricaturent Coleridge, Byron et même Shelley. De même, dans *Mélincourt* (1817), Coleridge, Southey et Wordsworth sont dépeints sans aménité par le porte-parole de l'auteur, Simon Sarcastic. Le sarcasme était en effet le ton qu'adopta Peacock face au romantisme, dont il prit systématiquement le contre-pied dans des «récits» (Peacock leur refusa toujours le titre de «romans») dont l'intrigue, fort mince, était seulement destinée à servir de prétexte à la raillerie. Son œuvre procède à la fois du «conte philosophique à la Voltaire et du roman parlé à la Diderot» (Cazamian). ➸ **ÉTYM.** Ce nom anglais signifie «paon» (surnom d'une personne vaniteuse ou d'un dandy).

**PÉAGE-DE-ROUSSILLON (LE)** [38550] ➸ **ÉTYM.** «droit de passage» ♦ Comm. de l'Isère, arr. de Vienne, près du Rhône. 6 351 hab. *(Péageois)*. Aménagement hydroélectrique sur le Rhône. Chimie.

**PEAKE (Mervyn)** ♦ Peintre, illustrateur et écrivain britannique (Tianjin, Chine 1911 - Clifton Hampden, Oxfordshire 1968). Les trois romans qu'il consacra à son double ironique, Titus Groan, durent à la galerie de personnages excentriques leur très large audience (*Titus d'Enfer*, 1946 ; *Gormenghast*, 1950 ; *Titus errant*, 1959). Ses illustrations de livres pour enfants connurent également un franc succès.

**PÉAN (Jules Émile)** ♦ Chirurgien français (Marboué, près de Châteaudun 1830 - Paris 1898). Il inventa de nombreux procédés et instruments chirurgicaux et réalisa la première résection du pylore (1879). ➸ **ÉTYM.** *Péan* est une forme régionale de *Payen**.

**PEANO (Giuseppe)** ♦ Logicien et mathématicien italien (Cuneo 1858 - Turin 1932). Il mit au point un système ingénieux de signes qui permet d'exposer les principes de la logique et les résultats des différentes branches des mathématiques dans un langage dit formalisé (*Formulaire de mathématiques*, 1895 - 1905). Il présenta ainsi l'arithmétique, la géométrie projective, la théorie des ensembles, le calcul infinitésimal et le calcul vectoriel. Ses notations ont été en partie conservées dans le langage formalisé actuel. Il tenta par ailleurs de réaliser une langue internationale. Il est également connu pour la découverte d'une courbe (qualifiée par certains de «monstre mathématique»), un des premiers exemples de fractale (→ **Mandelbrot**), qui établit une correspondance entre le contour d'un carré et l'intérieur d'un contour final, passe par tous les points intérieurs du carré et remplit entièrement son aire.

**PEARL HARBOR** ➸ **ÉTYM.** angl. «le port *(harbor)* des perles *(pearl)*» ♦ Base navale des États-Unis aux îles Hawaii*, près de Honolulu*, dans une baie très protégée. ▮ **Histoire** Fondée en 1907, la base devint une des plus importantes du Pacifique. Elle fut attaquée par surprise par l'aviation japonaise, qui infligea de très lourdes pertes aux forces navales et aériennes américaines (7 déc. 1941). L'émotion provoquée dans l'opinion américaine par l'attaque de Pearl Harbor permit à Roosevelt de faire entrer les États-Unis dans la guerre.

**PEARS (sir Peter)** ♦ Ténor britannique (Farnham 1910 - Aldeburgh 1986). Il consacra une grande partie de son activité à B. Britten*, dont il fut le collaborateur. Ses interprétations des *Passions* de Bach ont également été très remarquées.

**PEARSON (Karl)** ♦ Mathématicien britannique (Londres 1857 - *id.* 1936). Il mit au point une méthode mathématique et graphique (dite biométrique) conduisant à l'application de formules de mathématique statistique pour le développement de la science anthropologique et jetant les bases du calcul des corrélations (→ **Galton**) ; on lui doit notamment une généralisation de la notion d'écart, sous la forme d'un écart quadratique global, en calcul des probabilités. ➸ **ÉTYM.** Ce nom anglais signifie «fils *(son)* de Pear (autre forme de *Peter* "Pierre")».

**PEARSON (Lester Bowles)** ♦ Homme politique canadien (Toronto 1897 - Ottawa 1972). Député libéral, il fut ministre des Affaires extérieures du gouvernement Saint*-Laurent, de 1948 à 1957. Président de l'Assemblée générale des Nations unies (1952 - 1953), il joua, lors de la crise de Suez* (1956), un rôle d'intermédiaire entre les États-Unis et la Grande-Bretagne. Chef du Parti libéral en 1957, il devint Premier ministre du Canada en 1963 et se retira en avril 1968. En politique extérieure, il se montra partisan de l'Otan ; sur le plan intérieur, alors que son parti n'avait plus la majorité absolue à la Chambre depuis 1965, il fut confronté aux revendications autonomistes, voire «indépendantistes», du Québec. [Prix Nobel de la paix 1957]

**PEARY (Robert Edwin)** ♦ Navigateur et explorateur américain (Cresson Springs, Pennsylvanie 1856 - Washington 1920). Après des expéditions au Groenland dont il reconnut l'insularité, il explora les terres de Grinnell et de Grant (1905 et 1909) et atteignit le pôle Nord le 6 avr. 1909. Œuv. princ. : *Nearest the Pole* (1906), *The North Pole* (1910).

**Peau d'Âne** ♦ Conte en vers de Ch. Perrault* (1694, repris dans l'édition des *Contes**, 1697). Il narre les aventures de la princesse charmante que le vieux roi veuf (son propre père) veut épouser et qui, malgré son déguisement fait de la dépouille d'un âne extraordinaire, se fera aimer d'un jeune prince.

La **Peau de chagrin** ♦ Roman de Balzac* (1831), qui fait partie des *Études philosophiques* de *La Comédie* humaine*. Après une jeunesse studieuse, Raphaël de Valentin, caractère faible, abandonne son rêve «d'une grande renommée littéraire» pour la «conquête du pouvoir». Vite déçu et ruiné, il acquiert la Peau de chagrin : ce talisman, image du temps à vivre, satisfait les passions du jeune homme ; mais à chaque désir assouvi la peau se réduit jusqu'à ce qu'il n'en reste plus rien, et Raphaël meurt. Ce récit illustre le tragique dilemme qui, pour Balzac, est celui de la condition humaine : «Tuer les sentiments pour vivre vieux, ou mourir en acceptant le martyre des passions.»

**PEĆ** – en albanais ***Pejë*** ou ***Peja*** ♦ V. du Kosovo. 71 100 hab. (dernier chiffre disponible, 1981). Patriarcat serbe. Monuments byzantins. ▪ Artisanat du cuir, tourisme.

**PECHELBRONN** ➸ **ÉTYM.** all. «source *(Born)* de poix (*Pech* [dimin. *Pechel*] "poix, bitume")» ♦ Écart de la comm. de Merkwiller-Pechelbronn, dans le Bas-Rhin. Anc. exploitation de pétrole. Station thermale.

**Pêcheur d'Islande** ♦ Roman de Pierre Loti* (1886), situé en Bretagne, à Paimpol. Yann et Sylvestre naviguent ensemble sur *La Marie* et mènent la rude existence des pêcheurs d'Islande. Sylvestre périra en mer, de même que Yann, qui n'aura goûté qu'un bonheur de courte durée avec Gaud, sa jeune épouse. Sur cette intrigue très simple, Loti a bâti un récit dont la véritable héroïne est la mer. Toujours présente, elle est évoquée avec puissance et poésie et, par son hostilité, illustre la hantise de la mort, thème fondamental de l'œuvre de Loti.

**PECHSTEIN (Max)** ♦ Peintre et graveur allemand (Zwickau 1881 - Berlin 1955). Après un apprentissage chez un peintre local (à partir de 1896), il alla étudier aux Beaux-Arts de Dresde (1900 - 1903) et fut surtout attiré par l'œuvre de Van Gogh et de Gauguin. Il devint membre du groupe expressionniste Die Brücke* en 1906. Ses portraits, nus, scènes de plage et paysages, traités d'une manière large avec un trait abrégé et des couleurs vives, reflètent souvent l'influence de Cézanne, et surtout de Matisse à partir de 1908, et se caractérisent fréquemment par une certaine dureté du dessin (*Jeune fille en maillot jaune et noir*, 1909). Ayant voyagé en 1914 aux îles Palau, il traita des sujets exotiques. Ses œuvres furent condamnées par les nazis. Après la guerre, il devint professeur aux Beaux-Arts de Berlin.

**PECK (Eldred,** dit **Gregory)** ♦ Acteur américain (La Jolla, Californie 1916 - Los Angeles 2003). Il a incarné avec charme et talent un certain idéal de justice et de tolérance (*Le Mur invisible* d'Elia Kazan*, 1947), un héroïsme toujours désabusé ou un peu amer (*Les Neiges du Kilimandjaro* d'Henry King*, 1952 ; *Les Nerfs à vif* de Martin Scorsese*, 1991). Même dans des rôles de meneurs autoritaires et inflexibles, il a donné de l'humanité à ses personnages (*Capitaine sans peur* de Raoul Walsh*, 1951). Il a joué des êtres dépressifs et tourmentés (*La Maison du Dr Edwardes)* de Hitchcock*, 1945 ; *Moby Dick* de John Huston*, 1956, voire antipathiques (*Duel au soleil* de King Vidor*,1946), et a aussi tourné dans des comédies (*Vacances romaines* de William Wyler*,1953).

Gregory **Peck** dans *La Malédiction*, film de Richard Donner (1976). *BIS/Phot. © Coll. Archives Larbor*

**PECKER (Jean-Claude)** ♦ Astrophysicien français (Reims 1923). Auteur de la théorie exacte de l'intensité des raies spectrales d'une étoile, il détermina la température minimale du Soleil, étudia l'atmosphère et la chromosphère solaires, les poussières stellaires, les galaxies actives et la cosmologie. [Acad. sc. 1977]

**PECKINPAH (Sam)** ♦ Cinéaste américain (Madera County, Californie 1926 - Los Angeles 1984). Avec *Coups de feu dans la sierra* (1962), *Major Dundee* (1964), *La Horde sauvage* (1969), *Les Chiens de paille* (1971), *Pat Garrett et Billy le Kid* (1973), il a renouvelé la vision classique du western. En démythifiant les héros et en montrant de la manière la plus réaliste la violence et la mort, il a voulu par ses films «refléter la mauvaise conscience de l'Amérique».

**PECQ (LE)** [78230] ➝ **ÉTYM.** anc. *Alpicum*, du précelt. °*alp* «hauteur» (même rac. que *Alpes**) [la v. est située au pied de la hauteur de Saint-Germain-en-Laye] ou du lat. *Alpicus*, n. de pers. (°*Aupec* compris comme *au [à le] Pecq*) ♦ Ch.-l. de cant. des Yvelines, arr. de Saint-Germain-en-Laye, sur la Seine. 16 318 hab. *(Alpicois)*. Comm. résidentielle.

**PECQUENCOURT** [59146] ➝ **ÉTYM.** bas lat. «la ferme *(curtis)* du pêcheur *(piscator)*» ou «la ferme *(curtis)* de Picca (n. de femme germ.)» ♦ Comm. du Nord, arr. de Douai. 6 361 hab. Dans l'église, mobilier et œuvres d'art provenant de l'anc. abbaye d'Anchin. → **Marchiennes.**

**PECQUET (Jean)** ♦ Médecin français (Dieppe 1622 - Paris 1674). Il est célèbre pour sa découverte des vaisseaux chylifères. On donne le nom de «citerne» ou *réservoir de Pecquet* au renflement inférieur du canal thoracique où ils aboutissent. [Acad. sc. 1666]

**PECQUEUR (Constantin)** ♦ Économiste français (Arleux 1801 - Saint-Leu-Taverny 1887). D'abord adepte des théories de Saint-Simon, puis du fouriérisme, il collabora au phalanstère (1832 - 1835). Ses œuvres, où il critique la propriété privée et la concentration industrielle, font de lui un représentant d'un collectivisme à tendance spiritualiste (*Des améliorations matérielles dans leurs rapports avec la liberté*, 1839 ; *Catéchisme communiste*, 1849). ➝ **ÉTYM.** Ce nom est dérivé du picard *Pecque* «pêcheur».

**PÉCS** ♦ V. de Hongrie, ch.-l. du comitat de Baranya, au S. du pays, sur les contreforts du mont Mecsek. 162 498 hab. Cathédrale Saint-Étienne (XI^e^ s.), église de Tous-les-Saints (XII^e^, remaniée) ; mosquée du pacha Ghazi Kassim (XVI^e^ s.) ; mosquée de Yakovah Hussan et turbeh octogonal d'Idris Baba. Maisons médiévales. ▪ Centre indus. (indus. alimentaires, tanneries, cokerie, céramique). Vins. ▮ **Histoire** À l'emplacement de Pécs existait déjà un établissement celte qui prit le nom de *Sopianae* et devint la capitale de la Pannonie inférieure sous l'empereur Hadrien. Au IX^e^ s., la ville était du ressort des archevêques de Salzbourg et s'appelait *Quinque Ecclesiae*. En 1009, saint Étienne y fonda un évêché. Louis le Grand y créa en 1367 la première université hongroise. Occupée par les Turcs de 1543 à 1686, Pécs devint un centre commercial prospère ; de nombreux monuments y furent bâtis. Après la reconquête, son développement fut lent jusqu'au milieu du XIX^e^ s., où des industries y furent installées.

**PEDERSEN (Charles J.)** ♦ Chimiste américain d'origine norvégienne (Fusan, Corée du Sud 1904 - Salem, New Jersey 1989). Il synthétisa, en 1967, un composé chimique nouveau, appelé éther-couronne : en forme d'anneau, il possède au centre une cavité dans laquelle peuvent se placer des ions positifs, formant ainsi une nouvelle molécule de synthèse. [Prix Nobel de chim. 1987, avec D. Cram* et J.-M. Lehn*]

**PEDRELL (Felipe)** ♦ Musicologue et compositeur espagnol (Tortosa 1841 - Barcelone 1922). Admirateur de Wagner, il découvrit très tôt les vertus du folklore musical de son pays. Pour lui «La musique de chaque pays doit se retremper aux sources du peuple.» Par la publication de plus de trois cents ouvrages musicaux, historiques et didactiques *(Études de bibliographie musicale ; Les Musiciens anonymes ; Le Folklore musical castillan du XVI^e^ siècle ; Le Chansonnier musical populaire)*, il a joué un rôle éminent dans la renaissance de la musique espagnole. Professeur au conservatoire de Madrid, il eut de nombreux élèves, dont M. de Falla et E. Granados. Il a composé des opéras, de la musique symphonique, chorale et de chambre.

**PEDUZZI (Richard)** ♦ Scénographe français (Argentan 1943). Peintre de formation, il s'orienta vers la scénographie dès 1967, grâce à sa rencontre avec Patrice Chéreau* avec qui, depuis, il n'a cessé de travailler (*La Dispute*, 1973 ; *La Tétralogie* de Wagner au festival de Bayreuth, 1976 - 1980 ; *Quai Ouest*, 1988 ; *Hamlet*, 1989). Il utilise des éléments architecturaux telles de hautes façades latérales, aveugles, signifiant à la fois les situations dans lesquelles sont impliqués les personnages et leur symbolique. Il dirigea la Villa Médicis de 2002 à 2008.

**PEEL** (sir **Robert)** ♦ Homme politique britannique (Chamber Hall, Lancashire 1788 - Londres 1850). Issu d'une riche famille d'industriels, il entra aux Communes en 1809 comme député tory. Nommé secrétaire d'État pour l'Irlande, il réagit avec énergie contre l'agitation catholique. Ministre de l'Intérieur sous Liverpool* et Wellington*, il améliora l'appareil judiciaire, l'instruction populaire, créa une police à Londres (c'est de lui que les «bobbies» tirèrent leur surnom) et se rallia à l'émancipation des catholiques devant la recrudescence des troubles irlandais (1829). Après la réforme de 1832, il sut adapter son parti à la nouvelle situation et le rebaptisa «conservateur» (manifeste de Tamworth, 1834). Lors de ses ministères (1834 - 1835, 1841 - 1846), il prit de nombreuses mesures économiques et financières, rétablissant par exemple les impôts sur les revenus les plus forts ou assurant la stabilité de la livre par la réforme de la Banque d'Angleterre. Ce fut son évolution sur la question du libre-échange, brusquée par le risque de famine en Irlande (abolition des Corn Laws, 1846), qui provoqua la scission de son parti : les membres «Jeune Angleterre», menés par Disraeli, provoquèrent sa chute. Il avait considérablement favorisé le passage de son pays à l'ère industrielle et il conserva jusqu'à sa mort accidentelle une grande influence sur la vie politique britannique.

**PEELE (George)** ♦ Poète et auteur dramatique anglais (Londres v. 1558 - *id.* v. 1597). Prédécesseur de Shakespeare, il appartint au groupe des beaux esprits universitaires *(University Wits)* qui contribua à la renaissance des formes théâtrales profanes en Angleterre. Œuv. princ. : *Le Jugement de Pâris* (1584).

**PEENEMÜNDE** ♦ Loc. d'Allemagne (Mecklembourg-Poméranie-Antérieure), sur la Baltique, près de l'estuaire de la Peene. Cet ancien village de pêcheurs fut de 1939 à 1945, sous la direction de W. von Braun, une importante base d'essais de V1, V2 et d'engins spéciaux fabriqués et essayés par le III^e^ Reich.

**PEER** ♦ Comm. de Belgique (Région flamande), prov. de Limbourg, arr. de Maaseik, sur la Dommel. 15 943 hab. Hôtel de ville (1637). Église (tour bâtie vers 1500). ▪ Élevage bovin (prod. laitiers). Indus. textile.

**Peer Gynt** ♦ Drame lyrique et satirique de H. Ibsen* (1867). Peer se caractérise par son manque de volonté, il vit dans l'anarchie, cédant à toutes ses impulsions. À la fin de la pièce, seul l'amour de la droite et pure Solveig le sauvera. À travers ce drame on retrouve toute la vie populaire de la Norvège et son folklore avec les *trolls* et les êtres fantastiques. Grieg* a composé une partition célèbre pour ce drame (1875).

**PÉGASE** – en gr. ***Pêgasos*** ♦ Cheval ailé de la légende, symbole de l'inspiration poétique. Né du sang de Méduse* ou sorti de son cou tranché par Persée, il est dompté par Bellérophon* et l'aide à tuer la Chimère*. D'un coup de son sabot, il fait jaillir la source Hippocrène* sur l'Hélicon.

**PÉGASE** – en lat. ***Pegasus*** ♦ Constellation boréale, voisine d'Andromède*. Très étendue, elle renferme plusieurs étoiles brillantes.

**PEGOLOTTI (Francesco di Balduccio)** ♦ Marchand et voyageur florentin (XIV^e^ s.). Agent des Bardi, il alla jusqu'en Chine. Il fut gonfalonier de justice en 1341 et rédigea un manuel, *Prattica della mercatura*, où il décrit toute l'activité commerciale de son temps.

**PÉGOMAS** [06580] ➝ **ÉTYM.** anc. *Pegomiacum*, du prov. *pègue* «colle» (anc. indus. d'extraction de la résine) ♦ Comm. des Alpes-Maritimes, arr. de Grasse. 5 794 hab.

**PÉGOU** ♦ V. de Birmanie, dans la prov. du même nom, au N.-E. de Rangoon. 150 528 hab. Indus. légères. Artisanat. ▮ **Histoire** Alors située en bordure de mer, Pégou fut au IXe s. le centre d'un royaume établi par les Môns. Le roi Bayinnaung en fit sa capitale au XVIe s.

**PÉGOUD (Adolphe)** ♦ Aviateur français (Montferrat, Isère 1889 - Petit-Croix, près de Belfort 1915). Il fut le premier à sauter en parachute de son avion (19 août 1913) et à réussir le «looping» (1er sept.). Il fut abattu pendant la Première Guerre mondiale.

**PÉGUY (Charles)** ♦ Écrivain français (Orléans 1873 - Villeroy 1914). D'origine modeste (il se référera toujours avec fierté à son ascendance paysanne), orphelin de père (1873), il put poursuivre ses études comme boursier, et entrer en 1894 à l'École normale supérieure où il eut pour maîtres Joseph Bédier, Romain Rolland et surtout Bergson* (*Note sur M. Bergson et la philosophie bergsonienne*, 1914). Mû par un fervent humanitarisme, il vit à cette époque dans l'«établissement de la République socialiste universelle» le seul «remède au mal universel». Il se rangea avec force aux côtés de Jaurès* durant l'affaire Dreyfus* et resta persuadé que «l'essentiel est que [...] la mystique ne soit point dévorée par la politique à laquelle elle a donné naissance» (*Notre jeunesse*, 1910). Il se sépara dès 1900 de ses anciens compagnons de lutte, dont il désapprouvait l'anticléricalisme et l'antimilitarisme. Les *Cahiers* de la quinzaine* (qu'il fonda en 1900 pour y aborder tous les problèmes politiques contemporains, y publiant ses œuvres, celles de Romain Rolland, J. Benda, André Suarès) révèlent l'évolution de Péguy qui, alarmé par «la menace d'une invasion allemande», va bientôt lier sa mystique socialiste à une mystique de la patrie française (*Notre patrie*, 1905) qu'il voit comme une figure privilégiée de la cité de Dieu. En effet, revenu à la foi catholique (1908), il va dès lors mener de pair son œuvre en prose, souvent polémique, toujours engagée, et une œuvre lyrique chargée de spiritualité mais qui laisse transparaître ses drames intimes. S'élevant contre le «monde moderne», la «tyrannie du parti intellectuel», les menées des politiques, la morale figée des bien-pensants, il appelle à la remontée à l'intérieur de la race pour retrouver la mission d'héroïsme et de sainteté qu'il attribue à sa «terre charnelle» (*Clio, dialogue de l'histoire et de l'âme païenne*, œuvre commencée en 1909, posth. 1917). L'invocation des «anciens» incarnant un «héroïsme de race (temporelle) promu en héroïsme de grâce, de race éternelle» (*Victor-Marie, comte Hugo*, 1910), fait réapparaître dans son œuvre le personnage de Jeanne d'Arc (auquel l'écrivain avait déjà consacré un «drame en trois pièces», en 1897). Écrits en vers libres, adoptant la forme du verset, vont se succéder *Le Mystère* de la charité de Jeanne d'Arc* (1910), méditation sur l'amour, *Le Porche du mystère de la deuxième vertu* (1911), qui célèbre l'espérance et *Le Mystère des saints Innocents* (1912) ; en termes étonnamment familiers, sur un ton d'une simplicité solennelle, s'y trouvent soulignés la nécessité de la «racination» du spirituel dans le charnel (mystère de l'Incarnation) et «les jeux incroyables de la Grâce» (mystère de la Rédemption). Immenses symphonies où les thèmes s'entrecroisent, renouvelés par des images et des métaphores familières et mystiques, *La Tapisserie de sainte Geneviève et de Jeanne d'Arc* (1912), *La Tapisserie de Notre-Dame* (1913), puis *Ève* (1913) sont de vastes litanies où la poésie se transmue en prière ; s'appuyant sur le foisonnement du lexique, la structure verbale inlassablement répétée fait de ces méditations en alexandrins rimés, qui procèdent avec une «lenteur solennelle», de véritables oraisons au ton prophétique. Ce rythme poétique avait d'ailleurs été longuement préparé par le caractère répétitif et scandé de sa prose. Isolé en raison de son intransigeance, suspect à l'Église dont il attaquait le conservatisme, comme aux socialistes dont il dénonçait le pacifisme, quasiment ignoré du grand public, Péguy, qui appelait de tous ses vœux la «génération de la revanche», fut tué au front, à la veille de la bataille de la Marne. → ÉTYM. Ce nom signifie «Pierre Guy» (*Pé* est la contraction de *Pierre* dans le Sud-Ouest).

**PEHUÉN** ♦ Rég. du Chili, située entre le río Bío Bío et Valdivia, peuplée d'Indiens araucans, dits Pehuenches «gens du pin» en langue mapuche.

**PEI (Ieoh Ming)** ♦ Architecte américain d'origine chinoise (Canton 1917). Ayant quitté la Chine à 18 ans pour étudier au MIT, il devint l'assistant de Gropius. Son style s'inspire de Le* Corbusier, mais avec une volonté d'enracinement dans le site. Il a recours à de vastes plans géométriques conférant un aspect presque «romain» à ses édifices (Boston Museum of Fine Arts, 1977 - 1981 ; aile est de la National Gallery de Washington, 1978). La Pyramide en verre du Louvre à Paris (1989) lui apporta une reconnaissance internationale, de même que la Bank of China de Hong Kong (1988) ; il exprime dans ces deux bâtiments sa fascination pour les formes pyramidales et triangulaires. Le musée Miho, temple au toit de verre en partie enfoui sous terre, a été construit dans la région montagneuse de Kyōto (1997). Continuant à jouer de la transparence, Pei a construit le musée d'Art moderne Grand-Duc Jean de Luxembourg, le musée d'Histoire de Suzhou et le musée d'Art islamique de Doha (aménagé par Wilmotte) [2008] et a dessiné le hall d'exposition du musée d'Histoire de Berlin (2003). [Prix Pritzker 1983]

**PEINE** ♦ V. d'Allemagne (Basse-Saxe), au N. de Salzgitter, sur le Mittellandkanal. Env. 50 000 hab. Ce fut un centre actif d'extraction de minerai de fer pour l'usine de Salzgitter*.

**PEIPER (Tadeusz)** ♦ Essayiste polonais (Cracovie 1891 - Varsovie 1969). Influencé par le futurisme et le surréalisme, il écrivit des drames et surtout des recueils (*Bouches nouvelles*, 1925 ; *Là*, 1930), dans lesquels il codifia le programme théorique du mouvement littéraire polonais L'Avant-Garde. Selon Peiper, la poésie ne doit pas être basée sur les sentiments, mais sur une conception constructiviste du monde («ville-masse-machine»).

**PEÏPOUS** ou **TCHOUDSK** (lac) – en estonien ***Peipsi Järv***, en russe ***Tchoudsko-Pskovskoïe Ozero*** ♦ Lac d'Europe orientale, entre la Russie et l'Estonie, formé de deux lacs, Tchoudsk et Pskov, reliés par un bras. Longueur : 96 km, largeur : 50 km. Sa superficie, d'env. 3 600 km², varie périodiquement. Ses eaux, très hautes en mai, juil. et août, sont chaudes en été et gelées de déc. à avr. Le rivage N. est bordé de dunes. Pêche. ▮ Histoire En avr. 1242, les chevaliers Teutoniques y furent vaincus par Alexandre Nevski. De violents combats s'y déroulèrent entre Allemands et Soviétiques en 1944.

**PEÏRA-CAVA** ♦ Écart de la comm. de Lucéram (Alpes-Maritimes). Station d'été et de sports d'hiver (1 400 - 1 600 m).

**PEIRCE (Charles Sanders)** ♦ Philosophe et logicien américain (Cambridge, Massachusetts 1839 - Milford, Pennsylvanie 1914). Juger la vérité de nos idées selon leur portée pratique, c.-à-d. la possibilité de les contrôler expérimentalement, telle est la thèse fondamentale de son «pragmaticisme». Le groupe qu'il avait formé avec W. James* était surnommé par ironie «club de métaphysique». Peirce, qui enseignait les mathématiques et l'astronomie à Harvard, a contribué également au développement de la logique mathématique des relations (*Comment rendre nos idées claires*, 1878). Précurseur des théories ultérieures de la signification, il a fondé la science générale des signes, ou sémiotique qui reposait sur l'analyse d'une relation à trois termes : le signe, l'objet, l'interprétant. Son importance est notamment liée à l'influence du pragmatisme dans la philosophie nord-américaine. → **J. Dewey, Quine.**

**PEIRE (Luc)** ♦ Peintre belge (Bruges 1916 - Paris 1994). Il a interprété de façon poétique ses réflexions sur l'homme et l'espace. Il rencontra Alberto Sartoris en 1952, à Ténériffe, puis Michel Seuphor* en 1954, et participa aux «réunions des Batignolles» à Paris. Proche de l'art concret, il a réalisé des intégrations architecturales (*Mosaïque*, Angers, 1969) et des réseaux compartimentés de verticales disposées selon des rythmes rigoureux (*Mur à claire-voie*, La Seyne-sur-Mer, 1970). Son but n'est pas tant d'atteindre à une purification de l'art que de «communier, dans un certain esprit d'anonymat, avec le style de l'architecture».

**PEIRE CARDENAL** ♦ Troubadour (XIIIe s.) et auteur de sirventès politiques où il défend sa patrie occitane contre les atrocités de la croisade des albigeois* et qui constituent une œuvre passionnée, véritable «*Châtiments* du XIIIe s.» (Jeanroy).

**PEIRESC (Nicolas Claude FABRI DE)** ♦ Astronome français (Belgentier, Provence 1580 - Aix-en-Provence 1637). Élève de Galilée* à Padoue, il eut, en même temps que son maître, l'idée de la détermination des longitudes par la mesure des positions respectives des satellites et, en observant ceux-ci, découvrit la nébuleuse d'Orion (1610) ; il fut le premier à observer Mercure en plein jour et décela la «lumière cendrée» de Vénus ; avec Gassendi*, il dressa la carte de la Lune (gravée en 1636). Conseiller au parlement de Provence, il rassembla de nombreuses antiquités et monnaies et acquit une partie de la collection de Rubens.

**PEISEY-NANCROIX** [73210] ♦ Comm. de la Savoie, arr. d'Albertville, en Tarentaise. 614 hab. Station d'été et de sports d'hiver (1 350 - 2 300 m).

**PEIXOTO (Floriano)** ♦ Maréchal et homme d'État brésilien (Maceió 1842 - Rio 1895). Un des artisans de la révolution qui chassa Pierre* II en 1889, il fut président de la République de 1891 à 1894. → ÉTYM. Ce nom portugais signifie «petit poisson».

**PEKALONGAN** ♦ V. d'Indonésie, sur la côte N. de Java, à 330 km à l'E.-S.-E. de Jakarta. 341 400 hab. Ville connue pour ses batiks. Indus. alimentaires. Textiles.

**PEKAN BARU** ♦ V. d'Indonésie, à l'E. de Sumatra, sur le fleuve Siak, cap. de la prov. de Riau. 558 200 hab.

**PEKIĆ (Borislav)** ♦ Écrivain serbe (Podgorica 1930 - Londres 1992). Il est notamment l'auteur de la magistrale *Toison d'or* (1980 - 1987), roman ou, comme Pekić le définit lui-même, «fantasmagorie en sept gros volumes».

**PÉKIN** → ÉTYM. en chin. ***Beijing***, ***Pei-king*** ou ***Peking*** «capitale du Nord» ♦ Cap. de la République populaire de Chine. 10 300 723 hab. La ville possède le statut de municipalité autonome dépendant directement du gouvernement central. 16 808 km². 13 569 194 hab. (*Pékinois*). La ville historique, cap. des dynasties Ming et Qing, se compose de deux parties distinctes accolées l'une à l'autre. La ville intérieure, dite tartare, au N., comprenait les administrations (yamens), les grandes demeures princières et les résidences des fonctionnaires impériaux. → **Cambaluc.** Au centre se trouve la Cité pourpre interdite, palais de l'empereur, entourée de la Cité impériale avec sa colline de Contemplation et le parc impérial des Trois Mers. La ville extérieure, dite chinoise, se trouve au S., avec ses quartiers commerçants et populaires, ainsi que quelques

**Pékin.** Le temple du Ciel, époque Ming.
*Phot. © Marise Pell/Lénars*

ensembles cultuels (temple du Ciel, temple de l'Agriculture). Au S. de la Cité interdite (72 ha), reconvertie en musée du Palais aux trésors inestimables, se trouvent deux anciens ensembles rituels, le temple des Ancêtres et le temple du Sol, tous deux transformés en parcs publics, et la place Tianan men (Porte de la Paix céleste), d'une superficie de 44 ha. En son centre furent érigés le monument aux Héros du Peuple (1958) et le mausolée Mao* Zedong (1977) ; elle fut le cadre des manifestations des étudiants en mai-juin 1989. L'anc. parc impérial des Trois Mers (lacs artificiels) a été transformé dans sa partie N. en parc public (parc du Beihai) avec son célèbre *dagoba* (stûpa) blanc érigé au sommet d'une île-colline artificielle, tandis que le gouvernement occupe la partie S., le Zhongnan hai. ▪ Centre politique du pays, Pékin est également le centre culturel et universitaire avec ses 67 établissements d'enseignement supérieur totalisant 145 000 étudiants, et le campus établi dans la banlieue N.-O. La municipalité a regroupé les activités dans les quartiers périphériques : O. pour l'administration et les sièges des entreprises, N.-O. pour l'enseignement et le tourisme, N. pour la recherche et le sport, E. pour les indus. mécaniques et textiles ainsi que le quartier diplomatique et des affaires avec l'étranger, S.-E. pour la chimie, S. pour les indus. légères et alimentaires. On trouve aussi des aciéries et des indus. métallurgiques, des imprimeries et d'autres indus. (pétrochimie, pharmacie, électronique et outillage de précision). ▪ La physionomie urbaine de Pékin a été profondément bouleversée dans les années 1970 - 1980 avec la construction de rocades, l'extension du réseau métropolitain, la démolition des quartiers anc. et pittoresques et l'émergence de tours et de grands ensembles hôteliers (Sheraton, Hilton, Shangri-la). Des centres d'affaires (Jianwai), des bâtiments administratifs (la Banque de Chine, la Douane), des équipements publics et sportifs (XI^e jeux Asiatiques) ou encore l'Opéra construit par le Français Paul Andreu* et le «Water Cube» ou centre aquatique (inaugurés en 2008) donnent un visage de plus en plus moderne à la ville. Pékin a accueilli les jeux Olympiques de 2008. ▮ **Histoire** La première fondation de la ville sur le site de l'actuel Pékin remonte à l'époque des Zhanguo*. Les noms successifs (Ji, Yan) de ces premières cités sont parfois encore utilisés pour désigner la ville. C'est sous la dynastie mongole des Yuan qu'elle accéda au statut de capitale (Dadu ou Cambaluc*). Les dynasties suivantes, Ming et Qing, perpétuèrent la tradition en rebaptisant la ville Beiping («la paix du Nord»), puis Beijing.

**Pékin.** Le Palais d'été. *Phot. © René Burri/Magnum*

**PEKKANEN (Toivo Rikhard)** ♦ Romancier, nouvelliste et auteur dramatique finlandais d'expression finnoise (Kotka 1902 - Copenhague 1957). Fils d'ouvrier, ouvrier spécialisé, il se fit connaître par un roman en partie autobiographique, *À l'ombre de l'usine* (1932). Il critiqua les valeurs bourgeoises dans le roman *Les Enfants des marchands* (1934) et les nouvelles *Le Festin de la vie et de la mort* (1945) et se livra à une réflexion sur les conflits sociaux dans *Aux rives de ma Finlande* (1937). Il a publié une trilogie sur sa ville natale, *L'Aurore* (1948), *Les Camarades* (1948), *Les Vainqueurs et les Vaincus* (1952). Il donne cours à son penchant pour l'irréel dans ses drames *Le Démon* (1939), *Le Pays des souhaits accomplis* (1956) et les nouvelles *L'Homme et les Messieurs aux barbes rouges* (1950).

**PÉLAGE** – en lat. ***Pelagius*** ♦ Moine hérésiarque (Irlande v. 360 - Égypte ? v. 422 ?). Établi à Rome, il vint en Afrique en 410 pour fuir l'invasion d'Alaric. Sa doctrine privilégiant le libre arbitre au détriment de la grâce (→ **pélagianisme**) fut alors combattue par saint Augustin* et condamnée par plusieurs conciles africains (411, 416, 418). Frappé de proscription avec son disciple Caelestius par l'empereur Honorius* (418), il fut expulsé de Constantinople. On ignore ce qu'il devint ensuite.

**PÉLAGE I^er** ♦ 60^e pape (de 555 à 560). Romain.

**PÉLAGE II** ♦ (Rome 520 - 590). 63^e pape (579 - 590). Élu pendant le siège de Rome par les Lombards, il obtint l'assistance militaire de Byzance (585) grâce à son apocrisiaire, le futur Grégoire* le Grand.

**PÉLAGE** ou **PELAYO** ♦ (mort à Cangas en 737). Roi des Asturies (v. 718 - 737). Chef des Wisigoths, il remporta sur les Arabes la victoire de Covadonga (722), victoire qui marque le début de la *Reconquista*.

**pélagianisme**

n. m. ♦ Doctrine de Pélage* et première hérésie de l'Occident chrétien. Marqué par le stoïcisme, le pélagianisme affirme l'excellence de la création (doctrine du *bonum naturae*) et le libre arbitre aux dépens du péché originel et de la grâce. Après une condamnation au concile de Carthage (418), Julien d'Eclane reprit les idées pélagiennes et tenta d'élaborer une morale sexuelle du mariage fondée sur la maîtrise de soi (tradition ascétique) mais en dehors de tout péché. Combattu par saint Augustin*, ce second pélagianisme fut condamné au concile d'Éphèse (431). Des moines ascétiques provençaux réunis autour de Jean Cassien formulèrent plus tard une version modérée du pélagianisme *(semi-pélagianisme)*, condamnée au deuxième concile d'Orange (529).

**PÉLASGES** n. m. pl. ➝ ÉTYM. en gr. ***Pelasgoi*** «les montagnards» (de la rac. pré-hellénique *°pala* «hauteur rocheuse») ♦ Nom donné par des écrivains grecs aux habitants primitifs de l'Égéide avant l'arrivée des Hellènes. → **Achéens, Éoliens, Ioniens.** On les considérait comme un peuple autochtone et barbare (ne parlant pas le grec) ou comme des tribus errantes, répandues dans une grande partie de la Méditerranée, surtout dans l'Hellade, l'Illyrie, l'Italie méridionale, le littoral de l'Asie Mineure. Hommes petits et basanés, les Pélasges étaient sans doute apparentés aux Cariens et aux Lélèges venus v. -2 600 de l'Asie en Crète, dans les Cyclades, en Thessalie (→ **Grèce**), aux Tyrrhéniens ou Étrusques et à d'autres peuples italiotes, aux Ibères, aux Ligures. Dans l'Hellade postérieure à l'invasion indo-européenne, on localisait les Pélasges surtout en Thessalie (Larissa), en Arcadie et dans certaines îles dont Lemnos. On appelle murailles *pélasgiques* les murailles cyclopéennes (faites d'énormes pierres sans ciment) d'époque mycénienne, comme celle d'Athènes, ou préhellénique. Le terme de Pélasges n'a plus aujourd'hui de sens historique. Il est établi que les habitants primitifs de l'Égéide n'étaient pas des autochtones, et que des vagues successives d'émigrants d'origines différentes y ont été amalgamées.

**PELÉ (Edson Arantes do Nascimento, dit)** ➝ ÉTYM. son surnom quand il était enfant (lui-même n'en connaît pas l'origine) ♦ Footballeur brésilien (Três Corações, Minas Gerais 1940). Il est considéré comme le meilleur footballeur de tous les temps. Son palmarès est en tous points exceptionnel : trois Coupes du monde (1958, 1962, 1970), deux coupes d'Amérique du Sud des clubs et deux coupes intercontinentales avec son club Santos. Le «roi Pelé» marqua 1 281 buts pour 1 363 rencontres. Il fut ministre des Sports de 1994 à 1998.

**PELÉE** (montagne) ♦ Volcan du N. de la Martinique (1 397 m). L'éruption de 1902 - 1905 produisit de grandes nuées ardentes qui anéantirent la ville de Saint-Pierre et ses environs, faisant 29 000 morts. Une autre crise éruptive eut lieu en 1929 - 1932.

**PÉLÉE** – en gr. ***Pêleus*** ♦ Roi légendaire des Myrmidons*, fils d'Éaque*. Banni d'Égine avec son frère Télamon* pour l'assassinat de leur demi-frère Phocos, Pélée est accueilli et purifié par le roi de Phthie, qui lui donne en mariage sa fille Antigone. Mais, ayant tué accidentellement son beau-père, il doit s'exiler de nouveau. Il est accueilli et purifié cette fois par le roi d'Iolcos, Acaste. Le destin pourtant lui est défavorable. La reine Astydamie, dont il repousse l'amour qu'elle lui porte, le calomnie auprès de sa femme Antigone, qui se donne la mort, et auprès d'Acaste. Le roi, pour se venger, l'invite à la chasse sur le mont Pélion et l'abandonne endormi et désarmé parmi les Centaures. Sauvé par Chiron*, Pélée se venge plus tard en tuant Acaste et en dépeçant Astydamie. C'est grâce aux conseils de Chiron qu'il parvient à saisir Thétis*, la néréide que les dieux lui destinaient pour femme. À leurs noces, tous les dieux, invités, apportent des cadeaux, mais Éris (la Discorde), qu'on a omis d'inviter, lance la pomme d'or qui provoque la dispute des trois déesses, à l'origine de la guerre de Troie. Thétis tue ses enfants en les trempant dans le feu pour les rendre immortels. Pélée sauve le dernier, Achille*. Il figure aussi parmi les Argonautes*.

Le **Pèlerinage de Childe Harold** → **Childe Harold (Le Pèlerinage de)**

**Pèlerinage de Grâce** – en angl. ***Pilgrimage of Grace*** ♦ Mouvement de révolte mi-religieux, mi-social, qui agita le N. de l'Angleterre en 1536, à la suite des sécularisations accomplies par Thomas Cromwell*, qui aggravaient le sort des fermiers et supprimaient les aumônes. Le duc de Norfolk* le dispersa au prix de quelques promesses et fit exécuter les meneurs.

**PÈLERIN DE MARICOURT** → **Pierre de Maricourt**

**PELETIER DU MANS (Jacques)** ♦ Humaniste français (Le Mans 1517 - Paris 1582), traducteur d'Horace* et auteur d'*Œuvres poétiques* (1547) puis d'un *Art* poétique français* (1555) qui tentent de concilier les poètes anciens et ceux de la Pléiade.

**PELHAM (Henry)** ♦ Homme politique britannique (1696 - Londres 1754). Frère du duc de Newcastle*, membre du Parlement dès 1717, il soutint d'abord Walpole* et fut Premier ministre de 1743 à sa mort, appuyé par son frère. Tout en acceptant Pitt* dans son cabinet, il signa le traité d'Aix-la-Chapelle.

**PÉLIAS** ♦ Roi légendaire d'Iolcos en Thessalie, fils de Poséidon*. Usurpateur du trône appartenant à son frère Éson*, il avait reçu d'un oracle le conseil de se méfier de l'homme chaussé d'une seule sandale. C'est Jason*, le fils d'Éson, qui arrive un jour dans le port d'Iolcos, ainsi chaussé. Pélias l'appelle et lui demande ce qu'il aurait fait si, étant roi, quelqu'un se présentait pour revendiquer le trône ; Jason répond qu'il l'aurait envoyé à la conquête de la Toison* d'or. Pélias applique immédiatement son conseil. En l'absence de Jason qui part avec les Argonautes*, il oblige Éson et sa femme à se donner la mort. À l'issue heureuse de l'expédition, Médée*, qui suit Jason, incite les filles de Pélias à dépecer leur père et à faire bouillir ses morceaux dans un chaudron en leur faisant croire que cela lui rendra la jeunesse. Alceste*, seule des Péliades, s'abstient de participer à cet acte qui se révélera être la vengeance de Médée.

**PELIGOT (Eugène Melchior)** ♦ Chimiste français (Paris 1811 - *id.* 1890). Auteur de recherches sur la fonction alcool, avec J.-B. Dumas*, il découvrit l'élément uranium (1841). [Acad. sc. 1852]

**PÉLION** ou **PILION** n. m. ➝ **ÉTYM.** probablt du pré-indo-eur. *°pela* ou *°pala* « hauteur rocheuse » ♦ Massif montagneux boisé de Grèce (Thessalie), que prolongent l'Ossa au N. et les chaînes de l'Eubée au S. Il forme une péninsule isolant le golfe Pagasétique de la mer Égée, dont le N. est réputé pour sa fraîcheur et ses vergers étagés autour de villages pittoresques (Portaria, Zagora, Makrinitsa) qui furent pendant l'occupation turque des foyers de culture grecque : églises byzantines, anc. bibliothèques, maisons anc. ▮ **Histoire** Son nom est rattaché aux légendes des Géants Aloades, des Centaures, du mariage de Pélée et de Thétis. → **Ossa.** Le Pélion abritait un sanctuaire de Zeus Akraios et un oracle d'Apollon.

**PÉLISSANNE** [13330] ➝ **ÉTYM.** anc. *Peliciana*, du lat. *Pelicius*, n. de pers. (p.-ê. de *pellicius* « fait de peau »), et suff. *-ana* ♦ Comm. des Bouches-du-Rhône, arr. d'Aix-en-Provence. 8 580 hab.

**PÉLISSIER (Aimable Jean Jacques)** ♦ Maréchal de France (Maromme 1794 - Alger 1864). Après avoir pris part aux expéditions d'Espagne (1823) et de Morée (1828 - 1829) et à la conquête de l'Algérie (1839 - 1854), il fut nommé à la tête de l'armée de Crimée en remplacement de Canrobert ; la prise de Sébastopol (sept. 1855) lui valut le bâton de maréchal et le titre de *duc de Malakoff.* Vice-président du Sénat au début du Second Empire, ambassadeur à Londres (1858), il termina sa vie comme gouverneur général de l'Algérie (1860 - 1864). ➝ **ÉTYM.** Ce nom signifie « fabricant de pelisses ».

**PELLA** ♦ Anc. ville de Grèce, cap. du royaume de Macédoine* à partir de la fin du -Ve s. À cette époque, le roi Archélaos* en fit sa capitale en quittant Aigai (auj. Edessa) et voulut lui donner le prestige de la culture hellénique en accueillant Euripide*, le peintre Zeuxis* et d'autres intellectuels et artistes. Pella connut son apogée pendant le règne de Philippe II et d'Alexandre le Grand. Décadente depuis la conquête romaine, elle disparut au VIe s. Des fouilles entreprises près de l'actuel village de Palaia Pella ont mis au jour quelques vestiges de l'enceinte et des édifices de la cité. Musée archéologique.

**PELLAN (Alfred)** ♦ Peintre, graveur et décorateur canadien (Québec 1906 - Laval, Québec 1988). Il chercha à se dégager de l'emprise du traditionalisme et séjourna à Paris de 1926 à 1940, puis de nouveau à partir de 1952. Abandonnant progressivement la figuration réaliste conventionnelle, il subit des influences très variées, notamment celles du cubisme, puis du surréalisme. En 1935, il exposa à Paris avec le groupe Forces nouvelles. Il agença avec une grande liberté des éléments figuratifs aux formes simplifiées. Faisant preuve d'un sens constructif original, il créa un espace complexe à partir de fragments d'un chromatisme riche et éclatant qui donna à ses œuvres un caractère imaginaire et décoratif (*Les Carnivores*, 1966).

**Pelléas et Mélisande** ♦ Drame musical en 5 actes et 13 tableaux, musique de Cl. Debussy*, poème de M. Maeterlinck* (Paris, 1902). Le vieux Golaud, époux de la frêle Mélisande, a surpris l'amour qui vient d'unir son demi-frère Pelléas à sa jeune femme. Dans un accès de jalousie, il tue Pelléas, et ce meurtre détermine Mélisande à se donner la mort. Composée en réaction contre l'opéra italien et l'esthétique wagnérienne, encore prédominante, l'œuvre marque l'aboutissement du symbolisme par l'étrangeté de son atmosphère poétique et le rôle qui s'y trouve dévolu au chant dramatique, « récitatif infini » et pure expression des plus secrets mouvements de l'âme. Par son dépouillement volontaire, elle exprime un retour à la simplicité classique et fait date dans l'histoire du drame musical. La pièce de Maeterlinck a également inspiré un poème symphonique à Schoenberg* (1903) et une musique de scène à Fauré (1898) et à Sibelius (1905).

**Pelléas et Mélisande.** Mlle Garden, créatrice du rôle de Mélisande en 1902. Bibliothèque des Arts décoratifs, Paris.
*Phot. © Reutlinger/Dagli Orti*

**PELLERIN (Jean Charles)** ♦ Imprimeur français (Épinal 1756 - *id.* 1836). Il est célèbre pour les images populaires qu'il composa dès l'époque de la Révolution et imprima lui-même à partir de 1800 (avec ses collaborateurs Canivet, Verneuil, Réveillé) et qui connurent un succès considérable dans toute la France. Sous la Restauration, il laissa la direction de son entreprise à son fils Nicolas.

**PELLERIN (LE)** [44640] ♦ Ch.-l. de cant. de la Loire-Atlantique, arr. de Nantes, sur la Loire. 3 774 hab. *(Pellerinais).*

**PELLETAN (Eugène)** ♦ Homme politique français (Saint-Palais-sur-Mer 1813 - Paris 1884). Collaborateur de Girardin à *La Presse*, théoricien du progrès continu (*La Profession de foi du XIXe s.*, 1852), il affirma son opposition à l'Empire, fut nommé membre du gouvernement de la Défense nationale après la déchéance de Napoléon III (4 sept. 1870 - févr. 1871). ♦ **Camille Pelletan.** Homme politique français (Paris 1846 - *id.* 1915). Fils du précédent. Rédacteur au journal *La Justice* (1880), député radical (1881 - 1912), il dénonça la politique d'expansion coloniale de J. Ferry et le boulangisme. Après avoir présidé le premier congrès radical-socialiste (1901), il fut nommé ministre de la Marine dans le cabinet Combes (1902 -

1905), et contribua activement à la séparation des Églises et de l'État. ◆ ÉTYM. *Pelletan* désigne probablement celui qui travaille avec une pelle.

**PELLETIER (Pierre Joseph)** ♦ Pharmacien français (Paris 1788 - Clichy-la-Garenne 1842). Il réussit à extraire un principe vomitif (émétine) de la racine d'ipéca (1817) et, effectuant des recherches sur le cholestérol en collab. avec Caventou*, il découvrit la strychnine (1818), la brucine (1819), la vératrine, l'acide cévadique et la quinine (1820). Pelletier et Caventou, étudiant également la physiologie végétale, introduisirent le mot chlorophylle (1818). Pelletier isola encore la narcéine et la thébaïne de l'opium (1832). Il effectua en outre des travaux sur les matières colorantes, sur la dorure par voie humide, sur les huiles de résine. [Acad. sc. 1840]

**PELLETIER-DOISY (Georges)** ♦ Général et aviateur français (Auch 1892 - Marrakech 1953), surnommé familièrement Pivolo. Il fut un pionnier des grandes liaisons aériennes internationales (Constantinople-Paris, 1919 ; Paris-Tōkyō, 1924).

**PELLICO (Silvio)** ♦ Écrivain italien (Saluces 1789 - Turin 1854). Durant un séjour en France (1800 à 1809) il fut gagné à l'esprit encyclopédique et aux idées libérales. De retour à Milan, lié avec Monti et Foscolo, il exprima ses sentiments patriotiques dans sa tragédie *Francesca da Rimini* (1815 ; traduite en anglais par Byron), puis défendit les thèses romantiques auxquelles il avait adhéré au contact de M^me^ de Staël et de Schlegel. Collaborateur assidu du journal milanais *Il conciliatore* connu pour ses opinions libérales, Pellico fut condamné à mort comme *carbonaro* par les Autrichiens, puis vit sa peine commuée en un emprisonnement à Brno, dans la forteresse du Spielberg. Gracié après neuf années, il composa ses mémoires, *Mes prisons* (1832), où il fait montre d'une résignation chrétienne qui déçut les patriotes italiens ; pourtant l'ouvrage connut une considérable diffusion et fit de Pellico le symbole du patriote martyrisé par les despotes étrangers.

**PELLIOT (Paul)** ♦ Sinologue français (Paris 1878 - *id.* 1945). Professeur de chinois à l'École française d'Extrême-Orient (Hanoi, 1901), il contribua à l'exploration archéologique de l'Asie centrale (1906 - 1909), découvrant de nombreux manuscrits chinois, tibétains notamment, du VI^e^ au IX^e^ s., dans les grottes de Dunhuang (*Les Grottes de Touen-houang*, 1920-1924 ; *La Mission Pelliot en Asie centrale*, 1924).

**PELLISSON (Paul)** ♦ Avocat, puis écrivain français (Béziers 1624 - Paris 1693). Ami de Conrart*, il écrivit une *Histoire de l'Académie française* (1653), avant de défendre son bienfaiteur Fouquet* dans ses *Trois discours*, restés célèbres, qui lui valurent l'incarcération. Amnistié, il devint historiographe de Louis XIV (1670) et rédigea des ouvrages d'érudition théologique. [Acad. fr. 1653]

**PELLOUTIER (Fernand)** ♦ Anarchosyndicaliste français (Paris 1867 - Sèvres 1901). Jeune journaliste, il adhéra au Parti ouvrier français. → **Guesde (Jules).** Délégué aux bourses du travail à Saint-Nazaire puis à Nantes, il fit adopter le principe de la grève générale. À Paris, il se rallia aux idées libertaires et contribua au rapprochement des mouvements anarchiste et syndicaliste. Secrétaire de la Fédération des bourses du travail (1895), il fonda *l'Ouvrier des Deux-Mondes* (1897), revue d'économie sociale. Son *Histoire des bourses du travail* (posth.) est une œuvre essentielle de l'anarcho-syndicalisme révolutionnaire. ◆ ÉTYM. *Pelloutier* désigne le fabricant de *pelotes* (balles de jeu).

**PÉLOPIDAS** ♦ Général et homme politique thébain (mort à Cynocéphales en -364). Il se réfugia à Athènes lorsque les Spartiates prirent la citadelle de Thèbes* (Cadmée) et établirent le régime oligarchique en -382, mais trois ans plus tard, à la tête de Thébains bannis, il prit de nuit la ville, chassa les Spartiates et les oligarques (→ **Archias**) et établit la démocratie. Il fut avec son ami Épaminondas* l'artisan de l'hégémonie thébaine après la victoire de Leuctres (-371) à laquelle il participa. Il combattit le tyran de Phères, Alexandre, lui enleva Larissa* (-369) et le défit de nouveau à Cynocéphales* (-364), mais il périt au cours de cette bataille.

**PÉLOPONNÈSE** n. m. ou **MORÉE** n. f. ◆ ÉTYM. en gr. ***Peloponnêsos*** « l'île de Pélops* » ♦ Presqu'île de Grèce rattachée à la Grèce centrale par l'isthme de Corinthe, percé en 1893 par un canal, et reliée à l'Étolie par le viaduc Rion-Antirion. Le Péloponnèse est l'une des 9 régions géographiques de la Grèce et comprend 7 nomes : Achaïe*, Arcadie*, Argolide*, Corinthie (→ **Corinthe**), Élide*, Laconie*, Messénie*. Il est partagé entre trois régions administratives : Attique, Péloponnèse, Grèce de l'O. 21 379 km². 1 300 000 hab. ▪ Tous les compartiments montagneux en blocs N.O.-S.E. séparés par des bassins fermés ou des plaines drainées vers la mer sont dépeuplés par l'exode rural. Le littoral fixe toutes les villes actives (à l'exception d'Argos*, Sparte* et Tripoli*) qui desservent zones touristiques fréquentées (plages et sites archéologiques : Épidaure, Messène, Mycènes, Olympie) et campagnes consacrées aux fruits, à la vigne, aux agrumes et aux légumes primeurs.

▮ **HISTOIRE** ▮ ***Ioniens, Achéens et Doriens*** Habité primitivement par des Pélasges, le Péloponnèse connut la civilisation égéenne dès la 1^re^ moitié du -III^e^ millénaire. → **Grèce, Égée (mer), Argos.** Les Ioniens*, premiers envahisseurs hellènes (-XX^e^ s.), refoulèrent les Pélasges dans l'Arcadie ou se mélangèrent avec eux. Les Achéens*, qui suivirent (-XVII^e^ s.), adoptèrent la civilisation crétoise et, héritant de la thalassocratie minoenne, développèrent la première civilisation hellénique, qui fut appelée *mycénienne* du nom de leur principal centre. → **Mycènes, Tirynthe, Pylos.** Les Doriens*, venus vers la fin du -XII^e^ s., refoulèrent dans l'Achaïe et l'Arcadie les Achéens ou les réduisirent à l'esclavage. ▮ ***La ligue Péloponnésienne*** À partir du -XI^e^ s., de nouveaux centres actifs apparaissent. → **Argos, Corinthe, Sicyone, Sparte.** Corinthe connut un grand essor maritime. Sparte soumit les Messéniens (-VIII^e^ - -VII^e^ s.) et imposa partout l'aristocratie dorienne, puis, ayant brisé la résistance d'Argos, elle prit la tête de la ligue Péloponnésienne (-VI^e^ s.) avec laquelle elle triompha d'Athènes* pendant la guerre du Péloponnèse. L'hégémonie lacédémonienne prit fin avec la défaite de Leuctres* (-371). Sous l'impulsion des vainqueurs thébains (→ **Épaminondas, Pélopidas**), plusieurs cités péloponnésiennes établirent la démocratie et s'organisèrent contre l'expansion spartiate. → **Megalopolis, Messène.** Après la bataille de Chéronée (-338), Sparte prit la direction de la lutte contre les Macédoniens. ▮ ***La ligue Achéenne*** La ligue Achéenne*, réorganisée v. -280, fut l'alliée des Macédoniens contre Sparte, puis celle des Romains (déb. du -II^e^ s.), enfin, dressée contre l'intervention de Rome dans les affaires péloponnésiennes, elle fut écrasée en -146 à Leucopetra. ▮ ***De la domination byzantine à la domination franque*** Partie de la province romaine d'Achaïe, le Péloponnèse constitua avec la Crète un *thème* de l'Empire byzantin*. Les tribus slaves qui s'infiltrèrent dans la presqu'île, surtout au VIII^e^ s., s'hellénisèrent peu à peu. Après la conquête latine (1205 - 1212), le Péloponnèse devint une principauté franque. → **Morée.** ▮ ***Guerre du Péloponnèse*** Conflit (-431 - -404) qui opposa Athènes à Sparte et engagea presque toutes les cités grecques partagées entre l'Empire athénien et la ligue *(symachie)* Péloponnésienne. Paroxysme des luttes interminables pour l'hégémonie, cette guerre fut néfaste pour la Grèce classique et précipita le déclin de la cité. ▮ ***Les causes*** À l'origine du conflit, il y eut la rivalité entre les 2 grandes puissances du monde grec pour la prédominance sur le continent et les îles, rivalité accentuée par l'opposition de 2 systèmes politiques : la démocratie et l'oligarchie. L'alliance d'Athènes avec Corcyre (→ **Corfou**), colonie corinthienne rebelle, le secours corinthien à Potidée* révolté contre Athènes, les conflits entre Athènes et Mégare*, Thèbes* et Platées* en furent les causes immédiates. ▮ ***La mort de Périclès*** Contre l'empire maritime d'Athènes (→ **Délos**), le camp lacédémonien réunissait la plus grande partie de la Grèce centrale (Mégaride, Béotie, Phocide, Locride, Étolie), tout le Péloponnèse, à l'exception des Achéens et des Argiens qui gardaient la neutralité. Tandis que la flotte athénienne ravageait les côtes péloponnésiennes, les Spartiates (→ **Archidamos II**) pillaient l'Attique sans réussir à prendre Athènes, protégée par les Longs Murs. Mais une épidémie de peste décima la population entassée dans la ville : un tiers des habitants et des réfugiés périt en deux ans (-430 - -429). Périclès*, accusé de ce désastre et déposé par l'Assemblée, fut ensuite rappelé, mais, atteint de la peste, il mourut en -429. ▮ ***La paix de Nicias*** Partagés entre les démagogues et les modérés, partisans de la paix, les Athéniens continuèrent la guerre, encouragés par quelques succès : Cléon réprima la révolte de Mytilène (-427) et remporta une victoire dans l'îlot de Sphactérie refusant la paix offerte par les Spartiates (-425). Mais, par la suite, le général lacédémonien Brasidas* enleva aux Athéniens Amphipolis (-422). Cléon et Brasidas ayant été tués dans cette bataille, les modérés des deux parties conclurent en -421 la paix de Nicias*, restituant mutuellement leurs conquêtes. Mais les clauses de ce traité ne furent jamais appliquées. ▮ ***Alcibiade*** Tandis que les alliés des Lacédémoniens refusaient la paix et que Sparte offrait son alliance à Athènes, la guerre continuait par alliés interposés pour reprendre ouvertement en -418. Sparte, par sa victoire de Mantinée*, rétablit son autorité minée par les efforts d'Alcibiade* pour diviser la Ligue péloponnésienne. L'ambitieux Alcibiade fit décider par les Athéniens l'expédition de Sicile (-415) pour aider Ségeste* attaquée par Syracuse*, alliée de Sparte. L'expédition se termina en -413 par un désastre. → **Alcibiade, Nicias, Gylippos.** Athènes s'affaiblit par la défection de nombreux alliés et par la désertion de vingt mille esclaves travaillant aux mines de Laurion*, pendant que Sparte obtenait par l'alliance avec Darios* II Ochos de considérables moyens financiers. La déception du peuple et l'écrasement des couches aisées par les charges fiscales suscitèrent des troubles. À la suite d'une mutinerie, le conseil oligarchique des Quatre*-Cents s'installa pour quelque temps au pouvoir (-411). Les démocrates réunis par Alcibiade remportèrent sur les Spartiates les victoires d'Abydos (-411), de Cyzique* (-410), de Byzance (-409). ▮ ***La défaite d'Athènes*** Mais Lysandre*, ayant renforcé la flotte spartiate grâce à l'or perse, battit Alcibiade à Colophon (-407). Après une dernière victoire aux îles Arginuses* (-406), la flotte athénienne, affaiblie par le limogeage d'Alcibiade et l'exécution des stratèges vainqueurs des Arginuses, subit la défaite décisive de l'Aigos* Potamos (-405). Athènes, assiégée par Lysandre et accablée par la famine, capitula en -404 et accepta les conditions des vainqueurs : livraison de la flotte, destruction des Longs Murs, évacuation des clérouquies (groupes de citoyens athéniens installés en terre étrangère), rappel des bannis. La démocratie fut abolie et le conseil oligarchique des Trente* tyrans exerça le pouvoir, appuyé par une garnison lacédémonienne. ▮ ***Les***

***témoignages*** Les *Histoires* de Thucydide*, complétées par les *Helléniques* de Xénophon* pour la période située apr. −411, constituent le récit le plus détaillé de la guerre du Péloponnèse.

**PÉLOPS** ♦ Héros qui donne son nom au Péloponnèse*, fils du roi de Lydie, Tantale*. Celui-ci le tue et le sert aux dieux pour les mettre à l'épreuve. Seule, Déméter se trompe et dévore une épaule. Les dieux indignés punissent Tantale et rendent la vie à Pélops en remplaçant l'épaule dévorée par une épaule artificielle, faite d'ivoire. Émigré en Grèce, Pélops s'unit à Hippodamie qui lui donne plusieurs enfants dont Atrée* et Thyeste*. Il était considéré comme le premier instaurateur des jeux Olympiques, avant Héraclès qui les aurait rénovés.

**PELOTAS** ♦ V. du Brésil (État du Rio Grande do Sul). 290 000 hab. La ville fut fondée en 1830.

**PELOUZE (Théophile Jules)** ♦ Chimiste français (Valognes 1807 - Paris 1867). Il découvrit les nitriles (1834) et parvint, en les hydrolysant, à obtenir la synthèse des acides organiques. Il montra que la glycérine est un alcool.

**PELTIER (Jean Charles Athanase)** ♦ Physicien français (Ham 1785 - Paris 1845). Il découvrit en 1834 l'effet calorifique du courant électrique passant à travers la jonction de deux métaux différents *(effet Peltier)* utilisé dans certains réfrigérateurs. Il détermina expérimentalement la température de l'eau en caléfaction (1841).

**PELTON (Lester Allen)** ♦ Ingénieur américain (Vermilion, Ohio 1829 - Oakland, Californie 1908). Inventeur d'un type de turbine hydraulique dans laquelle les pressions sont égales à la pression atmosphérique *(turbine Pelton)* qui convient aux hautes et très hautes chutes à faible débit. → **Kaplan.**

**PÉLUSE** ← ÉTYM. en lat. *Pelusium*, du gr. *Pêlousion* «la ville boueuse (de *pêlos* "boue")», en égypt. *Sa'inu* ou *Per-Amun* «demeure d'Amon» – auj. ***Tell Farama*** ♦ Anc. ville et port d'Égypte, sur la branche la plus orientale du Nil (dite *pélusiaque*), à 35 km au S.-E. de Port*-Saïd. À l'époque tardive, elle devint un poste fortifié face à la frontière syrienne. Cambyse* y remporta une victoire décisive contre les Égyptiens (−525). ▪ Monge* reçut de Napoléon I^er^ le titre de *comte de Péluse* au retour de l'expédition d'Égypte.

**PÉLUSSIN** [42410] ← ÉTYM. anc. *Pelucius*, du lat. *Pollux* (fils de Zeus) et suff. *-inum* ou de *pullicenus* «poussin», devenu n. de pers. ♦ Ch.-l. de cant. de la Loire, arr. de Saint-Étienne, au pied du mont Pilat. 3 356 hab. *(Pélussinois)*.

**PELVOUX** ou **MASSIF DES ÉCRINS** n. m. ← ÉTYM. de l'occit. *pelvo* «haute montagne» ♦ Massif cristallin des Alpes françaises proche de Briançon. Les points culminants en sont la barre des Écrins* (4 102 m) et la pointe Puiseux (3 943 m). Il est intégré dans le parc national des Écrins.

**PELVOUX** [05340] ♦ Comm. des Hautes-Alpes, arr. de Briançon, sur le versant E. du massif du Pelvoux. 404 hab. *(Pelvousiens)*. Station d'été et de sports d'hiver (1250 - 1350 m).

**PEMATANG SIANTAR** ♦ V. d'Indonésie (N. de Sumatra). 203 822 hab. Centre admin. et commercial situé dans une région de grandes plantations d'hévéas et de palmiers à huile.

**PEMBA** ← ÉTYM. en swahili *Pembe* «longue corne» (allus. à la forme de l'île) ♦ Île de l'océan Indien proche des côtes d'Afrique, au N. de la ville de Zanzibar, qui a formé avec cette dernière l'État de Zanzibar (auj. en Tanzanie*). 984 km². 384 000 hab. Girofle (princ. centre producteur mondial).

**PEMBROKE** (comtes de) ♦ Famille anglaise. ♦ **Richard de Clare,** 2^e^ comte **de Pembroke,** dit **Richard Strongbow** «arc fort» (v. 1130 - Dublin 1176). Il aida le roi irlandais Dermot Mac Murrough à reconquérir son royaume. Devenu son gendre, il lui succéda en 1171 et conquit la majeure partie de l'Irlande orientale. ♦ **William Marshal,** comte **de Pembroke** (v. 1146 - Cavesham, Berkshire 1219). Gendre du précédent. Il fut régent d'Angleterre à la mort de Jean sans Terre (1216) durant la minorité d'Henri III.

**PEMBROKE** ♦ V. du pays de Galles (Pembrokeshire), sur la baie de Milford. 15 000 hab. Château restauré du XI^e^ s. Raffinerie de pétrole. Port.

**PENALBA (Alicia Perez)** ♦ Sculptrice argentine (San Pedro 1918 - Dax 1982). Élève de l'École des beaux-arts de Buenos Aires, elle commença par peindre. À Paris (1948), elle aborda la gravure, puis la sculpture. Élève de Zadkine, influencée par Arp, elle produisit des sculptures verticales chargées de valeurs symboliques *(Totems d'amour, Liturgies végétales)*, puis des formes amples et ouvertes parfois conçues en fonction d'un programme architectural (*Projet pour un miroir d'eau,* 1961).

**PEÑA NEVADA** n. f. ♦ Haut sommet des sierras mexicaines, situé dans la sierra Madre* orientale, à la frontière des États de Tamaulipas* et de Nuevo* León, près du tropique (3 540 m).

**PENANG** ♦ Appellation courante de l'île de Pulau* Pinang, de l'État de Malaisie de même nom et de sa cap. Georgetown*.

**PEÑARROYA-PUEBLONUEVO** ♦ V. d'Espagne (Andalousie), prov. de Cordoue. 11 918 hab. Important gisement houiller et métallifère, fonderies de plomb et de zinc, papeteries, centrale électrique.

**PÉNATES** n. m. pl. ← ÉTYM. du lat. *penus* «provisions de bouche, comestibles» ♦ Divinités protectrices du foyer dans la religion romaine. Les Pénates, distincts des lares*, veillent à la nourriture. De même que chaque foyer possède ses Pénates, l'État romain a des *Pénates publics* apportés en Italie, selon la tradition, par Énée*. Ils reçoivent un culte dans le temple de Vesta*.

**PENCK (Albrecht)** ♦ Géographe allemand (Leipzig 1858 - Prague 1945). Spécialisé en géomorphologie, il étudia les problèmes de la glaciation du Quaternaire (période qu'il évalua à 600 000 ans) dans les Alpes et rédigea des monographies sur divers pays (dont la Belgique, les Pays-Bas). ♦ **Walter Penck.** Géographe allemand (Vienne 1888 - Stuttgart 1923). Fils de A. Penck. Il se spécialisa également en géomorphologie et étudia la tectonique de l'Asie Mineure et de l'Atacama (Amérique du Sud).

**PENDA** ♦ Roi de Mercie (de 632 à 654). Il battit les rois de Northumbrie Edwin* (632) et Oswald* (642) mais fut vaincu et tué par Oswy*, roi de Northumbrie (654).

**PENDERECKI (Krzysztof)** ♦ Compositeur polonais (Dębica 1933). La célébrité lui vint avec trois œuvres, *Strophes* pour soprano, récitant et dix instruments, *Émanations* pour deux orchestres à cordes et *Psaumes de David,* pour chœur mixte, deux pianos et percussion (1959), où s'affirme une personnalité originale et puissante, marquée par l'influence de E. Varèse* et de Y. Xenakis*. On retiendra *Anaklasis,* pour cordes et percussion (1960), *Threnos,* à la mémoire des victimes d'Hiroshima, pour 52 instruments à cordes (1961), *Fluorescences,* pour grand orchestre (1962), une *Sonate,* pour violoncelle et orchestre (1964), et *De natura sonoris,* pour orchestre (1966). Un retour du musicien à la tradition préclassique, manifeste dans son usage de la polyphonie renaissante, est apparu dans la *Passion selon saint Luc,* pour soli, chœurs et orchestre (1963 - 1965), le *Dies irae,* à la mémoire des victimes d'Auschwitz, pour soprano, ténor et basse solos, chœurs et orchestre, et un opéra, *Les Diables de Loudun* (1969), où se reconnaît une nouvelle influence, celle des oratorios de A. Honegger. D'une production abondante se détachent d'autres partitions religieuses et d'autres opéras (*Paradise Lost,* 1976 - 1978 ; *Le Masque noir,* Salzbourg, 1986 ; *Ubu Rex,* Munich, 1991) et sept symphonies dont *Les Sept Portes de Jérusalem* (1997).

**PENDJAB** ou **PENJAB** → **Panjab**

**PÉNÉE** n. m. – en gr. mod. ***Piniós*** ♦ Nom de deux fleuves de Grèce. Celui de Thessalie (205 km) naît dans le Pinde*, arrose Larissa et se jette dans la mer Égée par la vallée de Tempé*. Celui du Péloponnèse (70 km) naît dans l'Érymanthe* en Élide* et se jette dans la mer Ionienne.

**PÉNÉLOPE** – en gr. ***Pênelopeia*** ♦ Femme d'Ulysse* et mère de Télémaque*, dont *L'Odyssée** a fait un symbole de la fidélité conjugale. Pendant les vingt années de l'absence du héros, elle repousse les demandes pressantes des prétendants qui sont installés dans le palais et dilapident les biens du roi d'Ithaque. Elle leur promet de choisir l'un d'entre eux quand elle aura tissé le linceul de son beau-père et elle défait la nuit ce qu'elle a tissé le jour (d'où l'expression *la toile de Pénélope*). Selon une tradition posthomérique, elle cède successivement aux cent vingt-neuf prétendants et elle est bannie par Ulysse à son retour.

**PENFIELD (Wilder Graves)** ♦ Neurologiste canadien (Spokane 1891 - Montréal 1976). Fondateur d'un laboratoire de neurocytologie, il fit des recherches sur le traitement chirurgical de l'épilepsie.

**PENG Dehuai** ou **P'ENG Tö-houai** ♦ Maréchal chinois (Shaoshan, Hunan 1898 - 1974). Partisan de Sun* Yat-Sen, il adhéra au communisme en 1929 et devint l'un des plus prestigieux chefs de l'Armée de libération populaire. Commandant des volontaires chinois en Corée (1950 - 1953), puis vice-Premier ministre en 1954. Sa destitution pour s'être opposé au «Grand Bond en avant» de Mao* devint le prétexte au commencement de la Révolution* culturelle, pendant laquelle il fut torturé. Il mourut en prison en 1974 et fut réhabilité en 1978.

**PENGHU** ♦ Nom chinois de l'archipel des Pescadores dans le détroit de Taiwan, comprenant 64 îlots dont 20 habités. 127 km². 92 645 hab. L'île principale totalise la moitié de la superficie de l'archipel et 70 % de la population. Agriculture, pêche. ▮ **Histoire** Les îles Pescadores furent occupées par les Français en 1885, puis par les Japonais de 1895 à 1945.

**PENICHE** ♦ V. du Portugal (région de Lisbonne et Vallée du Tage), district de Leiria, dans l'Estrémadure* portugaise. 27 315 hab. Citadelle du XVII^e^ s. ▪ Port de pêche. Conserveries.

**PEÑISCOLA** ♦ V. d'Espagne (Communauté autonome de Valence), prov.de Castellón de la Plana. 7 560 hab. Château dans lequel l'antipape Benoît* XIII alla se réfugier en 1415.

**PENLY** ♦ Comm. de Seine-Maritime, arr. de Dieppe. 354 hab. Centrale nucléaire.

**PENMARCH** [pɛ̃maʀ] ou [pɛnmaʀ] [29760] ← ÉTYM. du bret. *penn* «tête [cap]» et *march* «cheval» [probablt allus. à la forme en pointe du territoire] ♦ Comm. du Finistère, arr. de Quimper, au S. de la baie d'Audierne, près de la pointe de Penmarch. 5 889 hab. *(Penmarchais)*. Église

Saint-Nonna (XVIe s.), de style gothique flamboyant. ▪ Pêche. Conserveries. ▪ À l'extrémité de la pointe de Penmarch se trouve le phare d'Eckmühl*. Station balnéaire à Saint*-Guénolé.

**PENN (William)** ♦ Quaker anglais (Londres 1644 - Field, Ruscombe, près de Londres 1718). Fils de l'amiral William Penn qui conquit la Jamaïque, il adhéra à la secte des quakers (1666). Il fut arrêté et emprisonné à la Tour de Londres pour son activité de prédicateur (1666) et y rédigea son ouvrage *No Cross, no Crown* («Pas de croix, pas de couronne», 1669). Libéré, il voyagea en Hollande, en Allemagne, où il prit contact avec d'autres sectes, et, à son retour en Angleterre, il obtint, contre une créance de plusieurs milliers de livres sur la Couronne, une concession en Amérique du Nord. Il y fonda en 1682 une colonie qui prit le nom de *Pennsylvanie**, et la ville de Philadelphie*, formulant la constitution et les lois d'un État démocratique et libéral (*Frames of Government*, 1682-1701, qui devait inspirer en partie la législation des États-Unis). Revenu en Angleterre (1684), il se lia avec Jacques* II, de qui il obtint en 1687 la Déclaration d'indulgence qui instaurait une certaine tolérance religieuse. À la chute des Stuarts, les quakers furent de nouveau victimes de persécutions, et Penn fut privé de sa colonie jusqu'en 1694. ← ÉTYM. Ce nom vient du moyen anglais «enclos pour le troupeau» ou du gaélique *beinn* «colline» ou est une forme familière de *Parnell*.

**PENN (Irving)** ♦ Photographe américain (Plainfield, New Jersey 1917 - New York 2009), frère d'Arthur Penn. Photographe de mode, il réalisa, à partir de 1943, une centaine de couvertures pour le magazine *Vogue*. Il exécuta en outre des natures mortes composées d'objets ordinaires, une série sur les métiers (policiers, charbonniers, restaurateurs), et des portraits de célébrités (*Colette*, 1951). À la fois spontanées et raffinées, ses œuvres se caractérisent par un style dépouillé, des éclairages subtils et des tirages de très grande qualité.

**PENN (Arthur)** ♦ Cinéaste américain (Philadelphie 1922), frère d'Irving Penn. D'abord metteur en scène de théâtre et réalisateur de télévision, il s'affirma avec *Le Gaucher* (1958) et *Miracle en Alabama* (1961) comme l'un des plus prometteurs des jeunes cinéastes américains des années 1960. Il conquit bientôt un vaste public international avec *Bonnie* and Clyde* (1967), *Little Big Man* (1970), *Missouri Breaks* (1976), *Georgia* (1981), *Froid comme la mort* (1987).

**PENNA (Sandro)** ♦ Poète italien (Pérouse 1906 - Rome 1977). Il s'installa à Rome et exerça divers métiers. Marginal, incapable de s'insérer dans la vie réelle, il avait donné quatre plaquettes confidentielles (dont *Une étrange joie de vivre* et *Croix et Délices*) lorsqu'on publia *Tutte le poesie* en 1970. Sous des formes très brèves et dans une métrique souvent traditionnelle, ses poésies, d'une musicalité naturelle et d'un lyrisme transparent, chantent presque exclusivement l'amour des garçons. L'étrangeté au monde et une délicate joie mystique sont les pôles de cette poésie, remarquée par U. Saba* en 1939 et considérée par Pasolini comme une des premières du siècle. En 1976 sont parus *Stranezze (Étrangetés)* et, l'année même de sa mort, *Le Voyageur sans sommeil*. En 1973, Penna avait fait paraître un recueil de petites proses, *Un peu de fièvre*. ← ÉTYM. Ce nom vient de l'italien*penna* «plume» ou est un nom de lieu en Italie.

**PENNAC (Daniel PENNACCHIONI, dit Daniel)** ← ÉTYM. apocope de son nom ♦ Écrivain français (Casablanca, 1944). Il passa son enfance en Afrique et en Asie du Sud-Est puis, installé en France, devint professeur de français (1968). Il a écrit des romans pour la jeunesse dont la série consacrée au jeune Kamo. En 1985 il publie son premier roman pour adultes, *Au bonheur des ogres*, début des aventures trépidantes et burlesques de la tribu de Benjamin Malaussène installée dans le quartier populaire de Belleville à Paris et que l'on retrouve dans une saga en 6 vol., avec des personnages hauts en couleurs. Plusieurs de ses romans ont été portés à la scène (*Merci*) et à l'écran. Conteur et pédagogue à la fois, Pennac démythifie la lecture afin d'en faciliter l'accès dans *Comme un roman* (1992), puis confie ses popres souvenirs de cancre dans *Chagrin d'école* (2007).

**PENNE-D'AGENAIS** [47140] ← ÉTYM. de l'occit. *pèna*, du prélatin °*pen*- «hauteur rocheuse» ♦ Ch.-l. de cant. du Lot-et-Garonne, arr. de Villeneuve-sur-Lot, près du Lot. 2 330 hab. (aggl. 4 390) *(Pennois)*. Anc. ville forte, ruines d'un château féodal et de remparts ; la basilique Notre-Dame-de-Peyragude est un lieu de pèlerinage.

**PENNES-MIRABEAU (LES)** [13170] ← ÉTYM. *Pennes* : même étym. que *Penne**-d'Agenais et *Mirabeau* : p.-ê. de l'occit. *mira beü* «belle vue» ♦ Comm. des Bouches-du-Rhône, arr. d'Aix-en-Provence. 19 043 hab. *(Pennois)*.

**PENNE-SUR-HUVEAUNE (LA)** [13821] ← ÉTYM. → Penne-d'Agenais ♦ Comm. des Bouches-du-Rhône, arr. de Marseille. 6 005 hab. *(Pennois)*.

**PENNINE** (chaîne) ou **PENNINES (LES)** ← ÉTYM. du brittonique *pen (penn)* «tête, sommet» ♦ Chaîne de moyennes montagnes de l'Angleterre septentrionale, aux roches d'âge primaire, culminant à 893 m au Cross Fell. Paysages de landes aux sols pauvres accueillant un élevage ovin et siège d'un reboisement en conifères. Les hauteurs sont parsemées de tourbières. L'altitude entraîne une accentuation des précipitations qui peuvent dépasser les 2 000 mm par an. Les Pennines sont un château d'eau pour les fortes densités industrielles et urbaines du Yorkshire et du Lancashire. De part et d'autre, les gisements houillers ont permis le développement de la révolution industrielle anglaise. Le caractère désert des Pennines dû à la faible densité de la population les vouent aux loisirs pour les habitants des conurbations voisines.

**PENNSYLVANIE** n. f. – en angl. ***Pennsylvania*** ← ÉTYM. du n. de William *Penn** et bas lat. *sylvania* «terre recouverte de forêts» ♦ État du N.-E. des États-Unis. → **États-Unis** (carte). 117 413 km². 12 281 054 hab. CAP. : Harrisburg. ▮ **Géographie** De forme rectangulaire, l'État est constitué de plusieurs régions : au S.-E. une petite zone de plaine côtière, près de Philadelphie ; puis une région qui correspond au piémont appalachien, prolongé par des collines ; la région centrale formée de vallées (Great Valley) et de chaînes parallèles, dites Newer Appalachians ; le plateau des Alleghanys, plus à l'O. ; enfin une portion de la plaine du lac Érié. Le climat est de type continental humide, avec d'amples variations. ▮ **Économie** La production agricole reste importante (élevage laitier, poulets, céréales) avec la pop. rurale la plus importante du pays. L'exploitation du charbon, du pétrole et du gaz naturel est en déclin depuis la Première Guerre mondiale. De même, l'État ne coule plus qu'un dixième de l'acier qu'il produisait autrefois. En revanche, des industries très différenciées se sont développées, notamment autour de Philadelphie (indus. chimique, pharmaceutique, ciment). ▮ **Histoire** La région fut explorée par Hudson (1609) et E. Brûlé (1615). Les comptoirs suédois ayant été pris par les Hollandais, puis par les Anglais (1664), le quaker William Penn* reçut le territoire (1681) et en fit un État démocratique, tolérant, dont les habitants vivaient en bonne intelligence avec les Indiens algonquins. L'arrivée de nombreux colons anglo-saxons, irlandais et huguenots, le développement économique, l'importance prise par Philadelphie firent de la Pennsylvanie le modèle des colonies américaines. Sur le plan religieux, la ville fut au XVIIIe s. le centre des adeptes du théologien allemand Schwenckfeld*. Le territoire joua un grand rôle dans la révolution et sa préparation, et la Déclaration d'indépendance fut signée à Philadelphie (1776). Après 1790, l'État eut un gouvernement plus conservateur et fédéraliste, d'ailleurs évincé en 1799. Le développement industriel du XIXe s., surtout grâce aux mines de charbon, fit de la Pennsylvanie un des États les plus riches des États-Unis. Pendant la guerre de Sécession, la bataille de Gettysburg s'y déroula.

**PENONE (Giuseppe)** ♦ Sculpteur italien (Garessio, Italie 1947). Sa démarche est associée au mouvement de l'Arte povera, «art pauvre», des années 1970, s'opposant au règne de l'objet. Il intervient sur des végétaux (arbres, feuilles, pierres...) pour y conserver l'empreinte d'une main, d'un corps, liant ainsi l'homme à la nature, et mettre en scène le passage du temps : *Arbre des voyelles* (bronze, 1999, jardin des Tuileries à Paris), *Peau de marbre et épines d'acacia* (2002), *Cèdre de Versailles*, arbre arraché lors de la tempête de 1999, évidé pour en faire apparaître le cœur.

**PENROSE** (sir **Roger**) ♦ Mathématicien britannique (Colchester 1931). Auteur de recherches sur les trous noirs, il est surtout connu pour ses travaux sur la symétrie d'ordre 5 (il inventa en 1979 un pavage du plan qui porte son nom) qui sont à l'origine de la découverte des quasi-cristaux. ← ÉTYM. *Penrose* vient du celtique *pen* «tête» et *ros* «lande, marécage».

Les **Pensées** ♦ Œuvre de Marc* Aurèle. Écrites à la fin de sa vie, ses méditations et réflexions «à lui-même» témoignent d'une vision assez pessimiste de l'existence, à laquelle l'auteur oppose toutes les vertus stoïciennes : maîtrise de soi, autonomie, adhésion du sage à l'ordre universel.

**Pensées** ♦ Notes de Pascal*, recueillies après sa mort (1670), matériaux et fragments rédigés de l'*Apologie de la religion chrétienne*, conçue dès 1657 et qui aurait préparé, par le raisonnement, l'adhésion des indifférents et des incrédules à la foi. Cet ouvrage aurait sans doute comporté deux parties destinées à entraîner le lecteur de l'indifférence orgueilleuse au désespoir, avant de lui proposer de «vouloir» (argument du pari) atteindre à la certitude au sein de l'Église de Jésus-Christ. ▪ Dans *Misère de l'homme sans Dieu*, Pascal, s'appuyant sur Montaigne* pour mieux le dépasser, souligne la corruption de la nature humaine, l'aveuglement des sens et l'impuissance de la raison à comprendre les faits ontologiques. Puis, révélant que le sentiment de sa misère fait la grandeur même de ce «roi dépossédé», Pascal évoque la «Félicité de l'homme avec Dieu», engage son lecteur à «parier» et à croire dans le Réparateur qui rend compte de sa misère comme de sa grandeur. Le désordre dans lequel furent retrouvées ces notes posa de graves problèmes d'édition : L. Brunschvicg (1897) et L. Lafuma (1947) adoptèrent l'ordre du manuscrit, tandis que J. Chevalier (1925) s'attachait à reconstituer le plan pour mieux retrouver le sens de l'œuvre. Il reste la grandeur du dessein, le pouvoir de conviction, la pénétration psychologique et surtout la puissance poétique de cette émouvante œuvre mystique qui reçut un accueil réservé au XVIIe s., fut condamnée par les philosophes du XVIIIe s. avant d'enthousiasmer Chateaubriand* et les romantiques.

La **Pensée sauvage** ♦ Ouvrage de Claude Lévi*-Strauss (1966). L'auteur poursuit ses recherches entreprises avec *Le Totémisme aujourd'hui* et annonce la série de livres consacrée aux mythologies, domaine qui, avec celui de la parenté, est son terrain d'élection. Classifications et systèmes de transformation y sont l'objet d'études spécifiques, qui montrent que le «sauvage» n'est nullement prélogique comme le soutenaient des théories du type de celle de L. Lévy*-Bruhl.

Le **Penseur** ♦ Bronze de Rodin* (1904). Le motif original (1880) devait figurer Dante et était destiné au tympan de *La Porte de l'Enfer*. Après l'abandon de ce projet, Rodin reprit le motif et le présenta isolément en 1888 puis, dans sa dimension définitive, en 1904. À l'opposé du lyrisme sensuel du *Baiser**, le réalisme du *Penseur* reproduit la musculature puissante d'un travailleur manuel auquel Rodin s'identifie ; le penseur devient le créateur du monde moderne.

**Le Penseur.** Bronze de Rodin (2 m). Musée Rodin, Paris.
*BIS/Phot. © Archives Nathan*

**Pentagone** n. m. ♦ Bâtiment en forme de pentagone, à Washington (États-Unis), qui abrite l'état-major général des forces armées ainsi que le secrétariat à la Défense (ministère des Armées) des États-Unis. Il a été la cible d'un attentat terroriste aérien le 11 sept. 2001. → **États-Unis.** ▪ Ces services eux-mêmes.

**Pentateuque** n. m. ← **ÉTYM.** du gr. *pentateuchos* «(ouvrage) composé de cinq rouleaux» ; en hébreu Torah*, mais aussi *Ḥamishshâh ḥomshê hattôrâh* «les cinq cinquièmes de la Torah» ♦ Les 5 premiers livres de la Bible (Genèse*, Exode*, Lévitique*, Nombres*, Deutéronome*), traditionnellement attribués à Moïse*. À partir du XVII$^{e}$ s. (Spinoza, Richard Simon*), puis du XVIII$^{e}$ s. (Jean Astruc, → **Bible**), et surtout aux XIX$^{e}$ et XX$^{e}$ s., cette attribution fut remplacée par diverses théories «documentaires» faisant remonter les premières rédactions de la Bible à l'époque royale (la plus répandue distinguait un document «yahviste», –X$^{e}$ s. ; un «élohiste», –VIII$^{e}$ s. ; un «deutéronomiste», –VII$^{e}$ s. ; un «sacerdotal», –VI$^{e}$ s.). Les recherches archéologiques, qui ont amené à revoir l'histoire d'Israël*, et les analyses littéraires, qui ont mis l'accent sur les intentions théologiques des rédacteurs, ont imposé l'abandon de ce modèle.

**PENTECÔTE** (île de la) → **Vanuatu (république de)**

**Pentecôte** n. f. ← **ÉTYM.** du gr. *pentêkostê (hêmera)* «cinquantième (jour) [après Pâques]» ♦ Fête chrétienne célébrée le cinquantième jour, et le septième dimanche, après Pâques. L'événement qu'elle commémore, qui eut lieu le jour de la fête juive des Semaines (→ **Shavouot**), est la descente de l'Esprit Saint sur les apôtres réunis à Jérusalem, dix jours après l'Ascension, suivant les Actes des apôtres.

**PENTÉLIQUE** n. m. – en gr. anc. ***Pentelikon*** ou en gr. mod. ***Pendéli*** ♦ Montagne de Grèce (Attique), au N.-E. d'Athènes. 1 107 m. Son marbre blanc, réputé dès –570, fut utilisé pour la construction des monuments de l'Acropole et d'autres édifices d'Athènes. ▪ Anc. monastère.

**pentecôtistes**

n. m. pl. ♦ Adeptes du pentecôtisme, mouvement du Réveil* protestant né aux États-Unis au début du XX$^{e}$ s. Ils mettent l'accent sur la nécessité de renouer avec les charismes de l'Église primitive, le baptême de l'Esprit Saint (Pentecôte), le don de parler en plusieurs langues (glossolalie), le pouvoir de guérison. Marqués par le fondamentalisme religieux et l'atmosphère d'exaltation de leurs assemblées, ils sont auj. 40 à 60 millions dans le monde. Diffusé dans le catholicisme dès les années 1950, le pentecôtisme s'est répandu au sein des mouvements charismatiques. → **Renouveau charismatique.**

**PENTHÉSILÉE** – en gr. ***Penthesileia*** ♦ Reine des Amazones* qui prend part à la guerre de Troie* aux côtés des Troyens. Achille* la blesse mortellement, mais s'apercevant de sa beauté il s'en éprend et tue Thersite* qui ose se moquer de sa passion.

**PENTHIÈVRE** [pɛ̃tjɛvʀ] **(Louis Jean-Marie DE BOURBON, duc DE)** ♦ Amiral de France (Rambouillet 1725 - Bizy, près de Vernon 1793). Fils du comte de Toulouse, amiral de France en 1734 et gouverneur de Bretagne, il se distingua à la bataille de Fontenoy (1745). Possesseur d'une immense fortune et connu pour sa réputation de mécène (il fut le protecteur de Florian). Il eut un fils, le PRINCE DE LAMBALLE (mort en 1768) dont la femme, Marie-Thérèse, fut tuée lors des massacres de septembre 1792, et une fille, LOUISE-MARIE ADÉLAÏDE, qui épousa le duc d'Orléans*, Philippe Égalité.

**PENTHIÈVRE** n. m. ♦ Anc. comté de Bretagne, dans le dép. actuel des Côtes-d'Armor ; il s'étendait de Guingamp à Lamballe.

**PENTHIÈVRE-PLAGE** ♦ Station balnéaire du Morbihan située au N. de la presqu'île de Quiberon (comm. de Saint-Pierre-Quiberon). Fort reconstruit au XIX$^{e}$ s.

**PENZA** ♦ V. de Russie, ch.-l. de région, sur la Soura (affl. rive d. de la Volga, 841 km). 518 200 hab. Fabrication de machines pour les indus. chimique et textile. Scieries. Papeteries. Cycles. Montres. Nœud ferroviaire. ▪ La ville fut fondée en 1666.

**PENZIAS (Arno A.)** ♦ Physicien américain (Munich 1933). Travaillant avec R. Wilson pour la compagnie Bell Telephone, il découvrit un rayonnement thermique uniforme du fond du ciel à 3 kelvins. Cette observation est en accord avec les prévisions de la théorie cosmologique du big bang. [Prix Nobel de phys. 1978, avec R. Wilson]

**PEORIA** ♦ V. des États-Unis (Illinois). 112 936 hab. dont 21 % de Noirs (zone urbaine 340 000). Université très active. Située au cœur du *corn belt*, la ville est un centre pour l'industrie des équipements agricoles. Indus. diverses.

**PEPE (Guglielmo)** ♦ Général italien (Squillace, Calabre 1783 - Turin 1855). Partisan de la révolution dès la proclamation de la République parthénopéenne, il prit part aux campagnes d'Italie aux côtés des Français et servit les rois Joseph (Joseph Bonaparte) et Murat. Il fut l'un des dirigeants de l'insurrection napolitaine de 1820, mais fut battu par les Autrichiens et contraint à l'exil. Il ne retourna dans son pays qu'en 1848 pour commander les troupes envoyées à Naples à Charles-Albert, puis défendit Venise contre les Autrichiens, avec Manin.

**PÉPI** ♦ Nom de deux pharaons de la VI$^{e}$ dynastie (Ancien Empire). ♦ **PÉPI I$^{er}$.** 3$^{e}$ pharaon de la VI$^{e}$ dynastie (v. –2400). ♦ **PÉPI II.** Fils du précédent. 5$^{e}$ pharaon de la VI$^{e}$ dynastie (v. –2300). Il régna 95 ans et ce règne interminable contribua sans doute à la désagrégation de l'Ancien Empire, en figeant les institutions.

**PÉPIN l'Ancien** ou **de Landen** ← **ÉTYM.** *Pépin,* du germ. *Pipin,* n. de pers., formation onomatopéique à partir de *bip (pip),* évoquant le balancement ♦ Ancêtre des Carolingiens (mort v. 639 - 640). Grand propriétaire austrasien, il fut maire du palais sous Clotaire II et Dagobert* I$^{er}$. Il maria sa fille au fils d'Arnoul*, Anségisel*. Père de Grimoald*.

**PÉPIN le Jeune** ou **de Herstal** ♦ (mort à Jupille, en 714). Fils d'Anségisel*, il fut maire du palais d'Austrasie (v. 680). Battu par Ébroïn*, maire du palais de Neustrie à Leucofao (680), il triompha des Neustriens à Tertry* (687) et devint maire du palais de Neustrie et de Bourgogne sous Childebert* III, reconstituant ainsi l'unité du royaume franc. Père de Charles* Martel.

**PÉPIN le Bref** ← **ÉTYM.** «le petit» ♦ (Jupille v. 714 - Saint-Denis 768). Maire du palais (741 - 751) puis roi des Francs, premier des Carolingiens (751 - 768). Fils de Charles* Martel, il reçut la Neustrie, la Bourgogne et la Provence, tandis que son frère Carloman* recevait l'Austrasie et la Thuringe. Il s'unit à son frère pour réprimer la révolte générale qui avait éclaté à leur avènement. Carloman abdiqua (747) et Pépin refit l'unité à son profit. Mais il hésita à détrôner le dernier mérovingien Childéric* III qu'il avait dû rétablir pour apaiser les révoltes (743). S'étant acquis le consentement pontifical, il déposa Childéric, se fit élire roi au «champ de mai» de Soissons (751) et sacrer par saint Boniface* (752). Il paya l'appui pontifical en menant deux expéditions contre les Lombards en Italie (754 et 756), tuant leur roi Aistolf*, leur prenant l'exarchat de Ravenne et la Pentapole. Sacré par Étienne* II (754), il lui donna les territoires conquis, créant ainsi les États pontificaux. Il vainquit les Saxons et les Bavarois, reprit Narbonne aux Arabes (759) et réprima la révolte de l'Aquitaine. Mari de Berthe au grand pied et père de Carloman et de Charlemagne.

**PÉPIN** ♦ (777 - Milan 810). Roi d'Italie (781 - 810). Fils de Charlemagne, il combattit les Avars (796). En 806, il reçut la Bavière et l'Alémanie.

**PÉPIN** ♦ Nom de deux rois d'Aquitaine. ♦ **PÉPIN I^er^** (803 - Poitiers 838). Roi d'Aquitaine (817 - 838). Fils de Louis* le Pieux, il se révolta contre son père en 830 et 833, mais aida son frère Louis le Germanique à le rétablir sur le trône (835). ♦ **PÉPIN II** (v. 823 - Senlis après 864). Roi d'Aquitaine (838 - 852). Fils du précédent. Il s'allia à Lothaire contre Charles le Chauve. Il fut dépouillé de son royaume par ce dernier.

**PEPINSTER** ♦ Comm. de Belgique (Région wallonne), prov. de Liège, arr. de Verviers, au confluent de la Vesdre et de la Hogne. 9 574 hab. Châteaux. ▪ Le N. de la commune (rebord du pays de Herve) est rural. Construc. métalliques (l'indus. textile a cessé ses activités). Tourisme. ▮ **Histoire** Lors de la Deuxième Guerre mondiale, le fort de Pepinster (ou fort de Tancrémont) ne capitula que le 29 mai 1940.

**PEPUSCH (John Christopher)** ♦ Compositeur britannique, d'origine allemande (Berlin 1667 - Londres 1752). Il fut organiste à la cour de Prusse avant de se fixer à Londres. Chef d'orchestre, auteur de travaux de musicologie (*Traité d'harmonie*, 1731), il a composé des concertos, cantates, motets et masques. Il est surtout célèbre pour son arrangement d'airs populaires qui forment la partition de *L'Opéra des gueux (Beggar's Opera)*, de J. Gay, ouvrage qui fit échec aux opéras de Haendel (1728).

**PEPYS (Samuel)** ♦ Mémorialiste anglais (Londres 1633 - Clapham, près de Londres 1703). Issu de la petite bourgeoisie, il n'en fit pas moins ses études à Saint Paul's, puis à Cambridge. Ayant directement participé à la restauration de Charles II, il obtint un poste important à l'Amirauté en 1673 et fut président de la Société royale. Incarcéré en 1672 et en 1679, sous l'accusation de papisme, il démissionna mais se fit élire au Parlement (1679). «Il semble qu'il n'ait eu d'autre désir que de se montrer respectable et qu'il ait tenu un journal pour montrer qu'il ne l'était justement pas» (Stevenson). Son *Journal* (*Pepys'Diary* déchiffré par John Smith et publié en 1825), écrit dans une sténographie personnelle, est en effet un document unique de sincérité. Les années 1659 - 1669 (couronnement de Charles II, ravages de la peste, incendie de Londres) y sont relatées au jour le jour sous tous leurs aspects. Pepys a détruit son œuvre plus personnelle, un long poème, *L'amour est une tricherie*. ➝ **ÉTYM.** *Pepys* vient du nom français *Pepis (Pépin)*, introduit en Angleterre par les Normands.

**PÉRA** ♦ Quartier d'İstanbul* (actuellement Beyoğlu) bâti par les Génois et qui supplanta la ville voisine de Galata* au XVI^e^ s.

**PERAK** – off. ***Perak Darul Rizuan*** ➝ **ÉTYM.** du n. d'une riv., malais «argent» ♦ État de Malaisie dans la péninsule malaise, bordant le détroit de Malacca. 21 005 km². 2 030 382 hab. CAP. : Ipoh. L'État est placé sous l'autorité d'un sultan. ▪ Exploitation forestière. Plantations (hévéas, palmiers à huile). Agriculture (riz, manioc). Mines d'étain (vallée du fleuve Kinta, plus riches gisements du monde). Pêche. Tourisme. ▮ **Histoire** Perak se constitua en 1528 en État indépendant. Il passa ensuite sous l'autorité d'Aceh jusqu'en 1636, et dut au XVIII^e^ s. accepter une certaine suzeraineté siamoise dont il se libéra en 1826 grâce à l'appui des Britanniques établis à Penang. Il fut en 1875 le premier État malais à accepter le protectorat britannique, entra en 1896 dans l'Union des États fédérés malais et se joignit en 1947 à la fédération de Malaisie.

**PERCÉ** (rocher) ♦ Rocher rectangulaire de plus de 400 m de longueur sur 88 m de hauteur, de la côte de Gaspésie (Québec, Canada), creusé d'arches naturelles. Tourisme.

**PERCEVAL** ♦ Héros du dernier roman inachevé, *Le Conte du Graal ou le Roman de Perceval* écrit (v. 1181) par Chrétien* de Troyes, qui en fait le symbole dramatique de la condition humaine. Perceval, ayant abandonné sa mère pour devenir chevalier, sort enfin de son aveuglement spirituel en s'initiant au mystère du Graal*, dans le château du roi Pêcheur.

**PERCHE** n. m. ♦ Région de l'O. du Bassin parisien, aux confins du bocage normand, partagée entre les dép. de l'Orne, de la Sarthe et de l'Eure-et-Loir. C'est un pays vallonné et humide où prédominent le bocage et la forêt. L'élevage des chevaux de trait lourds (percherons), développé au XIX^e^ s., est auj. relayé par l'élevage bovin (lait et viande). V. PRINC. : Nogent-le-Rotrou. ▮ **Histoire** L'ancien comté du Perche fut réuni à la Couronne en 1525.

**PERCHE** (col de la) ➝ **ÉTYM.** «perche ou pierre plantée indiquant la hauteur de neige» ♦ Seuil des Pyrénées-Orientales (1 581 m) séparant le bassin de la Têt (Conflent) de celui du Segre (Cerdagne).

**PERCIER (Charles)** ♦ Architecte français (Paris 1764 - *id.* 1838). Il séjourna à Rome et s'inspira des monuments romains, utilisant les motifs décoratifs égyptiens, grecs et pompéiens ainsi que ceux de la Renaissance. Ami de Fontaine*, il collabora avec lui à la décoration de nombreux hôtels particuliers, à l'époque du Directoire. Napoléon chargea les deux architectes de restaurer et d'aménager les résidences officielles. Ils devinrent ainsi les maîtres de l'architecture impériale et, par leur rôle dans l'ornementation intérieure, les promoteurs du style Empire. Ils voulaient créer une architecture grandiose d'un éclectisme modéré (projet du palais du roi de Rome à Chaillot) ; ils élevèrent l'arc du Carrousel, 1806 - 1808 et l'aile du Louvre sur la rue de Rivoli. Percier cessa ses activités officielles à partir de la Restauration. ➝ **ÉTYM.** *Percier* signifie probablement «perceur» (surnom d'artisan).

**PERCY** ♦ Famille anglaise originaire de Percy, en Normandie. ♦ **Henry Percy,** 1^er^ comte **de Northumberland** (1342 - Bramham Moor 1408). Il combattit en Écosse et en France. Il participa à l'avènement au trône d'Henri IV mais se révolta en 1403 ainsi que ses deux fils, qui furent tués. Révolté de nouveau en 1404, il rentra en Angleterre à la tête d'une armée (1408) mais fut vaincu et tué.

**PERDICCAS** ♦ Nom de plusieurs rois de Macédoine. ♦ **PERDICCAS I^er^** (–VIII^e^ - –VII^e^ s.). Roi de Macédoine, fondateur de la dynastie des Argéades (originaires d'Argos). Selon la tradition, Perdiccas, venu d'Argos avec sa famille au début du –VII^e^ s., s'empara d'une partie de la Macédoine, établit la monarchie et fonda Aigai (Edessa), sa première capitale. ♦ **PERDICCAS II** (mort v. –413). Roi de Macédoine (v. –454 - –413). Il soutint une longue lutte contre les Thraces (Odryses) et manœuvra, pendant la guerre du Péloponnèse, entre Sparte et Athènes qu'il trahit tour à tour. ♦ **PERDICCAS III** (mort v. –359). Roi de Macédoine (–365 - –359), frère d'Alexandre* II et de Philippe* II. Il lutta contre les prétendants au trône et les Athéniens au sujet d'Amphipolis. Promoteur de l'hellénisation de la Macédoine, il mourut en luttant contre les Illyriens.

**PERDICCAS** ♦ Général macédonien (mort en –321). Compagnon d'Alexandre* le Grand, il fut l'un des quatre régents après la mort de celui-ci. Il se montra énergique mais aussi perfide et cruel dans son effort pour maintenir l'unité de l'empire d'Alexandre à son profit et épousa la sœur du conquérant, Cléopâtre. Seul contre les autres diadoques, avec Eumène* de Cappadoce, il lutta avec succès mais il périt lors d'une campagne en Égypte contre Antigonos et Ptolémée I^er^, assassiné par ses officiers.

**PERDIGUIER (Agricol)** ♦ Menuisier et homme politique français (Morières-lès-Avignon 1805 - Paris 1875). Compagnon menuisier du Devoir de liberté sous le nom d'Avignonnais la Vertu, il accomplit son tour de France. Il en fit le récit dans les *Mémoires d'un compagnon* (1854), qui constituent un précieux document sur la vie quotidienne d'un ouvrier français au début du XIX^e^ s., peu avant le début de l'ère industrielle. Pacifiste avant la lettre, il tenta de réconcilier les deux «Devoirs», qu'un perpétuel conflit conduisit parfois à s'affronter en luttes armées. Il ouvrit en 1839 dans le faubourg Saint-Antoine une école d'éducation populaire et publia le *Livre du compagnonnage*. ➝ **ÉTYM.** Ce nom méridional signifie «chasseur de perdrix» (surnom).

**PERDU** (mont) n. m. – en esp. ***monte Perdido*** ♦ Un des sommets les plus élevés des Pyrénées espagnoles, en Aragon. 3 348 m.

**PEREC (Georges)** ♦ Écrivain français (Paris 1936 - Ivry 1982). Après avoir commencé des études d'histoire qu'il abandonna très rapidement (1954), Perec se lança dans l'écriture. Ses premiers romans ne furent pas publiés (*L'Attentat de Sarajevo, Le Condottiere, J'avance masqué*). Ce n'est qu'après un séjour en Tunisie, à Sfax, qu'il fit ses vrais débuts littéraires avec *Les Choses* (1965), roman sous-titré *Une histoire des années soixante*. L'année suivante, l'écrivain publia *Quel petit vélo à guidon chromé au fond de la cour ?* et rejoignit l'OuLiPo*. Dès lors, avec *Un homme qui dort* (1967), *La Disparition* (roman écrit sans la lettre e, 1969) ou *Alphabets* (cent soixante-seize onzains hétérogrammatiques, 1976), Perec multiplia les défis formels tout en remettant en cause le fonctionnement de la société contemporaine. Avec *Je me souviens* (1978) et *La Vie mode d'emploi* (1978), il dressa l'inventaire du monde réel dans un style où l'humour ne doit pas masquer un savant jeu de citations et de références.

**PEREC (Marie-José)** ♦ Athlète française (Basse-Terre 1968). L'une des meilleures sprinteuses de sa génération, elle a obtenu le plus beau palmarès mondial de l'athlétisme français : trois médailles d'or aux jeux Olympiques (400 m en 1992, 400 et 200 m en 1996) et deux titres mondiaux sur 400 m (1991 et 1995).

**PÈRE DUCHESNE (LE)** ➝ **Duchesne**

**PÉRÉFIXE (Hardouin DE BEAUMONT DE)** ♦ Prélat français (près de Châtellerault 1605 - Paris 1670). Précepteur de Louis XIV, il lui inculqua le culte d'Henri IV, dont il publia une *Vie*. Archevêque de Paris en 1664, il exigea des religieuses de Port*-Royal la signature du formulaire d'Alexandre VII et les dispersa dans divers couvents après leur refus. [Acad. fr. 1654]

Le **Père Goriot** ♦ Roman d'H. de Balzac* (1834 - 1835), qui fait partie des *Scènes de la vie privée* et où apparaissent des personnages clés de *La Comédie* humaine*. Peinture d'une passion paternelle exclusive et un peu trouble, ce récit décrit la déchéance et la mort pathétique de Goriot, qui mène une vie misérable à la pension Vauquer pour mieux combler ses deux filles qu'il idolâtre. Richement mariées et mêlées à des intrigues de toute sorte, celles-ci l'abandonnent, même à son agonie. Parallèlement à ce «martyre de la paternité», se dessine le destin d'Eugène de Rastignac*, jeune provincial naïf mais ambitieux qui, profitant de la terrible expérience de l'inquiétant Vautrin*, sera prêt, à la fin du roman, à affronter Paris et la société.

**PEREIRA** ♦ V. de Colombie, cap. du dép. de Risaralda sur le versant E. de la Cordillère centrale, dans la vallée du Cauca. 428 397 hab. Centre commercial (café).

**PEREIRA DOS SANTOS (Nélson)** ♦ Cinéaste brésilien (São Paulo 1928). La production brésilienne de qualité trouva en cet intellectuel de gauche son meilleur représentant, reconnu comme un précurseur par les adeptes du *Cinema Nôvo*. Il tourna une vingtaine de films «engagés», d'une haute tenue formelle : *Sécheresse* (*Vidas Secas*, 1963), *Soif d'amour* (1968), *Mémoires de prison* (1984), tout en participant à la production ou au montage des films de ses jeunes compatriotes, dont il reste le conseiller privilégié.

**PEREIRE (Jacob Émile)** ♦ Homme d'affaires français (Bordeaux 1800 - Paris 1875). Venu à Paris en 1822, il y fut d'abord courtier de change et adhéra quelque temps au saint-simonisme, collaborant au *Globe* et au *National*. Après s'être consacré à la construction, l'exploitation et l'administration des premières lignes de chemin de fer françaises (Paris-Saint-Germain-en-Laye, 1835, lignes du Nord, de Lyon, du Midi), il fonda une société, le Crédit mobilier (1852), pour le prêt à long terme aux industriels, innovation qui le brouilla avec Rothschild*. Pereire obtint un peu plus tard le contrôle de la Compagnie générale maritime qu'il transforma en Compagnie générale transatlantique. Député de 1863 à 1869, il perdit son rôle de premier plan après la faillite et la liquidation du Crédit mobilier, qui avait été un des moteurs de l'essor industriel sous le Second Empire. ♦ **Isaac Pereire** (Bordeaux 1806 - Armainvilliers, Seine-et-Marne 1880). Frère du précédent. Il travailla avec son frère dans la plupart de ses entreprises et fut membre du Corps législatif de 1863 à 1869. ➝ ÉTYM. Ce nom de famille vient du portugais *pereira* «poirier».

**PEREKOP** (isthme de) ♦ Isthme de la république d'Ukraine, seule route de terre vers la Crimée, large de 8 à 23 km. Colonie grecque (Taphros), la région de Perekop passa aux Mongols (Tatars) au XIII$^{e}$ s. Son importance stratégique explique les nombreuses batailles qui s'y sont déroulées : victoire de l'Armée rouge en 1920, victoire allemande en 1941. L'isthme est emprunté par une route, une voie ferrée et un canal d'irrigation.

**Père-Lachaise** (cimetière du) ♦ Cimetière de Paris ; administrativement *Cimetière de l'Est*, il est situé à Ménilmontant*, dans le 20$^{e}$ arr. Sur le site, accidenté et verdoyant, d'un domaine des jésuites où résida le P. La Chaise, confesseur de Louis XIV, fut aménagée en 1804 la plus vaste nécropole de Paris (environ 44 ha) dessinée par Brongniart*. De très nombreux personnages illustres y ont leur sépulture. Monument aux morts de Bartholomé* (1899). Dans le coin N.-E., mur des Fédérés*.

**PERELMAN (Grigory)** ♦ Mathématicien russe (Saint-Pétersbourg 1966). Il parvint à résoudre, pour la dimension 3, une conjecture de topologie énoncée en 1904 par Henri Poincaré* et considérée comme l'un des sept «problèmes du millénaire» en mathématiques (→ **Freedman, Smale**). Elle affirme que les surfaces simplement connexes (fermées et sans trous) à trois dimensions (→ **Thurston**) sont topologiquement équivalentes à une hypersphère. G. Perelman a refusé la médaille Fields qui lui a été attribuée en 2006.

**PÉRENCHIES** [59840] ➝ ÉTYM. du germ. *Perinco*, n. de pers. ♦ Comm. du Nord, arr. de Lille. 7 639 hab.

**PERES (Shimon Persky, dit Shimon)** ➝ ÉTYM. *Persky* : n. d'orig. polon. ; *Peres* : de l'hébr. *pèrès* «gypaète barbu» ♦ Homme politique israélien (Vishneva, Pologne 1923). En Palestine depuis 1934, il rejoignit la Haganah* en 1947 et travailla étroitement avec D. Ben* Gourion. À partir de 1969, il occupa divers postes ministériels, dont celui de ministre de la Défense (1974 - 1977). En 1977, il fut élu à la tête du parti travailliste*. À la suite de l'accord d'alternance conclu en 1984 entre son parti et le Likoud, il fut Premier ministre de 1984 à 1986 puis ministre des Affaires étrangères (1986 - 1988), vice-Premier ministre, ministre des Finances (1988 - 1990) dans le gouvernement Shamir. Il devint à nouveau en 1992 ministre des Affaires étrangères dans le gouvernement d'Y. Rabin*. À ce titre il joua un rôle primordial dans les pourparlers avec l'OLP qui aboutirent en sept. 1993 à l'accord d'autonomie des territoires occupés par Israël, appliqué à Gaza et à la Cisjordanie. Devenu Premier ministre en 1995 après l'assassinat d'Y. Rabin, il perdit les élections de mai 1996 face au candidat du Likoud B. Nétanyahou* et abandonna la tête du parti travailliste en 1997. Nommé ministre de la Coopération nationale par E. Barak (1999), il dirigea à nouveau le parti travailliste (2001 et 2003 - 2005). Il participa au gouvernement d'union nationale d'A. Sharon et se rapprocha progressivement des positions de ce dernier sur le principe d'une partition avec deux États, l'un palestinien, l'autre israélien. Lorsque A. Sharon quitta le Likoud pour fonder un parti centriste, Kadima*, S. Peres démissionna du parti travailliste pour le suivre. Vice-Premier ministre du gouvernement Olmert (2006 - 2007), il fut ensuite élu président de l'État d'Israël (2007). [Prix Nobel de la paix 1994, avec Y. Arafat* et Y. Rabin]

Shimon **Peres.**
*Phot. © Éric Bouvet/Gamma*

**Pères Blancs (Société des missionnaires d'Afrique ou)** ♦ Congrégation de prêtres séculiers fondée à Alger en 1868 par Lavigerie* pour l'évangélisation de l'Afrique.

## Pères de l'Église

n. m. pl. ♦ Écrivains ecclésiastiques, interprètes autorisés de la tradition chrétienne. L'Église catholique réclame trois conditions pour qu'un auteur soit appelé Père : l'antiquité, la sainteté, l'orthodoxie. La première condition limite la période des Pères à Grégoire le Grand pour les Latins, à Jean Damascène pour les Grecs. Les deux autres font exclure des auteurs tels que Tertullien*, Clément* d'Alexandrie ou Origène*. La qualité de père est distincte du titre de docteur*. Principaux pères : → **Ambroise, Athanase, Augustin, Basile le Grand, Cyprien, Cyrille d'Alexandrie, Éphrem, Grégoire I$^{er}$, Grégoire de Nazianze, Grégoire de Nysse, Hilaire de Poitiers, Irénée, Isidore de Séville, Jean Cassien, Jean Chrysostome, Jean Damascène, Jérôme.**

**PÉRET (Benjamin)** ♦ Écrivain français (Rezé 1899 - Paris 1959). Rallié au groupe surréaliste (1919), il participa, avec R. Crevel*, aux premières expériences d'enregistrement du rêve parlé (1922). Sa durable agressivité à l'encontre des moralismes et son hostilité à tout engagement de la poésie (*Le Déshonneur des poètes*, 1945) témoignent de sa fidélité au surréalisme. Princ. œuv. : *Le Passager du transatlantique* (1921), *Dormir, dormir dans les pierres* (1927), *Le Grand Jeu* (1928), *Je sublime* (1936), *Mort aux vaches et au champ d'honneur* (1953).

**PERETZ (Itzhok Leybush)** ♦ Écrivain polonais d'expression yiddish et hébraïque (Zamość, Lublin 1852 - Varsovie 1915). Il est considéré comme l'un des pères de la littérature yiddish ; ses nouvelles, poèmes, essais et pièces théâtrales expriment une grande sensibilité aux questions sociales et nationales, ainsi que les interrogations spirituelles du judaïsme face aux défis de la modernité. Cycles de nouvelles : *Histoires populaires, Hassidiques*. Pièces de théâtre : *La Chaîne d'or, La Nuit sur le Vieux Marché*.

**PEREVALSK** – anc. *Kommounarsk* ♦ V. d'Ukraine, dans le Donbass. 27 832 hab. Indus. houillère et métallurgique.

**PÉREZ DE AYALA (Ramón)** ♦ Écrivain espagnol (Oviedo 1880 - Madrid 1962). Il publia avec Ortega* y Gasset la revue *España*. Tour à tour ambassadeur à Londres, conservateur de la bibliothèque nationale de Madrid, enfin directeur du musée du Prado, il est l'auteur de romans remarquables par la finesse du style et l'ironie : *Troteras y Danzaderas* (1913), *Belarmino y Apolonio* (1921), *Luna de miel, luna de hiel* (1923), *Tigre Juán* (1926), ainsi que de poèmes : *La Paz del sendero* (1903), *El Sendero innumerable* (1915), *El Sendero andante* (1921).

**PÉREZ DE CUELLAR (Javier)** ♦ Homme politique et diplomate péruvien (Lima 1920). Ambassadeur du Pérou à Moscou (1969 - 1971), il succéda en 1982 à K. Waldheim* au secrétariat général de l'ONU : il eut à faire face à plusieurs crises internationales en particulier à celle qui aboutit à la guerre du Golfe (1990 - 1991). B. Boutros* Ghali lui succéda en 1992. En 1995, il fut battu à l'élection présidentielle péruvienne par M. Fujimori*, mais après la fuite de celui-ci en nov. 2000, il a dirigé le gouvernement de transition jusqu'en juil. 2001.

**PÉREZ ESQUIVEL (Adolfo)** ♦ Pacifiste argentin (né en 1931). Secrétaire général du mouvement «Paix et justice en Amérique latine» depuis 1974. [Prix Nobel de la paix 1980]

**PÉREZ GALDÓS (Benito)** ♦ Romancier et auteur dramatique espagnol (Las Palmas, Canaries 1843 - Madrid 1920). Grand voyageur, journaliste, homme politique à l'activité intense, Pérez Galdós publia une œuvre considérable avant de sombrer dans la misère. De 1873 à 1912, il entreprit la suite des *Episodios nacionales*, vaste geste du peuple espagnol, sorte de miroir critique de la réalité sociale, historique et politique. Dans ses nombreux romans il évoque les classes bourgeoises et populaires à Madrid de 1850 à 1900, accumulant détails et dialogues observés pour décrire la réalité de la vie quotidienne, «l'histoire intérieure» (Unamuno). Laissant à ses personnages une grande liberté d'action, Pérez Galdós en fait des types caractérisés qu'on a souvent comparés à ceux de Balzac*.

Dénonciateur du fanatisme religieux (*Doña Perfecta*, 1876), peintre de l'amour (*Marianela*, 1878), de la jalousie (*Fortunata y Jacintà*, 1887), de l'exaltation mystique (*Nazarin*, 1895), il montre son inquiétude métaphysique dans *El Amigo manso*. Toute son œuvre apparaît comme le reflet d'une conception de l'art du roman et de son désir de se tenir «entre l'exactitude et la beauté de la représentation».

**PERGAME** – en gr. ***Pergamon***, auj. ***Bergama*** ♦ Anc. ville d'Asie Mineure (Mysie), dans la vallée du Caïcos (Bakir). L'actuelle Bergama (prov. d'İzmir) est un centre de commerce. 46 121 hab. ▪ **Histoire** Pergame fut la capitale d'un royaume hellénistique très puissant aux –IIIe et –IIe s. (→ **Eumène, Attale**). Profitant de la guerre fratricide entre Séleucides, les Attalides s'allièrent avec les Romains et, après la victoire romaine près de Magnésie* du Sipyle (–189), étendirent leur domaine de l'Hellespont à la Carie* et de l'Ionie* à la Cappadoce et à la Phrygie* occidentale. La ville, avec ses monopoles royaux de fabrication de parchemin (*pergamênê*, en gr.) et de tissus, avec son activité commerciale intercontinentale, devint un grand centre cosmopolite et culturel. Ornée de monuments grandioses, elle donna un nouveau départ à l'urbanisme et rivalisa avec les deux autres grands centres hellénistiques, Alexandrie* et Antioche*. Sa bibliothèque (400 000 volumes) disputa à celle d'Alexandrie l'autorité sur le rétablissement des textes d'Homère, entre autres, sans égaler sa rivale. La chasse aux manuscrits et aux œuvres d'art, l'invention du parchemin (en réponse à l'interdiction d'exportation de papyrus par un roi d'Égypte), le mécénat royal des Attalides, comme celui des Ptolémées, ainsi que l'édification des monuments à Athènes (portiques d'Attale, d'Eumène) sont dus à cette course au prestige. Légué par Attale* III aux Romains (–133), le royaume de Pergame devint la pointe avancée de l'expansion romaine vers l'Orient. ▪ Des fouilles commencées en 1878 ont mis au jour d'importants vestiges : temples d'Athéna Polias (–IVe s.), d'Héra, de Déméter, Asclépiéion, autel de Zeus, théâtre, dont certains éléments sont conservés au musée Pergamon de Berlin.

**PERGAUD (Louis)** ♦ Écrivain français (Belmont, Doubs 1882 - Marchéville, près de Verdun 1915). Instituteur rural, il garda un contact étroit avec les choses de la campagne. Venu à Paris en 1907, il fut bientôt nommé rédacteur au service des beaux-arts de la Ville de Paris. Il débuta dans la carrière littéraire avec des recueils poétiques, *L'Aube* (1904) et *L'Herbe d'avril* (1908). Mais c'est avec des récits pleins d'humour et de fraîcheur, concernant bêtes et gens de la campagne, qu'il devait exprimer son talent. «Histoires de bêtes», *De Goupil à Margot* (1910) et *Le Roman de Miraut, chien de chasse* (1913) offrent de sensibles études d'une psychologie animale anthropomorphe, au sein d'évocations réalistes de la vie rurale. Dans *La Guerre des boutons* (1912, porté à l'écran en 1936 par Jack Deroy et en 1961 par Yves Robert), Pergaud présentait avec une verve épique les combats que se livrent deux troupes de gamins de deux villages différents. ← **ÉTYM.** *Pergaud* vient de l'ancien occitan *pergar* «mesurer avec la perche» (surnom d'un arpenteur).

**PERGOLÈSE (Giovanni Battista PERGOLESI, dit en fr. Jean-Baptiste)** ♦ Compositeur italien (Jesi, près d'Ancône 1710 - Pouzzoles 1736). Il fit ses études au conservatoire de Naples. Devenu maître de chapelle du prince de Stigliano, il obtint son premier succès avec *Lo Frate'nnamorato* (1732), opéra bouffe en dialecte napolitain. Peu après, son intermezzo à deux voix, *La Servante maîtresse* (*La Serva Padrona*, 1733), connut un véritable triomphe. Représenté plus tard à Paris (1752), ce petit ouvrage allait décider de l'avenir d'un nouveau genre, l'opéra-comique, et déclencher la querelle des Bouffons. L'insuccès, partiel ou total, de ses autres ouvrages, notamment des *opera seria*, devait précipiter la fin précoce du compositeur. Outre ses œuvres pour le théâtre, Pergolèse a composé de la musique religieuse, dont un célèbre *Stabat Mater* (1736), des sonates et des concertos. Un nombre important de pièces en tout genre lui fut attribué après sa mort, mais leur authenticité est douteuse. Remarquable par sa spontanéité, sa beauté expressive et la richesse de sa mélodie, la musique de Pergolèse est celle d'un musicien inventif et spirituel, capable de grandeur. ← **ÉTYM.** Ce nom signifie «originaire de *Pergola* [dans les Marches, province de Pesaro]».

**PERI (Jacopo)** ♦ Compositeur italien (Rome 1561 - Florence 1633). Chanteur et musicien à la cour des Médicis, il apparaît, plus encore que G. Caccini*, comme le créateur du style «rappresentativo» qu'il a défini lui-même par l'emploi de formes musicales qui, «plus relevées que le parler ordinaire et moins régulièrement dessinées que les pures mélodies du chant, fussent à mi-chemin des deux». Sur des poèmes d'O. Rinuccini, il a composé la pastorale *Dafne* (1597), et *Euridice* (1600), premier opéra complet de l'histoire de la musique, pour les noces de Marie de Médicis avec Henri IV. On lui doit en outre des ballets, des intermèdes, cantates et madrigaux. ← **ÉTYM.** Ce nom de famille vient de l'italien *Pietro* «Pierre».

**PÉRI (Gabriel)** ♦ Homme politique français (Toulon 1902 - Paris 1941). Secrétaire général des Jeunesses communistes, il fut rédacteur au journal *Clarté* (de Barbusse) et entra à *l'Humanité* (1924), où il s'occupa du service de politique étrangère. Membre du comité central du Parti communiste français (1929), élu député (1932), il anima les *Cahiers* clandestins du parti sous l'occupation. Livré aux Allemands, il fut fusillé avec d'autres otages au mont Valérien (15 déc. 1941).

La **Péri** ♦ Poème dansé (ballet) de Paul Dukas* d'après une ancienne légende persane, destiné à la ballerine N. Trouhanova (Paris, 22 avr. 1912). Le ballet proprement dit est précédé d'une célèbre fanfare.

**PÉRIANDRE** – en gr. ***Periandros*** ♦ Tyran de Corinthe (–627 - v. –585). Fils de Cypsélos, qui renversa l'aristocratie dorienne, il fut l'un des plus célèbres représentants de la tyrannie dans la Grèce archaïque. Il répondit à la crise agraire et démographique par des mesures hardies : l'interdiction d'achat d'esclaves, la dévaluation monétaire, le développement de l'industrie et du commerce. Corinthe, à l'apogée de son expansion pendant son règne, fonda de nouvelles colonies (→ **Apollonia, Leucade, Potidée**), soumit Corcyre et domina toute la Grèce occidentale et l'Illyrie. Protecteur des lettres et des arts, il aurait accueilli à sa cour Arion* et fut placé par la tradition au nombre des Sept Sages*. De caractère violent, il tua sa femme Mélissa lors d'une scène de ménage en la précipitant du haut d'un escalier.

**PÉRIBONKA** n. f. ← **ÉTYM.** de l'algonquin *periwanga* «rivière creusant dans le sable» ♦ Riv. du Canada (Québec) [547 km] qui se jette dans le lac Saint-Jean.

**PÉRICLÈS** ← **ÉTYM.** gr. «très illustre», de *peri* «autour» et *kleos* «gloire» ♦ Homme politique athénien (v. –495 - Athènes –429). Fils du stratège Xanthippos* et apparenté par sa mère à la famille illustre des Alcméonides* de tradition démocratique (→ **Clisthène**), il eut pour maîtres à penser Anaxagore* et Zénon d'Élée. Porté aux affaires de la cité, il choisit le parti démocratique adverse de Cimon*. Dès –463, il brilla à l'assemblée par la puissance de son discours qui lui valut le surnom d'*Olympien*. Adjoint d'Éphialte*, il fut avec lui l'auteur de grandes réformes démocratiques qu'il acheva après l'assassinat de ce dernier (–461) : confiscation des attributions politiques de l'Aréopage* réparties entre la boulé*, l'ekklésia (assemblée) et l'héliée*, démocratisation de l'archontat par la généralisation du tirage au sort et la participation de la troisième classe, accession de tous les citoyens aux dignités avec la *misthophoria* (rémunération), gratuité des spectacles. Sans avoir d'autre fonction que celle de stratège annuellement renouvelée, Périclès monopolisa la scène politique d'Athènes pendant trente ans. Ayant éliminé l'opposition oligarchique en ostracisant Thucydide (–443), il fut investi d'une autorité presque absolue. Principal inspirateur de l'impérialisme athénien, il renforça la flotte, acheva les Longs Murs et exerça une politique de pression économique sur les partenaires d'Athènes dans la confédération attico-délienne. Il fit transporter le trésor de la ligue de Délos à Athènes, obligea les alliés à contribuer aux frais de la grandeur d'Athènes, brisa les révoltes de l'Eubée (–446) et de Samos (–440), implanta des clérouquies en Thrace et dans les îles, fonda Amphipolis* et la colonie «panhellénique» de Thurium*. Conséquence de cette politique, un premier conflit avec Sparte, Corinthe et la Béotie (–457 - –446), dénoué par la paix de Trente Ans, fut le prélude de la guerre du Péloponnèse*. Mais entre ces deux guerres, Périclès fit d'Athènes la métropole resplendissante de la civilisation et de l'art classique. Confiant à Phidias* l'édification des monuments de l'Acropole* et de l'Attique, il lui donna comme collaborateurs les meilleurs architectes et artistes de son temps. (→ **Callicratès, Ictinos, Mnésiclès**). Avec Hérodote et Protagoras, qu'il accueillit à Athènes, Sophocle, Anaxagore, Socrate, Phidias, Alcibiade, son neveu, fréquentèrent sa maison, formant le célèbre cercle d'Aspasie*, sa maîtresse. Mais l'achèvement de la démocratie et la grandeur d'Athènes ne furent pas sans revers. Obligé de diminuer le nombre des bénéficiaires de la *misthophoria*, Périclès promulgua la loi refusant les droits civiques aux enfants des citoyens athéniens et des femmes étrangères. Première victime de cette mesure, il se vit refuser le droit de se marier avec Aspasie. La guerre du Péloponnèse enfin et le désastre d'Athènes frappée par la peste (–430) marquèrent la fin de sa carrière. Ses ennemis, qui auparavant avaient intenté des procès contre ses amis Phidias et Anaxagore, puis contre Aspasie, l'accusèrent directement d'avoir provoqué la guerre afin d'éviter de rendre des comptes. Déposé par l'assemblée, il fut rappelé quelques mois plus tard (–429), mais il périt dans la même année, victime de la peste. Le nom de «siècle de Périclès» a été donné à l'époque la plus brillante de la civilisation grecque.

**PERIER (Claude)** ♦ Industriel et banquier français (Grenoble 1742 - Paris 1801). Fabricant de toile à Grenoble et à Vizille, il acquit sous la Révolution des biens nationaux et la mine d'Anzin. Associé au banquier Perrégaux*, il participa au financement du coup d'État du 18 Brumaire et à la fondation de la Banque de France (1801). Ses fils assurèrent sa succession. ♦ **Casimir Perier.** Homme politique français (Grenoble 1777 - Paris 1832). Fils de Claude Perier. Directeur de la banque de son père et régent de la Banque de France, il siégea à plusieurs reprises comme député à partir de 1817. Représentant de l'opposition libérale, il prit position contre les cabinets Villèle, puis Polignac et se rallia à Louis-Philippe lors de la révolution de juillet 1830. Président de la Chambre et chef du parti de la Résistance* sous la monarchie* de Juillet, il succéda au ministère Laffitte (1831) comme chef du cabinet et ministre de l'Intérieur. Dans l'espoir de favoriser l'essor des affaires, il mena une politique de répression de l'opposition et des troubles sociaux (en particulier lors de la révolte des canuts de Lyon, nov.-déc. 1831). Il mourut du choléra. ▪ Ses fils et son petit-fils prirent le nom de Casimir*-Perier. ➝ ÉTYM. *Perier* est une variante méridionale de « poirier » ou un nom de lieu.

**PÉRIER (François PILLU, dit François)** ♦ Acteur français (Paris 1919 - *id.* 2002). Comédien aux registres multiples, il excella autant dans le théâtre de répertoire, avec Jean-Paul Sartre (*Les Mains sales*, 1948 ; *Le Diable et le Bon Dieu*, 1968 ; *les Séquestrés d'Altona*, en tant que metteur en scène, 1966), Jean Anouilh (*Ne réveillez pas Madame*, 1970), Arthur Miller (*La Mort d'un commis voyageur*, 1988) ou Molière (*Tartuffe*, 1959 et 1984) que dans le genre du divertissement (*Bobosse* d'André Roussin, 1950 ou *Jean de la lune* de Marcel Achard, 1948). Au cinéma, acteur mémorable de films de Marcel Carné, Jean Cocteau, René Clément ou Federico Fellini, il joua ensuite pour Henri Verneuil (*Week-end à Zuydcoote*, 1964), Jean-Pierre Melville (*Le Samouraï*, 1967 ; *Le Cercle rouge*, 1970), Costa-Gavras (*Z*, 1969), Yves Boisset (*L'Attentat*, 1972), Alain Corneau (*Police Python 357*, 1976).

**PÉRIGNON (dom Pierre)** ♦ Moine bénédictin (Sainte-Menehould 1638 - abbaye d'Hautvillers, près d'Épernay 1715). Il fut cellérier, puis procureur de l'abbaye d'Hautvillers près d'Épernay. On lui attribue l'invention du procédé qui rend mousseux le vin de Champagne encore que son apport semble plutôt avoir été de répandre et de commercialiser un procédé déjà connu. ➝ ÉTYM. *Pérignon* est l'hypocoristique de *Pierre*.

**PÉRIGNON (Dominique Catherine, marquis DE)** ♦ Maréchal de France (Grenade, Haute-Garonne 1754 - Paris 1818). Député à l'Assemblée législative (1791), il délaissa la politique pour l'armée. À la tête de la légion des Pyrénées, il remporta plusieurs victoires sur les Espagnols (la Montagne Noire, nov. 1794 ; Figueras), grâce auxquelles put être signée la paix avec l'Espagne. Député au Conseil des Cinq-Cents (1795), ambassadeur à Madrid, il participa à une campagne en Italie au cours de laquelle il fut blessé et fait prisonnier (1799). Sénateur (1801), maréchal de France (1804), il fut fait comte d'Empire en 1811, puis se rallia aux Bourbons qui le firent pair de France (1814) et marquis (1817).

**PÉRIGNY** [17180] ➝ ÉTYM. du lat. *Patrinius*, n. de pers., et suff. *-acum* ♦ Comm. de la Charente-Maritime, banlieue E. de La Rochelle. 6 003 hab. *(Pérignaciens)*.

**PÉRIGORD** n. m. ➝ ÉTYM. anc. *Pagus Petrocoriorum* « pays des Petrocorii » (→ aussi Périgueux) ♦ Ancienne région historique qui fait aujourd'hui partie de la région d'Aquitaine*, notamment dans le département de la Dordogne*. On distingue au N. le *Périgord vert* (avec Nontron*), au centre le *Périgord blanc* (avec Périgueux*), au S.-O. le *Périgord pourpre* (avec Bergerac*) et au S.-E. le *Périgord noir* (avec Sarlat*-la-Canéda), recouvert de forêts de pins. C'est une région de plateaux calcaires entaillés par la Dordogne, la Vézère, l'Auvézère et l'Isle, dont les larges vallées portent de riches cultures : blé, maïs, arbres fruitiers, vignes (vin de Monbazillac) ; on y pratique l'élevage. On exploite le noyer et le chêne truffier. Dans les vallées, nombreux sites préhistoriques (Lascaux*, Les Eyzies*). ▮ **Histoire** Peuplée par les Celtes *Petrocorii* avant et après la conquête romaine, la région forma un diocèse, puis un comté sous les Mérovingiens. Elle fut réunie au Xe s. à l'Angoumois, puis à la Marche*. Disputée par le roi de France et le roi d'Angleterre (elle relevait au XIIe s. du duché d'Aquitaine), elle souffrit particulièrement de la guerre de Cent* Ans, avant de revenir à la France (1398) et d'être intégrée au domaine royal par Henri IV. Le malaise économique du début du XVIIe s. y entraîna des soulèvements (révolte des Croquants, Fronde).

**PÉRIGUEUX** [24000] ➝ ÉTYM. anc. *civitas Petrocoriorum*, du gaul. *Petrocorii* « les quatre *(petru-)* armées *(corios)* », n. de tribu gauloise (→ aussi Périgord) ♦ Ch.-l. du dép. de la Dordogne, sur l'Isle. 30 193 hab. (aggl. 63 539) *(Périgourdins)*. Évêché. De la ville gallo-romaine ne subsistent que des fragments de remparts, l'amphithéâtre (Ier s.) et la tour de Vésone (IIe s.). L'anc. cathédrale Saint-Étienne-de-la-Cité (XIIe s., restaurée au XVIIe s.), de pur style roman périgourdin, a perdu, lors des guerres de Religion, ses deux travées occidentales. Cathédrale Saint-Front (XIe s., abusivement restaurée par Abadie, au XIXe s.), édifice de style byzantin rappelant Saint-Marc de Venise et les Saints-Apôtres de Constantinople : façade de l'église du XIe s. ; cloître des XIIe, XIIIe et XVIe s. (musée lapidaire). Maisons des XVe et XVIe s., hôtels Renaissance. Musée du Périgord : préhistoire ; archéologie gallo-romaine ; arts et traditions populaires ; peintures. Vesunna : musée gallo-romain conçu par Jean Nouvel. Musée militaire du Périgord. Festival du mime. ▪ Fonctions tertiaires dominantes. Réparation de matériel ferroviaire. Impression de timbres-poste. ▮ **Histoire** La ville romaine de Vésone devint Pétrocorès au IIIe s. Au Xe s., siège d'un évêché fondé par saint Front, la cité devint la cap. du comté de Périgord*. Cédée aux Anglais par le traité de Brétigny* en 1360, elle revint sous l'autorité française à la fin du XIVe s.

**PERIM** (île) n. f. ♦ Petite île de caractère volcanique, dans le détroit de Bab el-Mandeb, à l'entrée de la mer Rouge. 300 km². Occupant une position stratégique, elle est aujourd'hui rattachée au Yémen après avoir été sous mandat britannique.

**PERITO MORENO** ♦ Glacier des Andes argentines (Patagonie) dont les blocs de glace se rompent en avançant dans le lac Argentino. Tourisme.

**PERKIN (sir William Henry)** ♦ Chimiste britannique (Londres 1838 - Sudbury 1907). Il découvrit, en 1854, les dérivés de l'aniline qui fournissent une gamme importante de colorants, dont la mauvéine (1856) fut le premier colorant artificiel.

**PERL (Martin L.)** ♦ Physicien américain (New York 1927). Il découvrit, en 1976, le tauon, particule de la même famille que l'électron (lepton) mais 3 500 fois plus lourde ; cette découverte contribua à l'élaboration du modèle standard des interactions fondamentales. [Prix Nobel de phys. 1995, avec F. Reines*]

**PERLIS** – off. ***Perlis Indera Kayangan*** ♦ État de la fédération de Malaisie, au N. de la péninsule malaise, frontalier avec la Thaïlande. 795 km². 198 335 hab. CAP. : Kangar. L'État est placé sous l'autorité d'un sultan. ▪ Plantations d'hévéas. Agriculture (riz, canne à sucre, maïs). Tourisme. ▮ **Histoire** Ancien vassal du sultanat de Kedah, Perlis fut reconnu en 1842 comme sultanat distinct par leur suzerain le roi de Siam. En 1909, le Siam renonça à ses droits et Perlis devint protectorat britannique. En 1947, il se joignit à la fédération de Malaisie.

**PERM** ➝ ÉTYM. du finnois *perämma* « pays *(maa)* lointain *(perä)* », de 1940 à 1957 ***Molotov*** ♦ V. de Russie, ch.-l. de territoire, dans l'Oural, sur la Kama. 1 000 100 hab. Université fondée en 1916. ▪ Indus. mécanique, chimique et pétrolière. Traitement du bois. Chantier naval. Centrale hydroélectrique. Nœud ferroviaire.

**PERMEKE (Constant)** ♦ Peintre et sculpteur belge (Anvers 1886 - Ostende 1952). Il étudia la peinture aux académies de Bruges, Gand puis Bruxelles, puis s'établit dans la communauté de Laethem-Saint-Martin en 1909, fondant avec Fritz van der Berghe, Léon et Gustave de Smet ce qu'on a appelé la deuxième école de Laethem-Saint-Martin. En 1912, il s'installa à Ostende. Blessé durant la guerre, il fut évacué en Grande-Bretagne et commença alors à exprimer une vision plus personnelle, les influences impressionnistes s'effaçant pour faire place à un traitement vigoureux et monumental des formes humaines, peintes avec une pâte épaisse et sombre. Revenu en Belgique, il peignit des paysages, particulièrement des marines, des scènes de port, des scènes de la vie des marins et des paysans. Exprimant les sentiments humanitaires qu'il éprouvait envers les classes populaires, il en souligna l'énergie tranquille et la générosité (*Étable*, 1933 ; *Le Semeur*). Il montra une prédilection pour les formes colossales et raides, qui semblent déborder les limites de la toile, et recourut par souci expressif à des déformations anatomiques, prenant aussi des libertés avec l'espace perspectif traditionnel. Il utilisa des formes plus schématiques et une gamme dominante ocre et brune (*Les Deux Mariniers* ; *Les Fiancés*, 1923). Le caractère fortement plastique, la robustesse de ses formes se retrouvent dans les sculptures qu'il réalisa à partir de 1935 (*Marie Lou*, 1935-1936).

Constant **Permeke.** *Femme de pêcheur* (1 x 1,24 m), 1920.
Musée royal des Beaux-Arts, Anvers.
*BIS/Phot. Lou © Archives Larbor © ADAGP, Paris*

**PERMOSER (Balthasar)** ♦ Sculpteur allemand (Kammer, près de Traunstein 1651 - Dresde 1732). Il étudia à Vienne, puis séjourna à Rome, sans doute de 1675 à 1689. Nommé sculpteur à la cour de Saxe en 1689, il exécuta une partie du décor sculpté du Zwinger de Dresde bâti par Pöppelmann* (statues d'Atlantes, Allégories des saisons). Son goût des formes mouvementées, proliférantes et contournées s'épanouit dans l'*Apothéose du Prince Eugène* (v. 1718 - 1721), modèle du baroque saxon.

**PERNAMBOUC** ✦ **ÉTYM.** en port. ***Pernambuco,*** probablt guarani «mer *(parana)* large *(pucu)*» ♦ État du Brésil (région Nordeste). ➙ **Brésil** (carte). 101 023 km². 7 918 000 hab. CAP. : Recife. On distingue trois zones géographiques : la Mata sur le littoral (monoculture de la canne), l'Agreste (cultures vivrières) et le Sertão (coton, tomates irrigués). **▮ Histoire** Une des premières capitaineries de l'époque de la colonisation portugaise (1534). Entre 1630 et 1654, le Pernambouc fut occupé par les Hollandais qui y développèrent une économie sucrière prospère. Les esclaves fugitifs des plantations de canne se regroupaient dans des villages *(quilombos).* Longtemps au 3ᵉ rang des États brésiliens, le Pernambouc perd de son importance.

**PERNELLE** (sainte) ➙ **Pétronille (sainte)**

**PERNES-LES-FONTAINES** [84210] ✦ **ÉTYM.** *Pernes :* du lat. *Paternus,* n. de pers., et *Fontaines :* à cause de l'abondance des sources ♦ Ch.-l. de cant. du Vaucluse, arr. de Carpentras, sur la Nesque. 10 170 hab. *(Pernois).* Église Notre-Dame-de-Nazareth (fin du XIᵉ s.). Pont, chapelle et porte Notre-Dame du XVIᵉ s. Portes de Villeneuve et de Saint-Gilles, restes de l'enceinte des XIVᵉ et XVIᵉ s. ▪ Cultures de fruits. Conserves. ▪ Anc. cap. du Comtat* Venaissin de 968 à 1320.

**PERNIK,** de 1948 à 1962 ***Dimitrovo*** ♦ V. de Bulgarie occidentale, ch.-l. de région, au S.-O. de Sofia, sur la Struma. 104 626 hab. Indus. sidérurgique et chimique. Centrale thermique.

**PERNIS** ♦ Loc. des Pays-Bas (Hollande-Méridionale) sur la Meuse à l'O. de Rotterdam. Raffineries de pétrole. Caoutchouc synthétique.

**PÉROLS** [34470] ✦ **ÉTYM.** «lieu planté de poiriers», du lat. *pirum* «poire» et suff. *-eolum* ou de l'occit. *peròl* «mauvais œil, maléfice» ♦ Comm. de l'Hérault, arr. de Montpellier, entre les étangs de Mauguio et de Pérols. 7 731 hab. *(Péroliens).*

**PERÓN (Juan Domingo)** ♦ Homme d'État argentin (Lobos, Buenos Aires 1895 - Buenos Aires 1974). Il participa au coup d'État militaire de 1943 et devint ministre du Travail, puis vice-président. Il conquit la sympathie du peuple par une série de mesures sociales. Soutenu par les *descamisados* («sans chemises») et les syndicats, il fut élu président de la République en 1946 et établit une dictature qui trouva l'appui du clergé, de l'armée, des partis de gauche et des nationalistes d'extrême droite. Sa doctrine, le «justicialisme», conciliait mesures sociales, politique antiaméricaine, catholicisme, répression, nationalisations, ce qui amena une transformation radicale du pays. Les premières années du régime soulevèrent un enthousiasme populaire entretenu par la femme du dictateur, EVA PERÓN (Los Toldos, Buenos Aires 1919 - Buenos Aires 1952) surnommée *Evita* et vénérée par le peuple. Les salaires des travailleurs des villes augmentèrent de 47 % entre 1946 et 1955, au détriment des agriculteurs. Mais Perón se vit bientôt confronté à des difficultés économiques qui s'aggravèrent de conflits avec l'Église (légalisation du divorce et de la prostitution) et avec l'armée. Excommunié, il fut renversé par un putsch en 1955 et se réfugia en Espagne. Perón garda de nombreux partisans en Argentine, et en 1973, les élections redonnèrent le pouvoir aux péronistes qui le portèrent de nouveau à la présidence de la République. À sa mort, sa troisième femme, MARÍA ESTELA dite ISABEL MARTÍNEZ (prov. de La Rioja 1931), lui succéda. Elle fut déposée par l'armée en 1976 et s'exila en Espagne en 1981. ➙ **Argentine.**

**PÉRONNAS** [01960] ✦ **ÉTYM.** anc. *Perroniacus,* du lat. *Petronus,* n. de pers., et suff. *-acum* ♦ Ch.-l. de cant. de l'Ain, banlieue S.-O. de Bourg-en-Bresse. 5 534 hab. *(Péronnassiens).*

**PÉRONNE** [80200] ✦ **ÉTYM.** probablt du lat. *Petronus,* n. de pers. gallo-rom., et suff. *-onna,* désignant un cours d'eau ♦ Ch.-l. d'arr. de la Somme, au confluent de la Somme et de la Cologne, près de l'embranchement du canal du Nord. 8 380 hab. (aggl. 10 179) *(Péronnais).* Anc. ville forte. Château (XIIIᵉ s., restauré), où Louis XI fut retenu prisonnier. Restes de remparts des XVIᵉ - XVIIᵉ s. Porte de Bretagne (1602). Musée : coll. de monnaies antiques ; bijoux gréco-romains et mérovingiens. ▪ Port de commerce et de plaisance sur le canal du Nord. Cultures maraîchères. Indus. agroalimentaire, textile. Bonneterie. **▮ Histoire** C'est à Péronne qu'eut lieu en 1468 l'entrevue entre Charles* le Téméraire et Louis* XI qui se disputaient la Picardie. Au XVIᵉ s., la ville subit un assaut de Charles* Quint : les habitants conduits par Marie Fouré repoussèrent les assaillants. En 1870, la ville fut bombardée par les Prussiens pendant treize jours. Elle fut presque entièrement détruite en 1916, lors de la bataille de la Somme.

**PÉROT (Alfred)** ♦ Physicien français (Metz 1863 - Paris 1925). ➙ **Fabry.**

**PÉROTIN** – en lat. ***Perotinus Magnus*** ♦ Compositeur français (déb. du XIIIᵉ s.). Sa vie et son œuvre sont mal connues. Maître de chapelle à Notre-Dame de Paris, auteur d'organa à quatre voix, de conduits et d'une monodie, il a également remanié des organa à deux voix déjà existants. Il peut être considéré comme l'un des principaux créateurs de la musique polyphonique. Si, jusqu'à la fin du XIIᵉ s., l'organum à deux voix était courant, Pérotin fut le premier à y utiliser trois et quatre voix. Cette forme plus ample et plus complexe eut une profonde influence sur la musique française et occidentale où allaient naître le motet et le grand conduit polyphonique.

## PÉROU

**▮** n. m. – off. ***république du Pérou,*** en esp. ***República del Perú*** ✦ **ÉTYM.** du guarani *piru, biru, beru* «eau, rivière» ♦ Pays d'Amérique du Sud. 1 285 215 km². 28 220 764 hab. *(Péruviens).* LANGUES : espagnol, quechua, aymara (Andes du Sud). RELIGION : catholique. MONNAIE : nouveau sol. CAP. : Lima. RÉGIME : présidentiel. Le pays est constitué de 24 départements et d'une province constitutionnelle, Callao.

**▮ GÉOGRAPHIE** La cordillère des Andes charpente le pays en le divisant selon un axe N.-S. en quatre grandes régions géographiques : la côte, la cordillère des Andes, le piémont et la plaine amazonienne. **▮ La côte** La côte, étroite et longue de 2 200 km, est désertique. Le climat frais une partie de l'année et les brumes *(garuas)* sont liés à la présence du courant froid de Humboldt qui remonte depuis le S. le long des côtes du Pacifique. L'aridité est totale. Seule l'irrigation à partir des rivières provenant des Andes a facilité le peuplement et l'agriculture autour de vastes oasis (canne à sucre, coton, riz, élevage, fruits). Dans chacune d'entre elles, se trouve une ville principale (Piura, Chiclayo, Trujillo, Chimbote, Ica) reliée aux autres et à Lima par la route Panaméricaine. Des industries agroalimentaires et textiles s'y sont installées. Partout, des petits ports de pêche abritent des fabriques de farine de poisson (Callao et Chimbote notamment). Chimbote possède une aciérie depuis 1956 grâce à laquelle s'est amorcée l'urbanisation. **▮ Les Andes** La cordillère des Andes *(Sierra)* comprend trois cordillères (occidentale, centrale et orientale). Les Andes du Sud, plus larges et plus élevées, s'écartent pour laisser place à un immense haut plateau *(Altiplano)* qui se prolonge en Bolivie. Le lac Titicaca traversé par la frontière Bolivie-Pérou est le plus vaste lac d'altitude du monde (3 900 m). La Cordillère occidentale (Negra et Blanca), de caractère

Pérou.

volcanique, dépasse les 5 000 m (Huascarán*, 6 768 m). Avec l'altitude, le climat est de plus en plus froid, la végétation passe de la forêt tropicale à la steppe d'altitude *(puna)*. **▮ L'Amazonie** L'Amazonie péruvienne comprend d'une part le long piémont *(ceja de montaña)* de la Cordillère orientale, découpé par des rivières en direction de l'Amazone, et, d'autre part, la plaine amazonienne sur 700 000 $km^2$, traversée par de longs fleuves. Le climat tropical chaud et humide favorise la forêt. Aux effectifs indigènes très réduits dispersés le long des fleuves, se sont adjoints des colons originaires des Andes venus exploiter les meilleures terres des pentes et des rives (élevage, riz, fruits, coca). L'exploitation du bois se développe malgré les difficultés de transport. Seuls le piémont et la ville de Pucallpa* sont reliés par la route aux Andes. Iquitos, la capitale, est un carrefour commercial grâce au fleuve Marañon et à son aéroport. Pour exploiter le pétrole de l'Amazonie septentrionale, un oléoduc a été construit jusqu'au Pacifique à travers la forêt, les Andes et le désert côtier. Un accord de paix signé en 1998 a mis fin au conflit frontalier opposant le Pérou et l'Équateur depuis 1942.

**▮ ÉCONOMIE** Après les vingt années de guérilla pratiquée par le Sentier lumineux, la décennie du président Fujimori a amorcé une reprise de l'économie mais a accentué la paupérisation de la majorité de la population et l'inégalité de la répartition des richesses : 60 % de la population vivaient sous le seuil de pauvreté en 2003, ce chiffre est passé à env. 40 % en 2009. Un programme de privatisations démarra en 1990 mais fut interrompu temporairement en raison du mécontentement de la population à partir de 2002. Il était pratiquement terminé en 2010. L'agriculture a enregistré depuis 1990 une progression de la production de la pomme de terre, du maïs et, plus récemment, du coton et n'employait plus que 6 % de la pop. en 2008. La pêche représente un secteur important de l'économie. Le Pérou est le premier producteur de farine de poisson. Il est parmi les premiers producteurs de zinc, de plomb, de cuivre, d'étain, d'or, de molybdène. L'industrie minière fournit la moitié des revenus à l'exportation. Le Nord a des ressources pétrolières près de Talara et en offshore. Le gisement pétrolier et gazier de Camisea est exploité depuis 2004. Le pays est devenu autosuffisant en électricité. Il a été relativement épargné par la crise mondiale de 2008 - 2009.

Pérou ▮ Productions en 2008

| Produits | Quantités | Rang |
|---|---|---|
| ▮ Agriculture | | |
| Asperges | 280 000 t | 2e |
| Bananes plantains | 1 800 000 t | 6e |
| Café | 220 000 t | 9e |
| Canne à sucre | 8 200 000 t | 19e |
| Coton fibre | 300 000 t | |
| Maïs | 1 400 000 t | |
| Pommes de terre | 3 300 000 t | 16e |
| Riz | 2 000 000 t | |
| Sucre | 740 000 t | |
| Vin | 440 000 hl | |
| Bovins (têtes) | 5 500 000 | |
| Ovins (têtes) | 14 600 000 | 19e |
| Porcins (têtes) | 3 000 000 | |
| Pêche | 7 200 000 t | 2e |
| ▮ Mines et énergie | | |
| Argent | 3 700 t | 1er |
| Cuivre | 1 200 000 t | 2e |
| Étain | 39 000 t | 3e |
| Fer | 6 000 000 t | 18e |
| Hydroélectricité | 18 TWh | |
| Or | 170 t | 5e |
| Pétrole | 5 000 000 t | |
| Plomb | 320 000 t | 4e |
| Zinc | 1 300 000 t | 3e |

**▮ HISTOIRE ▮ La période précolombienne** On distingue cinq périodes dans l'art précolombien du Pérou et des régions avoisinantes (Bolivie, N. du Chili) : la civilisation Chavín* (–Xe s.) et les cultures postérieures (architecture, tissage, céramique) ; la période des civilisations de Mochica (côte N.), de Paracas et de Nazca (nécropoles de la côte S.), ainsi que de plusieurs centres andins (v. 1000), période riche en tissus polychromes et en céramiques remarquables ; la civilisation de Tiahuanaco* (v. 700 - v. 1300) ; celle du royaume Chimú* (v. 1300 - v. 1440) ; enfin celle de l'expansion inca (v. 1440 - 1532 → **Incas**). **▮ La conquête espagnole** L'empire inca qui avait eu son centre au Pérou fut conquis par F. Pizarro* entre 1531 et 1536. Les conquistadores se répartirent les Indiens asservis, en particulier pour l'exploitation des mines de Potosí*. La vice-royauté du Pérou, créée en 1543, comprit d'abord toute l'Amérique du Sud espagnole, mais fut considérablement diminuée par la création des vice-royautés de Nouvelle-Grenade (1739), du Río de La Plata (1776) et de la capitainerie générale du Chili (1742). Au XVIIe s., le Pérou fut une riche colonie, qui déclina bien vite : épuisement des mines, révolte des Indiens conduits

**Pérou.** Marché du dimanche à Pisac.
*Phot. © Isabelle Jourdan*

par Tupac Amaru. **▮ L'indépendance** Mais l'indépendance vint, imposée de l'extérieur par San Martín qui fut élu «protecteur» du pays (il abandonna ses pouvoirs, laissant le champ libre à Bolívar), et confirmée par la victoire de Sucre* sur les Espagnols (bataille d'Ayacucho, 1824). Dès 1825, une scission sépara le haut Pérou, qui prit le nom de Bolivie*. Pendant tout le XIXe s., le pays fut aux mains d'une oligarchie foncière et de dictateurs militaires. La guerre du Pacifique (1879 - 1883), qui opposa Bolivie, Chili et Pérou, se termina par la victoire chilienne et l'abandon de Tacna*. La reconstruction fut lente et se fit avec l'aide des capitaux étrangers. **▮ L'APRA contre les conservateurs** En 1924 fut créée l'Alianza popular revolucionaria americana (APRA), mouvement progressiste qui tenta de lutter contre l'oligarchie conservatrice. Mais cette dernière se maintint en place, soit par des dictatures, soit par des régimes plus libéraux. En 1968, le général Velasco Alvarado prit le pouvoir et lança des réformes hardies, ainsi qu'une nationalisation des compagnies nord-américaines. En 1975, il fut déposé par le général Morales Bermudez. Ce dernier s'engagea à poursuivre le processus révolutionnaire, mais dut faire face en 1976 et 1977 à des grèves qui paralysèrent l'activité économique. En 1978 l'inflation atteignait 60 %. Le gouvernement réagit aux affrontements sociaux en décrétant l'état d'urgence. **▮ La démocratie et le Sentier lumineux** Après douze ans de régime militaire, la démocratie fut restaurée en 1980 avec l'élection de F. Belaúnde Terry qui avait été renversé en 1968. La lutte armée du Sentier lumineux *(Sendero luminoso)*, mouvement révolutionnaire d'inspiration maoïste, commença alors : attentats terroristes, assassinats. Face à cette situation, le président dut faire appel à l'armée en 1983. En 1985 fut élu pour la première fois un candidat de l'Apra, A. García. Il limita le paiement de la dette à 10 % du montant annuel des exportations et, en juil. 1987, annonça l'étatisation du système financier pour limiter l'exportation des capitaux. Confronté à une recrudescence des actions du Sentier lumineux et du MRTA (Mouvement Tupac Amaru) et à une situation économique qui se dégrada brusquement dès la mi-1988 (l'inflation dépassa 1 000 %), le régime apparut totalement discrédité à la veille de l'élection présidentielle. **▮ L'ère Fujimori** Le successeur d'A. García, A. Fujimori*, fils d'immigrants japonais, fut élu à la surprise générale contre M. Vargas* Llosa en 1990 et réélu en 1995. Il obtint des succès sur le plan de la lutte contre les guérillas. Le Sentier lumineux arrêta ses actions peu après la capture de son chef, A. Guzmán, en 1992. Quant au Mouvement Tupac Amaru, il fut décapité à la suite de l'épisode dramatique de la prise d'otages de l'ambassade du Japon à Lima (1996 - 1997). Sur le plan économique, Fujimori pratiqua une politique d'inspiration néolibérale et sut attirer ou maintenir des investissements directs étrangers, en particulier par des privatisations. Cependant un autoritarisme marqué et des scandales politiques affaiblirent progressivement son régime. En 2000 A. Fujimori se fit réélire à la présidence dans des conditions irrégulières. Abandonné par l'armée et devenu très impopulaire, il dut démissionner en novembre 2000 et trouva un exil humiliant au Japon. **▮ Depuis 2001** Après une phase de transition pacifique, Alejandro Toledo (gauche modérée) fut élu à la présidentielle de 2001. Sacrifiant aux exigences du FMI, il dut faire face au mécontentement d'une population dont la moitié vit en-dessous du seuil de pauvreté. La présidentielle de 2006 vit la réélection de l'ancien président Alan Garcia qui bénéficia de la méfiance des Péruviens envers les autres candidats et qui fut déstabilisé par la chute de son gouvernement (2008) à la suite d'un scandale de corruption, par la réapparition de la guérilla menée par le Sentier lumineux dans les zones productrices de coca, et par la crise financière mondiale se conjuguant avec une baisse du prix des minerais et des hydrocarbures.

**PÉROUGES** [01800] ➝ ÉTYM. de l'it. *Perugia* « Pérouse* » (la v. a probablt été fondée par une colonie gauloise revenant de Pérouse) ♦ Comm. de l'Ain, arr. de Bourg-en-Bresse, dans la Dombes. 1 103 hab. *(Pérougiens)*. Bourg fortifié auquel une importante restauration a rendu son aspect médiéval. Église fortifiée (XVe s.). Maisons des XVe et XVIe s. ▪ Site touristique.

**PÉROUSE** – en it. ***Perugia*** ➝ ÉTYM. du lat. *Perusia* ou *Aperusia*, p.-ê. de l'étrusque *phaersu*, n. du démon qui menait les âmes en enfer ♦ V. d'Italie, ch.-l. de l'Ombrie, ch.-l. de prov. 149 125 hab. *(Pérugins)*. Universités, dont l'une fondée en 1308 et l'autre fréquentée par les étudiants étrangers (palais Gallenga, XVIIIe s.). Remparts antiques entourant la ville qui domine la vallée du Tibre (portes étrusques). Les monuments essentiels se regroupent autour de la piazza 4-Novembre : l'important palais des Prieurs (XIIIe - XVe s.), qui abrite la Galerie nationale de l'Ombrie (école ombrienne de peinture [XVe s.] avec G. Boccati, Fiorenzo di Lorenzo et surtout le Pérugin* et le Pinturicchio*) ; la fontaine Majeure (XIIIe s.) sculptée par Nicola* et Giovanni* Pisano et la cathédrale gothique. Édifices civils et religieux sont disséminés dans la ville : l'oratoire Saint-Bernardin (chef-d'œuvre Renaissance) par A. di Duccio, l'église Saint-Dominique (gothique remaniée au XVIIe s.), l'arc étrusque, le palais du Change (XVe s.) orné de fresques par le Pérugin et ses élèves. Riches coll. étrusques et romaines au musée d'archéologie. ▪ Aux environs, hypogée étrusque des Volumni (neuf salles funéraires, –IIe s.). ▪ Centre industriel (céramiques, indus. mécanique, alimentaire et textile ; manufactures de tabac ; fabriques de meubles) et tertiaire. ▮ **Histoire** Ancienne ville étrusque, puis municipe romain (–310), elle fut pillée par Octave (–40) lors de la *guerre de Pérouse* déclenchée par L. Antonius, frère de Marc Antoine. Appartenant aux États pontificaux, elle fut troublée par les partis rivaux Oddi et Baglioni, de sorte que les papes Jules II, Léon X et Paul III durent y rétablir la paix. Dès 1540, elle appartint aux papes, se révolta en 1859 contre Pie IX et passa au royaume d'Italie en 1860.

**PEROVSKAÏA (Sofia Lvovna)** ♦ Révolutionnaire anarchiste russe (Saint-Pétersbourg 1853 - *id.* 1881). Fille du gouverneur de Saint-Pétersbourg, elle fut arrêtée et exécutée pour sa participation à l'attentat contre Alexandre II.

**PÉRÔZ** – forme hellénistique de ***Fīrūz*** ♦ Roi sassanide de Perse (de 459 à 484). Il prit le pouvoir sur son frère Ormizd III et fut tué en luttant contre les Huns hephtalites.

**PERPENNA** – en lat. ***Marcus Ventus Perpenna*** ♦ Général romain (mort à Osca, auj. Huesca, en –72). Partisan de Marius* chassé de Sicile par Pompée*, il se mit au service de Sertorius* en Espagne. Il fit ensuite assassiner ce dernier (–72) et tenta de négocier avec Pompée qui le fit exécuter.

**PERPÉTUE** et **FÉLICITÉ** (saintes) ♦ Martyres d'Afrique, mortes en 203 à Carthage avec leurs compagnons Saturus, Saturninus, Revocatus, Secundulus. La *Passion de Perpétue et Félicité* est un des premiers exemples des passions de martyrs, précieux par sa qualité de témoignage contemporain des événements et son élévation spirituelle. ▪ Fête le 7 mars.

**PERPIGNAN** [66000] ➝ ÉTYM. du lat. *Perpennius*, n. de pers., et suff. *-anum* ♦ Ch.-l. du dép. des Pyrénées-Orientales, sur la Têt, dans la plaine du Roussillon. 105 115 hab. (aggl. 162 678). *(Perpignanais)*. Évêché. La citadelle qui domine la ville au S. date du XVIe s. ; elle englobe l'ancien palais des rois de Majorque (XIIIe - XIVe s.). Dans la vieille ville, le Castillet est une forteresse élevée au XIVe s. et remaniée au XVe s. La Loge, de style gothique, fondée au XIVe s. pour abriter la Bourse, est une imitation des palais municipaux italiens. Cathédrale Saint-Jean, édifice de type gothique méridional (retables des XVe et XVIe s.). Musée Hyacinthe-Rigaud (céramiques, peintures, sculptures). Lieu traditionnel de commercialisation des produits agricoles du Roussillon (vins, fruits, légumes), la ville voit son rôle renforcé par le marché lié aux importations de fruits et légumes espagnols. Elle possède trois atouts pour assurer son développement : sa situation au centre d'un triangle formé par trois métropoles, Montpellier, Toulouse et Barcelone (auxquelles elle est reliée par voies autoroutières), son université et son aéroport de Perpignan-Rivesaltes. ▮ **Histoire** Mentionnée au début du Xe s., la ville fut léguée avec le Roussillon* au roi d'Aragon. Au XIIIe s., capitale des rois de Majorque, elle connut la prospérité grâce à son rôle politique. Louis XIII envahit le Roussillon, prit la ville (1642) qui perdit dès lors de son importance. En 1602, l'évêché d'Elne y fut transféré.

**PERRAULT** [pɛʀo] **(Claude)** ♦ Architecte, médecin et physicien français (Paris 1613 - *id.* 1688). Traducteur des œuvres de Vitruve, on lui attribue le projet de la colonnade du Louvre, de l'Observatoire de Paris et du château de Sceaux pour Colbert. Naturaliste, il était partisan de l'iatromécanisme de Borelli* *(Mécanique des animaux)*. [Acad. sc. 1666]

**PERRAULT** [pɛʀo] **(Charles)** ♦ Écrivain français (Paris 1628 - *id.* 1703). Frère de Claude Perrault*. Grand commis protégé par Colbert*, il publia des œuvres parodiques (*L'Énéide burlesque*, 1648 ; *Les Murs de Troie ou l'Origine du burlesque*, 1649) ou galantes (*Dialogue de l'amour et de l'amitié*, 1660 ; *Le Miroir ou la Métamorphose d'Orante*, 1660) avant de prendre parti pour les Modernes contre les Anciens, à l'Académie* française, dont il était membre (1671). Son poème polémique *Le Siècle de Louis le Grand* (1687), puis ses *Parallèles des Anciens et des Modernes* (1688 à 1692), vivement contestés par Boileau*, présentent et codifient ses arguments : critiquant le principe d'autorité et affirmant que le progrès est possible en art comme en sciences, il souligne la supériorité du « siècle de Louis » sur le siècle d'Auguste. Ses *Histoires ou Contes du temps passé* (appelés aussi *Contes de ma mère l'Oye*, 1697) [➝ **Contes**] assurèrent sa célébrité et contribuèrent à mettre à la mode le genre littéraire des contes de fées. ➝ ÉTYM. *Perrault* est un hypocoristique de *Pierre*.

**PERRAULT (Pierre)** ♦ Cinéaste canadien (Montréal 1927 - 1999). Juriste, ethnologue, animateur de radio puis de télévision, il entreprit une expérience unique de « cinéma direct », vivant plusieurs années dans l'intimité d'une petite communauté de pêcheurs du Saint-Laurent (île aux Coudres). De leur fréquentation, et de leur participation active, naquit une trilogie exemplaire, à mi-chemin du documentaire et de la fiction épique : *Pour la suite du monde* (1963), *Le Règne du jour* (1966), *Les Voitures d'eau* (1969). En 1971, il suivit, avec son compatriote Michel Brault, un groupe d'étudiants contestataires, ce fut *L'Acadie, l'Acadie*.

**PERRAULT (Dominique)** ♦ Architecte français (Clermont-Ferrand 1953). En France, il a construit notamment l'École supérieure des ingénieurs en électrotechnique et électronique (ESIEE) à Marne-la-Vallée et le site François-Mitterrand de la Bibliothèque* nationale de France, à Paris. Il a également conçu la Cour de justice européenne à Luxembourg (2008), et un campus universitaire à Séoul (2008). Ses constructions se distinguent spécialement par leur habillage en maille métallique notamment la « boîte magique », cité du tennis à Madrid (2009).

**PERRAY-EN-YVELINES (LE)** [78610] ➝ ÉTYM. de la langue d'oïl *perroi, perrai* « terrain pierreux » ♦ Comm. des Yvelines, arr. de Rambouillet, à la lisière de la forêt de Rambouillet. 5 828 hab.

**PERRÉAL (Jean)** ♦ Peintre miniaturiste français (Paris v. 1450 - Paris ou Lyon 1530). En 1483, il fut au service de la ville de Lyon, puis travailla pour Charles VIII, Louis XII et François Ier. Il fit plusieurs voyages en Italie (1494, 1502 et 1509). Perréal consacra une part importante de son activité à l'organisation des « entrées » et des fêtes (*Entrée de Charles VIII à Lyon*, 1489 ; *Fête donnée à l'occasion du mariage de Louis XII et de Marie d'Angleterre*, 1514). Il aurait conçu le projet du tombeau de Philibert II de Savoie et de Marguerite d'Autriche, exécuté par Michel Colombe et participa au programme décoratif de l'église de Brou, v. 1504 - 1506. On lui doit également les projets pour les médailles d'Anne de Bretagne et de Louis XII. Ses miniatures *(Portrait de Charles VIII ; Portrait d'Anne de Bretagne ; Portrait de Pierre Sala)* sont imprégnées d'un profond naturalisme et d'un goût sculptural dans le modelé des visages. Le frontispice qui illustre les poèmes de Jean de Meung (v. 1516) est au contraire marqué par un certain italianisme. *Le portrait de Louis XII*, peint vers 1514, correspond tout à fait au style de ses miniatures. Avec Bourdichon*, il fut le peintre le plus représentatif de sa génération.

**PERRÉGAUX (Jean-Frédéric,** comte **DE)** ♦ Banquier français (Neuchâtel, Suisse 1744 - Viry-Châtillon 1808). Installé comme banquier à Paris, il spécula sur les assignats lors de la Révolution. Fondateur de la caisse des comptes courants à Paris (avec Desprez et Récamier) en 1796, il devint sénateur et régent de la Banque de France (1800).

**PERRÉGAUX** ➝ **Mohammadia**

**PERRET (Auguste)** ♦ Architecte français (Ixelles 1874 - Paris 1954). Fils d'un maçon communard exilé en Belgique, il entreprit à l'École des beaux-arts de Paris des études d'architecture avec ses frères Gustave (1876 - 1952) et Claude (1880 - 1960), qui furent ensuite ses associés. Par l'usage qu'il fit du béton armé dans un immeuble construit en 1903 rue Franklin, il s'affirma d'emblée comme un novateur, en adoptant un plan flexible et en cherchant, contrairement à Hennebique* dans l'immeuble de la rue Danton, à tirer des conséquences formelles de l'emploi du nouveau matériau ; il évita notamment de masquer totalement la structure portante qui contraste ainsi avec les panneaux de remplissage. Dans le garage de la rue de Ponthieu (1906), il développa les possibilités techniques du béton et sembla pressentir les partis esthétiques adoptés ultérieurement par les tenants du style international (formes orthogonales dépouillées, vastes baies vitrées). Dans le théâtre des Champs-Élysées (1911 - 1913), la disposition des revêtements de marbre suggère la structure et à l'intérieur, l'emploi de poteaux en béton permet de dégager l'espace. Perret tenta de retrouver dans une structure fonctionnelle spécifique au matériau le souvenir des ordres, des proportions, des modénatures, des effets d'équilibre et de symétrie de l'architecture classique (musée des Travaux publics, 1937 ; Mobilier national ; centre de Saclay). Sa maîtrise technique s'affirma dans des édifices industriels (entrepôt à Casablanca avec couverture en voile mince, 1915). À Notre-Dame du Raincy (1922 - 1923), il adopta le béton armé (➝ **Baudot**) laissant à nu les poteaux et voûtes surbaissées et tirant un parti décoratif des éléments préfabriqués (claustra à motifs géométriques). En 1929, il édifia l'École normale de musique en se fondant sur des impératifs fonctionnels (acoustiques). Après la guerre, il fut notamment chargé de la reconstruction du Havre, mais son premier projet fut jugé trop audacieux. Il joua un rôle historique dans l'élaboration de l'architecture contemporaine, en systématisant l'usage du béton armé et en prônant la standardisation ; mais les formes qu'il eut tendance à privilégier apparaissent plutôt comme une réinterprétation du néoclassicisme, et par là se rapprochent du style monumental qui se développa en Italie, en Allemagne et en URSS à partir des années 1930. ➝ ÉTYM. Le nom de famille *Perret* est un hypocoristique de *Pierre*.

**PERRET (Jacques)** ♦ Écrivain français (Trappes 1901 - Issy-les-Moulineaux 1992). Après avoir mené une vie d'aventures en Guyane et en Amérique, qui lui inspirèrent ses savoureuses *Histoires sous le vent* (1944), il rentra en France et fit en 1936 ses débuts de romancier avec *Roucou*, suivi en 1937 d'*Ernest le Rebelle*. Mobilisé en 1939, il fut fait prisonnier, s'évada, et rejoignit le maquis. Il évoqua sous une forme romancée sa vie de prisonnier et ses tentatives d'évasion dans *Le Caporal épinglé* (1947), et son expérience de franc-tireur dans *Bande à part* (1951), roman qui tente la gageure de débarrasser le souvenir de la Résistance des poncifs qui l'encombrent, en montrant au jour le jour la vie dans le maquis d'hommes qui n'étaient ni des héros ni des truands. Cette œuvre sensible et cocasse fut suivie de contes et de récits pleins de fantaisie : *Le Vent dans les voiles* (1948), *La Bête Mahousse* (1951), *Rôle de plaisance* (1957), *Les Biffins de Gonesse* (1961), ainsi que de pamphlets où l'auteur laisse s'épanouir sa verve naturelle : *Bâtons dans les roues* (1953), *Salade de saison* (1957), *Le Vilain Temps* (1963). Il est aussi l'auteur de souvenirs : *Grands Chevaux et dadas* (1975), *Raison de famille* (1976) et *Belle Lurette* (1983). Dans la lignée de Céline ou de Nimier, son œuvre est celle d'un anarchiste de droite.

**PERREUX-SUR-MARNE (LE)** [94170] ➝ ÉTYM. de la langue d'oïl *perroi, perrai* «terrain pierreux» (➝ aussi Perray-en-Yvelines) ♦ Ch.-l. de cant. du Val-de-Marne, arr. de Nogent-sur-Marne. 30 080 hab. *(Perreuxiens)*. Comm. résidentielle.

**PERRIAND (Charlotte)** ♦ Architecte d'intérieur et designer française (Paris 1903 - *id.* 1999). Théoricienne de l'art de l'habitat et designer engagée, elle a influencé le design en s'intéressant aux questions de son temps liées au logement (collaboration avec Le Corbusier et les ateliers Prouvé), aux équipements collectifs (Les Arcs) et aux nécessités fonctionnelles de l'habitat (unités de rangement, cuisines intégrées et cabines sanitaires dès l'après-guerre). Son travail s'est enrichi par sa passion des voyages et des autres cultures, notamment au Japon et au Brésil.

**PERRIER (François)** ♦ Général et géodésien français (Valleraugue, Gard 1833 - Montpellier 1888). Chef du service géographique de l'armée, il fut un des promoteurs de la nouvelle triangulation de la France et réalisa, avec Ibáñez* de Ibero, la jonction géodésique entre l'Algérie et l'Afrique du Nord (1879). ♦ **Georges Perrier.** Géodésien français (Montpellier 1872 - Paris 1946). Fils du précédent. Il prit part à une expédition en Équateur pour la mesure d'un arc de méridien équatorial et enseigna la géodésie et l'astronomie à l'École polytechnique. [Acad. sc. 1926] ➝ ÉTYM. *Perrier* signifie «carrier» (nom de métier) ou en ancien français «chemin caillouteux».

**PERRIER (Edmond)** ♦ Naturaliste français (Tulle 1844 - Paris 1921). Spécialiste de la faune marine, il est l'auteur de travaux sur les invertébrés et d'ouvrages de philosophie zoologique (*Les Colonies animales et la formation des organismes*, 1881 ; *La Philosophie zoologique avant Darwin*, 1884 ; *Traité de zoologie*, achevé par son frère). [Acad. sc. 1892]

**PERRIN (Jean)** ♦ Physicien français (Lille 1870 - New York 1942). Il fut l'un des promoteurs de la théorie atomique, tant du point de vue conceptuel qu'expérimental. Ses études (1895) prouvèrent que les rayons cathodiques sont constitués de corpuscules portant la charge électrique négative, mettant ainsi un terme à la controverse sur l'existence de l'électron. Ses recherches sur la sédimentation des solutions colloïdales et sur le mouvement brownien (➝ **Brown** [Robert]) donnèrent des méthodes différentes, très précises et toujours concordantes pour la détermination du nombre d'Avogadro*, nouvelle preuve irréfutable de l'existence des atomes (1908). Il travailla également sur les rayons X, la conduction dans le gaz, et contribua à la diffusion de la science par la création du palais de la Découverte à Paris (1937) et sa participation à la fondation du CNRS. Ses cendres ont été transférées au Panthéon en 1948. [Acad. sc. 1923 ; prix Nobel de phys. 1926]

**PERRIN (Francis)** ♦ Physicien français (Paris 1901 - *id.* 1992), fils de Jean Perrin*. Intéressé d'abord par la fluorescence des solutions, la diffusion de la lumière par les milieux opalescents et le mouvement brownien, il s'orienta ensuite vers la physique nucléaire. Collaborateur de F. Joliot*-Curie, il participa à l'interprétation du mécanisme de la réaction en chaîne. Il fut haut-commissaire à l'énergie atomique (1951 - 1970). [Acad. sc. 1953]

**PERRONET (Jean Rodolphe)** ♦ Ingénieur français (Suresnes 1708 - Paris 1794). Il dirigea la construction d'un grand nombre de ponts, mettant en pratique de nouvelles techniques qu'il avait inventées : piles discontinues, augmentation de la portée de l'arche, abaissement de la courbe du pont. Ses ouvrages les plus connus sont les ponts de Nantes, de Neuilly-sur-Seine, de Pont-Sainte-Maxence ainsi que le pont de la Concorde à Paris (1787 - 1791). Il fonda, avec Trudaine*, l'École des ponts et chaussées. [Acad. sc. 1765]

**PERRONNEAU (Jean-Baptiste)** ♦ Peintre, pastelliste et graveur français (Paris 1715 - Amsterdam 1783). Il se forma auprès du graveur L. Cars, puis dans les ateliers de Natoire* et de Drouais*. Admirateur de Chardin*, il fut un portraitiste sensible (*L'Enfant au livre*, 1746). Il adopta la technique du pastel, mais ne put rivaliser avec La* Tour. À la recherche de commandes, il voyagea beaucoup en province, en Italie, en Hollande et fut en 1781 appelé en Russie. Il se fit une clientèle surtout parmi la bourgeoisie, et s'il n'eut ni le brio ni la facture vigoureuse de La Tour, il fut un observateur fidèle, pratiquant un art discret parfois presque austère et utilisant des harmonies délicates (*Abraham Van Robais*, 1767).

**PERROS (Georges POULOT dit Georges)** ♦ Écrivain français (Paris 1923 - *id.* 1978). Comédien puis lecteur à la *Nouvelle Revue française*, il est l'auteur de recueils de poésie, *Poèmes bleus* (1963), *Une vie ordinaire* (1967), et de recueils de «notes», rassemblant des aphorismes, des extraits de journal intime et des citations, publiés sous le titre de *Papiers collés I, II, III*, de 1960 à 1978, dont on retrouve la matière, alphabétisée, dans *Lexique* (posth. 1981). Moraliste souvent ironique, il revendique une écriture fragmentaire, puisque «la vie, c'est par moments». Critique, traducteur de Strindberg et Tchekhov, il laisse une correspondance avec J. Paulhan, Jean Grenier et M. Butor.

**PERROS-GUIREC** [pɛʀozgiʀɛk] [22700] ➝ ÉTYM. *Perros*, du bret. *penn* «tête, sommet» et *roz* «tertre, colline» et *Guirec*, n. de saint breton ♦ Ch.-l. de cant. des Côtes-d'Armor, arr. de Lannion. 7 614 hab. (aggl. 13 624) *(Perrosiens)*. Église (nef romane, chœur du XIVe s.). ▪ Port de pêche et de plaisance. Station balnéaire comprenant de nombreuses plages, dont Trestraou, Trestrignel, Ploumanach*, La Clarté (chapelle en granit rose du XVe s.). Carrières de granit rose. Thalassothérapie.

**PERROT (Jules)** ♦ Danseur et chorégraphe français (Lyon 1810 - Paramé 1892). Élève de Vestris, il débuta à l'Opéra de Paris, aux côtés de Marie Taglioni (1830) et révéla aussitôt des qualités exceptionnelles de danseur d'élévation (*Flore et Zéphire*). Ayant rencontré Carlotta Grisi (1833), il entreprit avec elle plusieurs tournées en Europe avant de faire à Paris une rentrée triomphale. Promu ensuite premier danseur et maître de ballet au Her Majesty's Theatre de Londres (1842 - 1848), il y composa de nombreuses chorégraphies. C'est au Théâtre impérial de Saint-Pétersbourg (1849 - 1859) qu'il acheva sa carrière. Incomparable animateur de la danse à l'époque romantique, J. Perrot suscita l'enthousiasme de Th. Gautier qui le surnomma «Perrot l'Aérien, Perrot le Sylphe, le Taglioni mâle».

**PERROT D'ABLANCOURT (Nicolas)** ♦ Historien français (Châlons-sur-Marne 1606 - Paris 1664). Ses traductions des classiques grecs et latins (1637 - 1664) furent jugées plus élégantes qu'exactes, et surnommées les «belles infidèles». [Acad. fr. 1637]

**PERROUX (François)** ♦ Économiste français (Lyon 1903 - Stains 1987). Fondateur de l'Institut de science économique appliquée (1944), professeur au Collège de France (1955), il fut directeur, à partir de 1960, de l'Institut d'études et de développement économique et social. Tout en critiquant les types d'économie totalement planifiée et en maintenant sa confiance dans le caractère dynamique du système capitaliste, il a proposé une troisième voie. Admettant à côté du secteur capitaliste (privé) un secteur étatisé et reconnaissant la nécessité de certaines interventions des pouvoirs publics en matière économique et sociale, il a vu dans la «communauté de travail» (entreprise considérée comme un tout organisé) le moyen d'abolir l'opposition entre salariés et entrepreneurs et de promouvoir la personne humaine. Il a publié *Le Problème du profit* (1926), *Capitalisme et Communauté de travail* (1938), *Cours d'économie politique* (1939), *La Valeur* (1943), *Théorie générale du progrès* (1957), *Pour une philosophie du nouveau développement* (1981).

**PERSAN** [95340] ➝ ÉTYM. p.-ê. du germ. *Bersent*, n. de pers. ♦ Comm. du Val-d'Oise, arr. de Pontoise, près de Beaumont-sur-Oise. 9 600 hab. *(Persanais)*. Métallurgie. Chimie.

**PERSE** ➝ ÉTYM. en lat. ***Aulus Persius Flaccus*** ; p.-ê. «de Perse, persan» ♦ Poète latin (Volterra 34 - Rome 62). Auteur de 6 *Satires*. Stoïcien, ami de Lucain*, il y exprima les passions, les haines d'un adolescent aspirant à une totale pureté, dans un style heurté et souvent obscur.

**PERSE** n. f. ♦ Pays des Perses, c'est-à-dire, classiquement, la *Perside* des Grecs (auj. Fārs*). Le terme est utilisé depuis l'époque romaine pour désigner l'ensemble de l'Iran ou des empires contrôlés par des dynasties installées sur son territoire. ➝ **Iran.**

**PERSÉE** – en gr. ***Perseus*** ♦ Fils de Zeus* et de Danaé*, fille du roi d'Argos*, Acrisios*. Celui-ci, averti par un oracle qu'il serait tué par son petit-fils, enferme la mère et l'enfant dans un coffre de bois et l'abandonne sur les flots qui le rejettent dans l'île de Sériphos. Plus tard, le roi de l'île, Polydectès, amoureux de Danaé et voulant se débarrasser de Persée, lui enjoint de rapporter la tête de Méduse*. Persée, portant le casque d'Hadès qui le rend invisible et des sandales ailées, aidé par Athéna*, parvient à trancher le cou du monstre et prend sa tête. Passant en Éthiopie, il délivre Andromède* en tuant le monstre marin qui devait la dévorer, et l'épouse. De retour à Sériphos, il trouve sa mère persécutée par Polydectès dont elle repoussait les avances. Il montre la tête de Méduse au roi et à ses amis, qui sont immédiatement transformés en statues de pierre. Acrisios s'enfuit à Larissa. Plus tard, Persée, lançant le disque lors des jeux Funèbres à Larissa, tue accidentellement un spectateur qui n'était autre qu'Acrisios. À cause de ce meurtre, Persée échange le royaume d'Argos contre celui de Tirynthe*. Parmi ses fils figure Alcée*, le grand-père d'Héraclès*. Après sa mort il est placé parmi les constellations.

**PERSÉE** ♦ (v. –212 - Alba Fucens v. –165). Dernier roi de Macédoine (–179 - –168). Fils illégitime de Philippe* V, il chercha à rétablir en Grèce l'hégémonie macédonienne. Informée de ses desseins par Eumène* II de Pergame, Rome engagea la guerre contre lui (–171). En –168, Persée fut vaincu par Paul* Émile à Pydna* et emmené à Rome où il mourut en captivité.

**PERSEIGNE** (forêt de) ♦ Forêt de la Sarthe, s'étendant sur plus de 5 000 ha, entre Mamers et Alençon. Elle atteint 337 m d'alt. au *signal de Perseigne.*

**PERSÉPHONE** – en gr. ***Persephonê*** ♦ Fille de Zeus* et de Déméter*, appelée aussi *Coré.* Enlevée par Hadès*, elle devient la reine des Enfers, mais, selon le compromis imposé par Zeus, elle monte sur la terre à l'époque des premières poussées printanières et retourne au monde souterrain à l'époque des semences. → **Pirithoos, Thésée.** Dans le mythe orphique, Perséphone, unie à Zeus, donne naissance à Zagreus, le «premier Dionysos*.» La signification de son mythe était révélée dans les mystères d'Éleusis* (→ **Déméter**). Elle fut identifiée avec *Proserpine,* la déesse romaine des Enfers.

**PERSÉPOLIS** – en vx perse ***Parsa*** ♦ Anc. cité royale de l'empire perse achéménide, fondée par Darios* I$^{er}$ (fin –VI$^{e}$ s.), agrandie par Xerxès I$^{er}$ et Artaxerxès I$^{er}$. La ville, construite sur une immense esplanade et montrant les ruines des palais de Darios *(Apadana)* et de Xerxès, constitue l'un des plus imposants monuments de l'art achéménide, empruntant des éléments à la Mésopotamie (frises sculptées), à l'Égypte (salles hypostyles) et même à l'Ionie (colonnes cannelées) et les fondant dans un ensemble empreint d'une grandeur solennelle, typique des Achéménides. La ville fut saccagée et incendiée par Alexandre le Grand (–331), sans qu'on s'explique bien cet acte de vandalisme.

**Persépolis.** Babylonien amenant un taureau bossu au roi des rois, détail du bas-relief de l'Apadana. *Phot. © Dagli Orti*

Les **Perses** – en gr. ***Persai*** ♦ Tragédie d'Eschyle* (–472). La scène se passe à Suse, devant le palais royal où plane une atmosphère d'angoisse. Le chœur des vieillards, dans l'attente des nouvelles de l'expédition conduite par Xerxès contre les Grecs, essaie de tromper son inquiétude en célébrant la valeur des soldats perses. Mais un songe douloureux de la reine Atossa, mère de Xerxès, apparaît à tous comme un signe funeste. De fait, un messager annonce le désastre des Perses à Salamine. Alors, Atossa et le chœur évoquent l'ombre de Darios, père de Xerxès, qui sort de son tombeau pour inciter les Perses à ne plus lancer d'expéditions maritimes et maudire la folie conquérante de son fils. Blessé, loqueteux, objet de la réprobation générale, celui-ci apparaît enfin. La pièce s'achève par des lamentations. Poème patriotique composé à la gloire de la Grèce, la tragédie est aussi un éloge de la modération, de la démocratie et de la paix.

**PERSHING (John Joseph)** ♦ Général américain (dans le Missouri 1860 - Washington 1948). Il combattit pendant la guerre avec l'Espagne (1898) et la campagne des Philippines (1900 - 1904). Commandant du corps expéditionnaire américain en France, en 1917, il dirigea les actions du bois Belleau (qui permirent l'offensive sur Soissons) et de Saint-Mihiel*. Auteur de mémoires (*My Experiences in the World War,* 1931). ◆ **ÉTYM.** *Pershing* vient de *Pfoersching,* nom d'une famille de huguenots alsaciens, de l'allemand *Pfirsich* «pêche».

**PERSIGNY (Jean Gilbert Victor FIALIN, duc DE)** ♦ Homme politique français (Saint-Germain-l'Espinasse, Loire 1808 - Nice 1872). Renvoyé de l'armée en raison de ses positions républicaines (1831), il devint peu après bonapartiste, entrant en relation avec Louis Napoléon Bonaparte (1834) auquel il apporta son aide lors des tentatives manquées de Strasbourg (1836) et de Boulogne (1840). Emprisonné quelque temps après, puis relâché, il soutint la candidature de Louis Napoléon Bonaparte à la présidence (déc. 1848), fut élu à l'Assemblée législative (mai 1849), et participa au coup d'État du 2 décembre* 1851. Napoléon III le nomma ministre de l'Intérieur (1852 - 1854, 1860 - 1863) et ambassadeur à Londres (1855 - 1858, 1859 - 1860). La libéralisation relative du régime le contraignit à la retraite. Auteur de *Mémoires* (publ. 1896).

**PERSIQUE** (golfe) → **Arabo-Persique (golfe)**

## personnalisme

n. m. ♦ Doctrine qui affirme le primat de la personne. Elle fut d'abord développée par le philosophe Charles Renouvier (*Le Personnalisme,* 1903) et surtout par Emmanuel Mounier* (*Manifeste au service du personnalisme,* 1936). Celui-ci la distingue de l'individualisme, au sens où la personne est pensée dans une insertion sociale et cosmique. Le personnalisme est une forme de philosophie morale et sociale chrétienne dont la diffusion a été largement due à la revue *Esprit*,* créée par Mounier. La dimension communautaire du personnalisme a donné lieu à des interprétations diverses. On peut aussi noter que, en tant que chrétien, le personnaliste ne saurait faire, sans difficulté, de l'homme la valeur suprême (ce qui l'oppose à l'existentialisme athée de Sartre* par exemple).

**PERSOZ (Jean-François)** ♦ Pharmacien et chimiste français (Gex 1805 - Paris 1868). Connu surtout pour ses travaux avec Payen* sur la diastase, il étudia également, avec Biot*, une transformation du sucre de canne dite «inversion», s'intéressa aux matières colorantes et révéla un cas d'empoisonnement par le phosphore. Il mit au point la méthode classique de préparation du méthane, à partir de l'acide acétique.

**PERTH** ♦ V. d'Australie, cap. de l'Australie-Occidentale, au S.-O. de l'État, sur la rive d. de la riv. Swan, à env. 19 km au N.-E. de son embouchure, reliée à Sydney et à Melbourne par le chemin de fer transaustralien. 1 519 510 hab. Univ. Centre de commerce et d'affaires. Développement indus., en particulier dans la banlieue. Fremantle* constitue son avant-port. Fondée en 1829, elle doit son essor à la découverte de l'or à Kalgoorlie*.

**PERTH** ◆ **ÉTYM.** du gallois *perth* «arbrisseau épineux» ou du celt. *Abertha* «embouchure *(aber)* de la Tay» ♦ V. d'Écosse, ch.-l. du district de Perth and Kinross, au fond de l'estuaire de la Tay. 43 000 hab. Église Saint John (XII$^{e}$ - XV$^{e}$ s.). Centre touristique et indus. (distillerie). **Histoire** Ancien camp romain, la ville fut la capitale de l'Écosse jusqu'en 1437.

**PERTHARITE** ♦ (mort en 688). Roi des Lombards (661, puis 671 - 688). Il succéda à son père Aribert I$^{er}$, se vit disputer le pouvoir par son frère Godebert et par le duc de Bénévent. Il put cependant reprendre son trône à la mort de ce dernier. ▪ Corneille en fit le héros d'une de ses tragédies (1651).

**PERTHOIS** n. m. ♦ Pays de la Champagne humide (Marne) entre la Marne et l'Ornain. C'est une grande voie de passage avec le confluent de la Marne et de la Blaise, dans la région de Perthes et de Vitry-le-François. Élevage bovin et cultures (céréales, betterave à sucre).

**PERTHUS** [pɛʀtys] **(LE)** [66480] ◆ **ÉTYM.** catalan «chemin *(camí)* percé *(pertús)*» (s'applique à des cols étroits, des brèches ouvertes dans des arêtes rocheuses) ou du lat. *portus* «passage» ♦ Comm. des Pyrénées-Orientales, arr. de Céret, au col du Perthus (290 m) à la frontière franco-espagnole. 620 hab. *(Perthusiens).* **Histoire** C'est par ce passage, commandé par la forteresse de Bellegarde, qu'Hannibal pénétra en Gaule en –218. ♦ ***Tunnel du Perthus*** Tunnel ferroviaire transpyrénéen. 8,3 km.

**PERTINAX** – en lat. ***Publius Helvius Pertinax*** ♦ (Alba Pompeia, Ligurie 126 - Rome 193). Empereur romain (janv.-mars 193). Préfet de Rome, en 192, il fut proclamé empereur malgré lui par les prétoriens et le sénat, après l'assassinat de Commode*. Il tenta d'améliorer les finances de l'État, mais fut massacré par les prétoriens après quatre-vingt-sept jours de règne.

**PERTINI (Alessandro)** ♦ Homme d'État italien (Stella, Ligurie 1896 - Rome 1990). Membre du Parti socialiste italien en 1928, opposant antifasciste, il devint après guerre secrétaire général du PSI, sénateur, puis président de la Chambre (1968 - 1976). Succédant à G. Leone*, il fut le premier président socialiste de la République (1978 - 1985).

**PERTUIS** [84120] ➝ ÉTYM. de l'occit. *pertús, pertuis* «trou, ouverture» (p.-ê. brèche dans un rempart) ♦ Ch.-l. de cant. du Vaucluse, arr. d'Apt, sur le Lez. 17 833 hab. *(Pertuisiens)*. Église gothique remaniée au XVIe s. Tour de l'horloge du XIIIe s. ▪ Lieu de séjour. Marché agricole et centre commercial.

**PERTUIS BRETON** ♦ Détroit séparant l'île de Ré de la côte du Marais poitevin.

**PERTUSATO** (cap) ♦ Pointe située à l'extrémité méridionale de la Corse au S.-E. de Bonifacio.

**PÉRUGIN (Pietro di Cristoforo VANNUCCI,** dit en it. **il Perugino** et en fr. **LE)** ➝ ÉTYM. «habitant de Pérouse» ♦ Peintre italien (Città della Pieve, Pérouse v. 1445 - Fontignano, Pieve, Pérouse 1523). Ombrien marqué par l'ordonnance claire des compositions de Piero* della Francesca, il débuta à Florence, où il s'initia aux techniques de l'huile dans l'atelier de Verrocchio*. Ses débuts sont mal connus (première œuvre de date certaine : *Saint Sébastien*, 1478, église de Cerqueto). En 1481, il était assez réputé pour être appelé à Rome et participer à la décoration de la Sixtine* : *La Remise des clefs à saint Pierre*, exécutée avec la collaboration du Pinturicchio*, montre son sens de l'espace, sa chaude luminosité, la sérénité de ses figures. Ce fut le début de sa gloire. Retourné à Florence en 1486, il eut deux ateliers, à Florence et à Pérouse, qui fournirent une quantité considérable de tableaux, œuvres d'aides et d'élèves que le maître surveillait. Cette activité commercialisée, cette soif d'argent et d'honneurs (il prit rang parmi les magistrats de Pérouse en 1501) n'allèrent pas sans une baisse de qualité et, dès cette époque, on critiqua la facilité et la joliesse de ses productions. Néanmoins, il avait fixé (notamment avec ses *Madones à l'Enfant*) le caractère d'un art religieux appelé à un durable succès et il sut peindre encore des œuvres importantes : la *Crucifixion* de Santa Maddalena de' Pazzi à Florence, où trois arcades régissent une composition d'une belle simplicité (1495 - 1496) ; le triptyque de la chartreuse de Pavie (1499) ; les fresques du Collegio del Cambio à Pérouse *(La Transfiguration, L'Adoration des bergers, La Force et la Tempérance, La Prudence et la Justice)* où des thèmes chrétiens et païens se rencontrent de façon séduisante (1499 - 1500 ; il fut aidé par son jeune élève, Raphaël) ; *Le Mariage de la Vierge* (1504, musée de Caen). En 1505, Isabelle d'Este l'appela à Mantoue et il peignit pour elle quelques tableaux «laborieux» (André Chastel), dont *Le Combat de l'Amour et de la Chasteté* qui orna son «studiolo» (auj. au Louvre). Le Pérugin occupe, dans l'histoire de l'art, une position ambiguë : initiateur d'un art clair et reposé, il ouvrit les voies de Raphaël mais aussi celles de l'imagerie religieuse du XIXe s.

**PERUTZ (Leo)** ♦ Écrivain tchèque d'expression allemande (Prague 1884 - Bad Ischl 1957). Mathématicien, auteur d'un théorème relatif au calcul des probabilités, il travailla dans une compagnie d'assurance (la même que Kafka) et se consacra tardivement à la littérature. Il vécut à Vienne d'où, peu avant l'Anschluss (1938), il émigra en Palestine. Son œuvre comporte un traité sur les jeux et des romans remarquables par leur mise en œuvre d'un essentiel double sens ou double jeu, tant chez les personnages que dans les situations, voire les événements de l'Histoire : *Le Marquis de Bolibar* (1920), *Le Maître du Jugement dernier* (1923), *Turlupin* (1924), *La Neige de saint Pierre* (1933), *Le Cavalier suédois* (1936), *Le Judas de Léonard* (posth. 1959). Dans son dernier roman, *La Nuit sous le pont de pierre* (1953), il conjugue, dans la Prague du XIIe s., la religion, le rêve, le pouvoir et l'argent pour rendre une histoire d'amour impossible.

**PERUTZ (Max Ferdinand)** ♦ Biochimiste britannique d'origine autrichienne (Vienne 1914 - Cambridge 2002). Il parvint, au bout de 25 ans de recherches, à établir la structure tridimensionnelle de l'hémoglobine, ouvrant la voie à la connaissance des protéines globulaires, dont on possédait la composition chimique, mais pas la disposition des atomes dans l'espace (et qui joue un rôle essentiel dans le fonctionnement des organismes vivants). Pour cela, il mit au point une variante de la diffraction des rayons X consistant à fixer un atome lourd à la protéine cristallisée et à comparer les résultats obtenus avec et sans cet atome. [Prix Nobel de chim. 1962, avec J. Kendrew*]

**PÉRUWELZ** ♦ V. de Belgique (Région wallonne), prov. de Hainaut, arr. de Tournai, dans le Val de Verne (affl. de l'Escaut), à la frontière française. 16 826 hab. Église Saint-Quentin (tour du XVIe s.). À Bonsecours, pèlerinage à la basilique Notre-Dame. Forêt transfrontalière (Maison de la Forêt ; château de l'Ermitage [1749] en territoire français). Projet de Parc naturel franco-belge (Escaut-Scarpe et S. du Hainaut occidental). ▪ Activités tertiaires dominantes. Indus. diversifiées.

**PERUZZI (Baldassare)** ♦ Architecte et peintre italien (Sienne 1481 - Rome 1536). Après avoir été l'assistant du Pinturicchio* à Sienne, il se fixa à Rome en 1503 et, à partir de 1508, se consacra principalement à l'architecture : construction et décoration de la Farnésine, son chef-d'œuvre (1508 - 1511), plan de la cathédrale de Carpi (1515), direction des travaux de Saint-Pierre de Rome (1520). Ruiné par le sac de Rome (1527), il rentra à Sienne où il bâtit les fortifications, des villas, le château Belcaro. Revenu à Rome, il construisit le palais Massimo. Si la Farnésine*, sous les agréments décoratifs qui en font un abrégé du raffinement de l'époque, maintient les principes classiques de Bramante, le goût personnel de Peruzzi l'entraîna ensuite dans des recherches virtuoses telles que la façade en courbe ou les fausses fenêtres du palais Massimo. Scénographe et décorateur, il travailla pour le théâtre et régla maintes fêtes pontificales, notamment le couronnement de Clément VII (1523).

**PERVOURALSK** ♦ V. de Russie, région d'Iekaterinbourg, sur la Tchoussovaïa (affl. de la Kama, 592 km). 132 800 hab. Indus. métallurgique et mécanique.

**PESARO** ♦ V. d'Italie, dans les Marches, ch.-l. de la prov. de Pesaro-et-Urbino, sur l'Adriatique, à l'embouchure de la Foglia. 91 086 hab. Palais ducal (XVe s.). Musée (peintures, céramiques). Aux environs, à Gradara, la Rocca, forteresse (XIIIe - XIVe s.). ▪ Centre tertiaire. Port. Station balnéaire. À partir du XVe s., la ville acquit une grande renommée dans la fabrication de majolique. ▮ Histoire Anc. *Pisaurum*, colonie romaine (–184), elle fit partie de la donation de Pépin le Bref au Saint-Siège. Elle appartint aux Malatesta de 1285 à 1445 puis fut vendue aux Sforza*.

**PESCADORES** (îles) ➞ **Penghu**

**PESCARA** n. m. ♦ Fl. d'Italie péninsulaire, né dans les Abruzzes* (145 km avec le Pesaro) et se jetant dans l'Adriatique à Pescara*. Nombreuses centrales électriques.

**PESCARA** ➝ ÉTYM. du lat. médiév. *piscaria* «marché aux poissons» ♦ V. d'Italie, dans les Abruzzes, ch.-l. de prov. à l'embouchure du fleuve du même nom. 116 286 hab. Station balnéaire fréquentée. Centre commercial et indus. ; pétrole.

**PESCE (Gaetano)** ♦ Architecte et designer italien (La Spezia 1939). Il a rénové le design moderne en brisant le systématisme uniforme des productions en série, par la mise en valeur des «hasards» de la fabrication des objets. Il en a aussi parodié les codes dans son mobilier (table et chaise *Golgotha*, 1972).

Gaetano **Pesce.** Fauteuil « Up ». Siège anthropométrique, 1960. Réédition 1980, de Cassina. *Phot. © Étude de Provence*

**PESCENNIUS NIGER** ♦ Général romain (Aquinium v. 135 - sur l'Euphrate 195). Légat de Syrie, il fut proclamé empereur par ses soldats à la mort de Pertinax* tandis que Septime* Sévère l'était aussi par les légions d'Illyrie (193). Il essaya de s'entendre avec ce dernier, mais fut vaincu par lui à Issos, et tué.

**PESCHIERA DEL GARDA** ➝ ÉTYM. it. «pêcherie du [lac de] Garde» ♦ V. d'Italie, en Vénétie (prov. de Vérone), sur le Mincio et le lac de Garde. 8 485 hab. ▮ Histoire Ce fut jusqu'en 1903, avec Vérone*, Mantoue* et Legnano*, l'une des places fortes du «Quadrilatère* lombard», qui commandait les routes des Alpes.

**PESHAWAR** ➝ ÉTYM. «ville [de la] frontière» ♦ V. du Pakistan. 988 005 hab. Cap. de la province frontière du Nord-Ouest. Elle commande l'accès à la passe de Khyber, grande voie de passage vers l'Afghanistan et l'Asie occidentale, empruntée par la quasi-totalité des envahisseurs du monde indien. Elle a accueilli de très nombreux réfugiés afghans pendant la guerre qui a affecté l'Afghanistan de 1979 à 1989. Anc. cap. du Gandhara, la ville présente des monuments intéressants (fort bâti par les sikhs, anc. monastère bouddhique de Gorkhatu, mosquée moghole de Mahabat Khan, 1630). Elle comporte un grand camp militaire établi par les Britanniques. Importantes activités commerciales et artisanales (poteries, tapis, armes).

La **Peshiṭta** ➝ ÉTYM. syriaque p.-ê. «simple» ♦ Nom donné tardivement (IXe s.) à la traduction de la Bible en syriaque, dont le texte est hétéroclite. La proximité des deux langues et l'absence d'édition critique rendent difficile l'appréciation des relations entre la Bible syriaque et le texte hébreu. Pour l'Ancien Testament, les premières traductions de l'hébreu auraient pu être faites dès la fin du IIe s. Pour le Nouveau Testament, le premier texte syriaque fut celui d'une harmonie des évangiles, le *Diatessaron* de Tatien* qui eut cours jusqu'au Ve s. ; des traductions des «évangiles séparés» furent faites aux IIe - IIIe s. Les Actes* des

Apôtres et la plupart des épîtres furent intégrés par la suite : l'ensemble revu devint la Peshiṭtā du Nouveau Testament, imposée vers 430 par Rabboula, évêque d'Édesse. Les Syriens occidentaux y ajoutèrent les épîtres manquantes et l'Apocalypse*. ▪ Pour nombre de croyants, comme pour les premiers orientalistes, le syriaque est la «langue de Jésus», en dépit de la distance géographique et culturelle qui sépare la région d'Édesse* et la Galilée.

**PESMES** [pɛm] [70140] ♦ Ch.-l. de cant. de Haute-Saône, arr. de Vesoul. 1 057 hab. *(Pesmois)*. Église des XII$^e$ - XIV$^e$ s., avec des apports du XVI$^e$ s. (œuvres d'art, chapelles). Vestiges d'anc. fortifications. Maisons anciennes.

**PESSAC** [33600] ➝ **ÉTYM.** du gaul. *Peccius*, n. de pers. (de *peccia* «audacieux, fort») ♦ Ch.-l. de cant. de la Gironde, banlieue S.-O. de Bordeaux. 56 143 hab. *(Pessacais)*. Viticulture (graves, dont le haut-brion). Centre universitaire. Atelier de frappe de la Monnaie. Aérospatiale.

**Pessah** n. f. ➝ **ÉTYM.** hébr. «pâque» ♦ Fête juive, la première des trois «fêtes du pèlerinage» au temple de Jérusalem. Elle a des fondements bibliques (passage de l'Ange de la mort par-dessus les maisons des Israélites sur les portes desquelles avait été répandu le sang d'un agneau), historiques (sortie d'Égypte) et agraires (début de la moisson de l'orge). Elle est célébrée pendant sept jours en Israël et huit jours dans la diaspora.

**PESSOA (Fernando António Nogueira)** ♦ Poète portugais (Lisbonne 1888 - *id.* 1935). Après la mort de son père, il partit, avec sa mère remariée, en Afrique du Sud, à Durban, où il apprit la langue anglaise. À l'université du Cap, outre la littérature anglaise, il se familiarisa avec les œuvres de Schopenhauer et de Nietzsche, mais aussi avec celles des symbolistes français. Éprouvant un certain décalage à l'égard de sa langue maternelle, quand il revint à Lisbonne en 1905, il intégra progressivement les courants d'expression modernes tels qu'ils se développaient au Portugal. Après avoir participé au «nostalgisme» de la sensibilité nationale, tel qu'on le rencontrait dans la revue *A Águia*, il évolua vers le «sensationnisme» en publiant *Paúsis* dans la revue *A Renascença*. Son esthétique évolua ensuite jusqu'à l'anticonformisme des revues *Orpheu* et *Portugal futurista* dans laquelle il fit paraître, notamment, l'*Ultimatum* d'Álvaro de Campos. S'il publia de nombreuses fois en revues, la majeure partie de son œuvre parut après sa mort : les huit tomes de ses *Obras Completas* s'échelonnèrent ainsi de 1942 à 1956 et de nombreux inédits sont encore à découvrir. Jusqu'à sa mort, en effet, Fernando Pessoa, peu soucieux de gloire littéraire, mena une vie sociale quelconque et fut correspondant commercial de diverses sociétés. L'une de ses originalités est d'avoir écrit son œuvre sous les noms de multiples «hétéronymes», dont les trois plus célèbres sont Álvaro de Campos, Ricardo Reis et Alberto Caeiro. Si Alberto Caeiro est considéré, par Pessoa lui-même, comme étant le maître des deux autres, c'est parce qu'il assure le rôle du sage païen, refusant toute position métaphysique (*Poemas de Alberto Caeiro*, 1946). Ricardo Reis incarne pour sa part une pensée plus proche de l'épicurisme (*Odes de Ricardo Reis*, 1946), tandis qu'Álvaro de Campos, plus proche d'un Walt Whitman, chante l'avènement de la civilisation mécanique. C'est sous ce troisième hétéronyme que Pessoa composa trois de ses plus célèbres poèmes, «Ode maritime», «Salut à Walt Whitman» et «Le Passage des heures» (*Poesias de Álvaro de Campos*, 1942). Découverte en France dans les années 1960, notamment grâce au travail de traduction d'Armand Guibert, l'œuvre de Pessoa, dont une partie est directement écrite en anglais, a eu des répercussions multiples sur la littérature française : la diversité de ses hétéronymes fonctionne un peu comme la négation de toute réalité littéraire et rejoint ainsi le questionnement de l'art moderne. ➝ **ÉTYM.** Ce nom vient du portugais *pessoa* «personne».

**PESSOA CÂMARA (Hélder)** ♦ Prélat brésilien (Fortaleza 1909 - Recife 1999). Prêtre en 1931, nommé évêque auxiliaire à Rio de Janeiro (1952), puis archevêque de Recife (1964 - 1985), il se fit connaître dans son pays et dans le monde par ses prises de position en faveur des pauvres et des opprimés du tiers-monde.

**PEST** ➝ **ÉTYM.** du vx slave *peštĭ* «grotte ; four» (allus. aux thermes romains) ♦ Partie de Budapest située sur la rive g. du Danube. Elle formait avant 1873 une ville indépendante et fut réunie à cette date à Buda pour former Budapest. ➝ **Budapest.**

**PESTALOZZI (Johann Heinrich)** ♦ Pédagogue suisse (Zurich 1746 - Brugg 1827). Promoteur de l'éducation populaire, il consacra la plus grande partie de sa vie à fonder et à diriger des écoles pour enfants pauvres en milieu rural. Philanthrope, persuadé qu'une réforme morale et sociale n'est possible que par une réforme de l'instruction, il s'attacha, en disciple de J.-J. Rousseau et de J.-B. Basedow*, à formuler les principes d'un enseignement concret et gradué. Son œuvre la plus connue est un roman où il expose ses conceptions pédagogiques et son idéal humanitaire (*Lienhard und Gertrud*, 1781-1787). ➝ **ÉTYM.** *Pestalozzi* vient de l'italien *pestare* «attendrir» et du mot dialectal *lozzo* «os» (surnom de boucher).

**PESTAÑA NUÑEZ (Ángel)** ♦ Anarchosyndicaliste espagnol (Santo Tomás de las Ollas, León 1886 - Barcelone 1937). Ouvrier horloger, membre du syndicat des métallurgistes, puis secrétaire de la Confédération nationale du travail (CNT) en 1914, il contribua avec S. Segui au développement de l'anarchosyndicalisme (1916 - 1923). Devenu réformiste, il fut exclu de la CNT (1931) et fonda un parti syndicaliste (1934).

La **Peste** ♦ Roman d'A. Camus* (1947). Le livre raconte une épidémie de peste à Oran dans les années 1940. Le récit, qui est dominé par la présence du docteur Rieux, est une réflexion allégorique sur le mal et sur la Deuxième Guerre mondiale. Sartre a reproché à Camus d'avoir confondu dans un même symbolisme nazisme et communisme, mais le romancier cherchait surtout à illustrer dans un monde absurde la permanence de la souffrance et la possibilité éphémère de la victoire.

**PETAH TIQWA** ♦ V. d'Israël dans la banl. de Tel-Aviv. 184 200 hab. Ville en expansion, au S. de la vallée du Yarkon (agrumes). Indus. textiles, chimiques et mécaniques. Travail du cuir.

**PÉTAIN (Philippe)** ♦ Maréchal et homme d'État français (Cauchy-à-la-Tour 1856 - Port-Joinville, île d'Yeu 1951). Général en août 1914, il participa aux batailles de la Marne* (sept. 1914), d'Artois* (mai 1915), de Champagne* (sept. 1915), avant d'être appelé à la défense de Verdun* (25 fév. 1916). Son action personnelle y fut décisive, même après sa promotion au commandement du groupe d'armées du Centre et son remplacement, sur le terrain, par Nivelle* (1$^{er}$ mai 1916). Après l'échec du Chemin* des Dames, il remplaça le même Nivelle comme commandant en chef des armées (15 mai 1917), poste qu'il conserva jusqu'à la fin de la guerre, même lorsqu'il fut soumis à Foch*, commandant interallié. Au printemps 1917, il sut reprendre les troupes en main, par une fermeté impitoyable (condamnation à mort de mutins, lutte contre le défaitisme), mais surtout en rétablissant la confiance et en procurant des succès locaux par des attaques soigneusement préparées (➝ **Malmaison**). Il fut créé maréchal de France le 19 nov. 1918. Après la guerre, il occupa divers postes de haut commandement, fut chargé de rétablir la situation dans le Rif* (1925 ➝ **Abd el-Krim**) puis, après le 6 fév. 1934, devint ministre de la Guerre. Ambassadeur en Espagne en 1939, il fut rappelé par Paul Reynaud* pour être vice-président du Conseil (mai 1940). Déjà il estimait la guerre perdue. Il s'opposait ainsi à Reynaud qui voulait continuer la lutte dans l'Empire. Devenu président du Conseil, à Bordeaux, dans la nuit du 16 au 17 juin 1940, il demanda l'armistice. ➝ **Rethondes.** Le 1$^{er}$ juil., il installa le gouvernement à Vichy ; le 10, les Assemblées lui remirent tous les pouvoirs et, le lendemain, un acte constitutionnel fit de lui le chef de l'État* français. Il exerça également la présidence du Conseil (vice-présidents : Laval*, puis Darlan*), jusqu'au moment où les Allemands exigèrent qu'il y nomme P. Laval (18 avr. 1942). Ses buts politiques furent de préserver au mieux les intérêts de la France vaincue, de mener à bien sa renaissance morale et de restaurer son indépendance au sein d'une «Europe nouvelle» dominée par l'Allemagne. Il engagea avec celle-ci une politique de collaboration active (entrevue avec Hitler à Montoire* le 24 oct. 1940, action de P. Laval). En nov. 1942, lors du débarquement allié en Afrique du Nord, la décision qu'il prit déçut tous ceux qui avaient espéré qu'il gagnerait Alger pour reprendre la lutte, qu'il ordonnerait à tous les bâtiments de guerre ancrés à Toulon d'appareiller vers le large, et que, face à la violation de l'armistice par les Allemands, il replacerait la France aux côtés des Alliés. Il refusa de quitter la France où l'invasion de la zone libre ne lui laissa que l'ombre du pouvoir ; il fit siennes les directives de l'occupant et assuma la politique collaborationniste menée par Laval. Il accepta les lois raciales, la création de la Milice*, les exécutions d'otages et les déportations de Juifs. Le 20 août 1944, il fut enlevé par les Allemands et emmené à Belfort, puis à Sigmaringen*, où il refusa de cautionner un simulacre de gouvernement français. Il réussit à gagner la Suisse et se présenta en France pour être jugé (25 avr. 1945) : la Haute Cour le condamna à mort (août 1945), mais cette peine fut commuée en détention perpétuelle, au fort du Pourtalet (vallée d'Aspe), puis à l'île d'Yeu. ➝ **collaboration, Guerre mondiale (Première), Guerre mondiale (Deuxième), Vichy (gouvernement de).** ➝ **ÉTYM.** Ce nom de famille vient de *Pete*, hypocoristique de *Pierre* ou du flamand *Peeten (Peten)*, de *pete* «parrain».

**PETALING JAYA** ♦ Ville satellite de Kuala Lumpur (Selangor). 438 084 hab. Agglomération résidentielle. Industries variées.

**PÉTANGE** ♦ V. du Luxembourg (cant. d'Esch-sur-l'Alzette), dans la vallée de la Chiers. 13 479 hab. Sidérurgie.

**PETAU (Denis)** ♦ Jésuite français (Orléans 1583 - Paris 1652). Professeur de théologie positive au collège de Clermont à Paris, il passa pour l'un des hommes les plus érudits de son temps. Il publia des éditions d'auteurs anciens, des ouvrages de chronologie historique et les *Theologica dogmata* (1644 - 1650).

**PETCHENÈGUES** n. m. pl. ♦ Population turque, appelée par les sources byzantines *Patzinakoi*, en latin *Bisseni*, et en hongrois *Besenyö*. Installés entre la Volga et l'Oural, les Petchenègues subirent les attaques des Khazars et des Oghuz à la fin du IX$^e$ s. et s'établirent entre le Don et le Dniepr, repoussant les Hongrois vers l'O. Alliés avec le tsar de la Bulgarie Siméon, ils attaquèrent de nouveau les Hongrois en 896 et fondèrent un vaste empire entre le Don et le Danube. L'empereur de Byzance Constantin VII Porphyrogénète (v. 905 - 959) tenta de maintenir avec eux des relations amicales, mais ils envahirent à plusieurs reprises la Thrace. Ayant menacé Kiev et tué le grand-prince Sviatoslav* (972), ils défirent les Byzantins à Silistrie et campèrent sous les murs de Constantinople (hiver 1090 - 1091). L'empereur Alexis Ier Comnène obtint l'aide des Koumans, et, le 29 avr. 1091, l'armée des Petchenègues fut anéantie. Malgré leur défaite, ils ne cessèrent d'inquiéter Byzance, jusqu'à leur complète extermination par Jean Comnène (1122).

**PETCHENGA** → Petsamo

**PETCHILI** → Bohai

**PETCHORA** n. f. ♦ Riv. de Russie (1 809 km) traversant la république des Komis* et la région d'Arkhangelsk. Née sur les pentes O. de l'Oural septentrional, elle se jette dans la mer de Barents. Navigable jusqu'à la ville de Narian-Mara de mai à octobre. Pêche. Flottage du bois. ▪ Le *bassin de la Petchora* renferme de vastes gisements de houille exploités depuis 1942 (Vorkouta) et un gisement de pétrole à Oukhta.

**PETÉN** n. m. ♦ Prov. du N. du Guatemala constituée par un vaste plateau calcaire qui fait suite à la péninsule du Yucatán* mexicain. 366 735 hab. C'est une région chaude et humide, en grande partie recouverte par la forêt tropicale, qui constitue le plus grand département du Guatemala (35 854 km²), mais aussi le moins densément peuplé malgré la colonisation organisée par l'État pour les cultures saisonnières et l'extraction du bois. CH.-L. : Florés. Anc. berceau de la civilisation maya classique (ruines de Tikal*, Uaxactún et Piedras Negras). Le grand lac Petén Itzá (100 km²) occupe le centre du département. Les Mayas* qui y habitent cultivent le maïs et récoltent de la gomme *(chiclé)*. Les nappes pétrolifères découvertes dans les années 1960 sont exploitées par des compagnies étrangères.

**PETERBOROUGH (Charles MORDAUNT, 3e comte DE)** ♦ Général anglais (v. 1658 - Lisbonne 1735). Il fut commandant en chef des troupes anglaises en Espagne lors de la guerre de Succession* d'Espagne, défendit brillamment Barcelone, mais ne sut pas s'entendre avec les Autrichiens. Il fut rappelé et devint ensuite l'un des chefs du parti tory*.

**PETERBOROUGH** ♦ V. du Canada (Ontario), au N.-E. de Toronto. 74 898 hab. (zone urbaine 116 570). Centre commercial et touristique. Indus. alimentaire (céréales). Machines électriques, fabrication de bateaux, horlogerie.

**PETERBOROUGH** ♦ V. d'Angleterre (Cambridgeshire) formant un district, sur la Nene, à l'E. de Leicester. 156 060 hab. La cathédrale mi-romane, mi-gothique abrite le tombeau de Catherine d'Aragon. Centre commercial et indus. Marché agricole.

**PETERHEAD** ♦ V. d'Écosse (Aberdeenshire), au N. d'Aberdeen. 15 000 hab. Port de pêche. Terminal pétrolier de Cruden Bay d'où arrive l'oléoduc provenant du gisement de Forties.

**PETERHOF** → Petrodvorets

**PETERLINGEN** → Payerne

**Peterloo** (massacre de) ♦ En 1819, une manifestation de 60 000 personnes réunies pour réclamer l'abolition des *corn-laws* et la réforme électorale, à Manchester (à Saint Peter's Fields), fut chargée par la cavalerie, ce qui fit plusieurs morts et de nombreux blessés. Cet épisode, l'un des plus violents de l'histoire sociale du XIXe s. anglais, fut appelé par dérision Peterloo, allusion à Waterloo.

**PETERMANN (August Heinrich)** ♦ Cartographe et géographe allemand (Bleicherode 1822 - Gotha 1878). Il organisa plusieurs expéditions en Afrique ainsi que la première expédition allemande au Groenland et fonda une importante publication périodique de géographie (*Petermanns Mitteilungen*, 1855).

**PETER PAN** ♦ Personnage d'un récit, *Peter Pan in Kensington Gardens*, d'un roman *Le Petit Oiseau blanc* (1902), adapté pour le théâtre en 1904, d'un conte *Peter et Wendy* (1911), de James Barrie*. Enfin au «Never Land» dans les jardins de Kensington, Peter Pan n'est jamais triste. «Je suis la jeunesse, la joie, je suis un oiseau qui a cassé la coquille de l'œuf.» Il veut «toujours rester un enfant pour pouvoir s'amuser». Peter Pan incarne le mythe de l'enfance dont l'homme garde le souvenir nostalgique. Une statue lui est dédiée à Londres (Kensington Gardens). Peter Pan a été adapté en dessin animé par W. Disney (1953). Au cinéma, S. Spielberg a imaginé la suite de ses aventures dans *Hook* (1991).

**PETERS (Carl)** ♦ Explorateur et colonisateur allemand (Neuhaus an der Elbe 1856 - Bad Harzburg 1918). Créateur de la Société allemande de colonisation (1884), il entreprit trois expéditions en Afrique orientale (1884, 1887, 1890 - 1891), explora la région entre le Zambèze et le Sabi et contribua à la fondation de l'Afrique-Orientale allemande.

**PETERSON (Oscar)** ♦ Pianiste, chanteur et compositeur de jazz canadien (Montréal 1925 - Toronto 2007). Remarqué par Norman Granz en 1949, il participa à un concert du Jazz At The Philharmonic (JATP) à New York et commença ainsi une brillante carrière internationale. En 1951, il dirigea un trio et, à partir de cette date, se produisit soit en solo, soit avec de petites formations. Pratiquant le piano en virtuose, il a été l'un des meilleurs représentants du jazz de facture classique. Princ. enregistrements : *Sweet Georgia Brown* (1949 et 1975), *Caravan* (avec Dizzy Gillespie, 1974).

**PÉTION** [petjɔ̃] **(Anne Alexandre SABÈS, dit)** ♦ Homme d'État haïtien (Port-au-Prince 1770 - *id.* 1818). Officier mulâtre, il se rallia à la cause des insurgés de Saint-Domingue contre l'expédition de C. Leclerc* (1802). Il fut avec Dessalines* et Christophe* l'un des principaux généraux responsables de la déroute française de 1803. Il contribua à l'adoption de la constitution républicaine d'Haïti* (1806) et fut nommé président en 1807. Il le resta jusqu'à sa mort.

**PÉTION DE VILLENEUVE (Jérôme)** ♦ Homme politique français (Chartres 1756 - Saint-Émilion 1794). Avocat à Chartres, élu député du tiers-état aux états généraux (1789), il était membre de la Société des amis des Noirs et du Club des jacobins. Maire de la commune* de Paris (nov. 1791-nov. 1792), Premier président de la Convention (sept. 1792) et membre du premier Comité de salut public, il se rallia aux girondins. Lors de leur élimination (début juin 1793), il tenta, avec Buzot* et Barbaroux*, un soulèvement fédéraliste* en Normandie et, ayant échoué, se suicida.

**PETIOT (Marcel, dit le docteur)** ♦ Criminel français (Auxerre 1897 - Paris 1946). Il fut accusé d'avoir commis 27 assassinats entre 1942 et 1944, après avoir extorqué leur fortune à ses victimes qu'il prétendait faire passer à l'étranger. Il revendiqua plus de 60 assassinats, qu'il tenta, lors de son procès, de faire passer pour des «exécutions» d'«agents de la Gestapo». Il fut condamné à mort et exécuté.

**PETIPA (Marius)** ♦ Danseur et chorégraphe français (Marseille 1818 - Saint-Pétersbourg 1910). Élève de son père, JEAN ANTOINE PETIPA (1787 - 1855), il débuta à Bruxelles et se produisit peu après à Nantes où il composa ses premières chorégraphies. Devenu l'élève de Vestris, il parut à la Comédie-Française aux côtés de Carlotta Grisi (1840). On le retrouve ensuite à Bordeaux, puis à Madrid où il s'initia à la danse espagnole. Invité par le Théâtre impérial de Saint-Pétersbourg, en qualité de premier danseur (1847), il succéda à J. Perrot* comme maître de ballet (1859). Une longue carrière de chorégraphe commençait alors pour lui dans un pays qu'il n'allait plus quitter. Une inspiration romantique, curieuse de pittoresque, prédomine dans ses premières œuvres *(Trilby, Le Papillon, Don Quichotte)*. Cependant, des qualités dramatiques plus affirmées se font jour avec *La Bayadère* (1877) et *Roxane ou la Belle Monténégrine* (1878). La venue à Saint-Pétersbourg d'une jeune troupe de danseurs italiens (P. Legnani, C. Brianza, E. Cecchetti), sa collaboration avec les musiciens Tchaïkovski et Glazounov, le jeune maître de ballet L. Ivanov influèrent sur son esthétique. De cette époque datent ses chefs-d'œuvre : *La Vestale* (1888), *La Belle au bois dormant* (1890), *Cendrillon* (1893), *Barbe-Bleue* (1896), *Raymonda* (1898), *Les Saisons* (1900). Née de la synthèse de la technique française, de la virtuosité italienne et du lyrisme russe, l'œuvre de M. Petipa est celle d'un précurseur. Elle est à l'origine de la révolution qu'allaient opérer les Ballets russes de S. de Diaghilev. ♦ **Joseph Lucien Petipa.** Danseur et chorégraphe français (Marseille 1815 - Versailles 1898). Frère du précédent. Il fut à l'Opéra le partenaire de Fanny Elssler (*La Sylphide*, 1840) et, à la création de *Giselle**, celui de Carlotta Grisi (1842). Danseur d'élévation d'une grande légèreté, il fut chorégraphe à l'Opéra de Paris. ➝ **ÉTYM.** *Petipa* est la forme russe du nom français *Petitpas*, peut-être surnom d'homme marchant à petits pas ou est un nom de lieu où *pas* signifie «passage».

Marius **Petipa.** Une scène de Don Quichotte avec Alla Chelest, à Leningrad. *BIS/Phot. Bureau soviétique d'information © Coll. Archives Larbor*

**PETIT (Alexis Thérèse)** ♦ Physicien français (Vesoul 1791 - Paris 1820). Avec Dulong*, il conçut un thermomètre à poids qui leur permit de déterminer les coefficients de dilatation cubique de divers métaux (1818). Il mesura la dilatation du mercure et, ayant établi les chaleurs spécifiques de corps simples solides (douze métaux notamment), énonça la loi sur la chaleur spécifique des éléments (*loi de Dulong et Petit,* 1819).

**PETIT (Roland)** ♦ Danseur et chorégraphe français (Villemomble 1924). Transfuge de l'Opéra où il fut l'élève de S. Lifar*, il s'imposa, dès l'après-guerre, successivement à la tête du Ballet des Champs-Élysées (1945), puis des Ballets de Paris (1948) où il monta ses premières chorégraphies (*Les Forains,* 1945 ; *Le Jeune Homme et la Mort,* 1946 ; *Le Loup,* 1953, avec Nathalie Philippart et Jean Babilée ; toutes trois reprises en 1993 à l'Opéra de Paris). Il se consacra ensuite au cinéma, réglant à Hollywood plusieurs films de danse. Il revint en France en 1954 et y reforma sa troupe, dirigeant la danse à l'Opéra de Paris (1970), puis le Ballet national de Marseille (1971 - 1997). Le choix de ses musiciens (Chopin, Liszt, Schumann, Kosma, Constant, Milhaud, Dutilleux) et celui de ses peintres (Carzou, Clavé, Buffet, Brassaï, Ernst) sont révélateurs de son éclectisme. Il a épousé la danseuse Zizi Jeanmaire* qui assuma avec lui la direction du Casino de Paris (1969). ➝ ÉTYM. *Petit* est le surnom d'un homme de petite taille (→ aussi Kiš, Klein, Malenkov, Menchikov, Piccinni, Piccoli, Vaughan).

**PETIT BELT** – en danois ***Lille Bælt*** → **Belt (Grand)**

**PETIT-BOURG** [97170] ➝ ÉTYM. par opposition à Basse-Terre qui est un *grand bourg* ♦ Ch.-l. de cant. de Guadeloupe, sur la côte E. de la Basse Terre. 20 528 hab. *(Petit-Bourgeois).* Important centre de recherche agronomique. Distilleries de rhum.

**PETIT-CANAL** [97131] ♦ V. de Guadeloupe, arr. de Pointe-à-Pitre. 7 752 hab.

Le **Petit Chaperon rouge** ♦ Conte de Ch. Perrault* (1697). → **Contes.** Après avoir mangé la « mère-grand » (« Tire la chevillette, la bobinette cherra »), le loup dévorera l'imprudente héroïne, le Petit Chaperon rouge.

Le **Petit Chose** ♦ Roman d'Alphonse Daudet* (1868). Sous-titré *Histoire d'enfant,* le livre retrace d'abord la jeunesse miséreuse de Daniel Eysette, surnommé « Petit Chose » à cause de sa petite taille. Puis Daniel retrouve à Paris son frère Jacques qui fait taire son amour pour Camille parce que Daniel l'aime également. Et, quand Daniel devient comédien pour vivre avec Irma Borel, Jacques le ramène auprès de Camille avant de mourir d'une phtisie galopante. Mais Camille et la vieille Madame Eysette ont toutes les deux pardonné son attitude à Daniel. Daudet dans ce récit exorcise les souvenirs amers de sa jeunesse par une compassion et un sentimentalisme mêlés d'ironie tendre.

**PETIT-COURONNE** [76650] ➝ ÉTYM. → Grand-Couronne ♦ Comm. de la Seine-Maritime, dans la banlieue S.-O. de Rouen, sur la Seine. 8 621 hab. *(Petits-Couronnais).* Maison de Corneille (musée). ▪ Raffinerie de pétrole. Pétrochimie.

La **Petite Fadette** ♦ Roman de George Sand* (1849). Dans la campagne berrichonne des jumeaux, Landry et Sylvinet, s'aiment tendrement. Mais Landry tombe amoureux de la petite Fadette qui passe pour une sorcière. Sylvinet s'en aperçoit, prévient son père qui tente vainement de s'opposer à cette union. Le mariage a lieu et Sylvinet, également charmé par la petite Fadette, part se faire soldat dans les armées de Napoléon Ier. Roman champêtre, *La Petite Fadette* entretient, par son style volontairement naïf, une nostalgie déjà présente dans *La Mare* au diable.*

**PETITE-FORÊT** [59494] ♦ Comm. du Nord, banl. O. de Valenciennes. 5 251 hab.

**PETITE-ÎLE** [97429] ♦ Ch.-l. de cant. du S. de la Réunion, arr. de Saint-Pierre. 10 151 hab.

Une **petite musique de nuit** – en all. ***Eine kleine Nachtmusik*** ♦ Titre authentique de la sérénade n° 13 en *sol* majeur pour 2 violons, alto, violoncelle et contrebasse K. 525 de W. A. Mozart*, datée du 10 août 1787.

**PETITE-ROSSELLE** [57540] ➝ ÉTYM. *Rosselle,* du n. de la riv., de l'anc. fr. *rossel* « roseau » ou du germ. *reuth, roud* « rouge » et suff. d'appartenance *-ella* ♦ Comm. de la Moselle, arr. et aggl. de Forbach, sur la Rosselle. 6 785 hab. *(Rossellois).* Mine musée du Carreau Wendel.

**PETITES SŒURS DES PAUVRES** → **pauvres (Petites Sœurs des)**

**Pétition de droit** – en angl. ***Petition of Right*** ♦ Requête présentée en 1628 par le Parlement anglais à Charles* Ier pour lutter contre ses mesures absolutistes.

**PETITJEAN** → **Sidi Kacem**

Le **Petit Journal** ♦ Quotidien français lancé en 1863 par M. Millaud. La naissance du *Petit Journal,* vendu un sou, marqua le début de la presse moderne à grand tirage. Grâce aux chroniques de Timothée Trimm, mêlant bon sens et morale conformiste, et aux feuilletons de Gaboriau ou de Ponson du Terrail, le tirage du journal atteignit un million d'exemplaires en 1890 puis déclina durant l'entre-deux-guerres. Glissant vers la droite, il devint l'organe du Parti social français du colonel de La Rocque. Publié à Clermont-Ferrand sous l'occupation allemande, il disparut en 1944.

Le **Petit Parisien** ♦ Quotidien français fondé en 1876. D'abord radical, il connut des débuts difficiles et fut racheté en 1880 par J. Dupuy, qui orienta le journal vers l'information à sensation et les grands reportages (A. Londres*, notamment, y collabora). Concurrencé par *Paris-Soir* dans les années 1930, il évolua vers la droite, se montrant hostile au Front populaire. Publié sous tutelle allemande durant l'Occupation, il cessa de paraître en 1944.

Le **Petit Poucet** ♦ Conte de Ch. Perrault* (1697). → **Contes.** L'ingéniosité du héros, le Petit Poucet, triomphe de la brutalité d'un ogre, chaussé des « bottes de sept lieues ». La légende qui l'inspire se rattache aux mythes initiatiques.

Le **Petit Prince** ♦ Récit d'Antoine de Saint*-Exupéry (1943). Sous la forme d'un conte, l'ouvrage retrace l'amitié qui unit le narrateur, un aviateur perdu dans le désert, au Petit Prince tombé de l'astéroïde B 612. La simplicité du ton, la naïveté des dessins de Saint-Exupéry qui accompagnent l'intrigue ont contribué à faire du *Petit Prince* l'œuvre la plus célèbre de son auteur.

**PETIT-QUEVILLY (LE)** [76140] ➝ ÉTYM. → Grand-Quevilly ♦ Ch.-l. de canton de la Seine-Maritime, banlieue O. de Rouen, sur la Seine. 22 332 hab. *(Quevillais).* Chapelle Saint-Julien (v. 1160), dont les voûtes portent des peintures datant d'env. 1200. ▪ Pétrochimie.

**Petits Couteaux** – en chin. ***Xao Dao Hui*** ou ***Hiao Tao Houei*** ♦ Société secrète chinoise, qui fut créée à Shanghai en 1853 pour lutter contre la dynastie des Qing*. Ses partisans, favorables aux Taiping*, furent vaincus en 1855.

**Petits poèmes en prose** ♦ Titre donné à la première édition posthume (1869) du *Spleen de Paris* de Charles Baudelaire* → **Spleen de Paris (Le).**

**PETLIOURA (Simon Vassilievitch)** ♦ Homme politique ukrainien (Poltava 1879 - Paris 1926). L'un des fondateurs du Parti social-démocrate ukrainien (1905), il devint ministre de la Guerre du premier gouvernement indépendant de l'Ukraine en juil. 1917. Après le traité de Brest-Litovsk (mars 1918), les Allemands installèrent un gouvernement éphémère à Kiev. Après leur départ, les autonomistes ukrainiens créèrent un directoire (13 nov. 1918), avec Petlioura à sa tête, qui prit le pouvoir. Les lieutenants de Petlioura, les *atamans,* se livrèrent à d'horribles pogroms, tuant les juifs par milliers. En fév. 1919, l'Armée rouge entra dans Kiev ; le directoire s'enfuit à Vinnitsa. Petlioura s'allia avec les Polonais, qui occupèrent Kiev le 25 avr. 1920, mais les bolcheviks, après une offensive déclenchée le 5 juin 1920, s'emparèrent de Jitomir, de Berditchev, de Kiev et de Vinnitsa. Petlioura émigra en France (1921) ; il fut assassiné en 1926 à Paris par le jeune juif ukrainien Schwarzbard venu venger les pogroms. → **Ukraine.**

**PETŐFI (Sándor)** ♦ Poète et héros national hongrois (Kiskörös 1823 - Segesvár 1849). Fils d'un boucher et d'une servante, il abandonna ses études et fit partie d'une troupe théâtrale ambulante, puis devint soldat. Son premier recueil de poèmes, en 1844, lui valut la célébrité. Il fit connaissance avec Jókai*, Arany* et les milieux littéraires. En 1847, il épousa Julie Szendrey, à qui furent dédiés la plupart de ses poèmes. Il joua un rôle actif dans la révolution de 1848. Le 15 mars, à la tête de la jeunesse de Pest, il manifesta en faveur des réformes. C'est alors qu'il écrivit les vers célèbres : « Debout, Hongrois, la patrie t'appelle. » Le 15 mars est devenu la fête nationale hongroise. Petőfi s'engagea ensuite dans l'armée hongroise (les *honvéds*) et fut tué à la bataille de Segesvár (1849). ▪ Poète national hongrois, Petőfi chanta, dans une langue d'une très grande simplicité, sa patrie, son amour pour sa femme. Il fut le premier à décrire la grande plaine hongroise. Poète romantique et lyrique, il fut aussi poète populaire (*Jean le Preux,* poème épique d'inspiration populaire, 1844). ➝ ÉTYM. Ce nom hongrois signifie « fils (*-fi,* de *fiu* "fils") de Pierre (*Petö,* diminutif de *Péter*) ».

**PÉTRA** ➝ ÉTYM. du gr. *petra* « la roche » ; auj. ***al-Baṭrā*** en Jordanie ♦ Cité de l'Antiquité, entre la mer Rouge et la mer Morte. Ancienne capitale des Édomites, elle devint vers le –Ve s. celle des Nabatéens*

**Pétra.** Le Trésor des pharaons. *Phot. © O. Martel/Hoa Qui*

et fut un important centre commercial (entrepôts) entre l'Arabie et la mer Rouge d'une part, le port de Gaza et de Damas de l'autre. Elle déclina après la victoire de Trajan (106). ▪ Célèbre par son site au milieu de falaises où sont sculptées les façades de nombreux tombeaux et temples (dont le *Khaznah al-Faraun* «Trésor des pharaons»).

**PÉTRARQUE (Francesco di ser Petracco, dit Petrarca,** en fr.) ♦ Écrivain italien (Arezzo 1304 - Arquà, Padoue 1374). Son père, notaire florentin, s'exila en 1311 à Carpentras, près d'Avignon, nouveau siège de la papauté. On envoya l'enfant à Montpellier pour apprendre le droit (1316), puis à Bologne (1320). De retour en 1326, le jeune homme se mêla à la vie frivole d'Avignon (il aura deux enfants illégitimes), mais, le 6 fév. 1327, selon le *Canzoniere**, il rencontra Laure* de Noves, qu'il chantera tout le reste de sa vie. C'est en Provence qu'il va désormais séjourner entre ses multiples voyages (Paris, Gand, Liège, Cologne, Lyon). Entre-temps, il reçut les ordres mineurs, pratiqua studieusement les classiques, Cicéron, Virgile, Tite-Live, saint Augustin, et entra au service du cardinal Colonna. Son immense culture (il retrouva par deux fois des écrits de Cicéron) et son talent poétique le rendirent célèbre. La rédaction (inachevée alors) de son épopée latine l'*Africa* et de son *De viris illustribus* lui valut d'être couronné au Capitole en 1341. Mais en 1342 il traversa une crise spirituelle, qui l'entraîna à se retirer le plus souvent possible à Fontaine-de-Vaucluse. Il y composa, outre le *De vita solitaria*, le *De otio religioso* et les *Psalmi penitentiales*, le *Secretum meum* (1342 - 1343, retouché en 1353 et 1358), œuvre non destinée à la publication, où le poète rêve qu'il s'entretient pendant trois jours avec saint Augustin. Cette prose dolente et ductile est un des rares textes latins de Pétrarque (si l'on excepte les lettres) où l'ère moderne se soit reconnue à travers la confession lucide du moi, la méditation sur le temps, la culpabilité, l'apathie *(acedia)*, les passions et la mort. Cette crise coïncida chez le poète avec un nouvel intérêt pour la politique : en 1342 il adressa à Clément VI une supplique pour le retour de la papauté à Rome. Mais il soutint aussi le gouvernement populaire de Cola di Rienzo. Jamais il ne renoncera au concept centralisateur de Rome. Fustigeant la cour papale dans les épîtres *sine nomine*, il se décida à quitter la Provence, déclina les offres florentines de l'amical Boccace* (avec qui il ne cessera de correspondre) et passa au service des Visconti (pour le compte desquels il ira jusqu'à Prague). Il jouit à Milan d'une aisance matérielle qui lui permit de se livrer à toutes sortes de travaux littéraires : il réunit ses poésies en langue vulgaire et ses *Familiari*, et entreprit la rédaction des *Triomphes*, poèmes allégoriques en tercets, dédiés au Désir, à la Chasteté, à la Mort, à la Gloire, au Temps et à l'Éternité. La peste qui se répandait le long du Pô le poussa vers Padoue, puis vers Venise. Mais, les Vénitiens l'ayant déçu dans une querelle où il s'en prenait à l'averroïsme, il se retira à Arquà (aujourd'hui Arquà Petrarca), où il mourut quelques années plus tard. ▪ C'est au *Canzoniere**, dont il est malaisé de savoir la vraie valeur que lui attachait le poète, qui espérait en l'immortalité de son œuvre latine, que Pétrarque doit non seulement sa gloire mais sa place dans l'histoire linguistique et littéraire. Proposant, dans la transparente musique d'une poésie vouée à emblématiser les ombres et les tourments du désir, une alternative au réalisme plurilinguistique de Dante, il devint le fondateur d'un courant, le pétrarquisme, qui devait faire florès dans l'Europe entière pendant plus de trois siècles, jusqu'à représenter le code lyrique amoureux de toute une civilisation.

**PETRASSI (Goffredo)** ♦ Compositeur italien (Zagarolo, près de Palestrina 1904 - Rome 2003). Esprit d'une large culture humaniste, formé à l'école du chant grégorien et de la polyphonie vocale, il a subi, dans une première période néoclassique, l'influence de Hindemith*, Casella* et Stravinski (*Partita* pour orchestre, 1933 ; *Premier Concerto* pour orchestre, 1934). Il a manifesté ensuite le souci d'assimiler les acquisitions de son temps, notamment la leçon de Bartók (*4ᵉ concerto* pour orchestre à cordes, 1954). Abandonnant le système tonal, il a réalisé d'admirables synthèses dans le domaine symphonique (*5ᵉ concerto* pour orchestre, 1955 ; *concerto* pour flûte et orchestre, 1960). C'est dans des compositions chorales qu'il s'est affirmé comme l'un des grands auteurs de musique religieuse de sa génération (*Psaume IX* pour chœur mixte, cordes, cuivres, deux pianos et percussion, 1936 ; *Magnificat* pour soprano, chœur mixte et orchestre, 1940 ; *Coro di morti*, madrigal dramatique pour chœur d'hommes, cuivres, trois pianos et percussion, 1941 ; *Noche oscura*, d'après saint Jean de la Croix, pour chœur mixte et orchestre, 1951). On lui doit des ballets (*La follia d'Orlando*, d'après l'Arioste, 1943 ; *Ritratto di Don Chisciotte*, 1945), ainsi que deux opéras (*Il Cordovano*, 1948 ; *Morte dell'aria*, 1950).

**PETRI (Elio)** ♦ Cinéaste italien (Rome 1929 - *id.* 1982). Militant d'extrême gauche, il fut longtemps l'assistant de Giuseppe De Santis avant de s'affirmer personnellement avec des films où le message politique est enchâssé dans une forme originale, excluant tout conformisme : *Enquête sur un citoyen au-dessus de tout soupçon* (1970), *La classe ouvrière va au paradis* (1971), *Todo modo*, d'après le roman de Leonardo Sciascia (1976).

**PETRIE** (sir **William Matthew Flinders)** ♦ Égyptologue britannique (Charlton 1853 - Jérusalem 1942). Fondateur de l'Egyptian Research Account (1894) qui devint en 1906 la British School of Archaeology, il pratiqua des fouilles au Fayoum*, à Tanis*, Naucratis*, Tell* el-Amarna, Abydos*, Memphis*. Ses découvertes les plus importantes furent celles de Nagada (1904 - 1905), où il mit en lumière plusieurs cultures prédynastiques, et celle de la stèle de Mineptah, à Thèbes, qui mentionnait le nom d'«Israël». À partir de 1926, Petrie transféra ses recherches en Palestine du Sud. Ses travaux, fondamentaux pour l'égyptologie, ont essentiellement contribué à mettre au point des méthodes de datation et de fouilles en apprenant à tirer parti des documents en apparence les plus insignifiants (tessons de poterie, bouchons de jarres). Il réussit ainsi à retracer l'histoire de la civilisation égyptienne de l'époque préhistorique à la période romaine.

**PETRODVORETS** ◆ ÉTYM. trad. russe de l'all. *Peterhof* «cour *(Hof)* de Pierre (le Grand)» – jusqu'en 1944 ***Peterhof*** ♦ V. de Russie, région de Saint-Pétersbourg, sur le golfe de Finlande. 84 000 hab. Anc. résidence impériale de style baroque (palais, parc) bâtie en 1714 - 1728 et complétée par V. V. Rastrelli* (1747 - 1752), sur le modèle de Versailles : palais de Montplaisir construit par A. Leblond et J. Braunstein (1714 - 1721) ; palais de Marly par J. Braunstein (1723). Jets d'eau et sculptures de M. I. Kozlovski. Musée. Usines de montres. ▪ Très endommagée en 1941 - 1943, par les Allemands, la ville fut reconstruite presque entièrement.

**Petrodvorets.** Les jardins du palais. *Phot. © Dainis Derics/Shutterstock*

**PETROGRAD** ♦ Nom donné en 1914 à Saint-Pétersbourg afin de russifier ce nom («la ville de Pierre [le Grand]») ; la ville devint Leningrad en 1924 et redevint Saint-Pétersbourg en 1991.

**PÉTRONE** ◆ ÉTYM. en lat. ***Caius Petronius*** [p.-ê. de *petra* «roche, pierre»] ***Arbiter*** ♦ Écrivain latin (mort en 65). Grand seigneur épicurien, intime de Néron*, il fut compromis dans la conjuration de Pison et contraint de se tuer. Il est sans doute l'auteur du *Satiricon**.

**PÉTRONILLE, PÉTRONELLE, PERRONELLE, PERNELLE** ou **PERRINE** (sainte) ♦ Vierge romaine vénérée à Saint-Pierre de Rome depuis le IVᵉ s. La légende en fait la fille, spirituelle ou réelle, de saint Pierre. Elle passait pour guérir de la fièvre. Sa chapelle ayant été concédée à Pépin le Bref (750), elle devint la patronne des rois de France et la France fut la «fille aînée de l'Église» comme Pétronille était la «fille de saint Pierre». C'est pour sa chapelle qu'originellement Michel-Ange sculpta la *Pietà**, sur une commande du cardinal de Bilhères-Lagraulas. ▪ Fête le 31 mai.

**PETROPAVLOVSK** ♦ V. du Kazakhstan, sur l'Ichim. 203 500 hab. Nœud ferroviaire. Indus. alimentaire. Construc. de machines agricoles. Textiles.

**PETROPAVLOVSK-KAMTCHATSKI** ♦ V. et port de Russie, ch.-l. du territoire du Kamtchatka, en Sibérie extrême-orientale. 198 200 hab. Importante base navale. Réparation de bateaux. Indus. alimentaire. Pêche.

**PETRÓPOLIS** ◆ ÉTYM. «ville (gr. *polis*) de Pierre (l'empereur Pierre* II du Brésil)» ♦ V. du Brésil (État de Rio de Janeiro). 271 000 hab. Anc. résidence de la dynastie de Bragance (anc. palais impérial, auj. musée). Station climatique à 800 m d'alt. Indus. textile.

**PETROŞANI** ou **PETROŞENI** ♦ V. de Roumanie, en Transylvanie, district de Hunedoara, sur le Jiu. 43 948 hab. Important bassin houiller. Siège de l'Institut des mines.

**Petrouchka** ♦ Ballet en 4 tableaux, musique et livret d'I. Stravinski*, chorégraphie de Fokine, destiné aux Ballets* russes de Diaghilev*, créé à Paris le 13 juin 1911. L'œuvre relève déjà de l'esthétique de foire (Petrouchka est une marionnette prenant provisoirement vie) que devaient prôner plus tard Cocteau et le groupe des Six*. *Petrouchka* a été repris par Fokine au Ballet Theatre en 1942, par B. Nijinska en 1950 (Grand Ballet du marquis de Cuevas).

M. Béjart en a proposé une adaptation très personnelle en 1976. La dernière reprise remarquée a été celle du théâtre du Châtelet, dans le cadre d'un hommage à Diaghilev (chorégraphie de Noureïev, 1981).

**PETROV (Ievgueni Petrovitch)** → **Ilf**

**PETROVARADIN** ♦ V. de Serbie (Voïvodine) située sur le Danube face à Novi Sad, 13 917 hab. Ancienne forteresse autrichienne.

**PETROVGRAD** → **Zrenjanin**

**PETROVIĆ (Petar II,** dit **Njegoš)** → **Pierre II Petrović Njegoš**

**PETROVIĆ (Vladislav,** dit **Dis)** ♦ Poète serbe (Zablaće, près de Zaječar 1880 - en mer, près de Corfou 1917). Rejeté par la critique universitaire de l'époque, il est aujourd'hui considéré comme l'un des plus importants poètes serbes de ce siècle : *Les Âmes noyées* (1911), *Nous attendons le tzar* (1913).

**PETROVIĆ (Aleksandar)** ♦ Cinéaste yougoslave (Paris 1929 - *id.* 1994). Considéré comme l'un des plus originaux des cinéastes yougoslaves d'après-guerre, il tourna notamment *J'ai même rencontré des Tziganes heureux* (1967), *Le Maître et Marguerite* (1972), d'après M. Boulgakov, et *Portrait de groupe avec dame* (1977), d'après H. Böll.

**PETROZAVODSK** ➝ ÉTYM. du russe *Piotr* «Pierre», *zavod* «usine» (fonderie créée par Pierre le Grand) et suff. *-sk* qui désigne une ville ♦ V. et port de Russie, cap. de la Carélie, sur la rive O. du lac Onega. 266 200 hab. Université fondée en 1940. ▪ Indus. métallurgique et textile.

**PETRUCCI (Ottaviano)** ♦ Imprimeur italien (Fossombrone, Urbino 1466 - Venise 1539). Il eut le premier l'idée de reproduire par les procédés de l'imprimerie les caractères de la musique mesurée. Son art dans la gravure des types de caractères lui fit atteindre la perfection dans ce domaine. Premier imprimeur de musique, il obtint de la Seigneurie de Venise le privilège d'être seul à imprimer de la musique mesurée pour vingt années et obtint ce même privilège du pape Léon X quand il retourna dans sa ville natale.

**PETRUCCIANI (Michel)** ♦ Pianiste et compositeur de jazz français (Orange 1962 - New York 1999). Malgré une maladie osseuse invalidante, il étudia très tôt le piano classique et acquit une technique de grande qualité. Dans les années 1980, il se lia notamment avec Kenny Clarke, Bernard Lubat et Lee Konitz et partit vivre en Californie. Il entra dans le quartette du saxophoniste Charles Lloyd et entama une carrière américaine plutôt tournée vers la variété, ponctuée par la sortie d'albums tels *100 Hearts* (1984), *Pianism* (1985). Il rencontra les plus grands jazzmen de l'époque, Roy Haynes, Wayne Shorter et Freddie Hubbard, puis il enregistra en France (*Flamingo*, 1995 ; *Live Solo*, 1997). Il y fut très apprécié pour ses concerts de piano solo où il enchaînait des standards (*Medley of my Favourite Songs*) et des compositions personnelles (*Maiden Voyage, Autumn Leaves*) en créant une atmosphère intime et magique.

**PETRUS KÝ** → **Trương Vĩnh Ký**

**PETSAMO** – en russe ***Petchenga*** ♦ V. et port de Russie, sur l'océan Arctique, en Laponie. 2 700 hab. Gisements de nickel, métallurgie du cuivre et du nickel. ▌**Histoire** Finlandaise à partir de 1920, la ville fut occupée par les Soviétiques entre 1939 et 1940. La Finlande dut la céder à l'URSS après la guerre russo-finlandaise (1941 - 1944), par le traité de Paris (1947).

**PETTIT (Philip Noel)** ♦ Philosophe australien d'origine irlandaise (Ballygar, comté de Galway 1945). Ses recherches portent sur le concept de républicanisme en philosophie politique (*Républicanisme*, 1997) et sur la notion de liberté (*A Theory of Freedom*, 2001). Dans ces deux ouvrages, il défend une approche théorique fondée sur une connexion étroite entre la philosophie morale et politique, les théories de la volonté et les sciences cognitives.

**PETTY** (sir **William**) ♦ Médecin et économiste anglais (Romsey, Hampshire 1623 - Londres 1687). Médecin des troupes anglaises en Irlande, puis conseiller de Cromwell et de Charles II, il défendit la liberté commerciale et fut un des premiers à reconnaître que les prix des marchandises sont déterminés par le travail nécessaire à leur production. Il publia *Essais d'arithmétique économique*, 1680 ; *Anatomie politique*, 1691.

**PEUGEOT (Armand)** ♦ Industriel français (Valentigney, Doubs 1849 - Neuilly-sur-Seine 1915), arrière-petit-fils de Jean-Pierre Peugeot, qui fonda la première usine Peugeot en 1819. Avec son frère EUGÈNE (Hérimoncourt, Doubs 1844 - *id.* 1907), il fonda en 1885 la première fabrique française de vélocipèdes, construisit en 1890 une voiture à quatre roues, dotée d'un moteur à pétrole Daimler. Armand Peugeot réalisa dès 1895 un moteur à essence et fonda alors la Société des automobiles Peugeot. ➝ ÉTYM. *Peugeot* signifie «marchand, fabricant de poix» en Franche-Comté, de *pege* «poix».

**PEUL(S)** ou **FOULBÉ(S)** n. m. (pl.) ➝ ÉTYM. de *pullo* (pl. *fulbé*) «brun clair, rouge» (par opposition à *wolof* «noir») ou «éparpillé, dispersé [voyageur]» ♦ Peuple nomade d'Afrique occidentale parlant une même langue, le fulfulde, présent dans la savane et la forêt claire, de l'Atlantique au lac Tchad, en partie sédentarisé sur les hauts plateaux. Les Peuls descendraient des populations noires du Sahara chassées par la désertification au Néolithique et métissées, pour certains groupes, avec les populations du S. On distingue, d'une manière arbitraire, les Peuls noirs, islamisés, sédentaires ou vivant dans les villes, et les Peuls rouges, animistes et nomades, comme les Bororos du Niger. Ils sont constitués en castes très structurées et, pour les nomades, magnifient la possession de la vache. Par métissage avec les sédentaires, ils ont été à l'origine des Toucouleurs* et des Haoussas*. Les grandes vagues de réformes qui ont traversé la savane ont souvent été le fait des Peuls islamisés, qui ont établi des empires durables au plan religieux Fouta*-Djalon, XVII^e^ s. ; Macina*, XIV^e^ s. ; N. du Nigeria et du Cameroun, début du XIX^e^ s. → **Sokoto, Adamaoua.**

**PEUPLES DE LA MER** ♦ Nom donné par les Égyptiens à des tribus indo-européennes qui, v. –1200, se répandirent en Asie* Mineure (où elles auraient détruit l'empire hittite), en Syrie, en Crète et dans les îles de la mer Égée, en Phénicie-Palestine, où elles ruinèrent Ougarit et où l'une d'elles se fixa. → **Philistins.** Leur assaut contre l'Égypte fut repoussé par Ramsès* III en –1194 - –1191. → **Médinet-Habou.**

**Peur (Grande)** ♦ Nom donné à la révolte des paysans qui s'armèrent en juil.-août 1789 contre les seigneurs, mirent à sac des châteaux, brûlèrent des chartriers. Succédant à la révolution parisienne (prise de la Bastille*), elle fut provoquée par la crainte d'une réaction nobiliaire, d'un complot aristocratique, et se répandit à travers les provinces françaises. C'est notamment pour mettre un terme à cette révolte que l'Assemblée constituante vota l'abolition de la féodalité dans la nuit du 4 août* 1789.

**PEUTINGER (Konrad)** ♦ Humaniste et collectionneur allemand (Augsbourg 1465 - *id.* 1547). Il possédait une copie médiévale d'une carte des itinéraires de l'Empire romain (III^e^ s. - IV^e^ s.) qui fut découverte à Worms au XV^e^ s. et qui, malgré des erreurs, constitue un document précieux. Cette carte, dite *Table de Peutinger*, se trouve actuellement à Vienne.

**PÉVÈLE** ou **PUELLE** n. f. ➝ ÉTYM. du bas lat. *pabulum* «pâturage» ♦ Pays de la Flandre française, dans le dép. du Nord, situé entre la vallée de la Deûle et celle de la Scarpe. V. PRINC. : Orchies*. Élevage bovin et cultures.

**PEVSNER (Anton,** dit en fr. **Antoine)** ♦ Sculpteur et peintre français d'origine russe (Orel 1886 - Paris 1962). Frère de Naum Gabo*, il étudia aux Beaux-Arts de Kiev de 1902 à 1909, puis à Saint-Pétersbourg (1910) et se rendit ensuite à Paris (1910 - 1913) où il s'intéressa aux divers mouvements d'avant-garde. Il fut aussi frappé par l'architecture de la tour Eiffel. Au cours d'un séjour à Oslo, il se consacra en partie à la peinture et collabora aux recherches plastiques de son frère. Revenu dans son pays en 1917, il enseigna aux ateliers d'art de l'État de Moscou et il signa avec son frère le *Manifeste réaliste* (publié en 1920) en faveur d'un art indépendant, non figuratif, qui reconsidère les problèmes spatio-temporels. Après avoir séjourné en 1922 à Berlin, il s'établit définitivement à Paris en 1923 et, outre des peintures non figuratives de caractère géométrique, il réalisa surtout des constructions dans des matériaux transparents (celluloïd) et en lames métalliques (*Portrait de Marcel Duchamp*, 1920 ; *Construction dans l'espace*, 1929), puis il eut tendance à préférer l'usage de fines tiges de bronze, de cuivre ou de laiton soudées et engendrant des figures d'apparence géométrique où dominent des surfaces incurvées, gauches ou développables, tendues à partir d'axes droits ou courbes (*Construction pour un aéroport*, 1934 ; *Surfaces développables*, 1936-1938 ; *Colonnes*, 1946-1954 ; *La Colonne de la paix*, 1954 ; *Structures cosmogoniques ; Vision spectrale*, 1959).

**PEYMEINADE** [06530] ➝ ÉTYM. p.-ê. de l'occit. *pèi* «hauteur» et *manada* «troupeau» ♦ Comm. des Alpes-Maritimes, arr. de Grasse. 7 120 hab. Laboratoire de physique moléculaire des hautes énergies.

**PEYO (Pierre CULLIFORD,** dit**)** ♦ Dessinateur et scénariste de bandes dessinées belge (Bruxelles 1928 - *id.* 1992). Il créa Johan en 1947 et son compagnon Pirlouit en 1954. Dans un épisode intitulé *La Flûte à six Schtroumpfs* (1958), dans le magazine *Spirou*, apparaissent de petits lutins bleus qui vivent dans des champignons. Ce sont les *Schtroumpfs*. Ils prirent bientôt le devant de la scène et continuèrent seuls une carrière mondiale tant en albums qu'au cinéma.

**PEYPIN** [13124] ➝ ÉTYM. de l'occit. *pey* «puy» et *pin* «pin» ♦ Comm. des Bouches-du-Rhône, arr. de Marseille. 4 956 hab.

**PEYRAT-LE-CHÂTEAU** [pɛʀa-] [87470] ➝ ÉTYM. du lat. *Patrius*, n. de pers., et suff. *-acum* ♦ Comm. de la Haute-Vienne, arr. de Limoges. 1 081 hab. (*Peyratois*). Centrale hydroélectrique sur la Maulde, utilisant les eaux du lac artificiel de Vassivière*.

**PEYRE** [pɛʀ] **(Joseph)** ♦ Architecte et décorateur français (Paris 1730 - Choisy-le-Roi 1785). Représentant du style néoclassique en architecture et de la stricte imitation de l'architecture antique (*Œuvre d'architecture*, 1765), il édifia avec de Wailly* le théâtre de l'Odéon* à Paris.

**PEYREFITTE (Roger)** ♦ Romancier français (Castres 1907 - Paris 2000). Après une éducation religieuse et une carrière diplomatique à laquelle mit fin la Libération, il fit ses débuts avec un roman, *Les Amitiés particulières* (1944), où étaient dépeints les émois homosexuels d'adolescents, pensionnaires d'un collège religieux, ouvrage suivi par *Les Amours singulières* (1949). Après l'intermède que représente dans son œuvre *La Mort d'une mère* (1950), il a abordé une littérature documentaire et satirique. Consacrés à des institutions (*Les Ambassades*, 1951 ; *La Fin des ambassades*, 1953), à des questions d'ordre religieux (*Les Clefs de Saint-Pierre*, 1955 ; *Les Chevaliers de Malte*, 1957), social ou moral (*Les Fils de la lumière*, étude sur la franc-maçonnerie, 1961 ; *Les Juifs*, 1965), ces ouvrages, qui ont connu un succès de scandale, soulignent les ignominies d'une société où l'écrivain se sent «en marge». Peyrefitte est également l'auteur d'une biographie romancée d'Alexandre le Grand (1977 - 1981). → ÉTYM. Ce nom occitan signifie «pierre *(pèira)* fichée (*-fitte*, du latin *ficta*)» (indiquant une limite).

**PEYREFITTE (Alain)** ♦ Homme politique français (Najac, Aveyron 1925 - Paris 1999). Député gaulliste depuis 1958, secrétaire général de l'UDR (1972 - 1973), il fut plusieurs fois ministre, en particulier de l'Information (1962 - 1966), de l'Éducation nationale (1967 - mai 1968) et de la Justice (1977 - 1981) ; à ce dernier poste, il fit voter la loi «Sécurité et liberté», qui légalisait notamment les contrôles d'identité (1980). Il est l'auteur d'essais : *Quand la Chine s'éveillera...* (1973), *Le Mal français* (1976), *La Tragédie chinoise* (1990), *C'était De Gaulle* (1994 - 1997 ; vol. 3 posth. 2000). [Acad. fr. 1977 ; Acad. des sc. morales et polit. 1987]

**PEYREHORADE** [pɛʀəɔʀad] [40300] → ÉTYM. gasc. «pierres *(pèyres)* percées *(hourades)*» ♦ Ch.-l. de cant. des Landes, arr. de Dax, au confluent des gaves de Pau et d'Oloron. 3 017 hab. (aggl. 4 729) *(Peyrehoradais)*. Donjon en ruine du château d'Aspremont (XV<sup>e</sup> s.). Château de Montréal (XVI<sup>e</sup> et XVIII<sup>e</sup> s.). ▪ Aux environs, vestiges des abbayes de l'Arthous et de Sorde-l'Abbaye.

**PEYRESOURDE** (col de) ♦ Col des Hautes-Pyrénées à 1 569 m d'alt., entre Arreau et Bagnères-de-Luchon.

**PEYROLLES-EN-PROVENCE** [13860] → ÉTYM. occit. «ensemble de pierres», de *pèira* «pierre» et suff. *-ola* ♦ Ch.-l. de cant. des Bouches-du-Rhône, arr. d'Aix-en-Provence. 3 914 hab. *(Peyrollais)*. Vestiges d'une enceinte médiévale. Chapelle du Saint-Sépulcre des XI<sup>e</sup> - XII<sup>e</sup> s., en forme de croix grecque. Château du XVII<sup>e</sup> s. (mairie).

**PEYRONNET** ou **PEYRONET (Charles Ignace,** comte **DE)** ♦ Homme politique français (Bordeaux 1778 - château de Montferrand, Gironde 1854). Hostile à l'Empire, il se rallia aux Bourbons, siégea comme député ultra (1820) et, nommé garde des Sceaux dans le ministère Villèle (1831 - 1838), fut un des principaux instigateurs des lois les plus réactionnaires de la Restauration : limitation de la liberté de la presse (1822), loi sur le sacrilège (1825), loi sur le droit d'aînesse, loi de «justice et d'amour» (1827), dont Royer-Collard devait dire qu'on pouvait remplacer ses dispositions par l'unique article : «L'imprimerie est supprimée en France.» Ministre de l'Intérieur dans le cabinet Polignac (1829 - 1830), il prit part à la rédaction et à la signature des quatre ordonnances de Saint-Cloud (25 juil. 1830) qui déclenchèrent la révolution de juillet 1830. Condamné, il fut amnistié en 1836.

**PEYRONY (Denis)** ♦ Préhistorien français (Cussac, Dordogne 1869 - Sarlat 1954). Collaborateur de l'abbé Breuil*, il a exploré de nombreuses grottes du Périgord (La Ferrassie*, Font*-de-Gaume, les Combarelles*). Il établit une chronologie du Paléolithique* fondée sur les résultats de ses fouilles. Il est l'auteur de *Éléments de préhistoire* (1946).

**Peyrou** (promenade du) ♦ Promenade située sur une terrasse dominant Montpellier. Elle fut commencée sous Louis XIV (statue équestre du roi). La construction de l'aqueduc au XVIII<sup>e</sup> s. par l'ingénieur Henri Pitot* entraîna le réaménagement de l'esplanade sous l'égide de l'architecte Jean Antoine Giral qui fit édifier le château d'eau.

**PÉZENAS** [peznas] [34120] → ÉTYM. de *Peyne*, n. de riv. (du précelt. °*Pédenu*) et suff. prélatin *-ate* ♦ Ch.-l. de cant. de l'Hérault, arr. de Béziers, dans la plaine viticole de l'Hérault. 7 443 hab. *(Piscénois)*. Nombreux hôtels Renaissance et classiques. Maison consulaire (1552). Hôtel de Lacoste (début XVI<sup>e</sup> s.). Hôtel d'Alfonce (XVII<sup>e</sup> s.), où joua Molière. Hôtel de Malibran (façade du XVIII<sup>e</sup> s.). Musée Vulliod-Saint-Germain : tapisseries d'Aubusson (XVII<sup>e</sup> s.) ; mobilier régional ; faïences (XVII<sup>e</sup> - XVIII<sup>e</sup> s.). ▪ Viticulture. Tourisme. ▌**Histoire** Camp romain *(Piscenae)*, la ville fut seigneurie royale à partir de 1261. Célèbre pour ses foires, elle devint un grand marché lainier. Les états généraux du Languedoc y tinrent séance une première fois en 1456 et régulièrement aux XVI<sup>e</sup> et XVII<sup>e</sup> s. Molière y fit de nombreux séjours de 1653 à 1657.

**PFAFF (Johann Friedrich)** ♦ Mathématicien allemand (Stuttgart 1765 - Halle 1825). On lui doit notamment la première méthode générale d'intégration des équations aux dérivées partielles du premier ordre (1815).

**PFÄFFIKON** ♦ V. de Suisse (cant. de Zurich), à l'extrémité N.-E. du lac de Pfäffikon *(Pfäffikersee)*, à l'E. de Zurich. 9 592 hab. (aggl. de Wetzikon-Pfäffikon 44 015). Église gothique. ▪ Indus. textile (laine). Câbleries. Caoutchouc.

**PFASTATT** [68120] → ÉTYM. du germ. *Papo*, n. de pers., et *statt* «endroit» ♦ Comm. du Haut-Rhin, banlieue N.-O. de Mulhouse. 7 946 hab.

**PFEFFEL (Gottlieb Konrad)** ♦ Écrivain alsacien (Colmar 1736 - *id.* 1809). Aveugle dès 1757, il consacra sa vie à l'étude de la tactique militaire et à la littérature. Avec l'autorisation de Louis XV, il fonda à Colmar une académie militaire pour les jeunes gens protestants qui ne pouvaient fréquenter l'Académie royale (1773). En 1803, il fut nommé président du consistoire évangélique de Colmar. Il a laissé des recueils de poésies et surtout des *Fables* (1783), et une *Collection de contes et de nouvelles* (trad. fr. par son fils en 1825).

**PFITZNER (Hans)** ♦ Compositeur allemand (Moscou 1869 - Salzbourg 1949). Chef d'orchestre et professeur de composition à Berlin, Coblence et Munich, il s'éleva avec véhémence contre la musique moderne dans des pamphlets d'une inspiration nationaliste assez étroite. Rival malheureux de R. Strauss, il a laissé une œuvre inspirée de Wagner et de Brahms qui le fit considérer comme le dernier des romantiques : cinq opéras, dont *Palestrina* (1917), deux symphonies, des concertos, de la musique de chambre, chorale et de nombreux lieder.

**PFLIMLIN (Pierre)** ♦ Homme politique français (Roubaix 1907 - Strasbourg 2000). Membre des deux Assemblées constituantes (1945, 1946), député MRP à l'Assemblée nationale (1946), il fut chargé de plusieurs portefeuilles sous la IV<sup>e</sup> République. Président du MRP (1956 - 1959), il fut appelé à la présidence du Conseil lors de la crise d'Alger de mai* 1958. Il démissionna avec son gouvernement dès le 29 mai et fut nommé ministre d'État dans le cabinet de Ch. de Gaulle (juin 1958 - janv. 1959) et ministre chargé de la coopération dans le premier ministère de G. Pompidou (avr. - mai 1962). Maire de Strasbourg (1959 - 1983), il a présidé l'Assemblée consultative du Conseil de l'Europe (1963 - 1966), puis l'Assemblée des Communautés européennes (1984 - 1987). → ÉTYM. Ce nom de famille signifie «petite prune», diminutif de l'allemand *Pflaume*.

**PFORR (Franz)** ♦ Peintre et graveur allemand (Francfort-sur-le-Main 1788 - Albano 1812). Fils d'un peintre, il fonda avec son ami Overbeck* la confrérie de Saint-Luc et fit ensuite partie du groupe des Nazaréens, à Rome. Comme ses compagnons, il imita Raphaël et les peintres de la Renaissance italienne ; il s'inspira aussi de l'école allemande des XV<sup>e</sup> et XVI<sup>e</sup> s.

**PFORZHEIM** ♦ V. d'Allemagne (Bade-Wurtemberg), aux confins N.-E. de la Forêt-Noire gréseuse. 115 796 hab. Églises des XII<sup>e</sup> et XV<sup>e</sup> s. ▪ Centre de bijouterie et d'horlogerie ; construc. électriques ; papeteries.

**PHAÉTON** → ÉTYM. en gr. ***Phaethôn*** «le Brillant» ♦ Fils d'Hélios* (le Soleil) et de l'océanide Clyméné*. Ayant obtenu de son père la permission de conduire son char pendant une journée, il prend les guides des chevaux célestes. Mais bientôt, effrayé par la vue des animaux-signes du zodiaque, il perd le commandement du char qui descend trop bas, brûlant les montagnes, ou monte trop haut, risquant de se heurter aux constellations. Zeus*, craignant une destruction de l'Univers, le foudroie. → **Cycnos, Héliades.**

**PHAGS-PA** ♦ Moine bouddhiste tibétain (v. 1235 - v. 1280). Grand maître du lamaïsme, il fut appelé en 1253 par Kūbilai* Khān à Cambaluc* (Pékin) pour lui enseigner la loi bouddhique. Il créa en 1269 une écriture mongole, se vit nommé Maître impérial, et reçut un fief de 130 000 foyers tibétains. Il retourna au Tibet en 1276 et y introduisit l'imprimerie et l'art du théâtre.

**PHAÏSTOS** ♦ Anc. ville de Crète*, près de la côte S. de l'île. Un des centres les plus brillants de la civilisation minoenne. Son histoire s'apparente à celle de Cnossos*. Elle fut ruinée par Gortyne*, sa voisine, vers le –IV<sup>e</sup> s. ▪ Les fouilles italiennes, depuis 1900, ont exhumé les ruines de deux palais avec des superpositions successives (–2000 - –1400).

**Phalange espagnole** n. f. – en esp. ***Falange Española*** ♦ Organisation politique espagnole fondée par José Antonio Primo* de Rivera en 1933. S'inspirant du fascisme italien, la Phalange rejetait le dilemme capitalisme ou socialisme, prônant une réforme agraire, diverses nationalisations et la création d'un État centralisé et autoritaire : «España, una, grande y libre». En 1934, la Phalange fusionna avec les Juntes offensives nationales-syndicalistes (JONS) dont elle adopta le symbole : le joug et les flèches. Elle joua un rôle essentiel dans le soulèvement nationaliste de 1936 et ses effectifs augmentèrent rapidement. En 1937, Franco* proclama la Phalange parti unique et en devint le chef. Après la guerre civile, la Phalange encadra la vie politique nationale, mais peu à peu son rôle décrut jusqu'à se limiter à des activités sociales.

**PHALARIS** ♦ Tyran d'Agrigente (v. –570 - –554). Originaire d'Astypalée (îlot du Dodécanèse), il s'empara du pouvoir avec l'aide des ouvriers révoltés. Il étendit son autorité sur Himère et défit les Carthaginois. Sa cruauté est illustrée par le fameux taureau d'airain dans lequel, dit-on, il faisait rôtir ses ennemis. Les *Lettres de Phalaris* (apologie de la tyrannie) sont apocryphes.

**PHALEMPIN** [59133] → ÉTYM. du lat. *Fanum Pini* «le temple du Pin» ♦ Comm. du Nord, arr. de Lille. 4 615 hab.

**PHALSBOURG** [falsbuʀ] [57370] → ÉTYM. de l'all. *Pfalz* «palais, dignité de comte palatin» et *Burg* «château» (la v. a été fondée par le prince palatin Georges-Jean) ♦ Ch.-l. de cant. de la Moselle, arr. de Sarrebourg. 4 499 hab. *(Phalsbourgeois)*. Porte de France (reste des fortifications de Vauban). Place d'armes (XVIIe s.). Hôtel de ville (XVIIe s.). Musée : histoire locale ; souvenirs d'Erckmann-Chatrian. ▮ **Histoire** La ville fut annexée à la France en 1661. En 1814 - 1815, elle opposa une énergique résistance aux Alliés, mais fut prise en 1870 par les Allemands.

**PHẠM Đình Hồ** ♦ Lettré et mandarin vietnamien (Hải Dương 1768 - 1839). En fonctions à la cour de Huế, il écrivit de nombreux ouvrages en chinois ainsi qu'un dictionnaire sino-vietnamien.

**PHẠM Văn Đồng** ♦ Homme politique vietnamien (Mộ Đức, prov. de Quảng Ngãi 1906 - Hanoi 2000). Proche collaborateur de Hồ* Chí Minh, il fut un des fondateurs de l'armée du Viêt-minh. Membre du comité directeur du Parti communiste vietnamien, il fut Premier ministre du Viêtnam du Nord (1955 - 1976). Après la réunification du pays, il devint chef du gouvernement (1976 - 1986).

**PHANAR** ♦ Quartier grec de Constantinople, ainsi nommé à cause d'un phare illuminant l'entrée du port. Ses habitants (les *Phanariotes*), descendants de nobles familles byzantines, jouèrent un rôle important dans l'administration et la diplomatie de l'Empire ottoman. Dans les débats intellectuels et les affrontements politiques de l'hellénisme moderne, ils représentèrent les tendances conservatrices.

**PHAN Châu Trinh** ♦ Écrivain et patriote vietnamien (Tây Lộc, prov. de Quảng Nam 1872 - Saigon 1926). Auteur d'ouvrages politiques importants en vietnamien et d'écrits en chinois, il fut l'un des champions de l'indépendance du Viêtnam.

**PHAN THIẾT** ♦ V. du Viêtnam (Centre), sur la côte S., ch.-l. de prov. 150 600 hab. Grand port de pêche. Indus. de transformation des produits de la mer : fabrication de *nuớc mắm* (saumure de poisson). Constructions navales. Marché agricole (pommes cannelles, piments) destinés au pays et à l'exportation.

**PHARAMOND** ◆ ÉTYM. en germ. *Faramund*, de *fara* «famille, domaine» et *mund* «protection» ♦ Chef franc légendaire, descendant de Priam. Il aurait vécu au Ve s. Il est mentionné dès le VIIIe s. et son existence historique était encore incontestée au XVIIIe s.

## pharisiens

n. m. pl. – en grec *Pharisaioi* ◆ ÉTYM. de l'hébr. *phârash* «distinguer, séparer» ♦ Membres d'un des quatre «partis» du judaïsme (→ **esséniens, sadducéens, zélotes**), le plus important en nombre. Flavius Josèphe* les montre soucieux de trouver un équilibre entre la toute-puissance de Dieu et la liberté des hommes et partisans de l'immortalité de l'âme. Ils croyaient plutôt en la résurrection, et estimaient que la Loi écrite (Torah*) se double d'une Loi orale (Mishnah*) régulièrement transmise depuis Moïse. Proches du peuple, ils comptaient de nombreux docteurs et scribes et animaient de nombreuses synagogues. Opposés aux sadducéens et détestés de la communauté de Qumrân*, ils étaient accusés par leurs adversaires d'innover et furent persécutés par Alexandre* Jannée. Soucieux d'humaniser la Loi, les pharisiens apparaissent comme des casuistes, ce qui leur vaut une réputation exécrable. Il semble que certains rabbins aient été relativement bienveillants à l'égard des premiers chrétiens, sinon de Jésus lui-même ; mais une bonne part d'entre eux se désolidarisa de la première guerre juive (→ **Yavné**), et le judaïsme devint massivement pharisien après la destruction du Temple. Pour le christianisme, les pharisiens représenteront dès lors l'ennemi, dont le légalisme revendiqué passera pour ostentatoire et à qui on appliquera toujours l'accusation d'hypocrisie que leur porte Jésus dans les Évangiles.

**PHARNACE Ier** – en gr. *Pharnakês* ♦ Roi du Pont (de –184 à –157). ♦ **PHARNACE II.** Roi du Bosphore cimmérien (de –63 à –47). Fils de Mithridate* VI, il poussa son père à s'empoisonner et reçut des Romains, en récompense, le royaume du Bosphore (–63). Il profita de la guerre civile entre César* et Pompée* pour mener une politique de conquêtes. Il fut vaincu et tué à Zéla (–47) par César qui caractérisa cette foudroyante campagne par la célèbre formule *veni, vidi, vici* («Je suis venu, j'ai vu, j'ai vaincu»).

**PHAROS** ♦ Île de l'anc. Égypte, voisine d'Alexandrie*. En –285, Ptolémée* II Philadelphe la fit relier à la ville par un môle de 1 300 m de long et y fit construire par Sostrate de Cnide une tour de marbre blanc haute de 180 m, au sommet de laquelle on entretenait des feux pendant la nuit pour guider les bateaux (de là vient le mot *phare*). Les Anciens la considéraient comme une des Sept Merveilles du monde. Elle fut détruite en 1302 par un tremblement de terre.

**PHARSALE** – en gr. mod. *Pharsala* ♦ V. de Grèce (Thessalie), au S. de Larissa, dominant une plaine irriguée (coton, betterave à sucre). 10 000 hab. ▪ César* y vainquit Pompée* et l'armée sénatoriale (–48).

**Pharsale (La)** ou **La Guerre civile** – en lat. *Pharsalia* ou *Bellum Civile* ♦ Épopée historique en dix chants (v. 60), de Lucain*, retraçant la lutte de César* et Pompée*. Imitée d'Ennius* pour la composition, elle est de type hellénistique. Dans cette épopée stoïcienne, le drame de la guerre civile est un drame spirituel dominé par les figures de César, admiré bien que blâmé, de Pompée qui s'épure dans la défaite et de Caton*, véritable saint du stoïcisme.

**PHASE** n. m. – en gr. *Phasis* auj. *Rioni* ♦ Fl. de l'anc. Colchide* (Géorgie) qui se jetait dans le Pont-Euxin près de la ville de *Phasis*. Son nom est associé à la légende des Argonautes et de la Toison d'or. Il était considéré par les Anciens comme la limite de l'Europe et de l'Asie.

**PHÉACIENS** n. m. pl. – en gr. *Phaiakes* ♦ Peuple fabuleux habitant l'île de Skeria identifiée avec Corcyre (auj. Corfou*). Dans *L'Odyssée**, le roi des Phéaciens Alcinoos*, père de Nausicaa*, offre l'hospitalité à Ulysse*, donne une fête pour l'honorer et lui fournit un navire équipé pour regagner Ithaque.

**PHÉBÉ** ou **PHŒBÉ** ◆ ÉTYM. en gr. *Phoibê* «la brillante» ♦ Surnom d'Artémis assimilée à la Lune. → **Artémis.**

**PHÉBUS** ou **PHŒBUS** ◆ ÉTYM. en gr. *Phoibos* «le brillant» ♦ Surnom ou épithète d'Apollon, considéré comme dieu de la lumière. → **Apollon.**

**PHÉDON** – en gr. *Phaidôn* ♦ Philosophe grec (–IVe s.). Il fut un des disciples les plus fidèles de Socrate* et assista à ses derniers moments. → **Phédon.** Les théories de son école (Élis) étaient sans doute assez proches de celles des mégariques*. De lui, il nous reste un petit texte cité par Sénèque*.

**Phédon** – en gr. *Phaidôn* ♦ Dialogue de Platon* qui retrace les derniers moments de Socrate*. Celui-ci va aborder avec ses disciples le problème de l'immortalité de l'âme. La théorie des idées et de la réminiscence, donnée par Socrate comme preuve de l'immortalité, y est formulée dans une atmosphère de mysticisme hérité de l'orphisme* ou du pythagorisme*. La philosophie y apparaît comme un apprentissage de la mort («Philosopher, c'est apprendre à mourir»), comme une purification par rapport aux désirs et aux plaisirs du corps. Le dialogue se termine par un mythe grandiose sur la destinée des âmes dans l'au-delà. L'entretien fut rapporté à Platon par Phédon*.

**PHÈDRE** ◆ ÉTYM. en gr. *Phaidra* «brillante» ♦ Personnage de la mythologie grecque. Fille de Minos* et de Pasiphaé*, sœur d'Ariane* et femme de Thésée*. Amoureuse de son beau-fils Hippolyte et repoussée par lui, elle accusa le jeune homme d'avoir voulu lui faire violence. À la demande de Thésée, Poséidon fit périr Hippolyte. Désespérée, Phèdre se pendit. ▪ Dans l'Antiquité, l'histoire de Phèdre a inspiré Sophocle*, Euripide* *(Hippolyte porte-couronne)* et Sénèque*. Dans la littérature française, elle a été mise à la scène par plusieurs auteurs, dont Robert Garnier (1573) et Racine (1677).

**Phèdre** ♦ Tragédie en 5 actes, en vers, de Racine* (1677), inspirée des œuvres d'Euripide et de Sénèque. En l'absence de Thésée que l'on tient pour mort, Phèdre déclare sa passion à Hippolyte, jeune prince dont la loyauté à l'égard de son père est irréprochable et qui aime Aricie d'un amour partagé. Le retour inattendu du roi surprend Phèdre qui, sur le conseil insidieux de sa nourrice Oenone, accuse son beau-fils d'avoir tenté de lui faire violence. Effrayée par les possibles effets de sa calomnie, Phèdre se dispose à avouer la vérité à Thésée quand elle apprend qu'Hippolyte aime Aricie. Alors, la jalouse fureur qui s'empare d'elle lui inspire de garder un silence qui entraînera la mort d'Hippolyte, abandonné par son père à la vengeance de Neptune (le récit de cette mort sera fait par son gouverneur Théramène). Tragédie de la prédestination, telle que Port-Royal en enseignait la doctrine, la *Phèdre* de Racine réintroduit aussi sur la scène française la notion de fatalité, ressort essentiel de la tragédie grecque.

**PHÈDRE** – en lat. *Caius Julius Phaedrus* ou *Phaeder* ♦ Fabuliste latin (v. –15 - v. 50) originaire de Thrace, de formation grecque, affranchi d'Auguste*. Auteur de 123 fables imitées d'Ésope*, il introduisit ce genre à Rome.

**Phèdre** – en gr. *Phaidros* ♦ Dialogue de Platon* sur l'art oratoire qui reprend des thèmes du *Banquet** sur l'amour et la beauté. À l'aide d'un très beau mythe, Socrate décrit le désir qu'éprouve l'âme de contempler de nouveau les réalités véritables (essences), et il oppose la rhétorique philosophique et la méthode dialectique qui vise ce but à la rhétorique sophistique qui ne cherche qu'à flatter.

**PHÉLIPPEAUX (Antoine LE PICARD DE)** ♦ Officier français (Angles, Poitou 1768 - Saint-Jean-d'Acre 1799). Condisciple de Bonaparte à l'École militaire de Brienne, il émigra lors de la Révolution et servit dans l'armée des princes, puis dans celle du prince de Condé. Revenu en France, il tenta de soulever le Berry contre les forces révolutionnaires, prit Sancerre (1796), mais fut arrêté peu après aux environs d'Orléans. Ayant réussi à s'évader, il gagna l'étranger puis, de retour à Paris, libéra de la prison du Temple le Britannique sir Sidney Smith qu'il accompagna au Proche-Orient. Là, il joua un rôle décisif dans l'organisation de la défense de Saint-Jean-d'Acre contre les troupes de Bonaparte, mais mourut peu après.

**PHELPS (Edmund)** ♦ Économiste américain (Evanston, Illinois 1933). Néokeynésien, il a centré ses travaux sur les arbitrages entre le court et le long terme des politiques macroéconomiques, notamment sur une conciliation et non plus un choix entre les politiques de lutte contre l'inflation et contre le chômage. On lui doit notamment la théorie du salaire d'efficience et celle du taux naturel de chômage. [Prix Nobel d'écon. 2006]

**PHELPS (Michael)** ♦ Nageur américain (Baltimore 1985). Spécialiste de nage libre, 4 nages et nage papillon, il détient le record du nombre de médailles d'or aux jeux Olympiques (6 à Athènes en 2004 et 8 à Pékin en 2008 où il a battu 7 records du monde).

**PHÉNICIE** n. f. ➝ ÉTYM. en gr. ***Phoinikê***, de *Phoinikes* «les rouges», n. de peuple ♦ Région côtière de l'Asie antérieure, sur la Méditerranée, s'étendant depuis le mont Carmel au S. jusque vers l'embouchure de l'Oronte au N. (auj. Israël*, Liban*, Syrie*). ➝ **Cananéens.** ▮ **Histoire** Dès le -III$^e$ millénaire, la Phénicie apparaît orientée vers le commerce maritime. Elle était en relation avec l'Égypte (➝ **Byblos**) et la Mésopotamie. ➝ **Ougarit.** Le pays était organisé en cités-États ayant chacune son roi et ses dieux, mais unies par la civilisation. Au -II$^e$ millénaire, l'influence égyptienne se renforça, devint occupation militaire sous la XVIII$^e$ dynastie (-XVI$^e$ s.) et se maintint après le conflit égypto-hittite (frontière au N. de Beyrouth). L'invasion des Peuples* de la Mer (v. -1200) détruisit plusieurs cités phéniciennes (Ougarit, sans doute Sidon, Tyr), mais prépara une période d'indépendance et de prospérité : les Phéniciens bénéficièrent du déclin des empires hittite et égyptien ainsi que de la chute de la principale puissance maritime, celle des Égéo-Mycéniens, devant les invasions doriennes. Ils furent alors les plus actifs commerçants de la Méditerranée, allant chercher au-delà de Gibraltar l'argent et l'étain des mines d'Espagne, recueillant sur les côtes d'Afrique et dans la mer Égée le murex dont ils tiraient la pourpre, exportant des verreries, du bois de construction (cèdres du Liban) et même de la main-d'œuvre qualifiée (construction du Temple de Jérusalem, ➝ **Hiram I$^{er}$**), fondant des colonies à Chypre, en Crète, en Sicile, à Malte, en Espagne (Gadès ➝ **Cadix**), en Afrique (Utique*, Hadrumète*, Leptis* Magna, Carthage*). La principale cité était alors Tyr. À partir du -IX$^e$ s., la domination assyrienne (campagnes d'Assurnazirpal II et de ses successeurs) entraîna des révoltes (➝ **Tyr, Sidon**). Puis vint la domination néobabylonienne (siège de Tyr par Nabuchodonosor -586 - -573), bientôt remplacée par celle des Perses (-538) ; Sidon reprit alors la prépondérance sur Tyr ; les flottes phéniciennes jouèrent leur rôle dans les guerres médiques*, du côté perse. Par la suite, les cités phéniciennes s'ouvrirent à l'hellénisme. Lors de l'expédition d'Alexandre, elles l'accueillirent, sauf Tyr qu'il dut prendre (-332). La Phénicie fut ensuite disputée entre les Lagides* et les Séleucides*, subit anarchie et guerres civiles, passa à Tigrane d'Arménie (-83 - 69) et fut enfin incorporée à l'Empire romain (province de Syrie, v. 64). ▮ **Religion** Cultes agraires, transformés en mystères de salut personnel à l'époque hellénistique. Les dieux étaient vénérés dans des hauts lieux ou dans des temples urbains, chaque cité possédant ses dieux particuliers. Des sacrifices, notamment le sacrifice de rachat des premiers-nés royaux, selon l'usage cananéen, étaient pratiqués ; mais, sauf circonstances exceptionnelles, une victime animale remplaça les enfants assez tôt (attesté au -VI$^e$ s.). Princ. divinités : ➝ **Adonis, Ashtart, Atargatis, Baal, Eshmoun, Hadad, Melkart.** ▮ **Langue** Le phénicien est une langue sémitique du groupe cananéen, subdivisée en différents dialectes. L'invention de l'alphabet par les Phéniciens est discutée. Si le principe d'une écriture alphabétique est attesté dès le -XIV$^e$ s. par les textes d'Ougarit (les signes eux-mêmes le sont au -XIII$^e$ s. par les inscriptions de Byblos), l'origine de ces signes est inconnue. Mais il est certain que ce sont les Phéniciens qui répandirent l'alphabet dans le monde méditerranéen et le transmirent notamment aux Grecs. ▮ **Arts** L'art phénicien passe pour peu original, à cause des nettes influences égyptiennes et mésopotamiennes qu'on y relève. La fusion des divers éléments montre pourtant une habileté particulière. Statuaire : colosses de Byblos* (égyptisants), statuettes, bas-reliefs (stèles d'Ougarit, sarcophage d'Ahiram de Byblos). Architecture : usage de la pierre (les Phéniciens eurent une renommée de constructeurs), préoccupations urbanistiques (canalisations, rues à angle droit), belles tombes voûtées.

**Phénicie.**
À gauche, une stèle du Tophet à Carthage.
*Phot. © Carlo Bevilacqua/Ricciarini*

À droite, masque d'homme.
*Phot. © Bevilacqua/Ricciarini*

Les **Phéniciennes** – en gr. ***Phoinissai*** ♦ Tragédie d'Euripide* (-409) dont le sujet est repris d'Eschyle *(Les Sept contre Thèbes)*. Dans l'imminence de l'attaque contre Thèbes*, menée par l'un des fils d'Œdipe*, les messagers apportent la nouvelle du duel entre Étéocle et Polynice où tous deux trouveront la mort. Éperdue de douleur, après avoir vainement tenté de les réconcilier, Jocaste se suicide. Pour sauver Thèbes, Ménécée, fils de Créon, offre sa vie et meurt à son tour. Tenu pour responsable de tous ces malheurs, condamné à l'exil, Œdipe s'éloigne, guidé par Antigone. Composé de Phéniciennes venues à Thèbes parce que Cadmos, fondateur de la ville, était phénicien, le chœur voit sa fonction réduite à celle d'un intermède. S'apparentant au mélodrame plutôt qu'à la tragédie, l'œuvre a inspiré Racine *(La Thébaïde)*.

**PHÉNIX** n. m. – en gr. ***Phoinix*** ♦ Oiseau fabuleux d'Éthiopie, vivant pendant 500 ou 1 461 ans, ou pendant plusieurs millénaires. De la taille d'un aigle royal au plumage de couleurs splendides, le Phénix meurt sur un bûcher ou un nid qu'il prépare en amassant des plantes aromatiques et de l'encens. Il renaît de ses cendres et le nouveau Phénix vole à Héliopolis d'Égypte, centre du culte du Soleil auquel Phénix est associé.

La **Phénoménologie de l'esprit** – en all. ***Die Phänomenologie des Geistes*** ♦ Œuvre de Hegel* (1807), qui décrit les étapes de la formation de la conscience individuelle, de la certitude sensible immédiate à la conscience de soi et de l'opposition des consciences de soi à leur réconciliation dans la Raison. Ces étapes sont également celles de l'esprit universel (objectif) dans la genèse historique de sa culture. Le long chemin de ce développement passe par toutes les formes du rapport et de l'opposition du sujet et de l'objet, de la conscience et du monde ; il est l'histoire des aliénations et des contradictions engendrées et dépassées par l'esprit, qui s'achemine ainsi du savoir phénoménal au savoir absolu, identité du sujet et de l'objet, de l'Esprit et de la Substance.

**PHÈRES** – en gr. ***Pherai***, en lat. ***Pherae*** ♦ Anc. ville de Grèce (Thessalie). Son roi légendaire Admète*, époux d'Alceste*, y accueille Apollon chassé de l'Olympe. ▪ Au -IV$^e$ s., ses tyrans Jason et Alexandre étendirent leur hégémonie sur une partie de la Thessalie. Philippe* II de Macédoine, appelé par Larissa, s'empara de Phères en -352.

**PHIBUN SONGKRAM** ♦ Maréchal et homme politique thaïlandais (Bangkok 1897 - Tōkyō 1964). Après des études en France, il participa au coup d'État de 1932 et devint Premier ministre en 1938. Proche des régimes totalitaires, partisan d'une expansion thaïe, il s'empara des provinces occidentales du Cambodge et de parcelles du Laos après une courte guerre avec la France (1941). Il s'allia aux Japonais (1942), mais participa mollement à la guerre. Renversé et emprisonné en 1944, il provoqua le coup d'État de 1947 et redevint Premier ministre (1948 - 1957). Destitué par Sarit Thanarat, il se retira à Tōkyō (1961).

**PHIDIAS** ➝ ÉTYM. en gr. ***Pheidias***, de *pheidomai* «traiter avec ménagement, épargner» ♦ Sculpteur athénien (v. -490 - Olympie apr. -430), le représentant le plus illustre de l'art classique grec. Son nom est lié à la splendeur d'Athènes* du siècle de Périclès*, l'homme d'État qui lui confia la surintendance des travaux d'embellissement de la ville. D'abord élève d'Hêgias à Athènes, il apprit la technique du bronze à la fameuse école d'Argos* où il aurait été l'élève d'Agéladas* de même que Myron* et Polyclète*, ses contemporains. Dirigeant le chantier de l'Acropole*, Phidias, qui fut également architecte et peintre, sut imposer une conception plastique d'ensemble et amena Ictinos*, l'architecte du Parthénon*, à modifier le style dorique du temple en fonction de son investissement sculptural. On lui attribue l'*Apollon* de Kassel*, l'*Amazone Mattéi*, l'*Anadoumène Farnèse*. Nous connaissons seulement par des descriptions (Pausanias) ses statues colossales de culte : sur l'Acropole, *Athéna Promachos* (v. -454) en bronze, *Athéna Lemnia* (-450), *Athéna Parthénos* (-438) chryséléphantine ; à Olympie la statue chryséléphantine de *Zeus* (v. -433), l'œuvre la plus admirable de l'Antiquité grecque et l'une des Sept* Merveilles du monde. Par contre, la décoration sculpturale du Parthénon, œuvre de Phidias et de son atelier, conservée en grande partie (British Museum, Louvre, Athènes), témoigne de son art. Les quatre-vingt-douze métopes (dix-sept conservées) représentaient les combats des Olympiens et des Géants, des Amazones et des Athéniens, des Centaures et des Lapithes et la prise de Troie. La frise intérieure déployait sur 159 m la procession des Panathénées. Les deux frontons, qui semblent avoir été sculptés personnellement par Phidias, représentaient la naissance d'Athéna et le concours d'Athéna et de Poséidon pour

**Phidias.** *Apollon,* détail. Musée national, Rome.
*Phot. © Anderson-Giraudon*

la souveraineté sur la ville. Phidias se révèle, dans ces marbres, l'initiateur et le maître inégalé du style classique. Réaliste par la vérité anatomique de la forme humaine et la fidélité des représentations, idéaliste par l'élévation de son esprit, cette création se détache du «style sévère» pour exprimer une pensée religieuse et civique. Sa plastique, d'une ampleur étonnante, fait concourir l'expression de l'intelligence et la noblesse à la vigueur, la grâce à la majesté, la sérénité au mouvement. Parmi les nombreux sculpteurs immédiatement influencés par son art, citons Alcamène*, Callimaque* et Crésilas. Phidias, accusé par les adversaires de Périclès de s'être approprié une partie de l'or et de l'ivoire destinés à la construction de la statue colossale d'Athéna Parthénos, ainsi que d'impiété, dut s'exiler d'Athènes et mourut à Olympie.

**PHILADELPHIE** ➝ **ÉTYM.** en angl. ***Philadelphia*** «la cité de l'amour fraternel», du gr. *philos* «qui aime» et *adelphos* «frère» ♦ V. des États-Unis (Pennsylvanie), sur la Delaware. 1 517 550 hab. dont 40 % de Noirs (zone urbaine 6 188 463 hab. avec Trenton et Wilmington). Nombreuses activités éducatives (univ. de Pennsylvanie, Temple University) et culturelles (Académie des beaux-arts ; importants musées ; Kimmel Center, ensemble de deux salles de concert). Son école d'architecture fut dirigée par Louis Kahn dans les années 1960. La ville est célèbre pour son quartier ancien et ses monuments, témoins de sa prospérité au XVIIIe s. Un important programme de réhabilitation a permis d'éliminer les îlots insalubres, notamment ceux qui sont habités par la communauté noire. Troisième port des États-Unis. Indus. métall., textile, chimique, alimentaire. Troisième place financière du pays. ▮ **Histoire** La ville fut fondée et organisée par W. Penn* et la communauté des quakers (1682). Ce fut la première ville anglo-saxonne du pays à adopter un plan en damier ; elle devint au XVIIIe s. une des cités les plus prospères et le premier centre intellectuel de la colonie. Ce fut à Philadelphie que se tinrent les congrès de 1774 et 1775 et que fut signée la Déclaration d'indépendance (1776). Elle fut capitale des États-Unis (1790 - 1800) mais, au XIXe s., fut dépassée en importance culturelle par Boston et New York.

**PHILAE** ➝ **ÉTYM.** n. gr. de l'égypt. *P-aaleq* «la frontière» – auj. ***Jazirat Filah*** ♦ Île du Nil, de 400 m de long sur 135 m de large, en amont de la première cataracte, à quelques kilomètres du barrage d'Assouan. Île sainte, domaine de la déesse Isis, elle reçut tardivement ses premiers édifices. Le plus ancien est le pavillon de Nectanébo II, au S.-O. de l'île. Le temple principal, dédié à Isis, était aussi l'œuvre de Nectanébo II. En partie détruit par les inondations, il fut reconstruit sous Ptolémée II et Ptolémée XIII. Un immense parvis flanqué de deux longs portiques mène au premier pylône derrière lequel une cour, limitée d'un côté par le *mammisi,* de l'autre par une colonnade, précède un second pylône, une petite salle hypostyle et les salles fermées du temple et de sa terrasse. Ce monument est remarquable par ses bas-reliefs et les textes gravés sur ses murs et ses colonnes. Au N. se trouve le temple d'Horus* vengeur, à l'E. le petit temple d'Hathor construit par Ptolémée VI et au S.-E. le kiosque de Trajan où l'empereur s'était fait représenter en dévot de la triade osirienne. Philae fut longtemps un îlot de résistance au christianisme et reçut des pèlerins païens jusque dans la seconde moitié du Ve s. Depuis la construction du barrage d'Assouan, les temples étaient presque entièrement submergés pendant dix mois de l'année. Une opération de sauvegarde dirigée par l'Unesco, consistant à démonter les temples pour les reconstruire dans l'île voisine d'Agilkia, a été menée de 1972 à 1980.

**Philèbe** – en gr. ***Philêbos*** ♦ Dialogue de Platon* de la dernière période, sur le plaisir. Contrairement à la morale ascétique du *Phédon**, Socrate et ses interlocuteurs (Philèbe et Protarque) affirment ici une position plus nuancée qui concilie raison et plaisir.

**PHILÉMON** ♦ Sans doute notable de la ville de Colosses, converti par saint Paul. ♦ ***L'«Épître à Philémon»*** Livre du Nouveau Testament* (➝ **Bible**), attribué à saint Paul (Épîtres*). Brève recommandation (25 versets) accompagnant le renvoi à Philémon de l'esclave Onésime qui s'était enfui.

**PHILÉMON** ♦ Poète comique grec (Syracuse ? v.–361 - Le Pirée –262). Contemporain et rival de Ménandre, il a inspiré Plaute *(Mercator).* Il ne nous reste que des fragments de son œuvre.

**PHILÉMON ET BAUCIS** ♦ Personnages d'une légende rapportée par Ovide. Paysans très âgés et pauvres de Phrygie, ils reçoivent un soir Zeus* et Hermès qui, transformés en voyageurs, trouvent toutes les portes du village fermées. Indignés, les dieux envoient un déluge et tout le village est englouti sous les eaux, sauf la chaumière des deux vieillards qui se transforme en temple. Exauçant leur prière, les dieux accordent à leurs hôtes de n'être jamais séparés et, après leur mort, les transforment en deux arbres.

**PHILÉTAS** ♦ Poète grec (Kos v. –340 - v. –290) qui anima un cénacle littéraire à Kos*. Ses élégies amoureuses, modèle de ce genre dans la poésie alexandrine, influencèrent Properce* et les autres élégiaques latins. Il nous reste de son œuvre une cinquantaine de vers.

**PHILIBERT Ier le Chasseur** ♦ (Chambéry 1465 - Lyon 1482). Duc de Savoie (1472 - 1482). Il régna sous la régence de sa mère Yolande de France. ♦ **PHILIBERT II le Beau** (Pont-d'Ain 1480 - *id.* 1504). Cousin du précédent. Duc de Savoie (1497 - 1504). Sa femme Marguerite* d'Autriche éleva à sa mémoire l'église de Brou*.

**PHILIDOR (François André DANICAN,** dit**)** ♦ Compositeur et joueur d'échecs français (Dreux 1726 - Londres 1795). Issu d'une famille de musiciens, il étudia avec Campra, puis, après avoir échoué dans le domaine de la musique religieuse, il se consacra au théâtre, avec une quinzaine d'opéras-comiques, dont *Blaise le savetier, Le Jardinier et son seigneur, Tom Jones, Le Sorcier, L'Amant déguisé, Le Bon Fils, L'Amitié au village.* Il apparaît comme l'un des créateurs de ce genre en France. Ami de Diderot, il collabora avec Jean-Jacques Rousseau* pour les *Muses galantes* et le *Devin du village* (1752) ainsi qu'avec Sedaine et Favart. ▪ Il fut aussi le plus célèbre joueur d'échecs de son temps et publia une *Analyse du jeu des échecs* (1749).

**PHILIP (André)** ♦ Homme politique et économiste français (Pont-Saint-Esprit 1902 - Paris 1970). Député socialiste du Rhône (1936), résistant, membre du Comité français de libération nationale, il fut, après la Libération, ministre des Finances (1946 - 1947) et de l'Économie nationale (1948). Représentant du protestantisme social, il publia *L'Europe unie* (1953), *La Démocratie industrielle* (1955), *Le Socialisme trahi* (1958).

**PHILIPE (Gérard PHILIP,** dit **Gérard)** ♦ Acteur français (Cannes 1922 - Paris 1959). Sa création de *Caligula,* d'Albert Camus (1945), le révéla au public. Il créa ensuite *Les Épiphanies* d'Henri Pichette (1948) et il fut le compagnon de route du TNP de Jean Vilar*. Son interprétation du *Cid* et du *Prince de Hombourg,* au 5e festival d'Avignon, allait lui valoir la consécration du grand public. Jeune premier au talent fait de charme et de fougue, il fut dès lors l'interprète des grands rôles, respectueux des textes de V. Hugo *(Ruy Blas),* de Musset (Lorenzaccio, Perdican, Octave). Dans le même temps, il connut le succès au cinéma, dans des films de Christian-Jaque (*Fanfan la Tulipe,* 1951), René Clair (*Belles de nuit,* 1952 ; *Les Grandes Manœuvres,* 1955) et René Clément (*Monsieur Ripois,* 1954).

Gérard **Philipe** dans *La Chartreuse de Parme* de Christian-Jaque, en 1947.
*Phot. © Coll. Henri Frossard*

**PHILIPPA DE HAINAUT** ♦ (v. 1314 - Windsor 1369). Reine d'Angleterre. Fille de Guillaume le Bon, comte de Hainaut et de Hollande, elle épousa Édouard III (1327) et intervint en faveur des bourgeois de Calais. Elle protégea Froissart* qui fut son secrétaire à partir de 1361.

## PHILIPPE

→ **ÉTYM.** gr. «qui aime *(philos)* les chevaux *(hippos)*» ♦ Nom de plusieurs personnages, classés selon les rubriques suivantes : saint ; empereur romain ; empereur germanique ; Bourgogne ; Espagne ; Flandre ; France ; Hesse ; Macédoine ; Pays-Bas.

### SAINT

**PHILIPPE** (saint) ♦ Un des douze apôtres*. La tradition l'a très tôt confondu avec l'un des sept «diacres» des Actes* des Apôtres, qualifié d'évangéliste, qui convertit Simon* le Magicien et l'eunuque de la reine d'Éthiopie, puis évangélisa la Phrygie. Interlocuteur de Jésus dans les textes gnostiques (Pistis Sophia), l'apôtre est le héros d'Actes de Philippe (grec, IVe - Ve s.) et d'un Évangile de Philippe (grec, IIe s.) apocryphes*. ▪ Fête le 11 mai (apôtre) ; 6 juin (diacre).

**PHILIPPE** (saint) ♦ L'un des sept diacres, dans les Actes des Apôtres, où il baptise Simon le Magicien et l'eunuque de la reine Candace (VIII). ▪ Fête le 6 juin.

### EMPEREUR ROMAIN

**PHILIPPE l'Arabe** – en lat. ***Marcus Julius Philippus*** ♦ (Bostra, Syrie, v. 204 - Vérone 249). Empereur romain (244 - 249). Préfet du prétoire sous Gordien* III, il le fit assassiner et s'empara du pouvoir. Il tenta de rendre à l'empire la sécurité et la paix et célébra le millénaire de Rome (248), mais son règne fut une succession d'invasions et lui-même fut vaincu et tué à Vérone par Dèce*.

### EMPEREUR GERMANIQUE

**PHILIPPE Ier DE SOUABE** ♦ (v. 1177 - Bamberg 1208). Empereur germanique (1198 - 1208). Fils de Frédéric* Barberousse, il fut évêque de Würzburg (1190), puis reçut de son frère Henri* VI la Toscane et les États de la comtesse Mathilde* (1195), puis le duché de Souabe (1196). Il fut élu empereur en concurrence avec Othon* IV de Brunswick (1198), eut constamment l'avantage sur lui, mais fut assassiné.

### BOURGOGNE

**PHILIPPE Ier DE ROUVRES** ♦ (château de Rouvres, près de Dijon 1346 - *id.* 1361). Duc de Bourgogne (1349 - 1361), il fut le dernier de la première maison capétienne de Bourgogne.

**PHILIPPE II le Hardi** ♦ (Pontoise 1342 - Hal 1404). Duc de Bourgogne (1363 - 1404). Fils du roi de France, Jean II. Sa conduite courageuse à la bataille de Poitiers (1356) lui valut son surnom et l'apanage du duché de Bourgogne (1363), par lequel la deuxième maison capétienne de Bourgogne était fondée. Il épousa, en 1369, Marguerite de Mâle (fille de Louis de Mâle et veuve de Philippe de Rouvres) qui lui apporta la Flandre où il mit fin à la révolte des Gantois par la paix de Tournai (1385). À la mort de son frère Charles V de France (1380), il fut l'un des régents de Charles VI mais fut écarté du pouvoir en 1388. En 1392, il revint au gouvernement où il s'opposa à son neveu Louis d'Orléans*. Il protégea le sculpteur Claus Sluter*. ▪ Père de Jean* sans Peur.

**PHILIPPE III le Bon** ♦ (Dijon 1396 - Bruges 1467). Duc de Bourgogne (1419 - 1467). Pour venger l'assassinat de son père Jean* sans Peur, il s'allia aux Anglais et participa au traité de Troyes* qui déshéritait le dauphin Charles* (VII) de France (1420). Après avoir lutté contre lui, il se réconcilia par la paix d'Arras* qui lui accordait des villes de la Somme et la dispense de l'hommage de vassalité pour la Flandre (1435). Maître de la Bourgogne, de la Franche-Comté, de la Flandre, de l'Artois et des provinces belges **(→ Jacqueline de Bavière)**, il fut le plus puissant souverain d'Europe. Il supprima les libertés communales mais fit régner une bonne administration en créant des états généraux, des cours de justice et un conseil suprême. Mécène, il protégea les artistes **(→ J. Van Eyck, Ockeghem)**. Il créa l'ordre de la Toison d'or. ▪ Père de Charles* le Téméraire.

### ESPAGNE

**PHILIPPE Ier** → Philippe Ier le Beau, SOUVERAIN DES PAYS-BAS.

**PHILIPPE II** ♦ (Valladolid 1527 - Escurial 1598). Roi d'Espagne (1556 - 1598). Fils de Charles* Quint et d'Isabelle de Portugal, il fut élevé en Castille. Cette éducation exclusivement espagnole le fit peu apprécier aux Pays-Bas, qui lui furent confiés en 1555, et en Angleterre, où il séjourna après son mariage avec Marie* Tudor. À l'abdication de Charles Quint, qui l'avait très tôt associé au pouvoir, il hérita de la couronne d'Espagne (1556) et reprit la politique de son père, mais d'une façon beaucoup plus systématique et plus étroite : la guerre avec la France reprit, les brillants succès remportés d'abord (Saint*-Quentin, 1557, Gravelines*, 1558) ne purent être exploités et la paix du Cateau*-Cambrésis fut signée (1559). Le but essentiel de Philippe II était d'assurer le triomphe du catholicisme dans ses États et à l'extérieur. Aidé de l'Inquisition*, il arrêta facilement le protestantisme espagnol. Les morisques furent persécutés, leur révolte à Grenade (1568 - 1570) écrasée. Mais la lutte contre la Réforme aux Pays-Bas, commencée dès 1559, aboutit, malgré l'extrême sévérité de la répression, à la perte d'une partie de ces provinces (Union d'Utrecht*). Elles avaient en effet reçu l'appui de l'Angleterre. Philippe II, qui avait cherché en vain à épouser Élisabeth* après la mort de Marie Tudor, se décida à intervenir après l'exécution de Marie* Stuart, sa cousine. Il envoya contre l'Angleterre l'Invincible Armada* qui fut détruite (1588). Les troubles français, le problème de la succession des Valois le firent s'allier à la Ligue*. Alexandre* Farnèse occupa alors Paris (1590) et Rouen (1592) et Philippe II pensait placer sa fille Isabelle, fille d'Élisabeth de Valois et catholique, sur le trône de France. Ce projet échoua devant le refus des états généraux et surtout la défaite de Fontaine-Française, de sorte que le traité de Vervins* (1598) reprit le traité du Cateau*-Cambrésis. La lutte contre les Turcs fut plus heureuse puisqu'elle fut couronnée par la victoire de Lépante* (1571). Un autre résultat positif du règne fut l'annexion du Portugal (1580). ▪ La personnalité du roi reste impénétrable, faite de contrastes, sous un masque de froideur. Capable de tendresse familiale et de crimes perfides, il mêlait le goût du faste à l'austérité et à une scrupuleuse religiosité. Cette attitude est en quelque sorte symbolisée par l'Escurial*, palais somptueux dont le plan est inspiré par le martyre de saint Laurent. Le sentiment de son infériorité, notamment par rapport à son père, poussa Philippe II à entraver l'action de ses conseillers les plus brillants (Albe*, Granvelle*, don Juan*, Alexandre* Farnèse) et à s'adonner à un labeur acharné. Le complexe système bureaucratique qu'il instaura (1586) devait rester célèbre par sa lenteur et fut un facteur de paralysie. Ajouté à son fanatisme despotique qui l'entraîna dans une politique coûteuse, il amena l'Espagne à la catastrophe financière, malgré l'afflux de l'or américain, et prépara son affaiblissement général. Ce fut cependant sous son règne que s'ouvrit le «siècle d'or».

**PHILIPPE III** ♦ (Madrid 1578 - *id.* 1621). Roi d'Espagne (1598 - 1621). Fils de Philippe* II auquel il succéda, il ne sut pas continuer son œuvre : peu capable lui-même, il laissa le pouvoir à des favoris médiocres comme le duc de Lerma*. Son règne fut marqué par la paix avec l'Angleterre (1604), la trêve de Douze Ans avec les Provinces-Unies (1609) et l'alliance avec la France (mariage de Louis* XIII et d'Anne* d'Autriche, 1615). L'expulsion des morisques* aggrava encore une situation économique et financière difficile.

**PHILIPPE IV** ♦ (Valladolid 1605 - Madrid 1665). Roi d'Espagne (1621 - 1665). Il fut le successeur de Philippe* III. Dominé, de la même façon, par un favori **(→ Olivares)**, son règne se distingua du précédent par son caractère belliqueux ; la guerre contre les Provinces-Unies aboutit à leur indépendance (traité de Münster, 1648) ; la lutte contre la France se prolongea au-delà de la guerre de Trente* Ans et, malgré la Fronde*, se termina par le traité des Pyrénées* (1659) après l'alliance franco-anglaise et la bataille des Dunes*. Des révoltes intérieures furent le fruit d'une politique de centralisation (insurrection de la Biscaye, de la Catalogne, du Portugal qui retrouva son indépendance). L'hégémonie européenne échappait définitivement à l'Espagne.

**Philippe IV.** *Philippe IV d'Espagne en brun et argent* (1,95 x 1,10 m), tableau de Vélasquez (1631-1632). National Gallery, Londres. *BIS/Phot. E. Tweedy © Archives Larbor*

**PHILIPPE V** ♦ (Versailles 1683 - Madrid 1746). Roi d'Espagne (1700 - 1746). Second fils du Grand Dauphin, petit-fils de Louis XIV, il porta d'abord le titre de duc d'Anjou. Louis XIV ayant accepté, après bien des hésitations, le testament de Charles II qui désignait le duc d'Anjou pour héritier, ce dernier monta sur le trône d'Espagne et dut faire face à la guerre de Succession* d'Espagne. Sauvé par la victoire du maréchal de Vendôme à Villaviciosa* (1710), après avoir été chassé deux fois de Madrid, il fut confirmé dans ses droits par la paix d'Utrecht* (1713) ; mais l'Espagne perdait Gibraltar et Minorque. Il subit d'abord l'influence de la princesse des Ursins*, *camarera mayor* de sa première femme, Marie-Louise Gabrielle de Savoie. L'Espagne connut alors une tentative de centralisation sur le mode français (œuvre d'Orry*), qui soumettait même l'Inquisition. Le roi se trouva ensuite sous l'ascendant de sa seconde femme Élisabeth* Farnèse et, à travers elle, d'Alberoni*. La politique de celui-ci provoqua une guerre avec la France et l'Angleterre et il dut le renvoyer (1719). En 1724, il abdiqua en faveur de son fils Louis Ier, mais reprit la couronne sept mois plus tard à la mort de celui-ci. Après la rupture avec la France qui renvoya sa fille, fiancée à Louis* XV (1725), il se rapprocha de l'Autriche, sous l'influence du ministre Ripperda*, et obtint pour ses fils les villes de Parme et de Plaisance, au traité de Séville (1729). Elles furent échangées contre Naples et la Sicile (1738), lors de la guerre de Succession* de Pologne. À la veille de sa mort, il s'engagea encore dans la guerre de Succession* d'Autriche, à la suite des tensions nées avec l'Angleterre en raison du nouvel essor colonial et maritime de l'Espagne.

### FLANDRE

**PHILIPPE D'ALSACE** ♦ (v. 1136-1140 - Acre 1191). Comte de Flandre (1168 - 1191). Fils de Thierry d'Alsace, il s'appuya sur les villes auxquelles il accorda des chartes de franchise. Il mourut lors de la troisième croisade.

### FRANCE

**PHILIPPE Ier** ♦ (1052 - Melun 1108). Roi de France (1060 - 1108). Couronné du vivant de son père Henri Ier en 1059, il lui succéda en 1060 sous la tutelle de son oncle, Baudouin* V, comte de Flandre (1060 - 1066). Après la mort de ce dernier (1067), il intervint dans la succession de Flandre en soutenant Arnoul III contre Robert le Frison. Malgré sa défaite au mont Cassel (1071) devant Robert le Frison, il obtint son alliance et épousa sa nièce Berthe de Hollande (v. 1072 - 1073). Inquiet de la puissance de son vassal, le duc de Normandie Guillaume Ier le Conquérant, roi d'Angleterre depuis 1066, il poussa le fils de ce dernier, Robert Courteheuse, à la révolte (1078) et continua à le soutenir contre le nouveau roi d'Angleterre Guillaume II le Roux (1087). La répudiation de sa femme et son remariage avec Bertrade* de Montfort (1092) lui valurent d'être excommunié (1095 - 1105), ce qui l'empêcha de participer à la première croisade. Par intrigue, donation et achat, il augmenta le domaine royal du Gâtinais (1068), du Vexin français (1082) et du Berry (1100). Il réussit à défendre le Vexin contre les attaques anglaises en 1087, puis en 1097 - 1098 grâce à son fils, le futur Louis* VI, qu'il associa à la couronne en 1099.

**PHILIPPE II AUGUSTE** ou **PHILIPPE AUGUSTE** ♦ (Paris 1165 - Mantes 1223). Roi de France (1180 - 1223). Fils de Louis* VII, il fut sacré du vivant de son père (1179). Par son mariage avec Isabelle* de Hainaut (1180), il acquit l'Artois. Dès le début du règne, il engagea la lutte avec les Plantagenêts dont l'empire franco-anglais menaçait la monarchie française. Il excita les dissensions entre Henri II d'Angleterre et ses fils, notamment Richard Cœur de Lion avec lequel il s'allia pour battre Henri II à Azay-le-Rideau (1189), puis avec qui il participa à la troisième croisade (Richard étant devenu roi en 1189). Après la prise de Saint*-Jean-d'Acre, Philippe Auguste, brouillé avec Richard, regagna la France (1191) où il intrigua avec Jean* sans Terre pour s'emparer des possessions françaises des Plantagenêts. Dès la libération de Richard, emprisonné par l'empereur Henri VI (1193 - 1194) que Philippe Auguste avait encouragé dans cette décision, la lutte reprit ; Philippe Auguste, vaincu à Fréteval* (1194), à Courcelles (près de Beauvais) en 1198, ne fut sauvé que par la mort du roi d'Angleterre (1199). Il reconnut Jean sans Terre roi contre la cession d'une partie du Vexin normand et du pays d'Évreux (1200). Mais, en 1202, il le fit condamner à la saisie de ses fiefs qu'il conquit de 1202 à 1206 : la Normandie (prise de Château-Gaillard), le Maine, l'Anjou, la Touraine, la Saintonge et momentanément le Poitou. Jean sans Terre, ayant suscité une coalition contre lui, fut battu à La Roche-aux-Moines (près d'Angers) par le fils du roi, le futur Louis* VIII, tandis que ses alliés, l'empereur Othon IV et le comte de Flandre, Ferdinand* de Portugal, étaient écrasés à Bouvines* (1214). Philippe Auguste accrut également le domaine royal de la terre d'Auvergne, de l'Amiénois, du Vermandois et du Valois. Il compléta ses conquêtes par une politique de centralisation, créant les baillis et les sénéchaux. Il maintint de bons rapports avec l'Église, fit reconnaître partout sa suzeraineté et s'appuya sur la bourgeoisie en favorisant le mouvement communal et le commerce. Il ne put établir des impôts permanents, mais disposa d'une bonne trésorerie qu'il confia aux Templiers. Il veilla à l'agrandissement et à l'embellissement de Paris, qu'il fit paver, et où il fit construire le Louvre et une nouvelle enceinte (la Tour de Nesle). Il pourvut l'université de Paris de statuts (1215). Son mariage avec Agnès* de Méran après la répudiation d'Isambour* de Danemark lui valut un conflit avec le Saint-Siège : Innocent* III jeta l'interdit sur la France (1200). ▪ Père de Louis* VIII.

**PHILIPPE III le Hardi** ♦ (Poissy 1245 - Perpignan 1285). Roi de France (1270 - 1285), fils de Louis* IX. À la mort de son oncle Alphonse* II de France, il acquit le comté de Toulouse, le Poitou et l'Auvergne (1271). En 1274, il céda le Comtat venaissin au Saint-Siège (1274). Il soutint en Sicile son oncle Charles* Ier d'Anjou, en s'opposant à son beau-frère Pierre* III d'Aragon, après 1282. Le pape ayant déposé Pierre III et donné son royaume au fils du roi de France, Charles de Valois, Philippe III mena alors la «croisade» d'Aragon (1284 - 1285) pour conquérir l'Aragon mais échoua. Il épousa Isabelle* d'Aragon (qui fut la mère de Philippe IV), puis, à la mort de celle-ci, Marie* de Brabant (1274), à qui il sacrifia son favori Pierre de La Brosse (1278). ▪ Père de Charles* de Valois et de Philippe* IV le Bel.

**PHILIPPE IV le Bel** ♦ (Fontainebleau 1268 - *id.* 1314). Roi de France (1285 - 1314). Fils de Philippe* III. Par son mariage avec Jeanne* Ire de Navarre, il acquit la Champagne et la Navarre (1284). Il gouverna en s'appuyant sur les légistes, spécialistes du droit romain, imbus de l'autorité royale ; les principaux furent Pierre Flote*, Guillaume de Nogaret* et Enguerrand de Marigny*. Sous leur influence, la centralisation monarchique se poursuivit par l'achèvement de la spécialisation de la cour du roi en sections judiciaires (le parlement institué sous Saint Louis fut organisé en 1303) et en sections financières. Philippe IV, en guerre avec Édouard Ier d'Angleterre en Guyenne (1294 - 1299), quoique victorieux, régla le conflit par la promesse de mariage entre sa fille Isabelle de France et le futur Édouard II d'Angleterre. Il tenta d'annexer la Flandre, dont il emprisonna le comte, Gui* de Dampierre (1300), et dont il confia le gouvernement à Gui de Châtillon. Après le soulèvement de la Flandre, où les Français furent massacrés à Bruges, et la défaite de Courtrai (1302), il remporta la victoire de Mons-en-Pévèle (1304) et acquit Lille, Douai et Béthune au traité d'Athis-Mons (1305). Opposé à l'ingérence pontificale dans les affaires françaises, il entra en conflit avec Boniface* VIII, mécontent de la levée de décimes sur le clergé (1296) et de l'arrestation de Bernard Saisset*, évêque de Pamiers (1301). Il s'assura l'appui de l'opinion publique contre le pape en convoquant les premiers états généraux (1302) et le fit arrêter à Anagni* (1303). Le conflit ne cessa qu'avec l'élection en 1305 d'un pape français, sous la pression de Philippe le Bel. → **Clément V.** Le roi tenta de pallier ses difficultés financières en essayant d'établir des impôts réguliers, en taxant lourdement les Juifs et les Lombards, parfois en confisquant leurs biens et en pratiquant des dévaluations monétaires. Il s'attaqua aux Templiers* dont il convoitait les richesses, faisant arrêter leurs chefs (1307), obtenant de Clément V la suppression de l'ordre (1312) et faisant condamner au bûcher des dignitaires dont Jacques de Molay* (1314). S'il ne réussit pas à confisquer leurs biens, il conserva les richesses monétaires de l'ordre. Il augmenta le domaine royal de Lyon et du Lyonnais (1312). ▪ Le règne de Philippe IV marqua pour la France l'affranchissement de la tutelle pontificale et le début d'une politique où l'autorité du souverain devint sans limites. Cependant, la crise économique générale en Europe eut pour conséquence des révoltes dans les villes, dont celle de 1306 à Paris, qui furent durement réprimées. ▪ Père de Louis* X, Philippe* V, Charles* IV.

**PHILIPPE V le Long** ♦ (v. 1294 - Longchamp 1322). Roi de France et de Navarre (1316 - 1322). Fils de Philippe* IV le Bel, il épousa Jeanne* de Bourgogne. Régent dès la mort de son frère Louis* X, il succéda à son neveu Jean* Ier le posthume, qui ne vécut que cinq jours. Il s'imposa avec l'appui des états généraux, au détriment de la fille de Louis X, Jeanne* (II de Navarre). Il mit fin à la guerre de Flandre commencée sous Philippe IV (1320). Il développa les milices urbaines et l'administration financière, notamment par l'institution de la Chambre des comptes (1320) mais ne réussit pas à unifier les poids et mesures. Il ordonna la poursuite des juifs et des lépreux accusés d'empoisonner les puits et procéda à la confiscation des biens des premiers et à leur bannissement. Il encouragea l'action de l'Inquisition contre les hérétiques du Midi. Il proclama l'inaliénabilité du domaine de la Couronne. Mort sans héritier mâle, ce fut son frère Charles* IV qui lui succéda.

**PHILIPPE VI DE VALOIS** ♦ (1294 - Nogent-le-Roi 1350). Roi de France (1328 - 1350), premier de la dynastie des Valois*. Fils de Charles* de Valois, frère de Philippe IV le Bel, il épousa Jeanne* de Bourgogne. Après la mort de Charles* IV sans héritier, il fut reconnu comme roi par les barons du royaume qui écartèrent Philippe d'Évreux (également neveu de Philippe IV) et surtout Édouard III d'Angleterre, petit-fils par sa mère de Philippe IV. Choisi en tant que prince français, Philippe VI était aussi le plus âgé des prétendants. Il reconnut la possession de la Navarre à la femme de Philippe d'Évreux, Jeanne* (II de Navarre), fille de Louis X le Hutin (1328). L'expédition qu'il mena en Flandre pour soutenir son vassal le comte Louis de Nevers contre ses sujets révoltés se termina par sa victoire à Cassel* (1328). Édouard III lui avait prêté hommage pour la Gascogne et la Guyenne dès 1329, mais en 1337, mécontent des empiétements de Philippe en Guyenne et de ses intrigues avec ses ennemis écossais, il lui envoya son défi et revendiqua le trône de France. Ce fut le début de la guerre de Cent* Ans. Édouard III, allié à l'empereur germanique Louis IV de Bavière et surtout à la Flandre (→ **Van Artevelde**), remporta la victoire navale de L'Écluse* (1340) puis débarqua en France (1346). Battu sur terre à Crécy* (1346), Philippe VI conclut une trêve après la prise de Calais* (1347). Outre la guerre, son règne fut marqué par une crise économique grave, des famines, et par la grande épidémie de peste noire (1348) qui ravagea l'Europe. Il augmenta le domaine royal par l'apport de son apanage (comtés de Valois, de Chartres, du Maine et de l'Anjou) et par l'achat du Dauphiné* et de Montpellier (1349). ▪ Père de Jean* II.

### HESSE

**PHILIPPE Ier le Magnanime** ♦ Landgrave de Hesse (Marburg 1504 - Kassel 1567). Il dirigea la répression de la guerre des Paysans*, en Thuringe (1525), mais passa en 1526 dans le camp de la Réforme, fonda la première université protestante allemande à Marburg (1527), où il organisa un colloque pour réconcilier Luther* et Zwingli* (1529), et constitua avec Jean*-Frédéric de Saxe la ligue de Schmalkalden* (1530). Sa position de chef du protestantisme allemand fut ébranlée par le fait de sa bigamie. Fait prisonnier, il fut libéré lors du traité de Passau* et essaya, dès lors, de réunir catholiques et protestants.

### MACÉDOINE

**PHILIPPE II** ♦ (v. -382 - Aigai -336). Roi de Macédoine (-359 - -336). Troisième fils d'Amyntas* III, envoyé à Thèbes comme otage (-368 - -365), il y fit son éducation hellénique et s'inspira des innovations militaires d'Épaminondas. À la mort de son frère Perdiccas* III, il devint régent pour son neveu Amyntas* IV, mais l'écarta en -356 et se proclama roi. Assisté par ses lieutenants Antipatros* et Parménion*, il organisa la phalange macédonienne, raffermit son autorité et mit en œuvre de grands projets. Après des campagnes victorieuses contre les barbares des Balkans, ayant obtenu la neutralité d'Athènes*, il étendit sa domination sur le littoral de la Thrace où il occupa Philippes* et les mines d'or du Pangée* (-358), puis les colonies athéniennes d'Amphipolis*, Pydna* et Potidée* (-357 - -356). Disposant alors de grands moyens financiers et renforcé par l'alliance de l'Épire après son mariage avec Olympias*, il entreprit de dominer toute la Grèce. Soutenu dans les cités par un parti macédonien très actif, il exploita habilement la lassitude des populations et la dégradation économique de la Grèce déchirée par les luttes incessantes. Appelé par Larissa* contre les tyrans de Phères*, il devint maître de la Thessalie (-354), puis il occupa Olynthe* (-348) et la Chersonèse tandis que Démosthène*, avec ses harangues passionnées (→ **Philippiques, Olynthiennes**), essayait en vain d'alarmer les Athéniens. → **Isocrate, Eschine.** Ayant imposé à Athènes la paix de Philocrate (-346), il intervint en Grèce centrale et dévasta la Phocide* dont il prit la place au conseil des amphictyons. → **sacrées (guerres).** Athènes, où le parti antimacédonien l'emporta, empêcha Philippe d'occuper Byzance en -341, mais le Macédonien, chargé d'exécuter une sentence du conseil amphictyonique contre les Locriens, occupa Élatée* en -339. Ayant ensuite écrasé l'alliance d'Athènes et de Thèbes* à Chéronée* (-338), il devint le maître incontesté de la Grèce (à l'exception de Sparte). Le congrès panhellénique qu'il convoqua alors à Corinthe (-337) le reconnut comme arbitre politique d'une ligue hellénique et comme son chef militaire en temps de guerre. Philippe fit décider la guerre des Grecs unis contre Darios III, mais il périt assassiné, peut-être à l'instigation d'Olympias, son épouse, délaissée pour Cléopâtre. Ses projets furent réalisés par son fils Alexandre* le Grand.

**PHILIPPE V** ♦ (-238 - Amphipolis -179). Roi de Macédoine (-221 - -179), fils de Démétrios II. Voulant s'assurer le contrôle de l'Adriatique, il s'allia avec Hannibal* (-215), mais se heurta aux Romains qui formèrent contre lui une alliance de plusieurs États grecs. Il obtint de Rome la paix de Phoenikê (-205) qui lui laissa ses accès sur l'Adriatique. Désireux alors de conquérir les détroits et la Grèce d'Asie, il s'allia avec Antiochos* III, mais, à la demande de Pergame, d'Athènes et de Rhodes, Rome intervint et Flaminius* lui infligea la défaite des Cynocéphales* (-197) qui le chassa de la Grèce. Philippe apporta alors son appui aux Romains mais ne réussit pas à gagner leur confiance.

### PAYS-BAS

**PHILIPPE Ier le Beau** ♦ (Bruges 1478 - Burgos 1506). Souverain des Pays-Bas (1482 - 1506), roi de Castille (1504 - 1506). Fils de Maximilien* Ier et de Marie* de Bourgogne, il hérita de sa mère les Pays-Bas et dut s'opposer à son père qui voulait en conserver la régence (1495). Il épousa Jeanne* la Folle, fille d'Isabelle* la Catholique et de Ferdinand* d'Aragon, dont il eut six enfants (parmi lesquels Charles* Quint et Ferdinand* Ier). À la mort d'Isabelle, il monta avec sa femme sur le trône de Castille.

---

**PHILIPPE (Charles-Louis)** ♦ Écrivain français (Cérilly, Allier 1874 - Paris 1909). D'abord encouragé à la poésie par les symbolistes, il gagna la notoriété par son œuvre romanesque, tout imprégnée des souvenirs de sa modeste vie d'employé. *Bubu de Montparnasse* (1901), *Marie Donadieu* (1904) et *Croquignole* (1906) peignent avec tendresse la vie des pauvres gens auxquels amour et espoir sont interdits. Parfois, comme dans *La Mère et l'Enfant* (1900), les souvenirs prennent la valeur d'un symbole, celui de l'humanité rachetée par la souffrance. Initiateur de la littérature «populiste», il en fut aussi un des maîtres. → **populisme.**

**PHILIPPE DE GRÈCE,** duc **D'ÉDIMBOURG** ♦ (Corfou 1921). Prince consort de Grande-Bretagne. Descendant par sa mère de la reine Victoria*, il épousa la princesse Élisabeth qui, devenue reine en 1952, lui donna le titre de prince consort en 1957.

**PHILIPPE DE VITRY (Philippus DE VITRIACO, dit)** ♦ Théoricien de la musique et compositeur français (Vitry 1291 - Meaux 1361). Ami et conseiller de l'héritier du trône Jean, duc de Normandie, il occupa d'importantes fonctions à la cour de Philippe VI de Valois et de Jean II le Bon. Il fut évêque de Meaux (1351). Esprit de haute culture, il entretint des relations avec l'élite intellectuelle de son temps, notamment avec Pétrarque. À ce titre, il peut être considéré comme l'un des précurseurs de l'humanisme français. De nombreux traités, transcrits d'après son enseignement (*Liber musicalium, Ars contrapuncti* et surtout *Ars nova musicae*, v. 1325), montrent l'importance de son rôle dans l'élaboration d'un «art nouveau» qui, en se substituant à l'*ars antiqua*, a révolutionné la musique dès la fin du XIVe s. Il se caractérise par une théorie de la notation mesurée et du contrepoint et manifeste un souci d'affranchissement mélodique et rythmique qui annonce la Renaissance. Musicien et poète, Philippe de Vitry a peu composé. Une dizaine de ses motets nous sont parvenus ; quelques pièces du *Roman de Fauvel* lui sont attribuées.

**PHILIPPE Égalité** → **Orléans (Louis Philippe Joseph, duc d')**

**PHILIPPE le Tétrarque** → **Hérode Philippe le Tétrarque**

**PHILIPPE NERI** (saint) ♦ Prêtre italien, fondateur de l'Oratoire (Florence 1515 - Rome 1595). Il se consacra au service des pèlerins, des valétudinaires, des pauvres, puis groupa des fidèles en réunions pieuses s'inscrivant dans le mouvement de la Contre*-Réforme, et qui donnèrent naissance à l'institut de l'Oratoire (1575). ▪ Fête le 26 mai.

**PHILIPPES** – en gr. ***Philippoi*** ♦ Anc. ville macédonienne de Thrace, près de la mer Égée. Appelée d'abord Crénidès, elle fut prise par Philippe* II (-358) qui la fortifia et en fit le centre des exploitations minières du mont Pangée. Antoine* et Octave y vainquirent Brutus* et Cassius* (-42). Elle devint colonie romaine sous Auguste* ; saint Paul* y fut emprisonné et y fonda une des premières communautés chrétiennes d'Europe, à laquelle il adressa son Épître aux Philippiens.

**PHILIPPEVILLE** → **Skikda**

**PHILIPPEVILLE** ♦ V. de Belgique (Région wallonne), prov. de Namur, ch.-l. d'arr. 8 482 hab. Église de 1556 et vestiges de remparts. Les 16 villages fusionnés avec Philippeville en 1977 abritent un important patrimoine monumental (églises, châteaux et fermes-châteaux). ▪ Nœud routier. Tourisme. Transformation du bois. ▮ **Histoire** La ville fut créée par Charles Quint, qui lui donna le nom de son fils, Philippe (futur Philippe II), et fut fortifiée pour faire face à Marienbourg qui avait été enlevée par les Français en 1554. Annexée par Louis XIV en 1668, elle fit partie du système défensif de la frontière du N. jusqu'en 1815.

**PHILIPPIENS (ÉPÎTRE AUX)** ♦ Livre du Nouveau Testament* (→ **Bible**), attribué à saint Paul* (Épîtres*). Lettre aux chrétiens de Philippes*, sans doute authentique, 4 chapitres.

## PHILIPPINES

▮ n. f. pl. – off. ***république des Philippines,*** en philippin ***Republika ng Pilipinas*** → **ÉTYM.** du n. de *Philippe* II (V. ci-dessous) ♦ Pays et archipel de l'Insulinde s'étendant sur 1 851 km entre Taiwan et Bornéo. L'État philippin revendique Sabah*, quelques îlots des Spratly*, Guam* et les Mariannes*. Env. 300 000 km². 76 498 735 hab. *(Philippins)*. LANGUES : anglais, philippin ou filipino (off.), 83 langues régionales dont les plus parlées sont le tagalog (27,9 %), le bisaya (24,3 %) et l'ilokano (11,1 %, Luçon). POPULATION : Malais et Négritos, avec une quarantaine de minorités nationales, Chinois. RELIGIONS : catholiques (83 %), aglipayans (5 %), musulmans (4 %), protestants (5,4 %), Iglesia ni Kristo (2,3 %), animistes (2,1 %). MONNAIE : peso. CAPITALE : Manille. RÉGIME : république parlementaire. Le pays est divisé en 16 régions administratives (Luçon : *Bicol, Cagayan Valley, Central Luzon, Cordillera Administrative, Ilocos, National Capital, Southern Tagalog* ; Visayas : *Central Visayas, Eastern Visayas, Western Visayas* ; Mindanao : *Central Mindanao, Northern Mindanao, Southern Mindanao, Western Mindanao, CARAGA, Muslim Mindanao* [région autonome]) qui regroupent 79 prov.

▮ **GÉOGRAPHIE** L'archipel comprend deux grandes îles (Luçon* et Mindanao*), 9 îles moyennes, env. 1 000 petites îles habitées et plus de 6 000 îlots. On distingue cinq grandes zones traditionnelles : Luçon*, les Visayas*, Mindanao*, Palawan* et l'archipel de Sulu*.

Philippines ▮ Productions en 2008

| Produits | Quantités | Rang |
|---|---|---|
| ▮ Agriculture | | |
| Ananas | 2 000 000 t | 4e |
| Bananes | 7 000 000 t | 5e |
| Café | 100 000 t | 14e |
| Canne à sucre (2009) | 23 000 000 t | 11e |
| Maïs | 6 400 000 t | 17e |
| Mangues | 900 000 t | 7e |
| Noix de coco | 15 000 000 t | 3e |
| Riz | 16 000 000 t | 8e |
| Bovins (têtes) | 2 500 000 | |
| Buffles (têtes) (2005) | 3 000 000 | |
| Porcins (têtes) | 13 000 000 | 13e |
| Pêche (2009) | 4 500 000 t | 8e |
| ▮ Mines et énergie | | |
| Argent | 23 t | |
| Cuivre | 17 000 t | |
| Or | 37 t | 17e |
| Plomb | 29 000 t | 18e |

**Philippines.**

Le relief, tourmenté, est de formation récente avec un volcanisme encore actif. → **Mayon, Pinatubo.** La seule véritable plaine est celle du centre de Luçon. Le climat est de type tropical, la mousson durant de juin à oct. Le versant O. est le plus arrosé et les typhons sont fréquents. La forêt, riche en essences précieuses et en orchidées, couvre 52 % du territoire. Sa surexploitation menace l'écosystème dans Luçon N. et à Mindanao. La ligne de Wallace* passe à l'E. des Philippines. 22 362 ha de forêts ont été détruits en 1997.

**ÉCONOMIE** **Agriculture** 37 % de la main-d'œuvre est paysanne. Princ. prod. : riz, maïs, noix de coco (coprah, huile, fibres), abaca, canne à sucre, tabac, cacao, café, bananes et autres fruits tropicaux. Le paysan philippin est en général un métayer ou un tenancier *(inquilino)* qui travaille un lopin de terre dans le cadre d'un latifundium *(hacienda)*. Les réformes agraires qui se sont succédé depuis 1972 permettent peu à peu aux agriculteurs de se soustraire à l'emprise de leurs propriétaires, auprès desquels ils sont endettés à vie, et de créer des coopératives, mais ils ne sont pas à même de résister à la concurrence internationale. Le pays est touché par la crise alimentaire depuis 2007 : il est le premier importateur mondial de riz mais les quantités disponibles auprès de ses voisins (Thaïlande, Viêtnam) ont diminué et les prix ont flambé. Les coraux et les coquillages sont l'objet d'un commerce lucratif orienté surtout vers l'exportation, mais soumis à des restrictions internationales. **Industrie** Les Philippines disposent de ressources minières importantes : argent, charbon, cobalt, cuivre, nickel, pétrole, or, sel, silice et zinc. Les gisements de chromite (les plus importants du monde) ne sont que partiellement exploités. La production industrielle est réduite : articles en bois, bière, électronique, pièces pour automobiles, prêt-à-porter, produits pharmaceutiques, produits alimentaires, tissus (fibres synthétiques, coton, mais aussi fibres d'ananas et de bananier).

**SOCIÉTÉ** 46 % des Philippins ont moins de 20 ans. Les minorités sont généralement cantonnées dans les montagnes. Les Chinois et les Sino-Philippins constituent une communauté importante et puissante. En ville, les personnes ayant deux emplois ne sont pas rares. Nombre de Philippins suivent une formation pour travailler à l'étranger : infirmières, marins, ingénieurs, musiciens, ouvriers du bâtiment, personnel hôtelier. En 2004, ils étaient 8 millions d'émigrés. Bien que les sociétés philippines aient des racines communes, l'unité culturelle n'est ni cimentée ni consolidée car chaque région a sa langue et ses coutumes, même si les deux colonisateurs (Espagnols et Nord-Américains) ont laissé une empreinte profonde.

**HISTOIRE** **De la préhistoire à l'arrivée des Européens** Des archéologues ont trouvé des traces d'*Homo erectus* dans la vallée de Cagayan avec des restes de stégodon et des outils de pierre taillée. Un crâne d'*Homo sapiens* daté de –22000 a été découvert dans la grotte Tabon à Palawan. Pendant l'ère glaciaire, les Philippines étaient reliées au continent asiatique par des isthmes, qui ont permis aux populations indigènes actuelles d'immigrer par vagues successives, les Négritos venant les premiers, les Malais beaucoup plus tard. À partir des Song du Sud (960 - 1126), les navires de commerce chinois se mirent à échanger leurs produits finis (porcelaines) contre des matières premières locales (bois précieux, cire, carapaces de tortues). Les Philippins furent sans doute en contact avec les royaumes indianisés de Srivijaya (Sumatra, 800 - 1377) et de Majapahit (Java, 1293 - 1478) comme le prouve la présence de quelques mots sanskrits en tagalog. L'islam s'implanta à Mindanao en 1474 ainsi que dans certaines villes de Luçon, à Manille notamment. **La colonisation espagnole** Magellan* aborda aux Philippines en 1521 après sa traversée du Pacifique, et l'archipel fut baptisé du nom de l'infant, futur Philippe II, en 1543 par Ruy López de Villalobos en dépit de l'échec de son expédition de 1542. Les Philippines furent conquises beaucoup plus tard par Miguel López* de Legazpi, et Mindanao ne fut partiellement contrôlée qu'en 1638. → **Zamboanga City.** Le découpage du pays en immenses propriétés, les unes appartenant aux conquérants, les autres aux congrégations religieuses, conditionne encore l'histoire actuelle. L'archipel fut placé sous l'autorité d'un gouverneur dépendant du vice-roi du Mexique, mais l'administration royale et les indigènes ne pouvaient communiquer que par l'intermédiaire du clergé, qui seul maîtrisait à la fois l'espagnol et les langues locales. Jusqu'en 1815, Manille fut essentiellement un comptoir où abordaient les marchandises chinoises qui étaient ensuite expédiées par galion deux fois par an à Acapulco. Seuls les habitants des montagnes purent échapper à la colonisation. Encouragés par les Britanniques et les Néerlandais, les musulmans de Mindanao lançaient de fréquentes attaques contre les villages chrétiens pour les piller et s'y procurer des esclaves. Batavia engagea une bataille navale dans la baie de Manille en 1646, mais fut défaite. Cette victoire est encore fêtée de nos jours *(Naval de Manila)*. Inversement l'occupation de Manille par les Britanniques (1762 - 1764) lamina l'autorité des Espagnols qui durent dès lors réprimer de nombreuses révoltes. Les Philippines ne devinrent une colonie directe de l'Espagne qu'en 1837. Le gouvernement imposa aux indigènes des noms ibériques. L'ouverture du canal de Suez (1869) et la liaison directe avec l'Espagne qui s'ensuivit accentuèrent l'hispanisation. **L'insurrection d'Aguinaldo et la domination des États-Unis** Des mouvements nationalistes se formèrent et l'insurrection de Cavite, sous la direction d'Aguinaldo, sonna le glas de la présence espagnole. Theodore Roosevelt ayant déclaré la guerre à l'Espagne dans le cadre de son intervention à Cuba*, le commodore George Dewey détruisit la flotte espagnole dans la baie de Manille le 1er mai 1898. Aguinaldo, qui avait dû se réfugier à Hong Kong, revint aux Philippines, appuyé par les États-Unis, et établit une dictature (24 mai 1898). Les forces philippines défirent l'armée espagnole et la Première République fut proclamée à Malolos le 23 janv. 1899. Aguinaldo, qui en était le président, déclara alors la guerre à ses anciens alliés le 5 fév. 1899, à la veille de la ratification par Washington, du traité de Paris du 10 déc. 1898, qui attribuait les Philippines aux États-Unis. Ayant écrasé sans pitié la résistance philippine, la nouvelle puissance colonisatrice tenta de se rendre populaire en apportant la médecine moderne, l'instruction populaire, le pragmatisme anglo-saxon et une certaine prospérité. Elle ne résolut pas le problème agraire puisque les terres achetées à l'Église furent vendues à des financiers. Le gouverneur Francis B. Harrison (1913 - 1921) libéralisa le régime. À partir de 1934, les Philippines entrèrent dans une période d'indépendance sous tutelle appelée *Commonwealth*. **La Deuxième Guerre mondiale** Les Japonais occupèrent l'archipel en 1942, et établirent José P. Laurel comme président (1943 - 1945) mais leurs atrocités et l'emprise profonde de la civilisation occidentale sur les Philippins firent échouer leur entreprise. Un grand mouvement de résistance s'organisa autant sous l'égide des Américains que sous celle des communistes philippins (→ **Huks**), dont le parti avait été déclaré illégal en 1932. Vaincu, le général Tomoyuki Yamashita se rendit au général MacArthur le 3 sept. 1945. Les États-Unis firent expulser les sénateurs hostiles au *Bell Trade Act*, qui leur donnait le droit d'exploiter sans restriction les richesses naturelles du pays au titre des dommages de guerre. **L'indépendance et la lutte contre le communisme** L'indépendance des Philippines fut proclamée officiellement le 12 juil. 1946. Dès lors, les gouvernements successifs entreprirent plusieurs actions de lutte contre le communisme : mise hors la loi des Huks (1946), envoi d'un bataillon en Corée (1950), adhésion à l'Otase* (1954), envoi d'un contingent symbolique au Viêtnam (1966). F. Marcos* (1965 à 1985) sortit son pays de la période postcoloniale et le modernisa. Il engagea des moyens importants dans la lutte contre les communistes et les indépendantistes musulmans de Mindanao*. Accusé de dictature et de prévarication, il fut battu aux élections de 1986, marquées par l'assassinat de B. Aquino*

(1983). Mais les résultats furent contestés et des soulèvements populaires forcèrent Marcos à se réfugier à Hawaii. ▮ **L'après-Marcos** C. Aquino*, à qui s'étaient ralliées l'Église et une partie de l'armée, devint présidente avec le soutien des États-Unis. Elle fut d'abord l'objet d'une véritable adulation, puis vit sa popularité s'émousser et fut confrontée à plusieurs tentatives de coups d'État militaires. En 1992, elle soutint le général Fidel Ramos* qui fut élu. La même année, les Américains évacuèrent leurs bases, privant l'archipel d'importantes sources de revenus. Le vice-président, Joseph Estrada, remporta l'élection présidentielle de 1998 mais fut destitué pour corruption deux ans plus tard et fut remplacé par la vice-présidente, Gloria Arroyo. Celle-ci fut élue présidente en 2004 mais depuis lors elle est accusée de fraude électorale, notamment par les chefs militaires, et a durci le régime. Elle mène une politique néolibérale et se heurte aux protestations croissantes des plus défavorisés. Elle est soutenue par les États-Unis dans sa lutte contre le terrorisme islamiste.

**PHILIPPINES** (mer des) ♦ Partie de l'océan Pacifique s'étendant au N. et à l'E. des Philippines et comprise entre Taiwan au N., les îles Mariannes à l'E., les îles Carolines au S.-E. et les Philippines au S.-O. De violents combats s'y livrèrent de 1942 à 1944 entre Américains et Japonais. → **Guerre mondiale (Deuxième).**

**PHILIPPIQUE BARDANE** – en gr. ***Philippikos Bardanês*** ♦ Empereur byzantin (de 711 à 713). Général arménien, il détrôna Justinien II, mettant fin à la dynastie des Héraclides. Il soutint le monothélisme et ne put empêcher les Bulgares et les Arabes de ravager l'empire. Il fut renversé par une sédition et eut les yeux crevés.

**Philippiques** – en gr. ***Philippikoi*** ♦ Harangues de Démosthène* contre Philippe* II de Macédoine prononcées, la première en –351, la deuxième en –344, la troisième en –341 (une quatrième est contestée). Démosthène y dresse des plans de guerre, préconise des mesures de mobilisation, dénonce l'enjeu militaire et diplomatique de Philippe et critique l'apathie et l'oisiveté des Athéniens, en essayant d'éveiller chez eux les sentiments de responsabilité et de fierté dus au glorieux passé de leur cité.

**PHILIPPOPOLIS** → **Plovdiv**

**PHILIPPOT (Michel)** ♦ Compositeur français (Verzy 1925 - Vincennes 1996). De formation scientifique, il enseigna la musique à Paris et au Brésil (*Sonate pour piano n° 1*, 1947 ; *Composition pour orchestre à cordes n° 1*, 1959 ; *Sonate pour piano n° 2*, 1973 ; *Quatuor à cordes*, 1976 ; *Quatuor à cordes n° 4*, 1987).

**PHILIPPSBURG** ♦ V. d'Allemagne (Bade-Wurtemberg), sur le Saalbach et un bras du Rhin, au N. de Karlsruhe. 12 667 hab. Indus. nucléaire. ▮ **Histoire** L'anc. *Udenheim*, fortifiée par les évêques de Spire, fut l'enjeu de nombreux combats aux XVIIe et XVIIIe s.

**PHILISTINS** n. m. pl. → ÉTYM. de l'hébr. *Pelishtî* «habitant de Pelèshèth» [territoire qui a donné son nom à la Palestine] ♦ Peuple de l'Antiquité, d'origine incertaine (un des Peuples* de la Mer), qui s'installa sur le littoral de Canaan vers –1190 et donna son nom à l'ensemble du pays. → **Palestine.** Ils dominèrent les Cananéens* et les Israélites (→ **Israël**), mais ces derniers finirent par l'emporter, sous la royauté de David*. La Bible (Juges, I Samuel) garde de nombreux souvenirs de ces luttes. → **Samson, Samuel, Saül, Jonathan, David, Goliath.** Les cinq villes ou «satrapies» des Philistins étaient Gaza, Asdod, Ashqelon, Gath, Eqron (ou Accaron). Leur langue, non sémitique, n'a laissé qu'un mot : *sérèn* «prince, satrape». Leur civilisation était de type mycénien (poteries caractéristiques qu'on a rapprochées de poteries crétoises). Ils avaient adopté des dieux sémitiques : Dagon (→ **Dagan**), Baal* Zebub, Astoreth.

**PHILLIPS (William D.)** ♦ Physicien américain (Wilkes Barre 1948). En combinant le refroidissement Doppler et l'action du champ magnétique, il parvint à refroidir les atomes de sodium bien au-dessous de la limite théorique, suggérant l'existence d'un autre mécanisme de refroidissement, proposé peu après par Cohen*-Tannoudji. [Prix Nobel de phys. 1997, avec S. Chu* et C. Cohen-Tannoudji]

**PHILOCTÈTE** – en gr. ***Philoktêtês*** ♦ Un des chefs grecs de l'expédition contre Troie*, dans l'*Iliade*. Mordu par un serpent, il est abandonné sur l'île de Lemnos. Rappelé la dixième année de la guerre, il tue Pâris*, contribuant ainsi à la victoire grecque.

**Philoctète** – en gr. ***Philoktêtês*** ♦ Tragédie de Sophocle* (–409). Blessé à un pied pendant la traversée qui acheminait les Grecs vers Troie, Philoctète a été abandonné par ses compagnons dans une île déserte. On lui a laissé un arc et des flèches magiques, dons d'Héraclès, afin qu'il ne meure pas de faim. Neuf ans après, les Grecs apprennent d'un oracle que, sans ces armes infaillibles, ils ne pourront prendre Troie. Ulysse, qui sait la haine que lui porte Philoctète, charge Néoptolème, fils d'Achille, d'obtenir, grâce à une ruse, la remise des armes aux Grecs. Se présentant comme un ennemi d'Ulysse, le jeune homme gagne la confiance de Philoctète qui lui donne l'arc et les flèches. Mais Néoptolème, pris soudain de repentir, lui avoue la vérité et lui restitue ses armes. C'est alors qu'Héraclès apparaît et ordonne au malade, son ami, de se rendre à Troie où Asclépios le guérira. Dans l'affrontement qui l'oppose à la cruauté des dieux et des hommes, Néoptolème a affirmé sa foi en une justice tout humaine.

**PHILODÈME** – en gr. ***Philodêmos*** ♦ Philosophe épicurien grec (Gadara, Cœlésyrie, v. –110 - Italie v. –40). Originaire de Gadara, en Syrie, il enseigna à Rome où il eut sans doute Cicéron pour auditeur. Mais il vécut la plupart du temps à Naples et à Herculanum, dans une riche demeure appartenant à son protecteur Pison (le beau-père de César), où, pendant quarante ans, il constitua une très riche bibliothèque, notamment épicurienne. Auteur d'une œuvre importante (*Sur les signes, Sur les dieux, Sur la rhétorique, Sur les poèmes, Sur la musique*), Philodème contribua à faire de la Campanie la capitale de l'épicurisme romain et eut notamment pour élève Virgile. Sa bibliothèque fut découverte en 1753 dans la «Villa des papyri» à Herculanum et constitue encore de nos jours la source la plus importante de notre connaissance de la philosophie épicurienne, la papyrologie moderne continuant à déchiffrer précautionneusement les morceaux de papyrus calcinés par l'éruption du Vésuve en 79.

**PHILOLAOS** ♦ Philosophe et astronome grec (Crotone ou Tarente v. –470 - Héraclée fin –Ve s.). Il fonda une école pythagoricienne à Thèbes et fut, dit-on, un des premiers à divulguer la pensée du maître. Il étudia les nombres, l'harmonie et les polyèdres réguliers. On lui attribue une théorie astronomique affirmant la sphéricité et le mouvement de la Terre autour d'un «feu central».

**PHILOMÈLE** – en gr. ***Philomêla*** ♦ Princesse légendaire d'Athènes, fille de Pandion*. Son beau-frère Térée, roi de Thrace, lui ayant fait violence, lui coupe la langue pour l'empêcher de parler. Mais Philomèle trouve le moyen de le dénoncer à sa sœur Procné, épouse de Térée, en brodant son aventure sur une tapisserie qu'elle lui fait parvenir. Procné, pour se venger, tue son propre fils et le sert à son mari. Pourchassées par Térée, les deux sœurs sont sauvées par les dieux qui transforment Procné en hirondelle, Philomèle en rossignol.

**PHILOMÈNE** (sainte) ♦ Martyre imaginaire dont le culte se répandit au XIXe s. En 1802, on découvrit dans les catacombes Sainte-Priscille, à Rome, des ossements que des fragments d'inscription firent prendre pour les reliques d'une jeune martyre qui se serait nommée *Filumena*. En 1805, le transfert de ces «reliques» à Mugnano, près de Naples, procura une grande notoriété à cette «sainte» et, peu après, sa vie fut décrite par une religieuse italienne, d'après des visions. La région de Naples et, grâce au curé d'Ars, Jean*-Baptiste Marie Vianney, la France pratiquèrent la dévotion à sainte Philomène. Mais, en 1904, H. Marruchi rendit les ossements à l'anonymat en montrant notamment que les tuiles portant l'inscription étaient des matériaux de récupération. ▪ Fêtée anc. le 11 août, elle a été supprimée du calendrier liturgique en 1961.

**PHILON D'ALEXANDRIE** → ÉTYM. en gr. ***Philôn***, de *phileô* «aimer» ♦ Philosophe juif de langue grecque (Alexandrie v. –20 - 50). Il reçut une formation hellénique, tout en étudiant la Bible et la pensée hébraïque. Il fut envoyé en ambassade à Rome (39 - 41), auprès de Caligula, pour défendre le droit de cité des Juifs d'Alexandrie. Ses œuvres se partagent en traités apologétiques exégétiques (*Questions et Solutions sur la Genèse et l'Exode ; Commentaire allégorique de la Genèse*) et en ouvrages de philosophie (*Sur l'esclavage de l'insensé ; Sur la liberté du sage*). Sa pensée apparaît comme une tentative de conciliation et de synthèse entre sa foi monothéiste et l'héritage de la philosophie grecque, en particulier Platon et les stoïciens. Philon est souvent considéré comme un précurseur du néoplatonisme. → **platonisme.**

**PHILON DE LARISSE** ♦ Philosophe grec sceptique néo-académicien (Larissa, Thessalie, v. –150 - Rome, v. –79). Après Platon*, Arcésilas* et Carnéade* on fait souvent de Philon le fondateur de la Quatrième Académie, tant les inflexions qu'il apporta au scepticisme néo-académicien furent notables. Pourtant, et parce que nous n'avons conservé aucune de ses œuvres, la reconstruction exacte des nouveautés introduites par Philon n'est rien moins qu'aisée. Il semblerait que, sous l'influence du stoïcisme, Philon ait rétabli la notion d'une vérité en soi, par nature inaccessible mais à laquelle renverrait la notion de probable. Le scepticisme devient donc zététique puisqu'un progrès vers la vérité est possible. Chassé d'Athènes en –88 par la guerre de Mithridate, Philon s'installa à Rome où il attira de nombreux disciples, dont Cicéron*.

**PHILOPŒMEN** – en gr. ***Philopoimên*** ♦ Stratège et homme politique grec (Megalopolis v. –252 - Messène –183). Préparé par l'ascèse à une vie austère et active, il se distingua très vite par ses vertus civiques et ses qualités militaires. Élu huit fois stratège de la Ligue achéenne* à partir de –208, il réorganisa son armée et lutta pour réaliser une unité hellénique contre la menace romaine et la domination macédonienne. Il battit les Étoliens à Larissa (–208), et par sa victoire de Mantinée (–206), obligea Sparte à entrer dans la Ligue, puis, après une tentative séparatiste de cette cité (–188), il en fit raser les murailles et déporter les habitants. Lors d'une expédition contre Messène*, détachée de la Ligue par les agents des Romains, il fut battu, fait prisonnier et condamné à boire la ciguë. Son successeur Lycortas* vengea sa mort. Plutarque le surnomma le *dernier des Grecs*.

**PHILOPON (Jean)** – en gr. ***Philoponos*** ♦ Philosophe et grammairien grec (Alexandrie v. 490 - v. 566). Penseur chrétien, il fréquenta l'école néoplatonicienne. Il écrivit un traité, *Contre Proclos sur l'éternité du monde*, où il soutient la thèse de la création du monde dans le temps propre à la théologie judéo-chrétienne.

Le **Philosophe sans le savoir** ♦ Comédie en 5 actes, en prose, de Sedaine* (1765). À la veille du mariage de sa fille, un honnête et opulent commerçant, M. Vanderk, apprend que son fils va se battre en duel pour venger l'honneur de négociants qu'un officier a traités de fripons. La nouvelle de la mort du jeune homme parvient alors au père, mais elle est vite reconnue pour fausse, les deux adversaires s'étant réconciliés sur le terrain du duel. Célébrant les vertus de la bourgeoisie marchande, la pièce peut être tenue pour le chef-d'œuvre de la comédie sérieuse au XVIII^e s.

**Philosophie de la misère (Système des contradictions économiques ou la)** ♦ Ouvrage paru en 1846, où Proudhon* expose ses théories économiques et sociales dans un esprit réformiste, préservant la petite propriété et cherchant à concilier les classes opposées. L'ouvrage fut critiqué par Marx* *(Misère* de la philosophie)*.

La **Philosophie de l'art** ♦ Œuvre de Taine* (1882) dont l'intérêt réside dans la tentative pour faire de l'esthétique et de l'histoire de l'art une science positive, par l'analyse sociologique de la création artistique. Elle comporte des études sur la nature et la production de l'œuvre d'art, sur l'art en Italie, aux Pays-Bas et en Grèce.

**philosophie du droit (Principes de la)** – en all. ***Grundlinien der Philosophie der Rechts*** ♦ Ouvrage de Hegel* (1820 - 1821). «Monde de l'esprit produit comme seconde nature à partir de lui-même», le système du droit est l'actualisation de la liberté en ses différents moments : le droit abstrait (de la personne privée dont le vouloir se réalise dans la propriété), la moralité subjective (affirmation de l'exigence infinie de la subjectivité) et la moralité objective. C'est dans la famille, la société civile (monde du libéralisme bourgeois) et surtout l'État (organisation rationnelle de la vie d'un peuple, réalité en acte de l'Idée morale) que la liberté devient un monde réel (universel concret). Critiquant le formalisme moral de Kant et la théorie contractuelle de l'État de Rousseau, Hegel «a voulu réconcilier la subjectivité chrétienne infinie avec l'idéal de la cité antique, selon lequel l'État est pour le citoyen le but final de son monde» (J. Hyppolite).

**philosophie positive (Cours de)** ♦ Ouvrage d'Auguste Comte* (1830 - 1842). Exposé du système positif du savoir, où sont développées la fameuse loi des trois états du développement de l'esprit humain (théologique, métaphysique et positif) et la classification linéaire des sciences dont la plus complexe, la sociologie (mot créé par Comte), constitue la base de la morale, de la politique et de la religion positives.

**PHLÉGRÉENS** (champs) – en it. ***Campi Flegrei*** ♦ Grand cratère volcanique (caldeira) d'Italie méridionale (Campanie), à l'O. de Naples, formé il y a 35 000 ans. L'éruption de 1538 a donné naissance au cône du *Monte Nuovo*. Fumerolles à la *Solfatara*.

**PHNOM PENH** ← ÉTYM. du khmer *Bhnam ben* «montagne d'abondance», de *Bhnam* «montagne» et *ben* «plein, abondant» [l'étym. «colline de la grand-mère Penh» est populaire] ♦ Cap. du Cambodge, située au confluent («les Quatre Bras») du Mékong et du Tonle Sap. Pop. estimée entre 1 000 000 et 1 500 000 hab. ▮ **Histoire** Cap. depuis les années 1860 (→ **Norodom**). Aérée, verdoyante, moderne, elle était bâtie autour de la colline artificielle du Phnom. Prise par les Khmers rouges (1975), elle fut vidée de sa population (env. 2,5 millions d'hab.) et laissée à l'abandon (→ **Cambodge**). Réoccupée en 1979 alors qu'elle était en ruine, elle se reconstruit lentement et retrouve son activité commerciale et touristique.

**PHOCAS** ← ÉTYM. du n. de la *Phocide** ♦ (mort en 610). Empereur byzantin (602 - 610). Simple centurion porté au trône par une sédition militaire, il mit à mort l'empereur Maurice* et ses fils. Régnant par la terreur au milieu des conspirations, il ne put défendre l'empire contre les Perses et, renversé par Héraclius* I^er, fut massacré par la foule.

**PHOCÉE** – en gr. ***Phôkaia*** ♦ Anc. ville d'Asie Mineure (Ionie) dans le golfe de Smyrne (hab. : *Phocéens*). Fondée peut-être par des Phocidiens et Athéniens v. le -X^e s., elle acquit dès le -VII^e s. une grande importance commerciale et fonda une douzaine de colonies sur les côtes septentrionales de l'Asie Mineure, dont Lampsaque* et Amisos (Samsun*) et surtout en Méditerranée occidentale : Massalia (Marseille*) en France, Emporium en Espagne. Après la prise de leur ville par les Perses (-545), les Phocéens émigrèrent en Corse pour fonder un État maritime. Devant les attaques conjuguées des Carthaginois et des Étrusques, ils émigrèrent de nouveau en Italie du Sud (→ **Grande Grèce**) où ils fondèrent Élée*. Phocée, relevée entre-temps, fut assiégée par les Romains en -190. Elle connut un nouvel essor commercial sous les Génois qui fondèrent v. 1300 la *Nouvelle Phocée* au N.-E. de la ville antique. ▪ Ruines d'un temple archaïque d'Athéna et d'une forteresse génoise à l'actuel village de *Phoça*.

**PHOCIDE** n. f. ← ÉTYM. en gr. ***Phôkis*** ou en gr. mod. ***Phôkída***, de *Phôkos*, n. d'un héros changé en phoque, du gr. *phôkê* «phoque» ♦ Région de l'anc. Grèce limitée par le golfe de Corinthe, la Béotie, l'Étolie et la Locride, dont les villes principales étaient Amphissa, Kirra, Daulis* et Élatée*. ▪ L'actuel nome de Phocide a pour ch.-l. Amphissa*. ▪ Les massifs du Parnasse et du Kiona (bauxite) dominent la plaine côtière d'Amphissa, célèbre pour ses oliveraies. ▮ **Histoire** Le sanctuaire de Delphes*, disputé aux Phocidiens par les Béotiens et les Thessaliens, fut l'enjeu des guerres sacrées*. Ravagée par Philippe* II de Macédoine, la Phocide se rangea ensuite aux côtés des Macédoniens.

**PHOCION** – en gr. ***Phôkiôn*** ← ÉTYM. du n. de la *Phocide** ♦ Général et orateur athénien (v. -402 - Athènes -318) du parti aristocratique. Élu quarante-cinq fois stratège, il repoussa les Macédoniens de l'Eubée et de la Chersonèse*. Valeureux combattant, mais aussi partisan de la paix, il sut être un ambassadeur efficace auprès d'Alexandre et d'Antipatros. Dans l'exaltation des passions nationalistes, il fut injustement condamné à boire la ciguë. Orateur vigoureux, il était estimé de son grand adversaire Démosthène. Son œuvre est perdue.

**PHOCYLIDE** – en gr. ***Phôkulidês*** ♦ Poète grec (Milet -VI^e s.). Auteur de vers sentencieux en hexamètres ou distiques élégiaques, admirés et imités à l'époque hellénistique. Parmi divers plagiats figure le recueil *Maximes de Phocylide*.

**PHOENIX** ← ÉTYM. allus. au *Phénix** ♦ V. des États-Unis, cap. de l'Arizona, bâtie dans une oasis de la Salt River. 1 321 045 hab. dont 20 % d'Hispaniques (zone urbaine 3 251 871). La population a augmenté de 24 % en 10 ans. Au centre d'une zone agricole (irriguée par le *Roosevelt Dam*) et minière (métaux non ferreux), la ville, bien située sur la transcontinentale S. est en expansion rapide grâce au développement de l'électronique. Son climat en fait un centre résidentiel et touristique.

**PHOENIX** (archipel) → **Gilbert et Ellice (îles)**

**PHÔKAS** → **Phocas**

**PHOLOS** ♦ Un des Centaures*, fils de Silène*. Il reçoit avec beaucoup d'égards Héraclès* et, à sa demande, ouvre une jarre de vin réservée aux Centaures. Humant l'odeur enivrante, ceux-ci deviennent furieux et attaquent la grotte de Pholos, lançant des rochers et des arbres enflammés. Héraclès tue plusieurs Centaures et disperse les autres. Après le combat, une flèche du héros tombe par hasard sur le pied de Pholos et le tue. Héraclès lui accorde des honneurs funèbres.

**Phormion** – en lat. ***Phormio*** ♦ Comédie de Térence* (-161) ayant pour thème les rapports réciproques des jeunes gens et des vieillards. Molière s'en inspira dans les *Fourberies de Scapin*.

**PHOSPHATES** (plateau des) ♦ Nom donné au Maroc à une partie des plateaux de la Meseta* de la haute Chaouïa.

**PHOTIOS** ou **PHOTIUS** (pour l'Église orthodoxe, saint) ♦ Théologien byzantin (Constantinople v. 820 - *id.* 895). Michel III le fit nommer patriarche de Constantinople en 858, à la place d'Ignace*, mais le pape Nicolas I^er l'excommunia et le déposa (863). Photios riposta en faisant excommunier le pape par un concile réuni à Constantinople en 867 (schisme de Photios). Déposé en faveur d'Ignace à l'avènement de l'empereur Basile I^er, il fut condamné par le IV^e concile œcuménique de Constantinople* (869 - 870) ; à la mort d'Ignace (877), il fut réinstallé puis réhabilité et il garda de bonnes relations avec Rome. Néanmoins, il apparut comme le champion de l'«orthodoxie» face à Rome, et son attitude servit de modèle au XI^e s. lorsque l'Église orthodoxe se sépara de l'Église romaine. C'est lui qui avait organisé la mission de Cyrille* et de Méthode* auprès des Slaves (862 - 863). ▪ Œuvr. princ. : le *Myriobiblion* ou *Bibliothèque* de Photios (analyse d'ouvrages dont beaucoup sont perdus), *Amphilochia*, *Contre les manichéens*, *Traité sur le Saint-Esprit* (où il combat le *Filioque**).

**PHRAATE** – en gr. ***Phraatês*** ♦ Nom de plusieurs rois des Parthes. ♦ **PHRAATE III.** Il fut empoisonné par ses fils Mithridate III et Orode II (-57). ♦ **PHRAATE IV.** Roi de -37 à 2, il assassina ses frères et son père Orode* II. Il vainquit les légions d'Antoine en Arménie (-36), se vit disputer le trône par Tiridate II, allié des Romains, et fut contraint de traiter avec ceux-ci.

**Phra Lo** ♦ Grand poème siamois datant du début du XVII^e s., en vers de 4 pieds intercalés dans de la prose rythmée, racontant une histoire semblable à celle de Roméo et Juliette, d'inspiration bouddhique ; attribué au roi Naray.

**PHRAORTE** – en gr. ***Phraortês***, en iranien ***Fravarti*** ♦ Nom de deux rois mèdes dont le plus important régna v. -670 et fut tué devant Ninive en -653. → **Mèdes.**

**PHRIXOS** et **HELLÉ** – en gr. ***Phrixos*** et ***Hellê*** ♦ Enfants d'Athamas* et de Néphélé. Ino*, la seconde femme d'Athamas qui déteste ses beaux-enfants, persuade les paysannes de griller les grains du blé avant de les semer. Devant la disette qui s'ensuit, Athamas demande à Delphes un oracle. Les envoyés, soudoyés par Ino, disent que Zeus exige qu'on lui sacrifie Phrixos, et Athamas obéit. Mais Néphélé donne à son fils un bélier à toison d'or qui enlève les deux enfants et s'envole. Hellé tombe dans la mer qui depuis porte son nom *(Hellespont*)* et Phrixos, parvenu seul en Colchide, sacrifie le bélier et offre sa toison au roi Æétès (→ **Toison d'or**).

**PHRYGIE** n. f. – ÉTYM. en gr. *Phrugia*, en lat. *Phrygia* ; du n. des *Phryges* (gr. *Phruges*) [V. ci-dessous], d'une rac. *°bher* «se mouvoir rapidement, violemment», allus. aux migrations et au caractère guerrier de ce peuple ♦ Anc. contrée d'Asie Mineure occupant la partie O. du plateau anatolien, entre la Lydie* et la Cappadoce*. Son étendue a beaucoup varié suivant les époques. La partie N.-O. de l'Asie Mineure fut appelée au –VIe s. *Petite Phrygie* ou *Phrygie hellespontique*. ▮ **Histoire** Peuple indo-européen, les Phrygiens (ou *Moushki*), venus de la Thrace ou de la région danubienne, occupèrent presque toute la partie centrale et occidentale de l'Asie Mineure, portant le dernier coup à l'empire hittite (v. –1200) et disputant le haut de l'Euphrate aux Assyriens (v. –1100). Leur royaume, axé sur le Sangarios, avec Gordion* comme cap., atteignit son apogée au –VIIIe s., sous le règne (ou la dynastie) de Midas*, fils de Gordias*. Aux prises pendant des siècles avec les Assyriens, la Phrygie succomba v. la fin du –VIIIe s. aux invasions des Cimmériens. Évincée alors par la Lydie, elle tomba avec elle sous la domination perse en –546. Disputée par les diadoques d'Alexandre, elle passa des Séleucides* au royaume de Pergame* (–188), tandis que la partie E., envahie par les Celtes (–275), prenait le nom de Galatie*. À partir de –103 elle fit partie de la province romaine d'Asie. La civilisation phrygienne, culminant au –VIIIe s., a dépassé l'expansion territoriale et la durée de l'État de Midas. Ses réalisations dans les arts plastiques (notamment la céramique peinte) et la musique (mode *phrygien*) révèlent les contacts avec la Grèce archaïque. Son originalité, surtout dans les domaines architectural et religieux, a renforcé l'hypothèse de l'acheminement des influences anatoliennes vers la Grèce par la Phrygie. Cybèle*, la grande déesse phrygienne, initia Dionysos* à ses mystères, ou, d'après une autre légende, celui-ci fut éduqué par Silène* (cf. les légendes de Marsyas*, de Midas et des Silènes). Le culte de Cybèle et d'Attis*, introduit dans le monde gréco-romain, y apportait un élément mystique et orgiaque typiquement oriental. Aussi les premiers temps du christianisme en Phrygie (IIe s.) furent-ils marqués par l'hérésie du montanisme.

**PHRYNÉ** – ÉTYM. en gr. *Phrunê* «crapaud» ♦ Courtisane grecque du –IVe s. Joueuse de flûte originaire de Thespies, elle fut l'hétaïre la plus riche et la plus célèbre d'Athènes. Maîtresse de Praxitèle*, elle lui aurait servi de modèle pour ses statues d'Aphrodite. Selon la tradition, Phryné, accusée d'impiété, fut acquittée par le tribunal des héliastes désarmés par sa beauté quand son défenseur Hypéride*, à bout d'arguments, dévoila le corps de sa cliente.

**PHRYNICHOS** – en gr. *Phrunikhos* ♦ Poète tragique athénien (fin du –VIe s. - début du –Ve s.). Prédécesseur d'Eschyle, il exerça une forte influence sur l'évolution de la tragédie en la dégageant de la choristique par l'usage du masque et du costume pour l'acteur qui y interprétait plusieurs rôles. De son œuvre on ne connaît que quelques titres dont *Les Phéniciennes*.

**PHRYNICHOS** ♦ Poète comique athénien (fin du –Ve s.). Contemporain d'Aristophane, il dut sa réputation à deux comédies *Le Misanthrope* (*Monotropos*, –419) et *Les Muses* (–405).

**PHTAH** → Ptah

**PHTIOTIDE** n. f. – en gr. mod. *Phthiôtída* ♦ Région de l'anc. Grèce (Thessalie), centrée sur la vallée du Sperkhios au fond du golfe Lamiaque (de Lamia). Selon la légende, elle fut habitée par les Myrmidons*. Sa capitale, Phthia, patrie d'Achille, n'a pu être située. ▪ L'actuel nome de Phtiotide, moins étendu au N. que l'ancienne région, a pour ch.-l. Lamia*. ▪ Coton. Betterave à sucre. Céréales.

**PHUKET** – ÉTYM. prononciation thaïe du malais *bukit* «colline» ♦ Petite île de Thaïlande, sur la côte occidentale de la péninsule malaise, productrice d'étain, de coprah et de caoutchouc. Tourisme important. Plus de 100 000 hab. L'île, appelée jadis par les Européens *Junkceylon* (du malais *Ujong Salang*), fut convoitée par les Anglais et les Français. Elle fut gravement touchée par le tsunami du 26 déc. 2004 (5 500 morts dont la moitié de touristes).

**PHÚ QUỐC** ♦ Île vietnamienne proche de la côte S. du Cambodge, faisant partie de la prov. de Kiên Giang. Surnommée l'*île aux 99 sommets*, elle couvre 550 km² formés en grande partie de hautes terres. Outre ses beaux paysages côtiers et sous-marins (coraux), l'île possède de nombreuses richesses : indus. du *nuóc mắm* (saumure de poisson) dont elle produit 1 million de litres/an, forêts, pêche, jais, cultures variées dont celle des poivriers (500 t de poivre/an). ▮ **Histoire** Phú Quốc fut le refuge de Nguyễn Ánh (futur Gia* Long), dans sa lutte contre les Tây Sơn pour la conquête du pouvoir à la fin du XVIIIe s. C'est également dans l'île qu'eurent lieu les derniers combats du résistant Nguyễn Trung Trực en 1867. Phú Quốc fut un lieu de relégation jusqu'en 1975.

**PHYA TAKSIN** ♦ Général siamois d'origine chinoise (1734 - 1782). Il combattit les Birmans et, après le sac d'Āyuthyā, créa sa propre armée. Il se fit proclamer roi en 1768 à Thonburi et refit l'unité siamoise. Autoritaire, accusé de folie, il fut renversé par une rébellion et assassiné par le général Chakri*, qui prit le pouvoir, plaça sa capitale à Bangkok et, sous le nom de Rāma Ier, fonda la dynastie aujourd'hui régnante (1782).

La **Physiologie du goût ou Méditations de gastronomie transcendante** ♦ Ouvrage de Brillat*-Savarin (publié en 1826). Partant de l'idée que «les animaux se repaissent, (que) l'homme mange (et que) l'homme d'esprit seul sait manger», l'auteur étudie dans cet ouvrage le goût, la gastronomie et l'importance de la table dans la vie sociale en mêlant aux dissertations scientifiques des anecdotes plaisantes.

**physiocrates**

n. m. pl. ♦ Économistes du XVIIIe s., qui, voyant dans l'agriculture la source essentielle des richesses, préconisèrent une politique économique libérale favorisant son développement. → **Quesnay, Baudeau, Mirabeau, Condorcet, Gournay, Turgot.**

La **Physiologie du mariage** ou **Méditations de philosophie éclectique sur le bonheur et le malheur conjugal** ♦ Traité d'H. de Balzac* (1829), considéré comme sa première œuvre achevée. Ce «pamphlet conjugal» réduit cyniquement le mariage à une affaire financière que viennent troubler les décevantes pulsions charnelles. Balzac incorpora ce texte dans les *Études analytiques* de *La Comédie* humaine*.

La **Physique** – en gr. *Peri phusikês akroaseôs* ♦ Traité d'Aristote*, en huit livres, dont l'objet est la détermination des principes des choses naturelles. Celles-ci ont pour caractéristique essentielle d'être en mouvement ; Aristote en étudie les différentes formes et la nature, tout en dégageant les notions de puissance (matière) et d'acte (forme). L'ouvrage se termine sur des considérations métaphysiques : l'existence du mouvement implique un premier moteur immobile.

**PIA** [66380] – ÉTYM. aphérèse du lat. *Appianus*, n. de pers. ♦ Comm. des Pyrénées-Orientales, arr. de Perpignan. 5 120 hab.

**PIAF** (**Édith Giovanna GASSION**, dite **Édith**) – ÉTYM. «moineau» (surnom donné par Louis Leplée) ♦ Chanteuse française (Paris 1915 - *id.* 1963). Enfant du pavé de Paris, elle commença par chanter dans les rues. La rencontre de Louis Leplée, directeur d'un cabaret, décida de son avenir (1935). Bientôt connue par la radio, le disque et le music-hall, elle allait devenir en quelques années, par la sûreté de l'instinct, la générosité de l'inspiration, le pouvoir d'envoûtement d'une voix aux inflexions bouleversantes, une grande figure de l'histoire de la chanson. Ses dernières années, marquées par une lutte pathétique contre la maladie et la mort, ont achevé de bâtir sa légende. Inspirant des auteurs de qualité, elle a composé elle-même plusieurs de ses chansons (*La Vie en rose*) et permis à de nombreux talents de se révéler (Y. Montand, G. Moustaki).

Édith **Piaf** à l'Olympia, en janvier 1961.
*Phot. © Lipnitzki/Roger-Viollet*

**PIAGET** (**Jean**) ♦ Psychologue et épistémologue suisse (Neuchâtel 1896 - Genève 1980). Il fit d'abord des études de zoologie, puis s'intéressa à la philosophie (lecture de Bergson*), notamment sous l'angle de l'épistémologie. C'est à partir de là qu'il en vint à la psychologie de l'enfant, guidé par A. Binet*. Il chercha à «reconstituer la genèse ou les phases de formation de l'intelligence» et admit, contrairement à H. Wallon*, que son développement se fait de façon continue, dans le sens de «la socialisation progressive d'une pensée individuelle, d'abord réfractaire à l'adaptation sociale, puis de plus en plus pénétrée par les influences adultes ambiantes». Selon Piaget, la pensée de l'enfant passe graduellement par une période sensori-motrice (acquisition de la notion d'objet permanent, jusqu'à 2 ans env.), préopératoire (égocentrique et animiste, jusqu'à 4 ans), intuitive (apparition au niveau sensori-moteur de la réversibilité des opérations et du concept de conservation, jusqu'à 7 ans), opératoire-concrète (opérations complexes sur des objets, jusqu'à 11 ans) ; elle atteint enfin (entre 11 et 14 ans) le stade d'équilibre final, celui des conduites intellectuelles supérieures (opérations logiques, formelles). La psychologie génétique de Piaget est liée à des recherches de logique (étude des conditions formelles de la connaissance, de la vérité), de sémiotique (fonctions symboliques) et d'épistémologie : *Le Langage et la Pensée chez l'enfant*, 1923 ; *Le Jugement et le Raisonnement chez l'enfant*, 1925 ; *La Représentation du monde chez l'enfant*, 1926 ; *La Naissance de l'intelligence*, 1947 ; *Introduction à l'épistémologie génétique*, 1950 ; *Essai sur les transformations des opérations logiques*, 1953 ; *Sagesse et Illusions de la philosophie*, 1965 ; *La Psychologie de l'enfant*, avec B. Inhelder, 1966 ; *Biologie et Connaissance*, 1967 ;

*Le Possible et le Nécessaire,* 1981. Sa théorie génétique du développement psychique va à l'encontre du structuralisme* de Lacan* ou des théories innéistes de N. Chomsky*. Mais Piaget n'est pourtant nullement un empiriste en épistémologie : pour lui, il existe une dialectique de l'objet et du sujet (*Logique et Connaissance scientifique,* 1967). Il enseigna à Lausanne, à Paris et surtout à Genève, où il dirigea le Centre international d'épistémologie génétique. ➝ ÉTYM. *Piaget* est une variante régionale de *Péaget,* de l'occitan *piago,* désignant celui qui tient un poste de péage.

**PIALAT (Maurice)** ♦ Cinéaste français (Cunlhat 1925 - Paris 2003). D'abord tenté par les arts plastiques, puis par le documentaire, il se révéla en 1969 par un vibrant plaidoyer en faveur des enfants abandonnés : *L'Enfance nue.* L'œuvre attestait une sincérité d'écorché vif, qui se retrouva dans ses films ultérieurs : *Nous ne vieillirons pas ensemble* (1972), *La Gueule ouverte* (1974), *Passe ton bac d'abord* (1979), *Loulou* (1980), *À nos amours* (1983), *Sous* le soleil de Satan* (1987), et dans la série télévisée *La Maison des bois* (1971). Dans *Van Gogh* (1991), il évoqua en images superbes le destin tragique du peintre.

**PIANA** [20115] ➝ ÉTYM. corse «plaine non cultivée» ♦ Ch.-l. de cant. de la Corse-du-Sud, arr. d'Ajaccio, au N. du golfe de Porto. 428 hab. *(Pianais).* Église du XVIIIe s. ▪ Centre d'excursions vers les *calanques de Piana,* dédale d'escarpements de granit rouge dominant la mer.

**PIAN-MÉDOC (LE)** [33290] ♦ Comm. de la Gironde, arr. de Bordeaux. 5 373 hab. Viticulture (haut-médoc).

**PIANO (Renzo)** ♦ Architecte italien (Gênes 1937). Influencé par son ami Jean Prouvé*, l'initiateur du high-tech, il est devenu l'un des plus célèbres représentants de cette tendance. Associé à Richard Rogers* depuis 1970, il a construit avec lui de 1973 à 1977 le Centre national d'art et de culture Georges-Pompidou à Paris. Il s'est ensuite associé à Peter Rice en 1977 puis à Richard Fitzgerald en 1980. Auteur de l'annexe de l'Ircam (1987 - 1988) près du Centre Pompidou dans un style proche, avec son appareillage de briques mordorées, de l'architecture traditionnelle italienne, il a également édifié la Fondation De Menil à Houston (1981), le Nuovo Stadio de Bari (1990), le musée d'Art contemporain à Lyon, l'Auditorium de Rome (2002), le musée Paul Klee à Berne (2005), la tour de 52 étages du *New York Times* dans Times Square à New York (2007). Il a également rénové et transformé de nombreux édifices (usine Fiat à Turin, Potsdamer Platz à Berlin, musée des Sciences de San Francisco qu'il a recouvert d'un toit végétalisé d'un hectare) ou réalisé des extensions (Art Institute de Chicago, Morgan Library à New York, Los Angeles County Museum of Art, Whitney Museum à New York). [Prix Pritzker 1998]

Renzo **Piano.** Le centre culturel Tjibaou, à Nouméa. *Phot. © Witt/Sipa*

**PIAST** ➝ ÉTYM. polon. «moyeu de roue» ♦ Nom de la dynastie des ducs et rois de Pologne*, fondatrice du premier État polonais, sous Mieszko* Ier v. 960, et dont les représentants en ligne directe gouvernèrent la Pologne jusqu'en 1370 (➝ **Boleslas Ier, Mieszko II, Casimir Ier, Boleslas II, Ladislas Ier Herman, Boleslas III, Ladislas II, Boleslas IV, Mieszko III, Casimir II, Ladislas Ier Łokietek, Casimir III**). Issue de la tribu des Polanes, probablement originaire de la Cujavie*, elle s'éteignit en Pologne avec Casimir III le Grand (1370) et fut remplacée par la dynastie des Jagellons* (1386). ▪ Les Piast continuèrent néanmoins à régner en Mazovie* jusqu'en 1526 et sur diverses principautés de Silésie* jusqu'en 1675.

**PIATIGORSK** ♦ V. de Russie, dans le Caucase, sur la Podkoumok. 140 300 hab. Station thermale. Musée M. Lermontov (le poète fut tué dans un duel près de la ville en 1841).

**PIATRA NEAMȚ** ♦ V. de Roumanie, en Moldavie sur la rive g. de la Bistrița. Ch.-l. du district de Neamț. 108 085 hab. ▪ À 8 km à l'O., monastère de Bistrița fondé au début du XVIe s. par le prince Alexandre et reconstruit en 1554. ▪ Indus. chimiques et alimentaires, machines-outils, travail du bois.

**PIAUBERT (Jean)** ♦ Peintre français (Le Pian-Médoc, Gironde 1900 - Paris 2002). Il élabora un style abstrait précis et construit, où la rigueur, et parfois l'austérité de la composition est chargée de construire un espace poétique peuplé de formes nettes et de mouvements. Un dessin ferme et élégant, une recherche délicate de la couleur, la clarté des compositions, sans exclure l'inventivité plastique, inscrivent Piaubert dans la tradition française (*Azur vorace,* 1955 ; *Palingénésies,* 1965).

**PIAUÍ** ♦ État du Brésil (région Nordeste) ➝ **Brésil** (carte). 251 273 km². 2 843 000 hab. CAP. : Teresina. L'intérieur est sec (Sertão), et l'État connaît l'un des plus bas niveaux de vie de la Fédération.

**PIAVE** n. m. ou f. ♦ Fl. italien (220 km), né dans les Alpes carniques, à la frontière autrichienne, arrosant la Vénétie* avant de se jeter dans l'Adriatique*. ▪ Théâtre de violents combats entre Italiens et Autrichiens lors de la Première Guerre mondiale.

**PIAZZA ARMERINA** ♦ V. d'Italie, en Sicile (province d'Enna). 21 038 hab. Marché agricole (viticulture). ▪ Aux environs, villa romaine du Casale : célèbres mosaïques représentant des scènes pittoresques tirées de la vie quotidienne ou empruntées à la mythologie (IVe s.).

**PIAZZETTA (Giovanni Battista** ou **Giambattista)** ♦ Peintre, décorateur, sculpteur, dessinateur et aquafortiste italien (Venise 1683 - *id.* 1754). Il pratiqua comme son père la sculpture sur bois et étudia la peinture à Bologne auprès de Crespi*. Il exécuta des scènes religieuses (*L'Assomption de la Vierge,* 1755), des portraits et des scènes de genre qui révèlent son goût pour l'observation des mœurs populaires (*La Devineresse,* 1740). Il avait le sens des volumes modelés avec vigueur, des clairs-obscurs contrastés, jouant avec virtuosité des tonalités grises, blanches et brunes. Cependant, ses mises en pages aérées, les couleurs claires et vives de sa dernière période ne sont pas sans annoncer Tiepolo*. Il laissa de nombreux nus au fusain et à la craie, modelés avec délicatesse.

**PIAZZI (Giuseppe)** ♦ Astronome italien (Ponte in Valtellina 1746 - Naples 1826). Il réalisa ses observations depuis Palerme (1792 - 1813), où il créa un observatoire. En effectuant le relevé de la position des étoiles, il découvrit fortuitement la petite planète Cérès entre Mars et Jupiter (1801).

**PIBRAC (Guy DU FAUR,** seigneur **DE)** ♦ Magistrat et poète français (Pibrac 1529 - Paris 1584). Conseiller au parlement de Toulouse, puis avocat général au parlement de Paris (1565) après avoir représenté le roi au concile de Trente (1562), il accompagna en Pologne le duc d'Anjou (futur Henri III), «roy élu de Pologne» (1573). De retour en France, il signa avec les protestants la paix de Beaulieu (1576) et devint chancelier de Marguerite de Navarre. Auteur de *Quatrains contenant préceptes et enseignements utiles pour la vie de l'homme* (1574).

**PIBRAC** [31820] ➝ ÉTYM. probablt du lat. *Piper,* n. de pers., et suff. *-acum* ♦ Comm. de la Haute-Garonne, arr. de Toulouse. 7 440 hab. *(Pibracais).* Château Renaissance attribué à l'architecte toulousain Nicolas Bachelier : cabinets des Quatrains aménagés par Guy du Faur, seigneur de Pibrac*. Pèlerinage au tombeau de sainte Germaine Cousin (15 juin).

**PIBUL SONGKRAM** ➝ **Phibun Songkram**

**PICABIA (Francis)** ♦ Peintre et écrivain français (Paris 1879 - *id.* 1953). Il étudia aux Beaux-Arts dans l'atelier de Cormon (1897) et, influencé surtout par Sisley, peignit jusqu'en 1907 des paysages impressionnistes ; subissant ensuite l'influence du cubisme, il modifia brusquement son style. Élaborant une manière personnelle que son ami Apollinaire qualifia d'«orphique», il adopta une palette éclatante, divisa l'espace de la toile en fragments angulaires vivement contrastés, puis recourut à des formes curvilinéaires, d'apparence parfois organique, mêlées aussi à des éléments mécaniques. Par leur caractère dynamique et coloré, ses œuvres de 1913 - 1914 révèlent des affinités avec le futurisme, et comptent parmi les premières œuvres abstraites en France (*Udnie,* 1913), tendance déjà sensible dans *Caoutchouc* (1908). Ayant obtenu un succès de scandale à l'exposition de l'Armory Show à New York en 1913, il se rendit de nouveau aux États-Unis en 1915 et y devint, avec Duchamp qu'il connaissait depuis 1911, et en compagnie de Man Ray*, le propagateur d'un esprit «pré-Dada» : il refusait tout dogme esthétique, fût-il d'avant-garde, et s'attaquait aux valeurs consacrées avec un esprit provocant. Vers 1915, il eut tendance à dessiner des motifs de rouages, des parties d'objets manufacturés, dans un style qui imite les épures d'ingénieurs, les dénaturant par des titres et des inscriptions *(Paroxysme de la douleur, M'amenez-y).* Cet esprit sarcastique s'épanouit dans la revue *391,* qu'il fonda à Barcelone en 1917. Entré ensuite en contact avec Tzara* au cours d'un séjour en Suisse, Picabia devint à Paris l'un des plus ardents propagateurs de Dada*, suscitant des scandales à l'occasion du Salon d'automne ou des indépendants. Puis il rompit brutalement avec le mouvement Dada (1922) et avec Breton (1924), inaugurant dans sa peinture une période plus lyrique et expressionniste, dite des «monstres» *(La Femme au monocle)* et réalisant avec divers objets courants des collages pleins de fantaisie *(Les Centimètres ; Cure-Dents).* Il conçut aussi le ballet *Relâche* et le scénario d'*Entracte,* tourné par René Clair* (1924). Retiré dans le Midi, il revint à une figuration

Francis **Picabia.** *Udnie ou la Danse* (2,90 × 3 m). MNAMGP, Paris.
*Phot. © Nimatallah/Ricciarini*

plus académique à laquelle il donna un caractère onirique en établissant des effets de surimpression (période des *transparences*, à partir de 1927). Il réalisa durant la guerre des peintures commerciales et, à partir de 1945, aborda de nouveau la non-figuration. Ses textes (*Poèmes et dessins de la fille née sans mère*, 1918 ; *Pensée sans langage*, 1919 ; *Unique Eunuque*, 1920 ; *Jésus-Christ Rastaquouère*, 1920) font appel à l'inconscient et au hasard et témoignent d'une extrême liberté. Nombre de ses propositions de l'époque Dada ont été ultérieurement exploitées par les tenants du néodadaïsme, du pop'art et de l'art conceptuel.

**PICARD** (abbé **Jean**) ♦ Astronome et géodésien français (La Flèche 1620 - Paris 1682). Il inventa, avec A. Auzout*, le micromètre à fil mobile ; ils furent les premiers à utiliser les lunettes pour des mesures de petits angles. C'est grâce à ces inventions que Picard put mesurer avec une grande précision l'arc de méridien entre Paris et Amiens, et en déduire une bonne estimation du rayon terrestre, ce qui permit à Newton* de mettre définitivement au point sa théorie de la gravitation universelle. On lui doit également une estimation de la vitesse de propagation du son (1677). Il travailla à la réalisation de la carte de France avec La* Hire. [Acad. sc. 1666] ➝ **ÉTYM.** *Picard* signifie « originaire de Picardie ».

**PICARD (Ernest)** ♦ Homme politique français (Paris 1821 - *id.* 1877). Avocat et journaliste, il fut élu au Corps législatif (1857) où il siégea avec l'opposition républicaine (groupe des cinq : Darimon, J. Favre, Hénon, É. Ollivier) ; réélu en 1863 et en 1869, il continua à faire partie de la gauche tout en se séparant des républicains extrémistes. Ministre des Finances dans le gouvernement de la Défense nationale (4 sept. 1870), député républicain modéré à l'Assemblée nationale, il fut appelé par Thiers au ministère de l'Intérieur (fév.-mai 1871).

**PICARD (Émile)** ♦ Mathématicien français (Paris 1856 - *id.* 1941). Parmi les nombreuses études qu'il entreprit, il s'intéressa aux fonctions analytiques uniformes et multiformes, aux fonctions de plusieurs variables complexes. Son théorème (1879) concernant les familles normales constitue le *cycle de Picard* qui conduit à une classification des fonctions analytiques régulières. Il étendit les idées de Galois* aux équations différentielles linéaires (1883), il étudia, d'un point de vue analytique, les intégrales simples attachées aux surfaces algébriques (1885) et participa ainsi à la création de la géométrie algébrique. Il retrouva, dans toute sa généralité, la méthode des approximations successives appliquées aux équations différentielles (1890). Il étudia également la méthode, utilisée aujourd'hui dans les machines électroniques, qui consiste à remplacer l'équation différentielle par une équation aux différences finies dont on fait tendre le « pas » vers zéro (1899 - 1904). [Acad. sc. 1889 ; Acad. fr. 1924]

**PICARD (Charles)** ♦ Archéologue français (Arnay-le-Duc 1883 - Paris 1965). Membre de l'École française d'Athènes, il s'est surtout consacré à des travaux sur la Grèce antique (*Manuel d'archéologie grecque*, 1935-1948).

**PICARDIE** n. f. ➝ **ÉTYM.** p.-ê. de *pique* « arme » ♦ Ancienne province française, qui avait pour capitale Amiens et couvrait les territoires actuels de la Somme, ainsi que d'une partie de l'Oise, de l'Aisne et du Pas-de-Calais (➝ **Amiénois, Boulonnais, Ponthieu, Santerre, Vermandois, Thiérache, Valois.**) ▮ **Histoire** Habitée par plusieurs peuples (Morins, Bellovaques) au moment de la conquête romaine, la Picardie fut comprise dans la Belgique* II$^e$. Au Moyen Âge, elle subit d'abord l'influence de la Flandre et connut la même prospérité à partir du XII$^e$ s. avec l'introduction de l'industrie drapière et la fondation de nombreuses communes. Elle reçut son nom actuel au XIII$^e$ s. Peu à peu réunie au domaine royal (XII$^e$ - XIV$^e$ s.), elle fut donnée au duc de Bourgogne par le roi d'Angleterre lors de la guerre de Cent* Ans, et ne retourna au roi de France qu'après la mort de Charles* le Téméraire. Région frontière jusqu'au milieu du XVII$^e$ s., elle souffrit à plusieurs reprises d'invasions espagnoles, et devait encore être un champ de bataille lors des deux guerres mondiales.

**PICARDIE** n. f. ♦ Région administrative du N. de la France, comptant 3 dép. : Aisne, Oise et Somme. 19 399 km$^2$ (3,6 % du territoire, 14$^e$ rang). 1 857 834 hab. (3,2 %, 12$^e$ rang). 2,4 % du PIB (14$^e$ rang). CH.-L. : Amiens. La région correspond à l'anc. province, grossie du Beauvaisis, du Bray oriental, du Soissonnais et d'une parcelle de la Champagne.

▮ **GÉOGRAPHIE** La région Picardie repose à la fois sur la craie du Crétacé et sur les formations tertiaires de l'Île-de-France. Un manteau quasiment continu de limon, « terre arable idéale », explique une richesse agricole très ancienne. Le paysage dominant est celui d'un plateau faiblement ondulé (à l'exception d'une zone argilo-sableuse dans la plaine côtière du Marquenterre), entaillé légèrement par des vallées à fond alluvial humide. La façade maritime ne consiste qu'en une brève ouverture, de part et d'autre de l'embouchure de la Somme. Climat de tendance océanique relativement humide et nébuleux (160 - 180 j. de pluie par an).

▮ **POPULATION** Très peuplée dès le Moyen Âge, grâce à l'équilibre économique réalisé par la combinaison de l'agriculture (labour, élevage, hortillonnage), de l'artisanat et des industries textiles, la Picardie résista mal aux spécialisations de la révolution industrielle et connut un exode massif vers Paris et vers le Nord. Le redressement démographique s'amorça autour de 1930. Depuis, la population de la région croît sensiblement au même rythme que celle du pays (1946 - 1999 : +42,6 % ; France +42,8 %), mais avec une différence marquée entre le nord où la population stagne ou croît lentement — notamment dans l'Aisne —, et le sud qui progresse vite en raison de la péri-urbanisation parisienne (Oise : 1982 - 1999, +103 000 hab.).

▮ **ÉCONOMIE** ▮ **Agriculture** Elle représente encore 4 % de l'emploi (France : 2 %) et s'est spécialisée dans les grandes cultures mécanisées à haut rendement (75 % de la valeur de la prod.). En accord avec les directives européennes de 2008 pour réguler le secteur du sucre, structurellement excédentaire, la part des terres cultivées a fortement augmenté au profit des céréales (750 000 ha), notamment blé et orge, au détriment de la betterave sucrière (plus de 100 000 ha cultivés, 10,5 millions de t, 1$^{er}$ rang national). La Région occupe le 1$^{er}$ rang pour la pomme de terre (2 millions de t) et le 2$^e$ rang pour le blé (4,8 millions de t). Les exploitations, de grande taille (surface agricole utilisée moyenne : 112 ha), assurent aux agriculteurs des revenus bien supérieurs à la moyenne nationale. ▮ **Industrie** La situation de l'agriculture régionale a favorisé le développement d'une importante indus. agroalimentaire (sucreries, usines de valorisation de la pomme de terre) et de machinisme agricole à Amiens et Saint-Quentin. Le secteur industriel, malgré un déclin sensible depuis les années 1970, fournit encore 27 % des emplois (France : 20 %) et reste largement disséminé dans toute la région. La crise du textile a pu être en partie compensée par l'expansion momentanée d'activités liées à l'automobile (Goodyear à Amiens), décentralisées depuis Paris. Le secteur métallurgique, traditionnellement fort (Arcelor à Montataire), a pu se maintenir, malgré quelques fermetures d'usines (Motobécane à Saint-Quentin). Les indus. pharmaceutiques (savonneries) et parachimiques (détergents, matières plastiques) se sont développées surtout dans l'Oise (Creil, Compiègne). Le taux de chômage, légèrement supérieur à la moyenne nationale (8,4 % en 2007 contre 8 %), varie selon les lieux (il est plus faible dans l'Oise). ▪ Le secteur des services (69 % de l'emploi régional ; France : 77 %) connaît un net développement depuis vingt ans, notamment dans le domaine des services aux entreprises (nombreuses plateformes logistiques, centres d'appel à Amiens). Les activités tertiaires sont très diffuses. ▮ **Communications et urbanisation** Le fait que le tracé du TGV Nord (Paris-Londres par le tunnel sous la Manche) évite Amiens n'encourage pas le développement des activités tertiaires dans la cap. régionale, qui se trouve également à l'écart des deux autoroutes qui traversent la région : Paris-Lille (A1) et Reims-Lille (A26). La Picardie, qui apparaît surtout comme une zone de transit entre Paris et le Nord, a du mal à affirmer une réelle identité, difficulté dont rend bien compte le réseau urbain. Après avoir souffert pendant plus d'un siècle de la dévitalisation due à l'attraction parisienne, les villes de la région ont profité de la décentralisation, mais sans véritable reprise du développement (comme c'est le cas au S. du Bassin parisien). L'influence directe de Paris atteint auj. Château-Thierry et Soissons dans l'Aisne, et, surtout, les principales villes de l'Oise : Chantilly, Compiègne, Creil et Beauvais, entrées dans la zone des navettes quotidiennes avec la capitale. Le réseau urbain du N. de la région est bien fourni, mais en déclin relatif. Amiens, aujourd'hui pourvue d'une université, étoffe peu à peu ses fonctions de capitale

Picardie.

régionale face à quelques villes moyennes telles qu'Abbeville, Laon ou Saint-Quentin, mais elle souffre de l'insuffisance des liaisons transversales. Une éventuelle revitalisation ne semble probable que sous la forme d'une diffusion à partir des régions voisines, comme cela s'est produit dans le S. de la vallée de l'Oise, annexe industrielle et technologique du complexe parisien (université de Compiègne, zones industrielles de Creil et de Montataire).

**PICART LE DOUX (Jean)** ♦ Dessinateur et peintre-cartonnier français (Paris 1902 - Venise 1982). Il s'intéressa d'abord aux arts graphiques et à la publicité avant sa rencontre avec Jean Lurçat* en 1940. Dès lors, il se consacra à la tapisserie et devint l'un des principaux artisans du renouveau de cet art en France. Dans un style assez proche de celui de Lurçat, il réalisa des cartons pour des compagnies privées et des organismes publics (*Paris*, 1951 ; pour la chambre de commerce de Paris, *L'Homme et la pensée*, 1951, pour la faculté des lettres de Caen).

**PICASSO (Pablo RUIZ Y PICASSO, dit Pablo)** ♦ Peintre, dessinateur, graveur, sculpteur, céramiste et écrivain espagnol (Málaga 1881 - Mougins 1973). Nul peintre du XXe s. n'a exercé un tel pouvoir de fascination sur ses contemporains. Ayant en effet acquis la notoriété vers 1920, il connut quelques années plus tard une gloire sans éclipse. **Les premières œuvres** Fils d'un professeur de dessin à Málaga, installé avec toute sa famille en 1881 à La Corogne, il manifesta très jeune des dons exceptionnels. Sa famille se fixa ensuite à Barcelone et, en 1898, il entra à l'école des beaux-arts où son père avait été nommé professeur. Dès cette époque, ses œuvres attestent une parfaite assimilation de la manière réaliste et sombre propre aux peintres académiques d'alors (*Science et Charité*, 1893 ; *La Première Communion*), tandis que la force de son tempérament apparaît dans ses portraits (*Fillette aux pieds nus*, 1895). Il s'abstint ensuite de fréquenter l'académie San Fernando à Madrid, où il avait été admis en 1897, mais fit des visites assidues au Prado. Revenu à Barcelone en 1899, il fréquenta le cabaret *Els Quatre Gats* où se retrouvait la jeunesse intellectuelle et artistique et, en 1900, il se rendit pour la première fois à Paris, puis à Madrid, où il fut l'un des fondateurs de la revue *Arte joven*, qui publia ses premiers dessins. Dans les œuvres qu'il peignit alors, il s'affranchissait de la figuration académique et se montrait réceptif aux divers courants picturaux, s'appropriant rapidement et expérimentant les propositions les plus variées, tout en s'intéressant particulièrement à Lautrec, Steinlein, Bonnard et Gauguin. Il représenta surtout des scènes de cabaret et des prostituées (*Le Moulin de la Galette*, 1900 ; *Femme au chien*, 1901) et créa des compositions symboliques inspirées du Greco et de Puvis de Chavannes (*Évocation* ; *L'Enterrement de Casagemas*, 1901). **La période bleue** C'est alors que débuta ce que l'on a appelé la «période bleue», période d'effusion sentimentale, au cours de laquelle Picasso exprima sa commisération pour les déshérités sur un mode tragique ou nostalgique. Il peignit des compositions d'esprit naturaliste (*Autoportrait*, 1901 ; *Célestine*, 1903) ou symbolique (*La Vie*, 1903 ; *L'Étreinte*, 1903) où dominent les tonalités en camaïeu, d'un bleu froid. **La période rose** Tandis qu'il s'installait définitivement à Paris (1904), au Bateau-Lavoir, le caractère graphique de ses œuvres s'accentua (*Femme au corbeau*, 1904 ; *Maternité*, 1905). Il représentait avec prédilection de frêles adolescents, saltimbanques, arlequins, acrobates aux expressions évanescentes et suaves, usant d'un trait fin, élégant et maniéré, et de tonalités grises ou roses. Ses œuvres de la «période rose» (qui dura jusqu'en 1907) correspondent à sa liaison avec Fernande Olivier et tradui-

Pablo **Picasso.** *La Femme qui pleure* (109 x 89 cm), 1937.
Coll. part. *BIS/Phot. © Coll. Archives Larbor © Succession Picasso, Paris*

sent une vision plus optimiste du monde. Mais simultanément, la multiplicité des jalons qu'il posait indique cette tendance au changement qui fut l'une des constantes de sa personnalité. En 1906, année où il passa l'été à Gosol, il interrogea l'art grec (*La Coiffure*, 1906) mais surtout les arts primitifs, la sculpture ibérique préromane et probablement les masques africains (*Nu sur fond rouge*, 1906). Il insista sur les volumes et adopta une gamme ocre et brune (*La Femme aux pains*, 1906), simplifia et durcit les formes en schématisant les volumes, tout en approfondissant la leçon de Cézanne (*Portrait de Gertrude Stein*, 1906 ; *Autoportrait à la palette*, 1906). **▮ Le cubisme ▮ *Le cubisme «cézannien»*** Avec *Les Demoiselles* d'Avignon* (1907), œuvre inachevée et composite, il rompait brutalement avec la figuration traditionnelle, détruisant du même coup l'espace perspectif, le clair-obscur et la représentation réaliste de la forme humaine. Cet attentat à la vraisemblance, qu'avait déjà réalisé à sa manière le Douanier Rousseau*, provoqua une certaine stupeur et marqua le point de départ du cubisme*, dont Picasso allait devenir, avec Braque, le principal créateur. Interprétant la formule de Cézanne, «traiter la nature par le cylindre, la sphère et le cône...», il donna aux volumes un aspect géométrique, construisant les formes par plans angulaires contrastés (*Femme debout*, 1908) et multipliant les points de vue pour représenter un même objet, échelonnant parfois les volumes cubiques dans l'espace (*Usine à Horta de Ebro*, 1909). En 1910, il passa l'été à Cadaquès avec Derain, puis en 1911 séjourna avec Braque à Céret et en 1912 à Sorgues. **▮ *Le «cubisme analytique»*** Après la phase du cubisme dit «cézannien», il eut tendance à réduire les volumes à une articulation de plans, accentuant le morcellement et la fragmentation des formes, au point de leur faire perdre la lisibilité (*Portrait d'Ambroise Vollard*, 1909-1910 ; *Portrait de Kahnweiler*, 1910). Il donna à ses œuvres un caractère plus linéaire (*Fille et soldat*, 1911) et introduisit des lettres d'imprimerie (*Le Pigeon aux petits pois*, 1911-1912), puis des matériaux étrangers à la peinture, confrontés et intégrés à des textures peintes en trompe-l'œil (*Nature morte à la chaise cannée*, 1912), inaugurant ainsi la série des papiers collés ou collages (bouts de journaux, de cartons, papiers peints, toiles, etc.). **▮ *Le «cubisme synthétique»*** À cette phase dite du «cubisme analytique» succéda le «cubisme synthétique» : les compositions se simplifièrent et, par un agencement de lignes et de surfaces plus amples, limitées en nombre, il établit des rapports plastiques visant à suggérer les formes et les caractères essentiels des objets (*Feuille de musique et guitare ; Bouteille, verre et violon*, 1912 - 1913). **▮ Réalisme et surréalisme** À partir de 1914, il multiplia les effets décoratifs plus fantaisistes, donna plus d'éclat à la couleur et privilégia les lignes souples (*Guéridon*, 1914). Il reprit alors le thème des arlequins, qu'il traita par formes planes, comme découpées selon des plans verticaux, série qui allait culminer avec les *Trois Musiciens* (1921) et se développer en prenant un caractère dynamique dans *La Danse* (1925). Depuis 1917, Picasso était revenu subitement à une figuration plus classique. Il s'était, à cette date, rendu à Rome en compagnie de J. Cocteau pour la création du ballet *Parade* et avait rencontré la danseuse des Ballets russes Olga Koklova qui devint sa femme en 1918. Durant cette période dite «ingresque» (*Portrait d'Olga dans un fauteuil*, 1917 ; *Baigneuse*, 1918), il créa des figures sculpturales d'apparence colossale, à la stature énorme, aux formes enflées drapées dans des costumes grecs, aux visages paisibles (*Deux femmes courant sur la plage*, 1922). L'inspiration classique était surtout évidente dans une composition monumentale et sereine comme *Flûtes de Pan* (1923). Outre des portraits d'enfants, d'une veine tendre et gracieuse (*Paul en pierrot*, 1925), il poursuivait les expériences cubistes dans un style curvilinéaire aux aplats de couleurs éclatantes (*Mandoline et guitare*, 1925). Son trait parfois rigide (*Deux femmes à la fenêtre*, 1927), parfois sinueux (*Minotaure*, 1928 ; *Acrobate*, 1930), devint de plus en plus synthétique et épuré et prit parfois l'aspect d'une arabesque enveloppante (*Le Rêve*, 1932). L'influence du surréalisme transparaît ensuite dans l'irrévérencieuse *Crucifixion* (1930) aux figures monstrueuses et tordues, et dans une série de tableaux où se déploient des métamorphoses fantastiques : volumes arrondis, éléments anatomiques d'apparence biomorphique ou osseuse, chargées d'allusions féroces et sexuelles (*Figures au bord de la mer*, 1931). **▮ L'époque de Guernica** Bouleversé par la guerre d'Espagne, il publia une série de gravures, *Songe et mensonge de Franco* (1937), et réalisa *Guernica** (1937). Il peignit ensuite une série de portraits tour à tour attendris ou caricaturaux (*Portrait de Dora Maar*, 1937 ; *Femme qui pleure*, 1937) dans lesquels les parties constitutives du visage humain sont disloquées et réagencées avec une totale liberté, tout en restant identifiables. Ces œuvres, qui furent souvent reçues comme un défi au bon sens, symbolisent pour le grand public la manière de Picasso. **▮ De la fin de la guerre à sa mort** En 1944, il adhéra au parti communiste, sans pour autant se plier à l'esthétique du réalisme socialiste (*Le Charnier*, 1945 ; *Massacres de Corée*, 1951) ; il créa la célèbre *Colombe* pour l'affiche du mouvement de la Paix (1949). Établi sur la Côte d'Azur, il s'adonna avec passion à la céramique et à la lithographie. Poursuivant avec une exceptionnelle vitalité une production multiforme, il interrogea avec ferveur et humour les chefs-d'œuvre du passé (série des *Femmes d'Alger*, 1955 ; des *Ménines*, 1957), exécuta une importante série d'*Ateliers* (1956), des portraits de Jacqueline Roques, qui allait devenir sa femme en 1958, de *Peintre et son modèle* (1963), de *Nus* (1964). **▮ Picasso sculpteur** Outre une œuvre graphique d'où l'invention et la fantaisie ne sont jamais absentes (*Minotauromachie*, 1936), Picasso poursuivit une très importante activité de sculpteur, allant de la trouvaille incongrue et poétique (*Le Verre d'absinthe*, 1914 ; *Tête de taureau*, 1943) au travail plus traditionnel du bronze (*Chèvre*, 1950). **▮ Le mythe Picasso** Cette énorme production, que Malraux a caractérisée comme «la plus grande entreprise de destruction et de création de formes de notre temps», témoigne d'une «liberté souveraine» et relève souvent du défi, comme l'attestent ses subites volte-face, sa diversité et son audace formelle. Plus que tout autre, Picasso a contribué à libérer la vision (notamment en tant que créateur du cubisme) ; s'il a fait une large place à l'irrationnel et au caprice, il n'a cependant jamais cessé de se référer à la figure humaine et à l'objet, portant tour à tour un regard compatissant, attendri, féroce, ironique ou dramatique sur le monde, ses transpositions plastiques étant presque toujours chargées d'une vive affectivité. Il a vécu l'expression plastique comme jouissance, ce dont témoigne le caractère spontané, impulsif et imprévu de sa production. Incarnant aux yeux du public la peinture moderne, il a su jusqu'à la fin soutenir son mythe. ➙ **ÉTYM.** *Picasso* est le nom de sa mère, d'origine génoise, de °*picassu* «petit ciseau, burin» (de *picu* «pioche») [désignant celui qui travaille avec ce genre d'outil].

**PICCADILLY** ♦ Rue et place (Piccadilly Circus) de Londres, à la limite N. du quartier de Westminster.

**PICCARD (Auguste)** ♦ Physicien suisse (Bâle 1884 - Lausanne 1962). Il conçut un ballon à nacelle étanche qui lui permit d'effectuer les premières ascensions stratosphériques jusqu'à 16 000 m (1931 - 1932) et réalisa le premier bathyscaphe (1948), un petit sous-marin devant permettre des plongées à grande profondeur qui a révolutionné l'océanographie.

**PICCININO (Niccolò)** ♦ Condottiere italien (Pérouse 1375 - Cusago, Milan 1444). Formé par son oncle Braccio di Montone, il servit les Visconti après 1425. ♦ **Jacopo Piccinino** (1423 - 1465). Fils du précédent. Il servit Venise puis les Aragon* à Naples (1465), mais les trahit et mourut étranglé.

**PICCINNI (Niccolò)** ♦ Compositeur italien (Bari 1728 - Passy 1800). Il connut en Italie ses premiers succès au théâtre (*Alessandro nell' Indie*, 1758 ; *La Cecchina*, 1760). Il avait écrit une cinquantaine d'opéras quand il se rendit à Paris (1776). Nommé professeur de chant de la reine puis directeur du Théâtre-Italien, il fut opposé à Gluck* par les *piccinnistes* (La Harpe, Marmontel, Morellet, Chastellux) après le succès de son opéra, *Roland* (1778). Si Gluck l'emporta dans le tournoi musical des deux *Iphigénie en Tauride* (1779 - 1781), Piccinni eut sa revanche sur un nouveau rival, Sacchini, avec sa *Didon* (1783). Mais ses autres ouvrages échouèrent et Gluck finit par triompher. Modeste et réservé, de nature peu combative, Piccinni avait été engagé dans cette querelle malgré lui. Si la lutte fut acharnée entre gluckistes et piccinnistes, les deux musiciens s'estimèrent toujours profondément. Chassé de France par la Révolution, il y revint (1798) et fut nommé inspecteur au Conservatoire. Sans avoir la puissance de son grand rival, Piccinni sut s'adapter aux exigences du public français, grâce aux avis de Marmontel. Aussi habile dans l'opéra sérieux que dans l'opéra bouffe, où il annonce Rossini, il a participé à la rénovation de l'opéra classique en France. ➙ ÉTYM. Ce nom vient de l'italien *piccino* «petit» (→ aussi Petit).

**PICCOLI (Michel)** ♦ Comédien et réalisateur français (Paris 1925). Son talent, fait de robustesse et de maturité inquiète, s'est exprimé dans plus de 150 films, dont on retiendra quelques titres jalons : *Le Point du jour* (1949), *French Cancan* (1955), *Le Mépris* (1963), *Benjamin* (1968), *La Grande Bouffe* (1973), *Adieu Bonaparte* (1985), *La Belle Noiseuse* (1990), et surtout une collaboration régulière avec Luis Buñuel (de *La Mort en ce jardin*, 1956, au *Fantôme de la liberté*, 1974) et Claude Sautet (des *Choses de la vie*, 1969, à *Mado*, 1976). Il a réalisé *Alors voilà* (1997) et *La Plage noire* (2001). Au théâtre, il a joué aussi bien Shakespeare (*Le Conte d'hiver*), Marivaux (*La Fausse suivante*), Tchekhov (*La Cerisaie*) ou Ibsen (*John Gabriel Borkman*), que des auteurs contemporains comme Koltès. ➙ ÉTYM. *Piccoli* vient de l'italien *piccolo* «petit» (→ aussi Petit).

**PICCOLOMINI (Enea Silvio)** → Pie II

**PICCOLOMINI (Ottavio),** duc **D'AMALFI,** prince **DU SAINT-EMPIRE** ♦ Général autrichien (Florence 1599 - Vienne 1656). Il passa du service de l'Espagne à celui de l'Empire, prit part à la bataille de la Montagne* Blanche (1620), à celle de Lützen* (1632) sous les ordres de Wallenstein*, qu'il trahit, provoquant son assassinat (1634), puis à la bataille de Nördlingen* (1634) et battit les Français à Thionville* (1639). Il est le héros de Schiller* dans sa tragédie *Wallenstein*. ➙ ÉTYM. Ce nom vient de l'italien *piccolo* «petit» et *òmini (uomini)*, pluriel de *uomo* «homme».

**Piccolo Teatro** ➙ ÉTYM. it. «petit théâtre» ♦ Théâtre fondé à Milan (1947) par Paolo Grassi et Giorgio Strehler*, pour s'opposer à l'envahissement boulevardier des scènes italiennes. Ce théâtre, doté d'une école, se définit comme un «théâtre d'art ouvert à tous». Tout en ravivant une tradition italienne de commedia* dell'arte, il élabore un répertoire attentif aux problèmes de la société contemporaine (Buzzati, Moravia, Camus, Genet, Sartre). G. Strehler* en fut l'animateur principal. Le Piccolo Teatro, qui accueille des metteurs en scène étrangers tels De Filippo, Costa, Grüber, Vitez, Chéreau, est dirigé depuis 1999 par Luca Ronconi*.

**PIC DE LA MIRANDOLE (Giovanni PICO DELLA MIRANDOLA,** dit en fr. **Jean)** ♦ Philosophe italien (château de La Mirandole, duché de Ferrare 1463 - Florence 1494). C'est à l'université de Padoue que celui qui fut surnommé «prince des érudits» apprit l'arabe, l'hébreu et l'araméen et s'initia à la kabbale. Après un séjour en France, il se rendit à Florence où, auprès de Marsile Ficin*, il découvrit Platon*, le néoplatonisme et les livres hermétiques. Ses 900 thèses ou *Conclusiones philosophicae, cabalisticae et theologicae* furent condamnées par la curie romaine, et lui-même, déclaré hérétique, se réfugia quelque temps en France. De retour à Florence où il s'installa sous la protection de Laurent de Médicis*, il rédigea son *Heptaplus...* («exposé des sept aspects de la création») et son *De Ente et Uno*, tout en se liant, à cette époque, avec Savonarole*. Pic de La Mirandole ne se contenta pas de montrer les liens des différentes religions, il voulut surtout analyser la Bible et interpréter le christianisme à l'aide des théories de la kabbale.

**PICENUM** n. m. ♦ Région de l'Italie anc. sur la côte Adriatique au S. d'Ancona (Ancône*). Peuplée par des Ombriens, puis par des Sabins*, elle fut soumise par Rome en –269. V. PRINC. : Asculum Picenum (auj. Ascoli* Piceno).

**PICHEGRU (Charles)** ♦ Général français (Arbois 1761 - Paris 1804). Il fit la guerre d'Amérique, fut commandant en chef de l'armée du Rhin, puis de celle du Nord, et conquit les Pays-Bas et la Hollande (1794 - 1795). Rallié à la cause royaliste il perdit son commandement (1796), puis fut élu au Conseil des Cinq*-Cents en 1797. Déporté en Guyane après le 18 Fructidor, il s'évada, gagna l'Angleterre et revint secrètement en France en fév. 1804, préparant avec Cadoudal* un complot contre Bonaparte. Il fut dénoncé, arrêté et trouvé étranglé dans sa cellule le 6 avr. 1804. ➙ ÉTYM. *Pichegru* est un surnom désignant celui qui pile le gruau (cf. l'ancien français *dépicher* «mettre en menus morceaux»).

**PICHETTE (Henri)** ♦ Poète français (Châteauroux 1924 - Paris 2000). L'expérience prématurée, à l'orée des temps atomiques, du tragique de la condition humaine, et l'immense espoir que peut néanmoins susciter l'avenir ont inspiré ses premières œuvres (*Apoèmes*, 1947) d'un lyrisme généreux. Ami d'Antonin Artaud, il a confié au théâtre le soin d'exprimer son angoisse dans deux ouvrages qui s'apparentent davantage au discours poétique qu'à l'action dramatique : *Les Épiphanies* (1947), et *Nucléa* (1952). Cédant à la tentation surréaliste d'engager la poésie sur les voies de l'action révolutionnaire (*Les Revendications*, 1958), il n'a pas cessé de défendre et d'illustrer, dans son œuvre, la cause de l'homme et de sa liberté (*Odes à chacun*, 1960 ; *Odes à la neige*, 1967 ; *Poèmes offerts*, 1982).

**PICKERING (Edward)** ♦ Astronome américain (Boston 1846 - Cambridge, Massachusetts 1919). Inventeur du photomètre à double image et du photomètre méridien (1879) qui permit des mesures de magnitudes stellaires visuelles souvent encore valables, il distingua les notions de magnitude visuelle et de magnitude photographique (1882), entreprit, grâce à l'emploi d'un prisme objectif, l'établissement du catalogue général de spectres stellaires (1885) et découvrit les étoiles doubles spectroscopiques (1890). On lui doit également une classification des étoiles variables (1911). ➙ ÉTYM. Ce nom vient d'un nom de peuple, les *Piceringas*.

**PICKERING** ♦ V. du Canada (Ontario), près de Toronto. 87 838 hab. Très importante centrale nucléaire d'Ontario-Hydro.

**PICKFORD (Gladys Mary SMITH,** dite **Mary)** ♦ Actrice américaine (Toronto, Canada 1893 - Santa Monica 1979). Le charme et la blondeur fragile de celle que l'on a surnommée «la petite fiancée de l'Amérique» ont attendri les foules, à la grande époque du cinéma américain. Elle participa, avec Douglas Fairbanks, Charlie Chaplin et D. W. Griffith, à la fondation de la firme United Artists (1919) et parut, entre 1909 et 1932, dans plus de deux cents films (*Tess au pays des tempêtes*, 1914 ; *Le Petit Lord Fauntleroy*, 1921 ; *Dorothy Vernon*, 1924).

**PICKWICK** ♦ Personnage de Charles Dickens*, fondateur d'un club imaginaire, le Pickwick Club, dont Dickens publia les comptes rendus mensuels (vingt en tout) de 1836 à 1837, réunis en 1837 sous le titre *Les Aventures de M. Pickwick* (*The Posthumous Papers of the Pickwick club*). Autour de Samuel Pickwick et de Sam Weller, son serviteur, se regroupent de très curieux individus : Tracy Tupman, Auguste Snodgrass, Nathaniel Winkle, qui racontent tour à tour leurs aventures. Dans la tradition du roman picaresque, le lien entre les épisodes est faible, constitué par la personnalité du jovial Pickwick, sorte de Don Quichotte inversé à qui les aventures viennent sans qu'il les appelle. Sans abandonner tout esprit satirique, l'œuvre célèbre avec gaieté une certaine Angleterre où les conventions sociales les plus absurdes engendrent une poésie inattendue.

**PICO BLANCO** n. m. ♦ Sommet volcanique du Costa Rica, situé dans la cordillère de Talamanca*, au S.-E. du Chirripo* Grande. 3 565 mètres.

**PICQUART (Georges)** ♦ Général français (Strasbourg 1854 - Amiens 1914). Après avoir servi en Algérie, au Tonkin et en Annam, il fut nommé chef du bureau des renseignements (1895). Persuadé de l'innocence de Dreyfus* (et de la culpabilité d'Esterházy*), il lutta pour la révision du procès, mais fut transféré peu après en Tunisie (1896). Il fut promu général et nommé ministre de la Guerre dans le cabinet Clemenceau (1906 - 1909).

**PICQUIGNY** [80310] ➙ ÉTYM. du germ. *Pinko*, n. de pers., et suff. *-acum* ♦ Ch.-l. de cant. de la Somme, arr. d'Amiens, sur la Somme. 1 386 hab. (aggl. 2 073). (*Picquinois*). Ruines d'un château des XIV$^{e}$ - XV$^{e}$ s. Collégiale Saint-Martin des XII$^{e}$ et XV$^{e}$ s. ▮ **Histoire** En 1475, Louis XI et Édouard IV d'Angleterre y signèrent un traité de paix dit *traité de Picquigny*, qui mettait fin à la guerre de Cent* Ans.

**PICTAVES** ou **PICTONS** n. m. pl. ➙ ÉTYM. en lat. ***Pictavi*** ou ***Pictones*** ; p.-ê. en rapport avec le n. des *Pictes** ♦ Peuple de la Gaule établi autour de *Limonum* ou *Pictavi* (Poitiers*). Son territoire fut compris dans l'Aquitaine* II$^{e}$.

**PICTES** ➙ ÉTYM. en lat. ***Pictii***, de *picti* «ceux qui sont peints, tatoués (sur leur corps)» ou de *pictas* «bateaux camouflés en vue d'actes de piraterie» ou assimilation d'un n. indigène ♦ Nom donné jusqu'au IX$^{e}$ s. au peuple établi dans les basses terres de l'Écosse*. C'est pour défendre la Bretagne contre leurs assauts que fut édifié le mur d'Hadrien* (122) ou mur des Pictes.

**PICTET (Raoul)** ♦ Physicien suisse (Genève 1846 - Paris 1929). Il réalisa, en même temps que Cailletet*, la première liquéfaction de l'oxygène et de l'azote en 1877 (→ **Olszewski**) et établit la disparition des affinités chimiques aux basses températures.

**PIDURUTALAGALA** n. m. ♦ Sommet le plus élevé du massif central de l'île de Sri Lanka. 2 524 m.

**PIE I$^{er}$** (saint) ➙ ÉTYM. du lat. *pius* «pieux, vertueux» ♦ 10$^{e}$ pape (de 140 à 155 ?), martyr (?). ▪ Fête le 11 juil.

**PIE II [Enea Silvio PICCOLOMINI]** ♦ (Pienza, prov. de Sienne 1405 - Ancône 1464). 208$^{e}$ pape (1458 - 1464). Humaniste et poète latin sous le nom d'Æneas Silvius, il fut un des secrétaires du concile de Bâle* au sein duquel il prit parti contre Eugène* IV. Rallié (1442), il négocia le retour de l'Allemagne sous l'obédience d'Eugène IV (1445), devint évêque de Trieste (1447), puis de Sienne (1449) et cardinal (1456). Pape, il lutta contre la pragmatique* sanction de Bourges et tenta une croisade populaire contre les Turcs. Il mourut à Ancône avant de s'embarquer.

**PIE III [Francesco TODESCHINI-PICCOLOMINI]** ♦ (Sienne v. 1436 - Rome 1503). 213$^{e}$ pape, vingt-six jours en octobre-novembre 1503, ancien archevêque de Sienne, neveu de Pie* II.

**PIE IV [Jean-Ange DE MÉDICIS]** ♦ (Milan 1499 - Rome 1565). 222$^{e}$ pape (1559 - 1565). Il rouvrit le concile de Trente* (1562, clos en 1563) et promulgua la bulle *Benedictus Deus* qui en confirmait les décisions (1564). Il fut assisté par son neveu Charles* Borromée et par Philippe* Neri.

**PIE V** (saint) **[Antonio GHISLIERI]** ♦ (Bosco Marengo, Lombardie 1504 - Rome 1572). 223e pape (1566 - 1572). Dominicain, grand inquisiteur (1558), il continua la Réforme catholique (→ **Contre-Réforme**), fit régner l'austérité à Rome, publia le *Catéchisme romain* issu du concile de Trente, un bréviaire et un missel. Il réaffirma la supériorité du pape sur les souverains, excommunia et déposa, sans résultat, Élisabeth* d'Angleterre (1570) à la suite de l'emprisonnement de Marie* Stuart. Il échoua à unir les princes chrétiens contre les Turcs, mais la ligue qu'il forma avec Venise et l'Espagne aboutit à la victoire de Lépante* (1571). ▪ Fête le 30 avr.

**PIE VI [Gianangelo BRASCHI]** ♦ (Cesena 1717 - Valence, Dauphiné 1799). 248e pape (1775 - 1799). Il se heurta au joséphisme (→ **Joseph II**), et son voyage à Vienne (1782) n'eut pas de résultat. Face à la Révolution française, il hésita puis condamna la Constitution* civile du clergé (1791) ; il subit l'annexion d'Avignon et du Comtat venaissin (1791). Lors de la campagne d'Italie, l'armistice de Bologne (1796) lui accorda un répit, mais le traité de Tolentino* (1797) l'obligea à céder des territoires. Après le meurtre de Duphot et l'entrée de Berthier* dans Rome (10 fév. 1798), il fut déchu comme souverain temporel, vit la proclamation de la République romaine et fut transféré à Sienne, Florence, puis, devant l'avance autrichienne, à Parme, Turin, Grenoble et Valence où il mourut. La papauté risquant d'être abolie, il avait spécifié les conditions particulières d'un conclave qui désignerait son successeur. → **Pie VII.**

**PIE VII [Barnaba CHIARAMONTI]** ♦ (Cesena 1742 - Rome 1823). 249e pape (1800 - 1823). Bénédictin, ancien évêque de Tivoli, puis d'Imola, élu à Venise en raison des circonstances (→ **Pie VI**). Il fit signer par le cardinal Consalvi* le concordat* de 1801 avec Napoléon et assista au sacre de celui-ci comme empereur à Paris (2 déc. 1804). Mais ses refus, notamment d'annuler le mariage de Jérôme Bonaparte et de prendre part au Blocus continental, amenèrent l'occupation de Rome par Miollis (1808), puis l'annexion des États de l'Église* à l'Empire, ce à quoi il répondit par l'excommunication de Napoléon (*Quum memoranda,* 10 juin 1809). Arrêté, emprisonné à Savone (1809) puis à Fontainebleau (1812), il finit par signer les préliminaires d'un concordat nettement gallican (concordat de Fontainebleau, 1813) qu'il dénonça aussitôt comme extorqué sous la violence. Rentré à Rome à la Restauration, il obtint, grâce à Consalvi, négociateur au congrès de Vienne, la reconstitution presque entière des États de l'Église. Il rétablit la Compagnie de Jésus (1814). Il accueillit à Rome la mère de Napoléon Ier, après la chute de l'Empire.

**PIE VIII [Francesco Saverio CASTIGLIONI]** ♦ (Cingoli 1761 - Rome 1830). 251e pape (1829 - 1830). Ancien cardinal-évêque de Cesena (1816), puis évêque suburbicaire de Frascati (1821). Malade, il se reposa des soins de la politique sur le cardinal Albani. Son pontificat vit l'émancipation des catholiques anglais (*bill* de 1829) et le rétablissement de la hiérarchie ecclésiastique aux Pays-Bas (1829).

**PIE IX [Giovanni Maria MASTAI FERRETTI]** ♦ (Senigallia 1792 - Rome 1878). 253e pape (1846 - 1878). Ancien archevêque de Spolète (1831), puis évêque d'Imola (1832) et cardinal (1840). Des mesures d'amnistie et des réformes lui valurent d'abord une réputation de libéral et une grande popularité. Lors des révolutions de 1848, il accorda une constitution aux États de l'Église, mais, ayant refusé de déclarer la guerre à l'Autriche, il fut dépassé par le mouvement populaire et s'enfuit à Gaète (24 nov. 1848) tandis que s'instituait une République romaine (→ **Mazzini, Garibaldi**). Le pouvoir temporel du pape fut rétabli par le corps expéditionnaire français (14 juil. 1849 → **Oudinot**) ; pourtant la question romaine restait ouverte. Après Magenta, Solferino et la constitution du royaume d'Italie, le pape perdit des territoires (Marches et Ombrie, 1860) ; il résista encore à la tentative de Garibaldi sur Rome, avec l'aide des troupes françaises (1867) ; mais, celles-ci ayant été rappelées après les premiers revers de Napoléon III dans la guerre qu'il avait déclarée à la Prusse, le roi d'Italie fit occuper la ville (1870). Pie IX se considéra comme prisonnier et refusa la «loi des garanties» (1871) qui lui reconnaissait la souveraineté sur le Vatican et promettait la non-immixtion de l'État italien dans les affaires de l'Église. Il proclama le dogme de l'Immaculée Conception de Marie (8 déc. 1854), condamna le libéralisme, le socialisme, le naturalisme (encyclique *Quanta* cura,* accompagnée du *Syllabus**, 1864) et réunit le Ier concile du Vatican* qui proclama le dogme de l'infaillibilité pontificale (18 juil. 1870). Pie IX a été béatifié en 2000.

**PIE X** (saint) **[Giuseppe SARTO]** ♦ (Riese 1835 - Rome 1914). 255e pape (1903 - 1914). Ancien patriarche de Venise et cardinal (1893). Il protesta contre la loi de séparation de l'Église et de l'État en France (encycliques *Vehementer nos* et *Gravissimi officii,* 1906), condamna la démocratie chrétienne du *Sillon* (→ **Sangnier**) et l'*Action* française* (mise à l'Index, 1914). Pape surtout religieux, il restaura le plain-chant (1903), ordonna la refonte du bréviaire et du psautier et chargea le cardinal Gasparri* de la codification du droit canonique (qui devait aboutir en 1917). Il condamna le mouvement moderniste (décret *Lamentabili* et encyclique *Pascendi,* 1907 ; excommunication de Loisy*, 1908 → **modernisme**) et y fit face par la création d'une Commission pontificale des études bibliques (1907) et la révision de la Vulgate*. Canonisé en 1954. ▪ Fête le 21 août.

**PIE XI [Achille RATTI]** ♦ (Desio, Lombardie 1857 - Rome 1939). 257e pape (1922 - 1939). Ancien préfet de l'Ambrosienne de Milan (1907), puis de la Vaticane (1914), nonce à Varsovie (1919), archevêque de Milan et cardinal (1921). Son pontificat vit la signature des accords du Latran* (1929), des concordats avec de nombreux pays, notamment des pays créés en Europe centrale après la Première Guerre mondiale, mais aussi la condamnation de l'*Action française* (1926), des excès du fascisme (1931), du nazisme (1937) et du communisme athée (1937), ainsi que d'impuissants appels à la paix (1938). Il fut le pape de l'Action catholique (apostolat des laïcs) et des missions (ordination d'évêques indien, chinois, japonais, vietnamien).

**PIE XII [Eugenio PACELLI]** ♦ (Rome 1876 - Castel Gandolfo 1958). 258e pape (1939 - 1958). Ancien nonce en Bavière (1914) et à Berlin (1920), cardinal (1929), secrétaire d'État (1930) et principal collaborateur de Pie XI auquel il succéda. Lors de la Deuxième Guerre mondiale, il multiplia les organismes humanitaires et intervint vainement pour la paix. Il condamna le fascisme et le nazisme, mais son silence et sa relative passivité devant les activités nazis ont suscité des polémiques. Il voulut préciser la doctrine chrétienne face au monde moderne, multiplia les discours, messages radiodiffusés et encycliques, condamna le marxisme, l'existentialisme athée, le freudisme, augmenta le nombre des cardinaux (la majorité passant aux non-Italiens) et des évêques autochtones en pays de mission. Il érigea en dogme l'Assomption de Marie (bulle *Munificentissimus Deus,* 1950).

La **Pièce aux cent florins** ♦ Gravure de Rembrandt dont il existe plusieurs exemplaires exécutés de 1643 à 1649 (Bibliothèque nationale, Paris ; Rijksmuseum, Amsterdam). Intitulée *Jésus guérissant les malades,* l'œuvre tire sa seconde appellation du prix qu'elle aurait atteint du vivant de l'artiste. Exécutée à la pointe douce, au burin et à la pointe sèche, elle constitue un sommet technique et expressif de l'œuvre gravée de Rembrandt qui lui consacra trois ans de travail. Elle témoigne de l'évolution de la manière de l'artiste qui développe désormais le foisonnement des lignes, générateur de l'espace, de l'atmosphère et des effets de couleur.

La **Pièce aux cent florins.** Gravure de Rembrandt (28,1×39,4 cm). Bibliothèque nationale de France, Paris. *Phot. © BNF*

**PIECK (Wilhelm)** ♦ Homme d'État allemand (Guben, Brandebourg 1876 - Berlin 1960). Ouvrier, membre du Parti social-démocrate à partir de 1895, il fut l'un des fondateurs du Parti communiste allemand (1918). Député au Reichstag (1928), il émigra en France en 1933, puis en 1939 en URSS. Rentré à Berlin en 1945, il fut élu coprésident du Parti socialiste unifié (1946) et dirigea le 3e Congrès du Peuple qui élabora la Constitution. Élu président de la République démocratique allemande en 1949, il fut réélu jusqu'à sa mort.

Le **Pied-bot** ♦ Tableau de José de Ribera (1642). Ce jeune mendiant au pied difforme, physiquement, socialement et économiquement misérable mais insouciant de son état et souriant, illustre un appel à la charité, que confirme l'inscription qu'il tient de la main gauche, et non pas, comme on l'a cru à l'époque romantique, un goût prononcé de Ribera pour le morbide. Par son naturalisme cru, l'œuvre s'inscrit dans le courant caravagesque qui règne alors à Naples.

**PIEDICROCE** [20229] ▪ **ÉTYM.** corse «canton *(pieve)* de la croix *(croce)*» ♦ Ch.-l. de cant. de la Haute-Corse, arr. de Corte, près de la source d'Orezza. 117 hab. Église baroque Saint-Pierre-et-Saint-Paul (orgue du XVIIe s.). ▪ Aux environs, ruines du couvent d'Orezza.

Les **Pieds Nickelés** ♦ Héros de bandes dessinées créés en 1908 dans *L'Épatant* par Louis Forton. À sa mort, en 1934, le sujet fut repris par Perré, puis Badert, Lacroix et surtout René Pellos en 1948, qui sut lui donner une allure plus moderne et plus dynamique. Ce trio de crapules sympathiques, Croquignol, Filochard et Ribouldingue, ridiculise la police, monte des coups douteux, découvre le monde entier et vit au rythme d'une imagination débridée, mais de moins en moins anarchiste après Forton.

Le **Pied-bot.** Tableau de Ribera (164 × 93,5 cm). Musée du Louvre, Paris. *Phot.* © *Nimatallah/Ricciarini*

**PIÉMONT** n. m. ➝ ÉTYM. en it. ***Piemonte,*** du vieil it. *pie di monte* « pied de la montagne » ♦ Région d'Italie. ➝ **Italie** (carte). 25 400 km². 4 214 677 hab. *(Piémontais).* CH.-L. : Turin. Elle comprend les provinces d'Alessandria (Alexandrie), Asti, Cuneo, Novare, Turin et Verceil. ▮ **Géographie** Les paysages sont assez variés. Au N., les Alpes forment un grand arc. Dans cette zone se dressent les sommets les plus hauts d'Italie et de France : mont Viso (3 841 m), Grand Paradis (4 061 m), mont Blanc (4 810 m), Cervin (4 478 m) et mont Rose (4 634 m). Ces massifs sont creusés de défilés et de vallées profondes qui font communiquer l'Italie avec la France (cols de Larche, du Mont-Genèvre, du Saint-Bernard et du Simplon). Des amphithéâtres morainiques (Ivrée, Biella) et des collines (Montferrat, Langhe, Rivoli et Canavese) font la transition entre la haute montagne et la plaine. Celle-ci est formée à l'O. de terrasses sèches et à l'E. d'une plaine marécageuse (Novare, Verceil). Le climat est continental. ▪ Le Piémont est la seconde région économique d'Italie après la Lombardie. L'activité industrielle est importante et diversifiée : métallurgie primaire à Turin et dans la vallée de la Doire Ripaire, industries mécaniques à Alessandria, machines à écrire à Ivrée. Mais la région est surtout dominée par Turin, la ville de la Fiat, qui draine toutes les richesses. Au-delà de la métropole, on cultive du blé, du maïs, du seigle, du fourrage et de la betterave à sucre et on pratique l'élevage des bêtes à cornes dans les *cascine.* Le riz est encore cultivé autour de Novare et de Verceil. La vigne est présente dans le Montferrat (prov. d'Asti et d'Alessandria) ; le Piémont produit 14 % du vin italien. Les cultures maraîchères se localisent aux abords des villes. Malgré le tourisme d'hiver, la montagne, qui envoie vers Turin la prod. de ses centrales hydroélectriques (et aussi ses hommes), est en voie d'abandon. ▮ **Histoire** Comprenant la Gaule transpadane et le N. de la Ligurie à l'époque romaine, le Piémont appartint à la maison de Savoie au XI$^{e}$ s., mais ne fut annexé qu'en 1418 (➝ **Savoie**). Il fut occupé par la France de 1796 à 1814. À partir du congrès de Vienne. ➝ **Italie.**

**PIERCE (Franklin)** ♦ Homme politique américain (Hillsboro, New Hampshire 1804 - Concord 1869), 14$^{e}$ président des États-Unis (1853 - 1857). Représentant, puis sénateur du New Hampshire, démocrate favorable à Jackson*, il fut élu président malgré ses sympathies sudistes. Celles-ci l'incitèrent au dangereux compromis du Kansas-Nebraska à propos de l'esclavage (1854). Son expansionnisme (manifeste d'Ostende) resta sans effet. Il fut l'un des opposants à Lincoln* pendant la guerre de Sécession*.

**PIÉRIDES** n. f. pl. ♦ Surnom donné (par des poètes latins surtout) aux Muses* considérées comme originaires de Piérie, en Thrace. ▪ Selon une autre tradition, les Piérides sont neuf filles de Piéros, héros éponyme de Piérie. Fières de leur talent musical, elles engagent un concours de chant avec les Muses sur l'Hélikon et sont vaincues. Pour les punir, les Muses les transforment en oiseaux.

**PIERLOT (Hubert)** ♦ Homme politique belge (Cugnon 1883 - Uccle 1963). Sénateur catholique (1926 - 1946), plusieurs fois ministre, Premier ministre de 1939 à 1945, il refusa, lors de la Deuxième Guerre mondiale, la capitulation de son pays en 1940 et dirigea le gouvernement belge en exil à Londres.

**PIERNÉ (Gabriel)** ♦ Compositeur français (Metz 1863 - Ploujean 1937). Organiste, il fut le successeur de C. Franck à Sainte-Clotilde, à Paris, et dirigea les Concerts Colonne (1910 - 1934). Élève de Franck et de Massenet, il a laissé une œuvre de facture traditionnelle, mais empreinte d'élégance et d'esprit et riche d'une orchestration subtile et colorée. Elle comporte des comédies lyriques (*Fragonard,* 1934), des ballets (*Cydalise et le Chèvre-pied,* 1923 ; *Impressions de music-hall,* 1927 ; *Images,* 1935), des oratorios (*L'An Mil,* 1897 ; *La Croisade des enfants,* 1902 ; *Saint François d'Assise,* 1912), de la musique de scène, des poèmes symphoniques, de nombreuses pièces de musique de chambre et des mélodies. Chef d'orchestre, il fut l'un des plus courageux promoteurs de la musique moderne en France.

**PIERO DELLA FRANCESCA (Piero de' Franceschi,** dit**)** ♦ Peintre italien (Borgo San Sepolcro, auj. Sansepolcro, Toscane v. 1416 - *id.* 1492). Sa première réalisation, auj. disparue, fut les fresques de Sant'Egidio (1439) à Florence, sous la direction de Domenico* Veneziano. C'est peu après, sans doute, qu'il peignit *Le Baptême du Christ* pour les camaldules de Borgo San Sepolcro (National Gallery, Londres). En 1445, la confrérie de la Miséricorde de sa ville natale lui commanda un polyptyque de *La Vierge de miséricorde* qui révèle l'influence de Masaccio*, qu'il avait pu étudier à Florence. La même année, il commença à travailler pour le duc d'Urbino. Après un séjour à Ferrare, où ses fresques ont disparu, il travailla dans le temple de Malatesta à Rimini (*Saint Sigismond et Sigismondo Pandolfo Malatesta,* 1451). En 1452 il se rendit à Arezzo pour exécuter dans le chœur de la basilique Saint-François les fresques de *L'Histoire* de la vraie croix,* son chef-d'œuvre. Après un séjour à Rome en 1458 - 1459, il partagea son activité entre Borgo, Arezzo et Urbino, peignant notamment *La Flagellation* (v. 1460, Urbino), *La Résurrection du Christ* (v. 1460, Sansepolcro), les portraits du duc d'Urbino, *Federico da Montefeltro* et de sa femme *Battista Sforza* (1465 et apr. 1472, Offices, Florence). Son art représente la synthèse la plus aboutie des recherches florentines sur l'espace et la perspective, mais aussi de la science de la couleur et du paysage apprise des Siennois, des peintres Domenico Veneziano, Masaccio, Mantegna* et de l'école flamande. Ses œuvres, où domine le travail sur la construction géométrique de l'espace (qui le feront apprécier de Cézanne et de Seurat), sont statiques et comme figées dans le temps. Les architectures et les personnages offrent un caractère monumental tandis que le paysage est traité avec plus de légèreté. La variété de la palette, la douceur des couleurs, la qualité d'une lumière autonome héritée de Fra Angelico* participent à l'harmonie spatiale de son monde où tout est architecture, à commencer par la figure humaine. Dans les années 1470, l'influence de la peinture flamande (à laquelle il emprunta la technique à l'huile, qu'il contribua à faire connaître en Italie) adoucit l'impassibilité des figures et le ton hiératique devint plus familier (le retable de Brera, entre 1472 et 1474). À la fin de sa vie, il écrivit des traités de perspective et de géométrie : *De prospectiva pingendi, Libellus de quinque corporibus regularibus* et *Del abaco.*

**PIERO DI COSIMO (Piero di Lorenzo,** dit**)** ➝ ÉTYM. du n. de son maître *Cosimo* Rosselli ♦ Peintre italien (Florence 1462 - *id.* 1521). À part un court séjour à Rome (1481), où il aida son maître Cosimo Rosselli à décorer une partie de la chapelle Sixtine, Piero ne quitta jamais Florence. Sa peinture, imprégnée par l'influence de Signorelli*, occupe une place particulière dans l'école florentine. Ses groupes de nus marqueront Michel*-Ange. Par son insistance à rendre les valeurs lumineuses et atmosphériques, à l'instar des peintres nordiques, il s'opposa à la plupart des maîtres florentins en négligeant le dessin au profit de la couleur. Outre quelques œuvres religieuses (*Visitation,* Washington), plusieurs portraits dont l'étonnant profil de *Simonetta Vespucci* (Chantilly), des tableaux mythologiques isolés parmi lesquels se distinguent le tumultueux *Combat des Lapithes* (Londres) et l'énigmatique *Mort de Procris (id.),* Piero peignit un cycle présentant les origines de l'histoire de l'humanité selon un mode iconographique unique dans la peinture de la Renaissance*. La vision primitiviste du monde illustrée dans cet ensemble s'inspire de Lucrèce. Piero y glorifie, en effet, les dieux et demi-dieux classiques qui ne furent pas créateurs (comme le Dieu de la Bible) mais éducateurs. Par leur enseignement, l'huma-

**Piero di Cosimo.** *Simonetta Vespucci* (57 × 42 cm).
Musée Condé, Chantilly. *Phot.* © *Bulloz*

nité, dépassant l'horrible vie sauvage, atteint une existence orientée vers l'énergie naturelle. Le règne de Vulcain et de Bacchus serait le stade idéal de l'évolution humaine.

**PIÉRON (Henri)** ♦ Philosophe et psychologue français (Paris 1881 - *id.* 1964). Il est le fondateur de la psychologie objective, expérimentale, «ramenant les faits psychologiques à des mécanismes physiologiques en négligeant l'aspect subjectif du fait de conscience». Outre un traité sur la *Technique de psychologie expérimentale* (en collaboration avec E. Toulouse* et Vaschide), on lui doit des travaux sur la mémoire, la physiologie du sommeil, *Le Cerveau et la Pensée* (1923), la *Psychologie expérimentale* (1925), *La Sensation, guide de vie* (1945) ainsi qu'un important *Traité de psychologie appliquée* (1954).

## PIERRE

→ **ÉTYM.** lat. *Petrus,* du gr. *petros* «pierre», trad. gr. du surnom araméen *Képhas* donné à Simon, de l'araméen *Képha'* «rocher» – it. *Pietro,* vénitien *Piero,* esp. et port. *Pedro,* occit. *Pèire,* catalan *Pere,* roum. *Petru,* irl. et gaél. *Peadar,* all. et angl. *Peter,* polon. *Piotr,* russe *Piotr, Pietr,* tchèque *Petr,* finnois *Pietari,* serbe *Petar* etc. ♦ Nom de plusieurs personnages, classés selon les rubriques suivantes : saint ; Aragon ; Brésil ; Bretagne ; Castille ; Monténégro ; Portugal ; Russie ; Serbie.

### SAINT

**PIERRE** (saint) ♦ Un des douze apôtres* et le premier d'entre eux. Selon les Évangiles*, pêcheur de Galilée nommé Simon, fils de Jonas et frère d'André*, il aurait été le disciple de Jean*-Baptiste avant d'être appelé par Jésus*. Impétueux et non dénué de faiblesses (il abandonne Jésus qu'il prétendait défendre) mais capable de se repentir (il pleure après l'avoir renié par trois fois), il est le premier à reconnaître la messianité du Christ, assiste à la transfiguration et entre le premier dans le tombeau vide : aussi reçoit-il la charge, symbolisée par le changement de nom que lui impose Jésus, d'être le fondement de l'Église. Les Actes* des Apôtres précisent son ministère : annonçant la venue du royaume et la résurrection du Christ lors de la Pentecôte, auteur de nombreux miracles, il convertit le centurion Corneille. Les lettres de saint Paul* laissent entendre que son attitude à l'égard des païens fut moins assurée que la position rapportée par les Actes lors du supposé «concile» de Jérusalem : l'apôtre semble avoir été, comme Jacques, plutôt partisan de la position des judéo*-chrétiens ; il apparaît du moins comme modèle de l'antipaulinisme dans le *Roman pseudo-clémentin* (→ **Clément Ier**). Selon la tradition, il vint à Rome dont il aurait été le premier évêque (le premier pape) et il fut martyrisé sous Néron, en 64, en même temps que Paul. Il serait enseveli sur le mont Vatican, au lieu où s'élève la basilique qui porte son nom. La situation privilégiée du premier apôtre lui a fait attribuer plusieurs ouvrages : une tradition ancienne en fait l'inspirateur de l'évangile selon Marc*. ▪ Fête le 29 juin. ♦ ***La «Première Épître de Pierre»*** Livre du Nouveau Testament (→ **Bible**), 5 chapitres. Elle s'adresse à des chrétiens d'origine païenne en Asie Mineure et se présente comme écrite par l'apôtre. ♦ ***La «Deuxième Épître de Pierre»*** Livre du Nouveau Testament (3 chapitres), texte du IIe s. qui s'inspire fortement de l'épître de Jude*. ♦ ***L'«Évangile de Pierre»*** (grec, IIe s.), les Actes de Pierre (grec, IIe s.), où apparaît l'épisode du Quo vadis ?, les Actes de Pierre et André, les Actes de Pierre et des Douze Apôtres, l'Apocalypse de Pierre (grec, IIIe s.) et l'œuvre de même titre découverte à Nag* Hammadi sont apocryphes. ▪ *Années de saint Pierre* : les trente-deux ans traditionnels de son pontificat. ▪ *Clefs de saint Pierre* : attribut de l'apôtre, puis de la papauté, à cause de Matthieu, XVI, 19. ▪ *Croix de saint Pierre* : croix latine renversée, saint Pierre étant souvent représenté crucifié la tête en bas.

### ARAGON

**PIERRE Ier** ♦ (v. 1068 - Huesca 1104). Roi d'Aragon et de Navarre (1094 - 1104). Fils de Sanche Ier, il conquit Huesca (1096) et Barbastro (1100). Son frère Alphonse Ier lui succéda.

**PIERRE II** ♦ (v. 1174 - 1213). Roi d'Aragon (1196 - 1213). Il étendit son autorité sur toute la Catalogne et se fit couronner par le pape (auquel il prêta hommage de vassalité, au grand scandale de ses sujets). Il participa à la bataille de Las Navas* de Tolosa (1212) contre les Maures et à celle de Muret (1213) où il fut tué. → **albigeois.**

**PIERRE III le Grand** ♦ (1239 - Villafranca del Panadés, Catalogne 1285). Roi d'Aragon (1276 - 1285), fils de Jacques* Ier. Ayant acquis des droits sur la Sicile par son mariage avec Constance (fille de Manfred*, roi de Sicile) en 1262, il encouragea la révolte des Vêpres* siciliennes contre Charles* Ier d'Anjou (1282) et conquit l'île où il régna sous le nom de Pierre Ier. Il repoussa la «croisade» d'Aragon menée contre lui par le roi de France Philippe* III, à l'instigation de son oncle Charles d'Anjou.

**PIERRE IV le Cérémonieux** ♦ (Balaguer 1319 - Barcelone 1387). Roi d'Aragon (1336 - 1387). Il enleva Majorque et le Roussillon à son cousin Jacques* II (1344), écrasa la rébellion de la noblesse aragonaise (1348), occupa la Sardaigne (1354) et soutint Henri* de Trastamare contre Pierre* le Cruel.

### BRÉSIL

**PIERRE Ier** ♦ (Queluz 1798 - Lisbonne 1834). Empereur du Brésil (1822 - 1831) et roi de Portugal sous le nom de *Pierre IV.* Fils de Jean VI de Portugal, il se réfugia, lors de l'invasion française, au Brésil dont il devint régent (1821). Il prit alors la tête de la révolution nationale, fit proclamer l'indépendance (Ipiranga, 1822) et devint empereur constitutionnel. Il ne put éviter la sécession de l'Uruguay et, en 1831, abdiqua en faveur de son fils (→ **Pierre II**). Ayant hérité, en 1826, la couronne du Portugal, il la céda à sa fille Marie II (1834).

**PIERRE II** ♦ (Rio de Janeiro 1825 - Paris 1891). Empereur du Brésil (1831 - 1889). Fils et successeur de Pierre Ier, il régna jusqu'en 1840 sous la tutelle de Andrada e Silva. En 1851, il soutint l'Uruguay et le Paraguay contre le dictateur argentin Rosas*, puis combattit le dictateur paraguayen Solano López (1866 - 1870). Il régna en prince cultivé, philosophe et savant, attiré par le positivisme, toujours respectueux de la Constitution. Mais il s'attira l'hostilité de l'Église par ses mesures de laïcisation. Sa décision d'abolir l'esclavage (1888) dressa contre lui les riches planteurs et un soulèvement militaire le força à abdiquer (1889) et à se réfugier en Europe.

### BRETAGNE

**PIERRE Ier Mauclerc** ♦ (1190 - 1250). Comte de Dreux, duc de Bretagne (1213 - 1250). Fils de Robert II, comte de Dreux, il devint régent et duc de Bretagne en épousant Alix, sœur d'Arthur Ier de Bretagne. En désaccord avec le clergé, il fut excommunié en 1217. Il servit fidèlement Philippe Auguste et Louis VIII et fut hostile à Blanche de Castille. Lorsque son fils Jean Ier le Roux devint majeur, il partit en croisade ; il fut fait prisonnier avec Saint Louis en Égypte et mourut en mer lors de son retour.

### CASTILLE

**PIERRE le Cruel** ♦ (Burgos 1334 - Montiel 1369). Roi de Castille et de León (1350 - 1369). Il succéda à son père Alphonse* XI et dut faire face à des révoltes, notamment celle de son frère Henri* de Trastamare qui revendiquait le trône. Aidé par Édouard*, prince de Galles, il remporta la victoire de Nájera sur Henri et Du Guesclin (1367) mais fut battu à Montiel (1369). Il mourut assassiné par son frère qui monta sur le trône.

### MONTÉNÉGRO

**PIERRE II PETROVIČ NJEGOŠ** ♦ Prince-évêque de Monténégro et poète serbe (Njegoš 1813 - Cetinje 1851). Il créa un Sénat à pouvoir législatif, exécutif et judiciaire, afin d'arrêter les luttes entre les tribus monténégrines. Poète idéaliste et délicat, il écrivit une épopée, *Les Lauriers de la montagne* (1847), œuvre originale et puissante faisant l'apologie de la lutte, qui reste aujourd'hui un des symboles de l'identité nationale monténégrine.

### PORTUGAL

**PIERRE Ier le Justicier** ♦ (Coimbra 1320 - Estremoz 1367). Roi de Portugal (1357 - 1367). Fils d'Alphonse IV, il fut marié à Constance de Castille, mais s'éprit d'Inés* de Castro. Devenu veuf il l'épousa, au grand scandale de son père qui la fit assassiner → **Reine morte (La).** Quand Pierre fut roi à son tour, il auréola de mysticisme la légende d'Inès. Son règne fut caractérisé par la lutte contre la féodalité ecclésiastique et la corruption du haut clergé.

**PIERRE II** ♦ (Lisbonne 1648 - *id.* 1706). Roi de Portugal (1683 - 1706). Fils de Jean* IV, il fut régent sous le règne de son frère Alphonse* VI, faible d'esprit, et obtint de l'Espagne l'indépendance du Portugal (1668). Devenu roi en 1683, il se déclara d'abord pour la France, puis s'allia avec l'Angleterre sous l'influence de lord Methuen avec lequel il signa le traité (1703) qui devait placer pour des siècles le Portugal dans l'alliance britannique.

**PIERRE III** ♦ (Lisbonne 1717 - *id.* 1786). Roi de Portugal (1777 - 1786). Fils de Jean* V, il épousa sa nièce Marie* Ire de Bragance avec laquelle il partagea le trône sans avoir part au gouvernement.

**PIERRE V** ♦ (Lisbonne 1837 - *id.* 1861). Roi de Portugal (1853 - 1861). Il succéda à sa mère Marie* II de Bragance et s'appliqua surtout à rétablir la paix et à développer l'instruction. Son frère Louis* Ier poursuivit son œuvre.

### RUSSIE

**PIERRE Ier Alekseïevitch,** dit **Pierre le Grand** ♦ (Moscou 1672 - Saint-Pétersbourg 1725). Tsar, puis empereur, de Russie (1682 - 1725). Fils d'Alexis Ier et de Nathalie Narychkine, sa seconde femme, il fut désigné comme successeur, mais les Streltsy* firent couronner simultanément Pierre et son demi-frère Ivan V, sous la régence de leur sœur Sophie. Pierre eut une jeunesse très indépendante, fréquenta des Occidentaux et organisa ses premiers régiments. En 1689, il élimina Sophie et Ivan V, laissant le gouvernement à sa mère. Celle-ci étant morte (1694), Pierre inaugura son règne personnel en recherchant un débouché maritime pour la Russie. Utilisant la flotte qu'il avait fait construire, il attaqua les Turcs, prenant rapidement Azov (1696). Persuadé de la nécessité de profondes réformes, il partit en 1697 avec le Suisse Lefort, qui l'avait initié aux techniques et aux coutumes de l'Occident. Il visita incognito la Hollande, l'Angleterre, Vienne, étudiant les constructions navales et les industries. En 1698, la grande révolte des streltsy le contraignit à rentrer précipitamment ; il en fit exécuter environ 4 000 et imposa diverses réformes des coutumes, mal acceptées et assez superficielles (vêtement, calendrier). L'européanisation de la Russie dépendant de son expansion vers les mers ouvertes, Pierre visait avant tout la maîtrise de la Baltique. S'alliant à la Pologne et au Danemark (1699), le tsar entra en guerre contre Charles* XII, au pouvoir depuis deux ans. Celui-ci s'avéra un chef de guerre exceptionnel ; ayant battu les Russes à Narva, il signa une paix séparée avec la Pologne et envahit la Russie. Mais Pierre Ier s'était emparé de Nieuschantz et y fonda un port qui allait devenir sa capitale en 1715. → **Saint-Pétersbourg.** Après avoir menacé Moscou (1707), Charles XII chercha à favoriser la sécession de l'Ukraine, s'appuyant sur les Cosaques de Mazeppa, mais Pierre le battit de manière décisive à Poltava* (1709). Le roi de Suède dut se réfugier en Turquie et le tsar put annexer les provinces suédoises de la Baltique ; la paix de Nystad (1721) devait donner à la Russie la première place en Europe du Nord. Cependant, la politique antiturque du tsar s'étant heurtée à l'hostilité de la France, de l'Angleterre et de la Hollande, Pierre dut rendre Azov aux Turcs (1711) et son voyage diplomatique en Europe (1716 - 1717) ne fut pas un succès. De retour, il dut réorganiser l'administration, essentiellement pour assurer une fiscalité très lourde nécessaire à son «dirigisme de guerre» (A. Fichelle). L'étatisme autoritaire triompha dans les grands travaux et la hiérarchisation bureaucratique d'une nouvelle noblesse. Parfois hâtive, toujours imposée tyranniquement (police secrète, tortures, mise à mort du tsarévitch Alexis, 1718), cette politique de réforme engageait cependant la Russie vers l'avenir. Mais ce fut au prix d'un profond déséquilibre entre la puissance militaire et politique et la fragilité des structures étatiques que seule une autorité personnelle impitoyable rendait efficaces. Enfin, l'aggravation du servage, faisant du paysan une marchandise négociable, ne pouvait favoriser longtemps l'expansion économique et devait freiner l'évolution de la Russie vers l'économie capitaliste. Artisan de la grandeur russe, Pierre Ier fut proclamé en 1722 par le Sénat «père de la patrie, imperator et grand». Sa personnalité exceptionnelle fut reconnue dès le XVIIIe s. (cf. Voltaire, *Histoire de la Russie sous Pierre le Grand*). On a publié un *Journal* de ses campagnes contre la Suède, et des *Lettres*.

**Pierre le Grand.** Portrait par Jean-Marc Nattier (1,43 x 1,10 m), 1717. Musée de l'Ermitage, Saint-Pétersbourg. *BIS/© Archives Larbor*

**PIERRE II Alekseïevitch** ♦ (Saint-Pétersbourg 1715 - *id.* 1730). Empereur de Russie (1727 - 1730). Fils d'Alexis* Petrovitch et petit-fils de Pierre le Grand, il succéda à Catherine* Ire qui l'avait désigné à l'instigation de Menchikov*, dont il subit la tutelle avant de le faire exiler. Le pouvoir passa à la vieille aristocratie moscovite et la capitale fut retransférée à Moscou. Dernier descendant mâle des Romanov*, il mourut à l'âge de quinze ans. Anna* Ivanovna lui succéda.

**PIERRE III Fedorovitch** ♦ (Kiel 1728 - château de Ropcha, près de Peterhof 1762). Empereur de Russie (janv.-juin 1762). Petit-fils de Pierre le Grand par sa mère (Anna Petrovna), débile physique et intellectuel, il fut marié en 1745 à Sophie d'Anhalt-Zerbst, la future Catherine* II et succéda en janvier 1762 à la tsarine Élisabeth*, sa tante. Fervent admirateur de Frédéric* II, il s'empressa de renverser la politique extérieure de la Russie, renonçant aux conquêtes prussiennes (Poméranie et Prusse-Orientale) et s'alliant avec Frédéric II, l'ennemi de la veille. Sa politique intérieure, marquée par le mépris des Russes, la persécution de l'Église orthodoxe et les libertés qu'il accorda à la noblesse, favorisa le complot qui porta sa femme au trône (28 juin 1762). Peu après, il fut assassiné, sans doute par Alexis Orlov, dans des circonstances mystérieuses qui permirent à Pougatchev* de se faire passer pour Pierre III en 1773.

### SERBIE

**PIERRE Ier** ♦ (Belgrade 1844 - *id.* 1921). Roi de Serbie (1903 - 1918) puis de Yougoslavie (1918 - 1921). Fils d'Alexandre Karageorgévitch, il participa à la révolte de la Bosnie contre les Turcs de 1875. En 1914, il confia la régence à son fils Alexandre*. ♦ **PIERRE II** (Belgrade 1923 - Los Angeles 1970). Roi de Yougoslavie (1934 - 1941). Il régna d'abord sous la régence de son oncle Paul Karageorgévitch* favorable à l'Axe. Porté au pouvoir en 1941 par un coup d'État militaire, Pierre II ne réussit pas à se maintenir lors de l'invasion allemande.

---

**PIERRE (Henri Grouès,** dit **l'abbé)** ♦ Prêtre français (Lyon 1912 - Paris 2007). Capucin, ordonné prêtre en 1938, il entra dans la Résistance sous le nom de l'Abbé Pierre qu'il conserva ensuite. Député de Meurthe-et-Moselle (1945 - 1951), membre du MRP (1946 - 1950), il fonda Emmaüs, communauté de chiffonniers (1949), lança en 1954 une campagne pour les sans-logis. Son combat contre l'exclusion sociale et la pauvreté a fait de lui une figure emblématique de la vie politique et sociale française.

L'abbé **Pierre.**
*Phot. © G. Bassignac/Gamma*

**PIERRE** ➝ ÉTYM. du nom de *Pierre* Chouteau, négociant en fourrures, qui parcourut la région au XIXe s. ♦ V. des États-Unis, cap. du Dakota du Sud, sur le Missouri. 13 000 hab. La ville s'est développée depuis la construction du barrage de Oahe, sur le Missouri (1948). ▮ **Histoire** D'abord nommée Mahto («ours» en sioux), la ville fut en 1880 le terminus du chemin de fer (Chicago et North Western).

**PIERRE-BÉNITE** [69310] ➝ ÉTYM. devrait son n. au bloc de granit, situé en bordure du Rhône, qui servait d'amarre aux mariniers pour qui c'était un lieu de dévotion ♦ Comm. du Rhône, banlieue S. de Lyon. 9 963 hab. *(Pierre-Bénitains).* Centrale hydroélectrique sur le Rhône.

**PIERRE CANISIUS** (saint) ♦ Jésuite hollandais, docteur de l'Église (Nimègue 1521 - Fribourg 1597). Un des principaux théologiens des premières sessions du concile de Trente, il fut ensuite, par excellence, l'homme de la Contre*-Réforme dans l'Allemagne protestante. Provincial de son ordre pour la Germanie (1556), fondateur du collège de Fribourg en Suisse (1580), il est l'auteur d'un catéchisme célèbre : *Summa doctrinae christianae.* ▪ Fête le 21 déc.

**PIERRE CÉLESTIN** (saint) → **Célestin V (saint)**

**PIERRE CHANEL** (saint) ♦ Missionnaire français (Cuet, près de Belley 1803 - île Futuna 1841). Prêtre de la congrégation des maristes, il évangélisa Wallis et Futuna et fut massacré. Il est le premier martyr de l'Océanie. ▪ Fête le 28 avr.

**PIERRE Chrysologue** (saint) ◆ **ÉTYM.** en gr. ***Khrusologos*** «Parole d'or» ♦ Docteur de l'Église (Imola 406 - *id.* 450), évêque de Ravenne, v. 432 - 440, célèbre par l'élégance de ses *Homélies*. Il prit position contre Eutychès*. ▪ Fête le 30 juil.

**PIERRE D'ALCÁNTARA** (saint) **[Pedro GARAVITO]** ♦ Franciscain et mystique espagnol (Alcántara 1499 - Las Arenas 1562). Définiteur puis provincial de son ordre, il organisa une branche réformée, les Frères mineurs de la plus stricte observance («alcantarins»), approuvée en 1562. Sainte Thérèse* d'Ávila le consulta avant d'entreprendre sa réforme du Carmel. L'un des grands mystiques espagnols, il est l'auteur d'un *Traité de l'oraison* (1556). ▪ Fête le 19 oct.

**PIERRE DAMIEN** (saint) ♦ Homme d'Église italien (Ravenne 1007 - Ostie 1072). Il ouvrit une école à Ravenne puis se retira dans un ermitage avant de devenir évêque d'Ostie. Il fut avec le futur Grégoire* VII un des promoteurs de la réforme du clergé. Son *De divina omnipotentia* est une défense des dogmes de l'Église chrétienne contre la dialectique et la philosophie. ▪ Fête le 21 fév.

**PIERRE DE CHELLES** → **Jean de Chelles**

**PIERRE DE CORTONE** (**Pietro BERRETTINI,** dit **da Cortona,** en fr.) ♦ Peintre et architecte italien (Cortone 1596 - Rome 1669). Élève à Florence du peintre Andrea Commodi, il poursuivit sa formation à Rome. La faveur des Sacchetti et des Barberini lui valut de nombreuses commandes publiques et privées. Auteur de tableaux religieux et mythologiques dont certains, par leur mouvement tourbillonnant, leur composition ouverte et le caractère mobile de la lumière, sont parmi les premières expressions du style baroque (*L'Enlèvement des Sabines*, 1629) tandis que d'autres attestent une recherche plus classicisante (*Vénus et Énée)*, il s'imposa surtout dans la grande décoration à fresque. Après avoir décoré l'église Santa Bibiana (1624 - 1626) et la villa Sacchetti à Castelfusano (1626 - 1629), il acquit la gloire en composant la fresque du palais Barberini (1633 - 1639), entreprise qui, par son esprit (glorification spectaculaire et hyperbolique de la famille Barberini et du pouvoir temporel de l'Église) comme par la nouveauté et la puissance des partis pris formels (conception unitaire de la composition plafonnante, dilatation de l'espace par l'utilisation d'architecture en trompe l'œil, mouvement ascensionnel de l'ensemble, clarté et précision des formes), constitue l'œuvre clé du baroque romain. Séjournant ensuite à Florence, il conçut et entreprit la décoration du palais Pitti (1637 - 1641) dans laquelle une place importante est accordée à la décoration stuquée. Il réalisa aussi à Rome les fresques de l'*Histoire d'Énée* au palais Pamphili (1651 - 1654) et celles de Santa Maria in Valicella (1633 à 1665). En s'inspirant des Carrache*, des compositions romaines de Rubens* et de celles de Lanfranco*, mais en se souvenant aussi de Titien* et des maniéristes, il élabora un style original, apte à l'expression du faste et de la grandeur et conforme aux goûts des représentants du pouvoir civil et religieux. Il joua aussi un rôle important dans le développement de l'architecture baroque en réalisant la villa du Pigneto (1625 - 1630, détruite), l'église Saint-Luc-et-Sainte-Martine (1635 - 1650), premier exemple de façade avec un corps central bombé, la façade de Sainte-Marie-de-la-Paix aux ailes concaves (1650 - 1656) et la façade de Santa Maria in Via Lata qui reflètent le souci d'intégrer l'architecture à l'espace urbain environnant (projet d'une place hexagonale). Son projet pour le Louvre, à Paris, ne fut pas retenu.

**PIERRE II DE COURTENAY** → **Courtenay**

**PIERRE DE MARICOURT** ou **PÈLERIN DE MARICOURT** latinisé en **Petrus Peregrinus** ♦ Physicien français (né à Maricourt, Somme XIII$^e$ s.). Maître de Roger Bacon*, il écrivit une célèbre épître (*Epistola de magnete*, 1269), dans laquelle il apportait une contribution déterminante à la théorie du magnétisme et présentait de profondes considérations sur les conditions et les procédés de la méthode expérimentale.

**PIERRE DE MONTREUIL** ♦ Maître d'œuvre français (Montreuil v. 1200 - Paris 1266). Il fut l'un des plus brillants architectes du règne de Saint Louis. Dès 1239, il devint architecte de l'abbaye de Saint-Germain-des-Prés, reconstruisit le réfectoire (dont on a retrouvé la façade) et, de 1245 à 1255, la chapelle de la Vierge. Des documents mentionnent qu'il travailla aussi à la basilique de Saint-Denis, où on lui a parfois attribué la partie haute du chœur. En 1265, il devint maître d'œuvre à Notre-Dame. Succédant à Jean* de Chelles, il y termina le transept S. et édifia notamment la porte Rouge. Le réfectoire de Saint-Martin-des-Champs et la Sainte-Chapelle à Paris lui ont été attribués, probablement à tort. Il contribua avec Jean de Chelles à l'élaboration du «gothique rayonnant», caractérisé par l'évidement des murs au profit de claires-voies vitrées, l'allégement des sculptures où s'allient audace technique et finesse décorative.

**Pierre et le Loup** ♦ Œuvre didactique pour récitant et orchestre, opus 67 de Serge Prokofiev* (Moscou, 2 mai 1936). Il s'agissait de faire reconnaître les instruments de l'orchestre à de jeunes auditeurs. L'histoire, dont le texte est du compositeur, raconte la capture du grand méchant loup par Pierre, chaque personnage étant représenté par un instrument particulier : Pierre par les cordes, le loup par les cors, l'oiseau par la flûte, le chat par la clarinette, le canard par le hautbois, les chasseurs par les timbales, etc.

**PIERREFEU-DU-VAR** [83390] ◆ **ÉTYM.** de l'occit. *pèiro-fue* «pierre à feu, silex ; poudingue renfermant du silex» ♦ Comm. du Var, arr. de Toulon. 4 348 hab.

**PIERREFITTE-SUR-SEINE** [93380] ◆ **ÉTYM.** en lat. *Petraficta* «pierre fichée (évoque des menhirs)» ♦ Ch.-l. de cant. de la Seine-Saint-Denis, arr. de Saint-Denis, au N. de Paris. 25 816 hab. *(Pierrefittois)*. Bâtiment des Archives nationales en construction.

**PIERREFONDS** [60350] ◆ **ÉTYM.** anc. en lat. *de Petraefonte* «la source au milieu des rochers» ♦ Comm. de l'Oise, arr. de Compiègne, à la lisière E. de la forêt de Compiègne. 1 945 hab. *(Pétrifontains)*. Église Saint-Sulpice (chœur des XI$^e$ - XIII$^e$ s., construit sur une crypte romane, double nef des XV$^e$ - XVI$^e$ s.). Les ruines du château féodal, construit par Louis d'Orléans (XIV$^e$ s.), furent rachetées par Napoléon I$^{er}$, et Napoléon III en confia la restauration à Viollet*-le-Duc (1857), dont la savante reconstitution ne fut achevée qu'en 1884. ▪ Eaux thermales. Tourisme.

**PIERREFONDS** ♦ V. du Canada (Québec), dans l'île de Montréal, fusionnée dans Montréal. Ville résidentielle.

**PIERRE FOURIER** (saint) ♦ Prêtre français (Mirecourt, Lorraine 1565 - Gray 1640). Chanoine régulier et curé de Mattaincourt (1597 - 1632), il fonda, avec la bienheureuse Alix Le Clerc, la congrégation des chanoinesses régulières de Notre-Dame pour l'éducation des

**Pierre de Cortone.**
*L'Enlèvement des Sabines* (2,75 × 4,23 m). Musée du Capitole, Rome. *Phot. © Nimatallah/Ricciarini*

Le **Pierrot,** dit autrefois «Gilles».Tableau de Watteau (1,85 x 1,50 m), v. 1718-1719. Musée du Louvre, Paris. *BIS/Phot. H. Josse © Archives Larbor*

jeunes filles pauvres, réforma la congrégation des chanoines réguliers du Saint-Sauveur et prêcha des missions en Lorraine contre le protestantisme. Ses lettres familières sont d'un excellent écrivain, l'égal parfois de saint François de Sales. ▪ Fête le 9 déc.

**PIERRELATTE** [26700] ➝ **ÉTYM.** lat. «pierre *(petra)* large *(lata)*» ♦ Ch.-l. de cant. de la Drôme, arr. de Nyons, dans le Tricastin. 11 943 hab. *(Pierrelattins)*. ➝ **Tricastin.**

**PIERRELAYE** [pjɛʀ(ə)lɛ] [95480] ➝ **ÉTYM.** ➝ Pierrelatte ♦ Comm. du Val-d'Oise, arr. de Pontoise. 6 923 hab. *(Pierrelaysiens)*.

**PIERRE l'Ermite** ♦ Religieux français (Amiens v. 1050 - Neufmoustier, près de Huy 1115). Il prêcha la première croisade* et fut l'un des chefs de la croisade populaire qui fut arrêtée par les Turcs en Asie Mineure. Après avoir assisté à la prise de Jérusalem, il fonda le monastère belge de Neufmoustier.

**Pierre le Laboureur ou la Vision de William concernant Pierre le laboureur** – en angl. ***Liber de Petro Plowman or The Vision of William concerning Piers the Plowman*** ♦ Poème populaire de William Langland* publié sous trois formes différentes v. 1362, v. 1377 et v. 1380. Dans la première partie, l'auteur, surnommé Wille le Long, rêve qu'il se trouve dans «un beau champ» situé entre la forteresse de la Vérité et la cellule où réside le Tracas, père de l'Illusion. Des hommes de toute condition sociale s'y trouvent rassemblés, qui ne se soucient pas de leur salut. La seconde partie est divisée en trois sections : *La Vie de Do Well* (Bonne Vie) qui enseigne aux hommes le travail, *La Vie de Do Bet* (Vie Meilleure) qui décrit la Passion et la Résurrection du Christ et *La Vie de Do Best* (Vie Parfaite) où la Conscience s'en va à la recherche d'un nouveau Christ, Pierre le Laboureur, incarnation de l'Amour. De vieilles légendes saxonnes inspirent ce poème allégorique écrit peu avant le soulèvement de 1381 (révolte paysanne contre un clergé abusif). Langland y dénonce la corruption qui pervertit la foi chrétienne, et préfigure l'œuvre de Bunyan*.

**PIERRE le Vénérable** ♦ Religieux français (Montboissier, Auvergne v. 1092 - Cluny 1156). Abbé de Cluny de 1122 à 1156, il redressa la discipline de son ordre qui déclinait, fut l'ami ou le correspondant des papes et des rois, recueillit Abélard* à Cluny et soutint des polémiques contre saint Bernard* de Clairvaux. Il a laissé des lettres et un traité contre l'hérésie de Pierre de Bruys. ➝ **Cluny.**

**PIERRE LOMBARD** ♦ Théologien italien (Novare entre 1100 et 1110 - Paris 1160). Il fréquenta l'école de Saint-Victor*, avant de devenir évêque de Paris (1159). Sa *Somme des sentences,* ensemble de textes des Pères de l'Église classés par matière, devint un manuel obligatoire des études théologiques au XIIIe s., dont la plupart des théologiens et philosophes de l'époque ont fait un commentaire (saint Bonaventure, saint Albert le Grand, saint Thomas* d'Aquin).

**PIERRE NOLASQUE** (saint) ♦ Religieux languedocien (v. 1182-1189 - Barcelone 1256-1258). Ayant suivi Simon de Montfort*dans sa croisade contre les albigeois*, il reçut la garde du jeune Jacques* Ier d'Aragon, prisonnier. Il devint son précepteur à Barcelone et, avec son aide et celle de Raymond de Peñafort, il fonda l'ordre de Notre-Dame-de-la-Merci*, pour le rachat des captifs. ▪ Fête le 31 janvier. Il a inspiré à Zurbarán* un cycle de tableaux (Prado et cathédrale de Séville : *L'Apparition de saint Pierre à saint Pierre Nolasque, La Vision de saint Pierre Nolasque*).

**PIERRE-SAINT-MARTIN** (gouffre de la) ♦ Profond gouffre (1 358 m) des Pyrénées-Atlantiques, à la frontière espagnole. Il fut exploré par É. Martel dès 1908, puis par Max Cosyns et G. Lépineux, enfin par M. Loubens qui y trouva la mort en 1952. À proximité, station de sports d'hiver d'Arette*-Pierre-Saint-Martin.

**PIERROT** ♦ Personnage de la commedia* dell'arte qui, sous le nom de *Pedrolino,* fit ses premières apparitions à Paris, au XVIe s. Il devait connaître le succès, au XVIIIe s., sur les théâtres de la Foire et à l'Opéra-Comique, avant de devenir personnage muet dans les pantomines de Gaspard Deburau et de son fils Charles, au milieu du XIXe s. Il a reparu sous les traits de J.-L. Barrault dans une pantomime, *Baptiste,* et à l'écran, dans *Les Enfants* du paradis,* film de Marcel Carné (1945).

**Le Pierrot ou Gilles** ♦ Tableau d'Antoine Watteau* (184×149 cm, v. 1718 - 1719). Comme la plupart des œuvres de Watteau, celle-ci ne fait l'unanimité ni pour la datation, ni pour l'interprétation. Le personnage central porte le costume traditionnel du gilles ou du pierrot, types de la comédie bouffonne. L'opposition de la gaieté des figures de l'arrière-plan et du détachement mélancolique de Pierrot a fait couler beaucoup d'encre. Amoureux du théâtre, Watteau a peut-être réalisé ici une affiche pour une parade de Gueullette, *À laver la tête d'un âne.* Le format inhabituellement grand tendrait à confirmer cette hypothèse.

**Pierrot le Fou** ♦ Film français de Jean-Luc Godard* (1965), avec Jean-Paul Belmondo, Anna Karina. Un couple de marginaux vivant de menus larcins, Ferdinand et Marianne, est poursuivi par la police. Leur cavale s'achèvera dans un bain de sang. C'est, avec *À* bout de souffle,* dont est proposée là une sorte de suite libre (Belmondo retrouve son personnage de truand désinvolte), le film le plus connu de Jean-Luc Godard. Son style tout en «collages» et ruptures de rythme, mûri entre-temps, y trouve son aboutissement, dans une verve jugée par les uns scintillante, par d'autres suicidaire.

**Pierrot lunaire** ♦ Mélodrame lyrique pour une voix et quatre instruments (flûte ou piccolo, clarinette ou clarinette basse, violon ou alto, violoncelle), en 3 parties, de 7 morceaux chacune, d'A. Schoenberg*, sur des poèmes d'A. Giraud traduits en allemand par O. E. Hartleben (Berlin, 1912). Révolutionnaire et riche d'avenir, cette œuvre, l'une des plus célèbres de son auteur, se caractérise par l'emploi du *Sprechgesang,* ou chant parlé, qui laisse à la voix la liberté de s'infléchir entre les notes devenues simples points de repère. «Le procédé de Schoenberg ajoute ainsi au chant un clair-obscur sonore qui en accuse le caractère expressif d'émotion et il introduit dans le système des demi-tons tempérés tout le scintillement des divisions infimes du ton» (A. Cœuroy). Œuvre d'une parfaite écriture contrapuntique, le *Pierrot lunaire* de Schoenberg, qui fit longtemps scandale, exerça une immense influence sur la musique du XXe s.

**PIEŠŤANY** ♦ V. de Slovaquie, sur le Váh. 30 606 hab. C'est la plus grande station thermale du pays.

**Pietà** ♦ Composition peinte ou sculptée qui apparaît au XIVe s., mettant en scène la Vierge tenant le corps du Christ mort dans ses bras ou sur ses genoux ; le corps du Christ peut également être étendu aux pieds de sa mère. La Vierge est parfois entourée de saint Jean et des trois Marie. Exemples : Pietà d'Avignon (Louvre, Paris), Fra Angelico* (couvent San Marco, Florence), Dürer* (Alte Pinakothek, Munich), le Pérugin* (Offices, Florence), Michel*-Ange (Saint-Pierre de Rome),

**Pietà d'Avignon** (1,63×2,18 m). Musée du Louvre, Paris. *Phot. © RMN-R. G. Ojeda*

**Pietà.** Marbre de Michel-Ange (174 × 195 × 69 cm). Basilique Saint-Pierre, Rome. *Phot. © Dagli Orti*

Sebastiano* del Piombo (Viterbe), Bassano* (Offices, Florence), Bronzino* (Offices, Florence), Rouault* (Musée national d'art moderne, Paris). ♦ ***Pietà d'Avignon*** Tableau commandé par un chanoine v. 1455 et destiné à la chartreuse de Villeneuve-lès-Avignon. Le sens monumental de la composition, un esprit décoratif prononcé (fond d'or, lignes élégantes, formes des draperies), apparaissent comme des traits typiquement provençaux et l'apparentent au style d'E. Quarton*, à qui on l'a parfois attribuée. Certains historiens supposent que son auteur, dit Le Maître de la Pietà d'Avignon, était d'origine catalane ou portugaise, en raison du caractère expressif de la figure du donateur, dont le modèle par méplats fait songer à Gonçalvès*. ▪ *Autre illustration :* → **Crivelli.**

**PIETERMARITZBURG** ← ÉTYM. des n. de *Pieter* Retief et Gerrit *Maritz*, dirigeants des Boers et vainqueurs des Zoulous, et de l'afrikaans *burg* «ville» ♦ V. d'Afrique du Sud, cap. de la prov. du Kwazulu-Natal. 192 417 hab. Université. ▪ Extraction de bauxite. Métall. de l'aluminium.

## piétisme

n. m. ♦ Mouvement religieux du XVII^e s., forme de «réveil» du luthéranisme ainsi nommé d'après l'œuvre du pasteur alsacien Ph. J. Spener* *Pia desideria* (les «désirs pieux») et le nom de *collegium pietatis* (collège, ou école, de la piété) donné aux réunions dans lesquelles il tenta de la mettre en pratique. Le piétisme se comprend, historiquement, comme un désir de revivifier un luthéranisme trop confortablement installé dans le monde sans pour autant constituer une secte de plus. Religieusement, il chercha à retrouver la simplicité des premières assemblées chrétiennes, idée reprise à Jean de Labadie*. Structuré à la mort de Spener par Hermann Francke (1663 - 1727), professeur à Halle, le piétisme encouragea la fondation, dans cette même ville, du premier Institut biblique, d'un orphelinat réputé, d'une imprimerie, d'écoles, et favorisa à la fois l'étude de la Bible (J.-A. Bengel, 1687 - 1752, J. S. Semler, 1725 - 1791, et J. J. Griesbach, 1745 - 1812, pionniers de la critique textuelle du Nouveau Testament) et les missions en Inde. Le deuxième grand représentant après Spener est le comte Nikolaus von Zinzendorf* (1700 - 1760) qui créa les Frères moraves, communauté dont la sensibilité particulière, une émotion provoquée par le sacrifice du Christ et une joie du salut de l'âme, sera diffusée par de nombreuses écoles. Outre son importance religieuse propre, le piétisme a exercé une influence certaine sur des esprits comme Lessing, Herder, Kant, Schiller, Goethe, Schleiermacher, Fichte, Hölderlin, Novalis mais aussi Rousseau. La rénovation cultuelle qu'il favorisa n'a pas été sans influencer un J.-S. Bach.

**PIETRAGALLA (Marie-Claude)** ♦ Danseuse et chorégraphe française (Paris 1963). Sa danse souple, ample et élégante lui valut en 1990 d'être sacrée danseuse étoile de l'Opéra de Paris. Elle mit son jeu expressif et sensible au service de nombreux chorégraphes (Bob Wilson, Rudolf Noureïev, Roland Petit, Béjart, Mats Ek, Carolyn Carlson). Directrice du Ballet national de Marseille de 1998 à 2004, elle s'est ensuite dirigée avec sa propre compagnie vers des spectacles plus éclectiques et populaires (*Marco Polo*, 2008).

**PIÉTRI (Pierre Marie)** ♦ Homme politique français (Sartène, Corse 1809 - Paris 1864). Député en 1848, il fut nommé préfet de police à la suite du coup d'État du 2 décembre 1851, mais dut donner sa démission après l'attentat d'Orsini (janv. 1858). ♦ **Joseph-Marie Piétri.** Homme politique français (Sartène 1820 - *id.* 1902). Frère du précédent. Avocat, il entra dans la carrière administrative et, nommé préfet de police (1866 - 1870), se signala par la rigueur avec laquelle il réprima les mouvements d'opposition au régime à la fin du Second Empire. Sénateur (1879 - 1885), il vota avec la droite contre les mesures républicaines.

**PIEUX (LES)** [50340] ♦ Ch.-l. de cant. de la Manche, arr. de Cherbourg, près de la Manche. 3 477 hab.

**PIEYRE DE MANDIARGUES (André)** ♦ Écrivain français (Paris 1909 - *id.* 1991). Après des voyages en Europe et dans l'Orient méditerranéen (il s'intéressait alors à l'art et à la civilisation des Étrusques), Pieyre de Mandiargues composa des recueils de prose poétique (*L'Âge de craie*, 1935 ; *Dans les années sordides*, 1943 ; *Hédéra ou la Persistance de l'amour pendant une rêverie*, 1945 ; *Astyanax*, 1957) regroupés dans les *Cahiers de poésie*, d'inspiration surréaliste, où l'on trouve déjà un art savant de maîtriser l'horreur. Dans *Le Musée noir* (1946) et *Soleil des loups* (1951), le grotesque se mêle au tragique pour créer le «triomphe du délire». Amoureux de l'insolite qui réside au fond du quotidien, l'écrivain excelle à créer un climat fantastique où un érotisme cruel suscite des «images qui soient de délectation ou d'émoi» : ainsi *Marbre* (1953), peinture baroque d'une Italie païenne, ou *Le Lis de mer* (1956) dont l'héroïne, éprise de perfection formelle, organise théâtralement sa nuit de noces sur une plage de Sardaigne. Dans *La Motocyclette* (1963) et *La Marge* (1967), Mandiargues, s'il évoque toujours de superbes rêveries érotiques, adopte un ton neutre et une forme dépouillée pour présenter des histoires rigoureuses, où un lyrisme discret s'unit à la fantaisie.

**PIGAFETTA (Antonio)** ♦ Navigateur italien (v. 1491 - v. 1534). Il participa à l'expédition de Magellan*, dont il fit le compte rendu journalier. Son récit contient des observations précises sur la vie, les mœurs et coutumes, les langues des indigènes du Brésil, de Patagonie et surtout des îles Mariannes et des Philippines ; il contribua ainsi à la connaissance du monde océanique.

**PIGALLE (Jean-Baptiste)** ♦ Sculpteur français (Paris 1714 - *id.* 1785). Élève de Le* Lorrain puis des Lemoyne*, il échoua au prix de Rome et tint cependant à se rendre en Italie (1734 - 1739). Protégé par M^me de Pompadour, il reçut de nombreuses commandes (*L'Amour et l'Amitié*, 1758). Il termina le monument de Bouchardon* sur la place Royale, et réalisa le monument en l'honneur de Louis XV à Reims (la statue, détruite en 1792, fut ensuite remplacée par une réplique de Cartellier*). Dans les tombeaux du maréchal de Saxe (1753 - 1776, église Saint-Thomas, Strasbourg) et du duc d'Harcourt (1774, Notre-Dame de Paris) il manifesta son goût pour les mises en scène et les effets théâtraux, révélant ainsi une profonde tendance au baroquisme. Mais dans ses portraits (*Diderot, Voltaire*, statue de *Voltaire nu*), il s'en tint à une observation plus directe de ses modèles. ← ÉTYM. Ce nom de famille vient du provençal *pigalo* «olive tachetée [comme la pie]».

**PIGAULT-LEBRUN** [pigo-] **(Charles Antoine Guillaume PIGAULT DE L'ESPINOY, dit)** ♦ Écrivain français (Calais 1753 - La Celle-Saint-Cloud 1835). Auteur de comédies et de romans dont la gaieté licencieuse connut un grand succès, comme *L'Enfant du carnaval* (1792) et *Monsieur Botte* (1802).

**PIGNAN** [34570] ← ÉTYM. anc. *Pinianum*, du lat. *Pinnius*, n. de pers., et suff. *-anum* ♦ Comm. de l'Hérault, arr. de Montpellier. 5 665 hab. Aux environs, anc. abbaye cistercienne de Vignogoul (église gothique du XIII^e s.).

**PIGNEROL** – en it. *Pinerolo* ♦ V. d'Italie, dans le Piémont (prov. de Turin). 33 494 hab. Cathédrale gothique (XV^e s.). ▪ Talc, graphite. ▮ **Histoire** Cette ancienne ville forte fut française à plusieurs reprises entre le XVI^e et le début du XIX^e s. (jusqu'en 1814) et servit de prison d'État. Fouquet, Lauzun, le Masque de fer y furent incarcérés.

**PIGNON (Édouard)** ♦ Peintre français (Bully-les-Mines, Pas-de-Calais 1905 - La Couture-Boussey, Eure 1993). Fils de mineur, il descendit lui-même dans les mines du Nord. Il se rendit à Paris en 1927, y suivit des cours du soir et adhéra au Parti communiste. Sur les conseils de Picasso*, il s'engagea dans une peinture sociale, indépendante cependant de l'optique du réalisme socialiste. Il peignit en 1936 son célèbre tableau *L'Ouvrier mort*, sujet qu'il reprendra de façon plus expressive en 1952 pour *Le Mineur mort*, et adhéra au groupe des Jeunes Peintres de Tradition Française. Ses natures mortes, ses tableaux de la vie ouvrière sont structurés à la manière postcubiste de Picasso, avec le chromatisme de Matisse. S'inspirant de la nature, il réalisa des séries *Oliviers* (1950 - 1964), *Combats de coqs* (1958), *Batailles* (1962 - 1964), *Nus* (1973 - 1982), puis (dans les années 1980) les *Dames du soleil* qui peuvent être assimilées au néofauvisme. ← ÉTYM. *Pignon* est une variante de *penon* ou désigne une personne qui habite une maison à pignon.

**PIGNON-ERNEST (Ernest PIGNON, dit Ernest)** ♦ Peintre français (Nice 1942). Utilisant diverses techniques (sérigraphie, encre, crayon), il mène une réflexion poussée sur la création plastique. Il a choisi la rue pour exprimer son art, et confère à l'image une nouvelle

Ernest **Pignon-Ernest.** Sérigraphie collée à Naples, 1990. *Phot.* © *E.P.E.*

dimension en la plaçant dans des lieux qui lui donnent tout son sens (*Les Gisants de la Commune*, au métro Charonne, 1971 ; derrière le théâtre du Châtelet, 2001 ; sur le fléau du sida : *Soweto-Warwick-Durban*, 2002). En placardant ses dessins à la manière d'affiches, il réalise également des parcours en hommage à des hommes célèbres (Rimbaud à Paris, Maurice Audin à Alger, Jean Genet à Brest).

**PIGOU (Arthur Cecil)** ♦ Économiste britannique (Ryde, île de Wight 1877 - Cambridge 1959). Successeur d'A. Marshall à Cambridge, il fut un des derniers grands représentants de l'école néoclassique. À l'économie de richesse, il opposa une «économie de bien-être» définie par l'accroissement maximal des utilités ou satisfactions individuelles ; tout en restant attaché aux principes du libéralisme, il préconisa, pour parvenir au bien-être, certaines interventions des pouvoirs publics en matière économique et sociale, susceptibles de favoriser les entreprises à rendement croissant, de permettre une redistribution des revenus par l'impôt et de s'opposer à la rigidité des salaires qu'il considère comme la cause essentielle du chômage (thèse critiquée par Keynes*). Il est notamment l'auteur de *The Economics of Welfare* (1920) et de *La Théorie du chômage* (1930).

**PIKE (Kenneth Lee)** ♦ Linguiste américain (Woodstock 1912 - 2000). Président du Summer Institute of Linguistics, il a décrit de nombreuses langues peu étudiées (Nouvelle-Guinée, Philippines, etc.). Il a élaboré une théorie générale de la description linguistique, la tagmémique, qui s'insère dans une conception générale de l'activité linguistique, de nature behavioriste (*Language in Relation to a Unified Theory of the Structure of Human Behavior*, «Le langage en relation avec une théorie unifiée de la structure du comportement humain», 1954 - 1960).

**PILAT** (mont) n. m. ➝ **ÉTYM.** du franco-prov. *pela, pila* «pile, tas, pilier» et suff. dimin. *-at* ♦ Montagne du Massif central située à l'E. de Saint-Étienne, entre le Rhône, la Cance et le Gier (point culminant : crêt de la Perdrix, 1 432 m). Il est englobé dans le parc naturel régional du Pilat, créé en 1974, s'étendant sur 65 000 ha et regroupant une quarantaine de comm. réparties sur les dép. du Rhône et de la Loire.

**PILATE (Ponce)** ➝ **ÉTYM.** en lat. ***Pontius Pilatus*** ; du gr. *pontios* «marin» et du lat. *pilatus* «armé d'un javelot *(pilum)*» ♦ (Ier s.). Procurateur romain ou plutôt, selon une inscription trouvée à Césarée, préfet de Judée (26 - 36 ?). Il est connu surtout par le rôle que lui assignent les Évangiles dans le procès de Jésus : il l'abandonne aux juifs qui veulent sa mort en se lavant symboliquement les mains. Des traditions édifiantes veulent qu'il ait été puni par Tibère et exilé, ou exécuté ; ou bien qu'il se soit converti et soit mort martyr.

**PILATE** (mont) – en all. ***Pilatus*** ♦ Massif montagneux de Suisse centrale (Unterwald) dominant le lac des Quatre-Cantons au S. de Lucerne. Il culmine au Tomlishorn (2 122 m).

**PILAT-PLAGE** ♦ Station balnéaire de la Gironde (comm. de La Teste), édifiée à partir de 1928 au S. de Pyla-sur-Mer, au pied de la grande dune du Pilat [ou Pyla] (103 m).

**PILÂTRE DE ROZIER (François)** ♦ Physicien et aéronaute français (Metz 1754 - Wimereux 1785). Auteur d'un mémoire sur les gaz, fondateur du «Musée de Paris», premier musée des sciences de ce type, point de rencontre des savants de l'époque, il s'est beaucoup intéressé à l'aérostation. Il effectua, avec le marquis d'Arlandes, le premier voyage en montgolfière entre le château de la Muette et la Butte-aux-Cailles (1783). Son ballon ayant pris feu, il mourut lors d'une tentative de traversée de la Manche, avec son aide, Romain.

**PILCOMAYO** n. m. (río) ♦ Riv. d'Amérique du Sud (2 500 km). Née dans les Andes de Bolivie, près de Potosí, elle traverse la plaine du Chaco bolivien avant de gagner celui du Paraguay et de confluer avec le fl. Paraguay.

**PILICA** n. f. ♦ Riv. de Pologne (319 km), née dans le plateau de la Petite Pologne. Elle arrose Tomaszów Mazowiecki et se jette dans la Vistule en amont de Varsovie.

**PILINSZKY (János)** ♦ Écrivain hongrois (Budapest 1921 - *id.* 1981). Prisonnier dans plusieurs camps allemands, catholique et humaniste, il publia *Requiem*, «scénario à lire», en 1963. Dans ses recueils poétiques (*Icônes de la métropole*, 1970 ; *Brins de paille*, 1972), le signifiant devient autonome, le monde exempt d'anaphores. Sa prose (*Discussions avec Sheryl Sutton*, 1977) exprime une conscience de la perte des valeurs, mais aussi l'espoir des humbles.

**PILION** → **Pélion**

**Pillnitz** (déclaration de) ♦ Rédigée par Léopold II et Frédéric-Guillaume II de Prusse au château de Pillnitz en Saxe (27 août 1791), elle invitait les souverains d'Europe à se tenir prêts à soutenir la royauté française, après la fuite manquée de Louis XVI à Varennes. Cette déclaration redoubla l'ardeur des patriotes.

**PILLOT (Jean-Jacques)** ♦ Écrivain socialiste et homme politique français (Vaux-la-Valette, Charente 1809 - Melun 1877). Organisateur de mouvements ouvriers à Paris, il publia plusieurs ouvrages où il exposa ses idées révolutionnaires dans un esprit prolétarien : *La Tribune du peuple* (1859), critique de l'Église catholique, *La communauté n'est pas une utopie* (1841), exposé des doctrines communistes de l'Antiquité au XIXe s. Après l'échec de la révolution de 1848, il émigra au Brésil. De retour en France, il fut élu membre de la Commune révolutionnaire de Paris (1871) ; condamné, il termina sa vie en prison.

**PILNIAK (Boris Andreïevitch VOGAW, dit Boris)** ♦ Écrivain soviétique (Mojaïsk 1894 - 1941). Très attaché au peuple russe, il décrivit la révolution comme une force destinée à libérer la Russie de l'Occident dans son roman *L'Année nue* (1921), puis il évoqua les problèmes de l'industrialisation dans *Machines et Loups* (1925) et *La Volga se jette dans la Caspienne* (1930). Ses récits, *Ivan et Maria* (1922), *Ivan Moskva* (1927), un célèbre *Conte de la lune non éteinte* (1926) et un roman *L'Acajou* (1929) sont une peinture satirique et parfois cruelle de la nouvelle société. Arrêté en 1937 et exécuté, il a été réhabilité en 1957.

**PILON (Germain)** ♦ Sculpteur français (Paris v. 1537 - *id.* 1590). Élève de son père et sans doute de P. Bontemps*, il est considéré comme l'un des principaux sculpteurs de la Renaissance française et fut le sculpteur préféré de Catherine de Médicis. Il travailla le marbre, le bronze, le bois ou la terre cuite avec une égale maîtrise. La grâce raffinée du monument du *cœur de Henri II* (1561, Louvre) porte l'empreinte de l'esthétique de l'école de Fontainebleau. Mais dans les nombreux travaux qu'il réalisa pour la rotonde des Valois à Saint-Denis, des tendances diverses apparaissent : un réalisme mesuré issu à la fois de la tradition française et de l'idéal renaissant venu d'Italie *(gisants nus des souverains, priants de bronze, gisants en costume de sacre)*, des réminiscences de Michel-Ange (*Christ ressuscité*, 1570, Louvre) et une tendance au pathétique annonciatrice du baroque italien (*Saint François en extase*, église Saint-Jean-François, Paris). Ses portraits (statue priante du chancelier de Birague, 1584 - 1585, Louvre) attestent l'acuité de son observation et la vigueur de son modelé. ➝ **ÉTYM.** Ce nom signifie «auge à mortier» (surnom d'artisan).

**PILON (Jean-Guy)** ♦ Poète canadien d'expression française (Saint-Polycarpe 1930). Fondateur (1959) et directeur jusqu'en 1979 de la revue *Liberté*, il a mis sa poésie au service de la «Révolution tranquille», écho de la recherche d'une identité spécifiquement québécoise. Dans une écriture simple et forte, il exprime ce qui est le devoir du poète : aider «à la naissance d'un pays à reconnaître», d'un pays qui n'existe pas encore (*Recours au pays*, 1961). Il a présidé l'Académie des lettres du Québec (ex-Académie canadienne française) de 1982 à 1996. Princ. recueils : *Pour saluer une ville* (1963), *Saisons pour la continuelle* (1969), *Comme eau retenue* (1969 ; 1986).

**PILPAY** → **Bidpay**

**PILSEN** → **Plzeň**

**PIŁSUDSKI (Józef)** ♦ Maréchal et homme d'État polonais (Żułów, auj. en Lituanie 1867 - Varsovie 1935). Il fut mêlé au mouvement socialiste et, bien qu'il n'eût pas pris part au complot contre le tsar Alexandre III, il fut banni et exilé en Sibérie en 1887. Libéré, il adhéra au parti socialiste polonais, ce qui lui valut une nouvelle arrestation. Cependant, son mouvement prit de l'importance vers 1904, et Piłsudski se chargea de son organisation militaire. C'est ainsi que les Légions polonaises, constituées en 1914, combattirent aux côtés des empires centraux. À Varsovie, en 1918, le Conseil de régence l'investit de pouvoirs dictatoriaux. Maréchal en 1920, il combattit les bolcheviks, s'effaça lors de l'élection du premier président en 1922, mais revint au pouvoir à la suite du coup d'État de mai 1926. Refusant la présidence, il fut Premier ministre et ministre de la Guerre, poste qu'il conserva jusqu'à sa mort.

**PILTDOWN** ♦ Localité du S. de l'Angleterre (Sussex) où l'on découvrit en 1912 un crâne, auquel on donna le nom d'*Eoanthropus dawsoni* ou *Homme de Piltdown*, formé de fragments humains et simiens. Pendant longtemps, l'origine inconnue de ce crâne ne put faire l'unanimité des anthropologues. Pourtant, des examens chimiques (1959) prouvèrent indubitablement qu'il s'agissait d'une habile reconstitution de fragments d'un âge récent (–500 env.).

**PINARD (Adolphe)** ♦ Médecin français (Méry-sur-Seine 1844 - *id.* 1934). Professeur de clinique obstétricale, il contribua au développement de la puériculture et de la législation familiale.

**PINAR DEL RÍO** ◆ ÉTYM. esp. «la pinède *(pinar)* du *(del)* fleuve *(río)*» ♦ Prov. de l'O. de Cuba. 731 276 hab. Zone réputée de prod. du tabac (Vuelta Abajo). Élevage et pêche. CAP. : Pinar del Río (191 388 hab.), sur la rive d. du río Guamá.

**PINATUBO** n. m. ♦ Volcan des Philippines (Luçon). 1 486 m. Succédant à cinq siècles de repos, son éruption de 1991 causa un millier de morts et l'abandon de la base américaine de Clark.

**PIN-AU-HARAS (LE)** [61310] ♦ Comm. de l'Orne, arr. d'Argentan. 366 hab. Haras national fondé par Colbert. Château bâti au XVIII$^e$ s. d'après les plans de Mansart.

**PINAY (Antoine)** ♦ Homme politique français (Saint-Symphorien-sur-Coise, Rhône 1891 - Saint-Chamond 1994). Maire de Saint-Chamond (1929 - 1977), député (1936 - 1938), sénateur (1938 - 1940), membre de la 2$^e$ Assemblée constituante (1946), député à l'Assemblée nationale (groupe des indépendants 1946 - 1958) et président d'honneur du Centre national des indépendants et paysans, il fit partie de plusieurs cabinets sous la IV$^e$ République. Président du Conseil avec le portefeuille des Finances (mars 1952), il se consacra au redressement du franc et fit face au malaise social par diverses mesures de stabilisation (affichage des prix, émission d'un emprunt à garantie-or, dit *emprunt Pinay*, création d'une échelle mobile des salaires). Son gouvernement fut marqué, à l'extérieur, par l'aggravation de la situation militaire en Indochine, la signature des accords de Bonn rendant sa souveraineté à l'Allemagne et posant les bases de la Communauté européenne de défense. Il dut démissionner en décembre 1952 après avoir été abandonné par le MRP et mis en minorité sur la question de la réforme de l'impôt foncier et de la Sécurité sociale. Ministre des Affaires étrangères (cabinet E. Faure, fév. 1955-janv. 1956), A. Pinay participa à la conférence de Genève sur le désarmement et contribua à faire accorder l'autonomie à la Tunisie et à rétablir le sultan Mohammed V sur le trône du Maroc. Favorable au rappel du général de Gaulle lors de la crise de mai 1958 à Alger, il fut chargé, comme ministre des Finances et des Affaires économiques (juin 1958-janv. 1960), de rétablir la situation financière (institution du «nouveau franc»). En 1973 - 1974, il a été le premier à occuper les fonctions de médiateur.

**PINCEVENT** ♦ Site préhistorique situé au bord de la Seine, à l'O. de Montereau (Seine-et-Marne). C'est un campement de chasseurs de rennes du Magdalénien* découvert tel que les hommes préhistoriques l'avaient abandonné. La répartition des vestiges sur le sol d'habitat a permis de reconstituer les emplacements des cabanes et d'observer les déplacements des hommes sur le site. → **Leroi-Gourhan.**

**PINCUS (Gregory Goodwin)** ♦ Médecin américain (Woodbine, New Jersey 1903 - Boston 1967). Auteur de travaux sur la parthénogenèse, il mit au point, en 1956, la pilule contraceptive.

**PINDARE** ◆ ÉTYM. en gr. ***Pindaros*** ; probablt de *Pinde** ♦ Poète lyrique grec (Cynocéphales, près de Thèbes –518 - Argos v. –438). Issu d'une grande famille de descendance dorienne, il étudia l'art lyrique auprès de Corinne*, puis à Athènes. Son attitude pendant l'occupation perse lui valut des critiques de Simonide* et de Bacchylide* mais, après la défaite perse, l'ardeur de ses dithyrambes patriotiques dépassa celle de ses rivaux. Il nous reste intacts ses quatre livres d'*Épinicies* (odes triomphales) dédiées aux vainqueurs des jeux et intitulées *Olympiques, Pythiques, Néméennes* et *Isthmiques*. En y faisant l'éloge des vainqueurs célèbres, presque tous des princes ou de grands propriétaires, il rattache à leur généalogie une légende pour en dégager une philosophie de modération et de vertu. Son œuvre comprend aussi des hymnes, thrènes, péans, dithyrambes. Son style brillant dément la réputation de lourdeur béotienne. À l'apogée de sa popularité après –480, il fut l'hôte de plusieurs tyrans de Sicile* et mourut comblé d'honneurs.

**PINDE** n. m. ◆ ÉTYM. en gr. ***Pindos*** «montagne des sources», de *pidaô* «jaillir, sourdre» ♦ Système montagneux de Grèce formant l'ossature du relief entre la frontière N. et le golfe de Corinthe, se prolongeant dans le Péloponnèse. Points culminants : Smolikas (2 637 m), Kiona (2 510 m). Sa tectonique récente en fait une région instable et sismique, très dépeuplée, qui conserve cependant de nombreux villages de la minorité *valaque*. La chaîne isole à l'O. la façade ionienne de la Grèce, humide et longtemps mal desservie. ▪ Dans l'Antiquité, le Pinde de Thessalie était consacré à Apollon et aux Muses.

**PINE BLUFF** ♦ V. des États-Unis (Arkansas), au S.-E. de Little* Rock. 55 085 hab. Nombreuses indus. Commerce du coton.

**PINEL (Philippe)** ♦ Médecin français (Saint-André d'Alayrac, Tarn 1745 - Paris 1826). Médecin à Bicêtre, puis à la Salpêtrière, maître d'Esquirol*, il se consacra surtout à l'étude des maladies mentales et eut le mérite d'abolir les méthodes thérapeutiques brutales auxquelles étaient soumis les aliénés. On lui doit notamment une *Nostalgie de la philosophie* (1798 - 1818) et un *Traité médico-philosophique sur l'aliénation mentale ou la manie* (1801) où il classe les maladies mentales en quatre catégories : la mélancolie, la manie, la démence et l'idiotisme. [Acad. sc. 1803]

**PINEUILH** [33220] ◆ ÉTYM. anc. *de Pinilio* «la clairière (gaul. *ialo*) des pins (lat. *pinus*)» ♦ Comm. de la Gironde, arr. de Libourne. 3 645 hab. Vestiges d'une maison de chevalier-paysan datant de 979.

**PINGET (Robert)** ♦ Écrivain français d'origine suisse (Genève 1919 - Tours 1997). Après des études de droit, il fit de la peinture puis débuta dans la création littéraire avec des nouvelles, *Entre Fantoine et Agapa* (1951). Dès son premier roman, *Mahu ou le matériau* (1952), qui contient sa propre genèse et sa propre autocritique, Pinget affirma que «tout ce qu'on peut dire ou signifier ne [l'] intéresse pas, mais la façon de dire». Mettant en scène des personnages dérisoires qui n'existent qu'en paroles (*Baga*, 1958), dotés de caractéristiques présentes ou passées provisoires (*Autour de Mortin*, 1965) et qui découvrent ou inventent un monde en perpétuelle transformation (*L'Inquisitoire*, 1962), l'écrivain souligna par des descriptions répétées, mais subtilement décalées, de la même scène, ce qui lui apparaissait comme l'absurdité du monde (*Le Fiston*, 1959 ; *Clope au dossier*, 1961 ; *Quelqu'un*, prix Fémina, 1965 ; *Fable*, 1971 ; *Cette voix*, 1975 ; *L'Apocryphe*, 1980 ; *Monsieur Songe*, 1985 ; *Le Harnais*, 1984 ; *Charrue*, 1985 ; *Théo ou le Temps neuf*, 1991). Dans ses œuvres théâtrales ou radiophoniques (*Lettre morte*, 1959 ; *La Manivelle*, 1960 ; *Ici ou ailleurs*, 1961 ; *Identité*, suivi de *Abel et Bela*, 1971 ; *L'Hypothèse et Nuit*, 1973 ; *Un testament bizarre*, 1986), Pinget poursuivit ses recherches sur le langage, évoquant Beckett. ◆ ÉTYM. *Pinget* est une variante de *pinjon*, forme de *pigeon*.

**PINGTUNG** ou **BINGDONG** ♦ V. de l'île de Taiwan, ch.-l. de district. 215 962 hab. Zone indus., raffinerie de sucre, pâte à papier. Base aérienne.

**PINGXIANG** ou **P'ING-HIANG** ♦ V. de Chine (Jiangxi). 546 851 hab. Indus. métall. et mécanique.

**PINKETTS (Andrea G.)** ♦ Écrivain italien (Milan, 1961). Ses romans noirs ont Milan comme cadre des aventures de son héros et alter ego séducteur Lazzaro Santandrea. *Le Sens de la formule* (1995), *La Madone assassine* (1998), *L'absence de l'absinthe*(1999).

**Pinocchio** ♦ Roman italien pour la jeunesse, de Carlo Collodi (pseudonyme de Carlo Lorenzini), d'abord publié en feuilleton (1878), puis en volume (1883) sous le titre *Les Aventures de Pinocchio, Histoire d'une marionnette (Le Avventure di Pinocchio, Storia di un burattino)*. Cette œuvre eut un succès considérable et fut traduite dans de nombreuses langues. Personnage animé de bonnes intentions, mais impertinent et fantasque, Pinocchio connaît une extraordinaire succession de malheurs avant d'être transformé en enfant, quittant le rêve pour la réalité. ▪ L'ouvrage fut adapté en dessin animé par Walt Disney* (1940). Le menuisier Gepetto, sa petite marionnette à laquelle une fée donne vie, Renard-plein-de-ruse et autres comparses bienfaisants ou moqueurs, connurent une seconde jeunesse dans cette jolie réussite en Technicolor pour laquelle plus de 100 000 prises de vues et 450 000 dessins furent nécessaires. En 1972, un *Pinocchio* en chair et en os fut tourné par l'Italien Luigi Comencini.

**PINOCHET UGARTE (Augusto)** ♦ Général et homme d'État chilien (Valparaíso 1915 - Santiago 2006). Issu d'une famille d'origine française, il devint général de division en 1970. Commandant en chef des forces armées chiliennes en août 1973, il prit le pouvoir à la tête d'une junte militaire le 11 sept. 1973 lors du coup d'État contre l'expérience socialiste du président S. Allende. Devenu, en juin 1974, «chef suprême de la Nation», président de la République en déc. 1974, il imposa un régime dictatorial d'exception qui fit s'exiler un grand nombre de Chiliens. Un référendum en 1980 le maintint dans ses fonctions, mais celui de 1988 donna 54,7 % de voix au «non» et des élections démocratiques, le 14 déc. 1989, désignèrent P. Aylwin comme président de la République. Pinochet se maintint au pouvoir jusqu'au 11 mars 1990, mais conserva le commandement en chef de l'armée de terre jusqu'en 1998, date à laquelle il fut nommé sénateur à vie. Poursuivi pour violation des droits de l'homme pendant la dictature militaire, il fut arrêté en 1998 à Londres et libéré en mars 2000. Il rentra au Chili où les procédures judiciaires furent suspendues jusqu'en 2005 puis fut mis en résidence surveillée et mourut sans avoir été jugé. ◆ ÉTYM. *Pinochet* est un nom d'origine probablement française, du latin *pinus* «pomme de pin» et *Ugarte* vient du basque «entre les eaux [confluent]».

**PINS** (île des) ♦ Île de la Mélanésie située à 50 km env. au S.-E. de la Nouvelle-Calédonie, dont elle dépend. 160 km². 1 465 hab. Les fougères géantes et les pins colonnaires *(araucaria)* font la beauté de l'île. **Histoire** L'île fut, de 1872 à 1879, l'un des lieux de déportation des condamnés de la Commune.

**PINS-JUSTARET** [31860] ♦ Comm. de la Haute-Garonne, arr. de Muret. 3 915 hab.

**PINTASILGO (Maria DE LURDES)** ♦ Femme politique portugaise (Abrantes 1930 - Lisbonne 2004). Catholique de gauche, elle fut la première femme Premier ministre du Portugal (juil. 1979 - janv. 1980). → **Portugal.**

**PINTER (sir Harold)** ♦ Auteur dramatique britannique (Londres 1930 - *id.* 2008). Consacré à l'observation d'une réalité aux apparences banales, mais secrètement chargée d'insécurité et de violence, faisant usage d'un langage volontiers elliptique, son théâtre exprime l'ambiguïté des rapports humains. L'emploi fréquent d'allégories aux multiples interprétations contribue à y créer avec force une impression d'indéfini et de mystère. Il a écrit une trentaine de pièces dont *L'Anniversaire* (1957), *Le Gardien* (1959), *La Collection* (1961), *L'Amant* (1962), *Le Retour* (1964), *Trahisons* (1978), *No man's land* (1974). Il est également l'auteur de scénarios de films : *The Servant* (1963) et *Le Messager* (1970), réalisés par J. Losey*. [Prix Nobel de littér. 2005] ▸ ÉTYM. Ce nom de famille vient du portugais *Pinta*, de *pinto* « marbré, tacheté » (surnom d'une personne à la peau marbrée).

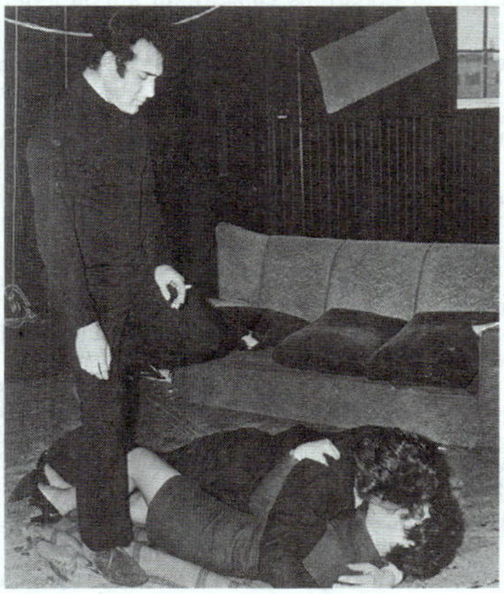

Harold **Pinter**. Répétition de *The Home Coming*, en 1969. *Phot. © Archive Photos France*

**PINTILIÉ (Lucian)** ♦ Metteur en scène, scénariste et écrivain roumain (Winkowo 1933). Il monta de nombreuses pièces en Roumanie et commença à tourner en 1966 ses premiers films, dont *La Reconstitution* (1968), qui furent censurés par le régime, et parvint à s'exiler à Paris en 1972 (jusqu'en 1992). Il exprima son amertume et dénonça les abus de toutes sortes : *Trop tard* (1996), *Terminus paradis* (1998), *L'Après-midi d'un tortionnaire* (2001). Parallèlement au cinéma, il poursuivit son travail au théâtre et mit en scène plusieurs Tchékhov, Gogol, Ibsen, Pirandello (*Ce soir on improvise* avec Maria Casarès)... et écrivit des textes sur le cinéma (*Bric à brac*, 2009).

**PINTO (Fernão MENDES)** ♦ Voyageur portugais (Montemor-o-Velho 1510 - Almada 1583). De 1537 à 1558, il mena une vie mouvementée en Orient, notamment en Inde, en Chine, au Japon. Sa *Peregrinação* fut publiée en 1614.

**PINTURICCHIO (Bernardino DI BETTO, dit IL)** ♦ Peintre italien (Pérouse v. 1454 - Sienne 1513). Élève, à Pérouse, de Fiorenzo di Lorenzo, marqué dès sa jeunesse par Benozzo Gozzoli* et surtout par Bartolomeo Caporali, il collabora avec le Pérugin* et subit un moment son ascendant. Celui-ci l'emmena à Rome pour travailler à la décoration de la Sixtine* : on reconnaît sa main dans les fresques de *La Circoncision des fils de Moïse* et du *Baptême de Jésus* (1481 - 1483). Peu après, à la chapelle Bufalini (Santa Maria in Aracoeli, Rome), il peignit un cycle de fresques, *La Vie de saint Bernardin*, avec lequel il atteignit à la maturité. Son style orné et fastueux le mit en grande vogue auprès de l'aristocratie pontificale et il se vit confier de nombreux travaux de décoration. En 1492 - 1494, le pape Alexandre* VI lui fit décorer ses nouveaux appartements (« appartements Borgia » au Vatican), suite où la rapidité d'exécution et l'aide de nombreux élèves ont compromis la qualité proprement picturale ; mais avec ses stucs et ses marbres finement ciselés, avec ses dorures, avec le mélange des thèmes chrétiens et païens, l'ensemble fournit l'un des meilleurs exemples du faste de la Renaissance romaine ; la main du maître est évidente dans le célèbre portrait d'Alexandre VI adorant le Christ ressuscité (salle des Mystères). En 1501, il peignit les fresques de la chapelle Baglioni (Santa Maria Maggiore, à Spello), non sans abuser désormais des grotesques et autres éléments d'un pittoresque facile. À partir de 1502, il travailla à la cathédrale de Sienne pour le cardinal Piccolomini, futur Pie III, peignant notamment *La Vie de Pie II*, oncle du cardinal, dans la bibliothèque Piccolomini. Enfin, il peignit à Sienne, au palais de Pandolfo Petrucci, l'*Histoire d'Ulysse et de Pénélope*. Parmi ses tableaux de chevalet, il faut citer une série de *Madones* et le *Portrait de jeune garçon* du musée de Dresde.

Il **Pinturicchio**. *Enea Silvio Piccolomini couronné poète par Frédéric III à Aix-la-Chapelle*, v. 1505. Bibliothèque de la cathédrale de Sienne. *BIS/Phot. © Archives Nathan*

**PINZÓN (Martín Alonso)** ♦ Navigateur espagnol (Palos de Moguer, Huelva 1440 - La Rábida, Huelva 1493). Avec son frère Francisco Martín pour pilote, il commanda la caravelle *La Pinta* lors de la première expédition de Christophe Colomb* (1492 - 1493). Ayant devancé celui-ci sur le chemin du retour, il envoya un message aux souverains espagnols, cherchant, semble-t-il, à s'attribuer tout le mérite de la découverte du Nouveau Monde et mourut peu après. ♦ **Vicente Yáñez Pinzón.** Navigateur espagnol (mort après 1523). Frère du précédent. Commandant de la *Niña* lors de la première expédition de Christophe Colomb* (1492 - 1493), il explora ensuite la côte orientale de l'Amérique du Sud (1499) ; certains contestent toutefois qu'il ait découvert l'embouchure de l'Amazone et longé, avant Cabral, le Brésil jusqu'au río de La Plata. Il participa également au voyage de Díaz* de Solís au Yucatán (1508 - 1509).

**PIOLENC** [84420] ▸ ÉTYM. anc. *de Podioleno*, du lat. *podium* « colline » et du germ. *Odelin*, n. de pers. ♦ Comm. du Vaucluse, arr. d'Avignon, près du Rhône. 4 296 hab.

**PIOMBINO** ♦ V. d'Italie, en Toscane (prov. de Livourne), le long de la mer Tyrrhénienne, au fond du *golfe de Piombino*, face à l'île d'Elbe. 33 925 hab. Centre sidérurgique traitant le fer de l'île d'Elbe et des minerais importés. Indus. mécaniques. Centrale thermique. Port. **Histoire** Cédée par Jean Galéas Visconti à la maison d'Appiano (1399 - 1604), elle passa aux Ludovisi (1634), aux Boncompagni (1706), puis à Napoléon (1801) qui la céda à sa sœur Élisa Bonaparte (1805). En 1815, elle fut donnée de nouveau aux Boncompagni.

**PIOMBO (Sebastiano del)** → **Sebastiano del Piombo**

**Pioneer** ♦ Nom donné à des sondes spatiales américaines. Le programme comporta trois parties : Étude de la Lune* (sondes lancées entre 1958 et 1960), des quatre missions, seule la dernière réussit ; Étude de l'espace interplanétaire (1960 - 1968), avec *Pioneer 5* à *9* ; Étude des planètes (1972 - 1978), avec *Pioneer 10* (première sonde à survoler Jupiter*, 1973, et premier engin à quitter le Système solaire, 1983), *Pioneer 11* (survol de Jupiter et premier survol de Saturne*, 1979), *Pioneer Venus 1* et 2 (étude de Vénus*). Une plaque gravée portant le premier message destiné à une éventuelle civilisation extragalactique fut embarquée à bord de *Pioneer 10*.

**PIOTRKÓW TRYBUNALSKI** ♦ V. de Pologne centrale, voïvodie de Łódź. 78 773 hab. Indus. textile (combinat du coton) et métallurgique. Matériel agricole. Verreries, scieries.

**Piranèse.** *Prison imaginaire, la tour ronde,* gravure. Bibliothèque nationale de France, Paris.
*Phot. © BNF*

**PIOVENE (Guido)** ♦ Écrivain italien (Vicence 1907 - Londres 1974). Observateur et analyste, il a composé une œuvre où dominent les thèmes de la mauvaise conscience, du mensonge, de la tentation du compromis. Avec la rigueur d'un moraliste classique, il analyse un personnage extrêmement ambigu dans *La Novice* (*Lettere di una novizia,* 1942), roman épistolaire. Cette peinture de l'ambiguïté morale, la représentation parfois cynique de personnages intelligents mais enfermés dans leur égotisme, caractérise également les autres ouvrages de Piovene : *La Gazette noire* (1943), *Pitié contre pitié* (1946), *Les Faux Rédempteurs* (1949), et *Les Furies* (1964). ➝ ÉTYM. Ce nom de famille vient du nom de lieu *Piovene* Rocchette.

**PIQUE** n. f. ♦ Torrent des Pyrénées (28 km), affl. de la Garonne. Il arrose Bagnères-de-Luchon et conflue à Saint-Béat. Aménagements hydroélectriques (Oô, Portillon, Glacé). Affl. : Lys, Neste d'Oô.

**PIRANDELLO (Luigi)** ♦ Écrivain italien (Girgenti, auj. Agrigente 1867 - Rome 1936). Il naquit en Sicile, dans une propriété nommée «le Chaos». Après ses études en Italie, il devint docteur de l'université de Bonn (1891), puis professeur de langue et de littérature à Rome. Sa carrière d'auteur de théâtre commença en 1910 et il connut une célébrité mondiale à partir de 1922, quand on commença à monter ses pièces à Paris. En 1924, il adhéra au parti fasciste et il fut nommé académicien d'Italie cinq ans plus tard. En mourant, il laissa inachevé *Les Géants de la montagne.* ▪ L'écrasant génie théâtral de Pirandello ne doit pas faire oublier qu'il écrivit tous les jours de sa vie, et dans tous les genres : poésie (*Élégies rhénanes,* 1895 ; traduction des *Élégies romaines* de Goethe, 1896), essai (*L'Umorismo* «L'Humour et autres essais», 1908), roman (*Feu Mathias Pascal,* 1904 ; *Les Vieux et les Jeunes,* 1913 ; *On tourne,* 1915 ; *Un, personne et cent mille,* 1926), sans compter les quelque deux cent cinquante nouvelles (souvent de moule vériste, et de valeur très inégale) réunies dans *Nouvelles pour un an.* Aussi variée du point de vue du contenu que de la forme (apologues et paraboles, comédies bourgeoises, comédies à thèse, drames métaphysiques ou mythiques), son intense production théâtrale fut rythmée jusqu'en 1920 par *Chacun* sa vérité, La Volupté de l'honneur* (1917), *Mais c'était pour rire* (*Ma non è una cosa seria,* 1918), *Le Jeu des rôles, L'Homme, la bête et la vertu* (1919), *Tout pour le mieux, Comme avant, mieux qu'avant* (1920). En 1921, Pirandello créa *Six* personnages en quête d'auteur,* œuvre d'une importance capitale pour toute l'histoire du théâtre européen, qui, avec *Comme ci (ou comme ça)* [*Ciascun a suo modo,* 1924] et *Ce soir, on improvise* (*Questa sera si recita a soggetto,* 1930), constitue la «trilogie du théâtre dans le théâtre». Durant la même période, il donna une série d'autres chefs-d'œuvre : *Henri IV, Vêtir ceux qui sont nus* (1922), *La Vie que je t'ai donnée* (1924), *Bellavita* (1928), *La Nouvelle Colonie* (1928), *Comme tu me veux* (1930), *Je rêvais (peut-être)* [1931], *Se trouver* (1932), *Les Géants de la montagne* (posth., 1937). ▪ Pirandello domine le siècle par la force explosive avec laquelle il dévoile le premier au théâtre les vacillements de la conscience moderne : relativité du langage et de la raison, désagrégation du monde objectif, impossibilité de connaître l'autre, illusion de la communication, vérité de la folie et nécessité du masque. Sa versatilité thématique et stylistique (apparente, car toute l'œuvre est traversée par l'autocitation et la thématique de la dualité) n'est que la manifestation d'une théâtralité mise à nu, qui en vient à se confondre avec l'incertitude du moi. [Prix Nobel de littér. 1934]

**PIRANÈSE (Giovanni Battista PIRANESI,** dit en fr.) ♦ Dessinateur, graveur et architecte italien (Mogliano di Mestre 1720 - Rome 1778). Il étudia l'architecture auprès de son oncle ingénieur. Vers 1740, il se rendit à Rome, fut vivement impressionné par les monuments antiques et étudia la gravure. Son activité en tant qu'architecte fut peu importante (reconstruction de Santa Maria del Priorato à Rome) mais il contribua fortement à développer le goût de l'antique en publiant de nombreux recueils (environ vingt-six) aux planches de grand format (*Vues de Rome ; Antiquités romaines,* 1756 ; *Vues de Paestum,* 1777 - 1778). Il y proposait des reconstitutions de monuments et reproduisait des motifs d'ornements, des vases, statues et grotesques qui inspirèrent les tenants du néoclassicisme et du style Empire. Sa vision grandiose et personnelle de l'art antique et l'imagination qu'il déploya dans ses vues de prisons fantastiques (*Carceri d'invenzione,* 1760) révèlent un tempérament romantique par le caractère dramatique et lyrique des clairs-obscurs et des effets de perspective.

**PIRATES** (côte des) ou côte de la **TRÊVE** – en angl. ***Trucial Coast*** ♦ Nom donné autrefois aux émirats de la côte d'Oman qui se livraient à la piraterie aux dépens des navires de la Compagnie anglaise des Indes orientales (XVIIIe s.). Après avoir mis fin à la piraterie et imposé sa tutelle sur ces émirats (XIXe s.), la Grande-Bretagne les désigna sous le nom d'émirats de la côte de la Trêve (*Trucial States* ou *Trucial Coast*). Ils constituent auj. la fédération des Émirats unis (EAU).

**PIRCKHEIMER** ou **PIRKHEIMER (Willibald)** ♦ Humaniste allemand (Eichstätt 1470 - Nuremberg 1530). Helléniste de renom, en contact avec les grands humanistes de l'époque, il prit la défense de Reuchlin, adhéra à la Réforme, mais revint ensuite au catholicisme. Il fut le conseiller impérial de Maximilien Ier (1497), puis de Charles Quint (1526) et participa à la campagne contre la Suisse (*La Guerre suisse*). Il fut l'ami et le commanditaire de Dürer*. Une partie de ses écrits a été réunie sous le titre *Œuvres politiques, historiques, philologiques et épistolaires* et publiée en 1610.

**PIRE (Dominique Georges)** ♦ Religieux belge (Dinant 1910 - Louvain 1969). Entré chez les dominicains (1928), il enseigna la philosophie puis se consacra aux œuvres de charité (stations de plein air, entraide familiale). Aumônier de l'armée secrète pendant la Deuxième Guerre mondiale, il lança ensuite une campagne pour «l'Europe du cœur», organisa l'aide aux réfugiés et personnes déplacées, et créa le Centre international de jeunesse Mahatma-Gandhi (1960). [Prix Nobel de la paix 1958]

**PIRÉE (LE)** ➝ ÉTYM. en gr. mod. ***Pireás*** ; p.-ê. de *peirar* ou *peiras* «bout, limite» ♦ V. de Grèce (Attique), englobée dans le *Grand Athènes**. Env. 200 000 hab. Premier port du pays et l'un des plus importants de la Méditerranée (env. 20 millions de t). Grand entrepôt et escale du trafic vers le Proche-Orient, Le Pirée est aussi le principal centre industriel de la Grèce (indus. agroalimentaires ; mécanique ; chimie ; textile ; tabac). ▮ **Histoire** La création du Pirée au –Ve s. est liée au développement de la puissance maritime d'Athènes, qui éclipsa celles de Corinthe et d'Égine. Thémistocle* et ses continuateurs, Cimon et Périclès, firent du Pirée le port d'Athènes. La ville fut construite en damier, sur les plans d'Hippodamos de Milet, autour des trois ports (le Grand, Zéa et Munychie*), entourée d'une enceinte et reliée à Athènes par les Longs Murs (–461 - –457). À l'issue de la guerre du Péloponnèse (–404), Lysandre fit détruire en partie les Longs Murs et l'enceinte, restaurés plus tard par Conon. La révolution de Thrasybule* pour la restauration de la démocratie athénienne fut déclenchée au Pirée (–403). Détruite en –86 par Sylla, la ville ne reprit d'importance qu'en 1835 avec le transfert de la capitale grecque à Athènes, et surtout après l'ouverture du canal de Corinthe (1893). La ville moderne, construite sur les plans de l'ancienne ville avec des rues rectilignes à angles droits, se développa avec la croissance industrielle (fin du XIXe s.) et l'afflux des réfugiés d'Asie Mineure en 1823.

**PIRELLI (Giovanni Battista)** ♦ Industriel italien (Varenna, prov. de Côme 1848 - Milan 1932). Pionnier de l'industrie du caoutchouc en Italie, il se spécialisa à partir de 1901 dans la production de pneumatiques pour automobiles.

**PIRENNE (Henri)** ♦ Historien belge (Verviers 1862 - Uccle-lès-Bruxelles 1935). Se fondant sur une analyse économique et sociale, il écrivit une importante *Histoire de la Belgique* (1899 - 1932), *Les Anciennes Démocraties des Pays-Bas* (1909), *Les Villes au Moyen Âge* (1927), *L'Histoire de l'Europe des invasions au XVIe siècle* (1936) et *Mahomet et Charlemagne* (posth. 1936).

**PIRIAC-SUR-MER** [44420] ➝ ÉTYM. en bret. *Penc'herieg* «village [vx bret. *ploe* "paroisse"] de Keriac (n. de pers.)» ♦ Comm. de la Loire-Atlantique, arr. de Saint-Nazaire. 1 898 hab. Maisons du XVIIe s. ▪ Petit port de pêche et station balnéaire.

**PIRIN** n. m. ♦ Massif montagneux de Bulgarie méridionale et de Macédoine grecque, entre la Struma et la Mesta, et correspondant à la partie occidentale du Rhodope*. Point culminant : Vihren (2 914 m).

**PIRITHOOS** – en gr. ***Peirithous*** ♦ Héros thessalien, roi des Lapithes*. Fils d'Ixion* et de Dia, il est le demi-frère des Centaures*. Lors de son mariage avec Hippodamie, surviennent le démêlé et le fameux combat des Centaures et des Lapithes. Pirithoos est surtout associé à la légende de Thésée*. Ayant provoqué le héros athénien dont il enviait la réputation, Pirithoos est pris d'admiration pour son adversaire pendant leur lutte et se déclare son esclave. Thésée lui offre son amitié et ils partent à la conquête des filles de Zeus. À Thésée échoit Hélène, qu'ils enlèvent tous les deux de Sparte. Ils descendent ensuite aux Enfers pour enlever Perséphone*, mais seul Thésée en revient, délivré par Héraclès, tandis que Pirithoos est gardé au royaume des ombres, puni de son audace.

**PIRMASENS** ♦ V. d'Allemagne (Rhénanie-Palatinat), à 10 km de la frontière française. 42 427 hab. Importantes fabriques de chaussures.

**PIRNA** ♦ V. d'Allemagne (Saxe), sur la rive g. de l'Elbe, près de la frontière tchèque. 39 751 hab. Château et église du XVIe s. ▪ Indus. chimiques (verreries, cellulose, soie artificielle). ▮ **Histoire** Frédéric II y remporta une victoire sur les Saxons (oct. 1756).

**PIRON (Alexis)** ♦ Poète et auteur dramatique français (Dijon 1689 - Paris 1773). Poète licencieux, il écrivit une trentaine de comédies dialoguées dont *Arlequin Deucalion* (1722) pour les théâtres de la Foire.

**PIROU (Gaétan)** ♦ Économiste français (Le Mans 1886 - Paris 1946). Rédacteur en chef de la *Revue d'économie politique*, il a laissé plusieurs ouvrages d'économie parmi lesquels *Doctrine sociale et sciences économiques* (1929), *La Crise du capitalisme* (1934), un *Cours d'économie politique* (1945), *Économie libérale et économie dirigée* (1946), des études sur la monnaie française au lendemain de la Première Guerre mondiale et sur le corporatisme.

**PIRQUET (Clemens VON)** ♦ Médecin autrichien (Hirschstetten, près de Vienne 1874 - Vienne 1929). Il créa, au cours de recherches sur la tuberculine, le terme d'allergie (1906).

**PISANELLO (Antonio di Puccio di Cerreto** ou **Antonio PISANO,** dit) ➝ ÉTYM. dimin. de *Pisano* «Pisan, né à Pise» ♦ Peintre et médailleur italien (Pise v. 1395 - *id.* 1455). Il étudia à Vérone, où fleurissait le gothique international auprès de Stefano* da Zevio et Gentile* da Fabriano, qu'il surpassa en perfection dans son art courtois, à la fois réaliste et féerique (*Saint Georges délivrant la princesse de Trébizonde*, v. 1436, Vérone). Peintre et portraitiste (*Portrait d'une princesse d'Este*, Louvre), il allia la sûreté et la rigueur de la technique à la précision d'éléments directement observés (études remarquables d'animaux et de costumes). Sa précision de trait est bien celle d'un médailleur, et il fut le spécialiste de cet art, qu'il enrichit par la technique du moulage, qu'on appela dans les cours italiennes de Ferrare, Mantoue, Milan, Rimini, Naples (médailles de Jean VIII Paléologue, Lionello d'Este, S. P. Malatesta).

**Pisanello.** *Portrait d'une jeune princesse* (43 x 30 cm), v. 1435-1440. Musée du Louvre, Paris. *BIS/Phot. © Archives Nathan*

**PISANO (NICOLA)** ➝ Nicola Pisano

**PISANO (GIUNTA)** ➝ Giunta Pisano

**PISANO (ANDREA)** ➝ Andrea Pisano

**PISANO (GIOVANNI)** ➝ Giovanni Pisano

**PISCATOR (Erwin)** ♦ Metteur en scène, théoricien et directeur de théâtre allemand (Ulm 1893 - Berlin 1966). Considérant le théâtre comme un outil de propagande politique, il fonda à Berlin le Théâtre prolétarien (1920) puis le Théâtre central, où furent créées des œuvres de M. Gorki, R. Rolland et E. Toller. Directeur de la Volksbühne («Scène du peuple», 1924) qui deviendra la Piscator Bühne (1927), il y prôna un théâtre d'intervention et y réalisa son «théâtre documentaire» caractérisé par l'usage de projections cinématographiques et d'une abondante illustration (*Hop là nous vivons !*, 1927 ; *Les Aventures du brave soldat Schweik*, 1928). Ayant fui l'Allemagne (1933), il émigra finalement aux États-Unis (1938), où il ouvrit une école. Après la Deuxième Guerre mondiale, il s'établit de nouveau en Allemagne occidentale, où il reprit une certaine activité artistique.

**PISE** – en it. *Pisa* ♦ V. d'Italie, en Toscane, ch.-l. de prov., sur l'Arno. 89 694 hab. *(Pisans)*. Université fondée en 1343. Pise est célèbre par ses nombreux monuments anciens, d'un style qui fit école dans toute la Toscane et en Sardaigne : regroupés sur le «Campo dei Miracoli», quatre édifices illustrent de façon exemplaire ce style roman pisan. La cathédrale (XIe s.) offre une façade à quatre étages de galeries à colonnettes surmontant des portes de bronze du XVIIe s. ; à l'intérieur, de vastes proportions, chaire sculptée par Giovanni* Pisano (XIVe s.). La «tour penchée» est sans doute le plus célèbre campanile du monde ; de style très pur (XIIe - XIIIe s.), cylindrique, elle superpose six étages de galeries ajourées ; son inclinaison, due à la nature du terrain, a conduit à en interdire l'accès. Le baptistère, commencé au début du XIIe s., associe au roman pisan des gâbles et pinacles gothiques ; à l'intérieur, très sobre et lumineux, cuve baptismale du XIIIe s. et célèbre chaire sculptée par Nicola* Pisano en 1260. Enfin le cimetière, ou *Camposanto* (XIIIe - XVe s.), abrite, derrière son portique aux arcades élégantes, des sarcophages gréco-romains et des centaines de pierres tombales. Les fresques du XIVe s. qui ornaient les murs ont été presque entièrement détruites par un incendie en 1944 ; celles qui ont pu être sauvées (dont *Le Triomphe de la mort* attribué à Buffalmacco) sont exposées dans une galerie. L'autre centre historique de Pise est la piazza dei Cavalieri, où voisinent le palais des Chevaliers de Saint-Étienne (façade par Vasari), leur église (XVIe s.) et le palais Gherardesca construit par Vasari. Au Musée national, sculptures (en particulier œuvres de Nicola et Giovanni Pisano et de leur école) et peintures (polyptyque de Simone Martini). Nombreuses églises romanes et gothiques. Palais du XIIIe au XVIIe s. le long de l'Arno. Aux environs, basilique romane San Piero a Grado. ▪ Industries chimiques et mécaniques. Verreries. Ville d'art et de tourisme. ▮ **Histoire** Cité grecque puis étrusque, Pise devint romaine (-180), et fut municipe sous Auguste. Elle dut son essor au commerce, lors du rétablissement des relations maritimes avec l'Orient au Xe s. Du XIe s. au XIIIe s., elle connut une grande prospérité grâce à sa puissance maritime qui la mit en concurrence avec Gênes et Venise et lui permit de vaincre les Sarrasins auxquels elle enleva la Sardaigne ; elle obtint la Corse (1077) puis les Baléares (1114). Mais, gibeline et face à la coalition des guelfes menée par Florence et le pape, elle fut vaincue à la bataille navale de Meloria (1284) par les Génois qui la dépouillèrent de la Corse (1300), la Sardaigne revenant à l'Aragon (1325). La République pisane passa aux Visconti (1395) et finit par être vendue à Florence (1405 - 1406). Annexée par la France de 1807 à 1814, elle fut ensuite rattachée au grand-duché de Toscane, puis au nouveau royaume d'Italie en 1860. ♦ ***Concile de Pise (25 mars - 7 août 1409)*** Lors du grand schisme d'Occident, ce concile déposa Grégoire XII et Benoît XIII et élut un troisième pape, Alexandre* V.

La tour de **Pise.** *Phot. © Ant Clausen /Shutterstock*

**PISIDIE** n. f. ♦ Anc. région de l'Asie Mineure limitée par la Phrygie* au N. et la Pamphylie* au S. Elle fut annexée par Rome en -103.

**PISISTRATE** – en grec ***Peisistratos*** ♦ Tyran d'Athènes (Avant –600 - –528 ou –527). Appartenant à la famille des Philaïdes, il fut le cousin de Solon*. Devenu chef du parti des Diacriens groupant bergers, paysans pauvres, mineurs, il s'empara du pouvoir en –561 par la ruse : après s'être blessé lui-même, il se présenta devant l'Assemblée comme victime d'un attentat monté par les Eupatrides et se fit accorder des gardes du corps ; ensuite, il occupa l'Acropole et imposa son autorité. Deux fois renversé et exilé (la seconde fois pendant onze ans), puis rétabli, il gouverna avec modération et poursuivit la politique de Solon ; il imposa durement les riches propriétaires des plaines, résolut le problème agraire, favorisa le commerce et l'industrie et établit les fondements d'un empire maritime. Son gouvernement fut encore marqué par le premier apogée culturel d'Athènes : grands travaux, édification de monuments dont l'Olympieion et l'Hécatompédos, sur l'Acropole, apparition de la céramique à figures rouges, création de la première bibliothèque publique, première édition des poèmes d'Homère*, concours de tragédie, rayonnement des fêtes civiques (Panathénées, Dionysies). Ses fils Hipparque* et Hippias* (les *Pisistratides*) lui succédèrent.

**PISON** – en lat. ***Piso*** ♦ Famille romaine de la gens *Calpurnia*. ♦ **Caius Calpurnius Piso.** Homme politique romain, consul en –67 et proconsul de la Gaule narbonnaise. Accusé de concussion par César*, il fut défendu par Cicéron*. ♦ **Lucius Calpurnius Piso Caesoninus.** Il s'entendit avec Clodius* pour faire exiler Cicéron*. Proconsul en Macédoine (–57), il fut condamné pour ses exactions et acquitté par son gendre César. ♦ **Lucius Calpurnius Piso Caesoninus.** Fils du précédent. Consul en –15 et préfet de Rome (–14) sous Auguste*. On pense que c'est à ses fils Cneius et Lucius qu'Horace* dédia son *Épître aux Pisons* (ou *Art poétique*). ♦ **Cneius Calpurnius Piso** (mort en 20). Gouverneur de Syrie sous Tibère*, il aurait empoisonné Germanicus* à l'instigation de l'empereur. Accusé par Agrippine*, il fut traduit devant le sénat et, se voyant abandonné par Tibère, il se donna la mort. ♦ **Caius Calpurnius Piso** (mort en 65). Aristocrate romain banni par Caligula*. Consul sous Claude*, il organisa une conspiration contre Néron* (65) dans laquelle furent impliqués Lucain* et Sénèque*. Découvert, il se fit ouvrir les veines. ♦ **Lucius Calpurnius Piso Licinianus** (mort en 69). Successeur désigné de Galba*, il fut massacré avec Galba par les prétoriens dirigés par Othon*.

**PISSARRO (Camille)** ♦ Peintre et lithographe français (Saint-Thomas, Antilles 1830 - Paris 1903). Ayant débuté dans une profession commerciale, il préféra bientôt se consacrer à la peinture. Il travailla avec Corot*, qui lui prodigua ses conseils, et subit aussi l'influence du réalisme de Courbet*. En 1857, à l'Académie suisse, il devint l'ami de Monet*, Renoir* et Cézanne* et fréquenta avec eux les réunions des futurs impressionnistes. En Angleterre (1870), il fut séduit par Constable* et Turner*. Sa peinture devint alors plus aérée et plus claire, proche du style de Monet*. Il peignit souvent à Louveciennes, puis à Pontoise, notamment avec Cézanne, de 1872 à 1874. Esprit généreux et ouvert, il fut un ardent polémiste et un actif animateur ; grâce à lui, Gauguin* puis Signac* et Seurat* purent exposer avec les impressionnistes. Il exécuta de nombreux paysages de campagne, quelques portraits et natures mortes ; avec une petite touche serrée, il sut créer une lumière à la fois dense et éclatante dissolvant peu les formes, et eut le souci des compositions structurées (*Les Toits rouges,* 1877). Vers 1885, il adopta la technique divisionniste de Seurat, puis évolua vers une facture moins systématique. Après 1890, il réalisa de nombreuses vues plongeantes des rues de Paris et de Rouen.

Camille **Pissarro.** *La Bergère* (81 x 64,7 cm), 1881.
Musée d'Orsay, Paris. *BIS/Phot. H. Josse © Archives Larbor*

**PISSEMSKI (Alekseï Feofilaktovitch)** ♦ Romancier et dramaturge russe (Ramenie, gouv. de Kostroma 1821 - Moscou 1881). Son premier roman, *Les Droits des boyards* (publ. 1858), fut interdit par la censure. Il souhaitait peindre la vie objectivement, telle qu'il la voyait. Ainsi, dans *Le Mollasse*, il décrit des personnages médiocres et hypocrites, dans *Esquisses de la vie paysanne*, il décrit le paysan comme un être fort et rusé, et dans *Mille Âmes* (1858), il fait le portrait d'un parvenu. Ses derniers récits, *La Mer démontée* (1863), *Les Petits Bourgeois* (1877), qui évoquent la vie campagnarde et provinciale, témoignent de son esprit conservateur.

**PISTOIA** ♦ V. d'Italie, en Toscane, ch.-l. de prov., au pied de l'Apennin. 84 274 hab. Nombreux édifices du Moyen Âge : cathédrale romane (XII^e^ s., remaniée au XVII^e^ s.), baptistère gothique dû à Andrea* Pisano, chaire sculptée par Giovanni* Pisano à l'église Sant'Andrea (1298 - 1301). Nombreuses églises du XII^e^ au XV^e^ s. Hôpital del Ceppo orné d'une frise en terre cuite de G. Della Robbia (1530). ▪ Aux environs, à Vinci, maison natale de Léonard* (musée et bibliothèque). ▪ Indus. du cuir et de la dentelle. ▮ **Histoire** Cité romaine devant laquelle fut vaincu et tué Catilina (–62). Elle fut annexée par Florence en 1401.

**PISTON (Walter)** ♦ Compositeur américain (Rockland 1894 - Belmont, Massachusetts 1976). Professeur à Harvard, il fut l'élève de Nadia Boulanger. La rigueur de son style néoclassique, influencé par Stravinski et Hindemith, a nui à sa spontanéité. Auteur de huit symphonies (1937 - 1964), d'un ballet, de concertos et de musique de chambre, il a également publié des traités de contrepoint, d'harmonie et d'orchestration.

**PITCAIRN** (île) ♦ Petite île volcanique du Pacifique méridional (Océanie), au S.-E. des Gambier (Polynésie), comportant deux îlots inhabités. 5 km². 46 hab. (estim. 2005). Elle fut découverte en 1767 par Ph. Carteret* et peuplée par les descendants des mutins du *Bounty** et de leurs femmes tahitiennes (1790). Elle appartient à la Grande-Bretagne. En 1856, les 194 habitants, trop nombreux, immigrèrent dans l'île Norfolk mais 43 revinrent peu après.

**PITE ÄLV** n. m. ♦ Fl. de Suède septentrionale (370 km), prenant sa source dans le massif de Sulitjelman et tributaire du golfe de Botnie. Il arrose la ville de Piteå.

**PITEŞTI** ♦ V. de Roumanie méridionale, ch.-l. du district de l'Argeş, en Munténie, sur l'Argeş. 168 958 hab. Vins renommés. Centre pétrolier. Indus. chimique, textile, automobile, travail du bois.

**PITHIVIERS** [45300] ➝ **ÉTYM.** anc. *vicaria Petvarensis*, p.-ê. du gaul. *Petuarios* « quatrième », surnom du 4^e^ enfant d'une famille ou « quatrième (borne, village, forteresse) » ou « carrefour des quatre chemins » ♦ Ch.-l. d'arr. du Loiret, aux confins de la Beauce et du Gâtinais. 9 242 hab. (aggl. 11 476) (*Pithivériens*). Église Saint-Salomon-Saint-Grégoire (XI^e^, XVI^e^ et XVII^e^ s.). Musée municipal : archéologie ; dessins des écoles italienne et française ; faïences de Nevers ; ethnographie. Musée des Transports. ▪ Pâtés d'alouette et spécialité de gâteaux aux amandes (pithiviers). Sucrerie. Biscuiterie.

**PITHOU (Pierre)** ♦ Jurisconsulte et écrivain français (Troyes 1539 - Nogent-sur-Seine 1596). Ayant abjuré le protestantisme, il fut du parti des « politiques » et rédigea le discours du tiers état, dans *La Satire* Ménippée* (1594), stigmatisant les excès de la Ligue. Disciple de Jacques Cujas*, il se fit le champion de l'Église gallicane (*Recueil des libertés de l'Église gallicane,* 1594).

**PITOËFF (Georges)** ♦ Acteur, metteur en scène et animateur de théâtre français, d'origine russe (Tiflis, Géorgie 1884 - Genève 1939). Comédien en Russie pour V. Kommisarjevskaïa*, il vint en France (1905) puis s'installa à Genève avec une troupe (1915 - 1919). Appelé à Paris par Jacques Hébertot, il se produisit dans diverses salles puis se fixa au théâtre des Mathurins (1934 - 1939). Remplissant à la fois les fonctions de metteur en scène, décorateur, directeur de troupe et traducteur, grand chercheur de textes, il mit en scène avec des moyens modestes près de deux cents textes contemporains (Tchekhov, Pirandello, Shaw, Gorki, O'Neill, Claudel, Anouilh). Il s'attacha aussi à relire Shakespeare et Tolstoï. Aux côtés de sa femme, la comédienne LUDMILA PITOËFF (Tiflis 1896 - Paris 1951), il fut l'un des animateurs actifs du Cartel* des Quatre. ➝ **ÉTYM.** Ce nom de famille vient du russe *pitoev*, peut-être de *pit'* « boire » (à l'origine surnom de buveur).

**PITOT (Henri)** ♦ Ingénieur et physicien français (Aramon, Languedoc 1695 - *id.* 1771). Ingénieur en chef des États du Languedoc (1740), il construisit l'aqueduc Saint-Clément qui amène l'eau potable à Montpellier. → **Peyrou.** Il étudia le rendement des machines hydrauliques, améliora la théorie des pompes. Il imagina le *tube de Pitot* qui mesure la vitesse d'écoulement d'un fluide. [Acad. sc. 1724]

**PITOU (Ange Louis)** ♦ Chansonnier et journaliste français (Valainville, près Châteaudun 1767 - Paris 1846). Il quitta le séminaire pour entreprendre à Paris une carrière de journaliste dans les feuilles royalistes, au début de la Révolution. Il se consacra bientôt à la chanson, mais le caractère séditieux de ses œuvres lui valut de nombreux emprisonnements et une déportation à Cayenne (1797). Le retour des Bourbons ne modifia guère sa fortune, et il mourut dans la misère. Son œuvre est celle d'un satirique et d'un pamphlétaire d'une médiocre virulence. Il a été immortalisé par un opéra-comique de Charles Lecocq, *La Fille de Mme Angot*, et par un roman d'A. Dumas (père).

**PITT (William),** 1er comte **DE CHATHAM,** dit **le Premier Pitt** ♦ Homme politique britannique (Londres 1708 - Hayes, Kent 1778). Il était le petit-fils du gouverneur de Madras, Thomas Pitt. Sa santé l'ayant obligé à abandonner la carrière militaire, il entra aux Communes en 1735, s'intégra au groupe des « patriotes », fraction des whigs qui s'opposait au pacifisme de Walpole* et, grâce à son grand talent oratoire, se trouva bientôt à sa tête. Ayant la réputation d'être d'une grande indépendance d'esprit, d'une irréprochable intégrité, il était passionnément nationaliste, concevant la puissance britannique comme une puissance maritime et coloniale détournée des affaires continentales. Ces vues l'opposaient naturellement à Walpole, qu'il attaqua et fit tomber par volonté de voir la Grande-Bretagne réduire l'emprise commerciale de l'Espagne en Amérique du Sud. Nommé vice-trésorier d'Irlande (1746), il passa au secrétariat d'État en 1756, mais fut démis par George* II dont il avait violemment attaqué la politique hanovrienne. Les désastres que la Grande-Bretagne subit au début de la guerre de Sept Ans, et l'immense popularité de Pitt, amenèrent cependant son rappel, et il partagea dès lors le pouvoir avec Newcastle* et Fox*, lui-même dirigeant la conduite de la guerre. Son rôle fut capital et amena un redressement spectaculaire de la situation. Laissant sur le continent un soutien à la Prusse, il fit porter l'effort principal sur les colonies et, dès 1759, la France était battue sur ce terrain (capitulation de Québec*). Pourtant, quand il voulut déclarer la guerre à l'Espagne lors de la signature du pacte de Famille, il ne fut pas suivi et, s'étant heurté à George* III, démissionna. Il revint encore au pouvoir en 1766, mais sa mauvaise santé entrava alors son activité et l'obligea à démissionner dès 1768. Il n'en continua pas moins à suivre les affaires et prit notamment position contre les mesures qui allaient déclencher les troubles américains. Il a été l'un des hommes d'État les plus populaires de l'histoire de la Grande-Bretagne.

**PITT (William),** dit **le Second Pitt** ♦ Homme politique britannique (Hayes, Kent 1759 - Londres 1806). Fils de William Pitt*, il entra aux Communes en 1781, après des études à Cambridge et des débuts d'avocat et fut nommé dès l'année suivante chancelier de l'Échiquier dans le cabinet Shelburne*. À la chute de ce ministère, il passa à l'opposition et fit tomber la coalition Fox*-North*. Revenu au ministère en 1783, il y resta jusqu'en 1801, malgré l'espoir qu'avait fait naître chez ses adversaires la folie de George* III. Il avait commencé sa carrière comme whig indépendant mais, partisan d'un gouvernement tenant compte des vues de tous les partis, il se rapprocha du torysme libéral. Il fut l'un des premiers hommes d'État britanniques à percevoir l'importance de l'économie. Inspiré par les théories libérales d'Adam Smith*, il conclut un traité de commerce avec la France (1786). Les exportations connurent alors un essor important, tandis que la dette publique était amortie. Conformément à ses idées libérales, il entreprit de lutter contre l'esclavage en réformant l'administration indienne (1784) et contre la discrimination qui frappait les catholiques anglais. Son attitude face à la Révolution française procéda d'abord d'une bienveillante neutralité, qui devait se changer en hostilité quand la France devint un péril économique, en s'emparant d'Anvers et de l'embouchure de l'Escaut, et un péril social par sa volonté de propager ses idées. La guerre était déclarée dès 1793, et la réaction idéologique intérieure fut sévère : l'Habeas Corpus fut suspendu et les réunions séditieuses réprimées. La guerre, qui devait être très coûteuse, puisque « l'or de Pitt » finança les coalitions successives que disloquait Napoléon, fut accompagnée de graves troubles intérieurs : mutineries de la marine en 1797, révolte d'Irlande arrêtée par l'Acte d'union en 1800. Celui-ci devait être complété par l'émancipation des catholiques irlandais. Impuissant à la faire accepter, Pitt démissionna. Il fut rappelé quand la guerre reprit après la paix d'Amiens signée par Addington. La victoire de Trafalgar* compensa en partie la défaite d'Austerlitz*, mais la France était toujours maîtresse de la moitié de l'Europe quand Pitt mourut, laissant une Grande-Bretagne isolée mais qui n'avait pas cédé.

**PITTACOS** – en gr. ***Pittakos*** ♦ (v. –648 - v. –569). Tyran de Mytilène (v. –589 - v. –579). Il délivra Lesbos* de la tyrannie de Mélanchros, qui avait exilé Sappho* et Alcée*, et battit les Athéniens. Investi de l'autorité suprême par ses concitoyens, il gouverna avec sagesse et donna des lois à la cité, puis abdiqua. On lui a attribué des sentences et des poésies (ces dernières ne nous sont pas parvenues). Il fut mis au nombre des Sept Sages*.

**PITTI** ♦ Famille florentine, rivale des Médicis. En 1450 elle entreprit d'élever, peut-être sur un projet de Brunelleschi*, le plus vaste palais de Florence, sur la rive d. de l'Arno. Ce palais fut vendu aux Médicis en 1549 et devint le siège de la cour. Il abrite la célèbre *galerie Palatine* (peintures du XVe au XVIIIe s.).

**PITTSBURGH** ➝ ÉTYM. « le fort (écossais *burgh*) de Pitt (William Pitt*, dit le Premier Pitt) » ♦ V. des États-Unis (Pennsylvanie), au confluent des riv. Alleghany et Monongahela. 334 563 hab., dont 25 % de Noirs (zone urbaine 2 358 695 hab.). Ses trois universités, dont Carnegie-Mellon, ont permis une reconversion industrielle en faveur de la haute technologie de Pittsburgh, qui fut l'un des plus grands centres métallurgiques du monde (acier) et siège de grandes compagnies (Westinghouse, Aluminium Company of America, Gulf Oil Corporation). Port fluvial (le plus important du pays). Un très vaste programme d'urbanisme et de lutte contre la pollution, depuis 1958, tente d'améliorer les conditions de vie.

**PIURA** ➝ ÉTYM. du quechua *Pirhua* « grenier » ♦ V. du Pérou, cap. de dép., sur la rivière du même nom et sur la Panaméricaine. 377 496 hab. ▮ **Département de Piura** 35 892 km², 1 676 315 hab. Importantes oasis très peuplées, irriguées grâce aux ríos Piura et Chira et au barrage de Poechos. Coton pour l'exportation, fruits, légumes, riz, élevage. Port de pêche (Païta), conserveries. Gisements de pétrole et port de pêche à Talara.

**PIXÉRÉCOURT (René Charles GUILBERT DE)** ♦ Auteur dramatique français (Nancy 1773 - *id.* 1844). Sa fécondité, dans un genre qui demeura longtemps populaire, le mélodrame, exerça sur l'évolution du théâtre une influence moins considérable que le rôle qu'il voulut assigner à la mise en scène, à la machinerie et au décor. Œuv. princ. : *Victor ou l'Enfant de la forêt* (1798), *Cœlina ou l'Enfant du mystère* (1800), *Les Ruines de Babylone* (1810), *Latude ou Trente-Cinq Ans de captivité* (1834).

**PIXII (Nicolas Constant)** ♦ Constructeur français (1776 - 1861). Il réalisa à la demande d'Ampère*, la première génératrice à courant alternatif, ou magnéto (1832), suivant le principe de l'induction électromagnétique découvert par Faraday*.

**PI Y MARGALL (Francisco)** ♦ Homme politique espagnol d'origine catalane (Barcelone 1829 - Madrid 1901). Publiciste anticlérical, député de Barcelone en 1869, il s'afficha républicain fédéraliste, fut ministre de l'Intérieur, puis président de la République (1873). Vite dépassé par les mouvements carlistes*, il céda la place à Salmerón, cantonaliste. Il a laissé quelques œuvres, dont une *Étude philosophique sur le christianisme et le principe monarchique* (1872).

**PIZARRO (Francisco)** dit en fr. **François PIZARRE** ♦ Conquistador espagnol (Trujillo, Cáceres, v. 1475 - Lima 1541). Après avoir participé à plusieurs expéditions (en particulier dans les mers du Sud avec Balboa), il entreprit avec ses frères (Hernando, Gonzalo et Juan) et avec Almagro* la conquête du Pérou* pour la couronne d'Espagne. Après plusieurs tentatives, il soumit l'empire des Incas (Cuzco, 1531 - 1532), faisant tuer le roi Atahualpa* (1533). Après la mise à mort d'Almagro, devenu son rival (1538), Pizarro fut lui-même tué par le fils de ce dernier, Diego el Monzo. ♦ **Hernando Pizarro.** Conquistador espagnol (Trujillo, Cáceres, v. 1508 - 1578). Frère du précédent. Gouverneur de Cuzco après la victoire sur les Incas, il fit mettre à mort D. de Almagro* (1538) et fut emprisonné plusieurs années en Espagne. ♦ **Gonzalo Pizarro.** Conquistador espagnol (Trujillo, Cáceres, v. 1502 - près de Cuzco 1548). Frère des précédents. Gouverneur de Quito (Équateur, 1539), puis du Pérou (1546 - 1548), il fut mis à mort comme rebelle par Pedro de La Gasca. ♦ **Juan Pizarro.** Conquistador espagnol (Trujillo, Cáceres, v. 1505 - Cuzco 1535). Frère des précédents. Gouverneur de Cuzco en 1535, il fut tué lors d'un siège de la ville. ➝ ÉTYM. *Pizarro* est un nom de lieu dans la province de Cáceres, probablement du castillan d'origine préromane (ou basque) *pizarra* « ardoise (lieu où il y a des ardoises) ».

**PIZZETTI (Ildebrando)** ♦ Compositeur italien (Parme 1880 - Rome 1968). Directeur des conservatoires de Florence et de Milan, il succéda à Respighi comme professeur de composition à l'académie Sainte-Cécile de Rome (1936), dont il devint le président (1948). Avec A. Casella* et G. F. Malipiero*, il fut l'un des plus éminents représentants de la musique italienne du XXe s. par la qualité de son style, fait de clarté, d'équilibre et de distinction. Attaché au système tonal, il s'est voué à un renouveau du théâtre lyrique par l'emploi d'une déclamation qui trouve ses origines dans la métrique grecque et dans le plain-chant. Il est l'auteur d'une douzaine d'opéras, dont *Fedra* (1915), *Debora e Jaele* (1922), *Lo Straniero* (1930), *Assassinio nella cattedrale* (1958), *Clitennestra* (1964), de nombreuses musiques de scène, œuvres symphoniques, chorales et mélodies. Il a publié une édition des madrigaux à cinq voix de Gesualdo, et d'importants écrits sur la musique, en particulier sur l'esthétique du drame musical.

**PLABENNEC** [29740] ➝ ÉTYM. vx bret. « paroisse *(ploe)* saint Abennec » ♦ Ch.-l. de cant. du Finistère, arr. de Brest, dans le Léon. 6 997 hab. *(Plabennecois)*. Église des XVIIe et XVIIIe s.

**Placards** (affaire des) ♦ Dans la nuit du 17 au 18 oct. 1534, des placards furent apposés à Paris et à Amboise, jusque sur la porte de la chambre royale, par le parti protestant. Ils avaient pour auteur Antoine Marcourt, pasteur français à Neuchâtel, et attaquaient à la fois la *transsubstantiation* catholique et la *consubstantiation* luthérienne (→ **Réforme**). En réaction, François Ier confessa ouvertement sa foi catholique et déclencha la persécution. De nombreux protestants s'exilèrent, notamment Calvin.

**PLACE (Francis)** ♦ Homme politique britannique (Londres 1771 - *id.* 1854). L'un des chefs du parti radical, il obtint par son action l'abrogation de la loi de 1799 sur les coalitions (1824) et la réforme électorale de 1832. Il fut l'un des précurseurs du chartisme*.

La **Place royale** ♦ Comédie en 5 actes et en vers de P. Corneille* (1633 - 1634). Alidor, qui aime Angélique mais se trouve trop aimé d'elle, rompt brusquement. Angélique par dépit accueille Doraste. Alidor qui ne veut point qu'elle dispose d'elle-même à son gré enlève sa maîtresse pour la donner à un ami, Cléandre. Le hasard fait qu'il enlève, au lieu d'Angélique, une certaine Phylis. Cléandre se met à aimer celle-ci et Angélique entre au cloître tandis qu'Agénor s'applaudit de ce beau dénouement : il ne cède Angélique à personne et reste libre. Alidor, préfiguration du « généreux cornélien », est celui par lequel les déchirures du cœur se font plus profondes du fait de sa malheureuse volonté.

**PLACIDE** (saint) ♦ Moine bénédictin (VIe s.). Il est mentionné par Grégoire le Grand comme un disciple de saint Benoît qui l'aurait miraculeusement sauvé d'une noyade au mont Cassin. À la fin du XIe s., la *Vita Placidii* de Pierre Diacre l'identifia avec un martyr sicilien homonyme et, en 1588, la découverte d'ossements dans une église de Messine sembla confirmer cette illusion. Patron des noyés et des noviciats bénédictins. Son culte est en cours de révision. ▪ Fête le 5 oct.

**PLACIDIA** → Galla Placidia

**PLAGNE (LA)** ♦ Écart de la comm. de Macôt-la-Plagne (Savoie). Station de sports d'hiver créée en 1961 (1 970 m-3 250 m).

Les **Plaideurs** ♦ Comédie en 3 actes, en vers, de Racine (1668) dont le sujet est emprunté aux *Guêpes* d'Aristophane. Déguisé en homme de loi, Léandre, épris d'Isabelle, fille de Chicaneau, plaideur entêté, a fait signer à celui-ci un contrat de mariage au lieu d'un exploit. Satire du monde de la loi, la pièce propose une divertissante galerie de personnages extravagants : le juge Dandin, la comtesse de Pimbêche et son adversaire Chicaneau, ou burlesques : le portier Petit-Jean, le secrétaire l'Intimé.

**Plaine** (la) ou le **Marais** ♦ Nom donné à la faction la plus modérée de la Convention*. Ses membres, parfois appelés par leurs adversaires les « crapauds du Marais », siégeaient en bas des gradins. Nombre d'entre eux, représentants de la bourgeoisie libérale et républicains authentiques, se rallièrent aux montagnards dès le printemps 1793, comme Barère*, Cambon*, Carnot*, Lindet*.

**PLAINES (GRANDES)** – en angl. ***Great Plains*** ♦ Région de l'O. des États-Unis, qui constitue le piémont des Rocheuses*. C'est en réalité un plateau atteignant 2 000 m d'alt., qui forme la partie O. de la région de la plaine centrale (→ **États-Unis**) et qui correspond à la limite d'aridité, au-delà de laquelle « la céréaliculture présente des dangers pour la conservation des sols et cède très largement la place à un élevage très extensif » (P. George).

**PLAINTEL** [22940] ♦ Comm. des Côtes-d'Armor, arr. de Saint-Brieuc. 3 471 hab.

**PLAISANCE** – en it. ***Piacenza*** ♦ V. d'Italie, en Émilie-Romagne, ch.-l. de prov., sur la voie Émilienne, au confluent de la Trébie et du Pô. 95 594 hab. Cathédrale de style roman lombard (XIIe - XIIIe s.) contenant des fresques en partie du Guerchin. Église Saint-Sixte (Renaissance). Église Saint-Savin (crypte du XIIe s. ; pavement de mosaïques). Église de la Madonna di Campagna (XVIe s.) renfermant des fresques du Pordenone. Palais communal (XIIIe s.) dit le *Gotico* en marbre et brique ; sur la piazza, statues équestres du duc Alexandre Farnèse et de son fils Ranuccio Ier (XVIIe s.). Palais Farnèse (inachevé) entrepris par Vignole (XVIe s.) abritant le musée municipal (peintures, objets d'art). Galerie Alberoni (tapisseries XVIe et XVIIe s.). ▪ Centre commercial et indus. (sucreries). Exploitation de gisements de méthane et de gaz naturel aux environs. ▮ **Histoire** Plaisance fut une colonie romaine de Gaule cisalpine dès –219. Au Moyen Âge, elle constitua une république guelfe, puis passa aux Visconti (1332) et tenta de se révolter contre Milan (1447). Elle fut annexée aux États pontificaux par Jules II (1512) et fut donnée au fils de Paul III, Pier Luigi Farnese* (1545). Les Autrichiens y vainquirent les Français et les Espagnols (1746). Le titre de *duc de Plaisance* fut donné à Lebrun par Napoléon. La ville fut rattachée au Piémont en 1848.

**PLAISANCE-DU-TOUCH** [31830] ➝ **ÉTYM.** du n. de *Plaisance** en Italie ♦ Comm. de la Haute-Garonne, arr. de Toulouse, sur le Touch. 14 164 hab. Anc. bastide fondée en 1271.

**PLAISIR** [78370] ➝ **ÉTYM.** altération de *Plessis* (→ Plessis-Bouchard) ou du lat. *Placitus*, n. de pers. ♦ Ch.-l. de cant. des Yvelines, arr. de Versailles. 31 045 hab. *(Plaisirois)*.

**PLAN CARPIN (Giovanni DAL PIANO DEI CARPINI, dit en fr. Jean DU)** ♦ Franciscain italien (Pian del Carpine, Ombrie, v. 1182 - Antivari, Montenegro v. 1251). Disciple de saint François, provincial de Germanie (1228) puis d'Espagne (1230), il fut envoyé par le pape Innocent IV pour réaliser une entente avec le khan des Mongols (1243 - 1246) et gagna Karakorom. Si sa mission politique ne fut pas un succès, il a rapporté néanmoins de précieux renseignements ethnographiques dans son *Histoire des Mongols appelés par nous Tartares*.

**PLANCHE (Gustave)** ♦ Critique littéraire français (Paris 1808 - *id.* 1857). Il vécut dans une bohème assez misérable jusqu'à ce que sa collaboration (1831) à la *Revue des Deux Mondes*, dirigée par F. Buloz*, lui assurât une certaine notoriété. Familier du cénacle romantique, il en jugea les productions avec sévérité, se faisant de nombreux ennemis (dont V. Hugo), mais gagnant l'amitié de George Sand, Alfred de Vigny et Balzac. Ses principaux articles ont été réunis dans *Portraits littéraires* (1836 et 1849) et *Nouveaux Portraits littéraires* (1854). En 1838, il se rendit en Italie pour y étudier les chefs-d'œuvre de l'art antique (son séjour dura huit ans) et se fit connaître comme critique d'art avec ses *Études sur les arts* (1855) et *Sur l'École française* (1855).

**PLANCHON (Roger)** ♦ Homme de théâtre français (Saint-Chamond 1931 - Paris 2009). Il fut un précurseur, à l'instar de Jean Vilar, de la décentralisation et d'un théâtre populaire et fonda à Lyon le théâtre de la Comédie qui devint en trois ans une salle permanente (1953). Il installa ensuite à Villeurbanne son théâtre de la Cité (1957 - 2001), doté en 1972 du statut de Théâtre national populaire. Sous l'influence de Brecht et d'Artaud, ses premières mises en scène furent marquées par le réalisme et le déterminisme. Il s'est ensuite attaché à explorer la passion, la singularité des êtres avec humour et fantaisie, tout en conservant néanmoins l'art de la démonstration. À la fois metteur en scène et interprète, il se consacra aussi bien aux classiques *(Tartuffe, George Dandin, Don Juan, Athalie)* qu'aux auteurs contemporains (Adamov, Vinaver, Pinter). Lui-même écrivit quelques pièces, la plupart ancrées dans le terroir dont il était issu *(Le Cochon noir, L'Infâme, Les Libertins)*. Sa *Mise en pièces du Cid* et ses *Folies bourgeoises* ont provoqué quelques remous. Au cinéma, il a réalisé *Louis, enfant roi* (1993) et *Toulouse-Lautrec* (1998). ➝ **ÉTYM.** *Planchon* vient de *planche* (surnom de menuisier).

Roger **Planchon.** Une scène de *Tartuffe* de Molière, avec Nelly Borgeaud. *Phot.* © *Bernand*

**PLANCK (Max)** ♦ Physicien allemand (Kiel 1858 - Göttingen 1947). Spécialiste de la thermodynamique, il fit des recherches sur l'équilibre thermique du « corps noir » (corps idéal absorbant toute radiation qu'il reçoit) dont le comportement, échappant à toute explication, constituait un mystère pour plusieurs physiciens. C'est à cette occasion qu'il émit l'hypothèse (considérée par lui-même comme un simple artifice de calcul) selon laquelle l'énergie d'un rayonnement ne peut se transmettre que par petites quantités indivisibles, multiples entiers de la fréquence du rayonnement par une constante, qu'il appela quantum d'action $h$, et qui porte désormais le nom de *constante de Planck*. C'est une constante universelle, dont seule la très petite valeur explique qu'elle soit restée imperceptible. Le 14 déc. 1900, date de la communication de Planck à la Société allemande de physique, peut être considéré comme le début de la physique quantique ; quant à son auteur, plutôt classique dans ses conceptions, il chercha toute sa vie un moyen mathématique qui permettrait de l'éliminer. [Prix Nobel de phys. 1918] ♦ ***Institut Max Planck*** Société allemande de recherche fondamentale sans but lucratif, dont le siège est à Munich. Elle est composée de 64 instituts situés dans toute l'Allemagne et emploie env. 14 000 personnes, dont 5 000 scientifiques. ➝ **ÉTYM.** Ce nom de famille est une variante de l'allemand *Planke* « planche, cloison » (surnom de menuisier).

**PLAN-DE-CUQUES** [13380] ➝ **ÉTYM.** *Plan* : du prov. « plateau » et *Cuques* : d'une rac. précelt. oronym. *°Kuk-/°Kug-* ♦ Comm. des Bouches-du-Rhône, arr. de Marseille. 10 503 hab.

Le **Planétarium** ♦ Roman de Nathalie Sarraute* (1959). L'intrigue volontairement ténue (la crise intérieure de la vieille tante Berthe et les difficultés conjugales d'Alain et de Gisèle Guimiez) laisse place à une analyse des drames qui usent le monde au mépris de toute tentative pour les réguler. L'écriture, qui bouleversa les structures traditionnelles du roman, renouvelle l'art de l'analyse psychologique.

**PLANIOL (Marcel)** ♦ Juriste français (Nantes 1853 - Paris 1931). Professeur de droit, il a publié un *Traité élémentaire de droit civil* (1899 - 1901, en collaboration avec Ripert).

**PLANQUETTE (Robert)** ♦ Compositeur français (Paris 1848 - *id.* 1903). Élève du Conservatoire de Paris, il connut une longue popularité avec plusieurs opérettes, dont *Les Cloches de Corneville* (1877) et *Rip* (1884), œuvres d'une écriture musicale élégante et spirituelle.

**PLANSON (André)** ♦ Peintre français (La Ferté-sous-Jouarre 1898 - 1981). Auteur de paysages, surtout d'Île-de-France (*Printemps à La Ferté*, 1932 ; *La Marne grise*, 1935) et de figures féminines (*La Hollandaise*), il effectua les décorations murales du pavillon de l'Île-de-France pour l'Exposition internationale des arts et techniques. On lui doit des lithographies, des peintures murales (palais de Chaillot, institut français d'Athènes), des décors et des costumes. [Acad. des bx-arts 1960]

**PLANTAGENÊT** surnom de **Geoffroi V**, comte **D'ANJOU**, qui portait une branche de genêt à son casque ♦ Dynastie qui régna sur l'Angleterre* de 1154 à 1485. → **Henri II, Richard Ier Cœur de Lion, Jean sans Terre, Henri III, Édouard Ier, Édouard II, Édouard III, Richard II, Henri IV, Henri V, Henri VI, Édouard IV, Édouard V, Richard III.**

**PLANTAUREL** n. m. ou **PETITES PYRÉNÉES** ♦ Petite chaîne calcaire des avant-monts pyrénéens (Ariège* et Aude*), formée de plis parallèles coupés par des cluses. Point culminant, 1 014 m au pic de l'Aspre.

**PLANTÉ (Gaston)** ♦ Physicien français (Orthez 1834 - Bellevue, Seine-et-Oise 1889). Inventeur du premier accumulateur électrique (1859).

**PLANTEFOL (Lucien)** ♦ Botaniste français (Falaise 1891 - Paris 1983). Auteur d'un *Cours de botanique et de biologie végétale* (1939), il étudia notamment la distribution des feuilles sur la tige (*La Théorie des hélices foliaires multiples*, 1948) et l'origine des pétales de certaines fleurs (*Fondements d'une théorie florale nouvelle. L'ontogénie de la fleur*, 1949). [Acad. sc. 1957]

**Plantes (Jardin des)** → **Muséum national d'histoire naturelle.**

**PLANTIN (Christophe)** ♦ Imprimeur anversois d'origine française (Saint-Avertin, près de Tours 1520 - Anvers 1589). Il imprima des ouvrages classiques, savants ou religieux, notamment la *Biblia regia* ou *polyglotta* (8 vol., 1569 - 1572).

**PLANTU (Jean PLANTUREUX, dit)** ♦ Dessinateur caricaturiste français (Paris 1951). Spécialisé dans le domaine politique, il publie dans *Le Monde* son premier dessin consacré à la guerre du Viêtnam en 1972. Il participe à l'émission télévisée «Droit de réponse» jusqu'à sa suppression en 1987 et entre à *L'Express* en 1990. Figurant quotidiennement à la une du *Monde* depuis 1985, ses dessins commentant l'actualité ont une véritable valeur d'analyse politique.

**Plantu.** George W. Bush mène campagne pour sa réélection à la Maison Blanche. *Le Monde*, 30 août 2004. *Phot. © Plantu*

**PLANUDE (Maxime)** – en gr. ***Planoudês*** ♦ Moine et érudit byzantin (Nicomédie v. 1260 - Constantinople 1310). Il fut envoyé par Andronic* II comme ambassadeur à Venise. On lui doit la compilation des *Fables* d'Ésope* qui est parvenue à l'Occident, une vie romancée du fabuliste et une précieuse *Anthologie* grecque*, tirée de celle de Céphalas*. Il laissa plusieurs traductions de latin en grec et un pamphlet dirigé contre l'Église latine.

**PLASENCIA** ♦ V. d'Espagne (Estrémadure), prov. de Cáceres. 39 982 hab. Vieux quartiers autour de la Plaza Mayor et d'une cathédrale gothique élevée en deux temps. Elle a été en partie démolie au XVe s. pour laisser la place à un nouvel édifice, mais seuls le chœur et le transept ont été rebâtis. ▪ Ville à la fois active et excentrée, aux confins du Portugal.

**PLASSEY** ♦ Village de l'Inde (Bengale-Occidental) où le général Clive remporta, en 1757, une victoire décisive sur le nabab du Bengale, plaçant sous la domination britannique le Bengale et le N.-E. de l'Inde.

**PLASTIRAS (Nikolaos)** ♦ Général et homme politique grec (Karditsa, Thessalie 1883 - Athènes 1953). Partisan de Venizélos, il prit la tête du coup d'État qui obligea Constantin* Ier à abdiquer (1922). Exilé en 1935 après l'échec d'un coup d'État antiroyaliste, il présida un gouvernement de coalition formé pendant l'affrontement de l'ELAS et des Britanniques à Athènes (1945), puis le gouvernement de 1950 - 1951 (→ **Grèce**).

**PLATA (río de LA)** ➝ **ÉTYM.** esp. «fleuve *(río)* d'argent *(plata)*» ♦ Vaste estuaire d'Amérique du Sud formé par la confluence des fleuves Paraná* et Uruguay*, tributaire de l'Atlantique, il sépare l'Argentine de l'Uruguay. Sur la rive g., on trouve Montevideo, seul port en eau profonde, à l'entrée de l'estuaire. L'absence de profondeur rend la navigation difficile en dehors du chenal dragué pour atteindre Buenos Aires. Du delta à La Plata, s'étend une immense agglomération de 120 km. ▮ **Histoire** Vespucci* serait parvenu jusqu'au Río de La Plata après avoir découvert la baie de Rio de Janeiro (1502), mais Díaz* de Solís devait le redécouvrir (1516) avant qu'il ne soit exploré par Magellan (1520), puis par Sébastien Cabot. En 1617, Philippe* III, roi d'Espagne, divisa les terres conquises dans la partie S. du continent américain en deux gouvernements : celui du Paraguay et celui du Río de La Plata. En 1776 fut créée une vice-royauté du Río de La Plata (→ **Argentine**) dont est issue l'Argentine moderne.

**PLATA (LA)** ♦ V. d'Argentine, cap. de la prov. de Buenos Aires. 705 000 hab. Centre commercial et industriel grâce à son port artificiel, entre Berisso et Ensenada. Technopôle (informatique) implanté dans d'anciens entrepôts frigorifiques. Indus. agroalimentaire. Pétrochimie.

**PLATEAU (Joseph)** ♦ Physicien belge (Bruxelles 1801 - Gand 1883). Précurseur du dessin animé, il inventa, en 1883, un appareil de projection fondé sur la persistance des impressions visuelles. Il posa le problème *(problème de Plateau)* de la détermination de la surface d'aire minimale ayant une courbe donnée comme bord, essentiel dans l'étude des lames minces liquides.

**PLATEAU D'ASSY** ♦ Loc. de Haute-Savoie (comm. de Passy), au-dessus de l'Arve. Église Notre-Dame-de-Toute-Grâce (1937 - 1945) de Maurice Novarina, décorée par des maîtres de l'art contemporain (J. Bazaine, P. Bonnard, F. Léger, H. Matisse, G. Rouault, G. Richier, J. Lurçat). ▪ Station climatique (sanatoriums) et de sports d'hiver (1 000 - 1 500 m).

**PLATÉES** ou **PLATÉE** – en gr. ***Plataiai*** ou ***Plataia*** ♦ Anc. ville de Grèce en Béotie, sur le versant N. du Cithéron*. Elle est célèbre par la victoire des Grecs commandés par Pausanias* et Aristide* contre l'armée perse de Mardonios* (–479). Cette victoire a été remportée le même jour que la victoire navale de Mycale*. → **médiques (guerres).** Alliée d'Athènes*, détruite par les Spartiates en –427, puis par les Thébains en –373, elle fut rebâtie par Alexandre le Grand.

**PLATEN-HALLERMÜNDE (Karl August VON)** ♦ Poète et écrivain allemand (Ansbach, Bavière 1796 - Syracuse, Sicile 1835). Représentant du néoclassicisme et de son idéal de beauté, cet aristocrate, partisan de l'art pour l'art, jugea avec sévérité voire mépris les mouvements littéraires de son temps (romantisme, puis Jeune-Allemagne). Mais le lyrisme de ses poésies (*Ballades*, 1818-1833 ; *Ghazels*, 1821 ; *Sonnets de Venise, Odes*, 1828 - 1834) a quelque chose de figé et ses comédies et tragédies manquent de naturel (*Der romantische Ödipus*, 1829 ; *Die Liga Von Cambrai*, 1832).

**PLATINI (Michel)** ♦ Footballeur français (Jœuf, Meurthe-et-Moselle 1955). Avec l'équipe de France (72 sélections) ou celle de la Juventus de Turin, il fut dans les années 1980 l'un des meilleurs joueurs mondiaux, grâce à son sens du jeu, à ses qualités techniques et à sa précision lors des tirs de coups francs. Il fut élu président de l'UEFA (Union européenne de football) en 2007.

**PLATON** ➝ **ÉTYM.** du gr. *platus* «large et plat» ♦ Philosophe grec (Athènes –428 - –348). D'origine aristocratique, il reçut l'éducation complète des jeunes gens riches de son temps. Il fut l'élève de Cratyle (disciple d'Héraclite*), avant de rencontrer Socrate* dont il suivit l'enseignement de –408 à –399. Il se destinait aux affaires publiques, mais la dictature des Trente et la condamnation de Socrate par les démocrates l'en détournèrent. Dès cette époque apparaît son désir de repenser les problèmes politiques. Après la mort de Socrate, il voyagea, se rendit à Mégare auprès d'Euclide* le Socratique, peut-être en Égypte et en Cyrénaïque, en Italie du Sud où il aurait rencontré Archytas* de Tarente. Appelé par le tyran Denys* à la cour de Syracuse (Sicile), il y séjourna quelque temps, gagnant Dion* à ses théories avant d'être expulsé à la suite d'intrigues politiques. De retour à Athènes (–387), il y créa l'Académie* où il enseigna tout en rédigeant et en publiant ses dialogues. Il fit encore deux tentatives à Syracuse ; la première (–367) à l'avènement de Denys le Jeune dont il tenta de faire l'éducation philosophique, la seconde (–361) pour plaider la cause de Dion alors en exil. Mais l'une et l'autre échouèrent. Platon mourut octogénaire, sans s'être marié, léguant sa fortune à Speusippe*, son neveu. ▪ Créant un genre philosophique vivant, le dialogue (on en compte vingt-sept authentiques), Platon a abordé les grands problèmes philosophiques et métaphysiques en alliant le discours rationnel *(logos)* au langage poétique *(mythes)*. Dans les premiers dialogues (*Ion, Hippias majeur et mineur, Lachès, Charmidès, Protagoras, Gorgias*, Cratyle*, Criton*, L'Apologie* de Socrate*), Socrate, qui en est le personnage principal, cherche avant tout à obtenir de ses interlo-

### platonisme

n. m. ♦ Courant philosophique issu de la pensée de Platon. Caractérisé par le dualisme âme/corps, le primat de l'idée sur le monde perçu, la méfiance à l'égard de la représentation en tant que le monde sensible est une dégradation de la réalité intelligible, il est une des traditions centrales de la pensée occidentale. Le platonisme lui-même s'oppose notamment au réalisme (Aristote*, saint Thomas*) et à l'empirisme (Locke*), qui affirme que la connaissance vient des sens et que la justice a des fondements naturels. Les nominalistes (Guillaume* d'Occam) critiquèrent la théorie des Idées, niant que les universaux aient une réalité. Bien que refusant la métaphysique platonicienne de la «chose en soi», Kant* défendit la valeur d'une théorie des Idées et notamment des notions régulatrices (comme celle de liberté en politique). À l'inverse, Popper* plaça Platon en position première dans sa généalogie de la «société fermée» (opposée à la «société ouverte») et en fit un ancêtre du totalitarisme. Nietzsche* vit dans Platon un «vieux socialiste type» ; son refus de l'idée même de vérité, comme correspondance entre le concept et l'être, peut être défini comme un renversement du platonisme. Mais la richesse du platonisme est telle qu'il sert de référence dans des disciplines modernes, comme les sciences cognitives, pour lesquelles des questions, comme celle du caractère inné du savoir vrai, trouvent leur première formulation chez Platon (dans le *Ménon**). ♦ ***Médioplatonisme*** ou ***Moyen platonisme*** Doctrine philosophique née aux alentours de –130 et ayant perduré jusqu'au succès du néoplatonisme avec Plotin. Philon d'Alexandrie, Plutarque et Numenius d'Apamée appartiennent à ce courant intermédiaire du platonisme fortement influencé par la redécouverte du pythagorisme (→ **néopythagorisme**) et particulièrement attaché au commentaire de la cosmologie du Timée de Platon. ♦ ***Néoplatonisme*** Doctrine philosophique à tendance mystique qui a pris naissance à la fin du IIe s., à Alexandrie*, lieu de rencontre des civilisations grecque et orientale et dont Ammonios* Saccas est considéré comme le fondateur. Jusqu'au Ve s., le néoplatonisme se développa non seulement à Alexandrie, mais à Rome, à Apamée (Syrie) et à Athènes. Cette doctrine doit beaucoup aux philosophes grecs (Pythagore, Aristote et Platon), mais aussi à la pensée orientale et au développement de nouvelles croyances religieuses. Ses thèmes fondamentaux sont la théorie de l'émanation (ou procession) de toutes choses à partir de l'Un (ou du Bien), celle des trois hypostases (ou triades) — l'Un, l'Intelligence et l'Âme — et le mouvement de retour de l'Âme vers l'Un (ou conversion). Chez la plupart des néoplatoniciens, la philosophie est recherche d'une expérience mystique supra-rationnelle. → **Plotin, Porphyre, Jamblique, Proclus, Ammonios Saccas, Hiéroclès, Simplicius.** Avec la redécouverte de ces auteurs au Quattrocento* se développa un fort courant néoplatonicien. → **Ficin.**

cuteurs une définition unique et essentielle de notions telles que la vertu, la justice, le courage, le beau, ou de techniques telles que la rhétorique ou la poésie. Ces dialogues sont traditionnellement conçus comme socratiques, parce que Platon y refléterait plus fidèlement la pensée de son maître. Mais force est de constater que non seulement il n'est pas aisé de distinguer rigoureusement le Socrate historique du Socrate de Platon, mais qu'en outre, bon nombre de ces dialogues préfigurent des thèses qui seront amplement développées et non rejetées par le Platon de la maturité. En matière de chronologie des dialogues, les recherches stylométriques amorcées au XIXe siècle et systématisées au XXe ont permis de distinguer trois grandes périodes d'écriture dans la carrière de Platon, sans qu'aucun consensus soit véritablement obtenu sur la cohérence de cette tripartition avec une évolution doctrinale. Malgré un paradigme interprétatif encore partagé par bon nombre de spécialistes, et qui voit dans la pensée de Platon trois phases distinctes (une phase socratique, une phase de maturité, pleinement platonicienne et coïncidant avec la *République*, et une phase critique correspondant aux dialogues dit métaphysiques), il faut reconnaître que le développement de la pensée de Platon, si développement il y a, reste très mystérieux et problématique. On peut cependant distinguer différents styles et différentes approches des problèmes dans les dialogues, notamment sur la question de la dialectique qui occupe une place de plus en plus importante dans les dialogues à partir de la *République*. Elle y devient en effet la voie indispensable par laquelle l'âme s'élève par degrés des apparences multiples et changeantes aux *Idées* (essences), modèles immuables dont le monde sensible n'est que l'image, du devenir à l'Être, de l'opinion à la Science. Toute connaissance est réminiscence ou encore conversion par laquelle l'âme réoriente son regard vers les réalités véritables. Si la connaissance discursive (mathématique) joue à cet égard un rôle décisif, la forme supérieure du savoir reste pour Platon la dialectique, l'art du questionner et du répondre qui ne considère que les réalités essentielles, toujours identiques à elles-mêmes et susceptibles de définitions, art ou science dont Platon voit le principe ultime dans l'idée du Bien, cause et principe de toute vérité et de toute valeur. → **Ménon, Phédon, Banquet, Phèdre, République, Théétète.** Platon ne s'est cependant pas contenté d'opposer le sensible et l'intelligible. Cherchant à élucider leurs rapports, il réintroduit dans son ontologie les catégories de la multiplicité, de l'altérité, de l'infinité, dépassant la conception immobiliste de l'Être (→ **Parménide**) et le perpétuel devenir. → **Héraclite, Politique, Sophiste.** Ainsi, sans jamais abandonner la théorie des Idées, Platon aborda dans ses derniers dialogues (→ **Timée, Philèbe, Critias, Lois**) des problèmes plus concrets de cosmologie, d'éthique et de politique. L'importance de Platon dans l'histoire de la philosophie et plus généralement dans celle des idées est sans commune mesure : non seulement il détermina le premier la nature et la tâche propre de la *philosophia*, mais il aborda bon nombre de questions qui continuent de préoccuper les philosophes (le dualisme âme-corps, le débat entre empirisme et innéisme et la question de la possibilité de la connaissance, la question de l'être et du non-être, le rapport entre la politique, l'éthique et la connaissance, etc.) Le philosophe Alfred Norton Whithead ne s'y est d'ailleurs pas trompé quand il écrit, en 1929, que «le plus sûr, pour caractériser la tradition philosophique européenne en général, est de reconnaître qu'elle consiste en une succession d'annotations à Platon.» *(Procès et réalité).*

**PLATTER (Thomas)** ♦ Humaniste suisse (Grächen, Valais 1499 - Bâle 1582). Disciple de Zwingli, il enseigna l'hébreu et le grec à Bâle où il fonda une librairie et une imprimerie. ♦ **Félix Platter.** Naturaliste suisse (Bâle 1536 - *id.* 1614). Fils du précédent, il étudia la médecine à Montpellier et l'exerça à Bâle.

**PLATTE RIVER** ♦ Riv. du centre des États-Unis, affl. (rive d.) du Missouri*. Formée par la réunion de deux riv., la *North Platte* (Platte du N.), 990 km, et la *South Platte* (Platte du S.), 685 km, issues des Rocheuses (respectivement dans le Wyoming et le Colorado) et qui confluent en aval de la ville de *North Platte* (Nebraska), elle traverse le Nebraska et se jette dans le Missouri au S. d'Omaha.

**PLATTSBURGH** ♦ V. des États-Unis (État de New York), sur le lac Champlain. 18 816 hab. ▮ **Histoire** Le premier combat de la guerre d'Indépendance américaine eut lieu non loin de là, à l'île Valcour (oct. 1776). ▪ Lieu d'un combat entre Américains et Britanniques en 1814.

**PLAUEN** ♦ V. d'Allemagne (Saxe), sur l'Elster Blanche. 68 430 hab. Important centre d'industrie textile (coton, dentelle). Constr. mécaniques.

**PLAUTE** ➝ ÉTYM. en lat. ***Titus Maccius Plautus*** «large, plat [en parlant des pieds]» ♦ Poète comique latin (Sarsina v. –254 - Rome –184). Sa vie aventureuse est mal connue. Passant tour à tour de l'opulence à la pauvreté, il ne se consacra au théâtre que vers –215. Vingt d'entre ses comédies nous sont parvenues, dont les dates de composition demeurent inconnues. C'est sous la forme d'un classement par ordre alphabétique qu'elles nous ont été transmises. ▪ Le meilleur du génie de Plaute tient à ce qu'il sut assimiler le répertoire des Grecs (Ménandre, Philémon et Diphile), leur technique théâtrale, et adapter ce répertoire au goût des Romains de son temps, celui de la République en plein essor. Ce public se montrait plus sensible au pittoresque de personnages bien typés, vieillards radoteurs, courtisanes cyniques, lâches proxénètes, soldats fanfarons, esclaves dénués de scrupules, qu'aux raffinements de la psychologie et à la vraisemblance de l'intrigue. Dans ce théâtre, l'allégresse du rythme, la libre fantaisie de l'invention verbale, le rôle dévolu à la virtuosité de l'acteur, l'intervention du chant emportaient aisément l'adhésion du spectateur. ▪ Les plus remarquables comédies de Plaute sont : *Amphitryon (Amphitruo), L'Aululaire* (Aulularia), Les Ménechmes* (Menaechmi), Le Revenant (Mostellaria), Casina, Le Soldat* fanfaron (Miles gloriosus), Le Carthaginois (Poenulus).* On peut mentionner aussi : *La Comédie de l'âne (Asinaria), Les Bacchides (Bacchides), Les Captifs (Captivi), La Comédie du coffret (Cistellaria), Le Charançon (Curculio), Le Marchand (Mercator), Le Trompeur (Pseudolus), Le Câble (Rudens).* ▪ Successivement, la comédie de la Renaissance, la commedia dell'arte et, à leur suite, Rotrou, Molière, Regnard, Goldoni, Labiche et nombre d'auteurs contemporains ont recueilli l'héritage de Plaute.

**PLÂY CU** ou **PLEIKU** ♦ V. du Viêtnam (Centre), ch.-l. de prov., sur les hauts plateaux. 126 226hab. Lieu d'accueil des courants migratoire intérieurs, de peuplement Jaraï. Région de plantations de théiers et de caféiers sur les riches terres rouges.

**PLÉDRAN** [22960] ♦ Comm. des Côtes-d'Armor, arr. de Saint-Brieuc. 5 750 hab. Chapelle Saint-Nicolas (XVIe s.).

**Pléiade** n. f. ♦ Nom donné dans l'histoire littéraire à des groupes de sept poètes considérés comme une constellation poétique, par allusion aux sept filles d'Atlas (→ **Pléiades**). Cette désignation est appliquée pour la première fois à sept poètes alexandrins de l'époque de Ptolémée Philadelphe (–IIIe s.). Les historiens ne sont pas d'accord sur la composition de cette pléiade, mais on cite souvent les noms de Lycophron* de Chalcis, Alexandre* l'Étolien et Homère* le Jeune. ▪ En 1323, le terme fut appliqué à sept

**Pleumeur-Bodou.** Le musée des Télécommunications. *Phot. © Gamma*

poètes et à sept poétesses de la région de Toulouse. Mais la plus connue demeure celle qui, au milieu du XVIe s., groupa, autour de Ronsard*, Joachim du Bellay*, Pontus de Tyard*, Jean Antoine de Baïf*, puis, à partir de 1553, Étienne Jodelle*, Rémi Belleau* (qui remplaça en 1554 Jean Bastier de La Péruse), et Jacques Peletier* du Mans (qui remplaça en 1555 Guillaume Des* Autels).

**PLÉIADES** n. f. pl. ◆ ÉTYM. du gr. *pleô* « naviguer » ♦ Les sept filles d'Atlas* et de Pléioné. Zeus les changea en colombes pour les soustraire au géant Orion*, puis les plaça parmi les constellations.

**PLÉIADES** n. f. pl. ♦ Amas stellaire dans la constellation du Taureau*. D'un diamètre de 30 années-lumière, situé à 410 années-lumière de la Terre, il est constitué de 3 000 étoiles jeunes, enveloppées d'une nébuleuse étendue. 6 à 10 d'entre elles sont visibles à l'œil nu.

**PLEKHANOV (Gueorgui Valentinovitch)** ♦ Socialiste russe (Goudalovka, gouv. de Tambov 1856 - Terijoki, Finlande 1918). Après avoir été populiste (→ **narodniki**), il devint le premier propagandiste du marxisme en Russie, traduisit plusieurs ouvrages de Marx et d'Engels en russe, fonda à Genève (en exil) le premier groupe marxiste pour la Russie « Libération du travail » [1883] (→ **Akselrod, Zassoulitch**). Il défendit contre les populistes et les révisionnistes, et développa dans ses écrits les théories économiques et sociales de Marx (*Le Socialisme et la Lutte politique*, 1883 ; *Étude sur le développement de la conception moniste de l'histoire*, 1895 ; *Fondements du populisme*, 1896). Fondateur avec Lénine* et Martov* à Genève de l'*Iskra* (« Étincelle », 1900), il rejoignit la fraction menchevik peu après le IIe congrès du Parti ouvrier social-démocrate russe (1903). Rentré en Russie lors de la révolution de février 1917, il désapprouva la prise du pouvoir par les bolcheviks. ◆ ÉTYM. Ce nom de famille vient du russe *plehan* « chauve ».

**PLÉMET** [22210] ◆ ÉTYM. vx bret. « paroisse *(ploe)* saint Démet » ♦ Comm. des Côtes-d'Armor, arr. de Saint-Brieuc. 2 936 hab.

**PLÉNEUF-VAL-ANDRÉ** [22370] ◆ ÉTYM. vx bret. « paroisse *(ploe)* saint Enoc » et *Val*-André* ♦ Ch.-l. de cant. des Côtes-d'Armor, arr. de Saint-Brieuc, près de la pointe de Pléneuf. 3 680 hab. *(Pléneuviens)*. Station balnéaire au Val*-André.

**PLÉRIN** [22190] ◆ ÉTYM. p.-ê. vx bret. « paroisse *(ploe)* de saint Rin » ♦ Ch.-l. de cant. des Côtes-d'Armor, arr. de Saint-Brieuc. 12 512 hab. *(Plérinais)*.

**PLESSÉ** [44630] ◆ ÉTYM. en bret. *Plesei* (du lat. *Plebs* Sei) « village (vx bret. *ploe* "paroisse") de *Sée* (n. de village) [le duc de Bretagne Alain le Grand construisit à Plessé sa résidence, le château de *Sée*, de 897 à 903] » ♦ Comm. de la Loire-Atlantique, arr. de Châteaubriant. 3 416 hab.

**PLESSIS-BOUCHARD (LE)** [95130] ◆ ÉTYM. *Plessis* : de l'anc. fr. *plaissié* « enclos formé de branches entrelacées » et *Bouchard* : n. du seigneur de Montmorency ♦ Comm. du Val-d'Oise, arr. de Pontoise. 7 006 hab.

**PLESSIS-LÈS-TOURS** ou **PLESSIS-LEZ-TOURS** ♦ Écart de la comm. de La Riche* (arr. de Tours). Vestiges du château construit par Louis XI sur l'emplacement d'un manoir qu'il avait acquis en 1463. Il y mourut en 1483. Petit musée.

**PLESSIS-ROBINSON (LE)** [92350] ◆ ÉTYM. *Plessis* (→ Plessis-Bouchard) et *Robinson* : n. d'une guinguette ♦ Ch.-l. de cant. des Hauts-de-Seine, arr. d'Antony, au S. de Paris. 21 618 hab. *(Robinsonnais)*. Église Sainte-Madeleine, moderne, avec des parties des XIIIe et XVIIIe s. ▪ Comm. résidentielle.

**PLESSIS-TRÉVISE (LE)** [94420] ◆ ÉTYM. *Plessis* (→ Plessis-Bouchard) et *Trévise* : du n. du maréchal Mortier*, duc de *Trévise*, propriétaire d'un grand domaine sur lequel s'est formée la commune ♦ Comm. du Val-de-Marne, arr. de Nogent-sur-Marne. 16 656 hab. *(Plesséens)*.

**PLESTIN-LES-GRÈVES** [22310] ◆ ÉTYM. contraction de *Ple Gestin*, vx bret. « paroisse *(ploe)* saint Jestin (n. d'un moine bret. ; du bas lat. *Justinius*) » ♦ Ch.-l. de cant. des Côtes-d'Armor, arr. de Lannion. 3 415 hab. *(Plestinais)*. Église du XVIe s. (restaurée) ; tombeau de saint Efflam avec gisant (1576). ▪ Station balnéaire à Saint-Efflam.

**PLEUMEUR-BODOU** [22560] ◆ ÉTYM. vx bret. « grande paroisse dans les buissons », de *ploe* « paroisse », *meur* « grand » et *bodden* « buisson » ou « grande paroisse de Bodou (n. de pers.) » ♦ Comm. des Côtes-d'Armor, arr. de Lannion, dans le Trégorrois. 3 825 hab. *(Pleumeurois)*. Centre de télécommunications spatiales de France Télécom assurant, par satellites, des transmissions téléphoniques, télégraphiques ou de télévision entre l'Europe et l'Amérique. Il comprend sept stations dotées d'une antenne extérieure et un râdome (auj. hors service) ayant permis la première liaison intercontinentale par satellite (11 juil. 1962). Une partie du trafic a été transférée au centre de Bercenay-en-Othe. Musée des Télécommunications. Planétarium du Trégor.

**PLEURTUIT** [35730] ♦ Comm. de l'Ille-et-Vilaine, arr. de Saint-Malo. 4 547 hab. Aérodrome de Dinard. Indus. aéronautique. Travaux publics.

**PLEVEN (René)** ♦ Homme politique français (Rennes 1901 - Paris 1993). Rejoignant le général de Gaulle dès l'été 1940, membre du Comité français de libération nationale, député à partir de 1945, il fut l'un des fondateurs de l'Union démocratique socialiste de la Résistance. Plusieurs fois ministre, deux fois président du Conseil (juil. 1950 - fév. 1951, août 1951 - janv. 1952), il fut garde des Sceaux de 1969 à 1973. ◆ ÉTYM. Ce nom de famille vient d'un nom de lieu et signifie « paroisse (du vieux breton *ploe*) saint Even (du vieux gallois *Euguen*) ».

**PLEVEN** – anc. ***Plevna*** ♦ V. de Bulgarie septentrionale, ch.-l. de région, au N. du Grand Balkan. 149 174 hab. Important marché agricole au débouché d'une région fertile. L'industrialisation en est récente : exploitation de gaz naturel, raffinerie de pétrole, cimenterie, textiles, produits alimentaires. Important nœud ferroviaire sur la ligne Sofia-Varna. ▪ **Histoire** Les troupes ottomanes d'Osman* Pacha Gazi y soutinrent en 1877 un siège de 6 mois contre les Russes.

**PLEYBEN** [plɛbɛ̃] [29190] ◆ ÉTYM. p.-ê. vx bret. « paroisse *(ploe)* saint Iben » ♦ Ch.-l. de cant. du Finistère, arr. de Châteaulin, dans le bassin de Châteaulin. 3 397 hab. *(Pleybennois)*. Enclos paroissial élevé du XVe au XVIIe s. : église Saint-Germain (tour-clocher Renaissance ; voûte ornée de belles sablières) ; calvaire monumental ; chapelle-ossuaire de style flamboyant.

**PLEYEL (Ignaz)** ♦ Compositeur autrichien (Ruppersthal 1757 - Paris 1831). Élève de J. Haydn, il fut maître de chapelle à Strasbourg avant de venir se fixer à Paris (1795) où il fonda une maison d'édition, puis une fabrique de pianos (1807) qui allait rendre son nom célèbre dans le monde entier. Il a laissé une œuvre abondante (symphonies, concertos, musique de chambre) mais dépourvue d'originalité. ◆ ÉTYM. *Pleyel* est la forme populaire autrichienne de *Pleuel*, variante de l'allemand *Bleuel* « battoir [de blanchisserie] ».

**PLEYEL (Marie Félicité)** ♦ Pianiste française (Paris 1811 - près de Bruxelles 1875). Belle-fille d'I. Pleyel, née Camille Moke, un temps « fiancée » à Berlioz, élève de Moscheles et de Kalkbrenner, pianiste virtuose réputée dans toute l'Europe à l'époque romantique, elle fut l'amie et l'inspiratrice de G. de Nerval.

**PLIEVIER (Theodor)** ♦ Romancier allemand (Berlin 1892 - Avegno, près de Locarno 1955). Dans son premier roman *Des Kaisers Kulis* (« Les Galériens de l'empereur, » 1929), il évoqua la vie sur un navire de guerre pendant la Première Guerre mondiale, la bataille du Skagerrak et la mutinerie de Wilhelmshaven (1918) à laquelle il avait pris part. Socialiste, Plievier quitta l'Allemagne à l'avènement du nazisme et gagna l'URSS où, à partir de 1941, il travailla à la radio russe de Tachkent et fut membre du comité de l'Allemagne libre. Après la bataille de Stalingrad, il publia les résultats de son enquête auprès des prisonniers allemands dans un camp, *Stalingrad* (1945) où il tente de montrer l'absurdité et l'horreur du massacre collectif et anonyme. Plievier, qui en 1947 revint en Europe occidentale, écrivit ensuite *Moscou* (1952) et *Berlin* (1954).

**PLINE l'Ancien** – en lat. ***Caius Plinius Secundus*** ♦ Naturaliste romain (Côme 23 - Stabies 79). Officier de cavalerie en Germanie, procurateur de l'Espagne sous Vespasien, il était amiral de la flotte de Misène lorsque se produisit l'éruption du Vésuve, où il se rendit tant pour observer le phénomène que pour porter secours aux habitants, et où il trouva la mort. Auteur de nombreux traités (grammaire, art), il est surtout connu par son *Histoire naturelle*, vaste encyclopédie des connaissances de son temps.

**PLINE le Jeune** – en lat. ***Caius Plinius Caecilius Secundus*** ♦ Écrivain latin (Côme 61 - v. 114), neveu et fils adoptif de Pline* l'Ancien. Avocat vite célèbre, consul en 100 et légat de l'empereur en Bithynie (111 - 112), il fut considéré par ses contemporains comme un orateur de premier plan. Il ne reste de son œuvre oratoire que le *Panégyrique de Trajan* (100), où il abuse d'une rhétorique artificielle. Mais l'essentiel de son œuvre est formé de ses *Lettres* (dix livres publiés de 97 à 109). Elles nous donnent l'image d'un honnête homme, curieux des choses de l'esprit, mais plus en amateur qu'en véritable philosophe.

**Pli selon pli** ♦ Œuvre pour soprano et orchestre de Pierre Boulez*, créée intégralement en 1960. Composé en plusieurs étapes à partir de 1957, révisé jusqu'en 1962, ce «portrait de Mallarmé» comprend cinq parties, et peut être exécuté intégralement ou non. Les cinq parties de la version définitive sont : *Don* pour grand orchestre, avec inscriptions chantées ; *Improvisation I sur Mallarmé* «Le vierge, le vivace, et le bel aujourd'hui» pour voix et petit ensemble (petite version) ou orchestre (grande version) ; *Improvisation II sur Mallarmé* «Une dentelle s'abolit» pour voix et ensemble instrumental (petite version) ; *Improvisation III sur Mallarmé* «À la nue accablante tu» pour voix et ensemble instrumental (grande version) ; *Tombeau* pour grand orchestre. La durée totale est d'environ une heure, et le titre se réfère au sonnet de Mallarmé «Remémoration d'amis belges», qui évoque la cathédrale de Bruges dont la brume matinale découvre «pli selon pli la pierre veuve».

**PLISNIER (Charles)** ♦ Écrivain belge de langue française (Ghlin, près de Mons 1896 - Bruxelles 1952). Avocat, journaliste et membre du Parti communiste belge jusqu'à son exclusion en 1928, il vécut à la pointe des luttes politiques de son temps. Poésies (*Fertilité du désert*, 1933 ; *Sacre*, 1938 ; *Ave genitrix*, 1943) et romans (*Mariages*, 1936 ; *Meurtres*, 1939 - 1941 ; *Mères*, 1946 - 1949) témoignent d'une personnalité déchirée, qui chercha toute sa vie à concilier l'idéal de la révolution et le message de l'Évangile. La mystique de l'action communiste est en particulier évoquée dans les cinq nouvelles de *Faux Passeports* (1937), l'ouvrage qui procura la célébrité au romancier.

**PLISSETSKAÏA (Maïa Mikhaïlovna)** ♦ Danseuse soviétique (Moscou 1925). Danseuse étoile du théâtre Bolchoï de Moscou, elle s'est imposée, dès ses débuts (1945), par sa beauté, la noblesse et la pureté de son style dans l'interprétation des grands ballets classiques (*Casse-Noisette, Le Lac des cygnes, La Belle au bois dormant*) et ensuite dans celle d'œuvres contemporaines. La poésie qui se dégage de ses attitudes l'a imposée comme l'une des plus grandes ballerines de son époque.

Maïa **Plissetskaïa.** *Phèdre*, ballet de Cocteau.
*Phot. © Bernand*

**PLOBANNALEC** [29740] ➝ ÉTYM. en bret. *Pornaleg*, du vx bret. *ploe* «paroisse» et *Bannalec** ♦ Comm. du Finistère, arr. de Quimper. 3 007 hab. Station balnéaire et port de pêche à Lesconil.

**PLOBSHEIM** [67115] ➝ ÉTYM. du germ. *heim* «village» (premier élément obsc.) ♦ Comm. du Bas-Rhin, arr. de Strasbourg. 3 634 hab.

**PŁOCK** ♦ V. de Pologne centrale, voïvodie de Mazovie, sur la rive d. de la Vistule. 127 224 hab. Nombreux monuments historiques. ▪ Port fluvial. Raffineries de pétrole et vaste combinat pétrochimique. Indus. métallurgique et alimentaire. Machines agricoles, construc. fluviales.

**PLOEMEUR** [ploemœʀ] [56270] ➝ ÉTYM. en bret. *Plañvour* «grande paroisse», du vx bret. *ploe* «paroisse» et *meur* «grand» ♦ Ch.-l. de cant. du Morbihan, arr. et aggl. de Lorient. 18 304 hab. *(Ploemeurois)*.

**PLOËRMEL** [ploɛʀmɛl] [56800] ➝ ÉTYM. vx bret. «paroisse *(ploe)* saint Arthmael (de *arth* "ours [guerrier]" et *mael* "prince, chef")» ♦ Ch.-l. de cant. du Morbihan, arr. de Vannes, près de la forêt de Paimpont. 7 525 hab. *(Ploërmelais)*. Église Saint-Armel de style flamboyant et Renaissance (portail nord finement sculpté ; verrières des XVIe - XVIIe s.). Maisons anc.

**PLOGOFF** [29113] ➝ ÉTYM. vx bret. «paroisse *(ploe)* de Cov (Colodoc, Kénan, Quay ou Ké), religieux irlandais venu à Tours, au monastère de Saint-Martin» ♦ Comm. du Finistère, arr. de Quimper. 1 563 hab. *(Plogoffistes)*. Projet de centrale nucléaire abandonné en mai 1981.

**PLOGONNEC** [29136] ➝ ÉTYM. vx bret. «paroisse *(ploe)* de saint Conec (saint breton)» ♦ Comm. du Finistère, arr. de Quimper. 2 806 hab.

**PLOIEŞTI** ♦ V. de Roumanie méridionale, sur le Teleajen, ch.-l. du distr. de Prahova. 230 240 hab. Située au cœur de la plus ancienne zone pétrolifère du pays, la ville fut presque entièrement détruite par les bombardements alliés pendant la Deuxième Guerre mondiale. ▪ Important centre pétrochimique équipé de nombreuses raffineries et d'usines d'outillage pétrolier et de machines-outils.

**PLOMB DU CANTAL** n. m. ➝ ÉTYM. anc. prov. *pom* «pomme, pommeau (cime arrondie)», avec attraction de *plomb* ♦ Point culminant du massif du Cantal* (1 855 m). Sports d'hiver.

**PLOMBIÈRES** ♦ Comm. de Belgique (Région wallonne), prov. de Liège, arr. de Verviers. (Comm. à facilités pour les minorités germanophone et néerlandophone.) 9 765 hab. Point de rencontre des 3 frontières (Belgique, Pays-Bas, Allemagne).

**PLOMBIÈRES-LES-BAINS** [88370] ➝ ÉTYM. probablt du lat. *aqua plumbaria* «eau contenant du plomb» [eaux ferrugineuses utilisées dans des installations thermales romaines] ♦ Ch.-l. de cant. des Vosges, arr. d'Épinal. 1 906 hab. *(Plombinois* ou *Plombièriens)*. Station thermale. ▮ **Histoire** Peu après l'attentat d'Orsini*, l'entrevue de Plombières entre Napoléon* III et Cavour* (juil. 1858) permit de fixer les conditions du soutien de la France au royaume de Sardaigne dans sa lutte pour l'unité italienne contre l'Autriche. Suivie de la signature du traité d'alliance franco-sarde de Turin* (janv. 1859), cette entrevue décida de la campagne d'Italie* (juin 1859).

**Plombs** (les) ♦ Prison de Venise, située sous les toits du palais ducal et utilisée par les Vénitiens puis par les Autrichiens. Les prisonniers y souffraient particulièrement de la chaleur. Casanova* a fait un célèbre récit de son évasion des Plombs.

**PLOMELIN** [29700] ➝ ÉTYM. vx bret. «paroisse *(ploe)* de saint Merin (saint gallois)» ♦ Comm. du Finistère, arr. de Quimper. 3 938 hab.

**PLOMEUR** [29120] ➝ ÉTYM. vx bret. «grande *(meur)* paroisse *(ploe)*» ♦ Comm. du Finistère, arr. de Quimper. 3 203 hab.

**PLONÉOUR-LANVERN** [29720] ➝ ÉTYM. vx bret. *Ploneour* «paroisse *(ploe)* de saint Enéour (frère de sainte Thumette)» et *Lanvern*, de *lann* «ermitage» et *gwern* «marais» ♦ Comm. du Finistère, arr. de Quimper. 4 800 hab.

**PLOTIN** ➝ ÉTYM. en gr. *Plôtinos*, p.-ê. de *plôtos* «navigable» ♦ Philosophe grec néoplatonicien (Lycopolis ?, v. 205 - Campanie 270). Il fut le disciple d'Ammonios* Saccas pendant une dizaine d'années. Il suivit l'empereur Gordien dans la lutte contre les Perses afin de prendre connaissance de la philosophie perse et indienne (243), puis s'installa à Rome (244) où il ouvrit une école philosophique fréquentée par l'empereur Gallien* et sa femme. Sa santé déficiente l'amena à quitter Rome pour la Campanie. Les œuvres de Plotin ont été publiées par son disciple Porphyre* sous le titre *Ennéades**. Même si Porphyre nous a aussi transmis l'ordre chronologique de rédaction des traités, le classement des *Ennéades* obéit à un ordre des matières, le lecteur progressant à travers les domaines successifs de la morale, du monde, de l'âme, puis de l'intelligence et enfin du principe ultime, l'Un ou le Bien, à la fois terme inaccessible de la conversion spirituelle et point de départ de la Procession descendante au principe de toute réalité. Dans les *Ennéades*, Plotin aborde tous les grands thèmes du néoplatonisme. ➙ **platonisme.** Il a tenté de préserver l'exigence de rationalité de la philosophie grecque (Aristote et Platon, mais aussi, sur de nombreux points, les stoïciens) tout en cherchant à la concilier avec des aspirations mystiques.

**PLOUAY** [56240] ➝ ÉTYM. du vx bret. *ploe* «paroisse» et *Doe* (ou *Zoe*), de *doue* «Dieu» ♦ Ch.-l. de cant. du Morbihan, arr. de Lorient. 4 759 hab. *(Plouaysiens)*. Église (XIIe et XIIIe s., restaurée.) ▪ Aux environs, châteaux de Kerdrého (XVIe s.) et de Ménéhouarn (XVIIe s.).

**PLOUBAZLANEC** [22620] ➝ ÉTYM. du vx bret. *ploe* «paroisse» et *banadl* «genêt» ♦ Comm. des Côtes-d'Armor, arr. de Saint-Brieuc. 3 321 hab.

**PLOUDALMÉZEAU** [29830] ➝ ÉTYM. du vx bret. *ploe* «paroisse», *tel* «bosse ; front ; près de» et *medovio*, de *med* «milieu» ♦ Ch.-l. de cant. du Finistère, arr. de Brest, dans le Léon. 4 994 hab. *(Ploudalméziens)*. Station balnéaire à Porstall-Kersaint.

**PLOUDANIEL** [29260] ➝ ÉTYM. vx bret. «paroisse *(ploe)* saint Deniel (saint breton)» ♦ Comm. du Finistère, arr. de Brest. 3 572 hab.

**PLOUDIRY** [29220] ➝ ÉTYM. vx bret. «paroisse *(ploe)* des chênes *(diri)*» ♦ Ch.-l. de cant. du Finistère, arr. de Brest. 809 hab. *(Ploudiryens)*. Chapelle-ossuaire de 1635. Église Saint-Pierre de 1665, reconstruite au XIXe s. (porche sculpté).

**PLOUESCAT** [pluɛskat] [29430] ➝ ÉTYM. vx bret. «paroisse *(ploe)* saint Rescat (de *res, ris* "course, élan" et *cat* "combat")» ♦ Ch.-l. de cant. du Finistère, arr. de Morlaix, dans le Léon. 3 660 hab. *(Plouescatais)*. Halles du XVIIe s. ▪ Aux environs, vestiges gallo-romains.

**PLOUÉZEC** [22470] ➝ ÉTYM. vx bret. «paroisse *(ploe)* saint Hozec (du gallois *hawdd* "facile, paisible")» ♦ Comm. des Côtes-d'Armor, arr. de Saint-Brieuc. 3 181 hab.

**PLOUFRAGAN** [22440] ➝ ÉTYM. vx bret. «paroisse *(ploe)* saint Fracan (saint du VIe s.)» ♦ Ch.-l. de cant. des Côtes-d'Armor, banlieue S.-O. de Saint-Brieuc. 10 579 hab. Aérodrome de Saint-Brieuc. Centre de recherche agroalimentaire.

**PLOUGASNOU** [pluganu] [29630] ➝ ÉTYM. vx bret. «paroisse *(ploe)* saint Cathou (ou Caznou) [de *cat* "combat" et *(g)nou* "connu"]» ♦ Comm. du Finistère, arr. de Morlaix, dans le Trégorrois. 3 393 hab. *(Plougasnistes)*. Église en partie du XVIe s. ▪ Petite station balnéaire à Primel*-Trégastel.

**PLOUGASTEL-DAOULAS** [plugastɛldaulas] [29470] ➝ ÉTYM. *Plougastel*, vx bret. «la paroisse *(ploe)* du château *(kastell)*» et *Daoulas*, de *dou* «deux» et *glas* «cours d'eau» ♦ Comm. du Finistère, arr. de Brest, sur une presqu'île de la rade de Brest. 12 248 hab. *(Plougastels)*. Calvaire (1602 - 1604), l'un des plus grands de Bretagne. ▪ Culture de la fraise. Primeurs.

**PLOUGONVEN** [29640] ➝ ÉTYM. vx bret. «paroisse *(ploe)* saint Conven (saint que l'on invoquait pour guérir les maux de tête et les cochons malades)» ♦ Comm. du Finistère, arr. de Morlaix. 3 051 hab. Enclos paroissial du XVIe s. : église de style flamboyant (gargouilles), calvaire octogonal et ossuaire.

**PLOUGUERNEAU** [29880] ♦ Comm. du Finistère, arr. de Brest, dans le Léon, sur le site présumé d'un port détruit par les Normands en 875. 5 628 hab. *(Plouguernéens)*. L'église renferme une coll. de statuettes en bois du XVIIe s. ▪ Station balnéaire.

**PLOUGUERNÉVEL** [22110] ➝ ÉTYM. du vx bret. *ploe* «paroisse» et p.-ê. du bret. *Kerne(o)* «Cornouaille» ♦ Comm. des Côtes-d'Armor, arr. de Guingamp. 2 222 hab. *(Plouguistes)*.

**PLOUHA** [22580] ➝ ÉTYM. vx bret. «paroisse *(ploe)* saint Aza (ou Adda) [saint breton]» ♦ Ch.-l. de cant. des Côtes-d'Armor, arr. de Saint-Brieuc, dans le Trégorrois. 4 397 hab. *(Plouhatins)*. Aux environs, chapelle Kermaria-an-Isquit, bâtie au XIIIe s., agrandie aux XVe et XVIIIe s. : peintures murales du XVe s. et bas-reliefs en albâtre. ▪ Station balnéaire (Le Palus).

**PLOUHINEC** [29780] ➝ ÉTYM. du vx bret. *ploe* «paroisse» et °*ethinoc* «endroit couvert d'ajoncs *(ethin)*» ♦ Comm. du Finistère, arr. de Quimper. 4 106 hab. *(Plouhinecois)*. Nombreux mégalithes. ▪ Aux environs, calvaire sculpté.

**PLOUHINEC** [56680] ♦ Comm. du Morbihan, arr. de Lorient. 4 143 hab. Mégalithes.

**PLOUIGNEAU** [29610] ➝ ÉTYM. vx bret. «paroisse *(ploe)* saint Gwiniau (Winniavus ou Igneau)» ♦ Ch.-l. de cant. du Finistère, arr. de Morlaix. 4 138 hab.

**PLOUMAGOAR** [22970] ➝ ÉTYM. vx. bret. «paroisse *(ploe)* des ruines *(moger)* [probablt vestiges gallo-romains]» ♦ Comm. des Côtes-d'Armor, banl. S.-O. de Guingamp. 4 399 hab.

**PLOUMANACH** [plumana] ou [-nak] ➝ ÉTYM. vx. bret. «l'étang *(poull)* aux moines *(manac'h)*» ♦ Station balnéaire et petit port de pêche des Côtes-d'Armor (comm. de Perros*-Guirec, Trégorrois). Oratoire de Saint-Guirec. Parc municipal (de Pors-Kamor à Pors-Rolland) destiné à maintenir l'intégrité du site, célèbre par ses entassements de rochers de granit rose.

**PLOURIN-LÈS-MORLAIX** [29600] ➝ ÉTYM. vx bret. «paroisse *(ploe)* saint Rin» ♦ Comm. du Finistère, arr. de Morlaix. 4 250 hab.

**PLOUTOS** n. m. ➝ ÉTYM. gr. «la Richesse» ♦ Divinité grecque. Primitivement fils de Déméter* et d'Iasion, Ploutos devient à l'époque classique une personnification de la richesse. Étant aveugle, il favorise indifféremment les bons et les méchants. Ploutos inspira Aristophane* pour une de ses comédies. → **Plutus.**

**PLOUZANÉ** [29280] ➝ ÉTYM. vx bret. «paroisse *(ploe)* saint Sané» ♦ Comm. du Finistère, banl. O. de Brest. 12 045 hab.

**PLOVDIV** – anc. en gr. ***Philippopolis*** ♦ V. de Bulgarie méridionale, ch.-l. de région sur la Marica. 338 302 hab. Construite sur 7 collines, au cœur d'une riche région de cultures irriguées, c'est l'anc. cap. de Roumélie et la seconde ville de Bulgarie. Vestiges (thermes, stade, temple d'Esculape). Musée archéologique : préhistoire, Antiquité, ethnographie ; galerie d'art moderne. Univ. et centres de recherches. ▪ Centre agricole et commercial (foire internationale). L'industrialisation s'y est développée après la Deuxième Guerre mondiale : agroalimentaire, textile, machines-outils. ▌**Histoire** Fondée par les Thraces, *Eumolpias* fut restaurée et embellie par Philippe de Macédoine qui lui donna le nom de *Philippopolis*. Âprement disputée au Moyen Âge par les Bulgares, les Byzantins et les Turcs, elle échut finalement à ces derniers en 1363. Capitale du royaume de Roumélie orientale de 1878 à 1885, elle fut rattachée ensuite à la Bulgarie.

**PLÜCKER (Julius)** ♦ Mathématicien et physicien allemand (Elberfeld 1801 - Bonn 1868). Principal artisan du renouveau de la géométrie analytique, il donna une signification très générale au concept de coordonnées, utilisant largement la notation abrégée, la méthode des multiplicateurs, les coordonnées triangulaires et tétraédriques et les coordonnées homogènes ; il put ainsi aboutir analytiquement au principe de dualité, généraliser les concepts d'équation, de coordonnées tangentielles et de classe d'une courbe ; dans une étude des courbes algébriques, il utilisa l'énumération des constantes reposant sur les célèbres formules de Plücker qui relient l'ordre, la classe et les nombres des différents types de singularités ordinaires (points doubles, points de rebroussements, tangentes d'inflexion, tangentes stationnaires) d'une courbe de genre donné. En physique, il découvrit la fluorescence provoquée par les rayons cathodiques (1858) et leur déviation sous l'action d'un aimant.

**PLUGUFFAN** [29700] ➝ ÉTYM. vx bret. «paroisse *(ploe)* saint Cuvan (du moy. bret. *cuff* "doux, aimable")» ♦ Comm. du Finistère, arr. de Quimper. 3 155 hab.

**Plume,** précédé de **Lointain Intérieur** ♦ Recueil d'Henri Michaux* (1938) rassemblant poèmes, proses et pièces de théâtre écrits à partir de 1930. La partie centrale, *Un certain Plume*, composée de 13 chapitres, fait apparaître un héros qui dénonce l'absurdité du monde en permettant à Michaux de jouer sur les possibilités du nom : Plume renvoie aussi bien à la légèreté, à l'inconsistance des choses et des êtres, qu'à une écriture éphémère et placée sous le signe du cliché. Princ. poèmes : «Le Bourreau», «Rêve de Moore», «Le Grand Violon», «Télégramme de Dakar» et «La Ralentie» qui constitue une partie entière de *Lointain Intérieur*.

**PLUMÉLIAU** [56930] ➝ ÉTYM. vx bret. «paroisse *(ploe)* saint Méliau (ou Miliau)» ♦ Comm. du Morbihan, arr. de Pontivy. 3 091 hab. *(Plumélois)*. Église du XVIIe s., à deux tribunes. ▪ À proximité, chapelle Saint-Nicodème (1537) de style flamboyant (retable du XVIIe s. ; fontaine flamboyante de 1608).

**PLUNERET** [56400] ➝ ÉTYM. vx bret. «paroisse *(ploe)* de Neret (n. d'un chef immigré)» ♦ Comm. du Morbihan, arr. de Lorient. 3 714 hab.

**Plupart du temps** ♦ Recueil poétique de Pierre Reverdy* (1945) qui regroupe des plaquettes écrites entre 1915 et 1922. Mêlant les poèmes versifiés et les poèmes en prose, l'ouvrage manifeste le goût de Reverdy pour la peinture cubiste *(Poèmes en prose)* mais aussi son attirance grandissante pour l'ascétisme qui donne aux *Étoiles peintes* une émouvante tonalité introspective.

**PLUTARQUE** ➝ ÉTYM. en gr. ***Ploutarkhos*** «maître *(arkhos)* des richesses *(ploutos)*» ♦ Biographe et moraliste grec (Chéronée, Béotie, v. 46/49 - v. 125). Il étudia la rhétorique et les mathématiques à Athènes, voyagea à Rome et en Égypte, fut élu archonte de sa ville natale et nommé prêtre d'Apollon à Delphes*. Ses nombreux écrits, évalués à environ 250 et dont un tiers nous est parvenu, sont regroupés sous deux titres : *Vies* parallèles* et *Œuvres morales*. Ces dernières comprennent des traités de morale, de religion, de politique, de pédagogie, d'histoire et de littérature et prennent souvent la forme du dialogue platonicien. Se disant platonicien, l'auteur se montre en fait essentiellement éclectique. Il croit à l'immortalité de l'âme, à la divination, à la justice de la Providence. Dans la tradition de la pensée et de la religion grecque alors en déclin, il cherche tous les éléments propres à agir positivement dans la conscience. La morale pratique est son premier souci : piété, modération, bon sens y figurent comme les plus grandes vertus. La modestie de sa pensée, qui ne pèche pas par excès d'esprit critique et de profondeur, correspond à son style peu original, mais exempt de prétention. Sa plus grande qualité est peut-être celle de peintre de caractères, intéressé par la vérité historique aussi bien que par la vérité psychologique et sociale. ▪ Remis à l'honneur à la Renaissance, Plutarque acquit une grande réputation et fut admiré par les esprits les plus différents, comme Machiavel, Érasme, Montaigne, Montesquieu, J.-J. Rousseau, Napoléon. Les traductions françaises de J. Amyot* (1559) contribuèrent à sa notoriété.

**PLUTON** ➝ ÉTYM. en gr. ***Ploutôn*** «le Riche» ♦ Surnom rituel du dieu grec des Enfers (→ **Hadès**), devenu nom du dieu des morts dans la religion romaine. Assimilé à Dis Pater, divinité primitive du monde souterrain, il traduisait moins l'aspect effrayant d'Hadès que son aspect de divinité bienfaisante, protectrice du sol fécond.

**PLUTON** n. f. ♦ Astéroïde du système solaire portant le numéro 134340. Pluton fut longtemps considérée comme la 9e planète du système solaire. À la suite d'une redéfinition des caractéristiques d'une planète, en 2006, elle changea de statut pour être classée parmi les «planètes naines» car insuffisamment massive pour absorber ce qui passe à sa portée et réaliser le vide autour d'elle. Sa découverte ne date que de 1930 (→ **Tombaugh**). Étant donné son éloignement et les difficultés d'observation, Pluton reste toujours relativement mal connue. Elle fait le tour du Soleil* en 248 ans et demi, mais son orbite est si excentrique qu'au passage de l'aphélie elle se trouve à 7 400 millions de km du Soleil, alors que lors de son passage au périhélie elle n'en est distante que de 4 425 millions de km ; de ce fait, elle pénètre parfois à l'intérieur de l'orbite de Neptune*. L'orbite de Pluton explique que sa température varie considérablement. Lorsqu'elle s'éloigne du Soleil, on pense que son atmosphère gèle et tombe comme de la glace sur sa surface et que la température est d'environ –230 °C. Pluton tourne sur elle-même en 6,387 jours. Sa masse n'est que 0,002 fois celle de la Terre* (1/4 de celle de la Lune*) et son diamètre, de 2 200 km environ, vaut 2/3 de celui de la Lune ; sa densité est donc égale à 2. On suppose que sa surface est couverte en grande partie de méthane gelé ; quant à sa structure interne, on ne dispose que de modèles. Son principal satellite, Charon, ne fut découvert qu'en 1978. Exceptionnellement grand (son diamètre vaut la moitié de celui de Pluton), il tourne dans le sens rétrograde sur une orbite quasi circulaire, pratiquement perpendiculaire à celle de Pluton. Sa période de rotation est presque égale à celle de Pluton. Toutes ces caractéristiques font des deux astres un couple unique, dont l'origine fait l'objet de nombreuses hypothèses. Deux autres satellites, Nix et Hydra, ont été découverts en 2005.

**Plutus** – en gr. ***Ploutos*** ♦ Comédie d'Aristophane* (–388). Chrémyle se désole de sa condition misérable et constate avec regret que la fortune ne récompense jamais la vertu. L'oracle d'Apollon lui conseille d'emmener chez lui le premier individu qu'il rencontrera.

C'est Plutus, dieu de la richesse, que Zeus a frappé de cécité pour l'empêcher de favoriser les hommes honnêtes. Conduit par Chrémyle au temple d'Asclépios, Plutus recouvre la vue. Soudain, l'injustice cesse sur la terre, et la richesse est équitablement répartie entre tous les hommes, à la grande indignation des dieux qui s'estiment lésés. Parabole morale, la pièce développe aussi des analyses de mœurs d'une étonnante vérité.

**PLUVIGNER** [-ɲe] [56330] ➝ ÉTYM. vx bret. «paroisse *(ploe)* saint Gwinier (martyr du v^e s. ; p.-ê. de l'irl. *Fingar*)» ♦ Ch.-l. de cant. du Morbihan, arr. de Lorient. 5 428 hab. *(Pluvignois)*. Église (XVI^e s.). Chapelle Notre-Dame-des-Orties, romane et gothique. Chapelle Saint-Fiacre (XV^e - XVII^e s.). ▪ Aux environs, châteaux de Kéronic (XVI^e s.) et de Kerbois (XVI^e s.).

**PLYMOUTH** ➝ ÉTYM. anc. *Plymmue* «embouchure (vieil angl. *mūtha*) de la rivière Plym» ♦ V. d'Angleterre (Devon) formant un district. 240 718 hab. Univ. Jadis port de commerce, c'est avec ses annexes de Devonport et de Stonehouse, une base militaire et navale et un arsenal. Mais la réduction du budget de la Royal Navy est durement ressentie dans la ville malgré une diversification industrielle récente. Plymouth sert de capitale régionale pour la presqu'île de Cornouailles, mais son influence est limitée par Exeter. ▮ Histoire *Sudtone* ou *Sutton Harbour*, mentionnée dans le *Domesday Book* (XI^e s.), acquit au XIV^e s. une place éminente dans l'histoire de la marine britannique et, aux siècles suivants, fut le point de départ des expéditions de sir Walter Raleigh, Drake, Grenville et Hawkins. En 1941, la ville fut gravement endommagée par les raids aériens et fut presque totalement reconstruite de 1951 à 1963.

**PLYMOUTH** ♦ V. des États-Unis (Massachusetts), au S.-E. de Boston. 7 658 hab. Centre touristique, port (America's Cup). ▮ Histoire C'est là que débarquèrent, le 26 nov. 1620, les «Pèlerins» du Mayflower qui y fondèrent le premier établissement européen permanent en Nouvelle-Angleterre.

**PLZEŇ** – anc. en all. *Pilsen* ♦ V. de la République tchèque et ville principale de la Bohême occidentale, au confluent de quatre cours d'eau (Úslava, Úhlava, Radbuza, Mže) qui s'unissent pour former la Berounka. 163 392 hab. Église Saint-Barthélemy (1444). Hôtel de ville (XVI^e s.). Musées. ▪ Carrefour routier, Plzeň est devenu un important centre industriel avec l'établissement au XIX^e s. des usines Škoda, spécialisées alors dans la production d'armes et de matériel ferroviaire. Elles fournissent auj. du matériel électrique et mécanique. Indus. du bois (bois d'œuvre, papeteries). Brasseries réputées. Porcelaines. ▮ Histoire Plzeň fut l'un des bastions du catholicisme durant les guerres hussites (1419 - 1434). Pendant la Deuxième Guerre mondiale, les usines Škoda furent bombardées par les Alliés pour empêcher leur utilisation par les Allemands.

**PNOM PENH** ➝ Phnom Penh

**PNYX** n. f. – en gr. *Pnux* ♦ Hauteur d'Athènes, à l'O. de l'Acropole, anc. lieu de réunion de l'Assemblée du peuple *(ecclesia)* depuis la fin du -VI^e s. ▪ Vestiges de la tribune et d'autres fondations taillées dans le rocher.

**PÔ** n. m. – en it. *Po* ♦ Fl. d'Italie du N., né dans les Alpes, au mont Viso, à 2 022 m d'altitude. 652 km. Il coule selon une direction N.-O.-S.-E. Son régime, d'abord alpin pendant 35 km, se modifie dès son entrée en plaine, en amont de Turin, et devient subalpin. La plaine qu'il draine *(plaine padane)* occupe environ 46 000 km² et est la première région économique d'Italie. Celle-ci couvre d'O. en E. le Piémont, la Lombardie, l'Émilie et la Vénétie. Le Pô arrose les villes de Turin, Verceil, Plaisance et Crémone et décrit de nombreux méandres. Ses principaux affl. sont : la Doire Ripaire et la Doire Baltée, la Sesia, le Tessin, l'Adda, l'Oglio et le Mincio (rive g.) ; le Tanaro, la Bormida, la Trébie, le Taro et la Secchia (rive d.). Le Pô forme à partir de Ferrare un grand delta sur 100 km avant de se jeter dans l'Adriatique.

**POBEDY** (pic) ou **JENGISH CHOKUSU** ➝ ÉTYM. russe *pobeda* «victoire» ♦ Point culminant du Tian shan à la frontière de la Chine et du Kirghizstan (7 439 m).

**Poblet (Santa María de)** ♦ Monastère cistercien d'Espagne, en Catalogne* (prov. de Tarragone). Fondé au XII^e s. par le comte Raymond Bérenger IV de Barcelone, c'est l'un des plus beaux et des plus riches monastères d'Espagne. Les bâtiments (église : panthéon royal des rois d'Aragon et de Castille, salle capitulaire) et les cloîtres (XII^e - XIII^e s.) constituent un des plus beaux exemples d'art cistercien roman et gothique (nombreuses adjonctions postérieures, jusqu'au baroque).

**PODGORICA** ➝ ÉTYM. serbe «sous *(pod)* le mont *(gora)*» – de 1945 à 1991 *Titograd* ♦ Cap. du Monténégro. 169 132 hab. A connu de 1945 à 1980 un important développement économique.

**PODGORNY (Nikolaï Viktorovitch)** ♦ Homme d'État soviétique (Karlovka, Ukraine 1903 - Moscou 1983). Premier secrétaire du parti communiste d'Ukraine de 1957 à 1963, secrétaire du Comité central avec Brejnev* en 1964, il fut président du Praesidium du Soviet suprême de 1965 à 1977. ➝ ÉTYM. *Podgorny* vient du russe *pod* «sous» et *gora* «montagne», probablement nom de lieu.

**PODIÉBRAD (Georges)** ➝ Georges Podiébrad

**PODLACHIE** – en polon. *Podlasie* ♦ Région de Pologne située aux confins de la frontière polono-biélorusse autour des bassins du Boug et du Narew. ▪ Peu industrialisée en dehors de Białystok, la région, peu fertile (seigle, pomme de terre), possède autour de la forêt de Białowieża des usines de transformation du bois. ♦ *Voïvodie de Podlachie* 20 187 km². 1 196 100 hab. CH.-L. : Białystok.

**PODOLIE** n. f. – en russe *Podolia* ♦ Région d'Ukraine, entre le Dniestr et le Boug, au S. de la Volhynie. Elle forme avec cette dernière le plateau de Volhynie-Podolie. ▮ Histoire Prise par les Mongols (XIII^e s.) après avoir fait partie de la Russie de Kiev, la Podolie, disputée entre la Lituanie et la Pologne, fut annexée par Casimir III le Grand (1349) et passa sous suzeraineté polonaise. Conquise par les Turcs en 1672, elle fut restituée à la Pologne par le traité de Karlowitz (1699), puis passa à la Russie au deuxième partage de la Pologne (1793). Rendue à la Pologne en 1920, elle fut annexée par l'URSS en 1939 et réunie à la rép. d'Ukraine en 1945.

**PODOLSK** ♦ V. de Russie, région de Moscou, sur la Pakha. 181 500 hab. Indus. mécanique. Appareils électriques.

**PODRAVINA** ♦ Plaine fertile du N. de la Croatie, parcourue par la Drave.

**POE (Edgar Allan)** ♦ Écrivain américain (Boston 1809 - Baltimore 1849). Orphelin de comédiens pauvres, il fut adopté à trois ans par John Allan, riche négociant en tabac à Richmond (Virginie). L'enfant vécut en Angleterre de 1815 à 1820 et fit des études à l'Université de Virginie, interrompues en 1826 à la suite d'une brouille avec son père adoptif. Tenté par la carrière militaire, Edgar Poe fut renvoyé de West Point en 1830. Dès 1827, il avait montré sa vocation poétique en publiant *Tamerlane and Other Poems*, puis *Al Aaraaf* (1829) et *Poems* (1831). Vivant dans un extrême dénuement, Poe s'installa chez sa tante à Baltimore et épousa en 1835 sa cousine Virginia Clemm, âgée de 14 ans. De 1835 à 1837 il fut critique littéraire au *Southern Literary Messenger*, mais sa carrière fut brisée par un alcoolisme précoce. En 1838 parurent *Les Aventures d'Arthur Gordon Pym (The Narrative of Arthur Gordon Pym of Nantucket)*, livre d'aventures maritimes qui marqua J. Conrad et J. Verne. L'année suivante, il publia *Histoires extraordinaires (Tales of the Grotesque and Arabesque)*, qui contient notamment «La Chute de la Maison Usher», «Bérénice», «William Wilson» et «Ligeia», où l'auteur voyait son chef-d'œuvre. «Double crime dans la Rue Morgue» (1841) est l'ancêtre du roman policier moderne ; «Le Scarabée d'or» (1843) est un conte fondé sur la cryptographie. Son poème le plus connu, *Le Corbeau (The Raven)* parut en 1845, la même année qu'une collection inédite de contes *(Tales)* qui incorporait des nouvelles parues dans divers journaux et revues auxquels Poe collaborait épisodiquement. On peut citer encore «Une descente dans le Maëlstrom» (1841) et «La Barrique d'amontillado» (1846). Cette même année voit paraître «The Philosophy of Composition», où l'auteur explique comment il a combiné de toutes pièces son poème *Le Corbeau*. En 1848 Poe donna une conférence («The Poetic Principle») où il exposait ses vues sur l'art, et «Eureka», poème en prose où il prétendait avoir découvert le secret de l'univers. La misère, l'instabilité, la mort des femmes qu'il avait aimées (dont Virginia en 1847), l'alcool et peut-être la drogue ont contribué à abréger une existence mystérieusement terminée un soir dans un ruisseau de Baltimore. Poe est en général considéré avec réserve par les Américains, qui le trouvent pédant, artificiel, mécanique, mais il a été, grâce à Baudelaire, son génial traducteur en français, à Mallarmé et aux Goncourt, l'objet d'un véritable culte en France, dont il a influencé l'histoire littéraire. Son œuvre est aujourd'hui classique, même si la critique en est la partie la plus

Edgar **Poe**. Portrait par Monet, Bibliothèque nationale de France, Paris. © *Coll. Nathan*

appréciée outre-Atlantique. Maître du conte de raisonnement *(ratiocination)* et d'horreur, il disait de lui-même : «Ma terreur ne vient pas de l'Allemagne, mais du fond de mon âme». ➡ ÉTYM. Ce nom vient du vieil anglais *pēa* «paon» (probablement surnom d'éleveur).

**Poèmes antiques** ♦ Recueil de Leconte* de Lisle (1852 - 1874) qui retrace, à travers de grands mythes religieux, les rêves et les hantises de l'humanité. Admirateur de la beauté et de la sagesse grecques, Leconte de Lisle consacre de nombreuses pièces à la lumineuse civilisation de l'Hellade, qu'il évoque avec une précision érudite. Plus en accord avec le pessimisme intellectuel du poète, les sept *Poèmes hindous* liminaires qui restituent, au sein d'une nature érotique, des légendes étranges, sont chargés d'un sens philosophique amer («Bhagavat»). Quant aux *Poésies diverses*, inspirées par le sentiment de la nature, elles présentent des paysages lumineux et calmes «*(Midi, roi des étés...)*» où l'homme ressent que tout est destiné au néant, que le monde n'est que «le rêve d'un rêve».

**Poèmes antiques et modernes** ♦ Recueil de Vigny* (1826) qui connut plusieurs éditions revues, corrigées et augmentées (1829, 1837). Certains textes avaient été publiés dans une plaquette sous le titre de *Poèmes* dès 1822. Les trois parties *(Livre mystique, Livre antique, Livre moderne)* expriment les «tourments de l'âme forte et grave» du poète devant la création. Protestant violemment contre l'injustice divine («La Fille de Jephté»), le penseur n'envisage qu'une seule solution pour sauver l'humanité, la pitié et l'amour («Eloa ou la Sœur des anges»). D'autres pièces présentent des symboles empruntés à la Bible («Moïse» ; «Le Déluge»), ou bien à l'Antiquité et aux légendes médiévales («Le Cor») ; mais l'expression puissante et lyrique assure toujours la primauté de la pensée sur l'image : «L'Idée est tout ; le nom propre n'est rien que l'exemple et la preuve de l'idée.»

**Poèmes barbares** ♦ Recueil poétique de Leconte* de Lisle (1862 ; augmenté et coiffé du titre définitif en 1872). Examinant les religions étrangères au monde gréco-latin, le poète brosse de sombres tableaux inspirés des légendes bibliques («Qaïn») ou des mythologies celtiques et scandinaves. Ces textes, de facture parnassienne, soulignent le contraste entre les religions païennes (qui «toutes ont été vraies à leur heure») et le christianisme envers lequel le poète manifeste une nette hostilité. D'autres pièces peignent la nature tropicale («La Forêt vierge») ou la faune sauvage («Les Éléphants» ; «Le Rêve du jaguar»). Plus pessimistes encore que les *Poèmes* antiques*, ces textes expriment le mépris de Leconte de Lisle pour son siècle *(Aux modernes)* et son aspiration à l'anéantissement hors «du temps, du nombre et de l'espace» *(Fiat nox)*.

**Poésie [ou Fiction] et Vérité** – en all. ***Dichtung und Wahrheit*** ♦ Œuvre autobiographique de Goethe* (1811 - 1814 - 1831). L'auteur ne prétend pas à une totale fidélité aux faits et reconnaît la part de fiction qui entre dans toute reconstitution de la vérité, toute mise en forme du passé et qui, peut-être, est nécessaire pour faire sentir la vie dans son devenir. Avec un certain détachement, qui l'oppose à Rousseau ou à Chateaubriand, il décrit sa propre évolution, les expériences, les influences affectives, intellectuelles, esthétiques et morales qui ont marqué les étapes de sa formation ; il est ainsi amené à donner le tableau de la société allemande de la seconde moitié du XVIIIe s.

**Poétique** – en gr. ***Peri poiêtikês*** ♦ Traité d'Aristote* sur les genres poétiques en 2 livres. Dans le premier, seul conservé, il traite de l'essence de la poésie, définie par lui comme une imitation (en gr. *mimêsis*) de la nature qui, par des représentations générales, tend à rendre les choses plus ou moins belles qu'elles ne sont. Il étudie ensuite l'origine des genres poétiques, distingue l'épopée de la tragédie (qui est pour lui le genre suprême). Celle-ci est une imitation de l'action propre à susciter chez le spectateur terreur et pitié pour le libérer de ses passions (théorie de la *catharsis* ou purification) tout en lui procurant une émotion agréable. En ce qui concerne les règles de la tragédie, Aristote insiste surtout sur l'unité d'action.

**POGGE (Gian Francesco Poggio BRACCIOLINI,** dit en fr.**)** ♦ Écrivain italien (près d'Arezzo 1380 - Florence 1459). Humaniste passionné par l'Antiquité gréco-romaine, il mit à profit sa charge de secrétaire de la curie romaine pour rechercher des manuscrits dans les couvents français, suisses et allemands, puis anglais (1418 - 1422) qu'il visita (découvrant des œuvres de Quintilien, Stace, Lucrèce, Columelle, Cicéron). Il est l'auteur d'une vaste correspondance très vivante et d'une œuvre abondante, entièrement écrite en un latin souple et vivant : *Histoire de Florence (Historiae florentini populi)* de 1350 à 1455, les traités de morale où se font jour un pessimisme nouveau (*De varietate fortunae*, 1448 ; *De miseria humanae conditionis*, 1455) et, surtout, d'un recueil d'anecdotes divertissantes, voire licencieuses, les *Facéties* (*Liber Facetiarum*, 1438 - 1452), qui furent appréciées dans toute l'Europe.

**POGGENDORFF (Johann Christian)** ♦ Physicien allemand (Hambourg 1796 - Berlin 1877). Directeur des *Annalen der Physik und Chemie* à partir de 1824, il inventa la pile au bichromate (1842), mit au point une méthode de mesure des forces électromotrices par opposition et imagina un procédé très sensible de mesure de petits angles de rotation, utilisé notamment dans les galvanomètres, les magnétomètres et les balances.

**POGODINE (Nikolaï Fedorovitch STOUKALOV,** dit**)** ♦ Auteur dramatique soviétique (Goundorovskaïa, sur le Don 1900 - Moscou 1962). Auteur fécond, il décrivit dans ses premières pièces la vie russe après 1917 : *Le Temps* (1930), *Le Poème de la hache* (1930), *Mon ami* (1932), *Les Aristocrates* (1934), puis il écrivit une célèbre trilogie dramatique sur Lénine : *L'Homme au fusil* (1937), *Le Carillon du Kremlin* (1941) et *La Troisième Pathétique* (1958).

**POHER (Alain)** ♦ Homme politique français (Ablon-sur-Seine 1909 - Paris 1996). Il siégea au Sénat (1946 - 1948, 1952 - 1968) comme représentant du MRP, puis de l'Union centriste des démocrates de progrès, et en fut élu président en remplacement de G. Monnerville (1968 - 1992). Président de la République par intérim après le départ du général de Gaulle (28 avr. 1969), il se présenta la même année à l'élection présidentielle, mais fut battu par G. Pompidou*. Il fut de nouveau président par intérim à la mort de celui-ci (avr. 1974). ➡ ÉTYM. *Poher* vient du breton *Poucaer* «le pays *(pou)* de la ville fortifiée *(caer)*», nom d'une ancienne division féodale bretonne, autour de Carhaix.

**Poil de Carotte** ♦ Nouvelle de Jules Renard* (1894). Succession de croquis rapides (souvent terminés par une épigramme), ce portrait d'un petit garçon roux qui ne connaît qu'amertume et solitude est d'une cruelle vérité. Nature sensible qui ne peut s'extérioriser, Poil de Carotte, mal défendu par un père distrait et résigné, est en butte aux vexations de sa terrible mère, Madame Lepic, qui l'oblige à jouer la comédie de l'affection. Comme «tout le monde ne peut pas être orphelin», Poil de Carotte vit une existence rétrécie dans cette atmosphère suffocante, à la peinture de laquelle s'adapte parfaitement le style volontairement étriqué de l'écrivain, qui, à travers les souffrances de cette «âme grise», évoque certains souvenirs de son enfance. En 1900, Jules Renard tira de son ouvrage une comédie en un acte.

**POINCARÉ (Henri)** ♦ Mathématicien français (Nancy 1854 - Paris 1912). Dernier grand mathématicien universel, il apporta des contributions fondamentales à presque toutes les branches des mathématiques et à leurs applications à la physique. On lui doit plus de 500 mémoires mais, selon ses propres termes, peu d'hommes sont capables de suivre son raisonnement. Une de ses plus importantes découvertes (1881) fut celle des fonctions automorphes (qu'il appela *fuchsiennes* en l'honneur de Fuchs*), fonctions qui se reproduisent identiques à elles-mêmes quand on fait subir certaines substitutions à la variable (complexe), et pour lesquelles il montra qu'elles ont certains groupes pour origine. Il découvrit de même les fonctions *kleinéiennes*. De plus, ses travaux constituent une généralisation définitive des fonctions elliptiques et permettent l'intégration des équations différentielles linéaires de tout ordre à coefficients algébriques. Poincaré fut également l'un des fondateurs de la topologie, qu'il appela *analysis situs* («géométrie de situation»), une des branches les plus importantes des mathématiques actuelles, qui s'occupe de la position des figures et non pas de leur forme. Il fut de même à l'origine d'un autre domaine actuellement fondamental, la géométrie analytique. Ses recherches sur les systèmes d'équations linéaires en nombre infini et à une infinité d'inconnues le conduisirent à la théorie des déterminants infinis. À partir de 1885, il étudia la mécanique céleste (plusieurs de ses découvertes mathématiques eurent pour origine ses études en physique, car il créait lui-même ses outils à mesure de ses besoins) et en particulier le problème à trois corps pour lequel il trouva une approche entièrement nouvelle ; il s'occupa notamment du problème du potentiel, des fluides en rotation, des marées. Certains de ses résultats peuvent être considérés comme une première ébauche du problème de la relativité exposé par Einstein* quelques années plus tard. Enfin, il consacra beaucoup de temps à la réflexion sur la philosophie des sciences (il soutenait le rôle essentiel de l'intuition dans toute recherche) ; son ouvrage, *La Science et l'Hypothèse* (1902) eut une grande influence sur plusieurs générations de scientifiques et de philosophes. [Acad. sc. 1887 ; Acad. fr. 1908] ➡ ÉTYM. Ce nom signifie «poing carré» (symbole d'un homme fort).

**POINCARÉ (Raymond)** ♦ Homme d'État français (Bar-le-Duc 1860 - Paris 1934). Cousin d'Henri Poincaré. Avocat célèbre au barreau de Paris, député (1887 - 1903), sénateur (1903 - 1913), ministre de l'Instruction publique (1893 - 1894), des Finances (1894 - 1895, 1906), il se présenta comme un modéré. Président du Conseil avec le portefeuille des Affaires étrangères (janv. 1912 - janv. 1913), il adopta vis-à-vis de l'Allemagne une attitude ferme et chercha à resserrer les liens de la France avec la Grande-Bretagne et la Russie (où il se rendit une première fois en 1912). Élu à la présidence de la IIIe République (en remplacement de Fallières, 17 janv. 1913 - 1920), il soutint une politique extérieure qui était celle de la droite et contribua à faire voter en août 1913 la loi militaire des trois ans, dont l'impopularité contribua à la victoire législative de la gauche (1914). Après avoir fait appel au républicain socialiste Viviani* pour constituer un gouvernement, Poincaré entreprit avec lui un second voyage en Russie pour renforcer les alliances de la France (juil. 1914). Alors que l'Autriche-Hongrie adressait son ultimatum à la Serbie (30 juil.), il assurait le tsar du soutien de la France, contribuant ainsi à pousser la Russie à décréter la mobilisation générale (ce qui lui valut de la part de ses adversaires le surnom de «Poincaré-la-Guerre» à son retour en France). Dès le début de la guerre, il se fit le champion de «l'Union sacrée». Les difficultés militaires (surtout après l'échec de l'offensive de Nivelle, avr. 1917) et politiques (pacifisme ou défaitisme d'une partie de l'opinion) d'une guerre qui traînait en longueur, obligèrent Poincaré à confier la direction du gouvernement à Clemenceau* (nov. 1917) pour redresser la situation. Réélu au Sénat à la fin de son septennat (1920), nommé président de la commission des Réparations (fév. - mai 1920), il fut rappelé à la présidence du Conseil (à la chute de Briand, janv. 1922 - juin 1924), avec, une fois encore, le portefeuille des Affaires étrangères. Partisan de l'exécution intégrale du traité de Versailles, il fit occuper la Ruhr* (1923) en raison du retard apporté par l'Allemagne dans le paiement des réparations ; mais l'hostilité de la Grande-Bretagne ainsi que des difficultés financières l'amenèrent à se rallier au plan Dawes*. Après le triomphe du Cartel* des gauches aux élections de 1924, Poincaré donna sa démission ; mais la crise financière le ramena au pouvoir en 1926. Il forma alors un cabinet d'Union nationale (avec les radicaux mais sans la participation des socialistes, et comprenant Barthou, Briand, Herriot, Marin, Painlevé, Tardieu). Investi des pleins pouvoirs sur le plan financier, il gouverna par décrets-lois, pratiquant une politique d'économie, créant de nouveaux impôts, fondant la Caisse autonome d'amortissement, et parvint ainsi à une relative stabilisation du franc. Après le départ des radicaux du gouvernement (congrès d'Angers, 1928), il dut s'appuyer davantage sur le centre et la droite, et, peu après, malade, dut donner sa démission (1929). Il a laissé ses mémoires sous le titre *Au service de la France* (1926 - 1933). [Acad. fr. 1909]

**POINÇONNET (LE)** [36330] ➝ ÉTYM. du n. d'une famille d'agriculteurs ♦ Comm. de l'Indre, arr. de Châteauroux. 5 021 hab.

**POINSOT (Louis)** ♦ Mathématicien français (Paris 1777 - *id.* 1859). Il découvrit les polyèdres réguliers étoilés, mais s'intéressa particulièrement à la mécanique ; il établit une théorie des couples et, surtout, étudiant la rotation des corps, il élabora une solution élégante, par représentation géométrique, qui montre que tout solide suspendu par son centre de gravité doit conserver la rotation qu'on lui donne si celle-ci a lieu autour d'un axe privilégié *(mouvement à la Poinsot)*. [Acad. sc. 1813] ➝ ÉTYM. Ce nom est le diminutif du nom de baptême *Pons*.

Le **Point** ♦ Hebdomadaire d'information français créé en 1972 par d'anciens journalistes de *L'Express* dirigés par C. Imbert et O. Chevrillon. Commandité par Hachette, puis racheté en 1982 par la société Gaumont, *Le Point*, conçu sur le modèle du *Time**, de tendance indépendante et libérale, tire à 260 000 exemplaires.

**POINTE-À-PITRE** [97110] ➝ ÉTYM. anc. *Pointe-à-Peter*, du n. de *Peter*, un Hollandais qui aurait fondé la ville au début du XVII^e s. ♦ Sous-préfecture de la Guadeloupe. 20 948 hab. *(Pointois)*. La ville, disposée autour du Petit Cul-de-Sac Marin, au centre d'une aggl. de 132 751 hab. env., est active sur le plan commercial et touristique. Équipements culturels. Maison natale de Saint*-John Perse. Campus de l'université des Antilles à la pointe Fouillole.

**POINTE-AUX-TREMBLES** ♦ Quartier de Montréal, dans l'île de Montréal. Raffinerie de pétrole.

**POINTE-CLAIRE** ♦ V. du Canada (Québec), dans l'île de Montréal, sur le lac Saint-Louis. 30 161 hab. Centre résidentiel et indus. (construc. mécanique et électrique, plastiques).

**POINTE-NOIRE** ♦ V. et port de la rép. du Congo, sur l'Atlantique. 500 000 hab. Tête de ligne du chemin de fer Congo-Océan, dont une bretelle sert au transport du manganèse de Moanda (Gabon).

**POINTE-NOIRE** [97116] ➝ ÉTYM. allus. à la couleur des roches volcaniques ♦ V. de Guadeloupe, arr. de Basse-Terre, située sur la mer des Caraïbes. 7 689 hab. Pêche de crustacés.

**POINTIS (Jean Bernard Louis DESJEAN ou DE SAINT-JEAN, baron DE)** ♦ Marin français (Loches 1645 - Champigny-sur-Marne 1707). Nommé capitaine de vaisseau (1685) après avoir participé sous les ordres de Duquesne* à l'expédition d'Alger (1682), il se distingua à Beachy Head (au large de Brighton) auprès de Tourville* qui battit les Anglais (1690), puis lors de la campagne de Méditerranée (1691). En 1697, il enleva aux Espagnols l'entrepôt de la *Nueva Cartagena* (Carthagène d'Amérique), et, avec un important butin, revint en France en échappant à la flotte anglaise.

**POIRÉ-SUR-VIE (LE)** [85170] ♦ Ch.-l. de cant. de la Vendée, arr. de La Roche-sur-Yon. 5 786 hab. *(Genôts)*.

**POIRET (Paul)** ♦ Couturier et décorateur français (Paris 1879 - *id.* 1944). Libérant la femme du traditionnel corset, il renouvela le costume féminin en l'épurant (plus de dentelles ni de postiches). Admirateur d'Isadora Duncan*, il l'invita à se produire au cours des fêtes somptueuses qu'il donnait pour présenter ses collections. Il employa des peintres et des décorateurs tels que Vlaminck, Iribe, Naudin, Fauconnet, R. Dufy. La Première Guerre mondiale et des ennuis financiers l'obligèrent à abandonner la haute couture. ➝ ÉTYM. *Poiret* est le diminutif de *poireau* ou vient de *poiré* «boisson faite avec du jus de poire».

**POIRIER (Anne et Patrick)** ♦ Sculpteurs et architectes français, ANNE (Marseille 1941) et son mari PATRICK (Nantes 1942). Prix de Rome de sculpture, ils séjournèrent à la villa Médicis de 1968 à 1971 et étudièrent l'architecture de Rome, faite de strates. Leur fascination pour les civilisations disparues leur a inspiré des maquettes de ruines de sites réels ou imaginaires détruits par des catastrophes (incendies, tremblements de terre...) : *Ostia Antica* (1969), *Domus Aurea* (brique, charbon, 1974), le *Temple aux cent colonnes* (plâtre blanc, 1980). À partir des années 1980, ils ont érigé des colonnes découpées en tronçons puis reconstituées (*Colonne brisée du Ponant*, 1989 ; *Mémoire du futur*, 1992, à Toronto), ou même écroulées, censées représenter les futures ruines de l'architecture moderne. Ce travail sur la mémoire a donné lieu à une réflexion plus théorique sur son fonctionnement et ses mécanismes (*La Fabrique de la mémoire*, installation de miroirs, 2008).

**POIROT-DELPECH (Bertrand)** ♦ Romancier et critique littéraire français (Paris 1929 - *id.* 2006). Ironique et subtile, son œuvre fait une large place à la satire sociale, appliquée au monde d'aujourd'hui ou à celui de l'entre-deux-guerres (*Le Grand Dadais*, 1958 ; *Les Grands de ce monde*, 1976 ; *La Légende du siècle*, 1981 ; *Le Couloir du dancing*, 1982 ; *L'Été 36*, 1984 ; *L'Amour de l'humanité*, 1994). Ses *Feuilletons (1972-1982)* [1983] réunissent une partie de ses analyses littéraires publiées dans *Le Monde*. [Acad. fr. 1986]

**POISEUILLE (Jean-Louis Marie)** ♦ Médecin et physicien français (Paris 1799 - *id.* 1869). Auteur de mémoires sur le cœur et la circulation du sang, il introduisit l'instrumentation physique, participant ainsi à la création de la physiologie physique, et ses expériences lui permirent d'établir en 1844 les caractères essentiels de la loi régissant l'écoulement laminaire des fluides visqueux dans les tuyaux cylindriques *(loi de Poiseuille)*.

**Poisons** (affaire des) ♦ Série d'affaires d'empoisonnement qui, de 1670 à 1680, furent découvertes lors du procès de la Brinvilliers*. La Chambre ardente, instituée pour enquêter sur l'affaire, compromit tous les milieux, même ceux de la cour (deux des nièces de Mazarin, la comtesse de Gramont*, la vicomtesse de Polignac, le maréchal de Luxembourg*, Racine* et même M^me de Montespan*), à tel point que l'enquête publique fut fermée. La principale accusée fut la Voisin*. Trente-quatre condamnations à mort furent prononcées et appliquées.

**POISSON (Denis)** ♦ Mathématicien français (Pithiviers 1781 - Paris 1840). Nommé pair de France en 1837, appelé la même année au Conseil royal de l'Université, il prit la direction de l'enseignement mathématique dans tous les collèges de France. Auteur de travaux sur la mécanique rationnelle, le calcul des probabilités (on lui doit la loi de distribution qui porte son nom, ou loi des grands nombres, fondamentale dans de nombreuses situations) et principalement sur la physique mathématique. Il calcula notamment la répartition de l'électricité sur un conducteur et donna l'équation du potentiel dans le cas où le point attiré est à l'intérieur du corps qui l'attire ; il étudia également le potentiel magnétique. [Acad. sc. 1812] ➝ ÉTYM. *Poisson* est le surnom d'un poissonnier.

**POISSON AUSTRAL** n. m. – en lat. ***Piscis austrinus*** ♦ Constellation australe dont Fomalhaut* est l'étoile principale.

**POISSONS** n. m. pl. – en lat. ***Pisces*** ♦ Constellation zodiacale boréale. Douzième (dernier) signe du zodiaque (19 févr.-20 mars).

**POISSY** [78300] ➝ ÉTYM. anc. *Pinciacum, Pissiacum*, du lat. *Pincius*, n. de pers., et suff. *-acum* ♦ Ch.-l. de cant. des Yvelines, arr. de Saint-Germain-en-Laye, sur la Seine. 35 841 hab. *(Pisciacais)*. Collégiale Notre-Dame (XII^e, XIII^e, XV^e et XVI^e s.) restaurée au XIX^e s. par Viollet-le-Duc. Villa Savoye, construite par Le Corbusier en 1928 - 1930. Musée d'histoire. Musée du Jouet. ▪ Indus. automobile. ♦ ***Colloque de Poissy*** Assemblée réunie en 1561 par Catherine de Médicis et Michel de L'Hospital pour tenter une conciliation entre catholiques et calvinistes. L'intransigeance de Théodore de Bèze* à l'égard de la transsubstantiation et les réactions violentes des catholiques (cardinal de Tournon ; D. Lainez, général des Jésuites) furent cause de l'échec. Néanmoins, à l'issue du colloque, un édit proclama la liberté de culte, sauf dans les villes closes où les protestants ne pourraient célébrer leur culte qu'en privé (15 janv. 1562).

**POISY** [74330] ➝ ÉTYM. probablt du lat. *Potius*, n. de pers., et suff. *-acum* ♦ Comm. de la Haute-Savoie, banlieue N.-O. d'Annecy. 5 487 hab.

**POITIERS (Diane de)** → **Diane de Poitiers**

**POITIERS** [86000] ➝ ÉTYM. anc. *Limonum*, puis *Pictavi*, du n. des *Pictaves** ♦ Ch.-l. du dép. de la Vienne, sur le Clain. 83 448 hab. (aggl. 119 371) (*Poitevins* ou *Pictaviens*). Située sur un promontoire isolé par le Clain et la Boivre, la vieille ville conserve de l'époque préromane le baptistère Saint-Jean (milieu du IV^e s.) où sont rassemblés des sarcophages mérovingiens, et l'hypogée des Dunes, sanctuaire chrétien. L'église Sainte-Radegonde (nef gothique), le clocher-porche de l'église Saint-Porchaire (XI^e s.), l'anc. abbatiale de Montierneuf (XI^e s., remaniée), l'église Saint-Hilaire-le-Grand (reconstruite aux XI^e - XII^e s.) à septuple nef et Notre-Dame-la-Grande (XII^e s.), ornée d'une remarquable façade sculptée, appartiennent à l'époque romane tandis que la cathédrale Saint-Pierre des XII$^{e}$ - XIV$^{e}$ s. (verrières des XII$^{e}$ - XIII$^{e}$ s. ; portails et stalles du XIII$^{e}$ s.) illustre le style gothique propre à l'ouest de la France. Hôtels et maisons Renaissance. Musée Sainte-Croix : archéologie, sculptures romanes et de la Renaissance, peintures européennes. Musée Rupert-de-Chièvres : arts décoratifs. ▪ Important centre tertiaire doté d'une université et d'un parc de loisirs et de haute technologie (Futuroscope* de Poitiers, situé à Jaunay*-Clan). Médiathèque François-Mitterrand. Matériel électrique et électronique. Gare TGV.

▮ **HISTOIRE** L'antique *Limonum*, capitale des Celtes Pictaves, fut à l'époque gallo-romaine l'une des plus importantes cités de la province d'Aquitaine. Christianisée au cours du III$^{e}$ s., elle devint sous l'impulsion de son premier évêque, saint Hilaire, l'un des grands centres religieux de la Gaule en même temps qu'un des plus actifs foyers de lutte contre l'arianisme*. Les rois wisigoths en firent une de leurs résidences jusqu'en 507, année où ils furent défaits par Clovis à Vouillé*. En 732, Charles* Martel y arrêta l'invasion musulmane. Après le mariage d'Aliénor d'Aquitaine avec Henri II Plantagenêt, en 1152, la ville passa sous l'influence anglaise. Elle revint à la Couronne de France sous Philippe Auguste, en 1204. Pendant la guerre de Cent Ans, le plateau de Maupertuis, au N. de la ville, fut le théâtre de la *bataille* dite *de Poitiers* (19 sept. 1356), au cours de laquelle Jean le Bon fut fait prisonnier par le Prince Noir. L'une des conséquences immédiates de cette victoire anglaise fut le traité de Brétigny* (1360) par lequel Poitiers, avec d'autres territoires français, passait sous la domination des rois d'Angleterre. La ville fut reprise par Du Guesclin en 1372. Charles* VII en fit un des lieux de résidence habituels de la cour, y fonda un parlement (1418) et une université (1432) dont la renommée s'étendit rapidement hors des limites de la province. ▪ À l'époque de la Réforme, Poitiers compta parmi ses habitants de nombreux calvinistes et fut le théâtre de sanglants combats entre catholiques et huguenots. Elle fut assiégée en vain en 1569 par l'armée protestante de Coligny. En 1577, Henri III y promulgua un édit qui, bien qu'il accordât certaines garanties aux protestants, se situait nettement en retrait de la paix de Beaulieu de 1576 quant à la liberté du culte et à la représentation au sein des chambres de justice. Siège de la Généralité (1542), puis de l'Intendance (1654) du Poitou, la ville perdit beaucoup de son importance administrative du fait de la Révolution, qui donna une partie de ses anciennes fonctions aux préfectures des nouveaux départements. Pendant la Deuxième Guerre mondiale, Poitiers fut occupée par les troupes allemandes jusqu'au 5 sept. 1944 et eut beaucoup à souffrir des bombardements aériens de 1940 et 1944, qui détruisirent presque entièrement le quartier de la gare, faisant de nombreuses victimes.

**Poitiers.** Notre-Dame-la-Grande, XII$^{e}$ s.
*Phot. © Claudio Giovanni Colombo /Shutterstock*

**POITOU** n. m. ◆ **ÉTYM.** anc. *Pictavum* «pays des *Pictaves**» ♦ Région de l'O. de la France, limitée par l'Anjou et la Touraine au N., le Berry et le Limousin à l'E., l'Angoumois et l'Aunis au S. et l'Atlantique à l'O. Elle recouvre les dép. des Deux-Sèvres, de la Vienne et de la Vendée. CAP. : Poitiers *(Poitevins)*. Du point de vue géographique, le Poitou est constitué principalement par une plaine de terrains jurassiques qui, entre Massif armoricain et Massif central, met en communication le Bassin aquitain et le Bassin parisien : c'est le seuil du Poitou. S'y rattachent la bande littorale, avec les marais breton au N. et poitevin au S., ainsi que les terres bocagères de la Vendée et de la Gâtine de Parthenay. ▮ **Histoire** La province des Celtes pictones fit partie sous la domination romaine de l'Aquitaine II$^{e}$. Conquise par les Wisigoths au V$^{e}$ s., puis par les Francs (507), elle fut incluse au VIII$^{e}$ s. dans le duché d'Aquitaine. Le mariage d'Aliénor, héritière de Guillaume X d'Aquitaine, avec Henri II Plantagenêt (1152) la fit passer sous la domination anglaise, sous laquelle elle resta jusqu'à la confiscation par Philippe Auguste des fiefs français de Jean sans Terre (1204). Aliénée par Louis VIII en faveur de son cinquième fils Alphonse, puis rattachée à la couronne par Philippe III en 1271, elle passa encore à l'Angleterre par le traité de Brétigny (1360). Après sa reconquête par Du Guesclin, elle fut donnée en apanage à Jean, duc de Berry (1372), et définitivement réunie à la couronne à sa mort (1416).

**POITOU-CHARENTES** ♦ Région administrative de l'O. de la France, comptant 4 dép. : Charente, Charente-Maritime, Deux-Sèvres et Vienne. 25 809 km$^{2}$ (4,7 % du territoire, 11$^{e}$ rang). 1 640 068 hab. (2,8 %, 16$^{e}$ rang). 2,3 % du PIB (17$^{e}$ rang). CH.-L. : Poitiers. ▪ Ressuscitant la très ancienne unité économique du Centre-Ouest français, la région regroupe le Poitou (à l'exception du bas Poitou représenté par la Vendée rattachée aux Pays de la Loire) et les Charentes, qui recouvrent les anciennes provinces de l'Angoumois, l'Aunis et la Saintonge.

▮ **GÉOGRAPHIE** Le Poitou-Charentes s'étend sur quatre régions naturelles, unissant les plaines et plateaux du S.-O. du Bassin parisien et du N.-O. du Bassin aquitain qu'encadrent les flancs des Massifs armoricain au N. et central à l'E. (Limousin). Le relief est peu vigoureux (de 270 à 290 m au maximum à l'E.) et se caractérise par une succession de campagnes ouvertes (haut Poitou et coteaux crayeux des «champagnes» charentaises) et d'ondulations bocagères (anc. «brandes» de sables argileux qui, défrichées, ont une économie herbagère), des confins de la Touraine à ceux du Bordelais. Ces plaines monotones, traversées par la verdoyante vallée de la Charente*, s'inclinent à l'O. vers la mer. De la baie de l'Aiguillon (au N.) à l'estuaire de la Gironde (au S.), la côte est constituée de marais (poitevin, charentais, de Saint-Ciers) et n'avance que de modestes promontoires (La Rochelle, Fouras, La Tremblade) prolongés par les îles d'Aix, d'Oléron et de Ré (les deux dernières sont reliées au continent par un pont respectivement depuis 1967 et 1988). ▪ Le climat doux et humide est de type océanique, un peu plus rude sur les massifs et nuancé de caractères aquitains au S. L'ensoleillement annuel est, sur le littoral, assez généreux (plus de 2 000 h par an).

▮ **POPULATION** Peuplée de 1 527 000 hab. en 1881 et équilibrée alors par les échanges entre «pays» voisins, la région connut un exode important au moment de la crise du phylloxéra (280 000 ha de vigne détruits) et du fait du renforcement du centralisme parisien au détriment de l'ancienne cohérence régionale (prééminence des liaisons en direction de la capitale par le Seuil du Poitou). Le recul démogr. se poursuivit encore pendant la première moitié du XX$^{e}$ s. avant de faire place à une légère croissance dans les dernières décennies (1982 - 1999 : +4,4 % ; France métrop. +7,5 %). Urbanisation modérée. Densité plutôt faible (63 hab. par km$^{2}$).

▮ **ÉCONOMIE** ▮ **Agriculture** Malgré le vieillissement des exploitations, l'agriculture reste la base de la richesse régionale, se partageant à peu près également entre culture (55 %) et élevage (45 %). L'élevage bovin est à l'origine d'une importante industrie agroalimentaire spécialisée dans le beurre ; les Charentes, grâce au mouvement coopératif né à Surgères en 1888, ont été le grand pourvoyeur en beurre de Paris. Le lait de chèvre (412 000 caprins en 2008, 1$^{er}$ rang national) est destiné à la fabrication de fromages. Autre fleuron régional, le vignoble charentais qui produit 70 millions d'hl par an, dont 3,5 millions sont destinés, après distillation, à la fabrication d'une prestigieuse eau-de-vie : le cognac (production exportée en grande partie par le port de La Rochelle). Cette production connaît toutefois de graves difficultés en raison de la diminution de la consommation sur la plupart des marchés. Bien que la région possède une façade maritime de 250 km (avec les îles), la pêche y est peu importante. Seul le port de La Rochelle (plus de 5 000 t) atteint un niveau d'activité national. En revanche, la conchyliculture et l'exploitation des marais salants constituent des activités intensives autour de Marennes et d'Oléron : la région occupe le 1$^{er}$ rang pour l'élevage des huîtres et des moules. ▮ **Industrie et tertiaire** L'agroalimentaire est le premier secteur. Les industries urbaines traditionnelles sont en difficulté (mécanique et électricité à Châtellerault ; papeteries et cuir à Angoulême), même si quelques initiatives locales connaissent un certain succès (filière automobile à Angoulême et Châtellerault). Certaines spécialisations se sont affirmées dans le secteur tertiaire (mutuelles et assurances à Niort). L'activité touristique tend à s'intensifier sur la côte, stimulant aussi bien les activités traditionnelles (cultures maraîchères, pêche des crustacés) que le bâtiment (résidences secondaires). Le port de La Rochelle-La Pallice se modernise ; Royan s'affirme comme grande station balnéaire et possède un zoo renommé : la Palmyre. Un développement s'amorce dans les secteurs de pointe avec l'installation du parc mi-technopôle, mi-attraction du Futuroscope* près de Poitiers (env. 1,5 million de visiteurs par an). La liaison TGV entre Paris et Poitiers (1 h 30) constitue, depuis 1990, un atout supplémentaire. La région encourage la protection de l'environnement (secteurs protégés du parc naturel régional) et propose un tourisme de qualité par la mise en valeur des richesses architecturales (églises romanes ponctuant le chemin de Compostelle en Poitou, Aunis et Saintonge, mais aussi vestiges gallo-romains de Saintes, villes historiques de Rochefort

**Poitou-Charentes.**

ou de Brouage) et la création de manifestations culturelles (Francofolies et Festival du cinéma de La Rochelle, festival de la bande dessinée à Angoulême) ou d'événements sportifs, surtout axés sur la navigation de plaisance (La Rochelle, île de Ré). Le tourisme «vert» se diversifie lui aussi (marais, vignobles ou parcs à huîtres). ▮ **Urbanisation** Le réseau urbain s'organise autour de trois agglomérations de taille comparable : La Rochelle, Angoulême et Poitiers. Cette situation ôte à Poitiers la possibilité de s'affirmer réellement comme capitale régionale, malgré ses fonctions administratives et universitaires. Installées sur les anciennes voies navigables menant à la mer, les villes moyennes de l'arrière-pays (Niort sur la Sèvre Niortaise, Saint-Jean-d'Angély sur la Boutonne, Saintes sur la Charente) sont aujourd'hui associées au passage de l'autoroute A10 ; elles fournissent une armature urbaine susceptible d'assurer le développement de la côte atlantique de la Charente-Maritime, avec La Rochelle, Rochefort, Royan. Seule Niort, compte tenu de sa forte spécialisation tertiaire (assurances), est un peu à l'écart dans ce réseau.

**POIVILLIERS (Georges)** ♦ Ingénieur français (Draché, Indre-et-Loire 1892 - Neuilly-sur-Seine 1968). Inventeur du principe de la photogrammétrie (1919) qui, utilisant un couple de vues aériennes associées et la vision stéréoscopique, permit de résoudre le problème de la restitution des photographies verticales ; il créa de nombreux appareils de stéréophotogrammétrie aérienne auxquels son nom est resté attaché. [Acad. sc. 1946]

**POIX-DE-PICARDIE** [80290] ➝ **ÉTYM.** du lat. *picea* «sapin» ♦ Ch.-l. de cant. de la Somme, arr. d'Amiens, sur la Poix. 2 285 hab. *(Poyais)*. Église de style flamboyant de 1540 (voûtes à clefs pendantes ; piscines sculptées). ▮ **Histoire** Anc. principauté de Noailles.

**POKHARA** ♦ V. du Népal, à l'O. de Katmandou (alt. 900 m). 156 312 hab. Résidence d'été du roi, près du lac Phewa. ▪ Agriculture. Commerce entièrement dépendant du tourisme, en plein développement. Point de départ de toutes les expéditions dans la région des Annapurnas.

**POLA** → Pula

**POLABÍ** n. m. ➝ ÉTYM. slave «plaine de l'Elbe» ♦ Plaine de la République tchèque, dans la partie septentrionale du quadrilatère de Bohême, au N. de Prague, traversée par l'Elbe. Couverte de limons, c'est la région la plus riche de Bohême : blé, betterave à sucre, plantes fourragères, houblon, tabac, arbres fruitiers, élevage (bovins, porcins, volailles). Les centres de peuplement, villages et petites villes, cumulent en général les activités liées à l'agriculture (indus. alimentaires, fabriques de matériel agricole) et des indus. de caractère plus récent (constructions mécaniques de précision, chimie).

**Polaire (étoile)** ♦ Nom donné à l'étoile α Petite Ourse* ; elle est utilisée comme repère pour l'orientation dans l'hémisphère Nord. Magnitude 2,1 ; type spectral F 8 ; distance 300 années-lumière environ.

**POLAIRES** (régions) n. f. pl. → **Arctique, Antarctique**

**POLANSKI (Roman)** ♦ Cinéaste français d'origine polonaise (Paris 1933). D'abord comédien de théâtre, puis de cinéma, il réalisa différents courts métrages (*Le Gros et le Maigre*, 1960). Son premier long métrage, *Le Couteau dans l'eau* (1962, réalisé en Pologne), fut suivi de *Répulsion* (1965, en Angleterre). Polanski travailla ensuite aux États-Unis, où il réalisa notamment *Le Bal des vampires* (1967) et *Rosemary's Baby* (1968), revenant en Europe pour tourner *Quoi ?* (1973, en Italie) et *Le Locataire* (1976, en France). Ses longs métrages évoquent un univers clos où les objets, les bruits engendrent la peur, l'angoisse ou parfois le plaisir, et où sont subtilement intégrés des éléments de merveilleux : *Tess* (1979), *Pirates* (1986), *La Jeune Fille et la Mort* (1995), *La Neuvième Porte* (1999). *Le Pianiste* (2002), histoire vraie d'un artiste juif, polonais et rescapé du ghetto de Varsovie, comme R. Polanski, obtint de nombreux prix (Palme d'or à Cannes). En 2010 est sorti *The Ghost Writer*, histoire d'un Premier ministre qui engage un nègre pour écrire ses mémoires. [Acad. des bx-arts 1998]

**POLANYI (Karl)** ♦ Économiste américain d'origine hongroise (Budapest 1886 - Pickering, Ontario 1964). Après avoir émigré en Grande-Bretagne (1933), il gagna les États-Unis où il enseigna l'histoire économique. Ses recherches portant sur l'économie des sociétés non marchandes l'amenèrent à prôner une économie planifiée (*La Grande Transformation*, 1944).

**POLANYI (John Charles)** ♦ Chimiste canadien d'origine allemande (Berlin 1929). Ses recherches portent sur l'évolution des caractéristiques énergétiques des réactifs et des produits des réactions chimiques. Il fut le premier à observer directement et à décrire spectrographiquement un état de transition d'une réaction chimique ; on lui doit la détermination des meilleures conditions de réalisation de réactions selon leur état de transition. [Prix Nobel de chim. 1986, avec D. Herschbach* et Y. Lee*]

**POLATSK** – anc. *Polotsk* ♦ V. de Biélorussie. 87 400 hab. Monument religieux XI^e^ - XVIII^e^ s. Ville industrielle (chimie). **Histoire** La ville est connue depuis 861. Centre d'une principauté active aux XI^e^ - XIV^e^ s. avant d'être incorporée dans le grand-duché lituanien.

**POLE (Reginald)** ♦ Prélat anglais (Stourton Castle, Staffordshire 1500 - Londres 1558). Lié avec Thomas More et Érasme et attiré par l'humanisme, il refusa cependant d'accepter le schisme d'Henri VIII, son cousin, et s'exila à Rome. Il joua alors un rôle important dans la réforme de l'Église, présida le concile de Trente*, et fut sur le point de devenir pape à la mort de Paul III (1549). Il retourna en Angleterre sous Marie Tudor pour rétablir le catholicisme et devint archevêque de Canterbury (1556).

**POLEJAÏEV (Aleksandr Ivanovitch)** ♦ Poète russe (Pokrichkino, gouv. de Penza 1804 - Moscou 1838). Son lyrisme est lié aux traditions de la poésie des décabristes. Les sentiments libéraux de son poème *Sachka* (1825, publ. 1861) lui valurent d'être envoyé comme simple soldat au Caucase. Ne supportant pas son sort, il se laissa aller à la boisson et au désespoir, qu'il a exprimé dans ses poèmes : *Le Chant du marin condamné au naufrage, Le Chant de l'Iroquois captif, Le Cadavre vivant, L'Aigri, Le Désespéré.*

**POLÉSIE** n. f. ➝ ÉTYM. probablt du russe *les'* «région boisée» ♦ Région située aux confins de l'Ukraine du Nord, de la Biélorussie du Sud et de la Russie (région de Riazan) et couvrant la majeure partie du bassin du Pripiat, affl. du Dniepr. Formée de marais et de plaines boisées, c'est une région difficile d'accès. **Histoire** Conquise au XIV^e^ s. par la Lituanie, la Polésie fit partie de l'État polono-lituanien après 1569, puis fut annexée par la Russie (1795). C'est la région la plus contaminée à la suite de la catastrophe de Tchernobyl*.

**POLEVOÏ (Boris Nikolaïevitch KAMPOV, dit Boris)** ➝ ÉTYM. russification de son nom *Kampov* (du lat. *campus* «champ») avec *pole* «champ» ♦ Écrivain soviétique (Moscou 1908 - *id.* 1981). Journaliste pendant la Deuxième Guerre mondiale, il rencontra le pilote Meressiev, héros soviétique, qui lui inspira son premier grand roman, *Un homme véritable* (1946). Il écrivit ensuite un recueil de nouvelles, *Nous autres Soviétiques* (1948), puis deux romans : *Dans les arrières* (1958), qui décrit la vie difficile d'une famille d'ouvriers pendant la guerre, et *Sur la rive sauvage* (1962), qui décrit un chantier de Sibérie. Également auteur de notes sur le procès de Nuremberg (*Au bout du compte*, 1968) et de livres de souvenirs (*Les Silhouettes*, 1974), il a dirigé, à partir de 1962, la revue *Iounost* («Jeunesse»), orientée vers la découverte de nouveaux talents.

**POLIAKOFF (Serge)** ♦ Peintre et graveur français d'origine russe (Moscou 1906 - Paris 1969). Ayant quitté la Russie lors de la révolution, il séjourna dans différents pays d'Europe ainsi qu'à Constantinople et s'établit à Paris en 1923. Après s'être d'abord intéressé à la musique, il se consacra à la peinture et fréquenta l'académie de la Grande Chaumière, puis de 1935 à 1937 la Slade School de Londres. Il fit alors la connaissance de Kandinsky, d'Otto Freundlich et des Delaunay, et aborda vers 1937 la non-figuration. Il élabora dans ce domaine un style personnel en créant un espace fortement structuré à partir de formes planes, calmes, asymétriques, et comme découpées irrégulièrement, qui paraissent parfois se déployer à partir du centre de la toile. La richesse du chromatisme se fonde sur une mise en rapport savante de tons vifs et contrastés et de tons voisins, avec une prédilection pour les harmonies de tonalités chaudes et vibrantes (souvent des rouges). Cette orchestration colorée est enrichie par le jeu des effets de matières plus ou moins lisses ou grumeleuses, transparentes ou opaques. Son œuvre, d'un lyrisme contenu, est apparue comme l'une des plus brillantes du courant de l'«abstraction française». ➝ ÉTYM. Ce nom de famille vient du russe *poliak* «polonais».

Serge **Poliakoff.** *Composition.* Coll. part. *Phot.* © *Schaeffner*

**POLIAKOV (Léon)** ♦ Historien français du racisme et de l'antisémitisme (Saint-Pétersbourg 1910 - Orsay 1997). D'origine russe, il fut l'un des fondateurs du Centre de Documentation Juive Contemporaine, puis travailla à l'École des Hautes Études et au CNRS (*Bréviaire de la haine*, 1951 ; *Histoire de l'antisémitisme*, 1955 - 1977 ; *De l'antisionisme à l'antisémitisme*, 1969 ; *Le Mythe aryen*, 1971).

**POLICHINELLE** ➝ ÉTYM. anc. napolitain *Pulěcěnella*, puis it. *Pulcinella*, du lat. tardif *pullicenus* «jeune poulet» [«homme timide et maladroit»] ♦ Personnage de théâtre comique, figuré avec deux bosses et un nez rouge et crochu. Sa silhouette offre peu de similitude avec celle du Pulcinella* italien. Avant de connaître une grande popularité aux parades de marionnettes du théâtre de la Foire (XVIII^e^ s.), il était déjà célèbre à Paris, au temps de la Fronde. Il apparaît dans des œuvres de Molière (ballet de *Psyché* ; premier intermède du *Malade imaginaire*) et poursuivra longtemps sa carrière, jusque dans le cours du XIX^e^ s. Son caractère, fait d'insolence et de vantardise, sa voix aiguë, ses saillies cocasses, en font la figure la plus originale du théâtre de marionnettes.

**POLIDORO DA CARAVAGGIO** ou **POLYDORE DE CARAVAGE (Polidoro CALDARA, dit)** ➝ ÉTYM. *Polidoro*, du gr. *poludôros* «qui a reçu de grands présents» et *Caravaggio*, n. de son lieu de naissance ♦ Peintre italien (Caravaggio apr. 1490 - Messine 1543). Il fut l'assistant de Giovanni da Udine aux Loges du Vatican (selon Vasari), puis exécuta en collaboration avec Francesco Maturino, peintre florentin, de nombreuses fresques à Rome. Son habileté à suggérer le mouvement dans ses compositions, son utilisation de thèmes décoratifs antiques dans les paysages en font un bon représentant de la Renaissance romaine. Après 1527, il vécut à Messine, mais on ne conserve qu'une œuvre de cette période.

**POLIERI (Jacques)** ♦ Homme de théâtre français (Toulouse 1928). Il mit en scène dans les années d'après-guerre des auteurs alors considérés comme d'avant-garde (Ionesco, Tardieu, Beckett, Butor, Arrabal), parfois dans des lieux autres que les théâtres traditionnels (par exemple les Cités Radieuses de Marseille et de Nantes). Il utilisa très tôt l'audiovisuel dans ses mises en scène, puis édifia des lieux scéniques de conception révolutionnaire (théâtres mobiles, théâtres multimédias). Il est l'auteur de nombreux ouvrages théoriques sur les rapports entre le mouvement et le jeu de fiction.

**POLIGNAC (Melchior DE)** ♦ Cardinal et diplomate français (Le Puy 1661 - Paris 1742). Emmené à Rome par le cardinal de Bouillon (1689), il se révéla un brillant diplomate en évitant la rupture entre le Saint Siège et la France. En Pologne (1695), il contribua, après la mort de Jean III Sobieski (1696), à l'élection du prince de Conti comme roi de Pologne. Tombé en disgrâce après l'échec de cette intrigue, il dut attendre 1702 pour jouer à nouveau un rôle important ; il prit part au congrès d'Utrecht (1710 - 1713). Compromis sous la Régence, il ne fut nommé archevêque d'Auch qu'en 1726. Il laissa inachevé son *Anti-Lucretius...* (post. 1745, traduit en français en 1813), poème latin de près de 10 000 vers dans lequel il s'attachait à réfuter Bayle* et le matérialisme. [Acad. fr. 1704]

**POLIGNAC (Yolande Martine Gabrielle DE POLASTRON,** comtesse puis duchesse **DE)** ♦ Dame française (1749 - Vienne 1793). Ayant épousé en 1767 le comte Jules de Polignac, elle parut à la cour de France et inspira aussitôt une vive affection à la reine Marie-Antoinette. Jalousée, calomniée, elle répondit aux intrigues dont elle était l'objet par une lettre d'adieu à la reine qui lui valut d'obtenir encore plus de faveurs pour elle et sa famille et de devenir l'amie intime de la souveraine puis la gouvernante des enfants de France. Elle et son mari devaient exercer à la cour une influence jugée néfaste, et contribuer à l'impopularité de la reine. Sitôt qu'éclata la Révolution, la duchesse de Polignac prit avec sa famille le chemin de l'exil.

**POLIGNAC (Jules Auguste Armand Marie DE)** ♦ Homme politique français (Versailles 1780 - Paris 1847). Impliqué dans la conspiration de Cadoudal, il fut condamné à deux ans de prison, mais son incarcération fut prolongée. Avec son frère, il réussit à s'évader (1813) et revint en France avec le comte d'Artois (Charles X) en 1814, puis passa à Gand avec la famille royale pendant les Cent-Jours. Partisan d'une restauration intégrale de la monarchie et de l'Ancien Régime et hostile aux tendances libérales de la Charte de 1814, il devint pair de France, et, ardent défenseur du catholicisme, fut fait prince romain en 1820. Ambassadeur à Londres (1823 - 1829), il participa aux négociations qui aboutirent au traité de 1827 par lequel la France, la Grande-Bretagne et la Russie s'imposèrent comme médiateurs entre le sultan turc et la Grèce qui devenait indépendante. Après la chute du cabinet libéral Martignac*, il fut nommé, par Charles* X, ministre des Affaires étrangères (août 1829), puis président du Conseil (nov. 1829). Il se rendit rapidement impopulaire par des mesures politiques autoritaires et réactionnaires. Après avoir décidé l'expédition d'Alger* (juil. 1830), dont le succès ne résolut pas les problèmes de politique intérieure, Polignac et son ministère eurent la maladresse, face à la victoire de l'opposition libérale aux élections (début juil. 1830), de rédiger les quatre ordonnances de Saint-Cloud **(→ Charles X)** qui entraînèrent l'insurrection du peuple parisien **(→ révolution de juillet 1830)** et la chute de Charles X. Arrêté alors qu'il tentait de passer en Angleterre, Polignac fut traduit devant la Chambre des pairs, condamné à la prison à vie, à la déchéance de ses titres, à la mort civile, mais il fut amnistié en 1836.

**POLIGNAC** [43770] → **ÉTYM.** du lat. *Pothumenus*, n. de pers., devenu *Podonhac*, puis *Polignac* ♦ Comm. de la Haute-Loire, arr. du Puy-en-Velay. 2 602 hab. *(Polignacois)*. Église romane (XII^e^ s., restaurée au XIX^e^ s.) abritant des fresques des XII^e^ et XIV^e^ s. Donjon du XIV^e^ s., restauré, dominant les ruines d'un château (XIV^e^ - XV^e^ s.).

**POLIGNY** [39800] → **ÉTYM.** anc. *Pollemniacum*, du lat. *Poleminius*, n. de pers., et suff. *-acum* ♦ Ch.-l. de cant. du Jura, arr. de Lons-le-Saunier, à l'entrée d'une reculée, la Culée de Vaux. 4 511 hab. *(Polinois)*. Église romane de Mouthier-Vieillard du XI^e^ s. (retable de 1534). Collégiale Saint-Hippolyte, du XV^e^ s. (calvaire en bois sur poutre de gloire ; statues de l'école bourguignonne du XV^e^ s.). Hôtels Renaissance. Hôtel-Dieu du XVII^e^ s. (cloître ; faïences de Nevers et de Poligny). ▪ Centre laitier (comté). École nationale d'indus. laitière. Viticulture (côtes-du-jura).

**POLIN (Pierre Paul MARSALÈS, dit)** ♦ Chanteur comique français (Paris 1863 - La Frette-sur-Seine 1927). En culotte rouge à basane, avec une veste étriquée, un petit képi et un grand mouchoir à carreaux, il incarna, avec une feinte naïveté et beaucoup d'esprit, les comiques troupiers. Plusieurs de ses chansons connurent la célébrité : *Mademoiselle Rose, La Petite Tonkinoise, L'Ami Bidasse, La Caissière du grand café*. Excellent comédien, il fut l'interprète de Feydeau *(Champignol malgré lui)*.

**Polisario (Front)** [Front populaire pour la libération de la Saguia el-Hamra et du Río de Oro] ♦ Mouvement nationaliste sahraoui, créé en 1973, et qui proclama la République arabe sahraouie démocratique (RASD) en 1976, au lendemain du départ des troupes espagnoles du Sahara occidental et de son partage au profit du Maroc et de la Mauritanie **(→ Sahara occidental)**. Le Front encadre les populations réfugiées dans les camps de Tindouf (Algérie) et dispose d'une branche militaire : l'Armée de libération populaire sahraouie (ALPS).

**POLITIEN** ou **ANGE POLITIEN (Agnolo AMBROGINI,** dit en it. ***il Poliziano*** et en fr. **LE)** ♦ Poète et humaniste italien (Montepulciano 1454 - Florence 1494). Ayant suivi les leçons de Ficin et de Landino, il fut protégé par Laurent de Médicis* qui lui confia l'éducation de ses enfants. Érudit, il traduisit *L'Iliade* en vers latins et publia des commentaires et des essais en latin, notamment les *Prolusioni* et les *Miscellanea*. Son ouvrage historique *La Conjuration des Pazzi* (en lat., 1478) évoque le meurtre de Julien de Médicis et l'attentat perpétré contre Laurent le Magnifique. Restaurateur de la strophe de huit vers, il composa en italien de nombreuses poésies lyriques empreintes d'une inspiration savante et gracieuse, comme les *Stances pour le tournoi* (1475 - 1478) où, célébrant la passion de Julien de Médicis pour Simonetta, le poète évoque harmonieusement la nature printanière et les tourments amoureux. Les *Chansons à danser* mêlent les éléments populaires aux thèmes savants. Première représentation scénique d'un sujet profane, *La Fable d'Orphée* (1480) propose également sous une forme littéraire moderne un thème pastoral et mythologique, qui inspirera nombre d'artistes, notamment Monteverdi (*Orfeo*, 1607).

Le **Politique** ou **De la royauté** – en gr. ***Politikos ē peri basileias*** ♦ Dialogue de Platon* qui offre un double intérêt : type de l'exercice dialectique qui était courant à l'Académie* (ici la définition du politique à l'aide de la méthode dichotomique et du paradigme), il est aussi une transition entre *La République** à laquelle il emprunte l'idée que la politique est une science, et *Les Lois** dont il annonce le caractère plus réaliste. C'est dans ce dialogue que Socrate développe le mythe de l'âge d'or.

La **Politique** – en gr. ***Hê Politikê*** ♦ Traité d'Aristote*. L'homme (animal social, politique) doit trouver dans la cité un moyen non seulement de vivre mais de bien vivre. La politique est à la fois fondement et prolongement de l'éthique. Étudiant les groupements et les types de rapports humains (famille ; rapport de maître à esclave), Aristote est amené à l'analyse des formes de gouvernement (monarchie, aristocratie, démocratie), leur évolution et leur dégradation respective. Il tente d'indiquer, en tenant compte des circonstances réelles, le gouvernement le plus approprié pour réaliser l'intérêt commun.

La **Politique des Athéniens** ou **Constitution d'Athènes** – en gr. ***Politeia tôn Athênaiôn*** ♦ Ouvrage d'Aristote, sans doute rédigé entre -330 et -325 et retrouvé en 1890 sur un papyrus. L'auteur qui, pour écrire sa *Politique*, avait analysé la Constitution de 158 cités, étudie dans cette œuvre les différentes Constitutions d'Athènes de Dracon et de Solon jusqu'au gouvernement des Trente et des Dix. Ce traité présente un intérêt historique de premier plan.

**politique positive (Système de)** ou **Traité de sociologie instituant la religion de l'Humanité** ♦ Œuvre d'Auguste Comte* (1852 - 1854). Encadrée par la biologie et la morale, la sociologie est l'étude des lois de l'harmonie du corps social, ou statique sociale, et celle des lois du développement de la société (loi des trois états), ou dynamique sociale. La dernière partie de l'œuvre présente le tableau synthétique de l'avenir humain.

**politiques** ou **malcontents**

n. m. pl. ♦ Nom donné sous le règne d'Henri* III à un parti formé de modérés, protestants et catholiques, désapprouvant les excès de la Ligue* et sa politique espagnole, et désirant rétablir l'unité nationale autour du roi. Ils reprirent en cela la pensée de Michel de L'Hospital*, et se groupèrent autour du duc d'Anjou*, du prince de Condé*, de François et Henri I^er^ de Montmorency*. La paix de Monsieur* fut leur œuvre et ils favorisèrent l'avènement d'Henri* IV. Leurs idées inspirèrent la *République* de Bodin* et *La Satire* Ménippée*.

**POLITIS (Nikolaos)** ♦ Juriste et homme politique grec (Corfou 1872 - Cannes 1942). Il enseigna le droit en France. Ministre des Affaires étrangères de Grèce (1917 - 1920), ambassadeur à Paris (1924), président de la SDN (1932) et de l'Institut de droit international (1937), il travailla à l'élaboration d'un système de sécurité collective.

**POLITZER (Georges)** ♦ Philosophe français d'origine hongroise (Nagyvárad, auj. Oradea 1903 - fusillé par les Allemands au mont Valérien 1942). Philosophe marxiste, auteur d'un pamphlet dirigé contre le bergsonisme (*Le Bergsonisme, une mystification philosophique*, 1926), il collabora notamment à la *Revue marxiste*, à *L'Humanité*. Critiquant la psychologie subjective et son mythe de l'âme et la psychologie expérimentale (qui n'a fait qu'utiliser « le vieux stock de la psychologie subjective »), étudiant l'apport positif de la psychanalyse, tout en dénonçant l'hypothèse abstraite de l'inconscient, il a cherché à élaborer une psychologie concrète dont l'objet serait l'homme total dans sa relation avec son milieu physique et social (*Critique des fondements de la psychologie*, 1930, 1967).

**POLITZER (H. David)** ♦ Physicien américain (New York 1949). Simultanément avec D. Gross* et F. Wilczek*, il découvrit la liberté asymptotique, principale caractéristique de l'interaction nucléaire forte. [Prix Nobel de phys. 2004, avec D.J. Gross et F. Wilczek]

**POLK (James Knox)** ♦ Homme d'État américain (Caroline du Nord 1795 - Nashville 1849), 11^e^ président des États-Unis. Avocat, il fut représentant démocrate du Tennessee de 1825 à 1839, et il présida la Chambre des représentants de 1835 à 1839. Il fut élu président des États-Unis en 1845. Expansionniste, il mena la guerre contre le Mexique (1846) qui accrut les États-Unis de nombreux territoires au S.-O. et dans l'O. (traité de Guadalupe* Hidalgo). Cependant, l'opposition des whigs et des démocrates du Nord l'amenèrent à ne pas se représenter en 1849.

**POLLACK (Sydney)** ♦ Cinéaste américain (Lafayette, Indiana 1934 - Los Angeles 2008). Formé à la télévision, il signa un premier film important en 1966 : *Propriété interdite*, adaptation d'une pièce de Tennessee Williams. Le sentiment romantique y avait la part belle,

Paul Jackson **Pollock.** *Hors du réseau.* Staatsgalerie, Stuttgart. *Phot. © Arch. Smeets*

comme dans la plupart des films qui suivirent, croisé parfois de noir pessimisme : *On achève bien les chevaux* (1969), *Jeremiah Johnson* (1972), *Nos plus belles années* (1973), *Yakuza* (1975), *Tootsie* (1982), *Out of Africa* (1985), qui lui valut l'oscar du meilleur réalisateur, *La Firme* (1993), *L'Ombre d'un soupçon* (1999). Il a joué sous la direction de W. Allen (*Maris et femmes*, 1992) et de S. Kubrick (*Eyes wide shut*, 1999).

**POLLAIOLO** ou **POLLAIUOLO (Antonio del)** → **Antonio del Pollaiolo**

**POLLENSA** ♦ V. d'Espagne (Baléares), dans l'île de Majorque. 16 570 hab. Port. Centre agricole et touristique.

**POLLESTRES** [66450] ◆ **ÉTYM.** probablt du catalan *pollastre* «jeune coq» ♦ Comm. des Pyrénées-Orientales, arr. de Perpignan. 3 623 hab.

**POLLINI (Maurizio)** ♦ Pianiste et chef d'orchestre italien (Milan 1942). Enfant prodige, diplômé du conservatoire de Milan, il remporta en 1960 le concours Chopin de Varsovie et se perfectionna ensuite auprès d'Arturo Benedetti Michelangeli*. Son répertoire est éclectique, il passe de Bach à Boulez et excelle tant dans l'interprétation de Schoenberg, Bartok, Prokofiev que de Beethoven, Schubert ou Chopin. Un jeu très dépouillé, voire froid, une grande exigence ont conquis le public. Il mène également, depuis 1982, une carrière de chef d'orchestre de concert et d'opéra.

**POLLION** → **Asinius Pollion**

**POLLOCK (Paul Jackson)** ♦ Peintre américain (Cody, Wyoming 1912 - East Hampton 1956). Il étudia la peinture et la sculpture à la Manual Art School de Los Angeles à partir de 1925, mais son insubordination lui valut de s'en faire renvoyer en 1927. À New York en 1929, il suivit à l'Art Student League les cours du peintre naturaliste Thomas Benton. Ensuite, il parcourut à diverses reprises les États-Unis, et eut la révélation des «peintures de sable» des Indiens ; puis, participant au Federal Art Project, il s'intéressa à la peinture murale et fut fortement impressionné par l'art véhément des peintres mexicains : Orozco*, Rivera* et Siqueiros*. Il développa alors un style de tendance expressionniste et traita de préférence des sujets totémiques et mythologiques. Influencé par Picasso, Miró et Masson, il représenta des fragments anatomiques, des symboles élémentaires qui se mêlent à des formes confuses, très animées, chaque partie de la composition étant reliée par des éléments linéaires ; les formes tendant ainsi à se distinguer difficilement du fond sur lequel elles s'inscrivent, et perdant autonomie et visibilité. Vers 1940 - 1941, l'arrivée à New York de Ernst, Matta, Masson, accéléra son évolution : empruntant à Max Ernst le procédé du *dripping* (peinture s'écoulant d'une boîte percée de trous), et sensible à la notion surréaliste d'automatisme, il évolua à partir de 1942 vers la non-figuration, pratiquant alors un art assez proche de Gorky, où apparaissent encore des motifs dérivant de Picasso et des surréalistes (*Mâle et Femelle*, 1942 ; *Pasiphaé*, 1943). Il trouva son style personnel vers 1943 en systématisant l'utilisation du *dripping* ou en employant pour peindre des bâtons, truelles, couteaux et larges brosses, laissant dégouliner la peinture ou l'éjectant avec une seringue, et en se servant de matières industrielles (*Full Fathom Five*, 1947). Il modifia surtout la pratique picturale en refusant de considérer cet art comme «cosa mentale», et en lui substituant un acte auquel le corps entier participe et dont le résultat est fonction de l'ampleur, de la violence et de la rapidité du geste. Poussant à ses ultimes conséquences picturales (non figuratives) le principe de l'automatisme, cette forme d'expression prit chez lui un caractère effréné. Il peignait sur la toile posée verticalement ou à même le sol, ce qui lui permettait d'être littéralement «dans la peinture», et couvrait des surfaces gigantesques (particulièrement dans les années 1946 - 1948). Créant ainsi un espace labyrinthique, d'un chromatisme riche et mêlé, la ligne, par accumulation, retour sur elle-même, s'épaissit et engendre un effet de taches plus ou moins enfouies dans une surface d'une épaisseur et d'une transparence variables, l'espace chaotique ainsi produit étant parfois confronté à une forme grattée (*Out of the Web*) ou structuré par une série d'éléments de couleurs et de textures différentes (*Blue Poles*). Vers 1950 - 1951, il se limita aux contrastes de noir et blanc et réintroduisit certaines allusions figuratives, puis il adopta de nouveau la couleur et revint même à l'usage des pinceaux. ▪ Célèbre depuis 1945, Pollock fait figure de chef de file de la peinture gestuelle (intitulée action* painting par le critique Rosenberg) ; créant une nouvelle modalité de la peinture, il a affirmé l'autonomie de l'école américaine.

**POLLUX** → **Castor et Pollux**

**POLLUX** ♦ Nom donné à l'étoile β Gémeaux*. Magnitude 1,1 ; type spectral A 0 ; distance 36 années-lumière.

**POLLUX JULIUS** – en gr. ***Ioulios Poludeukês*** ♦ Rhéteur et grammairien grec (Naucratis, Égypte ? - Athènes IIe s.). Il ouvrit à Rome une école de rhétorique où il fut le maître de Commode. Il lui dédia son *Onomasticon* ou *Lexique*, recueil de termes synonymes et de citations (de philosophes, d'orateurs).

**POLNAREFF (Michel)** ♦ Compositeur et chanteur français (Nérac 1944). Ses premières chansons connurent un énorme succès à partir de 1966 : *La Poupée qui fait non, Tout pour ma chérie, Dans la maison vide*. Avec une personnalité provocante parfois mal perçue, il suscita le scandale avec *Je suis un homme* (1970), où il affirmait son hétérosexualité, puis avec une affiche qui le montrait fesses nues. Il s'exila ensuite aux États-Unis (*Lettre à France, Coucou me Revoilou, Good Bye Marylou*).

**POLO (Marco)** ♦ Voyageur italien (Venise v. 1254 - *id.* 1324). Avec son père et son oncle, Niccolò et Matteo (ou Maffeo) Polo, commerçants vénitiens, il entreprit un voyage qui, à travers la Mongolie, les mena jusqu'en Chine (Cambaluc, auj. Pékin, 1275). Ils demeurèrent plusieurs années à la cour du grand khan Kūbilaï. Chargé de hautes fonctions, Marco Polo fut envoyé en mission en Annam, au Tonkin, en Inde, en Perse. Il revint à Venise par Sumatra (1295). On a dit qu'il avait été surnommé «Messer Millione» en raison de la profusion des richesses qu'il aurait rapportées de ces pays, mais l'appellation de «Millione» qui est aussi donnée à son livre a reçu bien d'autres explications, dont aucune n'est certaine. Accueilli avec un certain scepticisme par ses contemporains, ce livre, *Le Livre* des Merveilles du monde* (ou *Livre de Marco Polo*), fait de Marco le premier ou du moins le plus savoureux témoin des merveilles de l'Asie (pour certaines régions, car Plan* Carpin et Guillaume* de Rubrouck avaient déjà décrit l'Orient jusqu'en Mongolie).

## POLOGNE

▮ n. f. – en polon. ***Polska***, off. ***république de Pologne*** ◆ **ÉTYM.** du polon. *pole* «champ, campagne, plaine» ♦ État d'Europe centrale. 312 683 km². 38 115 967 hab. (*Polonais*). LANGUE : polonais. RELIGION : catholique. MONNAIE : złoty. CAPITALE : Varsovie. RÉGIME : république démocratique. La Pologne est divisée en 16 voïvodies.

▮ **GÉOGRAPHIE** Succession de zones basses et sablonneuses parsemées de forêts de pins ou de bouleaux (28 % du territoire), de plans d'eau, de champs en lanières, les paysages de la Pologne se caractérisent par une certaine uniformité que rompt la nature de la végétation, seul élément variable, selon le climat, la latitude et la géomorphologie. Toutefois, du N. au S., on peut distinguer trois régions naturelles : la façade baltique (694 km de côtes), basse et sablonneuse, échancrée par les golfes de Szczecin et de Gdańsk et limitée au S. par la chaîne morainique de l'inlandsis scandinave, parsemée de lacs ; la grande plaine centrale, en Grande Pologne*, en Cujavie*, en Mazovie* et en Podlachie*, la vallée étendue de l'Oder en Silésie* et celle de la Vistule en Galicie* ; la Pologne mon-

**Pologne.**

tagneuse, étroite bande au S. (seulement 3,1 % de la superficie totale du pays est à plus de 500 m), comprenant les Sudètes* et la partie septentrionale des Carpates* (→ **Beskides, Tatras**) ; point culminant du pays : le Rysy, dans les Tatras, 2 499 m. Les fleuves polonais, l'Oder et la Vistule, forment de grands systèmes hydrographiques couvrant la quasi-totalité du pays. Les lacs les plus grands sont Śniardwy (114 km²) au N.-E. et Mamry (104 km²) en Mazurie.

**ÉCONOMIE** Contrastant avec la structure physique simple et uniforme, l'organisation spatiale de la société, de l'économie et des infrastructures apparaît complexe. Ainsi, le réseau des transports est encore aujourd'hui marqué par l'héritage du partage entre les trois grandes puissances historiques voisines : l'Autriche, la Russie, la Prusse. Mis à part Varsovie, les plus fortes concentrations de population se trouvent dans le bassin minier de haute Silésie et le centre industriel et portuaire de Gdańsk, berceau du syndicat Solidarité* (Solidarność). En dépit du retard hérité du passé et des dévastations de la Deuxième Guerre mondiale, la Pologne a profondément modifié sa structure économique durant la période socialiste. L'industrie acquit alors une place dominante, mais demeura sous-productive et très polluante, conservant une structure de production et d'emploi typique de la première révolution industrielle avec une prépondérance du secteur énergétique et minier, de la métallurgie de base et des industries d'équipement. → **Silésie (haute).** **Mines et gisements** Outre la production d'acier et de fonte, les gisements de cuivre (autour de Legnica ; 1er producteur européen), de charbon, de plomb et de zinc (région de Katowice), de nickel, de chrome, et surtout de sel gemme (région de Cujavie) et de soufre (Tarnobrzeg) compensent la rareté des minerais de fer, du gaz naturel et du pétrole. **Les industries** Parmi les industries légères, l'industrie textile (Łódź, Wrocław, Białystok, Częstochowa, Bielsko-Biała, Legnica, Żyrardów) occupe toujours une place importante, tandis que les industries de l'alimentation, du cuir, du bois, du verre et de la construction, bien que très actives, restent insuffisantes. **Les productions agricoles** Dans le domaine agricole, un cinquième seulement des terres arables était en exploitation collective tandis que le secteur privé, pendant la période socialiste, continuait d'assurer près de 80 % de la valeur ajoutée, malgré l'hostilité des autorités politiques et le retard technique accumulé. En dépit de la médiocrité des sols et de la rudesse du climat, la Pologne demeure un gros producteur de denrées agricoles (céréales, betteraves à sucre, pommes de terre) et de produits de l'élevage (bovin et porcin), tout en ne couvrant pas ses besoins ali-

**Pologne** | Productions en 2008

| Produits | Quantités | Rang |
|---|---|---|
| **Agriculture** | | |
| Avoine | 1 450 000 t | 4e |
| Betteraves à sucre (2009) | 9 500 000 t | 8e |
| Blé (2009) | 9 700 000 t | 18e |
| Bois | 33 000 000 m³ | |
| Colza (2009) | 2 400 000 t | 6e |
| Maïs | 1 800 000 t | |
| Orge | 3 600 000 t | 13e |
| Pommes de terre (2009) | 9 200 000 t | 7e |
| Seigle | 3 600 000 t | 2e |
| Bovins (têtes) | 5 500 000 | |
| Porcins (têtes) | 14 200 000 | 9e |
| **Mines et énergie** | | |
| Argent | 1 300 t | 6e |
| Cuivre | 430 000 t | 11e |
| Gaz naturel | 4 500 000 000 m³ | |
| Houille | 145 000 000 t | 9e |
| Lignite | 60 000 000 t | 6e |
| Plomb | 90 000 t | 11e |
| Zinc | 130 000 t | 19e |

mentaires. **L'après 1990** Le bouleversement politique de 1990 et l'entrée en vigueur du libéralisme provoquèrent une crise de transition (spectaculaire inflation stabilisée en 1991, fort taux de chômage, chute du PNB). Toutefois, l'économie polonaise devint rapidement parmi les plus dynamiques des pays d'Europe de l'Est, bénéficiant de l'intérêt des investisseurs étrangers, attirés par la privatisation des grandes entreprises. Avec l'implantation de Fiat, Daewo, Volkswagen et General Motors, l'industrie automobile est l'un des piliers de l'économie, suivie par les produits pharmaceutiques. La croissance s'est accélérée en 2007 pour atteindre plus de 6,5 % mais elle a été freinée par la crise financière internationale à partir de 2009 (1,7 %). Cependant, la rigidité du système qui perdure et le chômage croissant encourageant une émigration galopante restent de lourds handicaps.

**HISTOIRE** **Les Piast** Les tribus slaves occidentales (Polanes, Vislanes, Poméraniens, Mazoviens) qui s'établirent dès le Ve s. à l'E. de l'Oder, entre la Baltique et les Carpates, notamment sur la haute Vistule autour de Cracovie (Vislanes) et dans le bassin de la Warta autour de Gniezno (Polanes), et dont la civilisation dériverait de la culture lusacienne (→ **Biskupin**), furent à l'origine de la formation de la nation polonaise, sous l'hégémonie des Polanes et de leur dynastie princière, les Piast*. ***De Mieszko à Ladislas Ier*** La naissance de l'État polonais est probablement antérieure (d'un siècle ou plus) aux débuts historiques de la Pologne sous Mieszko* Ier (v. 960 - 992), qui hérita de ses prédécesseurs de vastes territoires unifiés qui englobaient la Grande Pologne, la Cujavie, la Mazovie, autour du centre de Gniezno. Mieszko Ier conquit la Silésie, la Petite Pologne, soumit la Poméranie et plaça la Pologne sous la protection du pape, afin d'écarter la suzeraineté allemande. Son fils et successeur Boleslas Ier (992 - 1025), premier roi de Pologne (1025), s'empara de la Lusace et de la Bohême à l'O., de la Moravie et d'une partie de la Slovaquie au S., et envahit à l'E. la Russie kiévienne où il s'assura d'un territoire situé sur le haut Boug jusqu'à Brest, et le haut San avec Przemyśl. La majorité de ses conquêtes furent perdues sous le règne de son fils Mieszko II (1025 - 1034) qui reconnut la suzeraineté germanique. La crise monarchique qui suivit sa mort, aggravée par les insurrections populaires durant l'interrègne (1034 - 1039), prit fin sous les règnes de Casimir Ier (1039 - 1058) et Boleslas II (1058 - 1079), mais les réactions nobiliaires ramenèrent l'anarchie avec Ladislas Ier Herman (1079 - 1102). ***La désorganisation*** L'unité de la Pologne, provisoirement rétablie par Boleslas III (1102 - 1138) qui réannexa la Poméranie, fut à nouveau compromise par le partage du royaume ducal en principautés régionales en faveur de ses fils (→ **Ladislas II, Boleslas IV, Mieszko III, Casimir II**), dont les descendants, à leur tour, morcelèrent le pays en vingt-quatre duchés, provoquant ainsi une désorganisation politique (1139 - 1305) qui favorisa les ambitions des pays voisins. Les incursions prussiennes et lituaniennes, la pénétration du Brandebourg et de l'ordre Teutonique, suivies de l'invasion des Mongols battus à Legnica par Henri II le Pieux (1241), ainsi que le morcellement de la Silésie affaiblirent considérablement la Pologne en dépit de son essor économique favorisé par les infiltrations germaniques, notamment en Silésie et en Poméranie occidentale. ***De Wenceslas II à Hedwige*** La première tentative d'unification de l'État, amorcée par l'élection au trône de Pologne de Wenceslas II, roi de Bohême (1278 - 1305), puis de Wenceslas III (1305 - 1306), aboutit à la restauration de la monarchie des Piast avec Ladislas Ier Łokietek qui parvint à se faire couronner en 1320 et rassembla les principaux duchés, hormis la Silésie, la Poméranie et la Mazovie. Son fils Casimir III le Grand fut le véritable restaurateur de la Pologne (1333 - 1370). Il assura son essor com-mercial, économique et culturel (univ. de Cracovie) et ses assises territoriales en annexant la Galicie*, la Volhynie, la Podolie et la Mazovie, mais fut contraint d'abandonner la Silésie à la Bohême et la Poméranie à l'ordre Teutonique. Dernier descendant direct des Piast, il désigna pour héritier son neveu Louis Ier de Hongrie (1370 - 1382) dont la fille, Hedwige, fut élue reine de Pologne en 1384, après un interrègne de deux ans.

**Les Jagellons** Le mariage d'Hedwige avec Ladislas II Jagellon, grand-prince de Lituanie, élu conjointement en 1386, fut à l'origine de l'union polonolituanienne et de la dynastie des Jagellons*. La menace de l'ordre Teutonique combattu par Ladislas II, victorieux à Grunwald-Tannenberg* (1410), fut écartée sous Casimir IV (1447 - 1492), successeur de Ladislas III (1434 - 1444), à l'issue d'une guerre de treize ans (1454 - 1466), par la paix de Thorn (→ **Toruń**) qui restitua à la Pologne la Poméranie* orientale et Gdańsk. Cette période correspondit à l'apogée de l'art cracovien dans les domaines de l'architecture (églises gothiques), de la sculpture (V. Stoss*), de la peinture (polyptyques) et de l'enluminure (*Codex* de B. Behem). Sous le règne des fils de Casimir IV (→ **Jean Ier Albert**, 1492 - 1501 ; **Alexandre Ier**, 1501 - 1506 ; **Sigismond Ier**, 1506 - 1548), les luttes intestines entre la noblesse et l'aristocratie aboutirent à l'affaiblissement du pouvoir monarchique et à l'établissement d'une monarchie constitutionnelle (1505). Néanmoins, le droit de suzeraineté sur la Prusse orientale (1525), l'annexion de la Mazovie (1526) et, surtout, l'épanouissement de la Renaissance et le développement économique et culturel des villes polonaises (Cracovie, Varsovie, Gdańsk, Poznań) sous Sigismond Ier portèrent la Pologne à l'apogée de sa grandeur. ***Sigismond II*** La vie intellectuelle intensifiée par la propagation de l'humanisme (Copernic, Frycz-Modrzewski, Janicki), prit son essor avec la prose et la poésie polonaises qui supplantèrent la langue latine (Rej, Kochanowski) sous Sigismond* II (1548 - 1572), dont la tolérance religieuse et politique favorisa, outre la constitution des Églises réformées, l'annexion de la Livonie avec la Lettonie en 1561, la suzeraineté sur la Courlande et la fusion de la Pologne et de la Lituanie, consacrée par l'union de Lublin (1569).

**L'instabilité monarchique** ***D'Henri de Valois à Casimir V*** Le long interrègne qui suivit l'extinction de la dynastie jagellone à la mort de Sigismond II inaugura l'ère de la monarchie élective (diète de Varsovie, 1573) avec Henri de Valois (1573 - 1574), futur roi de France (Henri III), puis Étienne Báthory (1576 - 1586) qui, par ses succès sur Ivan le Terrible, s'assura la possession incontestée de la Livonie. De 1587 à 1688, la Pologne fut gouvernée par une branche catholique de la dynastie suédoise des Vasa*. L'instabilité monarchique et le succès de la Contre-Réforme propagée par les jésuites dès 1578 s'amplifièrent sous le règne de Sigismond III Vasa (1587 - 1632), qui transféra la capitale de Cracovie à Varsovie, tandis qu'à l'extérieur ses revendications au trône de Suède, ses ambitions orientées vers la Russie et la Baltique provoquaient un cycle de conflits (Suède, Russie, Turquie) qui entraînèrent, en dépit de l'attitude neutraliste de Ladislas IV (1632 - 1648), après l'insurrection des Cosaques de Khmelnitski en Ukraine (1648 - 1651), l'intervention des Russes en Pologne (1654) et la première guerre du Nord (1655 - 1660) sous Casimir V (1648 - 1668). ***De Jean III Sobieski à Stanislas Leszczyński*** Le pays, amputé de la Livonie (paix d'Oliwa*, 1660) et de l'Ukraine à l'E. du Dniepr (traité d'Androussovo*, 1667), affaibli par les pertes humaines et économiques, ne put retrouver sa puissance, malgré le prestige passager des succès militaires contre les Turcs à Khotine (1673), Żurawno (1676), et au Kahlenberg (1683) par Jean III Sobieski (1674 - 1696), successeur de Michel Wiśnowiecki (1669 - 1673), et de la restitution de la Podolie et d'une partie de l'Ukraine (traité de Karlowitz, 1699). Alors que la littérature se faisait le reflet de ces multiples conflits (W. Potocki*, W. Kochowski*), Jean III Sobieski réunit à la cour de Wilanów, près de Varsovie, des peintres étrangers (F. Desportes*) se vouant à la glorification du souverain, et développa le portrait dit «sarmate», expression de l'idéologie nationaliste et guerrière des Polonais. Devenue l'enjeu des puissances étrangères, la Pologne fut contrainte d'accepter l'élection d'Auguste II (1697 - 1733), électeur de Saxe, soutenu par l'Autriche et la Russie, au détriment de François-Louis de Conti élu en 1697, puis de Stanislas Leszczyński, imposé par la Suède (1704 - 1709) durant la deuxième guerre du Nord (1700 - 1721) et chassé par Auguste II après la victoire de Poltava (1709). ***La guerre de Succession de Pologne*** La guerre de Succession* de Pologne (1733 - 1738) provoquée par la double élection de Stanislas Leszczyński (1733 - 1736), élu par la diète de Varsovie avec l'appui de la France, et d'Auguste III de Saxe (1733 - 1763), candidat austro-russe, se termina par la victoire de ce dernier (traité de Vienne*, 1738), la consécration de la tutelle russe sur la Pologne étant confirmée à nouveau par l'élection de Stanislas II Poniatowski (1764 - 1795).

**Les partages de la Pologne** ***Le premier partage*** L'échec de l'insurrection des patriotes polonais contre l'ingérence de la Russie (Confédération de Bar*, 1768) précipita la dissolution de l'État, sur l'initiative de Frédéric II le Grand qui rallia Catherine II et Marie-Thérèse pour procéder au premier partage de la Pologne (1772). La Prusse s'empara de la Prusse occidentale à l'exception de Gdańsk et Toruń (36 000 km²), la Russie de la Lituanie à l'E. du Dniepr supérieur et au N. de la Duna (92 000 km²) et l'Autriche de la Galicie moins Cracovie (83 000 km²). Sous protectorat politique de la Russie, la Pologne (520 000 km²) réorganisa son enseignement par la création du premier ministère de l'Instruction publique (1773) et

**Pologne.** Le partage de la Pologne.

réussit à faire adopter par la diète de quatre ans (1788 - 1792) la Constitution du 3 mai 1791, qui instaurait la monarchie héréditaire et une série de projets de réforme. ▮ *Le deuxième partage* La confédération de Targowica* (1792) et l'intervention militaire de la Russie, opposée aux réformes, furent suivies du deuxième partage de la Pologne (traité de Grodno*, 1793) entre la Russie qui s'empara de l'Ukraine, de la Podolie et d'une partie de la Volhynie et de la Lituanie (250 000 km$^2$) et la Prusse qui gagna Gdańsk, Toruń* et la Grande Pologne avec Poznań (57 000 km$^2$). La réaction patriotique se manifesta par une insurrection nationale, militairement dirigée par Kościuszko*. ▮ *Le troisième partage* Mais sa défaite à Maciejowice*, conjuguée à la capitulation de Varsovie après le massacre de Praga* (oct. 1794, → **Souvorov**) aboutit l'année suivante au troisième partage de la Pologne (1795). La Prusse obtint Varsovie et les territoires à l'O. du Boug et du Niémen, la Russie le reste de la Volhynie, de la Lituanie et la Courlande, tandis que l'Autriche s'emparait du reste du territoire compris entre la Pilica et le Boug avec Cracovie. Après la disparition de l'État, de nombreux patriotes polonais dispersés à travers l'Europe constituèrent à l'appel de Dąbrowski* les «légions polonaises», qui jouèrent un grand rôle dans l'épopée napoléonienne, notamment lors de la création du grand-duché de Varsovie (1807 - 1814) formé par Napoléon Ier au profit de Frédéric-Auguste Ier de Saxe, avec des provinces enlevées à la Prusse au traité de Tilsit* (Mazovie, Gujavie, Posnanie) et durant les campagnes d'Autriche (annexion de la Galicie occidentale, Cracovie, Lublin) et de Russie. → **Poniatowski (Józef)**. ▮ *Le quatrième partage* À la chute de l'Empire, le congrès de Vienne* (1815) procéda à un quatrième partage de la Pologne. Le grand-duché, amputé des territoires restitués à la Prusse (Prusse occidentale, Posnanie, Gdańsk, Toruń) et à l'Autriche (Galicie, Lodomérie), passa sous l'autorité du tsar Alexandre Ier (à l'exception de Cracovie, érigée en république semi-autonome) sous le nom de *royaume de Pologne*, uni à l'Empire russe par le lien d'une Constitution propre.

▮ **Le XIXe siècle** ▮ *La russification* La lutte contre l'oppression tsariste, illustrée par une première insurrection (1830 - 1831, → **Czartoryski [Adam Jerzy]**), et violemment réprimée par Paskeevitch* après les défaites d'Ostrołęka* et de Varsovie, fut exaltée par la littérature romantique polonaise (Mickiewicz, Krasiński, Słowacki), dont les représentants s'étaient réfugiés en France lors de l'émigration massive de 1831 et la création de centres patriotiques à l'étranger (Chopin avait quitté la Pologne dès 1830) ; elle se solda après l'échec de l'insurrection de 1863 par une politique de répression et de russification. ▮ *La germanisation* Parallèlement, les insurrections de Cracovie (1846), aussitôt annexée par l'Autriche, et de Poznań (1848) [→ **Mierosławski**] provoquèrent en Pologne prussienne une germanisation intensive, tandis que la Pologne autrichienne parvenait à se faire accorder un statut d'autonomie (1861) qui favorisa, par une résistance légale, la résurrection du pays, à la veille de la Première Guerre mondiale. ▮ *Le mouvement Jeune Pologne* La politique culturelle relativement libérale de l'Empire austro-hongrois permit alors à la ville de Cracovie de devenir la capitale artistique de la Pologne démembrée. Le mouvement Jeune Pologne (Młoda Polska) s'exprima aussi bien au travers de la peinture que de la littérature (S. Przybyszewski*, J. Kasprowicz*, L. Staff*, S. Wyspiański*, K. H. Rostworowski*, W. S. Reymont*). Les transformations sociales qui suivirent la croissance économique de la Pologne occupée (indus. du charbon, de l'acier, des textiles) entraînèrent de nouveaux courants politiques (mouvements socialiste, paysan, nationaliste) dont les tendances révolutionnaires et patriotiques se manifestèrent sous forme de revendications nationales.

▮ **Le XXe siècle** ▮ *La Première Guerre mondiale* Dès 1908, Piłsudski*, réfugié en Galicie après l'échec de l'insurrection de Varsovie (1905), organisa une forte armée, qui combattit, sous le nom de «Légion polonaise», aux côtés des Austro-Hongrois contre les Russes en 1914. Durant la Première Guerre mondiale, la Pologne fut conquise par les Austro-Allemands (1915) et partagée en deux zones d'occupation (allemande avec Varsovie ; autrichienne autour de Lublin), puis réunie en 1916 avec la promesse de créer un royaume de Pologne indépendant doté dès janv. 1917 d'un Conseil d'État provisoire, puis d'un Conseil de régence (sept. 1917). Cependant, le Comité national polonais installé à Paris (1917) et présidé par Dmowski et Paderewski*, reconnu par les gouvernements alliés, recrutait une armée de volontaires qui combattirent les Allemands sous la direction de Haller*. La défaite successive de puissances qui s'étaient partagé la Pologne permit la proclamation du premier gouvernement indépendant (1918) dont Piłsudski fut élu chef d'État et Paderewski président du Conseil (janv. 1919). Ses frontières occidentales (approximativement celles de 1772) furent fixées au traité de Versailles* (1919) tandis qu'à l'E. la ligne Curzon*, provisoirement définie, était repoussée d'environ 150 à 200 km à l'E. du Boug, après la guerre polono-soviétique et la victoire de Piłsudski (aidé de Sikorski* et Weygand*), par le traité de Riga*. Ces acquisitions furent complétées par la restitution de toute la Galicie et d'une partie de la haute Silésie (avec Katowice). ▮ *L'entre-deux-guerres* À l'intérieur, la Constitution de 1921 établit un régime démocratique et parlementaire mais, devant l'instabilité gouvernementale, Piłsudski (retiré depuis 1922) s'empara du pouvoir par un coup d'État militaire (1926), fit élire Mościcki président de la République et exerça jusqu'en 1935 une dictature, qui fut maintenue après sa mort par Rydz*-Śmigły (1935 - 1939). Sur le plan culturel, l'indépendance favorisa l'éclosion de mouvements artistiques non plus liés au nationalisme mais ouverts aux influences étrangères : les groupes Scamandre (J. Tuwim*, A. Słonimski*) et Avant-Garde (T. Peiper*, J. Przyboś*) en littérature ; l'unisme (W. Strzemiński) en peinture. À l'approche de la guerre, la littérature prit des accents plus tragiques, parfois dans l'absurde (C. Miłosz*, M. Jastrun*, K. I. Gałczyński*, W. Gombrowicz*). ▮ ***La Deuxième Guerre mondiale*** Durant la Deuxième Guerre mondiale, dont la cause immédiate fut la revendication de Hitler sur le couloir de Dantzig* (→ **Gdańsk**), la Pologne, envahie par les troupes allemandes sans déclaration de guerre (1er sept. 1939), puis par l'armée soviétique dans sa partie orientale (17 sept.), fut submergée en moins d'un mois (capitulation de Varsovie*, 27 sept.) et partagée entre l'Allemagne (Pologne occidentale avec Varsovie, Cracovie) et l'URSS (Ukraine, Biélorussie). Tandis que les membres du gouvernement polonais réfugiés en France (1939) puis à Londres (1940) reconstituaient un gouvernement et une armée nationale sous le commandement du général Sikorski, la nation polonaise, déjà persécutée dans la zone soviétique (déportations en Sibérie, massacre de Katyn*), fut réduite, dans la zone d'occupation nazie, à un système d'oppression et de destruction sans précédent. Outre la déportation de deux millions et demi de Polonais condamnés au travail forcé en Allemagne, plus de six millions de Polonais, dont nombre de Juifs, furent exterminés dans les camps (→ **Auschwitz, Bełżec, Birkenau, Chełmno, Majdanek, Sobibór, Treblinka**) et les ghettos (notamment à Varsovie, Łódź, Lublin). ▮ ***La résistance*** La résistance polonaise était divisée en deux tendances : l'une, antiallemande et antisoviétique, fut soutenue par Londres et anéantie par les Allemands, sans que les Russes aient cherché à intervenir, lors de l'insurrection de Varsovie (1er août - 2 oct. 1944) ; l'autre, procommuniste, fut constituée à Lublin avec l'aide de l'Union soviétique et transférée à Varsovie (après sa libération par les troupes polono-soviétiques) sous le nom de gouvernement provisoire (17 janv. 1945). ▮ ***L'après-guerre*** Au lendemain de la libération, la Pologne, dont les frontières furent fixées par les conférences de Téhéran, de Yalta* (fév. 1945) et de Potsdam* (août 1945) à la ligne Curzon* à l'E. et à la ligne Oder*-Neisse à l'O., renonça à l'Ukraine et à la Biélorussie, mais retrouva, en revanche, ses droits sur la Silésie, la Poméranie et la Mazurie. ▮ ***La République populaire*** Au gouvernement d'Union nationale formé en juin 1945 succéda en 1947 un «bloc démocratique» dirigé par le parti ouvrier et le parti socialiste (→ **Gomułka, Cyrankiewicz**) qui fusionnèrent en un parti ouvrier unifié dont le secrétariat général fut assumé par le président Bierut* (1948). Le caractère socialiste du nouvel État, sous l'influence étroite de l'URSS, fut confirmé par la nomination du maréchal soviétique Rokossovski (nov. 1949) au poste de ministre de la Défense, et précisé par la Constitution de la République populaire de Pologne (1952) qui remplaça la présidence de la République par un Conseil d'État. Cependant, le mécontentement croissant de la majorité catholique, après l'arrestation du cardinal Wyszyński*, et de la classe ouvrière et paysanne contre la soviétisation, malgré les nationalisations effectuées, aboutit à la suite des émeutes de Poznań (juin 1956) au retour de Gomułka (exclu du parti en 1949) et à de larges réformes libérales («Octobre polonais»), bien que la politique extérieure de la Pologne restât fondée sur l'alliance avec l'URSS. La crise économique et sociale ayant provoqué des soulèvements ouvriers en 1970 (Gdańsk*, Sopot), Gomułka dut démissionner. ▮ ***Solidarność et Jaruzelski*** Son successeur, E. Gierek*, réprima des grèves en 1976, mais en 1980 les mouvements syndicaux regroupés par l'organisation Solidarność («Solidarité*»), conduite notamment par Lech Wałęsa*, obtinrent la création de syndicats indépendants et autogérés, ainsi que la libération de prisonniers politiques. Gierek fut remplacé par S. Kania (8 sept.) à la tête du parti. Devant les revendications de Solidarność, appuyées par des manifestations nombreuses et par l'Église catholique, extrêmement influente, le parti communiste (POUP) était désemparé. La pression soviétique se fit explicite en sept. 1981, au moment du congrès de Solidarité. En octobre, S. Kania fut remplacé par le général Jaruzelski, déjà chef du gouvernement. En décembre 1981 fut proclamé l'«état de guerre» (levé en juil. 1983) et l'arrestation de L. Wałęsa (libéré en nov. 1982). Manifestations et arrestations se multiplièrent. C'est dans ce climat que survint, en oct. 1984, l'affaire, compromettante pour l'image du régime, du père J. Popiełuszko (torturé et assassiné par des officiers de la police politique). En 1989, Solidarność fut légalisé. Jaruzelski fut élu à la présidence de la République et un Premier ministre non communiste, issu de Solidarność, fut nommé, T. Mazowiecki. ▮ ***La Pologne anticommuniste*** En 1990, l'élection présidentielle au suffrage universel donna la victoire à L. Wałęsa, mais après les élections législatives de 1991, celui-ci fut contraint de gouverner avec une coalition centriste puis, après celles de 1993, de cohabiter avec un gouvernement dirigé par la gauche excommuniste. Une crise politique s'ensuivit qui vit la défaite à la présidentielle de Wałęsa en faveur d'A. Kwaśniewski (SLD, Union de la gauche démocratique) en 1995. Le SLD fut temporairement éloigné du pouvoir par l'AWS (alliance électorale de Solidarité), entre 1997 et 2001, en raison de scandales politiques et de sa tentation de réduire la place de l'Église.

▮ ***La Pologne au XXIe siècle*** C'est sous le gouvernement de coalition du parti du président Kwaśniewski avec l'Union du travail (socialiste) et le PSL (parti paysan) que la Pologne réalisa son entrée dans l'OTAN et dans l'UE en 2004. La droite revint au pouvoir en 2005, portée par les urnes à la fois avec l'élection à la présidentielle de Lech Kaczynski, et avec la nomination de son frère jumeau Jaroslav Kaczynski au poste de Premier ministre en charge d'un gouvernement formé du parti Droit et Justice (PiS), des populistes de Samoobrona (autodéfense paysanne) et de la Ligue des familles polonaises, ultracatholique et nationaliste. Cette coalition éclata en août 2007 et, aux législatives anticipées qui s'ensuivirent, le PiS fut distancé par le parti Plateforme civique (PO, centre droit) de Donald Tusk, qui devint Premier ministre. Il est partisan d'une politique économique résolument libérale et d'un resserrement des liens avec l'UE.

---

**POLOGNE (GRANDE)** – en polon. ***Wielkopolska*** ♦ Région géographique de la Pologne, située à l'E. de l'Oder, entre la Poméranie au N. et la Silésie au S. Baignée par la Warta et ses affl. (Noteć, Obra, Prosna), elle est principalement constituée par les anc. régions de Posnanie et de Cujavie. — *Voïvodie de Grande-Pologne.* 29 826 km². 3 378 500 hab. CH.-L. : Poznań.

**POLOGNE (PETITE)** – en polon. ***Małopolska*** ♦ Région géographique de la Pologne, située à l'intérieur de la courbe formée par la Vistule entre Cracovie et Varsovie, et composée par un ensemble de plateaux boisés comprenant le massif de Łysa Góra. La Pilica, la Warta et la Prosna y prennent leur source. — *Voïvodie de Petite-Pologne.* 15 183 km². 3 271 200 hab. CH.-L. : Cracovie.

**POLONCEAU (Antoine Rémy)** ♦ Ingénieur français (Reims 1778 - Roche, Doubs 1847). Constructeur des routes du Simplon (1801), du Lautaret (1808), il aménagea la route des Échelles et acheva celle du Mont-Cenis. ♦ **Barthélemy Camille Polonceau.** Ingénieur français (Chambéry 1813 - Viry-Châtillon 1859). Fils du précédent. Il construisit la ligne de chemin de fer Paris-Versailles et dirigea l'exploitation de plusieurs autres lignes. Il conçut, pour les halles rectangulaires, le système de combles avec arbalétriers en bois ou en fer et tirants en fer *(procédé Polonceau).*

**POLONNĀRUWA** ♦ Anc. cité du N. de l'île de Sri Lanka, cap. d'un royaume bouddhique du VIIIe au XIIIe s. Les monuments qu'elle renferme en ont fait un site archéologique important et un lieu de pèlerinage pour les bouddhistes. Tourisme.

**Polonnāruwa.** Le Parinirvāna du Bouddha (l : 15 m).
*Phot. © Prato/Ricciarini*

**POLOTSK** → **Polatsk**

**POLOTSKI (Samouil Emelianovitch PETROVSKI-SITNIANOVITCH, dit Siméon)** ♦ Poète et prédicateur russe (Polotsk 1629 - Moscou 1680). Il introduisit en Russie le vers syllabique régulier (*Le Jardin multicolore,* 1678) et donna naissance au théâtre russe (*Nabuchodonosor,* 1674 ; *L'Enfant prodigue,* 1673 - 1678).

**POL POT (Saloth SAR, dit)** ♦ Homme politique cambodgien (Prek Sbauv, prov. de Kompong Thom 1928 - N.-O. Cambodge 1998). Devenu, après des études en France, secrétaire général du Parti communiste khmer (PCK) en 1962, il prit le maquis. Pendant la guerre (1970 - 1975), il dirigea les opérations militaires. Premier ministre khmer rouge en 1976, il fut le grand responsable du régime d'atrocités. Après l'invasion vietnamienne (déc. 1978), il anima la résistance. Après 1985, il fut officiellement déchargé de toute fonction, mais il continua à jouer un rôle occulte essentiel. Affaibli par la maladie, abandonné par certains fidèles, il fut condamné à une résidence surveillée après une parodie de procès (juin 1997), et mourut peu après.

**POLTAVA** ♦ V. d'Ukraine, ch.-l. de région, à l'O. de Kharkiv, sur la Vorskla (affl. du Dniepr). 309 060 hab. Important nœud ferroviaire et marché agricole. Indus. alimentaire. Travail du bois. Prod. de diamants synthétiques. ▮ ***Histoire*** Charles XII, roi de Suède, qui assiégeait la place depuis trois mois, y fut vaincu par Pierre le Grand (juil. 1709). La défaite mit fin à l'hégémonie suédoise dans la Baltique. Auguste II, électeur de Saxe, chassa Stanislas Leszczyński et remonta sur le trône de Pologne, tandis que Charles XII, après avoir demandé l'asile au sultan ottoman Ahmet III, se réfugia à Bendery avec Mazeppa, son allié.

**POLTROT (Jean DE), sieur DE MÉRÉ** ♦ Gentilhomme français (château de Méré, près de Bouex, Angoumois, v. 1533 - Paris 1563). Rallié à la Réforme, il semble avoir formé très tôt le projet de tuer le duc de

Guise*, chef de l'armée catholique, et réussit à le blesser mortellement lors du siège d'Orléans (1563). Arrêté, Poltrot fut mis à la question. Il déclara avoir agi avec des complices et à l'instigation de Coligny* ; mais rien ne confirma ses allégations ; condamné à mort, il fut écartelé.

**POLYBE** → ÉTYM. en gr. *Polubios*, de *polu* «beaucoup» et *bios* «vie» ♦ Historien grec (Megalopolis, Arcadie, v. -202 - v. -120). Officier de la ligue Achéenne*, il fut livré en otage à Rome où il resta seize ans. Son amitié avec Scipion Émilien lui permit de connaître des hommes politiques et d'avoir accès aux archives. Il voyagea en Italie, en Espagne, en Gaule et accompagna son protecteur dans ses campagnes contre Carthage et Numance. Admirateur inconditionnel de Rome, il essaya d'empêcher la révolte des villes grecques et entretint une polémique contre leurs chefs, mais il exerça son influence pour adoucir le sort des vaincus. Ses ouvrages *Vie de Philopœmen, Guerre de Numance* et *Traité de tactique* sont perdus. Ses *Histoires* en 40 livres, dont il nous reste les 5 premiers et d'importants fragments des suivants, embrassent la période de -220 à -146 après un aperçu des époques antérieures. L'hégémonie romaine y paraît le fait de facteurs concrets et moraux, notamment de la supériorité de la constitution romaine. Polybe rejette l'histoire comme variété de l'éloquence, de l'érudition ou de la poésie. Il établit que l'histoire doit être universelle et pragmatique, fondée sur une vaste expérience politique et militaire, appuyée sur la géographie et éclairée par la philosophie. Au-delà des causes immédiates il fait prévaloir les causes déterminantes telles que les religions, les institutions, l'organisation militaire et la puissance économique, tout en admettant le rôle de la personnalité et du hasard *(tukhê)*.

**POLYCARPE** (saint) → ÉTYM. en gr. *Polukarpos* «riche en fruits», de *polu* «beaucoup» et *karpos* «fruit» ♦ (IIe s.). Père apostolique, évêque de Smyrne où il mourut martyr en 155 ou 177. ▪ Fête le 23 février.

**POLYCLÈTE** → ÉTYM. en gr. *Polukleitos* «très illustre» ♦ Sculpteur grec (-Ve s.), originaire de Sicyone*. Il n'est pas certain qu'il fût un élève d'Agéladas*, mais il sortit de l'école d'Argos*, sa patrie adoptive, et fut le plus célèbre bronzier de ce centre artistique. Il travailla aussi à Athènes* en même temps que Myron* et Phidias* à qui il fut parfois comparé. Traduisant dans la plastique le courant rationnel et peut-être même les recherches mathématiques des pythagoriciens, Polyclète est le sculpteur de l'harmonie du corps humain dont il codifia les proportions dans son fameux *canon* (la règle) basé sur le nombre et le module (par ex. sept têtes dans la hauteur du corps). Le parfait équilibre du corps viril au repos est dû en grande partie à cette perfection quasi doctrinale. On a conservé des copies fidèles de ses athlètes en bronze, dont le *Diadumène** et le *Doryphore**. Sa statue chryséléphantine d'Héra (-420) a disparu.

**POLYCRATE** → ÉTYM. en gr. *Polukratês* «très puissant» ♦ Tyran de Samos (de -535 à -522). Sous son gouvernement, l'île connut son apogée et domina dans la mer Égée. Polycrate défit les Lesbiens et leurs alliés Milésiens, s'allia aux Égyptiens, puis les abandonna pour l'alliance avec les Perses, tout en complotant pour enlever à ceux-ci l'Ionie. Attiré dans un guet-apens par le satrape de Sardes, il fut fait prisonnier et périt crucifié. Célèbre pour ses pirateries et ses cruautés, Polycrate protégea pourtant les sciences et les arts. Il accueillit Anacréon* et embellit Samos.

**POLYEUCTE** (saint) → ÉTYM. «très désiré», du gr. *polu* «beaucoup, longtemps» et *eukhomai* «adresser une prière, désirer» ♦ Officier romain, martyr à Mélitène en Arménie v. 250. La notice que lui consacre Siméon Métaphraste, hagiographe du Xe s., fournit à P. Corneille le point de départ de sa tragédie, *Polyeucte**.

**Polyeucte** ♦ Tragédie en 5 actes, en vers, de P. Corneille* (1643), dont le sujet est emprunté à un récit de Siméon Métaphraste. Seigneur arménien, Polyeucte a épousé Pauline, fille de Félix, gouverneur romain d'Arménie, qui a reçu de l'empereur Décius la mission de poursuivre les chrétiens. Tandis qu'entraîné par son ami Néarque, Polyeucte va recevoir le baptême, apparaît Sévère, chevalier romain, que Pauline a aimé autrefois, mais à qui Félix a refusé la main de sa fille. Devenu favori de l'empereur, Sévère inquiète Félix qui redoute maintenant son ressentiment. À la requête de son père, Pauline le rencontre et lui laisse entendre qu'elle n'a point cessé de l'aimer, mais qu'elle demeurera fidèle à Polyeucte. On apprend alors qu'animé d'une sainte fureur celui-ci vient de détruire les idoles païennes. Emprisonné, invité à renoncer à sa foi, il ne se laisse fléchir ni par les menaces de Félix ni par les larmes de Pauline. Résolu au martyre, il confie Pauline à Sévère. Le rayonnement de la grâce chrétienne opère alors un prodige, Pauline et Félix se convertissent, tandis que Sévère s'engage à défendre la cause des chrétiens auprès de Décius.

**POLYGNOTE** [pɔlignɔt] → ÉTYM. en gr. *Polugnôtos* «très connu, célèbre» ♦ Peintre grec (Thasos v. -500 - v. -440), le plus illustre de son siècle. Il travailla surtout à Athènes, sa patrie adoptive, où il décora notamment la *Stoa Poikilê* («Portique peint»), à Delphes (la Lesché des Cnidiens) et à Platées. Les thèmes de ses vastes peintures murales étaient tirés de la tradition légendaire (la prise de Troie, l'évocation des morts par Ulysse ou *Nekyia*). Sa principale innovation consistait dans la distinction des plans superposés par la répartition des figures sur un terrain conventionnellement accidenté. Il remplaçait ainsi l'alignement en frise, introduisant en quelque sorte une notion de perspective et de paysage. Brisant la rigidité archaïque, il arrêtait sur les physionomies l'expression psychologique et le caractère moral des personnages. Ses fresques ne nous sont connues que par des descriptions et par des transpositions dans le décor céramique. Le cratère d'Orvieto (musée du Louvre), décoré par le peintre des Niobides, traduit typiquement le style de Polygnote dans la céramique.

**POLYMNIE** ou **POLHYMNIE** – en gr. *Polumnia* ♦ Une des Muses*, dont les attributions varient selon les auteurs. Elle préside à l'hymne, à la pantomime ou à la poésie lyrique, mais on lui attribue aussi l'invention de l'harmonie, de l'orchestique et parfois de la géométrie.

**POLYNÉSIE** n. f. → ÉTYM. «pays des îles nombreuses», du gr. *polus* «nombreux» et *nêsos* «île» ♦ Ensemble d'îles du centre du Pacifique qui s'étend à l'E. de l'Australie, de la Mélanésie et de la Micronésie. Elle est constituée d'îles et d'archipels, situés à l'intérieur d'un triangle dont les sommets seraient Hawaii* au N., la Nouvelle-Zélande au S., et l'île de Pâques* à l'E. ; elle inclut les îles Gilbert, Wallis et Futuna, Tonga, Phoenix, Samoa, Cook, Christmas, la Polynésie* française. On distingue les *îles hautes*, de nature volcanique et montagneuse, entourées d'un récif frangeant et souvent, au large, d'un récif barrière réservant un lagon riche en poissons, et les *îles basses* formées par la partie émergée d'un haut fond corallien enserrant un lagon et qui s'est développé sur les parois d'anciens volcans sous-marins, d'où leur aspect généralement circulaire. À part Magellan qui n'aperçut âme qui vive durant sa traversée du Pacifique central, et Mendaña* de Neyra qui reconnut les îles Marquises en 1595, l'Europe ne découvrit la Polynésie qu'au cours des grandes navigations scientifiques du XVIIIe s. → **Cook, Bougainville, Wallis.**

**POLYNÉSIE FRANÇAISE** n. f. ♦ Partie de la Polynésie centrale qui regroupe près de 130 îles, îlots et atolls et forme un pays d'outre-mer français (POM). 4 200 km². 219 521 hab. *(Polynésiens)*. → **Océanie** (carte). Elle est formée de 5 archipels : îles Marquises, îles Gambier, îles de la Société, îles Australes ou Tubuaï, atolls des Tuamotu. CAP. : Papeete. ▮ **Géographie** Toutes, sauf les Tuamotu, sont des îles hautes, montagneuses et d'origine volcanique ; l'intérieur, couvert par la forêt dense et traversé par des rivières, est généralement inhabité, mais les Polynésiens, habitués à vivre sur l'étroite plaine côtière qui borde le lagon, commencent, du fait de la pression démographique, à occuper les hauteurs intermédiaires. Le climat est tropical humide avec des précipitations dépassant 2 000 mm. Le taro, l'igname, les bananes et une multitude de légumes et de fruits, dont celui de l'arbre à pain, suffisent à nourrir la population, sauf parfois sur les atolls. Les agrumes sont cultivés dans la montagne. La pêche en lagon joue un rôle essentiel. On élève le porc et la volaille, parfois du gros bétail, des chèvres et des chevaux sur les hauteurs. Le commerce de détail est assuré par une communauté chinoise très intégrée. Exportation : coprah, vanille, nacre, perles. L'installation du centre d'expérimentation du Pacifique (CEP) aux Tuamotu (Mururoa et Fangataufa), en 1964, a entraîné l'arrivée de nombreux Européens. Il en est résulté de profonds bouleversements économiques et culturels et une prospérité reposant sur la seule politique militaire de la France. Le centre a fermé en 1996. Le tourisme se développe (200 000 visiteurs/an). Papeete est le seul centre urbain important. ▮ **Histoire** La Polynésie centrale a été l'une des dernières régions d'Océanie à accueillir les migrations venues de l'O., et l'absence d'argile explique la rareté des poteries anciennes découvertes. Et plus on avance vers l'E., moins les plantes domestiquées sont nombreuses. D'après les traditions orales, l'archipel de la Société serait le centre de la dispersion des Polynésiens, venus de l'O., en direction du N. (Hawaii), du S.-O. (Nouvelle-Zélande) et de l'E. (île de Pâques, îles Australes). Mis à part les îles Marquises*, les îles de la Polynésie française ont été découvertes progressivement par les Européens (→ **Gambier, Société, Tuamotu**) et furent l'objet d'une forte rivalité franco-britannique, notamment à travers les missions religieuses. → **Tahiti.** D'abord Établissements français de l'Océanie* (à partir de 1885), les îles devinrent en 1946 un territoire d'outre-mer (TOM) dans le cadre de l'Union* française. En 1958, elles prirent le nom de TOM de Polynésie française puis de collectivité d'outre-mer. Le statut de 1984 a doté la Polynésie française d'une Assemblée territoriale (dénommée Assemblée de la Polynésie française depuis 1996 et comptant 57 représentants depuis 2004) qui élit un Conseil des ministres parmi ses membres ainsi qu'un président. Elle est représentée à l'Assemblée nationale française par 2 députés, et le gouvernement français, de son côté, à l'Assemblée territoriale par un haut-commissaire. L'autonomie interne a été renforcée par les lois organiques de 1996 et de 2004.

**POLYNÉSIENS** n. m. pl. ♦ Population très mélangée de la Polynésie. Excepté les Papous, leur langue de base est proche de celles des Mélanésiens et des Micronésiens. Avant les fouilles archéologiques systématiques entreprises depuis 1950 et l'utilisation du radiocarbone, trois théories sur leur origine s'affrontaient : les Polynésiens seraient les survivants d'un continent aujourd'hui effondré, hypothèse émise dès les voyages de Cook* ; la migration à partir de l'Amérique du S., théorie popularisée par l'expédition du *Kon-Tiki* de Thor Heyerdahl ; selon P. H. Buck, il s'agirait de l'arrivée de populations venues du S.-E. asiatique à travers la Micronésie. L'étude des poteries de type Lapita* trouvées en Mélanésie et en Polynésie occidentale permet dès lors d'envisager un peuplement de la Polynésie par des populations de langues austronésiennes venues d'Asie orientale il y a quatre millénaires à travers les archipels mélanésiens et peut-être micronésiens.

**POLYNICE** → ÉTYM. en gr. ***Poluneikês*** «qui aime les querelles» ♦ L'un des fils nés de l'union incestueuse d'Œdipe* et de Jocaste*. Après le refus d'Étéocle* de lui rendre le trône de Thèbes* à l'expiration de son mandat annuel, il se rend auprès d'Adraste*, roi d'Argos, et prépare l'expédition des Sept* Chefs. → **Sept contre Thèbes.** Les deux frères se tuent dans un combat singulier et Créon*, le nouveau tyran, interdit toute sépulture à Polynice. → **Antigone, Ismène.**

**POLYPHÈME** – en gr. ***Poluphêmos*** ♦ L'un des Cyclopes*, fils de Poséidon* et héros d'un célèbre épisode de *L'Odyssée**. Il capture Ulysse* et ses compagnons dans son antre, en Sicile, et dévore deux d'entre eux à chaque repas. Le soir, Ulysse lui offre du vin et, quand le Cyclope ivre s'endort, il aiguise un énorme pieu, le fait rougir au feu et, aidé par ses compagnons survivants, l'enfonce dans l'œil unique du Cyclope. Polyphème appelle en vain à l'aide ses frères qui le croient fou parce qu'il injurie «Personne», nom sous lequel Ulysse s'était astucieusement présenté. Le matin, les Grecs réussissent à sortir accrochés sous le ventre des brebis qui sortent pour aller au pâturage, malgré la vigilance du Cyclope aveuglé qui tâte le dos de chaque bête devant le seuil. Ayant regagné leur navire, les rescapés prennent la mer. Le héros alors lui crie que c'est lui, Ulysse, qui l'a aveuglé et le Cyclope lance en direction de la voix des rochers qui soulèvent de fortes vagues. L'acte d'Ulysse lui coûte la haine de Poséidon. ▪ Héros d'un drame satyrique d'Euripide *(Le Cyclope)*, Polyphème est, dans une idylle de Théocrite, l'amoureux de la Néréide Galatée*. Celle-ci lui préfère le jeune berger Acis*, et Polyphème se venge en écrasant son rival sous un énorme rocher.

**POLYXÈNE** → ÉTYM. en gr. ***Poluxenê*** «très hospitalière» ♦ Princesse troyenne, fille de Priam* et d'Hécube*. Selon une tradition post-homérique, elle est aimée par Achille, qui est prêt à trahir les Grecs pour son amour. Elle est sacrifiée, après la prise de Troie, par le fils d'Achille, Pyrrhos*.

**POMARÉ** → ÉTYM. tahitien «la nuit *(po)* de la toux *(mare)*» (Vairaatoa prit ce nom [→ Pomaré Ier] à la suite d'une quinte de toux une nuit de combat) ♦ Dynastie qui régna à Tahiti de 1762 à 1880. ♦ **POMARÉ Ier** (v. 1743 - 1803). Roi de Tahiti depuis 1762, il accueillit le capitaine Cook*. Il eut à combattre plusieurs insurrections. Ce ne fut qu'à l'époque de son abdication en faveur de son fils qu'il prit le nom de Pomaré. ♦ **POMARÉ II** (1780 - 1821). Roi de Tahiti (1803 - 1821). Fils du précédent. Il résolut de convertir ses sujets au christianisme après s'être converti lui-même. Il en résulta une insurrection dont il triompha après de sanglants combats qui décimèrent la population. Il laissa alors son trône à son fils Teriltaria qui lui succéda sous le nom de POMARÉ III. Celui-ci mourut en bas âge et fut remplacé par sa sœur Aimata (1813 - 1877), qui régna sous le nom de POMARÉ IV. Elle dut accepter en 1843 le protectorat français. Renversée en 1852, puis rétablie par la France, elle abdiqua en faveur de son fils. Celui-ci, POMARÉ V, abdiqua à son tour en 1880 après avoir cédé les îles Marquises à la France.

**POMBAL (Sebastião Jose DE CARVALHO E MELO,** marquis **DE)** ♦ Homme politique portugais (Lisbonne 1699 - Pombal 1782). Ambassadeur à Londres, puis à Vienne, ministre des Affaires étrangères, il fut nommé Premier ministre, par Joseph* Ier, en 1755 et resta le maître tout-puissant du Portugal jusqu'en 1777. Très cultivé, travailleur acharné et homme politique ambitieux, il établit un régime de despotisme éclairé et entreprit de restaurer l'autorité de l'État, ainsi que de moderniser et de développer l'économie portugaise. À la rénovation de l'administration et de l'armée s'ajoutèrent des mesures en faveur de l'agriculture (mise en valeur de l'Alentejo), de l'industrie et du commerce (réforme des douanes et des finances). Aux colonies, il fonda les compagnies de Pernambouc, Para et Maranhão. Il brisa la révolte de la noblesse (1755) et fit expulser les jésuites du royaume et des colonies portugaises (1759). Après le tremblement de terre de 1755, il mena la reconstruction de Lisbonne*, dont il redessina les plans. Mais sa politique anticléricale et ses méthodes tyranniques entraînèrent son renvoi par Marie* Ire de Bragance (1777).

**POMÉRANIE** n. f. → ÉTYM. en all. ***Pommern,*** en polon. ***Pomorze,*** slave «le long de *(po)* la mer *(more)*» ♦ Région historique d'Allemagne située sur la Baltique, et qui était comprise entre le Mecklembourg, la Prusse et le Brandebourg (ses limites ont varié). Les Slaves y succédèrent aux tribus germaniques (Ve - VIe s.) et pendant tout le Xe s., elle fut en butte à des tentatives de conquête et de conversion de la part de la Pologne. L'évangélisation en fut effectivement entreprise au XIIe s. par Othon* de Bamberg, tandis qu'elle se séparait en 2 principautés : la Pomérélie, ou *Poméranie-Ultérieure,* dont la possession passa de la Pologne à l'ordre Teutonique (XIVe s.) puis de nouveau à la Pologne (XVe s.), à la Prusse en 1772 (premier partage de la Pologne), et enfin, pour la plus grande partie, à la Pologne en 1919, Gdańsk* étant une ville libre ; la *Poméranie* proprement dite, duché d'Empire dès le XIIe s., divisée aux XIVe - XVe s. et de nouveau réunie en 1478, qui fut disputée par la Suède et le Brandebourg au XVIIe s. Le traité de Westphalie* donna les territoires de l'O. de l'Oder à la Suède et ceux de l'E. au Brandebourg. La Prusse agrandit ses possessions après les guerres du Nord et réunit tout le pays en 1814. Depuis 1945, la partie située à l'E. de l'Oder a été laissée à la Pologne (ligne Oder*-Neisse), les Allemands en ayant été expulsés. À l'O. de l'Oder, la Poméranie antérieure *(Vorpommern)* a fusionné avec le Mecklembourg (Land de Mecklembourg*-Poméranie-Antérieure). ▪ *Voïvodie de Poméranie.* 18 293 km². 2 217 400 hab. CH.-L. : Gdańsk. — *Voïvodie de Poméranie occidentale.* 22 902 km². 1 735 900 hab. CH.-L. : Szczecin.

**POMÉRÉLIE** n. f. → **Poméranie**

**POMEROL** [33500] → ÉTYM. du lat. *pomarium* «verger» et suff. *-olum* ♦ Comm. de la Gironde, arr. de Libourne. 848 hab. *(Pomerolais).* Viticulture (pomerol, lalande-de-pomerol).

**POMMARD** [21630] ♦ Comm. de la Côte-d'Or, arr. de Beaune, au pied de la côte de Beaune, sur l'Avant-Dheune. 594 hab. *(Pommardois).* Celliers voûtés du château de Commaraine (XIVe s.). ▪ Viticulture (côtes-de-beaune), crus célèbres de bourgognes rouges.

**POMMERAYE (LA)** [49620] → ÉTYM. «pommeraie» ♦ Comm. du Maine-et-Loire, arr. de Cholet, près de la Loire. 3 623 hab.

**POMODORO (Arnaldo)** ♦ Sculpteur italien (Morciano di Romagna 1926). Associé au mouvement de l'abstraction informelle, puis à l'art concret, il emprunte pour la construction de ses sculptures des éléments de machinerie tels que des roues ou des mécanismes en bronze (*Grande Omaggio alla Civiltà tecnologica,* 1960 - 1964 ; *Sfera con sfera,* 2000). Il laisse parfois aux spectateurs la responsabilité de réaliser eux-mêmes ses sculptures, à partir des matériaux donnés.

**POMONE** ♦ Nymphe protectrice des fruits *(pomum)* dans la religion romaine. Les poètes lui attribuent de nombreuses aventures amoureuses avec Silvain, Picus et Vertumne, dont elle est la femme selon Ovide. Le retour des saisons et de la maturation des fruits serait l'image de leur éternelle fidélité.

**POMOTU(S)** ou **PAUMOTU(S)** n. m. (pl.) ♦ Habitants de l'archipel Tuamotu*.

**POMPADOUR (Jeanne Antoinette POISSON,** marquise **DE)** ♦ Favorite de Louis XV (Paris 1721 - Versailles 1764). Fille d'un financier, elle épousa un fermier général, Le Normant d'Étiolles, et brilla dans les salons (elle fréquentait celui de Mme de Tencin*, de Mme Geoffrin* et était liée à Fontenelle, Voltaire, Crébillon). Devenue la maîtresse du roi (1745), elle sut conserver son amitié jusqu'à sa mort, par son art de le distraire. Favorite officielle, elle était plus ou moins tolérée de la famille royale et, détestée de la cour, elle se trouva en butte à de multiples cabales. Elle protégea les artistes et les fit travailler plus qu'elle ne les influença, faisant aménager ses nombreuses résidences (l'hôtel d'Évreux, futur Élysée, La Celle, Bellevue, Champs). Sa seule influence réelle fut d'intéresser Louis XV à la manufacture de Sèvres et de placer son frère Abel Poisson, marquis de Marigny, à la direction des bâtiments (1751) où il se montra un bon administrateur et un adversaire du style rocaille, pourtant appelé style Pompadour. Elle resta l'amie des écrivains et des philosophes, réconciliant Voltaire avec le roi, et protégea l'*Encyclopédie.* Son influence politique fut probablement limitée au soutien qu'elle accorda à ses amis personnels, soutien heureux dans le cas de Bernis* ou de Choiseul*, plus discutable dans celui de Soubise*. → ÉTYM. *Pompadour* est le nom d'un bourg de Corrèze, de la racine prélatine *pomp-* «colline, hauteur».

**POMPÉE** – en lat. ***Cnaeus Pompeius Magnus*** → ÉTYM. *Pompée* : n. osco-ombrien «né le cinquième», de l'osque *pompe* «cinq» ♦ Général et homme politique romain (-106 - Péluse -48). Lieutenant de Sylla*, il battit les partisans de Marius* en Sicile et en Afrique ; il y gagna le titre de Grand. Sans grandes qualités militaires, il eut la chance d'être servi à plusieurs reprises par les circonstances : il vainquit Lépide* (-77), pacifia l'Espagne grâce à l'assassinat de Sertorius* par Perpenna* (-72) et mit fin à la révolte de Spartacus* déjà vaincu par Crassus* (-71). De retour à Rome (-70), le général vainqueur fut élu consul, avec Crassus, avant d'avoir atteint l'âge légal. Avec l'appui des chevaliers et du parti populaire il se fit donner des pouvoirs extraordinaires *(lex Gabinia)* pour combattre les pirates qui ravageaient la Méditerranée (-67) ; en trois mois il les soumit. Il se vit alors conférer le droit de décider absolument de la paix et de la guerre *(lex Manilia)* pour régler les affaires d'Orient (-66) ; il vainquit Mithridate* déjà affaibli par Lucullus* et soumit Tigrane* d'Arménie. Le Pont, la Bithynie et la Syrie devinrent provinces romaines. Après une tournée triomphale à travers les villes grecques, il débarqua en Italie à la tête de ses légions (-61). Il pensait que ses mérites exceptionnels le désignaient comme le maître de Rome encore troublée par la conjuration de Catilina* ; voulant que le sénat lui conférât légalement le pouvoir, il licencia ses troupes. Mais il avait surestimé son prestige. Il forma alors avec Crassus et César le premier triumvirat (-60) et, avec le renouvellement du triumvirat (accord de Lucques), reçut l'Afrique, l'Espagne et Rome (-56). Crassus ayant été tué par les Parthes,

Pompée et César restaient face à face. César était en Gaule, et Rome, terrorisée par Clodius* et Milon*, sombrait dans l'anarchie ; débordé, le sénat donna les pleins pouvoirs à Pompée (fév. -52) qui somma César d'abandonner son armée (-50). Ce fut le déclenchement de la guerre civile. César franchit le Rubicon (-50) ; Pompée s'enfuit en Grèce, se mesura à César devant Dyrrachium et fit retraite vers la Thessalie. Vaincu à Pharsale* (-48), il tenta de se réfugier en Égypte où il fut assassiné par les hommes de Ptolémée* XIII. ♦ **Sextus Pompeius Magnus.** Fils du précédent (mort à Milet en -35). Il rejoignit le parti du sénat après la mort de César et reçut la préfecture de la flotte. Proscrit par le second triumvirat, il se rendit maître de la Méditerranée et affama Rome. Vaincu par Agrippa* à Nauloque (-36), il s'enfuit à Milet où un lieutenant d'Antoine* le tua.

**POMPÉI** – en lat. *Pompeii*, en it. *Pompei* ← **ÉTYM.** probablt de l'indo-eur. *penk* «cinq» (réunion de cinq villages) ♦ V. d'Italie en Campanie (prov. de Naples) au pied du Vésuve. 25 751 hab. Important centre touristique. ▮ **Histoire** Après avoir été occupée par les Osques*, dès le -VI^e s., elle subit l'influence des Grecs de Cumes, des Étrusques* et des Samnites* (fin -V^e s.). Devenue colonie romaine vers -80 sous le nom de *Colonia Cornelia Veneria Pompeianorum* («du culte de Vénus des Pompéiens»), elle servit de lieu de résidence d'été aux Romains. En partie détruite par un tremblement de terre en 63, elle n'était pas encore entièrement reconstruite quand elle fut ensevelie sous une pluie de cendres et de pierres (lapilli) lors de l'éruption du Vésuve le 24 août 79. Pline* le Jeune a laissé le récit de la catastrophe (*Lettres* VI, 16 et 20). Des 20 000 habitants que comptait alors la ville, 2 000 périrent sous les cendres. Les fouilles, entreprises de 1748 à 1763 par un ingénieur du roi de Naples, ne furent menées systématiquement qu'à partir de 1860. Elles ont mis au jour une cité remarquablement conservée qui constitue un document exceptionnel sur la vie romaine au I^er s. avec son enceinte, ses portes, ses rues, ses boutiques, ses monuments publics (basilique, grand théâtre, odéon, forum, thermes), ses maisons, les plus anciennes décorées de stuc et de mosaïque, comme la maison du Faune (mosaïque de la bataille d'Issos), la maison du Labyrinthe, la maison de Salluste, et celles de l'époque romaine ornées de riches peintures murales, comme la maison des Vettii, la maison des Noces d'argent, la maison des Amours dorés et la villa des Mystères. Mosaïques, peintures, sculptures et objets au Musée national de Naples*.

**Pompéi.** *Un chorège assiste aux préparatifs d'un drame satyrique* (58 cm). Musée national d'archéologie, Naples.
*BIS/Phot. Pedicini © Archives Larbor*

**POMPEY** [pɔ̃pɛ] [54340] ← **ÉTYM.** du lat. *Pompennius*, n. de pers. ♦ Ch.-l. de cant. de la Meurthe-et-Moselle, arr. de Nancy, sur la Moselle. 5 229 hab. *(Pompéiens)*. Parc d'activités Nancy-Pompey.

**POMPIDOU (Georges)** ♦ Homme d'État français (Montboudif, Cantal 1911 - Paris 1974). Normalien et agrégé de lettres, proche collaborateur du général de Gaulle, il entra à la Banque Rothschild dont il devint directeur général de 1956 à 1962. Il dirigea le cabinet du général de Gaulle de juin 1958 à janv. 1959 et fut nommé Premier ministre en remplacement de M. Debré* le 14 avr. 1962. Il remit la démission de son gouvernement en oct. 1962 après le vote d'une motion de censure par l'Assemblée nationale, qui fut dissoute par le général de Gaulle. À la suite de la victoire électorale de l'UNR-UDT, il fut maintenu dans ses fonctions de Premier ministre. Lors des événements de mai* 1968, son cabinet signa avec les principales

Georges **Pompidou.**
*Phot. © Louis Monier*

centrales syndicales les accords de Grenelle (fin mai). Après l'écrasante victoire de la majorité UDR aux législatives de juin 1968 qui suivirent la dissolution de l'Assemblée, il fut placé, selon l'expression du général de Gaulle, «en réserve de la République» et remplacé à Matignon par M. Couve* de Murville (juil. 1968). À la suite du départ du général de Gaulle, G. Pompidou, qui avait été élu député du Cantal, se présenta à l'élection présidentielle et fut élu au second tour, le 15 juin 1969, avec 11 064 371 voix contre 7 943 118 voix à Alain Poher. Se voulant le continuateur du général de Gaulle, il poursuivit la régionalisation de la France et la politique sociale de participation, sans toutefois adhérer complètement au projet de «nouvelle société» de son premier ministre J. Chaban*-Delmas (1969 - 1972), remplacé par P. Messmer* (1972 - 1974). La présidence de G. Pompidou fut également marquée par le succès au référendum pour la ratification du traité relatif à l'entrée de la Grande-Bretagne dans la Communauté économique européenne (avr. 1972), par le développement et la modernisation de l'industrie française, et par une montée de l'agitation sociale à partir de 1972 qui se traduisit par une nette progression de la gauche aux élections législatives de mars 1973. G. Pompidou mourut avant la fin de son mandat. ← **ÉTYM.** Ce nom vient de l'occitan *pompi* «frapper des pieds en marchant» et suffixe *-idor* (désigne un replat de terrain).

**Pompidou** (Centre) → **Centre national d'art et de culture Georges-Pompidou**

**POMPIGNAN (Jean-Jacques LEFRANC,** marquis **DE)** ♦ Poète français (Montauban 1709 - Pompignan, Tarn-et-Garonne 1784). D'abord magistrat, il se consacra aux lettres, traduisit le théâtre d'Eschyle et composa des *Odes (...sur la mort de J.-B. Rousseau*)* ainsi que des *Poèmes sacrés* (1734 et 1763), méditations lyriques qui ne manquent pas de majesté. Il fut raillé par les philosophes qu'il avait attaqués à l'Académie* française (1759), mais passa, de son temps, pour un écrivain d'une pureté exemplaire.

**POMPIGNAN (Jean-Georges LEFRANC DE)** ♦ Ecclésiastique et écrivain français (Montauban 1715 - Paris 1790), frère de Jean-Jacques de Pompignan*. Évêque du Puy (1743), archevêque de Vienne (Dauphiné) en 1774, il prit violemment position contre les idées des philosophes, en particulier Voltaire, dans ses *Questions sur l'incrédulité* (1753 - 1757). Député du clergé aux États généraux (1789), il fut cependant un des premiers de son ordre à se réunir au tiers état. Ministre de la Feuille des bénéfices après la nuit du 4 août 1789, il s'opposa à la Constitution civile du clergé.

**POMPON (François)** ♦ Sculpteur français (Saulieu 1855 - Paris 1933). Fils d'un ébéniste, il fréquenta l'École des beaux-arts de Dijon, puis exécuta à Paris des travaux de décoration. Il devint successivement le praticien de Mercié, Falguière et Rodin (1890 - 1895). Après des œuvres réalistes aux accents pittoresques et familiers, il tendit à abandonner le rendu du détail et le modelé accidenté au profit d'une simplification des masses et d'une schématisation des lignes. Devenu surtout un sculpteur animalier, il sut ranimer ce genre et plaire au public avec de grandes compositions monumentales (*Bison*, 1907 ; *L'Ours blanc*, 1929 ; *Le Cerf*, 1929 ; *Le Taureau*, 1933), et des statuettes aux volumes lisses, aux masses équilibrées, aux plans réduits. Il chercha à transmettre avec des moyens volontairement sobres l'intérêt et l'attachement qu'il portait aux animaux domestiques et sauvages.

**POMPONACE (Pietro POMPONAZZI,** dit en fr. **Pierre)** ♦ Philosophe italien (Mantoue 1462 - Bologne 1525). Néo-aristotélicien de l'école de Padoue, il y enseigna la philosophie ainsi qu'à Ferrare et Bologne. Il fut un de ceux qui séparèrent nettement la réflexion philosophique des dogmes de la foi, revenant ainsi à la doctrine de la «double vérité» attribuée à Averroès*. Auteur d'un *Tractatus de immortalitate animae* où il mit en question l'immortalité de l'âme et qui fut condamné par Rome, d'un *De fato* et *De incantionibus* (où il soutient, entre autres, que les miracles sont un produit de l'imagination humaine).

Francis **Ponge** en 1954.
*Phot. © Lipnitzki/Roger-Viollet*

**POMPONIUS (Lucius)** ♦ Auteur comique latin (Bologne –Ier s.). Une quarantaine de titres et divers fragments subsistent de son œuvre, formée d'*attelanes,* comédies satiriques d'inspiration populaire. Avec son contemporain Novius*, il a contribué à donner au genre une qualité littéraire.

**POMPONIUS (Sextus)** ♦ Jurisconsulte romain de l'école sabinienne (IIe s.). Auteur d'un traité de droit civil *(Liber ad Sabinum),* il est souvent cité dans les ouvrages juridiques romains ultérieurs.

**POMPONIUS MELA** ♦ Écrivain latin originaire d'Espagne (Ier s.), auteur d'une *Géographie* (*De situ orbis* ou *De chorographia*) en 3 livres.

**POMPONNE (Simon ARNAULD,** marquis **DE)** ♦ Homme politique français (Paris 1618 - Fontainebleau 1699). Fils d'Arnauld d'Andilly et neveu du Grand Arnauld*, il fut ambassadeur en Suède, en Hollande, puis secrétaire d'État aux Affaires étrangères pendant la guerre de Hollande* et conclut la paix de Nimègue* (1679).

**POMPONNE** [77400] ➝ ÉTYM. anc. *Pompona,* d'une rac. prélatine oronym. *pomp-* et suff. *-ona* ou du lat. *Pomponius,* n. de pers. ♦ Ch.-l. de cant. de la Seine-et-Marne, arr. de Meaux. 3 256 hab. *(Pomponnais).*

**PONAPE** → **Carolines (îles)**

**PONCE** ♦ V. de Porto Rico, au S.-O. de l'île. 362 000 hab. env. Rhumerie. Prod. de café et de fruits dans les montagnes voisines.

**PONCE DE LEÓN (Juan)** ♦ Conquistador espagnol (Campos de Palencia, Valladolid, v. 1460 - La Havane 1521). Ami de Nicolas de Ovando, gouverneur de Saint-Domingue, il obtint l'autorisation d'explorer l'île de Borinquen (Porto Rico), dont il devint le gouverneur en 1509. Il atteignit la Floride en 1512 où il chercha le site de la mythique «fontaine qui donne l'éternelle jeunesse». Blessé lors d'un combat contre les Amérindiens, il mourut de ses blessures.

**PONCELET (Jean Victor)** ♦ Général et mathématicien français (Metz 1788 - Paris 1867). Sorti de l'École polytechnique dans l'arme du génie, fait prisonnier (1812) durant la campagne de Russie et interné à Saratov, il se consacra, sans l'aide d'aucun livre, à des études mathématiques et prépara une profonde réforme de la géométrie. Il publia en 1822 son *Traité des propriétés projectives des figures,* qui marque la création de la géométrie projective, basée sur l'emploi de la perspective et des sections planes, l'étude de diverses transformations géométriques et l'introduction systématique des éléments à l'infini et des éléments imaginaires. On lui doit notamment la définition, aujourd'hui classique, du cercle comme conique. Il publia également un traité de mécanique concernant la propagation des mouvements. Général en 1848, il dirigea l'École polytechnique (1848 - 1850), fut élu à l'Assemblée constituante et, ayant refusé de servir le Second Empire, fut mis à la retraite (1852). [Acad. sc. 1834] ➝ ÉTYM. *Poncelet* est le diminutif de *Poncel,* du latin *ponticellus* «petit pont».

**PONCET (FRANÇOIS-)** → **François-Poncet (André)**

**PONCHIELLI (Amilcare)** ♦ Compositeur italien (Paderno Fasolaro, Crémone 1834 - Milan 1886). Organiste, puis maître de chapelle, il fut professeur au conservatoire de Milan où il compta parmi ses élèves G. Puccini et P. Mascagni. Il a laissé de nombreux ouvrages lyriques, dont *La Gioconda* (1876).

**PONDICHÉRY** ou **PONDICHERRY** ➝ ÉTYM. «nouvelle ville», du tamoul *pudu* «nouveau» et *čeri* «village» ♦ V. de l'Inde, sur la côte de la baie du Bengale, cap. du Territoire de l'Union de Pondichéry. 505 715 hab. Fondée en 1674 par François Martin, agent de la Compagnie française des Indes orientales, la ville fut restituée à l'Inde en 1954. Elle conserve un lycée et un Institut scientifique français. Le Territoire de Pondichéry (974 345 hab.) comprend une partie des anciens établissements français Mahé, Karikal et Yanam, certains distants de plusieurs centaines de kilomètres.

**PONFERRADA** ♦ V. d'Espagne (Castilla-León), prov. de León, sur le Sil. 66 824 hab. Gisement de fer. Centrale thermique.

**PONGE (Francis)** ♦ Poète français (Montpellier 1899 - Bar-sur-Loup 1988). Reconnaissant aux choses une primauté ontologique, percevant d'abord l'autonomie de leur existence, il s'est appliqué à les décrire dans des poèmes en prose, brefs comptes rendus caractérisés par une volonté de dépouillement qui n'exclut ni la tendresse ni l'admiration. En élaborant ces descriptions minutieuses et objectives du coquillage, de la bougie, de l'orange, de l'escargot ou du papillon, Ponge rejette les techniques surréalistes et ouvre les plus grandes perspectives à une réflexion sur le langage qui devient l'objet de la poésie. Considéré par J.-P. Sartre comme le poète de l'existentialisme, Ponge a pu être tenu pour le porte-parole d'une philosophie matérialiste du langage. Il a publié : *Le Parti pris des choses* (1942), *Proêmes* (1948), *Le Grand Recueil* (1961), *Le Savon* (1967) ; *Nioque de l'avant-printemps* (1983). Avec *La Fabrique du pré* (jeu de mots proprement pongien ; 1971) et *Comme une figue de paroles et pourquoi* (1977), Francis Ponge s'est appliqué à dire tout l'itinéraire qui va du pré-texte à l'œuvre terminée, introduisant le brouillon, la retouche, la réflexion critique (*Pour un Malherbe,* 1965) le texte «dans tous ses états» pour s'affirmer un écrivain toujours «plus enragé d'expression», mais aussi un artiste qui fait de l'humour un moyen de percevoir le monde.

**PONIATOWSKI (Józef Antoni,** prince**)** ➝ ÉTYM. du n. de la fille du comte *Poniatow,* mariée à un Italien, Guiseppe Torelli, émigré en Pologne au XVIe s. ♦ Officier polonais (Vienne 1763 - Leipzig 1813). Général en chef de l'armée du Midi opposée aux Russes en 1792, contraint à l'exil après Targowica*, il rejoignit Kościuszko* en 1794, défendit Varsovie* et s'exila à nouveau à l'issue de la reddition de la capitale. Nommé ministre de la Guerre du grand-duché de Varsovie par Napoléon (1807), il organisa l'armée polonaise qu'il commanda contre les Autrichiens en 1809, participa à la campagne de Russie (1812) et fut fait maréchal de France pour s'être distingué à Leipzig* (1813). Chargé de couvrir la retraite de l'empereur, il se noya en traversant l'Elster*.

**PONNELLE (Jean-Pierre)** ♦ Décorateur et metteur en scène d'opéra français (Paris 1932 - Munich 1988). Après avoir fourni les décors de deux opéras de Henze, il réalisa sa première mise en scène en 1962 (*Tristan* à Düsseldorf). Il s'imposa ensuite sur les principales scènes mondiales (Mozart, Verdi, Wagner, répertoire contemporain), témoignant d'un rare souci de la couleur et des effets visuels.

**PONNYA (U)** dit **Ponnya de Salé** ♦ Auteur dramatique et poète birman (1812 - 1866). Appartenant à la cour du roi Mindon, il est considéré comme le meilleur dramaturge de Birmanie. Sa pièce *Le Porteur d'eau* (1856) passe pour être le chef-d'œuvre du théâtre birman : entre autres qualités, elle respecte la règle des 3 unités du théâtre classique français. Ses lettres sont célèbres. Accusé à tort d'un complot, il mourut en prison.

**PONS (Lily)** ♦ Soprano américaine d'origine française (Draguignan 1898 - Dallas 1976). Soprano colorature, elle débuta au Metropolitan Opera de New York (1931). Elle fit ensuite une brillante carrière internationale dans les grands rôles du répertoire de l'opéra italien du XIXe s.

**PONS** [pɔ̃] [17800] ➝ ÉTYM. «pont» ♦ Ch.-l. de cant. de la Charente-Maritime, arr. de Saintes, sur la Seugne. 4 427 hab. *(Pontois).* Église Saint-Vivien, en partie du XIe s. Vestiges de l'anc. château, donjon du XIIe s. Vestiges des anc. remparts. Château d'Usson de style Renaissance, remonté pierre par pierre au XIXe s. à son emplacement actuel (boiseries Régence). ▪ Indus. alimentaires.

**PONSARD (François)** ♦ Poète dramatique français (Vienne 1814 - Paris 1867). Le triomphe de sa *Lucrèce,* qui ranimait l'esprit de la tragédie classique représentée après l'échec des *Burgraves* de Victor Hugo (1843), fit de lui, un peu à son corps défendant, le chef de file de la réaction antiromantique au théâtre. Il connut aussi le succès avec une comédie, *L'Honneur et l'Argent* (1853), et un drame, *Le Lion amoureux* (1866). [Acad. fr. 1855]

**PONSON DU TERRAIL (Pierre Alexis,** vicomte**)** ♦ Romancier français (Montmaur, près de Gap 1829 - Bordeaux 1871). Il acquit la notoriété avec *Les Coulisses du monde* (1853) et devint un fournisseur extrêmement fécond de romans-feuilletons, dont il menait avec brio les intrigues échevelées et extravagantes. Sa série romanesque, *Les Drames de Paris* (commencée en 1859, publ. en 1884), connut un succès prodigieux ; peu soucieux de vraisemblance et de psychologie, Ponson du Terrail y campait un type d'aventurier qui devint très populaire, le mystérieux Rocambole*.

**PONT** n. m. ♦ Région d'Asie Mineure sur le Pont-Euxin. Primitivement, ce nom fut donné à la partie N. de la Cappadoce* *(Cappadoce pontique)* entre le Caucase et l'Arménie à l'E. et la Paphlagonie* à l'O. Des colons milésiens et phocéens fondèrent sur la côte de la mer Noire Amisos (Samsun*) et Sinope* qui, à son tour, fonda Trapezos (Trabzon*), Cérasonte* et d'autres villes. Soumise aux Perses (–520), la région fut une satrapie semi-indépendante. Le satrape Mithridate* Ier Ctistés, révolté contre l'autorité perse et placé au service d'Alexandre le Grand, fonda, autour d'Amasya*, le *royaume du Pont,* au moment du démembrement de l'empire macédonien (bataille d'Ipsos*, –301). Revendiquant pour leur État le titre de royaume hellénistique, ses successeurs étendirent leur domaine tout en pratiquant une politique d'hellénisation superficielle. → **Pharnace Ier, Ariobarzane III.** À son apogée pendant le règne de Mithridate* VI Eupator (-111 - -63), ce royaume englobait la Paphlagonie, la Cappadoce (partagée avec le roi d'Arménie, Tigrane*), la Crimée et une partie de la Bithynie et de la Colchide*. Ruiné au bout d'une longue guerre contre les Romains (→ **Sylla, Pompée**), le Pont fut partagé (-62) entre les provinces romaines de la *Bithynie-et-Pont* (partie O.) et de la Galatie* (partie E.). Un petit royaume-protectorat romain *(Pont Polémoniaque)*, avec Néo*-Césarée comme cap., subsista de -40 à 64, date à laquelle il fut annexé à l'empire.

**PONT-À-CELLES** ♦ Comm. de Belgique (Région wallonne), prov. de Hainaut, arr. de Charleroi, sur le Piéton et le canal Charleroi-Bruxelles. 16 379 hab. Matériaux de construction. Bâtiment et travaux publics. Indus. chimique légère.

**PONTA DELGADA** ◆ ÉTYM. port. «pointe *(ponta)* fine *(delgada)*» ♦ Cap. et port de l'archipel portugais des Açores*, sur la côte S. de l'île de São Miguel. 28 000 hab.

**PONTA GROSSA** ♦ V. du Brésil (État du Paraná), 233 000 hab. Nœud routier au sein d'une riche région agricole.

**PONT-À-MOUSSON** [54700] ◆ ÉTYM. *Pont* : celui qui franchissait la Moselle au IXe s. et *Mousson* : n. de la colline qui domine la ville ♦ Ch.-l. de cant. de la Meurthe-et-Moselle, arr. de Nancy, sur la Moselle. 14 592 hab. (aggl. 23 884) *(Mussipontains)*. Églises Saint-Martin des XIVe - XVe s. et Saint-Laurent des XVe - XVIe s. (œuvres d'art). Anc. abbaye des Prémontrés (XVIIIe s.), auj. centre culturel et siège du Centre européen de l'Art sacré. ▪ Fabrication de tuyaux de fonte. ▮ **Histoire** La ville fut le siège d'une université de 1572 à 1768. Les deux guerres mondiales endommagèrent de nombreuses maisons.

**PONTANO (Giovanni ou Gioviano)** ♦ Homme politique et écrivain italien, écrivant en latin (Cerreto, Ombrie 1426 - Naples 1503). Il remplit de nombreuses fonctions diplomatiques et administratives, et fut Premier ministre à la cour de Naples. Il fonda une académie (qui devint très célèbre en Italie) et en rédigea les statuts. Grammairien et rhétoricien de valeur (*De sermone*, 1502 - 1503), il fit aussi œuvre de savant avec des traités d'astronomie, dont *Uranie* (1476 - 1479), remarquable poème didactique. Moraliste également, il brossa un très vivant tableau de la société de son temps avec le dialogue nommé *Charon* (1467). Dans son œuvre poétique, il sut habilement intégrer les souvenirs classiques aux émotions vécues, et composa des élégies charmantes dans les *Amorum libri* et le *De amore conjugali*. ▪ Héritier des élégiaques latins, qu'il sut renouveler par ses accents personnels, Pontano influença à son tour les poètes français de la Pléiade*, notamment Ronsard*.

**PONTARLIER** [25300] ◆ ÉTYM. anc. *Ariolica*, p.-ê. du lat. *areola* «petite place» et suff. *-ica* (*Pont* a été ajouté tardivement) ♦ Ch.-l. d'arr. du dép. du Doubs, sur le Doubs. 18 360 hab. (aggl. 20 626). *(Pontissaliens)*. Chapelle des Annonciades (1612). Église Saint-Bénigne du XVIIe s. (portail flamboyant du XVe s. ; vitraux modernes). Musée : archéologie, peinture comtoise. ▪ Instruments de précision. Commerce de bois et de fromages. Centre d'excursions et de sports d'hiver. ▮ **Histoire** Anc. *Ariolica* romaine, la ville forma à partir du XIIIe s. une petite république indépendante qui se maintint jusqu'au XVIIe s. Elle fut détruite par un incendie en 1736.

**PONT-AUDEMER** [27500] ◆ ÉTYM. *Pont* et germ. *Aldamar*, n. de pers. ♦ Ch.-l. de cant. de l'Eure, arr. de Bernay, sur la Risle. 8 981 hab. (aggl. 13 306) *(Pont-Audemériens)*. Église Saint-Ouen (chœur du XIe s., nef et façade de la fin du XVe s., vitraux du XVIe s.). Maisons anc. ▪ Papeterie. Indus. métallurgiques et électroniques.

**PONTAULT-COMBAULT** [pɔ̃tokɔ̃bo] [77340] ◆ ÉTYM. *Pontault* : anc. *Pontels* «petit (suff. *-ellum*) pont (lat. *pons*)» et *Combault*, du gaul. latinisé *cumba* «vallée encaissée» (→ aussi Combs-la-Ville) ♦ Ch.-l. de cant. de la Seine-et-Marne, arr. de Torcy, dans la Brie. 32 886 hab. *(Pontellois-Combalusiens)*.

**PONT-AUX-DAMES** ♦ Écart de la comm. de Couilly-Pont-aux-Dames (Seine-et-Marne). Maison de retraite des comédiens, fondée en 1902 par Coquelin aîné.

**PONT-AVEN** [pɔ̃tavɛn] [29123] ◆ ÉTYM. de *Pont* et celt. *aven* «rivière» ♦ Ch.-l. de cant. du Finistère, arr. de Quimper, en Cornouaille, sur la rivière de Pont-Aven. 2 960 hab. *(Pontavenistes)*. Musée. ▪ Indus. alimentaires. ♦ ***École de Pont-Aven*** Elle regroupa à la fin du XIXe s. de nombreux peintres, dont Émile Bernard*, Paul Sérusier*, autour de Gauguin* qui séjourna dans la localité notamment en 1886 (puis en 1888, demeurant alors à la pension Gloannec). → **Pouldu (Le).**

**PONTCHARRA** [38530] ◆ ÉTYM. de *Pont* et franco-prov. *charral* «praticable pour les voitures» ♦ Comm. de l'Isère, arr. de Grenoble, près du confluent de l'Isère et du Bréda. 6 435 hab. (aggl. 6 960) *(Charrapontains)*. Importante centrale électrique (utilisant les eaux du Bréda) du type «au fil de l'eau». Fonderie. Indus. du bois. Cartonnages.

**PONTCHARTRAIN (Louis PHÉLYPEAUX, comte DE)** ♦ Homme politique français (Paris 1643 - Jouars-Pontchartrain 1727). Très intègre pour lui-même, il multiplia, comme contrôleur général des Finances (1689), les expédients douteux (vente de titres de noblesse et d'offices, création d'une capitation basée rigoureusement sur le rang social) pour pallier le déficit de l'État. Il fut chancelier de France de 1699 à 1714.

**PONTCHARTRAIN** → **Jouars-Pontchartrain.**

**PONTCHÂTEAU** [44160] ◆ ÉTYM. «pont du château» ♦ Ch.-l. de cant. de la Loire-Atlantique, arr. de Saint-Nazaire. 7 773 hab. *(Pont-Châtelains)*. Aux environs, calvaire de la Madeleine ; pèlerinages. Menhir. Anc. abbatiale bénédictine Saint-Gildas-des-Bois des XIIe - XIIIe s., remaniée au XIXe s. (mobilier du XVIIIe s.).

**PONT-CROIX** [29122] ◆ ÉTYM. la v. fut mise sous la protection de la Sainte Croix par les Templiers ♦ Ch.-l. de cant. du Finistère, arr. de Quimper, en Cornouaille, sur le Goyen. 1 670 hab. *(Pontecruciens)*. Église Notre-Dame de Roscudon des XIIIe et XVe s. (porche, mobilier).

**PONT-D'AIN** [01160] ♦ Ch.-l. de cant. de l'Ain, arr. de Bourg-en-Bresse, au confluent de l'Ain et du Suran. 2 307 hab. *(Pondinois)*. Ruines d'un château du XVe s. où naquit Louise* de Savoie, mère de François Ier. Maisons du XVe s.

**PONT-DE-BUIS-LÈS-QUIMERCH** [kimɛʀ] [29590] ♦ Comm. du Finistère, arr. de Châteaulin. 3 385 hab. (*Pont-de-Buisiens* et *Quimerchois*). Importante poudrerie. Applications indus. de la pyrotechnie. Matériel téléphonique.

**PONT-DE-CHÉRUY** [38230] ◆ ÉTYM. de *Pont* et *Chéruy*, anc. n. de la Bourbre ♦ Ch.-l. de cant. de l'Isère, arr. de Vienne, sur la Bourbre. 4 540 hab. *(Pontois)*. Indus. du caoutchouc. Métallurgie. Textile.

**PONT-DE-CLAIX (LE)** [38800] ◆ ÉTYM. anc. *Pontus de Clays*, du lat. *pons* «pont» et *Claix*, n. du village voisin (de *Clavius*, n. de pers., et suff. *-acum*) ♦ Comm. de l'Isère, banl. S. de Grenoble. 11 612 hab. *(Pontois)*. Centrale hydroélectrique sur le Drac. Chimie. Matériel chirurgical.

**PONT-DE-L'ARCHE** [27340] ◆ ÉTYM. un pont à arches y fut construit au IXe s. par Charles le Chauve afin d'interdire le passage de la Seine aux Normands ♦ Ch.-l. de cant. de l'Eure, arr. des Andelys, en bordure de la forêt de Bord, sur la Seine. 3 499 hab. (aggl. 4 451) *(Archepontains)*. Église du XVIe s. (mobilier). ▪ Aux environs, anc. abbaye de Bonport de l'ordre de Cîteaux, créée en 1190 par Richard Cœur de Lion. ▮ **Histoire** La ville fut fondée en 854 par Charles le Chauve ; elle eut une grande importance pendant la guerre de Cent Ans et fut reprise aux Anglais en 1445.

**PONT-DE-ROIDE** [25150] ◆ ÉTYM. le pont se trouvait au confluent du Doubs et du Roide, faisant communiquer 4 vallées ♦ Ch.-l. de cant. du Doubs, arr. de Montbéliard, sur le Doubs. 4 781 hab. (aggl. 6 230) *(Rudipontains)*. Sidérurgie.

**PONT-DU-CASSE** [47480] ◆ ÉTYM. «pont du chêne (celt. *casse*)» ♦ Comm. du Lot-et-Garonne, banl. N.-E. d'Agen. 4 259 hab.

**PONT-DU-CHÂTEAU** [63430] ♦ Ch.-l. de cant. du Puy-de-Dôme, arr. de Clermont-Ferrand, sur l'Allier. 8 874 hab. *(Castelpontins)*. Église romane Sainte-Martine, très remaniée (chapiteaux). Château du XVIIe s. (mairie et musée consacré à la batellerie de l'Allier et de la Dore).

**PONT DU GARD** → **Gard**

**PONTE (Maurice)** ♦ Physicien et industriel français (Voiron 1902 - Paris 1983). Auteur de recherches sur le magnétron, qu'il perfectionna, il installa en 1936, sur le paquebot français *Normandie*, un détecteur d'obstacles équipé d'un magnétron à «cage d'écureuil», précurseur du magnétron à cavités utilisé dans les radars modernes. Il fut le créateur et le premier directeur de l'Anvar (Agence nationale pour la valorisation de la recherche). [Acad. sc. 1963]

**Pont-Aven.** *Lutte de Jacob avec l'ange*, de Gauguin (72,20 x 91 cm), 1888. National Galleries of Scotland, Édimbourg.
*BIS/Phot.Tom Scott © Archives Larbor*

**PONTECORVO** ← ÉTYM. it. « Pont *(ponte)* du corbeau *(corvo)* » ♦ V. d'Italie, dans le Latium (prov. de Frosinone). 13 280 hab. Poteries. Manufacture de tabac. ▮ **Histoire** Érigée en principauté pour Bernadotte de 1806 à 1810, elle fut rendue au Saint-Siège puis intégrée au Piémont en 1860.

**PONT-EN-ROYANS** [pɔ̃tɑʀwajɑ̃] [38680] ♦ Ch.-l. de cant. de l'Isère, arr. de Grenoble, sur la Bourne. 917 hab. *(Pontois)*. Bourg surplombant le torrent. Centre d'excursions. Centrale hydroélectrique sur la Bourne.

**PONTET (LE)** [84130] ← ÉTYM. « le petit pont » ♦ Comm. du Vaucluse, banl. N.-E. d'Avignon. 15 594 hab. Produits réfractaires.

**PONT-EUXIN** n. m. ← ÉTYM. en gr. ***Euxeinos Pontos*** « mer hospitalière » ♦ Nom donné par antiphrase dans l'Antiquité à l'actuelle mer Noire*, sur laquelle le brouillard rendait la navigation particulièrement difficile.

**PONTEVEDRA** ← ÉTYM. galicien « vieux *(vedra)* pont *(ponte)* » ♦ V. d'Espagne septentrionale (Galice), ch.-l. de prov., au fond d'une *ría* pittoresque. 80 202 hab. Conserveries.

**PONT-ÉVÊQUE** [38780] ♦ Comm. de l'Isère, banl. E. de Vienne. 5 067 hab. Petit électroménager.

**PONTHIEU** n. m. ♦ Région de Picardie (entre l'Authie et la Somme) qui comprenait anc. le Vimeu. Son sol humide convient aux prairies et on y élève des bovins. ▮ **Histoire** Le comté appartint successivement aux Plantagenêts* (1254 - 1337 ; 1366 - 1367 ; 1417 - 1437), aux Valois* (1337 - 1346 ; 1367 - 1417) et aux Bourguignons* (1437 - 1477), et fut rattaché à la couronne de France en 1477, à la mort de Charles* le Téméraire.

**PONTI (Giovanni, dit Gio)** ♦ Architecte italien (Milan 1891 - *id.* 1979). Il a contribué à moderniser l'architecture italienne en liant la tradition classique à un rationalisme sans excès. Professeur d'architecture intérieure au Politecnico de Milan de 1936 à 1961, il construisit de 1956 à 1958 son chef-d'œuvre, la tour Pirelli de Milan. Pour cet immeuble raffiné de 32 étages, il fut l'un des premiers architectes en Europe à abandonner le principe du « mur-rideau » et du bloc parallélépipédique. Son collaborateur, l'ingénieur Pier Luigi Nervi*, créa une double ossature à vertèbres, avec des planchers suspendus entre elles. La façade est décorée d'un revêtement métallique brillant. Ponti fut rédacteur en chef de la revue *Domus* jusqu'en 1979 ; il conçut aussi du mobilier, des plans d'urbanisme et même des céramiques et des peintures.

**PONTIAC** ♦ Chef indien ottawa (Ohio v. 1720 - Cahokia, près de Saint Louis 1769). Allié de la France, il tenta de chasser les Britanniques, à la tête d'une coalition des tribus indiennes depuis le lac Supérieur jusqu'au Mississippi inférieur (1762). Il ne put s'emparer de Detroit, malgré son habileté et son énergie, dut finalement se soumettre (1766) et fut assassiné.

**PONTIANAK** ♦ V. d'Indonésie, cap. de la prov. de Kalimantan Barat, sur la côte O. de l'île de Bornéo. 449 100 hab. Port exportateur de bois, caoutchouc, huile de palme, poivre. Forte concentration de population d'origine chinoise.

**PONTIEN** (saint) ♦ (mort en 236). 18e pape (230 - 235). Romain, martyr (persécution de Maximin). Condamné aux mines de Sardaigne, il abdiqua et mourut d'épuisement, après avoir réconcilié Hippolyte* avec l'Église. ▪ Fête le 13 août.

**PONTIGNY** [89230] ← ÉTYM. du lat. *Pontinius*, n. de pers. ♦ Comm. de l'Yonne, arr. d'Auxerre, sur le Serein. 748 hab. *(Pontignassiens)*. Abbaye cistercienne fondée en 1114 et remaniée au début du XIIIe s. ; elle accueillit trois archevêques de Canterbury : saint Thomas* Becket, Étienne Langton* et saint Edmond* Rich. Elle fut partiellement détruite à la Révolution, mais il subsiste un édifice à deux étages de salles voûtées et l'église du XIIe s. Tombeau de Hugues de Mâcon, premier abbé de Pontigny. Châsse de 1749, renfermant le corps de saint Edmond Rich, objet d'un pèlerinage. Depuis 1954, le siège de la Mission de France est à Pontigny. ▪ Institués en 1910 par Paul Desjardins, les *Entretiens* ou *Décades de Pontigny* réunirent des écrivains comme C. Du* Bos, A. Gide*, R. Martin* du Gard et J. Rivière*. Ils se poursuivent aujourd'hui au château de Cerisy-la-Salle, en Normandie.

**PONTINE** (plaine) – anc. ***marais Pontins*** ♦ Plaine italienne, dans le Latium (prov. de Latina), s'étendant le long de la mer Tyrrhénienne au S.-E. de Rome, jusqu'à Terracina. Elle couvre environ 750 km². Fertile et bien cultivée sous la République romaine, elle fut négligée dès le Haut-Empire et devint le domaine des marécages et du paludisme. À partir de 1928, sous le régime fasciste, les marais furent drainés, irrigués et lotis. On y cultive le blé, la betterave à sucre et les plantes fourragères de manière intensive. De nouvelles villes ont été construites (Latina*, Sabaudia, Pontimia, Aprilia), qui sont surtout de gros marchés agricoles.

Les **Pontiques** – en lat. ***Epistulae ex Ponto*** ♦ Recueil d'élégies sous forme de lettres, en quatre livres, écrites par Ovide* à ses amis durant son exil à Tomes*.

**PONTIVY** [56300] ← ÉTYM. de *pont* et *Ivy*, moine du VIIe s. qui y fonda un monastère et fit construire un pont sur le Blavet ♦ Ch.-l. d'arr. du Morbihan, sur le Blavet. 13 508 hab. *(Pontivyens)*. Au N. se trouve la vieille ville, au S. la ville créée par Napoléon. Église Notre-Dame-de-la-Joie (XVIe s.), de style gothique flamboyant. Château des Rohan (fin XVe s.). La place du Martray est entourée de maisons anciennes. ▪ Centre commercial. ▮ **Histoire** La ville fut la capitale des Rohan, qui firent bâtir le château. Pontivy fut très favorable à la Révolution. Napoléon Ier créa une nouvelle ville au S. et Pontivy s'appela *Napoléonville* de 1805 à 1814 et de 1848 à 1871.

**PONT-L'ABBÉ** [29120] ← ÉTYM. les religieux de Loctudy y firent construire un pont au VIIe s. ♦ Ch.-l. de cant. du Finistère, arr. de Quimper, en Cornouaille, au fond de l'estuaire de la rivière de Pont-l'Abbé. 7 849 hab. *(Pont-l'Abbistes)*. Église Notre-Dame-des-Carmes (XIVe, XVe et XVIIe s.). Ruines de l'anc. église de Lambour (XIIIe - XVe s.). L'ancien château des barons du Pont (XIVe - XVIIIe s.) abrite le musée bigouden. ▪ Tourisme. Artisanats traditionnels en partie industrialisés : broderies, dentelles, meubles. Cultures maraîchères ; conserves alimentaires. ▪ La haute coiffe bigoudène y est encore portée.

**PONT-L'ÉVÊQUE** [14130] ← ÉTYM. l'évêque de Lisieux prélevait un droit de péage sur les marchandises qui traversaient le pont ♦ Ch.-l. de cant. du Calvados, arr. de Lisieux, au confluent de la Touques et de la Calonne. 4 133 hab. *(Pontépiscopiens)*. Hôtel de Brilly (XVIIIe s., restauré), maison natale de R. de Flers* (auj. mairie). Maisons anc. ▪ Fromages.

**PONTMAIN** [53220] ← ÉTYM. langue d'oïl « grand *(maine)* pont » ♦ Comm. de la Mayenne, arr. de Mayenne. 893 hab. Centre de pèlerinage à la Vierge en souvenir d'une apparition dont furent témoins plusieurs enfants le 17 janv. 1871. Chapelle. Basilique néogothique (fin XIXe s.).

**Pont-Neuf** ♦ Pont de Paris (le plus ancien), franchissant la Seine de part et d'autre de la pointe O. de l'île de la Cité* par douze arches en plein cintre. Entrepris par Henri III (1578) sur des plans de Baptiste Androuet* du Cerceau, achevé sous Henri IV (1607), il portait la statue équestre en bronze de ce dernier, due à Giambologna (abattue en 1792, refaite en 1818). Conçu, pour la première fois à Paris, sans immeubles, pourvu de trottoirs et élargi par des demi-lunes, il fut longtemps une promenade très animée.

**PONTOISE** [95300] ← ÉTYM. « pont sur l'Oise » ♦ Ch.-l. d'arr. du Val-d'Oise, au confluent de l'Oise et de la Viosne. 27 494 hab. *(Pontoisiens)*. Évêché. Église Saint-Maclou des XIIe et XVIe s., cathédrale depuis 1966 (vitraux du XVIe s.). Église Notre-Dame du XVIe s. (tombeau de saint Gauthier, XIIe s.). Musée Tavet-Delacourt : œuvres du peintre O. Freundlich (1878 - 1943) ; art moderne. Musée Pissarro. Festival de musique baroque. ▪ Centre tertiaire : le bâtiment de la préfecture se trouve dans la ville nouvelle de Cergy*. Produits cosmétiques. Hall Saint-Martin (expositions). ▮ **Histoire** *Briva Isara* des Romains, la ville fut l'une des places fortes du Vexin français. Philippe Auguste l'érigea en commune en 1188 ; Pontoise fut un lieu de résidence pour les rois capétiens. Elle fut prise plusieurs fois pendant la guerre de Cent Ans. Elle donna asile à Louis XIV pendant la Fronde, et le Parlement y fut exilé en 1720 et 1753.

**PONTOPPIDAN (Henrik)** ♦ Écrivain danois (Fredericia, Jutland 1857 - Copenhague 1943). Dès ses premiers recueils de nouvelles, il évoqua les injustices sociales. Sa trilogie *La Terre promise* (1891 - 1895) et son roman *Pierre le Chanceux* (1898 - 1904) sont des tableaux en grisaille de la vie danoise à la campagne et dans la capitale. *Le Royaume des morts* (1912 - 1916) a pour thème l'échec des individus. Dans *Le Paradis de l'homme* (1927), Pontoppidan se prononçait contre le radicalisme politique. Son œuvre, écrite dans une langue somptueuse d'une rare violence, est dictée par de généreuses passions qui en défigurent parfois la portée. [Prix Nobel de littér. 1917, avec Gjellerup*]

**PONTORMO (Jacopo CARUCCI, dit IL ou LE)** ← ÉTYM. du n. de sa v. natale ♦ Peintre italien (Pontormo, près d'Empoli 1494 - Florence 1557). Élève d'Andrea* del Sarto (1512), il se brouilla avec son maître et entra en rivalité avec lui. Son tempérament inquiet le poussa vers un art moins classique où la sinuosité du dessin, la recherche des attitudes, le goût du coloris rare montrent l'influence de Léonard* de Vinci et de Piero* di Cosimo. Après la *Visitation* peinte à l'Annunziata (Florence), il s'affirma avec l'*Histoire de Joseph* sur un *cassone* réalisé à l'occasion des noces de Pier Francesco Borgherini et de Margherita Acciaiuoli (1515). Puis il décora pour les Médicis la grande salle de la villa de Poggio a Caiano, dirigeant les travaux et exécutant notamment une pastorale curieuse et charmante sur une des lunettes latérales (*Vertumne et Pomone*, 1520-1521). En 1522 - 1525, il peignit le cycle de la Passion au cloître de la chartreuse de Galluzzo et, en 1526, il donna une de ses œuvres les plus significatives avec la *Déposition de croix* à l'église de la Santa Felicità, à Florence : la composition décentrée, les formes onduleuses, les tons légers et froids (roses, mauves, verts) en font une œuvre typique de ce qu'on appela plus tard le maniérisme italien du XVIe s. Dans sa *Visitation* de l'église de Carmignano (v. 1530), il groupa quatre figures drapées, dans des verts et rouges décolorés. Mais les fresques de San Lorenzo, à Florence, auxquelles il travailla pendant dix ans (v. 1546 - 1556), aboutirent à un échec : les dessins qui permettent de s'en faire une idée (car elles ont été effacées) montrent un enchevêtrement tumul-

**Le Pontormo.** *Les Onze Mille Martyres*, détail. Galerie Palatine, palais Pitti, Florence. *Phot. © Nimatallah/Ricciarini*

tueux de corps qui n'ont de Michel-Ange que le gigantisme, mais non la solidité monumentale. La partie la plus attachante de son œuvre demeure sans doute ses portraits : *Graveur de pierre fine* (Louvre), *Alexandre de Médicis* (Lucques), *Ugolino Martelli* (Washington). Une extrême attention à l'individualité des modèles, une expression quelque peu ambiguë, la mise en valeur des attitudes et des mains, tout y révèle l'artiste subtil et tourmenté de la Renaissance finissante. La même impression se dégage du *Journal* des dernières années de sa vie.

**PONTORSON** [50170] ← ÉTYM. de *pont* et germ. *Urso*, n. de pers. ♦ Ch.-l. de cant. de la Manche, arr. d'Avranches. 4 107 hab. *(Pontorsonnais)*. Église gothique avec parties romanes. ▪ Voie d'accès au Mont*-Saint-Michel. Tourisme actif.

**PONTRESINA** – en romanche ***Puntraschigna*** ♦ Loc. de Suisse (Grisons) en haute Engadine, dans le massif de la Bernina, près de Saint-Moritz. 2 170 hab. Chapelle Santa Maria (XIe - XIIe s.). ▪ Station d'été et de sports d'hiver très fréquentée (alpinisme). Alt. 1 803 m.

**PONTRIAGUINE (Lev Semenovitch)** ♦ Mathématicien soviétique (Moscou, 1908 - 1988). Il découvrit notamment une loi générale de dualité (*théorème de Pontriaguine-van Kampen*, 1932), essentielle en topologie.

**PONT-SAINTE-MARIE** [10150] ♦ Comm. de l'Aube, banl. N.-O. de Troyes. 4 936 hab.

**PONT-SAINTE-MAXENCE** [60700] ♦ Ch.-l. de cant. de l'Oise, arr. de Senlis, sur l'Oise. 12 445 hab. (aggl. 16 397) (*Maxipontains* ou *Pontois*). Port fluvial animé par quelques indus. (papeterie, soudures électriques, céramique). ▪ Aux environs, vestiges de l'abbaye du Montcel fondée en 1309 par Philippe le Bel : réfectoire (XIVe s.), cloître (XVIe s.), dortoirs (charpentes du XIVe s.).

**PONT-SAINT-ESPRIT** [30130] ♦ Ch.-l. de cant. du Gard, arr. de Nîmes, sur le Rhône. 9 265 hab. *(Spiripontains)*. Pont construit par des frères pontifes (de 1265 à 1309), en partie détruit en 1944. Vestiges d'une citadelle (1595) fortifiée par Vauban. Musée Paul-Raymond : préhistoire, histoire et arts régionaux.

**PONT-SAINT-MARTIN** [44860] ♦ Comm. de la Loire-Atlantique, arr. de Nantes, sur l'Ognon. 4 754 hab.

**PONTS-DE-CÉ (LES)** [49130] ← ÉTYM. de *pont* et gaul. *Segius*, n. de pers. ♦ Ch.-l. de cant. du Maine-et-Loire, arr. d'Angers, sur la Loire et l'Authion. 11 387 hab. *(Ponts-de-Céais)*. Église gothique Saint-Aubin des XIIe et XVe s., restaurée (mobilier). Donjon (XVe s.). ▮ **Histoire** L'importance stratégique de la ville en fit une place forte très disputée : elle vit la victoire des troupes royales sur celles de Marie de Médicis (1620) et la victoire d'Hocquincourt sur les frondeurs (1651) ; elle fut le théâtre de violents combats pendant la guerre de Vendée, et, en 1944, lors de la retraite des troupes allemandes.

**PONT-SUR-YONNE** [89140] ♦ Ch.-l. de cant. de l'Yonne, arr. de Sens, sur l'Yonne. 3 134 hab. *(Pontois)*. Église (XIIe - XVe s.). Vestiges de remparts.

**PONTUS DE TYARD** ou **DE THIARD** → Tyard ou Thiard (Pontus de)

**PONTY (Jean-Luc)** ♦ Violoniste, claviériste et compositeur de jazz français (Avranches 1942). Premier prix de Conservatoire en 1960, il joua avec Jef Gilson et se consacra définitivement au jazz après un succès triomphal lors du festival d'Antibes de 1964. Il s'installa aux États-Unis en 1974 et y acquit une position de novateur en utilisant des synthétiseurs et en exploitant les possibilités de l'électronique. Il s'est affirmé comme l'un des chefs de file du jazz-rock. Princ. enregistrements : *Sunday Walk* (album, 1967), *Passenger of the Dark* (1975), *Infinite Pursuit* (1985).

**POOLE** ♦ V. d'Angleterre (Dorset), formant un district, dans l'aggl. de Bournemouth. 135 000 hab. Station balnéaire, port de plaisance et terminal du ferry pour Cherbourg et les îles Anglo-Normandes. L'ensemble formé par Bournemouth et Poole tend à devenir un des pôles de développement de la côte S. de l'Angleterre.

**POONA** → Pune

**POOPÓ** (lac) n. m. ♦ Lac de Bolivie (Oruro) à 3 690 m d'alt. sur l'Altiplano, entre les deux cordillères andines (2 600 km²). Il est relié au lac Titicaca par le río Desaguadero. À cause de sa faible profondeur (moins de 2,5 m) et d'une forte évaporation, ce lac est très salé, de niveau instable et son extension varie selon les pluies.

**POPA (Vasko)** ♦ Poète serbe (Grebenac 1922 - Belgrade 1991). Fondateur du modernisme poétique serbe dans les années 1950, il a publié huit recueils, dont *L'Écorce* (1953), *Champ sans repos* (1956) et *Terre dressée* (1973).

**POPARD (Irène)** ♦ Pédagogue et danseuse française (Paris 1894 - *id.* 1950). Créatrice de la méthode de danse rythmique qui porte son nom.

## pop art

n. m. ← ÉTYM. abrév. de l'angl. *popular art* « art populaire » ♦ Mouvement artistique dont le nom a été inventé par le critique anglais Lawrence Alloway en 1950 alors que des peintres tels que ses amis Richard Hamilton* ou Eduardo Paolozzi* décidaient de se tourner vers un art commercial, par opposition à l'hermétisme de l'art abstrait. Le pop art s'est développé dans les années 1950 - 1970 en Europe, aux États-Unis et au Japon. Reprenant, dans un esprit différent, le point de vue de Duchamp* sur le « ready-made », lié à la civilisation industrielle, créé *pour* mais non *par* les masses, il offre l'objet dans sa matérialité, et non pas seulement dans sa représentation, le fait quotidien brut au lieu de l'humanisme analytique. Utilisant les codes des images publicitaires (couleurs criardes en aplats, schématisation de la figure humaine qui sert de véhicule au produit, jeux de renvois érotiques), les artistes du pop art en font une déviation souveraine, puisque leurs œuvres ne vantent pas le moindre produit commercial, ou alors le répètent jusqu'à saturation, par dérision (les *Boîtes Brillo* de Warhol*). En France, les nouveaux réalistes introduiront également les objets bruts dans leurs œuvres, mais avec une différence, la notion fondamentale de hasard et de détérioration. Parmi les représentants les plus connus du pop art, on peut citer Andy Warhol, James Rosenquist*, Roy Lichtenstein*, Claes Oldenburg*, Tom Wesselmann* (États-Unis) ; Richard Hamilton, Allen Jones, Eduardo Paolozzi (Grande-Bretagne) ; Martial Raysse* (France).

**POPAYÁN** ♦ V. de Colombie, cap. du dép. du Cauca, dans les Andes méridionales à 1 700 m d'altitude dans la vallée du Cauca. 258 653 hab. Centre commercial régional. Indus. alimentaires. ▮ **Histoire** Fondée par Benalcázar en 1536, la ville fut reconstruite après le séisme de 1983 et renferme un centre ancien bien conservé (églises, musées).

**POPE (Alexander)** ♦ Poète et essayiste anglais (Londres 1688 - Twickenham 1744). Enfant d'une famille de commerçants aisés, de santé précaire, il fréquenta les écoles catholiques de Winchester et de Londres. Il avait douze ans quand il écrivit son *Ode à la solitude*. Ses disgrâces physiques (il était petit et bossu) l'amenèrent à renoncer aux joies sentimentales : il ne composa que deux poèmes d'inspiration amoureuse, des *Vers en souvenir d'une femme malheureuse* destinés à Martha Blount et à lady Montagu, et dans le style des *Héroïdes* d'Ovide, l'*Épître d'Héloïse à Abélard* (1717), où Pope développe les thèmes de l'amour libre et de la solitude. *La Boucle dérobée* (1712), qui reprend le thème parodique du *Lutrin* de Boileau, est inspirée de Voiture et de l'abbé de Villars. Pope avait appris seul le français, l'italien, le grec et le latin. Sa traduction en vers de *L'Iliade* (1720) fut considérée comme un chef-d'œuvre et son succès (la querelle des Anciens et des Modernes faisait rage) procura à Pope l'indépendance matérielle nécessaire à son intégrité de critique. Son *Essai sur la critique* (1711) a joué en Angleterre le rôle de l'*Art poétique* de Boileau en France. Les règles qui doivent présider à une saine critique y sont codifiées. Poète satirique, Pope donna libre cours à son ressentiment contre les écrivains médiocres dans *La Dunciade* (1728) et *La Nouvelle Dunciade* (1742), dérivé du terme péjoratif *dunce*, «gourde». Il affirme la bonté et la dignité naturelle de l'homme dans son *Essai sur l'homme* (1734), formé de quatre épîtres adressées à lord Bolingbroke. C'est encore sous forme épistolaire qu'il fit paraître ses *Essais moraux* (1735) où il analyse les caractères masculin et féminin et l'influence de l'argent sur les mœurs. Son ironie légère voudrait être bienveillante, mais «l'indignation vertueuse est chez lui en mainte occasion grossie ou remplacée par la souffrance d'une personnalité à vif» (Legouis). ➝ ÉTYM. Ce nom vient de l'anglais et signifie «pape» (peut-être surnom d'une personne austère).

**POPERINGE** ♦ V. de Belgique (Région flamande), prov. de Flandre-Occidentale, arr. d'Ypres, sur le Poperingevaart, affl. de l'Yser, à la frontière française. 19 707 hab. Église Notre-Dame (1400). Église Saint-Jean (1290). Église Saint-Bertin (XIIIe s.). ▪ Capitale du pays du houblon (qui s'étend aussi en France, autour de Steenvoorde). Institut et musée du Houblon, fête internationale du houblon (triennale). Indus. textile et alimentaire.

**POPLE (John A.)** ♦ Mathématicien et chimiste britannique (Burnham-on-Sea, Somerset 1925 - Chicago 2004). Après avoir élaboré des méthodes théoriques de modélisation des molécules chimiques et de leurs réactions, il appliqua ses résultats dans un programme informatique, Gaussian-70. L'intégration dans ce logiciel de la théorie de W. Kohn* en 1990, constitue le point de départ d'un nouvel essor de la chimie quantique. [Prix Nobel de chimie 1998, avec W. Kohn]

**POPOCATÉPETL** n. m. ➝ ÉTYM. nahuatl «la montagne *(tepetl)* qui fume *(popoca)*» ♦ Le plus grand des volcans du Mexique avec l'Orizaba*. 5 452 m. Soufrières. Situé à 60 km de Mexico dans la Meseta Central, au S.-E. de l'Anáhuac*, il est couronné de neiges éternelles. Des éruptions mineures ont eu lieu entre 1994 et 2004. La ville de Puebla* s'étend à ses pieds.

**Popocatépetl.** La «Montagne qui fume» vue depuis son versant nord. *Phot. © Jean-Claude Tanguy*

**Popol Vuh** ♦ Poème symbolique et ésotérique écrit en quiché peu après la conquête espagnole (1550 ?), retraçant l'origine du monde et les traditions religieuses du peuple maya.

**POPOV (Aleksandr Stepanovitch)** ♦ Ingénieur russe (Tourinskii Roudnik, près de Perm 1859 - Saint-Pétersbourg 1906). Il eut l'idée d'utiliser les ondes électromagnétiques découvertes par Hertz* pour transmettre des signaux. Il inventa l'antenne en combinant l'éclateur de Hertz et le cohéreur de Branly*, remarquant que leurs sensibilités respectives augmentaient si on les reliait à un fil conducteur formant un condensateur avec la terre. Il construisit le premier récepteur d'ondes électromagnétiques (1895) et réussit à transmettre à 250 m le premier message sans fil en morse (1896). ➝ **Marconi.** ➝ ÉTYM. Ce nom vient du russe *pop* «pope, prêtre».

**POPOV (Alexander)** ♦ Nageur russe (Iekaterinbourg 1971). Spécialiste du 50 m nage libre et du 100 m nage libre, il a remporté 4 médailles d'or dans ces disciplines aux jeux Olympiques de Barcelone (1992) et d'Atlanta (1996).

**POPOVIĆ (Jovan Sterija)** ♦ Auteur dramatique serbe (Vršac 1806 - *id.* 1856). Fondateur du Théâtre national de Belgrade, il donna naissance au théâtre moderne serbe. Il écrivit dans la tradition de Molière* des comédies satiriques sur la bourgeoisie : *La Cruche qui fait l'amphore* (1838), *Les Patriotes* (1849), *Belgrade jadis et aujourd'hui* (1853).

**POPPÉE** ♦ Dame romaine (morte en 65), célèbre par sa beauté et ses mœurs dissolues. Femme de Rufus Crispinus, préfet du prétoire, puis d'Othon*, elle devint la maîtresse (58), puis la femme (62) de Néron*, après que l'empereur eut répudié Octavie*. Elle contribua à la mort d'Agrippine* et fut elle-même tuée par Néron d'un coup de pied dans le ventre alors qu'elle était enceinte.

**PÖPPELMANN** ou **POEPPELMANN (Matthäus Daniel)** ♦ Architecte et décorateur allemand (Henford 1662 - Dresde 1736). Il fut directeur des bâtiments à la cour de Dresde à partir de 1686, voyagea à Vienne, Rome et Naples en 1710, puis en France en 1715. Il s'affirma comme l'un des architectes les plus inventifs du baroque allemand par sa création du *Zwinger* de Dresde* (1711 - 1722), place de carrousel destinée aux fêtes de la cour et constituée de galeries à arcades reliant des pavillons bulbeux. Il créa un ensemble de perspectives variées, répandit avec profusion un décor plein de fantaisie et confia à Permoser* la réalisation des sculptures. Avec cette œuvre apparaît une tendance particulière au baroque saxon.

**POPPER (sir Karl Raimund)** ♦ Philosophe et épistémologue britannique d'origine autrichienne (Vienne 1902 - Londres 1994). Après ses années de formation en Autriche, où il fut proche du cercle de Vienne*, il émigra en 1937 en Nouvelle-Zélande, puis se fixa en Angleterre : son autobiographie (*La Quête inachevée*, 1974) rend compte de son itinéraire intellectuel. Dans *La Logique* de la découverte scientifique* (1935), il s'attache à définir la scientificité par un meilleur critère que celui de la vérifiabilité. C'est ainsi qu'il détermine la scientificité d'une théorie par la possibilité de la réfuter («falsifiabilité»). Il insiste sur l'importance d'une stricte démarcation entre science et non-science (marxisme, psychanalyse) dont la falsifiabilité est le critère. Son œuvre comprend aussi des textes de philosophie politique (*La Société ouverte et ses ennemis*, 1945 ; *Misère de l'historicisme*, 1957). L'histoire ne peut être pensée selon des lois ou comme entièrement rationnelle : une politique qui prétend s'appuyer sur une telle connaissance (Marx*, Platon*) ne peut que déboucher sur une «société close» de type tribal où les individus sont réduits à un rôle de parties du tout. Au contraire la «société ouverte», démocratique, est composée d'individus confrontés à des choix et elle repose sur des mécanismes de changements sociaux réversibles. Popper, qui s'inscrit ainsi dans la tradition politique libérale, a engagé une réflexion d'ensemble sur le déterminisme (*Conjectures et réfutation*, 1963). Il distingue trois mondes : le «Monde 1» est celui de la physique, le «Monde 2» celui de la psychologie, le «Monde 3» celui des productions de l'esprit humain (*L'Univers irrésolu, plaidoyer pour l'indéterminisme*, 1982).

Le **Populaire** ♦ Journal des «intérêts politiques, matériels et moraux du peuple», fondé par Cabet. Il parut de 1833 à 1835, puis de 1841 à 1850 (sous le titre *Le Populaire de 1841*). Divers journaux parurent ultérieurement sous ce titre, dont l'organe officiel de la SFIO (de 1921 à 1970).

## populisme

n. m. ♦ Courant littéraire français apparu en 1929 sous l'impulsion de Léon Lemonnier. Pour celui-ci, il s'agissait avant tout d'en finir avec la littérature bourgeoise et parisienne au profit de la peinture des petites gens. Rejetant l'intrigue romanesque et l'analyse psychologique, il entendait montrer la réalité sans chercher à l'expliquer. En ce sens, le populisme est proche du naturalisme dont il prolonge le message social même s'il refuse la méthode scientifique de Zola et le recours à des scènes trop mélodramatiques (➝ **naturalisme**). Ce courant ne connut jamais, à proprement parler, d'existence théorique réelle. Il fut l'expression de sensibilités multiples qui vont d'Eugène Dabit* (*Hôtel du Nord*, 1929), Tristan Rémy (*Faubourg Saint-Antoine*, 1931) et Lucien Descaves (*L'Hirondelle sous le toit*, 1924) à Charles-Louis Philippe* (*Bubu de Montparnasse*, 1901), Pierre Hamp* (*La Peine des hommes*, 1920) et Ernest Pérochon (*Nêne*, 1920). D'autres écrivains furent rangés sous la bannière populiste sans qu'ils le fussent vraiment : A. France, M. Aymé, M. Pagnol et J.-P. Sartre qui, en 1940, pour *Le Mur** reçut le prix du roman populiste fondé par L. Lemonnier et A. Thérive en 1930. ▪ Appliqué à l'histoire russe, le terme de populisme désigne le mouvement d'opposition des intellectuels au tsarisme dans les années 1850 - 1880 (Tchernychevski, Lavrov, Ouspenski, Mikhaïlovski). ➝ **narodniki.**

**POQUELIN** ➝ **Molière**

**PORBUS** ➝ **Pourbus**

**PORCHEVILLE** [78440] ➝ ÉTYM. anc. *Villa Porcariorum*, du lat. *villa* «domaine» et *porcarius* «porcher» ♦ Comm. des Yvelines, arr. de Mantes-la-Jolie, sur la Seine. 2 502 hab. *(Porchevillois)*. Centrale thermique. Métallurgie. Chimie.

**PORCIA** ♦ Dame romaine (morte en –42). Fille de Caton* d'Utique et femme de Brutus*, meurtrier de César*. Type de la femme républicaine et stoïcienne, elle se donna la mort en apprenant que son époux s'était tué après la défaite de Philippes*.

**PORCIEN** n. m. ♦ Région argileuse du Bassin parisien (N.-E.), entre la vallée de l'Aisne et la dépression subardennaise. ▌**Histoire** Comté carolingien, le Porcien passa au XIIIe s. à la Couronne de France ; puis il devint une principauté aux XVIe et XVIIe s. Sa cap. était Novion-Porcien (auj. ch.-l. de cant. du dép. des Ardennes).

**PORDENONE (Giovanni Antonio DE' SACCHIS,** dit en fr. **LE)** ➝ ÉTYM. du n. de son lieu de naissance ♦ Peintre italien (Pordenone v. 1484 - Ferrare 1539). Formé dans le Frioul, il subit l'influence de Giorgione, avant de séjourner à Rome. Il décora la chapelle Malchiostro à Trévise (1520) et peignit la *Passion* à la cathédrale de Crémone (1521) ; le style monumental et dramatique trahit les influences romaines. À Venise, après 1528, il décora le chœur de San Rocco et le cloître de San Stefano. Son style va de la monumentalité à l'élégance (*Saint Gothard entre saint Roch et saint Sébastien*, Pordenone).

**PORDENONE** ♦ V. d'Italie dans le Frioul-Vénétie Julienne, ch.-l. de prov. 49 122 hab. Cathédrale gothique (XIIIe - XVIIe s.) contenant des œuvres du Pordenone*. ▪ Indus. mécaniques et chimiques ; céramiques.

**PORDIC** [22590] ♦ Comm. des Côtes-d'Armor, arr. de Saint-Brieuc. 5 176 hab.

**Porgy and Bess** ♦ Opéra en 3 actes de George Gershwin* sur un livret de DuBose Heyward et Ira Gershwin (Boston, 30 sept. 1935). Premier opéra véritablement conçu pour une troupe entièrement noire, l'œuvre s'en ressent à la fois dans son action (elle pose sans fards les problèmes du sexe et de la drogue) et dans sa musique (usage du blues, notamment).

**PORI** ♦ V. de Finlande méridionale, à l'embouchure du Korkenäenjoki dans le golfe de Botnie. 76 255 hab. Centre culturel. Musée. ▪ Centre indus. : indus. du bois (scieries, papeteries, cellulose, allumettes), métallurgie, construc. mécaniques, indus. textiles, chantiers navals (plateformes pétrolières). Nouveau port charbonnier et pétrolier.

**PORNIC** [44210] ➝ ÉTYM. en bret. *Pornizh*, de *porzh* « port » et *Neiz* (« nid ») n. d'un saint bret. inconnu ♦ Ch.-l. de cant. de la Loire-Atlantique, arr. de Saint-Nazaire. 11 903 hab. *(Pornicais)*. Château fort des XIIIe - XIVe s., remanié au XIXe s. ▪ Station balnéaire, port de pêche et de plaisance, dans la baie de Bourgneuf.

**PORNICHET** [44380] ♦ Comm. de la Loire-Atlantique, arr. de Saint-Nazaire. 9 668 hab. *(Pornichetains)*. Station balnéaire. Port de plaisance.

**Pornocratie** n. f. ♦ Nom donné par les historiens à une période (904 - 964) où Rome et la papauté subirent la domination de femmes débauchées (Théodora, épouse du *vestiarius* Théophylacte, et ses filles Théodora la Jeune et Marozie) et de leurs descendants. Albéric II, fils de Marozie, enferma sa mère (932) ; il fut un « patrice » énergique. Mais il plaça sur le trône pontifical son fils Octavien (Jean XII) dont les désordres amenèrent l'intervention d'Othon le Grand. Entre les mains de cette « dynastie », les papes ne furent que des instruments, indignes ou insignifiants, encore que d'une parfaite orthodoxie dans leurs actes religieux. ➞ **Serge III, Anastase III, Landon, Jean X, Léon VI, Étienne VII, Jean XI, Étienne VIII, Marin II, Agapet II, Jean XII.**

**POROS** ou **PAURĀVA** ♦ Roi indien du Panjab* qui, en -326, s'opposa à la traversée de l'Indus par Alexandre* le Grand. Battu par ce dernier et remis sur son trône, il s'allia au conquérant grec.

**POROS** ♦ Aggl. portuaire grecque de la grande banlieue d'Athènes rattachée au nome d'Attique. Env. 6 000 hab. Formée de deux localités séparées par un mince goulet maritime : Galata et Poros, situé sur un promontoire de l'îlot du même nom (anc. Calaurie). ▮ **Histoire** Dans la haute Antiquité, l'île fut le centre d'une amphictyonie maritime de villes de l'Attique, de la Béotie et du N. du Péloponnèse. On y célébrait le culte de Poséidon* et c'est dans son temple dorique (-VIe s.) que s'empoisonna Démosthène (-322).

**PORPHYRE** ➝ ÉTYM. en gr. ***Porphurios*** ; de *porphureos* « qui se soulève en bouillonnant » ♦ Philosophe néoplatonicien d'origine syrienne (Tyr 234 - Rome 305). Après avoir été le disciple de Longin* et étudié à Athènes, il séjourna à Rome auprès de Plotin* dont il publia les traités. ➞ **Ennéades.** Il écrivit une *Vie de Pythagore* et une *Vie de Plotin*, l'*Isagoge* (ou introduction aux *Catégories** d'Aristote) ainsi que des commentaires sur les œuvres de Platon et d'Aristote. Nous possédons aussi quelques fragments de ses traités : *Sur le retour de l'âme à Dieu, Sur les oracles.*

**PORPORA (Nicola)** ♦ Compositeur italien (Naples 1686 - *id.* 1768). D'abord maître de chapelle à Naples, puis à Venise (1726), il fit représenter ses opéras dans les principales villes de l'Italie du Nord. Il partit ensuite pour Londres (1736) où il fut le rival de Haendel*, dans les domaines de l'opéra et de la musique de chambre. On le retrouve ensuite maître de chant à Venise, à Dresde, puis, au service de l'ambassadeur de Venise à Vienne, où il eut pour accompagnateur et intendant le jeune J. Haydn (1753). Sa renommée ayant décliné, il devait finir dans la plus grande misère. Auteur de nombreux opéras d'une remarquable élégance d'écriture, il a laissé également des oratorios, cantates, œuvres instrumentales et vocales, dans le style napolitain.

**PORQUEROLLES** (île de) ➝ ÉTYM. anc. *Porcairola* « porcherie », du lat. *porcus* « porc » ♦ Une des îles d'Hyères* dans la Méditerranée, au large de la presqu'île de Giens. Superficie : 1 254 ha. Dominée par un fort du XVIe s., l'île appartient dans sa presque totalité à l'État. Parc domanial créé en 1972. Conservatoire botanique. ▪ Site touristique.

**PORRENTRUY** – en all. ***Pruntrut*** ♦ V. de Suisse (Jura). 6 586 hab. Le château (XVe - XVIIIe s.) fut la résidence des princes-évêques de Bâle. ▪ Horlogerie. Fromageries. Chaussures.

**PORSENNA** ♦ Roi de Clusium (auj. Chiusi*) en Étrurie (-VIe s.). Deux ans après la chute des Tarquins (-509), il tenta de rétablir la domination étrusque à Rome, mais fut repoussé par Horatius* Cocles et Mucius* Scaevola.

**PORT (LE)** [97429] ♦ Ch.-l. de cant. de la Réunion, sur la côte N.-O. de l'île. 38 412 hab. *(Portois)*. Port entièrement artificiel.

**PORTA (Carlo)** ♦ Poète italien (Milan 1775 - *id.* 1821). Né dans une famille de la bourgeoisie, il entra, après une année passée à Venise, en 1804 dans l'administration milanaise où il fit carrière. C'est à cette époque que, pour affiner l'instrument qu'il s'était choisi, le dialecte milanais, il ébaucha une traduction de *L'Enfer* de Dante. Mais il faudra attendre 1812 pour voir naître, avec le poème *I Desgrazi de Giovannin Bongee* (« Les Malheurs de Giovannin Bongee »), sa grande saison créatrice. Du sonnet au poème en octaves (propre à de brèves narrations, souvent dialoguées), ses compositions satiriques peignent avec un égal bonheur l'aristocratie ou le monde noir de la réaction cléricale (*One vision* [« Une vision »], *Fraa Diodatt* [« Frère Déodat »], *One miracol* [« Un miracle »], *Catolegh, Apostolegh e Roman* [« Catholiques, Apostoliques et Romains »], *La Preghiera* [« La prière »]) et le petit peuple sanguin, obscène et humilié, auquel il s'identifie avec une tendresse et une vivacité sans égales (*Olter desgrazi de Giovannin Bongee* [« Autres malheurs de Gionannin Bongee »], *La Ninetta del verzee* [« La Ninetta du verger »], *El Lament del Marchionn di gamb avert* [« La lamentation de Melchior aux jambes ouvertes »]). Capable de manier tous les registres de la langue, il fit l'admiration de Foscolo, Manzoni, Stendhal. Il se rangea du reste du côté des novateurs lorsque éclata la querelle entre classiques et romantiques (1816). Si son usage du dialecte et la censure morale empêchèrent longtemps la diffusion de son œuvre, il est aujourd'hui unanimement considéré comme un très grand écrivain italien.

**PORTA (LA)** [20237] ➝ ÉTYM. corse « la porte (le col) » ♦ Ch.-l. de cant. de la Haute-Corse, arr. de Bastia. 196 hab. L'église Saint-Jean-Baptiste (XVIIe s.) possède un très beau campanile de style baroque (1720).

**PORT-ADÉLAÏDE** ➞ **Adélaïde**

**PORTADOWN** ♦ V. d'Irlande du Nord (comté d'Armagh), sur le Bann. 22 000 hab. Nœud ferroviaire et centre industriel.

**PORTAL (Antoine,** baron**)** ♦ Médecin français (Gaillac 1742 - Paris 1832). Professeur au Collège de France (1769), il enseigna ensuite l'anatomie au Jardin des plantes (1777). Nommé médecin de Louis XVIII lors de la Restauration, il fonda l'Académie royale de médecine en 1820. [Acad. sc. 1769]

**PORTAL (Michel)** ♦ Clarinettiste français (Bayonne 1935). Tour à tour interprète de musique classique ou contemporaine, et improvisateur de free-jazz, fondateur du groupe New Phonic Art, il cherche à briser les cloisonnements entre les différents types de musique. Il compose également des musiques de films. ➝ ÉTYM. *Portal* est une variante de *portail*.

**PORTALIS** [-lis] **(Jean Étienne Marie)** ♦ Homme politique et juriste français (Le Beausset 1746 - Paris 1807). Avocat au parlement d'Aix (1765), il fut arrêté sous la Terreur. Membre du Conseil des Anciens*, il en fut le président en 1796. Il participa à la rédaction du Code* civil ; directeur des Cultes en 1801, il négocia le Concordat*, rédigeant les articles organiques d'inspiration gallicane. Il fut ministre des Cultes de 1804 à 1807. Son corps repose au Panthéon. [Acad. fr. 1803]

**PORTALIS (Joseph Marie,** comte**)** ♦ Homme politique français (Aix 1778 - Passy 1858), fils de Jean Étienne Portalis. Secrétaire général des Cultes (1805), puis directeur général de l'imprimerie et de la librairie sous l'Empire, conseiller à la Cour de cassation et pair sous la Restauration, il fit partie du ministère libéral de Martignac comme garde des Sceaux, puis ministre des Affaires étrangères (1828 - 1829).

**PORT-ARTHUR** ➞ **Lüshun**

**PORT ARTHUR** ♦ V. des États-Unis (Texas). 59 000 hab. (zone urbaine 361 000). Raffineries de pétrole et pétrochimie. L'un des principaux ports pétroliers de la région.

**PORT-AU-PRINCE** ♦ Cap. de la rép. d'Haïti, située au fond du golfe de la Gonave. 1 916 000 hab. *(Port-au-Princiens)*. Violent contraste entre les zones misérables (Cité Soleil) et les quartiers résidentiels (Pétionville). Le port concentre la plus grande part du commerce du pays à l'importation et à l'exportation. Aéroport international de Maïs Gâté. ▮ **Histoire** La ville fut fondée en 1749 par les Français pour se substituer au Cap-Français comme capitale de Saint-Domingue. Elle fut détruite à plusieurs reprises par des incendies et des tremblements de terre. Celui de janvier 2010, de magnitude 7, a détruit la ville et sa banlieue à 80 % et a fait plus de 200 000 morts.

**PORT-AUX-FRANÇAIS** ♦ Importante base scientifique des îles Kerguelen*.

**PORTA WESTFALICA** ♦ V. d'Allemagne (Rhénanie-du-Nord-Westphalie) située sur la Weser, à 5 km en amont de Minden, dont elle est séparée par la crête des Wiehengebirge. 37 700 hab. Ce site de cluse au contact de la Westphalie et du Hanovre lui a valu son nom.

**PORT BLAIR** ♦ Cap. du territoire de l'Union indienne formé par l'archipel des îles Andaman et Nicobar, situé dans l'océan Indien près des côtes birmanes. 100 186 hab.

**PORT-BOU** ♦ Port et station balnéaire d'Espagne (Catalogne), prov. de Gérone. 1 307 hab.

**PORT-CAMARGUE** ♦ Localité du Gard (comm. du Grau*-du-Roi). Station balnéaire et port de plaisance (créé en 1969).

**PORT-CARTIER** ♦ V. du Canada (Québec), sur la rive N. de l'estuaire du Saint-Laurent. 6 758 hab. Port d'exportation du minerai de fer du Nouveau-Québec (terminus de la ligne de chemin de fer desservant les mines de fer).

**PORT-CROS** [kRO] (île de) ➔ ÉTYM. «port creux» ♦ Une des îles d'Hyères* dans la Méditerranée au large du cap Bénat. L'île, d'une superficie de 640 ha, est très accidentée et boisée. Port-Cros, ainsi que l'île de Bagaud et les îlots voisins, sont classés parc national (dont 1 800 ha de zone sous-marine).

**PORT-DE-BOUC** [13110] ➔ ÉTYM. anc. *Portus de Boc*, du lat. *portus* «port» et probablt du ligure *buk* «montagne» (allus. au rocher contre lequel la v. s'adosse) ♦ Comm. des Bouches-du-Rhône, arr. d'Istres, au débouché du canal de Caronte. 16 686 hab. *(Port-de-Boucains)*. Fort élevé par Vauban (1664). Tour du XIIe s., transformée en phare. ▪ Port de pêche et de plaisance. Métallurgie. Chimie.

**PORT-DES-BARQUES** [17730] ♦ Comm. de la Charente-Maritime, arr. de Rochefort. 1 534 hab. *(Port-Barquais)*. Port de pêche sur la rive g. de l'embouchure de la Charente. Ostréiculture. Station balnéaire.

**Porte, Sublime Porte** ou **Porte ottomane** n. f. ♦ Nom donné autrefois au gouvernement du sultan des Turcs.

La **Porte étroite** ♦ Récit d'André Gide* (1909). L'amour de Jérôme et d'Alissa se double d'un mysticisme qui interdit la concrétisation de leur union. Alissa meurt déchirée par son drame intérieur. Gide s'inspire directement des relations avec son épouse Madeleine ; le regard sur l'ascétisme qu'il met en œuvre est sans doute ironique.

**Porte-Glaive (chevaliers)** ♦ Ordre religieux et militaire, créé en 1202 par Albert* de Buxhövden, évêque de Livonie, et approuvé par le pape Innocent III. L'ordre, qui portait aussi les noms de chevaliers des Deux Épées, et frères de l'Épée (en all. *Schwertbrüderorden*), avait pour objet la défense des chrétiens contre les païens des régions voisines. Ayant fait la conquête de la Livonie* (d'où le nom chevaliers de Livonie), et de la Courlande* sous leur premier grand maître Winno de Rohrbach, ils furent vaincus sous le second, Foulques Schenk de Winterfeld, et durent fusionner avec l'ordre Teutonique* (1237), dont ils adoptèrent alors la règle et le vêtement. La branche livonienne de l'ordre reprit son autonomie en 1525. Son dernier grand maître, Gotthard Kettler, battu (1559) par le tsar Ivan IV, céda la Livonie à Sigismond II, roi de Pologne, et devint duc de Courlande.

**PORTEL (LE)** [62480] ➔ ÉTYM. «le petit port» ♦ Comm. du Pas-de-Calais, banlieue S. de Boulogne-sur-Mer. 10 720 hab. *(Portelois)*.

**PORT ELIZABETH** ➔ ÉTYM. du prénom de l'épouse du fondateur de la ville en 1820, le général britannique sir Rufane Shaw Donkin ♦ → **Nelson Mandela City**

**PORT-EN-BESSIN-HUPPAIN** [14520] ♦ Comm. du Calvados, arr. de Bayeux. 2 139 hab. *(Portais)*. Port de pêche et station balnéaire sur la Manche.

**PORTER (Edwin Stratton)** ♦ Cinéaste américain (Connellsville, Pennsylvanie 1870 - New York 1941). Pionnier du cinéma américain, il a réalisé, entre 1902 et 1910, plus de six cents films dont *La Vie d'un pompier américain* (1902) et *Le Vol du Grand Rapide* (1903), le premier western. Inventeur fécond (essais de cinéma en relief, 1915, et de cinéma parlant, 1921), il fut aussi le metteur en scène et le producteur de nombreux films qui introduisirent au cinéma la tradition populaire du mélodrame : *Sauvé du nid d'aigle* (1907, avec D. W. Griffith) et *Tess of the Storm Country* (1914), avec Mary Pickford.

**PORTER (Katherine Anne)** ♦ Nouvelliste et romancière américaine (Indian Creek, Texas 1890 - Silver Spring, Maryland 1980). Elle fut journaliste à Chicago avant de s'établir au Mexique, où se déroulent plusieurs de ses nouvelles, et d'où elle s'embarqua en 1931 pour un voyage en Allemagne. Cette traversée devait lui inspirer son unique roman, *La Nef des fous* (1962), auquel elle travailla plus de vingt-cinq ans, sorte d'allégorie de la crise de la civilisation occidentale incarnée par un bateau aux étranges passagers. Tout le reste de son œuvre consiste en nouvelles : certaines reflètent son expérience de l'histoire, comme *La Tour penchée* (1944) qui décrit la montée du nazisme à Berlin ; d'autres décrivent le destin de femmes indépendantes.

**PORTER (Cole)** ♦ Auteur compositeur de comédies musicales américain (Peru, Indiana 1891 - Santa Monica, Californie 1964). Diplômé de la Harvard School of Music, il fut très jeune en rupture avec un milieu familial aisé et, pour vivre, écrivit à New York ses premières chansons dès 1910. Il s'engagea dans la Légion étrangère durant la Première Guerre mondiale et passa ensuite plusieurs années à Paris où il connut ses premiers succès de compositeur avant de retourner aux États-Unis. Écrivant les paroles et la musique de ses œuvres, il fut un auteur particulièrement prolixe : *Fifty Million Frenchmen* (1929), *DuBarry was a Lady* (1934), *Panama Hattie* (1940), *Kiss Me Kate* (1948). Certains de ses thèmes ont connu une renommée mondiale : *Night and Day, Begin the Beguine*.

**PORTER (Rodney Robert)** ♦ Biochimiste britannique (Newton-le-Willows 1917 - Winchester 1985). Grâce à sa méthode de clivage enzymatique, il contribua à élucider la structure des immunoglobulines (anticorps), montrant qu'elles sont composées de quatre chaînes et comportent deux parties fonctionnelles distinctes. [Prix Nobel de physiol. ou méd. 1972, avec G. Edelman*]

**PORTER (sir George)** ♦ Chimiste britannique (Stainforth 1920 - 2002). → **Norrish.** [Prix Nobel de chimie 1967, avec M. Eigen* et R. Norrish]

**PORTES DE FER** n. f. pl. ♦ Nom donné aux gorges du Djerdap, défilé du Danube séparant les Balkans (Serbie orientale) des Alpes de Transylvanie (Roumanie). Importante centrale hydroélectrique, sur le Danube, construite et exploitée conjointement avec la Serbie.

**PORTES-LÈS-VALENCE** [26800] ♦ Ch.-l. de cant. de la Drôme, arr. de Valence. 8 090 hab. *(Portois)*.

**PORTET-D'ASPET** (col de) ➔ ÉTYM. du lat. *portus* «passage» et *Aspe** ♦ Col des Pyrénées (Haute-Garonne) qui offre un beau panorama à 1 069 m d'altitude.

**PORT-ÉTIENNE** → **Nouadhibou**

**PORTET-SUR-GARONNE** [31220] ♦ Comm. de la Haute-Garonne, banlieue S. de Toulouse. 8 733 hab.

**PORTEVIN (Albert)** ♦ Métallurgiste français (Paris 1880 - Abano Terme, Italie 1962). Il fit des recherches sur la trempe des aciers, sur le traitement thermique des alliages légers et sur la résistance chimique des aciers inoxydables. [Acad. sc. 1942]

**PORT-GENTIL** ♦ Port du Gabon, à l'embouchure de l'Ogooué. 79 225 hab. Indus. alimentaires, chimiques et du bois. Port exportateur d'okoumé. Gisement de pétrole et gaz naturel à proximité. → **Oussouri.**

**PORT-GRIMAUD** ➔ ÉTYM. de *port* et *Grimaud** ♦ Port de plaisance du Var (comm. de Grimaud) créé en 1966. Église œcuménique Saint-François-d'Assise (vitraux par V. Vasarely).

**PORT HARCOURT** ♦ V. du Nigeria, cap. de l'État des Rivières, sur une branche du delta du Niger* dont l'avant-port pétrolier est Bonny. Tête de ligne de voies ferrées. 703 421 hab. Centre économique et indus., exutoire de l'E. et du Moyen-Ouest, zones de gisements de pétrole et de gaz naturel au large. Raffinerie. Centrale thermique. Indus. du caoutchouc. Cimenterie. Huileries.

**PORTHOS** ♦ Personnage de roman d'Alexandre Dumas*, l'un des *Trois* Mousquetaires*.

**PORTICCIO** ♦ Station balnéaire de Corse-du-Sud (comm. de Grosseto-Prugna). Thalassothérapie.

**PORTICI** ♦ V. d'Italie, en Campanie (prov. de Naples), dans la banlieue napolitaine, au pied du Vésuve. 60 218 hab. Port. Usines chimiques.

**PORTIER (Paul)** ♦ Physiologiste français (Bar-sur-Seine 1866 - Bourg-la-Reine 1962). Il découvrit l'anaphylaxie (hypersensibilité à une substance introduite dans l'organisme) avec C. Richet* et fit d'importants travaux sur la physiologie des animaux marins. [Acad. sc. 1936]

**PORTILLO** ♦ Station de ski, dans les Andes du Chili central, à 140 km de Santiago*, et à 2 840 m d'altitude.

**PORTILLON** (lac du) ♦ Lac des Pyrénées (Haute-Garonne) situé à 2 650 m d'alt. Ses eaux ainsi que celles de cinq autres lacs (Oô et lac Glacé notamment) alimentent la centrale hydroélectrique du Portillon, dans la vallée de la Lys.

**PORTIMÃO** ♦ V. du Portugal méridional (région de l'Algarve), district de Faro. 48 611 hab. Port de pêche. Conserveries. Tourisme.

**PORTINARI (Cândido)** ♦ Peintre brésilien (Brodósqui, État de São Paulo 1903 - Rio 1962). Formé à Rio, puis à Paris, il réalisa des fresques (*Le Travail de la terre brésilienne ; Les Quatre Éléments*, 1936 - 1945). Ses tendances expressionnistes et son graphisme tourmenté s'exprimèrent dans des sujets religieux (*Chemin de croix*, cathédrale de Belo Horizonte) et sociaux (tableaux évoquant la misère ; panneaux de *La Guerre et la Paix* pour le siège de l'ONU).

**Portique (le)** ♦ Nom de l'école philosophique fondée v. –300 à Athènes par Zénon* (de Citium). Il enseignait sous le Portique (en gr. *Stoa*) Poecile, d'où le nom de stoïcisme* ou philosophie du Portique.

**PORT JACKSON** → **Sydney**

**PORT-JOINVILLE** – anc. ***Port-Breton*** ♦ Hameau, principale agglomération de l'île d'Yeu, dans le dép. de la Vendée (arr. des Sables-d'Olonne). Port de pêche et station balnéaire. ■ Philippe Pétain* y fut inhumé. → **Île-d'Yeu (L').**

**PORT KEMBLA** ♦ Port d'Australie (Nouvelle-Galles du Sud) qui fait partie de la conurbation de Wollongong*. Important centre industriel, depuis l'établissement d'un complexe sidérurgique. Fonderie et affinage du cuivre et de l'étain. Fils métalliques et câbles. Indus. chimiques. Importante centrale électrique (→ **Bulli**). Un nouveau port a été construit en 1960. Exportation des produits sidérurgiques.

**PORTLAND** → **Bentinck**

**PORTLAND** (presqu'île de) – en angl. ***Bill of Portland*** ♦ Péninsule de l'Angleterre méridionale, près de Weymouth, reliée à la terre ferme par un cordon littoral et qui ferme au S. la rade de *Portland Harbour*.

**PORTLAND** ♦ V. des États-Unis (Oregon). 529 121 hab. (zone urbaine avec Salem 2 265 223). La ville regroupe les principales activités indus., commerciales et culturelles de l'Oregon. Elle a développé un technopôle de haute technologie, la Silicon Forest.

**PORTLAND** ♦ V. des États-Unis (Maine), au N.-E. de Boston. 57 555 hab. Centre commercial et portuaire (pétrole : terminus de l'oléoduc Montréal-Portland). Pêche. Indus. (papier, textiles, conserveries, bois).

**PORT-LA-NOUVELLE** [11210] ♦ Comm. de l'Aude, arr. de Narbonne, sur le cordon littoral séparant l'étang de Bages et de Sigean de la mer (reste de l'antique golfe marin de Narbonne). 4 859 hab. *(Nouvellois)*. Port de pêche, de commerce et de plaisance. Raffineries de pétrole. Indus. chimiques. ■ Aux environs, station balnéaire.

**PORT-LOUIS** [97117] ← ÉTYM. nommé ainsi en hommage à *Louis* XIV ♦ V. de Guadeloupe, arr. de Pointe-à-Pitre. 5 580 hab.

**PORT-LOUIS** ← ÉTYM. nommé ainsi en hommage à *Louis* XIV ♦ Cap. de l'île Maurice, sur la côte N.-O. de l'île. 148 565 hab. Exportation de sucre de canne. Sucreries. Minoterie.

**PORT-LOUIS** [56290] ← ÉTYM. nommé ainsi en hommage à *Louis* XIII (V. ci-dessous) ♦ Ch.-l. de cant. du Morbihan, arr. de Lorient, à l'entrée de la rade de Lorient. 2 808 hab. *(Port-Louisiens)*. Anc. place forte, remparts (XVII^e^ s.). Citadelle (XV^e^ - XVI^e^ s.) abritant le musée de la Marine. Musée de la Compagnie des Indes. ■ Station balnéaire, port de pêche. ▌**Histoire** D'abord appelée Blavet, la place forte fut nommée *Port-Louis* en l'honneur de Louis XIII. Le développement de Lorient a provoqué le déclin de Port-Louis. La ville a beaucoup souffert de la Deuxième Guerre mondiale.

**PORT-LYAUTEY** → **Kenitra**

**PORT-MARLY (LE)** [78560] ♦ Comm. des Yvelines, arr. de Saint-Germain-en-Laye. 4 412 hab.

**PORT MORESBY** ← ÉTYM. du n. de J. *Moresby*, qui y dirigea une expédition en 1872 ♦ Cap. de la Papouasie-Nouvelle-Guinée, au S.-E. de l'île, sur la mer de Corail, dans une région de petites plaines côtières marécageuses. 254 158 hab. Centre admin., doté d'un parlement en 1962 et d'une univ. en 1965. ■ Exportation de cuivre, or, argent, caoutchouc, café. Indus. alimentaires ; boissons. ▌**Histoire** En 1942, les Japonais firent de l'importante base de Port Moresby un de leurs objectifs principaux, mais ils durent y renoncer après leur défaite dans la bataille de la mer de Corail* (mai 1942).

**Port-Moresby.** *Phot. © Rocky Roe/Lifes/AFP*

**PORT-NAVALO** ♦ Section de la comm. d'Arzon à l'entrée du golfe du Morbihan, dans la presqu'île de Rhuys. Petite station balnéaire.

**PORTO** ♦ Station balnéaire de la Corse-du-Sud (comm. d'Ota), sur la côte O. de l'île, dans un très beau site, au fond du *golfe de Porto*.

**PORTO** ou **OPORTO** ← ÉTYM. port. «le port» (V. ci-dessous) ♦ V. du Portugal, cap. de la région Nord et ch.-l. de district sur la rive d. de l'estuaire du Douro, deuxième ville du pays. 127 486 hab. (aggl. 739 186). Cathédrale romane remaniée aux XVII^e^ - XVIII^e^ s. Église

Transport de vin à **Porto.** *Phot. © Alan Smillie /Shutterstock*

Saint-François (XVII^e^ s.). Église (baroque) et tour des Clérigos (XVIII^e^ s.). Trois ponts (dont un par Eiffel) franchissent le fleuve. ■ La ville est célèbre pour ses vins produits dans la vallée du Douro, élaborés dans ses chais de Vila* Nova de Gaia et exportés dans le monde entier par l'avant-port de Leixões. Sur près de 750 000 hl produits annuellement, env. 90 % sont exportés, notamment vers la France, le Benelux et la Grande-Bretagne. Porto est le deuxième centre indus. du Portugal ; son district représente env. le quart de l'emploi et de la valeur ajoutée industriels du pays. Indus. alimentaires, textiles, métallurgiques. ▌**Histoire** À l'époque romaine, la présence d'un port *(Portus)* a conduit à latiniser un nom prélatin, sans doute sous la forme de *Portus Cale*, à l'origine du nom du Portugal. Porto fut la cap. économique du comté de Portucale au cours du bas Moyen Âge, Braga* étant la capitale religieuse et Guimarães* la capitale politique. Sa bourgeoisie marchande joua un grand rôle dans l'histoire du Portugal et Porto apparaît comme la rivale austère et laborieuse de Lisbonne. Occupée en 1808 par les Français, libérée l'année suivante par Wellington*, elle fut la place d'armes de Pierre* I^er^ à son retour du Brésil (1832 - 1833).

**PORTO ALEGRE** ← ÉTYM. port. «port *(porto)* plaisant *(alegre)*» ♦ V. du Brésil, cap. de l'État du Rio Grande do Sul, un îlot à l'extrémité N. de la Lagoa dos Patos. 1 321 000 hab. (aggl. 3 800 000). Métropole économique du Sud. Port. Pôle pétrochimique. ▌**Histoire** Fondée par des Açoriens en 1742, la ville s'agrandit à la fin du XIX^e^ s. avec l'arrivée massive d'immigrants allemands et italiens ; elle s'industrialisa rapidement mais ne put rivaliser longtemps avec São Paulo et Rio de Janeiro.

**PORTOCARRERO (Luis Manuel FERNÁNDEZ DE)** ♦ Cardinal et homme politique espagnol (1635 - Tolède 1709). Archevêque de Tolède (1678), il prit parti pour la candidature du duc d'Anjou (le futur Philippe* V) à la mort de Charles* II et fut membre de la junte de régence.

**PORTO EMPEDOCLE** ← ÉTYM. nommé ainsi en l'honneur d'*Empédocle* ♦ V. d'Italie, en Sicile (prov. d'Agrigente). 15 957 hab. Raffineries de soufre et gros complexe chimique (Montecatini).

**PORTOFERRAIO** ♦ V. d'Italie, en Toscane (prov. de Livourne), ch.-l. de l'île d'Elbe*, sur la côte N. 11 508 hab. Port. Exportation du fer. Centre commercial et touristique. ▌**Histoire** Napoléon I^er^, exilé, y séjourna du 3 mai 1814 au 26 fév. 1815, période au cours de laquelle il procéda à de nombreux aménagements.

**PORT OF SPAIN** ← ÉTYM. angl. «port d'Espagne» ; anc. *Conquerabia* (n. indien), renommée par sir Walter Raleigh* en 1595, lors de la conquête espagnole ♦ Cap. de l'État de Trinité-et-Tobago. La ville est située sur la côte O. de l'île de la Trinité, au fond du golfe de Paria. 37 965 hab. (aggl. 300 000). Port et centre commercial. Aéroport international de Piarco. ■ Le carnaval de Port of Spain est considéré comme l'un des plus authentiques et l'un des plus brillants des Amériques. Campus de l'université des Indes Occidentales à Saint Augustine (dans l'E. de l'aggl.).

**PORTO MARGHERA** ♦ Faubourg industriel situé à la périphérie de Venise. Installations portuaires, sidérurgie, raffinage du pétrole.

**PORTO-NOVO** ← ÉTYM. port. «port *(porto)* nouveau *(novo)*» ♦ Cap. du Bénin, sur la rive N. du long cordon lagunaire, joignant le lac Nokoué à la lagune de Lagos. 223 000 hab. *(Porto-Noviens)*. Centre admin. et commercial. Centrale thermique. ▌**Histoire** Ancien royaume fondé au début du XVIII^e^ s., menacé par le royaume d'Abomey*, il fit appel à la France. Le royaume possédait un roi du jour, le souverain en titre, et un roi de la nuit qui gérait les affaires du royaume en cas de vacance du pouvoir.

**PORTO-RICHE (Georges DE)** ♦ Auteur dramatique français (Bordeaux 1849 - Paris 1930). La passion sensuelle, avec les obsessions, les épreuves et les déchéances qu'elle entraîne pour ses victimes, constitue le thème dominant de *Amoureuse* (1891), *Le Passé* (1897), *Le Vieil Homme* (1911). [Acad. fr. 1923]

## PORTO RICO

▮ ➝ **ÉTYM.** en esp. ***Puerto Rico*** «le port riche» ♦ Pays des Caraïbes, composé de l'île de Porto Rico et de deux îles plus petites, Vieques et Culebra. 8 897 km². 3 954 037 hab. (*Portoricains* ou *Portoricains*). → **Antilles** (carte). LANGUES : espagnol, anglais. MONNAIE : dollar. CAPITALE : San Juan (de Porto Rico).

▮ **GÉOGRAPHIE** L'île de Porto Rico est la plus orientale des Grandes Antilles. Les plaines, très étroites, sont disposées autour d'un axe montagneux qui culmine au Cerro de Punta (1 338 m). Le N. de l'île, mieux exposé aux alizés, est humide alors que le S. est marqué par la sécheresse. Pendant longtemps l'économie a été orientée vers les produits tropicaux (sucre, rhum, café). L'industrialisation a complètement transformé le paysage de l'île : indus. lourde (pétrochimie), puis indus. de moyenne et haute technologie (produits pharmaceutiques et électroniques, appareillage médical). Les grandes sociétés transnationales installées dans l'île ont obtenu des avantages fiscaux importants. En dépit de cette industrialisation, le niveau de vie est plus bas qu'aux États-Unis et le taux de chômage plus élevé. Cela explique un mouvement d'émigration régulier vers les États-Unis, en particulier vers les États de New York et du New Jersey. Le tourisme est également une activité très développée.

▮ **HISTOIRE** L'île que les Amérindiens appelaient *Borinquen* était fort peuplée quand elle fut découverte par C. Colomb* en 1493. Cette population indigène fut anéantie et l'île fut pendant longtemps considérée par les Européens comme un bastion stratégique dans les Caraïbes. En conséquence, les plantations esclavagistes furent relativement peu développées. À l'issue de la guerre hispano-américaine, la colonie fut cédée par l'Espagne aux États-Unis (traité de Paris, 1898). En 1917, les Portoricains reçurent la citoyenneté américaine (loi Foraker). Sous l'impulsion du gouverneur Luis Muñoz Marín, fut adoptée en 1952 la Constitution de l'État libre associé (en angl. Commonwealth) qui régit les rapports avec les États-Unis. Dans le cadre d'un régime démocratique, les Portoricains élisent tous les 4 ans un gouvernement qui administre le pays avec une large autonomie. Les forces militaires américaines conservent plusieurs bases, dont une très importante dans l'E. de l'île (Roosevelt Roads).

**PORTO-VECCHIO** [20137] ➝ **ÉTYM.** corse «vieux *(vechiu)* port *(porto)*» ♦ Ch.-l. de cant. de la Corse-du-Sud, arr. de Sartène, sur la côte S.-E. de l'île, au fond du *golfe de Porto-Vecchio.* 10 326 hab. *(Porto-Vecchiais)*. Restes de fortifications. ▪ Port. Indus. du liège. Salines.

**PORTO VELHO** ♦ V. du Brésil, cap. de l'État de Rondônia, sur le rio Madeira. 274 000 hab. Bois, caoutchouc, cacao, étain.

**PORT PIRIE** ♦ V. d'Australie-Méridionale, sur la côte E., relié à Adélaïde et à Broken Hill (Nouvelle-Galles du Sud) par voie ferrée. 14 108 hab. Port exportateur des minerais de Broken* Hill, dont la plupart sont fondus à Port Pirie ; la production principale est le plomb (grande fonderie). Indus. métallurgiques et chimiques. Indus. légères. Blé.

**PORT RADIUM** ♦ Localité du Canada (Territoire du Nord-Ouest), sur la côte E. du Grand Lac de l'Ours. Station de météorologie et de radio. Centre minier : pechblende (uranium).

Le **Portrait de Dorian Gray** – en angl. ***The Picture of Dorian Gray*** ♦ Roman d'Oscar Wilde* (1891). À la suite d'un pacte mystérieux, Dorian Gray, jeune esthète à la vie dépravée, conserve une miraculeuse jeunesse. Seul le portrait qui le représente dans toute sa beauté se couvre peu à peu des stigmates de l'âge et de la débauche. Ayant dédaigné l'amour de Sibyl, qui aurait pu le sauver, et s'étant abaissé jusqu'au meurtre, Dorian Gray poignarde le tableau et meurt comme s'il s'était frappé lui-même ; le tableau retrouve alors son aspect initial, et les domestiques découvriront un cadavre méconnaissable. Ce conte philosophique écrit dans un style très ouvragé est le chef-d'œuvre en prose de Wilde.

Un **portrait de femme** – en angl. ***Portrait of a Lady*** ♦ Roman d'Henry James* (1881). L'histoire, riche en péripéties, est celle d'une jeune fille américaine que sa tante, fortunée et extravagante, emmène en Europe. Son caractère vaniteux ne lui permettra pas de distinguer entre l'amour désintéressé qu'on peut lui porter et la flatterie d'un séducteur qu'elle épousera et auquel, pour se punir de sa frivolité, elle choisira de rester fidèle. Ce roman, l'un des plus célèbres de James, offre une série de portraits remarquables et allie, à une intensité narrative exceptionnelle, une extrême profondeur de réflexion.

**Port-Royal** ♦ Œuvre de Sainte*-Beuve (1840 - 1859). À partir d'un cours sur Port*-Royal, fait à Lausanne (1837 - 1838), l'auteur se propose de montrer avant tout l'influence d'un mouvement de pensée sur les grands écrivains classiques, comme Racine*, Boileau*, Mme de Sévigné* et surtout Pascal*. Ces six volumes constituent une vaste fresque de la vie intellectuelle française au XVIIe s.

**Port-Royal de Paris** ♦ Anc. couvent, situé à Paris sur le boulevard de ce nom (quartier de Montparnasse*). Acquise en 1625 par la mère Angélique (Jacqueline Arnauld*) comme annexe du monastère de Port*-Royal-des-Champs (→ **jansénisme**), la maison de Paris se sépara en 1669 de ce dernier, puis fut supprimée en 1790. *Prison de Port-Libre* sous la Révolution, puis *maison de l'Allaitement* (1795), le couvent est devenu l'*hôpital de la Maternité* (1814). Des bâtiments austères subsistent le cloître, la salle capitulaire et la chapelle (élevée par Lepautre, de 1646 à 1648) où Pascal écouta les sermons de Singlin.

**Port-Royal-des-Champs** ♦ Abbaye féminine de la vallée de Chevreuse (comm. de Magny*-les-Hameaux), fondée en 1204, cistercienne en 1225. Elle fut restaurée par les Arnauld* à la fin du XVIe s. Angélique Arnauld en devint abbesse en 1602 et en entreprit la réforme en 1609. De 1625 à 1648, les religieuses se transférèrent à Paris, tandis que sous la direction de Saint*-Cyran puis de Singlin*, et sous l'influence d'Antoine Arnauld*, leur maison devenait un foyer du jansénisme ; malgré leur ignorance théologique, les religieuses furent mêlées aux controverses (→ **jansénisme**). En 1661, pensionnaires et novices furent expulsées. Le refus de signer sans l'amender le formulaire exigé par Louis XIV amena, en 1664, la déportation de douze religieuses dans d'autres maisons, la mise sous surveillance du monastère, l'interdit jeté sur les religieuses. Celles-ci finirent par accepter la «paix clémentine» (1669 → **Clément IX**), et pendant dix ans Port-Royal devint un centre intellectuel brillant, mais aussi un foyer d'opposition : en 1679, la persécution reprit et il fut interdit de recevoir des novices. En 1669, la maison de Paris avait rompu avec celle des Champs ; elle ne fut pas étrangère aux ultimes hostilités : en 1709, les dernières religieuses, refusant un nouveau formulaire, furent chassées. Les bâtiments furent rasés en 1711. ▪ Principales religieuses : la mère Angélique, la mère Agnès et la mère Angélique de Saint-Jean (→ **Arnauld**) et Jacqueline Pascal*. ♦ ***Solitaires de Port-Royal*** Se dit des hommes (les «messieurs») qui vécurent dans l'austérité auprès du monastère de Paris (1637) puis des Champs ; ils furent plusieurs fois dispersés, et définitivement en 1679. Ce furent d'abord Antoine Lemaistre* et ses frères, de Séricourt et de Saci. → **Arnauld (Antoine), Arnauld d'Andilly, Fontaine (Nicolas), Hamon, Lancelot, Nicole, Singlin, Tillemont.** ♦ ***Petites Écoles de Port-Royal*** Fondées à partir de 1638, fermées par suite de l'hostilité des jésuites en 1656 (les Granges, près de Port-Royal-des-Champs) et 1660 (Le Chesnay). Nicole, Lancelot y enseignèrent ; Racine, Tillemont y furent élèves. ▪ De Port-Royal sortirent de nombreux ouvrages, souvent en collaboration. Ils furent polémiques : *Les Provinciales* (1656 - 1657), rédigées par Pascal à la demande d'Arnauld ; pédagogiques : *Jardin des racines grecques* (1657), par Lancelot et Lemaistre de Saci ; *Grammaire générale et raisonnée* (1660), par Arnauld et Lancelot, application de la doctrine cartésienne à l'analyse du langage ; *Logique* de Port-Royal* (1662), par Arnauld et Nicole ; apologétiques : *La Perpétuité de la foi de l'Église catholique touchant l'eucharistie* (1669) ; scripturaires : *Nouveau Testament de Mons* (1667), traduit par Saci, Nicole, Arnauld et condamné par Clément IX (1668) ; la Bible, traduite d'après la Vulgate par Saci, de 1672 à sa mort.

**Port-Royal.** *Le Réfectoire de Port-Royal-des-Champs,* 1710.
Musée national des Granges de Port-Royal, Magny-les-Hameaux.
*BIS/Phot. H. Josse © Archives Larbor*

**PORT-SAÏD** ➝ **ÉTYM.** en ar. ***Būr Sa'īd*** ; ainsi nommé par Lesseps en l'honneur de *Saïd** Pacha ♦ V. d'Égypte, ch.-l. de gouvernorat, sur la Méditerranée, à l'extrémité N. du canal de Suez. 570 768 hab. Port franc. L'activité portuaire (escale, transit, approvisionnement, pêche) conditionne l'industrialisation (raffinerie de pétrole, extraction de sel marin). Sur la rive orientale se trouve Port-Fouad. ▮ **Histoire**

Fondée en 1859 par la Compagnie du canal de Suez, la ville a toujours vu son sort étroitement lié à celui du canal. En 1956, les forces franco-anglaises s'emparèrent de Port-Saïd, qui fut confié l'année suivante à l'administration de forces de police internationales. Étroitement lié au canal de Suez, Port-Saïd perdit l'essentiel de ses activités après la fermeture du canal (1967 à 1975) à la suite de la guerre des Six Jours.

**PORT-SAINT-LOUIS-DU-RHÔNE** [13230] ♦ Ch.-l. de cant. des Bouches-du-Rhône, arr. d'Arles, près de l'embouchure du Rhône. 8 121 hab. *(Saint-Louisiens)*. Port rattaché au port autonome de Marseille* (hydrocarbures, produits chimiques, bois, vins), relié par canal au golfe de Fos.

**PORTSMOUTH** ← **ÉTYM.** anc. *Portesmuthan*, vieil angl. « embouchure (*mūtha*) du port (*port*) » ♦ V. d'Angleterre (Hampshire) formant un district, sur l'île de Portsea, face à l'île de Wight. 186 704 hab. Univ. ▪ Le port de guerre s'est développé le long des rives de la ria de Portsmouth Harbour qui abrite un important musée naval (*HMS Victory*, le navire amiral de Nelson). Princ. port de guerre et arsenal britannique qui furent pendant longtemps les premiers pourvoyeurs d'emplois. Mais la proximité de Londres et l'attraction de la côte S. de l'Angleterre ont permis une croissance industrielle et tertiaire attirant des technologies de pointe (IBM Toshiba). Terminal ferry pour l'île de Wight, Saint-Malo et Cherbourg. Nombreux ports de plaisance. Southsea est la station balnéaire de l'agglomération. ▮ **Histoire** Fondée à l'époque normande, Portsmouth fut longtemps moins importante que Portchester. C'est Henri VIII, à la fin du XVe s., qui en fit le 1er port de guerre de la côte S. Pendant la Deuxième Guerre mondiale, le port souffrit beaucoup des bombardements et rassembla une bonne part de la flotte du débarquement de Normandie en 1944.

**PORTSMOUTH** ♦ V. des États-Unis (Virginie), sur un des estuaires de Hampton Roads, en face de Norfolk. 100 565 hab. Le port de Portsmouth est inclus dans la zone portuaire de Hampton Roads.

**PORTSMOUTH** ♦ V. des États-Unis (New Hampshire). 57 755 hab. Base navale et aérienne. ▮ **Histoire** Ce fut la capitale de l'État avant la guerre d'Indépendance. Le traité qui céda au Japon la moitié de Sakhaline, Port-Arthur et la voie ferrée sud-mandchourienne, mettant ainsi fin à la guerre russo-japonaise, y fut signé en 1905.

**PORT-SOUDAN** – en ar. *Sūdān* ♦ V. du Soudan, sur la mer Rouge, relié par voies ferrées à l'intérieur du pays. 308 195 hab. Port principal du pays. Terminal pétrolier. Raffinerie reliée par oléoduc à Khartoum.

**PORT TALBOT** ♦ V. du pays de Galles (Neath Port Talbot), sur la baie de Swansea. 52 000 hab. L'aciérie de Margam, zone indus. à proximité de Port Talbot, est l'une des deux dernières aciéries du pays de Galles. Port.

## PORTUGAL

▮ n. m. – off. ***République portugaise***, en port. ***República portuguesa*** ← **ÉTYM.** de *Portus Cale*, anc. n. de *Porto** (V. ci-dessous) ♦ Pays du S.-O. de l'Europe, occupant la plus grande partie de la façade atlantique de la péninsule Ibérique. 92 072 $km^2$. 10 599 095 hab. *(Portugais)*. LANGUE : portugais. RELIGION : majorité de catholiques. MONNAIE : euro. CAPITALE : Lisbonne*. RÉGIME : démocratie parlementaire. ▪ La République portugaise comprend 5 régions de programme, divisées en 18 districts, du N. au S. : le *Nord*, correspondant au Minho*, au Douro* Litoral, au Trás*-os-Montes et au Haut-Douro (Braga*, Bragance*, Porto*, Viana do Castelo, Vila* Real), le *Centre* correspondant à la Beira* Alta, à la Beira Baixa et à la Beira Litoral (Aveiro*, Castelo* Branco, Coimbra*, Guarda, Leiria, Viseu*), *Lisbonne et Vallée du Tage* correspondant à l'Estrémadure* et au Ribatejo* (Lisbonne*, Santarém*, Setúbal*), l'*Alentejo** (Beja*, Evora*, Portalegre) et l'*Algarve** (Faro*). Les archipels de Madère* et des Açores* constituent des régions autonomes. Outre-mer, le territoire spécial de Macao* est retourné à la Chine en 1999, celui de Timor* a été annexé par l'Indonésie en 1976.

▮ **GÉOGRAPHIE** Les plateaux constituent la forme majeure du relief sur le continent. Un basculement vers l'O. oriente dans cette direction les grands fleuves nés en Espagne : Douro*, Tage* et Guadiana*, qui achèvent leur parcours en territoire portugais. Au N. du Tage, le relief est très accidenté (la serra da Estrela* culmine à près de 2 000 m) tandis qu'au S. les bas plateaux prédominent. Les archipels atlantiques sont d'origine volcanique et les phénomènes éruptifs sont fréquents aux Açores*. Le Portugal continental appartient à la zone du climat méditerranéen. La durée de la saison sèche n'atteint pas deux mois au N., où domine la végétation à feuilles caduques, alors qu'elle s'étend à près de la moitié de l'année au S., à la latitude de Tunis. Son originalité tient aux influences océaniques, les aspects continentaux y étant moins sensibles qu'en Espagne, sauf dans le N.-E., abrité des vents pluvieux.

▮ **ÉCONOMIE** Situé à la périphérie de l'Europe développée, mal relié aux autres pays par voie de terre, le Portugal fait partie des régions

**Portugal.**

les plus pauvres de l'Union européenne, surtout en matière d'énergie. Il n'a guère comme ressources minières que les pyrites cuprifères de l'Alentejo, et du wolfram. Cependant, depuis 1996, le Portugal est parvenu à améliorer régulièrement sa croissance qui reste fragile en raison du contexte international (1,8 % en 2007, 0,9 % en 2008 et près de –3 % en 2009). ▮ **Agriculture** Le secteur agricole, qui employait 11 % des actifs en 2009, assure 70 % des besoins, l'autoapprovisionnement n'étant pas réalisé en céréales et en sucre. La petite exploitation familiale, dominante, peut néanmoins faire preuve de dynamisme dans le cadre d'une polyculture laitière. La viticulture occupe une place considérable dans tout le pays, en polyculture sauf dans les vignobles de masse du Ribatejo, du Haut-Douro et de l'Alentejo. La production est d'une grande diversité (porto, madère, vins du Dão, vin vert). Dans la moitié méridionale, les terres irriguées sont peu étendues. L'orientation vers la sylviculture l'emporte et la majeure partie des aides européennes vont

| Portugal ▌Productions en 2008 | | |
|---|---|---|
| **Produits** | **Quantités** | **Rang** |
| ▌Agriculture | | |
| Blé (2009) | 123 000 t | |
| Huile d'olive | 38 000 t | 4e |
| Maïs | 700 000 t | |
| Olives | 370 000 t | 9e |
| Oranges | 202 000 t | |
| Pommes de terre (2009) | 520 000 t | |
| Raisin (2007) | 822 000 t | 18e |
| Tomates (2006) | 1 000 000 t | 17e |
| Vin (2009) | 6 050 000 hl | 11e |
| Bovins (têtes) | 1 500 000 | |
| Ovins (têtes) | 3 800 000 | |
| Porcins (têtes) | 2 350 000 | |
| Pêche (2007) | 253 000 t | |
| ▌Mines | | |
| Cuivre | 80 000 t | |

en ce sens. Pays forestier, le Portugal est le 1er product. mondial de liège et le 4e européen de bois brut. L'étendue des forêts y est équivalente à celle de la surface agricole utilisée et le bois alimente des industries papetières modernes. La pêche garde de l'importance pour l'alimentation portugaise (morue), mais elle a souffert de l'extension des zones économiques exclusives et de l'épuisement des bancs (sardines, thons). ▌**Industrie** Les indus. portugaises sont concentrées autour des aggl. de Porto*, où dominent les activités de main-d'œuvre : textiles, confection, chaussure, petite métallurgie, faïence, souvent dans le cadre de petites ou moyennes entreprises, et de Lisbonne, où se trouvent les grandes entreprises et les indus. lourdes : sidérurgie, pétrochimie, chantiers navals. Depuis les années 1990, l'État se désengage peu à peu des secteurs de l'énergie, des transports, des télécommunications. ▌**Échanges** Plus des 2/3 du commerce extérieur portugais s'effectuent avec les États de l'Union européenne. Le Portugal importe des biens d'équipement, des produits pétroliers, mais aussi des denrées alimentaires. Il exporte des produits manufacturés (tissus de coton, chaussures), forestiers et agricoles (vins). Malgré un essor récent des exportations, le déficit de la balance commerciale augmente. Il se répercute sur la balance des paiements dont le déficit n'est pas comblé par le tourisme. Sauf à Madère et en Algarve, il s'agit encore d'un tourisme de proximité : les 3/4 des étrangers entrant dans le pays sont espagnols.

▌**HISTOIRE** ▌**De l'Antiquité au XIIe siècle** Occupée dans l'Antiquité par des tribus ibères (les Lusitaniens), la région fut constituée en province romaine au -Ier s., puis envahie par les Vandales, les Suèves, les Wisigoths (Ve - VIIIe s.) et enfin les Arabes (VIIIe s.). C'est vers le Xe s. que le pays compris entre le Douro et le Minho prit le nom romain de la ville de Porto*, *Portus Cale*. ▌**Le royaume** Grâce à Henri* de Bourgogne, le Portugal acquit son autonomie et Alphonse* le Conquérant en devint roi en 1143. Sa lutte contre les Maures *(Reconquista)* fut poursuivie par ses successeurs (→ **Sanche Ier le Colonisateur**) et achevée avec deux siècles d'avance sur les Castillans. Avec la monarchie de Bourgogne (1279 - 1383) et les rois Denis* Ier, Alphonse* IV, Pierre* le Justicier et Ferdinand* Ier, le Portugal connut un remarquable développement économique qui favorisa aussi la vie artistique, très active dès le XIIe s. Les réalisations furent nombreuses tant dans le domaine de l'architecture (cathédrales de Braga, Coimbra, Lisbonne, église des Templiers du couvent de Tomar), que de l'enluminure *(Commentaire de l'Apocalypse)*, de la poésie *(Cancioneiro da Ajuda)* et de l'historiographie. ▌**Le XVIe siècle** ▌***L'expansion coloniale*** Avec la dynastie d'Aviz*, commencèrent les grandes expéditions maritimes dues à la politique d'Henri* le Navigateur : découverte de Madère, des Açores, des îles du Cap-Vert (1460), de la côte orientale de l'Afrique (1497). B. Dias* doubla le cap de Bonne-Espérance, et Vasco de Gama* atteignit l'océan Indien où Albuquerque* fonda des bases solides (Goa, Malacca, les Moluques, v. 1513). En 1500, Cabral découvrit le Brésil*. Le traité de Tordesillas* (1494) avait fixé la limite des possessions portugaises et espagnoles ; cependant le Portugal ne sut pas créer, comme l'Espagne, un véritable empire colonial. Si, au XVIe s., le roi Manuel* Ier pouvait s'intituler «Seigneur de la conquête, navigation et commerce d'Inde, d'Éthiopie, d'Arabie et de Perse», le Portugal n'en demeurait pas moins un pays trop exigu pour son empire, où les richesses coloniales, mal distribuées, étaient la proie de la concurrence hollandaise. De plus, les cadres de la monarchie se sclérosaient ; les juifs furent expulsés en 1497, privant le pays de son élite de commerçants et de financiers. Le fanatisme religieux et l'Inquisition se répandirent (1536). L'échec du roi Sébastien* contre les Maures (1578) et l'irrésolution d'Henri* dit le Cardinal, qui lui succéda, sonnèrent le glas de la dynastie d'Aviz et de toute une culture florissante. ▌***La vie artistique et intellectuelle*** En effet, le XVIe s. fut d'une très grande richesse artistique et intellectuelle. Les contacts avec les Flandres renouvelèrent le goût en peinture tandis que se développait le style manuélin en architecture (cloître des hiéronymites de Belém*, cloître royal et *Capelas imperfeitas* de Batalha, chapelle des Templiers à Tomar*). En littérature, Vicente* écrivit les premières pièces du théâtre portugais, Sa de Miranda introduisit les formes de la Renaissance italienne et Ribeiro lança la poésie bucolique. Mais la personnalité la plus éminente fut le poète Camoens*. ▌**La dynastie de Bragance 1640 - 1910** Philippe II, roi d'Espagne, chargea alors le duc d'Albe* d'occuper le Portugal : toute la haute administration passa aux mains des Espagnols (1580), les possessions portugaises étant menacées par les Hollandais. En 1640, grâce à Richelieu, les Espagnols furent chassés et Jean* IV inaugura la dynastie de Bragance*. ▌***L'indépendance*** Le Portugal retrouva son indépendance en 1668 (traité de Lisbonne), mais dut s'allier avec l'Angleterre (traité de Methuen, 1703). Sous le règne de Joseph* Ier (1750 - 1777), le ministre Pombal* gouverna en despote éclairé et réalisa de grandes réformes ; à la suite du séisme qui ravagea Lisbonne* (1755), il fit de la reconstruction de la ville un modèle d'urbanisme. Durant tout le XVIIIe s., le pays se couvrit de splendides édifices baroques (bibliothèque universitaire de Coimbra) et ses églises s'ornèrent d'azulejos (Santo Ildefonso à Porto). ▌**Le XIXe siècle** Lié aux Britanniques, le Portugal fut entraîné au XIXe s. dans les guerres contre Napoléon. La dynastie de Bragance se réfugia au Brésil tandis que Wellington* s'efforçait avec succès de chasser les Français (1811). Le Brésil se déclara indépendant en 1822 et Marie* II de Bragance monta sur le trône du Portugal en 1834. Elle se trouva aux prises avec l'opposition des «septembristes» (radicaux). La vie politique fut désormais marquée par une extrême instabilité et par la dégradation du pouvoir royal (opposition du maréchal Saldanha*). La littérature du XIXe s. reflète ces nombreux combats politiques (Garrett, Quental, Eça de Queiros). Pessoa, au début du XXe s., transposa en images poétiques le sentiment d'incertitude que lui inspira l'époque. ▌**La République** En 1910, Manuel* II fut renversé et la république fut proclamée, mais les difficultés financières et l'agitation sociale devaient entraîner une réaction conservatrice. ▌***Le régime de Salazar*** En 1926, le maréchal Carmona* fut porté au pouvoir et appela Salazar* aux Finances. Ce dernier, président du Conseil à partir de 1932, promulgua une constitution fondant l'*Estado Novo* sur la base d'un régime autoritaire et corporatif reposant sur les valeurs chrétiennes, mais s'inspirant du fascisme italien avec parti unique et police politique (PIDE). L'opposition intérieure fut sévèrement réprimée, tandis que Salazar s'opposait à toute décolonisation outre-mer. Durant la Deuxième Guerre mondiale, Salazar autorisa les alliés à s'établir à Timor et aux Açores, ce qui permit au Portugal de figurer parmi les membres de l'Otan à sa création (1949). Le Portugal pratiqua jusqu'au début des années 1960 une politique de substitution des importations basée sur le faible coût de la main-d'œuvre. Faute d'emploi, des millions de Portugais émigrèrent, notamment en France. Après le retrait et la mort du dictateur (1970), son successeur, Marcello Caetano, fut incapable de modifier la politique du régime, notamment à l'égard des territoires coloniaux qui s'étaient soulevés l'un après l'autre à partir de 1961. ▌***La révolution des Œillets*** Le 25 avr. 1974, les militaires portugais, lassés d'une guerre coloniale sans issue, renversèrent le régime («révolution des Œillets») et portèrent le général Antonio de Spínola* à la présidence de la République. Ce fut le signal d'un renouveau : reconnaissance des partis et des syndicats, rétablissement des droits démocratiques et décolonisation. Mais ce fut aussi le début d'une période de luttes politiques et sociales violentes opposant les socialistes conduits par Mario Soares* et les communistes dirigés par Álvaro Cunhal*. En mars 1975, un gouvernement dominé par les communistes entreprit l'éradication du capitalisme et légalisa une réforme agraire impulsée par les ouvriers agricoles de l'Alentejo. ▌***L'alternance*** Cette évolution fut stoppée en nov. 1975 et, l'année suivante, les élections donnèrent la majorité aux socialistes. Le général Eanes* devint président. Mario Soares fut Premier ministre de 1976 à 1978 puis de 1983 à 1985 avant d'être élu président de la République (1986 - 1996). Lui succédèrent à la présidence le socialiste Jorge Sampaio (1996 - 2006) et Anibal Cavaco Silva, de droite modérée (2006). Après 1985, le pays a connu une alternance avec un Premier ministre de droite modérée de 1985 à 1995 puis de 2002 à 2005 (avec M. Barroso en 2004). Les socialistes, qui furent au pouvoir de 1995 à 2002, gouvernent le pays depuis 2005 sous la direction de José Socrates (réélu en 2009) qui mène une politique de gauche libérale (rigueur budgétaire, réformes structurelles de la justice et de l'administration publique). Il est critiqué pour son bilan social, un chômage en progression (10 % en 2009) et, à l'extérieur, la dette publique qui a atteint plus de 80 % du PIB en 2010. Il a dû mettre en œuvre un plan de rigueur afin de revenir au respect des règles imposées aux pays membres de l'UE (pacte de stabilité).

**PORT-VENDRES** [66660] ➝ **ÉTYM.** anc. en lat. *Portus Veneris* «port de Vénus» ♦ Ch.-l. de cant. des Pyrénées-Orientales, arr. de Céret. 5 881 hab. (aggl. 8 644) *(Port-Vendrais)*. Port de pêche et de commerce. Station balnéaire. ▌**Histoire** La ville romaine tomba en décadence au Moyen Âge. Le port, envasé au XVIIe s., fut amélioré par Vauban.

**PORT-VILA** ou **VILA** ♦ Cap. de la république de Vanuatu, sur la côte S.-O. de l'île Vaté*. 29 356 hab. *(Port-Vilais)*, dont une forte proportion d'Européens jusqu'en 1980. Petit aéroport international.

**PORTZAMPARC (Christian URVOY DE)** ♦ Architecte français (Casablanca 1944). On lui doit en particulier la Cité de la Musique, d'inspiration postmoderniste (Conservatoire national supérieur de musique, musée de la Musique et salles de concert) dans le parc de La Villette à Paris, la tour LVMH (Louis Vuitton, Moët, Hennessy) à New York, l'ambassade de France à Berlin, le musée de Bretagne à Rennes, la tour Granite (triangulaire) à la Défense près de Paris et la rénovation du quartier de la Confluence à Lyon. Le musée Hergé (2009), à Louvain-la-Neuve, en forme de prisme allongé, laisse voir de l'extérieur une suite de cases colorées comme celles d'une bande dessinée. [Prix Pritzker 1994]

Christian de **Portzamparc.** Cité de la Musique, à Paris.
*Phot. © A. Wolf/Explorer*

**PORTZMOGUER (Hervé DE),** francisé en *Primauguet* ♦ Marin breton (Plouarzel v. 1470 - 1512). Combattant sur son navire, *La Cordelière*, il fit sauter le navire adverse en même temps que le sien.

**PORZ AM RHEIN** ♦ Localité industrielle d'Allemagne (Rhénanie-du-Nord-Westphalie), aujourd'hui rattachée à Cologne*.

**POSADAS** ♦ V. d'Argentine, cap. de la prov. de Misiones, sur la rive g. du Paraná, fondée en 1870. 284 000 hab. Pont sur le Paraná reliant la ville à Encarnación* (Paraguay). Point de départ de la navigation fluviale. Exploitation du bois pour la cellulose.

**POSAVINA** ♦ Plaine fertile de Croatie et du N. de la Bosnie, parcourue par la Save.

**POSÉIDON** ◆ ÉTYM. du punique ou du libyen, p.-ê. «large, vaste, étendu» ♦ Dieu grec des Mers et de l'élément liquide en général identifié avec le Neptune des Romains. Fils de Cronos* et de Rhéa* (→ **Théogonie**), il est un des trois maîtres de l'Univers, avec ses frères Zeus* et Hadès*. Avec son trident, don des Cyclopes*, il commande aux flots, suscite ou apaise les tempêtes et les orages, provoque les tremblements de terre et fait jaillir des sources. Il est aussi le «maître des chevaux». Son palais est au fond de la mer. Il en sort sur son char attelé de deux chevaux à la crinière d'or. Il a une épouse légitime, Amphitrite*, qui lui donne Triton*, mais on lui attribue plus de quatre-vingts amantes, immortelles ou mortelles et même des monstres. De Déméter*, il a le coursier Aréion et une fille dont il est interdit de prononcer le nom. De Phénice, il a le dieu marin Protée*. Sa progéniture se compose aussi de héros comme Bellérophon*, Agénor* et Pélias*, et surtout de créatures redoutables (→ **Busiris**), de géants malfaisants comme les Aloades*, Polyphème* et le brigand Antée (qu'il eut de Gaïa*). Uni à la gorgone Méduse*, il engendre le cheval ailé Pégase* et le monstre Chrysaor. Intéressé aux affaires des mortels, il se venge souvent en envoyant contre ses ennemis des monstres marins et d'autres calamités (→ **Laomédon, Minos**). Sa vengeance inassouvie le conduit à aider les Grecs contre Troie*, dont il avait construit les murs sans recevoir la récompense promise. Revendiquant la protection de la ville d'Athènes*, il fait jaillir une source d'eau salée sur l'Acropole, mais il est vaincu par Athéna* (→ **Cécrops**). Parmi les temples consacrés à son culte, les plus connus sont à Paestum (en gr. *Poséidonia*), à Athènes (l'Érechthéion*), à l'île de Calaurie (→ **Poros**) et au cap Sounion*.

**POSIDONIUS** – en gr. ***Poseidônios*** ♦ Philosophe grec de l'école stoïcienne (Apamée −135 - Rome −51). Élève de Panétius*, il fonda une école à Rhodes, et voyagea à Rome, en Afrique du Nord, en Espagne, en Gaule. Comptant parmi ses auditeurs Pompée* et Cicéron*, il fut un de ceux par qui le stoïcisme se latinisa. D'une grande érudition, il s'intéressait, à la différence des stoïciens en général, aux sciences les plus diverses : les mathématiques, la physique, l'astronomie, mais aussi la géographie, l'histoire naturelle, l'histoire et même l'astrologie et la divination qu'il tenait en haute estime. Il aurait écrit plusieurs traités sur ces questions *(Sur l'âme, Sur les dieux, Sur les météores, Sur l'océan, Des affections, Du devoir)*. Selon Galien*, Posidonius aurait poursuivi la polémique engagée par Panétius contre le monisme psychologique de Chrysippe*, en affirmant, sous l'influence du platonisme, l'existence d'une composante irrationnelle dans l'âme.

**positivisme**

n. m. ♦ Doctrine philosophique pour laquelle sont seules valides les théories énonçant les lois des phénomènes. Son fondateur est Auguste Comte*, dont la loi des trois étapes énonce que l'humanité est passée d'un âge théologique, où l'explication fait appel à des divinités, à un âge métaphysique, où l'explication utilise des entités abstraites, puis à un âge positiviste où l'on établit des lois qui sont une corrélation entre des faits. Un néopositivisme s'est développé, à la suite d'Ernst Mach*, autour du cercle de Vienne*. Carnap* et Wittgenstein* en sont les figures centrales. Il ne s'agit pas d'une école unifiée, mais plutôt d'une tendance à refuser la métaphysique. C'est pourquoi on peut parler de positivisme chez des auteurs très divers et antérieurs à Comte. Le refus de recourir à l'explication par les causes finales chez Spinoza est une forme de positivisme. L'épistémologie de Freud est marquée par le modèle positiviste. Le positivisme a aussi ses représentants dans d'autres disciplines que la philosophie, notamment en droit avec Hans Kelsen*. Le positivisme juridique n'admet pas l'existence de droits naturels (qui sont fondamentaux chez Locke ou Rousseau*). Le positivisme peut-il fonder une morale ou une politique ? En tout cas, il prend la forme d'une religion. La doctrine de Comte a été très diffusée en Amérique latine, notamment au Brésil.

**POSNANIE** ou **POZNANIE** n. f. ♦ Anc. prov. de Prusse, issue du deuxième partage de la Pologne* (1793), à qui elle fut restituée dans sa totalité en 1945. CAPITALE : Posen, en polon. Poznań*. Elle constitue, avec la Cujavie, la Grande Pologne. ▮ **Histoire** → **Poznań**.

Les **Possédés** → **Démons (Les)**

**POSSESSION (LA)** [97419] ◆ ÉTYM. «possession du roi Louis XIV» ♦ Ch.-l. de cant. de la Réunion, arr. de Saint-Denis. 21 904 hab.

**POST (Emil Leon)** ♦ Mathématicien et logicien américain d'origine polonaise (Augustów 1897 - New York 1954). Il est surtout connu pour avoir construit, en même temps que Łukasiewicz*, un système logique trivalent ouvrant ainsi la voie aux logiques polyvalentes.

**POSTEL (Guillaume)** ♦ Écrivain et orientaliste français (Barenton, Normandie 1510 - Paris 1581). Il participa à une mission diplomatique à Constantinople. Revenu à Paris, il enseigna le grec, l'hébreu et l'arabe au Collège royal. Ordonné prêtre, il appartint quelque temps à l'ordre des jésuites. Après un nouveau séjour au Moyen-Orient et en Italie, il fut suspecté par l'Inquisition et emprisonné. Il prêcha la réconciliation des musulmans et des chrétiens dans son *De orbis terrae concordia*.

**POSTUMUS** – en lat. ***Marcus Cassianius Latinius Postumus*** ♦ Usurpateur romain (mort à Mayence en 268). L'un des Trente* tyrans sous Gallien*, il fonda un empire des Gaules en 260 (Gaule, Germanie, Espagne, Bretagne) et prit le titre de *Germanicus Maximus*.

**POT (Philippe)** ♦ Homme politique bourguignon, puis français (La Rochepot 1428 - Dijon 1494). D'abord au service de Philippe III de Bourgogne puis de Charles le Téméraire, il rallia Louis* XI qui le nomma grand sénéchal de Bourgogne (1477). Il représenta la noblesse de Bourgogne aux états généraux de Tours (1484). Son tombeau, parfois attribué à Le* Moiturier, est au Louvre.

**POTAIN (Pierre Carl Édouard)** ♦ Médecin français (Paris 1825 - *id.* 1901). Particulièrement intéressé par les enregistrements graphiques et les souffles extracardiaques, il fut un des premiers à mesurer la tension artérielle et à compter les globules du sang. On lui doit également un appareil (dit *de Potain*) servant à aspirer le liquide pleural. [Acad. sc. 1893]

**Potala** n. m. ♦ Palais-montagne du dalaï-lama, situé sur une colline dominant Lhassa (Tibet). Son nom évoque le mont Potala (sud de l'Inde), demeure mythique du bodhisattva Avalokiteśvara*, divinité protectrice du Tibet. Un premier palais, Kukhar Potrang, «Colline rouge», fut construit par Songtsen* Gambo au VIIe s. Bâti entre 1645 et 1648 par le cinquième dalaï-lama, le palais actuel comprend le «palais blanc», siège et résidence d'hiver des dalaï-lamas, et le «palais rouge», édifié de 1690 à 1693, qui abrite le *dagoba* (stûpa) du cinquième dalaï-lama. L'ensemble (178 m de haut ; 400 m de long ; 300 m de large) illustre l'architecture transhimalayenne et renferme de nombreux trésors.

**POTEMKINE (Grigori Aleksandrovitch)** ♦ Feld-maréchal et homme politique russe (Tchiskhovo, Biélorussie 1739 - Skaliany, Bessarabie 1791). Fils d'un gentilhomme d'origine polonaise (la famille s'appelait autrefois *Potemski*), il étudia la théologie à l'université de Moscou, mais en fut exclu et s'engagea dans la garde à cheval (1755). Après avoir participé à la révolution de palais qui donna la couronne à Catherine* II (1762), il fut nommé chambellan (déc. 1762). Il se distingua ensuite dans la première guerre russo-turque (1768 - 1774), et devint en mars 1774 le cinquième favori en titre de l'impératrice. Deux ans après, il fut remplacé par Zavadovski, mais conserva son influence politique sur Catherine jusqu'en 1791. Nommé gouverneur général de la «Nouvelle Russie» (Ukraine) en 1776, puis feld-maréchal (1784), il entreprit la colonisation des steppes ukrainiennes et fit construire l'arsenal de Kherson (1778), les ports de

Sébastopol (1784) et Nikolaïev (1789), ainsi qu'une flotte de guerre dans la mer Noire. Ayant conçu un vaste «projet grec» (recréer l'empire byzantin sous l'un des petit-fils de l'impératrice), Potemkine, afin de rallier Catherine à ses vues, organisa pour elle le voyage à travers la «Nouvelle Russie», auquel participèrent l'empereur d'Autriche Joseph II et le roi de Pologne Stanislas Poniatowski. Au cours de ce voyage le long du Dniepr qui lui valut le titre de prince de Tauride, Potemkine déguisa tous les points faibles de son administration, d'où l'anecdote des villages qu'il aurait fait construire à la hâte sur les rives du fleuve et des figurants qu'il aurait fait recruter pour tenir le rôle des «moujiks endimanchés». Nommé commandant en chef de l'armée russe, il prit Otchakov (déc. 1788) et Bender (1789) pendant la seconde guerre russo-turque, puis dirigea les opérations militaires sur le Dniestr, enleva la Bessarabie et s'installa à Iaşi (1790). En 1791, il se rendit à Saint-Pétersbourg où il tenta, avec son ami Besborodko, de supplanter le nouveau favori, Zoubov. Il fut renvoyé par Catherine à Iaşi pour diriger les négociations de paix. Il mourut entre Nikolaïev et Iaşi le 16 oct. 1791. → ÉTYM. *Potemkine* vient du russe *potiomki* «obscurité, ténèbres» (surnom d'un homme renfermé).

**Potemkine** ♦ Cuirassé de la flotte impériale russe de la mer Noire, à bord duquel éclata une mutinerie en juin 1905. Eisenstein en fit le sujet de son film, *Le Cuirassé* Potemkine* (1925).

**POTENZA** – anc. ***Potentia*** ♦ V. d'Italie, ch.-l. de prov., en Basilicate. 69 060 hab. Église Saint-Michel (XII^e^ s.). Aux environs, vestiges d'un sanctuaire lucanien. ▪ Centre admin. et commercial. ▪ La ville a beaucoup souffert du tremblement de terre de nov. 1980.

**POTEZ (Henry)** ♦ Ingénieur français (Méaulte, Somme 1891 - Paris 1981). Constructeur d'avions, il fonda son entreprise en 1919 ; elle fut nationalisée en 1937. Il conçut plusieurs avions de chasse et de tourisme, ainsi que des moteurs pour l'aviation légère.

**POTHIER (Robert Joseph)** ♦ Jurisconsulte français (Orléans 1699 - *id.* 1772). Professeur de droit romain et conseiller du présidial d'Orléans, il publia de 1748 à 1752 les *Pandectes de Justinien mises dans un nouvel ordre,* fruit d'un travail d'une grande rigueur scientifique. Auteur de nombreux ouvrages, il apparaît comme un précurseur du Code civil avec son *Traité des obligations* (1761).

**POTHIER** (dom **Joseph)** ♦ Bénédictin français (Bouzemont 1835 - Conques, Sainte-Cécile, Belgique 1923). Moine à l'abbaye de Solesmes, puis abbé de Saint-Wandrille (1898), il fut disciple et collaborateur de dom Guéranger*. Auteur d'études sur le chant grégorien (*Les Mélodies grégoriennes d'après la tradition,* 1880), directeur de la *Revue du chant grégorien* (1892 - 1914), il fut chargé par Pie X de la restauration du chant liturgique. Son *Liber gradualis* servit de base au *Graduel Vatican* qui parut en 1908.

**POTHIN** (saint) → ÉTYM. en gr. ***Potheinos*** «désirable, digne d'être aimé» ♦ Premier évêque de Lyon (en Asie Mineure ? v. 87 - Lyon v. 177). Son martyre, avec quarante-sept autres chrétiens de Lyon et de Vienne, dont Blandine*, est le premier fait connu sur le christianisme en Gaule. ▪ Fête le 2 juin.

**POTIDÉE** – en gr. ***Potidaia*** ♦ Anc. ville de Macédoine (Chalcidique), sur l'isthme de la presqu'île de Cassandra. Colonie corinthienne, elle passa après les guerres médiques dans l'orbite d'Athènes*. Sa révolte contre les Athéniens, soutenue par Corinthe (-432), fut l'une des causes de la guerre du Péloponnèse*. Prise par les Athéniens (-429), puis par les Spartiates, elle fut détruite par Philippe* II de Macédoine (-356). Rebâtie par Cassandre et nommée alors *Cassandreia,* elle fut très prospère au -III^e^ s.

**POTOCKI** → ÉTYM. polon. «du torrent» ♦ Famille polonaise dont plusieurs membres jouèrent un grand rôle politique dans l'histoire de la Pologne*, notamment aux XVIII^e^ et XIX^e^ s.

Le **Potala,** au Tibet. © *PhotoDisc*

**POTOCKI (Wacław)** ♦ Poète polonais (Wola Łużeńska 1625 - Łużna 1696). Célèbre pour l'abondance de sa production (env. 300 000 vers), il écrivit plusieurs récits en vers sur la société et les luttes religieuses de son temps, ainsi que des épigrammes et poèmes moraux. *La Guerre de Chocim* (1670, mais publiée en 1850), épopée sur la guerre polono-turque, où abondent les considérations didactiques, est considérée comme l'une des œuvres polonaises les plus importantes du XVII^e^ s.

**POTOCKI (Jan)** ♦ Historien et écrivain polonais (Pików, Podolie 1761 - Uładówka, Ukraine 1815). Voyageur et ethnologue, il consigna, en français, les résultats de ses recherches en Europe, Afrique et Asie, et sur la civilisation slave (*Recherche des antiquités slaves,* 1795 ; *Histoire primitive des peuples de la Russie,* 1802). Il écrivit par ailleurs *Manuscrit trouvé à Saragosse* (1804), étrange récit inspiré par les contes orientaux, où le fantastique est mêlé à l'érotisme et à l'horreur.

**POTOMAC** n. m. ♦ Fl. du N.-E. des États-Unis (640 km). Issu des Appalaches, formé par la réunion de deux branches, il franchit des gorges, coule en formant des rapides entre la Virginie et le Maryland, arrose Washington*, et se jette dans la baie de Chesapeake. Son cours inférieur est aménagé et navigable.

**POTOSÍ** → ÉTYM. probablt du quechua *potojchi* «tonnerre» ♦ V. de Bolivie, cap. de département, située au centre des Andes, à 4 000 m d'alt. au pied du Cerro Rico. 165 000 hab. Cette ville, bâtie par les Espagnols à partir de 1545, a conservé les monuments témoins de sa prospérité exceptionnelle reposant sur l'exploitation de sa mine d'argent, qui déclina rapidement au début du XIX^e^ siècle. ▮ **Département de Potosí** 118 218 km². 780 000 hab. Au sud se trouve le *salar* d'Uyuni*. Malgré les conditions rudes il existe une agriculture (pomme de terre, quinoa, blé, orge). Élevage d'ovins et de lamas. Nombreuses mines (zinc, wolfram...). Tissage de la laine de lama et d'alpaga.

**POTSDAM** → ÉTYM. du slave *Potsdupimi* «sous *(pod)* le chêne *(dub)*» ♦ V. d'Allemagne, cap. du Land de Brandebourg, sur la Havel qui s'y divise en lacs, au S.-O. de Berlin. 147 716 hab. Ancienne résidence d'été des Hohenzollern, la ville, surnommée «le Versailles prussien», a conservé un bel ensemble architectural du XVIII^e^ s. : parc et palais de Sans-Souci (1745 - 1747) élevé par Knobelsdorff pour Frédéric II dans le style de Versailles ; Nouveau Palais (1763 - 1769) ; palais de la Résidence (ou Stadtschloss) ; palais de Marbre (1787 - 1790) ; château de Babelsberg ; église de la Garnison abritant le tombeau de Frédéric II. ▪ Centre industriel (mécanique, indus. chimique, pharmaceutique, textile, alimentaire). Studios cinématographiques de Babelsberg. ▮ **Histoire** Mentionnée à partir du X^e^ s., la ville dut son premier essor à l'établissement d'une importante garnison (1640) par le Grand Électeur Frédéric-Guillaume qui y signa l'*édit de Potsdam* (1685), invitant les protestants français à s'établir au Brandebourg. Choisie comme capitale de fait de l'État prussien, elle connut son apogée sous le règne de Frédéric II qui y réunit une cour brillante. ♦ ***Conférence de Potsdam*** Conférence tenue du 17 juil. au 2 août 1945 entre Staline, Truman et Churchill (remplacé, le 28 juil., par Attlee, nouveau Premier ministre) et qui précisa les dispositions prises à Yalta*, quant à l'occupation de l'Allemagne par les Alliés, constata l'extension de fait de la Pologne jusqu'à la Neisse occidentale, et adressa un ultimatum au Japon. Un comité des ministres des Affaires étrangères alliés fut chargé d'élaborer un traité de paix qui fixerait le sort de l'Allemagne et de ses satellites, qui ne fut jamais réalisé. → **Guerre mondiale (Deuxième).**

**POTT (Percival)** ♦ Chirurgien britannique (Londres 1713 - *id.* 1788). Il donna une description extrêmement précise de la tuberculose des vertèbres ou *mal de Pott.*

**POTT (August Friedrich)** ♦ Linguiste allemand (Nettelrede 1802 - Halle 1887), auteur des *Etymologisches Forschungen [...],* importante grammaire comparée des langues indo-européennes portant sur le sanskrit, le grec, le latin, le lituanien et le gotique (1833 - 1836 ; 2^e^ éd. en 10 vol., 1859 - 1876).

**POTTER (Paulus)** ♦ Peintre et graveur hollandais (Enkhuizen 1625 - Amsterdam 1654). Élève de son père Pieter Potter (v. 1597 - 1652), inscrit à la guilde de Delft en 1646, il travailla aussi à La Haye (à partir de 1649), puis à Amsterdam, et devint le peintre animalier le plus célèbre de son temps. Il représenta surtout les bovins dans des paysages de polder, qu'il animait parfois par quelques personnages. Ses meilleures œuvres rendent l'atmosphère humide, les effets de soleil se reflétant dans l'eau *(Bétail dans un paysage d'orage ; La Vache qui se mire).*

**POTTER (Louis DE)** ♦ Homme politique belge (Bruges 1786 - *id.* 1859). Instigateur de la révolution belge (1830), il fit partie du gouvernement provisoire qui formula le décret d'indépendance (1831) ; mais il se retira, n'ayant pu faire prévaloir les idées républicaines. Dans son *Catéchisme social* (1850), il apparaît comme un disciple de Colins* et de son socialisme rationnel.

**POTTIER (Eugène)** ♦ Homme politique et poète français (Paris 1816 - *id.* 1887). Du côté des insurgés en 1848, il affirma ensuite son opposition à l'Empire. En 1867, il fonda la Chambre syndicale des ateliers de dessin qu'il affilia à l'Association internationale des travailleurs

(I$^{re}$ Internationale). Membre du Comité central républicain des vingt arrondissements de Paris, il prit une part active à la Commune, et, après la Semaine sanglante (22 - 28 mai 1871), se réfugia en Angleterre, puis aux États-Unis jusqu'à l'amnistie (1880). À son retour en France, il collabora au *Socialiste* de J. Guesde et P. Lafargue, dont il soutint les efforts pour la formation du Parti ouvrier français. Poète révolutionnaire, il a chanté la Commune et la lutte du prolétariat (*La Terreur blanche*, juin 1871, *L'Internationale*, juin 1871, *Le Monument des fédérés*, mai 1883, *L'Insurgé*, 1884).

**POUANCÉ** [49420] ➝ ÉTYM. anc. *Poenciacum*, du lat. *Potentius*, n. de pers., et suff. *-acum* ♦ Ch.-l. de cant. du Maine-et-Loire, arr. de Segré. 3 307 hab. *(Pouancéens)*. Vestiges du château (XIII$^{e}$ - XV$^{e}$ s.) et des remparts. Porte de l'horloge (XIV$^{e}$ s.). Maisons anciennes.

**POUBELLE (Eugène René)** ♦ Fonctionnaire français (Caen 1831 - Paris 1907). Préfet de la Seine (1883 - 1896), il imposa aux Parisiens l'usage d'une boîte métallique (qui prit son nom) destinée à la collecte des ordures ménagères. ➝ ÉTYM. *Poubelle* signifie «peu belle».

**POUCHKINE (Alexandre Sergueïevitch)** ♦ Poète, auteur dramatique et romancier russe (Moscou 1799 - Saint-Pétersbourg 1837). Arrière-petit-fils du filleul éthiopien de Pierre le Grand, Hannibal, Pouchkine était fier de son sang. Après avoir reçu une éducation française et passé quelques années au lycée impérial de Tsarskoïe Selo, il était déjà célèbre par ses poèmes : *Souvenirs à Tsarskoïe Selo* (1814), *La Liberté* (1817), *Rouslan et Ludmilla* (1820). Il mena alors pendant trois ans une vie brillante et dissipée à Saint-Pétersbourg où il fraya avec les décabristes, et fut exilé au Caucase puis à Kichinev (auj. Chisinau) et à Odessa en raison de quelques poèmes séditieux. Il y resta quatre ans, menant une vie assez libre. Dans les poèmes qu'il écrivit à cette époque, on sent l'influence de Byron* : *Le Prisonnier du Caucase* (1822) qui comprend une belle description des coutumes guerrières des Circassiens, *La Fontaine de Bakhtchisaraï* (1824) avec la description de l'atmosphère du harem et des évocations de la Crimée, et enfin *Les Tziganes* (1827). Seule *La Gabrieliade* (*Gavriliada*, 1821), poème blasphématoire, marque l'influence française. Un nouvel exil l'envoya à Mikhaïlovskoïe avec, pour seule compagnie, sa vieille nourrice, qui lui racontait les anciennes légendes russes. C'est là qu'il finit *Eugène* Onéguine* (1833), et écrivit sa grande tragédie *Boris* Godounov* (1824 - 1825) et composa quelques «contes en vers» ironiques et réalistes tels que *Le Comte Nouline* (1827) et *La Petite Maison à Kolomna* (1833). Nicolas* I$^{er}$, qui voulait dorénavant être son protecteur et

Alexandre **Pouchkine.** Portrait par N. Ontkine.
*BIS/Phot. © Coll. Archives Larbor*

censeur, lui permit de revenir à Moscou où il reçut un accueil triomphal. Il se lança à nouveau dans une vie brillante et mondaine et épousa la belle Natalia Gontcharova. Après quelques poèmes lyriques : *La Tempête* (1827), *Poltava*, à la gloire de Pierre le Grand (1828), *Le Matin d'hiver* (1829), *L'Avalanche* (1829), et des ballades : *Le Fiancé* (1825), *Le Noyé* (1828), il revint à la prose en écrivant *Les Récits de Bielkine* (1830) qui sont de brèves scènes saisissantes de la vie russe, comprenant *Le Coup de pistolet, La Tempête de neige, Le Marchand de cercueils, Le Maître de poste* et *La Demoiselle paysanne*. Puis il écrivit *La Dame* de pique* (1834), récit à la fois fantastique et réaliste, et enfin son roman historique *La Fille du capitaine* (1836), où il retrace la révolte de Pougatchev*. De cette dernière période datent encore les «petites tragédies» : *Le Festin pendant la peste* (1830), *Le Chevalier avare* (1830, publié en 1836), *Mozart et Salieri* (1831), *Le Convive de pierre* (1830, publié en 1839), qui reprend le thème éternel de Don Juan, et enfin le célèbre poème du *Cavalier de bronze* (1837). Au début de l'année 1836 il fut autorisé à créer une revue littéraire, *Le Contemporain*. La collaboration de Joukovski*, Viazemski*, Krylov*, Gogol*, Tiouttchev* fit de cette revue le meilleur organe de l'époque. Un duel contre un Français, le baron d'Anthès, qui faisait la cour à sa femme, mit fin à ses jours à l'âge de trente-huit ans (Lermontov écrivit alors *La Mort du poète*). Il est impossible de définir l'œuvre si variée du plus grand auteur russe. Chaque étape de sa vie marque une nouvelle évolution. Bielinski* disait de lui que «ses vers étaient profondément différents quant au fond et quant à la forme d'une année sur l'autre». Son génie fut reconnu très tôt. En 1815, Joukovski* écrivit : «Notre jeune et prodigieux Pouchkine est l'espoir de notre littérature.» Pouchkine voulait «dire simplement des choses simples» : avec clarté, sobriété, grâce, harmonie, élégance, il a su exprimer l'âme et raconter la vie russe. ➝ ÉTYM. Ce nom russe signifie «canonnier», de *puška* «canon» ou est le surnom d'une personne grandiloquente.

**POUCHKINE** – anc. ***Tsarskoïe Selo***, de 1920 à 1937 ***Detskoïe Selo*** ♦ V. de Russie, région de Saint-Pétersbourg. 95 000 hab. Anc. résidence impériale du XVIII$^{e}$ s. Grand palais de Catherine, rebâti par B. F. Rastrelli en 1752 - 1757 en style baroque. Palais Alexandre de style classique (architecte G. Quarenghi*, 1792 - 1796). Parc de 600 ha, nombreux pavillons. Lycée où Pouchkine fut élève de 1811 à 1817. ▪ Une grande partie de la résidence fut détruite par les Allemands en 1941 - 1944 et reconstruite après la guerre.

**POUDOVKINE (Vsevolod Illarionovitch)** ♦ Cinéaste soviétique (Penza 1893 - Riga 1953). On l'opposa un temps à Eisenstein* (Moussinac disait des films de ce dernier qu'ils étaient un cri, ceux de Poudovkine un chant). Mais, de cet honnête disciple de Koulechov*, il ne subsiste plus guère aujourd'hui que son adaptation de *La Mère* de Gorki (1926), non exempte de lourdeur démonstrative, et surtout *Tempête* sur l'Asie* (1928), porté par un réel souffle épique. Son œuvre parlante a sombré dans le chromo (*La Moisson*, 1953).

**poudres (Conspiration des)** → **Conspiration des poudres**

**POUGATCHEV (Iemelian Ivanovitch)** ♦ Chef cosaque (Zimoveïskaïa Stanitsa, sur le Don, v. 1742 - Moscou 1775). Fils d'un cosaque propriétaire terrien, Pougatchev prit part à la guerre de Sept Ans contre la Prusse, et à la guerre russo-turque (1768 - 1774). Emprisonné à Kazan comme déserteur, il s'évada en 1773 et apparut dans les steppes à l'E. de la Volga, se proclamant tsar sous le nom de Pierre III, et promettant aux paysans l'abolition du servage. Les forts de Iassik et Tatichtchev furent pris d'assaut par ses troupes et en oct. 1773 les rebelles de Pougatchev assiégèrent la ville d'Orenbourg*. Les cosaques de l'Oural, les serfs et les ouvriers en Bachkirie*, Mordovie*, Oudmourtie*, à Touva*, ainsi que les Tatars* et les Maris*, se rallièrent à son mouvement. En février 1774, ayant réuni plus de 30 000 hommes, Pougatchev occupa Tcheliabinsk. Son plan était de s'emparer d'Orenbourg et de marcher vers Saint-Pétersbourg par Kazan et Moscou, mais Orenbourg résista et Pougatchev fit l'erreur stratégique d'y concentrer ses forces. En avr. 1774, après une série de défaites, l'armée insurrectionnelle fut obligée d'abandonner Tcheliabinsk, Kourgan et Orenbourg et de se retirer dans l'Oural. En juil. 1774, Pougatchev s'empara de Kazan dont seul le kremlin résistait. Battu par le général Mikhelson, il passa sur la rive droite de la Volga et, soulevant les cosaques du Don, y déclencha une nouvelle jacquerie pendant laquelle les villes de Kourmych, Alatyz, Saransk, Penza, Petrovsk et Saratov furent prises d'assaut. Catherine* II renforça l'armée de Mikhelson et mit à prix la tête de Pougatchev, qui abandonna le siège de Tsaritsyne (sept. 1774) et se réfugia dans la steppe. Livré par ses cosaques au général Souvorov, il fut transporté dans une cage en fer à Moscou et décapité le 10 janv. 1775.

**POUGET (Émile)** ♦ Syndicaliste révolutionnaire français (Pont-de-Salars, Aveyron 1860 - Lozère, auj. dans l'Essonne 1931). Il participa à la création du premier syndicat d'employés à Paris (1879). Emprisonné à la suite d'une manifestation syndicale (1883), il fonda, après sa libération, *Le Père Peinard* (1889), où il manifesta ses talents de pamphlétaire, puis *La Sociale* (1895). Secrétaire adjoint de la CGT, il contribua à la parution de *La Voix du Peuple* (1900). ➝ ÉTYM. *Pouget* signifie «petit puy».

**POUGNY (Ivan Albertovitch POUNI, devenu Jean)** ♦ Peintre français d'origine russe (Kuokkala, Finlande 1894 - Paris 1956). Issu d'une famille de musiciens, il fit ses études à Saint-Pétersbourg et séjourna deux fois à Paris (1910 et 1913 - 1914) avant d'organiser avec Tatline et Malevitch (mars 1915) la turbulente exposition *Tramway*. Pougny participa alors à toutes les recherches d'avant-garde. Ses constructions en bois, carton et tôles découpées (v. 1915) se distinguent de celles de Malevitch* par le rendu des volumes. À cette époque, on a voulu voir dans *La Boule blanche* (1915), isolée dans une boîte verte et noire, une œuvre dadaïste avant la lettre. Il fut influencé par le cubisme (*Chaise, Palette et Violon*, 1917), puis exécuta des compositions en deux dimensions qui évoquent Matisse (*Le Violon rouge*, 1919). Il employa alors volontiers la gouache sur papier collé. Installé définitivement à Paris en 1923, Pougny abandonna ses recherches d'avant-garde pour se consacrer à une œuvre figurative, rupture si complète que certains ont cru à l'existence de deux peintres. Ces nouvelles œuvres, travaillées dans une pâte très nuancée et composées d'une manière volontairement archaïque, évoluent entre la figuration et une tendance à l'abstraction (*Atelier*, 1956).

**POUGUES-LES-EAUX** [58320] ♦ Ch.-l. de cant. de la Nièvre, arr. de Nevers. 2 493 hab. *(Pouguois)*. Église des XI$^{e}$ et XII$^{e}$ s. (restaurée). Maison de J.-J. Rousseau. ▪ Station thermale dont les eaux étaient connues des Romains et furent mises en honneur par Henri II et Catherine de Médicis.

**POUILLES** n. f. pl. ou **POUILLE** n. f. – en it. ***le Puglie*** ou ***la Puglia*** ♦ Région d'Italie. → **Italie** (carte). 19 347 km². 4 020 707 hab. CH.-L. : Bari. Elle comprend les provinces de Bari, Brindisi, Foggia, Lecce et Tarente. ▮ **Géographie** C'est un ensemble de plateaux entaillés par des vallées. On distingue : le promontoire calcaire du monte Gargano, au N., près duquel s'étendent les lagunes de Lesina et Verano ; le Tavoliere, entre le Fortore et l'Ofanto, suivi des collines des Murge (500 à 700 m) et des bas plateaux de la Terre de Bari, le long de l'Adriatique ; au S., la presqu'île de Salento qui présente une alternance d'éminences calcaires et de dépressions argileuses. L'agriculture est assez florissante. Les Pouilles sont la première région agricole du Sud italien. On y cultive des céréales (prov. de Foggia), la vigne, l'olivier, le tabac (prov. de Lecce), le blé (Tavoliere), le raisin de table (prov. de Bari). Les structures agraires tendent à se modifier. Les anciens grands domaines, ou *latifundia*, ont cédé la place aux micropropriétés. L'habitat se caractérise par de gros villages sans véritables fonctions urbaines. L'industrie est en cours de développement. La production de bauxite représente 80 % de la production nationale. Des raffineries ont été installées à Bari. Tarente est un centre de métallurgie primaire. L'industrie mécanique est représentée à Brindisi et à Tarente, les constructions navales à Tarente. De nombreuses petites firmes complètent cette industrialisation lourde venue du Nord. La pêche constitue un appoint non négligeable. ▮ **Histoire** Anc. Apulie*, les Pouilles, conquises par les Normands en 1140, furent annexées au royaume de Naples* par Roger II (XIIe s.).

**POUILLET (Claude)** ♦ Physicien français (Cusance, Doubs 1790 - Paris 1868). Il retrouva expérimentalement la loi d'Ohm* (1834) et établit des lois expérimentales, qui portent son nom, concernant le courant électrique ; il inventa la boussole des tangentes (une sorte de galvanomètre) et plusieurs autres appareils de mesure ; on lui doit également la première estimation de la valeur de la constante solaire (1837), et des recherches sur la compressibilité des gaz. [Acad. sc. 1837]

**POUILLY-EN-AUXOIS** [21320] ← ÉTYM. anc. *in pago Pauliacinse*, du lat. *Paullius*, n. de pers., et suff. *-acum* ♦ Ch.-l. de cant. de la Côte-d'Or, arr. de Beaune, au débouché de la portion souterraine du canal de Bourgogne qui relie le bassin de la Seine à celui du Rhône. 1 502 hab. *(Polliens)*. Église Notre-Dame-Trouvée (XIVe - XVe s.), beau sépulcre du XVIe s.

**POUILLY-SUR-LOIRE** [58150] ← ÉTYM. → Pouilly*-en-Auxois ♦ Ch.-l. de cant. de la Nièvre, arr. de Cosne-sur-Loire. 1 718 hab. *(Pouillyssois)*. Château du XIXe s. ▪ Viticulture (pouilly fumé, pouilly-sur-loire).

**POUJADE (Pierre)** ♦ Homme politique français (Saint-Céré 1920 - La Bastide-l'Évêque, Aveyron 2003). Libraire-papetier, il fonda en 1953 l'Union de défense des commerçants et artisans de France (UDCA, dit mouvement Poujade ou poujadiste), qui prit position contre les contrôles économiques et fiscaux, contre les impôts, et pour l'Algérie française. Après un succès aux élections législatives de 1956, son mouvement fut sujet à de nombreuses dissensions internes. ← ÉTYM. *Poujade* est un nom de domaine, de l'occitan *pujada* ou *pojada* «montée, colline».

**POULBOT (Francisque)** ♦ Dessinateur français (Saint-Denis, Seine 1879 - Paris 1946). Il créa le type du gosse montmartrois, gavroche moderne, facétieux, frondeur, mais aussi misérable et profondément sensible. Son œuvre fut si populaire que le terme de «petits poulbots» resta attaché aux enfants déshérités de Paris. Sa production fut immense. Il fut également affichiste et illustrateur, et il laissa aussi des peintures et des aquarelles.

**POULDU (LE)** ♦ Écart de la comm. de Clohars-Carnoët, arr. de Quimper (Finistère) marquant l'extrémité E. de la Cornouaille. Station balnéaire. ▪ Gauguin* y séjourna de 1889 à 1894 avec quelques artistes de l'école de Pont*-Aven. Maison du philosophe Alain*.

**POULENC** [pulɛ̃k] **(Francis)** ♦ Compositeur français (Paris 1899 - *id.* 1963). Il fut l'élève de R. Viñes pour le piano et de Ch. Kœchlin pour la composition, mais sa formation première fut celle d'un autodidacte. Déjà lié d'amitié avec G. Auric, il fit la connaissance de D. Milhaud et forma avec eux et A. Honegger, G. Tailleferre et L. Durey, le groupe des Six*. À sa première manière, élégante et spirituelle, d'une ligne néoclassique déliée, aux arabesques subtiles, appartiennent les *Trois mouvements perpétuels* pour piano (1918), *Le Bestiaire* pour voix et piano, d'après Apollinaire (1919), le ballet *Les Biches* (1923), les quatre concertos pour piano et clavecin (dont le *Concert champêtre*, 1928), la cantate *Le Bal masqué* (1932), les *Impromptus*, *Promenades*, *Toccatas*, *Improvisations* et *Villageoises*, pour le piano, d'un style aisé, fluide et très personnel, ainsi qu'un grand nombre de mélodies. Sans renoncer à la veine heureuse de ses débuts, le musicien s'orienta, après 1935, vers des sources d'inspiration plus hautes, élargissant son style dans des œuvres plus amples où prédominent, sous les influences de Lassus, de Monteverdi et de Moussorgski, l'émotion religieuse la plus vibrante et un pathétique né de la révélation de la douleur humaine. À cette période appartiennent les *Litanies à la Vierge noire de Rocamadour*, pour chœur de femmes ou d'enfants et orgue (1936), la *Messe en sol majeur*, pour chœur mixte *a cappella* (1937), le *Concerto pour orgue et orchestre à cordes avec timbales* (1938), les *Quatre motets pour un temps de pénitence* (1939), la cantate *Figure humaine* pour double chœur mixte *a cappella*, d'après Éluard (1943), les quatre *Petites prières de saint François d'Assise* (1948), le *Stabat mater*, à la mémoire de Ch. Bérard (1950), le *Gloria* pour soprano solo, chœur et orchestre (1959), les sept *Répons de ténèbres* pour voix d'enfant solo, chœur d'enfants et orchestre (1961), ainsi que les opéras *Dialogues* des carmélites*, d'après G. Bernanos et *La Voix humaine*, d'après J. Cocteau (1958). Il convient de détacher encore de cette œuvre abondante un ballet, *Les Animaux modèles*, d'après La Fontaine (1941), et un opéra bouffe, *Les Mamelles de Tirésias*, d'après Apollinaire (1944). Poulenc fut le musicien qui incarna le plus parfaitement les tendances classiques du groupe des Six. Détaché de tout système, il ne se préoccupa guère d'innovations formelles. Son écriture, bien que très construite, garde un caractère simple et spontané. Il n'y a du reste qu'une apparente contradiction entre ses deux manières. Il disait : «Je tiens autant aux *Mamelles* qu'au *Stabat*. Si le public et les critiques avaient une oreille moins distraite et s'ils attachaient moins d'importance au sujet, ils s'apercevraient que, techniquement, les chœurs des *Mamelles* sont composés comme ceux du *Stabat*. Si on traduisait le texte d'Apollinaire en latin, on le ferait prendre aisément pour de la musique religieuse.» ← ÉTYM. Ce nom de famille est le nom d'un hameau de la commune de Fiac (Tarn).

**POULIDOR (Raymond)** ♦ Coureur cycliste français (Masbaraud-Mérignat 1936). «Poupou» fut le plus populaire des coureurs français des années 1960. Célèbre par sa malchance et ses duels avec Jacques Anquetil sur le Tour de France où il termina de nombreuses fois deuxième, il eut néanmoins un palmarès bien étoffé (Milan-San Remo 1961 ; Tour d'Espagne 1964). ← ÉTYM. Ce nom vient de l'occitan *polidor* «beauté», surnom d'une personne au visage agréable.

**POULIGUEN** [puligɛ̃] **(LE)** [44510] ← ÉTYM. du bret. *poull* «étendue d'eau» et *gwenn* (du moy. bret. *guen*) «blanc ; sacré, béni» ♦ Comm. de la Loire-Atlantique, aggl. et arr. de Saint-Nazaire. 5 266 hab. *(Pouliguennais)*. Chapelle Sainte-Anne-Saint-Julien du XVIe s. (bas-reliefs). ▪ Port de pêche et de plaisance. Station balnéaire.

**POULKOVO** (mont) ♦ Colline de Russie au S. de Saint-Pétersbourg, sur laquelle se trouve l'observatoire astronomique central de Russie. Fondé en 1839, il fut détruit pendant la Deuxième Guerre mondiale, puis reconstruit et mis en service en 1954.

**POULO CONDOR** ← ÉTYM. p.-ê. malais «l'île *(poulo)* aux courges *(condore)*» ♦ → **Côn Đảo**

**POULSEN (Valdemar)** ♦ Ingénieur danois (Copenhague 1869 - New York 1942). Inventeur du premier appareil d'enregistrement magnétique du son, sur fil ou sur bande en acier (télégraphone, 1898), de l'émetteur à arc (1903) qui produit des ondes électromagnétiques entretenues utilisé pour la télégraphie sans fil, il fut l'un des précurseurs du cinéma parlant par la mise au point de l'enregistrement des sons sur pellicule photographique.

**POUND (Ezra Loomis)** ♦ Poète américain (Hailey, Idaho 1885 - Venise 1972). Congédié en 1908 de son premier poste de professeur dans une petite université de province, Pound s'exila en Angleterre et se tailla une place importante dans le Londres littéraire. Il exerça une certaine influence sur Yeats, fut à l'origine du mouvement imagiste*, conçut le vorticisme* avec Wyndham Lewis, s'enthousiasma pour la sculpture de Gaudier-Brzeska, soutint Joyce, se passionna pour la poésie chinoise et le nō japonais, publia ses premiers recueils (*Personae*, 1909 ; *Canzoni*, 1911 ; *Ripostes*, 1912 ; *Lustra*, 1916 ; *Mauberley*, 1920), ainsi qu'*Esprit des littératures romanes* (1910). Séjournant à Paris (1921 - 1924), Pound fréquenta les membres du mouvement Dada, Brancusi, F. Léger, le musicien George Antheil, aida T. S. Eliot (*La Terre vaine*) et le jeune Hemingway, se mit à composer (*Le Testament*, «opéra» d'après Villon) et se lança en 1919 dans les *Cantos*, ensemble de poèmes mêlant les sujets, les langues et les styles, qui l'occupera jusqu'à la fin de sa vie. Installé à Rapallo, il admira Mussolini et le fascisme. Il publia *A. B. C. de la lecture* (1934) et *La Kulture en abrégé* (1938), mais s'intéressa aussi beaucoup à l'économie (*ABC of Economics*, 1933 ; *Social Credit*, 1935 ; *What Is Money For*, 1939 ; *Le Travail et l'Usure*, 1944). Il participa pendant la guerre à des émissions de la radio italienne, y exprimant entre autres son antisémitisme. Inculpé de trahison aux États-Unis, il fut arrêté (1945), jugé irresponsable et interné à l'hôpital psychiatrique Saint Elizabeth de Washington, jusqu'en 1958. Il poursuivit pendant ce temps son grand œuvre : *Cantos pisans* (*Cantos* 74-84, 1948), *Forage de roche* (*Cantos* 85-95, 1955), *Trônes* (*Cantos* 96-109, 1959). Il retourna en Italie à sa libération et tomba progressivement dans le mutisme, laissant les *Cantos* inachevés (110-116, 1967).

**Poupe** n. f. – en lat. ***Puppis*** ♦ Constellation appartenant au groupe du Navire Argo*, dans l'hémisphère austral.

**POURBUS** [purbys] ♦ Famille de peintres flamands. ♦ **Pieter** ou **Pierre Pourbus** (Gouda v. 1523 - Bruges 1584). Inscrit à la guilde de Bruges en 1543, il fut cartographe et peignit quelques œuvres religieuses, des scènes de genre qui reflètent l'influence du maniérisme de Niccolò* dell'Abate *(Assemblée dans un parc)* et surtout des portraits où s'affirme un parti pris de rigueur et de sobriété d'où résulte parfois une certaine raideur *(Portrait d'une jeune femme)*. ♦ **Franz Pourbus,** dit **l'Aîné.** Peintre flamand (Bruges 1545 - Anvers 1581). Fils du précédent, il subit surtout l'influence de son maître F. Floris* de Vriendt et est l'auteur de compositions religieuses et surtout de portraits. ♦ **Franz II** ou **François Pourbus** (Anvers 1569 - Paris 1622). Il entra au service des régents des Pays-Bas, Albert d'Autriche et l'infante Isabelle (1596 - 1600), travailla ensuite pour les Gonzague à Mantoue puis devint, à partir de 1609, peintre de la cour de Marie de Médicis (*Portrait de Marie de Médicis*, v. 1609, de *Henri IV*, 1610). Il peignit des sujets religieux mais fut surtout célèbre pour ses portraits de cour qui se rattachent au style international qu'avait développé Sánchez* Coello. Ils se caractérisent par leur aspect solennel et hiératique et sont révélateurs d'un esprit allant à contre-courant du baroque alors en pleine extension et constituent un témoignage d'une des tendances du goût français au début du XVIIe s.

**Pourceaugnac (Monsieur de)** → **Monsieur de Pourceaugnac**

**Pourim** n. m. pl. ← ÉTYM. hébr. «la fête des sorts (*pûr*)» ♦ Fête juive qui commémore la délivrance des Israélites qu'Aman*, vizir du roi de Perse Assuérus*, voulait exterminer. → **Esther.**

**Pour qui sonne le glas** – en angl. ***For Whom the Bell Tolls*** ♦ Roman d'Ernest Hemingway* (1940). En Espagne, pendant la guerre civile, Robert Jordan, un intellectuel qui s'est engagé dans l'armée républicaine et dont la mission est de faire sauter un pont près de Ségovie, connaît une brève et intense histoire d'amour avec Maria, une jeune fille recueillie par les républicains après avoir été violée par les franquistes. Tout le roman est dominé par la figure d'une femme, Pilar, dont la maison abrite les maquisards et qui incarne l'Espagne éprise de liberté. L'attaque franquiste entraîne le sacrifice du héros qui, blessé après l'attentat, attend sereinement la mort. Ce roman au ton lyrique fut le premier grand succès d'Hemingway ; son idéalisme généreux en fit le livre d'une génération en révolte contre le fascisme. ▪ Le roman a été adapté au cinéma par l'Américain Sam Wood, avec Gary Cooper et Ingrid Bergman (1943).

**POURRAT (Henri)** ♦ Écrivain français (Ambert 1887 - *id.* 1959). Il a évoqué l'Auvergne dans ses poèmes (*Les Montagnards*, 1919 ; *Liberté*, 1925), ses romans (*Gaspard des montagnes*, 1922-1931 ; *Le Mauvais Garçon*, 1925 ; *Monts et Merveilles*, 1934 ; *Vent de mars*, 1941) et dans la série du *Trésor des contes* (publ. 1948 - 1962). ← ÉTYM. Ce nom est à rapprocher de l'occitan *porrat* «plant de poireaux», probablement surnom de cultivateur.

**POURTALET** (col du) ♦ Col des Pyrénées-Atlantiques (1 794 m), à la frontière espagnole, au sortir de la vallée d'Ossau.

La **Pourvoyeuse** ♦ Tableau de Jean-Baptiste Chardin (1739). Peintre de natures mortes par excellence, au cœur de ce XVIIIe s. caractérisé par la brillance, Chardin représente dans ce tableau une femme de condition modeste avec un réalisme, une sincérité et une simplicité de moyens qui évoquent la meilleure tradition hollandaise. Il existe trois versions de ce tableau.

La **Pourvoyeuse.** Tableau de Chardin (47 x 38 cm), 1739.
Musée du Louvre, Paris. *BIS/© Archives Larbor*

**POUSSAN** [34560] ← ÉTYM. du lat. *Porcianus*, de *Porcius*, n. de pers. gallo-rom., et suff. *-anum* ♦ Comm. de l'Hérault, arr. de Montpellier, dominant l'étang de Thau. 4 044 hab. Viticulture.

**POUSSEUR (Henri)** ♦ Compositeur belge (Malmedy 1929 - Bruxelles 2009). Élève des conservatoires de Liège et de Bruxelles, il s'initia aux techniques du dodécaphonisme* et subit l'influence de Webern, Boulez et Stockhausen. → **sérialisme.** Œuv. princ. : *Quintette à la mémoire de Webern* (1955), *Symphonie à 15 solistes* (1955), *Mobile*, pour 2 pianos (1958), *Rimes*, pour différentes sources sonores (1959), l'opéra *Votre Faust*, en collaboration avec Michel Butor* (Milan, 1969), *Schönbergs Gegenwart* (1974) ; *Liège à Paris* (1977), *Nacht der Nächte* (opéra de Hambourg, 1985), *Leçons d'enfer*, d'après M. Butor et A. Rimbaud (Metz, 1991). Directeur du conservatoire de Liège, il fonda le Centre de recherches musicales de Wallonie.

**POUSSIN (Nicolas)** ♦ Peintre français (Villers, près des Andelys 1594 - Rome 1665). ▮ **L'apprentissage en France** Il fut probablement à Rouen l'élève de Quentin Varin et de Noël Jouvenet, puis à Paris de Georges Lallemand. Il étudia les maîtres italiens de la collection royale, particulièrement les gravures de Raphaël, et s'intéressa à la sculpture antique. Il mena à Paris une vie difficile et fit diverses tentatives pour se rendre à Rome. Vers 1622 - 1623, il travailla à la galerie du Luxembourg et entra probablement en relations avec Philippe de Champaigne. Il se lia avec le poète Marino qui l'incita à élargir sa culture littéraire et le poussa à se rendre à Rome ; il illustra pour lui les *Métamorphoses* d'Ovide, œuvre où se révèle l'emprise de l'école de Fontainebleau, particulièrement du Primatice. ▮ **La vie en Italie** Poussin se rendit finalement en Italie, étudiant à Venise les œuvres de Titien et parvint à Rome en 1624. Il fréquenta l'atelier de Vouet, suivit et interpréta un moment la mode du caravagisme (*Mort de Germanicus*, 1627, commandée par le cardinal Aldobrandini ; *Martyre de saint Érasme* pour Saint-Pierre, 1628 - 1629 ; *Peste d'Asdod*, 1630). Il obtint la protection du cardinal Francesco Barberini, puis celle des mécènes Carlo Antonio et Cassiano del Pozzo, et chercha à éviter progressivement les grandes décorations officielles. Il devint en 1631 membre de l'académie de Saint-Luc et fut surtout apprécié par les amateurs italiens et espagnols. Vers 1634 - 1635, il fréquenta probablement le Dominiquin et fit son éloge en public. Il entreprit vers 1638 - 1639 une première série des *Sacrements* et reçut de Richelieu la commande de *Quatre bacchanales* et d'un *Triomphe de Neptune.* ▮ **Le séjour à Paris : 1640 - 1642** Sa réputation devint telle qu'il fut appelé à Paris. Malgré ses réticences, il revint en France en 1640 ; il y fut couvert d'honneurs, mais se trouva en butte à des rivalités et chargé de toutes sortes de travaux décoratifs qui ne l'intéressaient guère. Le projet de décorer la Grande galerie du Louvre avançant peu, il fit tout pour hâter son retour à Rome (1642). ▮ **L'art de Poussin** Comme nul autre, il avait été sensible aux courants variés, parfois contradictoires, qui caractérisaient le milieu romain, et son art révèle une rare capacité d'assimilation ; mais cette réceptivité à la leçon offerte par Raphaël, les Bolonais (surtout les Carrache et le Dominiquin), mais aussi Pierre de Cortone, ne l'étouffait pas dans la recherche d'une direction personnelle, dont il a lui-même défini la constante : «Mon naturel me contraint à chercher et aimer les choses bien ordonnées, fuyant la confusion qui m'est aussi contraire et ennemie comme est la lumière des obscures ténèbres» (1642). Aussi à la recherche d'un «idéal» pictural et intellectuel, il s'appuya sur l'observation de la «nature», puisa son inspiration dans l'Antiquité (types d'accessoires de costumes, motifs d'architecture, ordonnance en largeur, en frise à l'exemple des bas-reliefs), tout en étant fasciné par la luminosité et la sensualité des Vénitiens, particulièrement de Titien. Il poursuivit sa méditation sur le rapport entre forme, dessin, couleur et lumière, établissant des relations et des gradations subtiles, des effets chromatiques et plastiques. La variation des solutions adoptées donne parfois l'impression d'un manque de continuité, mais celle-ci s'explique à la fois par son manque de dogmatisme, et surtout par le caractère même de son projet, qui se fondait sur la séparation des genres, sur la distinction des modes (le riant, le touchant, le grave et le terrible), déterminant un changement de registre, donc des moyens picturaux. ▮ **Mythologie et allégorie** Ainsi, ses compositions «historiques» et bibliques possèdent un caractère épique, l'expression des «passions» étant empreinte d'une certaine emphase rhétorique (*L'Enlèvement des Sabines*), tandis que des œuvres de sujet littéraire, mythologique et allégorique offrent des accents lyriques plus tendres et une harmonie colorée plus suave et vibrante (*L'Inspiration* du poète ; Écho et Narcisse ; Les Bergers* d'Arcadie ; L'Empire de Flore*). La série d'œuvres sur les *Sacrements* atteint une sobriété expressive, une monumentalité et une rigueur formelle en accord avec le thème. Progressivement, l'intérêt de Poussin pour le paysage s'accrut ; il multiplia les études sur le vif dans la campagne romaine, évitant l'effet de décor ; il chercha l'accord harmonieux entre l'atmosphère, l'agencement des lieux et le sujet traité (*Moïse sauvé des eaux*, 1638 ; *Paysage avec saint Matthieu*, vers 1643 ; *Les Cendres de Phocion ; Orphée et Eurydice*). Sa sensibilité devint plus frémissante (*Paysage avec Polyphème ; Orion aveugle à la recherche du soleil*). À la fin de sa vie,

Nicolas **Poussin.** *Écho et Narcisse* (74 x 100 cm), v. 1630. Musée du Louvre, Paris. *BIS/Phot. H. Josse © Archives Larbor*

il parvint à en diversifier avec finesse les aspects (série des *Quatre Saisons*, de 1660 à 1664) et à imposer une vision «idéale» et poétique. ▮ **La référence du classicisme français** Le sens de la fable et l'harmonie sereine qui se dégagent d'une grande partie de son œuvre l'ont imposé comme la figure majeure du classicisme français. ▪ *Autre illustration :* → **Cécile (sainte).** ➝ ÉTYM. Ce nom est le sobriquet d'un homme petit ou peureux.

**POUTINE (Vladimir Vladimirovitch)** ♦ Homme d'État russe (Léningrad, auj. Saint-Pétersbourg 1952). Issu d'une famille modeste, il fit des études de droit puis entra au KGB en 1975. À son retour de RDA, où il avait été envoyé pour cinq ans, il devint l'assistant du premier maire réformateur de Léningrad, A. Sobtchak (1990). Entré dans l'administration du Kremlin (1996), il dirigea le FSB (ancien KGB) puis fut nommé Premier ministre (août 1999). La guerre en Tchétchénie* lui ayant valu un soutien populaire, il fut élu président de Russie en 2000 et réélu en 2004 sur un programme patriotique autoritaire. Il prit la tête du parti au pouvoir, Russie unie, et désigna Dmitri Medvedev* pour lui succéder en mars 2008. Il constitue un binôme singulier avec ce dernier qui l'a nommé Premier ministre et pourrait retrouver la présidence dès l'élection de 2012. ➝ ÉTYM. *Poutine* vient du russe *pout* «chemin» et du suffixe d'appartenance *-in*.

**POUYER-QUERTIER** [pujekɛʀtje] **(Auguste)** ♦ Homme politique français (Étoutteville, Seine-Maritime 1820 - Rouen 1891). Propriétaire d'une filature de coton, député (1857, 1863), il s'opposa à la politique libre-échangiste de Napoléon III. Ministre des Finances de Thiers (1871), il négocia les clauses financières du traité de Francfort (10 mai 1871). Contraint de démissionner (1872), il contribua à la chute de Thiers (1873) ; sénateur (1876 - 1891), il soutint le boulangisme.

**P'OU-YI** → **Puyi**

**POUZAUGES** [85700] ➝ ÉTYM. p.-ê. «auges du puits (occit. *poué*)» ou «puits à auges» ♦ Ch.-l. de cant. de la Vendée, arr. de Fontenay-le-Comte. 5 385 hab. *(Pouzaugeais)*. Église Saint-Jacques (XII$^{e}$ - XV$^{e}$ s.). Vestiges de l'anc. château (XIII$^{e}$ s.). ▪ Élevage. Marché de bétail. Conserverie de viande.

**POUZZOLES** → **Pozzuoli**

**POWELL (John Wesley)** ♦ Géologue, ethnographe et linguiste américain (Mount Morris, État de New York 1834 - Haven, Maine 1902). Il explora le Colorado, l'Arizona, l'Utah, et en donna des études géologiques et ethnographiques. Il fut le premier à poser le problème des contacts entre civilisations et à introduire le concept d'acculturation (1880). ➝ ÉTYM. Ce nom est peut-être une variante anglaise de *Paul* ou vient de la racine galloise *ap* et du prénom *Hywel*.

**POWELL (Cecil Frank)** ♦ Physicien britannique (Tonbridge, Kent 1903 - Casargo, Italie 1969). Il mit au point l'emploi de la méthode photographique pour l'étude des réactions nucléaires dans les rayons cosmiques. Il découvrit ainsi le méson pi ou pion (1947), dont l'existence avait été prévue par Yukawa*, et confirma la théorie de ce dernier sur la structure du noyau atomique. [Prix Nobel de phys. 1950]

**POWELL (Michael)** ♦ Cinéaste britannique (Bekesbourne 1905 - Avening 1990). Il a réalisé, souvent en collaboration avec le producteur Emeric Pressburger, quelques films qui contribuèrent au renouveau de la comédie anglaise : *Colonel Blimp* (1943), *Une question de vie ou de mort* (1946), mais aussi de somptueux opéras filmés (*Les Chaussons rouges*, 1948 ; *Les Contes d'Hoffmann*, 1951), et surtout un joyau du genre fantastique, *Le Voyeur* (1960).

**POWELL (Earl Rudolph, dit Bud)** ♦ Pianiste, compositeur et arrangeur de jazz américain (New York 1924 - *id.* 1966). Ayant participé à la naissance du be-bop lors des *jam sessions* du Minton's durant lesquelles il rencontra Thelonious Monk, il débuta réellement dans l'orchestre de Cootie Williams* (1943 - 1945) et travailla ensuite avec Dizzy Gillespie*, John Kirby et les principaux interprètes du be-bop. Après un séjour en Europe (1959 - 1964), il retourna aux États-Unis mais, malade, ne retrouva pas sa notoriété. Musicien inspiré et doué d'une technique exceptionnelle, il influença de nombreux pianistes, comme Oscar Peterson et Bill Evans. Princ. enregistrements : *Hallelujah, Sweet Georgia Brown* (1950), *No Name Blues* (1961).

**POWYS (John Cowper)** ♦ Romancier britannique (Shirley, Derbyshire 1872 - Blaenau Ffestiniogg, Merioneth 1963). Fils d'un pasteur, il était l'aîné d'une famille de onze enfants qui touchèrent presque tous à la littérature. Il vécut longtemps aux États-Unis et au pays de Galles mais resta, comme ses frères, profondément lié aux paysages anglais de son enfance, notamment ceux du Dorset. Son œuvre, au symbolisme visionnaire, est une exploration intérieure qui s'écarte résolument des conventions du roman traditionnel et propose un univers panthéiste et polythéiste où «l'illusion vitale» propre à la vie humaine s'affronte à toutes les formes de vie infrahumaine : animale, végétale, minérale même, pour explorer les frontières fragiles de la conscience. D'une grande beauté, l'écriture romanesque de Powys, doublée d'une réflexion philosophique (*La Vision complexe*, 1920 ; *Le Sens de la culture*, 1929 ; *Apologie des sens*, 1930 ; *Une philosophie de la solitude*, 1933), illustre une attitude esthétique et sensualiste qui lui paraît la seule réponse aux interrogations de la vie moderne. Princ. romans : *Wood and Stone* (1915) ; *Rodmoor* (1916) ; *Givre et Sang* (1925) ; *Wolf Solent* (1929) ; *Les Enchantements de Glastonbury* (1932) ; *Les Sables de la mer* (1934) ; *Camp retranché* (1936) ; *Morwyn* (1937) ; *Owen Glendower* (1940) ; *Porius* (1951) ; *La Fosse aux chiens* (1952) ; *Atlantis* (1954) ; *La tête qui parle* (1956) ; *Les Montagnes de la Lune* (récit, 1957). ♦ **Llewelyn Powys** (Dorchester 1884 - Clavadel, Suisse 1939). Frère du précédent. Marqué par la tuberculose, il eut une vie itinérante (Kenya, États-Unis, Suisse) et publia des romans (*Ébène et Ivoire*, 1923 ; *Peau pour peau*, 1925) à coloration souvent autobiographique (*Le Jugement de Bridoison*, 1926 ; *Amour et mort*, 1939). Il se distingue en particulier de son frère John Cowper par ses conceptions athées (*Le Berceau de Dieu*, 1929 ; *Maintenant que les dieux sont morts*, 1932 ; *Mémoires de la terre*, 1934 ; *Somerset Essays*, 1937). Sa réputation d'écrivain dépassa de son vivant celle de ses frères, au moins aux États-Unis ; très lié avec John Cowper, il publia avec lui dès 1916 un portrait à deux voix, *Confessions de deux frères*, qui reste la meilleure introduction à leurs œuvres respectives.

**POWYS** ♦ Comté du centre E. du pays de Galles. 5 077 km$^2$. 126 344 hab. Paysages de hautes collines aux profondes vallées glaciaires, couvertes de landes et de lambeaux forestiers. Élevage ovin extensif. Tourisme dans le S. (Parc national des Brecon Beacons).

**POYANG HU** ou **P'O-YANG-HOU** ♦ Lac de Chine (Jiangxi). D'une superficie de 3 583 km$^2$ (5 000 km$^2$ en période de crue), c'est le plus grand lac du pays. Il reçoit les cinq principaux fleuves et rivières de la province (dont le Gan jiang) et draine une plaine d'une grande fertilité (20 000 km$^2$).

**POYET (Guillaume)** ♦ Homme politique français (Les Granges, près d'Angers, v. 1474 - Paris 1548). Avocat au parlement de Paris, il fut chargé en 1521 par Louise de Savoie (mère de François I$^{er}$) de plaider contre le connétable de Bourbon. Président à mortier en 1534, chancelier de France en 1538, il collabora à l'ordonnance de Villers-Cotterêts (1539). Par calcul, il soutint le connétable de Montmorency contre l'amiral Chabot, mais fut entraîné dans la disgrâce du connétable. Accusé de malversations, il fut arrêté (1542) et dépouillé de toutes ses charges (1545).

**POŽAREVAC** – anc. en all. *Passarowitz* ♦ V. de Serbie, à l'E. de Belgrade. 75 208 hab. ▮ **Histoire** → **Passarowitz.**

**POZA RICA** ♦ V. du Mexique (État de Veracruz), située entre Tampico et Veracruz, non loin de la côte atlantique. 174 512 hab. V. pétrolière (raffineries). Prototype de la ville champignon, née d'un campement établi en 1935.

**POZNAŃ** – en all. *Posen* ➝ ÉTYM. p.-ê. à rapprocher de la rac. polon. *poznac* «connaître, reconnaître» [la v. aurait été nommée ainsi pour marquer la reconnaissance de son appartenance au royaume de Pologne] ou «propriété du seigneur *(pana)*» ♦ V. de l'O. de la Pologne, ch.-l. de la voïvodie de Grande-Pologne, sur la Warta, au centre de la plaine de Grande Pologne. 564 951 hab. Univ. Centre culturel (musées) et scientifique, la ville compte de nombreux monuments (cathédrale, XV$^{e}$ - XVIII$^{e}$ s., hôtel de ville, XVI$^{e}$ s.), en grande partie restaurés après la Deuxième Guerre mondiale. ▪ Important nœud ferroviaire et fluvial. Centre commercial actif et métropole indus., siège d'une grande foire internationale depuis 1925. Indus. chimique, métallurgique, textile et alimentaire. Construc. mécaniques ; pneumatiques. ▮ **Histoire** Une des plus anciennes villes de Pologne (mentionnée par Tacite au I$^{er}$ s. sous le nom de *Stragoria*), elle fut le siège du premier évêché polonais, fondé par Mieszko I$^{er}$ (968) qui y établit sa capitale. Ville hanséatique dès 1253, elle devint du XV$^{e}$ au XVII$^{e}$ s. un des grands centres commerciaux d'Europe,

**Poznań.** Place du Vieux-Marché. *Phot. © Agata Dorobek/Shutterstock*

mais fut en partie détruite et perdit sa prospérité à la suite des guerres polono-suédoises (1655, 1703 - 1709). Annexée à la Prusse lors du deuxième partage de la Pologne (1793), elle devint le chef-lieu de la province de Prusse-Méridionale, fut rattachée en 1807 au grand-duché de Varsovie, puis revint sous domination prussienne en 1815. Restituée à la Pologne en 1919 avec toute la Posnanie, elle fut à nouveau rattachée au Reich de 1939 à 1945. ▪ La grève massive des ouvriers de Poznań (juin 1956) tendant à affranchir la Pologne de la tutelle soviétique (oct. 1956) fut sévèrement réprimée par l'armée (50 morts et 300 blessés).

**POZZO (Andrea)** ♦ Peintre, décorateur, mathématicien et théoricien italien (Trente 1642 - Vienne 1709). Il entra dans l'ordre des Jésuites en 1665, travailla à Trente, Côme, Milan et fut appelé à Rome en 1681 : s'affirmant comme l'un des maîtres de la grande décoration baroque, il exécuta son œuvre la plus célèbre, le plafond de San Ignazio (1685 - 1694). Jouant avec une exceptionnelle virtuosité des trompe-l'œil, notamment des effets de perspective plafonnante, il dilate l'espace en représentant d'imposantes architectures feintes et crée un mouvement de giration ascendante dans lequel semblent entraînées ses multiples figures. Dans toutes ses œuvres, il fit preuve d'un goût marqué pour le grandiose et les effets théâtraux. Son traité *Perspectiva pictorum et architectorum* (1693) influença les grands décorateurs italiens (Solimena*, Tiepolo*) comme les Allemands et les Autrichiens : il travailla en effet à Vienne vers 1707 (église des Jésuites). ✦ **ÉTYM.** Ce nom vient de l'italien qui signifie «puits».

**POZZO DI BORGO (Charles André,** comte**)** ♦ Diplomate français (Alata, près d'Ajaccio 1764 - Paris 1842). Député de la Corse à l'Assemblée législative (1791), il revint dans son île natale et soutint Paoli*, dont il partageait la volonté d'indépendance nationale vis-à-vis de la France. Pour atteindre cet objectif, ils firent appel aux Britanniques ; Pozzo di Borgo devint alors président du Conseil d'État et administrateur de l'île. Après le retour des Français (1796), il s'enfuit en Angleterre, puis se rendit en Russie (1803) où il devint conseiller privé du tsar Alexandre, travaillant à renforcer la coalition contre la France. Écarté des fonctions officielles après l'entrevue de Tilsit (1807) sur la demande de Napoléon I^er^, il revint en Angleterre et partit en mission auprès de Bernadotte, en vue d'un rapprochement. Rappelé par Alexandre de Russie en 1812, il fut nommé général. Représentant du tsar auprès de Louis XVIII, il poussa le souverain à accepter la Charte. Il participa au congrès de Vienne, devint ambassadeur de Russie à Paris (1815 - 1834), conseilla souvent les Bourbons auprès de qui il mena une politique de rapprochement avec la Russie. De 1834 à 1839, il fut ambassadeur de Russie à Londres.

**POZZUOLI** – en fr. ***Pouzzoles***, anc. en lat. ***Puteoli*** ♦ V. d'Italie, en Campanie (prov. de Naples), sur le golfe de Naples. 78 754 hab. Nombreux vestiges : marché dit «Temple de Sérapis», temple et amphithéâtre du temps de Vespasien, villas dont celle d'Auguste, l'acropole de la cité antique. Le Duomo (XI^e^ s.). ▪ Aux environs, solfatares. ▪ Port. Exportation de pouzzolane. Sidérurgie, indus. mécaniques (Olivetti). ▮ **Histoire** La cité fut fondée au –VI^e^ s. par des Grecs de Samos et devint colonie romaine (–194). Ville portuaire, elle tira profit des relations qu'elle entretenait avec la Grèce et l'Orient et exerça jusqu'à la fin de l'Empire un rôle important.

**PRACHADHIPOK** ♦ Roi du Siam (1893 - en Grande-Bretagne 1935). Il régna sous le nom de Rāma VII (1925 - 1935). Le coup d'État de 1932 l'obligea à accepter un régime de monarchie constitutionnelle. Déçu et malade, il abdiqua en 1935 en faveur de son neveu Ānanda* Mahidol.

**PRADES (Jean Martin,** abbé **DE)** ♦ Écrivain et ecclésiastique français (Castelsarrasin v. 1720 - Głogłow, Pologne 1782). Après avoir collaboré à l'*Encyclopédie**, il dut s'exiler en Prusse pour avoir soutenu une thèse (1752) qui énonçait des doutes sur la divinité de Jésus-Christ et qui lui valut l'hostilité du pape et du Parlement, malgré l'*Apologie* prononcée par Diderot*.

**PRADES** [66500] ✦ **ÉTYM.** en occit. *Prada* «les prés» ♦ Ch.-l. d'arr. des Pyrénées-Orientales, au pied du Canigou, sur la Têt. 5 800 hab. (aggl. 7 924) *(Pradéens)*. Église romane Saint-Pierre reconstruite au XVII^e^ s. (retable du sculpteur catalan J. Sunyer, 1699). ▪ Festival annuel de musique (dans l'abbaye Saint-Michel-de-Cuxa), créé par Pablo Casals en 1950.

**PRADES-LE-LEZ** [34730] ✦ **ÉTYM.** → Prades ♦ Comm. de l'Hérault, arr. de Montpellier. 4 361 hab. (aggl. 4 928).

**PRADET (LE)** [83220] ✦ **ÉTYM.** de l'occit. *prat, prada* «pré» ♦ Comm. du Var, arr. de Toulon. 10 975 hab.

**PRADIER (Jean-Jacques,** dit **James)** ♦ Sculpteur français (Genève 1790 - Bougival 1852). Élève de Lemot, il subit surtout l'influence de Canova*. Il fut avec David* d'Angers le sculpteur le plus apprécié de Louis-Philippe. Il produisit des sculptures monumentales d'un sobre classicisme (statues de *Lille* et *Strasbourg*, place de la Concorde, les 12 *Victoires* du tombeau de Napoléon, les *Renommées* de l'Arc de triomphe). Mais il exécuta surtout des statues et statuettes galantes diffusées par la manufacture de Sèvres et dont la grâce sensuelle semble un héritage du XVIII^e^ s. ✦ **ÉTYM.** *Pradier* désigne le «possesseur d'un pré», de l'occitan *prat, prada* «pré».

**PRADINES (Maurice)** ♦ Philosophe et psychologue français (Glovelier, Suisse 1874 - Paris 1958). Influencé par Bergson (en particulier par son vitalisme), il a formulé une théorie de l'action comme moyen de connaissance (*Critique des conditions de l'action ; Principes de toute philosophie de l'action*, 1909). En psychologie, il a développé l'idée que les fonctions supérieures sont implicitement contenues dans les fonctions inférieures (*Traité de psychologie générale*, 1943-1950).

**Prado** (musée du) ♦ Musée situé à Madrid*, installé dans un édifice commencé en 1785, sous Charles III et terminé sous Ferdinand VII (1819 à 1830) ; des remaniements récents l'ont transformé et des galeries nouvelles ont été construites sur la façade E. puis une expansion réalisée par R. Moneo*. C'est l'un des plus riches musées d'Europe ; il possède plus de 2 500 tableaux parmi lesquels un grand nombre d'œuvres de premier ordre. Il est surtout célèbre par ses collections de peintures de l'école espagnole (qui occupe la plus large place : Vélasquez, Goya, Greco), des écoles flamande et italienne (Bosch, Rubens, Van Dyck, Raphaël, Titien, Tiepolo).

**PRADON (Jacques)** ♦ Poète dramatique français (Rouen 1644 - Paris 1698). Soutenu à ses débuts par l'amitié de Corneille, son compatriote, il fit représenter *Pyrame et Thisbé* (1674) et *Tamerlan* (1675). Auteur d'une *Phèdre* destinée à faire échec à celle de Racine (1677), il n'obtint du public, pour cette œuvre médiocre, qu'un succès éphémère ; à aucun moment il ne fut, pour le grand poète tragique, le rival redoutable que la légende a imposé.

**PRAETORIUS (Michael)** ♦ Compositeur et théoricien de la musique allemand (Kreuzburg 1571 - Wolfenbüttel 1621). Fils d'un pasteur luthérien, il fut maître de chapelle à Gröningen, puis à la cour de Wolfenbüttel, exerçant aussi, à titre extraordinaire, à Dresde et à Halle. Dans l'esprit de la réforme luthérienne, il a composé une œuvre importante (*Motets, hymnes, cantiques spirituels, pièces et danse*, en 20 vol.) où se conjuguent curieusement les influences de la polyphonie du nord et du style vénitien. Son ouvrage théorique, *Syntagma musicum* (3 vol., 1615 - 1619), est une source précieuse pour l'histoire de la musique ancienne et ecclésiastique.

**PRAGA** ♦ Anc. ville de Pologne, auj. quartier résidentiel de Varsovie*, sur la rive d. de la Vistule. ▪ Durant l'insurrection polonaise de 1794, sa population fut exterminée par les Russes de Souvorov*.

**pragmatique sanction** ♦ Acte par lequel Charles* VI, empereur d'Allemagne, assurait sa succession à sa fille Marie*-Thérèse (1713). Le trône devait aller au descendant en ligne directe du souverain précédent, indépendamment de son sexe. (La pragmatique sanction fut contestée immédiatement après la mort de Charles VI, provoquant la guerre de Succession* d'Autriche.)

**pragmatique sanction de Bourges** ♦ Règlements édictés par le roi Charles VII en 1438, et lui permettant, ainsi qu'aux grands feudataires, d'intervenir par recommandation dans l'élection des abbés et des évêques. Première manifestation du gallicanisme, elle fut remplacée par le concordat* de Bologne en 1516.

**PRAGNÈRES** ♦ Hameau de la comm. de Gèdre (Hautes-Pyrénées). Centrale hydroélectrique sur le gave de Pau, alimentée par le barrage de Cap-de-Long.

**PRAGUE** ✦ **ÉTYM.** en tchèque ***Praha*** ; anc. tchèque «seuil» (allus. à un récit dans la Vltava) ♦ Cap. de la République tchèque, sur la Vltava, en amont de son confluent avec l'Elbe. 1 188 126 hab. *(Praguois)*. La ville conserve les témoignages de son illustre passé et s'affirme

**pragmatisme**

n. m. ♦ Courant philosophique du XX$^e$ s., d'origine américaine, fondé par W. James* et C. S. Peirce* (qui préférera en fin de compte le terme «pragmaticisme») et poursuivi par J. Dewey*. Son influence est encore sensible chez des auteurs contemporains comme Robert Rorty. Le pragmatisme a des aspects logiques, qui tendent à appréhender les objets comme l'ensemble de leurs effets pratiques et à réduire la connaissance à une faculté au service de l'activité. On peut donc le rapprocher de l'utilitarisme.

comme le chef-d'œuvre de l'urbanisme baroque. ▮ **La rive gauche** Sur la rive g. de la Vltava, le Hradčany, anc. résidence royale dominant la ville, comprend, à l'intérieur d'une enceinte, le palais (fondé au IX$^e$ s., reconstruit aux XVI$^e$ - XVII$^e$ s. ; salle gothique Vladislas ; salle espagnole de style baroque), la basilique romane Saint-Georges (X$^e$ s.), la cathédrale Saint-Guy (entreprise par Mathieu d'Arras et P. Parler en 1348, achevée en 1929), le Belvédère, œuvre d'architectes italiens (1536 - 1563), le palais Schwarzenberg (1545 - 1563 ; décoration à graffiti), le palais Černín (entrepris par F. Caratti en 1668). En contrebas, s'étend Malá Strana («Petit Côté»), cœur urbain de la rive g. où abondent jardins, palais (Lobkovic, 1703 ; Morzin, 1713) et églises baroques (cathédrale Saint-Nicolas due aux architectes Dientzenhofer, 1711 - 1740). Il est relié à la rive d. par le pont Charles (1357) auquel ont été ajoutées de remarquables statues, dues notamment à M. Braun et aux Brokoff père et fils. ▮ **La rive droite** Sur la rive d. de la Vltava se juxtaposent également des quartiers historiques : le Vyšehrad (la «Ville haute»), où s'élevait au X$^e$ s. le château des Přemyslides ; Staré Město (la «Vieille Ville») où se trouvent l'hôtel de ville (horloge mécanique ; riche décoration sculptée), l'église gothique Notre-Dame-de-Týn, principal sanctuaire des hussites, les synagogues gothiques et le cimetière juif ; Nové Město (la «Nouvelle Ville») et la place Wenceslas. La Galerie nationale possède, répartie entre le palais Šternberk et le Hradčany, une riche collection d'œuvres d'art du Moyen Âge au XX$^e$ s. Musée des Arts décoratifs. Musée de la ville. Le Klementinum, collège construit par les jésuites (1643), abrite la Bibliothèque nationale ; au monastère de Strahov (XVIII$^e$ s.), est installé le Musée national de littérature. ▮ **Un centre économique** Carrefour ferroviaire et routier sur les axes Berlin-Vienne, Nüremberg-Cracovie, Prague forme avec sa banlieue le plus gros centre industriel et commercial du pays.

▮ **HISTOIRE** Résidence des Premyslides dès le X$^e$ s., Prague bénéficia ensuite de la faveur de l'empereur Charles* IV, roi de Bohême (1346 - 1378), qui fit ériger l'évêché en archevêché, créa l'université et dota la ville de beaux monuments. Lors de l'agitation hussite, les conflits entre Tchèques et Allemands s'exacerbèrent, provoquant la première *Défenestration de Prague* (30 juil. 1419) et l'émigration de nombreux marchands germaniques vers Leipzig. ▮ **Un foyer artistique** La ville connut un certain déclin sous les Habsbourg même si Rodolphe II, reprenant la politique de mécénat de Charles IV, en fit un foyer artistique de toute première importance. Tandis que sa collection particulière de peintures comptait parmi les plus grandes d'Europe, de nombreux artistes vinrent travailler à Prague (G. Arcimboldo*, B. Spranger*, H. et P. Vredeman* de Vries). ▮ **De la guerre de Trente Ans à 1918** Mais la politique de germanisation des Habsbourg conduisit à la seconde *Défenestration* de Prague* (1618), marquant le début de la guerre de Trente Ans. Les Tchèques furent vaincus lors de la bataille de la Montagne Blanche (1620) aux environs de Prague qui fut alors l'objet d'une sévère répression : plusieurs milliers de familles protestantes tchèques émigrèrent, des Allemands s'y installèrent. Au XIX$^e$ s., Prague

**Prague.** La vieille ville et le pont Charles. *Phot. © Tatiana 53/Shutterstock*

devint le centre du mouvement nationaliste tchèque, qui aboutit à l'insurrection ratée de juin 1848. En 1918, la ville fut choisie comme capitale de la Tchécoslovaquie indépendante. ▮ **La vie culturelle** De la fin du XIX$^e$ s. aux années 1930, la vie culturelle pragoise fut particulièrement intense. Les opéras nationaux de B. Smetana*, la musique inspirée du folklore tchèque de A. Dvořák* ou du folklore morave de L. Janáček* y remportèrent un vif succès. La littérature fut très féconde, grâce notamment à la communauté de langue allemande (R. M. Rilke*, F. Kafka*, M. Brod*, F. Werfel*). Très ouverte sur l'art occidental, et surtout parisien, Prague devint un centre important du symbolisme (F. Kupka*, A. Mucha*, Preisler), puis du cubisme qui toucha non seulement la peinture et la sculpture mais aussi l'architecture, les arts appliqués et le théâtre (E. Filla, O. Gutfreund, Chochol, J. Gočár, Hofman, J. Čapek, Kramár, P. Janák) et enfin du surréalisme (le peintre F. Muzika, le poète V. Nezval*). ▮ **De la Deuxième Guerre mondiale à aujourd'hui** La ville fut occupée par les Allemands le 15 mars 1939 et libérée le 9 mai 1945 par les troupes soviétiques. Le *Coup de Prague* (fév. 1948) marqua l'installation du régime communiste. Le *Printemps de Prague* (1968), essai de libéralisation du régime, provoqua l'entrée en Tchécoslovaquie des troupes du pacte de Varsovie. En nov. 1989, Prague fut le point de départ de grandes manifestations populaires qui se propagèrent ensuite dans le reste du pays et aboutirent à la chute du régime communiste.

**Praguerie** n. f. ♦ Révolte des seigneurs contre les réformes militaires de Charles* VII (1440), nommée ainsi en souvenir du soulèvement hussite à Prague. Les chefs en furent Jean II, duc d'Alençon, Louis de Bourbon, La* Trémoille, Dunois* et même le dauphin (le futur Louis XI). La révolte échoua et le dauphin fut exilé en Dauphiné.

**PRAIA** ◆ ÉTYM. port. «plage» ♦ Cap. de l'archipel du Cap-Vert, au S.-E. de l'île de São Tiago. 64 000 hab. *(Praïens)*. Port de pêche. Exportation de bananes et de canne à sucre. Aéroport international.

**Prairial an III** (journées des 1$^{er}$, 2 et 3) ♦ Insurrection jacobine et populaire (20 - 22 mai 1795) contre la Convention thermidorienne présidée par Boissy* d'Anglas. Consécutive à l'échec des journées des 12 et 13 Germinal* et surtout à la disette qui sévit alors, l'agitation se développa dans les sections populaires de la capitale (faubourgs Saint-Antoine et Saint-Marceau) qui adoptèrent comme mots d'ordre «du pain ! La Constitution de 1793 !». Le 1$^{er}$ Prairial, les insurgés envahirent la Convention et massacrèrent le député Féraud*. Leur manque d'organisation permit toutefois aux Comités du gouvernement de contre-attaquer, en laissant d'abord agir les députés montagnards (tels que Duroy* et Romme*) qui, le soir même, après la dispersion des insurgés, étaient décrétés d'arrestation. Le lendemain, les manifestants assiégèrent à nouveau la Convention, mais après avoir hésité à ouvrir le feu sur l'Assemblée, se laissèrent convaincre par des conventionnels envoyés par les Comités du gouvernement. Le 3 Prairial, l'armée, sous les ordres de Menou*, rétablissait l'ordre dans les faubourgs populaires. Cet échec donna lieu à une violente réaction contre les terroristes révolutionnaires.

**Prairial an VII** (journée du 30) ♦ «Journée parlementaire plus que coup d'État» (A. Soboul), le 30 Prairial (18 juin 1799) constitua une offensive du Corps législatif, Conseils des Anciens et des Cinq-Cents, menée, à l'instigation de Sieyès* soutenu par Barras, contre les directeurs modérés, et marqua une victoire des républicains. Merlin de Douai et La Révellière-Lépeaux, considérés comme responsables de l'élimination des jacobins (→ **Floréal an VI**), furent contraints de démissionner et remplacés par Roger Ducos et le général Moulin. Le gouvernement fut également remanié (Bernadotte à la Guerre, Cambacérès à la Justice, Fouché à la Police et Lindet aux Finances).

**PRAIRIE** n. f. ou **PRAIRIES** n. f. pl. ♦ Nom donné à la région des plaines du S. du Canada, située entre la région des Grands Lacs et les Rocheuses ; elle est bordée au N. par la zone de forêts correspondant à la bordure du Bouclier* canadien. → **Alberta, Manitoba, Saskatchewan.** C'est une des plus vastes zones céréalières du monde. ▪ Aux États-Unis, la Prairie désigne la zone comprise entre les Rocheuses et le Mississippi (Middle* West).

**PRALOGNAN-LA-VANOISE** [73710] ◆ ÉTYM. du franco-prov. *pra* «pré» et *°lougnan* «lointain» ♦ Comm. de la Savoie, arr. d'Albertville, dans le massif de la Vanoise. 756 hab. *(Pralognanais)*. Station de sports d'hiver et centre d'alpinisme. Installation hydroélectrique sur le Doron de Pralognan.

**PRAMPOLINI (Enrico)** ♦ Peintre, dessinateur et essayiste italien (Modène 1894 - Turin 1956). Il étudia à Lucques, à Turin et à l'Académie des beaux-arts de Rome ; il en fut expulsé en 1913, et rédigea alors un manifeste : *Bombardons les académies* (publié en 1918). Il entra en contact avec les futuristes ; subissant l'influence de Balla*, de Boccioni* et des cubistes, il chercha à suggérer des rythmes rapides en établissant des formes schématiques intriquées (*Composition futuriste : dynamisme de forme*, 1914). Il signa de nombreux manifestes (*Chromophonie ; Atmospherostructure ;*

*L'Esthétique de la machine)*. À partir de 1917, il collabora activement à la revue futuriste *Noï* qui établissait des liens avec les dadaïstes. Esprit curieux et inventif, il multiplia les expériences plastiques, utilisant dès 1914 le procédé du collage dans un esprit fantaisiste et poétique (*Béguinage*, 1914). Il développa ensuite ses recherches sur les possibilités expressives des matériaux hétéroclites d'utilisation quotidienne (*Polimaterici*) tout en poursuivant ses investigations dans le domaine de l'art non figuratif. Il agença des formes planes angulaires (*Architecture spatiale chromatique*, 1920) ou plus souples. Vers 1928, son «idéalisme cosmique» annonce le développement de la seconde phase du futurisme et reflète en même temps l'influence indirecte du surréalisme (*Organisme humain*, 1929 ; *Maternité cosmique*, 1930). Il s'intéressa aussi à la scénographie et en 1930 adhéra à Cercle et Carré, puis à l'Abstraction-Création. Après avoir subi l'influence momentanée de Picasso (*Cassandra al Mare*, 1945), il revint à la non-figuration dans un style élégant, d'une géométrie souple, d'une matière légère qui offre des affinités avec l'art de Magnelli*.

**PRANDTAUER (Jakob)** ♦ Architecte et sculpteur autrichien (Stanz, près de Landeck, Tyrol 1660 - Sankt-Pölten, Basse-Autriche 1726). Les édifices religieux qu'il construisit sont caractéristiques de la tendance au grandiose que développa le clergé catholique bavarois et autrichien à la suite de la Contre-Réforme et surtout à partir de 1683 (siège de Vienne). Son chef-d'œuvre, l'abbaye de Melk, sur le Danube (1701 - 1726), est l'un des édifices religieux les plus imposants du baroque autrichien.

**PRANDTL (Ludwig)** ♦ Physicien allemand (Freising 1875 - Göttingen 1953). On lui doit de nombreux travaux relatifs à l'écoulement d'un fluide autour d'un obstacle, à la théorie de l'aile portante (1919 - 1920), à la détermination des écoulements supersoniques, plans, stationnaires et non tourbillonnaires (1929). La *sonde de Prandtl*, appareil servant à mesurer la vitesse de l'air, est particulièrement utilisé sur les avions pour évaluer la vitesse relative du vent.

**PRASLIN** [pʀalɛ̃] **(Gabriel de Choiseul-Chevigny, duc de)** ♦ Officier et diplomate français (Paris 1712 - *id.* 1785). Il collabora avec son cousin le duc de Choiseul*, lui succédant aux Affaires étrangères (paix de Paris, 1763), puis réorganisant la marine et engageant des entreprises telles que l'agrandissement du port de Brest ou les voyages de Bougainville.

**PRATO** ♦ V. d'Italie, en Toscane, ch.-l. de prov., sur un affl. de l'Arno, le Bisenzio. 172 499 hab. Cathédrale romano-gothique décorée par Michelozzo (chaire en façade), Donatello, fra Filippo Lippi. Palais Pretorio (XIIIe - XIVe s.) abritant des peintures de l'école toscane des XIVe - XVe s. (coll. de polyptyques). Château de l'Empereur (XIIIe s.) bâti par Frédéric II. ▪ Indus. lainière réputée et indus. mécaniques. ▪ La ville fut annexée par Florence* en 1358.

**PRATOLINI (Vasco)** ♦ Écrivain italien (Florence 1913 - Rome 1991). Il s'est attaché à évoquer la vie quotidienne du petit peuple de Florence dans des romans au réalisme vigoureux, où bien des pages ont une résonance autobiographique : *Le Quartier* (1944), *Destinée* (*Cronaca familiare*, 1947) et *Chronique des pauvres amants* (1947). Dans *Un héros de notre temps* (1949), l'écrivain analyse le comportement d'un jeune homme que son expérience du fascisme conduira au crime ; élargissant sa vision, il a donné ensuite, sous forme de triptyque, avec *Métello* (1955), *Le Gâchis* (*Lo Scialo*, 1960) et *Allégorie et dérision* (1966), une fresque à la fois historique et sentimentale de la société italienne au XXe s. Pratolini est encore l'auteur de poésies et de «chroniques en vers et en prose» (*Il Mannello di Natascia*, 1985).

**PRATS-DE-MOLLO-LA-PRESTE** [66230] ◆ ÉTYM. *Prats*, de l'occit. *prada* «les prés» ; *Mollo*, du lat. pop. *Muliona*, de *mutullus* «pierre fichée» [le village a pris le nom d'une pierre fichée sur le promontoire qui domine la vallée] et *Preste*, de *Presta*, nom de famille ♦ Ch.-l. de cant. des Pyrénées-Orientales, arr. de Céret, à 5 km de la frontière espagnole. 1 080 hab. (*Pratéens*). Remparts de 1683. Fort Lagarde (1692). Église des Saintes-Juste-et-Rufine, fondée au Xe s., remaniée au XVIIe s. (œuvres d'art). ▪ Aux environs, station hydrominérale de La Preste (alt. 1 130 m).

**PRATT (Edwin John)** ♦ Poète canadien d'expression anglaise (Western Bay, Terre-Neuve 1882 - Toronto 1964). Considéré comme le plus grand poète canadien de la 1re moitié du XXe s., il a publié plusieurs poésies narratives qui se distinguent par leur ironie et l'absence de sentimentalisme. La mer y occupe une position prépondérante mais la science et la technologie y trouvent aussi leur place. Avec *Brébeuf and his Brethren* (1940), poésie épique sur le martyre du missionnaire jésuite, Pratt s'est affirmé comme le mythologiste de l'expérience canadienne et le chef d'école d'un genre typique au Canada, le long poème documentaire.

**PRATT (Hugo)** ♦ Dessinateur et scénariste de bandes dessinées italien (Rimini 1927 - près de Lausanne 1995). Après la Deuxième Guerre mondiale, il vécut et travailla près de 14 ans en Argentine. Il créa en 1967 *Corto Maltese*, le marin à la boucle d'oreille, personnage devenu mythique dont le destin ne cesse de croiser les chemins de l'Histoire. Conteur et dessinateur inspiré, Hugo Pratt campa des personnages complexes, sous l'influence notamment des romans de Joseph Conrad.

**PRATTELN** ♦ V. de Suisse (cant. de Bâle-Campagne), à l'E. de Bâle, dans la plaine du Rhin. 14 869 hab. Pneumatiques.

**PRAVAZ (Charles Gabriel)** ♦ Médecin français (Le Pont-de-Beauvoisin 1791 - Lyon 1853). On lui doit l'invention de la seringue qui porte son nom et qui, munie d'une aiguille creuse, permit les premières injections médicamenteuses intramusculaires et intraveineuses.

La **Pravda** ◆ ÉTYM. russe «la vérité» ♦ Quotidien soviétique fondé le 5 mai 1912 par des ouvriers de Saint-Pétersbourg et pris en main par Lénine. Il changea à huit reprises de titre pour échapper à la censure tsariste puis, transféré à Moscou en 1917, il devint l'organe du Parti communiste d'Union soviétique (PCUS) jusqu'en août 1991. À la suite de la disparition du PCUS et de la baisse brutale de son lectorat, il suspendit sa parution en mars 1992.

**PRAVDINSK** – anc. ***Friedland*** ♦ V. de Russie (région de Kaliningrad), près de la frontière polonaise. 4 100 hab. Indus. du papier.

**PRAXITÈLE** ◆ ÉTYM. en gr. ***Praxitelês***, de *prassô* «traverser, achever» et *telos* «accomplissement, but» ♦ Sculpteur athénien (v. –390), l'un des plus illustres du –IVe s. Dans un climat intellectuel de lassitude où les valeurs sentimentales prenaient le dessus aux dépens de la sérénité, Praxitèle est le sculpteur de la volupté calme et de la grâce juvénile. Sa manière raffinée, marquée par le goût de la sensualité qu'il rapporte de son contact avec l'art oriental, s'épanouit à la représentation du corps féminin aux formes pleines, dans des poses alanguies, mais aussi du corps viril empreint d'une grâce presque androgyne. Contemporain de Scopas* et de Lysippe*, il participa à la décoration sculpturale de l'Artémision d'Éphèse et sculpta pour la ville de Cnide* la fameuse *Aphrodite**, son chef-d'œuvre, en la façonnant sur le modèle de sa maîtresse Phryné*, ce qui fit scandale à l'époque (répliques romaines aux musées du Louvre, de Munich, de Florence, du Vatican et des thermes à Rome). De ses statues antérieures les répliques les plus connues sont la *Vénus d'Arles* (Aphrodite de Thespies) et l'*Éros de Thespies* (Louvre), le *Satyre versant à boire* (Dresde), le *Satyre au repos* (Louvre, Capitole de Rome), et l'*Apollon sauroctone* (Louvre, Vatican). De ses œuvres ultérieures, on a des répliques d'*Artémis Brauronia* (–346), connue comme *Diane de Gabies* (Louvre), et d'*Hermès portant Dionysos enfant* (–343) qui, trouvé à Olympie* lors des fouilles en 1877, fut longtemps considéré comme l'œuvre originale. Hautement estimé au –IVe s., l'art de Praxitèle exerça une grande influence sur la statuaire attique et inspira les charmantes figurines en terre cuite de Tanagra.

**Praxitèle.**
*Aphrodite*, copie romaine d'une statue de Praxitèle (2,04 m). Musée du Vatican.
*Phot. © Arch. Smeets*

**Praxitèle.**
*Hermès*, copie grecque d'une statue de Praxitèle (2,10 m). Musée d'Olympie.
*Phot. © Arch. Smeets*

**Prayer Book** ou **Book of Common Prayer** ♦ Livre liturgique de l'Église anglicane. La première version fut rédigée par Thomas Cranmer* en 1549 ; en 1562 parut la quatrième, ou *Authorized Version*, encore en usage aujourd'hui. Une version refondue fut refusée en 1928 par la Chambre des Communes. Outre les prières et les indications liturgiques, le *Prayer Book* contient un psautier, un catéchisme et les Trente-Neuf Articles. → **anglicanisme**.

**PRAZ (Mario)** ♦ Essayiste et critique italien (Rome 1896 - *id.* 1982). Angliciste, érudit, amateur d'arts décoratifs, collectionneur, il est l'auteur d'une œuvre aussi abondante (une quarantaine de volumes et des centaines d'articles) que stylistiquement raffinée, qui unit sans effort la rigueur philologique à l'évocation littéraire. À côté de ses beaux ouvrages sur la littérature anglo-saxonne, on rappellera son célèbre *La Chair, la mort et le diable dans la littérature du XIX^e^ siècle* (1950), étude fondamentale sur la thématique décadente du romantisme ; *Goût néo-classique* (1940), sur le néoclassicisme européen ; *La Filosofia dell'arredamento* (1945), sur la «mutation du goût dans la décoration intérieure à travers les siècles» ; *La Casa della vita* (1958), *Mnémosyne* (1970), parallèle entre arts plastiques et littérature ; *Le Pacte avec le serpent* (1972), sur le préraphaélisme ; *Il Giardino dei sensi* (1975) ; *Une voix derrière la scène* (1980) ; *Le Monde que j'ai vu* (1982), tous ouvrages où, sous forme d'articles ou de brefs chapitres, la science infinie de Praz se déploie à travers les œuvres, les objets, les souvenirs, avec une prédilection notable pour les aspects paradoxaux, maniéristes, voire grotesques ou funèbres, de l'art européen.

**PRAZ-SUR-ARLY** [74120] ← ÉTYM. → Prades ♦ Comm. de la Haute-Savoie, arr. de Bonneville. 1 081 hab. *(Pralins).* Station d'été et de sports d'hiver (1 035 - 1 900 m).

**PRÉALPES** n. f. pl. ♦ Zone située en bordure des Alpes*, constituée par des formations calcaires. Dans les Alpes françaises, *les Préalpes du Nord* comprennent les massifs du Chablais, du Giffre, des Bornes, des Bauges, de la Grande-Chartreuse et du Vercors ; les *Préalpes du Sud* correspondent au Diois, aux Baronnies, au Gapençais, à la haute Provence et aux Alpes maritimes. Les *Préalpes des Alpes suisses* comprennent les Alpes bernoises et les Alpes de Glaris (→ **Suisse**) ; celles des *Alpes d'Autriche* (→ **Autriche**) et d'*Allemagne* (→ **Allemagne**) comprennent l'Allgäu, les *Préalpes de Bavière* et *d'Autriche*. Les Préalpes se caractérisent par des altitudes inférieures à celles des Alpes centrales (moins de 3 000 m), par une plus grande humidité et un ensoleillement moindre. Les grandes vallées alpines franchissent les Préalpes par des cluses, qui sont autant de voies de passage. Un large sillon sépare généralement les Préalpes des grandes Alpes : Sillon alpin dans les Alpes françaises du N., vallée de l'Inn, de la Salzach en Autriche.

**PRÉAULT (Antoine Augustin,** dit **Auguste)** ♦ Sculpteur français (Paris 1809 - *id.* 1879). Élève de David* d'Angers et de A. Moine, il manifesta un tempérament profondément romantique dans *La Famine, Les Parias, La Tuerie,* 1834, qui trahissent des préoccupations socialistes et pacifistes, ou dans *Le Christ crucifié,* 1840. Il nourrit des rêves de sculpture colossale (transformer l'un des puys d'Auvergne en un monument à la Gaule). Mais la force expressive et les qualités plastiques de ses œuvres se muent souvent en anecdote ou en emphase dans des sujets d'inspiration littéraire et historique.

Auguste **Préault.** *La Tuerie,* bronze. Musée des Beaux-Arts, Chartres.
*Phot. © Arch. Smeets*

Les **Précieuses ridicules** ♦ Comédie en un acte, en prose, de Molière* (1659). Gorgibus, bon bourgeois parisien, voudrait donner en mariage sa fille Magdelon et sa nièce Cathos à deux honnêtes gentilshommes, La Grange et Du Croisy. Mais les jeunes filles, fraîchement arrivées de leur province et dont l'esprit a été gâté par la lecture des romans précieux, ont réservé aux jeunes gens un accueil si dédaigneux que ceux-ci décident d'en tirer vengeance. Ils donnent instruction à leurs valets, Mascarille et Jodelet, rusés compères avertis des extravagances de la mode, de se présenter chez les précieuses en se faisant passer pour un marquis et un vicomte. Les valets s'exécutent et les jeunes filles se laissent séduire par les lourdes galanteries débitées par leurs visiteurs.

## préciosité

n. f. ♦ Phénomène à la fois social, moral et littéraire, qui se manifesta dans la première moitié du XVII^e^ s. Certains critiques en font un courant littéraire européen en associant l'euphuisme anglais, le marinisme italien et le gongorisme espagnol à la préciosité. → **baroque.** Au sens strict cependant, la préciosité fut essentiellement française et se développa en deux lieux privilégiés de Paris : la «Chambre bleue» de l'hôtel de Rambouillet* où, de 1620 à 1648, la marquise de Rambouillet rassembla la meilleure société de son époque, puis, de 1653 à 1661, le salon de M^lle^ de Scudéry*. La préciosité ne correspond absolument pas aux outrances que Molière* dénonça dans *Les Précieuses* ridicules.* S'il y a eu dans *La Guirlande* de Julie* ou dans les disputes entre Voiture* et Malleville (querelle de *La Belle Matineuse,* 1635) ou entre Voiture et Benserade* (querelle de *Job* et d'*Uranie,* 1649) la manifestation d'une virtuosité stylistique proche du jeu frivole ou mondain, la préciosité est l'expression aristocratique d'une pureté verbale qui ne se donne pour valeur que l'esprit. Dans cette optique, l'œuvre romanesque de Madeleine de Scudéry représente parfaitement tous les aspects de la préciosité. C'est dans *Clélie** (1654 - 1660) que se trouve la fameuse *Carte de Tendre* qui illustre la valeur morale du courant : la femme n'est plus asservie aux règles du mariage, elle marque sa valeur et son autorité dans une alliance qui doit être librement consentie. Par ailleurs, les poèmes de Gilles Ménage* ou ceux de Jean-François Sarasin* font preuve d'un raffinement que l'histoire littéraire a eu tendance à oublier, d'autant plus qu'à l'image de Molière, l'abbé de Pure ridiculisa de manière très sarcastique la préciosité (dans son roman *La Précieuse* [1658]) au moment où celle-ci devint une mode. Le courant laissa cependant une trace durable quoique non avouée dans la littérature française, notamment dans les romans de Madame de La* Fayette.

C'est au moment où commence le bal que les maîtres surviennent et mettent fin à la cruelle plaisanterie en rossant leurs valets et en les contraignant à se déshabiller. Première bataille menée par Molière au nom du naturel, la pièce connut un succès considérable.

**PRÉCY-SUR-OISE** [60460] ← ÉTYM. anc. *Prisciaco,* du lat. *Priscius,* n. de pers., et suff. *-acum* ♦ Comm. de l'Oise, arr. de Senlis, sur l'Oise. 3 120 hab.

**PRÉFAILLES** [44770] ♦ Comm. de la Loire-Atlantique, arr. de Saint-Nazaire. 1 038 hab. Station balnéaire.

**PREGL (Fritz)** ♦ Chimiste autrichien (Laibach 1869 - Graz 1930). Inventeur de la méthode de microanalyse des substances organiques. [Prix Nobel de chim. 1923]

**PRELJOCAJ (Angelin)** ♦ Danseur et chorégraphe français d'origine albanaise (Sucy-en-Brie 1957). Après une formation classique, il découvrit la danse contemporaine avec Karin Waehner et paracheva son apprentissage aux États-Unis avec Merce Cunningham*, puis en France avec Viola Farber et Dominique Bagouet*. En 1984, il fonda sa propre compagnie qui devint Centre chorégraphique national en 1989 et qu'il installa à Aix-en-Provence en 1996. D'une grande exigence envers ses danseurs, il a inventé une chorégraphie rigoureuse et distanciée, soucieuse de mémoire (toutes ses œuvres sont numérotées) et de renouvellement. Il a revisité les grandes œuvres du répertoire comme *Noces* (1989), *L'Oiseau de feu* (avec Enki Bilal,1995), *Le Sacre du printemps* (2001) et a développé ses thèmes favoris : l'amour et la haine (*N,* 1986 ; *Blanche Neige,* 2008), la guerre (*À nos héros,* 1996), la religion (*Hallali Romée,* 1987), l'exil (*Amer America,* 1990), l'érotisme (*Liqueurs de chairs,* 1987). On lui doit également *Le Parc,* sur une musique de Mozart (1994), *Near Life Experience* (sur une musique électronique du groupe Air, 2003), *Le Songe de Médée* (2004), *Empty Moves (part 1)* sur une musique de John Cage (2004), *Les Quatre Saisons* (2005).

**PRELOG (Vladimir)** ♦ Chimiste suisse d'origine bosniaque (Sarajevo 1906 - Zurich 1998). Ses travaux portèrent sur la stéréochimie ; avec Ingold et Cahn, il mit au point le système de la nomenclature stéréochimique ; grâce à des considérations de symétrie, il conçut de nouvelles molécules organiques, découvrit une méthode permettant de prévoir le nombre de stéréo-isomères des molécules rendues dissymétriques par des substitutions et une autre (qui porte son nom) pour déterminer la configuration d'un alcool possédant un carbone asymétrique. Enfin, il étudia le mode d'action des enzymes. [Prix Nobel de chim. 1975, avec J. W. Cornforth*]

**Prélude à l'après-midi d'un faune** ♦ Églogue pour orchestre de C. Debussy*, d'après Mallarmé (1894). Par la liberté de la forme, l'audace des modulations, la nouveauté de l'écriture orchestrale, cet ouvrage marque la rupture définitive de Debussy avec l'esthétique de Franck, d'Indy, Massenet, et l'avènement de la musique moderne. Une chorégraphie de V. Nijinski, *L'Après-Midi d'un faune* (Paris, 1912), donnée par la compagnie des Ballets russes sur la musique de Debussy, fit scandale, recueillant néanmoins le suffrage enthousiaste de Rodin. Abandonné à la rêverie érotique où l'a plongé la vision des nymphes se baignant dans la rivière, un jeune faune cède à un sommeil peuplé d'images voluptueuses. À la suite de Nijinski, S. Lifar (Opéra de Paris, 1935) et J. Robbins (New York City Ballet, 1953) ont imaginé des chorégraphies nouvelles sur le thème proposé initialement par Mallarmé et illustré par Debussy.

Les **Préludes** ♦ Poème symphonique de Franz Liszt* (Weimar, 23 fév. 1854). L'œuvre s'inspire à la fois de quatre poèmes de François Joseph Autran (elle devait à l'origine servir d'introduction à une partition chorale intitulée *Les Quatre Éléments*) et des *Nouvelles méditations poétiques* de Lamartine («Notre vie est-elle autre chose qu'une série de Préludes à ce chant inconnu dont la mort entonne la première et solennelle note ?»).

**PREMCHAND** ♦ Écrivain indien (près de Bénarès 1880 - Bénarès 1936). Il écrivit en urdu puis en hindi de nombreux romans et nouvelles à trame sociale et souvent politique influencés par Marx et Tolstoï, parmi lesquels *Godān* («Le Don de la Vache», 1936), *Manasarovar*.

**PRÉMERY** [58700] → ÉTYM. anc. *de Primiriaco*, du lat. *Primarius*, n. de pers., et suff. *-acum* ♦ Ch.-l. de cant. de la Nièvre, arr. de Cosne-Cours-sur-Loire. 2 201 hab. *(Prémerycois)*. Anc. siège d'un collège de chanoines fondé en 1196, dont l'église des XIII^e^ - XIV^e^ s. subsiste (pietà du XV^e^ s.). Anc. château des évêques de Nevers (XIV^e^ - XVII^e^ s.). Vestiges de l'enceinte du Moyen Âge.

**PREMINGER (Otto)** ♦ Cinéaste américain d'orig. autrichienne (Vienne 1906 - New York 1986). Assistant de Max Reinhardt (1923 - 1935), il fut longtemps acteur, metteur en scène et même directeur de théâtre, avant de débuter au cinéma en qualité de réalisateur. Sa première œuvre marquante, *Laura* (1944), est un film policier. Mais, qu'il aborde le genre historique (*Ambre*, 1947), la comédie de boulevard (*La Lune était bleue*, 1953), la comédie musicale (*Carmen Jones*, 1954 ; *Porgy and Bess*, 1959), l'adaptation littéraire (*Bonjour tristesse*, 1957, d'après Françoise Sagan) ou les problèmes de la drogue (*L'Homme au bras d'or*, 1955), de la recherche de la vérité (*Tempête à Washington*, 1962), de la justice (*Autopsie d'un meurtre*, 1959) ou de la guerre (*Première victoire*, 1964), il offre toujours au spectateur une œuvre au caractère théâtral, où le dialogue joue le rôle essentiel, où la froideur apparente de la réalisation correspond à un souci constant d'honnêteté.

**PRÉMONTRÉ** [02320] → ÉTYM. de la langue d'oïl (lieu) *prémontré* «montré à l'avance» (saint Norbert disait que le lieu lui avait été désigné par Dieu) ♦ Comm. de l'Aisne, arr. de Laon. 775 hab. *(Prémontrés)*. Elle doit son origine à la célèbre *abbaye de Prémontré*, fondée en 1120 par saint Norbert, reconstruite au XVIII^e^ s., transformée en verrerie au XIX^e^ s., actuellement hôpital psychiatrique (depuis 1867).

**prémontrés**

n. m. pl. → ÉTYM. de *Prémontré** ♦ Ordre des chanoines réguliers de Prémontré fondé par saint Norbert*. Il existe une branche féminine *(prémontrées)*.

**PREMYSLIDES** ♦ Dynastie tchèque qui régna sur la Bohême jusqu'en 1306 (→ **Wenceslas, Ottokar**). Née selon la légende au VIII^e^ s. par le mariage de la princesse Libuše, descendante de Čech avec Přemysl, «le laboureur», la dynastie des Premyslides joua un rôle essentiel dans l'histoire tchèque en unifiant les tribus tchèques et en fondant le royaume de Bohême. → **Bohême.**

**PRÉNESTE** – auj. ***Palestrina*** ♦ Anc. *Praeneste*, d'origine mythique vantée par Horace. Florissante au –VII^e^ s., prise par Camille (–380), elle devint l'alliée de Rome en –338. Marius* s'y réfugia et s'y donna la mort (–82) et Sylla* la mit à sac. Sous la République et à l'époque impériale, elle fut le lieu de résidence des riches Romains : Horace, Auguste, Tibère, Hadrien, Antonin. Disputée au Moyen Âge entre les papes et les Colonna, elle passa aux Barberini en 1630. Victoire de Garibaldi (1849).

La **Prensa** ♦ Quotidien argentin fondé en 1869 par José Clemente Paz. De 1951 à 1956, le gouvernement Perón, expropriant la famille Paz, fit de *La Prensa* l'organe du régime. Indépendant depuis lors et conservateur, le journal doit sa renommée au sérieux de ses analyses économiques et financières et tire à 300 000 exemplaires.

**PREOBRAJENSKAÏA (Olga)** → ÉTYM. russe «Transfiguration» ♦ Danseuse française d'origine russe (Saint-Pétersbourg 1871 - Saint-Mandé 1962). Danseuse étoile du Théâtre Marie de Saint-Pétersbourg, elle fut l'interprète de tout le répertoire classique, notamment des principales chorégraphies de M. Petipa*. Elle commença une carrière de professeur à Petrograd (1917), entreprenant en même temps de triomphales tournées dans le monde. Fixée en France (1924), elle y ouvrit une école et forma de nombreux élèves (T. Toumanova, R. Hightower, G. Skibine, S. Golovine et N. Vyroubova).

**PŘEROV** ♦ V. de la République tchèque, en Moravie septentrionale, au S.-E. d'Olomouc. 46 912 hab. Château (XVI^e^ s.). ▪ Carrefour ferroviaire. Indus. mécanique et chimique.

**préraphaélisme**

n. m. ♦ Mouvement artistique né en Grande-Bretagne au milieu du XIX^e^ s. en réaction contre l'artifice de la peinture académique. Souhaitant un retour à un style réaliste et à des thèmes moralisateurs (poétiques, religieux ou sociaux), William Holman Hunt*, John Everett Millais* et Dante Gabriel Rossetti* fondèrent la Confrérie préraphaélite en 1848 et prirent comme modèles les primitifs italiens antérieurs à Raphaël. Défendu dès 1851 par le déjà célèbre Ruskin*, le préraphaélisme fit de nombreux adeptes : Ford Madox Brown*, Arthur Hughes, Walter Deverell, Robert Braithwaite Martineau, William Dyce, John Brett, William Lindsay Windus. En 1850, Rossetti quitta le groupe et évolua vers un lyrisme idéaliste, qui renouait avec un Moyen Âge mythique et annonçait la peinture symboliste. Il fut rejoint par William Morris* et Edward Burne*-Jones. Paradoxalement, le terme de préraphaélisme évoque aujourd'hui plus ces trois artistes que la Confrérie de 1848.

**PRÉ-SAINT-GERVAIS (LE)** [93310] → ÉTYM. de *pré* et du n. de saint *Gervais**, dont une relique fut donnée à l'église du lieu par l'abbaye de Saint-Denis ♦ Comm. de la Seine-Saint-Denis, arr. de Bobigny. 16 377 hab. *(Gervaisiens)*.

**PRESBOURG** – en all. ***Pressburg*** ♦ Forme francisée du nom allemand de Bratislava* (Slovaquie). ♦ ***Traité de Presbourg*** Traité signé le 26 déc. 1805 au lendemain de la victoire française d'Austerlitz* avec François* II. Ce dernier cédait à la France la Vénétie, à la Bavière le Tyrol, le Vorarlberg, le Trentin. La Bavière et le Wurtemberg devenaient des royaumes. Le traité sanctionnait la disparition du Saint Empire romain germanique.

**presbytériens**

n. m. pl. ♦ Membres des Églises presbytériennes, en majorité calvinistes, qui, à chaque échelon de l'Église, de la paroisse à l'Alliance mondiale, donnent le gouvernement à des assemblées élues de pasteurs et de laïcs (synodes). Introduit en Écosse par John Knox* en 1560, le presbytérianisme y devint religion d'État en 1688, mais fut rejeté par l'Église anglicane. Les puritains* l'introduisirent aux États-Unis au XVII^e^ s. Il regroupe aujourd'hui 40 à 50 millions de fidèles dans le monde, dont 23 millions pour l'Église d'Écosse.

**PRESCOTT (Edward C.)** ♦ Économiste américain libéral (Glens Falls, New York 1940). Il travailla sur la cohérence temporelle des décisions de politique économique et les forces économiques responsables des fluctuations conjoncturelles (→ **Kydland**). [Prix Nobel d'économie 2004, avec Finn E. Kydland] → ÉTYM. Ce nom signifie «la demeure (vieil anglais *cot*) du prêtre *(priest)*», peut-être le surnom d'un sacristain.

**PREŠEREN (France)** ♦ Poète slovène (Vrba, Carniole 1800 - Kranj 1849). Influencée par Byron et les romantiques allemands, sa poésie révèle un idéalisme patriotique et humain et consacre le dialecte carniolais comme langue littéraire : *Couronne de sonnets* (1832), *Le Baptême dans la Savica* (1836).

**PRESLES** [95590] → ÉTYM. de la langue d'oïl *proiere, praiere* «grande étendue de prés» ♦ Comm. du Val-d'Oise, arr. de Pontoise. 3 728 hab.

**PRESLEY (Elvis)** surnommé **The King** ♦ Chanteur de rock américain (Tupelo 1935 - Memphis 1977). Considéré comme le roi du genre, il imposa un personnage très sexualisé, qui déclencha un enthousiasme populaire quasi hystérique. Après 1960, il aborda avec moins de succès la chanson sentimentale.

**PREŠOV** ♦ V. de Slovaquie, sur la Torysa. 92 786 hab. La place du marché, de forme ovale, date du Moyen Âge. Prešov est un centre culturel traditionnel pour les Slovaques. ▪ Machines électriques, industries textiles et alimentaires.

**PRESPA** (lac de) ♦ Lac de la péninsule balkanique (274 km²), situé à 853 m d'altitude, partagé entre la Macédoine, l'Albanie et la Grèce.

La **Presse** ♦ Quotidien fondé à Paris par É. de Girardin* (1836). L'utilisation de la publicité et la publication à grand tirage, permettant la vente du quotidien à un prix modique, l'introduction du roman-feuilleton, firent de *La Presse* un des premiers journaux modernes.

**PRESTON** → ÉTYM. vieil angl. «ferme *(tūn)* des prêtres *(prēost)*» ♦ V. d'Angleterre, ch.-l. du Lancashire, près de l'estuaire du Ribble, au N. de Liverpool. 129 642 hab. Centre commercial du N. du comté, et centre indus. (construc. mécaniques et aéronautiques). ▮ **Histoire** Les Écossais y furent vaincus par Cromwell (1648).

**prêt-bail** (loi) – en angl. ***Lend-Lease Act*** ♦ Loi autorisant le président des États-Unis (→ **Roosevelt [Franklin Delano]**) à vendre, louer ou prêter tout moyen de défense militaire aux pays dont la sécurité sera jugée indispensable pour les intérêts des États-Unis (mars 1941). Elle permit aux États-Unis de combattre l'Allemagne nazie sans entrer en guerre et fut appliquée par traités (avec la Grande-Bretagne, fév. 1942 ; l'URSS, juin 1942).

**présocratiques**

n. m. pl. ♦ Philosophes grecs antérieurs à Socrate*, ou contemporains (par exemple Empédocle*, Pythagore*, Thalès* de Milet, Zénon* d'Élée) dont les thèses sont très diverses (on ne dispose que de fragments de leurs œuvres). Ainsi Parménide* affirme que seul l'être existe et que le néant n'existe pas, tandis que, pour Héraclite*, la contradiction est le principe même du monde. Platon rompt avec ces doctrines (qu'il cite souvent), en attribuant un être au non-être et en plaçant le principe de l'intelligibilité dans l'Idée. Mais si le platonisme est une rupture, il est aussi l'héritier de ces traditions, notamment parce que Socrate soutient que le monde est gouverné par une intelligence *(nous)*, selon la formule d'Anaxagore* qu'il cite souvent. Certaines tendances philosophiques modernes cherchent à revaloriser les présocratiques par rapport à Platon ; ainsi les marxistes considèrent souvent Héraclite comme un ancêtre de la dialectique. Cette mise en avant des présocratiques est aussi fréquente dans les courants influencés par Heidegger*, mais aussi chez certains poètes comme René Char* (qui a préfacé le recueil *Trois présocratiques* de Y. Battistini). Une édition scientifique (*Les Présocratiques*, sous la direction de Jean-Paul Dumont, 1988) a rassemblé des textes de 70 auteurs prédécesseurs ou contemporains de Socrate.

**PRÉTEXTAT** (saint) ♦ (mort à Rouen en 586). Évêque de Rouen en 544. Ayant béni le mariage de Brunehaut et Mérovée, il fut jugé, sur ordre de Chilpéric, par un concile parisien en 577 (→ **Grégoire de Tours**) et exilé à Jersey. Rétabli en 584, il fut assassiné par un sbire de Frédégonde. ▪ Fête le 24 fév.

**PRETORIA** ➝ ÉTYM. du n. de Andries *Pretorius**, fondateur de la ville ♦ Cap. de l'Afrique du Sud (prov. du Gauteng), siège du gouvernement et de l'administration centrale de la République. 525 384 hab. (aggl. 1 985 982). La ville est intégrée depuis 2000 à la conurbation de Tshwane (2 345 000 hab.). Centre industriel (métallurgie, diamant) et universitaire. Centre ferroviaire relié aux grandes villes du pays et à Maputo (Mozambique). La ville comporte deux grandes cités noires : Mamelodi et Atteridgeville. ▮ **Histoire** La ville fut fondée en 1855 par A. Pretorius* et devint capitale en 1863.

**PRETORIUS (Andries Wilhelmus Jacobus)** ♦ Homme politique sud-africain (Graaff Reinet, Le Cap 1798 - Potchefstroom, Transvaal 1853). Il vint au Natal (1829) où il proclama la république après l'écrasement des Zoulous. Après l'annexion de ce pays par les Britanniques (1844), il gagna l'État d'Orange puis la région N. du Vaal, et contribua à la fondation du Transvaal* (1852) dont la capitale, en son honneur, fut appelée Pretoria* (1855). ♦ **Marthinus Wessel Pretorius** (Graaff Reinet, Le Cap 1819 - Potchefstroom, Transvaal 1901). Fils du précédent. Après l'annexion du Transvaal par le Natal, alors colonie britannique (1877), il fut, avec P. J. Joubert* et P. Kruger*, un des principaux artisans de sa reconquête et de la proclamation de la République (1881).

**PRÊTRE JEAN** → **Jean (le prêtre)**

**PRÉVERT (Jacques)** ♦ Poète français (Neuilly-sur-Seine 1900 - Omonville-la-Petite 1977). Il a appliqué la leçon corrosive du surréalisme à une entreprise de démantèlement du langage, qui fait éclater le caractère conventionnel et dérisoire du discours bourgeois. Fidèle à la tradition anarchisante du début du XX^e siècle, son non-conformisme exhale une permanente révolte du cœur bien plus qu'il ne se montre disposé à célébrer l'espoir, jugé illusoire, de la révolution. Hostile à toutes les forces d'oppression sociale, capable d'ironie et de violence mais aussi de grâce et de tendresse, sa poésie célèbre, à l'usage d'un très large public, les thèmes de la liberté, de la justice et du bonheur. Elle a porté à son plus haut point d'efficacité burlesque la technique de l'énumération, de l'inventaire et des jeux de langage. On la retrouve dans les scénarios et dialogues que Prévert a composés pour quelques-uns des plus grands films de Marcel Carné : *Drôle de drame* (1937), *Le Quai* des brumes* (1938), *Le jour se lève* (1939), *Les Visiteurs* du soir* (1942), *Les Enfants* du paradis* (1945), *Les Portes de la nuit* (1946). Princ. recueils : *Paroles** (1945), *Histoires* (en collab. avec André Verdet, 1946), *Spectacle* (1951), *La Pluie et le Beau Temps* (1955), *Fatras* (1965), *Imaginaires* (1970), *Choses et autres* (1972), *Hebdromadaires* (1972) et *Arbres* (1976). ➝ ÉTYM. *Prévert* «pré vert» est un nom de propriété à la campagne.

**PRÉVESSIN-MOËNS** [01280] ♦ Comm. de l'Ain, arr. de Gex. 4 261 hab.

**PRÉVEZA** ♦ V. de Grèce (Épire), à l'entrée N. du golfe d'Arta, ch.-l. du nome de Préveza. 18 000 hab. Fort vénitien ; ruines de l'ancien Actium sur la rive opposée de l'entrée du golfe. ▪ Port en déclin. Aéroport.

**PRÉVOST (Antoine François PRÉVOST D'EXILES, dit l'abbé)** ♦ Écrivain français (Hesdin 1697 - Courteuil 1763). Après avoir hésité entre l'Église et l'armée, il fut un prédicateur mondain réputé, puis s'exila en Angleterre et en Hollande avant de s'installer de nouveau à Paris. Au cours de sa vie mouvementée il composa de nombreux romans de mœurs et d'aventures. Ses *Mémoires et aventures d'un homme de qualité* (1728 - 1731), long roman plein de péripéties, renferment l'*Histoire du chevalier Des Grieux et de Manon* Lescaut* (1731), restée fameuse. Il est aussi l'auteur du roman *Cleveland* (1731 - 1739) et il traduisit les auteurs anglais, dont Richardson* (*Clarisse Harlowe*, paru en 1751 sous le titre *Lettres anglaises*).

**PRÉVOST (Louis Constant)** ♦ Géologue français (Paris 1787 - *id.* 1856). Auteur d'une *Histoire des terrains tertiaires* et d'un *Traité de géographie physique* (1836), il expliquait la formation des chaînes montagneuses par la rétraction lente de l'écorce terrestre et non par des cataclysmes violents. [Acad. sc. 1848]

**PRÉVOST (Marcel)** ♦ Romancier français (Paris 1862 - Vianne 1941). Il cessa d'exercer son métier d'ingénieur pour se consacrer à la littérature après le succès de ses premiers ouvrages, dont *La Confession d'un amant* (1891). Réagissant contre le naturalisme, il s'adonna à des études psychologiques, particulièrement consacrées à l'âme féminine, en des livres où il peignit l'immoralité d'un monde galant et sentimental d'où la passion vraie semble absente : *Lettres de femmes* (1892 - 1897), *Les Demi-Vierges* (1894, porté au théâtre en 1895). Après s'être fait l'écho du féminisme avec *Les Vierges fortes* (1900), il s'attacha à donner des conseils aux jeunes filles en passe de devenir des femmes dans un ouvrage qui eut un grand succès, *Les Lettres à Françoise* (1902 et 1924). [Acad. fr. 1909]

**PRÉVOST (Jean)** ♦ Écrivain français (Saint-Pierre-lès-Nemours 1901 - près de Sassenage, Vercors 1944). Très marqué par l'enseignement d'Alain*, Jean Prévost a consacré toute sa vie à la littérature. Rejetant toute réflexion métaphysique, il a construit une œuvre multiple et variée qui comprend des ouvrages de morale (*Tentative de solitude*, 1925 ; *Plaisirs des sports*, 1926 ; *Essai sur l'introspection*, 1927), des ouvrages historiques (*Histoire de la France depuis la guerre*, 1932), des essais de critique littéraire (*La Pensée de Paul Valéry*, 1926 ; *La Création chez Stendhal*, 1942 ; *Problèmes du roman*, posth. 1945) et des romans (*Les Frères Bouquinquant*, 1930 ; *Rachel*, 1932 ; *Le Sel sur la plaie*, 1934 ; *La Chasse du matin*, 1937). Résistant, il mourut à la tête d'une compagnie de corps francs, dans le maquis du Vercors.

**PRÉVOST-PARADOL (Lucien Anatole)** ♦ Journaliste et homme politique français (Paris 1829 - Washington 1870). Condisciple de Taine à l'École normale, il fut couronné par l'Académie pour son *Éloge de Bernardin de Saint-Pierre* (1851), puis nommé professeur à Aix. Collaborateur au *Journal des débats* et au *Courrier du dimanche*, il y prit position contre le Second Empire. Libéral et partisan de la décentralisation régionale et communale, il semble avoir été favorable à un régime politique de type anglais plus qu'à une république (*La France nouvelle*, 1868). Rallié néanmoins au Second Empire, il échoua aux élections pour le Corps législatif (1869) et fut nommé ambassadeur aux États-Unis (1870). À la nouvelle de la déclaration de la guerre à la Prusse, il se suicida (juil. 1870). Auteur d'*Essais de politique et de littérature* (1859 - 1863) et d'études sur les moralistes français. [Acad. fr. 1865]

**PREY (Claude)** ♦ Compositeur français (Fleury-sur-Andelle, 1925 - 1998). Pionnier du «Théâtre musical», il a qualifié toutes ses œuvres d'opéras : *Le Cœur révélateur* (d'après Edgar Poe, 1962) ; *On veut la lumière, allons-y !* (sur l'affaire Dreyfus, 1968) ; *Les Liaisons dangereuses* («opéra épistolaire» d'après Laclos, 1974) ; *Jonas* («opéra-oratorio», 1964) ; *La Grand-mère française* («opéra illustré», 1976) ; *Mots croisés* («opéra cruciverbal», 1979) ; *L'Escalier de Chambord* (Tours, 1981) ; *Paulina* (Tourcoing, 1983) ; *Le Rouge et le Noir* (Aix-en-Provence, 1989).

**PREYER (Wilhelm Thierry)** ♦ Physiologiste et psychologue allemand (Moss Side, près de Manchester 1841 - Wiesbaden 1897). Outre des travaux de physiologie (en optique et acoustique), on lui doit une étude sur le développement psychologique de l'enfant durant les trois premières années de sa vie (*L'Âme de l'enfant*, 1881).

**PRIAM** – en gr. *Priamos* ♦ Roi de Troie*, fils de Laomédon*. Appelé d'abord Podarcès («l'homme aux pieds agiles»), il prend le nom de *Priam* («celui qui a été vendu») quand sa sœur Hésione* rachète sa vie à Héraclès qui se vengeait du parjure de Laomédon. Selon la tradition, il a cinquante fils et plusieurs filles, dont dix-neuf de sa seconde femme, Hécube*. → **Hector, Pâris, Hélénos, Cassandre, Créüse, Polyxène.** Très âgé à l'époque de la guerre de Troie, il a un rôle secondaire dans *L'Iliade**. Son affliction, quand il va réclamer le cadavre de son fils Hector, fait céder Achille*. Il est tué par Pyrrhos*, le fils de ce dernier.

**PRIAPE** – en gr. *Priapos* ♦ Dieu de la fécondité, préposé surtout à la garde des vignobles et des vergers. Fils de Dionysos* et d'Aphrodite*, né avec un membre viril démesuré, il est abandonné par sa mère près de Lampsaque*, où son culte devait être localisé. Dieu asiatique, il vient en Grèce dans le cortège de Dionysos. On le représentait comme un personnage ithyphallique, souvent en compagnie d'un âne.

**PRIBILOF** (îles) ♦ Archipel de la mer de Béring, à 290 km à l'O. des côtes de l'Alaska, comprenant les îles Saint-Paul et Saint-George. 200 km² env. Importante réserve de phoques.

**PRICE-MARS (Jean)** ♦ Écrivain et homme politique haïtien. (Grande-Rivière-du-Nord 1876 - Pétionville 1976). Ses essais (*La Vocation de l'élite*, 1917 ; *Ainsi parla l'oncle*, 1928 ; *Silhouette de nègres et de négrophiles*, 1960) appelèrent les Haïtiens à prendre conscience de leurs origines africaines et amorcèrent le débat sur la négritude. J. Price-Mars présida en 1956 le premier Congrès international des écrivains et des artistes noirs.

**PRIDI PHANOMYONG** ♦ Homme d'État thaïlandais (1901 - Antony 1983). Après des études de droit en France, il participa au coup d'État de 1932, mais ses idées progressistes l'obligèrent à un court exil en France (1933). Ministre des Affaires étrangères (1935), il améliora la position internationale du Siam. Nommé régent (1941 - 1945), il s'opposa secrètement à la collaboration avec le Japon. Premier ministre en 1946, il fut renversé par le coup d'État de Phibun* Songkram (1947). Il s'exila en Chine (1949) avant de finir sa vie en France.

**PRIE (Jeanne Agnès BERTHELOT DE PLÉNEUF,** marquise **DE)** ♦ Dame française (Paris 1698 - Courbépine, Normandie 1727). Fille d'un riche traitant, elle épousa le marquis de Prie, ambassadeur à Turin. Maîtresse de Louis Henri de Bourbon-Condé*, elle gouverna la France par son entremise tant qu'il fut Premier ministre. Elle favorisa les frères Pâris* et fit épouser Marie* Leszczyńska à Louis XV. Exilée, elle se suicida.

**PRIÈNE** – en gr. ***Priênê*** ♦ Anc. ville d'Asie Mineure (Ionie), près de l'embouchure du Méandre*. Fondée peut-être par les Cariens, elle fut colonisée au –XIe s. par des Ioniens d'Attique ou par des Béotiens. Comprenant dans son territoire la ville de *Panionion* avec son célèbre sanctuaire de Poséidon Héliconios, elle devint le centre religieux et l'une des plus riches cités de l'Ionie. Soumise aux Lydiens, puis aux Perses (–546), elle partagea le sort de l'Ionie grecque. Elle fut ravagée par les Gaulois en –277. ▪ Ruines à l'actuel village *Samsun Kalesi* : théâtre, temple d'Athéna (–IVe s.), bouleutérion.

**PRIESTLEY (Joseph)** ♦ Chimiste et théologien britannique (Fieldhead 1733 - Northumberland, Pennsylvanie 1804). En 1767, il donna les premières mesures de conductibilités relatives et observa que l'électrisation des conducteurs est superficielle. Mais son apport essentiel à la science concerne la chimie des gaz. Il étudia le gaz carbonique et découvrit (1771) que la respiration et la combustion étaient impossibles dans un air «vicié». Recueillant des gaz sur la cuve à mercure, il put isoler les gaz solubles dans l'eau : l'acide chlorhydrique et le bioxyde d'azote (1772), le protoxyde d'azote (1773) qu'il reconnut comme comburant ; en 1774, il réalisa la première production d'oxygène en chauffant de l'oxyde de mercure et fut le premier (1775) à reconnaître le rôle de l'oxygène dans la respiration des végétaux. Cependant, il ne sut pas interpréter ses résultats dans une doctrine cohérente et resta toujours convaincu de l'existence du phlogistique (fluide assurant la respiration). → **Cavendish, Lavoisier, Scheele.** [Acad. sc. 1784] ➝ ÉTYM. *Priestley* désigne un bois ou une clairière appartenant à l'Église, du vieil anglais *prēost* «prêtre» et *lēah* «bois, clairière».

**PRIEUR DE LA CÔTE-D'OR (Claude Antoine PRIEUR-DUVERNOIS,** dit**)** ♦ Homme politique français (Auxonne 1763 - Dijon 1832). Officier du génie avant la Révolution, à laquelle il se rallia, il fut élu à l'Assemblée législative (1791), puis siégea comme député montagnard à la Convention. Envoyé en mission en Normandie pour réprimer l'insurrection dirigée par les chefs girondins, il y fut arrêté par les insurgés fédéralistes. Entré au Comité* de salut public (4 août 1793 - oct. 1794) il y fut chargé de la fabrication de l'armement. Il contribua à fonder l'École polytechnique, le Conservatoire des arts et métiers, le Bureau des longitudes, et à instituer le système métrique (*Nouvelle instruction sur les poids et mesures et sur le calcul décimal*, 1795).

**PRIEUR DE LA MARNE (Pierre Louis PRIEUR,** dit**)** ♦ Homme politique français (Sommesous, Champagne 1756 - Bruxelles 1827). Avocat, député du tiers état aux États généraux (1789) et membre du Club des jacobins, il siégea à l'extrême gauche à l'Assemblée constituante où sa violence lui valut le surnom de *Crieur de la Marne*. Réélu à la Convention (1792), il contribua à faire adopter le décret sur la levée de 300 000 hommes (24 fév. 1793), il fut membre du Comité de défense générale (mars 1793), puis du Comité* de salut public (juil. 1793), où, avec Jean* Bon Saint-André, il s'occupa de l'organisation de la marine militaire. Après la chute de Robespierre (9 Thermidor, 27 juil. 1794), il fut impliqué dans les insurrections montagnardes de l'an III et réussit à se cacher jusqu'à la loi d'amnistie de l'an IV. Il fut proscrit comme régicide en 1816.

**PRIGOGINE (Ilya)** ♦ Chimiste belge d'origine russe (Moscou 1917 - Bruxelles 2003). Ses recherches, qui concernent les processus irréversibles, constituent un véritable tournant dans la thermodynamique. Prigogine fut en effet le premier à introduire d'une manière claire et explicite l'existence de la flèche du temps dans la physique où, jusque-là, tout phénomène était considéré comme réversible, au moins en théorie (fait en contradiction flagrante avec les processus biologiques par ex.). Il montra que la majorité des processus considérés en équilibre sont en fait des états stationnaires proches de l'équilibre et producteurs d'entropie (situation non envisagée par la thermodynamique classique). Il découvrit ensuite que si le système s'éloigne de l'équilibre, il peut arriver à un seuil d'instabilité à partir duquel plusieurs évolutions sont possibles ; la situation devient irréversible fondamentalement (on parle alors de processus dissipatifs) et la description du phénomène, probabiliste par essence, est, contrairement au cas de l'équilibre, non linéaire. Des notions telles que l'instabilité ou le chaos, courantes aujourd'hui, furent introduites dans la physique par Prigogine. Il est le créateur et l'animateur d'un groupe de recherche et de réflexion pluridisciplinaire à l'Université libre de Bruxelles, et l'auteur, avec I. Stengers, d'un livre destiné aux non-spécialistes, *La Nouvelle Alliance* (1979), qui constitua un événement philosophique important. [Prix Nobel de chim. 1977]

**PRIGONRIEUX** [24130] ➝ ÉTYM. occit. «profond *(pregont)* ruisseau *(riu)*» ♦ Comm. de la Dordogne, banlieue O. de Bergerac, sur la Dordogne. 3 956 hab.

**PRIMATICE (Francesco** dit **il Primaticcio,** en fr. **le)** ➝ ÉTYM. it. «précoce, hâtif» ♦ Peintre et décorateur italien (Bologne 1504 - Paris 1570). Formé par Jules Romain avec qui il collabora six ans au palais du Tè, à Mantoue, il subit aussi l'influence du Parmesan et de ses formes allongées et gracieuses. En 1531, il fut appelé en France par François Ier pour travailler au château de Fontainebleau. Après la mort de Rosso (1540), il assuma la direction des travaux, fournissant des dessins tant d'architectures que de sculptures, de stucs et d'émaux, ou de décors éphémères pour les fêtes royales. Peu de choses subsistent des grandes fresques qu'il réalisa après 1552, avec la collaboration de Niccolò* dell'Abate : galerie d'Ulysse (1541 - 1570, détruite) ; salle de bal (1551 - 1556, très restaurée). Son génie raffiné apparaît mieux dans les stucs de la chambre de Madame d'Étampes, à Fontainebleau, et surtout dans ses dessins (*La Danse des heures*, Francfort ; *La Mascarade de Persépolis*, Louvre). Nommé surintendant des Bâtiments royaux par François II (1559), il exerça sur l'évolution de l'art français une influence décisive.

**Le Primatice.** *Diane de Poitiers en chasseresse.*
Château de Chenonceaux. *Phot. © Dagli Orti*

**PRIMAUGUET** → **Portzmoguer (Hervé de)**

**PRIMEL-TRÉGASTEL** ♦ Station balnéaire du Finistère (comm. de Plougasnou), dans le Trégorrois, près de la pointe de Primel (chaos de rochers de granit rose).

**PRIMO DE RIVERA (José Antonio)** ♦ Homme politique espagnol (Madrid 1903 - Alicante 1936), fils de Miguel Primo de Rivera. Avocat, député aux Cortès, il fut le fondateur de la Phalange* espagnole (1933). Arrêté sur l'ordre du gouvernement du Front populaire, il fut jugé sommairement et fusillé. Les franquistes le célébrèrent comme un martyr de leur cause.

**PRIMO DE RIVERA Y ORBANEJA (Miguel)** ♦ Général et homme politique espagnol (Jerez de la Frontera 1870 - Paris 1930). Il servit au

Maroc, à Cuba et aux Philippines et fut nommé capitaine général de Catalogne (1922) alors que l'Espagne connaissait les pires difficultés : instabilité ministérielle, agitation régionaliste, défaite d'Anoual au Maroc. En 1923, il se rebella contre le gouvernement de Madrid, proclama la suspension de la Constitution et la création d'un directoire militaire que le roi Alphonse* XIII accepta. Sans rencontrer d'opposition, Primo de Rivera imposa aux provinces des gouverneurs militaires, soumit la presse à la censure et reprit la situation en main au Maroc (débarquement d'Alhucemas, 1925). Sa politique de redressement économique et de financement de grands travaux publics lui valut un grand prestige. En 1927, s'inspirant du fascisme italien, il créa un parti, l'Union patriotique et une Assemblée nationale suprême au rôle purement consultatif. Dans le domaine social et administratif, il n'obtint que de médiocres succès qui provoquèrent bientôt l'opposition des hommes d'affaires et des industriels tandis que grandissait l'hostilité des intellectuels mais aussi d'une partie de l'armée. Plusieurs tentatives de coups d'État échouèrent alors que la crise mondiale (1929) entraînait la chute de la peseta. Devant l'insuccès de la révolution nationale de Primo de Rivera, le roi décida de renvoyer le dictateur (1930), qui s'exila à Paris.

**PRIMROSE (William)** ♦ Altiste britannique (Glasgow 1903 - Provo, Utah 1982). De nombreux compositeurs, dont Bartók, ont écrit pour ce grand interprète qui, par ses activités de concertiste et de pédagogue, a su faire de l'alto un instrument à part entière. ➝ ÉTYM. *Primrose* est un nom écossais, à rapprocher du gallois *pren* «arbre» et *rhos* «marais», déformé en *rose* par étymologie populaire.

**PRIM Y PRATS (Juan)** ♦ Général et homme politique espagnol (Reus 1814 - Madrid 1870). Après avoir combattu contre les carlistes (1833 - 1839), il contribua à l'éviction d'Espartero* et s'illustra durant la guerre du Maroc (1860). Il commanda le corps expéditionnaire au Mexique et soutint l'indépendance mexicaine (1862). Progressiste, il organisa plusieurs complots et réussit à chasser la reine Isabelle* II (1868). Il prit, avec Serrano, la tête du gouvernement, fit écarter la république par la Constitution de 1869 et chercha un candidat au trône. Après le refus de Léopold de Hohenzollern Sigmaringen, il obtint l'acceptation d'Amédée* de Savoie, mais fut assassiné quelques jours avant l'arrivée du roi.

**PRINCE** (île du) – en port. ***ilha do Principe*** ♦ Île du golfe de Guinée. 142 km². Plus de 7 000 hab. Elle est située à 200 km au N.-E. de l'île de São Tomé avec laquelle, après avoir formé une prov. portugaise, elle constitue, depuis le 12 juil. 1975, l'État indépendant de São* Tomé e Príncipe.

Le **Prince** – en it. ***Il Principe*** ♦ Traité de philosophie politique de Machiavel* (1513). Il y analyse la manière d'acquérir et de conserver le pouvoir, ce qui suppose chez le Prince deux qualités essentielles : la «ruse du renard» et la «force du lion», ainsi qu'une parfaite connaissance de la psychologie humaine qui lui permet de donner de lui une image capable de séduire les foules (ainsi doit-il «paraître» avoir toutes les qualités). Si le réalisme politique (machiavélisme) de l'ouvrage put choquer, il ne faut pas oublier qu'en l'écrivant Machiavel avait pour préoccupation la réalisation de l'unité nationale de l'Italie.

**PRINCE ALBERT** ➝ ÉTYM. nommé en l'honneur de l'époux de la reine Victoria ♦ V. du Canada (Saskatchewan), en amont du confluent des deux rivières Saskatchewan. 34 138 hab. (aggl. 40 766). Indus. du bois et du pétrole. Station de réception des données des satellites *Landsat*.

**PRINCE-DE-GALLES** (île du) – en angl. ***Prince of Wales Island*** ➝ ÉTYM. du n. du *prince de Galles*, futur Édouard* VII ♦ Île de l'Arctique canadien, située entre l'île Victoria* (chenal de McClintok) et l'île Somerset, qui prolonge la presqu'île de Boothia* (détroit de Franklin).

Le **Prince de Hombourg** – en all. ***Prinz von Homburg*** ♦ Drame en 5 actes de H. von Kleist* (1810). À la veille de la bataille de Fehrbellin, Hombourg, chef de la cavalerie brandebourgeoise, rêve de gloire dans les jardins du château. Il part pour la bataille dans un état d'exaltation qui touche à la folie. Contre la volonté de l'Électeur, il charge les Suédois et les anéantit. Mais sa désobéissance lui vaut d'être traduit devant une cour martiale qui le condamne à mort. Il sombre alors dans le désespoir, puis, invité par l'Électeur à se juger lui-même, il accepte la mort et réclame le châtiment de sa faute. L'Électeur annule la condamnation et lui accorde, avec la couronne triomphale, la main de la princesse Nathalie d'Orange, sa fille adoptive.

**PRINCE-ÉDOUARD** (îles du) – anc. ***îles froides***, en angl. ***Prince Edward Islands*** ♦ Archipel du sud de l'océan Indien (terres Australes). L'île du Prince-Édouard proprement dite, de forme circulaire (10 km de diamètre), culmine à 722 m. L'île Marion, de 22 km de long sur 12 km de large env., culmine à 1 230 m (pic Mascarin). Le climat, la flore et la faune de ces îles ressemblent à ceux des archipels Crozet et Kerguelen situés à la même latitude. Découvertes par Marion-Dufresne, elles furent longtemps considérées comme françaises ; cédées par la IIIe République à la Grande-Bretagne, elles furent annexées par l'Union sud-africaine (1947) qui, en 1949, y installa une station météorologique.

**PRINCE-ÉDOUARD** (île du) ➝ ÉTYM. en angl. ***Prince Edward Island ;*** du n. du *prince Édouard*-Auguste d'Angleterre (1767 - 1820), commandant de la Nouvelle-Écosse, duc de Kent, fils de George III et futur père de la reine Victoria ♦ Île du Canada, constituant une province depuis 1873. → **Canada** (carte). 5 683 km². 135 851 hab. CAP. : Charlottetown. Pont reliant l'île au continent (Nouveau Brunswick). ▪ L'île est plate ou couverte de basses collines (relief glaciaire) ; sa côte est très découpée. Le climat est, en un peu plus doux, celui des autres Provinces maritimes. ▪ L'économie est basée sur l'agriculture (pommes de terre ; élevage), la pêche, les industries qui en dépendent et le tourisme en développement. ▮ **Histoire** L'île, détachée de la Nouvelle-Écosse en 1769, devint une province au sein de la Confédération canadienne en 1873.

**PRINCE GEORGE** ♦ V. du Canada (Colombie-Britannique), sur le Fraser. 70 981 hab. (aggl. 83 225). Carrefour ferroviaire.

Le **Prince Igor** – en russe ***Kniaz Igor*** ♦ Opéra en un prologue et 4 actes de Borodine* (représenté en 1890), inspiré du *Dit de la bataille d'Igor*, poème du XIIe s. L'œuvre, laissée inachevée, fut terminée par Glazounov, Rimski-Korsakov, les deux Blumenfeld, Dutsch et Sokolov. Les thèmes de l'opéra sont russes, mais sa forme est traditionnelle avec ses airs et duos distincts. Les «danses polovtsiennes» (arrivée d'Igor à Poltava) ont connu un grand succès.

**Prince Noir (Le)** ♦ Surnom d'Édouard*, fils du roi d'Angleterre Édouard* III.

**PRINCE RUPERT** ♦ V. du Canada (Colombie-Britannique) sur la côte Pacifique. 13 392 hab. Port céréalier. Terminus du Canadian National Railways. Pêcheries.

La **Princesse de Clèves** ♦ Œuvre de Mme de La* Fayette (1678), considérée souvent comme le modèle du roman d'analyse. L'intrigue romanesque, colorée parfois de préciosité, présente dans un cadre historique précis (la cour de Henri II) des personnages spécifiques de l'idéal classique : le souci de leur gloire les incite à analyser leurs passions, avec pudeur mais lucidité. Cette peinture subtile et précise des sentiments passionnés recourt à une prose sobre, d'une simplicité raffinée. L'auteur a sans doute bénéficié des conseils et de l'aide de Segrais* et de La* Rochefoucauld.

**PRINCETON** ♦ V. des États-Unis (New Jersey), au N.-E. de Trenton. 16 027 hab. L'université de Princeton, univ. privée, l'une des plus importantes des États-Unis, a donné naissance à une industrie de haute technologie à proximité du campus. ▮ **Histoire** Washington y battit les Britanniques en 1777. La ville fut le siège du congrès continental américain en 1783. L'université (collège du New Jersey, fondé en 1746 par des presbytériens) y fut transférée par une décision de 1752 (le plus anc. bâtiment date de 1754). Th. W. Wilson* en fut le président (1902 - 1910).

**PRINCIP (Gavrilo)** ♦ Nationaliste serbe (Grahovo, Bosnie 1894 - Theresienstadt, auj. Terezín, Bohême 1918). Assassin de François-Ferdinand à Sarajevo (28 juin 1914).

**PRINCIPE** (ilha do) → **Prince (île du)**

Les **Principes de la philosophie** – en lat. ***Principia philosophiae*** ♦ Ouvrage de Descartes*, publié en latin à Amsterdam en 1644 et dans une traduction française revue par l'auteur en 1647. Descartes y expose les principes essentiels de sa philosophie, ainsi que ses conceptions des choses matérielles, du monde et de la terre. À la fin de l'ouvrage, il proclame sa soumission à l'autorité de l'Église : il écrit peu après la condamnation de Galilée* (1633), à la suite de laquelle il avait renoncé à publier le *Traité du Monde*.

**Principes mathématiques de philosophie naturelle** – en lat. ***Philosophiae naturalis principia mathematica*** ♦ Œuvre principale d'I. Newton*, publiée pour la première fois en 1687, dont la traduction française par la marquise du Châtelet* parut en 1759. Composés de trois livres, les *Principia* posent les bases de la mécanique rationnelle (ils contiennent la loi d'inertie, l'égalité de l'action et de la réaction, la loi de l'attraction universelle, la définition de la force). Ils transforment l'astronomie, jusqu'alors science d'observation, en une science mathématique. Le traité donne, entre autres, l'explication du système planétaire, du mouvement des comètes, du mécanisme des marées.

**Principia mathematica** ♦ Ouvrage de B. Russell* et A. N. Whitehead*, publié entre 1910 et 1913, dans lequel, se proposant de réduire les mathématiques à la théorie des ensembles, ils en donnèrent une nouvelle formulation, rejetant toute proposition intuitive. Cette tentative pour établir les fondements purement logiques des mathématiques eut une très grande influence aussi bien en philosophie qu'en mathématiques. Cependant, les travaux de K. Gödel* (1931) montrèrent les limites d'un tel programme.

Le **Printemps** – en it. ***La Primavera*** ♦ Tableau de Botticelli* (vers 1478). Réalisé pour décorer la villa de Castello à la demande de Lorenzo di Pierfrancesco de Médicis, il met en scène, de droite à gauche, Zéphyr poursuivant Flore qui devient l'incarnation du Printemps, Vénus et Cupidon au centre, les trois Grâces et enfin Mercure.

Le **Printemps.** Tableau de Botticelli (2,03×3,14 m). Musée des Offices, Florence. *Phot. ©Scala*

Abondamment interprétée, l'œuvre représenterait les mois de l'année, de février (Zéphyr) à septembre (Mercure), en évitant les mois d'hiver comme le veut la tradition. Ou encore, inspirée par les idées néoplatoniciennes qui régnaient à la cour des Médicis, elle illustrerait la sublimation du sentiment amoureux, la séparation de l'amour charnel et des valeurs spirituelles (Gombrich) : Zéphyr poursuit Flore, qui l'épouse et devient le Printemps, saison de la fertilité ; Vénus, déesse de l'amour, aidée par Cupidon et par les trois Grâces qui incarnent la libéralité humaniste, transforme l'amour charnel en amour spirituel que symbolise Mercure, personnification de la connaissance et de la raison.

**PRIOR (Arthur)** ♦ Logicien et épistémologue britannique (Masterton, Nouvelle-Zélande 1914 - Trondheim 1969). Il a tenté de construire des systèmes propositionnels qui introduisent la notion de temps comme modalité (*Time and Modality,* 1957 ; *Past, Present and Future,* 1967).

**PRISCIEN** – en lat. ***Priscianus Caesariensis*** ♦ Grammairien latin (Césarée, sans doute l'actuelle Cherchell, fin du Ve s. - mort au VIe s.). Il enseigna à Constantinople et écrivit plusieurs ouvrages de grammaire dont le principal *(Institutiones grammaticae)* exerça une influence déterminante sur l'enseignement de la grammaire et du latin dans l'Europe médiévale. Cette œuvre, reproduite à plus de 1 000 exemplaires manuscrits, était divisée en 2 parties dont la principale *(Priscianus major)* comporte 16 livres.

**PRISCILLIEN** ♦ Hérésiarque chrétien (Mérida, Estrémadure, déb. IVe s. - Trèves 385). Condamné par les conciles de Saragosse (380) et de Bordeaux (384), il fut le premier hérétique exécuté par le pouvoir séculier. Sa doctrine *(priscillianisme)* était sans doute un néo-gnosticisme très ascétique ; quoique condamnée par le concile de Tolède (400), elle subsista en Espagne du Nord (Compostelle).

**PRISSE D'AVENNES (Émile)** ♦ Égyptologue français (Avesnes-sur-Helpe 1807 - Paris 1879). Après avoir combattu en Grèce en faveur de l'indépendance (1826), il visita les Indes, la Palestine, l'Égypte où il fut quelque temps ingénieur civil du vice-roi et gouverneur des enfants d'Ibrahim Pacha. Il se consacra à l'archéologie dès 1836 et fit de nombreuses fouilles en Égypte (Karnak), Nubie, Éthiopie. Il a publié *Les Monuments égyptiens,* une *Histoire de l'art égyptien* et découvrit des papyrus égyptiens en caractères hiératiques archaïques des IVe et Ve dynasties (Bibliothèque nationale).

**PRIŠTINA** – en albanais ***Prishtinë*** ou ***Prishtina*** ♦ Capitale du Kosovo. 177 500 hab. Mosquées. Artisanat, industrie ; mines de lignite et centrales thermoélectriques à proximité.

**PRITCHARD (George)** ♦ Missionnaire britannique (Birmingham 1796 - îles de Samoa 1883). Missionnaire protestant à Tahiti (1824), il eut une grande influence sur la reine Pomaré* IV, parvint à interdire l'accès de l'île à des missionnaires catholiques français (1836), et joua un rôle non négligeable dans la révolte qui suivit l'établissement du protectorat français sur Tahiti (1843). Arrêté par le capitaine d'Aubigny, libéré aussitôt, il rendit compte des agissements des Français à son égard auprès du gouvernement britannique. Ce dernier exigea du gouvernement de Louis-Philippe une indemnité en guise de réparation. Cet incident, qui tendit les relations entre la France et la Grande-Bretagne, suscita également une opposition au régime de la monarchie de Juillet. ➝ **ÉTYM.** *Pritchard* vient de la racine galloise *ap* et de *Richard.*

**PRIVAS** [pʀiva] [07000] ➝ **ÉTYM.** du n. de saint *Privat,* évêque de Mende et martyr au IIIe s. ♦ Ch.-l. du dép. de l'Ardèche, sur l'Ouvèze. 9 170 hab. (aggl. 13 726) *(Privadois).* Maisons anc. ▪ Confiserie (marrons glacés). ▮ **Histoire** La ville, place forte du protestantisme, fut assiégée par Louis XIII en 1629 et la population y fut massacrée.

**PRIZREN** ♦ V. du Kosovo. 113 500 hab. (dernier chiffre disponible, 1981). Mosquées anciennes. ▪ Filatures de coton. Tourisme.

**PRJEVALSKI (Nikolaï Mikhaïlovitch)** ♦ Officier et explorateur russe (Kimborovo, gouv. de Smolensk 1839 - Karakol, auj. Prjevalsk 1888). Après avoir étudié le territoire de l'Ossouri (1867 - 1869), il explora l'Asie centrale (Mongolie orientale et méridionale, désert de Gobi, Turkestan, Tibet) au cours de quatre expéditions (1871 - 1884) dont il publia les résultats scientifiques (géographie, botanique). Il redécouvrit en Asie une race de cheval, dite *cheval de Prjevalski,* identique à celle qui était présente en Europe au Paléolithique.

**PROBUS** – en lat. ***Marcus Aurelius Valerius Probus*** ♦ (Sirmium 232 - *id.* 282). Empereur romain (276 - 282). Excellent soldat, courageux et honnête (d'où son surnom de *Probus*), il commandait l'armée d'Orient quand ses soldats le proclamèrent empereur à la mort de Tacite*. Il repoussa les invasions barbares (Francs, Alamans, Vandales, Sarmates) et soumit l'armée à une rude discipline, l'employant à divers travaux et notamment à l'édification des remparts : l'enceinte de Rome fut achevée. Ses soldats irrités de ces contraintes se soulevèrent à la veille d'une campagne contre les Perses et le tuèrent.

**PROCAS** ♦ Roi légendaire d'Albe, père d'Amulius et de Numitor*.

Le **Procès** – en all. ***Der Prozess*** ♦ Roman de Franz Kafka* (1914, publ. en 1925 par Max Brod*). « Quelqu'un avait dû calomnier Joseph K. » : sans jamais savoir pourquoi, Joseph K. est arrêté, confronté à un tribunal invisible et insaisissable, et finalement exécuté « comme un chien ». Sa seule faute fut probablement d'être « lui », sans aucune possibilité d'être un autre. « Avoir un tel procès, c'est déjà l'avoir perdu », comme le dit, dans le roman, l'oncle de Joseph K. Ce roman, qui est l'une des œuvres-clés de la « conscience » du XXe s., a été porté à l'écran (1962) de façon magistrale par O. Welles*.

**PROCHE-ORIENT** n. m. ♦ Région, également connue sous le nom de Levant, de plus de 5 000 000 km², située à la charnière des continents africain et asiatique, et qui s'étend des rives orientales de la Méditerranée aux rives nord-occidentales de l'océan Indien. Cette région, qui a pour centre le *Croissant fertile*, a vu l'essor des anciennes civilisations chaldéenne et égyptienne et la naissance des trois religions monothéistes. Les pays qui la composent sont en majorité arabes (Arabie saoudite, Bahreïn, Égypte, Émirats arabes unis, Irak, Jordanie, Koweït, Liban, Oman, Qatar, Syrie, Yémen). Les pays non arabes sont la Turquie, Israël et l'Iran. On comprend parfois dans le Proche-Orient la Libye et le Soudan. Le terme *Moyen-Orient* (traduction de l'angl. *Middle East*), plus large, s'applique à l'ensemble constitué par les pays du Croissant fertile, ceux de la péninsule Arabique, la Turquie, le Pakistan, l'Iran, l'Afghanistan, la Libye et l'Égypte.

**PROCIDA** – anc. ***Prochyta*** ♦ Petite île italienne d'origine volcanique, en Campanie, dans le golfe de Naples, entre Ischia et le cap Misène. 4,14 $km^2$. 10 633 hab. Pêche ; cultures méditerranéennes.

**PROCLUS** – en gr. ***Proklos*** ♦ Philosophe grec néoplatonicien (Constantinople 412 - Athènes 485). Il fut l'élève de Plutarque d'Athènes et de Syrianos* avant d'enseigner lui-même la philosophie à Athènes. Nous possédons les *Commentaires* qu'il fit de plusieurs dialogues platoniciens, entre autres du *Cratyle*, du *Timée*, du *Parménide*, de *La République*, ainsi que des ouvrages de théologie *(Éléments de théologie, Théologie platonicienne)* où il développe une pensée propre, particulièrement préoccupée de l'âme et de la façon dont elle se constitue dans l'illumination des principes qui lui sont supérieurs (l'intelligible et l'Un) et dont elle est le principe de toutes les réalités dérivées qui lui sont inférieures.

**PROCOPE** ➝ ÉTYM. en gr. ***Prokopios***, de *prokopê* «marche en avant» ♦ Historien byzantin (Césarée, Palestine, fin du $\text{V}^{e}$ s. - Constantinople v. 562). Secrétaire de Bélisaire et historien de Justinien, il a décrit la vie matérielle, sociale et culturelle dans son *Livre des guerres* (v. 545 - 554) et son *Traité des édifices* (v. 560). L'authenticité des *Anecdota*, ou *Histoire secrète*, qu'on lui a attribuées, est discutée.

**PROCRIS** → Céphale

**PROCRUSTE** ou **PROCUSTE** ➝ ÉTYM. en gr. ***Prokroustês*** «l'Allongeur» ♦ Surnom d'un brigand fabuleux, appelé aussi Damastès ou Polypémon. Installé sur la route près de Mégare, il arrêtait les voyageurs et les forçait à s'allonger sur un de ses deux lits de dimensions différentes : les grands sur le petit, les petits sur le grand ; il coupait les pieds des grands et il tirait les membres des petits pour les mettre aux dimensions du lit. Thésée* lui fit subir le même supplice.

**PROCYON** ➝ ÉTYM. du gr. *pro Kunos* «avant le Chien», son lever précédant celui du Grand Chien ♦ Nom donné à l'étoile double α Petit Chien*. Magnitude 0,4 ; type spectral F 5 ; distance 11 années-lumière. C'est une des étoiles les plus proches, donc les plus brillantes.

**PRODI (Romano)** ♦ Homme d'État italien (Scandiano, près de Reggio nell'Emilia 1939). Leader de la coalition l'Olivier rassemblant des partis du centre et de la gauche, il fut président du Conseil de mai 1996 à oct. 1998. Il retrouva ce poste (2006 - 2007) après avoir formé une nouvelle coalition de même couleur politique, l'Unione, qui remporta les élections législatives. Dans l'intervalle, il présida la commission européenne de Bruxelles (1999 - 2004).

**PRODICOS DE CÉOS** ♦ Sophiste grec (Céos, entre –470 et –460 - après –399). Disciple de Protagoras, il vint à Athènes en tant qu'ambassadeur de sa cité et y exerça la profession de sophiste. Il eut comme élève l'historien Thucydide. Il ne nous reste quasiment rien des écrits de Prodicos, notamment de son grand ouvrage intitulé *Les Heures*, où il se consacre à l'étude de la nature et à celle de l'homme. Dans l'Antiquité, Prodicos fut célèbre pour sa synonymique, ou science de la distinction des sens voisins d'un mot. Dans les dialogues de Platon, Socrate, qui dit avoir suivi une leçon de Prodicos, se réclame souvent de cet enseignement visant à réduire l'équivocité du langage.

La **Profession de foi du vicaire savoyard** ♦ Texte de J.-J. Rousseau*, inséré au livre IV de l'*Émile** (1762), mais probablement écrit dès 1758, pour exposer la pensée religieuse de l'auteur. Dialogue entre un prêtre («homme de paix» rencontré par J.-J. Rousseau dans sa jeunesse) et le futur précepteur d'Émile devant un paysage dont la splendeur incite à l'effusion lyrique, cette longue digression expose les principes d'une religion naturelle dont «le culte essentiel est celui du cœur». Déçu par les philosophes dont la «prodigieuse diversité de sentiments» est causée, selon lui, par «l'insuffisance de l'esprit humain», et se refusant aux thèses des matérialistes (Diderot, Helvétius), le *Vicaire* s'appuie sur le principe d'évidence ressenti devant «l'ordre sensible de l'univers» et sur le «sentiment intérieur», c'est-à-dire les impératifs de la conscience, pour déduire l'existence d'un dieu créateur forcément éternel, intelligent, bon et juste. Suit un hymne admirable à la conscience, ce «principe inné de justice et de vertu» dont Dieu a doté l'homme pour aimer le bien, tandis qu'il lui donnait «la raison pour le connaître, la liberté pour le choisir» ou pour lui préférer le mal, qui est selon Rousseau «l'ouvrage de l'homme» ; se conduire selon la nature, c'est-à-dire écouter ces règles morales «écrites... au fond [du] cœur... en caractères ineffaçables», c'est accéder au bonheur. Ainsi, l'essentiel pour Rousseau reste de «servir Dieu dans la simplicité de [son] cœur», en négligeant les dogmes des religions révélées et les subtilités des casuistes. Ce texte, qui fait l'apologie de la religion naturelle avec une ferveur indiscutablement sincère, eut une influence considérable et contribua à préparer la sensibilité religieuse du romantisme.

**PROKHOROV (Aleksandr Mikhaïlovitch)** ♦ Physicien soviétique (Atherton, Australie, 1916 - Moscou 2002). [Prix Nobel de phys. 1964, avec N. Bassov* et C. Townes*]

**PROKLETIJE** n. f. pl. – en albanais ***Bjeshket e Namuna*** ♦ Région montagneuse située aux confins du Monténégro et de l'Albanie, culminant à 2 694 m.

**PROKOFIEV (Sergueï Sergueïevitch)** ♦ Compositeur russe (Sontsovka 1891 - Moscou 1953). **▮ Les premières œuvres** Enfant prodige, il fut initié au piano par sa mère et à la composition par R. M. Glière*. Il reçut au conservatoire de Saint-Pétersbourg l'enseignement de Liadov, de Rimski-Korsakov et de Tcherepnine. Résolument antiromantiques et anti-impressionnistes, ses premières œuvres, d'un coloris orchestral éclatant, d'une grande originalité d'écriture, scandalisèrent par leurs audaces rythmiques et la stridence de leurs harmonies (*Suggestion diabolique*, 1910 ; deux premiers *Concertos pour piano et orchestre*, 1912 - 1913 ; premier *Concerto pour violon*, 1913 ; *Suite scythe*, 1914). **▮ La rencontre avec Diaghilev** La rencontre de S. de Diaghilev, à Londres (1914), fut déterminante. L'encouragement qu'il en reçut, avec la commande d'un ballet, le détermina à persévérer sur une voie où il n'était suivi que d'une très faible partie du public. La guerre venue, Prokofiev rentra dans son pays, composant notamment un opéra, *Le Joueur*, d'après Dostoïevski (1917), deux recueils de pièces pour piano, *Sarcasmes*, *Visions fugitives* (1917) et sa célèbre *Symphonie* classique* (1916 - 1917). **▮ Les tournées** Il quitta ensuite la Russie pour le Japon et les États-Unis où il fit des tournées de concert. Cependant il achevait une *Ouverture sur des thèmes juifs*, un nouvel opéra, *L'Amour des trois oranges*, d'après Gozzi (1919), et en entreprenait un autre, *L'Ange de feu* (1922 - 1925). Revenu à Paris, il composa pour Diaghilev trois ballets, *Chout ou le Bouffon* (1920), *Le Pas d'acier* (1925), *Le Fils prodigue* (1930). Durant cette première période, extrêmement féconde, il avait produit quelques-unes de ses œuvres les plus marquantes et les plus audacieuses, dont les $2^e$, $3^e$ et $4^e$ *Symphonies* (1924, 1928, 1930), les $3^e$, $4^e$, $5^e$ *Concertos pour piano* (1909 - 1923), ainsi qu'un grand nombre de petites pièces pour le même instrument, dont *Les Choses en soi* (1928), d'une extrême subtilité d'écriture. **▮ Le retour en URSS** Devenu conscient de l'importance des événements qui s'étaient déroulés dans son pays, il décida de rejoindre l'Union soviétique (1932) où il ne devait se fixer définitivement qu'un peu plus tard (1935). Résolu désormais à dédier son œuvre au peuple russe et aux conquêtes de la révolution socialiste, il élabora, dans un style néoclassique dont, à vrai dire, il ne s'était jamais complètement détaché, une suite de compositions dont l'importance et la qualité ne le cèdent généralement en rien à ce qui avait fait la valeur de sa période occidentale. On le vit alors recourir au langage tonal et emprunter ses thèmes mélodiques au folklore slave qu'il sut enrichir des apports de son propre génie créateur, tour à tour dans des opéras : *Siméon Kotko* (1939), *Les Fiançailles au couvent* (1940), *La Guerre et la Paix*, d'après Tolstoï (1942), *Histoire d'un homme authentique* (1948) ; des ballets : *Roméo et Juliette* (1935), *Cendrillon* (1944), *Fleur de pierre* (1950) ; de la musique de film : *Lieutenant Kijé* (1934), *Alexandre Nevski* (1939), *Ivan le Terrible* (1945) ; des cantates : *Zdravista* (1939), *Bataille de Stalingrad* (1943), *Ode à la fin de la guerre* (1945), *La Garde de la Paix* (1950) et dans un charmant conte musical éducatif, *Pierre* et le Loup* (1936). Des compositions de musique pure virent encore le jour durant cette dernière période : *Concerto pour violon n° 2* (1935),

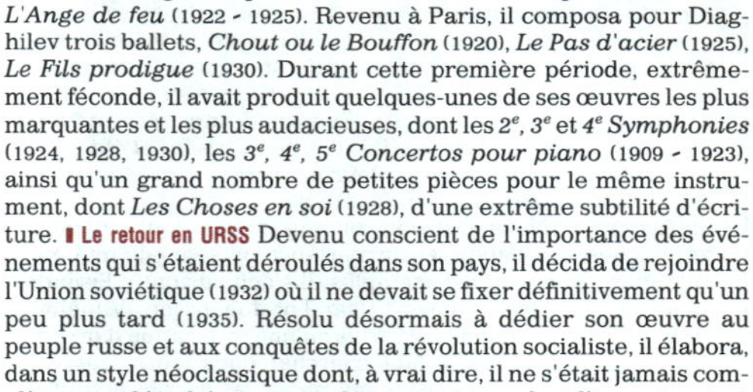

Sergueï **Prokofiev.** Anatoly Kotcherga et Nathan Gunn dans *La Guerre et la Paix*, mis en scène par Francesca Zambello, à l'Opéra Bastille, en 2000. *Phot. © P. Victor/Maxppp*

deux *Concertos pour violoncelle* (1938) ; 5e, 6e et 7e *Symphonies* (1944, 1946, 1952) ; 6e à 9e *Sonates pour piano* (1940 - 1947). **Une figure de la première moitié du XXe siècle** L'œuvre de Prokofiev n'a pas encore été révélée dans sa totalité (138 nos d'opus) à l'Occident. Si le musicien a affirmé très tôt son indifférence aux recherches de nature syntaxique qui ont révolutionné la musique contemporaine, il demeure cependant par sa verve inventive et la générosité de son lyrisme, par l'équilibre rythmique, le souffle mélodique et la richesse harmonique, l'une des figures les plus vivantes et les plus inspirées de son temps. → ÉTYM. *Prokofiev* vient du russe *Prokofii*, du grec *prokopê* « marche en avant ».

**PROKOP (Andreas) le Grand** ♦ Homme de guerre tchèque (v. 1380 - Lipany 1434). Un des chefs des hussites taborites, il pilla la Lusace, la Silésie, la Saxe et la Franconie (1429 - 1430). Les hussites modérés se séparèrent de lui après le concile de Bâle (1433) et il fut vaincu et tué en les combattant.

**PROKOPIEVSK** ♦ V. de Russie, en Sibérie occidentale, région de Kemerovo. 224 600 hab. Centre houiller du Kouzbass. Indus. métallurgique et textile. Équipement minier.

**PROKOPOVITCH (Feofan)** ♦ Prédicateur russe (Kiev 1681 - Saint-Pétersbourg 1736). Archevêque de Novgorod, il fut le dernier grand écrivain religieux russe (*Le Règlement ecclésiastique*, 1721). Ses *Sermons* furent publiés en 1760 - 1774.

**PROKOSCH (Frederic)** ♦ Écrivain américain (Madison, Wisconsin 1908 - Grasse 1989). Après avoir soutenu une thèse sur les « Apocryphes chauceriens », F. Prokosch enseigna à Yale et à New York. Sa première œuvre, *Les Asiatiques* (1935), lui valut une gloire immédiate des deux côtés de l'Atlantique et l'admiration de Gide et de Thomas Mann ; elle fut bientôt suivie par *Les Sept Fugitifs* (1937), œuvre dans laquelle Camus vit la naissance du « roman géographique ». Prokosch publia plusieurs autres romans et recueils de nouvelles, dont *Hasards de l'Arabie heureuse* (1953) et, s'étant fixé à Grasse à la fin de sa vie, il laissa un savoureux livre de souvenirs, *Voix dans la nuit* (1983).

## prolétaires (écrivains)

n. m. pl. – en suéd. ***proletärförfattare*** ♦ Groupe d'écrivains suédois des années 1930 à 1950. Sous l'influence de la montée, en Scandinavie, de la social-démocratie et grâce à l'implantation de l'école d'adultes *(folkehøjskole)* on assista, vers 1930, à l'émergence, d'abord en Suède, d'une génération d'écrivains sortis des classes les plus défavorisées et qui parvinrent au premier rang par leur énergie et leur sincérité. Ils avaient un précurseur en la personne de M. Andersen*-Nexø. Dans des ouvrages avant tout autobiographiques, ils relatent leur expérience personnelle tout en entendant bien servir d'exemples. Il s'agit surtout d'Eyvind Johnson*, Harry Martinson*, Ivar Lo*-Johansson, Vilhelm Moberg* et Artur Lundkvist*. Plus qu'une inspiration d'ordre étroitement politique, il faut chercher dans leurs œuvres l'expression d'un humanisme qui refuse les barrières traditionnelles. Cette tendance (car ce ne fut jamais une école ni même à proprement parler un mouvement) représente probablement l'apport le plus original que le Nord aura fait aux lettres occidentales au XXe s.

**Proletkult** n. m. → ÉTYM. russe, abrév. signifiant « culture prolétarienne » ♦ Mouvement littéraire russe qui apparut en 1917 et qui se donna pour but de créer un art prolétarien, accessible au peuple et qui soutint la Révolution. Le Proletkult, qui n'acceptait pas la direction du parti dans le domaine littéraire, fut critiqué par Lénine, et placé sous la surveillance du commissariat à l'Éducation (décret du 1er déc. 1920). Les principaux représentants en furent les poètes Guerassimov et Aleksandrovski ; son principal théoricien fut Bogdanov. Il disparut en 1932.

**PROME** – off. depuis 1989 ***Pyay*** ♦ V. de Birmanie située à 200 km au N. de Rangoon, au confluent de la Na-in et de l'Irrawaddy, non loin du site de Shrikshettra, auj. village de Hmawza. 83 332 hab. Indus. textiles et alimentaires. La ville souffrit énormément des bombardements en 1945.

**PROMÉTHÉE** → ÉTYM. en gr. ***Prometheus*** « clairvoyant, prudent » ♦ Titan*, fils de Japet* et de Clyméné*, frère d'Atlas* et d'Épiméthée*. Bienfaisant envers les hommes, il déroba aux dieux le feu pour le leur apporter, caché dans un bâton creux. Cette action audacieuse lui valut d'être enchaîné au sommet du Caucase, un aigle lui rongeant le foie qui repoussait sans cesse. Prométhée fut délivré par Héraclès* qui tua l'aigle. Selon une tradition, Prométhée créa les mortels, les façonnant avec de la terre glaise ; selon une autre, son fils Deucalion* perpétua la race humaine après le déluge. Héros très populaire en Attique, il passait pour avoir enseigné aux hommes l'ensemble du savoir qui fonde une civilisation : art de bâtir des maisons, de dompter les animaux, de travailler les métaux, de guérir les maladies, d'écrire, de lire dans l'avenir. ▪ De nombreuses œuvres d'art évoquent la figure de Prométhée. En littérature, elle apparaît chez Hésiode (*La Théogonie* ; *Les Travaux et les Jours*), Eschyle (*Prométhée enchaîné*), A. W. Schlegel (*Prométhée*, 1797), Byron (*Prométhée*, 1816), Shelley (*Prométhée délivré*, 1820) qui fait du Titan le symbole de la révolte de l'homme contre la tyrannie de la matière et de ses aspirations à la vérité et à l'idéal ; André Gide (*Le Prométhée mal enchaîné*, 1899) qui voit dans l'aigle l'image des passions qui s'alimentent de la substance même de l'homme.

**Prométhée enchaîné** – en gr. ***Promêtheus desmôtês*** ♦ Tragédie d'Eschyle* (après –467). Zeus* vient de dérober la royauté du monde à son père Cronos. Irrité par la révolte de Prométhée, il a chargé Héphaïstos*, assisté de la Force et de la Violence, de clouer le rebelle sur son rocher. Aux gémissements de la victime et à ses appels répondent les Océanides, puis Océanos, puis Io, elle-même objet de la fureur d'Héra. En le réconfortant, tous lui conseillent de se soumettre. Mais Prométhée est détenteur d'un secret, celui de l'amour malheureux de Zeus pour la nymphe Thétis qui lui préféra le mortel Pélée. Aussi, on le voit éconduire Hermès, envoyé de Zeus, venu pour le menacer. Cependant, il périra, écrasé par les rochers qui s'écroulent sur lui, ferme dans son orgueilleux refus et sûr d'être un jour délivré. ▪ Les deux autres pièces de la trilogie, *Prométhée délivré* et *Prométhée porte-feu*, aujourd'hui perdues, montraient la réconciliation du dieu et du Titan. Acquis à la sagesse par un long exercice du pouvoir, Zeus instituait le règne de la justice et faisait grâce à Prométhée. Ainsi se trouvait légitimée la révolte du héros, qui n'apparaissait plus attentatoire à l'autorité des dieux.

**PRONIS (Jacques)** ♦ Colonisateur français (La Rochelle ? - Madagascar 1655). Huguenot, il contribua à la colonisation de Madagascar dont il fut gouverneur de 1642 à 1648 et où il fonda Fort-Dauphin.

**PRONY (Marie RICHE, baron DE)** ♦ Ingénieur français (Chamelet, Lyonnais 1755 - Asnières 1839). Ayant à établir le cadastre général de la France (1791), il fit calculer des tables de logarithmes à 19 décimales. De 1805 à 1812, son travail le conduisit à améliorer les canaux, à modifier les ports. Il inventa le flotteur à niveau constant et le frein dynamométrique qui porte son nom (1821). [Acad. sc. 1795]

**Propagande** n. f. ♦ Nom usuel de la Congrégation de la propagation de la foi fondée à Rome en 1599. Organisée par Grégoire XV (constitution *Inscrutabili*, 1622), chargée d'envoyer partout des missionnaires, elle devint en 1967 la Congrégation pour l'évangélisation des peuples.

**PROPERCE** – en lat. ***Sextus Aurelius Propertius*** ♦ Poète latin (Ombrie v. –47 - –15), protégé par Mécène*. Auteur de quatre livres d'*Élégies* inspirées par son amour pour Cynthie. Imitateur des Alexandrins, il y fait une grande place à la mythologie. Poussé par Mécène, il composa des élégies nationales. Mais il est avant tout le poète de l'amour romantique, à l'imagination inquiète et sombre, à la langue parfois hermétique. Son inspiration vigoureuse et sincère fait de lui le plus personnel des élégiaques de l'époque augustéenne.

## prophète

n. m. → ÉTYM. du gr. *prophêtês* « interprète » ♦ Inspiré parlant au nom d'un dieu. **Bible** Outre ceux qui apparaissent dans les livres « prophétiques » (→ **Prophètes**) : **Déborah, Élisée, Miriam** ; Moïse interprète privilégié de Dieu, le prophète par excellence (le seul que reconnaissent les samaritains*). **Nouveau Testament** → **Jean-Baptiste.** **Islam** D'après le Coran, il n'est pas de peuple auquel Dieu n'ait pas envoyé de prophète : les prophètes de type *nabî* (pluriel *anbiyâ'*) sont très nombreux ; on y retrouve des personnages bibliques (Adam, Job, Noé, Esdras, Jéthro), des sages (Luqmân*) et même Alexandre le Grand (Dhû-l-Qarnayn). Les prophètes de type *rasûl* (« envoyé », pluriel *rusul*) sont ceux qui apportent une révélation nouvelle, parfois une nouvelle religion : ils sont au nombre de douze, parmi lesquels Adam, Seth, Noé, Abraham, Ismaël, Moïse, Loth, Jéthro (Shu'ayb), Jésus et Mahomet ; quatre d'entre eux ont été envoyés aux Arabes, dont par ailleurs Abraham est l'ancêtre.

**Prophètes (Les)** – en hébr. ***Nebî'îm*** ♦ Deuxième partie de la Bible* hébraïque (21 textes regroupés en 8 livres, « les Douze » Petits Prophètes comptant pour 1, de même que les livres de Samuel et des Rois), où l'on distingue les Premiers Prophètes (ou Prophètes antérieurs) et les Derniers Prophètes (ou Prophètes postérieurs). Considérés comme « historiques » par les chrétiens, les premiers sont des livres (Josué*, Juges*, 1 et 2 Samuel*, 1 et 2 Rois*) attribués à des prophètes par la tradition juive, et qui couvrent l'histoire de l'entrée en Canaan* jusqu'à la chute des royaumes d'Israël* et de Juda*. Eux-mêmes divisés (pour des questions de taille) en « Grands » (3) et « Petits » (12) Prophètes, les autres livres prophétiques témoignent moins de l'action des prophètes de l'époque prémonarchique et monarchique (Samuel*, Nathan*, Élie*, qui s'adressent au roi représentant le peuple) que de la prédication des prophètes dont ils transmettent les oracles (les Grands : Isaïe*, Ézéchiel*, Jérémie* ; les Petits : Osée*, Joël*, Amos*, Abdias*, Jonas*, Michée*, Nahum*, Habacuc*, Sophonie*, Aggée*, Zacharie*, Malachie*). La tradition chrétienne rajoute aux Grands Prophètes le livre de Daniel*, que le canon hébreu classe dans les Écrits*.

**PROPONTIDE** n. f. – en gr. *Propontis* ♦ Anc. nom de la mer de Marmara* qui est située en avant *(pro)* du Pont-Euxin. Elle baignait les anc. régions de Bithynie* et de Mysie*.

**PROPP (Vladimir Iakovlevitch)** ♦ Folkloriste soviétique (Saint-Pétersbourg 1895 - *id.* 1970). Analysant les contes populaires russes, il dégagea dès 1928 *(La Morphologie du conte)* la séquence fondamentale d'où dérivent toutes les variantes observables. Cette séquence combine des fonctions narratives élémentaires dans un ordre immuable. Pionnier du «formalisme» (avec R. Jakobson*, V. Chklovski*, M. Bakhtine*), Propp est à l'origine de la narratologie moderne et des théories «actancielles» (Greimas, Brémond). En outre, il fit œuvre de folkloriste (*Les Fêtes agraires russes*, 1963), et mit notamment en parallèle la narration populaire et les rituels initiatiques (*Les Racines historiques du conte merveilleux*, 1946).

**PROPRIANO** [20110] ♦ Comm. de la Corse-du-Sud, arr. de Sartène, au fond du golfe de Valinco. 3 166 hab. *(Proprianais)*. Port de pêche, de commerce et de plaisance. Station balnéaire.

**Propylées** n. m. pl. – en gr. *Propulaia* ♦ Entrée monumentale de l'Acropole* d'Athènes, construite par l'architecte Mnésiclès* en marbre pentélique (-437 - -431). Elle est composée d'un corps central (vestibule à deux portiques d'où partait la Voie sacrée) et de deux ailes dont celle du N. était une galerie de peintures (pinacothèque). ▪ Transformé en poudrière par les Turcs, le monument subit de graves dommages lors d'une explosion provoquée par la foudre en 1640.

**PROSERPINE** ♦ Divinité des Enfers dans la religion romaine. Proserpine était sans doute à l'origine une déesse agraire, protectrice de la germination des plantes, mais elle fut très vite assimilée à la Perséphone grecque. → **Perséphone.**

**PROSNA** n. f. ♦ Riv. de Pologne née au N.-O. du plateau de Petite Pologne (226 km). Elle traverse le S. de la Grande Pologne, arrose Kalisz et se jette dans la Warta (rive g.).

**PROSPER D'AQUITAINE** (saint) ♦ Théologien, sans doute moine (près de Bordeaux v. 390 - v. 455-463). À Marseille, il prit le parti de saint Augustin contre les pélagiens (428 - 434), puis s'installa à Rome auprès de Léon le Grand. Auteur de *Sur la vocation des gentils* et d'une *Chronique*. ▪ Fête le 25 juin.

**PROST (Alain)** ♦ Coureur automobile français (Lorette, Loire 1955). Il fut le premier Français à devenir champion du monde des conducteurs en 1985, titre qu'il remporta de nouveau en 1986, 1989 et 1993. ◆ ÉTYM. *Prost* est la forme régionale de *Provost* «prévôt».

**PROTAGORAS** ◆ ÉTYM. en gr. *Prôtagoras*, de *prôtos* «premier» et *agoreuô* «parler» ♦ Sophiste grec (Abdère -485 - -411). Brillant rhéteur, il enseigna l'art du discours. Sensualiste et relativiste, il est généralement connu par la formule (critiquée par Platon dans *Le Théétète**) «L'homme est la mesure de toutes choses» qui oppose à l'idée d'une vérité absolue une multiplicité de points de vue.

**Protagoras** ♦ Dialogue de Platon* qui oppose Socrate* et les sophistes Protagoras, Prodicos et Hippias sur ce problème : la vertu peut-elle s'enseigner ?

**PROTAIS** (saint) → **Gervais et Protais (saints)**

**PROTÉE** – en gr. *Prôteus* ♦ Dieu grec, l'un des «vieillards de la mer». Fils de Poséidon* et de Phénice ou d'Océan* et de Téthys*, il garde les troupeaux de monstres marins appartenant à son père. Il a le don de divination, mais il se refuse à donner sa prédiction à moins qu'il n'y soit forcé : il suffit de le surprendre pendant sa sieste et de l'enchaîner ; il rend à la fin sa prophétie après avoir essayé de s'échapper, prenant des formes effrayantes ou insaisissables, comme celle de l'eau ou du feu. Dans une tradition posthomérique, Protée est un roi d'Égypte qui garde Hélène* à sa cour et renvoie Pâris à Troie avec une nuée (selon Euripide) à la place de la femme enlevée. Mais il accepte de la rendre à Ménélas* quand celui-ci vient la réclamer.

**PROTOGÉNÈS** ♦ Peintre grec (seconde moitié du -IV[e] s.) originaire de Carie, qui travailla à Rhodes* et à Athènes*. Il connut la célébrité à un âge avancé, étant devenu le rival et l'ami d'Apelle. Très scrupuleux, il achevait ses compositions avec une minutie qui suscitait l'admiration ; il mit sept ans pour peindre l'*Ialysos*, un tableau représentant le héros rhodien. Il excellait dans l'art de la luminosité des couleurs et dans la technique des dégradés. Parmi les titres de ses œuvres perdues, on cite le *Satyre au repos*, la *Mère d'Aristote*, le *Pan et Alexandre*. À Athènes, il décora les Propylées et la salle du Conseil des Cinq-Cents (le *Collège des thesmothètes*).

**PROUDHON (Pierre Joseph)** ♦ Socialiste français (Besançon 1809 - Paris 1865). Issu de la classe ouvrière, il fut successivement typographe, petit imprimeur et journaliste. «L'audace provocante avec laquelle il porte la main sur le sanctuaire économique» (Marx), sur le droit de propriété dans *Qu'est*-ce que la propriété ?* (1840), suscita de vives réactions dans la bourgeoisie. Il poursuivit ses critiques dans *De la création de l'ordre dans l'humanité* (1843) où il fait du travail le seul capital réel. Mais très vite, il nuança ses attaques, cherchant moins, dès lors, à supprimer la propriété privée qu'à en atténuer les abus, moins à anéantir le système capitaliste qu'à le réformer et à concilier la bourgeoisie et le prolétariat, s'en prenant vivement aux théories communistes dans *Système des contradictions économiques ou la Philosophie* de la misère* (1846) qui s'attira une sévère critique de Marx* dans *Misère* de la philosophie* (1847). Représentant du peuple à l'Assemblée nationale (1848) et rédacteur de plusieurs journaux, Proudhon fut condamné à la prison (1849 - 1852) pour son opposition à Louis Napoléon Bonaparte. Mais, après *L'Idée générale de la révolution au XIXe siècle* (1851), où il expose les principes de l'anarchisme, il parut croire en la possibilité d'un rapprochement entre Napoléon III et la cause de la réforme sociale (*Révolution sociale démontrée par le coup d'État du 2 décembre 1852)*. La publication de son ouvrage *De la justice dans la révolution et dans l'Église* (1858) l'obligea à se réfugier à Bruxelles. C'est à son retour en France que parut *Du principe fédératif et de la nécessité de reconstituer le parti de la révolution* (1863), et après sa mort *De la capacité politique de la classe ouvrière*. Père de l'anarchisme* (à qui Bakounine* doit beaucoup), fondateur du système mutualiste, du syndicalisme ouvrier et du fédéralisme, il apparaît à la fois comme un révolutionnaire et, selon Marx, comme un conservateur «petit bourgeois constamment ballotté entre le Travail et le Capital, entre l'économie politique et le communisme». Ses partisans s'opposèrent aux représentants du socialisme marxiste lors de la Ire Internationale. ◆ ÉTYM. *Proudhon* est une autre forme de *Prud'homme*.

**protestantisme**

n. m. ♦ Terme désignant globalement les doctrines et les communautés chrétiennes issues, directement ou non, de la Réforme. Principales dénominations, sectes, tendances protestantes : anabaptistes*, Église anglicane (→ **anglicanisme**), baptistes*, congrégationalistes, Science* chrétienne, Frères* moraves (→ **Zinzendorf**), Églises luthériennes (→ **luthéranisme**), mennonites* (→ **Simons**), méthodistes (→ **Wesley**), non-conformistes, mormons* (→ **Smith [Joseph]**), pentecôtistes*, piétisme*, presbytériens (→ **Knox**), puritains*, quakers* (→ **Fox**), réformés (→ **calvinisme**). ▮ **Histoire** Sur les origines et les aspects doctrinaux : → **Réforme.** Les débuts du protestantisme furent marqués par des guerres : de Religion* en France, des Gueux* amenant l'indépendance des Provinces-Unies, de Trente* Ans aboutissant aux traités de Westphalie* (1648). En France, le protestantisme fut toléré par l'édit de Nantes* (1598), persécuté après la révocation de celui-ci (1685) → **dragonnades, camisards** ; toléré à nouveau par l'édit de 1787. Face à la fixation des orthodoxies se développèrent aux XVIIe - XVIIIe s. des mouvements de piété populaire (piétisme) dont les plus notables conséquences apparurent avec les communautés non conformistes en Angleterre, les quakers, les Frères moraves et même le méthodisme (malgré son désir de ne pas rompre avec l'Église établie). À ces mouvements est liée l'expansion du protestantisme en Amérique (baptistes, quakers). Le XIXe s. fut celui du «Réveil» (de la théologie et de la piété), de l'expansion missionnaire et des regroupements de communautés, qui se continuèrent au XXe s. : Fédération des Églises anglicanes (conférence de Lambeth, 1867), Conférence méthodiste œcuménique (1881), Union des Églises congrégationalistes (1891), Alliance baptiste mondiale (1905), Alliance réformée mondiale (1921), Fédération luthérienne mondiale (1947). Dans le même mouvement se constituèrent des groupements entre Églises différentes, notamment le Conseil* œcuménique des Églises (officiel en 1948).

**PROUSA** → **Prusa**

**PROUSIAS** → **Prusias**

**PROUST (Joseph Louis)** ♦ Chimiste français (Angers 1754 - *id.* 1826). Il accompagna Pilâtre* de Rozier dans une ascension en montgolfière (1784). Pendant son séjour à Madrid, où il dirigea le laboratoire du roi Charles IV, il parvint à isoler un sucre de raisin. Au cours du Blocus continental, alors qu'il était revenu en France, il refusa l'aide de Napoléon Ier qui voulait faire exploiter sa méthode. Il fut l'un des fondateurs de l'analyse chimique. Ayant démontré la constance de la composition de l'eau, quelle que soit son origine, puis de diverses autres substances, il énonça la loi des proportions définies, qui porte son nom (1806) et d'après laquelle les éléments chimiques forment les composés toujours dans les mêmes rapports de masses. Il établit ainsi la distinction entre un composé chimique et un mélange. [Acad. sc. 1816]

**PROUST (Marcel)** ♦ Écrivain français (Paris 1871 - *id.* 1922). ▮ **Les premiers écrits** Issu d'une famille de la bourgeoisie qui manifestait une extrême curiosité intellectuelle, Proust se lia vite avec des jeunes gens férus de littérature (R. de Montesquiou, R. de Flers, D. Halévy) et publia divers essais dans des revues, insérant ses poésies dans *Les Plaisirs et les Jours* (1896, préface d'Anatole France*). Il entama un roman autobiographique, *Jean Santeuil* (publié en 1952), et traduisit les œuvres de Ruskin* dont il médita les études lors d'un séjour à Venise (1900). Adoptant la vision de l'univers de l'esthéticien anglais, Proust s'efforcera désormais d'échapper à la loi du temps pour tenter, par l'art, de saisir l'essence d'une réalité enfouie dans l'inconscient et «recréée par notre pensée». ▮ **La rédaction de «À la recherche du temps perdu»** Sujet à des crises d'asthme depuis l'enfance, il s'enferma progressivement dans sa chambre pour

Marcel **Proust**. Portrait par Otto, 1895.
Bibliothèque nationale de France, Paris.
*BIS/Phot. © Coll. Archives Larbor*

écrire *À* la recherche du temps perdu*, sans pourtant s'interdire les sorties mondaines ou celles, moins précisément connues, liées à son homosexualité. La mort de son père (1903), puis celle de sa mère qu'il adorait (1905) l'éprouvèrent durablement tout en libérant son activité créatrice. *Du côté de chez Swann* (1913) parut au moment d'une grave crise sentimentale que Proust connut auprès de son secrétaire Agostinelli et qui, bien que la transposition autobiographique ne fût pas l'unique souci de l'écriture, modifia l'œuvre naissante. Pareillement, la Première Guerre mondiale eut de profondes répercussions sur sa manière d'écrire : Proust sentait parfaitement l'écroulement du monde qu'il dépeignait dans son travail. Il ne vit publier que les premiers volumes de son œuvre : *Du côté de chez Swann* (1913), *À l'ombre des jeunes filles en fleurs* (1919, Prix Goncourt), *Le Côté de Guermantes* (1920 - 1921), *Sodome et Gomorrhe* (1921 - 1922). Les suivants furent posthumes : *La Prisonnière* (1923), *Albertine disparue* (1925), *Le Temps retrouvé* (1927). → **À la recherche du temps perdu.** ▮ **Les autres textes** D'autres textes furent également publiés : les *Chroniques* (1927), *Contre Sainte-Beuve* (1954) et la *Correspondance* (21 tomes publiés entre 1970 et 1993). ▮ **L'œuvre de Proust et son influence** Dans l'évolution des genres littéraires en France, la place de l'œuvre de Proust est fondamentale. Sur le plan critique, réagissant contre la méthode de Sainte-Beuve, Proust est le premier à rejeter toute possibilité d'explication d'une œuvre par la vie de son auteur. Au contraire, c'est l'interrogation et la réflexion sur le texte qui priment. On lui doit ainsi des études précises de la poésie nervalienne ou de la temporalité dans l'œuvre de Flaubert (études réunies avec de nombreuses autres, dans *Contre Sainte-Beuve*, 1954). Dans le domaine romanesque, *À la recherche du temps perdu* est l'un des points d'aboutissement des œuvres cycliques commencées par Balzac. Il y aura certes ensuite les romans-fleuves de Georges Duhamel ou de Jules Romains, mais l'œuvre proustienne les dépasse incontestablement en ce qu'elle est la première à intégrer la réflexion sur l'écriture comme une composante propre de la fiction. La leçon profitera d'ailleurs aux écrivains du nouveau* roman, et notamment à la suite fictionnelle de Claude Ollier, *Le Jeu d'enfant*, qui fait de ce point de vue, tout en le déconstruisant, le centre même de son travail. En outre, après les travaux de Bergson sur *Les Données immédiates de la conscience*, Proust a donné sur le fonctionnement de la mémoire (le célèbre épisode de la «petite madeleine») une ouverture originale, qu'il appelait lui-même «le ressouvenir inconscient». L'écho de cette page sur la littérature du XX^e^ s. est multiple, et la prose de mémoire de Jacques Roubaud, dans *La Boucle* (1993), par exemple, n'y échappe pas. ➝ **ÉTYM.** Ce nom est une variante de *Prost, Provost* «prévôt, magistrat».

**PROUT (William)** ♦ Chimiste et médecin britannique (Horton 1785 - Londres 1850). Il émit l'hypothèse selon laquelle les masses des éléments chimiques représenteraient des multiples entiers de celle de l'hydrogène (1815). Il établit également la présence d'acide chlorhydrique dans le suc gastrique.

**PROUT** n. m. ➝ **ÉTYM.** du scythe *Porata*, proche de l'ossète *fūrd* «large cours d'eau», vieil iran. *perethu-* «large» ♦ Riv. d'Europe centrale (967 km), affl. du Danube (rive g.). Issue des Carpates ukrainiennes, elle marque la frontière entre la Roumanie et la Moldavie. Elle reçoit du côté moldave la Jijia et le Bahlui (arrosant Iaşi) et de nombreux petits cours d'eau du côté moldave. Elle arrose Tchernivtsi et rejoint le Danube en aval de Galaţi.

**PROUVÉ (Victor)** ♦ Peintre et graveur français (Nancy 1858 - Sétif 1943). Il succéda à Gallé à la direction de l'école de Nancy et créa de nombreux modèles d'arts appliqués et décoratifs. ♦ **Jean Prouvé.** Architecte français (Nancy 1901 - *id.* 1984), fils du précédent. L'un des inventeurs du mur-rideau en tôle d'acier pliée, il a réalisé avec E. Beaudouin* et M. Lods* la Maison du Peuple de Clichy (1937 - 1939) et l'aéro-club de Buc (1935). Il a apporté son concours au palais de la Foire internationale de Lille (1950 - 1951) et au palais des foires et des expositions de Grenoble (1968). J. Prouvé a joué un grand rôle dans l'industrie du bâtiment en préconisant le recours à la standardisation et l'emploi d'alliages légers. ➝ **ÉTYM.** Ce nom de famille vient de *prouvé*, participe passé du verbe *prouver* «éprouvé, convaincu».

**PROUVOST (Jean)** ♦ Industriel français (Roubaix 1885 - Ivoy-le-Marron, Loir-et-Cher 1978). Issu d'une famille d'industriels du textile, propriétaire de plusieurs journaux, dont *Paris*-Soir*, *Marie-Claire* et *Match*, il renouvela, en s'inspirant du modèle américain, la forme, le contenu et les méthodes de la presse française d'avant-guerre. Après avoir reconstitué son groupe à la Libération, il dut, pour faire face à la crise dans les années 1970, vendre ses principaux titres (*Le Figaro**, *Paris*-Match* et *Télé 7 Jours*).

**PROVENCE** n. f. ➝ **ÉTYM.** du lat. *Provincia Romana* «province romaine» ♦ Ancienne province française. La Provence proprement dite s'étend de l'E. du Rhône au Var ; s'y ajoutent le Comtat venaissin et le comté de Nice. La région recouvre les départements actuels des Bouches-du-Rhône, du Vaucluse, des Alpes-de-Haute-Provence, du Var, des Alpes-Maritimes (région Provence*-Alpes-Côte d'Azur, qui inclut également le département des Hautes-Alpes).

▮ **HISTOIRE** ▮ **La Provincia Romana** Occupée par les Ligures depuis le premier millénaire, cette région connut dès le -VII^e^ s. la colonisation grecque (fondation de Massalia, future Marseille). Mettant à profit les divisions intervenues entre les populations ligures et celtes et les Massaliotes, les Romains envahirent le pays des Alpes au Rhône, dès -125, et en firent la *Provincia Romana*. Elle eut successivement pour capitale Aix et Narbonne, connut une grande prospérité, et devait garder l'empreinte de l'occupation romaine. ▮ **Les invasions germaniques et sarrasines** Réunie en 27 à la Gaule narbonnaise, à l'exception des Alpes maritimes, elle fut scindée lors des premières invasions germaniques, l'E. du Rhône devenant la *Viennoise* (III^e^ s.). Le christianisme et le monachisme y connurent alors un développement précoce (Saint-Victor ; Lérins). Les invasions barbares, cependant, se poursuivirent : les limites de l'actuelle Provence furent dessinées par le partage entre Burgondes au N. et Wisigoths au S. (V^e^ s.), auxquels se substituèrent les Ostrogoths, et enfin les Francs (536). Mérovingiens* et Carolingiens* y multiplièrent les partages et réunirent la Provence à la Bourgogne (→ **Bourgogne**). Leur autorité devait rester le plus souvent théorique, comme devait l'être celle du Saint Empire, auquel la Provence fut rattachée en 1032. Les invasions sarrasines (IX^e^ - X^e^ s.) eurent pour effet d'orienter le pays vers le N. et le couloir rhodanien, le détournant de la mer, et favorisèrent le développement de la féodalité locale et de l'autorité des *comtes de Provence*. ▮ **Le comté de Provence** Au XII^e^ s., le comté de Provence put assurer son indépendance et passa à la dynastie catalane (1113 - 1245). Celle-ci dut lutter contre les comtes de Toulouse, les seigneurs des Baux (guerres «baussenques», 1142 - 1162), et les comtes de Forcalquier. L'essor de la vie économique favorisa le développement du mouvement communal (établissement des «consulats») et d'une civilisation très brillante qui rayonna sur toute l'Europe de l'époque (art roman provençal, poésie des troubadours). Préservée de la croisade des albigeois* par Raymond* Bérenger V, qui en fit un État puissant, remarquablement organisé, elle devait pourtant passer de l'influence lointaine de l'Empire à celle des Capétiens (milieu du XIV^e^ s.). En 1246, Charles* I^er^ d'Anjou devint par mariage comte de Provence. Tournés vers l'Italie (royaume de Naples*), les princes d'Anjou s'intéressèrent parfois d'assez loin à la province, mais ils y jouirent cependant d'une grande popularité (notamment la reine Jeanne* et le roi René*). D'autre part, les contacts avec l'Italie, la présence du pape établi en Avignon (1309) profitèrent au pays. À la mort de Charles III (1481), Louis XI devint comte de Provence. La politique centralisatrice des rois de France devait réduire progressivement l'indépendance de la province, dont la dernière manifestation fut le fédéralisme girondin. ▮ **Le Félibrige** Au XIX^e^ s., Mistral et le Félibrige tentèrent de donner une nouvelle vie à sa langue et à sa littérature.

♦ ***Débarquement de Provence*** Le 15 août 1944, l'opération *Anvil* consista à débarquer à Cavalaire, Pampelonne, Sainte-Maxime, Fréjus et au Drammont, la VII^e^ armée américaine (→ **Patch**) et la I^re^ armée française (→ **Lattre de Tassigny**) soit 500 000 hommes appuyés par 1 500 avions. Dès le 19 août, les Allemands battaient en retraite. Toulon et Marseille furent libérées les 27 et 28 août. Mais déjà les Américains avaient atteint Grenoble (22 août), Valence (23 août) et Briançon (26 août). Lyon fut prise par de Lattre le 3 sept. Les combats de Bourgogne (3 - 13 sept.) permirent à une partie des forces allemandes du S.-O. d'assurer leur retraite. Mais dès les 11 - 12 sept. à Nod, à Montbard, les forces alliées avaient fait jonction avec celles qui avaient débarqué en Normandie*.

**Provence-Alpes-Côte d'Azur** [Paca] n. f. ♦ Région administrative du S.-E. de la France, comptant 6 dép. : Alpes-de-Haute-Provence, Hautes-Alpes, Alpes-Maritimes, Bouches-du-Rhône, Var, Vaucluse. 31 400 km² (5,8 % du territoire, 7ᵉ rang). 4 506 151 hab. (7,8 %, 3ᵉ rang). 7,2 % du PIB (3ᵉ rang). CH.-L. : Marseille. Elle coïncide avec la Provence, le Dauphiné oriental, le Comtat venaissin et le comté de Nice.

■ **GÉOGRAPHIE** La région couvre le sud du sillon rhodanien et la quasi-totalité des Alpes du Sud, du Lautaret à la Méditerranée. Dans le couloir affaissé du bas Rhône se succèdent les nappes alluviales du Vaucluse, limitées au S. par l'avancée des Alpilles (493 m), la steppe caillouteuse de la Crau, cône de déjection de la Durance, et la plaine deltaïque de la Camargue, enserrée entre les bras du fleuve et la mer, autour de la cuvette du Vaccarès (dont la partie méri-

Provence-Alpes-Côte d'Azur.

dionale abrite un parc naturel). Les Préalpes calcaires du Jurassique et du Crétacé, soit les deux tiers des Alpes méridionales, témoignent de l'interférence de plis de direction pyrénéenne (O.-E.) et alpine (N.-S.). Le relief y est enchevêtré, alternant de façon confuse des barres puissantes (Ventoux, 1 910 m ; Lure, 1 826 m), des chaînons abrupts (Luberon, 1 125 m ; Sainte-Victoire, 1 010 m ; Sainte-Baume, 1 148 m), des dômes (autour de Gap et Digne) et des collines où vallées étroites et bassins souvent exigus concentrent la vie. Au-delà des Plans, hauts plateaux dénudés (800 m) aux gorges grandioses (Verdon), les Alpes maritimes, d'orientation N.-S., creusées de vallées profondes (Var, Tinée, Vésubie) retombent en abrupt sur le littoral. La haute montagne (du Pelvoux [4 102 m aux Écrins] et du Briançonnais [3 320 m] au Queyras [3 385 m aux pics de la Font Sancte] et au Mercantour [3 143 m], dernier massif hercynien) est rejetée à la périphérie. Les mouvements tectoniques ne sont pas terminés et une petite activité sismique se manifeste encore (Alpes-Maritimes). Pas de «sillon» comme dans les Alpes du Nord : seule, la vallée de la Durance remonte vers les sommets, à travers les bassins de Sisteron et d'Embrun, mais reste sans issue. Les Alpes du Sud sont de pénétration difficile : d'où l'attrait séculaire de l'artère «Arc-Argens» (240 m) qui relie le bassin d'Aix à la dépression de l'Aille et au golfe de Fréjus, encadré par les schistes des Maures (780 m) et les porphyres de l'Esterel (614 m), vestiges massifs de la Tyrrhénide effondrée. La côte reflète, dans la variété de ses formes et de ses couleurs, les articulations de la montagne et la diversité des roches. Le soleil y brille deux fois plus que sur la France du Nord. La partie orientale est protégée du mistral par les reliefs provençaux. Les hivers sont très doux (en janv., Nice, 8,3 °C ; Marseille, 6,1 °C). Le vent (mistral), la chaleur estivale (22,5 °C en juil.), la perméabilité des sols, la brièveté des pluies même si elles sont assez fortes (500 - 600 mm/an dans le Vaucluse, 862 mm/an à Nice) sont à l'origine de sécheresses redoutables. Des travaux d'irrigation très anciens et largement étendus au XXe s. permettent une relative maîtrise des eaux : plaines du bas Rhône depuis 1921, Durance depuis 1951 [Serre-Ponçon], Verdon depuis 1964 [Sainte-Croix].

**▮ POPULATION** Entre 1870 et 1945, les montagnes se sont vidées au profit des plaines littorales. Entre 1946 et 1990, la croissance a été la plus forte de France (+92,4 % au lieu de +39,6 % en moy.). Les dép. de montagne, après un exode massif, connaissent une reprise spectaculaire (+14,9 % pour les Alpes-de-Haute-Provence de 1982 à 1999 ; +14,2 % pour les Hautes-Alpes) ; le Var (+26,2 %), le Vaucluse (+17,2 %) et les Alpes-Maritimes (+14,4 %) poursuivent leur croissance rapide tandis que les Bouches-du-Rhône connaissent une croissance modérée (6,2 %).

**▮ ÉCONOMIE ▮ Agriculture** Fournissant 2,4 % de l'emploi régional (France : 2 %) et 1,7 % du PIB régional, elle est spécialisée dans la culture, qui représente 93 % de la valeur de la production. Au premier rang pour les fruits et légumes (Cavaillon, Châteaurenard) et au 4e rang pour la prod. viticole (env. 4 millions d'hl, côtes-du-rhône et côtes-de-provence), la région subit une vive concurrence de la part des pays d'Europe du Sud (Espagne, Portugal, Grèce) et de ceux du Maghreb. Le troupeau ovin est le deuxième de France avec près de 0,9 million de têtes. La riziculture camargaise reste performante malgré la concurrence asiatique. **▮ Industrie** Le secteur industriel reste le point faible de la région avec 16,4 % de l'emploi régional (France : 20,7 %). La région connaît de graves difficultés, en particulier dans la zone marseillaise, avec la faillite des chantiers navals de La Ciotat, la crise des savonneries, la réduction d'activité du secteur minier (Gardanne) et la stagnation du trafic portuaire ; à Fos, la sidérurgie est en crise et ArcelorMittal prévoit des licenciements. En revanche, l'étang de Berre reste une zone de forte activité avec un imposant complexe pétrochimique (4 raffineries de pétrole, un tiers de la capacité nationale, industrie chimique) et les investissements des dernières années laissent espérer une reprise. Des industries nouvelles se développent (chimie, informatique, constr. aéronautique [Eurocopter]). Deux technopôles sont assez actifs : Sophia-Antipolis près d'Antibes et Château-Gombert près de Marseille. **▮ Activités tertiaires** Le secteur des services, avec 81,1 % de l'emploi régional (France : 77,2 %), est avant tout lié au tourisme qui est la princ. ressource de la région. Les sports d'hiver animent de façon saisonnière les stations alpines (Serre-Chevalier, Vars, Isola 2000), tandis que la Côte d'Azur, lancée à la fin du XIXe s. par l'aristocratie pour la saison hivernale, est fréquentée toute l'année. L'activité touristique, qui s'intensifie en été, a gagné tout le littoral en se démocratisant. L'arrière-pays provençal, aux villages typiques, attire de plus en plus de visiteurs. Un tourisme vert se développe grâce aux nombreux parcs naturels (Écrins, Queyras, Mercantour, Luberon, Camargue), et des manifestations culturelles de niveau international (festivals de Cannes pour le cinéma, d'Avignon pour le théâtre, d'Aix pour l'art lyrique) attirent un public nombreux. De hauts lieux de l'art et de l'architecture (abbayes de Sénanque, Silvacane et du Thoronet ; théâtre antique d'Orange ; villes historiques d'Arles, d'Aix-en-Provence, des Baux-de-Provence, d'Avignon ; centres artistiques de Vallauris, Biot, Saint-Paul-de-Vence avec la fondation Maeght) attirent dans ce «Midi méditerranéen» des touristes du monde entier (plus de 21 millions de nuitées, 12 % du chiffre national). Certains sites reçoivent plus d'un million de visiteurs par an (Vallauris, Gordes, parc Marineland d'Antibes). Les divers centres universitaires (Marseille-Aix, Nice, Avignon et Toulon), qui totalisent plus de 150 000 étudiants (2007), font de la région un pôle très important pour l'enseignement et la recherche fondamentale. **▮ Communications** Les infrastructures de transport sont dans l'ensemble exceptionnellement développées, même si elles traduisent les déséquilibres régionaux (les zones montagneuses sont relativement mal desservies). Le réseau autoroutier et ferroviaire sillonne le littoral et la vallée du Rhône. Une ligne de TGV traverse l'ouest de la région jusqu'à Marseille. Le trafic aéro-portuaire de la région est le 2e de France avec Nice (3e rang, 10 millions de passagers), Marseille (5e, près de 7 millions) et Toulon (14e, 0,7 million). En dépit de ses difficultés, Marseille reste le 1er port français (4e européen) pour le fret (env. 100 millions de t) et le 3e français pour les passagers (env. 2 millions). **▮ Urbanisation** Le réseau urbain révèle lui aussi les déséquilibres existant entre un littoral très fortement urbanisé et des montagnes intérieures restées rurales. La pression foncière dans la région se traduit par des prix de l'immobilier très élevés, tandis que l'intensité des constructions menace non seulement la beauté du littoral, mais aussi celle de l'arrière-pays, sous des formes plus diffuses. Quatre aggl. dominent largement et regroupent 60 % de la pop. régionale : la capitale régionale, Marseille (dont l'aggl. englobe désormais Aix-en-Provence et rassemble 1,4 million d'hab.), Nice, Toulon et la conurbation formée par Grasse, Cannes et Antibes. Si Martigues et Fréjus, très proches des centres principaux, maintiennent difficilement leur autonomie, Avignon pourrait mieux maîtriser les avantages de sa situation dans la vallée du Rhône, tandis que les villes de la montagne (Gap et Digne), éloignées du littoral urbanisé, sont d'abord des centres de services répondant aux besoins de la population environnante.

**Proverbes (Livre des)** ♦ Livre de la Bible (Écrits*) traditionnellement attribué à Salomon*. Il s'agit d'un recueil censé avoir été compilé sous Ézéchias*, où l'on distingue plusieurs collections de maximes marquées par un parallélisme rhétorique (deux hémistiches ou plus). Les thèmes sapientiaux traditionnels comportent notamment une prosopopée de la Sagesse et un éloge de la femme «forte» (poème alphabétique).

**PROVIDENCE** ♦ V. des États-Unis, cap. du Rhode Island, sur la riv. Providence, au fond de la baie de Narragansett. 173 618 hab. (zone urbaine 1 188 613, avec Pawtucket et Fall River). L'aggl. forme un complexe industriel et commercial. ♦ ***Plantation de Providence*** Communauté fondée par Roger Williams au XVIIe s.

**providence (De la)** ♦ Traité de Sénèque* ayant pour vrai titre : «Pourquoi les hommes de bien ne sont pas exempts de malheurs, malgré l'existence de la Providence». Sénèque tente d'indiquer quel usage l'homme de bien doit faire des maux qui lui adviennent et des épreuves auxquelles il est soumis et qui sont conformes à la loi du destin ; le sage, lui, échappe aux maux véritables puisqu'il est indépendant des choses extérieures.

**PROVILLE** [59267] ♦ Comm. du Nord, arr. de Cambrai. 3 472 hab.

**PROVIN** [59185] ◆ ÉTYM. probablt du lat. *Probinus* (de *probus* «honnête»), n. de pers. ♦ Comm. du Nord, arr. de Lille. 3 678 hab.

**PROVINCES MARITIMES** → **Maritimes (Provinces)**

**PROVINCES-UNIES** ♦ Anc. État fédéral formé en 1579 (Union d'Utrecht*) et comprenant la partie septentrionale des Pays-Bas (Hollande, Zélande, Utrecht, Gueldre, Frise, puis Overijssel et Groningue). S'appuyant sur une organisation fédérale qui conservait à chaque province son propre gouvernement, la république des Provinces-Unies se dota d'une assemblée de délégués élus par les provinces (les états généraux), qui dirigeait les affaires communes et désignait un conseil d'État de 12 membres pour les questions militaires et financières. Un «grand pensionnaire» s'occupait des affaires courantes, et un stathouder du commandement militaire. Cependant, cette organisation donna lieu à de violents conflits entre les orangistes et la bourgeoisie urbaine républicaine. Les orangistes regroupaient la noblesse et les classes populaires, et étaient favorables à une restauration de la monarchie en faveur de la famille d'Orange qui détenait de façon quasi héréditaire le stathoudérat. Cette lutte qui entraîna l'exécution du grand pensionnaire Oldenbarnevelt* (1619) et les divisions religieuses entre partisans d'Arminius* et de Gomar*, s'acheva par la suppression du stathoudérat en 1702 à la mort de Guillaume* III. Tout au long du XVIIe s., les Provinces-Unies connurent un important développement économique, marqué par la croissance de la production manufacturière, la création d'un système bancaire moderne et une suprématie maritime et commerciale que seule l'Angleterre put leur contester (→ **Pays-Bas**). Cet essor permit celui d'une civilisation brillante et originale qui apporta une contribution majeure à la culture européenne, tant en philosophie (→ **Spinoza, Grotius**), en sciences (→ **Huygens, Van Leeuwenhoek**), qu'en art (→ **Rembrandt, Ruysdael, Vermeer**). Entraînée dans de nombreux conflits, notamment avec l'Angleterre et la France (→ **Hollande [guerre de]**), la République déclina au XVIIIe s. Surtout, la lutte entre le stathouder (poste rétabli en 1748) Guillaume* V et les patriotes gagnés aux idées de la Révolution française, s'acheva par l'intervention des Français en 1793, puis par la création de la République batave (1795), qui marqua la fin des Provinces-Unies (→ **Pays-Bas**).

Les **Provinciales** ♦ Titre traditionnel du recueil des dix-huit *Lettres* écrites par Pascal* à la demande d'A. Arnauld* et qui parurent anonymement (1656 - 1657) avant d'être réunies (1657) sous le titre de *Lettres écrites à un provincial par un de ses amis sur le sujet des disputes présentes en Sorbonne*. Pascal, prenant parti pour la rigueur janséniste, s'efforce de discréditer les jésuites en abordant successivement le débat théologique sur la Grâce (Lettres I à IV ; XVII et XVIII) et les problèmes moraux nés des abus de la casuistique (Lettres V à XVI). Cette œuvre polémique où l'éloquence passionnée succède progressivement à l'ironie connut un éclatant succès.

**PROVINS** [pʀɔvɛ̃] [77160] ➔ ÉTYM. → Provin ♦ Ch.-l. d'arr. de la Seine-et-Marne, sur la Voulzie. 11 667 hab. (aggl. 12 814) *(Provinois)*. La Ville-Haute est entourée de remparts des XIIe et XIIIe s. (porte Saint-Jean, tour aux Engins) ; dans l'enceinte : église Saint-Quiriace (XIe s., inachevée), le donjon ou tour César (XIIe s.), haut de 44 m, servant de clocher à l'église ; hôtel-Dieu (XIIe s.), remanié ; la Grange-aux-Dîmes (XIIe s.) ; musée du Provinois. Dans la Ville-Basse, église Saint-Ayoul (XIe s.) reconstruite aux XIIe et XIIIe s., remaniée aux XIVe et XVIe s. ; église Sainte-Croix, reconstruite au XVIe s. ; maisons et hôtels anc. ▪ Centre touristique et commercial. Carrières de terres réfractaires. Horticulture (roses). ▮ **Histoire** Anc. *Pruvinum*, Provins appartint aux comtes de Vermandois (Xe s.), puis aux comtes de Champagne (XIe s.) qui y résidèrent fréquemment et aidèrent à son développement. Des foires importantes se tinrent dans la ville en mai et en sept. jusqu'à la fin du XIIIe s.

**PROXIMA DU CENTAURE** ou **PROXIMA CENTAURI** ♦ Nom donné à l'étoile α Centaure C, la plus proche du système solaire. Magnitude 11,09 ; type spectral M5,5 ; distance 4,22 années-lumière. Elle forme, avec α Centaure A (appelée aussi Rigil Kentarus) et α Centaure B, un système stellaire triple.

**PRUDENCE** – en lat. ***Aurelius Prudentius Clemens*** ♦ Poète latin chrétien (Calahorra ou Saragosse 348 - v. 415). Auteur, entre 398 et 405, de deux livres *Contre Symmaque*, du *Cathemerinon* (12 hymnes « sur les heures de chaque jour »), du *Peristephanon* ou *Livre des couronnes* (14 hymnes sur des martyrs), de l'*Apotheosis*, de l'*Hamartigeneia* (« poème sur l'origine du péché »), de la *Psychomachia*, combat allégorique des vices et des vertus.

**PRUDHOMME (Monsieur Joseph)** ♦ Personnage créé par Henri Monnier* (et interprété par lui au théâtre) pour caricaturer le bourgeois français, désireux de suivre l'évolution de son siècle et persuadé qu'il possède des lumières en toutes choses alors qu'il est niais, conformiste et sentencieux.

**PRUD'HON (Pierre PRUDHON, dit Pierre-Paul)** ♦ Peintre français (Cluny 1758 - Paris 1823). Après des études à Paris et à Dijon, il séjourna de 1785 à 1788 à Rome ; il y découvrit l'art alexandrin et pompéien et y admira particulièrement Léonard de Vinci et le Corrège. De retour à Paris, il peignit de nombreux portraits (*Madame Anthony et ses enfants*, 1794) et des panneaux décoratifs pour l'hôtel de Lanois. Après sa rencontre avec Constance Mayer (1802), son art s'épanouit (*L'Impératrice Joséphine à la Malmaison*, 1805) et il traita surtout des thèmes allégoriques et mythologiques (*La Justice et la Vengeance divine poursuivant le Crime*, 1808 ; *Vénus et Adonis*, 1812). Si sa grâce élégiaque semble un héritage du XVIIIe s., la sensualité mélancolique et rêveuse de ses personnages, son goût pour les compositions en diagonale, les contours estompés, les éclairages lunaires aux tonalités argentines annoncent le romantisme *(Christ expirant sur la croix)*. ▪ *Illustrations :* → **Joséphine, Talleyrand.** ➔ ÉTYM. *Prud'hon* est une autre forme de *Prud'homme*.

**PRUS (Aleksander GŁOWACKI, dit Bolesław)** ♦ Écrivain polonais (Hrubieszów, Volhynie 1847 - Varsovie 1912). Après avoir pris part à l'insurrection polonaise de 1863, il se consacra au journalisme, puis à la littérature, et fut l'un des grands représentants du positivisme polonais. Contemporain de Sienkiewicz*, influencé par le positivisme européen et par Dickens*, chroniqueur spirituel de la vie varsovienne *(Chroniques hebdomadaires)*, il écrivit d'abord une série de nouvelles : *Anielka*, *Le Gilet*, *L'Orgue de Barbarie* où il traite avec humour de la psychologie des enfants, des déshérités, du pathétique quotidien. Il passa ensuite au roman de mœurs et d'actualité polonais : *L'Avant-Poste* (1886) sur la résistance des paysans à la colonisation germanique ; *La Poupée* (1890), vaste fresque sur la vie à Varsovie des différentes classes de la société polonaise paralysées par un capitalisme tout-puissant ; *Les Émancipées* (1894), qui traite de l'émancipation des femmes. *Le Pharaon* (1897) évoque les problèmes du pouvoir et de l'organisation de l'État dans l'ancienne Égypte (sans doute pour égarer les soupçons de la censure russe) et suggère l'inéluctabilité du progrès face aux problèmes sociaux. ➔ ÉTYM. Ce nom vient du polonais *prusak* « prussien », de *Prusy* « Prusse ».

**PRUSA** ou **PROUSA** – auj. ***Bursa*** ♦ Anc. ville de Bithynie* fondée par Prusias* Ier.

**PRUSIAS** ou **PROUSIAS Ier le Boiteux** ♦ Roi de Bithynie (v. –237 - –183). Il mena la guerre contre Byzance et Pergame et donna asile à Hannibal* en lutte contre Rome ; mais il ne put sauver son royaume qu'en livrant son hôte, qui s'empoisonna (–183).

**PRUSIAS II le Chasseur** ♦ Roi de Bithynie (v. –183 - –149). Après la défaite de son beau-frère Persée* à Pydna* (–168), il se rendit à Rome pour se mettre au service des Romains et se déshonora par sa bassesse. Rentré dans ses États, il reprit la guerre contre Attale* II qui le fit assassiner par son fils Nicomède* II.

**PRUSINER (Stanley B.)** ♦ Biologiste américain (Des Moines 1942). En 1982, il émit l'hypothèse que l'agent responsable des encéphalopathies spongiformes transmissibles (maladie de la vache folle, tremblante du mouton, maladie de Creutzfeldt-Jacob) est une protéine, qu'il baptisa prion *(proteinaceous infectious particle)*. Son caractère pathologique résulterait d'un changement de sa forme spatiale pouvant être transmis de protéine à protéine. Ce nouveau phénomène est en contradiction avec la génétique classique, où l'information ne peut être transmise sans intermédiaire des acides nucléiques (→ **J. Monod**). → **Gajdusek.** [Prix Nobel de physiol. ou méd. 1997]

**PRUSSE** n. f. – en all. ***Preussen*** ♦ Ancien État de l'Allemagne du Nord. L'État prussien, qui devait au XVIIIe s. constituer un royaume, après son rattachement au Brandebourg, eut pour noyau l'ancienne Prusse teutonique, située entre la Vistule et le Niémen. Successivement occupée par les Aestii (Ier s.), par les Goths (IIe, IIIe s.) et par une population balte, les Borusses ou Prussiens, elle résista aux tentatives de christianisation du Xe et du XIIIe s. : l'échec des cisterciens (Christian d'Oliva) et celui des Polonais entraînèrent l'intervention de l'ordre Teutonique* qui devait en un demi-siècle conquérir le pays. Les populations autochtones furent décimées et les chevaliers Teutoniques durent faire appel à une colonisation allemande et polonaise, tandis que la Hanse assurait la vie économique de la région qui atteignit au début du XVe s. une grande prospérité (épanouissement de villes comme Königsberg, Gdańsk, Kulm) et une remarquable organisation politique. Cependant, l'isolement politique de l'ordre des chevaliers Teutoniques, en marge de l'Empire, et les frictions qui se produisirent avec les populations allemandes eurent pour conséquence les victoires des Polonais et des Lituaniens à Grünwald (Tannenberg, 1410), et la décadence définitive de l'ordre Teutonique, qui dut reconnaître la suzeraineté polonaise. Sécularisée au XVIe s. par Albert de Brandebourg, grand maître ayant adhéré à la Réforme, la Prusse entra ainsi dans les possessions des Hohenzollern et passa en 1618 à Jean Sigismond, électeur de Brandebourg, avec lequel elle se trouva réunie (→ **Brandebourg**). Particulièrement éprouvée par la guerre de Trente* Ans, elle parvint pourtant à obtenir la Poméranie orientale au traité de Westphalie* (1648). Le XVIIe s. vit l'essor de sa puissance grâce à l'effort d'organisation et de développement du Grand Électeur Frédéric-Guillaume (→ **Frédéric-Guillaume**). Frédéric* III put ainsi obtenir la Couronne royale. L'armée qui devint véritablement, avec le Roi-Sergent Frédéric*-Guillaume Ier, le pilier de l'État, allait permettre à Frédéric II de porter la Prusse à son apogée en entreprenant la lutte avec les Habsbourg. → **Allemagne ; Frédéric II ; Succession d'Autriche (guerre de) ; Sept Ans (guerre de).** Malgré les apports territoriaux dus aux partages de la Pologne (entre 1740 et 1786, la Prusse passa de 120 000 à 200 000 km²), la médiocrité des successeurs de Frédéric II (Frédéric-Guillaume II, Frédéric-Guillaume III) entraîna la chute de la Prusse lors des bouleversements qui accompagnèrent la Révolution française et l'empire napoléonien (traité de Tilsit*, 1806). La Prusse devait cependant sortir grandie de cette crise : d'une part, le congrès de Vienne lui rendit son importance territoriale en lui donnant la plus grande partie de la Westphalie et de la Rhénanie et en l'orientant ainsi vers l'O. et les régions les plus riches d'Allemagne ; d'autre part, la défaite avait fait naître un puissant sentiment national qui la porta à la tête du mouvement de libération (Stein, Hardenberg, Scharnhorst) et en fit le champion de l'unité allemande, ce que symbolisa la création du Deutscher Zollverein* en 1828. Frédéric-Guillaume IV poursuivit néanmoins une politique conservatrice, conforme à celle de Metternich*, tint en échec la tentative de libéralisation de 1848 et refusa, toujours par antilibéralisme, de prendre la tête de la « Petite Allemagne » comme le lui offrait la diète de Francfort (→ **Allemagne**). Il dut en outre, devant l'opposition autrichienne, abandonner ses projets d'« Union restreinte », fondée sur l'union des princes (reculade d'Olmütz*, 1850). Guillaume* Ier et Bismarck* reprirent la conception de la « Petite Allemagne » et continuèrent la lutte contre l'Autriche en s'appuyant sur une armée réorganisée par Roon, et dont la puissance devint manifeste lors de la guerre des Duchés* et surtout de la guerre austro-prussienne (victoire de Sadowa*) sous la conduite de Moltke (1866). La guerre de 1870 devait achever l'unité allemande et désormais l'histoire de la Prusse se confondit avec celle de l'Allemagne. Symboliquement dissoute en 1947, la Prusse avait été amputée dès 1945 de tous ses territoires situés à l'E. de l'Oder.

**PRUSSE-ORIENTALE** n. f. – en all. *Ostpreussen* ♦ Prov. de l'anc. Prusse. CAP. : Königsberg*. D'abord *Prusse ducale*, elle reçut son nom en 1818. Elle fut partagée entre l'URSS et la Pologne en 1945 (conférence de Potsdam*). → **Prusse.**

**PRUSSE-RHÉNANE** n. f. → **Rhénanie**

**PRUSZKÓW** ♦ V. de Pologne, voïvodie de Mazovie. 55 462 hab. Indus. chimique et métallurgique (machines-outils).

**Prytanée** n. m. – ÉTYM. en gr. *Prutaneion*, de *prutanis* «chef, maître» ♦ Dans l'anc. Athènes, siège de la *prytanie* (commission exécutive de la boulê). C'est là qu'on recevait les hôtes publics, qu'on nourrissait les pensionnaires de l'État et qu'on entretenait le feu de l'Hestia.

**PRZEMYŚL** ♦ V. du S.-E. de la Pologne, voïvodie des Basses-Carpates, située sur le San, à proximité de la frontière ukrainienne. 66 968 hab. Évêché, nombreux monuments (cathédrale des XIVe - XVIe s. ; château des XIVe - XVIIe s., auj. en ruine). ▪ Indus. métallurgique, chimique et textile. ▮ **Histoire** Anc. place forte de la Galicie occidentale, attribuée à l'Autriche en 1792, elle fut disputée entre Russes et Autrichiens, durant la Première Guerre mondiale.

**PRZYBOŚ (Julian)** ♦ Poète et critique polonais (Gwoźnica 1901 - Varsovie 1970). D'une famille paysanne, il fut lié au groupe des peintres abstraits géométriques polonais. Chef de file de l'avant-garde poétique, il publia *Les Vis* (1925) et *Avec les deux mains* (1926), puis aborda des sujets sociaux en prônant une poétique minimaliste : *L'Équation du cœur* (1938), *Tant que nous vivrons* (1944), *Le Lancé vertical* (1952). Il est également l'auteur d'un essai : *En lisant Mickiewicz*.

**PRZYBYSZEWSKI (Stanisław)** ♦ Écrivain polonais (Łojewo, près d'Inowrocław 1868 - Jaronty 1927). Il passa plusieurs années à Berlin, où il fut lié aux personnalités de l'expressionnisme naissant (Strindberg, Munch), puis s'installa à Cracovie où il dirigea le journal de la jeune Pologne littéraire, *La Vie*, qui exerça une grande influence sur plusieurs écrivains polonais, russes, tchèques. Auteur d'études sur Chopin, Nietzsche, Hansson, marquées par les conceptions esthétiques de Taine, Przybyszewski fut avant tout un des maîtres de la littérature satanique. Attiré très tôt par des auteurs comme Huysmans, Barbey d'Aurevilly, il a exprimé dans ses récits, ses romans et ses drames (écrits en allemand et traduits par lui-même en polonais) les désirs, les rêves et les angoisses des profondeurs de l'inconscient, cherchant à créer un univers fantastique peuplé de démons, de vampires (*Messe des morts*, 1893 ; *Vigiles*, 1895 ; *Homo sapiens*, 1895 - 1897 ; *De profundis*, 1896 ; *Enfants de Satan*, 1897).

**PS** n. m. → **socialiste (Parti)**

**PSAMMÉTIQUE** ou **PSAMMÉTIK** ♦ Nom de trois pharaons de la XXVIe dynastie saïte. ♦ **PSAMMÉTIQUE Ier**. Prince de Saïs*, fondateur de la XXVIe dynastie (v. -663 - -609). Il réunifia l'Égypte et refit de Memphis la capitale de l'empire. Il rejeta le protectorat assyrien et chassa définitivement les Éthiopiens de Haute-Égypte. Son règne vit le début de l'hellénisation du pays avec la fondation de la colonie grecque de Naucratis*. ♦ **PSAMMÉTIQUE II.** Troisième pharaon de la XXVIe dynastie (v. -594 - -588), fils et successeur de Néchao* II. Il fit campagne en Nubie et en Éthiopie. ♦ **PSAMMÉTIQUE III.** Sixième et dernier pharaon de la XXVIe dynastie (v. -525), fils d'Amasis*. Il fut vaincu et mis à mort par Cambyse* après six mois de règne, et l'Égypte passa sous la domination des Perses.

**PSAMMOUTHIS** ♦ Deuxième pharaon de la XXIXe dynastie mendésienne (v. -391), successeur de Néphéritès* Ier.

**Psaumes (Livre des)** ♦ Livre de la Bible (Écrits*), traditionnellement attribué au roi David*. Il s'agit d'un recueil de 150 poèmes chantés, de dénominations diverses, dont 72 sont nommément attribués à David, d'autres à divers personnages (2 à Salomon*, 1 à Moïse*). On y distingue cinq parties (correspondant au Pentateuque*), dont la réunion fait apparaître un dialogue entre l'homme et Dieu. De ce fait, le Psautier est un des textes les plus utilisés dans les liturgies juive et chrétienne ; c'est le plus représenté dans la bibliothèque de Qumrân*. ▪ Les textes y étant découpés différemment, il y a un décalage de numérotation entre les Bibles grecque et latine et la Bible hébraïque (et les traductions modernes) ; la Septante* comprend un Psaume 151 que l'on a retrouvé en hébreu à Qumrân. Il existe des Psaumes de Salomon apocryphes*.

**PSELLOS (Michel)** ♦ Écrivain et homme d'État byzantin (Nicomédie 1018 - apr. 1078). Politicien ambitieux et intrigant, il eut les faveurs de plusieurs empereurs. Il fut le plus grand rénovateur de la culture byzantine. À l'encontre de l'aristotélisme et du mysticisme dominant la pensée chrétienne, il restaura la philosophie platonicienne et le néoplatonisme. Son enseignement à l'école de Constantinople et ses traités philosophiques tentèrent de rationaliser le christianisme et de l'associer à la pensée hellénique. Son goût des lettres grecques contribua à la renaissance littéraire sous les Comnènes. La diversité de ses intérêts est étonnante : philosophie, théologie, histoire, rhétorique, polémique, littérature, sciences. Parmi ses nombreux ouvrages, citons la *Chronographie*, chronique de 976 à 1077, d'un grand intérêt historique, les *Oraisons funèbres*, l'*Enseignement varié* et sa *Correspondance*.

**PSEUDO-DENYS** ♦ Nom donné par les modernes à un écrivain grec anonyme (Ve - VIe s.) dont les ouvrages ont longtemps été attribués, à tort, à Denys l'Aréopagite. Il s'agit de synthèses chrétiennes d'inspiration néoplatonicienne : *Hiérarchie céleste*, *Hiérarchie ecclésiastique*, *Noms divins*, *Théologie mystique*.

**PSICHARI (Jean)** ♦ Linguiste et écrivain français d'origine grecque (Odessa 1854 - Paris 1929). Avec un récit, *Mon voyage* (1888), et ces travaux scientifiques, il fut le promoteur et le premier polémiste du mouvement vulgariste de la prose néogrecque. Il prouva la richesse de la langue démotique et sa légitimité historique, en tant que développement ininterrompu du grec ancien, régi par des lois phonétiques et morphologiques. Sa femme était la fille d'E. Renan.

**PSICHARI (Ernest)** ♦ Officier et écrivain français (Paris 1883 - Saint-Vincent-Rossignol, près de Virton, Belgique 1914). Fils de Jean Psichari* et petit-fils de Renan, il se lia d'amitié avec C. Péguy. Engagé dans l'artillerie (1903), il servit au Congo, puis en Mauritanie. Converti au catholicisme, il fut tué au début de la Première Guerre mondiale (alors qu'il avait décidé d'entrer chez les Dominicains). Œuv. princ. : *L'Appel des armes* (contre l'humanitarisme pacifiste, 1913), *Le Voyage du centurion* (récit de son évolution spirituelle, publ. 1916).

**PSKOV** – ÉTYM. de *Plskow*, n. de riv. (du slave *pleso* «étang») ♦ V. de Russie, ch.-l. de région, sur la Vélikaïa, près de son embouchure dans le lac Tchoudsk (Peïpous*). 202 700 hab. Le Kremlin de Pskov est l'un des plus beaux vestiges du Moyen Âge russe. Cathédrale du monastère Ivanovski (fin XIIe - début XIIIe s.). Monastère Mirojski (XIIe s.). Anc. maisons des Menchikov. Musée d'Art et d'Histoire abritant notamment une coll. d'icônes de l'école de Pskov, qui connut son apogée aux XIVe et XVe s., et caractérisée par la dominance des tons rouge et vert et un certain dépouillement. ▪ Centre d'une région de culture du lin. Indus. métallurgique et mécanique. Matériaux de construc. Nœud ferroviaire. ▮ **Histoire** L'une des plus anciennes et des plus importantes cités de la Russie, d'abord principauté indépendante rivale de Novgorod, elle fut annexée en 1510 à l'État moscovite par Vassili III.

**PSOUSENNÈS Ier** ♦ Pharaon de la XXIe dynastie tanite, successeur de Smendès* (v. -1054 - -1009). Il régna sur le Delta. Il a été mis à l'honneur par la découverte que fit P. Montet de sa tombe (dont la richesse est comparable à celle de Toutânkhamon), à Tanis*, en 1940 ; outre la sépulture de Psousennès, elle renfermait celle de trois autres personnages : un des généraux du pharaon, Aménophis (XXIe dynastie) et un Chéchonq*.

**PSU** n. m. → **socialiste unifié (Parti)**

**PSYCHÉ** [psiʃe] – ÉTYM. en gr. *Psukhê* «l'Âme» ♦ Personnification de l'âme et héroïne du célèbre conte d'Apulée dans les *Métamorphoses (L'Âne d'or)*. Persécutée par Aphrodite, jalouse de sa beauté, elle est aimée par l'Amour (→ **Éros**). Mais ayant péché par curiosité et doute, elle perd son amant divin et devient esclave d'Aphrodite qui la soumet à de dures épreuves. Enlevée enfin par l'Amour, elle devient immortelle et vit dans l'éternelle félicité de l'amour. Symbole de l'âme à la recherche de son idéal, ou de la purification de l'âme déçue et sauvée par l'amour, le personnage de Psyché a inspiré longtemps la littérature et l'art.

**Psyché** ♦ Tragédie-ballet en 5 actes et en vers libres de Molière*, Corneille* et Quinault*, sur une musique de Lully (1671). Quinault écrivit les parties chantées, Molière le plan, le prologue et le premier acte, et Corneille le reste. La pièce fut créée pour une fête de Versailles.

**Psychose** – en angl. *Psycho* ♦ Film américain d'Alfred Hitchcock* (1960), avec Anthony Perkins, Janet Leigh. Une voleuse en fuite tombe dans les griffes d'un gérant de motel psychopathe, vivant en reclus dans un chalet en compagnie d'une mère criminelle qui n'est autre que... lui-même. Hitchcock adapte ici fidèlement, et avec maîtrise, un excellent roman de terreur de Robert Bloch, lui-même inspiré d'un fait divers authentique. La fameuse séquence du meurtre sous la douche, qui ne dure que 45 secondes à l'écran, a nécessité un tournage d'une semaine et soixante-dix positions de la caméra, chaque plan ayant été minutieusement dessiné au préalable. C'est un morceau de pure violence, ponctué par la musique de Bernard Herrmann.

**PTAH** – ÉTYM. de l'égypt. *ptah* «demander» ou «ouvrir» ♦ Dieu égyptien représenté sous forme humaine, la tête rasée, et serré dans une gaine comme une momie. À l'origine, divinité locale de Memphis* (-IIIe millénaire), il y était adoré comme le créateur du monde qui avait donné naissance par son Verbe à huit dieux (l'Ogdoade) dont Atoum*, sa pensée, et Thot*, sa langue. Patron des artisans, il fut identifié par les Grecs à Héphaïstos*. Ayant plus tard absorbé la personnalité d'Osiris*, il constitua avec la déesse Sekhmet* et le dieu Néfertoum une triade familiale.

**PTOLÉMAÏS** ♦ Nom de plusieurs villes anc. fondées ou embellies par les Ptolémée*. Ptolémaïs de Phénicie (auj. Acre) ; Ptolémaïs Hermu (auj. Menchiyeh), ville d'Égypte sur le Nil, fondée par Ptolémée Ier, qui fut un important foyer d'hellénisme en Haute-Égypte ; Ptolémaïs Thérôn (auj. Ras al-Dabir), port sur la mer Rouge ; Ptolémaïs (auj. Tolmeita), sur la côte O. de Cyrénaïque.

**PTOLÉMÉE** ÉTYM. en gr. ***Ptolemaios*** «le belliqueux», de *ptolemos*, forme poétique de *polemos* «bataille, guerre» ♦ Nom de quinze souverains macédoniens qui régnèrent en Égypte de -323 à -30. C'est pendant cette période que furent agrandis ou mis en chantier les grands temples d'Edfou*, Philae*, Dendérah*, Esna* et Kom* Ombo. ♦ **PTOLÉMÉE Ier Sôter** «le Sauveur» (-367 - -283). Roi d'Égypte (-323 - -285). Fils de Lagos (→ **Lagides**), il fut un des principaux généraux d'Alexandre* le Grand et reçut l'Égypte en partage à la mort de ce dernier (-323). Entré en rivalité avec les successeurs d'Alexandre, il s'allia à Séleucos* Ier contre Antigonos* Monophthalmos et battit le fils de celui-ci, Démétrios* Ier Poliorcète, à Gaza (-313). La bataille d'Ipsos* (-301) lui permit d'établir sa domination sur la Palestine, la Cœlésyrie et Chypre. À l'intérieur, il organisa administrativement le pays, y introduisit le culte de Sérapis* et fonda en Haute-Égypte la ville de Ptolémaïs* qui supplanta Memphis*. Il établit sa capitale à Alexandrie* et donna à la ville un essor intellectuel et commercial considérable ; il y fit construire le musée et la bibliothèque (→ **Démétrios de Phalère**). ♦ **PTOLÉMÉE II Philadelphe** «qui aime sa sœur» (-308 - -246). Fils et successeur du précédent (-285 - -246). Il mena victorieusement deux guerres contre Antiochos* Ier et maria sa fille Bérénice* à Antiochos* II. Il défendit la liberté des Hellènes contre les Macédoniens (→ **Antigonos**). Marié d'abord à Arsinoé* Ire, fille de Lysimaque*, il la répudia pour épouser sa propre sœur Arsinoé* II, veuve de Lysimaque. Le frère et la sœur furent déifiés en tant que *theoi adelphoi* «les frère et sœur divins». C'est sous son règne que les Septante* auraient traduit l'Ancien Testament en grec. ♦ **PTOLÉMÉE III Évergète Ier** «le Bienfaiteur». Fils et successeur du précédent (v. -246 - -221). Il réunit la Cyrénaïque à l'Égypte par son mariage avec Bérénice*, fille du roi de Cyrène, puis soutint contre Séleucos* II la guerre de Syrie ou guerre de Laodice (-246 - -241), qui le rendit maître de toute une partie de l'Asie occidentale jusqu'à Babylone et porta le royaume ptolémaïque à l'apogée de sa puissance. ♦ **PTOLÉMÉE IV Philopator** «qui aime son père» (-238 - -205). Fils et successeur du précédent (-221 - -205). Faible et débauché, il fit massacrer toute sa famille et laissa la responsabilité du pouvoir à son ministre Sosibios. Il remporta cependant une importante victoire sur Antiochos* III en Palestine, à Raphia (-217), mais n'en laissa pas moins décliner la puissance lagide. ♦ **PTOLÉMÉE V Épiphane** «l'Illustre» (v. -210 - -181). Fils de Ptolémée IV, il succéda à son père à l'âge de cinq ans (v. -205 - -181) et sa tutelle fut confiée au sénat romain. Il laissa Antiochos* III attaquer l'Égypte et, par la victoire du Panion (-200), s'emparer de la Syrie et de la Palestine. L'empire lagide indépendant s'effondrait et passait sous la domination de Rome. ♦ **PTOLÉMÉE VI Philométor** «qui aime sa mère» (v. -186 - -145). Fils et successeur du précédent (-181 - -145), il gouverna longtemps sous la régence de sa mère Cléopâtre. Fait prisonnier en -170 par Antiochos* IV, qui avait envahi l'Égypte, il fut remplacé sur le trône par son frère Ptolémée VII Évergète II, puis rétabli par le sénat romain (-164). Désormais les deux frères ne cessèrent de se disputer le pouvoir. ♦ **PTOLÉMÉE VII Évergète II.** Frère de Ptolémée VI auquel il succéda (-170 - -163 et -145 - -116). Il monta sur le trône en -170 quand son frère fut fait prisonnier par Antiochos IV, partagea le pouvoir avec lui à son retour pendant quelques années et finit par le chasser. Ptolémée VI fit alors appel à Rome qui décida que Ptolémée VIII régnerait sur la Cyrénaïque constituée en royaume indépendant (-163). À la mort de son frère, Ptolémée VII remonta sur le trône d'Égypte après avoir fait assassiner son neveu Ptolémée VIII. Après sa mort, l'empire lagide perdit pour toujours son unité. ♦ **PTOLÉMÉE VIII Néos Eupator** «né d'un père illustre». Fils de Ptolémée VI. Il partagea le pouvoir avec son père (-145) et fut assassiné par son oncle Ptolémée VII. ♦ **PTOLÉMÉE Apion** «le Maigre». Fils de Ptolémée VII, roi de Cyrénaïque (-116 - -96). ♦ **PTOLÉMÉE IX Sôter II** (v. -142 - -80) et **PTOLÉMÉE X ALEXANDRE Ier** (? - -88). Fils de Ptolémée VII, ils se succédèrent sur le trône d'Égypte de -116 à -80, Ptolémée IX régna d'abord avec sa mère Cléopâtre III en Égypte de -116 à -107, alors que Ptolémée X gouvernait Chypre. En -107, Cléopâtre chassa Ptolémée Sôter et Alexandre régna seul en Égypte jusqu'en -89. Sôter revint au pouvoir après la fuite de son frère (-88) et gouverna les royaumes de Chypre et d'Égypte réunis. ♦ **PTOLÉMÉE XI ALEXANDRE II.** Fils de Ptolémée X Alexandre Ier. Il fut imposé comme roi d'Égypte par Sylla* à la mort de Ptolémée IX (-80) et assassiné par les Alexandrins après vingt jours de règne. Il fut le dernier de la lignée authentique. ♦ **PTOLÉMÉE XII Philopator Philadelphe Néos Dionysos**, dit **Aulète le joueur de flûte.** Roi d'Égypte (-80 - -58 et -55 - -51). Fils naturel de Ptolémée IX, il monta sur le trône à la mort de Ptolémée XI, mais ne fut pas reconnu par Rome. Il laissa les Romains s'emparer de Chypre, ce qui lui valut la haine des Égyptiens et l'exil (-58 - -55). Il se réfugia auprès des Romains qui le rétablirent au pouvoir. Il mourut trois ans plus tard laissant le trône à son fils Ptolémée XIII âgé de dix ans et à sa fille Cléopâtre* VII âgée de dix-sept ans. ♦ **PTOLÉMÉE XIII Philopator.** Fils et successeur du précédent (-51 - -47). Il épousa sa sœur Cléopâtre VII qu'il chassa d'Alexandrie et fit assassiner Pompée* (-48) pour se concilier les faveurs de César*. Mais ce dernier lui imposa le retour au pouvoir de la reine qui était devenue sa maîtresse. Ptolémée s'enfuit et mourut en combattant César*. ♦ **PTOLÉMÉE XIV Philopator.** Fils de Ptolémée XII et frère de Ptolémée XIII auquel il succéda à l'âge de onze ans (-47 - -44). Il épousa sa sœur Cléopâtre VII qui le fit tuer trois ans plus tard. ♦ **PTOLÉMÉE XV Philopator Caesar,** dit **Césarion** (-47 - -30). Fils de César et de Cléopâtre VII avec laquelle il gouverna (-44 - -30). Il fut assassiné sur l'ordre d'Octave (Auguste*).

**PTOLÉMÉE Kéraunos** ÉTYM. «la Foudre» ♦ Roi de Macédoine (-281 - -279). Dépossédé par son père Ptolémée* Ier au profit de son demi-frère, Ptolémée* II, il quitta l'Égypte pour se réfugier auprès de Lysimaque* puis de Séleucos* Ier qu'il poussa à s'emparer des possessions de Lysimaque. Après la défaite et la mort de ce dernier, Kéraunos assassina Séleucos* Ier, épousa Arsinoé* II et se fit proclamer roi de Macédoine. Il fut tué au cours d'une campagne contre les Celtes.

**PTOLÉMÉE (Claude)** – en gr. ***Ptolemaios*** ♦ Astronome, mathématicien et géographe grec (probablement Ptolémaïs Hermiu v. 90 - Canope v. 168). Un des astronomes antiques les plus connus, auteur d'un système géocentrique du monde qui fit autorité jusqu'au XVIe s., il fit ses observations à Alexandrie de 127 à 141. Son activité nous est connue uniquement par ses œuvres dont il faut surtout retenir la *Syntaxe mathématique* (ou *Almageste**), exposé complet du système astronomique dit *de Ptolémée*. Il y résume toutes les théories acquises, notamment celle d'Hipparque*, ainsi que les connaissances en trigonométrie plane et sphérique de l'époque (où son apport personnel concerne surtout les méthodes de calcul des cordes). En astronomie Ptolémée décrit les mouvements du Soleil et de la Lune (pour laquelle il serait le premier à avoir remarqué certaines irrégularités) et surtout les planètes. Dans le fameux *système de Ptolémée*, elles sont toutes animées d'un double mouvement : elles décrivent de petits cercles (les épicycles) dont les centres tournent autour de la Terre sur un grand cercle (le déférent). La Terre est immobile au centre de l'Univers. On doit à Ptolémée plusieurs autres livres : la *Tétrabible*, canon de l'astrologie hellénistique qu'il différenciait nettement de l'astronomie ; le *Guide géographique* dans lequel il décrit quatre procédés de projection, beaucoup plus scientifiques que celui de Marin* de Tyr, et qui peut être considéré comme le premier traité de géographie mathématique. Ses autres ouvrages, même s'ils n'apportent que peu de nouveau, constituent des sortes d'encyclopédies des connaissances antérieures. Ainsi l'*Optique* étudie systématiquement les lois de la réflexion, les miroirs et le phénomène de la vision déjà connus, mais donne en revanche un apport original concernant la réfraction. Un traité d'acoustique, les *Harmoniques*, contient les diverses théories musicales, critiquées et développées. Ptolémée construisit également des instruments d'astronomie, dont l'astrolabe qui porte son nom, et des globes célestes.

Claude **Ptolémée,** miniature d'un manuscrit grec du XVIIe s. Bibliothèque nationale de France, Paris. *BIS/Phot. © Coll. Archives Nathan*

**PUBLICOLA** – en lat. ***Publius Valerius Publicola*** ♦ Homme politique romain (mort v. -503), un des fondateurs de la république, selon la tradition. Ami du peuple, il abandonna la riche maison qu'il possédait sur le

Palatin, fit distribuer les biens des Tarquins et donna à tous les citoyens le droit d'en appeler au peuple des sentences des consuls *(lex Valeria)*.

**PUBLIER** [74500] ➝ ÉTYM. du franco-prov. *pèble, puble* «peuplier» ♦ Comm. de la Haute-Savoie, arr. de Thonon-les-Bains, près du lac Léman. 4 954 hab. À Amphion-les-Bains, station touristique en bordure du lac, usine d'embouteillage d'eau minérale.

**PUBLILIUS PHILO** – en lat. *Quintus Publilius Philo* ♦ Homme politique romain (mort apr. –315). Premier préteur plébéien (–337), il fut nommé consul en –339 et fit voter les *leges publiliae* qui accordaient de nombreux avantages à la plèbe.

**PUCALLPA** ♦ V. du Pérou, sur le fleuve Ucayali, ch.-l. du dép. d'Ucayali. 204 772 hab. Relais routier et étape fluviale entre l'Amazonie et les Andes. Exploitation du bois et scieries.

**PUCCINI (Giacomo)** ♦ Compositeur italien (Lucques 1858 - Bruxelles 1924). Issu d'une famille de musiciens, il fut d'abord organiste. Devenu l'élève de Ponchielli, il se consacra à l'opéra et connut son premier succès avec *Manon Lescaut* (1893). Doué d'un sens très vif du théâtre lyrique, capable de trouvailles harmoniques audacieuses, il fit représenter ensuite trois ouvrages qui devaient connaître une extraordinaire popularité : *La Bohème* (1896), *Tosca** (1900), *Madame* Butterfly* (1904), chefs-d'œuvre du vérisme. Il composa encore *La Fanciulla del West* (1910), *Gianni Schicchi*, opéra bouffe (1918) et *Turandot**, opéra achevé par F. Alfano (1926). Ces œuvres ont suscité l'admiration de Schoenberg et de R. Leibowitz pour la qualité expressive de leur écriture vocale et la richesse de leur orchestration. Puccini est aussi l'auteur de pièces de musique religieuse, symphonique et de chambre, ainsi que de mélodies. ➝ ÉTYM. *Puccini* est l'aphérèse de l'italien *Iacopuccio* (de *Iacopo* «Jacques») ou de *Filippuccio* (de *Filippo* «Philippe»).

**PUCELLE (Jean)** ♦ Enlumineur français (mort à Paris, 1334). Il semble avoir dirigé à Paris un célèbre atelier d'enluminures pendant une trentaine d'années. Ses œuvres les plus originales sont le *Bréviaire de Belleville* (1323 - 1326 ?) et un *Livre d'heures* probablement enluminé pour la reine Jeanne d'Évreux entre 1325 et 1328. Son œuvre contribua à la renommée de la miniature parisienne au XIVe s. Son graphisme d'une élégance raffinée et son sens narratif, plein de verve et de fantaisie, s'inscrivent dans la tradition de l'enluminure gothique. Mais les innovations iconographiques, l'attention portée au modelé, l'introduction des nouvelles découvertes toscanes d'ordre spatial en font l'un des principaux initiateurs du gothique international.

**PUEBLA** ➝ ÉTYM. n. indien «devant les serpents venimeux» ♦ V. du Mexique central, cap. de l'État de Puebla, au pied du Popocatépetl, au S. de Mexico. 1 399 519 hab. Somptueuses églises et palais de l'époque coloniale. Cathédrale (XVIe - XVIIe s.). Univ. ▪ Centre commercial et l'un des plus grands centres indus. du pays (indus. textiles [coton et laine], métallurgiques, chimiques, automobiles). Non loin, la ville et le site de Cholula*. ▮ **Histoire** La ville fut fondée en 1531. Elle fut le théâtre de nombreux combats : le 5 mai 1862, le corps expéditionnaire français de Lorencez y fut repoussé par les Mexicains. L'anniversaire de cette victoire est devenu fête nationale au Mexique. La ville fut occupée en mai 1863 par les troupes françaises de Forey. ➝ **Mexique (guerre du)**. ♦ ***État de Puebla*** Il s'étend sur les hautes terres montagneuses (➝ **Mixteca**) entre les sierras Madre. 33 902 km². 5 383 133 hab. (forte densité). Cultures de canne à sucre, café, coton ; céréales. Le río Balsas y prend sa source.

**PUEBLO** ♦ V. des États-Unis (Colorado), sur l'Arkansas, à plus de 1 400 m d'alt. 102 121 hab. Centre agricole, dans une région irriguée, et centre indus. à proximité de mines de charbon.

**PUEBLO BONITO** ♦ Site archéologique des États-Unis (Nouveau-Mexique), construit entre 919 et 1067 par les Anasazis, ancêtres des Indiens hopis actuels (➝ **Pueblos**). Il comporte 800 pièces regroupées autour de chambres cérémonielles semi-souterraines *(kiva)* et abrita plus de 1 200 personnes qui vivaient de l'agriculture et de la chasse. La ville, couvrant 1,5 ha, fut abandonnée v. 1300 après une période de sécheresse et redécouverte en 1920.

**PUEBLO(S)** n. m. (pl.) ➝ ÉTYM. esp. «village(s)» ♦ Terme désignant à la fois un certain type de villages indiens du S.-O. des États-Unis (Arizona, Nouveau-Mexique) et les peuples qui les habitent. Les maisons, construites en briques de terre séchées au soleil, s'élèvent les unes sur les autres sans autre accès que des échelles, faciles à retirer en cas d'attaque. Les Pueblos sont les descendants des Anasazis et des Mogollons dont ils ont hérité les traits culturels : architecture, agriculture, poterie, vannerie, vie sédentaire et chasse. Avant l'arrivée des Espagnols, le tissage était l'œuvre des hommes, et les femmes étaient potières. Les Pueblos se sont toujours opposés aux Européens et ont subi des répressions sanglantes, mais ils ont réussi à conserver leurs langues et, souvent, leur mode de vie. La vie religieuse se déroule encore de nos jours dans la *kiva*, chambre cérémonielle semi-souterraine, et sur la place du village. Ils sont répartis en plusieurs peuples (Hopis dans l'O. de l'Arizona, Zuñis au Nouveau-Mexique, Pueblos du Rio Grande). Beaucoup parmi ces derniers sont des potiers de réputation mondiale. ➝ **Mesa Verde, Pueblo Bonito.**

**PUERTO AISÉN** ♦ Port du Chili, sur le fjord formé par le rio Aisén. 13 000 hab. Produits frigorifiques (viande) et laiterie.

**PUERTO BARRIOS** ♦ Port du Guatemala, construit par la United Fruit Company, au fond du golfe du Honduras (mer des Antilles). 81 078 hab. Il assure, avec son extension Puerto Santo Tómas de Castilla, l'essentiel du commerce extérieur sur la côte atlantique (importation de pétrole, exportation de bananes et de café). Tête de ligne du chemin de fer interocéanique.

**PUERTO BOLÍVAR** ♦ Port de Colombie sur l'Atlantique créé en 1985 pour l'exportation de la houille de la mine de El Cerrejón et pouvant recevoir des minéraliers de 250 000 t.

**PUERTO CABELLO** ♦ V. du Venezuela (État de Carabobo), au pied de la cordillère Caraïbe, sur la mer des Caraïbes. 154 000 hab. Premier port du pays. Indus. agroalimentaires. Constructions navales et raffineries. Exportation de café et de cacao.

**PUERTO CORTÉS** – anc. *Puerto Caballos* ♦ Princ. port du Honduras, situé sur le golfe du Honduras (mer des Antilles). 90 161 hab. Port d'exportation de San* Pedro Sula vers les États-Unis (bananes, café, ananas).

**PUERTO DE SANTA MARÍA** ou **EL PUERTO** ♦ V. d'Espagne (Andalousie), prov. de Cadix, sur la rive g. du Guadalete. 85 117 hab. Église gothique Mayor Prioral (XIIe s.). Castillo de San Marcos. ▪ Station balnéaire.

**PUERTO GUAIRA** ou **GUAYRA** ♦ Loc. du Paraguay, à la frontière brésilienne, sur le fleuve Paraná. Le projet de retenue de Gayra (3 400 km²), deux fois plus vaste que celle d'Itaipú, est destiné à pallier les effets du colmatage de cette dernière.

**PUERTO LA CRUZ** ♦ V. et port du Venezuela (État d'Anzoátegui), sur la mer des Caraïbes. 199 000 hab. Exportation et raffinage de pétrole. Activité touristique.

**PUERTO LIMÓN** ou **LIMÓN** ♦ V. du Costa Rica, ch.-l. de la prov. de Limón*, sur la côte caraïbe. 60 298 hab. Port créé par les compagnies bananières américaines. Exportation de bananes et d'ananas.

**PUERTOLLANO** ♦ V. d'Espagne (Castilla-La Mancha), prov. de Ciudad Real. 50 838 hab. Important bassin houiller. Indus. chimique florissante (schistes bitumineux).

**PUERTO MALDONADO** ♦ V. du Pérou, cap. du dép. Madre de Dios sur le río Madre de Dios. 56 382 hab. Centre commercial d'une région d'élevage et de bois. Centre touristique pour l'Amazonie.

**PUERTO MONTT** ➝ ÉTYM. esp. «Port Montt», du n. de Manuel *Montt**, président du Chili lors de la fondation de la ville, en 1853 ♦ V. du Chili, cap. de la région admin. de Los Lagos, à l'extrémité S. de la Vallée centrale, au bord de la mer intérieure de Chiloé. 156 000 hab. Point de départ de la route australe qui dessert la Patagonie chilienne. Port de pêche. Centre commercial d'une région forestière et agricole.

**PUERTONUEVO DEL TERRIBLE** ➝ **Peñarroya-Pueblonuevo**

**PUERTO ORDAZ** ➝ **Ciudad Guayana**

**PUERTO RICO** ➝ **Porto Rico**

**PUFENDORF (Samuel, baron VON)** ♦ Historien, juriste et philosophe allemand (Chemnitz, Saxe 1632 - Berlin 1694). À la suite de son ouvrage *Éléments de jurisprudence universelle*, il enseigna le droit à l'université de Heidelberg, puis à celle de Lund (Suède) en raison du scandale que ses critiques contre le Saint Empire provoquèrent (*Situation de l'Empire germanique*, 1667). Son traité, *Du droit de la nature et des gens* (1672), fait du contrat social la base rationnelle de l'État.

**PUGET (Pierre)** ♦ Sculpteur, peintre et architecte français (Marseille 1620 - *id.* 1694). Fils d'un maître maçon, il se forma dans un atelier de construction de galères, puis se rendit en Italie où il devint l'aide de Pierre* de Cortone, collaborant notamment à la décoration peinte du palais Barberini à Rome et du palais Pitti à Florence. Sa première œuvre sculptée importante fut les *Atlantes* du portail de l'hôtel de ville de Toulon (1656 - 1657) où, par-delà les influences de Michel*-Ange et du Bernin* s'affirme un tempérament original. Un *Hercule*, réalisé pour le marquis de Bernardin, lui valut une commande de Fouquet : *Hercule gaulois au repos*. La disgrâce de Fouquet l'incita à demeurer à Gênes où il travaillait alors ; il y exécuta de nombreuses œuvres religieuses *(Saint Sébastien)* qui font de lui l'un des plus puissants sculpteurs baroques après le Bernin. Il aimait les compositions ouvertes, les ruptures d'équilibre, insistait sur le rendu anatomique et recherchait le mouvement expressif. Revenu en France en 1667, il dirigea les ateliers de décoration navale à Toulon, réalisa de nombreuses figures de poupe, donna aussi des projets architecturaux et entreprit les groupes de *Milon de Crotone* (1683) et de *Persée délivrant Andromède* (1684). Malgré leur violence expressive peu en accord avec l'esthétique classique prônée par l'Académie, ces œuvres furent placées dans le parc de Versailles. Pourtant, tempérament indépendant et ombrageux, Puget ne sut conserver la faveur de la cour ; il fut en butte à des rivalités et vit ses ambitieux projets refusés (place Royale à Marseille). Ses deux dernières œuvres importantes, les reliefs *Alexandre et Diogène* (1671 - 1693) et *Charles Borromée priant*

Pierre **Puget.**
*Milon de Crotone*
(270 × 140 × 80 cm).
Musée du Louvre, Paris.
*Phot. © Lauros-Giraudon*

s'inscrivent dans la même veine pathétique et mouvementée. Peu compris en France par ses contemporains, il fut reconnu par les romantiques, dont il peut paraître à bien des égards le précurseur. ◆ **ÉTYM.** Ce nom vient de l'occitan *puget* « petite colline ».

**PUGET SOUND** n. m. ♦ Détroit et profond golfe (fjord) sur la côte américaine du Pacifique (État de Washington). Sur 560 km du N. au S., il sépare l'île de Vancouver du Canada (80 km de large) et, après le détroit de San Juan de Fuca sur lequel il s'ouvre à l'O., s'enfonce en se rétrécissant entre la chaîne des Cascades* à l'E. et les monts Olympus à l'O. Il possède 3 800 km de côtes. Les villes d'Everett, Seattle, Tacoma sont situées sur ses bords, et son importance économique est considérable. → **Washington.**

**PUGET-SUR-ARGENS** [83480] ◆ **ÉTYM.** de l'occit. *puget* « petite colline » ♦ Comm. du Var, arr. de Draguignan. 6 368 hab. Viticulture. Fruits.

**PUGNO (Raoul)** ♦ Pianiste français (Montrouge 1852 - Moscou 1914). Élève de l'école Niedermeyer, puis du Conservatoire de Paris, où il fut par la suite professeur, il fit une carrière de pianiste virtuose, en partie avec E. Ysaye. Compositeur, il a laissé des pièces pour piano, un oratorio, un ballet et une douzaine d'opérettes.

**PUIG (Manuel)** ♦ Écrivain argentin (General Villegas, prov. de Buenos Aires 1932 - Cuernavaca, Mexique 1990). En réaction contre la médiocrité de son adolescence dans une petite ville de la pampa argentine, il se laissa fasciner par le cinéma hollywoodien et s'initia à la mise en scène en Italie. Mais, conscient de faire fausse route, il opta finalement pour la littérature cherchant à introduire dans l'écriture romanesque la culture moderne des médias, qu'il décrypta avec beaucoup de sensibilité et d'humour. Il publia successivement *La Trahison de Rita Hayworth* (1968), *Le Plus Beau Tango du monde* (*Boquitas pintadas*, 1969), *Le Baiser de la femme araignée* (1976), *Malédiction éternelle à qui lira ces pages* (1980) et *Sang de l'amour partagé* (1982).

**PUIGCERDÁ** ◆ **ÉTYM.** du catalan *puig* « hauteur, montagne » et *cerda* « natif de Cerdagne » ♦ V. d'Espagne (Catalogne), prov. de Gérone, proche de la frontière française. 8 949 hab. Capitale de la Cerdagne* espagnole, c'est une station estivale animée.

**PUIGMAL** n. m. ♦ Sommet des Pyrénées-Orientales, au S. de Mont-Louis. 2 910 m.

**PUILBOREAU** [17138] ◆ **ÉTYM.** de la langue d'oïl *puy* « lieu élevé, colline » et *Boreau*, n. de pers. ♦ Comm. de la Charente-Maritime, banlieue N.-E. de La Rochelle. 4 622 hab.

**PUISAYE** [pɥizɛ] **(Joseph,** comte **DE)** ♦ Officier français (Mortagne 1755 - Hammersmith 1827). Député de la noblesse aux états généraux (1789), il se rallia d'abord à la Révolution. Après la proscription des girondins (2 juin 1793), il participa à l'insurrection fédéraliste de l'Eure et, vaincu à Pacy-sur-Eure (juil. 1793), émigra en Angleterre, d'où il prit la tête du débarquement des émigrés royalistes à Quiberon* (juin-juil. 1795). Alors que la plupart des émigrés furent fusillés, il réussit à regagner l'escadre britannique. Il a laissé des *Mémoires pour servir à l'histoire du parti royaliste* (1808).

**PUISAYE** [pɥizɛ] n. f. ◆ **ÉTYM.** probablt langue d'oïl « ensemble de puits » ♦ Région du S. du Bassin parisien, limitée par le Gâtinais au N., la vallée de l'Yonne à l'E., les collines du Nivernais au S., et la vallée de la Loire à l'O. C'est une région humide, aux sols de marnes et de sables, où domine le bocage. L'activité rurale est surtout tournée vers l'élevage. Indus. de la poterie.

**PUISEUX (Victor)** ♦ Astronome et mathématicien français (Argenteuil 1820 - Frontenay, Jura 1883). Il s'est intéressé à la mécanique céleste et, en 1850, appliqua les idées fondamentales de Cauchy* à la formulation de la théorie des fonctions algébriques de la variable complexe ; on lui doit, en particulier, la distinction entre les différentes espèces de points singuliers et leurs rôles, et l'étude des intégrales d'après les chemins d'intégration.

**PUISEUX-EN-FRANCE** [95380] ◆ **ÉTYM.** anc. en lat. *Puteolum* « petit (suff. *-eollum*) puits *(puteus)* » ♦ Comm. du Val-d'Oise, arr. de Sarcelles. 2 929 hab.

La **Puissance et la Gloire** – en angl. ***The Power and the Glory*** ♦ Roman de Graham Greene* (1940). Il se situe au Mexique et raconte l'histoire d'un prêtre déchu qui, malgré l'ivrognerie qu'il ne parvient pas à surmonter, se sent tenu par son sacerdoce d'aller jusqu'au martyre. Greene délaissait le genre policier auquel il s'était jusque-là consacré pour donner avec ce livre, dont le retentissement fut immense au lendemain de la Deuxième Guerre mondiale, un chef-d'œuvre poignant sur le problème de la damnation et du salut qui dépasse de loin le cadre du roman à thèse.

**PUISSANT (Louis)** ♦ Officier et géodésien français (La Gastellerie, près du Châtelet-en-Brie 1769 - Paris 1843). Auteur d'ouvrages de mathématiques, de trigonométrie, de géodésie, de travaux sur la formation et l'utilisation des tables de projection, il est surtout connu par sa carte de France au 1/80 000, dite carte d'état-major. [Acad. sc. 1828]

**PUJOLS** [47300] ◆ **ÉTYM.** anc. n. gallo-rom. *Podiolus* « village sur une colline élevée » ♦ Comm. du Lot-et-Garonne, banlieue S.-O. de Villeneuve-sur-Lot. 3 546 hab. Restes de remparts du XIIIe s. Église Saint-Nicolas du XVIe s. Anc. église Sainte-Foy-la-Jeune du XVe s. (peintures murales des XVe - XVIe s.).

**PULA** – en it. ***Pola*** ♦ V. de Croatie, au S.-O. de la péninsule d'Istrie. 58 594 hab. Vestiges romains (amphithéâtre, portes, temple, théâtre). Cathédrale du XVIIe s. Musée. ▪ Port. Centre indus., culturel et touristique.

**PULAU PINANG** ♦ État de la fédération de Malaisie, au N.-O. de la péninsule malaise, comprenant l'île de Pulau Pinang proprement dite et une partie continentale dite Seberang Perai (anc. province de Wellesley). 1 031 $km^2$. 1 225 501 hab. CAP. : Georgetown. La population est constituée d'une forte proportion de Chinois et d'une importante minorité indienne. ▪ Zones industrielles en rapide développement. Pêche. Artisanat (batik). Tourisme. ▪ **Histoire** L'île, placée à l'entrée septentrionale du détroit de Malacca*, occupe une place stratégique importante. Les Britanniques l'achetèrent en 1786 au sultan de Perak et elle devint au XIXe s. un des fleurons des Straits* Settlements. Elle fut intégrée en 1948 à la fédération de Malaisie*.

**PUŁAWY** ♦ V. de Pologne orientale, voïvodie de Lublin, sur la rive d. de la Vistule. 49 610 hab. Indus. chimique ; important complexe de l'azote.

**PULCHÉRIE** (sainte) – en lat. ***Aelia Pulcheria*** ♦ (Constantinople 399 - 453). Impératrice d'Orient (450 - 453). Fille d'Arcadius* et sœur aînée de Théodose* II, elle fut proclamée *augusta* en 414 et gouverna à la place de son frère. Elle mena une vie ascétique et défendit l'Église contre les monophysites. À la mort de Théodose II, elle prit le pouvoir en Orient et, pour se donner un appui, épousa Marcien* qu'elle fit proclamer empereur. ▪ Fête le 10 sept.

**PULCI (Luigi)** ♦ Poète italien (Florence 1432 - Padoue 1484). Il vécut auprès de Laurent de Médicis, qui le chargea de missions de confiance, puis passa au service du condottiere Robert Sanseverino. Il évoqua de façon spirituelle le monde de l'épopée dans son *Morgant le Géant* (publié en 1483), long poème chevaleresque en octosyllabes, où le style bouffon fait souvent merveille. À côté des principaux héros du cycle carolingien apparaissent deux créations originales, Morgant et Margutte (demi-géant), qui incarnent le peuple pacifique admirant ou raillant les exploits des paladins.

**PULCINELLA** ♦ Nom italien de Polichinelle*. Il a le nez crochu, mais n'est pas bossu comme le Polichinelle connu en France. Il est habillé de blanc et porte un masque noir.

**PULIGNY-MONTRACHET** [21190] ◆ **ÉTYM.** *Puligny* : anc. *Puliniacum*, du germ. *Pullenius*, n. de pers., et suff. *-iacum* et *Montrachet** ♦ Comm. de la Côte-d'Or, arr. de Beaune, sur la côte de Beaune. 464 hab. Viticulture (grands crus de vins blancs secs et vins rouges de la côte de Beaune).

**PULITZER (Joseph)** ♦ Journaliste américain d'origine hongroise (Makó, Hongrie 1847 - Charleston, Caroline du Sud 1911). Immigré aux États-Unis en 1864, il combattit dans les rangs nordistes pendant la guerre de Sécession. Il fonda son propre quotidien à Saint Louis en 1878, puis acheta le *New York World* (1883), dont il fit le véhicule de la presse à sensation et à scandale, et le principal journal démocrate du pays, promoteur de la guerre avec l'Espagne. Réformateur, féru de croisades, Pulitzer fonda une école de journalisme à New York (Université Columbia), qui décerne annuellement des prix en journalisme et en littérature, les prix Pulitzer.

**PULLMAN (George Mortimer)** ♦ Industriel américain (Brocton, New York 1831 - Chicago 1897). Pressentant dès 1860 le rôle grandissant du chemin de fer dans les transports, il se lança dans la fabrication de wagons-lits (1860) et de wagons de luxe (1863).

**PULLY** ♦ V. de Suisse (Vaud). Banlieue résidentielle à l'E. de Lausanne. 16 562 hab. Vins blancs.

**PULNOY** [54420] ➝ ÉTYM. p.-ê. de la langue d'oïl *pruneroie* «lieu planté de pruniers» ♦ Comm. de la Meurthe-et-Moselle, banlieue E. de Nancy. 4 751 hab.

**PULOG** ♦ Le deuxième sommet des Philippines (Luçon). 2 929 m.

**PUNAAUIA** ♦ Commune de Polynésie française à 16 km de Papeete (Tahiti) au bord du lagon. Env. 13 000 hab. Commune résidentielle à l'habitat traditionnel dispersé sous les cocotiers. Avec Faaa* et Papeete, elle forme une longue agglomération où se concentre la majeure partie de la population de l'île. Paul Gauguin* séjourna au «kilomètre 13» lors de son premier voyage.

**Punch** ♦ Hebdomadaire satirique illustré anglais, fondé en 1841 sur une idée d'Ebenezer Landells et sur le modèle du *Charivari* français. Un humoriste de l'époque, Henry Mayhew, fut à l'origine du développement de ce journal qui compta parmi ses collaborateurs George Du* Maurier, Bernard Partridge, John Tenniel, Thackeray*. Le premier rédacteur en chef en fut Mark Lemon (1841 - 1870).

**PUNE** – anc. *Poona* ou *Puna* ♦ V. de l'Inde (Maharashtra). 3 755 525 hab. Située sur le plateau du Dekkan, à plus de 800 m d'altitude, elle a été la capitale des Marathes, et a servi de résidence d'été au gouverneur britannique de la province de Bombay. Elle doit à la proximité du grand port (moins de 200 km) le développement d'une activité industrielle remarquable, avec de grandes usines métallurgiques et pharmaceutiques. Centre culturel.

**puniques (guerres)** ➝ ÉTYM. du lat. *Punicus,* de *Poenicus* (puis *Poeni*) «Carthaginois» ♦ Nom donné au long conflit qui opposa les Carthaginois aux Romains. Il eut pour enjeu l'hégémonie en Méditerranée occidentale et éclata au moment où Rome*, ayant terminé la conquête de l'Italie méridionale, se heurta à Carthage* en Sicile. ▪ La *première guerre punique* (–264 - –241) eut pour prétexte l'intervention de Carthage à Messine (–269). Les Carthaginois, d'abord vaincus à Agrigente (–262), à Myles (–260), au cap Ecnome* (–256), durent parer ensuite au débarquement de Regulus* en Afrique (–256 - –255). À nouveau vaincus en Sicile en –251 (➝ **Palerme**), ils remportèrent peu après la victoire de Drepanum et résistèrent sous le commandement d'Hamilcar* Barca (➝ **Lilybée, Trapani**). Après la défaite des îles Égates*, Carthage demanda la paix et dut accepter la perte de la Sicile et le paiement d'une forte indemnité de guerre. Trois ans plus tard, lors de la révolte des mercenaires, elle dut même acheter la non-intervention romaine par l'abandon de la Corse et de la Sardaigne, perte bientôt compensée par les conquêtes d'Hamilcar Barca en Espagne. Rome, inquiète, imposa à son successeur Hasdrubal* le Beau le traité de l'Èbre, et, après la prise de son alliée Sagunto* par Hannibal*, déclara la *deuxième guerre punique* (–218 - –201). Laissant la garde de l'Espagne à son frère Hasdrubal* Barca, Hannibal passa les Alpes, renforçant au passage son armée avec les Gaulois cisalpins révoltés contre Rome, et remporta sur les Romains de brillantes victoires en Italie. ➝ **Tessin, Trébie, Trasimène, Cannes.** Les défections se multipliant parmi ses alliés (➝ **Capoue, Syracuse, Philippe V [de Macédoine]**), Rome reprit alors la guerre d'usure inaugurée en –217 par Fabius* Cunctator et étendit le conflit à tout le pourtour de la Méditerranée occidentale. Claudius Marcellus*, le vainqueur d'Hannibal à Nola* (–216 et –215), fut envoyé mener la guerre en Sicile et Scipion* l'Africain chargé de poursuivre la conquête de l'Espagne (–211). Dès –212, Rome alla de succès en succès, s'emparant de Syracuse, repoussant un raid d'Hannibal sur Rome, reconquérant une à une les villes de l'Italie du Sud (➝ **Capoue, Tarente**), détruisant les armées de secours carthaginoises commandées par Hasdrubal Barca et Magon* (➝ **Métaure**). Elle attaqua alors en Afrique, où Scipion l'Africain, débarqué grâce à l'alliance numide (➝ **Masinissa**), conclut la guerre par la victoire de Zama* sur Hannibal (–202). À la paix de Tunis (–201), Carthage dut abandonner l'Espagne et le contrôle de sa diplomatie à Rome, payer une forte indemnité de guerre et livrer sa flotte et ses éléphants. Malgré ces dures conditions, elle prospéra de nouveau sous l'impulsion d'Hannibal, de sorte que les Romains, inquiets (➝ **Caton l'Ancien**), saisirent le prétexte d'une guerre de Carthage contre Masinissa pour déclencher la *troisième guerre punique* (–149 - –146), au cours de laquelle Scipion* l'Émilien prit la ville et la fit détruire. ▪ Les guerres puniques et leurs principaux acteurs ont été l'objet de l'intérêt des historiens anciens. ➝ **Cornelius Nepos, Plutarque, Polybe, Tite-Live.** Elles ont également inspiré à Naevius* l'épopée *Poenicum Bellum.*

**PUNJAB** ➝ **Panjab**

**PUNO** ♦ V. du Pérou, dans l'Altiplano, à 3 870 m sur la rive O. du lac Titicaca. 120 229 hab. Centre commercial et touristique (navigation sur le lac). ▮ **Département de Puno** 71 999 km². 1 268 441 hab. Pêche. Pomme de terre. Train touristique d'Arequipa à Cuzco qui franchit les Andes à plus de 4 000 m d'alt.

**PUNTA ARENAS** ➝ ÉTYM. anc. *Punta Arenosa* «pointe sablonneuse», trad. esp. de l'angl. *Sandy Point* ♦ V. du Chili, cap. de la région admin. de Magallanes, à l'extrême S. du pays, sur les rives N.-O. du détroit de Magellan. 116 000 hab. Escale importante avant l'ouverture du canal de Panamá. Route vers l'Argentine. Parc national. ▪ Port. Centre d'expédition de la laine et de la viande congelée. Conserveries de poisson. Centre de services pour les zones minières (charbon) et pétrolières.

**PUNTA DEL ESTE** ♦ Station balnéaire d'Uruguay, à l'embouchure du río de La Plata, jumelée à Maldonado (133 000 hab.), la station atteint près de 350 000 hab. pendant la saison chaude (janvier, février, mars) grâce à la renommée de ses plages et à ses casinos.

**PUNTARENAS** ♦ V. du Costa Rica, ch.-l. de prov., sur la côte Pacifique. 68 037 hab. Principal port du pays constituant la tête de ligne du chemin de fer interocéanique menant à San* José. ▮ **Prov. de Puntarenas** 11 277 km². 357 000 hab. Pêche. Nombreuses plages et zones touristiques. Parc national de Corcovado dans la péninsule d'Osa.

**PUNTLAND** ➝ **Somalie**

**PUPIEN** – en lat. ***Marcus Clodius Pupienus Maximus*** ♦ (mort en 238). Empereur romain (238), il partagea le pouvoir avec Balbin*.

**PUPIN (Michael)** ♦ Physicien américain d'origine serbe (Idvor, Banat 1858 - New York 1935). Il améliora le téléphone en inventant, en 1899, un système qui consiste à intercaler, à intervalles déterminés, des bobines d'auto-induction qui renforcent les signaux pour les transmissions à grande distance *(pupinisation).*

**Purāṇa** n. m. pl. ➝ ÉTYM. sanskr. «anciens» ♦ Textes sanskrits traditionnels constitués de 18 grands et de nombreux autres «mineurs», traitant de la création du monde, d'histoire et de mythologie à l'usage des castes qui n'avaient pas le droit (ni la possibilité) de lire les *Veda*.* Ils furent composés entre le Ier et le Ve s. et rédigés parfois très tardivement.

**PURBANDAR** ou **PORBANDAR** ♦ V. de l'Inde (Gujarat), sur la péninsule du Kathiawar. 197 414 hab. Port actif sur la mer d'Oman.

**PURCELL (Henry)** ♦ Compositeur anglais (Londres 1659 - *id.* 1695). Issu d'une famille de musiciens, il reçut une première éducation de choriste sous la direction de H. Cooke, puis il fut l'élève de P. Humphrey et de J. Blow pour la composition. Nommé compositeur des violons du roi (1677), il remplaça Blow à l'orgue de Westminster (1679). Celui-ci devait reprendre son poste à la mort de son élève. Il remplit la charge de compositeur de la cour (1682) sous les règnes de Charles II, Jacques II et de la reine Marie. Il fut salué, lors de sa mort prématurée, comme le plus grand génie musical que l'Angleterre ait vu naître. Il fut inhumé à l'abbaye de Westminster. ▪ Créateur d'un style choral très personnel, admirablement adapté aux inflexions de la langue anglaise, Purcell n'a pu réaliser son idéal dramatique que dans un seul ouvrage, *Dido and Aeneas* (1689), qui est aussi son chef-d'œuvre. Imposée par le goût du temps, la structure de ses autres opéras, dont *Dioclesian* (1690), *King Arthur* (1691), *The Fairy Queen* (1692), *The Indian Queen* (1695), *The Tempest* (1695), se caractérise par une contribution plus réduite de la musique au bénéfice du poème dramatique, mais renferme d'extraordinaires inventions mélodiques et rythmiques. Outre une cinquantaine de partitions de musique de scène, Purcell est l'auteur de musique religieuse (60 anthems, des services, hymnes, dont le *Hail Bright Cecilia,* des psaumes, canons, cantiques), profane (25 odes de circonstance, des cantates et *catches,* 150 chansons à une ou deux voix et basse continue), instrumentale (15 fantaisies pour violes, 22 sonates pour deux violons et basses, ainsi que de nombreuses pièces pour clavecin et orgue). ▪ Purcell a laissé une œuvre abondante qui illustre tous les genres et utilise tous les styles. Marqué d'abord par la tradition anglaise (*Fantaisies polyphoniques* pour violes de gambe), puis par l'opéra français (Lully), son style subit aussi l'influence de la sonate italienne et de la technique de la basse continue. Vigoureuse et franche, son inspiration mélodique atteint parfois à une profondeur et à une puissance tragique qu'on ne retrouva plus tard que chez J.-S. Bach et surtout Haendel sur qui il a exercé une indéniable influence ; elle y joint une expressivité lyrique qui lui est propre. Ses audaces harmoniques, dissonances et modulations qui naissent de l'emploi simultané des échelles tonale et modale, du passage imprévu du majeur au mineur, font de lui un grand précurseur de l'évolution musicale ultérieure. ➝ ÉTYM. Ce nom vient de l'ancien français *pourcel* «porcelet» (surnom de porcher).

**PURCELL (Edward Mills)** ♦ Physicien américain (Taylorville, Illinois 1912 - Cambridge, Massachusetts 1997). Il améliora les méthodes de mesures de précision du magnétisme nucléaire, découvrit la résonance magnétique nucléaire, RMN (1946), et détermina le moment magnétique de plusieurs noyaux. [Prix Nobel de phys. 1952, avec F. Bloch*]

**PURI** ♦ V. de l'Inde (Orissa), sur la côte du delta de la Mahanadi. 157 610 hab. Ville sacrée pour les fidèles du culte de Vishnou, elle abrite un temple immense dédié à Jagannāth* («Seigneur de l'Univers» [XIIe s.]). Chaque année a lieu une procession de chars sculptés.

**PURKINJE** ou **PURKYNĚ (Jan Evangelista)** ♦ Physiologiste et anatomiste tchèque (Libochovice, Bohême 1787 - Prague 1869). Il dirigea le premier institut allemand de physiologie à Breslau (1839) et enseigna à Prague. Outre sa thèse sur les mécanismes optiques et la physiologie de la vision, il fit d'importants travaux en cytologie, histologie et physiologie (on appelle *cellules de Purkinje* les cellules nerveuses volumineuses de l'écorce grise du cervelet).

**PURMEREND** ♦ V. des Pays-Bas (Hollande-Septentrionale). 77 955 hab. Aggl. satellite d'Amsterdam.

## purisme

n. m. ♦ Mouvement artistique créé en 1918 par Charles-Édouard Jeanneret, dit plus tard Le* Corbusier, avec Amédée Ozenfant*. Ils en exposèrent les principes dans leur livre *Après le cubisme* (1918). Dans la ligne de Cézanne* et du cubisme*, ils cherchèrent à épurer le langage pictural en mettant en valeur l'aspect purement plastique de l'art au détriment de l'anecdote descriptive, en représentant une gamme d'objets standard : bouteilles, verres, pipes, instruments de musique. Souhaitant revivifier les principes du cubisme, qui avait selon eux dégénéré dans l'art décoratif, ils ne fragmentaient pas les objets, mais en définissaient la structure synthétique et invariante, traitée en plages de couleurs claires et neutres, selon les techniques du dessin industriel et de la peinture murale. Ozenfant et Jeanneret opérèrent, bien avant celui de 1930, un «retour à l'ordre», en réaction contre les excès des dadaïstes.

## puritains

n. m. pl. ♦ Membres d'un courant religieux et politique calviniste au sein du protestantisme anglo-saxon. Apparus en Angleterre au début du règne d'Élisabeth* Ire (vers 1560), les puritains s'apparentaient aux presbytériens* par leur hostilité à l'épiscopalisme anglican, mais la recherche de la «pureté» (d'où le sobriquet qui les désigna) de la religion (liturgie simplifiée, morale rigoureuse) donna à leur prédication un caractère populaire et radical. Alliés aux presbytériens écossais au temps du Long Parlement*, ils triomphèrent sous Cromwell*, puritain lui-même. La Restauration puis l'Acte d'uniformité (1662) scellèrent leur défaite, ils furent poursuivis jusqu'à la Glorieuse Révolution de 1688. ▪ Persécutés sous les Stuart, certains puritains émigrèrent aux États-Unis dans la première moitié du XVIIe s. (pèlerins du *Mayflower*, 1620). Se considérant comme le nouveau peuple élu («Nouvel Israël»), ils fondèrent dans le Massachusetts une république théocratique autoritaire et rigoriste, dirigée par une assemblée de «Saints».

**PURUS** n. m. (rio) ➝ ÉTYM. «anthropophages», n. d'une tribu indienne ♦ Riv. du Pérou et du Brésil, affluent (rive d.) de l'Amazone (2 948 km). Le Purus prend sa source au Pérou et traverse au Brésil les États d'Acre et d'Amazonas, avant de se jeter dans l'Amazone (branche Solimões).

**PUSAN, FUSAN** ou **BUSAN** ♦ V. de Corée du Sud, sur le détroit de Tsushima, au fond d'une baie profonde et bien abritée et formant une province. 3 523 582 hab. Port de pêche et base navale. Centre indus. Pusan est le premier port de Corée du Sud. Il fut la porte d'entrée traditionnelle des Japonais en Corée.

**PUSEY (Edward Bouverie, dit)** ♦ Théologien anglican (Pusey, près d'Oxford 1800 - Ascot Priory 1882). D'une famille huguenote d'origine flamande, il étudia la théologie à Eton, puis à Oxford où il devait enseigner l'hébreu. Après avoir subi l'influence du protestantisme libéral allemand et de son rationalisme, il en fit la critique dans son ouvrage *Historical Enquiry* (1828) et fut, avec J. H. Newman* auquel il était lié, l'un des instigateurs du mouvement d'Oxford (mouvement ritualiste ou puseyisme) qui chercha à introduire dans l'Église d'Angleterre les doctrines et rites catholiques d'avant la Réforme et une vie religieuse plus authentique. Mais, tandis que Newman se convertissait au catholicisme, Pusey resta attaché à l'anglicanisme, quoique sur bien des points ses positions théologiques aient été proches des dogmes catholiques (en particulier sa conception de l'eucharistie).

**PU Songling** ou **P'OU Songling** ♦ Romancier chinois (Shandong 1640 - *id.* 1715). Il est l'auteur des célèbres *Contes* étranges du studio du bavard*, mais également de poèmes, de pièces de théâtre et de chansons populaires.

**PUSTERTAL** n. m. ♦ Nom donné par les Autrichiens à la vallée de la Rienz (en it. Rienza), sous-affl. de l'Adige, dans ce qu'ils considèrent comme *Südtirol* en territoire italien depuis 1919 (région autonome du Trentin*-Haut-Adige). Le Pustertal assure une communication aisée entre le Brenner*, le Tyrol oriental (ville de Lienz) et la Carinthie.

**PUTEAUX** [92800] ➝ ÉTYM. de l'anc. fr. *putel* «bourbier, mare» ♦ Ch.-l. de cant. des Hauts-de-Seine, arr. de Nanterre, sur la Seine, à l'O. de Paris. 40 780 hab. *(Putéoliens)*. Centre résidentiel, indus. (produits pharmaceutiques) et tertiaire. ➝ **Défense* (quartier de la).**

**PUTIPHAR** ♦ Personnage biblique (Genèse, XXXIX), officier égyptien, maître de Joseph* dont il fait son intendant. Sa femme tente de séduire Joseph qui s'enfuit en laissant son habit ; elle l'accuse alors de viol et Putiphar l'emprisonne.

**PUTMAN (Andrée)** ♦ Architecte d'intérieur et designer française (Paris 1925). Arrière-petite-nièce d'Hippolyte Taine, elle étudia la musique avant de devenir journaliste, puis décoratrice. Après avoir réédité du mobilier du XXe siècle et créé des meubles bon marché pour la grande distribution, elle se signala par un style singulier et intemporel à la fois moderne et classique, mettant en valeur l'espace, le vide, les jeux de lumière et les œuvres des nouveaux artistes contemporains. On lui doit l'agencement du musée des beaux-arts de Rouen (1988), l'aménagement de l'intérieur du Concorde (1993), la décoration d'hôtels, notamment au Japon et aux États-Unis, et, en France, de boutiques de grands couturiers, bureaux, ministères et maisons particulières.

**PUTNIK (Radomir)** ♦ Maréchal serbe (Kragujevac 1847 - Nice 1917). Général (1903), ministre de la Guerre (1904 - 1905, 1906 - 1908), il commanda l'armée serbe pendant la guerre des Balkans (1912 - 1913) et la Première Guerre mondiale. Vainqueur des Autrichiens sur la Drina, il fut battu par Mackensen (1915).

**PUTRAJAYA** ♦ Cap. administrative de la fédération de Malaisie, au S. de Kuala Lumpur. Territoire fédéral depuis 2001. 45,8 km². Nouvelles technologies.

**PUTTE** ♦ Comm. de Belgique (Région flamande), prov. d'Anvers, arr. de Malines. 15 813 hab. Horticulture sous verre.

**PUURS** ♦ Comm. de Belgique (Région flamande), prov. d'Anvers, arr. de Malines, sur le Vliet. 16 250 hab. Église gothique (tour de 1689). ▪ Culture d'asperges, supplantée par celle du chou-fleur. Indus. alimentaire. Indus. du bois et du meuble.

**PUVIS DE CHAVANNES** [pyvi-] **(Pierre Cécil)** ♦ Peintre français (Lyon 1824 - Paris 1898). Élève d'Ary Scheffer, il travailla ensuite dans l'atelier de Couture puis brièvement dans celui de Delacroix. Il admirait Ingres, Chassériau, les fresquistes de la Renaissance et défendit des conceptions idéalistes, se montrant en cela héritier des nazaréens. Il exposa à partir de 1850 mais fut écarté du Salon jusqu'en 1858. Il réalisa ensuite une série de grandes compositions murales à sujets allégoriques pour les musées d'Amiens (1865, 1867, 1879), Lyon (1884), Rouen, la Sorbonne (*Le Bois sacré*, 1880 - 1889), le Panthéon (*Sainte Geneviève veillant sur Paris*, 1898). Il rechercha les rythmes linéaires, dans des compositions aux couleurs pâles étalées par aplats dans un espace sans profondeur. Le caractère noble et hiératique de ses personnages, la volontaire austérité de sa facture n'excluent pas pour autant le sentimentalisme (*Le Pauvre Pêcheur*, 1881). Son œuvre qui, par bien des aspects, se rattache à la tradition académique, fut cependant très admirée par Gauguin ; sensible à ses conceptions symboliques, il tira la leçon de certains de ses partis pris stylistiques (linéarisme et synthétisme des compositions).

**PUY-DE-DÔME** [63] n. m. ➝ ÉTYM. du n. du *puy de Dôme** ♦ Dép. du centre de la France, région Auvergne. 7 970 km². 604 266 hab. CH.-L. : Clermont-Ferrand. CH.-L. D'ARR. : Ambert, Issoire, Riom, Thiers. Cour d'appel : Riom. Académie : Clermont-Ferrand. ➝ **Auvergne.**

**Puy de Dôme. Le cratère du Pariou et le puy de Dôme.**
*Phot. © J.-C. Tanguy*

**PUY-EN-VELAY (LE)** [43000] ♦ Ch.-l. du dép. de la Haute-Loire, sur la Borne. 20 490 hab. (aggl. 42 608) *(Ponots)*. Évêché. La ville est édifiée au cœur du bassin du Puy, dans un site pittoresque dominé par le rocher Corneille, d'origine volcanique, surmonté de la statue de Notre-Dame-de-France (XIXe s.) et par le mont Aiguilhe* qui porte la chapelle Saint-Michel. Cathédrale Notre-Dame-du-Puy, édifice roman de la fin du XIe s. (nef à coupoles et bas-côtés du XIIe s. ; façade en appareil polychrome ; peintures romanes dont un *Saint Michel* du XIe s.) manifestant des influences orientales. Dans la sacristie, Bible de Théodulphe, manuscrit carolingien. Cloître des XIe - XIIIe s. (les *Arts libéraux*, fresque de la fin du XVe s. dans la chapelle des Reliques). Église gothique Saint-Michel. Nombreuses maisons anc. Musée Crozatier : paléontologie et préhistoire régionale ; coll. lapidaire ; histoire de la dentelle ; beaux-arts. ▪ Centre commercial et administratif. Tannerie. Papeterie. Dentelle, auj. mécanique. Centre d'enseignement de la *dentelle du Puy* aux fuseaux. Culture de lentilles. ▌**Histoire** *Anicium*, capitale des Celtes Vellaves, devint le siège d'un important pèlerinage marial et une étape sur la route conduisant à Saint-Jacques-de-Compostelle. Elle fut au Moyen Âge la capitale du Velay*.

**PUYI** ou **P'OU-YI** → ÉTYM. du chin. *pŭ* «pénétrant» et *yí* «maintien correct» ♦ Dernier empereur de Chine (dynastie des Qing*), de son nom de famille Aisin Jueruo Puyi (Pékin 1906 - *id.* 1967), qui régna en Chine de 1908 à 1912 sous le nom de règne de Xuantong [de *xuān* «déclarer» et *tŏng* «commencement, succession»]. Il abdiqua lors de la proclamation de la République de Chine en 1912. En 1932, les Japonais l'établirent sur le trône de l'État fantoche du Mandchoukouo (→ **Mandchourie**) avec le nom de règne de Kangde (1932 - 1945). Fait prisonnier par les Soviétiques, il fut restitué au gouvernement chinois et «rééduqué» au camp de Fushun. Gracié en 1959, il fut employé au jardin botanique de Pékin, puis à la Bibliothèque nationale politique et au Comité de recherches historiques. Il a publié en 1965 son autobiographie : *De l'empereur au citoyen.*

**PUY-L'ÉVÊQUE** [46700] ♦ Ch.-l. de cant. du Lot, arr. de Cahors, sur le Lot. 2 159 hab. *(Puy-l'Évêquois).* Château des évêques de Cahors (donjon du XIII^e s.). Maisons du XIII^e s. Église des XIV^e - XV^e s.

**PUYMORENS** [pyimɔʀɛ̃s] (col de) → ÉTYM. de *puy* et probablt du catalan *more(n)* «de couleur sombre» ou p. p. du v. lat. *morire* «mourir» [sommet aux pentes douces] ♦ Seuil des Pyrénées orientales, à 1 920 m d'alt., séparant les eaux de l'Ariège au N. des eaux du Sègre au S. Centre de sports d'hiver.

**PUYS** (chaîne des) ou **monts Dôme** ♦ Alignement de cônes de scories et dômes volcaniques dominant la Limagne et culminant au Puy-de-Dôme (1 465 m). Ces volcans sont les plus récents d'Auvergne : certains d'entre eux datent de moins de 10 000 ans (Holocène) et leurs formes sont bien conservées. Ils font partie du Parc naturel des volcans d'Auvergne. Centre touristique de Vulcania. C'est au puy de Dôme que Pascal fit ses expériences confirmant l'hypothèse de Torricelli sur la pesanteur (1648).

**PUY-SAINTE-RÉPARADE (LE)** [13160] → ÉTYM. de *puy* et du n. de *sainte Réparade,* morte en Palestine au III^e s. ♦ Comm. des Bouches-du-Rhône, arr. d'Aix-en-Provence. 4 813 hab.

**PUY-SAINT-VINCENT** [05290] → ÉTYM. de *puy* et du n. de *saint Vincent** de Saragosse ♦ Comm. des Hautes-Alpes, arr. de Briançon. 267 hab. Station de sports d'hiver (1 400 - 2 750 m).

**PY (Olivier)** ♦ Metteur en scène, comédien et auteur français (Grasse 1965). Il a mis son énergie au service du cabaret et du théâtre, montant ses propres textes qui s'apparentent à de véritables épopées : *La Servante, Histoire sans fin* (1995), spectacle de 24 heures, *Requiem pour Srebrenica* (1999), *L'Apocalypse joyeuse* (2000), ou, dans sa version intégrale, *Le Soulier de satin* de Claudel (2003 et 2009). Il a dirigé le Théâtre national d'Orléans (1998 - 2006) puis le Théâtre national de l'Odéon (2007).

**PYAT (Félix)** ♦ Écrivain, journaliste et homme politique français (Vierzon 1810 - Saint-Gratien 1889). Avocat, puis journaliste, l'un des fondateurs de la Société des gens de lettres, il publia des drames qui connurent un certain succès (*Le Chiffonnier de Paris,* 1847). Commissaire du gouvernement provisoire de la II^e République, élu à la Constituante et à la Législative (1848 - 1849), il gagna la Suisse après le 13 juin 1849, puis la Grande-Bretagne après le 2 déc. 1851. De retour en France, il fonda le journal *Combat* (1870) et fut membre de la première Commission exécutive et du premier Comité de salut public de la Commune de Paris, où il se fit remarquer par ses propos extrémistes. Condamné à mort par contumace après l'échec de l'insurrection, il s'exila et, après l'amnistie, fut député de gauche des Bouches-du-Rhône (1888).

**PYDNA** – en gr. ***Pudna*** ♦ Anc. ville de Macédoine sur le golfe Thermaïque. Colonie des Eubéens (–VII^e s.), elle passa aux rois de Macédoine et fut fortifiée par Philippe* V. Lieu de la victoire de Paul* Émile sur Persée* (–168).

**PYEONG YANG** → Pyongyang

**PYGMALION** – en gr. ***Pugmaliôn*** ♦ Roi ou sculpteur légendaire de Chypre. Il prie Aphrodite* de lui accorder une femme à l'image d'une statue dont il est amoureux. La déesse anime la statue et Pygmalion épouse Galatée* (nom de la femme ainsi créée) qui lui donne un fils, Paphos*, fondateur de la ville chypriote du même nom. ▪ La légende inspira plusieurs œuvres, dont une pièce de G. B. Shaw.

**PYGMÉES** n. m. pl. → ÉTYM. en gr. ***Pugmaioi,*** de *pugmaios* «haut comme le poing *(pugmê)*» ♦ Peuple fabuleux de nains, vivant dans la région des sources du Nil, ou au bord de l'Océan. Une légende explique leur haine traditionnelle contre les grues. Une femme pygmée, irrespectueuse envers Héra et changée en cigogne par la déesse, essayait d'enlever son enfant. Les Pygmées alarmés s'efforçaient de l'éloigner à grands cris. Une autre légende, rattachée à celle d'Héraclès*, symbolise l'ambition vaine et ridicule de l'homme sans mérite. Les Pygmées attaquent le héros endormi, après sa lutte contre Antée. Héraclès, réveillé, les enferme dans sa peau de lion et les emmène à Eurysthée.

**PYGMÉES** ou **NÉGRILLES** n. m. pl. ♦ Ensemble d'ethnies, considérant le terme «Pygmée» péjoratif, habitant la forêt équatoriale africaine : Mbutis dans les forêts de l'Ituri au N.-E. de la Rép. démocratique du Congo* ; Bakas et Bagombés dans le N.-O. du Congo et du Gabon ; Akkas en Centrafrique ; Twas sur la crête Congo-Nil, au Burundi, au Rwanda* et à la Rép. démocratique du Congo. Ils seraient au nombre de 100 000 à 200 000. Traditionnellement chasseurs de gros et de petit gibier et cueilleurs (miel, insectes, baies, racines), ils vivent en petits groupes nomades de 20 à 30 personnes. Les Pygmées ont une culture orale très riche. Vivant en étroite symbiose économique avec les agriculteurs, ils ont tendance à disparaître par assimilation et sédentarisation.

**PYLADE** – en gr. ***Puladês*** ♦ Cousin germain et ami d'Oreste*. Les deux héros sont élevés ensemble à la cour de Strophios, roi de Phocide et père de Pylade. Ce dernier aide Oreste à venger son père, épouse sa sœur Électre, puis l'accompagne en Tauride où ils retrouvent Iphigénie. L'amitié des deux héros, qui devint proverbiale, est évoquée dans *L'Orestie* d'Eschyle, *Oreste* et *Iphigénie en Tauride* d'Euripide, ainsi que dans l'*Andromaque* de Racine.

**PYLA-SUR-MER** ou **PILAT-SUR-MER** [33115] → ÉTYM. du gasc. *pialà, pilà* «pile, tas» ♦ Station balnéaire de la Gironde, au S. d'Arcachon (comm. de La Teste), auprès de laquelle se trouve Pilat*-Plage.

**PYLOS** – en gr. ***Pulos*** ♦ Anc. ville de Grèce dans le S.-O. du Péloponnèse (Messénie), près de l'actuelle Pylos ou Navarin*. L'un des plus importants centres de la civilisation mycénienne (→ **Mycènes, Achéens**), où régnait Nestor* à l'époque de la guerre de Troie ; Pylos fut détruite par les Doriens v. –1200. ▪ Les fouilles ont mis au jour les vestiges du palais de Nestor, d'un autre plus ancien et plus petit, et de nombreuses tombes à coupole. On a également exhumé un riche mobilier funéraire, des fragments d'une fresque, différents objets et des tablettes gravées avec l'écriture linéaire B.

**PYM (John)** ♦ Homme politique anglais (Brymore, Somerset 1583 - Londres 1643). Puritain fervent, il fut l'âme de l'opposition à Charles* I^er et eut un rôle important dans la Pétition* de droit (1628), la condamnation de Strafford*, et la Grande Remontrance* adressée à Charles I^er en 1641. Son influence au Court et au Long Parlement* fut grande et il fut un des cinq députés arrêtés par Charles I^er à la veille de la guerre civile.

**PYNCHON (Thomas Ruggles)** ♦ Écrivain américain (Glen Cove, Long Island 1937). Après de brillantes études et une brève période de vie de bohème à Greenwich Village (New York), il se fit remarquer par son premier roman, *V.* (1963). Il vit depuis cette date dans l'incognito le plus complet. *V.*, ainsi que *Vente à la criée du lot 49* (1966) et *L'Arc-en-ciel de la gravité* (1973), qui ont reçu tous trois d'importantes distinctions littéraires aux États-Unis, apparaissent comme des systèmes cryptographiques complexes et foisonnants, dans lesquels l'auteur, mû secrètement par une certaine angoisse morale, s'interroge sur le sens de l'univers. En 1984, Pynchon a réuni ses nouvelles (*L'Homme qui apprenait lentement*), puis il est revenu au roman, après de longs silences, avec *Vineland* (1989), *Mason & Dixon* (1997) et *Contre-jour* (2006).

**PYONGYANG, P'YŎNGYANG, PYEONG YANG** ou **PYONG YANG** → ÉTYM. coréen «plat *(p'yŏng)* pays *(yang)*» ♦ Cap. de la Corée du Nord, située sur le fl. Taedong. Env. 1 500 000 hab. Univ. ▪ Centre de communications de la Corée du Nord. Indus. légères (textiles, alimentaires, électriques). Énergie hydroélectrique (centrales sur le Yalou et ses affl.) et thermique. Indus. lourdes aux environs (sidérurgie à Kyomip'o, cimenteries, indus. chimiques). ▮ **Histoire** Ce fut du I^er au XIV^e s. la capitale de l'État de Koguryŏ, sous le règne de cette dynastie jusqu'au VII^e s. ▪ Pyongyang fut occupée par les Japonais de 1910 à 1945. La ville fut dévastée par les bombardements durant la guerre de Corée* (1950) ; prise par les Américains, elle fut reconquise quand les forces chinoises entrèrent dans le conflit.

**PYPINE (Aleksandr Nikolaïevitch)** ♦ Historien russe (Saratov 1833 - Saint-Pétersbourg 1904). Son œuvre est principalement consacrée à l'histoire des littératures : *Histoire des littératures slaves* (1874 - 1881), *Histoire de la littérature russe* (1894). Il écrivit aussi une *Histoire de l'ethnographie russe* (1890 - 1891).

**PYRAME** – en gr. ***Puramos*** ♦ Héros d'une légende babylonienne contée par Ovide* dans les *Métamorphoses.* Pyrame et Thisbé, deux jeunes Babyloniens, s'aiment, mais, leurs parents s'opposant à leur union, ils ne peuvent se voir que secrètement par une fissure du mur qui sépare leurs maisons. Ils décident un jour de fuir ensemble et se donnent rendez-vous au pied d'un mûrier, en dehors de la ville. Thisbé arrive la première, mais, effrayée par une lionne, elle s'enfuit en abandonnant son écharpe qui est mise en pièces par l'animal. À son arrivée, Pyrame croit que son amie a été dévorée par la lionne et se poignarde de désespoir. Thisbé, revenue sur le lieu de rendez-vous, trouve Pyrame mort et se poignarde à son tour. La légende affirme que c'est pour cette raison que les fruits du mûrier, qui jusqu'alors étaient blancs, devinrent rouge sombre de tant de sang versé. ▪ L'anecdote était célèbre à la Renaissance, comme l'atteste la pièce jouée par les artisans du *Songe d'une nuit d'été,* de Shakespeare.

**Pyramides** (bataille des) ♦ Bataille remportée par Bonaparte pendant la campagne d'Égypte* sur les mamelouks, le 21 juil. 1798. Le 23 juil., Bonaparte entrait au Caire.

**pyramides**

n. f. pl. ◆ ÉTYM. en égypt. *mer ;* le mot pyramide vient du gr. *puramis,* hellénisation, selon certains, de l'égypt. *pr-m-us,* terme géométrique désignant la hauteur de la pyramide ; le grec *puramis* signifiait « gâteau de farine » ♦ Édifices servant de sépulture aux pharaons et parfois aux reines dans l'ancienne Égypte. Les pyramides furent construites essentiellement entre la III$^{e}$ (v. -2800) et la XVII$^{e}$ (v. -1600) dynastie. L'origine du tombeau pyramidal remonte sans doute au *mastaba,* tertre rectangulaire relativement bas aux parois légèrement inclinées contenant une chapelle et un caveau aménagé au fond d'un puits. La première pyramide est celle de Saqqara, élevée pour le pharaon Djoser* (-2800), édifice à degrés, d'environ 60 m de hauteur, résultant de l'agrandissement progressif du mastaba qui devait constituer initialement le tombeau du pharaon. Les pyramides étaient accompagnées d'un ensemble de constructions destinées au culte funéraire et comprises dans une enceinte. Une nouvelle évolution se fit à la IV$^{e}$ dynastie avec la construction des pyramides de Snéfrou* à Meidoum (pyramide à degrés recouverte d'un parement lisse) et à Dahshour (pyramide dite « rhomboïdale », formée de deux tronçons à faces lisses dont le plus haut est à pente réduite). Ce sont les successeurs de Snéfrou : Khéops*, Khéphren* et Mykérinos*, qui donnèrent sa forme définitive à l'édifice en faisant construire les célèbres pyramides de Gizeh dont les dimensions gigantesques et la perfection technique ne furent plus jamais atteintes. → **Gizeh.** Jusqu'à la fin de la V$^{e}$ dynastie, aucune pyramide ne comportait de décoration intérieure. C'est dans la pyramide d'Ounas (V$^{e}$ dynastie) qu'apparaissent pour la première fois les *Textes de Pyramides,* formules rituelles à caractère magique gravées sur les parois des deux salles centrales. Par la suite, d'autres monuments pyramidaux furent construits à Abou Roache, Abousir, Licht, Deir el-Bahari (monument funéraire de Mentouhotep), Abydos, Napata, Méroé. ▪ Le nom de *pyramide* a été donné par analogie à certains édifices d'Amérique centrale érigés par les civilisations maya et aztèque (du IV$^{e}$ au XVI$^{e}$ s.). Leur forme et leur destination diffèrent de celles des pyramides égyptiennes. Il s'agit d'édifices en gradins comportant plusieurs escaliers et servant essentiellement de soubassement aux sanctuaires édifiés à leur sommet (→ **Teotihuacán, Chichén Itzá).** On n'a trouvé jusqu'à présent qu'un seul exemple de pyramide précolombienne à crypte funéraire : la pyramide dite des Inscriptions, à Palenque*.

**PYRÉNÉES** n. f. pl. ◆ ÉTYM. du gr. *Purênê,* d'étym. osbc., n. d'un anc. port de la côte méditerranéenne (puis de la montagne dominant la côte) ou du celt. *ber, per, pir* « hauteur, sommet » ou en référence à *Purênê,* fille d'un roi mythique de la région de Narbonne ♦ Chaîne montagneuse séparant la France de l'Espagne, s'étendant d'O. en E. sur 430 km, de l'Atlantique (golfe de Gascogne) à la Méditerranée, et du N. au S. sur 60 à 140 km entre la Gascogne et le bassin de l'Èbre. On peut distinguer trois zones orographiques correspondant aux *Pyrénées occidentales, centrales* et *orientales.* ▮ ***Les Pyrénées occidentales*** Les *Pyrénées occidentales* s'étendent de la côte basque au col du Somport. Assez peu élevées, elles s'abaissent graduellement vers l'O. (Côte basque) et sont coupées de cols : Roncevaux (1 057 m), Somport (1 632 m). Les points culminants sont le pic d'Anie (2 504 m) et celui d'Orhy (2 017 m). ▮ ***Les Pyrénées centrales*** La partie *centrale,* la plus large et la plus élevée, s'étend vers l'E. jusqu'au col de la Perche et est hérissée de pics élevés : pic du Midi d'Ossau (2 884 m), Vignemale (3 298 m), mont Perdu (3 348 m), pic Posets (3 371 m), pic d'Aneto, point culminant de la chaîne, dans le massif espagnol de la Maladetta (3 404 m). Cette zone centrale est trouée de brèches (ports) qui en permettent la traversée : col du Pourtalet (1 794 m), col du Tourmalet (2 115 m), col de la Bonaigua (2 072 m), col d'Envalira (2 407 m), dans le val d'Andorre, cols de Puymorens (1 920 m) et de la Perche (1 581 m). ▮ ***Les Pyrénées orientales*** La zone *orientale* est dominée par le pic Carlitte (2 921 m), le Puigmal (2 910 m) et le mont Canigou (2 784 m) et se prolonge au-dessus de la Méditerranée par le massif des Albères. Les Pyrénées orientales sont largement échancrées de vallées (→ **Capcir, Cerdagne, Conflent, Vallespir)** et sont traversées du côté français par les affl. de la Garonne, de l'Ariège et de l'Adour (gaves) et du côté espagnol par les affl. de l'Èbre. ▮ ***La structure géologique des Pyrénées*** Les Pyrénées résultent d'un mouvement de surrection (ère tertiaire), puis de fracturation du noyau rocheux rigide de la zone axiale, constituée de roches primaires granitisées et métamorphisées. De part et d'autre de cette zone axiale, les couches sédimentaires posthercyniennes (Prépyrénées) ont été plissées. La glaciation quaternaire, auj. assez réduite, a accru le cloisonnement de la chaîne, a sculpté des cirques (Gavarnie, Troumouse) et creusé des lacs. ▮ ***Le climat*** La région pyrénéenne correspond à quatre zones climatiques bien différenciées : le versant nord-atlantique, doux et abondamment arrosé (plus de 1 500 mm/an) ; la haute montagne au climat rude et nettement continental et où l'orientation des versants a une influence déterminante ; les versants aragonais et catalan, ouverts aux influences méditerranéennes, moins arrosés ; enfin, la zone

**Pyrénées.** Vallée d'Aspe. *Phot. © Laurence Laporte*

méditerranéenne, aux précipitations peu abondantes. ▮ ***Géographie humaine*** Le cloisonnement et l'isolement des vallées ont accentué les particularismes locaux. Les groupes ethniques pyrénéens sont en effet bien diversifiés (Basques à l'O., Béarnais, Bigourdans et Aragonais au centre, Catalans à l'E.) et ont permis la mise en place jusqu'au début du XX$^{e}$ s. de structures économiques spécifiques (communautés pastorales étendues à plusieurs villages). ▮ ***Agriculture et élevage*** L'élevage laitier (bovins, ovins), associé à la polyculture (maïs à l'O. et au centre ; olivier, vigne, fleurs à l'E.), reste la principale activité agricole des Pyrénées. ▮ ***Gaz, minerais et industrie*** L'industrie reste peu développée malgré des ressources énergétiques non négligeables (aménagements hydroélectriques avec les barrages de L'Hospitalet et de Pragnères ; lacs-réservoirs et utilisation des eaux de la Noguera, en Espagne). Le gisement de gaz naturel de Lacq*, en voie d'épuisement, associé au gisement de Saint-Marcet, permet le fonctionnement de la centrale thermique d'Artix. Les Pyrénées recèlent en outre de la bauxite et du talc. L'électrométallurgie (aluminium), disséminée et enclavée dans les fonds de vallée, est en déclin. Seule la province basque espagnole de Guipúzcoa a atteint un véritable développement industriel. Les activités traditionnelles (laine, coton, chaussures) ont du mal à survivre. ▮ ***Tourisme*** Les stations balnéaires des côtes basque et méditerranéenne et les stations de sports d'hiver (Saint-Lary-Soulan, La Mongie, Superbagnères, La Molina) contribuent, avec le thermalisme (Luchon, Cauterets, Ax-les-Thermes) à la vie économique pyrénéenne. → **Aquitaine, Midi-Pyrénées.**

**Pyrénées** (traité des) ♦ Traité qui mit fin aux hostilités franco-espagnoles (1659), signé dans l'île des Faisans, sur la Bidassoa, par Mazarin et don Luis de Haro. L'Espagne, vaincue aux Dunes* (1658), cédait divers territoires ; mais surtout une des clauses du traité concernant le mariage de Louis* XIV et de Marie*-Thérèse d'Autriche exigeait contre sa renonciation au trône d'Espagne une dot de 500 000 écus et préparait ainsi la future politique étrangère de Louis XIV.

**PYRÉNÉES (HAUTES-)** → **Hautes-Pyrénées**

**PYRÉNÉES-ATLANTIQUES** n. f. pl. [64] – anc. ***Basses-Pyrénées*** ♦ Dép. du S.-O. de la France, région Aquitaine. 7 645 km$^2$. 600 018 hab. CH.-L. : Pau. CH.-L. D'ARR. : Bayonne, Oloron-Sainte-Marie. Cour d'appel : Pau. Académie : Bordeaux. → **Aquitaine.**

**PYRÉNÉES-ORIENTALES** n. f. pl. [66] ♦ Dép. du S. de la France, région Languedoc-Roussillon. 4 116 km$^2$. 392 803 hab. CH.-L. : Perpignan. CH.-L. D'ARR. : Céret, Prades. Cour d'appel : Montpellier. Académie : Montpellier. → **Languedoc-Roussillon.**

**PYRRHA** – en gr. ***Purrha*** ♦ Fille d'Épiméthée* et de Pandore*. Épouse de Deucalion*, elle repeuple avec lui le monde après le déluge. → **Hellen.**

**PYRRHON** ◆ ÉTYM. en gr. ***Purrhôn,*** de *purrhos* « couleur de feu, roux » ♦ Philosophe grec sceptique (Élis v. -365 - -275). Il fut disciple d'Anaxarque, suivit la campagne d'Alexandre en Asie où il aurait connu les gymnosophistes. Considéré comme le fondateur du scepticisme (ou *pyrrhonisme*), il nie la possibilité pour l'homme d'atteindre la vérité et préconise le doute ; ses principaux arguments sont les illusions des sens, les contradictions entre les jugements sur une même question, l'impossibilité de prouver la vérité d'une proposition de façon catégorique, puisqu'il faudrait d'abord prouver la vérité des prémisses et ainsi de suite (ou régression à l'infini). Le seul but que le philosophe peut viser est l'aphasie, c'est-à-dire la non assertion. Celle-ci peut être obtenue par la pratique ironique du renversement de son propre discours ou *anastrophè.* De là résulte le bonheur négatif ou absence de trouble (ou ataraxie) de l'âme devant toutes les apparences, ataraxie qui peut aller jusqu'à l'apathie, l'impassibilité totale.

**PYRRHOS** ou **NÉOPTOLÈME** – en gr. ***Purrhos*** ♦ Héros grec, fils d'Achille* et de Déidamie*. Après la mort de son père, appelé par les chefs grecs, il contribue à la victoire achéenne. Il tue alors Priam* et immole Polyxène*, sur la tombe d'Achille. Puis il épouse Hermione*, la fille d'Hélène, mais son mariage est stérile, tandis que de son union avec Andromaque*, sa captive, il a trois fils. Il règne en Phtiotide ou en Épire et, avant sa mort, confie Andromaque à son esclave et conseiller Hélénos*. Dans l'*Andromaque* de Racine, Pyrrhus épouse la veuve d'Hector et délaisse Hermione qui se venge en le faisant tuer par Oreste, son premier fiancé.

**PYRRHUS** [pirys] ➝ ÉTYM. en gr. *Purrhos*, de *purrhos* «couleur de feu, roux» ♦ (v. –319 - Argos –272). Roi d'Épire (–295 - –272). Fils d'Éacide, roi d'Épire et parent éloigné d'Alexandre* le Grand, il combattit aux côtés de Démétrios* Ier Poliorcète à Ipsos* (–301). Rétabli en Épire par Ptolémée* Ier (–295), il partagea le pouvoir avec son oncle Néoptolème qu'il empoisonna. Il fut le meilleur général grec de son temps mais, homme politique médiocre, il hésita toujours entre les conquêtes italiennes et l'extension de son empire vers l'Orient. En –288, il envahit la Macédoine qu'il partagea avec Lysimaque*, mais celui-ci l'en chassa (–285). Il se tourna alors vers l'Italie : il vint à l'aide de Tarente et remporta sur les Romains les victoires d'Héraclée* (–280) et d'Ausculum (–279), victoires très sanglantes (d'où l'expression *victoire à la Pyrrhus*) sur les légionnaires effrayés par les éléphants. Puis il passa en Sicile* d'où il chassa les Carthaginois (–277) qui s'unirent à Rome pour le repousser (–276). Revenu en Italie, il fut battu à Bénévent par Curius Dentatus (–275) et rentra en Épire. Il se tourna alors vers l'Orient, soumit la Macédoine (–274) et entreprit la conquête du Péloponnèse. Mais il mourut à Argos dans un combat de rues.

**PYTHAGORE** – en gr. *Puthagoras* ➝ ÉTYM. de *Puthôn* «Python*» et *agoreuô* «parler» ♦ Philosophe et mathématicien grec (–VIe s.). Sa vie et son œuvre sont très mal connues. Il serait né à Samos, mais aurait vécu à Crotone en Italie où il fonda des communautés philosophiques et politiques dont les adeptes acceptaient une morale ascétique. L'enseignement qui y était donné avait un caractère initiatique et serait d'inspiration orphique par certaines de ses croyances (métempsycose). Il ne reste aucun écrit de Pythagore ; les découvertes qu'on lui attribue sont certainement dues à l'ensemble de l'école pythagoricienne. Les théorèmes établis furent mis en ordre par Euclide* au –IIIe s. La science des pythagoriciens était l'arithmétique, mais conçue dans une perspective religieuse et mystique : à toute chose correspond un nombre (entier), la forme géométrique des figures qu'on peut construire pour représenter les nombres reflète leurs propriétés et, de même que certaines de ces formes sont harmonieuses, l'harmonie musicale découle d'une disposition de nombres appropriée. Il en résulta une découverte importante concernant l'acoustique, à savoir la relation qui existe entre la longueur d'une corde vibrante et la hauteur du son qu'elle émet. On doit aux pythagoriciens (ou à Pythagore) d'autres découvertes, en particulier la théorie des proportions, les formules des moyennes arithmétique et géométrique, la table de multiplication. Le fameux *théorème de Pythagore*, dont on ignore s'il donna la démonstration, permet de calculer le troisième côté d'un triangle rectangle en connaissant les deux autres. Enfin, c'est aux pythagoriciens que revient la découverte, qui fit scandale, des nombres irrationnels (qui ne sont pas entiers et ne peuvent être exprimés par une fraction).

**pythagorisme**

n. m. ♦ Doctrine de Pythagore et de ses disciples, fondée sur leurs découvertes en mathématiques et en astronomie. La philosophie pythagoricienne voit dans les nombres les principes de toute chose, la loi de l'univers. Par ailleurs, les pythagoriciens croyaient à la métempsycose, à l'éternel retour, et l'on a souvent relevé des liens avec les doctrines de l'Inde. → **Pythagore, Timée, Philolaos.** ♦ ***Néopythagorisme*** Doctrine philosophique à tendance mystique. Elle fut fondée par le Romain P. Nigidus Figulus (–Ier s.) qui prétendit faire revivre les théories de Pythagore, tout en y introduisant des éléments du platonisme et du stoïcisme. Parmi les néopythagoriciens, on compte Q. Sextius et son fils qui créèrent la secte végétarienne des sextii (Ier s.) ; Anaxilaos de Larisse ; Apollonios* de Tyane ; Numenius* d'Apamée. Cette doctrine finit par se confondre avec le néoplatonisme (→ **platonisme**) à la fin du IIe s.

**PYTHÉAS le Massaliote** – en gr. *Putheas* ♦ Navigateur, astronome et géographe grec (né à Marseille –IVe s.). Parti de Marseille, il franchit le détroit de Gibraltar, navigua plusieurs mois sur l'Atlantique, atteignit la Grande-Bretagne, l'île de Thulé (Islande, Shetland ?) et pénétra sans doute dans la Baltique. Sa relation de voyage, *Description de l'Océan*, nous est connue par des citations de Polybe et de Strabon. Bon observateur, il a décrit les mœurs et coutumes des habitants de l'île d'Albion (Angleterre), des Goths de la Vistule. Mathématicien et astronome, il a déterminé la latitude de Marseille et connaissait les relations entre les marées et les mouvements de la Lune.

**PYTHIE** n. f. – en gr. *Puthia* ♦ Prêtresse d'Apollon* Pythien à Delphes*, chargée de transmettre les oracles du dieu. Assise sur un trépied au-dessus d'une crevasse d'où s'échappaient des vapeurs, le front ceint de lauriers, la Pythie entrait en transe et proférait des paroles incohérentes ou des cris recueillis et interprétés par les prêtres du temple comme la réponse du dieu.

**PYTHON** – en gr. *Puthôn* ♦ Serpent fabuleux qui est tué par Apollon* au pied du Parnasse* (→ **Delphes**), quand le dieu s'y rend pour fonder un oracle. Selon une tradition, Python, né de Gaïa* (la Terre) à la demande d'Héra, était chargé de persécuter Léto*. Apollon venge sa mère en tuant le serpent, puis il fonde en son honneur les *jeux Pythiques* et prend lui-même le surnom de *pythien*. La victoire d'Apollon serait une allégorie de la suprématie de son oracle sur celui de la Terre, parce que Python, comme d'autres enfants de la Terre, rendait des oracles.

**PYU(S)** n. m. (pl.) ♦ Ethnie tibéto-birmane qui s'établit, du IIIe au IXe s., dans le bas Irrawaddy et y développa une civilisation importante, où les éléments hindous et bouddhiques prédominaient. Les Pyus avaient leur capitale non loin de Prome, à Hmawza. Les Chinois les nommaient *P'iao*. La disparition totale, au IXe s., de ceux que l'on a nommés «proto-birmans», demeure inexpliquée.

# Q

**QACHM** ♦ Île d'Iran (Hormozgan) dans le golfe Arabo-Persique, près du détroit d'Ormuz*. 108 km de long sur 18 de large. Plus de 100 000 hab. La population vit essentiellement de la pêche et de l'élevage (chameaux, moutons). Culture de céréales, légumes, melons, palmiers dattiers.

**qadarites**

n. m. pl. ♦ Adeptes d'une théologie musulmane qui rejette la théorie de la prédestination et qui considère que l'homme dispose d'un pouvoir particulier *(qadar)* pour décider de ses actes. Les premiers qadarites apparurent à Bassora à la fin du VIIᵉ s. Les mutazilites* furent des qadarites.

**QADESH** – auj. ***Tell Nebi Mend*** ♦ Anc. ville de Syrie. Place forte au confluent de l'Oronte et de ses affluents. Elle fut souvent convoitée pour sa position stratégique, et fut prise par Thoutmôsis* III. Ramsès* II se battit sous ses murs contre les Hittites.

**QĀDISIYA (AL-)** ♦ Localité de l'anc. Irak, à 30 km au S.-O. de la future Kūfa. Les Arabes musulmans y remportèrent leur victoire décisive contre les Perses (636 ou 637) après une bataille de trois jours.

**QAEM CHAHR** ♦ V. d'Iran (Mazandéran). 174 768 hab. Centre agricole et industriel à proximité des mines de charbon de Zirāb (textile, conserverie, manufacture de jute).

**QAIDA (AL-)** ➝ ÉTYM. ar. «la base» ♦ Organisation terroriste créée en 1988 par Oussama Ben* Laden, afin de recruter des volontaires pour lutter contre les Soviétiques en Afghanistan. À partir de 1996, al-Qaida a voulu engager la «guerre sainte» (djihad) principalement contre les États-Unis, qui l'avaient aidée au départ. Disséminée à travers le monde, disposant de revenus financiers très importants, al-Qaida, protégée par les talibans, aurait compté en Afghanistan entre 3 000 et 5 000 hommes, issus pour la plupart des pays arabes. La considérant comme l'instigatrice des attentats contre les ambassades américaines au Kenya et en Tanzanie en 1998 et des attentats suicides du 11 septembre 2001, les États-Unis lancèrent fin 2001 une vaste offensive militaire en Afghanistan afin de détruire ses bases.

**QAITBEY** – en ar. ***al-Mālik al-Achraf Abū al-Naṣr Qā' it Bāy*** ♦ Sultan mamelouk* d'Égypte, de la dynastie des Burjites (1468 - 1495). Il défit les

**Qaitbey.** Le mausolée de Qaitbey, Le Caire. *Phot. © Sandro Vannini/Corbis*

troupes ottomanes et accueillit en Égypte Djam, frère et rival du sultan ottoman* Bayazid* II. Le mausolée qu'il construisit est un des plus beaux monuments musulmans du Caire.

**QALʿAT SIMʿĀN** ou **QALAʿAT SIMʿĀN** ♦ Site archéologique de Syrie du Nord où mourut saint Siméon* le Stylite en 459. Un vaste bâtiment dédié à sa mémoire s'y trouve. De plan cruciforme, il est constitué de quatre basiliques rayonnant à partir d'un octogone central.

**QALĀʾŪN (al-Mālik Manṣūr Sayf al-Dīn)** ♦ (Kiptchak déb. XIIIe s. - Le Caire 1290). Sultan mamelouk* bahrite d'Égypte (1277 - 1290). Il accéda au pouvoir en détrônant le fils de Baybars* Ier. Il fit construire une mosquée funéraire et un grand hôpital au Caire.

**QANSŪH (al-Mālik al-Achraf Sayf al-Dīn al-Ghūrī)** ♦ (v. 1440 - 1516). Sultan de la dynastie des mamelouks* burjites (1501 - 1516). À la suite de la découverte de la route du Cap par les Portugais, l'Égypte perdit l'exclusivité du marché des produits indiens transitant vers l'Europe. Qansūh envoya contre les Portugais, vers l'Inde, une flotte qui, après une première victoire, fut détruite. Il s'allia à la Perse contre les Ottomans* ; mais il fut vaincu par le sultan Sélim* Ier et mourut près d'Alep. ▪ Il fit construire au Caire la mosquée qui porte son nom et restaura l'aqueduc de Saladin*.

**QARAGHANDY** – anc. ***Karaganda*** ♦ V. du Kazakhstan, ch.-l. de région, au N. du lac Balkhach. 436 800 hab. Centre culturel. Centre d'un bassin houiller de 3 600 km$^2$, exploité depuis 1930. Sidérurgie, métall. des non-ferreux. Indus. mécanique et chimique. Cokeries. Combinat d'articles en caoutchouc.

**QARAKALPAKS** → Karakalpaks

**QARAKUM** → Karakoum

**QARAQORAM** → Karakoram

**QARAQORUM** → Karakorom

**qarmates**

n. m. pl. ♦ Membres d'une branche de la secte ismaïlienne*. Fondé par Hamdān Qarmat, paysan d'Irak, ce groupe (qui prêchait l'égalitarisme social et recrutait ses membres parmi les ouvriers, artisans et paysans) faillit renverser le califat abbasside* (Xe s.). Dirigés par Abu Saïd al-Jannabi, ils s'emparèrent de Bahreïn, rançonnèrent Damas et massacrèrent la population de Baalbek (903 - 906). Le fils et successeur d'Abu Saïd, Abū Tahū Sulaymān, occupa Bassora (923) et Kūfa (934). Il organisa la mise à sac de La Mecque (930) où il s'empara de la fameuse pierre noire qui ne fut restituée que vingt ans plus tard contre une forte somme. Les qarmates déclinèrent au XIe siècle.

**QASIM** n. m. ♦ Contrée du Nedjd en Arabie saoudite, traversée par le Wadi al-Rumma qui y arrose Anaiza et Burayda. Dattes et coton dans la vallée. Cette région jouissait d'une grande prospérité au Moyen Âge.

**QATAR** ou **KATAR**

▮ n. m. – off. ***État du Qatar*** ◆ ÉTYM. p.-ê. même rac. que *qatura* «distiller», de l'ar. *qatran* «goudron, résine» ♦ Pays de la péninsule Arabique. → **Arabie** (carte). 11 437 km$^2$. 744 029 hab. dont 300 000 immigrés venus du sous-continent indien (Pakistanais, Indiens), des Philippines et du monde arabe (Égyptiens, Palestiniens) *(Qatariens)*. LANGUE : arabe. RELIGION : musulmans (sunnites, 85 %). MONNAIE : riyal qatari. CAPITALE : Doha. RÉGIME : monarchie absolue.

▮ **GÉOGRAPHIE** Le pays présente l'aspect d'un désert de pierres et de sable, au littoral marécageux. La végétation est rare et consiste principalement en épineux et en dattiers. Le climat est chaud et humide en été, où les températures atteignent 44 °C. Les rares pluies se produisent en hiver où les températures varient de 10 °C à 20 °C. Plus de la moitié des besoins du pays en eau sont couverts par dessalement de l'eau de mer.

▮ **ÉCONOMIE** Autrefois appelé «terre oubliée d'Allah», le Qatar a bâti sa richesse sur l'exploitation pétrolière (dès 1949). Les réserves de brut sont estimées à 3,73 milliards de barils. Dukhan est le plus important champ pétrolifère. L'exploitation offshore a débuté en 1964 après la découverte des champs de Maydan Mahzam. La production est acheminée jusqu'au port d'Umm Saïd (ou Messaïd). Le gaz devrait à court terme représenter la première source de revenus du Qatar. Le champ gazier sous-marin de North Field est l'un des plus importants du monde (6 000 km$^2$) et est exploité depuis 1991. Les réserves en gaz représentent 15 % des réserves mondiales (3e rang, derrière la Russie et l'Iran). Par ailleurs, le Qatar a développé une filière GNL (gaz naturel liquéfié) dont il est le 1er exportateur mondial depuis 2006. L'industrie se concentre à Umm Saïd, pour l'industrie pétrolière, et à Rass Laffan, à proximité du gisement de North Field : usine de liquéfaction pour la transformation du gaz, raffinerie. L'industrie non liée aux hydrocarbures est peu développée et concerne principalement la métallurgie, la sidérurgie, et le ciment. Malgré des conditions peu favorables (manque de sources d'eau douce, ensablement), le gouvernement, qui est propriétaire de toutes les terres, encourage l'essor de l'agriculture (fermes expérimentales) et l'extension des surfaces arables : 7 000 ha (0,68 % du territoire). L'émirat doit recourir aux importations pour subvenir à ses besoins alimentaires. La pêche, jadis activité principale de la péninsule (perles), est en régression ; elle s'est spécialisée dans la pêche à la crevette.

▮ **HISTOIRE** Depuis le XVIIIe s., le pays est dominé par la famille al-Thānī. Le pays fut quasiment oublié jusqu'au XIXe s., lorsqu'il passa sous contrôle ottoman (1872). Les Britanniques, soucieux de s'assurer la mainmise sur la route des Indes, s'imposèrent à partir du début du XIXe s. comme la puissance tutélaire de fait. Les forces turques évacuèrent Qatar au début de la Première Guerre mondiale et le pays devint un protectorat britannique à la tête duquel fut placé Cheikh ʿAbd Allāh al-Thānī (1916). Le retrait des forces britanniques du Golfe en 1968 donna lieu à des négociations entre le Qatar, le Bahreïn et les émirats de la côte de la Trêve (Trucial States) en vue de former une entité fédérative. Ce fut un échec et, le 1er septembre 1971, le Qatar proclama son indépendance. Cheikh Aḥmad ibn Aḥmad al-Thānī devint émir, mais fut aussitôt renversé par son cousin et Premier ministre, Cheikh Khalīfah ibn Hamad al-Thānī. Il fut déposé en 1995, lors d'un coup d'État, par son fils et prince héritier, Hamad Bin Khalifa. Le nouvel émir, moderniste, mène une politique étrangère indépendante vis-à-vis de l'Irak, de l'Iran et d'Israël. Pour la première fois de son histoire, le Qatar a vu l'organisation d'élections municipales avec la participation des femmes, en 1999. Le Qatar est membre du Conseil de coopération du Golfe (CCG) et entretient des relations conflictuelles avec l'Arabie saoudite avec laquelle il partage son titre de «royaume des Wahhabites». Le conflit frontalier qui l'opposait à Bahreïn a été réglé en mars 2001. Une nouvelle constitution, la première depuis l'indépendance, est entrée en vigueur en 2005 mais laisse le pouvoir concentré entre les mains de l'émir.

**QATĪF (AL-)** ♦ V. d'Arabie saoudite, dans le Hassa, à proximité du golfe Persique, au N. de Dammān. 98 278 hab. Oasis (dattiers, arbres fruitiers). Port. Exportation de dattes. ▪ Gisement pétrolifère.

**QATRĀN** ♦ Poète persan (mort en 1072). Ses panégyriques et ses compositions lyriques sont remarquables par les artifices de style et la préciosité des formules poétiques.

**QAYS IBN AL-MULAWWAH** ♦ Poète arabe (VIIe s.) auquel on attribue un *diwān* et à propos de qui la tradition a élaboré un roman dont l'existence est attestée dès le Xe s. Ne pouvant épouser Laïla, la femme qu'il aime et dont il est aimé, il se réfugie dans le désert ; après son veuvage, Laïla le rejoint et ils meurent l'un après l'autre. Plusieurs critiques considèrent que cette biographie est une légende forgée sous les Omeyades.

**QAZVĪN** ou **KAZVĪN** ♦ V. d'Iran, ch.-l. de province, au pied de l'Elbourz. 355 338 hab. La ville conserve plusieurs bâtiments des époques seldjoukide (déb. XIIe s.) et safavide (XVIe s.). Grand marché agricole (vignes, céréales, fruits) et centre commercial. Indus. textile (tissage des tapis), construc. mécanique et électrique. ▮ **Histoire** Fondée au IIIe s. par le roi sassanide Chahpouhr Ier, Caspien, appelée Kazvīn depuis la domination arabe, fut pillée au XIIIe s. par les Mongols. Elle connut son apogée sous le règne du safavide Chāh Tahmāsp qui en fit la capitale de la Perse (XVIe s.).

**Qazvīn. L'entrée de la ville.** *Phot. © Hureau/Atlas-Photo*

**QAZWĪNĪ (Zakariyā ibn Muḥammad ibn Maḥmūd AL-)** ♦ Savant musulman (Qazvīn, v. 1203 - Hilla, Irak 1283). Il est l'auteur d'un dictionnaire géographique et d'un ouvrage de cosmographie, *Merveilles de la création et les étrangetés des êtres,* synthèse des connaissances astronomiques et géographiques de son époque.

**QIAN Daxin** ou **K'IEN Ta-sin** ♦ Érudit chinois (1728 - 1804), fonctionnaire impérial sous Qianlong* et directeur d'écoles de renom. Il est l'auteur d'essais, de biographies, de poèmes et d'importants travaux sur l'histoire de la Chine. Ses œuvres complètes portent le titre de *Qianyantang quanshu* (1806).

**QIANHAN** → Han

**QIANLONG** ou **K'IEN-LONG [AISIN JUERUO HONGLI]** ♦ (1711 - 1799). Empereur de Chine (1736 - 1796) de la dynastie mandchoue des Qing*. Petit-fils de Kangxi*, Qianlong continua l'œuvre de son grand-père et mena l'empire à une ère de prospérité, malgré les nombreuses et coûteuses campagnes de conquête et de pacification, tant intérieures qu'extérieures, qu'il baptisa «Dix Exploits martiaux». Grand amateur d'art, il enrichit les collections impériales en créant et en développant les ateliers impériaux où servirent notamment de nombreux artistes missionnaires jésuites : G. Castiglione*, J.-D. Attiret*. Passionné de jardins, il paracheva les créations de Kangxi et fit édifier par G. Castiglione et M. Benoist* des palais européens dans sa résidence du Yuanmingyuan*. Érudit, il commanda la rédaction de nombreux ouvrages dont la *Bibliothèque complète en quatre sections (Sigu Quanshu),* mais ordonna la destruction des ouvrages hostiles aux Qing. Son imprévoyance à préparer la Chine à la confrontation avec l'Occident (rejet des requêtes de lord Macartney) et le fait d'avoir laissé son favori Heshen* accaparer le pouvoir furent fatals à l'empire de Chine. Il abdiqua à 84 ans, en faveur de son fils, Jiaqing (sur le trône de 1796 à 1820), mais conserva la réalité du pouvoir jusqu'à sa mort.

**QIAN Sanqiang** ou **K'IEN San-K'iang** ♦ Physicien chinois (1913 - Pékin 1992). Ancien collaborateur de Joliot-Curie en France, il fut chercheur au CNRS et rentra en Chine en 1947. Il est un des artisans de la bombe atomique chinoise, lancée le 16 oct. 1964.

**QIAN Zhongshu** ♦ Écrivain et lettré chinois (Wuxi 1910 - Pékin 1998). Après des études à Oxford et à Paris, il écrivit en 1947 son unique roman *La Forteresse assiégée,* satire de la jeunesse chinoise. Il se consacra ensuite à l'enseignement de la littérature occidentale et de l'anglais et participa à la fondation de l'Institut de recherche sur la littérature, au sein de l'Académie Sinica, ce qui fut relaté par sa femme, Yang Jiang, quarante ans plus tard, dans *Le Bain.* Déporté sous la révolution culturelle, réhabilité en 1979, il est l'auteur de commentaires sur les grands textes classiques de la poésie et de la philosophie chinoise : *Le Bambou et le Poinçon* (1979).

**QI Baishi** ou **TS'I Pai-che** ♦ Peintre chinois (dans le Hunan 1863 - Pékin 1957), célèbre pour ses lavis de fleurs et de crustacés. Il est considéré comme un des grands peintres chinois modernes.

**QIN** ou **TS'IN** n. m. pl. ♦ Dynastie chinoise (-221 - -207). Son fondateur, Ying Zheng (roi de Qin, Zhanguo*) qui prit le titre de Shi* Huangdi en -221, unifia l'empire. Son fils cadet Ying Huhai lui succéda mais se suicida en -207.

**QING, K'ING** ou **TS'ING** n. m. pl. ➔ ÉTYM. chin. «pure» ♦ Dynastie chinoise (1644 - 1911) d'origine mandchoue (clan des Aisin Jueruo) fondée par Nurhaci* et son fils Huangtaiji (1592 - 1643, empereur Taizong). Le premier empereur installé sur le trône de Pékin fut Fulin (1638 - 1661, fils de Taizong), nom de règne Shunzi (1644 - 1662). Son fils, Kangxi*, consolida les assises de l'empire et inaugura une ère de prospérité que son petit-fils Qianlong* porta à son apogée. Mais, dès la fin du XVIIIe s., les révoltes («Lotus Blancs») et la corruption (➔ **Heshen**) commencèrent à miner l'empire. Les puissances occidentales profitèrent de la décadence pour imposer leur volonté. ➔ **Opium (guerres de l').** Le règne désastreux de Xianfeng* vit la révolte des Taiping* et l'occupation de la capitale par le corps expéditionnaire franco-britannique (➔ **Yixin, Yuanmingyuan**). La prise du pouvoir de sa veuve, la future impératrice Cixi* (Ts'eu-hi), marque le début de l'une des périodes les plus sombres de la Chine (➔ **Boxers (révolte des), Zaifeng**). Le dernier empereur, Puyi*, fut contraint à l'abdication le 12 fév. 1912. Cette même année (le 1er janv.) avait été proclamée la République de Chine de Sun* Yat-sen.

**QINGDAO, K'ING-TAO** ou **TS'ING-TAO** ♦ V. de Chine (Shangdong). 2 720 972 hab. Port de pêche et de commerce extérieur. Instituts d'océanographie. Indus. textile et alimentaire (eau minérale, brasserie). Sidérurgie. Pétrochimie. Carrières de marbre et de granite. Station balnéaire. **▮ Histoire** La ville, cédée à l'Allemagne en 1898 et au Japon en 1914, revint à la Chine en 1922.

**QINGHAI** ou **TS'ING-HAI** n. m. ➔ ÉTYM. chin. «[mer] bleue» ♦ Prov. de l'O. de la Chine. ➔ **Chine** (carte). 721 000 km². 4 822 963 hab. dont le 1/3 appartient à des ethnies minoritaires (Tibétains, Hui*, Kazakhs, Mongols). CAP. : Xining. Ville monastique de Taersi (Kumbum). La prov. est traversée par le Kunlun* shan où naissent le Chang* jiang et le Huang* he. Élevage pastoral par les peuplades nomades et semi-nomades. Gisements de pétrole et d'or. Sel, potasse, laine de roche. Réserve ornithologique du lac Quighaihu.

**QINGHAI HU, T'SING-HAI-HOU** ou **KOUKOU NOR** ➔ ÉTYM. chin. «mer bleue» ♦ Lac de Chine dans la prov. du même nom, situé à 3 200 m d'alt. et dont les eaux sont saumâtres. Env. 4 500 km². Pêche. Grande réserve ornithologique sur les îles.

**QINGJIANG** ou **TS'IN-KIANG** ➔ **Huaiyin**

**QINHUANGDAO** ou **TS'IN-HOUANG-TAO** ♦ V. de Chine (Hebei). 718 229 hab. Ouvert au commerce extérieur depuis 1901 c'est, après Shanghai*, le 2e port de Chine avec 60 millions de t de marchandises importées chaque année. Pêche.

**QIN LING** ou **TS'IN-LING** (monts) ➔ ÉTYM. chin. «les sommets *(lǐng)* bleus *(ts'ing)*» ♦ Massif de Chine (Shaanxi) constitué de granites et de schistes primaires et s'étendant sur 1 500 km. D'une altitude moy. de 2 000 m, il culmine au Taibai shan à 3 767 m. C'est la principale crête de partage des eaux entre les bassins du Chang* jiang et du Huang* he, et la frontière naturelle entre la Chine du Nord et la Chine du Sud.

**QIQIHAR** ou **TSITSIHAR** ♦ V. de Chine (Heilongjiang). 1 338 587 hab. Indus. lourde (métallurgie, charbon). Céréales. Élevage. Réserve naturelle de Zalong (420 km²).

**QISHON** n. m. ♦ Fl. d'Israël qui descend des monts de Galilée et se jette dans la Méditerranée au N. de Haïfa*. Des travaux ont été entrepris en vue d'utiliser ses eaux pour l'irrigation.

**QNAITRA** ➔ **Qunaitra**

**QOHÉLET** ou **L'ECCLÉSIASTE (LIVRE DE)** ➔ ÉTYM. hébr. *Qôhèlèth,* de sens obscur (*qâhâl* «assemblée» est l'équivalent du gr. *Ekklêsia*) ♦ Livre de la Bible (Écrits*), l'un des Cinq* Rouleaux, traditionnellement attribué à Salomon*. Douze chapitres reprennent l'enseignement de l'auteur, que l'incipit qualifie de «fils de David, roi de Jérusalem», mais qui, d'après le texte, fut simplement «un sage qui a enseigné en public», sans doute au -IIIe s. Dans une langue non littéraire, une voix personnelle (l'auteur dit «je») témoigne de la confrontation entre la pensée traditionnelle (biblique) et le monde (hellénistique) tel qu'il va : sous le soleil (modèle de ce qui ne change pas), il n'est rien de nouveau et tout (notamment ce que peut faire l'homme) est vanité. Cette sagesse désabusée a eu quelque peine à passer pour inspirée : le livre fut un des plus contestés par les rabbins, et ses versions araméennes (targum et midrash) en font une lecture allégorique. L'affirmation de l'auteur qu'il «fut» roi a nourri la légende d'un Salomon déchu de sa fonction royale ou même devenu fou à cause de ses fautes.

**QOM** ou **QUM** ♦ V. d'Iran, ch.-l. de prov., en bordure du Kavir Namak («désert du sel»), sur la rivière Rud-é Qom. 959 116 hab. Mosquées, mausolées et madrasas (écoles religieuses) des époques seldjoukide, safavide et kadjar. Le tombeau de Fatima, sœur de l'imam Rizā, en a fait une ville sainte, important lieu de pèlerinage. Son université islamique (Howzeh), devenue la plus importante du chiisme, accueille près de 35 000 religieux des communautés duodécimaines du monde entier. Carrefour routier et ferroviaire. Centre d'enrichissement d'uranium. Patrie de l'ayatollah Khomeiny*, Qom joua un rôle déterminant dans le renversement de la monarchie et demeure le deuxième centre du pouvoir théocratique iranien.

**Qom.** Coupole et minarets de la Grande Mosquée.
*Phot. © Boutin/AAA photo*

**QORAYCHITES** n. m. pl. ♦ Membres d'une tribu arabe des environs de La Mecque. D'origine obscure, ils doivent leur nom à Qossayy, chef ancestral qui fit réunir les groupes épars de sa tribu à La Mecque où ils s'approprièrent le sanctuaire de la Kaaba*. Ils se réservèrent la suprématie politique de la cité (fin Ve s.) et exercèrent un commerce très actif. Les Hachémites (clan de Mahomet*) étaient qoraychites. Les Omeyades*, les Abbassides*, les Alides* et beaucoup de dirigeants militaires et politiques musulmans étaient issus de cette tribu. Un noyau de Qoraychites est resté à La Mecque auprès de la Kaaba.

**QOSTANAÏ** – anc. ***Koustanaï*** ♦ V. du Kazakhstan, ch.-l. de région, sur le Tobol. 222 800 hab. Nœud ferroviaire. Indus. mécanique et alimentaire. Traitement du cuir.

**QUADES** [kwad] n. m. pl. – en lat. ***Quadi*** ♦ Peuple germanique établi au Ier s. dans l'actuelle Moravie et le N. de la Hongrie. Alliés aux Marcomans*, ils attaquèrent l'Empire romain sous Marc Aurèle* et Commode*. Ils se joignirent à l'invasion des Vandales au Ve siècle.

**QUADRILATÈRE LOMBARD** ♦ Région historique de l'Italie, limitée par les quatre places fortes de Peschiera* del Garda, Vérone*, Mantoue* et Legnano*. Au XIXe s., il assura la défense autrichienne durant les campagnes de 1848 et de 1859.

**QUADROS (Jânio)** ♦ Homme politique brésilien (Campo Grande, Mato Grosso 1917 - São Paulo 1992). Gouverneur de l'État de Saõ Paulo (1955 - 1959), il fut élu président de la République en 1960 sous l'étiquette démocrate-chrétienne. Mais il ne gouverna que quelques mois (de janvier à août 1961) et présenta sa démission de façon soudaine en invoquant des «pressions terribles». Pendant la dictature militaire il fut assigné à résidence. Il retourna à la politique dans les années 1980 comme maire de São Paulo (1986 - 1989).

**Quadruple-Alliance** → **Alliance (Quadruple-)**

**Quai Branly (musée du)** ♦ Musée de Paris, fondé en 2006. Construit par Jean Nouvel*, ce vaisseau de verre incurvé est flanqué de gros cubes colorés et d'un mur végétal. Un plateau unique sans cloisons accueille une forêt de 350 vitrines exposant 3 500 objets (sur un fonds de 300 000). Sculptures dogon, masques D'mba venus d'Afrique, écorces peintes d'Australie, peaux de bisons décorées par les Indiens d'Amérique du Nord, instruments de musique, textiles malgaches côtoient des œuvres plus contemporaines.

Musée du **Quai Branly.** *Phot. © Ginies/Sipa © Adagp Paris 2007*

Le **Quai des brumes** ♦ Film français de Marcel Carné* (1938), d'après le roman de Pierre Mac Orlan, avec Jean Gabin, Michèle Morgan, Pierre Brasseur, Michel Simon. Au Havre, un déserteur, s'apprêtant à quitter la France, tombe amoureux d'une jeune orpheline qui vit sous la coupe de son tuteur, un receleur chafouin. La célébrité de ce film vient à la fois du couple mythique Jean Gabin-Michèle Morgan et du dialogue de Jacques Prévert («T'as d'beaux yeux, tu sais...»). Ses qualités sont à rechercher aujourd'hui dans la photographie «expressionniste» d'Eugène Schufftan, les décors d'Alexandre Trauner et la musique de Maurice Jaubert. Un classique du «réalisme poétique».

**quakers**

n. m. pl. → ÉTYM. angl. «trembleurs», d'après la phrase de George Fox recommandant au juste de trembler devant la parole de Dieu ♦ Membres de la «Société religieuse des Amis», secte réformée née en Angleterre de la prédication de George Fox* (1624 - 1691). Pacifistes et philanthropes, les quakers furent persécutés et émigrèrent à partir de 1654 en Amérique où ils exercèrent une forte influence aux XVII$^{e}$ - XVIII$^{e}$ s. grâce à William Penn*. Refusant tout clergé et pratiquant un culte silencieux et sans rites, ils mettent l'accent sur la rencontre directe de chacun avec Dieu en dehors de toute médiation. Ils sont aujourd'hui environ 300 000 ; leurs principales communautés se trouvent aux États-Unis (110 000), en Amérique latine (55 000), en Grande-Bretagne (20 000) et en Afrique (122 000), surtout au Kenya.

**Quanta cura** ♦ Encyclique de Pie IX (8 déc. 1864) stigmatisant le libéralisme religieux et la méconnaissance du pouvoir suprême de l'Église (gallicanisme), publiée avec le *Syllabus**.

**QUANTZ (Johann Joachim)** ♦ Compositeur allemand (Oberscheden, Hanovre 1697 - Potsdam 1773). D'abord hautboïste à la chapelle de la cour de Dresde, il travailla la technique de la flûte avec le Français P. G. Buffardin, puis étudia le contrepoint à Rome et fréquenta à Naples le cercle des Scarlatti, Hasse et Leo. À l'issue d'un voyage en Europe, il joua devant le prince héritier de Prusse, le futur Frédéric le Grand, qui fit de lui son professeur de flûte avant de le nommer musicien de la chambre et compositeur de sa cour (1741). Il se fixa alors à Berlin. Il a joué un rôle important dans la vie musicale de son temps, laissant 300 concertos pour une ou deux flûtes, près de 200 pièces de musique de chambre et un *Essai de méthode pour jouer de la flûte traversière* (1752), précieux pour la connaissance de l'esthétique musicale du XVIII$^{e}$ s.

**QUANZHOU, TS'IUAN-TCHEOU** ou **K'IUAN-TCHEOU** ♦ V. de Chine (Fujian), sur le détroit de Taiwan. 764 100 hab. Université. Port. Indus. alimentaire (sucre, sel, conserves) et textile (confection). ▮ **Histoire** C'est la *Zayton* de Marco Polo, d'où partirent en 1281 les flottes mongoles qui tentèrent d'envahir le Japon.

**QUAREGNON** [kaʀ(ɛ)ɲɔ̃] ♦ Comm. de Belgique (Région wallonne), prov. de Hainaut, arr. de Mons, sur la Haine. 18 640 hab. Ruines du château du Diable. ▪ Indus. diversifiées. À Wasmuel, station de démergement (aménagement et assainissement des cours d'eau) de la vallée de la Haine.

**QUARENGHI (Giacomo)** ♦ Architecte italien (Valle Imagna, Bergame 1744 - Saint-Pétersbourg 1817). Élève de Palladio, il fut chargé par Catherine II d'élever plusieurs palais à Saint-Pétersbourg, dont le théâtre de l'Ermitage, le palais anglais de Peterhof, auj. Petrodvorets* (1781) et le palais Alexandre de Tsarskoïe-Selo, auj. Pouchkine* (1791 - 1796).

**QUARNARO** → **Kvarner**

**QUAROUBLE** [59243] → ÉTYM. anc. *Quarubio*, du lat. *quadrivium* «carrefour» ♦ Comm. du Nord, arr. de Valenciennes. 3 303 hab.

**QUARRÉ-LES-TOMBES** [89630] → ÉTYM. du lat. *Quadrata (villa)* «(ville) construite en carré» ♦ Ch.-l. de cant. de l'Yonne, arr. d'Avallon, sur l'étroit plateau qui sépare les vallées de la Cure et du Cousin, dans le N.-O. du Morvan. 723 hab. *(Quarréens)*. Église à trois nefs (XV$^{e}$ s.), entourée de cent tombes ou sarcophages en pierre, dont l'origine est incertaine.

**QUARTIER LATIN** ♦ Quartier de Paris, l'un des plus anciens. Élevé autour du quartier des thermes de Lutèce et devenu le berceau de l'Université (quand Abélard s'établit en 1215 sur la montagne Sainte-Geneviève) qui lui donna son nom, il couvre actuellement la quasi-totalité des 5$^{e}$ et 6$^{e}$ arrondissements. Quartier universitaire dès le XIII$^{e}$ s. (→ **Sorbonne**), il englobe toujours de nombreux établissements d'enseignement (Collège de France, Institut, lycées) et s'est étendu vers l'E. (Jussieu).

**Quart Livre** ♦ Quatrième roman de Rabelais (1548 - 1552) prolongeant les aventures de *Gargantua**. Son titre exact est *Quart Livre des faicts et dicts [heroïcques] du bon Pantagruel.* Il relate la navigation vers le pays de la Dive Bouteille. C'est dans ce volume que se trouve notamment l'épisode célèbre des moutons de Panurge.

**QUARTON, CHARONTON, CHARRETON** ou **CHARTON (Enguerrand)** ♦ Peintre français originaire du diocèse de Laon (connu de 1444 à 1466). Il travailla à Aix-en-Provence à partir de 1444 et se fixa en Avignon en 1447. Deux œuvres qui contribuent à la définition du style provençal lui sont attribuées avec certitude : *La Vierge de miséricorde* (1452) à laquelle collabora le peintre Pierre Vilatte, et surtout *Le Couronnement* de la Vierge* (1453 - 1454). La vigueur des formes, le traitement de certains visages inspirés de l'art flamand, l'élégante stylisation du dessin y sont subordonnés à une vision d'ensemble très personnelle : caractère abstrait et monumental d'une composition complexe mais clairement ordonnée qui dénote l'adaptation picturale de la composition architectonique des tympans français. Dans le paysage de la prédelle, l'emploi de la perspective atteste l'influence italienne, mais le caractère de la lumière, qui découpe avec franchise les volumes, apparaît comme typiquement provençal.

**QUASIMODO (Salvatore)** ♦ Poète italien (Modica, Syracuse 1901 - Naples 1968). Marqué par son enfance sicilienne, il apprit seul sur le tard le latin et le grec. Présenté par Vittorini à la revue *Solaria*, il publia des poèmes (*Acque e terre*, 1930 ; *Oboe sommerso*, 1932) qui en firent un représentant de l'*hermétisme** florentin. À cette poésie précieuse et belle succéda la nostalgique *Ed è subito sera* (1942), et, après la guerre, un engagement dans l'histoire et un lyrisme plus ample, illustrés entre autres par *La vie n'est pas un rêve* (1949) et *La Terre incomparable* (1958). La critique s'accorde aujourd'hui à reconnaître pour son chef-d'œuvre sa traduction des *Lyriques grecs* (1940). [Prix Nobel de littér. 1959]

Salvatore **Quasimodo.** Portrait par Bellandi. Coll. part., Milan. *Phot. © Gino Begotti/Ricciarini*

**QUASIMODO** [ka-] → ÉTYM. n. d'un enfant trouvé le dimanche de *Quasimodo*, premier dimanche après Pâques (des premiers mots de l'introït *Quasi modo geniti infantes* «comme des enfants nouveau-nés») ♦ Personnage du roman de V. Hugo*, *Notre*-Dame de Paris* (1831), monstre «plus difforme qu'un caillou», élevé par le prêtre Frollo et devenu l'âme de la cathédrale.

Les **Quatre Apôtres** ♦ Diptyque de Dürer (1526). Dürer traite ici le thème des quatre évangélistes mais Luc est remplacé par Paul, apôtre favori des protestants. Les quatre figures monumentales, avec leur longue draperie et leur buste traité en raccourci, dégagent une intensité dramatique extraordinaire. Les deux panneaux des *Quatre Apôtres,* offerts par Dürer lui-même à la ville de Nuremberg, constituent sa dernière grande œuvre, son testament pictural, la fusion entre la tradition flamande et le nouveau vocabulaire de la Renaissance italienne.

Les **Quatre Apôtres.** Diptyque de Dürer (215 × 76 cm, chaque panneau). Alte Pinakothek, Munich. *Phot. © Blauel/Gnam-Artothek/Artephot*

**QUATRE-BRAS (LES)** ♦ Lieu-dit de Belgique (Brabant, commune de Baisy-Thy) au carrefour Charleroi-Bruxelles et Nivelles-Namur. **▌Histoire** L'avant-veille de la bataille de Waterloo*, le maréchal Ney ne put enlever la position tenue par les Britanniques.

**QUATRE-CANTONS** (lac des) ou lac de **LUCERNE** ➝ ÉTYM. en all. ***Vierwaldstättersee*** «lac des quatre cantons forestiers» ♦ Lac de Suisse, situé entre les cantons de Schwyz, Uri, Unterwald, et Lucerne, à 435 m d'alt. Longueur 37 km. 114 $km^2$. Il est alimenté par la Reuss et dominé par de hautes montagnes comme le Rigi au N.-E., le Pilate à l'O. et le Bürgenstock au S. De forme très irrégulière, il est composé de plusieurs baies appelées *lac de Küssnacht* au N., *lac de Lucerne* à l'O., *lac d'Alpnach* au S.-O., *lac de Weggis* et *lac de Buochs* au centre, *lac d'Uri* au S.-E. Il baigne les villes de Brunnen, Küssnacht, Lucerne, Weggis. ▪ Grand centre touristique.

**Quatre-Cents (Conseil des)** ♦ Nom donné à la *boulê* (sénat) d'Athènes, composée à l'origine (–594) de quatre cents représentants des dix tribus. Le nombre des représentants fut porté à cinq cents par les réformes de Clisthène (–508). ▪ Conseil oligarchique d'Athènes installé au pouvoir par un coup d'État en –411, pendant la guerre du Péloponnèse*. Renversé au bout de quatre mois, il fut remplacé par l'assemblée des Cinq-Mille. → **Alcibiade, Antiphon, Théramène.**

Les **Quatre Cents Coups** ♦ Film français de François Truffaut* (1959) avec Jean-Pierre Léaud. Antoine Doinel, en manque d'affection, fait volontiers l'école buissonnière, en compagnie de son copain René. Le vol d'une machine à écrire le conduit en maison de redressement, d'où il s'évadera pour voir la mer. Ce film, partiellement autobiographique, est le premier long métrage de Truffaut, et le coup d'envoi de la Nouvelle* Vague (avec *A* bout de souffle,* de Godard). L'influence de *Zéro* de conduite,* de Jean Vigo, est sensible dans cette œuvre pudique qui obtint le Prix de la mise en scène au festival de Cannes 1959 d'où le critique F. Truffaut avait été évincé l'année précédente.

**QUATREFAGES DE BRÉAU (Jean Louis Armand DE)** ♦ Naturaliste et anthropologue français (Berthezène, près de Valleraugue 1810 - Paris 1892). Il s'intéressa à la zoologie, avant d'obtenir la chaire d'anthropologie et d'ethnographie du Muséum (1855). Ses travaux d'anthropologie préhistorique, particulièrement de craniologie ethnique (*Crania ethnica,* avec Hamy*, 1882), contribuèrent au développement de cette discipline. Formé à l'école de Cuvier* et profondément spiritualiste, il combattit les théories transformistes et affirma l'unité de l'espèce humaine (*Unité de l'espèce humaine,* 1861 ; *Histoire de l'homme,* 1867 ; *Théories transformistes,* 1892). [Acad. sc. 1852] ➝ ÉTYM. *Quatrefages,* nom occitan, signifie «quatre hêtraies» et le nom de village *Bréau* vient de l'ancien français *breuil* «petit bois».

Les **Quatre Fils Aymon** → **Renaud de Montauban**

**QUATREMÈRE (Étienne Marc)** ♦ Orientaliste français (Paris 1782 - *id.* 1857). Il suivit le cours d'arabe de Silvestre de Sacy, fut conservateur à la Bibliothèque nationale, puis successivement professeur d'hébreu, de syriaque et de chaldéen au Collège de France, et de persan à l'École des langues orientales. Il fut le premier à mettre en évidence l'identité du copte et de l'ancien égyptien, préparant les recherches de Champollion* dont il ne devait point cependant reconnaître les découvertes sur le déchiffrement des hiéroglyphes. Œuv. princ. : *Recherches critiques et historiques sur la langue et la littérature de l'Égypte* (1808) ; *Mémoire sur les Nabathéens* (1835) ; traductions de l'*Histoire des Mongols de la Perse* de Rachīd al-Dīn (1836), de l'*Histoire des Ayyubides et des sultans mamelouks* de Maqrīzī (1837 - 1845). ➝ ÉTYM. *Quatremère* est peut-être la forme flamande de *quatre mares,* nom de lieu-dit.

**QUATREMÈRE DE QUINCY (Antoine Chrysostome QUATREMÈRE, dit)** ♦ Archéologue et homme politique français (Paris 1755 - *id.* 1849). Député à l'Assemblée législative (1791), il siégea avec les royalistes constitutionnels et prit la défense de La Fayette (1792). Emprisonné sous la Terreur, il fut membre du Conseil des Cinq-Cents et proscrit après le coup d'État du 18 Fructidor (1797) comme royaliste. Intendant des Arts et Monuments publics sous la Restauration (1816), il rédigea un *Dictionnaire de l'architecture* (1788 - 1825) pour l'*Encyclopédie méthodique* de Panckoucke, et publia notamment un *Essai sur l'idéal* (1805), une étude sur Michel-Ange. Il fut député de 1820 à 1822.

**Quatre-Nations** (collège des) ♦ Institué par le testament de Mazarin*, ce collège était destiné à recevoir 60 élèves des «quatre nations» réunies depuis peu à la France (Pays-Bas, Alsace, Roussillon, Pignerol). Fermé lors de la Révolution, il fut donné en 1806 à l'Institut de France.

Les **Quatre Saisons** – en ital. ***Le Quattro Stagioni*** ♦ Ensemble des 4 premiers *(Le Printemps, L'Été, L'Automne, L'Hiver)* des 12 concertos pour violon opus 8 *(Il cimento dell'armonia e dell'invenzione)* d'A. Vivaldi*, parus à Amsterdam en 1725 avec une dédicace à un comte Morzin. Dans cette édition, chaque saison est précédée d'un sonnet explicatif en langue italienne. Des fragments en apparaissent ensuite aux endroits correspondants des parties instrumentales. L'œuvre est un modèle à la fois de musique descriptive et de musique pure.

**Quatrevingt-Treize** ♦ Roman de Victor Hugo* (1874). Le marquis de Lantenac débarque en Bretagne pour organiser les forces de la résistance vendéenne. Alertés par le danger, Danton, Marat et Robespierre envoient sur les lieux le citoyen Cimourdain : il doit s'opposer à la clémence du vaillant chef des armées républicaines, Gauvain. Ce dernier n'est autre que le neveu de Lantenac et le fils adoptif de Cimourdain. Après un violent assaut dans le château de La Tourgue, Lantenac est arrêté, mais Gauvain le laisse fuir. Inflexible, Cimourdain fait condamner Gauvain à mort, assiste à son exécution et se suicide au moment où tombe le couperet de la guillotine. Dans l'atmosphère violente de son dernier roman, Hugo porte une attention particulière aux enfants, qui échappent à la tuerie. Son message est clair : quelle que soit l'intégrité des chefs politiques, ce sont les forces de la jeunesse qui rendent au monde sa pureté.

Les **Quatre Cents Coups.** Jean-Pierre Léaud (à gauche). *Phot. © Coll. de Selva/Tapabor*

**Quattrocento** ♦ Terme italien qui désigne «les années 1400» (le XVᵉ siècle) et, plus largement, la première Renaissance, vaste mouvement né à Florence à cette époque, dans le cadre d'un nouvel ordre politique, social et économique. Le Quattrocento renoua avec l'Antiquité et avec une philosophie humaniste qui fait de l'Homme la mesure de toutes choses. Époque clé dans le développement de la civilisation occidentale, il élabora en art un système de représentation fondé sur l'imitation de la nature, l'étude de la géométrie et de la perspective, l'équilibre des proportions, système qui ne fut plus remis en question jusqu'à la fin du XIXᵉ s. Les initiateurs en furent les architectes Brunelleschi* et Alberti*, les sculpteurs Ghiberti*, Donatello*, il Verrocchio* et Antonio del Pollaiolo*, les peintres Masaccio*, Filippo Lippi*, Uccello*, Piero* della Francesca, Mantegna*, Giovanni Bellini*, Botticelli* et Léonard* de Vinci. → **Renaissance.**

Le **Quatuor d'Alexandrie** ♦ Cycle de 4 romans de Lawrence Durrell* (*Justine,* 1957 ; *Balthazar,* 1958 ; *Mountolive,* 1958 ; *Clea,* 1960) qui raconte selon quatre points de vue différents une même histoire d'amour située au Proche-Orient. Cette œuvre opère une déconstruction de la fiction linéaire traditionnelle sans renoncer à la notion de personnage ; la ville d'Alexandrie constitue le cinquième protagoniste d'une action qui mêle roman d'espionnage, mélodrame et poésie, et décrit avec une force visionnaire la puissance des pulsions érotiques.

**QUʿAYTI (AL-)** ♦ Ancien sultanat du Yémen, situé en bordure du golfe d'Aden dans l'Hadramaout. CAP. : Mukalla.

**QUDĀMA (Abū al-Faraj ibn Jaʿfar)** ♦ Savant arabe des IXᵉ - Xᵉ s. (mort en Irak apr. 932). Auteur d'ouvrages de philosophie, d'histoire, de philologie. Il ne reste de son œuvre que quelques parties d'une encyclopédie, *Traité de l'art du secrétaire (Kitāb sināʿat al-Kitāba),* contenant des études géographiques.

**QUÉBEC** n. m. • ÉTYM. du n. de la v. ♦ Prov. du Canada. 1 542 056 km². 7 546 131 hab. *(Québécois).* LANGUES : français (85 %) et anglais. CAP. : Québec. La prov. comprend 2 communautés métropolitaines, Montréal et Québec, ainsi que 88 municipalités régionales de comté (MRC).

▮ **GÉOGRAPHIE** On peut diviser la province en trois régions naturelles : la zone de basses terres du Saint-Laurent, où se trouve la plaine de Montréal et qui concentre presque toute la population et l'activité économique ; les plateaux de la région appalachienne, dominés par des collines (Estrie ou Cantons de l'Est, Gaspésie) et l'immense zone du Bouclier canadien (Laurentides*, Nouveau-Québec → **Labrador**), à relief ondulé, parsemée de lacs et en partie couverte de forêts. Le climat connaît de grandes variations (moy. janv. autour de -10 °C dans le S. ; moy. août env. 20 °C). Précipitations et chutes de neige abondantes.

▮ **ÉCONOMIE** ▮ **Agriculture** L'agriculture, qui ne concerne qu'un dixième de la superficie, est différenciée ; moins concentrée que dans l'Ontario, elle suit la même évolution vers les grandes unités mécanisées. À part les zones de monoculture (tabac à Joliette, cultures maraîchères autour de Montréal, fruits dans l'île d'Orléans), la polyculture (céréales, fourrage, légumes, fruits) et l'élevage (élevage laitier, moutons, porcs) dominent. Forte production de lait et de beurre. La forêt couvre 912 123 km², dont plus de 734 316 km² considérés comme productifs, et son exploitation représente 50 % de celle du Canada. La pêche est active, notamment en Gaspésie (homards, morues). La fourrure (chasse et élevage) constitue toujours une grande richesse pour le pays. ▮ **Mines et industries** Ses industries classent le Québec immédiatement après l'Ontario. Les richesses minières sont considérables : cuivre (Chibougamau, Gaspésie), or (24 % du Canada), fer au Labrador* (lac Jeannine), amiante (l'Estrie est le 1ᵉʳ producteur mondial), titane, mais le gisement de Noranda (or, argent, zinc, cuivre) est épuisé. Les réserves du Grand Nord (Bouclier canadien) font du Québec une des plus

Québec.

**Québec** | Les divisions administratives

| | Superficie (en km²) | Population |
|---|---|---|
| **Régions administratives** | | |
| Abitibi-Témiscamingue | 57 674 | 143 872 |
| Bas-Saint-Laurent | 22 232 | 200 630 |
| Capitale-Nationale | 18 639 | 675 450 |
| Centre-du-Québec | 6 929 | 224 200 |
| Chaudière-Appalaches | 15 200 | 390 000 |
| Côte-Nord | 236 661 | 92 745 |
| Estrie | 10 209 | 298 779 |
| Gaspésie-Îles-de-la-Madeleine | 20 308 | 94 336 |
| Lanaudière | 12 414 | 429 053 |
| Laurentides | 20 744 | 511 276 |
| Laval | 247 | 368 709 |
| Mauricie | 25 855 | 258 928 |
| Montérégie | 11 128 | 1 359 720 |
| Montréal | 498 | 1 800 000 |
| Nord-du-Québec | 718 228 | 39 786 |
| Outaouais | 30 760 | 341 096 |
| Saguenay – Lac-Saint-Jean | 98 709 | 272 610 |

riches régions minières du monde. La production d'énergie hydroélectrique est la 1re du Canada (plus de 150 milliards de kWh, 40 % du pays : Saint-Laurent ; centrale de Beauharnois ; Outaouais ; Carillon ; Manicouagan). Usine nucléaire à Gentilly. Parmi les indus. princ., la métall. de l'aluminium (Jonquière, Baie-Comeau), l'électrochimie (Shawinigan), la chimie du pétrole et la haute technologie (Montréal*). **Le tourisme** Le tourisme est très actif (ville de Québec, Laurentides, Gaspésie). **Les communications** Les transports reposent sur plus de 4 500 km de voies ferrées, près de 60 000 km de routes revêtues. La voie maritime du Saint-Laurent*, qui relie le Québec aux Grands Lacs et à l'Atlantique, joue un rôle essentiel dans le développement économique. Les transports aériens sont très actifs (aéroport international de Montréal-Trudeau). **Les universités** Outre les universités de Montréal*, Québec*, Sherbrooke*, le Québec compte une université d'État.

**HISTOIRE** → **Canada.** **Le Bas-Canada** En 1763, la région était la plus peuplée des colonies britanniques du Canada. L'acte constitutionnel de 1791 séparant le Canada en deux, elle forma le Bas-Canada. Au début du XIXe s., les 120 000 Français, pour la plupart agriculteurs, y disposaient d'une imposante majorité à l'Assemblée législative du Bas-Canada, mais les conseils (législatif et exécutif) assistant le gouverneur britannique étaient l'émanation des 10 000 Britanniques, protestants, qui tenaient le commerce et les finances. L'opposition française (→ **Papineau**) réclamait le droit d'élire les conseils et le gouvernement lui-même. Devant le refus britannique, les Français, poussés par le mécontentement dû à la crise agricole de 1830, se révoltèrent (1837). Leur mouvement fut écrasé. Le gouverneur Durham* fit proclamer l'Acte d'Union (1840) donnant au Haut-Canada, entièrement britannique et moins peuplé, le même nombre de députés qu'au Bas-Canada. **La «Belle Province»** Le français cessa d'être langue officielle jusqu'en 1867, lorsque le Québec retrouva un statut de province au sein de la Confédération canadienne ; il fut proclamé langue officielle du Québec par une nouvelle loi en 1974. Le référendum de mai 1980 portant sur la «souveraineté-association» du Québec fut un échec pour les indépendantistes. Depuis lors, la question du statut du Québec n'a cessé de dominer la vie politique. Ainsi un projet de renouvellement de la Constitution du Canada visant à doter le Québec francophone d'un statut de société distincte fut rejeté en 1992 tandis qu'un nouveau référendum sur la souveraineté (oct. 1995) fut marqué par une courte défaite des indépendantistes. En 2006, la Chambre des communes du Canada a adopté une motion reconnaissant la nation québécoise.

**Québec** | Les Premiers ministres

| | |
|---|---|
| Pierre J.-O. Chauveau (conservateur) | 1867-1873 |
| Gédéon Ouimet (conservateur) | 1873-1874 |
| Charles Boucher de Boucherville (conservateur) | 1874-1878 |
| Henri-G. Joly (libéral) | 1878-1879 |
| Joseph-Adolphe Chapleau (conservateur) | 1879-1882 |
| Joseph-Alfred Mousseau (conservateur) | 1882-1884 |
| John Jones Ross (conservateur) | 1884-1887 |
| L.-Olivier Taillon (conservateur) | 1887 |
| Honoré Mercier (parti national) | 1887-1891 |
| Charles Boucher de Boucherville (conservateur) | 1891-1892 |
| L.-Olivier Taillon (conservateur) | 1892-1896 |
| Edmund J. Flynn (conservateur) | 1896-1897 |
| F.-Gabriel Marchand (libéral) | 1897-1900 |
| S.-Napoléon Parent (libéral) | 1900-1905 |
| Lomer Gouin (libéral) | 1905-1920 |
| L.-Alexandre Taschereau (libéral) | 1920-1936 |
| Adélard Godbout (libéral) | 1936 |
| Maurice Duplessis (Union nationale) | 1936-1939 |
| Adélard Godbout (libéral) | 1939-1944 |
| Maurice Duplessis (Union nationale) | 1944-1959 |
| Paul Sauvé (Union nationale) | 1959-1960 |
| Antonio Barrette (Union nationale) | 1960 |
| Jean Lesage (libéral) | 1960-1966 |
| Daniel Johnson (Union nationale) | 1966-1968 |
| Jean-Jacques Bertrand (Union nationale) | 1968-1970 |
| Robert Bourassa (libéral) | 1970-1976 |
| René Lévesque (Parti québécois) | 1976-1985 |
| Pierre-Marc Johnson (Parti québécois) | 1985 |
| Robert Bourassa (libéral) | 1985-1994 |
| Daniel Johnson (libéral) | 1994 |
| Jacques Parizeau (Parti québécois) | 1994-1996 |
| Lucien Bouchard (Parti québécois) | 1996-2001 |
| Bernard Landry (Parti québécois) | 2001-2003 |
| Jean Charest (libéral) | 2003 |

**QUÉBEC** ➝ ÉTYM. en algonquin *Québec* (ou *Kébec, Kébeq*) «là où c'est resserré, le rétrécissement» [allus. au cours du Saint-Laurent, resserré entre deux rives] ♦ V. du Canada, cap. de la prov. de Québec, sur le Saint-Laurent, au confluent de la rivière Saint-Charles. 491 142 hab (zone urbaine 715 515). La communauté métropolitaine de Québec (CMQ) est dirigée par 17 membres. C'est la ville la plus ancienne du Canada, dont le noyau (la haute ville), enclos d'un mur d'enceinte (1823 - 1832), conserve l'aspect d'une ville française de l'O. Nombreuses maisons du XVIIIe s., mais les principaux monuments furent construits ou rebâtis au XIXe s. ; cathédrale anglicane de style classique anglais, 1804 ; citadelle, 1820 - 1850 ; archevêché [catholique], 1844, par Thomas Baillairgé* ; hôtel du Parlement, de style Henri II, 1877 ; château Frontenac, immense hôtel de style gothico-Renaissance, 1892. Dans la basse ville, église Notre-Dame-des-Victoires, rebâtie en 1765. Musées. L'université Laval se trouve depuis 1952 sur un vaste campus à Sainte-Foy. ▪ Centre commercial du Québec oriental, la ville de Québec conserve un port actif (expédition de grain, charbon, amiante et minerais de l'arrière-pays, bois et papier). Pont sur le Saint-Laurent. Aéroport international. Indus. : construc. navales, papier, cuir et chaussures, textiles, indus. alimentaire. **Histoire** Fondée en 1608 par Champlain*, la ville tomba aux mains des Anglais de 1629 à 1632 et fut reconstruite par son fondateur à partir de 1633. Elle se développa lentement (port d'exportation de la fourrure, chantier naval, tanneries, brasseries) et sa fortification fut entreprise en 1695. Pris par les Britanniques après trois mois de siège (bataille des plaines d'Abraham, 1759), Québec passa sous domination britannique avec le traité de Paris (1763) et fut une nouvelle fois assiégé en 1775 lors de la guerre d'Indépendance américaine. Québec devint la capitale du Bas-Canada en 1791.

**QUECHUA(S)** n. m. (pl.) ➝ ÉTYM. probablt du quechua *Qhicwa* «[peuple de la] vallée chaude» ♦ Peuple indien d'Amérique du Sud dont la classe dominante était les Incas*. Leur langue fut imposée à tout l'empire inca et les missionnaires l'utilisèrent comme langue d'évangélisation, ce qui étendit son aire d'influence.

**QUEDLINBURG** ♦ V. d'Allemagne (Saxe-Anhalt), sur la Bode, au N. du Harz. 22 185 hab. Château médiéval ; basilique romane de Saint-Servais. Maisons anc. ▪ Indus. textiles, chimiques et mécaniques. **Histoire** Probablement fondée au Ve s. par saint Quitilo, la ville fut durant tout le Moyen Âge un grand foyer religieux, développé autour d'une abbaye de femmes créée par l'impératrice Mathilde, femme d'Henri Ier, avant d'adhérer à la Réforme au XVIe s. Elle passa au Brandebourg en 1698.

**QUEEN (Ellery)** ♦ Pseudonyme commun de Daniel Nathan, dit Frederic Dannay (Brooklyn 1905 - New York 1982) et de son cousin Manford Lepofsky, dit Manfred B. Lee (Brooklyn 1905 - Waterbury 1971). Depuis *Le Mystère du chapeau de soie* (1929) et *Le Mystère de l'allumette* (1936) jusqu'à *Un bel endroit privé* (1971), ils publièrent plus de soixante livres d'énigmes policières en se dissimulant derrière le nom de leur héros. Ils utilisèrent aussi le pseudonyme de Barnaby Ross pour les aventures du détective privé Drury Lane et publièrent à partir de 1941 le fameux *Ellery Queen's Mystery Magazine*, édité en huit langues (*Mystère-Magazine* en français).

**QUEENS** ♦ District *(borough)* de New York situé sur Long Island, au N. de Brooklyn. 2 229 379 hab., dont 24 % d'Hispaniques et 20 % de Noirs. Le quartier d'Idlewild abrite l'aéroport international de La Guardia et Kennedy Airport. Le Queens a subi les effets de la désindustrialisation.

**QUEENSLAND** n. m. ➝ ÉTYM. angl. «terre *(land)* de la Reine *(queen)*» ♦ État du N.-E. de l'Australie → **Australie** (carte). 1 727 200 km². 4 091 546 hab. CAP. : Brisbane. **Géographie** Le Queensland, comme la Nouvelle*-Galles du Sud, comprend trois régions très distinctes : les plaines littorales, la cordillère* Australienne, et les plaines de l'O. qui occupent plus de la moitié de l'État, avec un cordon montagneux à l'E. Le climat est tropical (l'État est traversé en son centre par le tropique du Capricorne), plus arrosé sur la côte E. (mousson) et les pentes des montagnes de l'O., plus aride vers l'intérieur. **Économie** L'agriculture et l'élevage dépendent des chutes de pluie (puits artésiens) dans la zone du grand bassin, au S.-O. de l'État, où les fleuves parviennent rarement jusqu'à la dépression au lac Eyre*. Les années sèches peuvent causer des pertes considérables aux troupeaux. Le Queensland est le premier producteur de bœufs d'Australie (env. 45 % de la prod. nationale) ; le mouton (mérinos) est élevé surtout au S.-O., tandis que l'élevage du porc est souvent associé à celui des bovins, au S. La canne à sucre (plaines littorales) est la principale production agricole (96 % de la prod. australienne) ; elle est exportée sous forme de sucre brut vers les autres États de la fédération et outre-mer. Fruits tropicaux (ananas) et légumes. Sur les plateaux, maïs et arachides, blé, luzerne, sorgho. La production minière est importante : or, cuivre, plomb, argent, zinc (→ **Mount Isa**), bauxite (→ **York [péninsule d']**) et charbon. Indus. métallurgique, matériel ferroviaire. Indus. alimentaire (sucre, conserves et jus de fruits) dans les villes de la côte. **Histoire** D'abord lieu de détention pénitentiaire, le Queensland, rattaché à la Nouvelle*-Galles du Sud, devint colonie en 1859, puis État du Commonwealth australien en 1901.

**QUEFFÉLEC (Henri)** ♦ Romancier français (Brest 1910 - Paris 1992). Fortement imprégné par la Bretagne, il est l'auteur de romans où la nature bretonne et le mysticisme chrétien se conjuguent sous les espèces symboliques de la mer et du pêcheur. Ce sont les côtés pittoresques et celtiques de ces thèmes que le public retint dans *Un recteur de l'île de Sein* (1945), son roman le plus lu (adapté au cinéma : *Dieu a besoin des hommes*). Mais, membre du comité de la revue *Esprit* (1945) et disciple d'E. Mounier, H. Queffélec se voulut surtout un humaniste chrétien : *Tempête sur Douarnenez*, (1951). *Un homme d'Ouessant* (1953), *Frères de la brume* (1960), *Les Îles de la Miséricorde* (1974). ➛ **ÉTYM.** *Queffélec* est une variante du breton *kefelec, kevelec* «bécasse», *keveleg* «courlis cendré» ; surnom de chasseur ou d'étourdi.

**QUEFFÉLEC (Yann)** ♦ Écrivain français (Paris 1949), fils d'Henri Queffélec. Critique musical, auteur d'un essai sur *Béla Bartok* (1981), il publia son premier roman, *Le Charme noir*, en 1983, puis rencontra un large succès avec *Les Noces barbares* (1985, prix Goncourt). Un univers sombre, parfois cruel, une vision onirique mais attentive aux réalités sociales et au langage contemporains se déploient dans ses romans (*La Femme sous l'horizon*, 1988 ; *Le Maître des chimères*, 1990 ; *Prends garde au loup*, 1992 ; *Disparue dans la nuit*, 1994 ; *Osmose*, 2000). *Et la force d'aimer* (1996) évoque son parcours d'écrivain et sa famille, notamment son père Henri Queffélec*.

**QUEIPO DE LLANO Y SIERRA (Gonzalo)** ♦ Général espagnol (Tordesillas 1875 - Séville 1951). Après avoir tenté un soulèvement contre Primo* de Rivera (1928), il se réfugia à Paris. De retour en Espagne (1931), il devint un des principaux lieutenants de Franco. Il s'empara de Séville par un coup de force (1936) et en 1937 fut le vainqueur de la bataille de Málaga.

**QUEIRÓS (Pedro FERNANDES DE)** ♦ Navigateur portugais (Évora v. 1560 - Panamá 1614). Entré au service de l'Espagne, il participa à la seconde expédition de A. de Mendaña* de Neyra dans l'océan Pacifique (1595 - 1596). En 1605, parti de Callao (Pérou), il atteignit les îles de la Société, aborda ensuite à Tahiti* (qu'il nomma Sagittaria), découvrit probablement la plus grande des Nouvelles*-Hébrides. À la suite d'une révolte de son équipage, il revint prisonnier au Mexique. ➛ **ÉTYM.** Ce nom de famille vient du portugais *queiró* «bruyère».

**QUEIRÓS (José Maria EÇA DE)** ♦ Écrivain portugais (Póvoa de Varzim, district de Porto 1845 - Paris 1900). Diplomate de profession, il se fit connaître par ses romans réalistes, *Le Crime du père Amaro* (1875) et ses analyses de la vie bourgeoise, *Le Cousin Basile* (1878), *Les Maias* (1888).

**QUÉLEN (Hyacinthe Louis DE)** ♦ Prélat français (Paris 1778 - *id.* 1839). Archevêque de Paris (1821), il se montra hostile au mouvement du catholicisme libéral, et partisan déclaré de la réaction politique et religieuse, suscita une violente manifestation peu après la révolution de juillet 1830 à l'occasion du service à la mémoire du duc de Berry (sac de l'évêché, 1831). Il se signala par sa charité lors de l'épidémie de choléra de 1832. Il prononça les *Oraisons funèbres de Louis XVI* (1814), *du duc de Berry* (1820). [Acad. fr. 1824]

**QUELPART** (île) → **Cheju-do**

**QUÉLUS** ou **CAYLUS** [kelys] **(Jacques DE LÉVIS, comte DE)** ♦ Gentilhomme français (v. 1554 - Paris 1578). Mignon d'Henri III, il provoqua en duel Charles d'Entragues à la suite d'une insulte. Mortellement blessé, il mourut dans les bras du roi quelques jours plus tard. Henri III fit graver sur son mausolée (détruit par la foule en 1589) l'épitaphe suivante : *Non injuriam, sed mortem patienter tulit* («Il supporta avec patience la mort mais non l'insulte»).

**QUEMOY** – en chin. ***Jinmen*** ou ***Kinmen*** ♦ Archipel chinois, dans le détroit de Taiwan, à l'E. de Xiamen, comprenant 12 îlots (150 $km^2$). 46 516 hab. (personnel militaire non inclus). L'archipel constitue, notamment avec les îles de la Porte d'Or, le poste militaire nationaliste le plus avancé face au continent chinois.

**QUENEAU (Raymond)** ♦ Écrivain français (Le Havre 1903 - Paris 1976). Licencié de philosophie (1925), il collabora, de 1924 à 1929, à la *Révolution surréaliste*, se livra à des recherches sur les sciences religieuses avec G. Bataille et s'intéressa à la psychanalyse. Alliance de poésie et d'humour, l'œuvre en prose de Queneau évoque des

Raymond **Queneau.**
*Phot. © Louis Monier*

personnages insolites (il s'est d'ailleurs, avec *Les Enfants du limon* [1938], intéressé aux «fous littéraires») évoluant dans un univers subtilement fantomatique (banlieue, champ de foire), monde dérisoire dont elle dénonce l'absurdité (*Le Chiendent*, 1933 ; *Pierrot mon ami*, 1942 ; *Loin de Rueil*, 1944 ; *Zazie* dans le métro*, 1959 ; *Les Fleurs bleues*, 1965 ; *Le Vol d'Icare*, 1968). ▪ Cette mise en cause du monde et de la condition humaine se double d'une dénonciation poursuivie du langage, pour lequel l'écrivain revendique la liberté. Même s'il n'a «pas une confiance absolue dans le langage, [même s'il] ne pense pas [...] que la vérité soit dans le langage», Queneau milite pour un nouveau français dont les structures seraient renouvelées par la langue parlée, voire argotique ; les recherches systématiques et burlesques des *Exercices de style* (1947 et 1963), la création de l'OuLiPo* ou les écrits théoriques (*Bâtons, Chiffres et Lettres*, 1950 et 1965) trouvent leur conclusion dans les *Entretiens* (radiodiffusés et publiés en 1962) où l'écrivain explique notamment la technique de ses œuvres poétiques. *Chêne et Chien* (roman autobiographique en vers, 1937), *Les Ziaux* (1943), *L'Instant fatal* (1948) et *Petite Cosmogonie portative* (1950) jusqu'à *Morale élémentaire* (1975) sont bâtis parfois sur des combinaisons savantes de chiffres, et s'appuient sur les jeux de langage, les transcriptions phonétiques des mots, quand elles n'utilisent pas les procédés de la rhétorique classique. [Acad. Goncourt 1951] ➛ **ÉTYM.** *Queneau* vient de *quesne*, forme picarde de *chêne* ou du normanno-picard *quenet* «petit chien» ou est le diminutif de *Jacquenot (Jacqueneau)*.

**QUENTAL (Antero DE)** ♦ Écrivain portugais (Ponta Delgada, Açores 1842 - *id.* 1891). Lancé très tôt dans les revendications sociales, il voulut, sous l'influence de la France, insuffler un esprit novateur dans son pays. Il est l'auteur d'un essai sur *Les Causes de la décadence des peuples péninsulaires* (1871). Mais c'est avant tout un poète. Ses recueils, *Rayons d'une lumière éteinte*, *Odes modernes*, *Printemps romantique*, et surtout ses *Sonnets* révèlent son désespoir et sont d'une très grande pureté formelle. Il se suicida.

**Quentin Durward** ♦ Roman de Walter Scott* (1823). À travers le destin de Quentin Durward, archer écossais au service de Louis XI (il épousera la comtesse Isabelle de Croye qu'il est chargé de protéger, après avoir tué Guillaume de La Marck), Walter Scott décrit la lutte de Louis XI contre Charles le Téméraire et la révolte des Liégeois contre ce dernier. Il invente ainsi le roman historique, dont la vogue fut immense en Europe (et particulièrement en France) à l'époque romantique.

**QUERCY** n. m. ➛ **ÉTYM.** anc. *Cadurcinus pagus* «pays des *Cadurques**» (→ aussi Cahors) ♦ Région de la France, dans le Bassin aquitain. Le *haut Quercy*, couvrant les départements du Lot* et du Tarn*-et-Garonne, est formé de plateaux calcaires s'élevant jusqu'à 600 m, séparés par de profondes vallées ; le *bas Quercy* est une région de collines de la moyenne Garonne*.

**QUERÉTARO** ➛ **ÉTYM.** du tarasque *quereta*, probablt «(terrain de) jeu de balle» (jeu à connotation religieuse en Amérique du Sud) ♦ V. du Mexique située au N.-O. de Mexico, cap. de l'État du même nom. 596 450 hab. Le centre conserve un aspect colonial (Plaza Independencia). Église Santa Clara (intérieur baroque remarquable). Cathédrale (XVIII$^{e}$ - XIX$^{e}$ s.). ▪ Centre commercial et indus. (indus. métallurgiques, chimiques, textiles). **Histoire** C'est là que l'empereur Maximilien fut fusillé en 1867 et que se réunit la convention qui prépara la Constitution de 1917. ♦ ***État de Querétaro*** 11 449 $km^2$. 1 598 139 hab. Il s'étend sur des régions montagneuses assez fertiles. Canne à sucre, céréales. Ressources minérales abondantes (argent, or, plomb, zinc, cuivre).

**QUERQUEVILLE** [50460] ➛ **ÉTYM.** «le domaine (lat. *villa*) de l'église (scand. *kirkja*)» ♦ Comm. de la Manche, banlieue N.-O. de Cherbourg. 5 145 hab. Centre d'instruction navale.

**QUESADA (Gonzalo JIMÉNEZ DE)** ♦ Conquistador espagnol (Grenade v. 1500 - Mariquita, Colombie 1579). Il participa à une expédition en Colombie où il fonda Santa Fe de Bogotá (1538), capitale de la Nouvelle-Grenade. → **Bogotá**. ➛ **ÉTYM.** Ce nom de famille vient d'un nom de lieu dans la province de Jaén, peut-être du vieil espagnol *requexada* «endroit étroit».

**QUESNAY (François)** ♦ Médecin et économiste français (Méré, Île-de-France 1694 - Versailles 1774). Chirurgien de l'hôtel-Dieu de Mantes, il fut le fondateur de l'école des physiocrates et exposa sa doctrine dans deux articles de l'*Encyclopédie* («Fermier», 1756 ; «Grains», 1757) et dans son *Tableau économique* (1758) où est ébauchée l'idée de lois économiques naturelles. Affirmant que seule l'agriculture est source de la richesse qui se répartit àtravers le corps social, il encouragea son développement tout en prônant le libre-échange et en particulier la libre circulation des grains. ➝ ÉTYM. *Quesnay* est la forme normanno-picarde de *chênaie*.

**QUESNAY DE BEAUREPAIRE (Jules)** ♦ Magistrat et écrivain français (Saumur 1838 - Vitrai-sous-L'Aigle, Orne 1923). Procureur général à la cour d'appel de Paris, il rédigea l'acte d'accusation contre le général Boulanger (1889), et engagea les poursuites contre les dirigeants de l'affaire de Panamá* (1892). En 1899, il démissionna de ses fonctions à la Cour de cassation pour protester contre la révision du procès de Dreyfus*. Il a publié plusieurs romans, *Le Forestier* (1880), *Le Marinier, La Famille Bourgeois* (1883), *Croquis de femmes* (1884) sous le pseudonyme de Jules de Glouvet, et *Marie Fougère* (1889) sous celui de Lucie Herpin.

**QUESNEL (Pasquier)** ♦ Théologien français (Paris 1634 - Amsterdam 1719). Oratorien, il devint janséniste, quitta l'Oratoire (1681) et rejoignit Arnauld* à Bruxelles (1685). Il fut après lui le chef et l'organisateur du parti janséniste. Emprisonné à Malines (1703), il s'évada et s'installa à Liège puis à Utrecht. Ses *Réflexions morales sur le Nouveau Testament* (éd. de 1699) furent condamnées par la bulle *Unigenitus* Dei Filius* (1713), ce qui détermina son «appel» à un concile général. ➝ **jansénisme.** ➝ ÉTYM. *Quesnel* a la même étymologie que *Quesnay**.

**QUESNEL (Joseph)** ♦ Compositeur et poète canadien (Saint-Malo 1749 - Montréal 1809). Auteur de poésies champêtres et créateur de jeux scéniques et d'opéras au Canada.

**QUESNOY** [kenwa] **(LE)** [59530] ➝ ÉTYM. «la chênaie», de *quesne*, forme picarde de *chêne* ♦ Ch.-l. de cant. du Nord, arr. d'Avesnes-sur-Helpe. 4 917 hab. (aggl. 5 618) *(Quercitains)*. Anc. place forte ayant conservé ses fortifications (XVI$^e$ - XVII$^e$ s.). Hôtel de ville du XVI$^e$ s. (restauré).

**QUESNOY-SUR-DEÛLE** [59890] ♦ Ch.-l. de cant. du Nord, arr. de Lille. 6 380 hab. *(Quesnoysiens)*.

**QUESSOY** [22120] ➝ ÉTYM. p.-ê. du gaul. *cassanos* «chêne» ♦ Comm. des Côtes-d'Armor, arr. de Saint-Brieuc. 3 184 hab.

**QUESSY** [02700] ➝ ÉTYM. anc. *Caziacus*, du lat. *Cassius*, n. de pers. gallo-rom., et suff. *-acum* ♦ Comm. de l'Aisne, arr. de Laon, banlieue N.-E. de Tergnier. 3 212 hab.

**Qu'est-ce que la propriété ?** ou **Recherches sur le principe du droit et du gouvernement** ♦ Œuvre de Proudhon* (1840). «La propriété, c'est le vol» : dénonçant cette institution et ses abus, l'auteur tenta de montrer qu'elle est injustifiable et conclut qu'elle est «impossible» dans la mesure où elle nie le principe d'égalité.

**QUESTEMBERT** [kɛstɑ̃bɛʀ] [56230] ♦ Ch.-l. de cant. du Morbihan, arr. de Vannes. 5 727 hab. *(Questembertois)*. Maisons anc. ; halles (XVII$^e$ s.).

**QUÉTELET (Adolphe)** ♦ Astronome, mathématicien et statisticien belge (Gand 1796 - Bruxelles 1874). Fondateur de l'observatoire de Bruxelles, il organisa les premiers congrès internationaux et eut l'idée d'appliquer les méthodes statistiques aux sciences morales et politiques (statistique sociale) et en anthropométrie (biométrie). En mathématiques, on lui doit des études sur les sections planes du cône.

**QUETIGNY** [21800] ➝ ÉTYM. du lat. *Quetinius*, n. de pers., et suff. *-acum* ♦ Comm. de la Côte-d'Or, banlieue E. de Dijon. 9 410 hab.

**QUETTA** ♦ V. du Pakistan, cap. de la province du Baluchistan, dans une oasis. 565 137 hab. Elle contrôle l'accès à la passe de Quetta qui mène vers le S. de l'Afghanistan. Elle a été détruite par des séismes en 1935 et 1955.

**QUETZALCÓATL** ➝ ÉTYM. nahuatl «oiseau-serpent», de *quetzal* «oiseau» et *coatl* «serpent» ♦ Divinité précolombienne du Mexique, successivement vénérée par les Indiens de Teotihuacán*, les Toltèques* et les Aztèques*. Roi-prêtre de Tula, dieu civilisateur, Quetzalcóatl était représenté tantôt comme un vieillard masqué, tantôt comme un serpent à plumes. Le déclin de la civilisation toltèque et sa migration vers le S. (où elle causa la renaissance maya) sont interprétés mythiquement comme un départ du dieu. Toute leur histoire étant considérée dans cette optique symbolique, les Aztèques, lorsque les soldats espagnols débarquèrent au Mexique, crurent au retour de Quetzalcóatl, ce qui explique en partie l'attitude de Moctezuma* et la paralysie devant les envahisseurs.

**QUEUE-EN-BRIE (LA)** [94510] ➝ ÉTYM. de la langue d'oïl *queue* «extrémité d'un pré, d'un étang» ♦ Comm. du Val-de-Marne, arr. de Nogent-sur-Marne. 10 852 hab.

**QUEUILLE (Henri)** ♦ Homme politique français (Neuvic-d'Ussel, Corrèze 1884 - Paris 1970). Plusieurs fois ministre (en particulier de l'Agriculture) sous la III$^e$ République, il rejoignit le général de Gaulle (1943). Président du Conseil de sept. 1948 à oct. 1949, il dut faire face à un important mouvement de grèves déclenché par les syndicats et le PCF (oct.-nov. 1948) et signa le pacte Atlantique. Face à l'instabilité de la IV$^e$ République, il fit voter une loi électorale dite «des apparentements» qui devait corriger les effets de la proportionnelle. Mais le projet de loi fut rejeté par l'Assemblée nationale. De 1952 à 1954, Queuille fut vice-président du Conseil au sein des cabinets Pinay, Mayer et Laniel. ➝ ÉTYM. *Queuille* est le nom d'une localité dans le Pas-de-Calais, du latin *collis* «colline».

**QUEVEDO Y VILLEGAS (Francisco GÓMEZ DE)** ♦ Écrivain espagnol (Madrid 1580 - Villanueva de los Infantes, province de Ciudad Real 1645). Élève des jésuites, poète et érudit, il composa des œuvres politiques et philosophiques qui font de lui l'humoriste le plus impitoyable de son temps. Connu à ses débuts pour ses poèmes d'amour, Quevedo fut considéré comme un représentant du baroque européen et plus précisément de ce qu'on a appelé le «conceptisme», théorie qui l'opposa violemment à Góngora*. Comme lui, il excella dans la satire burlesque et les pamphlets *(Letrillas)* dirigés contre des types humains contemporains : («Puissant est monsieur l'Argent...»). Ce fut grâce au *Buscón* («Le Filou», 1626) et aux *Songes* (1627) que sa renommée franchit les frontières. *L'Histoire de la vie du filou don Pablo, exemple des vagabonds et miroir des fourbes* est le plus cynique des romans picaresques. Dans les *Songes*, on assiste à une ronde infernale ou nobles et roturiers, politiciens et marchands sont malmenés avec une verve baroque. Toute l'œuvre de Quevedo révèle un sombre pessimisme qui aboutit à la mort.

**QUÉVEN** [56530] ➝ ÉTYM. de *Ké (Cai)*, n. d'un saint honoré en Bretagne, en Cornouailles et au pays de Galles, et du bret. *gwenn* (moyen bret. *guen*) «blanc ; sacré, béni» ♦ Comm. du Morbihan, banlieue N.-O. de Lorient. 8 314 hab.

**QUÉVERT** [22100] ♦ Comm. des Côtes-d'Armor, banlieue O. de Dinan. 3 118 hab.

**QUEYRAS** [keʀas] n. m. ➝ ÉTYM. du n. des *Quariates*, peuple gaulois ♦ Région des Alpes françaises parcourue par le Guil et ses affluents. C'est un pays pittoresque et sauvage où est situé Saint*-Véran, le plus haut village d'Europe. ▪ Créé en 1977, le parc naturel régional du Queyras couvre environ 65 000 ha.

**QUEZALTENANGO** ♦ V. du Guatemala, ch.-l. de dép., sur les hauts plateaux volcaniques (2 335 m d'alt.), au N.-O. du lac d'Atitlán. 127 769 hab. Centre commercial et industriel. (indus. textiles et alimentaires) dans une région caféière située à l'intersection des routes vers la côte pacifique, la cap. et le Mexique, et reliée à Champerico, sur la côte pacifique, par une voie ferrée. La ville fut complètement détruite par une éruption volcanique en 1902.

**QUEZON (Manuel)** ♦ Homme d'État philippin (Baler, Luçon 1878 - Saranac Lake, État de New York 1943). Fondateur du parti nationaliste, il lutta pour l'indépendance de son pays et le présida pendant la période de tutelle américaine de 1935 à sa mort. Il promut le tagalog au rang de langue nationale. L'occupation japonaise l'obligea à se réfugier en Australie avec MacArthur (1942) puis aux États-Unis.

**QUEZON CITY** ➝ ÉTYM. du n. de M. *Quezon** ♦ V. des Philippines comprise dans Metro-Manila (➝ **Manille**). 2 173 831 hab. Cité-jardin dessinée par Harry T. Frost à la demande de M. Quezon en 1939 pour y loger les ouvriers, elle fut la capitale de 1948 à 1976 et a conservé ses fonctions administratives, commerciales et universitaires. Valenzuela en est le prolongement naturel vers la baie de Manille.

**QUFU, K'IU-FOU** ou **TS'IU-FOU** ♦ V. de Chine (Shandong). 247 660 hab. Site historique et touristique (Confucius y enseigna sa doctrine jusqu'à sa mort) : temple (grande forêt de stèles), résidence et nécropole de la famille du Maître. ▪ Soierie. Alcool de céréales.

**QUIBDÓ** ♦ V. de Colombie, cap. du dép. du Chocó, sur le río Atrato. 109 121 hab. Exploitation du bois. Mines d'or et de platine.

**QUIBERON** [56170] ♦ Ch.-l. de cant. du Morbihan, arr. de Lorient, au S. de la *presqu'île de Quiberon* (➝ **Saint-Pierre-Quiberon**), anc. île rattachée à la terre par un isthme de 6 km. 5 073 hab. *(Quibe-*

**Quiberon.** La presqu'île. *Phot. © Arch. Nathan*

*ronnais).* Port de pêche. Station balnéaire. Conserves de sardines. Thalassothérapie. ▮ **Histoire** Sous la Convention thermidorienne (juin 1795), les royalistes émigrés, sous le commandement d'Hervilly, Puisaye* et Sombreuil*, y débarquèrent, grâce à l'appui des Britanniques. Faisant suite à la répression par la Convention des insurrections jacobines de Germinal et de Prairial an III, cette tentative, liée au regain du mouvement royaliste en France (→ **Terreur blanche, Chouannerie**), fut rapidement réprimée. Les royalistes furent battus par les troupes de Hoche*. Plus de sept cents émigrés furent arrêtés et fusillés sur les ordres du Comité de salut public.

**QUICHERAT (Louis)** ♦ Philologue et lexicographe français (Paris 1799 - *id.* 1884). Conservateur à la bibliothèque Sainte-Geneviève (1864), il publia de nombreuses éditions annotées d'Horace, Virgile, Quinte-Curce, ainsi que d'importants ouvrages sur la langue et la poésie latines (*Traité de versification latine*, 1826 ; *Thesaurus poeticus linguae latinae*, 1836 ; *Dictionnaire latin-français*, 1844, en collaboration avec Daveluy). ♦ **Jules Quicherat.** Archéologue français (Paris 1814 - *id.* 1882). Frère du précédent. Il fut nommé directeur de l'École des chartes (1847) dont il contribua à fonder la bibliothèque. Il a publié des études sur Jeanne d'Arc (*Procès de condamnation et de réhabilitation de Jeanne d'Arc*, 1841-1849), sur *La Formation française des anciens noms de lieu* (1868), sur l'*Histoire du costume en France* (1874). Il est considéré comme l'un des promoteurs de l'archéologie scientifique en France.

**QUICHÉS** n. m. pl. ♦ Tribu maya* du Guatemala. Originaires du Mexique, les Quichés fondèrent dès le XIII$^{e}$ s. au Guatemala un empire peu étendu mais prospère qui devait être conquis en 1524 par don Pedro de Alvarado*. Les vestiges qui en restent témoignent d'une riche civilisation. ♦ ***Quiché*** V. du Guatemala, dans une plaine fertile, anc. cap. du royaume des Quichés, où l'on parle le *quiché*, l'une des langues mayas guatémaltèques. 62 369 hab.

**QUICHUAS** → **Quechuas**

**QUIERZY** – anc. ***Kierzy*** [02300] ← **ÉTYM.** anc. *Cariciacum*, probablt du lat. *Charisius*, n. de pers. gallo-rom., et suff. *-acum* ♦ Comm. de l'Aisne, arr. de Laon, sur l'Oise. 335 hab. *(Chériziens).* ▮ **Histoire** En juin 877, Charles le Chauve y signa le capitulaire qui consacra l'hérédité des bénéfices.

**quiétisme**

n. m. ♦ → **Molinos.** La doctrine du «pur amour» fut, pour les besoins de la polémique, taxée de quiétisme. → **Guyon (M$^{me}$), Fénelon.**

**QUIÉVRAIN** ♦ Comm. de Belgique (Région wallonne), prov. de Hainaut, arr. de Mons, au confluent de la Grande et de la Petite Honnelle, à la frontière française, contiguë aux communes françaises de Crespin et de Quiévrechain. 6 544 hab. Bâtiment et travaux publics. Construc. métalliques. ▪ L'expression *outre-Quiévrain*, en France, fait allusion à la Belgique.

**QUIÉVRECHAIN** [59920] ← **ÉTYM.** p.-ê. du lat. *capra* «chèvre» et suff. *-ic* et *-inum* ♦ Comm. du Nord, arr. de Valenciennes, à la frontière belge. 6 069 hab. Chaudronnerie. Construc. métalliques.

**QUIGNARD (Pascal)** ♦ Écrivain, traducteur et scénariste français (Verneuil-sur-Avre 1948). Dans son œuvre, l'érudition, la passion savante pour le langage et la musique sont épurées («abluées») par un style rigoureux, parfois elliptique et recherché, mais irrigué de sensualité et coloré par l'humour, qu'on retrouve notamment dans *Carus* (1979), *Le Salon du Wurtemberg* (1986), *Terrasse à Rome* (2000). *Tous les matins du monde* (1991), adapté au cinéma, révéla à un large public la musique de Sainte-Colombe, maître de Marin Marais*. On lui doit également des essais (*La Parole de Délie*, 1974 ; les 8 tomes des *Petits traités*, 1981, «suite baroque» sur l'écriture, la lecture, la langue ; *Le Sexe et l'Effroi*, 1994). *Dernier Royaume* (t. I *Les Ombres errantes* [prix Goncourt 2002] ; t. II *Sur le jadis* ; t. III *Abîmes*, 2002) compose un ensemble qu'il revendique comme n'appartenant à aucun genre littéraire. ← **ÉTYM.** Ce nom vient de l'ancien français *chignard*, de *chigner* «pleurer» ou est une forme de *Jacques (Jacquin, Quin, Quignard)* ou une forme péjorative de *Quignet* «petite cognée» (surnom de bûcheron).

**QUILLAN** [11500] ← **ÉTYM.** du lat. *Quelius*, n. de pers., et suff. *-anum* ♦ Ch.-l. de cant. de l'Aude, arr. de Limoux, sur la rive g. de l'Aude. 3 542 hab. (aggl. 3 891) *(Quillanais).* Église (fondée au XI$^{e}$ s.). Vestiges d'un château fort. Hôtel du XVIII$^{e}$ s. (mairie). ▪ Centre touristique. Indus. diversifiées.

**QUILLEN (Daniel)** ♦ Mathématicien américain (Orange, New Jersey 1940). Il est l'auteur de la théorie des groupes K qui trouve des applications en topologie, géométrie algébrique et théorie des groupes. [Médaille Fields 1978]

**QUIMPER** [29000] ← **ÉTYM.** du vx bret. *kember* «confluent [de l'Odet et du Steir]» ♦ Ch.-l. du dép. du Finistère, sur l'Odet. 63 238 hab. (aggl. 70 163). *(Quimpérois).* Évêché. Église romane Notre-Dame-de-Locmaria, remaniée au XV$^{e}$ s. Cathédrale gothique Saint-Corentin (chœur du XIII$^{e}$ ; vitraux du XV$^{e}$ s.). Musée municipal des Beaux-Arts : peintures des écoles française et étrangères du XIV$^{e}$ au XX$^{e}$ s. ; évocation du poète quimpérois Max Jacob*. Musée départemental breton : archéologie et ethnographie. Musée de la faïence Jules-Verlingue. ▪ Ville tertiaire possédant quelques industries (faïencerie). Tourisme. ▮ **Histoire** La ville, fondée à l'époque gallo-romaine, s'est longtemps appelée Quimper-Corentin, en souvenir de l'évêque Corentin. Pendant la Révolution, elle fut appelée *Montagne-sur-Odet*.

**QUIMPERLÉ** [29300] ← **ÉTYM.** vx bret. «confluent *(kember)* de l'Ellé [et de l'Isole]» ♦ Ch.-l. de cant. du Finistère, arr. de Quimper, en Cornouaille, au confluent de l'Isole et de l'Ellé, dont la réunion forme la Laïta. 10 850 hab. *(Quimperlois).* Dans la ville basse, église Sainte-Croix (XII$^{e}$ s.), reconstruite en 1862 (abside et crypte romanes ; retable Renaissance). Musée. Dans la ville haute : église gothique Notre-Dame-et-Saint-Michel des XIII$^{e}$ et XV$^{e}$ s. (porche sculpté). Maisons anc. ▪ Papier à cigarettes. Conserves alimentaires.

**QUINAULT (Philippe)** ♦ Poète dramatique français (Paris 1635 - *id.* 1688). Inspirées tour à tour de Rotrou (*Les Rivales*, 1653), de Calderón (*Le Fantôme amoureux*, 1659) et de Thomas Corneille (*Astrate*, 1655), ses tragédies et ses comédies (*La Mère coquette*, 1665) témoignent d'une réelle habileté tout en demeurant médiocres de style et d'invention romanesque. Il participa, avec Pierre Corneille et Molière, à la rédaction de *Psyché** (1671) et composa également des livrets pour les opéras de Lully (*Thésée*, 1675 ; *Persée*, 1682 ; *Roland*, 1685). [Acad. fr. 1670]

**QUINCEY (Thomas De)** → **De Quincey (Thomas)**

**QUINCKE (Heinrich)** ♦ Médecin allemand (Francfort-sur-l'Oder 1842 - Francfort-sur-le-Main 1922). Il a notamment donné la description d'une variété d'œdème (*maladie de Quincke*, 1883) et réalisé la première ponction lombaire (1891).

**QUINCY (Josiah)** ♦ Patriote et publiciste américain (Boston 1744 - en mer, au large de Gloucester 1775). Il défendit dans ses écrits les droits des colons américains contre les Britanniques. ♦ **Josiah Quincy** (Boston 1772 - dans le Massachusetts 1864). Fils du précédent. Il fut le chef des fédéralistes au Congrès, après 1805. Il s'opposa à l'achat de la Louisiane, puis à la guerre contre la Grande-Bretagne (1812). Il fut président de l'université Harvard (1829 - 1845).

**QUINCY** ♦ V. des États-Unis (Massachusetts), au S. de Boston, sur la *baie de Quincy*. 85 000 hab. Centre industriel.

**QUINCY-SOUS-SÉNART** [91480] ← **ÉTYM.** du lat. *Quinctius*, n. de pers., et suff. *-acum* ♦ Comm. de l'Essonne, arr. d'Évry, à la lisière de la forêt de Sénart. 7 426 hab.

**QUINCY-VOISINS** [77860] ← **ÉTYM.** → Quincy*-sous-Sénart ♦ Comm. de la Seine-et-Marne, arr. de Meaux. 4 561 hab. *(Quincéens).*

**QUINE (Willard VAN ORMAN, dit Willard)** ♦ Philosophe et logicien américain (Akron 1908 - Boston 2000). Représentant du néopositivisme américain, il a critiqué le néoréalisme (ou «platonisme») de certains philosophes et logiciens (Frege, A. Church*), s'orientant lui-même vers un nominalisme linguistique. Tout en ayant été influencé par les thèses du cercle de Vienne*, il refusa l'opposition tranchée entre les propositions empiriques (synthétiques) et les énoncés logiques (tautologiques ou analytiques), ainsi que le parallélisme entre l'être et le savoir. Parmi les philosophes du langage, il est l'un des plus proches de l'étude systématique du langage naturel, telle que la conçoit la linguistique. Il publia *From a Logical Point of View*, 1953 ; *Mathematical Logic*, 1955 ; *The Ways of Paradox*, 1966 ; *Ontological Relativity*, 1969.

**QUINET (Edgar)** ♦ Historien français (Bourg-en-Bresse 1803 - Versailles 1875). Traducteur de l'*Idée sur la philosophie de l'histoire de l'humanité* de Herder (1825), il participa à l'expédition de Morée (1828), après laquelle il publia son ouvrage *De la Grèce moderne et de ses rapports avec l'Antiquité* (1830), puis, sous l'influence des œuvres de M$^{me}$ de Staël*, se consacra à l'histoire de l'Allemagne (*Système politique de l'Allemagne*, 1831). Il fut, avec Michelet, un des plus ardents adversaires du cléricalisme. Les thèmes de ses cours au Collège de France (contre les jésuites, 1843 ; l'ultramontanisme, 1844 ; le christianisme et la Révolution française, 1845) amenèrent sa suspension en 1846. Élu député en 1848, il se prononça pour la séparation radicale de l'Église et de l'État, et contre l'expédition de Rome de 1849 (→ **Oudinot**). Proscrit après le coup d'État du 2 décembre 1851, il vécut en exil en Belgique puis en Suisse, poursuivant ses travaux historiques sur *Les Révolutions d'Italie* (1852), *La Révolution* (1865), *La Création* (1870). Rentré en France (1870), il fut élu député en 1871 à l'Assemblée nationale. ← **ÉTYM.** *Quinet* est l'aphérèse de *Jacquinet*, diminutif de *Jacques**.

**QUINETTE (Nicolas Marie),** baron **DE ROCHEMONT** ♦ Homme politique français (Soissons 1762 - Bruxelles 1821). Député à l'Assemblée législative (1792), puis à la Convention (1792), membre du premier Comité de salut public (mars 1793), il fut chargé d'enquêter sur la conduite de Dumouriez*. Celui-ci le livra, avec ses collègues, aux Autrichiens qui, en 1795, l'échangèrent contre Madame Royale. Membre du Conseil des Cinq-Cents, ministre de l'Intérieur (1799), il se rallia à Bonaparte. Successivement préfet, conseiller d'État, baron en 1810 et pair de France pendant les Cent-Jours, il fut banni comme régicide en 1816.

**QUI NHON** ♦ Ville du Viêtnam (Centre), ch.-l. de prov. 201 972 hab. Pêche. Indus. liées à la mer (congélation des produits de la pêche, constructions navales et mécaniques).

**QUINTANA (Manuel José)** ♦ Poète et homme politique espagnol (Madrid 1772 - *id.* 1857). Quintana, qui s'était consacré très tôt à la littérature, publia divers recueils de poésies lyriques (notamment des odes) qui le firent remarquer (*À la mer, Au combat de Trafalgar, Au panthéon de l'Escurial*), des pièces de théâtre, des essais critiques, des biographies de personnages célèbres (*Vies des Espagnols célèbres*, 1807 - 1834). Connu pour ses opinions libérales, il fut emprisonné après le retour de Ferdinand* VII en Espagne (1814 - 1820). La révolution de 1820 le fit directeur général des Études, et il contribua à la fondation de l'université centrale de Madrid (1822). Rentré en grâce après l'avènement du nouveau roi, il recouvra tous les postes dont il avait été de nouveau dépouillé lors de la chute du système constitutionnel de 1823. Chargé vers la fin de sa vie de l'éducation des enfants royaux, il mourut comblé d'honneurs.

**QUINTANA ROO** n. m. ◆ ÉTYM. ainsi nommé en l'honneur d'Andrés Quintana Roo, homme politique mexicain (1787 - 1851) ♦ État du Mexique oriental, situé dans la presqu'île du Yucatán, dont la face N. borde le golfe du Mexique et la face E. la mer des Antilles. 50 212 km². 1 135 309 hab. CAP. : Chetumal. Région aride, couverte de savane et de forêt sèche. Ses plages coralliennes (Cancún, Isla Mujeres) offrent des lieux touristiques exceptionnels. Site archéologique de Tulum*

**QUINTE-CURCE** – en lat. *Quintus Curtius Rufus* ♦ Historien latin (Ier s.). Auteur d'une *Histoire d'Alexandre* en dix livres (les deux premiers sont perdus), vie romancée, attachante par son style rapide et objectif et le pittoresque du récit.

**QUINT-FONSEGRIVES** [31130] ♦ Comm. de la Haute-Garonne, arr. de Toulouse. 4 478 hab.

**QUINTILIEN** – en lat. *Marcus Fabius Quintilianus* ♦ Rhéteur latin (Calagurris, auj. Calahorra Castilla-León v. 30 - v. 100). Maître de rhétorique sous Vespasien*, il était considéré comme le représentant officiel de l'éloquence. En 90, Domitien* lui confia l'éducation de ses neveux. Il est l'auteur de l'*Institution oratoire*, ouvrage en douze livres sur la formation de l'orateur. Il y combattait les nouvelles tendances représentées par Sénèque et recommandait les théories de Cicéron*.

**QUINTILIUS VARUS** → Varus

**QUINTIN** [22800] ◆ ÉTYM. du lat. *Quintinius*, n. de pers., et suff. *-acum* ♦ Ch.-l. de cant. des Côtes-d'Armor, arr. de Saint-Brieuc. 2 611 hab. (*Quintinais*). Vestiges de remparts (porte Neuve, XVe s.). Basilique Notre-Dame reconstruite au XIXe s. (relique de saint Thurian ; fragment de la ceinture de la Vierge). Châteaux du XVIIe s. et du XVIIIe s. (musée). Château de Robien (XVIIIe s.). Menhir de Roche-Longue. Anc. centre textile (toiles de Quintin).

**QUINTON (René)** ♦ Physiologiste français (Chaumes-en-Brie, Seine-et-Marne 1867 - Paris 1925). Dans son principal ouvrage, *L'Eau de mer, milieu organique* (1904), il montra l'analogie entre le milieu intérieur de l'organisme (plasma) et l'eau de mer, milieu dans lequel la vie a pris naissance, et en a tiré des applications thérapeutiques. On lui doit la mise au point du *plasma de Quinton*, eau de mer stérilisée et diluée avec de l'eau distillée afin d'obtenir une concentration équivalente à celle du plasma humain.

**QUIRINAL** [kɥiʀinal] n. m. (mont) ♦ Colline fermant le site de Rome au N., et tenant son nom du dieu sabin Quirinus*. Vestiges du forum de Trajan, des thermes de Constantin. ♦ ***Palais du Quirinal*** Construit au XVIe s., il fut la résidence d'été des papes puis, à partir de 1870, la demeure des rois d'Italie. C'est actuellement le palais de la présidence de la République (portail du Bernin, statues de saint Pierre par Maderno et de saint Paul par Berthelot).

**QUIRINUS** ♦ Une des plus anc. divinités du panthéon romain, à laquelle était consacrée la colline du *Quirinal*. Sa nature originelle était oubliée à l'époque classique et on l'assimilait à Mars*. Il semble qu'il ait été en réalité le protecteur des agriculteurs. Une légende faisait de *Quirinus* le nom de Romulus* divinisé.

**QUIROGA (Horacio)** ♦ Écrivain uruguayen (Salto, Uruguay 1878 - Buenos Aires 1937). Conteur du Río de la Plata, il partagea sa vie entre Buenos Aires et la province de Misiones, aux confins du Paraguay et du Brésil. Sa vie, traversée par la mort violente ou le suicide d'êtres chers, est marquée par une sorte de fatum antique. Il se suicidera lui-même lorsqu'il se saura atteint d'une maladie incurable. Son œuvre porte le signe obsédant de la folie et de la mort, et la marque omniprésente de la forêt tropicale. Il est l'auteur de *Contes d'amour, de folie et de mort* (1917), *Contes de la forêt* (1918), *Anaconda* (1921).

**QUISLING (Vidkun)** ♦ Homme politique norvégien (Fryrerdal, Telemark 1887 - Oslo 1945). Ayant été attaché militaire à Petrograd (1918 - 1919) puis à Moscou (1927 - 1929), il montra quelque sympathie pour le régime soviétique, dont il se détourna dès 1933 pour fonder le Rassemblement national (Nasjonal Samling) pronazi. Pendant l'occupation de la Norvège par les troupes allemandes, il devint chef du gouvernement (fév. 1942). Il fut condamné à mort et exécuté à la Libération. Son nom est devenu synonyme de collaborateur.

**QUITO** ◆ ÉTYM. de *Quitu*, n. d'une tribu indienne ♦ Cap. de l'Équateur et de la province du Pichincha, située à 2 800 m d'altitude, au pied du volcan Pichincha (4 785 m). 1 413 179 hab. (*Quiténiens*). La ville possède le centre colonial le mieux préservé de l'Amérique latine. Le centre historique, riche d'églises et de couvents des XVIe, XVIIe et XVIIIe s., a su garder le tracé de ses rues et ses maisons typiques. À la sobriété des édifices répond, à l'intérieur, une profusion de décoration baroque, très souvent peinte en or. La restauration et la réhabilitation, accompagnées d'études pluridisciplinaires, a commencé début 1990 et la ville est patrimoine de l'humanité de l'Unesco. Fondation Guayasamín*. Tourisme. ▪ Centre administratif, bancaire, religieux, commercial et industriel (textile et agroalimentaire). Le bassin du Pichincha possède au N. des cultures tempérées souvent irriguées en raison de l'aridité (maïs, fruits et fleurs sous serres) et au S. des pâturages mieux arrosés par les pluies et favorables à l'élevage laitier.

**Quito.** Marché dans la vieille ville.
*Phot. © N. Hautemanière/Scope*

**QUMRÂN** ◆ ÉTYM. du n. d'un torrent saisonnier ♦ Site archéologique d'Israël, sur la rive N.-O. de la mer Morte. De 1947 à 1956, on retrouva dans les falaises avoisinantes un ensemble de manuscrits d'un intérêt exceptionnel : les manuscrits dits de la mer Morte*, représentant près de 900 rouleaux (la plupart en cuir, quelques-uns de papyrus, un de cuivre) cachés dans 11 grottes naturelles ou artificielles. Parfois très fragmentaires, ces documents (dont certains en plusieurs exemplaires) représentent près de 200 textes laissant penser qu'il s'agit d'une bibliothèque religieuse. ▮ **Les bâtiments** L'ensemble révélé par les fouilles consiste en un corps de bâtiments (le Khirbet Qumrân), un cimetière et un autre corps de bâtiments près d'une source relié au premier par un mur de 3 kilomètres. Occupé entre la fin du –IIe - début du –Ier s. et l'an 68 où il fut détruit par les Romains, le lieu a longtemps été considéré comme un «monastère» essénien* : sa localisation correspond aux données de Pline* l'Ancien, et certains des manuscrits mentionnent une communauté. Cette interprétation archéologique ne semble plus correspondre à l'état des fouilles et, si le lien entre la bibliothèque et l'établissement est généralement conservé, la nature de ce dernier est sujette à discussion et l'identification des membres de la communauté aux esséniens se trouve de plus en plus contestée. En tout état de cause, il ne semble plus possible de dire que la bibliothèque était celle de la communauté de Qumrân. ▮ **Les textes** La très grande majorité des textes découverts est en hébreu ou en araméen, quelques-uns sont en grec. Une partie de cette littérature est biblique (canonique, deutérocanonique, apocryphe, targumique), une autre non biblique (commentaires exégétiques, prières, règlements, rituels, horoscopes) et on la considère souvent comme «sectaire» puisqu'elle se rapporte à une communauté. Les manuscrits bibliques (un quart de l'ensemble) sont de mille ans plus anciens que les manuscrits connus jusqu'alors ; à l'exception d'Esther*, tous les livres de la Bible y sont représentés et l'on a trouvé à Qumrân les deutérocanoniques* Tobie* et Siracide*. On y a également découvert de nombreux apocryphes* dont certains n'étaient connus qu'en traduction (Jubilés*, Hénoch*), d'autres jusque-là inconnus. Enfin, une partie de la bibliothèque (environ un tiers, en hébreu) révèle le mode de vie *(Règle de la communauté)*, l'exégèse (genre du *pesher*, commentaire sur des livres de la Bible) et l'espérance eschatologique *(Guerre des Fils de lumière contre les Fils de ténèbres)* d'une communauté sacerdotale dissidente *(Rouleau du Temple)*. Violemment opposée aux pharisiens* (on imaginait jusqu'alors les esséniens comme des pharisiens rigoristes), fondée par un «Maître de justice» qui aurait fui jusqu'à Damas la persécution d'un «prêtre impie», elle n'était auparavant connue que par un fragment de manuscrit publié en 1910, le *Document* (ou *Écrit*) de Damas, que l'on a retrouvé dans les grottes. ▮ **L'importance de Qumrân** Cette collection, complétée par les autres découvertes du désert de Judée, est d'une importance considérable : éclairant une période qui n'était connue que par les livres des Maccabées* (qui ne figurent pas à Qumrân) et les œuvres de Josèphe*, elle a révélé un judaïsme beaucoup plus varié qu'on ne l'imaginait ; les manuscrits de Qumrân ont développé les connaissances linguistiques, littéraires et religieuses de la période qui précède l'apparition du christianisme. La plupart des manuscrits (dont la publication est pratiquement terminée) sont conservés dans la «Maison du Livre» inaugurée en 1965 dans le Musée d'Israël, à Jérusalem.

**QUNAITRA** ou **QNAITRA** ♦ V. du S. de la Syrie, dans le Golan, située dans la zone des cultures, à l'E. du Jourdain et à proximité du lac de Tibériade. Oliviers, vigne. Élevage d'ovins dans la région. ▪ Occupée par Israël en 1967, la ville qui comptait alors 30 000 hab., fut rendue aux Syriens après la guerre de 1973. Avant son évacuation (1974), l'armée israélienne a procédé à sa destruction. Depuis, c'est une ville démilitarisée, mais dépeuplée et en ruine.

Le **Quotidien du peuple** – en chin. ***Renmin Ribao*** ♦ Organe du comité central du Parti communiste chinois fondé en 1948. Faisant aussi office de journal officiel en publiant projets de lois, circulaires et directives, le journal est avant tout chargé de populariser la ligne politique générale définie par le gouvernement. Accordant également une large place au courrier des lecteurs, il tire à 3,5 millions d'exemplaires.

**Quo vadis ?** ♦ Roman de l'écrivain polonais H. Sienkiewicz* (1895 - 1896), qui obtint dès sa parution une renommée mondiale (bien que controversée). Il décrit d'une manière convenue, conforme aux thèses de l'Église du XIXe s., le conflit entre le christianisme naissant et l'État romain sous Néron.

**QUṬB AL-DĪN AIBAK** ♦ Gouverneur turc musulman de Delhi*, lieutenant de Mohammad* Ghōri. En 1192, il envahit l'Inde, conquit Delhi et la vallée du Gange. Devenu sultan de Delhi à la mort de

**Quṭb al-Dīn.** Le Quṭb mīnar à Delhi.
*Phot. © NF/Perousse/Hoa Qui*

son maître, il fit construire une grande mosquée et un célèbre minaret (Quṭb minār) à Delhi en 1194. Il mourut accidentellement en 1210 et son lieutenant Iltutmich* lui succéda.

**QU Yuan** ou **K'IU Yuan** ➝ ÉTYM. du chin. *qū* «infléchir» et *yúan* «plaine ; origine» ♦ Ministre et poète chinois (v. –340 - v. –278). D'abord conseiller écouté de Huaiwang (royaume de Chu, Zhanguo*), il fut exilé à la suite d'une calomnie. Il se laissa couler dans les eaux du Miluo lorsque la capitale Chu fut prise par l'armée des Qin*. Ses œuvres, parmi lesquelles le célèbre poème *Douleur* de l'exil*, constituent une grande partie des *Chants* de Chu*.

**QYZYLORDA** – anc. ***Ak-Metchet*** ou ***Aq-Metchet*** puis ***Kzyl-Orda*** ♦ V. du Kazakhstan, ch.-l. de région, sur la rive d. du Syr-Daria. 157 300 hab. Indus. alimentaires.

# R

**RÂ** → Rê

**RAAB** → Györ

**RAABE (Wilhelm),** dit parfois **Jakob CORVINUS** ♦ Écrivain allemand (Eschershausen, Brunswick 1831 - Brunswick 1910). Après le succès (inattendu) de son premier ouvrage *La Chronique de la rue aux Moineaux* (1856), il se consacra à sa carrière littéraire. C'est à la vie des gens simples qu'il emprunta les thèmes de la plupart de ses romans dont les plus connus forment la trilogie, *Le Pasteur de la faim* (1864), *Abu Telfan ou le Retour de la montagne de la Lune* (1867), *Schüderrump* (1870). L'atmosphère y est sombre et l'humour pessimiste ; dans un monde où triomphe le mal, la faim d'idéal, d'absolu des personnages ressemble trop à une fuite devant le réel, à une résignation amère et ascétique qui n'est pas sans rapport avec la philosophie nihiliste de Schopenhauer.

**RAB** – en it. ***Arbe*** ♦ Île de l'archipel Dalmate (Croatie), située dans le golfe de Kvarner. 86 km². 9 480 hab. Monuments et demeures du Moyen Âge et de la Renaissance. Pêche, tourisme.

**RABAN MAUR** ♦ Savant bénédictin et prélat allemand (Mayence v. 780 - Winkel, Rhénanie 856). Élève d'Alcuin à Saint-Martin de Tours, maître et organisateur de l'abbaye de Fulda, puis archevêque de Mayence, il mérita le titre de *praeceptor Germaniae*. Il est l'auteur de plusieurs traités, *De universo* ou *De rerum naturis* (encyclopédie où il reprend des thèmes des *Étymologies* d'Isidore* de Séville), *De institutione clericorum* (pédagogie pour les moines). On lui attribue parfois l'hymne *Veni creator*.

**RABASTENS** [ʀabastɛ̃s] [81800] ← **ÉTYM.** du germ. *Hratgast* (ou *Ratgast*), n. de pers., et suff. *-ing*, avec attraction de l'occit. *rabasta* «querelle» ♦ Ch.-l. de cant. du Tarn, arr. d'Albi, sur le Tarn. 4 176 hab. (aggl. 6 212) *(Rabastinois)*. Église fortifiée Notre-Dame-du-Bourg du XIIe s. (chapiteaux historiés ; peintures murales du XIIIe s.). Demeures anc. (XVe - XVIIIe s.). ■ Meubles. Compteurs électriques. ■ À proximité, château de Saint-Géry (XIVe et XVIIIe s.).

**RABAT** ← **ÉTYM.** de l'ar. *ribāṭ (al-fatḥ)* «camp (de la victoire)» ♦ Cap. du Maroc, sur la rive g. de l'embouchure du Bou* Regreg qui la sépare de Salé*. 1 622 860 hab. Univ. Monuments du XIIe au XVIIe s. Remparts (muraille des Andalous), casbah des Oudaïa, minaret Hassan, Chella (anc. site romain). Mausolée Mohammed V. Musée archéologique. Au S. de Rabat se situe le palais de Skhirat. ■ Port. Indus. textile. ■ **Histoire** Fondée au XIIe s. par 'Abd al-Mūmin, la ville fut une des bases de départ des expéditions militaires almohades en Andalousie et s'augmenta au XVIIe s.

**Rabat.** Muraille des Andalous et casbah des Oudaïa. *Phot. © Walter Bibikow/JAI/Corbis*

des Morisques chassés d'Espagne. Après 1912, Lyautey en fit la capitale administrative du protectorat français au Maroc et le siège du résident général, et fit édifier à cette fin une ville nouvelle au S. de la médina.

**RABAUD (Henri)** ♦ Compositeur français (Paris 1873 - *id.* 1949). Élève de Massenet, il fut chef d'orchestre à l'Opéra de Paris et directeur du Conservatoire national, succédant à G. Fauré (1920 - 1941). Il a laissé six opéras (dont *Mârouf, savetier du Caire*, 1914), un poème symphonique, *La Procession nocturne*, inspiré du *Faust* de Lenau*, deux symphonies, de la musique de chambre, de scène, de film, et des mélodies. ➝ ÉTYM. *Rabaud* vient du nom de personne germanique *Ratbald*, de *rad* «conseil» et *bald* «audacieux».

**RABAUL** ♦ V. de Papouasie-Nouvelle-Guinée, port princ. de l'archipel Bismarck, sur la côte N. de l'île de la Nouvelle-Bretagne. 3 885 hab. (17 044 en 1990). Port exportateur (noix de coco, café, cacao). ▮ Histoire Fondée en 1910 par les Allemands, ancien centre admin. de la Nouvelle-Guinée allemande, la ville fut éprouvée par des éruptions volcaniques en 1937 et en 1994. Occupée par les Japonais en 1942, elle devint une base aéronavale qui fut détruite par l'aviation américaine. Elle fut remplacée administrativement par Port* Moresby. La v. a été détruite par une éruption volcanique en 1994.

**RABAUT SAINT-ÉTIENNE (Jean-Paul)** ♦ Homme politique français (Nîmes 1743 - Paris 1793). Fils du pasteur Paul Rabaut, il fut ministre protestant à Nîmes (1785). Député du tiers état aux États généraux (1789), réélu à la Convention (1792), il se rallia aux girondins, vota pour l'appel au peuple et le sursis lors du procès de Louis XVI et fut membre de la commission des Douze. Il fut proscrit, condamné à mort avec les girondins et exécuté.

**RABBĀNĪ (Borhānoddīn)** ♦ Homme politique afghan (Faïzābād 1940), fondateur du parti islamite modéré *Jam'iat-e islāmī* (1968), principal parti combattant l'occupation soviétique et sur lequel s'appuyèrent les Américains. Second président de l'État d'Afghanistan dès juin 1992, évincé par les talibans en 1996, il continua à être le seul président officiel reconnu par l'ONU et créa l'Alliance du Nord avec le commandant Massoud*. Il transmit ses pouvoirs à Hamid Karzaï en déc. 2001 et prit part à la formation d'un parti de coalition opposé au gouvernement, le Front national uni, en 2006. En 2009, il échappa à un attentat revendiqué par les talibans. → **Afghanistan.**

**RABEARIVELO (Jean Casimir RABE, dit Jean-Joseph)** ♦ Poète malgache (Tananarive 1901 - *id.* 1937). Écrivant en malgache, en français et en espagnol, Rabearivelo fut d'abord influencé par le Parnasse avant de découvrir le surréalisme qui lui permit d'abandonner la prosodie classique tout en creusant, par le biais de son intérêt pour l'astrologie et la magie, des thèmes typiquement malgaches. Le suicide mit fin à une œuvre fulgurante et encore mal connue. Outre les *Calepins bleus*, journal encore inédit, on lui doit plusieurs recueils (*La Coupe de cendres* 1924 ; *Sylves*, 1927 ; *Presque-Songes*, 1934 ; *Traduit de la nuit*, 1935 et *Vieilles Chansons des pays d'Imerina*, posth. 1939) ainsi qu'un roman (*L'Interférence*, posth. 1987).

**RABELAIS (François)** ♦ Écrivain français (La Devinière, près de Chinon, v. 1483 - Paris 1553). La vie de Rabelais est mal connue dans ses détails, certains critiques le faisant naître en 1494. Vers la fin de 1510, il fut novice au couvent franciscain de La Baumette, près d'Angers. En 1520 ou 1521, il devint prêtre et frère mineur franciscain au couvent de Puy-Saint-Martin à Fontenay-le-Comte. Il avait donc achevé des études théologiques, mais ce fut la fréquentation de deux juristes lettrés, Amaury Bouchard et Tiraqueau, qui lui permit de compléter son étude du droit. Passé dans l'ordre des bénédictins à Maillezais (1524), il accompagna l'évêque Geoffroy d'Estissac à travers le Poitou. Entre 1528 et 1530, tout laisse à croire qu'il séjourna à Paris, prit l'habit de prêtre séculier et eut deux enfants d'une liaison avec une veuve parisienne. Bachelier en médecine à l'université de Montpellier en 1530, il entra comme médecin à l'hôtel-Dieu de Lyon en 1532. La même année, il édita les *Epistolae medicinales* de Manardi, les *Hippocratis et Galeni libri aliquot* et le *Testamentum Cuspidii*, écrivit à Érasme une lettre où il le reconnaissait comme son père spirituel et publia *Pantagruel**, sous le nom d'Alcofribas Nasier (anagramme de François Rabelais). Après la *Pantagruéline Prognostication* (1533), il accompagna l'année suivante le cardinal Jean du Bellay en Italie. De retour à Lyon, il fit paraître consécutivement la *Topographia antiquae Romae* de Marliani et *Gargantua** (1534). Ayant régularisé sa situation à l'égard de l'Église, lors d'un deuxième séjour qu'il fit à Rome comme médecin de Jean du Bellay* (1535 - 1536), il fut nommé chanoine du chapitre de l'abbaye Saint-Maur-des-Fossés. Mais il retourna à Montpellier pour être reçu comme licencié puis comme docteur en médecine (1537). Le texte de ses deux premiers romans, remaniés dans l'édition de 1542, fut alors placé sur la liste des livres à censurer établie par la Sorbonne à l'intention du Parlement. Cela n'empêcha pas la publication du *Tiers* Livre* (1546), avec un privilège royal. Mais l'ouvrage fut condamné et Rabelais partit pour Metz où il fut secrétaire de la ville. Pendant qu'il séjournait une ultime fois à Rome avec Jean du Bellay (1547 - 1549), les onze premiers chapitres du *Quart* Livre* furent imprimés à Lyon (1548), l'édition complète ne voyant le jour qu'en 1552, censurée par les théologiens. Dans l'intervalle, Calvin* attaqua violemment Rabelais dans son *Traité des scandales* (1550). Quelques mois avant sa mort, Rabelais abandonna les deux cures de Saint-Martin de Meudon et de Saint-Christophe-du-Jambet (près du Mans) dont il était bénéficiaire depuis 1551. L'authenticité du *Cinquième Livre*, publié partiellement en 1562 puis intégralement en 1564, a été contestée. Il semble en effet que l'ouvrage ne soit pas entièrement de la main de Rabelais. Quoi qu'il en soit, son œuvre manifeste le courant humaniste du XVIe s. par l'étendue des connaissances qu'elle brasse. ▪ Admirateur des textes de l'Antiquité, défenseur des thèses de l'évangélisme, pacifiste qui soutient l'idée de la guerre défensive, médecin, Rabelais préconise un bonheur selon la nature, l'équilibre entre le corps et l'esprit, obtenu par une pédagogie renouvelée. Son invention verbale incomparablement riche et comique, qui plonge les géants Gargantua et Pantagruel, ainsi que les personnages comme Frère Jean ou Panurge*, dans des situations cocasses, dénote une immense ivresse de la parole et du savoir. Elle révèle une perception du monde à la fois passionnée et jamais dupe et a fourni à la langue française bien des néologismes aujourd'hui restés dans l'usage. ➝ ÉTYM. *Rabelais* vient peut-être d'un nom de lieu «domaine de Rabel (nom de personne)» ou vient de *rabelle*, de *rave*.

**RABEMANANJARA (Jacques)** ♦ Homme politique et écrivain malgache d'expression française (Maroantsetra, Toamasina 1913 - Paris 2005). En 1946, il fut élu député à l'Assemblée nationale française. Son parti, le Mouvement démocratique de la rénovation malgache (MDRM), ayant été accusé d'avoir organisé la révolte de 1947, il fut emprisonné et exilé en France. De retour à Madagascar à la veille de l'indépendance, en 1960, il occupa divers postes ministériels dont celui des Affaires étrangères (1967). Le départ du président Tsiranana et la venue des militaires au pouvoir provoquèrent un nouvel exil à Paris. En 1993, il soutint le mouvement d'opposition au président Ratsiraka. Connu pour ses poèmes (*Antidote*, 1958 ; *Les Ordalies*, 1972 ; *Rien qu'encens et filigrane*, 1987), il a également écrit des pièces de théâtre (*Les Dieux malgaches*, 1947 ; *Les Boutriers de l'aurore*, 1957 ; *Les Agapes des dieux*, 1962), ainsi qu'une *Histoire de Madagascar* (1952) et de nombreuses études (*Nationalisme et problème malgache*, 1958).

**RABI (Isidor Isaac)** ♦ Physicien américain (Rymanów, Galicie 1898 - New York 1988). Élève d'O. Stern*, il mit au point la méthode de résonance magnétique des jets moléculaires (1939) pour étudier les dipôles électriques et magnétiques nucléaires. [Prix Nobel de phys. 1944]

**RABIER (Benjamin)** ♦ Dessinateur français (La Roche-sur-Yon 1864 - Faverolles, Indre 1939). Il composa pour les enfants des histoires illustrées dont les héros sont des animaux (*Caramel, histoire d'un singe*, 1904 ; *Les Animaux en liberté*, 1910 ; *Gédéon, Alfred et Roudoudou*, 1923) ; il a illustré les *Fables* de La Fontaine (1906) dans le même style simple et gai et créé l'affiche de *La Vache qui rit* (1921). ➝ ÉTYM. *Rabier* signifie «marchand de raves» ou est un ancien nom de baptême, du germanique *Ribert* (de *ric* «puissant» et *berht* «brillant»).

**RABIN (Yitzhak)** ♦ Général et homme politique israélien (Jérusalem 1922 - Tel-Aviv 1995). Chef d'état-major général, il fut l'artisan de la victoire lors de la guerre des Six Jours (1967). Travailliste, il succéda à Golda Meir à la tête du gouvernement (mai 1974-avr. 1977). Ministre de la Défense dans le gouvernement d'union nationale (1984 - 1990), il redevint Premier ministre en juin 1992 et signa, avec l'OLP, en sept. 1993, l'accord de reconnaissance mutuelle ainsi que la Déclaration sur l'autonomie des territoires occupés, puis un traité de paix avec la Jordanie en oct. 1994. Peu après la signature de l'accord intérimaire israélo-palestinien sur la Cisjordanie et Gaza, en sept. 1995, il fut assassiné par un juif religieux extrémiste (nov. 1995). [Prix Nobel de la paix 1994, avec S. Peres* et Y. Arafat*] → **Israël.**

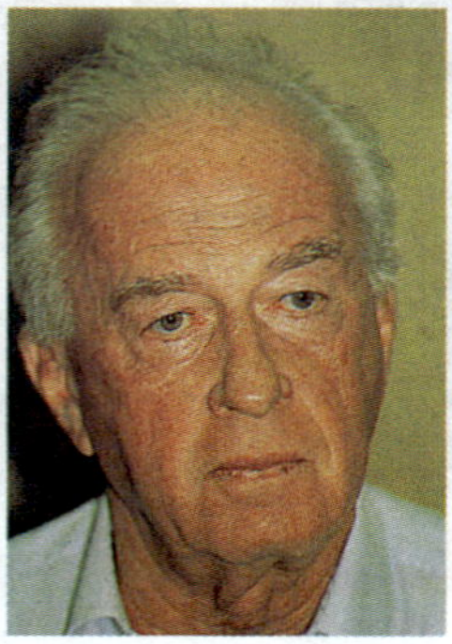

Yitzhak **Rabin.**
*Phot. © Baitel-Hires/Gamma*

**RACAN (Honorat DE BUEIL, seigneur DE)** ♦ Poète français, académicien et soldat (Aubigné 1589 - Paris 1670). Disciple de Malherbe*, il célébra de façon élégiaque la nature, avec les *Stances sur la retraite* (1618), et la pastorale dramatique, *Les Bergeries* (1625), poèmes à la forme rigoureuse mais animés d'une émotion sincère, car ils transposent un amour malheureux de leur auteur. L'inspiration de Racan fut également chrétienne avec les *Odes sacrées* et les *Psaumes de la Pénitence* (1651 - 1660).

**RACHEL** → ÉTYM. de l'hébr. *rāḥēl* «brebis» ♦ Personnage biblique (Genèse, XXIX-XXXV), fille de Laban*, épouse préférée de Jacob* à qui elle n'est accordée, par ruse, qu'après Léa*. Mère de Joseph* et de Benjamin* ; mère adoptive de Dan* et Nephtali*.

**RACHEL (Élisabeth Rachel FÉLIX, dite Mlle)** ♦ Tragédienne française (Mumpf, canton d'Argovie 1821 - Le Cannet 1858). Engagée à dix-sept ans à la Comédie-Française, elle interpréta longtemps et avec un égal succès les héroïnes de Corneille et de Racine.

**Rachel**, dans le rôle d'Athalie, le 5 mars 1847. Bibliothèque nationale de France, Paris. *BIS/Phot. © Coll. Archives Larbor*

**RẠCH GIÁ** ♦ V. du sud du Viêtnam, sur la baie du même nom, dans le golfe du Siam. 151 362 hab. Activités liées à la pêche : commerce, conservation, transformation. Port desservant les régions agricoles intérieures.

**RACHI (Salomon ben Isaac, dit)** → Rashi

**RACHĪD AL-DĪN, dit al-Ṭabīb** → ÉTYM. «le Médecin» ♦ Médecin et historien persan (Hamadān 1247 - Solteniyé 1318). Devenu Premier ministre du khan mongol Abāqā, il put recueillir divers renseignements et composa sa *Somme des chroniques*, englobant l'histoire des peuples hébreu, perse, arabe, turc, mongol, hindou, franc, chinois. Il écrivit aussi en arabe divers traités théologiques et philosophiques.

**RACHMANINOV (Sergueï Vassilievitch)** ♦ Compositeur et pianiste russe (Oneg, Novgorod 1873 - Beverly Hills, Californie 1943). Élève au conservatoire de Moscou, il commença tôt une carrière de virtuose, se consacrant en même temps à la composition, sous l'influence de Tchaïkovski* à laquelle il devait rester fidèle sa vie durant. Il quitta son pays en 1917, se fixa à Paris, puis en Suisse et enfin aux États-Unis. Indifférent à l'évolution musicale de son temps, il a laissé une œuvre empreinte d'un lyrisme généreux et riche d'invention mélodique qui lui a assuré une très large popularité. Elle comprend notamment des opéras (*Aleko*, 1893 ; *Le Chevalier ladre*, 1905), *Liturgie de saint Jean Chrysostome* (1910), trois symphonies (1895, 1907, 1935), quatre concertos pour piano (1891, 1901, 1909, 1926), *Rhapsodie sur un thème de Paganini* pour piano et orchestre (1934), le poème symphonique *L'Île des Morts* (1909), de la musique de chambre et des pièces pour piano.

**RACHT** ♦ V. d'Iran, ch.-l. de la prov. de Guilan, près de la mer Caspienne. 557 366 hab. Centre commercial, administratif et universitaire. Indus. du verre, du plastique et de la soie. Indus. alimentaire et textile. Manufacture de jute.

**RACIBÓRZ** – en all. ***Ratibor*** ♦ V. de Pologne, voïvodie de Silésie, sur la rive g. de l'Oder qui y devient navigable. 57 099 hab. Indus. métallurgique, chimique et alimentaire.

**Racine.** Portrait anonyme de l'école Mignard, Musée national du château, Versailles. *BIS/Phot. H. Josse © Archives Larbor*

**RACINE (Jean)** ♦ Poète dramatique français (La Ferté-Milon 1639 - Paris 1699). **▮ Une éducation janséniste** Orphelin, il fut élevé par les religieuses des Petites Écoles du monastère de Port-Royal, chez qui sa tante Agnès avait elle-même fait profession. Envoyé au collège de Beauvais, foyer de jansénisme, il en revint pour recevoir, aux Granges de Port-Royal, l'enseignement d'Antoine Lemaistre, et poursuivre de très sérieuses études de grec (1655 - 1658). Il entra en classe de philosophie au collège d'Harcourt. Parti pour Uzès à la recherche d'un bénéfice ecclésiastique (1661) qu'il n'obtint pas, il rentra à Paris (1663) où il fit représenter sa première pièce, *La Thébaïde** (1664), puis *Alexandre* (1665). **▮ 1667 - 1677 : d'« Andromaque » à « Phèdre. »** La période qui commence alors, et qui dura dix ans, fut la plus féconde de sa carrière, avec *Andromaque** (1667), que suivirent *Les Plaideurs** (1668), *Britannicus** (1669), *Bérénice** (1670), *Bajazet** (1672), *Mithridate** (1673), *Iphigénie** (1674) et *Phèdre** (1677), dont l'échec détermina le poète à renoncer pour longtemps au théâtre. Définitivement vainqueur, dès le triomphe d'*Andromaque*, de son rival, le vieux Corneille*, il était assuré de la faveur du jeune roi et de la cour, car il répondait par son théâtre à leurs aspirations profondes, toutes tendues vers l'amour et la gloire. Homme de cour, il eut des liaisons célèbres (les comédiennes Marie-Thérèse Du* Parc et Champmeslé*) et la passion jalouse qui le consuma alors est à l'image de celle des héros que son génie a mis à la mode. Ombrageux, tourmenté, irritable, il poursuivait de traits cruels ceux qu'il tenait pour ses ennemis, fussent-ils ses anciens maîtres de Port-Royal (polémique de 1666), envers qui sa dette était pourtant considérable. **▮ De 1677 à sa mort** On a pu parler à juste titre (P. Brisson) des deux visages de Racine. Devenu historiographe du roi, résolu à ne plus écrire pour le théâtre (1677), il épousa, la même année, la petite-fille d'un notaire parisien, Catherine de Romanet, prépara sa réconciliation avec les solitaires de Port-Royal, et s'engagea dans la voie d'une existence bourgeoise, désormais vouée à l'éducation de ses nombreux enfants et à la piété la plus austère. C'est à la demande de Mme de Maintenon, pour les jeunes filles de Saint-Cyr, qu'il devait écrire ses deux derniers ouvrages dramatiques, *Esther** (1689) et *Athalie** (1691), d'inspiration purement religieuse. Obtenue par le parti dévot, l'interdiction de représenter *Athalie* le détermina à renoncer définitivement au théâtre. Réconcilié avec Port-Royal, il devait encore composer les admirables *Cantiques spirituels* (1694) et un *Abrégé de l'histoire de Port-Royal* qui ne devait être publié en totalité qu'en 1767. Cette fidélité marquée envers ses premiers maîtres lui valut la demi-disgrâce qui précéda de peu sa mort (21 avr. 1699). **▮ La tragédie racinienne** S'inscrivant contre la «galanterie» et le «romanesque», préférant aux intrigues complexes de Corneille la progression d'une évolution dramatique conduite par la logique des caractères, celle même de leur discours, substituant à l'«admiration» suscitée par le héros, vainqueur des dieux et de lui-même, la piété et l'horreur engendrées par son destin misérable, Racine a restitué à la scène tragique sa véritable dimension, celle que lui avaient conférée les Grecs. En concevant la passion amoureuse comme une fatalité infernale, génératrice de haine et de destruction, en la présentant comme l'instinct le plus possessif et le plus égoïste de l'âme humaine, sans, toutefois, que ses misérables victimes entretiennent en elles-mêmes la nostalgie douloureuse d'une innocence perdue, Racine apparaît non seulement comme un disciple de Port-Royal, mais encore comme celui qui, dans le théâtre, a touché le plus intimement à l'essence du tragique et a fait entrer le sacré sur la scène classique. → ÉTYM. *Racine* est un surnom de cultivateur.

**RACINE (Louis)** ♦ Écrivain français (Paris 1692 - *id.* 1763) dernier fils de Jean Racine*. Avocat, il renonça au barreau pour se retirer chez les pères de l'Oratoire où il écrivit un poème religieux, *La Grâce* (1720). Ruiné par le système de Law*, il fit alors carrière dans l'administration des Finances et fut successivement inspecteur général, puis directeur des gabelles. Érudit, il fut à 26 ans membre de l'Académie des inscriptions ; mais son jansénisme, qui se manifeste notamment dans le recueil *La Religion* (1742), constitua un obstacle à son élection à l'Académie française. Il écrivit de nombreux ouvrages, dont de précieux *Mémoires sur la vie de Jean Racine* (1747). On lui doit également une traduction du *Paradis perdu* de Milton (1750).

**RACINE** ♦ V. des États-Unis (Wisconsin) sur la rive O. du lac Michigan, sur la Root River dans la zone urbaine de Milwaukee. 81 855 hab. (zone urbaine 1 689 572). Indus. (tracteurs, machines agricoles, accessoires d'automobiles, outils, fonderies, équipements électriques).

***Racine et Shakespeare*** ♦ Œuvre de Stendhal*, comprenant deux opuscules (1823 et 1825), qui exprime la nécessité en littérature d'une révolution romantique, liée à la société moderne (il faut «présenter aux peuples les œuvres littéraires qui, dans l'état actuel de leurs habitudes et de leurs croyances, sont susceptibles de leur donner le plus de plaisir possible»). Quant à la tragédie, elle doit être en prose, libérée des règles et traitant de sujets historiques et nationaux, imitant Shakespeare* uniquement dans «la manière d'étudier le monde au milieu duquel nous vivons».

**RACOVIŢÂ (Emil)** ♦ Biologiste roumain (Iaşi 1868 - Bucarest 1947). Il fit d'abord des recherches sur la faune marine (à Banyuls-sur-Mer), puis se consacra à l'étude des cavernicoles, de leur mode de vie, de leur évolution, et fonda le premier institut de spéléologie roumain à Cluj (1920).

**RADBERT** (saint **Paschase**) ♦ (Près de Soissons v. 786 - Corbie 865). Abbé de Corbie de 844 à 851, retiré ensuite à Saint-Riquier. Son traité *De sacramento corporis et sanguinis Christi* déclencha une controverse sur la nature de la présence divine (réelle, disait-il) dans l'Eucharistie. → **Ratramne.** ▪ Fête le 26 avr.

**RADCLIFFE (Ann)** née **WARD** ♦ Romancière britannique (Londres 1764 - *id.* 1823). De famille bourgeoise et protestante, Ann Radcliffe partage avec M. G. Lewis* le privilège d'avoir inventé le roman noir *(tale of terror)*. Cependant on a dit d'elle qu'en rationalisant et en expliquant l'étrangeté, elle avait détruit le fantastique. *L'Italien* (*The Italian or the Confessional of the Black Penitents*, 1797) met en scène un type satanique que Byron* reprendra *(Le Giaour)*. Elle publia anonymement *Le Sicilien*, 1790 ; *Le Roman de la forêt*, 1791, et surtout *Les Mystères d'Udolphe*, 1794, l'un des chefs-d'œuvre du genre. Elle écrivit aussi des récits de voyages où elle manifeste une grande sensibilité aux paysages. Ses *Poèmes* (écrits en 1815) furent publiés après sa mort. ➝ **ÉTYM.** *Radcliffe* est un nom de lieu qui signifie «falaise (vieil anglais *clif*) rouge *(rēad)*».

**RADCLIFFE-BROWN (Alfred Reginald)** ♦ Anthropologue et ethnologue britannique (Birmingham 1881 - Londres 1955). Ses recherches ethnographiques portèrent sur des tribus des îles Andaman de l'océan Indien (*The Andaman Islanders*, 1906-1908), de Polynésie, d'Australie (*Social Organization of Australian Tribes*, 1931) et d'Afrique. Il tenta ensuite d'analyser les notions fondamentales capables de rendre compte de l'organisation sociale et de son fonctionnement et put être considéré comme un représentant du fonctionnalisme (→ **Malinowski**) en même temps qu'un précurseur du structuralisme (*Structure and Function in primitive Society*, 1952 ; *A Natural Science of Society*, 1957).

Le **Radeau de la Méduse** ♦ Tableau (huile sur toile, musée du Louvre, Paris) de Théodore Géricault* (1819). Le navire *La Méduse* avait fait naufrage le 2 juil. 1816 sur le banc d'Arguin, à 40 lieues de la côte d'Afrique. Cent quarante-neuf naufragés passèrent douze jours sur un radeau, quinze seulement furent retrouvés vivants par le brick l'*Argus*, les autres ayant été jetés à la mer ou même dévorés par les survivants. Inspiré par ce drame, Géricault travailla huit mois, étudiant des mourants et des cadavres à l'hôpital et peignant d'impressionnantes esquisses. Par le traitement du corps, la référence à Michel-Ange (évidente dans la figure du vieillard qui soutient son fils inanimé), la sévère harmonie des tons sourds, l'œuvre se rattache à la tradition académique. Néanmoins, son thème, qu'il faut rapprocher de Byron *(Don Juan)*, le caractère terrible de la situation, saisie pourtant au moment de l'espoir, lorsque l'*Argus* apparaît, en font déjà un chef-d'œuvre romantique. Cette toile, qui provoqua un grand scandale au Salon de 1819, fut violemment attaquée par les journaux royalistes qui y virent une critique politique ; Géricault s'en défendit en insistant surtout sur l'intention humanitaire de sa peinture.

**RADEGONDE** (sainte) ➝ **ÉTYM.** du germ. *rad* «conseil» et *gundi* «guerre» ♦ Reine franque (en Thuringe v. 520 - Poitiers 587), épouse de Clotaire Ier (538), qui l'avait enlevée. Après la révolte de la Thuringe et l'exécution de son frère par Clotaire (555), elle se fit consacrer diaconesse par saint Médard* puis fonda l'abbaye de Sainte-Croix, près de Poitiers, où elle introduisit la règle de Césaire* d'Arles. Fortunat* écrivit sa vie. ▪ Fête le 13 août.

**RADEK (Karl SOBELSOHN, dit Karl)** ♦ Homme politique et journaliste soviétique (Lvov 1885 - en captivité 1939). Il participa au mouvement social-démocrate de Galicie, de Pologne et d'Allemagne et adhéra en 1917 au parti bolchevik. Membre du comité central du parti et du praesidium du Komintern (IIIe Internationale), il fit partie dès 1923 de l'opposition trotskiste. Arrêté et jugé en 1937, il mourut en prison.

**RADETZKY (Joseph)** comte **VON RADETZ** ♦ Feld-maréchal autrichien (Trebnitz, auj. Třebenice, Bohême 1766 - Milan 1858). Commandant en chef des troupes autrichiennes en Lombardie, il fut chassé de Milan par la révolution de 1848. Les victoires importantes qu'il remporta par la suite sur l'armée sardo-piémontaise du roi Charles-Albert (Custozza, 25 juil. 1848 et Novare, 23 mars 1849), ainsi que la reconquête de Venise et de Brescia, replacèrent la Lombardie-Vénétie sous la tutelle de l'Autriche. Il resta gouverneur militaire de cette région jusqu'en 1857. ➝ **ÉTYM.** *Radetzky* vient de *Hradeč* ou *Radeč*, nom de plusieurs lieux en Bohême.

**RADIĆ (Stjepan)** ♦ Homme politique croate (Trebarjevo Desno, Croatie 1871 - Zagreb 1928). Militant nationaliste, fondateur en 1904 du Parti paysan croate, il fut emprisonné à plusieurs reprises, tant sous l'Autriche-Hongrie que sous le Royaume des Serbes, Croates et Slovènes, dont il combattit l'orientation centraliste, acceptant toutefois, en 1926, d'être ministre de l'Éducation dans un des gouvernements dirigé par Pašić. Blessé au Parlement par le député monténégrin Puniša Račić, chef d'une organisation de tchetniks (ultra-nationalistes serbes), il mourut six semaines plus tard.

**radical et radical-socialiste (Parti)** ♦ Premier parti politique français fondé sous la IIIe République* (1901) sous le nom de Parti républicain radical et radical-socialiste. Bien avant cette date toutefois, le radicalisme désigna sous la monarchie de Juillet le mouvement d'opposition (avec Ledru-Rollin) favorable à une démocratisation du régime (pour le suffrage universel) et même à des réformes sociales. Après l'échec de la révolution de 1848 et de la IIe République, il se confondit généralement avec l'opposition républicaine au Second Empire et regroupa des hommes politiques (Clemenceau, Gambetta, Pelletan) et des universitaires (Buisson, Renouvier, J. Simon, Vacherot). Le premier programme démocratique radical fut formulé par L. Gambetta* lors des élections de 1869 (→ **Belleville [programme de]**). Avec sa philosophie rationaliste teintée de positivisme, sa morale laïque anticléricale, son individualisme soucieux de défendre la propriété privée (mais n'excluant pas la nécessité de réformes sociales) et la liberté du citoyen («le citoyen contre les pouvoirs» [Alain]), le mouvement, puis le parti radical, eut une influence prépondérante sur le destin de la IIIe République. Après s'être regroupés à l'occasion de l'affaire Dreyfus, les divers groupes radicaux, qui se séparèrent des socialistes (lorsque ceux-ci s'unifièrent pour former la SFIO, 1905), devaient bientôt constituer un parti de notables assez représentatif

Le **Radeau de la Méduse.**
Tableau de Géricault
(4,91 × 7,16 m).
Musée du Louvre, Paris.
*Phot. © Arch. Smeets*

de l'état d'esprit et des aspirations du «Français moyen», selon le mot d'Herriot* qui, avec Daladier*, en assura longtemps la direction. Tour à tour allié aux républicains modérés (voire conservateurs : gouvernement d'Union nationale de Poincaré*, 1926) ou aux socialistes (gouvernement de Front populaire, 1936), le Parti radical ne cessa d'être à la tête du gouvernement ou du moins d'y occuper des postes clés jusqu'en 1940. Divisé dans son attitude à l'égard du gouvernement de Vichy, il subit un cuisant échec à la Libération (élections de 1945 et 1946). Ses tentatives de réorganisation se soldèrent par le départ de plusieurs militants et dirigeants (E. Faure, A. Morice, Queuille, Mendès France). En 1965, sous la présidence de R. Billères, le Parti radical adhéra à la Fédération de la gauche démocratique et socialiste (FGDS). En 1972, les partisans de l'Union de la gauche firent scission et fondèrent le Mouvement des radicaux de gauche (MRG), qui est devenu Radical en 1994, puis le Parti radical socialiste (PRS) en 1996. Quant au reste du Parti radical, sous l'impulsion de J.-J. Servan-Schreiber, il évolua vers le centre droit et participa à la fondation de l'UDF (1978 → **Union pour la démocratie française**).

**RADIČEVIĆ (Branko)** ♦ Poète serbe (Brod 1824 - Vienne 1853). Disciple de Karadžić, il adopta la langue populaire dans son œuvre poétique, tour à tour élégiaque et patriotique, inspirée de Byron (*L'Adieu aux élèves, La Route, La Ronde*).

**RADICHTCHEV (Aleksandr Nikolaïevitch)** ♦ Écrivain russe (près de Moscou 1749 - Saint-Pétersbourg 1802). Il lança le romantisme politique avec un pamphlet contre l'ordre établi : *Voyage de Pétersbourg à Moscou* (1790), pour lequel il fut condamné à mort, puis, par grâce, déporté en Sibérie sur l'ordre de Catherine II. Il en revint en 1796.

**RADIGUET (Raymond)** ♦ Écrivain français (Saint-Maur-des-Fossés 1903 - Paris 1923). Auteur dont la carrière fut aussi précoce que rapide, Radiguet fut encouragé par A. Salmon* avant de rencontrer J. Cocteau*. Ayant publié un recueil poétique, *Les Joues en feu* (1920) et une pièce de théâtre, *Les Pélicans* (1921), il connut avec *Le Diable* au corps* (1923) un succès considérable qui l'incita à «faire de l'ordre» dans sa vie («Je flambais, je me hâtais comme les gens qui doivent mourir jeunes et qui mettent les bouchées doubles»). À peine avait-il composé son second roman, *Le Bal du comte d'Orgel* (posth. 1924), qu'il fut emporté par la fièvre typhoïde. Admirateur des romanciers moralistes, comme Mme de La Fayette, Stendhal et Proust, Radiguet s'interdit l'effusion éloquente et s'illustra par la maîtrise du récit et la mesure. Si *Le Diable au corps* (d'abord intitulé *Cœur vert*) dépeint avec un certain frémissement un adolescent engagé dans un trop grand amour, *Le Bal du comte d'Orgel* se veut un roman de pure analyse qui, au sein de rites mondains, évoque, avec une sécheresse élégante, un drame tout intérieur. ➝ **ÉTYM.** Ce nom est un diminutif de *Radigue*, probablement du nom de personne germanique *Radico, Radigo* (de *rad* «conseil»).

**Radiodiffusion-télévision française** [RTF] ♦ Organisme créé en 1949 sous la tutelle du ministère de l'Information et qui reçut le monopole de la radiodiffusion et de la télévision françaises. Sous l'impulsion de journalistes et de producteurs de télévision, tels P. Desgraupes, P. Dumayet, P. Lazareff*, I. Barrère, P. Sabbagh, P. Tchernia, L. Zitrone, la première chaîne de télévision, puis la deuxième créée en 1964, connurent un succès grandissant, grâce à une programmation faisant une large place à l'information, aux documentaires, aux magazines et aux dramatiques. En 1964, la RTF devint l'Office de radiodiffusion-télévision française (ORTF), établissement public dirigé par un conseil d'administration dont les membres étaient désignés par le gouvernement. Cette réforme visait à donner une plus grande autonomie financière aux responsables, mais la question des liens entre le nouvel organisme et le pouvoir suscita de vives tensions au sein de l'office, comme en témoigne la grève des journalistes en mai* 68. En août 1974, l'ORTF fut démantelé en sept sociétés distinctes : TF1, Antenne 2 (devenue France 2 en 1992) ; France Régions 3, issue de la 3e chaîne, à vocation régionale, créée en 1973 (devenue France 3 en 1992) ; Radio France ; la Société française de Production (SFP), Télédiffusion de France (TDF) et l'Institut national d'Audiovisuel (INA). → **France Télévisions, Radio France, Télévision française 1.** ▪ La télévision française a donné naissance à des talents spécifiques de réalisateurs, comme C. Barma, J. Prat, J.-C. Averty*, C. Santelli.

**Radio France** ♦ Société nationale de programmes radiodiffusés née en 1974 de l'éclatement de l'ORTF. Outre quarante-deux stations régionales (France Bleu), Radio France, qui appartient entièrement à l'État, regroupe des stations nationales : France Inter, France Culture, France Musique, France Info, première radio européenne d'information continue, FIP, Le Mouv' et Radio France Internationale (RFI ; jusqu'en 1986).

**Radio-Télé-Luxembourg** [RTL] ♦ Station de radiodiffusion appartenant à l'origine à la Compagnie luxembourgeoise de télédiffusion (CLT, fondée en mai 1931) et associée en 1996 avec l'Allemand Bertelsmann* (qui en a pris le contrôle en 2001), pour donner naissance au premier groupe audiovisuel européen. RTL, qui émet également en modulation de fréquence depuis 1986, est, en taux d'écoute, la première station française de radio. Depuis 1955, RTL-Télévision est diffusée en Belgique, en Allemagne, en Lorraine et au Luxembourg par voie hertzienne, par câble et par satellite.

**Radio Télévision belge de la Communauté française** [RTBF] ♦ Organisme public de radio-télévision créé en 1953 et diffusant des programmes exclusivement en français. La RTBF possède quatre chaînes nationales de radio, quatre régionales et trois locales (dont Radio Bruxelles Capitale) ainsi que deux chaînes de télévision.

**RADISSON (Pierre)** ♦ Explorateur français (Paris v. 1636 - en Angleterre 1710). Il parcourut les régions d'Amérique du Nord des rives du Mississippi jusqu'à la baie d'Hudson et fut le fondateur de la Compagnie de la baie d'Hudson.

**RADNÓTI (Miklós)** ♦ Poète hongrois (Budapest 1909 - Abda 1944). Son recueil *Cours toujours, condamné à mort* (1934) lui apporta le succès. Traducteur de La Fontaine, d'Apollinaire, il donna à son art une forme classique sous la menace de la guerre. Envoyé au STO, il fut fusillé par les nazis. Ses derniers poèmes, y compris ceux que l'on retrouva sur lui dans la fosse commune d'Abda, furent publiés dans le recueil *Ciel écumeux* (1946).

**RADOM** ♦ V. de Pologne, voïvodie de Mazovie, en Petite Pologne. 225 810 hab. Églises gothiques. ▪ Centre indus. en expansion. Indus. métallurgique, chimique et textile. Construc. mécaniques. Tanneries, papeteries.

**RADOWITZ (Joseph Maria VON)** ♦ Général et homme politique prussien d'origine hongroise (Blankenburg am Harz 1797 - Berlin 1853). Entré au service de la Prusse en 1823, il fut le membre le plus influent de la «camarilla», personnel politique conservateur qui entourait Frédéric*-Guillaume IV. Il inspira la politique conservatrice et fut l'artisan de celle de la «petite Allemagne» : projet d'une unité allemande excluant l'Autriche, accomplie non par les peuples, mais par les princes (Union restreinte d'Erfurt, 1850). Cette politique devait momentanément échouer et la reculade d'Olmütz* (1850) entraîna la démission de Radowitz.

**RADULESCU (Horatiu)** ♦ Compositeur français d'origine roumaine (Bucarest 1942 - Paris 2008). Il fut de ceux qui remirent radicalement en cause le matériau et la forme, abolissant les notions d'échelle et de division égale du continuum sonore. Il fut, à partir de son installation en France en 1969, un des principaux chefs de file de la musique «spectrale» (*Lamento di Gesù* pour grand orchestre, 1973 - 1975 ; *Doruind* pour 48 voix solistes a cappella, 1976 ; *Das Andere* pour alto solo, 1984 ; *Byzantine Prayer for Giacinto* pour 24 flûtes, 1988 ; *Sonate pour piano N° 2 «Being and Not Being... Create Each Other»*, 1990 - 1991). ➝ **ÉTYM.** *Radulescu* vient du roumain *rad* «joyeux».

**RADZIWIŁŁ** ➝ **ÉTYM.** du lituanien *radvila* «enfant trouvé» ♦ Famille lituano-polonaise, qui remonte au XIIIe s., et acquit la dignité de famille princière du Saint Empire au XVIe s. Elle s'allia aux Jagellon, fut mêlée de près aux affaires de la Pologne, et lutta contre la Russie lors de l'annexion du pays au XIXe siècle.

**RAEBURN (sir Henry)** ♦ Portraitiste britannique (Stockbridge, Édimbourg 1756 - *id.* 1823). D'abord apprenti chez un orfèvre joaillier, il apprit seul la peinture. En 1785, il rencontra Reynolds* à Londres, puis se rendit en Italie. De retour à Édimbourg en 1787, il devint un portraitiste réputé. Il plaça d'abord ses personnages sur un fond de paysage, recourant à des tonalités riches et éclatantes ; puis il s'attacha à produire des effets contrastés de lumière, d'un caractère plus dramatique (*Sir John Sinclair*, 1794 - 1795 ; *Les Mac Nab*, 1803 - 1813). Il peignait souvent sans dessin préliminaire, directement à la brosse, avec une touche très libre, souvent apparente. Il avait le goût des compositions simples, présentant d'une manière directe ses figures qui se caractérisent par le naturel des poses, la spontanéité de l'expression, la vigueur et l'ampleur de la facture (*Mrs. James Campbell*, v. 1805 - 1812). ➝ **ÉTYM.** *Raeburn* est un nom de lieu qui vient du moyen anglais *ray* «chevreuil» et de *burn* «cours d'eau».

**RAEDER (Erich)** ♦ Amiral allemand (Wandsbeck, près de Hambourg 1876 - Kiel 1960). Commandant en chef de la marine (1935), il fut nommé par Hitler «grand amiral du Grand-Reich». En 1940, il se déclara hors d'état d'organiser le débarquement projeté en Grande-Bretagne, puis, la stratégie navale de Hitler favorisant de plus en plus la guerre sous-marine, il fut écarté au profit de Dönitz (1943). Condamné à la réclusion perpétuelle pour crimes de guerre à Nuremberg (1946), il fut libéré en 1955.

**RAF [Royal Air Force** «force aérienne royale»**]** ♦ Nom donné le 1er avril 1918 à la fusion des aviations de l'armée et de la marine britanniques en une arme autonome. Dès les premiers jours de l'offensive allemande de 1940, elle sauva le pays de l'invasion en faisant victorieusement face aux bombardiers et aux chasseurs de la Luftwaffe* très supérieurs en nombre. À partir de 1943, elle reconquérait avec l'aide américaine la maîtrise de l'air et se spécialisait dans les bombardements de nuit sur l'Allemagne et la destruction des centres industriels, protégée par ses chasseurs à long rayon d'action. Démobilisée en 1946, elle conserve aujourd'hui des effectifs importants.

**RAFFARIN (Jean-Pierre)** ♦ Homme politique français (Poitiers 1948). Président du Conseil régional de Poitou-Charentes à partir de 1988, il fut ensuite ministre des Petites et Moyennes Entreprises, du Commerce et de l'Artisanat (1995 - 1997) alors qu'il accédait à la direction de l'UDF, et sénateur (1997 - 2002, 2005 -). Vice-président de Démocratie* libérale en 1997, il soutint J. Chirac pour sa réélection en adhérant à l'UMP* et accéda au poste de Premier ministre (2002 - 2005). Il codirige l'UMP depuis 2007. ➤ ÉTYM. *Raffarin* est le diminutif de *Raffard,* du nom de personne germanique *Rafhard,* de *rafon* «arracher» et *hard* «dur» ou celui de *Raffier,* du nom de personne *Rafhari,* de *raf-* «arracher» et *hari* «armée» ou vient de l'ancien français *raffarder* «railler», surnom d'un homme blagueur.

**RAFFET (Denis Auguste Marie)** ♦ Peintre, graveur et dessinateur français (Paris 1804 - Gênes 1860). Élève de Gros* et de Charlet*, il se consacra surtout à la lithographie et s'attacha particulièrement à glorifier les soldats de la République et de l'Empire, ce qui lui valut un succès populaire (*La Grande Revue,* 1848 ; *Le Réveil*). D'un long séjour dans les Balkans, il ramena une série de dessins illustrant le récit des voyages du prince Demidov (1833 - 1849). Il se rendit aussi en Algérie, en Belgique et en Italie, décrivant des scènes de la vie militaire et se faisant une spécialité des dessins de bataille où, d'un trait alerte, il saisit le mouvement ou le détail pittoresque.

**RAFFLES** (sir **Thomas Stamford Bingley)** ♦ Administrateur colonial britannique (au large de Port Morant, Jamaïque 1781 - Highwood, près de Londres 1826). Il entra dès 1795 à la Compagnie des Indes orientales, se rendit à Calcutta en juin 1810. En oct. 1810, la Grande-Bretagne étant en guerre contre la France, il fut chargé de préparer la voie aux Britanniques pour l'invasion de Java, dont il fut nommé gouverneur (1811 - 1816) avant d'être gouverneur de Sumatra (1817 - 1818). En 1819, il planta le drapeau britannique sur l'île de Singapour*, et en organisa l'administration. Il conféra à la ville le statut de port libre, ce qui entraîna une importante immigration chinoise (il n'y avait que 150 hab. dans l'île avant son arrivée). Linguiste et naturaliste, il avait réuni d'importantes collections ; avant sa mort, il contribua à la fondation de la Société zoologique de Londres dont il fut le président.

**RAFSANDJANI** ou **RAFSANJĀNĪ (Ali Akbar Bahrémani** dit **Hachemi)** ♦ Religieux et homme d'État iranien (Bahremān, dép. de Rafsand jān prov. du Kermān 1934). Président du Parlement (1980 - 1989), proche collaborateur de son demi-frère Khomeiny*, il a été président de la République islamique et chef du gouvernement de 1989 à 1997. Président du Conseil de discernement depuis 1997, il a été élu président de l'Assemblée des experts, en 2007, contre des rivaux moins modérés, notamment dans les relations iraniennes avec les États-Unis. Il a soutenu le candidat de l'opposition à la présidentielle de 2009. → **Iran.**

**RAGAZ-LES-BAINS** → Bad Ragaz

**RAGLAN (Fitzroy James Henry SOMERSET,** 1^er^ baron) ♦ Homme de guerre britannique (Badminton, Gloucestershire 1788 - Sébastopol 1855). Aide de camp de Wellington, il combattit sous ses ordres en Espagne et prit part à la bataille de Waterloo, au cours de laquelle il perdit un bras. Il lui succéda comme maître général de l'artillerie (1852) et commanda les troupes envoyées en Crimée (1854). Il voulut éviter le siège de Sébastopol, au cours duquel il mourut, après s'être particulièrement distingué à la bataille d'Inkerman*.

**Ragnarök (le)** ➤ ÉTYM. vx scand. «destin fatal des dieux», expression devenue vers le XII^e^ s. *Ragnarokkr* «crépuscule des dieux» ♦ Dans la mythologie germanique, combat final où les dieux seront tués par les géants (Odin* avalé par Fenris*, Freyr* tué par Surt, Thor* empoisonné après sa lutte avec le serpent du Midgard). Après une catastrophe générale, le monde renaîtra, promis à un âge d'or auquel présidera le dieu Balder* ressuscité.

**RAGUSE** – auj. *Dubrovnik* ♦ Cité fondée au VII^e^ s. par une population de culture latine chassée de l'ancienne colonie romaine d'Épidaure (auj. Cavtat) par l'invasion des Avars et des Slaves. Reconnaissant tour à tour la suzeraineté byzantine, vénitienne (1205), hongroise (1358), serbe, ottomane (1526), la cité conserva en fait pendant huit siècles son autonomie, constituant une république marchande dont les intérêts s'étendaient à tout le monde méditerranéen. En déclin après le XVI^e^ s., ravagée par le séisme de 1667, elle fut occupée par les Français de 1806 à 1813, cédée à l'Autriche par le traité de Vienne (1815), et fit partie de la Yougoslavie à partir de 1918. Son héritage architectural exceptionnel (églises, palais, cloîtres gothiques, Renaissance et baroques, remparts) a été classé Patrimoine mondial de l'humanité. → **Dubrovnik.**

**RAGUSE** – en it. *Ragusa* ♦ V. d'Italie, en Sicile, ch.-l. de prov. 68 956 hab. Dans la cité anc., *Ragusa Ibla,* sur un promontoire, palais et églises du XVIII^e^ s. ; dans la ville moderne, à ses pieds, cathédrale (XVIII^e^ s.) et musée archéologique. ▪ Extraction et raffinage du pétrole.

**RAHIMYAR KHĀN** ♦ V. du Pakistan, sur l'Indus, au N.-E. de Sukkur (Sind). 233 637 hab. Centre agricole.

**La Raie.** Tableau de Chardin (1,15 x 1,46 m), v. 1727.
Musée du Louvre, Paris. *BIS/Phot. H. Josse © Archives Larbor*

**RAHMAN (Mujibur)** ♦ Homme d'État du Bangladesh (Gopalganj 1920 - Dacca 1975). Né dans une famille de propriétaires moyens du Bengale, il commença à militer contre l'occupant britannique alors qu'il était étudiant en droit à Dakha. Après l'indépendance du Pakistan en 1947, il s'opposa au gouvernement central qui voulait imposer l'ourdou comme langue officielle au Bengale, alors Pakistan-Oriental. Emprisonné à plusieurs reprises, il devint secrétaire de la ligue Awami en 1953, et fut deux fois ministre dans le gouvernement du Pakistan-Oriental. Il formula un programme réformateur et laïque, et devint le symbole du mouvement pour l'indépendance de la province. Celle-ci fut acquise après la victoire de la ligue Awami aux élections de décembre 1970 et une intervention de l'armée indienne. Mujibur Rahman devint Premier ministre (1971) puis président (1975) du Bangladesh. Entré en conflit avec une partie de l'armée, il fut assassiné par un groupe d'officiers avec la plus grande partie de sa famille. ➤ ÉTYM. Ce nom vient de l'arabe *raḥmān* «clément, compatissant».

**RAHNER (Karl)** ♦ Jésuite et théologien catholique allemand (Fribourg 1904 - Innsbruck 1984). D'abord élève de Heidegger, il publia en 1939 sa thèse *Geist in Welt,* sur la métaphysique de la connaissance chez Thomas d'Aquin. Après avoir été contraint de quitter l'Autriche sous le nazisme, il enseigna la théologie systématique à Innsbruck (1949 - 1964), puis Munich. Son œuvre immense (plus de 3 000 titres publiés) part de problématiques philosophiques et existentielles contemporaines pour fonder les conditions de possibilité des articles de foi au-delà de leur simple expression historique. Il fut expert au concile Vatican II, et cofondateur de la revue *Concilium.* Il publia également des *Écrits théologiques* (12 vol., 1959 - 1970) et un *Traité fondamental de la foi* (1976).

**raï**

n. m. ➤ ÉTYM. ar. «opinion ; avis» ♦ Mouvement musical apparu en Algérie au début du XX^e^ s. autour d'Oran, issu des poésies chantées en dialecte local par les cheikhs («maîtres») qui prodiguaient ainsi conseils et avis. Autour du gellal, de la flûte, du crieur et des danseuses, le raï traditionnel, illustré notamment par Cheik Abdelkader El-Khaldi, a deux facettes : il accompagne les mariages et les fêtes religieuses mais est aussi chanté dans les tavernes où il célèbre l'alcool et les plaisirs de la chair. Dans les années 1930, il devint un chant protestataire contre la misère et la répression coloniale. Cette musique s'étendit à toute l'Algérie au moment de l'indépendance, notamment grâce aux femmes (→ **Rimitti**). Vers les années 1970, le raï devint plus populaire et cessa d'être marginal. Il subit les influences rock, pop, reggae et disco et éclata dans les années 1980 avec les chebs («jeunes»). En France, le raï est représenté notamment par cheb Mami, cheb Khaled, Rachid Taha et Faudel.

**RAÏATÉA** n. f. ♦ Île de Polynésie française, l'une des îles Sous-le-Vent, dans l'archipel de la Société, à 220 km au N.-O. de Tahiti, enserrée dans le même lagon que son île-sœur Tahaa. 192 km². 8 600 hab. env. CH.-L. : Uturoa. Relief de nature volcanique culminant à près de 1 000 m. Les traditions orales font de Raïatéa, appelée *Havai'i* par les anciens Polynésiens, le centre de dispersion des populations vers la Nouvelle-Zélande, Hawaii et l'île de Pâques. Terre sacrée ayant donné naissance aux autres îles, elle abritait à Opoa un grand maraé (temple en plein air) où se réunissaient les représentants des autres archipels. Raïatéa s'est fait ravir la prééminence

nence par Tahiti* à l'arrivée des Européens et cette rivalité se manifeste encore aujourd'hui dans la politique locale. Elle exporte du coprah et de la vanille.

**RAIBOLINI (Francesco)** → Francia

La **Raie** ♦ Tableau de Chardin* (non daté). Morceau de réception à l'Académie royale en 1728, *La Raie* aurait été composée quelques années plus tôt. S'éloignant des natures mortes froides, au symbolisme complexe, du XVIIe siècle français, Chardin renouvela le genre en s'attachant à l'observation minutieuse de la réalité quotidienne, se rapprochant de la tradition flamande. Son art réside dans la combinaison des objets inanimés et des figures animales, dans le rendu des matières et dans la distribution de la lumière. Célèbre déjà au XVIIIe siècle, *La Raie* suscita, par la force de son expression plastique, l'admiration de nombreux artistes modernes, notamment de Cézanne, Matisse et Soutine.

**RAIMBEAUCOURT** [59283] ◆ ÉTYM. «domaine (bas lat. *curtis*) de Raginbald (n. de pers. germ.)» ♦ Comm. du Nord, arr. de Douai, dans le Pévèle. 4 335 hab.

**RAIMOND** → Raymond

**RAIMONDI (Marcantonio,** dit en fr. **Marc-Antoine)** ♦ Graveur italien (Bologne v. 1480 - *id.* 1534). Après avoir reçu une formation d'orfèvre (travail à la nielle), il réalisa des gravures d'après Dürer, puis Michel-Ange. Remarqué à Rome par Raphaël (v. 1510), il reproduisit plusieurs dessins faits par le maître d'après ses propres tableaux (*Le Jugement de Pâris, Le Massacre des Innocents*). Son importante production contribua à la diffusion des œuvres de la Renaissance.

**RAIMONDI (Ruggero)** ♦ Baryton-basse italien (Bologne 1941). Il inaugura sa carrière internationale en 1970 (*Ernani* puis *Macbeth* de Verdi au Metropolitan de New York). Il a chanté le rôle-titre dans le film *Don Giovanni* de J. Losey (1979) et interprété celui de Scarpia dans *Tosca* (2000) de B. Jacquot. ◆ ÉTYM. *Raimondi* est l'équivalent italien de «Raymond».

**RAIMU (Jules MURAIRE,** dit) ◆ ÉTYM. des deux premières syllabes inversées de son nom *Muraire*, occit. «maçon» ♦ Comédien français (Toulon 1883 - Neuilly-sur-Seine 1946). Il effectua ses débuts dans les cafés-concerts (1914) et connut la notoriété en créant le rôle de César, dans le *Marius* de Marcel Pagnol* (1929), repris au cinéma en 1931. Après le succès de la trilogie de Pagnol, dans les années 1930 et 1940, il tourna dans de très nombreux films de M. Allégret (*Gribouille*, 1937), de M. Pagnol encore (*La Femme du boulanger*, 1938 ; *La Fille du Puisatier*, 1940), de S. Guitry (*Faisons un rêve*, 1937) ou de Grémillon et de H. Decoin. Au théâtre, il fut à la Comédie-Française l'Argan du *Malade imaginaire* et le M. Jourdain du *Bourgeois gentilhomme* (1944). «Monstre sacré», il imposa sa puissante personnalité aux personnages qu'il interpréta.

**Raimu** et Michèle Morgan.
Une scène du film *Gribouille* de Marc Allégret.
*Phot. © Coll. Rui Nogueira*

**RAINALDI (Girolamo)** ♦ Architecte italien (Rome 1570 - *id.* 1655). Issu d'une famille de peintres et d'architectes, il fut l'élève de D. Fontana* et devint architecte du pape Innocent X en 1644. Il acheva le palais du Capitole, élevé par G. Della* Porta et édifia notamment la façade du palais Pamphili à partir de 1648. ♦ **Carlo Rainaldi** (Rome 1611 - *id.* 1691). Fils du précédent. Il collabora avec son père à des travaux piazza Navona, commençant notamment Sainte-Agnès en 1645 (terminée par Borromini). Il se montra un suiveur du Bernin en réalisant l'abside de Sainte-Marie-Majeure (1670 - 1673). Dans Santa Maria in Campiteli (v. 1657 - 1667), il anima vigoureusement la façade par un jeu d'éléments en saillie et en retrait. Sa réalisation la plus spectaculaire fut la création de deux églises symétriques (Santa Maria in Monte Santo et Santa Maria dei Miracoli, v. 1657 - 1667) qui, par le souci d'aménager les perspectives extérieures (piazza del Popolo et Corso), révèle une conception scénographique de l'urbanisme propre à l'esprit baroque.

**RAINCY (LE)** [93340] ◆ ÉTYM. du lat. *Remicius*, n. de pers. gallo-rom., et suff. *-acum* ♦ Ch.-l. d'arr. de la Seine-Saint-Denis, au N.-E. de Paris. 12 961 hab. (*Raincéens*). Église Notre-Dame, construite en béton armé par A. Perret* en 1922 - 1923, avec un clocher haut de 43 m ; vitraux de Maurice Denis* ; l'œuvre fit date dans l'histoire de l'architecture moderne.

**RAINE (Kathleen)** ♦ Poète britannique (Londres 1908 - *id.* 2003). L'œuvre de K. Raine est dans la lignée des poètes de l'imagination créatrice : Blake*, Coleridge*, W. B. Yeats*, à qui elle consacra d'importants travaux, et qu'elle situe dans la proximité du surréalisme, découvert à travers D. Gascoyne*. Marquée par la tradition néoplatonicienne, elle renouvelle le pouvoir orphique de la pensée par images, de *Pierre et Fleur* (1943) à *La Présence* (1987) et à *Vivre avec le mystère* (1992). Son poème majeur, *Sur un rivage désert* (1973), est un long récitatif incantatoire à l'écoute des voix immémoriales de l'inconscient. Son autobiographie (*Adieu prairies heureuses*, 1973 ; *Le Royaume inconnu*, 1975 ; *La Gueule du lion*, 1977) raconte un itinéraire intellectuel d'une densité exceptionnelle. *India Seen Afar* (1991) montre son adhésion croissante à la spiritualité hindoue. Parfois contestée en Angleterre, l'œuvre de K. Raine a reçu son accueil le plus chaleureux en Inde et en France.

**RAINIER III** ♦ (Monaco 1923 - *id.* 2005). Prince de Monaco (1949 - 2005). Fils du prince Pierre de Polignac et de Charlotte, duchesse de Valentinois, il succéda à son grand-père Louis II. En 1956, il épousa l'actrice américaine Grace Kelly. → **Grimaldi.** ◆ ÉTYM. *Rainier* vient du nom de personne germanique *Raginhari* (de *ragin* «conseil» et *hari* «armée»).

**RAINIER** (mont) ♦ Volcan, au N. de la chaîne des Cascades* dans l'État de Washington* (États-Unis), à 100 km de Seattle qui serait menacée par une éventuelle éruption. Il est connu aussi sous le nom indien de *Tacoma*. 4 391 m. Le mont est entouré de profonds canyons d'origine glaciaire, sur ses versants s'étendent des forêts de conifères et des prairies. Il est situé au centre d'un parc national très pittoresque comprenant de nombreux glaciers (Mount Rainier National Park).

**RAÏNIS (Jānis PLIEKŠĀNS,** dit **Ian)** ♦ Poète letton (Tadenava, Courlande 1865 - Riga 1929). En 1891, il fonda le journal *la Feuille du jour*. En 1897, il fut déporté pour ses idées socialistes. De retour dans son pays en 1903, il publia un recueil de poèmes : *Résonances lointaines du soir bleu*, qui le consacrèrent poète national. En 1912, il donna un second recueil de vers : *Commencement et Fin*, et successivement des drames symbolistes : *Le Feu et la Nuit* (1905), *Le Cheval d'or* (1910), *Joseph et ses frères*, (1919). Il émigra en Suisse (1905 - 1920) puis revint en Lettonie où il publia une de ses œuvres lyriques les plus réussies : *Cinq Cahiers d'esquisses de Dagoda* (1920 - 1925). Toutes ses œuvres, d'une grande richesse poétique et philosophique, révèlent la profonde influence de Nietzsche*.

**RAINWATER (James)** ♦ Physicien américain (Council 1917 - Yonkers 1986). → **Bohr (Aage).** [Prix Nobel de phys. 1975, avec A. Bohr et B. Mottelson]

**RAIPUR** ♦ V. de l'Inde, cap. du Chhattisgarh. 699 264 hab. Industrie du bois (proximité de forêts). Mais ses activités se sont diversifiées grâce à la proximité de la ville sidérurgique de Bhilai.

**RAIS** ou **RETZ** [ʀɛ] **(Gilles DE)** ♦ Maréchal de France (Champtocé, Anjou 1404 - Nantes 1440). Il prit parti pour Charles VII en 1427 et fut le compagnon d'armes de Jeanne d'Arc. Il abandonna la cour en 1435 pour se retirer sur ses terres, notamment à Tiffauges (Vendée), et gaspilla son immense fortune. S'entourant de sorciers, il chercha des ressources dans l'alchimie et la magie noire. Il sacrifia des centaines d'enfants qu'il faisait enlever, d'abord pour les faire disparaître après avoir assouvi ses perversions, puis par sadisme et enfin par satanisme. Malgré les soupçons, il ne fut pas inquiété, avant de commettre l'imprudence de profaner une église. Le duc de Bretagne fut alors mis en demeure par le roi de le livrer à la justice civile et religieuse. Gilles de Rais fut condamné et exécuté, après s'être repenti. Identifié par la tradition populaire à des personnages sanguinaires de contes (notamment Barbe-Bleue), il fut évoqué sur le mode «noir» par Huysmans (*Là-bas*) et étudié par Georges Bataille, qui y voit un représentant dévoyé de la grande noblesse féodale en train de perdre sa puissance réelle, mais conservant une autorité sans contrôle.

Les **Raisins de la colère** – en angl. *The Grapes of Wrath* ♦ Roman de John Steinbeck* (1939). La crise économique des années 1930 jette les fermiers pauvres du centre et du S.-O. des États-Unis sur les routes, vers la Californie, où on leur assure qu'ils trouveront du travail. À travers le destin d'une famille de l'Oklahoma, les Joad, Steinbeck décrit leur cruelle désillusion. Ce roman à thèse dénonce le capitalisme et la mécanisation de l'agriculture, mais vaut surtout par le souffle épique qui l'anime. ♦ ***Les Raisins de la colère*** Film américain de John Ford* (1940), avec Henry Fonda, Jane Darwell, John Carradine. Alors que Steinbeck témoignait d'un engagement social en prise directe sur l'actualité, Ford adopta une perspective plus universaliste : le propos demeure généreux, mais le point de vue se révèle plus religieux que politique. La recherche de la «terre promise» renvoie au mythe mosaïque de l'Exode. Et la conclusion, fort émouvante, est plus optimiste que celle du roman. À noter une superbe photographie en noir et blanc, ciselée par le grand chef opérateur Gregg Toland.

**RAISMES** [RɛM] [59590] → ÉTYM. du lat. *ramus* «branche» à valeur collective (désignant un bois) ♦ Comm. du Nord, banlieue N.-O. de Valenciennes, à la lisière de la forêt de Raismes, englobée dans le parc naturel régional de la plaine de la Scarpe et de l'Escaut. 13 699 hab. *(Raismois).*

**RAISON (André)** ♦ Organiste et compositeur français (mort à Paris en 1719). Organiste à l'abbaye Sainte-Geneviève de Paris, il fut l'un des plus grands virtuoses de son temps. Il a laissé deux *Livres d'orgue,* comprenant 5 messes, des magnificat, benedictus, une ouverture, une allemande et des noëls variés.

**Raison** (culte de la) ♦ Culte révolutionnaire institué à la fin de l'année 1793. Mené par les hébertistes*, le mouvement de déchristianisation et de «déprêtrisation» (→ **Gobel**) qui débuta dès septembre 1793 aboutit à l'adoption du calendrier républicain, le 5 octobre 1793 (→ **Fabre d'Églantine**), et au culte de la Raison, qui, sur l'initiative de Chaumette*, fut célébré le 20 Brumaire an II (10 nov. 1793) à Notre-Dame de Paris. Après la condamnation des hébertistes (mars 1794), Robespierre, hostile aux tendances athées du mouvement, supprima le culte de la Raison qui fut remplacé en mai 1794 par le culte de l'Être* suprême.

**RĀJĀGOPĀLĀCHĀRĪ** ou **RĀJĀGOPĀLĀCHĀRYA (Chakravarti)** ♦ Homme politique et écrivain indien (au Tamil Nadu 1879 - Madras 1972). Premier ministre de l'État de Madras et gouverneur de l'Inde, il fut un des compagnons de Gandhi. Surnommé le *Mahatma tamil,* il écrivit en anglais et en tamoul de nombreux ouvrages philosophico-religieux et adapta pour les enfants les grands poèmes épiques de l'Inde.

**RAJAHMUNDRY** ♦ V. de l'Inde (Andhra Pradesh), à la tête du delta de la Godavari. 408 341 hab. Indus. (bois, aluminium).

**RĀJARĀJA Ier CHOLA** ♦ Roi indien qui régna au S.-E. du pays (de 985 à 1014). Il conquit tout le S. du subcontinent, une partie de Ceylan, créa une flotte imposante, s'appropria les îles Maldives et Laquedives et entretint des relations commerciales avec les souverains malais et javanais. Il fit élever le grand temple de Tanjore. Rajendra* Ier Chola lui succéda.

**RĀJASANAGARA** → **Hayam Wuruk**

**RAJASTHAN** n. m. → ÉTYM. sanskr. «pays *(sthān)* des rois, des princes *(rājah)*» ♦ État de l'Inde. 342 214 km². 56 507 188 hab. LANGUES : rajasthani et hindi. CAP. : Jaipur. Il fut créé à l'indépendance (1947) par le groupement de 19 États princiers dominés par l'aristocratie militaire des Rajputs. À l'O. des monts Aravalli, le climat est très sec et l'élevage domine. À l'E., les pluies permettent la production de blé, de millet et de coton. Le N. de l'État est irrigué par le Grand Canal du Rajasthan en provenance de l'Himalaya. Ressources minérales : zinc, amiante, marbre. Les anciennes capitales des États princiers s'industrialisent.

**RAJENDRA Ier CHOLA** ♦ Roi indien qui régna sur le S. de l'Inde de 1014 à 1045, succédant à son père Rājarāja* Ier Chola. Il continua ses conquêtes et mena une guerre maritime contre la péninsule malaise. Il occupa la Birmanie, la Malaisie, les côtes de Sumatra, les îles Nicobar et Andaman et affermit son emprise sur Ceylan. Il fut un des plus grands conquérants indiens.

**RAJK (László)** ♦ Homme politique hongrois (Székélyudvarhely 1909 - Budapest 1949). Militant communiste, il participa à la guerre d'Espagne dans les brigades internationales. Il fut interné dans un camp de concentration en Allemagne de 1941 à 1945. Ministre de l'Intérieur dans le gouvernement Nagy* (1946), il chercha alors à éliminer du parlement les dirigeants du Parti des petits propriétaires (non marxistes). Puis il devint ministre des Affaires étrangères (1948) et secrétaire général adjoint du Parti des travailleurs. Rival possible pour Rákosi*, il fut accusé de titisme avec d'autres dirigeants communistes. Au cours de son procès (16 - 24 sept. 1949), il s'avoua coupable ; condamné et exécuté, il fut réhabilité en 1956.

**RAJKOT** ♦ V. de l'Inde (Gujarat), au centre de la péninsule du Kathiawar. 1 002 160 hab. Industries chimiques. Marché agricole.

**RAJPUT** n. m. pl. ♦ Clans de l'Inde occidentale (Rajputana*, Rajasthan*), d'origine indéterminée (peut-être des restes des tribus des Huns* hephtalites qui, au Ve s., envahirent l'Inde du Nord), de mœurs guerrières et qui formèrent l'aristocratie des peuples de l'O. de l'Inde ancienne.

**RAJPUTANA** n. m. ♦ Région de l'O. de l'Inde, actuellement incluse dans l'État du Rajasthan et souvent confondue avec celui-ci. Elle fut sous protectorat britannique à partir de 1817.

**RAKAPOSHI** n. m. ♦ Sommet de l'Himalaya occidental, dans le massif du Karakoram (7 788 m). Il fut vaincu par une équipe d'alpinistes anglo-pakistanaise en 1958.

**RAKIĆ (Milan)** ♦ Poète serbe (Belgrade 1876 - Zagreb 1938). Disciple des parnassiens et des symbolistes, il est l'auteur d'une œuvre peu abondante, souvent imprégnée d'un pessimisme délicat, et chantant le combat de son peuple pour la liberté (*Poésie,* 1903 ; *Nouvelles Poésies,* 1912 ; *Poésie,* 1924 - 1936).

**RÁKÓCZI** ou **RÁKÓCZY** ♦ Famille hongroise. ♦ **GYÖRGY Ier** (1593 - Sárospatak 1648). Prince de Transylvanie* (1630 - 1648), il succéda à Bethlen* et reprit sa politique protestante d'opposition à l'empereur (la paix de Linz assura en 1645 la liberté religieuse aux Hongrois). ♦ **GYÖRGY II** (Sárospatak 1621 - Várad 1660). Fils du précédent. Prince de Transylvanie, il ne put s'emparer du trône de Pologne et fut déposé sur ordre du sultan. ♦ **FERENC II** (Borsi 1676 - Rodosto, auj. Tekirdağ 1735). Petit-fils du précédent. Poursuivant la lutte contre l'Autriche, il proclama la déchéance des Habsbourg et l'indépendance de la Hongrie en 1707, mais ayant promis aux serfs leur libération, il perdit l'appui de la noblesse, fut vaincu et dut émigrer en France puis en Turquie. Il fut considéré en Hongrie comme un héros national.

**RÁKOSI (Mátyás)** ♦ Homme politique hongrois (Ada 1892 - Gorki 1971). Durant la Première Guerre mondiale, il fut prisonnier en Russie. Il devint alors membre du parti communiste. Il participa au gouvernement de Béla Kun* (1919), puis, après des années de militantisme clandestin et de prison, il vécut en URSS (1940 - 1945). Il revint sur la scène politique après la guerre et domina la vie de son pays, comme secrétaire général du parti des Travailleurs (communiste) et président du Conseil (1952). Stalinien inconditionnel, il fut l'un des instigateurs des grands procès de communistes accusés de titisme (→ **Rajk**). La mort de Staline* (1953) sonna le glas de la toute-puissance de Rákosi, qui démissionna de ses fonctions de chef du gouvernement tout en conservant, malgré les critiques, de l'influence. Lorsque éclata le mouvement insurrectionnel (oct. 1956), il se réfugia en URSS.

**RAKOVSKI (Gueorgui)** ♦ Écrivain et patriote bulgare (Kotel 1821 - près de Bucarest 1867). Il lutta pour la liberté politique de son pays en publiant plusieurs journaux dont *Le Cygne du Danube.* Il obtint la célébrité par son poème *Le Voyageur dans la forêt* (1857) qui exaltait le romantisme patriotique des haïdouks, défenseurs de l'indépendance bulgare contre les Turcs.

**RALEIGH** (sir **Walter**) ♦ Courtisan, navigateur et écrivain anglais (Hayes, Devon v. 1552 - Londres 1618). Favori de la reine Élisabeth Ire (dont il obtint d'importants domaines en Angleterre et en Irlande), il tenta sans grand succès d'établir une colonie en Virginie (1585), puis explora la région des Guyanes (1595). Disgracié et condamné à l'avènement de Jacques Ier (1603), il fut détenu à la Tour de Londres jusqu'en 1616. Il fut libéré pour mener une expédition dans l'Orénoque au cours de laquelle il entra en conflit avec les Espagnols. Arrêté à son retour en Angleterre, il fut décapité, sans doute à l'instigation de l'ambassadeur d'Espagne. Outre le récit de ses voyages, il a laissé des poèmes et une *Histoire du monde* (inachevée). → ÉTYM. Ce nom de famille vient d'un nom de lieu qui signifie peut-être «clairière (vieil anglais *ley* "clairière, bois sacré") rouge *(rēad)*» ou «clairière de la biche *(raeghe)*».

**RALEIGH** → ÉTYM. du n. de sir Walter *Raleigh** ♦ V. des États-Unis, cap. de la Caroline du Nord. 276 093 hab. dont 27,6 % de Noirs (zone urbaine 1 187 941 avec Durham). La population a augmenté de 38 % entre 1980 et 1990. Nombreux collèges et universités (aux environs). Centre indus. et surtout commercial. Culture du tabac.

**RAMA** ou **RĀMA** → ÉTYM. sanskr. «beau, charmant» ♦ Personnage des légendes et poèmes épiques de l'Inde, considéré comme étant le 7e avatar de Vishnou*. Dans le *Rāmāyana**, il est le roi d'Ayodhyā et l'époux de Sītā. Celle-ci ayant été enlevée par le roi-démon à dix têtes Rāvaṇa et emmenée à Ceylan, il se lance dans une terrible guerre contre cette île, aidé par des singes commandés par leur général Hanumān* et par tous les animaux. Il représente la Loi cosmique.

**RĀMA** ♦ Nom de règne pris par tous les souverains siamois depuis 1782 (→ **Chakri**). Le roi actuel de Thaïlande, Bhumibol* Adulyadej, a pour nom de règne RĀMA IX. (→ **Nang Klao, Mongkut, Chulalongkorn, Prachadhipok, Ānanda Mahidol.**)

**RAMAD** (tell) ♦ Site préhistorique du Néolithique* de Syrie, au S.-O. de Damas. Des habitations au sol enduit de chaux y sont apparues vers –6250. Elles sont accompagnées ensuite d'une vaisselle blanche, également en chaux, et de crânes humains surmodelés et peints en rouge.

**Ramadan** n. m. → ÉTYM. de l'ar. *ramidha* «être brûlant» (ce mois, à l'orig., était supposé être un mois chaud) ♦ Neuvième mois du calendrier musulman, durant lequel tous les fidèles adultes et bien portants doivent jeûner et s'abstenir de tout plaisir entre le lever et le coucher du soleil, suivant la recommandation du Coran (2, 181). La fin du Ramadan, mois de prière et de méditation, est marqué par l'Id* al-Fitr.

**RAMADIER (Paul)** ♦ Homme politique français (La Rochelle 1888 - Rodez 1961). Maire de Decazeville (1919), député socialiste (1928), il fonda l'Union socialiste et républicaine (1933). Ministre du Travail dans les cabinets Chautemps et Daladier (1938 - 1940), il vota contre les pleins pouvoirs à Pétain (juil. 1940) et participa à la Résistance. Ministre du Ravitaillement (1944 - 1945), garde des Sceaux (1946 - 1947), puis président du Conseil (janv. 1947), il écarta du gouvernement les ministres communistes, qui s'opposaient à sa politique sociale et coloniale, mettant ainsi fin au tripartisme (mai 1947), adhéra au plan Marshall et fit voter le statut de l'Algérie (août 1947), mais face à l'agitation sociale il dut démissionner (nov. 1947). Il fut encore ministre de la Défense nationale (1948 - 1949), puis des Affaires économiques (1956 - 1957). ➛ ÉTYM. Ce nom de famille occitan signifie « possesseur d'une cabane (tonnelle, taverne) ornée de verdure ».

**RĀMA KAMHENG** ♦ Roi siamois de Sukhothaï* (v. 1281 - v. 1318). Il fit de nombreuses guerres (Cambodge, Malaisie) et joua un rôle actif dans les relations entre princes thaïs. On lui attribue la création de l'écriture encore utilisée aujourd'hui.

**RAMAKRISHNA** ou **RĀMAKRIṢṆA** ♦ Mystique hindou (Calcutta 1834 - *id.* 1886), promoteur du védantisme, qui eut une énorme influence en son temps grâce notamment à son disciple Vivekānanda qui contribua à propager les idées de son maître en Inde et à l'étranger. Vivekānanda fonda en 1897 à Belur près de Calcutta un ordre de religieux hindous portant le nom de Ramakriṣhna et qui comprend maintenant des branches dans tous les pays du monde. Bien qu'il n'ait rien écrit lui-même, ses propos furent recueillis par ses fidèles et publiés après sa mort. Rāmana* Mahāriṣi continua sa tradition mystique.

**RAMAKRISHNAN (Venkatraman)** ♦ Biochimiste américain d'origine indienne (Chidambaram 1952). En collaboration avec A. Yonath*, il détermina, en 2000, la structure tridimensionnelle de la petite sous-unité du ribosome, ce qui permit la compréhension de son fonctionnement. [Prix Nobel de chim. 2009, avec A. Yonath et T. Steitz*]

**RAMALLAH** ♦ V. de Cisjordanie située au N. de Jérusalem. 27 460 hab. Occupée par Israël à la suite de la guerre des Six Jours, elle est sous autogouvernement palestinien depuis 1995. Elle abritait le quartier général de Yasser Arafat. Siège de nombreuses institutions palestiniennes. Région fertile (oliviers, figuiers, vignobles).

**RAMAN (sir Chandrasekhara Venkata)** ♦ Physicien indien (Trichinopoly, auj. Tiruchirapally 1888 - Bangalore 1970). Il découvrit l'effet qui porte son nom (1928) et qui consiste en une diffusion inélastique de la lumière visible par les molécules ou les atomes. L'énergie absorbée dépendant de la structure de la molécule-cible, la *spectroscopie Raman* donne accès à des détails très fins de la composition moléculaire et est utilisée notamment en chimie organique. [Prix Nobel de phys. 1930 ; Acad. sc. 1949]

**RĀMANA MAHĀRIṢI** ♦ Philosophe religieux hindou (Madurai 1879 - Tiruvannamalai 1950) qui continua, dans le S. de l'Inde, la tradition mystique de Ramakrishna*. Il n'écrivit rien et refusa d'avoir des disciples.

**RAMANANTSOA (Gabriel)** ♦ Général et homme d'État malgache (Tananarive 1906 - Paris 1979). Il participa à la campagne de France en 1940 et à celle d'Indochine. En 1960, il fut nommé chef d'état-major de l'armée malgache et le resta jusqu'en 1972, puis il assuma les fonctions de chef de gouvernement après la démission du président Tsiranana. Il démissionna en 1974 après une tentative de putsch.

**RĀMĀNUJA** ♦ Philosophe religieux hindou (Kanchipuram, Tamil Nadu, v. 1050 - v. 1137) d'obédience vishnouite. Il dirigea le temple de Shri Rangam (près de Trichinopoly). Il écrivit de nombreux commentaires et traités sur le Vedānta*, s'opposant aux vues de Śankarāchārya* et créa la philosophie dite du « non-dualisme qualifié ».

**RAMAT GAN** ♦ V. d'Israël, dans la banl. de Tel-Aviv. 129 700 hab. Indus. diverses : alimentaires, textiles, appareils électriques, produits pharmaceutiques. Centre touristique.

**RAMATHIBODI** ♦ Prince siamois de U Thong (mort en 1369). Fondateur du royaume d'Āyuthyā* (1350). Il agrandit ses États aux dépens des souverains du N., comme le roi de Sukhothaï*, et combattit l'Empire khmer. Des lois célèbres lui sont attribuées.

**RAMATUELLE** [83350] ➛ ÉTYM. anc. en lat. *Regio Camatuilicorum*, du n. de la peuplade des *Camatulici*, puis *Ramatuella* (l'étym. de l'ar. *raḥmat allāh* « bienfait de Dieu » semble douteuse) ♦ Comm. du Var, arr. de Draguignan. 2 131 hab. *(Ramatuellois)*. Vieux bourg fortifié. Église romane (retables baroques du XVII$^{e}$ s.). Tombe de G. Philipe. ▪ Station balnéaire, sur le littoral (plages de Pampelonne et de Tahiti).

**Rāmāyana** n. m. ➛ ÉTYM. sanskr. « le parcours, le chemin ou l'exemple *(ayana)* de Rāmā » ♦ Long poème épique sanskrit en 7 parties et 48 000 vers, racontant les aventures héroïques de Rama* à la recherche de son épouse Sītā enlevée par le démon Rāvaṇa. Il fut rédigé vraisemblablement vers le V$^{e}$ s. de notre ère sur des textes remontant peut-être au –IV$^{e}$ siècle. Trois parties lui furent ajoutées tardivement qui lui donnent un contenu religieux et dévotionnel vishnouite.

**Rāmāyana.** Fresque illustrant la légende de Rāmāyana, à Bali, V$^{e}$ s.
*BIS/Phot. Sonneville © Archives Nathan*

**RAMBERT (Myriam RAMBERG, dite Marie)** ♦ Danseuse et chorégraphe britannique d'origine polonaise (Varsovie 1888 - Londres 1982). Élève de Jaques-Dalcroze dont elle devint l'assistante à Hellerau, près de Dresde, elle étudia avec E. Cecchetti à Saint-Pétersbourg ; elle fut un temps la collaboratrice de Diaghilev (1912) puis se fixa à Londres où elle ouvrit une école de danse (1920). Fondatrice du Ballet Club (1930) qui devint par la suite le ballet qui porte son nom, elle fit appel à d'éminents professeurs dont T. Karsavina. Elle a formé plusieurs générations de danseurs et de chorégraphes (F. Ashton, A. Markova, M. Fonteyn, A. Tudor, H. Turner).

**RAMBERVILLERS** [rɑ̃bɛrvilɛr] ou [-vile] [88700] ➛ ÉTYM. « ferme (bas lat. *villare*) de Raginberht (n. de pers. germ.) » ♦ Ch.-l. de cant. des Vosges, arr. d'Épinal, sur la Mortagne. 5 999 hab. (aggl. 6 329) *(Rambuvetais)*. Église gothique (XV$^{e}$ et XVI$^{e}$ s.). Hôtel de ville en grès rouge (XVI$^{e}$ s.). ▪ Indus. diversifiées.

**RAMBOUILLET** [78120] ➛ ÉTYM. anc. *Ramboletum* « le petit Rambeuil », du n. d'une loc. proche, p.-ê. du germ. *Rambo*, n. de pers., et du gaul. *ialo* « clairière » ♦ Ch.-l. d'arr. des Yvelines, dans la forêt de Rambouillet. 24 758 hab. *(Rambolitains)*. Ville résidentielle et touristique animée par quelques industries. Centre d'enseignement zootechnique. ♦ ***Château de Rambouillet*** Il fut édifié en 1375 sur des fondations anciennes. Le comte de Toulouse, fils de Louis XIV et de M$^{me}$ de Montespan, en modifia la structure : deux ailes furent construites, dont une disparut sous Napoléon I$^{er}$. Louis XIV érigea la terre en duché-pairie. Louis XVI acheta le château en 1783 et fit construire la ferme (aujourd'hui Ferme nationale) et la laiterie de la Reine. Le jardin anglais fut achevé suivant les plans d'Hubert Robert*. Le château appartient à l'État depuis 1870, et est une résidence d'été des présidents de la République depuis Félix Faure. ♦ ***Forêt de Rambouillet*** Forêt s'étendant autour de Rambouillet sur 22 000 ha (dont 14 000 ha de forêt domaniale). Parc national de chasse, domaine résidentiel. Chasses à courre.

**Rambouillet** (hôtel de) ♦ Anc. hôtel construit rue Saint-Thomas-du-Louvre (Paris) par Catherine de Vivonne (l'« incomparable Arthénice»), marquise de Rambouillet (1588 - 1655), qui en dessina l'ordonnance (la «Chambre bleue») et y reçut des gens du monde et des lettres, de 1620 à sa mort. On s'y livrait, avec bienséance et sans pédantisme, à des divertissements littéraires et des débats de casuistique amoureuse menés en une langue nuancée et pure. → **Chapelain, Cotin, Saint-Amant, Sarasin, Voiture, Sablé (marquise de).**

**RAMBUTEAU (Claude Philibert BARTHELOT, comte DE)** ♦ Administrateur français (Mâcon 1781 - Champgrenon, près de Charnay-lès-Mâcon 1869). Chambellan de Napoléon Ier, préfet (1811) maintenu dans ses fonctions lors de la première Restauration (1814), il lutta contre les insurrections royalistes pendant les Cent-Jours et fut contraint de se retirer de la vie politique au moment de la seconde Restauration (1815). Député de l'opposition en 1827, il signa l'«adresse des 221» (1830). Sous la monarchie de Juillet, il fut nommé préfet de la Seine (1833 - 1848) et réalisa de nombreux travaux d'embellissement et d'assainissement de la capitale (notamment le percement de la rue qui porte aujourd'hui son nom, l'achèvement de l'Arc de triomphe et de la Madeleine, éclairage au gaz). ◆ ÉTYM. Ce nom de famille vient du nom d'un ancien fief, du germanique *Raginbud*, de *ragin* «conseil» et *bod* «messager».

**RAMEAU (Jean-Philippe)** ♦ Compositeur français (Dijon 1683 - Paris 1764). Il fut sans doute l'élève de son père, organiste à Dijon. Il entreprit un bref voyage en Italie, et, n'ayant pas dépassé Milan, revint en France. On l'y retrouve organiste à Avignon, Clermont-Ferrand et Paris (1705) où son *Premier Livre de pièces de clavecin* passa inaperçu. De retour à Dijon, il succéda à son père à la tribune de l'orgue de Notre-Dame (1709), séjourna un temps à Lyon, puis revint à la cathédrale de Clermont (1715) où, dans la retraite, il composa son *Traité de l'harmonie réduite à ses principes naturels*, qu'il fit paraître à Paris (1722) et qui précédait un autre écrit théorique, la *Génération harmonique* (1737). À sa rentrée dans la capitale, il fut tenu bientôt pour un pédagogue éminent, sinon pour un compositeur de qualité, malgré la publication de son *Deuxième Livre de clavecin* (1724). La parution de son *Nouveau Système de musique théorique* (1726) relança les discussions que suscitait une pensée audacieuse dont on ne soupçonnait guère qu'elle définissait les principes sur lesquels allait reposer toute l'harmonie moderne. La rencontre du fermier général Le Riche de La Pouplinière qui fit de lui son maître de musique (v. 1730) décida de son destin. Grand amateur de théâtre, le financier lui fit connaître Voltaire (qui devait lui fournir deux livrets) et lui ouvrit les portes de l'Opéra (*Hippolyte et Aricie*, 1733). À cinquante ans, Rameau avait enfin trouvé sa voie. Elle fut novatrice et souvent triomphale, avec trente-deux opéras (tragédies lyriques, comédies-ballets, opéras-comiques) dont *Les Indes* galantes* (1735), *Castor* et Pollux* (1737), *Les Fêtes d'Hébé* (1739), *Dardanus* (1739), *Platée* (1745), *Zoroastre* (1749). Il convient d'y ajouter les admirables *Pièces de clavecin en concert* (1741) qui annoncent, par le rôle dévolu à l'instrument soliste, les œuvres de Haydn et de Mozart. Nommé «compositeur de la chambre du roi» (1745), Rameau devait encore, dans une période féconde qui va jusqu'à 1757, produire une comédie-ballet, *La Princesse de Navarre* (livret de Voltaire), pour le mariage du Dauphin, et se trouver engagé dans la fameuse querelle des Bouffons (1752 - 1754) où, contre Rousseau, Grimm et les Encyclopédistes, partisans de la musique italienne, il eut à défendre, par de nombreux écrits théoriques, le style d'opéra qu'il avait, après Lully*, porté à la perfection. Ses dernières années virent encore naître *Les Paladins* (1760) et sa sixième tragédie lyrique, *Les Boréades* (1764). L'acharnement de ses ennemis et la désaffection du public pour un genre dont il jugeait l'emphase démodée eurent pour effet, après sa mort, la rapide disparition du répertoire de tous ses ouvrages lyriques. ▪ Théoricien de la musique, Rameau a formulé une définition claire de l'harmonie, selon lui antérieure à la mélodie, chaque succession d'accords ayant son expression particulière et se révélant apte à traduire musicalement tous les sentiments. Illustrant cette conception que l'on peut dire purement rationaliste, Rameau possède la vigueur et la grâce de Lully et y joint une profonde mélancolie que celui-ci n'a jamais exprimée. Symphoniste autant qu'homme de théâtre, il se distingue aussi par l'invention mélodique, la couleur orchestrale, la recherche de timbres nouveaux et un sens très développé de la chorégraphie. ◆ ÉTYM. *Rameau* signifie «domaine boisé».

Jean-Philippe **Rameau.** Tableau de Jacques André Joseph Aved (83 x 117cm). Musée des Beaux-Arts, Dijon.
*BIS/Phot. Rémy © Archives Larbor*

**Rameaux** n. m. pl. ♦ Fête chrétienne placée une semaine avant Pâques, le dimanche des Rameaux commémore l'entrée triomphale de Jésus à Jérusalem pour sa dernière Pâque, au milieu d'une foule brandissant des branches de palmier, selon l'Évangile de Jean. Cette fête a été instituée au IVe siècle.

**RAMEL (Jean-Pierre)** ♦ Général français (Cahors 1768 - Toulouse 1815). Chef de bataillon en 1792, puis de la garde du Corps législatif en 1797, il fut déporté en Guyane après le 18 Fructidor. Amnistié après le 18 Brumaire, il prit part aux campagnes de l'Empire et fut nommé maréchal de camp. Chargé de réprimer la Terreur* blanche, il fut tué par les bandes royalistes (Verdets).

**Ramesseum** ♦ Appellation donnée au XIXe siècle au temple funéraire de Ramsès* II (que Diodore de Sicile décrivait sous le nom de «tombe d'*Osymandias*», forme grecque d'*Ousimarê*, prénom de Ramsès II), situé au S.-E. de la colline de Cheik Abd al-Gournah, dans la partie occidentale de l'ancienne Thèbes*. L'édifice, aujourd'hui très détérioré, présente encore quelques aspects remarquables : le torse et les débris d'une statue colossale de Ramsès II, les bas-reliefs du premier pylône représentant la bataille de Qadesh et le magasin du temple dont les voûtes de brique sont très bien conservées.

**RAMILLIES** [-miji] ♦ Comm. de Belgique (Région wallonne), prov. du Brabant wallon, arr. de Nivelles. 5 856 hab. Victoire de Marlborough* sur Villeroi* (1706).

**RAMIRE** ◆ ÉTYM. n. wisigoth, du germ. *Ranamêrs*, de *rana* «coin» (métaphore pour désigner un guerrier qui fait une brèche dans les rangs ennemis) et *mêrs* «illustre, brillant» ♦ Nom de deux rois d'Aragon*. ♦ **RAMIRE Ier** (v. 1000 - près de Grados 1063). Premier roi d'Aragon (1035 - 1063). Il agrandit son royaume et prit part aux luttes contre les Maures, au cours desquelles il fut tué. ♦ **RAMIRE II,** dit **le Moine** (v. 1094 - Huesca 1154). Roi d'Aragon (1134 - 1137). Petit-fils de Ramire Ier d'Aragon, il maria sa fille à Raymond* Bérenger IV, comte de Barcelone. Cette union rapprocha le royaume et le comté et orienta désormais l'Aragon vers la Méditerranée.

**RAMIRE** ♦ Nom de trois rois de León et des Asturies. ♦ **RAMIRE Ier** (v. 791 - Oviedo 850). Roi des Asturies (842 - 850). Il combattit contre les Maures (prise de León, 846). ♦ **RAMIRE II** (mort à León en 951). Roi de León (931 - 951). Il succéda à Alphonse* IV qui avait abdiqué. Ce dernier se révolta, mais Ramire le vainquit et lui fit crever les yeux. Il fut le grand vainqueur d'''Abd* al-Raḥmān III à Simancas, après avoir pris Madrid (932). ♦ **RAMIRE III** (v. 962 - Astorga v. 985). Roi de León (965 - 984). Il fut battu par les Maures et son vainqueur prit le titre de al-Manṣūr*. Devant la révolte de ses sujets, il se retira à Astorga.

**RAMLAH** ou **RAMLEH** ◆ ÉTYM. de l'ar. *raml* «sable» ♦ V. d'Israël, au S.-E. de Tel-Aviv, entre la Cisjordanie et la mer. Ch.-l. du distr. du Centre. 64 200 hab. Indus. mécanique. Nœud routier et ferroviaire.

**RAMOLINO (Marie Letizia)** ◆ ÉTYM. n. corse, n. de loc. en Ligurie ♦ → **Bonaparte**

**RAMON (Gaston Léon)** ♦ Bactériologiste français (Bellechaume, Yonne 1886 - Garches 1963). Il découvrit un type de vaccin : l'anatoxine (1923), toxine microbienne qui, traitée par le formol et la chaleur, conserve son pouvoir immunisant en ayant perdu sa toxicité. Il mit au point les vaccins antitétanique et antidiphtérique (qui permit d'éradiquer la diphtérie). [Acad. sc. 1943]

**RAMOND DE CARBONNIÈRES (Louis, baron)** ♦ Homme politique et botaniste français (Strasbourg 1755 - Paris 1827). Député royaliste constitutionnel à l'Assemblée législative, il fut ensuite préfet (1806) sous l'Empire et conseiller d'État sous Louis XVIII. Ses ouvrages sur les Pyrénées (*Voyage au mont Perdu*, 1801) et sur les Alpes (*Coup d'œil général et comparatif sur les Alpes et les Pyrénées*, 1834) en font un des précurseurs du romantisme.

**RAMONVILLE-SAINT-AGNE** [31520] ◆ ÉTYM. «domaine (lat. *villa*) de Raginmund (n. de pers. germ.)» ♦ Comm. de la Haute-Garonne, banlieue S. de Toulouse. 11 696 hab.

**RAMÓN Y CAJAL (Santiago)** ♦ Médecin et biologiste espagnol (Petilla de Aragón 1852 - Madrid 1934). Il établit la nature de l'unité fondamentale du tissu nerveux, le neurone, dont il étudia les connexions. [Prix Nobel de physiol. ou méd. 1906, avec C. Golgi*]

**RAMOS (Fidel)** ♦ Général et homme d'État philippin (Lingayen, Luçon 1928). Il fut ministre des Armées sous F. Marcos*, mais se rallia à C. Aquino*, auprès de laquelle il occupa la même charge. Il lui succéda, devenant le premier président protestant de la république des Philippines (1992 - 1998).

**RAMOS-HORTA (José)** ♦ Homme politique timorais (Dili 1949). Chef de la diplomatie du Timor* oriental en 1975, il dut s'exiler après l'annexion de son pays par l'Indonésie, la même année. En 2001, il devint président du Conseil national provisoire avant l'accession du Timor oriental à l'indépendance puis ministre des Affaires étrangères. Il fut nommé Premier ministre en 2006 puis fut élu président de la République en 2007. [Prix Nobel de la paix 1996 avec Mgr Belo]

**RAMPAL (Jean-Pierre)** ♦ Flûtiste français (Marseille 1922 - Paris 2000). Élève de son père, il a surtout poursuivi une carrière de soliste. Il a publié ses mémoires (*Musique, ma vie*, 1989). ➝ ÉTYM. *Rampal* vient de l'ancien occitan *rampalm* désignant le rameau que l'on fait bénir le jour des Rameaux.

**RAMPUR** ♦ V. de l'Inde (Uttar Pradesh), à proximité de la bordure N. de la plaine du Gange. 281 549 hab. Industries chimiques et textiles (coton). Artisanat de sabres damasquinés et poteries.

**RAMSAY** (sir **William**) ♦ Chimiste britannique (Glasgow 1852 - High Wycombe, Buckinghamshire 1916). Sa plus grande découverte est celle de l'existence des gaz rares : il décela, vers 1893, la présence dans l'azote atmosphérique d'un élément nouveau qu'il appela argon (avec Rayleigh*), puis il mit en évidence (1895) dans un minerai de clévéite l'hélium, identifié 30 ans auparavant dans le spectre solaire par Janssen* et Lockyer*. Il découvrit que les deux gaz faisaient partie d'une même famille, qu'il réussit à placer dans le tableau de Mendeleïev*. Cela suggérait l'existence de trois autres gaz du même groupe, qu'il découvrit avec M. W. Travers : le krypton, le néon et le xénon. Il contribua également à l'identification des isotopes radioactifs. [Prix Nobel de chim. 1904 ; Acad. sc. 1910] ➝ ÉTYM. *Ramsay* est la forme écossaise de *Ramsey**.

**RAMSDEN (Jesse)** ♦ Mécanicien britannique (Salterhebble, Yorkshire 1735 - Brighton 1800). Afin d'établir des règles géodésiques, il inventa une machine électrostatique, le théodolite. Il étudia également la dilatation des métaux.

**RAMSÈS** [ramsɛs] ➝ ÉTYM. égypt. « Rê l'a engendré », de *re* « Rê », *mesu* « enfanter, engendrer » et *sū* « lui » ♦ Nom de plusieurs pharaons des XIXe et XXe dynasties dites « ramessides » (Nouvel Empire). ♦ **RAMSÈS Ier.** Premier pharaon de la XIXe dynastie (règne v. –1314 - –1312), successeur d'Horemheb*. Très âgé, il associa son fils Séthi* Ier au gouvernement et lui laissa la réalité du pouvoir. ♦ **RAMSÈS II** (règne v. –1300 - –1235). Fils et successeur de Séthi Ier. Brillant homme de guerre et grand bâtisseur, ce pharaon, à la descendance considérable, est une des plus illustres figures de l'histoire égyptienne. Contre les Hittites*, il remporta l'indécise victoire de Qadesh qui aboutit au traité de –1278 et au partage de la Syrie entre Hittites et Égyptiens. L'Empire y gagna quarante ans de paix pendant lesquels Ramsès II fit restaurer tous les temples et entreprit de célèbres travaux : salle hypostyle de Karnak*, temple funéraire d'Abou* Simbel, avant-cour du temple de Louksor* auquel un grand pylône avec deux colosses et deux obélisques en granit (l'un d'eux se trouve sur la place de la Concorde à Paris) servait de façade, colosses et temples d'Abydos*, Tanis*, Memphis*, Héliopolis*. Il bâtit à Thèbes le Ramesseum* et fonda sa capitale *Pi-Ramsès*, la future Tanis, dans le delta, près de l'ancienne forteresse des Hyksos. Malgré son goût du grandiose et d'un certain baroque qui entraîna peut-être une dégradation des arts, il laissa un style caractéristique (→ **Égypte**). ♦ **RAMSÈS III.** Deuxième pharaon de la XXe dynastie (règne v. –1198 - –1168). Fils et successeur de Sethnakt. Il eut à défendre l'Empire menacé par les invasions indo-européennes. Il défit les Libyens à l'O. et arrêta à l'E. la vague dévastatrice des peuples* de la Mer, laissant aux Philistins* le littoral palestinien. Dernier des grands pharaons, il poursuivit l'œuvre monumentale de Ramsès II et fit construire à Thèbes le temple de Médinet*-Habou et à Karnak* le temple de Khonsou*. ♦ De **RAMSÈS IV** à **RAMSÈS XI** (v. –1168 - –1085). Le règne de ces huit pharaons, successeurs de Ramsès II, vit la décomposition morale et matérielle de l'Égypte : aggravation de la misère, révoltes dans le delta, pillage des tombes royales, ruine de *Pi-Ramsès* et influence croissante du clergé d'Amon qui mena à la crise définitive ; Hérihor*, général devenu grand prêtre d'Amon, usurpa le pouvoir et régna sur la Haute-Égypte tandis que Smendès*, établi à Tanis*, reprenait le titre de pharaon et gouvernait la Basse-Égypte.

**RAMSEY (Frank Plumpton)** ♦ Mathématicien et philosophe britannique (Cambridge 1903 - *id.* 1930). Disciple de Wittgenstein*, il a contribué à améliorer la théorie des types logiques, d'abord mise au point par B. Russell*, en distinguant nettement les paradoxes logiques et les paradoxes sémantiques. Il se consacra aussi à l'étude de l'induction et de la probabilité, en tentant de constituer une théorie subjectiviste de la probabilité, fondée sur une évaluation des degrés de croyance d'un individu dans une situation donnée. Dans cette perspective, il s'intéressa aussi à l'économie et critiqua certaines des conceptions de Keynes. Ses articles ont été réunis sous le titre *Fondements des mathématiques et autres essais* (1931). ➝ ÉTYM. Ce nom de famille vient d'un nom de lieu qui signifie « île (vieil anglais *ey*) de l'ail sauvage *(rams)* ».

**RAMSEY (Arthur Michael)** ♦ Prélat britannique (Cambridge 1904 - Londres 1988). Membre de la Haute Église *(High Church)* anglicane et militant de l'œcuménisme*, archevêque de Canterbury et primat d'Angleterre (1961 - 1974), il fut le premier à rendre une visite officielle au pape en 1966.

**RAMSEY (Norman F.)** ♦ Physicien américain (Washington 1915). Spécialiste de la spectroscopie atomique, il mit au point la méthode « des champs oscillants séparés », qui permet des mesures extrêmement précises des fréquences des atomes, en particulier dans les domaines des radiofréquences et des lasers. Il réalisa également (années 1960) le maser à hydrogène, grâce à sa technique de stockage des atomes d'hydrogène excités. [Prix Nobel de phys. 1989, avec H. Dehmelt* et W. Paul*]

**RAMSGATE** ♦ V. d'Angleterre (Kent), près du cap North Foreland. 45 000 hab. Station balnéaire et port de plaisance. Terminal d'aéroglisseurs pour Dunkerque.

**RAMUS** [ramys] **(Pierre DE LA RAMÉE,** latinisé en**)** ♦ Humaniste, mathématicien et philosophe français (Cuts, Vermandois 1515 - Paris 1572). Hostile à la tradition scolastique, il écrivit deux ouvrages contre Aristote, ce qui lui valut l'opposition de la Sorbonne. Il devint néanmoins le premier professeur de mathématiques du Collège royal (Collège de France). Embrassant la Réforme, il dut abandonner sa chaire et la reprit après la paix d'Amboise, de 1563 à 1567. Dans sa *Dialectique* (1555), premier traité de philosophie écrit en français, il soutint la valeur de l'usage tel qu'il se manifeste dans la langue face à l'art de raisonner. Sa *Gramere* (1562) est un essai de formalisation de la grammaire, dans lequel il propose une réforme de l'orthographe du français. Il traduisit en français les *Éléments* d'Euclide*, publia une *Arithmetica* (1555) et divers travaux regroupés en un ouvrage (*Scholarum mathematicorum libri unus et triginta*, 1569), dans lequel son traitement du nombre négatif (« deux négations équivalent à une position ») mérite d'être mentionné. En outre, il préconisa une profonde transformation dans les méthodes d'enseignement. Il mourut assassiné à la Saint-Barthélemy*.

**RAMUSIO (Giovanni Battista)** ♦ Géographe, érudit et homme politique italien (Trévise 1485 - Padoue 1557). Secrétaire du Sénat à Venise (1515) et au Conseil des Dix (1533), il fut envoyé comme ambassadeur dans de nombreux pays. Son ouvrage *Delle navigazioni e viaggi* (comportant, entre autres, le récit du voyage de Marco Polo et la description de l'Afrique de Léon l'Africain) fut publié de 1550 à 1559.

**RAMUZ** [ramy] **(Charles Ferdinand)** ♦ Écrivain suisse d'expression française (Lausanne 1878 - *id.* 1947). Venu préparer son doctorat ès lettres à Paris, il y resta de 1902 à 1913 (*Paris, notes d'un Vaudois*, 1938). Après une crise morale, dont on retrouve l'écho dans *Aimé Pache, peintre vaudois* (1911), il revint définitivement dans le canton de Vaud, liant désormais son inspiration à son terroir. Dans ses essais (*Taille de l'homme*, 1933 ; *Questions*, 1936 ; *Besoin de grandeur*, 1937), Ramuz, moraliste, célèbre une sagesse terrienne et spiritualiste ; dès la *Vie de Samuel Belet* (1913) et *La Guérison des maladies* (1917), il évoque les forces latentes de l'homme, qui dépassent les phénomènes naturels. Tableaux d'un visionnaire qui guette *Les Signes parmi nous* (1919), ses romans reposent sur le contraste entre un cadre rassurant et des événements dramatiques, voire surnaturels (*Joie dans le ciel*, 1925), qui y naissent brusquement. Lyriques quand triomphent les forces vives de l'existence (*La Fête des vignerons*, 1929 ; *Si le soleil ne revenait pas*, 1937), ces récits évoluent volontiers vers un naturalisme tragique (*La Grande Peur dans la montagne*, 1926 ; *Derborence*, 1934) ; la beauté s'incarne, parfois dramatiquement, dans la nature, lui apportant un élément d'immortalité (*La Beauté sur la terre*, 1927 ; *Le Garçon savoyard*, 1936). En accord avec son objet (« retour à l'élémentaire, parce que retour à l'essentiel »), Ramuz procède par images réalistes (liées aux mœurs du pays romand), suivant une technique expressionniste qui suscite une poésie puissante. Son *Histoire du soldat* (1918) fut mise en musique par Stravinski. ➝ ÉTYM. *Ramuz* vient d'un nom de lieu qui signifie « endroit feuillu », du latin populaire *°ramellus*, diminutif de *ramus* « rameau, branche ».

**RANAVALONA III** ➝ ÉTYM. « celle qui a été pliée » ♦ (1862 - Alger 1917). Reine de Madagascar* (1883 - 1897). Cousine de Ranavalona II, elle épousa le Premier ministre Rainilaiarivony, veuf des deux reines précédentes. Gallieni, rendant la reine responsable d'une insurrection, la déposa en fév. 1897, et la fit déporter à la Réunion, puis en Algérie.

**RANC (Jean)** ♦ Peintre français (Montpellier 1674 - Madrid 1735). Neveu de Rigaud*, il travailla principalement en Espagne et pour Jean V de Portugal. Portraitiste de cour, il continua la tradition du portrait d'apparat *(Philippe V à cheval et la Victoire)*, mais fut plus sensible et plus libre dans ses portraits d'infants *(Don Fernando)*.

Jean **Ranc.** *Vertumne et Pomone* (1,71 x 1,20 m), v. 1710-1720. Musée Fabre, Montpellier.
*BIS/Phot. © Archives Larbor*

**RANC (Arthur)** ♦ Homme politique français (Poitiers 1831 - Paris 1908). Républicain déporté en Algérie pour son opposition au Second Empire, il s'évada et revint en France lors de l'amnistie de 1859. Nommé directeur de la Sûreté générale par Gambetta (1870), il fit partie de la Commune de Paris, et, condamné à mort par contumace, resta en Belgique jusqu'en 1879. À son retour en France, il siégea à la Chambre des députés (1881 - 1885), puis au Sénat (1891 - 1900, 1903 - 1908), et fut un des principaux animateurs de la presse radicale.

**RANCAGUA** ← ÉTYM. esp. «lieu planté de graminées» ♦ V. du Chili, située dans la Vallée centrale, cap. de la région admin. de Libertador Bernardo O'Higgins. 207 000 hab. Centre régional agricole (conserves de viande et de fruits). Mines de cuivre. Montage automobile.

**RANCE** n. f. ← ÉTYM. anc. *Rinctius*, probablt de la rac. celt. *ring-* «bruit strident» ♦ Fl. de Bretagne (100 km), qui se jette dans la Manche en un long estuaire baignant Saint-Servan, Saint*-Malo et Dinard* ; il arrose Dinan*. ▪ Une usine marémotrice (la première au monde), construite de 1961 à 1966, ferme l'estuaire, utilisant les marées pour la production d'énergie électrique.

**RANCÉ (Armand Jean LE BOUTHILLIER DE)** ♦ Religieux français (Paris 1626 - Soligny 1700). Ecclésiastique brillant et mondain, il renonça aux dignités après la mort de la duchesse de Montbazon (1657) et celle de Gaston d'Orléans (1660) pour entrer chez les cisterciens (1663). Il devint abbé de Notre-Dame-de-la-Trappe à Soligny, près de Mortagne (1664), réforma son abbaye dans le sens d'une stricte austérité. → **Trappe.** Il polémiqua avec Mabillon* à propos des études monastiques. Auteur de *La Sainteté et les Devoirs de la vie monastique* (1683). *La Vie de Rancé*, biographie édifiante écrite par Chateaubriand à la demande de son confesseur (1844), a pu être considérée par la critique comme une réflexion en partie autobiographique, voire comme un chapitre supplémentaire des *Mémoires d'outre-tombe*. ← ÉTYM. Ce nom de famille vient de *Rantiacum*, nom de domaine gallo-romain, du latin *Rantius*, nom de personne et suffixe *-acum*.

**RANCHI** ♦ V. de l'Inde, cap. du Jharkhand, au centre du plateau boisé du Chota Nagpur. 862 850 hab. Elle commercialise et traite les produits de la région (huiles, soies, laque).

**RANCIÈRE (Jacques)** ♦ Philosophe français (Alger 1940). Élève d'Althusser, avec lequel il a participé à *Lire le Capital* (1965), il s'en est éloigné (*La Leçon d'Althusser*, 1974) pour développer une philosophie de l'émancipation, au sens kantien du terme. Que ce soit sur le terrain de la politique (*La Mésentente. Politique et philosophie*, 1995 ; *Aux bords du politique*, 1998 ; *La Haine de la démocratie*, 2005), de l'éducation (*Le Maître ignorant*, sur le pédagogue

**Rangoon.** La pagode dorée de Shwadagon.
*Phot. © Taolmor /Shutterstock*

du XIXe siècle, Joseph Jacotot, 1987) ou de l'esthétique (*Esthétique et politique*, 2000 ; *La Fable cinématographique*, 2001 ; *Le Spectateur émancipé*, 2008), il remet en cause la distinction entre «savants» et «ignorants» et prône une participation de tous à l'exercice de la pensée, plaçant, au cœur de sa réflexion, l'égalité dont le propre «est moins d'unifier que de déclassifier, de défaire la naturalité supposée des ordres pour la remplacer par les figures polémiques de la division».

**RANCILLAC (Bernard)** ♦ Peintre français (Paris 1931). D'abord dans le courant de l'abstraction informelle puis dans celui de la nouvelle* figuration, il amorça dès 1964 un retour à la lisibilité des formes, en mettant en scène des personnages de bandes dessinées (*Journal intime d'un pied*). Il s'employa ensuite au report sur la toile d'agrandissements photographiques dont il accentuait les contrastes par un chromatisme parfois violent. Des collages (extraits de presse, images publicitaires) ajoutent au réalisme de son œuvre, illustrant des thèmes politiques tels que la guerre au Viêtnam, la résistance palestinienne, l'Albanie nouvelle (*Le Détachement féminin rouge*, 1971), les Black Panthers (exposition au CNAC en 1971), la situation des femmes en Algérie (*La Jeune Égorgée*, 1998). Dans les années 1990, il réalisa une série dont l'impact repose sur la collusion d'images-symboles de l'Orient et de l'Occident (par exemple Mickey et Saddam Hussein). ← ÉTYM. Ce nom de famille vient du nom de localité *Rancilhac*, dans le Cantal.

**RAND** → **Witwatersrand**

**RANDENS** [73220] ← ÉTYM. du germ. *Rando*, n. de pers., et suff. *-ing* ♦ Comm. de la Savoie, arr. de Saint-Jean-de-Maurienne. 663 hab. *(Randaillons)*. Centrale hydroélectrique sur une dérivation de l'Isère.

**RANDERS** ♦ V. du Danemark, municipalité du Jutland central, sur le Gudenå. 55 909 hab. Église Saint-Martin (XVe s.), couvent du Saint-Esprit (1436), hôtel de ville (1768). ▪ Cap. commerciale de la région. Matériel ferroviaire et agricole, textiles, cuir, agroalimentaire, mécanique.

**RANDFONTEIN** ♦ V. d'Afrique du Sud (Gauteng). Env. 50 000 hab. Gisements aurifères.

**RANDON (Jacques Louis César Alexandre)** ♦ Maréchal de France (Grenoble 1795 - Genève 1871). Après avoir participé avec Bugeaud* à la conquête de l'Algérie sous la monarchie de Juillet, il fut nommé ministre de la Guerre (janv. 1851) sous la IIe République, mais remplacé dès oct. 1851 par Saint-Arnaud. Gouverneur de l'Algérie (1852 - 1858), promu maréchal (1856), il reprit ses fonctions au ministère de la Guerre (1859 - 1867), mais fut remplacé par Niel* après l'échec de l'expédition du Mexique.

**RANDSTAD HOLLAND** n. f. ← ÉTYM. néerl. «ville de bordure de Hollande», terme datant de l'entre-deux-guerres ♦ Conurbation de l'O. des Pays-Bas, en forme d'anneau incomplet entourant un «cœur vert» qui a conservé une dominante agricole ; au sens strict, il s'agit seulement de l'anneau urbain ; au sens large, la Randstad inclut le «cœur vert» et les marges extérieures. Elle s'étend sur trois provinces (Hollande-Septentrionale, Hollande-Méridionale, Utrecht) et déborde maintenant sur celle du Flevoland (Almere). Son extension géographique ne correspond à aucun découpage administratif. La Randstad se caractérise par l'interdépendance des villes qui la composent : Amsterdam (cap. officielle, centre économique, financier, culturel et de loisirs), La Haye (siège du gouvernement), Rotterdam (principal port néerlandais et centre commercial), Utrecht, Haarlem, Leyde, Hilversum. L'aéroport international de Schiphol empiète sur le «cœur vert», qu'il est de plus en plus difficile de protéger de l'urbanisation.

**RANG-DU-FLIERS** [62180] ➝ ÉTYM. p.-ê. de l'anc. fr. *renc, ranc* «brèche» ♦ Comm. du Pas-de-Calais, arr. de Montreuil-sur-Mer. 3 612 hab.

**RANGOON** ou **RANGOUN** – off. *Yangon* ➝ ÉTYM. en birman *Ran-kún* «la fin de la lutte» ♦ Cap. commerciale de la Birmanie et princ. port du pays, arrosée par la riv. de Rangoon, affl. de l'Irrawaddy, à 34 km de la mer. 2 513 023 hab. Le centre de la ville est construit sur un plan rectangulaire, dessiné v. 1850. Elle est dominée par l'immense pagode dorée de Schwedagon, de 107 m de hauteur ; recouverte de feuilles et de plaques d'or, elle se termine par une boule en or pur incrustée de plus de 2 500 pierres précieuses. Sa chambre des reliques est censée contenir huit cheveux du Bouddha. Importante univ. (fondée en 1920). ▪ Indus. alimentaires (riz) et du bois (teck). Indus. légères. Artisanat (soie, laque). Construc. navales à Syriam. Centre commercial et bancaire. Le port exporte du riz, du bois, des minerais (plomb, zinc), du coton, du tabac. 85 % du commerce extérieur y transite. ▮ **Histoire** De fondation très ancienne, la ville prit de l'importance lorsque le roi Alaungpaya* développa le village de Dagon, qu'il appela Yangon en 1755 ; cette ville devint la capitale de la Birmanie en 1886 (jusqu'en 2006), après la chute de Mandalay. La main-d'œuvre y était surtout indienne et les commerçants chinois (en 1931, 280 000 hab. sur 400 000 n'étaient pas birmans). Des travaux d'assainissement et d'urbanisation entrepris au début des années 1990 furent le prétexte à des déportations de populations vers les campagnes, moins propices à l'agitation politique et à la rébellion organisée.

**RANJĪT SINGH** ♦ Chef sikh du Panjab* (1780 - Lahore 1839). Après avoir réorganisé son armée, il agrandit son territoire, fondant ainsi le premier État sikh, puis s'allia aux Britanniques contre les Afghans. Il conquit le Cachemire* en 1823.

**RANK (Otto ROSENFELD, dit Otto)** ♦ Psychiatre autrichien (Vienne 1884 - New York 1939). Disciple de S. Freud* dès 1906, il a étudié dans une perspective psychanalytique *Le Mythe de la naissance du héros* (1909), manifestation du conflit psychologique de l'enfant avec le père. Dans *Le Traumatisme de la naissance* (1924), première expérience vécue de l'angoisse, il a analysé les expressions psychologiques de la séparation d'avec la mère. Après la publication de cet ouvrage très controversé, O. Rank poursuivit ses travaux dans une voie originale, tant sur le plan thérapeutique, où il montra l'importance de la relation psychanalyste-patient lors de la cure (*Technique psychanalytique* [...]), que théorique, avec la publication d'une étude importante sur *L'Art et l'Artiste* (1932).

**RANKE (Leopold VON)** ♦ Historien allemand (Wiehe 1795 - Berlin 1886). Il fut un des premiers en Allemagne à faire de l'histoire une discipline objective. Nommé professeur à l'université de Berlin (1825 - 1871) après la publication de son *Histoire des peuples romans et germains de 1494 à 1535* (1824), il a laissé plusieurs écrits sur l'histoire de l'Europe aux XVI^e et XVII^e s. ainsi qu'une histoire du monde (*Weltgeschichte*, 1881-1888 ; inachevée).

**RANKINE (William)** ♦ Ingénieur et physicien britannique (Édimbourg 1820 - Glasgow 1872). Il introduisit le terme *énergie* et différencia les énergies mécaniques potentielle et cinétique, fondant ainsi l'énergétique. Il participa également au perfectionnement de la machine à vapeur, notamment en inventant un cycle en thermodynamique qui porte son nom.

**RANSOM (John Crowe)** ♦ Poète et critique américain (Pulaski, Tennessee 1888 - Gambier, Ohio 1974). Il publia de 1922 à 1925 avec Allen Tate* et Robert Penn Warren* le magazine de littérature *The Fugitive* qui le fit connaître. Son œuvre poétique, hermétique et très restreinte (*Chills and Fever*, 1924 et *Two Gentlemen in Bonds*, 1927), puise aux sources de Rimbaud, de Valéry et des anciens poètes anglais. Elle eut une influence croissante, prolongée par son activité d'éditeur de revue (*The Kenyon Review*, 1939 - 1959, publiée par le Kenyon College de Gambier où il enseigna à partir de 1937) et de critique littéraire. Il montra la validité de l'expérience poétique comme connaissance du réel, différente de l'expérience scientifique mais tout aussi rigoureuse. Il fut l'un des chefs de file du *New Criticism* qui domina la vie intellectuelle des pays de langue anglaise dans les années 1940.

**RANSON (Paul)** ♦ Peintre, graveur et écrivain français (Limoges 1864 - Paris 1909). Il fut élève à l'académie Julian, évolua dans les milieux symbolistes et, à partir de 1889, réunit dans son atelier les peintres nabis. Il exécuta des lithographies en couleurs pour la *Revue blanche*, des cartons de tapisseries et des tableaux à caractère décoratif, aux lignes ondoyantes, aux tons chauds, parfois sourds, et d'où la troisième dimension est exclue. Il fonda en 1908 sa propre académie.

**RANTZAU (Johan, comte DE)** ♦ Gentilhomme du Holstein (Steinburg 1492 - Breitenburg 1565). Il contribua à l'avènement de Frédéric* I^er contre Christian* II et devint gouverneur du Holstein et du Schleswig. ♦ **Josias, comte de Rantzau** (Bothkamp, Holstein 1609 - Paris 1650). Maréchal de France. Il servit successivement la Hollande, la Suède, l'Autriche et la France, pour laquelle il s'illustra en Flandre. Il fut arrêté pendant la Fronde*.

**RANVIER (Gabriel)** ♦ Homme politique français (Baugy, Cher 1828 - Paris 1879). Ouvrier peintre-décorateur, disciple de Blanqui, il appartint au comité central de la Garde nationale et au 3^e Comité de salut public de la Commune de Paris et se réfugia en Angleterre après la Semaine sanglante (22 - 28 mai 1871).

**RANVIER (Louis Antoine)** ♦ Histologiste français (Lyon 1835 - Vendranges, Loire 1922). Formé à l'école de C. Bernard*, il fut un habile expérimentateur en histologie et en physiologie. Son nom fut donné notamment aux segments dépourvus de myéline de la fibre nerveuse *(nœud de Ranvier)*. [Acad. sc. 1887]

**RAON-L'ÉTAPE** [rɑ̃] ou [raɔ̃] [88110] ♦ Ch.-l. de cant. des Vosges, arr. de Saint-Dié, sur la Meurthe. 6 749 hab. (aggl. 7 286) *(Raonnais)*. Textile. Indus. du bois.

**RAOUL** ou **RODOLPHE DE BOURGOGNE** ♦ (mort à Auxerre en 936). Duc de Bourgogne (921 - 936) et roi de France (923 - 936). Fils de Richard le Justicier, duc de Bourgogne, et gendre de Robert* I^er, roi de France, il fut élu roi à la mort de ce dernier, supplantant Charles* III le Simple. Il combattit avec succès les Hongrois et les Normands. Il eut pour successeur Louis* IV.

**Raoul de Cambrai** ♦ Chanson de geste qui fait partie du cycle de *Doon* de Mayence* (XII^e s.). C'est le récit de la guerre privée qui oppose les comtes de Vermandois à Raoul de Cambrai. Ce personnage, qui poursuit férocement ses ennemis, montre une âme révoltée et cependant pieuse, incarnant en cela les complexités du héros épique. Il inspira à V. Hugo «L'Aigle du casque» *(La Légende* des siècles)*.

**RAOUL Glaber** ➝ ÉTYM. lat. «le Chauve» ou «l'Imberbe» ♦ Moine et chroniqueur bourguignon (av. 985 - av. 1050), il est l'auteur d'une *Histoire de France et de Bourgogne* (4 livres) sur l'époque de l'an mille, et d'une vie de Guillaume de Volpiano.

**RAOULT** [raul] **(François Marie)** ♦ Chimiste et physicien français (Fournes-en-Weppes, Nord 1830 - Grenoble 1901). Auteur de recherches sur les propriétés physiques des solutions, il énonça les lois qui portent son nom et qui donnent la relation entre la masse molaire du corps dissous et la température de congélation (1882 - 1883), d'ébullition et de tension de vapeur du solvant (1886 - 1890), fondant ainsi la cryométrie, l'ébulliométrie et la tonométrie.

**rap**

n. m. ➝ ÉTYM. angl. *to rap* «donner des coups secs» ♦ Mouvement musical apparu aux États-Unis dans les années 1970, dans les ghettos des grandes villes, spécialement à New York, livrées au racisme, à la misère, la drogue et la prostitution. Composés surtout de jeunes afro-américains organisés en «gangs», les rappeurs expriment une dénonciation radicale de leurs conditions de vie et une apologie de la violence. Certains tentent cependant de sortir le rap du ghetto, tel Afrika Bambaataa qui, à travers le slogan de la Zulu Nation *(Love, Peace and Unity)*, incite à combattre pour la paix et la fin du racisme. Le rap est arrivé en France avec le titre de Dee Nasty, *Panam city Rappin'*, en 1984. Il est caractérisé par le *scratch*, qui consiste à passer les disques vinyle à l'envers, le *sample* (angl. «échantillon»), adaptation de morceaux déjà existants plus ou moins arrangés : «J'échantillonne ce que j'apprécie/des mélodies qui sans le rap seraient tombées dans l'oubli» (IAM). Le rappeur débite les paroles à un rythme généralement soutenu et selon un phrasé assez particulier (qui s'apparente à la tchatche méditerranéenne) et sur un fond musical très rythmé. Crudité du langage, argot, verlan, expressions idiomatiques ou étrangères parfois difficiles à comprendre caractérisent les textes qui sont généralement autobiographiques, empreints d'amertume, révélant la crise identitaire des jeunes des banlieues, livrés à eux-mêmes, sans représentation positive mais désireux de se bâtir un destin. Les rappeurs mettent des mots sur leur désarroi affectif, leur crainte des femmes et leur sexisme, remettent en cause toute autorité étatique et disent leur fascination pour la civilisation de l'audiovisuel. ▪ Principaux représentants du rap français : MC Solaar *(Qui sème le vent récolte le tempo)*, IAM *(Ombre et Lumière ; L'École du Micro d'argent)* et NTM *(Authentik)*, Alliance Etnik, Ménélik, Doc Gynéco, Stormy Bugsy, Oxmo Puccino, Diam's.

**RAPA** ♦ Île de Polynésie française, au S.-E. de l'archipel des Tubuaï. 42 km². Son principal centre de peuplement est Ahurei, port abrité. L'île est fertile, avec un climat tempéré humide.

Les **Rapaces** – en angl. *Greed* ♦ Film américain d'Erich von Stroheim* (1924), d'après le roman de Frank Norris*, *McTeague*. Tiré d'un roman de l'école naturaliste américaine, qui relate la déchéance d'un couple en proie au démon de l'avarice, le film fut conçu par Stroheim comme une fresque sociale d'un implacable réalisme, tant dans les conditions du tournage (en décors naturels ; près de 9 heures de projection) que dans l'approfondissement des caratères. Après coupures et édulcorations diverses, il ne subsista plus que des fragments de ce chef-d'œuvre du muet dont le ton général oscille entre le grotesque et le sublime.

**RAPALLO** ♦ V. d'Italie, en Ligurie (prov. de Gênes), au S.-E. de Gênes, sur la Riviera du Levant. 29 159 hab. Port et station balnéaire. ▮ **Histoire** Deux traités y furent signés. Le *premier traité de Rapallo*, le 12 nov. 1920, entre l'Italie et la Yougoslavie, donnait à l'Italie Zara (→ **Zadar**) et quelques îles dalmates, laissant le reste de l'archipel à la Yougoslavie et faisant de Fiume une ville libre. Le *second traité de Rapallo* fut signé en avr. 1922 entre l'Allemagne et la Russie (huit mois avant l'apparition de l'URSS). Les deux pays renonçaient à toute réparation de guerre et renouaient des relations diplomatiques et économiques. Une clause secrète autorisait l'initiation en Russie d'officiers allemands aux armes interdites par le traité de Versailles.

**RAPHAËL** ← **ÉTYM.** en hébr. *Rephâ'êl* «Dieu guérit» ♦ Ange qui guérit Tobit et combat le démon Asmodée*, dans le Livre de Tobie*. Il est «l'un des sept anges qui se tiennent devant le Seigneur», fonction qu'il assume dans d'autres textes comme le Livre d'Hénoch* éthiopien (apocryphe*), puis dans la tradition juive, et qui fait de lui un archange dans la théologie chrétienne. ▪ Fête le 29 sept.

**RAPHAËL (Raffaello SANZIO, dit)** ♦ Peintre italien (Urbino 1483 - Rome 1520). ▮ **Les années d'apprentissage et le séjour à Florence** Il fit son apprentissage en Ombrie et dans les Marches au moment où la manière douce du Pérugin* supplanta le style tendu de Melozzo* da Forli. D'ailleurs, sa première œuvre datée, *Le Mariage de la Vierge* (1504, Milan, Brera), développe un motif qu'utilisa le Pérugin dans sa *Remise des clés* (chapelle Sixtine, Vatican) : les personnages participant à la cérémonie sont concentrés au premier plan tandis que le décor architectural, relégué au fond du tableau à la suite d'un grand espace perspectif, donne une judicieuse respiration à la composition. Lors de son séjour florentin, Raphaël assimila aussi bien les découvertes de Léonard* de Vinci que la manière massive, dessinée et sculpturale de Michel*-Ange. Il adopta le *sfumato* dans la *Madone du grand-duc* (1505, Florence, Pitti), la composition pyramidale dans *La Belle Jardinière* (1507, Louvre) et dans la *Madone du Belvédère* (1506, Vienne), le rapport adoucissant entre le paysage et les personnages dans la *Madone au chardonneret* (1506, Florence, Offices) comme dans la *Maddalena Doni* (1505, Florence, Pitti). Toutes ces œuvres proposent une sorte d'expression parfaite de la beauté féminine qui débarrassa de toute trace de mièvrerie les visages doux et ovales du Pérugin. Par ailleurs, dès la *Mise au tombeau* (1507, Rome, galerie Borghèse), l'organisation serrée des personnages fortement taillés annonce l'influence de Michel-Ange, encore plus apparente dans certains de ses travaux romains (*Isaïe*, Sant'Agostino ; *Les Sibylles*, 1514, Santa Maria della Pace). ▮ **Le peintre de la papauté : les années à Rome** Appelé à Rome en 1508 à la suite des recommandations de son concitoyen Bramante*, il y devint le peintre officiel de la papauté sous les pontificats de Jules* II (1503 - 1513) et de Léon* X (1513 - 1521). La décoration des *Stanze* du Vatican (salles de l'appartement de Jules II) reste son œuvre majeure (→ **Chambres de Raphaël**), non seulement par l'ampleur monumentale de l'ensemble (qui comporte des fresques célèbres, comme *l'École* d'Athènes* ou *La Délivrance de saint Pierre*), mais par la maturité toute classique qu'elle affirme, même si les deux dernières chambres, comme les Loges* du Vatican, furent surtout l'œuvre des élèves. Simultanément, Raphaël peignit pour Agostino Chigi, mécène et banquier siennois, le *Triomphe de Galatée* (1514, Rome, Farnésine) et dessina l'*Histoire de Psyché* (1518, *id.*) colorée par des tonalités rougeâtres par ses élèves Jules* Romain et Penni. Il peignit aussi une série de Vierges dont la plus célèbre est la *Madone à la chaise* (1514 - 1515, Florence, Pitti) montrant une parfaite composition circulaire où le corps de la Vierge suit la courbe du *tondo*. À partir de 1515, Raphaël exécuta les cartons pour dix tapisseries glorifiant les *Actes des Apôtres* (cartons au Victoria and Albert Museum, Londres ; tapisseries à la Pinacothèque vaticane) dans un dessin vigoureusement michélangelesque, des coloris richement vénitiens et un espace classiquement ample. Raphaël excella aussi dans le portrait en alliant la pénétration psychologique à la luminosité et à la douceur des gammes (*Agnolo Doni*, Florence, Pitti ; *Baldassare Castiglione*, 1516, Louvre ; *Navagero*, 1516, Rome, Galleria Doria). ▮ **L'architecte** L'activité architecturale du maître est fort controversée. Cependant, outre la direction du chantier de Saint-Pierre qu'il assuma à partir de 1514, seule la chapelle Chigi (Rome, Santa Maria del Popolo), petit édifice sur plan central coiffé d'une coupole où figurent les astres et les anges qui les dirigent, peut lui être attribuée avec certitude. ▮ **La référence** Par sa manière d'assimiler les nouveautés proposées par divers courants, par son esprit de synthèse qui sut intégrer des recherches a priori difficilement compatibles avec les contraintes de la composition monumentale classique, par l'impact narratif de sa peinture d'histoire, par sa science juste des équilibres tant psychologiques que plastiques et par le sentiment d'idéale harmonie qu'il sut communiquer, Raphaël resta pendant trois siècles, du maniérisme au classicisme et à l'académisme, la référence suprême. ▪ *Illustrations :* → **Castiglione (Baldassare), Fornarina.**

**Raphaël.** *Saint Georges luttant avec le dragon* (29,4 x 25,5 cm), v. 1504. Musée du Louvre, Paris. *BIS/Phot. © Archives Larbor*

**RAPID CITY** ♦ V. des États-Unis (Dakota du Sud), au pied des Black Hills, sur le *Rapid Creek* («ruisseau des rapides»). 59 607 hab. Centre d'une région minière (or, argent, béryllium, uranium) et agricole (élevage), la ville possède quelques industries (bois). Centre touristique important. → **Rushmore (mont).**

**RAPIN (Nicolas)** ♦ Magistrat français (Fontenay-le-Comte v. 1540 - Poitiers 1608), l'un des auteurs de *La Satire* Ménippée* (1594), qu'il agrémenta de poèmes. Ses œuvres complètes, latines et françaises, furent publiées en 1610.

**RAPIN (père René)** ♦ Théologien et écrivain français (Tours 1621 - Paris 1687). Jésuite, professeur d'humanités, il se signala par son opposition au mouvement janséniste. Outre une *Histoire du jansénisme* (publ. 1860), et des *Mémoires sur l'Église, la société* [...] (1644 - 1669, publ. en 1865), il écrivit des poésies sacrées, ainsi que des *Observations sur Horace et Virgile* (1669), des *Réflexions sur l'éloquence* (1672) et des *Réflexions sur la Poétique d'Aristote* (1674), ouvrages dans lesquels il s'affirme un des théoriciens du classicisme*.

**RAPP (Jean, comte)** ♦ Général français (Colmar 1772 - Rheinweiler 1821). Aide de camp du Premier Consul, après avoir participé à la campagne d'Égypte et à la bataille de Marengo, il fut nommé ambassadeur extraordinaire en Suisse (1802), puis gouverneur de Gdańsk (1807 - 1809). Il se distingua ensuite lors de la campagne de Russie et pendant le siège de Gdańsk (1813 - 1814). Commandant de l'armée du Rhin, chargé de la défense de Strasbourg pendant les Cent-Jours, il se retira au moment de la seconde Restauration, mais fut néanmoins élevé à la pairie en 1817, après s'être rallié aux Bourbons. ← **ÉTYM.** Ce nom alsacien vient du vieux haut allemand *hraban* «corbeau».

**RAPPERSWIL-JONA** ♦ V. de Suisse (cant. de Saint-Gall), sur la rive N. du lac de Zurich. 7 421 hab. (aggl. 46 337). Hôtel de ville (XV$^e$ s.), château (XIII$^e$ - XIV$^e$ s.). ▪ Centre de villégiature. Indus. textile et chimique.

**RAQQA** ou **RAKKA** ♦ V. du N. de la Syrie, ch.-l. de gouvernorat, sur la rive g. de l'Euphrate. 260 000 hab. Élevage et cultures grâce au lac artificiel Assad. Vestiges d'un palais abbasside. La ville fut ravagée par les invasions mongoles du XIII$^e$ s.

**RARAY** [60810] ← **ÉTYM.** «ensemble de sillons», du bas lat. *rara* «sillon» et suff. collectif *-etum* ou du lat. *Rarus*, n. de pers., et suff. *-acum* ♦ Comm. de l'Oise, arr. de Senlis. 144 hab. (*Raraisiens*). Le château (XVII$^e$ - XVIII$^e$ s.) servit de décor au film de J. Cocteau *La Belle* et la Bête* (1946).

**RAROTONGA** ♦ Île méridionale des îles Cook, la plus grande de l'archipel, où se situe le centre admin. d'Avarua*. 67 km$^2$. 14 153 hab. Elle a été dévastée par un typhon en 1987.

**RAS AL-KHAIMA** ♦ Émirat de la fédération des Émirats arabes unis, situé au N. de l'émirat d'Umm al-Qaïwain. 210 063 hab. Réserves de gaz (Salah). C'est un territoire moins aride que les autres émirats. Fruits et légumes. Élevage. ▪ L'émirat n'a rejoint la fédération qu'en fév. 1972.

**RASHI (Salomon ben Isaac)** dit **Rashi**, par vocalisation des initiales hébraïques de ***Rabbi Shelomo Yitzhaki*** ♦ Docteur juif français (Troyes 1040 - *id.* 1105). Il fonda à Troyes v. 1070 une école rabbinique dont l'influence s'étendit en Allemagne, en Provence, en Espagne. Ses commentaires, souvent littéraux, voire philologiques, sur la Bible et le Talmud de Babylone furent développés par l'école des tosafistes (de *tosafoth* «additions»).

**Rashōmon** ♦ Film japonais d'Akira Kurosawa* (1950). Le Japon du Xe s. sert de cadre à l'évocation d'un fait divers : l'épouse d'un samouraï est attaquée et violée par un vagabond. Quatre versions successives du même événement nous sont proposées, y compris celle du mari défunt, convoqué par une sorcière. Cette adaptation de nouvelles du romancier Akutagawa* Ryūnosuke a révélé à l'Occident le cinéma nippon.

**RASK (Rasmus Kristian,** dit en fr. **Érasme Christian)** ♦ Linguiste danois (Brøndekilde, près d'Odense 1787 - Copenhague 1832). Il publia en 1811 la première grammaire scientifique de l'islandais suivie d'un mémoire écrit en 1814 et publié en 1818 prouvant la parenté de cette langue avec le slave, le balte, le grec et le latin *(Recherches sur l'origine de l'ancienne langue nordique ou islandaise)*. D'un voyage en Orient (1816 - 1823), il rapporta une abondante documentation et publia des grammaires (espagnol, frison, italien) et un mémoire sur le Zend. Rask fut «un de ceux qui ont reconnu et établi dans ses grandes lignes la famille (linguistique) indo-européenne» et reste «le fondateur de la philologie nordique» (L. Hjelmslev). Son œuvre, inachevée, portant sur de très nombreuses langues, fait de lui le précurseur de la linguistique générale moderne. Héritier du XVIIIe s. par son intérêt pour la description et la typologie, il va au-delà (comme F. Bopp) des limites du comparatisme historique qu'il a contribué à instaurer.

**RASMUSSEN (Knud)** ♦ Explorateur danois (Jakobshavn 1879 - Copenhague 1933). En 1910, il fonda le comptoir de Thulé* au Groenland et, de 1912 à 1933, il dirigea sept expéditions au cours desquelles il étudia la vie, les mœurs et coutumes des Eskimos *(Du Groenland au Pacifique...*, 1929).

**RASPAIL (François-Vincent)** ♦ Biologiste, chimiste et homme politique français (Carpentras 1794 - Arcueil 1878). Venu à Paris, il y publia plusieurs mémoires sur les tissus végétaux et animaux (1824 - 1828), où il apparaît comme un précurseur de la théorie cellulaire, de l'histochimie et de la cytochimie. En particulier, il introduisit les tests chimiques dans l'observation microscopique, ce qui permit d'identifier plusieurs corps. Il montra la présence naturelle de faibles doses d'arsenic dans le corps humain, mais ne parvint pas à faire innocenter Marie Lafarge* (1840). En tant que médecin, il préconisa des soins à base de camphre et rédigea plusieurs ouvrages pédagogiques. Il participa à la révolution de 1830, adhéra à plusieurs clubs républicains, fonda le journal *Le Réformateur* (1834 - 1835), tout en poursuivant ses travaux scientifiques. Ainsi son souci d'une médecine populaire, qui le conduisit à publier *Le Médecin des familles* (1843) et *Le Manuel de la santé* (1845), se confondait avec ses aspirations politiques en faveur d'une république démocratique et sociale. En 1848, il fut l'un des premiers à proclamer la république et prit part à la manifestation du 15 mai qui entraîna son arrestation ainsi que celles de Blanqui et de Barbès. Candidat des socialistes à la présidence de la République (1848), condamné à la prison (1849), puis exilé, il ne rentra en France qu'en 1863 et fut député en 1869, puis de 1876 à 1878. ◆ ÉTYM. Ce nom de famille vient de l'occitan *raspalh* «balle du blé ; restes, rebut».

**RASPAIL (Jean)** ♦ Écrivain français (Chemillé-sur-Dême, Indre-et-Loire 1925). Grand voyageur, notamment chez les Indiens d'Amérique (*Terre de feu-Alaska*, 1952 ; *Journal peau-rouge*, 1975), il s'est fait le héraut des irréductibles, des causes perdues, de la résistance à la civilisation de masse dans ses romans (*Le Camp des saints*, 1973 ; *Le Jeu du roi*, 1976 ; *Qui se souvient des hommes...*, 1986 ; *Sire*, 1991 ; *Les Royaumes de Borée*, 2003) et ses essais (*La Hache des steppes*, 1974).

**RASPOUTINE (Grigori Iefimovitch NOVYKH, dit)** ◆ ÉTYM. en russe *Raspoutnyï* «débauché» ♦ Aventurier russe (Pokrovskoïe, Sibérie occidentale, 1869 - Petrograd 1916). Paysan illettré, moine, il acquit une réputation de thaumaturge en prétendant pouvoir guérir et purifier par le contact physique de sa personne, ce qui lui permettait d'assouvir des appétits sexuels demeurés légendaires (d'où son surnom). Arrivé en 1903 à Saint-Pétersbourg, il fut présenté à l'impératrice en 1905, à l'occasion d'une crise d'hémophilie de l'héritier du trône Alexis. Par son pouvoir de suggestion, il réussit à soulager le tsarévitch et devint le favori du couple impérial. Entouré d'individus sans scrupules, il joua dans les affaires de l'Église et de l'État un rôle dont le gouvernement de Berlin et les germanophiles russes profitèrent. Ses débauches et son influence néfaste sur la tsarine Alexandra* Fedorovna furent discutées publiquement à la Douma (1915). Son assassinat (le 30 déc. 1916) fut organisé par le prince Ioussoupov, le grand-duc Dimitri Pavlovitch et le député d'extrême droite Pourichkevitch.

**Rassemblement du peuple français** [RPF] ♦ Mouvement politique français fondé en avril 1947 par le général de Gaulle*, qui, animé par J. Soustelle, R. Capitant, A. Malraux et L. Terrenoire, regroupa d'anciens résistants et membres de le droite traditionnelle, unis dans l'opposition au communisme et souhaitant l'union du capital et du travail **(→ République [IVe])**. Après une victoire aux élections municipales en 1947, puis une forte percée aux législatives de 1951 (malgré le système des apparentements), des dissensions éclatèrent. Dès 1953, de Gaulle rendait leur liberté aux parlementaires du RPF qui constituèrent les Républicains sociaux et l'Union des républicains d'action sociale.

**Rassemblement pour la France** [RPF] ♦ Parti politique français créé en 1999 et dirigé par Ch. Pasqua* et Ph. de Villiers (qui le quitta en 2000). Le RPF regroupe les souverainistes de droite opposés à la construction européenne prévue par le traité de Maastricht.

**Rassemblement pour la République** [RPR] ♦ Parti politique français, qui a succédé à l'UDR **(→ Union des démocrates pour la République)** en déc. 1976. Il a eu pour présidents J. Chirac* (1976 - 1994), A. Juppé* (1994 - 1997), Ph. Séguin* (1997 - 1999), N. Sarkozy (par intérim en 1999) et M. Alliot*-Marie (1999). Héritier du gaullisme, dans l'opposition de 1981 à 1986 et de 1988 à 1993, allié avec l'UDF depuis 1984, il fut le principal bénéficiaire de la victoire de la droite aux élections législatives de 1993 et É. Balladur* forma alors le gouvernement. Malgré la présence de deux candidats (É. Balladur, J. Chirac) au 1er tour, le RPR remporta l'élection présidentielle de 1995 mais revint dans l'opposition après les élections législatives anticipées de juin 1997 qui sanctionnèrent la politique du Premier ministre A. Juppé*. Divisé sur l'attitude à adopter face au Front national, le RPR traversa en outre une crise d'identité qui conduisit au départ d'un certain nombre de militants, hostiles à une conception fédérale de l'Europe et qui rejoignirent le Rassemblement* pour la France. Le RPR a fusionné avec une partie de l'UDF et DL pour former l'UMP* en mai 2002.

**RAS SHAMRA → Ougarit**

**RAS TANOURA** ou **RĀS TANŪRA** ♦ Port pétrolier d'Arabie saoudite, sur le golfe Arabo-Persique, au S. d'al-Qatīf dans la région du Hassa. Première raffinerie des pétroles en provenance de Safaniya, d'al-Qatīf, Dharān et Abqayq.

**RASTATT** – anc. *Rastadt* ◆ ÉTYM. germ. «lieu *(stat)* de repos *(rast)*» ♦ V. d'Allemagne (Bade-Wurtemberg), sur la Murg. 47 688 hab. ▮ **Histoire** Un traité y fut signé en 1714 ; il mettait fin à la guerre de Succession* d'Espagne, marquant pour l'Autriche un agrandissement de ses États héréditaires au détriment de sa puissance impériale. ♦ ***Congrès de Rastadt*** Congrès prévu par le traité de Campoformio pour fixer le sort de la rive gauche du Rhin, et qui réunit les représentants de l'Autriche, de la Prusse et de la France (1797 - 1799). Il s'ouvrit le 16 nov. 1797. Alors que la diète germanique acceptait théoriquement l'annexion par la France de toute la rive gauche du Rhin, avec la région de Cologne, le plénipotentiaire autrichien (Cobenzl), qui exigea des compensations en Italie, se heurta à un refus de l'envoyé français. Les négociations, entamées le 9 déc. 1797, se poursuivirent au début de la deuxième coalition*, mais s'achevèrent sans résultat le 23 avr. 1799. Alors que les représentants français s'apprêtaient à quitter la ville, ils furent attaqués par des hussards autrichiens ; Roberjot et Bonnier furent tués, Debry grièvement blessé (28 avr. 1799). Cet attentat «souligna le caractère implacable de la guerre qui recommençait : celle de l'Europe aristocratique contre la nation révolutionnaire» (A. Soboul).

**RASTIGNAC (Eugène DE)** ♦ Personnage de *La Comédie* humaine* de Balzac*. Présent dans de nombreux romans des *Scènes de la vie parisienne*, c'est dans *Le Père* Goriot* (où il apparaît pour la première fois) que son caractère est le mieux analysé. Courageux et idéaliste mais avide de gloire et de puissance, il est d'abord révolté par le cynisme de la société parisienne et repousse les propositions de Vautrin*. Puis il connaît la tentation du succès mondain et, au terme d'une lente évolution, lance un défi à Paris ; désormais il assurera sa carrière politique.

**RĀṢTRAKŪṬA** ♦ Dynastie indienne de l'O. du Dekkan*, du IVe au Xe s. Elle est célèbre pour avoir fait exécuter les temples creusés d'Ellora* et d'Elephanta*.

**RASTRELLI (Bartolomeo Francesco)** ♦ Architecte et décorateur italien (Paris 1700 - Saint-Pétersbourg 1771). Fils du sculpteur BARTOLOMEO CARLO RASTRELLI (Florence v. 1675 - Saint-Pétersbourg 1744), il fit comme son père carrière en Russie après avoir étudié à Paris chez R. de Cotte* et Boffrand*. Dans ses grandioses constructions, il utilisa les éléments du baroque européen et les infléchit vers un esprit plus rococo tout en les mêlant à des éléments stylistiques typiquement russes : ordonnances majestueuses et façades polychromes (palais d'Hiver, 1754 - 1762 ; palais de Tsarskoïe Selo, 1752 et couvent Smolnyï, 1748 - 1755), adoption des cinq coupoles rituelles et des bulbes dans ses édifices religieux (Saint-André de Kiev, 1749 - 1756).

**RATEAU (Auguste)** ♦ Ingénieur français (Royan 1863 - Neuilly-sur-Seine 1930). Il étudia les machines dans lesquelles les fluides pouvaient être utilisés comme forces motrices (turbomachines). Il établit une théorie du profil des tuyères permettant la détente totale de la vapeur (1900) et il inventa un type de turbine à action, la multicellulaire (1901). Il mit également au point un type de turbocompresseur à roues étagées, des pompes centrifuges, des ventilateurs pour les mines, et imagina de faire actionner un turbocompresseur par les gaz d'échappement d'un moteur, qui peut ainsi être suralimenté en air (technique utilisée dans l'aviation et pour d'autres moteurs à combustion interne). [Acad. sc. 1918]

**RATHENAU (Walther)** ♦ Homme politique allemand (Berlin 1867 - *id.* 1922). Il fut président du trust de l'électricité AEG et, à partir de 1915, s'occupa de l'organisation de l'économie de guerre allemande. D'origine juive, d'une intelligence et d'une culture remarquables, il voulait régler les problèmes politiques et diplomatiques selon le modèle des accords entre grandes firmes économiques. En 1922, il devint ministre des Affaires étrangères et signa le traité de Rapallo*. Il fut assassiné peu après par deux militants nationalistes.

**RATHENOW** ♦ V. d'Allemagne (Brandebourg), sur la Havel. 24 182 hab. Matériel optique (verres, lentilles).

**RATHKE (Martin Heinrich)** ♦ Anatomiste et physiologiste allemand (Gdańsk 1793 - Königsberg 1860). Ses travaux d'embryologie sur les mammifères et les oiseaux apportèrent une confirmation à la loi biogénétique formulée par von Baer*.

**RATIBOR** → Racibórz

**RÄTIKON** n. m. ♦ Massif des Alpes situé entre la Suisse (cant. de Saint-Gall), le Liechtenstein et l'Autriche (Vorarlberg). Il culmine au mont Scesaplana à 2 965 m d'altitude.

**RATISBONNE** – en all. ***Regensburg*** ➝ ÉTYM. anc. *Radaspona, Ratisbona*, du celt. *ratis* «place forte» et *bona* «village» ♦ V. d'Allemagne (Bavière), ch.-l. de la régence du Haut-Palatinat, sur le Danube, près de son confluent avec la Regen. 125 676 hab. Ratisbonne a conservé de son passé d'intéressants monuments : église gothique Saint-Emmeram (XIIIe s.), décorée en style baroque ; cathédrale Saint-Pierre, avec de beaux vitraux du XIVe s. ; pont de pierre sur le Danube (XIIe s.) ; couvent des Dominicains (XIIIe - XIVe s.) ; Reichstags Museum. ▪ Indus. électrique, chimique, automobile (BMW) et alimentaire. ▮ **Histoire** L'anc. *Radaspona* celtique devint le camp romain de *Castra Regina* et la ville fut en 530 la capitale des ducs de Bavière. Évangélisée au VIIe s. par saint Emmeram, elle devint le siège d'un évêché en 739. Ville libre en 1245, elle connut, de par sa situation sur le Danube, une grande prospérité et fut le siège de foires réputées, particulièrement au XVe s., époque où elle fut cependant éprouvée par les guerres hussites*. Lors de la Réforme, une diète s'y tint (1541). Une autre diète (1630) fut un échec pour l'empereur Ferdinand* II, qui voulait réunir l'Allemagne pour s'opposer à la France et à la Suède et faire élire son fils roi des Romains. Grâce au Père Joseph*, la France y obtint Mantoue pour le duc de Nevers. À partir de 1663, Ratisbonne devint le siège de la Diète impériale. Donnée en 1803 à l'archevêque de Mayence, Dalberg, elle passa à la Bavière en 1810.

**Ratisbonne** (diète de) ♦ Diète réunie en 1541 par Charles Quint, en présence d'un légat du pape, pour restaurer l'unité entre catholiques et protestants dans l'Empire. Les théologiens catholiques furent Eck*, Gropper, J. von Pflug, les protestants Melanchthon* et Bucer*. S'appuyant sur les résultats du colloque de Worms qui avait précédé, l'entente faillit se faire ; elle échoua pourtant et, après une ultime tentative cinq ans plus tard (colloque de Ratisbonne), Charles Quint s'engagea dans la guerre contre les protestants tandis que la papauté entrait activement dans la Contre*-Réforme. → Réforme.

**RATRAMNE** ♦ (? - 868). Moine de Corbie, il fut un des partisans de Gottschalk* dans la querelle sur la prédestination *(De praedestinatione)* et l'adversaire de Paschase Radbert* à propos de la présence divine («spirituelle et non réelle») dans l'Eucharistie *(De corpore et sanguine Domini)*.

**RATSIRAKA (Didier)** ♦ Homme d'État malgache (Vatomandry 1936). Formé en France, il fut nommé chef de l'État et du gouvernement par un directoire militaire en juin 1975 et élu président de la République (1975 - 1993) après un référendum. Il engagea son pays dans une gestion de type socialiste fondée sur les *fokolonas*, les structures communautaires traditionnelles. Il revint au pouvoir en 1996. À la suite de la contestation de sa réélection en 2001, il céda la place à son adversaire : Marc Ravalomanana. Réfugié en France depuis juil. 2002, il a été condamné par contumace à dix ans de travaux forcés pour détournement de fonds publics.

**RATTAZZI (Urbano)** ♦ Homme politique italien (Alessandria, Piémont 1808 - Frosinone 1873). Président du Conseil piémontais (1849), il contribua à la reprise de la guerre contre l'Autriche qui entraîna la défaite de Novare. Allié avec Cavour* pour former le *connubio* (l'union), qui dirigea le Piémont de 1852 à 1858. Plusieurs fois ministre, puis président du Conseil (1862, 1867), il incita par deux fois Garibaldi à marcher sur Rome, mais dut le faire arrêter, face aux protestations françaises (1862). Il démissionna à la veille de la victoire française sur les Chemises rouges à Mentana (1867). ➝ ÉTYM. *Rattazzi* vient de *Ratti*, surnom formé sur l'italien *ratto* «rat».

**RATTLE** (sir **Simon**) ♦ Chef d'orchestre britannique (Liverpool 1955). Il a étudié la percussion et a été, de 1980 à 1998, premier chef de l'Orchestre symphonique de Birmingham, qu'il a fait accéder au rang des meilleurs. Il dirige l'Orchestre philharmonique de Berlin depuis 2002.

**RATZEL (Friedrich)** ♦ Géographe allemand (Karlsruhe 1844 - Ammerland 1904). Son *Anthropogéographie* (1882 - 1891) et sa *Géographie politique* (1897), où il formule les bases d'une conception déterministe des rapports entre les peuples, les États et le milieu naturel, font de lui un des fondateurs de la géographie humaine politique.

**RAU (Johannes)** ♦ Homme d'État allemand (Wuppertal-Barmen 1931 - Berlin 2006). D'éducation protestante, il adhéra à un parti de la gauche chrétienne puis au SPD en 1957. Il fut maire de Wuppertal (1964 - 1978) puis ministre-président du Land de Rhénanie du Nord-Westphalie (1978 - 1999). Candidat à la fonction de président fédéral en 1994, il fut élu en 1999 pour cinq ans.

**RAUH (Frédéric)** ♦ Philosophe français (Saint-Martin-le-Vinoux, Isère 1861 - Paris 1909). Dans son ouvrage sur *L'Expérience morale* (1903), rapprochant la certitude morale de la vérité scientifique, il affirme la possibilité d'une morale positive (caractérisée par une attitude objective, impersonnelle, ouverte à la diversité et à la nouveauté des expériences et situations tant individuelles que sociales).

**RAURKELA** ou **ROURKELA** ♦ V. de l'Inde (Orissa). 484 292 hab. Centre sidérurgique important qui s'est développé après l'indépendance.

**RAUSCHENBERG (Robert)** ♦ Peintre américain (Port Arthur, Texas 1925 - Captiva Island, Floride 2008). Après une période minimaliste dans les années 1950, pendant lesquelles il peignit des tableaux blancs illustrés de chiffres noirs, puis des tableaux noirs, il réalisa des collages visuels, les *combine paintings* (*Charlene*, 1954 ; *Odalisk*, 1955 - 1958), composés d'objets hétéroclites. L'humour corrosif qui s'en dégage situe ses œuvres dans la ligne néodada ; précurseur aussi du pop* art, Rauschenberg souhaitait briser l'illusionnisme spatial de l'expressionnisme abstrait et introduire un espace réel en trois dimensions. Travaillant à la charnière de l'art et de la vie, il exposa dans les années 1960 les objets eux-mêmes. Il obtint en 1964 le prix de la Biennale de Venise, reconnaissance de la prééminence nouvelle des États-Unis par rapport à l'Europe. Aux collages visuels succédèrent en 1965 les collages sonores, réalisés avec des émissions réelles de postes de radio ; il a développé les analogies entre son art et la musique de John Cage*.

**RAVACHOL (François Claudius KŒNIGSTEIN, dit)** ♦ Anarchiste français (Saint-Chamond 1859 - Montbrison 1892). Auteur de crimes de droit commun et de plusieurs attentats, il fut condamné à mort et exécuté. Sa célébrité fut grande.

**RAVAILLAC (François)** ♦ (Touvre, près d'Angoulême 1578 - Paris 1610). Successivement valet de chambre, maître d'école, convers chez les feuillants qui le chassèrent, il subit certainement l'influence de la campagne de réaction à la politique d'Henri* IV, qui justifiait le régicide, et pensait sauver à la fois le pays et la religion en assassinant le roi. Il parvint à ses fins le 14 mai 1610, rue de la Ferronnerie. Il affirma toujours avoir agi seul, mais il est possible qu'il ait été inconsciemment poussé à l'acte par une conspiration née dans l'entourage de la reine et favorable à l'Espagne. Il fut écartelé après avoir été torturé. ➝ ÉTYM. *Ravaillac* est le nom d'une ancienne localité de l'Angoumois.

**RAVAISSON-MOLLIEN (Félix LACHER)** ♦ Philosophe français (Namur 1813 - Paris 1900). Dans son *Essai sur la métaphysique d'Aristote* (1837 - 1846) et surtout sa thèse sur *L'Habitude* (1839), il a voulu montrer l'unité et la continuité de l'esprit (la liberté) et de la nature (la nécessité). Il a donné son essor à une métaphysique nouvelle qu'il qualifia de «réalisme ou positivisme spiritualiste».

**RĀVAṆA** → Rama, Rāmāyana

**RAVA-ROUSSKAÏA** – anc. ***Rawa Ruska*** ♦ V. d'Ukraine, près de la frontière polonaise. 8 800 hab. ▮ **Histoire** La ville appartint à la Pologne de 1919 à 1949. Durant la Deuxième Guerre mondiale, ce fut un camp de représailles établi par les Allemands pour les prisonniers de guerre.

**RAVEL (Maurice)** ♦ Compositeur français (Ciboure 1875 - Paris 1937). ▮ **Les débuts** D'un père ingénieur d'origine suisse et d'une mère basque, qui avaient tous deux l'amour de la musique, il reçut ses premiers encouragements. Entré au Conservatoire (1889), il y fut l'élève de Bériot pour le piano, de Gédalge pour le contrepoint et de Fauré pour la composition. Il n'obtint qu'un second Prix de Rome (1901) et deux échecs successifs, bientôt suivis de son élimination du concours (1905), provoquèrent son amertume. Mais ses amis R. Viñes, É. Satie, L.-P. Fargue, M. Delage, Roland-Manuel, Inghelbrecht, Déodat de Séverac, M. de Falla, Fl. Schmitt, V. Larbaud, Stravinski et Diaghilev avaient déjà reconnu ou reconnurent bientôt en lui la personnalité musicale la plus affirmée du début du XXe siècle en France, avec C. Debussy. ▮ **Les premières œuvres** En effet, il avait déjà composé la *Habanera* pour deux pianos (1895), l'ouverture de *Schéhérazade* (1898), la *Pavane pour une infante défunte*, pour piano (1899), *Jeux d'eau*, pour piano (1901), le *Quatuor en fa* (1902), les mélodies de *Schéhérazade**, d'après T. Klingsor (1903). Ravel y atteignait déjà à une maîtrise telle qu'elle n'autoriserait guère dans l'avenir à parler à son sujet d'une évolution ou d'un renouvellement, sinon dans le sens d'une volonté de

Maurice **Ravel.** Portrait par Achille Ouvré, Bibliothèque nationale de France, Paris.
*BIS/Phot. J. L. Charmet © Archives Larbor*

dépouillement. Avec les *Miroirs,* pour piano, et la *Sonatine* (1905), les *Histoires* naturelles,* cycle de mélodies sur des paroles de J. Renard, les *Chansons grecques* et *L'Heure espagnole,* comédie lyrique (1907), la *Rhapsodie espagnole,* pour orchestre, le cycle de *Ma mère l'Oye* (1908), celui de *Gaspard* de la nuit,* d'après A. Bertrand (1908), il affirmait les qualités qui allaient caractériser toute son œuvre à venir : subtilité de la ligne mélodique, pudeur, maîtrise de soi, goût pour l'exotisme, la féerie et le fantastique, équilibre harmonieux. Ses maîtres, il les reconnaissait en Fauré pour le charme vaporeux, en Chabrier pour la truculence, en Satie pour l'humour et le non-conformisme, en Moussorgski, Rimski-Korsakov et Borodine pour la couleur orchestrale, en Chopin, Liszt et Debussy enfin pour la tendresse, la virtuosité et la poésie du piano. Néanmoins, il s'inscrivait déjà dans la lignée de Couperin et de Rameau, celle d'un classicisme français dont il allait être au XX$^{e}$ s. le dernier représentant, sans cesser jamais de trouver aux problèmes du rythme, de l'harmonie et de l'orchestration les solutions les plus raffinées et les plus hardies. **▌Sa vie** Sa vie privée est pauvre en événements marquants. Engagé volontaire, malgré sa santé précaire (1916), puis réformé (1917), il se fixa à Montfort-l'Amaury (1920), séjourna souvent à Ciboure et à Saint-Jean-de-Luz, entreprit plusieurs tournées à l'étranger (Angleterre, Canada, États-Unis, 1922 - 1928), parcourut l'Europe (1932) pour y diriger notamment son *Concerto en sol* (M. Long, soliste), puis entreprit en Espagne et au Maroc un ultime voyage (1935) où son ami L. Leyritz l'entraîna, dans l'attente d'une improbable guérison (troubles du langage et de la motricité consécutifs, selon toute vraisemblance, à un traumatisme crânien). Il devait s'éteindre après quatre années d'atroces souffrances, au lendemain d'une opération sans espoir. **▌Une œuvre considérable** Outre les œuvres déjà citées, la production de Ravel est considérable dans tous les domaines, à l'exception de la musique religieuse. ***▌Pour la voix*** Il convient de retenir les trois *Poèmes de Mallarmé* (1913), les *Mélodies hébraïques* (1914), les *Chansons madécasses,* sur des poèmes de Parny (1925 - 1926). *Rêves,* sur des textes de L.-P. Fargue (1927), et *Don Quichotte à Dulcinée,* paroles de P. Morand (1932). ***▌Pour le piano*** *Menuet sur le nom de Haydn* (1909), *Valses nobles et sentimentales* (1911), le *Tombeau de Couperin* (1919). ***▌La musique de chambre*** Elle comprend *Introduction et Allegro* pour harpe (1906), *Trio en la mineur,* pour piano, violon et violoncelle (1914), *Sonate* pour violon et violoncelle, à la mémoire de Debussy (1920), *Berceuse sur le nom de Fauré* (1922), *Sonate* pour piano et violon (1923 - 1927). ***▌L'œuvre symphonique*** Elle comporte de nombreuses orchestrations : *Valses nobles et sentimentales* (1911), orchestrées pour le ballet sous le titre *Adelaïde ou le Langage des fleurs* (1912), *Ma mère l'Oye* (1912), de Ravel lui-même, et celles de la *Khovanchtchina*,* de Moussorgski, avec Stravinski (1913), du *Carnaval,* de Schumann (1914), du *Menuet pompeux,* de Chabrier (1918), des *Tableaux* d'une exposition,* de Moussorgski (1922), de *Sarabande et Danse,* de Debussy et de *Nocturne, Étude* et *Valse,* de Chopin (1923). On y trouve aussi *La Valse*,* poème chorégraphique (1920), *Tzigane,* pour violon et orchestre (1924), et les trois œuvres qui ont le plus concouru à la célébrité mondiale du musicien : *Boléro*,* composé d'abord pour le ballet (1928), le *Concerto en sol* et le *Concerto* pour la main gauche* (1931). ***▌Pour le théâtre*** Ravel a donné notamment *Daphnis et Chloé,* ballet, puis suites pour orchestre (1912), *L'Enfant* et les Sortilèges,* sur un poème féerique de Colette (1925). **▌L'art de Ravel** Caractérisé par la franchise rythmique, l'enchantement des harmonies, l'éclat de l'orchestration, l'art de Ravel évoque les jeux les plus subtils de l'intelligence et traduit les épanchements les plus secrets du cœur. Naissant de contraintes extrêmes et les sollicitant, il justifie ce jugement de V. Jankélévitch : «Ravel a reculé à l'infini les limites de l'impossible.» Son art échappe aux tentations de la décadence par la solidité du langage, la rigueur de l'architecture et la profondeur de sa résonance humaine. ➝ **ÉTYM.** *Ravel* est le surnom d'un producteur ou d'un marchand de *raves.*

**RAVELLO** ♦ V. d'Italie, en Campanie (prov. de Salerne), dominant le golfe de Salerne. 2 508 hab. Église Saint-Jean (XI$^{e}$ s.) : colonnes antiques sur lesquelles reposent trois nefs, peintures du XVI$^{e}$ s. Église Santa Maria a Gradillo. Église San Francesco : atrium gothique et cloître roman. Monuments arabo-normands : cathédrale Saint-Pantaléon à campanile du XIII$^{e}$ s. Palais Rufolo (XIII$^{e}$ s.). **▌Histoire** À l'origine, la cité dépendait d'Amalfi (XI$^{e}$ s.). Ses relations avec l'Orient et la Sicile firent sa prospérité et introduisirent le style arabo-normand.

**RAVENNE** – en it. ***Ravenna*** ➝ **ÉTYM.** p.-ê. d'une base pré-indo-eur. *°rava* «torrent, cours d'un torrent» ♦ V. d'Italie, ch.-l. de prov., en Émilie-Romagne, reliée à la mer Adriatique par un canal de 12 km (Marina di Ravenna). 134 631 hab. Les nombreux édifices religieux de Ravenne recèlent le plus important et somptueux ensemble de mosaïques d'Europe, témoignage des embellissements dont la dotèrent ses souverains, surtout les Byzantins. Les plus anciennes de ces mosaïques datent du V$^{e}$ s. : elles ornent le baptistère des Orthodoxes attenant à la cathédrale, illustrant, entre autres, le baptême du Christ, thème également traité dans le baptistère des Ariens (VI$^{e}$ s.). Élevé au V$^{e}$ s., le tombeau de Galla Placidia, en forme de croix latine, montre des mosaïques ornant voûtes et coupoles de somptueux motifs d'étoiles et de fleurs, et une scène du Bon Pasteur. Dans l'église Saint-Vital (VI$^{e}$ s.), de plan octogonal, fresques, décors de marbres et mosaïques d'une grande richesse se développent sur 2 étages, en particulier les célèbres groupes représentant l'empereur et l'impératrice de Byzance, Justinien et Théodora accompagnés de leurs suites. La basilique Saint-Apollinaire-le-Neuf (VI$^{e}$ s.) présente des mosaïques à fond or et les fameux cortèges de saintes et de martyrs. Aux environs, basilique Saint-Apollinaire-in-Classe avec arc triomphal et abside couverts de mosaïques des VI$^{e}$ - VII$^{e}$ s. En ville, pinacothèque municipale (peintres italiens du XIV$^{e}$ au XX$^{e}$ s.) ; mausolée de Dante. ▪ Ville d'art et de tourisme, Ravenne est aussi un port et un centre industriel : raffineries de pétrole, indus. chimiques, textiles (jute) et alimentaires (sucreries). **▌Histoire** Fondée par les Thessaliens, romaine depuis –234, Ravenne devint chantier naval et station militaire. Elle fut capitale sous Honorius (–402), Odoacre et Théodoric. Conquise par les Byzantins (540), elle devint la résidence des préfets byzantins en Italie et la capitale d'un exarchat (568). Conquise par Aistolf, roi des Lombards (752), elle fut prise par Pépin le Bref (756) qui la céda au pape. Ville gibeline sous les Polenta (1297 - 1441), elle perdit son indépendance au profit de Venise (1449), notamment à la suite de l'ensablement du port. Elle fut conquise à nouveau par la papauté sous Jules II (1509), devint capitale de la Romagne, fut occupée par la France (1797 - 1815) avant de rejoindre le royaume d'Italie (1860). Elle fut libérée par les Britanniques le 5 déc. 1944. ♦ ***Bataille de Ravenne (11 avr. 1512)*** Les Français, conduits par Gaston de Foix, vainquirent les Espagnols et les troupes pontificales de Jules II.

**RAVENSBRÜCK** ➝ **ÉTYM.** all. «le pont *(Brücke)* des corbeaux *(Rabe)*» ♦ Village d'Allemagne (Brandebourg), au N. de Berlin, près de Fürstenberg. ▪ Camp de concentration nazi, créé dès 1934 et principalement réservé aux femmes. Plus de 90 000 déportées (notamment des Polonaises) y périrent durant la Deuxième Guerre mondiale.

**RAVENSBURG** ♦ V. d'Allemagne (Bade-Wurtemberg), au N. du lac de Constance, sur la Schusser. Env. 48 000 hab. Église du XIV$^{e}$ s. Vestiges de fortifications. ▪ Métall. et indus. alimentaires. **▌Histoire** Au Moyen Âge, elle était le centre d'une très active compagnie de marchands.

**RAVI** n. f. ♦ Riv. de l'Inde (725 km), affl. de la Chenab, née dans l'Himalaya. L'une des «cinq rivières» du Panjab. Très utilisée pour l'irrigation. C'est l'antique *Hydraotes* des Grecs.

**RAVOIRE (LA)** [73490] ➝ **ÉTYM.** du franco-prov. *revoire* «lieu planté de chênes» ♦ Ch.-l. de cant. de la Savoie, banlieue E. de Chambéry. 6 555 hab.

**RAWALPINDI** ➝ **ÉTYM.** «village des rawals (secte de yogis)» ♦ V. du Pakistan (Panjab). 1 409 768 hab. Elle a été un temps la capitale du Pakistan, avant que ne soit achevée la ville nouvelle d'Islamabad, située à proximité immédiate. Elle doit largement son expansion à ce voisinage et à sa position sur la grande voie de passage du N. du sillon indo-gangétique. Indus. textiles, alimentaires, chimiques. Arsenal et camp militaires importants. ▪ Le district de Rawalpindi correspond à une partie de l'ancienne Gandhara (site archéologique de Taxila).

**RAWLINGS (Jerry John)** ♦ Homme d'État ghanéen (Accra 1948), né d'un père écossais et d'une mère ghanéenne d'origine éwée. En juin 1979, alors que le Ghana était en pleine dérive économique et institutionnelle, ce jeune capitaine d'aviation, qui jouissait d'une grande popularité auprès de la troupe, se donna pour mission de «nettoyer la maison [de la corruption]». Partisan, à l'époque, des solutions «à l'éthiopienne», il fit fusiller huit généraux, dont trois anciens chefs de l'État. Il remit le pouvoir trois mois plus tard à un magistrat connu pour son intégrité et qui passait, à ses yeux, pour un continuateur de l'œuvre de N'Krumah. Il reprit le pouvoir le 31 déc. 1981, reprochant aux civils d'avoir rétabli «l'ordre ancien de la corruption» et proclama la IV^e République en 1993. Il quitta le pouvoir en 2001. → **Ghana.**

**RAWLINSON** (sir **Henry Creswicke**) ♦ Orientaliste britannique (Chadlington, Oxfordshire 1810 - Londres 1895). Officier en Perse puis à Bagdad, il releva de nombreux monuments épigraphiques (notamment l'inscription de Béhistun*) et fut un des principaux déchiffreurs des caractères cunéiformes.

**RAWLS (John)** ♦ Philosophe américain (Baltimore 1921 - Lexington 2002). Son ouvrage *Une théorie de la justice* (1971) est une des principales références pour la pensée contemporaine de la politique et de la justice (trad. fr. 1987). Cherchant à fonder philosophiquement l'État-Providence, J. Rawls veut concilier l'exigence de l'accroissement de la richesse avec l'idéal de la protection des libertés individuelles, tout en défendant les plus défavorisés. Il énonce les principes suivants : principe d'égalité (chaque personne doit avoir un droit égal au système total le plus étendu de libertés de base, égales pour tous, compatibles avec un même système pour tous) ; principe de différence (les inégalités économiques et sociales doivent être au plus grand bénéfice des plus désavantagés, dans les limites d'une épargne juste, et permettre des fonctions et des positions accessibles à tous, selon le principe de la juste égalité des chances ou *fair equality*). Il poursuivit sa théorie dans *Libéralisme politique* (1993) et *Le Droit des gens* (1996). ▪ Rawls est éloigné du strict et pur libéralisme qui croit en l'harmonisation spontanée des intérêts selon la logique du marché, mais il se réclame des idéaux de libertés : son principe d'égalité n'est guère différent de celui qu'on trouve implicitement dans la Déclaration des droits* de l'homme et du citoyen de 1789. Le second principe semble légitimer une intervention dans la vie économique, ce qui soulève l'opposition des tenants du libéralisme intégral. Rawls présente son entreprise comme une volonté de résoudre l'antagonisme entre appartenance à la communauté et autonomie privée, problème qui domine les interrogations de la philosophie politique américaine.

**RAWSON** ♦ V. d'Argentine (Patagonie), cap. de la prov. de Chubut, sur le río Chubut. 26 000 hab. Port.

**RAY** ou **WRAY (John)** ♦ Naturaliste anglais (Black Notley, Essex 1627 - *id.* 1705). Il fut l'un des fondateurs de la classification naturelle, tant en botanique qu'en zoologie (où il s'occupa plus particulièrement d'ornithologie et d'ichtyologie) ; et le premier à relier la notion d'espèce à la filiation, et à en donner une définition claire. Dans sa *Methodus plantarum nova* (1682), il classa ainsi plus de 18 000 espèces de plantes d'après la structure de leurs fruits et de leurs fleurs.

**RAY (Raymond De Kremer,** dit **Jean)** ♦ Romancier belge d'expression française et néerlandaise (Gand 1887 - *id.* 1964). Son œuvre abondante comprend des romans et des contes utilisant les ressorts du fantastique, du surnaturel et de l'épouvante, d'où l'humour n'est jamais absent (*Contes du whisky*, 1925 ; *Le Grand Nocturne*, 1942 ; *La Cité de l'indicible peur*, 1943 ; *Malpertuis*, 1943 ; *Les Cercles de l'épouvante*, 1943 ; *Les Derniers Contes de Canterbury*, 1944 ; *Saint-Judas-de-la-nuit*, 1963). Il fut également le principal auteur-adaptateur des *Aventures de Harry Dickson*, «le Sherlock Holmes américain», qui parurent en fascicules de 1929 à 1938.

**RAY (Emanuel Radnitszky,** dit **Man)** ♦ Peintre et photographe américain (Philadelphie 1890 - Paris 1976). Il étudia l'architecture et le dessin industriel, puis se consacra à la peinture. L'exposition de l'Armory Show à New York (1913) lui révéla les divers courants novateurs de la peinture européenne ; il subit alors l'influence du fauvisme, de Cézanne et du cubisme, puis, fréquentant les artistes d'avant-garde réunis autour de Stieglitz* et du collectionneur Arensberg, il se lia bientôt avec Duchamp*. Il commença à pratiquer la photographie et déploya une activité multiforme qui tendait à nier les valeurs traditionnellement attachées à l'art et à la technique picturale. Abandonnant progressivement les préoccupations d'ordre plastique (*The Rope Dancer Accompanies Herself With Her Shadow*, 1916), il aborda la technique du collage (*Revolving Doors*, 1917), utilisa la peinture au pistolet en prenant souvent comme pochoir des objets usuels, produisant ainsi un effet photographique (*Aérographes*, 1917). Arrivé à Paris en 1921, il participa activement au mouvement Dada*, créant des objets insolites («ready-made aidés» comme ce fer à repasser dont la plaque est hérissée de clous : *Gift*, 1921) et inventant le procédé des *rayographies* ou photographies sans appareil, impression d'objets posés directement sur la surface sensible (*Les Champs délicieux*, 1923). Il adhéra ensuite au surréalisme. S'étant consacré à la photographie, il acquit rapidement une grande notoriété dans ce domaine (portraits d'écrivains et d'artistes) ; il réalisa aussi quelques films courts qui révèlent l'anticonformisme de sa démarche (*Le Retour à la raison*, 1923 ; *Emak Bakia*, 1926 ; *L'Étoile de mer*, 1928 ; *Les Mystères du château de Dé*, 1929). Outre des photos d'esprit surréaliste, il réalisa des peintures et des dessins : images irrationnelles d'un style plus illusionniste (*À l'heure de l'observatoire, les amoureux*, 1932 - 1934 ; *Portrait du marquis de Sade*, 1939), et des assemblages de matériaux et d'objets qui font une large place au hasard et à l'absurde. Ces œuvres, d'une signification souvent humoristique, concrétisent une idée par une manipulation ingénieuse. La démythification de la peinture allant chez lui de pair avec une notion ludique de l'activité artistique («plaisir et [...] chasse à la liberté»), Man Ray s'est affirmé comme l'un des pionniers de l'avant-garde américaine.

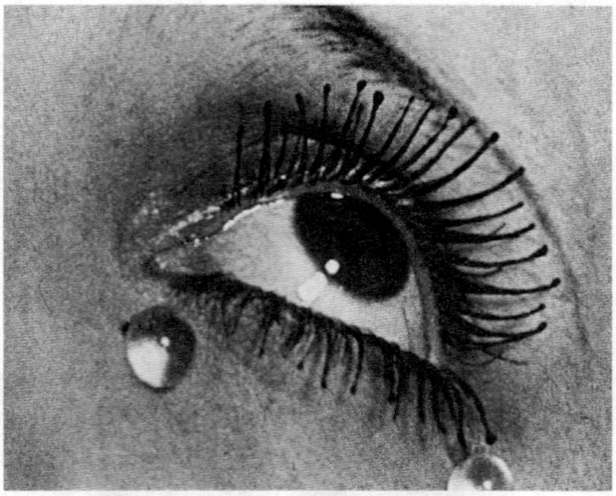

Man **Ray.** *Larmes*, 1930. Bibliothèque nationale de France, Paris.
*BIS/Phot. © Man Ray Trust/ADAGP, Paris/Archives Larbor*

**RAY (Raymond Nicholas Kienzle,** dit **Nicholas)** ♦ Cinéaste américain (La Crosse, Wisconsin 1911 - New York 1979). Son œuvre illustre, sur un mode lyrique, la révolte de la pureté et l'impossibilité de s'accorder avec le monde chez des êtres jeunes ou des adultes dont l'exigence n'a pas failli, les uns comme les autres ayant la violence pour ultime recours. Réal. princ. : *Johnny* Guitare* (1954), *La Fureur de vivre* (1955) avec James Dean, *Le Brigand bien-aimé* (1956), *Traquenard* (1958), *Le Roi des rois* (1961). ▪ Grand admirateur du cinéaste, Wim Wenders filma ses derniers moments dans le bouleversant *Nick's Movie* (1979).

**RAY (Satyajit)** ♦ Cinéaste indien (Calcutta 1921 - *id.* 1992). Formé par le poète Rabindranath Tagore, c'est le plus grand réalisateur de l'histoire du cinéma bengali, dont l'œuvre immense n'a été appréciée que tardivement en Occident. Pourtant, dès 1956, le festival de Cannes distinguait *Pather* Panchali*, premier volet d'une trilogie de la misère et de la révolte (adapté du roman de B. Banerji) qui se poursuivra avec *Aparajito* ou *L'Invaincu* (1956) et *Le Monde d'Apu* (1959). Réalisme et «offrande lyrique» sont ici admirablement conjugués. Les grandes étapes de la carrière de Ray cinéaste (il était aussi musicien et auteur de contes pour enfants) sont *Le Salon de musique* (1958), *La Déesse* (1960), *La Grande Ville* (1963), *Charulata* (1964), *Les Joueurs d'échecs* (1977), *La Maison et le Monde* (1984), sans doute son chef-d'œuvre, *L'Ennemi public* d'après Ibsen (1989), *Les Branches de l'arbre* (1990). Un autre de ses films, *L'Intermédiaire* (1975), donne la clé de son art et de sa vision du monde : Ray se pose en effet en «intermédiaire» (inspiré) entre la tradition ancestrale et la modernité, entre la vocation spiritualiste de l'individu et la nécessité d'un changement social.

**RAY** ou **RAYY** – anc. ***Rhages*** ♦ Site archéologique d'Iran, au S.-E. de Téhéran. Des fouilles dirigées par les musées de Boston et de Pennsylvanie y ont mis au jour un gisement préhistorique remontant au –III^e mill. La poterie découverte dans les strates inférieures présente des similitudes avec celle des plus anciennes couches de Tepe Sialk*. Importante cité sous les Achéménides, occupée par les Arabes (641), la ville antique fut détruite et une autre ville fut construite près de ses ruines. Elle trouva une prospérité légendaire (rivale de Damas et de Bagdad) sous les Abbassides, les Buyides et les Seldjoukides. Ravagée par plusieurs guerres civiles entre les divers schismes musulmans (1190 - 1215), la ville fut entièrement rasée par les Mongols (1220) qui massacrèrent près de 700 000 de ses habitants. Il ne reste actuellement que les vestiges de deux tours datant de la période seldjoukide (tours de Toghrol et de Nāqāre Khāneh). La petite ville de Chah Abdul Azim, centre de pèlerinage chiite, située à proximité, a été rebaptisée Ray.

**RAYLEIGH (John William Strutt,** lord**)** ♦ Physicien britannique (Langford Grove 1842 - Witham, Essex 1919). Il détermina les dimensions de certaines molécules en étudiant des couches minces monomoléculaires. Il participa avec Ramsay* à la découverte des gaz rares ou inertes. Ses travaux sur la diffusion de la lumière visible par les molécules sans changement de fréquence *(diffusion Rayleigh)* lui permirent d'expliquer la couleur du ciel (1871) et de donner une première valeur du nombre d'Avogadro* (1892). Il étudia les ondes sonores, mécaniques et sismiques. Appliquant les raisonnements de mécanique statistique à l'étude du rayonnement du corps noir, il obtint la loi de répartition spectrale dite *loi de Rayleigh-Jeans** (dont les contradictions pour certaines longueurs d'onde sont à l'origine de l'hypothèse des quanta de M. Planck*). [Prix Nobel de phys. 1904 ; Acad. sc. 1910] ➝ ÉTYM. Ce nom anglais signifie «clairière où pousse le seigle», de *rye* «seigle» et *leigh* «clairière».

**RAYMOND** ➝ ÉTYM. en lat. médiév. *Raginmundus*, du germ. *Raginmund* (de *ragin* «conseil» et *mund* «protection») [it. *Raimondo*, esp. *Ramón*, *Raimundo*, occit. *Ramon*, *Raimond*, all. *Raimund*, angl. *Raymond*, russe *Raïmond*, basque *Ramuntxo*]

**RAYMOND** ou **RAIMOND** ♦ Nom de sept comtes de Toulouse. ♦ **RAYMOND IV,** dit **Raymond de Saint-Gilles** (Toulouse 1042 - Tripoli, Syrie 1105). Comte en 1093. L'un des chefs de la première croisade, il participa aux batailles de Nicée, d'Antioche et de Jérusalem. Il refusa deux fois la couronne de Jérusalem. ♦ **RAYMOND V** ( ? 1134 - Nîmes 1194). Petit-fils du précédent. Comte en 1148. Il lutta victorieusement contre le roi d'Angleterre Henri II et le roi d'Aragon Alphonse II. Il accorda le consulat à la bourgeoisie de Toulouse (1175) et réunit la ville de Nîmes à ses États. ♦ **RAYMOND VI** (Toulouse 1156 - *id.* 1222). Fils et successeur du précédent. Comte en 1194. Prince tolérant, il ne fit rien contre l'hérésie albigeoise. Excommunié après l'assassinat du légat pontifical Pierre de Castelnau, et le pape Innocent III ayant déclenché contre lui la croisade des albigeois* (1208), Raymond VI se rangea du côté de la papauté. Cependant, dès 1209, il changea de camp, mais, battu à Muret avec son allié Pierre II d'Aragon (1213) et Toulouse ayant été conquise par Simon de Montfort (1215), il implora le pardon du pape. Dès 1217 il avait reconquis Toulouse, et, à sa mort, la majeure partie de ses États. ♦ **RAYMOND VII** (Beaucaire 1197 - Millau 1249). Fils et successeur du précédent. Comte en 1222. Il reprit Carcassonne à Amaury de Montfort (1224) mais ne put s'opposer à la croisade du roi de France Louis VIII conduite contre les albigeois* (1226). En 1229 il dut céder ses domaines au roi de France, marier sa fille Jeanne à Alphonse II de France, frère de Louis IX, et accepter la fondation de l'université de Toulouse destinée à lutter contre l'hérésie albigeoise. À sa mort, le comté de Toulouse fut réuni au domaine royal.

**RAYMOND III** ou **RAIMOND III** ♦ (mort à Tripoli, Syrie 1187). Comte de Tripoli (1152 - 1187). Deux fois régent du royaume de Jérusalem, durant la minorité de Baudouin IV et à sa mort (1185). Opposé à Gui de Lusignan, il participa néanmoins à la défaite chrétienne lors de la bataille de Haṭṭin contre Saladin (1187).

**RAYMOND (Marcel)** ♦ Critique suisse d'expression française (Genève 1897 - *id.* 1981). Après sa thèse sur Ronsard (1927), il publia *De Baudelaire au surréalisme* (1933), essai rompant par son objet et sa méthode avec l'historicisme qui régnait alors dans l'université française. Il est également l'auteur d'essais sur le baroque, Fénelon, Rousseau, Senancour, ainsi que d'une œuvre poétique et d'un récit autobiographique (*Le Sel et la Cendre*, 1970).

**RAYMOND (Alex)** ♦ Dessinateur américain (New Rochelle, New York 1909 - près de Westport, Connecticut 1956). Auteur, entre 1933 et 1944, de trois bandes dessinées également exceptionnelles dans trois genres différents : science-fiction (*Flash Gordon* «Guy l'Éclair»), aventures (*Jungle Jim*) et policier (*Secret Agent X-9*, sur un scénario de Dashiell Hammett). Après la guerre, qu'il fit dans le corps des Marines, Raymond créa une autre histoire policière en images, *Rip Kirby*, aussi habile mais moins poétique que les précédentes.

**RAYMOND BÉRENGER** ou **RAIMOND BERENGER** ♦ Nom de plusieurs comtes de Provence. ♦ **RAYMOND BÉRENGER Iᵉʳ.** (v. 1082 - 1131) 3ᵉ comte de Barcelone (1096 - 1131) et par mariage comte de Provence (1113 - 1131). Il prit Majorque (1116) et la Cerdagne (1117). ♦ **RAYMOND BÉRENGER II le Vieux** (v. 1115 - Borgo San Dalmazzo, Piémont 1162). 4ᵉ comte de Barcelone (1131 - 1162), prince d'Aragon par mariage (1137 - 1162) et commendataire de Provence (1144 - 1162). Il gouverna la Provence comme tuteur de son neveu Raymond Bérenger III ♦ **RAYMOND BÉRENGER III** (mort à Nice en 1166). Comte de Provence (1144 - 1166). Fils de Bérenger Raymond Iᵉʳ, comte de Provence (1131 - 1144) et neveu de Raymond Bérenger II. Sous son règne furent réunis pour la première fois les Trois-États de Provence. ♦ **RAYMOND BÉRENGER IV** (mort près de Montpellier en 1181). Fils de Raymond Bérenger II, il gouverna la Provence pour le compte de son frère Alphonse* II, comte de Barcelone et roi d'Aragon. ♦ **RAYMOND BÉRENGER V** (1198 - Aix-en-Provence 1245). Comte de Provence (1209 - 1245), fils d'Alphonse II d'Aragon. Il se prononça contre les albigeois et participa avec le roi de France Louis VIII à la prise d'Avignon (1226). Sous son règne, les *bailes* devinrent les véritables représentants du pouvoir comtal. Il maria ses filles avec le roi de France Louis IX, le roi d'Angleterre Henri III et Richard de Cornouailles, futur roi des Romains. Sa fille Béatrice, qui hérita du comté, épousa Charles d'Anjou, le frère de Louis IX (1246).

**RAYMOND** ou **RAIMOND DE GUYENNE** ou **DE POITIERS** ♦ (v. 1100 - Fons Murez 1149). Prince d'Antioche (1136 - 1149). Fils de Guillaume IX, duc d'Aquitaine, il devint prince d'Antioche par mariage. Il tenta de convaincre le roi de France Louis VII de l'aider à reprendre Alep, lors de la deuxième croisade. Ce dernier refusa à cause de l'intrigue qu'il entretenait avec sa femme Aliénor d'Aquitaine. Il fut vaincu et tué par Nūr* al-Dīn.

**RAYMOND DE PEÑAFORT** (saint) ♦ Religieux espagnol (château de Peñafort, Barcelone, v. 1175 - *id.* 1275). Entré chez les dominicains (1222), général de l'ordre (1238), il prêcha la croisade contre les Maures et contribua à la fondation de l'ordre religieux de *La Merced* (Notre-Dame-de-la-Merci*). Spécialisé en droit canon, auteur d'un *Corpus juris canonici* et d'une *Somme* sur la pénitence et le mariage, il fut chargé par Grégoire IX, dont il fut le confesseur, d'établir la collection des *Décrétales*. Canonisé en 1601 par le pape Clément VIII. ▪ Fête le 7 janv.

**RAYNAL (abbé Guillaume)** ♦ Historien et philosophe français (Saint-Geniez-d'Olt 1713 - Paris 1796). Il abandonna le sacerdoce pour se consacrer à la philosophie, fréquenta les salons d'Holbach et d'Helvétius. Il est surtout connu par son *Histoire philosophique et politique des établissements et du commerce des Européens dans les deux Indes*, ouvrage anticolonialiste et anticlérical qui fut publié clandestinement en 1770 et contraignit son auteur à l'exil auprès de Frédéric II, puis de Catherine II.

**RAYNAUD (Fernand)** ♦ Fantaisiste français (Clermont-Ferrand 1926 - Riom 1973). Grâce à Jean Nohain, il s'imposa à la radio et à la télévision, puis au music-hall, dans des sketches, le plus souvent tirés de la vie quotidienne (*Le 22 à Asnières*, *Les Croissants*), avec des expressions toutes faites demeurées célèbres («Heu-reux», «Y'a comme un défaut», «C'est étudié pour») ; son personnage, à la fois plein de bon sens et râleur, devint pour le public l'archétype du Français moyen. ➝ ÉTYM. *Raynaud* a la même étymologie que *Renaud**.

**RAYNAUD (Jean-Pierre)** ♦ Artiste français (Courbevoie 1939). La peinture classique n'étant plus selon lui qu'un «simulacre», il a créé dans les années 1960 des *Psycho-Objets*, dans l'optique du nouveau réalisme, dont en 1962 un immense *Pot de fleurs* rouge. Ce sujet demeurera chez lui un leitmotiv et il en réalisa plusieurs milliers. Puis il choisit le carrelage comme mode d'expression presque exclusif (*Pierre archéologique*, 1974, un simple carreau blanc dans un cadre blanc) ; il en recouvrit sa maison de La Celle-Saint-Cloud (1974), qu'il détruisit en 1993. Parallèlement, il utilisa la polychromie (*Hommage à Yves Klein*, 1984), et reprit le thème de la mort, déjà évoqué dans le liseré noir des carrelages, dans les *Funéraires* et les *Cercueils* (1972). Dans la ligne du plus strict purisme, il créa 55 fenêtres et 7 rosaces en verre pour l'abbaye cistercienne de Noirlac dans le Cher (1975 - 1976), puis la *Stèle* du CNRS (1989), première œuvre pour laquelle Raynaud a revendiqué le statut d'artiste. À partir de 1998, il réalisa des séries de drapeaux tendus sur des châssis.

**RAYNOUARD (François Juste Marie)** ♦ Dramaturge et philologue français (Brignoles 1761 - Passy 1836). Avocat, il fut élu à l'Assemblée législative en 1791, puis emprisonné comme modéré (1793 - 1794). Après *Caton d'Utique* (1794), l'une de ses tragédies, *Les Templiers*, obtint un grand succès (1805). Par ses œuvres philologiques portant sur l'ancien français et le provençal (*Choix des poésies originales des troubadours*, 1816 - 1821 ; *Lexique roman*, posth. 1839 - 1844), il prépara en France les études historiques sur l'ancienne langue et sur la renaissance occitaniste. [Acad. fr. 1807]

**RAYOL-CANADEL-SUR-MER** [ʀajɔl] [83820] ➝ ÉTYM. *Rayol*, du prov. *raïo* «endroit d'où jaillit l'eau» et *Canadel*, de *canadeou* «lieu planté de roseaux» ♦ Comm. du Var, arr. de Draguignan*. 700 hab. (*Rayolais-Canadéliens*). Station balnéaire.

**rayonnisme**

n. m. ♦ Mouvement élaboré par les peintres russes Michel Larionov* et Natalia Gontcharova* vers 1910. Les formes devaient être réparties selon le rayonnement de la lumière et non plus selon les «lignes de force» comme le voulaient les futuristes italiens. Les tableaux rayonnistes font éclater le sujet en faisceaux de couleurs aux angles aigus et deviennent quasiment abstraits (*La Pluie*, Larionov). Quelques peintres russes ont suivi Larionov et Gontcharova dont les œuvres ont eu une portée limitée, mais *Le Manifeste rayonniste* (1913) est à l'origine d'une prise de conscience slave et il a facilité l'éclosion du suprématisme* et du constructivisme*.

Les **Rayons et les Ombres** ♦ Recueil de poésies lyriques de Victor Hugo* (1840) où il manifeste la plénitude de son génie en laissant, «comme tous les poètes qui méditent et qui superposent constamment leur esprit à l'univers [...], rayonner à travers toutes ses créations [...] la splendeur de la création de Dieu» (Préface). Si l'enfance et l'amour sont présents dans ce recueil, la nature y est particulièrement célébrée, tantôt en harmonie avec les pensées du poète («Oceano Nox»), tantôt comme le milieu indifférent du bonheur humain («Tristesse d'Olympio*»). Enfin, l'auteur s'investit d'une mission sociale («Fiat voluntas») et s'oriente vers la méditation philosophique («Puits de l'Inde») qui l'amène à une «bienveillance universelle et douce» («Sagesse»).

**RAYSSE (Martial)** ♦ Peintre français (Golfe-Juan 1936). Introduit en 1960 par Arman dans le groupe des nouveaux réalistes, il le quitta dès 1963. Déclarant qu'il fallait « pousser la fausseté jusqu'au bout », il se rapprocha du pop* art par ses accumulations d'objets (*Hygiène de la vision*, 1960 ; *Raysse Beach*, 1962). Il organisa des environnements et poursuivit ses recherches en utilisant les ressources de la technique moderne : tubes au néon (*Peinture haute tension*, 1965), peinture fluorescente passée à la bombe sur du papier photographique (*Fait au Japon*, 1964, tableau réalisé sur une reproduction de la *Grande Odalisque* d'Ingres), agrandissements photographiques (*Tableaux à géométrie variable*, 1965). À partir de 1968, il effectua un retour à la terre pour y mener une réflexion sur le devenir de l'homme et tourna plusieurs courts métrages, utilisant le film négatif et les collages (*Homero Presto*, 1968 ; *Camembert extra-doux*, 1969 ; *Le Grand Départ*, 1970). Il déclara en 1970 : « Il n'y a pas de peinture, il n'y a que des idées. » Il se tourna ensuite vers la peinture d'histoire, la poésie épique et la « grande peinture », marquée par les vastes paysages bucoliques aux couleurs fortement saturées (*Georges et le dragon*, 1990 ; *Carnaval à Périgueux*, 1992 ; *Ceux du maquis*, 1992). Il a réalisé deux vitraux pour l'église Notre-Dame de l'Arche d'Alliance à Paris (2001).

**RAZ** [ʀɑ] (pointe du) → ÉTYM. « fort courant dans un passage étroit » ♦ Cap de Bretagne à l'extrémité occidentale du dép. du Finistère, au N. de la Cornouaille et en face de l'île de Sein. Entre la terre et l'île s'étend le *raz de Sein*. → **Bretagne, Finistère.**

La pointe du **Raz.** *Phot.© Daniel Sainthorant/Fotolia*

**RAZADARIT** ♦ Chef shan de Birmanie qui régna à Pégou de 1385 à 1423. Il s'opposa aux Birmans et affermit son royaume. Il laissa un célèbre récit de sa vie, chronique connue sous le nom de *Razadarit Ayedawpon*.

**RAZDAN** n. m. → **Hrazdan**

**RĀZI** → **Rhazès**

**RĀZĪ (Fakhr al-Dīn AL-)** ♦ Polygraphe d'expression arabe (mort en 1209). Né à Ray, il s'installa à Herāt après avoir parcouru le Khorezm et la Transoxiane. Il écrivit une quarantaine d'ouvrages historiques, juridiques, théologiques, philosophiques et scientifiques. Il essaya d'établir une synthèse tenant compte des grands courants de la pensée arabo-musulmane (Fārābī*, Avicenne*, Ghazālī*, al-Ach'arī*, Chāfi'ī*).

**RAZILLY (François DE)** ♦ Général français (1578 - Montpellier 1622). Parti au Brésil avec La Ravardière (1612), il y explora la côte jusqu'à l'estuaire de l'Amazone et fonda São Luis do Maranhão ; il revint en France après la prise de celle-ci par les Portugais (1615). ♦ **Isaac de Razilly.** Colonisateur français (près de Chinon 1587 - La Hève, Acadie 1635). Frère du précédent. L'un des fondateurs de la Compagnie des Cent Associés (1627), il fut gouverneur de l'Acadie après sa restitution par le traité de Saint-Germain-en-Laye (1632). Il créa le port de La Hève et développa la colonisation jusqu'au Saint-Laurent.

**RAZIM** (lac de) ♦ Lagune de Roumanie (415 km²), dans la Dobroudja, bordant la côte de la mer Noire, au S. du delta du Danube. Pêcheries.

**RAZINE (Stepan Timofeïevitch, dit Stenka)** ♦ Chef cosaque (Zimoveïskaïa v. 1630 - Moscou 1671). Il prit la tête de la révolte de 1667 - 1670. L'expédition de cosaques qu'il mena d'abord prit rapidement le caractère d'une guerre paysanne, en raison des difficultés sociales qui régnaient alors dans la région du Don, à la suite de l'arrivée de paysans fuyant le servage. Après une première campagne de pillage sur la Volga et la mer Caspienne, il obtint le pardon du tsar ; son prestige était alors immense. Cependant, il fut entraîné par l'accroissement de son armée à reprendre la lutte, s'empara de Tsaritzyne, d'Astrakhan, de Saratov, les paysans massacrant les propriétaires. Il fut battu à Simbirsk, alors qu'il menaçait la région de Moscou, et livré par l'aristocratie cosaque. Son souvenir est resté très populaire.

**RAZOUMOVSKI (Andreï Kirillovitch, prince)** ♦ Diplomate et mécène russe (Saint-Pétersbourg 1752 - Vienne 1836). Amiral, puis ambassadeur, il fut en poste dans plusieurs capitales européennes, dont Vienne où il connut Mozart, Haydn et Beethoven. Second violon d'un quatuor qu'il avait fondé dans son palais (1808 - 1815), il fut le dédicataire des trois quatuors (op. 59) de Beethoven.

**RDA** n. f. → **Allemagne**

**RDC** n. f. → **Congo, république démocratique du Congo**

**RÉ** (île de) → ÉTYM. p.-ê. du gaul. *rate, ratis* « muraille, rempart ; fort » ♦ Île du littoral atlantique (Charente-Maritime), arr. de La Rochelle. Env. 13 000 hab. (*Rhétais* ou *Rétais*). Ses deux agglomérations principales sont les ch.-l. de cant. Ars*-en-Ré et Saint*-Martin-de-Ré. Céréales. Primeurs. Viticulture. Ostréiculture. Marais salants. Pêche. Tourisme. ▪ Un pont de 3 km relie l'île à La Pallice* depuis 1988.

**RÊ** ou **RÂ** ♦ Divinité égyptienne représentée avec un corps d'homme, à visage humain surmonté du disque solaire, ou à tête de faucon, quand elle est assimilée à Horus*. Dieu du Soleil, sa capitale était Héliopolis* où, créateur du monde, il avait donné naissance aux neuf dieux primordiaux (l'ennéade). Selon la mythologie héliopolitaine, il montait chaque matin dans la barque du jour pour accomplir son voyage diurne au ciel d'Égypte en luttant contre le serpent Apopis*, puis passait dans la barque de la nuit où il se faisait haler dans le monde inférieur. Il était Khépri* à son lever, Rê à midi et Atoum* le soir. La légende lui donnait pour fille Hathor*-Tefnout, qu'il avait envoyée pour détruire l'humanité qui voulait le détrôner. À partir de la IIe dynastie, les pharaons s'intitulèrent *fils de Rê* et à la Ve dynastie ils étaient tous considérés comme fils et incarnation du Soleil, témoin la construction des pyramides, monuments essentiellement solaires. Par la suite, tous les dieux qui, selon les hégémonies locales, aspirèrent à l'universalité reçurent un aspect solaire : Amon* *(Amon-Rê)*, Khnoum* *(Khnoum-Rê)*, Horus* *(Horus-Rê)*. La synthèse la plus importante fut celle de Rê et d'Osiris* au Nouvel Empire ; Osiris, soleil nocturne, et Rê, soleil diurne, représentèrent deux aspects complémentaires d'une même grande « âme », divinité figurée par une momie à tête de bélier et dont l'unité était ainsi définie : « C'est Osiris qui repose en Rê et Rê qui repose en Osiris. »

**Rê.** Stèle de *La Dame Tent-Chénat adorant Rê*, bois peint. Musée du Louvre, Paris. *Phot. © Giraudon*

**READ** (sir **Herbert**) ♦ Écrivain et critique britannique (Muscoates Grange, Kirbymoriste, Yorkshire 1893 - Malton 1968). Poète hermétique, marqué par la Première Guerre mondiale, Read ne fut admiré que d'une élite, mais son œuvre en prose exerça une influence importante. Comme Graves*, il prôna l'idéal romantique dans le domaine de la critique (*La Forme de la poésie moderne*, 1932). Il fut parmi les premiers à faire connaître la poésie de Dylan

Thomas*. Il écrivit aussi des livres de critique d'art, dont *The Philosophy of Modern Art* (1964), un recueil de 14 essais. *Icon and Idea, the Function of Art in the Development of Human Consciousness* (1965), cours qu'il a donnés à Harvard en 1953 et 1954, affirme la prééminence de l'œuvre d'art dans le développement de l'esprit humain.

**READE (Charles)** ♦ Auteur dramatique et romancier britannique (Ipsden House, Oxfordshire 1814 - Londres 1884). Après des études à Oxford, il fut attiré par le théâtre pour lequel il écrivit *Bataille de dames* (1851) et surtout *Masques et Visages* (qui lui assura le succès), qu'il reprit pour en faire un roman, *Peg Woffington* (1853). Comme W. Scott et G. Eliot, il s'illustra dans le roman historique : *Le Cloître et le Foyer* (1861) met en scène Érasme à Rotterdam. Comme Dickens, Ch. Reade s'intéressait aux problèmes sociaux et *Argent comptant* (1863) montre les défauts du système des asiles privés ; le système pénitentiaire anglais est fustigé dans *Jamais trop tard pour bien faire* (1856), description réaliste de la fièvre de l'or en Australie. Attaché au détail authentique, Reade fut surnommé le «Zola anglais» (*La Boisson*, 1879, est une adaptation de *L'Assommoir*).

**Reader's Digest** ♦ Mensuel illustré américain fondé en 1922 par Dewitt Wallace et constitué d'extraits d'articles parus dans la presse. Connaissant un rapide succès aux États-Unis, le magazine, qui publia également des versions condensées de livres à partir de 1934, essaima dès 1938 dans le monde. Il est aujourd'hui présent dans plus de 100 pays (en France depuis 1947).

**READING** → ÉTYM. anc. *Readingas* «les gens de Read(a) [n. de pers.]» ♦ V. d'Angleterre, formant un district, au confluent du Kennet et de la Tamise. 143 124 hab. Un des principaux centres de développement de l'O. de la capitale sur l'autoroute M4, relié à l'aéroport d'Heathrow. Aux industries traditionnelles (textiles, agroalimentaire, produits chimiques, matériel ferroviaire) s'ajoutent des technologies modernes (informatique) et une croissance du tertiaire et de la recherche, avec l'université et le Centre de recherche européen de météorologie. ▪ La prison de Reading a été immortalisée par Oscar Wilde*.

**READING** ♦ V. des États-Unis (Pennsylvanie), au N.-O. de Philadelphie. 81 207 hab. (zone urbaine 373 638). Centre commercial dans une riche région agricole, la ville est surtout le siège d'importantes industries (matériel ferroviaire, fonderie, vêtements). ▮ **Histoire** Reading fut au XIX$^e$ s. un grand centre métallurgique et de constructions mécaniques (bicyclettes, automobiles).

**REAGAN** [regan] **(Ronald)** ♦ Homme d'État américain (Tampico, Illinois 1911 - Los Angeles 2004). 40$^e$ président des États-Unis (1981 - 1989). Reporter sportif, puis comédien à Hollywood (1937), il eut dès 1947 des activités syndicales et politiques avant d'entreprendre à la télévision (1954) un travail très efficace de présentateur publicitaire au service de la «libre entreprise». Grâce aux milieux d'affaires californiens et à son image populaire, il fut élu gouverneur de Californie (1967 - 1975) et son administration fut jugée honnête et saine. Républicain conservateur, proche de R. Nixon*, il fut devancé par Gerald Ford* pour la candidature présidentielle de 1976. → **Carter.** Élu à la présidence en 1980 sur un programme conservateur et favorable au retour des valeurs morales traditionnelles, libéral sur le plan économique et énergique sur le plan international, il réussit à relancer l'économie (réduction de l'inflation, baisse des impôts) au détriment des prestations sociales, qui furent considérablement réduites. Sa seconde présidence (il avait été réélu en 1984) fut entachée par le scandale de l'Irangate (1986 - 1987 ; vente secrète d'armes à l'Iran, servant au financement de la «Contra» antisandiniste au Nicaragua). Les entrevues R. Reagan-M. Gorbatchev* amorcèrent un processus de désarmement. → ÉTYM. *Reagan* vient de l'irlandais *Ó Riagain*, peut-être à rapprocher de *ríodhgach* «impulsif».

**RÉAL (Pierre François,** comte**)** ♦ Homme politique français (Chatou 1757 - Paris 1834). Procureur au Châtelet (1784), premier substitut de la Commune* insurrectionnelle de Paris et accusateur public au tribunal criminel extraordinaire après la journée révolutionnaire du 10 août 1792, il contribua à faire adopter à la Convention le décret sur la levée en masse (23 août 1793). Ami de Danton, il fut incarcéré en 1794. Historiographe de la République après le 9 Thermidor (*Journal des patriotes de 1789*, 1795 - 1796), il fut commissaire du Directoire (1799), approuva le coup d'État du 18 Brumaire an VIII (9 nov. 1799), fut nommé conseiller d'État. Adjoint de Fouché* à la Police, il déjoua la conspiration de Cadoudal*. Préfet de police pendant les Cent-Jours, exilé comme régicide en 1816, il fut amnistié en 1818.

**RÉAUMUR (René Antoine FERCHAULT DE)** ♦ Physicien et naturaliste français (La Rochelle 1683 - Saint-Julien-du-Terroux 1757). Père de la sidérurgie française, il montra que la fonte pouvait être transformée en acier par addition de fer métallique, étudia la cémentation et la trempe de l'acier (1722). On lui doit également le thermomètre à alcool qu'il réalisa vers 1730 avec une échelle 0-80. En sciences naturelles, il s'est intéressé à l'étude des invertébrés, en particulier les insectes (fourmis). Nombre de ses études gardent encore leur actualité. Il combattit l'idée de la génération spontanée, étudia la fécondation et montra le rôle de la liqueur spermatique. Ce fut encore lui qui précisa l'action du suc gastrique dans la digestion. [Acad. sc. 1708] → ÉTYM. *Réaumur* signifie «mur royal [forteresse royale]», de l'ancien français *réal* «royal» et *mur* «rempart».

## réalisme

n. m. ♦ Tendance artistique et littéraire qui, en France, caractérisa entre 1850 et 1885 un certain nombre de peintres, de sculpteurs et d'écrivains, désireux de substituer aux envolées lyriques des romantiques une représentation objective de la réalité, en refusant de donner de celle-ci une image partielle et idéalisée. ▮ **Peinture et sculpture** Ainsi, Courbet*, se voyant refuser deux toiles (*Un enterrement* à Ornans*, 1849, et *L'Atelier* du peintre*, 1855) à l'Exposition universelle de 1855, organisa sa propre exposition intitulée *Réalisme*. Rejetant l'imagination chère aux romantiques, il prônait la fidélité au réel («La peinture est un art concret, ne pouvant exister que de la représentation réelle des choses existantes») et s'opposait à la classification hiérarchique des thèmes. Aucun sujet n'étant jugé trivial, l'art réaliste, empreint des préoccupations sociales de l'époque, devait représenter la vie quotidienne du petit peuple dans un format réservé auparavant aux sujets historiques et mythologiques. Ce souci de s'attacher à la réalité la moins édulcorée se retrouve dans l'œuvre de Daumier*, tandis que Millet* s'efforçait de peindre le monde des paysans (*Les Glaneuses*, 1857) et que le sculpteur J. Dalou* célébrait le monde du travail. Les paysagistes, avec Théodore Rousseau* et les autres peintres de l'école de Barbizon*, refusèrent, dans leur représentation de la nature, l'interprétation tourmentée des romantiques ou le formalisme figé des peintres académiques. ▮ **Littérature** Duranty*, auteur du roman *Le Malheur d'Henriette Gérard* (1860) et éditeur de la revue *Réalisme* (1856 - 1857), fut avec Champfleury*, lui aussi romancier (*Chien-Caillou*, 1847 ; *Les Aventures de mademoiselle Mariette*, 1853), le théoricien du mouvement réaliste, mouvement auquel on peut rattacher d'autres écrivains comme E. Feydeau* (*Fanny*, 1858) ou même l'Alphonse Daudet* du *Petit* Chose*. Mais avant eux, Balzac*, qui dans son *Avant-Propos* (1842) de *La Comédie* humaine* se présentait comme le «secrétaire» de la «société française», avait ouvert la voie du réalisme, en posant pour toute œuvre la nécessité de la documentation objective. Le courant réaliste étendit rapidement son influence. Proudhon*, Baudelaire*, Corot* ou Daumier fréquentèrent le cénacle réaliste qu'avait constitué Courbet à la brasserie Andler. Alors qu'on faisait procès à Flaubert* et à Baudelaire d'évocations par trop crues de la réalité, le réalisme gagnait le théâtre par l'intermédiaire d'E. Augier* et d'Alexandre Dumas* fils. Certaines toiles de Manet* (*La Musique aux Tuileries* et *Le Vieux Musicien*, 1862) participèrent elles aussi de cette observation réaliste du monde contemporain. Cette diversité de sensibilités proches du réalisme pose les limites de cette notion. Ni Flaubert, ni Maupassant*, ni, à plus forte raison, Baudelaire ou Manet ne peuvent être rangés sous la bannière du réalisme. Quant aux frères Goncourt*, ils se heurtèrent à leur propre contradiction en appelant d'une part à la peinture du sordide (*Germinie Lacerteux*, 1865) et en rêvant d'autre part à un «réalisme de l'élégance» soutenu par l'écriture artiste. Vallès* de son côté plaça son œuvre sous le signe de la revendication sociale. Le réalisme français disparut ou sombra dans l'académisme, faute d'avoir pu trouver l'expression cohérente que Zola* formula par la suite (→ **naturalisme).** ▮ **Hors de France** Le terme de réalisme peut-il être élargi et s'applique-t-il à des artistes et à des écrivains étrangers ? En peinture on qualifie souvent de «réalistes» les Allemands A. von Menzel*, M. Liebermann* ou W. Leibl, certains Macchiaioli* italiens (T. Signorini, G. Fattori, S. Lega), le groupe des Ambulants russes (avec Répine*), les Anglais J.-E. Millais* et W. Hunt*, le Hongrois Munkácsy, les Belges L. Dubois, De* Groux, H. de Braekeleer, J. et A. Stevens*. Toujours en Belgique, Constantin Meunier* est considéré comme le chef de file de la sculpture réaliste. Parmi les écrivains, on peut évoquer G. Eliot* ou T. Hardy* en Grande-Bretagne, T. Fontane* en Allemagne, B. Pérez* Galdós en Espagne, les véristes (avec Verga*) en Italie et même les grands romanciers russes du XIX$^e$ s. Mais à vouloir qualifier de «réalistes» tant de créateurs, on risque de diluer dans le flou une notion que les historiens de l'art et de la littérature ont voulu limiter. De même, il serait vain de rechercher une filiation du réalisme poétique et du néoréalisme cinématographique ou de l'hyperréalisme en art avec l'œuvre des réalistes français du XIX$^e$ s.

**RÉBECCA** → ÉTYM. en hébr. *Ribhqâh* «coucheuse» ♦ Personnage biblique (Genèse, XXIV-XXVII), épouse d'Isaac*, mère d'Ésaü* et de Jacob*.

## réalisme

n. m. ♦ Théorie philosophique selon laquelle le monde peut être connu dans sa réalité. Si on l'oppose souvent à l'idéalisme et au spiritualisme, il ne faut cependant pas confondre réalisme et matérialisme. Ainsi pour Platon* il existe une réalité des Idées : les Idées ne sont pas des fictions mais, ontologiquement, des êtres réels, réalités dont «participent» les étants et le monde sensible. Aristote* soutient une autre version du réalisme, qui refuse la théorie platonicienne des Idées : pour lui l'Idée n'est pas séparable de la forme sensible. Le débat s'est prolongé et transformé avec la querelle du nominalisme*. Le critère du réel pose de nombreux problèmes : Hegel* affirme que le réel est rationnel et le rationnel réel, mais que tout ce qui n'est pas rationnel n'est, dans ce cas, pas réel. Ainsi il existe une réalité phénoménale (contingente, triviale, accidentelle : la couleur du cheval d'Henri IV) qu'il faut distinguer de la réalité effective (l'essor de la politique moderne avec la Révolution française). Nietzsche*, pour sa part, rejetant aussi bien l'Idée platonicienne que la chose en soi de Kant*, a soutenu qu'il n'existait pas d'autre monde réel que le monde des phénomènes. La question de la réalité des objets mathématiques est souvent posée : B. Russell* a soutenu la réalité des êtres mathématiques. On peut considérer comme réalistes les théories qui affirment la différence entre l'être et l'être perçu, au contraire des conceptions idéalistes de G. Berkeley*.

## réalisme magique

n. m. ♦ Mouvement artistique apparu au milieu des années 1930 à mi-chemin entre le surréalisme* et le retour au réalisme. Style plutôt que mouvement, inspiré de la «peinture métaphysique» de Giorgio De* Chirico, il révéla de grands talents individuels : Amédée Ozenfant* après son éloignement du purisme, Pierre Roy*, Balthus*, Paul Delvaux*, A. Carel Willink*, Grant Wood*, Andrew Wyeth*. Ils s'attachèrent à une description méticuleuse, en trompe-l'œil, du réel, rendu étrange par la présence d'objets et de situations insolites, qui exclut cependant les références sexuelles des surréalistes. Malgré la nécessité qu'ils ressentaient de ramener les tendances d'avant-garde à l'unité d'une même règle, leur conception du réalisme ne fut ni celle de la «réalité de vision» du XIXe s., ni celle de l'art officiel académique des régimes totalitaires d'alors. Grâce à leur culture philosophique et esthétique, à leur connaissance de la philosophie de l'existence (Husserl, Nietzsche, Heidegger), ils évitèrent le «réalisme du banal».

**REBECQUI** ou **REBECQUY (François Trophime)** ♦ Homme politique français (Marseille 1760 - *id.* 1794). Député à la Convention, où il se lia avec les girondins, il tenta, après l'élimination de la Gironde (2 juin 1793), un soulèvement fédéraliste en Provence ; supplanté par les royalistes, il se suicida.

**REBEYROLLE (Paul)** ♦ Peintre et sculpteur français (Eymoutiers 1926 - Boudreville-en-Bourgogne 2005). Chef de file de la peinture figurative de l'après-guerre, il créa des œuvres souvent monumentales inspirées par son engagement politique, ses indignations, ou ses obsessions comme le suicide ou la torture. À partir des années 1960, il inclut les matériaux les plus divers (cailloux, morceaux de bois, grillage...) dans sa peinture.

**REBOUL (Jean)** ♦ Poète français, surnommé «le Boulanger de Nîmes» (Nîmes 1796 - *id.* 1864). Fils d'un serrurier, apprenti dans une étude d'avoué puis boulanger, il composa des chansons satiriques, puis, en disciple de Lamartine, des poésies mélancoliques (*L'Ange et l'Enfant*, 1828). Lamartine lui dédia en 1830 «Le Génie dans l'obscurité» (*Les Harmonies* poétiques et religieuses*). En 1836, Reboul publia le recueil *Poésies*. Bien accueilli à Paris, il acquit sous le surnom de *poète boulanger* une véritable popularité. Il écrivit également des poèmes en langue d'oc (publ. 1865) et encouragea Mistral. Des *Poésies inédites* furent publiées en 1924. → ÉTYM. Ce nom vient de l'ancien français qui signifie «gros, bouffi» ou de *rebouler* «repousser avec rudesse».

**REBREANU (Liviu)** ♦ Romancier roumain (Târlişiua, Transylvanie 1885 - Piteşti 1944). Peintre réaliste du milieu rural avec *Ion* (1920) et *La Révolte* (1932), il étudia aussi la psychologie de l'intellectuel transylvain pris dans la Première Guerre mondiale : *La Forêt des pendus* (1922).

**RÉCAMIER (Jeanne Françoise Julie Adélaïde BERNARD, Mme)** ♦ Dame française (Lyon 1777 - Paris 1849). Elle ouvrit un salon où se réunissaient les opposants de Bonaparte, puis reçut à l'Abbaye-aux-Bois, sous la Restauration, une société très brillante. «Amoureuse de l'amitié», elle se lia notamment avec Ampère, B. Constant, puis Chateaubriand, que lui avait fait connaître Mme de Staël. → ÉTYM. *Récamier* signifie «brodeur» (nom de métier), de l'ancien français *recamer* «broder».

## réalisme socialiste

n. m. ♦ Doctrine artistique et littéraire devenue officielle en URSS en 1934. Après l'effervescence artistique qui avait suivi la Révolution de 1917, une régression vers le réalisme se produisit dès 1922, avec la nomination de Staline* au poste de secrétaire général du Parti communiste soviétique. L'Association des artistes de la Russie révolutionnaire, fondée en mai 1922, se prononça contre les avant-gardes au nom du réalisme ; le mouvement du Proletkult, décrié par Lénine*, gagna en influence, tandis que les artistes et les écrivains novateurs s'exilaient (Chagall*, Kandinsky*) ou renonçaient (Malevitch*, Maïakovski*, Tatline*). En 1934, lors du Ier Congrès des écrivains soviétiques, Jdanov* imposa le réalisme socialiste, désormais la seule voie officielle en art. Les artistes devaient contribuer à la construction du socialisme et leurs œuvres être compréhensibles par tous. Les sujets des tableaux furent inspirés de la vie des travailleurs avec Y. Brodski, S. et A.-M. Guerassimov*, S. Malioutine, N. Andreev, V. Serov, B.-W. Ioganson. À l'Exposition internationale de Paris en 1937, *L'Ouvrier et la Kolkhozienne*, de Vera Moukhina, orna le sommet du pavillon de l'URSS. Le réalisme socialiste eut également des adeptes en littérature, avec Cholokhov* et Alekseï Tolstoï*. À partir de 1955, la déstalinisation amena une mise en question partielle du réalisme socialiste, mais la doctrine survécut avec Sarian, Kontchalovski, S. Guerassimov, D. Jilinsky, A. Laktionov (*Le Cosmonaute soviétique M. Komarov*, 1967). Lors de la guerre froide, le réalisme soviétique fut mis en opposition avec l'abstraction américaine, mais influença le Social Realism de Shahn*, Evergood, Levine, et se répandit dans le monde avec l'expansion du communisme. En Europe, il prit le style de l'art «engagé» (Fougeron* en art, Aragon* en littérature). Au Mexique, il se retrouva dans l'art des muralistes. Mais c'est en Chine qu'il fut appliqué le plus strictement. Mao* Zedong en avait défini les principes dans son *Discours sur l'art et la littérature à Yenan* (1942). Les affiches maoïstes auront paradoxalement une influence sur le pop* art américain et sur certains artistes européens tels que Erró*, et seront désormais cotées.

**RECARÈDE Ier** ♦ (mort à Tolède en 601). Roi des Wisigoths (586 - 601). Fils de Léovigild. Il se convertit au catholicisme, abandonnant l'arianisme de son père, sous l'influence de saint Léandre* (concile de Tolède, 589). L'Église devint le ferment de l'unification du royaume.

**RECESWINTHE** ♦ (mort à Valladolid en 672). Roi des Wisigoths (653 - 672). Il promulgua un code pour tous ses sujets, le *Forum judicium*, inspiré du droit romain (653).

La **Recherche de l'absolu** ♦ Roman de Balzac* (1834) qui fait partie des *Études philosophiques* de *La Comédie* humaine*. L'œuvre illustre les ravages que peuvent causer les plus nobles sentiments, ici le désir de connaissance, quand ils envahissent un caractère. Plein de bon sens jusqu'à la cinquantaine, bon époux et bon père, Balthazar Claës va dilapider sa fortune en dix ans, voir sa femme mourir de chagrin et se désintéresser totalement des siens, tout habité qu'il est de la passion de l'alchimie. Personnage faustien, il poursuit en fait, à travers la transmutation des métaux, l'énigme de l'univers, et Balzac en fait un véritable «Icare de l'esprit» (Stefan Zweig).

**recherche de la vérité (De la)** ♦ Traité philosophique de Malebranche* dont le premier volume parut en 1674 et le second en 1675. Il fut suivi des *Éclaircissements*. Après avoir analysé les sources de nos erreurs (sens, imagination, mémoire, défaut d'attention, erreur de l'entendement), qui se ramènent, comme chez Descartes*, à un mauvais usage de notre volonté, Malebranche propose une méthode (en huit règles) pour atteindre la vérité.

**recherche du temps perdu (À la)** → **À la recherche du temps perdu**

**Recherches logiques** – en all. ***Logische Untersuchungen*** ♦ Ouvrage du philosophe allemand Edmund Husserl*, paru en 1901 (refondu en 1913, corrigé en 1921 et 1923). Avec ces six études, le fondateur de la phénoménologie propose une «élucidation philosophique de la mathématique pure», qu'il inscrit dans le cadre d'une réflexion sur la théorie générale des systèmes déductifs formels. La contribution de Husserl dans le champ de la théorie de la logique est aussi importante que son apport dans le domaine de la théorie de la conscience. → **Méditations* cartésiennes.**

**RECHETNIKOV (Fedor Mikhaïlovitch)** ♦ Romancier russe (Iekaterinbourg 1841 - Saint-Pétersbourg 1871). Son roman *Ceux de Podlipnaïa* (1864) décrit avec un réalisme privé de toute sentimentalité l'état sauvage dans lequel vivaient les paysans sibériens.

**RECIFE** → ÉTYM. doit son n. au récif non corallien qui longe la côte ♦ V. du Brésil, cap. de l'État du Pernambouc, à l'embouchure du rio Capibaribe. 1 423 000 hab. (aggl. 3 400 000). Habitations précaires dans la

La **Reddition de Breda.** Tableau de Vélasquez (3,10 x 3,70 m), 1635. Musée du Prado, Madrid.
*BIS/Phot. Gianni Dagli Orti © Archives Larbor*

mangrove. Port. Exportation de sucre, mélasse, coton. Archevêché dont fut titulaire dom Hélder-Pessõa* Câmara. Recife, capitale du Nordeste, est par sa pauvreté à l'image de l'ensemble de la région. Un port moderne a été créé à Suape. **Histoire** La ville fut aménagée en 1630 par les Hollandais (cour du prince humaniste Maurice de Nassau) qui organisèrent le commerce du sucre. Après leur départ en 1654, Recife resta longtemps la 2e ville du Brésil grâce à l'activité sucrière et textile.

**Récits d'un chasseur** – en russe ***Zapiski okhotnika*** ♦ Recueil de récits réalistes de Tourgueniev* (1847 - 1852). Un chasseur parcourt les campagnes russes en rencontrant toutes sortes de paysans. «C'est un acte d'accusation contre le servage dressé par un poète», a dit Herzen. Tourgueniev y représente le serf comme un être supérieur en humanité à ses maîtres. Ce livre produisit une forte impression sur Alexandre* II qui abolit le servage en 1861.

**RECKLINGHAUSEN** ♦ V. d'Allemagne (Rhénanie-du-Nord-Westphalie), dans la Ruhr*, au N.-E. de Gelsenkirchen. 123 205 hab. Port sur le canal Rhin-Herne. Anc. mine de charbon. **Histoire** Recklinghausen adhéra à la Hanse à partir de 1316.

**RECLUS (Élisée)** ♦ Géographe et théoricien français de l'anarchisme (Sainte-Foy-la-Grande 1830 - Thourout, près de Bruges 1905). Il dut quitter la France en raison de son opposition au coup d'État du 2 déc. 1851 et voyagea en Europe et en Amérique. À son retour (1857), il entreprit ses travaux géographiques, collabora aux *Guides Joanne* et publia *La Terre, description des phénomènes de la vie du globe* (1867 - 1868). Affilié à la Ire Internationale, il participa à la publication du *Cri du peuple* (1869). En 1871, il fut condamné à la déportation en Nouvelle-Calédonie comme membre de la Commune de Paris, mais sa peine fut commuée en dix années de bannissement. Installé en Suisse, Reclus, tout en collaborant à la revue *Le Révolté* (→ **Kropotkine**) et en dirigeant le journal *L'Étendard révolutionnaire* (1882), travailla à la rédaction de sa *Géographie universelle* (1875 - 1894) qui lui valut un poste à l'université libre de Bruxelles. Infatigable, il ne cessa de voyager et publia encore son ouvrage sur l'anarchisme *L'Évolution, la Révolution et l'Idéal anarchiste* (1898) et, en collaboration avec son frère Onésime, des études géographiques sur *L'Afrique australe* (1901) et la Chine (*L'Empire du Milieu*, 1902). ♦ **Élie Reclus.** Écrivain français (Sainte-Foy-la-Grande 1827 - Bruxelles 1904). Frère du précédent. Comme son frère Élisée, il fut banni en 1851 puis en 1871. On lui doit un ouvrage sur *Les Primitifs, Études d'ethnologie comparée* (1885). ♦ **Onésime Reclus** Géographe français (Orthez 1837 - Paris 1916). Frère des précédents. Il explora l'Europe, l'Afrique, publia *La France et ses colonies* (1886 - 1889) et collabora avec Élisée à la rédaction de *L'Afrique australe* (1901) et de *L'Empire du Milieu* (1902). ♦ **Armand Reclus** (Orthez 1843 - Sainte-Foy-la-Grande 1927). Frère des précédents. Il visita principalement l'Amérique centrale. ♦ **Paul Reclus.** Médecin français (Orthez 1847 - Paris 1914). Frère des précédents. Ses recherches portèrent sur l'utilisation de la cocaïne comme anesthésique local, sur les affections tuberculeuses et syphilitiques des testicules. ➝ **ÉTYM.** *Reclus* est le surnom d'un homme peu sociable, vivant en *reclus*.

**Reconquista** n. f. ➝ **ÉTYM.** esp. «reconquête» ♦ Terme espagnol désignant la reconquête menée en Espagne par les chrétiens contre les musulmans au Moyen Âge. → **Espagne** (carte). Après la victoire symbolique de Covadonga près d'Oviedo (722), la Reconquista fut d'abord conduite à partir du royaume montagnard des Asturies, devenu royaume de León au IXe s., et de la Marche franque d'Espagne créée par Charlemagne en 812. Les divisions des royaumes chrétiens face au califat de Cordoue la ralentirent plusieurs siècles durant. Au XIe s., la chute de la dynastie omeyade* permit à la Castille de dépasser la Sierra centrale pour atteindre Tolède (1080), mais cette avancée fut stoppée par les Almoravides*, et Valence, conquise par le Cid* (1094), fut perdue à la mort de ce dernier. Sous Alphonse Ier le Batailleur, l'Aragon fut au siècle suivant le fer de lance de la reconquête (prise de Saragosse, 1118), mais les Almohades*, qui succédèrent aux Almoravides en 1147, infligèrent aux armées chrétiennes une grave défaite à Alarcos (1195). Celle-ci détermina l'union des chrétiens en une croisade patronnée par Innocent* III. Après la victoire décisive de Las Navas* de Tolosa (1212), la Reconquista connut ses plus grands succès : prise de Cordoue (1236), Valence (1238), Séville (1248), conquête de l'Algarve par le Portugal. En 1270, il ne restait aux musulmans que quelques territoires dans la région de Huelva, ainsi que Grenade, finalement conquise en 1492.

**RED DEER** ➝ **ÉTYM.** angl. «cerf» ♦ V. du Canada (Alberta), entre Calgary et Edmonton. 82 772 hab. Centre commercial. Pétrochimie. Base aérienne à Penhold.

La **Reddition de Breda** ou **Les Lances** ♦ Tableau de Vélasquez* (1635). Commandée pour le dixième anniversaire de la conquête de la forteresse de Breda par les troupes espagnoles, l'œuvre représente le gouverneur Justin de Nassau remettant les clés de la ville au général Ambrogio Spinola. Vélasquez se documenta abondamment sur le décor, les circonstances et les personnages de cette scène, puisant de nombreux détails dans des gravures. S'écartant des schémas traditionnels de la scène historique, il met l'accent, à travers une composition remarquable de rythme et d'équilibre, sur le caractère de chaque personnage et sur les rapports psychologiques : à gauche du tableau, les Hollandais, vaincus, leurs lances en désordre, rendant hommage à leurs vainqueurs espagnols, à droite, élégants et nobles dans leur supériorité. La composition établie avec sûreté, la gamme chromatique aux fines tonalités grises et bleues ainsi que la facture large concourent à l'unité spatiale de l'ensemble et traduisent la qualité particulière de la lumière et de l'atmosphère.

**rédemptoristes**

n. m. pl. ♦ Congrégation religieuse, appelée aussi congrégation du Très-Saint-Rédempteur, fondée à Scala, près de Naples, en 1732, par saint Alphonse-Marie de Liguori, pour l'évangélisation des campagnes (approuvée en 1749). La règle est inspirée de celle de saint Augustin*. Les religieux sont des prêtres et des frères ; ils se consacrent aux missions paroissiales, mais aussi régionales et étrangères. La congrégation possède une branche féminine (rédemptoristines) groupant des moniales à vœux solennels dont l'activité est l'office divin et l'oraison.

**REDFORD (Charles Robert REDFORD JR., dit Robert)** ♦ Acteur et cinéaste américain (Santa Monica 1937). Blond, athlétique et malicieux, il débuta en 1962, mais le succès lui vint avec *La Poursuite impitoyable* (1966), *Jeremiah Johnson* (1972) et surtout les deux films de George Roy Hill où il a pour partenaire Paul Newman : *Butch Cassidy et le Kid* (1969) et *L'Arnaque* (1973). Il devint la star la plus populaire du cinéma américain des années 1970 : *Nos plus belles années* (1973), *Les Trois Jours du Condor* (1975), *Les Hommes du Président* (1976), *Gatsby le Magnifique* (1979), *Out of Africa* (1985). En tant que réalisateur, il s'inscrit dans le courant écologique : *Milagro* (1988), *Et au milieu coule une rivière* (1992), *L'Homme qui murmurait à l'oreille des chevaux* (1998), et dénonce la manipulation politique : *Lions et Agneaux* (2007).

**REDI (Francesco)** ♦ Naturaliste italien (Arezzo 1626 - Pise v. 1698). Ses *Expériences sur la génération des insectes* (1668) furent une mise en question de la théorie de la génération spontanée. Il étudia également les insectes et les parasites.

**REDON (Odilon)** ♦ Dessinateur, graveur, pastelliste, aquarelliste et peintre français (Bordeaux 1840 - Paris 1916). À quinze ans, il reçut du peintre S. Gorin des leçons de dessin. Son amitié pour le botaniste Clavaud l'amena ensuite à s'intéresser à la botanique et au monde animal. Il se lia aussi avec le graveur Bresdin* et subit fortement son influence. À Paris, il travailla de 1863 à 1865 dans l'atelier de Gérôme, mais apprécia peu son enseignement. Il se consacra d'abord au dessin (mine de plomb ou fusain), faisant preuve dans ce domaine d'un talent comparable à celui de Seurat*. Il s'adonna à la gravure (lithographie ou eau-forte), réalisant des albums (*Dans le rêve*, 1879) et des illustrations (*La Tentation de saint Antoine*, 1888 - 1896 ; *Les Fleurs du mal*, 1890 ; *L'Apocalypse de saint Jean*, 1899). Contrairement aux naturalistes et aux impressionnistes, il ne se limitait pas au monde sensible et affirmait qu'en art «tout se fait par la soumission à la venue de l'inconscient». Il s'appliqua à transcrire par l'image le caractère spirituel des choses, manifestant par là des tendances symbolistes ; il fut l'ami de Stéphane Mallarmé et de Valéry. Il fit preuve d'une imagination fantastique et visionnaire, créant un univers mystérieux peuplé parfois de monstres et d'hybrides décrits avec une précision naturaliste mais laissant place à l'ambiguïté. À partir de 1890, il abandonna la période dite des «noirs» et se consacra progressivement au pastel, à la peinture à l'huile, fit des recherches de mélange de matières et représenta des bouquets de fleurs aux tons rares, des portraits idéalisés, des figures mythiques (*Le Cyclope*, 1895 - 1900) et de grandes décorations murales (*Le Jour et la Nuit* pour l'abbaye de Fontfroide, 1910 - 1911). Cet indépendant, attentif à découvrir les moyens plastiques propres à concrétiser ses fantasmes, reçut l'éloge de Huysmans (*À rebours*), influença les nabis et fut considéré comme un précurseur par les surréalistes. ➝ ÉTYM. *Redon* vient de l'occitan *redond* «rond» (surnom d'un homme corpulent).

Odilon **Redon.** *Le Char d'Apollon* (100 x 80 cm), 1909. Musée des Beaux-Arts, Bordeaux. *BIS/Phot. Alain Danvers © Archives Larbor*

**REDON** [35600] ♦ Ch.-l. d'arr. de l'Ille-et-Vilaine, sur la Vilaine et le canal de Nantes à Brest. 9 499 hab. (aggl. 12 299) *(Redonnais)*. Anc. abbatiale romane Saint-Sauveur (tour à arcades ; clocher gothique du XIVe s., isolé à la suite d'un incendie). Cloître du XVIIe s. ▪ Port fluvial et maritime. Marché agricole. Indus. diversifiées.

**REDOUTÉ (Pierre Joseph)** ♦ Peintre français (Saint-Hubert 1759 - Paris 1840). Surnommé «le Raphaël des fleurs», il se spécialisa dans la peinture de plantes et plus particulièrement des roses. Peintre du cabinet de Marie-Antoinette, il fut le professeur de nombreuses dames de la cour (Joséphine, Marie-Louise, la duchesse de Berry). Il fit partie du comité scientifique qui accompagna l'expédition d'Égypte organisée par Bonaparte et au cours de laquelle il réalisa de nombreux croquis de la flore indigène. Il illustra de nombreux ouvrages de botanique tels que *La Famille des liliacées* (1802 - 1816), *Monographie des roses* (1817 - 1824). ➝ ÉTYM. *Redouté* est le surnom d'une personne que l'on craint.

**RED RIVER** n. f. ➝ ÉTYM. angl. «rivière rouge» ♦ Fl. du S. des États-Unis. Env. 2 000 km. La Red River prend sa source au Texas (Llano* Estacado), serpente dans des marais, puis traverse la Louisiane et se divise en deux branches : l'une se jette dans le golfe du Mexique, l'autre rejoint le Mississippi sur sa rive d. Elle arrose Shreveport.

**REE** (lough) ♦ Lac de la rép. d'Irlande, dans la plaine centrale. 165 km$^2$.

**REED (John)** ♦ Journaliste et militant communiste américain (Portland 1887 - Moscou 1920). Après des études à Harvard, il s'engagea dans la lutte politique en écrivant dans le journal socialiste *The Masses*. Plusieurs fois arrêté pour activisme révolutionnaire, il prit part à la fondation du Parti communiste américain. Correspondant de guerre du magazine *Metropolitan* en Russie, il se lia d'amitié avec Lénine et assista à la révolution de 1917. Il en tira un livre, *Dix jours qui ébranlèrent le monde*, publié aux États-Unis en 1919, qui connut un immense retentissement. Premier secrétaire du Communist Labor Party après la scission des communistes américains, recherché par la police, il dut s'enfuir à Moscou. Il fut enseveli au Kremlin avec les héros du bolchevisme.

**REED (sir Carol)** ♦ Cinéaste britannique (Londres 1906 - *id.* 1976). Il est surtout connu comme réalisateur du *Troisième* Homme* (1949), un des grand succès de l'après-guerre. Si la suite de sa carrière fut décevante, il avait signé auparavant quelques bons films, à dominante unanimiste (*Week-End*, 1938), policière (*Huit heures de sursis*, 1947) ou psychologique (*Première désillusion*, 1948).

**REEVES (Hubert)** ♦ Astrophysicien canadien (Montréal 1932). Ses travaux portent essentiellement sur l'évolution des étoiles et la nucléosynthèse. Il est également connu pour ses ouvrages de vulgarisation scientifique (*Poussières d'étoiles*, 1984 ; *Compagnons de voyage*, 1992).

**Régale** (affaire de la) ♦ Crise politico-religieuse (1673 - 1693) qui opposa Louis XIV et le clergé français (gallican) au pape. Le droit de régale, antérieur au XIIe s., permettait au roi d'encaisser les bénéfices afférents à certains évêchés en cas de vacance (régale temporelle) et de nommer, en place de l'évêque, aux bénéfices ne comportant pas charge d'âmes (régale spirituelle). La régale temporelle était pratiquement abandonnée, mais Louis XIV décida (1673) d'étendre la régale spirituelle à tous les évêchés français. Le clergé s'inclina, sauf les évêques d'Alet et de Pamiers qui firent appel à Rome. D'énergiques interventions d'Innocent XI restèrent sans effet ; au contraire, une Assemblée générale extraordinaire du clergé se réunit (oct. 1681 - mars 1682) qui affirma sa fidélité au roi et signa la *Déclaration* du clergé de France*, rédigée par Bossuet et aussitôt érigée en loi. La crise s'aggrava, Louis XIV choisissant ses nouveaux évêques parmi les signataires de la *Déclaration* et le pape leur refusant l'institution canonique, si bien qu'en 1688 trente-cinq évêchés étaient vacants. Néanmoins le schisme fut évité, grâce à la prudence d'Innocent* XI et d'Alexandre* VIII qui retardèrent la condamnation de la *Déclaration* jusqu'en 1691, grâce aussi à l'évolution religieuse de Louis XIV et à la nécessité, pour la France, d'obtenir l'appui du Saint Siège : en 1693, Louis XIV suspendit l'application de la *Déclaration* ; Innocent* XII cédait sur l'extension de la régale spirituelle et donnait l'investiture à seize signataires qui avaient formulé leurs excuses.

**Régence** n. f. ♦ Terme désignant en France la minorité de Louis XV (1715 - 1723), au cours de laquelle le gouvernement fut exercé par Philippe d'Orléans*. Face à la crise ouverte par la mort de Louis XIV, la Régence fut marquée par une forte réaction aristo-

## Réforme ou Réformation

n. f. ♦ Terme générique désignant l'effort de renouveau de la foi et des pratiques chrétiennes qui donna naissance, au XVI^e s., au protestantisme* (→ **luthéranisme, calvinisme, anglicanisme**). La volonté de réforme étant un thème récurrent du christianisme médiéval depuis la réforme grégorienne (→ **Grégoire I^er**), les historiens utilisent souvent le mot Réformation pour désigner la Réforme protestante, et la distinguer de la Réforme catholique (→ **Contre-Réforme**) qui suivit le concile de Trente*. ▮ **Antécédents et causes** Dès le Moyen Âge, les compromissions de l'Église avec le «siècle» avaient été ressenties comme des abus ; l'emprise de la papauté, de son administration, de sa fiscalité, l'exemple de son immoralité avaient été dénoncés. Certaines réformes s'étaient faites dans l'orthodoxie (→ **Grégoire VII, Bernard (saint), François (saint)**), d'autres avaient abouti à l'hérésie (→ **Valdo, cathares, fraticelles, Wyclif, Hus, Savonarole**). Toutes, sous des formes diverses, traduisaient un même besoin de régénération religieuse, quitte à exalter l'Esprit aux dépens de la hiérarchie. La Renaissance portait les éléments capables de transformer cette exigence en une révolution religieuse, la plus vaste qu'ait connue le christianisme. Parmi ceux-ci, l'humanisme entraîna une libération des esprits et la redécouverte de l'Écriture dans son texte original (→ **Érasme, Lefèvre d'Étaples, Reuchlin**) ; l'imprimerie, répandant à des millions d'exemplaires les écrits réformateurs, donna une assise européenne à ce qui aurait pu n'être qu'un schisme local ; le rôle même de Rome à la tête des intérêts italiens et les mœurs de la Renaissance rendirent la papauté incapable de se réformer elle-même. → **Latran (concile du)**. ▮ **L'action de Luther** Luther*, fort du succès de ses idées, de la protection de Frédéric le Sage, électeur de Saxe, des initiatives prises par Karlstadt* (Andreas Bodenstein) et Thomas Münzer* pendant sa retraite à la Wartburg (1521 - 1522), se mit à organiser personnellement la Réforme, tant dans la pratique religieuse (réduction de la messe et des sacrements, suppression des vœux monastiques et du célibat des prêtres, élection des prédicateurs) que dans la vie civile (institution d'écoles, contrôle des églises par des «visiteurs» représentant les princes). Il eut encore à lutter contre les déviations extrémistes (Karlstadt, Münzer, les anabaptistes*), à soutenir sa doctrine contre les autres réformateurs (échec, à propos des espèces de la Cène, du colloque de Marburg* entre Luther et Zwingli, 1529), à assumer la direction du mouvement : dans l'impossibilité de se rendre à la diète d'Augsbourg* (1530 ; banni, il risquait d'être arrêté), il s'y fit représenter par Melanchthon*, qui rédigea à cette occasion la Confession d'Augsbourg* ; mais ce fut Luther qui, refusant davantage de concessions, prit l'initiative d'une nouvelle rupture avec l'empereur ; en 1536, Zwingli étant mort, il réalisa avec les zwingliens ou «sacramentaires» la concorde de Wittenberg. ▮ **Aspects politiques** ▮ ***La position de Charles Quint*** Dès l'édit de Worms* (1521), Charles* Quint avait pris position contre Luther. Celui-ci fut soutenu par quelques princes (les électeurs de Saxe, le landgrave Philippe de Hesse), qui, outre leurs convictions, trouvaient avantage dans la confiscation des biens ecclésiastiques et manifestaient leur indépendance à l'égard de l'Empire. Les nécessités politiques (hostilités avec la France, l'Empire ottoman, la papauté) contraignirent Charles Quint à une certaine souplesse à l'égard des princes. En 1526, il leur accorda la liberté d'imposer la religion de leur choix dans leurs domaines (principe *cujus regio, ejus religio*). Puis il voulut revenir à l'édit de Worms. À la diète de Spire* (1529), six princes et quatorze villes «protestèrent» contre cette prétention (d'où le terme de *protestants*) ; à celle d'Augsbourg (1530), même résistance des protestants qui formèrent la ligue de Schmalkalden* (1531). Après une période de ménagements et de tentatives de conciliation qui échouèrent sur les questions théologiques (colloques de Haguenau, de Worms ; diète de Ratisbonne*, 1541), l'empereur, libéré de l'hostilité française en 1544, passa à l'offensive (guerre de Schmalkalden, 1546). Vainqueur à Mühlberg, il entra à Wittenberg (1547), promulgua l'Intérim d'Augsbourg*, mais la lutte reprit en 1552 et, par la paix d'Augsbourg* (1555), il dut reconnaître l'existence des deux religions : les deux tiers du Saint Empire étaient protestants. ▮ ***Émancipation politique et sociale*** D'un autre côté, l'émancipation luthérienne avait été interprétée en termes d'émancipation sociale et politique. En 1522 - 1523, la révolte des chevaliers (Sickingen*, Ulrich von Hutten*) fut écrasée par l'archevêque de Trèves ; en 1524 - 1525, la guerre des Paysans* (→ **Münzer**) le fut avec l'appui de Luther ; en 1535, le «royaume de Sion» baptiste, à Münster, fut liquidé par l'évêque de Münster et Philippe de Hesse coalisés. → **Jean de Leyde.** ▮ **Propagation de la Réforme** ▮ ***Suisse*** En Suisse, la Réforme fut l'œuvre de Zwingli* à Zurich (à partir de 1521) et d'Œcolampade* à Bâle (à partir de 1524) ; Berne adopta la réforme zwinglienne à partir de 1528. Le mouvement se répandit en Allemagne du Sud et en Alsace où, comme en Suisse, ce fut le gouvernement des villes qui décida et contrôla la Réforme (Strasbourg toutefois fut luthérienne avec Capiton et Bucer*). En 1531, les cantons restés catholiques, groupés en une Union chrétienne, remportèrent les victoires de Kappel, où Zwingli fut tué, et du Zugerberg : la seconde paix de Kappel garantit à chaque canton sa religion. À Genève, la Réforme fut introduite par Guillaume Farel* qui y appela Calvin* (1536). Après 1541, celui-ci créa un gouvernement théocratique rigoureux (exécutions d'opposants ou d'«hérétiques», dont Michel Servet* qui contestait la Trinité, 1553). Genève devint alors le principal centre d'enseignement, avec Théodore de Bèze*, et de diffusion de la Réforme, surtout vers la France et les Pays-Bas. ▮ ***Prusse et pays scandinaves*** La réforme luthérienne : en Prusse (1525), en Suède grâce à Gustave Vasa (1529), au Danemark avec Hans Tausen (1535) et en Norvège (1537). ▮ ***Pays-Bas, Angleterre, Écosse*** Aux Pays-Bas se répandirent d'abord le luthéranisme (à Anvers notamment) et l'anabaptisme (modéré ensuite en mennonisme, de Menno Simons*). Mais la persécution (à partir de 1521) en arrêta l'essor. C'est le calvinisme qui, plus tard, s'implanta, surtout dans les provinces du Nord ; il renforça le sentiment national et anima la résistance aux Espagnols. → **Albe (duc d'), Gueux, Guillaume d'Orange, Trente Ans (guerre de).** Pour l'Angleterre. → **anglicanisme.** Pour l'Écosse. → **Knox (John).** ▮ ***France*** En France, l'évangélisme de Lefèvre d'Étaples et du cercle de Meaux (Guillaume Briçonnet*, évêque de Meaux ; Vatable ; Farel en ses débuts) avait précédé la Réforme. François I^er passa de la tolérance aux persécutions. À son tour, Henri II prit une série de mesures : création de la Chambre ardente (1547), édits de Châteaubriant, interdisant toute fonction municipale ou judiciaire aux suspects (1551), de Compiègne, punissant de mort toute profession de foi hérétique (1557), d'Écouen, décidant d'«extirper l'hérésie» (1559). Néanmoins le calvinisme s'était répandu : en 1558, quatre mille «huguenots» conduits par le roi de Navarre avaient chanté des psaumes au Pré-aux-Clercs ; quelques jours avant l'édit d'Écouen s'était tenu le premier synode national des calvinistes, à Paris. Catherine* de Médicis inclina à la tolérance. Ce furent les violences des deux partis qui déclenchèrent les guerres de Religion* commencées avec le massacre de Wassy* (1562). ▮ ***La Contre-Réforme*** Pour la réaction de l'Église face à la Réforme. → **Contre-Réforme.** ▮ **Doctrines et textes** ▮ ***Luther*** Au fond de la doctrine de Luther se trouve le sentiment de la grandeur de Dieu face à l'homme pécheur et à la relativité des institutions, ecclésiastiques notamment. Dieu, pourtant, accorde à l'homme sa Grâce (par le don gratuit de la foi) et sa Parole (dans la Bible). Il importe donc de vivre la foi et de recevoir la Parole dans l'intimité de la conscience, et non plus selon l'autorité et l'enseignement de l'Église (Luther, pourtant, reviendra à l'idée d'une orthodoxie nécessaire). L'Église elle-même est constituée par l'assemblée des «rachetés de Christ» (qui appellent et destituent eux-mêmes leur prédicateur), et non par la hiérarchie romaine ; le pape apparaît comme l'Antéchrist. Le culte est simplifié, les sacrements réduits (en nombre et en signification) ; le culte des saints, des reliques, des images, les pèlerinages, les indulgences, la croyance au purgatoire sont relégués au rang des superstitions. ▮ ***Zwingli*** Pour les zwingliens ou «sacramentaires», les sacrements ne sont que des symboles sans efficacité par eux-mêmes ; les espèces de la Cène sont administrées en mémoire du geste de Jésus mais ne sont aucunement transformées en sa chair et son sang. ▮ ***Calvin*** Les calvinistes se distinguent par un théocentrisme absolu d'où découle la prédestination ; avec le sacrement de l'autel, les élus reçoivent spirituellement, mais réellement, le corps du Christ, tandis que les réprouvés ne reçoivent que l'apparence sensible des espèces. ▮ ***Les proclamations officielles*** Outre les ouvrages proprement dits des réformateurs, les doctrines s'affirmèrent dans des proclamations solennelles qui servirent, et souvent servent encore, de règles de foi : 95 thèses de Luther (1517), 67 thèses de Zwingli (1523), *Confessio augustana* (ou Confession d'Augsbourg*, Melanchthon, 1530), *C. tetrapolitana* (de Strasbourg, Constance, Lindau, Memmingen ; Bucer, 1530), *C. gallicana* (ou Confession de La Rochelle* 1559), *C. scotica* (Knox, 1560), *C. belgica* (Guy de Brès, 1561), *C. helvetica posterior* (Bullinger, 1562).

cratique contre le régime absolutiste constitué sous le règne précédent. Cet effacement de l'autorité royale se manifesta par la substitution de conseils aristocratiques (la polysynodie) aux secrétaires d'État, l'octroi du droit de remontrance au Parlement et la libération des jansénistes. Sur le plan économique, malgré l'échec final, le système de Law* donna un coup de fouet au commerce et entraîna l'émergence d'un nouveau type social, le financier, appelé à jouer un rôle de plus en plus important au XVIII^e s. Dominée par la spéculation et l'argent, la Régence fut aussi, après l'austérité des «antiquailles» et des «maximes» de la morale du Grand Siècle, une période de libération des mœurs. Toutefois, la recherche des «nouveautés» ne s'exprima pas seulement dans la quête du luxe et des plaisirs, symbolisée par le style rocaille* et les peintures de Watteau*, mais également dans l'intérêt pour les débats philosophiques ou scientifiques (Fontenelle*, Voltaire*), prémices de la philosophie des Lumières. Après les succès diplomatiques obtenus par la politique de Guillaume Dubois*, la Régence s'acheva sur une tentative du Régent de restaurer le pouvoir royal : suppression de la polysynodie (1718), acceptation de la bulle *Unigenitus* Dei Filius* contre les jansénistes et retour de la cour à Versailles (1720).

**REGENSBURG** → Ratisbonne

**REGER (Max)** ♦ Compositeur allemand (Brand, Bavière 1873 - Leipzig 1916). Élève de Riemann, il fut professeur de composition à Leipzig (1907), et dirigea l'orchestre de Meiningen de 1911 à 1914. Néoclassique attaché à la tradition léguée par Brahms, il voulut, en réaction contre Wagner et ses épigones Strauss et Mahler, opérer un retour à la musique pure et à la tradition polyphonique allemande incarnée par J.-S. Bach. De tempérament romantique, il se trouva contraint à donner un cadre sévère à sa sensibilité. Il a laissé une œuvre abondante, notamment dans les domaines de la musique de chambre (quatuors à cordes, sextuor, sonates, suites), pour orgue (*Fantaisie et Fugue sur B. A. C. H.*, 1900), pour piano (*Variations et fugue sur un thème de Mozart*, pour deux pianos, 1914), pour orchestre (*Variations et fugue sur un thème de Hiller*, 1907) ainsi que des concertos pour piano et violon, un *Requiem* et un *Psaume*, des poèmes symphoniques et environ 280 lieder. Par le procédé des «harmonies complémentaires», générateur d'un panchromatisme véritablement révolutionnaire, Reger a concouru au renouveau de la musique allemande, préparant notamment la voie à Hindemith*. Son influence pédagogique ne fut pas moins importante que celle de son œuvre de compositeur.

**REGGANE** ♦ Poste du Sahara algérien (wilaya d'Adrar) dans le S. du Touat. 10 153 hab. Palmeraies. Gisement de pétrole. ▪ Reggane fut, jusqu'en 1967, un centre d'essais d'engins téléguidés et d'armes nucléaires français où fut expérimentée la première bombe atomique française (1960).

**REGGIANI (Serge)** ♦ Comédien et chanteur français (Reggio nell'Emilia 1922 - Boulogne-Billancourt 2004). Comédien de théâtre (*Les Séquestrés d'Altona*, 1959) et de cinéma (*Les Portes de la nuit*, 1946 ; *Casque d'or*, 1952), il s'orienta à partir de 1962 vers la chanson, où son sens de l'interprétation et la variété de son répertoire, tour à tour poétique, comique ou politique, lui valurent de connaître une rapide consécration. ➝ ÉTYM. *Reggiani* signifie «de Reggio (nell'Emilia)».

**REGGIO DI CALABRIA** – en fr. ***Reggio de Calabre*** ➝ ÉTYM. du gr. *Rhêgion*, probablt «bifurcation», de *rhêgnumi* «briser» [venus par la mer, les colons prenaient là une route qui les menait vers le N. ou vers le S.] ♦ V. d'Italie, en Calabre, ch.-l. de prov., sur le détroit de Messine. 180 353 hab. Université. Musée national (archéologie, pinacothèque). ▪ Station balnéaire. Relations maritimes avec la Sicile. Indus. chimiques, mécaniques et textiles. Centre agrocommercial. ▮ **Histoire** Une des premières colonies chalcidiennes de la Grande* Grèce, *Rhêgion* reçut aussi les colons messéniens en –723. Occupée par les Syracusains (–387 - –351), elle s'allia ensuite à Rome et reçut une garnison qui massacra sa population en –271. Très prospère à l'époque impériale (alors appelée *Regium Julium*), elle fut l'un des derniers centres de la civilisation byzantine en Italie. Passée des Arabes aux Normands (Xe - XIe s.), ravagée par les pirates au XVIe s., elle fut très éprouvée par des séismes en 1783 et en 1908.

**REGGIO NELL'EMILIA** – en fr. ***Reggio d'Émilie***, anc. en lat. ***Regium Lepidi*** ♦ V. d'Italie, ch.-l. de prov., en Émilie-Romagne, sur la voie Émilienne. 141 877 hab. Église de la Madonna della Ghiara (XVIIe s.), palais communal, cathédrale. ▪ Marché agricole. Indus. textiles. Nœud de communications. ▪ Aux environs, ruines du château de Canossa*. ▮ **Histoire** Colonie romaine puis République lombarde, elle passa aux Este en 1290 et suivit le sort du duché de Modène. Chef-lieu du département du Crostolo (1797 - 1814), elle fut rendue à Modène en 1815 et rejoignit le nouveau royaume d'Italie (1860). Napoléon fit Oudinot *duc de Reggio*.

**REGINA** ➝ ÉTYM. ainsi nommée en l'honneur de la reine (lat. *regina*) Victoria* ♦ V. du Canada, cap. de la Saskatchewan. 179 246 hab. (zone urbaine 194 971). La population a doublé en 25 ans. Centre commercial agricole, situé au point de convergence de cinq grandes routes au cœur de vastes plaines sans arbres. Raffinerie de pétrole. Sidérurgie. Indus. alimentaires.

**REGIOMONTANUS (Johannes MÜLLER, dit)** ♦ Astronome et mathématicien allemand (près de Königsberg 1436 - Rome 1476). Il observa notamment la comète de 1472 et fut un des premiers à considérer les comètes comme des astres et non comme des météores. En mathématiques, il écrivit un traité de trigonométrie plane et sphérique (*De triangulis omnimodis*, 1533), dans lequel il utilisa les tangentes et introduisit le terme *sinus*. On lui doit encore des traductions (Ptolémée*, Théon*, Archimède*, Apollonios*). Très intéressé par la réforme du calendrier, il se rendit à Rome (1475) où le pape Sixte IV l'avait convié à s'y consacrer ; il y mourut de la peste l'année suivante.

**RÉGIS** (saint **Jean François**) → **Jean François Régis (saint)**

**RÉGIS** ou **LEROY (Pierre Sylvain)** ♦ Philosophe français (Salvetat, Agenais 1632 - Paris 1707). Il a travaillé sur un certain nombre de problèmes légués par Descartes*, comme celui du statut des essences éternelles (*Cours entier de philosophie ou Système général selon les principes de Descartes*, 1690).

**RÉGIS (Emmanuel)** ♦ Médecin français (Auterive 1855 - Bordeaux 1918). Auteur d'un *Précis de médecine mentale*, il publia en collaboration avec Hesnard* *La Psychanalyse des névroses et des psychoses* (1912), ouvrage qui contribua à faire connaître en France la théorie et la méthode de Freud.

La **Règle du jeu** ♦ Film français de Jean Renoir* (1939), avec Marcel Dalio, Nora Grégor, Roland Toutain, J. Renoir. Cette «fantaisie dramatique» met à nu la société française d'avant la guerre, en jouant sur les registres du vaudeville, de la satire et du tableau de mœurs. De simples chassés-croisés amoureux, dans le cadre d'une gentilhommière solognote, acquièrent l'éclat d'une comédie de Beaumarchais ou d'un opéra de Mozart. À sa sortie, ce fut pourtant un échec. Cet «amer et prophétique jeu de massacre» (Truffaut) heurta la susceptibilité du public. La censure l'interdit, jugeant son propos démoralisateur. Aujourd'hui, chacun s'accorde à y voir, avec André Bazin, «l'œuvre la plus évoluée, la plus riche d'enseignement, tant pour l'esthétique du scénario que de la mise en scène, du cinéma français parlant».

La **Règle du jeu** ♦ Autobiographie en 4 volumes de Michel Leiris*. *Biffures* (1948) s'attache plus directement à la période de l'enfance, mais dans une perspective qui fait surtout apparaître des rêves ou des épisodes vécus. *Fourbis* (1955) est une interrogation sur les mythes que l'écrivain s'est créés pour s'empêcher d'avoir un accès total au réel : la prostituée Khadidja lui permet de se comparer à Titus perdant Bérénice* ou à Tristan* perdant Iseult. La notion d'empêchement parcourt également *Fibrilles* (1966) mais pour marquer, par le biais d'un voyage en Chine, le découragement de l'auteur devant la vie. Le parcours autobiographique s'achève avec *Frêle Bruit* (1976) qui prolonge ce désarroi devant les grands événements du siècle. Leiris, intellectuellement révolté, affirme qu'il n'est finalement qu'un bourgeois frileux. Le lecteur, lui, se rend compte que l'œuvre, par son acuité psychologique, par son courage moral, par ses qualités d'écriture est une des plus importantes du XXe s.

**Règles pour la direction de l'esprit** – en lat. ***Regulae ad directionem ingenii*** ♦ Premier des grands écrits de Descartes*. Rédigé en latin (1628), il resta inachevé et ne fut imprimé qu'en 1701. L'auteur y expose les principes fondamentaux de sa méthode, la «mathesis universalis», science «de l'ordre et de la mesure» et y affirme l'unité et le lien de toutes les sciences qui ne sont que «les parties de la mathématique».

**REGNARD (Jean-François)** ♦ Écrivain et auteur dramatique français (Paris 1655 - château de Grillon, près de Dourdan 1709). Sa jeunesse fut aventureuse. Enlevé par des corsaires et emmené en captivité à Alger, il entreprit, sitôt libéré, un voyage dans l'Europe du Nord qui le mena jusqu'en Laponie. La relation de ce voyage demeure un de ses meilleurs écrits. Vouant ensuite son activité au théâtre, il composa de nombreuses pièces pour le Théâtre-Français et pour le Théâtre-Italien où il consacra le succès d'Arlequin, dans des comédies qui annoncent déjà l'esprit de Marivaux : *Le Joueur* (1696), *Le Distrait* (1697), *Le Retour imprévu* (1700), *Les Folies amoureuses* (1704), *Les Ménechmes* (1705), *Le Légataire* universel* (1708). ➝ ÉTYM. *Regnard* est une variante de *Renard**.

**REGNAULT (Jean-Baptiste,** baron**)** ♦ Peintre français (Paris 1754 - *id.* 1829). Élève de Vien*, prix de Rome en 1776, académicien en 1783 et professeur à l'Académie des beaux-arts, il fut un fervent admirateur de Raphaël*. Il critiqua la froideur et l'intransigeance de David* et voulut se poser comme son rival. S'inspirant de l'Antiquité, il exécuta des œuvres aux sujets mythologiques, souvent dénuées de caractère expressif et d'une facture lisse et froide. ➝ ÉTYM. *Regnault* est une variante de *Renaud**.

**REGNAULT (Henri Victor)** ♦ Physicien français (Aix-la-Chapelle 1810 - Paris 1878). Il se consacra essentiellement à l'expérimentation, effectuant des mesures avec une très grande rigueur. Il fit, avec Reiset, des mesures de quotient respiratoire, mais ses travaux concernent surtout les changements d'états (compressibilité, dilatation, ébullition, chaleur spécifique, densité). [Acad. sc. 1840]

**REGNAULT** ou **REGNAUD DE SAINT-JEAN-D'ANGÉLY (Michel,** comte**)** ♦ Homme politique français (Saint-Fargeau 1761 - Paris 1819). Député aux États généraux (1789), il siégea avec les monarchiens à l'Assemblée nationale constituante (1789 - 1791). Arrêté sous la Terreur (1793), il parvint à s'évader et revint en France après Thermidor. Rallié au coup d'État du 18 Brumaire (1799), il devint membre du Conseil d'État, dont il présida la section de l'Intérieur. Procureur général de la Haute Cour, secrétaire d'État de la famille impériale, il était très apprécié par Napoléon Ier qui le fit comte (1808). Député, ministre d'État pendant les Cent-Jours, il convainquit l'Empereur d'abdiquer après la défaite de Waterloo (1815) et vécut en exil en Amérique puis en Belgique. [Acad. fr. 1803 ; exclu en 1816] ♦ **Auguste Étienne Regnault** ou **REGNAUD DE SAINT-JEAN-D'ANGÉLY.** Maréchal de France (Paris 1794 - Nice 1870). Fils du précédent. Après avoir pris part aux dernières campagnes de l'Empire, il fut aide de camp de Napoléon Ier pendant les Cent-Jours. Exclu des cadres de l'armée lors de la Seconde Restauration (1815), il participa à la guerre d'Indépendance de la Grèce (1825), puis fut réintégré dans ses fonctions en 1829. Député de droite à l'Assemblée constituante, puis à l'Assemblée législative (1848, 1849), membre de

Jean-Baptiste **Regnault.** *La Liberté ou la Mort* (60 x 49 cm), 1794. Kunsthalle, Hambourg. *BIS/Phot. © Archives Larbor*

l'expédition de Rome (1849), il s'était rallié à la politique du prince-président, Louis Napoléon Bonaparte, qui le choisit quelque temps comme ministre de la Guerre (1851). Sénateur (1852), il devint maréchal de France après s'être distingué à la bataille de Magenta (1859).

**RÉGNIER (Mathurin)** ♦ Poète français (Chartres 1573 - Rouen 1613). Déçu dans ses ambitions matérielles, ce neveu de Desportes* mena la vie d'un libertin, après des voyages à Rome où il avait pris connaissance des burlesques italiens. Indépendant et attaché à «la bonne loi naturelle», il attaqua les mœurs de son temps dans des *Satires** en vers (1608 - 1652), inspirées d'Horace* et de Juvénal*, extrêmement variées dans leur verve réaliste. Il aborda aussi la satire littéraire en invoquant contre Malherbe* les droits du naturel et de l'inspiration. Plus qu'à ses poésies diverses, c'est bien aux croquis vigoureux et à la fougue de ses *Satires* que Régnier doit sa célébrité. ➝ ÉTYM. Ce nom vient du nom de personne germanique *Raginhari*, de *ragin* «conseil» et *hari* «armée».

**RÉGNIER (Henri DE)** ♦ Écrivain français (Honfleur 1864 - Paris 1936). Influencée par l'esthétique du Parnasse et par celle du symbolisme, son œuvre poétique, empreinte de pudeur et de mélancolie, est marquée par de remarquables réussites du vers libre (*Les Jeux rustiques et divins*, 1897), puis par un retour à la prosodie classique (*Les Médailles d'argile*, 1900 ; *La Cité des eaux*, 1902 ; *La Sandale ailée*, 1906 ; *Le Miroir des heures*, 1910 ; *Vestigia flammae*, 1921 ; *Flamma Tenax*, 1928). Romancier, Henri de Régnier a su exprimer, dans un style élégant et volontiers archaïque, sa nostalgie d'un passé aristocratique et libertin et son amour des fastes évanouis de Versailles et de Venise *La Double Maîtresse* (1900), *Le Bon Plaisir* (1902), *Les Rencontres de M. de Bréot* (1904), *La Pécheresse* (1920). [Acad. fr. 1911]

**RÉGNIER-DESMARAIS (François)** ♦ Grammairien français (Paris 1632 - *id.* 1713). Entré dans les ordres (1668), il fit œuvre d'historien, de traducteur, de grammairien. Membre de l'Académie française (1670), il en devint secrétaire perpétuel en 1684. Il fut l'un des principaux rédacteurs du *Dictionnaire de l'Académie* dont il publia la première édition (1694) et se fit le porte-parole de l'Académie dans la querelle qui opposa celle-ci à Furetière.

**REGNITZ** n. f. ♦ Riv. d'Allemagne (210 km) et affl. rive g. du Main. Formée par la réunion de la Rezat de Souabe et de la Rezat de Franconie, elle porte, jusqu'à son confluent avec la Pegnitz (au niveau de Fürth), le nom de Rednitz. Elle arrose Fürth, Erlangen, Bamberg et Nuremberg. Le Ludwigskanal, branché sur l'Altmühl (affl. du Danube), utilise ses eaux jusqu'à Bamberg.

Les **Regrets** ♦ Recueil de 191 sonnets en alexandrins, publié par Joachim du Bellay* à son retour de Rome (1558). Obéissant à une double inspiration, élégiaque et satirique, le poète exprime sa nostalgie de la patrie («France, mère des arts») ou stigmatise les vices de la vie romaine. L'émotion de ces confidences, qui s'appuie sur une grande maîtrise de la versification, fait de J. du Bellay «le plus personnel [...] de tous les poètes du XVI$^e$ siècle» (É. Faguet).

**REGUEIBAT, REGUIBAT** ou **R'GIBAT** n. m. pl. ♦ Tribu maure* du Sahara occidental, d'origine berbère. Selon une tradition légendaire (XII$^e$ - XIII$^e$ s.), leur berceau serait la région de Marrakech. Vers cette époque, ils se seraient installés dans la région de l'oued Draa.

**REGULUS** – en lat. ***Marcus Attilius Regulus*** ♦ Homme politique et général romain (mort à Carthage v. -250). Consul en -267, il prit Brindes (Brindisi) puis, à nouveau consul en -256 lors de la première guerre punique*, remporta la victoire d'Ecnome* et dirigea la campagne d'Afrique. Fait prisonnier en -255, il fut envoyé à Rome, sur parole, en -250 pour négocier un échange de prisonniers, mais, ayant dissuadé le Sénat romain d'accepter les conditions de Carthage, il fut supplicié par les Carthaginois à son retour.

**RÉGULUS** ♦ Nom donné à l'étoile Lion*. Magnitude 1,4 ; type spectral B 8 ; distance 85 années-lumière.

**RÉGY (Claude)** ♦ Metteur en scène français (Nîmes 1923). Attaché à la création contemporaine (Botho Strauss*, Peter Handke, Nathalie Sarraute, Marguerite Duras), il a élaboré un théâtre fondé sur une relation dissociée du texte et de l'image, du rythme et des situations, dans lequel le jeu de l'acteur se singularise par un équilibre entre l'investissement psychique et une certaine distance. ➝ ÉTYM. *Régy* vient de l'occitan *rec* «ruisseau» ou vient du nom de personne germanique *Regwis*.

**RE HE, REHE, JO-HO** ou **JEHOL** ♦ Anc. province de la Chine du Nord, auj. partagée entre les provinces du Hebei* et du Liaoning* et la région autonome de Mongolie-Intérieure. Sous la dynastie des Qing, s'y déroulaient les chasses d'automne des empereurs mandchous. Une importante résidence d'été (le Bishu shanzhuang à Chengde, 564 ha) y fut construite au XVIII$^e$ s. par les empereurs Kangxi* et Qianlong* (→ **Chengde**). L'empereur Xianfeng* s'y réfugia en 1860 (→ **Opium [guerres de l']**) et y mourut l'année suivante.

**RÉHON** [54430] ➝ ÉTYM. du germ. *Rageno*, n. de pers. ♦ Comm. de la Meurthe-et-Moselle, arr. de Briey. 3 200 hab. *(Réhonnais)*.

**REHOVOT** ♦ V. d'Israël, située au S. de Tel-Aviv, dans la plaine de Judée. 104 500 hab. Indus. alimentaires (traitement des agrumes de la région).

**REICH (Wilhelm)** ♦ Psychiatre et psychanalyste américain, d'origine autrichienne (Dobrzcynika, Galicie 1897 - pénitencier de Lewisburg, Pennsylvanie 1957). Marxiste, il voulut orienter la psychanalyse dans un sens révolutionnaire et lutta pour une révision radicale de la morale sexuelle. Il fonda en Allemagne la ligue pour une politique sexuelle prolétarienne. Ses divergences avec Freud et son orientation politique le firent exclure de l'Association psychanalytique internationale, alors que, dans la même période, sa position sur la sexualité et ses critiques de la politique stalinienne lui valaient d'être exclu du parti communiste. Il s'installa aux États-Unis et y récrivit son œuvre, élaborant un système religieux avec cosmogonie et affirmant avoir trouvé l'énergie biologique et le moyen de guérir toutes les maladies. Il fut poursuivi pour exercice illégal de la médecine et fut condamné pour outrage à magistrat à deux ans de prison. Incarcéré dans un pénitencier, il y mourut. ▪ Wilhelm Reich a développé l'analyse caractérielle et la théorie de l'orgasme. Un des points centraux de sa théorie est le rôle politique conservateur de la famille coercitive et de la répression de la sexualité infantile et juvénile. Période «freudomarxiste» : *La Fonction de l'orgasme* (1927) ; *Matérialisme dialectique et Psychanalyse* (1929) ; *Le Combat sexuel de la jeunesse* (1932) ; *L'Analyse caractérielle* (1933) ; *La Psychologie de masse du fascisme* (1933). Période américaine : refonte des œuvres précédentes et *Écoute, petit homme* (1951 - 1952), *Le Meurtre du Christ* (1952 - 1953). ➝ ÉTYM. Ce nom allemand signifie «empire».

**REICH (Steve)** ♦ Compositeur américain (New York 1936). Un des inventeurs de la musique «répétitive», il a étudié les musiques africaines tout en se réclamant de la tradition occidentale (*Drumming*, 1971 ; *The Desert Music*, 1983 ; *Different Trains* pour quatuor à cordes et bande, 1988) ; *The Cave*, «documentaire de théâtre musical», 1996 ; *Three Tales* (2002), «opéra-vidéo».

**Reich** ➝ ÉTYM. all. «empire» ♦ Le *I$^{er}$ Reich* correspond au Saint* Empire romain germanique (962 - 1806). Le *II$^e$ Reich* est l'empire fondé par Bismarck* (1871 - 1918). L'Allemagne nationale-socialiste de Hitler* (1933 - 1945) s'intitula *III$^e$ Reich*.

**REICHA (Antonín REJCHA, dit en fr. Anton)** ♦ Compositeur et théoricien français de la musique, d'origine tchèque (Prague 1770 - Paris 1836). Flûtiste à la cour de Bonn où il devint l'ami de Beethoven, il fut à Vienne l'élève de Haydn et finit par se fixer à Paris où il enseigna la composition au Conservatoire (1818). Pédagogue de grand mérite, il compta parmi ses élèves Berlioz, Liszt, Franck et Gounod. Il a laissé des opéras, de la musique symphonique, de la musique de chambre (dont 26 quintettes à vent), de nombreuses pièces pour piano et orgue, et surtout des ouvrages théoriques qui demeurent appréciés (*Cours de composition musicale*, 1818 ; *Traité de haute composition musicale*, 2 vol., 1824 - 1826). Son père JOSEF REICHA (Chudenice 1752 - Bonn 1795), compositeur et violoncelliste, prit la direction de l'Orchestre de Bonn en 1789.

**REICHARDT (Johann Friedrich)** ♦ Compositeur et musicographe allemand (Königsberg 1752 - Giebichenstein, près de Halle 1814). Maître de chapelle de Frédéric le Grand (1775), il fut un remarquable animateur de la vie musicale berlinoise, présidant notamment à la création d'un Concert spirituel, sur le modèle parisien. Tombé en disgrâce pour ses sympathies affirmées à la cause de la Révolution française, il fut le maître de chapelle de Joseph Bonaparte, roi de Westphalie (1808). Il a laissé de nombreux opéras, des symphonies, des cantates, de la musique de chambre, et surtout de nombreux lieder, odes et ballades en particulier sur des poésies de Goethe* dont il fut l'ami. Son rôle est important dans l'histoire du *singspiel* et du *lied* allemands. Il écrivit notamment des articles sur la vie musicale à Berlin et en Allemagne, et les récits de ses séjours à Paris (1792 - 1793, puis 1802 - 1803) et à Vienne (1808 - 1809).

**REICHENAU** ♦ Île d'Allemagne dans l'Untersee du lac de Constance*, c'est-à-dire la partie comprise entre Constance et la sortie du Rhin. 4,4 km². Abbaye carolingienne Saint-Georges-d'Oberzell (grand foyer spirituel au XIᵉ s.) avec des fresques remarquables relatant les miracles du Christ.

**REICHENBACH (Hans)** ♦ Philosophe et logicien allemand (Hambourg 1891 - Los Angeles 1953). Membre du cercle de Vienne*, il adopta des positions originales sur les problèmes de logique et de théorie de la connaissance. Il établit les bases d'« une logique à un nombre infini de valeurs, capable d'absorber le calcul des probabilités » (L. Rougier) et construisit un système logique à trois valeurs (vrai, faux, indéterminé) pour l'interprétation de la mécanique quantique (→ **Planck**). Sa conception de la vérifiabilité et du sens d'un énoncé, déterminé par son degré de probabilité, dérive de ses travaux logiques. Œuv. princ. : *Axiomatique des buts et des voies de la philosophie contemporaine de la nature* (1931), *Logique de la probabilité* (1932), *Théorie de la probabilité* (*Wahrscheinlichkeitslehre*, 1935). ➝ **ÉTYM.** Ce nom vient du vieil allemand « fleuve *(bah)* puissant *(rîhhi)* ».

**REICHSHOFFEN** [67110] ➝ **ÉTYM.** du germ. *Richin*, n. de pers., et *hof* « ferme » ♦ Comm. du Bas-Rhin, arr. de Haguenau. 5 183 hab. *(Reichshoffennois)*. Restes d'une enceinte fortifiée. Église du XVIIIᵉ s. ▮ **Histoire** La courageuse charge des cuirassiers français, dite *charge de Reichshoffen*, lors de la défaite de Mac-Mahon, le 6 août 1870, eut lieu en fait à Morsbronn-les-Bains. La division Bonnemain, composée des 1ᵉʳ, 2ᵉ, 3ᵉ et 4ᵉ cuirassiers, se fit anéantir sous le feu de 48 canons et d'une infanterie adverse bien abritée. Un obélisque a été érigé à leur mémoire.

**Reichsrat** n. m. ♦ Nom allemand du Conseil d'Empire (1848 - 1861), puis du Parlement autrichien (1861 - 1918). Ce dernier comprenait la Chambre des seigneurs *(Herrenhaus)*, héréditaires ou nommés par l'empereur, et la Chambre des représentants *(Abgeordnetenhaus)*, élus par les diètes provinciales.

**REICHSTADT** ➝ **ÉTYM.** all. « ville impériale » – en tchèque ***Zákupy*** ♦ Village de Bohême. Cette seigneurie fut érigée en duché pour le fils de Napoléon Iᵉʳ, Napoléon* II.

**Reichstag** n. m. ♦ Nom d'une des deux assemblées législatives de la Confédération* de l'Allemagne du Nord (1866 - 1871), de l'Empire allemand (1871 - 1918) et de la république de Weimar* (1919 - 1933). Élue au suffrage universel, elle représentait les intérêts de la nation allemande. ♦ ***Incendie du Reichstag*** Incendie allumé par un jeune individu isolé, Van der Lubbe, qui détruisit le Reichstag le 25 fév. 1933. Cet acte ne fut pas commis à l'instigation des nazis, comme on le crut longtemps, mais ceux-ci l'exploitèrent immédiatement contre les communistes, ce qui permit à Hitler de les mettre hors la loi et d'effectuer des milliers d'arrestations, après avoir établi dès le 28 fév. un régime d'exception.

**REICHSTEIN (Tadeus)** ♦ Biochimiste suisse d'origine polonaise (Włocławek 1897 - Bâle 1996). Il participa à la réalisation de la synthèse de l'acide ascorbique (1933). Auteur de travaux sur les hormones de la glande corticosurrénale, il isola (avec E. Kendall*) la corticostérone (1936) ainsi que l'adrénostérone (1937) ; il réalisa la synthèse partielle de la désoxycorticostérone qu'il parvint ensuite à extraire de la corticosurrénale (1938) ; il montra l'influence de cette hormone sur le métabolisme de l'eau et du sel et son action thérapeutique dans la maladie d'Addison*. Il réalisa avec Kendall la synthèse de la cortisone en 1947. [Prix Nobel de physiol. ou méd 1950, avec P. Hench* et E. Kendall]

**REICHSTETT** [67116] ➝ **ÉTYM.** du germ. *Richo*, n. de pers., et *stat* « endroit » ♦ Comm. du Bas-Rhin, arr. de Strasbourg. 4 882 hab. Raffinerie de pétrole.

**Reichswehr** n. f. ➝ **ÉTYM.** all. « défense de l'Empire » ♦ Nom donné de 1919 à 1935 à l'armée allemande, telle qu'elle avait été autorisée par le traité de Versailles (100 000 hommes pour l'armée de terre et 25 000 hommes pour la marine). En 1935, Hitler rétablit le service militaire obligatoire, et la nouvelle armée prit le nom de *Wehrmacht*.

**REID (Thomas)** ♦ Philosophe écossais (Strachan, Kincardineshire, auj. dans la région de Grampian 1710 - Glasgow 1796). D'abord pasteur, il devint professeur de philosophie à Aberdeen puis à Glasgow. Contre l'idéalisme de G. Berkeley* et le scepticisme de Hume*, il réhabilita la perception immédiate des objets extérieurs et les vérités du « sens commun » (→ **Buffier**). Il publia notamment *Recherche sur l'entendement humain d'après les principes du sens commun* (1764).

**REID (Thomas Mayne)** dit **le capitaine Mayne Reid** ♦ Romancier britannique (Ballyroney, County Down, Irlande 1818 - près de Ross, Herefordshire 1883). Fils d'un pasteur presbytérien, il était destiné à l'état ecclésiastique, mais, en quête d'aventures, il quitta son pays. Journaliste à Philadelphie en 1843, il prit part à la guerre contre le Mexique en 1846, expérience qu'il utilisa dans ses romans, dont, le plus souvent, les héros sont des Indiens : *Les Francs-Tireurs forestiers* (1850), *Les Chasseurs de chevelures* (1851), *La Piste de guerre* (1857), *Le Cavalier sans tête* (1866).

**REIDY (Alfonso Eduardo)** ♦ Architecte brésilien (Paris 1909 - Rio de Janeiro 1963). Créateur d'une architecture parfaitement adaptée à des sites souvent accidentés, il participa à la construction du ministère de l'Éducation et de la Santé (1936 - 1943) à Rio de Janeiro, réalisa dans cette ville les unités résidentielles de Pedregulho (1950) et de Gavea (1954), le théâtre populaire (1950 - 1951), le musée d'Art moderne (1954 - 1967) et aménagea avec Burle Marx le parc Flamengo (1962 - 1964).

**REIGATE AND BANSTEAD** ♦ Ensemble de deux villes d'Angleterre (Surrey), dans la banlieue S. de Londres. 115 000 hab. La localisation près du carrefour des autoroutes M23 et M25 explique son développement récent.

**REIGNIER** [74930] ♦ Ch.-l. de cant. de la Haute-Savoie, arr. de Saint-Julien-en-Genevois. 5 269 hab.

**REIK (Theodor)** ♦ Psychanalyste américain d'origine autrichienne (Vienne 1888 - New York 1969). Élève de Freud, il publia en 1922 une thèse sur *La Tentation de saint Antoine* de Flaubert. Après une analyse avec Karl Abraham*, il enseigna et exerça à Vienne puis à Berlin. Fuyant le nazisme, il s'installa en 1938 aux États-Unis et fonda la National Psychological Association for Psychoanalysis, réservée aux analystes non médecins. Il est l'auteur d'ouvrages de psychanalyse appliquée (*Le Besoin d'avouer. Psychanalyse du crime et du châtiment*, 1959) et d'ouvrages autoanalytiques, tels que *Variations psychanalytiques sur un thème de Mahler* (1953), où il analyse ses propres obsessions musicales au moment de la mort de K. Abraham, ou *Fragment d'une grande confession* (1965), réflexion lucide sur le vieillissement.

**REILLE** [ʀɛj] **(Honoré Charles,** comte**)** ♦ Maréchal de France (Antibes 1775 - Paris 1860). Volontaire en 1792, il fut promu général en 1803 et devint aide de camp de Napoléon Iᵉʳ (1807). Il prit part à l'occupation de Florence et de la Toscane (1807). Fait comte d'Empire (1808), il se distingua à Wagram (1809) et à Anvers (1809). Il fut placé à la tête de l'armée du Portugal (1812) puis, sous les ordres du maréchal Soult, organisa la retraite de l'armée française après la défaite de Vitoria (juin 1813). Après avoir pris part à la bataille de Waterloo (1815), il se rallia aux Bourbons, devint pair (1819) puis gentilhomme de la cour du roi en 1820. Promu maréchal de France par Louis-Philippe (1847), il devint sénateur (1852). ♦ **René Charles,** baron **Reille.** Homme politique français (Paris 1835 - *id.* 1898). Fils du précédent. Il abandonna la carrière militaire pour la politique et fut élu député (1869). Après avoir participé à la défense de Paris en 1871, il fut réélu à l'Assemblée nationale (1876 - 1878, 1879 - 1898). ➝ **ÉTYM.** Ce nom vient de l'ancien occitan *relha* « soc de la charrue ».

**REIMANN (Aribert)** ♦ Compositeur allemand (Berlin 1936). Il est l'auteur, notamment, de lieder et des opéras *Ein Traumspiel*, d'après Strindberg (1965), *Melusine* (1971), *Lear*, d'après Shakespeare (1978, Munich), *Die Gespenstersonate*, d'après Strindberg (1984, Berlin), *Troades* (1986, Munich), *Das Schloss*, d'après Kafka (1992, Berlin), *Bernarda Albas Haus*, d'après García Lorca (2001, Munich).

**REIMARUS (Hermann Samuel)** ♦ Érudit allemand (Hambourg 1694 - *id.* 1765). Recteur à Wismar, puis professeur d'hébreu à Hambourg, il est l'auteur d'une critique historique des Évangiles où, mettant en question la révélation, la divinité du Christ, la Trinité, il développe une conception rationaliste de la religion (*Apologie oder Schutzschrift für die vernünftigen Verehrer Gottes*, rédigée en 1744). Le manuscrit de cette œuvre que, par prudence, Reimarus n'avait pas publiée, fut remis à Lessing* par les héritiers de l'auteur (1768) ; celui-ci en fit paraître, anonymement, plusieurs fragments (1774 - 1778).

**REIMS** [ʀɛ̃s] [51100] ➝ **ÉTYM.** du n. des *Rèmes** ♦ Ch.-l. d'arr. de la Marne, sur la Vesle, en Champagne. 187 206 hab. (aggl. 213 226, 28ᵉ rang). *(Rémois)*. Archevêché. Vestiges de l'époque romaine (porte de Mars). Abbatiale Saint-Remi, « charnière de l'art carolingien et de l'art roman » (musée d'Histoire et d'Archéologie dans l'abbaye). Église Saint-Jacques (XIIᵉ s., reconstruite aux XIVᵉ et XVᵉ s.). La cathédrale Notre-Dame (XIIIᵉ s.) est un des exemples les plus parfaits du gothique. Le chœur et le transept furent construits par Jean d'Orbais et Jean Le Loup (1211 - 1231), la nef par Bernard de Soissons et Robert de Coucy (1253 - 1311) ; les tours datent des XIVᵉ et XVᵉ s. Statuaire remarquable (comprenant le célèbre *Ange au sourire*). Palais du Tau (ancien archevêché). Place Royale, ensemble architectural du XVIIIᵉ s. Basilique

**Reims.** L'*Ange au sourire* de la cathédrale de Reims. *Phot. © Gérard Antonetti/Fotolia*

Sainte-Clotilde (1898). Musée Saint-Denis (Beaux-Arts). Musée de la Sculpture et des Sacres. ▮ **Économie** Située à proximité des vignobles de Champagne, la ville s'est bâti une réputation internationale grâce à ce vin et concentre de grandes entreprises de négoce (Moët et Chandon, Pommery, Lanson). Peu spécialisée, hormis le champagne, Reims se situe dans l'orbite parisienne et a accueilli des établissements industriels et tertiaires décentralisés. Une liaison TGV existe depuis 2007. Seul l'axe autoroutier A26 vers Calais (dit «autoroute des Anglais») rompt ce schéma centre-périphérie. La ville tente de s'affirmer, notamment en développant ses capacités de recherche et son université, mais elle ne possède pas les fonctions de capitale régionale, dévolues à Châlons-en-Champagne moins excentrée en Champagne-Ardenne. ▮ **Histoire** Métropole des Rèmes, la ville eut d'abord pour nom *Durocortorum* («forteresse ronde») et fut la métropole de la Gaule belgique en 17. Clovis s'y fit baptiser par saint Remi en 496 et les rois de France s'y firent sacrer. La fortification de la ville par Philippe le Bel date de 1295, l'institution de l'université de 1547. ▪ La cathédrale fut bombardée par les Allemands au cours de la Première Guerre mondiale, et restaurée grâce à l'aide des Américains (elle est auj. menacée par l'effritement de la pierre). C'est à Reims que fut signé l'acte de capitulation allemande de 1945.

**REINACH** [ʀɛnak] **(Jacques,** baron **DE)** ♦ Financier français d'origine allemande (Francfort-sur-le-Main 1840 - Paris 1892). Venu à Paris (1863), où il fréquenta les milieux républicains (particulièrement gambettistes) et où il obtint la nationalité française (1871), il fut directement impliqué dans le scandale de l'affaire de Panamá* ; accusé d'avoir corrompu des parlementaires et inculpé, il fut retrouvé mort à son domicile (sans qu'on ait pu savoir s'il s'était agi d'un suicide ou d'un assassinat). ♦ **Joseph Reinach.** Homme politique français (Paris 1856 - *id.* 1921), neveu et gendre du précédent. Chef de cabinet de Gambetta, rédacteur en chef de *La République française,* il siégeait comme député (1889 - 1898) à l'époque de l'affaire Dreyfus*. Il prit la défense de ce dernier, dénonçant en particulier le faux rédigé par le colonel Henry. Il fut réélu en 1906 et 1910. Il est l'auteur d'une *Histoire de l'affaire Dreyfus* (1901 - 1911).

**REINACH** [ʀɛnak] **(Salomon)** ♦ Philologue et archéologue français (Saint-Germain-en-Laye 1858 - Boulogne-sur-Seine 1932). Auteur d'un *Manuel de philologie classique* (1880), d'un *Traité d'épigraphie grecque* (1885), d'ouvrages sur la sculpture et la peinture grecque et romaine, les peintures du Moyen Âge et de la Renaissance, il dirigea le musée des Antiquités nationales de Saint-Germain-en-Laye (1902). ♦ **Théodore Reinach.** Numismate et historien français (Saint-Germain-en-Laye 1860 - Paris 1928), frère du précédent. Auteur d'une *Histoire des Israélites* (1885), d'un ouvrage sur *L'Histoire par les monnaies* (1902), d'un *Recueil général des monnaies d'Asie Mineure* (1904), il enseigna la numismatique au Collège de France (1924).

**REINACH** ♦ V. de Suisse (cant. de Bâle-Campagne), dans la banl. S. de Bâle*, sur la rive g. de la Birse. 18 572 hab.

**REINE-CHARLOTTE** (îles de la) – en angl. ***Queen Charlotte Islands*** ♦ Archipel canadien d'env. 150 îles, dans l'océan Pacifique, près des côtes de la Colombie-Britannique (détroit d'Hécate), au N.-O. de l'île de Vancouver. Les principales îles sont Graham et Moresby. Au N. de Graham, le détroit de Dixon *(Dixon Entrance)* les sépare de l'archipel Alexander (Alaska). ▮ **Histoire** Elles furent découvertes par Juan Pérez (1774) et visitées par Cook peu après.

La **Reine des Fées** – en angl. ***The Faerie Queene*** ♦ Poème en 6 livres d'Edmund Spenser* (1596). Sans rompre avec la tradition chevaleresque et chrétienne, l'auteur émaille son récit d'allégories païennes, propres à l'esprit de la Renaissance. Le Chevalier à la Croix rouge est le héros du premier livre ; sir Guyon, le Chevalier de la Tempérance, celui du deuxième ; le troisième livre conte la légende de Belphébé, symbole de la chasteté. Les autres livres mettent en scène le Chevalier de l'Amitié, le Chevalier de la Justice (Artegal) et sir Calidore qui personnifie la courtoisie. On a retrouvé des fragments d'un septième livre où sont développées les idées d'immuabilité et de mutabilité. Spenser créa pour cette œuvre de 35 000 vers une strophe particulière comprenant huit décasyllabes iambiques suivis d'un alexandrin, dont le schéma fut repris plus tard par J. Thomson*, Byron*, Keats*, Shelley* et Tennyson*. *La Reine des Fées* valut à Spenser le titre de «Poète des Poètes».

**REINE-ÉLISABETH** (îles de la) – en angl. ***Queen Elizabeth Islands*** ➝ **ÉTYM.** n. donné en 1953 en l'honneur de la *reine Élisabeth* II ♦ Ensemble d'îles de l'Arctique canadien formant un triangle limité au S. par une suite de détroits (de McClure, de Melville, de Barrow et de Lancaster) qui les séparent de l'île de Banks, des îles Victoria et du Prince-de-Galles, de l'île Somerset et de l'île de Baffin, et limité à l'E. par le détroit de Smith qui les sépare du Groenland. Princ. îles : Melville*, Bathurst, Devon*, Axel Heiberg, Ellesmere*. Moins de 500 hab. permanents.

**REINE-MAUD** (terre de la) ♦ Partie de l'Antarctique, au S. de l'Afrique. Possession norvégienne.

La **Reine morte** ♦ Drame en 3 actes d'Henry de Montherlant* (1942). Épris l'un de l'autre, Inès de Castro et l'infant don Pedro de Portugal se sont mariés secrètement. Mais le roi Ferrante, qui a conçu d'autres projets pour la Couronne, fait emprisonner son fils et assassiner Inès. Le crime était inutile puisque Ferrante mourra et que don Pedro, libéré, couronnera une reine morte.

**REINES (Frederick)** ♦ Physicien américain (Paterson, New Jersey 1918 - Irvine, Californie 1998). Avec Clyde Cowan il découvrit, en 1956, le neutrino, particule essentielle pour la compréhension de la structure de la matière (son existence fut postulée par W. Pauli* en 1930), mais extrêmement difficile à détecter. ➝ **Lederman.** [Prix Nobel de phys. 1995, avec M. Perl*]

**REINHARDT (Maximilien GOLDMANN, dit Max)** ♦ Metteur en scène et directeur de théâtre autrichien (Baden, près de Vienne 1873 - New York 1943). D'abord acteur dans la troupe berlinoise du Deutsches Theater, son interprétation dans *Le Songe d'une nuit d'été* de Shakespeare (1904) montra combien il s'était détourné du naturalisme sous l'influence des théories de Craig* et d'Appia*. À la direction du Deutsches Theater (1905 - 1933), il accorda un intérêt particulier aux éclairages et aux innovations techniques. Il réemploya la scène tournante et mit en scène près de 500 spectacles, cherchant à intégrer, avec un goût marqué pour le spectaculaire, le ballet, la musique et la pantomime (*Œdipe roi,* 1910 ; *L'Orestie,* 1911). Il revisita *Jedermann* de Hofmannsthal, en en faisant une vaste action collective en lieux extérieurs. Émigré aux États-Unis (1933), il amena au cinéma nombre d'élèves et de collaborateurs (Lubitsch, Murnau). Il réalisa en 1935 une adaptation cinématographique du *Songe d'une nuit d'été.* ➝ **ÉTYM.** *Reinhardt* est la forme allemande de *Renard.*

**REINHARDT (Jean-Baptiste, dit Django)** ♦ Guitariste et compositeur de jazz français d'origine gitane (Liberchies, Belgique 1910 - Fontainebleau 1953). Musicien autodidacte, il créa à partir de 1934 au sein du quintette à cordes du Hot Club de France, fondé avec Stéphane

Django **Reinhardt** (au centre) et Stéphane Grappelli (à gauche) au Hot Club de France. Bibliothèque nationale de France, Paris. *BIS/Phot. © Coll. Archives Bordas*

Grappelli*, un style original en marge des principaux courants noirs américains. La sûreté de son sens harmonique et la richesse de ses improvisations ont fait de lui l'un des plus grands jazzmen de son époque. Princ. enregistrements, avec le quintette du HCF : *Minor Swing* (1937), *Nuages* (1940).

**REINHARDT (Ad)** ♦ Peintre américain (Buffalo 1913 - New York 1967). Ayant exécuté dans les années 1930 des œuvres abstraites marquées par le cubisme et les théories du Bauhaus, il devint en 1937 l'un des American Abstract Artists, couvrant en *all-over* la surface de ses tableaux de signes calligraphiques orientaux. Il rédigea de nombreux textes de réflexion sur l'art (*Twelve Rules for a New Academy, Art as Art*, 1962 - 1964), et produisit des dessins satiriques sur le monde de l'art new-yorkais. À partir de 1950, ses tableaux devinrent des rectangles aux frontières floues, presque monochromes, puis, à partir de 1953, entièrement noirs, les divisions étant à peine perceptibles. Cette exigence, cette réduction de moyens inspirèrent le minimal* art.

**REINHOLD (Karl Leonhard)** ♦ Philosophe allemand (Vienne 1758 - Kiel 1823). Jésuite converti au protestantisme, il enseigna la philosophie à Iéna. D'abord kantien (*Essai d'une nouvelle théorie des facultés représentatives*, 1789), il subit l'influence de Jacobi et de Bardili. ➝ ÉTYM. *Reinhold* est une variante de *Renaud**.

**REINMAR l'Ancien** ou **REINMAR de Haguenau** ♦ Poète allemand originaire de Haguenau en Alsace (v. 1160 - v. 1210). Celui que Gottfried de Strasbourg qualifia de «chef des rossignols» vécut à la cour de Léopold VI d'Autriche où il fut le maître de Walther* von der Vogelweide, qui devait d'ailleurs se brouiller avec lui.

**REINMAR le Jeune** ou **REINMAR de Zweter** ♦ Poète allemand originaire de Rhénanie (mort v. 1260). Il vécut à la cour de Vienne, puis à celle du roi Wenceslas Ier de Bohême avant de revenir en Rhénanie. Auteur de poésies gnomiques à thèmes moraux, religieux et politiques, il a exalté l'idéal courtois, les valeurs chevaleresques.

**Reisebilder** → **Tableaux de voyage**

**REISER (Jean-Marc)** ♦ Dessinateur et scénariste de bandes dessinées français (Réhon, Meurthe-et-Moselle 1941 - Paris 1983). Il débuta en 1959 dans *La Gazette de Nectar*, journal de la société Nicolas. En 1960, il collabora au journal *Hara Kiri*, puis publia ses dessins dans de nombreux journaux comme *Paris-Match* ou *Le Monde*. Ses personnages, d'apparence négligée et vulgaire, stigmatisent d'un trait précis et cruel la stupidité quotidienne. ➝ ÉTYM. Ce nom d'Alsace-Lorraine vient du moyen haut allemand *reisaere* de *reise* «expédition militaire» [surnom de combattant].

**REISZ (Karel)** ♦ Cinéaste et metteur en scène de théâtre britannique d'origine tchèque (Ostrava 1926 - Londres 2002). L'un des meilleurs représentants du «free cinema» : *Ceux de Lambeth* (1958), *Samedi soir, dimanche matin* (1961), *Morgan* (1966), *Le Flambeur* (1974), *La Maîtresse du lieutenant français* (1981), *Chacun sa chance* (1990).

**REJ de Nagłowicz (Mikołaj)** ♦ Écrivain polonais (Żórawno 1505 - Rejowiec, près de Lublin 1569). Moraliste et polémiste religieux, il est considéré comme le père de la littérature polonaise, pour s'être le premier exprimé exclusivement dans la langue nationale. Converti au calvinisme en 1541, il publia en 1543 une satire anticléricale, *Bref débat entre trois personnages*, dans laquelle le noble, le bourgeois et l'ecclésiastique font assaut de critiques, aucun ne sortant victorieux. Dans son œuvre en vers et en prose, qui comprend des épigrammes et des satires, il exposa ses idées humanistes et fit une peinture des mœurs de la noblesse polonaise (*Portrait véridique de la vie d'un homme vertueux*, 1558 ; *Miroir*, 1568).

**RÉJANE (Gabrielle RÉJU, dite)** ♦ Comédienne française (Paris 1856 - *id.* 1920). Célèbre dans les comédies-vaudevilles, elle fut aussi la créatrice de *Maison de poupée* d'Ibsen (1894) et de *L'Oiseau bleu* de Maeterlinck (1911).

**RELECQ-KERHUON (LE)** [29480] ➝ ÉTYM. *Relecq* : du vx bret. *relec* «restes, reliques» et *Kerhuon* : «village *(ker)* de *Huon* (n. de pers. ; du germ. *Hugon*)» ♦ Comm. du Finistère, banlieue E. de Brest. 10 866 hab. (*Relecquois* ou *Kerhorres*).

La **Religieuse** ♦ Roman de Diderot* (posth. 1796). Composé en plusieurs étapes de 1760 à 1780, le roman relate la vie de Suzanne Simonin, née d'une liaison adultère et envoyée de ce fait au couvent. Elle éprouve la folie de la vie religieuse et la perversité sexuelle de ce milieu par le biais de la supérieure d'Arpajon qui est amoureuse d'elle. Conçue sous la forme d'une longue lettre que Suzanne adresse au marquis de Croismare avant de mourir, l'œuvre fait partie des plus virulentes dénonciations de l'intolérance du monde religieux au XVIIIe s. Elle suscita une longue polémique lors de sa parution. Pareillement le film que tourna J. Rivette sous le même titre (1966) fut interdit un an.

**Religion** (guerres de) ♦ Longue guerre civile, coupée de traités, qui se déroula en France de 1562 à 1598. Le succès de la Réforme* calviniste et sa propagation rapide dans tous les milieux créèrent peu à peu un climat de tension, longtemps contenue par les tentatives de conciliation de Catherine* de Médicis. Le massacre de Wassy* (1562), ordonné par les Guise* en réaction contre l'édit de Saint-Germain (janv. 1562), ouvrit le conflit qui allait mettre aux prises «papistes» et «huguenots», les uns et les autres désireux d'assurer le triomphe de la vraie foi, et de l'assurer par la force. Ce conflit se doubla bientôt d'un aspect politique : les grands seigneurs profitèrent de la situation pour prendre leur autonomie dans les provinces tandis qu'à l'échelle nationale, les Guise et les Montmorency* rivalisaient avec les Bourbons* et les Coligny* pour tenter de s'emparer du gouvernement au détriment du pouvoir royal, exercé alors par la régente Catherine de Médicis. Les deux partis firent appel à l'étranger, les uns à l'Angleterre, les autres à l'Espagne, livrant le pays au pillage de bandes qui multipliaient, entre les batailles rangées, massacres, tortures et assassinats. Une première guerre fut interrompue par la paix d'Amboise* (1563) mais reprit bientôt. Malgré les victoires catholiques de Jarnac* et de Moncontour* (1569), la paix de Saint*-Germain (1570) fut très favorable aux protestants. Aussi provoqua-t-elle une réaction des catholiques : le massacre de la Saint*-Barthélemy (1572) déclencha une nouvelle période de guerres, close par la paix de Monsieur* (1576). Cette paix, obtenue par les politiques*, fut encore jugée trop modérée. La Ligue* reprit le combat, dictant ses volontés au roi (→ **Henri III**), et l'histoire des guerres de Religion se confond alors avec la sienne. Les épisodes les plus marquants furent la journée des Barricades* (1588), l'assassinat du duc de Guise, puis l'assassinat d'Henri III. Henri* IV dut encore lutter pour établir son autorité, et n'y parvint qu'en regroupant autour de lui le parti modéré des politiques, qui allait croissant. La paix était déjà rétablie et les Espagnols chassés par le traité de Vervins*, quand fut signé l'édit de Nantes* (1598), qui mettait un terme définitif aux guerres de Religion. Le pays avait été ravagé, le pouvoir royal, si fort sous les premiers Valois, avait été ébranlé et mis en question (Hotman*, Duplessis*-Mornay). Enfin, le mécontentement des deux extrêmes ne désarmait pas, entretenant un climat qui explique l'attentat de Ravaillac* et les résistances protestantes qui troublèrent les règnes suivants.

**RELIZANE** → **Ighil Izan**

**REMAK (Robert)** ♦ Médecin allemand (Posen 1815 - Kissingen 1865). Il étudia les cellules animales en voie de division, poursuivant les travaux de von Baer* sur les feuillets germinatifs auxquels il donna les noms d'ectoderme, de mésoderme et d'endoderme (1845). Il fut un des premiers à utiliser le courant électrique dans le traitement des maladies nerveuses.

**REMARQUE (Erich Paul REMARK, dit Erich Maria)** ➝ ÉTYM. francis. de son nom ; *Maria* était le prénom de sa mère ♦ Romancier américain d'origine allemande (Osnabrück 1898 - Locarno 1970). Surtout connu pour son roman d'inspiration pacifiste *À l'ouest rien de nouveau* (1928 ; film de L. Milestone, 1930), il s'exila aux États-Unis lors de l'avènement de Hitler et y obtint la nationalité américaine en 1947. Parmi les romans qu'il publia encore (*Après*, 1931 ; *Trois camarades*, 1937), seul *Arc de triomphe* (1946), récit de l'émigration allemande dans le Paris de la dernière avant-guerre, eut un certain succès.

**REMBRANDT (Rembrandt Harmenszoon VAN RIJN, dit)** ➝ ÉTYM. du germ. *Raginbrand*, n. de pers., de *ragin* «conseil» et *brand* «épée» ♦ Peintre et graveur hollandais (Leyde 1606 - Amsterdam 1669). **La formation** Fils d'un meunier aisé, il fréquenta l'école latine puis fut inscrit, en 1620, à l'université de Leyde qu'il ne fréquenta pas. Il fit son apprentissage auprès du peintre Jacob Van Swanenburgh et, en 1624, travailla six mois à Amsterdam dans l'atelier d'un peintre d'histoire renommé, Pieter Lastman. Ce dernier avait eu connaissance en Italie de l'art du Caravage et fit connaître Elsheimer à Rembrandt. De retour à Leyde, celui-ci, âgé de 18 ans, ouvrit son propre atelier, qu'il partagea bientôt avec un autre élève de Lastman, Jan Lievens. **Les premières œuvres** Travaillant à Amsterdam dès 1631 et marié en 1634 avec la fille de son marchand, Saskia Van Uylenburgh, il connut rapidement la notoriété comme portraitiste, peintre d'histoire et graveur, obtenant de nombreuses commandes et enseignant à plusieurs élèves. Si certaines de ses grandes compositions «d'histoire» dénotent des italianismes, ainsi que la connaissance de Rubens, elles indiquent certaines tendances baroques : compositions mouvementées, couleurs éclatantes, sens du pathos et représentation du moment dramatique de l'action (*Le Festin de Balthazar*, v. 1635 ; *Le Sacrifice d'Abraham*, 1635 ; *Samson aveuglé par les Philistins*, 1636). Il semble que Rembrandt ait été très tôt conscient de sa propre force (il n'effectua pas le traditionnel voyage en Italie) et qu'il ait voulu confronter ses réalisations à celles de l'art italien en imposant une vision très personnelle. Dès 1628, il obtint l'admiration de Constantijn Huygens, juriste, poète et secrétaire du stathouder des Pays-Bas Frédéric-Henri, qui lui commanda entre 1632 et 1646, une série de 7 tableaux (dont *La Descente de Croix, L'Érection de la Croix, La Mise au tombeau, La Résurrection*). **Le clair-obscur** Dans ces œuvres, ainsi que dans *Ecce Homo*, la première version des *Pèlerins d'Emmaüs* (1628), la série de *Philosophes en méditation*, les premiers *Autoportraits*, *Portraits de vieillards* et certaines scènes bibliques (*Jérémie pleurant sur la destruction de Jérusalem*, 1630), une interprétation très personnelle du clair-obscur s'affirme : évitant les abrupts contrastes du clair-obscur caravagesque, Rembrandt présente ses per-

**Rembrandt.** *Portrait de l'artiste tête nue* (60 x 47 cm), 1633. Musée du Louvre, Paris.
*BIS/Phot. © Archives Nathan*

sonnages dans la pénombre ; faisant se fondre, grâce à de subtils passages, l'ombre et la lumière, il unifie et approfondit l'espace en éclairant ou en faisant rayonner les parties sur lesquelles l'intérêt est concentré. La force suggestive de ce procédé, l'intensité expressive qui en résulte concourent à traduire une spiritualité nouvelle qui prendra des accents émouvants mais sobres dans les compositions ultérieures (*Les Ouvriers de la onzième heure*, 1637 ; *Le Christ et la Femme adultère* ; l'*Adoration des bergers*, 1646 ; *Les Pèlerins d'Emmaüs*, 1648). **▮ Les portraits** Cet art de traduire plastiquement l'intériorité des sentiments et les plus fines nuances expressives se manifeste aussi dans les multiples portraits qu'il réalisa à Amsterdam. Suivant la tradition de rigueur et d'austérité du portrait hollandais, il évita les poses et les gestes ostentatoires, limita sa palette et scruta de façon aiguë les visages (*Portrait de jeune fille au collier d'or*, 1632 ; *Amalia van Solm*, 1632 ; *Jan Uytenbogaert* ; *Jan Six*, 1654), l'éclairage mettant en relief le modelé du visage, l'intensité du regard et certaines parties des vêtements, bijoux ou accessoires, qui sont traités avec une finesse et un soin particuliers. **▮ Les grandes compositions** Ce souci d'investigation psychologique se retrouve même dans ses grandes compositions, le plus souvent tirées d'épisodes bibliques, où il multiplia les innovations, abandonnant les repères conventionnels et les détails de la narration, au profit d'une signification plus générale (*Le Mariage de Samson*, 1638 ; *La Réconciliation de David et d'Absalon*, 1642 ; *Suzanne et les Vieillards*, 1647 ; *Bethsabée*, 1654 ; *Jacob bénissant les fils de Joseph*, 1656 ; *Joseph accusé par la femme de Putiphar*, 1655 ; *David jouant de la harpe devant Saül* ; *La Conjuration de Claudius Civilis*). Le cadre en général sobre et monumental, les costumes démodés, exotiques, les accessoires de théâtre donnent une dimension imaginaire à des œuvres qu'il est souvent difficile de classer dans un genre : figuration historique, étude de type ou portrait mythologique ; l'identification traditionnelle est souvent hypothétique (*Flore*, anc. *Saskia en costume arcadien*, 1635 ; *Danaé*, 1636 ; *La Fiancée juive*, v. 1665). Et lorsqu'il eut à traiter une commande s'inscrivant dans un genre précis, tel le portrait collectif de *La Compagnie du capitaine Frans Banning Cocq*, dite *La Ronde* de nuit* (1641 - 1642), Rembrandt parvint à esquiver les contraintes de la commande et à innover en présentant les personnages en action, introduisant maint détail mystérieux. **▮ La fin de sa vie** Vers cette époque, qui correspond à la mort de sa femme (1642) et au début de graves difficultés financières, sa renommée était toujours grande, mais les commandes se faisaient plus rares. Sa facture devint alors de plus en plus audacieuse et libre : larges empâtements comme étalés au couteau, jeux de texture vigoureux, tonalités brunes et dorées, tandis que la charge émotionnelle de ses figurations et leur qualité spirituelle s'approfondissaient (*Portrait de l'artiste par lui-même*, 1665). **▮ Un peintre libre** Il fut célèbre à son époque, mais on lui reprocha son mépris des règles et des conventions artistiques, la liberté de sa facture et son «prosaïsme». Il analysa en effet la réalité sans faire de concession à une esthétique fondée sur l'idéalisation (*La Leçon* d'anatomie du docteur Tulp*, 1632 ; *Bœuf écorché*, 1655 ; *La Leçon d'anatomie du docteur Joan Deyman*, 1656). **▮ Le dessinateur et le graveur** Fécond dessinateur, il laissa plus de 1 500 dessins à la plume, aquarelles, sanguines et fusains. Considéré comme le plus grand graveur de son époque, il pratiqua une technique très particulière, eau-forte avec adjonctions à la pointe sèche ou au burin, les effets pathétiques faisant progressivement place à une expression plus intérieure, la direction et l'épaisseur de ses hachures engendrant des effets de lumière d'une grande virtuosité (*Joseph racontant ses songes*, 1638 ; *Les Trois Arbres*, 1643 ; *Le Christ guérissant les malades*, dite *La Pièce* aux cent florins*, v. 1647 - 1649 ; *Docteur Faustus*, v. 1652 - 1653 ; *Les Trois Croix*, 1653 - 1661 ; *Ecce homo*, 1655). **▮ L'atelier de Rembrandt** Depuis les années 1970, un vaste «Projet de recherche sur Rembrandt» réexamine l'activité de l'artiste, notamment le fonctionnement de son atelier qui fut un temps une prospère entreprise de production et de négoce d'œuvres d'art, et compta, parmi les élèves et les collaborateurs, des peintres comme Gérard Dou, Ferdinand Bol*, Samuel Van Hoogstraten ou Carel Fabritius*. Des œuvres célèbres comme *L'Homme au casque d'or* ou *Le Cavalier polonais* ne sont plus considérées comme de la main du maître.

**RÈMES** n. m. pl. ➝ **ÉTYM.** en lat. ***Remi*** «les premiers (ou les princes)», du gaul. *remos* «premier, prince» ♦ Peuple de la Gaule belgique établi en Champagne et dont la capitale était *Durocortorum* (Reims). Les Rèmes se soumirent librement à César* et furent intégrés dans la Belgique IIe.

**REMI** (saint) ➝ **ÉTYM.** à la fois de *Remedius* (du lat. *remedio* «guérir») et de *Remigium* (du lat. *remigium* «rameur») ♦ Évêque de Reims (Laon v. 437 - Reims v. 530). Il organisa l'évangélisation de l'est de la France. Son influence amena la conversion de Clovis* qu'il baptisa v. 500. La tradition fixe la date au 25 déc. 496, à la suite de la victoire de Tolbiac ; saint Remi aurait alors dit à Clovis : «Courbe-toi, fier Sicambre, adore ce que tu as brûlé, brûle ce que tu as adoré.» ▪ Fête le 15 janvier.

**REMI (Georges)** ➝ **Hergé**

**REMICH** ♦ V. du Luxembourg, ch.-l. de cant., sur la Moselle. 2 889 hab. Vins réputés. **▮ Histoire** C'est par cette localité qu'en 1914, puis en 1940, les Allemands envahirent le grand-duché.

**REMINGTON (Philo)** ♦ Industriel américain (Lichtfield, New York 1816 - Silver Springs, Floride 1889). Constructeur d'armes, de matériel agricole et de machines à coudre, il s'intéressa à la machine à écrire de Sholes*, Glidden et Soule, qu'il fit construire en série (1873) et améliora considérablement.

**REMIREMONT** [88200] ➝ **ÉTYM.** anc. *montis Romarici*, du lat. *mons* «mont» et *Romaric*, fondateur de l'abbaye en 620 ♦ Ch.-l. de cant. des Vosges, arr. d'Épinal, sur la Moselle. 8 538 hab. (aggl. 21 504) *(Romarimontains)*. Église gothique Saint-Pierre, anc. abbatiale (crypte du XIe s.). Anc. palais abbatial du XVIIIe s. Maisons anc. Musées. ▪ Textile. Construc. mécaniques. **▮ Histoire** Une abbaye d'hommes fut fondée au VIIe s. et une abbaye de femmes au Xe s. ; l'abbesse porta le titre de princesse d'empire jusqu'en 1560. Au XVe s., les ducs de Lorraine furent comtes de Remiremont. La ville fut réunie à la France en 1766.

**REMIRE-MONTJOLY** [97300] ♦ Ch.-l. de cant. de la Guyane, arr. de Cayenne. 15 555 hab. Port de Cayenne.

**REMIZOV (Alekseï Mikhaïlovitch)** ♦ Romancier et conteur russe (Moscou 1877 - Paris 1957). Il reçut une éducation classique bien qu'il fût d'une origine modeste, mais il resta profondément marqué par son enfance passée dans la banlieue pauvre de Moscou. Ses romans, *La Mare* (1905) et *Sœurs en croix* (1910), sont imprégnés de souffrance et de compassion. Exilé à Vologda pour une vétille, il y redécouvrit les vieilles légendes du folklore russe qui forment la base de ses romans où se mêlent le fantastique et l'humour : *La Pendule* (1908), *Stratilatov* (1910), *La Cinquième Peste* (1912). Il ne prit aucune part à la politique, mais il a exprimé sa sensibilité à la vie de la nation pendant les dures années de 1914 - 1921 dans *Mara* (1917), *Lamentations sur la ruine de la Russie* (1918) et *Les Bruits de la ville* (1921). Après 1921, date à laquelle il émigra à Berlin, puis à Paris (1923), Remizov écrivit surtout des contes et des légendes dans lesquels il pouvait laisser libre cours à son goût de la fantaisie et du rêve : *La Jeune Herbe* (1923), *Ennui et badinage* (1923), *Le Démon dansant* (1949), *Rêves* (1954). Bibliophile passionné, il chercha à délatiniser la langue russe en revenant aux sources de la vieille Russie, et à créer une forme de langue écrite plus proche de la langue parlée. ➝ **ÉTYM.** Ce nom vient du russe *remiz* «remise».

**RÉMOIS** n. m. ♦ Partie de l'anc. Champagne, au N.-O. du dép. de la Marne, dans la région de Reims* et d'Épernay.

**RÉMOND (René)** ♦ Historien français (Lons-le-Saulnier 1918 - Paris 2007). Il s'attacha à rapprocher la recherche en histoire des temps les plus proches. Il publia une trentaine d'ouvrages d'histoire contemporaine (*Les Droites en France*, 1982 ; *Introduction à l'histoire de notre temps*, 3 vol., 1974 - 1989 ; *Regard sur le siècle*, 2000) et religieuse (*Histoire de la France religieuse*, 4 vol., 1992 - 1998). [Acad. fr. 1998]

**Remontrance (La Grande)** ♦ Liste des actes illégaux reprochés par le Parlement anglais à Charles* Ier (1641). Le durcissement des positions qu'elle provoqua déclencha la guerre civile.

**REMSCHEID** ♦ V. d'Allemagne (Rhénanie-du-Nord-Westphalie), au cœur du pays de Berg*. 121 836 hab. Métall., chimie.

**REMUS** ♦ (mort v. –753 ?). Frère de Romulus*, d'après les récits légendaires de Rome.

**RÉMUSAT (Abel)** ♦ Sinologue français (Paris 1788 - *id.* 1832). Il s'était destiné à la médecine, mais la découverte des langues tartares en fit très tôt un philologue passionné. Il publia dès 1811 un *Essai sur la langue et la littérature chinoises.* Nommé à la première chaire de chinois du Collège de France en 1814, il devint en 1824 conservateur des manuscrits orientaux de la Bibliothèque royale. Il fonda la Société asiatique avec Klaproth, Saint-Martin et Sylvestre de Sacy (1822). Il a publié *Recherches sur les langues tartares* (1820), *Éléments de grammaire chinoise* (1822), *Histoire du bouddhisme* (1836). ➛ ÉTYM. *Rémusat* est un nom de lieu dans la Drôme.

**RÉMUSAT (Charles François Marie,** comte **DE)** ♦ Homme politique français (Paris 1797 - *id.* 1875), fils d'Auguste de Rémusat et de la comtesse, née CLAIRE ÉLISABETH GRAVIER DE VERGENNES (Paris 1780 - *id.* 1821), dame d'honneur de l'impératrice Joséphine et qui écrivit notamment ses *Mémoires* (parus en 1879), témoignage sur la vie à la cour impériale. Collaborateur de plusieurs journaux (*Le Courrier français, Le Globe*), il siégea comme député libéral (1830 - 1847), fut ministre de l'Intérieur dans le cabinet de Thiers* (1840), se rallia à la République (1848), fut proscrit après le coup d'État du 2 décembre 1851 et amnistié en 1859. Ministre des Affaires étrangères (1871 - 1873), député, il participa à la rédaction des lois constitutionnelles (1875). Outre des ouvrages d'histoire et de philosophie, il a laissé ses *Mémoires.* [Acad. fr. 1846]

**REMY (Jean-Pierre ANGREMY, dit Pierre-Jean)** ♦ Romancier français (Angoulême 1937). Diplomate, il a nourri son inspiration de ses séjours à l'étranger, notamment en Angleterre, en Italie où il dirigea l'Académie de France à Rome (1994 - 1997), en Chine, aux États-Unis. Évoquant des personnages complexes dans un cadre précisément situé, cette œuvre baroque, érotique et violente apparaît hantée par le constat de la vanité de la vie, hormis certaines valeurs culturelles. Œuv. princ. : *Le Sac du Palais d'été* (prix Renaudot, 1971), *Une mort sale* (1973), *Salue pour moi le monde* (1980), *Une ville immortelle* (1986). Il a également écrit sur l'opéra. Il fut président de la Bibliothèque nationale de France de 1997 à 2002. [Acad. fr. 1988]

**RÉMY (Gilbert RENAULT, dit le colonel)** ♦ Résistant français (Vannes 1904 - Guingamp 1984). Fondateur du réseau de renseignements «la Confrérie Notre-Dame», il publia après la guerre des ouvrages sur la Résistance (*Mémoires d'un agent secret de la France libre,* 1946 ; *La Ligne de démarcation,* 1964 - 1970).

**RENAGE** [38140] ➛ ÉTYM. p.-ê. à rapprocher de l'occit. *regnatge* «pays» ♦ Comm. de l'Isère, arr. de Grenoble. 3 332 hab.

**RENAIX** → **Ronse**

**RENAN (Ernest)** ♦ Écrivain français (Tréguier 1823 - Paris 1892). Destiné dès l'enfance à la prêtrise, il poursuivit ses études au petit séminaire de Saint-Nicolas-du-Chardonnet, que dirigeait Mgr Dupanloup, puis au séminaire d'Issy, où l'étude de Hegel détermina en lui, à 22 ans, une grave crise religieuse (évoquée dans ses *Souvenirs* d'enfance et de jeunesse,* 1883). De sa recherche d'une certitude, et de son amitié intellectuelle avec Marcelin Berthelot*, allait sortir *L'Avenir de la science* (1848 ; publ. 1890) où il affirmait que la religion doit être remplacée par la poésie supérieure de la réalité et que le temps était venu pour une science de l'humanité : la philologie. Philologue consacré, notamment dans le domaine des études sémitiques, il fut envoyé en mission au Liban et visita la Palestine (1860 - 1861) qui lui inspira l'*Histoire des origines du christianisme* (1863 - 1882) destinée à fonder «le christianisme rationnel et critique». Le premier volume, la *Vie de Jésus* (1863), s'il fit perdre à Renan sa chaire d'hébreu au Collège de France, eut une répercussion considérable en Europe, tant par son style poétique et «la vérité de la couleur» que par l'interprétation, déférente mais rationaliste de Jésus, «cet homme incomparable». S'il rejetait les dogmes du catholicisme, Renan continuait à admirer l'histoire judéo-chrétienne (*Histoire du peuple d'Israël,* 1887-1893) et il s'attacha à concilier «le sentiment religieux et l'analyse scientifique» (M. Barrès). Après 1870, devenu personnage officiel, jouissant d'un grand prestige auprès de jeunes disciples (Maurras, Bourget, Barrès), il manifesta néanmoins un scepticisme grandissant à l'égard de la démocratie (*La Réforme intellectuelle et morale,* 1871) et des poncifs officiels (*Le Prêtre de Némi,* 1885). Conscient d'être un «tissu de contradictions», il célébra la Grèce antique qui lui semblait avoir réalisé une harmonie parfaite entre la beauté, la raison et le sens du divin (*La Prière sur l'Acropole*). Considéré en son temps comme un maître du style, Renan utilise une prose rythmée, procédant par d'amples méditations lyriques ou de fines notations successives. ➛ ÉTYM. Ce nom est une variante de *Ronan,* nom d'un évêque irlandais du VIIe s. (diminutif de l'irlandais *ron* «phoque»).

**RENARD (Charles)** ♦ Officier et ingénieur militaire français (Damblain, Vosges 1847 - Meudon 1905). Il construisit un ballon dirigeable, *La France,* premier appareil à accomplir un parcours en circuit fermé (7 km environ, en 1884). → **Tissandier.** Très intéressé par l'aviation, il publia de nombreux travaux concernant l'aérodynamique, le vol vertical, les moteurs d'avion, les dirigeables. Il imagina également une série de nombres constituant une base de la normalisation, encore très utilisée dans l'industrie (*série de Renard*). ➛ ÉTYM. *Renard* vient du germanique *Raginhard,* nom de personne, de *ragin* «conseil» et *hard* «dur, fort».

**RENARD (Jules)** ♦ Écrivain français (Châlons-sur-Mayenne 1864 - Paris 1910). Élevé dans le Morvan, il y retourna assez vite, devenant maire de son village. On trouve cette présence de la campagne dans les *Histoires* naturelles* (1896) où ce «chasseur d'images» manifeste l'acuité de son regard à l'égard du monde animal dont il donne des interprétations poétiques, parfois précieuses, parfois épigrammatiques. Jules Renard est aussi l'auteur de récits, réalistes par leur sujet, comme *Poil* de Carotte* (1894 ; adapté au théâtre, 1900) ou *L'Écornifleur* (1892), qui offrent des croquis rapides et mordants où l'ironie se teinte de tendresse. Attiré par le théâtre, il donna de courtes comédies, notamment *Le Plaisir de rompre* (1897) et *Le Pain de ménage* (1898), où se retrouve son art de la litote au service de l'analyse psychologique. La même sécheresse lucide marque le *Journal* (tenu de 1887 à 1910), succession de réflexions cruelles ou plaisantes sur les artistes et les écrivains de son époque ; on y voit surtout apparaître les scrupules d'écrivain de celui qui disait : «Mon style m'étrangle.»

**RENARD (Jean-Claude)** ♦ Poète français (Toulon 1922 - Paris 2002). Son œuvre conjugue l'espoir chrétien de la rédemption avec le culte d'un langage qui constitue à ses yeux l'unique mode de connaissance et d'insertion dans l'éternel. Princ. recueils : *Cantiques pour des pays perdus* (1947), *Haute Mer* (1950), *Métamorphose du monde* (1951), *Fable* (1952), *Père, voici que l'homme* (1955), *Incantation des eaux* (1962), *Incantation du temps* (1962), *La Terre du sacre* (1966), *Le Dieu de nuit* (1973), *La Lumière du silence* (1978), *Toutes les îles sont secrètes* (1984), *Sous de grands vents obscurs* (1990), *Ces puits que rien n'épuise* (1993).

**RENART (Jean)** ♦ Trouvère français (fin XIIe s. - déb. XIIIe s.), auteur de romans en vers, dont le récit d'aventures chevaleresques *Guillaume* de Dole* (v. 1208 - 1210) et du poème nommé *Le Lai de l'ombre* (v. 1200 - 1202), modèle de discussion courtoise et de stratégie amoureuse.

**Renart (Roman de)** → **Roman de Renart**

**RENAU D'ÉLIÇAGARAY** ou **ÉLISSAGARAY (Bernard)** ♦ Marin et ingénieur militaire français (Armendarits, Pyrénées-Atlantiques 1652 - Pougues 1719), inventeur des galiotes à bombes.

**RENAUD** ♦ L'un des héros de *La Jérusalem* délivrée* du Tasse. Tandis qu'il est retenu loin des combats par Armide*, les chrétiens se font massacrer sous les murs de Jérusalem par les armées de Soliman. Il reprend place à la tête de ses soldats ; rien ne peut plus alors empêcher la prise de la ville par les croisés. Le nom de Renaud reste synonyme de guerrier invincible auquel rien ne résiste quand il n'est pas soumis au pouvoir de l'amour et de la volupté. ➛ ÉTYM. *Renaud* vient du nom de personne germanique *Raginwald,* de *ragin* «conseil» et *waldan* «gouverner» (→ aussi Renault).

**RENAUD (Madeleine)** ♦ Comédienne française (Paris 1900 - Neuilly-sur-Seine 1994). Après une carrière à la Comédie-Française (1921 - 1947), elle fonda avec son mari J.-L. Barrault* la compagnie Renaud-Barrault (1947). De ses débuts dans les classiques, elle garda une pureté de jeu qu'elle mit au service de textes contemporains (*Oh les beaux jours* de Beckett, 1963 ; *Les Paravents* de Genet, 1966), avec une affinité particulière pour ceux de Marguerite Duras (*Des journées entières dans les arbres,* 1965 et 1975 ; *Savannah Bay,* 1983). Au cinéma elle a joué notamment dans des films de Duvivier (*Maria Chapdelaine,* 1934) et de Grémillon (*Remorques,* 1941 ; *Lumière d'été,* 1943 ; *Le Ciel est à vous,* 1944) et a campé une savoureuse Mme Tellier dans *Le Plaisir* (1952) de Max Ophuls.

Madeleine **Renaud** dans *Oh les beaux jours* de Samuel Beckett, mis en scène par Roger Blin.
*Phot. © Bernand*

**RENAUD (Renaud SÉCHAN dit)** ♦ Auteur, compositeur et interprète français de chansons (Paris 1952). Il est à la fois l'héritier de Bruant* et celui de Brassens*, par son esprit anarchiste, sa poésie, son humour et sa gouaille populaire où se mêlent argot et verlan (*Laisse Béton, Mistral gagnant, Morgane de toi, Boucan d'enfer*).

**RENAUD DE CHÂTILLON** ♦ (mort à Hattin, Syrie, en 1187). Prince d'Antioche (1153 - 1160) et seigneur d'Outre-Jourdain (1177 - 1187). Il devint prince d'Antioche par son mariage avec Constance, héri-

## Renaissance

n. f. ♦ Nom donné au vaste mouvement culturel que connut l'Europe occidentale du début du XVe s. à la fin du XVIe s. et marqué notamment par la volonté de faire «renaître» les valeurs de l'Antiquité dans la civilisation européenne. Si la conscience d'une renaissance, d'une régénération des lettres et des arts est explicite chez les artisans du mouvement en Italie au XVe s. et en France au XVIe s., le terme n'a été consacré, en français, qu'à partir du XIXe s. ▮ **Origines de la Renaissance** ▮ ***L'essor économique de l'Europe*** À partir du XVe s. l'Europe connut une forte poussée démographique. Cette récupération, après un siècle d'épidémies, de famines et de guerres, s'accompagna d'un renversement de la conjoncture économique. À la raréfaction des métaux précieux, à l'abandon des terres cultivées et à la désertion des villages succédèrent, s'appuyant sur le développement de nouvelles techniques (ressort à spirale, rouet à ailettes, haut fourneau), une augmentation générale de la production, une reconquête des terres en friche et l'exploitation des mines d'or et d'argent d'Amérique, rendue possible grâce aux grandes découvertes. Ces dernières entraînèrent aussi l'essor de la navigation et du commerce, donnant naissance à un premier capitalisme. Avec la mise au point de la lettre de change et du contrat d'assurance, apparurent de nouvelles structures financières et commerciales, plus modernes et plus efficaces, aux mains de grandes familles de banquiers **(→ Fugger, Médicis).** Ces progrès matériels transformèrent profondément les mentalités. La peur et le sentiment d'impuissance face à l'omniprésence de la mort firent place à l'esprit d'entreprise, à la valorisation de l'individu et à l'élargissement des horizons, autant de valeurs que diffusa l'imprimerie, récemment inventée. ▮ ***Le rôle de la bourgeoisie*** Issue de cet essor économique, la Renaissance fut également le fruit d'une double mutation politique et sociale qui vit apparaître une classe sociale nouvelle, la bourgeoisie, tandis que s'affirmaient la puissance des différents États européens ainsi que le principe de la monarchie absolue **(→ Bodin, Machiavel),** symbolisée par Laurent de Médicis*, Charles* Quint ou bien encore François* Ier. Contraints par l'évolution de l'armement (progrès de l'artillerie, modification des fortifications) de recourir à un nombre croissant de mercenaires et, pour ce faire, d'augmenter leurs revenus, ces monarques durent se doter d'une administration plus efficace et développer la vénalité des offices. La vente des offices fut rendue possible par l'émergence d'une bourgeoisie, née avec l'extension du commerce et soucieuse de s'intégrer à la noblesse (la plupart des charges achetées conféraient la noblesse). Ainsi la culture devint pour le prince l'instrument principal d'une nouvelle politique de prestige et prit, pour la bourgeoisie anoblie, une signification sociale, qui lui permettait de se distinguer du peuple. Grâce au mécénat public et privé, une nouvelle culture essentiellement urbaine et savante vit le jour et vint confirmer sur le plan intellectuel la domination économique européenne sur le reste du monde. Ainsi la Renaissance apparut-elle véritablement comme le moment de la «promotion de l'Occident, à l'époque où la civilisation de l'Europe a de façon décisive distancé les civilisations parallèles» (J. Delumeau). ▮ **Un nouveau système de valeurs** ▮ ***La valorisation de l'Antiquité*** Apparue dès le XVe s. en Italie, la Renaissance se manifesta tout d'abord par le rejet des valeurs médiévales, liées à la féodalité, et par le recours à l'héritage gréco-romain. Mais plus que d'un retour à l'Antiquité, il s'agissait d'un détour afin d'y puiser les moyens d'une remise en cause de la pensée et de l'esthétique du Moyen Âge et d'une ouverture vers des voies nouvelles. Ainsi le néoplatonisme qui se répandit dans toute l'Europe à partir de l'Académie laurentienne **(→ Ficin, Pic de La Mirandole)** permit de dépasser l'aristotélisme médiéval et d'abandonner le système géocentriste de Ptolémée*. De même l'essor de la philologie **(→ Budé)** et l'étude des textes sacrés s'accompagnèrent d'un intérêt grandissant pour les langues vernaculaires qui acquirent ainsi leurs lettres de noblesse **(→ Rabelais, Pétrarque, Arioste, Marlowe, Shakespeare, Cervantès).** Surtout, le christianisme intégra, dans un certain syncrétisme, des valeurs issues de l'Antiquité païenne telles que la beauté ou l'amour de la vie **(→ Valla).** ▮ ***L'humanisme*** En magnifiant la nature et plus encore l'homme, les humanistes voulurent glorifier Dieu à travers sa créature. Passant aussi par la recherche individuelle de la renommée littéraire, artistique ou intellectuelle, la glorification de l'humain entraîna une valorisation de la raison qui, dans un monde rendu plus sensible au quantitatif par l'essor des techniques commerciales, déboucha sur la naissance d'une pensée expérimentale et scientifique **(→ Bacon, Copernic, Cardan, Vives, Léonard de Vinci, Paré),** pensée encore parfois mêlée d'alchimie **(→ Paracelse).** La confiance dans la démarche rationnelle ainsi que le recours à l'Antiquité conduisirent également à une attitude critique envers la tradition et au libre examen sur l'homme **(→ Montaigne),** sa nature, voire sa religion. Même si les humanistes **(→ Érasme)** adoptèrent une position volontiers iréniste, ils favorisèrent néanmoins le développement de la Réforme*. L'éducation acquit ainsi une place très importante, se voulant désormais une véritable formation de l'individu, donnant lieu à de nombreux projets pédagogiques **(→ Comenius),** voire, dans un souci d'une complète recréation de l'homme, à des utopies **(→ More, Campanella).** Complétée par la *virtù,* sorte d'énergie créatrice, et la grandeur d'âme, la raison étendit son empire à l'art où se manifestèrent à la fois une conception mathématique de l'harmonie (perspective, proportion) et la mise en place d'une symbolique qui fit du tableau le lieu d'un code culturel et intellectuel, à la recherche du beau tel qu'il fut conçu dans l'esprit des philosophes antiques. ▮ **Une nouvelle esthétique** Le terme «Renaissance» désigne également un courant artistique né en Italie au début du XVe s. et lié au contexte historique décrit plus haut. La Renaissance se caractérise par un regain d'intérêt pour l'homme et pour la nature et par une soif de savoir de la part d'artistes devenus polyvalents, à la fois architectes, sculpteurs, peintres, auteurs de traités. Léonard* de Vinci en fut la figure type. Ce courant artistique peut être divisé en deux époques : la première Renaissance ou Quattrocento (XVe s.), époque de spéculation et de mise en place d'un nouveau vocabulaire lié au naturalisme, à l'humanisme, aux lois de la géométrie et à la perspective, et qui eut pour principal centre Florence*, cité des Médicis **(→ Quattrocento)** ; la Renaissance classique ou Cinquecento (XVIe s.), période de maturité et de pleine possession des moyens techniques, dont le principal centre fut Rome où s'élaborèrent des projets liés aux personnalités des papes Jules* II et Léon* X. ▮ ***Le Cinquecento*** Cette Renaissance classique se caractérise par la fusion du paganisme antique et de l'esprit religieux (comme en témoigne la fresque du *Jugement* dernier* de Michel-Ange à la chapelle Sixtine), par le dépassement et la désagrégation des formes classiques et idéales du Quattrocento, par le goût de la monumentalité et par l'affirmation de la personnalité de l'artiste. Elle fut dominée par trois artistes de génie : Raphaël*, Michel*-Ange et Léonard de Vinci. En architecture, Bramante*, à travers l'étude de Vitruve, et Palladio* tentèrent d'être fidèles aux règles de l'Antiquité, de même que Sangallo* le Vieux et Sangallo* le Jeune. Mais Raphaël, Michel-Ange, Baldassare Peruzzi*, Giovanni Maria Falconetto, il Sansovino*, Michele Sanmicheli* interprétèrent à leur manière le vocabulaire de l'Antiquité, glissant vers un formalisme artificiel qui annonçait le maniérisme et parfois le baroque. Vouée aux grands ensembles, grands à la fois par les dimensions et la conception, de caractère le plus souvent décoratif, la peinture renaissante fut d'une riche diversité comme l'attestent les œuvres très différentes de Raphaël, Léonard de Vinci, Michel-Ange, Fra Bartolomeo*, Andrea* del Sarto, Andrea Solario*, Giorgione*, Titien*, Véronèse*, Sebastiano* del Piombo, Lorenzo Lotto*, le Corrège*, le Tintoret*. La sculpture, dominée par la personnalité de Michel-Ange, développa l'éloge de la beauté du corps humain introduit par le Quattrocento. Mais l'œuvre de Michel-Ange, par son pathétisme, sa monumentalité, sa vigueur plastique, son dynamisme et sa tension dramatique, dépassa les frontières de la Renaissance, ouvrant la voie au maniérisme* et au baroque*. ▮ ***Hors d'Italie*** Après l'ensemble des cités italiennes (Venise, Parme), les pays d'Europe furent à leur tour gagnés par l'esprit de la Renaissance : l'Allemagne avec Dürer*, la Flandre et les Pays-Bas avec Quentin Metsys*, Gossart*, Van* Cleve, la France où la vague d'italianisme toucha surtout l'architecture. **→ Amboise, Anet, Azay-le-Rideau, Blois, Chambord, Chenonceaux.** Mais c'est surtout la phase maniériste de la Renaissance qui connaîtra la plus rapide et la plus large diffusion dans toute l'Europe, dès la seconde moitié du XVIe s. **→ maniérisme.**

tière de la principauté. Il guerroya contre les Arméniens de Cilicie, les Byzantins et les musulmans. Capturé par ceux-ci, il resta prisonnier de 1160 à 1177. Il devint seigneur d'Outre-Jourdain en épousant Stéphanie, héritière de cette seigneurie. Il lança des expéditions de pillage contre les caravanes musulmanes. Fait prisonnier à la bataille de Tibériade, il fut exécuté sur l'ordre de Saladin.

**Renaud de Montauban** ♦ Poème épique anonyme (fin du XIIe s.), parfois nommé *Les Quatre Fils Aymon,* et appartenant à la geste de *Doon* de Mayence.* ▪ Le héros cherche à faire la paix avec Charlemagne* qui l'a insulté. Il est soutenu par Maugis l'enchanteur, et servi par le cheval merveilleux Bayard. Il met fin saintement à sa vie de violence, à Cologne, en bâtissant l'église Saint-Pierre.

**RENAUDEL (Pierre)** ♦ Homme politique français (Morgny-la-Pommeray, Seine-Maritime 1871 - Soller, Majorque 1935). Rédacteur (1904), puis directeur politique de *l'Humanité* (1915 - 1918), député socialiste (1914 - 1919, 1924 - 1935), il fut exclu de la SFIO comme favorable à la participation ministérielle (1933) et fonda l'Union Jean-Jaurès qui devint le Parti socialiste de France.

**RENAUDOT (Théophraste)** ♦ Médecin et journaliste français (Loudun, Vienne 1586 - Paris 1653). Médecin et secrétaire du roi, commissaire général des pauvres du royaume, il créa *La Gazette de France* (1631) et prit la direction du *Mercure de France*. ♦ ***Prix Renaudot*** Fondé en 1925, il est décerné chaque année (en même temps que le Goncourt) à un auteur de romans ou de nouvelles.

**RENAULT** [ʀəno] **(Louis)** ♦ Industriel français (Paris 1877 - *id.* 1944). Après avoir construit sa première voiture, il fonda en 1899, avec l'aide de ses frères MARCEL (Paris 1882 - Bourg-de-Vay, Vienne, lors de la course automobile Paris-Madrid 1903) puis FERNAND (1865 - 1909), l'usine Renault Frères à Billancourt. Celle-ci, d'abord spécialisée dans la construction de voitures de course, ne cessa de s'agrandir. Après la Première Guerre mondiale, au cours de laquelle l'usine Renault produisit un modèle de char léger et des moteurs d'avion, elle prit progressivement la première place dans le marché français de l'automobile. Les usines Renault ayant travaillé pour le compte de la Wehrmacht lors de la Deuxième Guerre mondiale, L. Renault fut inculpé et ses usines furent nationalisées (1945), devenant la Régie nationale des usines Renault, puis privatisée en 1996. ➝ **ÉTYM.** *Renault* vient du germanique *Raginwald*, de *ragin* «conseil» et *waldan* «gouverner» (➝ aussi Regnault, Renaud, Reynaud, Reynolds).

**RENDSBURG** ♦ V. d'Allemagne (Schleswig-Holstein), sur l'Eider et le canal de Kiel. 28 444 hab. Église du XIII$^{e}$ s. et hôtel de ville du XVI$^{e}$ s. ▪ Métall. Textiles. Indus. mécaniques.

**RENÉ I$^{er}$ le Bon** ♦ (Angers 1409 - Aix-en-Provence 1480). Duc de Bar (1430 - 1480), duc de Lorraine (1431 - 1453) par son mariage avec Isabelle de Lorraine, duc d'Anjou et comte de Provence (1434 - 1480), roi titulaire de Naples. Fils de Louis* II d'Anjou et de Yolande d'Aragon, il hérita en 1435 du royaume de Naples à la mort de Jeanne II, mais ne put le conquérir sur Alphonse* V d'Aragon (1438 - 1442). Il apporta son soutien à son beau-frère Charles VII de France contre les Anglais, lors de la guerre de Cent Ans. Il créa de nouveaux impôts, centralisa l'administration dans ses États et protégea le commerce ; cette action, jointe à son amour des arts, le fit passer à la postérité sous le nom de *bon roi René*. Mécène, il entretint une vie artistique et littéraire active dans ses diverses possessions, protégeant notamment Nicolas Froment*. Lui-même écrivit des romans (*Le Livre du cœur d'amour épris*, 1457), un *Traité de la forme et devis comme on fait les tournois* (1451 - 1452) et des poésies. Il légua la Provence à son neveu Charles du Maine qui mourut sans enfants, de sorte que Louis* XI put réunir la Provence à la France. ▪ Père de Marguerite* d'Anjou. ➝ **ÉTYM.** *René* vient du latin *Renatus* «re-né, né une seconde fois (régénéré par le baptême)».

**RENÉ II** ♦ (1451 - Fains 1508). Duc de Lorraine (1473 - 1508) et duc de Bar (1480 - 1508). Petit-fils de René* I$^{er}$. Il fut dépossédé de ses États par Charles le Téméraire (1475) mais réussit à le battre et à le tuer au siège de Nancy (1477). Il ne put faire valoir ses droits sur la Provence.

**René** ♦ Roman de Chateaubriand*. À l'origine épisode détaché (comme *Atala**) des *Natchez**, il fut englobé en 1802 dans le *Génie* du christianisme* pour illustrer le «vague des passions», puis publié à part en 1805. Dans cette fiction romanesque teintée d'autobiographie, au style constamment lyrique, Chateaubriand veut condamner cette «coupable mélancolie qui s'engendre au milieu des passions lorsque les passions, sans objet, se consument d'elles-mêmes dans un cœur solitaire», proposant comme remèdes la vie chrétienne et les vertus sociales. Cette première figure du héros romantique aura une influence considérable : opposant sans cesse l'infini de ses aspirations à une réalité décevante, René aspire aux espaces spirituels («Levez-vous vite, orages désirés, qui devez emporter René dans les espaces d'une autre vie !») ou connaît la tentation du suicide. Pourtant il éprouve une amère jouissance à analyser son désespoir : «On jouit de ce qui n'est pas commun, même quand cette chose est un malheur.»

**RENÉE DE FRANCE** ♦ (Blois 1510 - Montargis 1575). Duchesse de Ferrare (1534 - 1559). Seconde fille de Louis* XII et d'Anne* de Bretagne, elle épousa Hercule II d'Este* (1528) et tint à Ferrare une cour brillante. Disciple de Lefèvre* d'Étaples, elle fut gagnée à la Réforme, accueillit des protestants (Marot*, Calvin*), et fut même emprisonnée par son mari. Après la mort de celui-ci, elle se retira à Montargis dont elle fit un des foyers du protestantisme.

**RENÉ GOUPIL** (saint) ➝ **Canada (martyrs du)**

**RENENS** ♦ V. de Suisse (Vaud), dans la banl. O. de Lausanne*. 18 379 hab. Centre industriel de l'aggl. lausannoise. Gare de triage.

**RENFREWSHIRE** ♦ District d'Écosse, à l'O. de Glasgow. 261 km$^2$. 172 867 hab. CH.-L. : Paisley. District le plus industriel d'Écosse, touché par la crise de la construction navale et des industries mécaniques, il connaît un chômage important. ▮ **East Renfrewshire.** District d'Écosse, au S. de Glasgow. 174 km$^2$. 89 311 hab. CH.-L. : Giffnock.

**RENGER-PATZSCH (Albert)** ♦ Photographe allemand (Würzburg 1897 - Wamel bei Soest 1966). Chef de file incontesté de la Nouvelle Vision, il fut particulièrement intéressé par les possibilités d'expérimentations esthétiques offertes par l'environnement quotidien. Il publia en 1928 *Le monde est beau*, un album photographique dans lequel il fit ressortir les similitudes formelles entre les produits de la nature et ceux de l'industrie.

**RENI (Guido)** dit en fr. **le Guide** ♦ Peintre, décorateur, dessinateur et graveur italien (Bologne 1575 - *id.* 1642). Il étudia auprès du maniériste flamand Calvaert*, puis à l'académie des Carrache*. Séjournant à Rome de 1600 à 1603, il subit l'attraction du Caravage (*Crucifixion de saint Pierre*, 1603 ; *La Charité*, 1604), puis s'engagea dans une voie plus personnelle tout en se référant davantage aux œuvres du Corrège, à l'antique et, surtout, à Raphaël. Protégé par le pape Paul V et le cardinal Scipion Borghèse, il travailla notamment aux fresques de la chapelle du palais Quirinal (1610) et à Sainte-Marie-Majeure. De 1613 à 1614, il peignit la célèbre fresque de *L'Aurore* au casino Rospigliosi, puis se fixa à Bologne v. 1614 (*Apothéose de saint Dominique*). Dans ses multiples œuvres religieuses, apparaît une tendance au sentimentalisme, à la suavité, révélatrice de l'un des aspects de la piété nouvelle. Le culte qu'il portait au corps humain, à une beauté idéale, s'exprima particulièrement dans ses peintures mythologiques aux figures élégantes, nerveuses et d'une grâce sensuelle (*Travaux d'Hercule*). Coloriste raffiné évoluant vers une gamme de tons plus argentée, il donna à sa facture un aspect souple et moelleux et ordonna souvent ses compositions suivant des rythmes complexes (*Atalante et Hippomène*, 1625). Jouissant d'une immense renommée en Europe, il fut le plus brillant représentant de l'école bolonaise et le répertoire de ses gestes et figures d'expression fut longtemps imité dans les académies.

Guido **Reni.** *Cléopâtre* (122 × 96 cm). Palais Pitti, Florence. *Phot. © Carlo Bevilacqua/Ricciarini*

**RENIER DE HUY** ♦ Orfèvre mosan actif au début du XII$^{e}$ s. Il réalisa v. 1107 - 1118 les fonts baptismaux commandés pour Notre-Dame de Liège (actuellement conservés à l'église Saint-Barthélemy de Liège). La cuve repose sur douze bœufs et offre cinq scènes en haut relief liées au baptême. Cette œuvre appartient au courant classique, qui plonge ses racines dans l'Antiquité à travers les modèles ottoniens et carolingiens. Durant tout le XII$^{e}$ s., l'art de Renier de Huy exerça une influence considérable sur les créations mosanes de l'ouest du Saint Empire.

**RENN (Adolf Friedrich VIETH VON GOLSSENAU, dit Ludwig)** ♦ Écrivain allemand (Dresde 1889 - Berlin-Est 1979). Officier lors de la Première Guerre mondiale, il affirma des positions antimilitaristes et révolutionnaires dans deux ouvrages qui sont proches de la chronique objective (*Guerre*, 1928 ; *Après-guerre*, 1939). Combattant auprès des troupes républicaines en Espagne (1936), il s'exila pendant l'époque du nazisme, écrivit après la guerre un récit sur *La Décadence de la noblesse allemande* (*Adel in Untergang*, 1946) et s'installa en RDA en 1947.

**RENNELL (James)** ♦ Géographe et cartographe britannique (Chudleigh, Devonshire 1742 - Londres 1830). Capitaine du génie de la Compagnie des Indes, il a donné une *Description historique et géographique de l'Indoustan* (1782). Il publia également des travaux géographiques sur l'Afrique, l'Asie occidentale, et des *Recherches sur les courants de l'océan Atlantique* (1832).

**RENNEQUIN (RENÉ SUALEM, dit)** ♦ Mécanicien wallon (Jemeppe-sur-Meuse 1645 - Bougival 1708). À la demande de Louis XIV, afin d'alimenter en eau le château de Versailles, il construisit la «machine hydraulique de Marly» (1676 - 1682) qui servait à élever les eaux de la Seine de 154 m sur une distance de 1 300 m.

**RENNER (Karl)** ♦ Homme d'État autrichien (Untertannowitz, Moravie 1870 - Vienne 1950). Leader réformiste du Parti social-démocrate autrichien, il fut, avec O. Bauer* et M. Adler*, l'un des théoriciens de l'austromarxisme. Il représenta son pays aux négociations de Saint-Germain (10 sept. 1919). Président du Conseil national (1931 - 1933), il vécut dans la clandestinité sous l'occupation allemande, et devint ensuite chancelier puis président de la République autrichienne (1945 - 1950).

**RENNES** [35000] ➝ **ÉTYM.** anc. *Condate,* du gaul. *condate* «confluent», puis *Redonas,* du gaul. *Redones* «les conducteurs de chars», n. de tribu gaul. ♦ Ch.-l. de l'Ille-et-Vilaine et ch.-l. de la région Bretagne, au confluent de l'Ille et de la Vilaine, dans le *bassin de Rennes.* 206 229 hab. (aggl. 266 292, 20e rang) *(Rennais).* En 1720, un immense incendie détruisit en grande partie la ville, qui fut reconstruite d'après les plans de l'architecte Gabriel*. Cathédrale Saint-Pierre (XVIIIe - XIXe s.) à façade classique ; basilique Saint-Sauveur (XVIIIe s.) ; église Notre-Dame ou Saint-Melaine (XIVe s.), à côté du jardin du Thabor ; anc. abbaye de Saint-Georges, reconstruite au XVIIe s. ; église Saint-Germain (XVe - XVIe s.) de style gothique flamboyant. Palais de justice. Parlement de Bretagne, élevé au XVIIe s. d'après les plans de Salomon de Brosse*, gravement endommagé par un incendie en 1994. Hôtel de ville de style Louis XV. Palais des musées, réunissant le musée des Beaux-Arts et le musée de Bretagne (conçu par Portzamparc). Maisons et hôtels anc. ▮ **Économie** Comparée aux autres capitales régionales, la cap. administrative bretonne concentre une forte proportion de fonctionnaires et une assez faible part d'ouvriers. Les quelques spécialisations industrielles sont en partie d'origine locale, par exemple dans l'agroalimentaire avec la viande, la collecte et la diffusion des produits laitiers bretons, ou résultent de la décentralisation de la construction automobile. Marché d'intérêt national, la ville est devenue également un pôle d'innovation et de recherche (en particulier en télématique). Université ; nombreux laboratoires et instituts (technopôle de Rennes-Atalante) ; 10 000 salariés travaillent dans la recherche et l'enseignement. Malgré le plan d'aménagement routier de la Bretagne dans les années 1960 - 1970, la ville a longtemps été mal desservie, en particulier en direction de Nantes ; l'autoroute vers Paris est de création assez récente. La liaison TGV date de 1990. Une ligne de métro automatique a été inaugurée en 2002. Rennes s'affirme difficilement comme la capitale d'une région où, excentrée, elle entretient peu de relations avec les autres villes importantes (Brest, Lorient, Saint-Brieuc) et où elle subit la concurrence nantaise au sud. ▮ **Histoire** À l'époque celtique, *Condate* fut le centre des *Redones.* Au IXe s. fut créée la dynastie des *comtes de Rennes* qui firent ensuite l'unité de la Bretagne et devinrent ducs de Bretagne. Du Guesclin repoussa les Anglais de la ville pendant la guerre de Succession de Bretagne (1357). Le parlement de Bretagne, fondé en 1551, s'installa à Rennes en 1561 ; il se montra très indépendant et fut exilé à Vannes de 1675 à 1689, après la révolte dite «du papier timbré». La ville fut incendiée en 1720. ▪ Rennes a été bombardée au cours de la Deuxième Guerre mondiale.

**RENNES-LES-BAINS** [11190] ♦ Comm. de l'Aude, arr. de Limoux, bâtie sur les hauteurs de la rive g. de l'Aude, dans les Corbières. 159 hab. *(Rennois).* Église romane. Pierres tombales carolingiennes. ▪ Au S. du village s'étendait l'antique *Rhedae,* capitale wisigothique du Razès. ▪ Station thermale.

**RENO** ♦ V. des États-Unis (Nevada). 180 480 hab. (zone urbaine 339 486). La population a augmenté de 44 % entre 1980 et 2001. D'abord centre commercial, la ville dut sa richesse et sa célébrité à une législation libérale facilitant les mariages ultrarapides et les divorces. Centre touristique, à proximité de la Sierra Nevada (ski, chasse, pêche). Casinos et spectacles.

**RENO** n. m. ♦ Fl. d'Italie du Nord (180 km). Né dans l'Apennin toscan, il coule en Émilie et arrose Bologne. Il se jette dans l'Adriatique au S. de la lagune de Comacchio.

**RENOIR (Pierre Auguste)** ♦ Peintre français (Limoges 1841 - Cagnes 1919). Fils de tailleur, il débuta à treize ans comme peintre sur porcelaine, puis travailla comme graveur sur médailles et peignit aussi des éventails et des stores. Au Louvre, il copia les maîtres du XVIIIe s. En 1863, il étudia dans l'atelier de Gleyre, rencontra Monet*, Sisley* et Bazille*, alla peindre avec eux dans la forêt de Fontainebleau. Après avoir essuyé quatre refus au Salon, il fut accepté en 1868 avec *Lise à l'ombrelle,* qui dénote surtout les influences conjuguées de Courbet* et de Manet*. En 1869, à Croissy, près de Bougival, il aborda les mêmes thèmes que son ami Monet (*Les Canotiers,* 1868 ; *La Grenouillère,* 1869) ; dans ces paysages à la touche plus nettement séparée, aux coloris clairs, il s'attacha à rendre les effets éphémères de lumière, les reflets dans l'eau contribuant ainsi à la formation de l'impressionnisme. Il rencontra Durand*-Ruel, qui allait devenir son marchand, et Caillebotte*. Il exposa en 1874 à la première exposition des impressionnistes et produisit ensuite notamment *La Loge* (1874) ; *Chemin montant dans les hautes herbes* (1875) ; *Le Moulin* de la Galette* (1876) ; *Mme Charpentier et ses enfants* (1878). Tout en recherchant la luminosité de l'atmosphère, il employait alors une facture fondue plutôt qu'une touche divisée. Il s'éloigna progressivement des impressionnistes, notamment après un voyage en Italie (1881) où il fut particulièrement frappé par Raphaël ; il utilisa des couleurs plus acides, un dessin appuyé jusqu'à la sécheresse, subordonnant comme le voulait la tradition classique la couleur à une composition structurée (*Les Parapluies,* 1882 - 1884 ; *Les Grandes Baigneuses,* 1884 - 1887). Vers 1888, cette période dite «aigre» prit fin ; il séjourna quelque temps dans le Midi chez Cézanne* et peignit de nombreux nus de jeunes filles en plein air, des paysages et des scènes d'intimité (*Jeunes Filles au piano,* 1892), d'une facture très souple et fondue avec des coloris nacrés. Vers 1894, sa gouvernante Gabrielle devint son modèle favori, il modela alors ses formes plantureuses dans des tonalités à dominante ocre et rouge. Atteint de rhumatismes articulaires, il résida le plus souvent dans le Midi, s'orienta vers la sculpture en se faisant aider *(Vénus accroupie)* et continua malgré tout à peindre de nombreux portraits, des paysages et des nus (*Baigneuse s'essuyant la jambe,* 1905). Ne cessant d'exprimer avec lyrisme son amour sensuel de la vie, il ne sut, dans la dernière partie de sa carrière, éviter de reproduire ses propres stéréotypes à destination d'une clientèle bourgeoise. Il ne se voulait pas révolutionnaire, mais avait le désir de rivaliser avec les maîtres qu'il admirait. Il avait le souci de la plasticité des formes, s'intéressant surtout à la figure humaine et parvint avec aisance à l'accord coloré entre les objets et leur milieu. En libérant la couleur de sa dépendance avec le dessin, il imposa son univers personnel où dominent la joie et la sensualité. ➝ **ÉTYM.** *Renoir* vient de *Renouard,* du nom de personne germanique *Raginward,* de *ragin* «conseil» et *wardan* «garder».

Pierre-Auguste **Renoir.** *Étude : Torse, effet de soleil* (81 x 64,8 cm), v. 1876. Musée d'Orsay, Paris. *BIS/Phot. H. Josse © Archives Larbor*

**RENOIR (Jean)** ♦ Cinéaste français (Paris 1894 - Beverly Hills 1979). Fils d'Auguste Renoir*, il a gardé de ses débuts dans l'art de la céramique son sens du réel, sa patience et son goût de la liberté. Maître d'un naturalisme poétique où se reconnaissent les influences des peintres impressionnistes, de Zola et de Maupassant (*Nana,* 1926 ; *La Chienne,* 1931 ; *Boudu sauvé des eaux,* 1932 ; *Une partie de campagne,* 1936, inach.), il a ouvert les voies du néoréalisme (*Toni,* 1935), célébré le Front populaire (*Le Crime* de Monsieur Lange,* 1936) et ses sources historiques (*La Marseillaise,* 1938) avant de réaliser trois chefs-d'œuvre, *La Grande* Illusion* (1937), *La Bête* humaine* (1938) et surtout *La Règle* du jeu* (1939), admirables réussites par la saisissante vérité des caractères, la puissance de la peinture des mœurs et de la satire sociale, la nouveauté et la hardiesse du style qui donnent à l'appréhension de l'espace et à la continuité temporelle un rôle inaccoutumé. Trop audacieuses pour leur temps, ces œuvres furent généralement accueillies par l'incompréhension du public et l'hostilité d'une partie de la critique. Contraint de s'exiler à Hollywood (1940 - 1948), Renoir devait plus tard réaliser encore des œuvres d'une inspiration très variée, où l'on retrouve son amour de la vie et des hommes, son lyrisme et sa générosité : *Le Fleuve* (1951), *Le Carrosse d'or* (1952) d'après la pièce de Mérimée, *French Cancan* (1955), *Elena et les hommes* (1956), *Le Déjeuner sur l'herbe* (1959). Il influença de nombreux cinéastes.

Les **Repasseuses.**
Tableau de Degas (1,31×1,75 m).
Musée d'Orsay, Paris.
*Phot. © Dagli Orti*

**RENOMMÉE** – en gr. ***Phêmê***, en lat. ***Fama*** ou ***Rumor*** ♦ Divinité allégorique chez les Grecs, puis chez les Romains. Monstre ailé à cent yeux, cent oreilles et cent bouches, la Renommée est enfantée par Gaïa (la Terre) pour surprendre les secrets coupables des dieux et des mortels et les proclamer à l'univers. Elle est aussi messagère de Zeus.

**RENOU (Louis)** ♦ Orientaliste français (Paris 1896 - Vernon 1966). Il se consacra à l'étude des langues indo-européennes, notamment du sanskrit (*Grammaire sanskrite*, 1930 ; *Histoire de la langue sanskrite*, 1955).

**Renouveau charismatique** ♦ Mouvement de renouveau spirituel catholique. Apparu dans le catholicisme nord-américain au cours des années 1950 sur le modèle du Réveil* protestant et des mouvements pentecôtistes*, il connut un essor exceptionnel en Europe puis dans le monde dans les décennies suivantes au sein de groupes de prières et de communautés stables regroupés sous la houlette de fondateurs investis du rôle de pasteur. Mettant l'accent sur la conversion spontanée par l'« effusion » de l'Esprit saint, sur le don des langues (glossolalie), les guérisons et l'épanouissement individuel par des techniques de thérapie psychologique, ses adeptes furent d'abord marginalisés du fait de leur radicalisme, avant d'être encouragés officiellement par Rome (Jean*-Paul II, 1981).

**RENOUVIER (Charles)** ♦ Philosophe français (Montpellier 1815 - Prades 1903). Fondateur de *L'Année philosophique* (1868) et promoteur en France du retour au criticisme kantien, il a formulé un relativisme (ou phénoménisme) idéaliste et fait de la liberté le fondement de la vie intellectuelle et morale de la personne, notion centrale de son système qui renoue ainsi avec le monadisme de Leibniz (*Essais de critique générale*, 1851-1864 ; *La Science de la morale*, 1869). ➝ **ÉTYM.** *Renouvier* signifie « usurier », de l'ancien français *renou* « prêt à intérêt ».

**Ren Zong** ou **Jen Tsong** ♦ Titre posthume de plusieurs empereurs chinois. Le dernier à porter ce nom fut Jiaqing (de 1798 à 1820), de la dynastie des Qing*. Il persécuta le christianisme et laissa pratiquement le pouvoir aux mains de ses eunuques. Sous son règne, les sociétés secrètes furent particulièrement nombreuses et audacieuses : l'une d'elles attaqua même le palais impérial en 1813. Il mourut foudroyé un jour d'orage.

**REOCÍN** ♦ V. d'Espagne (Cantabrie). 7 959 hab. Production de zinc.

**RÉOLE (LA)** [33190] ➝ **ÉTYM.** du gasc. *reulo* « règle, monastère » ♦ Ch.-l. de cant. de la Gironde, arr. de Langon, sur la Garonne. 4 187 hab. (aggl. 5 292) *(Réolais)*. Église Saint-Pierre, anc. abbatiale (XIII^e^, XIV^e^ et XV^e^ s.). Bâtiments conventuels du XVIII^e^ s. abritant un musée (histoire locale). Maisons anc. Anc. hôtel de ville du XII^e^ s. Ruines d'un château du Moyen Âge. ▪ Viticulture (entre-deux-mers).

Les **Repasseuses** ♦ Peinture de Degas* (huile sur toile, vers 1884). Le thème des repasseuses est à situer dans les séries de tableaux consacrés par Degas aux femmes du monde moderne, ouvrières, danseuses, prostituées, blanchisseuses. Proche du naturalisme que prônait Zola* pour une « analyse exacte et curieuse du présent », le peintre figure les deux ouvrières dans un espace sobre, avec une grande économie de moyens. Rigoureuse et maîtrisée, la composition repose sur une diagonale, le regard étant bloqué par un plan vertical comme dans la peinture japonaise, qui a exercé une forte influence sur Degas.

**REPINE (Ilia Iefimovitch)** ♦ Peintre russe (Tchougouiev, Chuguyev 1844 - Kuokkala, Finlande 1930). Il étudia à Saint-Pétersbourg et voyagea en Italie et en France. Membre du groupe des Ambulants qui voulaient répandre l'art russe dans le peuple, il pratiqua un art réaliste de caractère souvent anecdotique, parfois dramatique, chargé d'intentions sociales (*Les Haleurs de la Volga*, 1873). Il exécuta de nombreuses peintures d'histoire (*Ivan le Terrible étreignant le cadavre de son fils*, 1885) et des portraits expressifs d'une facture solide (Moussorgski, Borodine, Tolstoï). ▪ *Illustration :* → **Moussorgski.** ➝ **ÉTYM.** Ce nom de famille vient du russe *riepa* « rave, navet ».

La **Repubblica** ♦ Quotidien italien créé en 1976 à Rome. Grâce à une présentation et à un ton nouveaux ainsi qu'à la qualité de sa rubrique culturelle, il acquit très vite une audience nationale. Il tire à 590 000 exemplaires.

**républicain (Parti)** – en angl. ***Republican Party*** ♦ Nom de l'un des deux grands partis politiques des États-Unis d'Amérique. Fondé en 1854 à Jackson (Michigan), le Parti républicain reprit le nom de l'ancien parti de Jefferson* pour souligner l'importance de la nation par rapport aux droits de chacun des États. Recrutés exclusivement dans le Nord, les républicains s'opposèrent à l'établissement de l'esclavage dans tout nouvel État, et, défendant les intérêts des industriels, ils se firent les champions du protectionnisme. Vainqueurs du Sud après la guerre de Sécession*, les républicains, dont le chef A. Lincoln* fut assassiné, détinrent quasiment la présidence des États-Unis de 1861 à 1913, puis de 1921 à 1933. Partisans d'une politique impérialiste dès la fin du XIX^e^ s. (→ **McKinley ; Roosevelt [Theodore]**), les républicains, trop confiants dans la « prospérité » américaine après la Première Guerre mondiale (→ **Hoover [Herbert]**), ne purent résoudre la crise* économique de 1929 et abandonnèrent la présidence au démocrate F. D. Roosevelt*. Ils la retrouvèrent avec le général Eisenhower* (1953 - 1961) puis avec R. Nixon* qui, après avoir échoué devant J. F. Kennedy*, profita de l'impopularité de l'administration Johnson* aux élections de 1968. Les républicains gardèrent la présidence jusqu'en 1976 et la reprirent en 1981 avec R. Reagan*, auquel succéda en 1989 G. Bush*, puis avec George W. Bush* en 2001. Mais le Parti républicain demeura minoritaire au Congrès de 1958 à 1994. Bill Clinton* ramena le Parti démocrate à la présidence de 1993 à 2001.

**républicain (Parti)** [PR] ♦ Parti politique français issu en 1977 de la Fédération nationale des républicains indépendants (créée par V. Giscard d'Estaing en 1966). Membre fondateur de l'UDF, le PR dirigé par J.-P. Soisson (1977 - 1978), J. Blanc (1978 - 1982), F. Léotard (1982 - 1990, 1995 - 1997), puis G. Longuet (1990 - 1995), a défendu des positions libérales et européennes. En juin 1997, le PR se transforma en Démocratie* libérale.

La **République** – en gr. ***Hê Politeia ê peri tês dikês*** ♦ Dialogue en 10 livres de Platon*. À la recherche d'une définition de la justice, Socrate est amené à décrire la cité modèle. Comme l'âme, qui est à la fois désir sensuel, cœur (vouloir) et raison, celle-ci se divise en trois «classes» : artisans et paysans, guerriers, magistrats. La justice est l'ordre et l'équilibre hiérarchiques régnant dans l'âme comme dans la cité. Seuls les hommes s'étant élevés par la dialectique à la connaissance du vrai et du bien, les «philosophes-rois», sont capables de la gouverner justement. L'aristocratie est donc pour Platon le meilleur gouvernement, mais il en décrit aussi les dégradations successives : timocratie, oligarchie, démocratie, tyrannie. S'achevant sur des considérations éthiques et eschatologiques, cette œuvre fut considérée comme le modèle de l'utopie politique (→ **More [Thomas], Campanella**) et par certains comme la meilleure peinture de l'homme social (Alain*, Léon Robin).

**République (De la)** – en lat. ***De republica*** ♦ Traité politique et philosophique de Cicéron*, en 6 livres, écrit sous forme de dialogues (-54 - -52), inspiré de Platon. Le gouvernement idéal est un compromis entre la monarchie, l'aristocratie et la démocratie. La justice doit être à la base de la vie sociale et l'immortalité de l'âme est promise aux bienfaiteurs de l'État (*Le Songe de Scipion*, liv. VI).

La **République** ♦ Traité de philosophie politique de Jean Bodin*, paru en 1576. L'auteur y étudie les principes de la vie en société, en s'appuyant sur des considérations historiques et géographiques, pratiquant une sorte de sociologie comparée (et annonçant ainsi Montesquieu*). L'analyse politique l'amène à noter le rôle de la famille dans la société et surtout à soutenir la thèse du pouvoir absolu du monarque, tempéré seulement par le respect des lois fondamentales du royaume et les conseils du parlement et des états généraux.

**République (Ire)** ♦ Régime sous lequel vécut la France* de sept. 1792 à mai 1804. Lors de la journée révolutionnaire du 10 août* 1792, Louis* XVI fut déchu de ses fonctions par l'Assemblée* législative. → **Révolution française ; septembre 1792 (massacres de).** Sur proposition de Collot* d'Herbois, la Convention* nationale proclama la république le 21 sept. 1792, au lendemain de la victoire de Valmy*. Le 22 sept., tous les décrets furent datés de l'an I de la République et, le 23 sept., la République française était déclarée «une et indivisible». Son avènement fut marqué sur le plan politique par l'octroi du suffrage universel, sur le plan social par plusieurs réformes en faveur des masses populaires (→ **Saint-Just**), sur le plan militaire par des victoires et la formation de plusieurs «républiques sœurs», malgré la coalition de l'Europe de l'Ancien Régime contre la France. La chute de Robespierre* et de ses alliés (→ **Thermidor an II**) permit à la Convention thermidorienne, puis au Directoire* de rendre au régime républicain un caractère plus conservateur. Le coup d'État du 18 Brumaire* an VIII (1799), instaurant en France le Consulat*, orienta la république, maintenue en droit, vers une dictature césarienne. → **Napoléon Ier.** Le nom de «République française» subsista encore quelque temps à côté de celui de «Napoléon Empereur». Dès 1806, toutefois, le calendrier républicain était aboli ; en 1808 l'inscription «République française» inscrite sur les monnaies fut remplacée par celle d'«Empire français». → **Empire (Premier).**

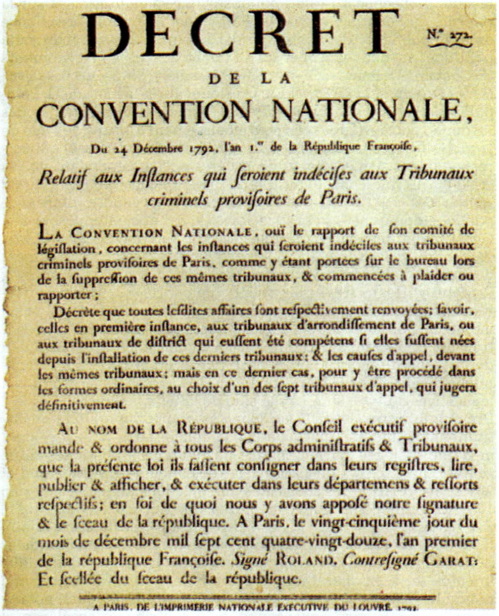

DECRET N.° 272.

DE LA

CONVENTION NATIONALE,

Du 24 Décembre 1792, l'an 1.er de la République Françoise,

*Relatif aux Instances qui seroient indécises aux Tribunaux criminels provisoires de Paris.*

LA CONVENTION NATIONALE, ouï le rapport de son comité de législation, concernant les instances qui seroient indéciles aux tribunaux criminels provisoires de Paris, comme y étant portées sur le bureau lors de la suppression de ces mêmes tribunaux, & commencées à plaider ou rapporter ;

Décrète que toutes lesdites affaires sont respectivement renvoyées; savoir, celles en première instance, aux tribunaux d'arrondissement de Paris, ou aux tribunaux de district qui eussent été compétens si elles fussent nées depuis l'installation de ces derniers tribunaux: & les causes d'appel, devant les mêmes tribunaux; mais en ce dernier cas, pour y être procédé dans les formes ordinaires, au choix d'un des sept tribunaux d'appel, qui jugera définitivement.

AU NOM DE LA RÉPUBLIQUE, le Conseil exécutif provisoire mande & ordonne à tous les Corps administratifs & Tribunaux, que la présente loi ils fassent consigner dans leurs registres, lire, publier & afficher, & exécuter dans leurs départemens & ressorts respectifs; en foi de quoi nous y avons apposé notre signature & le sceau de la république. A Paris, le vingt-cinquième jour du mois de décembre mil sept cent quatre-vingt-douze, l'an premier de la république Françoise. *Signé* ROLAND. *Contresigné* GARAT: Et scellée du sceau de la république.

A PARIS, DE L'IMPRIMERIE NATIONALE EXECUTIVE DU LOUVRE. 1792.

**Ire République.** Décret de la Convention nationale du 24 décembre 1792. Bibliothèque nationale de France, Paris. *Phot. © Lauros-Giraudon*

**République (IIe)** ♦ Proclamée le 25 fév. 1848, après la révolution* française des 22, 23 et 24 février 1848 et l'abdication de Louis*-Philippe, elle succéda à la monarchie* de Juillet. Le gouvernement provisoire formé d'une majorité de républicains modérés (voire conservateurs) et de quelques socialistes, imposés par les forces révolutionnaires (L. Blanc*, Albert*), adopta des mesures d'urgence : dissolution de la Chambre des députés et convocation des Français pour l'élection, au suffrage universel rétabli, d'une Assemblée* constituante (avr. 1848). Celle-ci, en nov. 1848, vota la Constitution qui servit de base à la IIe République, proclamant le droit au travail (création de la Commission* du Luxembourg et des Ateliers* nationaux), rétablissant les libertés de presse et de réunion, abolissant la peine de mort pour motif politique et l'esclavage dans les colonies. Aggravée par la révolution, la crise économique avait provoqué une importante agitation politique révolutionnaire (journées du 16 avril* et du 15 mai 1848), finalement réprimée après les émeutes du 23 au 26 juin* 1848 par Cavaignac*, auquel la Commission exécutive avait remis les pleins pouvoirs. Face au «péril rouge», les modérés et conservateurs se regroupèrent dans le parti de l'Ordre*, qui assura la victoire de Louis Napoléon Bonaparte à l'élection présidentielle du 10 déc. 1848. → **Napoléon III.** La IIe République ne survécut pas au coup d'État du 2 décembre* 1851. Un sénatus-consulte plébiscité les 21 - 22 nov. 1852, après une intense propagande, rétablissait l'Empire proclamé le 2 déc. 1852 au profit de Napoléon III. → **Empire (Second).**

**République (IIIe)** ♦ Gouvernement de la France de 1870 à 1940. Succédant au Second Empire*, après la capitulation de Sedan* et la journée révolutionnaire du 4 septembre* 1870, lors de laquelle fut constitué un gouvernement de la Défense* nationale, la IIIe République en prolongea l'essor industriel, marqué par d'importants progrès scientifiques et techniques (radio, automobile, aviation). Époque de croissance économique (la production de houille passa de 13 à 41 millions de t, celle d'acier de 1 à 5 millions de t de 1869 à 1913), elle se caractérisa pourtant par un faible développement démographique, aggravé par les pertes humaines de la Première Guerre mondiale et contrastant avec l'essor démographique de la plupart des autres pays européens, et par l'archaïsme des structures sociales (le pays restant encore à dominante rurale). ▮ **De Thiers et Mac-Mahon à Jules Ferry** Au lendemain de la défaite dans la guerre franco*-allemande (1870 - 1871) et de la guerre civile qui opposa le gouvernement de Versailles* (→ **Thiers, Assemblée nationale**) et la Commune* insurrectionnelle de Paris, durement réprimée (fin mai 1871), Thiers s'attacha à la reconstruction économique, financière et militaire du pays qui restait profondément divisé politiquement (bonapartistes, monarchistes, républicains modérés ou radicaux). Après son renversement par la droite conservatrice de l'Assemblée nationale (24 mai* 1873) et l'échec de la tentative de restauration de la monarchie au profit du comte de Chambord*, Mac*-Mahon fut appelé au pouvoir. L'Assemblée adoptait l'amendement Wallon* en janv. 1875, puis les trois lois constitutionnelles qui servirent de base institutionnelle à la IIIe République. Le progrès des républicains finit par faire échouer les tentatives de gouvernement d'Ordre* moral (malgré la crise du 16 mai* 1877). Après la démission de Mac-Mahon (janv. 1879) fut instaurée une république laïque, démocratique et parlementaire (→ **Grévy, Ferry**) qui s'attacha surtout à une œuvre de réforme de l'instruction publique, et fut marquée en politique extérieure par une volonté d'expansion coloniale (Extrême-Orient, Afrique du Nord et Afrique noire). ▮ **Crises et scandales** Alors que les forces politiques de gauche et les mouvements syndicaux commençaient à s'organiser, le régime connut ses premiers scandales (affaire du trafic des décorations dans laquelle fut impliqué le gendre de J. Grévy, D. Wilson*) et une crise politique liée au développement du nationalisme antiparlementaire et revanchard qui se cristallisa de 1886 à 1889 dans le boulangisme (→ **Boulanger**) ; à cette crise fit suite l'affaire de Panamá* (1889 - 1892). Toutefois, le régime républicain, auquel la plupart des catholiques s'étaient alors ralliés, ne fut pas vraiment ébranlé. Tout en poursuivant une politique coloniale (Afrique noire, Madagascar, Indochine), le gouvernement chercha à sortir la France de son isolement diplomatique (Entente* cordiale avec la Grande-Bretagne, alliance avec la Russie), alors que le pays se trouvait profondément divisé par la crise politique et idéologique de l'affaire Dreyfus* (1896 - 1899) qui suscita un regroupement des forces de droite (→ **Patriotes [ligue des], Action française**) et de gauche (→ **Bloc des gauches**). ▮ **Montée**

**et victoire de la gauche** Ces dernières, progressivement unifiées (formation du Parti radical* en 1901, du Parti socialiste* SFIO en 1905), menèrent une politique de laïcisation radicale de l'État (loi sur la séparation des Églises et de l'État, 1905) ; mais leur politique économique et sociale n'aboutit qu'à des réformes minimes. Les difficultés extérieures (tension entre la France et l'Allemagne sur la question marocaine, discours de Tanger*, conférence d'Algésiras*, incident d'Agadir*), dans un climat international de plus en plus menaçant (de 1905 à 1913), se doublèrent d'une importante agitation sociale. Malgré la victoire de la gauche (1914) et les campagnes pacifistes des socialistes (→ **Jaurès**), la guerre ne put être évitée (→ **Poincaré, Clemenceau**). De cette Première Guerre* mondiale (1914 - 1918), la France sortit victorieuse (traité de Versailles* qui lui rendit l'Alsace et la Lorraine) mais épuisée et divisée politiquement. **Du Bloc national au Cartel des gauches** La crainte suscitée par la révolution russe (fév.-oct. 1917) et l'arrivée au pouvoir des bolcheviks contribuèrent à la victoire des conservateurs du Bloc national (1919), tandis que se constituait le Parti communiste* français, à la suite d'une scission au sein de la SFIO. Le Cartel* des gauches, victorieux en 1924, ne put se maintenir face à la crise financière, et, à l'instigation de Poincaré, fut formé un gouvernement d'Union nationale (1926 - 1929) qui parvint à redonner un relatif essor à l'économie française et une stabilité au franc. Toutefois, la crise économique et financière internationale (1929) devait également atteindre la France (1930). Dans ce contexte, marqué par la montée du fascisme, de nouveaux scandales financiers (affaire Stavisky*, 1933), provoquèrent une agitation politique et sociale, opposant ligues d'extrême droite (Action française, Croix*-de-Feu qui organisèrent la manifestation du 6 février 1934) aux forces de gauche. **Du Front populaire à la Deuxième Guerre mondiale** Celles-ci se regroupèrent pour former un Front* populaire (1935), victorieux aux élections de 1936. Malgré d'importantes mesures économiques et sociales (accords Matignon*), le gouvernement de Front populaire (L. Blum*, puis Chautemps*, 1936 - 1938) essuya un relatif échec et fut remplacé par le cabinet du radical Daladier* (1938 - 1940) dans une situation internationale de plus en plus inquiétante. Après la signature des accords de Munich* (sept. 1938), le gouvernement Daladier (avec Reynaud* aux Finances) imposa un certain nombre de décrets-lois pour assurer la production et la défense du pays, décrets-lois frappant particulièrement le monde ouvrier et entraînant d'importants mouvements sociaux. La signature du pacte de non-agression germano-soviétique (août 1939) entraîna une vive répression à l'égard des communistes français. La France entra en guerre le 3 sept. Mal préparée, l'armée fut, après huit mois d'inaction, rapidement vaincue par les forces ennemies et c'est dans le plus total désarroi (politique et social) que fut signé l'armistice (Rethondes*, 22 juin 1940) et que l'Assemblée nationale (Chambre et Sénat réunis) vota les pleins pouvoirs à Pétain* (11 juil. 1940), mettant ainsi fin à la IIIe République. → **Guerre mondiale (Deuxième), Vichy (gouvernement de).**

**République (IVe)** ♦ **L'après-guerre** Régime sous lequel vécut la France de juin 1944 à oct. 1958. Bien que non officiellement proclamée, elle fut instaurée par le décret du général de Gaulle qui, mettant fin à l'État français (→ **Pétain, Vichy [gouvernement de]**), donnait au Comité* français de libération nationale le nom de Gouvernement provisoire de la République française. Cette période de transition (→ **Gouvernement provisoire de la République française ; Assemblée constituante de 1945, de 1946**), au terme de laquelle fut adoptée la Constitution de la IVe République, accordant au pouvoir législatif (Conseil de la République et surtout Assemblée* nationale) une place prépondérante par rapport à l'exécutif, s'acheva en janv. 1947 avec l'élection du premier président de la IVe République, Vincent Auriol*. **L'échec du tripartisme** Un Conseil des ministres fut formé sous la présidence de Paul Ramadier*. L'expérience d'un gouvernement tripartite (Parti communiste* français, Parti socialiste* [SFIO] et Mouvement* républicain populaire) échoua sur le problème du blocage des salaires. Les ministres communistes, ayant été mis en minorité, durent démissionner. L'échec du tripartisme, qui s'expliquait également par la situation internationale, s'accompagna en France d'un important mouvement de grèves (1947 - 1948). Entre l'opposition gaulliste (→ **Rassemblement du peuple français**) et celle du Parti communiste français, le gouvernement tentait de constituer une «troisième force» centriste (MRP, socialistes, libéraux) qui survécut jusqu'en 1951. **Le redressement économique** Tandis que la rupture entre l'Est et l'Ouest entraînait la signature du Pacte atlantique (1949) et l'autorisation du réarmement de l'Allemagne, le redressement économique de la France s'accélérait grâce au plan Monnet*, avec l'aide du plan Marshall* américain : les premières bases de la Communauté européenne étaient posées. Toutefois, les gouvernements successifs de la «troisième force» ne parvinrent pas à résoudre la crise financière ni les difficultés suscitées par la guerre d'Indochine. Ces problèmes contribuèrent à aggraver l'instabilité ministérielle chronique qui fut l'une des caractéristiques essentielles du régime. **La question coloniale et la crise algérienne** Peu après la constitution du cabinet Pleven*, les socialistes, hostiles à la loi Barangé sur l'aide à l'enseignement privé, passèrent dans l'opposition (ils y resteront jusqu'en 1956) : le gouvernement s'orienta vers une majorité de centre droit. Si le gouvernement Pinay (1952) organisa plus efficacement la lutte contre l'inflation, les dissensions politiques qui se cristallisèrent autour de la question coloniale (Tunisie, Maroc) ne firent que s'aggraver. Après la défaite de Điện* Biên Phủ (mai 1954) le gouvernement Mendès* France mit fin à la guerre d'Indochine (accords de Genève, juil. 1954) puis accorda son autonomie à la Tunisie, alors que commençait la guerre d'Algérie. À la suite de la démission de Mendès France (fév. 1955), le cabinet E. Faure*, qui rétablit sur le trône marocain le sultan Mohammed* V et rendit son indépendance au Maroc (accords de La Celle-Saint-Cloud), dut à son tour se retirer (janv. 1956), après des élections marquées par un succès relatif du Front républicain (radicaux, socialistes) et du PCF mais aussi par un net progrès des forces de droite (nationalistes, mouvement Poujade*), et par un effondrement du mouvement gaulliste. L'absence d'une majorité réelle (1956 - 1958) accentua l'instabilité gouvernementale en même temps que s'aggravait la crise algérienne. Le gouvernement G. Mollet* (1956 - 1957) subit un grave échec avec l'expédition de Suez* (oct. - déc. 1956). Il signa le traité de Rome* (mars 1957) qui créait la Communauté économique européenne, mais, mis en minorité sur la question économique et financière, il démissionna (mai 1957). La décomposition du régime (cabinets Bourgès-Maunoury, F. Gaillard*) s'accéléra. L'émeute de mai* 1958 à Alger sonna le glas de la IVe République. **Le retour du général de Gaulle** Dans un climat menaçant, l'éphémère cabinet P. Pflimlin* démissionna, tandis que le président de la République, R. Coty*, faisait appel à de Gaulle* pour «redresser la situation». Ce dernier constitua un cabinet (1er juin) qui, dès oct. 1958, faisait adopter la Constitution de la Ve République*.

**République (Ve)** ♦ **La présidence du général de Gaulle** Régime sous lequel vit la France* depuis oct. 1958. → **République (IVe).** Revenu au pouvoir à la suite des événements de mai* 1958, le général de Gaulle fit adopter, en dépit de l'opposition d'une partie de la gauche, la Constitution de la nouvelle République qui renforçait le pouvoir exécutif et orientait la France vers un régime de type présidentiel. Disposant d'une large majorité (→ **Union des démocrates pour la République**), dont furent issus les Premiers ministres, M. Debré* (1959 - 1962), G. Pompidou* (1962 - 1968) et M. Couve* de Murville (1968 - 1969), le général de Gaulle, élu président, s'employa, non sans difficultés (putsch d'Alger, 1961), à mettre fin à la guerre d'Algérie* (accords d'Évian*, mars 1962). Dans le domaine extérieur, il mena une politique de prestige, cherchant à rendre à la France son indépendance diplomatique et militaire (retrait de l'Otan, création d'une force nucléaire dite «de dissuasion») et à promouvoir une «Europe des États». → **Gaulle (Charles de).** Dans les domaines économique et social, ni les mesures du plan Pinay-Rueff (1958 - 1959) ni le plan de stabilisation de V. Giscard* d'Estaing ne réussirent à enrayer l'inflation. Après un relatif progrès de la gauche (élections présidentielle de 1965, législatives de 1967), le malaise économique, social et culturel aboutit à la crise de mai* 1968, qui ne suffit pas toutefois à ébranler le régime. L'UDR retrouva une très forte majorité aux législatives de juin 1968. **La présidence de Georges Pompidou** Après le départ du général de Gaulle à la suite de l'échec du référendum sur la régionalisation et sur la réforme du Sénat (avr. 1969), G. Pompidou fut élu à la présidence de la République. «La continuité dans l'ouverture» caractérisa la politique du nouveau chef de l'État et de ses gouvernements (J. Chaban*-Delmas, 1969 - 1972 ; P. Messmer*, 1972 - 1974). **La présidence de Valéry Giscard d'Estaing** Élu président après la mort de G. Pompidou en 1974, V. Giscard d'Estaing, candidat du centre et des modérés, entreprit des réformes (abaissement à 18 ans de l'âge de la majorité, loi sur l'interruption volontaire de grossesse) qui correspondaient à une volonté de progrès social, cependant que la crise du pétrole contribuait à la récession économique. **Les deux septennats de François Mitterrand** 1981 marqua la première alternance politique depuis 1958 avec la victoire de cet ancien opposant à la Constitution, qui s'accompagna de celle du Parti socialiste* aux élections législatives de juin 1981, et qui contribua au renforcement des institutions désormais reconnues par tous. Gouvernant avec P. Mauroy* (1981 - 1984), puis avec L. Fabius* (1984 - 1986), F. Mitterrand*, répondant tout d'abord à une volonté de «changement», mena une politique de réformes (nationalisations, loi sur la décentralisation, retraite à soixante ans), auxquelles s'ajouta l'abolition de la peine de mort. Mais la persistance de la récession économique conduisit à un plan d'austérité. Le succès de la droite aux législatives de 1986, amenant le chef de l'État à nommer J. Chirac* Premier ministre (1986 - 1988), donna naissance à une situation institutionnelle inédite, marquée par la cohabitation d'un président et d'une majorité parlementaire de tendances politiques différentes. Elle s'acheva en 1988 par la réélection de F. Mitterrand et la victoire relative des socialistes aux élections anticipées de juin 1988. Les différents gouvernements (M. Rocard*, 1988 - 1991 ; É. Cresson*, 1991 - 1992 ; P. Bérégovoy*, 1992 - 1993) eurent à faire face, dans un climat de malaise social et scolaire et de scandales politico-financiers, à une aggravation de la crise économique (montée du chômage). Dans le domaine extérieur, F. Mitterrand poursuivit les grandes orientations de ses prédécesseurs, notamment la construction européenne, qu'il contribua à accélérer, et engagea la France dans la guerre du Golfe contre l'Irak (1990 - 1991). **Le septennat et le quinquennat de Jacques Chirac** Les législatives de 1993 marquèrent un retour massif des partis de droite (UDF et RPR) avec une deuxième cohabitation (gouvernement d'É. Balladur*, 1993 - 1995), à laquelle mit fin l'élection à la présidence de la République de J. Chirac*, qui nomma A. Juppé* Premier ministre (mai 1995), lequel initia la suppression du service militaire national actif (effective en 2001). La crise économique et l'impopularité croissante d'A. Juppé conduisirent J. Chirac à dissoudre l'Assemblée en juin 1997. Mais la gauche remporta les élections, donnant lieu à une autre cohabitation. Le gouvernement du socialiste L. Jospin* entreprit plusieurs réformes (PACS, lois sur les 35 heures et parité hommes/femmes pour les mandats électoraux) tandis qu'un référendum approuvait la réduction du mandat présidentiel de sept à cinq ans (2000). La France adopta l'euro en remplacement du franc le 1er janvier 2002. Jacques Chirac fut en mai le premier président élu pour un quinquennat, avec un record historique de voix (82,21 %) dû à la présence inédite de l'extrême droite au second tour. Il fit approuver une révision de la Constitution introduisant le principe de décentralisation (2003) et l'introduction d'une charte de l'environnement dans le préambule de la Constitution (2005). En mai 2005, un référendum rejeta un projet de constitution européenne (→ **Union européenne**) pourtant soutenu par la plupart des partis et le gouvernement de J.-P. Raffarin* (2002 - 2005) qui fut en conséquence remplacé par D. de Villepin*. ■ **La présidence de Nicolas Sarkozy** Élu en mai 2007, Nicolas Sarkozy* nomma François Fillon* à la tête d'un gouvernement caractérisé par la présence de ministres issus d'autres partis que l'UMP, notamment du Parti socialiste. Deux nouvelles réformes constitutionnelles furent votées en 2008, sur les transferts de souveraineté prévus par le traité européen de Lisbonne et sur la modernisation des institutions de la Ve République (notamment le Parlement). La France réintégra en 2009 le commandement militaire intégré de l'Otan, que le général de Gaulle lui avait fait quitter en 1966, en pleine guerre froide, ce qui officialisa sa participation aux opérations de l'Organisation déjà effective dans les guerres en Yougoslavie* ou en Afghanistan*. → **France.**

**RÉPUBLIQUE ARABE UNIE** [RAU] ♦ État formé en février 1958 par l'union de l'Égypte* et de la Syrie*. Cette union fut rompue après le coup d'État syrien de 1961 ; cependant l'Égypte a officiellement conservé la dénomination de RAU jusqu'en 1971.

**REQUESENS Y ZÚÑIGA (Luis de)** ♦ Diplomate et gouverneur espagnol (Barcelone 1528 - Bruxelles 1576). Lieutenant général de la mer, il se distingua à Lépante* (1571). Il fut gouverneur du Milanais (1573), puis des Pays-Bas, où il succéda au duc d'Albe*. Beaucoup plus modéré que lui, il reprit cependant la guerre devant les exigences de Guillaume* d'Orange-Nassau. Il lutta sur mer contre les gueux* ; sur terre, après une victoire près de Nimègue, au cours de laquelle Louis de Nassau fut tué, il échoua en Zélande à cause des mutineries de son armée.

**RÉQUICHOT (Bernard)** ♦ Peintre et sculpteur français (Asnières-sur-Vègre, Sarthe 1928 - Paris 1961). Après des œuvres d'inspiration mystique et des nus monumentaux, il s'orienta vers l'abstraction, utilisant la technique des «collages de papiers choisis» (*En vente dans toutes les bonnes maisons*, 1957), pratiquant l'«écriture illusoire» et systématisant les dessins à spirales (*Vibroskoménopatof*, 1960). Le thème de la spirale se retrouve dans ses sculptures en anneaux de polystyrène (*Nekonk Tanten Tantk Mana*, 1961). Dans ses *Reliquaires*, cubes de bois à une face ouverte, il entasse de la terre, des objets divers et des ossements recouverts de peinture épaisse. Il a mis fin à ses jours à 33 ans.

**Requiem** n. m. ♦ Messe des morts dans la liturgie catholique («Requiem aeternam dona eis, Domine»). En musique, un des plus célèbres est celui de Mozart* (1791). Cette œuvre demeurée inachevée fut terminée sur les indications de Mozart par son disciple Süssmayer*. Parmi les douze morceaux, seuls le *Requiem* et le *Kyrie* sont entièrement dus à Mozart. ■ Le premier requiem qui nous soit parvenu est celui d'Ockeghem. Au XVIe s., Palestrina, Lassus, Victoria en écrivirent. Il faut citer aussi ceux de Jean Gilles, Campra, Michael Haydn, Cherubini, Berlioz, Verdi, Fauré, Dvořák, Maurice Duruflé, Ligeti, ainsi que les *Musikalische Exequien* de Schütz, *Un Requiem allemand* de Brahms et *Requiem Canticles* de Stravinski.

**Rerum novarum** ♦ Première encyclique sociale de l'Église, promulguée par Léon* XIII en 1891. Elle soulignait l'importance de la question ouvrière, encourageait la création de syndicats mixtes réunissant patrons et ouvriers, et posait les fondements de la doctrine sociale de l'Église. → **catholicisme social.**

**Résistance** (parti de la) ♦ Nom donné sous la monarchie* de Juillet au parti dynastique (orléaniste) qui, favorable à la «monarchie bourgeoise», se montra hostile à toutes concessions démocratiques et mena sur le plan extérieur une politique prudente. Dirigé par Guizot*, Molé* et Casimir Perier*, le parti de la Résistance fut au pouvoir de 1832 jusqu'à la chute de la monarchie de Juillet. On a pu dire que l'orléanisme s'était finalement confondu «avec le parti de la Résistance au point de lui emprunter sa couleur, son esprit, son programme» (R. Rémond).

**Résistance**

♦ Nom donné à l'ensemble des actions menées au cours de la Deuxième Guerre mondiale dans les différents pays d'Europe contre l'occupation allemande et les régimes nazi et fascistes. → **Guerre mondiale (Deuxième).** ♦ ***Résistance française*** La *Résistance extérieure* s'organisa après l'appel à la poursuite de la guerre lancé de Londres le 18 juin 1940 par le général de Gaulle*, avec la constitution d'un Bureau* central de renseignements et d'action (Londres), des Forces* françaises libres et, plus tard, du Comité* français de libération nationale. La *Résistance intérieure* se forma dès la fin de 1940 avec la création de mouvements dans la zone nord occupée par les Allemands et dans la zone sud (Combat*, Libération, Franc*-Tireur, OCM, réunis dans les Mouvements unis de Résistance). L'action des divers réseaux fut coordonnée à partir de 1943 par le Conseil* national de la Résistance. Alors que débutaient les opérations de libération, les organisations militaires de la Résistance (Armée secrète, Organisation de résistance de l'armée, Francs-Tireurs et Partisans français dépendant du Front* national, de tendance communiste) étaient regroupées dans les Forces* françaises de l'intérieur qui, avec les FFL, participèrent aux côtés des Alliés aux opérations militaires de la Libération*.

**RESISTENCIA** ← ÉTYM. esp. «résistance» ♦ V. d'Argentine, cap. de la prov. du Chaco. 366 000 hab. Ville pionnière, près du fleuve Paraná, elle fait face à Corrientes et doit son développement (bois, bétail) à l'immigration italienne. Fabrique de produits tannants.

**REŞIŢA** ♦ V. de Roumanie occidentale, ch.-l. du distr. de Caraş-Severin. 84 678 hab. Fondé en 1768, c'est l'un des centres industriels les plus anciens du pays : puissant complexe sidérurgique sur d'importants gisements de fer et de houille.

**RESNAIS** [ʀenɛ] **(Alain)** ♦ Cinéaste français (Vannes 1922). Des documentaires, d'une rare qualité esthétique, ont marqué ses débuts : *Van Gogh* (1948), *Guernica* (1950), sur l'œuvre de Picasso, et le terrible *Nuit et Brouillard* (1956), évocation inoubliable des camps d'extermination. Mais c'est par des œuvres où la hardiesse de forme renouvelle la rhétorique cinématographique qu'il s'est affirmé comme le créateur le plus original de l'école française des années 1960 : *Hiroshima* mon amour* (1959), *L'Année* dernière à Marienbad* (1961), *La guerre est finie* (1966), *Providence* (1977), *Mon oncle d'Amérique* (1980), *La vie est un roman* (1983), *L'Amour à mort* (1984), *Mélo* (1986), développent une fervente méditation sur les thèmes de l'amour, du temps et des grands problèmes qui tourmentent la conscience contemporaine. Puis il se tourna vers des formes de comédie plus désinvoltes, sans rien abdiquer de ses ambitions, de fond et de forme : le diptyque *Smoking / No smoking* (1993), *On connaît la chanson* (1997), *Cœurs* (2006). ← ÉTYM. *Resnais* est une variante de *René* ou signifie «originaire de Rennes».

**RESPIGHI (Ottorino)** ♦ Compositeur italien (Bologne 1879 - Rome 1936). Élève de Rimski-Korsakov à Saint-Pétersbourg et, un temps, de Max Bruch à Berlin, il fut professeur au conservatoire de Rome (1913) dont il devint le directeur (1923). Son œuvre, notamment instrumentale, s'inscrit en réaction contre le vérisme. Elle se caractérise souvent par un impressionnisme chatoyant (*Fontaines de Rome*, 1917 ; *Pins de Rome*, 1924 ; *Vitraux d'église*, 1927 ; *Triptyque botticellien*, 1927 ; *Fêtes romaines*, 1928), ou par le recours aux vieux modes du plain-chant (*Concerto grégorien* pour violon, 1921). On lui doit encore des opéras, de la musique de chambre et des mélodies.

**Restauration** n. f. ♦ Nom donné à la période de l'histoire française au cours de laquelle, après l'abdication de Napoléon* Ier (traité de Fontainebleau*, avril 1814), la monarchie fut rétablie en faveur de la branche aînée des Bourbons : règne de Louis* XVIII (1814 - 1815, 1815 - 1824), puis de Charles* X (1824 - 1830). Assez favorablement accueillie par le peuple qui aspirait à la paix, souhaitée par la noblesse, dont une grande partie espérait un retour à l'Ancien Régime, et par la bourgeoisie d'affaires qui y voyait la possibilité d'un nouvel essor économique, la Première Restauration fut interrompue par le retour de l'Empereur de l'île d'Elbe (→ **Cent-Jours**). Cet épisode, dont les puissances alliées rendirent responsable le gouvernement de Louis XVIII, s'acheva par la défaite de Waterloo, la seconde abdication de Napoléon, et accrut considérablement les difficultés du nouveau régime, tant à l'intérieur avec le développement du mouvement royaliste extrémiste (→ **Terreur blanche**) qu'en politique extérieure (second traité de Paris*, 1815 ; congrès d'Aix*-la-Chapelle, 1818). La Charte* constitutionnelle de 1814 avait instauré en France une monarchie non démocratique (suffrage censitaire) ; si elle eut ses partisans (→ **Constitutionnel [Le], doctrinaires**), elle suscita aussi de vives oppositions chez les ultra-royalistes (→ **ultras**) et, à partir de 1817, chez les libéraux. En dépit de quelques tentatives de gouvernement de conciliation relativement libéral (Decazes*, 1818 - 1820 ; Martignac*, 1828 - 1829), la Seconde Restauration fut marquée par un renforcement progressif du régime autoritaire (Richelieu* 1815 - 1818, 1820 - 1821 ; Villèle*, 1822 - 1828 ; Polignac*, 1829 - 1830) et, en politique extérieure, par l'expédition d'Espagne* (1823), l'expédition de Morée* (1828) et le début de la conquête de l'Algérie* (expédition d'Alger*, 4 juil. 1830). Période de réaction politique et idéologique, qui, par contre-coup, devait susciter le développement des idées libérales et des premières théories sociales (Saint-Simon, Fourier), la Restauration permit à ses débuts un net redressement financier (→ **Corvetto**) ; mais, en dépit de l'essor de quelques industries (→ **Kœchlin, Schneider, Ternaux, Wendel**), la croissance économique restait lente. Dès 1826 - 1827, la situation financière, économique et sociale se détériora ; aussi la crise politique aboutit à la révolution* de juillet 1830. Après l'abdication de Charles X (août 1830), le duc d'Orléans, Louis*-Philippe, fut appelé au pouvoir. → **monarchie de Juillet.**

**RESTEFOND** n. m. ♦ Col des Alpes de Haute-Provence, près de Barcelonnette (2 680 m). Il est utilisé par une route qui relie la vallée de l'Ubaye à celle de la Tinée.

**RESTIF** [ʀetif] ou **RÉTIF DE LA BRETONNE (Nicolas RESTIF, dit)** → ÉTYM. *Restif*, graphie anc. de *Rétif*, surnom d'un homme de caractère farouche ; *La Bretonne*, n. de la ferme familiale à Sacy ♦ Écrivain français (Sacy, Yonne 1734 - Paris 1806). Bien qu'il ait prétendu être autodidacte, Restif reçut une éducation religieuse à Bicêtre, fut apprenti chez un imprimeur d'Auxerre puis typographe à Paris. Son œuvre, multiple et abondante, témoigne d'un sens profond de l'observation, notamment dans les deux romans, *Le Paysan perverti ou les Dangers de la ville* (1775) et *La Paysanne pervertie* (1784), réunis plus tard sous le titre *Le Paysan et la Paysanne pervertis* (1787). Une autobiographie romancée, *La Vie de mon père* (1779), évoque la condition sociale du paysan sous l'Ancien Régime, tandis que *Les Nuits de Paris ou le Spectateur nocturne* (1788 - 1793) donnent un éclairage très fin sur la société libertine du XVIIIe s. Si l'ensemble de son œuvre est marqué par un sens aigu de la psychologie, celui-ci est encore plus vif dans l'autobiographie *Monsieur Nicolas ou le Cœur humain dévoilé* (1794 - 1797). Avec *L'Anti-Justine ou les Délices de l'amour* (1798), Restif, s'opposant à la pornographie sadienne, prétendit définir un but moral à l'érotisme. Parallèlement il proposa des réformes sociales inspirées de Rousseau* et devançant celles de Fourier* dans l'ensemble intitulé *Les Idées singulières* (*Le Pornographe*, 1769 ; *Le Mimographe*, 1770 ; *Les Gynographes*, 1777 ; *L'Andrographe* 1782 ; *Le Thesmographe* 1789 ; un ultime volume, *Le Glossografe*, ne fut jamais achevé).

**RESTOUT** ou **RETOUT (Jean II)** ♦ Peintre et dessinateur français (Rouen 1692 - Paris 1768). Fils de Jean Ier Restou, il fut l'élève de son oncle Jouvenet* et imita sa manière. Il peignit quelques tableaux mythologiques (*Triomphe de Bacchus* pour Frédéric II), mais surtout des œuvres religieuses (*La Mort de sainte Scholastique*, 1730 ; *Le Christ guérissant le paralytique*) aux compositions habiles et mouvementées, aux tonalités souvent sombres. Il décora aussi la coupole de la bibliothèque de l'abbaye de Sainte-Geneviève (aujourd'hui lycée Henri-IV). Son œuvre s'inscrit dans la tradition de la peinture baroque.

**RETHEL (Alfred)** ♦ Peintre fresquiste, dessinateur et graveur allemand (Aix-la-Chapelle 1816 - Düsseldorf 1859). Élève de Wilhem von Schadow, il exécuta des grandes décorations à sujet historique (portraits d'hommes célèbres pour le palais impérial de Römer, 1836 ; épisodes de la vie de Charlemagne pour l'hôtel de ville d'Aix-la-Chapelle, 1846), qui témoignent de son sens de la composition monumentale. Le mysticisme tragique de ses gravures au graphisme acéré renoue d'une façon originale avec l'art des graveurs allemands de la fin du Moyen Âge (*La Danse des morts*, 1849).

**RETHEL** [08300] ♦ Ch.-l. d'arr. des Ardennes. 8 052 hab. (aggl. 10 414) (*Rethélois*). L'église Saint-Nicolas comprend deux sanctuaires juxtaposés : l'un des XIIe - XIIIe s., l'autre des XVe - XVIe s. au riche portail gothique flamboyant. Musée du Rethelois et du Porcien. ▪ Indus. diversifiées. ▮ **Histoire** Rethel fut donnée par saint Arnoul, évêque de Metz, à l'abbaye Saint-Remi de Reims. Les avoués de l'abbaye en usurpèrent la propriété et prirent le titre de comtes. La ville passa à la maison des Gonzague en 1565 et fut érigée en duché en 1582. Vendue en 1663 à l'époux d'Hortense Mancini, nièce du cardinal Mazarin, Rethel fut érigée en duché-pairie (1663), mais le nom de Mazarin qu'on voulut lui substituer ne prévalut pas. La ville resta dans la famille de Mazarin jusqu'en 1738. Les Espagnols s'en emparèrent pendant la Fronde (1650) ; Turenne la reprit en 1653. ▪ Incendiée en 1914, Rethel fut de nouveau atteinte en 1940.

**RETHONDES** [60153] → ÉTYM. p.-ê. du germ. *riuti* « défrichement » avec attraction du lat. *rotundus* « rond » ♦ Comm. de l'Oise, arr. de Compiègne. 668 hab. (*Rethondois*). Église du XIIe s. ▮ **Histoire** L'armistice du 11 novembre 1918 fut signé près de la gare de Rethondes, dans un wagon-salon, entre l'Allemagne (Erzberger*) et les Alliés (Foch*). Il imposait à l'Allemagne l'évacuation des territoires envahis, de la rive gauche du Rhin ainsi que d'une zone de 10 km sur la rive droite, où les Alliés établiraient des têtes de pont ; la livraison d'une quantité de matériel (canons, mitrailleuses, parc ferroviaire, sous-marins, navires de guerre) telle qu'elle serait incapable de reprendre les hostilités ; la restitution immédiate des prisonniers de guerre ; la renonciation aux traités de Brest*-Litovsk et de Bucarest*. Signé pour trente-six jours, il fut progressivement reconduit jusqu'à la signature du traité de Versailles*. → **Guerre mondiale (Première).** ▪ L'armistice du 22 juin 1940 fut signé symboliquement au même endroit, dans le même wagon, par la France (Huntziger*) devant la délégation allemande (Keitel*, Jodl*). La France était divisée en une zone occupée (Nord, Ouest, Sud-Ouest) et une zone libre administrée par le gouvernement du maréchal Pétain* (→ **État français**). Elle devait payer, « pour l'entretien des troupes d'occupation », la somme, disproportionnée, de 400 millions de francs par jour (portée à 500 millions en 1942). Elle devait démobiliser, ne conservant qu'une armée de 100 000 hommes destinée à maintenir l'ordre en zone libre, mais conservait sa flotte de guerre, dont les bâtiments devaient s'immobiliser dans leurs ports d'attache. Elle conservait également son empire colonial, dont Hitler n'aurait d'ailleurs pas pu s'assurer. La convention d'armistice fut violée en août 1940 lorsque le Reich annexa l'Alsace-Lorraine, et en novembre 1942 lorsque les troupes allemandes occupèrent la zone libre. → **Guerre mondiale (Deuxième).**

**RETIE** ♦ Comm. de Belgique (Région flamande), prov. d'Anvers, arr. de Turnhout, source de la Petite Nèthe. 10 485 hab. Domaine provincial (Prinsen Park), centres récréatifs. Église Saint-Martin (tour du XVe s.). ▪ Indus. agroalimentaire et du bois.

**RETIERS** [ʀatjɛ] [35240] ♦ Ch.-l. de cant. de l'Ille-et-Vilaine, arr. de Rennes. 3 212 hab. (*Restériens*). Indus. laitière. ▪ Aux environs, allée couverte dite La Roche-aux-Fées ; bâtie en schiste pourpré, c'est l'un des plus beaux monuments mégalithiques de Bretagne.

**RÉTORÉ (Guy)** ♦ Metteur en scène français (Paris 1924). Fondateur du Théâtre de la Guilde dans le quartier de Ménilmontant à Paris (1951), puis du Théâtre de Ménilmontant (1958), il dirigea le Théâtre de l'Est parisien de 1963 à 2002. Fidèle aux principes du théâtre populaire de Jean Vilar*, il s'est attaché à créer une relation étroite entre théâtre et public. Il a mis en scène Shakespeare (*Macbeth*, 1965, 1973) aussi bien que Brecht (*Sainte-Jeanne des abattoirs*, 1972), Musset et Goldoni. → ÉTYM. *Rétoré* vient de l'ancien français *restoré* « remplacé, renouvelé ».

**RETOURNEMER** (lac de) ♦ Lac des Vosges, au pied du Hohneck.

**RETZ (Gilles DE)** → **Rais (Gilles de)**

**RETZ (Jean-François Paul DE GONDI, cardinal DE)** ♦ Homme politique, pamphlétaire et mémorialiste français (Montmirail 1613 - Paris 1679). La mort de Richelieu (1642) puis celle de Louis XIII (1643) marquèrent le début de sa vie d'intrigant. Nommé coadjuteur de l'archevêque de Paris (1644), il se heurta à l'hostilité croissante d'Anne d'Autriche et de Mazarin. Proche des Princes pendant la Fronde, il feignit de se dévouer à la cause de Mazarin, mais continua d'intriguer contre lui, obtenant par deux fois (1651, 1652) son renvoi temporaire. Nommé cardinal par Innocent X qui détestait Mazarin, il fut pourtant incarcéré (1652), mais parvint, depuis sa prison, à être nommé archevêque de Paris (1654). Transféré à Nantes, il s'échappa et commença une vie mouvementée qui le mena jusqu'à Rome. Le nouveau pape, Clément V (1655), ne le soutenant plus, il poursuivit sa vie errante à travers l'Europe. En 1657 circula son pamphlet contre Mazarin, *Très Humble et très Importante Remontrance au Roi sur la remise des places maritimes de Flandres entre les mains des Anglais*. Contraint de démissionner de l'archevêché de Paris (où il n'exerça jamais son ministère) en 1662, il fut autorisé à regagner Paris en 1664. S'étant retiré à l'abbaye de Saint-Denis (1678), il y fut inhumé, mais Louis XIV interdit qu'on lui dressât le moindre monument. Outre *La Conjuration de Fiesque* (1639, publ. 1665) qui révéla son talent d'écrivain pamphlétaire, Retz est connu par ses *Mémoires** (publ. 1717). Conçue comme une justification de ses actions, cette œuvre qui met en avant la personnalité de son auteur (dans un siècle où « le moi est haïssable ») est en fait l'un des derniers témoignages de la morale héroïque.

**RETZ** (pays de) → ÉTYM. anc. *Pagus Ratiatensis* « pays de Rezé* » ♦ Région de la Bretagne méridionale située entre l'embouchure de la Loire et le marais breton. Anc. pays de Rezé, érigé en duché-pairie en 1581 en faveur d'Albert de Gondi, il passa en 1676 dans la maison de Villeroy.

**REUBELL (Jean-François)** → **Rewbell (Jean-François)**

**REUCHLIN (Johannes)** ♦ Humaniste et exégète allemand (Pforzheim 1455 - Bad-Liebenzell 1522). Il étudia le grec et l'hébreu, s'initia à la Kabbale. Il fut nommé juge de la Ligue souabe par Frédéric III qui l'avait anobli et il enseigna à Tübingen. Auteur d'*Augenspiel*, qu'il écrivit pour défendre la Kabbale et le Talmud contre les attaques des dominicains, et d'un *De rudimentis hebraicis*, il contribua au développement de l'orientalisme. → **Hutten (Ulrich von).** → ÉTYM. *Reuchlin* est le diminutif de *Reuch, Rauch*, du moyen haut allemand *rouch*, qui désignait le possesseur d'une forge.

**RÉUNION (LA)** [974] → ÉTYM. ainsi nommée en 1793 pour célébrer la *réunion* du 10 août* 1792 des gardes nationaux et des volontaires marseillais lors de l'investissement des Tuileries – anc. ***île Bourbon*** ♦ Île de l'océan Indien, constituant à la fois un département et une région d'outre-mer à l'E. de Madagascar, la plus occidentale des Mascareignes. 2 512 km². 706 300 hab. (*Réunionnais*). LANGUES : français (off.), créole. CH.-L. : Saint-Denis. Ch.-l. d'arr. : Saint-Benoît, Saint-Paul, Saint-Pierre. Parc national. ▪ Île volcanique due à l'activité d'un point chaud (Piton des Neiges*, Piton de la Fournaise aux fréquentes coulées de lave), elle est montagneuse et divisée en deux parties

**Réunion.**

orientées N.-O.-S.-E., et d'où descendent de courtes rivières torrentielles : la côte N.-E., « au vent », qui reçoit des pluies de mousson apportées par l'alizé N.-E. et la côte S.-O., « sous le vent ». L'île, que ravagent parfois les cyclones, a un climat tropical chaud sur les côtes, plus sec à l'intérieur. **Économie** L'économie agricole est dominée par la monoculture de la canne à sucre. On cultive également des plantes à parfum (géranium), du tabac, du thé, de la vanille. Les activités tertiaires représentent maintenant 80 % des emplois. La Réunion se heurte au grave problème de la poussée démographique (avec un très fort taux de chômage), car elle n'a comme exutoire que l'émigration (env. 90 000 Réunionnais en métropole). L'île a été frappée de plein fouet par la crise financière de 2008 (hausse des prix, diminution du tourisme). **Histoire** Découverte par les Portugais au début du XVIe s., l'île devint possession française en 1638. Dénommée île Bourbon par les Français, elle fut placée en 1664 sous la régie de la Compagnie des Indes. La Bourdonnais en fut gouverneur général de 1735 à 1746. Elle fut rachetée par la France à la Compagnie en 1764. Elle est département français d'outre-mer (DOM) depuis 1946 et possède, depuis 1983, un conseil régional.

**REUS** ♦ V. d'Espagne (Catalogne), prov. de Tarragone. 104 835 hab. Centre d'indus. textiles.

**REUSS** ♦ Anc. principauté d'Allemagne (Thuringe). Elle se subdivisa à plusieurs reprises, en même temps que la maison de Reuss qui remonte au XIIe s. La branche aînée, Plauen, régna un moment sur la Misnie*. Au XVIIIe s., les deux principales branches étaient celle de *Reuss-Greiz* et celle de *Reuss-Schleiz* ou Gera. Elles entrèrent toutes deux dans la Confédération* du Rhin, dans la Confédération* germanique, dans celle de l'Allemagne du Nord, et enfin dans l'Empire allemand. La Reuss passa en 1920 à l'État de Thuringe.

**REUSS** n. f. ♦ Riv. de Suisse (160 km), affl. rive d. de l'Aar en aval de Brugg (cant. d'Uri, Schwyz, Zoug, Argovie). Elle prend sa source dans le massif du Saint-Gothard, forme la vallée d'Andermatt, et traverse le lac des Quatre-Cantons d'où elle ressort à Lucerne. Centrale hydroélectrique d'Amsteg.

**REUTER (Christian)** ♦ Écrivain allemand (Kütten, près de Halle 1665 - Berlin v. 1710). S'inspirant des *Précieuses ridicules* de Molière, il composa une comédie où, sous les traits de Frau Schlampampe, *L'Honnête Dame de Plissine* (1695), il visait Mme Müller, sa logeuse, et le milieu des nouveaux riches de Leipzig. Cette pièce, aux allusions un peu trop claires, valut à son auteur plusieurs semaines de prison, ce qui d'ailleurs ne l'empêcha pas de poursuivre sa satire dans une nouvelle comédie *Maladie et mort de l'honnête Dame Schlampampe* (1696) et dans un roman *Schelmuffsky* (1696 - 1697). ➝ ÉTYM. *Reuter* vient du moyen haut allemand *(ge)riute* « clairière » [désignant celui qui vit dans une clairière ou y travaille] ou de *riutœre* « voleur de grand chemin ».

**REUTER (Fritz)** ♦ Romancier et poète allemand (Stavenhagen, Mecklembourg 1810 - Eisenach 1874). Accusé à tort d'avoir participé à des troubles révolutionnaires, il fut condamné à mort ; cette peine fut commuée en trente ans de prison et Reuter fut gracié après sept années de détention. On lui doit un recueil de vers (*Drôleries et Rimailleries*, 1853), des comédies et des récits en vers (*Sans maison*, 1857, évocation du servage en Allemagne du Nord, où l'auteur affirme ses positions libérales), et surtout des nouvelles à caractère autobiographique (*Quand j'étais en prison*, 1862 ; *Lorsque j'étais régisseur*, 1864). Dans toutes ses œuvres, généralement écrites en bas allemand, Reuter se révèle un conteur plein d'humour et de fantaisie.

**Reuters Ltd,** – en France ***Agence Reuter*** ♦ Agence de presse britannique créée en 1851 par JULIUS REUTER (Kassel 1816 - Nice 1899) et appartenant depuis 1941 à l'ensemble de la presse nationale. Cotée en Bourse (1984), l'agence, qui est la première au monde, tend à se spécialiser dans l'information économique et financière.

**REUTHER (Walter)** ♦ Syndicaliste américain (Wheeling, Virginie 1908 - Pellston, Michigan 1970). Descendant d'émigrants allemands, ouvrier à Detroit dès 1924, il organisa un syndicat de l'automobile dont il devint président. Il contraignit Henry Ford* à négocier avec son syndicat. Président du CIO de 1955 à 1967, il fut vice-président de la confédération AFL-CIO en 1955. Partisan de la grève et d'une relative politisation malgré son anticommunisme, il s'opposa à G. Meany*, qui prônait un syndicalisme apolitique et purement professionnel.

**REUTLINGEN** ♦ V. d'Allemagne (Bade-Wurtemberg), au pied du Jura souabe. 102 800 hab. Église gothique (1272 - 1343), remparts et maisons anc. ▪ Indus. du coton, de la bonneterie. Constr. électrique et mécanique dans l'orbite de Stuttgart.

**REVAL** ➝ **Tallinn**

Le **Rêve dans le pavillon rouge** – en chin. ***Hongloumeng*** ♦ Roman psychologique chinois qui narre l'histoire de la famille Jia, à travers une galerie d'un millier de personnages, et l'amour tragique de Jia Baoyu pour sa cousine Lin Daiyin. Les 80 premiers chapitres furent l'œuvre de Cao* Xueqin et les 40 derniers furent adjoints en 1791 par Gao E, qui donna son titre à l'œuvre : le pavillon rouge est le nom du gynécée.

Le **Rêve de D'Alembert** ♦ Essai de Diderot* (1769 ; publ. 1830) où celui-ci manifeste l'audace de ses vues scientifiques et la puissance de son imagination philosophique. Succédant à l'*Entretien entre d'Alembert et Diderot* et précédant la *Suite de l'entretien*, cet opuscule expose les idées matérialistes de l'auteur sur la constitution de l'univers : le monde n'est que matière en mouvement ; la matière est universellement douée de sensibilité, latente ou vive ; elle s'organise elle-même, par les générations spontanées et les mutations (« Naître, vivre et passer, c'est changer de formes »). Quant à l'homme, il n'est qu'un maillon de la chaîne des espèces (« Tout est un flux perpétuel »).

**Réveil** – en angl. ***Revival of Religion*** ♦ Terme désignant, à partir du XVIIIe s., au sein du protestantisme, les mouvements de restauration de la foi originelle en réaction contre une orthodoxie devenue routinière. Aux États-Unis, les principaux réveils furent le méthodisme (➝ **Wesley, méthodistes**) et The Great Awakening (« Le Grand Réveil ») fondé par Jonathan Edwards* au Massachusetts en 1740, qui se diffusa dans les églises baptistes*. Vers 1780 un mouvement de Réveil vit le jour en Angleterre et en Écosse ; il se répandit au siècle suivant dans les pays germaniques et en Suisse sous l'impulsion des Frères moraves* avant de gagner la France autour d'Adolphe Monod*.

**REVEL (Jean-François RICARD dit)** ➝ ÉTYM. De son nom de résistant pendant la Deuxième Guerre mondiale ♦ Essayiste et journaliste français (Marseille 1924 - Le Kremlin-Bicêtre 2006). Journaliste à *L'Express* (1966 - 1978) puis chroniqueur au *Point*,, il défend, dans ses ouvrages (*Ni Marx ni Jésus* 1970 ; *La Tentation totalitaire*, 1976 ; *Comment les démocraties finissent*, 1983), une conception de la démocratie fondée sur le libéralisme économique et politique. Dans *L'Absolutisme inefficace* (1992), il analyse les dérives autoritaires des régimes démocratiques. [Acad. fr. 1997]

**REVEL** [31250] ➝ ÉTYM. anc. prov. « révolte » (appliqué à un château) ♦ Ch.-l. de cant. de la Haute-Garonne, arr. de Toulouse. 7 985 hab. *(Revélois)*. Anc. halle, beffroi. **Histoire** Anc. bastide fondée au XIVe s.

**REVERDIN (Jaques Louis)** ♦ Chirurgien suisse (Genève 1842 - *id.* 1929). Il fut le promoteur de la greffe épidermique (1869) et l'inventeur de l'aiguille à suture *(aiguille de Reverdin)*, perfectionnée par AUGUSTE REVERDIN, son cousin (1848 - 1908).

**REVERDY (Pierre)** ♦ Poète français (Narbonne 1889 - Solesmes 1960). Précurseur du surréalisme par la revue *Nord-Sud* (1917), il s'est acheminé sur les voies d'une recherche solitaire et d'une méditation métaphysique. Sa retraite, près de l'abbaye de Solesmes (1926), fut le signe de sa soif de pureté et de sa volonté de détachement. Au-delà de l'emprise illusoire des sens et d'un réel vulgaire, sa poésie aspire à un absolu qui est l'unique réalité. Indifférente au prestige des mots et des images, elle est l'expression pudique et voilée du mystère d'une blessure secrète dont la grâce du langage peut seule, par l'insertion dans l'éternel, assurer la guérison. Princ. recueils : *La Lucarne ovale* (1916), *La Guitare endormie* (1919), *Étoiles peintes* (1921), *Épaves du ciel* (1924), *Sources du vent* (1929), *Ferraille* (1937), *Plupart* du temps* (1945), *Chant des morts* (1948), *Main-d'œuvre* (1949). Ses essais (*Le Gant de crin*, 1927 ; *Le Livre de mon bord*, 1948) sont des autobiographies spirituelles et littéraires. → ÉTYM. Ce nom signifie «reverdi» ou peut-être «rajeuni».

Les **Rêveries du promeneur solitaire** ♦ Œuvre autobiographique de J.-J. Rousseau*, composée de 10 «Promenades», rédigées de 1776 à 1778 (posth. 1782). Détaché de «toutes les affections terrestres», l'auteur se livre à son «goût de la solitude et de la contemplation» en herborisant ou en rêvant au sein de la nature dont il souligne l'harmonie avec ses sentiments. Ce bonheur, il l'a connu aussi par la bienfaisance («Les Oublies», IX$^e$ Promenade) ou dans la rêverie au bord du lac de Bienne (V$^e$ Promenade), «état simple et permanent (...) dont la durée accroît le charme au point d'y trouver enfin la suprême félicité». La plénitude de vivre le présent à l'état pur est prétexte à de pénétrantes analyses psychologiques («L'Accident de Ménilmontant», II$^e$ Promenade). D'une grande sincérité, ces pages, à la composition souple et au rythme admirablement musical, influencèrent les poètes et les prosateurs du XIX$^e$ s.

**REVERMONT** n. m. → ÉTYM. anc. *Reversimontis*, du lat. *reversus* «qui est à l'envers» et *mons* «mont» [dont la plus grande partie n'est pas exposée au soleil] ♦ Rebord occidental du Jura* français entre l'Ain et la Seille, formé de plateaux calcaires et de chaînons d'altitude peu élevée (773 m au mont Nivigne).

**REVIGNY-SUR-ORNAIN** [55800] → ÉTYM. du lat. *Rufinus*, n. de pers., et suff. *-in* et *-iacum* ♦ Ch.-l. de cant. de la Meuse, arr. de Bar-le-Duc. 3 660 hab. *(Revinéens)*. Métallurgie.

**RÉVILLE (Albert)** ♦ Pasteur protestant français (Dieppe 1826 - Paris 1906). Chef de file du protestantisme libéral, il fut le premier titulaire de la chaire d'histoire des religions au Collège de France (1880) et le fondateur de la *Revue de l'histoire des religions* (1880). Auteur des *Prolégomènes de l'histoire des religions* (1881) et d'une *Histoire des religions* (1883 - 1889).

**REVIN** [08500] ♦ Ch.-l. de cant. des Ardennes, arr. de Charleville-Mézières, dans deux presqu'îles formées par la Meuse, au S. de Fumay. 8 963 hab. *(Revinois)*. Fonderies (appareils sanitaires). Électroménager. **Histoire** Vieille ville espagnole, Revin fut une république indépendante jusqu'en 1679.

Le **Revizor** ou **L'Inspecteur général** – en russe ***Revizor*** ♦ Comédie de Gogol* (1836). Dans une petite ville de la province russe où l'on attend le «revizor», un petit employé de ministère, Khlestakov, réussit à se faire passer pour le haut personnage dont on redoute la venue. Successivement, le maire, sa famille, les fonctionnaires locaux dont l'indignité et la bassesse méritent les plus graves sanctions croient s'assurer l'impunité en le corrompant, il ne fait rien pour dissiper l'équivoque. Trahi par une lettre interceptée à la poste, il s'enfuit avant d'être démasqué, tandis que l'on annonce la venue du véritable inspecteur qui les confondra tous. Représentée non sans scandale devant le tsar Nicolas I$^{er}$, la pièce est riche de résonances révolutionnaires.

**révolution d'Angleterre (première)** – en angl. ***Civil War*** ou ***Puritan Revolution*** ♦ Révolution (1642 - 1649) qui renversa la royauté (exécution de Charles* I$^{er}$) et la remplaça par une république bientôt dirigée par Cromwell*.

**révolution d'Angleterre (deuxième)** – en angl. ***Glorious Revolution*** ♦ Révolution (1688 - 1689) qui entraîna la chute de Jacques* II Stuart et l'avènement de Guillaume* III d'Orange-Nassau et de Marie* II Stuart.

**Révolution française** ♦ Ensemble des événements qui, de 1788 - 1789 au coup d'État du 18 Brumaire* an VIII (9 nov. 1799), bouleversèrent les structures sociales, politiques, juridiques et religieuses de la France, mettant fin à l'Ancien Régime. Dans un contexte international de crise, de troubles économiques, sociaux et politiques (→ **Belgique, Genève, Grande-Bretagne, Hollande, Irlande, Indépendance américaine [guerre d']**), la Révolution française ne fut certes pas un événement isolé, mais elle apparaît comme l'épicentre d'un mouvement, son retentissement et son expansion ébranlant l'ensemble des monarchies européennes. **Les causes** L'une de ses causes profondes fut la contradiction entre la structure sociale féodale du royaume, qui divisait la France en trois ordres (noblesse, clergé et tiers état) séparés par des barrières de privilèges séculaires, et le développement des forces productives qui favorisait l'émergence d'une autre organisation sociale. En effet, bien que la France restât encore un pays agraire, à production relativement faible, l'essor du commerce, des finances et de la production manufacturière (déb. XVIII$^e$ s.) avait permis l'essor d'une bourgeoisie qui, même si elle présentait bien des aspects précapitalistes, «avait le sentiment déjà de gouverner l'économie, et par là visait plus loin» (D. Richet). La rencontre de cette aspiration libérale et d'un libéralisme aristocratique, au sein des «Lumières», donnait ainsi naissance à une coalition des élites contre l'absolutisme royal. Préparée idéologiquement par le développement des idées philosophiques (→ **Voltaire, Rousseau, Encyclopédie**) et des théories économiques (→ **physiocrates**), la Révolution fut donc principalement l'œuvre d'une

**Révolution française.** *Club patriotique de femmes*, par Pierre Étienne Lesueur. Musée Carnavalet, Paris. *BIS/Phot. Jeanbor © Archives Larbor*

bourgeoisie «dont les cadres politiques gardèrent de bout en bout la direction du processus révolutionnaire» (D. Woronoff) et qui, s'appuyant sur les masses paysannes et urbaines exclues de la longue phase de croissance économique du XVIII$^e$ s. (1710 - 1775), chercha à établir une nouvelle légitimité fondée sur la liberté, l'égalité civile et la propriété débarrassée de ses entraves féodales. Ces causes générales ne permettent pas d'expliquer les raisons précises du déclenchement du mouvement révolutionnaire, sa violence et ses caractéristiques propres. Celles-ci furent déterminées à la fois par les difficultés économiques apparues dès 1776 et culminant en 1788, et par une crise financière qui, lors de la «Pré-Révolution» (J. Egret), se transforma en crise politique majeure. Cette crise suscita un mouvement réformiste dirigé contre la monarchie absolue (Assemblée des notables* de 1787 - 1788) et aboutit à la convocation des états* généraux. **De 1789 à 1791** Après leur transformation en Assemblée constituante et la prise de la Bastille* (14 juillet 1789), qui entraînèrent la disparition de l'absolutisme royal, la Grande Peur* marqua la fin du système féodal avec l'abandon des privilèges du clergé et de l'aristocratie foncière (nuit du 4 août* 1789). Ainsi se dessinèrent peu à peu les contours d'un nouvel ordre social s'appuyant sur «un contrat fondé sur le consentement d'individus libres mettant en commun leurs droits» (F. Furet), tels qu'ils étaient exprimés dans la Déclaration des droits* de l'homme et du citoyen. Un transfert de souveraineté s'opéra du roi à la nation et un consensus en faveur d'une monarchie constitutionnelle parut se dégager au cours de «l'année heureuse» qui culmina lors de la fête de la Fédération* nationale (14 juil. 1790). → **Assemblée nationale constituante, Assemblée législative.** Cependant l'adoption de la Constitution* civile du clergé, puis la vente des biens nationaux marquèrent la fin du temps du compromis. Surtout, la fuite de Louis* XVI à Varennes en juin 1791 et l'affaire du Champ*-de-Mars mirent en évidence la fragilité de la tentative de conciliation entre le roi et la Révolution. **1792 - 1793** Après la déclaration de guerre à l'Autriche (avr. 1792), la menace d'un complot aristocratique (→ **Brunswick [manifeste de]**), en aiguisant l'ardeur révolutionnaire des masses, précipita la chute de la royauté (journées du 20 juin*, du 10 août*, et massacres de septembre* 1792) et la proclamation de la république par la Convention* nationale (21 sept. 1792). L'extension de la guerre (→ **coalition**) qui suivit le procès et l'exécution du roi, et les progrès de la contre-révolution (→ **Vendée [guerre de], Chouannerie, fédéraliste [insurrection]**) provoquèrent l'alliance des représentants les plus engagés de la bourgeoisie avec les sans*-culottes, à qui les assemblées révolutionnaires avaient contribué à fournir une expérience politique. Sous la pression de leurs revendications, les montagnards*, après la proscription des girondins*, tentèrent d'instaurer «une démocratie sociale» (→ **Convention nationale, Terreur**), au sein de laquelle les jacobins*, se substituant à la volonté populaire, se comportèrent à la fois comme «le bras séculier de la Révolution et son tribunal» (Furet). Cette période vit l'apogée de la déchristianisation (à laquelle s'opposèrent les jacobins) en même temps que s'affirmait une mentalité nouvelle issue du «travail de désacralisation de la société» (Vovelle) entrepris depuis 1789. **De 1794 à 1799** Mais la chute de Robespierre* et de ses partisans, après celle des factions de gauche et de droite (→ **hébertistes, indulgents**), marqua le retour à la République bourgeoise, modérée et libérale. → **Convention nationale, Directoire.** L'instabilité politique, oscillation entre la gauche jacobine, révolutionnaire (→ **Germinal an III, Prairial an III, Babeuf, Buonarroti**) et la droite royaliste (→ **Terreur blanche, Vendémiaire an IV**), la crise financière et sociale, et la politique militaire (→ **Italie, Égypte [campagnes d'], coalition**) devaient aboutir au coup d'État du 18 Brumaire* an VIII (→ **Napoléon**), qui renforça le pouvoir exécutif dans le sens dictatorial, tout en essayant de préserver les acquis libéraux de la Révolution : liberté, égalité politique (mais non économique), souveraineté nationale, abolition de la féodalité. → **Consulat, Empire (Premier).**

**révolution de juillet 1830** ♦ Insurrection des 27, 28 et 29 juillet 1830 (les «Trois Glorieuses*») qui mit fin au règne de Charles* X et ouvrit la voie à la monarchie* de Juillet. Après un redressement économique et financier au début de la Restauration*, la situation s'était à nouveau détériorée en 1826 - 1827 en même temps que s'aggravait la crise politique. Le remplacement du ministère Martignac*, modéré, par le cabinet conservateur et autoritaire de Polignac* renforça l'opposition libérale. Après le discours du trône, l'adresse des 221 au roi (mars 1830) mettait en évidence le divorce entre celui-ci et les représentants de la nation. Lors des élections du 3 juil. 1830, qui suivirent la dissolution de la Chambre des députés des départements, la majorité libérale se trouva encore renforcée. Face à cette opposition, que le succès de l'expédition d'Alger (4 juil.) ne suffit pas à enrayer, Charles X et son gouvernement rédigèrent les quatre ordonnances de Saint-Cloud (25 juil.) : annulation des élections et convocation des électeurs pour de nouvelles élections, modification de la loi électorale (diminuant le nombre d'électeurs), suppression totale de la liberté de presse. Dès le 26 juillet, des journalistes d'opposition, en particulier Carrel*, Mignet* et Thiers* dans *Le National*, dénoncèrent l'illégalité des ordonnances, affirmant que le règne de la force était commencé. Le 27 juil., les journaux interdits parurent, mais furent saisis. L'insurrection éclata aussitôt parmi les ouvriers typographes réduits au chômage et les étudiants, et s'étendit rapidement. Les troupes gouvernementales, sous le commandement de Marmont*, furent vite dépassées par les forces insurrectionnelles qui, des faubourgs N.-E. de la capitale, en particulier le faubourg Saint-Antoine, se dirigèrent vers l'Hôtel de Ville, le Louvre et les Tuileries. Le 29 juil., les insurgés parisiens victorieux réclamaient la République. Les députés, d'abord hésitants, avaient finalement fait cause commune avec le peuple. Mais la crainte d'une victoire populaire aboutissant à l'instauration d'une République démocratique amena la plupart des députés d'opposition, représentants de la bourgeoisie libérale d'affaires, à opter pour la solution de l'ordre et à faire appel à la branche d'Orléans. Après avoir retiré les quatre ordonnances, Charles X abdiqua en faveur de son petit-fils, le comte de Chambord, tout en acceptant la nomination du duc d'Orléans (→ **Louis-Philippe**) comme lieutenant général et régent du royaume. Ce dernier fut accueilli à l'Hôtel de Ville par La* Fayette.

**révolution de février 1848** ♦ Journées insurrectionnelles des 22, 23 et 24 février 1848 qui mirent fin à la monarchie* de Juillet (règne de Louis*-Philippe), remplacée par la IIe République*. Cette révolution fut préparée dès 1846 par une crise économique et financière ainsi que par le développement de l'opposition à la politique autoritaire et conservatrice de Guizot*. Cette opposition culmina avec la campagne des Banquets* (1847 - 1848) en faveur de la réforme électorale et parlementaire, en même temps que se dessinait déjà un mouvement pour une république démocratique et sociale. Un banquet prévu pour le 22 fév. à Paris fut interdit par Guizot ; cette interdiction suscita immédiatement une manifestation et l'organisation du mouvement révolutionnaire que n'arrêta point le renvoi du ministre (23 fév.). Le 24 fév., après avoir trop tard fait appel à Thiers pour constituer un nouveau cabinet, Louis-Philippe abdiqua en faveur de son petit-fils, le comte de Paris. Mais, après l'invasion du palais Bourbon, fut constitué un gouvernement provisoire (Arago*, L. Blanc*, Dupont* de l'Eure, Crémieux*, Flocon*, Garnier*-Pagès, Lamartine*, Ledru*-Rollin, P. T. Marie*, Marrast*) qui proclama la République (25 fév.) et prit les premières mesures politiques : élection d'une Assemblée* constituante au suffrage universel, formation de la Commission* du Luxembourg et création des Ateliers* nationaux pour résoudre le problème du chômage. Après les journées de Février, l'agitation politique, à caractère socialiste (journées du 16 avril* et du 15 mai* 1848), persista jusqu'à la répression brutale des journées insurrectionnelles du 23 au 26 juin* 1848. Loin de constituer un événement isolé en Europe, la révolution française de 1848 (comme celle de 1830) fut suivie de nombreux mouvements révolutionnaires en Allemagne, Autriche, Italie (Mazzini*), Hongrie (Kossuth*), Pologne : «printemps des peuples» auquel succéda un été de réaction politique et de répression.

**Révolution de février 1848.** *Incendie du château d'eau le 24 février, par Hagnauer. Musée Carnavalet, Paris.*
*BIS/Phot. H. Josse © Archives Larbor*

**révolution de 1905** ♦ Première révolution «démocratique bourgeoise» russe, qui éclata en 1905 et dura jusqu'en 1907. Elle fut provoquée par les défaites de la guerre russo-japonaise, qui vinrent aggraver une situation économique et sociale difficile. La chute de Port-Arthur (20 déc. 1904 [2 janv. 1905 selon le calendrier grégorien]) fut suivie du «Dimanche rouge» (9 [22] janv. 1905) : une procession de 150 000 ouvriers de Saint-Pétersbourg, accompagnés de leurs femmes et de leurs enfants, conduits par le pope Gapone et portant des bannières, des icônes et des portraits de la famille impériale, se présenta au palais d'Hiver pour remettre une pétition au «père le tsar». Les soldats de garde, tirant sur les manifestants, tuèrent quelques centaines de personnes. Ce carnage provoqua une grève générale à Moscou, Tiflis et Varsovie (Rosa Luxemburg* qui y militait devait y être arrêtée en 1906). En janvier-mars 1905, 810 000 ouvriers étaient en grève. Dans les campagnes, les paysans ukrainiens, géorgiens, polonais et lituaniens pillèrent et incendièrent les manoirs seigneuriaux. En été 1905, les 70 000 grévistes du centre textile d'Ivanovo-Voznessensk élurent le premier soviet (conseil) ouvrier. Les points culminants de ces événements furent la mutinerie des marins du cuirassé *Potemkine** (juin) et l'insurrection à Łódź (Pologne) qui s'accompagna de violents combats de barricades (22 - 24 juin [5 - 7 juil.]). Le 6 (19) août 1905, un manifeste annonça la création d'une Douma consultative. Pour Lénine*, qui tenta de transformer la révolution «démocratique bourgeoise» en «révolution socialiste», cette Douma ne fut qu'une «caricature de représentation populaire». Du 7 (20) au 12 (25) octobre, une grève politique, décrétée par les bolcheviks de Moscou, prit très vite un caractère général (2 millions de participants) et paralysa le pays. Les mutineries sporadiques dans l'armée, les révoltes paysannes, ainsi que les mouvements nationaux de libération en Pologne, Finlande, Ukraine, Biélorussie et Transcaucasie obligèrent Nicolas* II à demander conseil à Witte*, qui lui rédigea un manifeste dans lequel le tsar promettait de «faire don» des libertés civiques et de convoquer cette fois une Douma législative (17 [30] oct.). Des soviets ouvriers furent créés dans plusieurs grandes villes (oct.-déc.). À Saint-Pétersbourg, le soviet fut dirigé par Trotski*. Les mutineries de matelots et de soldats à Kronstadt* (oct.), Vladivostok et sur la mer Noire (fin oct.-nov. 1905) furent suivies par une grève politique et une insurrection armée à Moscou* (7 - 10 [20 - 23] déc.). Elle fut écrasée par les troupes tsaristes ainsi que celles qui eurent lieu le même mois à Krasnoïarsk, Motovilikh, Novorossisk, Sormov, Kharkov, et dans le bassin du Donets. Les grèves se renouvelèrent (1 million de participants en 1906 et 740 000 en 1907) ; une deuxième mutinerie de marins éclata à Kronstadt en juillet 1906, ainsi qu'à Sveaborg (Suomenlinna, Finlande) et à Reval (Tallinn*). Stolypine* instaura des tribunaux militaires ambulants pour réprimer les nouvelles révoltes paysannes. Le 3 juin 1907, la deuxième Douma fut dissoute et le régime redevint une autocratie. Par-delà l'échec, la révolution de 1905 fut, selon Lénine, la «répétition générale» de la révolution* d'octobre 1917.

**révolution de février 1917** ♦ Seconde révolution «démocratique bourgeoise» russe. Les pertes énormes de la Russie pendant la Première Guerre mondiale (6 à 8 millions de morts, de blessés et de prisonniers), la désorganisation économique et la famine provoquèrent le mécontentement général. La Douma, malgré son conservatisme, critiqua vivement l'inefficacité du gouvernement, ainsi que l'influence néfaste de Raspoutine* sur le tsar Nicolas* II et sur la tsarine. Le 9 janvier (22 janv. selon le calendrier grégorien), des grèves et des manifestations se déclenchèrent à Petrograd (auj. Saint-Pétersbourg), à Moscou, à Bakou et à Nijni-Novgorod. Le 18 février (3 mars), la grande usine métallurgique de Poutilov, à Petrograd, se mit en grève. Le 24 février (9 mars), le nombre des grévistes dépassa 200 000. La grève devint politique et générale le 25 février (10 mars) ; les ouvriers manifestèrent au cri de *khleba !* («du pain !») et «À bas le tsar ! À bas la guerre !». Le gouverneur de Petrograd disposa des mitrailleuses sur les toits pour parer aux émeutes. Le soulèvement non armé et spontané des masses populaires (les leaders révolutionnaires se trouvaient en exil ou en prison) pouvait être écrasé facilement, mais les bases de l'édifice tsariste étaient déjà sapées : le 27 février (12 mars), la garnison de Petrograd se déclara contre le tsar (le même soir, plus de 66 000 soldats fraternisèrent avec les manifestants). Les ouvriers et les soldats arrêtèrent quelques ministres et généraux et s'emparèrent de la capitale (la symbolique forteresse Pierre-et-Paul tomba facilement aux mains des insurgés). Par un oukase daté du 27 février (12 mars), le tsar ordonna la dissolution de la Douma, mais les chefs des différents partis décidèrent que l'assemblée continuerait à siéger. Le gouvernement démissionna. Le régime tsariste étant renversé à Moscou, puis dans tout le pays, un gouvernement provisoire sous la présidence du prince Lvov fut formé par le Comité provisoire de la Douma le 2 (15) mars, en accord avec les socialistes-révolutionnaires et les mencheviks du soviet de Petrograd (les bolcheviks, en désaccord, y étaient minoritaires). Il est vrai que le Comité exécutif du soviet se contenta d'être représenté au gouvernement provisoire par un de ses membres les plus modérés, le socialiste Kerenski*, qui devint ministre de la Justice, mais cette participation créa une situation ambiguë de dualité des pouvoirs.

Dans la nuit du 2 (15 mars), Nicolas II abdiqua en faveur de son frère, le grand-duc Michel, qui refusa de régner. Parmi les mesures prises par le gouvernement provisoire, on peut noter : le 19 mars (1er avr.), une amnistie générale et l'autonomie de la Finlande ; l'arrestation des souverains le 20 mars (2 avr.) ; le 24 mars (6 avr.) la journée de huit heures et l'abolition de la peine de mort ; le 29 mars (11 avr.) l'indépendance de la Pologne.

**révolution d'octobre 1917** ♦ «Révolution socialiste», qui, précédée par la révolution* de février 1917, renversa le régime bourgeois et instaura la «dictature du prolétariat» en Russie. Au début d'avril 1917, l'Allemagne permit le passage des bolcheviks émigrés à travers son territoire. Lénine* voyagea avec Zinoviev*, Radek* et Sokolnikov. Dès son arrivée à Petrograd le 3 avril (16 avr. selon le calendrier grégorien), il lança les mots d'ordre : «Aucun appui au gouvernement provisoire des capitalistes ! À bas la guerre impérialiste ! Vive la révolution sociale !» Estimant que la révolution de février, ayant créé la dualité des pouvoirs, avait dépassé le cadre de la révolution démocratique bourgeoise, il réclama dans ses *Thèses d'avril* la paix immédiate, la terre aux paysans, tout le pouvoir aux soviets. Ces thèses furent qualifiées de «délire» par les socialistes-révolutionnaires, les mencheviks et même par la majorité des bolcheviks. Le 2 (15) mai, le ministre des Affaires étrangères, Milioukov*, dut démissionner sous la pression du soviet. Le 3 (16) et le 4 (17) juillet, des milliers de soldats et de matelots armés manifestèrent contre le gouvernement provisoire, mais Lénine jugea qu'une tentative de prise du pouvoir serait inopportune, parce que le soviet n'était pas encore dominé par les bolcheviks. Ceux-ci intervinrent alors pour empêcher la manifestation de dégénérer en émeute. La répression fut vigoureuse. Kerenski*, qui devint Premier ministre le 13 (26) juillet, en profita pour publier des «documents» tendant à convaincre Lénine d'intelligences avec l'ennemi. Lénine et Zinoviev durent se cacher en Finlande ; Trotski* et Lounatcharski* furent emprisonnés. Le 26 août (9 sept.) éclata le putsch de Kornilov*, ancien commandant militaire de Petrograd. Kerenski fut obligé d'appeler à son aide le soviet de la ville. Kornilov fut arrêté. Le 31 août (13 sept.), les motions bolcheviks obtinrent pour la première fois la majorité à Petrograd. Le 1er (14) septembre, Kerenski proclama la république. Le 25 septembre (8 oct.), Trotski, sorti de prison «sous caution», fut élu président du soviet de la capitale. Le 3 (16) octobre, Lénine rentra clandestinement en Russie. Le 8 (21) octobre, il adressa au Congrès régional des soviets du Nord une lettre qui se terminait par ces mots : «La temporisation, c'est la mort.» Le 10 (23) octobre, le Comité central bolchevik, où furent présents Lénine, Zinoviev, Kamenev*, Staline*, Trotski, Sverdlov, Ouritski, Dzerjinski, Aleksandra Kollontaï*, Boubnov, Sokolnikov et Lomov, vota par dix voix contre deux (Zinoviev et Kamenev) la préparation immédiate de l'insurrection armée. Sa préparation technique fut confiée à un comité militaire révolutionnaire, dirigé par Trotski. La garnison de la capitale fut secrètement acquise aux bolcheviks et aux socialistes-révolutionnaires de gauche, de même que les matelots de Kronstadt*. À l'aube du 24 octobre (6 nov.), le central télégraphique, les imprimeries, les ponts, les gares et autres points névralgiques furent occupés par la «Garde rouge», formée d'ouvriers armés. Le lendemain, soldats, matelots et ouvriers donnèrent l'assaut au palais d'Hiver, siège du gouvernement provisoire. Canonné par la forteresse Pierre-et-Paul et le croiseur *Aurora*, il se rendit à 2 h 10 du matin. Treize ministres furent arrêtés, tandis que Kerenski réussit à s'enfuir. Le IIe congrès panrusse des soviets ratifia le 25 octobre (7 nov.) les décrets présentés par Lénine concernant la paix sans annexions, et l'expropriation immédiate et sans indemnités des propriétaires fonciers. Après dix jours de combats, les bolcheviks s'emparèrent du pouvoir à Moscou* le 3 (16) novembre. → **URSS**.

**Révolution culturelle** ou **Grande Révolution culturelle prolétarienne** ♦ Mouvement politique de Chine populaire. À la suite des critiques consécutives aux échecs du Grand Bond en avant et des Communes populaires (→ **Chine**), Mao* Zedong entreprit de reconquérir le pouvoir au sein du parti communiste et de relancer la dynamique révolutionnaire. La Révolution débuta en nov. 1965 par une campagne de presse dirigée contre Wu Han, qui avait pris la défense de Peng* Dehuai, le ministre de la Défense démis, et contre la mairie de Pékin (Peng Zhen). Mao s'assura du soutien de l'armée, grâce à Lin Biao, avec qui il créa, en 1966, les Gardes rouges (jeunes de 15 à 19 ans) comme «force de choc» contre ceux qui, «à l'intérieur du parti, prenaient la voie capitaliste». Puis il institua un Comité révolutionnaire, constitué de son épouse Jiang* Qing, de Chen* Boda, etc. Les affiches murales *(dazibao)*, le *Petit Livre rouge* et la «rééducation» à la campagne et dans les camps devinrent les armes de combat des radicaux. Mais, en dépit de l'influence modératrice de Zhou* Enlai et de la décision de Mao (janv. 1967) de confier à l'armée le retour à l'ordre, les Gardes rouges, renforcés des Rebelles rouges (jeunes ouvriers), menèrent le pays au bord de l'anarchie. Des hommes de premier plan, tels Liu* Shaoqi, Deng* Xiaoping, Zhu* De et He* Long, principales cibles, mais aussi des centaines de hauts membres alliés de Mao subirent purges et exactions. En juil. 1968, Mao dut sommer les chefs des Gardes rouges de mettre un terme au mouvement. La Révolution fut un succès personnel de Mao, élu président à l'unanimité en avr. 1969 par le parti réuni en congrès. Mais la nouvelle donne politique eut des conséquences désastreuses dans les années 1970, en raison de l'influence de l'armée (→ **Lin Biao**) et de l'épouse de Mao (→ **Bande des quatre**) ainsi que de l'épuration du parti. Sur les plans intellectuel et éducatif, la Révolution ravagea trois générations. Sur celui de l'économie, elle mit le pays au bord de la banqueroute.

**Révolutions de France et de Brabant (Les)** ♦ Hebdomadaire fondé et publié à partir du 28 novembre 1789 par Camille Desmoulins*, qui y faisait, le 20 mai 1790, une retentissante profession de foi républicaine. Le journal dut cesser de paraître en juillet 1791, après l'affaire du Champ*-de-Mars.

**Revue des Deux Mondes** ♦ Périodique français fondé en 1829. F. Buloz* en fut le rédacteur en chef de 1831 à 1877 (son fils Charles lui succéda). La revue devint bimensuelle en 1832. Revue d'art, de littérature, d'histoire, de philosophie, elle reçut, grâce à Buloz, la collaboration des plus grands écrivains romantiques. En 1893, elle passa sous la direction de F. Brunetière* et prit une tendance catholique et conservatrice.

**REWBELL** ou **REUBELL (Jean-François)** ♦ Homme politique français (Colmar 1747 - *id.* 1807). Député (1789), puis procureur-syndic du Haut-Rhin (1791), il fut élu à la Convention (1792), où il siégea avec la Montagne. Représentant en mission, il participa à la défense de Mayence (1793), puis à la lutte contre les insurgés vendéens. Après la chute de Robespierre et de ses partisans, il contribua à la réaction thermidorienne contre les anciens jacobins, tout en s'occupant de diplomatie (signature du traité de La Haye*). Membre du Conseil des Cinq-Cents, puis du Directoire* qu'il présida de 1796 à 1799, il s'opposa aux royalistes en organisant, avec Barras et La Révellière-Lépeaux, le coup d'État du 18 Fructidor* an V (4 sept. 1797). Remplacé par Sieyès en mai 1799, il siégea au Conseil des Anciens jusqu'au 18 Brumaire.

**REY (Jean)** ♦ Chimiste et médecin français (Le Bugue 1583 - *id.* 1645). Il remarqua que le plomb et l'étain augmentent de poids quand on les calcine et attribua cet effet à l'air, dont il découvrit la pesanteur (*Essays*, 1630).

**REY (Abel)** ♦ Philosophe français (Chalon-sur-Saône 1873 - Paris 1940). Spécialiste d'épistémologie, il a consacré ses premiers ouvrages à une étude sur la théorie physique où il défend les principes du mécanisme, en raison de leur intelligibilité, contre l'énergétisme (→ **Duhem, Ostwald**). Dans une perspective réaliste, il affirma la dépendance de la conscience et de la connaissance à l'égard des fonctions biologiques, de la nature, et mit en évidence les origines mythiques, puis techniques de la pensée scientifique (*La Science orientale avant les Grecs*, 1929).

**REY** → Ray

**REYBAUD (Marie Roch Louis)** ♦ Économiste et homme politique français (Marseille 1799 - Paris 1879). Journaliste libéral, auteur d'*Études sur les réformateurs ou socialistes modernes* (1840 - 1843), il publia en 1843 un roman satirique qui, visant le régime de la monarchie de Juillet, connut un assez grand succès (*Jérôme Paturot à la recherche d'une position sociale*). Député libéral en 1846, il passa dans les rangs de la réaction après la révolution de février 1848, siégea avec la droite aux Assemblées constituante et législative (1848, 1849) et publia une critique du nouveau régime dans son roman *Jérôme Paturot à la recherche de la meilleure république* (1848). Il se retira après le coup d'État du 2 décembre 1851 et écrivit encore quelques ouvrages d'économie (*L'Industrie en Europe*, 1856 ; *Le Régime des manufactures*, 1859).

**REYER (Ernest REY, dit)** ♦ Compositeur et critique français (Marseille 1823 - Le Lavandou 1909). Autodidacte, admirateur de Wagner, il connut la notoriété avec un opéra, *Sigurd* (1884), entrepris alors qu'il ne connaissait pas la *Tétralogie*, et qui emprunte ses thèmes à la mythologie germanique (légende des *Nibelungen*). Reyer y exploite plusieurs des procédés wagnériens, dont le *leitmotiv*. Critique pertinent et promoteur d'un art désintéressé, Reyer a préparé le public français à l'audition des drames de Wagner (*Notes de musique*, 1875). On lui doit six opéras (dont *Salammbô*, 1901), de la musique religieuse et des mélodies.

**REYES (Alfonso)** ♦ Écrivain mexicain (Monterrey 1889 - Mexico 1959). Son œuvre abondante, romanesque, critique, poétique et historique, tend à faire renaître les traditions esthétiques nationales ; de là l'importance de son influence intellectuelle au Mexique. On lui doit notamment *Vision d'Anashuac* (1917), *Homélie pour la culture*, *L'Expérience littéraire*.

**REYKJAVÍK** - ÉTYM. isl. «la baie *(vík)* des fumées *(reykja* "fumer")», allus. aux vapeurs des sources d'eau chaude ♦ Cap. de l'Islande, sur la baie de Faxa, au S.-O. de l'île. 117 898 hab. (aggl. 149 486). Univ. ; école de navigation. Musée Einar Jónsson (sculptures). ▪ Port de pêche (morue, hareng). Centre indus. (conserveries, textile et mécanique) et commercial. Aéroport international à Keflavík*. ▮ **Histoire** Fondée en 875 par le Viking Ingolfur Arnarson, la ville ne comptait que 2 600 habitants en 1880. Elle devint capitale de l'Islande en 1918.

**REYMONT (Władysław Stanisław REJMENT, dit)** ♦ Romancier polonais (Kobiele Wielkie, près de Radomsko 1867 - Varsovie 1925). Influencé par ses voyages en Europe et en Amérique, et par le naturalisme de Zola, il écrivit une série de romans : *La Comédienne* (1896) et *Les Ferments* (1897) sur le monde du théâtre, *La Terre promise* (1898) sur l'industrialisation de Łódź, *L'Année 1794* (1911 - 1918), trilogie historique où il fit revivre l'époque de Kościuszko, et *Derrière le front* (1919). Son chef-d'œuvre, *Les Paysans* (1904 - 1909), est un grand roman poétique d'inspiration symboliste en 4 vol., dont chacun se rattache à l'une des quatre saisons et dépeint un village de Mazovie avec ses habitants rudes et simples. [Prix Nobel de littér. 1924]

**REYNAUD (Émile)** ♦ Inventeur et dessinateur français (Montreuil 1844 - Ivry-sur-Seine 1918). Inventeur du praxinoscope (1876), appareil conçu pour la projection de bandes dessinées dont il était l'auteur, il ouvrit au musée Grévin son «Théâtre optique». Il y donna plusieurs milliers de représentations (1892 - 1900). Véritable créateur du dessin animé, il mourut dans la misère.

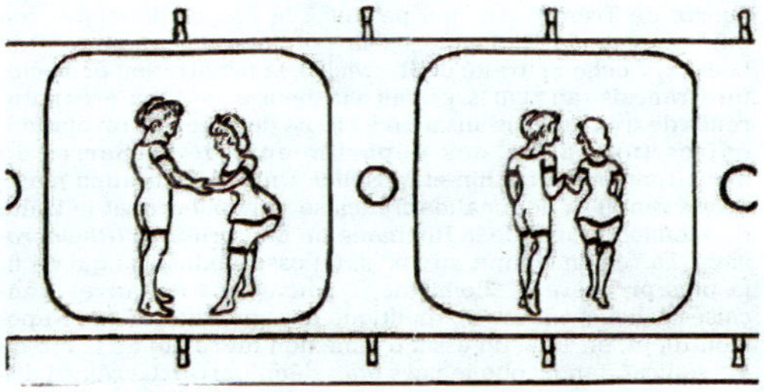

Émile **Reynaud.** Dessins sur bande pour le Théâtre optique du musée Grévin. *Phot. ©Archives AFDFA*

sir Joshua **Reynolds.** *L'Âge de l'innocence.* Tate Gallery, Londres. *Phot. © Arch. Smeets*

**REYNAUD (Paul)** ♦ Homme politique français (Barcelonnette 1878 - Neuilly-sur-Seine 1966). Élu à la Chambre des députés avec le Bloc national (1919, puis de 1928 à 1940), nommé ministre des Finances, des Colonies, de la Justice (1930 - 1932), il se montra aussi hostile au gouvernement du Front populaire qu'à la montée des dictatures. Entré dans le cabinet Daladier (avr. 1938) comme garde des Sceaux, puis ministre des Finances, il fit adopter la dévaluation du franc, la diminution des dépenses de l'État, l'augmentation des impôts pour faire face aux dépenses militaires. Appelé à la présidence du Conseil (mars 1940), il décida (avec Churchill) d'envoyer un corps expéditionnaire en Norvège pour couper aux Allemands la route du fer suédois, remplaça Gamelin par Weygand à la tête des armées françaises, prit lui-même le ministère de la Défense nationale et appela le maréchal Pétain à la vice-présidence du Conseil. Favorable à la poursuite de la guerre dans l'Empire, il fut mis en minorité par les partisans de l'armistice et démissionna (16 juin 1940), laissant la place au maréchal Pétain. Interné par le gouvernement de Vichy, il fut déporté en Allemagne (1942 - 1945). Après la Libération, réélu député (1946 - 1962), il se fit un ardent défenseur de l'unité européenne. Il écrivit *Le Problème militaire français* (1937), *La France a sauvé l'Europe* (1947), *Au cœur de la mêlée* (1951), *Mémoires* (1960 - 1963). ➝ **ÉTYM.** *Reynaud* est une variante de *Renault**.

**REYNOLDS (sir Joshua)** ♦ Peintre britannique (Plympton, Devon 1723 - Londres 1792). Fils de pasteur, il s'intéressa à la peinture à la suite de la lecture de *La Théorie de la peinture* de Richardson. De 1740 à 1744, il étudia à Londres dans l'atelier de T. Hudson, devint ensuite portraitiste et entreprit en 1749 un voyage qui le mena à Rome ; il y resta deux ans, compléta sa formation classique et revint par Florence, Parme, Bologne et Venise, admirant particulièrement les grands Vénitiens ainsi que Raphaël et le Corrège. Son intention d'imposer à la peinture anglaise la notion de «grand style» s'y trouva renforcée. Fixé à Londres en 1755, il devint célèbre avec le portrait de *Keppel* (1753) : type du portrait «héroïque» où la composition, la pose, l'expression et le cadre dans lequel le personnage est posé concourent à indiquer le rôle historique et la fonction sociale du modèle. Ambitieux et tenace, Reynolds s'attacha à donner un statut officiel à sa profession et contribua notamment à la fondation de l'Académie royale des arts (1768), dont il fut le premier président. Théoricien et critique, il prôna l'étude de la nature et de l'Antiquité et fut considéré comme le chef de file de l'école anglaise. Son art révèle la multiplicité de ses sources d'inspiration. Comme la majorité des portraitistes anglais, il admirait Van* Dyck. Il fut d'abord influencé par la peinture vénitienne (*Georgiana, comtesse Spencer et sa fille*, 1761), se sentit ensuite attiré par la tradition bolonaise et mit alors l'accent sur la fermeté de la composition et s'adonna à la peinture d'histoire (*La Famille du duc de Marlborough*, 1778 ; *Ugolin, La Mort de Didon*, 1781). En 1781, à la suite d'un voyage en Hollande, où il étudia surtout Rubens, il eut tendance à donner un caractère plus réaliste et intime à ses portraits de femmes et d'enfants (*Lady Cockburn et ses trois fils aînés*), employa des coloris riches et chauds et multiplia les glacis. Adaptant son style à la nature de ses sujets, il rechercha souvent la grâce et l'élégance (*Mrs. Siddons en muse de la Tragédie*, 1784 ; *Francis George Hare enfant*, 1788), parfois avec affectation (*Lady Blampfylde*, 1776). ➝ **ÉTYM.** *Reynolds* vient du germanique *Raginwald*, de *ragin* «conseil» et *walan* «gouverner» (➝ aussi Renault).

**REYNOLDS (Osborne)** ♦ Ingénieur britannique (Belfast 1842 - Watchet, Somerset 1912). Auteur de travaux fondamentaux en hydrodynamique, il étudia l'écoulement des fluides et montra notamment l'existence d'une vitesse critique au-dessus de laquelle l'écoulement devient turbulent (les nombres qui caractérisent les différents régimes portent son nom).

**REYNOSA** ♦ V. du N. du Mexique (État de Tamaulipas), à la frontière des États-Unis (Texas), sur le río Bravo face à McAllen (Texas). 507 998 hab. Centre agricole (coton). Raffineries de pétrole. Indus. *maquiladoras* (assemblage en sous-traitance pour les États-Unis).

**REYRIEUX** [01600] ➝ **ÉTYM.** anc. *de Reiriaco*, du lat. *Ragharius*, n. de pers., et suff. *-iacum* ♦ Ch.-l. de cant. de l'Ain, arr. de Bourg-en-Bresse. 3 683 hab.

**REZĀ-É 'ABBĀSI** ♦ Peintre iranien (mort en 1635), de l'école safavide*. Il innova dans l'art de la miniature persane, réservée auparavant à l'illustration des livres, en y introduisant les portraits sur une seule feuille.

**REZĀIYEH** ➝ **Ormiya**

**REZÉ** [44400] ➝ **ÉTYM.** du gaul. *ratis* «fougère» ♦ Comm. de la Loire-Atlantique, banl. S. de Nantes, sur la Loire. 35 478 hab. *(Rezéens)*. Cité construite sur les plans de Le Corbusier (1953 - 1955).

**REZEK (Antonín)** ♦ Historien tchèque (Jindřichův Hradec 1853 - Prague 1909). Fondateur de la première revue historique tchèque (*Sborník Historický*, 1883), il publia plusieurs ouvrages consacrés à l'histoire de la Bohême (*Histoire du mouvement national religieux en Bohême*, 1887 ; *Histoire moderne de la Bohême et de la Moravie*, 1888 - 1893).

**REZONVILLE** [57130] ➝ **ÉTYM.** «domaine (lat. *villa*) de Ratzo (n. de pers. germ.)» ♦ Comm. de la Moselle, arr. de Metz-Campagne. 329 hab. *(Rezonvillois)*. **Histoire** Au cours de la guerre franco-allemande (1870 - 1871), un violent engagement s'y produisit entre la IIe armée allemande du prince royal Frédéric-Charles et l'armée de Bazaine, le 16 août 1870. ➝ **Gravelotte, Metz.**

**RFA** n. f. ➝ **Allemagne**

**RHADAMANTE** ou **RHADAMANTHE** – en gr. ***Rhadamanthus*** ♦ Héros crétois, fils de Zeus* et d'Europe*, frère de Minos* et de Sarpédon*. Renommé pour sa sagesse, il devient, après sa mort, l'un des trois juges des Enfers, avec son frère Minos et Éaque*. On lui attribuait la rédaction du Code crétois.

**RHADAMÈS** ➝ **Ghadamès**

**Rhapsody in Blue** ♦ Œuvre pour piano et orchestre de George Gershwin* (orchestration de Ferde Grofé), créée par l'orchestre de Paul Whiteman avec l'auteur au piano le 12 fév. 1924. La partie de piano s'inspire du jazz tandis que l'orchestre se rapproche de la variété, mais la réussite est totale.

**RHARB** → **Gharb**

**RHAZÈS** ◆ ÉTYM. iran. « mystérieux » – en ar. ***Abū Bakr Muḥammad ibn Zakarīyā al-Rāzī*** ♦ Médecin, alchimiste et philosophe d'origine iranienne et de langue arabe (Ray, Khorassan v. 860 - v. 923). Il donna une des premières descriptions de la variole et de la rougeole et fut un excellent médecin. Ses écrits, concernant toutes les sciences, eurent une grande influence. Opposée à l'interprétation ésotérique de la nature, ainsi qu'au prophétisme, sa philosophie, connue par quelques fragments, semble d'inspiration manichéenne ou gnostique.

**RHAZNÉVIDES** n. m. pl. → **Ghaznavides**

**RHÉA** ♦ L'une des Titanides*, filles d'Ouranos et de Gaïa, dans la *Théogonie** hésiodique. De son union avec son frère Cronos* naissent les Olympiens de la première génération (→ **Hestia, Déméter, Héra, Hadès, Poséidon, Zeus**). Comme Cronos dévorait ses enfants dès leur naissance, Rhéa dissimule le dernier, Zeus, et donne à son époux à avaler une pierre entourée de langes. À l'époque romaine, Rhéa fut assimilée à Cybèle*, la Grande Mère.

**RHEA SILVIA** ♦ Selon la tradition romaine, fille de Numitor*, roi d'Albe. Elle est contrainte par son oncle Amulius de se faire vestale. Elle enfante pourtant Romulus* et Remus* et déclare que Mars est leur père. Amulius la fait mettre à mort.

**RHEE (SYNGMAN)** → **Syngman Rhee**

**RHEIMS (Maurice)** ♦ Écrivain français (Versailles 1910 - Paris 2003). Il fut commissaire-priseur à Paris de 1935 à 1972. Ses œuvres sont principalement des essais sur l'art : *La Sculpture au XIXe siècle* (1971), *Les Chefs-d'œuvre des musées de province* (1974), *Les Collectionneurs* (1981). On lui doit également des romans ou des nouvelles : *La Main* (1961), *Le Luthier de Mantoue* (1972) et *Les Greniers de Sienne* (1988). [Acad. fr. 1976] ◆ ÉTYM. *Rheims* signifie « originaire de Reims ».

**RHEINE** ♦ V. d'Allemagne (Rhénanie-du-Nord-Westphalie), sur l'Ems. 77 012 hab. Église du XVe s. ▪ Carrefour ferroviaire et centre indus. (travail du coton, bonneterie, indus. mécaniques).

**RHEINFELDEN** ♦ V. d'Allemagne (Bade-Wurtemberg), sur la rive d. du Rhin en face de la ville suisse du même nom. 32 226 hab. Usine d'aluminium.

**RHEINFELDEN** ♦ V. de Suisse (Argovie), sur la rive g. du Rhin, en face de la ville allemande homonyme. 10 870 hab. Hôtel de ville (XVIe - XVIIe s.). Station climatique et thermale. Centrale hydroélectrique. ▮ **Histoire** Ancienne ville libre, Rheinfelden passa sous la domination autrichienne au XVe s. Bernard* de Saxe-Weimar y vainquit les Impériaux (1638). Elle entra dans le canton d'Argovie en 1803.

**RHEINGAU** n. m. ♦ Région d'Allemagne (Hesse), située le long de la vallée rhénane, entre Bingen et Wiesbaden, dans le prolongement du Taunus, et s'étendant sur env. 45 km de long et 8 de large. La rive d. est plantée de riches vignobles.

**RHEINHAUSEN** ♦ V. d'Allemagne (Rhénanie-du-Nord-Westphalie), sur la rive g. du Rhin, en face de Duisbourg*. 3 436 hab. L'usine sidérurgique avec son port particulier, construite en 1890 par Krupp, illustrait l'avantage économique de « l'usine sur l'eau ». La crise actuelle de la Ruhr* a entraîné sa fermeture en 1993.

**RHÉNAN (MASSIF SCHISTEUX)** – en all. ***Rheinisches Schiefergebirge*** ♦ Vaste ensemble de plateaux d'Allemagne, s'étendant de l'Ardenne au couloir de Hesse, de part et d'autre du Rhin. De forme trapézoïdale et orienté du S.-O. au N.-E., il a une altitude moyenne comprise entre 400 et 800 m (le Rhin étant à 65 m à Coblence). Le fort encaissement des vallées crée une topographie mouvementée et individualise six blocs par le réseau croisé des affl. du Rhin et de la Moselle. On distingue, à l'O. de la vallée rhénane, l'Eifel au N., entre l'Ahr et la Moselle, l'Hunsrück au S. entre la Moselle et la Nahe. À l'E. du Rhin s'étendent du N. au S. le Sauerland, le Siegerland, le long de la vallée de la Sieg, le Westerwald, entre la Sieg et la Lahn, enfin, le Taunus, entre la Lahn et le Main. Il s'agit d'un massif hercynien externe, constitué, comme l'Ardenne qui le prolonge à l'O., de roches de l'ère primaire, où alternent schistes et crêtes gréseuses, avec, dans l'Eifel, une empreinte volcanique (lacs de cratères ou *Moare*). ▮ **Économie** La topographie, l'altitude, la pluviosité, les sols acides font du Massif schisteux une région de hautes terres ingrates fortement boisées, une sorte de Massif central heureusement traversé par le Rhin qui a pu y creuser sa « Trouée héroïque ». Les vallées du Rhin et de la Moselle portent de riches vignobles. Le Sauerland et le Siegerland recèlent un peu de fer. Le Massif schisteux rhénan est une région touristique (stations thermales du Taunus, Haut-Eifel).

**RHÉNANIE** n. f. – en all. ***Rheinland*** ♦ Région historique d'Allemagne située de part et d'autre du Rhin. Elle était occupée par des peuples celto-germaniques (Éburons, Trévires) lors de la conquête de César (-57). Séparée en Germanie inférieure, Germanie supérieure et Belgique, elle devint sous Auguste la frontière officielle et arbitraire de l'empire (-9), et le Rhin fut relié au Danube par une ligne de fortifications *(limes)* couvrant les champs Décumates*. Les invasions germaniques commencèrent cependant dès le IIIe s. et au Ve s., les Francs* ripuaires, après la chute de Trèves (v. 460), y établirent leur royaume. Comprise dans le royaume de Clovis* Ier, elle fit ensuite partie de l'Austrasie*, puis se trouva au centre de l'empire carolingien. Le partage de Verdun* (843) la réunit à la Lotharingie* et elle entra, comme la Lorraine, dans le Saint Empire (925). Les villes épiscopales (Trèves, Cologne) comme les principautés féodales (Limbourg, Brabant) y jouirent d'une précoce indépendance. La région prospéra au XIIIe et surtout au XIVe s., quand la guerre de Cent Ans fit du Rhin la principale voie de passage entre Nord et Sud. Sa puissance économique (→ **Hanse**) fut accompagnée par un essor intellectuel, artistique et spirituel, reflété par le développement des universités comme celles de Heidelberg* ou Mayence*, ou l'épanouissement de l'école mystique dominicaine (Eckhart, Tauler, Suso). Lors de la Réforme, la Rhénanie resta en majorité catholique, mais le duché de Clèves fut un ardent foyer luthérien. Sa succession devait être à l'origine de l'affaire de Clèves qui faillit entraîner l'intervention armée d'Henri* IV en 1609. Ce fut la guerre de Trente* Ans qui permit à la France d'étendre son influence sur la Rhénanie. Si la politique de « réunions » de Louis XIV échoua (traité de Ryswick*), la pénétration de la culture française au XVIIIe s. permit à la théorie des frontières naturelles de trouver sa réalisation à l'issue des guerres révolutionnaires (formation des départements de la Sarre, du Mont-Tonnerre, du Rhin-et-Moselle). Une centralisation maladroite rendit la domination française impopulaire, et le traité de Vienne (1815) fit de la Rhénanie un État prussien *(Rheinprovinz)*. La région connut au XIXe s. un essor industriel qui en fit la plus prospère d'Allemagne. De nouvelles tentatives françaises échouèrent avec la politique des « pourboires » de Napoléon III, et, en 1918, un essai d'annexion fut rejeté au traité de Versailles*, tandis que le pays était démilitarisé. Le retard des paiements des réparations entraîna l'occupation de la Ruhr (1923), mais l'échec des mouvements séparatistes, celui de la République rhénane et celui du Palatinat (massacre de Pirmasens, 1924), ajouté à l'opposition des Alliés, obligea la France à évacuer progressivement la région à partir de 1925 (Locarno*, plan Young). En 1935, la Sarre passait par plébiscite au IIIe Reich, et en 1936, Hitler prenant le prétexte du pacte franco-soviétique (2 mai 1935) dénonça le pacte de Locarno*, décida de violer le traité de Versailles et fit entrer ses troupes le 7 mars 1936 dans la zone démilitarisée. La France, alors en période électorale, n'opposa que des protestations verbales. Hitler fit ensuite construire la ligne de fortifications dite *ligne Siegfried** pour protéger cette région, qui fut reconquise par les Alliés en 1945. Depuis 1946, la Rhénanie est partagée entre les Länder de Rhénanie-du-Nord-Westphalie, de Rhénanie-Palatinat et de Sarre.

**RHÉNANIE-DU-NORD-WESTPHALIE** n. f. – en all. ***Nordrhein-Westfalen*** ♦ État (Land) de la République fédérale d'Allemagne, formé en 1946, en zone britannique, par la réunion du nord de la Rheinprovinz, de la province de Westphalie (toutes deux prussiennes) et du petit État de Lippe-Detmold. → **Allemagne** (carte). 34 072 km². 18 080 000 hab. 509 hab./km². CAP. : Düsseldorf. Le Land est divisé en 5 régences ou *Regierungsbezirke* (Arnsberg, Cologne, Detmold, Düsseldorf, Münster) et 54 cercles ou *Kreise*. ▮ **Géographie** Le Land a deux axes majeurs : du S. à la frontière néerlandaise, le Rhin ; et d'O. (Aix*-la-Chapelle) en E. (Minden*), l'itinéraire Paris-Berlin, qui longe la limite entre la grande plaine du Nord et les massifs de l'Allemagne hercynienne. Le bassin houiller de la Ruhr, le Rhin et cette situation de carrefour expliquent l'énorme concentration industrielle et urbaine, continue de Bonn à Wesel et de Duisburg à Dortmund. Appelée région « Rhin-Ruhr », elle est forte de 10 millions d'habitants, dont la moitié dans le bassin de la Ruhr (Ruhrgebiet), et l'autre moitié répartie entre l'axe rhénan (Bonn, Cologne, Düsseldorf), le pays de Berg* (Wuppertal, Solingen) et les anciennes campagnes urbanisées. Le Land est limité au S. par le Massif schisteux rhénan, prolongé par l'Eifel à l'O. du Rhin, et surtout, à l'E., par le Sauerland et le Rothaargebirge, réserve de forêts, d'eau (barrages de la Ruhr et de la Möhne) et lieu de détente (parcs régionaux). Le contact avec la plaine du Nord se fait par un glacis couvert de lœss, les Börde* de Juliers et de Sœst, qui sont d'une grande richesse agricole et souterraine (bassin houiller à 1 000 m sous la Lippe). La plaine de Cologne, dans un fossé d'effondrement rempli de lignite (extraction à ciel ouvert), se fond au N. dans les épandages fluvio-glaciaires du Rhin inférieur, où commence la plaine d'Europe septentrionale de Münster. Au cœur de la Westphalie, bassin sédimentaire déprimé, à l'hydrographie indécise et partagée entre Ems et Rhin, s'élèvent les monts de la Weser (Teutoburgerwald et Wiehengebirge percés par la Weser à la Porta Westfalica). ▮ **Économie** La grande richesse agricole de la moitié N. du Land (céréales et betterave à sucre des Börde, élevage laitier et production intensive de porcs en Westphalie) risquerait d'être oubliée, tant la puissance industrielle du Land est grande. Le bassin de la Ruhr a été pendant cinquante ans l'arsenal du Reich puis le cœur de l'économie allemande. Mais la concurrence du pétrole et du charbon importés, la réduction des besoins en acier et en produits de base expliquent la profonde crise que connaît aujourd'hui ce bassin. Loin des 110 millions de t. de 1943, les 60 millions de t. d'aujourd'hui n'ont pu être produites que grâce aux subventions de l'État. Les 35 millions de t. d'acier allemand sont encore fournis par Thyssen et Krupp-Hoesch. La ceinture d'indus. textiles, de Wuppertal à Bocholt en passant par Mönchen-Gladbach et Krefeld, souffre tout autant. La chimie (Leverkusen*, Düsseldorf, Gelsenkirchen), les constr. mécaniques, électriques et automobiles (Cologne, Bochum, Düsseldorf, Bielefeld), l'édition (Bertelsmann à Gütersloh) et l'indus. du meuble à Herford font meilleure figure. Certes, le Rhin reste un atout inégalable pour les transports lourds : Duisburg* est encore le 1er port fluvial du monde (50 millions de t.) et Cologne reste le plus gros centre de triage, mais la route prend aujourd'hui l'essentiel du trafic des indus. légères. La Bourse de Düsseldorf, les assurances et le commerce de Cologne font la force de ces métropoles rivales. Le Land forge son avenir dans 8 universités : Aix-la-Chapelle, Bielefeld, Bochum, Bonn, Cologne, Dortmund, Düsseldorf et Münster. La ville de Bonn, longtemps provinciale, a profité pendant 40 ans de son rôle de capitale de la République fédérale d'Allemagne. Le Land a trouvé son unité en associant Rhénans catholiques et Westphaliens confessionnellement plus partagés. Mais la domination qu'il exerçait en Allemagne vers 1950 - 1960, à l'heure de la reconstruction et du «miracle économique», a subi les effets du développement des Länder méridionaux et de la réunification.

**RHÉNANIE-PALATINAT** n. f. – en all. ***Rheinland-Pfalz*** ♦ État (Land) de la République fédérale d'Allemagne, formé en 1946, en zone française, par la réunion de portions de provinces prussiennes (S. de la Rheinprovinz, Hesse-Nassau, partie du Palatinat [Pfalz] qui appartenait à la Bavière). → **Allemagne** (carte). 19 846 km$^2$. 4 049 000 hab. CAP. : Mayence. Le Land est divisé en 3 régences ou *Regierungsbezirke* (Coblence, Trêves et Rheinhessen-Pfalz) et 36 cercles ou *Kreise*. ▮ **Géographie** Le Land connaît un fort contraste entre les hautes terres médiocres, majoritaires, et des vallées ou des bas pays privilégiés. Aux premières appartiennent le Massif schisteux rhénan, divisé par le Rhin, la Moselle et la Lahn en massifs de Eifel, Hunsrück et Westerwald ; et plus au S. la Hardt et la Forêt-du-Palatinat (Pfälzerwald). Ce pays (à 600 m d'alt. en moyenne) est largement laissé aux bois de chênes et d'épicéas. Au S.-E., de Landau à Mayence, le Land jouxte au contraire le fossé tectonique du Rhin moyen (façonné en collines tertiaires au sol limoneux) et la Hesse rhénane, composée de terrasses fluviales d'inégale valeur. Le fossé rhénan est la région la plus chaude et la plus sèche d'Allemagne, ce qui explique l'étendue des vignobles le long de la «Weinstrasse» (Neustadt, Bad Dürkheim) au pied de la Forêt-du-Palatinat. Les méandres encaissés de la Moselle, de Trêves à Coblence, offrent également leurs pentes abruptes aux vignobles de Kues-Bernkastel et de Cochem. Le Rhin fait sa Trouée* héroïque de Bingen à Coblence : le rocher de la Lorelei et les multiples *Burgen* dominent de 150 m env. le cours puissant du fleuve (rapides du Binger Loch). ▮ **Économie** Le Land fait encore une large place à l'agriculture en petites exploitations marginales occupant la population le plus souvent à temps partiel. Seul le fossé du Rhin se prête à une production efficace de céréales et de betteraves à sucre. Mais l'essentiel pour le Land est la production des vins du Rhin et de la Moselle et du mousseux *(Sekt)*. Comparativement aux autres Länder, l'industrie n'est pas très présente, à une exception près, mais de taille : l'énorme usine chimique de BASF à Ludwigshafen*. Le reste (matériaux de constr. de Neuwied, constr. mécaniques à Worms, camions à Wörth, chaussures à Pirmasens) est dispersé entre des villes dont les priorités sont tertiaires : administration et université à Mayence et à Trêves, garnisons allemandes (Kaiserslautern) et américaines (Ramstein) du «sanctuaire occidental». Villes d'eaux (Bad Kreuznach), parcs régionaux, circuit du Nürburgring et croisières sur le Rhin créent une importante activité touristique.

**RHETICUS, RHÄTICUS** ou **RHAETICUS** (**George Joachim VON LAUCHEN,** latinisé en) ♦ Astronome allemand (Feldkirch, Vorarlberg 1514 - Košice 1576). Par un bref résumé de l'œuvre de Copernic* (dont il fut l'élève) qu'il publia en 1540 *(Narratio prima de libris revolutionum Copernici)*, il convainquit celui-ci de publier ses découvertes. On lui doit également une table des sinus de 10" en 10", à quinze décimales (réalisée avec une équipe de calculateurs), et le terme de cosinus (1551).

**RHÉTIE** ou **RÉTIE** n. f. – en lat. ***Rhaetia*** ou ***Raetia*** ♦ Anc. région des Alpes centrales correspondant à l'E. de la Suisse* *(Grisons*)*, au Tyrol* autrichien et au N. de la Lombardie*. Habitée par des peuples en partie celtes, les Rhètes, cette région fut soumise par Drusus* et Tibère* en -15 et abandonnée aux Germains en 450, pour faire partie de la Souabe*.

**RHÉTIQUES (ALPES)** n. f. ♦ Partie des Alpes centrales s'étendant aux frontières de l'Italie, de la Suisse et de l'Autriche. Elle englobe les Grisons et les régions italiennes limitrophes.

La **Rhétorique** – en gr. ***Tekhnê Rhêtorikê*** ♦ Traité d'Aristote*. La rhétorique, art de parler de manière à convaincre son auditoire, a certes pour base le raisonnement ; mais, contrairement à la logique, elle a aussi pour rôle de toucher et d'émouvoir. Aristote ramène à trois les différents types de discours : délibératif, d'apparat et judiciaire ; et il en analyse les règles.

**rhétoriqueurs (grands)**

n. m. pl. ♦ Nom sous lequel la critique a l'habitude de rassembler depuis le XIXe s. des poètes de la fin du XVe s. Il s'agit entre autres de Jean Meschinot (v. 1422 - v. 1491), Jean Molinet (1435 - 1507), Octavien de Saint-Gelais (1468 - 1502), Guillaume Crétin (v. 1460 - 1525), Jean Lemaire* de Belges (1473 - v. 1525) et Jean Marot (1450 - v. 1526). Bien que tous rattachés à des princes dont ils vantaient les qualités, ils ont introduit, par leurs jeux littéraires, une subversion de la langue qui fait toute leur ambiguïté et dans laquelle la critique contemporaine voit les premières tentatives de déconstruction de la littérature.

**RHEU (LE)** [35650] ♦ Comm. de l'Ille-et-Vilaine, banl. O. de Rennes. 5 733 hab.

**RHEYDT** ♦ Anc. v. d'Allemagne (Rhénanie-du-Nord-Westphalie), rattachée à Mönchengladbach*. Château Renaissance (XVIe s.). ▪ Centre textile et mécanique.

**RHIGAS (Konstantinos,** dit **Vélestinlis)** ♦ Patriote et poète grec (Velestino, Thessalie 1757 - Belgrade 1798). Apôtre de la révolution des Grecs et des autres peuples balkaniques contre les Turcs, il fut arrêté et mis à mort tandis qu'il était en route pour solliciter l'appui de Bonaparte. Il composa des chants patriotiques qui devinrent très populaires, des opuscules inspirés des idées de la Révolution française et traduisit en grec Boccace et des écrivains français.

**RHIN** n. m. – en all. ***Rhein***, en néerl. ***Rijn*** ⁃ ÉTYM. du lat. *Rhenus*, du celt. *°Renos*, d'une rac. *ren, rin* «cours d'eau» ♦ Fl. d'Europe occidentale (1 320 km), tributaire de la mer du Nord. ▮ **Suisse** Né dans les Alpes suisses de la réunion du Rhin antérieur (Vorderrhein), émissaire du lac Toma (2 341 m), et du Rhin postérieur (Hinterrhein) né dans le massif de l'Adula, à 2 216 m, il se dirige d'abord vers le N., traverse le lac de Constance où il marque la frontière entre la Suisse et l'Autriche et s'enrichit de la Reuss, de la Limmat et de l'Aar. Il prend ensuite la direction de l'O. jusqu'à Bâle et sert de frontière entre la Suisse et l'Allemagne, la première conservant cependant en rive d. l'enclave de Schaffhouse* et la fameuse chute du Rhin. ▮ **Allemagne et France** En aval de Bâle, son tracé S.-N. sépare les plaines d'Alsace et de Bade, dans le fossé d'effondrement du Rhin moyen bordé par les Vosges et la Forêt*-Noire. En aval de Lauterburg, les deux rives sont allemandes mais le fossé est de même nature, entre Hardt et monts du Palatinat à l'O., Kraichgau et l'Odenwald à l'E., avec les Weinstrasse et Bergstrasse* au pied de ces hauteurs. Il reçoit successivement la Kinzig, la Murg, l'Ill et la Lauter (rive g.) et arrose Strasbourg, Mannheim-Ludwigshafen. Entre Mayence et Bingen, il décrit un coude vers l'O. (→ **Rheingau**), puis s'encaisse profondément en traversant l'ensemble schisteux rhénan : c'est la Trouée héroïque, bordée d'escarpements spectaculaires (rocher de la Lorelei, 200 m) surplombés de châteaux en ruine. Il passe à Coblence, Neuwied, Bonn, Cologne, reçoit la Nahe, la Moselle, l'Ahr (rive g.), le Main, la Lahn, la Sieg (rive d.). Le Rhin pénètre ensuite dans la grande plaine du Nord (Rhin inférieur) en sortant du bassin de Cologne, reçoit la Ruhr et la Lippe (rive d.) et arrose quelques grandes villes de la Ruhr (Düsseldorf, Rheinhausen, Duisburg, Walsum, Wesel), puis s'oriente vers l'O. en direction de la frontière néerlandaise et devient alors large et puissant. ▮ **Pays-Bas** Aux Pays-Bas, le fleuve se subdivise en quatre bras : l'*IJssel* (qui alimente l'IJsselmeer ou ancien Zuiderzee), le Vieux Rhin, le Waal (qui se dirige vers la Meuse) et le Lek qui rejoint Rotterdam.

▮ **RÉGIME** Le Rhin supérieur a un régime alpin caractérisé par de hautes eaux d'été (520 m$^3$/s) et de basses eaux d'hiver (70 m$^3$/s). Son cours se régularise au passage du lac de Constance, bien que la pente demeure encore forte jusqu'à Bâle. Le régime du Rhin, en aval de Bâle, se trouve modifié par l'apport d'importants affl. (Neckar, Main, Moselle) et, enrichi par les précipitations hivernales de la Souabe, de la Franconie et de la Hesse méridionale, devient très bien compensé à Kaub, dans la Trouée héroïque. Module : 1 580 m$^3$/s ; double maximum de mars (1 750 m$^3$/s) et de juill. (1 890) ; minimum d'oct. (1 260). Avec la Moselle et les rivières de Westphalie, le régime s'inverse sous les pluies d'hiver. À l'entrée aux Pays-Bas, le débit oscille entre 2 900 m$^3$/s en fév. et 1 620 en sept. (moyenne 2 190 m$^3$/s). Le fleuve est soumis à des crues parfois catastrophiques (débit de 10 000 à 15 000 m$^3$/s).

▮ **ÉCONOMIE** ▮ **Le trafic** Le Rhin ne fut d'abord navigable que sur son cours inférieur, en aval de Coblence. Au milieu du XIXe s., il acquit dans le transport charbonnier (houille de la Ruhr) une importance croissante. Son aménagement fut entrepris sous l'égide de la Commission centrale pour la navigation du Rhin : constructions de digues insubmersibles sur le Lek et le Waal, correction de méandres, dragage des zones marécageuses et surtout canalisation (canal d'Alsace de Bâle à Strasbourg, canal de la Marne au Rhin, canal Albert de la Meuse au Rhin, du Rhône au Rhin, canal Rhin-Lippe, canal Rhin-Main-Danube, etc.). Le Rhin devint alors voie d'eau internationale (convention de Mannheim, 1868), utilisable par des bateaux de 3 000 t. Après celui de la houille, le fleuve assura, à l'échelle européenne, le transport d'autres matières premières et de produits semi-ouvrés avec les pays riverains : la flotte néerlandaise assure la majorité du trafic (55 %), alors que les parts de l'Allemagne, de la France, de la Belgique et de la Suisse sont en constante régression. Le trafic total annuel augmente (250 000 000 t en 1970, 290 000 000 t en 1990), mais subit la concurrence du rail et de la route. **Les ports** Les principaux ports rhénans sont : Duisburg*-Ruhrort (1er port fluvial du monde), Bâle*, Karlsruhe*, Mannheim*-Ludwigshafen, Mayence*, Coblence* et Cologne*. **Les centrales hydroélectriques et les complexes industriels** Par ailleurs, les eaux du Rhin sont abondamment utilisées pour la production hydroélectrique (25 milliards de kWh). D'importantes centrales ont été établies sur le fleuve (Birsfelden, Rheinau, Laufenburg, Reckingen, Ryburg-Schwörstadt) et sur le canal d'Alsace (Kembs, Fessenheim, Vogelgrun, Marckolsheim, Rhinau, Gerstheim). En outre, de puissants complexes industriels établis dans les villes riveraines (Mannheim-Ludwigshafen, Leverkusen, Cologne, Düsseldorf, Duisburg) mettent la voie rhénane au nombre des premiers axes économiques d'Europe occidentale.

**Rhin** (ligue du) ♦ Alliance comprenant les princes du Rhin et la France, conclue par Mazarin* (1658), pour faire respecter les clauses des traités de Westphalie*. Elle cessa en 1667, à la suite de la politique d'intervention de Louis XIV.

**RHIN (BAS-)** → Bas-Rhin

**RHIN (HAUT-)** → Haut-Rhin

**RHINAU** [67860] ➝ **ÉTYM.** de *Rhin** et du germ. °*awa* «prairie humide» ♦ Comm. du Bas-Rhin, arr. de Sélestat, sur le Rhin. 2 348 hab. *(Rhinois)*. Centrale hydroélectrique sur une dérivation du Rhin.

**RHINE (Joseph Banks)** ♦ Parapsychologue américain (comté de Juniata, Pennsylvanie 1895 - Hillsborough, Caroline du Nord 1980). Fondateur de la parapsychologie moderne, il s'attacha à appliquer aux recherches sur l'activité psychique (télépathie, divination, etc.) des méthodes scientifiques, élaborant notamment les concepts de perception extra-sensorielle et de psychokinésie (*Extra-Sensory Perception*, 1935). Il fut toutefois convaincu de fraude dans certaines de ses expériences. Il créa en 1937 le *Journal of Parapsychology*.

**RHODANIEN (Sillon** ou **Couloir)** ♦ Région déprimée entre le Massif central et les Alpes, drainée à partir de Lyon par le Rhône* vers la Méditerranée ; le Sillon rhodanien fait suite aux plaines de la Saône.

**RHODE ISLAND** n. m. ➝ **ÉTYM.** du vx néerl. *Roodt Eylands* «île rouge» ou par comparaison avec l'île de *Rhodes** ou de l'angl. *Road Island* «l'île de la rade» ♦ État du N.-E. des États-Unis. → **États-Unis** (carte). 3 233 km$^2$ (le plus petit État de l'Union). 1 048 319 hab. CAP. : Providence. **Géographie** Les collines du N. s'abaissent vers la plaine côtière. La côte est profondément entaillée vers l'E. par la baie de Narragansett. **Économie** On y trouve des indus. textiles, mécaniques. Les pêcheries restent importantes. Le commerce et l'activité bancaire sont très actifs. **Histoire** La colonie fut fondée par des puritains dissidents du Massachusetts (Roger Williams qui fonda Providence, W. Coddington). L'indépendance fut proclamée en mai 1776. Vainqueurs sur mer à Quaker Hill, les Britanniques furent à nouveau chassés en 1779. L'État, soucieux de son indépendance, ne ratifia la Constitution qu'en 1790. La Constitution de l'État, peu démocratique, fut amendée en 1843, puis en 1928.

**RHODES** (père **Alexandre DE**) ♦ Missionnaire français (Avignon 1591 - Ispahan 1660). Entré dans l'ordre des jésuites (1612), il fut envoyé comme missionnaire au Viêtnam (1624 - 1645), donna sur l'Indochine de précieux renseignements (*Sommaires de divers voyages et missions apostoliques*, 1653) et contribua en faisant imprimer un catéchisme à la rationalisation et à la diffusion du Quốc-Ngữ (écriture alphabétique du vietnamien). En 1655, il se rendit en Perse.

**RHODES (Cecil John)** ♦ Homme d'affaires et homme d'État britannique d'Afrique du Sud (dans le Hertfordshire 1853 - Muizenberg, Le Cap 1902). Après avoir fait fortune très jeune dans la prospection du diamant en Afrique du Sud (1870 - 1873), il fut étudiant à Oxford (jusqu'en 1881). Il y forma son idéal impérialiste, visant à l'établissement d'une fédération anglo-américaine régissant un empire mondial. De retour en Afrique australe, où il rêvait d'une colonie britannique dominant tout le pays, il développa l'économie par ses propres affaires, monopolisant la production du diamant (Kimberley), créant deux compagnies qui régnaient sur les mines d'or et de diamant (Gold Fields of South Africa ; De Beers) et enfin fondant la British South Africa Company qui obtint une charte royale en 1889. Il s'était fait élire député au Cap (1881) et mena avec l'appui de Londres, mais en dépassant fréquemment les intentions britanniques, sa politique d'expansion. Ainsi, c'est lui qui incita le gouvernement britannique à établir son protectorat sur le Bechuanaland, c'est lui qui, au moyen de sa Chartered Company, colonisa les territoires situés au N. du Transvaal (→ **Rhodésie**), l'influence portugaise ayant été écartée par les Britanniques vers 1890 et les Noirs (Matabélés) ayant été battus. Rhodes devint Premier ministre du Cap en 1890 : le principal obstacle à son rêve de domination britannique en Afrique du Sud était l'autonomie des États boers, Orange* et surtout Transvaal*. Après avoir essuyé le refus de Kruger* quant à un projet de fédération, Rhodes organisa (déc. 1895) l'expédition de Jameson*, qui fut un échec complet. Désavoué par Londres, Rhodes démissionna de son poste de Premier ministre (janv. 1896). Dès lors, il s'occupa du développement économique des Rhodésies, notamment de la construction des lignes de chemin de fer (amorce du projet de la ligne du Caire au Cap). En 1899 - 1900, il dirigea personnellement la résistance de Kimberley contre les attaques des Boers du Transvaal.

**RHODES** ➝ **ÉTYM.** en grec ***Rhodos***, adapt. d'un n. préhellénique non indo-eur. «escale, port» [rapprochement populaire avec *rhodon* «rose»] ♦ Île grecque de la mer Égée, la plus importante du Dodécanèse. 1 398 km$^2$. Env. 100 000 hab. CH.-L. : Rhodes. La côte O. est dominée par une chaîne calcaire peu élevée (1 215 m). Réputée pour la douceur de son climat, cette île est devenue un pôle touristique international. Ruines de Lindos (côte E.), Camiros (côte N.-O.) et Ialysos (mont Philérimos) ; vallée dite des Papillons. ▪ Ch.-l. de l'île et du nome du Dodécanèse, la ville de Rhodes (43 619 hab.) est à l'extrémité N. de l'île. La vieille ville contient le palais des grands maîtres de l'ordre des Chevaliers de Rhodes, l'hôpital des Chevaliers, la cathédrale Sainte-Marie, les célèbres «auberges» (résidences des représentants de chaque langue de l'ordre). Églises byzantines, remparts. Ruines de la ville antique. Aéroport. **Histoire** Habitée par des Crétois, puis par des Achéens, Rhodes participa à la civilisation égéenne (→ **Crète, Mycènes**). Les Doriens* conquirent l'île v. –1100 et fondèrent Lindos, Camiros et Ialysos qui formèrent avec Kos, Cnide et Halicarnasse l'Hexapole dorienne. Habiles navigateurs et commerçants, les Rhodiens créèrent de nombreuses colonies dans la Méditerranée, dont Gela*. Gouvernée au –VIe s. par des tyrans, dont le plus célèbre est celui de Lindos, Cléobule*, l'île fut soumise aux Perses, puis participa à la confédération maritime d'Athènes (–471 - –411). La ville de Rhodes, fondée en –408 sur les plans d'Hippodamos de Milet, domina dès lors l'île. Prise par Alexandre le Grand, indépendante après la mort de celui-ci, Rhodes devint au –IIIe s. une grande puissance maritime et un centre de la civilisation hellénistique où florissaient la rhétorique (→ **Apollonios de Rhodes**) et les arts (→ **Charès, Protogénès**). Alliée à Rome (–IIe s.), Rhodes fut dévastée en –43 par Cassius. Rattachée à l'empire d'Orient, elle subit les invasions arabes. Gouvernée de 1309 à 1522 par l'ordre des Hospitaliers* de Saint-Jean-de-Jérusalem *(chevaliers de Rhodes)* qui favorisèrent le commerce, elle fut prise par les Turcs (1522) qui la gardèrent jusqu'en 1912. Occupée alors par l'Italie, Rhodes fut restituée à la Grèce en 1947. → **Dodécanèse.**

**Rhodes.** © *PhotoDisc*

**Rhodes (colosse de)** ♦ Gigantesque statue d'Hélios (le Soleil) en bronze, œuvre de Charès*, érigée en –280 à l'entrée ou au fond du port de Rhodes en souvenir d'une victoire contre Démétrios Poliorcète. Considérée comme l'une des Sept* Merveilles du monde, la statue fut endommagée par un tremblement de terre en –224, et définitivement détruite en 672.

**RHODE-SAINT-GENÈSE** → Sint-Genesius-Rode

**RHODES-EXTÉRIEURES** – en all. ***Ausser Rhoden*** et **RHODES-INTÉRIEURES** – en all. ***Inner Rhoden*** ♦ Nom des deux subdivisions du canton d'Appenzell* (Suisse).

**RHODÉSIE** ➝ **ÉTYM.** en angl. ***Rhodesia***, du n. de Cecil *Rhodes** ♦ Nom de l'ancienne Rhodésie du Sud à partir de 1965, date de la proclamation unilatérale de l'indépendance par la minorité blanche dirigée par Ian Smith. En 1978, on l'appela Zimbabwe-Rhodésie durant la période intérimaire multiraciale au cours de laquelle fut mis en place le processus d'indépendance (1980) sous le nom définitif de Zimbabwe. → **Zimbabwe.**

**RHODÉSIE-NYASALAND** ♦ Région d'Afrique australe couvrant la majeure partie du bassin du Zambèze et composée, à l'époque coloniale, de la Rhodésie du Nord, de la Rhodésie du Sud et du Nyasaland, réunis en une fédération en 1953 (→ **Zambie, Zimbabwe, Malawi**). Créée à l'initiative des milieux d'affaires blancs, cette fédération se décomposa dans les années qui suivirent, par suite de l'opposition de la population noire qui accéda à l'indépendance au Malawi*, en Zambie* et, plus tard, au Zimbabwe*.

**RHODOPE** ou **RHODOPES** n. m. – en bulg. *Rodopi* ♦ Chaîne montagneuse de la péninsule des Balkans séparant le bassin de la Marica (Bulgarie) et les plaines de Macédoine et de Thrace. Le Rhodope occidental est élevé : massifs du Rila* (Musala, 2 925 m) et du Pirin* (Vihren, 2 914 m), mais les altitudes s'abaissent rapidement vers l'E. Le Rhodope gréco-bulgare vit des cultures fruitières, du tabac et de l'exploitation minière (plomb, chrome).

**RHODOPE** → **Comotini**

**RHÖN** n. f. ♦ Massif volcanique de l'Allemagne moyenne à l'E. du Vogelsberg, aux confins de la Hesse, de la Bavière et de la Thuringe. Formée de buttes basaltiques et de plateformes tourbeuses, la région culmine à 950 m à la Wasserkuppe. Longtemps défavorisée par la proximité du rideau de fer entre les deux Allemagnes, la région vit de l'élevage et du tourisme vert.

**RHONDDA** – en gallois *Ystradyfodwg* ♦ V. du pays de Galles (Rhondda, Cynon, Taff), au N.-O. de Cardiff. 65 000 hab. Les vallées environnantes furent jadis productrices de houille, mais le déclin des charbonnages britanniques a durement frappé la région. Seules quelques mines restent en exploitation. Paysages de friches industrielles. Taux élevé de chômage. Richard Llewellyn y a situé son roman *Qu'elle était verte ma vallée* (1939).

**RHÔNE** n. m. ◆ ÉTYM. anc. *Rhodanus*, p.-ê. rac. hydronym. gaul. (ou précelt.) *dan-* et suff. intensif gaul. « le fort cours d'eau » ou rac. indo-eur. hydronym. *rod-* et suff. lat. *-anus* ♦ Fl. de France et de Suisse. 812 km (290 km en Suisse, dont 72 km à travers le lac Léman) ; le plus puissant des fleuves français et le plus important des fleuves européens tributaires de la Méditerranée (son delta limite le golfe du Lion à l'O.). **▮ De la source au lac Léman** Il naît du *glacier du Rhône*, à 1 850 m d'alt. env., à l'extrémité E. du canton du Valais, près du col de la Furka. Il coule entre les massifs du Saint-Gothard et de l'Aar, prend une direction S.-O. jusqu'à Martigny où il reçoit la Drance (rive g.), après être passé à Brigue et à Sion où il a déjà été alimenté par de nombreux torrents de montagne ; puis il s'oriente vers le N.-E. jusqu'au lac Léman, après avoir arrosé Saint-Maurice. Depuis sa source jusqu'au lac Léman, le Rhône est une rivière alpine ; sa vallée forme une artère que suivent les réseaux routier et ferré (→ **Lötschberg [chemin de fer du]**). **▮ De Genève à Lyon** À sa sortie du lac, le fleuve arrose Genève ; après avoir reçu l'Arve (rive g.) venue des glaciers de la chaîne du Mont-Blanc, il entre en France à env. 19 km de Genève. Entre le lac et sa confluence avec l'Ain, le Rhône franchit transversalement les plissements du Jura méridional par une série de méandres formant des gorges étroites ou *cluses ;* à Bellegarde, il reçoit la Valserine (rive d.), puis s'oriente vers le S. ; à Génissiat, le barrage forme un lac étroit ; en aval de Seyssel, le Rhône reçoit le Fier (rive g.) ; il est relié aux eaux du lac du Bourget par le court canal de Savières. Le fleuve continue à couler vers le S. jusqu'à sa confluence avec le Guiers (rive g.) venu des montagnes de la Grande-Chartreuse ; de là, il suit l'éperon S. du Jura en direction du N.-O. (→ **Bugey**) puis forme une courbe, peu avant sa confluence avec l'Ain (rive d.) et la Bourbre (rive g.), et s'oriente vers l'O. jusqu'à Lyon, où il reçoit son princ. affl. la Saône (rive d.). Celle-ci est la véritable continuation du haut Rhône, à la fois d'un point de vue géographique et économique ; c'est par le moyen de canaux sur son cours que le Rhône communique avec les bassins de la Loire, de la Seine, du Rhin et de la Moselle. **▮ De Lyon à Arles** À partir de Lyon, le fleuve s'oriente vers le S., passant entre le Massif central et les Préalpes françaises. → **rhodanien (Sillon)**. Le fleuve coule alternativement à travers des gorges étroites et des bassins ouverts. Il reçoit le Gier (rive d.), arrose Vienne, Tain-l'Hermitage et Tournon, reçoit l'Isère (rive g.), passe à Valence et reçoit la Drôme (rive g.), coule à Montélimar ; un canal parallèle de 27 km, de Donzère, en aval de Viviers, au S. de la plaine de Montélimar, jusqu'à Mondragon, près de Pont-Saint-Esprit, facilite la navigation (station hydroélectrique près de Bollène) ; le Rhône a reçu l'Ardèche (rive d.), puis la Cèze (→ **Marcoule [Établissement de]**) avant de pénétrer dans le Comtat* venaissin ; il arrose Avignon après avoir reçu la Sorgue (rive g.) ; puis il reçoit la Durance (rive g.) et le Gard (rive d.), passe à Tarascon et à Beaucaire (d'où part le canal du Rhône à Sète). **▮ Le delta** C'est à Arles que débute le delta ; le fleuve se divise alors en deux bras : le *Grand Rhône*, qui coule entre la Camargue à l'O. et la Crau à l'E., en direction du S.-E., se jette dans la Méditerranée à Port-Saint-Louis-du-Rhône ; le *Petit Rhône*, qui coule en direction du S.-O., s'y jette aux Saintes-Maries-de-la-Mer. La Camargue*, entre les deux bras du Rhône, forme à proprement parler le delta du Rhône. Plusieurs canaux, construits au voisinage d'Arles, joignaient le Rhône à Marseille et à Port-de-Bouc. La Compagnie d'aménagement de la région du Bas-Rhône-Languedoc a construit un réseau de canaux d'irrigation permettant la distribution d'eau à la Costière et aux plaines languedociennes (→ **Languedoc-Roussillon, Fourques**). L'alluvionnement du delta progresse surtout le long de la branche E., mais est réduit par les travaux de régularisation du fleuve. **▮ Les ouvrages** Les ouvrages essentiels ont été réalisés par la Compagnie nationale du Rhône (production électrique et mise en valeur par irrigation) sur le

**Rhône.** Le fleuve à sa source. *Phot. © R. Estall/Corbis*

tronçon moyen du fleuve, entre Lyon et Avignon. **▮ Le régime** Le Rhône a un régime complexe et contrasté ; son cours supérieur est de type nivo-glaciaire ; la Saône vient renforcer son débit en hiver et le soutient en été, tandis que les affluents alpins, dont l'Isère, renouvellent l'influence nivo-glaciaire ; puis le fleuve accueille les torrents méditerranéens qui modifient son régime (→ **Ardèche, Gard, Durance**) ; à Beaucaire le débit moyen est de 1 820 $m^3/s$. (max. de mai : 2 185 $m^3/s$.). Le phénomène des crues n'a pas été totalement maîtrisé malgré d'importants travaux réalisés pour domestiquer le fleuve : en témoignent les inondations de l'automne 1993. ♦ ***Côtes du Rhône*** Coteaux de la vallée du Rhône au S. de Lyon, portant un vignoble qui produit des vins rouges, rosés et blancs, chauds et généreux, dont l'appellation d'origine contrôlée est *côtes-du-rhône*. → **Côte-Rôtie, Condrieu, Tain-l'Hermitage, Saint-Péray, Châteauneuf-du-Pape, Tavel.**

**RHÔNE [69]** n. m. ◆ ÉTYM. du n. du fl. ♦ Dép. du S.-E. de la France, région Rhône-Alpes. 3 249 $km^2$. 1 578 869 hab. CH.-L. : Lyon. CH.-L. D'ARR. : Villefranche-sur-Saône. Cour d'appel : Lyon. Académie : Lyon. → **Rhône-Alpes.**

**RHÔNE-ALPES** ♦ Région administrative du S.-E. de la France, comptant 8 dép. : Ain, Ardèche, Drôme, Isère, Loire, Rhône, Savoie, Haute-Savoie. 43 698 $km^2$ (8 % du territoire, 2$^e$ rang). 5 645 407 hab. *(Rhônalpins)* (9,7 %, 2$^e$ rang). 9,7 % du PIB (2$^e$ rang). CH.-L. : Lyon*. La région associe à la Savoie et au Lyonnais des fractions de la Bourgogne, du Dauphiné, du Languedoc et de la Provence.

**▮ GÉOGRAPHIE** Située à cheval sur la partie orientale du Massif central, le Jura méridional et les Alpes du Nord, la région est aérée par un ensemble de dépressions longitudinales (plaine de la Loire, Sillon rhodanien, Grésivaudan, combe de Savoie) et transversales (cluses préalpines, Tarentaise, Maurienne, Champsaur). La montagne en occupe la majeure partie, avec une grande diversité de formes et d'altitudes. De part et d'autre du couloir central (169 m à Lyon), tour à tour très ouvert (Bresse, bas Dauphiné) ou très encaissé (défilés de Tournon, de Donzère), s'opposent, à l'O., le socle cristallin dissymétrique, soulevé et disloqué par la poussée alpine, bordé de coteaux abrités, allant du Beaujolais (1 000 m) au Lyonnais et au Vivarais (1 400 m), et à l'E. les hautes falaises calcaires des Préalpes plissées dont les petits massifs, bien individualisés, se succèdent du Léman à la Drôme : Chablais, Bornes, Bauges, Chartreuse (2 082 m) et Vercors (2 341 m) que séparent l'Arve, les lacs d'Annecy et du Bourget, l'Isère, voies de passage du Rhône au sillon alpin. Au-delà, la haute montagne (masse cristalline et nappes de charriage) projette ses dômes et ses aiguilles du massif du Mont-Blanc (4 810 m), qui offre sept sommets dépassant 4 000 m, aux Grandes-Rousses (3 464 m), au Pelvoux (4 102 m aux Écrins) et à la Vanoise (3 855 m). De multiples vallées et bassins, nés des effets conjugués de l'érosion et de la glaciation quaternaire, rendent la montagne aisément pénétrable. Plus chaud et plus ensoleillé sur les adrets, le climat y favorise la vie et les cultures, tandis que les pluies sont souvent interceptées par l'écran des Préalpes, recouvertes d'un somptueux manteau forestier (Chartreuse). Si l'hiver est froid, l'été peut être très chaud dans les fonds (en particulier à Lyon et Grenoble). Le régime pluviométrique est de plus en plus méditerranéen vers le S. : dès Valence, le paysage prend une teinte méridionale.

**▮ ÉCONOMIE** C'est l'axe rhodanien, avec le carrefour lyonnais, qui favorisa l'essor de la région, surtout à partir du XV$^e$ s. À Lyon, l'importance des échanges, notamment avec l'Italie, alliée à la puissance commerciale et financière, stimulèrent l'industrie (soieries) qui se diffusa dans toute la région (manufactures, travail à domicile, culture du ver à soie). La ville, qui comptait 116 000 hab. en 1762, n'a cessé de se développer en adaptant et en diversifiant sa production industrielle (1 220 222 hab. en 1975, 1 349 000 en 1999). C'est encore l'industrie qui contribua à l'essor de Saint-Étienne au XIX$^e$ s. (métallurgie, textiles, chemin de fer en 1827) et à celui de Grenoble, en particulier grâce à la « houille blanche » (hydroélectricité). Ces trois pôles urbains expliquent le poids et la croissance démographiques de la région, qui a

Rhône-Alpes.

profité d'une immigration de jeunes actifs, en même temps qu'elle a su, mieux que d'autres, retenir sa population. Ce sont les dép. de la moitié orientale qui assurent l'essentiel de la croissance récente (1982 - 1999 : 15 % en Savoie, 16,4 % en Isère, 23 % dans l'Ain et 27,6 % en Haute-Savoie). **Agriculture** Elle reflète la diversité des milieux naturels, tout en ayant une production également répartie entre élevage et cultures (respectivement 51 et 49 % de la prod.) : 1 million de bovins (8e rang) et 16 millions d'hl de lait collectés (4e) sont surtout les atouts de l'Ain, des Alpes et du Rhône. Le S. se consacre davantage à l'élevage porcin et ovin, et aux cultures fruitières (Drôme, Ardèche), tandis que la Bresse s'enorgueillit de ses célèbres volailles. Les céréales (maïs : 1 100 000 t, 6e rang) sont cultivées dans l'Ain et sur la rive g. du fleuve. Les vignobles du Beaujolais* et des Côtes du Rhône produisent env. 2,5 millions d'hl par an (6e rang). Toutefois, avec 1,2 % du PIB régional et seulement 2,4 % de l'emploi (France : 2 %), l'agriculture est en recul et n'assure aux exploitants qu'un revenu inférieur d'un quart à la moyenne nationale. Le problème de l'abandon agricole progressif des zones de montagne se pose ici avec une acuité toute particulière. **Industrie** Disposant du deuxième potentiel économique national (derrière l'Île-de-France), la région connaît une production industrielle depuis longtemps très diversifiée. Le secteur, qui représente 26 % de l'emploi régional (France : 20 %), bénéficie à la source de la production d'énergie électrique (28 TWh, 1er rang, 40 % de la production nationale) pour l'électrométallurgie (Drôme, Savoie), l'aluminium et les aciéries. S'y ajoute un large éventail d'industries de transformation telles que la mécanique qui, forte de 80 000 salariés (2007), occupe le 1er rang national (Loire, Rhône, Isère) avec les machines-outils, les constructions métalliques, les véhicules industriels (Renault à Vénissieux) ; l'industrie électrique et électronique est au 1er rang avec près de 40 000 salariés (Isère et Drôme), puis viennent la chimie (électrochimie alpine, pétrochimie au S. de Lyon et chimie de synthèse à Lyon avec la pharmacie [Pasteur Mérieux], la photographie et les colorants, les matières plastiques dans la région d'Oyonnax). Avec difficulté, les activités liées au cuir et à la chaussure se maintiennent cependant dans la Drôme (Romans) et l'Ardèche. Le secteur de la construction est représenté par de nombreuses PME (150 000 emplois). **Activités tertiaires** Ce secteur, également très développé (72 % de l'emploi), est plutôt tourné vers les fonctions de services aux entreprises et le transit. Le secteur de la banque reste solidement implanté à Lyon, qui s'affirme également, avec ses 3 universités, comme un pôle universitaire important, auquel s'ajoutent ceux de Grenoble (3 univ.), de Saint-Étienne et de Chambéry (160 000 étudiants au total). Le tourisme est devenu une activité importante. L'essor de l'alpinisme et surtout celui du «tourisme blanc» lié aux sports d'hiver, solidement implanté, permet le développement de la haute montagne alpine autrefois défavorisée. Le succès des jeux Olympiques d'Albertville (fév. 1992) n'a pu toutefois masquer les risques que font courir aux stations de moyenne montagne des aléas climatiques imprévisibles (déficit en neige), malgré l'apport d'activités liées aux vacances et aux loisirs (randonnées, gîtes, villages de vacances, etc.). Le patrimoine culturel comprend de nombreux vestiges de l'époque gallo-romaine (à Lyon, capitale de la Gaule romaine, à Vienne), des églises romanes et gothiques et d'imposants châteaux, tandis que la pérennité des itinéraires transalpins a laissé des témoignages intéressants dans l'architecture urbaine régionale. L'époque contemporaine y a ajouté des stations d'altitude audacieuses (Avoriaz, Les Arcs) et des édifices religieux bâtis ou décorés par des artistes de renom (plateau d'Assy). La gastronomie est un des fleurons de la région : liqueur des moines de la Grande-Chartreuse, nougat de Montélimar, quenelles et saucissons de Lyon, nombreux fromages (beaufort, comté, saint-marcellin, reblochon), volailles de Bresse, poissons de la Dombes et des lacs de montagne, viandes du Charolais, fruits de la vallée du Rhône, vins du Maconnais, du Beaujolais, de Savoie et des Côtes du Rhône (Côte Rôtie, Hermitage). À la suite des «mères» qui firent la renommée de Lyon, la région rassemble le plus grand nombre de restaurants réputés : à Mionnay, Vonnas, Valence, Vienne, Roanne et Collonges-au-Mont-d'Or. **Communications** Traversée par le courant de trafic le plus important du pays, la région bénéficie de plusieurs carrefours situés sur l'axe méridien Méditerranée-mer du Nord et les transversales vers la Suisse et l'Italie. Les infrastructures de transport y sont particulièrement développées ; le réseau autoroutier dense (plus de 1 000 km) permet des liaisons rapides et faciles entre les grandes villes de la région, ainsi qu'avec les autres régions françaises (Bourgogne, Auvergne, Languedoc-Roussillon et Provence-Alpes-Côte d'Azur) et les pays voisins (tunnels). Le réseau TGV, inauguré en 1981 entre Paris et Lyon, dessert désormais toute la région. Les équipements autoroutiers et ferroviaires sont désormais saturés. L'aéroport international de Lyon-Satolas (plus de 6,7 millions de passagers en 2006 et 40 000 t de fret) est le 5e de France par son trafic ; associé à ceux de Grenoble et de Saint-Étienne, il permet une bonne desserte de la région. ▪ Malgré un relief contraignant, le réseau urbain est un des plus réguliers de France. La capitale régionale, Lyon, domine le réseau et s'élève même au niveau des grandes métropoles européennes, tandis que Grenoble et Saint-Étienne constituent l'échelon immédiatement inférieur. Les autres grandes villes de ce réseau sont des carrefours secondaires, comme Valence, Chambéry, Annecy et Annemasse, dont le développement récent est lié à celui de l'aggl. genevoise. Enfin, un nombre important de villes moyennes, possédant souvent quelque industrie ou activité spécifique, sont aussi des centres de services pour les populations locales : Bourg-en-Bresse, Aubenas, Romans, Montélimar, Vienne, Roanne, Villefranche-sur-Saône, Albertville, Aix-les-Bains, Cluses et Thonon.

**Rhône au Rhin** (canal du) ♦ Canal de 320 km qui fait communiquer les deux fleuves. Creusé de 1784 à 1833, il commence à Saint-Symphorien, en amont de Saint-Jean-de-Losne, sur la Saône, rejoint le Doubs, traverse alors Dole, Besançon, Montbéliard, atteint l'Ill qu'il abandonne à Mulhouse pour arroser la terrasse située entre l'Ill et le Rhin ; il se termine à Strasbourg. Coupé de nombreuses écluses, trop petit pour la navigation moderne, il est peu utilisé.

**RHUMMEL** ou **RHUMEL** (oued) ♦ Fl. d'Algérie qui draine les plaines constantinoises, traverse les monts de Constantine par une série de gorges, puis s'oriente vers la Méditerranée où il se jette sur la côte de Kabylie sous le nom d'oued el-Kébir.

**RHUNE** n. f. → ÉTYM. anc. *Larhune*, du basque *lar, larr* «pâturage» ♦ Massif des Pyrénées-Atlantiques dans le Pays basque à la frontière espagnole, 905 mètres. Chemin de fer à crémaillère.

**RHUYS** [ʀɥis] ♦ Presqu'île fermant presque entièrement au S. le golfe du Morbihan. → **Arzon, Port-Navalo, Sarzeau, Saint-Gildas-de-Rhuys.**

**RHYL** ♦ V. du pays de Galles (Denbighshire), à l'embouchure de la Clwyd. 53 000 hab. Station balnéaire.

**RHYS (Ella Gwendoleen REES WILLIAMS, dite Jean)** ♦ Romancière britannique créole (Roseau 1894 - Exeter, Devon 1979). Originaire de la Dominique, elle devint célèbre avant la Deuxième Guerre mondiale avec ses nouvelles où s'exprime avec délicatesse et sensibilité un féminisme individualiste et cosmopolite : *Rive gauche* (1927), *Voyage dans les ténèbres* (1934) et surtout *Postures* (1928), recueil plus connu sous son titre américain *Quartet*. Peut-être affectée par le relatif échec de *Bonjour minuit* (1939), elle cessa d'écrire, tomba dans l'oubli pendant vingt ans, et fut brusquement redécouverte en 1966 grâce au succès de *La Prisonnière des Sargasses*, un roman où elle développe la vie d'un personnage secondaire de Charlotte Brontë*. Revenant à la nouvelle, elle publia *Les tigres sont plus beaux à voir* (1968) et *Il ne faut pas tirer les oiseaux au repos* (*Sleep It Off, Lady*, 1976).

**RIAD** → **Riyad**

**Rialto** (pont du) ♦ Pont de Venise sur le Grand Canal. Construit au XVIe s., il est formé d'une seule arche en marbre qui réunit deux des îles qui composent la ville.

**RIANTEC** [56670] ♦ Comm. du Morbihan, arr. de Lorient, sur la «petite mer» de Gâvres. 4 765 hab. *(Riantécois)*. Chapelle de la Trinité (XVIe s.). ▪ Station balnéaire.

**RIARIO (Pietro)** ♦ Prélat italien (mort en 1474). Neveu de Sixte IV, il fut archevêque de Florence. Il acheta la ville d'Imola qu'il donna à son frère. ♦ **Girolamo Riario.** Homme politique italien (Savone v. 1443 - Forli 1488). Frère du précédent. Il fut un des instigateurs de la conjuration des Pazzi* (1478). Il prit Forli à Hercule Ier, duc de Ferrare (1480). Il mourut assassiné.

**RIAU** – anc. **Riouw** ♦ Région d'Indonésie, comprenant l'archipel du même nom dans le détroit de Singapour et une partie de l'île de Sumatra. Elle forme 2 prov. (Kepulauan Riau : 21 992 km². 1 598 526 hab. CAP. : Tanjungpinang ; Riau : 94 562 km². 4 948 000 hab. CAP. : Pekanbaru). L'île de Batam (Kepulauan Riau), déclarée zone franche en 1973, est devenue un centre indus. (électronique) où un nombre croissant d'entreprises singapouriennes ont été délocalisées. Un «Triangle de Croissance» (IMS-GT, Indonesia-Malaysia-Singapore-Growth Triangle) a été établi depuis entre Singapour, l'État de Johor et la prov. de Riau. Pétrole, gaz naturel, bauxite, coprah, hévéa, pêche.

**RIAZAN** → ÉTYM. p.-ê. de *Erzian*, n. d'une tribu mordve du Xe s. ♦ V. de Russie, ch.-l. de région, sur l'Oka. 521 700 hab. Centre culturel. Kremlin renfermant trois monastères : église des Archanges (XVIe s.) ; église de la Dormition (XVIIe - XVIIIe s.), de style baroque ; église du monastère Spasski (XVIII e s.). Musées. ▪ Indus. mécanique (machines agricoles, machines-outils), chimique et alimentaire. Fabrication de chaussures. Traitement du bois. Nœud ferroviaire. **Histoire** Fondée vers 1100 par le prince Iaroslav Sviatoslavitch, la ville *(Pereslav)* devint le centre d'une principauté indépendante. En 1237, elle fut détruite par les Tatars. Aujourd'hui, sur le site de Pereslav se trouve le village de *Staraïa Riazan* («Riazan le vieux»). Au XIVe s., fut créée une place forte, puis une nouvelle ville, à une cinquantaine de kilomètres, nommée *Pereslav Riazanski*. Siège d'une principauté, elle fut annexée par l'État moscovite en 1521.

**RIBALTA (Francisco)** ♦ Peintre espagnol (Solsona 1565 - Valence 1628). Sa formation est mal connue ; il travailla à Madrid de 1582 à 1597 et l'on suppose qu'il voyagea en Italie. Il travailla ensuite à Valence où il fut protégé par l'archevêque Juan de Ribera. Peintre religieux, il peignit plusieurs œuvres pour l'église du collège du Patriarca, les quarante-deux tableaux du retable de l'église d'Algemesi (1603 - 1610), décora en 1620 le couvent des Capucins à Valence *(Vision de saint François d'Assise)* et de 1622 à 1627 la chartreuse de Portacoeli *(Saint Bruno)*. Il subit diverses influences d'origine italienne et exploita dans un sens personnel un clair-obscur où jouent de violents contrastes d'ombres et de lumière, issu de Sebastiano* del Piombo plus que du Caravage*. La nature grave et mystique de son inspiration, l'ampleur des formes, les volumes en fort relief, la force expressive des visages et l'observation réaliste dans son œuvre ont influencé la peinture religieuse ibérique du XVIIe s. → ÉTYM. Ce nom catalan signifie «la rive *(riba)* haute *(alta)*».

**RIBATEJO** → ÉTYM. port. «rive du Tage» ♦ Anc. prov. portugaise correspondant à la dépression de la vallée inférieure du Tage entre le delta et Abrantes (région de Lisbonne et Vallée du Tage). V. PRINC. :

Santarém. C'est une région agricole (vignoble), faisant la transition entre le N. où prédomine l'agriculture familiale et les grands domaines à main-d'œuvre salariée du Sud.

**RIBAULT** ou **RIBAUT (Jean)** ♦ Navigateur et colonisateur français (Dieppe v. 1520 - Caroline, Floride 1565). Chargé par Coligny de fonder sur la côte orientale de l'Amérique du Nord une colonie pour les protestants, il gagna la Floride en 1562. De retour en France en 1563, il repartit en 1565 et rejoignit R. de Laudonnière* ; mais il fut tué lors de l'attaque des Espagnols, commandés par Menéndez Avilés. Il fut vengé par D. de Gourgues*.

**RIBBENTROP (Joachim VON)** ♦ Homme politique allemand (Wesel 1893 - Nuremberg 1946). Officier pendant la Première Guerre mondiale, il devint négociant en vins ; son mariage avec la fille du propriétaire du célèbre vin mousseux Henkell lui assura fortune et relations, ce qui, après son inscription tardive au parti nazi en 1932, lui valut la considération d'Hitler. Ayant dirigé le *bureau Ribbentrop,* sorte de service de renseignements, il fut nommé ambassadeur à Londres (août 1936) ; son attitude intransigeante lui valut l'hostilité des Britanniques. Il conserva la même attitude lorsqu'il remplaça von Neurath aux Affaires étrangères (1938 - 1945). Jouant un rôle déterminant dans l'expansion de l'Allemagne, il persuada Hitler que les Britanniques n'entreraient pas en conflit : il fut ainsi l'un des responsables du déclenchement de la Deuxième Guerre mondiale. C'est lui qui obtint la signature du pacte germano-soviétique (23 août 1939). Il fut condamné à mort par le tribunal de Nuremberg et exécuté. ➔ ÉTYM. Ce nom de famille vient de *Ribbrachtingdorp* (nom de lieu dans la Lippe) qui signifie «village des gens de Ribbracht (nom de personne, du germanique *rik* "puissant" et *berht* "célèbre")».

**RIBEAUVILLÉ** [-vile] [68150] ➔ ÉTYM. «domaine (bas lat. *villare*) de Ratbald (n. de pers. germ., de *rat* "conseil" et *bald* "audacieux")» ♦ Ch.-l. d'arr. du Haut-Rhin, sur le Strengbach. 4 929 hab. *(Ribeauvillois).* Église Saint-Grégoire-le-Grand des XIIIe - XVe s. (portail ouest). Tour des Bouchers (XIIIe et XVIe s.). Hôtel de ville du XVIIe s. (petit musée). Maisons des XVIe - XVIIe s. ▪ Viticulture (riesling). Électronique. Imprimerie. ▪ Aux environs, châteaux de Saint-Ulrich, du Haut-Ribeaupierre et de Girsberg.

**RIBÉCOURT-DRESLINCOURT** [60170] ➔ ÉTYM. *Ribécourt :* «domaine (bas lat. *curtis*) de Robert (germ. *Ricberht*)» ♦ Ch.-l. de cant. de l'Oise, arr. de Compiègne. 3 952 hab. (aggl. 5 922) *(Ribécourtois-Dreslincourtois).* Indus. chimique. Céramique. Mécanique. Engrais.

**RIBEIRÃO PRETO** ♦ V. du Brésil (État de São Paulo). 503 000 hab. La ville est située au centre d'une riche région agricole (canne à sucre, oranges). Indus. agroalimentaires.

**RIBEIRO (Bernardim)** ♦ Poète bucolique portugais (1500 - 1552). Il est l'auteur d'églogues et d'un roman pastoral remarquable, *Menina e moça* («Jeune fille et vierge»). Sa poésie, sensible et mystérieuse, exprime la *saudade* («nostalgie») portugaise. ➔ ÉTYM. Ce nom portugais signifie «riverain».

**RIBEMONT-DESSAIGNES (Georges)** ♦ Écrivain français (Montpellier 1884 - Saint-Jeannet 1974). Auteur dramatique (*L'Empereur de Chine,* 1916 ; *Le Bourreau du Pérou,* 1928 ; *Faust,* 1931), romancier (*L'Autruche aux yeux clos,* 1924 ; *Céleste Ugolin,* 1928 ; *Frontières humaines,* 1929 ; *Smeterling,* 1945 ; *Le Temps des catastrophes,* 1947) et poète (*Ombres,* 1942 ; *Ecce Homo,* 1945 ; *La Nuit, La Faim,* 1960), il a élaboré une œuvre qui, dans chaque domaine, est à la fois une négation par l'absurde et le sarcasme de la réalité du monde et une interrogation pathétique sur le mystère indéchiffrable de l'univers. Il a participé au mouvement Dada* mais s'est tenu à l'écart du surréalisme et s'est définitivement séparé de Breton en collaborant à la revue *Le Grand Jeu* et en dirigeant *Bifur* de 1929 à 1931. Il a par ailleurs traduit les poésies de Nietzsche.

**RIBERA (José** ou **Jusepe DE)** dit en it. **lo Spagnoletto** ♦ Peintre et graveur espagnol (Játiva 1591 - Naples 1652). Probablement élève de Ribalta* à Valence, il poursuivit sa formation à Rome (entre 1613 et 1616) et fut surtout impressionné par les œuvres du Caravage et de ses disciples. Il se rendit ensuite à Naples, alors possession espagnole, où il fut protégé notamment par le duc d'Osuna et devint la figure majeure du milieu artistique napolitain. Peignant d'abord dans une gamme de coloris sombres et denses, avec une touche épaisse, il établit souvent ses compositions suivant une ample diagonale et en détachant puissamment les volumes sur les fonds sombres. Il représenta des scènes de martyres d'une veine réaliste et cruelle, ainsi que des figures isolées de saints, d'anachorètes ou de philosophes, en prenant comme modèles des gens frustes et misérables (*Ésope ; Archimède,* 1630 ; Retable de la collégiale d'Osuna, 1616 - 1620 ; *Le Martyre de saint Philippe,* autrefois interprété comme *Martyre de saint Barthélemy,* 1630 ou 1639). Vers 1635 - 1639, il évolua vers une manière plus claire et vive, où dominent les tonalités chaudes, et il adopta une touche plus fluide et plus transparente *(Immaculée Conception).* Peut-être sous l'influence des Bolonais, notamment de Guido Reni, il réalisa des compositions plus souples et apaisées, tout en restant attaché à une expression mystique et dramatique et en conservant son goût pour les détails vrais, sa curiosité envers le monstrueux ou le grotesque *(Femme à barbe des Abruzzes).* Son œuvre attesta ensuite des recherches dans diverses directions ; ainsi, il accorda au paysage une place plus importante, recourant parfois à des tons plus amortis et vibrants. À la fin de sa vie, il donna souvent des compositions d'une ampleur monumentale (*Le Songe de Jacob,* 1639 ; *L'Adoration des*

José de **Ribera.** *Le martyre de saint Philippe* (2,34 x 2,34 m), 1639. Musée du Prado, Madrid. *BIS/Phot. © Coll. Archives Larbor*

*mages ; La Communion des Apôtres,* 1651). S'il traita surtout des thèmes religieux, il exécuta aussi des œuvres mythologiques *(Vénus et Adonis),* des portraits et des types populaires (*Le Pied* bot,* 1642) qui exercèrent une notable influence sur les artistes espagnols. De son vivant, il jouit d'une réputation européenne. Il fut de nouveau très admiré à l'époque romantique, où l'on vit volontiers en lui un peintre maudit.

**RIBERA (Pedro DE)** ♦ Architecte et décorateur espagnol (Madrid 1683 - *id.* 1742). Il fut à Madrid le principal représentant de l'art churrigueresque (➝ **Churriguera**), tendance spécifiquement espagnole du style baroque. Passant d'abord par une phase exubérante, il fit des modèles de catafalques *(túmulos)* construits en bois, toile et carton, où la profusion ornementale semble dissoudre la structure (túmulos de Louis XIV, 1716 ; de Louis Ier d'Espagne, 1724). Ce goût du décor plein de fantaisie et en fort relief se retrouve dans plusieurs portails d'édifices et contraste avec la nudité des murs (hospice San Fernando, 1722 - 1726 ; palais Miraflorès). Il est aussi l'auteur de l'élégant ermita de la Virgen del puerto, 1718, du pont de Tolède, 1719 - 1735, de la fontaine de la Puerta del Sol. Bien qu'il fût *maestro mayor* de Madrid depuis 1726, le roi et la reine lui préférèrent Juvara pour la reconstruction du palais royal.

**RIBÉRAC** [24600] ➔ ÉTYM. de l'occit. *ribièra* «terrain bordant un cours d'eau» ♦ Ch.-l. de cant. de la Dordogne, arr. de Périgueux, sur la Dronne. 4 000 hab. (aggl. 4 654) *(Ribéracois).* Église romane.

**RIBOT (Théodule)** ♦ Philosophe et psychologue français (Guingamp 1839 - Paris 1916). Il fut un des premiers à vouloir faire de la psychologie une science indépendante de la métaphysique, objective, expérimentale et fondée sur la biologie. Reprenant la conception hiérarchique neurophysiologique de J. H. Jackson*, il en fit la base d'une théorie psychophysiologique de la personnalité. Il montra que la dissolution des fonctions psychiques va du supérieur (complexe) à l'inférieur (simple), permettant ainsi de mettre en évidence leur structure hiérarchique normale (*Les Maladies de la mémoire,* 1881 ; *Les Maladies de la volonté,* 1883 ; *Les Maladies de la personnalité,* 1885 ; *Psychologie de l'attention,* 1888). Il fut directeur de la *Revue philosophique.* ➔ ÉTYM. *Ribot* est une autre forme de *Ribaud* «débauché, vagabond», de l'ancien français *riber* «folâtrer».

**RIBOT (Alexandre)** ♦ Homme politique français (Saint-Omer 1842 - Paris 1923). Avocat, directeur des affaires criminelles au ministère de la Justice (1875), il fut élu à la Chambre des députés comme républicain modéré (centre gauche, 1878 - 1885). Il prépara l'alliance franco-russe comme ministre des Affaires étrangères (1890 - 1893). Président du Conseil (déc. 1892-mars 1893), il dut se retirer avec son cabinet à l'occasion du scandale de l'affaire de Panamá*. Rappelé à la tête du gouvernement (avec le portefeuille des Finances, janv.-déc. 1895), il contribua (avec Hanotaux, ministre des Affaires étrangères) à faire de Madagascar une colonie française et à poser les bases d'un rapprochement avec l'Allemagne. Sénateur (1909), ministre des Finances (1914 - 1917), il fut nommé à la présidence du Conseil à une période particulièrement critique de la Première Guerre mondiale (mars-sept. 1917), fit remplacer Nivelle par Pétain, s'opposa à la rencontre de Briand avec des représentants allemands en Suisse, mais dut démissionner avec son cabinet après les accusations de défaitisme portées contre le ministre de l'Intérieur, Malvy. Il abandonna la politique après avoir assumé le portefeuille des Affaires étrangères dans le cabinet Painlevé (sept.-nov. 1917). [Acad. fr. 1906]

**RIBOUD (Marc)** ♦ Photographe français (Lyon 1923). Influencé par Cartier*-Bresson, Capa*et Chim, il devint membre en 1953 (et président en 1975) de l'agence Magnum et parcourut le monde, de la Chine aux pays arabes, du Viêtnam aux États-Unis ; il en rapporta des images sensibles et émouvantes, au cadrage rigoureux, privilégiant dans son travail les rencontres avec les gens plutôt qu'une recherche purement esthétique. Il est l'auteur de quelques photos emblématiques de notre époque («Peintre de la tour Eiffel», 1953 ; «Marche pour la paix au Vietnam», 1967). Il a également publié des livres : *Femmes du Japon* (1951), *Visages du Vietnam du Nord* (1970), *Vues de Chine* (1981), *Gares et trains* (1983), *Angkor : la sérénité du bouddhisme* (1992), *Demain Shanghaï* (2003).

**RICAMARIE (LA)** [42150] ➝ ÉTYM. anc. *Recameri* «la maison de Récamier (n. de pers.)» (suff. franco-prov. *-eri*) ♦ Comm. de la Loire, arr. de Saint-Étienne, sur l'Ondaine. 8 438 hab. *(Ricamandois)*.

**RICARDO (David)** ♦ Financier et économiste britannique (Londres 1772 - Gatcomb Park, Gloucestershire 1823). Courtier à la Bourse de Londres, il fit rapidement fortune. Théoricien du capitalisme libéral, il sut en dégager les principes plus systématiquement que A. Smith* dont il ne partageait pas l'optimisme. À partir des travaux de Malthus*, il établit la loi de la rente foncière différentielle (excédent de profit réalisé dans les exploitations où les conditions de production sont les plus favorables), conséquence de l'accroissement de la population qui entraîne un renchérissement du prix des subsistances, provoquant ainsi une augmentation du revenu des propriétaires fonciers et un appauvrissement des autres catégories de la population. À cette loi (qui prépare la théorie de la plus-value de Marx) se rattache la théorie de la «valeur-travail» (détermination de la valeur des marchandises à partir du coût de leur production) et du «salaire naturel» (minimum nécessaire pour assurer la survie de l'ouvrier et de sa famille). Partisan du libéralisme économique, Ricardo considère que le libre-échange permet aux différents pays de profiter des avantages d'une «division internationale du travail». Ses travaux sur l'impôt furent à la base de nombreuses tentatives de réformes fiscales. Son influence fut importante, tant sur les théoriciens du néolibéralisme que sur ceux du socialisme scientifique (*Principes d'économie politique*, 1817).

**RICARDOU (Jean)** ♦ Écrivain français (Cannes 1932). Profondément concerné par les recherches du Nouveau* Roman sur lesquelles il a donné deux ouvrages de critique (*Problèmes du Nouveau Roman*, 1967 ; *Pour une théorie du Nouveau Roman*, 1971), il a très nettement pris le parti de la description dans son roman *L'Observatoire de Cannes* (1961), où le texte devient moins «l'écriture d'une aventure que l'aventure d'une écriture», avant de poursuivre cette exploration d'un langage qui engendre l'histoire avec *La Prise de Constantinople* (1965), *Les Lieux-dits* (1969) et *Révolutions minuscules* (1971). ➝ ÉTYM. *Ricardou* vient de *Richard**.

**RICASOLI (Bettino)** ♦ Homme politique italien (Florence 1809 - Brolio, Sienne 1880). Noble toscan, propriétaire du cru de Brolio (chianti), chef du gouvernement provisoire en 1859, il contribua à la réunion de la Toscane au Piémont. Président du Conseil (1861 - 1862, 1866 - 1867), il signa avec l'Autriche la paix de Vienne (1866), qui donnait la Vénétie à l'Italie. Mais l'opposition des députés laïcs et démocrates, lassés par son autoritarisme, le contraignit à démissionner (1867).

**RICCI (Matteo)** ♦ Jésuite italien (Macerata 1552 - Pékin 1610). Il fut l'un des premiers missionnaires à pénétrer en Chine en 1583 (région de Guangdong). Fortement impressionné par la brillante civilisation qu'il y rencontra, il pratiqua une évangélisation progressive (études de la culture traditionnelle et assimilation des coutumes locales), jetant les bases de la mission catholique de Chine et devenant le premier «sinologue» (nom chinois : Li Matou). Son attitude conciliante à l'égard des honneurs rendus par les fidèles à Confucius et aux ancêtres fut après sa mort à l'origine de la querelle des Rites* chinois. Outre des ouvrages de théologie (*Véritable doctrine du maître du ciel* [*Tianzhu shiyi*, 1595]) ou de philosophie (*De l'amitié* [*Jiaoyoulun*, 1597]), il est l'auteur, avec la collaboration de lettrés chinois convertis (➝ **Xu Guangqi**), de nombreuses traductions d'ouvrages scientifiques, de cartes géographiques et de sphères célestes ou terrestres. ➝ ÉTYM. *Ricci* vient de l'italien *ricco* «riche» ou *riccio* «qui a les cheveux frisés» ou est l'hypocoristique d'un nom composé avec *-rico* (du germanique *rik* «puissant»), comme *Enrico* ou *Federico*.

**RICCI (Sebastiano)** ♦ Peintre, dessinateur et décorateur italien (Belluno 1659 - Venise 1734). Il voyagea beaucoup à travers l'Italie, travailla aussi à Londres (1712), en Autriche au château de Schönbrunn et fut nommé membre de l'Académie royale de peinture à Paris (1716). En 1717, il se fixa définitivement à Venise. Auteur de paysages, de retables, il fut surtout un habile décorateur dont l'art éclectique reflète diverses influences : Véronèse*, les Carrache*, G. Reni*, les grands baroques (Pierre* de Cortone, Baciccia*) et Magnasco*. À la fin de sa vie, ses œuvres portent la marque de l'esprit rococo et annoncent Tiepolo* par l'éclat des couleurs claires, la nervosité des formes, le faste et le mouvement des mises en scène *(Saint Grégoire libérant les âmes)*.

**RICCI (Marco)** ♦ Peintre et graveur italien (Belluno 1676 - Venise 1729). Formé par son oncle Sebastiano Ricci*, il trouva d'abord son inspiration dans les paysages vénitiens mais aussi chez Titien*, Campagnola et les paysagistes napolitains tels que Salvator Rosa*. En 1705, il travailla à Milan avec Alessandro Magnasco* et, à Rome, il rencontra Pannini*. Invité par le comte de Manchester en Angleterre en 1708, il réalisa des peintures pour l'Opéra italien du Queen's Theatre de Haymarket. Il s'exprima surtout dans des paysages tourmentés aux ciels orageux qu'il peupla parfois de ruines. Ce paysagiste préromantique inspira notamment Guardi*.

**RICCI (Lorenzo)** ♦ Jésuite italien (Florence 1703 - Rome 1775). Il fut général de son ordre de 1758 à 1773, date à laquelle l'ordre fut supprimé (➝ **Jésus [Compagnie de]**). Il resta ensuite emprisonné au château Saint-Ange, à la demande de l'Espagne, et y mourut.

**RICCI-CURBASTRO (Gregorio)** ♦ Mathématicien italien (Lugo 1853 - Bologne 1925). Il créa, aidé de son disciple Levi*-Civita, le «calcul différentiel absolu», appelé par Einstein* «calcul tensoriel». Il s'agit d'une sorte de généralisation du calcul vectoriel qui permet d'exprimer les notions de la géométrie de Reimann* et où certaines lois de physique restent invariantes dans tous les systèmes de référence. Einstein et les physiciens relativistes trouvèrent ainsi l'outil mathématique adapté à leurs travaux.

**RICCIOLI (père Giovanni Battista)** ♦ Astronome et géographe italien (Ferrare 1598 - Bologne 1671). Il observa la première étoile double (dans la Grande Ourse*). Auteur, avec F. M. Grimaldi*, d'une carte de la Lune (1650).

**RICCOBONI (Luigi)** ♦ Acteur italien de commedia* dell'arte (Modène v. 1675 - Paris 1753). Avec sa femme Elena Balletti (dite Flaminia) et Rosa Benozzi (dite Silvia), il rénova la Comédie*-Italienne en France. Installé avec sa compagnie au Palais-Royal puis à l'Hôtel de Bourgogne, il renonça progressivement aux canevas traditionnels et à l'improvisation au profit de la représentation de nombreuses comédies italiennes et françaises (Marivaux), faisant ainsi de sa troupe une rivale de la Comédie-Française. Il est l'auteur d'une *Histoire du théâtre italien depuis la décadence de la comédie latine* (1728 - 1731).

**RICH (Claude)** ♦ Acteur français (Strasbourg 1929). Il se fit remarquer au théâtre (*Château en Suède* de Françoise Sagan, 1960) mais c'est le cinéma qui le fit connaître dans *Les Grandes Manœuvres* de René Clair (1955). Dans les années 1960, il interpréta des rôles secondaires de jeune premier (*Les Tontons flingueurs* de Georges Lautner, 1963). Sans abandonner le théâtre (*Lorenzaccio*, 1976), cet acteur éclectique joua aussi bien dans des films d'auteur (*La Mariée était en noir* de Truffaut, 1968 ; *Stavisky* d'Alain Resnais, 1974), des films historiques (*Le Souper* de Molinaro, 1992 ; *Capitaine Conan* de Bertrand Tavernier, 1996), des drames (*Le Crabe-tambour* de Schoendoerffer, 1977) ou des films plus populaires.

**RICHARD Ier Cœur de Lion** ➝ ÉTYM. *Richard* : du germ. *rik* «puissant» et *hard* «fort» ♦ (Oxford ou Woodstock 1157 - Châlus, Limousin 1199). Roi d'Angleterre (1189 - 1199). Mari de Bérangère de Navarre (1191). Il se révolta contre son père Henri* II (1173 - 1183), s'allia contre lui en 1189 avec le roi de France Philippe Auguste avec qui il participa, devenu roi, à la troisième croisade. Après avoir pris Chypre et contribué à la conquête de Saint-Jean-d'Acre (1191), il ne put s'emparer de Jérusalem. Inquiet de la politique conquérante de Philippe Auguste rentré en France, il quitta la Palestine après avoir conclu une trêve avec le sultan Saladin (1192). Sur le chemin du retour, il fut capturé en Autriche par le duc Léopold, livré à l'empereur Henri VI (1193) qui, malgré le souhait de Philippe Auguste, le libéra contre rançon et prestation de l'hommage (1194). Il pardonna à son frère Jean* sans Terre qui avait tenté de s'emparer du trône et confia le royaume à un régent pour pouvoir mener la lutte contre Philippe Auguste. Il remporta sur lui les victoires de Fréteval* (1194) et de Courcelles, près de Beauvais (1198), fortifia la Normandie (➝ **Andelys [Les]**), mais mourut dans une guerre contre le vicomte de Limoges au siège du château de Châlus (1199). Chevalier accompli, poète, il s'occupa fort peu de son royaume où il séjourna rarement. Jean sans Terre lui succéda au détriment de son neveu Arthur* Ier de Bretagne.

**Richard Ier Cœur de Lion.** *Richard Ier Cœur de Lion prête serment de fidélité à Philippe Auguste*, XIVe s. Bibliothèque Albert Ier, Bruxelles. *BIS/Phot. © Coll. Archives Larbor*

**RICHARD II** ♦ (Bordeaux 1367 - Pontefract Castle, Yorkshire 1400). Roi d'Angleterre (1377 - 1399). Fils d'Édouard*, le Prince Noir, il succéda à son grand-père Édouard III. Son oncle, Jean* de Gand, s'appuyant sur la noblesse, assura le pouvoir pendant sa minorité. La multiplication des impôts provoqua la révolte de Wat Tyler* (1381). Le mécontentement subsista sous forme religieuse, manifesté par l'agitation des lollards*, disciples de Wyclif. Richard II lutta contre la noblesse et le Parlement et tenta d'instaurer l'absolutisme. Son rapprochement avec la France et son autoritarisme eurent pour conséquence la révolte d'Henri de Lancastre qui le renversa. → **Henri IV.**

**Richard II** ♦ Drame en 5 actes de W. Shakespeare* (v. 1595), inspiré par les *Chroniques d'Angleterre, d'Écosse et d'Irlande* d'Holinshed (1577), sur la guerre des Deux-Roses. Égaré par des favoris indignes et des ministres malhonnêtes, le roi Richard II s'est résolu à exiler son cousin Bolingbroke, petit-fils d'Édouard III. Il gouverne alors à sa guise, sans se préoccuper de la révolte qui gronde. Irrésolu, velléitaire, il hésite à réprimer la rébellion qui s'est déclarée au retour d'exil de Bolingbroke. Abandonné par les siens, il se voit contraint à l'abdication en faveur de son cousin. Abattu, misérable, il ne retrouve son énergie et sa dignité qu'au moment où, entouré d'assassins, il se résout à la mort.

**RICHARD III** ♦ (Fotheringhay Castle, Northamptonshire 1452 - Bosworth 1485). Roi d'Angleterre (1483 - 1485). Fils de Richard d'York. À la mort de son frère Édouard* IV, il se proclama régent et tuteur de son neveu Édouard* V qu'il fit assassiner ainsi que son frère (1483). Le meurtre des enfants d'Édouard le rendit très impopulaire, si bien qu'Henri Tudor (→ **Henri VII**) s'empara facilement du pouvoir après l'avoir vaincu et tué à Bosworth.

**Richard III** ♦ Drame en 5 actes de W. Shakespeare* (1592). Disgracié autant qu'ambitieux, Richard d'York, devenu régent du royaume à la mort de ses frères aînés, ne pourra accéder au trône qu'au prix de l'exécution de son propre frère Clarence et des enfants du roi Édouard IV, ses propres neveux. Monstre de duplicité, il parvient à séduire lady Anne, la veuve d'Édouard, prince de Galles, fils d'Henri VI. Devenu roi sous le nom de Richard III, il règne par la terreur, multipliant les infamies et les crimes jusqu'au moment où une révolte éclate. Hanté par les spectres de ses victimes, vaincu et dépossédé par Richmond, le futur Henri VII, il trouvera la mort dans la bataille de Bosworth, au cours de laquelle, réduit à combattre à pied, il lancera son exclamation célèbre : «Un cheval ! Mon royaume pour un cheval !»

**RICHARD** ♦ Nom de plusieurs ducs de Normandie. ♦ **RICHARD Ier sans Peur** (v. 932 - Fécamp 996). Duc de Normandie (942 - 996). Fils de Guillaume Longuespée et petit-fils de Rollon. Il aida Hugues Capet à accéder au trône. ♦ **RICHARD II le Bon** (mort en 1027). Duc de Normandie (996 - 1027), fils du précédent. Il fit face à une révolte paysanne et protégea l'Église. ♦ **RICHARD III** (mort à Rouen 1027). Duc de Normandie (1027). Fils du précédent. Il fut détrôné et peut-être assassiné par son frère Robert* Ier le Magnifique.

**RICHARD (Maurice)** ♦ Joueur de hockey canadien (Montréal 1921 - *id.*2000). Surnommé «Rocket ("la fusée")», il fut l'un des meilleurs joueurs du club Le Canadien de Montréal (1942 - 1960) et sa pugnacité en fit un symbole national au Québec.

**RICHARD DE CORNOUAILLES** ♦ (Winchester 1209 - Berkhamstead 1272). Roi des Romains (1257 - 1272). Fils du roi d'Angleterre Jean* sans Terre, il s'opposa à Alphonse* X roi de Castille pour l'Empire allemand, mais s'occupa plus de soutenir son frère Henri* III contre les barons révoltés que de s'imposer en Allemagne.

**RICHARD DE SAINT-VICTOR** ♦ Théologien (v. 1110 - Paris 1173). Originaire d'Écosse ou d'Irlande, il fut prieur de l'abbaye de Saint-Victor à Paris, et l'une des grandes figures de l'école victorine. Son ouvrage théologique le plus célèbre, *De Trinitate*, ses commentaires bibliques et sa mystique spéculative influencèrent fortement la spiritualité médiévale et moderne.

**RICHARDMÉNIL** [54630] ➝ **ÉTYM.** «la ferme (lat. *mansionile*) de Richard (n. de pers. germ.)» ♦ Comm. de la Meurthe-et-Moselle, arr. de Nancy, sur la Moselle. 2 889 hab.

**RICHARDS (Theodore William)** ♦ Chimiste américain (Germantown, Pennsylvanie 1868 - Cambridge, Massachusetts 1928). Auteur de déterminations précises de nombreuses masses atomiques, il montra que les échantillons de plomb issus de divers minerais radioactifs possèdent des masses différentes de celle du plomb ordinaire (ce qu'expliqua plus tard F. Soddy* par l'existence des isotopes). Il inventa un calorimètre adiabatique (1905) qui lui permit d'effectuer des mesures très précises en thermodynamique chimique. [Prix Nobel de chimie 1914]

**RICHARDS (Dickinson Woodruff)** ♦ Cardiologue américain (Orange, New Jersey 1895 - Lakeville 1973). → **Cournand.** [Prix Nobel de physiol. ou méd. 1956, avec A. Cournand et W. Forssmann*]

**RICHARDSON (Samuel)** ♦ Romancier britannique (Derbyshire 1689 - Londres 1761). Fils de menuisier, après un apprentissage chez l'imprimeur Wilde dont il épousa la fille, il devint lui-même imprimeur (1719). Il écrivit son premier roman (au succès immédiat) à la demande d'amis désirant des modèles de lettres pour les diverses circonstances de la vie. *Paméla ou la Vertu récompensée* (1740) utilisait donc une forme épistolaire. Ce fut le premier roman de mœurs bourgeoises, dont s'inspira Goldoni (*Pamela Nubile*) et qu'Henry Fielding* parodia (*Justification de la vie de Mrs. Shamela Andrews*, 1741). *Clarisse* Harlowe* (1748) est aussi un roman épistolaire où la douleur est idéalisée, le sacrifice accepté, et dont «le pathétique est le mérite éminent» (Legouis). Richardson, analyste de l'âme féminine, voulut aussi «incarner l'idéal masculin du roman, à la fois réaliste, pédagogique et sentimental» (Legouis) dans *L'Histoire de sir Charles Grandison* (1754). Ces deux dernières œuvres furent traduites par l'abbé Prévost. *Clarisse Harlowe*, notamment, exerça une immense influence sur la sensibilité littéraire (en France : Diderot, Rousseau) et *La Nouvelle Héloïse* (Rousseau) comme *Werther* (Goethe) figurent dans la postérité spirituelle de Richardson. ➝ **ÉTYM.** Ce nom anglais signifie «fils (*son*) de Richard».

**RICHARDSON (Dorothy)** ♦ Romancière britannique (Abingdon, Berkshire 1873 - Beckenham, Kent 1957). On lui doit l'invention de la technique dite «du courant de conscience», qu'elle mit en œuvre dans sa somme romanesque *Pèlerinage* (12 vol. ou «chapitres» publ. de 1915 à 1938) sans en tirer les effets exceptionnels que James Joyce* ou Virginia Woolf* surent obtenir.

**RICHARDSON (sir Owen Willans)** ♦ Physicien britannique (Dewsbury, Yorkshire 1879 - Alton, Hampshire 1959). Il énonça, en 1912, la loi régissant l'émission thermo-ionique (→ **Edison, Fleming [John]**) qui est à l'origine des tubes électroniques et étudia le spectre moléculaire de l'hydrogène. [Prix Nobel de phys. 1928]

**RICHARDSON (Tony)** ♦ Cinéaste britannique (Shipley 1928 - Los Angeles 1991). Après un court métrage de «free cinema», avec K. Reisz*, et des films de télévision, il réalisa deux longs métrages *Les Corps sauvages* (1959) et *Le Cabotin* (1960), adaptations du théâtre de J. Osborne*. Après un séjour à Hollywood, où il réalisa *Le Sanctuaire* (1961), il porta à l'écran en Angleterre la pièce de S. Delaney *Un goût de miel* (1962) et une nouvelle de A. Sillitoe *La Solitude du coureur de fond* (1962). Il donna en 1963 une adaptation truculente et pleine d'audaces techniques du roman de Fielding, *Tom* Jones*.

**RICHARDSON (Robert)** ♦ Physicien américain (Washington DC 1937). [Prix Nobel de phys. 1996, avec D. Lee* et D. Osheroff]

**RICHE (LA)** [37520] ♦ Comm. de l'Indre-et-Loire, banlieue O. de Tours, sur le territoire de laquelle est situé le château de Plessis*-lès-Tours. 8 594 hab. (*Larichois*).

**RICHELET (César Pierre)** ♦ Lexicographe français (Cheminon v. 1626 - Paris 1698). Il est l'auteur d'un *Dictionnaire français* (1680), témoignage précieux sur la langue du XVIIe s., notamment sur la langue familière, et d'une *Versification française* (1671).

**RICHELIEU (Armand Jean du Plessis, cardinal de)** ♦ Prélat et homme politique français (Paris 1585 - *id.* 1642). D'abord destiné à la carrière des armes, il devint évêque de Luçon, à la suite de la renonciation de son frère (1607). Il administra avec zèle son diocèse, y encourageant des missions et fut nommé délégué du clergé aux états généraux de 1614. Il ne tarda pas à s'y faire remarquer de la reine mère et de Concini*, devint secrétaire d'État (1616), ce qui lui valut de suivre Marie* de Médicis en exil après la chute de Concini, d'abord à Blois, puis dans son prieuré de Coussay (c'est là qu'il écrivit une *Défense des principaux points de la foi catholique* et une *Instruction pour les chrétiens*). Son rôle dans la réconciliation de Louis* XIII et de sa mère lui permit d'obtenir le chapeau de cardinal (1622), puis d'entrer au Conseil du roi (1624). Homme d'État pragmatique plus que réformateur, il devait rester ministre jusqu'à sa mort, poursuivant un double but : la restauration de l'autorité royale et l'établissement de la prépondérance française en Europe. À l'intérieur, il entreprit de lutter contre tout ce qui pouvait entraver ou troubler la puissance royale. Il fut donc amené à lutter contre les grands qui avaient déjà pris les armes avec Marie de Médicis et ne cessèrent de fomenter des conspirations contre le ministre, sans hésiter éventuellement à faire appel à l'Espagne ; ils s'appuyaient d'ailleurs sur un mécontentement assez général. Chalais*, Montmorency*, Cinq*-Mars furent décapités, Soissons* tué ; la journée des Dupes*, qui vit presque la victoire des opposants, provoqua l'exil de la reine mère et l'exécution du maréchal de Marillac*. Parallèlement, se poursuivit la lutte, déjà entreprise par Luynes*, contre la puissance protestante : La Rochelle*, assiégée, dut se rendre malgré le soutien de l'Angleterre (1628), et la paix d'Alès (1629), laissant aux protestants la liberté de culte, leur ôta leurs privilèges militaires. L'installation de l'autorité royale passa enfin par une centralisation et une réorganisation générale. La législation et le conseil royal furent réformés, le droit de remontrance des parlements réduit, on institua des intendants pour s'opposer aux pouvoirs des parlements. L'État se mêla même des affaires religieuses et combattit le jansénisme* naissant (arrestation de Saint*-Cyran), tandis qu'il entrait en conflit avec le Saint-Siège pour l'imposition d'un impôt foncier au clergé. La fiscalité devint écrasante et provoqua des soulèvements sévèrement réprimés (croquants, 1637 ; va-nu-pieds, 1639). Richelieu encouragea la création d'une marine, le développement du commerce et celui d'un empire colonial. Il intervint dans le domaine des lettres par la fondation de l'Académie française (1635), agrandit la Sorbonne, bâtit le Palais-Cardinal, futur Palais-Royal. Sa politique étrangère reposa sur l'alliance avec les puissances protestantes contre les Habsbourg. Tandis qu'une alliance franco-anglaise était conclue en 1625 par le mariage d'Henriette*-Marie de France avec

Le cardinal de **Richelieu.** Portrait par Philippe de Champaigne (2,22 x 1,55 m), v. 1635. Musée du Louvre, Paris.
*BIS/Phot. H. Josse © Archives Larbor*

Charles* Ier, la France envahissait la Valteline*, coupant toute communication entre l'Autriche, l'Italie et l'Espagne. Une seconde expédition, en Italie (1629 - 1630), et l'invasion du duché de Savoie aboutirent à l'acquisition de Pignerol par la France et du duché de Mantoue par la maison de Nevers que soutenait la France. Après avoir soutenu et poussé Gustave* II Adolphe de Suède et les princes protestants, la France entra elle-même directement dans la guerre de Trente* Ans (1635). La conquête de l'Alsace sur les Impériaux, de l'Artois et de la Catalogne sur les Espagnols, en manifestant la place prépondérante de la France en Europe, confirma alors le succès de la politique suivie par le cardinal. ▪ Richelieu a laissé des mémoires et un *Testament politique ;* un recueil de ses lettres fut édité.

**RICHELIEU (Louis François Armand DE VIGNEROT DU PLESSIS,** duc **DE)** ♦ Maréchal de France (Paris 1696 - *id.* 1788). Petit-neveu du cardinal de Richelieu*, il fut d'abord appelé *duc de Fronsac.* Marié à quinze ans à une fille du marquis de Noailles, Anne-Catherine, plus âgée que lui, il multiplia les aventures et fut embastillé pour ses assiduités auprès de la duchesse de Bourgogne (1711), puis pour un duel (1716), et enfin pour sa participation au complot de Cellamare* (1719). Ambassadeur à Vienne (1725 - 1728), grâce à la faveur de Mme de Prie*, il travailla au rapprochement de l'Autriche et de la France. Après avoir pris part aux guerres de Succession* de Pologne et d'Autriche (il se distingua à Dettingen et à Fontenoy*, et délivra Gênes en 1747), il dirigea l'occupation de Minorque (1756) pendant la guerre de Sept* Ans, s'empara de Port-Mahon (1756), envahit le Brunswick et le Hanovre, et imposa la capitulation de Kloster* Zeven (1757). Mais il fut rappelé à cause de ses pillages et de ses exactions. Il reprit alors son existence de grand seigneur spirituel, libertin et élégant, très représentatif de son siècle. Il avait été le correspondant et le protecteur de Voltaire*. [Acad. fr. 1720]

**RICHELIEU (Armand Emmanuel DU PLESSIS DE CHINON,** duc **DE FRONSAC,** puis duc **DE)** ♦ Homme politique français (Paris 1766 - *id.* 1822). Petit-fils du maréchal de Richelieu, il émigra en 1790, servit dans l'armée russe contre les Turcs, et, grâce à l'appui d'Alexandre Ier, obtint le gouvernement de la province d'Odessa (1803 - 1814). Rentré en France lors de la Restauration, il remplaça Talleyrand comme ministre des Affaires étrangères et Premier ministre, signa le second traité de Paris (nov. 1815), légalisa le régime de la Terreur blanche sous la pression des ultras, et, après avoir obtenu des puissances de la Sainte-Alliance le retrait des forces alliées du territoire français, fut invité à participer au congrès d'Aix*-la-Chapelle (1818). Remplacé en 1818 par le ministère plus libéral de Decazes, Richelieu revint au pouvoir après l'assassinat du duc de Berry* (1820), et, face à l'opposition libérale, tenta d'adopter des mesures de réaction modérée ; mais sa politique fut jugée insuffisante par les ultras, en particulier par Villèle, et trop autoritaire par les libéraux. Cette double opposition provoqua la démission du cabinet Richelieu (1821).

**RICHELIEU** n. m. ♦ Riv. du Canada (Québec), affl. du Saint-Laurent (rive d.), 130 km. Né au lac Champlain* (Vermont, États-Unis), le Richelieu coule vers le N. et aboutit en amont du lac Saint-Pierre. Liaison navigable entre le Saint-Laurent et l'Hudson.

**RICHELIEU** [37120] → ÉTYM. du n. du cardinal de *Richelieu** ♦ Ch.-l. de cant. de l'Indre-et-Loire, arr. de Chinon. 2 165 hab. *(Richelais).* Ville bâtie pour le cardinal de Richelieu, au début du XVIIe s., sur un plan régulier tracé par J. Lemercier*.

**RICHEMONT** [57270] → ÉTYM. du germ. *Richari,* n. de pers., et lat. *mons* «montagne» ♦ Comm. de la Moselle, arr. de Thionville-Ouest, sur l'Orne. 1 879 hab. *(Richemontois).* Port fluvial. Centrale thermique à proximité.

**RICHEPIN (Jean)** ♦ Écrivain français (Médéa, Algérie 1849 - Paris 1926). Normalien lettré, il préféra, après la guerre de 1870 (durant laquelle il s'était engagé), mener une vie errante et faire divers métiers ; il fréquenta la bohème littéraire, y cultivant son personnage de révolté qui célèbre l'instinct. Il exalta ceux qui vivent en marge de la société dans les éloquentes poésies de *La Chanson des gueux* (1876), qui lui valurent la célébrité en même temps qu'un procès et une condamnation ; puis il composa *Le Chemineau* (1897), drame en vers qui vante avec fougue la vie aventureuse, et écrivit des romans, très populaires, comme *La Glu* (1881) et *Miarka, la fille à l'ourse* (1883) où se manifestent également la violence et le romantisme de son style ainsi qu'une grande truculence verbale. [Acad. fr. 1908]

**RICHER** ♦ Chroniqueur français (fin Xe s.). Moine de Saint-Remi de Reims, il écrivit des *Histoires* couvrant les années 882 - 995, dates marquant la fin des Carolingiens. → ÉTYM. *Richer* vient du germanique *Richari,* nom de personne, de *rik* «puissant» et *hari* «armée».

**RICHER (Edmond)** ♦ Théologien français (Chaource 1559 - Paris 1631). Ancien ligueur devenu partisan d'Henri IV et des idées gallicanes, il exprima sa doctrine dans le *De ecclesiastica et politica potestate libellus* (1611), qui fut condamné par la Sorbonne (1612) et interdit par Rome à l'instigation des jésuites. Richer dut démissionner de sa charge de syndic de la Sorbonne (1612) et signer deux rétractations (1622 et 1629), mais sa pensée domina le gallicanisme* jusqu'au début du XXe s.

**RICHER (Jean)** ♦ Astronome français (1630 - Paris 1696). C'est à Cayenne, où il partit en mission géodésique en 1671, qu'il effectua ses travaux les plus importants. Ses observations astronomiques de Mars et d'Arcturus, comparées aux résultats obtenus à Paris par J.-D. Cassini*, permirent la détermination de la parallaxe de la planète et du mouvement de l'étoile. Il remarqua que le mouvement du pendule est plus lent près de l'équateur qu'à Paris, ce qui confirma l'aplatissement de la Terre aux pôles prévu par Newton* et fut à l'origine d'une nouvelle méthode d'étude des formes de la Terre. [Acad. sc. 1666]

**richesse des nations (Recherches sur la nature et les causes de la)** ♦ Œuvre maîtresse d'A. Smith*, publiée en 1776. Faisant du travail la source de toutes richesses, contrairement à la doctrine des physiocrates, l'auteur a posé dans cet ouvrage les grands principes du capitalisme libéral et fondé l'économie politique en Angleterre. → **Ricardo.**

**richesses (Réflexions sur la formation et la distribution des)** ♦ Œuvre de Turgot* publiée dans les *Éphémérides* (1766), revue des physiocrates* dont il partageait la doctrine.

**RICHET (Charles)** ♦ Physiologiste français (Paris 1850 - *id.* 1935). Ses premiers travaux portèrent sur la physiologie du système nerveux et la chaleur animale. Avec Hericourt, il posa les bases de la sérothérapie (1888) et réalisa la première application thérapeutique d'un sérum en 1890. Il découvrit avec Portier* l'anaphylaxie (1902), phénomène proche de l'allergie, d'une importance capitale. Il s'intéressa par ailleurs à l'étude des phénomènes occultes et supranormaux (métapsychiques). [Acad. sc. 1914 ; prix Nobel de physiol. ou méd. 1913]

**RICHIER (Ligier** ou **Léger)** ♦ Sculpteur français (Dagonville v. 1500 - Genève 1567). Il séjourna en Italie vers 1515, travailla ensuite en Lorraine et dut finalement s'exiler en Suisse en raison de son protestantisme. Le type de sculpture qu'il réalisa comme la nature de son inspiration, à la fois tragique et profondément religieuse, le relient à l'esprit du gothique finissant. Son naturalisme macabre qui vise au pathétique apparaît dans la *Pietà* d'Étain (1528), comme dans le *Gisant de Philippa de Gueldre* (1548), et s'épanouit dans le célèbre *Transi de René de Chalon* figuré sous l'aspect d'un squelette aux chairs pendantes, offrant son cœur à Dieu (1544 - 1547). Mais dans le *Sépulcre* de Saint-Mihiel (1533 - 1564) la volonté d'émouvoir semble quelque peu tempérée par l'influence de l'idéalisme formel italien. → ÉTYM. *Richier* a la même étymologie que *Richer**.

**RICHIER (Germaine)** ♦ Sculptrice française (Grans, Bouches-du-Rhône 1904 - Montpellier 1959). Après des études aux Beaux-Arts de Montpellier, de 1922 à 1925, elle devint à Paris l'élève de Bourdelle (jusqu'en 1929). Elle réalisa d'abord des bustes et des figures debout, d'esprit assez classique, mais qui se distinguent déjà par leur force expressive. À partir de 1944, travaillant avec prédilection le bronze,

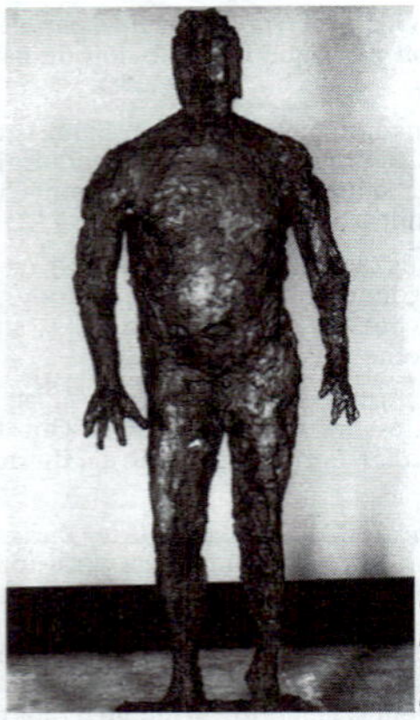

Germaine **Richier.**
*L'Orage* (200 × 82 × 52 cm).
MNAMGP, Paris.
*Phot. © Bulloz*

elle aborda des thèmes animaliers peu courants, figurant des animaux considérés comme maléfiques ou repoussants : chauves-souris, crapauds, insectes, araignées (*La Mante religieuse*, 1946 ; *La Fourmi*, 1953). S'étant affranchie des conventions figuratives traditionnelles, elle fit preuve d'une imagination de caractère fantastique en créant des êtres étranges qui conjuguent en eux l'humain, l'animal, le végétal et le minéral et qui semblent incarner des forces obscures et hostiles (*La Forêt*, 1946 ; *L'Orage*, 1948 ; *L'Ouragan*, 1948 ; *L'Ogre*, 1951 ; *Le Griffu*, 1952 ; *Cheval à six têtes*, 1953). Son inspiration et son répertoire imaginaire révèlent des affinités avec le surréalisme (*Tauromachie*, 1953 ; série des *Hommes-Oiseaux*, 1953 ; *La Montagne*, 1956). Mêlant formes inventées et éléments traités avec un réalisme féroce, elle fit subir à l'anatomie d'étranges métamorphoses : terminaisons filiformes, éléments anguleux, mutilations, volumes boursouflés ou déchiquetés, dégoulinants, comme si ces figures avaient subi une altération violente ou bien étaient figées en pleine décomposition (*L'Aigle*, 1948 ; *La Feuille*, 1948). Ses œuvres évoquent un monde d'angoisse et d'agression où grotesque et tragique se mêlent souvent, dénotant un tempérament puissamment expressionniste. Cependant, certaines de ses sculptures se situent dans un registre tout autre, élégant et apaisé, se caractérisent par les mélanges de matériaux (plomb, verres) et révèlent une investigation plastique de tendance non figurative (plâtre polychrome, 1957 - 1958).

**RICHLAND** ♦ V. des États-Unis (État de Washington), à proximité de la confluence des rivières Yakima et Columbia. 38 708 hab. Indus. nucléaire.

**RICHMOND** ➝ **ÉTYM.** du n. d'une v. angl., dans le Surrey ♦ V. des États-Unis, cap. de la Virginie. 197 790 hab. dont 55 % de Noirs (zone urbaine 996 512 avec Petersburg). V. historique, contenant de nombreux monuments. Le Capitole a été dessiné par T. Jefferson* d'après la Maison carrée de Nîmes. Centre commercial. Indus. : tabac, produits chimiques et alimentaires, papier.

**RICHMOND UPON THAMES** ou **RICHMOND** ♦ Faubourg (*borough*) résidentiel à l'O. de Londres. 172 327 hab. Ruines d'un château royal du XIVe s. Parc. À proximité se trouvent les courts de tennis de Wimbledon.

**RICHTER (Franz Xaver)** ♦ Compositeur morave (Holešov 1709 - Strasbourg 1789). Compositeur de la chambre à la cour de Mannheim (1747), il fut maître de chapelle à la cathédrale de Strasbourg (1769), où il eut comme assistant puis successeur Pleyel*. Par sa musique instrumentale (symphonies, concertos, quatuors, sonates, trios), il fut l'un des plus éminents représentants de la première génération de l'école de Mannheim. Il faut citer notamment ses six quatuors à cordes op. 5, parus en 1768. Son importante production religieuse date de sa période strasbourgeoise. ➝ **ÉTYM.** Ce nom vient de l'allemand et signifie « juge ».

**RICHTER (Jeremias Benjamin)** ♦ Chimiste allemand (Hirschberg, Silésie 1762 - Berlin 1807). Étudiant les affinités par l'intermédiaire des précipités, il généralisa la notion de proportions définies qui régit l'union des bases et des acides, établit deux échelles de proportionnalité et, montrant que pour neutraliser un acide il faut des quantités différentes de différentes bases et que, inversement, il faut des quantités différentes de différents acides pour neutraliser la même base, il mit ainsi en évidence le principe des proportions multiples.

**RICHTER (Johann Paul Friedrich)**, dit **JEAN PAUL** ♦ Romancier allemand (Wunsiedel 1763 - Bayreuth 1825). Fils de pasteur, il fit des études de théologie, acquit une vaste culture, devint précepteur, ouvrit une école puis, après s'être marié, vécut à Bayreuth. Lyrisme, musicalité et humour caractérisent l'œuvre de ce « romantique du roman » (qui fut un admirateur inconditionnel de Rousseau), dont l'idéalisme nous conduit dans « la patrie de l'imagination », l'univers du rêve (il fit du récit de rêve un genre littéraire), et tente de nous arracher à la terre pour nous ouvrir les portes de l'infini et de l'éternité. Œuv. princ. : *Maria Wuz* (1790), *Quintus Fixlein*, *La Loge invisible* (1793), *Hesperus* (1795), *Le Titan*, roman éducatif (1800 - 1803), *La Vie de Fibel* (1812).

**RICHTER (Hans)** ♦ Chef d'orchestre allemand, d'origine hongroise (Raab, Hongrie 1843 - Bayreuth 1916). Profondément attaché à l'esthétique de Wagner*, son ami, il fut successivement à Munich, Bruxelles, Vienne, Londres et aux festivals de Birmingham et de Manchester, l'interprète inlassable et fervent de l'œuvre wagnérienne qu'il révéla au public européen. Il inaugura le théâtre de Bayreuth en créant *L'Anneau du Niebelung* (1876). Chef d'orchestre romantique par excellence, il présenta en Hongrie l'oratorio *Christus* de Liszt (1873) et créa deux symphonies de Brahms et quatre de Bruckner, ainsi que des œuvres de ses compatriotes Dohnanyi (*Symphonie en ré mineur*) et Bartók (*Kossuth*) et les *Variarions Enigma* d'Elgar.

**RICHTER (Hans)** ♦ Peintre et cinéaste américain d'origine allemande (Berlin 1888 - Locarno 1976). L'influence du cubisme fut pour lui moins importante que celle du Cavalier bleu. L'année de sa première exposition à Munich (1916), il se joignit au groupe Dada* de Zurich. Parallèlement à ses compositions lyriques, très colorées, il commença à peindre, sur rouleau, des rythmes abstraits qui s'animent (*Preludium*, 1919 ; *Fugue 20*, 1920). Ses recherches le conduisirent à la réalisation d'un film abstrait (*Rythmus 21*) suivi de plusieurs autres. En 1941, il se rendit aux États-Unis où il se consacra à l'enseignement et au cinéma. Son film, *Dreams That Money Can Buy* (« Rêves à vendre »), élaboré de 1944 à 1947, auquel Marcel Duchamp, Max Ernst, Man Ray collaborèrent, est l'un des classiques du cinéma surréaliste. En 1956 - 1957, il tourna *8 × 8*, film-collage, construit sur des poèmes dadaïstes des années 1916 - 1917. Continuant son œuvre picturale, il composa des toiles lyriques, très colorées ; il évolua ensuite vers une abstraction plus géométrique, dominée par un graphisme dépouillé, mais rythmé (*Piccolo Castello*, 1961). Richter, précurseur dès 1917 de la tendance lyrique de l'abstraction, est l'une des figures les plus importantes du cinéma d'avant-garde.

**RICHTER (Charles Francis)** ♦ Sismologue américain (Hamilton, Ohio 1900 - Pasadena 1985). Sa contribution la plus célèbre à la sismologie est l'élaboration, avec Beno Gutenberg, de l'*échelle de Richter* (1935), échelle de magnitude des séismes, dépendant de l'énergie mise en jeu. La plus forte magnitude enregistrée est de 9,5, atteinte par les séismes du Chili en 1960.

**RICHTER (Sviatoslav Teofilovitch)** ♦ Pianiste russe (Jitomir 1915 - près de Moscou 1997). Issu d'une famille de musiciens, il se préparait à la direction d'orchestre quand la rencontre de Heinrich Neuhaus, professeur au conservatoire de Moscou (1937), lui permit de révéler des dons exceptionnels pour le piano. Servi par une technique éblouissante, une vive sensibilité et un sens aigu de l'architecture musicale, il devait entreprendre, dans son pays et à l'étranger, une éclatante carrière comme musicien de chambre (avec M. Rostropovitch*, le plus souvent) et comme soliste, en particulier comme interprète de la musique romantique (Schumann), mais aussi de Bach, Haydn, Beethoven ou Prokofiev.

Sviatoslav **Richter.**
*Phot. © APN*

**RICHTER (Karl)** ♦ Organiste et chef de chœur allemand (Plauen 1921 - Munich 1981), célèbre pour ses interprétations de Bach.

**RICHTER (Burton)** ♦ Physicien américain (New York 1931). En nov. 1974, Richter découvrit dans l'accélérateur SLAC à Stanford une particule à laquelle il donna le nom de $\psi$, alors que, de son côté, S. Ting découvrait à Brookhaven une particule identique qu'il appela J. Baptisé depuis $J/\psi$, le charmonium constitue la confirmation éclatante de la chromodynamique quantique, théorie qui décrit les quarks à l'intérieur des nucléons dans le noyau atomique. [Prix Nobel de phys. 1976, avec S. Ting]

**RICHTER (Gerhard)** ♦ Peintre allemand (Dresde 1932). En réaction contre la théâtralité de Fluxus*, il organisa en 1963 à Düsseldorf une *Démonstration pour le réalisme capitaliste* avec Polke, le contenu d'un magasin de meubles figurant un immense « ready-made ». Il peignit en 1965 une *Femme descendant un escalier*, en opposition au *Nu* de Duchamp*. En réplique à toutes les affirmations annonçant la mort de l'art, avec Joseph Beuys* notamment, il s'appliqua à décliner tous les modes picturaux, de la peinture abstraite au réalisme photographique (*Fenêtre*, 1968 ; *The Reader*, 1994 ; *Autoportrait*, 1996), aux portraits (*48 portraits d'hommes célèbres*, 1971 - 1972), aux reprises de thèmes classiques (*L'Annonciation d'après le Titien*, 1973), et aux *Échantillons de couleurs* (1966 - 1974). Travaillant par séries, Richter «fuit toute fixation» dans «une incertitude continuelle» pour mieux évaluer les moyens de la peinture.

**RICHTHOFEN (Ferdinand,** baron **VON)** ♦ Géologue et géographe allemand (Karlsruhe 1833 - Berlin 1905). Il visita Ceylan, le Japon, les Philippines, Java, donna la première synthèse scientifique sur la géologie, la géographie, l'économie de la Chine et expliqua en particulier la formation des lœss, variété du limon composée de fines particules de quartz, sous l'action du vent.

**RICHWILLER** [68120] ➝ ÉTYM. als. «le village riche» ♦ Comm. du Haut-Rhin, banlieue N.-O. de Mulhouse. 3 325 hab.

**RICIMER** ♦ Général romain, d'origine suève (mort en 472). Devenu un moment maître de l'empire, il renversa successivement les empereurs Avitus* (456), Majorien* (461), Sévère* (465), puis accepta comme empereur d'Occident Anthemius* (467) qu'il fit tuer quelques années plus tard et remplaça par Olybrius* (472).

**RICKERT (Heinrich)** ♦ Philosophe allemand (Gdańsk 1863 - Heidelberg 1936). Élève de Windelband*, il fut un des principaux représentants de l'école de Bade. La tâche de la philosophie consiste, selon lui, à étudier les rapports entre le règne des valeurs (absolu et idéal) et la réalité, à expliciter le sens des objets et des événements en fonction d'une valeur déterminée : c'est le domaine de la culture (*L'Objet de la connaissance*, 1892).

**RICŒUR (Paul)** ♦ Philosophe français (Valence 1913 - Châtenay-Malabry 2005). Marqué par l'existentialisme de K. Jaspers* et par la phénoménologie de Husserl* qu'il contribua à faire connaître en France (*À l'École de la phénoménologie*, 1986, recueil d'articles), il a analysé les problèmes psychologiques, éthiques et métaphysiques de la volonté dans *Philosophie de la volonté* (*Le Volontaire et l'Involontaire, L'Homme faillible, La Symbolique du mal*, 1950 - 1961). Penseur chrétien (de confession réformée), il a été amené à élucider la signification des mythes prébibliques et bibliques de la chute, du mal, et à s'interroger sur les textes fondateurs des grandes religions (*Lectures III, Aux frontières de la philosophie*, 1993). Au-delà du langage rationnel, il a cherché à saisir les conditions et les caractéristiques du discours symbolique, fondant une philosophie de l'interprétation (ou herméneutique) renouvelée par la psychanalyse : *De l'interprétation : essai sur Freud* (1965), *Le Conflit des interprétations : essai d'herméneutique* (1969), *La Métaphore vive* (1975). L'œuvre de Ricœur a toujours accordé une place importante à la question de l'éthique en politique. Il a conduit une interrogation sur l'histoire (*Histoire et Vérité*, 1955), sur l'intrigue et la fiction, le temps humain comme temps raconté (*Temps et Récit*, 3 t., 1983 - 1985). Il s'est aussi intéressé à l'altérité, étudiant le lien entre le «je» saisi de l'intérieur et le «soi» pronom réfléchi (*Soi-même comme un autre*, 1990) et à certains problèmes politiques (*Lectures I, Autour de la politique*, 1991). Dans *La Mémoire, l'histoire, l'oubli* (2000), il appelle à une «politique de la juste mémoire». Il s'appuie sur la tradition philosophique antique (la question de la «vie bonne» chez Aristote par exemple) comme sur les auteurs contemporains pour penser le rapport entre l'État et la raison, la raison d'État et les droits de l'homme, le mal totalitaire. Le «conflit irréductible entre les valeurs» est une question qui traverse toute son entreprise éthique. Cependant, la possibilité de réversibilité, que le dialogue fait apparaître, permet de concevoir une vie communautaire. ➝ ÉTYM. Ce nom de famille signifie «cœur généreux» (de *riche* et de *cœur*).

**RICORD (Philippe)** ♦ Médecin français (Baltimore 1800 - Paris 1889). Il se consacra surtout à l'étude des maladies vénériennes, en particulier de la syphilis.

**RICTUS (Gabriel RANDON,** dit **Jehan)** ➝ ÉTYM. le début d'un vers de Villon («Je ris en pleurs») lui aurait suggéré son pseud. ♦ Poète français (Boulogne-sur-Mer 1867 - Paris 1933). Ami de Paul Gauguin, il a traduit dans une langue colorée, qui emprunte à l'argot populaire le meilleur de sa sève et de ses trouvailles, les souffrances et les espoirs des déshérités. Aussi savante qu'instinctive, sa manière, tendre et gouailleuse, le rattache à l'image traditionnelle de Rutebeuf et de Villon. Princ. recueils : *Les Soliloques du pauvre* (1897), *Les Doléances* (1900), *Les Cantilènes du malheur* (1902), *Le Cœur populaire* (1914).

**RIDGWAY (Matthew Bunker)** ♦ Général américain (Fort Monroe, Virginie 1895 - Fox Chapel, près de Pittsburgh 1993). Commandant d'une division aéroportée en 1942 - 1944, il prit part au débarquement en Normandie. Commandant de la VIII^e armée en Corée*, il fut choisi par Truman pour remplacer MacArthur* (qui souhaitait étendre le conflit à la Chine) à la tête de toutes les troupes des Nations unies (1951). Commandant en chef des forces de l'Atlantique en Europe (1952), il fut chef d'état-major de l'armée des États-Unis de 1953 à 1955. ➝ ÉTYM. Ce nom signifie «chemin (vieil anglais *weg*) de crête (*hrycg*)».

**RIEC-SUR-BELON** [29340] ➝ ÉTYM. du n. de saint *Rioc* ♦ Comm. du Finistère, arr. de Quimper. 4 008 hab. *(Rieccois)*. Ostréiculture. Tourisme ; navigation de plaisance.

**RIEDISHEIM** [68400] ➝ ÉTYM. anc. *Ruodenesheim*, du germ. *Hruodin*, n. de pers., et *heim* «village» ♦ Comm. du Haut-Rhin, banlieue E. de Mulhouse. 12 101 hab. *(Riedisheimois)*.

**RIEFENSTAHL (Helene,** dite **Leni)** ♦ Actrice, photographe et cinéaste allemande (Berlin 1902 - Pöcking, Bavière 2003). Après avoir joué dans quelques films (*La Montagne sacrée*, 1926), elle réalisa des films de montage sur le congrès national-socialiste de Nuremberg (*Le Triomphe de la volonté*, 1934) et sur les jeux Olympiques de Berlin (*Les Dieux du stade*, 1936 - 1937). Après la guerre, elle publia des albums de photos. ➝ ÉTYM. *Riefentahl* vient du moyen allemand *wrive den stāl* «polir *(wrīven)* l'*(den)* acier *(stāl)*» [surnom de celui qui polissait les armes et les armures].

**RIEGGER (Wallingford)** ♦ Compositeur américain (Albany 1885 - New York 1961). Élève de Max Bruch à Berlin, il fut un des pionniers du sérialisme* aux États-Unis. Il écrivit notamment quatre symphonies dont les deux dernières se distinguent (1947 et 1957).

**RIEGL (Aloïs)** ♦ Historien d'art autrichien (Linz 1858 - Vienne 1905). Conservateur du département des tissus au musée des Arts décoratifs de Vienne (1887 - 1898) et professeur à l'université de Vienne, il publia en 1893 son ouvrage fondamental, *Stilfragen* («Questions de style»), dans lequel il étudie l'évolution des motifs végétaux dans l'ornementation de l'Antiquité. Établissant qu'un «instinct de création artistique immanent» (ou pulsion artistique) *[Kunstwollen]* se révèle dans ces décors, il met en question la hiérarchie des catégories artistiques.

**RIEGO Y NÚÑEZ (Rafael DEL)** ♦ Général et homme politique espagnol (Santa María de Tuña, Asturies 1785 - Madrid 1823). Il lutta contre Napoléon I^er, fut fait prisonnier (1808) et adopta les idées libérales. Colonel, il fut l'un des dirigeants de la révolte de Cadix (1820). Devenu capitaine général de l'Aragon, il s'opposa aux Bourbons et fut destitué en 1821. Élu député l'année suivante, il prit la tête des «exaltés». Il lutta contre l'expédition française de 1823 mais fut livré par les paysans et pendu. ▪ Son nom a été donné à un hymne révolutionnaire composé par son chef d'état-major San Miguel (musique de Huerta), qui fut l'hymne officiel de la République espagnole de 1931 à 1939.

**RIEHEN** ♦ V. de Suisse (cant. de Bâle-Ville), dans la banl. N.-E. de Bâle*. 20 542 hab.

**RIEL (Louis)** ♦ Révolutionnaire canadien (Saint-Boniface 1844 - Regina 1885). Métis lui-même, il organisa la résistance métisse au lotissement des territoires de la Compagnie de la baie d'Hudson dans la région de la rivière Rouge (1869). Ses violences (exécution de Thomas Scott) provoquèrent l'intervention des troupes fédérales et il se réfugia aux États-Unis. Revenu au Canada pour prendre la tête de la révolte de la Saskatchewan (1884 - 1885), il forma un gouvernement, échoua et fut pendu.

**RIEMANN (Bernhard)** ♦ Mathématicien allemand (Breselenz, Hanovre 1826 - Selasca, Italie 1866). Élève de Gauss*, puis de Jacobi* et de Dirichlet*, il enseigna à l'université de Göttingen (1857) et, gravement malade, dut abandonner sa chaire en 1862. Il soutint en 1851 une thèse fondamentale pour la théorie des fonctions de variable complexe. C'est là qu'il introduisit les surfaces qui portent son nom. Le plan sur lequel on représente la variable est composé de plusieurs feuillets superposés dont le nombre est égal à celui des valeurs distinctes que peut prendre la fonction, procédé qui permet de rendre uniforme une fonction multiforme. Ces études des fonctions et surfaces conduisirent à la création de la topologie, qui devint également la base de l'analyse. En 1854, il introduisit un type de fonction qui semblait alors inimaginable : la fonction continue non dérivable. La même année, il présenta une thèse qui, publiée seulement en 1868, fut le point de départ de la révision de la géométrie classique *(Sur les hypothèses qui servent de fondement à la géométrie)* ; il y évoquait le second type de géométrie non euclidienne (géométrie elliptique), dans laquelle on ne peut mener aucune parallèle à une droite par un point extérieur et où on abandonne la conception de l'infinitude de la droite **(→ Gauss, Bolyai, Lobatchevski).** Il y présentait notamment le concept de variété différentielle à $n$ dimensions, extension de la notion d'espace et base de la géométrie différentielle moderne, ainsi qu'une autre idée révolutionnaire : la possibilité d'une interaction entre l'espace et les corps qui y sont plongés. Ainsi, le contenu de l'espace détermine ses propriétés (sa métrique). L'influence des travaux de Riemann sur l'essor des mathématiques et de la physique fut considérable ; sa conception de l'espace servit de cadre à la théorie de la relativité. ➝ ÉTYM. *Riemann* est une altération du germanique *Rikman*, de *rik* «puissant» et *man* «homme».

**RIEMANN (Hugo)** ♦ Musicologue allemand (Grossmehlra 1849 - Leipzig 1919). Professeur à Hambourg, à Wiesbaden puis à Leipzig où il dirigea l'Institut de musicologie. Auteur d'un *Dictionnaire de musique* réputé (1882), plusieurs fois réédité, et analyste subtil des formes et des styles, il a appliqué ses théories, dans un esprit de système souvent excessif, à l'œuvre de J.-S. Bach. De ses nombreuses publications, on retiendra un *Traité d'harmonie* (1887) où il développe la théorie des fonctions tonales et un *Manuel d'histoire de la musique* (1901 - 1913). Il attira l'attention sur l'école de Mannheim (J. Stamitz*).

**RIEMENSCHNEIDER (Tilman)** ♦ Sculpteur allemand (Osterode v. 1460 - Würzburg 1531). Il travailla surtout à Würzburg où il dirigea un célèbre atelier d'où sortirent de nombreux retables. Il reçut aussi la charge de bourgmestre (1520 - 1521) mais fut exclu du Conseil et emprisonné après avoir soutenu les insurgés lors de la guerre des Paysans*. Dans les statues de pierre d'*Adam et Ève*, aux formes arrondies et au modelé délicat, s'affirme une volonté de mesure, d'apaisement, rare dans la sculpture allemande de l'époque. Le *Tombeau de l'évêque Rudolf von Scherenberg* (1496 - 1499) est d'un modelé plus aigu et un insistant souci d'expressivité s'y manifeste. Ses retables, plus anecdotiques et tourmentés, avec leurs draperies aux plis cassés, s'inscrivent dans la tradition du gothique tardif germanique (*Retable de Rothenburg*, 1499 - 1505).

**RIEMST** ♦ Comm. de Belgique (Région flamande), prov. de Limbourg, arr. de Tongres, sur le Geer (Kanne) et le canal Albert, à la frontière des Pays-Bas. 16 076 hab. Grottes et carrières de craie à Kanne, à Zichen-Zussen-Bolder. Nombreuses églises et fermes. ▪ Indus. textiles. Tourisme.

**RIENZO (Cola di)** → Cola di Rienzo

**RIES (Ferdinand)** ♦ Compositeur et pianiste allemand (Bonn 1784 - Francfort-sur-le-Main 1838). Élève d'Albrechtsberger* et protégé de Beethoven dont son père avait été le maître, il fit une carrière de virtuose puis s'établit à Francfort où il dirigea le Festival rhénan (1826). Il a laissé des opéras, oratorios, symphonies, concertos, de la musique de chambre et des lieder sur des textes de Goethe. Il a publié, avec Wegeler, d'intéressantes *Notes biographiques sur Beethoven* (1838).

**RIES** n. m. ♦ Région d'Allemagne (Bavière), en Souabe, autour de Nördlingen. C'est une dépression de 200 m, enclavée dans le Jura souabe, de forme circulaire (20 km de diamètre), attribuée autrefois à un gigantesque cratère d'explosion volcanique et, depuis 1961, à la chute d'un météorite il y a 15 millions d'années.

**RIESA** ♦ V. d'Allemagne (Saxe), sur la rive g. de l'Elbe. 37 399 hab. Centre indus. (sidérurgie, pneumatiques, textiles).

**RIESENER** [riznɛʀ] **(Jean-Henri)** ♦ Ébéniste français d'origine allemande (Gladbeck, près d'Essen 1734 - Paris 1806). À la mort de son maître Œben, il prit la direction de son atelier et exécuta de 1774 à 1784 de nombreuses commandes royales. Il termina le célèbre bureau de Louis XV entrepris par Œben et devint l'un des plus féconds et inventifs créateurs du style Louis XVI.

Jean-Henri **Riesener.** Détail du bureau de Louis XV exécuté par Œben et Riesener. Musée national du château, Versailles. *Phot. © Lauros-Giraudon*

**RIESENGEBIRGE** → Krkonoše

**RIESMAN (David)** ♦ Sociologue américain (Philadelphie 1909 - New York 2002). Associant une sociologie descriptive à une conception globale de l'histoire, des étapes de l'évolution des mentalités, il a donné, entre autres, une analyse de la culture américaine à l'ère de la production et de la consommation (*La Foule solitaire*, 1950 ; *Individualism Reconsidered*, 1954). Il a entrepris par la suite des recherches autour de l'éducation (*On Higher Education*, 1981).

**RIETI** – en lat. *Reate* ♦ V. d'Italie, dans le Latium, ch.-l. de prov., sur le Velino. 43 785 hab. Cathédrale des XII$^{e}$ - XIII$^{e}$ s. ▪ Centre commercial et indus. : raffineries de sucre, indus. chimiques et textiles.

**RIEUPEYROUX** [ʀjøpeʀu] [12240] ◆ ÉTYM. occit. « le ruisseau *(riu)* pierreux » ♦ Ch.-l. de cant. de l'Aveyron, arr. de Villefranche-de-Rouergue. 2 157 hab. *(Rieupeyrousains)*. Église XV$^{e}$ - XVI$^{e}$ s. Tombeaux gallo-romains. ▪ Centre de villégiature.

**RIEUX** [31310] ◆ ÉTYM. du lat. *rivus* « ruisseau » ♦ Ch.-l. de cant. de la Haute-Garonne, arr. de Muret. 1 899 hab. Cathédrale des XIV$^{e}$ et XVII$^{e}$ s. (tour-clocher de style toulousain, trésor renfermant le buste de saint Cizy). Maisons anc.

**RIEZ** [ʀjɛ] [04500] ◆ ÉTYM. « cité des *Reii* (n. de peuplade ligure) » ♦ Ch.-l. de cant. des Alpes-de-Haute-Provence, arr. de Digne-les-Bains, sur le plateau de Valensole. 1 667 hab. *(Riézois)*. Anc. ville gallo-romaine. Chapelle en partie romane ; portes fortifiées, maisons anc. ; restes d'un temple romain, baptistère du VI$^{e}$ ou VII$^{e}$ s. ▪ Culture de la lavande. ▮ **Histoire** D'abord cité gauloise, puis colonie romaine et ensuite évêché, elle a tenu une place importante dans la région.

**RIF** n. m. ◆ ÉTYM. de l'ar. *rīf* « campagne, champ » ♦ Chaîne plissée du Maroc septentrional, arc montagneux bordant la Méditerranée du détroit de Gibraltar à l'O. à l'embouchure de la Moulouya à l'E., dominant au S.-O. et au S. la plaine du Gharb et au S.-E. le couloir de Taza (Atlas tellien). V. PRINC. : Tanger, Ceuta, Tétouan, Al-Hoceima, Melilla, Nador sur le versant N., Ksar el-Kébir, Ouezzane, Taza sur le versant S. ▮ **Histoire** Sa population essentiellement composée de Berbères (Rifains) mena une opposition farouche à la pénétration européenne au début du XX$^{e}$ s. Après la défaite espagnole d'Anoual (1921), l'offensive coordonnée des forces françaises et espagnoles à laquelle participèrent le général Noguès et Franco contraignit Abd* el-Krim à se rendre (1926).

**RIFBJERG (Klaus)** ♦ Écrivain danois (Amager 1931). Parfois qualifié d'« enfant terrible » des lettres danoises, il a essayé tous les genres, de tendance moderne ou ancienne. Ainsi, il a renouvelé le lyrisme danois (*Mythologie*, 1970), le roman (*L'Innocence chronique*, 1958), le théâtre (la comédie musicale *Qu'allons-nous faire ?*, 1963), l'essai (*Ce dont un homme a besoin*, 1966), voire le scénario de film (*Deux*, 1964).

**RIFT VALLEY** n. f. ◆ ÉTYM. angl. « vallée du Rift » ou « Grande Faille » ♦ Longue dépression constituée de fossés d'effondrement traversant l'Afrique orientale. Elle est formée d'une branche orientale, la plus longue, qui part des lacs salés de Djibouti pour aboutir au S. du Kilimandjaro, en Tanzanie, et d'une branche occidentale qui a donné naissance aux lacs et aux volcans d'Afrique centrale et orientale (→ **Djibouti, Éthiopie, Kenya, Ouganda, Congo, Rwanda, Burundi, Tanzanie, Malawi**). L'énorme épaisseur des dépôts sédimentaires (plusieurs centaines de mètres) entaillés par l'érosion a permis la découverte de fossiles d'hominidés. → **Omo.**

**RIGA** ◆ ÉTYM. du slave *reka* « eau, rivière » ou du lituanien *ringi* « sinuosité » ♦ Cap. de la Lettonie, à l'embouchure de la Daugava (Dvina*-Occidentale), sur le golfe de Riga. 764 300 hab. Le plus grand centre culturel de la région baltique. Cathédrale (XIII$^{e}$ s.), connue sous le nom d'église du Dôme (orgue de 1883 - 1884). Immeubles style 1900. ▪ Nœud ferroviaire et port. Les 2/3 de l'industrie lettone y sont concentrés (machines et appareils électriques, wagons ; indus. textile, chimique et alimentaire). Centrale thermique. ▮ **Histoire** Fondée en 1201 par l'évêque de Livonie, Albert* de Buxhövden (fondateur de l'ordre des chevaliers Porte-Glaive), elle entra dans l'union hanséatique en 1282. Riga se convertit au luthéranisme au XVI$^{e}$ s. et passa sous la domination polonaise en 1561. Prise par les Suédois (1621), elle fut annexée à la Russie en 1710. Conquise par les Allemands et les bolcheviks (1917 - 1919), elle devint capitale de la Lettonie indépendante en 1920. Occupée par les Soviétiques (1940), puis par les Allemands (1941), elle fut réannexée à l'URSS de 1944 à 1991.

**RIGAUD (Hyacinthe RIGAU Y ROS, dit Hyacinthe)** ♦ Peintre français (Perpignan 1659 - Paris 1743). Fixé à Paris en 1681, il se consacra au portrait sur le conseil de Le* Brun et obtint dès 1681 un succès sans égal dans ce domaine. Portraitiste attitré de Louis XIV, il le représenta en 1694 puis dans le costume du sacre en 1701 et donna ainsi une image convaincante de la majesté royale. Il eut le sens du faste, des attitudes nobles et sut symboliser par l'expression, la pose et le luxe du costume, la fonction sociale de ses modèles. Les cours européennes, l'aristocratie et la grande bourgeoisie se le disputèrent. Plusieurs aides collaborèrent à ses tableaux. Maître du portrait d'apparat, il eut aussi le souci du vrai *(Bossuet, Le Brun)* et fit peu de portraits féminins, craignant de flatter ou de déplaire. Il témoigna de son sens de la grâce dans le portrait du *Jeune Louis XV* et parvint à un sobre dépouillement dans le portrait de sa mère, *Madame Rigaud* (1695), destiné à servir de modèle au sculpteur Coysevox*. ▪ *Illustrations :* → **Bossuet, Fontenelle, Louis XIV.**

**RIGAULT (Raoul)** ♦ Journaliste et homme politique français (Paris 1846 - *id.* 1871). Disciple de A. Blanqui, journaliste au *Démocrate* et à *La Marseillaise*, il fut arrêté en 1866 et en 1870 (après la publication de son pamphlet *Le Grand Complot*). Membre de la 2$^{e}$ Commission exécutive de la Commune de Paris, il fut tué par les versaillais lors de la Semaine sanglante (24 mai 1871). ◆ ÉTYM. *Rigault* a la même étymologie que *Richard**.

**RIGAULT DE GENOUILLY (Charles)** ♦ Amiral et homme politique français (Rochefort 1807 - Paris 1873). Sorti de Polytechnique, il commanda une division navale en Indochine, prit Canton (1857) et occupa Saigon en 1859 (→ **Cochinchine**). Amiral en 1864, il commanda l'escadre de la Méditerranée (1862 - 1867) puis fut nommé ministre de la Marine dans les dernières années du Second Empire (1867 - 1870).

**RIGAUT (Jacques)** ♦ Écrivain français (Paris 1898 - Châtenay-Malabry 1929). Il participa au dadaïsme et se suicida à 31 ans. Son œuvre comprend de courts textes, provocants et désespérés, tels que *Lord Patchogue* (posth. 1930) ou *Agence générale du suicide* (posth. 1959). Elle est réunie dans *Écrits* (1970). J. Rigaut a inspiré deux œuvres à Drieu la Rochelle : *La Valise vide* (1923) et *Feu follet* (1931).

**RIGEL** ♦ Nom donné à l'étoile β Orion*. Magnitude 0,2 ; type spectral B8 ; distance 900 années-lumière.

**RIGEZI** ou **SHI-GAT-SE** ♦ V. de Chine (région autonome du Tibet). 46 060 hab. 2e ville du Tibet. Monastère de Tashilumpo, siège du panchen* lama.

**RIGHI (Augusto)** ♦ Physicien italien (Bologne 1850 - *id.* 1920). Ayant notamment étudié la polarisation de la lumière, la réflexion des ondes électromagnétiques sur les surfaces métalliques [1893] (→ **Hertz [Heinrich]**), il publia en 1897 le premier traité d'optique des hyperfréquences où il montra définitivement que les ondes radio ne diffèrent de celles de la lumière que par leur longueur. → **ÉTYM.** *Righi* est un nom italien familier et affectueux, hypocoristique de *Arrigo* (*Arrighi*, forme italienne de *Henri**) ou est l'aphérèse d'un nom comme *Alderigo, Amerigo*, etc.

**RIGI** ou **RIGHI** n. m. ♦ Massif montagneux de Suisse centrale (cant. de Lucerne et Schwyz) entre le lac des Quatre-Cantons et le lac de Zoug, dominant Weggis ; il culmine au Kulm (ou Rigi Kulm) à 1 798 m d'altitude.

**RIGIL KENTARUS** ou **RIGIL KENTAURUS** ♦ Nom donné à l'étoile α Centaure* A, une des trois plus proches du Système solaire, une des plus brillantes du ciel. Magnitude 0,01 ; type spectral G2 (comme le Soleil) ; distance 4,36 années-lumière. Rigil Kentarus forme, avec α Centaure B et α Centaure C (aussi appelée Proxima* du Centaure), un système stellaire triple.

**RIGNY (Henri GAUTHIER, comte DE)** ♦ Amiral français (Toul 1782 - Paris 1835). Il commanda les bâtiments français de l'escadre internationale qui détruisit la flotte d'Ibrahim* Pacha à Navarin (Grèce). Ministre de la Marine (1831 - 1834), il proposa la formation d'assemblées coloniales élues au suffrage censitaire, mais son projet ne fut pas retenu. Il fut ministre des Affaires étrangères (1834 - 1835).

**RIGNY-USSÉ** → **Ussé (château d')**

**Rigoletto** ♦ Opéra en 3 actes de Giuseppe Verdi* sur un livret de Francesco Maria Piave d'après *Le roi s'amuse* de Victor Hugo (Venise, 11 mars 1851). Croyant venger sa fille Gilda, séduite par le duc de Mantoue, le bouffon Rigoletto la conduit à la mort.

**Rig-Veda** ou **Ṛg Veda** n. m. → **ÉTYM.** «Veda des hymnes» ♦ L'un des quatre Veda* de l'Inde antique, le plus ancien. Il recueille plus de 1 000 hymnes religieux concernant principalement les prescriptions rituelles du culte védique. Il aurait été composé au cours du -IIe millénaire et rédigé peu avant notre ère. Il fit l'objet d'innombrables commentaires.

**RIHM (Wolfgang)** ♦ Compositeur allemand (Karlsruhe 1952). Parti de la «nouvelle simplicité», il a évolué vers un expressionnisme violent et personnel. Sa production est très abondante : neuf quatuors à cordes ; musique pour orchestre : *Vers une symphonie-fleuve* (cinq pièces, 1992 - 2001) ; musique d'ensemble : *Chiffres* (sept pièces, 1982 - 1988), *Jagden und Formen* (1995 - 2000) ; pièces pour instruments solistes :*Über die Linie* (1999 - 2002) ; opéras : *Jacob Lenz* d'après Büchner (Hambourg, 1979), *Œdipus* (Berlin, 1987), *La Conquête du Mexique* (Hambourg, 1992).

**RIJEKA** – anc. en it. ***Fiume*** ♦ V. de Croatie, au fond du golfe de Kvarner. 144 043 hab. Le port est géographiquement bien placé pour concurrencer Trieste dans le transit vers l'Europe centrale. Constructions navales, port pétrolier annexe à Omišalj dans l'île de Krk. ▮ **Histoire** Port franc en 1723, Fiume s'est développée au XIXe s. comme débouché de la Hongrie. Revendiquée après la Première Guerre mondiale par l'Italie et la Yougoslavie, elle fut occupée en 1919 par une troupe levée par Gabriele D'Annunzio et, bien qu'érigée en ville libre par le traité de Rapallo (1920), revint à l'Italie en 1924. Sous son nom slave de Rijeka, elle fut yougoslave de 1947 (traité de Paris) à 1991 (sécession de la Croatie).

**RIJKEVORSEL** ♦ Comm. de Belgique (Région flamande), prov. d'Anvers, arr. de Turnhout, sur le canal de la Campine. 10 847 hab. Tour gothique de l'église Saint-Willibrod, domaine de Hees (classé). ▪ Anc. briqueteries. Indus. agroalimentaire.

**RIJSWIJK** ou **RYSWICK** ♦ V. des Pays-Bas (Hollande-Méridionale), banl. de La Haye. 47 041 hab. Bureaux ; administrations nationales. ▮ **Histoire** Un traité y fut signé en 1697 : il mettait fin à la guerre de la ligue d'Augsbourg*, Louis XIV devait rendre ses acquisitions postérieures aux traités de Nimègue*. En fait, il conserva l'essentiel de ses conquêtes, mais un coup d'arrêt était porté à son impérialisme.

**Riku Kokushi** n. f. pl. ♦ Nom générique donné aux «Six Histoires nationales du Japon», lesquelles furent écrites en chinois et compilées sur ordre impérial. Elles couvrent la période allant des origines à 889. → **Nihongi.**

**RILA** n. m. (massif du) → **ÉTYM.** p.-ê. du sanskr. *sru* «couler» (pour une montagne avec de nombreux torrents) ♦ Massif montagneux de Bulgarie méridionale formant la partie occidentale du Rhodope*. L'altitude y dépasse 2 500 m (2 925 m au Musala). Un célèbre monastère orthodoxe y fut élevé au XIIIe s. en l'honneur du saint bulgare Jean de Rila (peintures murales ; icônes ; sculptures). Musée, bibliothèque.

**RILEY (Terry)** ♦ Compositeur américain (Corfax, Californie 1935). Représentant de la musique minimaliste «répétitive» (*In C*, 1966), brillant improvisateur au piano et à l'orgue, il se spécialise depuis les années 1980 dans la musique indienne.

**RILHAC-RANCON** [87570] → **ÉTYM.** *Rilhac* : anc. *Riliacum*, du lat. *Regulus*, n. de pers., et suff. *-acum* ♦ Comm. de la Haute-Vienne, arr. de Limoges. 3 652 hab.

**RILKE (Rainer Maria)** ♦ Écrivain autrichien (Prague 1875 - sanatorium de Val-Mont, Suisse 1926). Sa vie et son œuvre nous livrent l'image d'un être d'une sensibilité exacerbée, d'une instabilité maladive, partagé entre «une aspiration ardente à la lumière» et une angoisse sourde face à la misère, à la souffrance et à la mort. Après une enfance gâchée, dont il garda le sentiment d'avoir été «frustré de la part la plus innocente de sa force», il mena une existence errante (Allemagne, Russie, 1899 - 1900, Paris à plusieurs reprises, Italie, Scandinavie, Meudon chez Rodin, 1905 - 1906, Afrique du Nord, Égypte, Espagne, Suisse), toujours solitaire, en dépit de la gloire qu'il connut et de l'amour de femmes qui marquèrent profondément sa vocation poétique (Lou Andreas*-Salomé, 1897 ; Clara Westhoff, élève de Rodin, qu'il épousa en 1901). Aux premiers recueils poétiques, d'inspiration néoromantique (*Couronné de rêve ; Avent*, 1896 - 1898), succède *Le Livre d'heures (Das Stundenbuch)*, dont les deux premières parties (*Le Livre de la vie monastique*, 1899 ; *Le Livre du pèlerinage*, 1901) sont dominées par le pressentiment d'un Dieu encore à venir, qui recueillera en lui le sens de nos vies éparses, et par une sensibilité à la recherche de sa musicalité propre ; plus tardif, *Le Livre de la pauvreté et de la mort* (1902), qui clôt ce cycle de poèmes, est centré sur l'expérience pathétique et violente de la souffrance et de la misère, que Rilke fit à Paris (1902). De cette époque datent également *Les Histoires du Bon Dieu* (1899), *Les Récits pragois* (1899), le fameux *Chant de l'amour et de la mort du cornette Christophe Rilke*, 1899 (→ **Liliencron).** Sous l'influence de Rodin et de l'œuvre de Cézanne, Rilke tenta de métamorphoser par le travail de la création l'angoisse en «objet d'art [...] sorti du temps et confié à l'espace [...] devenu durable et apte à l'Éternité». *Les Nouveaux Poèmes* (1906 - 1908) sont le fruit de cet effort pour transfigurer le monde, en révéler le sens à l'aide d'images précises, raffinées, parfois violentes et souvent plus plastiques que musicales. Dans *Les Cahiers* de Malte Laurids Brigge* (1910), Rilke livra un combat avec lui-même, avec les aspirations et les angoisses de son enfance, combat qu'il ressentit un peu comme un échec et après lequel il traversa une crise physique et mentale, entrant dans une «longue période de sécheresse». De 1910 à 1921, il ne composa que quelques œuvres, parmi lesquelles les quatre premières *Élégies* de Duino* (1912, 1913, 1915). C'est au château de Muzot (Valais, 1921) que lui revint vraiment la voix de son inspiration ; en quelques jours, il écrivit les *Sonnets à Orphée* (1922) et acheva les *Élégies*. Il donna encore des traductions allemandes de P. Valéry, des poèmes en français (*Vergers, Quatrains valaisans*, 1925). ▪ Dominée par le sentiment aigu de la difficulté de vivre en raison de l'angoisse d'une mort perçue comme rupture, l'œuvre de Rilke se veut pourtant porteuse de la promesse d'un salut existentiel, non chrétien : affirmation de la possibilité d'être homme sur terre, conquête de «l'ouvert» *(das Offene)*, du «monde vu non de l'homme mais dans l'ange», dont la figure terrible et sereine domine les *Élégies*, certitude que le courant qui emporte toute vie est un mouvement de totalisation des contraires. Cessant dès lors d'être une rupture scandaleuse, la mort devient le couronnement d'une vie où l'homme «trouva l'amour, un sens et sa détresse». Ce retournement s'accomplit par et dans un langage poétique, qui atteint parfois chez Rilke une parfaite maîtrise dans l'utilisation des ressources phoniques, rythmiques, syntaxiques et métaphoriques de la langue. Outre ses œuvres poétiques, Rilke laissa de nombreux ouvrages en prose, dont une monographie sur *A. Rodin* (1902 - 1907) et une abondante correspondance dont les célèbres *Lettres à un jeune poète* (1903). → **ÉTYM.** *Rilke* est une autre forme de *Rülke, Rüleke*, diminutif de *Rüdiger* ou de *Rudolf*.

**RILLE** n. f. → **Risle**

**RILLIEUX-LA-PAPE** [69140] → **ÉTYM.** *Rillieux*, anc. en lat. *Religiacum* «domaine de Religius (n. de pers.)» et suff. *-acum* et *la Pape*, du lat. *puppa* «mamelle», puis «butte» ♦ Ch.-l. de cant. du Rhône, arr. de Lyon. 28 367 hab. *(Rilliards)*. Centre chorégraphique national. Herbes aromatiques. Fabrication de feux d'artifice. Jouets.

**RIMAILHO (Émile)** ♦ Officier et ingénieur français (Paris 1864 - Pont-Erambourg, Orne 1954). Dirigé par le général Charles Sainte-Claire Deville, il mit au point le frein du canon de 75 (→ **Deport).** Il conçut également quelques projets de matériels d'artillerie lourde à tir rapide. Ayant quitté l'armée, il s'intéressa à l'organisation du travail et à la structure sociale des entreprises.

**RIMBAUD (Arthur)** ♦ Poète français (Charleville 1854 - Marseille 1891). Rimbaud est l'objet d'une mythologie toujours vivace aujourd'hui. À l'image du génie précoce s'est superposée celle de l'aventurier qui, abandonnant la littérature, se lança dans des affaires dont le

Verlaine et **Rimbaud.** *Un coin de table,*
tableau de Fantin-Latour (1,60 x 2,25 m), détail.
Musée d'Orsay, Paris.
*BIS/Phot. H. Josse © Archives Larbor*

détail est mal connu. Il convient toutefois de préciser ce portrait. Virtuose de la composition de vers latins, Rimbaud écrivit son premier poème français, *Les Étrennes des orphelins*, en 1869. L'amitié qui le lia, en 1870, à son professeur de français, G. Izambard, fut décisive : il découvrit notamment Rabelais, Hugo et Th. de Banville. Bouleversé par la déclaration de la guerre (puis plus tard par l'échec de la Commune), il tenta diverses fugues vers Paris, qui se terminèrent toutes par un retour à Charleville. Ses vers manifestèrent alors son état de révolte contre la guerre (*Le Dormeur du val*, 1870), contre le pouvoir (*L'Orgie parisienne ou Paris se repeuple*, 1871) et contre le clergé (*Les Premières Communions*, 1871). La même violence se retrouve dans *Le Bateau* ivre* (1871), voyage intérieur qui s'achève sur l'illusion des aubes «navrantes». Rimbaud connut dès lors un bouleversement esthétique radical qui s'exprima notamment dans deux lettres, la première adressée à Izambard et la seconde à Paul Demeny, traditionnellement appelée *Lettre du voyant* (15 mai 1871). Soulignant que «la première étude de l'homme qui veut être poète est sa propre connaissance entière», il rompit avec toute la poésie traditionnelle en découvrant que «Je est un autre» et que l'on peut, par un «long, immense et raisonné dérèglement de tous les sens», rejoindre, au-delà de la conscience individuelle, le moi profond et l'unité cosmique. Invité par Verlaine* à Paris, il participa (avec notamment Ch. Cros et J. Richepin) aux réunions du Cercle Zutique. Sa liaison avec Verlaine fut très orageuse. Elle les conduisit en Belgique, puis à Londres, et s'acheva par un drame à Bruxelles : Verlaine blessa d'un coup de feu Rimbaud au poignet le 10 juil. 1873. Rimbaud composa alors très rapidement *Une saison* en enfer* qui constitue avec *Illuminations** son testament littéraire en même temps que son inscription dans la modernité. Ce fut ensuite une série de voyages qui le menèrent en Allemagne, en Suisse, en Italie, puis, après 1878, à Chypre où il travailla un temps pour l'administration britannique (1880). Il s'embarqua pour l'Égypte, gagna Aden puis Harrar, travaillant pour la maison Bardey et Cie spécialisée dans le commerce des peaux et du café. Une affaire d'importation d'armes et des démêlés plus ou moins honnêtes avec Ménélik, roi du Choa, marquèrent ses dernières années. Atteint d'une tumeur cancéreuse à un genou, il fut rapatrié en France et mourut à Marseille après avoir été amputé de la jambe droite. ▪ Conclue par un silence qui a entraîné d'innombrables interprétations, l'œuvre brève de Rimbaud a influencé le symbolisme avant d'être saluée par les surréalistes comme l'un des éléments précurseurs de leur remise en cause de la culture européenne. Elle est l'une des sources majeures de la mutation poétique moderne. ◂ **ÉTYM.** Ce nom est une variante de *Raimbaud*, du germanique *Raginbald*, nom de personne, de *ragin* «conseil» et *bald* «audacieux».

**RIMET (Jules)** ♦ Créateur de la Coupe du monde de football (Theuley-lès-Lavoncourt, Haute-Saône 1873 - 1956). Il fut le premier président de la FIFA (Fédération* internationale de Football Association) de 1921 à 1954.

**RIMINI** – anc. ***Ariminum*** ♦ V. d'Italie, en Émilie-Romagne, ch.-l. de prov., sur l'Adriatique. 128 656 hab. Pont et arc de triomphe antiques (-Ier s.). Temple de Malatesta, église du XIIIe s. remaniée au XVe s. pour Sigismond Ier Malatesta par L. B. Alberti dans le style antique ; cénotaphe des ancêtres de Sigismond ; son portrait par Piero della Francesca ; décoration sculptée par Agostino di Duccio. ▪ Importante station balnéaire et port de plaisance. ▮ **Histoire** Anc. *Ariminum*, elle fut colonie romaine (-268). Elle passa des Goths aux Byzantins puis aux Lombards et fut donnée au pape par Pépin le Bref (754). Elle appartint aux Malatesta de 1295 à 1509 où elle revint aux États de l'Église. La ville subit de nombreux dégâts lors de la Deuxième Guerre mondiale. → **Malatesta.**

**RIMITTI (Saïda, dite Cheikha)** ◂ **ÉTYM.** *Rimitti* est une déformation de «Remettez !», allusion à l'apostrophe qu'elle fit dans un café pour que l'on donne à boire à son public et *cheikha* signifie «maîtresse dans la tradition» ♦ Chanteuse de raï algérienne (Tessala, près de Sidi Bel Abbès 1923 - Paris 2006). Nourrie de la poésie des terroirs de l'Ouest algérien, elle chantait en arabe dialectal, lors des mariages ou autres fêtes et en tous lieux, des vers de sa composition, d'une voix rauque et grave, accompagnée de la gâsba (flûte) et du gellal (tambourin). Elle chantait la mehna (l'amour malheureux et qui rend malade), le désir (*Charak gataâ* «Déchire, lacère !»), l'amitié, le deuil, l'alcool mais aussi la misère et l'exil. L'usage de la métaphore lui permettait toutes les audaces qui lui valurent un temps «l'excommunication nationale». Installée en France dans les années 1980, celle qui se voulait l'*iğedra* («la racine») du raï moderne, assura la transition d'un raï reposant sur les structures traditionnelles à un raï enrichi et raffiné aux rythmiques et sonorités plus modernes. Elle est considérée comme la mère du raï par les jeunes générations, qui l'ont beaucoup plagiée et ont fait évoluer le raï traditionnel vers le pop raï. → **raï.**

**RIMOUSKI** ◂ **ÉTYM.** probablt de l'algonquin *Animosh-Ki* «la terre *(akki-ouki)* du chien *(animosh)*» ♦ V. du Canada (Québec), sur la rive S. du Saint-Laurent, à l'orée de la Gaspésie. 42 240 hab. (aggl. 46 807). Université. Institut maritime. Centre commercial et industriel. Scieries.

**RIMSKI-KORSAKOV (Nikolaï Andreïevitch)** ♦ Compositeur russe (Tikhvin, Novgorod 1844 - Lioubensk, près de Saint-Pétersbourg 1908). Issu d'une famille de la noblesse rurale qui possédait une excellente culture musicale, il fut envoyé à l'École des cadets de la marine (1856 - 1862), sans cesser cependant d'étudier le piano et le violoncelle. Présenté à Balakirev* (1861), il se joignit au groupe de ses jeunes disciples (Moussorgski, Borodine, Cui) qui allaient bientôt constituer avec leur maître le groupe des Cinq*. Contraint de s'embarquer pour trois années dans un voyage autour du monde (1862 - 1865), il dut interrompre ses premiers travaux de composition. Il les reprit dès son retour, décidant de se vouer à la musique. Nommé, malgré son jeune âge et son inexpérience, professeur de composition au conservatoire de Saint-Pétersbourg, il s'imposa de refaire ses études musicales, sous la direction notamment de Tchaïkovski*. Il allait devenir, par un labeur acharné, le musicien le plus savant de sa génération et former, avec une autorité et une science indiscutées, de nombreux élèves, parmi lesquels Liadov, Gretchaninov, Glazounov, Respighi et Stravinski. Nommé inspecteur des musiques de la Flotte (1873), directeur des Concerts du Conservatoire libre (1874), puis directeur des Concerts symphoniques russes à Saint-Pétersbourg (1886 - 1900), il poursuivit aussi une carrière de chef d'orchestre à l'étranger (Paris, 1889). Contraint par les autorités, lors de la révolution de 1905, de se démettre de ses fonctions au Conservatoire, il y fut réintégré, Glazounov en étant devenu le directeur. Il revint à Paris (1907) pour y diriger les cinq concerts historiques russes organisés par Diaghilev. ▪ Son œuvre comporte quinze opéras, dont *La Pskovitaine* (1868 - 1872), *Snegourotchka* (1881 - 1882), *Sadko* (1896 - 1897), *La Fiancée du tsar* (1898 - 1899), *La Légende de la ville invisible de Kitège* (1904 - 1907), *Le Coq* d'or* (1906 - 1907) ; des œuvres symphoniques : *Antar* (1868), *Capriccio espagnol* (1887), *Schéhérazade** (1888), *La Grande Pâque russe* (1888) ; deux symphonies, un concerto pour piano, de la musique de chambre, une centaine de mélodies et l'harmonisation de 150 chansons populaires russes. Éditeur des œuvres complètes de Glinka*, Rimski-Korsakov a procédé aussi à un travail de «polissage» et d'orchestration sur des œuvres de Dargomyjski, Borodine *(Le Prince Igor)* et de Moussorgski* (*Boris* Godounov* et *Khovanchtchina**, qu'il termina). Prodigieux orchestrateur, manieur de timbres éclatants, Rimski possédait aussi une

Nikolaï **Rimski-Korsakov.** Tableau de V. Serov. Galerie Tretiakov, Moscou. *Phot. © APN*

invention mélodique sans cesse renouvelée. Son généreux lyrisme a trouvé sa meilleure expression dans ses opéras où il apparaît comme le créateur d'un style national par l'exploitation qu'il y fait des légendes populaires, le rôle dévolu aux foules, la somptuosité des parties vocales et le chatoiement orchestral. S'il a parfaitement assimilé la leçon des grands romantiques, de Weber à Wagner, il a su s'imprégner aussi de l'exemple de ses contemporains, français et russes notamment, et pratiquer la fusion recommandée par Glinka des «chants populaires russes et de la fugue venue d'Occident». Son influence a été considérable. Outre Ravel, en France, et Respighi, en Italie, toute l'école musicale russe du XX$^{e}$ s., de Prokofiev à Chostakovitch, est tributaire de son enseignement. → ÉTYM. Ce nom vient du russe *Korsak*, nom d'une ancienne famille lituanienne dont une branche reçut du tsar le droit d'ajouter à son nom *rimskiï* «romain» (de *Rim* «Rome») pour établir qu'elle avait une ascendance romaine.

**RINGUET** (**Philippe PANNETON**, dit) ♦ Écrivain canadien d'expression française (Trois-Rivières 1895 - Lisbonne 1960). Il partagea sa vie entre son métier de médecin et les nombreux voyages à l'étranger, avant de devenir, en 1956, ambassadeur du Canada au Portugal. Ringuet s'est intéressé à la vie de personnages «moyens» assujettis aux codes de leur milieu. *Le Poids du jour* (1949) analyse le comportement d'un adolescent de la campagne réfugié dans l'anonymat de la société urbaine de Montréal, alors que son roman le plus célèbre, *Trente arpents* (1938), s'attache au thème de la terre au travers de l'histoire réaliste d'une famille paysanne déracinée.

**RINKE** (**Klaus**) ♦ Artiste allemand (Watterscheid 1939). Utilisant comme matériau presque exclusif l'eau, il chercha à redécouvrir les sources secrètes de la création, les forces de la nature. Après les *Sept mers* (1982 - 1987), il utilisa son propre corps en 1985 au Centre Georges-Pompidou en jouant avec de l'eau. «Fluxus du temps» géologique et humain, «liberté en perpétuel transit», comme l'art, elle figure aussi dans ses *Horloges régulatrices*. Il découvrit en Australie l'art des Aborigènes et exposa certaines de leurs œuvres. Il reprit la technique du dessin en 1981 avec sa série *Néanderthal*, et la couleur depuis 1984, pour des œuvres cosmiques. À Lusigny-sur-Barse il réalisa une *Sculpture en hommage à Bachelard* (1984 - 1986), constituée d'un arc et d'une aiguille d'acier suspendus au-dessus du canal de l'Aube.

**RINTALA** (**Paavo**) ♦ Écrivain finlandais d'expression finnoise (Viipuri 1930 - 1999). Il est l'un des représentants les plus originaux de l'école finlandaise du roman historique. Il proposa toujours des explications psychologiques ou religieuses aux grands événements qu'il retint. Ainsi de *L'Évangile des morts* (1954) sur les derniers moments de Jésus, ou de la trilogie *Ma grand-mère et Mannerheim* (1960 - 1962) sur l'héroïque résistance de son pays pendant la Deuxième Guerre mondiale.

**RINUCCINI** (**Ottavio**) ♦ Poète italien (Florence 1564 - *id.* 1621). Membre de la Camerata fiorentina, il fournit avec les livrets de *Daphné* (1594, musique de I. Peri et I. Caccini) et d'*Eurydice* (1600, de Peri), le matériau idéal du «recitar cantando» et les premiers modèles du mélodrame. Il écrivit le texte d'*Ariane* (*Arianna*, 1607), musique de Monteverdi (dont seul nous est parvenu le *Lamento*) et, pour le même musicien, le *Bal des ingrates* (1608). Ayant suivi Marie de Médicis en France, il fut influencé, dans ses *Poésies* (posth., 1622), par Ronsard et les poètes de la Pléiade.

**RIOBAMBA** ♦ V. d'Équateur, cap. de la prov. du Chimborazo, au centre de la cordillère des Andes. 135 350 hab. Centre régional, marché agricole.

**RIO BRANCO** ♦ V. du Brésil, cap. de l'État d'Acre. 253 000 hab. Bois, caoutchouc.

***Rio Bravo*** ♦ Film américain de Howard Hawks* (1959). Le cinéaste offre ici la quintessence du western. Ni poursuite infernale ni massacre d'Indiens, mais un huis clos rigoureux, enfermant dans un petit bourg de l'Arizona un shérif emblématique (John Wayne), flanqué d'acolytes chancelants (Dean Martin, Walter Brennan, Ricky Nelson), que cerne un gang de malfaiteurs. Aucune échappée vers l'extérieur, aucune concession au pittoresque, mais des personnages hauts en couleur et des touches d'humour et de générosité. Hawks donnera deux suites libres à ce chef-d'œuvre dans un style plus décontracté : *El Dorado* (1967) et *Rio Lobo* (1970).

**RIO DE JANEIRO** ♦ État du Brésil (région Sudeste) → **Brésil** (carte). 43 653 km$^{2}$. 14 391 000 hab. CAP. : Rio de Janeiro (où est concentré l'essentiel de la population). Agriculture en déclin. Indus. autour de la baie de Guanabara et dans la vallée du Paraíba do Sul où a été installée la première usine sidérurgique brésilienne (Volta Redonda). La beauté de son paysage en fait un des hauts lieux du tourisme brésilien. ▮ **Histoire** L'État de Rio de Janeiro résulte de la fusion, en 1975, de l'anc. District fédéral de Rio de Janeiro et de l'État de Guanabara.

**RIO DE JANEIRO** ou **RIO** → ÉTYM. port. «fleuve de janvier», n. donné par Vespucci à la baie qu'il pensait être l'embouchure d'un grand fleuve [l'endroit fut découvert en janvier 1502] ♦ V. et port du Brésil, cap. de l'État de Rio de Janeiro, sur la rive occidentale de la baie de Guanabara (dite *baie de Rio*) et sur l'océan Atlantique. 5 858 000 hab. (aggl. 11 200 000) *(Cariocas)*. La ville, cernée par les reliefs granitiques de la serra Carioca qui culmine au Corcovado (704 m), s'étend au milieu d'une végétation tropicale, au-delà du Pain* de Sucre (395 m) le long des plages de Copacabana, Ipanema et Barra de Tijuca. ▪ Jardins botanique et zoologique renommés. Centre culturel et touristique (célèbre carnaval qui dure officiellement trois jours du dimanche au Mardi gras, mais qui donne lieu à plusieurs semaines de réjouissances). Bibliothèque nationale. Cinq universités. Monuments de l'époque coloniale (Candelária, São Bento). Foyer d'architecture moderne (faculté d'architecture Oscar Niemeyer, bâtiments inspirés des conceptions de Le* Corbusier) qui forme un contraste frappant avec les quartiers misérables (favelas). Bien qu'elle soit toujours pour les voyageurs la ville brésilienne par excellence, Rio de Janeiro souffre d'avoir été mise à l'écart des grands investissements fédéraux depuis le transfert de la capitale à Brasília en 1960 et elle connaît des problèmes sociaux aigus et une criminalité croissante. ▪ Deuxième centre indus. et commercial et deuxième port du Brésil (après São* Paulo) Rio est reliée à Belo Horizonte par un oléoduc. Industries diversifiées. Aéroports internationaux (Galeão ; Santos Dumont). La ville doit accueillir les jeux Olympiques d'été en 2016. ▮ **Histoire** La baie de Rio fut découverte en 1502 par un membre de l'expédition de Vespucci. C'est en 1555 que Villegagnon* installa un premier établissement français, mais il fut chassé par les Portugais qui fondèrent la ville vers 1567. Prise par les Français de Duguay*-Trouin en 1711, avant de redevenir portugaise, elle remplaça Bahia comme capitale du Brésil de 1763 à 1960 (avant Brasília). Résidence de la dynastie de Bragance, elle devint dès le XVIII$^{e}$ s., époque de l'exploitation de l'or, un centre commercial important et un port d'exportation du métal précieux.

**RIO DE LA PLATA** → **Plata** (**rio de La**)

**RIO DE ORO** – en ar. ***Sakiet al-Zhahab*** ♦ Partie S. du Sahara-Occidental, anc. protectorat espagnol. 184 000 km$^{2}$. V. PRINC. : Dakhla.

**RÍO GALLEGOS** ♦ V. d'Argentine, cap. de la prov. de Santa Cruz. 79 000 hab. Port à l'embouchure du río Gallegos, desservant les champs pétroliers et gaziers situés sur le plateau continental.

**RIO GRANDE** n. m., au Mexique río **BRAVO** → ÉTYM. *Río Grande*, esp. «grand fleuve» (→ aussi Amour, Connecticut, Guadalquivir, Mékong, Mississippi, Volga, Yukon, Zambèze) ; *Río Bravo*, esp. «fleuve sauvage» ♦ Fl. d'Amérique du N. (2 896 km). Il prend sa source dans les monts San Juan (S.-O. du Colorado), traverse le Nouveau-Mexique, arrose Albuquerque et forme frontière entre le Mexique et les États-Unis (Texas) avant de se jeter dans le golfe du Mexique. ▪ Son bassin est une importante zone d'irrigation. Entre les deux villes de Laredo (Texas) et de Nuevo Laredo (Mexique), des milliers de Mexicains traversent le fleuve à la nage pour se rendre aux États-Unis, et cette portion du fleuve a toujours été un lieu privilégié de passage de la drogue vers le nord. Depuis les années 1970, la contrée s'est ouverte à des investissements de toutes sortes dans les domaines de l'électronique, de l'automobile et de l'habillement : c'est le domaine des *maquiladoras*, où une main-d'œuvre à bon marché assemble et transforme des produits semi-manufacturés, importés puis réexportés pour le compte de grandes entreprises industrielles.

Le **Rio Grande** dans le Big Bend National Park, au Texas.
*Phot. © D. Muench/Corbis*

**RIO GRANDE** ♦ V. et port du Brésil (État du Rio Grande do Sul). 179 000 hab. Export. de soja.

**RIO GRANDE DO NORTE** n. m. ♦ État du Brésil (région Nordeste) → **Brésil** (carte). 53 166 km$^{2}$. 2 777 000 hab. CAP. : Natal. Grande zone sèche occupée par la culture traditionnelle du coton et par des cultures irriguées (melons et noix de cajou). Sel, gaz naturel (offshore).

**RIO GRANDE DO SUL** n. m. ♦ État du Brésil (région Sud) → **Brésil** (carte). 280 674 km$^{2}$. 10 188 000 hab. CAP. : Porto Alegre. Sa frontière avec l'Argentine et l'Uruguay en fait une zone stratégique. Aux XIX$^{e}$ et XX$^{e}$ s., cet État a connu une forte immigration d'origine allemande et italienne. Le tiers de la population habite la capitale Porto Alegre qui concentre plus de 50 % de l'activité industrielle de l'État. Cultures de riz, soja, blé, vigne, pêches. Longtemps troisième région industrielle du pays, le Rio Grande do Sul a été dépassé par le Minas Gerais et s'est spécialisé dans la production de biens intermédiaires destinés aux industries de São Paulo.

**RIOJA (LA)** ♦ V. d'Argentine, cap. de province. 146 000 hab. ♦ ***Province de La Rioja*** → **Argentine** (carte). 90 000 km². 290 000 hab. Sur le piémont andin. Vignobles, fruits dans les oasis.

**RIOJA (LA)** ← **ÉTYM.** du basque *Errijan* «vallée fertile», de *erri* «terre fertile» et *jan* «fertilité, nourriture» ♦ Communauté autonome d'Espagne. → **Espagne** (carte). 5 034 km². 308 968 hab. CAP. : Logroño. Située dans la vallée de l'Èbre, au N. des monts Ibériques, la région juxtapose des terres agricoles fertiles et des reliefs désolés, tabulaires ou ruiniformes, creusés par le fleuve. La viticulture, déjà importante au Moyen Âge, a pris son essor au XIXe s. et produit l'un des meilleurs vins d'Espagne. Cultures maraîchères. Indus. agroalimentaire (conserveries). ▮ **Histoire** La Rioja, autrefois rattachée à la Navarre*, était traversée par les pèlerins de Saint-Jacques-de-Compostelle qui furent à l'origine de son développement économique et culturel.

**RIOM** [ʀjɔ̃] [63200] ← **ÉTYM.** anc. en gaul. *Ricomagensi vico* «champ, marché *(magos)* royal *(rix* "roi")» ♦ Ch.-l. d'arr. du Puy-de-Dôme, au pied de la chaîne des Puys. 18 548 hab. (aggl. 25 052) *(Riomois)*. Cour d'appel. Église Saint-Amable (romane, chœur gothique). Église Notre-Dame-du-Marthuret de style languedocien (*Vierge à l'oiseau* du XIVe s.). Dans le palais de justice, sainte chapelle du XIVe s. (vitraux, fin du XVe s.). Fontaine d'Adam et Ève (XVIIe s.). Hôtels des XVIe et XVIIe s. Musée Francisque-Mandet : archéologie ; peinture ; art décoratif. Musée des Arts et Traditions populaires d'Auvergne. ▪ Indus. diversifiées. ▮ **Histoire** Riom est l'anc. capitale du duché d'Auvergne. ▪ Le *procès de Riom* débuta en février 1942 afin de juger des hommes politiques (Blum*, Daladier*, G. La Chambre), et des militaires (Gamelin* et Jacomet), accusés d'être responsables de la guerre de1939 et de la défaite de 1940 ; ils avaient préalablement été condamnés par Pétain*. Les débats, qui tournaient à la confusion du régime de Vichy, furent suspendus en avril 1942 sans conclusion. Les accusés furent maintenus en prison et, pour la plupart, livrés aux Allemands.

**RIOM-ÈS-MONTAGNES** [15400] ♦ Ch.-l. de cant. du Cantal, arr. de Mauriac. 2 842 hab. *(Riomois)*. Église Saint-Georges des XIe - XIIe s. (chapiteaux). ▪ Foires à bestiaux. Fromages.

**RÍO MUNI** n. m. → **Mbini**

**RION** ♦ V. de Grèce, escale de ferries à l'E. de Patras, dans le Péloponnèse. Pont traversant le golfe de Corinthe jusqu'à Antirion.

**RÍO NEGRO** n. m. ♦ Province d'Argentine située au N. de la Patagonie, s'ouvrant sur l'Atlantique par le golfe de San Matías. → **Argentine** (catre). 203 000 km². 553 000 hab. CAP. : Viedma. Vergers (pommes et poires) dans la moyenne et la haute vallée du río Negro où se concentre une grande partie du peuplement.

**RIONI** n. m. – anc. ***Phase*** ♦ Riv. de Géorgie, née sur le versant S. du Caucase. Elle arrose Koutaïssi et se jette dans la mer Noire, à Poti (327 km).

**RIOPELLE (Jean Paul)** ♦ Peintre et sculpteur canadien (Montréal 1923 - L'Isle-aux-Grues, Québec 2002). Il fit ses études à l'École polytechnique de Montréal puis se consacra à la peinture. Luttant contre la stagnation qui caractérisait l'art canadien, il fonda avec Borduas* le groupe Automatisme. Les théories surréalistes jouèrent pour lui un rôle libérateur en l'incitant à se fonder sur la spontanéité et l'impulsivité de l'acte créateur. Installé à Paris en 1946, il abandonna le rendu réaliste, admira Kandinsky, Miró et développa un style non figuratif dont l'inspiration initiale est souvent l'émotion ressentie devant la nature. Dans ses vastes toiles, la succession de touches colorées, épaisses, étalées souvent à la spatule ou au couteau, semble conserver la forme de l'instrument qui les a produites (aspect quadrangulaire, effet de relief) et enregistrer le caractère violent et la direction du geste de la main, engendrant des rythmes à la fois amples et saccadés. Par la véhémence de son style, il s'est inscrit dans le courant de l'abstraction lyrique, tout en manifestant la volonté de structurer solidement l'espace par la forme et la texture de son coup de pinceau.

**RIORGES** [42153] ♦ Comm. de la Loire, banl. O. de Roanne, sur la Renaison. 10 074 hab. Indus. de la maille.

**RIO TINTO** → **Minas de Rio Tinto**

**RIOURIK** ♦ Prince varègue (mort en 879) qui fut, selon la *Chronique de Nestor* (XIVe s.), appelé par les Slaves pour mettre fin à leurs divisions et fonda la principauté de Novgorod*, embryon de l'État russe (v. 860). La dynastie des Riourikides, descendante de Riourik, se divisa en de multiples branches qui régnèrent sur les diverses principautés de Russie du IXe au XVIe s.

**RIPERT (Georges)** ♦ Juriste français (La Ciotat 1880 - Paris 1958). Auteur d'ouvrages sur le droit maritime (*Traité de droit maritime*, 1914), civil (*Traité de droit civil*, 1924 - 1930) et commercial (*Traité élémentaire de droit commercial*, 1954), il fut également ministre de l'Éducation dans le gouvernement de Vichy (1940).

**RIPOLL** ♦ V. d'Espagne (Catalogne), prov. de Gérone, au confluent du Ter et du Fraser. 10 867 hab. Anc. ville industrielle (forges, textile, papeterie) et religieuse avec son monastère (fondé au IXe s.) où se faisaient enterrer les comtes de Barcelone. Foyer culturel de tout premier plan au Moyen Âge autour de sa bibliothèque, Ripoll a conservé le riche portail roman de l'église Santa María.

**RIPPERDA (Jan Willem,** duc **DE)** ♦ Homme politique espagnol d'origine hollandaise (Groningue 1680 - Tétouan 1737). Il prit la succession d'Alberoni* à la tête de la politique espagnole, qu'il orienta vers l'alliance avec l'Autriche. Disgracié en 1726, il finit par se réfugier au Maroc où il se convertit à l'islam et entraîna le sultan dans une guerre contre l'Espagne. Il fut vaincu à Ceuta.

**RIQUET (Pierre Paul DE)** ♦ Ingénieur français (Béziers 1604 - Toulouse 1680). Il construisit le canal du Midi* (1666 - 1681) qui relie la Méditerranée à la Garonne et pour lequel, les crédits alloués étant insuffisants, il fit don de toute sa fortune.

**Riquet à la houppe** ♦ Conte de Charles Perrault* (1697) [→ **Contes**] où l'auteur veut prouver que «quiconque est aimé est aimable». Laid mais spirituel, le prince Riquet épouse une princesse aussi stupide que belle à laquelle l'amour donnera de l'esprit et qui comprendra «qu'en fait d'attachement il vaut toujours mieux s'en rapporter à son cœur qu'à ses yeux».

**RIQUEWIHR** [ʀik(ə)viʀ] [68340] ← **ÉTYM.** «ferme (bas lat. *villare*) de *Richo* (n. de pers. germ.)» ♦ Comm. du Haut-Rhin, arr. de Ribeauvillé. 1 212 hab. *(Riquewihriens)*. Nombreuses maisons des XVIe et XVIIe s. Double enceinte conservée. Porte Dolder (1291, renforcée aux XVe - XVIe s.). Château du XVe s. (musée d'Histoire de la poste). ▪ Viticulture (riesling). ▮ **Histoire** La ville fut fortifiée au XIIIe s. par les comtes de Horbourg.

Le **Rire** ♦ Hebdomadaire humoristique illustré, publié de 1894 à 1940. Grâce à la qualité de ses dessinateurs (Toulouse-Lautrec, Forain, Willette, Caran d'Ache) et à l'utilisation de la photogravure, *Le Rire* connut un rapide succès. Tour à tour antidreyfusard, puis anglophobe lors de Fachoda et germanophobe durant la Première Guerre mondiale, le journal évolua ensuite vers la grivoiserie et la satire de mœurs.

**RISHON-LE-TZION** ♦ V. d'Israël, au S. de Tel-Aviv, dans la plaine côtière. 222 000 hab. Édifiée au milieu d'orangeraies et de vignobles réputés, la ville s'est industrialisée (indus. alimentaires, brasseries, indus. du bâtiment). Centre culturel.

**RISI (Dino)** ♦ Cinéaste italien (Milan 1916 - Rome 2008). Un des maîtres de la comédie italienne, expert en dosage de loufoquerie et d'étude de mœurs, dans des films souvent interprétés par Vittorio Gassman ou Ugo Tognazzi (*Le Fanfaron*, 1962 ; *Les Monstres*, 1963 ; *Parfum de femme*, 1974 ; *La Chambre de l'évêque*, 1977), il était aussi à l'aise dans la chronique sociale (*Une vie difficile*, 1961 ; *La Marche sur Rome*, 1962 ; *Au nom du peuple italien*, 1971). ♦ **Nelo Risi** (Milan 1920), frère du précédent. Également cinéaste, il se tint plutôt dans le registre de l'étude psychologique (*Le Journal d'un schizophrène*, 1969).

**RISLE** ou **RILLE** n. f. ← **ÉTYM.** anc. *Lirizinus*, puis, par aphérèse *Rizela*, probablt rac. *lir-* ♦ Riv. de Normandie (140 km), affl. de la Seine. Elle prend sa source dans le Perche, elle arrose L'Aigle, Rugles, Beaumont-le-Roger, Brionne, Montfort-sur-Risle, Pont-Audemer et se jette dans l'estuaire de la Seine.

**RISLER (Édouard)** ♦ Pianiste français (Baden-Baden 1873 - Paris 1929). Il interpréta en première audition de nombreuses œuvres de Dukas, Fauré et Enesco. Répétiteur au théâtre de Bayreuth (1896) et spécialiste réputé de la musique romantique allemande, il fut aussi professeur au Conservatoire de Paris (1923). ← **ÉTYM.** *Risler* est une variante de *Reissler*, du moyen haut allemand *reiseler* «voiturier».

**RIS-ORANGIS** [ʀisɔʀɑ̃ʒis] [91130] ← **ÉTYM.** *Ris*, anc. *Regis*, p.-ê. du gaul. *rica* «sillon» et *Orangis*, du lat. *Orentius*, n. de pers. gallo-rom., et suff. *-acus* ♦ Ch.-l. de cant. de l'Essonne, arr. d'Évry, sur la Seine. 24 436 hab. *(Rissois)*. Hôtel de ville dans l'anc. château de Fromont (XVIIe s.). Maison de retraite des artistes lyriques dans le château de Ris (XIXe s.).

**Risorgimento** n. m. ← **ÉTYM.** it. «renaissance» ou «résurrection» ♦ Ce terme fut employé pour désigner le réveil de la culture italienne, dès le XVIIIe s., puis le mouvement littéraire et politique qui devait aboutir à l'unité du pays. Il est traditionnellement appliqué à la période de l'histoire italienne située entre 1815 et 1870. → **Cavour, Charles-Albert, Italie, Victor-Emmanuel II.**

**RISSET (Jean-Claude)** ♦ Compositeur et chercheur français (Le Puy 1938). Il a publié en 1969 un «catalogue de sons d'ordinateur», et dirigé le département «ordinateur» de l'Ircam (1976 - 1979). Depuis 1985, il est directeur de recherche au CNRS (*Électron-Positron* pour bande 8 pistes, 1989 ; *Rounds* pour piano, 1990).

**RIST (Johannes)** ♦ Pasteur et poète allemand de l'époque baroque (Ottensee, Altona 1607 - Wedel-an-der-Elbe 1667). Disciple de M. Opitz*, il composa en latin et en allemand des poèmes d'un style parfois surchargé ; certaines de ses poésies d'inspiration religieuse devinrent très populaires (comme *O Ewigkeit, du Donnerwort*).

**RIST (Charles)** ♦ Économiste et administrateur français (Lausanne 1874 - Versailles 1955). Sous-gouverneur de la Banque de France (1926 - 1929), conseiller financier des Banques nationales de Roumanie et d'Autriche, il donna au libéralisme «son suprême visage : celui de l'orthodoxie monétaire» (A. Piettre). Il a publié *Histoire* *des doctrines économiques depuis les physiocrates jusqu'à nos jours* (avec Ch. Gide*, 1909) ; *Essais sur quelques problèmes économiques et monétaires*, 1933 ; *Défense de l'or*, 1955.

**RISTIĆ (Jovan)** ♦ Homme politique serbe (Kragujevac 1831 - Belgrade 1899). Plusieurs fois Premier ministre et ministre des Affaires étrangères, il fit reconnaître au congrès de Berlin l'indépendance de la Serbie (1878). Il fut membre du conseil de régence pendant la minorité d'Alexandre* Ier Obrénovitch (1889 - 1893).

**RISTIĆ (Marko)** ♦ Poète et essayiste serbe (Belgrade 1902 - 1984). Chef du groupe des surréalistes serbes à la recherche d'une voie entre le réalisme soviétique et le modernisme occidental, il exprima ses idées dans *La Politique littéraire* (1952) et publia plusieurs recueils de vers : *Du bouleau et du rêve* (1925), *La Turpitude* (1938).

## rites chinois (querelle des)

♦ Polémique à l'intérieur du catholicisme au sujet de la permission ou de l'interdiction aux croyants de pratiquer les rites traditionnels du culte des ancêtres et de Confucius. Les jésuites, suivant la voie tracée par leur illustre prédécesseur Matteo Ricci* (1552 - 1610), préconisaient une évangélisation progressive et ne voyaient pas d'objection à ces pratiques, considérant qu'il s'agissait d'un culte civil et non religieux. Les dominicains et les franciscains les considéraient comme des pratiques superstitieuses et idolâtres. Rome condamna les rites en 1645 - 1646 mais laissa la voie libre à une interprétation plus souple jusqu'en 1742, où Benoît XIV les interdit formellement. En France, la querelle passionna l'opinion, opposant la Compagnie de Jésus aux Missions étrangères soutenues par les philosophes et les jansénistes. Deux siècles plus tard, en 1939, Pie XI autorisa les catholiques chinois à pratiquer les rites.

**RITSOS (Yannis)** ♦ Poète grec (Malvoisie 1909 - Athènes 1990). Partant du futurisme de Maïakovski (*Tracteur*, 1934), il chercha sa propre expression à travers une poétique où les problèmes humains et les expériences nationales se traduisent par une faculté plastique peu commune : *Le Chant de ma sœur* (1937), *Épreuve* (1943), *La Sonate au clair de lune* (1956), *Oreste* (1963).

**RITT (Martin)** ♦ Cinéaste américain (New York 1920 - 1990). Ce libéral aux idées généreuses, et au style un peu pauvre, eut à souffrir du maccarthysme : il lui consacra *Le Prête-Nom* (1976), avec Woody Allen. Ses autres films allèrent de la parabole antiraciste (*L'Homme qui tua la peur*, 1957) au western «humanisé» (*Le Plus Sauvage d'entre tous*, 1963) et à l'exaltation du syndicalisme (*Norma Rae*, 1979). Il tourna également un curieux remake de *Rashômon : L'Outrage* (1964).

**RITTER (Johann Wilhelm)** ♦ Physicien allemand (Samitz, Silésie 1776 - Munich 1810). Il fut le premier à observer que les métaux se classent dans le même ordre si l'on considère leur facilité d'oxydation ou leurs propriétés électriques (1798) et découvrit la polarisation des électrodes dans une pile (1803) ; il mit en évidence l'existence du rayonnement ultraviolet en observant le noircissement sur une plaque couverte de nitrate d'argent. ➝ **ÉTYM.** Ce nom allemand signifie «chevalier».

**RITTER (Karl)** ♦ Géographe allemand (Quedlinburg, Prusse 1779 - Berlin 1859). Il fut, avec A. von Humboldt*, un des fondateurs de la géographie moderne. Il s'efforça d'étudier les rapports entre l'homme et le milieu physique, l'influence du milieu naturel sur le développement des sociétés, faisant ainsi une place prépondérante à la géographie humaine. Son œuvre principale, une géographie universelle en 19 volumes (*Die Erdkunde im Verhältnis zur Natur und Geschichte des Menschen*, 1817 - 1859), est restée inachevée.

**RITZ (César)** ♦ Hôtelier et homme d'affaires suisse (Niederwald 1850 - Küssnacht, près de Lucerne 1918). Il devint en 1877 le directeur du Grand Hôtel de Lucerne, qu'il transforma en établissement renommé avec le concours du cuisinier français Escoffier*. Puis il fonda le Ritz de Paris (place Vendôme) en 1898, le Ritz de Londres en 1906, et accorda l'usage de son nom pour d'autres hôtels dans le monde.

**RIVA-BELLA** ➝ **Ouistreham**

**RIVADAVIA (Bernardino)** ♦ Homme politique argentin (Buenos Aires 1780 - Cadix 1845). Il fut envoyé par les révolutionnaires argentins pour plaider en Europe la cause de l'indépendance (➝ **Argentine**). Ministre des Affaires étrangères de 1811 à 1824, il fut élu président de la République en 1826, mais, partisan de la centralisation et en butte à l'opposition des provinces, dut démissionner un an après. Il s'exila en Espagne (1834).

Le **Rivage des Syrtes** ♦ Roman de Julien Gracq* (1951). Aldo, le narrateur, est envoyé sur le rivage des Syrtes par les instances dirigeantes de la principauté d'Orsenna. Il y a en effet plusieurs siècles que cette principauté est en guerre contre le Farghestan, même si les combats ont cessé depuis longtemps. Curieux, Aldo fait voile vers les côtes de l'État ennemi et ranime le conflit qui, bien que non raconté dans le roman, paraît devoir se terminer par la disparition d'Orsenna. Gracq refusa le prix Goncourt qui lui fut attribué pour cette œuvre dont la qualité principale est d'avoir traduit en prose l'aspect mystérieux de l'attente et du non-dit.

**RIVALZ** ♦ Famille de peintres français des XVIIe et XVIIIe s. ♦ **Jean-Pierre Rivalz** (La Bastide-d'Anjou 1625 - Toulouse 1706). Peintre du Capitole de Toulouse, auteur de la grande fresque de la salle des Illustres du Capitole. ♦ **Antoine Rivalz** (Toulouse 1667 - *id.* 1735). Fils du précédent. De son séjour à Rome (1688 - 1700), il revint avec une profonde admiration pour Poussin. Peintre de tableaux religieux, historiques et de scènes de genre, il succéda à son père comme peintre du Capitole et fonda une école de dessin, future académie des Beaux-Arts de Toulouse, fréquentée notamment par Subleyras*. ♦ **Jean-Pierre Rivalz le jeune,** dit **le chevalier de Rivalz** (Toulouse 1718 - *id.* 1785). Fils du précédent, il se spécialisa dans le portrait et la peinture religieuse.

**RIVAROL (Antoine,** dit **le comte de)** ♦ Écrivain français (Bagnols-sur-Cèze 1753 - Berlin 1801). Auteur d'un *Discours sur l'universalité de la langue française* (1784), réputé pour son esprit et sa conversation, il montra sa causticité envers les beaux esprits de son temps avec *Le Petit Almanach des grands hommes* (1788), avant de se révéler grand écrivain politique dans sa défense de la monarchie, attitude politique qui le contraignit à l'exil.

**RIVAS (Ángel DE SAAVEDRA,** duc **DE)** ♦ Homme politique et écrivain espagnol (Cordoue 1791 - Madrid 1865). Après avoir pris une part active à la guerre de l'Indépendance, il dut s'exiler sous le règne de Ferdinand VII, puis rentra en Espagne (1834). Ambassadeur en France (1857), président du Conseil d'État (1862), il fut aussi auteur dramatique (*Don Alvaro ou la Force du destin*, 1835) et poète, d'inspiration romantique (*Le Bâtard maure*, 1833 ; *Romances historiques*, 1841).

**RIVE-DE-GIER** [-ʒje] [42800] ♦ Ch.-l. de cant. de la Loire, arr. de Saint-Étienne. 14 383 hab. *(Ripagériens)*. La ville, reliée au Rhône par le canal de Givors, fait partie de la région indus. de Saint-Étienne. Métallurgie.

**RIVERA (Diego)** ♦ Peintre et graveur mexicain (Guanajuato 1886 - Mexico 1957). Il étudia à l'Académie de San Carlos à Mexico à partir de 1898, puis se rendit en Europe en 1906, travaillant à Madrid et à Paris, où il fréquenta Picasso, Matisse, Modigliani et subit l'influence du cubisme. Après avoir séjourné à Munich, en Italie et en Russie, il revint au Mexique et participa activement à la révolution. Soucieux de créer une peinture nationale qui parle aux masses, il chercha à s'appuyer sur l'acquis culturel de son pays (souvenirs des formes aztèques et mayas, prise en considération de l'art populaire) et évoqua l'histoire ancienne, comme les principaux événements de la révolution, ou des scènes de la vie populaire. Recevant de multiples commandes officielles, il devint le plus éminent des «muralistes» mexicains, décorant notamment : l'École préparatoire (1921 - 1922), l'amphithéâtre Bolívar à l'université (1922), le ministère de l'Éducation (1923, 1928) à Mexico ; l'École nationale d'agriculture à Chapingo (1927), le Palais national (1929 - 1934) à Mexico ; le palais des Cortés à Cuernavaca (1930) ; le palais des Beaux-Arts à Mexico (1934). Entre-temps, il avait suscité de violentes polémiques aux États-Unis, en exprimant, dans de vastes décorations à Los Angeles, Detroit et New York, ses options politiques marxistes. Revenu au Mexique, il exécuta des tableaux (portraits, paysages, scènes populaires) où se manifeste un sens décoratif qui lui est personnel *(Les Arums)*. Il entreprit aussi de nouvelles décorations murales à Mexico (Institut national de cardiologie ; Palais national, 1949 - 1950 ; relief de pierres colorées au stade de la cité universitaire, 1952 ; hôpital de la Sécurité sociale). Dans ses œuvres, qui constituent une sorte de discours politique rendu en images pathétiques et parfois emphatiques, d'un réalisme souvent schématique, vigoureux et monumental, les événements relatés prennent une valeur fortement symbolique. Si l'invention plastique est inégale, le souffle lyrique et épique qui les anime rend convaincantes ces habiles compositions amples et grouillantes, aux coloris violents et aux formes sculpturales. Rivera est souvent considéré comme le chef de file de l'école mexicaine. ➝ **Orozco, Siqueiros.**

Diego **Rivera.** *La Conquête du Mexique*, guerrier Jaguar avec conquistador. Palais de Cortés, Cuernavaca. *Phot. © Charles Lénars*

**RIVERS (William Halse)** ♦ Médecin, psychophysiologue et ethnologue britannique (Luton, Bedfordshire 1864 - Londres 1922). Ses recherches ethnographiques portèrent sur des tribus d'Océanie. D'abord partisan de l'évolutionnisme de L. H. Morgan*, il s'orienta peu à peu vers des positions diffusionnistes → **Graebner, Schmidt (Wilhelm).** Il a publié *The Todas*, 1906 ; *The History of Melanesian Society*, 1914 ; *Kinship and social Organization*, 1914, et une synthèse d'histoire culturelle *The Growth of Civilization*, 1924.

**RIVERY** [80136] ◆ ÉTYM. p.-ê. du germ. *Riphari*, n. de pers., et suff. *-acum* ♦ Comm. de la Somme, banl. N.-E. d'Amiens. 3 400 hab.

**RIVES (Jean-Pierre)** ♦ Rugbyman français (Toulouse 1952). Troisième ligne aile, surnommé «Casque d'or», 59 fois sélectionné en équipe de France, entre 1975 et 1984, dont 34 fois en tant que capitaine, il remporta le Grand Chelem en 1977 et 1981 et fut le capitaine de la première équipe de France à battre la Nouvelle-Zélande (1979).

**RIVES** [38140] ♦ Ch.-l. de cant. de l'Isère, arr. de Grenoble, sur la Fure. 5 620 hab. (aggl. 12 522) *(Rivois)*. Aciéries. Papeterie.

**RIVESALTES** [66600] ◆ ÉTYM. catalan «rives *(ribes)* hautes *(altes)*» ♦ Ch.-l. de cant. des Pyrénées-Orientales, arr. de Perpignan, sur l'Agly. 7 940 hab. *(Rivesaltais)*. Centre viticole (muscat, vins liquoreux) et agricole (cultures maraîchères).

**RIVET (Paul)** ♦ Médecin, anthropologue et ethnologue français (Wasigny, Ardennes 1876 - Paris 1958). Américaniste, directeur du musée d'Ethnographie (1928) et fondateur du musée de l'Homme (1937), il fut conseiller général de la Seine (1935) et député socialiste de 1946 à 1951. Œuv. princ. : *Ethnographie ancienne de l'Équateur*, 1912, avec Verneau ; *Les Données de l'anthropologie* qui parurent dans le *Traité de psychologie* de Dumas, 1930 ; *Les Origines de l'homme américain*, où Rivet soutient la thèse du peuplement de l'Amérique par les Océaniens.

**RIVETTE (Jacques)** ♦ Cinéaste français (Rouen 1928). Collaborateur des *Cahiers du Cinéma* avec Truffaut*, Godard* et Rohmer*, il en devint le rédacteur en chef (1963 - 1965). *Paris nous appartient* (1961), son premier long métrage, saisit un groupe de comédiens évoluant dans un étrange climat politico-policier. *Simone Simonin, la religieuse* (1966) d'après Diderot lui valut un succès de scandale. Ses films suivants, *L'Amour fou* (1968), *Out one* (1970), *Céline et Julie vont en bateau* (1974), *Le Pont du Nord* (1982), *La Belle Noiseuse* (1990), *Jeanne la Pucelle* (1994), *Haut, bas, fragile* (comédie musicale, 1995), *Va savoir* (2001), *36 vues du pic Saint-Loup* (2009) témoignent d'une recherche très personnelle, axée sur les rapports entre théâtre et cinéma, entre réel et imaginaire, et sur le travail du comédien. Il est revenu au genre policier avec *Secret défense* en 1998. ◆ ÉTYM. *Rivette* est un diminutif de *Rive*, désignant la maison près de la rive.

**RIVIER (Alexis, dit Jean)** ♦ Compositeur français (Villemomble 1896 - La Penne-sur-Huveaune, près d'Aubagne 1987). Il a donné au Conservatoire de Paris (1945 - 1966) un enseignement marqué par l'éclectisme le plus ouvert. Son œuvre, abondante, est marquée par la clarté et l'élégance d'un style néoclassique qui sait assimiler les acquisitions nouvelles. Elle comprend des pages lumineuses et tendres (*Le Voyage d'Urien*, 1931 ; *Vénitienne*, opéra-comique, 1936 ; *Rhapsodie provençale*, 1949), âpres et vigoureuses (sept symphonies, 1932 - 1961) ou pathétiques et graves (*Requiem*, 1953 ; *Christus Rex*, 1967), des concertos, des pièces de musique de chambre, ainsi que des mélodies. Il a participé à la fondation du groupe musical Le Triton.

**RIVIERA** n. f. ◆ ÉTYM. en it. «littoral» ♦ Nom donné au littoral italien *(Riviera italienne)* qui s'étend le long du golfe de Gênes, de San Remo à La Spezia. On oppose la *Riviera du Ponant*, à l'O. de Gênes, à la *Riviera du Levant*, à l'E. La beauté des paysages jointe à la douceur du climat fait de cette région un haut lieu du tourisme international, jalonné de stations balnéaires telles que Bordighera*, San Remo*, Imperia*, Albenga, Santa Margherita, Rapallo*, Sestri Levante. Au centre, Gênes est le plus gros centre industriel. → **Ligurie, Gênes.**

**RIVIÈRE (Henri)** ♦ Marin français (Paris 1827 - Hanoi 1883). Après avoir organisé la répression de la révolte des Canaques en Nouvelle-Calédonie (1880), il fut envoyé en Indochine (1882) et fut tué à Hanoi qu'il tentait d'enlever aux Annamites et aux Chinois.

**RIVIÈRE (Émile)** ♦ Paléontologue français (Paris 1835 - *id.* 1922). Il découvrit les grottes de Grimaldi* à la frontière franco-italienne et organisa les premières fouilles (1872 - 1875) qui permirent d'y découvrir un homme fossile du type de Cro*-Magnon.

**RIVIÈRE (Jacques)** ♦ Écrivain français (Bordeaux 1886 - Paris 1925). Animateur de *La Nouvelle* Revue française*, dont il fut l'un des fondateurs (1910), il la dirigea de 1919 à sa mort. Camarade d'études et beau-frère d'Alain*-Fournier, il entretint avec ce dernier une importante *Correspondance* (janv. 1905-juil. 1914) ainsi qu'avec Claudel et Gide. J. Rivière est l'auteur d'*Études* (1911) sur les écrivains de son temps (Gide, Claudel, Jammes), d'un recueil de souvenirs de sa captivité pendant la Première Guerre mondiale, *L'Allemand* (1918), et d'un roman, *Aimée* (1922). Revenu au catholicisme en 1913, il a laissé des notes regroupées par sa femme : *À la trace de Dieu* (1925). Des essais ont été publiés après sa mort : *Rimbaud* (1930), *Moralisme et Littérature* (1933), *De la foi* (1928). On lui doit également un roman inachevé : *Florence* (1935).

**RIVIÈRE (Georges Henri)** ♦ Ethnologue français (Paris 1897 - Louveciennes 1985). Organisateur du musée de l'Homme, avec Paul Rivet*, à partir de 1936, il créa, au palais de Chaillot, le musée des Arts et Traditions populaires (1937). Il fut l'initiateur de nombreux musées français et conçut les «écomusées».

**RIVIÈRE-PILOTE** [97211] ◆ ÉTYM. du n. du chef caraïbe *Pilote*, qui aurait laissé ses terres du Nord aux colons français pour venir s'installer dans le Sud près d'une rivière qui porte son nom (→ aussi Case-Pilote) ♦ V. de Martinique, arr. du Marin. 13 057 hab. *(Pilotins)*.

**RIVIÈRE-SALÉE** [97215] ♦ V. de Martinique, arr. du Marin. 12 276 hab.

**RIVIÈRES DU SUD** (pays des) ♦ Région côtière formant la plaine de la Guinée et de la Sierra Leone qui possède les meilleures terres du pays et reçoit de fortes précipitations (4 300 mm). Elle est arrosée par plusieurs petits fleuves ou rivières descendus du Fouta-Djalon comme le Konkouré. ▪ Bananeraies. Riz.

**RIVNE** – anc. ***Rovno*** ♦ V. d'Ukraine, ch.-l. de région, en Volhynie. 247 870 hab. Construc. mécanique. Indus. textile (tissus de lin) et alimentaire.

**RIVOLI** ◆ ÉTYM. «petite rive (lat. *ripa*)» (allus. aux rives [digues] qui protégeaient la v. des inondations) ♦ Loc. d'Italie, sur l'Adige, près de Vérone. ▮ **Histoire** La victoire que Bonaparte y remporta sur les Autrichiens le 14 janv. 1797 entraîna la chute de Mantoue*.

**RIXENSART** ♦ Comm. de Belgique (Région wallonne), prov. du Brabant wallon, arr. de Nivelles, sur la Lasne, dans la banl. S.-E. de Bruxelles. 21 426 hab. Église (chapelle du XVII^e s. reconstruite en 1937). Château des princes de Mérode (1661 - 1662), entouré de jardins dessinés par Le Nôtre. À Genval, reproduction du hameau de Marie-Antoinette à Versailles, au bord d'un lac de 18 ha (établissement thermal sur la rive sud). ▪ Indus. pharmaceutique.

**RIXHEIM** [68170] ◆ ÉTYM. anc. *Richenesheim*, du germ. *Richin*, n. de pers., et *heim* «village» ♦ Comm. du Haut-Rhin, banl. E. de Mulhouse. 12 608 hab. Musée du Papier peint. ▪ Papiers peints.

**RIYAD** ◆ ÉTYM. ar. *ar-ryādh* «les jardins» ♦ Cap. de l'Arabie saoudite, située au pied du djebel Tuwayq à 590 m d'alt. dans le Nedjd, au centre d'une oasis que favorise une forte pluviosité. 4 087 152 hab. alors qu'elle n'en comptait que 60 000 en 1946. *(Riyadiens)*. Résidence royale. À la vieille ville, située au milieu des palmeraies et des plantations d'arbres fruitiers, s'est substituée une cité moderne, capitale politique et administrative et important centre commercial. L'essor de Riyad vient de ce qu'elle fut au XIX^e s. le centre du mouvement wahhabite. Le sultan Ibn Séoud en fit la capitale du pays, après avoir unifié la plus grande partie de la péninsule Arabique. Centre de communication : point de départ de l'unique voie ferrée Riyad-Dammān via Dharan. Aéroport international.

**RIZĀ CHĀH** ♦ (Alacht, Mazandéran 1878 - Johannesburg 1944). Chah d'Iran (1925 - 1941). Enrôlé dès son adolescence dans la brigade des cosaques créée en Iran (sous les Kadjars) par la Russie, Rizā Chāh y gravit les divers grades. Après la disparition de l'administration tsariste, encouragé par les officiers britanniques en mission en Iran, il prit en main le commandement de ce corps (1919) et organisa le coup d'État (fév. 1921) qui lui ouvrit la route du pouvoir à Téhéran. Ministre de la Guerre, puis commandant en chef des forces armées, il devint chef de gouvernement. Après avoir souhaité établir la république, il y renonça devant l'opposition du clergé chiite et se fit couronner en 1925. Il renforça l'armée, instaura un pouvoir sans partage et engagea le pays sur la voie d'une modernisation autoritaire. Accusé de sympathie pour l'Allemagne, il dut abdiquer après l'occupation de l'Iran par les Alliés (sept. 1941). Son fils Muḥammad* Rizā lui succéda.

**RIZAL Y MERCADO Y ALONSO (José Protasio)** ♦ Écrivain et patriote philippin (Calamba, Luçon 1861 - Manille 1896). Hispanophone sinotagal, formé par les jésuites et docteur en médecine, il voyagea aux États-Unis et en Europe, où il séjourna. Il dénonça le colonialisme espagnol dans deux romans : *N'y touchez pas !* (*Noli me tangere*, 1886) et *Révolution aux Philippines* (1891), et à travers une édition critique du livre d'Antonio Morga, *Événements des îles Philippines* (1609). Fusillé pour incitation à la sédition, il est le héros national des Philippines et l'anniversaire de sa mort est un jour férié (Rizal Day, 30 nov.). Il est aussi l'objet du culte d'une secte.

**RIZE** ♦ V. de Turquie orientale, au pied de la chaîne Pontique, sur la mer Noire, ch.-l. de prov. 94 800 hab. Centre de l'indus. turque du thé.

**RIZZIO** ou **RICCIO (David)** ♦ (Pancalieri, Piémont, v. 1535 - Édimbourg 1566). Secrétaire de l'ambassadeur du duc de Savoie en Écosse (1561), il devint le conseiller de Marie* Stuart (1564) puis son favori. L'entourage royal, envieux et craignant que l'influence de Rizzio ne s'exerçât contre le protestantisme, décida de le supprimer et persuada l'époux de la reine, Henry Darnley, que Rizzio était l'amant de Marie Stuart. Rizzio fut assassiné au château d'Holyrood sous les yeux de la reine.

**ROA BASTOS (Augusto)** ♦ Romancier espagnol d'origine paraguayenne (Asunción 1917 - *id.* 2005). Il fut tour à tour journaliste et scénariste. Avec le roman *Fils d'homme* (1960), publié à Buenos Aires, il ouvrit une série narrative inspirée par la vie et l'histoire de la société paraguayenne. Le protagoniste, personnage collectif, apparaît sous diverses identités. *Moi le suprême* (1974) est une vaste et complexe narration fondée sur la vie d'un dictateur du

XIXᵉ s., le docteur Francia. L'écriture polyphonique de Roa Bastos, «écrivain de confluences», s'explique par les particularités de son univers linguistique hispano-guarani. Le texte écrit est indissociable d'un discours oral, souvent mythique, non formulé.

**ROACH (Maxwell,** dit **Max)** ♦ Batteur et chef d'orchestre de jazz américain (New York 1925 - *id.* 2007). Il participa aux débuts du be-bop et joua avec Dizzy Gillespie*, Charlie Parker*, Coleman Hawkins*, Miles Davis*. Il créa avec Clifford Brown* un quintette qui devint l'une des formations clés du hard-bop (1954) et, par la suite, dirigea son propre orchestre, avec lequel il a exprimé sa sensibilité aux problèmes raciaux. Princ. enregistrements : *Salt Peanuts* (avec Charlie Parker, 1953), *We Insist : Freedom Now Suite* (1960), *It's Time* (1961), *Birth and Rebirth* (avec Anthony Braxton, 1978).

**ROANNE** [42300] ➝ ÉTYM. anc. *Rodumna*, de la rac. prélatine hydronym. *rod-* et suff. gaul. *-onna* désignant un cours d'eau ♦ Ch.-l. d'arr. de la Loire, sur la Loire. 38 896 hab. (aggl. 73 976) *(Roannais)*. Musée Joseph-Déchelette dans l'anc. demeure de l'archéologue : antiquités préhistoriques et gallo-romaines ; peintures des écoles française, nordique et italienne du XVIIᵉ au XIXᵉ s. ; faïences. ▪ Indus. textile (confection, bonneterie, tissage). Agroalimentaire. Métallurgie. Armement blindé. Plastique et penumatiques. Papeterie. ▮ **Histoire** *Rodumna* sous l'Empire romain, était un important centre de communication. Elle fut érigée en duché (1566-1725).

**ROBBE-GRILLET (Alain)** ♦ Écrivain français (Brest 1922 - Caen 2008). Après une formation d'ingénieur agronome, il se consacra à partir de 1950 à une carrière de romancier et de cinéaste. Pour Robbe-Grillet, l'auteur doit désormais «voir le monde qui l'entoure avec des yeux libres», pour constater que les objets sont là, «durs, inaltérables, présents pour toujours et se moquant de leur propre sens» (*Pour un nouveau roman*, 1963). Dès *Les Gommes* (1953), intrigue policière où la psychologie est bannie au profit du comportement, le rapport du regard à l'objet est privilégié : les descriptions infiniment reprises dans une structure circulaire veulent révéler une réalité énigmatique et troublante (*Le Voyeur*, 1955). Parfois, la recherche de l'objectivité se dissout dans le sujet et le personnage n'est plus qu'un pur regard (*La Jalousie**, au titre équivoque, 1957) ; le temps désormais aboli, l'inventaire objectif percute le souvenir et le rêve, jusqu'à l'hallucination (*Dans le labyrinthe*, 1959). ➝ **Nouveau Roman.** Le roman *Projet pour une révolution à New York* (1970) illustre la thématique de la violence (érotisme et sadisme) présentée par l'écrivain comme le «matériau mythologique» de l'existence quotidienne. Selon Robbe-Grillet, la réalité ne prend sens que par «le montage, par les structures de jeu que l'on peut imaginer». Assemblage de séquences en nombre limité, continuellement reprises (*Et maintenant...*), confrontées et approfondies, déambulation dans un espace ambigu, fantasmatique (*Topologie d'une cité fantôme*, 1976), cette combinatoire d'images n'affirme que le temps quasi immobile d'une conscience de plus en plus impersonnelle. *La Reprise*, roman publié en 2001, renoue avec le réalisme absolu des *Gommes*. Son œuvre cinématographique, qu'il s'agisse de scénarios (*L'Année* dernière à Marienbad*, tourné par Resnais, 1961) ou de ses propres films (*L'Eden et après*, 1971 ; *Glissements progressifs du plaisir*, 1974 ; *Le Jeu avec le feu*, 1975), reprend les obsessions romanesques de l'auteur en jouant sur le va-et-vient constant de la mémoire et de l'action. [Acad. fr. 2004]

**ROBBINS (Frederick Chapman)** ♦ Médecin américain (Auburn, Alabama 1916 - Cleveland 2003). ➝ **Enders.** [Prix Nobel de physiol. ou méd. 1954, avec J. F. Enders et T. H. Weller]

**ROBBINS (Jerome)** ♦ Chorégraphe américain (New York 1918 - *id.* 1998). Élève de A. Tudor*, il appartint à la troupe du Ballet Theatre (1940) avant de devenir le directeur artistique du New York City Ballet, de G. Balanchine* (1949), puis le fondateur de sa propre compagnie, le Ballet USA (1958). La vigueur colorée de son style de chorégraphe s'est affirmée dans de nombreux ballets et dans deux comédies musicales, dont *West* Side Story* (1957, porté à l'écran en 1961). Dans une tonalité plus austère, il convient de retenir encore l'*Ère de l'angoisse* (1950) et l'*Après-midi d'un faune* (1953), version moderne de la chorégraphie de Nijinski. Pour le 25ᵉ anniversaire de l'American Ballet Theatre en 1965, il monta *Les Noces* et, en 1969, effectua son retour au New York City Ballet avec *Dances at a Gathering*, puis *L'Oiseau de feu* (avec Balanchine, 1970), *Pulcinella* (avec Balanchine, 1972), *Les Quatre Saisons* (musique de Verdi, 1979). À l'American Ballet Theatre, Robbins a monté *Other Dances* en 1976. Dans les années 1980, il a fait de fréquentes apparitions à l'Opéra de Paris, souvent dans des reprises associées à Balanchine (*À la mémoire d'un ange*, musique d'A. Berg, 1986 ; *In the Night*, 1989 ; *Glass Pieces*, 1991).

Jerome **Robbins.** *Glass Pieces. Maxppp, Paris/Phot. © Coll. Victor Tonelli*

**ROBERT** ➝ ÉTYM. en lat. médiév. *Robertus* ; du germ. *Hrodberht*, de *hrod* «gloire» et *berht* «brillant» [it. et esp. *Roberto*, occit. *Robèrt*, bret. *Roperzh (Roparzh)*, all. et angl. *Robert*, *Rupert*]

**ROBERT** ♦ Nom de plusieurs comtes d'Artois. ♦ **ROBERT Iᵉʳ le Vaillant** (1216 - 1250). Comte d'Artois (1237 - 1250). Frère de Louis IX, il mourut à la bataille de Mansoura (septième croisade). ♦ **ROBERT II** (1250 - 1302). Comte d'Artois (1250 - 1302). Fils du précédent. Il combattit les Flamands et mourut à la bataille de Courtrai. ♦ **ROBERT III** (1287 - 1342). Prétendant au comté d'Artois. Fils de Philippe d'Artois (mort en 1298), il fut dépossédé par sa tante Mathilde*, et ne put recouvrer l'héritage de son grand-père Robert III. N'ayant pu obtenir réparation de son beau-frère Philippe VI de Valois, à la mort de sa tante (1329), il fut banni (1332) et passa au service du roi Édouard III d'Angleterre.

**ROBERT** ♦ Nom de plusieurs rois d'Écosse. ♦ **ROBERT Iᵉʳ BRUCE** (Turnberry 1274 - château de Cardross, sur le Firth of Clyde 1329). Roi d'Écosse (1306 - 1329). Petit-fils d'un ancien prétendant au trône d'Écosse, Robert Bruce, qui avait été évincé par Édouard Iᵉʳ d'Angleterre, il parvint à se faire couronner en 1306, au milieu des troubles qui divisaient l'Écosse. ➝ **Écosse.** D'abord battu et exilé, il se révolta à la mort d'Édouard Iᵉʳ d'Angleterre (1307) et battit Édouard II à Bannockburn* (1314). Il fut reconnu comme roi d'Écosse en 1328 après avoir relevé le pays de ses ruines. Père de David* II. ♦ **ROBERT II STUART** (1316 - château de Dundonald 1390). Roi d'Écosse (1371 - 1390), il succédait à son oncle David II Bruce. Il repoussa les Anglais (1384, 1385 et 1388). ♦ **ROBERT III STUART** (v. 1337 - château de Rothesay 1406). Fils du précédent. Roi d'Écosse (1390 - 1406). Sous son règne, Henri IV d'Angleterre envahit l'Écosse (1400). Père de Jacques* Iᵉʳ.

**ROBERT** ♦ Nom de plusieurs comtes de Flandre. ♦ **ROBERT Iᵉʳ le Frison** (v. 1030 - près de Torhout 1093). Comte de Flandre (1071 - 1093). Fils de Baudouin V, il vainquit son neveu Arnoul III à Cassel (1071). Il fit régner la paix et protégea la bourgeoisie. ♦ **ROBERT II DE JÉRUSALEM** (v. 1065 - près de Meaux 1111). Comte de Flandre (1093 - 1111). Fils du précédent. Il participa à la première croisade, notamment au siège d'Antioche. ♦ **ROBERT III DE BÉTHUNE** (v. 1247 - Ypres 1322). Comte de Flandre (1305 - 1322). Fils de Gui* de Dampierre, il lutta contre le roi de France, Philippe IV le Bel. Son petit-fils, Louis* de Nevers, lui succéda.

**ROBERT le Fort** ♦ Ancêtre des Capétiens (mort à Brissarthe, près d'Angers 866). Il défendit la région entre Loire et Seine contre les Normands. Père d'Eudes* et de Robert* Iᵉʳ.

**ROBERT Iᵉʳ** ♦ (v. 866 - Soissons 923). Roi de France (922 - 923). Fils de Robert* le Fort, il se fit concéder l'autorité royale entre la Seine et la Loire, ainsi qu'en Bourgogne. Véritable fondateur de la puissance des Robertiens (ancêtres des Capétiens*), élu roi contre Charles le Simple, il fut tué à Soissons en luttant contre ce dernier. Père d'Hugues* le Grand. Il eut pour successeur Raoul* de Bourgogne.

**ROBERT II le Pieux** ♦ (Orléans v. 972 - Melun 1031). Roi de France (996 - 1031). Fils d'Hugues* Iᵉʳ Capet qui l'associa au pouvoir dès 987, il brava, malgré sa piété, l'excommunication papale pour avoir répudié, en 989, sa première femme Rosala, fille de Bérenger, roi d'Italie, et épousé sa cousine Berthe* de Bourgogne (996). Il finit par céder, répudia Berthe et épousa Constance* de Provence (v. 1003). Il dut faire face à l'opposition des féodaux mais parvint, en annexant les comtés de Dreux, Melun et Sens et surtout la Bourgogne (1016), à donner au domaine capétien une véritable assise territoriale. Il se montra également soucieux de maintenir la paix de Dieu et favorisa la réforme entreprise par les moines de Cluny*. ▪ Père d'Henri* Iᵉʳ.

**ROBERT Iᵉʳ le Magnifique** ♦ (v. 1010 - Nicée 1035). Duc de Normandie (1027 - 1035). Fils de Richard* II, il succéda à son frère Richard* III, qu'on le soupçonna d'avoir empoisonné. Il aida le roi de France Henri* Iᵉʳ contre ses vassaux révoltés (1031). La légende en fit le modèle de Robert* le Diable. ▪ Père de Guillaume* Iᵉʳ le Conquérant.

**ROBERT II Courteheuse** ➝ ÉTYM. «Courtecuisse» ♦ (v. 1054 - Cardiff 1134). Duc de Normandie (1087 - 1106). Fils de Guillaume* Iᵉʳ le Conquérant, il se révolta contre lui (1078). Il participa à la première croisade, fut spolié du trône d'Angleterre par son frère Henri* Iᵉʳ Beauclerc (1100) qui le vainquit et le dépouilla de la Normandie (1106).

**ROBERT Guiscard** ➝ ÉTYM. «l'Avisé» ♦ (v. 1015 - Céphalonie 1085). Comte d'Apulie (1057 - 1059), duc de Pouille, de Calabre et de Sicile (1059 - 1085). Fils de Tancrède de Hauteville*, il rejoignit ses frères en Italie v. 1047, écrasa l'armée pontificale (1053) puis, après s'être réconcilié avec le pape (1059), termina ses conquêtes avec son accord : en 1071, il prit Bari aux Byzantins et Palerme aux musulmans. Fondateur du duché de Pouille, il jeta les bases du royaume de Sicile qui connaîtra son apogée sous le règne de son neveu Roger* II. Il envahit les Balkans (1081 - 1083), mais fut contraint de se rembarquer. ▪ Père de Bohémond* Ier.

**ROBERT (Hubert)** ♦ Peintre, graveur, décorateur et paysagiste français (Paris 1733 - *id.* 1808). Il se forma dans l'atelier de Michel-Ange Slodtz*, puis accompagna à Rome le futur duc de Choiseul. Les peintures de ruines de Pannini* et la mode antiquisante exercèrent sur lui une influence déterminante. En 1756, il se lia avec Fragonard* et l'abbé de Saint-Non, visita avec eux l'Italie (1759) et exécuta une multitude de croquis de sites, monuments romains et scènes pittoresques. Rentré en France, il mit à la mode la peinture de ruines, représenta les monuments antiques de Provence *(Le Pont du Gard)* et les transformations de Paris *(Démolition des maisons du pont Notre-Dame en 1786)*. Ne cherchant pas à faire de la reconstitution archéologique, il agence ses motifs avec fantaisie, mais avec un sens raffiné de l'organisation ; il aime les lumières diffuses et charge ses vues d'un sentiment mélancolique, caractéristique d'une sensibilité préromantique.

**ROBERT (Léopold)** ♦ Peintre et graveur suisse (Les Éplatures, près de La Chaux-de-Fonds 1794 - Venise 1835). Il fut l'élève de Girodet et de David. Ses portraits et ses petites compositions, d'une technique léchée et d'un aspect souvent glacé, évoquent Liotard (*Paysanne dans la campagne romaine,* 1824). Ses deux toiles les plus connues : *Le Retour du pèlerinage à la Madone de l'Arc* (1827) et *L'Arrivée des moissonneurs dans les marais pontins* (1831), symbolisent les saisons et les régions d'Italie. Sa technique minutieuse est au service d'un goût de l'anecdote et d'une recherche de rythme parfois heureuse.

**ROBERT (Paul Charles Jules)** ♦ Lexicographe et éditeur français (Orléansville, auj. Chleff 1910 - Mougins 1980). Il fit ses études de droit à Alger puis à Paris. Dès 1945, il s'orienta vers la lexicographie et entama seul l'élaboration de son *Dictionnaire alphabétique et analogique de la langue française.* Il fonda sa propre maison d'édition en 1951 et s'adjoignit à partir de 1952 une équipe de collaborateurs (A. Rey, J. Rey-Debove, H. Cottez...), qui l'aida à rédiger et à achever l'œuvre (1964). Après *Le Petit Robert* et le *Petit Robert des noms propres,* sans cesse mis à jour, la société d'édition créée par Paul Robert a continué de publier de nombreux dictionnaires.

**ROBERT (LE)** [97231] ♦ V. de Martinique, arr. de La Trinité, sur la côte E. de l'île. 21 240 hab. *(Robertins)*. Beau plan d'eau sur l'Atlantique. Zone d'activités et de services.

**ROBERT BELLARMIN** (saint) – en it. ***Roberto Bellarmino*** ♦ Théologien italien, docteur de l'Église (Montepulciano, Toscane 1542 - Rome 1621). Entré dans la Compagnie de Jésus (1560), il enseigna la théologie en Italie puis à Louvain (1570), devint le théologien du cardinal Cajetan* (1589), puis du pape Clément VIII qui le fit cardinal (1599) et archevêque de Capoue (1602 ; il démissionna en 1605 pour travailler à la Curie). C'est à son initiative que la Vulgate* sixtine avait été révisée (1592). Ses *Controverses* réfutent point par point les différentes professions de foi protestantes. ▪ Fête le 17 septembre.

**ROBERT D'ANJOU le Sage** ♦ (v. 1278 - Naples 1343). Duc d'Anjou, comte de Provence et roi de Naples (1309 - 1343). Fils de Charles* II d'Anjou le Boiteux, protecteur de Florence, il défendit Clément V contre l'empereur allemand Henri* VII, puis Jean XXII, qu'il avait contribué à faire élire à la papauté, contre Louis de Bavière. Chef du parti guelfe en Italie, il se heurta à une coalition des seigneurs de Lombardie et ne put reconquérir la Sicile. Il réussit cependant à maintenir la prospérité de son royaume et il accueillit à sa cour Boccace et Pétrarque. Grand-père de Jeanne* Ire, qui lui succéda.

**ROBERT D'ARBRISSEL** (bienheureux) ♦ Moine breton (Arbrissel, auj. Arbresec, près de Rennes, v. 1045 - Orsan Berry 1116). Docteur en théologie à Paris, il se fit des ennemis en aidant son évêque à réformer l'Église de Rennes et devint ermite en forêt de Craon. Nommé prédicateur apostolique par Urbain II, il prêcha la croisade en Anjou. Il exhorta ceux qui ne pouvaient partir à mener la vie monastique et fonda ainsi en 1099 l'abbaye de Fontevrault (auj. Fontevraud*). Celle-ci, comportant des maisons d'hommes et de femmes, fut, en l'honneur de la Vierge, dirigée par une abbesse à laquelle lui-même se soumit. Fondateur des *fontévristes,* il ne fut jamais canonisé.

**ROBERT DE BORON** ou **BORRON** ♦ Trouvère normand (XIIe - XIIIe s.). Il collabora au roman en vers *L'Histoire du Graal*,* qu'il relia, par son roman en prose *Merlin*,* au *cycle breton.*

**ROBERT DE CLARI** ♦ Chroniqueur picard (v. 1170 - après 1216). Simple combattant de la quatrième croisade, il a laissé un témoignage qui complète celui de Villehardouin*. Son récit familier et pittoresque, *L'Histoire de ceux qui conquirent Constantinople,* évoque les sentiments admiratifs et cupides des soldats devant les richesses de l'Orient.

**ROBERT DE COURÇON** ♦ Théologien d'origine anglaise (Kedleston, Derbyshire, v. 1160 - Damiette 1219). Professeur à Paris avant 1200, il soutint Foulques* de Neuilly dans sa prédication de la quatrième croisade. En 1214, délégué en France par Innocent III, il prépara le IVe concile de Latran*. Il est l'auteur d'une *Somme* inédite, contenant des indications sur la discipline ecclésiastique au XIIe s. Légat du pape, il donna ses statuts à l'université de Paris en 1215.

**ROBERT DE COURTENAY** ♦ (mort en Morée 1228). Empereur latin de Constantinople (1221 - 1228). Fils de Pierre II de Courtenay, il ne régna guère que sur Constantinople et ses environs.

**ROBERT DE LA CHAISE-DIEU** (saint) ♦ Religieux français (mort en 1067). Chanoine de Saint-Julien, à Brioude, il fonda l'abbaye de la Chaise-Dieu, sous la règle bénédictine. ▪ Fête le 17 avril.

**ROBERT DE LUZARCHES** ♦ Maître d'œuvre français (début du XIIIe s.). Son nom figure sur le labyrinthe du pavement de la cathédrale d'Amiens. Il établit les plans de la nouvelle cathédrale à la suite de l'incendie de 1218 et en entreprit l'édification en 1220. Thomas et Regnault de Cormont continuèrent son œuvre dans le même esprit, mais en accentuant la finesse, la légèreté et l'élégance de la structure (triforium ajouré).

**ROBERT DE MOLESME** (saint) ♦ Moine et réformateur bénédictin (en Champagne v. 1029 - Molesme, Bourgogne 1111). Il fonda les abbayes de Molesme (1075) et de Cîteaux* (1098). ▪ Fête le 30 avr.

**ROBERT DU PALATINAT** ♦ (Amberg 1352 - château de Landskron, près d'Oppenheim 1410). Électeur palatin (1398 - 1410) et roi des Romains (1400 - 1410). Il fut élu roi des Romains après la déposition de Wenceslas*, mais ne fut pas reconnu dans tout l'empire. Il eut pour successeur Sigismond*, frère cadet de Wenceslas.

**ROBERT-HOUDIN (Jean Eugène)** ♦ Prestidigitateur français (Blois 1805 - Saint-Gervais-la-Forêt 1871). Fils d'un horloger, il fit des études de notariat, mais continua de s'intéresser à la mécanique, notamment aux techniques d'escamotage et à l'électricité appliquée à la mécanique. Ses automates lui acquirent une grande renommée. En 1845, dans un théâtre, il créa les Soirées Fantastiques où il présentait ses tours sans mise en scène. Son œuvre écrite constitue une initiation aux techniques de la prestidigitation (*Comment on devient sorcier, Magie et physique amusantes, Les Secrets de la prestidigitation,* 1868). Envoyé en Algérie (1856) pour détruire la crédulité des Arabes envers leurs magiciens, il s'y fit une réputation de marabout ; en France même, son personnage s'entoura d'une légende.

**ROBERTI (Ercole DE')** dit aussi **Ercole da Ferrara** ♦ Peintre italien (Ferrare v. 1450 - *id.* 1496). Il commença sa carrière à Ferrare, où il fut l'élève de Tura et où il collabora avec F. del Cossa* (cycle des *Mois* du palais Schifanoia). À Bologne, il peignit la prédelle et les pilastres du *Polyptyque Griffoni* de Cossa (*Miracles de saint Vincent Ferrier,* v. 1473). Dans cette première période, il assimile la synthèse ferraraise, faite de l'héritage gothique, de la monumentalité renaissante, de l'expression graphique dramatique venue des Flandres et incarnée avec une violence tourmentée par ses prédécesseurs (→ **Tura [Cosmé]**). L'invention iconographique, l'habileté souple des compositions, une élégance graphique raffinée et inquiétante, le sens des contrastes (*Saint Jean Baptiste,* musée de Berlin) témoignent d'une créativité très personnelle. Avec un retable peint à Ravenne (*La Vierge et l'Enfant entourés de quatre saints,* 1480), ses qualités ferraraises sont intégrées dans un projet de synthèse et d'harmonie, les éléments plastiques sont animés par un dessin toujours nerveux et retenu. Les portraits des époux *Bentivoglio,* d'une sérénité crispée, sont de la même époque et témoignent du même effort de synthèse. Après 1486, Ercole de' Roberti devint à Ferrare le peintre officiel des Este. Il ne reste de ses dernières œuvres que quelques panneaux, notamment une *Prière au jardin des Oliviers* et *Le Chemin du calvaire,* où la violence expressive est contenue et mise en valeur par un chromatisme automnal.

**ROBERT LE DIABLE** ♦ Héros d'une légende médiévale. Fils accordé par le diable à une comtesse stérile, il est soumis à un mutisme complet en pénitence de sa méchanceté. Devenu mendiant, il combat les barbares et se couvre de gloire sous les yeux de la fille du roi, muette. Finalement reconnu, il refuse le royaume qu'on lui offre et finit ermite. À partir d'un roman français en vers (début du XIIe s.), le récit devint un *Miracle de Nostre Dame de Robert le Diable* (XIVe s.), puis un roman en prose (fin du XVe s.), qui connut un succès européen. En 1831, la légende, reprise par Scribe et C. Delavigne, inspira l'opéra *Robert le Diable* à Meyerbeer.

**ROBERT MACAIRE** ♦ Personnage de *L'Auberge des Adrets* (1823) et de *Robert Macaire* (1834), mélodrames de Benjamin Antier* et Saint-Amand, qui dut son formidable succès à l'interprétation de Frédérick Lemaître*. C'est le type du forban moderne qui se dissimule, au sein des sociétés modernes, sous les traits d'un banquier ou d'un journaliste.

**ROBERTS (Bartholomew)** ♦ Pirate anglais (Haverfordwest, près de Pembroke 1682 - près du cap Lopez, golfe de Guinée 1722). Il écuma les côtes du golfe de Guinée, du Brésil, puis de la Nouvelle-Angleterre et s'empara de près de quatre cents bateaux avant d'être tué lors d'un combat contre un navire de guerre anglais.

**ROBERTS (Frederick SLEIGH,** lord) ♦ Maréchal britannique (Cawnpore, auj. Kanpur Inde 1832 - Saint-Omer 1914). Il se distingua lors de la révolte des Cipayes* (1857 - 1858). Durant la seconde guerre afghane (1878 - 1880), il occupa victorieusement Kaboul (oct. 1879), où un nouvel émir fut installé (juil. 1880), mais la garnison britannique de Kandahār fut prise par l'armée afghane. Roberts accomplit sa célèbre marche de Kaboul à Kandahār et dégagea la garnison assiégée (août 1880). La plus grande partie de sa carrière s'accomplit dans l'armée des Indes. Il fut nommé baron Roberts de Kandahar en 1892, et maréchal en 1895. Il prit alors le commandement des forces en Irlande. Les revers de l'armée britannique en Afrique du Sud (1899) l'amenèrent à lutter contre les Boers. → **Afrique du Sud.** Après l'occupation de Pretoria, il rentra en Grande-Bretagne en 1901 et fut commandant en chef de l'armée britannique jusqu'en 1904.

**ROBERTS (Richard J.)** ♦ Biochimiste américain d'origine britannique (Derby 1943). En 1977, indépendamment de P. Sharp*, il découvrit que les gènes sont formés d'une alternance de deux types de segments : les exons, qui portent le message génétique, et les introns, éliminés au cours de la traduction des gènes en protéines. La découverte de la structure discontinue des gènes est à l'origine de la nouvelle compréhension de leur expression ; grâce au processus d'épissage (excision et assemblage des fragments), les gènes peuvent se recombiner, et coder pour des protéines plus efficaces ou, au contraire, pathologiques. [Prix Nobel de physiol. ou méd. 1993, avec P. Sharp]

**ROBERTSON (sir William Robert)** ♦ Maréchal britannique (Welbourn, Lincolnshire 1860 - Londres 1933). Il fut chef de l'état-major de French en 1915, puis de l'état-major impérial en 1916, et commanda les forces britanniques jusqu'au début de 1918. Il commanda les troupes britanniques d'occupation en Allemagne en 1919 - 1920. ← ÉTYM. Ce nom anglais signifie «fils *(son)* de Robert».

**ROBERVAL (Jean-François de La Roque de)** ♦ Colonisateur français (Carcassonne 1500 - Paris 1561). Nommé lieutenant général au Canada (1541), il gagna Terre-Neuve, où il rencontra Cartier, puis débarqua au Havre-Sainte-Croix (Québec). Mais l'hostilité des Indiens le fit échouer et le contraignit à revenir en France, où il fut assassiné.

**ROBERVAL (Gilles Personne ou Personier de)** ♦ Mathématicien et physicien français (Roberval, Beauvaisis 1602 - Paris 1675). Il tenait longtemps ses découvertes secrètes, aussi est-il difficile de juger de leur antériorité. Il aurait ainsi mis au point la «méthode des indivisibles» avant Cavalieri* et on lui doit certainement une méthode simple et générale pour trouver la tangente. Reliant la détermination des tangentes au calcul des aires, il aurait découvert les quadratrices (1645), qui furent un puissant outil d'intégration avant les inventions de Newton* et Leibniz*. De même, il aurait réalisé le premier (avant Pascal*) l'expérience décisive qui prouve l'existence de la pression et de la pesanteur de l'air (1647). Il démontra la règle de composition des forces et mit au point une balance à plateaux découverts et à fléaux composés (*balance de Roberval*, 1670).

**ROBESON (Paul)** ♦ Acteur et chanteur américain (Princeton 1898 - Philadelphie 1976). Fils d'un ancien esclave pasteur protestant, il dut, après de brillantes études de droit, quitter le barreau en raison des persécutions racistes. Puis, il entama une carrière d'acteur (pièces d'Eugene O'Neill*, *Othello* de Shakespeare) et de chanteur (voix de basse), activité qui le rendit mondialement célèbre. Parallèlement, il mena un combat militant pour la cause des Noirs aux États-Unis et contre le racisme en général, ainsi que pour les droits des minorités, adoptant les thèses du parti communiste et de l'U.R.S.S. Il fut à ce titre «le plus persécuté [...] des Noirs en Amérique» (Lloyd Brown).

**ROBESPIERRE (Maximilien Marie Isidore de)** ♦ Homme politique français (Arras 1758 - Paris 1794). **Les études** Issu de la bourgeoisie de robe par son père et de la bourgeoisie marchande par sa mère, fils aîné d'un avocat d'Arras et orphelin de bonne heure, il commença ses études au collège des oratoriens de sa ville natale et les poursuivit, grâce à une bourse, au lycée Louis-le-Grand à Paris (1770), où il eut C. Desmoulins pour condisciple. Élève renfermé, d'un caractère précocement mûri, il étudia avec enthousiasme les philosophes du XVIIIe s., Mably et surtout Rousseau, auquel il rendit visite à Ermenonville et dont le *Contrat social*, avec sa théorie de la volonté générale, devait déterminer ses positions politiques. S'identifiant au peuple, Robespierre fut en effet l'homme d'«une seule idée : la nation est souveraine», idée qu'il devait suivre «sans défaillance, sans restriction, jusqu'en ses conséquences extrêmes» (J. Jaurès). **Un monarchiste constitutionnel** Il fut admis comme avocat au conseil d'Artois (nov. 1781), puis comme juge au tribunal épiscopal (1782). Il mena à Arras la vie mondaine provinciale, adhéra au Club philosophique des Rosati, peut-être affilié à la franc-maçonnerie. L'annonce de la réunion des États généraux lui ouvrit le champ de l'action politique. Après avoir publié un *Appel à la nation artésienne sur la nécessité de réformer les états d'Artois* (1788) et participé à la rédaction des cahiers de doléances, il fut élu député du tiers état (1789). Ses débuts à l'Assemblée nationale constituante furent loin d'être brillants. Ce jeune avocat laborieux et timide, qu'un journal de l'époque surnomma plaisamment la «chandelle d'Arras», l'opposant à Mirabeau, la «torche de Provence», s'affirma monarchiste constitutionnel. Toutefois ses prises de position devant l'Assemblée, et plus encore au Club des jacobins*, dont il devint après le départ de Barnave* (été 1791) le principal voire l'unique dirigeant, exprimèrent dès cette époque son programme de démocratie intégrale (liberté de pensée et d'expression, critique du droit de veto royal, du suffrage censitaire, instruction gratuite et obligatoire). Après la fuite du roi (Varennes, juin 1791) et l'affaire du Champ*-de-Mars, Robespierre proposa le remplacement du roi par des moyens constitutionnels et se fit, un peu tardivement, *Le Défenseur de la Constitution* dans son journal dont le premier numéro parut en mai 1792. Il y attaqua La* Fayette,

Maximilien de **Robespierre.** Portrait anonyme (60 x 49 cm), v. 1790. Musée Carnavalet, Paris.
*BIS/Phot. © Musées de la Ville de Paris-Archives Larbor*

qu'il soupçonnait de vouloir instaurer une dictature militaire, et le bellicisme des girondins. **Le républicain** Ce n'est qu'après les journées révolutionnaires du 20 juin et surtout du 10 août 1792 qu'il devint républicain. Membre de la Commune insurrectionnelle de Paris, il réclama la déchéance de Louis XVI, proposa et fit adopter la réunion d'une Convention* nationale élue au suffrage universel, et où il siégea avec les montagnards*. Attaqué avec Danton et Marat (sept.-oct. 1792) par les girondins, qui accusèrent le «triumvirat» de vouloir établir une dictature, Robespierre prit violemment position contre ses adversaires, lors du procès du roi, pour lequel il vota la mort sans appel au peuple ni sursis. **La Terreur** Après la trahison de Dumouriez*, il contribua à pousser les sections parisiennes à l'insurrection qui aboutit à la proscription des chefs girondins (31 mai-2 juin 1793). Entré au Comité* de salut public (27 juil. 1793), il y joua, avec Couthon* et Saint*-Just, un rôle grandissant et devint rapidement l'âme de la «dictature jacobine». Hostile à la «démagogie» et à l'athéisme des ultra-révolutionnaires hébertistes* et au modérantisme des indulgents* (ses anciens amis Danton* et C. Desmoulins*), il porta en grande partie la responsabilité de leur condamnation et de leur exécution (mars et avr. 1794). Après l'élimination des factions, qu'il jugeait nuisibles à la Révolution, il tenta d'instaurer son idéal de démocratie éthique, expression et dictature de la volonté générale, avec un gouvernement populaire fondé, en un double souci de régénération civique, sur la vertu et, en temps de crise révolutionnaire, sur la Terreur («la vertu sans laquelle la terreur est funeste, la terreur sans laquelle la vertu est impuissante»). Il donna à ce désir «d'épurer l'individu de tout ce qui le distingue du corps civique» (P. Gueniffey) son couronnement spirituel avec l'institution du culte de l'Être* suprême (mai 1794). Ce dernier, loin de marquer la fin de la Révolution, voire le signal de la réconciliation, avait au contraire pour but d'apporter un fondement à la Terreur. **La chute de l'Incorruptible** Mais la politique de restauration progressive de l'État au détriment des organisations sectionnaires et l'absence d'un véritable programme économique en faveur des classes défavorisées aliénèrent à Robespierre tout soutien populaire. Surtout, la suspicion systématique, exprimée dans de longs discours au rythme incantatoire, qui poussait «l'incorruptible défenseur du peuple» à toujours découvrir et dénoncer de nouvelles factions, provoqua une hostilité croissante à son égard chez les modérés, mais aussi chez les principaux représentants du Comité* de sûreté générale. Ceux-ci, après l'adoption de la loi du 22 Prairial an II (→ **Terreur**), devaient discréditer Robespierre, en multipliant arrestations et exécutions. La crise aboutit, le 9 Thermidor* an II (27 juil. 1794), à la chute de Robespierre et de ses partisans. Ceux-ci furent exécutés le 10 Thermidor, en dépit d'une tentative d'insurrection, la veille, au cours de laquelle Robespierre aurait tenté de se suicider d'un coup de pistolet qui lui brisa la mâchoire (mais cet acte fut revendiqué par le gendarme Merda). La mort de Robespierre entraîna peu après l'arrêt de la Terreur. ← ÉTYM. *Robespierre* est une déformation de *Roberpierre*, nom composé de *Robert* et de *Pierre*.

**ROBESPIERRE (Augustin Bon Joseph de)** ♦ Homme politique français (Arras 1764 - Paris 1794), frère de Maximilien de Robespierre*. Administrateur du Pas-de-Calais, procureur de la commune d'Arras (1792), il fut élu à la Convention (1792), où il siégea avec les montagnards. Représentant en mission à l'armée du Midi, il prit part au siège de Toulon (1793) et se lia avec Bonaparte, qu'il fit nommer à la tête de l'armée d'Italie. Le 9 Thermidor* an II, il demanda à être décrété d'accusation avec son frère, car «ayant partagé ses vertus, il voulait partager son sort». Il fut guillotiné le 10 Thermidor.

**ROBIDA (Albert)** ♦ Dessinateur et écrivain français (Compiègne 1848 - Neuilly 1926). Entré à 17 ans au service d'un notaire de Compiègne, il s'amusa à dessiner la vie du parfait notaire. Présenté au caricaturiste Cham, il fut engagé en 1866 au *Journal amusant*. Chroniqueur de la vie mondaine, élégante et pittoresque, il collabora à de nombreux journaux. Il créa en 1880 l'hebdomadaire *La Caricature* où il put, pendant plus de dix ans, donner libre cours à sa verve. En 1883, il publia *Le Vingtième Siècle*, véritable ouvrage de science-fiction, dans lequel il pressentait, soixante-dix ans à l'avance, les inventions du siècle à venir. C'est le premier volet de son œuvre d'anticipation, suivi de *La Guerre au vingtième siècle* (1887) et de *La Vie électrique* (1890).

**ROBIN (Mado)** ♦ Cantatrice française (Yzeures-sur-Creuse, Indre-et-Loire 1918 - Paris 1960). Entrée à l'Opéra de Paris en 1945, elle fit de nombreuses tournées à travers le monde. Sa voix, extraordinairement étendue dans l'aigu, fournit des moyens exceptionnels à sa musicalité.

**ROBIN DES BOIS** – en angl. ***Robin Hood*** ♦ Héros légendaire saxon inspiré d'un personnage historique (v. 1160 - v. 1247). Le cycle des ballades sur Robin des Bois est un des plus fertiles de la Renaissance. Dès le XIVe s., il existait des «rimes» populaires sur cet archer proscrit par les Normands, obligé de vivre dans la forêt de Sherwood avec sa belle amie Maid Marian. Ses aventures inspirèrent Langland*, Wyntoun : *Chronique d'Écosse* (v. 1420) ; Martin Parker : *Histoire vraie* (1632), *La Guirlande de Robin des Bois* (1670) ; Ben Jonson : *Le Triste Berger* (c'est la version de ce dernier qui fut adaptée au cinéma par A. Dwan*, avec D. Fairbancks, en 1922), et enfin Walter Scott*.

**ROBINET (Jean-Baptiste)** ♦ Grammairien et philosophe français (Rennes 1735 - *id.* 1820). Auteur d'une *Grammaire française* (1768) et d'un ouvrage de philosophie où il expose un matérialisme sensualiste et hylozoïste (contre le mécanisme) : *Considérations philosophiques de la gradation naturelle des formes de l'être, ou les essais de la nature qui apprend à faire l'homme*, 1768.

**ROBINSON (sir Robert)** ♦ Chimiste britannique (Bufford, Derbyshire 1886 - Great Missenden, Buckinghamshire 1975). Ayant étudié les alcaloïdes et les colorants des fleurs, il réalisa la synthèse de la chlorophylle, d'hormones sexuelles et de la pénicilline. Il étudia, avec Ingold, le rôle des électrons dans les réactions organiques. [Prix Nobel de chim. 1947] → ÉTYM. Ce nom signifie «fils *(son)* de Robin»

**ROBINSON (Emmanuel GOLDENBERG, dit Edward G.)** ♦ Acteur américain (Bucarest 1893 - Los Angeles 1973). L'un des «méchants» les plus célèbres du cinéma hollywoodien. Du *Petit César* (1931) à *Soleil vert* (1973), en passant par *Ville sans loi* (1935), *Toute la ville en parle* (1935), où il tient un rôle à double face (gangster et brave homme timide), *Assurance sur la mort* (1944), *La Femme au portrait* (1944), *Key* Largo* (1948) et bien d'autres, il a promené son physique ingrat et son robuste talent.

**ROBINSON (Joan)** ♦ Économiste britannique (Camberley 1903 - Cambridge 1983). Auteur d'un ouvrage sur *L'Économique de la concurrence imparfaite* (1933), qui met en question la théorie de l'équilibre général de L. Walras, elle a été influencée par les travaux de Keynes et la théorie économique de Marx, en particulier dans son étude sur la croissance économique et la répartition du revenu national (*Un essai sur l'économie politique marxienne*, 1942 ; *Essais sur la théorie de la croissance*, 1962).

**ROBINSON (Walker SMITH, dit Ray Sugar)** ♦ Boxeur américain (Detroit 1920 - Culver City, Californie 1989). Sa carrière débuta en 1940, et il se fit remarquer par l'efficacité de sa frappe. Champion du monde des welters en 1946, et des poids moyens en 1951, il délaissa la boxe pour le music-hall (1952), mais reconquit son titre de champion du monde des poids moyens en 1955.

**ROBINSON (Mary)** ♦ Femme politique irlandaise (Ballina, comté de Mayo 1944). Avocate, sénateur travailliste (1969 - 1989), elle milita notamment pour les droits de la femme. En 1990, candidate indépendante soutenue par les partis travailliste et ouvrier, elle devint la première femme présidente de la république d'Irlande. Perçue comme moderne et réformatrice, elle a joui d'une grande popularité pendant son mandat (1990 - 1997). Elle a été haut commissaire aux droits de l'homme à l'ONU (1997 - 2002).

**Robinson Crusoé** – en angl. ***The Life and Strange Surprising Adventures of Robinson Crusoe of York, Mariner*** ♦ Roman de Daniel De* Foe (1719) inspiré par l'aventure du marin Selkirk*. Robinson raconte sa vie solitaire dans l'île où un naufrage l'a jeté : comment il réussit à se vêtir, à se nourrir, à se loger. Son «invincible patience dans la pire misère, l'application infatigable et l'indomptable résolution dans les circonstances les plus décourageantes qui soient» (De Foe) en ont fait le symbole du salut par le travail. Symbole de la lutte de l'individu contre la solitude (Malraux l'a comparé à don Quichotte et à l'Idiot), *Robinson* est aussi une épopée, «celle de l'homme blanc dont elle exalte les valeurs économiques, morales et religieuses. La grande entreprise coloniale des XVIIIe et XIXe s. y trouve ses justifications» (Nordon). La rencontre de Vendredi, esclave et double de Robinson, pose cruellement le problème de l'inégalité dans les relations humaines. Rousseau fit la réputation littéraire de *Robinson*, «le plus heureux traité d'éducation naturelle».

**ROBINSON CRUSOE (île)** ♦ Île du Chili, faisant partie de l'archipel chilien Juan Fernández, à 600 km au large de Valparaíso, dans le Pacifique. Sa topographie escarpée porte une flore et une faune d'un grand intérêt pour l'étude de l'évolution biologique. Déclarée dès 1977 Réserve de la Biosphère par l'Unesco.

**Le Robinson suisse** → ÉTYM. en all. *Der schweizerischer Robinson* ♦ Roman de Johann David Wyss, publié en 1812. Histoire d'une famille suisse naufragée sur une île déserte, ce roman remporta un grand succès et devint un classique de la littérature enfantine.

**ROBIQUET (Pierre Jean)** ♦ Chimiste et pharmacien français (Rennes 1780 - Paris 1840). Il étudia les colorants d'origine végétale (la garance, l'orseille, l'indigo) et découvrit la narcotine et la codéine dans l'opium. [Acad. sc. 1833]

**ROBLÈS** [ʀɔblɛs] **(Emmanuel)** ♦ Écrivain français (Oran 1914 - Boulogne-Billancourt 1995). Attaché à l'Afrique du Nord et respectueux du monde musulman, comme son ami Albert Camus, il a dirigé la collection «Méditerranée» pour éditer les œuvres des principaux romanciers musulmans d'expression française. Dans ses romans (*L'Action*, 1938 ; *Travail d'homme*, 1943 ; *Les Hauteurs de la ville*, 1948 ; *Cela s'appelle l'aurore*, 1952 ; *Le Vésuve*, 1961 ; *La Croisière*, 1968) comme dans son œuvre théâtrale (*Montserrat*, 1948 ; *Porfirio*, 1953 ; *Plaidoyer pour un rebelle*, 1966 ; *Un château en novembre*, 1984), E. Roblès développe le thème de la nécessité dramatique du choix, dans une atmosphère tendue au milieu de situations violentes, le sentiment de la proximité de la mort étant renforcé par un langage volontairement dépouillé. Il est l'auteur d'un essai sur *García Lorca* (1949) et de traductions de romans espagnols. [Acad. Goncourt 1973]

**ROBOAM** → ÉTYM. en hébr. *Rehab'âm* «le peuple s'est étendu» ♦ Premier roi de Juda* (de v. –931 à –915), fils de Salomon*. Sa dureté déclencha le schisme des dix tribus du Nord (→ **Israël, Jéroboam Ier**). Son royaume fut ravagé par les Égyptiens. Récits bibliques : I Rois, XII, XIV ; II Chroniques, X - XII.

**ROB ROY (Robert MACGREGOR CAMPBELL, dit)** ♦ Montagnard écossais (Buchanan, près de Stirling 1671 - Balquhidder, près de Perth 1734), célèbre par ses brigandages et sa vie aventureuse. Accoutumé très tôt aux coups de feu des montagnards, il prit part aux déprédations qui furent cause de la mise hors la loi du clan des MacGregor (1712). Il devint alors chef de bande, pilla des villes, se battit contre l'armée régulière. Il se soumit en 1722, fut emprisonné, puis gracié en 1727. Héros d'un roman de W. Scott*.

**ROBUCHON (Joël)** ♦ Cuisinier français (Poitiers 1945). Artisan exigeant au savoir-faire impeccable, il fit évoluer par son inventivité et son instinct des arômes et des saveurs la «nouvelle cuisine» et s'orienta vers une simplicité toujours plus grande dans des recettes assemblant les aliments de façon inédite. → ÉTYM. *Robuchon* est l'hypocoristique de *Robert**.

**ROCAMADOUR** [46500] → ÉTYM. «le roc d'Amadour (n. d'un ermite dont on découvrit le corps en 1166)» ♦ Comm. du Lot, arr. de Gourdon. 614 hab. *(Amadouriens)*. Anc. ville forte (vestiges de remparts, château fort du XIVe s., remanié), accrochée au flanc du causse de Gramat et dominant la gorge de l'Alzou. Basilique Saint-Sauveur (XIe - XIIIe s.) érigée sur la crypte de saint Amadour. Chapelle romane Saint-Michel (fresques du XIIIe s. sur le mur extérieur). Chapelles romanes de Saint-Jean-Baptiste et de Sainte-Anne. Chapelle Notre-Dame de style gothique flamboyant renfermant une Vierge noire, objet d'un célèbre pèlerinage du XIe au XIVe s. Anc. palais épiscopal (musée d'art sacré). ▪ Centre touristique.

**ROCAMBOLE** → ÉTYM. p.-ê. de *rocambole*, n. d'une espèce d'ail (au fig. «attrait piquant») ou de l'all. *Rockenbolle*, de *Rocken* «quenouille», ou de *Roggen* «seigle» et *Bolle* «oignon» ♦ Personnage qui joue un rôle considérable dans l'œuvre féconde de Ponson* du Terrail (notamment dans *Les Drames de Paris* qui groupent une trentaine d'ouvrages, 1859 à 1884). Héros pittoresque qui connaît des aventures compliquées et extravagantes (d'où l'adj. *rocambolesque*) dans le Paris du Second Empire, Rocambole est un «maître mystérieux (qui) asservit les hommes aussi bien que les femmes», mais que sa

Michel **Rocard**.
*Phot. © Celik Erkul/Gamma*

**rocaille**

n. f. ♦ Style ornemental en vogue en France au XVIIIe s., sous Louis XV. Le terme désignait à l'origine les faux rochers recouverts de coquilles utilisés depuis la Renaissance pour composer des fontaines ou des grottes décoratives. Il fut ensuite repris par les ébénistes français pour s'appliquer aux formes contournées du mobilier Louis XV ; il finit par désigner l'art du XVIIIe s. dans son ensemble, un art en accord avec la vie de cour éprise d'élégance, de luxe et de plaisirs. Sous le règne de Louis XV en effet, les coquillages ainsi que d'autres motifs (guirlandes de fleurs, palmettes, faisceaux de joncs, feuillages, amours roses, cartouches, dragons, serpents ailés) envahirent les arts de l'ameublement et de la décoration. À l'architecture sobre (Delamair, Bullet*) s'ajouta une décoration toute en courbes et contre-courbes enrichie d'ornements (Boffrand*, Oppenord*, Vassé, Meissonnier*, Mondon, Pineau). → **baroque.** Les plus beaux exemples sont la place Stanislas à Nancy* conçue par Héré de Corny, avec des grilles en fer forgé de Jean Lamour (1751 - 1755), et l'hôtel de Soubise* à Paris décoré par Germain Boffrand (1732 - 1740). La peinture, vouée à la ligne sinueuse et d'une polychromie délicate (vert pâle, gris perle, rose, lilas), célébra la femme, l'amour, les fêtes, la danse, le théâtre et puisa ses thèmes dans la mythologie bachique, bucolique et pastorale (Watteau*, Boucher*, Fragonard*, Trémolières, Natoire*). Né en France, le style rocaille s'exporta sous l'appellation de «rococo». Dans les pays germaniques, il connut un développement exceptionnel dépassant l'exubérance et les excès français comme en témoignent la résidence des princes-évêques de Würzburg, par B. Neumann* qui fit appel à Tiepolo* pour les peintures, le Zwinger de Dresde, de D. Pöppelmann* (1711 - 1722), le château de Sans-Souci à Potsdam (1745 - 1747) commandé par Frédéric II à G. W. von Knobelsdorff*, le théâtre de la Résidence de Munich et le pavillon de chasse d'Amalienburg à Nymphenburg (1734 - 1739) par de Cuvilliès*, les églises des frères Asam* (Saint-Jean-Népomucène, à Munich, 1733 - 1735) et des frères Zimmermann* (églises de Steinhausen et de Wies). Dès le milieu du XVIIIe s., les excès du style rocaille provoquèrent des réactions qui conduisirent à la naissance du néoclassicisme*.

«nature [...] porte toujours à (se) ranger du côté du faible contre le fort». Il est à l'origine de plusieurs héros du roman-feuilleton (*Fantômas*, etc.).

**ROCARD (Michel)** ♦ Homme politique français (Courbevoie 1930). Inspecteur des finances (1958), il prit part à la création du Parti socialiste* unifié (PSU), qu'il dirigea de 1967 à 1974 et participa aux événements de mai* 1968. Candidat à l'élection présidentielle (1969), plusieurs fois député entre 1969 et 1993, il entra au Parti socialiste en 1974 et devint maire de Conflans-Sainte-Honorine (1977 - 1994). Après l'accession de la gauche au pouvoir, il fut ministre d'État, chargé du Plan et de l'Aménagement du territoire (1981 - 1983), puis de l'Agriculture (1983 - 1985). Premier ministre de 1988 à 1991, il parvint à rétablir la paix en Nouvelle*-Calédonie (accords de Matignon, 1988) et mena une politique unissant réformes sociales (Revenu minimum d'insertion [RMI], Contribution sociale généralisée [CSG]) et rigueur économique. Il devint premier secrétaire du Parti socialiste après la défaite de la gauche aux législatives de 1993 mais, au lendemain de l'échec aux élections européennes de la liste qu'il conduisait, il dut quitter ce poste. Il fut sénateur de 1995 à 1997, et député européen de 1994 à 2009. Il a dirigé avec A. Juppé* la commission définissant le cadre de l'emprunt national lancé par N. Sarkozy en 2010. ➝ ÉTYM. *Rocard* vient du germanique *Hrokhard*, de *hrok* «corneille» et *hard* «dur, fort».

**ROCH** [ʀɔk] (saint) ➝ ÉTYM. anc. *Hrokhard*, du germ. *hrok* «corneille» et *hard* «dur, fort» ♦ Saint connu par deux légendes de la fin du XVe s. Né à Montpellier v. 1300 - 1350, il guérit des pestiférés au cours d'un pèlerinage à Rome. Atteint à son tour, il s'isole dans une forêt. Un ange le soigne, un chien du voisinage lui porte du pain et il guérit. Plus tard, il meurt en prison, non reconnu des siens et pris pour un espion à Montpellier ou à Angera (Lombardie). Son culte se développa au XVe s., suscitant de nombreuses *confréries de saint Roch* et des œuvres théâtrales (*Mystère de monseigneur saint Roch*, 1493), mais il déclina en même temps que se raréfiait la peste, dont le saint était censé préserver. ▪ Fête le 16 août.

**ROCHA (Glauber)** ♦ Cinéaste brésilien (Vitória da Conquista, Bahia 1938 - Rio de Janeiro 1981). Chef de file du *Cinema Novo* brésilien, mouvement prônant une culture révolutionnaire. Rocha a réalisé quelques films dans un style baroque appuyé, traversés de visions symboliques ou folkloriques : *Le Dieu noir et le diable blond* (1964), *Terre en transe* (1967), *Antonio das Mortes* (1967), *Le lion a sept têtes* (1969), dont le titre original *(Der Leone have sept cabeças)* est un rébus plurilingue, *L'Âge de la terre* (1980).

**ROCHAMBEAU (Jean-Baptiste Donatien DE VIMEUR, comte DE)** ♦ Maréchal de France (Vendôme 1725 - Thoré, Loir-et-Cher 1807). Officier dès 1742, nommé lieutenant général, il commanda un corps de 6 000 hommes envoyés au secours des Américains lors de la guerre d'Indépendance, réussit à faire la jonction avec Washington sur l'Hudson, et contribua à la prise de Yorktown (1781). Gouverneur de Picardie et d'Artois, maréchal de France en 1791, il fut nommé à la tête de l'armée du Nord en 1792, mais remplacé peu après par Luckner*. Emprisonné sous la Terreur, il échappa à la guillotine grâce à la chute de Robespierre (9 Thermidor). ♦ **Donatien Marie Joseph de Vimeur,** vicomte **de Rochambeau.** Général français (Rochambeau, près de Vendôme 1750 - Leipzig 1813). Fils du précédent. Après avoir participé, avec son père, à la guerre d'Indépendance américaine, il fut envoyé à Saint-Domingue, puis à la Martinique qu'il reprit aux Britanniques (1793), mais reperdit (1794). Revenu à Saint-Domingue en 1802, après avoir participé à la campagne d'Italie, il dut se rendre aux Britanniques en 1803 et fut emprisonné jusqu'en 1811. Il fut tué à Leipzig, au cours de la campagne d'Allemagne.

**ROCHDALE** ➝ ÉTYM. angl. «vallée *(dale)* de la Roach (ou *Roche*)» ♦ V. d'Angleterre (Greater Manchester), dans la banl. N. 205 233 hab. Centre textile en crise qui a diversifié ses activités (amiante, construc. électriques, matières plastiques). ▮ **Histoire** Berceau du mouvement coopératif britannique, fondé en 1844 sous le nom de «Société des équitables pionniers de Rochdale».

**ROCHE (Mazo De La)** → De La Roche (Mazo)

**ROCHE (Denis)** ♦ Écrivain et photographe français (Paris 1937). Il fut l'un des rédacteurs de la revue *Tel* Quel* (1962 - 1973), puis devint éditeur. Ses œuvres poétiques, qui comprennent notamment *Récits complets* (1963), *Éros énergumène* (1968) et *Le Mécrit* (1972) où il annonçait l'interruption définitive de sa production poétique, ont été réunies sous le titre *La poésie est inadmissible* (1995). Caractérisées par une forme discontinue, elles s'inscrivent comme son roman *Louve basse* (1976), dans une entreprise de subversion de la littérature, qu'éclairent ses essais (*Dépôts de savoir et de technique*, 1980 ; *Dans la maison du sphinx : essais sur la matière littéraire*, 1992), et que complète son activité de photographe et de théoricien de l'image (*Légendes de Denis Roche*, 1981 ; *La Disparition des lucioles*, 1982, réflexion sur l'acte photographique ; *Conversation avec le temps*, 1985 ; *Photolalies : doubles, doublets et redoublés*, 1988). Il a traduit Cummings et Pound *(Cantos pisans)*.

**Roche-aux-Moines (La)** ♦ Ancien château fort situé près de Savennières au S.-O. d'Angers. Près de ce château, Jean* sans Terre s'enfuit devant Louis (VIII), fils de Philippe Auguste, en 1214.

**ROCHE-BERNARD (LA)** [56130] ➝ ÉTYM. «le rocher de Bernard» (allus. au Viking *Bjarnhard*) ♦ Ch.-l. de cant. du Morbihan, arr. de Vannes, sur la Vilaine. 796 hab. *(Rochois)*. Château des Basses-Fosses (XVIe et XVIIe s.) abritant le musée de la Vilaine maritime. Maisons anc. Pont suspendu sur la Vilaine. ▪ Port de plaisance.

**ROCHECHOUART** [87600] ➝ ÉTYM. «le château fort de Chouart (n. de pers.)» ♦ Ch.-l. d'arr. de la Haute-Vienne. 3 667 hab. *(Rochechouartais)*. Château en grande partie du XVe s. abritant la mairie et un musée : préhistoire ; objets gallo-romains ; peintures murales du XVIe s. ; coll. d'art contemporain.

**ROCHEFORT (Henri,** marquis **DE ROCHEFORT-LUÇAY, dit Henri)** ♦ Journaliste, homme politique et écrivain français (Paris 1831 - Aix-les-Bains 1913). Il se lança très tôt dans le journalisme politique et afficha des positions républicaines, hostiles à l'Empire. Contraint de quitter *Le Figaro*, il fonda *La Lanterne* (1868) et, après un bref exil à Bruxelles, *La Marseillaise* (1869). Il prit position en faveur de la Commune de Paris (1871) et fut condamné à la déportation en Nouvelle-Calédonie (1872). Il s'en évada en 1874 (avec Grousset et Jourde) et s'installa à Genève jusqu'à l'amnistie (1880). De retour en France, il créa *L'Intransigeant*. Député (1885), devenu nationaliste et partisan du général Boulanger, il suivit celui-ci à Bruxelles avant de gagner Londres. Œuv. princ. : *Les Français de la décadence* (1866), *Les Dépravés* (1875), *L'Évadé* (1880), *L'Aventure de ma vie* (1895 - 1896).

**ROCHEFORT** [17300] ➝ ÉTYM. «roche bien fortifiée» ♦ Ch.-l. d'arr. de la Charente-Maritime, sur la Charente. 25 797 hab. (aggl. 36 000) *(Rochefortais)*. Maison natale de P. Loti (musée). Musée d'art et d'histoire : ethnographie ; histoire locale ; marine ; peintures. Musée de la Marine. Anc. corderie royale construite par Colbert en 1666. Anc. hôpital maritime (fin du XVIIIe s.). ▪ Établissement thermal. Écoles de la Marine nationale et de l'armée de l'air. Équipement aéronautique, nautique et automobile. ▮ **Histoire** Un château fort construit sur les rives de la Charente pour en interdire l'accès aux incursions normandes est à l'origine de la ville. En 1666, Colbert décida de créer à cet emplacement un port de guerre dont il confia les fortifications à Vauban. Le port connut un essor considérable jusque dans les premières décennies du XIXe s. : son arsenal était l'un des plus importants de France, avec ceux de Toulon et de Brest ; mais l'augmentation du tonnage des navires, liée à l'apparition de la vapeur, amorça son déclin. Pendant la Deuxième Guerre mondiale, Rochefort fut occupé par les troupes allemandes jusqu'à la capitulation du Reich, le 8 mai 1945.

**ROCHEFORT-DU-GARD** [30650] ♦ Comm. du Gard, arr. de Nîmes. 5 821 hab. *(Rochefortais)*.

**ROCHEFORT-EN-TERRE** [56220] ♦ Ch.-l. de cant. du Morbihan, arr. de Vannes. 693 hab. *(Rochefortais)*. Chapelle Saint-Michel (XVI^e^ s.). Église Notre-Dame-de-la-Tronchaye (XII^e^ - XV^e^ - XVII^e^ s.). Porte fortifiée. Château.

**ROCHEFOUCAULD (LA)** [16110] ◆ ÉTYM. «le château de Fulcoad (n. de pers. germ.)» ♦ Ch.-l. de cant. de la Charente, arr. d'Angoulême, sur la Tardoire. 3 228 hab. *(Rupificaldiens)*. Église gothique Saint-Cybard (XIII^e^ s.). Château Renaissance (façade et cour d'honneur) appartenant aux La Rochefoucauld. Anc. pharmacie de l'hôpital (XVII^e^ s.). Anc. couvent des Carmes (cloître du XV^e^ s.).

**ROCHE-GUYON** [-gyijɔ̃] **(LA)** [95780] ◆ ÉTYM. du n. du château de *La Roche* et de *Guy*, n. traditionnel du fils aîné de ses seigneurs ♦ Comm. du Val-d'Oise, arr. de Pontoise, sur la Seine. 550 hab. *(Guyonnais)*. Église des XV^e^ - XVI^e^ s., château (XII^e^ - XVIII^e^ s.) avec un donjon des X^e^ - XII^e^ s. ; La* Rochefoucauld y séjourna et y composa une partie de ses *Maximes*. En 1944, Rommel y avait établi son quartier général ; le château, endommagé par des bombardements, a été restauré.

**ROCHE-LA-MOLIÈRE** [42230] ◆ ÉTYM. *Roche* «butte rocheuse ; château fort» et *Molière*, du lat. *mola* «meule», sans doute en raison de carrières de pierres meulières ♦ Comm. de la Loire, arr. de Saint-Étienne. 10 083 hab. *(Rouchons)*. Matériel aéronautique. Sellerie.

**ROCHELLE (LA)** [17000] ◆ ÉTYM. «la petite roche» ♦ Ch.-l. du dép. de la Charente-Maritime, anc. cap. de l'Aunis. 76 584 hab. (aggl. 110 516) *(Rochelais)*. De l'enceinte médiévale, rasée sur l'ordre de Richelieu après le siège de 1627 - 1628, subsistent la porte de la Grosse-Horloge, du XIII^e^ s. (remaniée au XVIII^e^ s.), qui constituait l'entrée de la ville du côté du port, ainsi que la tour de la Chaîne et la tour Saint-Nicolas, de part et d'autre du chenal, toutes deux du XIV^e^ s. La tour de la Lanterne, plus tardive (XV^e^ s.), domine les vestiges d'anciennes courtines du Moyen Âge. Cathédrale Saint-Louis, de style classique, construite de 1774 à 1784 par Jacques V Gabriel et son fils Ange-Jacques. Hôtel de ville de style Renaissance, très restauré au XIX^e^ s. Hôtels et maisons anc. Musée des Beaux-Arts : peintures des écoles flamande, hollandaise et française. Musée du Nouveau Monde : coll. illustrant les relations entre La Rochelle et les Amériques depuis la Renaissance. Musée d'Orbigny-Bernon : histoire locale et céramique. Muséum d'histoire naturelle. Festival de cinéma et Francofolies. ▪ Port de commerce à La Pallice* (exportation de céréales et de cognac ; importation de bois et de produits pétroliers). Port de pêche et de plaisance. Construc. ferroviaires et navales. Indus. chimique. Centre tertiaire, culturel et touristique (semaine internationale de la Voile). La Rochelle est reliée par un pont à l'île de Ré. **Histoire** La première mention faite de la ville ne remonte qu'à 1023. Le mariage d'Aliénor d'Aquitaine avec Henri II Plantagenêt, en 1152, la fit passer à l'Angleterre, mais elle revint à la Couronne française après que Louis VIII l'eut prise, en 1224. En 1360, le traité de Brétigny fit de nouveau de La Rochelle une possession anglaise, jusqu'à la conquête de la Saintonge et de l'Aunis par Du Guesclin (1372). Du XIV^e^ au XVII^e^ s., La Rochelle fut l'un des plus grands ports français, et l'un des premiers à tirer profit de la découverte du Nouveau Monde : de nombreux colons rochelais s'installèrent en effet en Amérique du Nord et permirent l'instauration d'importants échanges commerciaux entre leur pays d'adoption et leur ville d'origine. Tôt convertie aux idées de la Réforme, La Rochelle devint, dès la 1^re^ moitié du XVI^e^ s., un centre calviniste actif. En 1571 s'y tint un important synode qui adopta, à l'instigation de Théodore de Bèze, la *Confession* de La Rochelle*. En 1573, Henri III, alors duc d'Anjou, l'assiégea vainement pendant plus de six mois. La Rochelle devint la plus forte des places de sûreté accordées aux huguenots par l'édit de Nantes (1598). En 1627, Richelieu prit prétexte du pacte entre les Rochelais et l'Angleterre, qui venait de déclarer la guerre à la France, pour détruire la puissance protestante. Le cardinal conduisit personnellement les travaux du siège qui comportaient, sur la terre ferme, l'établissement d'une ligne continue de fortifications de 12 km de longueur et, vers le large, la construction d'une digue destinée à empêcher le ravitaillement des assiégés par la flotte anglaise. Ceux-ci, sous la conduite de l'ancien amiral Jean Guiton, maire de la ville, résistèrent pendant près de quinze mois. Ils furent acculés à la reddition (29 oct. 1628) par la famine. Les fortifications furent rasées et les franchises municipales supprimées. La ville accusa alors un déclin sensible, aggravé successivement par la révocation de l'édit de Nantes, la cession du Canada à l'Angleterre, et la politique impériale du Blocus continental. ▪ Pendant la Deuxième Guerre mondiale, La Rochelle fut occupée par les troupes allemandes jusqu'à la capitulation du Reich le 8 mai 1945.

**Rochelle (Confession de La)** – en lat. ***Confessio gallicana*** ♦ Confession de foi de l'Église réformée de France. Le texte en fut envoyé par Calvin au premier «synode général» des calvinistes français (Paris, 26 - 29 mai 1559) qui le remania. Il fut définitivement adopté au septième synode national tenu à La Rochelle en 1571.

**ROCHEMAURE** [07400] ◆ ÉTYM. occit. «roche *(ròcha)* noire *(maura)*» ♦ Ch.-l. de cant. de l'Ardèche, arr. de Privas. 1 870 hab. *(Rupismauriens)*. Chapelle Notre-Dame-des-Anges (XIII^e^ s., reconstruite au XVII^e^ s.). Ruines d'un château fort (XII^e^ - XIV^e^ s.). Maisons anc.

**ROCHE-POSAY (LA)** [86270] ◆ ÉTYM. anc. *Rupes Pusiaca* ♦ Comm. de la Vienne, arr. de Châtellerault, bâtie sur un éperon rocheux dominant la vallée de la Creuse. 1 445 hab. *(Rochelais)*. Église des XI^e^ - XV^e^ s. Donjon du XII^e^ s. Remparts des XII^e^ et XIV^e^ s. ▪ Station thermale.

**ROCHEPOT (LA)** [21340] ◆ ÉTYM. du n. de Régnier *Pot*, chambellan du duc de Bourgogne Philippe II, qui fit l'acquisition du château en 1403 ♦ Comm. de la Côte-d'Or, arr. de Beaune. 260 hab. *(Rochepotois)*. Anc. priorale du XII^e^ s. (clocher Renaissance ; chapiteaux historiés ; œuvres d'art). Château féodal (XI^e^ - XV^e^ s., entièrement restauré). ▪ Viticulture (côtes-de-beaune).

**Rocher** (dôme du) ♦ Monument de Jérusalem*, dit aussi «mosquée d'Omar». C'est l'un des plus anciens monuments religieux de l'islam. Son plan centré est emprunté à l'architecture byzantine. Commandé par le calife 'Abd* al-Mālik, il fut bâti entre 687 et 691, autour du rocher du mont Moriah où des traditions situent le sacrifice d'Abraham (→ **Isaac**) et le départ de Mahomet pour son voyage vers les cieux. Son riche décor de mosaïque à fond d'or est à rapprocher des autres constructions omeyades*.

**ROCHER-NOIR (LE)** → **Boumerdès**

**ROCHESTER** ◆ ÉTYM. anc. *Hrofaescaestir, Rovecestre* probablt «place forte (vieil angl. *ceaster*) nommée *Hrofi* (anc. n. celt. et abrév. de *Durobrivis* "la ville fortifiée avec des ponts")» ♦ V. d'Angleterre (Kent, district du Medway), à l'E. de Londres, sur la Medway. 155 000 hab. (aggl. 300 000 avec Chatham, Gillingham et Maidstone). Cathédrale des XII^e^ - XIV^e^ s. à double transept. Métall. de l'aluminium, raffinage pétrolier et centrale thermique dans l'aggl. **Histoire** Anc. ville romaine, Rochester devint en 604 un évêché rattaché à celui de Canterbury.

**ROCHESTER** ♦ V. des États-Unis (État de New York). 219 773 hab. dont 31 % de Noirs (zone urbaine 1 098 201). Indus. photographique, optique ; instruments de précision. Centre agricole (fruits). Une partie de la prospérité de la ville provient de l'action de G. Eastman (Kodak).

**ROCHE-SUR-FORON (LA)** [74800] ♦ Ch.-l. de cant. de la Haute-Savoie, arr. de Bonneville. 8 538 hab. (aggl. 10 900) *(Rochois)*. Vestige du château des comtes de Genève. Église Saint-Jean-Baptiste (chœur et abside du XII^e^ s.). Maisons anc. ▪ Carrefour routier et ferroviaire. Marché agricole. École nationale des industries du lait et des viandes.

**ROCHE-SUR-YON (LA)** [85000] ♦ Ch.-l. du dép. de la Vendée. 49 262 hab. *(Yonnais)*. Musée d'art et d'archéologie. ▪ Centre admin. et commercial possédant quelques industries. Haras national. **Histoire** La Roche-sur-Yon fut au Moyen Âge le siège d'une principauté. Incendiée lors de la guerre de Vendée par les troupes républicaines, elle n'était qu'une bourgade ruinée lorsque, en 1804, Napoléon décida d'en faire une ville de garnison au centre du Bocage encore mal soumis, et le chef-lieu du département. La ville fut construite par l'ingénieur Duvivier sur un plan régulier, et prit le nom de Napoléon-Vendée, auquel la Restauration et la monarchie de Juillet substituèrent celui de Bourbon-Vendée. Son nom primitif lui fut restitué en 1871. La ville doit l'essentiel de son développement ultérieur à sa situation à l'intersection des lignes de chemin de fer Nantes-Bordeaux et Tours-Les Sables-d'Olonne.

**ROCHET (Waldeck)** dit **Waldeck-Rochet** ◆ ÉTYM. *Waldeck* : en l'honneur de *Waldeck*-Rousseau* ; *Rochet* : dimin. de *Roche* (n. d'un domaine rocheux ou caractérisé par une roche) ♦ Homme politique français (Sainte-Croix, Saône-et-Loire 1905 - Paris 1983). Ouvrier maraîcher, il adhéra à la SFIC (Parti communiste français, 1923). Député communiste (1936 - 1939), il représenta son parti auprès du général de Gaulle à Londres. Réélu après la Libération, il présida le groupe parlementaire communiste (1958 - 1959, 1962 - 1964). Il succéda à Thorez* comme secrétaire général du PCF (1964), mais la maladie mit fin à son activité politique en 1969 et G. Marchais* devint, à son tour, secrétaire général en 1972.

**ROCHETTE (LA)** [73110] ◆ ÉTYM. «la petite roche» ♦ Ch.-l. de la Savoie, arr. de Chambéry dans la Combe de Savoie. 3 098 hab. (aggl. 3 565) *(Rochettois)*. Cartonneries.

**ROCHEUSES** (montagnes) – en angl. ***Rocky Mountains*** ou ***the Rockies*** ♦ Au sens étroit, chaîne de montagnes de l'O. de l'Amérique du Nord qui s'étend au Canada, du N.-O. au S.-E., puis aux États-Unis, selon un arc de cercle grossièrement orienté N.-S. Elle comprend des sommets de plus de 4 000 m, est formée d'un socle soulevé et flanqué de plissements primaires et crétacés. Les *Rocheuses méridionales* (de la frontière du Mexique au N. de Denver) constituent un ensemble de chaînes parallèles orientées N.-S. (Black Range, monts San Andres ; puis chaîne Sangre* de Cristo) ; le bassin du Wyoming les sépare des *Rocheuses septentrionales* et *moyennes*, ensemble de très hauts plateaux et de chaînes (du S. au N. Wind River, Absaroka, Big Belt Mountains, Lewis, plus à l'O. Bitterroot, aux États-Unis ; Selkirk Mountains, Cariboo Mountains, Stikine Mountains, chaîne Pelly et Ogilvie [Yukon], au Canada). ▪ Au sens large, on entend par montagnes Rocheuses l'ensemble formé par les *Rocheuses* proprement dites et les formations qui les séparent du Pacifique, et parfois même la zone de piedmont située à l'E. → **Plaines (Grandes)**. L'ensemble des Grands Plateaux, aux États-Unis, correspond à une zone de cuvettes intérieures ou de couches sédimentaires d'environ 600 km de large au N. (→ **Columbia**), de près de 1 000 km à la hauteur du lac Salé (→ **Bassin**

**Rocheuses.** Snake River et Mount Moran. Parc national du Grand Teton, Wyoming, États-Unis. *Phot. © Mike Norton /Shutterstock*

**[Grand])** et de 800 km au S. (→ **Colorado, Mojave [désert]).** Ces unités sont séparées les unes des autres par des accidents. → **Wasatch (monts).** Les chaînes montagneuses du Pacifique forment en gros trois bandes : une zone de hautes montagnes (sommets de 3 000 à 4 400 m) formées d'anciennes roches cristallines et métamorphiques, soulevées, basculées et traitées par les glaciers (chaîne côtière, Coast Mountain du Canada, chaîne des Cascades* de Washington et de l'Oregon, Sierra Nevada en Californie) ; une dépression qui, aux États-Unis, correspond aux Puget* Sound et à la vallée de la Willamette*, que des formations volcaniques (monts Klamath) séparent de la Grande Vallée californienne (→ **Californie**), prolongée par le golfe de Californie, au S. des monts de San Bernardino ; enfin, à l'extrême O. des États-Unis, des chaînes côtières (entre 1 500 et 2 500 m) ou Coast Range, interrompues par le détroit de Juan de Fuca et la baie de San Francisco.

**ROCKEFELLER (John Davison)** ♦ Industriel et financier américain (Richford, New York 1839 - Ormond Beach, Floride 1937). Descendant d'une famille allemande installée en Amérique depuis 1733, les Steinhauer, il acquit une raffinerie de pétrole en 1865, réussit à contrôler ou à éliminer ses concurrents et à faire de la Standard Oil Company (1870) un immense trust. Condamné à la dissoudre par la loi antitrust de 1887, il ne fut contraint à s'exécuter qu'en 1911. D'une grande dureté en affaires, Rockefeller, devenu le symbole de la réussite capitaliste, employa une partie de son immense fortune à des activités philanthropiques (université de Chicago ; fondation Rockefeller, 1913). ➛ **ÉTYM.** *Rockefeller* signifie « originaire de Rockenfeld (en Rhénanie) ».

**ROCKEFELLER (Nelson Aldrich)** ♦ Homme politique américain (Bar Harbor, Maine 1908 - New York 1979). Petit-fils de John D. Rockefeller*. Gouverneur républicain de l'État de New York (1959 - 1973), il fut vice-président des États-Unis de 1974 à 1976.

**ROCKFORD** ♦ V. des États-Unis (Illinois). 150 115 hab. (zone urbaine 371 236). La ville est située au centre d'une importante zone agricole et industrielle.

**ROCKWELL (Norman)** ♦ Peintre et illustrateur américain (New York 1894 - Stockbridge 1978). Il collabora, durant ses soixante ans de carrière, au *Saturday Evening Post*, au *Boy's Life*, revue des scouts, pour lesquels il réalisa des centaines de couvertures, ainsi qu'à *Look* et à *Life*, ce qui le rendit extrêmement populaire. Il exécuta de nombreux dessins et peintures dans un style naturaliste pour des ouvrages ou des affiches qui sont une représentation idéalisée du quotidien de la classe moyenne américaine et de la société de consommation des Trente Glorieuses. Son triple autoportrait (1960) est une mise en abyme où il se peint en train de se peindre en se regardant dans un miroir. Il a également délivré un message contre la pauvreté et le racisme (*Notre problème à tous*, 1964).

**rococo** → **rocaille**

**ROCQUENCOURT** [78150] ➛ **ÉTYM.** « domaine (bas lat. *curtis*) de Hroco (n. de pers. germ.) » ♦ Comm. des Yvelines, arr. de Versailles. 3 218 hab. (*Rocquencourtois*). Ruines du château de Rocquencourt (XVIII^e s.). ▪ Siège, de 1951 à 1967, du quartier général du SHAPE (commandement suprême des forces alliées en Europe). Informatique. Indus. automobile.

**ROCROI** [08230] ➛ **ÉTYM.** anc. *Croix-de-Rau*, puis *Rau-Croix*, p.-ê. « Croix de Raoul » ♦ Ch.-l. de cant. des Ardennes, arr. de Charleville-Mézières, sur le plateau ardennais (alt. 377 m), entre la Sormonne et l'Eau-Noire, à 2,5 km de la frontière belge. 2 420 hab. (aggl. 2 924) (*Rocroyens*). Fortifications commencées en 1555 et achevées par Vauban en 1691. ▌**Histoire** Rocroi prit de l'importance à la fin du XV^e s. et fut fortifiée par François I^er. Les calvinistes, partis de Sedan, la pillèrent en 1586. C'est le 19 mai 1643 qu'eut lieu la bataille de Rocroi où s'illustra le duc d'Enghien, futur Condé*, alors âgé de vingt et un ans. La ville était investie par les Espagnols (guerre de Trente Ans) dans les rangs desquels combattait (en 1653) le même Condé qui la reprit. Mais le traité des Pyrénées rendit Rocroi à la France (1659). Débaptisée pendant la Révolution, son nom étant interprété en *Roc-Roi*, la ville devint *Roc-Libre*.

**ROD (Édouard)** ♦ Écrivain suisse d'expression française (Nyon 1857 - Grasse 1910). Il évolua du roman naturaliste au roman psychologique, puis au roman à thèse sociale. Princ. œuv. : *La Légende d'Œdipe à travers les âges* (1879), *La Course à la mort* (1885), *Études sur le XIX^e siècle* (1888), *Le Sens de la vie* (1889), *Les Trois Cœurs* (1890), *La Vie privée de Michel Teissier* (1893), *La Seconde Vie de Michel Teissier* (1894), *Au milieu du chemin* (1900), *L'Indocile* (1905), et *L'Affaire Jean-Jacques Rousseau* (1906).

**RODANGE** ♦ V. du Luxembourg (cant. d'Esch-sur-Alzette). 1 700 hab. Élément du Pôle européen de développement avec Longwy (France) et Athus (Belgique).

**RODBELL (Martin)** ♦ Biologiste américain (Baltimore 1925 - Chapel Hill, Caroline du Nord 1998). Il émit l'hypothèse (confirmée 15 ans plus tard par Gilman*) de l'existence de protéines membranaires jouant un rôle d'intermédiaire et de régulateur dans la réponse aux signaux perçus par les récepteurs de membrane. [Prix Nobel de physiol. ou méd. 1994, avec A. Gilman]

**RODBERTUS (Johann Karl)** ♦ Homme politique et économiste allemand (Greifswald 1805 - Jagetzow 1875). Député, chef du centre gauche et ministre de l'Instruction en Prusse (1848 - 1850), il se prononça dans ses ouvrages (*Sur la connaissance de nos conditions économiques*, 1842 ; *Lettres sociales*, 1850-1851 ; *La Journée normale du travail*, 1871) en faveur de la propriété collective des moyens de production, tout en estimant que le socialisme ne pouvait être que le résultat d'une longue évolution.

**RODCHENKO (Aleksandr Mikhaïlovitch)** ♦ Peintre, sculpteur et décorateur soviétique (Saint-Pétersbourg 1891 - Moscou 1957). Il fit ses études à l'académie d'Odessa où il exécuta des dessins pour le théâtre. À Moscou (1914), il commença des compositions à la plume et au compas, qui devinrent presque aussitôt abstraites. En 1915, il fonda le mouvement non objectiviste, peu différent de celui de Malevitch*, avec qui il entra en contact l'année suivante. Malgré leurs oppositions, il lui est redevable de l'organisation dynamique de ses compositions, dans lesquelles le cercle reste l'élément dominant. À Tatline, il emprunta un certain goût pour les matières hétérogènes. En 1917, il décora avec ce dernier et Yakulov Le Café pittoresque, décor surprenant qui détruit l'espace architectural en coupant tous les plans au moyen de formes ou de surfaces, en bois, en métal et en carton, qui brisent la lumière. À des compositions dominées par le cercle (*Composition abstraite*, 1918) succédèrent des œuvres hésitantes et plus calmes. Rodchenko essaya de saisir l'espace à l'intérieur de constructions massives (*Construction de distance*, 1920) ou aériennes (*Construction suspendue*, 1920). Communiste convaincu, il donna de plus en plus au constructivisme une orientation utilitaire (au pavillon soviétique de l'exposition des Arts décoratifs, Paris, 1925) et se consacra presque exclusivement aux arts appliqués après 1922. Pionnier avec El Litssitzky dans l'art de la typographie, il fut le premier à utiliser des photomontages (couverture de la revue *Lef*, 1923).

**RODENBACH (Georges)** ♦ Poète belge d'expression française (Tournai 1855 - Paris 1898). Reçu docteur en droit à l'université de Gand en 1878, il exerça pendant deux ans la profession d'avocat à Bruxelles, où il participa avec son ami Verhaeren* à la fondation de la revue *La Jeune Belgique*. Pendant cette période, il séjourna fréquemment à Paris, où il s'installa définitivement en 1887, et s'y lia intimement avec E. de Goncourt et Mallarmé. Il y publia trois volumes de vers, assez ternes, qu'il renia par la suite. En 1886 parut sa première œuvre notable, *La Jeunesse blanche*, recueil de vers où se révèle dans toute sa singularité une personnalité à l'écoute de sa musique intérieure, tout entière livrée à des rêveries qu'alimentent les souvenirs languissants de la brumeuse Belgique. Cette prédilection pour les tonalités étouffées, les demi-teintes, les sonorités voilées, s'affirma dans ses recueils ultérieurs aux titres significatifs : *Le Règne du silence* (1891), *Les Vies encloses* (1896), *Le Miroir du ciel natal* (1898). C'est encore le plat pays de Flandre, avec ses cités endormies sous le ciel bas, que l'écrivain évoque dans deux romans où il apparaît en pleine possession de son art : *Bruges-la-Morte* (1892) et *Le Carillonneur* (1897). G. Rodenbach a également donné une pièce en vers, *Le Voile* (1894).

**RODÉRIC** → **Rodrigue**

**RODEZ** [12000] ➛ **ÉTYM.** du n. des *Rutènes** (→ aussi Rouergue) ♦ Ch.-l. du dép. de l'Aveyron. 23 707 hab. (aggl. 38 458) (*Ruthénois*). Évêché. Ruines romaines (arènes, aqueduc). La cathédrale Notre-Dame fut élevée au XIII^e s., dans le style gothique du Nord, et terminée au XVI^e s. (clocher des XIV^e - XVI^e s. ; nombreuses sculptures ; jubé du XV^e s. ; buffet d'orgues du XVII^e s.). Hôtels des XIV^e - XVI^e s. Musée des Beaux-Arts : œuvres du sculpteur Denys Puech (1854 - 1942) ; peintures. Musée Fenaille : préhistoire ; archéologie gallo-romaine et mérovingienne ; céramiques de la Graufesenque ; statues-menhirs ; sculptures des XV^e - XVI^e s. ▪ Centre commercial (foires, marché d'intérêt national) possédant quelques industries. Haras national. ▌**Histoire** La cité gauloise de

*Segodunum* devint capitale du Rouergue sous les Romains. Au Moyen Âge, les comtes et les évêques se partagèrent la ville. Avec l'avènement de Henri IV, le comté de Rodez fut rattaché à la Couronne (1589) : les évêques devinrent eux-mêmes comtes de Rodez. Pendant la Restauration, Rodez fut le théâtre de l'assassinat de Fualdès*, affaire de caractère national.

**RODIN (Auguste)** ♦ Sculpteur et aquarelliste français (Paris 1840 - Meudon 1917). À l'École de dessin et de mathématiques, il eut Carpeaux* comme correcteur ; il échoua ensuite au concours d'entrée aux Beaux-Arts et fut rejeté du Salon en 1864, avec *L'Homme au nez cassé*. Pour vivre, il exécuta des travaux d'ornementation et devint à Sèvres l'assistant du sculpteur Carrier-Belleuse ; à ce titre, il travailla à Bruxelles à partir de 1871. ▮ **«L'âge d'airain»** Lors d'un séjour à Rome et à Florence, il eut la révélation de Donatello et de Michel-Ange. Au Salon de 1877, son envoi *L'Âge d'airain* fut très remarqué : le modelé parut traité avec une telle précision qu'on l'accusa d'avoir utilisé des moulages sur nature. Mais en 1879, avec *Saint Jean-Baptiste*, son talent s'imposa à l'unanimité. ▮ **Les commandes officielles** Ayant reçu la commande d'une porte monumentale pour le musée des Arts décoratifs, il tira de Dante le thème de la *Porte de l'Enfer* et s'inspira plastiquement des maîtres de la Renaissance italienne. Il parvint difficilement à intégrer ses sculptures au cadre architectural imposé et laissa finalement l'œuvre inachevée (1880 à 1885), puis il traita à part plusieurs de ses motifs : *Les Océanides*, *Le Penseur**, *Fugit amor*, *Le Baiser**, *Paolo et Francesca*. En 1884, il entreprit le groupe monumental des *Bourgeois de Calais*. Outre la série des grandes commandes officielles : *Monuments à Claude Lorrain* (1889), *à Victor Hugo* (1890) et *à Balzac* (1891 - 1897), il réalisa de nombreux bustes (*Dalou*, 1883 ; *Clemenceau*, 1911), et travailla à des groupes ou figures isolées ayant pour sujet des thèmes mythologiques ou allégoriques. ▮ **Une parfaite connaissance du corps humain** La recherche du mouvement, le souci d'expressivité, le désir de capter la vie dans son frémissement même l'amenèrent à s'éloigner du naturalisme, et il se montra à bien des égards l'héritier d'une vision romantique. Il possédait une connaissance approfondie de l'anatomie humaine et scruta avec une particulière acuité la réalité sensible : il la transposa en fonction de ses visées expressives, le corps humain devenant chez lui porteur d'une passion, d'une énergie et d'une sensualité véhémentes. Conservant l'équilibre des masses, il chercha à suggérer le mouvement par de puissantes lignes de force, créant un effet de tension et d'élan par la direction du geste, représentant simultanément les moments successifs du mouvement sans que les formes perdent de leur vraisemblance (cf. ses *Propos sur l'art*, recueillis par Paul Gsell). Il recourut parfois à certaines déformations anatomiques et chercha des mouvements audacieux, des poses inédites. La liberté de sa facture apparaît dans sa manière de traiter le modelé : il multiplia les plans, les accidents de la surface, produisit des effets de *non finito*, sur lesquels joue la lumière. Dans le marbre, il préféra souvent donner un aspect lisse, poli à la surface, créant une impression de souplesse, de fluidité par un mouvement d'ensemble fondu et en arabesques. ▮ **Le style de Rodin** Le caractère de son inspiration comme les partis pris plastiques qu'il adopta ont parfois été mis en rapport avec divers courants artistiques : romantisme (culte de l'expression énergique, pathétique), naturalisme (souci de vérité et précision anatomique), symbolisme (choix des titres), Art nouveau (sinuosité et fluidité des piédroits de la *Porte de l'Enfer*) ou même impressionnisme (vibration de la lumière sur la surface). Ces rapprochements ne font que mettre en évidence l'impossibilité d'inscrire l'œuvre de Rodin dans un courant défini. Figure très indépendante, il a fait preuve du plus fort tempérament plastique et lyrique du XIX$^{e}$ s. Il n'eut pas d'héritier, car ses plus brillants élèves (Bourdelle*) cherchèrent à réagir contre son style, mais il a annoncé dans une certaine mesure l'expressionnisme, en donnant un caractère puissant et synthétique à la masse en procédant à des déformations subjectives, et en exploitant librement les ressources d'un modelé heurté et bosselé. ▮ **Les aquarelles** Outre son œuvre sculpté, il a laissé plusieurs milliers d'aquarelles, souvent des nus féminins, d'une grâce et d'une sensualité remarquables. ➝ ÉTYM. Ce nom de famille vient du germanique *hrod* «gloire».

Auguste **Rodin.** *L'Homme qui marche* (213 × 161 × 72 cm). Musée d'Orsay, Paris.
*Phot. © H. Lewandowski/RMN*

**RODOGUNE** ♦ Fille du roi des Parthes Mithridate I$^{er}$ (–II$^{e}$ s.). Elle épousa le roi de Syrie, alors prisonnier des Parthes, Démétrios* II Nicator, déjà marié avec Cléopâtre Théa, fille du roi d'Égypte Ptolémée. Cléopâtre, furieuse, fit assassiner Démétrios.

**Rodogune, princesse des Parthes** ♦ Tragédie de Pierre Corneille*, en 5 actes, en vers (1644). Par jalousie envers la jeune princesse Rodogune, la reine de Syrie, Cléopâtre, a tué son mari Nicator. Devenue régente, elle doit transmettre le pouvoir à l'un de ses deux fils, Antiochus et Séleucus. Elle annonce qu'elle choisira pour roi celui qui tuera Rodogune. Horrifiés, les deux jeunes gens font connaître la nouvelle à la princesse qui déclare qu'elle épousera celui d'entre eux qui tuera Cléopâtre. Séleucus renonce à agir, mais Antiochus tente de fléchir sa mère. Celle-ci, faussement attendrie, lui promet la couronne et la main de Rodogune. À la vérité, elle espère susciter la jalousie de Séleucus et semer la discorde entre les deux frères. Secrètement elle fait assassiner Séleucus. Cependant, la cérémonie du mariage commence, et Antiochus s'apprête, en compagnie de Rodogune, à boire à la coupe que leur tend Cléopâtre quand il apprend que son frère est tombé sous les coups d'une main qui leur fut chère. Cette main criminelle est-elle celle de Cléopâtre ou celle de Rodogune ? Les deux femmes s'accusent mutuellement. Se voyant démasquée, Cléopâtre boit à la coupe empoisonnée et la tend à son fils qui va y tremper ses lèvres quand il voit soudain sa mère chanceler et périr sous ses yeux.

**RODOLPHE I$^{er}$** ♦ (mort en 912). Roi de Bourgogne transjurane (888 - 912). Il fit reconnaître l'indépendance de la Suisse occidentale par Arnoul, roi de Germanie. ♦ **RODOLPHE II** (mort en 937). Fils de Rodolphe I$^{er}$. Roi de Bourgogne (de 912 à 937), roi d'Italie (922). Compétiteur de Bérenger* I$^{er}$ qu'il battit en 923, il dut faire face à un compétiteur, Hugues* d'Arles, avec lequel il s'entendit en 934 ; il renonçait à l'Italie, mais héritait des droits de son rival sur le royaume de Provence, si bien qu'à la mort de Hugues (947 ou 948) la Bourgogne et la Provence furent réunies. ♦ **RODOLPHE III le Pieux** ou **le Fainéant** (mort à Lausanne en 1032). Petit-fils de Rodolphe II. Roi de Bourgogne-Provence ou d'Arles (993 - 1032). Il légua son royaume à l'empereur germanique Conrad II le Salique. ➝ ÉTYM. Ce nom vient du germanique *Hrodwulf*, de *hrod* «gloire» et *wulf* «loup».

**RODOLPHE DE SOUABE** ou **DE RHEINFELDEN** ♦ (mort à Grunebach 1080). Beau-frère d'Henri IV d'Allemagne, il fut élu roi de Germanie en concurrence avec lui en 1077, mais il fut vaincu et tué en 1080.

**RODOLPHE I$^{er}$ DE HABSBOURG** ♦ (Limburg 1218 - Spire 1291). Seigneur de Suisse alémanique, devenu empereur germanique (1273 - 1291). Son élection à l'Empire mit fin au Grand Interrègne*. Désireux de se créer en Allemagne une forte puissance territoriale et d'y rétablir l'ordre, il lutta contre les grands féodaux. Ses premiers efforts furent dirigés contre Ottokar* II Přemysl qui dut lui céder ses possessions autrichiennes (Autriche, Styrie, Carinthie, Carniole) en 1276 et fut vaincu et tué au Marchfeld, près de Vienne (1278). En inféodant l'Autriche, la Styrie et la Carniole à son fils Albert* I$^{er}$ de Habsbourg, il grossit considérablement la fortune patrimoniale des Habsbourg. Il eut pour successeur Adolphe* de Nassau.

**RODOLPHE IV DE HABSBOURG** ♦ (1339 - Milan 1365). Duc d'Autriche (1358 - 1365). Il hérita le Tyrol (1363) et fonda l'université de Vienne (1365).

**RODOLPHE II DE HABSBOURG** ♦ (Vienne 1552 - Prague 1612). Empereur germanique (1576 - 1612), roi de Hongrie (1572 - 1608) et de Bohême (1575 - 1611), fils de Maximilien* II. Installant sa capitale à Prague, il protégea la Contre-Réforme catholique, mais assura aussi aux protestants de Bohême la liberté de culte (lettre de majesté, 1609). Plus attiré par les arts et les sciences que par la politique (il protégea Tycho* Brahé et Kepler*), il fut supplanté par son frère Mathias* II.

**RODOLPHE DE HABSBOURG** ♦ Archiduc d'Autriche (Laxenburg 1858 - Mayerling 1889). Fils unique de l'empereur François*-Joseph I$^{er}$ et de l'impératrice Élisabeth* de Wittelsbach, il s'opposa à la politique de son père. Marié à Stéphanie de Belgique, il n'en eut pas d'héritier. L'archiduc et sa maîtresse, Marie Vetsera, furent trouvés morts dans le pavillon de chasse de Mayerling*, et le mystère qui accompagna l'enquête officielle entraîna de nombreuses hypothèses romanesques. Sa mort fit de l'archiduc François-Ferdinand l'héritier de la couronne impériale.

**RODOLPHE** (lac) ➝ **Turkana**

**RODOMONT** ♦ Héros sarrasin des poèmes de Boiardo et de l'Arioste. Bien que son nom soit devenu synonyme de bravache, les 2 poèmes (spécialement le *Roland* furieux*) le décrivent comme un prodigieux guerrier, qui ne frôle la caricature, chez l'Arioste, que par excès de grandeur tragique. Vaincu pour la première fois par la lance de Bradamante*, il sera tué aux termes d'un long duel avec Roger*.

**RODRIGO (Joaquín)** ♦ Compositeur espagnol (Sagunto 1901 - Madrid 1999). Il a composé une œuvre très variée (*Cantico de la esposa* d'après saint Jean de la Croix, 1934 ; *Fantaisie pour un gentilhomme* pour guitare et orchestre, pour A. Segovia*, 1954 ; *Concert andalou* pour quatre guitares et orchestre, 1967), mais il est surtout connu pour son *Concerto d'Aranjuez* pour guitare et orchestre (1939).

**RODRIGUE** ou **RODÉRIC** ← ÉTYM. du germ. *Hrod-ric,* de *hrod* «gloire» et *rik* «puissant» ♦ Dernier roi des Wisigoths (mort à Jerez de la Frontera 711). Il fut battu près de Cadix, puis près de Salamanque, par Tāriq* à la tête des musulmans qui devinrent alors maîtres de l'Espagne (→ **Guadalete**).

**RODRIGUE** ou **RODRIGO DÍAZ DE BIVAR** → **Cid Campeador**

**RODRIGUES (Amalia)** ♦ Chanteuse portugaise (Lisbonne 1920 - *id.* 1999). Elle a incarné le Portugal en chantant le fado qu'elle fit connaître dans le monde entier.

**ROEDERER (Pierre Louis,** comte**)** ♦ Homme politique français (Metz 1754 - Bois-Roussel, Orne 1835). Conseiller au parlement de Metz en 1780, il fut élu député du tiers état aux États généraux (1789). Membre du Club des jacobins et procureur-syndic du département de la Seine (1791), il se rapprocha de la cour à partir du 20 juin 1792 et conseilla au roi de se réfugier à l'Assemblée lors de la journée du 10 août 1792. Retiré de la vie politique sous la Convention, il enseigna l'économie politique sous le Directoire, fondant le *Journal d'économie publique, de morale et de législation* (1796). Ayant approuvé le coup d'État du 18 Brumaire, il fut successivement conseiller d'État, sénateur (1802), ministre des Finances du royaume de Naples (1806), ministre secrétaire d'État du grand-duché de Berg (1810) et commissaire à Strasbourg (1814). Il donna des ouvrages d'économie politique et d'histoire (*Louis XII,* 1820 ; *François Ier,* 1825 ; *Chronique du 20 juin au 10 août 1792,* 1832). [Acad. fr. 1803] ← ÉTYM. *Roederer* signifie «habitant de Rodern (Haut-Rhin) ou de Niederroedern (Bas-Rhin)», du germanique *ruda* «défrichement».

**ROENTGEN (David)** ♦ Ébéniste allemand (Herrnhaag, près de Francfort-sur-le-Main 1743 - Wiesbaden 1807). Il poursuivit l'œuvre de son père, ABRAHAM ROENTGEN, établi à Neuwied, près de Coblence, et lui succéda en 1772, étendant sa réputation à toute l'Europe : il eut pour clients Frédéric le Grand et Catherine II, et la protection de Marie-Antoinette lui permit d'avoir un dépôt à Paris, où il fut reçu maître ébéniste, mais où il ne s'établit jamais. Remarquable par la perfection des marqueteries, aux décors inspirés de motifs floraux, de scènes mythologiques, de chinoiseries, qui évoluèrent vers une plus grande sobriété, sa production est caractérisée par l'emploi d'inventions mécaniques, mises au point avec l'aide de l'horloger-mécanicien Kinzing (meubles à secret et à transformations). La Révolution française, qui détruisit ses ateliers de Neuwied, arrêta sa carrière.

**ROENTGEN (Wilhelm Conrad)** → **Röntgen**

**ROERMOND** ← ÉTYM. néerl. «embouchure *(mond)* de la Roer» ♦ V. des Pays-Bas (Limbourg) au confluent de la Meuse et de la Roer. 54 248 hab. Cathédrale gothique (XVe s.). Culture de roses. Construc. électriques. Émetteur de télévision.

**ROESELARE** – en fr. **Roulers** ♦ V. de Belgique (Région flamande), prov. de Flandre-Occidentale, ch.-l. d'arr., sur la Mandel. 56 268 hab. Église Saint-Michel (XVe - XVIe s.). Cloître des Sœurs Grises (XVIe s.). ▪ Vente à la criée de légumes et fruits. Brasserie. Indus. diversifiées. Construc. métalliques. ▮ **Histoire** L'armée française, commandée par Pichegru et Macdonald, y battit les Autrichiens le 13 juil. 1794.

**RŒULX** [59172] ♦ Comm. du Nord, arr. de Valenciennes. 3 431 hab.

**ROGER** ♦ Nom de plusieurs comtes de Sicile. ♦ **ROGER Ier** (en Normandie 1031 - Mileto, Calabre 1101). Comte de Sicile (1062 - 1101). Fils de Tancrède de Hauteville* et frère de Robert Guiscard, il conquit la Sicile sur les Arabes de 1058 à 1091. Le pape Urbain II lui conféra ainsi qu'à ses successeurs la charge de légat apostolique (1098). ♦ **ROGER II** (v. 1095 - Palerme 1154). Fils du précédent. Comte (1101 - 1130) puis roi de Sicile (1130 - 1154). Il devint duc de Pouille et de Calabre (1127) à la mort de son cousin Guillaume, fils de Robert Guiscard. Il conquit Capoue (1136), le duché de Naples et les Abruzzes (1140), lutta contre les Byzantins et, en Afrique, contre les Arabes. La Sicile atteignit sous son règne un haut degré de prospérité économique. Palerme et Amalfi devinrent les rivales commerciales de Venise et de Pise. Prince tolérant, Roger II laissa les Arabes exercer leur religion. Une école de médecine célèbre s'établit à Palerme. Il fut le père de Guillaume* Ier qui lui succéda et le grand-père de Tancrède* de Lecce. ← ÉTYM. *Roger* vient du germanique *Hrodgari,* de *hrod* «gloire» et *gari* «lance» (ou «prêt [au combat]»).

**ROGER (Roger SCHULTZ,** dit **frère)** ♦ Pasteur protestant suisse (Provence, cant. de Vaud 1915 - Taizé 2005). Il s'installa en 1940 à Taizé (Saône-et-Loire) où il fonda avec Max Thurian une communauté accueillant des jeunes des diverses confessions chrétiennes. Observateur au concile Vatican II, il se rapprocha du catholicisme et fut un militant actif de l'œcuménisme.

**ROGER-BONTEMPS** → **Collerye (Roger de)**

**ROGERS (Carl)** ♦ Psychologue américain (Chicago 1902 - La Jolla, Californie 1987). Auteur de travaux de psychopédagogie, de recherches sur la thérapeutique de la schizophrénie et d'une méthode de psychothérapie (*The Clinical Treatment of the Problem Child,* 1939 ; *Psychotherapy and Personality Change,* 1954). La «non-directivité» qu'il prône a une portée plus philosophique que thérapeutique (*Liberté pour apprendre,* 1971 ; *Un manifeste personnaliste,* 1979).

**ROGERS (Virginia Katherine MCMATH,** dite **Ginger)** ← ÉTYM. *Ginger :* dimin. de *Virginia ; Rogers :* du n. de son beau-père John *Rogers* ♦ Actrice américaine (Independence, Missouri 1911 - Rancho Mirage, Californie 1995). Déjà célèbre au music-hall (en 1930, elle joua *Girl Crazy,* de Gershwin, à Broadway), elle gagna ses galons de vedette de l'écran aux côtés de Fred Astaire, dont elle fut la partenaire en titre dans 10 films, de 1934 à 1949. Leurs exhibitions chorégraphiques, entrecoupées de duos romantiques, illuminent ces joyaux de la comédie musicale que sont *Top Hat* (1935), *Swing Time* (1936) ou *Entrons dans la danse* (1949). Mais en actrice accomplie, elle savait aussi jouer la comédie «pure», et le prouva dans *La Fille de la 5e Avenue* (1939) ou *Chérie, je me sens rajeunir* (1952). À cinquante ans passés, elle fit un retour éblouissant au théâtre dans *Hello Dolly !*

**ROGERS** (lord **Richard)** ♦ Architecte britannique (Florence 1933). Associé avec son épouse Sue, ainsi qu'avec Wendy et Norman Foster* pour constituer le «Team 4» (1963), il réalisèrent ensemble l'Usine Reliance Controls de Swindon (1966 - 1967), de style high-tech, technique fonctionnaliste proche de la science des ingénieurs. De 1973 à 1977, il construisit le Centre d'art et de culture Georges-Pompidou à Paris en collab. avec Renzo Piano*, puis, de 1979 à 1984, le Lloyds Building à Londres, qui fit l'objet de maintes controverses mais pour lequel il se libéra des contraintes du high-tech pour introduire une certaine souplesse, qui le fit qualifier de «late modern». On lui doit la tour Kabuki Cho à Tōkyō, l'énorme dôme du Millenium à Londres, la reconstruction du palais de Justice de Bordeaux (revêtu de panneaux solaires), le palais des droits de l'homme à Strasbourg ou encore la couverture des arènes de Barcelone. [Prix Pritzker 2007]

Richard **Rogers.** Le dôme du Millenium, à Londres.
*Phot. © Bildarchiv Monheim/Photo12.com/Alamy*

**ROGGEVEEN (Jacob)** ♦ Navigateur néerlandais (Middelburg 1659 - *id.* 1729). Il fut un des premiers à atteindre l'île de Pâques (1722) et à y découvrir les statues géantes ; poursuivant son voyage, il parvint aux îles Tuamotu et Samoa, en Nouvelle-Guinée et à Java.

**ROGIER (Charles LATOUR)** ♦ Homme politique belge (Saint-Quentin, France 1800 - Bruxelles 1885). Journaliste, il prit part à Bruxelles à la révolution de 1830. Membre du gouvernement provisoire (1831), député libéral, plusieurs fois ministre, puis président du Conseil (1847 - 1852), il mit fin à l'agitation révolutionnaire par une politique libre-échangiste qui relança l'économie, des mesures d'abaissement du cens électoral, et fut de nouveau au pouvoir de 1857 à 1868.

**ROGLIANO** [20248] ← ÉTYM. du lat. *Rullius,* n. de pers., et suff. *-anum* ♦ Ch.-l. de cant. de la Haute-Corse, arr. de Bastia, au N. du cap Corse*. 458 hab. *(Roglianais).* Église Saint-Agnel (XVIe - XVIIIe s.), ruines des châteaux des da Mare et des Negroni ; ruines du couvent des franciscains.

**ROGNAC** [13340] ← ÉTYM. du lat. *Rutenius,* n. de pers. gallo-rom., et suff. *-acum* ♦ Comm. des Bouches-du-Rhône, arr. d'Istres, près de l'étang de Berre. 11 631 hab. Traitement des déchets industriels. Travail des plastiques.

**ROGNES** [13840] ♦ Comm. des Bouches-du-Rhône, arr. d'Aix-en-Provence. 4 194 hab.

**ROGNONAS** [13870] ♦ Comm. des Bouches-du-Rhône, arr. d'Arles. 3 578 hab.

**ROHAN (Henri,** duc **DE)** ♦ Général français (Blain, Bretagne 1579 - Köningsfelden 1638). Chef du parti protestant, il soutint trois guerres contre Louis XIII. Rallié, il combattit à la Valteline*, puis servit sous Bernard* de Saxe-Weimar. ♦ **Louis,** prince **de Rohan,** dit **le chevalier de Rohan** (1635 - Paris 1674). Grand veneur, puis colonel des gardes de Louis XIV. Il se rendit célèbre par ses aventures amoureuses, enleva Hortense Mancini, duchesse de Mazarin, et courtisa Mme de Montespan*. Il conspira contre Louis XIV avec les Hollandais et fut exécuté. ♦ **Louis René Édouard,** prince **de Rohan-Guéméné,** dit **le cardinal de Rohan** (Paris 1734 - Ettenheim, Bade 1803). Coadjuteur de son oncle, l'évêque de Strasbourg, il fut envoyé à Vienne en ambassade auprès de Marie*-Thérèse et fut rappelé en raison de son incapacité diplomatique et de sa vie scandaleuse. Il fut cependant nommé grand aumônier (1777), cardinal (1778), et reçut l'évêché de Strasbourg (1779). Dans ses tentatives pour gagner la faveur de la reine, il devint la dupe de Cagliostro* et de la comtesse de La* Motte. → **Collier (affaire du).** Plus naïf que coupable, il bénéficia de l'impopularité de la reine et fit figure de victime quand il fut chassé de la cour et exilé à La Chaise-Dieu (1786). Il émigra pendant la Révolution. ➝ **ÉTYM.** *Rohan* est le nom d'une commune du Morbihan, du breton *Roc'han,* de *roc'h* «roc» avec le diminutif *-an.*

**Rohan** (hôtel de) ♦ Hôtel de Paris, dans le Marais*. Construit par Delamair de 1705 à 1708 et décoré par Germain Boffrand* (1712 - 1745), l'hôtel a conservé un remarquable relief de Robert Le* Lorrain *(Les Chevaux du soleil)* et les délicats panneaux de J.-B. Huet qui décorent le cabinet des Singes (1749 - 1752). Depuis 1927, il est rattaché aux Archives* nationales, déjà établies à l'hôtel de Soubise*.

**RÓHEIM (Géza)** ♦ Anthropologue et psychanalyste américain d'origine hongroise (Budapest 1891 - New York 1953). Passionné très jeune par l'ethnologie qu'il découvrit à travers Tylor, Frazer, Lang, il vint ensuite à la psychanalyse et fut formé par Ferenczi. Dès cette époque, il vit dans les processus inconscients la «clé des données anthropologiques». Après avoir donné des analyses sur le folklore hongrois et certaines croyances finno-ougriennes (*L'Ours et les Jumeaux,* 1914), il étudia le *Totémisme australien* (1925). Parti en 1928 en Australie, puis en Nouvelle-Guinée, il y recueillit une abondante documentation ethnographique (coutumes, mythes, rêves), et, contre Malinowski* qui avait mis en question l'existence du complexe d'Œdipe dans les sociétés matrilinéaires de Mélanésie, il s'attacha à en montrer l'universalité et l'unité du psychisme humain. D'origine juive, il dut émigrer aux États-Unis en 1938 et y pratiqua la psychanalyse, fondant une revue pour en étendre l'utilisation dans les sciences sociales, *Psychoanalysis and the Social Sciences* (1947). Il a donné plusieurs ouvrages : *The Origin and Function of Culture* (1943), *The Eternal Ones of the Dream* (1945), *Psychoanalysis and Anthropology* (1950, trad. fr., 1967), *Magie et Schizophrénie* (1955).

**ROHLFS (Gerhard)** ♦ Explorateur allemand (Vegesack, près de Brême 1831 - Rüngsdorf, près de Godesberg 1896). Après avoir exploré l'Afrique du Nord et traversé le Sahara d'O. en E. (1862 - 1865), il partit de Tripoli (1865) et, par le Bornou, le Sokoto, le Baguirmi et la Bénoué, parvint à Lagos (1867). Il fit ensuite plusieurs voyages (Cyrénaïque, 1868 ; désert de Libye, 1875 - 1876 ; oasis de Koufra, 1878 ; Éthiopie, 1880 - 1881). Il fut consul d'Allemagne à Zanzibar.

**RÖHM (Ernst)** ♦ Homme politique allemand (Munich 1887 - *id.* 1934). Officier de carrière, blessé pendant la Première Guerre mondiale, il fut l'un des premiers membres du Parti ouvrier allemand (→ **nazisme**). Il recruta et organisa les corps francs qui devinrent sous son autorité les SA* (1921), avec lesquels il participa au putsch manqué de Munich* (1923). Mais en désaccord avec Hitler qui voulait garder les «Chemises brunes» dans la dépendance du parti, il quitta leur direction et s'exila en Bolivie (1925). Hitler le rappela en 1930 pour réorganiser les SA dont il avait du mal à contenir les ambitions et l'agitation. Lorsque Hitler devint chancelier, Röhm, à la tête de ses 2 500 000 hommes, voulut continuer la révolution (ce qu'il appelait la «seconde révolution») et constituer avec ceux-ci les fondements d'une armée du peuple dans laquelle l'armée traditionnelle serait intégrée. Hitler, opposé à ses projets, le fit assassiner au cours de la «Nuit des longs couteaux», le 30 juin 1934.

**ROHMER (Maurice SCHÉRER,** dit **Éric)** ♦ Critique et cinéaste français (Tulle 1920 - Paris 2010). Rédacteur en chef de *La Gazette du cinéma* (1950 - 1951) puis des *Cahiers du cinéma* (1957 - 1963), il fut, avec Truffaut*, l'un des représentants de la Nouvelle* Vague. Il a réalisé plusieurs cycles de films, d'une élégance de fond et de forme héritée de la fréquentation des grands philosophes, tout en poursuivant une carrière parallèle d'enseignant : six «Contes moraux» (dont *La Collectionneuse,* 1966 ; *Ma nuit chez Maud,* 1969 ; *Le Genou de Claire,* 1970) ; des «Comédies et proverbes» (dont *La Femme de l'aviateur,* 1981 ; *Les Nuits de la pleine lune,* 1984 ; *L'Ami de mon amie,* 1987) ; et les «Contes des quatre saisons», *Conte du printemps* (1990), *Conte d'hiver* (1992), *Conte d'été* (1996), *Conte d'automne* (1998). Il a également adapté à l'écran *La Marquise d'O* de Kleist (1975), *Perceval le Gallois* de Chrétien de Troyes (1978) et les mémoires authentiques de la maîtresse du duc Philippe d'Orléans, *L'Anglaise et le Duc* (2001).

**ROH Moo-hyun, No Muhyeon** ou **No Muhyŏn** ♦ Homme d'État sud-coréen (Gimhae 1946 - près de Gimhae 2009). Fils de paysans, catholique, il se fit l'avocat des droits de l'homme face à la dictature. Président très controversé de 2002 à 2007, il fit l'objet pour la première fois en Corée d'une mesure de destitution par l'Assemblée nationale (mars-mai 2004), annulée par la Cour constitutionnelle. Il fut favorable à la réconciliation avec la Corée du Nord et s'y consacra jusqu'à ce que des accusations de corruption le conduisent au suicide.

**ROHRAU** ♦ Village d'Autriche (Basse-Autriche), aux confins du Burgen, à l'E. de Vienne. 1 455 hab. Maison natale de Haydn, transformée en musée.

**ROHRER (Heinrich)** ♦ Physicien suisse (Buchs, Sankt Gallen 1933). → **Binnig.** [Prix Nobel de phys. 1986, avec G. Binnig et E. Ruska*]

**ROH Tae-woo** ou **NO T'aeu** ♦ Homme d'État sud-coréen (Dalsong 1932). Président de la République de Corée de 1988 à 1993, il restaura l'élection présidentielle au suffrage universel. Il fut emprisonné en 1995 pour corruption et libéré en 1997.

**ROHTAK** ♦ V. de l'Inde (Haryana). 294 537 hab. Elle a bénéficié du développement de l'agriculture de la région et de la proximité de Delhi (70 km). Industries diversifiées.

Le **Roi David** ♦ Psaume symphonique d'Arthur Honegger* d'après le drame de René Morax (version originale scénique, théâtre populaire du Jorat à Mézières, Suisse, 21 juin 1921 ; version oratorio avec grand orchestre, Winterthur, 2 déc. 1923 [en all.], puis Paris, 14 mars 1924). Dans la tradition des oratorios du XVIIIe s., cette partition en 3 parties («David berger et conducteur d'armée», «David roi», «David roi et prophète») et 27 numéros a assuré la célébrité d'Honegger.

Le **Roi des aulnes** – en all. ***Der Erlkönig*** ♦ Ballade de Goethe* (1782). Sous l'influence de Herder*, Goethe s'était intéressé aux légendes du folklore allemand. Dans la nuit, le père chevauche en hâte vers sa maison, son enfant dans les bras. Le «roi des aulnes», ou roi des elfes, cherche à séduire l'enfant en lui adressant des paroles ardentes : «Je t'aime, ta beauté me ravit.» L'enfant appelle en vain le secours de son père qui n'entend pas les paroles de l'elfe. Quand le père arrive au but, l'enfant est mort. Cette œuvre, qui marque l'intrusion du fantastique païen dans la littérature classique, symbolise tout un aspect du romantisme. Ce poème a été mis en musique par Reichardt, par Loewe et surtout par Schubert (1815) : dans ce drame très court l'unique interprète prête sa voix au narrateur, au père galopant dans la nuit, au fils terrifié et au séducteur qu'est le roi des aulnes, sur une rythmique pianistique évocatrice de la chevauchée.

**ROI-GUILLAUME** (terre du) ➝ **ÉTYM.** en angl. ***King William Island,*** nommée en l'honneur de Guillaume IV d'Angleterre ♦ Île de l'Arctique canadien, située entre le continent et la presqu'île de Boothia.

Le **Roi Lear** – en angl. ***King Lear*** ♦ Drame en 5 actes de W. Shakespeare* (v. 1606). Le vieux roi Lear a partagé ses États entre ses deux filles Goneril et Régane, qui l'ont assuré de leur affection. Mais il a déshérité la cadette, Cordelia, qui a refusé de lui prodiguer les paroles de tendresse qu'il tentait d'obtenir d'elle. Bientôt cependant, chassant Lear de son palais, Goneril et Régane vont révéler leur infâme nature. Dépossédé, le roi ne trouve asile que chez la pure Cordelia, mais il perd la raison sous le poids de tant d'infortune. Les troupes que sa fille a levées pour se porter à son secours sont battues et tous deux sont faits prisonniers. Tandis que Cordelia vient de tomber sous les coups du bâtard Edmond, Lear expire, tenant dans ses bras le corps de sa fille.

**Rois (Livres des)** ♦ Livres de la Bible (Prophètes*), un seul livre dans le canon hébreu, traditionnellement attribué à Jérémie*. La Septante* en fait les troisième et quatrième livres des «Règnes» ou «Royautés», après ceux de Samuel*, la Vulgate* les troisième et quatrième livres des Rois. I Rois (22 chapitres) et II Rois (25 chapitres) relatent la grandeur du règne de Salomon*, puis, après l'éclatement du royaume après sa mort, l'histoire des royaumes d'Israël* et de Juda* jusqu'à leur chute. Fondé sur des sources qui ne nous sont pas connues *(Annales des rois d'Israël, Annales des rois de Juda, Histoire des anciens rois),* le récit est extrêmement critique à l'égard des souverains : à l'exception d'Ézéchias* et de Josias*, aucun d'eux ne fit «le bien aux yeux de Yahvé» ; les souverains du Nord, les plus réalistes et les plus puissants au regard de l'histoire profane (et de l'archéologie), sont censurés par les prophètes (Élie* et Élisée*). Seuls les rois qui luttèrent contre l'idolâtrie et les sanctuaires autres que celui de Jérusalem sont exaltés.

**ROISSY-EN-BRIE** [77680] ➝ **ÉTYM.** anc. *Rosiacum* «domaine de Roscius (n. de pers.) et suff. *-acum*» ♦ Ch.-l. de cant. de la Seine-et-Marne, arr. de Torcy. 19 693 hab. *(Roisséens).*

**ROISSY-EN-FRANCE** [95700] ➝ **ÉTYM.** → Roissy*-en-Brie ♦ Comm. du Val-d'Oise, arr. de Sarcelles. 2 367 hab. *(Roisséens).* Aéroport Charles-de-Gaulle, aéroport commercial de classe internationale mis en service en 1974 et géré par les Aéroports de Paris. S'étendant sur 3 000 ha, il comprend deux aérogares dues à Paul Andreu*, Roissy 1, en grande partie réservée au trafic international, et Roissy 2, affectée au trafic national et international (dont le terminal E s'est effondré en 2004). Le trafic voyageurs représente env. 60 millions de passagers par an.

**ROJAS (Fernando DE)** ♦ Écrivain espagnol (Puebla de Montalbán v. 1465 - Talavera v. 1541). Il fut gouverneur de Salamanque et passe pour être l'auteur de la tragicomédie de Calixte et de Mélibée *(Tra-*

*gicomedia de Calisto y Melibea)*, appelée plus tard *La Célestine** (*Celestina*, 1499). Ce roman en forme de dialogue, dont l'adaptation scénique ne fut réalisée qu'au XX^e s., peinture magistrale des mœurs du temps, fut connu de Machiavel et de Shakespeare et exerça une influence considérable sur le théâtre européen. ➝ ÉTYM. Ce nom espagnol est un nom de lieu qui signifie «rouge».

**ROJAS Y ZORRILLA (Francisco DE)** ♦ Poète dramatique espagnol (Tolède 1607 - Madrid 1648). Attaché à la cour de Philippe IV, il connut en son temps une célébrité qui devait lui valoir d'être imité, sinon pillé, par de nombreux auteurs français du XVII^e s. (T. Corneille, Scarron, Rotrou, Lesage). Son théâtre, qui compte vingt-quatre pièces, comporte des drames *(Hormis le roi, personne)*, et des comédies *(Ce que sont les femmes)*.

**ROJDESTVENSKI (Robert Ivanovitch)** ♦ Poète russe (Kossikha, Altaï 1932 - 1994). Doué d'inspiration civique, il se fit connaître par le poème *Requiem* (1961). Il a écrit divers recueils de vers rompant avec le carcan du réalisme soviétique : *L'Épreuve* (1956), *L'Avenue en dérive* (1959), *L'Île déserte* (1962), *À l'homme de mon âge* (1962), *L'Attente* (1982).

**ROKITANSKY (Karl)** ♦ Médecin autrichien d'origine tchèque (Hradec Králové 1804 - Vienne 1878). Professeur d'anatomie pathologique à Vienne jusqu'en 1875, il décrivit une variété d'ictère grave *(maladie de Rokitansky-Frerichs)*.

**ROKOSSOVSKI (Konstantin Konstantinovitch)** ♦ Maréchal soviétique (Varsovie 1896 - Moscou 1968). Lieutenant de l'armée impériale, membre du Parti bolchevik dès 1919, il prit part à la guerre civile en Extrême-Orient. Pendant la Deuxième Guerre mondiale, il fut commandant de la XVI^e armée, puis du premier et du deuxième front de la Biélorussie ; il se distingua à la bataille de Stalingrad, reprit Minsk et pénétra en Prusse-Orientale (1945). Maréchal de l'URSS (1944), il fut nommé président adjoint du Conseil des ministres puis, naturalisé polonais, ministre de la Défense de Pologne. Après l'arrivée au pouvoir de Gomułka (1956), il rentra en URSS.

**ROKUEMON** ➝ **Hasekura Tsunenaga**

**ROLAND** ➝ ÉTYM. du germ. *Hrodland*, de *hrod* «gloire» et *land* «pays» ♦ Héros du cycle légendaire de Charlemagne*. Comte de la marche de Bretagne, neveu de Charlemagne et ami inséparable d'Olivier, dont la sœur, la belle Aude, est sa fiancée, il oppose une héroïque résistance aux Sarrasins (en réalité, les Basques) attaquant en 778 l'arrière-garde de l'armée, à Roncevaux* dans les Pyrénées. Le comte palatin refuse alors de sonner l'olifant pour avertir l'empereur et rappeler le gros de l'armée. Il affronte l'ennemi, armé de sa fidèle épée Durendal*. Mortellement blessé, il donne trop tard le signal. Sa mort, très pieuse, parachève son personnage de guerrier luttant pour sa foi. Charlemagne le venge en écrasant les Sarrasins. ➝ **Chanson de Roland (La)**.

**ROLAND (Marie Désirée Pauline, dite Pauline)** ♦ Socialiste française (Falaise 1805 - Lyon 1852). Institutrice venue du saint-simonisme, elle mena un double combat politique en faveur de l'instruction populaire et de l'égalité des femmes. Dirigeant le Club républicain des femmes (1848), elle participa à l'Association des instituteurs, institutrices et professeurs socialistes (1849). Opposée au Second Empire, elle fut déportée en Algérie (1852) ; graciée, elle mourut peu après son retour.

**Roland amoureux** – en it. *Orlando innamorato* ♦ Épopée romanesque de Boiardo (1476 à 1494 ; inachevée) dont les 69 chants développent des thèmes héroïques ou sentimentaux : reprenant les personnages du *cycle carolingien*, Boiardo les dote de caractères et d'aventures conformes à ceux du *cycle breton* (➝ **Table ronde**) et crée le scénario original des amours de Roland et d'Angélique*. Désormais seule unité d'un long poème dont l'action est éparpillée, l'amour tantôt insuffle aux héros un courage surhumain, tantôt déclenche des guerres féroces, prétexte à des tableaux d'une grandeur épique. ▪ Écrite en «émilien illustre», langue rude, mais colorée et vivante, parfois teintée d'une discrète ironie, cette création très originale fut reprise par Berni (v. 1530) qui mit «un vêtement toscan au chef-d'œuvre lombard», avant d'inspirer à l'Arioste son *Roland* furieux* (1532).

**ROLAND DE LA PLATIÈRE (Jean-Marie)** ♦ Homme politique français (Thizy, Beaujolais 1734 - Bourg-Beaudouin, Eure 1793). Acquis aux idées nouvelles, il siégea comme notable du conseil de la commune de Lyon (1790) et fonda le Club des jacobins de cette ville. Venu à Paris en 1791, il s'y lia avec Brissot et devint un des chefs du mouvement girondin* (ou brissotin) avec sa femme, M^me Roland*. Sous l'Assemblée législative, il fut nommé ministre de l'Intérieur dans le cabinet girondin formé en mars 1792. Ayant pris position contre les massacres de Septembre et surtout voté contre la mort du roi, il vit sa popularité baisser et, le 22 janv. 1793, donna sa démission qui fut acceptée par l'Assemblée. Lors de l'élimination des girondins (31 mai - 2 juin 1793), mis hors la loi, il s'enfuit en Normandie, mais se suicida après avoir appris la condamnation à mort et l'exécution de sa femme.

**ROLAND DE LA PLATIÈRE (Jeanne Marie ou Manon PHLIPON, M^me)** connue sous le nom de M^me **ROLAND** ♦ Femme politique française (Paris 1754 - *id.* 1793), épouse de J.-M. Roland de La Platière. Fille d'un graveur, elle reçut une éducation supérieure à celle de la plupart des jeunes filles de son temps, lut avec passion les œuvres de Plutarque, étudia les mathématiques. Dès 1789, elle adhéra avec enthousiasme aux idées révolutionnaires, rédigeant même des articles pour le *Courrier de Lyon*. Installée à Paris avec son mari (1791), elle fut, plus que lui, la conseillère et l'âme du mouvement girondin*, dont les membres, tels Barbaroux, Buzot, Brissot, Condorcet, Pétion de Villeneuve, se réunissaient dans son salon. Son influence et son rôle furent considérables lors du ministère girondin (mars - juin 1792). Emprisonnée après la chute de la Gironde (31 mai - 2 juin 1793), elle écrivit ses *Mémoires*. Condamnée à mort par le Tribunal révolutionnaire (8 nov. 1793), elle fut guillotinée.

**Roland furieux** – en it. *Orlando furioso* ♦ Poème chevaleresque de l'Arioste (commencé en 1503 ; 1^re éd. définitive 1532). Composé de 40 puis de 46 chants, ce long poème a l'ambition de «continuer l'invention de Boiardo*» (➝ **Roland amoureux**) en combinant les aventures des paladins de Charlemagne avec la tradition italienne. Trois intrigues principales sont enchevêtrées suivant une «polyphonie» habile : la guerre entre mécréants (les rois Agramant et Rodomont*) et chrétiens (Charlemagne et Roland) ; la passion déçue de Roland pour Angélique* (qui le dédaigne pour Médor), puis sa folie ; les amours du Sarrasin Roger avec Bradamante et sa conversion, origine de la famille d'Este. Très goûté des milieux cultivés (notamment pour l'élégance de sa strophe de 8 vers) comme des publics populaires (tradition conservée dans le théâtre de marionnettes, surtout en Sicile), chef-d'œuvre d'inventivité, de grâce ironique, de sympathie pour la condition à la fois tragique et éphémère de l'homme, le *Roland furieux* (qui, d'un point de vue linguistique, suivait le magistère proflorentin de Bembo*) allait nourrir jusqu'au XIX^e s. l'imaginaire européen et devait inspirer plusieurs musiciens (Lully, D. Scarlatti, Vivaldi, Haendel, Haydn).

**ROLAND-MANUEL (Roland Alexis Manuel LÉVY, dit)** ♦ Compositeur et musicologue français (Paris 1891 - *id.* 1966). Élève de Roussel et de Ravel dont il fut le disciple et l'ami, il anima à la radio l'émission hebdomadaire *Plaisir de la musique*. Par son éclectisme, sa ferveur souriante, l'étendue de son érudition, il y obtint une très vaste audience. Il fut aussi professeur d'esthétique au Conservatoire de Paris. Compositeur, il a laissé deux opéras bouffes *(Isabelle et Pantalon, Le Diable amoureux)*, trois ballets, un oratorio, un concerto pour piano, de la musique de chambre, de scène, de film et des mélodies.

**ROLANDO (Luigi)** ♦ Anatomiste italien (Turin 1773 - *id.* 1831). Ses travaux portèrent sur l'anatomie du cerveau et du système nerveux. La *scissure de Rolando*, située sur la face extérieure de l'hémisphère cérébral, sépare le lobe frontal et le lobe pariétal.

**ROLFE (Frederick William), dit le baron Corvo** ♦ Écrivain britannique (Londres 1860 - Venise 1913). Converti au catholicisme, il voulut devenir prêtre, mais fut chassé de divers séminaires en raison de son homosexualité, de ses dettes et de ses excentricités. Il vécut alors une vie aventureuse, précepteur, peintre religieux, photographe, «nègre» littéraire, fustigeant l'universelle médiocrité et se brouillant avec ses plus dévoués bienfaiteurs. Il est l'auteur d'une œuvre pleine de hargne et de préciosité, où le besoin de justification personnelle s'assouvit dans les fastes de l'imaginaire : *Hadrien VII* (1904) élève un double de l'auteur au souverain pontificat, *Don Tarquinio* (1905) exalte la grâce accordée au héros par le pape Alexandre Borgia, *Le Désir et la Poursuite du Tout* (posth. 1934) idéalise une passion débauchée, dans cette Venise où Rolfe s'était établi en 1908. Il est également l'auteur de nouvelles (*Stories Toto Told Me*, 1898), de romans historiques, d'une chronique des *Borgia* (1901), de 10 vol. de correspondance, dont les sulfureuses *Lettres de Venise*. ▪ Une très originale biographie lui a été consacrée par A. J. A. Symons, *À la recherche du baron Corvo* (1934).

**ROLIN (Nicolas)** ♦ Homme d'État bourguignon (Autun 1376 - *id.* 1462). Avocat de Jean* sans Peur au parlement de Paris ; à la mort du duc, il fit bannir le dauphin (1420). Nommé chancelier du duché de Bourgogne par Philippe* III le Bon (1422), il négocia le traité d'Arras* (1435). Mécène, il fonda l'hôtel-Dieu de Beaune*. Il fut portraituré par Van* Eyck.

**ROLLAND (Romain)** ♦ Écrivain français (Clamecy 1866 - Vézelay 1944). Il passa par l'École normale supérieure où il opta pour l'histoire et, durant son séjour à l'École française de Rome (1889 - 1891), rencontra Malwida de Meysenbug qui l'orienta vers la culture germanique. Enseignant l'histoire de l'art et passionné de musique, il publia des *Vies des hommes illustres* (1903 - 1911) et notamment une *Vie de Beethoven* (1903) où apparaît sa conception d'un héroïsme humanitaire. Partagé en effet entre la pensée de Nietzsche* et celle de Tolstoï*, Romain Rolland rêva d'un héros non violent qui cherchât à «tout comprendre pour tout aimer». Déjà, le débat intérieur qui se livre en lui entre son internationalisme et son attachement à la patrie apparaît dans *Au-dessus de la mêlée* (1915), série d'articles écrits en Suisse qui lui valurent le prix Nobel (1915), mais aussi de nombreuses inimitiés des deux côtés du Rhin. D'abord tourné vers le théâtre, R. Rolland illustra son idéologie généreuse dans les *Tragédies de la foi* (1913) et son *Théâtre de la Révolution* (*Danton*, 1900 ; *Le Quatorze-Juillet*, 1902) ; puis il confia son message de vie énergique et d'amour universel aux héros de ses deux vastes cycles romanesques, *Jean*-Christophe* (1903 à 1912), et *L'Âme enchantée* (1922 - 1933) où il exalte l'«instinct puissant de la vie». Parallèlement, «l'hérédité [...] rieuse, frondeuse, gauloise [...] est venue réclamer sa part», et c'est le récit gaillard de *Colas Breugnon* (1919), qui célèbre la Bourgogne. En correspondance avec le monde entier, rencontrant Gandhi*, puis Gorki*, Rolland s'efforça de «concilier la pensée de l'Inde et celle de Moscou», se ralliant (1927) au communisme, mais avec la volonté de conserver l'«indépendance de l'esprit». Durant ses dernières années, l'écrivain réunit ses souvenirs sur *Péguy* (posth. 1945) et composa *Le Voyage intérieur* (1942), autobiographie poétique qui révèle la générosité de ses aspirations humanitaires portées par le lyrisme de l'expression. [Prix Nobel de littér. 1915]

**ROLLE (Michel)** ♦ Mathématicien français (Ambert, Auvergne 1652 - Paris 1719). Il exposa le problème de la séparation des racines d'une équation dans son *Traité d'algèbre* (1690) qui contient sa «méthode des cascades» permettant d'encadrer les racines réelles de certains types d'équations. On lui doit le théorème qui porte son nom (1691), selon lequel «une fonction ne peut s'annuler plus d'une fois dans l'intervalle séparant deux racines réelles consécutives de sa fonction dérivée». [Acad. sc. 1699]

**ROLLIN (Charles)** ♦ Écrivain français (Paris 1661 - *id.* 1741). Professeur de rhétorique au Collège royal (1688), puis recteur de l'université de Paris (1694), il se fit remarquer par des réformes de l'enseignement et par la publication de divers ouvrages dont le *Traité des études* (1726), classique de la pédagogie, et une *Histoire ancienne* (1730 - 1738) qui eut alors un très vif succès. Le futur Frédéric II de Prusse entretint avec lui une correspondance suivie. Membre de l'Académie des inscriptions dès 1701, il ne put entrer à l'Académie française en raison de sa dévotion au jansénisme.

**ROLLINAT (Maurice)** ♦ Poète français (Châteauroux 1846 - Ivry 1903). Filleul de George Sand*, il passa son adolescence dans le Berry, puis, venu à Paris, se lia avec Maupassant, Bourget et Charles Cros. Il évoqua les paysages berrichons ou ceux d'Île-de-France dans ses recueils poétiques, délicats et musicaux, *Dans les brandes* (1877) et *La Nature* (1882), renouvelant le genre de la ballade par l'emploi de l'alexandrin assoupli. Sensible aux aspects macabres et sataniques de l'œuvre de Baudelaire ou d'Edgar Poe, il écrivit *Les Névroses* (1883), dont les outrances morbides sont voulues. Collaborateur du journal *L'Hydropathe*, d'Émile Goudeau, Rollinat fut au cabaret du Chat noir l'interprète de ses propres chansons.

**ROLLING STONES** ➝ ÉTYM. angl. «les pierres *(stones)* qui roulent *(rolling)*» [ce nom leur fut inspiré par une chanson du chanteur de blues Muddy Waters intitulée *Rollin' stone blues*] ♦ Groupe britannique de musique pop, formé en 1962, par Mick Jagger (1943, fait sir en 2003), chanteur, Brian Jones (1942 - 1969), guitare, remplacé à sa mort par M. Taylor puis par Ron Wood en 1974, K. Richard (1944), guitare et chant, B. Wyman (1941), basse, remplacé en 1993 par D. Jones et C. Watts (1941), batterie. Ils ont longtemps joué des morceaux de compositeurs américains, avant de composer eux-mêmes leur propre musique. Grands rivaux des Beatles*, plus provocateurs, tant par leur attitude sur scène que par le contenu de leurs chansons, ils font l'objet d'un mythe vivace et ont fait d'immenses tournées triomphales dans les années 1990. Leur premier grand succès fut *It's All Over Now* (1964), suivi par *Satisfaction* et *The Last Time* (1965), et les albums *Aftermath* (1966), *Beggars Banquet* (1968), *Sticky Fingers* (1971) et *Exile on Main Street* (1972).

**ROLLINS (Theodore Walter, dit Sonny)** ♦ Saxophoniste de jazz américain (New York, 1930). Il joua successivement avec Art Blakey*, Tadd Dameron, Bud Powell* et Miles Davis* (1951), avant de devenir membre du quartette de Max Roach* de 1955 à 1957. En proie à des tendances contradictoires qui le menèrent des abords du free-jazz à la bossa-nova, il interrompit son activité en 1960. Depuis 1966, il a repris ses recherches tourmentées. Princ. enregistrements : *In a Sentimental Mood* (1953), *Freedom Suite* (1958), *G Man* (1987).

**ROLLON** ou **ROBERT** ➝ ÉTYM. du vx norv. *Hrólfr*, du germ. *hrodulf*, de *hrod* «gloire» et *wulf* «loup» ♦ Chef scandinave (v. 860 - v. 933). Premier duc de Normandie (911 - 933). Après avoir fait des incursions en Angleterre et en Frise, il s'installa dans la région de Rouen et se fit céder un territoire (la future Normandie) par le roi Charles* III le Simple au traité de Saint*-Clair-sur-Epte (911).

**ROL-TANGUY (Henri TANGUY, dit)** ➝ ÉTYM. Rol est le nom d'un combattant des Brigades internationales, Théo Rol, tué en 1938 pendant la bataille de l'Èbre ♦ Résistant français (Morlaix 1908 - Paris 2002). Ouvrier et militant communiste, il s'engagea dans les Brigades internationales lors de la guerre d'Espagne. Durant l'Occupation, il s'occupa de l'organisation militaire des résistants communistes en région parisienne, d'abord dans l'Organisation spéciale du Parti puis dans les FTP. Il prit une part très importante à la libération de Paris (19 - 25 août 1944) et signa aux côtés de Leclerc l'acte de reddition des forces allemandes dirigées par le général von Choltitz.

**ROMAGNAT** [63540] ➝ ÉTYM. anc. *Romaniacum*, du lat. *Romanius*, n. de pers., et suff. *-acum* ♦ Comm. du Puy-de-Dôme, banl. S. de Clermont-Ferrand. 8 177 hab.

**ROMAGNE** n. f. ➝ ÉTYM. en it. ***Romagna***; du lat. *Romania*, de *Romani* «Romains» (cette région se considérait comme un vestige de l'Empire romain alors que l'Italie était en grande partie soumise aux Lombards) ♦ ➝ **Émilie-Romagne**

**ROMAGNOSI (Gian Domenico)** ♦ Philosophe et jurisconsulte italien (Salsomaggiore 1761 - Milan 1835). Il fit connaître en Italie les thèses des idéologues*. Il est surtout connu comme spécialiste du droit pénal et criminel.

**ROMAIN** ➝ ÉTYM. «de Rome» ♦ (mort en 897). 114e pape (août-nov. 897), de Gallese (Rome).

**ROMAIN** ♦ Nom de plusieurs empereurs byzantins. ♦ **ROMAIN Ier Lécapène** (mort dans l'île de Proti en 944). Empereur byzantin (920 - 944). Amant de Zoé, veuve de Léon VI, il devint grand-amiral. Tuteur du jeune empereur Constantin VII, il lui fit épouser sa fille Hélène, puis l'évinça et régna à sa place. Il limita la puissance des grands propriétaires et des monastères, lutta avec succès contre les Bulgares, puis fit la paix avec eux (927) et soutint la guerre contre les Russes dont la flotte fut anéantie devant Constantinople en 941. Il fut renversé par ses fils et relégué dans un monastère. ♦ **ROMAIN II le Jeune** (939 - 963). Empereur byzantin (959 - 963), fils de Constantin VII. Il laissa gouverner sa femme Théophano et mourut empoisonné, peut-être par celle-ci. ♦ **ROMAIN III Argyre** (v. 968 - 1034). Empereur byzantin (1028 - 1034). Grand propriétaire, il épousa Zoé, fille de l'empereur Constantin VIII, et succéda à celui-ci. Incapable de diriger la défense de l'empire menacé par les musulmans, il fut assassiné par Zoé. ♦ **ROMAIN IV Diogène** (mort en 1071). Empereur byzantin (1068 - 1071). Général cappadocien, il épousa Eudoxie, veuve de Constantin X. Battu et tombé aux mains des Seldjoukides, il fut relâché contre la promesse d'une rançon, mais son beau-fils Michel VII, qui s'était emparé du trône, lui fit crever les yeux et le relégua dans un couvent.

**ROMAIN (JULES)** ➝ **Jules Romain**

**Romain germanique (Saint Empire)** ➝ **Saint Empire romain germanique.**

**ROMAINMÔTIER-ENVY** ♦ Loc. de Suisse (Vaud), au pied du Jura. 470 hab. Remarquable église du XIe s. (anc. abbatiale Saint-Pierre-et-Saint-Paul). Anc. relais sur la route menant à Saint-Jacques-de-Compostelle.

**ROMAINS (ÉPÎTRE AUX)** ♦ Livre du Nouveau Testament (➝ **Bible**), attribué à saint Paul*. 16 chapitres. Adressé à la communauté chrétienne de Rome, le texte défend, face aux judéo-chrétiens, la légitimité de l'interprétation paulinienne de l'Évangile. Affirmation de la justification par la foi (➝ **Habacuc**), réexamen de la position d'Israël dans l'histoire du salut et affirmation que les païens, eux aussi pécheurs, sont promis au salut, font de cette épître l'une des plus théologiques et l'une des plus commentées.

**ROMAINS (Louis FARIGOULE, devenu Jules)** ➝ ÉTYM. l'écrivain a donné sa propre version de son pseud. : «[ma] sympathie pour Rome, [mon] désir de choisir quelque chose de simple et de facile à prononcer et c'est tout» ♦ Écrivain français (Saint-Julien-Chapteuil, Haute-Loire 1885 - Paris 1972). Normalien, agrégé de philosophie (1909), il enseigna jusqu'en 1919, puis se consacra à sa carrière littéraire qui avait débuté avec la parution de recueils poétiques, dont *La Vie unanime* (1908) ; associé au groupe de l'Abbaye*, Jules Romains a mis toute son œuvre sous le signe de l'unanimisme, sa production romanesque comme ses œuvres dramatiques. Servies par un humour parfois inquiétant, ses satires de la crédulité humaine (*Knock* ou le Triomphe de la médecine*, 1923) et de l'imposture (*Monsieur Le Trouhadec saisi par la débauche*, 1923 ; *Le Mariage de Monsieur Le Trouhadec*, 1925 ; *Donogoo Tonka*, 1929) illustrent le thème de l'emprise d'un esprit sur une collectivité. Une cocasserie identique se manifeste dans un roman «canularesque», *Les Copains* (1913), où les individualités des héros sont fondues en une seule. L'œuvre maîtresse de Jules Romains, *Les Hommes* de bonne volonté* (27 vol., 1932 à 1946), le montre soucieux de peindre, comme Hugo et Balzac, la société de son temps, suivant la doctrine unanimiste. C'est une vaste épopée «en prose, qui [ambitionne d'exprimer] dans le mouvement et la multiplicité, dans le détail et le devenir [sa] vision du monde moderne, [...] avec une diversité de destinées individuelles qui y cheminent chacune pour leur compte en s'ignorant la plupart du temps». Cette fiction, qui s'insère dans l'histoire de la France entre 1908 et 1933, souligne la difficulté pour la «bonne volonté» d'influer sur le cours des événements (*Comparutions*, t. XXIV) ; face aux désordres et aux désastres (dont le point culminant est représenté ici par *Verdun*, t. XVI), il subsiste cependant une raison d'exister dans la camaraderie humaine (Jallez et Jerphanion incarnent cette amitié) et le partage d'un même idéal (*Le 7 Octobre*, t. XXVII). Avec ses multiples qualités (richesse d'information dans tous les domaines, justesse de l'observation linguistique, variété des personnages, générosité) et ses faiblesses (conception traditionnelle du romancier omniscient, longueur de certains épisodes), l'ouvrage constitue une date dans l'histoire de la technique romanesque. Du traité de la *Vision extrarétinienne* (1920) au *Petit Traité de versification* (1923, avec J. Chennevières), de la trilogie romanesque *Psyché* (1922 - 1929), consacrée à l'érotisme, aux essais politiques et moraux d'après 1960, l'œuvre de J. Romains reflète, dans son abondance et sa variété, ses conceptions humanistes et libérales. [Acad. fr. 1946]

**ROMAINVILLE** [93230] ➝ ÉTYM. «le domaine (lat. *villa*) de Romain (lat. *Romanus*, n. de pers.)» ♦ Ch.-l. de cant. de la Seine-Saint-Denis, arr. de Bobigny, à l'E. de Paris. 23 779 hab. *(Romainvillois)*. Église Saint-Germain-l'Auxerrois (XVIIIe s., restaurée). ▪ Centre indus. (chimie, pharmacie).

**ROMAN (Johan Helmich)** ♦ Compositeur suédois (Stockholm 1694 - Haraldsmala 1758). Précocement doué, il alla compléter son éducation musicale à Londres où il fut l'élève de Pepusch, rencontra

## roman (art)

♦ Ensemble des formes artistiques qui se sont développées dans l'Occident chrétien entre le Xe s. et la fin du XIIe s. quand apparut le style gothique. Attesté au XIXe s., le terme art roman établissait, dans un premier temps, une distinction au sein de l'art gothique (on parlait également de gothique normand). Malgré la circulation des idées et des formes, favorisée par l'essor croissant de l'Église et des ordres monastiques, l'art roman offre une très grande diversité stylistique liée aux particularités régionales. ▮ **L'architecture** L'architecture religieuse adopta le plan basilical : nef terminée par une abside, avec ou sans collatéraux. La grande nouveauté de l'époque est la généralisation de la voûte, voûte en berceau pour la nef principale et voûtes d'arête pour les bas-côtés. L'âge de la maturité (du dernier tiers du XIe s. à la fin du XIIe s.) se caractérise par l'ampleur des constructions. Avec le développement du pèlerinage à Saint-Jacques-de-Compostelle, un nouveau type d'église se répandit pour faire face au nombre croissant des pèlerins : portail principal sculpté entouré de deux tours de façade, bas-côtés voûtés, transept avec chapelles axiales, vaste chœur entouré d'un déambulatoire à chapelles rayonnantes (Saint-Martial de Limoges, Saint-Sernin de Toulouse*, Sainte-Foy de Conques*, Saint*-Jacques-de-Compostelle). La voûte en berceau continu cède la place au berceau à doubleaux qui détermine des travées et enrichit le rythme intérieur de l'édifice (Vézelay*) ; aux supports de la voûte (piliers quadrangulaires, cruciformes, quadrilobés ou polylobés) s'ajoutent les colonnes engagées qui reçoivent les retombées des doubleaux. À l'extérieur, les murs sont rythmés par les contreforts et les bandes lombardes, réunies à leur sommet par des arcatures aveugles (Tournus*). L'audace et la maîtrise technique suscitèrent des élévations à deux ou parfois trois étages utilisant diversement tribune, galerie, triforium, fenêtres. L'Allemagne (Spire*) et l'Angleterre (Ely*) connurent le même essor. Sous la conduite de grandes personnalités, les abbayes participèrent au renouvellement des formes : Cluny* joua un rôle important, notamment dans le développement de la monumentalité et de la richesse décorative (Paray*-le-Monial, Berzé*-la-Ville), tandis que Cîteaux* imposa la simplicité et le dépouillement. → **Fontenay, Pontigny, Thoronet (Le).** Les arts décoratifs s'inspirèrent des modèles proposés par les arts gréco-romain, carolingien, byzantin, arabe, barbare et celte. Les œuvres, qui eurent également un rôle didactique, puisèrent leurs thèmes dans la Bible et les vies de saints. ▮ **La sculpture** Dans un premier temps, la sculpture se limita à des dalles que l'on insérait dans le mur et aux chapiteaux. Le sculpteur anima le chapiteau corinthien de figures humaines, animales et fantastiques, et orna le chapiteau cubique byzantin de motifs végétaux ou abstraits (Vézelay, Autun* [→ **Gislebert**], Cluny, Moissac*, Toulouse, Silos en Espagne et Monreale en Sicile). À l'âge de la maturité, la sculpture envahit les galeries des cloîtres et les portails. Les tympans développèrent surtout les thèmes du Christ en majesté, de l'Apocalypse* et du Jugement* dernier (Moissac, Conques, Vézelay, Autun). La sculpture romane étant intimement liée à l'architecture, le sculpteur, qui ne visait pas le réalisme mais la lisibilité de l'image et la clarté du message, dut souvent faire preuve de beaucoup d'imagination pour adapter ses figures au cadre architectural et occuper toute la surface disponible. ▮ **La peinture** La peinture, qui autrefois recouvrait les murs (décors abstraits ou scènes narratives) et les sculptures, se partagea entre l'esthétique gréco-romaine transmise par Byzance (Sant' Angelo in Formis près de Naples, Berzé-la-Ville près de Cluny) et une esthétique linéaire (Saint-Clément de Tahull en Espagne). → **Saint-Savin, Tavant.** Le style et la technique picturale varièrent d'une région à l'autre. Comme en sculpture, on note de façon générale l'absence de perspective, de profondeur, et le recours aux symboles et à l'allégorie.

Haendel et Geminiani. Entré au service du duc de Newcastle (1717-1720), il fut rappelé en Suède ; il y remplit les fonctions de maître de chapelle à la cour de Stockholm, exerçant par son action d'animateur et son œuvre de compositeur une influence considérable sur l'évolution de la musique dans son pays. Organisateur de concerts et pédagogue réputé, il traduisit aussi en suédois plusieurs ouvrages théoriques, que ses nombreux voyages en Europe et sa parfaite connaissance des langues étrangères lui permirent d'introduire en Suède. Il a laissé un grand nombre de pièces de musique religieuse, 21 symphonies, 11 ouvertures et suites, des concertos pour violon et de la musique de chambre.

**Art roman.** L'abbaye cistercienne du Thoronet (aile est et abbatiale).
*© Hervé Champollion/akg-images*

**ROMAN** ♦ V. de Roumanie, en Moldavie, au confl. de la Moldava et du Siret. 69 058 hab. Église du XVIe s. Musée. ▪ Centre indus. (sucrerie, fabrique de tubes métalliques). Laminoirs-fonderies.

**ROMANA (LA)** ♦ V. et port de la République dominicaine, sur la mer des Caraïbes. 202 488 hab. Plus grande centrale sucrière du monde (env. 350 000 t de sucre par an). Zone franche industrielle. Tourisme. Centre culturel de Altos de Chavón.

Le **Roman bourgeois** ♦ Roman de Furetière* (1666), amusante peinture morale et littéraire de la bourgeoisie de robe ou des gens de lettres. Dans une série de tableaux et de portraits, l'auteur raille la vanité des hommes de loi parisiens et les excès de la littérature romanesque dont est victime l'héroïne, Javotte.

## romancero

n. m. ♦ Dans la littérature espagnole, terme désignant un ensemble de *romances* ou récits versifiés du Moyen Âge ou des époques suivantes, primitivement conservés par la tradition orale et populaire. Ces romances reprennent les histoires héroïques et chevaleresques de l'Espagne, sous une forme plus romanesque et légendaire (par ex., celle du Cid). L'une des plus séduisantes est le *Romancero mauresque*. Certains poètes modernes ont écrit des *romances* (→ **García Lorca [Federico]**). L'influence du genre a été particulièrement sensible en France et en Allemagne à l'époque du préromantisme et du romantisme.

**ROMANCHE** n. f. ♦ Riv. des Alpes, affl. du Drac (78 km). Elle prend sa source dans le massif du Pelvoux, arrose Bourg-d'Oisans et conflue en aval de Vizille*. Nombreuses centrales hydroélectriques sur son cours.

Le **Roman comique** ♦ Roman inachevé de P. Scarron* (1651-1657). Il conte la vie aventureuse de comédiens ambulants aux prises avec les provinciaux du Mans. L'intrigue est prétexte à une série d'incidents burlesques où apparaissent des personnages pittoresques (Ragotin) dotés d'une vie intense. Cette œuvre picaresque, au style précis et rapide, connut un grand succès et reste un document précieux pour l'histoire du théâtre.

**Roman de Brut** ♦ Chronique en 15 300 vers octosyllabiques écrit en 1155 par Wace* sur un sujet breton pour la reine Aliénor. On y mentionne pour la première fois la Table* ronde.

**Roman de Fauvel** ♦ Ouvrage allégorique et satirique (1310-1316), en deux parties, attribué à Gervais du Bus et Chaillou de Pestain. Le cheval Fauvel, dont le nom est constitué de l'initiale de tous les vices (Félonie, Avarice, Vilenie, Vanité, Envie et Luxure), désire épouser Fortune. Celle-ci le repousse et le renvoie à Vaine Gloire. On peut rapprocher cette satire du *Roman de Renart** et y voir une critique acerbe de la société de l'époque.

## romantisme

n. m. ♦ Mouvement culturel et artistique qui, d'abord apparu en Grande-Bretagne et en Allemagne, s'est répandu ensuite dans le reste de l'Europe à la fin du XVIII^e^ et au déb. du XIX^e^ s., et qui est caractérisé par un changement de sensibilité et une rupture par rapport au classicisme* et au rationalisme. ▮ **Littérature** J.-J. Rousseau*, dans *Les Rêveries* du promeneur solitaire*, fut l'un des premiers à employer l'adjectif «romantique» qui, emprunté à l'anglais *(romantic)*, qualifiait le côté romanesque, émouvant et pittoresque d'un paysage. Refusant l'esthétique classique et préconisant un retour aux sources des cultures nationales et à la pureté originelle du Moyen Âge chrétien, différents auteurs allemands parlèrent de «la romantique» *(die Romantik)*. ▮ **Les précurseurs** En France, ce sens fut popularisé par M^me^ de Staël* et ses amis. Le romantisme a des précurseurs directs : le «préromantisme» (ou *premier romantisme*, mot forgé au XX^e^ s.), avec S. Richardson*, Sterne*, l'abbé Prévost* *(Manon* Lescaut)*, Rousseau *(Julie ou La Nouvelle* Héloïse)*, Goethe* *(Les Souffrances du jeune Werther*)* et le mouvement allemand du Sturm* und Drang des années 1770. ▮ **Le contexte historique et les influences** L'époque romantique est sous-tendue par le sentiment qu'un abîme sépare l'individu des systèmes moraux et religieux, remis en question par les révolutions américaine et française. Le mouvement est indissociable des transformations sociales et économiques de l'époque (naissance de nouvelles couches sociales, industrialisation), des bouleversements politiques (Révolution française et ses suites, éveils nationaux) et de l'évolution de la philosophie. Il fut profondément marqué par les thèses rousseauistes, les doctrines du sentiment de Lessing et Herder*, les systèmes de Fichte* et de Schelling* et les théories réactionnaires de Coleridge* et de Carlyle*. Bien qu'il se soit manifesté partout sous la forme d'une profonde mutation du sentiment et de l'émotion, le romantisme ne fut pas un mouvement unifié aux dates clairement déterminées, ses temps forts variant selon les pays et les auteurs. Sur le plan intellectuel, il s'opposa au rationalisme et au néoclassicisme* des Lumières en développant une esthétique de la liberté qui refusait les règles formelles et les conventions et privilégiait l'expression personnelle. Le sentiment se devait d'être fort, original et authentique. ▮ **L'individualisme** L'attitude typique du romantique était l'individualisme. Quelle que fût sa couleur politique, l'écrivain romantique se présentait comme visionnaire et législateur. Le héros romantique était soit un «rêveur solitaire», soit un égocentrique tourmenté par la culpabilité et le remords, dans les deux cas, un personnage qui rejetait le monde. Le romantisme n'a pris ses connotations actuelles (souvent péjoratives) que vers le milieu du XIX^e^ s., lorsque le phénomène était alors considéré comme éteint. Sauf en Allemagne, les romantiques littéraires n'étaient pas conscients d'être des «romantiques» et ne percevaient pas leurs confrères comme les membres d'une école ou d'un mouvement particulier. Le trait marquant du romantisme, en Grande-Bretagne, en Allemagne et, plus tard, en France puis dans le reste de l'Europe fut l'institutionnalisation de l'imagination et l'émergence de l'écrivain comme une personne dotée d'une faculté, d'un don particuliers ou d'une mission qui la placent à part de ses contemporains. ▮ **Grande-Bretagne** En Grande-Bretagne, des écrivains comme Wordsworth* et Coleridge* cherchèrent à retrouver le sens négligé de l'authenticité des choses, face auxquelles ils étaient pris d'un vertige intellectuel. Outre l'intérêt pour le poète Chatterton* (→ **Vigny [Alfred de]**) et les ballades populaires réunies par Thomas Percy (*Reliques of Ancient English Poetry*, 1765), on voua un véritable culte aux textes du barde celte Ossian*, supercherie littéraire de Macpherson*, et plus généralement à l'histoire, qui fournit leur matière aux romans de W. Scott*. La valeur accordée à l'expérience personnelle entraîna une floraison de mémoires, de souvenirs, et fit adopter l'autobiographie comme genre littéraire (T. De* Quincey). Cette plongée dans les tréfonds de la personnalité s'accompagnait de l'analyse des rêves et d'un intérêt pour l'irrationnel et l'occultisme. Les poètes romantiques britanniques, tels Burns*, Blake*, Coleridge, Wordsworth (*Ballades lyriques*, 1798), Keats*, Shelley* et Byron* venaient d'horizons très différents, avec des idées politiques souvent fort opposées. ▮ **Allemagne** En Allemagne, presque tous les auteurs partagèrent la volonté d'un retour aux sources de la culture allemande, fidèles en cela à l'exemple de Herder, et visèrent «une poésie universelle progressive» (F. Schlegel*). Si les romantiques allemands cherchèrent à poétiser le monde, ils ne se limitèrent pas uniquement à leur passé national et s'intéressèrent à la poésie populaire en général. Après la génération des Herder, Schiller* et Goethe, la seconde génération compta deux maîtres : Hölderlin et J. P. Richter*, et deux écoles. Celle de Iéna, qui se réclamait de l'idéalisme de Fichte et élabora la doctrine romantique, fut cosmopolite et ouverte à la poésie universelle (Tieck*, Novalis* et les frères Schlegel). Celle de Heidelberg, avec Brentano*, Arnim*, Eichendorff* et les frères Grimm*, se pencha moins vers la réflexion que vers le réel et tourna au nationalisme culturel. ▮ **France** En France, le mouvement romantique fut plus qu'ailleurs une révolution littéraire qui suivait une révolution politique et s'en réclamait. Ses influences furent d'abord britanniques et allemandes, et Chateaubriand*, plus que M^me^ de Staël, devint son modèle. Il fallut attendre les années 1820 pour qu'apparaisse nettement l'opposition entre classique et romantique et ce fut avec les *Méditations* poétiques* (1820) de Lamartine* et les *Odes* (→ **Odes et Ballades**) de Hugo* que se fit jour une poésie romantique, organisée en groupes et cénacles, avec des revues. Le romantisme français (Lamartine, Hugo, Vigny, Mérimée*, Balzac*, Stendhal*, qui forgea le mot «romanticisme», Sainte-Beuve*, Michelet* puis Musset*, G. Sand* et Nerval*) différait de celui des autres pays par l'absence de théorie philosophique, par un sentiment religieux et mystique moins exalté, une imagination moins fantastique et un nationalisme très peu marqué. Il fut plus tourné vers la liberté de l'art (Hugo, *Hernani**, 1830), l'histoire (Vigny, *Cinq*-Mars*, 1826 ; A. Dumas* père, *Les Trois*Mousquetaires*, 1844) et le présent (Stendhal, *Le Rouge* et le Noir*, 1830).

**Roman de la Rose** ♦ Roman allégorique français (XIII^e^ s.), en octosyllabes, composé de deux parties qui constituent deux œuvres absolument distinctes. Dans la première (v. 1236), Guillaume* de Lorris s'inspire d'Ovide* pour présenter un «art d'aimer» courtois. Son récit d'une conquête amoureuse utilise systématiquement le symbole (la rose : l'amante) et l'allégorie (doux parler). Dans la seconde (v. 1275), la fin du récit est prétexte pour Jean* de Meung à présenter la somme du savoir scientifique et philosophique médiéval. Le ton en devient antiféministe, car «raison» et «nature» s'opposent à «amour». ▪ Œuvre significative du Moyen Âge par ses deux courants de pensée, l'un courtois et raffiné, l'autre rationaliste et satirique, le *Roman de la Rose*, qui connut un immense succès, fut loué au XIV^e^ s. par Pétrarque* et traduit par l'Anglais Chaucer*, puis édité par Clément Marot* (1526).

**Roman de Renart** ♦ Œuvre héroïcomique (v. 1170 - 1250), composée de 29 récits (ou «branches») en octosyllabes et écrite par des clercs anonymes, s'inspirant notamment d'Ésope* et de l'œuvre en latin du clerc flamand Nivard (XII^e^ s.), *Ysengrimus*. Elle conte la guerre privée soutenue par Renart, le fourbe goupil, contre Ysengrin*, le loup, et dépeint, à travers les animaux, la société médiévale. Destinée d'abord à divertir, cette parodie narquoise devient vite une virulente satire sociale qui s'attaque aux institutions féodales et aux mœurs aristocratiques, glorifiées par la littérature épique. ▪ Le nom propre germanique *(Reinhart, Reginhart)* donné au goupil (lat. *vulpes*) devint le nom français de l'animal, attestant l'immense succès de l'œuvre qui se prolongea avec *Renart le Bestourné* de Rutebeuf* (1270), *Renart le Nouvel* par le Lillois Jacquemart Geelée (1289), *Renart le Contrefait* du Clerc de Troyes (v. 1320 - 1342) mais aussi avec *Renart le Goupil* de Goethe (1793). Maurice Genevoix a écrit une adaptation du *Roman de Renart* (1958).

**Roman de Thèbes** ♦ Poème français, écrit v. 1150, en octosyllabes. C'est le premier à avoir pour source un texte littéraire latin, la *Thébaïde* de Stace*. ▪ Les malheurs d'Œdipe* et de ses descendants y sont contés ; mais les héros sont déjà dotés d'un langage et de sentiments très courtois.

**Roman de Troie** ♦ Long poème, en dialecte tourangeau, de Benoît* de Sainte-Maure, écrit en octosyllabes v. 1165. Le roman, qui connut un grand succès, raconte l'histoire fabuleuse de Troie non selon Homère, mais du point de vue des Troyens. Il donne un grand développement aux épisodes amoureux.

Le **Roman d'un tricheur** ♦ Film français de Sacha Guitry* (1936), avec S. Guitry, Pauline Carton, Marguerite Moreno. L'ascension d'un tricheur professionnel qu'un sursaut d'honnêteté perdra. Cette adaptation pour l'écran d'une autobiographie «pour rire», intitulée *Les Mémoires d'un tricheur*, révéla en Guitry l'étoffe d'un grand cinéaste. Son audace fut de tourner le film presque entièrement en muet, un commentaire dit par l'auteur escamotant tout dialogue (à l'exception d'un bref duo avec Marguerite Moreno). Sous-estimé par la critique française, ce savoureux manuel d'immoralité appliquée fit les délices des Américains, et eut une influence durable sur des metteurs en scène aussi divers qu'Orson Welles, Alain Resnais ou François Truffaut.

**ROMANÈCHE-THORINS** [71570] ▸ ÉTYM. *Romanèche :* du lat. *Romanus*, n. de pers., et suff. *-isca* ♦ Comm. de la Saône-et-Loire, arr. de Mâcon. 1 717 hab. *(Romanéchois)*. Musée Guillon : chefs-d'œuvre de compagnonnage de charpente. ▪ Viticulture : grand cru de beaujolais (moulin-à-vent) et beaujolais-villages.

**ROMANÉE** n. f. → **Vosne-Romanée**

**ROMANELLI (Giovanni Francesco)** ♦ Peintre italien (Viterbe 1610 - *id.* 1662). Élève du Dominiquin* et de Pierre* de Cortone, il travailla au palais Barberini, à Rome, au Vatican (fresques de *La Vie de la comtesse Mathilde*, 1637 - 1642) et dans diverses églises sous la

n. m. ♦ ▮ ***Italie, Espagne, Portugal*** En Italie, les auteurs romantiques furent fortement influencés par les événements politiques, comme Manzoni* avec *Les Fiancés** (1825), Pellico*, Berchet*, ou puisèrent à leurs sources nationales (Leopardi*). En Espagne, le mouvement commença dans les années 1820 mais ne se développa qu'après 1830 avec Zorilla. Le romantisme portugais fut surtout national et chanta le passé (Garrett*, Herculano*). ▮ ***Pays scandinaves*** Dans les pays nordiques, la transition entre classicisme et romantisme fut facilitée car les textes médiévaux y étaient déjà connus et assimilés. Ses principaux représentants furent Steffens* et Oehlenschläger* au Danemark, Atterbom*, Geijer*, Tegnér* et Almquist* en Suède, Runeberg* en Finlande et Wergeland* et Welhaven* en Norvège. ▮ ***Pologne, Russie, Hongrie, Roumanie, Grèce*** En Pologne, où le romantisme fut intimement lié à la situation politique, Mickiewicz* domina le mouvement. En Russie, le romantisme s'affirma surtout dans les œuvres de Pouchkine*, Lermontov* et Tiouttchev*. Les sources du romantisme hongrois furent avant tout les ballades et chansons populaires et son inspiration fut nationale, comme en témoignent les textes de Petöfi*, Jókai* et Arany*. La conscience du passé national marqua fortement le romantisme tchèque (Čelakovský*, Kollár*, Erben*). Le romantisme roumain, influencé par le mouvement français, fut principalement représenté par Eliade*-Rădulescu et Alecsandri*. En Grèce, le poète Solomos* insuffla un ton romantique dans la tradition classique. ▮ ***Beaux-arts*** Comme pour le romantisme littéraire, il n'y eut pas d'écoles ni de styles figés dans la peinture romantique. L'art romantique fut avant tout l'expression individuelle de l'artiste, par opposition aux règles du classicisme qui visait l'universel. ▮ ***Le mouvement et la couleur*** C'est aussi l'art du mouvement et de la couleur, comme en témoigne l'œuvre de Delacroix* (*Dante et Virgile aux Enfers*, 1822 ; *Les Massacres de Scio*, 1824), qui apparut comme le chef de file du romantisme artistique. Le jeu tragique de la lumière et de l'ombre, l'opposition des tons et la puissance du contraste se retrouvèrent aussi bien chez Géricault*, Delacroix, Goya*, C. D. Friedrich*, Füssli*, que chez Turner* et Constable*. Ces artistes cherchèrent également à rendre d'une manière plus vigoureuse les courants intérieurs de la spiritualité qui déterminent le geste et le mouvement. Chez eux, la perception de la nature prit une dimension métaphysique, ce qui entraîna des libertés de couleurs et de touche nouvelles. ▮ ***L'artiste face au temps présent et au passé*** L'artiste romantique offre deux visages : celui d'un homme qui prend position face aux événements et aux idées de son temps (Géricault, *Le Radeau* de la Méduse*, 1819 ; Delacroix, *La Liberté* guidant le peuple*, 1831) et celui d'un homme angoissé, mélancolique ou révolté, qui se tourne vers le passé ou les paysages lointains et met en avant l'imagination. Il s'exprime alors à travers des visions méditatives (P. O. Runge*), oniriques (W. Blake* ; Füssli, *Le Cauchemar*, 1782) ou nous livre des scènes inspirées par le gothique, l'orientalisme (Delacroix, A. G. Decamps*), les romans de chevalerie, les sagas scandinaves ou les textes d'Ossian. ▮ ***Les paysages*** Le paysage fut également un des thèmes de prédilection qui, de simple toile de fond, devint le tableau lui-même et exprima les émotions, les angoisses et les conceptions philosophiques de l'artiste (R. Bonington* ; Turner* ; J. Martin* ; S. Palmer* ; Constable, *La Charrette de foin*, 1821 ; C. D. Friedrich, *L'Arche aux corbeaux*, 1822). ▮ ***La France*** En France, nombre de peintres et d'illustrateurs se rattachent au mouvement : P. Delaroche*, les frères Johannot*, Devéria*, Nanteuil*, A. Scheffer*, L. Boulanger* et les sculpteurs Préault* et Barye*. ▮ ***Musique*** ▮ ***Les caractéristiques*** Le romantisme musical, apparu après le romantisme littéraire, se caractérise par : l'individualisme de l'artiste, dont l'inspiration est soumise à l'expression de sentiments personnels ; l'amour de la nature, qui n'est pas imitation sonore mais traduction des sentiments inspirés par celle-ci ; l'abandon de la forme classique, avec une importance plus grande donnée au développement ; l'exagération des sentiments, qui amène le musicien à des outrances orchestrales (les instruments étant recherchés pour leur timbre et leur couleur) et à des effusions lyriques ; le contenu émotionnel très fort des œuvres intimistes (le lied), les œuvres plus conséquentes (musique à programme) exprimant une tension et un pathétisme nouveaux. Le mouvement romantique s'est développé dans les trois écoles traditionnelles (italienne, française et allemande), chacune selon sa tendance propre. On distingue deux périodes : une de «préparation», une de «floraison». ▮ ***La période de «préparation»*** Dans la première période, Spontini*, Rossini* *(Le Barbier de Séville)*, Donizetti* et Bellini* *(Norma)* firent triompher l'opéra de style italien. En France, certains compositeurs se tournèrent vers l'opéra-comique (J. F. Lesueur*, Cherubini*, Boieldieu*) ou historique (Meyerbeer*). En Allemagne, on vit se dessiner et triompher une réaction contre l'opéra italien et surgir une nouvelle école de symphonistes et de mélodistes (Schubert*, cycles de lieder, et Mendelssohn*-Bartholdy, symphonies *Italienne, Écossaise*). Les dernières œuvres de Beethoven* coïncidèrent avec l'apparition à Dresde de l'opéra romantique allemand (C. M. von Weber*, *Der Freischütz**). ▮ ***La période de «floraison»*** La période de floraison fut totalement dominée en Italie par Verdi* *(La Traviata*, Rigoletto, Le Bal masqué)*, en France par Berlioz* *(La Damnation* de Faust, Symphonie* fantastique)* qui créa le genre du poème symphonique et Chopin*, en Allemagne par Schumann* (lieder, *Les Amours* du poète, L'Amour* et la Vie d'une femme*), Liszt* et Wagner* (*Tannhaüser*, Tristan* et Isolde, Les Maîtres chanteurs*, la *Tétralogie**). Classique dans la forme mais romantique dans son inspiration, Tchaïkovski* assimila le style des diverses écoles *(La Dame de pique, Le Lac des cygnes)*. ▮ ***Danse*** L'époque romantique marqua un important changement dans le domaine du ballet. Le ballet romantique (théorisé par Carlo Blasis*) exprime l'imaginaire, l'action se déroulant sur deux plans à la fois, l'un terrestre, l'autre surnaturel. La danseuse, en utilisant des pointes et un long tutu de tulle blanche, donne l'illusion d'immatérialité. Trois danseuses l'incarnèrent tout particulièrement : M. Taglioni*, C. Grisi* et F. Elssler. Malgré des œuvres majeures comme *La Sylphide** (1832), créée par F. Taglioni*, et *Giselle**, le «ballet blanc» connut un succès assez bref.

direction du Bernin*. Recommandé par Barberini, il travailla en France (1645 - 1647 et 1655 - 1657) dans le palais Mazarin (actuellement galerie Mazarine de la Bibliothèque nationale) et aux appartements d'été d'Anne d'Autriche au Louvre. Ses deux séjours ne manquèrent pas d'influencer la peinture française. Ses scènes mythologiques et sa peinture d'histoire doivent beaucoup à la première manière de Pierre de Cortone, un style aux couleurs claires

**Romantisme.** *Atala au tombeau.* Tableau de Girodet-Trioson (2,07 x 2,67 m), v. 1808. Musée du Louvre, Paris.
*BIS/Phot. © Archives Nathan*

empreint de simplicité, ainsi qu'au classicisme de Poussin*. ➔ ÉTYM. Ce nom vient du latin *romanus* «romain» ou «qui appartient à l'Empire romain».

**ROMANOS le Mélode** (saint) ♦ (Émèse v. 490 - 555-565). Diacre à Béryte (Beyrouth), il vécut à Constantinople et composa des cantiques liturgiques *(Kontakia)*, qui sont en même temps de somptueuses homélies. ▪ Fête le 1er oct.

**ROMANOV** ➔ ÉTYM. du n. de *Roman* Iourevitch dont la fille Anastasia épousa Ivan* le Terrible ♦ Famille qui régna sur la Russie de 1613 à 1917. Originaire de Lituanie, elle se réfugia en Russie au milieu du XIVe s. Les Romanov luttèrent contre Boris Godounov, puis contre Vassili Chouïski, et MICHEL ROMANOV fut choisi comme tsar par le Zemskii Sobor («Congrès des ternes»), fondant ainsi la dynastie. → **Russie, Michel III, Alexis, Fedor III, Ivan V, Pierre Ier Alekseïevitch le Grand, Catherine* Ire, Pierre II Alekseïevitch, Anna Ivanovna, Ivan VI, Élisabeth Ire.** Avec Pierre III, petit-fils de Pierre Ier par sa mère, et qui eut Catherine II pour femme, commença la dynastie des HOLSTEIN-GOTTORP-ROMANOV. → **Pierre III Fedorovitch, Paul Ier Petrovitch, Alexandre Ier Pavlovitch, Nicolas Ier, Alexandre II, Alexandre III, Nicolas II.**

**ROMANSHORN** ♦ V. et port de Suisse (Thurgovie), sur le lac de Constance. 9 076 hab. (aggl. de Romanshorn-Amriswil 24 306). Indus. textile et alimentaire. Chantiers navals.

**ROMANS-SUR-ISÈRE** [26100] ➔ ÉTYM. anc. en lat. *villa Romanis* «domaine des Romains» ♦ Ch.-l. de cant. de la Drôme, arr. de Valence, au confluent de l'Isère et de la Savasse. 32 667 hab. (aggl. 50 406) *(Romanais)*. Anc. abbatiale Saint-Barnard des XIIe - XIVe s. (tentures flamandes du XVIe s.). Musée de la Chaussure. Musée ethnographique. Maisons anc. ▪ Chaussures. Combustibles nucléaires. Mécanique de précision. Produits alimentaires (ravioles). ▮ **Histoire** L'abbaye fut fondée en 873 par saint Barnard, archevêque de Vienne.

**ROMBAS** [rɔ̃ba] [57120] ✦ ÉTYM. anc. *Rumebaz*, du germ. *Rumo*, n. de pers., et *bach* «ruisseau» ♦ Ch.-l. de cant. de la Moselle, arr. de Metz-Campagne, sur l'Orne. 10 743 hab. *(Rombasiens)*. Cimenterie.

**ROME** – en lat. *Roma* ✦ ÉTYM. probablt latinisation de *Ruma*, n. étrusque d'orig. inconnue ♦ Nom d'une des plus grandes puissances de l'Antiquité, d'abord constituée par la ville de Rome, et qui s'étendit ensuite à l'Italie puis à tout le Bassin méditerranéen.

▮ **LES ORIGINES DE ROME** ▮ **La légende** ▮ ***La fondation de Rome*** La légende des origines de Rome a été imposée huit siècles après la fondation de la ville par les récits d'historiens et de poètes comme Tite-Live et Virgile, désireux de célébrer l'essence divine de l'Empire augustéen. Les Anciens rapportaient la naissance de Rome au cycle d'Énée*. Échappant à la ruine de Troie, le héros vient chercher refuge sur les côtes du Latium où il épouse Lavinia, fille du roi Latinus*, et fonde Lavinium*. Son fils Ascagne* (ou Iule) fonde Albe. D'Albe sort une dynastie de douze rois dont le dernier est Numitor*. La fille de ce dernier, Rhea* Silvia, s'unit avec le dieu Mars et de cette union naissent des jumeaux, Romulus et Remus*. Romulus fonde Rome en –753. → **Romulus.** La figure de Romulus, incarnation idéale de Rome dont il porte le nom, domine toute l'histoire de la ville. Il représente le fondateur heureux, investi de la grâce des dieux, image du futur *imperator* qui, parce qu'il possède par lui-même un pouvoir divin et qu'il est seul capable de détourner la menace des dieux, pèsera sans cesse sur la mentalité romaine. ▮ ***La royauté*** À Romulus succèdent deux rois sabins et un roi latin de –715 à –616 (→ **Numa Pompilius, Tullus Hostilius, Ancus Martius**) puis trois rois étrusques de –616 à –509. → **Tarquin l'Ancien, Servius Tullius, Tarquin le Superbe.** Le règne tyrannique de Tarquin le Superbe prend fin avec la révolte des nobles dirigée par Brutus*, et la république est proclamée en –509. ▮ **Les découvertes archéologiques** Longtemps acceptée, puis violemment contestée, cette tradition sur les origines de Rome est en général confirmée par les découvertes archéologiques. Et si l'on distingue une période de peuplement pré-urbain remontant au déb. du –Xe s., on peut admettre qu'eut lieu au déb. du –VIIIe s. une première fondation de Rome à la suite de laquelle les sept collines se regroupèrent en une ligue latine *(septimontium)* sans doute dominée par les Sabins. Mais il faut replacer l'histoire de la naissance de Rome et du peuple latin dans le cadre de l'Italie tout entière. À partir du –IIe millénaire, deux vagues successives d'envahisseurs indo-européens (→ **Villanova**) vinrent se mêler aux éléments méditerranéens indigènes (→ **Ligures**) pour donner naissance à des peuples d'une très grande diversité ethnique, culturelle et linguistique. → **Iapygie, Vénètes, Samnites, Osques, Latins, Sabins, Marses, Èques, Volsques, Ombrie.** ▮ ***Les Étrusques*** Si les Phéniciens et les Grecs eurent également un rôle civilisateur considérable, les premiers à tenter l'unification politique et culturelle de la péninsule italienne furent les Étrusques, établis au N. du Latium (→ **Étrusques**). Ils annexèrent Rome au déb. du –VIe s. et furent chassés définitivement du Latium après la défaite de Cumes (–474). Cette période étrusque fut décisive pour la civilisation romaine. Les Étrusques avaient été les véritables fondateurs de Rome (construction du premier mur d'enceinte, répartition des habitants en quatre quartiers, organisation de l'armée). Par l'intermédiaire de l'Étrurie, la ville s'était ouverte à l'influence hellénique. C'est à cette période que furent construits les premiers grands monuments : le temple de Jupiter capitolin, le temple de Vesta sur le Forum, le Circus Maximus. L'essentiel de la religion était constitué et Rome était devenue la plus puissante cité du Latium. Le départ des Étrusques doit être considéré comme une revanche de l'aristocratie romaine contre un pouvoir tyrannique qui avait trop favorisé les plébéiens.

▮ **LES DÉBUTS DE LA RÉPUBLIQUE ET LA CONQUÊTE DE L'ITALIE (–509 - –272)** ▮ **L'aristocratie et la plèbe** La royauté abolie, les patriciens s'emparèrent du pouvoir et dominèrent la vie romaine pendant des dizaines d'années. Ils s'attribuèrent toutes les prérogatives religieuses, politiques et judiciaires attachées aux rois. Ils étaient organisés en *gentes*, groupement de grandes familles de l'aristocratie terrienne, appuyées sur des «clients». Le Sénat comme les magistrats (préteurs puis consuls) étaient patriciens. Les débuts de la République furent marqués par la lutte entre plébéiens et patriciens. La ville même de Rome reflétait cette juxtaposition des deux classes : le Palatin* était le domaine du patriciat qui avait seul accès au culte capitolin, les plébéiens se regroupaient sur l'Aventin* autour du sanctuaire de Cérès. Peu à peu, la plèbe réussit à peser sur la politique romaine en raison de l'importance de son rôle militaire. Après –493, à la suite de la sécession de la plèbe sur l'Aventin (→ **Menenius Agrippa**) furent créés les tribuns de la plèbe. Vers –450, les principes du droit furent rédigés (→ **Douze Tables [loi des]**), et dans les dernières années du –Ve s. les plébéiens obtinrent l'accès aux magistratures. Mais l'aristocratie gardait l'essentiel du pouvoir. Le gouvernement républicain reposait sur l'équilibre des pouvoirs, obtenu par le contrôle mutuel des différentes classes politiques : Sénat, magistrats et peuple. Les magistrats (consuls, préteurs, édiles, questeurs) élus par le peuple (comices centuriates et comices tributes) exerçaient le pouvoir exécutif sous la tutelle du Sénat qui représentait l'autorité permanente. ▮ **La conquête de l'Italie** À l'extérieur, Rome dut lutter contre les Étrusques (→ **Porsenna, Horatius Cocles, Mucius Scaevola, Camille**), les Latins qu'elle vainquit au lac Régille (–497), les Volsques (→ **Coriolan**), les Èques (→ **Cincinnatus**) et les Gaulois (→ **Manlius**). La plus difficile de ses conquêtes fut celle du pays samnite. → **Samnites.** Le Samnium annexé, la péninsule Italienne était presque entièrement conquise, à l'exception des villes grecques de l'Italie méridionale. La guerre contre Tarente*, qui avait fait appel à Pyrrhus*, se termina par la victoire de Curius Dentatus à Bénévent (–275) et la prise de Tarente (–272). À l'aube du –IIIe s., Rome était maîtresse de l'Italie, de la plaine du Pô à la mer Ionienne.

▮ **LA CONQUÊTE DU BASSIN MÉDITERRANÉEN (–264 - –118)** ▮ **Les guerres puniques** En –264, les Romains passèrent en Sicile. Le prétexte était de sauver Messine de l'emprise carthaginoise. La quasi-totalité de l'île était occupée par les Puniques, et la faiblesse des villes grecques de la côte orientale laissait présager l'achèvement de la conquête carthaginoise après le départ de Pyrrhus. Une Sicile punique représentait un danger pour l'Italie et, en entreprenant la première guerre punique, Rome se décidait à un impérialisme défensif. La guerre contre Carthage se fit en plusieurs étapes. → **puniques (guerres).** Deux ans après la victoire de Zama* (–202) qui mettait fin à la deuxième guerre punique, Rome déclara la guerre à Philippe* V de Macédoine et à Antiochos* III de Syrie et remporta les brillantes victoires des Cynocéphales (–197), des Thermopyles (–191) et de Magnésie du Sipyle (–189) qui anéantirent la puissance de la Macédoine et celle des Séleucides. Persée* tenta de secouer le protectorat romain, mais il fut vaincu à Pydna* (–168) par Paul* Émile. Vingt ans plus tard un nouveau soulèvement de la Macédoine et de la Grèce aboutit à la destruction de Corinthe (–146). La Grèce et la Macédoine devinrent provinces romaines. La même année prit fin la troisième guerre punique. Carthage fut rasée et ses possessions formèrent la province romaine d'Afrique. ▮ **Un empire mondial** En –133 Attale* III, roi de Pergame, léguait à Rome son royaume qui devint province d'Asie (–129). Mais l'Espagne, conquise par Scipion* l'Africain, rejeta l'autorité romaine. Pendant vingt ans des campagnes meurtrières furent menées par Rome, qui ne mit fin à la révolte des Lusitaniens et des Celtibères que par l'assassinat de Viriathe* (–139) et la prise de Numance* (–133). Entre l'Italie et l'Espagne fut constituée la province de Narbonnaise (–118). En moins de quarante ans Rome avait acquis six nouvelles provinces : la Macédoine, l'Asie, l'Afrique, l'Espagne ultérieure et citérieure et la Narbonnaise. ▮ **L'évolution de la société** Cette extrême extension ne pouvait manquer de transformer les conditions matérielles et morales de la vie romaine. Les contacts multipliés avec l'Orient hellénique modifièrent l'ancien idéal de vie des Romains, que Caton* tentait encore de préserver. À l'aristocratie terrienne, préoccupée par les affaires de la cité et dont l'autorité était garantie par ses possessions, se substitua un nouveau type d'homme politique, épris de gloire personnelle et sensibilisé à la vie intellectuelle. L'influence de la doctrine stoïcienne avait donné naissance à une culture humaniste qui fut définie par le cercle de Scipion* Émilien. L'évolution des mœurs se fit ressentir dès le –IIe s. Le divorce fut autorisé et devint très fréquent vers la fin de la République. La femme put disposer de ses biens, la famille perdit en autorité et l'aristocratie donna l'exemple d'une limitation des naissances. On vit alors apparaître le type de la Romaine cultivée, intéressée à la vie publique, telle Cornélie*, mère des Gracques. Mais les grandes conquêtes avaient perturbé l'équilibre économique du pays et Rome allait vers une grave crise sociale qui devait causer la chute de la République.

▮ **LES GUERRES CIVILES ET LA FIN DE LA RÉPUBLIQUE (–133 - –27)** ▮ **Les Gracques** La classe rurale, éloignée du bénéfice des conquêtes, s'était énormément appauvrie. De graves révoltes serviles avaient éclaté dans les provinces, et l'oligarchie sénatoriale n'était pas en mesure de proposer les réformes nécessaires. Aux nobles, les *optimates*, s'opposa alors un nouveau groupement politique, celui des *populares*, partisans des réformes sociales, avec à sa tête Tiberius et Caius Gracchus. → **Gracchus.** Mais les Gracques se heurtèrent à l'opposition sénatoriale et leurs lois agraire et frumentaire furent abrogées. ▮ **Marius et Sylla** À l'occasion de la guerre contre Jugurtha* (→ **Numidie**) s'illustra un homme nouveau, Marius, que les *populares* imposèrent comme consul en –107. Contre lui se dressa Sylla, défenseur de l'oligarchie sénatoriale à qui ses succès dans la guerre sociale* valurent le consulat en –88. Après plusieurs années pendant lesquelles les deux candidats se livrèrent à de sanglantes proscriptions (→ **Marius, Sylla**), Sylla finit par l'emporter (–82). Il abdiqua en –79, laissant l'oligarchie reprendre le pouvoir. ▮ **Le premier triumvirat et le règne de César** À l'extérieur, Rome n'avait pas cessé de se battre. La révolte de Sertorius* en Espagne (–80 - –72) et celle des esclaves dirigés par Spartacus* en Italie (–73 - –71) contribuèrent à mettre en avant Crassus* et Pompée. → **Pompée.** Élus consuls en –70, les deux généraux victorieux rendirent aux chevaliers et aux *populares* tous les pouvoirs dont Sylla les avait dépouillés. Tandis que Pompée, muni d'un *imperium* de trois ans, était parti combattre les pirates en Méditerranée et mettre fin à la

**Rome.** Les conquêtes romaines de -201 à la mort de Trajan.

guerre contre Mithridate* VI, les troubles intérieurs (conspiration de Catilina*) avaient permis à César de se rendre populaire. Rentré d'Orient, Pompée n'osa pas tenter le coup d'État qui lui aurait assuré la dictature, et il forma avec Crassus et César le premier triumvirat (–60). César pouvait désormais entreprendre la conquête du pouvoir. → **César.** ▮ **Le second triumvirat** À la mort de César, deux hommes se disputèrent le pouvoir : Antoine, son principal lieutenant, et Octave, son fils adoptif. D'abord ennemis (guerre de Modène, mars –43), ils se rapprochèrent pour former avec Lépide le second triumvirat (nov. –43). Les proscriptions reprirent, visant à éliminer totalement l'opposition républicaine (assassinat de Cicéron*, élimination de Brutus et Cassius à Philippes*, guerre contre Sextus Pompée*). À la paix de Brindes (–40), les triumvirs se partagèrent le monde romain : l'Occident allait à Octave, l'Orient à Antoine et l'Afrique à Lépide. En –36 Lépide fut déposé. → **Lépide.** En –31, Octave vainquit Antoine à Actium (→ **Antoine**) et annexa l'Égypte, qui devint une province romaine (–30). Désormais il régnait seul.

▮ **AUGUSTE ET L'ÉTABLISSEMENT DE L'EMPIRE (–27 - 14)** ▮ **La pax romana** Pour la première fois, toutes les terres bordant la Méditerranée appartenaient à un même ensemble politique. Octave, à qui le Sénat avait reconnu une autorité souveraine *(auctoritas)* en lui décernant le titre d'auguste, allait tenter d'en faire un État unifié et d'y instaurer un ordre nouveau. → **Auguste.** Il commença par garantir les frontières et organiser l'administration des provinces. La longueur de son règne lui permit d'édifier lentement la nouvelle civilisation impériale qui tentait de concilier la satisfaction des besoins nouveaux et le respect de l'ancien patrimoine culturel romain : piété, sens du devoir civique, dévouement à la collectivité. Les bienfaits de la *pax romana* ne furent pas négligeables. L'empire ne connut plus qu'exceptionnellement les guerres civiles, et les guerres étrangères ne furent plus menées qu'à la périphérie. Mais cette tentative d'uniformisation juridique et morale se heurta très vite aux singularités des différentes civilisations. L'empire maintint les paysans dans un état de demi-servage et la prospérité des villes ne contribua que fort peu au bien-être des campagnes. ▮ **Art et littérature** Le «siècle d'Auguste» vit le triomphe de la littérature latine classique. → **Horace, Virgile, Tibulle, Properce, Ovide, Tite-Live.** C'est à cette époque que se définit l'art romain. La politique monumentale d'Auguste répondait aux mêmes exigences que ses réformes religieuses et morales. Il suscita un art officiel qui était une synthèse entre les traditions réalistes de l'art italien et un souci d'idéalisation qui visait à sa propre glorification, allant jusqu'à la création d'un type dans les portraits. Héritier des traditions esthétiques de la Grèce, l'art romain eut à résoudre des problèmes spécifiques à la nouvelle civilisation latine et c'est en partie de cela qu'il tire son originalité. L'architecture traduisit avant tout un fait économique et social : la concentration urbaine exceptionnelle entraîna la construction d'édifices gigantesques, thermes, amphithéâtres, aqueducs, et le souci de frapper l'imagination l'emporta souvent sur celui d'équilibrer les formes. Pendant cette période augustéenne apparut un art du portrait grave, équilibré et plein d'humanité ; on vit également se développer la peinture, et le paysage devint un sujet très fréquent (fresques de la maison de Livie sur le Palatin, décoration des maisons pompéiennes). Cette peinture de paysage, de tradition hellénistique, exprimait à Rome un besoin d'évasion. C'est pour la même raison que l'on vit se multiplier la construction des jardins, des fontaines, des villas de plaisance. C'est au cours des Ier et IIe s. que furent édifiés la plupart des monuments de Rome (autel de la Paix, temple d'Apollon, aménagement du Palatin), en Gaule (→ **Glanum, Arles, Orange, Maison carrée**) et dans le reste de l'empire.

▮ **L'EMPIRE AU Ier ET AU IIe S. : JULIO-CLAUDIENS, FLAVIENS ET ANTONINS** ▮ **Les successeurs d'Auguste** À Auguste succédèrent les souverains de la dynastie Julio*-Claudienne. → **Tibère, Caligula, Claude, Néron.** Si sanglants qu'aient été ces règnes, ils n'en furent pas moins les témoins de la paix romaine. Les révoltes furent vite réprimées (victoire de Germanicus* sur les Germains, 14 - 16 ; conquête de la Bretagne, 43 - 47 ; soumission de Boadicée* ; guerre victorieuse contre Vologèse*, roi des Parthes, 58 - 66). Les travaux de construction se multiplièrent (aménagement du port d'Ostie*, fondation de Cologne). Et l'extension de la citoyenneté romaine à la plupart des citoyens romains provinciaux mena à une progressive égalisation des conditions politiques. Après une période de crise pendant laquelle l'armée d'Espagne, la garde prétorienne et l'armée de Germanie allaient successivement porter leurs généraux à l'empire (→ **Galba, Othon, Vitellius**), Vespasien rétablit l'ordre en fondant la dynastie des Flaviens (69 - 96). → **Vespasien, Titus, Domitien.** ▮ **L'apogée de l'Empire** Après la tyrannie de Domitien sous le règne duquel l'autorité impériale s'était démesurément accrue, les

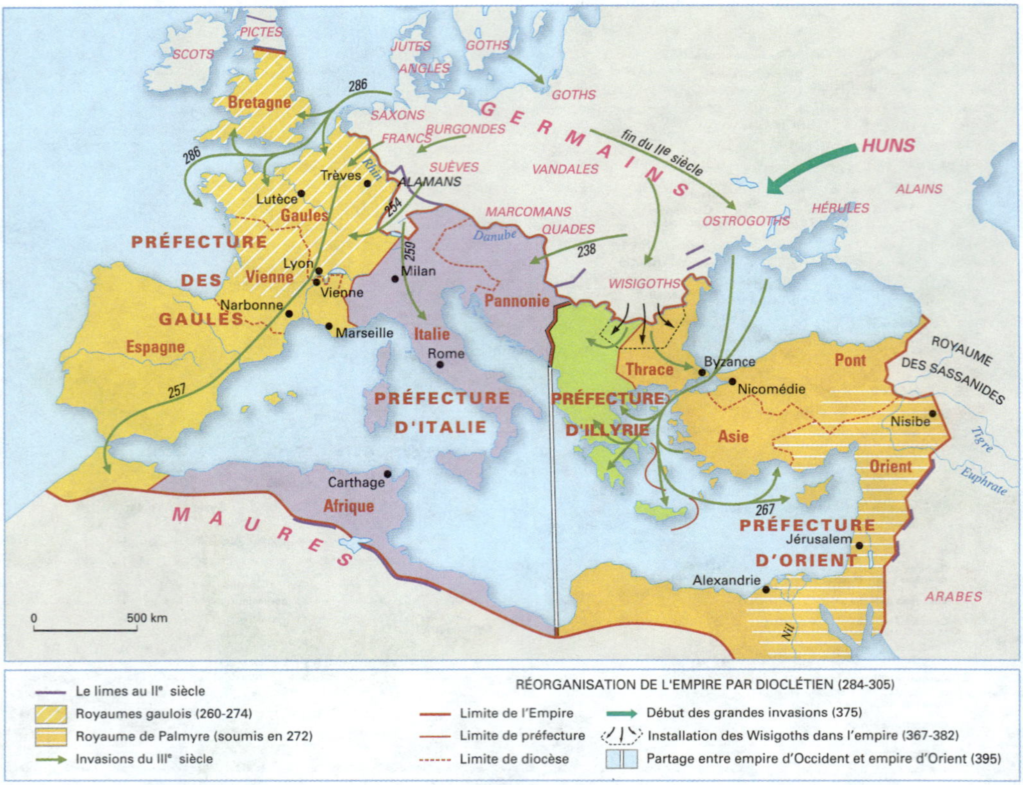


**Rome.** Le Bas-Empire.

premiers Antonins (96 - 192) instaurèrent un régime libéral où les empereurs s'efforcèrent de faire servir leur puissance au bien public dans le respect et de la vie et de l'honneur de leurs sujets. → **Nerva, Trajan, Hadrien, Antonin, Marc Aurèle.** Leur règne marqua l'apogée de l'empire. Le monde romain atteignit sa plus grande extension (conquête de la Dacie, annexion de la Mésopotamie, de l'Arménie, de l'Arabie Pétrée). Mais le renforcement des fortifications aux frontières (construction du mur d'Hadrien, du mur d'Antonin et du *limes* du Rhin), la multiplication des garnisons et des camps n'empêchèrent pas les Barbares, notamment Parthes et Germains, de menacer l'empire. Avec Commode*, Rome retrouva l'atmosphère de terreur des règnes tyranniques. L'organisation d'une bureaucratie centralisatrice et l'accroissement démesuré de la richesse des souverains au cours du Ier et du IIe s. contribuèrent au renforcement de la puissance impériale et l'on vit s'imposer un idéal de vie oisive *(otium)* où empereurs et aristocrates rivalisèrent pour étaler les manifestations de leur bienveillance envers le peuple. Cet idéal proposé aux classes inférieures est ainsi défini par Juvénal : «Depuis qu'il n'a plus de suffrages à vendre, lui qui, jadis, distribuait le pouvoir, les faisceaux, les légions, tout enfin, le peuple déchu ne souhaite plus avec une anxieuse convoitise que deux choses au monde : du pain et des jeux *(panem et circenses)*». **▮ Le déclin** Malgré une certaine stabilité politique et administrative, des influences contradictoires commencèrent à se manifester dans l'empire. L'insuffisance notoire d'un idéal paternaliste, destiné en fait à perpétuer une profonde inégalité sociale, l'abus de jouissances matérielles, la diffusion des philosophies orientales (pythagorisme), du stoïcisme, du christianisme, la sclérose de la religion officielle, les crises économiques (crise agricole, insuffisance des débouchés commerciaux) aboutirent à l'affaiblissement du pouvoir central et à une influence croissante de l'armée, reflétant l'hétérogénéité de l'empire et le mélange ethnique qu'elle impliquait. **▮ Art et littérature** Sous cet empire totalitaire et fragile s'épanouissait une littérature satirique et historique, tournée vers la critique ou vers le passé **(→ Tacite, Pline le Jeune, Quintilien, Martial)** tandis qu'une philosophie de tendance stoïcienne, luttant contre la crise religieuse **(→ Perse, Lucain, Sénèque)**, représentait le dernier apogée d'une culture en péril. En revanche, à l'art augustéen avait succédé un art académique, d'un classicisme froid et guindé. Les copies d'un même type (Antinoüs, par exemple) se multipliaient dans tout l'empire. L'originalité subsistait pourtant à travers le réalisme du portrait italien et des œuvres sorties des ateliers de sculpture gaulois.

**▮ LA CRISE DU IIIe S. : L'ANARCHIE MILITAIRE ET LA TENTATIVE DE REDRESSEMENT DES EMPEREURS ILLYRIENS (193 - 305) ▮ La puissance de l'armée** L'assassinat de Commode rendit évident le déséquilibre entre le pouvoir politique et la puissance militaire et ouvrit une période de chaos pendant laquelle les légions se disputèrent le pouvoir. Pertinax* fut assassiné après trois mois de règne (193) et l'empire fut racheté par Didius Julianus. Ce dernier fut vite éliminé par l'Africain Septime Sévère (193 - 211) qui fonda la dynastie des Sévères (193 - 235). → **Septime Sévère, Geta, Caracalla, Élagabal, Sévère Alexandre.** Septime Sévère instaura un ordre politique qui enlevait tout pouvoir au Sénat et assurait la puissance absolue à l'armée : «Enrichissez les soldats et moquez-vous du reste». **▮ La pression des Barbares** À la mort de Sévère Alexandre, la crise atteignit soudain son paroxysme. Les besoins de la défense militaire de l'empire devant la pression accrue des Barbares (Francs et Alamans sur le Rhin, Alamans et Goths sur le Danube, Perses sur l'Euphrate) suscitèrent le recours aux meilleurs généraux, désignés comme empereurs, puis rapidement écartés. Maximin* Ier, Gordien* Ier, II et III, Philippe* l'Arabe, Dèce*, Valérien*, Gallien* menèrent successivement la lutte aux frontières, mais aucun pouvoir stable ne put s'instaurer, et l'on vit même se former des empires provinciaux (celui de Postumus en Gaule, de Zénobie en Orient). L'unité de l'empire fut rétablie par les empereurs illyriens (268 - 283). → **Claude II le Gothique, Aurélien, Probus, Carus.** L'armée et l'appareil bureaucratique furent renforcés et l'énergie morale mobilisée par une foi commune dans la religion solaire. **▮ La tétrarchie** L'affaiblissement momentané des Barbares permit à un autre Illyrien, Dioclétien (284 - 305), d'achever la restauration impériale en instituant la tétrarchie. → **Dioclétien, Maximien, Constance Ier Chlore, Galère, Sévère, Maximin II Daia.**

**▮ L'EMPIRE CHRÉTIEN : DE CONSTANTIN À LA MORT DE THÉODOSE (305 - 395)** À partir de Dioclétien, l'institution impériale s'apparenta de plus en plus à une monarchie orientale. Constantin la christianisa. Tout l'empire fut désormais soumis à la plus implacable autorité et sa conversion au christianisme fut pour le monarque l'occasion de prétendre au gouvernement moral et spirituel de ses sujets. La société s'organisa en castes, accroissant l'autorité des puissants sur les pauvres. Les structures sociales se figèrent, et le pouvoir économique des grands aristocrates s'accrut grâce au colonat qui attachait le paysan à la terre et au patronage par lequel le petit propriétaire se plaçait sous la dépendance personnelle d'un seigneur. L'État, qui avait encouragé cette concentration pour des raisons fiscales, se trouvait devant une caste dangereusement puissante. La tentative de restauration païenne entreprise par Julien* l'Apostat échoua et l'avènement de Théodose* consacra la victoire définitive du christianisme.

**▮ LA DISLOCATION DE L'EMPIRE (395 - 476)** À sa mort, Théodose partagea l'empire entre ses deux fils : il donnait l'Orient à Arcadius* et l'Occident à Honorius*. L'unité de l'empire était définitivement brisée. Dès la fin du IVe s., les armées chargées d'en défendre les restes étaient le plus souvent commandées par des Barbares (Goths, Vandales). Des chefs militaires, tels Stilicon* et Ricimer*, purent même exercer le pouvoir politique. Quant aux Barbares extérieurs aux frontières, leurs attaques atteignirent bientôt le centre même de l'empire. Rome fut pillée en 410 par les Wisigoths d'Alaric* Ier, en 455 par Genséric*, et, en 476, Odoacre* déposait Romulus* Augustule, dernier empereur romain d'Occident. Cette date correspond à la fin de l'empire d'Occident. → **Italie.** L'Empire romain d'Orient devait survivre jusqu'en 1453. → **Byzance.**

**ROME** – en it. ***Roma*** ♦ Cap. de l'Italie, cap. du Latium* et ch.-l. de prov., sur le Tibre, à env. 25 km du rivage de la mer Tyrrhénienne. 2 546 804 hab. *(Romains)*. Contrairement à ce qui se produit pour la plupart des capitales modernes, le territoire de la commune, vaste de 1 508 km², n'est pas entièrement occupé par l'agglomération urbaine. Ce territoire a une structure concentrique : les *rioni* correspondent au centre historique de la ville ; les *quartieri* constituent une banlieue résidentielle et tertiaire ; les *suburbi*, banlieues en voie d'urbanisation, deviennent des *quartieri* lorsque leur aménagement est achevé ; l'*Agro romano* «campagne romaine», autrefois insalubre (marais pontins) et assaini depuis Mussolini, est peu urbanisé, à l'exception de centres comme Ostie et Fiumicino. Il faut ajouter les enclaves non italiennes formées par la Cité du Vatican et ses possessions (→ **Vatican**).

**▮ LA VILLE ▮ *La ville des sept collines*** Rome s'est développée sur le site défensif constitué par ses célèbres collines (les sept collines primitives : → **Aventin, Caelius, Capitole, Esquilin, Palatin, Quirinal, Viminal**) et s'est étendue depuis sur le Pincio, et le Janicule*. Ce site s'appuyait à l'O. sur le cours du Tibre, mais si la situation de Rome comme ville-pont fut déterminante pour son expansion économique et politique, elle n'influença guère la topographie urbaine, nettement centrée sur la rive gauche du fleuve. **▮ *La rive gauche du Tibre*** La zone archéologique, avec les forums, le Colisée*, le parc de Trajan, la Maison* dorée, le théâtre de Marcellus, les monuments du Palatin, le Circus Maximus, les thermes de Caracalla, s'étend au S. et au S.-E. du Capitole. Elle a fait l'objet d'un important programme de conservation (détournement des axes routiers qui engendraient une pollution dangereuse pour les monuments). Le Capitole* demeure le siège de la municipalité, mais l'admirable place du Capitole (piazza del Campidoglio), dessinée par Michel-Ange, est écrasée, depuis la fin du XIXe s., par la masse du monument à Victor-Emmanuel II. Face à celui-ci, au N., la piazza Venezia est, depuis les aménagements mussoliniens, le point de convergence des principales artères romaines. **▮ *L'ouest*** À l'O., dans la boucle du Tibre, l'ancien Champ* de Mars, qui fut aussi le centre de la Rome renaissante, est un quartier dense, voué au petit commerce, qu'irrigue malaisément le corso Vittorio Emanuele ; là se trouvent les temples républicains, le Panthéon*, le palais Farnèse*, le palais Médicis ou palais Madame (Sénat), la piazza Navona, l'église du Gesù*. **▮ *Le nord*** Au N., ayant pour axe la via del Corso aboutissant à la piazza del Popolo, les quartiers développés après la Renaissance (églises et palais baroques, maisons bourgeoises des XVIIIe et XIXe s.) sont aujourd'hui le quartier des banques et des grands journaux ; le palais de Montecitorio est occupé par la Chambre des députés. Plus au N.-E., sur l'ancien fief des Barberini, la fin du XIXe s. a vu s'organiser la vie luxueuse (grands hôtels de la via Vittorio-Veneto, magasins de la via del Tritone). **▮ *L'est*** À l'E., la via Nazionale et ses parallèles forment les lignes directrices du quartier urbanisé vers 1860 par Mgr de Mérode et devenu quartier administratif (palais présidentiel du Quirinal, présidence du Conseil et ministères) ; elles aboutissent à la piazza Esedra, aux thermes de Dioclétien (Sainte-Marie-des-Anges), à la gare centrale (Stazione Termini, une des réussites de l'architecture contemporaine, inaugurée en 1950) et à la basilique Sainte*-Marie-Majeure. **▮ *Le sud et le sud-est*** Plus excentriques, quoique encore compris dans l'enceinte d'Aurélien, sont, au S.-E., le beau quartier du Latran* autour de la cathédrale de Rome, Saint-Jean-de-Latran, et au S., vers le Tibre, le quartier du «mont» Testaccio et des Abattoirs, naguère misérable et aujourd'hui en voie d'équipement. **▮ *La rive droite du Tibre*** De l'autre côté du Tibre, se trouve le Transtévère (Trastevere), au Moyen Âge quartier des Juifs et des étrangers, aujourd'hui quartier populaire dont le pittoresque attire touristes et noctambules ; plus au N., l'ancien Borgo a été percé par la via della Conciliazione, achevée en 1950 et ouvrant largement l'accès à Saint*-Pierre-de-Rome et au Vatican, depuis le Tibre et le château Saint*-Ange ; plus au N. encore, le quartier des Prati bâti au début du XXe siècle forme un ensemble résidentiel de haut niveau. **▮ *Au-delà de l'enceinte d'Aurélien*** Toute cette zone, sauf les Prati, constitue la Rome historique qui tenait aisément, jusqu'en 1870, dans l'enceinte d'Aurélien. Celle-ci, qui subsiste en grande partie, est percée de portes, points de départ des routes modernes qui ont conservé le tracé et le nom des anciennes voies rayonnant autour de Rome. C'est au départ de ces voies que se trouvent les entrées des catacombes, cimetières des premiers temps chrétiens (catacombes de Sainte-Priscille, via Salaria ; de Sainte-Agnès, via Nomentana ; de Saint-Calixte, via Appia antica). Ce centre historique de Rome (les *rioni*) subit actuellement le même phénomène de dépopulation que les centres d'affaires d'autres capitales. **▮ *Faubourgs et banlieues*** Comme dans les autres métropoles, la décongestion du centre se traduit par un transfert de bureaux et d'universités, notamment vers l'E., sur la route de Tivoli. Une banlieue se forme, mal desservie par des transports en commun encore insuffisants. Les faubourgs récents *(quartieri)*, étendus circulairement, voient leur population augmenter très rapidement (plus de 2 millions d'hab.) tant par le déplacement de l'habitat dans Rome même que par l'immigration de province (surtout d'Italie du Sud). C'est là que se trouvent aussi les grands espaces verts : villa Borghèse, villa Savoia (anc. villa Ada), monte Mario, installations sportives du Campo della Farnesina, jardins du Janicule, villa Doria-Pamphili. Le plus remarquable de ces «quartiers» est, au S., celui de l'EUR (Esposizione Universale di Roma), commencé en 1938 en vue d'une exposition universelle qui, en 1942, ne put avoir lieu : doté par Mussolini d'une grande autonomie administrative et juridique, qu'il conserva, il fut achevé après guerre et forma un ensemble à la fois administratif, résidentiel, culturel (musée de la Civilisation romaine), commercial (Foire de Rome), industriel et sportif, après qu'y eurent été bâtis un palais des sports et les installations nécessaires aux jeux Olympiques de 1960. Ce quartier est relié à la Stazione Termini par le métro. À l'E., les quartiers de Pietralata et de Centocelle prennent la relève des centres administratifs. **▮ *Les communications*** Les communications sont assurées par le métro (qui ne compte que 45 km de lignes, la richesse archéologique du sous-sol entravant le développement du réseau), par les grandes routes que doublent plusieurs «autostrades», par la rocade annulaire de 70 km achevée en 1970, par le réseau ferré (ligne Nord-Sud, ligne Rome-Milan, et transversales) qui dessert la Stazione Termini et une demi-douzaine de gares secondaires ; par le port de Fiumicino et, hors de la commune, les ports de Civitavecchia et d'Anzio ; par l'aéroport international Léonard-de-Vinci à Fiumicino et l'aéroport de Ciampino.

**▮ ÉCONOMIE** Ancienne capitale du monde antique puis capitale spirituelle de la chrétienté, Rome tira longtemps sa subsistance d'apports extérieurs. Lorsqu'elle devint capitale du royaume d'Italie en 1870, elle n'avait de tradition industrielle que l'imprimerie. Actuellement encore, sur une population active d'environ 1 000 000 de personnes, 2 % sont employées dans l'agriculture, 23 % seulement dans l'industrie et 75 % dans le secteur tertiaire (administrations, services, commerce, banques, assurances). L'agriculture, à laquelle les travaux de bonification menés depuis Mussolini ont procuré des terres très fertiles, concerne principalement les cultures maraîchères, les céréales, les produits laitiers, la viande (bovins et porcins). **▮ *L'industrie*** Le plan d'aménagement urbain de 1962 a créé des zones industrielles, surtout dans les «quartiers» Est, et le Consortium pour l'industrialisation de la région Rome-Latina, créé en 1965, fait bénéficier la ville d'un cadre plus large que celui de la commune et entrant en partie dans le ressort de la Caisse du Mezzogiorno* ; la région romaine est ainsi sortie de l'isolement économique qui avait été le sien, entre le Nord industrialisé et le Sud assisté. L'influence grandissante du pouvoir sur les affaires économiques a attiré de nombreuses firmes : bâtiment, mécanique et électromécanique, papeterie et imprimerie, textile et vêtement, indus. alimentaire, travail du bois, indus. chimique et pétrolière (raffineries de Pantano de Grano, de Fiumicino). L'industrie cinématographique et audiovisuelle fut longtemps très développée : les studios et laboratoires de Cinecittà, de la via Pontina et du Latium-Sud représentent la quasi-totalité des installations italiennes mais leur activité a connu un ralentissement certain. **▮ *Le tourisme*** Une autre activité d'importance considérable est le tourisme : le charme de la ville, qui vit avec naturel dans un cadre prestigieux, la profusion de ses richesses archéologiques et artistiques, son rôle comme capitale italienne et la présence de la papauté lui attirent près de 3 millions de visiteurs par an, tant Italiens qu'étrangers. Rome, ville-musée et capitale, continue de jouer un rôle culturel de premier plan. Outre ses monuments, elle possède des musées dont les collections restent parmi les premières du monde, en dépit des pillages (sous Napoléon Bonaparte notamment) : musées du Vatican (→ **Vatican**), villa Borghèse*, Galerie nationale (palais Barberini, renfermant *La Fornarina* de Raphaël, le *Portrait de Philippe II* de Titien, le *Baptême du Christ* du Greco, le *Portrait d'Henri VIII* d'Holbein le Jeune), galerie

Doria-Pamphili (au palais Doria, avec le *Portrait d'Innocent X* de Vélasquez, et des œuvres de Raphaël, Titien, Caravage, Poussin, Rubens), galerie nationale d'Art moderne (œuvres italiennes des XIX^e^-XX^e^ s.), Musée national romain (aux thermes de Dioclétien, art grec, romain et chrétien), musée de la villa Giulia (archéologie italienne), musées du Capitole (→ **Capitole**). La Bibliothèque nationale et la Vaticane* sont d'une importance comparable aux plus riches bibliothèques de Londres ou de Paris. **Les universités** Rome possède une importante université, à laquelle il faut ajouter les universités catholiques telles que l'université Grégorienne (→ **Grégoire XIII**), l'Athénée du Latran, l'Angelicum dominicain, ainsi que des institutions étrangères telles que l'École française (palais Farnèse) ou l'Académie de France (villa Médicis*).

**HISTOIRE** **La Rome antique** ***La fondation*** Traditionnellement fondée le 21 avr. –753 par Romulus* et effectivement occupée (les cabanes du Palatin le montrent) à partir de la moitié du –VIII^e^ s., Rome dut son développement à la solidité de son site défensif (les sept collines, appuyées sur le Tibre) et surtout à sa situation : ville carrefour, elle se trouvait à la fois sur la route des caravanes de sel remontant de la mer vers l'Apennin (ce que rappellent le tracé et le nom de la *via Salaria*) et sur la longitudinale d'Étrurie en Campanie, à l'endroit où le Tibre est le plus aisé à franchir, sinon à gué, du moins par l'établissement d'un pont sur des berges plus fermes que celles des plaines marécageuses au N. et au S. (le plus ancien est le pont Sublicius) ; jusqu'au XX^e^ s. il n'y eut d'ailleurs pas de pont en aval de Rome et celle-ci monopolisa en quelque sorte le passage. ***Les Étrusques*** L'organisation réelle de la ville eut lieu sous la domination des Étrusques (2^de^ moitié du –VI^e^ s.). C'est à eux que la tradition, confirmée par l'archéologie, attribue la construction de la Cloaca* maxima, celle du temple de la Triade capitoline (→ **Capitole**) et celle du Mur servien (de Servius* Tullius), puissante enceinte entourant déjà les sept collines (encore loin d'être complètement habitées) et qui fut en partie refaite après la prise de Rome par les Celtes v. –390. ***La Rome républicaine*** Après la chute des Tarquins (–509), le luxe étrusque disparut ; l'austérité, rendue nécessaire par la récession du –V^e^ s., devint la vertu républicaine par excellence, affectée aussi bien dans le genre de vie des citoyens que dans les constructions (en tuf volcanique des environs ou en bois), même lorsque, aux –III^e^-–II^e^ s., Rome fut maîtresse de l'Italie et du monde méditerranéen. Le centre de la cité était le Capitole et la citadelle *(arx)*, au pied desquels le Forum voyait se dérouler la vie publique et religieuse. Ses boutiques (à partir du –II^e^ s., ses basiliques) ainsi que le Forum Boarium (« marché aux bœufs ») et le Forum Holitorium (« marché aux légumes ») servaient aux activités commerciales. Les demeures patriciennes étaient installées sur le Palatin tandis que l'Aventin, concédé à la plèbe en –456, formait un quartier populaire aux bâtisses exiguës. Les divertissements avaient lieu au Circus Maximus ou dans des théâtres en bois éphémères. Hors du Mur servien, le Champ* de Mars servait aux rassemblements militaires, aux recensements, aux élections, des temples y étaient bâtis. À la fin de la République, même si les projets de César* ne furent pas tous réalisés, l'aspect de la ville fut profondément modifié. Pompée* avait bâti le premier théâtre en pierre (–52) ; le Forum de César fournit le modèle des Forums impériaux. ***La Rome impériale*** Sous Auguste*, Agrippa*, prenant en main l'édilité (–33), renouvela l'adduction des eaux, multiplia les fontaines, créa les premiers thermes et un bassin de natation *(Stagnum Agrippae)*, érigea le Panthéon*, primitivement sur plan rectangulaire ; la restauration religieuse fut marquée par l'édification d'un magnifique temple d'Apollon sur le Palatin et par la réfection de nombreux autres ; sur le Champ de Mars, l'autel de la Paix *(Ara pacis augustae)* et le mausolée d'Auguste consacrèrent la grandeur du règne ; théâtre (dédié à Marcellus), bibliothèque, portique, rien de ce qui pouvait améliorer la vie des citoyens ne fut négligé ; les agréments de l'hellénisme furent adaptés à l'usage romain ; Auguste put se vanter d'avoir laissé de marbre une ville qu'il avait trouvée de pierre. Ses successeurs continuèrent à effectuer de grands travaux : palais impériaux de Tibère*, de Caligula*, de Néron* (ou Maison* dorée), de Domitien (significativement tourné vers les provinces d'Orient et qui reste celui des empereurs suivants) ; aménagements du Forum, monuments de victoire (arcs de Titus*, de Septime* Sévère, colonne Trajane) ; nouveau Panthéon qui, sous Hadrien*, semble avoir été le premier édifice romain à coupole ; mausolée d'Hadrien (devenu le château Saint*-Ange). Les monuments les plus caractéristiques de la Rome impériale furent les amphithéâtres où se donnaient les jeux et les combats de gladiateurs et dont le plus célèbre est le Colisée*, et les thermes (de Néron, de Trajan, de Caracalla, de Dioclétien, de Constantin), vastes établissements de bain et de loisirs dont la gratuité, comme d'ailleurs celle des jeux, permettait aux empereurs de se concilier le peuple. ***Une agglomération gigantesque*** À Rome, désormais capitale du monde occidental et méditerranéen, affluaient des populations cosmopolites ; dès l'époque d'Auguste, le Transtévère *(Transtiberinus)* était habité ; sous Hadrien, la ville compta près d'un million d'habitants ; v. 270, lorsque la menace des Barbares obligea à élever de nouvelles fortifications, la muraille d'Aurélien* ceignit une zone environ trois fois plus étendue que celle que contenait le Mur servien. Cette énorme agglomération, divisée en 14 régions, était administrée par des magistrats spéciaux (préfets de la ville, de l'annone, des vigiles) et surveillée par les prétoriens casernés sur l'Esquilin ; elle était ravitaillée par les ports d'Ostie* et de Portus (travaux de Claude et de Trajan) et, à Rome même, par un vaste marché-entrepôt *(emporium)* dont les détritus ont formé le « mont » Testaccio. **La Rome chrétienne et médiévale** ***Les débuts du christianisme*** Le christianisme pénétra à Rome de bonne heure : le Nouveau Testament conserve une Épître de saint Paul à une communauté romaine, et la tradition veut que saint Pierre*, premier évêque de la ville, et saint Paul* y aient subi le martyre. À partir du II^e^ s., les chrétiens eurent leurs propres cimetières (catacombes). Malgré les persécutions (sous Néron, Dèce, Valérien, Maximien), le christianisme se développa dans le même mouvement qui avait importé de nombreux cultes orientaux et, lorsqu'il devint religion licite sous Constantin (313), Rome possédait, dans des maisons particulières, une vingtaine de chapelles ou « titres » *(tituli)* dont les noms survivent dans ceux de plusieurs églises actuelles (Sainte-*Praxède*, Saint-Laurent in *Lucina*). Mais si Constantin fit de Rome une ville chrétienne dotée d'une résidence épiscopale (→ **Latran**) et de grandes basiliques (Saint-Jean-de-

**Rome.** *Auguste*, marbre. Musée du Capitole, Rome. *Phot. © Nimatallah/Ricciarini*

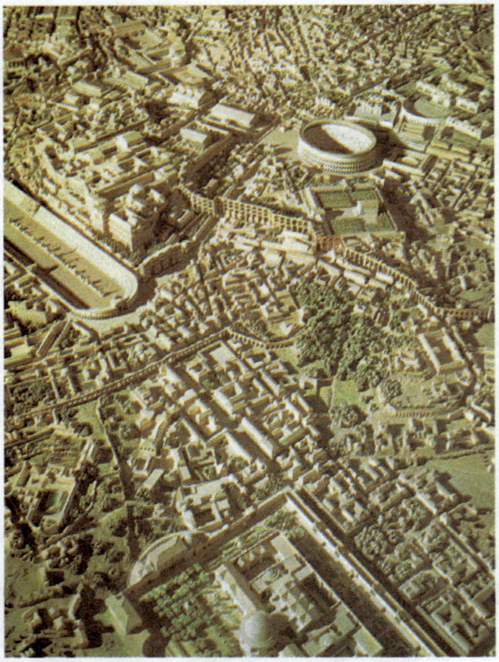

**Rome.** Maquette de la Rome antique. *Phot. © L'Esperto/Ricciarini*

Latran, Saint-Pierre, peut-être Saint-Paul et Saint-Laurent-hors-les-Murs), il rendit aussi sa décadence inévitable en la privant du rôle de capitale au profit de Constantinople (324). ▮ *Les invasions germaniques et l'occupation byzantine* Prise par Alaric* I^er^ (410), menacée mais épargnée par Attila* (452), pillée par Genséric* (455) et par Ricimer* (472), livrée aux Ostrogoths lors de la chute de l'empire d'Occident* (476), disputée entre ceux-ci et les Byzantins (→ **Bélisaire**) à partir de 536 et complètement désertée lors de son sac par Totila* (546), Rome semblait anéantie lorsqu'elle fut reconquise par Byzance (553 → **Narsès**). En fait, une transformation s'était amorcée, qui allait se poursuivre et façonner la Rome du Moyen Âge : la population était tombée à 100 000 hab. au V^e^ s. et les zones d'habitation s'étaient déplacées vers le Champ-de-Mars et l'autre rive du Tibre, Transtévère et Vatican ; les édifices antiques étaient abandonnés ou parfois réutilisés pour des constructions nouvelles, de nouvelles basiliques avaient été bâties (Saint*-Pierre-aux-Liens, Sainte*-Marie-Majeure) et surtout l'autorité religieuse et civile des papes s'accroissait. ▮ *Le siège de la papauté* Le concile de Chalcédoine* (451) avait consacré la prééminence de l'évêque de Rome sur les quatre autres patriarches. Grégoire le Grand (590 - 604), grand homme d'Église, fut aussi un homme d'État et déjà le plus vaste propriétaire terrien d'Italie. Aussi la dépendance de Rome à l'égard de l'Empire byzantin devint-elle une fiction administrative, démentie par les tâches réelles de gouvernement assumées par les papes. Après la chute de l'exarchat de Ravenne, c'est tout naturellement que Rome, ayant fait appel aux Francs contre la menace des Lombards, fut par eux mise à la tête des nouveaux États de l'Église* (756). En 774, Charlemagne confirma la Donation* de Pépin et, en 800, restaurant l'empire à son profit, il se fit couronner à Rome. La ville fut dès lors le terrain où s'affrontèrent trois puissances : la papauté, forte de son autorité spirituelle, de ses richesses foncières et de ses finances (impôts sur les bénéfices ecclésiastiques) ; les empereurs germaniques, qui vinrent à Rome, non sans violence parfois, pour se faire couronner, imposer l'«élection» d'un pape ou rétablir l'ordre ; les Romains eux-mêmes, d'où émergèrent des potentats successifs (patrices de la «pornocratie*», familles des Crescentii, des comtes de Tusculum, des Frangipani, Savelli, Pierleoni, Gaetani, Conti) et qui rétablirent au Capitole un «Sénat» romain (1144). → **Arnaud de Brescia.** Aux luttes de ces puissances s'ajoutèrent les assauts du dehors : irruption des Sarrasins qui saccagèrent Saint-Paul-hors-les-Murs et le Vatican en 846 (à la suite de quoi Léon* IV bâtit une muraille autour du *Borgo* ou Cité léonine, 852), pillage de Rome (1084) par les Normands de Robert Guiscard, pourtant allié du pape au cours de la querelle des Investitures*. Néanmoins, l'action de grands politiques, comme les papes Innocent III ou Boniface VIII, rendait à Rome prestige et prospérité, lorsque l'installation de la cour pontificale en Avignon (1309, → **Clément V**), les extravagances de Cola* di Rienzo (1343 à 1354) puis le Grand schisme* (1378 - 1417) la ruinèrent de nouveau : lorsque Martin* V rentra solennellement à Rome en 1420, à peine 35 000 hab. y vivaient parmi les ruines, minés par le paludisme. ▮ **La Rome Renaissance et baroque** Le XV^e^ s. fut celui du redressement. Nicolas* V confia à Bernardo Rossellino* un vaste plan de rénovation, incluant Saint-Pierre ; Sixte IV, surnommé *Restaurator urbis*, bâtit la chapelle Sixtine* et appela à Rome les meilleurs artistes italiens. Le palais du Vatican fut aménagé. Les papes brisèrent les «barons» (→ **Colonna, Orsini**) et, avec Alexandre VI et surtout Jules II, Rome, redevenue la principale puissance d'Italie, prit la relève de Florence à la tête de la Renaissance. ▮ *L'«école romaine»* Avec Raphaël*, Michel*-Ange et leurs émules, le triomphe du grand style permet de parler d'une «école romaine», quoique peu de ses membres fussent originaires de la ville. Pendant plus d'un siècle (le temps même qui fut nécessaire à la construction du nouveau Saint*-Pierre) la ville fut livrée aux architectes : Bramante*, Peruzzi*, Michel*-Ange, les Sangallo* y exprimèrent la Renaissance classique, celle qui bâtit le palais Farnèse*, la villa Borghèse*, la Farnésine*, la place du Capitole*. G. Della* Porta, Vignole*, Fontana*, Maderna*, Borromini*, le Bernin* édifièrent la Rome baroque, celle du Gesù* et des grandes églises, toutes remaniées alors, celle de la piazza Navona et de la place Saint-Pierre, celle de la fontaine du *Tritone* et de la fontaine de Trevi, celle des palais Barberini, Chigi, Madame, de Montecitorio et du Quirinal. ▮ *Le XVI^e^ siècle* Le sac de la ville par les Impériaux (1527) permit finalement d'améliorer l'urbanisme en perçant de grandes rues (via Giulia, via del Babuino, Corso) et, sous Sixte* Quint, Rome reçut une structure qui ne devait guère varier jusqu'à l'époque moderne. ▮ **Naissance d'une capitale** Aux XVII^e^ et XVIII^e^ s., capitale de la chrétienté nouvelle sortie de la Contre*-Réforme, Rome était la ville classique de la musique et de l'art. Elle comptait alors 100 000 hab. La Révolution française ouvrit une nouvelle période de crise, dont l'absolutisme pontifical ne se releva, au XIX^e^ s., que superficiellement. L'entrée des troupes françaises en Italie déclencha la création d'une éphémère République romaine (1798 - 1799) et l'exil de Pie VI. Pie VII à son tour se heurta à Napoléon ; Rome, occupée en 1808, reçut un statut spécial et le titre de seconde capitale de l'Empire (1809) ; le préfet Tournon et son architecte, Valadier, élaborèrent alors un important projet d'aménagement urbain, dont seuls la place du Peuple et le Pincio furent réalisés, mais qui influença toute la suite de l'urbanisme romain. Le XIX^e^ s. vit la lutte entre le pouvoir pontifical, désormais anachronique, et les forces du libéralisme et du nationalisme. Une constitution accordée en 1848 n'empêcha pas Rome de proclamer une nouvelle et brève république (1849 → **Mazzini, Pie IX**) jusqu'à ce que le pouvoir temporel du pape fût rétabli par les troupes françaises. ▮ *La question romaine* L'unité italienne qui se réalisait peu à peu posait une «question romaine», rendue insoluble par la politique de Napoléon III. La chute de celui-ci amena immédiatement l'entrée des troupes italiennes dans Rome, au moment même où le concile du Vatican* venait de porter l'autorité religieuse du pape à son plus haut degré en proclamant son infaillibilité doctrinale (1870). Rome comptait alors 200 000 hab. ; elle n'avait guère été modernisée et n'était pas prête à remplir son nouveau rôle de capitale italienne. Pendant vingt ans elle fut en proie à la «fièvre de la construction», les différents plans adoptés par les pouvoirs publics se révélant incapables de canaliser les initiatives des spéculateurs. Cette fièvre reprit d'ailleurs après 1918 et n'a guère cessé depuis, étant donné l'afflux constant de population. L'avènement de Mussolini à l'issue de la «marche sur Rome» (1922) marqua une nouvelle époque. Le Duce mit fin à la sécession du pape et des catholiques par les accords du Latran*, réglant la question romaine et créant l'État de la Cité du Vatican* (1929). ▮ *Les grands travaux de Mussolini* Il fit admi-

**Rome.** La Piazza Venezia et le monument à Victor-Emmanuel II. *Phot. © Khirman Vladimir/Shutterstock*

**Rome.** Le château Saint-Ange. *Phot. © Davis Davis/Shutterstock*

nistrer la ville par un gouverneur nommé (de 1925 à 1944) et entreprit de grands travaux : dégagement des forums et percée de grandes artères, assainissement de l'Agro romano, mise en chantier de la Stazione Termini, de l'EUR et de nombreux ensembles périphériques *(borgate)* destinés à loger les immigrés de province. La Deuxième Guerre mondiale précipita l'afflux de population à Rome, que la présence de la papauté semblait protéger. Elle fut pourtant occupée par les Allemands dès la signature de l'armistice italien (sept. 1943) ; quoique déclarée ville ouverte, elle subit des bombardements de la part des Alliés ; ceux-ci n'y pénétrèrent qu'en juin 1944 (→ **Clarke, Garigliano, Juin**). ▮ ***Depuis 1945*** L'après-guerre fut marquée par un effort de construction et de modernisation, semble-t-il, mieux dirigé. Le choix de Rome pour y signer le traité instituant la Communauté économique européenne (1957), ou même son choix comme ville olympique en 1960 ont témoigné de son rôle international, tandis que le concile Vatican II (1962 - 1965) a montré qu'elle restait la plus grande métropole religieuse du monde. → **Vatican (conciles du).**

**ROMÉ DE L'ISLE (Jean-Baptiste)** ♦ Minéralogiste français (Gray 1736 - Paris 1790). Créateur du mot cristallographie, il posa les bases scientifiques de l'étude des minéraux. Il remarqua, en particulier, la constance des angles, et le fait que toutes les formes cristallines dérivent par troncature de quelques formes simples.

**Roméo et Juliette** – en angl. ***Romeo and Juliet*** ♦ Drame en 5 actes de W. Shakespeare* (1594) dont le sujet est emprunté à une nouvelle de Bandello* (1554). Dans la Vérone de la Renaissance, deux puissantes familles, les Montaigu et les Capulet*, nourrissent l'une pour l'autre une haine mortelle. Mais Roméo, un Montaigu, et Juliette, une Capulet, bravant leurs préjugés, s'aiment de toute l'ardeur de leur jeunesse. Un franciscain, frère Laurent, les marie en secret. Roméo, ayant tué en duel un cousin de Juliette, se voit exiler par le prince de Vérone. Contrainte d'épouser un homme qu'elle déteste, Juliette simule la mort en absorbant un narcotique préparé par le frère Laurent et est ensevelie. Lorsque Roméo accourt, il croit sa bien-aimée morte et s'empoisonne avant que le frère Laurent n'ait pu le détromper. À son réveil, Juliette se poignarde sur le cadavre de Roméo. L'œuvre de Shakespeare inspira notamment un opéra de Bellini* (*I Capuleti e i Montecchi*, 1830), la symphonie *Roméo et Juliette* d'Hector Berlioz* (1839), un opéra de Gounod* (1867), une ouverture de Tchaïkovski* (1869) et le célèbre ballet de Prokofiev (1936 - 1938) qui donna lieu à de nombreuses versions, dont celles de S. Lifar et de M. Béjart.

**RØMER (Olaüs** ou **Ole)** ♦ Astronome danois (Århus 1644 - Copenhague 1710). Il effectua la première évaluation de la vitesse de la lumière (1675) grâce à l'interprétation qu'il fit du retard ou de l'avance des éclipses des satellites de Jupiter selon que celui-ci est en conjonction ou en opposition. On lui doit également la première lunette méridienne : installée à Copenhague en 1689, elle permettait de noter les heures de passages d'un même astre au méridien. [Acad. sc. 1672]

**ROMERO Y GALDÁMES (Oscar)** ♦ Prélat salvadorien (Ciudad Barrios 1917 - San Salvador 1980). Ordonné prêtre en 1942 après des études à l'université Grégorienne de Rome, il devint en 1968 secrétaire exécutif de l'épiscopat centraméricain, puis archevêque de San Salvador en 1977. Ses prises de position contre la misère et la violation des droits de l'homme dans un pays soumis à la dictature militaire et à la guerre civile conduisirent à son assassinat.

**Rome, ville ouverte** – en it. ***Roma, città aperta*** ♦ Film italien de Roberto Rossellini* (1945), avec Anna Magnani, Aldo Fabrizi, Marcello Pagliero. Les derniers drames de la Résistance à Rome, durant l'hiver 1944 : perquisitions de la Gestapo, arrestations, sabotages. Une femme du peuple est abattue en pleine rue, un communiste torturé à mort, un prêtre auxiliaire des partisans fusillé. Constat bouleversant d'authenticité, réalisé avec des moyens de fortune, dans le décor naturel d'un pays décimé, ce document reconstitué marqua l'avènement d'un nouveau type de cinéma, ancré dans la vie quotidienne, débarrassé des clichés du romanesque, sensible à l'humain.

**ROMILLY (Jacqueline DE)** née **DAVID** ♦ Helléniste française (Chartres 1913). Professeur au Collège de France (1973 - 1984), traductrice de nombreux auteurs grecs tels Thucydide ou Euripide, elle a étudié la formation de la pensée morale et politique dans la Grèce antique, en retraçant notamment l'histoire des débats et des réflexions qui animèrent la naissance de la démocratie athénienne. Elle a publié un *Précis de littérature grecque* (1976). [Acad. inscr. 1975 ; Acad. fr. 1988] ➝ **ÉTYM.** Ce nom vient de *Romiliacum*, nom de domaine gallo-romain, du gaulois *Romilius*, et suffixe *-acum*.

**ROMILLY-SUR-SEINE** [10100] ➝ **ÉTYM.** anc. *Romeliacum*, du lat. *Romilius*, n. de pers., et suff. *-acum* ♦ Ch.-l. de cant. de l'Aube, arr. de Nogent-sur-Seine, près du confluent de la Seine et de l'Aube. 14 616 hab. (aggl. 16 791) *(Romillons)*. Ateliers de la SNCF. Bonneterie.

**ROMME (Charles Gilbert)** ♦ Homme politique français (Riom 1750 - Paris 1795). Professeur de mathématiques, puis précepteur du comte Stroganov (1771) avant la Révolution, il fut élu à l'Assemblée législative (1791) puis à la Convention (1792), où, après avoir siégé avec les députés de la Plaine, il rejoignit les montagnards. Représentant en mission à Cherbourg, il fut emprisonné quelque temps par les insurgés fédéralistes de Caen (juin-juil. 1793). Il contribua ensuite à l'élaboration du calendrier républicain avec Fabre* d'Églantine. Impliqué dans l'insurrection jacobine et populaire du 1er Prairial* an III (20 mai 1795) contre la Convention thermidorienne, il fut condamné à mort, mais se suicida avant l'exécution de la sentence.

**ROMMEL (Erwin)** ♦ Maréchal allemand (Heidenheim, Wurtemberg 1891 - près d'Ulm 1944). Engagé dans l'armée en 1910, il quitta celle-ci en 1918 et y rentra en 1933. Il fut chargé des relations avec les jeunesses nazies, pour lesquelles il écrivit *L'infanterie attaque* (1937). Il commanda une division blindée en France (1940) puis l'Afrikakorps* en Libye : à peine arrivé, il reconquit le terrain perdu par Graziani* (mars-avr. 1941), ne s'arrêtant qu'à Mersa Matrouh ; à la fin de l'année, l'offensive d'Auchinlek le fit reculer (nov.-déc.). Réapprovisionné, il se rétablit en 1942, et poussa jusqu'à El-Alamein* (janv.-sept.) ; c'est là que l'offensive de Montgomery* (24 oct.) emporta ses positions ; il dut battre en retraite jusqu'en Tunisie. Il infligea aux Américains un revers à Kasserine (fév. 1943) puis fut rappelé en Europe (mars) pour inspecter les défenses contre un débarquement des Alliés. Il y acquit la conviction que le Reich perdrait la guerre à l'Ouest. Nommé commandant du groupe d'armées B en France, il ne put résister au débarquement en Normandie* (juin 1944), fut blessé et mis au repos. Lors du complot du 20 juil. 1944 (→ **Beck, Canaris, Stauffenberg**), il laissa deviner son assentiment et, devenu suspect à Hitler, il reçut l'ordre de se suicider. Toutefois, le Führer lui fit faire des funérailles nationales. → **Guerre mondiale (Deuxième).** Il est l'auteur de *La Guerre sans haine* (publ. 1952). ➝ **ÉTYM.** *Rommel* est une variante de *Rummel*, du haut allemand *rummeln* «faire du bruit» (surnom d'une personne bruyante).

**ROMNEY (George)** ♦ Peintre et dessinateur britannique (Dalton in Furness, Lancashire 1734 - Kendal, Westmorland 1802). Il fut d'abord peintre d'histoire, puis se rendit en France en 1764, et en 1773 à Rome, où il rencontra Füssli* dont il subit l'influence. À Londres, en 1775, il devint, comme Gainsborough et Reynolds, un portraitiste très apprécié par l'aristocratie. Il exécuta des œuvres élégantes d'une composition simple *(Portrait de William Beckford)*. À la fin de sa vie, le choix de ses thèmes comme le style de ses dessins à la plume présentent des caractères déjà romantiques.

**RØMØ** ♦ Île du Danemark, appartenant à l'archipel Frison septentrional, dans la mer du Nord, à l'O. du Jutland. 129 km². 677 hab. Elle est reliée au continent par une digue. ▪ Port de pêche. Tourisme.

**ROMORANTIN-LANTHENAY** [41200] ➝ **ÉTYM.** *Romorantin* : «gué (gaul. *ritos*) du Morentin (n. de riv. [du germ. *mora* "marais"])» ou «le ru (la rivière) Morantin» et *Lanthenay* : probablt du lat. *Lentinius*, n. de pers. gallo-rom., et suff. *-acum* ♦ Ch.-l. d'arr. du Loir-et-Cher, sur les deux rives de la Sauldre. 18 350 hab. *(Romorantinais)*. Vestiges du château royal où séjournèrent François Ier et François II. Maisons et hôtels anc. Musée de Sologne : ethnographie. ▪ Conditionnement. Équipement automobile. ▮ **Histoire** *L'édit de Romorantin*, inspiré par M. de L'Hospital et destiné à arrêter l'installation de l'Inquisition en France, y fut rendu par François II en 1560.

**ROMUALD** (saint) ♦ Ermite italien (Ravenne 952 - Camaldoli 1027). Il vécut à l'abbaye Saint-Apollinaire, à Ravenne, puis fonda plusieurs communautés monastiques et finalement celle des camaldules (Camaldoli, 1010). Sa vie a été écrite par Pierre Damien. ▪ Fête le 19 juin.

**ROMULUS** ♦ Fondateur et premier roi légendaire de Rome* (selon la légende, de –753 à –715). Descendant d'Énée*, fils de Mars et de Rhea* Silvia, il est jeté dans le Tibre avec son frère jumeau Remus*. Recueillis par une louve qui les allaite et élevés par le berger Faustulus, les deux frères rétablissent sur le trône d'Albe leur grand-père Numitor* et décident de fonder une ville sur le Palatin. Désigné comme roi par le sort, Romulus trace à la charrue un sillon qui marque la future enceinte *(Roma quadrata)*, et Rome est ainsi fondée (–753). Par dérision, Remus franchit le sillon et son frère le tue. Romulus ouvre alors un lieu d'asile à tous les sans-abri du Latium entre les deux sommets du Capitole et fait enlever les Sabines pour procurer des femmes à ses compagnons. → **Sabins.** Puis il entreprend l'organisation de la Ville en créant un conseil de sénateurs, les *patres* (futurs patriciens) et une assemblée du peuple. Il disparaît au cours d'un orage (v. –715). Il est divinisé sous le nom de Quirinus*.

**ROMULUS AUGUSTULE** ♦ (v. 461 - Campanie apr. 476). Fils d'Oreste* et dernier empereur romain d'Occident (475 - 476). Il fut déposé par Odoacre*.

**RONCEVAUX** – en esp. ***Roncesvalles*** ♦ Bourg d'Espagne (Navarre). 24 hab. Église collégiale du XIIe s. À proximité, se trouve le *col de Roncevaux* (ou d'*Ibañeta*, 1 057 m). C'est en le franchissant le 15 août 778 que l'arrière-garde de l'armée de Charlemagne* fut massacrée par les Vascons (Basques) et que Roland*, chef de la marche de Bretagne (neveu du roi selon la légende), trouva la mort. Cet épisode est à l'origine de *La Chanson* de Roland*, les Vascons étant remplacés par les Sarrasins.

**RONCHAMP** [70250] ← ÉTYM. «champ rond» ♦ Comm. de la Haute-Saône, arr. de Lure. 2 965 hab. *(Ronchampois)*. Chapelle de Notre-Dame-du-Haut (1955) construite sur une butte par Le* Corbusier. Musée de la Mine.

**Ronchamp.** Notre-Dame-du-Haut, par Le Corbusier.
*Phot. © Marc Paygnard/Rapho*

**RONCHIN** [59790] ← ÉTYM. anc. *Runcinium*, du lat. *Runcius*, n. de pers., et suff. *-inum* ou «domaine empli de ronces» ♦ Comm. du Nord, arr. de Lille. 17 999 hab. *(Ronchinois)*. Machines-outils.

**RONCONI (Luca)** ♦ Metteur en scène italien (Sousse, Tunisie 1933). Il cosigna le *Manifeste de l'avant-garde* (1966) en faveur d'«un théâtre de notre époque» qui, selon lui, doit recourir à tous les moyens et genres scéniques et chercher des rapports aléatoires avec le public. L'éclatement de l'espace, la démystification du texte et du théâtre attinrent leur apogée avec son *Roland furieux*, de l'Arioste, dans un pavillon des Halles-Baltard (1969). Il a signé également des mises en scène de facture plus classique toujours au théâtre (*La Servante amoureuse*, de Goldoni ; *Ce soir on improvise*, de Pirandello), et aussi à l'opéra : *Don Giovanni* (Mozart), *Lohengrin* (Wagner). Il dirige le Piccolo teatro depuis 1999.

**RONCQ** [59223] ← ÉTYM. du wallon *ronh* «ronce» ou du germ. *Rodencus*, n. de pers. ♦ Comm. du Nord, arr. de Lille. 12 705 hab. *(Roncquois)*. Indus. textiles.

**RONDA** ♦ V. d'Espagne (Andalousie), prov. de Málaga, au centre d'un vaste cirque montagneux, la Serrania. 36 122 hab. D'origine romaine *(Arunda)*, c'est l'une des plus anciennes villes d'Espagne. Anc. mosquée transformée en cathédrale, pont du XVII^e^ s. Arènes du XVIII^e^ s.

La **Ronda** ♦ Revue littéraire italienne qui fut fondée à Rome en 1919 et cessa de paraître en 1923. Assisté de R. Bacchelli, B. Barilli et E. Cecchi*, V. Cardarelli fut la figure majeure de cette publication qui eut pour dessein de restaurer la tradition classique (Pétrarque, Manzoni, le Leopardi des *Operette morali*) et finit, malgré la diversité de ses collaborateurs (A. Savinio, G. De Chirico, A. Soffici, J. Rivière), par soutenir un pur modèle de langue, illustrée dans la «prose d'art».

La **Ronde** ♦ Film français de Max Ophuls* (1950), d'après la pièce d'Arthur Schnitzler* *Reigen*. Ce film marque le retour en France, sa patrie d'adoption, de Max Ophuls, exilé aux États-Unis, et renoue avec l'inspiration «viennoise» de *Liebelei* (1932), déjà adapté d'une œuvre de Schnitzler. Mais l'exil l'a mûri : cette suite de sketches sur les égarements du désir et de l'amour, où la femme est la séduisante victime de la muflerie des hommes, se pare d'une sourde amertume. De nombreuses vedettes de l'époque font partie de ce carrousel : S. Signoret, S. Reggiani, S. Simon, D. Gélin, D. Darrieux, F. Gravey, O. Joyeux, J.-L. Barrault, I. Miranda, G. Philipe, A. Walbrook.

La **Ronde de nuit** ou **La Compagnie du capitaine Frans Banning Cocq** ♦ Tableau de Rembrandt* (achevé en 1642). En renonçant aux attitudes figées pour évoquer le mouvement de la marche, en ajoutant des figurants et en multipliant les accessoires (hallebardes, arquebuses, mousquets), Rembrandt a renouvelé le tableau de groupe. La composition mouvementée, le contraste des couleurs, la répartition des lumières et la somptuosité des matières en font un chef-d'œuvre baroque. Le tableau a été rapproché du drame de Joost Van* Den Vondel (représenté en 1638, date de commande de l'œuvre), qui glorifie le héros d'Amsterdam, Gijsbrecht Van Amstel. L'assurance du capitaine et de sa troupe pourrait en effet symboliser la force d'Amsterdam et des Provinces-Unies. L'appellation *Ronde de nuit* remonte au XIX^e^ s., époque à laquelle le vernis avait fortement foncé, donnant à cette scène diurne son caractère nocturne.

**RONDELET (Jean-Baptiste)** ♦ Architecte français (Lyon 1743 - Paris 1829). Élève de J. F. Blondel*, collaborateur et successeur de Soufflot*, il dirigea les travaux de consolidation de Sainte-Geneviève à Paris, en éleva le dôme et, à partir de 1791, sous la direction de Quatremère* de Quincy, s'occupa de sa transformation en Panthéon. Professeur à l'École polytechnique, il défendit l'architecture rationaliste (*Traité théorique et Pratique de l'art de bâtir*, 1802 - 1817).

**RONDON (Cândido Mariano da Silva)** ♦ Maréchal brésilien (dans le Mato Grosso 1865 - Rio de Janeiro 1958). En vue de l'établissement de la première ligne télégraphique reliant les côtes orientales et la frontière occidentale du Brésil, il fut chargé par le gouvernement brésilien d'explorer les régions entre le Mato Grosso et le rio Madeira. Marqué par le positivisme de A. Comte, il tenta d'établir des contacts avec les Indiens et de les adapter à la vie moderne,

La **Ronde de nuit.** Tableau de Rembrandt (3,63 × 4,37 m). Rijksmuseum, Amsterdam.
*Phot. © Rijksmuseum-Foundation*

tout en cherchant à préserver leurs mœurs et coutumes. Vaste répertoire géographique, ethnographique et linguistique, la *Rondònia* fut publiée avec le concours du musée de Rio de Janeiro.

**RONDÔNIA** → ÉTYM. nommé en l'honneur du maréchal *Rondon** (V. ci-dessous) ♦ État du Brésil (région Centre-Ouest) → **Brésil** (carte). 238 378 km². 1 380 000 hab. CAP. : Porto Velho. Créé en 1943 sous le nom de Guaporé, ce territoire fut rebaptisé en l'honneur du maréchal Rondon*, puis devint État en 1981 à la suite d'un afflux de population dû à l'aménagement de la route Brasília-Acre. Mines d'étain, agriculture de subsistance. L'exploitation trop intensive des richesses de la forêt a conduit le gouvernement à mettre en œuvre un programme de protection de l'environnement qui fait figure de programme-pilote.

**RONIS (Willy)** ♦ Photographe français (Paris 1910 - *id.* 2009). Il commença en 1936 sa carrière de photographe-reporter en publiant dans *Regards* un reportage sur les grèves chez Citroën et les mouvements sociaux. Associé au courant humaniste et idéaliste, il fut comme Brassaï et Doisneau le photographe du Paris pittoresque. Son style se caractérise souvent par un jeu formel très subtil. Il participa en 1979 à une mission sur le Patrimoine commandée par le gouvernement français.

**RØNNE** ♦ V. du Danemark, sur la côte O. de l'île de Bornholm. 14 043 hab. Principal port de l'île. Carrière de kaolin. Agroalimentaire, céramique.

**RONQUIÈRES** → **Braine-le-Comte**

**RONSARD (Pierre DE)** ♦ Poète français (château de la Possonnière, Vendômois 1524 - Saint-Cosme-lez-Tours 1585). Gentilhomme d'abord destiné à une carrière militaire et diplomatique, mais atteint d'une surdité subite (1540), il devint clerc tonsuré et se consacra à l'étude des lettres (1543). Élève de Dorat* de 1544 à 1550, il fut au centre des jeunes poètes de la Brigade qui prendra ensuite le nom de Pléiade*. Il fut fidèle aux doctrines prônées par la *Défense* et Illustration de la langue française* en imitant Pindare et Horace dans ses *Odes** (1550 - 1552) qui lui assurèrent la faveur d'Henri II. Aux sonnets pétrarquistes des *Amours* de Cassandre (1552) succédèrent alors la *Continuation des Amours* (1555) et la *Nouvelle Continuation des Amours* (1556), poèmes d'inspiration personnelle dédiés à Marie Dupin (→ **Amours**). Puis ce furent les *Hymnes** (1555 - 1556) au ton épique, et surtout les *Discours** (1562 - 1563) où se déploya son génie oratoire et satirique en faveur de Charles IX et de la foi catholique. Laissant inachevée son épopée savante de *La Franciade** (1574) et évincé par Desportes*, il se retira dans son prieuré de Saint-Cosme où il composa les *Sonnets pour Hélène* (1578), puis des sonnets émouvants sur ses souffrances physiques et sa confiance de chrétien devant la mort. Célébré de son vivant et proclamé le «Prince des poètes», décrié par Malherbe* et Boileau*, il connut une éclipse de deux siècles ; mais les romantiques et Sainte*-Beuve lui rendirent justice comme chef d'école et surtout comme poète lyrique exprimant un tempérament tour à tour d'une gravité émouvante et d'une grâce épicurienne, «comme tendrement exalté par la certitude de la fragilité de toute chose» (Thierry Maulnier). → ÉTYM. *Ronsard* signifie «lieu couvert de ronces» ou vient de l'ancien français *roncin* «cheval de charge», symbole de travail pénible, et suffixe péjoratif *-ard*.

**Ronsard.** Portrait anonyme, école française du début du XVIIe s. Château de Blois.
*BIS/Phot. Studio J.J. Morlan © Archives Larbor*

**RONSE** – en fr. ***Renaix*** ♦ V. de Belgique (Région flamande), prov. de Flandre-Orientale, arr. d'Oudenaarde. (Comm. à facilités pour la minorité francophone.) 24 426 hab. Église Saint-Hermès, gothique (XIIIe - XIVe s., crypte romane). Fêtes du Bommel ; procession du Fiertel. ▪ Indus. textile. Nœud routier. Commerce. ♦ ***Collines de Renaix*** Partie des monts de Flandre, sur la frontière linguistique, prolongée vers le S. par les monts de Frasnes (Hainaut occidental), couverts de bois épars, qui leur ont valu le nom impropre d'Ardennes flamandes.

**RONSIN (Charles Philippe)** ♦ Écrivain et général français (Soissons 1752 - Paris 1794). Auteur de pièces patriotiques qui connurent un certain succès sous la Révolution, il était membre du Club des cordeliers*. Commissaire des guerres (1792), adjoint de Bouchotte en 1793, il fut chargé de mission en Belgique, puis nommé général en Vendée. Il fut guillotiné avec les hébertistes* (24 mars 1794).

**RÖNTGEN (Wilhelm Conrad)** ♦ Physicien allemand (Lennep, Rhénanie 1845 - Munich 1923). Étudiant les rayons cathodiques, il découvrit en 1895 des rayons invisibles de nature inconnue, qu'il appela rayons X. Il remarqua qu'ils provoquent la luminescence d'un écran fluorescent, impressionnent la plaque photographique et ionisent l'air, mais surtout qu'ils pénètrent à travers des épaisseurs relativement importantes de certains corps, ce qui lui permit de réaliser les premières radiographies des os à l'intérieur d'un être vivant. La découverte de Röntgen, qui ouvrait la voie à la radiologie, est aussi à l'origine de la découverte de la radioactivité. Son nom fut donné à l'unité d'exposition aux rayonnements. [Prix Nobel de phys. 1901]

**ROODEPOORT-MARAISBURG** ♦ V. d'Afrique du Sud (Gauteng). Env. 120 000 hab. Gisement aurifère.

**ROOM (Abram)** ♦ Cinéaste soviétique (Vilna, auj. Vilnius 1894 - Moscou 1976). Une solide formation théâtrale le conduisit au cinéma à partir de 1924. Il est surtout connu pour trois films muets, de style hétéroclite, mélanges de *serial* à l'américaine, d'expressionnisme allemand et de surréalisme : *La Baie de la mort* (1926), *Trois dans un sous-sol* (1927) et *Le fantôme qui ne revient pas* (1930), ce dernier se prêtant à toutes sortes d'interprétations symboliques. Son œuvre parlante est de peu d'importance, à l'exception d'un curieux mélodrame «détourné», *Fleurs tardives* (1970).

**ROON (Albrecht Theodor Emil, comte VON)** ♦ Feld-maréchal et homme d'État prussien (près de Kolberg 1803 - Berlin 1879). Élève, puis professeur (1835) à l'École de guerre de Berlin, auteur d'une *Géographie militaire de l'Europe* (1837), il fut nommé ministre de la Guerre, puis de la Marine et, en dépit des difficultés financières et de l'opposition de la Chambre, parvint à imposer ses projets de réorganisation de l'armée prussienne (service militaire de trois ans, création d'une réserve territoriale ou *Landwehr*) Ces réformes contribuèrent en grande partie aux victoires prussiennes contre l'Autriche (Sadowa*, 1866) et contre la France (guerre de 1870 - 1871). Après avoir été le collaborateur direct de Bismarck*, Roon lui succéda comme président du ministère d'État (1872).

**ROOSENDAAL** ♦ V. des Pays-Bas (Brabant-Septentrional). 77 450 hab. Centre ferroviaire. Indus. alimentaire.

**ROOSEVELT (Theodore)** ♦ Homme d'État américain (New York 1858 - Oyster Bay, New York 1919). 26e président des États-Unis. Issu d'une famille d'origine hollandaise installée en Amérique depuis le XVIIe s., il eut une jeunesse active (études à Harvard, activités sportives et politiques) malgré sa mauvaise santé. Secrétaire adjoint à la Marine sous l'administration de McKinley (1897), il prépara la guerre avec l'Espagne, à laquelle il participa à Cuba (1898). Sa popularité le fit élire gouverneur de New York (1898 - 1900). Vice-président de McKinley en 1900, il lui succéda l'année suivante quand le président fut assassiné (→ **McKinley**). Il fut réélu en 1904. Il s'efforça de concilier la libre entreprise capitaliste et les intérêts matériels des travailleurs, encourageant les muckrackers*, limitant la liberté d'action de certains trusts et refusant l'appui des troupes fédérales au patronat, lors des conflits sociaux. → **Morgan (Pierpont)**. Il chercha aussi à réglementer l'exploitation des ressources naturelles et à contrôler les industries alimentaire et chimique (pharmacies). Sa politique extérieure fut autoritaire et violente (politique du «gros bâton») : en 1903, il protégea la sécession du Panamá* de la Colombie*, pour pouvoir faire percer le canal. Interventionniste en Amérique latine, sa politique, à la différence de la doctrine de Monroe*, toucha le monde entier (médiation entre la Russie et le Japon, 1904 - 1905 ; soutien du tribunal international de La Haye, qui lui valut le prix Nobel de la paix en 1906 ; représentation à la conférence d'Algésiras, 1906 ; voyage autour du monde en 1908 - 1910). En 1908, il soutint la candidature de W. Taft, qu'il fit élire à la présidence, mais dont les positions s'écartèrent des siennes. En 1912, le Congrès républicain lui préféra Taft, plus conservateur, comme candidat, et T. Roosevelt provoqua une scission dans le parti, où il représentait les progressistes ; ce fut le démocrate T. W. Wilson* qui en profita et fut élu. Roosevelt, partisan de l'intervention militaire aux côtés des Alliés, combattit la politique de neutralité de Wilson (1914 - 1917). → ÉTYM. Ce nom néerlandais signifie «champ *(veld)* de roses *(roos)*».

**ROOSEVELT (Franklin Delano)** ♦ Homme d'État américain (Hyde Park, New York 1882 - Warm Springs, Georgie 1945). 32e président des États-Unis. Cousin de Theodore Roosevelt, il fit ses études à Harvard, devint avocat et fut élu dès 1910 sénateur démocrate de l'État de New York. Il fut nommé secrétaire adjoint à la Marine par Wilson (1913 - 1920). Une attaque de poliomyélite (août 1921) interrompit alors sa vie politique. Il fut élu gouverneur de New York en

1929. La même année, la crise de 1929 ayant pris de court le président H. C. Hoover*, le congrès démocrate lui opposa F. D. Roosevelt, qui fut élu le 8 nov. 1932, remportant un succès absolu (plus de 57 % des voix, contre moins de 40 %). Entre cette date et son entrée en fonctions (4 mars 1933), Roosevelt prépara un programme économique et social contre la crise, le New* Deal, s'entourant d'économistes. Dès mars 1933, Roosevelt fit voter par le Congrès une série de lois qui éloignèrent les États-Unis de leur conception purement libérale de l'économie, et les firent entrer dans l'interventionnisme étatique. Les premières mesures d'urgence furent d'ordre bancaire (moratoire ; réformes de mai-juin 1933), financier (dévaluation d'avril ; abandon de l'étalon-or) et économique : lutte contre la surproduction agricole par un jeu d'indemnités (Agricultural Adjustement Act ou AAA), contrôle de la concurrence et des conditions d'emploi dans l'industrie (National Industrial Recovery Act ou NIRA). À la même époque, Roosevelt reconnut le gouvernement soviétique. Pour lutter contre le chômage, des mesures sociales (secours financiers) et économiques furent prises. Parmi ces dernières figure le programme d'aménagement de la vallée du Tennessee par la Tennessee Valley Authority. La reprise étant lente et insuffisante, Roosevelt pratiqua une politique de déficit budgétaire, augmentant les dépenses de l'État. Les critiques contre le New Deal vinrent surtout du capitalisme et de ses appuis politiques ; la Cour suprême déclara inconstitutionnels le AAA (janv. 1936) et le NIRA (dès mai 1935). Mais le soutien populaire à Roosevelt, entretenu par un usage des médias (causeries à la radio, propagande économique) et justifié par la remontée de l'indice de production en 1935 - 1936, donna au président une majorité renforcée aux élections de nov. 1936 (près de 61 % des suffrages). Désireux de lutter contre les pays totalitaires européens, Roosevelt fit amender, en oct. 1939, l'acte de neutralité de 1935. Réélu en nov. 1940, mais avec une majorité plus faible (54 %), Roosevelt parvint à faire voter en mars 1941 la loi prêt-bail. L'effort de guerre des États-Unis commença, Roosevelt rencontra Churchill* en août 1941, mais la loi sur le service militaire national ne fut votée qu'à une voix de majorité. L'attaque de Pearl* Harbor (déc. 1941) souleva l'opinion publique américaine, et les États-Unis firent face au conflit. Roosevelt participa à toutes les grandes conférences entre les Alliés (Casablanca, Québec, Le Caire, Téhéran). À Yalta*, il consentit à Staline*, malgré l'opposition de Churchill, des positions importantes en Europe et en Extrême-Orient. Il fut encore réélu en nov. 1944 (53,4 % des voix) et mourut le 12 avr. 1945. Le vice-président Truman* lui succéda.

**ROOST-WARENDIN** [59286] ▸ ÉTYM. *Roost :* du germ. *rotha* « essart, terre défrichée » ♦ Comm. du Nord, arr. de Douai. 5 744 hab.

**ROPARTZ** [ʀɔpaʀts] **(Guy)** ♦ Compositeur français (Guingamp 1864 - Lanloup, auj. dans les Côtes-d'Armor 1955). Marqué par l'influence de César Franck, il fut l'ami de A. Magnard dont il devait réinstrumenter de mémoire deux actes de l'opéra *Guercœur*, après la mort tragique du compositeur. Après avoir dirigé les conservatoires de Nancy (1894 - 1919) et de Strasbourg (1919 - 1929), il se retira dans sa Bretagne natale dont son œuvre se trouve fréquemment imprégnée. On lui doit 5 symphonies (1894 - 1944), 6 quatuors à cordes, 3 sonates pour piano et violon, de nombreuses pièces de musique religieuse *(Requiem)*, de la musique de scène, de ballet, des mélodies, et un drame musical, *Le Pays* (1913). [Acad. des bx-arts 1949]

**ROPS (Félicien)** ♦ Peintre, dessinateur et graveur belge (Namur 1833 - Corbeil 1898). Plusieurs de ses premiers dessins satiriques parurent dans *Uylenspiegel*, le journal qu'il fonda en 1856 ; ils rappellent l'art de Gavarni*, Daumier*, Guys*. En 1862, à Paris, il étudia la technique de l'eau-forte chez Jacquemard et Braquemond. Il vint ensuite souvent en France, où il se lia avec Baudelaire. Esprit indépendant, son approche naturaliste annonce Toulouse*-Lautrec (*Buveuse d'absinthe*, 1865) auquel le lient d'autres affinités, notamment son attirance pour le monde de la prostitution qu'il considéra avec une ironie amère *(Cythères parisiennes)*. Dans ses illustrations d'un graphisme mordant il déploya une imagination fantastique, souvent morbide et érotique, en accord avec certaines tendances démoniaques développées par le symbolisme littéraire telles que *Les Sataniques* (1874), *Les Diaboliques*, de Barbey d'Aurevilly.

**ROPS (DANIEL-)** → **Daniel-Rops**

**ROQUEBRUNE-CAP-MARTIN** [06190] ▸ ÉTYM. *Roquebrune* « roche sombre » ♦ Comm. des Alpes-Maritimes, arr. de Nice. 11 692 hab. *(Roquebrunois)*. S'étendant entre Monaco et Menton, cette vaste comm. est dominée par le bourg médiéval, son donjon et son château. ▪ Site préhistorique. Station balnéaire, sur le littoral.

**ROQUEBRUNE-SUR-ARGENS** [83520] ♦ Comm. du Var, arr. de Draguignan, au pied de la *montagne de Roquebrune*. 11 349 hab. *(Roquebrunois)*. Anc. base fortifiée au XVIe s. Restes de remparts. Maisons à arcades. Église gothique du XVIe s.

**ROQUE-D'ANTHÉRON (LA)** [13640] ▸ ÉTYM. anc. *La Rocca d'an Tarron* « la roche (prélatin *rocca*) de Tarro (n. de pers. germ.) » ♦ Comm. des Bouches-du-Rhône, arr. d'Aix-en-Provence. 4 446 hab. *(Roquassiers)*. Château de Florans du XVIIe s. (auj. centre de convalescence). ▪ Festival de musique (piano). ▪ Aux environs, anc. abbaye cistercienne de Silvacane*.

**ROQUEFAVOUR** ♦ Loc. des Bouches-du-Rhône (comm. d'Aix-en-Provence). L'*aqueduc de Roquefavour* a été construit de 1842 à 1847.

**ROQUEFORT-LA-BÉDOULE** [13830] ♦ Comm. des Bouches-du-Rhône, arr. de Marseille. 4 733 hab. *(Roquefortais)*.

**ROQUEFORT-LES-PINS** [06330] ♦ Comm. des Alpes-Maritimes, arr. de Grasse. 5 239 hab. *(Roquefortais)*.

**ROQUEFORT-SUR-SOULZON** [12250] ♦ Comm. de l'Aveyron, arr. de Millau. 679 hab. *(Roquefortais)*. C'est dans les caves aménagées dans les grottes calcaires du causse qu'a lieu l'affinage du fameux fromage de brebis qui porte le nom de la commune.

**ROQUELAURE** ♦ Famille française originaire de l'Armagnac. ♦ **Antoine,** baron **de Roquelaure** (mort à Lectoure en 1625). Il combattit aux côtés d'Henri IV à Moncontour, Coutras, Arques, Ivry. Maître de la garde-robe, il était dans le carrosse de Henri IV lors du crime de Ravaillac. Il fut fait maréchal de France en 1614. ♦ **Jean-Baptiste Gaston,** marquis puis duc **de Roquelaure** (v. 1617 - Paris 1683). Fils du précédent. Il servit comme capitaine à partir de 1635 et devint maréchal de camp après le siège de Courtrai (1646). Il fut gouverneur de Guyenne (1676). ♦ **Antoine Gaston,** duc **de Roquelaure** (1656 - Paris 1738). Fils du précédent. Gouverneur du Languedoc, il combattit les camisards et fut fait maréchal de France (1724).

**ROQUEMAURE** [30150] ▸ ÉTYM. → Rochemaure* ♦ Ch.-l. de cant. du Gard, arr. de Nîmes, sur la rive d. d'un petit bras du Rhône, en amont d'Avignon. 4 848 hab. *(Roquemaurois)*. Église du XIIIe s. (orgue du XVIIe s.). Maisons anc. Vestiges de deux châteaux. ▪ Viticulture. Primeurs.

**ROQUEPERTUSE** ♦ Site archéologique des Bouches-du-Rhône, dans la vallée de l'Arc, où fut découvert un sanctuaire celto-ligure datant de la période de La Tène* I (-IIIe - -IIe s.) : portique dont les piédroits étaient creusés d'alvéoles destinés à recevoir des crânes humains, statues accroupies, Hermès bicéphale exécuté dans la tradition des statues-menhirs (musée Borély, Marseille).

**Roquette (La)** ♦ Nom de deux prisons, situées à Paris, près du Père-Lachaise. La *Grande-Roquette* (1830), dépôt des condamnés à mort, fut supprimée en 1899. La *Petite-Roquette* (1832) devint, après la suppression de Saint*-Lazare et jusqu'en 1974, la maison d'arrêt des femmes.

**ROQUETTE-SUR-SIAGNE (LA)** [06550] ▸ ÉTYM. « petit rocher » ♦ Comm. des Alpes-Maritimes, arr. de Grasse, sur l'Huveaune. 4 445 hab.

**ROQUEVAIRE** [13360] ▸ ÉTYM. occit. « roche *(rocà)* mêlée de blanc et de gris *(vairo)* » ♦ Ch.-l. de cant. des Bouches-du-Rhône, arr. de Marseille, sur l'Huveaune. 7 853 hab. *(Roquevairois)*. Aqueduc. ▪ Conserves de fruits.

**RORAIMA** ♦ État du Brésil (région Nord). → **Brésil** (carte). 230 100 km². 324 000 hab. CAP. : Boa Vista. C'est l'État le moins peuplé du Brésil. Forêt amazonienne et savanes d'alt. dominées par le *mont Roraima* (2 810 m). Les sommets plats aux versants abrupts *(tepuys)* y sont caractéristiques. Mines d'or et d'étain. Des conflits d'occupation opposent les éleveurs, les prospecteurs et les Indiens yanomamis.

**RORE (Cyprien DE)** ♦ Compositeur flamand (1516 - Parme 1565). Il quitta très tôt la Flandre pour l'Italie où devait s'écouler la majeure partie de sa vie. Maître de chapelle aux cours princières de Ferrare (1547 - 1559), puis de Parme (1560 - 1565), il succéda à Willaert dont il fut l'élève durant une année, à Saint-Marc de Venise (1563). C'est dans le domaine du madrigal italien à quatre et cinq voix qu'il peut être considéré comme un novateur, par l'usage d'harmonies plus libres et plus variées, et le précurseur de Lassus, Monte et Monteverdi. Son autorité fut reconnue par tous ses contemporains. Il composa aussi des passions, des motets et une messe.

**RORSCHACH (Hermann)** ♦ Psychiatre et neurologue suisse (Zurich 1884 - Herisau 1922). Il est l'auteur d'un test projectif couramment utilisé en psychologie. Celui-ci se compose de dix planches représentant des taches d'encre symétriques. Selon l'importance que le sujet accorde à la forme (à l'ensemble ou aux détails), au mouvement, à la couleur des taches, il est possible de déceler, grâce à une méthode d'interprétation précise, les tendances profondes de sa personnalité. S'inspirant de la typologie de C. G. Jung*, Rorschach a distingué quatre types psychologiques : introversif (ou introverti), extratensif (ou extraverti), coarté (caractérisé par la faiblesse des énergies instinctuelles et de la résonance affective), et ambiéqual (alternance des tendances introversives et extratensives). Il a publié *Psychodiagnostic* (1921).

**RORSCHACH** ♦ V. et port de Suisse (cant. de Saint-Gall), sur le lac de Constance. 8 647 hab. (aggl. d'Arbon-Rorschach 55 866). Indus. textile et métallurgique (aluminium).

**ROSA (Salvator)** ♦ Peintre, graveur, poète et musicien italien (Arenella, près de Naples 1615 - Rome 1673). Issu d'une famille d'artistes, il dut sa formation à son beau-frère et au peintre de genre Aniello Falcone, mais il subit surtout l'influence des milieux caravagesques, notamment de Ribera*. Il s'inspira aussi du peintre de batailles et de bambochades, Cerquozzi. En 1635, il séjourna à Rome puis à Viterbe, revint à Rome en 1639, travailla ensuite de 1640 à 1649 au service des Médicis à Florence, puis se fixa définitivement à Rome. Tempérament violent et sarcastique, il fut l'une des personnalités les plus en vue du milieu romain. Il réalisa quelques sujets religieux et peintures d'histoire, mais obtint surtout un vif succès avec des scènes de bataille tumultueuses peintes d'une touche nerveuse et épaisse et des scènes de genre souvent brutales et mystérieuses, représentées dans des paysages orageux et nocturnes. Il joua un grand rôle dans le développement du paysage, insufflant au paysage classique un accent plus réaliste dans les détails et faisant preuve d'une imagination fantastique *(Scènes de sorcellerie).* Il est considéré comme un précurseur du paysage romantique. Ses *Satires* furent publiées en 1710.

**ROSALIE** (sainte) ♦ Recluse qui aurait vécu dans une grotte au mont Pellegrino, près de Palerme (XII^e s.). Elle est connue par des légendes douteuses (fin XVI^e s.) et son culte ne se développa qu'au XVII^e s. après la découverte de ce qu'on crut être ses reliques (1624). Elle protégeait de la peste. Patronne de Palerme, de Naples et de Nice. ▪ Fête le 4 sept.

**ROSARIO** ➝ ÉTYM. du n. de l'église Nuestra Señora del *Rosario* «Notre-Dame du Rosaire» ♦ V. d'Argentine (prov. de Santa Fe), sur la rive d. du Paraná. 1 121 000 hab. Elle s'est développée à la fin du XIX^e s., comme port fluvial exportateur des produits de la Pampa (céréales, viandes, laines et cuirs). Grand centre d'industrie agroalimentaire (huiles et tourteaux de soja). Université.

**ROSAS (Juan Manuel DE)** ♦ Homme politique argentin (Buenos Aires 1793 - Southampton 1877). D'origine noble, il vécut parmi les gauchos, devint grand propriétaire et leva une armée. Chef des fédéralistes en 1828, il se fit donner les pleins pouvoirs et exerça de 1835 à 1852 une dictature sanglante. Son centralisme autoritaire favorisa cependant les progrès de l'économie. Comme des opposants avaient fui en Uruguay, il mit le siège devant Montevideo, ce qui entraîna l'intervention des Français et des Britanniques (1843). Il fut renversé par une coalition de l'Entre Ríos, du Brésil et du Paraguay qu'il avait rêvé d'unifier. Vaincu par Urquiza* en 1852, il s'exila en Grande-Bretagne. B. Mitre* avait contribué à sa chute.

**Rosati (Les)** ♦ Société littéraire qui fut fondée en 1778 près d'Arras (son nom est l'anagramme d'*Artois*) par J. Le Guay et compta parmi ses membres L. Carnot* et M. de Robespierre*. Dispersée au moment de la Révolution, elle fut reconstituée à plusieurs reprises (en particulier en 1892, date à laquelle elle publia *La Revue septentrionale* jusqu'en 1952).

**ROSCELIN** ♦ Philosophe scolastique (Compiègne v. 1050 - Tours ou Besançon v. 1120). Il enseigna dans plusieurs villes de France et fut le maître de Guillaume* de Champeaux et d'Abélard*. Fondateur du nominalisme, il fut amené à soutenir puis à abjurer (concile de Soissons, 1092) une doctrine sur la Trinité proche d'un trithéisme.

**ROSCHER (Wilhelm)** ♦ Économiste allemand (Hanovre 1817 - Leipzig 1894). Représentant de l'école historique allemande, qui voulait fonder une science économique sur une analyse des faits historiques, il a publié le *Précis d'un cours d'économie politique d'après la méthode historique* (1843), un ouvrage sur *La Théorie des crises* (1849), où, critiquant la loi des débouchés de J.-B. Say, il étudie le problème de la surproduction. → **Hildebrand, Schmoller.**
♦ **Wilhelm Roscher.** Historien et mythologue allemand (Göttingen 1845 - Dresde 1923). Fils du précédent. Auteur d'un *Lexique détaillé de mythologie* (achevé par Ziegler), il a donné également des études sur la symbolique des nombres.

**ROSCOFF** [29680] ➝ ÉTYM. du bret. *roz* «tertre, colline» et *Goff*, n. de pers. (correspond au bret. mod. *gov* «forgeron») ♦ Comm. du Finistère, arr. de Morlaix, sur la côte du Léon, face à l'île de Batz. 3 550 hab. *(Roscovites).* Église Notre-Dame-de-Kroaz-Batz (XVI^e s.), de style gothique flamboyant (clocher Renaissance à lanternons ; albâtres du XV^e s.) ; ossuaire du XVII^e s. Maisons des XVI^e - XVII^e s. Aquarium Charles-Pérez. ▪ Institut de biologie marine rattaché à l'université de Paris et au CNRS. Port (passagers, pêche de la langouste et du homard, exportation de primeurs vers la Grande-Bretagne). Centre de thalassothérapie. Station balnéaire.

**ROSCOMMON** ➝ ÉTYM. en gaél. *Ros Comáin* «bois *(ros)* de Comáin (saint du VIII^e s.)» ♦ Comté de la rép. d'Irlande, à l'O. de la plaine centrale. 2 463 km². 58 768 hab. CH.-L. : Roscommon. Petit élevage sur sols médiocres.

**ROSE (Irwin)** ♦ Biochimiste américain (New York 1926). [Prix Nobel de chimie 2004, avec A. Ciechanover* et A. Hershko*]

**ROSE** (mont) ➝ ÉTYM. en it. ***Monte Rosa***, probablt du celt. *ros* «montagne» ♦ Massif des Alpes pennines (ou Alpes du Valais) partagé entre la Suisse et l'Italie. Beaucoup de ses sommets dépassent 4 000 m : Cervin* [ou Matterhorn] (4 478 m), Lyskamm (4 527 m), Breithorn (4 165 m). Le mont Rose proprement dit est formé de neuf sommets dont le plus haut est la pointe Dufour (4 634 m), point culminant de la Suisse. On y pratique l'alpinisme et les sports d'hiver (Zermatt).

**ROSEBERY (Archibald Philip PRIMROSE,** 5^e comte **DE)** ♦ Homme politique britannique (Londres 1847 - Epsom 1929). Grand seigneur richissime (il avait épousé Hannah Rothschild), il joua un rôle important dans le Parti libéral. Ministre des Affaires étrangères dans le cabinet Gladstone*, il assura la domination britannique en Égypte. Il s'opposa ensuite à Gladstone, et, avec l'appui de la reine Victoria, devint Premier ministre (1894 - 1895). Il mena ensuite une active opposition à Lloyd* George, notamment à propos de la guerre des Boers* et de la réforme assurant aux Communes la prépondérance sur la Chambre des lords.

**Rose-Croix** n. f. ♦ Société secrète d'illuminés qui avait pour emblème une rose rouge (symbole d'ascétisme) fixée au centre d'une croix, qui symboliserait la connaissance parfaite. La fraternité de la Rose-Croix semble s'être constituée vers la fin du XV^e s. Elle se fit connaître à partir de 1614, notamment par l'œuvre du pasteur luthérien J. V. Andreä, de Tübingen, parue à Kassel, et qui fait état des aventures extraordinaires d'un personnage fictif, le chevalier Christian Rosenkreutz, qui aurait été initié par les sages d'Orient et aurait fondé une société secrète se proposant la connaissance des mystères de la nature. Dès 1616, Andreä se désolidarisa du petit groupe (le cénacle de Tübingen), qui était à l'origine du mouvement, mais une fois le mythe lancé, des illuminés s'en emparèrent et les Rose-Croix se répandirent dans toute l'Europe, exerçant une forte influence sur la franc*-maçonnerie, avec laquelle ils finirent par s'associer. De nombreuses sociétés fleurirent alors, s'écartant dans diverses directions des tendances du cénacle de Tübingen. Un goût commun pour l'alchimie, la recherche de la pierre philosophale ne sont que des aspects de la doctrine exposée par le médecin théosophe londonien Robert Fludd dans son *Traité apologétique* (1617). Descartes, Leibniz et Bacon montrèrent de l'intérêt pour les Rose-Croix. J. Böhme* aurait été fortement influencé par ce brassage d'idées théosophiques. La secte disparut à la fin du XVIII^e s., mais aurait été reconstituée un siècle plus tard. Les associations existantes de Rose-Croix n'ont avec l'association d'origine aucun lien de filiation historique ; elles puisent au fonds commun de l'ésotérisme en mettant l'accent sur l'ascèse et la connaissance de soi. L'Ancien et Mystique Ordre Rosae Crucis (AMORC) réunirait près de 6 millions d'adeptes dans le monde. ▪ L'écrivain Joséphin Péladan, face à la «décadence de la race latine» et par haine du matérialisme moderne, adhéra à l'ordre des Rose-Croix que venait de restaurer Stanislas de Guaïta, seul capable, selon lui, de rétablir la vraie religion. Mais, rompant avec celui-ci, il fonda l'ordre des Rose † Croix catholiques et se proclama mage sous le nom de sâr Merodack Péladan (1890), militant pour une mystique chrétienne teintée d'occultisme. Le compositeur Erik Satie* fut un temps associé à l'entreprise de Péladan (*Trois sonneries de la Rose † Croix,* 1892).

**ROSE DE LIMA** (sainte) **[Isabel DEL FLORES]** ♦ Tertiaire dominicaine (Lima, Pérou 1586 - *id.* 1617). Elle vécut dans une extrême ascèse, portant cilice et couronne d'épines. Patronne du Nouveau Monde, dont elle fut la première sainte (canonisée en 1671). ▪ Fête le 23 août.

**ROSEGGER (Peter)** ♦ Romancier autrichien (Alpl, près de Krieglach, Styrie 1843 - Krieglach 1917). Fils de paysans, il s'est attaché à décrire la vie et les mœurs des habitants de son pays dans des récits qui font partie de la littérature de type «régionaliste» (*Récits du maître d'école de la forêt,* 1875 ; *La Forêt natale,* 1877, où il critique le modernisme ; *Au temps de ma jeunesse,* 1895). Dans le domaine religieux auquel il consacra également plusieurs ouvrages (*À la recherche de Dieu,* 1883), il s'orienta progressivement d'une foi teintée de naturalisme vers un christianisme humanitaire.

**ROSELEND** ♦ Loc. de Savoie (comm. de Beaufort). Barrage à contreforts sur le *Doron de Roselend* qui forme une retenue de 320 ha. Il alimente l'usine souterraine de La Bâthie*, puissante centrale électrique.

**ROSEMONDE** ♦ Princesse gépide (VI^e s.). Capturée par le roi lombard Alboïn* qui l'obligea à l'épouser (567) ; plus tard, elle l'assassina (573).

**ROSENBERG (Hilding)** ♦ Compositeur suédois (Bosjökloster 1892 - Bromma 1985). Animateur de la vie musicale dans son pays, il doit à une vaste culture puisée aux sources de la musique européenne autant qu'au passé suédois (J. H. Roman*) le rayonnement qu'il a exercé sur plusieurs générations de jeunes compositeurs. Marquée d'abord par l'influence de Schoenberg et de Hindemith, son œuvre a évolué de façon originale, se caractérisant par un emploi combiné des techniques dodécaphoniques et du plain-chant. Il est l'auteur de compositions aux vastes dimensions qui établissent la synthèse de l'opéra et de l'oratorio (*Joseph et ses frères*, tétralogie, d'après T. Mann, 1945 - 1948), de 8 symphonies dont 2 avec voix (*4e Symphonie* dite l'*Apocalypse de saint Jean ; 5e Symphonie Hortulanus*, d'après le Cantique des cantiques), de concertos pour divers instruments, de 8 quatuors à cordes, de musique de chambre et de nombreuses mélodies.

**ROSENBERG (Alfred)** ♦ Théoricien et homme politique allemand (Reval, Estonie 1893 - Nuremberg 1946). Il adhéra dès 1919 au national-socialisme dont il devait devenir le principal théoricien, cherchant à lui donner des «bases philosophiques et culturelles» et développant, après Gobineau et H. S. Chamberlain, une mythologie raciste (*Le Mythe du XXe siècle*, 1930 ; *Sang et Honneur*, 1935 - 1936). Rédacteur en chef du *Völkischer Beobachter* (1921), il fut député en 1930, chef du service des Affaires étrangères du parti nazi en 1933 et ministre du Reich pour les Territoires occupés de l'Est (1941). Il fut condamné à mort par le tribunal de Nuremberg et pendu le 16 oct. 1946. ➝ ÉTYM. Ce nom de famille allemand signifie «montagne *(Berg)* de roses *(Rosen)*».

**ROSENBERG (Julius)** ♦ Citoyen américain (New York 1918 - *id.* 1953) condamné à mort aux États-Unis ainsi que sa femme ETHEL ROSENBERG (New York 1915 - *id.* 1953) pour avoir livré des documents atomiques secrets aux Soviétiques. Bien que les faits aient eu lieu pendant la guerre, qu'aucune preuve irréfutable de la culpabilité des Rosenberg n'ait été alors apportée et malgré une campagne d'opinion internationale entretenue par les partis communistes *(affaire Rosenberg)*, les deux époux furent exécutés (1953).

Julius et Ethel **Rosenberg** en route pour la prison, New York, 1951. © *AP/Sipa*

**ROSENBERG (Steven A.)** ♦ Médecin américain (New York 1940). Il introduisit en 1985, avec des résultats spectaculaires, l'utilisation dans la thérapeutique anticancéreuse de l'interleukine 2, protéine qui stimule les défenses naturelles antitumorales de l'organisme. Il fut également le premier à pratiquer une thérapie génique chez des malades cancéreux en 1990.

**ROSENDAËL** ♦ Anc. comm. du Nord, fusionnée avec Dunkerque* en 1972.

**ROSENHEIM** ♦ V. d'Allemagne (Bavière), au confluent de la Mangfall et de l'Inn. 60 295 hab. Salines, eaux chlorurées sodiques. Travail du bois. Indus. diverses favorisées par la proximité de Munich, du Brenner* et de Vienne.

**ROSENMÜLLER (Johann)** ♦ Compositeur allemand (Ölsnitz v. 1619 - Wolfenbüttel 1684). Il étudia à l'université de Leipzig et devint adjoint au cantor de Saint-Thomas, puis organiste de Saint-Nicolas (1651). Emprisonné pour affaire de mœurs en 1655, il dut quitter la ville et s'installa à Hambourg puis à Venise. Il fut ensuite nommé maître de chapelle de la cour de Wolfenbüttel par le duc de Brunswick. Son œuvre est avec celles de Buxtehude* et de Pachelbel* l'une des plus riches de la fin du XVIIe s. Ses suites de danses et ses sonates allient à l'intimisme de la musique allemande le sensualisme sonore des Italiens. Sa musique religieuse, outre les *Kernsprüchen*, publiés en 1648, comprend près de 200 pièces manuscrites : fragments de messes, cantates, motets.

**ROSENQUIST (James)** ♦ Peintre américain (Grand Forks, Dakota du Nord 1933). Peintre de panneaux publicitaires à ses débuts, il apparut dès 1961 comme un des maîtres du pop* art. Le plus pictural des artistes de cette tendance, le moins lié à la publicité, il utilise une gamme de couleurs douces, et représente le corps humain dans sa tridimensionalité, tout en le désintégrant. L'érotisme de ses œuvres est voilé et s'opère par un jeu de renvois tels que le toucher, la dislocation de l'image. Il juxtapose des fragments d'images, agrandit démesurément les objets usuels (*Taxi*, 1964 ; *F-111*, de 26 m de long, 1965). Après *Snow Fence* (1973), où il joue encore sur le fétichisme des groupes de clous agrandis, Rosenquist pratique encore le grandissement de certains détails, mais dans des décors plus raffinés qui semblent répondre à la logique irrationnelle du déplacement d'un rêve (*Chambers*, 1978). L'univers de ses tableaux devient de plus en plus fluide, aérien ou aquatique, peint en couleurs évanescentes (*Tallahassee Murals*, 1976 ; *Flowers, Fish and Females for the Four Seasons*, 1984 ; séries *Vitesse de la lumière*, 1999 - 2006 et *Time Blades*, 2007).

**ROSENTHAL (Manuel)** ♦ Compositeur et chef d'orchestre français (Paris 1904 - *id.* 2003). Élève de Maurice Ravel, il a été directeur musical de l'Orchestre national de la Radiodiffusion française (1944 - 1947) et de l'orchestre de Seattle (1948 - 1951). Il est l'auteur de la comédie musicale *La Poule noire* (1934 - 1937) et du drame lyrique *Hop ! Signor* (1957 - 1961), ainsi que du ballet *Gaîté parisienne*, sur des thèmes d'Offenbach (1938). ➝ ÉTYM. Ce nom allemand signifie «vallée *(Tal)* de roses *(Rosen)*».

**ROSENZWEIG (Franz)** ♦ Philosophe allemand (Kassel 1886 - Francfort-sur-le-Main 1929). Sa carrière commença avec des travaux sur Hegel. Mais son livre majeur est *L'Étoile de la rédemption* (1921), réflexion sur le judaïsme (sa religion) et le christianisme. ➝ ÉTYM. Ce nom allemand signifie «branche *(Zweig)* de roses *(Rosen)*».

**ROSENZWEIG (Saul)** ♦ Psychologue américain (Boston, Massachusetts 1907 - Saint Louis 2004). Il élabora une théorie de la frustration (1934), ainsi qu'un test de frustration (*Picture Frustration Study*, 1935).

**ROSETTE** – en ar. *Rachīd* ♦ V. de la Basse-Égypte (gouvernorat de Béhéra), à l'extrémité de la branche occidentale du Nil. 69 827 hab. Le port, jadis actif, est maintenant supplanté par celui d'Alexandrie. Entrepôts de riz. ♦ ***Pierre de Rosette*** Stèle portant un décret de Ptolémée* V Épiphane (–196), écrit en deux langues et en trois écritures (hiéroglyphes, démotique et grec). Elle fut découverte en 1799 par un officier du génie français, Bouchard, au cours de travaux de terrassement au fort Saint-Julien près de Rosette et passa aux mains des Britanniques en 1801. Les inscriptions bilingues permirent partiellement à Thomas Young* (1814), puis à Champollion* (1821 - 1822), d'établir les bases du déchiffrement des hiéroglyphes.

**Rosh ha-Shanah** ➝ ÉTYM. hébr. «début *(rôsh)* de l'année *(shânâh)*» ♦ Fête juive célébrée pendant deux jours, qui marque le Nouvel An juif et ouvre une période de dix jours de pénitence avant le Yom Kippour*.

**ROSHEIM** [ʀɔsajm] [67560] ➝ ÉTYM. du germ. *Hrodo*, n. de pers., et *heim* «village» ♦ Ch.-l. de cant. du Bas-Rhin, arr. de Molsheim, sur le Rosenmeer. 4 548 hab. *(Rosheimiens)*. Église romane du XIIIe s. (façade O. sculptée d'inspiration lombarde ; clocher octogonal du XVIe s.). Vestiges d'une enceinte. Maisons anc., parmi lesquelles la maison «des Païens» (v. 1160 - 1170).

**ROSI (Francesco)** ♦ Cinéaste italien (Naples 1922). Héritier du néoréalisme, dont il conteste pourtant le pessimisme et le romanesque, il conçoit le cinéma comme une arme au service de la vérité. Homme du Sud, témoin lucide d'une réalité sociale dégradante à force d'être injuste, il définit sa dramaturgie comme une enquête historique qui a pour sujet les forces d'oppression. Œuv. princ. : *Salvatore Giuliano* (1961), *Main basse sur la ville* (1963), *L'Affaire Mattei* (1971), *Le Christ s'est arrêté à Eboli* (1979), *Carmen* (1984).

**ROSIDI (Ajip)** → Ajip Rosidi

**ROSIÈRE (LA)** ♦ Station de sports d'hiver de la Savoie (comm. de Montvalezan), près de Bourg-Saint-Maurice (1 850 - 2 350 m).

**ROSIÈRES-EN-SANTERRE** [80170] ➝ ÉTYM. de la langue d'oïl *rosière* «terrain couvert de roseaux» ♦ Ch.-l. de cant. de la Somme, arr. de Montdidier. 2 956 hab. (aggl. 3 387) *(Rosiérois)*.

**ROSKILDE** ♦ V. et port du Danemark, dans l'île de Sjælland, au fond du Roskildefjord, à 30 km de Copenhague. 45 807 hab. Ancienne capitale du Danemark (jusqu'au XVe s.), elle possède une cathédrale mi-romane, mi-gothique (fin XIIe s.), où se trouvent les tombeaux de trente-sept souverains danois. Université (1972). ▪ Carrefour de communications. Indus. diversifiées : agroalimentaire, mécanique, équipement médical. Recherche atomique.

**ROSLIN (Alexander)** ♦ Portraitiste suédois (Malmö 1718 - Paris 1793). Établi à Paris après un voyage en Italie (1747), il y remporta un rapide succès. Portraitiste de la ville et de la cour, il fut élu à l'Académie de peinture (1753), prit part aux Salons, où il s'attira les critiques de Diderot. Comme celui de ses contemporains La Tour ou Van Loo, son art se caractérise par l'intérêt porté à la psychologie du modèle, le plus souvent des figures féminines dont il aime rendre l'élégance, avec une touche vive et une grande habileté de coloriste. Il a pu être comparé à Greuze par les thèmes sentimentaux qu'il aborda ensuite dans certains de ses portraits (*La Femme à l'éventail*, 1768). Il fit aussi des portraits de personnages célèbres (*Choiseul*, 1762 ; *C. Vernet*, 1767 ; *L'Abbé Terray ; Vien*).

**RÓSMINI SERBATI (Antonio)** ♦ Prêtre et philosophe italien (Rovereto 1797 - Stresa ou Milan 1855). Préoccupé du renouveau intellectuel et politique de l'Italie, il tenta de lui donner une philosophie propre. Dans son ouvrage principal *Nouvel Essai sur l'origine des idées* (1830), il critique tour à tour le sensualisme de Locke et la philosophie de Kant, et affirme, d'une façon qui rappelle le platonisme ou la philosophie de Malebranche, l'éternité des idées dans la pensée de Dieu. Son influence fut décisive sur des écrivains et patriotes tels que Manzoni, Tommaseo et Gioberti.

**ROSNY** [ʀɔni] ♦ Écrivains français. JOSEPH HENRI ROSNY, dit **Rosny aîné** (Bruxelles 1856 - Paris 1940) et SÉRAPHIN JUSTIN ROSNY, dit **Rosny jeune** (Bruxelles 1859 - Ploubazlanec 1948). Ils collaborèrent de 1887 à 1908, produisant une œuvre romanesque abondante. Ils illustrèrent d'abord la tendance naturaliste, puis abordèrent à peu près tous les genres (du roman social au récit fantastique) : *Les Xipéhuz* (1887), *Le Termite* (1890), *Vamireh* (1892). Leurs œuvres ultérieures, quand leur collaboration eut cessé (1908), manifestent le même éclectisme ; Rosny jeune, persuadé que «l'art digne de ce nom exige une compréhension profonde et juste de tout l'univers», tenta notamment de synthétiser sa pensée dans *Le Destin de Marin Lafaille* (1947) ; quant à Rosny aîné, chez qui «la science [était] une passion poétique», il donna avec *La Guerre du feu* (1911) un «roman des âges farouches» de la préhistoire qui manifestait une grande puissance imaginative. ▪ L'amitié des Goncourt* valut aux deux frères de figurer parmi les dix premiers membres de l'académie Goncourt (1896).

**ROSNY-SOUS-BOIS** [ʀɔni] [93110] ➝ ÉTYM. anc. *Rodoniacum*, du lat. *Rutenius*, n. de pers. gallo-rom., et suff. *-acum* ♦ Ch.-l. de cant. de la Seine-Saint-Denis, arr. de Bobigny, à l'E. de Paris. 39 105 hab. *(Rosnéens)*. Centre national d'information routière, dans le fort de Rosny. Zone industrielle.

**ROSNY-SUR-SEINE** [ʀɔni] [78170] ♦ Comm. des Yvelines, arr. de Mantes-la-Jolie, sur la Seine. 4 758 hab. (aggl. 17 199) *(Rosnéens)*. Château bâti par Sully, né à Rosny (XVIe - XVIIe s.). École d'agriculture.

**ROSPORDEN** [29140] ➝ ÉTYM. du bret. *roz* «colline» et saint *Preden* ♦ Ch.-l. de cant. du Finistère, arr. de Quimper, en Cornouaille. 6 441 hab. *(Rospordinois)*. Église des XIVe - XVe - XVIIe s. (clocher ; œuvres d'art). ▪ Conserves.

**ROSS (sir John)** ♦ Navigateur et explorateur britannique (Balsarroch, Écosse 1777 - Londres 1856). Il entreprit plusieurs expéditions dans les régions arctiques au cours desquelles il atteignit l'île de Baffin en recherchant un passage maritime au N.-O. (1826), situa la position du pôle magnétique (île de Somerset), explora la presqu'île de Boothia et l'île du Roi-Guillaume (1829 - 1833), et partit à la recherche de sir J. Franklin (1850). ♦ Sir **James Clarke Ross.** Navigateur et explorateur britannique (Londres 1800 - Aylesbury, Buckinghamshire 1862). Neveu du précédent. Après avoir accompagné son oncle et Parry à la recherche d'un passage maritime N.-O. dans l'Arctique, il dirigea lui-même plusieurs expéditions dans l'Antarctique où il étudia le magnétisme terrestre (1839) et découvrit la terre Victoria* (en particulier les monts volcaniques Erebus et Terror, 1841). En 1848, il partit à la recherche de sir J. Franklin dans l'Arctique. Il a publié *Voyage of Discovery and Research in the Southern and Antarctic Regions* (1847).

**ROSS (sir Ronald)** ♦ Médecin britannique (Almora, Inde 1857 - Putney, Londres 1932). Il montra que le paludisme se transmet par certains moustiques (anophèles femelles), découverte qui permit la prophylaxie de cette maladie. [Prix Nobel de physiol. ou méd. 1902]

**ROSS (Edward Alsworth)** ♦ Sociologue américain (Virden 1866 - Madison 1951). D'abord influencé par la sociologie psychologique de G. Tarde puis par la théorie des instincts de McDougall, il a adopté ensuite le point de vue «formaliste» selon lequel la société est un ensemble de relations, de mécanismes d'interaction entre les personnes. Œuv. princ. : *Social Control* (1901), *Foundations of Sociology* (1905), *Social Psychology* (1908).

**ROSS (James Sinclair)** ♦ Romancier canadien d'expression anglaise (Wild Rose, Saskatchewan 1908 - 1996). Ross se situe entre le réalisme de Grove et la génération de Margaret Laurence. *As for Me and my House* (1941), le roman canadien de la Dépression, raconte la vie d'un ministre puritain vue à travers le journal de sa femme. Les romans de Ross décrivent l'isolement et le manque de communication avec pour toile de fond l'immense prairie canadienne. Le paysage est le lieu des métaphores sur les états d'âme, et semble responsable de la sensation d'insignifiance et de claustrophobie éprouvée dans les petites villes.

**ROSS (Scott)** ♦ Organiste et claveciniste américain (Pittsburgh 1951 - Assas 1989). Fixé en France à l'âge de quatorze ans, il a enregistré une intégrale Rameau (1975) et une intégrale Couperin (1976), et, pour la première fois, une intégrale des sonates de Domenico Scarlatti (1988).

**ROSS (île de)** ♦ Île bordière du continent Antarctique, dominée par le volcan Erebus*. Elle est située dans la mer de Ross, presque entièrement recouverte d'une plateforme de glace flottante qui s'achève du côté de l'Océan par une énorme falaise, la *grande barrière de Ross*.

**ROSSBACH** ♦ Village d'Allemagne (Saxe). Victoire de Frédéric II sur les Français commandés par Soubise* (1757).

**ROSSEL (Louis)** ♦ Officier et homme politique français (Saint-Brieuc 1844 - Satory 1871). Après les défaites successives infligées à l'armée française par les Allemands et la capitulation de Paris, il prit parti pour la Commune de Paris. Il remplaça Cluseret comme délégué à la Guerre le 1er mai, mais démissionna le 10 mai. Il fut fusillé par les versaillais après l'échec de la Commune.

**ROSSELANGE** [57780] ➝ ÉTYM. du germ. *Hrokhari*, n. de pers., et suff. *-ingas* ♦ Comm. de la Moselle, arr. de Thionville-Ouest. 3 101 hab. *(Rosselangeois)*.

**ROSSELLI (Cosimo)** ♦ Peintre florentin (Florence 1439 - *id.* 1507). En 1481, il participa à la décoration de la chapelle Sixtine où il composa l'*Adoration du Veau d'or*, le *Sermon sur la montagne*, la *Dernière Cène*. Revenu à Florence, il exécuta des fresques, dont le *Miracle du Saint Sacrement* à Sant' Ambrogio. Ce fut chez lui que se formèrent Fra Bartolomeo* et Piero* di Cosimo. ➝ ÉTYM. → Rossi.

**ROSSELLINI (Roberto)** ♦ Cinéaste italien (Rome 1906 - *id.* 1977). Réalisée dans des conditions difficiles, au lendemain de la libération de la capitale italienne, l'œuvre qui le fit connaître, *Rome*, ville ouverte* (1945), première manifestation du néoréalisme, exprimait au monde la volonté de résurrection de l'Italie et frayait les voies à toute une génération de cinéastes. D'une carrière qui demeure marquée par la gravité de la pensée et l'importance accordée aux problèmes spirituels, il faut retenir : *Païsa** (1946), *Allemagne année zéro* (1948), *Onze Fioretti de François d'Assise* (1949), *Europe 51* (1952), *Voyage en Italie* (1953), *India* (1958), *Le Général Della Rovere* (1959), *La Prise du pouvoir par Louis XIV* (1966, pour la télévision). Il fut l'époux d'Ingrid Bergman. ➝ ÉTYM. → Rossi.

**ROSSELLINO (Bernardo)** ♦ Architecte et sculpteur florentin (Settignano 1409 - Florence 1464). Il travailla à Arezzo (façade de l'église de la Miséricorde) et à Florence, réalisant le tombeau de Leonardo Bruni. Là, il devint l'assistant d'Alberti*, et édifia, sur les plans du maître, le palais Rucellai (1446 - 1451). On lui attribue la construction du palais de Venise, à Rome (1455). Le pape Pie II lui confia la création d'un ensemble urbain à Pienza, son village natal : cathédrale, palais Piccolomini, palais épiscopal (1460 - 1463). ♦ **Antonio Rossellino.** Sculpteur florentin (Settignano 1427 - Florence 1479). Frère du précédent, dont il fut le collaborateur favori. Il travailla avec ses frères Bernardo et Giovanni à la châsse du bienheureux Marcolino da Forli (1458, Forli) et au tombeau de Neri Caponi (Florence). Son œuvre principale est le tombeau du cardinal de Portugal à San Miniato (Florence), chef-d'œuvre de la préciosité florentine où des revêtements d'albâtre et de faïence agrémentent de leurs effets polychromes une architecture classiquement albertienne. Il est également l'auteur de nombreux bustes (dont celui de Matteo Palmieri, 1468, Florence), du *Saint Sébastien* de la Collegiata d'Empoli, des reliefs de la chaire de la cathédrale de Prato (1473). ➝ ÉTYM. → Rossi.

**ROSSETTI (Dante Gabriel)** ♦ Peintre, aquarelliste, pastelliste, dessinateur et graveur britannique (Londres 1828 - Birchington on Sea, Kent 1882), fils aîné d'un poète italien, qui enseigna à Londres. À partir de 1845, il étudia à l'Académie royale et débuta comme illustrateur. En 1848, il travailla quelque temps auprès de F. M. Brown* et fut l'un des fondateurs de la confrérie des préraphaélites*. Il publia en 1847 ses premiers poèmes, *The Blessed Damozel*, et imita dans ses tableaux les maîtres de la Renaissance italienne et nazaréens (*Ecce Ancilla Domini*, 1850). Jusqu'en 1858, il produisit surtout des dessins et aquarelles, en tirant son inspiration de Dante, Shakespeare, Browning et à partir de 1856 du cycle médiéval du roi Arthur (*Le Mariage de saint Georges et de la princesse Sabra*, 1858). Surtout lié avec Ruskin* et W. Morris*, il se détacha progressivement des idéaux didactiques des préraphaélites et s'attacha surtout à évoquer la fatalité de la passion amoureuse. À partir de 1859, il peignit à l'huile une série de bustes féminins chargés de détails symboliques et empreints d'un caractère sensuel et langoureux. Dans les années 1860, il fréquenta Swinburne et Whistler* et s'opposa aux conceptions moralisantes de l'art. Il publia plusieurs recueils de poésies (*Poems*, 1870 ; *Ballads and Sonnets*, 1881). Il exerça une profonde influence sur les poètes et les peintres de la fin du siècle, mais ne sut pas trouver de nouvelles solutions plastiques bien qu'il ait rompu très tôt avec les schémas académiques. ➝ ÉTYM. → Rossi.

**ROSSI (Luigi)** dit aussi **Aloysius de Rubeis** ♦ Compositeur italien (Torremaggiore 1598 - Rome 1653). Après avoir été à Naples l'élève de J. de Macques, maître de la chapelle royale espagnole, il s'établit à Rome comme chanteur, guitariste et claveciniste au service de Marc-Antoine Borghèse (1620) puis à celui du cardinal Barberini (1641) comme «virtuoso da camera». C'est au théâtre Barberini qu'il fit représenter en 1642 sa première œuvre dramatique, *Il palazzo incantato d'Atlante*. À l'avènement d'Innocent X, il suivit à Paris les Barberini venus se mettre sous la protection de Mazarin (1644). Son opéra *Orfeo*, joué au Palais-Royal en 1647, obtint un vif succès. Mais, persécuté par la Fronde, le cardinal Barberini dut se retirer en Provence. Rossi l'y rejoignit avant de retourner à Rome, où il passa ses dernières années. Le génie de Rossi est avant tout lyrique, la richesse mélodique de ses arias et l'originalité de ses harmonies le placent aux côtés de Frescobaldi* et Monteverdi*. Il est l'un des créateurs de l'aria da capo. Outre ses opéras, il composa quelques oratorios et près de 400 cantates, arias, canzones et sérénades. ➛ ÉTYM. *Rossi* vient de l'italien *rosso* «rouge», surnom d'un homme à la barbe ou aux cheveux roux.

**ROSSI (Pellegrino,** comte**)** ♦ Homme politique italien (Carrare 1787 - Rome 1848). Professeur de droit à Milan, il prit part au mouvement par lequel, en 1815, Murat tenta de soulever les Italiens du Nord, et il fut contraint à l'exil. Lors de son séjour en Suisse, il se fit rapidement connaître, devint député du Grand Conseil (1820) et proposa un projet de réforme de la Constitution suisse. Paris l'accueillit ensuite, et, naturalisé français, il fut successivement professeur au Collège de France (1833) et ambassadeur à Rome (1845) ; il contribua à l'élection de Pie IX, qu'il tenta d'orienter vers le libéralisme. Redevenu Italien à la suite de la révolution de 1848, il dirigea le gouvernement constitutionnel pontifical et fut assassiné par des révolutionnaires. Il désirait établir une fédération italienne sous la présidence du pape.

**ROSSI (Giovanni Battista DE)** → De Rossi (Giovanni Battista)

**ROSSI (Constantin,** dit **Tino)** ♦ Chanteur français (Ajaccio 1907 - Neuilly 1983). Commencée à l'Alcazar de Marseille (1927), sa carrière se poursuivit à Paris (1930) où, grâce au disque et à la radio, il devint bientôt le favori d'un très large public, conquis par le charme de sa voix de ténor léger. Le tour de chant, le film et l'opérette *(Méditerranée)* ont popularisé son répertoire qui compte des centaines de chansons à succès, de *Marinella* au *Parrain*.

**ROSSIF (Frédéric)** ♦ Réalisateur français de cinéma et de télévision (Cetinje, Monténégro 1922 - Paris 1990). Ses films de montage, *Le Temps du ghetto* (1961), *Mourir à Madrid* (1963), *Les Animaux* (1964), *La Fête sauvage* (1976) sont des œuvres sincères, d'un lyrisme passionné.

**ROSSIGNOL (Jean Antoine)** ♦ Général français (Paris 1759 - île d'Anjouan 1802). Rallié à la Révolution dès 1789, nommé général en 1793, il participa à la lutte contre l'insurrection vendéenne sous les ordres de Biron, qu'il remplaça. Décrété d'accusation par la Convention thermidorienne et destitué (1795), il fut impliqué dans la conjuration des Égaux* de Babeuf (1796), mais acquitté. Impliqué (à tort) dans l'attentat de la rue Saint-Nicaise, il fut déporté aux Comores par Bonaparte (1801).

**ROSSINI (Gioacchino)** ♦ Compositeur italien (Pesaro 1792 - Paris 1868). Ses parents exerçaient leurs talents dans des troupes d'opéra forain ; il reçut une hâtive formation musicale à Bologne, de Tesei pour le chant et le piano, du P. Mattei pour la composition (1807). Ses premiers ouvrages, des opéras bouffes, furent représentés à Venise avec un grand succès, et son *opera seria*, *Tancredi* (1813), recueillit un triomphe. Chargé de la direction musicale du théâtre San Carlo à Naples, il continua à produire pour les théâtres de Venise, Milan et Rome où son *Barbier de Séville* (1816), d'abord victime d'une cabale montée par les fidèles de Paisiello*, qui avait composé en 1782 une partition célèbre sur le même sujet, connut bientôt un succès éclatant, faisant brusquement de Rossini le compositeur le plus populaire de l'époque. Déçu par l'échec de sa *Sémiramis*, à Venise (1823), il se rendit d'abord à Vienne, où il rencontra Beethoven, puis à Londres, enfin à Paris où, devenu directeur du Théâtre-Italien (1824), il fut ensuite nommé «compositeur du roi» et inspecteur général du chant en France. Le succès de *Moïse* (1827) et celui, plus contesté, de *Guillaume Tell* (1829), son chef-d'œuvre dans le genre sérieux, ne compensèrent pas la perte de sa situation officielle que la révolution de 1830 entraîna. Il décida de renoncer à la composition, ayant d'ailleurs pressenti que la gloire de Meyerbeer allait effacer la sienne. Il revint en Italie (1836 - 1855) et composa encore quelques pièces d'inspiration religieuse, puis il retourna à Paris où il se fixa. La gaieté, un style alerte et spirituel, un sens infaillible du théâtre caractérisent ses meilleures œuvres où, se plagiant souvent lui-même, il multiplia de l'un à l'autre les emprunts les plus flagrants pour satisfaire au goût du public. Il fut finalement la première victime de sa déconcertante facilité. Rossini a composé notamment *L'Échelle de soie* (1812), *L'Italienne à Alger* (1813), *La Pie voleuse* (1817), un *Stabat mater* (1842), une *Petite Messe solennelle* (1863) et environ deux cents pièces diverses réunies sous le titre de *Péchés de ma vieillesse*. ➛ ÉTYM. → Rossi.

**ROSSLARE** ♦ Port du S.-E. de la rép. d'Irlande. Terminal ferry vers le pays de Galles et la France.

**ROSSO (Medardo)** ♦ Sculpteur italien (Turin 1858 - Milan 1928). Il étudia à Milan, puis à Paris (1884 - 1886) où il fut apprécié par Rodin, Degas et Zola. Il se brouilla avec Rodin après 1898. Son œuvre, aboutissement de la sculpture du XIXe s., s'ouvre pourtant sur l'avenir par sa recherche «impressionniste» des effets de surface, modifiant les rapports entre formes et lumière. Œuv. princ. : *La Rieuse* (1890), *Yvette Guilbert* (1894), *Ecce Puer* (1910).

**ROSSO FIORENTINO (Giovanni Battista di Jacopo,** dit **IL)** ➛ ÉTYM. it. «le Florentin *(Fiorentino)* roux *(rosso)*» ♦ Peintre et décorateur italien (Florence 1494 - Paris 1540). Formé dans divers ateliers florentins, chargé d'achever l'*Assomption de la Vierge* (1517) commencée par Andrea* del Sarto, le Rosso manifesta dès ses premières toiles une opposition aux finesses colorées pour leur substituer des coloris stridents animant de grands drapés et évoquant une sorte de rythme «diabolique» et fougueux (*La Madone aux quatre saints*, 1518, Florence ; *La Madone entre deux saints*, 1521, Villamagna ; *Déposition de Croix*, 1521, Volterra ; *Mariage de la Vierge*, 1523, Florence). À Rome, il fut vivement impressionné par les fresques de la chapelle Sixtine. Son trouble fut tel qu'il produisit des fresques médiocres où la hantise et la fascination du modèle michelangélesque le paralysèrent (*Création d'Ève ; Péché originel*, 1524, chapelle Cesi, Santa Maria della Pace). Fuyant Rome en 1527, il réalisa en Italie centrale nombre de peintures où l'on reconnaît l'étonnante assimilation de la leçon romaine, associée à une inspiration pathétique originelle (*Déposition*, 1527 - 1528, Borgo San Sepolcro). Rosso fut ensuite invité par François Ier en France, où il eut à élaborer son œuvre majeure en décorant la galerie reliant l'ancien et le nouveau château de Fontainebleau* (1533 - 1537). Entraîné par son goût du bizarre et de l'érudition, il y conçut un système décoratif original en combinant la peinture à fresque et le relief en stuc. Plus qu'un ensemble narratif, cette série de fresques (brillamment restaurées entre 1960 et 1963 : décapées, débarrassées des interventions abusives du XVIIIe et du XIXe s.) trouve son originalité dans la dimension symbolique. La galerie de François Ier «ne comporte ni la mise en scène des événements historiques ni la figuration abstraite de principes, mais leur projection dans la fiction de la *storia* ou de l'emblème» (A. Chastel, 1972). Chef-d'œuvre de la première école de Fontainebleau, cet ensemble, dégageant une forte charge émotionnelle, influença l'évolution du style ornemental princier dans le nord de l'Europe.

**ROSTAND (Edmond)** ♦ Poète et auteur dramatique français (Marseille 1868 - Paris 1918). La maîtrise du métier dramatique, la virtuosité verbale, le sens du panache caractérisent son théâtre, résurgence du romantisme dont la réussite se fit d'abord en réaction contre le naturalisme et le symbolisme qui triomphaient à l'époque. À des pièces d'une inspiration fantaisiste (*Les Romanesques*, 1894) ou religieuse (*La Samaritaine*, 1897) succédèrent bientôt *Cyrano* de Bergerac*, comédie héroïque en cinq actes (1897) et *L'Aiglon**, drame dont le héros est le duc de Reichstadt (1900), deux œuvres dont le succès populaire, immédiat et considérable, devait se poursuivre jusqu'à nos jours. Après l'échec de *Chantecler* (1910), où le jeu verbal atteint un curieux paroxysme, l'écrivain, gravement malade, s'éloigna de la scène, laissant un drame posthume, *La Dernière Nuit de Don Juan* (1912). [Acad. fr. 1901] ➛ ÉTYM. Ce nom vient du germanique *hrod* «gloire» et *stang* «pique [arme]».

**ROSTAND (Jean)** ♦ Biologiste et écrivain français (Paris 1894 - Ville-d'Avray 1977), fils d'Edmond Rostand. Connu par ses travaux sur la parthénogenèse et la tératogenèse (en particulier chez les batraciens), il publia des ouvrages de vulgarisation scientifique et philosophique qui lui valurent le prix Kalinga (prix international de vulgarisation) : *Les Idées nouvelles de la génétique*, 1941 ; *La Parthénogenèse animale*, 1950 ; *La Biologie et l'Avenir humain*, 1950 ; *Ce que je crois*, 1953 ; *Atlas de génétique humaine*, avec A. Tétry 1956. [Acad. fr. 1959]

Jean **Rostand.**
*Phot. © Louis Monier*

**ROSTÉMIDES** ou **RUSTUMIDES** n. m. pl. ♦ Dynastie qui régna dans l'Ouarsenis algérien (VIIIe - IXe s.). Fondée par Ibn Rustum, gouverneur perse de Kairouan (761), la dynastie dirigea le royaume de Tāhert*, qui fut le foyer du kharijisme. Tāhert, transformée en ville sainte, devint un important centre intellectuel. Les montagnards chiites Qutama mirent fin à la dynastie (908) et le Fatimide* Ubayd* Allāh al-Mahdī détruisit Tāhert (909).

**ROSTOCK** → ÉTYM. du n. composé wende *roztok* «cours d'eau *(tok)* divisé ou élargi *(roz-)* [delta]» ♦ V. d'Allemagne (Mecklembourg-Poméranie-Antérieure) et port sur la Baltique, au fond de l'estuaire de la Warnow. 200 506 hab. Université (1419). ▪ Important port de pêche et de voyageurs relié au Danemark par la station balnéaire de Warnemünde. Centre indus. actif (conserveries, chantiers navals, moteurs Diesel, indus. chimique). ▮ **Histoire** Fondée sur le site d'un ancien établissement wende, la ville fut au XIII$^e$ s. l'un des comptoirs les plus actifs de la Hanse. Après 1945, Rostock fut choisi comme port principal et chantier naval de la RDA. La réunification ayant davantage profité à Hambourg, Rostock subit une profonde crise marquée par un très fort taux de chômage.

**ROSTOPCHINE (Fedor Vassilievitch,** comte) → ÉTYM. *Rostopchine* vient de *Rostopču*, l'ancêtre de la famille (de *rostopit'* «allumer»). ♦ Général et homme politique russe (Livny, gouvern. d'Orel 1765 - Moscou 1826). Aide de camp du tsar Paul I$^{er}$ (1796), il fut nommé ministre des Affaires étrangères (1798) mais disgracié en mars 1801. Nommé par Alexandre I$^{er}$ gouverneur militaire de Moscou (1812), il fut soupçonné d'avoir été l'instigateur de l'incendie qui éclata à l'entrée des troupes françaises (14 sept. 1812). Il se défendit en publiant *La Vérité sur l'incendie de Moscou* (Paris, 1823). Ses *Mémoires écrits en dix minutes* parurent à Saint-Pétersbourg (1853) et ses *Œuvres inédites* à Paris (1894). Il fut le père de la comtesse de Ségur*.

**ROSTOV** ou **ROSTOV IAROSLAVSKI** ♦ V. de Russie, région de Iaroslav, au N.-E. de Moscou, sur le lac Nero. 34 800 hab. Kremlin (XVII$^e$ s.) avec enceinte flanquée de onze tours. Église de la Résurrection abritant de remarquables fresques parmi lesquelles *La Passion du Christ* (1675). Église du Sauveur-sur-l'Entrée (riche décor intérieur ; nombreuses fresques). Musée d'architecture : icônes des XV$^e$ - XVII$^e$ s. ; coll. d'émaux. ▪ Au S.-O. de Rostov, monastère Iakovlevski dont l'église (1686) abrite d'intéressantes fresques. ▪ Indus. alimentaire et textile (lin). ▮ **Histoire** La ville, mentionnée dès 862, est l'une des plus anciennes cités de la Russie. Elle fut la capitale d'une puissante principauté avant d'être annexée à la Moscovie en 1474.

**ROSTOV-SUR-LE-DON** – en russe ***Rostov na Donou*** ♦ V. de Russie, ch.-l. de région, à 46 km de l'embouchure du Don dans la mer d'Azov. 1 070 200 hab. Université. Important centre de communication : port fluvial, aéroport, gare de triage. Chantier naval. Indus. mécanique (machines agricoles), chimique et alimentaire. Tabac. Chaussures. ▮ **Histoire** Fondée en 1761, la ville devint rapidement un centre commercial actif au contact du Caucase, de la région centrale et de l'Ukraine. Très éprouvée durant les deux guerres mondiales, elle fut en grande partie reconstruite et prit un nouvel essor après la construction du canal Volga-Don (1952) reliant la mer d'Azov à la mer Caspienne.

**ROSTOW (Walt Whitman)** ♦ Économiste et homme politique américain (New York 1916 - Austin 2003). Conseiller du président Kennedy, il entra au département d'État (1961) et fut nommé conseiller spécial pour les Affaires étrangères (1966), favorisant la politique de désarmement et de coexistence pacifique avec l'URSS. Auteur d'une étude sur *L'Économie britannique au XIX$^e$ siècle* (1948), il est connu pour ses analyses sur *Le Processus de la croissance économique* (1953) et sa classification des stades de l'évolution des sociétés, de la société traditionnelle à la société de consommation (*Les Étapes de la croissance économique*, 1960). Cette distinction devenue classique tend, selon les critiques, à nier la complémentarité historique entre le développement économique inégal des nations et la politique impérialiste (recherche de débouchés extérieurs) des nations les plus développées.

**ROSTRENEN** [ʀɔstʀənɛ̃] [22110] → ÉTYM. du bret. *roz* «colline» et *draenen* «ronce» ♦ Ch.-l. de cant. des Côtes-d'Armor, arr. de Guingamp. 3 616 hab. *(Rostrenois)*. Église Notre-Dame-du-Roncier du XIV$^e$ s., remaniée. Fontaine du XVIII$^e$ s. Aux environs, église et calvaire de Kergrist-Moëlou (XVI$^e$ s.).

**ROSTROPOVITCH (Mstislav Leopoldovitch)** ♦ Violoncelliste russe (Bakou 1927 - Moscou 2007). Issu d'une famille de musiciens, il étudia le violoncelle avec Kosoloupov et la composition avec Chostakovitch. Caractérisées par la générosité du lyrisme, la profondeur et la noblesse de l'inspiration, ses interprétations du répertoire classique et des œuvres de la musique contemporaine ont assuré sa réputation à travers le monde. De nombreux compositeurs ont écrit pour lui (Britten, Chostakovitch). Exilé et déchu de sa citoyenneté en 1978, il fut réhabilité en 1990. → ÉTYM. *Rostropovitch* vient du russe *Rastrop*, surnom d'une personne aux cheveux ébouriffés.

**ROSTWOROWSKI (Karol Hubert)** ♦ Auteur dramatique polonais (Cracovie 1877 - *id.* 1938). Après s'être révélé avec un drame historique et psychologique en vers, *Judas l'Iscariote* (1913), il écrivit *Caius Caesar Caligula* (1917), autre étude psychologique, puis *La Miséricorde* (1920), mystère métaphysique, et s'orienta vers le réalisme avec des drames à sujets sociaux. Il publia une trilogie dont la première pièce, *La Surprise* (1929), considérée comme son chef-d'œuvre, est basée sur le fait divers tragique qu'utilisa plus tard Camus dans *Le Malentendu* (1942).

Mstislav **Rostropovitch.** *Phot. © Bernand*

**ROTA (Nino)** ♦ Compositeur italien (Milan 1911 - Rome 1979). Auteur d'opéras (*Il cappello di paglia di Firenze)*, il devint célèbre grâce à ses compositions proches de la musique de cirque, pleines d'ironie et de tendresse, qui accompagnèrent principalement les films de F. Fellini* (*La Strada*, 1954 ; *La Dolce Vita*, 1959 ; *Huit* et demi*, 1963 ; *Amarcord*, 1973). → ÉTYM. Ce nom de famille est un nom de lieu ou l'hypocoristique de *Buonarrota*.

**ROTA** (île) → **Mariannes (îles)**

**ROTBLAT (Joseph)** ♦ Physicien britannique d'origine polonaise (Varsovie 1908 - Londres 2005). Spécialiste de la radiologie et de la physique nucléaire. Il est l'un des cofondateurs du mouvement antinucléaire Pugwash. [Prix Nobel de la paix 1995, avec Pugwash]

**ROTELLA (Mimmo)** ♦ Peintre italien (Catanzaro 1918 - Milan 2006). Dès 1954, il se consacra au décollage d'affiches qu'il reportait sur une toile et décollait à nouveau avant d'en juxtaposer les lambeaux lacérés (*Cinecittà*, 1962 ; *Tendre est la nuit*, 1962). Il explora ensuite les possibilités du «Mec Art» (Mechanical Art), procédé consistant à imprimer une image photographique sur une toile (*Vatican IV*, 1963). Dans les années 1980, il reprit la technique du décollage pour sa série de *Blanks*, «sur-peintures» créées non pas sur des affiches, mais sur des panneaux d'affichage monochromes, qu'il décorait de graffiti, de slogans, de dessins.

**ROTGANG** (saint) → **Chrodegang (saint)**

**ROTH (Joseph)** ♦ Écrivain autrichien (Schwabendorf, Galicie 1894 - Paris 1939). Après avoir combattu sur le front russe pendant la Première Guerre mondiale, il devint journaliste à Vienne, puis à Berlin. Il quitta l'Allemagne en 1933 et vécut à Nice, Marseille et Paris. Désespéré par la montée du nazisme, il sombra dans l'alcoolisme et en mourut. Parmi ses œuvres les plus abouties, il faut citer *Le Poids de la grâce* (*Hiob*, 1930), qui expose les malheurs d'un juif pieux émigré en Amérique ; *La Marche de Radetzky* (1932), qui évoque la désintégration de la société autrichienne à travers trois générations de von Trotta ; *La Crypte des Capucins* (1938), où le dernier des von Trotta cherche, en vain, refuge dans la crypte où gisent ses empereurs.

**ROTH (Klaus Friedrich)** ♦ Mathématicien allemand (Breslau, auj. Wrocław 1925). Ses recherches concernent l'approximation des nombres algébriques par les nombres rationnels, problème étudié depuis plus de deux cents ans, auquel il apporta des contributions importantes, en particulier un théorème fondamental concernant les limitations de telles approximations. [Médaille Fields 1958]

**ROTH (Philip Milton)** ♦ Romancier américain (Newark, New Jersey 1933). Après des débuts comme enseignant à l'université, il se fit connaître comme un des principaux écrivains juifs d'après-guerre par les nouvelles de *Good-Bye Columbus* (1959), puis par un roman comique et scabreux, dont l'ironie doit beaucoup à la tradition de l'humour juif, *Portnoy et son complexe* (1969). Cette satire des tabous sociaux et sexuels américains se poursuit dans *Le Grand Roman américain* (1973), dans *Ma vie d'homme* (1975) et dans *Professeur de désir* (1977). La fantaisie laissa la place à des romans plus sombres, témoignages des chapitres cruciaux de l'histoire contemporaine américaine : *Opérations Shylock* (1994) ; *Pastorale américaine* (1997) ; *J'ai épousé un communiste*, sur le maccarthysme (1998) ; *La Tache* (2001) adapté au cinéma sous le titre *La Couleur du mensonge* ; *Le Complot contre l'Amérique* (2004) ; *Un homme* (2006). Apparu dans *L'Écrivain fantôme* (1979) Nathan Zuckerman, qui n'est autre que le double de Philip Roth, est un personnage que l'on retrouve dans plusieurs romans (dont *Pastorale américaine*, 1997) jusqu'à ce qu'il tire sa révérence dans *Exit le fantôme* (2007).

**ROTHARIS** ♦ Roi des Lombards (de 636 à 652). Il conquit Gênes et la Ligurie sur les Byzantins. Il publia le code lombard, dit *Lois de Rotharis* (643).

**ROTHE (Johann)** ♦ Poète et chroniqueur allemand (fin du XIV$^e$ s., déb. du XV$^e$ s.). Son poème *Ritterspiegel* («Miroirs des chevaliers», v. 1415), se rattachant à la littérature morale, pose le problème de l'adaptation des valeurs chevaleresques aux nouvelles conditions de vie de l'époque. Il est également l'auteur d'une *Chronique de Thuringe* (1421), écrite en prose et dédiée à la princesse Anne de Thuringe.

**ROTHENBURG-OB-DER-TAUBER** ♦ V. d'Allemagne (Bavière), en Basse-Franconie, sur la «route romantique» et sur la Tauber, affl. du Main. Env. 12 000 hab. Au cœur d'une région rurale épargnée par l'industrie et la guerre, aux confins de la Franconie et du Wurtemberg, la vieille ville fortifiée est le plus beau témoin du Moyen Âge allemand (remparts, hôtel de ville, maisons à colombages) et donc un centre touristique majeur.

**ROTHÉNEUF** ♦ Station balnéaire de l'Ille-et-Vilaine (comm. de Saint-Malo). Le *havre de Rothéneuf* est une anse abritée. Manoir de Jacques Cartier. ▪ Aux environs, station balnéaire du Minihic.

**ROTHERHAM** ♦ V. d'Angleterre (South Yorkshire), qui constitue la partie N. de l'aggl. de Sheffield. 248 146 hab. Sidérurgie et construc. mécaniques, agroalimentaire.

**ROTHKO (Mark)** ♦ Peintre américain d'origine russe (Dvinsk 1903 - New York 1970). Après une période réaliste et une période surréaliste (1942 - 1947), Rothko élabora un style abstrait dépouillé : le tableau, de grande dimension, est organisé en surfaces horizontales de couleurs simples. De tonalité assombrie, ses dernières œuvres cherchent toujours plus à «exprimer l'idée complexe en formes simples» et à «détruire l'illusion [en révélant] la vérité». Membre de l'école de New York, il chercha, avec Barnett Newman*, à renouveler l'abstraction en mettant en question les règles des avant-gardes européennes. Ses aplats aux limites imprécises passent de tons rougeoyants aux monochromies de bruns et de gris (*Dark over Brown* 1963), puis au noir absolu. Juste avant son suicide en 1970, il a décoré la Menil Chapel de toiles sombres invitant à la méditation (1967 - 1969).

**ROTHSCHILD** ◆ ÉTYM. Ce nom proviendrait de l'enseigne de la maison de Francfort, *Zum rothen Schild* «Au bouclier rouge» ♦ Famille de banquiers d'origine allemande ♦ **Meyer Amschel Rothschild** (Francfort-sur-le-Main 1743 - *id.* 1812). Destiné au rabbinat, il se lança très tôt dans les affaires, entra chez un banquier à Hanovre, puis installa sa propre maison à Francfort et fut chargé de la gestion de la fortune de l'électeur de Hesse. Ses cinq fils formèrent une maison de banque. Outre la maison mère de Francfort, dirigée par MEYER AMSCHEL ROTHSCHILD (1773 - 1855) et qui disparut en 1901, cette banque compta quatre succursales. SALOMON ROTHSCHILD (1774 - 1855) fonda la branche de Vienne, qui disparut en 1931. NATHAN ROTHSCHILD (1777 - 1836) s'établit en Angleterre (Manchester, puis Londres, 1798) où il réussit à établir la fortune de la branche britannique. CHARLES ROTHSCHILD (1788 - 1855) créa la maison de Naples en 1820. JACOB ou JAMES ROTHSCHILD (1792 - 1868) fondait en 1817 la branche de Paris, et, consul d'Autriche, fut successivement banquier de Louis XVIII, Charles X et Louis-Philippe. ▪ Les cinq frères Rothschild furent anoblis (1816) et faits barons (1822) par l'empereur d'Autriche. ▪ La branche britannique fut représentée notamment par LIONEL NATHAN ROTHSCHILD (1803 - 1879), premier membre israélite du Parlement. Élu en 1847, il ne put siéger qu'en 1858. Son fils NATHAN MEYER ROTHSCHILD (1840 - 1915) fut le premier israélite britannique élevé à la pairie (1885). LIONEL WALTER ROTHSCHILD (1868 - 1937), fils de Nathan Mayer, fut le destinataire de la déclaration Balfour (nov. 1917) par laquelle le gouvernement britannique s'engageait à reconnaître l'établissement d'un foyer national juif en Palestine. ▪ La branche française connut un essor considérable. ALPHONSE DE ROTHSCHILD (1827 - 1905), fils de James ou Jacob, fit de la maison de Paris le centre des affaires. Régent de la Banque de France (1855), il accrut considérablement la fortune de la famille. GUSTAVE DE ROTHSCHILD (1829 - 1911), son frère, associé à l'affaire familiale, fut consul d'Autriche-Hongrie à Paris. EDMOND DE ROTHSCHILD (1845 - 1934), son autre frère, tout en étant associé à la direction de la banque Rothschild, fut administrateur du Chemin de fer de l'Est. ÉDOUARD DE ROTHSCHILD (1868 - 1949), fils d'Alphonse et chef de la branche française à la mort de son père, apporta une aide importante aux débuts du mouvement sioniste. MAURICE DE ROTHSCHILD (1881 - 1957), fils d'Edmond, fut sénateur de 1929 à 1945. ROBERT DE ROTHSCHILD (1880 - 1946) succéda en 1911 à son père Gustave. À la mort d'Édouard, la direction de la banque Rothschild (branche française nationalisée en 1982) fut confiée à son fils GUY DE ROTHSCHILD (1909 - 2007) et aux deux fils de Robert, ALAIN (1910 - 1982) et ÉLIE (1917 - 2007).

**ROTONDO** (monte) ◆ ÉTYM. du lat. *rotondus* «rond» ♦ Sommet du centre de la Corse (2 622 m).

**ROTROU (Jean DE)** ♦ Poète dramatique français (Dreux 1609 - *id.* 1650). Libéré du contrat qui le liait aux comédiens de l'Hôtel de Bourgogne, devenu lieutenant particulier au bailliage de Dreux, il dut à la protection de Richelieu de pouvoir se consacrer avec un meilleur profit à son œuvre d'auteur dramatique. Une trentaine de ses pièces nous sont parvenues, parmi lesquelles se détachent des comédies d'intrigue (*Les Sosies*, 1637), des tragi-comédies (*Venceslas*, 1647) et des tragédies (*Antigone*, 1637 ; *Iphigénie*, 1639 ; *Bélisaire*, 1643 ; *Saint Genest**, 1646 ; *Cosroès*, 1648). Partagés entre une mission qui les accable et une passion tout humaine qui est la cause de leur faiblesse, les personnages de Rotrou semblent davantage voués, par leur résignation ou leur passivité, à témoigner de la puissance et de l'ironie du destin qu'à affirmer leur liberté. ◆ ÉTYM. *Rotrou* vient du nom de personne germanique *Hrodtrud*, de *hrod* «gloire» et *trud* «fidélité».

**ROTTERDAM** ◆ ÉTYM. «digue *(dam)* sur la Rotte» ♦ V. des Pays-Bas (Hollande-Méridionale), 1er port européen, dans le double delta du Rhin et de la Meuse, relié à la mer du Nord par la Nieuwe Waterweg (30 km). 584 058 hab. (aggl. 1 170 954) *(Rotterdamois)*. Reconstruit après le bombardement allemand de 1940, le centre présente un caractère moderne. Sculpture de Zadkine. Musée maritime et musée Boymans-van Beuningen (J. Bosch, Rembrandt, Rubens, Picasso). Zoo. ▪ Le port s'est étendu en direction de la mer : Europoort, Maasvlakte ; Hoek van Holland est le port de vitesse vers l'Angleterre. Rotterdam fut d'abord un port d'importation de produits pondéreux ; charbon, céréales, minerais, phosphates, puis un port pétrolier. Pétrochimie. → **Pernis.** Construc. et réparations navales. Appareillage électrique. Indus. alimentaires. Fonctions financières (assurances), culturelles et commerciales. Développement du tourisme (aménagement du front d'eau). Université. ▮ **Histoire** C'est en 1340 que Rotterdam bénéficia de ses privilèges. Maximilien d'Autriche s'en empara en 1489. La ville fut pillée en 1572 par les Espagnols. La lutte avec l'Espagne amena la fermeture de l'Escaut. Après 1600, Rotterdam était la deuxième ville commerçante de la Hollande. La politique commerciale napoléonienne, ajoutée à l'ensablement naturel du chenal, fut défavorable au développement de la ville (occupée en 1795). La Nieuwe Waterweg, creusée vers 1870, accès direct à la mer, procura un nouvel essor à Rotterdam qui devint alors un port mondial, notamment grâce au développement industriel de l'arrière-pays rhénan.

**ROTUMA** (île) → **Fidji (îles)**

**ROTY (Louis Oscar)** ♦ Sculpteur et graveur en médailles français (Paris 1846 - *id.* 1911). Il a gravé de nombreuses médailles et pierres parmi lesquelles : médailles commémoratives du percement de l'isthme de Panamá, du centenaire de Chevreul, du soixante-dixième anniversaire de Pasteur (1892). On doit encore à Roty un grand nombre de médaillons-portraits et surtout l'effigie de *La Semeuse* des pièces de monnaie françaises, mises en circulation à partir de 1898.

**ROUAD** (île) – en ar. *'Arwad* ♦ Île de la côte syrienne (Méditerranée orientale) à 3 km env. du rivage ; elle forme un banc rocheux de 800 m de long et 400 m de large. Port antique, auj. ensablé. Château du XIIIe s. ▪ Pêche. Tourisme. ▮ **Histoire** C'est l'anc. *Arvad* des Phéniciens (vestiges). Ce fut en 1914 le premier point de la côte de Syrie occupé par les Français.

**ROUAULT (Georges)** ♦ Peintre et graveur français (Paris 1871 - *id.* 1958). Fils d'un ébéniste, il fut initié à la peinture par son grand-père Champdavoine, qui était amateur de Courbet, Manet et Daumier. En 1885, il devint apprenti chez un maître verrier et restaurateur ; après avoir suivi des cours du soir aux Arts décoratifs, il entra aux Beaux-Arts dans l'atelier d'Ély Delaunay, puis (1892 - 1895) de Gustave Moreau qui l'appréciait beaucoup. Ses premières œuvres, paysages, scènes bibliques et mythologiques, dénotent un tempérament romantique de tendance spiritualiste. Ces œuvres, assez tragiques d'esprit, révèlent à la fois son admiration pour Rembrandt et une certaine emprise du dessin et des types humains procédant de son maître, G. Moreau. Il subit alors l'ascendant de Daumier et de Toulouse-Lautrec, se préoccupa de plus en plus de questions religieuses, fréquenta Huysmans (à partir de 1901), Bloy, Suarès, puis Maritain. De 1903 à 1914, il réalisa de nombreuses aquarelles et gouaches sur papier, d'un trait nerveux, interrompu, complexe, où dominent les harmonies de bleus sombres et où éclatent les plages de couleurs claires et légères. Ces œuvres, qui traitent les thèmes des clowns, acrobates, prostituées, bourgeois infatués, révèlent un sens du grotesque mêlé au tragique, et apparaissent comme les symboles d'une humanité misérable, déchue physiquement et moralement (*L'Ivrognesse*, 1905 ; *L'Entremetteuse ; Forains ; Cabotins ; Pitres*, 1905 ; *Au miroir*, 1906 ; *Les Juges*, 1908). Certaines œuvres expriment cependant la compassion pour les pauvres gens (*Les Fugitifs*, 1911 ; *Faubourg des longues peines*, 1911). S'il participa aux expositions des fauves, il s'éloignait d'eux par la technique. Utilisant une facture ample, un dessin sommaire, il préférait des tonalités sombres et mêlées à l'exaltation sensuelle des couleurs pures. Il s'éloignait surtout des Fauves par l'inspiration : en effet, esprit profondément chrétien, il cherchait à traduire picturalement sa vision religieuse et tragique du monde et, s'il refusa toujours de se considérer comme un expressionniste, c'est pourtant avec ce mouvement que son art présente le plus d'affinités. Son style évolua progressivement et acquit une sérénité grandissante. Il eut tendance à cerner les formes et à les cloisonner d'un trait épais et souple, qui fait songer aux réseaux des plombs d'un vitrail ; il employa des empâtements de plus en plus insistants, sa matière travaillée et dense présentant parfois un aspect d'émail. Il réalisa une série de *Pierrots* (1937 - 1938), mais multiplia surtout les thèmes évangéliques et bibliques (*La Sainte Face*, 1933 ; *Le*

*Vieux Roi,* 1937 ; *Nocturne chrétien*). L'aspect hiératique, frontal et plan de ses compositions semble renouer avec l'art des imagiers du Moyen Âge (icônes, mosaïques, fresques). Remarquable graveur, il réalisa un monumental *Miserere** (1917 - 1927, paru en 1948), une *Passion* (1939) et les illustrations des *Réincarnations du père Ubu,* d'Ambroise Vollard. On exécuta d'après ses projets des décors de théâtre, des céramiques, des vitraux (église d'Assy) et des tapisseries. La figuration simplifiée, chargée d'un contenu émotionnel, qu'il a instaurée, non sans quelques procédés efficaces, l'a fait considérer comme le plus important des peintres religieux du XX^e s. ➝ ÉTYM. *Rouault* vient du nom de personne germanique *Hrodwald,* de *hrod* «gloire» (ou *hrog* «repos») et *waldan* «gouverner».

**ROUBAIX** [59100] ➝ ÉTYM. «le ruisseau aux roseaux», du germ. *ros (rausa)* «roseau» et *bach* «ruisseau» ♦ Ch.-l. de cant. du Nord, arr. de Lille, en Flandre, sur le *canal de Roubaix.* 96 984 hab. *(Roubaisiens).* Roubaix, qui forme une conurbation avec Lille* et Tourcoing*, est le premier centre français de vente par correspondance et, avec Tourcoing, le plus grand centre lainier de France (École des Arts et industries textiles). En difficulté, cette indus. est relayée par des indus diversifiées. Eurotéléport, zone de télécommunications avancées.

**ROUBAUD (Jacques)** ♦ Écrivain français (Caluire-et-Cuire 1932). Mathématicien et membre de l'OuLiPo*, Jacques Roubaud est l'auteur d'une œuvre multiple qui manifeste un souci formel constant (écriture sous contrainte, combinatoires) doublé du souci «moral» d'intégrer sa vie même et ses vastes lectures à cette quête de la forme. Ainsi, la théorie des ensembles permet quatre lectures différentes du recueil ∈ (1967 ; lire «appartient à»), tandis que *Trente et un au cube* (1973) propose 31 poèmes de 31 vers de 31 syllables chacun. *Autobiographie Chapitre X* (1977) organise un «jeu» à travers les textes de poètes surréalistes, tandis que *Quelque chose noir* (1986) réactualise la forme de l'élégie. Ayant abordé le théâtre, en collaboration avec Florence Delay (*Graal Théâtre,* 1977), Roubaud a élaboré des œuvres narratives, notamment avec un cycle de trois romans, *La Belle Hortense* (1985), *L'Enlèvement d'Hortense* (1987) et *L'Exil d'Hortense* (1990), mais aussi, dans un projet autobiographique, avec un «récit, avec incises et bifurcations», *Le Grand Incendie de Londres* (1989) que prolongent *La Boucle* (1993) et *Mathématiques* (1997). ➝ ÉTYM. *Roubaud* vient du nom de personne germanique *Hrodbald,* de *hrod* «gloire» et *bald* «audacieux».

**ROUBLEV (Andreï)** ♦ Peintre et moine russe (v. 1360-1370 - entre 1427 et 1430). Il fut l'assistant du peintre d'origine grecque Théophanes et devint moine au couvent de la Trinité-Saint-Serge de Radonège à Zagorsk. On sait qu'il travailla à la décoration murale de la cathédrale de l'Annonciation à Moscou en 1405 et, en 1408, à la cathédrale de la Dormition à Vladimir, puis à la nouvelle église du couvent de Zagorsk. Il est l'auteur d'une des plus célèbres icônes russes, dite la *Trinité* (v. 1411). On lui a aussi attribué une série d'icônes provenant de Zvenigorod. Son style, souple et élégant, perpétue la tradition byzantine tout en l'infléchissant vers une expression plus douce et gracieuse. Sa renommée fut telle que ses œuvres furent proposées en modèle par le concile de Moscou dit des «cent chapitres» (1511).

**ROUBTSOVSK** ♦ V. de Russie, en Sibérie occidentale, au pied de l'Altaï, sur l'Aleï (858 km). 163 200 hab. Machines agricoles.

**ROUCH (Jean)** ♦ Ethnologue et cinéaste français (Paris 1917 - près de Konni, Niger 2004). Il a mené l'ensemble de ses recherches à travers l'Afrique occidentale avec une attention passionnée pour l'homme et sa vérité profonde. À la recherche de l'authenticité (cinéma-vérité), il a souvent révélé la poésie des situations concrètes. Il fut président de la Cinémathèque française de 1987 à 1991. Réal. princ. : *Les Maîtres fous* (1954), *Moi, un Noir* (1958), *Chronique d'un été* (1961), *La Chasse au lion à l'arc* (1965), *Jaguar* (1967), *Petit à petit* (1970) et une myriade de documentaires.

**ROUCHÉ (Jacques)** ♦ Metteur en scène français (Lunel 1862 - Paris 1957). Marqué par les innovations scéniques de Craig*, il réalisa de nombreux spectacles très éclectiques, dans une recherche de synthèse des arts de la scène et des arts plastiques (*Le Festin de l'araignée,* de Roussel). Auteur de *L'Art théâtral moderne* (1910), il a dirigé l'Opéra de Paris (1914).

**ROUD (Gustave)** ♦ Écrivain suisse d'expression française (Saint-Légier, Vaud 1897 - Moudon, Vaud 1976). Traducteur de Hölderlin, Rilke et Novalis, il est l'auteur d'une œuvre peu abondante, mais d'une grande densité, qui emprunte la forme du poème en prose pour s'interroger sur les rapports de l'écriture à la réalité sensible : *Adieu* (1927), *Petit traité de la marche en plaine* (1932), *Essai pour un paradis* (1932), *Air de la solitude* (1945), *Requiem* (1967).

La **Roue** ♦ Film français d'Abel Gance* (1923). Un sous-titre indique qu'il s'agit d'une «tragédie des temps modernes». Gance n'a jamais lésiné sur l'hyperbole ni sur la métaphore. Ce film-ci en regorge : un conducteur de locomotive du nom de Sisif se prend de passion pour sa fille adoptive, Norma. Rendu aveugle par un jet de vapeur, il connaîtra une vieillesse paisible en compagnie de son Antigone, elle-même deux fois veuve, et quittera le monde «comme un rayon de soleil quitte une fenêtre au crépuscule». C'est à partir de cette symphonie ferroviaire, au montage accéléré d'essieux en folie, qu'Arthur Honegger conçut *Pacific 231.*

**ROUELLE (Guillaume François),** dit **Rouelle l'Aîné** ♦ Apothicaire et chimiste français (Mathieu, près de Caen 1703 - Paris 1770). Il organisa dans son laboratoire un cours de chimie où il eut, entre autres, Diderot* et Lavoisier* comme élèves, puis devint démonstrateur au Jardin du roi (actuel Muséum national d'histoire naturelle). Il démontra que les acides, par réaction sur les alcalis (bases) ou sur les oxydes métalliques, produisent des sels, étudia les constituants des plantes et les embaumements des anciens Égyptiens. [Acad. sc. 1744] ♦ **Hilaire Marin Rouelle,** dit **le Cadet** (Mathieu, près de Caen 1718 - Paris 1799). Frère du précédent. Il découvrit et isola l'urée dans l'urine (1773). ➝ ÉTYM. Ce nom vient de l'ancien français *roel* «petite roue».

**ROUEN** [ʀuɑ̃] ou [ʀwɑ̃] [76000] et [76100] ➝ ÉTYM. anc. en gaul. *Rotomagus* «marché *(magos)* fortifié (p.-ê. *roto-, rato-* "rempart")» ou «champ *(magos)* de courses *(roto)*» ou «marché *(magos)* de la roue *(roto)*» ♦ Ch.-l. de la Seine-Maritime et ch.-l. de la région Haute-Normandie, sur la Seine. 106 592 hab. (aggl. 384 960, 12^e rang). *(Rouennais).* Archevêché. Université. Rouen est une ville d'art. La cathédrale Notre-Dame (très éprouvée par les bombardements et fidèlement restaurée) est un des plus beaux monuments gothiques de France (XIII^e au XVI^e s.) : la façade, très ajourée, hérissée de clochetons, est encadrée par la tour Saint-Romain et la tour de Beurre. L'église Saint-Maclou (XV^e - XVI^e s.) est très représentative du gothique flamboyant. L'église Saint-Ouen (XIV^e - XV^e s.) est de style gothique classique. Le palais de justice, chef-d'œuvre de l'architecture gothique du XVI^e s., remanié au XIX^e s., a été très endommagé en 1944. Le Gros-Horloge, pavillon de la Renaissance, possède une horloge du XV^e s. Cloître dit «aître de Saint-Maclou», ossuaire à galeries des XVI^e et XVII^e s. Tour Jeanne-d'Arc (XIII^e s.). Le musée des Beaux-Arts est l'un des plus importants de France. Musée Le Secq des Tournelles (ferronnerie d'art). Musée de la Céramique. Maison natale de Corneille (musée). ▮ **Économie** Rouen fait partie du groupe des agglomérations situées dans l'orbite parisienne (autoroute A13), comme Reims, Orléans, Tours, Le Mans, Caen, qui ont perdu de leur importance relative, au XIX^e s. surtout, mais qui ont bénéficié des politiques de desserrement industriel et de décentralisation tertiaire depuis 1945. La ville est peu spécialisée sinon par son activité liée au bois (pâte à papier pour l'impression de journaux) et par celles liées au port (6^e port français avec un trafic de 21 millions de t ; 1^er port européen pour les céréales), reconstruit après la Libération. Rouen forme, avec Le Havre, l'avant-port de Paris sur la Basse-Seine. La ville possède six ponts dont un pont levant au tirant d'air pouvant atteindre 55 m. Le textile et la construction navale ont quasiment disparu en raison de la crise de ces secteurs. Les indus. pharmaceutiques et agroalimentaires (produits laitiers et alimentation animale) restent solidement implantées. ▮ **Histoire** La ville, à l'époque romaine, s'appelait *Rotomagus.* Elle fut la capitale des Véliocasses. La fabrication des draps, le commerce avec l'Angleterre se développèrent au X^e s. La Normandie fut longuement et âprement disputée entre les rois de France et d'Angleterre. En 1204, Philippe Auguste s'empara de Rouen. En 1419, la ville tomba aux mains des Anglais : le 30 mai 1431, Jeanne d'Arc y fut brûlée. Les Anglais furent chassés de la ville en 1449. Rouen a beaucoup souffert des guerres de Religion. À l'époque contemporaine, elle a été très atteinte par les bombardements, lors de la Deuxième Guerre mondiale.

**ROUERGUE** n. m. ➝ ÉTYM. anc. *Rutenicum* «pays des *Rutènes** (et suff. *-icum*)» ♦ Région du midi de la France (Midi-Pyrénées) correspondant au dép. de l'Aveyron qui présente une grande variété de paysages : massifs et plateaux cristallins séparés par de grandes vallées (Lot et Tarn), plateaux calcaires (Grands Causses), massif volcanique (Aubrac). ▮ **Histoire** Anc. pays des *Ruteni,* faisant partie de l'Aquitaine I^re romaine, il forma un comté dépendant des comtes de Toulouse (1066). Le comté de Rodez*, sa capitale, formant une partie du Rouergue, fut vendu par Alphonse I^er au comte de Carlat et de Lodève (1147), fondant la maison des comtes de Rodez. Rattaché au domaine royal (1271), le Rouergue, cédé aux Anglais à Brétigny (1360), fut repris sous Charles V (1369).

**ROUFFACH** [-fak] [68250] ➝ ÉTYM. anc. *Rubiaco,* du lat. *Rubius,* n. de pers. gallo-rom., et suff. *-acum* ♦ Ch.-l. du Haut-Rhin, arr. de Guebwiller, sur la Lauch. 4 187 hab. *(Rouffachois).* Église Notre-Dame-de-l'Assomption, en partie romane. Église des Franciscains (1280 à 1300). Maisons anc. Hôtel de ville à façade Renaissance. Tour des Sorcières (XIII^e - XV^e s.). Ruines du château d'Isenbourg. ▪ Centre agricole. Viticulture. Équipement automobile. ▮ **Histoire** La ville, fortifiée au XIV^e s., fut prise par Turenne en 1675.

**ROUFFIGNAC-SAINT-CERNIN-DE-REILHAC** [24580] ➝ ÉTYM. *Rouffignac,* p.-ê. du lat. *Rufinius,* n. de pers., et suff. *-acum* et *Saint-Cernin,* du n. de saint Saturnin* ♦ Comm. de la Dordogne, arr. de Sarlat-la-Canéda. 1 484 hab. *(Rouffignacois).* Grotte préhistorique ornée, remarquable par ses galeries longues de plusieurs kilomètres. Les gravures et peintures (nombreux mammouths et rhinocéros) datant du Magdalénien* sont souvent couvertes de graffiti récents, et leur authenticité fut longtemps contestée.

**ROUGE** (mer) – anc. ***golfe Arabique*** ♦ Mer du Proche-Orient qui sépare les côtes africaines de celles d'Arabie et dont le fond borde la péninsule du Sinaï. Elle communique avec la Méditerranée par le canal de Suez*, et avec le golfe d'Aden et l'océan Indien du Sud par le détroit de Bab* el-Mandeb. Princ. ports : Suez, Port-Soudan, Massaoua (rive occidentale) ; Akaba, Eilat, Djeddah (rive orientale). Le port d'Hodeïda double le port d'Aden. La mer Rouge, de plus de 2 000 km de long, doit son origine à un effondrement tectonique qui sépare le plateau africain de l'Arabie ; elle atteint plus de 300 km de largeur et une profondeur de près de 3 000 m. Les eaux du golfe, où ne se déversent que de maigres cours d'eau, ont un fort degré de salinité et sont parmi les plus chaudes du globe ; elles sont parfois colorées par des algues rouges *(Trichodesmium erythraeum)*, d'où le nom de *mer Rouge*.

**ROUGE** (rivière) → **Red River**

**ROUGE** (fleuve ou rivière) → **Sông Hồng**

**Rouge** (place) – en russe ***Krasnaïa Plochtchad*** ♦ Place principale de Moscou. Elle forme avec le Kremlin* le noyau central de la ville. Nommée pour la première fois au XVII^e^ s. *Krasnaïa* (qui signifiait «belle», le mot signifiant aussi en russe moderne «rouge»), elle est entourée par les murailles et les tours du Kremlin, l'église de Saint-Basile-le-Bienheureux (1555 - 1560), les statues de Minine et de Pojarski (1818), le Musée historique (1875 - 1881) et les grands magasins GOUM (1889 - 1893) [anc. Magasin universel d'État]. Sur la place Rouge, où se trouve le mausolée de Lénine*, se déroulent les parades militaires.

Le **Rouge et le Noir** ♦ Roman de Stendhal* (1830) sous-titré *Chronique du XIXe siècle*. L'œuvre rend compte de la lutte dissimulée mais violente menée par le héros, Julien* Sorel, contre l'ordre social. Fils de paysan, «révolté contre la bassesse de sa fortune», Julien, dont la nature passionnée s'était exaltée pour l'épopée napoléonienne (le «Rouge»), comprend que, dans la société de la Restauration, il ne peut parvenir à affirmer sa dignité que par l'hypocrisie et le calcul. S'efforçant dès lors de dissimuler son caractère sensible et ombrageux, il adopte l'état ecclésiastique (le «Noir»). Précepteur des enfants de la tendre Mme de Rênal, il devient son amant, mais doit la quitter. Quand, pourtant, une lettre de cette dernière empêchera son mariage avec Mathilde de La Mole, qu'il a conquise par son énergie, il reviendra à Verrières et blessera sa première maîtresse de deux coups de pistolet. Dans sa prison, avant de mourir, et grâce à Mme de Rênal qui l'assiste, il laissera la passion l'emporter sur l'ambition et sera pour la première fois totalement heureux. Si l'intrigue de ce roman fut fournie à Stendhal par un fait divers et si le décor social et politique est également réaliste, l'œuvre est puissamment originale ; les personnages principaux sont des créations complexes, «héros de l'énergie» capables de goûter les «passions vives qui créent des intérêts nouveaux et singuliers». Leurs états mentaux, les monologues où ils s'exhortent à la lucidité ou à l'action s'expriment en un «style [...] haché», extrêmement vigoureux.

**ROUGEMONT (Denis DE)** ♦ Écrivain suisse d'expression française (Neuchâtel 1906 - Genève 1985). Fondateur, avec E. Mounier*, de la revue du personnalisme, *Esprit*, il publia dès 1937 le *Journal d'un intellectuel au chômage*, puis en 1939 une importante étude psychologique, historique et éthique, *L'Amour et l'Occident*. Après avoir vécu plusieurs années aux États-Unis (1940 - 1947), époque pendant laquelle il fit paraître *La Part du diable* (1944), analyse de la crise de la conscience européenne, il fonda à Genève le Centre européen de la culture (1950) et écrivit encore *Fédéralisme et Nationalisme* (1954), *L'Aventure occidentale de l'homme* (1957), *Vingt-huit siècles d'Europe* (1961), *Les Chances de l'Europe* (1962) qui lui paraissent être l'union dans le fédéralisme (1962), et *Lettre ouverte aux Européens* (1970).

**ROUGET DE LISLE (Claude Joseph)** ♦ Compositeur et officier français (Lons-le-Saunier 1760 - Choisy-le-Roi 1836). Officier du génie en garnison à Strasbourg, il composa le *Chant de guerre pour l'armée du Rhin* (1792) qui devint *La Marseillaise**. Incarcéré sous la Terreur, il écrivit, après sa libération, un *Hymne dithyrambique sur la conjuration de Robespierre* (1794), un *Chant des vengeances* (1798), un *Chant des combats*, pour l'armée d'Égypte (1800), la mélodie de *Cinquante chants français*, des romances et des livrets d'opéra. → ÉTYM. *Rouget* est le diminutif de *rouge*, surnom d'un homme roux ou qui a le visage rouge et *Lisle* est un nom de lieu.

**ROUGIER (Louis)** ♦ Philosophe et logicien français (Lyon 1889 - Paris 1982). L'un des seuls représentants du néopositivisme (ou positivisme logique) en France, il publia plusieurs ouvrages sur la logique et la théorie de la connaissance (*La Structure des théories déductives*, 1921 ; *Traité de la connaissance*, 1950) ainsi que sur l'économie et la politique (*La Mystique démocratique*, 1929 ; *Les Mystiques politiques*, 1935 ; *Les Mystiques économiques*, 1950).

Les **Rougon-Macquart** ♦ Cycle romanesque (1871 - 1893) d'Émile Zola* sous-titré *Histoire naturelle et sociale d'une famille sous le Second Empire*. Se proposant d'étudier «les tempéraments et les modifications profondes de l'organisme sous la pression des milieux et des circonstances», Zola, à l'instar de Balzac* avec *La Comédie* humaine*, bâtit un vaste cycle romanesque qui prétend étudier scientifiquement les tares héréditaires déterminant cinq générations successives. Vingt volumes composent cette œuvre : *La Fortune* des Rougon* (1870), *La Curée* (1871), *Le Ventre* de Paris* (1873), *La Conquête de Plassans* (1874), *La Faute* de l'abbé Mouret* (1875), *Son Excellence Eugène Rougon* (1876), *L'Assommoir** (1877), *Une page d'amour* (1878), *Nana** (1880), *Pot-Bouille* (1882), *Au Bonheur des Dames* (1883), *La Joie de vivre* (1884), *Germinal** (1885), *L'Œuvre* (1886), *La Terre** (1887), *Le Rêve* (1888), *La Bête* humaine* (1890), *L'Argent** (1891), *La Débâcle** (1892), et *Le Docteur Pascal* (1893). Ils développent avec un réalisme cru et pessimiste le destin d'une famille, composée d'«individus qui paraissent [...] profondément dissemblables, mais que l'analyse montre intimement liés les uns aux autres». Insufflant à sa doctrine une grandeur et une puissance souvent saisissantes par son imagination de visionnaire, Zola donne à la description naturaliste une dimension lyrique et sensuelle, en conférant parfois aux choses une valeur de mythe. → **naturalisme.**

**ROUHER** [RUER] **(Eugène)** ♦ Homme politique français (Riom 1814 - Paris 1884). Avocat à Riom (1838 - 1848), il vint à la politique lors de la révolution de fév. 1848. Après s'être présenté aux élections à l'Assemblée constituante (avr. 1848) comme républicain avancé, il se rallia au parti de l'Ordre, fut réélu à l'Assemblée législative (mai 1849) et nommé deux fois ministre de la Justice entre 1849 et 1851. Rappelé à ce ministère après le coup d'État du 2 décembre* 1851, il démissionna en janv. 1852 en signe d'opposition au décret sur la confiscation des biens de la famille d'Orléans (comme Morny*). Sous le Second Empire*, Rouher, comme ministre du Commerce, de l'Agriculture et des Travaux publics (1855 - 1863), contribua à faire adopter plusieurs mesures importantes (développement du chemin de fer, de la navigation, aménagement de la région des Landes, signature du traité de libre-échange avec la Grande-Bretagne). Ministre d'État (1863), il ne cessa de s'opposer à toutes les tentatives de libéralisation du régime et, en politique extérieure, soutint la malheureuse expédition du Mexique. Après les élections de 1869 qui assurèrent la victoire d'une majorité hostile au pouvoir personnel, Rouher fut contraint de démissionner. Président du Sénat (1870), il se réfugia à Londres après l'abdication de Napoléon III avant de devenir, sous la IIIe République, un des chefs du parti bonapartiste à l'Assemblée nationale où il siégea de 1872 à 1879. → ÉTYM. *Rouher* est une variante de *Rouhier* et désigne un marchand de roues.

**ROUÏBA** ♦ V. d'Algérie (wilaya de Boumerdes), dans la Mitidja. 38 420 hab. Cultures maraîchères. Construc. mécaniques (usines de véhicules industriels de la Sonacome, anc. usine Berliet). Pompes hydrauliques. Tanneries.

**ROULEAU (Raymond)** ♦ Comédien et metteur en scène français d'origine belge (Bruxelles 1904 - Paris 1981). Il fonda une troupe d'avant-garde à Bruxelles, puis rejoignit celle de Dullin* et le Théâtre Alfred-Jarry d'Artaud*. Il s'est imposé par ses mises en scène (théâtre, opéra, danse, cinéma et télévision) privilégiant les ambiances, les décors, les éclairages et les acteurs (*Un tramway nommé Désir*, 1949, *La Chatte sur un toit brûlant*, 1956, *La Descente d'Orphée*, 1959, de T. Williams ; *Cyrano de Bergerac*, de E. Rostand ; *Les Sorcières de Salem* de A. Miller dans l'adaptation de M. Aymé, 1954 ; *Le Songe* de A. Strindberg).

**ROULERS** → **Roeselare**

**ROULLET-SAINT-ESTÈPHE** [16440] → ÉTYM. *Roullet*, du lat. *Rullus*, n. de pers., et *Saint-Estèphe*, forme méridionale du gr. *Stephanos* «Étienne» ♦ Comm. de la Charente, arr. d'Angoulême. 3 525 hab. Papeterie.

**ROUMAIN (Jacques)** ♦ Écrivain et homme politique haïtien (Port-au-Prince 1907 - *id.* 1944). Mulâtre né dans une famille aisée, il s'engagea très jeune dans les luttes nationalistes contre l'occupation militaire de son pays par les États-Unis. Il fit de nombreux séjours en prison entre 1928 et 1930. En 1933 il fonda dans la clandestinité le Parti communiste haïtien. En 1934, objet d'un procès politique, il fut condamné à trois ans de prison. Pendant la Deuxième Guerre mondiale, il appliqua les consignes du Komintern et accepta un poste diplomatique à Mexico, proposé par le gouvernement de Lescot. Aussi à l'aise dans la poésie que dans le roman, il manifesta un sens aigu des devoirs de l'intellectuel face aux drames de la misère dans son pays. Dans *Gouverneurs de la rosée* (1944), il exposait les dures conditions de la campagne haïtienne et révélait au monde la chape d'oppression pesant sur la paysannerie. Il n'hésitait pas à utiliser les symboles pour rendre son message accessible. Bien que l'inspiration marxiste y soit tout à fait évidente, ses œuvres littéraires échappaient au dogmatisme. Auteur également de trois études ethnographiques et fondateur du Bureau d'ethnologie de Port-au-Prince, il fut l'un des pionniers de l'ethnographie scientifique en Haïti.

## ROUMANIE

▮ n. f. – en roum. ***România*** ➜ ÉTYM. du lat. *romanus* « romain » ♦ Pays d'Europe centrale. 237 500 km². 21 537 563 hab. *(Roumains)*. LANGUES : roumain (off.), hongrois, allemand, rom. POPULATION : Roumains, 89 % ; Hongrois, 7 % ; Tsiganes, 2 % ; Allemands. RELIGIONS : orthodoxes, catholiques, protestants, juifs. MONNAIE : leu (*pl.* lei). CAPITALE : Bucarest. RÉGIME : république parlementaire. Le pays est divisé en 41 judeţ.

▮ **GÉOGRAPHIE** L'arc des Carpates forme l'ossature du pays : les Carpates orientales englobent les monts de Maramureş, de la Bucovine et culminent au Pietroşul Rodnei (2 303 m). Elles se prolongent au-delà de la vallée de la Dâmboviţa par les Carpates méridionales (Alpes de Transylvanie) plus compactes et massives, dépassant souvent 2 500 m (Moldoveanu, 2 544 m). À l'O., les Carpates occidentales (monts du Banat, Poiana Ruscăi et Apuseni) viennent fermer un cercle montagneux, entourant la vaste dépression collinaire du bassin transylvain. Les hauteurs carpatiques, ceinturées de collines, débouchent sur de vastes plaines : les collines de l'Ouest, sur la plaine orientale de Pannonie*, les Subcarpates et le piémont gétique au S. sur la grande plaine roumaine ou Valachie* (d'O. en E., Olténie*, Munténie* avec la steppe du Bărăgan*). À l'E., les Carpates et les Subcarpates s'arrêtent à la vallée du Siret au-delà de laquelle s'étendent le plateau de Suceava*, la plaine et le plateau de Moldavie*. Entre le Danube et la mer Noire, s'étendent les monts et les plateaux de la Dobroudja* et le delta du Danube. Le climat est de type continental.

▮ **ÉCONOMIE** Jusqu'en 1945, la Roumanie était économiquement peu développée, le secteur tertiaire fournissant un pourcentage écrasant du revenu national. À partir de 1949, l'installation des communistes au pouvoir engagea le pays sur la voie socialiste du développement économique : collectivisation des terres, instauration d'un système de fermes d'État et de coopératives ; nationalisation de l'industrie, planification quinquennale. Les années 1960 virent une croissance rapide, suivie, à partir de 1975, d'un temps de crise profonde, aggravée par la volonté systématique de rembourser la dette extérieure au détriment du bien-être des populations, ce qui a marqué aussi la sortie de la Roumanie des circuits financiers internationaux. Les événements de déc. 1989, en mettant fin au système socialiste centralisé, ont entraîné une crise de transition particulièrement forte et durable, d'autant que les embargos contre la Yougoslavie (juin 1992 - oct. 1996) et l'Irak ont pénalisé les exportations. Depuis 1997, quelques sociétés étrangères se sont implantées. Dacia, de Piteşti, a été repris par Renault. L'embellie du milieu des années 2000 n'a pas réussi à juguler les inégalités, le chômage et l'inflation, d'autant que le pays a particulièrement souffert de la crise économique internationale de 2008-2009. ▮ **Agriculture** Les cultures sont très diversifiées : blé et maïs, tournesol et betteraves à sucre sur les sols exceptionnellement fertiles des plaines et de la Moldavie ; ceintures maraîchères autour des grandes villes ; vergers et vignes dans le domaine collinaire (Subcarpates

**Roumanie ▮ Productions en 2008**

| Produits | Quantités | Rang |
|---|---|---|
| ▮ Agriculture | | |
| Blé (2009) | 5 200 000 t | |
| Colza (2009) | 570 000 t | 20ᵉ |
| Maïs | 7 800 000 t | 20ᵉ |
| Orge | 1 200 000 t | |
| Pommes de terre (2009) | 3 750 000 t | 16ᵉ |
| Soja (graines) | 340 000 t | 18ᵉ |
| Tournesol (graines) (2009) | 1 130 000 t | 9ᵉ |
| Vin (2009) | 5 280 000 hl | 12ᵉ |
| Bovins (têtes) | 2 680 000 | |
| Ovins (têtes) | 8 800 000 | |
| Porcins (têtes) | 6 170 000 | |
| ▮ Mines et énergie | | |
| Charbon et lignite | 35 000 000 t | 18ᵉ |
| Gaz naturel | 12 000 000 000 m³ | |
| Pétrole | 4 700 000 t | |
| Uranium | 80 t | |

**Roumanie.**

et bassin transylvain) ; pomme de terre dans les dépressions intracarpatiques. La réforme agraire de 1991, en dissolvant les coopératives, a permis la réapparition d'une petite paysannerie devenue propriétaire de 80 % des terres ; sous-équipement matériel, retards dans la redistribution foncière sont à l'origine de graves perturbations dans la production. L'élevage ovin transhumant se perpétue dans les montagnes. L'élevage bovin et porcin connaît un nouvel essor grâce au renouveau des exploitations paysannes. Les forêts couvrent 29 % du pays (Carpates et Subcarpates). La pêche est pratiquée dans le delta du Danube. **Industrie** Conformément au modèle socialiste, ce sont les industries lourdes qui furent privilégiées. Aujourd'hui, l'économie roumaine est surtout dominée par une industrie chimique diversifiée : pétrochimie (Ploieşti*, Piteşti*), soude, acides sulfuriques, engrais (Valea Călugărească, Năvodari, Târgu Mureş), produits pharmaceutiques (Iaşi, Bucarest), fabrication de cellulose et de pâte à papier (Brăila, Buşteni) ; l'industrie mécanique : matériel de forage (Ploieşti, Târgovişte), tracteurs (Braşov, Miercurea-Ciuc), matériel ferroviaire (Craiova*, Arad*) ; les industries textiles et agroalimentaires qui connaissent des niveaux de développement très inégaux. La sidérurgie, longtemps fer de lance de l'industrie, est en restructuration et la prod. des sites de Hunedoara*, Reşiţa*, Galaţi*, Călăraşi est en forte diminution. La Roumanie est encore en voie de transition économique. Parmi les points positifs, outre le rapatriement des revenus des Roumains travaillant à l'étranger, les privatisations ont attiré les investisseurs étrangers. **Les communications et le tourisme** Les réseaux de communication routiers et ferroviaires exigent, pour leur modernisation, de lourds investissements. L'ouverture de la liaison Rhin-Danube qui permet de relier la mer du Nord et la mer Noire offre toutefois de nouvelles perspectives aux transports fluviaux en Roumanie et au grand port maritime de Constanza. Les équipements touristiques sont essentiellement concentrés sur les côtes de la mer Noire (Mamaia*, Neptun) et dans la vallée montagnarde de Prahova (stations de Sinaia, Buşteni, Predeal), dans les monts Apuseni* et dans la Bucovine.

**HISTOIRE** **La Dacie** La Roumanie est l'ancienne Dacie* érigée en province romaine par Trajan au IIe s. Dès le IIIe s., elle fut envahie par les flots successifs des Goths, des Huns, des Gépides, des Avars, des Slaves... Les paysans de Dacie, romains ou romanisés, survécurent et se réfugièrent dans les montagnes des Carpates, conservant leurs traditions et la langue latine. **Les principautés orthodoxes** Du Xe au XIIIe s., des principautés de religion orthodoxe et de langue latine se constituèrent. Au XIIIe s., les Hongrois conquirent la Transylvanie, faisant refluer les populations vers les plaines danubiennes, la Moldavie et la Valachie. Ainsi, dès le XIVe s., les trois grandes provinces de la Roumanie contemporaine prenaient leur visage historique. La Moldavie et la Valachie connurent à cette époque un exceptionnel développement culturel et économique avec à leur tête un voïévode (ou hospodar). L'architecture religieuse connut un prodigieux essor. De style purement byzantin en Valachie (l'église épiscopale de Curtea-de-Argeş avec ses fresques), elle combina des éléments gothiques en Moldavie (Voroneţ, église peinte à l'intérieur et à l'extérieur ; Humor ; Moldoviţa). Les icônes sur bois apparurent dès le début du XVe s., dans le prolongement de celles du mont Athos ou des icônes russes. En revanche, les icônes sur verre (XVIIe - XVIIIe s.) relèvent de la tradition populaire. **La domination turque** La Moldavie et la Valachie furent conquises par les Turcs et vécurent sous leur joug jusqu'à la fin du XVIIe s. malgré la résistance héroïque d'Étienne le Grand et de Michel le Brave ; dans le même temps se forgeait le sentiment national d'ailleurs fortement entretenu par l'Église orthodoxe et certains intellectuels (D. Cantemir*, G. Ureche, M. Costin). Au XVIIe s. la Transylvanie fut annexée par l'Autriche. Au XVIIIe s., la Moldavie et la Valachie furent gouvernées au nom de la Porte par les Grecs phanariotes, ce qui entraîna des conséquences économiques désastreuses, mais permit la pénétration de la culture occidentale (surtout française). Peu à peu, le slavon fut abandonné au profit du roumain. Les Autrichiens et les Russes conquirent sur les Turcs la Bucovine (1775) et la Bessarabie* (1845). La Moldavie et la Valachie obtinrent alors d'être gouvernées par des princes indigènes. Mais en 1848 éclata dans les deux provinces un mouvement national et libéral qui fut réprimé par les Russes et les Turcs. **L'unité** Grâce à l'intervention de Napoléon III (traité de Paris, 1856), la Moldavie et la Valachie choisirent un même prince roumain, Alexandre Cuza* (1859), et obtinrent la reconnaissance de leur union en un État unique, la Roumanie. Il établit la capitale à Bucarest, mais dut abdiquer en 1866 ; il fut remplacé par Carol de Hohenzollern-Sigmaringen, qui se rapprocha des Empires centraux et fit largement appel aux investissements allemands ; le mécontentement grandit et une révolte paysanne fut matée dans le sang (1907). L'union de la Moldavie et de la Valachie fut propice au renouveau de la littérature roumaine, qui s'exprima surtout au travers du groupe Junimea («la Jeunesse»), de tendance nationaliste et antilibérale (T. Maiorescu*, M. Eminescu*, I. Creangă*, Caragiale*). **L'indépendance** Officiellement indépendante depuis 1878 (congrès de Berlin), la Roumanie

**Roumanie**. Monastère de Suceviţa, en Moldavie.
*Phot. © Mircea Maieru/Shutterstock*

signa avec l'Autriche-Hongrie et l'Allemagne un traité d'alliance défensive contre la Russie auquel l'Italie adhéra en 1888. Cette alliance était déjà fortement ébranlée (crise orientale en 1912) lorsque éclata la guerre de 1914. Le roi Ferdinand, successeur de Charles, entra en guerre aux côtés des Alliés. L'Allemagne réagit avec force en occupant Bucarest, mais la victoire des Alliés permit à la Roumanie de réunir enfin la Transylvanie, le Banat, la Bucovine et la Bessarabie. **L'entre-deux-guerres** La Roumanie devint un État centralisé et une démocratie parlementaire qui développa de bons rapports avec la France et signa des accords avec ses voisins (Pologne, Tchécoslovaquie, Yougoslavie [1921], Grèce et Turquie), mais les difficultés économiques, la crise de 1929, les désordres provoqués par le nouveau parti fasciste «la Garde de Fer» firent passer de nouveau la Roumanie dans l'orbite de l'Allemagne. L'entre-deux-guerres fut une période d'effervescence culturelle. Oscillant entre élans mystiques et traditions populaires, la littérature (N. Iorga*, M. Sadoveanu*, L. Rebreanu*, G. Călinescu*, P. Istrati*), la peinture (S. Luchian) et la philosophie (L. Blaga*) subirent de profondes transformations. Certains artistes et intellectuels quittèrent la Roumanie (C. Brancusi*, E. M. Cioran*, M. Eliade*). **La Deuxième Guerre mondiale** Le roi Carol* II (1930 - 1940) ne put maintenir le régime parlementaire et institua une dictature (1938). L'arrivée d'Hitler aggrava la situation ; la Roumanie se trouva de nouveau occupée, amputée de la Transylvanie du Nord et entraînée dans la guerre contre l'URSS par le dictateur Antonescu*. Après la bataille de Stalingrad (1943), le roi Michel opéra un renversement des alliances et entreprit la lutte contre l'Allemagne. En août 1944, Antonescu était arrêté et un gouvernement d'Union nationale accueillait socialistes et communistes. Après les conférences de Yalta et de Potsdam, la Roumanie, sous l'influence soviétique, évolua vers la démocratie populaire. **La République** En déc. 1947, le roi Michel abdiqua et la République fut immédiatement proclamée. Le pays s'aligna alors sur l'URSS (nationalisations, collectivisations, etc.) et s'intégra aux traités d'assistance mutuelle au sein du monde socialiste. Après sept années d'une exceptionnelle rigueur, le pays connut un nouveau développement industriel et culturel. N. Ceauşescu*, au pouvoir dès 1965, mena une politique étrangère différente de celle du Kremlin, mais instaura progressivement un régime dictatorial qui fut renversé en déc. 1989 après une violente insurrection soutenue par l'armée (plus de 1 500 morts). **L'après-Ceauşescu** Un «conseil du Front de salut national» fut alors institué (I. Iliescu*, élu président de la République en mai 1990 ; P. Roman, Premier ministre). Réélu en 1992, I. Iliescu dut faire face à d'importantes difficultés économiques, sociales et politiques qui provoquèrent une scission du Front de salut national et renforcèrent l'opposition, regroupée au sein de la Convention démocratique (CDR). Surtout, le procès expéditif de Ceauşescu qui occulta toute véritable remise en cause des structures et des dirigeants de l'ancien régime, le recours à des méthodes rappelant l'ère communiste (intervention violente des mineurs contre les manifestations étudiantes), la lenteur des réformes et la profonde récession entraînèrent la victoire du centriste Emil Constantinescu (CDR) à l'élection présidentielle de 1996. L'ancien président communiste, converti à la social-démocratie, I. Iliescu, lui succéda en 2000. La Roumanie a intégré l'Otan en 2004. La même année, un président issu du Parti démocrate de centre droit fut élu, notamment en raison de la corruption et de la crise économique : Traian Basescu fit de l'entrée de son pays dans l'Union européenne (effective en 2007) la priorité de son mandat. En 2007, il fut confirmé dans ses fonctions par un référendum portant sur sa destitution par le Parlement à la suite d'un conflit majeur avec le Premier ministre ; il fut également réélu fin 2009 et obtint par référendum une réforme du Parlement qui aboutit à une révision de la Constitution. Dans un contexte de crise économique globale, le gouvernement a adopté un budget d'austérité.

---

**ROUMANILLE (Joseph)** ♦ Écrivain français d'expression occitane (Saint-Rémy-de-Provence 1818 - Avignon 1891). Répétiteur à Avignon, il fit partager au jeune Mistral* sa passion pour un renouveau de la littérature provençale, prenant lui-même une influence considérable sur cette renaissance avec son recueil en vers, d'inspiration intime, *Les Pâquerettes* (1847), puis avec son conte dialogué, en vers octosyllabiques, *Les Songeuses* (1851). Les poèmes furent réunis dans *Les Œuvrettes en vers* (en 1860). Prosateur vigoureux, Roumanille avait composé, depuis la révolution de 1848, des pamphlets légitimistes qui furent groupés dans *Les Œuvrettes en prose* (1859). S'attachant à rassembler les littérateurs de langue d'oc, il fit paraître le recueil collectif *Les Provençales* (1851), organisa les congrès d'Arles (1852) et d'Aix (1853), participa à la fondation du Félibrige* en 1854 (en 1884, il succéda à Mistral comme «capoulié») et se fit l'imprimeur de l'*Almanach provençal*, organe de la restauration linguistique, où parurent *Les Contes provençaux* (recueil constitué en 1883) au réalisme malicieux ou savamment naïf. ➝ ÉTYM. *Roumanille* est un diminutif de l'occitan *Rouman* «Romain».

**ROUMAZIÈRES-LOUBERT** [16270] ➝ ÉTYM. *Roumazières : langue d'oïl «maisons [murs] (maisières) rouges»* ♦ Comm. de la Charente, arr. de Confolens. 2 781 hab.

**ROUMÉLIE** n. f. ➝ ÉTYM. en turc *Roum Ili* «pays des Romains» ♦ Nom donné par les Turcs à la partie européenne de l'Empire ottoman correspondant aux régions de Macédoine* et de Thrace* dans l'Antiquité. ▪ La *Roumélie orientale*, comprenant la partie de la Roumélie située au S. de la chaîne montagneuse du Balkan, fut une province autonome de l'empire turc, créée par le traité de Berlin (1878) qui démembra la «grande Bulgarie». Rattachée à la principauté de Bulgarie par le coup d'État de Philippopoli en 1885, elle fut réunie à la Bulgarie en 1908.

**ROUMOIS** n. m. ♦ Pays de Normandie* qui s'étend sur les dép. de l'Eure* et de la Seine*-Maritime entre la Risle* et la Seine* (ancienne cap. : Quillebeuf-sur-Seine). Plateaux recouverts de riches cultures et d'herbages.

**Rouputuan** ➝ ÉTYM. chin. «tapis de prière en chair» ♦ Roman de mœurs chinois du XVII^e s., attribué à Li* Yu, qui prône les plaisirs de la vie, mélange humour et veine picaresque pour décrire les amours d'un don Juan chinois.

**ROUQUIER (Georges)** ♦ Cinéaste français (Lunel 1909 - Paris 1989). Il fit toujours montre d'une totale sincérité dans l'humble enregistrement des faits et gestes quotidiens de petits artisans, des foules de Lourdes ou d'une famille de paysans du Rouergue. Plutôt que d'approche documentaire, c'est de sympathie active qu'il convient de parler à propos de ces monographies exemplaires que sont *Le Tonnelier* (1942), *Le Sel de la terre* (1950), *Lourdes et ses miracles* (1955) et surtout l'émouvante saga de *Farrebique* (1946), avec son corrolaire didactique *Biquefarre* (1984), bilan exhaustif des problèmes de l'agriculture française.

**ROUS (Peyton)** ♦ Biologiste américain (Baltimore 1879 - New York 1970). Ses recherches expérimentales sur la transmission d'une tumeur maligne du poulet *(sarcome de Rous)*, en particulier par transplantation des tissus, lui permirent d'établir une théorie virale du cancer. [Prix Nobel de physiol. ou méd. 1966, avec C. B. Huggins*]

**ROUSIES** [59131] ➝ ÉTYM. du germ. *Hrodowald*, n. de pers., et suff. *-iacas* ♦ Comm. du Nord, arr. d'Avesnes-sur-Helpe, banlieue E. de Maubeuge. 4 257 hab. *(Roséens)*. Métallurgie.

**ROUSSEAU (Jean-Baptiste)** ♦ Poète français (Paris 1671 - Bruxelles 1741). Célébré de son temps comme le continuateur de Malherbe* et de Boileau*, il mourut cependant en exil (exhalant sa rancœur dans des *Épigrammes*) ; il s'adonna au lyrisme impersonnel dans des *Cantates* (1703), parmi lesquelles «Circé», des paraphrases de Psaumes et, surtout, des *Odes sacrées* (1702), dont ses contemporains goûtaient les allusions mythologiques, mais dont l'éloquence parut plus tard compassée. ➝ ÉTYM. *Rousseau* est le surnom d'un homme roux.

**ROUSSEAU (Jean-Jacques)** ♦ Écrivain et philosophe genevois de langue française (Genève 1712 - Ermenonville 1778). ▮ **La formation** D'une famille d'origine française, élevé dans la tradition protestante, il fut tôt privé de sa mère et, soumis à l'éducation fantasque de son père, acquit le goût des ouvrages romanesques aussi bien que des œuvres de Plutarque. Il connut de dures années d'apprentissage, fit la rencontre décisive de M^me de Warens («maman»), et mena une vie errante qui lui laissera des souvenirs charmants. Il rejoignit ensuite sa protectrice à Chambéry, puis aux Charmettes (1732 - 1741) où il se livra avec passion aux études musicales et à la lecture. ▮ **Premières œuvres et premiers succès** À Paris (1742 - 1749), où il connut des déceptions mondaines, il se lia avec Diderot* et collabora à l'*Encyclopédie**. La célébrité littéraire lui vint avec la thèse paradoxale soutenue dans le *Discours* sur les sciences et les arts* (1750) ; quant au *Discours* sur l'origine et les fondements de l'inégalité parmi les hommes* (1755), il aura une influence considérable sur la pensée politique moderne. Obéissant à la logique de son système, Rousseau critique les raffinements de la civilisation en condamnant le luxe ou le théâtre, école de mauvaises mœurs, dans la *Lettre* à d'Alembert sur les spectacles* (1758), qui lui aliéna les philosophes, déjà hostiles après sa brouille avec Diderot et M^me d'Épinay*. Recueilli par M. et M^me de Luxembourg, il acheva *Julie ou la Nouvelle* Héloïse* (1761), roman épistolaire qui exaltait les bienfaits d'un retour à la vie naturelle, montrait aussi l'étendue du malheur humain, et qui connut un immense succès. Puis, toujours désireux de préciser son idéal politique lié à ses conceptions de l'éducation, il publia le *Contrat* social* parallèlement à l'*Émile** (1762), ouvrage pédagogique dont les idées religieuses furent condamnées, ce qui l'obligea à des années d'errance. ▮ **Les récits autobiographiques** Vivant dès lors dans la hantise d'un complot dirigé contre lui et voulant se justifier devant la postérité, il rédigea (de 1765 à 1770) *Les Confessions** (posth. 1782 et 1789) et évoqua ses souvenirs heureux dans *Les Rêveries* du promeneur solitaire*, composées de 1776 à sa mort. Ces récits autobiographiques révèlent la personnalité complexe de Rousseau dont les «passions vives, impétueuses» se heurtèrent sans cesse au réel et aux contraintes de la société («On dirait que mon cœur et mon esprit n'appartiennent pas au même individu»). ▮ **L'amour de la nature** Dès lors, pour concilier le bonheur individuel et les exigences de la collectivité, appliqua-t-il toute sa logique passionnée à édifier un système politique et pédagogique, également moral et religieux, qui découle de cette «maxime incontestable que les premiers mouvements de la nature sont toujours droits» ; aussi, pour préserver l'ingénuité de la sensation et laisser s'exprimer l'«immortelle et céleste» voix de la conscience, Rousseau prescrit-il de vivre autant que possible à la campagne, où la sensibilité peut le mieux s'épanouir et connaître, par la nature, une véritable extase religieuse. ▮ **Un précurseur du romantisme** Hostile en effet à la «foi dogmatique», Rousseau aimait à «contempler [Dieu] dans ses œuvres» *(Profession* de foi du vicaire savoyard)*. Il en résulte, chez lui, un amour de la nature auquel participent également les sens et le cœur : sensible au charme du printemps ou au pittoresque des sites tourmentés, il prolonge sa vision en rêveries où l'imagination est libre de s'«élancer à l'infini», préfigurant en cela bien des thèmes romantiques. Soucieux d'adapter son style au caractère de son inspiration, Rousseau sut être alternativement rigoureux ou véhément quand il s'agissait de convaincre ou de combattre, admirablement précis pour «rendre [son] âme transparente aux yeux du lecteur», ou bien lyrique lorsqu'il épanchait son cœur en de véritables poèmes en prose. Ses cendres ont été transférées au Panthéon en 1794.

**ROUSSEAU (Théodore)** ♦ Peintre français (Paris 1812 - Barbizon 1867). Il étudia chez le peintre académique Lethière et chez le paysagiste Remond. En 1830, il entreprit un tour de France, fit de nombreux croquis sur le motif et chercha à interpréter le plus fidèlement possible la nature. Admirateur des paysagistes hollandais, Ruysdael, Van Goyen, Hobbema, il subit aussi l'influence de P. Huet. À partir de 1833, il travailla souvent dans la forêt de Fontainebleau. Peu apprécié par la critique et refusé plusieurs fois au Salon, il s'installa à Barbizon vers 1848 et y fut rejoint par Millet*, Diaz*, Dupré*, Daubigny*, Chintreuil, formant avec eux le groupe dit de l'«école de Barbizon». Il se voulut un observateur fidèle et naïf de la nature, analysant à la fois avec passion et rigueur ses différents aspects, mais il ne put complètement se dégager de la conception pathétique et lyrique, chère à la sensibilité romantique. Il eut une prédilection pour le thème des arbres vigoureux, des eaux dormantes éclairées par le soleil couchant et, s'il chercha la luminosité, les effets d'atmosphère, il insista souvent sur les détails, recourant à une gamme où dominent les harmonies foncées et à une pâte épaisse et brillante (*Sortie de forêt à Fontainebleau au soleil couchant*, 1848-1850 ; *Le Paysage après la pluie*, 1852 ; *Coucher de soleil sur la forêt*, 1866).

**ROUSSEAU (Henri, dit le Douanier)** ♦ Peintre français (Laval 1844 - Paris 1910). ▮ **L'employé de l'Octroi** Fils d'un ferblantier, il devint vers 1863 employé dans l'étude d'un avoué. À la suite d'une petite fraude, il s'engagea pour sept ans dans l'armée et fit croire plus tard qu'il avait participé à l'expédition du Mexique. Dégagé de ses obligations en 1868, il devint clerc de notaire à Paris, puis employé municipal en 1871 ; il était employé à l'Octroi (et non à la Douane, contrairement à ce qu'indique son surnom). ▮ **L'artiste** Totalement autodidacte, il obtint en 1884 une carte de copiste au Louvre. Admirateur de Bouguereau, de Bonnat et surtout de Gérôme, à qui il alla demander des conseils, il parvint à s'insérer dans le circuit artistique, grâce au Salon des Indépendants, où il exposa réguliè-

Le Douanier **Rousseau.**
*Surpris* (1,30 x 1,62 m).
*BIS/Phot. © National Gallery, Londres*

rement à partir de 1886. Quelques traits de sa biographie révèlent une certaine malice et une tendance à la mythomanie qui lui permettait de surmonter son état de déclassé. Il était avide de consécration. L'Exposition de 1889 suscita son admiration et probablement la reconstitution de paysages exotiques impressionna-t-elle fortement son imagination (il écrivit une pièce : *Une visite à l'Exposition de 1889,* qu'il tenta sans succès de faire jouer au Châtelet). Son œuvre, qui déjouait les critères habituels du jugement esthétique, provoqua le plus souvent la moquerie (Courteline acheta deux de ses œuvres pour les placer dans son musée des Horreurs). Cependant Jarry, comme lui originaire de Laval, le présenta à Remy de Gourmont, et publia dans *L'Ymagier* une lithographie de *La Guerre* d'après son tableau de même titre. En 1899, Rousseau écrivit un drame, *La Vengeance d'une orpheline russe ;* il donna pour subsister des leçons de musique et de peinture aux habitants de son quartier et, vers 1906 - 1907, fit la connaissance d'Apollinaire et de plusieurs peintres (notamment Delaunay et Picasso). Il commença alors à vendre des toiles à des collectionneurs. **▮ L'œuvre** Son œuvre comprend de nombreux paysages, sites de Paris et de la banlieue (*Scieries aux environs de Paris ; L'Octroi,* v. 1890 ; *La Carrière,* v. 1897 ; *Vue du parc Montsouris,* v. 1898), des scènes de la vie quotidienne (*Une noce à la campagne,* 1905 ; *La Carriole du père Juniet,* 1908), des portraits (*Pierre Loti ; Moi-même : portrait-paysage,* 1890 ; *L'Enfant aux rochers ; Pour fêter bébé,* 1903 ; *La Muse inspirant le poète : Apollinaire et Marie Laurencin,* 1909), des fleurs et natures mortes et des compositions qu'il appelait lui-même des «créations». Celles-ci avaient des sujets romanesques (*Rendez-vous dans la forêt,* v. 1890), patriotiques ou «modernes» (*Centenaire de l'Indépendance,* 1892 ; *Les Joueurs de football,* 1908), allégoriques (*La Guerre,* 1894) ou exotiques (*La Bohémienne endormie,* 1897, et une série de «jungles» : *Le Lion ayant faim,* 1905 ; *Joyeux farceurs,* 1906 ; *La Charmeuse de serpents ; Les Flamants,* 1907). **▮ Le premier des peintres naïfs** Si son trait est souvent dur et son dessin maladroit, Rousseau possédait un sens très poussé de la composition et de rares dons de coloriste. Chez lui, l'observation pleine de ferveur de la réalité quotidienne et l'imagination sont étroitement liées, d'où la qualité poétique, la force suggestive et la portée mythique de ses figurations, et particulièrement de ses «jungles» («inaliénable propriété du subconscient») dans lesquelles il transpose sur un mode visionnaire et fantastique la végétation observée dans les serres du Jardin des plantes. S'il a été l'initiateur de toute une catégorie de peinture, dite «naïve» (→ **naïfs** [peintres]), il a surtout contribué à ouvrir de nouvelles voies plastiques et expressives, dont Picasso et Léger retiendront la leçon, et à imposer la singularité de sa vision.

**ROUSSEL (Ker Xavier)** ♦ Peintre français (Lorry-lès-Metz 1867 - L'Étang-la-Ville 1944). Camarade de Vuillard* au lycée Condorcet à Paris, il devint plus tard son beau-frère et comme lui alla suivre des cours à l'académie Julian, rencontra Sérusier*, Bonnard* et adhéra au mouvement nabi*. Sous l'influence de ses amis, il peignit des natures mortes, scènes familières, portraits ou paysages, avec des tons plus vifs et accentua le caractère décoratif de ses compositions. Il exécuta ensuite des figures mythologiques évoluant dans des paysages lumineux (*Vénus et l'Amour au bord de la mer,* 1908) et des grandes décorations (*Rideau de la comédie des Champs-Élysées,* 1913) qui révèlent un talent plus éclectique et moins novateur que celui de ses amis, Vuillard et Bonnard. ✦ ÉTYM. → Rousseau.

**ROUSSEL (Albert)** ♦ Compositeur français (Tourcoing 1869 - Royan 1937). Reçu à l'École navale, il entreprit de longues croisières à travers le monde, tout en poursuivant sa formation musicale. De retour en France, il donna sa démission d'officier (1894) et se consacra à la musique. Il travailla avec Gigout, puis avec Vincent d'Indy, à la Schola Cantorum où il devait, un peu plus tard, occuper la chaire de contrepoint (1902 - 1914) et former de nombreux élèves. Ses premières compositions manifestent son attachement pour une architecture solide, héritée de Franck et de V. d'Indy, tout en révélant, par leurs audaces harmoniques, l'influence de Debussy et de l'impressionnisme (*Poème de la forêt,* pour orchestre, 1909). D'un long voyage en Extrême-Orient (1909 - 1911), il rapporta une partition orchestrale d'une couleur intense, *Évocations* (1912), que suivit un ballet aux harmonies subtiles, *Le Festin de l'araignée* (1912). La guerre venue, il s'engagea, bien que réformé, et entreprit la composition d'un opéra-ballet dans le style du XVIII^e s., *Padmâvati* (1914 - 1918), où la hardiesse des enchaînements harmoniques, l'emploi des modes orientaux, la somptuosité du relief sonore se conjuguent, formant un des ouvrages les plus achevés de la scène lyrique française. C'est après la guerre que Roussel s'achemina vers une forme classique, par les voies les plus personnelles. Il y parvint en accordant la prédominance à l'architecture rythmique, en employant dans le cadre tonal tantôt l'écriture harmonique, tantôt une écriture contrapuntique qui rappelle l'ancienne polyphonie. De cette période de maturité datent des œuvres que caractérisent la spontanéité de l'inspiration, l'intensité rythmique et, avec un prodigieux dynamisme, une plénitude admirable : *Concerto pour piano* (1927), *Suite en fa* (1927), *Psaume LXXX* (1929), *3^e et 4^e symphonies* (1930 - 1934), les ballets *Bacchus et Ariane* (1931) et *Aeneas* (1935). Il convient encore d'y ajouter le *Quatuor à cordes* (1932), la *Rhapsodie flamande pour orchestre* (1936), le *Concertino de violoncelle* (1937), le *Trio pour alto, violon et violoncelle* (1937), toutes œuvres marquées par une force contenue et une exemplaire concision. La grandeur de Roussel tient en son refus du pittoresque et de tous les éléments qui portent atteinte à la musique pure. Homme d'une haute conscience morale, il témoigna dans son art du même souci d'exigence et de rigueur. Il a dit : «Qu'aucune préoccupation étrangère à la conduite harmonieuse des lignes sonores n'ait hanté l'esprit du compositeur, cela seul permet à la musique de livrer dans toute sa pureté, à ceux qui l'aiment pour elle-même, le secret de sa beauté et l'étendue de son pouvoir.»

**ROUSSEL (Raymond)** ♦ Écrivain français (Paris 1877 - Palerme 1933). Né dans une famille de la riche bourgeoisie, il passa une enfance «d'un bonheur parfait». Il étudia la musique au Conservatoire, où il obtint un 1^er accessit de piano. À dix-sept ans, se sentant appelé par la vocation poétique, il entreprit une grande œuvre en alexandrins, *La Doublure* (publ. 1897), minutieuse évocation du carnaval de Nice. L'écriture le mit dans un état d'exaltation délirante, et l'insuccès absolu d'une œuvre qu'il croyait destinée à éblouir les foules l'accabla. Il se remit cependant peu à peu au travail, à la recherche de cette «sensation de soleil moral» qu'il avait éprouvée (son cas fut étudié par Paul Janet). Il composa des pièces en alexandrins (*La Vue,* 1903 ; *Le Concert,* 1904 ; *La Source,* 1904) avant d'entreprendre, en prose, les *Impressions d'Afrique* (publ. 1910), description d'une Afrique imaginaire remplie de mécanismes compliqués et étranges. La pièce qu'il en tira fit l'objet d'un scandale de dérision. *Locus Solus* (1914), écrit selon les mêmes principes, puis deux pièces, *L'Étoile au front* (1924) et *La Poussière de soleils* (1927), précédèrent les *Nouvelles impressions d'Afrique,* poème en alexandrins dont le texte s'emboîte dans plusieurs jeux de parenthèses, composé de 1915 à 1928 (publ. 1932). En 1920 - 1921, il avait voyagé autour du monde, affirmant l'inutilité absolue de ce voyage pour son œuvre. Il cessa d'ailleurs d'écrire en 1932, se révélant rapidement un maître du jeu d'échecs, ce qui n'a pas manqué d'orienter la critique dans l'interprétation de son œuvre. Il mourut empoisonné par les barbituriques, dans un palace sicilien. En 1989, un grand nombre d'inédits ont été découverts (10 000 pages).

▪ L'œuvre de Roussel, revendiquée par les surréalistes («Roussel est, avec Lautréamont, le plus grand magnétiseur des temps modernes», écrivit Breton), est partiellement fondée sur un singulier procédé d'écriture que lui-même exposa (*Comment j'ai écrit certains de mes livres*, posth. 1935) et qui repose sur l'exploitation littérale de jeux de mots. Certains critiques ont affirmé que les mécanismes décrits par Roussel constituaient une métaphore de son système d'écriture (Michel Foucault), voire de la «productivité dite texte» (J. Kristeva). D'autres, comme Jean Ferry, ont reconnu que l'analyse du «procédé» ne suffit pas à rendre compte de l'imagination et de la qualité d'écriture de Roussel.

**ROUSSELOT (Jean-Pierre)** ♦ Phonéticien français (Saint-Cloud 1846 - Paris 1924). Ordonné prêtre en 1870, il fut professeur au petit séminaire d'Angoulême de 1869 à 1871. Ayant suivi les recherches du physiologiste É. J. Marey*, il mit au point des appareils enregistreurs. Professeur de phonétique expérimentale à l'Institut catholique (1889), puis au Collège de France, fondateur de la Société des parlers de France (1893), il fut en France le pionnier de la phonétique scientifique et l'un des initiateurs de la dialectologie. Il a publié *Principes de phonétique expérimentale* (1897 - 1909) ; *Précis de prononciation* (1902).

**ROUSSES (GRANDES)** → ÉTYM. d'après la couleur des roches ♦ Massif des Alpes françaises situé à l'E. de la chaîne de Belledonne, entre l'Arc et la Romanche, et culminant à 3 464 m.

**ROUSSES (LES)** [39220] → ÉTYM. «(terres) rousses» ♦ Comm. du Jura, arr. de Saint-Claude, au pied de la chaîne du Jura. 2 927 hab. *(Rousselands)*. Station de sports d'hiver (1 118 m). ▪ Aux environs, *lac des Rousses*.

**ROUSSET (Jean)** ♦ Critique suisse d'expression française (Genève 1910 - *id.* 2002). Ses essais, toujours soucieux d'établir des liens entre la littérature et d'autres activités artistiques, conjuguent avec élégance et ingéniosité la lecture des thèmes et des formes : *La Littérature de l'âge baroque en France* (1953), *Forme et signification* (1962), *L'Intérieur et l'Extérieur* (1968), *Narcisse romancier* (1973), *Le Mythe de Don Juan* (1978), *Leurs yeux se rencontrèrent* (1981), *Le Lecteur intime* (1986), *Passages, échanges et transpositions* (1990).

**ROUSSET (David)** ♦ Écrivain français (Roanne 1912 - Paris 1997). Engagé aux côtés des républicains pendant la guerre d'Espagne, déporté par les nazis pendant la Deuxième Guerre mondiale, il a écrit deux témoignages essentiels sur les camps de concentration, *L'Univers concentrationnaire* (1945) et *Les Jours de notre mort* (1946).

**ROUSSILLON** → ÉTYM. du n. de *Ruscino*, sa capitale antique ♦ Région historique de France, dont les limites correspondent à peu près à celles du département des Pyrénées*-Orientales. → **Languedoc-Roussillon.** ▮ **Histoire** Les Romains s'y établirent dès –121 et l'intégrèrent à la Narbonnaise Ire. Elle subit diverses invasions germaniques, fut occupée par les Wisigoths*, puis par les Arabes (719), et reprise par les Carolingiens, qui en firent une marche. Ses comtes héréditaires la cédèrent en 1172 à l'Aragon, auquel elle revint après un passage sous la domination française (1462 - 1493). Ses villes connurent alors un essor économique (Perpignan), et elle conserva une grande importance stratégique. Le traité des Pyrénées (1659) en donna la possession à la France dont elle devint un «grand gouvernement».

**ROUSSILLON** [38150] → ÉTYM. probablt du lat. *°Russulius*, n. de pers., et suff. *-onem* ♦ Ch.-l. de cant. de l'Isère, arr. de Vienne, près du Rhône. 7 437 hab. (aggl. 36 139) *(Roussillonnais)*. Indus. textile et chimique. ▪ Aux environs, centrale nucléaire de Saint-Alban-Saint-Maurice. ▮ **Histoire** C'est dans son château que Charles IX signa en 1564 l'édit qui fixait le début de l'année au 1er janvier.

**ROUSSILLON** [84220] ♦ Comm. du Vaucluse, arr. d'Apt, au N. du Luberon. 1 161 hab. Centre touristique. Carrières d'ocre.

**ROUSSIN (André)** ♦ Auteur dramatique français (Marseille 1911 - Paris 1987). Fondateur, avec Louis Ducreux, de la compagnie du Rideau gris (1942), il a connu ensuite quelques-uns des plus grands succès du théâtre de boulevard, avec *La Petite Hutte* (1947), *Les Œufs de l'autruche* (1948), *Nina* (1949), *Bobosse* (1950), *Lorsque l'enfant paraît* (1951), *La Mamma* (1957), *La Voyante* (1963). [Acad. fr. 1973] → ÉTYM. *Roussin* vient de *roux* (→ aussi Rousseau) ou de *roncin* (→ aussi Ronsard).

**ROUSSON** [30340] → ÉTYM. du lat. *Russus* (de *russus* «roux»), n. de pers. gallo-rom., et du gaul. *magos* «marché» ou de l'occit. *rousson, roussou* «calcaire houiller» ♦ Comm. du Gard, arr. d'Alès. 3 019 hab.

**ROUSSY (Gustave)** ♦ Médecin français (Vevey, 1874 - Paris 1948). Il posa le problème des relations entre l'hypothalamus et l'hypophyse. Médecin-chef de l'hôpital Paul-Brousse (1913), il devint, en 1938, recteur de l'université de Paris. Il fonda l'Institut du cancer de Villejuif, qui porte son nom, et publia un *Traité du cancer*, ainsi que plusieurs ouvrages sur les tumeurs.

**ROUSTAVELI (Chota)** ♦ Poète géorgien du XIIe s. Trésorier de la reine Thamar, il restaura le monastère Sainte-Croix de Jérusalem. Roustaveli écrivit le poème *Le Chevalier à la peau de tigre* (1re édition commentée en 1712), dans lequel il évoque l'idéal chevaleresque, l'amour, l'amitié et la poésie, «domaine de la sagesse». Précurseur des conceptions humanistes de la Renaissance, il apparaît comme le fondateur de la langue littéraire géorgienne moderne.

**ROUSTAVI** ♦ V. de Géorgie, sur la Koura. 117 900 hab. Métallurgie. Indus. chimique et textile.

**ROUSTCHOUK** ou **RUŠCUK** → **Ruse**

La **Route au tabac** – en angl. ***Tobacco Road*** ♦ Roman d'Erskine Caldwell* (1932). En Géorgie dans la vallée de la Savannah, la terre, épuisée par la culture du tabac et du coton, ne peut nourrir les petits fermiers. L'un d'eux, Jeeter Lester, analphabète comme toute sa famille, refuse d'abandonner sa ferme. Tous ses enfants l'ont fui, sauf un fils, attardé mental, et une fille affublée d'un monstrueux bec-de-lièvre. Une autre fille a été mariée à un voisin à douze ans. Caldwell invente un destin tragique à ces personnages, obstinés à tirer leur nourriture d'une terre épuisée et qui, aux limites de l'animalité, acceptent leur misère avec une innocence primitive, à la mesure de leur monstruosité. Ce roman connut un succès considérable.

La **Route des Flandres** ♦ Roman de Claude Simon (1960). Georges, le narrateur, rend compte de la déroute de l'armée française en juin 1940 en prenant appui sur la mort du capitaine de Reixach dont il ne parvient pas à décider s'il s'agit d'un suicide ou d'un accident. L'intrigue se disloque entre rêve et réalité à mesure que le narrateur mélange le présent à des souvenirs plus ou moins précis. Le livre est un des chefs-d'œuvre du nouveau* roman.

**ROUVIER (Maurice)** ♦ Homme politique français (Aix-en-Provence 1842 - Neuilly 1911). Journaliste à *La République française* de L. Gambetta, député (1871 - 1903), sénateur (1903 - 1911), il fut ministre du Commerce (1881 - 1882, 1884 - 1885), puis se spécialisa dans les questions financières. Président du Conseil en 1887, il se retira lors du scandale du trafic des décorations (→ **Wilson [Daniel]**), puis, ministre des Finances (fév. 1889-déc. 1892), il dut à nouveau démissionner lors de l'affaire de Panamá*. Rappelé au ministère des Finances dans le cabinet Combes (1902 - 1905), il succéda à ce dernier à la présidence du Conseil (janv. 1905-mars 1906), fit voter la loi de séparation des Églises et de l'État (1905) ; après le discours de Tanger (1905), partisan de la négociation avec l'Allemagne, il prépara la conférence d'Algésiras.

**ROUVRAY** (forêt domaniale du) ♦ Forêt de Normandie (Seine-Maritime), s'étendant sur la rive g. de la Seine, au S. de Rouen (3 240 ha).

**ROUVROY** [62320] → ÉTYM. langue d'oïl «lieu où poussent les chênes» ♦ Ch.-l. de cant. du Pas-de-Calais, arr. d'Arras. 9 077 hab.

**ROUX (Jacques)** ♦ Révolutionnaire français (Pransac, Charente 1752 - Bicêtre, près de Paris 1794). Ordonné prêtre après des études au séminaire d'Angoulême, où il enseigna, puis nommé vicaire, il salua la prise de la Bastille (14 juil. 1789), comme la fin du «despotisme le plus flétrissant». Dès 1790, il parut s'orienter vers des positions socialistes et, prêchant «que les terres appartenaient à tous également», il eut sans doute une responsabilité dans le soulèvement des paysans de Saint-Thomas-de-Conac (Charente). Révoqué, il vint à Paris où il s'inscrivit au Club des cordeliers. Ayant prêté serment à la Constitution civile du clergé, il fut nommé vicaire de Saint-Nicolas-des-Champs (Paris), devint rapidement le «prêtre des sans-culottes», animateur de la section des Gravilliers et chef du mouvement des enragés*. Après avoir participé à la journée révolutionnaire du 10 août 1792, méfiant à l'égard des conventionnels, il privilégia la lutte économique et sociale, prônant un véritable «terrorisme économique» (M. Dommanget). Au nom des sections des Gravilliers et de Bonne-Nouvelle, il lut, le 25 juin 1793, devant la Convention, une adresse connue sous le nom de *Manifeste des enragés*, qui critiquait la mollesse des pouvoirs publics et exigeait des mesures rapides et sévères contre l'agiotage et les accapareurs. Le manifeste suscita de violentes réactions de la part des députés montagnards. Attaqué par les jacobins et les cordeliers (les hébertistes qui, pourtant, reprendront son programme), il fut également critiqué par son ami Marat *(Portrait de J. Roux)*. Après l'assassinat de ce dernier (13 juil. 1793), J. Roux fit paraître dès le 19 juil. une suite à *L'Ami du peuple (Le Publiciste de la République française, par l'ombre de Marat)*. Arrêté sur ordre de la Commune le 22 août 1793, puis relâché le 27, il fut à nouveau emprisonné le 5 sept. à Bicêtre, où il se poignarda en apprenant sa condamnation par le Tribunal révolutionnaire.

**ROUX (Wilhelm)** ♦ Biologiste allemand (Iéna 1850 - Halle 1924). Il fut un des fondateurs de l'embryologie expérimentale. Il affirma que les diverses parties de l'œuf après la fécondation sont destinées à former des organes définis dans l'embryon (théorie de la mosaïque).

**ROUX (Émile)** ♦ Bactériologiste français (Confolens 1853 - Paris 1933). Collaborateur de Pasteur, il participa à ses travaux sur le choléra des poules, la rage, la vaccination préventive des maladies infectieuses. Il fit lui-même des recherches sur les toxines, découvrit la toxine diphtérique et mit au point le premier sérum antidiphtérique avec von Behring* (1894). Il organisa le cours de microbiologie à l'Institut Pasteur dont il prit la direction (1904), après Émile Duclaux*. [Acad. sc. 1899]

**ROUX-SPITZ (Michel)** ♦ Architecte français (Lyon 1888 - Dinard 1957). Élève de Tony Garnier, prix de Rome en 1920, il concilia l'emploi de matériaux nouveaux et l'adaptation des édifices à des fonctions nouvelles, avec le maintien de conceptions prudemment traditionnelles. Il réalisa plusieurs immeubles à Paris, dans le style de celui qu'il avait édifié rue Guynemer en 1925, mais il est surtout l'auteur d'édifices publics où il fit preuve d'une aisance certaine : le centre des chèques postaux à Paris (1932), l'immeuble des postes à Lyon (1933), l'annexe de la Bibliothèque nationale à Versailles (1933). Il dirigea la reconstruction de Nantes en 1945 et construisit l'hôtel de ville de Saint-Nazaire.

**ROUYN-NORANDA** ♦ V. du Canada (Québec), sur le lac Osisko. 39 924 hab. Université. Aéroport. Exploitation forestière. Indus. du bois et des métaux. Le centre minier de Noranda (or, argent, zinc, cuivre), exploité depuis 1920, est épuisé. Festival de cinéma.

**ROVANIEMI** ♦ V. de Finlande septentrionale, au confluent du Kemijoki et de l'Ounasjoki. Ch.-l. du comté de Lappi (Laponie finlandaise). 58 825 hab. Foires commerciales et agricoles bisannuelles. Centre administratif, commercial et culturel. Ville de garnison. Station touristique pour la visite de la Laponie. ▪ La ville fut détruite par les Allemands et reconstruite sur les plans de A. Aalto*.

**ROVE (LE)** [13740] ➝ ÉTYM. anc. *Roveretum* «la Chênaie,» du lat. *robur* «chêne rouvre» et suff. collectif *-etum* ♦ Comm. des Bouches-du-Rhône, arr. d'Istres. 4 031 hab. *(Rovenains)*. Le canal du Rove (hors service depuis 1963), souterrain, long de 7 km et large de 22 m, relie Marseille à l'étang de Berre*.

**ROVETTA (Giovanni Battista)** ♦ Compositeur italien (mort à Venise en 1668). Maître de chapelle à Saint-Marc de Venise où il succéda à Monteverdi, il a composé deux opéras et de nombreuses pièces de musique sacrée (psaumes, messes, motets, cantates, madrigaux).

**ROVIGO** ♦ V. d'Italie, en Vénétie, ch.-l. de prov. sur l'Adige. 50 289 hab. Église de la Vierge-du-Secours (XV$^{e}$ s.). ▪ Important marché agricole sur la route de Bologne à Venise.

**ROVNO** → Rivne

**ROWLAND (Henry Augustus)** ♦ Physicien américain (Honesdale, Pennsylvanie 1848 - Baltimore 1901). Il vérifia que les courants de convection (charges électrostatiques en mouvement de translation) créaient un champ magnétique, établissant ainsi l'identité des électricités statique et dynamique. Son expérience consistait à mesurer le champ produit par un disque portant des charges d'un seul signe et en rotation rapide. S'intéressant également à l'étude du spectre solaire, il réalisa des réseaux de diffraction (1882), notamment le réseau objectif, gravé directement sur un petit objectif de télescope, ce qui lui permit de donner les longueurs d'ondes de 14 000 raies du spectre solaire (1886 - 1895). ➝ ÉTYM. *Rowland* vient du nom normand *Rol(l)ant*, du germanique *hrod* «renommée» et *land* «territoire» ou du vieux norrois *rá* «chevreuil mâle» et *lundr* «bois».

**ROWLAND (Frank Sherwood)** ♦ Chimiste américain (Delaware, Ohio 1927). → **Molina.** [Prix Nobel de chimie 1995, avec P. Crutzen* et M. Molina]

**ROWLANDSON (Thomas)** ♦ Dessinateur britannique (Londres 1756 - *id.* 1827). Après des études à la Royal Academy, il voyagea en Europe, et son séjour à Paris devait avoir une influence déterminante sur son style. Il s'orienta en effet dès 1781 vers la caricature, abandonnant la peinture de portraits. Il rencontra ses plus grands succès avec une suite d'illustrations de textes de W. Combe, édités par Ackermann (*Voyages du docteur Syntax*, 1812 - 1820), mais ses dessins parurent également dans l'*English Spy* et l'*Humourist*.

**ROWLEY (William)** ♦ Auteur dramatique anglais (v. 1585 - Londres v. 1642). Collaborateur de Dekker*, Heywood, J. Ford*, Middleton* (*L'Idiot*, 1621), il a illustré le genre de la «tragédie sanglante» avec *Tout est perdu par la luxure* (1633). ➝ ÉTYM. *Rowley* vient d'un nom de lieu, du vieil anglais *rūh* «accidenté, bosselé» et *lēah* «bois, clairière».

**ROWLING (Joanne Kathleen)** ♦ Romancière britannique (Yate, près de Bristol 1965) qui connut une célébrité immédiate et internationale avec son premier roman, *Harry Potter à l'école des sorciers* (1997). Un petit orphelin de 11 ans découvre qu'il est sorcier et part apprendre l'art des potions magiques à Poudlard. La sortie des six autres volumes des aventures de Harry Potter constitua un véritable événement auprès de ses millions de lecteurs enfants et adultes. Ils ont donné lieu à des superproductions cinématographiques.

**ROXANE** ♦ (morte à Amphipolis -311). Fille du satrape perse de Bactriane Oxyarte, prisonnière des Macédoniens en -327, elle devint l'épouse d'Alexandre* le Grand et lui donna un fils posthume, Alexandre* Aigos (-323). Elle fut mise à mort avec son fils sur l'ordre de Cassandre*.

**ROXANE** ♦ Héroïne de *Bajazet**, de Racine (1672). Type de l'amante passionnée prête à tuer par jalousie. ▪ Héroïne de *Cyrano* de Bergerac*, d'Edmond Rostand (1897), type de l'amoureuse romantique.

**ROXELANE** ♦ Sultane turque (v. 1505 - Edirne 1558). Épouse de Soliman* II le Magnifique, elle était la mère du prince Sélim et tenta d'assurer le trône à son fils. Elle fit tuer deux grands vizirs, Ibrahim Pacha et Ahmet Pacha. Elle réussit à faire nommer son gendre, Rostam Pacha, grand vizir (1544). Elle dénonça Mustafa, le fils aîné de Soliman, comme entretenant des rapports avec le roi de Perse. Soliman fit étrangler son fils, et Sélim put régner sous le nom de Sélim* II.

**ROXOLANS** n. m. pl. ♦ Anc. peuple sarmate établi autour du *Palus Maeotis* (mer d'Azov). Ils furent combattus par Mithridate* VI Eupator et par les Romains sous Hadrien* puis exterminés par les Goths*.

**ROY (Pierre)** ♦ Peintre français (Nantes 1880 - Milan 1950). Il fut marqué par les récits de son grand-père officier de marine et par les livres de Jules Verne. Il se lia aux Fauves (→ **fauvisme**), tout en voyageant aux États-Unis, aux îles Hawaii, en Grande-Bretagne, en Italie. Mais cette expérience de l'exotisme l'attacha encore plus à son pays natal, à ses souvenirs d'enfance. Remarqué par Guillaume Apollinaire* dès 1914 au Salon des Indépendants, il peignit sa première œuvre «surréaliste» en 1919, ce qui le fit considérer comme le père du surréalisme, paternité qu'il attribua à son tour à Giorgio De* Chirico. Mais il ne s'intégra à aucun groupe structuré et garda toute sa vie une allure de petit maître de province. Ses tableaux (*Rue du port, ou Doux souvenir*, 1943), apparemment réalistes, au métier lisse et soigné digne des grands maîtres hollandais, donnent aussi une impression de mystère et d'étrangeté envoûtante par le charme de certains objets soigneusement agrandis, par des études d'atmosphère proches des «paysages métaphysiques» de Giorgio De Chirico. Plus qu'au surréalisme, l'œuvre de Roy s'apparente au réalisme* magique.

**ROY (Jules)** ♦ Écrivain français (Rovigo, Algérie 1907 - Vézelay 2000). L'œuvre romanesque de cet officier d'aviation est marquée par la Deuxième Guerre mondiale (*Chants et prières pour les pilotes*, 1943 ; *Retour de l'enfer*, 1951) et par l'Algérie à laquelle il a consacré une série, *Les Chevaux du soleil* (1967 - 1972). On lui doit également une pièce de théâtre, *Beau sang* (1952) et plusieurs essais, *La Guerre d'Algérie* (1960), *Passion et mort de Saint-Exupéry* (1964) et *J'accuse le général Massu* (1972).

**ROY (Gabrielle)** ♦ Écrivain canadien d'expression française (Saint-Boniface, Manitoba 1909 - Québec 1983). Elle enseigna huit ans au Manitoba, puis, après un voyage en Europe de 1937 à 1939, s'établit à Montréal. Ses romans peignent des existences modestes : dans *Bonheur d'occasion* (1945), les personnages vivent dans un quartier ouvrier de Montréal, tandis que *La Petite Poule d'eau*, 1950 (et, à un moindre titre, le recueil de souvenirs intitulé *Rue Deschambault*, 1955), évoque l'existence des pionniers dans l'Ouest canadien. En fait, quel que soit leur milieu, les personnages de G. Roy sont des êtres, humbles peut-être, mais tourmentés de «désirs [...] vastes et multiples» que la réalité ne leur permet pas de satisfaire (*Alexandre Chênevert*, 1954). Si la sympathie que semble éprouver l'auteur pour ses personnages se manifeste souvent (*La Montagne secrète*, 1961 ; *Cet été qui chantait*, 1972), elle reste discrète ; et Gabrielle Roy se montre avant tout soucieuse de précision et de vérité, adoptant un style volontairement «transparent», rendu parfois plus naturel par l'emploi de canadianismes. Publié après son décès, *La Détresse et l'enchantement* (1984) relate ses douleurs de jeunesse et l'apaisement trouvé grâce à la littérature.

**ROY (Claude ORLAND, dit Claude)** ♦ Écrivain français (Paris 1915 - *id.* 1997). Après avoir été attiré par l'Action française, Claude Roy adhéra au parti communiste (1943). Il en fut exclu en 1957, à la suite du soulèvement de Budapest. Son œuvre reflète les espoirs et les désenchantements d'un esprit qui se veut solidaire du destin des hommes. Multiple dans ses aspects, elle demeure avant tout celle d'un poète qui resta fidèle aux valeurs de la liberté et d'un humanisme sans frontières, à l'écart de toute orthodoxie, pour qui la joie d'écrire se conjugua de façon permanente avec le don de s'émerveiller. Cet enthousiasme et cette curiosité se retrouvent aussi bien dans ses chroniques de journaliste et dans ses récits de voyageur (*Clefs pour l'Amérique*, 1947 ; *Clefs pour la Chine*, 1953 ; *Le Soleil sur la terre*, 1956 ; *Le Journal des voyages*, 1960) que dans ses essais critiques (*Descriptions critiques*, 1949-1958 ; *La Main heureuse*, 1958 ; *L'Amour du théâtre*, 1965 ; *Le Verbe aimer*, 1968). Son œuvre poétique, malgré la légèreté voulue du ton, n'élude pas les thèmes de la nuit, de l'angoisse et de la mort (*Le Poète mineur*, 1949 ; *Un seul poème*, 1954), non plus que ses romans (*Le Malheur d'aimer*, 1958 ; *Léone et les siens*, 1963 ; *La Dérobée*, 1968). Mémorialiste, Claude Roy publia trois essais autobiographiques, *Moi Je* (1969), *Nous* (1972) et *Somme toute* (1976) ainsi que ses carnets *Permis de séjour* (1977 - 1983) et *Temps variable avec éclaircies* (1985).

**ROYA** n. f. ← ÉTYM. anc. *Rodoza*, en it. *Roja*, du prélatin *arrugium* «canal» ou du prov. *raja* «rouge» ♦ Riv. des Alpes (60 km), tributaire de la Méditerranée. Née au pied du col de Tende, elle coule en France (Alpes-Maritimes) et en Italie. Nombreux aménagements hydroélectriques.

**ROYAL (Ségolène)** ♦ Femme politique française (Dakar 1953), députée socialiste (1988 - 1992 ; 1993 - 1997 ; 2002 -). Ministre de l'Environnement d'avril 1992 à mars 1993, deux fois ministre déléguée à la Famille et à l'Enfance entre 2000 et 2002. Candidate à l'élection présidentielle de 2007, elle obtint 46,94 % des voix et fut battue par N. Sarkozy*.

**Royal Shakespeare Company** ♦ Compagnie théâtrale britannique fondée en 1961 sous la direction de Peter Hall et Peter Brook*. Elle dispose de deux salles dans le Barbican Centre de Londres, destinées en priorité à la création, et d'une à Stratford sur Avon, consacrée aux seules œuvres de Shakespeare*. Cette troupe, de haute qualité, fait des choix de répertoire très audacieux, pour aboutir à des spectacles portés plus par les acteurs et le jeu que par les décors et les artifices.

**ROYAN** [ʀwajɑ̃] [17200] ♦ Ch.-l. de cant. de la Charente-Maritime, arr. de Rochefort, sur la rive d. de l'embouchure de la Gironde. 17 102 hab. (aggl. 31 161) *(Royannais)*. Royan est l'une des grandes stations balnéaires de la côte atlantique, célèbre par sa plage de sable fin et son front de mer commerçant et résidentiel. Presque entièrement rasée par les bombardements de 1945, la ville a été rebâtie selon des conceptions architecturales modernes. Église Notre-Dame, œuvre de Guillaume Gillet (1959). ▪ Port de pêche (sardines dites «royans») et de plaisance. ▮ **Histoire** Une partie des troupes allemandes occupant le S.-O. de la France se regroupa à Royan et dans sa région lors de la débâcle d'août 1944, interdisant aux Alliés l'accès du port de Bordeaux. La reddition de la *poche de Royan* ne fut obtenue qu'après les intenses bombardements des 14 et 15 avr. 1945.

**ROYAT** [ʀwaja] [63130] ← ÉTYM. → Rouffach ♦ Ch.-l. de cant. du Puy-de-Dôme, banlieue S.-O. de Clermont-Ferrand. 4 658 hab. *(Royatais* ou *Royadères)*. Église romane fortifiée ; anc. prieuré (XIIe et XVe s.). ▪ Taillerie de pierres fines. Chocolaterie. Station thermale.

**Royaumes combattants** → **Zhanguo**

**ROYAUME-UNI DE GRANDE-BRETAGNE ET D'IRLANDE DU NORD** → **Grande-Bretagne**

**ROYAUMONT** ← ÉTYM. «mont royal» ♦ Localité dépendant de la comm. d'Asnières-sur-Oise (Val-d'Oise). Ancienne abbaye fondée en 1228 par Saint Louis et appartenant à l'ordre de Cîteaux. L'église a été en partie démolie pendant la Révolution, mais le palais abbatial (XVIIIe s.), le cloître, le réfectoire et les anciennes cuisines subsistent. L'abbaye abrite la *fondation de Royaumont* qui organise des activités culturelles (congrès, colloques, concerts) ; elle est également un lieu de séjour pour les artistes.

**Royaumont.** L'abbaye. *Phot. © Arch. Nathan*

**ROYCE (Josiah)** ♦ Philosophe américain (Grass Valley 1855 - Cambridge, Massachusetts 1916). Influencée par l'idéalisme hégélien, sa philosophie tente d'affirmer l'Absolu sans nier les individus dans leur réalité concrète et leur diversité (*L'Esprit de la philosophie moderne*, 1896 ; *Le Monde et l'Individu*, 1900 - 1902).

**ROYE** [ʀwa] [80700] ← ÉTYM. du gaul. *ritu* «gué» ou du lat. *Ritius*, n. de pers. gallo-rom. ♦ Ch.-l. de cant. de la Somme. 6 529 hab. *(Royens)*. Église à chœur gothique reconstruit après la Première Guerre mondiale. ▪ Sucrerie. Marché de grains. Indus. diversifiées. ▮ **Histoire** La ville fut occupée par les Allemands en sept. 1914 et reprise en mars 1917 ; un an après, les Allemands la reconquirent et elle fut libérée le 27 août.

**ROYER-COLLARD (Pierre Paul)** ♦ Homme politique et philosophe français (Sompuis, Champagne 1763 - Châteauvieux, Loir-et-Cher 1845). Membre de la Commune de Paris (jusqu'au 10 août 1792), puis député au Conseil des Cinq-Cents, il fit partie de 1797 à 1803 du conseil secret royaliste, partisan dès cette époque d'une monarchie constitutionnelle. À la Chambre des députés, il fut à partir de 1816 le chef du parti des «doctrinaires». Adversaire des idéologues, il développa une philosophie spiritualiste qui influença V. Cousin* [Acad. fr. 1827] ♦ **Antoine Athanase Royer-Collard.** Médecin français (Sompuis 1768 - Paris 1825). Frère du précédent. Il fonda la bibliothèque médicale et dirigea l'asile d'aliénés de Charenton.

**ROZANOV (Vassili Vassilievitch)** ♦ Philosophe et critique russe (Vetlouga 1856 - Serguev-Possad 1919). Après une série d'études faites sur Dostoïevski et sur Gogol dans *La Légende du grand inquisiteur* (1892), c'est avec des livres comme *Le Problème familial en Russie* (1903), *Les Hommes du clair de lune* (1903), *La Face sombre* (1906), *L'Église russe* (1909), qu'il attaqua le christianisme qui condamnait le plaisir de la chair et s'opposait selon lui à la religion naturaliste de l'Ancien Testament et du judaïsme. Puis il écrivit de courts articles, rassemblés dans des recueils tels que *Pensées solitaires* (1912) et *Feuilles tombées* (1913 - 1915). D'abord enthousiasmé, puis anxieux, devant la révolution de 1917, il écrivit l'*Apocalypse de notre temps* (1918).

**ROZAY-EN-BRIE** [77540] ← ÉTYM. de la langue d'oïl *rosoi, rosei* «lieu planté de roseaux» ♦ Ch.-l. de cant. de la Seine-et-Marne, arr. de Melun. 2 613 hab. *(Rozéens)*. Église en majeure partie du XIIIe s. ▪ Aux environs, château de la Grange-Bléneau (XIVe s.) dans lequel vécut La Fayette.

**ROZEBEKE** ♦ Localité de Belgique dépendant de la comm. de Zwalm. ▮ **Histoire** Philippe Van Artevelde y fut vaincu en 1382 par Charles VI, venu au secours de Louis de Male, comte de Flandre.

**RÓŻEWICZ (Tadeusz)** ♦ Poète, auteur dramatique et nouvelliste polonais (Radomsko 1921). Auteur de nombreux recueils de poèmes d'un lyrisme dépouillé, d'une violence délibérément éloignée des envolées de ses aînés, il évoqua surtout les drames de l'Occupation : *L'Inquiétude* (1947), *Le Gant rouge* (1948), *Dialogue avec un prince* (1960), *Le Visage* (1964). Dans son œuvre théâtrale, *La Cartothèque* — ou *Le Fichier* — (1961), *Les Témoins ou notre petite stabilisation* (1962), *Mariage blanc* (1975), il traite des conséquences psychologiques de la guerre et exprime son désespoir devant les êtres chez qui les besoins matériels effacent les exigences spirituelles par l'absurde, le grotesque et la dérision. *Le Piège* (1984) met en scène des moments imaginaires de la vie de Kafka.

**ROZIER (François PILÂTRE DE)** → **Pilâtre de Rozier**

**RÓZSA (Miklós)** ♦ Compositeur américain d'origine hongroise (Budapest 1907 - Los Angeles 1995). Il a composé les musiques grandioses des films *Quo Vadis* (1951) et *Ben-Hur* (1959), et celles, plus intimistes, des *Contrebandiers de Moonfleet* (1955) et de *Providence* (1977), ainsi que des ballets, des symphonies et de la musique de chambre.

**RPF** n. m. → **Rassemblement du peuple français ; Rassemblement pour la France**

**RPR** n. m. → **Rassemblement pour la République**

**RTBF** → **Radio Télévision belge de la Communauté française**

**RTF** → **Radiodiffusion-télévision française**

**RTL** n. f. → **Radio-Télé-Luxembourg**

**RUANDA-URUNDI** ♦ Anc. colonie d'Afrique centrale comprenant les royaumes du Ruanda (→ **Rwanda**) au N. et de l'Urundi (→ **Burundi**) au S. Ces royaumes, dont les souverains n'acceptèrent le protectorat qu'après leur établissement, furent incorporés dans l'Afrique*-Orientale allemande en 1898 et administrés à partir d'Usumbura (actuel Bujumbura). Après la Première Guerre mondiale, ils furent confiés à la Belgique en mandat de la SDN (1923), puis de l'ONU (1946). Ils furent intégrés à la colonie du Congo belge (→ **Zaïre**), puis séparés lors de l'indépendance de celui-ci. Le Rwanda se détacha du Burundi en 1961 à la suite de troubles intérieurs et devint indépendant comme lui en 1962.

**RUAN RUAN** ou **JOUAN-JOUAN** n. m. pl. ← ÉTYM. chin. «insectes fourmillants» ♦ Nom donné par les Chinois à une confédération de tribus proto-mongoles (parmi lesquelles les Avars* qui émigrèrent en Europe) au Ve s. en Asie centrale. Cette confédération domina un immense territoire de l'Irtych à la Corée (Ve s.) et fut vaincue par les Turcs en 552. Elle se disloqua à la fin du VIe s. et les tribus qui la composaient disparurent dans la steppe ou bien s'établirent en Chine.

**RUAN Yuan** ou **JOUAN Yuan** ♦ Lettré chinois (1784 - 1849). Remarquable pour son savoir encyclopédique, il écrivit des monographies géographiques, des commentaires des classiques, des ouvrages de mathématique et d'astronomie, des biographies. Il fut gouverneur de la province de Yunnan. Son œuvre, immense, eut une grande influence sur la pensée chinoise du XIXe s.

**RUB' AL-KHALI** n. m. ➝ ÉTYM. ar. «le quartier vide», à cause de sa ressemblance avec un quartier de la Lune ♦ Désert d'Arabie saoudite qui occupe une vaste cuvette s'étendant entre le djebel Tuwayq au N., le Yémen, le sultanat d'Oman à l'E. et débouche sur le golfe Arabo-Persique par le littoral des Émirats arabes unis. 300 000 $km^2$ env. C'est un désert aride, appelé aussi le «désert des déserts», formé de collines de sable parsemées d'épineux. Quelques tribus nomades y pratiquent l'élevage des dromadaires et la chasse.

**RUBBIA (Carlo)** ♦ Physicien italien (Gorizia 1934). Il fut, avec S. Van* der Meer, à l'origine de la transformation d'un accélérateur du Cern* en collisionneur protons-antiprotons qui permit à son équipe la mise en évidence expérimentale des bosons W et Z, particules qui véhiculent la force nucléaire faible (1983). Cette découverte constitue la confirmation du modèle, dit standard, élaboré dans les années 1960 - 1970, qui décrit les constituants de la matière et leurs interactions. [Prix Nobel de phys. 1984, avec S. Van der Meer]

**RUBEN** ➝ ÉTYM. en hébr. *Re'ûbhén*, p.-ê. de *râ'âh* «voir» et *bén* «fils» ♦ Personnage biblique (Genèse, XXIX-XLII), fils aîné de Jacob*. Ancêtre éponyme d'une tribu d'Israël, dont le territoire était situé à l'E. de la mer Morte, au N. de Moab.

**RUBENS (Petrus Paulus,** en fr. **Pierre Paul)** ♦ Peintre et dessinateur flamand (Siegen 1577 - Anvers 1640). ▮ **La formation** Fils d'un échevin d'Anvers exilé à Cologne, il revint avec sa mère s'établir à Anvers en 1589. Il fréquenta alors l'école latine et devint probablement page chez la comtesse Marguerite de Ligne-Arenberg ; puis il fut placé en apprentissage chez un peintre et travailla ensuite auprès d'Adam Van Noort et d'Octave Van Veen. ▮ **Les voyages en Italie** Inscrit comme maître à la corporation des artistes d'Anvers en 1598, il se rendit deux ans plus tard en Italie et resta au service du duc de Mantoue de 1600 à 1608. Durant cette période, il élargit considérablement sa connaissance des maîtres italiens et fut particulièrement sensible à l'art des Carrache, de Véronèse, du Tintoret et de Titien. Il réalisa des portraits de la famille du duc, fit divers séjours à Rome et fut envoyé en 1603 en ambassade auprès du roi d'Espagne. En 1601, il avait reçu la commande de trois tableaux d'église pour Sainte-Croix-de-Jérusalem à Rome et, dès 1604 - 1605, il affirmait son talent avec *La Sainte Trinité adorée par Vincent de Gonzague et sa famille*, la *Transfiguration* et le *Baptême du Christ*, réalisés pour l'église des Jésuites à Mantoue. Il séjourna aussi à Gênes vers 1605 - 1606, exécutant une série de portraits pour l'aristocratie (*Brigitte Spinola*, 1606). ▮ **Le retour à Anvers** Il revint ensuite à Anvers, obtint rapidement la protection de l'échevin et bourgmestre Nicolas Rockox et devint peintre de l'archiduc Albert, gouverneur des Pays-Bas. Marié en 1609 avec Isabelle Brandt et ayant acheté en 1611 une maison qui abritait un vaste atelier, il acquit une brillante situation sociale et obtint de multiples commandes. Abandonnant progressivement les tonalités froides et la facture minutieuse de ses premiers portraits (*Portrait de l'artiste et de sa femme*, 1609) ainsi que les violents contrastes du clair-obscur caravagesque, il adopta dans ses premières grandes compositions anversoises des tonalités encore sombres, mais une facture plus souple et fondue (*Adoration des mages*, 1609 ; *Descente de Croix*, 1610 ; *Érection de la Croix*, 1611). Puis, ne craignant pas de se mesurer avec l'illustre réalisation de Michel-Ange, il exécuta un véhément *Jugement dernier* (1611 - 1614). ▮ **Naissance d'un style au service de la Contre-Réforme** Durant cette période, il élabora le style qui allait faire sa gloire et qui s'épanouit avec force dans de grandes compositions religieuses : se pliant aux exigences décoratives issues de formats immenses et de l'emplacement de ces tableaux d'autel, il accorda son expression aux visées de la Contre-Réforme. Déployant un rare sens de la mise en scène, il multiplia les grands effets de caractère dramatique et surtout triomphal. Ce style se fondait sur une exaltation systématique de l'énergie, le culte passionné du mouvement ; à la recherche d'effets dynamiques, il adoptait des compositions en diagonale ou en spirale, créait des mouvements ascensionnels, tourbillonnants ; préférant les poses instables et donnant aux visages une expression animée, il évitait l'analyse détaillée de chacun des éléments formels au profit de l'élan d'ensemble. Il réalisa ainsi des compositions de caractère héroïque et fastueux pour les églises d'Anvers, Gand, Malines, Lille, Cambrai, etc., traitant de préférence des thèmes comme le triomphe de l'eucharistie, l'Assomption, des martyres, des vocations (*Vocation de saint Bavon*, 1612 ; *Martyre de sainte Ursule*, 1617 ; *Miracle de saint Ignace*, v. 1620 ; grand cycle de *Saint Charles Borromée* à Anvers, 1629, dont il ne subsiste que les esquisses peintes ; *Martyre de saint Liévin*, 1635 ; *Montée au Calvaire*, 1636). ▮ **Les commandes européennes** Ce goût de la pompe et de la rhétorique se retrouve dans les vastes séries de cycles apologétiques commandés par les cours européennes : vingt-sept œuvres pour la Galerie de Marie de Médicis, décorant l'une des ailes du palais du Luxembourg (maintenant au Louvre) suivie par le projet de la Galerie d'Henri IV (1627 - 1630) qui ne fut pas achevé et dont subsistent la *Bataille d'Ivry* et l'*Entrée triomphale d'Henri IV à Paris*. Rubens conçut ensuite la *Glorification de Jacques Ier*, destinée au Banqueting Hall du palais de Westminster à Londres (1630 - 1634), puis pour le roi d'Espagne, la décoration du pavillon de chasse de la Torre de la Parada, près de Madrid (1637 - 1638), ainsi que la décoration de la ville d'Anvers à l'occasion de l'entrée triomphale de l'archiduc des Pays-Bas Ferdinand d'Autriche en 1635. Il donna plusieurs cycles de cartons de tapisseries (*Histoire de l'empereur Constantin*, destinée au jeune Louis XIII, 1621 - 1622 ; *Triomphe de l'Eucharistie*, pour l'archiduchesse Isabelle). ▮ **Une production abondante** Si l'on sait que Rubens faisait travailler de nombreux peintres (Snyders, Paul de Vos, Van Dyck, qui fut son élève préféré), sa production est moins redevable à son atelier qu'on ne l'a dit. Son extrême fécondité, sa puissance de travail et la rapidité de son exécution expliquent pour une grande part l'abondance de sa production. Le lyrisme, l'éloquence et la sensualité dont témoigne toute son œuvre apparaissent notamment dans ses compositions mythologiques aux accents souvent truculents (*Suzanne et les vieillards*, 1614 - 1616 ; *Enlèvement des filles de Leucippe*, v. 1618 ; *Silène ivre ; Les Trois Grâces*) ou dans la vive *Kermesse* du Louvre (v. 1635). ▮ **L'évolution du style** Mais, s'il conserva jusqu'à la fin de sa vie un goût pour les formes opulentes et les nus plantureux, cette vitalité et ce panthéisme prirent souvent, à partir des années 1630 - 1635, des accents plus intimes, parfois élégiaques, comme en témoignent les portraits de sa seconde femme *Hélène Fourment* ou de la sœur de celle-ci (*Le Chapeau de paille*), les scènes familiales d'une sensibilité frémissante (*Hélène et son fils François*, 1635 ; *La Petite Pelisse*, 1638) ou les *Jardins d'amour* (v. 1635). À la même époque, ses paysages lumineux, dans une gamme dorée et brune, révèlent une interprétation très subjective de la nature. Rubens avait dès ses débuts fait preuve d'une grande virtuosité technique ; il tendit progressivement vers un chromatisme clair et vif ; maniant avec rapidité son pinceau, souvent chargé de peu de matière, il donna à certaines parties du tableau un aspect d'ébauche, laissant des touches apparentes et accentuant certains traits. Il recourut à une gamme de tonalités chaudes, carminées, dorées, nacrées ou argentées, étala une pâte de plus en plus fluide et onctueuse par de larges frottis, créant des ombres transparentes, des reflets et des chatoiements, évitant les contours nets et suggérant avec brio le modelé et l'atmosphère. Créateur du baroque nordique, il fut l'un des grands maîtres de la peinture

Pierre Paul **Rubens.** *Portrait de Clara Serena* (37 x 27 cm), v. 1616.
Coll. du prince de Liechtenstein, château de Vaduz.
*BIS/Phot. © Coll. Archives Bordas*

décorative et sut traduire plastiquement un état affectif nouveau, non dénué d'ostentation. Une grande partie de ses contemporains fut fascinée par cette « grande manière », si l'on en juge par le succès qu'obtinrent ses formules dans le domaine de la peinture religieuse et par l'ascendant qu'exerça son art sur de nombreux peintres de talent (Van* Dyck, Jordaens* et tous les « rubénistes » français). ▪ *Autres illustrations :* → **Albert le Pieux, Anne d'Autriche.** ← ÉTYM. *Rubens* est la forme flamande du prénom *Ruben**, avec le *s* du génitif de filiation.

**RUBICON** n. m. – en lat. ***Rubico,*** auj. ***Pisciatello*** ou ***Fiumicino*** ♦ Fl. côtier de l'Italie anc., tributaire de l'Adriatique. Il formait la limite entre la Gaule* cisalpine et l'Italie propre et il était interdit à tout général romain de franchir cette frontière avec des troupes sans ordre du Sénat. En –50 César*, transgressant cet ordre, passa le Rubicon. C'est en franchissant le fleuve qu'il prononça la célèbre phrase : *alea jacta est* (« le sort en est jeté »). De là vient l'expression *franchir le Rubicon.*

**RUBINSTEIN (Anton Grigorievitch)** ♦ Pianiste et compositeur russe (Vykhvatintsy, Moldavie 1829 - Peterhof 1894). Pianiste de réputation mondiale, le plus illustre de son temps avec Liszt, il exerça une influence considérable sur la vie musicale russe, fondant notamment, avec l'appui de la grande-duchesse Hélène, les conservatoires de Saint-Pétersbourg (1862) et de Moscou (1867). Son œuvre de compositeur, abondante, comprend des opéras (*Le Démon,* 1875) et oratorios, des concertos pour piano, des symphonies (n° 2 *Océan,* 1854). Son frère NICOLAI RUBINSTEIN (Moscou 1835 - Paris 1881) s'imposa surtout comme pianiste et chef d'orchestre. ← ÉTYM. Ce nom allemand signifie « pierre *(Stein)* de rubis *(Rubin)* ».

**RUBINSTEIN (Helena)** ♦ Esthéticienne américaine d'origine polonaise (Cracovie 1870 - New York 1965). Après avoir fondé une entreprise de fabrication et de vente de produits de beauté à Londres en 1908, elle quitta l'Europe en 1914 pour les États-Unis où elle ouvrit des salons et commercialisa une gamme de produits cosmétiques qui assurèrent sa fortune.

**RUBINSTEIN (Ida)** ♦ Danseuse et mécène russe de la danse (Saint-Pétersbourg 1880 - Vence 1960). Élève de Fokine, elle parut dans la troupe de Diaghilev *(Cléopâtre, Schéhérazade),* puis à l'Opéra où elle créa le *Martyre de saint Sébastien,* de Debussy (1911). Ayant fondé sa propre compagnie, elle commanda de nombreux ouvrages à quelques-uns des plus grands artistes du temps, musiciens comme Honegger, Stravinski, Ravel, Milhaud, Ibert, Sauguet, écrivains comme Valéry, Claudel et Gide, s'assurant la collaboration de décorateurs (A. Benois) et de chorégraphes (B. Nijinska, L. Massine, M. Fokine). Son talent relevait plus de la déclamation et de l'art du mime que de la danse. Elle a créé notamment les ballets *La Valse* (1920) et *Boléro* (1928), de Ravel ; *Amphion,* d'Honegger (1931) ; *Perséphone,* de Stravinski (1934).

**RUBINSTEIN (Artur)** ♦ Pianiste américain, d'origine polonaise (Łódź 1887 - Genève 1982). Enfant prodige, il fit ses études à Berlin et les compléta sous la direction de Paderewski. Au cours d'une glorieuse carrière, il s'est affirmé comme l'un des grands virtuoses de son temps, notamment dans l'interprétation de l'œuvre de Chopin.

**RUBROUCK (GUILLAUME DE)** → **Guillaume de Rubrouck**

**Ruchard** (camp du) ♦ Camp militaire situé sur le territoire de la comm. d'Avon-les-Roches, en Indre-et-Loire.

**Ruche (la)** ♦ Cité d'artistes située passage de Dantzig à Paris. Acquis en 1900 par le sculpteur Alfred Boucher (1850 - 1934), dans un esprit de mécénat, ce foyer fut inauguré en 1902, et le lieu, d'abord nommé « Villa Médicis », fut surnommé « la Ruche ». À l'idéalisme généreux du fondateur répondit chez les artistes la passion la plus exigeante pour l'art. La première génération, celle d'avant 1913, compta les sculpteurs Lipchitz*, Zadkine*, Laurens*, Archipenko*, et les peintres Léger*, R. Delaunay*, Modigliani* et La* Fresnaye. La seconde génération se composa essentiellement d'émigrés juifs d'Europe de l'Est, qui formeront l'école de Paris : Chagall*, Soutine*, Kikoïne, Krémègne, Epstein*, Kisling*.

**RÜCKERT (Friedrich)** ♦ Poète et orientaliste allemand (Schweinfurt, Bavière 1788 - Neuses, près de Cobourg 1866). Comme à tant d'autres écrivains allemands, la guerre de libération contre les armées de Napoléon Ier lui inspira des chants patriotiques (réunis sous le titre *Poésies allemandes,* 1814). Élève de l'orientaliste Hammer-Purgstall (traducteur du *Divan* de Ḥāfiẓ) à Vienne, il a lui-même donné des traductions d'auteurs persans et abonda dans le genre « oriental » : *Roses orientales* (dédiées à Goethe, 1822), *Sagesse des brahmanes* (1836 - 1839). Parmi ses meilleures œuvres, on peut citer *Printemps d'amour* (dédié à sa fiancée, 1823) et les *Chants des enfants morts* (publ. 1872, mis en musique par G. Mahler* en 1902).

**RUDĀKĪ (Abū 'Abdullāh Ja'far ibn Muḥammad AL-)** ♦ Poète persan (près de Rudāk, région de Samarkand, v. 859 - *id.* 941). Il fut le poète officiel de l'émir samanide* Naṣr ibn Aḥmad (913 - 943) à Boukhara. Rudākī est considéré comme le premier grand poète de la littérature persane. Les fragments qui subsistent de l'œuvre monumentale que lui attribue la tradition attestent un caractère optimiste qui contraste avec les tendances pessimistes de la plupart de ses successeurs. Il élabora aussi la première version persane en vers du recueil de fables d'origine indienne, *Kalila et Dimna.*

**RUDA ŚLĄSKA** ♦ V. de Pologne, voïvodie de Silésie. 145 471 hab. Centre sidérurgique et métallurgique. Exploitations houillères.

**RUDBECK (Olav)** ♦ Biologiste suédois (Västeras 1630 - Uppsala 1702). Il découvrit dès 1653 les vaisseaux lymphatiques et en publia une description.

**RUDE (François)** ♦ Sculpteur français (Dijon 1784 - Paris 1855). Il fut à Paris l'élève de Cartellier*. Exilé à Bruxelles, il exécuta en 1826 un buste de *L. David.* Il présenta au Salon de 1827 à Paris un *Mercure rattachant sa talonnière* de style classique, puis en 1833 un petit *Pêcheur napolitain* d'une facture plus vivante et personnelle. Chargé par Thiers de la décoration de l'un des piédroits de l'Arc de triomphe, il réalisa *Le Départ des volontaires,* connu sous le nom de *La Marseillaise* (1835 - 1836). Bien que l'œuvre révélât un attachement évident à la tradition académique, elle fut violemment critiquée par les défenseurs du goût officiel en raison de la violence expressive de la figure centrale, du caractère mouvementé de la composition et du réalisme de l'observation. Rude manifesta mieux son tempérament romantique dans des œuvres comme *Jeanne d'Arc écoutant ses voix* (1845 - 1852) ou *Napoléon s'éveillant à l'immortalité* (1847). Il avait le sens de l'expression, le goût du mouvement, des masses animées, sans pour autant se départir d'une certaine sobriété dans l'observation précise (*Gaspard Monge,* 1848 ; *Le Maréchal Ney,* 1852 - 1853). ← ÉTYM. *Rude* est un surnom péjoratif.

**RUDNICKI (Adolf)** ♦ Écrivain polonais (Varsovie 1912 - *id.* 1990). Lié au milieu juif par ses origines et son enfance passée dans le ghetto d'une petite ville (il prit part à l'insurrection de Varsovie), il débuta avec *Les Rats* (1932), récit stylisé influencé par la psychanalyse freudienne. En 1933, il publia un roman antimilitariste, *Les Soldats.* Dans plusieurs recueils de nouvelles (*Shakespeare,* 1948 ; *La Fuite de Iasnaïa Poliana,* 1949 ; *La Mer morte et vivante,* 1952 ; *Les Fenêtres d'or,* 1955 ; *La Vache,* 1959), il évoqua la tragédie vécue pendant l'Occupation par la population juive de Pologne. Son cycle *Les Feuillets bleus* (1957) est une méditation sur la place de l'artiste dans la société ; dans *Théâtre ! théâtre !,* il évoque le rôle joué par le répertoire yiddish. Il se fixa en 1972 à Paris où il continua son œuvre (*Hier soir à Varsovie,* 1978 ; *Têtes polonaises,* 1981).

**RUDOLPH (Wilma)** ♦ Athlète américaine (Clarksville, Tennessee 1940 - Nashville 1994). Bien qu'atteinte par la poliomyélite dans son enfance, elle remporta aux jeux Olympiques de Rome (1960) trois médailles d'or (100 m, 200 m et 4 × 100 m), devenant la première femme à courir le 200 m en moins de 23 s (22 s 9).

**RUDOLSTADT** ♦ V. d'Allemagne (Thuringe), sur la Saale. 25 131 hab. Château des princes de Schwarzburg-Rudolstadt (1735). ▪ Porcelaines ; indus. chimiques, mécaniques et électriques ; textiles artificiels.

**RUDRA** ♦ Anc. divinité de l'Inde védique, prototype de Shiva*. Il personnifierait le soleil en tant que feu dévorant, destructeur. Il est le maître des animaux, le dieu de la mort et de la fécondité.

**RUE** [80120] ← ÉTYM. langue d'oïl « chemin rural » ♦ Ch.-l. de cant. de la Somme, arr. d'Abbeville, situé sur la Noye, au N. de l'estuaire de la Somme. 3 075 hab. *(Ruens).* Chapelle du Saint-Esprit (XVe - XVIe s.) de style flamboyant (voûtes à clefs pendantes). Beffroi du XVe s., cantonné de quatre tourelles.

**RUEDA (Lope DE)** ♦ Auteur dramatique espagnol et comédien (Séville v. 1500 - Cordoue 1565). Ancien batteur d'or devenu acteur, il fonda une compagnie de comédiens ambulants, à l'instar des troupes italiennes qui sillonnaient l'Espagne. Avec lui, le théâtre espagnol cessa d'être le domaine exclusif des littérateurs pour devenir une institution nationale et populaire. Empruntant leurs sujets aux auteurs italiens, ses comédies *(Eufenia, Armelina, La Medora, Les Trompés),* ou ses bergeries *(Coloquios pastorales)* demeurent fidèles à la tradition italienne. Fortement imprégnés de réalisme, ses *pasos* (intermèdes), ressuscitant le comique des farces médiévales, recueillirent l'adhésion spontanée du public populaire. Il nous en est parvenu dix, parmi lesquels *Les Olives.*

La **Ruée vers l'or** – en angl. ***The Gold Rush*** ♦ Film américain de Charlie Chaplin* (1925), avec C. Chaplin, Mack Swain, Georgia Hale. Le succès de cette œuvre, en version originale muette ou sonorisée (1942), ne s'est jamais démenti. Des séquences comme celles du prospecteur affamé en proie à des hallucinations culinaires, du réveillon manqué où Charlot fait danser en rêve des petits pains, de la tempête de neige suspendant la cabane au bord d'un précipice sont dans toutes les mémoires. La plupart des gags du film se fondent sur des sensations pénibles : froid, disette, solitude, frustration amoureuse, le rire n'étant ici, comme presque toujours chez Chaplin, que la contrepartie d'une profonde tristesse.

**RUEFF (Jacques)** ♦ Économiste et financier français (Paris 1896 - *id.* 1978). Chargé de nombreuses missions financières, il a compté parmi les représentants du néolibéralisme, affirmant la nécessité d'une organisation de la concurrence et surtout la nécessité du rétablissement de l'étalon-or et la réévaluation de l'or pour remédier aux difficultés monétaires internationales (*L'Assurance-Chômage, cause du chômage permanent,* 1925 ; *Théorie des phénomènes monétaires,* 1927 ; *L'Ordre social,* 1945 ; *Les Dieux et les Rois,* 1967). [Acad. fr. 1964] ➔ ÉTYM. Le nom allemand *Rueff* est l'abréviation de *Rudolph* «Rodolphe».

**RUEIL-MALMAISON** [92500] ➔ ÉTYM. *Rueil :* gaul. «lieu (*ialo* "champ, clairière") royal (*rix* "roi")» ou de *Rotoialinsem* «lieu ou champ de courses (*roto* "roue, course")» et *Malmaison* «mauvaise maison, maison de malheur» (allus. aux ravages causés dans la région par les invasions normandes du IXe s.) ♦ Comm. des Hauts-de-Seine, arr. de Nanterre, à l'O. de Paris. 73 469 hab. *(Rueillois).* Église Saint-Pierre-et-Saint-Paul, reconstruite au XIXe s. sur le modèle de l'anc. église bâtie au XVIe s. (buffet d'orgues florentin de la fin du XVe s. ; tombe de l'impératrice Joséphine). ▪ Comm. résidentielle et tertiaire. ▮ **Histoire** Traité signé le 11 mars 1649 entre la régente Anne d'Autriche et le parlement de Paris pour mettre fin à la Fronde parlementaire. ♦ ***Château de Malmaison*** Le corps principal du château fut construit au XVIIe s. Joséphine Bonaparte l'acheta en 1799 et fit exécuter des transformations par Percier et Fontaine, les ailes et la véranda furent ajoutées à cette époque ; le parc était immense. Bonaparte, Premier consul, y séjourna fréquemment. Joséphine vécut à Malmaison après son divorce (1809) et y demeura jusqu'à sa mort (mai 1814). Napoléon Ier vint s'y réfugier après les Cent-Jours, avant de s'embarquer pour Sainte-Hélène. Le château, qui avait été vendu, fut racheté par Napoléon III qui le fit restaurer ; vendu à nouveau, il fut acquis par un banquier qui en fit don à l'État (1904), et le musée napoléonien fut ouvert en 1906.

**RUELLE-SUR-TOUVRE** [16600] ➔ ÉTYM. de la langue d'oïl *ruelete* «petite roue» ♦ Comm. de la Charente, arr. d'Angoulême. 7 220 hab. *(Ruellois).* Fonderie de canons pour la Marine nationale, établie par le marquis de Montalembert en 1750. Auj., fabrication de missiles.

La **Rue sans joie** – en all. ***Die Freudlose Gasse*** ♦ Film allemand de Georg Wilhelm Pabst* (1925). Vienne en 1918. L'inflation, le chômage, la famine transforment les rues en Cour des miracles. Une sordide maison de passe et une boucherie où trône un margoulin libidineux sont les deux pôles de ce cloaque, que Pabst décrit avec une verve satirique presque morbide, conjuguant les apports du naturalisme et de l'expressionnisme. Il a à sa disposition des interprètes, féminines surtout, de talent : Greta Garbo, Asta Nielsen, Valeska Gert, visages contrastés de l'innocence, de la sensualité et de la perversion. L'audace du film l'exposa un temps aux ciseaux de la censure. En 1938, un remake parlant fut tourné en France par André Hugon, avec Dita Parlo.

**RUFFEC** [16700] ➔ ÉTYM. du lat. *Rufius,* n. de pers., et suff. *-acum* ♦ Ch.-l. de cant. de la Charente, arr. d'Angoulême. 3 630 hab. *(Ruffécois).* Église Saint-André (façade romane). ▪ Fromages de chèvre réputés. Construc. mécaniques.

**RUFFIÉ (Jacques)** ♦ Médecin français (Limoux 1921 - Toulouse 2004). Spécialiste de la génétique et de l'hématologie, il étudia particulièrement les facteurs héréditaires du sang. Il est l'auteur d'ouvrages littéraires et de vulgarisation scientifique. [Acad. sc. 1991]

**RUFIN D'AQUILÉE** – en lat. ***Rufinus*** ♦ (près d'Aquilée v. 340 - Messine 410). Moine, ami de saint Jérôme avec qui il se brouilla à propos d'Origène, il fut l'auteur d'une suite à l'*Histoire ecclésiastique* d'Eusèbe et de traductions latines (d'Origène, d'une *Histoire des moines d'Égypte*).

**RUFISQUE** ➔ ÉTYM. du port. *rio Fresco* «rivière fraîche» ♦ V. du Sénégal située sur l'Atlantique à l'E. de Dakar. 162 000 hab. Port exportateur d'arachides. Indus. alimentaires et textiles. Tanneries. Cimenterie.

**RUGBY** ➔ ÉTYM. anc. en vieil angl. *Rocheberie* «lieu fortifié *(burh)* de Hrōka (n. de pers.)», puis *Rokeby* «village (vx scand. *bý*) de Hrōka» ou «fort *(bý)* fréquenté par les freux *(hrōc)*» ♦ V. d'Angleterre (Warwickshire), sur l'Avon, à l'E. de Coventry. 87 449 hab. Célèbre Public School, fondée en 1567, où le rugby aurait été inventé, en 1823, par William Webb Ellis qui franchit la ligne de but avec le ballon à la main lors d'une partie de football.

**RUGE (Arnold)** ♦ Homme politique et penseur allemand (Bergen, île de Rügen 1802 - Brighton 1880). Fondateur des *Annales de Halle* (1837), organe de la gauche hégélienne, réfugié en France, il y édita avec K. Marx* les *Annales franco-allemandes* (1843 - 1844). Exilé en Grande-Bretagne après avoir été député au parlement de Francfort, il devint partisan de la politique de Bismarck (*Souvenirs du temps passé,* 1862 - 1867).

**RÜGEN** ♦ Île allemande de la mer Baltique, à 2 km des côtes de Poméranie (Mecklembourg-Poméranie-Antérieure) auxquelles elle est reliée par un pont. 926 km$^2$. CH.-L. : Bergen. Pêche (hareng, sole), tourisme balnéaire (Sassnitz).

**RUGGIERI (Cosimo)** ♦ Astrologue florentin (mort à Paris en 1615). Amené à Paris par Catherine de Médicis qui avait recours à ses prédictions et lui fit élever un observatoire sur l'emplacement de l'actuelle Bourse de commerce, il prit part aux intrigues de la cour et fut impliqué dans divers procès. Condamné aux galères pour avoir conspiré contre Charles IX avec La Mole et Coconnat* (1574), il devait être gracié par Henri IV, puis de nouveau arrêté (1598). De 1604 à 1615, il publia des almanachs annuels très réputés. Il insulta le curé de Saint-Médard venu le confesser à son lit de mort (1615), et le peuple, ameuté, supplicia son corps. ➔ ÉTYM. *Ruggieri* est une variante de *Ruggeri,* forme au pluriel de *Ruggiero* «Roger».

**RUGGIERI** ♦ Famille d'artificiers du XVIIIe s. originaires de Bologne. Les cinq frères (Francesco, Pietro, Antonio, Petronio, Gaetano), venus à Paris, émerveillèrent les spectateurs de la Comédie-Italienne par leurs feux d'artifice. Gaetano devait, en 1740, devenir artificier du roi George II d'Angleterre. Seul des cinq, Petronio eut des descendants qui furent artificiers de père en fils.

**RUHMKORFF (Heinrich Daniel)** ♦ Mécanicien et électricien allemand (Hanovre 1803 - Paris 1877). Établi à Paris, il conçut des appareils électromagnétiques, en particulier la bobine d'induction qui porte son nom (1851).

**RUHR** n. f. ➔ ÉTYM. à rapprocher du vieil all. *hruora* «mouvement rapide» ♦ Riv. d'Allemagne (235 km), affl. rive d. du Rhin. Née dans le Sauerland, elle a donné son nom au plus grand bassin houiller d'Allemagne. Princ. affl. : la Möhne et la Lenne. ▪ Le *bassin de la Ruhr* (Ruhrgebiet), au cœur de la Rhénanie-du-Nord-Westphalie, s'étend d'O. en E. sur env. 100 km, de Wesel à Hamm et sur 40 km de large. D'abord extraite sur les versants méridionaux du Massif schisteux rhénan, la houille est maintenant exploitée de part et d'autre du Rhin, entre la Ruhr et la Lippe, et même au N. du quadrilatère, en direction de Münster. La production annuelle, qui a atteint 100 millions de t, est en forte régression ; les réserves sont évaluées à 50 milliards de t. Tous les types de houille sont représentés ; les moins riches sont transformés en gaz ou alimentent les centrales thermiques, les autres sont cokéfiés et servent à fabriquer de l'acier. ▪ La Ruhr, l'une des plus fortes concentrations humaines et industrielles du monde, compte 5 millions d'habitants répartis sur 4 000 km$^2$ (avec une densité variant de 500 à 2 000 hab./km$^2$). ▪ On y distingue trois types de paysage ; au S., dans la vallée et au S. de la Ruhr, la première zone d'extraction exploitée, totalement épuisée, est une zone de moyenne concentration industrielle (indus. mécaniques), d'activités tertiaires prolongée au S. par le pays de Berg*. Au centre, le long du Rhin, entre la Ruhr et l'Emscher, s'étend la zone des industries lourdes autour de Duisburg* (1er port fluvial du monde), Oberhausen*, Essen*, Bochum*, Gelsenkirchen*, Dortmund*. Au N., jusqu'à La Lippe, se situe la zone des réserves, le «front pionnier», jalonnée par les villes de Dorsten, Marl*, Datteln. Cet énorme bassin, sillonné de voies ferrées et de canaux (Rhin-Herne), a Essen pour centre de consommation. Bien qu'extérieure à la Ruhr, Düsseldorf* est la capitale bancaire et le centre de la gestion industrielle de la région. Depuis 1945, la Ruhr connaît certaines difficultés qu'elle tente de résoudre avec l'aide du gouvernement. → **Rhénanie-du-Nord-Westphalie.** Les grands konzerns qui avaient fait sa force du XIXe au milieu du XXe s. (groupes Krupp, Thyssen, Stinnes, Mannesmann) ont été démantelés après 1945, mais se sont reconstitués et gardent la mainmise sur toutes les branches de l'industrie. ▮ **Histoire** L'occupation de la Ruhr fut décidée par R. Poincaré* pour contraindre les Allemands à honorer les clauses sur les réparations prévues par le traité de Versailles : trois divisions furent envoyées dans les principaux centres miniers de la Ruhr le 11 janv. 1923. Les ouvriers, à la demande du gouvernement allemand, organisèrent alors la résistance passive, ce qui déclencha des heurts extrêmement violents avec les militaires français. Après l'aménagement des réparations décidé par le plan Dawes*, les troupes françaises évacuèrent la Ruhr.

**RUHRORT** ♦ Anc. aggl. minière de la Ruhr (Rhénanie-du-Nord-Westphalie), rattachée depuis 1905 à la ville de Duisburg*, et où sont concentrées toutes les installations portuaires.

**RUISDAEL (Van)** → **Ruysdael**

**RUIZ (Juan)** ♦ Poète espagnol (1290 ? - 1350 ?). Archiprêtre de Hita, il est l'auteur du *Livre du bon amour* dont l'influence fut considérable sur la littérature castillane. C'est un long poème lyrique en vers qui reprend un des thèmes essentiels du Moyen Âge : l'opposition entre amour humain et amour divin, et s'inspire à la fois de l'islamisme et du néoplatonisme. ➔ ÉTYM. Ce nom espagnol signifie «fils de Rodrigue».

**RUIZ (Raul)** ♦ Cinéaste chilien (Puerto Montt 1941), établi en France depuis 1975. Une œuvre considérable (plus de 60 films en trente ans), sans compter des travaux annexes, pour la télévision mexicaine à ses débuts, pour le théâtre ensuite (il a dirigé quelque temps la Maison de la culture du Havre). Chacun de ses films se présente comme un puzzle, regorgeant d'influences (Brecht, Borges, Klossowski, le surréalisme), de *private jokes* intraduisibles, de dérision aussi, qui déconcertent et fascinent parfois. Il tourna plus de quatre-vingts films dont *Dialogues d'exilés* (1974), *Colloque de chiens* (1977), *L'Hypothèse du tableau volé* (1978), *Les Trois Couronnes du matelot* (1982), *La Ville des pirates* (1983), *L'Œil qui ment* (1993), *Le Temps retrouvé* (1999), adaptation d'*À la recherche du temps perdu* de Proust.

**RUIZ (Nevado del)** ♦ Volcan de Colombie (5 321 m). Son éruption en 1985 provoqua des torrents de boue qui ensevelirent la ville d'Armero et firent 23 000 morts.

**RUIZ DE ALARCÓN Y MENDOZA (Juan)** ♦ Auteur dramatique espagnol (Mexico v. 1581 - Madrid 1639). On lui doit une vingtaine de *Comedias* dans le style de Lope de Vega dont la plus fameuse est *La Vérité suspecte* (1630). Cette comédie de caractère fut imitée par Corneille dans *Le Menteur*.

**RUKMIṆĪ** ➝ ÉTYM. du sanskr. *rukma* «ornement d'or» ♦ Épouse préférée du dieu hindou Krishna* et incarnation de celle de Vishnou*, Lakṣmī*. Elle se fit brûler sur le bûcher de Krishna.

**RULFO (Juan)** ♦ Écrivain mexicain (Sayula 1918 - Mexico 1986). Il est l'auteur d'une œuvre peu abondante qui lui a valu une renommée internationale : une série de contes réunis sous le titre *Le Llano en flammes* (1953) et un court roman, *Pedro Páramo* (1956), qui dépeint dans un style très dépouillé la vie rurale du Jalisco.

**RUMELANGE** ♦ V. du Luxembourg (cant. d'Esch-sur-Alzette). 4 309 hab. Anc. mines de fer (musée). Centre industriel.

**RUMFORD (Benjamin THOMPSON, comte)** ♦ Physicien américain (Woburn, Massachusetts 1753 - Auteuil 1814). Il perfectionna le calorimètre et détermina la température du maximum de densité de l'eau. En 1798, utilisant la théorie mécaniste pour interpréter la production de chaleur remarquée au cours du forage des canons et réalisant des expériences précises, il établit la correspondance entre chaleur et travail mécanique, contredisant la théorie du calorique (fluide hypothétique support de la chaleur).

**RŪMĪ (Jalāl al-Dīn)** → **Jalāl al-Dīn Rūmī**

**RUMILLY** [74150] ➝ ÉTYM. du lat. *Rumilius*, n. de pers., et suff. *-acum* ♦ Ch.-l. de cant. de la Haute-Savoie, arr. d'Annecy, sur le Chéran. 11 230 hab. (aggl. 12 778) *(Rumilliens)*. Maisons des XVIe et XVIIe s. Musée régional. ▪ Marché agricole. Produits laitiers. Ustensiles ménagers. Tanneries. Jouets.

**RUMMA (WĀDI AL-)** ♦ Riv. d'Arabie saoudite (480 km) située dans le Qasim. Elle prend sa source au N. de La Mecque, traverse le djebel Tuwayq* et se perd dans les sables du désert aux confins du Koweït. Dattes et coton dans la vallée.

**RUMST** ♦ Comm. de Belgique (Région flamande), prov. et arr. d'Anvers, sur le Rupel, au confluent de la Nèthe et de la Dyle. 14 650 hab. Briqueteries (argile du Rupel).

**RUNDSTEDT (Gerd VON)** ♦ Maréchal allemand (Aschersleben 1875 - Hanovre 1953). Après avoir servi longtemps au grand quartier général et s'être consacré à la renaissance de la Reichswehr, il prit sa retraite en 1938 pour garder ses distances avec le régime nazi. Il fut néanmoins rappelé par Hitler, commanda un groupe d'armées en Pologne (1939), puis en France où il dirigea, à l'échelon supérieur, la percée des Ardennes* (1940) et en Russie où il conquit l'Ukraine (1941). Estimant néfaste la poursuite de l'offensive, il donna sa démission (nov. 1941). Rappelé (janv. 1942), il reçut le commandement du front de l'Ouest, en France. En juil. 1944, n'ayant pu résister au débarquement allié en Normandie*, il fut remplacé par Kluge*. Cependant, ayant accepté la présidence du tribunal qui jugea les conjurés du 20 juil. 1944, il regagna la faveur d'Hitler, reprit son commandement et dirigea la contre-offensive des Ardennes (déc. 1944). → **Model.** Les succès alliés amenèrent son remplacement par Kesselring* (fév. 1945). Prisonnier des Britanniques après la défaite allemande, il fut libéré en 1949. → **Guerre mondiale (Deuxième).**

**RUNEBERG (Johan Ludvig)** ♦ Poète finlandais de langue suédoise (Pietarsaari, en suédois Jakobstad 1804 - Porvoo, en suédois Borgå 1877). Professeur de lycée, il opposa un «réalisme poétique» au romantisme artificiel de la poésie suédoise de l'époque dans ses *Poèmes* (I, 1830 ; II, 1833 ; III, 1843), son poème épique rustique *Les Chasseurs d'élan* (1832) et son récit en vers *Hanna* (1836). Reconnu comme le plus grand poète suédois de son temps, il fut lauréat de l'Académie royale de Suède en 1839. Il s'inspira de l'Antiquité dans la tragédie en vers *Les Rois de Salamine* (1863), des poèmes ossianiques et nordiques dans le poème *Le Roi Fjalar* (1844), de contes populaires russes dans *Nadeschda* (1841). Ses poèmes sur la guerre de 1808 - 1809, qui amena l'annexion de la Finlande par la Russie, *Les Récits de l'enseigne Stål* (I, 1848 ; II, 1860), contenant le futur hymne national finlandais, contribuèrent à l'éveil de l'esprit national. Ce Finlandais qui a écrit toute son œuvre en suédois, s'il est le chantre de l'âme de son pays par excellence, doit être tenu pour un grand écrivain suédois avant tout.

**RUNGE (Philipp Otto)** ♦ Peintre et poète allemand (Walgast 1777 - Hambourg 1810). Il fréquenta les écrivains Tieck, Kleist et Goethe. Convaincu du caractère religieux de l'art, il accorda à la couleur une valeur symbolique. Il exécuta des figures allégoriques (*Le Matin*, 1809, pour la suite des *Heures de la journée*) aux tons froids et pâles. Ses portraits, d'une facture plus vigoureuse, sont d'une grande acuité d'observation.

**RUNGIS** [ʀœ̃ʒis] [94150] ➝ ÉTYM. du lat. *ruma* «mamelle, pis» (allus. aux sources qui alimentaient Lutèce) ou de *rumex* «mauvaise herbe» ♦ Comm. du Val-de-Marne, arr. de l'Haÿ-les-Roses. 5 424 hab. *(Rungissois)*. Important marché d'intérêt national de Paris, mis en service en 1969 et remplaçant les Halles centrales de Paris pour le ravitaillement de la région parisienne. Gare routière et ferroviaire.

**RUOLZ-MONTCHAL** [ʀyɔls] (comte **Henri DE**) ♦ Inventeur français (Paris 1811 - Neuilly-sur-Seine 1887). Il découvrit un procédé d'argenture et de dorure, mais il est surtout connu pour l'invention d'un alliage à base d'argent qui porte son nom, très utilisé en orfèvrerie.

**RŪPA GOSWĀMĪ** ♦ Dramaturge et musicologue indien (mort en 1591), élève de Chaitanya*. Il écrivit en sanskrit des œuvres religieuses où se mêlent les mystiques islamique et krishnaïte.

**RUPEL** n. m. ♦ Rivière de Belgique (12 km), affl. rive d. de l'Escaut, formée par la réunion de la Dyle, de la Nèthe et du Démer. Canalisé, relié au canal Albert et à Bruxelles par le canal maritime de Bruxelles* au Rupel, le Rupel est accessible aux gabarits de 2 000 t. Trafic annuel : plus de 7 000 000 t. Il passe à Rumst, Boom et Niel. ▪ Briqueteries. Construc. métalliques sur la rive N.

**RUPERT (Robert de Bavière, dit le prince)** ♦ Général et amiral anglais (Prague 1619 - Londres 1682). Fils de l'électeur palatin Frédéric* V et petit-fils de Jacques* Ier par sa mère. Il combattit au cours de la guerre de Trente* Ans avant de servir son oncle Charles* Ier. Après plusieurs succès, il essuya les défaites de Marston Moor (1644) et de Naseby* (1645). Obligé de s'exiler, il revint avec Charles* II et devint Premier lord de l'Amirauté.

**RUPERT** n. m. ♦ Fl. du Canada (Québec) [env. 500 km] qui sort du lac Mistassini et se jette dans la baie de James, à Fort Rupert.

**RUPT-SUR-MOSELLE** [ʀy] [88360] ➝ ÉTYM. langue d'oïl «ruisseau» ♦ Comm. des Vosges, arr. d'Épinal. 3 637 hab. *(Ruppéens)*. Indus. textile.

**RUSE** – anc. ***Rušcuk*** ou ***Roustchouk*** ♦ V. de Bulgarie du N.-E., et premier port fluvial sur la rive d. du Danube. 178 435 hab. Ch.-l. de région. Elle est reliée à la ville roumaine de Giurgiu* par un gigantesque pont métallique, le «pont de l'Amitié». Important centre indus. : raffinage du pétrole, construc. navales et mécaniques, indus. textile et alimentaire.

**RUSHDIE** ou **RUSHDEE (sir Salman)** ♦ Romancier britannique d'origine indienne (Bombay 1947). Musulman, il prit d'abord la nationalité pakistanaise puis dut se réfugier en Angleterre à cause du non-conformisme de sa pensée. Ses romans sont de grandes fresques mythiques exubérantes peu soucieuses d'unité de style, qui n'hésitent pas à faire parfois appel à la science-fiction (*Grimus*, 1977 ; *L'Enchanteresse de Florence*, 2008) ou à l'héritage des *Mille et Une Nuits* pour reconstruire une Inde imaginaire où tous les événements ont un double sens, réel et symbolique. Le héros des *Enfants de minuit* (1981) naît à minuit le jour de l'Indépendance et ne trouvera pas la paix spirituelle qu'il recherche. *La Honte* (1983) dénonce la violence au Pakistan tout en jouant sur les pièges d'une fiction au second degré. Condamné à mort par les religieux chiites d'Iran pour le contenu «blasphématoire» des *Versets sataniques* (1989), Salman Rushdie a poursuivi son œuvre en se cachant, sous la protection des services secrets britanniques pendant plus de dix ans (*Haroun et la Mer des histoires*, 1991 ; *La Terre sous ses pieds*, 1999 ; *Furie*, 2001). Il a pu se rendre en Inde en 2000 et s'est installé à New York. ➝ ÉTYM. Ce nom vient de l'arabe *rushdī* «guidé».

Salman **Rushdie** en 2002.
*Phot. © Catuffe/Sipa*

**RUSHING (Jimmy)** ♦ Chanteur de jazz américain (Oklahoma City 1903 - New York 1972). S'il débuta avec Jelly Roll Morton* en Californie, il ne commença à s'affirmer que dans l'orchestre de Benny Moten (1929 - 1935) pour connaître la notoriété grâce à sa longue activité chez Count Basie* (1935 - 1950). Il travailla ultérieurement chez Benny Goodman* (1960). Chanteur sensible et chaleureux, il excella surtout dans les interprétations proches du blues traditionnel. Princ. enregistrements : *Good Morning Mister Blues* (avec Count Basie, 1937), *Jimmy's Blues* (avec Count Basie, 1944), *Russian Lullaby* (1959).

**RUSHMORE** (mont) ♦ Site des États-Unis, dans l'O. du Dakota du Sud (Black Hills), près de Rapid* City. Les visages de Washington, Jefferson, Lincoln, Theodore Roosevelt, atteignant 18 m de hauteur, y sont sculptés sur un versant granitique (par Gutzon Borglum). C'est l'un des grands centres touristiques des États-Unis, ouvert au public en 1942.

Mont **Rushmore**, États-Unis. *Phot. © Raymond Kasprzak/Shutterstock*

**RUSKA (Ernst August Friedrich)** ♦ Physicien allemand (Heidelberg 1906 - Berlin-Ouest 1988). Dès la découverte de la nature ondulatoire de l'électron, il comprit que celui-ci pouvait être utilisé de la même manière que la lumière. Il inventa et construisit, avec Max Knoll, un appareil analogue au microscope optique, où des électroaimants jouaient le rôle des lentilles classiques et qui, grâce à la longueur d'onde très courte associée aux électrons, permit des grandissements jusque-là insoupçonnés (1932). Sa découverte fut récompensée 54 ans plus tard, à l'occasion de la mise au point du microscope à effet tunnel. [Prix Nobel de phys. 1986, avec G. Binnig* et H. Rohrer]

**RUSKIN (John)** ♦ Critique d'art et sociologue britannique (Londres 1819 - Brantwood, Cumberland 1900). Fils d'un négociant d'origine écossaise, Ruskin reçut une éducation puritaine. Il fut initié très tôt à l'art et à la littérature (la Bible, Shakespeare, Pope, Cervantès) et fit des études irrégulières au King's College de Londres et au Christ Church College d'Oxford (1837). Admirateur de Turner*, il conçut le premier volume des *Peintres modernes* (1843), publié sans nom d'auteur, en hommage à ce peintre. L'édition complète (six vol.), publiée en 1888, constitue un traité d'esthétique fondé sur l'interdépendance du domaine de l'art et des autres domaines de l'activité humaine, l'histoire des sociétés donnant la clé de celle des arts. *Les Sept Lampes de l'architecture* (1849) évoque les sept principes auxquels l'artiste doit se soumettre et qui doivent l'«éclairer». *Sésame et les Lys* (1868) est une étude sur la lecture. *Les Pierres de Venise* (1851 - 1853), *Le Préraphaélisme* (1851), *Conférences sur l'architecture et la peinture* (1853), sont de la même veine. Dans *L'Économie politique de l'art* (1857), la pensée de Ruskin aborde les problèmes d'ordre social, évoqués franchement avec *Unto this Last* (1862). G. B. Shaw le compara même à Marx ; et Proust, qui traduisit certaines de ses œuvres et s'en inspira dans *À la recherche du temps perdu*, vit en lui le directeur de conscience de son époque. Partisan des préraphaélites, il participa à la rédaction de leur revue *Le Germe* (1850). Il utilisa la fortune héritée de son père à des fins philanthropiques et culturelles (bibliothèques et musées) et fut vénéré de toute l'Europe. On lui doit une autobiographie inachevée, *Praeterita* (1885 - 1900).

**RUSSELL** ♦ Famille anglaise connue depuis le XIII^e s., qui acquit au XVI^e s. le titre de duc de Bedford. ♦ **William Russell,** dit **lord Russell.** Homme politique anglais (1639 - Londres 1683). Adversaire acharné du gouvernement de la Cabale*, il s'allia à Shaftesbury*, fut un partisan sincère de Titus Oates* et intrigua pour l'exclusion du duc d'York de la succession. Injustement accusé d'un complot contre Charles* II, il fut condamné à mort. ♦ **Edward Russell,** comte **d'Orford.** Amiral anglais (1651 - 1727). Il participa à la révolution de 1688 et prit la tête de la flotte opposée aux jacobites. Il vainquit Tourville* à La Hougue* (1692), puis au large de la Catalogne et délivra Barcelone (1694). Il fut disgracié sous la reine Anne. ♦ **John Russell,** 1^er comte. Homme politique britannique (Londres 1792 - Pembroke, Lodge, Richmond Park 1878). Entré aux Communes dès 1813 comme député whig, il lutta bientôt en faveur de la réforme parlementaire, dont il fut l'un des auteurs en 1832, et de l'émancipation des catholiques. Chef du Parti libéral, d'une grande intégrité, il poursuivit les réformes dans les domaines municipal et judiciaire, en tant que secrétaire à l'Intérieur dans le gouvernement Melbourne*, mais se montra hostile à toute autonomie quand il fut secrétaire aux Colonies. Devenu Premier ministre à la chute de Peel* (1846), il poursuivit sa politique libre-échangiste, mais dut faire face à la famine d'Irlande et au chartisme. La rivalité de Palmerston* provoqua sa chute (1852). Peu après, il entra dans le gouvernement Aberdeen* (1852 - 1855). Les difficultés de l'expédition de Crimée, qu'il avait préconisée, l'obligèrent à se retirer. Ministre des Affaires étrangères dans le second cabinet Palmerston, il pratiqua une politique de non-intervention (affaires des Duchés, guerre de Sécession), tout en encourageant l'unité italienne. Il redevint Premier ministre à la mort de Palmerston (1865 - 1866).

**RUSSELL (George)** dit **Æ** ♦ Poète irlandais (Lurgan, comté d'Armagh 1867 - Bournemouth 1935). Il se lia d'amitié avec W. B. Yeats* à la Metropolitan School of Arts de Dublin et partagea avec lui un vif intérêt pour les sciences occultes. De *Homeward : Songs by the Way* (1894) à *The House of Titans and Other Poems* (1934), il ne signa jamais ses poèmes que des lettres Æ, dérivées du grec *aeôn* («éternité»). Éditeur d'importants journaux (*The Irish Homestead*, 1905 - 1923, puis *The Irish Statesman*, 1923 - 1930), il explique son expérience mystique dans *Le Flambeau de la vision* (1918). Il appartient à la lignée des poètes qui voient dans l'imagination la faculté par laquelle l'homme communique avec les secrets de la création.

**RUSSELL (Bertrand,** 3^e comte**)** ♦ Mathématicien, logicien et philosophe britannique (Trellek, Monmouthshire 1872 - Penrhyndeudraeth, Gwynedd 1970). ▮ **La philosophie des mathématiques** Étudiant à Cambridge (1890 - 1894), il montra un très vif intérêt pour la philosophie des mathématiques ainsi qu'en témoigne sa dissertation sur *Les Fondements de la géométrie* (1894). Ni l'empirisme de Stuart Mill, ni la philosophie transcendantale de Kant, ni le néohégélianisme anglais de l'époque (Mac Taggart, Bradley) ne l'avaient satisfait ; il leur opposa sa théorie de «l'atomisme logique», consistant à pratiquer la méthode de «l'analyse» pour atteindre par des «atomes logiques» le «monde des universaux». Russell, en néoréaliste, devait d'abord leur attribuer une réalité indépendante de l'existence empirique (objets physiques, sensations) et de l'esprit connaissant. À la connaissance empirique, il opposa une connaissance *a priori* ayant trait exclusivement «aux rapports entre les universaux». ▮ **Les «Principia Mathematica»** La découverte des travaux logico-mathématiques de G. Frege* et surtout de Peano* (en 1900) donna une impulsion décisive à ses propres recherches, dont les résultats furent exposés dans divers ouvrages et articles avant d'être repris systématiquement dans les *Principia* Mathematica* (1910 - 1913), rédigés en collaboration avec A. N. Whitehead*. Cet ouvrage tentait de faire de la logique la base des notions et propositions mathématiques, l'instrument d'analyse de leurs principes. Les *Principia* développent notamment une théorie de la déduction (calcul des propositions et des fonctions propositionnelles), tout en établissant les principes d'une logique extensionnelle (d'après laquelle la vérité des propositions complexes ne dépend que de celle des propositions élémentaires qu'elles combinent). Si le logicisme de Russell fit l'objet de discussions critiques, il n'en reste pas moins que les *Principia* ont apporté à tous les travaux de logique mathématique ultérieurs une méthode d'analyse et une langue symbolique rigoureuse, grâce à laquelle pouvaient être évitées les ambiguïtés du langage courant et mise en évidence l'existence d'énoncés dépourvus de sens (notion que devait par la suite exploiter le cercle de Vienne*). ▮ **La théorie des descriptions** Telle est la portée de la théorie des descriptions, ébauchée dès 1905 *(On Denoting)*. En faisant des descriptions (expressions complexes servant à définir et caractériser un individu) des «symboles incomplets», Russell affirmait qu'elles ne pouvaient être utilisées sans équivoque comme sujets grammaticaux de propositions. Les recherches logiques, linguistiques, psychologiques de Russell, ses travaux sur les théories physiques modernes (théorie des quanta de Planck*, de la relativité d'Einstein*) l'amenèrent progressivement à abandonner son «platonisme» pour aboutir finalement à une théorie assez proche de celle des néopositivistes. ▮ **Les prises de position** Russell n'a pas seulement dominé la philosophie anglaise durant de longues années, il s'est également imposé, au risque de faire scandale, par ses prises de position antireligieuses, éthiques, sociales et politiques. La Première Guerre mondiale lui donna l'occasion d'affirmer son antimi-

Bertrand **Russell.**
*Phot. © Harlingue/Roger-Viollet*

litarisme et son pacifisme : il perdit son poste à Cambridge (1916) et fut condamné à six mois de prison (1918). Démocrate, individualiste et libéral, il partageait les vues des socialistes anglais, mais devait critiquer le bolchevisme après un voyage en Russie (1920). Ni les problèmes de l'éducation ni les questions de morale conjugale (il dénonça les tabous sexuels et se prononça en faveur de l'union libre) ne pouvaient laisser indifférent ce moraliste épris de liberté. Jusqu'à la fin de sa vie, il ne cessa de lutter pour la paix dans le monde, militant contre l'utilisation militaire de l'arme nucléaire, contre les dangers du nationalisme et créant un tribunal révolutionnaire (Tribunal Russell, 1961) pour juger les activités de guerre des États-Unis au Viêtnam. **▮ Principaux ouvrages** *Problèmes de philosophie* (1912) ; *Notre connaissance du monde extérieur* (1914) ; *Introduction à la philosophie mathématique* (1919) ; *Analyse de l'esprit* (1921) ; *L'Analyse de la matière* (1927) ; *Signification et Vérité* (1940) ; *Histoire de la philosophie occidentale* (1946) ; *Leçons sur la social-démocratie allemande* (1896) ; *Vers la liberté : le socialisme, l'anarchie et le syndicalisme* (1918) ; *Théorie et Pratique du bolchevisme* (1920) ; *Le Mariage et la Morale* (1927) ; *La Conquête du bonheur* (1930) ; *Éducation et Ordre social* (1932). Il écrivit aussi une autobiographie intellectuelle, *Histoire de mes idées philosophiques* (1959), et un roman, *Satan dans les faubourgs* (1953). [Prix Nobel de littérature 1950] ➝ ÉTYM. Ce nom anglais vient du français *Roussel* (➝ aussi Rousseau).

**RUSSELL (Henry Norris)** ♦ Astronome américain (Oyster Bay, New York 1877 - Princeton 1957). Il développa la théorie photométrique des étoiles doubles à éclipses (1911 - 1912). Mais il est surtout connu pour ses recherches, faites indépendamment d'E. Hertzsprung, concernant la relation entre la magnitude absolue (luminosité) d'une étoile et la couleur du rayonnement qu'elle émet (liée à sa température). Ces travaux aboutirent en 1913 au fameux *diagramme de Hertzsprung-Russell (H-R)*, outil fondamental des astrophysiciens pour l'étude des propriétés des étoiles et de leur évolution (➝ **Hertzsprung**).

**RUSSELL (Ken)** ♦ Cinéaste britannique (Southampton 1927). Il est le spécialiste des biographies filmées, de musiciens principalement, abordées chaque fois avec un luxe de détails baroques qui fait fi de la vérité historique. Il évoqua ainsi Tchaïkovski (*Music Lovers*, 1971), Mahler (1974), Liszt (*Lisztomania*, 1975), avec des incursions (plus ou moins heureuses) dans le monde de la sorcellerie (*Les Diables*, 1971), du rock (*Tommy*, 1975), de la science-fiction (*Au-delà du réel*, 1979) ou du proxénétisme (*La Putain*, 1991).

**RÜSSELSHEIM** ♦ V. d'Allemagne (Hesse), sur le Main, près de Francfort. Env. 60 000 hab. Siège et usine principale des automobiles Opel.

## RUSSIE

▮ n. f. – off. ***fédération de Russie*** en russe ***Rossiiskaïa Federatsia-Rossia*** ➝ ÉTYM. probablt du vx norrois *Rus*, de *rodh* «ramer, naviguer» (appliqué aux Varègues*) ♦ Pays d'Europe orientale et d'Asie septentrionale, qui s'est substitué à la fin de 1991 à la République socialiste fédérative soviétique de Russie (RSFSR) de l'URSS*. 17 075 400 km$^2$. 145 181 900 hab. *(Russes)*. LANGUES : russe, langues et dialectes des différentes minorités. POPULATION : (1989) : Russes, 81,5 % ; Tatars, 3,8 % ; Ukrainiens, 3 % ; Tchouvaches, 1,2 % ; Bachkirs, 0,9 %. RELIGION : orthodoxe. MONNAIE : rouble. CAPITALE : Moscou. RÉGIME : présidentiel.

### GÉOGRAPHIE

**▮ TERRITOIRE** Le territoire de la Russie, originairement à cheval sur le N. de l'Ukraine et le S. de la Russie actuelle, s'est progressivement décalé vers le N. puis, du X$^{e}$ au XX$^{e}$ s., étendu des plaines de l'Europe orientale au Pacifique. Dans sa plus grande extension, l'Empire russe comprenait l'ex-URSS, la Finlande et une partie de la Pologne. Le territoire de la Russie actuelle correspond à l'ex-République socialiste fédérative soviétique de Russie ; il s'étend sur 3 000 km du N. au S. et sur près de 9 000 km d'O. en E., sans compter la région de Kaliningrad, en enclave entre la Lituanie et la Pologne. 25,3 % de la superficie est en Europe et 74,7 %, au-delà de l'Oural, en Asie (Sibérie*). Quelques territoires font officiellement l'objet de contestation : avec l'Ukraine (la Crimée*, cédée en 1954), avec le Japon (îles Kouriles) et à la frontière avec l'Estonie.

**▮ MILIEUX NATURELS ET ÉCONOMIE RÉGIONALE** Bien que réduite par rapport à l'ex-URSS, la Russie, demeurant l'État le plus étendu du monde, dispose d'une grande diversité de milieux naturels et d'énormes ressources agricoles et minières qui lui permettent d'être potentiellement autosuffisante pour la plupart de ses approvisionnements, à l'exception des produits tropicaux. Mais, hormis le fer, la plupart des gisements de la partie européenne sont en voie d'épuisement et il faut aller chercher les matières premières toujours plus loin vers le N. et l'E. du pays, en Sibérie, en Extrême-Orient, dans des conditions techniques et de transport très coûteuses. **▮ Sud de la partie européenne** Il est constitué par les plaines aux riches sols de terres noires *(tchernoziem)* des bassins du Don, de la Volga et du Kouban (Caucase nord). Malgré les risques de sécheresse, on y a développé une grande culture de céréales, tournesols, betteraves et fourrages associés à l'élevage bovin et ovin. L'exploitation de gisements de charbon (un tiers du Donbass* est en territoire russe), de fer («anomalie magnétique» de Koursk*) et surtout des hydrocarbures du Caucase nord et du bassin de la Volga (➝ **Bakou [Second]**) ont permis le développement de grands centres industriels (➝ **Rostov-sur-le-Don, Volgograd, Saratov**). Le bassin de la Volga, aménagé en cascade de centrales hydroélectriques, attire depuis les années 1960 des industries énergétiques, pétrochimiques, métallurgiques, des constructions mécaniques (automobile). Le littoral de la mer Noire est une véritable *Riviera* touristique (Sotchi) où l'humidité permet la culture du thé, des fruits (notamment vigne, agrumes). Novorossibisk est le premier port russe en trafic de marchandises. Mais les conflits ou revendications nationales au Caucase nord (Tchétchènes, Ingouches) et en Volga (Tatars, Bachkirs) déstabilisent ces régions méridionales où l'on observe le renouveau du mouvement nationaliste russe des Cosaques. Le Grand Caucase*, au S., redevient une zone de tensions : les peuples montagnards intégrés en Russie s'agitent et plusieurs des points de passage vers la Transcaucasie sont perturbés par ces conflits (Abkhazie, Ossétie). **▮ Nord de la partie européenne** Au nord d'une ligne Toula-Kazan, on passe insensiblement des steppes ouvertes à la forêt et aux terres non noires. Régions d'agriculture plus pauvre (céréales, pommes de terre, élevage bovin), ces pays de la forêt sont devenus le foyer de la Russie à partir du XII$^{e}$ s. Un réseau dense de villes s'est constitué autour de Moscou dans ce château d'eau d'où partent la Volga, le Dniepr, la Dvina du Nord, reliés par des canaux (système des cinq mers). Moscou, Nijni-Novgorod, Kazan, Saint-Pétersbourg sont de grands centres commerciaux et industriels reliés à toutes les régions de l'ex-URSS. L'exploitation de quelques gisements septentrionaux (fer, nickel dans la presqu'île de Kola, charbon et hydrocarbures de la Petchora) a facilité l'essor des industries de transformation. Les ports du Nord européen (Saint-Pétersbourg sur la Baltique, Mourmansk en mer de Barents) devraient trouver un nouveau dynamisme après l'indépendance des États baltes. **▮ Oural** Avec des cols très bas (env. 450 m), il ne constitue pas un véritable obstacle. Bien qu'il ait été, dès le XVII$^{e}$ s., grâce à ses gisements métalliques, un des foyers de la métallurgie russe, il traverse une difficile crise de modernisation, étant victime de l'obsolescence de certains équipements et de la pollution de nombreuses villes. **▮ Sibérie** Colonisée par les Russes à partir du XVII$^{e}$ s., elle constitue un véritable grenier de matières premières dont l'exploitation n'a véritablement commencé qu'autour de la Deuxième Guerre mondiale. Terre de contraintes au climat continental très froid, elle ne présente un intérêt agricole que dans le Sud. La plus grande partie est recouverte par la forêt boréale *(taïga)* alors qu'au N. la *toundra* est le terrain de parcours traditionnel de peuples autochtones, éleveurs de rennes et chasseurs, aujourd'hui menacés par la mise en valeur industrielle. La Sibérie, dont les grands fleuves (Ob, Ienisseï, Lena) fournissent de l'électricité à bas prix, produit désormais la majorité des hydrocarbures, du charbon et des métaux non ferreux de la Russie, mais l'essentiel des ressources est transformé dans la partie européenne. Seul le Sud, le long du Transsibérien, a vu se développer de véritables industries, sur le gisement charbonnier du Kouzbass, à Novossibirsk, Omsk, Krasnoïarsk. L'Extrême-Orient, en bordure du Pacifique, tend, au moins du point de vue économique, à devenir autonome en se tournant résolument vers le Japon, les États-Unis et les pays du S.-E. asiatique pour exploiter ses

**Russie** | Les divisions administratives

| | Superficie (en km²) | Population | Capitale |
|---|---|---|---|
| *Républiques (respoublika)* | | | |
| Adygués | 7 600 | 447 000 | Maïkop |
| Altaï | 92 600 | 2 607 200 | Gorno-Altaïsk |
| Bachkirie (Bachkortostan) | 143 600 | 4 102 900 | Oufa |
| Bouriatie | 351 300 | 981 000 | Oulan-Oude |
| Carélie | 172 400 | 716 700 | Petrozavodsk |
| Daguestan | 50 300 | 2 584 200 | Makhatchkala |
| Ingouchie | 2 700 | 468 900 | Magas |
| Kabardino-Balkarie | 12 500 | 900 500 | Naltchik |
| Kalmoukie (Khalmg Tangtch) | 76 100 | 320 600 | Elista |
| Karatchaïevo-Tcherkessie | 14 100 | 439 700 | Tcherkessk |
| Khakassie | 61 900 | 546 100 | Abakan |
| Komis | 415 900 | 1 019 000 | Syktyvkar |
| Maris (Marii El) | 23 200 | 728 000 | Iochkar-Ola |
| Mordovie | 26 200 | 888 700 | Saransk |
| Ossétie du Nord | 8 000 | 650 400 | Vladikavkaz |
| Oudmourtie | 42 100 | 1 570 500 | Ijevsk |
| Sakha (Iakoutie) | 3 103 200 | 948 100 | Iakoutsk |
| Tatars (Tatarstan) | 68 000 | 3 779 800 | Kazan |
| Tchétchénie | 16 600 | 1 100 300 | Groznyï |
| Tchouvachie (Tchavach) | 18 300 | 1 313 900 | Tcheboksary |
| Touva (Tyva) | 170 500 | 305 500 | Kyzyl |
| *Territoires (kraï)* | | | |
| Altaï | 169 100 | 2 607 200 | Barnaoul |
| Kamtchatka | 472 300 | 349 000 | Petropavlovsk-Kamtchatski |
| Khabarovsk | 788 600 | 1 608 200 | Khabarovsk |
| Krasnodar | 76 000 | 4 939 500 | Krasnodar |
| Krasnoïarsk | 2 339 700 | 2 906 000 | Krasnoïarsk |
| Littoral | 165 900 | 2 286 900 | Vladivostok |
| Perm | 160 600 | 2 748 000 | Perm |
| Stavropol | 66 500 | 2 615 100 | Stavropol |
| Transbaïkalie | 431 500 | 1 124 000 | Tchita |
| *Régions (oblast)* | | | |
| Amour | 363 700 | 1 056 700 | Blagovechtchensk |
| Arkhangelsk | 587 400 | 1 548 000 | Arkhangelsk |
| Astrakhan | 44 100 | 1 015 400 | Astrakhan |
| Belgorod | 27 100 | 1 437 600 | Belgorod |
| Briansk | 34 900 | 1 471 600 | Briansk |
| Iaroslavl | 36 400 | 1 459 800 | Iaroslavl |
| Irkoutsk | 767 900 | 2 527 900 | Irkoutsk |
| Ivanovo | 23 900 | 1 300 400 | Ivanovo |
| Kaliningrad | 15 100 | 913 100 | Kaliningrad |
| Kalouga | 29 900 | 1 087 600 | Kalouga |
| Kemerovo | 95 500 | 3 157 900 | Kemerovo |
| Kirov | 120 800 | 1 694 400 | Kirov |
| Kostroma | 60 100 | 810 200 | Kostroma |
| Kourgan | 71 000 | 1 114 800 | Kourgan |
| Koursk | 29 800 | 1 343 800 | Koursk |
| Leningrad | 85 900 | 1 668 900 | Saint-Pétersbourg |
| Lipetsk | 24 100 | 1 245 500 | Lipetsk |
| Magadan | 461 400 | 306 900 | Magadan |
| Moscou | 47 000 | 6 644 000 | Moscou |
| Mourmansk | 144 900 | 1 091 500 | Mourmansk |
| Nijni-Novgorod | 74 800 | 3 682 700 | Nijni-Novgorod |
| Novgorod | 55 300 | 747 400 | Novgorod |
| Novossibirsk | 178 200 | 2 792 100 | Novossibirsk |
| Omsk | 139 700 | 2 172 600 | Omsk |
| Orel | 24 700 | 913 200 | Orel |
| Orenbourg | 124 000 | 2 234 700 | Orenbourg |
| Oulianovsk | 37 300 | 1 479 600 | Oulianovsk |
| Penza | 43 200 | 1 523 300 | Penza |
| Pskov | 55 300 | 836 600 | Pskov |
| Riazan | 39 600 | 1 336 900 | Riazan |
| Rostov | 100 800 | 4 401 300 | Rostov |
| Sakhaline | 87 100 | 698 600 | Ioujno-Sakhalinsk |
| Samara | 53 600 | 3 322 400 | Samara |
| Saratov | 100 200 | 2 728 400 | Saratov |
| Smolensk | 49 800 | 1 166 500 | Smolensk |
| Sverdlovsk | 194 800 | 4 666 700 | Iekaterinbourg |
| Tambov | 34 300 | 1 314 700 | Tambov |
| Tcheliabinsk | 87 900 | 3 616 900 | Tcheliabinsk |
| Tioumen | 1 435 500 | 3 130 200 | Tioumen |
| Tomsk | 316 900 | 1 000 600 | Tomsk |
| Toula | 25 700 | 1 832 300 | Toula |
| Tver | 84 100 | 1 654 500 | Tver |
| Vladimir | 29 000 | 1 648 300 | Vladimir |
| Volgograd | 113 900 | 2 674 300 | Volgograd |
| Vologda | 145 700 | 1 360 100 | Vologda |
| Voronej | 52 400 | 2 498 500 | Voronej |
| *Villes d'importance fédérale* | | | |
| Moscou | | | |
| Saint-Pétersbourg | | | |
| Région autonome des Juifs | 36 000 | 217 800 | Birobidjan |
| *Arrondissements autonomes (Okroug) (avtonomnyi okroug)* | | | |
| Iamalo-Nenets | 750 300 | 468 800 | Salekhard |
| Koriaks | 301 500 | 35 400 | Palana |
| Nenets | 176 700 | 50 900 | Narian-Mar |
| Tchouktches | 737 700 | 113 100 | Anadyr |

richesses (charbon, gaz et diamants de Sakha, hydrocarbures de Sakhaline, bois). Après le règlement, en 1989 - 1990, des litiges frontaliers le long du fleuve Amour, les relations avec la Chine s'intensifient mais l'essentiel des investissements se porte sur le littoral où, alliant la pêche, le tourisme et le commerce, les principaux ports, comme Vladivostok et Nakhodka, se développent rapidement. → **Sibérie.**

**■ SYSTÈME ÉCONOMIQUE** À partir de 1991, la Russie est engagée dans un vaste programme de réformes économiques associant l'introduction des mécanismes de marché à la désétatisation d'une grande part des secteurs de production, d'échange et de services. Toutefois, les privatisations sont gelées depuis 2004. Dans l'agriculture, une vaste réforme agraire est engagée mais la Douma retarde l'adoption de la loi sur la privatisation des terres. On s'oriente vers un système mixte associant grandes exploitations coopératives, entreprises agro-industrielles privées et fermes familiales. L'État conservera la maîtrise totale de quelques domaines (armement nucléaire, transports stratégiques...) mais il tend à privatiser tous les autres secteurs y compris l'énergie, les communications, les industries de pointe en constituant de puissants groupes industriels et financiers qui agissent de plus en plus sur la scène politique. L'État gardera le contrôle des grandes orientations grâce à quelques institutions (Banque centrale, Fonds de gestion des privatisations, Fonds d'aides régionales) et à des programmes d'aide dans le cadre d'une politique de guidage des prix, du crédit et des changes. Ce renouvellement profond des mécanismes économiques s'accompagne d'une décentralisation régionale conflictuelle, républiques et régions cherchant à acquérir toujours plus d'autonomie face au pouvoir fédéral. Un appel massif est fait aux techniques importées et aux investisseurs occidentaux ou asiatiques, mais ces derniers restent prudents tant l'instabilité économique et politique est grande. Membre fondatrice de la CEI, la Russie continue d'avoir des liens privilégiés avec les anciennes républiques de l'URSS mais la zone rouble est désormais morcelée. La faiblesse des institutions communautaires et la méfiance des autres États de la CEI envers Moscou entravent le développement de la coopération. La détérioration des liens économiques entre des républiques totalement intégrées dans le système soviétique a contribué, en 1992 - 1993, à déstabiliser l'économie russe (inflation galopante, chômage technique dû aux ruptures d'approvisionnement, «mafias»...) provoquant la montée du mécontentement de la population. ■ Le secteur agricole recèle un potentiel considérable grâce à l'espace disponible, mais aussi en raison de l'évolution probable de la productivité jusque-là relativement faible (vétusté du matériel, engrais peu employés). Largement déficitaire dans ce domaine, la Russie est contrainte de recourir à des importations de viande, de produits laitiers, de sucre, de fruits et de légumes. Il faut tout de même noter un rapide développement de l'industrie agroalimentaire à partir du lait, de la viande et des céréales. Les hydrocarbures, pétrole et gaz, demeurent le principal élément de la croissance économique. Les revenus du secteur pétrolier équivalent à 25 % du PIB et représentent plus de 55 % des exportations. Les réserves de gaz se classent au premier rang mondial. Ces ressources servent également à la Russie de moyen de pression sur ses anciens satellites par le biais de l'approvisionnement et du montant des factures (Ukraine), voire d'arbitre entre les pays consommateurs dans l'Union européenne. Alors que les interventions de capitaux étrangers sont réglementées et limitées dans les

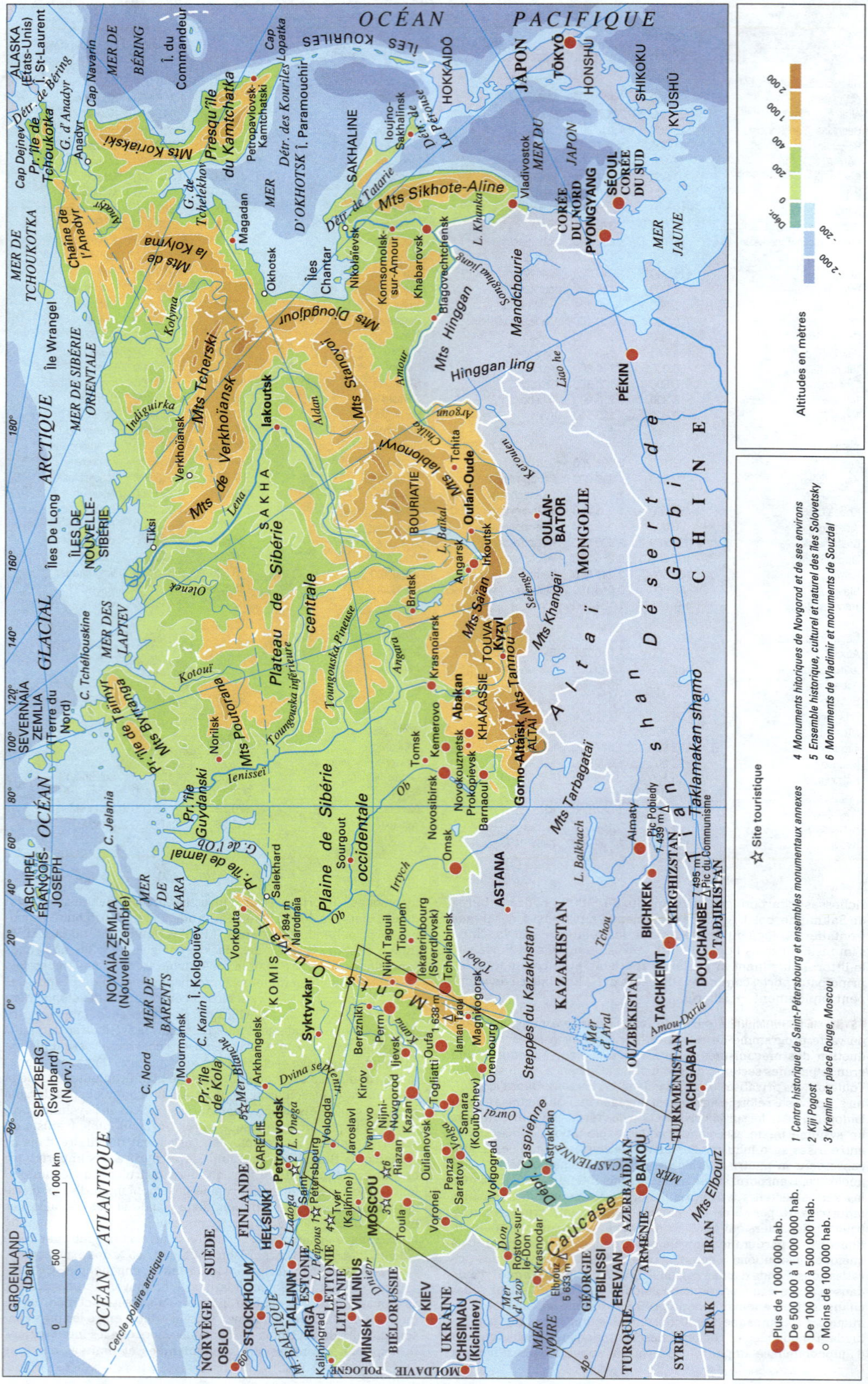
Plus de 1 000 000 hab.
De 500 000 à 1 000 000 hab.
De 100 000 à 500 000 hab.
Moins de 100 000 hab.
Site touristique
1 Centre historique de Saint-Pétersbourg et ensembles monumentaux annexes
2 Kiji Pogost
3 Kremlin et place Rouge, Moscou
4 Monuments historiques de Novgorod et de ses environs
5 Ensemble historique, culturel et naturel des îles Solovetsky
6 Monuments de Vladimir et monuments de Souzdal
Altitudes en mètres
Dépr.
0
200
400
1 000
2 000
- 200
- 2 000
0
500
1 000 km
OCÉAN GLACIAL ARCTIQUE
OCÉAN PACIFIQUE
OCÉAN ATLANTIQUE
MER DE BARENTS
MER DE KARA
MER DES LAPTEV
MER DE SIBÉRIE ORIENTALE
MER DE TCHOUKOTKA
MER DE BÉRING
MER D'OKHOTSK
MER DU JAPON
MER JAUNE
MER NOIRE
MER CASPIENNE
Mer d'Aral
Mts Oural
Plaine de Sibérie occidentale
Plateau de Sibérie centrale
Mts de Verkhoïansk
Mts Tcherski
Mts de la Kolyma
Mts Koriakski
Mts Stanovoï
Mts Djougdjour
Mts Iablonovi
Mts Saïan
Mts Sikhote-Aline
Caucase
Altaï
Désert de Gobi
Taklamakan shamo
Steppes du Kazakhstan
Presqu'île du Kamtchatka
SAKHALINE
ÎLES KOURILES
MOSCOU
Saint-Pétersbourg
KAZAKHSTAN
MONGOLIE
CHINE
JAPON
SAKHA
BOURIATIE
Iakoutsk
Vladivostok
Novossibirsk
Iekaterinbourg (Sverdlovsk)
PÉKIN
TÔKYÔ
SÉOUL
PYONGYANG
ASTANA
OULAN-BATOR

Russie.

Russie occidentale.

secteurs stratégiques de l'énergie, ils sont notamment présents dans l'industrie automobile. Portée par les classes moyennes l'industrie des biens de consommation est en train de prendre son essor (électroménager). L'Union européenne élargie est le plus important partenaire commercial de la Russie. Après plusieurs années de croissance forte soutenue par le prix du pétrole, le pays est frappé lourdement par la crise économique qui souligne ses points faibles : système bancaire fragile, trop forte dépendance à l'exportation de matières premières.

**SYSTÈME POLITIQUE** La Russie est une fédération (traité fédéral du 31 mars 1992), régie par un système mixte, parlementaire et présidentiel, de 21 républiques, 9 territoires et 46 régions, 1 région autonome, 2 villes d'importance fédérale et 4 arrondissements autonomes. Une nouvelle Constitution a été adoptée par référendum le 12 déc. 1993. Élu pour 4 ans, le président, qui ne peut cumuler plus de deux mandats successifs, désigne le Premier ministre, peut dissoudre le gouvernement et la Douma, légiférer par décrets et possède de vastes prérogatives (nomination des principaux fonctionnaires civils et militaires, instauration de l'état d'urgence). Enfin il partage avec le Parlement l'initiative des lois, mais c'est lui qui les promulgue et les fait appliquer. Le Parlement fédéral, qui vote les lois fédérales, lesquelles en principe priment sur les lois des républiques, comprend deux Chambres : la Douma (450 députés) et le Conseil de la Fédération (178 conseillers), formé de deux représentants pour chacun des 89 sujets de la Fédération. Le rôle et le pouvoir des instances régionales sont également restreints par un exécutif qui reste centralisé : le président nomme et révoque ses représentants dans toutes les régions et républiques et peut créer ses propres institutions territoriales. Afin de renforcer ce contrôle du centre mis en cause par plusieurs régions et républiques (Tchétchénie), V. Poutine a créé en 2000 un nouveau maillage régional de 8 «*okroug*» (arrondissements) fédéraux (Centre, Sud-Caucase, Caucase-Nord, Nord-Ouest, Volga, Oural, Sibérie, Extrême-Orient) placés sous la direction de «représentants plénipotentiaires» nommés par le président.

## HISTOIRE

**DES ORIGINES AU XVIIe S.** **Les premiers habitants** Durant la période historique primitive, la Russie méridionale (territoires actuels du S. de la Russie et de l'Ukraine) subit successivement l'hégémonie de divers peuples nomades, dont certains fondèrent de puissants empires. Les Cimmériens* dominèrent de v. –1000 à –700. Les Scythes* (v. –700 - –300), dès la fin du –VIIe s., vendaient leur blé aux colonies grecques de la mer Noire (Chersonèse Taurique, auj. Crimée) et de la mer d'Azov (Panticapée, auj. Kertch) ; leur civilisation est attestée par de nombreux vestiges. Les Sarmates* (v. –300 - v. 200), dont la domination s'étendit du Don au Danube, furent submergés à partir du IIe s. par les invasions germaniques. Au cours du IIIe s., les Goths* formèrent à leur

**Russie** ▌Productions en 2008

| Produits | Quantités | Rang |
|---|---|---|
| ▌Agriculture | | |
| Avoine | 5 400 000 t | 1er |
| Betteraves à sucre | 28 000 000 t | 3e |
| Blé (2009) | 56 000 000 t | 4e |
| Orge | 23 000 000 t | 1er |
| Pommes de terre | 37 000 000 t | 2e |
| Seigle | 3 900 000 | 1er |
| Soja (graines) | 660 000 t | 11e |
| Tournesol (graines) | 5 700 000 t | 1er |
| Vin (2005) | 3 000 000 hl | |
| Bovins (têtes) | 20 000 000 | 13e |
| Ovins (têtes) | 18 000 000 | 16e |
| Porcins (têtes) | 14 000 000 | 8e |
| Pêche | 3 400 000 t | 11e |
| ▌Mines | | |
| Aluminium | 3 700 000 t | 2e |
| Argent | 1 200 t | 8e |
| Bauxite | 6 000 000 t | 7e |
| Charbon et lignite | 320 000 000 t | 5e |
| Cuivre | 750 000 t | 6e |
| Diamants | 38 000 000 carats | 1er |
| Étain | 6 000 t | 7e |
| Fer | 110 000 000 t | 5e |
| Magnésium | 50 000 t | 2e |
| Nickel | 280 000 t | 1er |
| Or | 160 t | 6e |
| Platine | 24 t | 2e |
| Plomb | 40 000 t | 16e |
| Uranium | 3 200 t | 5e |
| ▌Énergie | | |
| Énergie nucléaire | 163 TWh | 4e |
| Gaz naturel | 620 000 000 000 m³ | 1er |
| Houille | 362 000 000 t | 5e |
| Hydroélectricité | 167 TWh | 5e |
| Pétrole | 490 000 000 t | 2e |

tour un empire florissant qui fut détruit par les Huns* (375) auxquels succédèrent les Avars* (v. 560), puis les Khazars* (v. 600). Ceux-ci occupèrent peu à peu la plus grande partie du territoire, tandis que les régions forestières du Centre et du Nord, habitées à l'origine par des tribus finnoises et probablement protoslaves, furent colonisées par les Slaves orientaux. Les Slaves, organisés en fédérations de clans assez souples, ne formèrent pas d'État. Pour résister aux Khazars et aux Bulgares, ils engagèrent les services militaires des Scandinaves, commerçants armés qui parcouraient la Russie, de la Baltique vers le Sud. **▌Les Varègues et l'empire de Kiev** Ces Varègues*, apparentés aux Normands, furent appelés *Russes* (sans doute d'un mot finnois désignant les Scandinaves du S. de la Baltique). Les Varègues s'établirent à Novgorod, levant tribut sur les Finnois et les Slaves, qui durent s'en accommoder. ***▌Riourik et les Riourikides*** Riourik* devint prince *(kniaz)* de Novgorod, tandis que d'autres Varègues se fixaient à Kiev, qui allait devenir en 882 la capitale de l'État russe naissant (→ **Kiev**). L'action protectrice et unificatrice des Varègues qui, moyennant tribut, laissaient les Slaves libres de gérer à leur guise leurs affaires, puis l'entrée des Slaves dans l'assemblée des chefs scandinaves *(droujina)* et les mariages interethniques (par un processus voisin de celui que connurent les îles Britanniques) aboutirent à l'apparition d'un véritable État. Les chefs varègues Helgi (Oleg* le Sage), Helga (Olga*), Sviatoslav* Ier (premier prince de Kiev à porter un nom slave) repoussèrent les Petchenègues*, attaquèrent les Bulgares et l'empire byzantin, agrandissant la zone d'influence russe et véhiculant les influences culturelles de Byzance. Olga avait été baptisée v. 955. Vladimir* Ier le Grand épousa la sœur des empereurs byzantins Basile II et Constantin VIII, reçut le baptême et l'imposa à ses sujets («baptême de la Russie» v. 988 - 989). Le christianisme s'implanta sous la forme grecque, mais les Russes prirent rapidement aux côtés des Grecs une place importante dans leur Église. Le XIe s. vit la construction de monastères et de cathédrales (Kiev, Novgorod). Par ailleurs, les relations du premier État russe avec la Scandinavie (Norvège) subsistaient. Après la mort de Vladimir, ses fils divisèrent l'État et luttèrent entre eux ; Iaroslav* Vladimirovitch, aidé par des troupes de Scandinavie, l'emporta (1019, Kiev ; puis 1036). Le XIe s. vit l'apogée de la Russie kiévienne (→ **Kiev, Ukraine**), mais après la mort de Vladimir* II Monomaque, l'«empire kiévien» déclina et fut morcelé avant d'être envahi par les Mongols. ***▌Les petites principautés*** Cependant, à l'O., en Galicie*, se développait une économie de grande propriété foncière et une société féodale prospère ; au N., Novgorod* connut un développement commercial comparable à celui des villes hanséatiques et un pouvoir municipal s'y organisait (assemblée populaire élisant administrateurs et chefs

**Russie.** Portrait de Menchikov par un anonyme du XVIIIe s. Musée de l'Ermitage, Saint-Pétersbourg. *Phot. © APN*

militaires, sous le contrôle d'une oligarchie). À l'E., la principauté de Souzdal, puis de Vladimir, formait le troisième centre de développement de la Russie. → **Souzdal.** **▌La conquête mongole** Le XIIIe s. vit les invasions des Mongols (ou Tatars) en 1223 puis en 1236, avec le petit-fils de Gengis Khān, Bātū Khān. Les hordes ravagèrent et brûlèrent Moscou en 1237, envahirent Souzdal, prirent Kiev (1240), dévastant de vastes territoires, mais se heurtèrent à une très vive résistance. Les Mongols annexèrent le S. et l'E. de la Russie, formant la Horde* d'Or, où les principautés russes étaient vassalisées. Mongols et Russes ne se mêlèrent pas et la religion et la culture slaves purent subsister. Cependant, à l'O., les Suédois, puis les Porte*-Glaive, tentèrent d'envahir la principauté de Novgorod ; ils furent arrêtés par Alexandre Iaroslavitch sur la Neva (1240 ; d'où le surnom d'Alexandre* Nevski) et au lac Peïpous. **▌La place dominante de Moscou** Aux XIIIe et XIVe s., attaqués de toutes parts, isolés, réduits à une soumission prudente à l'égard des Mongols, les États russes forgèrent un sentiment national appuyé sur une appartenance religieuse commune. La petite principauté de Moscou, dont les souverains se lièrent aux Mongols, accrut son pouvoir ; en 1326, Moscou devint le centre religieux de la Russie (→ **Moscou**). Sous Dimitri Donskoï, les Russes parvinrent à battre les Mongols à Koulikovo (1380), mais Togtamich (ou Toktamich), général de Tamerlan, mena une expédition punitive jusqu'à Moscou, qu'il brûla ; Dimitri dut payer aux Mongols un lourd tribut. Son successeur Vassili Ier eut à combattre aussi les Lituaniens, qui avaient depuis longtemps pris Kiev et venaient de s'emparer de Smolensk (→ **Lituanie**) et les Mongols qui effectuèrent un nouveau raid sur Moscou (1408). Au XVe s. cependant, l'affaiblissement de la Horde d'Or puis la prise de Constantinople par les Turcs (1453) donnèrent à Moscou une plus grande importance religieuse, politique et artistique (→ **Roublev**). Le grand-prince Vassili II réduisit le pouvoir des féodaux et Moscou domina un territoire accru. ***▌L'expansion territoriale*** À partir d'Ivan III, les annexions se multiplièrent : Iaroslavl (1463), Rostov (1474), Novgorod* (1471 - 1478), Tver, Pskov, Riazan (1521). Décourageant les entreprises mongoles et, avec Vassili III, s'opposant au danger lituanien (prise de Smolensk par Vassili III, 1522), les grands-princes affermissaient leur puissance, s'imposant comme les héritiers du *basileus* de Byzance sur le plan religieux (Ivan III). ***▌Les premiers tsars*** Enfin Ivan* IV le Terrible prit en 1547 le titre de *tsar (Caesar)* et lutta contre les boyards dans un climat violent, affermissant l'autocratie, notamment grâce au servage, qui bénéficia à la petite noblesse acquise au tsar. Khazan (1552) et Astrakhan (1556) furent soumis et la Russie put entrer en relations directes avec la Turquie et préparer son expansion vers l'E. La lutte contre des Polono-Lituaniens fut un échec (guerre de Livonie, 1558 - 1583), mais Grégoire XIII imposa la paix aux Polonais. À Boris* Godounov, qui continua la politique d'Ivan le Terrible, succéda le faux Dimitri* (1605) qui s'appuya à la fois sur les boyards et sur le peuple. Vassili* Chouïski, nommé par les boyards, fut en butte à un second faux Dimitri, et ces luttes internes déclenchèrent l'intervention des Suédois (appuyant Chouïski), puis des Polonais, qui prirent Moscou. Ladislas, fils du roi de Pologne Sigismond III, fut proclamé tsar ;

**Russie.** Portrait de Pougatchev par un anonyme du XVIIIe s. Musée de l'Histoire, Moscou. *Phot. © APN*

**Russie.** La formation de l'État russe.

mais des soulèvements, menés notamment par Minine et Pojarski, chassèrent les Polonais de Moscou (1612). Michel Romanov fut élu tsar.

**LES ROMANOV** **Les premiers Romanov** Michel Romanov (1613 - 1645), moyennant des abandons territoriaux, fit la paix avec la Pologne et la Suède. Sous Alexis Ier (1645 - 1676), grâce aux Cosaques soulevés contre les Polonais, la Russie acquit Smolensk et Kiev (paix d'Androussovo, 1667), tandis que des troubles sociaux (révoltes urbaines ; Stenka Razine*) et religieux comme le schisme des vieux-croyants (→ **Avvakoum**) agitaient le pays. Ni ces troubles ni la guerre avec la Turquie, sous Fedor III (1676 - 1682), n'empêchèrent le développement économique, l'apparition des manufactures et le recul du pouvoir économique des boyards. Mais le pouvoir autocratique du tsar ne pouvait s'appliquer pleinement sans de profondes réformes. Après la crise dynastique causée par la mort de Fedor III, les *streltsy** imposèrent deux souverains, fils d'Alexis, Ivan V et Pierre Ier, sous la régence de leur sœur Sophie ; celle-ci rétablit un pouvoir fort à son bénéfice, avant d'être renversée par Pierre. **Pierre le Grand** Pierre Ier le Grand s'attacha à moderniser son pays, l'ouvrant aux influences occidentales, développant le système scolaire, l'armée, la flotte, réorganisant l'administration et la vie politique, éliminant les boyards au profit d'une nouvelle noblesse de fonctionnaires. Il gouverna tyranniquement, s'appuyant sur une police secrète d'État. Le développement rapide des manufactures, d'immenses travaux publics (dont la construction de Saint-Pétersbourg, à partir de 1703) ne furent possibles qu'au prix de l'écrasement du peuple (oukase de 1721 sur la vente des paysans). → **Pierre Ier**. **Les successeurs de Pierre Ier** Ayant fait exécuter son fils Alexis (1718), Pierre avait choisi sa femme Catherine pour lui succéder. Catherine* Ire gouverna avec Menchikov* ; mais celui-ci fut déporté après la mort de la tsarine (1727) par les antiréformistes. Le jeune tsar Pierre II étant mort à quinze ans, Anna* Ivanovna (1730 - 1740) fut désignée comme impératrice. Elle restaura l'autocratie, s'appuyant sur des ministres étrangers, barons allemands baltes et laissa le trône à un nouveau-né, Ivan VI, et donc le pouvoir à son ministre Biron. La noblesse russe, lasse de l'influence étrangère, mit sur le trône Élisabeth* Petrovna (1741 - 1762), dont le règne fut marqué par un développement économique et culturel remarquable, en partie fonction d'une réaction aristocratique. Sous son règne furent fondées l'université de Moscou (→ **Lomonossov**) et l'académie des Beaux-Arts de Saint-Pétersbourg où elle fit ériger le palais d'Hiver. → **Rastrelli.** La guerre de Sept Ans allait être fatale à Frédéric II de Prusse quand Élisabeth mourut ; son successeur, Pierre* III, prince allemand de santé déficiente, fit rapidement la paix (en 1762). **Catherine la Grande** Sa femme, Catherine II, par un coup d'État militaire, le détrôna et le fit probablement assassiner. Elle fut l'une des plus fortes personnalités de l'histoire russe (1762 - 1796). Réformatrice par conviction, cette princesse allemande intelligente et autodidacte tenta d'utiliser les idées des « philosophes » français pour le bien de la Russie. Mais le poids des réalités, plus encore que le caractère superficiel de sa « philosophie », l'entraînèrent à une politique autocratique bien éloignée de ses *Instructions* rédigées d'après Beccaria et Montesquieu. Les tentatives de démocratisation aboutirent à l'adoption complète des thèses de la noblesse. Le renforcement et l'extension du servage, les exonérations d'impôts bénéficièrent entièrement à cette classe. Les révoltes populaires, comme celle de Pougatchev*, furent férocement écrasées. Soucieuse d'accroître le prestige culturel de son pays, l'impératrice fit appel à de nombreux artistes étrangers pour embellir la capitale (→ **Saint-Pétersbourg**) et favorisa la vie littéraire (N. Novikov*), mais la fin de son règne fut marquée par la persécution des intellectuels libéraux (A. Radichtchev*). Comme Pierre le Grand, Catherine II semble avoir été dirigée par les besoins d'une politique extérieure expansionniste, nécessitant une administration et une fiscalité fortement organisées. En effet, voulant rassembler les Slaves orientaux sous son autorité, la tsarine se heurtait à la Turquie et à la Pologne. La guerre russo-turque aboutit à l'acquisition d'Azov et à l'indépendance de la Crimée (traité de Kutchuk*-Kaïnardji) ; elle reprit en 1787 et le traité de Iaşi (1791) entérina l'annexion de la

Crimée. Le premier partage de la Pologne (1772) avait déjà apporté des territoires à la Russie ; devant l'évolution politique en Pologne, Catherine II s'entendit avec la Prusse et annexa d'autres territoires (Ukraine, Podolie, Volhynie), encore étendus en 1795. Catherine II avait donné à l'Empire russe de nouvelles frontières à l'O. et sur la mer Noire. → **Catherine II.** ▮ **Paul Ier** Paul* Ier tenta d'humilier la noblesse et de s'opposer à la politique de sa mère. Malgré quelques mesures prises en faveur du peuple, il mena en fait une politique réactionnaire et tyrannique, réduisant les paysans au servage d'État. La Russie entra dans la coalition antifrançaise (1799 : Souvorov* en Italie et en Suisse), puis Paul Ier voulut s'associer avec Bonaparte contre la Grande-Bretagne pour la conquête de l'Inde. Mais il fut assassiné en 1801. ▮ **Alexandre Ier** Son fils Alexandre, qui avait participé à la conspiration, lui succéda. Alexandre* Ier (1801 - 1825) réforma l'administration et confia à Speranski la préparation d'une Constitution ; mais ses tendances autocratiques, la violente opposition des conservateurs et surtout les difficultés extérieures firent avorter les tentatives réformistes. Le tsar, après avoir participé aux troisième et quatrième coalitions* contre Napoléon, ses armées ayant été battues à Friedland (14 juin 1807), demanda l'armistice. L'accord de Tilsit* lui permit d'annexer la Finlande ; à l'entrevue d'Erfurt* (sept.-oct. 1808), Alexandre exigea de Napoléon l'abandon de la Prusse. Leurs relations se détériorèrent, notamment à propos de la Pologne, que Napoléon voulait reconstituer, et le 24 juin 1812, la Grande Armée attaqua la Russie. La *campagne de Russie*, après la rapide avance des Français et la victoire de Smolensk (18 août), fut marquée par une résistance par harcèlement. Les pertes subies à la Moskova (Borodino, 7 sept. 1812) affaiblirent la Grande Armée, qui occupa Moscou le 14 sept. (la ville fut incendiée le lendemain). La réaction patriotique des Russes, l'habileté de Koutouzov*, les difficultés dues aux distances amenèrent Napoléon à ordonner la retraite, qui fut terrible et meurtrière (**→ Bérézina).** Alexandre, se croyant désigné par Dieu pour mener une croisade antinapoléonienne, traversa l'Allemagne avec son armée en 1814 et occupa Paris, favorisant la restauration des Bourbons. Influencé par la baronne von Krüdener*, le tsar fit conclure en sept. 1815 le pacte mystique de la Sainte-Alliance. Son paternalisme à l'égard des mouvements libéraux des Balkans disparut quand les Grecs commencèrent à se soulever. La modération qu'il conseillait aux autres souverains lors des congrès d'Aix-la-Chapelle ou de Troppau fit place à une attitude autocratique et réactionnaire devant l'agitation en Russie même. Indulgent pour le mouvement libéral dans l'armée, Alexandre Ier, appuyé sur Arakcheiev, fit régner un despotisme fort peu éclairé de 1820 à 1825.

▮ **LA RUSSIE DU XIXe S. À 1918** ▮ **Politique intérieure** ▮ ***Nicolas Ier*** La menace de crise provoquée par la renonciation au trône de l'héritier, Constantin, avant que Nicolas ne puisse être couronné, décida les membres des sociétés secrètes à tenter un coup d'État (déc. 1825). Nicolas* Ier écrasa la révolte des décabristes*, inaugurant un règne (1825 - 1855) de complète réaction politique et sociale. Autocrate, orthodoxe et nationaliste, il écrasa toute manifestation libérale, tant en Russie qu'à l'étranger (Pologne, 1831). La Russie devint un État policier, où toute expression était soumise à la censure, tandis qu'elle entrait dans l'ère industrielle (premiers chemins de fer, 1834) sans main-d'œuvre adaptée. Ainsi se posait encore la question du servage, que le tsar refusait d'envisager, faisant censurer toute allusion au sort du peuple dans la littérature (A. Pouchkine*, A. Griboïedov*, I. Tourgueniev*, N. Nekrassov*). Tout comme A. Pouchkine, M. Lermontov* fut exilé au Caucase. Les auteurs réalistes furent moins inquiétés (N. Gogol*, A. Ostrovski*, I. Gontcharov*). L'intelligentsia était divisée en *slavophiles* traditionalistes (les Aksakov) mais parfois opposés à la russification (l'Ukrainien T. Chevtchenko), alors que les *occidentalistes*, se référant à Pierre le Grand, à la philosophie allemande (Hegel, L. Feuerbach) et au socialisme utopique (Saint-Simon, Fourier, Proudhon), étaient surtout représentés à l'étranger (par Herzen* et Bakounine*). Le cercle de Petrachevski, auquel appartenait F. Dostoïevski*, se rattachait à cette tendance socialiste, poursuivie et réprimée avec vigueur (Dostoïevski, condamné à mort, fut gracié et envoyé en Sibérie). À l'extérieur, Nicolas Ier encouragea la répression des révolutions (1848 - 1849), prêtant des troupes à l'empereur d'Autriche pour l'aider à écraser les insurgés hongrois. Le tsar mourut pendant la guerre de Crimée*, qui fut désastreuse pour la Russie. ▮ ***Alexandre II*** Alexandre* II (1855 - 1881), après le congrès de Paris qui consacrait l'échec de la politique orientale de son père, s'attacha enfin au problème du servage. Les 20 millions de serfs de la Couronne furent libérés en 1858 ; les autres paysans furent reconnus libres en 1861 ; ils se trouvaient dépossédés de leurs terres que les propriétaires refusaient de leur céder. Le statut de 1861 attribuait une partie des terres, à des prix excessifs, aux paysans libérés. Ceux-ci passèrent le plus souvent sous la tutelle de la commune rurale (*obchtchina* ou *mir*). Mais la réforme foncière entraîna la création d'assemblées locales élues (*zemstvos)* et une réforme judiciaire. La libéralisation se fit sentir dans l'enseignement, qui échappa au contrôle religieux (1864 - 1865), dans l'armée (service militaire obligatoire, 1874) et dans la vie culturelle. Combinant des influences occidentales et la tradition russe, l'art connut une extraordinaire floraison à la fin du XIXe s. et au début du XXe s., tant en littérature (L. Tolstoï*, A. Tchekov*, A. Blok*, M. Gorki*) qu'en musique (A. Borodine*, C. Cui*, M. Balakirev*, M. Moussorgski*, P. Tchaïkovski*, A. Skriabine*, S. Rachmaninov*, I. Stravinski*, A. Rimski*-Korsakov, S. Prokofiev*) et en philosophie (V. Soloviev*). Alors que la peinture s'ouvrait à l'impressionnisme (V. Serov*), les Ballets* russes triomphèrent à Paris. En même temps se développèrent les mouvements libéraux et constitutionnalistes et surtout révolutionnaires (N. Tchernychevski*, envoyé en Sibérie, N. Dobrolioubov) ou nihilistes. Les émigrés A. Herzen*, M. Bakounine*, P. Kropotkine* obtenaient une audience mondiale. Quant aux «populistes» comme P. Lavrov* (disciples de Herzen), ils échouèrent dans leur tentative de croisade éducative du peuple et la tendance à l'action terroriste (M. Bakounine, S. Netchaïev*) l'emporta : de nombreux attentats furent commis contre des policiers (Vera Zassoulitch*), contre le tsar ; celui du 13 mars 1881 réussit. ▮ ***La fin de l'Empire*** Alexandre* III (1881 - 1894) se signala par un autocratisme borné et une slavophilie tendant à la russification forcée (Pologne, Finlande). Son conseiller K. Pobiedonostsev et son ministre le comte Tolstoï renforcèrent le pouvoir des nobles, aggravèrent la censure et l'inquisition policière. Les Juifs furent systématiquement persécutés. Sous Alexandre et sous Nicolas* II (1894 - 1917), conservateur aussi déterminé, mais caractère plus faible que son père, la Russie devenait une grande puissance économique, le ministre Witte (1892 - 1903) jouant un rôle déterminant dans cette évolution. L'industrie russe, largement contrôlée par des capitaux

**Russie.**
La constitution de l'Empire russe.

**Russie.** *L'Incendie de Moscou le 15 septembre 1812*, par Schmidt. Bibliothèque Marmottan, Boulogne-Billancourt.
*BIS/Phot. Vincent Godeau © Archives Larbor*

étrangers (politique d'emprunts) et surtout l'industrie lourde, se développa rapidement (de 700 000 à 2 300 000 ouvriers de 1865 à 1900). Le nouveau prolétariat russe, vivant dans des conditions pires que partout en Europe, modifiait profondément les possibilités révolutionnaires, par la prise de conscience et l'éducation du monde ouvrier, que les populistes se refusaient à dissocier de l'action inefficace sur les paysans. Au contraire, les sociaux-démocrates G. Plekhanov*, Lénine et I. Martov*, appliquant les théories marxistes, mettaient leurs espoirs dans le prolétariat qui, « tel le géant des contes de fées, grandit et se fortifie d'heure en heure » (Plekhanov). En 1895, Lénine fonda à Saint-Pétersbourg l'Union de lutte pour la libération de la classe ouvrière ; le Parti ouvrier social-démocrate fut créé à Minsk (1898) ; le congrès de Londres (1903) vit la division en majoritaires ou *bolcheviks* (Lénine) et *mencheviks* (Martov, P. Akselrod). → **Lénine, bolchevik.** Quant aux populistes, ils s'unirent en 1902 dans le Parti socialiste-révolutionnaire, préconisant le terrorisme ; en 1903, la Fédération de la libération, démocrate, devint le parti constitutionnel-démocrate (KD). Ces diverses tendances, de plus en plus fortes et organisées, réunissaient les conditions d'une action politique déterminante. ▮ **Politique extérieure** ▮ ***Nicolas Ier*** Sous Nicolas Ier, la Russie s'employa essentiellement à réprimer toute libéralisation en Europe centrale (Autriche-Hongrie, Pologne). Avec lui et Alexandre II, l'expansionnisme asiatique se poursuivit : victoire sur la Perse (1828), soumission des montagnards du Caucase (1830 - 1864), soumission du Turkestan (1853 - 1876), assorties d'une politique colonisatrice de mise en valeur. En Extrême-Orient, la région du fleuve Amour et de la côte Pacifique fut acquise sur la Chine (1858 - 1860), le N. de Sakhaline sur le Japon. Mais c'est la lutte contre la Turquie et la rivalité avec la Grande-Bretagne, désireuse de maintenir l'équilibre existant à son profit, qui dominèrent la période. Nicolas Ier obtint divers avantages lors de la guerre d'indépendance grecque (traité d'Andrinople, 1829) et notamment l'ouverture des Détroits à ses navires. Puis il défendit les Ottomans, suffisamment affaiblis, contre l'Égypte (occupation du Bosphore). Le traité d'Unkiar-Skelessi (1833) fermait les Détroits à tous les navires de guerre, sauf aux russes ; mais la convention de 1841 annihila ce privilège. En 1853, la Russie tenta d'exercer seule le protectorat des Lieux saints : Napoléon III et les Britanniques encouragèrent les Turcs à résister et la Russie déclara la guerre à la Turquie (1853), ce qui décida de l'expédition de Crimée*. Battus, les Russes perdirent toute influence sur les Détroits et la mer Noire (traité de Paris, 1856). ▮ ***Alexandre II*** La défaite française de 1870 - 1871 permit à A. Gortchakov*, chef tout-puissant de la diplomatie russe, d'obtenir la révision du traité (conférence de Londres, 1871). S'inspirant en fait du panslavisme, la Russie s'attacha à défendre les chrétiens des Balkans. Alexandre II força les Occidentaux à réclamer aux Ottomans l'autonomie des Bosniaques et des Bulgares (1876) ; sur le refus des Turcs, la Russie déclara la guerre à la Turquie (avr. 1877). Malgré une forte résistance, les troupes russes atteignirent Constantinople et la paix de San* Stefano (3 mars 1878), négociée par Ignatiev, définissait aux dépens de l'Empire turc une Grande Bulgarie, agrandissait le Monténégro et la Serbie, rendait la Roumanie indépendante. Inquiètes, la Grande-Bretagne et l'Autriche réunirent un congrès à Berlin (juin-juil. 1878) pour réviser ces clauses. Le projet de Grande Bulgarie fut abandonné et la Russie dut renoncer à la plupart des avantages du traité de San Stefano. Bismarck ayant imposé à Guillaume Ier l'alliance avec l'Autriche (1879), la Russie, malgré l'entente des trois empereurs (1881), complétée par l'adhésion de l'Italie (1882), se trouva relativement isolée. ▮ ***Alexandre III*** Une tendance au rapprochement avec la France se fit sentir et se concrétisa en 1891, un an après la retraite de Bismarck, son successeur Caprivi n'ayant pas renouvelé le traité « de réassurance » de 1887 par lequel l'Allemagne appuyait la Russie en Bulgarie et dans les Détroits. ▮ ***Nicolas II*** Une alliance défensive fut conclue avec la France (1892), Nicolas II se rendit à Paris (1896) et Félix Faure à Saint-Pétersbourg (1897). De même, la Russie s'entendait avec l'Autriche de François-Joseph et se consacrait à sa politique extrême-orientale. ▮ **La révolution de 1905** ▮ ***Les doumas*** L'échec dans la guerre russo*-japonaise manifesta la faiblesse du régime tsariste. Les problèmes économiques et sociaux, ainsi que la défaite de la Russie, entraînèrent la révolution* de 1905 à la suite de laquelle la deuxième Douma, qui comportait les éléments d'une véritable opposition socialiste, fut dissoute et remplacée par une assemblée docile (déc. 1907-sept. 1912) qui approuva la politique réformiste de Stolypine*. Ce dernier tenta de s'appuyer sur la paysannerie aisée et d'en accroître l'importance, en consentant des prêts et surtout en permettant aux paysans de sortir des communes rurales. Mais la moitié des bénéficiaires revendit sa part aux riches koulaks et les structures sociales changèrent fort peu. Pourtant, l'essor économique fut grand dans cette période : l'industrie et le commerce bénéficièrent de l'augmentation du marché (l'industrie lourde produisit 75 % de plus en 1913 qu'en 1909, alimentant la rapide croissance du prolétariat, principal appui des révolutionnaires). Stolypine assassiné (1911), l'expert des finances Kokovtsev continua sa politique intérieure, sans être gêné par une quatrième Douma (nov. 1912-fév. 1917) aussi docile que la troisième. ▮ ***La politique extérieure*** Dans le domaine des affaires étrangères, mené par Isvolski, la Russie, par l'entremise de son alliée la France, se rapprocha de la Grande-Bretagne (convention de Saint-Pétersbourg, 1907), réglant son contentieux en Orient (Perse, Afghanistan, Tibet). Dans les Balkans, la Russie fut contrainte d'accepter l'annexion par l'Autriche de la Bosnie-Herzégovine (1909), mais en 1912 elle appuya l'entente entre Serbie, Bulgarie et Grèce, qui marquait la fin de la Turquie en Europe. ▮ **La Première Guerre mondiale** Le gouvernement tsariste ne craignait pas un grand conflit qui, pensait-il, lui aurait permis de mater une action révolutionnaire (sensible en 1911 - 1912) et de contraindre les puissances européennes, inquiètes de l'expansionnisme slave, à admettre ses intérêts. Dès l'invasion de la Serbie* (après Sarajevo*), le gouvernement russe procéda à la mobilisation générale (30 juil.), entraînant immédiatement celles de l'Autriche, de l'Allemagne, puis de la France. Mais la masse énorme de l'armée russe, mal organisée, mal commandée, mal équipée, fut battue par Hindenburg dès août 1914 (Tannenberg). La Turquie entra en guerre en nov., privant la Russie de ses débouchés maritimes. Les offensives de 1915 - 1916 chassèrent les Russes de Pologne ; la contre-offensive russe de 1916, tout en affaiblissant l'Allemagne, fut un échec → **Guerre mondiale (Première).** ▮ **La révolution de 1917** Dans la Russie appauvrie et affaiblie de 1917, dans une atmosphère de

**Russie.** Gorbatchev et Eltsine, le 22 août 1991. *Phot. © Shone/Gamma*

scandale autour de la famille impériale, éclata la révolution* de février 1917. Le gouvernement provisoire qui en découla s'opposa au Soviet sur la question de la guerre (les ministres se montrant favorables à la poursuite de la guerre tandis que le Soviet prônait la paix sans annexions ni indemnités) et de la terre (le gouvernement se prononçant contre l'occupation de la terre par les paysans). Le retour de Lénine en Russie (avr.), l'intensification du climat révolutionnaire conduisirent à la révolution* d'octobre 1917, à l'issue de laquelle, le 25 oct. (7 nov. selon notre calendrier grégorien), le IIe Congrès des soviets de Russie ratifia les décrets de Lénine sur la paix et la distribution de la terre aux paysans ; celui-ci prenait la présidence du Conseil des commissaires du peuple dont Trotski aux Affaires étrangères et Staline aux Nationalités. La révolution s'étendit rapidement à toute la Russie, et, après dix jours de combats, les bolcheviks se rendaient maîtres de Moscou (3 [16] nov.) qui devint la capitale de la Russie (mars 1918).

**❙ LA RUSSIE SOVIÉTIQUE ❙ La première Constitution de la RSFS de Russie** La Russie fut proclamée République socialiste fédérative soviétique (→ **URSS**) par le IIIe Congrès panrusse des soviets en janv. 1918. Le 10 juil. 1918, le Ve Congrès des soviets vota la première Constitution de la RSFS de Russie. En 1918 - 1920, elle subit les attaques des armées contre-révolutionnaires de Koltchak*, Denikine*, Ioudenitch et Wrangel*, ainsi que l'intervention armée de la Pologne, de la Grande-Bretagne, du Japon, de la France et des États-Unis. Après leur défaite, les États interventionnistes durent lever le blocus économique et normaliser avec la RSFS de Russie leurs relations, d'abord commerciales, ensuite diplomatiques. Pendant et après la guerre civile furent créées dans les limites de la RSFS de Russie les républiques autonomes du Turkestan (30 avr. 1918), de Bachkirie (23 mars 1919), de Tatarie (27 mai 1920), de Carélie (25 juil. 1923), de Kirghizie (26 août 1920, rebaptisée Kazakhstan en 1925), des Montagnes et du Daguestan (20 janv. 1921) et de Iakoutie (27 avr. 1922). En même temps, furent créées les régions autonomes de Tchouvachie (24 juin 1920), d'Oudmourtie et des Maris (4 nov. 1920), des Komis (22 août 1921), de Kabardinie (1er sept. 1921), de Bouriatie-Mongolie (27 avr. 1921 ; elle devint RSS autonome le 30 mai 1923), de Karatchaïevo-Tcherkessie (12 janv. 1922). **❙ Création de l'URSS** Le 30 déc. 1922, le Ier Congrès des soviets de l'Union des RSS décida de créer l'URSS et la RSFS de Russie devint alors une de ses quatre républiques fédérées (avec l'Ukraine, la Biélorussie et la Transcaucasie). Créées en 1924, les RSS de Turkménistan et d'Ouzbékistan furent détachées de la RSFS de Russie et rattachées à l'URSS. La RSS autonome des Montagnes fut réorganisée et cessa d'exister en juil. 1924. Le 21 avr. 1925, la région autonome de Tchouvachie devint RSS autonome. En 1925, outre les gouvernements, la RSFS de Russie englobait dix RSS autonomes et treize régions autonomes. En 1924 - 1926, la RSFS de Russie rendit à la RSS de Biélorussie des territoires d'une superficie importante, habités en majorité par des Biélorusses. **❙ La deuxième Constitution de l'URSS** Le 11 mai 1925, le XIIe Congrès panrusse des soviets vota la deuxième Constitution de la RSFS de Russie, adaptée à la Constitution de l'URSS votée en 1924. En 1928 - 1929, une nouvelle division administrative de la RSFS de Russie fut effectuée : au lieu des gouvernements *(goubernia)*, des districts *(ouezdy)* et des cantons *(volosti)*, furent créés des régions *(oblast)*, des territoires *(kraï)* et des arrondissements *(okroug)*. Le 1er févr. 1926, la région autonome de Kirghizie devint RSS autonome. Les régions autonomes de Karakalpakie, de Mordovie (créée en 1930) et d'Oudmourtie devinrent RSS autonomes respectivement le 20 mars 1932, les 20 et 24 déc. 1934. En déc. 1936 furent créées les RSS autonomes des Komis, des Maris, d'Ossétie du Nord et de Kabardino-Balkarie ; d'autre part, les RSS autonomes de Kazakhstan et de Kirghizistan, qui appartenaient à la RSFS de Russie, furent rattachées à l'URSS (la RSS autonome de Karakalpakie fit partie de la RSS d'Ouzbékistan). **❙ La troisième Constitution de l'URSS** Le 21 janv. 1937, le XVIIe Congrès des soviets vota la troisième Constitution de la RSFS de Russie, adaptée à la deuxième Constitution de l'URSS, votée le 5 déc. 1936 (la RSFS de Russie englobait à l'époque 17 RSS autonomes et 6 régions autonomes). Par le traité signé après la guerre russo-finlandaise, l'isthme de Carélie et la ville de Vyborg furent annexés par la RSS autonome de Carélie, qui prit en mars 1940 le nom de RSS de Carélo-Finlande et fut rattachée à l'URSS. La RSS autonome des Allemands de la Volga*, créée le 19 déc. 1924, fut supprimée le 28 août 1941. Après la Deuxième Guerre mondiale, la Petchenga (Petsamo*), l'île Sakhaline* du Sud, les îles Kouriles et la région de Königsberg (Kaliningrad*) furent rattachées à la RSFS de Russie. En oct. 1944, la République populaire de Touva devint région autonome de la RSFS de Russie. Le 19 fév. 1954, la région de Crimée, qui appartenait à la RSFS de Russie, fut rattachée à la RSS d'Ukraine. En juil. 1956, la RSS de Carélo-Finlande redevint RSS autonome de Carélie, rattachée à la RSFS de Russie. En 1958, la RSS autonome de Bouriatie-Mongolie fut rebaptisée RSS autonome de Bouriatie. La région autonome de Touva devint une RSS autonome en 1961. Après 1924 et surtout après l'adoption de la Constitution de 1936, la Russie connut le sort des républiques fédérées de l'URSS et fut donc subordonnée au pouvoir fédéral avec cependant quelques singularités. Contrairement aux autres républiques, elle ne disposait pas en propre de certaines institutions (Organisation républicaine du parti communiste, Académie des sciences, certains ministères) pour lesquelles elle dépendait des institutions fédérales correspondantes → **URSS.** **❙ Les réformes** Dans le cours de la *perestroïka* engagée par Gorbatchev* après 1985, les réformateurs russes l'emportèrent aux élections de mars 1989 en dépit de fortes oppositions communistes et conservatrices. Au printemps 1990, des maires démocrates furent élus à Moscou (Gavril Popov) et à Leningrad (Anatoli Sobtchak) et le 29 mai, Boris Eltsine fut élu président de Russie par le Parlement. Le 12 juin 1990 il fit voter la souveraineté de la RSFSR (auj. fête nationale de la Russie), entrant en conflit avec les autorités fédérales soviétiques. Encouragé par son élection au suffrage universel le 12 juin 1991, il joua un rôle déterminant dans l'échec de la tentative de putsch des 19 - 21 août 1991. Cet échec permit l'accélération des réformes : fin août, le parti communiste fut dissous ; Eltsine fit adopter un important programme de privatisations. Le 8 déc. 1991, il signait avec les présidents biélorusse et ukrainien la dissolution de l'URSS et la création de la CEI (→ **Communauté des États indépendants**) contraignant Gorbatchev à la démission. Le 25 déc. 1991, le Congrès votait la transformation de la RSFSR en Fédération russe.

**Russie.** L'université Lomonossov à Moscou. *Phot. © R. Manin/Hoa Qui*

**❙ LA FÉDÉRATION DE RUSSIE ❙ Eltsine** Eltsine dut faire face à une forte opposition des députés conservateurs communistes, qui se renforça en 1993. Au lendemain d'une tentative de putsch manquée contre le président, marquée par la prise d'assaut du Parlement par les troupes restées fidèles à Eltsine (3 - 4 oct. 1993), ce dernier

**Russie.** Vladimir Poutine en 1999. *Phot. © Sichov/Sipa*

fit adopter par référendum une nouvelle Constitution renforçant les pouvoirs présidentiels (12 déc.). Mais les élections législatives organisées dans le même temps aboutirent à la victoire des conservateurs et des ultranationalistes, contraignant Eltsine à former un nouveau gouvernement dominé par les partisans d'un ralentissement des réformes économiques. La puissance russe est désormais contestée tant à l'intérieur (conflit avec la Tchétchénie*) qu'à l'extérieur (mise à l'écart de Moscou dans la crise yougoslave). Plusieurs États de la CEI contestent les règles imposées par Moscou et les échanges intracommunautaires se sont effondrés. La crise économique et sociale d'août 1998, le développement des mafias et des scandales financiers (fuite de capitaux) et une nouvelle guerre sanglante en Tchétchénie ont marqué la fin du règne de B. Eltsine, affaibli par la maladie. **Depuis Poutine** Il démissionna le 31 déc. 1999 en faveur de son Premier ministre Vladimir Poutine*, élu président en mars 2000. Malgré un régime autoritaire, la Russie a fait un retour sur la scène internationale en signant un traité de coopération avec la Chine en juin 2001 et en soutenant les États-Unis au lendemain des attentats du 11 septembre 2001 contre New* York et Washington*. La communauté internationale a critiqué la conduite meurtrière de la guerre menée en Tchétchénie qui n'a pas empêché des attentats terroristes aveugles (prise d'otages à Moscou en oct. 2002 et dans une école de Beslan en Ossétie* en sept. 2004). Mais le retour à un régime d'ordre effectué par V. Poutine à partir de 2000 lui a valu l'assentiment de l'opinion russe. Désavoué par les bouleversements politiques intervenus dans les anciens pays satellites en 2005 (Ukraine et Kirghizstan) et qui entérinent la perte d'influence du modèle russe dans la région, Poutine a renforcé son autoritarisme et la préparation de sa succession a avivé toutes les tensions (élimination d'opposants, dont la journaliste Anna Politkovskaïa, spécialiste de la Tchétchénie). Le dauphin qu'il a lui même désigné, Dmitri Medvedev*, a été élu sans difficulté en mars 2008 et l'a immédiatement nommé Premier ministre, constituant un singulier binôme à la tête du pays. Les relations sont tendues avec l'Ukraine* (guerre du gaz) et la Géorgie* (reconnaissance de l'Abkhazie* et de l'Ossétie* séparatistes).

---

**Russie** (campagne de) ♦ Campagne menée par Napoléon Ier contre la Russie d'Alexandre Ier (24 juin-30 déc. 1812). La rupture du Blocus* continental décidée par le tsar en 1811 et la restauration du grand-duché de Varsovie par Napoléon Ier qui fit craindre aux Russes la reconstitution de la Pologne incitèrent les deux pays à se lancer dans la préparation de la guerre. Regroupée en Prusse, la Grande Armée, commandée par Napoléon et forte de près de 700 000 hommes, dont la moitié seulement de Français, comprenait également des Autrichiens et des Prussiens. Les Français envahirent la Russie (24 juin) sans rencontrer de résistance, le général russe Barclay* de Tolly préférant éviter l'affrontement. Cette attitude entraîna son remplacement par Koutouzov*, qui livra bataille à Borodino* (7 sept.). Napoléon en sortit vainqueur, mais au prix de lourdes pertes, et il put ainsi occuper Moscou (14 sept.) en proie à de nombreux incendies **(→ Rostopchine).** Ayant en vain attendu les offres de paix du tsar, Napoléon fut contraint de faire retraite (19 oct.). Harcelée par les partisans et les cosaques selon la tactique élaborée par Koutouzov, la Grande Armée, qui souffrait aussi du froid et de la faim, dut retraverser le pays déjà dévasté et franchir la Bérézina* dans des conditions très difficiles pour éviter l'encerclement. Commandée par Murat* après le départ de Napoléon à la suite de la conspiration de Malet*, elle atteignit le Niémen le 30 déc. La retraite de la Grande Armée, qui entraîna la mort de près de 500 000 hommes, se poursuivit ensuite jusqu'en Allemagne, marquant le début de l'effondrement de l'Empire.

**RUSSIE BLANCHE → Biélorussie**

**russo-japonaise** (guerre) ♦ Conflit (1904 - 1905) entre le Japon et la Russie, résultant de la lutte pour le partage de la Mandchourie et de la Corée. Elle éclata le 9 fév. 1904, date à laquelle la flotte japonaise torpilla, sans déclaration de guerre, sept bâtiments russes à Port-Arthur. En avril 1904, les Japonais lancèrent une offensive en Mandchourie du Sud et assiégèrent en juil. Port-Arthur, qui se rendit le 2 janv. 1905. Les Russes, battus sur le Yalu (1er mai), à Liaoyang (24 août - 5 sept.), sur le Shahe (5 - 18 oct.) et à la bataille de Moukden (21 fév. - 10 mars 1905), médiocrement dirigés par le général Kouropatkine*, furent obligés de se replier vers le nord de la Mandchourie. La flotte russe de la Baltique, ayant fait le tour de l'Europe, de l'Afrique et de l'Asie, fut écrasée à la bataille de Tsushima (27 - 28 mai 1905). Face aux défaites militaires, qui accélérèrent le déclenchement de la révolution* de 1905 en Russie, le gouvernement tsariste de Nicolas* II dut accepter la médiation offerte aux deux adversaires par le président américain Theodore Roosevelt, et la paix fut signée à Portsmouth (États-Unis) le 5 sept. 1905 : la Russie céda au Japon Port-Arthur (Lüshun*), la presqu'île du Liaodong et la partie méridionale de Sakhaline* ; elle abandonna en outre toute velléité d'influence en Corée et en Mandchourie du Sud.

**RUSTENBURG** ♦ V. d'Afrique du Sud (Nord-Ouest). 30 000 hab. Important gisement de platine et de chrome.

**RUTEBEUF** ♦ Trouvère parisien (XIIIe s.). Sans doute d'origine champenoise, Rutebeuf fit carrière essentiellement à Paris où probablement il mourut (v. 1285). *Le Dit des Cordeliers* permet de savoir qu'il était à Troyes en 1249. Il est l'auteur d'un poème dramatique (*Le Miracle* de Théophile*, 1262), d'un roman (*Renart le Bestourné*, v. 1270). **→ Roman de Renart.** Mais il a également composé des chansons, des fabliaux, des dits et des complaintes *(La Pauvreté Rutebeuf)* aux accents graves et sincères.

**RUTÈNES** n. m. pl. ➔ ÉTYM. en lat. ***Ruteni*** ; p.-ê. du vx norrois *Rus* (→ Russie) ♦ Peuple de la Gaule dont la capitale était *Segodunum* (Rodez*).

**RUTH** ➔ ÉTYM. hébr. *Rûth,* traditionnellement compris comme abréviation de *re'ûth* «compagne» ♦ Héroïne du Livre de Ruth. ♦ ***Le «Livre de Ruth»*** Livre de la Bible, un des Cinq* Rouleaux (Écrits*), traditionnellement attribué à Samuel*. Quatre chapitres racontent l'histoire de cette jeune veuve moabite **(→ Moab)** qui, après la mort de son époux, revient à Bethléem avec sa belle-mère juive, Noémi. Sa piété filiale émeut le riche parent de Noémi, Booz, qui épouse celle qui devient ainsi, quoique étrangère, l'ancêtre du roi David : la généalogie finale fait de ce roman de la fidélité une œuvre universaliste.

**RUTH (George HERMAN, dit Babe)** ♦ Joueur de base-ball américain (Baltimore 1895 - New York 1948). Lanceur gaucher et attaquant exceptionnel, il fut successivement membre des Red Sox de Boston et des Yankees de New York (4 titres) et excellait à la fois sur le monticule et à la batte (première base, champ extérieur). Il passe pour le meilleur joueur de base-ball de tous les temps.

**RUTHÉNIE** n. f. ♦ Région d'Ukraine (Transcarpatie) ayant appartenu à la Hongrie, à la Tchécoslovaquie (1919), de nouveau à la Hongrie (1938) et enfin à l'URSS (1945). Ses habitants, au contraire des autres Ukrainiens, s'étaient rattachés religieusement à Rome en 1596 (église uniate). Le nom de *Ruthéniens,* qui désignait à l'origine l'ensemble des Ukrainiens, fut attaché au XIXe s. aux habitants de cette région.

**RUTHERFORD (Ernest),** lord **RUTHERFORD OF NELSON** ♦ Physicien britannique (Spring Grove, près de Nelson, 1871 - Cambridge 1937). À l'origine d'une grande partie de nos connaissances de base sur la structure de la matière, il ouvrit la voie à la physique nucléaire. Il étudia la radioactivité dès sa mise en évidence en 1896 par H. Becquerel* et fonda sa théorie à travers une série de découvertes commencée en 1898. Il isola le produit de la désintégration du thorium (appelé aujourd'hui radon) et comprit qu'il s'agissait d'un gaz rare. Il découvrit que les corps radioactifs émettaient deux sortes de rayonnements, qu'il appela $\alpha$ et $\beta$. Il identifia immédiatement le second (électrons rapides) et détermina la masse et la charge du premier en 1906, montrant qu'il s'agissait d'hélium. En collaboration avec F. Soddy*, il découvrit que la radioactivité résultait de la transmutation d'un élément chimique en un autre et établit la loi qui régit cette transformation ; il calcula, avec H. Geiger*, l'énergie libérée lors de ce processus. Leurs travaux communs conduisirent à la découverte de l'existence du noyau, partie centrale de l'atome presque ponctuelle, mais où est concentrée pratiquement toute sa masse. Son expérience, consistant à bombarder une cible (une feuille d'aluminium en l'occurrence) avec des particules légères ($\alpha$), constitue toujours la base de l'investigation de la structure de la matière et, toutes proportions gardées, le principe du fonctionnement des accélérateurs de particules. En 1919, Rutherford réalisa la première transmutation nucléaire provoquée (il transforma, toujours par bombardement, l'azote en oxygène), travail qu'il poursuivit avec J. Chadwick* (1921 - 1924). Il calcula, avec F. Aston*, la masse du neutron, dont il soupçonna l'existence bien avant sa découverte. Élève de J. J. Thomson* au laboratoire Cavendish, il en devint le directeur en 1919 et il y effectua la majeure partie de ses travaux. Réunissant presque tous les jeunes physiciens de l'époque, son laboratoire fut autant un centre de recherches qu'un lieu de réflexion. [Prix Nobel de chimie 1908] ➔ ÉTYM. Ce nom anglais signifie «gué *(ford)* sur la rivière Rother» ou «gué sur la rivière principale».

**RUTHVEN (William,** 4e lord **DE),** 1er comte **DE GOWRIE** ♦ Gentilhomme écossais (v. 1541 - Stirling 1584). Après avoir contribué à l'abdication de Marie* Stuart, il conspira pour s'emparer du jeune Jacques VI (1582). **→ Jacques Ier d'Angleterre.** L'échec du *raid de Ruthven* provoqua sa condamnation à mort. ➔ ÉTYM. *Ruthven* vient du vieux norrois *rauðr* «rouge» et *fen* «marécage» ou du gaélique *ruadh* «rouge» et *abhuinn* «rivière».

**RUTILIUS NAMATIANUS (Claudius)** ♦ Poète latin païen (Ve s.), né en Gaule. Préfet de Rome en 414 et auteur de l'*Itinéraire (De reditu suo),* poème en deux chants sur son retour dans sa patrie.

**RÜTLI** ou **GRÜTLI** n. m. ♦ Prairie de Suisse (Uri) à l'extrémité N. de la rive O. du lac d'Uri (partie S.-E. du lac des Quatre-Cantons). Selon la tradition, c'est là que, le 1er août 1291, W. Stauffacher (de Schwyz), W. Fürst (d'Uri), A. de Melchtal (d'Unterwald) et peut-être Guillaume Tell jurèrent de délivrer leur pays du joug des Habsbourg. Ce *serment du Rütli* est considéré comme l'acte de fondation de la Confédération helvétique et la date du 1er août a été adoptée comme fête nationale suisse.

**RUTULES** n. m. pl. ➝ ÉTYM. en lat. *Rutuli* ; « les Roux », d'une rac. proto-indo-eur. *°rud, °rut* « roux » ♦ Peuple de l'Italie anc., peut-être d'origine étrusque, établi dans le Latium* et dont la cap. était Ardea*. Ils furent soumis par Rome au -Ve s. ➝ **Turnus.**

**RUVO DI PUGLIA** ♦ V. d'Italie, dans les Pouilles (prov. de Bari), dans les Murges. 25 741 hab. Cathédrale romane (XIIIe s.). Nécropole antique. ▮ **Histoire** Elle appartint du XVIe au XVIIIe s. aux Carafa.

**RUWENZORI** ➝ ÉTYM. d'un n. indigène « Seigneur des nuages » ♦ Ensemble montagneux d'Afrique centrale, d'origine volcanique, situé en république du Congo et en Ouganda et traversé par la ligne de séparation des eaux du Nil* et du Congo*. « Montagnes de la Lune » des Anciens, qui le donnaient pour le lieu des sources du Nil. Il est bordé au N. par le lac Albert* relié par la rivière Semliki aux lacs Édouard et George, au S. Il est dominé par le mont Ngaliema (ou Stanley [du nom de son découvreur en 1889]), qui culmine à 5 119 m au pic Margherita. Traversé par l'équateur, le massif du Ruwenzori est pratiquement inhabité et présente tous les étages de végétation tropicale : forêt primaire de basse et de haute altitude, pâturages, forêts de bambous, végétation de haute montagne (lobélies, fougères arborescentes), puis toundra ; sols de laves, neiges éternelles et glaciers. Le versant occidental du Ruwenzori constitue le parc national des volcans Birunga (ou Virunga).

**RUY** [38300] ➝ ÉTYM. du franco-prov. *rwi* « ruisseau » ♦ Comm. de l'Isère, arr. de La Tour-du-Pin, près de la Bourbre. 3 762 hab.

**Ruy Blas** ♦ Drame en 5 actes, en vers, de Victor Hugo* (1838). L'action se passe à la cour d'Espagne, au début du XVIIe s. Grand seigneur frappé de disgrâce, don Salluste veut tirer vengeance de la reine, Marie de Neubourg. Comme il n'a pu décider son cousin, don César de Bazan, à servir ses ténébreux desseins, il va engager Ruy Blas, son valet, dans cette entreprise infâme. Ayant appris que Ruy Blas est amoureux de la reine, il substitue le jeune homme à don César, qu'il fait arrêter et proscrire, et le présente à la cour comme son cousin. Devenu Premier ministre, Ruy Blas, dont la noblesse d'âme égale la droiture, apostrophe durement les ministres prévaricateurs. Sensible à tant de grandeur et de pureté, la jeune reine, que délaisse son époux, s'éprend de Ruy Blas et lui fait l'aveu de son amour. C'est alors que reparaît don Salluste qui, attirant la reine dans sa maison privée, lui révèle la véritable identité de celui qu'elle aime. Le retour imprévu du vrai don César, personnage fantasque et truculent, vient enrichir l'intrigue de nouveaux rebondissements. Ayant tué don Salluste, Ruy Blas s'empoisonnera, après avoir reçu le pardon de la reine. Avec une remarquable peinture de la monarchie espagnole décadente, ce drame romantique, le plus achevé de son auteur, propose une apologie du génie populaire, riche de sève généreuse et de vertus méconnues.

**RUYER** [ʀɥiɛʀ] **(Raymond)** ♦ Philosophe français (Plainfaing, Vosges 1902 - *id.* 1987). Parti d'une analyse de la notion de structure spatiotemporelle du réel (*Esquisse d'une philosophie de la structure*, 1930), il a surtout approfondi l'étude des êtres vivants, de leur organisation et de leur développement. Tout en affirmant l'identité de la vie et du psychisme, il distingua la conscience primaire propre à tout organisme, base de la conduite finalisée, et la conscience secondaire propre à l'homme [pensée et fonction symboliques] (*Éléments de psycho-biologie*, 1946). Sa réflexion s'étendit aussi au problème de la finalité (*Le Néo-finalisme*, 1952), des valeurs (*Le Monde des valeurs*, 1948 ; *La Philosophie des valeurs*, 1952), et aux questions posées par le développement de *La Cybernétique et l'Origine de l'information* (1954).

**RUYSBROEK l'Admirable** (bienheureux **Jan Van Ruusbroek** ou **Van Rusbrock,** dit) ♦ Théologien et mystique brabançon (Ruisbroek, Brabant 1293 - abbaye de Groenendaal 1381). Il fut prieur de l'abbaye de Groenendaal (Brabant) et est l'auteur des premières grandes œuvres écrites en néerlandais (*Le Joyau des noces spirituelles ; Le Royaume des amants de Dieu ; Les Sept Degrés de l'échelle de l'amour spirituel*). Il y développe une pensée mystique qui fut à l'origine d'un mouvement spirituel : la Devotio moderna. Celle-ci met l'accent sur le rôle de la méditation personnelle, s'est exprimée par ailleurs dans des œuvres comme l'*Imitation* de Jésus-Christ*, les sermons de Gerson*, et a influencé Luther* et Ignace* de Loyola. ▪ Fête le 2 déc., à Malines.

**RUYSCH (Frederik)** ♦ Anatomiste néerlandais (La Haye 1638 - Amsterdam 1731). Professeur d'anatomie à Amsterdam, il observa et décrivit les valvules des vaisseaux lymphatiques. Il a donné son nom à une des membranes de l'œil. Il découvrit une technique permettant la conservation des pièces anatomiques sans altération d'aspect extérieur.

**RUYSDAEL** ou **RUISDAEL (Salomon Van)** ♦ Peintre hollandais (Naarden 1600 - Haarlem 1670). Établi à Haarlem vers 1616 et inscrit à la guilde à partir de 1623, il se consacra au paysage, subit d'abord l'influence d'Esaias Van* de Velde, puis s'inspira de la manière presque monochrome de Van* Goyen. Il évolua ensuite vers une facture plus claire et transparente. Il se montra soucieux d'enregistrer avec précision la diversité des aspects de la campagne hollandaise, notamment des bords de rivière animés par des personnages et des bestiaux. Il représenta aussi des scènes de patinage. Élaborant souvent ses compositions suivant les discrètes diagonales que forment la direction des nuages ou des cours d'eau, l'inclinaison d'un arbre, il aimait à les scander par la verticale d'une voile ou d'un clocher (*Vue d'une rivière*, 1646). Il sut traduire avec finesse la lumière filtrant des nuages, l'atmosphère brumeuse, et influença notablement son neveu Jacob.

**RUYSDAEL** ou **RUISDAEL (Jacob Van)** ♦ Peintre, dessinateur et graveur hollandais (Haarlem v. 1628 - Haarlem ? 1682). Il fit son apprentissage auprès de Vroom, de Van Everdingen et peut-être auprès de son oncle Salomon Van Ruysdael*. Inscrit à la guilde de Haarlem en 1648, il voyagea probablement dans son pays et en Allemagne v. 1650 ; des documents mentionnent qu'il fut promu docteur en médecine à l'université de Caen en 1676. Il était établi à Amsterdam en 1656, mais il semble qu'il ait surtout travaillé dans sa ville natale. Il débuta par des eaux-fortes représentant sans doute des paysages de Norvège inspirés par les dessins de Van Everdingen. Après avoir peint des paysages qui dénotent une observation attentive et précise de la nature (*Chaumières sous les arbres*, 1646), il évolua vers une interprétation plus libre. Cette vision subjective s'exprima dans quelques paysages d'une atmosphère assez sereine (*Le Moulin de Wijk*, v. 1670), mais surtout dans des paysages boisés, des vues de dunes, de bords de mer ou de rivière en hiver, où dominent les formes mouvementées. Il eut une prédilection pour les effets de tempête, les ciels orageux, les violents coups de lumière perçant les nuages, créant ainsi un sentiment oppressant, mélancolique ou pathétique (*Le Buisson*, v. 1647 ; *La Tempête ; Paysage avec ruines*, v. 1670). Il utilisa souvent une palette sourde, aux tonalités ocres, brunes, vertes et des gris très nuancés. Il ne fut pas particulièrement célèbre de son vivant, mais il suscita l'intérêt de Goethe qui écrivit un essai sur le *Cimetière juif*, et les romantiques virent en lui un précurseur. ➝ ÉTYM. Ce nom vient du vieux néerlandais « vallée *(dael)* des joncs *(ruys)* ».

**RUYTER (Michael Adriaanszoon De)** ♦ Amiral hollandais (Flessingue 1607 - Syracuse 1676). Il se distingua particulièrement en combattant Monk* près de Dunkerque (1666) et en arrêtant la flotte franco-anglaise en Zélande (1671). Il fut vaincu par Duquesne* en Méditerranée et mortellement blessé (1676).

**RUŽIČKA (Leopold)** ♦ Chimiste suisse d'origine croate (Vukovar 1887 - Zurich 1976). Auteur de travaux sur les polyméthylènes et les terpènes, il étudia les relations entre les propriétés olfactives des cétones cycliques (substances naturelles à odeur de musc, civette, etc., utilisées en parfumerie) et leur structure moléculaire. Il travailla également sur les hormones, et réalisa notamment les synthèses de l'androstérone et de la testostérone. [Prix Nobel de chimie 1939, avec A. Butenandt*]

**RUZZANTE (Angelo Beolco, dit le)** ♦ Acteur et auteur dramatique italien (Padoue 1502 - *id.* 1542). Directeur d'une troupe au sein de laquelle il créa un personnage de crève-misère rusé, il présentait des spectacles à la cour des nobles de Padoue, Ferrare, Venise, non sans créer de petits scandales parce qu'il mettait en scène les paysans pauvres, avec un grand souci de transcrire leur parler et leurs habitudes. Il jouait de l'ambiguïté entre faire rire des miséreux et dénoncer leur dure condition. Ses principales sources d'inspiration (Aristophane, Plaute et les comédies populaires) se repèrent dans ses monologues ou ses œuvres plus élaborées (*Betia, Il Parlamento di Ruzzante, Menego, La Moscheta*) qui marquent une étape importante dans l'histoire de l'art comique occidental juste avant la commedia* dell'arte. Ses libertés d'écriture, de situations et de personnages l'imposent comme le maître de la farce truculente et sociale.

## RWANDA

▮ n. m. – off. ***République du Rwanda*** ➝ ÉTYM. « pays des Rwanda » (de *U'Rwanda*, n. de la pop. locale) ♦ Pays d'Afrique centrale dans la région des grands lacs. 26 338 km². 10 304 000 hab. *(Rwandais)*, l'une des plus fortes densités en Afrique (plus de 250 hab./km²), habitat dispersé. LANGUES : français, kinyarwanda et anglais (off.), souahéli. L'anglais doit être utilisé comme langue d'enseignement à partir de 2009. POPULATION : Hutus, Tutsis, Twas. RELIGIONS : chrétiens, animistes. MONNAIE : franc rwandais. CAPITALE : Kigali. RÉGIME : présidentiel. Le Rwanda est divisé en 5 provinces géographiques : Nord, Sud, Ouest, Est et province Kigali.

**▮ GÉOGRAPHIE ▮ Le «Pays aux mille collines»** Le Rwanda est un pays de hauts plateaux (1 500 m et plus) situé sur la ligne de séparation des eaux du Congo (→ **Kivu [lac]**) et du Nil. Le relief, constitué de multiples collines (on appelle le Rwanda «le pays aux mille collines»), relevé à l'O., culmine au N. sur la face méridionale des volcans Birunga (4 507 m au Karisimbi), s'abaisse en s'adoucissant à l'E. à la frontière tanzanienne marquée par la Kagera. Le climat subéquatorial est tempéré par l'altitude : savane herbeuse et marécages à l'E. ; pâturages et cultures sur la majeure partie du pays ; forêt primaire sur la crête Congo-Nil et végétation basse au sommet des volcans. De nos jours, la grande forêt primaire ne résiste pas à la pression démographique et les agriculteurs continuent à défricher de nouvelles clairières. **▮ L'économie** L'économie, ruinée par la guerre civile, est essentiellement vivrière et la production insuffisante pour nourrir la population car une partie des terres disponibles est réservée aux cultures industrielles. Le Rwanda, qui a été associé au Burundi* durant l'époque coloniale, a connu les mêmes plans de développement. Les paysans cultivent la patate douce, les haricots, la banane et le sorgho pour leur consommation personnelle. L'élevage des petites vaches à cornes en forme de lyre fournit peu de lait et contribue à dégrader les sols en forte pente en raison du surpâturage. Les cultures industrielles consistent en café et thé (18e rang mondial), et également en pyrèthre, canne à sucre et arachides. La pêche est pratiquée dans les nombreux lacs et rivières ainsi que la pisciculture (tilapia et perche du Nil) dans des bassins aménagés. La cassitérite et la wolframite sont exploitées près du lac Kivu et du gaz naturel est extrait des eaux profondes du lac.

**Rwanda.**

**▮ HISTOIRE** Le Rwanda, comme le Burundi, a été peuplé vers le début de l'ère chrétienne, probablement par la rencontre de populations de langue bantoue venues de l'O. avec des populations de langue nilotique. À partir du XVIe s. la région s'organisa en royaumes dirigés chacun par un *mwami*. L'un d'eux, celui des Banyiginya, finit par unifier le pays sous son autorité. Parallèlement, cette population unie par la culture et par la langue (le *kirundi* ou *kinyarwanda*) se répartissait en catégories socio-économiques héréditaires *(ubwooko)*, vouées en principe l'une à l'agriculture (les Hutus), l'autre à l'élevage des bovins (les actuels Tutsis). En réalité, tous avaient des terres et du bétail et l'opposition entre Hutus et Tutsis est liée à la constitution d'une aristocratie essentiellement tutsie autour de la dynastie. Situé à l'écart des grandes voies naturelles de communication, le Rwanda échappa aux raids des chasseurs d'esclaves et des grands explorateurs du milieu du XIXe s. **▮ La colonisation allemande** En 1891, l'Allemagne intégra le Rwanda, ainsi que le Burundi, à sa colonie d'Afrique*-Orientale et les Allemands s'installèrent dans le pays. Les Pères Blancs entreprirent une évangélisation. À la conférence de Bruxelles (1910), les Belges amputèrent le Rwanda de l'île d'Ijwi dans le lac Kivu, qu'ils annexèrent à leur colonie du Congo, et les Britanniques annexèrent les districts septentrionaux à leur possession d'Ouganda. **▮ La colonisation belge** En 1916, les forces anglo-belges envahirent la colonie allemande dont l'administration fut confiée à la Belgique par la SDN en 1923. → **Ruanda-Urundi.** En 1924, les Britanniques restituèrent au Ruanda-Urundi le territoire du Gisaka qu'ils avaient reçu en 1921. Durant le mandat belge, les Tutsis se rallièrent au christianisme (politique néoféodale de l'évêque Léon Classe dans les années 1930) mais, à partir de 1957, les missions, changeant d'orientation, soutinrent le mouvement hutu. En 1959, la tension monta entre les communautés, l'aristocratie au pouvoir revendiquant l'indépendance sans céder sur ses privilèges et les Hutus demandant à être associés pleinement aux responsabilités politiques. **▮ L'indépendance et la guerre civile** La mort du mwami Mutara III (1959), la venue au pouvoir de Kigeli V, partisan de la fermeté, et les élections gagnées par le Parti pour l'émancipation des Hutus (PARMEHUTU) aboutirent, après deux ans de violences, à l'établissement de la république (1961). L'indépendance fut proclamée l'année suivante. De nombreux Tutsis durent se réfugier à l'étranger, d'où ils lancèrent des attaques sur le Rwanda (1963). L'armée intervint en 1973 avec la prise du pouvoir par le général Juvénal Habyarimana. En 1990, des réfugiés tutsis en Ouganda, réunis en un Front patriotique rwandais (FPR) auquel s'étaient joints divers opposants, envahirent le nord du pays, provoquant une intervention franco-belgo-zaïroise limitée. Le multipartisme fut reconnu en 1991 tandis que l'extrémisme hutu se radicalisait et que les violences se multipliaient à l'encontre des Tutsis. En 1993 fut signé l'accord d'Arusha prévoyant la participation du FPR au pouvoir, mais il ne fut pas appliqué. **▮ Le génocide** Au lendemain de l'assassinat de J. Habyarimana (avr. 1994), le pays sombra dans une guerre civile marquée par le génocide des Tutsis et des Hutus modérés (entre 500 000 et 1 million de morts) par les extrémistes hutus. Une grande partie de la population se réfugia dans les pays limitrophes et dans une zone de sécurité provisoire mise en place par la France sous l'égide de l'ONU («opération Turquoise», juin-août 1994). Ce conflit s'acheva par la victoire du FPR qui forma un gouvernement d'union nationale, dominé par Paul Kagamé (élu ensuite président en 2000 et en 2004). En 1998, le ministre de l'Intérieur Seth Sendashonga qui s'était élevé contre le massacre de civils par des membres du FPR démissionna et fut assassiné. **▮ Vers la réconciliation** En mars 2000, le président (hutu) du gouvernement de réconciliation Pasteur Bizimungu démissionna et fut condamné à quinze ans de prison en 2004. Les armées rwandaise et ougandaise ont aidé les troupes rebelles de Kabila à prendre le pouvoir au Congo-Kinshasa. Elles se sont associées puis affrontées pour exploiter les richesses de ce pays en appuyant les guérillas locales. Depuis 2006, la polémique s'est amplifiée entre la France et le Rwanda après la publication d'un rapport français mettant en cause le chef de l'État rwandais P. Kagamé dans l'attentat de 1994 contre l'avion piloté par des Français transportant les deux présidents hutus du Rwanda et du Burundi, déclencheur du génocide. Depuis 2008, le Rwanda et la RDC effectuent des opérations conjointes contre les guérillas du Kivu, leurs armées se rendant elles aussi coupables d'exactions contre les populations civiles. Le Rwanda, qui a remplacé l'enseignement du français par celui de l'anglais dans les écoles, a intégré le Commonwealth et rétabli, fin 2009, ses relations diplomatiques avec la France.

**RYBINSK** → ÉTYM. de 1946 à 1957 ***Chtcherbakov,*** de 1984 à 1989 ***Andropov*** ♦ V. de Russie, région de Iaroslavl, sur la Volga. 222 800 hab. Barrage (lac de retenue, 4 500 km²) et centrale hydroélectrique. Chantiers navals. Indus. mécanique. Meuneries. Corderies. Matériel d'imprimerie. Usine d'allumettes.

**RYBNIK** ♦ V. de Pologne, voïvodie de Silésie, au S. du bassin houiller de haute Silésie. 141 388 hab. Indus. sidérurgique, mécanique et alimentaire. Houillères.

**RYDBERG (Viktor)** ♦ Écrivain suédois (Jönköping 1828 - Djursholm 1895). Il fut d'abord romancier historique (*Singoalla*, 1857) puis esthéticien attaché à réconcilier l'humanisme païen antique et le christianisme (*Le Dernier Athénien*, 1859). Il implanta l'histoire des religions en Suède (*Doctrine de la Bible sur le Christ*, 1862) et entreprit ensuite de vastes études de syncrétisme religieux dans le domaine des mythologies (*Recherches sur la mythologie germanique*, 1886 - 1889). Il fut aussi l'auteur de recueils de *Poèmes* (1882, 1892) d'une forme très achevée.

**RYDBERG (Johannes Robert)** ♦ Physicien suédois (Halmstad 1854 - Lund 1919). À partir de données empiriques, il énonça, en 1890, la loi mathématique qui décrit les raies caractéristiques des spectres atomiques. Il découvrit à cette occasion l'existence d'une constante universelle *(constante de Rydberg)* essentielle en physique atomique. Son nom fut donné à des états atomiques très excités, obtenus notamment à l'aide des lasers.

**RYDZ-ŚMIGŁY (Edward)** ♦ Maréchal polonais (Brzeżany, auj. Berejany, Ukraine 1886 - Varsovie 1941). Partisan de Józef Piłsudski*, il commanda la première brigade de la légion polonaise durant la Première Guerre mondiale et prit part ensuite à la guerre contre les bolcheviks. Considéré comme l'héritier spirituel de Piłsudski, il fut nommé inspecteur général de l'armée (1935), maréchal (1936), et devint le premier personnage de l'État après le président de la République. Commandant des forces polonaises en 1939, réfugié en Roumanie après la défaite, il rentra en Pologne en 1940 et mourut dans la clandestinité.

**RYKOV (Alekseï Ivanovitch)** ♦ Homme politique russe (Saratov 1881 - Moscou 1938). Il prit une part active à la révolution d'oct. 1917 et fut nommé commissaire du peuple et membre du Comité central du Parti après la prise du pouvoir par les bolcheviks. Successeur de Lénine comme président des commissaires du peuple (1924), il représenta l'aile droite modérée du Parti, par lequel il fut désavoué en 1929. Il fut condamné lors des procès de Moscou (1935 - 1937) comme opposant au régime et exécuté. Le pouvoir soviétique le réhabilita en 1988.

**RYLE (Gilbert)** ♦ Philosophe britannique (Brighton 1900 - Whitby, North Yorkshire 1976). Très influencé par Russell* et surtout par Wittgenstein*, il a travaillé sur les erreurs en philosophie comme erreurs de «catégories» (*La Notion d'esprit,* 1949). Il s'est intéressé à l'histoire de la philosophie, et notamment à Platon.

**RYLE (sir Martin)** ♦ Astrophysicien britannique (Brighton 1918 - Cambridge 1984). Professeur à Cambridge (1959) et directeur de l'observatoire Mullard de radioastronomie, il conçut une technique d'observation, dite à synthèse d'ouverture, qui consiste à former un réseau de radiotélescopes de petite taille, de manière que la somme d'informations obtenue soit équivalente à celle pour laquelle il aurait fallu un radiotélescope géant. Le système permet de profiter de la rotation de la Terre pour modifier l'orientation des antennes. [Prix Nobel de phys. 1974, avec A. Hewish*]

**RYLSKI (Maksim Fadeïevitch)** ♦ Poète ukrainien (Kiev 1895 - *id.* 1964). Auteur d'une œuvre abondante, il chanta dans ses premiers recueils de vers la beauté de la nature ukrainienne et de son folklore : *Sous les aurores d'automne* (1918), *À travers la tempête de neige* (1925). Puis il consacra sa poésie au thème de la responsabilité de l'artiste face au monde et il devint un poète philosophe et humaniste : *Dans l'ombre de l'alouette* (1961).

**ryōbu shintō**

n. m. ♦ Doctrine japonaise syncrétique élaborée au VIIIe s. et tendant à considérer les Kami du shintō comme des incarnations temporaires des divinités bouddhiques. Cette doctrine permit de diffuser le bouddhisme au Japon.

**RYSSELBERGHE (Théo VAN)** → **Van Rysselberghe (Théo)**

**RYSWICK** → **Rijswijk**

**RYŪKYŪ** n. m. pl. ou îles **RYŪKYŪ** ➝ ÉTYM. adapt. jap. du chin. *Lieou K'eou* «bille *(k'eou)* de pierre précieuse ou de verre *(lieou)*» – en jap. ***Nanseishotō*** ♦ Archipel volcanique japonais situé au S.-O. de Kyūshū, entre cette île et celle de Taiwan, et s'étirant en chaîne sur plus de 1 300 km. Plus de 2 246 km². Env. 1 500 000 hab. Les activités économiques principales sont la pêche, l'agriculture (cultures tropicales : canne à sucre, patates douces) et le commerce. Ces îles, qui étaient sous domination chinoise depuis le XIVe s., furent conquises par le Japon au début du XVIIe s. La plus grande (→ **Okinawa**) fut occupée par les États-Unis jusqu'en 1972.

**RZESZÓW** ♦ V. du S.-E. de la Pologne, ch.-l. de la voïvodie des Basses-Carpates. 163 508 hab. Nœud ferroviaire et routier. Important centre indus. et administratif. Raffineries de pétrole. Indus. textile et métallurgique.

# S

**SA** n. f. ◆ ÉTYM. abrév. de l'all. ***Sturmabteilung*** «section d'assaut» ♦ Formation paramilitaire du Parti national-socialiste allemand. Recrutées et organisées en 1920 par Röhm* puis par Göring (1922), les SA formaient des escouades en «chemises brunes», indisciplinées et brutales, mais efficaces pour maintenir l'ordre dans les réunions nazies et saboter celles des autres partis. Reprises en main par Röhm en 1930, composées de plusieurs centaines de milliers d'hommes, elles jouèrent par l'intimidation et la terreur un rôle important dans la prise du pouvoir par Hitler. Mais leurs chefs, dont l'ambition était de supplanter l'armée traditionnelle, furent éliminés pendant la «Nuit des longs couteaux» (30 juin 1934) ; dès lors, le rôle politique des SA s'effaça au profit de celui des SS*.

**SAADI** → Sa'di

**SAADIA BEN JOSEPH** – en ar. *Sa'adya ibn Yūsuf al-Fayyūmī* ♦ Théologien et linguiste juif (au Fayoum 882 - Sura, Babylonie 942). Chef spirituel *(gaon)* de la communauté juive babylonienne, il est l'auteur d'ouvrages en arabe sur le lexique et la grammaire de l'hébreu *(Kutub-al-lughah)*. Avec Aaron Ben-Acher, son contemporain, qui fut codificateur du texte biblique, il est considéré comme le fondateur de la linguistique de l'hébreu. Saadia écrivit aussi en arabe le *Livre des croyances et des opinions* dans lequel il expose les principes et les dogmes de la religion juive et traduisit la Bible en arabe.

**SAADIENS** n. m. pl. ♦ Dynastie de chérifs hassanides originaires du Sous qui régna au Maroc (1554 - 1659). Fondée par Muhammad al-Chaykh, cette dynastie (bien qu'elle eût donné quelques souverains brillants) ne sut résoudre aucun des problèmes du Maroc. Isolés à l'intérieur du royaume, les Saadiens eurent le souci d'éviter tout contact avec les puissances chrétiennes.

**SAALE** n. f. ♦ Riv. d'Allemagne (427 km) et affl. rive g. de l'Elbe. Issue du Fichtelgebirge, elle irrigue la Thuringe et la Saxe, passe à Hof, Saalfeld, Rudolstadt, Iéna, Naumburg, Weissenfels, Merseburg,

Eero **Saarinen**, Terminal de la TWA à l'aéroport international John-F. Kennedy, à New York (1962). *Phot. © Bettmann/Corbis*

Halle, Bernburg et Calbe. L'Ilm, l'Unstrutt (rive g.) et l'Elster Blanche (rive d.) sont ses princ. affluents. Son cours supérieur est jalonné de barrages. ▪ Après la glaciation de l'Elster et avant celle de la Vistule, la glaciation de la Saale est la 2e de l'Europe du Nord, contemporaine de celle du Riss dans les Alpes.

**SAALFELD** ♦ V. d'Allemagne (Thuringe), sur la Saale, au N.-E. du Thüringer Wald. 27 861 hab. Église gothique (XIIIe s.). ▪ Indus. chimiques (colorants), métallurgiques et mécaniques. Gisements d'uranium à proximité. ▮ **Histoire** Victoire de Lannes sur Louis-Ferdinand de Prusse (oct. 1806).

**SAAR (Ferdinand VON)** ♦ Écrivain autrichien (Vienne 1833 - *id.* 1906). Auteur de récits et de nouvelles d'une mélancolie marquée par la philosophie pessimiste de Schopenhauer et exprimant un amour nostalgique du passé (*Nouvelles d'Autriche*, 1876 - 1896 ; *Destinées*, 1889).

**SAAREMAA** – en suéd. ***Ösel*** ♦ Île d'Estonie dans le golfe de Riga. Env. 2 700 km². Relief morainique. Pâturages. Pêcheries.

**SAARIAHO (Kaija)** ♦ Compositrice finlandaise (Helsinki 1952). Élève de Klaus Huber* et de Brian Ferneyhough*, elle paracheva sa formation à l'IRCAM où elle acquit la pratique de la musique spectrale. Son travail développe une conception personnelle du matériau sonore qui confronte et associe l'électronique et les propriétés acoustiques des instruments de l'orchestre (*Petals* pour violoncelle, 1988 ; *Noanoa* pour flûte, 1992). À la suite de *Nymphea Reflection* (2001) et *Orion* (2002), grandes partitions symphoniques, Kaiji Saariaho a écrit deux opéras avec Amin Maalouf : *L'Amour de loin* (2000), *Adriana Mater* (2006) et un oratorio, *La Passion de Simone* (2006) d'après la vie de Simone Weil*. On peut encore citer *Mirage*, pour soprano, violoncelle et orchestre (2008) et *Laterna magica* (2009).

**SAARINEN (Eliel)** ♦ Architecte et urbaniste finlandais (Rantasalmi 1873 - Bloomfield Hills, Michigan 1950). Il fit édifier la gare d'Helsinki (1910 - 1914). Émigré aux États-Unis après la Première Guerre mondiale, il prit la direction de la Cranbrook Academy du Michigan et contribua à la diffusion du modernisme.

**SAARINEN (Eero)** ♦ Architecte et dessinateur de meubles américain, d'origine finlandaise (Kirkkonummi, Finlande 1910 - Birmingham, Michigan 1961). Fils d'Eliel Saarinen. Il étudia à Yale (1930 - 1934), puis travailla avec son père (First Christian Church de Columbus ; Grow Island School de Winnetka). La réalisation du centre technique de la General Motors (1950 - 1955) à Warren dans le Michigan le rendit célèbre : la rigueur formelle de l'ensemble de vingt-cinq bâtiments à structure métallique et façade de verre et briques rappelait Mies* van der Rohe, tandis que les nombreux détails luxueux et pittoresques témoignaient d'une certaine fantaisie imaginative. Ses bâtiments ultérieurs révélèrent des partis formels très variés, une tendance à multiplier les formes sinueuses, à faire contraster les matériaux, à rechercher les effets plastiques spectaculaires et les prouesses techniques (Jefferson Memorial Arch à Saint* Louis, Missouri, 1948 - 1964 ; salle de conférences et chapelle pour le Massachusetts Institute of Technology à Cambridge, 1955 ; patinoire de l'université de Yale, 1958 ; terminal de la TWA à l'aéroport J. F. Kennedy, New York, 1956 - 1962 ; aéroport international Dulles, Washington DC, 1962). S'opposant à la rigueur, à la monotonie et au systématisme du style international, et prônant la liberté formelle, il chercha, en s'appuyant sur une analyse fonctionnelle du programme, à trouver une solution spécifique à chaque projet, en individualisant formellement ses bâtiments. Avec Charles Eames (à partir de 1941), il créa des meubles en aluminium et plastique moulé à piètement central qui ont obtenu ultérieurement un succès considérable. ▪ *Illustration* : → **États-Unis.** ➝ **ÉTYM.** *Saarinen* vient du finnois *saari* «île» avec le suffixe *-nen* (nom d'une personne qui vit dans ou près d'une île).

**SAARLAUTERN** → **Sarrelouis**

**SAAS FEE** ♦ Localité de Suisse (Valais), dans la vallée de la Viège, au pied du glacier de Fee. 1 907 hab. Importante station d'été et de sports d'hiver (1 800 - 2 870 m).

**SAAVEDRA LAMAS (Carlos)** ♦ Homme politique argentin (Buenos Aires 1878 - *id.* 1959). Ministre des Affaires étrangères (1932 - 1938), il négocia avec la plupart des États sud-américains le pacte contre la guerre (Rio de Janeiro, oct. 1933). En 1935, il arbitra le conflit du Chaco entre la Bolivie et le Paraguay. [Prix Nobel de la paix 1936] ➝ **ÉTYM.** Ce nom de famille vient d'un nom de lieu, en dialecte espagnol «vieille *(vedra)* salle *(saa)*».

**SABA (Umberto POLI, dit Umberto)** ♦ Poète italien (Trieste 1883 - Gorizia 1957). Né d'une mère juive dans une ville alors autrichienne, il ne connut pas son père (dont il renia le nom). En 1921, il publia le *Canzoniere*, qui rassemblait ses poèmes écrits depuis 1900 (entre autres «Voix des lieux et des choses», «Maison et campagne», «Trieste et une femme», «La sereine désespérance», «L'amoureuse épine»). Durant la Deuxième Guerre, menacé par les lois raciales, il fut protégé par Montale à Florence. La seconde édition du *Canzoniere* (avec, entre autres, les recueils «Autobiographie», «Les prisonniers», «Prélude et fugues», «Mots», «Ultimes choses») parut en 1948 et suscita enfin l'unanimité. Le livre s'enrichit encore de «Méditerranéennes», «Oiseaux», «Presque un récit» et «Épigraphes». ▪ Une enfance triestine, l'héritage aimé du classicisme italien, la pratique de Nietzsche et du freudisme (en 1929, il avait entrepris une psychanalyse), autant de facteurs qui expliquent que la poésie de Saba se distingue de la production du siècle. Le projet autobiographique emprunte longuement les formes fixes (du sonnet jusqu'à la *canzonetta*), libère peu à peu la rime, se rapproche du laconisme hermétique vers la fin des années 1940, pour retrouver près de la mort un mélodisme d'une extrême délicatesse, caractère majeur qui ne s'effrite jamais que par souci de la vérité. Les *Souvenirs-récits* et les *Raccourcis et petits récits*, proses souvent amusées, ont la même densité troublante. Saba a également laissé un roman inachevé, *Ernesto*, récit, mêlé de dialecte, d'une initiation sentimentale à Trieste au tournant du siècle.

**SABA** ♦ Royaume de l'Antiquité, au S.-O. de l'Arabie (Yémen). Il eut pour capitale Mārib puis Zufar. Il dura du –VIIIe s. jusqu'au VIe s. où il tomba sous domination persane puis musulmane. Des travaux d'irrigation et le commerce caravanier contribuèrent à sa prospérité. Il établit sa domination en Éthiopie. Les habitants (Sabéens) pratiquèrent des cultes astraux jusqu'à l'introduction du judaïsme (IVe s.), puis du christianisme. ♦ ***La reine de Saba*** Dans la Bible (I Rois, X), une reine de ce pays rend visite à Salomon, est éblouie par son faste et s'en retourne en lui laissant de somptueux présents. Le Coran la nomme Balkis, la légende éthiopienne Makeda ; et Ménélik serait le fils qu'elle aurait eu de Salomon.

**SABADELL** ♦ V. d'Espagne orientale (Catalogne), prov. de Barcelone. 201 712 hab. Important centre textile (draps, filatures) connu depuis le XIIIe s.

**SABAH** ➝ **ÉTYM.** anc. ***British North Borneo*** «Bornéo septentrional» ♦ État de la Fédération de Malaisie, au N. de l'île de Bornéo. 73 711 km². 2 449 389 hab. CAP. : Kota Kinabalu. L'intérieur montagneux culmine au mont Kinabalu (4 095 m). Exploitation forestière. Plantations (hévéas, palmiers à huile, cacao). Mines de cuivre et d'or. Exploitation pétrolière off-shore de pétrole et de gaz naturel. Industries du bois et du caoutchouc. Pêche. Tourisme. ▮ **Histoire** Dépendant d'abord du sultanat de Brunei, puis de celui de Sulu (un ancien vassal de Brunei devenu autonome), ce territoire fut acquis en 1877 par des capitaux privés britanniques, puis exploité à partir de 1881 par la British North Borneo Company. Devenu protectorat britannique en 1888 et colonie de la Couronne en 1946, il fut intégré en 1963 sous le nom de Sabah dans la Grande-Malaisie, malgré les protestations de la république des Philippines qui, en tant qu'héritière du sultanat de Sulu, en réclame la possession.

**SABAS** (saint) ♦ (en Cappadoce 439 - près de Jérusalem 532). Ermite en Palestine, fondateur de la Grande Laure (473), auj. monastère Saint-Sabas, dans le désert de Judée, et de la Nouvelle Laure (507). Il résista au monophysisme. ▪ Fête le 5 déc.

**SABATIER (Auguste)** ♦ Théologien protestant français (Vallon-Pont-d'Arc 1839 - Paris 1901). Il fut l'un des fondateurs de la faculté de théologie protestante de Paris (1877) et répandit en France la philosophie religieuse de Schleiermacher*. ➝ **ÉTYM.** Ce nom vient de l'occitan *sabatièr* «savetier», nom de métier.

**SABATIER (Paul)** ♦ Chimiste français (Carcassonne 1854 - Toulouse 1941). Ayant découvert, avec Senderens*, l'effet catalytique du nickel réduit dans les réactions d'hydrogénation, il put obtenir la synthèse de nombreux hydrocarbures. Le remplacement des catalyseurs très chers (tels le platine ou le palladium) par le nickel permit de nombreuses applications industrielles du procédé (durcissement des graisses, par ex.). [Acad. sc. 1913 ; prix Nobel de chim. 1912, avec V. Grignard*]

**SABATIER (Robert)** ♦ Poète et romancier français (Paris 1923). Il rencontra la faveur d'un très large public avec les aventures d'Olivier, héros de la saga *Les Allumettes suédoises* (1969) en huit volumes dont *Trois sucettes à la menthe* (1972) et *Les Noisettes sauvages* (1974) et qui s'achève par *Les Trompettes guerrières* (2007). Il est l'auteur d'une monumentale *Histoire de la poésie française* (1975 - 1988), et de recueils de poèmes dont *Dédicace d'un navire* (1959), *Les Poisons délectables* (1965), *Les Châteaux de millions d'années* (1969), *Lectures* (1987), *Écriture* (1993) et *Les Masques et le miroir* (2000). [Acad. Goncourt 1971]

**SÁBATO (Ernesto)** ♦ Essayiste et romancier argentin (Rojas, prov. de Buenos Aires 1911). Il adhéra en 1931 au parti communiste. Après une double formation en philosophie et en physique à l'université de La Plata, il poursuivit ses études à Paris, au laboratoire Curie. En 1946, il décida de se consacrer entièrement à la littérature. Il collabora à la revue *Sur*. Il est l'auteur de trois romans : *Le Tunnel* (1948), *Héros et tombes : Alejandra* (1961), *L'Ange des ténèbres* (1974), qu'il considère comme son testament littéraire. Parmi ses nombreux essais se détachent *L'Écrivain et ses phantasmes* (1963) et *Tango, discussion et clé* (1963). ➝ **ÉTYM.** *Sábato* est une variante de l'occitan *sábado* «samedi».

**SABBATINI (Niccolò)** ➝ **ÉTYM.** de l'it. *sabato* «samedi» (n. donné à un enfant né, ou trouvé, ce jour-là) ♦ Architecte et théoricien italien du théâtre (Pesaro v. 1574 - *id.* 1654). Constructeur du Teatro del Sole, à Pesaro (1637), il a publié une *Pratique du théâtre* (1637) décrivant l'architecture de la scène et la machinerie.

**sabéens**

n. m. pl. ➝ ÉTYM. ar. *çâbi'ûn* ♦ Membres d'une communauté religieuse. Des sabéens, peut-être gnostiques, sont mentionnés dans le Coran à côté des musulmans, des juifs, des chrétiens et des zoroastriens, donc comme «gens du Livre». Le même nom est donné dans la tradition musulmane à des populations vivant dans les marais mésopotamiens (sud de l'actuel Irak) et aux habitants de Harran* : les premiers ont parfois été identifiés comme mandéens* à l'époque moderne ; les seconds, supposés adorateurs des astres, ont fini par désigner l'ensemble des païens idolâtres par opposition aux «fidèles» représentés par Abraham (c'est aussi le point de vue de Maïmonide*). Ces sabéens n'ont rien à voir avec les Sabéens (ar. *Sabâ'*), habitants du royaume de Saba.

**SABELLIENS** n. m. pl. – en lat. ***Sabelli*** ♦ Nom des peuples de l'Apennin central durant la période romaine (Lucaniens, Picentins, Sabins*, Samnites*). Les Latins les soumirent au –IIIe s.

**SABELLIUS** ♦ Hérésiarque chrétien, originaire de Cyrénaïque (déb. IIIe s.). À Rome, il adopta le monarchianisme ou modalisme (le Père, le Fils et le Saint-Esprit ne sont pas distincts, ne sont que trois *modes* de Dieu) et fut excommunié par Calixte Ier v. 217. Des disciples *(sabelliens)* furent encore condamnés au concile de Constantinople (381).

**SABIN (Albert Bruce)** ♦ Médecin américain d'origine russe (Białystok 1906 - Washington 1993). Il mit au point, en 1957, le vaccin antipoliomyélitique dit «atténué», réalisé avec des virus vivants et administrés par voie orale. ➝ **Salk.**

**SABINE** n. f. – en lat. ***Sabina*** ♦ Anc. région de l'Italie centrale entre le Picenum* au N., l'Étrurie* à l'O., le Latium* au S. et le Samnium* à l'E., habitée par les Sabins* et dont les villes princ. étaient Amiterne*, Fidènes* et Gabies.

**SABINIEN** ♦ 65e pape (de 604 à 606). Toscan.

**SABINS** n. m. pl. – en lat. ***Sabini*** ♦ Anc. peuple de l'Italie centrale appartenant au groupe des Sabelliens*. Établis en Sabine*, ils entrèrent en guerre contre Rome, selon la légende, à la suite de l'enlèvement des Sabines par Romulus*. Après la fondation de Rome en –753, Romulus, voulant procurer des femmes à ses compagnons, aurait organisé des jeux dans la ville pour attirer les familles des cités voisines. Au cours de la fête, les Romains auraient enlevé les jeunes filles, pour la plupart d'origine sabine. Ce rapt provoqua entre Romains et Sabins une guerre qui se termina par un traité d'alliance. Les Sabines, bien traitées par leurs époux, auraient elles-mêmes ramené la concorde. Par la suite, Romains et Sabins ne firent plus qu'un peuple. Titus Tatius* partagea le pouvoir avec Romulus. Après ce dernier, deux rois sabins gouvernèrent Rome. ➝ **Numa Pompilius, Ancus Martius.**

**SABINS** (monts) – en it. ***Monti Sabini*** ♦ Massif montagneux italien d'origine calcaire, dans le Latium*, formant l'un des premiers contreforts de l'Apennin central.

**SABINUS** – en lat. ***Julius Sabinus*** ♦ Officier romain d'origine gauloise (mort à Rome en 78), du pays des Lingons (Champagne). Il profita de la révolte de Civilis* pour soulever la Gaule contre Rome (69). Vaincu, il vécut pendant neuf ans enfermé dans un souterrain où sa femme Éponine* lui apportait sa nourriture. Finalement découverts, ils furent envoyés à Rome et exécutés.

**SABLE** (île de) – en angl. ***Sable Island*** ♦ Île canadienne de l'Atlantique, à l'E. de la Nouvelle-Écosse. Réserves de pétrole dans l'île et sur les fonds marins avoisinants.

**SABLÉ (Madeleine DE SOUVRÉ,** marquise **DE)** ♦ Femme de lettres française (Touraine v. 1598 - Port-Royal 1678). Assidue à l'hôtel de Rambouillet*, elle reçut aussi dans son salon La Rochefoucauld et Mme de La Fayette et composa des *Maximes* (posth. 1678), genre dont elle contribua à développer le goût. Son *Traité de l'amitié* fut publié en 1859 par les soins de V. Cousin.

**SABLES-D'OLONNE (LES)** [85100] ♦ Ch.-l. d'arr. de la Vendée, 15 532 hab. (aggl. 38 500) *(Sablais)*. Église Notre-Dame-de-Bon-Port (XVIIe s.), pastichant le style gothique. Musée de l'abbaye Sainte-Croix : archéologie, ethnologie, peinture moderne. Célèbre boulevard de mer, long de 2 km (le Remblai). ▪ Port de pêche, de commerce et de plaisance. Conserverie de poissons. Primeurs. Bateaux de plaisance. Station balnéaire. ▌**Histoire** Fondé vers le Xe s. par des pêcheurs basques, le port des Sables, dépendant de la ville d'Olonne, joua jusqu'au début du XVIIIe s. un rôle économique non négligeable. Mais l'ensablement du rivage, les troubles de l'insurrection vendéenne, les guerres de l'Empire, entravèrent considérablement le développement de la ville. Celle-ci ne recouvra son ancienne prospérité que grâce à l'aménagement du port et à la construction de la voie ferrée (1866), qui favorisa l'essor du tourisme.

**SABLES-D'OR-LES-PINS** ♦ Station balnéaire des Côtes-d'Armor (comm. de Pléhédel), au S.-O. du cap Fréhel. Elle a été créée en 1924.

**SABLÉ-SUR-SARTHE** [72300] ➝ ÉTYM. anc. *Sabolium* «clairière (gaul. *ialo*) de sable (lat. *sabulum*)» ♦ Ch.-l. de cant. de la Sarthe, arr. de La Flèche. 12 716 hab. *(Saboliens)*. Château du XVIIIe s. Vestiges de l'anc. enceinte. Maisons anc. ▪ Métallurgie de transformation. Indus. alimentaires. ▌**Histoire** Charles VIII de France y signa avec François II de Bretagne le traité par lequel le duc s'engageait à ne marier ses filles qu'avec le consentement du roi de France (1488). ➝ **Guerre folle.**

**SABOLY (Nicolas)** ♦ Compositeur provençal (près de Carpentras 1614 - Avignon 1675). Élevé au collège des jésuites de Carpentras, il fut ordonné prêtre en 1635. Maître de chapelle à la cathédrale de Carpentras (1640 - 1643), puis à Saint-Trophime d'Arles (1643 - 1646), il devint maître de musique à Avignon. Il écrivit des *Nouvé (Noëls)*, paroles (en provençal) et musique (publ. 1671), deux motets et deux messes en plain-chant.

**SABRA** ♦ Camp de réfugiés palestiniens installé dans Beyrouth. Les 15, 16 et 17 sept. 1982, il fut attaqué ainsi que le camp voisin de Chatila par les milices chrétiennes libanaises qui massacrèrent la population. L'armée israélienne fut accusée d'avoir laissé faire ces crimes. Le ministre de la Défense israélien, Ariel Sharon*, fut obligé de démissionner. ➝ **Liban.**

**SABUNDE (Raimundo)** ➝ **Sebonde (Raymond)**

**SABZEVAR** – anc. ***Beyhaq*** ♦ V. d'Iran (Khorassan), à l'O. de Meched. 214 582 hab. Centre agricole et commercial.

**SACCHETTI (Franco)** ♦ Écrivain italien (Raguse v. 1332 - San Miniato v. 1400). Marchand et homme politique, il est l'auteur des *Trois cents nouvelles* (v. 1392), historiettes plaisantes, voire licencieuses, au style simple et pittoresque ; apologie d'une sagesse pratique, elles offrent en outre un tableau vivant de la société populaire et bourgeoise du XIVe s. ➝ ÉTYM. *Sacchetti* vient de *Sacchi*, de l'italien *sacco* «sac» ou est l'aphérèse de *Isacco* «Isaac».

**SACCHINI (Antonio)** ♦ Compositeur italien (Florence 1730 - Paris 1786). Auteur de nombreux opéras qui connurent en Italie un grand succès, il fut «maître extraordinaire du chant», à Naples, puis directeur de l'Ospedaletto, à Venise (1770). Il triompha en Allemagne, en Angleterre, séjourna à Paris où il bénéficia de la protection de Marie-Antoinette, au moment de la fameuse querelle des gluckistes et des piccinnistes (➝ **Piccinni**). Ses œuvres connurent le succès : *Dardanus* (1785) et surtout *Œdipe à Colone* (1786), créée après sa mort et la seule à laquelle son nom reste attaché. On lui doit aussi de la musique de chambre (trios, quatuors, sonates). ➝ ÉTYM. Ce nom a la même étymologie que *Sacchetti**.

**Sacco et Vanzetti** (affaire) ♦ Affaire judiciaire américaine. En 1920, deux immigrés italiens, NICOLAS SACCO (1898 - 1927) et BARTOLOMEO VANZETTI (1888 - 1927), l'un et l'autre militants anarchistes, furent arrêtés comme auteurs présumés du meurtre du trésorier et du gardien d'une usine à Braintree. Mal défendus, condamnés à mort par la Cour supérieure du Massachusetts (1921), ils furent exécutés (1927) malgré les déclarations d'un autre prisonnier affirmant leur innocence et malgré tous les mouvements qui se formèrent en leur faveur, réclamant leur libération. Ils furent réhabilités en juil. 1977.

**SACD** n. f. ➝ **Société des auteurs et compositeurs dramatiques**

**Sacem** n. f. ➝ **Société des auteurs, compositeurs et éditeurs de musique**

**Sacerdoce et de l'Empire (querelle du)**

♦ Lutte qui opposa entre 1154 et 1250 la papauté aux empereurs germaniques pour la primauté dans l'Occident chrétien. La volonté des Hohenstaufen* de s'imposer comme suzerains de Rome se heurta à l'affirmation de l'autorité politique et spirituelle des papes, renforcée par les croisades. Contre Frédéric* Ier Barberousse, Alexandre III sut s'appuyer sur la volonté d'autonomie des cités d'Italie du Nord réunies dans la Ligue lombarde*, et imposa son autorité lors de la paix de Venise (1177). Contre Frédéric II*, victorieux de la Ligue lombarde à Cortenuova (1237), les papes Honorius* III, Grégoire* IX et Innocent* IV invoquèrent la théorie dite «des deux glaives» selon laquelle le pouvoir temporel de l'empereur était soumis au pouvoir spirituel du pape, seul vicaire de Dieu sur terre (➝ **Innocent III**). Cette conception théocratique permit d'excommunier par deux fois Frédéric II (1227 et 1237), puis de le faire déposer par le concile de Lyon (1245). Sa mort en 1250 marqua la fin du rêve devenu archaïque de restaurer en Occident l'*imperium* unique des empereurs romains et de Charlemagne.

**SACHÉ** [37190] ➝ ÉTYM. du lat. *Sabius*, n. de pers. gallo-rom., et suff. *-acum* ♦ Comm. d'Indre-et-Loire, en Touraine. 1 004 hab. Au château (XVIe - XVIIIe s.), musée Balzac.

**SACHER (Paul)** ♦ Chef d'orchestre et mécène suisse (Bâle 1906 - *id.* 1999). Élève de Weingartner, fondateur d'ensembles vocaux et instrumentaux qui interprétèrent sous sa direction des œuvres dont il fit la commande à quelques-uns des plus grands musiciens contemporains (Bartók, Hindemith, Honegger, Ibert, Křenek, F. Martin, Martinú, Stravinski).

**SACHER-MASOCH (Leopold,** chevalier **VON)** ♦ Écrivain autrichien (Lemberg 1836 - Lindheim, Hesse 1895). Né en Galicie, province polonaise rattachée à l'Empire autrichien, il fut témoin dans sa jeunesse des déchirements politiques et religieux de sa province natale qu'évoqueront avec réalisme et pessimisme certains de ses récits (*Histoires galiciennes*, 1876 ; *Histoires juives polonaises*, 1886). Étudiant en droit puis en histoire à Graz, il publia en 1856 une étude sur *L'Insurrection de Gand sous Charles Quint*. Il fut rédacteur aux *Cahiers des belles-lettres* (qui parurent à Budapest de 1881 à 1891), dirigea et édita à Leipzig la revue *Sur les hauteurs* (1881 - 1884). Son œuvre est avant tout dominée par la lutte implacable et cruelle qui oppose les sexes. Au souvenir nostalgique de la Grèce, rêve utopique d'un renouveau impossible où l'amour serait «joie parfaite et sérénité divine», où la femme redeviendrait la compagne, l'associée et l'égale de l'homme, fait place le fantasme de l'idéal opposé : la femme à la fourrure et au fouet qui fait de l'homme un esclave, totalement livré à elle dans la passion. C'est à cette forme à la fois cruelle et perverse de l'amour, cruauté qui apparaît dans l'œuvre de Sacher-Masoch comme la loi, la règle de l'histoire, que Krafft-Ebing devait donner le nom de *masochisme* dans sa *Psychopathia sexualis* (1886). Sacher-Masoch est également l'auteur de : *Le Legs de Caïn* (dont fait partie *La Vénus à la fourrure*, 1870), *La Fausse Hermine* (1873) ; *Les Messalines de Vienne* (1874) ; de deux romans noirs décrivant la vie des sectes mystiques (*La Pêcheuse d'âmes, La Mère de Dieu*) et d'ouvrages de critique sociale (*La République des ennemis des femmes, Les Idéaux de notre temps*).

**SACHS (Hans)** ♦ Poète allemand (Nuremberg, Bavière 1494 - *id.* 1576). À la fin de son apprentissage de savetier, il entreprit le traditionnel tour d'Allemagne au cours duquel il décida de devenir maître chanteur (1513). Formé par Nunnenbeck, il partagea dès lors son temps entre son métier de cordonnier et son activité de poète. Humaniste, acquis très tôt à la Réforme, il a laissé une œuvre importante : poèmes lyriques, narrations en vers, pièces de théâtre. Ses pièces religieuses et historiques, ses tragédies (il introduisit le terme dans la littérature et la langue allemande en 1527) connurent moins de succès que ses comédies, ses *Fastnachtspiele*, farces allégoriques jouées lors du Carnaval (*L'Écolier vagabond*, 1551 ; *Rêve du pays de Cocagne*). En en faisant le héros de son opéra *Les Maîtres* chanteurs* (1862 - 1867), R. Wagner contribua à immortaliser son nom. ◆ ÉTYM. *Sachs* vient de l'allemand *Sachsen* «Saxe (originaire de Saxe)».

**SACHS (Leonie,** dite **Nelly)** ♦ Écrivain suédois d'origine et de langue allemandes (Berlin 1891 - Stockholm 1970). Issue d'une famille juive aisée, Nelly Sachs vécut cruellement les persécutions nazies. Elle parvint à s'enfuir pour la Suède d'extrême justesse, en 1940, en compagnie de sa mère. La terreur qu'elle éprouva alors et la révélation des camps de concentration la firent sombrer dans des troubles psychiques graves. *Dans les demeures de la mort* (1946), son premier recueil de poèmes, a pour thème l'exil, le souvenir, la nuit. *L'Obscurcissement des étoiles* (1949) évoque la lutte contre le silence. *Fuite et Transformation* (1959) constitue une ouverture vers un au-delà accessible grâce à la parole, au verbe. Cette idée de délivrance apparaît aussi dans *La mort exalte encore la vie* (1961) et dans *Fuite vers le pur* (1961). [Prix Nobel de littér. 1966, avec S. Agnon]

**SACI** ou **SACY** → **Lemaistre de Sacy (Isaac)**

**SACKVILLE (Thomas),** baron **DE BUCKHURST** et 1er comte **DE DORSET** ♦ Poète dramatique anglais (Buckhurst v. 1530 - Londres 1608). Magistrat, diplomate, grand trésorier de la Couronne, il fut l'auteur, en collaboration avec Thomas Norton, de *Gorboduc ou Ferrex et Porex* (v. 1560), la première tragédie anglaise.

**SACKVILLE-WEST (Victoria Mary,** dite **Vita)** ♦ Romancière britannique (Knole, Kent 1892 - Sissinghurst, Kent 1962). Issue de la branche cadette des ducs de Dorset, elle fit avec le diplomate Harold Nicolson un mariage non conformiste (*Portrait d'un mariage*, posth., 1973). Elle eut des liaisons célèbres avec Violet Trefusis et Virginia Woolf, à qui elle inspira *Orlando*. Elle publia à partir de 1919 des romans appréciés du public (*L'Héritier*, 1922 ; *Défi*, 1923 ; *Séducteurs en Équateur*, 1925). Ceux de la décennie suivante connurent un énorme succès (*Au temps du roi Edouard*, 1930 ; *Toute passion abolie*, 1931 ; *Histoire de famille*, 1932). Elle laissera après guerre un dernier roman, *Escales sans nom* (1961). Elle eut moins de succès avec sa poésie (*La Terre*, 1926 ; *Le Jardin*, 1946), publia également des études biographiques, et tint pendant longtemps une chronique de jardinage à la BBC et dans *The Observer*.

**SACLAY** [91400] ◆ ÉTYM. anc. *Salioclita*, p.-ê. de *salio-*, rac. hydronym., ou du gaul. *salico* «saule» et *cleta* «claie, entrelacs d'osier» ♦ Comm. de l'Essonne, arr. de Palaiseau. 2 883 hab. (*Saclaysiens*). Centre d'études nucléaires.

**SACRAMENTO** n. m. ◆ ÉTYM. du n. de la v. ♦ Riv. des États-Unis (620 km), en Californie* du Nord. Le Sacramento prend naissance dans les monts Klamath et se jette dans la baie de San Francisco où il rejoint le San* Joaquin. Sa vallée est une riche région agricole. → **Grande Vallée.**

**SACRAMENTO** ◆ ÉTYM. esp. «sacrement», p.-ê. n. donné par les Espagnols qui étaient arrivés là le jour de la fête du Saint-Sacrement ♦ V. des États-Unis, cap. de l'État de Californie, sur l'American River (près de son confluent avec le Sacramento). 407 018 hab. (zone urbaine 1 796 857). La ville abrite le campus de Davis (Université de Californie). Centre administratif. Centre commercial, situé à un nœud de communications important (notamment ferroviaire) autoroutier et fluvial. Indus. alimentaires.

**SACRÉ** (mont) – en lat. ***mons Sacer*** ♦ Petite colline située au N. de Rome (37 m). La légende y place une sécession de l'armée romaine, tandis que le peuple, décidé à fonder une nouvelle ville, se retirait sur l'Aventin* (–494).

**Sacré-Cœur** (basilique du) ♦ Église de Paris, située sur la butte Montmartre*. Sa construction (1876 - 1910) fut votée par une loi de 1873, financée par souscription nationale et confiée à Paul Abadie*, auquel succéda Lucien Magne. Inspirée (librement) du style romano-byzantin de Saint-Front de Périgueux, la basilique dresse de nombreuses coupoles blanches, un dôme et un campanile (80 m) qui renferme la *Savoyarde* (1895), une des plus grosses cloches connues (19 t). Intérieur richement décoré de mosaïques.

Le **Sacré-Cœur.** *Phot. © Arch. Nathan*

Le **Sacre du printemps** ♦ Ballet en 2 parties, musique et livret d'I. Stravinski*, chorégraphie de Nijinski, créé à Paris le 29 mai 1913. Sous-titrée «Tableaux de la Russie païenne», destinée au Ballets* russes de Diaghilev*, l'œuvre provoqua un scandale mémorable, d'ailleurs dû plus à la chorégraphie qu'à la musique elle-même et à ses nouveautés d'ordre rythmique. Diaghilev commanda une nouvelle version du ballet à L. Massine en 1920 (reprise en 1930, avec M. Graham dans rôle de l'Élue). Parmi les autres versions ont compté celles de Béjart (théâtre de la Monnaie, Bruxelles, 1959 ; reprise par les Ballets de Lausanne en 1988 avec Cyril Atanassoff), de Neumeïer (Francfort, 1972), ainsi que celle, très étonnante, de P. Taylor (Opéra de Paris, 1990).

**sacrées (guerres)** ♦ Dans l'antiquité grecque, guerres provoquées par la rivalité de la Phocide* et de Thèbes* pour le contrôle du sanctuaire de Delphes*. La *première guerre sacrée* (v. –590) se termina par la défaite des Phocidiens, qui dépouillaient les pèlerins se rendant à Delphes. Pendant la *deuxième guerre sacrée* (–448 - –447), Sparte, chargée par le conseil des amphictyons (→ **amphictyonies**) de châtier les Phocidiens, emporta sur Athènes, alliée de la Phocide, la victoire de Coronée et restitua l'oligarchie à Thèbes. *La troisième guerre sacrée* (–357 - –346) eut lieu à la suite d'une nouvelle condamnation. Les Phocidiens pillèrent les trésors du sanctuaire et, formant une armée de mercenaires, occupèrent une partie de la Béotie. Leur intervention en Thessalie en faveur des tyrans de Phères provoqua l'immixtion de Philippe* II de Macédoine qui écrasa la Phocide et prit sa place au conseil amphictyonique. *La quatrième guerre sacrée* (–339 - –338) fut déclenchée par Philippe II qui, chargé par l'amphictyonie de châtier les Locriens d'Amphissa, en profita pour occuper Élatée, ce qui lui ouvrit les portes de la Grèce du Sud.

Le **Sacrifice** ♦ Film franco-suédois d'Andreï Tarkovski* (1986). Reclus dans son manoir insulaire, un vieil écrivain fête son anniversaire en compagnie de ses proches et de son petit garçon, devenu muet à la suite d'une laryngotomie. Le désespoir et la peur de la mort le rongent. L'œuvre est tissée de notations symboliques : la plus claire concerne la nécessité, pour notre civilisation occidentale menacée d'éclatement, d'un sursaut spirituel. Un profond mysticisme imprègne ce poème inscrit dans la lignée de Dreyer et de Bergman.

**SACROBOSCO (Johannes DE),** dit **Jean DE HALIFAX** ou **Jean DE HOLYWOOD** ♦ Mathématicien et astronome anglais (Holywood, auj. Hal 1190 - Paris v. 1250). Traducteur de l'arabe, auteur de divers manuels, il est surtout connu pour la *Sphaera mundi* (1472), compilation des œuvres des savants arabes.

**ṢA'DA** ♦ V. du Yémen située sur les hauts plateaux. 51 870 hab. Berceau du zaïdisme (forme de chiisme).

**SADATE (Anouar AL-)** ♦ Homme politique égyptien (Mit Aboul Kom, gouvernorat de Menoufieh 1918 - Le Caire 1981). En 1950, il rejoignit le groupe des «Officiers libres» qui renversa la monarchie en 1952 et devint l'un des principaux collaborateurs de Nasser, qui l'investit de hautes fonctions et auquel il succéda, comme président de la République (1970). Rompant avec la politique de son prédécesseur, il abandonna le socialisme et procéda à une certaine libéralisation de la vie politique. À l'extérieur, il desserra l'alliance avec l'Union soviétique (expulsion des conseillers militaires soviétiques en 1972) et se rapprocha progressivement des pays modérés arabes et des État-Unis. En 1977, il effectua une visite spectaculaire à Jérusalem, dans le cadre de négociations directes, préliminaires aux accords de Camp* David et au traité de paix israélo-égyptien (1978 - 1979). À l'intérieur, la crise économique et une corruption généralisée suscitèrent un mécontentement croissant cristallisé par une opposition nassérienne et fondamentaliste. Le 6 oct. 1981, Sadate fut assassiné par des militaires appartenant à des groupuscules intégristes [Prix Nobel de la paix 1978, avec Menahem Begin] ➜ ÉTYM. *Anouar* vient de l'arabe *'anwar* «très lumineux».

**SADD EL-ALI** – en ar. ***al-Sud al-'Ālī*** ♦ Barrage sur le Nil en Égypte. Construit de 1957 à 1970 avec l'aide soviétique, à 6,5 km en amont du premier barrage d'Assouan, ce gigantesque ouvrage, haut de 111 m et long de 3 600 m, retient un grand lac artificiel, le lac Nasser, d'une capacité de 157 à 185 milliards de m$^3$, la seconde du monde après celle du lac Kariba, sur le Zambèze (Rhodésie). Le barrage de Sadd el-Ali (ou haut barrage d'Assouan) permet l'irrigation pérenne de plus de 300 000 ha de terres, une augmentation considérable du potentiel hydroélectrique du pays et la régularisation de la navigation sur le Nil. La protection des sites archéologiques nubiens (Abou-Simbel) a été prise en charge par l'Unesco. La création du lac Nasser a provoqué le déplacement de 60 000 Nubiens en Haute-Égypte.

**Saddharmapuṇḍarīka Sūtra** ➜ ÉTYM. «sūtra du lotus de la bonne loi» ♦ Célèbre texte bouddhique des doctrines du Mahāyāna*, en prose et en vers, composé vers le IIIe s. Il forme la base textuelle de nombreuses sectes bouddhiques, surtout en Chine et au Japon.

## sadducéens

n. m. pl. ➜ ÉTYM. gr. *saddoukaioi*, hébr. *çeddûqîm* ou *çaddûqîm* (étym. obscure ; le lien avec *Sadoc* [hébr. *Çādôq*], prêtre au temps de David et de Salomon, a été contesté) ♦ Membres d'un des «partis» du judaïsme ancien (➜ **esséniens, pharisiens, zélotes**). D'après les descriptions de Flavius Josèphe* et les données du Nouveau Testament et de la littérature rabbinique, ils apparaissent comme des conservateurs, hostiles à la «Torah orale» des pharisiens. Partisans d'une lecture littérale de la Bible, ils niaient la vie future et la prédestination. Moins nombreux que les pharisiens, ils n'étaient pas appréciés du peuple : ce parti aristocratique, dont les adeptes étaient nombreux dans la classe sacerdotale, appliquait rigoureusement la Loi. À ce titre, ils ont sans doute joué un rôle dans la condamnation de Jésus. Ils semblent avoir disparu après 70, et jouirent d'une réputation exécrable aussi bien chez les juifs que chez les chrétiens.

**SADE (Donatien Alphonse François,** comte **DE SADE,** dit **le marquis DE)** ♦ Écrivain français (Paris 1740 - Charenton 1814). Après avoir passé quelques années dans l'armée où il participa, comme capitaine, à la guerre de Sept Ans, il se maria avec Renée Pélagie de Montreuil (1763) et succéda à son père dans la charge de lieutenant général des provinces de Bresse, Bugey, Valromey et Gex (1764). Son libertinage, au départ vécu comme un privilège aristocratique, s'accentua : en 1768, il fut condamné à la prison et à cent livres d'amende, à la suite d'un scandale de mœurs. Après un emprisonnement pour dette (1771), un nouveau scandale éclata, lié à une orgie marseillaise (1772). Sade et son domestique furent condamnés à mort par contumace et le marquis fut finalement incarcéré au fort de Miolans, dont il s'évada en 1773. De nouvelles affaires de mœurs l'obligèrent à fuir en Italie en 1775. Sa mère mourante, Sade retourna à Paris et fut incarcéré à Vincennes (1777). Après une évasion de trente-neuf jours, le marquis se retrouva en prison à la fin de 1778. Il y resta jusqu'en 1790, passant par Vincennes, la Bastille (jusqu'au 4 juil. 1789) et Charenton. Pendant cette longue période, il rédigea *Le Dialogue entre un prêtre et un moribond* (1782, publ. 1926), *Les Infortunes de la vertu* (première version de *Justine*, rédaction en seize jours, 1787, publ. 1930), et entama, dès 1782, l'écriture des *Cent-vingt journées de Sodome* (publ. 1904) ainsi que celle d'*Aline et Valcour*, dès 1786 (publ. 1795). Pendant la Révolution, Sade obtint le divorce et milita dans la section des Piques. Il publia en 1791 *L'Adresse d'un citoyen de Paris au roi des Français* ainsi que *Justine* ou les Malheurs de la vertu* et fit représenter *Oxtiern ou les Effets du libertinage* (1791, publ. 1797, précédé d'*Une idée sur les romans*). Arrêté pour cause de modérantisme, il dut la vie sauve à la chute de Robespierre. En 1795, il fit publier *La Philosophie dans le boudoir*, puis, en 1797, *La Nouvelle Justine ou les Malheurs de la vertu, suivie de l'Histoire de Juliette, sa sœur*, plus connu sous le titre *Juliette ou les Prospérités du vice*. De nouveau incarcéré en 1801 à Sainte-Pélagie, puis déplacé à Bicêtre après avoir voulu séduire de jeunes détenus, il fut finalement placé dans l'asile d'aliénés de Charenton où il mourut. On l'enterra religieusement malgré l'interdiction formulée dans son testament. Pendant la dernière période de sa vie, il rédigea de 1804 à 1807 *Les Journées de Florbelle ou la Nature dévoyée*, ouvrage saisi par la police et brûlé par sa famille, puis *Adélaïde de Brunswick, princesse de Saxe* (1812, publ. 1964) et *L'Histoire secrète d'Isabelle de Bavière* (1813, publ. 1953). ▪ Multipliant les professions de foi matérialiste, l'œuvre de Sade doit être lue en regard de toute la littérature philosophique du XVIIIe s. Radicalement subversive, elle remet en cause tout système d'autorité au profit d'une volonté de puissance, et se détache de toute la littérature libertine du XVIIIe s. parce qu'elle propose une écriture de la violence et non du plaisir.

**SÁ DE MIRANDA (Francisco DE)** ♦ Humaniste portugais (Coimbra v. 1485 - dans le Minho 1558). Représentant éminent de la littérature de son pays à l'époque de la Renaissance, il a fait œuvre d'auteur dramatique (*Les Étrangers*, 1527) et de poète (*Les Épîtres*).

**SA'DI** ou **SAADI (Muṣluh al-Dīn)** ♦ Un des plus grands poètes persans (Chirāz v. 1200 - env. de Chirāz v. 1291). Issu d'une famille de théologiens, il étudia à Bagdad à l'université fondée par le célèbre ministre seldjoukide* Nizām al-Mulk. Il voyagea ensuite en Irak, en Syrie et au Hedjaz où il entreprit plusieurs pèlerinages à La Mecque. Vers le milieu du siècle, il s'installa à Chirāz où il acheva la rédaction de ses deux recueils de réflexions et d'anecdotes morales : le *Bustān* (le «Verger») est écrit entièrement en vers d'un mètre habituellement réservé à l'épopée (1257) ; le *Gulistān** (la «Roseraie») mêle la prose aux vers (1258). Il renouvela le genre du *ghazal* (poèmes d'amour) en exprimant maintes subtilités dans un style simple. Moraliste indulgent, excellant dans tous les genres poétiques, il reste l'un des poètes les plus populaires en Orient. Son *Gulistān*, traduit en français dès 1634, fut l'œuvre qui initia l'Occident à la poésie persane. ➜ ÉTYM. Ce nom persan signifie «lieutenant de Saad» (surnom), de *sa'da* «être heureux».

**SADO** ♦ Île japonaise, la cinquième de l'archipel (860 km$^2$), au large de la côte occidentale de Honshū dans la mer du Japon. 66 530 hab. Culture du riz, pêche, tourisme. Aux environs d'Aikawa, exploitation des anciennes mines d'or, d'argent et de cuivre. Son isolement en fit un lieu d'exil.

**SADO** n. m. ♦ Fl. du Portugal (150 km) traversant la partie occidentale de l'Alentejo, qu'il irrigue (rizières). Il s'achève par un estuaire à la hauteur du port de Setúbal.

**SADOC** ♦ Grand prêtre de Jérusalem, peut-être d'origine cananéenne, sous David et Salomon (–Xe s.). Fondateur de la lignée des grands-prêtres salocides qui dura jusqu'aux Macchabées (I Rois, I-II).

**SADOLET (Iacopo SADOLETO,** dit en fr. **Jacques)** ♦ Prélat et humaniste italien (Modène 1477 - Rome 1547). Secrétaire apostolique sous Léon X et Clément VII, il fut évêque de Carpentras (1517) et cardinal (1536). Son action s'accomplit dans le sens de la tolérance à l'égard des protestants et de la conciliation : il s'efforça d'écarter Clément VII de la ligue contre Charles Quint, ce qui aurait évité le sac de Rome en 1527, puis contribua à la trêve de Nice entre Charles Quint et François Ier (1542). Ami de Bembo*, il fut célèbre comme écrivain latin, auteur de poésies et, en belle prose cicéronienne, du *De liberis recte instituendis* (1533) et du *Phaedrus, sive de laudibus philosophiae* (1538).

**SADOVEANU (Mihail)** ♦ Romancier roumain (Paşcani, Moldavie 1880 - Bucarest 1961). Son œuvre prolifique évoque avec lyrisme la nature, le peuple et l'histoire de la Moldavie : *Le Hachereau* (1930), *Les Frères Jderi* (1935 - 1942).

**SADOWA** ➜ ÉTYM. en tchèque ***Sadová*** «les vergers» ♦ Village de Bohême (Rép. tchèque), près de Königgrätz (Hradec Králové). ▌**Histoire** Le 3 juil. 1866 les Prussiens, conduits par le roi Guillaume et Moltke, vainquirent les Autrichiens, conduits par Benedek. Cette victoire eut un grand retentissement en Europe, principalement en France ; elle marqua le début de la puissance prussienne en Allemagne et révéla l'efficacité de son armement.

**SA'EB-É TABREZĪ** ♦ Poète persan (Ispahan 1607 - *id.* 1670). Il fut le poète officiel du Grand Moghol Shāh Jahān avant de se mettre au service du chah 'Abbās II, qui lui décerna le titre de Prince des poètes. Peu apprécié en Iran, il eut une grande réputation en Inde et en Turquie. Il reste un des grands poètes persans de la littérature postclassique.

**SAENREDAM (Pieter Jansz)** ♦ Peintre hollandais (Assendelft 1597 - Haarlem 1665). Dessinateur d'architecture, aide de l'architecte et peintre Jacob Van Campen, il se consacra à la peinture d'édifices urbains (l'ancien hôtel de ville d'Amsterdam, 1657) et d'intérieurs d'églises (église Sainte-Marie d'Utrecht). Ses œuvres exécutées d'après des croquis sont d'une grande précision architecturale et conservent le caractère graphique des épures. L'importance accordée aux espaces vides, la réduction de l'échelle des personnages, le jeu abstrait des effets de perspective, l'utilisation de couleurs pâles à dominante froide et la finesse de la facture dénotent une sensibilité discrète et concourent à créer un climat serein d'une austère ferveur.

**ŠAFAŘÍK (Pavel Josef)** ♦ Philologue slovaque de langue tchèque (Kobeliarovo, Slovaquie 1795 - Prague 1861). D'une grande érudition, il consacra sa vie à l'étude de la culture slave. Il publia, entre autres, *Les Débuts de la poésie tchèque* (1818), une histoire de la civilisation slave jusqu'en 988, *Les Antiquités slaves* (1837), et une *Histoire de la littérature des Slaves du Sud* (1865).

**SAFAVIDES** ou **SÉFÉVIDES** n. m. pl. ← ÉTYM. V. ci-dessous ♦ Dynastie iranienne (1501 - 1736), du nom du cheikh Ṣafī al-Dīn Ardabīlī, ascète musulman mort en 1334, fondateur de la confrérie soufi des Qezel-baches, les Têtes Rouges, qui se développa aux XIVe et XVe s. en Azerbaïdjan, au Kurdistan et en Anatolie orientale en y propageant une forme de chiisme extrémiste. La dynastie fut fondée par Ismā'īl* Ier, qui, s'emparant de Tabriz, s'y fit couronner chah et fit du chiisme* duodécimain la religion officielle de la Perse. Sous ses descendants, l'Empire safavide s'étendit à l'ensemble du plateau iranien, à une partie de la Mésopotamie et au Caucase, et atteignit son apogée avec Abbas* Ier le Grand (1587 - 1628). Les Safavides fondèrent un État unifié, centralisé et puissant, basé sur le chiisme et sur un nouvel essor de la vieille culture iranienne, donnant à leur pays un prestige remarquable (sensible en Europe occidentale, aux XVIIe et XVIIIe s., comme en Inde où l'influence persane domina l'art et la culture moghols). → **Iran.**

**SAFDAR JANG** ♦ Nabab d'Oudh en Inde du Nord, et grand vizir des Grands Moghols Muhammad Chah et Ahmad Chah de 1717 à 1753. ▪ Le monument qui lui fut élevé à sa mort à Delhi* ressemble au Taj Mahāl d'Agra*. C'est le dernier monument moghol de l'Inde.

**SAFED** – en hébr. ***Ṣephath*** ♦ V. d'Israël, au N.-O. du lac de Tibériade, dans la région montagneuse de haute Galilée. 28 100 hab. La présence juive s'y est maintenue à travers les siècles et c'est l'un des berceaux du christianisme. Synagogues du XVIe s. ▪ Indus. textile.

**SAFFARIDES** n. m. pl. ♦ Dynastie perse fondée v. 863 par YA'QŪB IBN AL-LAYTH AL-ṢAFFĀR. 'AMR IBN AL-LAYTH (879 - v. 903), frère et successeur de Ya'qūb, domina le Khorassan, le Fārs, le Sidjstan et le Sind. Voulant conquérir la Transoxiane, il fut emprisonné et envoyé au calife qui le fit exécuter.

**SAFI** – en ar. ***Asfi*** ← ÉTYM. → Fès ♦ V. du Maroc (prov. de Marrakech) sur l'Atlantique. 284 750 hab. Port. Pêcheries. Conserveries. Exportation des phosphates de Youssoufia. Complexe chimique. Artisanat (poteries).

**SAGAING** ♦ V. de Birmanie centrale, sur le cours moyen de l'Irrawaddy, près de Mandalay (à l'O.). 46 212 hab. Ruines de quelques monuments bouddhiques. Petit artisanat (albâtre, céramique). ▪ C'est une anc. capitale, fondée en 1322.

**SAGAMIHARA** ♦ V. du Japon (Honshū), préf. de Kanagawa, au N.-O. de Yokohama. 628 698 hab. Centre agricole.

**SAGAN (Carl)** ♦ Astronome américain (New York 1934 - Seattle 1996). Ses travaux concernent les planètes (études de la surface, de l'atmosphère). Il s'intéressa également au problème de l'origine de la vie et à l'existence de vies intelligentes en dehors de la Terre. Il est l'auteur de nombreux ouvrages de vulgarisation scientifique et de science-fiction.

**SAGAN (Françoise QUOIREZ, dite Françoise)** ← ÉTYM. n. d'un personnage de *À la recherche du temps perdu* ♦ Romancière française (Cajarc 1935 - Honfleur 2004). Elle fit ses débuts en littérature avec *Bonjour tristesse* (1954), œuvre à la fois amère et tendre, dans laquelle on voit une jeune fille causer indirectement, encore que volontairement, la mort de la maîtresse de son père, dont elle est jalouse. Ce récit du douloureux passage d'une adolescente à l'âge adulte se poursuivit dans *Un certain sourire* (1956). L'écriture du jeune auteur se fit plus ferme dans les œuvres qui suivirent : *Dans un mois, dans un an* (1957) et surtout *Aimez-vous Brahms...* (1959). Parmi les nombreux romans de F. Sagan, on peut retenir encore *La Chamade* (1965), *Le Lit défait* (1977) et *La Femme fardée* (1981). Parallèlement, elle donna au théâtre *Château en Suède* (1960), *Bonheur, impair et passe* (1964) et *Un piano dans l'herbe* (1970). Elle a également publié un volume de mémoires : *Avec mon meilleur souvenir* (1985).

**SAGAR** ♦ V. de l'Inde (Madhya Pradesh), dans une région de plateaux au climat pluvieux. 309 164 hab. Ateliers de chemins de fer.

**SAGASTA (Práxedes Mateo)** ♦ Homme politique espagnol (Torrecilla de Cameros, prov. de Logroño 1825 - Madrid 1903). Il entra dans la junte révolutionnaire de Zamora en 1854 et fonda le journal *La Iberia*. Exilé, condamné à mort par contumace (1866), il devint ministre de l'Intérieur après la révolution de 1868. Président du Conseil en 1872 et 1874, il se rallia à Alphonse XII en 1875. Il fut par la suite plusieurs fois Premier ministre (1881 - 1883, 1885 - 1890, 1892 - 1895, 1897 - 1899, 1901 - 1902) et ne réussit pas à empêcher la guerre de 1898 avec les États-Unis.

**sagas**

n. f. pl. ← ÉTYM. de l'anc. norrois *segja* «dire, raconter» ♦ Genre littéraire islandais, né aux XIIe et XIIIe s. fondé sur des traditions orales scandinaves et celtiques et, pour l'écriture, sur l'hagiographie médiévale et sur l'historiographie antique, l'une et l'autre en latin. Ces textes réalistes, d'où sont exclus lyrisme et digressions, narrent la vie et les œuvres de grands rois de Norvège ou de Danemark (ce sont alors les sagas royales ou *konungasögur*, dont le chef-d'œuvre est la *Heimskringla** de Snorri* Sturluson) ; des grands colonisateurs de l'Islande (entre 874 et 930) ou de leurs descendants immédiats (ce sont les sagas dites des Islandais, *Íslendingasögur*, ou encore sagas de familles). On y range les plus grands chefs-d'œuvre du genre, comme *La Saga de Snorri le Godi*, *La Saga du scalde Egill fils de Grímr le Chauve*, *La Saga des gens du Val-au-Saumon*, la *Saga de Grettir le Fort* et surtout la *Saga de Njáll le Brûlé* ; des chroniques de la vie politique islandaise aux XIIe et XIIIe s., dites sagas de contemporains (*samtidarsögur*) dont le fleuron est la *Sturlunga saga* ; des sagas légendaires (*fornaldarsögur*) parce qu'elles reprennent d'antiques motifs qui intéressent le lointain passé de tout le monde germain (comme *La Saga des Völsungar* qui traite du héros Sigurdr / Siegfried*) ; et des sagas dites de chevaliers (*riddarasögur*) qui sont des adaptations de chansons de geste, de romans de Chrétien* de Troyes et textes apparentés. Tous ces textes sont anonymes. Leurs personnages peuvent reparaître d'une saga à l'autre et ils valent avant tout pour la vision de l'homme, de la vie et du monde où le héros marche fièrement vers ce à quoi il est destiné. L'Occident n'a pas retrouvé le secret de ces compositions rudes et fortes, à la limite du tragique, insoutenables souvent, mais tempérées par un humour caractéristique et par un vouloir-vivre exemplaire.

**SAGE (Balthazar Georges)** ♦ Chimiste et minéralogiste français (Paris 1740 - *id.* 1824). Premier directeur de l'École des mines, fondée en 1783, il publia de nombreux travaux de chimie, de minéralogie, de géologie, et diffusa les théories de Romé* de l'Isle. [Acad. sc. 1770]

**Sages (les Sept)** ♦ Nom donné par les Grecs à des philosophes et des tyrans du –VIe s. à qui on attribuait des maximes devenues très populaires à l'époque hellénistique. La liste des Sept Sages varie selon les historiens, mais inclut le plus souvent les noms de Thalès* de Milet, Pittacos* de Mytilène, Bias* de Priène, Cléobule* de Lindos, Périandre* de Corinthe, Chilon* de Lacédémone et Solon* d'Athènes. On admettait parfois au nombre des Sept Sages notamment Épiménide, Phérécyde, le Scythe Anacharsis.

**Sagesse (Livre de la)** ← ÉTYM. gr. *Sophia Salômônos* «Sagesse de Salomon», lat. *Liber Sapientiae* «Livre de la Sagesse» ♦ Livre deutérocanonique* (→ **Bible**). Sans doute composé en grec au –Ier s., l'ouvrage a longtemps été attribué à Philon* d'Alexandrie. 19 chapitres font l'éloge de la Sagesse, présentée comme une émanation de Dieu (pratiquement son Esprit), et glorifient son action mise en œuvre dans son peuple dont le contre-modèle est en Égypte. Esquissée dans les Proverbes* et reprise dans le Siracide*, la notion de Sagesse permet de confronter la tradition d'Israël à la culture du monde «païen» qui l'entoure ; cette hypostase divine sera identifiée, dans les traditions juive, chrétienne et musulmane, à la Torah*, au Christ* et au Coran*.

**Sagesse** ♦ Recueil poétique de Paul Verlaine* (1880). Les trois parties de ce livre répondent à trois états mystiques du poète : la lutte contre soi («Les faux beaux jours ont lui tout le jour, ma pauvre âme») ; le dialogue avec Dieu («Mon Dieu m'a dit : "Mon fils, il faut m'aimer. Tu vois"») ; le retour à la vie, éclairé par la «sagesse» divine («C'est la fête du blé, c'est la fête du pain»). La rédaction commencée en 1873 (date à laquelle Verlaine fut emprisonné pour avoir blessé Rimbaud) s'acheva en 1880. Certains poèmes ont été mis en musique par Fauré, Reynaldo Hahn, Debussy et Ravel.

**Sagesse de Jésus, fils de Sirach** ou **Sagesse de Sirach** → **Ecclésiastique (L')**

**SAGINAW** ♦ V. des États-Unis (Michigan) sur la Saginaw, tributaire du lac Michigan. 61 799 hab. (zone urbaine 403 000). Gisement de charbon à proximité. Indus. variées (métallurgie).

**SAGITTAIRE** n. m. – en lat. ***Sagittarius*** ♦ La plus australe des constellations zodiacales ; une moitié se trouve englobée dans la Voie* lactée. Neuvième signe du zodiaque (22 nov.-20 déc.).

**SAGONE** ♦ Port de Corse*-du-Sud (comm. de Vico, arr. d'Ajaccio) sur le golfe de Sagone, à l'embouchure du fleuve Sagone. Station balnéaire.

**SAGRES** (cap) ♦ Cap «sacré» à l'extrémité S.-O. du Portugal (région de l'Algarve), qui constitua longtemps la limite du monde connu face à l'Atlantique. Henri* le Navigateur y séjourna et y mourut en 1460.

**SAGUENAY** n. m. ➝ ÉTYM. du montagnais *saga nipi* « eau qui sort » ou « d'où l'eau sort » (embouchure) ♦ Riv. du Québec (200 km), affl. rive g. du Saint-Laurent. Issue du lac Saint-Jean, elle est alimentée par plusieurs rivières et forme un fjord pittoresque ; elle arrose Jonquière* et Chicoutimi*. Aménagements hydroélectriques fournissant l'énergie aux usines de la région.

**SAGUENAY** ♦ V. du Canada (Québec) à proximité du lac Saint-Jean. 143 692 hab. (zone urbaine 151 643). Hydroélectricité, aluminium.

**SAGUIA EL-HAMRA, SEGUIET EL-HAMRA** ou **SEKIA EL-HEMRA** – en ar. *al-Sāqiya al-Ḥamrā'* ♦ Partie N. du Sahara occidental partagée auj. entre les prov. d'El-Aïun-Boujdour-Saguia el-Hamra et de Guelmim-es-Semara.

**SAGUNTO** – en fr. *Sagonte*, en lat. *Saguntum* ➝ ÉTYM. étym. incert. (p.-ê. en rapport avec *Zakunthos*, n. de lieux grecs) ♦ V. d'Espagne (Communauté autonome et prov. de Valence). 63 359 hab. Théâtre romain et forteresse. ▮ **Histoire** Très ancienne cité ibère, alliée de Rome et florissante par son commerce, elle fut assiégée et ravagée par les Carthaginois en –219. Ce fut l'origine de la deuxième Guerre punique*.

**SĀHĀ (Meghnad)** ♦ Astrophysicien indien (Dacca 1893 - New Delhi 1956). Il élabora la théorie de l'ionisation des atomes et les lois de l'équilibre entre les états ioniques dans une atmosphère stellaire (1920 - 1921). Il put ainsi établir la relation entre le type spectral et la température de l'atmosphère et identifier la majorité des raies spectrales dans les étoiles.

**SAHĀB (Mīrzā Seyyed Muḥammad)** ♦ Poète persan (mort en 1807). Fils du poète Hātef*, il eut la faveur de Fath Ali Chah, roi de la dynastie des Kadjars. Il imita les poètes du XIIe s. dans ses *qasīdas* et les poètes des XIIIe et XIVe s. dans ses *ghazals*.

**SAHAGÚN (Bernardino DE)** ♦ Chroniqueur de langue espagnole (1500 - 1590), auteur de l'*Histoire générale des choses de la Nouvelle Espagne* décrivant les rites et coutumes des Indiens d'Amérique centrale, ouvrage très précieux pour les ethnologues et archéologues.

**SAHARA** ➝ ÉTYM. de l'ar. *asḥar* « jaunâtre, fauve [le désert] » ♦ Région de l'Afrique traversée par le tropique du Cancer, le plus vaste désert du monde, s'étendant des côtes de l'Atlantique à la mer Rouge, et des montagnes de l'Atlas et de la Méditerranée orientale au 15° de latitude N. Deux zones sahéliennes, au N. et au S., font la transition (➝ **Sahel**). Le Sahara couvre env. 8 000 000 km², partagés entre le S. du Maroc*, de l'Algérie*, de la Tunisie*, de la Libye*, de l'Égypte*, le Sahara* occidental, Djibouti*, l'E. de l'Érythrée*, et le N. de la Mauritanie*, du Mali*, du Niger* et du Soudan*. L'aridité est nettement prononcée dans le Sahara oriental (désert libyque) et central, caractérisée par la rareté et l'irrégularité des précipitations (moins de 100 mm par an) avec des minimums inférieurs à 20 mm au Fezzan*, dans le Tanezrouft* et le bassin de Taoudenni*. L'évaporation est encore amplifiée par le vent et les variations de températures diurnes et annuelles (66 °C à In-Salah). Ces facteurs entraînent en outre une forte érosion éolienne et une désagrégation mécanique des roches. Le relief du Sahara, socle massif très anciennement consolidé, recouvert de terrains sédimentaires, est constitué de cuvettes (➝ **Taoudenni, Tchad [lac]**), de plateaux (➝ **Adrar, Darfour, Ennedi, Tademaït, Tassili**) ou hamadas (➝ **Ténéré, Fezzan**), d'amoncellements de pierres ou regs (➝ **Tanezrouft**), d'amoncellements de sable ou ergs, ainsi que de massifs cristallins (➝ **Adrar, Iforas**) et volcaniques tertiaires, plus humides (➝ **Aïr, Hoggar, Tibesti**) au centre et au sud. Les Sahariens (➝ **Maures, Touaregs, Toubous**) se répartissent en deux groupes : les nomades pasteurs et les agriculteurs des oasis, en général leurs tributaires noirs. L'existence des oasis est liée à la présence de l'eau, des nappes phréatiques (puits artésiens), des écoulements souterrains, de l'utilisation des crues des oueds (barrages d'épandage) et, autrefois, des canaux souterrains aménagés (foggaras). La culture essentielle est le palmier-dattier, dont l'ombre protège les arbustes et les cultures vivrières (légumes, céréales). Aux ressources traditionnelles des oasis (dattes) s'ajoutent l'exploitation des salines de sel gemme ou d'eau saumâtre (➝ **Taoudenni**) et, dans les régions septentrionales, les richesses du secteur minier et des hydrocarbures : pétrole (Edjelé, Hassi Messaoud, Zelten) ; gaz naturel (Hassi R'mel) ; uranium (Aïr et Arlit) ; minerai de fer (Gara, Djebilet et Idjil) ; minerai de cuivre (Akjoujt) ; charbon (Kenadsa). ▮ **Histoire** L'assèchement progressif du Sahara, à partir du VIe mill. avant notre ère, a entraîné un reflux des populations noires vers les zones plus humides périphériques (vallées du Nil*, du Niger*, lac Tchad*) et correspondu aux débuts du Néolithique et de l'agriculture dans ces régions. L'introduction du chameau en provenance d'Asie et la diffusion du palmier-dattier à la veille de notre ère ont permis aux Berbères* de dominer cette région devenue hostile, de tracer les premières grandes routes commerciales transsahariennes en aménageant des oasis (➝ **Almoravides**), favorisant, par la suite, l'établissement des grands empires de la savane (➝ **Ghana, Mali, Songhaï, Kanem, Bornou**). Le Sahara fut exploré par des Européens au XIXe s. et au début du XXe s. (➝ **Barth, Caillié, Clapperton, Duveyrier, Flatters, Foucauld, Foureau, Lamy, Nachtigal**). Son histoire se confond avec celle des États qui se partagent la zone saharienne (➝ **Algérie, Djibouti, Égypte, Érythrée, Libye, Mali, Maroc, Mauritanie, Niger, Soudan, Tunisie**).

**Sahara.** Le Hoggar. *Phot. © T. & G. Baldizzone*

**SAHARANPUR** ♦ V. de l'Inde (Uttar Pradesh), à proximité de la bordure himalayenne. 422 925 hab. Centre ferroviaire important sur la voie de Delhi à Dehradun.

**SAHARA OCCIDENTAL** n. m. ♦ Territoire correspondant à l'anc. province espagnole d'Afrique occidentale constituée de la Saguia el-Hamra au N. et du Rio de Oro au S. 266 769 km². 417 000 hab. (1 million selon le Polisario*, chiffre qui comptabilise les réfugiés à l'extérieur). POPULATION : Les Sahraouis sont d'origine arabo-berbère, les tribus les plus connues se rattachant à la confédération des R'Guibats implantée au Maroc, en Mauritanie et en Algérie. LANGUE : arabe (hassaniya). RELIGION : musulmans. CAPITALE : El-Aïun. C'est une région aride, au climat désertique, dont la principale ressource est le phosphate. Les réserves sont entièrement exploitables à ciel ouvert (gisement de Brou Craa). Le pays dispose aussi de grandes ressources en pêche maritime. Du pétrole sous-marin a été découvert au large des côtes sahraouies. L'élevage (ovins et chameaux), activité nomadique traditionnelle des Sahraouis, est en plein déclin. ▮ **Histoire** En 1958, l'Espagne avait rétrocédé au Maroc la province de Tarfaya (près du cap Juby). Dès lors, le Maroc, la Mauritanie et l'Algérie réclamèrent la décolonisation du reste du territoire sur lequel l'Espagne exerçait sa souveraineté, c'est-à-dire sur la province du Sahara occidental (Saguia el-Hamra et Rio de Oro). À l'issue de la « Marche verte » organisée par le roi Hassan II et qui rassembla près de 350 000 volontaires (6 - 9 nov. 1975), le Sahara occidental fut occupé *de facto* par le Maroc. Le 14 nov. suivant, les accords de Madrid signés entre l'Espagne, le Maroc et la Mauritanie stipulèrent la fin de la présence espagnole pour fév. 1976 et le partage du territoire entre le Maroc et la Mauritanie (➝ **Tiris el-Gharbia**). Soutenus par l'Algérie, les indépendantistes sahraouis s'y opposèrent et, le 27 fév. 1976, le Front Polisario* proclamait la République arabe sahraouie démocratique (RASD) qui fut reconnue par l'OUA en 1980. Face à la recrudescence des attaques sahraouies contre les intérêts mauritaniens, un accord de paix fut signé à Alger entre le Polisario et la Mauritanie qui renonçait au Tiris el-Gharbia (août 1979). Cette région fut alors occupée par les Marocains. Pour se protéger des incursions du Polisario, le Maroc a érigé de 1980 à 1987 cinq murs qui encerclent les quatre cinquièmes du Sahara occidental. Le roi Hassan II a accepté, en 1988, un plan de paix de l'ONU stipulant l'arrêt des combats et la mise en place d'un référendum d'autodétermination. Pour sa part, Mohamed VI a réaffirmé la « marocanité » du territoire. Les plans de paix achoppent sur l'indentification des personnes appelées à se prononcer par référendum.

**SAHEL** n. m. ➝ ÉTYM. de l'ar. *sāḥil* « bordure, littoral, rivage » ♦ Zone semi-aride d'Afrique tropicale faisant la transition entre le Sahara et la savane (l'Afrique humide). Le Sahel subsaharien est caractérisé par une pluviométrie comprise entre 400 et 600 mm, qui permet la culture du mil sans irrigation, donc la vie des sédentaires en dehors des oasis, ainsi que l'élevage des bovins. Cette longue bande qui s'étend de l'Atlantique à la mer Rouge est très sensible aux moindres variations atmosphériques. Ses limites varient selon l'importance des précipitations annuelles. Poussé par la désertification, le Sahel a tendance à empiéter sur la savane, entraînant des sécheresses catastrophiques. ➝ **Mali, Mauritanie, Niger, Sénégal, Soudan, Tchad, Éthiopie.** Les îles du Cap*-Vert, situées à peu de distance des côtes africaines, subissent le climat sahélien plusieurs mois de l'année. ▪ En Afrique du Nord, ce terme désigne les collines littorales en bordure des plaines intérieures. Le *Sahel d'Alger* domine la plaine de la Mitidja*, l'isolant de la mer et favorisant les cultures maraîchères, l'arboriculture et la vigne. Les *Sahels de Sousse et de Sfax** en Tunisie s'étendent sur des collines qui isolent les basses steppes de la côte et sont couvertes de plantations d'oliviers.

**SAHIWAL** ♦ V. du Pakistan (Panjab), dans la zone irriguée entre Satlej et Chenab. 207 388 hab. Centre agricole.

**SAHLINS (Marshall David)** ♦ Anthropologue américain (Chicago 1930). Ses travaux rompent avec certains présupposés évolutionnistes (*Âge de pierre, âge d'abondance : l'économie des sociétés primitives*, 1972). Il a aussi développé une critique de la sociobiologie.

**SAÏAN** ou **SAYAN** n. m. ♦ Montagnes situées à la frontière de la Russie et de la république de Mongolie. Elles s'étendent sur 1 000 km et culminent au Mounkou Sardyk (3 492 m). L'Ienisseï y prend sa source.

**SAICHŌ** → **Dengyo Daishi**

**SAÏDA** ♦ V. d'Algérie, ch.-l. de wilaya, en contact avec les hauts plateaux, au pied S.-O. des *monts de Saïda*, plateaux calcaires appartenant à l'ensemble de l'Atlas tellien et situés à l'E. de l'Ouarsenis. 84 314 hab. Centre céréalier et d'élevage. Marché de moutons.

**SAÏDA** ♦ V. du Liban, située sur la Méditerranée, au S. de Beyrouth, sur le site de l'anc. *Sidon*. 200 000 hab. Port. La raffinerie de pétrole qui, jusqu'en 1984, traitait le pétrole acheminé par oléoduc d'Arabie saoudite et de Bahrein a été fortement endommagée. La ville a été partiellement détruite lors de l'invasion israélienne de 1982. ▮ **Histoire** → **Sidon.**

**SAÏD PACHA** – en ar. ***Muḥammad Sa'īd Bāchā*** ♦ (Le Caire 1822 - Alexandrie 1863). Vice-roi d'Égypte (1854 - 1863). Fils de Méhémet* Ali, il succéda à son neveu 'Abbās* Ier. Reprenant la politique moderniste de son père, il étendit le réseau ferroviaire du pays et allégea la condition des paysans. Il soutint la création du canal de Suez ; le port qui se trouve à son débouché porte son nom (Port*-Saïd).

**SAIGŌ Takamori** ♦ Général des armées japonaises (Kagoshima 1828 - *id.* 1877). Samouraï, partisan de la restauration de l'empereur, il participa à la révolution de 1868. → **Japon.** Mais, hostile aux mesures antiféodales et à l'ouverture du Japon à l'Occident, il prit la tête de la rébellion de Satsuma (1877). Celle-ci fut écrasée et Saigō Takamori se suicida. C'est l'un des rares hommes qui ait sa statue au Japon.

**SAIGON** ➝ **ÉTYM.** du vietnamien *Taï-kong* «fleuve *(kong)* de l'Ouest *(taï)*» ou de *Xaï-gon* «la digue *(gon)* extrême *(xaï)*» ♦ Anc. nom de Hồ Chí Minh-Ville (Viêtnam du Sud). Ce toponyme, toujours en usage dans la population, tend de plus en plus à désigner la ville édifiée pendant la période coloniale. ▮ **Histoire** → **Hồ Chí Minh-Ville.**

**SAIH AL-MALIH** ♦ Port pétrolier du sultanat d'Oman, sur le golfe d'Oman. Terminus de l'oléoduc qui dessert les gisements de Yibal, Fahud et Natih.

**ŚAILENDRA** n. m. pl. ♦ Dynastie javanaise bouddhique fondée dans le centre de l'île de Java* au début du VIIIe s. Ses rois firent élever le grand temple du Borobudur*.

**SAILER (Anton, dit Toni)** ♦ Skieur autrichien (Kitzbühel 1935 - Innsbruck 2009). Spécialiste de la descente, il fut champion olympique avec trois médailles d'or (slalom géant, slalom spécial et descente) aux jeux Olympiques d'hiver de Cortina d'Ampezzo (1956) et renouvela l'exploit en 1958, aux championnats du monde de Badgastein, où il remporta le slalom géant, la descente et le combiné.

**SAILLY-SUR-LA-LYS** [62840] ➝ **ÉTYM.** du lat. *Sallius* (ou du gaul. *Sallico*), n. de pers. ♦ Comm. du Pas-de-Calais, arr. de Béthune. 3 981 hab.

**SAIMAA** (lac) ♦ Lac de Finlande méridionale, tributaire du lac Ladoga par le Vuoksi et relié à Vyborg par un canal. 4 400 km². Il forme avec les lacs plus septentrionaux un vaste système lacustre permettant la navigation de Lappeenranta à Iisalmi par Kuopio.

**SAINGHIN-EN-WEPPES** [59184] ♦ Comm. du Nord, arr. de Lille. 5 137 hab.

**SAINS-DU-NORD** [59177] ➝ **ÉTYM.** anc. *de Sanctis*, du lat. *sanctus* «saint» (désigne un sanctuaire où étaient conservées des reliques de saints) ♦ Comm. du Nord, arr. d'Avesnes-sur-Helpe. 3 148 hab.

**SAINS-EN-GOHELLE** [sɛ̃-] [62114] ➝ **ÉTYM.** → Sains*-du-Nord ♦ Comm. du Pas-de-Calais, arr. de Lens. 6 084 hab. *(Sainsois).*

**SAINT-ACHEUL** [80370] ➝ **ÉTYM.** du n. d'un saint martyrisé à Amiens au Ier s. ♦ Comm. de la Somme, arr. d'Amiens. 22 hab. *(Saint-Acheulois).* Site préhistorique. → **Acheuléen.**

**SAINT-AFFRIQUE** [12400] ➝ **ÉTYM.** du n. d'un évêque de Comminges du VIe s. ♦ Ch.-l. de cant. de l'Aveyron, arr. de Millau, sur la Sorgues. 7 507 hab. *(Saint-Affricains).* Pont gothique, maisons anc. Abattoirs. Transformation et conditionnement des produits agricoles.

**SAINT-AGRÈVE** [07320] ➝ **ÉTYM.** du n. d'un évêque du Languedoc du VIIe s. ♦ Ch.-l. de cant. de l'Ardèche, arr. de Tournon-sur-Rhône. 2 688 hab. *(Saint-Agrèvois).* Station d'été.

**SAINT-AIGNAN** [41110] ➝ **ÉTYM.** du n. d'un évêque d'Orléans du Ve s. ♦ Ch.-l. de cant. du Loir-et-Cher, arr. de Blois, sur le Cher. 3 542 hab. (aggl. 8 191) *(Saint-Aignanais).* Collégiale des XIe - XIIe s. (crypte ornée de fresques des XIIe et XVe s.). Château Renaissance. Maisons de la Prévôté (XVe s.). Aux environs, Parc zoologique de Beauval.

**SAINT-AIGNAN-GRANDLIEU** [44860] ♦ Comm. de la Loire-Atlantique, arr. de Nantes. 3 483 hab.

**SAINT-ALBAN** [31140] ➝ **ÉTYM.** du n. d'un martyr anglais du IVe s. ♦ Comm. de la Haute-Garonne, arr. de Toulouse. 5 186 hab.

**SAINT-ALBAN-LEYSSE** [73230] ♦ Ch.-l. de cant. de la Savoie, arr. de Chambéry. 5 071 hab. Station d'été.

**SAINT ALBANS** ➝ **ÉTYM.** du n. de *saint Alban* (V. ci-dessous) ♦ V. d'Angleterre (Hertfordshire), à la limite N.-O. de l'aggl. de Londres. 128 982 hab. La cathédrale en brique est l'anc. abbatiale, œuvre de Pierre de Caen : remaniée plusieurs fois, elle remonte pour l'essentiel au XIe s. Le tombeau de Francis Bacon se trouve dans l'église voisine de Saint Michael. Indus. diversifiées. ▮ **Histoire** C'est l'ancienne ville romaine de *Verulamium* où saint Alban aurait été martyrisé au IVe s. Un monastère bénédictin y fut élevé en 793 par Offa II, roi de Mercie. Lors de la guerre des Deux-Roses, la ville fut le théâtre de deux importantes batailles : la première, en 1455, donna l'avantage aux York ; la seconde, en 1461, aux Lancastre.

**SAINT-AMAND-LES-EAUX** [59230] ➝ **ÉTYM.** du n. de *saint Amand**, évêque de Maastricht ♦ Ch.-l. de cant. du Nord, arr. de Valenciennes, sur la Scarpe. 17 175 hab. (aggl. 20 444) *(Amandinois).* Abbaye fondée au VIIe s., dont il reste deux pavillons du XVIIe s. Anc. centre de prod. de faïence. ▪ Station thermale. Métallurgie.

**SAINT-AMAND-MONTROND** [18200] ♦ Ch.-l. d'arr. du Cher, sur le Cher. 11 447 hab. (aggl. 13 444) *(Saint-Amandois* ou *Amandins).* Église romane (XIIe s.). Hôtel Saint-Vic du XVIe s., auj. musée : préhistoire, beaux-arts, ethnographie berrichonne. ▪ Orfèvrerie. Imprimerie. ▪ Aux environs, ancienne abbaye de Noirlac, remarquable spécimen de l'architecture cistercienne du XIIe s.

**SAINT-AMANT (Marc-Antoine GIRARD, sieur DE)** ♦ Poète français (Quevilly 1594 - Paris 1661). Issu d'une famille bourgeoise de Rouen, Saint-Amant fit ses études au collège de la Marche à Paris, tout en fréquentant les milieux littéraires et libertins. Il mena une vie de marin et de voyageur, allant jusqu'au Sénégal, et suivit, en tant que soldat, le comte d'Harcourt dans ses campagnes militaires. Ses œuvres qui appartiennent à l'esthétique baroque ont été rassemblées dès 1629, puis augmentées en 1643, 1651 et 1661. Qu'il s'agisse de son «idylle héroïque» en douze parties, *Moïse sauvé* (1647 - 1653), marquée par un sens de l'image qui lui permet des descriptions lyriques («Submersion de Pharaon et de tous les siens»), de ses poèmes satiriques *(L'Albion, Le Poète crotté)*, ou franchement comiques *(Le Fromage)*, ou encore de ses œuvres plus fantastiques *(Les Visions)*, le style de Saint-Amant se caractérise par une invention rhétorique qui le classe parmi les plus grands poètes français. Injustement oubliée, son œuvre théorique, *Le Passage de Gibraltar* (1640), est une des premières réflexions sur le plaisir de lire, considéré comme une composante essentielle de la littérature. [Acad. fr. 1634]

**SAINT-AMBROIX** [30500] ➝ **ÉTYM.** du n. de *saint Ambroise** ♦ Ch.-l. de cant. du Gard, arr. d'Alès, construit sur une éminence rocheuse, sur la rive d. de la Cèze. 3 365 hab. (aggl. 3 898) *(Saint-Ambroisiens).*

**SAINT-AMOUR (GUILLAUME DE)** → **Guillaume de Saint-Amour**

**SAINT-ANDRÉ (Jacques D'ALBON, seigneur DE)** ♦ Maréchal de France (Albon, Dauphiné v. 1505 - Dreux 1562). Il fut un des principaux chefs catholiques des guerres de Religion. Il s'allia au connétable de Montmorency* et au duc de Guise* pour former un triumvirat dirigé contre les calvinistes (1561) et fut tué l'année suivante à la bataille de Dreux.

**Saint-André** (ordre de) ♦ Ordre de chevalerie russe, créé par Pierre le Grand (1698) et supprimé en 1917.

**SAINT-ANDRÉ** [06730] ♦ Comm. des Alpes-Maritimes, arr. de Nice. 4 122 hab. *(Saint-Andréens).*

**SAINT-ANDRÉ** [97440] ➝ **ÉTYM.** du n. de *André* Hocquart, officier représentant le gouverneur, ou de celui du gouverneur *André* d'Heguerty ♦ Ch.-l. de cant. de la Réunion, au N.-E. de l'île. 43 174 hab. *(Saint-Andréens).* Sucreries.

**SAINT-ANDRÉ-DE-CUBZAC** [33240] ♦ Ch.-l. de cant. de la Gironde, arr. de Bordeaux, sur la Dordogne. 7 234 hab. *(Cubzaguais).* Église en partie romane. ▪ Viticulture (bordeaux).

**SAINT-ANDRÉ-DE-L'EURE** [27220] ♦ Ch.-l. de cant. de l'Eure, arr. d'Évreux, dans la plaine de Saint-André. 3 258 hab. *(Andrésiens).*

**SAINT-ANDRÉ-DE-SANGONIS** [34150] ♦ Comm. de l'Hérault, arr. de Lodève. 3 782 hab.

**SAINT-ANDRÉ-LES-ALPES** [04170] ♦ Ch.-l. de cant. des Alpes-de-Haute-Provence, arr. de Castellane, sur le Verdon. 818 hab. *(Saint-Andréens).* Station d'été. Champs de lavande, arbres fruitiers. ▪ Aux environs, barrage de Castillon*.

**SAINT-ANDRÉ-LES-VERGERS** [10120] ♦ Comm. de l'Aube, banl. S.-O. de Troyes. 11 125 hab. *(Dryats).* Église Saint-André du XVIe s. (œuvres d'art).

**SAINT-ANDRÉ-LEZ-LILLE** [59350] ♦ Comm. du Nord, banl. N. de Lille, sur la Deûle. 10 113 hab. *(Andrésiens).* Conserverie.

**SAINT ANDREWS** ➝ **ÉTYM.** du n. de *Andrew* (saint André*), patron de l'Écosse ♦ V. d'Écosse (Fife), sur la côte de la mer du Nord. 13 000 hab. L'univ., fondée en 1412, est la plus ancienne d'Écosse. Siège épiscopal dès le IXe s. Ruines de la cathédrale des XIIe - XIVe s. Célèbre parcours de golf. Station balnéaire.

**Saint-Ange** (château) – en it. ***Castel Sant'Angelo*** ➝ ÉTYM. ce nom commémore l'apparition, à Grégoire le Grand, d'un ange annonçant la fin de la peste de Rome (590) ♦ Ancien mausolée d'Hadrien, construit par celui-ci à Rome, sur la rive d. du Tibre, à partir de 135, pour être la sépulture des empereurs (jusqu'à Septime Sévère, 211). Il devint une forteresse aux mains des potentats romains, puis des papes. Bramante et Sangallo le Jeune y aménagèrent des appartements. C'est aujourd'hui un musée.

**SAINT-ANTON** → **Sankt Anton**

**SAINT-ANTONIN-NOBLE-VAL** [82140] ♦ Ch.-l. de cant. du Tarn-et-Garonne, arr. de Montauban, sur l'Aveyron. 1 887 hab. *(Saint-Antoninois)*. Anc. hôtel de ville du XIIe s., restauré par Viollet-le-Duc, auj. musée : préhistoire, ethnographie. Maisons médiévales. ▪ Station touristique.

**SAINT-APOLLINAIRE** [21850] ♦ Comm. de la Côte-d'Or, banl. N.-E. de Dijon. 5 025 hab. Électronique. Matériel de laiterie.

**SAINT-ARNAUD** (**Armand Jacques ARNAUD,** dit **Achille Leroy DE**) ♦ Maréchal de France (Paris v. 1800 - en mer Noire 1854). Garde du corps de Louis XVIII, il dut quitter l'armée après s'être couvert de dettes et se rendit quelque temps en Grèce (1827). Réintégré en 1831, il fut nommé officier d'ordonnance de Bugeaud, se distingua lors de la conquête de l'Algérie et fut promu général en 1847. Nommé ministre de la Guerre par Louis Napoléon Bonaparte (oct. 1851), il contribua activement à la préparation et à la réalisation du coup d'État du 2 décembre* 1851, ce qui lui valut le bâton de maréchal (1852). Grand écuyer et sénateur, il prit le commandement des forces françaises en Crimée (1854), remporta avec lord Raglan la victoire de l'Alma* (sept. 1854). Remplacé par Canrobert* pour raison de santé, il mourut sur le navire qui le ramenait en France.

**SAINT-ARNOULT-EN-YVELINES** [78730] ➝ ÉTYM. du n. de l'évêque *Arnoult* de Rethel, comte de Reims au VIe s. ♦ Ch.-l. de cant. des Yvelines, arr. de Rambouillet. 5 671 hab. *(Arnolphiens)*. Église (XIIe - XVIe s.), bâtie sur un sanctuaire du VIIIe s.

**SAINT-ASTIER** [24110] ➝ ÉTYM. du n. d'un ermite du VIe s. qui y est enterré ♦ Ch.-l. de cant. de la Dordogne, arr. de Périgueux, sur l'Isle. 5 098 hab. *(Astériens)*. Église des XVe - XVIe s. conservant des parties romanes. ▪ Cimenteries.

**SAINT-AUBIN (Gabriel DE)** ♦ Dessinateur, graveur et peintre français (Paris 1724 - *id.* 1780). Il étudia auprès de Boucher* et abandonna quasiment la peinture après son échec au premier prix de Rome. Il laissa cependant des gouaches et aquarelles représentant le plus souvent des paysages. Il se fit l'historiographe des mœurs parisiennes aristocratiques ou populaires, laissant plusieurs milliers de dessins (sanguine, sépia, encre de Chine), des illustrations de livres (Sedaine) et une cinquantaine d'eaux-fortes où il apparaît comme un observateur attentif et spirituel au graphisme rapide et délicat.

**SAINT-AUBIN (Augustin DE)** ♦ Dessinateur, graveur, pastelliste et aquarelliste français (Paris 1736 - *id.* 1807). Il étudia auprès de son frère Gabriel de Saint-Aubin. Ses multiples scènes de mœurs témoignent de son esprit et de son sens de l'observation. Il fut surtout un remarquable ornemaniste et vignettiste. Il obtint en 1777 la charge de graveur de la Bibliothèque du roi (devenue Bibliothèque nationale) et laissa plusieurs séries de gravures au trait fin et preste *(Portraits à la mode)*.

**SAINT-AUBIN-DE-MÉDOC** [33160] ➝ ÉTYM. du n. de *saint Aubin,* moine breton et évêque d'Angers au VIe s. ♦ Comm. de la Gironde, banl. N.-O. de Bordeaux. 4 990 hab.

**SAINT-AUBIN-DU-CORMIER** [35140] ♦ Ch.-l. de cant. de l'Ille-et-Vilaine, arr. de Fougères. 2 746 hab. *(Saint-Aubinais)*. Vestiges d'un château du XIIIe s. démantelé par Charles VIII. ▮ **Histoire** En juillet 1488, La Trémoille y remporta une victoire sur le duc François II à la tête de l'armée bretonne et sur le duc d'Orléans. → **Guerre folle.**

**SAINT-AUBIN-LÈS-ELBEUF** [76410] ♦ Comm. de la Seine-Maritime, arr. de Rouen. 8 296 hab. Biochimie.

**SAINT-AUBIN-SUR-MER** [14750] ♦ Comm. du Calvados, arr. de Caen, sur la Manche. 1 810 hab. *(Saint-Aubinais)*. Réserve naturelle (46 ha). Station balnéaire. ▪ Lieu de débarquement de la 3e division britannique, le 6 juin 1944.

**SAINT AUGUSTINE** ♦ V. des États-Unis (Floride). 59 446 hab. La ville garde des témoignages de son passé espagnol (Castillo de San Marcos, v. 1672, maisons anc.). ▪ Tourisme. Pêche. ▮ **Histoire** Fondée en 1565 par P. Menéndez de Avilés qui venait de détruire un fort français construit un an auparavant, c'est la ville la plus ancienne des États-Unis.

**SAINT-AVÉ** [56890] ♦ Comm. du Morbihan, banl. N.-E. de Vannes. 8 303 hab. Chapelle Notre-Dame-du-Loc du XVe s. (sculptures des XVe - XVIe s.)

**SAINT-AVERTIN** [37550] ➝ ÉTYM. du n. de *Aberdeen* (déformé en *Avertin*), moine qui accompagna Thomas Becket en France ♦ Ch.-l. de cant. de l'Indre-et-Loire, banl. S.-E. de Tours. 14 092 hab.

**SAINT-AVOLD** [sɛ̃tavɔl], région. [sɛ̃tavo] [57500] ➝ ÉTYM. du n. de *saint Nabor,* martyr romain du IVe s. ♦ Ch.-l. de cant. de la Moselle, arr. de Forbach. 16 922 hab. (aggl. 27 510) *(Naboriens)*. Anc. abbatiale Saint-Nabor (mise au tombeau du XVIe s.). Cimetière américain de Lorraine (16 000 tombes). ▪ Anc. houillères. Indus. chimiques.

**SAINT-AYGULF** ➝ ÉTYM. du n. d'un abbé de Lérins, au VIIe s. ♦ Station balnéaire du Var (comm. de Fréjus).

**Saint-Barthélemy** (massacre de la) ♦ Massacre des protestants qui eut lieu à Paris, dans la nuit du 23 au 24 août 1572, et continua en province jusqu'en oct. La paix de Saint*-Germain (1570), favorable aux protestants, et la politique de réconciliation qui en découla (influence prépondérante de Coligny*, renversement des alliances étrangères en faveur des Pays-Bas et de l'Angleterre contre l'Espagne, entrée d'Henri de Navarre [→ **Henri IV**] dans la famille royale) entraînèrent un mécontentement du parti catholique qui risquait d'ébranler le pouvoir royal au profit des Guise*. Face au danger, Catherine de Médicis se rapprocha du duc de Guise et prit la direction de la réaction : après une tentative d'assassinat de Coligny, qui échoua (22 août 1572), elle arracha au roi Charles* IX l'ordre du massacre. La population parisienne, avertie par le tocsin de Saint-Germain-l'Auxerrois, fut ameutée. Il y eut plus de 3 000 morts, dont Coligny, parmi les protestants attirés à Paris par le mariage d'Henri de Navarre avec Marguerite* de Valois. Un grand nombre de chefs calvinistes fut exterminé, mais la résistance se poursuivit et se renforça dans l'Ouest et le Midi.

**SAINT-BARTHÉLEMY** [97133] ➝ ÉTYM. du n. du frère de Christophe Colomb ♦ Île française des Petites Antilles, Collectivité d'outre-mer située à 200 km au N.-O. de la Guadeloupe. → **Antilles** (carte). 20 km². 6 852 hab. Importante activité touristique. Hôtellerie de luxe. Le port franc de Gustavia est animé par la navigation de plaisance. ▮ **Histoire** Découverte par C. Colomb en 1493, conquise par la France

Le **Massacre de la Saint-Barthélemy**, de F. Dubois. Musée des Beaux-Arts, Lausanne.
*BIS/Phot. © Coll. Archives Larbor*

en 1648, l'île fut suédoise de 1784 à 1876, puis revint de nouveau à la France. Elle s'est prononcée en 2003, ainsi que Saint-Martin, pour la séparation avec la Guadeloupe et l'obtention d'un statut de collectivité d'outre-mer.

**SAINT-BARTHÉLEMY-D'ANJOU** [49124] ♦ Comm. du Maine-et-Loire, banl. E. d'Angers. 9 832 hab.

**SAINT-BÉAT** [31440] ➝ ÉTYM. du n. d'un ermite du V$^e$ s. ♦ Ch.-l. de cant. de la Haute-Garonne, arr. de Saint-Gaudens, sur la Garonne. 364 hab. *(Saint-Béatais)*. Carrières de marbre. ▮ **Histoire** Sa situation stratégique lui valut le surnom de «Clef de France».

**SAINT-BENOÎT** [97470] ➝ ÉTYM. du prénom du gouverneur de l'île lors de la création de la v. (1815), Pierre *Benoît* Dumas ♦ Ch.-l. d'arr. de la Réunion, sur la côte N.-E. de l'île. 31 560 hab. *(Bénédictins)*. Distillerie de rhum.

**SAINT-BENOÎT** [86280] ♦ Comm. de la Vienne, banl. S. de Poitiers, au confluent du Miosson et du Clain. 7 008 hab. Anc. abbatiale bénédictine, de style roman (XI$^e$ - XIII$^e$ s.). Vestiges du cloître (XII$^e$ s.). Électronique militaire.

**SAINT-BENOÎT-DU-SAULT** [so] [36170] ♦ Ch.-l. de cant. de l'Indre, arr. du Blanc. 766 hab. *(Bénédictins)*. Église, anc. priorale du XI$^e$, en grande partie romane, précédée d'un clocher-porche du XIV$^e$ s. Restes du prieuré des XV$^e$ et XVII$^e$ s. Vestiges de remparts. Maisons anc. Ustensiles ménagers.

**SAINT-BENOÎT-SUR-LOIRE** [45730] ♦ Comm. du Loiret, arr. d'Orléans, sur la Loire. 1 876 hab. *(Bénédictins)*. L'abbaye, fondée vers 650 (elle s'appelait alors Fleury), reçut vers 675 les reliques de saint Benoît*, transférées du Mont-Cassin par un de ses moines. Elle compta dès lors parmi les grands pèlerinages de la chrétienté : les écoles dépendant de l'abbaye furent fréquentées sous Charlemagne par près de 5 000 élèves. L'église abbatiale, de style roman, est l'une des plus remarquables de France, avec son chœur du XI$^e$ s., sa nef des XII$^e$ - XIII$^e$ s. et son clocher-porche du XI$^e$ s. Les bâtiments conventuels, incendiés au XVI$^e$ s. et reconstruits au XVII$^e$ s., ont été détruits au début du Premier Empire. La vie monastique a repris en 1944.

**SAINT-BERNARD (GRAND)** ➝ ÉTYM. du n. de *saint Bernard** de Menthon (V. ci-dessous) ♦ Col des Alpes pennines, à la frontière italo-suisse, à 2 473 m d'altitude, reliant le Valais suisse à la Vallée d'Aoste. Une route reliant Martigny à Aoste emprunte le col, et un tunnel long de 5 826 m, situé à 1 915 m d'altitude, a été creusé un peu à l'E. du col. ▮ **Histoire** Saint Bernard de Menthon y fonda au X$^e$ s. un hospice et un couvent où des chiens étaient dressés à retrouver les voyageurs égarés dans la montagne. En 1800, le col fut franchi par Bonaparte.

**SAINT-BERNARD (PETIT)** ♦ Col des Alpes françaises (Savoie), faisant communiquer la vallée de l'Isère avec celle de la Doire Baltée (Italie), à 2 188 m d'altitude. Une route mène de la Tarentaise (France) à la Vallée d'Aoste (Italie). ▮ **Histoire** Saint Bernard* de Menthon y fonda un hospice au X$^e$ s. C'est probablement ce col qu'emprunta Hannibal en -218.

**SAINT-BERTHEVIN** [53940] ➝ ÉTYM. du n. d'un diacre qui y fut martyrisé au IX$^e$ s. ♦ Ch.-l. de cant. de la Mayenne, banlieue O. de Laval. 6 873 hab. Carrosserie et équipement automobile.

**SAINT-BERTRAND-DE-COMMINGES** [31510] ➝ ÉTYM. du n. de *saint Bertrand** ♦ Comm. de la Haute-Garonne, arr. de Saint-Gaudens. 237 hab. *(Saint-Bertranais)*. Anc. cathédrale romane (façade, porche, 1$^{re}$ et 2$^e$ travées) et gothique. Jubé, clôture du chœur et stalles du XVI$^e$ s. Cloître roman et gothique (chapiteaux sculptés). Trésor (châsse de saint Bertrand). Maisons anc. Musée d'Archéologie. ▪ Aux environs, vestiges gallo-romains de l'antique *Lugdunum Convenarum*. ▮ **Histoire** Saint-Bertrand fut un évêché jusqu'en 1790.

**Saint-Bertrand-de-Comminges.**

Le cloître. *Phot. © Hétier*

**SAINT-BLAISE** ♦ Site archéologique (comm. de Saint-Mitre-les-Remparts, près de Martigues). Ville remontant au -VII$^e$ s. dont les tessons de céramique attestent une présence grecque avant la fondation de Marseille. Au V$^e$ s., sur le même site, fut fondée la ville d'*Ugium*, qui prit au Moyen Âge le nom de *Castelveyre*.

**SAINT-BONIFACE** ♦ V. du Canada fusionnée dans Winnipeg (Manitoba). ▪ Centre de la culture franco-canadienne dans l'O. Basilique catholique. Centre ferroviaire et commercial dans une riche région agricole. Raffineries de pétrole. Indus. chimiques. ▮ **Histoire** Ville fondée par des missionnaires français (1818). Une grave inondation l'endommagea en 1950.

**SAINT-BONNET-DE-JOUX** [71220] ➝ ÉTYM. du n. d'un évêque de Clermont du VII$^e$ s. et de *Joux** ♦ Ch.-l. de cant. de la Saône-et-Loire, arr. de Charolles. 841 hab. Château de Chaumont du XVI$^e$ s. (écuries voûtées du XVII$^e$ s.).

**SAINT-BONNET-DE-MURE** [69720] ♦ Comm. du Rhône, arr. de Lyon. 5 597 hab.

**SAINT-BONNET-EN-CHAMPSAUR** [05500] ♦ Ch.-l. de cant. des Hautes-Alpes, arr. de Gap, sur le Drac. 1 466 hab. Station de sports d'hiver (1 225 - 1 315 m).

**SAINT-BONNET-LE-CHÂTEAU** [42380] ♦ Ch.-l. de cant. de la Loire, arr. de Montbrison. 1 562 hab. *(Castel-Bonisontains)*. Anc. ville fortifiée. Église gothique du XV$^e$ s., dont la crypte, ornée de fresques du XV$^e$ s., renferme un caveau de corps momifiés et une bibliothèque. Maisons Renaissance et gothiques. ▪ Fabrication de boules de pétanque. Indus. diverses.

**SAINT-BRÉVIN-LES-PINS** ou **SAINT-BREVIN-LES-PINS** [44250] ➝ ÉTYM. du n. de *Bregwin*, archevêque de Canterbury au VIII$^e$ s. ♦ Comm. de la Loire-Atlantique, arr. de Saint-Nazaire, sur la rive g. de l'estuaire de la Loire, reliée à Saint-Nazaire par le pont de Mindin. 9 594 hab. (aggl. 16 326) *(Brévinois)*. ▪ Aux environs, station balnéaire à Saint-Brévin-l'Océan.

**SAINT-BRIAC-SUR-MER** [35800] ➝ ÉTYM. du n. du saint irl. *Briag* ♦ Comm. de l'Ille-et-Vilaine, arr. de Saint-Malo, près de Dinard. 2 054 hab. *(Briacins)*. Port de pêche et de plaisance. Station balnéaire.

**SAINT-BRICE-COURCELLES** [51370] ➝ ÉTYM. du n. d'un évêque de Tours au V$^e$ s. ♦ Comm. de la Marne, banl. O. de Reims, sur la Vesle. 3 527 hab.

**SAINT-BRICE-EN-COGLÈS** [35460] ♦ Ch.-l. de cant. de l'Ille-et-Vilaine, arr. de Fougères. 2 395 hab. *(Briçois)*. Châteaux de la Motte (XVII$^e$ s.) et du Rocher-Portail (XVII$^e$ s.).

**SAINT-BRICE-SOUS-FORÊT** [95350] ♦ Comm. du Val-d'Oise, arr. de Sarcelles, en bordure de la forêt de Montmorency. 12 540 hab. *(Saint-Bricéens)*. Pavillon Colombe, folie du XVIII$^e$ s.

**SAINT-BRIEUC** [bʀiø] [22000] ➝ ÉTYM. du n. de saint Brieuc (→ ci-dessous) ♦ Ch.-l. du dép. des Côtes-d'Armor, près de la baie de Saint-Brieuc, à 3 km de la mer. 46 087 hab. (aggl. 85 849) *(Briochins)*. Évêché. Cathédrale Saint-Étienne, d'allure massive (XIV$^e$ - XV$^e$ s.), remaniée au XVIII$^e$ s. Maisons et hôtels anc. Musée d'Histoire. ▪ Centre admin., commercial (foires) et industriel. Indus. du caoutchouc. Métallurgie. Agroalimentaire. Brosserie. ▪ À Ploufragan, centre de recherche agroalimentaire. Aéroport. ▮ **Histoire** L'origine de la ville remonte à un monastère fondé au VI$^e$ s. par saint Brieuc, moine gallois. La construction de la cathédrale commença au XIII$^e$ s. Les états de Bretagne* siégèrent souvent dans la ville (1602 - 1768).

**SAINT-BRIS-LE-VINEUX** [89530] ➝ ÉTYM. du n. du martyr chrétien *saint Prix* dont on retrouva les restes à cet endroit ♦ Comm. de l'Yonne, arr. d'Auxerre. 1 045 hab. *(Saint-Brisiens)*. Église gothique du XIII$^e$ s. (chœur et vitraux Renaissance ; *Arbre de Jessé* de 1500). Maisons anc. ▪ Viticulture (coteaux-de-l'auxerrois).

**SAINT-CALAIS** [72120] ➝ ÉTYM. du n. de l'ermite *Carileph* qui y fonda une abbaye au VI$^e$ s. ♦ Ch.-l. de cant. de la Sarthe, arr. du Mans, sur l'Anille. 3 785 hab. (aggl. 4 391). *(Calaisiens)*. Anc. abbatiale Notre-Dame, des XV$^e$ et XVI$^e$ s., de styles gothique flamboyant et Renaissance. Anc. abbaye du XVI$^e$ s., auj. hôtel de ville, théâtre et musée. Ruines d'un château féodal.

**SAINT-CANNAT** [13760] ➝ ÉTYM. du n. d'un évêque de Marseille au VI$^e$ s. ♦ Comm. des Bouches-du-Rhône, arr. d'Aix-en-Provence. 4 634 hab. Musée : archéologie et histoire locale.

**SAINT-CAST-LE-GUILDO** [22380] ➝ ÉTYM. du n. de *Cado*, prince irlandais qui l'évangélisa au VI$^e$ s. ♦ Comm. des Côtes-d'Armor, arr. de Dinan, située sur la pointe de Saint-Cast. 3 187 hab. *(Castins)*. Station balnéaire formée de trois agglomérations : le Bourg, l'Isle et les Mielles. Pêche (coquilles Saint-Jacques). ▮ **Histoire** En 1758, le duc d'Aiguillon y repoussa un corps de débarquement anglais.

**SAINT CATHARINES** ♦ V. du Canada (Ontario), sur la rive S. du lac Ontario. 131 989 hab. (zone urbaine Saint Catharines Niagara 390 317). Prod. de vin ; conserves de fruits. Papeteries. Indus. mécaniques (automobiles), matériel électrique. Textiles.

**SAINT-CÉRÉ** [46400] ➝ ÉTYM. du n. de *Serenus*, père de sainte Spérie, vierge et martyre au VII$^e$ s. ♦ Ch.-l. de cant. du Lot, arr. de Figeac. 3 515 hab. *(Saint-Céréens)*. Église Sainte-Spérie des XII$^e$ - XIII$^e$ s., presque entièrement reconstruite au XVI$^e$ s. Maisons et hôtels des XV$^e$ -

XVI^e s. Dominant la ville, tours médiévales de Saint-Laurent, abritant l'atelier de Jean Lurçat* (musée). ▪ Centre de villégiature.

**SAINT-CERNIN** [15310] ➔ ÉTYM. du n. de *saint Saturnin** ♦ Ch.-l. de cant. du Cantal, arr. d'Aurillac. 1 128 hab. (*Doriens* ou *Saint-Cerninois*). Église romane Saint-Louis du XII^e s., remaniée au XV^e s. (remarquables boiseries du XV^e s. provenant du chapitre de Saint-Chamant).

**SAINT-CÉSAIRE** [17770] ♦ Comm. de la Charente-Maritime, arr. de Saintes. 888 hab. *(Saint-Acériens)*. Paléosite, centre interactif de la préhistoire. Abri sous roche où a été découvert en 1979, dans un niveau de Châtelperronien*, un squelette féminin de type néandertalien (➔ **Neandertal**), baptisé Pierrette, associé à un outillage de 35 000 ans que l'on pensait être celui de l'homme de Cro-Magnon. Cette découverte a renouvelé les connaissances sur le début du Paléolithique* supérieur, car les industries de type châtelperronien étaient jusqu'alors attribuées au seul *Homo sapiens sapiens*.

**SAINT-CHAMAS** [13250] ➔ ÉTYM. du n. de *saint Amans*, évêque de Rodez au VI^e s. ♦ Comm. des Bouches-du-Rhône, arr. d'Istres, sur la rive N. de l'étang de Berre. 6 595 hab. *(Saint-Chamassens)*. Usine hydroélectrique sur la Durance.

**SAINT-CHAMOND** [42400] ➔ ÉTYM. du n. de *saint Ennemond*, évêque de Lyon au VII^e s. ♦ Ch.-l. de cant. de la Loire, arr. de Saint-Étienne, sur le Gier. 37 378 hab. (aggl. 79 446) *(Saint-Chamonais)*. Forges. Construc. d'engins blindés. Matières plastiques.

**SAINT-CHÉLY-D'APCHER** [dapʃe] [48200] ➔ ÉTYM. du n. de *saint Ili*, dimin. populaire du n. de *Hilaire*, évêque du III^e s. ♦ Ch.-l. de cant. de la Lozère, arr. de Mende, sur le plateau du Gévaudan. 4 316 hab. *(Barrabans)*. Électronique. Métallurgie.

**SAINT-CHÉRON** [91530] ➔ ÉTYM. du n. d'un martyr du V^e s. ♦ Ch.-l. de cant. de l'Essonne, arr. d'Étampes. 4 444 hab. (aggl. 5 915) *(Saint-Chéronnais)*. Anc. carrières de grès.

**SAINT-CHRISTOL-LÈS-ALÈS** [30380] ➔ ÉTYM. forme méridionale du gr. *Christophoros* «Christophe» ♦ Comm. du Gard, banl. S. d'Alès. 5 492 hab.

**SAINT CHRISTOPHER AND NEVIS** ➔ **Saint-Kitts-et-Nevis**

**SAINT-CIRQ-LAPOPIE** [46330] ➔ ÉTYM. du n. de *Cyricus* et *Lapopie*, n. du rocher où se trouve le château ♦ Comm. du Lot, arr. de Cahors. 207 hab. *(Saint-Cirquois)*. Village escarpé dominant la vallée du Lot. Château sur un rocher. Maisons anc. Restes de fortifications.

**SAINT-CLAIR-DU-RHÔNE** [38370] ➔ ÉTYM. du n. d'un abbé du monastère de Vienne, au VII^e s. ♦ Comm. de l'Isère, arr. de Vienne. 3 605 hab. Chimie.

**SAINT-CLAIR-SUR-EPTE** [95770] ➔ ÉTYM. du n. d'un ermite et martyr angl. du IX^e s. ♦ Comm. du Val-d'Oise, arr. de Pontoise. 801 hab. *(Saint-Clairois)*. Stockage de gaz naturel. ▮ **Histoire** Le traité par lequel Charles* III le Simple céda la Normandie, à l'O. de l'Epte, à Rollon* (911) y fut signé.

**SAINT-CLAUDE** [97120] ➔ ÉTYM. du n. du révérend Père Joseph de *Saint-Claude*, premier supérieur des Carmes de la Guadeloupe ♦ Ch.-l. de cant. de Guadeloupe, arr. de Basse-Terre. 10 237 hab. Musée du café. Station climatique.

**SAINT-CLAUDE** [39200] ➔ ÉTYM. du n. de *saint Claude** ♦ Ch.-l. d'arr. du Jura, sur la Bienne. 12 303 hab. (aggl. 12 958) (*San-Claudiens* ou *Sanclaudiens*). Évêché. Cathédrale Saint-Pierre des XIV^e - XVIII^e s. (stalles en bois sculptées du XV^e s. ; retable de la Renaissance italienne). ▪ Centre de fabrication des pipes. Travail des matières plastiques et des métaux. Lunetterie. Taille des diamants et pierres fines. Mécanique de haute précision.

**SAINT-CLÉMENT-DE-RIVIÈRE** [34980] ♦ Comm. de l'Hérault, banl. N.-O. de Montpellier. 4 581 hab.

**SAINT-CLOUD** [92210] ➔ ÉTYM. du n. de *saint Cloud** (V. aussi ci-dessous) ♦ Ch.-l. de cant. des Hauts-de-Seine, arr. de Boulogne-Billancourt, sur la Seine, au N. du parc de Saint-Cloud, à l'O. de Paris. 28 157 hab. *(Clodoaldiens)*. Musée historique du Domaine national. Musée municipal : histoire locale. Ville résidentielle et centre d'affaires. Bureau international des poids et mesures dans le pavillon de Breteuil (XVIII^e s.). Hippodrome. École normale supérieure de Saint-Cloud. Parc d'env. 400 ha. Les porcelaines de Saint-Cloud (XVII^e - XVIII^e s.) sont très appréciées. ▪ Indus. aéronautique. Informatique. ▮ **Histoire** Clodoald ou Cloud, petit-fils de Clovis, fonda un monastère au VI^e s. ; son tombeau fut un lieu de pèlerinage. Au XVI^e s., Pierre de Gondi y fit construire un château où fut assassiné Henri III en 1589. Le domaine revint au frère de Louis XIV, Philippe d'Orléans, qui y fit édifier un château par Hardouin-Mansart et Mignard. Les jardins furent dessinés par Le Nôtre. Marie-Antoinette acheta le château de Saint-Cloud en 1785. C'est dans la salle de l'Orangerie où avait été transféré le Conseil des Cinq-Cents que Bonaparte exécuta le coup d'État du 18 Brumaire* an VIII. Saint-Cloud fut la résidence favorite de Napoléon ; il y épousa Marie-Louise. Charles X signa les ordonnances de juillet 1830 dans ce château. Résidence impériale sous le Second Empire, c'est là que Napoléon III déclara la guerre à la Prusse en juil. 1870. Incendié par les Prussiens pendant le siège de Paris en 1871, le château fut rasé en 1891.

**SAINT-CUCUFA** (bois de) ➔ ÉTYM. du n. de *saint Cucufas*, martyrisé à Barcelone sous Dioclétien ♦ Bois de 200 ha à l'O. de Paris, comm. de Rueil*-Malmaison (Hauts-de-Seine). Petits chalets construits au bord de l'étang sous le Second Empire.

**SAINT-CYPRIEN** [24220] ➔ ÉTYM. du n. d'un ermite du VII^e s., à l'orig. de la création d'une communauté monastique ♦ Ch.-l. de cant. de la Dordogne, arr. de Sarlat. 1 522 hab. *(Cypriotes)*. Église du XII^e s., remaniée à l'époque gothique, mobilier du XVII^e s. ▪ Aux environs, château de Fages (XV^e s.).

**SAINT-CYPRIEN** [66750] ➔ ÉTYM. nommée en mémoire de *saint Cyprien** ♦ Comm. des Pyrénées-Orientales, arr. de Perpignan, sur la Méditerranée. 8 573 hab. (*Cebrianencs* ou *Cypriannais*). Port de pêche et de plaisance. Station balnéaire à Saint-Cyprien-Plage.

**SAINT-CYRAN (Jean DUVERGIER DE HAURANNE,** abbé **DE)** ➔ **Duvergier de Hauranne (Jean), abbé de Saint-Cyran**

**SAINT-CYR-AU-MONT-D'OR** [69450] ♦ Comm. du Rhône, arr. de Lyon. 5 392 hab. École nationale de la Police (musée).

**SAINT-CYR-L'ÉCOLE** [78210] ♦ Ch.-l. de cant. des Yvelines, arr. de Versailles. 14 566 hab. *(Saint-Cyriens)*. Maison d'éducation créée par M^me de Maintenon en 1686, et transformée en 1808 en école spéciale militaire par Napoléon I^er. L'école fut détruite en 1944 et transférée à Coëtquidan*. Un prytanée militaire et un lycée ont été construits à la place de l'ancienne école (1966).

**SAINT-CYR-SUR-LOIRE** [37540] ♦ Ch.-l. de cant. de l'Indre-et-Loire, banl. N. de Tours. 16 100 hab. Indus. mécanique.

**SAINT-CYR-SUR-MER** [83270] ♦ Comm. du Var, arr. de Toulon. 8 898 hab. *(Saint-Cyriens)*. Station balnéaire aux Lecques*.

**SAINT DAVID'S** – en gallois ***Tyddewi*** ♦ V. du pays de Galles (Pembrokeshire), près du cap de même nom. 16 000 hab. La cathédrale, joyau de l'art gallois (roman et gothique primitif), aurait été fondée par saint David, patron du pays de Galles. ▪ Centre touristique. ▮ **Histoire** Anc. étape vers Saint-Jacques-de-Compostelle.

**SAINT DENIS (Ruth DENIS,** dite **Ruth)** ♦ Danseuse, maître de ballet, chorégraphe et pédagogue américaine (Newark 1877 ou 1878 - Hollywood 1968), considérée comme la créatrice de la «modern dance» en Amérique. Ses premières compositions (*Radha*, ballet hindou sur les pages de *Lakmé* ; *The Incense* et *The Cobras*) obtinrent un succès considérable en Amérique et en Europe. Autodidacte, elle voulait retrouver la spiritualité des danses d'Égypte et d'Orient. En 1914, elle fonda avec son mari Ted Shawn* la Compagnie Denishawn (*The Garden of Kama*, 1915). Ouvert en 1917 à Los Angeles, le Denishawn Theatre entreprit des expériences de visualisation musicale (chaque danseur suivant un instrument de l'orchestre). Après une tournée en Orient (1925), elle présenta en 1928 sa première danse «métaphysique» : *The Lamp* (musique de Liszt). Le Denishawn Theatre ayant été dissous (1931), elle créa une Society of the Spiritual Arts puis The School of Natya qui enseignait les danses de l'Orient.

**SAINT-DENIS** [97400] ➔ ÉTYM. n. du navire de la Compagnie des Indes arrivé en 1667 dans l'estuaire de la rivière à laquelle fut donné aussi ce nom ♦ Ch.-l. du dép. de la Réunion, sur la côte N. de l'île. Aggl. 131 557 hab., 21 % de la pop. *(Dionysiens)*. Évêché. Musée Léon-Dierx : peintures du poète réunionnais ; peintures et sculptures du XIX^e s. ▮ **Économie** La population, largement métissée (50 %), connaît un taux de chômage

**Saint-Denis.** Façade de la basilique.
*BIS/Phot. © CNMH-Archives Bordas*

important (de l'ordre de 25 %). Les actifs travaillent à 80 % dans le secteur des services, dont la moitié pour la seule fonction publique. Les prod. traditionnelles de tabac, de plantes à parfum et de canne à sucre, commercialisées à Saint-Denis, connaissent un léger déclin. Les activités touristiques sont en constante progression.

**SAINT-DENIS** [93200] ← ÉTYM. du n. de *saint Denis** (V. aussi ci-dessous) ♦ Ch.-l. d'arr. de la Seine-Saint-Denis, sur le canal de Saint-Denis. 85 832 hab. *(Dionysiens)*. Évêché. Basilique Saint-Denis. Musée d'Art et d'Histoire dans l'anc. carmel (XVIIe - XVIIIe s.) : archéologie, apothicairerie, documents sur la Commune de Paris. Musée Bouilhet-Christofle dans l'usine Christofle. Théâtre Gérard-Philipe. Stade de France. ▪ Centre industriel et universitaire. Indus. du cinéma et de l'audiovisuel : Cité du cinéma. Archives nationales. ▮ **Histoire** L'église abbatiale, devenue basilique, fut élevée, selon la tradition, par sainte Geneviève à la fin du Ve s., à l'emplacement où auraient été ensevelis saint Denis* et ses compagnons Rustique et Éleuthère. Dagobert (v. 630) fit rebâtir l'église qui devint la nécropole du roi et de la plupart de ses successeurs (comme d'un certain nombre de grands capitaines, tel Du Guesclin). Commencée sous Pépin le Bref en 754, la troisième église fut consacrée par Charlemagne en 775. Témoins de la remarquable prospérité de l'abbaye à cette époque, de nombreux sarcophages mérovingiens et carolingiens, renfermant des bijoux d'or, ont été exhumés. À partir de 1122, grâce à l'abbé Suger*, une importante rénovation architecturale fut entreprise, formant le premier exemple de cette ampleur du style gothique auquel il donna une impulsion décisive. Le chœur à déambulatoire voûté d'ogives fut orné de superbes verrières (dont quelques-unes subsistent) provenant des célèbres ateliers de peintures sur verre. Favorisée par Saint Louis, agrandie de 1231 à 1281 sur les plans de Pierre* de Montreuil, puis au XIVe s. (chapelles) et au XVIe s. (nécropole des Valois), la basilique fut mutilée pendant la Fronde, puis, plus gravement, sous la Révolution. Commencée par les Bourbons (caveau de Louis XVI et de sa famille), confiée en 1813 à Debret, la restauration des bâtiments fut menée à bien par Viollet-le-Duc de 1858 à sa mort. Ce dernier rétablit l'édifice dans son état actuel (trois portails ; des parapets crénelés ; une tour de style roman à double étage, à droite) et replaça les mausolées, chefs-d'œuvre de la sculpture funéraire : tombeau de Dagobert, édifié sous Saint Louis ; tombeaux de Louis XII et d'Anne de Bretagne, par les Juste* ; d'Henri II et de Catherine de Médicis, par P. Lescot* et Germain Pilon* ; de François Ier et de Claude de France, par Philibert Delorme* et P. Bontemps*. Mais les dépouilles des rois avaient été enlevées pendant la Révolution. Les bâtiments de l'abbaye, restaurés au XVIIIe s., par Robert de Cotte*, puis par Gabriel*, renferment depuis 1809 la Maison d'éducation de la Légion d'honneur. ▪ La basilique a été élevée au rang de cathédrale en 1966.

**SAINT-DENIS-DE-PILE** [33910] ♦ Comm. de la Gironde, arr. de Libourne. 4 089 hab.

**SAINT-DENIS-D'OLÉRON** [17650] ← ÉTYM. du n. d'une église dédiée à *saint Denis*, construite au XIe s. ♦ Comm. de la Charente-Maritime, arr. de Rochefort. 1 221 hab. *(Dionysiens)*. Station balnéaire sur la côte N. de l'île d'Oléron.

**SAINT-DENIS-DU-SIG** → Sig

**SAINT-DENIS-EN-VAL** [45560] ← ÉTYM. du n. d'une église dédiée à *saint Denis*, construite au VIe s. ♦ Comm. du Loiret, banl. S.-E. d'Orléans. 7 206 hab.

**SAINT-DENIS-LÈS-BOURG** [01000] ♦ Comm. de l'Ain, banl. E. de Bourg-en-Bresse. 4 921 hab.

**SAINT-DENYS GARNEAU (Hector DE)** → **Garneau (Hector de Saint-Denys)**

**SAINT-DIDIER-AU-MONT-D'OR** [69370] ← ÉTYM. du n. de *saint Didier** ♦ Comm. du Rhône, arr. de Lyon. 6 154 hab.

**SAINT-DIÉ-DES-VOSGES** [88100] ← ÉTYM. V. ci-dessous ♦ Ch.-l. d'arr. des Vosges, sur la Meurthe. 22 569 hab. (aggl. 28 076) *(Déodatiens)*. Évêché. La ville a été reconstruite après 1944. Église romane Notre-Dame-de-Galilée (dite «Petite église», XIIe s.). Cathédrale en grès rouge, restaurée (nef romane ; chapiteaux sculptés ; vitraux du XIIIe s.). Cloître gothique des XVe - XVIe s. Musée : souvenirs et documents relatifs à J. Ferry, né à Saint-Dié. Bibliothèque riche de 600 manuscrits et 140 incunables. ▪ Filature. Confection. ▮ **Histoire** Saint-Dié a pour origine un monastère bénédictin fondé au VIIe s. par Dieudonné *(Dié)*. Au XVe s., l'une des premières imprimeries s'installa à Saint-Dié. La ville, incendiée à plusieurs reprises, fut partiellement détruite en 1757.

**SAINT-DIZIER** [52100] ← ÉTYM. du n. de *saint Didier** ♦ Ch.-l. d'arr. de la Haute-Marne, entre la Marne et le canal de la Marne à la Saône. 30 900 hab. (aggl. 36 942) *(Bragards)*. Vestiges d'un château fort et d'anc. fortifications. Église gothique et classique (orgue du XVIIIe s. ; statues médiévales). Musée. ▪ Centre industriel : métallurgie, agroalimentaire, constructions mécaniques. Gare de triage. ▮ **Histoire** Saint-Dizier résista à Charles Quint en 1544. Napoléon y livra deux combats victorieux en 1814.

**SAINT-DOMINGUE** ♦ Anc. nom de la partie occidentale de l'île d'Haïti*, colonie française de 1697 à 1803. Par extension, on donnait ce nom à l'époque coloniale à l'ensemble de l'île.

**SAINT-DOMINGUE** – en esp. ***Santo Domingo de Guzmán*** ou ***Santo Domingo*** ← ÉTYM. du nom de saint Dominique* ♦ Cap. de la République dominicaine, située sur la mer des Caraïbes, à l'embouchure du río Ozama. 913 540 hab. (aggl. 1 817 754) *(Dominguois)*. Cathédrale, églises et monastères du XVIe s. La vieille ville a été en grande partie restaurée. Universités. ▪ Port de río Haina. Commerce et tourisme très actifs. ▮ **Histoire** Fondée en 1496 par Bartolomé Colomb, Saint-Domingue est la plus ancienne ville d'Amérique. En 1586, elle fut mise à sac par le corsaire anglais, F. Drake*. De 1936 à 1961, le nom du dictateur régnant lui fut substitué (Ciudad Trujillo).

**SAINT-DOULCHARD** [18230] ← ÉTYM. du n. d'un ermite du VIe s. ♦ Ch.-l. de cant. du Cher, banl. N.-O. de Bourges. 9 018 hab. *(Dolchardiens)*.

**Sainte (Semaine)** ♦ Dernière semaine du carême*, précédant la fête chrétienne de Pâques*. Elle s'ouvre le jour des Rameaux*, intermède festif dans un temps de recueillement qui culmine le jeudi saint (→ **Cène**), le vendredi saint (jour de jeûne et d'abstinence, qui commémore la passion et la mort du Christ) et le samedi saint, temps d'attente de la résurrection célébrée dans l'office nocturne entre le samedi et le dimanche de Pâques.

**SAINTE-ADRESSE** [76310] ← ÉTYM. anc. *Saint-Denis Chef de Caux, Sainte-Adresse* est p.-ê. la déformation de *Saint-André* ♦ Comm. de la Seine-Maritime, banl. O. du Havre, sur la Manche. 7 883 hab. *(Dionysiens)*. Station balnéaire. ▮ **Histoire** Sainte-Adresse fut le siège du gouvernement belge pendant la Première Guerre mondiale et durant toute l'occupation de la Belgique par l'armée allemande.

**SAINTE-ANNE** [97180] ← ÉTYM. fondée sous Louis XIV, la v. fut nommée en l'honneur d'*Anne* d'Autriche ♦ V. de Guadeloupe, située sur la côte S.-E. de la Grande Terre. 20 410 hab. Plages. Importante activité touristique. Pêche.

**SAINTE-ANNE-D'AURAY** [56400] ← ÉTYM. nommée en raison des apparitions supposées de *sainte Anne** à un paysan, au XVIIe s. ♦ Comm. du Morbihan, arr. de Lorient, près d'Auray. 1 844 hab. *(Saint-Annois)*. Anc. couvent des Carmes avec cloître du XVIIe s. Basilique du XIXe s. (trésor). Monument aux morts des guerres du XXe s. Musée du costume breton. ▪ Pèlerinage, appelé «pardon de sainte Anne», le 26 juil.

**SAINTE-ANNE-DE-BEAUPRÉ** ♦ V. du Canada (Québec), sur le Saint-Laurent, près de Québec. 2 803 hab. L'église, construite en 1658, a été détruite en 1929 et remplacée par une vaste basilique, siège d'un important pèlerinage.

**SAINTE-ASSISE** ← ÉTYM. déformation du n. de *saint Acire* ♦ Écart de la comm. de Seine-Port, en Seine-et-Marne. Château occupé par un centre de télécommunications.

**SAINTE-BAUME** (massif de la) ← ÉTYM. du bas lat. *balma* «montagne [escarpée]» ♦ Chaîne calcaire de Provence, située à l'E. de Marseille, et culminant au signal des Béguines (1 148 m).

**SAINTE-BEUVE (Charles Augustin)** ♦ Écrivain français (Boulogne-sur-Mer 1804 - Paris 1869). Journaliste au *Globe* à vingt ans et déjà critique littéraire, il gagna l'amitié de Victor Hugo* et pénétra dans le *Cénacle**. Dans son *Tableau historique et critique de la poésie française et du théâtre au XVIe s.* (où il redécouvre notamment Ronsard*), il fait du romantisme le continuateur d'une tradition nationale, celle de la Renaissance. Lui-même publia un ouvrage mêlé de prose et de vers, *Vie, poésies et pensées de Joseph Delorme* (1829), suivi du recueil poétique *Les Consolations* (1830) ; il y fait preuve d'un lyrisme intimiste où les «paysages d'âme» et l'intuition des correspondances *(Les Rayons jaunes)* annoncent Baudelaire* et Verlaine*. Déçu par l'insuccès de ces ouvrages et de son roman *Volupté* (1834), autobiographie lyrique et désenchantée, il se tourna vers des études d'histoire littéraire et fit paraître *Port*-Royal* (1840 à 1859), puis *Chateaubriand et son groupe littéraire* (1860), avant de réunir ses articles dans la série des *Critiques et portraits* (1836 et 1846) dans les *Causeries* du lundi* (1851 à 1862), suivies des *Nouveaux Lundis* (1863 à 1869). À sa mort, il laissait une importante correspondance et des cahiers intimes, *Mes poisons* (publ. 1926). Pour cerner toutes les particularités morales et intellectuelles de «l'individu-talent», qu'il cherche à classer dans des «familles naturelles d'esprit», Sainte-Beuve instaure une critique biographique et historique en s'appuyant sur une documentation très solide. Conscient cependant que le scientisme d'un Taine* ne peut atteindre la «dernière citadelle irréductible» qu'est le génie individuel, il recourt aussi à une méthode intuitive, jusqu'au moment où «l'analyse disparaît dans la création». Ainsi, malgré des erreurs de jugement concernant ses contemporains, erreurs dues parfois à une partialité envieuse, Sainte-Beuve a réussi par ses articles, où son style souple introduit «une sorte de charme», à illustrer et à renouveler la critique littéraire. Mais sa méthode a été sévèrement remise en cause par M. Proust* *(Contre Sainte-Beuve)*. [Acad. fr. 1843] ← ÉTYM. Ce nom de famille vient d'un nom de lieu en Seine-Maritime, du germanique *Bovo*, nom d'une abbesse de Reims du VIIe s.

Charles Augustin **Sainte-Beuve.** Portrait par F.-J. Heim, dessin à la pierre noire et blanche (41 x 29 cm), 1856. Musée du Louvre, Paris.
*BIS/Phot. Hubert Josse © Archives Larbor*

**SAINTE-CATHERINE** [62223] ← ÉTYM. nommée en l'honneur de *sainte Catherine** d'Alexandrie ♦ Comm. du Pas-de-Calais, banl. O. d'Arras. 3 017 hab.

**Sainte-Catherine-du-Sinaï** ♦ Monastère du mont Sinaï, sur la montagne Sainte-Catherine, à 1 570 m d'alt. Fondé en l'an 530 par l'empereur Justinien, il possède une église byzantine, une chapelle à l'emplacement du Buisson ardent, une mosquée et une riche collection de manuscrits grecs et arabes. Le *Codex sinaïticus*, bible du IVe s., aujourd'hui à Londres, y fut découvert en 1859.

**Sainte-Chapelle du Palais** ♦ Église de Paris située dans l'enceinte actuelle du Palais de Justice. Entreprise par Saint Louis en 1246 pour abriter les reliques de la Passion, elle fut consacrée en 1248. La Sainte-Chapelle a été restaurée par Duban*, Lassus et Viollet*-le-Duc. De proportions gracieuses sous sa haute flèche (75 m), elle est divisée en deux parties : la chapelle basse et la chapelle haute dont la nef, voûtée d'ogives, offre un remarquable ensemble de verrières (XIIIe s.), évidant au maximum les parois et substituant le verre à la pierre suivant une conception nouvelle d'une grande hardiesse.

**SAINTE-CLAIRE** (lac) ♦ Lac situé à la frontière des États-Unis (Michigan) et du Canada (Ontario), entre le lac Huron* au N. et le lac Érié au S. Il est relié à l'un par la *rivière Sainte-Claire* et à l'autre par la rivière de Detroit (→ **Detroit**), constituant une importante voie de passage au centre des Grands Lacs.

**SAINTE-CLAIRE DEVILLE (Charles)** ♦ Géologue français (île Saint-Thomas 1814 - Paris 1876). Il participa à plusieurs expéditions scientifiques (Antilles, Ténériffe) au cours desquelles il se consacra surtout à l'étude des phénomènes météorologiques et volcaniques ; il fonda de nombreux observatoires et stations météorologiques, dont l'observatoire du parc Montsouris à Paris. [Acad. sc. 1857]

**SAINTE-CLAIRE DEVILLE (Henri)** ♦ Chimiste français (île Saint-Thomas 1818 - Boulogne-sur-Seine 1881), frère de Charles Sainte-Claire Deville. Auteur du premier procédé de préparation industrielle de l'aluminium (1854), il réalisa également la fusion du platine et étudia les phénomènes de dissociation thermique des gaz (1864), notamment de la vapeur d'eau, du gaz chlorhydrique et du gaz sulfureux. [Acad. sc. 1861]

**SAINTE-CROIX** – en angl. ***Saint Croix*** ♦ La plus étendue des îles Vierges* des États-Unis. 218 km². 53 234 hab. V. PRINC. : Christiansted. Sur l'île se trouve la plus grosse raffinerie de pétrole du monde. En 1989, le cyclone « Hugo » fit des dommages considérables.

**SAINTE-CROIX** ♦ V. de Suisse (Vaud) dans le massif du Chasseron, à 1 069 m d'altitude. 4 344 hab. *(Sainte-Crix)*. Mécanique de précision (boîtes à musique). Musées (boîtes à musique et automates). ▪ À quelques kilomètres, station de sports d'hiver des Rasses (alt. 1 183 m).

**SAINTE-CROIX** (lac de) ♦ Lac artificiel résultant de la construction d'un barrage sur le Verdon, à la limite du Var et des Alpes de Haute-Provence. Mis en service en 1973, il peut stocker 760 m³ d'eau dont une partie est réservée à l'irrigation. Centrale hydroélectrique. Tourisme.

**SAINTE-ÉNIMIE** [48210] ← ÉTYM. V. ci-dessous ♦ Ch.-l. de cant. de la Lozère, arr. de Florac, dans les gorges du Tarn. 509 hab. *(Santrimiols)*. Église romane. Musée folklorique. Pont du XVIIe s. ▪ Centre touristique. ▪ Selon la légende, la localité doit son existence à la princesse mérovingienne Énimie, sans doute fille de Clotaire II qui, atteinte de la lèpre, fut guérie par les eaux de la fontaine de Burle et fonda dans ces montagnes un monastère (VIe - VIIe s.).

**SAINTE-EULALIE** [33560] ← ÉTYM. du n. de *sainte Eulalie** ♦ Comm. de la Gironde, arr. de Bordeaux. 4 189 hab.

**sainte Eulalie (Séquence de)** → **Eulalie (Séquence ou Poème de sainte)**

La **Sainte Famille** – en all. ***Die heilige Familie*** ♦ Pamphlet de Karl Marx* (1845), sous-titré *Critique de la critique critique*. Engels* a collaboré à ce texte, pour une dizaine de pages. Marx y poursuit son entreprise de rejet théorisé de la philosophie allemande post-hégélienne, déjà commencée dans *L'Idéologie* allemande*. Sa principale cible est Max Stirner*.

**SAINTE-FLORINE** [43250] ← ÉTYM. du n. d'une sainte qui y fut martyrisée en 375 ♦ Comm. de la Haute-Loire, arr. de Brioude, près de l'Allier. 3 002 hab.

**SAINTE-FOY** ♦ Anc. v. du Canada (Québec), fusionnée dans Québec. Siège de l'université Laval. Centre résidentiel et commercial.

**SAINTE-FOY-LA-GRANDE** [33220] ← ÉTYM. nommée en l'honneur de *sainte Foy*, jeune chrétienne d'Agen, martyre en 303 ♦ Ch.-l. de cant. de la Gironde, arr. de Libourne, sur la Dordogne. 2 788 hab. (aggl. 11 016) *(Foyens)*. Bastide du XIIIe s. Maisons anc. ▪ Viticulture. Marché.

**SAINTE-FOY-LÈS-LYON** [69110] ← ÉTYM. → Sainte*-Foy-la-Grande ♦ Ch.-l. de cant. du Rhône, banl. O. de Lyon. 21 193 hab. *(Fidésiens)*. Vestiges d'aqueducs romains. Indus. pharmaceutique.

**SAINTE-GEMMES-SUR-LOIRE** [49130] ♦ Comm. du Maine-et-Loire, arr. d'Angers. 3 681 hab. Manoir construit par le roi René pour sa fille Yolande d'Anjou.

**Sainte-Geneviève** (bibliothèque) ♦ Bibliothèque située place du Panthéon à Paris (1838 - 1850). Quand Henri Labrouste* devint architecte des Monuments historiques en 1838, il soumit son projet de reconstruction de la bibliothèque incluse dans le lycée Napoléon (auj. lycée Henri-IV). Partisan du rationalisme, il fut le premier en France à laisser la structure de fer apparente dans la décoration intérieure. La façade en pierre est d'un style Renaissance sobre, avec pour seuls décors des frises de décors végétaux et les noms des écrivains et scientifiques dont les livres sont conservés dans la bibliothèque. Pour la porte d'entrée, Labrouste s'est inspiré des basiliques italiennes dont il a repris le système de faux porche encadré de colonnes engagées. Il utilisa le même type de structure en fer apparente pour la Bibliothèque* nationale (rue de Richelieu).

**SAINTE-GENEVIÈVE-DES-BOIS** [91700] ← ÉTYM. du n. de *sainte Geneviève** qui y aurait fait jaillir une source ♦ Ch.-l. de cant. de l'Essonne, arr. de Palaiseau. 32 125 hab. *(Génovéfains)*. Fontaine et grotte Sainte-Geneviève, anc. lieu de pèlerinage. Ruines d'un château du XVIe s., dont il reste le donjon modifié au XVIIe s. Cimetière russe.

**SAINT-ÉGRÈVE** [38120] ← ÉTYM. du n. de *saint Agripanus* dont une relique fut donnée à l'église du village ♦ Ch.-l. de cant. de l'Isère, banl. N.-O. de Grenoble. 15 517 hab. *(Saint-Égrèvois)*.

**SAINTE-HÉLÈNE** (île de) ← ÉTYM. en angl. ***Saint Helena Island,*** découverte par les Portugais le 21 mai 1502, jour de la *Sainte-Hélène* ♦ Île volcanique de l'Atlantique S., possession britannique, par 16° S. 122 km². 5 157 hab. CH.-L. : Jamestown. Elle a sous sa dépendance l'archipel Tristan da Cunha et l'île de l'Ascension. ▮ **Histoire** Découverte par les Portugais en 1502, elle demeura longtemps occupée par les Hollandais (1645 - 1651). La Compagnie anglaise des Indes orientales y créa un établissement en 1659 et en obtint la propriété exclusive en 1673. Napoléon* Ier y fut déporté par les Anglais à partir du 15 oct. 1815, d'abord aux Briars puis à Longwood où il mourut le 5 mai 1821. L'île eut une importance stratégique pendant la Deuxième Guerre mondiale.

**SAINT ELIAS** ♦ Massif des montagnes Rocheuses, situé aux confins du Canada et de l'Alaska, où il culmine à 5 959 m au mont Logan*. La chaîne est couverte de neige et de glace et possède de nombreux glaciers (le glacier de Malaspina, sur le versant S.). Sa face S. est presque perpendiculaire au sol.

**SAINTE-LIVRADE-SUR-LOT** [47110] ← ÉTYM. du n. d'une sainte qui aurait été martyrisée à proximité au IVe s. ♦ Ch.-l. de cant. du Lot-et-Garonne, arr. de Villeneuve-sur-Lot, sur le Lot. 5 865 hab. (aggl. 9 795) *(Sainte-Livradais)*. Église romane des XIIe - XIVe s. ▪ Conserveries.

**SAINT-ÉLOY-LES-MINES** [63700] ← ÉTYM. nommée en l'honneur de *saint Éloi** ♦ Comm. du Puy-de-Dôme, arr. de Riom. 4 134 hab. (aggl. 6 265). Indus. diversifiées.

**SAINTE-LUCE** [97228] ♦ V. de Martinique, arr. du Marin. 7 724 hab. Plages.

**SAINTE-LUCE-SUR-LOIRE** [44980] ← ÉTYM. du n. de *sainte Lucie** ♦ Comm. de la Loire-Atlantique, banl. N.-E. de Nantes. 11 261 hab.

## SAINTE-LUCIE

▮ – en angl. ***Saint Lucia*** ➝ ÉTYM. nommée par des Français naufragés sur cette île le 13 décembre 1502, jour de la *Sainte-Lucie* ♦ État des Petites Antilles, situé entre la Martinique, Saint-Vincent et les Grenadines. 616 km². 164 200 hab. *(Luciens)*. LANGUES : anglais et créole. RELIGION : catholicisme. MONNAIE : dollar des Caraïbes de l'E. CAPITALE : Castries, nommée ainsi en l'honneur du maréchal de Castries*. RÉGIME : démocratie parlementaire. ▪ Manifestations de volcanisme actif. L'économie est essentiellement agricole, la production de bananes est exportée vers la Grande-Bretagne. Rapide essor du tourisme balnéaire et de croisières. Aéroport international d'Hewanorrah.

▮ HISTOIRE L'île de Sainte-Lucie a été âprement disputée entre Français et Anglais au cours du XVIIIe s. Le traité de Paris accorda définitivement la colonie à la Grande-Bretagne (1814). Sainte-Lucie, qui a acquis son indépendance en 1979, fait partie du Commonwealth et de l'Agence de Coopération culturelle et technique. Elle est le siège de l'Organisation des États de la Caraïbe de l'E. (Organization of Eastern Caribbean States, OECS).

**SAINTE-MARIE** (rivière) ♦ Cours d'eau par lequel le lac Supérieur* se déverse dans le lac Huron*, entre le Canada (Ontario) et les États-Unis (Michigan). Un important canal contourne la partie non navigable de la rivière Sainte-Marie. ➝ **Sault-Sainte-Marie.**

**SAINTE-MARIE** [97230] ♦ Ch.-l. de cant. de Martinique, arr. de La Trinité, sur la côte N.-E. de l'île. 20 098 hab. *(Samaritains)*. Conserverie d'ananas. Distillerie de rhum. À Fonds-Saint-Jacques est conservée la purgerie du père Labat* où celui-ci aurait mis au point la fabrication du rhum.

**SAINTE-MARIE** [97438] ♦ Ch.-l. de cant. de la Réunion, arr. de Saint-Denis. 26 582 hab.

**SAINTE-MARIE-AUX-CHÊNES** [57118] ♦ Comm. de la Moselle, arr. de Metz. 3 328 hab.

**SAINTE-MARIE-AUX-MINES** [68160] ♦ Ch.-l. de cant. du Haut-Rhin, arr. de Ribeauvillé, sur la Liepvrette, près du col de Sainte-Marie. 5 816 hab. *(Sainte-Mariens)*. Tunnel transvosgien reliant Saint-Dié à Sélestat. Temple calviniste de 1634 de style gothique. ▪ Indus. textile. ▮ **Histoire** La ville doit son nom aux mines d'argent et de plomb exploitées du XIe au XVIIIe s.

**Sainte-Marie-Majeure** – en it. ***Santa Maria Maggiore*** ♦ Basilique de Rome, possession de l'État du Vatican, appelée aussi basilique Libérienne (fondée par le pape Libère, 352) ou, anciennement, Sainte-Marie *ad Praesepem* (« à la Crèche », à cause des reliques qui y sont conservées). Les remaniements des XVIIe - XVIIIe s. ont préservé le pavement des Cosmati* (XIIe s.), le campanile roman (1377), le plafond à caissons (Giuliano* da Sangallo ? déb. XVIe s.).

**SAINTE-MARTHE** (famille DE) – en lat. ***Sammarthanus*** ♦ Famille érudite de la noblesse française. ♦ **Charles de Sainte-Marthe** (Fontevrault 1512 - Alençon 1555). Poète ami de Marot. ♦ **Gaucher II,** dit **Scevole de Sainte-Marthe** (Loudun 1536 - *id.* 1623). Poète qui fut admiré de Ronsard. ♦ **Gaucher III,** dit **Scevole II de Sainte-Marthe** (Loudun 1571 - Paris 1650) et **Louis II de Sainte-Marthe** (Loudun 1571 - Paris 1656). Ils furent les premiers éditeurs des *Épîtres* de Rabelais et publièrent la *Gallia Christiana*. ♦ **Abel-Louis de Sainte-Marthe** (Paris 1620 - Saint-Paul-aux-Bois 1697). Théologien accusé de jansénisme. ♦ **Denis de Sainte-Marthe** (Paris 1650 - *id.* 1725). Historien et théologien, il devint supérieur général des bénédictins en 1720.

**SAINTE-MAURE** (plateau de) ♦ Plateau situé entre les vallées de l'Indre, de la Creuse et de la Vienne, dans le dép. de l'Indre-et-Loire. Il est constitué d'un soubassement crayeux, recouvert d'argile et d'altération. Les falunières, dépôts de coquilles calcaires marines, y abondent. On les utilise encore parfois pour amender les terres.

**SAINTE-MAURE-DE-TOURAINE** [37800] ➝ ÉTYM. nommée en l'honneur de *sainte Maure* pour qui on fit construire une chapelle au Ve s. afin d'abriter ses reliques ♦ Ch.-l. de cant. de l'Indre-et-Loire, arr. de Chinon. 3 909 hab. *(Sainte-Mauriens)*. Restes d'un château (XIVe - XVe s.). Église romane (XIe s.), abusivement restaurée au XIXe s. (crypte des XIe - XIIe s.). Halles du XVIIe s. ▪ Marché de volailles. Fromages de chèvre.

**SAINTE-MAXIME** [83120] ➝ ÉTYM. du n. d'une sainte de l'ordre des moines de Lérins, fille du seigneur de Grasse ♦ Comm. du Var, arr. de Draguignan. 11 785 hab. (aggl. 15 565) *(Maximois)*. Port de plaisance et station balnéaire sur le golfe de Saint-Tropez. ▮ **Histoire** Les Américains et les forces françaises du général de Lattre de Tassigny y débarquèrent le 15 août 1944.

**SAINTE-MENEHOULD** [mənul] ou [mənu] [51800] ➝ ÉTYM. du n. d'une sainte du Perthois, au Ve s. ♦ Ch.-l. d'arr. de la Marne, sur l'Aisne. 4 979 hab. *(Ménéhildiens)*. Église gothique (1289 - 1350). Cimetière militaire. ▪ Indus. des matières plastiques. Instruments de précision. ▮ **Histoire** Avant de porter (au XIIe s.) son nom actuel, la ville s'appelait *Castrum Conthense*. Elle capitula devant Condé pendant la Fronde (1652). Louis XVI en fuite y fut reconnu en 1791 (fuite de Varennes).

**SAINTE-MÈRE-ÉGLISE** [50480] ➝ ÉTYM. mauvaise francisation du lat. *Sanctae Mariae Ecclesia* « l'église de sainte Marie » ♦ Ch.-l. de cant. de la Manche, arr. de Cherbourg. 1 585 hab. *(Sainte-Mère-Églisais)*. Église des XIIe - XIIIe s. Musée des troupes aéroportées. ▮ **Histoire** Dans la nuit du 5 au 6 juin 1944, 14 000 hommes de la 82e division aéroportée américaine atterrirent aux abords de la localité.

**SAINT-ÉMILION** [33330] ➝ ÉTYM. du n. de *saint Émilien*, un ermite breton du VIIIe s. ♦ Comm. de la Gironde, arr. de Libourne. 2 345 hab. *(Saint-Émilionnais)*. Remparts du XIIIe s. Église collégiale des XIIe, XIIIe et XIVe s. Église monolithe creusée dans le rocher (XIe - XIIe s.), chapelle de la Trinité (XIIIe s.). Château du roi (XIIIe s.). Anc. cloître des cordeliers (XIVe s.). ▪ Viticulture (saint-émilion). Spécialité de macarons.

**SAINT EMPIRE ROMAIN GERMANIQUE** ou **SAINT EMPIRE** – en all. ***Heiliges Römisches Reich deutscher Nation***, en lat. ***Sacrum Imperium Nationis Germanicae*** ♦ Empire fondé par Othon* Ier le Grand en 962 et dissous par Napoléon* Ier en 1806. Reprenant l'héritage de l'Empire romain, restauré par les Carolingiens, le Saint Empire romain germanique eut pour but de rassembler tous les États et principautés de l'Occident chrétien sous une même monarchie. Il se limita cependant principalement à l'Allemagne et à l'Italie. L'Empire dont le prestige ne cessa de croître du Xe au XIIIe s., sous les dynasties ottonienne (➝ **Othon II, Othon III, Henri II le Saint**) et franconienne ou salienne (➝ **Conrad II le Salique, Henri III le Noir, Henri IV, Henri V, Lothaire III de Supplinburg**), connut son apogée sous les Hohenstaufen (➝ **Conrad III de Hohenstaufen, Frédéric Ier Barberousse, Henri VI, Philippe Ier de Souabe, Othon IV, Frédéric II, Conrad IV de Hohenstaufen**). Mais, affaiblis par leurs conflits en Italie avec la papauté (➝ **Investitures [querelle des], guelfes et gibelins**), les empereurs eurent toujours peu de puissance réelle et la Couronne demeura élective. Après le Grand Interrègne*, l'empire devint purement allemand et, à partir de 1438, le titre d'empereur échut systématiquement aux Habsbourg (➝ **Albert II de Habsbourg, Frédéric III, Maximilien Ier, Charles Quint, Ferdinand Ier, Maximilien II, Rodolphe II de Habsbourg,**

**Saint Empire romain germanique** ▮ Les empereurs
(c : couronnement ; nc : non couronné ; D : déposé)

| | | | | | |
|---|---|---|---|---|---|
| Othon Ier | 962-973 | Henri Raspe de Thuringe | 1246 (nc)-1247 | Ferdinand Ier | 1556-1564 |
| Othon II | 973-983 | Guillaume de Hollande | 1247 (nc)-1256 | Maximilien II | 1564-1576 |
| Othon III | 983-1002 | Conrad IV | 1250-1254 | Rodolphe II | 1576-1612 |
| Henri II | 1002-1024 | Richard de Cornouailles | 1257-1272 | | |
| | | Alphonse de Castille | 1257-1275 | Mathias II | 1612-1619 |
| Conrad II | 1024 (c 1027)-1039 | Conrad V | 1268 | Ferdinand II | 1619-1637 |
| Henri III | 1039 (c 1046)-1056 | Rodolphe Ier de Habsbourg | 1273 (nc)-1291 | Ferdinand III | 1637-1657 |
| Henri IV | 1056 (c 1084)-1106 | Adolphe de Nassau | 1292 (nc)-1298 | Léopold Ier | 1657-1705 |
| Henri V | 1106 (c 1111)-1125 | Albert Ier de Habsbourg | 1298 (nc)-1308 | Joseph Ier | 1705-1711 |
| Lothaire III | 1125 (c 1133)-1137 | Henri VII de Luxembourg | 1308 (c 1312)-1313 | Charles VI | 1711-1740 |
| | | Louis IV de Bavière | 1314 (c 1328)-1346 D | Marie-Thérèse | 1740-1780 |
| Conrad III | 1138 (nc)-1152 | Charles IV | 1346 (c 1355)-1378 | Charles VII | 1742-1745 |
| Frédéric Ier | 1152 (c 1155)-1190 | Wenceslas | 1378 (nc)-1400 D | | |
| Henri VI | 1190 (c 1191)-1197 | Robert du Palatinat (Rupert) | 1400 (nc)-1410 | François Ier | 1745-1765 |
| Philippe de Souabe | 1198 (nc)-1208 | Sigismond | 1411 (c 1433)-1437 | Joseph II | 1765-1790 |
| Othon IV de Brunswick | 1198 (c 1209)-1218 | Albert II de Habsbourg | 1438 (nc)-1439 | Léopold II | 1790-1792 |
| Frédéric II | 1212 (c 1220)-1250 | Frédéric III de Habsbourg | 1440 (c 1452)-1493 | François II | 1792-1806 |
| | | Maximilien Ier | 1493-1519 | | |
| Grand Interrègne | | Charles Quint | 1519-1556 | | |

**Mathias II, Ferdinand II, Ferdinand III, Léopold Ier, Joseph Ier, Charles VI, Charles VII, François Ier, Joseph II, Léopold II, François II)**. Leurs tentatives pour restaurer l'autorité impériale furent un échec, auquel vint s'ajouter la division religieuse de l'Empire au lendemain de la Réforme. Sans plus aucune réalité politique après les traités de Westphalie* (1648), l'Empire, désormais aux mains des souverains autrichiens, disparut lors des guerres napoléoniennes en 1806, marquant la fin du Ier Reich. Seul subsista jusqu'en 1918 le titre d'empereur d'Autriche, adopté par François II en 1804.

**SAINT-ÉNOGAT** ▸ ÉTYM. du n. d'un évêque d'Alet (→ Saint-Malo) au VIIe s. ♦ Quartier de Dinard, en Ille-et-Vilaine. Station balnéaire.

**SAINTE-ODILE** ▸ ÉTYM. du n. de *sainte Odile** ♦ Abbaye d'Alsace, construite sur le mont Sainte-Odile, comm. d'Ottrot (Bas-Rhin). Lieu de pèlerinage. Église reconstruite au XVIIe s., plusieurs chapelles (XIe, XIIe s.).

**SAINTE-PALAYE** [pale] **(Jean-Baptiste DE LA CURNE DE)** ♦ Lexicographe français (Auxerre 1697 - Paris 1781). Il fut l'un des fondateurs des études médiévales en France. Son principal ouvrage est un *Dictionnaire historique de l'ancien langage français* ou *Glossaire de la langue française depuis son origine jusqu'au siècle de Louis XIV* ; il fut publié par Favre et Pajot de 1875 à 1882. [Acad. fr. 1758]

**SAINTE-PAZANNE** [44680] ▸ ÉTYM. du n. d'une sainte, vierge et martyre ♦ Comm. de la Loire-Atlantique, arr. de Nantes. 3 448 hab.

**Sainte-Pélagie** (prison) ♦ D'abord fondation pour les «filles repenties» (1662), qui fut établie en 1665 à Paris rue du Puits-de-l'Ermite (5e arr.), Sainte-Pélagie devint maison d'arrêt en 1790, puis prison départementale en 1811 ; elle fut démolie en 1895.

**SAINTE-ROSE** [97115] ♦ V. de Guadeloupe, arr. de Basse-Terre, sur la côte N. de la presqu'île. 17 574 hab. *(Sainte-Rosiens)*. Distillerie de rhum.

**SAINTE-ROSE** [97439] ♦ Ch.-l. de cant. de la Réunion, arr. de Saint-Benoît. 6 551 hab.

**SAINTES** (îles des) ▸ ÉTYM. nommées ainsi par C. Colomb qui les découvrit le jour de la *Toussaint* 1493 ♦ Archipel des Petites Antilles, situé entre l'île de la Basse Terre de Guadeloupe et l'île de Dominique. 13 km². 2 998 hab. V. PRINC. : Terre-de-Haut et Terre-de-Bas. Tourisme et pêche. ▌**Histoire** C'est au large des Saintes que se déroula la bataille navale du 12 avril 1782 entre les flottes française et britannique. L'amiral Rodney infligea de lourdes pertes aux Français et l'amiral de Grasse* fut fait prisonnier. Les îles restèrent britanniques jusqu'en 1816, date à laquelle elles retournèrent définitivement à la France.

**SAINTES** [17100] ▸ ÉTYM. du n. des *Santons** (V. ci-dessous) ♦ Ch.-l. d'arr. de la Charente-Maritime, sur la Charente. 25 595 hab. (aggl. 26 836) *(Saintais)*. Importants vestiges romains : amphithéâtre, arc de triomphe dit de Germanicus, thermes dits de Saint-Saloine. Église Saint-Pierre, anc. cathédrale reconstruite au XVIe s. sur l'emplacement d'un édifice antérieur dont elle conserve les croisillons du XIIe s. et la façade occidentale de la fin du XVe s., surmontée d'un clocher de la même époque ; elle est flanquée d'un cloître du XIIIe s., dont subsistent deux galeries et des vestiges romans. Église Saint-Eutrope, du XIIe s., très remaniée au XVe s. Église Sainte-Marie-des-Dames, anc. abbatiale des XIe - XIIe s., comportant une remarquable façade du XIIe s., de style roman saintongeais. Bâtiments conventuels du XVIIe s. Nombreux hôtels anc. des XVIIe - XVIIIe s. Musée des Beaux-Arts. Musée d'art régional Dupuy-Mestreau. École d'enseignement technique de l'armée de l'air. ▪ Centre commercial. Eaux-de-vie. Indus. diversifiées. ▌**Histoire** La capitale des Celtes santones (→ **Santons**), *Mediolanum Santonum*, était déjà une cité florissante lors de sa conquête par les Romains, qui y construisirent de nombreux monuments. Capitale de la Saintonge au Moyen Âge, c'est devant ses murs que Louis IX défit Henri III d'Angleterre en 1242 ; elle passa sous le contrôle des Plantagenêts par le traité de Brétigny (1360) et fut reconquise par Du Guesclin en 1372. Centre calviniste actif à l'époque de la Réforme, elle fut durement éprouvée par les guerres de Religion, qui amorcèrent son déclin en tant que métropole provinciale. La Révolution supprima l'évêché de Saintes en 1790, et l'Empire transféra la préfecture de la Charente-Inférieure (auj. Charente-Maritime) de Saintes à La Rochelle en 1810. Occupée par les troupes allemandes de juin 1940 à sept. 1944, la ville souffrit beaucoup des bombardements qui précédèrent sa libération.

**SAINTE-SAVINE** [10300] ▸ ÉTYM. du n. de *sainte Savine* qui mourut de douleur en apprenant la mort de son frère martyrisé près de Troyes, au IIIe s. ♦ Ch.-l. de cant. de l'Aube, banl. O. de Troyes. 10 125 hab. *(Saviniens)*. Constructions mécaniques.

**SAINTE-SIGOLÈNE** [43600] ▸ ÉTYM. du n. d'une abbesse albigeoise qui fonda plusieurs couvents au VIIIe s. ♦ Ch.-l. de cant. de la Haute-Loire, arr. d'Yssingeaux. 5 432 hab. (aggl. 7 180). Indus. diversifiées.

**SAINTES-MARIES-DE-LA-MER** [13460] ▸ ÉTYM. V. ci-dessous ♦ Ch.-l. de cant. des Bouches-du-Rhône, arr. d'Arles, sur la côte méditerranéenne, en Camargue. 2 478 hab. *(Saintois)*. Église romane fortifiée (XIIe s.). Musée camarguais. ▪ Station balnéaire. Port de plaisance. ▌**Histoire** Chassées de Judée, Marie-Jacobé, sœur de la Sainte-Vierge, Marie-Salomé et leur servante noire Sara se seraient réfugiées à cet endroit. Deux grands pèlerinages annuels en mai et en oct. attirent une foule nombreuse et principalement des Gitans.

**Saintes-Maries-de-la-Mer.** Procession religieuse, 2005.
*Phot. © F. Speich/La Provence/Photopqr/Maxppp*

**Sainte-Sophie** (église) ♦ Anc. basilique de Constantinople érigée par l'empereur byzantin Justinien* Ier sur les fondations de la basilique de Constantin Ier (IVe s.) incendiée en 532 lors de la sédition de Nika. Bâtie de 532 à 537 sur les plans d'Anthémios* de Tralles et d'Isidore de Milet, elle fut dédiée à la «Sagesse divine» (*Hagia Sophia*, en grec). Le monument, l'un des plus représentatifs de l'art byzantin, fut plusieurs fois restauré (562, 975, 1354) avant d'être transformé en mosquée par les Turcs (1453) et flanqué de quatre minarets. Des contreforts et des constructions adossés aux murs de l'église ont masqué son aspect architectural, qu'on peut admirer aujourd'hui de l'intérieur. Musée depuis 1935, elle renferme des mosaïques byzantines (VIe - XIe s.).

**Sainte-Sophie.** *Phot. © Sierpinsky/TOP/Hoa Qui*

**SAINT-ESPRIT** [97270] ♦ V. de la Martinique, arr. du Marin. 8 203 hab.

**Saint-Esprit** (ordre du) ♦ Ordre de chevalerie institué en 1578 par Henri III. Il fut aboli en 1789 et rétabli de 1814 à 1830.

**SAINT-ESTÈPHE** [33250] ▸ ÉTYM. forme méridionale du gr. *Stephanos* «Étienne*» → Saint-Étienne ♦ Comm. de la Gironde, arr. de Lesparre-Médoc. 1 799 hab. *(Stéphanois)*. Viticulture (saint-estèphe).

**SAINT-ESTÈVE** [66240] ▸ ÉTYM. → Saint*-Estèphe ♦ Ch.-l. de cant. des Pyrénées-Orientales, banl. O. de Perpignan. 9 810 hab.

**SAINTE-SUZANNE** [53270] ▸ ÉTYM. du n. de *sainte Suzanne** ♦ Ch.-l. de cant. de la Mayenne, arr. de Laval. 1 020 hab. *(Suzannais)*. Anc. place forte du Maine. Donjon du XIe s. Remparts (XIVe - XVe s.). Château (1608) abritant un petit musée. Musée de l'Auditoire : histoire locale ; vieux métiers.

**SAINTE-SUZANNE** [97441] ♦ Ch.-l. de cant. de la Réunion sur la côte N. de l'île. 18 144 hab.

**SAINTE-THÉRÈSE-DE-BLAINVILLE** ♦ V. du Canada (Québec), au N.-O. de Montréal, sur l'autoroute des Laurentides, fusionnée dans Laval. Indus. diverses. Usine d'automobiles. Matériel agricole. Matières plastiques. Fabrique de meubles.

**SAINT-ÉTIENNE** [42000] ▸ ÉTYM. du n. de *saint Étienne** ♦ Ch.-l. du dép. de la Loire situé au centre d'une dépression drainée par le Gier* et par le Furan*. 180 210 hab. (aggl. 288 244). *(Stéphanois)*. Église Saint-Étienne du XIVe s. Musée d'Art moderne, Musée d'Art et d'Industrie. Zénith, dessiné par N. Foster. Cité du design. ▪ Le bassin houiller de Saint-Étienne occupe toute la dépression, il est exploité depuis le Moyen Âge. Les crises combinées du charbon, du textile et de la sidérurgie ont entraîné le déclin de la ville (fermeture de Manufrance). Mais celle-ci, en s'appuyant sur quelques entreprises d'activité traditionnelle et en développant son image grâce à la distribution (la ville est le siège historique de la chaîne de supermarchés Casino), a effectué sa conversion économique. Certains secteurs industriels occupent une place notable (mécanique, optique, imagerie numérique, agroalimentaire). Elle a son université et ses grandes écoles : École nationale supérieure des mines et École nationale d'ingénieurs. Elle compte bien ne pas devenir la banlieue ouvrière de Lyon (éloignée seulement de 60 km). Ses liaisons TGV avec Paris, ses autoroutes la reliant à Lyon (A47) et à Clermont-Ferrand (A72), son Centre mondial d'information et de recherche sur les nuisances urbaines sont autant d'atouts supplémentaires. ▮ **Histoire** En 1516, François Ier y créa une manufacture royale d'arquebuses. En 1885 fut fondée la Manufacture française d'armes et cycles de Saint-Étienne (Manufrance), qui fut le centre du développement économique de la ville.

**SAINT-ÉTIENNE-AU-MONT** [62360] ♦ Comm. du Pas-de-Calais, banl. S. de Boulogne-sur-Mer. 4 995 hab.

**SAINT-ÉTIENNE-DE-BAÏGORRY** [64430] ♦ Ch.-l. de cant. des Pyrénées-Atlantiques, arr. de Bayonne, sur la Nive, dans le Pays basque. 1 525 hab. Pont romain sur la Nive. ▪ Centre touristique.

**SAINT-ÉTIENNE-DE-MONTLUC** [44360] ♦ Ch.-l. de cant. de la Loire-Atlantique, arr. de Nantes. 6 231 hab. *(Stéphanois)*.

**SAINT-ÉTIENNE-DE-TINÉE** [06660] ♦ Ch.-l. de cant. des Alpes-Maritimes, arr. de Nice, sur la Tinée, à 1 141 m d'alt. 1 528 hab. *(Stéphanois)*. Station d'altitude (ascensions) et de sports d'hiver.

**Saint-Étienne-du-Mont** ♦ Église de Paris, située place Sainte-Geneviève. Sanctuaire fondé en 1220, réédifié de 1492 à 1622, l'église présente une façade Renaissance à trois frontons superposés sous un clocher du XVe s. La nef, dont les hauts piliers sont coupés d'une coursière à balustrade, conserve un jubé, le seul resté intact à Paris (entre 1525 et 1535) : d'architecture gothique, flanqué de deux escaliers en spirale, ajourés d'entrelacs, il porte une ravissante décoration d'inspiration Renaissance. Riche de peintures sur verre des XVIe et XVIIe s., l'église renferme également l'ancien tombeau et la châsse de sainte Geneviève, ainsi que les pierres tombales de Pascal et de Racine.

**SAINT-ÉTIENNE-DU-ROUVRAY** [76800] ♦ Comm. de la Seine-Maritime, banl. S. de Rouen. 29 092 hab. *(Stéphanais)*. Indus. diversifiée.

**SAINT-ÉTIENNE-EN-DÉVOLUY** [05250] ♦ Ch.-l. de cant. des Hautes-Alpes, arr. de Gap, sur la Souloise. 538 hab. *(Saint-Estevards)*. Centre d'excursions. À 4 km, se trouve la station de sports d'hiver de Super-Dévoluy.

**SAINT-ÉTIENNE-LÈS-REMIREMONT** [88200] ♦ Comm. des Vosges, arr. d'Épinal. 4 057 hab. *(Stéphanois)*. Indus. du coton.

**Saint-Eustache** ♦ Église de Paris, située près de l'emplacement des anc. Halles. Sanctuaire du XIIIe s., réédifié de 1532 à 1637, l'édifice présente un plan gothique, inspiré de celui de Notre-Dame de Paris ; des voûtes flamboyantes et des bas-côtés très élevés contrastent avec une décoration Renaissance. L'église renferme le tombeau de Colbert (sculptures par Coysevox et de Tubi) et une *Vierge* en marbre par Pigalle.

**SAINTE-VICTOIRE** n. f. (montagne de la) ➝ **ÉTYM.** en l'honneur de la *victoire* de Marius* sur les Teutons en -102 ou du prov. *Ventùri,* d'une rac. oronym. pré-indo-eur. *°vin(t)* «hauteur, montagne» (→ Ventoux) ♦ Massif calcaire à l'E. d'Aix-en-Provence culminant au pic des Mouches (1 010 m), en grande partie ravagé par un incendie en 1989. ▪ Ses paysages furent l'un des sujets favoris de P. Cézanne.

**SAINT-ÉVREMOND (Charles DE MARGUETEL DE SAINT-DENIS DE)** ♦ Moraliste et critique français (Saint-Denis-le-Gast, près de Coutances, v. 1615 - Londres 1703). Après une belle carrière militaire, alors qu'il était déjà connu par *La Comédie des académistes* (publiée sans nom d'auteur, 1650), il dut, en raison d'écrits frondeurs contre Mazarin, s'exiler à Londres où il vécut désormais, refusant de profiter de la grâce octroyée par Louis XIV, fréquentant les salons, notamment celui d'Hortense Mancini*. Ses écrits qui circulaient en France comme en Angleterre, manifestent, sur des sujets très différents, son esprit libertin. En histoire, ses *Réflexions sur les divers génies du peuple romain dans les différents temps de la République* (1663) annoncent les théories de Montesquieu*, tandis que la *Conversation du maréchal d'Hocquincourt avec le Père Canaye* défend une morale naturelle reposant sur un épicurisme mesuré. En littérature, enfin, ses nombreux écrits (surtout sur le théâtre) et sa volumineuse correspondance révèlent son indépendance d'esprit et ses vues pénétrantes sur la nécessaire évolution des arts (*Sur les poèmes des Anciens*, 1685).

**SAINT-EXUPÉRY (Antoine DE)** ♦ Écrivain et aviateur français (Lyon 1900 - disparu en mission de guerre, au large de la Corse en 1944). Pilote de ligne sur le parcours Toulouse-Casablanca, il mit aussi en service les lignes de Patagonie, puis accomplit des missions importantes comme pilote d'essai et comme pilote militaire. Cette vie d'homme d'action nourrit et éclaire les réflexions d'un humaniste soucieux de trouver une signification morale et spirituelle à l'activité humaine : dès *Courrier Sud* (1928) et *Vol* de nuit* (1931), Saint-Exupéry cherche dans son expérience personnelle un sens universel, trouvant dans la solitude dangereuse de l'avion ou dans celle du désert un terrain propice à la méditation. Dans un texte de facture très classique, *Terre des hommes* (1939), l'écrivain insiste sur la nécessaire rigueur de l'individu vis-à-vis de lui-même, pour devenir un homme et cultiver le «seul luxe, celui des relations humaines». Des ouvrages comme *Pilote de guerre* (1942) et *Lettre à un otage* (1943) soulignent la nécessité de lier le courage individuel au sacrifice à la communauté humaine et exaltent «l'amour de la maison [la Terre]» qui «est déjà la vie de l'esprit». Le même esprit préside aux *Écrits de guerre* (textes rassemblés en 1982). Préférant les vertus de l'amour (qui peut conduire à la foi) à celles de l'intelligence, Saint-Exupéry a habillé de symboles naïfs sa nostalgie de l'amitié dans *Le Petit* Prince* (1943) et exprimé de nouveau sa morale du devoir lié au désir d'une vie spirituelle dans *Citadelle* (posth. 1948). ➝ **ÉTYM.** Ce nom de famille vient d'un nom de lieu, du latin *Exuperius,* nom d'un archevêque de Toulouse du Ve siècle.

**SAINT-FARGEAU** [89170] ➝ **ÉTYM.** du n. de *saint Férréol** ♦ Ch.-l. de cant. de l'Yonne, arr. d'Auxerre, sur le Loing, en Puisaye. 1 814 hab. *(Fargeaulais)*. Château (XIIIe s., souvent remanié) ayant appartenu à Mlle de Montpensier. Église gothique des XIe, XIIIe et XVe s. (œuvres d'art). Tour de l'Horloge (XVe s.). ▮ **Histoire** Le fief de Saint-Fargeau, qui appartint au XVe s. à Jacques Cœur, fut érigé en duché en 1575 en faveur du dauphin d'Auvergne, François de Bourbon.

**SAINT-FARGEAU-PONTHIERRY** [77310] ♦ Comm. de la Seine-et-Marne, arr. de Melun. 11 224 hab. (aggl. 17 193).

**SAINT-FLORENT** [20217] ♦ Ch.-l. de cant. de la Haute-Corse, arr. de Bastia, au fond du golfe de Saint-Florent. 1 474 hab. *(Saint-Florentins)*. Citadelle génoise. ▪ Station balnéaire. ▪ Aux environs, anc. cathédrale romane Sainte-Marie, achevée v. 1140 (façade pisane), à l'emplacement de l'antique *Nebbio*.

**SAINT-FLORENTIN** [89600] ➝ **ÉTYM.** du n. d'un saint martyrisé en Bourgogne en 406 ♦ Ch.-l. de cant. de l'Yonne, arr. d'Auxerre, dominant le confluent de l'Armance et de l'Armançon, et desservi par le canal de Bourgogne. 5 748 hab. *(Florentinois)*. Église des XIVe - XVIIe s. (vitraux du XVIe s.). ▪ Petit centre indus. Fromages.

**SAINT-FLORENT-LE-VIEIL** [49410] ♦ Ch.-l. de cant. du Maine-et-Loire. 2 623 hab. *(Florentais)*. Anc. abbatiale des XIVe et XVIIIe s. (tombeau de Bonchamp* par David d'Angers). Musée d'histoire locale et des guerres de Vendée. ▮ **Histoire** Combats entre l'armée royaliste et les troupes révolutionnaires en mars 1793.

**SAINT-FLORENT-SUR-CHER** [18400] ♦ Comm. du Cher, arr. de Bourges. 6 900 hab. (aggl. 8 436). *(Florentais)*. Château des XVe - XVIe s.

**SAINT-FLOUR** [15100] ➝ **ÉTYM.** du n. de l'évêque *Florus,* apôtre de l'Auvergne au IVe s. ♦ Ch.-l. d'arr. du Cantal, au bord de la planèze de Saint-Flour, à 881 m d'alt. 6 625 hab. *(Sanflorains)*. Évêché. Cathédrale en basalte de la fin du XVe s. (Christ en bois du XIIe au XVe s.). Musée de la Haute-Auvergne dans l'anc. palais épiscopal (XVIIe s.) : folklore ; archéologie. Musée Alfred-Douët : peintures ; arts décoratifs. ▪ Centre commercial.

**SAINT-FOIX (Georges POULLAIN, comte DE)** ♦ Musicologue français (Paris 1874 - Aix-en-Provence 1954). Élève de V. d'Indy, il fut le cofondateur et le président de la Société française de musicologie. De l'ensemble des travaux qu'il a consacrés aux compositeurs classiques, il convient de retenir sa monumentale monographie, *Mozart, sa vie musicale et son œuvre* (5 vol., 1911 - 1946), conçue en collaboration avec T. de Wyzewa, et dont il écrivit seul les trois derniers volumes.

**SAINT-FONS** [sɛ̃fɔ̃] [69190] ➝ **ÉTYM.** p.-ê. «cinq sources (lat. *fons*)» ♦ Ch.-l. de cant. du Rhône, banl. de Lyon. 15 671 hab. *(Saint-Foniards)*. Chimie.

**SAINT-FRANÇOIS** n. m. ♦ Riv. du Canada (Québec), affl. rive d. du Saint-Laurent au lac Saint-Pierre. 200 km.

**SAINT-FRANÇOIS** [97118] ➝ **ÉTYM.** en l'honneur de *saint François** d'Assise ♦ V. de la Guadeloupe, arr. de Pointe-à-Pitre. 10 659 hab. Site de la Pointe des Châteaux. ▪ Importante activité touristique.

**SAINT-FRANÇOIS-LONGCHAMP** [73130] ♦ Comm. de la Savoie, arr. de Saint-Jean-de-Maurienne. 194 hab. Station de sports d'hiver (1 450 - 2 300 m).

**SAINT-GALL** – en all. ***Sankt Gallen*** ♦ V. de Suisse, ch.-l. de cant., à 12 km au S. du lac de Constance. 70 375 hab. (aggl. 146 385). Évêché. Univ. commerciale. La ville a été construite autour de la cathédrale, reconstruite au XVIIIe s. sur l'emplacement de l'ancienne abbaye ; c'est un des chefs-d'œuvre de l'architecture baroque en Suisse (1755 - 1767). Bibliothèque abbatiale (1758 - 1767). ▪ Centre historique de l'industrie textile en Suisse.

**SAINT-GALL** (canton de) ➝ **ÉTYM.** V. ci-dessous ♦ Cant. du N.-E. de la Suisse. 2 026 km². 461 810 hab., de langue all. et en majorité de rel. catholique. ▪ CH.-L. : Saint-Gall. ▪ Le canton est drainé par le Rhin et la Thur, dont la haute vallée forme la région du Toggenburg. L'économie agricole est essentiellement tournée vers l'élevage laitier et la culture de la vigne et des arbres fruitiers (vallée du Rhin). Saint-Gall est un des principaux centres commerciaux et industriels de la Suisse ; ses industries de broderie et de dentelle, toujours réputées, ont peu à peu laissé la place à la confection, aux filatures et aux manufactures de textile (soie artificielle). Le tourisme tient une place importante dans l'économie du pays (stations thermales et de sports d'hiver). **Histoire** Saint-Gall tire son origine de l'abbaye bénédictine fondée vers 720 sur l'emplacement d'un ermitage bâti en 612 par le missionnaire irlandais Gallus (saint Gall), compagnon de saint Colomban. L'abbaye devint dès le IXe s. un important foyer de littérature et d'art (recherches musicales, scriptorium). La ville s'édifia peu à peu autour de l'abbaye. Elle était gouvernée par les abbés devenus princes du Saint Empire depuis 1206. En 1453, l'abbaye puis la ville s'allièrent à la Confédération helvétique. Avec l'introduction de la Réforme au XVIe s., les moines furent chassés de l'abbaye, mais revinrent après la victoire de Kappel*. Ils durent l'abandonner définitivement lorsque l'Acte de médiation de 1803 constitua le canton de Saint-Gall, qui entra dans la Confédération.

**SAINT-GALMIER** [42330] ← ÉTYM. de *Baldomérus* (du germ. *Waldomar*), ouvrier-serrurier forgeron du VIIe s., canonisé après sa mort ♦ Ch.-l. de cant. de la Loire, arr. de Montbrison. 5 293 hab. (aggl. 6 651) *(Baldomériens)*. Église de style flamboyant des XIVe, XVe, XVIe s. (*Vierge du Pilier* du XVIe s. ; triptyque du XVe s.). Maisons anc. ▪ Eaux minérales (source Badoit).

**SAINT-GAUDENS** [sɛ̃godɛ̃s] [31800] ← ÉTYM. du n. d'un saint martyr du Ve s., qui y est enseveli ♦ Ch.-l. d'arr. de la Haute-Garonne, sur la rive g. de la Garonne. 10 845 hab. (aggl. 13 053) *(Saint-Gaudinois)*. Collégiale romane, remaniée au XIXe s. (chapiteaux historiés ; chœur avec stalles du XVIIe s.). Vestiges du cloître de l'anc. abbaye cistercienne de Bonnefont (XIIe s.). Musée : folklore et traditions populaires. ▪ Marché agricole (bétail). Gisement de gaz naturel de Saint-Marcet*. Usine de cellulose. **Histoire** Cap. du Nébouzan, au Moyen Âge.

**SAINT-GELAIS (Mellin DE)** ♦ Écrivain français (Angoulême 1491 - Paris 1558). Surnommé «Merlin» ou «Mélusin» par ses amis (parmi lesquels on compte Rabelais), Saint-Gelais fut le poète officiel de la cour après l'exil de Marot*. Auteur de poésies de cour et d'épigrammes, il entretint des rapports très tendus avec la Pléiade*, malgré une réconciliation officielle en 1553. Ses œuvres complètes ne furent publiées qu'en 1873.

**SAINT-GÉLY-DU-FESC** [34980] ← ÉTYM. *Gély :* forme occitane de *Gilles*, et *Fesc :* occit. «poste de contrôle, péage» ♦ Comm. de l'Hérault, arr. de Montpellier. 7 625 hab.

**SAINT-GENEST-LERPT** [42530] ← ÉTYM. *Genest :* du n. de *Genesius*, archevêque de Lyon au VIIe s., et *Lerpt :* désigne p.-ê. un sol pauvre ♦ Comm. de la Loire, banl. O. de Saint-Étienne. 5 672 hab.

**SAINT-GENIS-LAVAL** [69230] ← ÉTYM. du n. de *Genesius*, archevêque de Lyon au VIIe s. ♦ Ch.-l. de cant. du Rhône, arr. de Lyon. 19 221 hab. *(Saint-Genois)*. Observatoire astronomique. Pâtes alimentaires.

**SAINT-GENIS-LES-OLLIÈRES** [69290] ← ÉTYM. *Genis :* du n. de *Genesius*, archevêque de Lyon au VIIe s. et *Ollières :* du lat. *olla* «urne, tombeau» ♦ Comm. du Rhône, arr. de Lyon. 4 743 hab.

**SAINT-GENIS-POUILLY** [01630] ← ÉTYM. *Genis :* du n. de *Genesius*, archevêque de Lyon au VIIe s., et *Pouilly :* du lat. *Apolliacum* (le temple du village, sous l'occupation romaine, était p.-ê. dédié à Apollon) ♦ Comm. de l'Ain, arr. de Gex, à la frontière suisse. 6 383 hab.

**SAINT GEORGE** (canal) ♦ Vaste bras de mer entre la Grande-Bretagne et l'Irlande, séparant la mer d'Irlande de l'océan Atlantique.

**SAINT-GEORGES (Joseph BOULOGNE, chevalier DE)** ♦ Compositeur, violoniste et chef d'orchestre français (Basse-Terre, Guadeloupe, v. 1739 - Paris 1799). Mulâtre, il dirigea le Concert des amateurs fondé par Gossec, et fut un des fondateurs du Concert de la Loge olympique. La plupart de ses œuvres (sonates, quatuors à cordes, concertos) parurent entre 1772 et 1779. En 1791, il devint capitaine de la Garde nationale.

**SAINT-GEORGES-DE-DIDONNE** [17110] ♦ Comm. de la Charente-Maritime, arr. de Rochefort. 5 034 hab. *(Saint-Georgeais)*. Station balnéaire sur la rive d. de l'embouchure de la Gironde. ▪ Aux environs, forêt de Suzac.

**SAINT-GEORGES-DE-RENEINS** [69830] ♦ Comm. du Rhône, arr. de Villefranche-sur-Saône. 3 832 hab. Viticulture.

**SAINT-GEORGES-DES-GROSEILLERS** [61100] ♦ Comm. de l'Orne, arr. d'Argentan. 3 259 hab.

**SAINT-GEORGES-D'OLÉRON** [17190] ♦ Comm. de la Charente-Maritime, arr. de Rochefort, dans l'île d'Oléron. 3 287 hab. *(Saint-Georgeais)*. Église romane du XIIe s., restaurée.

**SAINT-GEORGES-D'ORQUES** [34680] ← ÉTYM. du n. de *saint Georges** et de *orcas* désignant des vases gallo-romains en terre cuite ♦ Comm. de l'Hérault, arr. de Montpellier. 4 398 hab.

**SAINT-GEORGES-SUR-BAULCHE** [89000] ♦ Comm. de l'Yonne, banl. O. d'Auxerre. 3 155 hab.

**SAINT-GEORGES-SUR-LOIRE** [49170] ♦ Ch.-l. de cant. du Maine-et-Loire, arr. d'Angers. 3 011 hab. *(Saint-Georgeois)*. Bâtiments (XVIIe s.) d'une anc. abbaye fondée en 1158. ▪ Viticulture. ▪ Aux environs, prieuré de l'Épinay (XVe - XVIIe s.) et château de Serrant (XVIe - XVIIIe s.).

**SAINT-GERMAIN (Claude Louis Robert, comte DE)** ♦ Général et homme politique français (près de Lons-le-Saunier 1707 - Paris 1778). Après avoir successivement combattu pour l'électeur de Bavière, les rois de Prusse, de France et de Danemark, il fut chargé par Turgot* du secrétariat à la Guerre (1775). Il réorganisa l'armée française par d'importantes réformes : suppression des compagnies privilégiées (mousquetaires et grenadiers du roi) et de la vénalité des charges militaires, restauration de la discipline, augmentation des effectifs et accès favorisé aux places d'officiers pour la petite noblesse.

**SAINT-GERMAIN (comte DE)** ♦ Aventurier (mort à Eckernförde, Schleswig-Holstein en 1784) qui fut célèbre en France entre 1750 et 1760. Il étonna les salons et la cour par sa prodigieuse mémoire, ses talents de conteur et ses pratiques de spiritisme. Il prétendait vivre depuis l'époque de Jésus-Christ.

**SAINT-GERMAIN-DES-FOSSÉS** [03260] ← ÉTYM. *Germain :* du n. de l'évêque d'Auxerre et *Fossés :* en raison des fossés formés par l'Allier et le Mourgon qui entouraient de trois côtés la cité et le château qui la défendait ♦ Comm. de l'Allier, arr. de Vichy. 3 686 hab. (aggl. 4 615) *(Saint-Germanois)*. Nœud ferroviaire.

**Saint-Germain-des-Prés** (abbaye de) ♦ Anc. abbaye de Paris. Fondée par Childebert (v. 550) sur la rive g. de la Seine, elle prit ensuite le nom de saint Germain, évêque de Paris, dont elle avait reçu la sépulture en 576, et fut rattachée au VIIe s. à la règle de saint Benoît. Ruiné par les Normands au IXe s., réédifié au début du XIe s., puis uni à la congrégation de Saint-Maur (1631 à 1790), le monastère prospéra et fut le centre de remarquables travaux d'érudition. → **Mabillon, Montfaucon.** Sous la Révolution, l'église fut fermée et une partie des bâtiments convertie en prison. → **Abbaye (prison de l').** L'incendie de 1794 détruisit le réfectoire de Pierre* de Montreuil (1239). Sur l'enclos de l'abbaye ne subsistent que le palais abbatial (édifié en 1586) et l'église (en partie romane), une des plus anciennes de Paris.

**Saint-Germain-des-Prés** (église de) ♦ Église de Paris. Édifiée de 990 à 1014 (→ **Saint-Germain-des-Prés [abbaye de]**), elle conserve un des plus anciens clochers de Paris, une nef et un transept romans, ainsi que de beaux chapiteaux (au musée de Cluny*). Le chœur (1163) et l'abside appartiennent au début du gothique, tandis que les massifs arcs-boutants qui épaulent le chevet de la fin du XIIe s. Très remanié au XVIIe s. et gravement endommagé à la Révolution, l'édifice fut restauré au XIXe s. et décoré de fresques par Hippolyte Flandrin*. Il renferme les dalles funéraires de Descartes, Boileau, Mabillon et Montfaucon.

**SAINT-GERMAIN-DU-CORBÉIS** [61000] ♦ Comm. de l'Orne, banl. d'Alençon. 4 020 hab.

**SAINT-GERMAIN-DU-PUY** [18390] ♦ Comm. du Cher, banl. E. de Bourges. 5 007 hab.

**SAINT-GERMAIN-EN-LAYE** [ɑ̃lɛ] [78100] ← ÉTYM. *Germain :* du n. de *saint Germain**, évêque de Paris et *Laye :* du germ. *laida* «trouée dans une forêt ; chemin forestier» ♦ Ch.-l. d'arr. des Yvelines, sur un plateau dominant la Seine au S. de la forêt domaniale de Saint-Germain. 38 423 hab. *(Saint-Germanois)*. Le château, reconstruit sous François Ier par Pierre Chambiges*, conserve le donjon de Charles V et la sainte chapelle de Saint Louis. Louis XIV et sa cour séjournèrent à Saint-Germain jusqu'en 1682 ; le roi fit agrandir le château par Mansart, Le Nôtre dessina le parterre et la célèbre terrasse. Napoléon III entreprit la restauration du château, qui abrite depuis 1867 le musée des Antiquités nationales (coll. gallo-romaines). Du château Neuf, construit pour Henri II sur les plans de Philibert Delorme, il ne reste aujourd'hui que le pavillon Henri-IV et le pavillon de Sully ; Louis XIV est né dans ce château. Dans la ville, l'église néoclassique Saint-Louis (XVIIIe - XIXe s.) renferme le mausolée de Jacques II d'Angleterre. Hôtels anc. Musée départemental du Prieuré : œuvres de Maurice Denis ; coll. des mouvements symboliste et nabi. Musée municipal : *L'Escamoteur* de J. Bosch ; œuvres flamandes des XVIIe et XVIIIe s. ; gravures. ▪ Cité résidentielle. ♦ ***Paix de Saint-Germain*** Signée le 8 août 1570 par Catherine de Médicis, elle mit fin à la troisième guerre de Religion. Les protestants étaient amnistiés, on leur accordait la liberté de conscience, de culte ; ils étaient admis à tous les emplois publics ; on leur attribuait des places de sûreté : La Rochelle, Montauban, Cognac, La Charité. Cette paix n'aboutit pas, mais ses clauses furent reprises dans l'édit de Nantes*. ♦ ***Édit de Saint-Germain*** Il fut signé le 21 fév. 1641 par Richelieu qui limitait strictement les attributions du Parlement au droit de remontrance. ♦ ***Traité de Saint-Germain*** Signé le 10 sept. 1919 entre l'Autriche et les Alliés après la Première Guerre mondiale, il imposait de nouvelles frontières à l'Autriche* et restreignait ses forces militaires. L'Anschluss, union de l'Allemagne et de l'Autriche, était interdit sans le consentement de la Société des Nations. L'Autriche devait payer des réparations de guerre. → **Guerre mondiale (Première).**

**Saint-Germain-l'Auxerrois** (église) ♦ Anc. paroisse des rois de France, située à Paris, en face de la colonnade du Louvre. Édifiée au VIIe s., ravagée par les Normands au IXe s., reconstruite au XIIe s., l'église conserve un clocher roman, un chœur et une abside gothiques (déb. XIIIe s.) tandis que le porche (1435 - 1439), la nef et le transept sont de pure facture flamboyante. Profondément remanié au XVIe s., l'édifice reçut un jubé dû à Pierre

Lescot (1539 - 1544) dont ne subsistent que des bas-reliefs de J. Goujon (au Louvre). La tour-beffroi de style gothique, reliant l'église à la mairie du 1er arr., date du XIXe s. ▪ Le signal de la Saint*-Barthélemy aurait été donné par la cloche de cette église.

**SAINT-GERMAIN-LÈS-ARPAJON** [91180] ♦ Comm. de l'Essonne, banl. E. d'Arpajon. 8 227 hab.

**SAINT-GERMAIN-LÈS-CORBEIL** [91250] ♦ Comm. de l'Essonne, arr. d'Évry, banlieue N.-E. de Corbeil-Essonnes. 7 051 hab.

**SAINT-GERMER-DE-FLY** [60850] → ÉTYM. du n. de *saint Germer,* fondateur et 1er abbé de l'abbaye au VIIe s. (V. ci-dessous) ♦ Comm. de l'Oise, arr. de Beauvais. 1 761 hab. *(Gérémarois).* D'une ancienne abbaye subsistent une église construite entre 1150 et 1175, spécimen du style gothique primitif, et une sainte-chapelle construite au XIIIe s., sur le modèle de celle de Paris.

**SAINT-GERVAIS-LES-BAINS** [74170] ♦ Ch.-l. de cant. de la Haute-Savoie, arr. de Bonneville, sur le Bonnant. 5 276 hab. *(Saint-Gervolains).* Station d'altitude et de sports d'hiver (807 - 2 150 m). Station thermale.

**SAINT-GHISLAIN** ♦ V. de Belgique (Région wallonne), prov. de Hainaut, arr. de Mons, sur la Haine. 22 536 hab. La ville, bombardée en 1944, a été reconstruite. Vers le N., la commune s'étend sur le bas-plateau du Hainaut occidental, où plusieurs grandes fermes en carré présentent un intérêt architectural (par ex. à Sirault). ▪ Indus. chimiques. Céramique. Construc. métallique. Fabriques de meubles. Anc. houillères. Bâtiment et travaux publics.

**SAINT-GILDAS** [ʒilda] (pointe de) ♦ Cap de la côte atlantique, au S. de Saint-Nazaire, dans le dép. de la Loire-Atlantique.

**SAINT-GILDAS-DE-RHUYS** [sɛ̃ʒildadəʀɥis] [56730] → ÉTYM. du n. de *saint Gildas** et de *Rhuys** ♦ Comm. du Morbihan, arr. de Vannes, dans la presqu'île de Rhuys. 1 436 hab. *(Gildasiens).* Anc. abbatiale des XIe, XVIe et XVIIe s. : chœur et transept romans renfermant le tombeau (XIe s.) et les reliquaires (XVe s.) de saint Gildas. ▪ Station balnéaire. ▮ **Histoire** Le monastère, fondé au VIe s. par saint Gildas, compta Abélard* parmi ses abbés (1140).

**SAINT-GILDAS-DES-BOIS** [44530] → ÉTYM. du n. de *saint Gildas** ♦ Ch.-l. de cant. de la Loire-Atlantique, arr. de Saint-Nazaire. 3 059 hab. *(Gildasiens).* Anc. abbatiale des XIIe - XIIIe s., remaniée au XIXe s. (mobilier du XVIIIe s.), vitraux du début du XXIe s.

**SAINT-GILLES** – en néerl. ***Sint-Gillis*** ♦ Comm. de Belgique (Région de Bruxelles-Capitale). 44 767 hab. Sièges sociaux de sociétés.

**SAINT-GILLES** [30800] → ÉTYM. du n. de *saint Gilles** qui y est mort ♦ Ch.-l. de cant. du Gard, arr. de Nîmes, sur le front de la Costière de Saint-Gilles au pied de laquelle passe le canal du Rhône à Sète. 11 626 hab. *(Saint-Gillois).* Anc. monastère bénédictin édifié à l'emplacement du tombeau de saint Gilles* : l'église (XIe s., très mal restaurée au XVIIe s.) possède une façade au remarquable décor sculpté (milieu du XIIe s.), attestant l'influence de l'Antiquité en Provence, une crypte à voûtes d'ogives et un escalier voûté remarquable, dit «vis de saint-Gilles». Musée lapidaire dans une maison du XIIe s. ▪ Conserveries.

**SAINT-GILLES** [35590] → ÉTYM. du n. de *saint Gilles** ♦ Comm. de l'Ille-et-Vilaine, arr. de Rennes. 3 463 hab.

**SAINT-GILLES-CROIX-DE-VIE** [85800] ♦ Ch.-l. de cant. de la Vendée, arr. des Sables-d'Olonne. 6 797 hab. (aggl. 19 982) *(Gillocruciens).* Port de pêche et de plaisance. Station balnéaire. Conserveries de poissons. Marais salants. Construc. de bateaux de plaisance.

**SAINT-GIRONS** [ʒiʀɔ̃] [09200] → ÉTYM. du n. d'un guerrier vandale, baptisé par saint Sever et tué par un Wisigoth, qui y est enterré ♦ Ch.-l. d'arr. de l'Ariège, sur le Salat. 6 254 hab. (aggl. 9 484) *(Saint-Gironnais).* Indus. diversifiées. ▮ **Histoire** La ville de Saint-Girons est composée de deux anc. faubourgs : Bourg-sur-Vic, capitale du Couserans*, fondé au Xe s. ; Villefranche, anc. bastide du XIIIe s.

**SAINT-GOBAIN** [02410] → ÉTYM. du n. de *saint Goban,* moine irlandais qui y découvrit une source miraculeuse et y mourut en 670, tué par des Barbares ♦ Comm. de l'Aisne, arr. de Laon, dans la *forêt de Saint-Gobain.* 2 340 hab. *(Gobanais).* Siège de la Manufacture royale de glaces de France fondée en 1665, transformée en 1830 en société anonyme sous le nom de Compagnie de Saint-Gobain et devenue auj. l'une des premières entreprises mondiales de produits chimiques, de matériaux de construction et de travaux publics.

**SAINT-GOND** (marais de) ♦ Traversés par le Petit Morin (près de Sézanne) sur une longueur de 18 km et une largeur de 4 km, ces marais furent le théâtre d'une victoire décisive remportée par Foch en 1914 lors de la bataille de la Marne.

**SAINT-GOTHARD** ou **GOTHARD** n. m. – en all. ***Sankt Gotthard*** → ÉTYM. du n. de *saint Gothard,* évêque de Hildesheim, à qui sont dédiés une chapelle et un hospice voisins ♦ Massif des Alpes suisses situé entre les cant. du Valais, de Berne, de Glaris et du Tessin. Il culmine au Pizzo-Rotondo à 3 192 m d'alt. ♦ ***Col du Saint-Gothard*** Il relie la haute vallée de la Reuss (bassin d'Andermatt) à celle du Tessin à 2 108 m d'alt. ▪ Un tunnel ferroviaire de 14,9 km, emprunté par la ligne Bâle-Milan, complète ce passage du Saint-Gothard qui constitue la principale voie commerciale et touristique reliant le nord et le centre de la Suisse au Tessin et à l'Italie. Depuis 1980, un tunnel routier, théâtre d'un gigantesque incendie dû à un accident entre poids lourds en 2001, relie la Suisse alémanique au Tessin. Un nouveau tunnel ferroviaire, long de 57 km, qui améliorera sous le Saint-Gothard les liaisons entre le nord de l'Europe et l'Italie, est en cours de percement.

**SAINT-GOTTHARD** – en hongr. ***Szentgotthárd*** ♦ Localité de Hongrie occidentale, sur la Rába. 9 043 hab. ▪ Victoire éclatante remportée en 1664 par Montecuccoli*, à la tête de l'armée impériale, sur les Turcs.

**SAINT-GRATIEN** [gʀasjɛ̃] [95210] → ÉTYM. du n. d'un jeune berger chrétien, martyrisé au Ve s., dont une relique est conservée dans l'église ♦ Ch.-l. de cant. du Val-d'Oise, arr. de Sarcelles, situé au bord du lac d'Enghien. 19 226 hab. *(Gratiennois).* Château où mourut Catinat*. ▪ La princesse Mathilde, cousine de Napoléon III, y résida, réunissant fréquemment écrivains et artistes.

**SAINT-GRÉGOIRE** [35760] → ÉTYM. nommé en l'honneur du pape *saint Grégoire** Ier le Grand ♦ Comm. de l'Ille-et-Vilaine, banl. N.-O. de Rennes. 7 644 hab.

**SAINT-GUÉNOLÉ** → ÉTYM. du n. de *saint Guénolé** ♦ Station balnéaire du Finistère (comm. de Penmarch), au N. de la pointe de Penmarch. Musée préhistorique dépendant de l'université de Rennes. Site pittoresque (rochers). ▪ Port de pêche.

**SAINT-GUILHEM-LE-DÉSERT** [gilɛm] [34150] → ÉTYM. du n. de saint *Guillaume** d'Orange (V. ci-dessous) ♦ Comm. de l'Hérault, arr. de Montpellier, dans la gorge du Verdus, affl. de l'Hérault. 245 hab. *(Sauta Rocs).* Le village doit son origine à une abbaye bénédictine, fondée en 804 par Guillaume (ou Guilhem), comte de Toulouse et duc d'Aquitaine (→ **Guillaume d'Orange** [saint]) ; elle fut dévastée pendant les guerres de Religion. Abbatiale (XIe - XIIe s.). Cloître du XIe s. dont une partie des sculptures et des colonnes se trouve au musée des Cloîtres à New* York. Musée lapidaire. Maisons romanes. Restes de l'enceinte. Sur les hauteurs, ruines d'un château du XIIe s.

**SAINT-HÉAND** [42570] → ÉTYM. du n. d'un abbé de Condat, au VIe s. ♦ Ch.-l. de cant. de la Loire, arr. de Saint-Étienne. 3 722 hab. *(Héandais).* Optique.

**SAINT HELENS** ♦ V. d'Angleterre (Merseyside), à l'E. de Liverpool. 176 845 hab. Un des centres mondiaux de l'indus. du verre (vitres, bouteilles) avec l'entreprise Pilkington.

**SAINT HELENS** (mont) ♦ Volcan de la chaîne des Cascades, dans l'O. des États-Unis (2 549 m). L'éruption de 1980 provoqua un écroulement de flanc et une avalanche de débris qui dévasta 600 km² et fit 57 victimes. Dans le cratère en fer à cheval qui en résulta, un dôme de lave apparut ensuite. Une autre éruption, beaucoup moins violente, a débuté en 2004.

**SAINT-HÉLIER** → ÉTYM. du n. d'un ermite mort décapité à Jersey ♦ Ch.-l. de Jersey, sur la côte S. de l'île. 30 000 hab. Princ. port de l'île, Saint-Hélier vit du tourisme et de la vente hors taxe de produits de luxe. Sièges sociaux de nombreuses sociétés et banques attirées par le régime fiscal.

**SAINT-HERBLAIN** [44800] → ÉTYM. du n. de *saint Hermeland,* moine bénédictin mort en 720 ♦ Ch.-l. de cant. de la Loire-Atlantique, banl. O. de Nantes. 43 726 hab. *(Herblinois).* Stylos.

**SAINT-HILAIRE (Étienne GEOFFROY) → Geoffroy Saint-Hilaire (Étienne)**

**SAINT-HILAIRE** [11250] → ÉTYM. du n. du 1er évêque de Carcassonne, qui fonda une abbaye en 550 dans le village ♦ Ch.-l. de cant. de l'Aude, arr. de Limoux. 699 hab. *(Saint-Hilairois).* Ancien siège d'une abbaye bénédictine. Église romane, très remaniée (sarcophage de saint Sernin par le maître de Cabestany, XIIe s.). Cloître gothique (XIVe s.). ▪ Viticulture (blanquette de Limoux).

**SAINT-HILAIRE-DE-BRETHMAS** [30560] → ÉTYM. *Brethmas* : p.-ê. de *Britto,* n. de pers., et lat. *mansus* «ferme» ♦ Comm. du Gard, arr. d'Alès. 3 619 hab.

**SAINT-HILAIRE-DE-LOULAY** [85600] → ÉTYM. du n. de *saint Hilaire** de Poitiers ♦ Comm. de la Vendée, arr. de la Roche-sur-Yon. 3 569 hab. Meubles.

**SAINT-HILAIRE-DE-RIEZ** [85270] ♦ Comm. de la Vendée, arr. des Sables-d'Olonne. 8 761 hab. Église reconstruite au XIXe s. (retables du XVIIIe s.). Ébénisterie.

**SAINT-HILAIRE-DU-HARCOUËT** [50600] → ÉTYM. *Harcouët* : du germ. *Hasculfus,* n. de pers. ♦ Ch.-l. de cant. de la Manche, arr. d'Avranches. 4 368 hab. (aggl. 6 073) *(Saint-Hilairiens).* Marché.

**SAINT-HIPPOLYTE** [25190] → ÉTYM. du n. de *saint Hippolyte** ♦ Ch.-l. de cant. du Doubs, arr. de Montbéliard, au confluent du Doubs et du Dessoubre. 1 045 hab. *(Saint-Hippolytains).*

**SAINT-HIPPOLYTE-DU-FORT** [30170] ♦ Ch.-l. de cant. du Gard, arr. du Vigan, au confluent du Vidourle et de l'Argentesse. 3 391 hab. *(Cigalois).* Restes de murailles (porte de la Tour ; tour Saint-Louis). Maisons (XVIIe - XVIIIe s.). ▪ Aux environs, grottes et avens. ▪ Viticulture. Chaussures.

**SAINT-HONORAT** (île) ◆ **ÉTYM.** du n. de *saint Honorat** ♦ Île du groupe des îles de Lérins* (Alpes-Maritimes), où se trouve un monastère fondé par saint Honorat (fin du IVe s.). Bâtiments du XIVe au XVIIe s. (anc. monastère fortifié) encadrés par des constructions du XIXe s.

**SAINT-HONORÉ-LES-BAINS** [58360] ♦ Comm. de la Nièvre, arr. de Château-Chinon, à la lisière S.-O. du Morvan. 763 hab. *(Saint-Honoréens)*. Station thermale sur l'emplacement de l'antique *Aquae Nisinaei*.

**SAINT-HUBERT** ♦ V. de Belgique (Région wallonne), prov. de Luxembourg, arr. de Neufchâteau. 5 737 hab. Basilique Saint-Hubert (fondée sur l'emplacement d'une abbaye bénédictine remontant à 687) reconstruite en gothique flamboyant (1526 - 1564). Église Saint-Gilles (1064, restaurée en 1950). Les forêts fournissaient le combustible (charbon de bois) au complexe métallurgique du Fourneau-Saint-Michel (XVIIIe s.). Musée du Fer ; musée en plein air de la Vie rurale wallonne. ▪ Élevage bovin et porcin. Tourisme.

**SAINT-HUBERT** ♦ V. du Canada (Québec), dans la grande banlieue E. de Montréal, sur la rive d. du Saint-Laurent, fusionnée dans Longueuil. Centre industriel et résidentiel. Base aérienne.

**SAINT-HYACINTHE** ♦ V. du Canada (Québec), sur la Yamaska, à l'E. de Montréal. 51 616 hab. (aggl. 55 823). Centre commercial d'une riche région agricole. Indus. agroalimentaire.

**SAINT-IMIER** ♦ V. de Suisse (cant. de Berne), sur la rive g. de la Suze. 4 806 hab. Horlogerie.

**SAINT-ISMIER** [38330] ◆ **ÉTYM.** du n. d'un saint suisse ♦ Ch.-l. de cant. de l'Isère, arr. de Grenoble. 5 935 hab. Indus. électronique.

**SAINT-JACQUES-DE-COMPOSTELLE** – en esp. ***Santiago de Compostela*** ◆ **ÉTYM.** du n. de saint *Jacques** le Majeur et lat. *Campus stellae* « le champ de l'étoile » ♦ V. d'Espagne, cap. de la Communauté autonome de Galice, prov. de La Corogne. 93 712 hab. Siège d'un important évêché et métropole religieuse de l'Espagne. Univ. fondée en 1532. Vaste cathédrale romane (XIIe s.) richement sculptée, l'un des plus intéressants monuments de la péninsule Ibérique. Palais archiépiscopal (XIIe s.), Hospital Real fondé par les Rois Catholiques (XVIe s.), nombreuses églises et couvents. ▮ **Histoire** Selon la légende, saint Jacques* le Majeur y aurait été miraculeusement déposé. Un tombeau lui fut édifié, auprès duquel une ville se fonda. Au Moyen Âge, Saint-Jacques devint un centre de pèlerinage très fréquenté. Les principaux itinéraires étaient la route de Paris (Aix-la-Chapelle, Paris, Bordeaux), de Bourgogne (Vézelay, Limoges, Bazas), d'Auvergne (Clermont, Moissac) empruntant le col de Roncevaux*, tandis que la route du Midi (Arles, Saint-Gilles, Toulouse) passait par le Somport*. Ces routes étaient jalonnées de monastères.

**Saint-Jacques-de-Compostelle.** *Retour des pèlerins de Compostelle*, in « Heures de la duchesse de Bourgogne », v. 1450. Musée Condé, Chantilly. *BIS/Phot. Hubert Josse © Archives Larbor*

**SAINT-JACQUES-DE-LA-LANDE** [35136] ♦ Comm. de l'Ille-et-Vilaine, banlieue S.-O. de Rennes. 7 582 hab. *(Jacquolandins)*. Aéroport de Rennes.

**SAINT-JACUT-DE-LA-MER** [22750] ◆ **ÉTYM.** de *Jacut*, saint bret. du Ve s. (du lat. *Jacobus* « Jacques ») ♦ Comm. des Côtes-d'Armor, arr. de Dinan, sur une étroite presqu'île. 871 hab. *(Jaguens)*. Petit port de pêche. Station balnéaire.

**SAINT-JEAN** (lac) ♦ Lac du Canada (Québec), qui se déverse par le Saguenay* dans le Saint-Laurent. 1 040 km².

**SAINT-JEAN** (rivière) – en angl. ***Saint John*** ♦ Fl. des États-Unis (Maine) et du Canada (Nouveau-Brunswick) qui se jette dans la baie de Fundy, après des chutes. 720 km.

**SAINT-JEAN** – en angl. ***Saint John*** ♦ V. du Canada (Nouveau-Brunswick), à l'embouchure de la rivière Saint-Jean sur la baie de Fundy. 68 043 hab. (zone urbaine 122 389). Port actif, notamment en hiver, les eaux restant libres. Indus. du bois, raffineries de pétrole. Pisciculture (saumons, truites).

**SAINT-JEAN** [31240] ♦ Comm. de la Haute-Garonne, banl. N.-E. de Toulouse. 8 362 hab.

**SAINT-JEAN-BONNEFONDS** [42650] ◆ **ÉTYM.** de *saint Jean*-Baptiste et *Bonnefonds* « bonne fontaine » ♦ Comm. de la Loire, banl. N.-E. de Saint-Étienne. 6 089 hab.

**SAINT-JEAN-CAP-FERRAT** [06230] ♦ Comm. des Alpes-Maritimes, arr. de Nice, sur la péninsule du cap Ferrat. 1 895 hab. *(Saint-Jeannois)*. Villa-musée « Île-de-France ». (coll. Ephrussi de Rothschild ; jardins). Station hivernale et estivale.

**SAINT-JEAN-D'ACRE** ♦ Forteresse des croisés, dans l'anc. royaume de Jérusalem. Prise par Baudouin Ier en 1104, enlevée par Saladin en 1187, elle fut réoccupée en 1191 par les croisés qui la gardèrent jusqu'en 1291, date de sa prise par les mamelouks. → **Acre.**

**SAINT-JEAN-D'ANGÉLY** [17400] ◆ **ÉTYM.** V. ci-dessous ♦ Ch.-l. d'arr. de la Charente-Maritime, sur la Boutonne. 7 681 hab. *(Angériens)*. Vestiges de l'anc. abbatiale (XIIe s.), reconstruite au XVIIIe s. (façade classique encadrée de deux tours). Beffroi du XVe s. Maisons des XVIe - XVIIe s. Hôtel des XVIIe - XVIIIe s. Musée : archéologie ; histoire locale ; évocation de la Croisière noire et de la Croisière* jaune. ▪ Centre commercial (eaux-de-vie). Indus. alimentaires. Menuiserie, imprimerie. ▮ **Histoire** La ville a son origine dans une abbaye bénédictine fondée au IXe s. et qui fut durant tout le Moyen Âge l'objet d'un important pèlerinage : elle passait pour détenir les reliques du chef de saint Jean Baptiste. Saint-Jean-d'Angély fut au XVIe s. un centre calviniste actif. Assiégée, puis prise en 1569 par Charles IX, la ville vit ses fortifications rasées par Louis XIII après un soulèvement (1621).

**SAINT-JEAN-D'AULPS** [74430] ♦ Comm. de la Haute-Savoie, arr. de Thonon-les-Bains, sur la Drance. 1 022 hab. Ruines d'une anc. abbatiale cistercienne (XIIe - XIIIe s.). ▪ Station de sports d'hiver (900 - 1 800 m).

**SAINT-JEAN-DE-BOISEAU** [44640] ♦ Comm. de la Loire-Atlantique, arr. de Nantes, sur la Loire. 4 562 hab.

**SAINT-JEAN-DE-BOURNAY** [38440] ♦ Ch.-l. de cant. de l'Isère, arr. de Vienne. 3 857 hab. *(Saint-Jeannais)*. Construc. électriques.

**SAINT-JEAN-DE-BRAYE** [45800] ♦ Ch.-l. de cant. du Loiret, banl. E. d'Orléans. 17 758 hab. Cosmétiques.

**SAINT-JEAN-DE-LA-RUELLE** [45140] ♦ Ch.-l. de cant. du Loiret, banl. O. d'Orléans. 16 560 hab. *(Stéoruellans)*. Indus. diversifiée.

**SAINT-JEAN-DE-LOSNE** [-lon] [21170] ♦ Ch.-l. de cant. de la Côte-d'Or, arr. de Beaune, sur la rive d. de la Saône, en aval du confluent de l'Ouche, à l'origine du canal de Bourgogne et en aval du point de départ du canal du Rhône au Rhin. 1 257 hab. (aggl. 4 250) *(Saint-Jean-de-Losnais)*. Port fluvial. ▮ **Histoire** Ancienne place forte, Saint-Jean-de-Losne soutint en 1636 un siège contre les Impériaux de M. Gallas* alors que la Saône servait de frontière entre la France et l'Empire. Cette héroïque résistance lui valut le surnom de *Belle-Défense*.

**SAINT-JEAN-DE-LUZ** [-lyz] [64500] ◆ **ÉTYM.** en basque *Donibane Lohitzun* ; *Luz* : de *lohitza* « ensemble vaseux » ♦ Ch.-l. de cant. des Pyrénées-Atlantiques, arr. de Bayonne, sur la Nivelle. 13 247 hab. *(Luziens)*. Église ancienne de style basque (galeries de bois) dans laquelle fut célébré le 9 juin 1660 le mariage de Louis XIV et de Marie-Thérèse. Maison de l'Infante (XVIIe s.). ▪ Station balnéaire. Port de pêche (sardine, thon, anchois). Équipements de sport.

**SAINT-JEAN-DE-MAURIENNE** [73300] ♦ Ch.-l. d'arr. de la Savoie, au confluent de l'Arc et de l'Arvan. 8 902 hab. (aggl. 9 846) *(Saint-Jeannais)*. Cathédrale Saint-Jean dont la nef date du XIIe s. ; le chœur (XVe s.) contient plusieurs œuvres d'art gothiques (sculptures sur bois) ; cloître gothique flamboyant du XVe s. Maisons anc. ▪ Aluminium. Centrale hydroélectrique sur l'Arc. ▮ **Histoire** Ce fut autrefois la capitale de la Maurienne*.

**SAINT-JEAN-DE-MONTS** [85160] ♦ Ch.-l. de cant. de la Vendée, arr. des Sables-d'Olonne. 6 886 hab. (aggl. 10 224) *(Montois)*. Station balnéaire.

**SAINT-JEAN-DE-VÉDAS** [34430] ♦ Comm. de l'Hérault, banl. S.-O. de Montpellier. 8 056 hab.

**SAINT-JEAN-D'ILLAC** [33127] ♦ Comm. de la Gironde, arr. de Bordeaux. 5 213 hab. Indus. aéronautique.

**SAINT-JEAN-DU-GARD** [30270] ♦ Ch.-l. de cant. du Gard, arr. d'Alès, dans les Cévennes, sur le Gardon de Saint-Jean. 2 563 hab. *(Saint-Jeannois)*. Tour de l'horloge romane. Pont (XVIIe s.), reconstruit. Musée des Vallées cévenoles. ▪ Station estivale.

**SAINT-JEAN-EN-ROYANS** [26190] ♦ Ch.-l. de cant. de la Drôme, arr. de Valence, dans le Vercors. 2 895 hab. *(Saint-Jeannais)*. Dans l'église, boiseries du XVIIIe s. provenant de l'anc. chartreuse de Bouvante. ▪ Travail du bois. Centre d'excursions.

**SAINT-JEAN-LE-BLANC** [45650] ♦ Ch.-l. de cant. du Loiret, banl. S. d'Orléans. 8 493 hab.

**SAINT-JEANNET** [06640] ♦ Comm. des Alpes-Maritimes, arr. de Grasse. 3 594 hab. Viticulture.

**SAINT-JEAN-PIED-DE-PORT** [64220] ➝ ÉTYM. «Saint-Jean au pied du col (de Roncevaux)» ♦ Ch.-l. de cant. des Pyrénées-Atlantiques, arr. de Bayonne, sur la Nive. 1 417 hab. (aggl. 3 789) *(Saint-Jeannais)*. Le nom rappelle que la ville est située au pied du fameux col ou *port* de Roncevaux*. Murailles du XVe s. Citadelle du XVIIe s. Maisons et hôtels anc. ▪ Tourisme.

**SAINT-JEAN-SUR-RICHELIEU** ♦ V. du Canada (Québec) au S.-E. de Montréal. 87 492 hab. Centre indus. (métall. ; indus. textiles) ; haute technologie.

**SAINT-JEOIRE** [ʒwaʀ] [74490] ➝ ÉTYM. du gréco-lat. *Georgius* «Georges» ♦ Ch.-l. de cant. de la Haute-Savoie, arr. de Bonneville, dans le Faucigny. 2 749 hab. *(Saint-Jeoiriens)*. Station estivale et hivernale (585 - 1 500 m).

**SAINT-JÉRÔME** ♦ V. du Canada (Québec), au N.-O. de Montréal. 63 729 hab. Centre résidentiel et industriel.

**SAINT-JOACHIM** [44720] ♦ Comm. de la Loire-Atlantique, arr. de Saint-Nazaire. 3 772 hab. S'étendant sur les îles de Brécun et de Pendille, la commune est le centre du parc naturel régional de Brière*. (Maison du parc dans l'île de Fédrun.)

**SAINT-JOHN PERSE (Alexis LEGER, dit Alexis Saint-Leger Leger, puis)** ➝ ÉTYM. p.-ê. après avoir lu dans le *Grand Larousse du XIXe s.* que l'article *Saint-Léger* suivait immédiatement un article *Saint-John (Percy)* ♦ Diplomate et poète français (Pointe-à-Pitre 1887 - Giens 1975). Descendant de colons français établis aux Antilles depuis la fin du XVIIe s., il fit ses études à Pointe-à-Pitre, puis à Pau et à Bordeaux ; il y écrivit les *Images à Crusoë* (1904), suivies d'*Éloges* qui disent la nostalgie de son enfance passée dans la plantation familiale. La rencontre de Paul Claudel, chez Francis Jammes, à Orthez (1905), encouragea ses premiers essais poétiques et l'orienta bientôt vers la carrière diplomatique. Cependant il s'était lié d'amitié avec le groupe des écrivains de la NRF, Larbaud, Fargue, Valéry et Gide qui fit éditer, par les soins de Gaston Gallimard, un recueil de ses premières œuvres, *Éloges* (poème écrit en 1907, publié en 1911). Entré aux Affaires étrangères (1914), il fut successivement secrétaire d'ambassade à Pékin (1916 - 1921), directeur du cabinet diplomatique d'Aristide Briand (1925 - 1932), puis secrétaire général du ministère des Affaires étrangères (1933 - 1940). Ennemi farouche du nazisme, il fut destitué par le régime de Vichy, et s'établit aux États-Unis, se consacrant à nouveau au voyage, à l'étude et à la poursuite de son œuvre d'écrivain. Rétabli dans la dignité d'ambassadeur, il ne regagna la France qu'en 1957. Philosophe et historien, mais aussi géologue, naturaliste et ethnologue, esprit curieux de musique autant que d'archéologie, Saint-John Perse a édifié, à l'écart des milieux littéraires, une œuvre poétique monumentale par la noblesse de son ambition et la splendeur de son langage. Indifférente à toute transcendance, elle exprime pourtant, à travers le foisonnement de ses images, l'ampleur de ses visions et la grandeur de ses mythes, une persistante nostalgie du sacré. Véritable inventaire du monde, elle en traduit la beauté luxuriante dans une langue riche en vocables rares et en métaphores étranges et précieuses. Dans la forme du verset claudélien et de la litanie, elle s'élève spontanément au ton de l'épopée, célébrant tour à tour les joies d'une enfance heureuse et l'appel du large *(Éloges)*, la gloire de la terre et des pouvoirs de l'homme *(Anabase**, 1924), après le dénuement et la solitude, la reconquête de l'être et l'espoir *(Exil*, 1942, augmenté en 1944 des poèmes «Pluies», «Neige», et «Poèmes à l'Étrangère»), la pérennité du poème et la grandeur de l'action *(Vents*, 1946), les fabuleuses richesses de la mer et de l'amour *(Amers**, 1957), l'éternité radieuse de la terre et de l'homme, vainqueur du temps *(Chronique*, 1960). Le recueil *Oiseaux*, qui marque sa collaboration avec Braque*, parut en 1962. En 1975, furent réunis sous le titre *Chant pour un équinoxe* les derniers poèmes de Saint-John Perse *(Chanté par celle qui fut là*, 1969 ; *Chant pour un équinoxe*, 1971 ; *Nocturne*, 1973 ; *Sécheresse*, 1974). [Prix Nobel de littér. 1960]

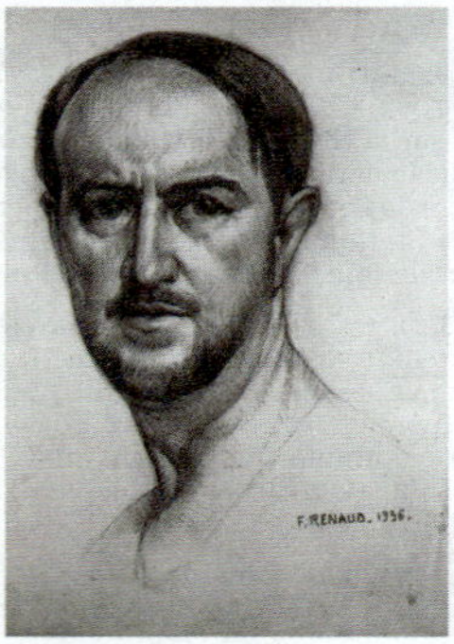

**Saint-John Perse.**
Portrait par F. Renaud, 1936. Coll. part. *BIS/Phot. L. Joubert © Archives Larbor*

**SAINT JOHN'S** – en fr. ***Saint-Jean*** ➝ ÉTYM. du n. de *saint Jean*-Baptiste, saint du jour où le site fut découvert ♦ V. du Canada, cap. de la prov. de Terre-Neuve-et-Labrador, dans la péninsule d'Avalon. 100 646 hab. (zone urbaine 181 113). La ville possède un port bien protégé ; elle est entourée de collines et ses environs forment une des rares zones agricoles de l'île. Son rôle économique est essentiel à Terre-Neuve (transports aériens, ferroviaires, routiers et surtout maritimes ; centre commercial). ▮ **Histoire** Le port était déjà utilisé en 1527 par les bateaux de pêche anglais, français et portugais ; un établissement permanent y fut créé au début du XVIIe s.

**SAINT-JORIOZ** [74410] ➝ ÉTYM. du n. de *saint Jore* qui y fonda un monastère au IXe s. ♦ Comm. de la Haute-Savoie, arr. d'Annecy. 5 002 hab.

**SAINT-JORY** [31790] ♦ Comm. de la Haute-Garonne, arr. de Toulouse, sur le canal latéral à la Garonne. 4 069 hab.

**SAINT-JOSEPH** [97212] ➝ ÉTYM. nommé ainsi car la paroisse était placée sous la dévotion de *saint Joseph* ♦ V. de la Martinique, au centre de l'île, arr. de Fort-de-France. 15 785 hab. Agric. maraîchère.

**SAINT-JOSEPH** [97480] ➝ ÉTYM. en l'honneur du botaniste *Joseph* Hubert qui y implanta des épices au XVIIIe s. ♦ Ch.-l. de cant. de la Réunion, arr. de Saint-Pierre, au S.-E. de l'île. 30 293 hab. *(Saint-Joséphois* ou *Séraphins)*. Vétiver, safran.

**SAINT-JOSSE-TEN-NOODE** – en néerl. ***Sint-Joost-ten-Node*** ♦ Comm. de Belgique (Région de Bruxelles-Capitale), faubourg N.-E. de Bruxelles. 23 785 hab. La gare du Nord est en partie sur la commune et sur Schaerbeek*. Centre culturel du Botanique. ▪ Commerces.

**SAINT-JOUIN-DE-MARNES** [79600] ➝ ÉTYM. du n. du fondateur de l'abbaye ♦ Comm. des Deux-Sèvres, arr. de Parthenay. 562 hab. Cloître (XVe s.) et bâtiment (XVIIe s.) d'une anc. abbaye bénédictine fondée au IVe s. L'église (1095 - 1130) possède une remarquable façade romane poitevine.

**SAINT-JUÉRY** [81160] ➝ ÉTYM. déformation de *saint Georges* ♦ Comm. du Tarn, arr. d'Albi, sur le Tarn. 6 635 hab. *(Saint-Juériens)*. Centre métallurgique (aciéries).

**SAINT-JULIEN-DE-CONCELLES** [44450] ➝ ÉTYM. du n. du 1er évêque du Mans au VIIe s. et *Concelles* (du lat. *cancelli* «barreaux») désignant de petites écluses (nombreuses dans la région) ♦ Comm. de la Loire-Atlantique, arr. de Nantes, sur la rive g. de la Loire. 6 260 hab.

**SAINT-JULIEN-EN-GENEVOIS** [74160] ♦ Ch.-l. d'arr. de la Haute-Savoie, à la frontière suisse. 9 140 hab. *(Saint-Juliennois)*.

**SAINT-JULIEN-LES-VILLAS** [10800] ♦ Comm. de l'Aube, banl. S.-E. de Troyes, sur la Seine. 6 420 hab.

**SAINT-JUNIEN** [87200] ➝ ÉTYM. du n. d'un ermite du VIe s. qui y vécut ♦ Ch.-l. de cant. de la Haute-Vienne, arr. de Rochechouart. 10 666 hab. *(Saint-Juniauds)*. Très belle église romane de style limousin ; tombeau de saint Junien du XIIe s., orné de remarquables sculptures. Pont du XIIIe s. sur la Vienne. Maisons du XIVe s. Chapelle Notre-Dame-du-Pont, XVe s. ▪ Indus. ancienne de la ganterie. Cartonneries. Papeteries.

**SAINT-JUST** [-ʒyst] **(Louis Antoine Léon)** ♦ Homme politique français (Decize 1767 - Paris 1794). Il fit ses études au collège des Oratoriens de Soissons puis à Reims et, dès 1789, se rallia avec enthousiasme à la Révolution, faisant paraître un poème satirique, *Organt* (1789), et un ouvrage intitulé *Esprit de la Révolution et de la Constitution de France* (1791), qui fit de lui un des plus jeunes théoriciens de la Révolution française. Député de l'Aisne à la Convention (1792), il siégea avec les montagnards* et se fit remarquer par ses positions violentes, réclamant la mort du roi sans appel au peuple ni sursis, s'opposant aux girondins et à leur projet de Constitution fédéraliste présenté par Condorcet (avr. 1793). Membre du Comité* de salut public, où, avec Robespierre* et Couthon* (le triumvirat), il s'occupa de politique intérieure, il fit preuve de qualités d'organisateur dans ses missions aux armées du Nord et du Rhin, adoptant des mesures énergiques contre les officiers coupables et les déserteurs. Président de la Convention* nationale en févr. 1794, il contribua au renforcement du pouvoir révolutionnaire dictatorial, tentant de lui donner une base économique et sociale (décrets des 8 et 13 Ventôse an II [26 févr., 3 mars 1794] sur la confiscation des biens des émigrés et leur redistribution aux indigents) et luttant avec Robespierre contre «les factions» (rédaction des décrets d'accusation contre les ultrarévolutionnaires, hébertistes, et contre les indulgents, dantonistes). Il fut arrêté avec Robespierre et guillotiné comme lui le lendemain [9 et 10 Thermidor [27 - 28 juil. 1794]). Son ouvrage sur les *Institutions républicaines* ne fut publié qu'après sa mort. Ses œuvres oratoires, où le style très pur, la concision et la violence animent une rhétorique commune aux tribuns révolutionnaires, ont fait de lui une figure exemplaire de la Révolution. Certaines de ses formules, comme «Le bonheur est une idée neuve en Europe», ont été reprises. ➝ ÉTYM. *Saint-Just* est un nom de lieu (du nom d'un évêque de Lyon au IVe s.).

**SAINT-JUST-EN-CHAUSSÉE** [60130] ➝ ÉTYM. du n. de *saint Just* qui y mourut ♦ Ch.-l. de cant. de l'Oise, arr. de Clermont. 5 498 hab. *(Saint-Justois).* Indus. diversifiées.

**SAINT-JUST-MALMONT** [43240] ♦ Comm. de la Haute-Loire, arr. d'Yssingeaux. 3 951 hab. Rubans élastiques.

**SAINT-JUST-SAINT-RAMBERT** [42170] ♦ Ch.-l. de cant. de la Loire, arr. de Montbrison. 13 192 hab. (aggl. 45 386) *(Pontrambertois).* Comm. formée par la fusion de Saint-Just-sur-Loire et de Saint-Rambert-sur-Loire. Église Saint-André des XIe - XIIe s. surmontée de deux clochers. Musée.

## SAINT-KITTS-ET-NEVIS

▮ – anc. ***Saint-Christopher and Nevis*** ; off. ***Fédération de Saint-Christophe-et-Niévès*** ➝ ÉTYM. de l'esp. *San Cristóbal* et *Santa María de las Nieves* «Saint-Christophe et Sainte-Marie-des-Neiges» ♦ État des Caraïbes de l'E., composé de deux îles, situé au N.-O. de la Guadeloupe. 269 km². 49 300 hab. *(Christophiens).* LANGUES : anglais, créole. POPULATION : Noirs en maj. RELIGION : christianisme. MONNAIE : dollar des Caraïbes de l'E. CAPITALE : Basseterre (dans l'île de Saint-Kitts). RÉGIME : démocratie parlementaire. Canne à sucre. Tourisme. Usines de montage.

▮ **HISTOIRE** Saint-Christophe (auj. Saint-Kitts) fut la première île colonisée par les Français et les Anglais dans la région (1623). Longtemps colonies britanniques, les deux îles accédèrent ensemble à l'indépendance (1983). Nevis, l'île la plus petite, conserve son propre Parlement et une certaine autonomie.

**SAINT-LAMBERT (Jean François DE)** ♦ Écrivain français (Nancy 1716 - Paris 1803). Ami de Mme du Châtelet*, puis de Mme d'Houdetot, il refléta les conceptions encyclopédistes dans ses *Principes des mœurs [...] ou Catéchisme universel* (1798), après s'être essayé à la poésie descriptive avec *Les Saisons* (1764). [Acad. fr. 1770]

**SAINT-LAMBERT** ♦ V. du Canada (Québec), sur le Saint-Laurent, dans la banl. E. de Montréal. 21 599 hab. Première écluse de la Voie maritime du Saint-Laurent (4,5 m de dénivellation).

**SAINT-LARY-SOULAN** [65170] ➝ ÉTYM. *Lary* : aphérèse de *Hilaire* ♦ Comm. des Hautes-Pyrénées, arr. de Bagnères-de-Bigorre. 1 024 hab. *(Saint-Laryens).* Centrale hydroélectrique. Sports d'hiver au Pla-d'Adet (1 680 - 2 425 m).

**SAINT-LAURENT (Louis Stephen)** ♦ Homme politique canadien (Compton, Québec 1882 - Québec 1973). Ministre de la Justice (1941 - 1946), secrétaire d'État aux Affaires étrangères (1946 - 1948), il devint le chef du Parti libéral. Premier ministre de 1948 à 1957, il assura une plus grande autonomie au Canada au sein du Commonwealth*.

**SAINT-LAURENT (Cecil)** → **Laurent (Jacques)**

**SAINT LAURENT (Yves MATHIEU SAINT LAURENT, dit Yves)** ♦ Couturier français (Oran 1936 - Paris 2008). Successeur de C. Dior*, il affirma son talent dès 1958, lors de la présentation de sa première collection. Fondateur de sa propre maison en 1961, il se fit remarquer par ses déclinaisons originales du vêtement quotidien et ses combinaisons de couleurs puisées aux sources de son Afrique du Nord natale.

**SAINT-LAURENT** – en angl. ***Saint Lawrence River*** ➝ ÉTYM. du n. du golfe ♦ Fl. d'Amérique du Nord, le plus important de ceux qui se jettent dans l'Atlantique. Il se forme dans les Grands Lacs, et son aire de drainage commence à l'O. du lac Supérieur. À la sortie du lac Ontario, il coule vers le N.-E., aboutissant à un vaste estuaire et au golfe du Saint-Laurent ; du lac Ontario à l'extrémité de la péninsule de Gaspé, 1 200 km (mais seulement 958 km, si l'on excepte le golfe). Le fleuve forme frontière entre les États-Unis (New York) et le Canada (Ontario) pendant 183 km, baignant Kingston à la sortie du lac Ontario, où se trouve l'archipel de Mille-Îles, puis il entre au Canada ; après le lac (artificiel) Saint-Laurent, il s'élargit pour former les lacs Saint-François et Saint-Louis, où il reçoit une partie de la rivière des Outaouais, dont les autres branches séparent les îles de Montréal. (→ **Montréal.**) Après Montréal, le Saint-Laurent reçoit le Richelieu, s'élargit pour former le lac Saint-Pierre (où il reçoit le Saint-François), arrose Trois-Rivières, se rétrécit jusqu'à Québec et l'île d'Orléans, où commence son estuaire. Sur ses rives se trouvent Baie-Comeau, Port-Cartier, Sept-Îles (au N.) ; Rivière-du-Loup, Rimouski et la côte de Gaspésie (au S.). Le fleuve reçoit encore le Saguenay, le Manicouagan (rive g.) et baigne l'île d'Anticosti à son embouchure. ▪ Aménagé pour la navigation sur tout son cours, le fleuve forme la Voie maritime du Saint-Laurent, qui donne aux Grands Lacs un débouché maritime. L'aménagement, réalisé par les États-Unis et le Canada (1954 - 1959), en fait une voie navigable de grand gabarit, longue de 3 770 km depuis la tête du lac Supérieur jusqu'aux détroits de Cabot et de Belle-Isle, et comporte le nouveau canal Welland, contournant les chutes du Niagara (8 écluses) et la canalisation du Saint-Laurent jusqu'à Montréal. Celui-ci possède un chenal de 8 m de profondeur avec 7 écluses (24 m de dénivellation au total), capables de recevoir des navires de 220 m de long et 23 m de large. Le transport du blé s'effectue vers l'aval, celui du minerai de fer du Labrador vers l'amont. Le transbordement sur les navires de mer se fait à Montréal, Baie-Comeau. Cette réalisation s'est accompagnée de plusieurs barrages et de 2 grandes centrales hydroélectriques : Beauharnois (Québec) et le barrage international de l'île Barnhardt (Ontario-État de New York).

**SAINT-LAURENT** (golfe du) ➝ ÉTYM. du n. de *saint Laurent,* fêté le 10 août 1535, jour où Jacques Cartier découvrit l'embouchure du fleuve ♦ Golfe de l'Atlantique, sur les côtes E. du Canada, entre l'estuaire du Saint-Laurent à l'O., Terre-Neuve à l'E. et les Provinces Maritimes au S. → **Anticosti (île d'), Madeleine (îles de la), Prince-Édouard (île du).** Il communique avec l'Atlantique par le détroit de Belle*-Isle au N. et le détroit de Cabot au S.

**SAINT-LAURENT** ♦ Arrondissement de la v. de Montréal.

**SAINT-LAURENT-BLANGY** [62223] ♦ Comm. du Pas-de-Calais, arr. d'Arras, sur la Scarpe. 5 578 hab. Chimie.

**SAINT-LAURENT-DE-LA-SALANQUE** [66250] ♦ Ch.-l. de cant. des Pyrénées-Orientales, arr. de Perpignan, dans le Roussillon, au S. de l'étang de Leucate. 7 932 hab. (aggl. 10 004) *(Laurentins).* Viticulture. Primeurs.

**SAINT-LAURENT-DE-MURE** [69720] ♦ Comm. du Rhône, arr. de Lyon. 4 694 hab. (aggl. 10 291 hab.)

**SAINT-LAURENT-DES-EAUX** ♦ Comm. fusionnée avec Nouan-sur-Loire sous le nom de Saint*-Laurent-Nouan (Loir-et-Cher). Église avec clocher-porche du XIe s. ▪ Centrale nucléaire sur la Loire.

**SAINT-LAURENT-DU-MARONI** [97320] ➝ ÉTYM. du prénom du père et du grand-père du contre-amiral Auguste Laurent Baudin, gouverneur de Guyane quand ce lieu fut choisi pour être un pénitencier agricole, en 1858 ♦ Ch.-l. d'arr. de la Guyane française, situé près de l'embouchure du Maroni. 19 211 hab. Anc. lieu de déportation pour les condamnés aux travaux forcés. ▪ Camp militaire.

**SAINT-LAURENT-DU-PONT** [38380] ♦ Ch.-l. de cant. de l'Isère, arr. de Grenoble, sur le Guiers-Mort, au pied de la Grande-Chartreuse. 4 222 hab. *(Laurentinois).* Centre de tourisme. Métallurgie.

**SAINT-LAURENT-DU-VAR** [06700] ♦ Ch.-l. de cant. des Alpes-Maritimes, arr. de Grasse, situé sur la rive d. du Var, près de son embouchure. 27 141 hab. *(Laurentins).*

**SAINT-LAURENT-MÉDOC** [33112] ♦ Ch.-l. de cant. de la Gironde, arr. de Lesparre-Médoc. 3 366 hab. *(Saint-Laurentais).* Église avec un clocher-porche gothique. ▪ Viticulture (haut-médoc).

**SAINT-LAURENT-NOUAN** [41220] ♦ Comm. du Loir-et-Cher, arr. de Blois. 3 686 hab. → **Saint-Laurent-des-Eaux.**

**SAINT-LAURENT-SUR-SÈVRE** [85290] ♦ Comm. de la Vendée, arr. de La Roche-sur-Yon. 3 307 hab. Tombeau de saint Louis*-Marie Grignion de Montfort dans la basilique.

**Saint-Lazare** (enclos et prison de) ♦ Léproserie fondée à Paris au début du XIIe s. et dotée de terrains considérables ; en 1632, elle fut cédée aux prêtres de la Mission, sous le nom de *congrégation de Saint-Lazare* (saint Vincent* de Paul y prêcha et y mourut). Prison sous la Terreur (André Chénier* y attendit la mort), Saint-Lazare vit ses terrains lotis après la Révolution et fut prison de femmes jusqu'en 1935. Située au 107, rue du Faubourg-Saint-Denis, elle a été démolie en 1940.

**SAINT-LÉON (Arthur)** ♦ Danseur et chorégraphe français (Paris 1821 - *id.* 1870). Fils d'un maître de ballet au Théâtre ducal de Stuttgart, il fut aussi excellent violoniste que brillant chorégraphe, composant à l'occasion la musique de certains de ses ballets. Ayant épousé la danseuse F. Cerrito*, il créa pour elle *La Vivandière* (1844). Il fit de nombreux séjours à Saint-Pétersbourg (1859 - 1869) et devint maître de ballet à l'Opéra de Paris (1863 - 1870). Plusieurs de ses chorégraphies sont demeurées fameuses : *La Fille de marbre* (1847), *Le Violon du diable* (1848), *Le Petit Cheval bossu* (1864), *La Source* (1866) et surtout *Coppélia* (1870). Il participa aussi à la reprise des grands ballets romantiques. Il a inventé un système de notation de la danse : la *sténochorégraphie* (1852).

**SAINT-LÉONARD** ♦ V. du Canada (Québec), sur la rivière des Prairies, fusionnée dans Montréal. Centre résidentiel et industriel.

**SAINT-LÉONARD** [62360] ♦ Comm. du Pas-de-Calais, banl. S. de Boulogne-sur-Mer. 3 952 hab.

**SAINT-LÉONARD-DE-NOBLAT** [87400] ➝ ÉTYM. du n. de *saint Léonard* de Noblat* ♦ Ch.-l. de cant. de la Haute-Vienne, arr. de Limoges, sur une colline dominant la Vienne. 4 764 hab. *(Miauletous)*. Église Saint-Léonard, bel édifice roman (restauré fin XIXe s.) à clocher limousin typique. ▪ Fabriques de porcelaines, de chaussures. Marché.

**SAINT-LEU** [97436] ➝ ÉTYM. anc. *Boucan Laleu*, de *Laleu*, n. d'un notable qui y établit un boucan (gril de bois) au XVIIe s. ♦ Ch.-l. de cant. de la Réunion, sur la côte O. de l'île. 25 314 hab. *(Saint-Leusiens)*. Pêche. Station balnéaire.

**SAINT-LEU-D'ESSERENT** [60340] ➝ ÉTYM. anc. *Santi Lupi* («Saint-Loup») *de Hescerento* (du lat. «élevé en palus») ♦ Comm. de l'Oise, arr. de Senlis, sur l'Oise. 4 867 hab. *(Lupoviciens)*. Belle église (XIIe - XIIIe s.), type très pur des débuts de l'art gothique.

**SAINT-LEU-LA-FORÊT** [95320] ➝ ÉTYM. du n. de *saint Loup**, archevêque de Sens en 609 ♦ Ch.-l. de cant. du Val-d'Oise, arr. de Pontoise, en bordure S. de la forêt de Montmorency. 15 127 hab. *(Saint-Loupiens)*. Église bâtie sous Napoléon III, abritant un monument à la mémoire du père de celui-ci, Louis Bonaparte*.

**SAINT-LIZIER** [09190] ➝ ÉTYM. du n. de l'évêque du Couserans, *Glycerius*, qui sauva la ville de l'invasion sarrasine au VIe s. ♦ Ch.-l. de cant. de l'Ariège, arr. de Saint-Girons, sur le Salat. 1 592 hab. *(Licérois)*. Fragments d'une enceinte romaine. Anc. cathédrale (Xe - XVIe s.) avec clocher octogonal de type toulousain (XIVe s.). Cloître à deux étages romano-gothique. Anc. palais épiscopal du XVIIe s. ▮ **Histoire** Ancienne cité romaine, Saint-Lizier devint la capitale religieuse du Couserans*. Elle appartint à son évêque jusqu'à la Révolution.

**SAINT-LÔ** [50000] ➝ ÉTYM. patrie présumée de *saint Laud* (ou *Lô*), évêque de Coutances ♦ Ch.-l. du dép. de la Manche, sur la Vire. 20 090 hab. (aggl. 25 462) *(Saint-Lois* ou *Laudiniens)*. Église Notre-Dame (chaire de style gothique flamboyant), très endommagée en 1944. Musée dans l'hôtel de ville : tapisseries Renaissance des *Amours de Gombaut et de Macé*. ▪ Indus. diversifiées. Haras national. Abattoir. ▮ **Histoire** La ville fut presque complètement détruite en 1944.

**SAINT-LOUBÈS** [33450] ➝ ÉTYM. probablt du n. de *saint Luperc*, martyr à Eauze au IIIe s. ♦ Comm. de la Gironde, arr. de Bordeaux, dans l'Entre-Deux-Mers. 7 090 hab. Viticulture.

**SAINT LOUIS** ♦ V. des États-Unis (Missouri), au confluent du Missouri et du Mississippi. 348 189 hab. dont 47,5 % de Noirs (zone urbaine 2 603 607). La ville possède quelques témoignages de son passé (cathédrale Saint-Louis-de-France, 1831 - 1834) et une vaste arche d'acier (Jefferson Memorial Arch) dessinée par Eero Saarinen*, qui symbolise la porte de l'Ouest. Quatre universités. ▪ Centre indus. : automobiles, chaussures, brasseries, raffineries de pétrole, électricité, conditionnement de la viande, produits chimiques, fonderies. Important nœud fluvial et ferroviaire. ▮ **Histoire** Fondé par des trappeurs français en 1764, le poste fut nommé en référence à Saint Louis. Relevant du domaine espagnol, la ville resta sous l'influence française (Laclède, Pierre Chouteau), puis devint américaine en 1803. Elle se développa surtout après 1820 (78 000 hab. en 1850).

**SAINT-LOUIS** [97134] ♦ V. de la Guadeloupe, dans l'île de Marie-Galante. 2 995 hab. Distillerie de rhum.

**SAINT-LOUIS** [68300] ➝ ÉTYM. la v. fut baptisée par *Louis* XIV, en se rattachant au patronage du roi Saint *Louis* ♦ Comm. du Haut-Rhin, arr. de Mulhouse, à la frontière suisse. 19 961 hab. (aggl. 34 546) *(Ludoviciens)*. Institut franco-allemand de recherches d'armement. Constructions mécan. Aéroport desservant Mulhouse et Bâle.

**SAINT-LOUIS** (île) ♦ Quartier de Paris, sur la Seine, en amont de la Cité*. Formée de deux îlots réunis en 1627 pour être lotis, l'île présente un bel ensemble architectural du XVIIe s. → **Lambert (hôtel de)**, **Lauzun (hôtel de)**. Desservis par cinq ponts, ses quais offrent des promenades et des points de vue charmants.

**SAINT-LOUIS** [97450] ➝ ÉTYM. en hommage à *Louis** XV et aussi p.-ê. au préfet apostolique de l'île *Louis* Criais ou à *Louis* Cadet qui donna un terrain en 1722 pour y construire une église ♦ Ch.-l. de cant. de la Réunion, arr. de Saint-Pierre, sur la côte S. de l'île. 43 519 hab. Sucrerie.

**SAINT-LOUIS** ➝ ÉTYM. en ouolof ***N'Dar*** «abreuvoir» ; *Saint-Louis*, en hommage à *Louis* XIV ♦ V. du Sénégal, située dans une île du fl. Sénégal, à proximité de son embouchure. Env. 100 000 hab. Port. ▮ **Histoire** Premier établissement français du pays (1638), l'île fut occupée à différentes reprises par les Anglais. Faidherbe la transforma. Elle fut capitale de l'A-OF de 1895 à 1902, du Sénégal jusqu'en 1957 et de la Mauritanie jusqu'en 1960.

**SAINT-LOUIS-LÈS-BITCHE** [57620] ➝ ÉTYM. dépendance de la seigneurie de *Bitche** ♦ Comm. de la Moselle, arr. de Sarreguemines. 634 hab. *(Ludoviciens)*. Siège des cristalleries de Saint-Louis fondées en 1767.

**SAINT-LOUP** (pic) ♦ Point culminant des Garrigues (658 m), dans le dép. de l'Hérault. Magnifique panorama.

**SAINT-LOUP-DE-NAUD** [77650] ➝ ÉTYM. du n. de l'évêque de Troyes (→ Loup) ♦ Comm. de la Seine-et-Marne, arr. de Provins. 855 hab. Anc. priorale des XIe - XIIe s. (remarquable portail sculpté du début du XIIe s.).

**SAINT-LOUP-SUR-SEMOUSE** [70800] ♦ Ch.-l. de cant. de la Haute-Saône, arr. de Lure. 4 291 hab. (aggl. 4 743) *(Lupéens)*. Église du XVIIIe s. ▪ Indus. du bois.

**SAINT-LUBIN-DES-JONCHERETS** [28350] ➝ ÉTYM. du n. d'un évêque de Chartres du VIe s. ♦ Comm. de l'Eure-et-Loir, arr. de Dreux. 4 355 hab. Indus. du caoutchouc.

**SAINT-LUNAIRE** [35800] ➝ ÉTYM. du n. du fondateur du monastère au VIe s. ♦ Comm. d'Ille-et-Vilaine, arr. de Saint-Malo, près de Dinard. 2 250 hab. *(Lunairiens)*. L'église renferme de nombreux tombeaux, dont celui de saint Lunaire. ▪ Station balnéaire.

**SAINT-LYS** [31470] ➝ ÉTYM. probablt en l'honneur de la fleur de *lys* de l'écusson royal, pour perpétuer le souvenir du voyage du roi de France Philippe III le Hardi à Toulouse en 1280 ♦ Ch.-l. de cant. de la Haute-Garonne, arr. de Muret. 5 455 hab.

**SAINT-MACAIRE** [33490] ➝ ÉTYM. du n. de l'évangélisateur de la région, enterré dans l'abbaye, envoyé par saint Martin au IVe s. ♦ Ch.-l. de cant. de la Gironde, arr. de Langon, sur la Garonne. 1 541 hab. (aggl. 5 384) *(Macariens)*. Double enceinte des XIIIe et XVe s. percée de portes. Place entourée de couverts gothiques. Maisons anc. Vaste église Saint-Sauveur romano-gothique (peintures du XIVe s., abusivement restaurées au XIXe s.).

**SAINT-MACAIRE-EN-MAUGES** [49450] ♦ Comm. du Maine-et-Loire, arr. de Cholet. 5 687 hab.

**SAINT-MAIXENT-L'ÉCOLE** [-mɛksɑ̃] [79400] ➝ ÉTYM. du n. d'un abbé du monastère Saint-Agapit au début du VIe s. ♦ Ch.-l. de cant. des Deux-Sèvres, arr. de Niort, sur la rive d. de la Sèvre Niortaise. 6 602 hab. (aggl. 9 170) *(Saint-Maixentais)*. Anc. abbatiale Saint-Maixent, auj. église paroissiale, du XIe s., remaniée au XVIIe s. dans le style flamboyant. Bâtiments conventuels du XVIIe s., auj. caserne. Cloître. Beffroi du XVe s. Porte Chalon, XVIIIe s. Maisons et hôtels anciens. ▪ École nationale de sous-officiers d'active. Indus. alimentaire. Marché.

**SAINT-MALO** [35400] ➝ ÉTYM. V. ci-dessous ♦ Ch.-l. d'arr. de l'Ille-et-Vilaine, sur l'estuaire de la Rance. 50 675 hab. *(Malouins)*. La ville est entourée de remparts datant du XIIe au XIVe s., restaurés au XVIIe s. et reconstruits au XVIIIe s. Le château (XVe s.), flanqué de quatre tours, abrite l'hôtel de ville et le musée (histoire de la ville, ethnographie). Fort national construit par Vauban (XVIIe s.). Îlot du Grand-Bé avec le tombeau de Chateaubriand. La ville close, très endommagée en 1944, a été fidèlement reconstituée (moins les lambris) avec les matériaux d'origine. Cathédrale Saint-Vincent, du XIe au XVIIIe s. (vitraux de Jean le Moal). Hôtels anc. ▪ Chantier naval. Port de pêche (morue), de commerce (importation d'engrais et de bois) et de passagers (vers Portsmouth, Jersey et Guernesey) peu industrialisé. Port de plaisance et centre touristique ; thalassothérapie ; stations balnéaires à Paramé* et Saint*-Servan-sur-Mer. Départ de la course la Route du Rhum. Gare TGV. ▮ **Histoire** La ville doit son nom au moine Maclou ou Malo, fondateur d'un monastère au VIe s., à Alet (en lat. Aletium), auj. Saint-Servan. Au XIe s., l'évêché passa à Saint-Malo, et les évêques firent un peu plus tard bâtir la cathédrale. Ceux-ci s'opposèrent souvent aux ducs de Bretagne. La ville fut rattachée à la France en 1491. Au XVIe s., les Malouins jouèrent un rôle important dans les découvertes maritimes ; Jacques Cartier* en partit en 1534 pour explorer le bassin du Saint-Laurent. De nombreux corsaires (Duguay-Trouin, Surcouf) sont originaires de la ville. Après un certain déclin, Saint-Malo connut un nouvel essor sous l'Empire en tant que port de guerre et au XIXe s. à l'époque de la grande pêche à Terre-Neuve. En 1944, les Américains bombardèrent la ville, forçant les Allemands à se rendre.

**Saint-Malo.** Vue de la tour des Moulins, du Gros Donjon et de la tour Générale. *Phot. © de Selva/Tapabor*

**SAINT-MALO-DE-GUERSAC** [44550] ♦ Comm. de la Loire-Atlantique, arr. de Saint-Nazaire. 3 126 hab. (aggl. 6 898). À proximité, parc animalier.

**SAINT-MAMMÈS** [77670] ➝ ÉTYM. du n. d'un martyr de la Cappadoce (IIIe s.) ♦ Comm. de la Seine-et-Marne, arr. de Fontainebleau, au confluent de la Seine et du Loing. 3 084 hab. Centre de batellerie.

**SAINT-MANDÉ** [94160] ➝ ÉTYM. du n. d'un saint abbé breton (*Mandé* ou *Maudez*) du VIe s. ♦ Ch.-l. de cant. du Val-de-Marne, arr. de Nogent-sur-Marne, en bordure du bois de Vincennes. 19 697 hab. *(Saint-Mandéens)*. Musée des transports urbains. Institut départemental des aveugles. Institut géographique national.

**SAINT-MANDRIER-SUR-MER** [83430] ➝ ÉTYM. du n. d'un soldat saxon baptisé par un prêtre de Toulon, saint Cyprien, au VIe s. ♦ Ch.-l. de cant. du Var, arr. de Toulon, sur la presqu'île de Saint-Mandrier. 5 232 hab. *(Mandréens)*. Port de pêche et de plaisance. Base aéronavale.

**Saint-Marc** [-maR] – en it. ***San Marco*** ♦ Basilique de Venise, consacrée en 1094. Son plan en croix grecque, ses cinq coupoles et son décor de mosaïque sont d'inspiration byzantine (proche de celui de l'église des Saints-Apôtres de Constantinople). Son trésor est constitué de nombreux objets d'art, provenant surtout d'Orient. La place Saint-Marc, de forme trapézoïdale, est bordée de nombreux monuments. La Piazzetta, la Libreria et la Logetta sont l'œuvre d'Andrea Sansovino*, qui établit les plans dès 1536. Les fondations du Campanile datent du Xe s. Cet ensemble architectural met en valeur la basilique Saint-Marc et le palais des Doges. → **Venise.**

**SAINT-MARCEL** [27950] ♦ Comm. de l'Eure, arr. d'Évreux, banl. O. de Vernon. 4 982 hab. Indus. aéronautique.

**SAINT-MARCEL** [71380] ➝ ÉTYM. du n. de l'évangélisateur du Chalonnais, martyrisé en 177 à l'emplacement actuel de l'église ♦ Comm. de Saône-et-Loire, arr. de Chalon-sur-Saône. 4 705 hab. Église du XIIe s. ▪ Indus. alimentaire. Chaudronnerie lourde.

**SAINT-MARCEL-LÈS-VALENCE** [26320] ➝ ÉTYM. du n. du pape saint *Marcel** Ier ♦ Comm. de la Drôme, banl. N.-E. de Valence. 4 114 hab.

**SAINT-MARCELLIN** [38160] ➝ ÉTYM. du n. du premier évêque d'Embrun (IVe s.) ♦ Ch.-l. de cant. de l'Isère, arr. de Grenoble. 6 955 hab. (aggl. 12 514) *(Saint-Marcellinois)*. Église du XVe s., à clocher roman. ▪ Construc. électriques. Produits laitiers (fromages). Foire.

**SAINT-MARCELLIN-EN-FOREZ** [42680] ➝ ÉTYM. du n. du pape *saint Marcellin** ♦ Comm. de la Loire, arr. de Montbrison. 3 373 hab.

**SAINT-MARCET** [31800] ➝ ÉTYM. var. de *Marcel* ♦ Comm. de la Haute-Garonne, arr. de Saint-Gaudens. 393 hab. *(Saint-Marcetois)*. Gisement de gaz naturel.

**SAINT-MARC GIRARDIN** [-maR] **(François Auguste Marc GIRARDIN, dit)** ♦ Critique français (Paris 1801 - Morsang-sur-Seine 1873). Il fut nommé professeur de rhétorique au lycée Louis-le-Grand l'année même où il entrait à la rédaction du *Journal des Débats* (1826). Dès lors, il poursuivit une active carrière de journaliste (*Souvenirs et Réflexions d'un journaliste,* 1859) parallèlement à son œuvre de pédagogue. Ses opinions libérales lui valurent, après la révolution de Juillet, d'être maître des requêtes au Conseil d'État, puis député de 1834 à 1848. En 1871 il siégea au centre droit et contribua au renversement de Thiers. Successeur de Guizot à la Sorbonne, il y professa, durant la monarchie de Juillet et le Second Empire, un cours de littérature française qui fut très suivi et où il se montrait un adversaire spirituel des romantiques. Son œuvre principale reste son *Cours de littérature dramatique ou De l'usage des passions dans le drame* (5 vol., 1843 - 1863). [Acad. fr. 1844]

## SAINT-MARIN

▪ – en it. ***San Marino,*** off. ***république de Saint-Marin*** ➝ ÉTYM. du n. de l'ermite qui fonda l'État en 301 (V. ci-dessous) ♦ Petite république enclavée dans le territoire italien, au S. de Rimini. → **Italie** (carte). C'est l'un des plus petits (61 km$^2$) et des plus anciens États de l'Europe. 29 973 hab. *(Saint-Marinais)*. LANGUE : italien. RELIGION : catholicisme. MONNAIE : euro. CAPITALE : Saint-Marin. RÉGIME : parlementaire. L'agriculture (céréales, vigne) à laquelle s'adjoint la taille de pierre constituent une grande part de l'activité économique surtout dominée par le tourisme et les secteurs bancaire et financier.

▪ **HISTOIRE** Fondée au IVe s. par l'ermite saint Marin, elle acquit au IXe s. une autonomie implicite et prit le nom de république au XIIIe s. Du XIVe au XVIe s., elle lutta pour préserver son indépendance en s'opposant aux Malatesta et aux Borgia. Elle connut aux XVIIe et XVIIIe s. une période de déclin relatif. Respectée par Bonaparte et reconnue par le congrès de Vienne (1815), elle se plaça en 1862 sous la protection de l'Italie. Depuis le XVe s., l'État de Saint-Marin est gouverné par un Grand Conseil élu tous les quatre ans au suffrage universel ; celui-ci élit tous les six mois deux capitaines-régents qui président le Conseil d'État (exécutif). Saint-Marin a adhéré au Conseil de l'Europe en 1988 et a été admis à l'ONU en 1992.

**SAINT-MARS-DU-DÉSERT** [44850] ➝ ÉTYM. du n. de *saint Médard** et *Désert* rappelle l'engloutissement des terres par l'Erdre ♦ Comm. de la Loire-Atlantique, arr. de Châteaubriant. 3 405 hab.

**SAINT-MARTIN (Louis Claude DE)** ♦ Philosophe français, dit « le Philosophe inconnu » (Amboise 1743 - Aulnay, près de Paris 1803). Après des études de droit et une carrière d'officier, il devint franc-maçon et contribua à répandre en France le mysticisme et l'illuminisme de Swedenborg* (*Des erreurs et de la vérité,* 1775 ; *L'Homme de désir,* 1790).

**SAINT-MARTIN** [97150] ➝ ÉTYM. découverte par C. Colomb le jour de la Saint-Martin, le 11 novembre 1493 ♦ Île des Petites Antilles, située à 230 km au N.-N.-O. de la Guadeloupe, et partagée depuis 1648 entre la France (partie septentrionale) et les Pays-Bas. ▪ La partie française forme une Collectivité d'outre-mer. 53 km$^2$. 29 078 hab. LANGUES : français et anglais. MONNAIE : euro et dollar des États-Unis. V. PRINC. : Marigot. Nombreux hôtels. Tourisme. ▪ La partie néerlandaise (Sint Maarten) couvre 34 km$^2$ et compte env. 32 000 hab. V. PRINC. : Philipsburg. Nombreux hôtels. Tourisme. Aéroport international.

**Saint-Martin** (canal) ♦ Canal de la région E. de Paris, commencé en 1802 et achevé en 1825. Alimenté par le canal de l'Ourcq*, il sort du bassin de la Villette* et coule à l'air libre jusqu'aux abords de la place de la République. Souterrain depuis les travaux d'Haussmann (1860), il ressort au S. de la place de la Bastille* et forme le bassin de l'Arsenal avant de rejoindre la rive d. de la Seine, après 4 553 m de parcours (neuf écluses).

Canal **Saint-Martin.** *Phot. © Stella*

**SAINT-MARTIN-AU-LAËRT** [62500] ➝ ÉTYM. du n. du saint évêque de Tours et du flam. *laërt* « pâturage » ♦ Comm. du Pas-de-Calais, banl. O. de Saint-Omer. 3 921 hab.

**SAINT-MARTIN-BOULOGNE** [62200] ➝ ÉTYM. du n. du saint évêque de Tours, et de *Boulogne** ♦ Comm. du Pas-de-Calais, banl. E. de Boulogne-sur-Mer. 11 499 hab. *(Saint-Martinois)*.

**SAINT-MARTIN-DE-BELLEVILLE** [73440] ♦ Comm. de la Savoie, arr. d'Albertville, dans le bassin du Doron de la Vanoise. 2 532 hab. *(Bellevillois)*. Église Saint-Martin, du type des églises-halles des XVIIe - XVIIIe s. ▪ Sports d'hiver aux Ménuires (1 800 - 2 880 m). ▪ À proximité, chapelle Notre-Dame-de-la-Vie du XVIIe s. (retable du maître-autel).

**SAINT-MARTIN-DE-CRAU** [13310] ♦ Comm. des Bouches-du-Rhône, arr. d'Arles, dans la Crau. 11 023 hab. Chimie.

**SAINT-MARTIN-DE-LONDRES** [34380] ♦ Ch.-l. de cant. de l'Hérault. 1 894 hab. Anc. priorale Saint-Martin, de plan tréflé, témoin original du premier art roman.

**SAINT-MARTIN-DE-RÉ** [17410] ♦ Ch.-l. de cant. de la Charente-Maritime, arr. de La Rochelle, sur la côte N. de l'île de Ré. 2 637 hab. *(Martinais)*. Anc. citadelle, édifiée en 1681, auj. pénitencier. Fortifications dues à Vauban. Hôtel de Clerjotte de styles flamboyant et Renaissance (abritant un musée : histoire locale, marine, folklore). Maisons anc. ▪ Station balnéaire ; port de pêche et de plaisance.

**SAINT-MARTIN-DES-CHAMPS** [29600] ♦ Comm. du Finistère, banl. O. de Morlaix. 4 709 hab.

**SAINT-MARTIN-DE-SEIGNANX** [40390] ♦ Ch.-l. de cant. des Landes, arr. de Dax. 3 903 hab.

**SAINT-MARTIN-DE-VALGALGUES** [30520] ♦ Comm. du Gard, banl. N. d'Alès. 4 283 hab.

**SAINT-MARTIN-D'HÈRES** [38400] ♦ Ch.-l. de cant. de l'Isère, banl. N.-E. de Grenoble. 35 777 hab. *(Martinérois)*.

**Saint-Martin-du-Canigou** ♦ Anc. abbaye bénédictine située à plus de 1 000 m d'alt. au pied des arêtes du Canigou (comm. de Casteil,

Pyrénées-Orientales). L'église, consacrée en 1009 et restaurée à partir de 1902, est ornée de chapiteaux romans, ainsi que le cloître qui complète l'ensemble abbatial.

**SAINT-MARTIN-D'URIAGE** [38410] ♦ Comm. de l'Isère, arr. de Grenoble, au pied de la chaîne de Belledonne. 4 794 hab. (aggl. 9 063). Station thermale. Sports d'hiver à Chamrousse*.

**SAINT-MARTIN-EN-HAUT** [69850] ♦ Comm. du Rhône, arr. de Lyon. 3 429 hab.

**SAINT-MARTIN-LA-PLAINE** [42800] ✦ ÉTYM. du n. du saint évêque de Tours qui serait passé dans la région en 36 ♦ Comm. de la Loire, arr. de Saint-Étienne. 3 424 hab.

**SAINT-MARTIN-LE-VINOUX** [38950] ♦ Comm. de l'Isère, banl. N. de Grenoble. 5 187 hab.

**SAINT-MARTIN-VÉSUBIE** [06450] ♦ Ch.-l. de cant. des Alpes-Maritimes, arr. de Nice, sur la Vésubie. 1 098 hab. *(Saint-Martinois).* Station d'été et base d'alpinisme. Centrale hydroélectrique.

**SAINT-MARTORY** [31360] ♦ Ch.-l. de cant. de la Haute-Garonne, arr. de Saint-Gaudens, sur la Garonne. 873 hab. Vestiges d'un oppidum gaulois. Ruines de l'anc. abbaye de Bonnefont (XIIe s.). ▪ Le *canal de Saint-Martory* (70 km) était autrefois destiné à l'irrigation.

**SAINT-MATHIEU** (pointe de) ♦ Promontoire rocheux, haut de 30 m, à l'extrémité occidentale du plateau de Léon (Finistère). Ruines d'une église abbatiale. ▪ Phare.

**SAINT-MAUR** [36250] ✦ ÉTYM. du n. de *saint Maur** ♦ Comm. de l'Indre, banl. O. de Châteauroux. 3 340 hab.

**Saint-Maur** (congrégation de) ♦ Congrégation bénédictine fondée à Paris en 1618, et qui regroupa jusqu'à 191 abbayes et prieurés parmi les plus anciens de France. Richelieu échoua dans son projet de les rattacher à l'ordre de Cluny. Sous l'impulsion de dom Tarisse (1575 - 1648), élu supérieur général en 1630, les mauristes se consacrèrent à la recherche historique. Leur méthode rigoureuse et la richesse de leurs archives leur permirent de poser les bases de la diplomatique (dom Mabillon*, 1681 ; dom Tassin et dom Toustain, 1750 - 1765), de l'histoire littéraire (dom Rivet, à partir de 1733), de la paléographie et de l'histoire de l'art (dom Bernard de Montfaucon, 1729 - 1734). La congrégation disparut au cours de la Révolution.

**SAINT-MAUR-DES-FOSSÉS** [94100] ✦ ÉTYM. *Saint-Maur* en hommage au saint dont les reliques étaient déposées dans une abbaye du lieu et *des Fossés* en raison du terrain pentu vers la Marne ♦ Ch.-l. de cant. du Val-de-Marne, arr. de Créteil, dans un méandre de la Marne. 73 069 hab. *(Saint-Mauriens).* L'église Saint-Nicolas (XIIe, XIIIe, XIVe s.) renferme une statue de Notre-Dame-des-Miracles, anc. but de pèlerinage. Ruines d'une anc. abbaye, tour de Rabelais. Château (XVIe s.) où Catherine de Médicis installa sa cour (détruit pendant la Révolution). ▪ Comm. résidentielle. Observatoire météorologique du parc Saint-Maur. Centre universitaire. Optique.

**SAINT-MAURICE** n. m. ♦ Riv. du Canada (Québec), affl. rive g. du Saint-Laurent, 520 km. Issu d'un lac, il coule vers le S.-E., puis (à La Tuque) vers le S. ; ses chutes (→ **Shawinigan**) sont aménagées pour la production d'hydroélectricité ; le Saint-Maurice conflue à Trois-Rivières.

**SAINT-MAURICE** [94410] ♦ Comm. du Val-de-Marne, arr. de Créteil, entre le bois de Vincennes et la Marne. 12 748 hab. *(Saint-Mauriciens).* Hôpital psychiatrique (anc. asile de Charenton). Studios de cinéma.

**SAINT-MAURICE** ✦ ÉTYM. → Maurice (saint) ♦ V. de Suisse (Valais), à la limite du canton de Vaud, sur la rive g. du Rhône. 3 897 hab. Abbaye bénédictine d'Agaune, fondée au VIe s. (important trésor ecclésiastique). Les bâtiments actuels datent du XVIIe s. Grotte aux Fées.

**SAINT-MAURICE-DE-BEYNOST** [01700] ♦ Comm. de l'Ain, arr. de Bourg-en-Bresse. 4 020 hab.

**SAINT-MAURICE-L'EXIL** [38550] ♦ Comm. de l'Isère, arr. de Vienne. 5 515 hab. Centrale nucléaire sur le Rhône.

**SAINT-MAX** [sɛ̃ma] ou [sɛ̃maks] [54130] ✦ ÉTYM. du n. de *saint Marc** ♦ Comm. de la Meurthe-et-Moselle, banlieue E. de Nancy, sur la Meurthe. 10 939 hab. *(Maxois).*

**SAINT-MAXIMIN-LA-SAINTE-BAUME** [83470] ✦ ÉTYM. du n. d'un des 72 disciples du Christ, qui devint, d'après la tradition, le 1er évêque d'Aix-en-Provence et l'un des premiers martyrs de la Gaule ♦ Ch.-l. de cant. du Var, arr. de Brignoles. 12 402 hab. *(Saint-Maximinois).* L'ancienne abbatiale du couvent des dominicains, construite du XIIIe au XVIe s., est le plus important édifice gothique de Provence et contient de nombreuses richesses artistiques. Cloître (XVe s.). Centre culturel dans les bâtiments conventuels (XIVe - XVIIIe s.).

**SAINT-MÉDARD-EN-JALLES** [33160] ✦ ÉTYM. *Jalles,* du n. des ruisseaux serpentant entre les champs, dans la région ♦ Ch.-l. de cant. de la Gironde, arr. de Bordeaux. 25 566 hab. *(Saint-Médardais).* Viticulture (médoc). Aéronautique.

**SAINT-MÉEN-LE-GRAND** [meɛ̃] [35290] ✦ ÉTYM. du n. de *saint Méen* (ou *Méven*), saint gallois des VIe - VIIe s., qui y fonda une abbaye (saint invoqué pour guérir de la gale, appelée *le mal de saint Méen* [en bret. *droug sant Meven*]) ♦ Ch.-l. de cant. de l'Ille-et-Vilaine, arr. de Rennes. 3 566 hab. *(Mévennais).* Anc. abbatiale (XIIe - XVIIIe s.). Maisons anc.

**SAINT-MEMMIE** [51470] ✦ ÉTYM. du n. du 1er évêque de Châlons, qui y est inhumé ♦ Comm. de la Marne, banl. E. de Châlons-en-Champagne. 5 670 hab. *(Mengeots).*

**SAINT-MENOUX** [03210] ✦ ÉTYM. du n. d'un saint irlandais ♦ Comm. de l'Allier, arr. de Moulins. 940 hab. Anc. abbatiale du XIIe s., remaniée aux XIVe et XVe s. (chœur roman, richement décoré).

**SAINT-MERD-LES-OUSSINES** [19170] ✦ ÉTYM. du n. de *saint Médard** et *Oussines,* de l'anc. occit. *absina* «terre inculte» ♦ Comm. de la Corrèze, arr. d'Ussel, sur le plateau de Millevaches. 112 hab. Important ensemble gallo-romain : temple, mausolée, thermes, théâtre.

**SAINT-MICHEL** [02830] ♦ Comm. de l'Aisne, arr. de Vervins, au S. de la *forêt domaniale de Saint-Michel.* 3 656 hab. *(Saint-Michellois).* Église du premier gothique (XIIe - XIIIe s.), anc. abbatiale, avec façade du XVIIIe s.

**SAINT-MICHEL** [16470] ♦ Comm. de la Charente, banlieue O. d'Angoulême. 2 960 hab. Église romane octogonale du XIIe s. (au tympan, saint Michel terrassant le dragon). ▪ Chimie.

**SAINT-MICHEL-CHEF-CHEF** [44730] ✦ ÉTYM. *Chef-Chef :* de *Cheveché,* n. du pays entourant la comm., probablt du lat. *caput* «tête, pointe» (allus. à la forme du site) ♦ Comm. de la Loire-Atlantique, arr. de Saint-Nazaire. 3 177 hab. *(Michelois).* Station balnéaire. Biscuiterie.

**Saint-Michel-de-Cuxa** (abbaye) ♦ Abbaye située près de Vernet-les-Bains (Pyrénées-Orientales). Fondée en 878, elle est occupée auj. par les bénédictins dépendant de Montserrat. Église romane (fin du Xe s.), avec crypte annulaire. Le cloître, en marbre rose, possède deux galeries (XIe - XIIe s.), dont les chapiteaux sont typiques du roman catalan (reconstitution partielle au musée des Cloîtres, à New* York).

**SAINT-MICHEL-DE-MAURIENNE** [73140] ♦ Ch.-l. de cant. de la Savoie, arr. de Saint-Jean-de-Maurienne, sur l'Arc. 2 714 hab. (aggl. 3 054). *(Saint-Michelins).* Électrométallurgie. Centrales hydroélectriques.

**SAINT-MICHEL-EN-L'HERM** [85580] ♦ Comm. de la Vendée, arr. de Fontenay-le-Comte. 1 931 hab. Ruines d'une anc. abbaye fondée au VIIe s. (salle capitulaire gothique à fines colonnettes ; bâtiments des moines et réfectoire reconstruits au XVIIe s.).

**SAINT-MICHEL-L'OBSERVATOIRE** [04870] ♦ Comm. des Alpes-de-Haute-Provence, arr. de Forcalquier. 904 hab. *(Saint-Michelois).* Observatoire astronomique de Haute-Provence du CNRS.

**SAINT-MICHEL-SUR-ORGE** [91240] ♦ Ch.-l. de cant. de l'Essonne, arr. de Palaiseau. 20 375 hab. *(Saint-Michellois).*

**SAINT-MIHIEL** [55300] ✦ ÉTYM. déformation de *Saint-Michel* (V. ci-dessous) ♦ Ch.-l. de cant. de la Meuse, arr. de Commercy, sur la Meuse. 5 260 hab. (aggl. 6 079) *(Saint-Mihielois* ou *Sammiellois).* Église Saint-Michel, anc. abbatiale reconstruite fin XVIIe s. (porte romane ; sculptures de L. Richier*). L'anc. abbaye (XVIIe, XVIIIe s.) abrite le palais de justice, le lycée Ligier-Richier, la bibliothèque et un musée. Église Saint-Étienne, gothique, renfermant le *Saint-Sépulcre* de L. Richier, composé de treize statues. Maisons et hôtels anc. ▪ Métallurgie. ▌**Histoire** Saint-Mihiel ou Saint-Michel s'est développée autour d'une abbaye bénédictine fondée en 709. Elle devint capitale du duché de Bar en 1301. Au XVIe s., les drapiers et les orfèvres firent la prospérité de la ville et les ateliers de sculpture (celui de Ligier Richier est le plus célèbre) contribuèrent à sa renommée. La ville fut prise par Louis XIII après un pénible siège (1635). ▪ Occupée par les Allemands dès sept. 1914, formant pour le commandement français «la hernie de Saint-Mihiel», la ville fut reprise par les Américains en sept. 1918 ; en se retirant, l'occupant l'endommagea gravement. ▪ Aux environs, site des falaises de Saint-Mihiel.

**SAINT-MITRE-LES-REMPARTS** [13920] ✦ ÉTYM. du n. d'un saint aixois du IVe s. ♦ Comm. des Bouches-du-Rhône. 5 458 hab. *(Saint-Mitréens* ou *Saint-Mitrens).* Remparts du XVe s. ▪ Aux environs, site archéologique de Saint-Blaise : oppidum (–VIIe s.) renforcé par un rempart hellénistique (–IIIe s.).

**SAINT-MORITZ** – en all. ***Sankt Moritz,*** en romanche ***San Murezzan*** ♦ V. de Suisse (Grisons) dans la haute Engadine sur les rives N. et O. du lac de Saint-Moritz. 5 589 hab. Princ. aggl. de la haute Engadine, elle se divise en *Sankt Moritz Dorf* (1 856 m) et *Sankt Moritz Bad* (1 175 m), qui possède une station thermale. C'est l'une des plus importantes stations d'été et de sports d'hiver de Suisse (1 856 - 3 303 m).

**SAINT-NABORD** [88200] ✦ ÉTYM. du n. d'un martyr romain du IVe s. ♦ Comm. des Vosges, arr. d'Épinal, sur la Moselle. 3 853 hab. *(Navoiriands).*

**SAINT-NAZAIRE** [44600] ✦ ÉTYM. du n. d'un abbé de Lérins du VIIe s. ♦ Ch.-l. d'arr. de la Loire-Atlantique, sur la rive d. de l'estuaire de la Loire. 65 874 hab. (aggl. 136 886) *(Nazairiens).* Avant-port de Nantes relié à Saint-Brévin par le pont routier de Mindin. Port de commerce (5e rang national) et premier centre français de construc. navale. Aéronautique. Conserveries. ▮ **Histoire** La découverte d'importantes ruines gallo-romaines lors des travaux d'aménagement du port laisse supposer que Saint-Nazaire n'est autre que l'antique *Corbilo*, l'une des grandes villes gauloises de la côte Atlantique. C'est au VIe s. que, christianisée par l'évêque de Nantes, saint Félix, elle prit son nom actuel. Au milieu du XIXe s., elle n'était qu'une bourgade de pêcheurs. Mais l'augmentation du tonnage des vapeurs et l'ensablement de l'estuaire de la Loire nécessitèrent la création d'un avant-port de Nantes : en 1856, le bassin à flot de Saint-Nazaire était ouvert aux navires. Celui de Penhoët vint s'y ajouter en 1873. En 1861 s'ouvrirent les premiers chantiers navals. Pendant la Deuxième Guerre mondiale, les Allemands installèrent à Saint-Nazaire une de leurs principales bases de sous-marins. Le raid d'une flottille britannique, les 27 et 28 mars 1942, en détruisit une grande partie et l'agglomération nazairienne subit d'importants dégâts du fait des bombardements alliés. Les troupes allemandes occupèrent la ville et sa région jusqu'à la libération de la «poche de Saint-Nazaire» le 11 mai 1945.

**SAINT-NECTAIRE** [63170] ➝ ÉTYM. du n. d'un évangélisateur de la région au IIIe s., compagnon de saint Austremoine et de saint Baudime ♦ Comm. du Puy-de-Dôme, arr. d'Issoire. 675 hab. *(Saint-Nectériens)*. Église romane (XIIe s.) de style auvergnat très pur (chapiteaux historiés) renfermant un trésor : buste de saint Baudime (XIIe s.), émaux limousins. Grottes du Mont-Cornadore : thermes romains. Dolmen. ▪ Station thermale d'origine romaine. Fromages (saint-nectaire).

**SAINT-NICOLAS** → **Sint-Niklaas**

**SAINT-NICOLAS** ♦ Comm. de Belgique (Région wallonne), prov. et arr. de Liège (banl. O.). 22 583 hab. Sidérurgie et métallurgie lourde. Anc. charbonnages.

**SAINT-NICOLAS** [62223] ♦ Comm. du Pas-de-Calais, banl. N. d'Arras, sur la Scarpe. 5 659 hab.

**SAINT-NICOLAS-D'ALIERMONT** [76510] ♦ Comm. de la Seine-Maritime, arr. de Dieppe, près de la forêt d'Arques. 3 862 hab. (aggl. 4 921). Électronique.

**SAINT-NICOLAS-DE-PORT** [54210] ➝ ÉTYM. du n. de *saint Nicolas** dont une relique fut rapportée au XIe s., et du lat. *portus* «passage (sur la Meurthe)» ♦ Ch.-l. de cant. de la Meurthe-et-Moselle, arr. de Nancy, sur la Meurthe. 7 505 hab. *(Portois)*. Basilique Saint-Nicolas (XVe - XVIe s.) de style flamboyant renfermant la relique de saint Nicolas, objet d'un important pèlerinage dès le XIe s. ▪ Musée de la Brasserie.

**SAINT-NICOLAS-DU-PÉLEM** [22480] ♦ Ch.-l. de cant. des Côtes-d'Armor, arr. de Guingamp. 1 843 hab. *(Pélémois)*. Église du XVIe s. ; manoir du Pélem (XVIe s.) ; chapelle du XVIIe s. Aux environs, à Bothoa, église des XIVe et XVIe s. Conserverie (volailles).

**SAINT-NIZIER-DU-MOUCHEROTTE** [38250] ➝ ÉTYM. du n. d'un archevêque de Lyon au VIe s., et *Moucherotte*, chaînon qui domine le plateau ♦ Comm. de l'Isère, arr. de Grenoble. 805 hab. Station estivale et hivernale (1 162 - 1 900 m).

**SAINT-NOLFF** [56250] ♦ Comm. du Morbihan, arr. de Vannes. 3 300 hab.

**SAINT-NOM-LA-BRETÈCHE** [78860] ➝ ÉTYM. du n. de *saint Nonne*, qui évangélisa le pays dépeuplé après les invasions normandes, et de *bretèche* (n. f.) ♦ Ch.-l. de cant. des Yvelines. 4 966 hab. *(Saint-Nonnais-Bretèchois)*.

**Saint-Office** (tribunal du) ♦ Tribunal inquisitorial établi dans la province de Séville par Sixte IV (1478) à la demande des Rois Catholiques, étendu à l'Aragon en 1484 ; organisé par Torquemada*. Il sévit contre les marranes relaps puis (1492) contre tous les juifs, les morisques, les *alumbrados*, les protestants et devint un instrument du pouvoir royal. Il fut étendu à toutes les possessions espagnoles, notamment à l'Amérique (1569). Joseph Bonaparte le supprima en 1808, l'Espagne libre en 1813. Ferdinand VII le rétablit contre les libéraux, mais il fut aboli en 1834. → **Inquisition.**

**Saint-Office** (congrégation du) ♦ Nom porté de 1908 à 1965 par l'ancienne congrégation de la Suprême Inquisition, transformée aujourd'hui en congrégation pour la Doctrine de la foi. → **Inquisition.**

**SAINT-OGAN (Alain)** ♦ Journaliste et dessinateur français (Colombes 1895 - Paris 1974). Auteur de *Zig et Puce* (1925), la première véritable bande dessinée française utilisant les ressources propres au genre (les «bulles») et intégrant certains aspects du graphisme contemporain «art déco».

**SAINT-OMER** [62500] ➝ ÉTYM. V. ci-dessous ♦ Ch.-l. d'arr. du Pas-de-Calais, sur l'Aa. 15 747 hab. (aggl. 56 425) *(Audomarois)*. Basilique Notre-Dame (XIIIe - XVe s.), anc. cathédrale (nombreuses œuvres d'art). Église Saint-Denis (tour du XIIIe s. ; chœur du XVe s.). Musée de l'hôtel Sandelin (XVIIIe s.) : archéologie ; histoire locale ; céramiques (Saint-Omer, Delft) ; tableaux et objets d'art parmi lesquels le Pied de Croix de Saint-Bertin (v. 1170), chef-d'œuvre d'orfèvrerie mosane. ▪ Brasserie. ▮ **Histoire** En 645, saint Omer fonda l'abbaye de Sithiu (futur Saint-Omer) qui appartint à l'ordre de Cluny* de 1106 à 1139. La ville devint un centre textile important au XIe s. ; elle reçut une charte en 1127, fut définitivement annexée à la France en 1677. Elle fut bombardée pendant les deux dernières guerres.

**SAINTONGE** n. f. ➝ ÉTYM. anc. *Sanctonicum* «pays des *Santons**» ♦ Région de l'O. de la France, pays de Saintes. La Saintonge est comprise entre l'Aunis et le Poitou au N., l'Angoumois à l'E., la Guyenne au S. et l'Atlantique à l'O. Elle s'étend sur une grande partie du département de la Charente-Maritime et empiète sur celui de la Charente. C'est une zone de relief modéré, où l'altitude ne dépasse 150 m que dans les terrains crétacés du S. et jurassiques du N. (173 m au bois de Chantemerlière, à l'E. d'Aulnay). Son économie repose principalement sur l'agriculture : élevage, culture des céréales et surtout de la vigne (Cognac). L'ostréiculture est active sur le littoral (Marennes). ▮ **Histoire** L'antique province des *Santones* fut incluse au VIIIe s. dans le duché d'Aquitaine. Elle passa à l'Angleterre par le mariage d'Aliénor, héritière de Guillaume X d'Aquitaine, avec Henri II Plantagenêt (1152). Reconquise par Du Guesclin (1371 - 1372), elle fit définitivement retour à la Couronne sous Charles V. Elle fut à l'époque de la Réforme l'un des bastions du protestantisme.

**SAINT-ORENS-DE-GAMEVILLE** [31650] ➝ ÉTYM. du n. d'un évêque d'Auch mort en 439 ♦ Comm. de la Haute-Garonne, banl. S.-E. de Toulouse. 10 991 hab.

**SAINT-OUEN** [sɛ̃twɛ̃] [93400] ➝ ÉTYM. du n. de *saint Ouen** ♦ Comm. de la Seine-Saint-Denis, arr. de Saint-Denis, banl. N. de Paris. 39 722 hab. *(Audoniens)*. Château du XIXe s., restauré (petit musée). Marché aux puces. ▪ Centrale thermique. Construc. mécaniques. Dépôt pétrolier. ▮ **Histoire** Avant d'entrer à Paris, Louis XVIII y signa le 2 mai 1814 une proclamation (rédigée par Blacas d'Aulps et Vitrolles) qui servit de base à la Charte* constitutionnelle de juin 1814.

**SAINT-OUEN-L'AUMÔNE** [95310] ➝ ÉTYM. du n. de *saint Ouen** (dont le corps passa une nuit dans la chapelle) et *l'Aumône*, n. d'une léproserie créée par Saint Louis ♦ Ch.-l. de cant. du Val-d'Oise, arr. de Pontoise, sur l'Oise, en face de Pontoise. 19 660 hab. *(Saint-Ouennais)*. Élément de la ville nouvelle de Cergy*-Pontoise. Ruines de l'abbaye cistercienne de Maubuisson fondée en 1236 par Blanche de Castille qui entra alors dans les ordres. En 1793, le couvent et l'église ont été détruits. Construc. mécanique.

**SAINT-PAIR-SUR-MER** [50380] ➝ ÉTYM. du n. de *saint Paterne* qui y fonda en 540 le monastère de Scissy sur l'emplacement du tombeau de saint Gaud ♦ Comm. de la Manche, arr. d'Avranches. 3 616 hab. (aggl. 6 025) *(Saint-Pairais)*. Église romane (chœur du XIVe s.). ▪ Station balnéaire.

**SAINT-PALAIS-SUR-MER** [17420] ♦ Comm. de la Charente-Maritime, arr. de Rochefort. 3 343 hab. *(Saint-Palaisiens)*. Station balnéaire au N.-O. de Royan.

**SAINT-PANTALÉON-DE-LARCHE** [19600] ➝ ÉTYM. du n. d'un saint d'Asie Mineure, martyrisé en 303, qui se serait arrêté dans le village en faisant le pèlerinage de Saint-Jacques-de-Compostelle ♦ Comm. de la Corrèze, arr. de Brive-la-Gaillarde. 3 773 hab.

**SAINT-PAPOUL** [11400] ➝ ÉTYM. du n. d'un disciple de saint Saturnin ♦ Comm. de l'Aude, arr. de Carcassonne, au S. de la Montagne Noire. 770 hab. *(Saint-Papoulais)*. Le village doit son origine à une abbaye bénédictine, fondée par Charlemagne, sur le tombeau de saint Papoul, et siège d'un évêché de 1317 à 1790. Anc. cathédrale ; cloître (XIVe s.).

**SAINT-PARIZE-LE-CHÂTEL** [58490] ➝ ÉTYM. du n. de *saint Patrice* qui évangélisa la région au VIe s. et fut p.-ê. évêque de Nevers ♦ Comm. de la Nièvre, arr. de Nevers, dans le val du Nivernais. 1 277 hab. *(Saint-Parizois)*. Église du XIIe s. (crypte romane aux remarquables chapiteaux historiés). ▪ Source thermale, dite les Fonts-Bouillants.

**SAINT-PATHUS** [77178] ➝ ÉTYM. du n. d'un évêque de Meaux qui mourut à cet endroit le jour de son élection, en 684 ♦ Comm. de la Seine-et-Marne, arr. de Meaux. 4 829 hab. (aggl. 6 375).

**SAINT PAUL** ♦ V. des États-Unis, cap. du Minnesota, sur le Mississippi. 287 151 hab. (zone urbaine 2 968 806, avec Minneapolis). Centre commercial (bétail) et bancaire. Imprimeries, automobiles, électronique. Raffineries de pétrole, aciérie et indus. chimique au S. de la ville. ▪ Nombreuses activités culturelles (dont le festival des Nations, depuis 1932).

**SAINT-PAUL** (île) ♦ Île volcanique située au S. de l'océan Indien. Le cratère de son volcan a été envahi par la mer et forme une baie d'env. 1 000 m de diamètre (le *Bassin du cratère*). Située au S. de la Nouvelle-Amsterdam, l'île Saint-Paul possède un climat, une flore et une faune à peu près analogues à cette dernière ; elle fait partie des terres Australes et Antarctiques françaises.

**SAINT-PAUL** [97460] ➝ ÉTYM. ainsi nommé parce que les colons y arrivèrent le jour de la *Saint-Paul* ♦ Ch.-l. d'arr. de la Réunion sur la côte O. de l'île. 87 712 hab. *(Saint-Paulois)*. Sucrerie. Distillerie. ▮ **Histoire** Ce fut le premier établissement des colons français en 1663.

**Saint-Paul** (cathédrale) – en angl. ***Saint Paul's cathedral*** ♦ Chef-d'œuvre de l'architecte Christopher Wren*, la cathédrale Saint-Paul fut édifiée de 1675 à 1702 en style néoclassique, au cœur de la Cité de Londres, sur l'emplacement d'une anc. église détruite par le «Grand Incendie» de 1666.

**SAINT-PAUL** ou **SAINT-PAUL-DE-VENCE** [06570] ♦ Comm. des Alpes-Maritimes, arr. de Grasse, près de Vence. 2 847 hab. *(Saint-Paulois)*. Anc. bourg fortifié (remparts élevés par François Ier de 1537 à 1547). Église des XIIe - XIIIe s. Fondation Maeght*, consacrée à l'art moderne (centre culturel). ▪ Tourisme.

**Saint-Paul-de-Vence** *Phot. © G. Mooney/Corbis*

**SAINT-PAUL-EN-JAREZ** [42320] ♦ Comm. de la Loire, arr. de Saint-Étienne. 4 129 hab.

**Saint-Paul-hors-les-Murs** – en it. ***San Paolo fuori le Mura*** ♦ Basilique de Rome, sur la voie d'Ostie, possession de l'État du Vatican, fondée, selon la tradition, par Constantin sur le tombeau de saint Paul, plus sûrement par Valentinien II et Théodose (388). Elle fut reconstruite après un incendie (1823) qui épargna pourtant le ciborium d'Arnolfo di Cambio (XIIIe s.) et le cloître des bénédictins (Vassaletto ? fin XIIe - déb. XIIIe s.).

**SAINT-PAUL-LÈS-DAX** [40990] ♦ Comm. des Landes, arr. de Dax. 10 226 hab. *(Saint-Paulois)*. Vestiges d'une voie et d'un aqueduc romains. Église romane du XIIe s. (bas-reliefs).

**SAINT-PAUL-TROIS-CHÂTEAUX** [26130] ← **ÉTYM.** du n. d'un des premiers évêques de la v. au VIe s. et *Trois-Châteaux* de *Tricastini*, n. d'un peuple gaulois qui a donné son n. à la région du Tricastin* ♦ Ch.-l. de cant. de la Drôme, arr. de Nyons, dans le Tricastin. 7 277 hab. (aggl. 8 520). *(Tricastins)*. Anc. cathédrale romane de style provençal (XIe - XIIe s.). ▪ Viticulture (coteaux-du-tricastin). Centrale nucléaire. → **Tricastin.**

**SAINT-PÉ-DE-BIGORRE** [65270] ← **ÉTYM.** *Pé* : forme gasc. de *Pierre* ♦ Ch.-l. de cant. des Hautes-Pyrénées, arr. d'Argelès-Gazost, sur le gave de Pau*. 1 257 hab. (*Saint-Péens* ou *Ahumats*). Église du XVIIe s. Ruines d'une abbatiale romane. ▪ Tourisme.

**SAINT-PÉE-SUR-NIVELLE** [64310] ← **ÉTYM.** du n. des *Saint-Pée* (forme gasc. de *Pierre*), baillis du Labourd pendant 2 siècles ♦ Comm. des Pyrénées-Atlantiques, arr. de Bayonne, sur la Nivelle. 4 331 hab. Tourisme.

**SAINT-PÉRAY** [07130] ♦ Ch.-l. de cant. de l'Ardèche, arr. de Tournon-sur-Rhône. 6 502 hab. *(Saint-Pérollais)*. Ruines du château de Crussol (XIIe s.). ▪ Viticulture (saint-péray : côtes-du-rhône blanc).

**SAINT-PÈRE** [89450] ← **ÉTYM.** du n. de *saint Pierre* ♦ Comm. de l'Yonne, arr. d'Avallon, au pied de la colline de Vézelay. 385 hab. *(Saint-Pèrois)*. Église Notre-Dame de style gothique bourguignon (XIIIe - XVe s.). Musée archéologique régional (objets des fouilles des Fontaines-Salées).

**SAINT-PÈRE-EN-RETZ** [44320] ← **ÉTYM.** → Saint-Père ♦ Ch.-l. de cant. de la Loire-Atlantique, arr. de Saint-Nazaire. 3 454 hab.

**SAINT PETER PORT** – en fr. ***Saint-Pierre-Port*** ♦ Ch.-l. de Guernesey sur la côte E. 21 000 hab. Maison de Victor Hugo, Hauteville* House, où le poète vécut pendant son exil. Princ. port de l'île. Ressources financières liées au paradis fiscal et tourisme.

**SAINT-PÉTERSBOURG** ← **ÉTYM.** en russe *Sankt-Petersburg* (ou *Sankt-Peterburg*), de l'all. *sankt* «saint» et *Petersburg* «forteresse de Pierre», du n. de *Pierre** Ier Alekseïevitch, dit Pierre le Grand – de 1914 à 1924 ***Petrograd***, de 1924 à 1991 ***Leningrad*** ♦ V. de Russie, ch.-l. de la région de Leningrad, sur l'embouchure de la Neva, au bord du golfe de Finlande. 4 436 000 hab. (aggl. 4 669 400). S'étendant aujourd'hui sur 1 439 km², Saint-Pétersbourg est une capitale culturelle. Université fondée en 1819 ; nombreux musées (dont l'Ermitage*) et bibliothèques. Académie des beaux-arts, à la fondation de laquelle collabora Ivan Chouvalov ; dans le jardin Gorki s'élève la statue équestre colossale de Pierre le Grand (œuvre de Falconet*). Premier port maritime et fluvial (canal maritime qui le relie à Kronstadt), base navale, la ville est aussi un grand centre industriel. Indus. de l'armement ; métall. de transformation ; matériel ferroviaire, matériel pour l'exploitation forestière et pour l'agriculture ; raffineries des pétroles importés, indus. pétrochimique ; machines pour la mise en valeur des mines ; moteurs électriques, turbines et générateurs ; combinat du bois ; complexe de superphosphates ; textile ; indus. alimentaires ; chantiers navals (le brise-glace atomique *Lénine* y fut construit). Un gazoduc relie la ville à Kokhtla-Iarve, et un autre se branche sur celui de Stavropol-Moscou. Des stations hydroélectriques (sur les riv. Volkhov et Suir), des stations thermiques et la centrale nucléaire Sosnovyï Bor alimentent la région. Nœud ferroviaire important, la ville est également connectée par un système de canaux à la Volga et à la mer Blanche. Aéroport international Pulkovo. ▮ **Histoire** Fondée en 1703 par Pierre le Grand (qui la considérait comme «une fenêtre de la Russie sur l'Europe») sous le nom de Saint-Pétersbourg, modelée dans le marais par déviation des eaux de la Neva et selon un plan général dressé par l'architecte français Alexandre Leblond, la ville devint la capitale de l'empire dès 1715, mais elle se développa surtout sous Anna Ivanovna (1730 - 1740) et sous Élisabeth Petrovna (1741 - 1762). De nombreux architectes étrangers (Quarenghi*, Trezzini, Rastrelli*, Vallin de La Mothe) y construisirent des édifices de style baroque et classique : l'Amirauté (1704 - 1723), le palais Anitchkov (1742 - 1753), le palais Vorontsov (1749 - 1757), le palais d'Hiver (1754 - 1785), le palais de Marbre (1768 - 1785), ainsi que les cathédrales Saint-Pierre-et-Saint-Paul (1713 - 1721), Saint-Alexandre-Nevski (1778 - 1789) et Notre-Dame-de-Kazan (1801 - 1811). Aujourd'hui la ville, appelée parfois la Venise du Nord à cause de ses nombreux canaux et de ses 500 ponts, constitue l'un des plus riches centres touristiques de la Russie. Pierre Ier le Grand y fonda en 1725 la première Académie des sciences (transférée à Moscou en 1934). En 1825, elle fut le théâtre de la révolte des décabristes*. Après l'industrialisation rapide, stimulée par l'émancipation des serfs (1861), elle devint le centre de l'agitation des narodniki*, qui aboutit à l'assassinat d'Alexandre II (1881). Au début du XXe s., elle joua un rôle important au cours de la révolution de 1905, puis de la révolution de 1917. En janv. 1918, le siège du gouvernement soviétique fut transféré à Moscou, qui redevint la capitale du pays. Le 26 janv. 1924, cinq jours après la mort de Lénine, Petrograd prit le nom de Leningrad. En 1934, Kirov y fut assassiné, ce qui permit à Staline de déclencher les grandes purges et les procès de Moscou. Pendant la Deuxième Guerre mondiale, la ville fut encerclée presque totalement par les troupes allemandes et finlandaises et subit 900 jours de siège (août 1941 - janv. 1944 ; 600 000 morts et 1 000 000 disparus). Les quartiers extérieurs furent dévastés, seul le centre de la ville resta à peu près intact. Depuis, elle tente de se moderniser en se tournant vers l'Occident. Elle a repris son premier nom à la suite d'un référendum en sept. 1991.

**Saint-Pétersbourg.** Quai de la Neva. *Phot. © Attias/Sipa Press*

**SAINT PETERSBURG** ♦ V. des États-Unis (Floride), sur le golfe du Mexique. 248 232 hab. (zone urbaine 2 395 997, avec Tampa et Clearwater). Station résidentielle et balnéaire. Port de plaisance.

**SAINT PHALLE (Marie-Agnès FAL DE SAINT PHALLE, dite Niki DE)** ♦ Peintre et sculptrice française (Paris 1930 - San Diego 2002). Après ses «tableaux-surprises» où le spectateur était invité à tirer à la carabine sur des poches de couleurs se répandant sur le plâtre boursouflé, elle réalisa dès 1964 ses premières *Nanas*, faites de déchets (la *Hon*, 1966) et, après 1969, des «maisons-sculptures» et des «sculptures-jeux» (le *Golem*, pour le parc Rabinovitch à Jérusalem, 1972 ; *Nana-piscine* à Saint-Tropez, 1973). Elle créa un jardin fantastique en Toscane (*Giardino dei Tarrochi*, 1980) puis, en collaboration avec Jean Tinguely*, son mari, la *Fontaine Stravinski*, en 1983, près du Centre Georges-Pompidou à Paris. Cette fontaine matérialise les liens entre la sexualité, le jeu et la mort. L'eau unit les deux gammes d'éléments distincts illustrant le thème de *L'Oiseau de feu* : les ferrailles noires de Tinguely et les figures colorées de Niki de Saint Phalle. ▪ *Illustration :* → **Paris.**

**Saint-Pierre de Rome.** Vue aérienne. Ce côté de la basilique correspond principalement au travail de Michel-Ange.
*Phot. © Gerster/Rapho*

**SAINT-PHILBERT-DE-GRAND-LIEU** [44310] ◂ ÉTYM. du n. de *saint Philibert* (V. ci-dessous) et du n. du lac de *Grand-Lieu* ♦ Ch.-l. de cant. de la Loire-Atlantique, arr. de Nantes. 6 253 hab. *(Philibertins).* Abbatiale du IXe s., remaniée au XIXe s. (crypte abritant le sarcophage de saint Philibert du VIIe s.).

**SAINT-PHILIPPE** [97480] ◂ ÉTYM. du n. du roi Louis*-*Philippe* ♦ Ch.-l. de cant. de la Réunion, au S.-E. de l'île. 4 860 hab.

**SAINT-PIERRE (EUSTACHE DE)** → **Eustache de Saint-Pierre**

**SAINT-PIERRE (Charles Irénée CASTEL, abbé DE)** ♦ Écrivain français (Saint-Pierre-Église 1658 - Paris 1743), auteur d'un *Projet de paix perpétuelle* (1713) où il prônait l'organisation d'une ligue de souverains dotée d'un tribunal et d'un congrès permanent. Il fonda, avec l'abbé Alary, le Club de l'Entresol*. [Acad. fr. 1695]

**SAINT-PIERRE** (lac) ♦ Lac du Canada (Québec) formé par le Saint-Laurent en amont de Trois-Rivières. 340 km². Le Saint-François s'y jette.

**SAINT-PIERRE (BERNARDIN DE)** → **Bernardin de Saint-Pierre (Jacques-Henri)**

**SAINT-PIERRE** [97250] ◂ ÉTYM. nommé *Fort-Saint-Pierre* par son fondateur Pierre Belain Desnambuc, en 1635 ♦ Ch.-l. d' arr. de la Martinique, situé sur la côte occidentale au S. de la montagne Pelée. 4 453 hab. *(Pierrotins).* Musée. ▮ **Histoire** Première capitale de la colonie, la ville fut anéantie en mai 1902 à la suite d'une éruption de la montagne Pelée* qui fit 28 000 victimes.

**SAINT-PIERRE** [97410] ♦ Ch.-l. d'arr. de la Réunion, sur la côte S. de l'île. 68 915 hab. *(Saint-Pierrois).* Centre admin. et commercial. Indus. alimentaires.

**SAINT-PIERRE** [97500] ♦ Chef-lieu de Saint-Pierre et Miquelon, sur la côte E. de l'île Saint-Pierre. 5 580 hab. *(Saint-Pierrais-Miquelonnais).* Port de pêche. Préparation de la morue.

**Saint-Pierre-aux-Liens** – en it. *San Pietro in Vincoli* ♦ Église de Rome, dite aussi basilique Eudoxienne, car elle fut fondée au Ve s. par Eudoxie, femme de Valentinien III, pour conserver des chaînes «de saint Pierre», auj. encore vénérées comme reliques. Tombeau de Jules II, par Michel-Ange, avec le *Moïse**.

**SAINT-PIERRE-D'ALBIGNY** [73250] ♦ Ch.-l. de cant. de la Savoie, arr. de Chambéry, au pied des Bauges. 3 269 hab. (aggl. 4 096) *(Saint-Pierrains).* Château médiéval de Miolans. ▪ Viticulture.

**SAINT-PIERRE-DE-CHANDIEU** [69780] ♦ Comm. du Rhône, arr. de Lyon. 4 133 hab.

**SAINT-PIERRE-DE-CHARTREUSE** [38380] ♦ Comm. de l'Isère, arr. de Grenoble. 770 hab. Centre d'excursions et de sports d'hiver (900 - 1 790 m) dans le massif de la Grande-Chartreuse*.

**Saint-Pierre de Rome** ou **Basilique vaticane** ♦ Basilique pontificale, la plus vaste de la chrétienté (119 m sous la coupole), située sur la rive d. du Tibre, au Vatican. L'ancienne basilique, bâtie à l'époque de Constantin, lieu où la tradition, appuyée par des fouilles, situe le tombeau de saint Pierre, fut démolie sous Nicolas V qui adopta le plan de Rossellino (v. 1450). Toutefois, la reconstruction ne commença que sous Jules II, selon le plan en croix grecque de Bramante* (1506). Raphaël (1514), Antonio da Sangallo* le Jeune (1520), Michel*-Ange (1546) qui jeta les plans de la coupole, achevée seulement en 1590 par Della* Porta, Maderno* (1605) qui allongea la nef en croix latine et fit la façade, dirigèrent ensuite les travaux. Le Bernin* (1624) travailla à la décoration, éleva l'autel à baldaquin au-dessus de la *Confession de saint Pierre* (crypte) ; en avant de la basilique, il bâtit la place Saint-Pierre, avec sa double colonnade semi-elliptique.

**SAINT-PIERRE-DES-CORPS** [37700] ◂ ÉTYM. *Corps :* allus. à la présence d'un cimetière gallo-romain ♦ Ch.-l. de cant. de l'Indre-et-Loire, banl. E. de Tours. 15 773 hab. *(Corpopétrussiens).* Importante gare de triage. Électromécanique ferroviaire.

**SAINT-PIERRE-D'IRUBE** [64990] ♦ Ch.-l. de cant. des Pyrénées-Atlantiques, banl. S.-E. de Bayonne. 3 873 hab.

**SAINT-PIERRE-D'OLÉRON** [17310] ♦ Ch.-l. de cant. de la Charente-Maritime, arr. de Rochefort, au centre de l'île d'Oléron.5 944 hab. *(Oléronnais).* Lanterne des morts du XIIIe s. ▪ Centre admin., commercial et touristique.

**SAINT-PIERRE-DU-MONT** [40000] ♦ Comm. des Landes, banlieue S.-O. de Mont-de-Marsan. 7 164 hab.

**SAINT-PIERRE-DU-PERRAY** [91280] ♦ Comm. de l'Essonne, arr. d'Évry. 5 801 hab. Élément de la ville nouvelle de Sénart.

**SAINT-PIERRE-ÉGLISE** [50330] ♦ Ch.-l. de cant. de la Manche, arr. de Cherbourg. 1 793 hab. *(Saint-Pierrais).* Église des XIIe et XVIIe s. ; château du XVIIIe s.

**SAINT-PIERRE-EN-FAUCIGNY** [74800] ♦ Comm. de la Haute-Savoie, arr. de Bonneville. 5 053 hab. Mécatronique.

**SAINT-PIERRE ET MIQUELON** ◂ ÉTYM. *Miquelon :* norm. «le petit Michel» ♦ Collectivité d'outre-mer française (COM), dans un archipel de la côte méridionale de Terre-Neuve (océan Atlantique). → **Canada** (carte). 242 km². 6 316 hab. (*Saint-Pierrais* et *Miquelonnais*). Densité : 26 hab./km². L'archipel comprend les îles Miquelon* et l'île Saint-Pierre (26 km²) qui regroupe les 7/8e de la population (env. 5 500 hab.) et où se situe le centre administratif et commercial, ainsi que divers îlots (île aux Marins, Grand-Colombier, île aux Vainqueurs, île aux Pigeons). Ch.-l. : Saint-Pierre. ▪ Les îles sont formées de terrains anciens bas et érodés par les glaciers ; elles présentent des côtes échancrées que baignent les eaux froides du Labrador. Le climat est rude et humide (1 500 mm/an) ; l'hiver long et enneigé. Présentant quelques espaces boisés, les îles sont surtout couvertes d'une végétation rabougrie (les tourbières sont nombreuses). L'économie, fondée sur la pêche à la morue (poisson congelé, farine de poisson), est durement touchée par la décision du Canada d'interdire cette pêche sur les bancs de Terre-Neuve. ▮ **Histoire** Fréquentées par des pêcheurs français dès le XVIe s., les îles furent colonisées par la France au XVIIe s. et reçurent de nombreux réfugiés acadiens après le traité de Paris* (1763). Elles passèrent plusieurs fois sous la domination britannique et furent rendues définitivement à la France en 1814 (traité de Paris*). En 1940, elles dépendaient du gouvernement des Antilles. Elles furent occupées en 1941 sur l'ordre du général de Gaulle qui y organisa

**Saint-Pierre-et-Miquelon.** L'île aux Marins.
*Phot. © STF/Ceyrac/Derrick/AFP*

un plébiscite qui lui fut favorable. L'archipel devint territoire d'outre-mer (TOM) en 1946 et obtint le statut de département (DOM) en 1976, de collectivité territoriale de la République en 1985 et enfin de COM en 2003.

**SAINT-PIERRE-LE-MOÛTIER** [58240] ➝ ÉTYM. *Moûtier* : du lat. *monasterium* «monastère» ♦ Ch.-l. de cant. de la Nièvre, arr. de Nevers, à la lisière O. de la Sologne bourbonnaise. 2 029 hab. *(Saint-Pierrois)*. Église Saint-Pierre, anc. église du prieuré de Cluny (XIIe s. avec adjonctions de chapelles latérales aux XVe et XVIe s.). Maisons Renaissance. Hôpital (cloître du XVIIe s.). ▮ Histoire Dernière victoire de Jeanne* d'Arc (nov. 1429).

**SAINT-PIERRE-LÈS-ELBEUF** [76320] ♦ Comm. de la Seine-Maritime, arr. de Rouen. 8 417 hab.

**SAINT-PIERRE-LÈS-NEMOURS** [77140] ♦ Comm. de la Seine-et-Marne, dans la banl. de Nemours. 5 815 hab.

**SAINT-PIERRE-MONTLIMART** [49110] ♦ Comm. du Maine-et-Loire, arr. de Cholet. 3 053 hab. (aggl. 5 452). Électronique.

**SAINT-PIERRE-PORT** → **Saint Peter Port**

**SAINT-PIERRE-QUIBERON** [56510] ♦ Comm. du Morbihan, arr. de Lorient, dans la presqu'île de Quiberon. 2 165 hab. *(Saint-Pierrois)*. Menhirs. ▪ Station balnéaire. Petit port.

**SAINT-PIERRE-SUR-DIVES** [14170] ♦ Ch.-l. de cant. du Calvados, arr. de Lisieux, sur la Dives. 3 977 hab. *(Pétruviens)*. Anc. abbaye bénédictine dont il reste une église des XIIe, XIVe et XVe s., une salle capitulaire du XIIIe s. Musée des Techniques fromagères. Halles des XIe - XIIe s., incendiées en 1944, reconstruites. ▪ Fabrication de boîtes de fromage. Indus. du bois ; marché agricole.

**SAINT-POINT** [71630] ♦ Comm. de la Saône-et-Loire, arr. de Mâcon. 316 hab. (*Sanpognards* ou *Sainpoignards*). Château (remanié au XIXe s.), où Lamartine aimait séjourner. Tombes du poète et de son épouse dans une chapelle.

**SAINT-POL (comtes de)** ♦ Branche cadette de la troisième maison de Luxembourg. ♦ **Valeran III de Luxembourg-Ligny,** comte **de Saint-Pol** (château de Saint-Pol 1355 - château d'Ivoy 1415). Il prit le parti des bourguignons et fut gouverneur de Paris (1410) et connétable (1412). Plusieurs fois vainqueur des armagnacs, il dut se retirer de Paris avec les bourguignons (1413). ♦ **Jean de Luxembourg-Ligny,** comte **de Saint-Pol** (v. 1391 - Guise 1441). Neveu du précédent. Lors de la guerre de Cent Ans, il gouverna Paris pour le compte des Anglais (1418 - 1420). Il captura Jeanne d'Arc et la vendit aux Anglais (1430). ♦ **Louis de Luxembourg-Ligny,** comte **de Saint-Pol** (1418 - 1475). Neveu du précédent. Il participa à la reconquête de la Normandie sur les Anglais. Nommé connétable par Louis XI, il aurait eu des intelligences avec Charles le Téméraire, si bien que Louis XI le fit décapiter.

**SAINT-POL-DE-LÉON** [29250] ➝ ÉTYM. en bret. *Kastell-Paol* «château de Paul [Paul-Aurélien]» (V. ci-dessous) ♦ Ch.-l. de cant. du Finistère, arr. de Morlaix, dans le Roux Léon. 7 121 hab. *(Saint-Politains)*. Anc. cathédrale (XIIIe - XVIe s.) de style gothique normand (stalles du XVIe s.). Chapelle du Kreisker des XIVe - XVe s. (clocher haut de 77 m). ▪ Légumes et primeurs. ▮ Histoire L'évêque Paul-Aurélien (VIe s.) donna son nom à la ville. Au XIVe s., Du Guesclin fit occuper Saint-Pol par une garnison décimée par le duc de Bretagne Jean IV en 1374. En 1590, la ville fut favorable à la Ligue. En 1793, le général Canclaux réprima dans le sang une insurrection.

**SAINT-POL ROUX le Magnifique (Paul Pierre Roux,** dit**)** ♦ Poète français (Saint-Henri, près de Marseille 1861 - Brest 1940). Fidèle au culte de la beauté célébré par Mallarmé* dont il fut le disciple, il se distingua au sein du groupe symboliste par une tendance à l'excès et à la profusion qui caractérise tout art baroque (*Manifeste du magnificisme,* 1895). Il se voulut dramaturge autant que poète (*La Dame à la faulx,* 1899), mais aucune de ses œuvres ne fut jamais représentée. C'est surtout par l'importance qu'il reconnaît au pouvoir libérateur de l'image et à son autonomie, en dehors de tout contrôle de la raison, qu'il apparaît comme un précurseur (*De la colombe au corbeau par le paon,* 1885-1904 ; *Les Féeries intérieures,* 1907). La reconnaissance fut tardive et paradoxale : un banquet dressé en son honneur à la Closerie des lilas devait dégénérer en un des plus grands scandales du surréalisme (1925). Il eut une fin tragique, aux premiers jours de l'occupation allemande, dans son manoir de Coecilian (presqu'île de Camaret) où il vivait retiré depuis 1905.

**SAINT-POL-SUR-MER** [59430] ➝ ÉTYM. du n. de l'enseigne d'un cabaret «le Saint-Pol», donné en souvenir du chevalier *Saint-Pol* Hercourt, compagnon de Jean Bart ♦ Comm. du Nord, banl. O. de Dunkerque. 23 337 hab. *(Saint-Polois)*. Station balnéaire.

**SAINT-POL-SUR-TERNOISE** [62130] ➝ ÉTYM. selon la légende, grâce aux prières des hab. du village à *saint Paul*, une nuée miraculeuse aurait caché le lieu aux envahisseurs normands, en 881 ♦ Ch.-l. de cant. du Pas-de-Calais, arr. d'Arras, dans l'Artois. 5 220 hab. (aggl. 8 548) *(Saint-Polois)*. La ville, détruite par les bombardements, a été reconstruite après 1945. Indus. agroalimentaire.

**SAINT-PONS-DE-THOMIÈRES** [pɔ̃s] ou [pɔ̃] [34220] ➝ ÉTYM. *Thomières,* de l'occit. *tomièra* «clayon (pour faire égoutter le fromage)» ♦ Ch.-l. de cant. de l'Hérault, arr. de Béziers, dans la haute vallée du Jaur. 2 287 hab. *(Saint-Ponais)*. Anc. abbatiale (puis cathédrale) Saint-Pons (XIIe s.), remaniée au XVIIIe s. (façade primitive, avec portail roman à l'O.). Tour crénelée de la Gascagne (XVIe s.). Grotte du Jaur (fontaine).

**SAINT-PORCHAIRE** [17250] ➝ ÉTYM. du n. d'un abbé de Poitiers des VIe - VIIe s. ♦ Ch.-l. de cant. de la Charente-Maritime, arr. de Saintes. 1 335 hab. Aux environs, château de la Roche-Courbon (XVe s., remanié aux XVIIe et XVIIIe s.) et restauré au XXe s. à l'initiative de P. Loti.

**SAINT-POURÇAIN-SUR-SIOULE** [03500] ➝ ÉTYM. du n. d'un esclave auteur de miracles, devenu abbé du monastère au VIe s. ♦ Ch.-l. de cant. de l'Allier, arr. de Moulins. 5 266 hab. *(Saint-Pourcinois)*. Église Sainte-Croix (XIe - XVe s.), anc. abbatiale plusieurs fois remaniée (*Ecce homo* du XVIe s.). Musée de la vigne et du vin. ▪ Viticulture. Maroquinerie.

**SAINT-PRIEST** [69800] ➝ ÉTYM. du n. d'un évêque de Clermont du VIIe s. ♦ Ch.-l. de cant. du Rhône, banl. S.-E. de Lyon. 40 974 hab. *(San-Priots)*. Indus. automobile.

**SAINT-PRIEST-EN-JAREZ** [42270] ♦ Comm. de la Loire, banl. N. de Saint-Étienne. 5 812 hab. Indus. agroalimentaire.

**SAINT-PRIVAT-DES-VIEUX** [30340] ➝ ÉTYM. n. d'un évêque de Mende du IIIe s. et *Vieux*, en raison d'un hospice de vieillards ♦ Comm. du Gard, arr. d'Alès. 4 064 hab.

**SAINT-PRIVAT-LA-MONTAGNE** [57124] ♦ Comm. de la Moselle, arr. de Metz-Campagne. 1 374 hab. ▮ Histoire Les Ire et IIe armées prussiennes y battirent le 18 août 1870 l'armée de Bazaine, qui dut se replier dans Metz*.

**SAINT-PRIX** [95390] ➝ ÉTYM. du n. d'un saint auvergnat assassiné en 676 ♦ Comm. du Val-d'Oise, arr. de Pontoise. 6 767 hab.

**SAINT-PRYVÉ-SAINT-MESMIN** [45750] ➝ ÉTYM. des n. de *saint Privat* (→ Saint-Privat-des-Vieux) et de *saint Maximin* (→ Saint-Maximin-la-Sainte-Baume) ♦ Comm. du Loiret, banl. S.-O. d'Orléans. 5 609 hab.

**SAINT-QUAY-PORTRIEUX** [22410] ➝ ÉTYM. du n. de *saint Ké* (*Kénan* ou *Colodoc*), ermite gallois du Ve s., qui y fit jaillir une source ♦ Comm. des Côtes-d'Armor, arr. de Saint-Brieuc, sur la baie de Saint-Brieuc. 3 114 hab. *(Quinocéens)*. Station balnéaire. Port de pêche à Portrieux (crustacés).

**SAINT-QUENTIN** [02100] ➝ ÉTYM. du n. de *saint Quentin* (V. ci-dessous) ♦ Ch.-l. d'arr. de l'Aisne, sur la Somme et sur le canal de Saint-Quentin. 59 066 hab. (aggl. 69 287) *(Saint-Quentinois)*. Collégiale gothique reconstruite du XIIIe au XVe s. (verrières du XVIe s. ; buffet d'orgue de la fin du XVIIe s.). Hôtel de ville de style gothique flamboyant (XIVe - XVIe s.). Musée Antoine-Lécuyer (portraits de Quentin de La* Tour, né et mort à Saint-Quentin). ▪ Centre ferroviaire et routier. Indus. diversifiée (cycles, emballages). ▮ Histoire *Augusta Viromanduorum* sous l'Empire romain, évangélisée par Caius Quintius (saint Quentin), elle en prit plus tard le nom. Dès 1080, la cité obtint une charte communale, complétée en 1103. Après la défaite de l'armée du connétable de Montmorency en 1557, l'armée espagnole s'empara de la ville, qui ne reprit sa véritable prospérité qu'au XVIIIe s., grâce à l'industrie cotonnière. Prise par les Allemands en 1914, servant à l'ennemi de centre de regroupement, elle fut libérée en oct. 1918 après de durs combats.

**Saint-Quentin** (canal de) ♦ Canal du nord de la France (92 km) assurant la jonction entre l'Oise*, la Somme* et l'Escaut*, le plus important de France par son trafic. Il se compose de deux sections : le *canal Crozat* (de l'Oise à la Somme) et le *canal de Saint-Quentin* (de la Somme à l'Escaut), et assure une communication continue entre le Bassin parisien et la Flandre.

**SAINT-QUENTIN-EN-YVELINES** [78280] ♦ Une des cinq villes nouvelles de la région parisienne, située au S.-O. de Versailles dans le dép. des Yvelines. Saint-Quentin, 6 890 ha, regroupe 7 communes et compte 128 694 hab. (24 694 en 1968). Elle a bénéficié de sa situation au S.-O. de l'agglomération parisienne pour attirer des industries de pointe et des centres de formation. Le développement de la ville nouvelle a respecté les espaces naturels des fonds de vallée (Bièvre, Yvette). Le centre urbain, aménagé au cours des années 1980, jouxte le parc et l'étang de Saint-Quentin (importante base de loisirs, golf national). Les zones d'activité sont concentrées le long de la RN 10 et de la voie ferrée Paris-Chartres.

**SAINT-QUENTIN-FALLAVIER** [38290] ♦ Comm. de l'Isère, arr. de La Tour-du-Pin. 5 841 hab. Indus. diversifiée.

**SAINT-RAMBERT-D'ALBON** [26140] ➝ ÉTYM. du n. d'un saint martyr dans le Jura, au VIIe s. ♦ Comm. de la Drôme, arr. de Valence, sur le Rhône. 4 302 hab. (aggl. 6 233) *(Rambertois)*. Nœud ferroviaire. Cultures fruitières.

**SAINT-RAPHAËL** [83700] ➝ ÉTYM. du n. de l'église dédiée à l'archange ♦ Ch.-l. de cant. du Var, arr. de Draguignan, à l'extrémité O. de l'Esterel. 30 671 hab. *(Raphaëlois)*. Petite église romane provençale. Musée archéologique (coll. d'amphores). ▪ Station estivale et hivernale. Thalassothérapie. ▮ Histoire En août 1944, ce fut l'une des principales bases de débarquement des troupes franco-américaines.

**SAINT-RÉMY** [71100] ◆ ÉTYM. du n. de *saint Remi* ♦ Comm. de la Saône-et-Loire, banl. S. de Chalon-sur-Saône. 5 961 hab.

**SAINT-RÉMY-DE-PROVENCE** [13210] ♦ Ch.-l. de cant. des Bouches-du-Rhône, arr. d'Arles, au pied des Alpilles. 9 806 hab. *(Saint-Rémois).* Musée de folklore provençal et musée archéologique. ▪ Centre agricole et touristique. ▪ Aux environs, ancien prieuré Saint-Paul-de-Mausole (église et cloître romans) où séjourna V. Van* Gogh. Plateau des Antiques → **Glanum.**

**SAINT-RÉMY-LÈS-CHEVREUSE** [78470] ♦ Comm. des Yvelines, arr. de Rambouillet, sur l'Yvette. 7 651 hab. *(Saint-Rémois).* Aux environs, château de Coubertin, en partie du XVII^e s.

**SAINT-RÉMY-SUR-AVRE** [28380] ♦ Comm. de l'Eure-et-Loir, arr. de Dreux. 3 553 hab. Indus. pharmaceutique.

**SAINT-RENAN** [29290] ◆ ÉTYM. du n. de *saint Ronan,* ermite irlandais du V^e s. qui évangélisa la région ♦ Ch.-l. de cant. du Finistère, arr. de Brest, dans le Léon. 6 818 hab. *(Renanais).* Anc. mines d'étain.

**SAINT-RIQUIER** [80135] ◆ ÉTYM. V. ci-dessous ♦ Comm. de la Somme, arr. d'Abbeville, sur le Scardon. 1 186 hab. *(Centulois).* Anc. abbatiale plusieurs fois détruite et reconstruite (XIII^e, XV^e et XVI^e s.). Bâtiments conventuels du XVII^e s. (centre culturel et musée). ▮ **Histoire** *Centule,* capitale du Ponthieu, prit son nom actuel après la mort de saint Riquier, dont le tombeau était un lieu de pèlerinage ; un monastère y fut fondé et devint une puissante abbaye, autour de laquelle la cité se développa. Elle obtint sa charte communale au XII^e s.

**SAINT-ROMAIN-DE-COLBOSC** [76430] ◆ ÉTYM. *Colbosc* «frais bocage» ♦ Ch.-l. de cant. de la Seine-Maritime, arr. du Havre. 3 937 hab. Équipement automobile.

**SAINT-ROMAIN-EN-GAL** [69560] ♦ Comm. du Rhône, arr. de Lyon, sur le Rhône. 1 380 hab. Ensemble urbain (I^er, II^e et déb. III^e s.) qui s'étendait de part et d'autre du fleuve (→ **Vienne**) : villas, commerces, thermes, ateliers, mosaïques.

**SAINTRY-SUR-SEINE** [91250] ◆ ÉTYM. du lat. *Sanctius,* n. de pers., et suff. *-acum* ♦ Comm. de l'Essonne, arr. d'Évry, banlieue E. de Corbeil-Essonnes. 4 998 hab.

**Saint-Sacrement** (compagnie du) ♦ Société religieuse organisée selon le projet de Henri de Lévis, duc de Ventadour, par Condren* et le jésuite Suffren, à partir de 1629. Elle se proposait, outre la dévotion au saint sacrement, une action sociale : œuvres, missions, lutte contre l'impiété, l'immoralité, le protestantisme. Elle accueillait laïques et religieux et devait rester secrète, à l'image de Jésus-Christ caché. Vincent* de Paul, Olier*, Jean Eudes, Bossuet et de grands commis de l'État tels que Voyer d'Argenson et Lamoignon firent partie de la compagnie. Son activité dans toute la France, sa puissance, le secret et aussi certaines méthodes abusives (dénonciations), lui attirèrent de nombreuses hostilités à partir de 1660. Elle fut dissoute en 1665. ▪ On pense généralement que c'est elle, ou du moins ses excès, que Molière visait dans son *Tartuffe* et que son influence fit interdire la pièce, ainsi que le *Dom Juan.* L'idée d'une «cabale des dévots» naquit chez les ennemis de la compagnie.

**SAINT-SAËNS** [sɛ̃sɑ̃s] **(Camille)** ♦ Compositeur français (Paris 1835 - Alger 1921). Doué d'une exceptionnelle précocité musicale, pianiste virtuose dès l'enfance, il fut l'élève de Benoist, de Halévy et de Gounod. Organiste à Saint-Merri (1853), à la Madeleine (1857 - 1877) où il acquit la réputation d'un remarquable improvisateur, il fut ensuite professeur à l'école Niedermeyer (1861 - 1865) où il eut Fauré et Messager pour élèves. Encouragé par Liszt qu'il avait rencontré en 1853 (et dont la bienveillance devait permettre plus tard la représentation de son opéra, *Samson* et Dalila,* à Weimar, 1877), il poursuivit une carrière de compositeur qu'il mena parallèlement à celle de virtuose et de chef d'orchestre. ▪ Cofondateur avec Franck, Lalo, Massenet, Bizet, Duparc et Fauré, de la Société nationale de musique (1871), il s'y affirma comme le plus fougueux adversaire de Wagner, dont il avait été l'admirateur et l'interprète dans sa jeunesse. Son éclectisme, dont témoigne la variété de ses domaines d'intérêt (poésie, peinture, théâtre, philosophie, astronomie), put ainsi s'accommoder d'une étroitesse volontaire du jugement et du goût dont les effets ne furent pas tous négatifs. Attaché à la perfection formelle et hostile aux débordements de l'éloquence, il prépara les voies d'un retour à la rigueur classique dont bénéficièrent l'art de Debussy et celui de Ravel. Chez lui, le refus de l'épanchement, né d'un pessimisme fondamental, se conjugue avec un souci fanatique de la forme. Aquarelliste plus que coloriste, il possède aussi le sens des vastes architectures et des grands sujets, mais la virulence des partis pris du polémiste a nui à la réputation du compositeur. Son œuvre comprend douze opéras dont *Samson* et Dalila,* de la musique de scène, des compositions religieuses (dont une *Messe solennelle,* 1856, et un *Requiem,* 1878), de nombreuses compositions chorales, des poèmes symphoniques (*Le Rouet d'Omphale,* 1871 ; *Phaéton,* 1873 ; *La Danse macabre,* 1875 ; *La Jeunesse d'Hercule,* 1877), cinq symphonies (dont la dernière, dite n° 3, avec orgue, 1886), cinq concertos pour piano, trois pour violon et deux pour violoncelle, de la musique de chambre, des pièces pittoresques (*Le Carnaval des animaux,* 1886), des pages pour piano et une centaine de mélodies.
◆ ÉTYM. *Saint-Saëns* est le nom d'une commune de Seine-Maritime (berceau de la famille), anciennement *Sanctus Sidonius,* du nom de l'abbé qui y fonda un monastère au VII^e s.

**SAINT-SATURNIN** [63450] ♦ Comm. du Puy-de-Dôme, arr. de Clermont-Ferrand. 964 hab. Église Saint-Saturnin (XII^e s.), de style roman auvergnat (clocher octogonal). Château fort (XIV^e - XV^e s.), vestiges de fortifications.

**SAINT-SAULVE** [59880] ◆ ÉTYM. du n. d'un évêque d'Angoulême martyrisé en 801 ♦ Comm. du Nord, banl. N.-E. de Valenciennes. 11 033 hab. Laminoir.

**SAINT-SAUVEUR-LE-VICOMTE** [50390] ◆ ÉTYM. du n. des *vicomtes* du Cotentin ♦ Ch.-l. de cant. de la Manche, arr. de Coutances, sur la Douve. 2 204 hab. *(Saint-Sauveurais).* Église (transept roman) reconstruite au XV^e s. (*Ecce homo* de 1532). Abbaye bénédictine fondée au X^e s., et rachetée en 1832 par sainte Marie-Madeleine Postel (1756 - 1846). Château du XII^e s. Maison natale de Barbey* d'Aurevilly (petit musée) ; buste par A. Rodin.

**SAINT-SAVIN** [65400] ♦ Comm. des Hautes-Pyrénées, arr. d'Argelès-Gazost. 353 hab. Anc. abbatiale des XI^e - XII^e s., fortifiée au XIV^e s. Salle capitulaire voûtée d'ogives abritant les chapiteaux de l'anc. cloître et des Vierges romanes du XII^e s. ▪ Site touristique. ▮ **Histoire** Charlemagne y fonda une abbaye bénédictine qui fut brûlée lors des invasions normandes. Grand centre religieux du Lavedan pendant tout le Moyen Âge.

**SAINT-SAVIN** [86310] ♦ Ch.-l. de cant. de la Vienne, arr. de Montmorillon, sur la rive g. de la Gartempe. 1 009 hab. *(Saint-Savinois).* Anc. abbatiale des XI^e - XII^e s., de style poitevin, possédant un remarquable ensemble de fresques du XII^e s., chefs-d'œuvre de la peinture romane. Pont gothique du XIII^e s.

**Saint-Savin** (Vienne). Fresque de la crypte de l'abbatiale.
*Phot. © J. Willemin*

**SAINT-SÉBASTIEN** – en esp. ***San Sebastián,*** en basque ***Donostia*** ♦ V. d'Espagne (Pays basque), ch.-l. de la prov. de Guipúzcoa*, sur la côte cantabrique, au fond d'une très belle baie, la Concha («la coquille»). 183 090 hab. Station balnéaire réputée.

**SAINT-SÉBASTIEN-DE-MORSENT** [27180] ◆ ÉTYM. en l'honneur de *saint Sébastien** invoqué quand la peste apparut à Évreux en 1517 ♦ Comm. de l'Eure, banl. d'Évreux, au S. du bois de Morsent. 3 812 hab.

**SAINT-SÉBASTIEN-SUR-LOIRE** [44230] ♦ Comm. de la Loire-Atlantique, banl. E. de Nantes. 25 223 hab. *(Sébastiennais).*

**SAINT-SEINE-L'ABBAYE** [21440] ◆ ÉTYM. V. ci-dessous ♦ Ch.-l. de cant. de la Côte-d'Or, arr. de Dijon. 355 hab. *(Saint-Seinois).* Église abbatiale (déb. XIII^e s.) d'une remarquable unité de facture, premier exemple du style gothique bourguignon. Restes de l'abbaye bénédictine fondée par saint Seine au VI^e s. (palais abbatial du XVIII^e s.). ▪ À 10 km au N.-O., sources de la Seine.

**Saint-Sépulcre** ♦ Nom donné aux diverses constructions élevées à Jérusalem sur le tombeau du Christ et sur le Calvaire. → **Jérusalem.**

**Saint-Sépulcre** (ordre du) ♦ Ordre de chevalerie que certains ont fait remonter aux rois de Jérusalem Godefroi de Bouillon ou Baudouin I^er, sans doute par confusion avec les *chanoines du Saint-Sépulcre* (régularisés en 1114). En fait, c'est v. 1496 que le pape Alexandre VI institua l'ordre militaire du Saint-Sépulcre pour honorer les nobles se rendant en pèlerinage aux Lieux saints. L'histoire en est obscure. Sans avoir été aboli, il renaquit au XIX^e s. et, en 1868, passa sous l'autorité du patriarche latin de Jérusalem. Il fut reconnu par le gouvernement français en 1928.

**SAINT-SERVAN-SUR-MER** → **Saint-Malo**

**SAINT-SEVER** [sɛ̃s(ə)vɛʀ] [40500] ◆ ÉTYM. du n. du saint martyrisé par les Vandales en 407 ♦ Ch.-l. de cant. des Landes, arr. de Mont-de-Marsan, au-dessus de l'Adour. 4 455 hab. *(Saint-Severins).* Anc. abbatiale romane à six absidioles, de profondeur décroissante (plan dit bénédictin), abritant de curieux chapiteaux. Le manuscrit dit *Beatus de Saint-Sever* fut exécuté dans l'abbaye au XI^e s. (à la Bibl. nat.). ▪ Foies gras.

**SAINT-SIÈGE** (États du) → **Église (États de l')**

**SAINT-SIMON (Louis de Rouvroy, duc de)** ♦ Mémorialiste français (Paris 1675 - *id.* 1755). Son père fut créé duc et pair de France par Louis XIII, si bien que le futur mémorialiste reçut une éducation très soignée, se liant notamment avec l'abbé de Rancé* mais aussi avec le futur Régent. Ayant très tôt embrassé la carrière des armes, il se distingua à la bataille de Neerwinden (1692), tout en en faisant une *Relation* (pour sa mère et Rancé) où l'on a pu voir l'origine de ses *Mémoires**. Il quitta l'armée en 1702 et vécut dès lors soit à la cour de Versailles, soit dans son château de La Ferté-Vidame. Il faisait reposer toute son ambition politique sur le duc de Bourgogne qui mourut en 1712. Bien qu'il fût proche du Régent, son rôle fut éclipsé par la présence du cardinal Dubois. Saint-Simon se contenta de quelques postes peu importants, dont notamment une ambassade à Madrid (1721 - 1722) qui lui permit d'écrire un *Tableau de la cour d'Espagne*. La mort du Régent en 1723 mit définitivement fin à son rôle politique. Saint-Simon se retira dans son château de La Ferté-Vidame. S'il avait commencé dès l'âge de 19 ans (en 1694) la rédaction de ses *Mémoires*, son travail réel ne débuta qu'en 1739 et se poursuivit jusqu'en 1750. Les *Mémoires* couvrent les événements allant de 1691 à 1723. La fin du règne de Louis XIV et la Régence sont évoquées en une succession de tableaux et de portraits où l'auteur rend compte de sa vie, de son ambition, de ses haines et surtout de ce qu'il sent être l'agonie de la monarchie. Admirés par Chateaubriand, Stendhal et Proust, les *Mémoires*, alliant le goût baroque de l'expression rare ou saugrenue et la recherche de la tournure elliptique, font partie des chefs-d'œuvre de la prose française. Si certains extraits circulèrent dès la fin du XVIII$^e$ s., il fallut attendre 1829 pour voir paraître la première édition à peu près complète. ➔ **ÉTYM.** Ce nom de famille vient du nom d'une localité de l'Aisne.

**SAINT-SIMON (Claude Henri de Rouvroy, comte de)** ♦ Philosophe et économiste français (Paris 1760 - *id.* 1825). Arrière-cousin du duc de Saint-Simon. Officier, il prit part à la guerre d'Indépendance américaine, se montra d'abord favorable à la Révolution mais connut la prison de nov. 1793 à juin 1794. Réduit à travailler comme copiste au mont-de-piété en 1807, il se rallia à l'Empire pendant les Cent-Jours, s'opposa à la Restauration, fut un temps arrêté en 1820, tenta de se suicider en 1823 et dut à son disciple, le banquier Olinde Rodrigues, de ne pas sombrer dans la misère. ▪ Ses premiers travaux font de lui un précurseur de la philosophie positiviste et de la science sociale (*Lettres d'un habitant de Genève à ses concitoyens*, 1803 ; *Introduction aux travaux scientifiques du XIX$^e$ s.*, 1807). Avec la création de la revue *L'Industrie* (1816), la publication de *L'Organisateur* avec A. Comte* (1819 - 1820) et la rédaction de deux ouvrages (*Du système industriel*, 1821 - 1822 ; *Le Catéchisme des industriels*, 1823 - 1824) s'affirment les thèses de son industrialisme optimiste : effondrement de l'Ancien Régime, avènement de la société industrielle gérée par les industriels (les producteurs), où s'harmoniseront spontanément les intérêts des chefs d'entreprise et des ouvriers. *Le Nouveau Christianisme* (publié à titre posthume) formule la morale de cette nouvelle société tout en développant des thèmes présocialistes, qui seront la base de l'école socialiste saint-simonienne fondée par les disciples de Saint-Simon (Enfantin*, Bazard*, Leroux*). Des économistes, des industriels et des banquiers (Lesseps*, Michel Chevalier* ou les frères Pereire*), qui jouèrent un rôle important dans le développement de l'économie au XIX$^e$ s., ont été influencés par les idées saint-simoniennes.

**SAINT-SORLIN-D'ARVES** [73530] ➔ **ÉTYM.** du n. de *saint Saturnin** ♦ Comm. de la Savoie, arr. de Saint-Jean-de-Maurienne. 325 hab. Sports d'hiver (1 550 - 2 200 m).

**SAINT-SULPICE** [81370] ♦ Comm. du Tarn, arr. de Castres, sur l'Agout. 4 801 hab.

**Saint-Sulpice** (compagnie des prêtres de) ou **sulpiciens** ➔ **ÉTYM.** du n. de *saint Sulpice** ♦ Société de prêtres séculiers vivant en communauté, qui ne prononcent pas de vœux et forment les séminaristes. J.-J. Olier* fonda en 1641 à Vaugirard un séminaire, qui s'établit en 1642 à Saint-Sulpice et qui se transforma bientôt en une Société de Saint-Sulpice approuvée par le pape en 1664. Ses séminaires forment les prêtres, non seulement en France mais aussi en Amérique.

**Saint-Sulpice** ♦ Église de Paris, située entre l'église de Saint-Germain-des-Prés et le palais du Luxembourg. Elle domine la place Saint-Sulpice (commencée par Servandoni* ; 1754) qu'orne une fontaine de Visconti (1844). Reconstruite plusieurs fois depuis le XII$^e$ s., l'église fut agrandie, notamment par Gittard (1670 - 1678), puis par Oppenord* (1719 - 1736) qui en firent un édifice de style jésuite, aux proportions imposantes. La façade à l'antique fut édifiée par Servandoni (1733 - 1745) dont le projet fut modifié par Maclaurin* (tour sud, 1749) puis par Chalgrin* (tour nord, 1777). L'intérieur offre des statues de Bouchardon*, des œuvres de Pigalle* et d'admirables peintures murales de Delacroix* (chapelle des Saints-Anges). Belles orgues, reconstruites par Cavaillé*-Coll (1860 - 1862).

**SAINT-SULPICE-ET-CAMEYRAC** [33450] ♦ Comm. de la Gironde, arr. de Bordeaux. 3 932 hab.

**SAINT-SYLVAIN-D'ANJOU** [49480] ♦ Comm. du Maine-et-Loire, arr. d'Angers. 4 553 hab.

**SAINT-SYMPHORIEN-D'OZON** [69360] ➔ **ÉTYM.** du n. de *saint Symphorien** ♦ Ch.-l. de cant. du Rhône, arr. de Lyon. 5 063 hab. *(Symphorinois)*. Construc. électriques.

**SAINT-SYMPHORIEN-SUR-COISE** [69590] ♦ Ch.-l. de cant. du Rhône, arr. de Lyon, dans le Lyonnais. 3 069 hab. *(Pelauds)*. Petit centre industriel.

**SAINT-THÉGONNEC** [29223] ➔ **ÉTYM.** du n. d'un évêque irlandais du V$^e$ s. ♦ Ch.-l. de cant. du Finistère, arr. de Morlaix, dans le Léon. 2 267 hab. *(Saint-Thégonnecois)*. Remarquable enclos paroissial Renaissance, comportant une porte triomphale du XVI$^e$ s., une chapelle funéraire du XVII$^e$ s. (saint-sépulcre en chêne peint du XVII$^e$ s.), un calvaire de 1610 ; l'église a été plusieurs fois reconstruite (chaire sculptée de 1683).

**SAINT-THIBAULT** [21350] ♦ Comm. de la Côte-d'Or, arr. de Montbard. 138 hab. *(Théobaldiens)*. Église d'un anc. prieuré (fin XIII$^e$ s.), dont le chœur (début XIV$^e$ s.) compte parmi les plus belles constructions bourguignonnes de cette époque ; portail sculpté (XIII$^e$ s.) ; intéressant mobilier.

**SAINT-THIBAULT-DES-VIGNES** [77400] ♦ Comm. de la Seine-et-Marne, arr. de Torcy, banl. O. de Lagny-sur-Marne. 6 382 hab.

**SAINT THOMAS** ♦ La plus importante des îles Vierges* des États-Unis. 51 181 hab. CH.-L. : Charlotte-Amalie, port franc, qui abrite de beaux bâtiments de l'époque danoise. Activité touristique (escale de navires de croisière) et villégiature. ▌**Histoire** Saint Thomas joua un rôle important dans l'histoire des Antilles : ce fut un emporium et un entrepôt d'esclaves pour l'ensemble de la région. Son statut de port neutre en fit également un lieu d'exil pour des gouvernants chassés de leur pays.

**SAINT-TROJAN-LES-BAINS** [17370] ➔ **ÉTYM.** du n. d'un évêque de Saintes au VI$^e$ s. ♦ Comm. de Charente-Maritime, arr. de Rochefort, à la lisière de la forêt de Trojan, sur la côte E. de l'île d'Oléron. 1 624 hab. *(Saint-Trojanais)*. Station balnéaire. Thalassothérapie.

**SAINT-TROND** → **Sint-Truiden**

**SAINT-TROPEZ** [sɛtʀɔpe] [83990] ➔ **ÉTYM.** du n. de *Torpes*, officier de Néron qui le fit décapiter à Pise pour s'être converti au christianisme et dont le corps placé dans une barque aurait dérivé jusqu'à l'emplacement actuel de la ville ♦ Ch.-l. de cant. du Var, arr. de Draguignan, sur le golfe de Saint-Tropez. 5 444 hab. (aggl. 8 154) *(Tropéziens)*. Citadelle des XVI$^e$ - XVII$^e$ s. Musée de l'Annonciade : peinture moderne. ▪ Petit port de pêche devenu une station balnéaire réputée. Armes sous-marines.

**SAINT-VAAST-LA-HOUGUE** [va] [50550] ➔ **ÉTYM.** du n. d'un évêque d'Arras du V$^e$ s. et *Hougue*, du scand. *houg* « hauteur » ♦ Comm. de la Manche, arr. de Cherbourg. 2 097 hab. (aggl. 3 778) *(Saint-Vaastais)*. Fort construit par Vauban sur la presqu'île. ▪ Port de pêche et de plaisance. Station balnéaire. Ostréiculture. ▌**Histoire** Le 29 mai 1692, la flotte anglo-hollandaise y détruisit l'escadre de Tourville*.

**SAINT-VALERY-EN-CAUX** [76460] ➔ **ÉTYM.** du n. de l'ermite *Gualaric* (→ Saint-Valery-sur-Somme) « l'apôtre des falaises » ♦ Ch.-l. de cant. de la Seine-Maritime, arr. de Dieppe, sur la Manche. 4 782 hab. *(Valériquais)*. Maison Renaissance dite d'Henri IV (1540). ▪ Petit port de pêche et de plaisance. Station balnéaire. Boulangerie industrielle.

**SAINT-VALERY-SUR-SOMME** [80230] ➔ **ÉTYM.** du n. de l'ermite *Gualaric (Walaric, Walric)* qui s'y installa et y mourut en 622 ♦ Ch.-l. de cant. de la Somme, arr. d'Abbeville, sur l'estuaire de la Somme. 2 686 hab. *(Valéricains)*. La ville haute a conservé une partie de ses fortifications. Porte Guillaume (XII$^e$ s.). Ruines d'une anc. abbaye (XIII$^e$ s.). Église Saint-Martin (XIV$^e$ s.).

**SAINT-VALLIER** [26240] ➔ **ÉTYM.** du n. de *saint Valère* qui y fut martyrisé ♦ Ch.-l. de cant. de la Drôme, arr. de Valence, sur le Rhône. 4 154 hab. (aggl. 7 849) *(Saint-Valliérois)*. Céramiques. Papeteries. Aéronautique.

**SAINT-VALLIER** [71230] ♦ Comm. de la Saône-et-Loire, arr. de Chalon-sur-Saône. 9 541 hab. Textile.

**SAINT-VENANT (Adhémar Barré, comte de)** ♦ Ingénieur français (Villiers-en-Bière, Seine-et-Marne 1797 - Saint-Ouen, Loir-et-Cher 1886). Il effectua des travaux sur la mécanique des fluides, notamment sur l'écoulement des gaz à grande vitesse. [Acad. sc. 1868]

**SAINT-VENANT** [62350] ➔ **ÉTYM.** du n. d'un ermite martyr en 766, dont le corps fut jeté dans la Lys ♦ Comm. du Pas-de-Calais, arr. de Béthune, sur la Lys. 3 206 hab. (aggl. 6 559).

**SAINT-VÉRAN** [05350] ➔ **ÉTYM.** du n. d'un évêque de Cavaillon du VI$^e$ s. ♦ Comm. des Hautes-Alpes, arr. de Briançon, dans le Queyras. 267 hab. *(Saint-Véranais)*. C'est la commune la plus élevée d'Europe (entre 1 990 m et 2 049 m). Station de sports d'hiver. ▪ Aux environs, chapelle Notre-Dame-de-Clausis, lieu de pèlerinage à 2 390 m. Station d'astrophysique.

**SAINT-VÉRAND** [71570] ♦ Comm. de Saône-et-Loire, arr. de Mâcon. 182 hab. Vin blanc de chardonnay.

**SAINT-VICTOR (Paul BINS, comte DE)** ♦ Essayiste et critique français (Paris 1827 - *id.* 1881). En collaboration avec Théophile Gautier et Arsène Houssaye, il a publié *Les Dieux et les Demi-Dieux de la peinture* (1864). Demeuré fidèle au romantisme, il a consacré d'importantes études au théâtre : *Les Deux Masques* (1880 - 1883) et *Le Théâtre contemporain* (1889).

**Saint-Victor** (abbaye de) ♦ Anc. abbaye située à Paris à l'emplacement des universités Paris-VI et Paris-VII (Jussieu). Fondée en 1100 par Guillaume de Champeaux, elle fut une de celles où on tenta d'accorder la vie spirituelle et mystique et la culture «mondaine». On y enseignait les arts libéraux, la théologie et l'exégèse biblique. L'école de Saint-Victor rayonna avec le poète et musicien Adam de Saint-Victor, les théologiens et mystiques Hugues* et Richard de Saint-Victor, l'exégète Gautier de Saint-Victor. L'abbaye possédait une riche bibliothèque, que Rabelais railla dans *Pantagruel* (ch. VII). Elle fut fermée en 1790.

**SAINT-VICTORET** [13730] → ÉTYM. «le petit Saint-Victor», prieuré fondé par l'abbaye Saint-Victor de Marseille v. 965 ♦ Comm. des Bouches-du-Rhône, arr. d'Istres, banl. E. de Marignane. 6 810 hab.

**SAINT-VINCENT** ♦ Station thermale des Alpes occidentales (Italie, Vallée d'Aoste), dans la vallée de la Doire Baltée. 4 687 hab.

**SAINT-VINCENT** (cap) – en port. ***cabo São Vicente*** ♦ Cap du Portugal (région de l'Algarve), extrémité S.-O. du pays et de l'Europe.

**Saint-Vincent-de-Paul** (sœurs de) ou **Filles de la Charité** ♦ Congrégation fondée en 1633 par saint Vincent* de Paul et confirmée par le pape en 1668. Les sœurs ne prononcent pas de vœux. Leur maison mère se trouve à Paris, rue du Bac.

**Saint-Vincent-de-Paul** (société de) ♦ Société religieuse de laïcs fondée par Frédéric Ozanam* en 1833 à Paris dans le but de diffuser la foi catholique par le biais de la charité et de l'assistance aux pauvres. Recrutant dans un milieu généralement bourgeois et plus conservateur que son fondateur démocrate-chrétien, elle s'organisa en équipes, les «conférences», et compte aujourd'hui 700 000 membres sur les cinq continents.

**SAINT-VINCENT-DE-TYROSSE** [40230] ♦ Ch.-l. de cant. des Landes, arr. de Dax. 5 360 hab. *(Tyrossais)*. Indus. du bois.

## SAINT-VINCENT-ET-LES-GRENADINES

▮ – en angl. ***Saint Vincent and the Grenadines*** ♦ État des Caraïbes de l'E. situé entre Sainte-Lucie et la Grenade. 388 km$^2$. 118 432 hab. *(Vincentais)*. LANGUE : anglais. POPULATION : Noirs en maj. RELIGION : christianisme. MONNAIE : dollar des Caraïbes de l'E. CAPITALE : Kingstown dans l'île de Saint-Vincent. RÉGIME : démocratie parlementaire. L'île principale de Saint-Vincent est dominée par un volcan actif, la Soufrière, qui culmine à 1 234 m. L'économie repose sur l'agriculture et surtout sur la production de bananes destinées à la Communauté européenne. Dans les îles Grenadines le tourisme est la seule activité notable. → **Grenadines.**

▮ **HISTOIRE** L'île de Saint-Vincent fut colonisée tardivement par les Européens (déb. XVIIIe s.) à cause de la résistance offerte par la nation caraïbe. Pendant toute la seconde moitié du siècle, Français et Anglais s'en disputèrent la possession. Elle devint finalement anglaise en 1797 et le resta jusqu'à son indépendance (1979). En 2009, les Vincentais rejetèrent par référendum la proposition de sortir du Commonwealth.

**SAINT-VIT** [25410] → ÉTYM. du n. d'un martyr sous Dioclétien ♦ Comm. du Doubs, arr. de Besançon. 4 381 hab.

**SAINT-VRAIN** [91770] → ÉTYM. nommée ainsi en l'honneur du saint dont des reliques sont conservées dans une chapelle ♦ Comm. de l'Essonne, arr. de Palaiseau. 2 800 hab. Parc animalier et de loisirs.

**SAINT-VULBAS** [01150] ♦ Comm. de l'Ain, arr. de Belley, sur le Rhône. 804 hab. *(Villibalois)*. Centrale nucléaire du Bugey. Indus. pharmaceutique et agroalimentaire.

**SAINT-WANDRILLE-RANÇON** [76490] → ÉTYM. du n. de *saint Wandrille* (V. ci-dessous) ♦ Comm. de la Seine-Maritime, arr. de Rouen. 1 172 hab. *(Wandrégésiliens)*. Abbaye de Fontenelle fondée par saint Wandrille au VIIe s., qui prit le nom de son fondateur au Xe s. et est de nouveau occupée par des religieux depuis 1931. Restes de l'église abbatiale gothique. Cloître des XIVe et XVe s. (lavabo mi-gothique, mi-Renaissance).

**SAINT-XANDRE** [17138] → ÉTYM. du n. de l'église *Saint-Candide* ♦ Comm. de la Charente-Maritime, banl. N.-E. de La Rochelle. 4 121 hab.

**SAINT-YORRE** [03270] → ÉTYM. du n. de *saint Thierry* ou de *saint Georges* ♦ Comm. de l'Allier, arr. de Vichy, sur l'Allier. 2 840 hab. *(Saint-Yorrais)*. Sources minérales. Verrerie et embouteillage.

**SAINT-YRIEIX-LA-PERCHE** [sɛ̃tiʀje-] [87500] → ÉTYM. du n. du saint, ami de Grégoire de Tours, qui y fonda un monastère au VIe s. ♦ Ch.-l. de cant. de la Haute-Vienne, arr. de Limoges. 7 251 hab. *(Arédiens)*. Collégiale (XIe - XIIe s.), romane et gothique. Tour du Plô (XIIIe s.), vestiges de l'enceinte. Musée de la Porcelaine. ▪ Les carrières de kaolin sont exploitées depuis le XVIIIe s. et ont permis la fabrication de la porcelaine limousine. Manufactures de porcelaine. Agroalimentaire. Imprimerie.

**SAINT-YRIEIX-SUR-CHARENTE** [16710] ♦ Comm. de la Charente, banl. N.-O. d'Angoulême. 6 373 hab.

**SAINT-ZACHARIE** [83640] ♦ Comm. du Var, arr. de Brignoles, au pied de la Sainte-Baume. 4 184 hab.

**SAIPAN** (île) → **Mariannes (îles)**

**SAÏS** – forme gr. de l'égypt. ***Sai***, auj. ***Sā al-Haggar*** ♦ V. anc. d'Égypte, dans le Delta, sur la branche canopique du Nil, à 144 km au S.-E. d'Alexandrie. Ville très ancienne, consacrée à la déesse Neith, elle n'acquit de l'importance qu'à la XXIVe dynastie. Elle connut son apogée à la XXVIe dynastie (–663 - –525) quand Psammétique* Ier, prince de Saïs, eut chassé les envahisseurs assyriens et éthiopiens et réunifié l'empire. Sous l'administration favorable aux influences grecques des pharaons saïtes (→ **Néchao, Psammétique, Apriès, Amasis**), l'Égypte connut une période de renaissance intellectuelle et artistique (période saïte) à laquelle l'invasion perse mit fin.

**SAISIES** (col des) ♦ Col routier des Alpes (Savoie) reliant Flumet à Beaufort (1 633 m). Sports d'hiver.

Une **saison en enfer** ♦ Recueil poétique d'Arthur Rimbaud* (1873). Composé en quelques semaines, après que Verlaine eut blessé Rimbaud à Bruxelles, il fut publié à compte d'auteur. Seuls quelques exemplaires furent distribués : l'auteur n'ayant pas pu payer l'imprimeur, l'édition resta dans les magasins de l'imprimerie où elle ne fut redécouverte qu'en 1901. Considérée avec *Illuminations** (publ. 1886) comme le testament poétique de Rimbaud, cette œuvre martèle la malédiction qui pèse sur la poésie en montrant l'illusion de toute «Alchimie du verbe». La beauté, éphémère, est condamnée à disparaître, et le poète semble renoncer aux formes traditionnelles de son expression dans les poèmes en prose bouleversants que sont «L'Impossible» et «Adieu» : «Enfin, je demanderai pardon de m'être nourri de mensonge. Et allons. [...] Il faut être absolument moderne.»

Les **Saisons** – en all. ***Die Jahreszeiten*** ♦ Oratorio en 4 parties de J. Haydn* sur un livret de Gottfried Van* Swieten d'après James Thomson (Vienne, 24 avr. 1801). Les 4 parties sont *Le Printemps, L'Été, L'Automne* et *L'Hiver*, et l'œuvre, par-delà ses chœurs à la gloire de Dieu, relève beaucoup de la cantate profane (orage de *L'Été*, chœurs de chasse et de vendanges de *L'Automne*). Ayant comme thème la nature, ou plutôt l'homme face à la nature, elle ouvre toutes grandes les portes du XIXe s., annonçant aussi bien le Schubert du *Voyage d'hiver* que le Weber du *Freischütz* ou le Wagner du *Vaisseau fantôme*, voire le Schoenberg des *Gurre Lieder*. Haydn y déposa la somme de ses expériences musicales et humaines.

**Saisons (Société des)** ♦ Société secrète révolutionnaire fondée en 1836 par Barbès, A. Blanqui et Martin-Bernard. Elle fut le centre organisateur de l'insurrection du 12 mai 1839 et disparut en 1848.

**SAISSET (Bernard)** ♦ Prélat français (v. 1232 - Rome v. 1311). Évêque de Pamiers (1295), partisan des idées théocratiques du pape Boniface VIII contre Philippe* IV le Bel, il fut arrêté pour trahison (1301), relâché puis exilé.

**SAKAI** → ÉTYM. jap. «frontière» ♦ V. et port du Japon (Honshū), préf. d'Ōsaka, à l'entrée de la mer Intérieure (Seto* Naikai), au S. d'Ōsaka. 830 966 hab. Nombreuses indus. textiles, métallurgiques et chimiques. Vaste sépulture dite de l'empereur Nintoku, en forme de trou de serrure (kofun). ▮ **Histoire** Très florissant jusqu'au XVIIe s., le port fut progressivement supplanté par Ōsaka.

**SAKAKURA Junzō** ♦ Architecte japonais (Gifu 1901 - Tōkyō 1969). Élève de Le Corbusier, il réalisa en 1937 le pavillon japonais de l'Exposition universelle de Paris. On lui doit notamment l'ambassade du Japon à Paris (1966 - 1967) et au Japon le musée d'Art moderne de Kamakura (1951), la Maison internationale de la culture de Tōkyō (1955, en collaboration avec Maekawa* Kunio et Yoshimura), la gare de Shinjuku à Tōkyō (1966 - 1968) et le pavillon de l'énergie électrique (Denryokukan) construit pour l'Exposition d'Ōsaka (1970).

**SAKALAVE(S)** n. m. (pl.) ♦ Population de Madagascar, établie dans l'O. du pays, d'origine africaine. Ils fondèrent les royaumes du Ménabé et du Boina au XVIIIe s. et opposèrent une forte résistance à la pénétration française.

**SAKANOUE NO TAMURAMARO** ♦ Général japonais (758 - 811), célèbre pour ses expéditions dans le nord de l'île de Honshū contre les Aïnous et pour ses poèmes et ses fondations pieuses.

**SAKARYA** n. m. – anc. ***Sangarios*** ♦ Fl. de Turquie (824 km) prenant sa source en Anatolie intérieure. De cours très sinueux, il traverse les chaînes Pontiques et se jette dans la mer Noire au N. d'Adapazarı. Barrage hydroélectrique à Sarıyar (500 millions de kWh) et Gökçekaya (650 millions de kWh). ▪ Durant la guerre d'indépendance, la bataille du Sakarya se solda par l'évacuation de la rive droite du fleuve par l'armée grecque en sept. 1921.

**SAKAS** n. m. pl. ♦ Population de langue iranienne, apparentée aux Scythes*, qui nomadisait en Asie centrale au –Ier millénaire. Progressant vers le S. à partir du –IIe s., ils envahirent les royaumes gréco-bactriens du S. de l'Hindū* Kush et pénétrèrent jusqu'au Sīstān* auquel fut donné autrefois le nom de Sakastān. Ils s'allièrent aux Parthes* contre les Séleucides* et les Romains.

**SAKHA** (république de) – jusqu'en 1990 ***Iakoutie*** ♦ République de la fédération de Russie. → **Russie** (carte et tableau des divisions admin.). 3 103 200 km². 948 100 hab. *(Iakoutes).* LANGUES : iakout, russe. POPULATION : Iakoutes, 33 % ; Russes, 50 %. RELIGIONS : orthodoxes, animistes. CAPITALE : Iakoutsk. La république de Sakha est divisée en 32 districts. ▪ Occupée dans son ensemble par des chaînes montagneuses (de Verkhoïansk et de Tcherski à l'E., d'Aldansk au S.), des plateaux (au centre) qu'entrecoupent des vallées (Lena, Anabar, Oleniok, Indiguirka, Kolyma), la république de Sakha, dont 70 % du territoire sont recouverts de forêts, est riche en gisements de houille, d'étain, de mica, d'or et de diamants. Élevage de bovins et de rennes. On cultive le blé, l'orge et les légumes. Traitement du bois. Pêche. ▮ **Histoire** Peuple divisé en tribus, les Iakoutes pratiquaient jusqu'au XVIIe s. l'élevage, la chasse et la pêche. Sous l'influence des paysans russes émigrés en Sibérie, ils commencèrent à cultiver la terre. La construction du Transsibérien (fin XIXe s.) et la navigation sur la Lena contribuèrent au développement économique de la région. Le régime soviétique y fut instauré en 1918 et, en 1922, la Iakoutie devint une République socialiste soviétique autonome avant de proclamer sa souveraineté au sein de la fédération de Russie en 1990.

**SAKHALINE** ➝ ÉTYM. de *Sakhalin* «fleuve noir», n. mandchou du fl. Amour*, devenu le n. de l'île située face à son embouchure ♦ Île de Russie constituant une région sur la côte orientale de Sibérie, séparée de la Mandchourie par le goulet du détroit de Tartarie (gelé pendant six mois de l'année) et de l'île de Hokkaidō* (Japon) par le détroit de Lapérouse. 76 400 km², 948 km de long. 546 500 hab. Elle est parcourue dans le sens de sa longueur par deux chaînes de montagnes parallèles culminant à 1 609 m. La partie S. de l'île appartint au Japon (sous le nom de Karafuto) jusqu'en 1945 et revint à l'URSS après cette date. ▪ Forêts. Pêche. Mines de charbon. V. PRINC. : Aleksandrovsk-Sakhalinski (sur la côte occidentale) et Ioujno-Sakhalinsk (au S., au fond du golfe d'Aniva).

**SAKHAROV (Andreï Dmitrievitch)** ♦ Physicien soviétique (Moscou 1921 - *id.* 1989). Auteur de travaux importants sur la fusion nucléaire, il collabora à la mise au point de la bombe H soviétique et fut membre de l'Académie des sciences d'URSS. Militant des droits de l'homme, considéré comme dissident, il fut assigné à résidence à Gorki (1980 - 1986), avant d'être réhabilité (1988). Il fut élu au praesidium de l'Académie des sciences en 1988 et au Congrès des députés du peuple en 1989, où il poursuivit sa lutte pour la démocratisation de la vie politique. [Prix Nobel de la paix 1975] ➝ ÉTYM. *Sakharov* vient du russe *sahar* «sucre» (probablement surnom d'un négociant en sucre).

**SAKKARA** → **Saqqara**

**SAKMANN (Bert)** ♦ Médecin allemand (Stuttgart 1942). [Prix Nobel de physiol. ou méd. 1991, avec E. Neher*]

**Śakuntalā (L'Anneau de)** ♦ Pièce de théâtre indien, en sept actes, contant l'histoire d'une nymphe, écrite par Kālidāsā*, dont le thème fut maintes fois repris par la littérature et le théâtre.

**ŚĀKYAMUNI** → **Bouddha**

**ŚĀKYA(S)** n. m. (pl.) ♦ Tribu indo-européenne du N. de l'Inde, établie à la frontière népalaise v. le –VIe s., et à laquelle le Bouddha appartenait, d'où le surnom qui lui fut par la suite donné de *Śākyamuni,* «le Sage des Śākyas».

**SALAALAH** ♦ V. du sultanat d'Oman. La ville est située dans le Dhofar, à proximité de Risut, sur la mer d'Oman. 171 074 hab. Principale agglomération de la province du Dhofar, située dans le Croissant fertile côtier : noix de coco, dattes. Port. Exportation de myrrhe et d'encens. Résidence d'été du sultan.

**SALABERRY (Charles Michel D'IRUMBERRY DE)** ♦ Officier canadien (Beauport 1778 - Chambly 1829). Lors de la guerre entre les États-Unis et l'Angleterre (1812 - 1814), il repoussa les Américains à Châteauguay* (oct. 1813).

**SALABERRY-DE-VALLEYFIELD** ♦ V. du Canada (Québec), sur la rive S. du Saint-Laurent. 39 672 hab. Raffinerie de zinc ; textiles ; chimie ; papier. Indus. alimentaire.

**SALACROU (Armand)** ♦ Auteur dramatique français (Rouen 1899 - Le Havre 1989). En dépit de la confiance que lui témoignèrent Lugné-Poe (*Tour à terre,* 1925) et Charles Dullin (*Patchouli,* 1930), il eut des débuts difficiles et ne connut son premier succès qu'avec *Une femme libre* (1934). C'est par *L'Inconnue d'Arras* (1934) qu'il apparut comme l'un des créateurs les plus originaux du théâtre d'avant-garde. Du surréalisme à la comédie bourgeoise, du pirandellisme à la pièce engagée, son théâtre illustre tous les genres : *Un homme comme les autres* (1936), *La Terre est ronde* (1937), *Histoire de rire* (1940), *Les Fiancés du Havre* (1944), *Les Nuits de la colère* (1946), *L'Archipel Lenoir* (1947), *Dieu le savait* (1950), *Boulevard Durand* (1961). Considérant l'œuvre dramatique comme «une méditation sur la condition humaine», Salacrou y exprime la souffrance et l'angoisse du vivant engagé dans une aventure dont la signification lui échappe. Il a publié ses mémoires sous le titre *Dans la salle des pas perdus* (1974 - 1976). [Acad. Goncourt 1949] ➝ ÉTYM. Ce nom de famille vient d'un nom de lieu, variante de *Solacroup,* peut-être «lieu ensoleillé où se chauffe le matou», de *solar* «être exposé au soleil» et dialecte *crup, crop* «matou».

**SALADIN** ➝ ÉTYM. en ar. *Ṣalāḥ ad-Dīn* («réparateur de la religion») *Yūsuf al-Ayyūbī* ♦ (Takrit, Mésopotamie 1138 - Damas 1193). Sultan ayyubide* d'Égypte (1171 - 1193) et de Syrie (1174 - 1193). En Syrie, il servit avec son père Ayyūb et son oncle Chīrkūh l'atabeg d'Alep, Nūr* al-Dīn. Celui-ci chargea Chīrkūh, accompagné de son neveu, de rétablir l'ordre en Égypte, afin d'empêcher une invasion possible par les croisés. À la mort de son oncle, Saladin devint vizir du calife fatimide* du Caire (1169) qu'il déposa et remplaça (1171) en s'attribuant le titre de sultan et en instaurant la suzeraineté nominale des califes abbassides sur l'Égypte. Profitant de la mort de Nūr al-Dīn (1174), il élimina tous ses rivaux en Syrie, unifia le pays et le rattacha à l'Égypte avec une partie de l'Irak et de l'Arabie. Il reprit ensuite la guerre sainte de Nūr al-Dīn contre les Francs. Il reconquit Jérusalem (1187) en épargnant le peuple chrétien (à l'inverse des croisés qui, en 1099, avaient massacré sans distinction de sexe et de religion la population de la ville) et occupa une grande partie des territoires francs (1188). Ces événements provoquèrent la troisième croisade*. Philippe Auguste, roi de France, et Richard Cœur de Lion, roi d'Angleterre, concentrèrent leurs efforts sur le siège d'Acre. Saladin tenta vainement de dégager la ville. Finalement, Acre succomba (1191). Un traité de paix fut signé, laissant à Saladin la Syrie et la Palestine intérieures et aux Francs la quasi-totalité du littoral (1192). La personnalité de Saladin a laissé, tant en Orient qu'en Occident, une forte impression. Sunnite* convaincu, il essaya de redresser le monde musulman en lui procurant de nouvelles forces morales et matérielles. Il traita ses prisonniers francs avec un honneur tel qu'il fut considéré dans le monde chrétien comme un modèle des valeurs chevaleresques.

**SALADO DEL NORTE** (río) ♦ Riv. d'Argentine (2 000 km), drainant le N. de la Pampa et rejoignant le Paraná près de Santa Fe.

**SALADO DEL SUR** (río) ♦ Riv. d'Argentine (2 000 km) formant à l'O. de la Pampa un chapelet de lagunes saumâtres en saison sèche et atteignant le río Colorado en saison humide.

**salafiya**

n. f. ♦ Mouvement réformiste arabo-musulman qui prêcha, à la fin du XIXe s., le retour à la doctrine originelle (*salafiya* «retour à l'antécédent») et la réconciliation de la science et de la foi. Jāmal* al-Dīn al-Afghāni, 'Abduh* et Rachīd Ridhā furent successivement les plus éminents représentants de ce courant d'idées associé à la renaissance (al-nahda*) culturelle du monde arabe.

**SALAISE-SUR-SANNE** [38150] ➝ ÉTYM. d'un anc. mot franco-prov. °*salèse* «saulaie» ♦ Comm. de l'Isère, arr. de Vienne. 3 646 hab. Verrerie.

**SALĀM (Abdus)** ♦ Physicien pakistanais (Jhang 1926 - Oxford 1996). → **Glashow.** [Prix Nobel de phys. 1979, avec S. Glashow et S. Weinberg]

**SALAMANCA** ♦ V. du Mexique (État de Guanajuato). 143 838 hab. Églises baroques. ▪ Raffinerie de pétrole, pétrochimie, engrais.

**SALAMANQUE** – en esp. ***Salamanca*** ♦ V. d'Espagne (Castilla-León), ch.-l. de prov. sur la rive d. du Tormes. 155 921 hab. Université célèbre au Moyen Âge et au XVIe s. Monuments du Moyen Âge, de la Renaissance, des époques classique et baroque : Catedral Vieja (XIIe s.) de style roman ; Catedral Nueva (XVIe - XVIIIe s.), mêlant les styles gothique, Renaissance et baroque ; église dominicaine San Esteban (XVe - XVIe s.). Escuelas Mayores et Menores de l'université (XVIe s.) ; nombreuses églises et maisons du XVIe s.

**Salamanque.** La Clerecía et la Casa de las Conchas.
*Phot. © O. Martel/Hoa Qui*

au XVIIIe s. ; Plaza Mayor (XVIIIe s.). Centre touristique. ▪ **Histoire** L'antique *Salmantica* fut prise par les Carthaginois. Elle fut successivement occupée par les Romains, les Wisigoths, puis par les Arabes (VIIIe s.). Reprise par Alphonse* VI, elle fut le siège d'un évêché, puis d'une université (fondée au XIIIe s.) qui devint l'une des premières d'Europe. Salamanque fut au centre des opérations des troupes napoléoniennes de 1808 à 1812.

**SALAMINE** – en gr. *Salamis* ♦ Anc. ville de la côte E. de Chypre, au N.-O. de Famagouste*. Son fondateur légendaire, Teucer*, lui donna ce nom en l'honneur de son île natale. Indépendante sous la suzeraineté des Perses, elle devint le foyer de la libération de l'île sous Évagoras* (début du –IVe s.) et fut sa capitale jusqu'à la conquête romaine. ▪ La colonie juive de la ville, révoltée contre les Romains en 116 - 117, massacra la population grecque. ▪ Les fouilles y ont mis au jour d'importantes ruines hellénistiques et romaines.

**SALAMINE** – en gr. mod. *Salamína* ou en gr. anc. *Salamis* ➛ **ÉTYM.** p.-ê. à rapprocher de *salambê* «four» (allus. à une activité métallurgique du bronze) ♦ Île de Grèce (Attique), dans le golfe Saronique, fermant la baie d'Éleusis par un détroit large de 600 m, incorporée dans la banlieue d'Athènes. Elle fait partie du nome d'Attique. 95 km². 35 000 hab. CH.-L. : Salamine (18 994 hab.). ▪ **Histoire** Royaume de Télamon* à l'époque homérique, Salamine est représentée dans la guerre de Troie par les fils de celui-ci, Ajax* et Teucer*. Ce dernier est le fondateur légendaire de Salamine de Chypre. Sous la domination d'Égine, puis indépendante v. –620 et disputée entre Athènes* et Mégare*, l'île fut conquise et colonisée par les Athéniens v. –612 (→ **Solon**). En sept. –480, la flotte grecque, commandée par le Spartiate Eurybiade* et l'Athénien Thémistocle* secondé par Aristide*, remporta sur la flotte perse une victoire décisive. Xerxès suivit la bataille du haut d'une colline d'Attique où il avait fait placer son trône. Les Grecs, simulant la retraite, entraînèrent les forces bien supérieures des Perses dans le passage étroit entre l'île et le continent et purent détruire les trois quarts de leurs navires. → **médiques (guerres)**. Eschyle*, faisant le récit de la bataille de Salamine dans sa tragédie *Les Perses*, a rendu hommage au patriotisme des Grecs.

**Salammbô** ♦ Roman de Gustave Flaubert* (1862) qui, à partir de quelques lignes de l'historien grec Polybe*, fait revivre la civilisation féroce et raffinée de Carthage. La révolte des mercenaires carthaginois et leur mort affreuse, l'amour sans espoir du Libyen Mâtho pour la fille d'Hamilcar Barca, Salammbô, la mort de Mâtho, coupable de sacrilège, articulent l'intrigue. Fruit d'une documentation minutieuse, d'un voyage à Carthage (1858) et de longs mois de labeur, ce récit connut un succès considérable auprès du public ; certains critiques (dont Sainte*-Beuve) reprochèrent à Flaubert un excès d'érudition (d'ailleurs contestée) ; certaines scènes d'une rigoureuse construction («Le Festin des mercenaires» ou «La Bataille du Macar») sont animées d'un souffle puissant.

**SALAN (Raoul)** ♦ Général français (Roquecourbe, Tarn 1899 - Paris 1984). Général de division sous de Lattre pendant la campagne de 1944 - 1945, il fut nommé commandant en chef en Indochine (1952 - 1953) puis fut mis, en 1956, à la tête du commandement supérieur interarmes de la 10e région militaire en Algérie*. Il se rallia au général de Gaulle* lors des événements de mai* 1958, mais, partisan de l'Algérie française, il rompit avec lui, prit part au putsch des généraux (avr. 1961), puis dirigea l'OAS*. Arrêté en 1962, il vit sa condamnation à mort par contumace (juil. 1961) commuée en détention perpétuelle. Amnistié en 1968, il fut réhabilité en 1982. ➛ **ÉTYM.** Ce nom de famille vient d'un nom de lieu dans l'Aveyron.

**SALANDRA (Antonio)** ♦ Homme politique italien (Troia, Foggia 1853 - Rome 1931). Député libéral, plusieurs fois ministre, chef du gouvernement en mars 1914, il prépara l'entrée en guerre de l'Italie aux côtés des Alliés (1915). Il démissionna en 1916 devant les succès militaires autrichiens. En 1922, il conseilla au roi Victor*-Emmanuel III d'appeler Mussolini* au pouvoir.

**SALAT** n. m. ♦ Riv. des Pyrénées centrales (75 km), affl. de la Garonne, dans le Couserans (Ariège). Né dans les Pyrénées, il arrose Saint-Girons (où il reçoit le Lez), Salies-du-Salat et conflue près de Boussens.

**SALAVAT** ♦ V. de Bachkirie, sur la Belaïa. 158 500 hab. Indus. mécanique et pétrolière. Matériaux de construction.

**SALAZAR (António de Oliveira)** ♦ Homme d'État portugais (Santa Comba Dão 1889 - Lisbonne 1970). De famille modeste, il renonça au séminaire pour des études de droit à l'université de Coimbra où il devint professeur d'économie politique. Élu député en 1921, il démissionna par aversion du parlementarisme. À la suite du putsch militaire de mai 1926 et de l'aggravation de la situation économique, le général Carmona* l'appela aux Finances où il parvint à équilibrer le budget. Nommé président du Conseil en 1932, il fonda le «Nouvel État» *(Estado Novo)* dont la Constitution, plébiscitée en 1933, masqua, derrière une façade républicaine, une dictature inspirée du nationalisme intégral de Maurras*, reposant sur un parti unique, la police politique (PIDE), l'armée et l'autorité morale de l'Église. En 1936, il manifesta sa solidarité à Franco*. À la fin des années 1950, le régime traversa une crise, aggravée à partir de 1961 par le soulèvement des territoires d'outre-mer. En 1968, à la suite d'une attaque cérébrale, Salazar dut renoncer au pouvoir. Incapable d'évolution, son régime fut balayé, le 25 avr. 1974, par la révolte des militaires hostiles à la poursuite des guerres coloniales. ➛ **ÉTYM.** *Salazar* est un nom de lieu, du basque *sala* «maison fortifiée ; ferme» et *zahar* «vieux, ancien».

**SALAZIE** [97433] ➛ **ÉTYM.** de *Salazes*, n. d'un massif, ou du malgache *Salaozy* «bon campement» ♦ Ch.-l. de cant. de la Réunion, au pied du Piton des Neiges. 7 402 hab. *(Salaziens)*. Centre touristique.

**SALBRIS** [41300] ➛ **ÉTYM.** anc. *Salebrivas* «le pont (gaul. *briva*) sur la Sauldre*» ♦ Ch.-l. de cant. du Loir-et-Cher, arr. de Romorantin-Lanthenay, sur la rive g. de la Sauldre. 6 029 hab. *(Salbrisiens)*. Indus. diversifiées.

**ŠALDA (František Xaver)** ♦ Critique littéraire tchèque (Liberec 1867 - Prague 1937). Figure obligée de l'intelligentsia tchèque pendant presque cinquante ans, quoique contesté après la guerre, du fait de son influence immense, il rédigea une *Littérature tchèque moderne* (1909), fit le portrait de grands écrivains romantiques dans *L'Âme et l'Œuvre* (1913), puis il écrivit de nombreux articles sur la littérature qui ont été réunis dans les *Carnets de Šalda*, revue de critique qu'il rédigea seul (1928 - 1937).

**SALDANHA (João d'Oliveira e Daun, duc de)** ♦ Homme politique portugais (Lisbonne 1790 - Londres 1876). Petit-fils de Pombal*, il servit au Brésil de 1817 à 1822, puis prit une part décisive dans la lutte contre Michel* Ier, qu'il contraignit à quitter le Portugal (1834). Nommé maréchal, il dirigea le gouvernement en 1835, mais dut s'exiler en Grande-Bretagne (1835 - 1846). Revenu dans son pays, il fut plusieurs fois Premier ministre (1846 - 1849, 1851 - 1856, 1870 - 1871) et prit des mesures libérales dont celle qui élargit le corps électoral par l'abaissement du cens.

**SALDJŪQ** → **Saljūq**

**SALÉ** ➛ **ÉTYM.** en ar. *Slā* ; berbère «roc» ♦ V. du Maroc (prov. de Rabat) sur l'Atlantique, située sur la rive d. de l'embouchure du Bou* Regreg, face à Rabat. 814 871 hab. Remparts, portes monumentales. Artisanat. Commerces. ▪ **Histoire** Au Moyen Âge, port marchand le plus important de la côte atlantique marocaine, importante ville de corsaires au XVIIe s., elle forma avec la casbah des Oudaïas de Rabat (alors nommée Salé-le-Neuf) un État indépendant «la république du Bou Regreg».

**SALEILLES** [66280] ➛ **ÉTYM.** en catalan *Salelles* «petite salle», du germ. *saal* «salle, pièce» (les habitants étaient tenus d'avoir dans leur maison une pièce pour loger le propriétaire des terres qu'ils cultivaient) ♦ Comm. des Pyrénées-Orientales, arr. de Perpignan. 3 879 hab.

**SALEM** ➛ **ÉTYM.** hébr. «paix, bonheur» (n. biblique donné par les premiers colons puritains) ♦ V. des États-Unis (Massachusetts). 39 000 hab. Maisons anc. (notamment la «maison aux sept pignons» immortalisée par Hawthorne*). Port sur la côte de l'Atlantique. Indus. diverses. ▪ **Histoire** La ville fut fondée en 1626. Le procès et l'exécution de trois «sorcières» en 1692 ont fourni à A. Miller le sujet d'une pièce (*The Crucible*, 1953) adaptée par J.-P. Sartre sous le titre *Les Sorcières de Salem* (film de R. Rouleau, 1957).

**SALEM** ♦ V. des États-Unis, cap. de l'Oregon, au centre de la vallée de la Willamette. 136 924 hab. (zone urbaine 322 959). Centre agricole et indus. (conserves, indus. du bois, tabac). La ville attire les entreprises de haute technologie par le biais d'avantages fiscaux.

**SALEM** ♦ V. de l'Inde (Tamil Nadu). 748 513 hab. Centre industriel important grâce à l'électricité produite par le barrage de Mettur sur la Kaveri et aux minerais de la région (chrome, fer, magnésium, corindon).

**SALENGRO (Roger)** ♦ Homme politique français (Lille 1890 - Paris 1936). Député socialiste (1928 - 1936) et maire de Lille, il fit partie, comme ministre de l'Intérieur, du gouvernement du Front populaire de L. Blum* (1936). Des journaux d'extrême droite lancèrent une campagne de presse calomnieuse (été 1936) l'accusant de désertion en 1915. Bien que reconnu non coupable, Salengro, profondément affecté, se suicida.

**SALERNE** – en it. *Salerno* ♦ V. d'Italie, en Campanie, ch.-l. de prov. au S.-E. de Naples, sur le golfe de Salerne. 138 188 hab. Cathédrale du XIe s. précédée d'un atrium ; portes de bronze (XIe s.) ; ambons recouverts de mosaïques et chandelier pascal (XIIe - XIIIe s.) ; tombeau du pape Grégoire VII*. Dans la crypte, reliques présumées de saint Matthieu, patron de la ville. ▪ Centre tertiaire, où l'industrie est en expansion (indus. alimentaire, textile, mécanique). ▪ **Histoire** Anc. *Salernum*, elle fut colonie romaine (–193) puis principauté lombarde indépendante (847). Elle fut conquise par Robert* Guiscard en 1076. Son école de médecine (XIe - XIIe s.), grâce aux penseurs arabes et juifs transmettant la science grecque, lui valut la célébrité en Europe. ▪ Au cours de la Deuxième Guerre mondiale, les Alliés y débarquèrent (9 sept. 1943), ce qui permit la libération de Naples (1er oct.).

**SALERNES** [83690] ♦ Ch.-l. de cant. du Var, arr. de Draguignan. 3 269 hab. *(Salernois)*. Céramiques.

**SALERS** [salɛʀ] [15140] ➛ **ÉTYM.** d'une rac. hydronym. celt. °*sal-* et suff. *-ennu* ♦ Ch.-l. de cant. du Cantal, arr. de Mauriac, sur la planèze de Salers. 401 hab. *(Sagraniers)*. Église Saint-Mathieu des XIIe et XVe s.

(mise au tombeau du XVe s.). Anc. bailliage Renaissance. Maisons du XVe s. ▪ Marché agricole : vente de bovins (race de Salers). Fromage (salers, variété de cantal).

**SALETTE-FALLAVAUX (LA)** [38970] ♦ Comm. de l'Isère, arr. de Grenoble. 76 hab. *(Salettus).* Basilique Notre-Dame-de-la-Salette (XIXe s.), située à 1 770 m d'alt. La localité devint un lieu de pèlerinage après une apparition de la Vierge à deux jeunes bergers en 1846.

**SALÈVE** (mont) ♦ Montagne des Préalpes (Haute-Savoie), culminant à 1 379 m au Grand Piton, et située à 6 km de Genève.

**SALFORD** ♦ V. d'Angleterre (Greater Manchester), dans la banl. O. 216 119 hab. Indus. textiles en déclin.

**SALGADO (Sebastião)** ♦ Photographe brésilien (Aimorés, Minas Gerais, 1944) résidant en France depuis 1973, année où il voyage en Afrique et décide d'abandonner sa carrière d'économiste. Il est présent lors de la guerre en Angola et au Sahara occidental, de la prise d'otages israéliens à Entebbe et de la tentative d'assassinat du président Reagan. Il témoigne de la dignité humaine, malgré la pauvreté, les injustices et la guerre. En 1986, il publie *Autres Amériques,* qui montre les conditions de vie des Indiens, et *Sahel : l'homme en détresse.* L'homme et ses souffrances au travail est l'une des pièces maîtresses de son œuvre : *La Main de l'homme* (1993). Il restitue la douleur des rejetés dans *Exodes* et *Enfants de l'exode* (2000).

**SALGÓTARJÁN** ♦ V. de Hongrie, ch.-l. du comitat de Nógrád près de la frontière slovaque. 44 964 hab. Centre touristique. Lignite. Indus. métallurgique, verrerie, manufacture de tabac.

**SALICETI** ou **SALICETTI (Antoine Christophe)** ♦ Avocat et homme politique français (Saliceto, Corse 1757 - Naples 1809). Député de la Corse à la Constituante et à la Convention, il fit confier le commandement de l'artillerie au jeune Bonaparte sous l'autorité de Dugommier* au siège de Toulon (1793). Il fut membre du Conseil des Cinq*-Cents (1797), puis ministre de la Police et de la Guerre sous Joseph Bonaparte* à Naples. ◆ ÉTYM. Ce nom vient d'un nom de lieu («lieu planté de saules [italien *salice* "saule"]»).

**saliens**

n. m. pl. ◆ ÉTYM. en lat. *salii* «les danseurs» ♦ Confrérie de douze prêtres qui, dans la Rome antique, célébraient le culte de Mars* (19 mars et 19 oct.). Armés de lances et de boucliers, ils passaient en procession dans la ville en dansant et en chantant pour «réveiller les consciences à la nécessité saisonnière de la guerre».

**SALIERI (Antonio)** ♦ Compositeur italien (Legnago 1750 - Vienne 1825). Élève de Gassmann, maître de chapelle à la cour de Vienne, il bénéficia dès ses débuts, avec l'opéra *Le Donne letterate* (1770), de la protection de Gluck et de Calzabigi. Nommé compositeur de la cour et directeur de l'opéra italien (1774), puis maître de la Chapelle impériale (1788), il obtint de nombreux succès avec ses opéras, à Vienne (*Axur, re d'Ormus,* 1788 ; *Falstaff,* 1799) mais aussi à Paris (*Les Danaïdes,* 1784 ; *Tarare,* 1787). Il fut l'ami de Haydn et le maître de Beethoven, Liszt et Schubert, et plus ou moins le rival de Mozart. Son œuvre, abondante et marquée par le goût du temps, comprend une quarantaine d'opéras, des oratorios (dont *Le Jugement dernier,* 1786), de la musique religieuse (messes, psaumes, motets, requiem), symphonique, de chambre et chorale. De 1810 à 1820, il dressa les statuts du Conservatoire de Vienne et, pendant de très nombreuses années, administra de façon exemplaire la Chapelle impériale ainsi que ses archives.

**SALIES-DE-BÉARN** [salis-] ou [sali-] [64270] ◆ ÉTYM. gasc. «salines» ♦ Ch.-l. de cant. des Pyrénées-Atlantiques, arr. de Pau. 4 759 hab. *(Salisiens).* Station thermale.

**SALIES-DU-SALAT** [31260] ♦ Ch.-l. de cant. de la Haute-Garonne, arr. de Saint-Gaudens, sur le Salat. 1 943 hab. (aggl. 2 969) *(Salisiens).* Station thermale et climatique.

**SALINAS (Pedro)** ♦ Écrivain espagnol (Madrid 1892 - Boston 1951). Professeur à l'université de Séville, puis de Madrid, lecteur en Sorbonne et à Cambridge, il quitta l'Espagne en 1936 pour gagner l'Amérique. Ami de Jorge Guillén*, il a composé lui-même une œuvre lyrique à la technique très élaborée (mètres courts assonancés), toute consacrée à chanter l'amour, considéré comme l'instrument privilégié de la connaissance, et à évoquer les mouvements secrets de l'âme ; cette poésie intimiste, minutieuse et délicate, est illustrée par les recueils *Présages* (1923), *Fable et Chanson* (1931), *Raison d'amour* (1936), *La Voix qui t'est due* (1933). Auteur de nouvelles en prose, *Vêpres de la joie* (1926), *La Bombe incroyable, Le Nu impeccable* (1951), Salinas a donné également de pénétrantes études littéraires avec sa *Littérature espagnole du XXe siècle* (1941), puis *La Réalité et le Poète dans la poésie espagnole* (en angl., 1940). Un volume de pièces de théâtre a paru en 1952.

**SALINAS DE GORTARI (Carlos)** ♦ Homme d'État mexicain (Mexico 1948). Économiste, il fut président de la République de 1988 à 1994, sous les couleurs du Parti révolutionnaire institutionnel (PRI). Sa politique réformiste a reposé sur les privatisations, l'ouverture économique et une plus grande transparence des scrutins. Son sexennat fut marqué par la normalisation des relations avec l'Église et la signature de l'Accord de libre-échange nord-américain (Alena*, 1992) avec les États-Unis et le Canada. → **Mexique.**

**SALINAS GRANDES** ♦ Vaste cuvette saline d'Argentine, dans les sierras préandines. Elle s'étend sur les provinces de Córdoba, Catamarca, Santiago del Estero et la Rioja.

**SALIN-DE-GIRAUD** [13129] ◆ ÉTYM. *Salin* : allus. aux marais salants et *Giraud* : n. de pers. germ. ♦ Écart de la comm. d'Arles (Bouches-du-Rhône) sur le Grand Rhône. Salines. Produits chimiques.

**SALINDRES** [30340] ◆ ÉTYM. du n. d'une riv., d'une rac. hydronym. °*sal* et occit. *lindra,* p.-ê. compris *linda* «claire, transparente» ♦ Comm. du Gard, arr. et aggl. d'Alès. 3 055 hab. *(Salindrois).* Indus. chimique.

**SALINGER (Jerome David)** ♦ Romancier américain (New York 1919 - Cornish, New Hampshire, 2010). Il fit sensation en 1950 avec une nouvelle intitulée *Un jour rêvé pour le poisson-banane* puis, l'année suivante, avec son roman *L'Attrape-Cœurs,* racontant l'errance d'un adolescent difficile pendant 3 jours dans New York. Ce roman a été l'un des plus grands succès de l'édition américaine. *Franny et Zooey* (1961), qui fut un livre «culte» dans les années 1960, traite, avec sa suite *Dressez haut la poutre maîtresse, charpentiers* et *Seymour : une introduction* (1963), de l'incommunicabilité au sein d'une famille. Il ne publia rien d'autre par la suite et vécut reclus dans sa maison du New Hampshire pendant cinquante ans.

**SALINS-LES-BAINS** [39110] ◆ ÉTYM. du lat. *salinae* «salines» ♦ Ch.-l. de cant. du Jura, arr. de Lons-le-Saunier. 3 333 hab. (aggl. 3 665) *(Salinois).* Église Saint-Anatoile en partie du XIIIe s. (stalles à médaillons et boiseries du XVIe s.). Hôtel-Dieu du XVIIe s. (pharmacie). Anc. fortifications du XVe s. ▪ Station thermale. Salines. Centre touristique.

**Saliout** n. f. ◆ ÉTYM. russe «salut» ♦ Programme soviétique de stations orbitales semi-permanentes. La première station, d'un poids de 19 tonnes et d'un volume habitable de 100 m$^3$, fut lancée en 1971. Avec *Saliout 6* (1977) commença la «deuxième génération», prolongée par *Saliout 7,* lancée en 1982. Les stations pouvaient recevoir, grâce à une seconde pièce d'amarrage, la visite simultanée de 2 vaisseaux : *Soyouz* (piloté) et *Progress,* cargo automatique de ravitaillement. Remplacée par la station *Mir*,* *Saliout 7* se désintégra dans l'atmosphère le 7 fév. 1991.

**salique (Loi)** ♦ Recueil de coutumes des Francs saliens qui remonterait à Clovis (508). Code de procédure et code pénal, la Loi salique comporte un titre dit *de alodis,* qui exclut les femmes de la succession à la *terra salica,* domaine des ancêtres. Elle fut invoquée a posteriori pour justifier le règlement dynastique en France qui écarta les femmes à la mort, sans héritiers mâles, des derniers Capétiens directs (1316 - 1328).

**SALISBURY (JEAN DE)** → **Jean de Salisbury**

**SALISBURY (Thomas DE MONTAGU,** 4e comte **DE)** ♦ Homme de guerre anglais (1388 - Meung-sur-Loire 1428). Il combattit en France sous les ordres du duc de Bedford, conquit la Champagne et en devint gouverneur (1423). Il fut tué au siège d'Orléans et le titre passa à son gendre, Richard Neville.

**SALISBURY (Robert Arthur Talbot Gascoyne CECIL,** 3e marquis **DE)** ♦ Homme politique britannique (Hatfield, Hertfordshire 1830 - *id.* 1903). Issu de la grande famille des Cecil* qui avait donné deux ministres à Élisabeth Ire, il commença tôt sa carrière politique et fut élu aux Communes comme député conservateur en 1853. Secrétaire pour l'Irlande dans les cabinets Derby*, puis Disraeli*, il devint l'un des plus actifs adversaires de Gladstone*, dont l'idéalisme s'opposait à son tempérament, et le chef des conservateurs à la Chambre des lords. La conférence de Constantinople (1877), où il représenta la Grande-Bretagne, ouvrit sa carrière diplomatique. Il fut en effet appelé au ministère des Affaires étrangères quand les Russes vainquirent la Turquie. Son attitude très ferme (*Salisbury Circular* par laquelle il avertissait Saint-Pétersbourg que Londres ne tolérerait pas la présence russe à Constantinople) aboutit au congrès de Berlin (1878) où il seconda Disraeli. Celui-ci en fit son successeur à la tête du Parti conservateur, et il fut Premier ministre de 1885 à 1902, avec une courte interruption (1892 - 1895). Sa politique fut caractérisée par une grande habileté, mais aussi par un certain immobilisme, tant dans les affaires intérieures, où il lutta contre le nationalisme irlandais et les troubles sociaux sans leur apporter de solution définitive, que dans les affaires extérieures, auxquelles il accorda pourtant la première place. Restant fidèle à l'impérialisme, jusqu'en 1902, au «splendide isolement» qui avaient caractérisé l'ère victorienne, il sut toutefois accomplir des rapprochements en Europe (avec la Triple-Alliance, 1887) tout en menant une politique coloniale très active (annexion de la Birmanie, première conférence de Londres, acquisition de la Rhodésie), particulièrement en Égypte, où l'incident de Fachoda* (1898) fut pour lui un triomphe. Il ne put éviter la guerre des Boers* et la mena avec énergie, attendant sa fin pour se retirer. En 1902, il conclut le traité anglo-japonais.

**SALISBURY** ◆ ÉTYM. anc. *Searobyrg, Sarisberie* «bastion de Sorvio», du vieil angl. *burh* «forteresse» et du celt. *Sorviodunum* (mot obsc. [du celt. *duno-*

«fort»]) ♦ V. d'Angleterre (Wiltshire), au confluent du Wylve et de l'Avon, au N.-O. de Southampton. 114 614 hab. Nombreux monuments médiévaux dont le plus célèbre est la cathédrale, parfait exemple du style gothique primitif anglais, élevée de 1220 à 1258, au plan à double transept et chevet plat avec une tour surmontant la croisée du chœur. La cité épiscopale comprend deux cloîtres avec une salle du chapitre octogonale. ▪ Centre commercial et marché agricole. L'attrait de la ville est surtout touristique.

**SALISBURY** ← ÉTYM. nommée en l'honneur du 3ᵉ marquis de *Salisbury** ♦ → **Harare**

**SALJŪQ** ou **SELDJOUK** ♦ Khan turc oghouz établi sur le cours de l'Amou*-Daria, et qui fonda dans le Khorassan* au Xᵉ s. la dynastie turque des Seldjoukides*, dont le plus grand souverain, TOGHRUL-BEG (1038 - 1063), conquit l'Iran et alla se fixer à Bagdad en 1055.

**SALJUQIDES** → **Seldjoukides**

**SALK (Jonas Edward)** ♦ Bactériologiste américain (New York 1914 - La Jolla, Californie 1995). Il mit au point, indépendamment de P. Lépine*, un vaccin antipoliomyélitique (1954) réalisé avec des virus inactivés. → **Sabin.** Spécialiste des maladies virales, il contribua également à la recherche sur le sida.

**SALLANCHES** [74700] ← ÉTYM. p.-ê. à rapprocher de l'occit. *chalancho* «pente raide qui sert de couloir aux avalanches» ♦ Ch.-l. de cant. de la Haute-Savoie, arr. de Bonneville, sur la Sallanche, dans la plaine de l'Arve. 14 383 hab. (aggl. 31 473) *(Sallanchards)*. La ville, détruite par un incendie en 1840, a été reconstruite. ▪ Station estivale. Centre d'excursions. Fabrique de skis.

**SALLAUMINES** [62430] ♦ Comm. du Pas-de-Calais, banlieue S.-E. de Lens. 10 677 hab. *(Sallauminois)*. Construc. automobile.

**SALLÉ (Marie)** ♦ Danseuse et chorégraphe française (1707 - Paris 1756). Elle recueillit ses premiers succès sur les théâtres de la Foire, puis, engagée à l'Opéra (1727), elle parut dans des opéras-ballets de Lully et de Montéclair, et, devant la cour, dans les divertissements de plusieurs comédies de Molière. Elle trouva en la Camargo* une redoutable rivale, dont la virtuosité s'opposait à ses propres conceptions, fondées sur la justesse du sentiment et la simplicité. Elle parut à Londres au cours de trois saisons et y créa le ballet-pantomime *Pygmalion* (1734), où elle tint le rôle de Galatée, ayant abandonné la lourde robe à paniers, la perruque et les colifichets, revêtue d'une simple tunique drapée à l'antique. Elle imposa cette réforme du costume dans les ballets *Bacchus et Ariane, Terpsichore* (mus. de Haendel). Revenue à Paris (1737), elle fit sa rentrée dans *Les Indes galantes* et créa le *Castor et Pollux* de Rameau. Amie de Voltaire, de Garrick et de Noverre, elle a joué un rôle déterminant dans l'évolution du ballet classique vers sa forme nouvelle, le ballet d'action.

**SALLES** [33770] ♦ Comm. de la Gironde, arr. de Bordeaux, sur l'Eyre. 4 487 hab.

**SALLES-DU-GARDON (LES)** [30110] ♦ Comm. du Gard, arr. d'Alès. 2 571 hab. *(Sallois)*.

**SALLUSTE** – en lat. ***Caius Sallustius Crispus*** ♦ Historien latin (Amiterne, Sabine v. –86 - –35). Exclu du Sénat en –50 pour immoralité, il y revint en –49 par l'intermédiaire de César. Devenu gouverneur de l'Africa Nova (Numidie) en –46, il s'y enrichit sans scrupule. Sans avenir politique après la mort du dictateur (–44), il se consacra à l'histoire. En écrivant la *Conjuration de Catilina*, la *Guerre de Jugurtha* et les *Histoires* (dont il ne reste que des fragments), il voulait montrer la ruine progressive du régime aristocratique instauré après la défaite des Gracques. → **Gracchus.** Proche du style narratif des Grecs (Thucydide), la langue de Salluste est volontairement archaïsante, rythmée d'infinitifs de narration et asymétrique par ses raccourcis rapides.

**SALLYENS** ou **SALLUVIENS** n. m. pl. – en lat. ***Sallyes*** ou ***Salluvii*** ♦ Peuple de la Gaule, sans doute originaire de Ligurie*, établi en Provence dans la région d'*Arelate* (Arles*) et d'*Aquae Sextiae* (Aix*-en-Provence). → **Entremont.** Ils furent soumis par Sextius* Calvinus (–123).

**SALM** ♦ Anciens comtés du Saint Empire fondés au XIIᵉ s. et appartenant à deux branches de la maison de Luxembourg : le *Haut-Salm* jouxtant l'Alsace et la Lorraine et le *Bas-Salm* dans les Ardennes belges (ch.-l. Salm).

**SALMANASAR III** ← ÉTYM. en assyr. *Šulmānu-ašarīdu* «le dieu Shulman est chef», de *Šulmānu*, n. de dieu et *ašarīdu* «chef, maître» ♦ Roi d'Assyrie* de –859 à –824. Il continua la politique d'incursions et de prélèvement de tributs dans les États voisins et jusqu'en Chaldée, mais échoua contre le royaume d'Aram. Son fils Assur-dān-apal déclencha, avec la petite noblesse, une guerre civile contre lui (–827 - –822). → **Shamshi-Adad V.**

**SALMANASAR V** ♦ Roi d'Assyrie* de –727 à –721, roi de Babylone sous le nom d'Ululaï. Il annexa sans doute la Cilicie, guerroya en Phénicie et en Palestine, mais fut détrôné par son frère Sargon* II.

**SALMON (André)** ♦ Écrivain français (Paris 1881 - Sanary 1969). Ami de Guillaume Apollinaire et de Max Jacob, il publia ses premiers poèmes dans la revue de Paul Fort, *Vers et Prose*, avant de s'engager dans l'aventure de l'art moderne, avec Picasso, Braque, Derain et Vlaminck, entraînant la littérature et la poésie sur les voies d'un fantastique suscité par le contact avec la réalité quotidienne. Il a publié des poèmes (*Prikaz*, 1919 ; *L'Âge de l'humanité*, 1921 ; *Tout l'or du monde*, 1927 ; *Odeur de poésie*, 1944 ; *Les Étoiles dans l'encrier*, 1952), des romans ou des fictions en prose (*Monstres choisis*, 1918 ; *Le Manuscrit trouvé dans un chapeau*, 1919 ; *La Négresse du Sacré-Cœur*, 1920 ; *Une orgie à Saint-Pétersbourg*, 1925 ; *Sylvère ou la Vie moquée*, 1956 ; *Le Monocle à deux coups*, 1968), des études d'art sur *Cézanne* (1923), *Modigliani* (1926), ainsi que de savoureux mémoires (*L'Air de la butte*, 1948 ; *Montparnasse*, 1950 ; *Souvenirs sans fin*, 1955 - 1961). ← ÉTYM. Ce nom de famille vient de *Salomon*.

**SALÒ** (république de) ♦ Nom donné à la République sociale italienne créée par Mussolini* en sept. 1943 à Salò (Lombardie, prov. de Brescia). Proclamant la déchéance de la royauté, Mussolini fit fusiller les membres du Grand Conseil fasciste qui avaient voté sa mise en minorité et tenta de retrouver les racines plébéiennes du fascisme en adoptant notamment un programme de nationalisations. Toutefois, la république de Salò n'eut jamais ni indépendance ni réalité, tout entière soumise aux directives des Allemands, désireux d'obtenir l'entrée en guerre de l'Italie à leurs côtés. Cet État fantoche disparut en avr. 1945 après la défaite des Allemands face à l'offensive générale des partisans.

**SALOMÉ** ← ÉTYM. de la rac. hébr. *šlm* «paix» ♦ Princesse juive (morte v. 72). C'est la «fille d'Hérodiade» de l'Évangile (Matthieu, XIV, 6 ; Marc, VI, 22). Fille d'Hérodiade* et d'Hérode Philippe, elle aurait dansé devant Hérode Antipas, son oncle, et, conseillée par sa mère, aurait demandé en récompense la tête de Jean*-Baptiste sur un plat d'argent. Elle épousa Hérode Philippe le Tétrarque. ▪ Son personnage a inspiré les écrivains (*Salomé*, pièce en un acte d'Oscar Wilde, en français ; *Herodias*, un des *Trois contes*, de Flaubert) et les musiciens (Antoine Mariotte, R. Strauss puisèrent chez Wilde ; Florent Schmitt, chez R. d'Humières pour *La Tragédie de Salomé*, 1907 - 1911).

**Salomé.** *Salomé avec la tête de Jean-Baptiste*, de Heinz le Jeune, d'après Lucas Cranach le Vieux. Musée du Louvre, Paris.
*Phot. © E. Lessing/AKG*

**SALOMON** ← ÉTYM. «homme de paix» (en rapport avec *sâlôm* «prospérité ; paix» ou «restaurer, récompenser» (→ aussi Soliman, Sulaymān)) ♦ Roi d'Israël (de –972 à –932), fils de David* et de Bethsabée*. Il obtint la succession contre son frère Adonias. Son règne marque l'apogée de la puissance d'Israël* : mariage avec la fille du pharaon, alliance avec Hiram Iᵉʳ de Tyr, construction d'une flotte, du Temple, d'un palais royal, de places fortes, entretien d'une armée avec cavalerie et chars, d'un harem, d'une administration (12 préfets collecteurs d'impôts). Ce luxe n'alla pas sans pressuration du peuple, et c'est pour secouer ce joug que les tribus du Nord firent schisme à sa mort (→ **Jéroboam Iᵉʳ, Roboam**). Récit biblique : I Rois, I-XI. ▪ La tradition insiste sur sa sagesse (qui aurait attiré la reine de Saba*), lui attribue le Cantique* des cantiques, l'Ecclésiaste*, les Proverbes*, la Sagesse*, ainsi qu'une partie des Psaumes* et des Odes apocryphes et fait même de lui un magicien (dans les légendes islamiques : Soliman, prince des djinns). ♦ ***Jugement de Salomon*** Dans I Rois, III, 16 *sqq.*, deux femmes se prétendent la mère d'un enfant ; il ordonne de le partager en deux ; la vraie mère est celle qui préfère y renoncer. Type du jugement perspicace et équitable. ♦ ***Sceau de Salomon*** → **David (bouclier de).**

**SALOMON I$^{er}$** ♦ (1051 - 1087). Roi de Hongrie (1063 - 1074). Fils d'André* I$^{er}$, il ne put occuper le trône qu'à la mort de son oncle Béla I$^{er}$. Il dut lutter contre les prétentions au trône de Géza, fils de Béla* I$^{er}$, qui le vainquit en 1074 et le força à s'enfuir en Istrie, où il termina sa vie comme ermite.

**SALOMON (Ernst VON)** ♦ Écrivain allemand (Kiel 1902 - Stoeckte, Basse-Saxe 1972). Aventurier se considérant comme le dernier survivant des hobereaux prussiens, il a conté avec talent, humour et cynisme ses souvenirs de la Première Guerre mondiale qu'il passa dans les écoles de cadets de Potsdam (*Les Cadets*, 1933). Dans la même veine, il évoqua sa vie dans les corps francs et sa participation à l'assassinat du ministre W. Rathenau* (1922), pour laquelle il passa cinq ans en prison (*Les Réprouvés*, 1930), la révolte paysanne des années 1928 - 1929, où il eut un rôle d'agitateur (*La Ville*, 1932). Interné dans un camp américain (1945) puis relâché, E. von Salomon publia en 1951 *Le Questionnaire*, témoignage historique d'une grande importance, écrit par un nationaliste qui affiche avec ostentation son mépris pour la démagogie hitlérienne comme pour tous les démocrates. Sur le problème des relations de l'individu et de la justice politique, il écrivit aussi *Le Destin de A. D.* (1960).

## SALOMON (ÎLES)

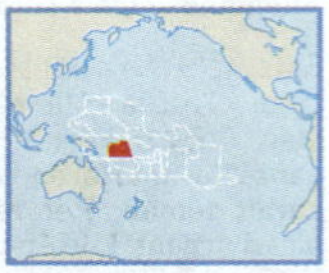

▮ ← ÉTYM. en angl. ***Solomon Islands ;*** ainsi nommées en l'honneur du roi d'Israël ♦ Archipel constitué en État et composé d'une double chaîne d'îles de Mélanésie. 27 556 km$^2$. 495 026 hab. *(Salomonais)*. MONNAIE : dollar des îles Salomon. LANGUES : anglais (off.), dialectes mélanésiens en majorité, papous et polynésiens. POPULATION : Mélanésiens, minorité polynésienne dans les atolls du N. CAPITALE : Honiara. RÉGIME : démocratie parlementaire.

▮ **GÉOGRAPHIE** L'archipel s'étire dans le sens N.-O.-S.-E. et continue l'arc volcanique de l'archipel Bismarck*. Il comprend les grandes îles de Choiseul, Guadalcanal, Malaita, Makira, Santa Isabel, le groupe de Nouvelle-Géorgie, les îles Florida, le petit archipel des Russell, l'archipel de Santa Cruz **(→ Vanikoro)**, le plus à l'E., et une multitude d'autres petites îles. Les îles les plus à l'O. (Buka et Bougainville) font partie de la Papouasie-Nouvelle-Guinée. Les îles Salomon sont de nature volcanique, mais peu d'entre elles sont dotées de récifs barrières. Il existe un atoll, Ontong Java, dans le N. Le relief est accidenté et couvert d'une forêt dense entretenue par le climat équatorial chaud et humide sans saison marquée, avec de fortes précipitations (2 500 mm). Les côtes sont découpées et voisinent avec de grands fonds (fosse de Torres au large de Vanikoro, 9 160 m).

▮ **ÉCONOMIE** L'usage de la terre est régi par la coutume et se trouve aux mains des seuls insulaires. Le taro, l'igname, la banane et la patate douce constituent les principales cultures vivrières. L'économie est dominée par le coprah, mais les cocoteraies, qui ont beaucoup souffert des combats de la Deuxième Guerre mondiale, n'ont pu retrouver les deux tiers de leur production habituelle qu'en 1960. Le cacao, la canne à sucre, le palmier à huile ont été introduits depuis peu dans un but de diversification (cacao à Malaita, l'île la plus peuplée), mais le coprah représente l'essentiel des exportations, auxquelles il faut ajouter le bois et les conserves de poisson (thon). Les îles s'ouvrent au tourisme, en particulier Guadalcanal. L'exploitation des ressources minérales (plomb, zinc, nickel, or) se développe peu à peu.

▮ **HISTOIRE** Les îles Salomon ont été touchées par la culture Lapita* au début du –I$^{er}$ millénaire et ont participé par la suite aux échanges avec le reste du Pacifique occidental. Elles furent découvertes en 1568 par l'Espagnol Mendaña* de Neyra qui tenta d'y établir une colonie. Deux siècles plus tard, elles reçurent les visites de Carteret*, de Bougainville* et d'Entrecasteaux qui rapportèrent de plus amples informations sur l'archipel. Un protectorat allemand sur les Salomon septentrionales fut déclaré en 1885, mais le traité de 1899 les joignit, sauf Buka et Bougainville **(→ Papouasie-Nouvelle-Guinée)**, aux îles méridionales sur lesquelles les Britanniques avaient établi un protectorat en 1893. Durant la Deuxième Guerre mondiale, les Japonais occupèrent les îles septentrionales (janv. 1942) et se fortifièrent dans Guadalcanal* qui fut le cadre, en 1943, d'une des plus grandes batailles du Pacifique. **→ Santa Cruz.** Le pays accéda à l'autonomie interne en 1976, puis à l'indépendance en 1978 dans le cadre du Commonwealth. En 1986, l'archipel a dû faire appel à l'aide internationale après avoir été dévasté par un cyclone. Une guerre interethnique a éclaté en 1999, amenant l'intervention d'un contingent international de sécurité (RAMSI), en place depuis 2003, mais la situation politique reste instable. Étant l'un des pays les plus pauvres du Pacifique, les îles Salomon bénéficient de l'aide de l'Australie, mais l'essentiel de leur commerce se fait avec le Japon, pays dont l'influence grandit dans la région.

**SALON-DE-PROVENCE** [13330] ← ÉTYM. anc. *Villa Salone*, du germ. *seli* « chambre, château » et suff. *-onem* ou de la rac. précelt. oronym. *sal-* ♦ Ch.-l. de cant. des Bouches-du-Rhône, arr. d'Aix-en-Provence. 37 129 hab. (aggl. 49 462) *(Salonais)*. Église Saint-Laurent des XIV$^{e}$ - XV$^{e}$ s. contenant le tombeau de Nostradamus*. Église Saint-Michel du XIII$^{e}$ s. (portail du XII$^{e}$ s.). L'anc. château des archevêques d'Arles (XII$^{e}$ - XIII$^{e}$ et XVI$^{e}$ s.) abrite un musée consacré à l'histoire des armées françaises de 1700 à 1918. ▪ Siège de l'École de l'armée de l'air et de l'aéronavale. Marché agricole. Indus. de l'huile et du savon (depuis le XV$^{e}$ s.).

**SALONE** – en lat. ***Salona***, auj. ***Solin*** ♦ Loc. de Croatie située sur la côte dalmate dans la banlieue de Split*. Cap. de l'anc. Dalmatie, elle abrite les ruines d'une ville romaine construite sous Dioclétien* qui naquit dans les environs (amphithéâtre, nécropole, théâtre).

**SALONIQUE** ou **THESSALONIQUE** – en gr. mod. ***Thessaloníki*** ← ÉTYM. n. de la femme de Cassandre, sœur d'Alexandre le Grand ♦ V. de Grèce (Macédoine), au fond du golfe Thermaïque, au débouché de la vallée de l'Axios (Vardar*). Ch.-l. de région (Macédoine centrale) et du nome de Salonique. 377 951 hab. (aggl. 800 000). La ville basse, détruite par un incendie en 1917, fut reconstruite sur un plan rationnel. Centre d'art byzantin des plus importants, la ville conserve de belles églises dont la rotonde de Saint-Georges (IV$^{e}$ s.) et la basilique Saint-Démètre (V$^{e}$ s.), ornées de mosaïques et de fresques admirables, Osios-David (V$^{e}$ s.), Sainte-Sophie (VIII$^{e}$ s.), Théotokos (XI$^{e}$ s.), Saints-Apôtres (XIV$^{e}$ s.). Arc de Galère (303), remparts. Musée archéologique. ▪ Capitale économique et culturelle de la Grèce du N. (université ; foire internationale annuelle), 2$^{e}$ ville et 2$^{e}$ port du pays après Athènes-Le Pirée (14 millions de t de trafic annuel). L'aggl. actuelle s'étire le long du littoral, vers les vastes zones industrielles de Diavata et Sindos au N.-O. : raffinerie ; engrais ; chimie, mécanique ; agroalimentaire. ▮ **Histoire** La ville fut fondée v. –315 (sur l'emplacement de la ville plus anc. de *Therma*) par Cassandre qui lui donna le nom de sa femme. Capitale de la province de Macédoine après la conquête romaine (–168), elle se développa grâce à la *via Egnatia*, grande voie romaine qui s'y terminait, venant de Dyrrachium sur la côte adriatique. L'empereur Théodose I$^{er}$ fit massacrer 7 000 de ses habitants lors d'une émeute, en 390. Fortifiée au IV$^{e}$ s., Thessalonique devint l'une des principales places fortes de la défense byzantine. Justinien* I$^{er}$ et d'autres empereurs d'Orient la dotèrent de beaux monuments et, après la perte de l'Occident, firent d'elle en quelque sorte la deuxième capitale de l'empire. Les Sarrasins la prirent en 904 et les Normands en 1185. Après la quatrième croisade, elle échut à Boniface de Montferrat* et devint la capitale du *royaume de Thessalonique* (1205 - 1223). Reconquise sur les Latins par le despotat d'Épire (1224 - 1241), elle fut ensuite prise par l'empereur byzantin de Nicée, Jean III Vatatzès, et intégrée à l'empire de Constantinople en 1313. Pendant le XIV$^{e}$ s., la ville fut secouée par les querelles religieuses et par la révolution des Zélotes qui massacrèrent les nobles et formèrent un gouvernement populaire (1342 - 1349). Devant le péril ottoman, elle fut cédée aux Vénitiens, puis prise d'assaut par les Turcs (1430) qui l'appelèrent Salonique. La ville reçut en 1492 une colonie de 20 000 juifs réfugiés d'Espagne qui contribuèrent ensuite à sa prospérité commerciale. Foyer du mouvement des Jeunes-Turcs (1908), Salonique fut réintégrée à la Grèce en 1912, lors de la première guerre balkanique. Le roi Georges* I$^{er}$ y fut assassiné (1913). Occupée par les Alliés au cours de la Première Guerre mondiale (1915), elle devint la base du front balkanique et le siège du gouvernement dissident de Venizélos. L'importante communauté juive de Salonique fut exterminée par les nazis lors de la Deuxième Guerre mondiale.

Les **Salons** ♦ Œuvre de critique d'art de Denis Diderot* publiée de 1759 à 1781 dans la *Correspondance* littéraire, philosophique et critique* (journal dirigé par Grimm* puis par Jacques-Henri Meister). Confrontant l'écriture à la peinture, Diderot semble conclure à la supériorité de la première sur la seconde. Les œuvres (de Chardin, d'Hubert Robert, de David, de Greuze) sont examinées subjectivement, dans un discours essentiellement marqué par une perception morale de la peinture.

**SALOP → Shropshire**

**SALOUËL** [80480] ♦ Comm. de la Somme, banlieue S.-O. d'Amiens. 4 162 hab.

**SALOUEN** n. m. ou f. – en chin. ***Nu jiang*** ou ***Nou-kiang***, en thaï ***Mae (Moe, Mé) Nam Khong***, en angl. ***Salween*** ♦ Fl. d'Asie du S.-E. (env. 2 600 km dont 1 000 km en Birmanie) qui prend sa source sur le plateau du Tibet à plus de 4 000 m d'altitude. Après avoir traversé le Yunnan, il pénètre en Birmanie, forme frontière entre Birmanie et Thaïlande sur une centaine de kilomètres et se jette dans l'océan Indien, par un delta où se trouve Moulmein. Son cours, sauf dans les 100 derniers kilomètres, est encaissé dans des gorges, rendant la navigation très difficile. Régime de moussons (crues de printemps ; fortes crues d'été).

**SALOUM** n. m. ♦ Petit fl. du Sénégal, « le fleuve de l'arachide », né dans la région du Ferlo, il passe à Kaolack avant de former un delta avec son affl. de droite le Siné. ▪ Le *Parc national du delta de Saloum* sert de réserve ornithologique. ♦ ***La région du Siné-Saloum*** Située au N. de l'enclave de la Gambie, elle fournit la moitié de la récolte d'arachides du Sénégal. L'embouchure du Siné-Saloum était habitée au I$^{er}$ millénaire par une population de mangeurs de coquillages. Un riche mobilier funéraire (armes et bijoux en cuivre) a été découvert dans des amas coquilliers dans l'île de Dioron Bou Mak.

**Salpêtrière** (la) ♦ Hôpital parisien, situé sur l'emplacement d'une fabrique de poudre (d'où son nom). Conçue par Louis XIV comme un «hôpital général des pauvres de Paris» (1656), augmentée d'une «maison de force» pour femmes (prostituées et condamnées) en 1694, la Salpêtrière fut affectée, en 1796, au traitement des maladies nerveuses et mentales (→ **Pinel, Esquirol, Charcot**) avant de devenir (1823) un «hospice pour la vieillesse» (femmes) auquel fut adjoint un hôpital chirurgical. Derrière une façade majestueuse, les vastes bâtiments construits par Le* Vau et Le* Muet (1660) s'organisent autour de cours intérieures d'une grandeur austère et de jardins à la française ; la chapelle centrale, due à Libéral Bruant* (1670 - 1677), en croix grecque et à huit nefs, est couronnée d'un dôme octogonal. La Salpêtrière a été rattachée à l'hôpital de La Pitié, sous le nom de *Pitié-Salpêtrière*.

**SALSES-LE-CHÂTEAU** [66600] ◆ ÉTYM. probablt de l'occit. *salso* «source d'eau salée» ♦ Comm. des Pyrénées-Orientales, arr. de Perpignan, à l'O. de l'étang de Leucate. 2 513 hab. *(Salséens)*. Fort édifié à la fin du XV^e s. par les Espagnols, réaménagé par Vauban au XVII^e s. ▪ Vins blancs.

**Salses-le-Château.** Les fortifications intérieures.
*Phot. © Ch. & J. Lenars/Corbis*

**SALSO** n. m. ◆ ÉTYM. «salé» – anc. en gr. ***Himeras*** ♦ Fl. de Sicile* (111 km). Né dans le N. de l'île, dans les monts Madoni, il coule vers le S. et se jette dans la Méditerranée, près de Licata.

**SALSOMAGGIORE TERME** ♦ V. d'Italie, prov. de Parme, en Émilie-Romagne. 17 906 hab. Station thermale.

**SALT (AL-)** ♦ V. de Jordanie, ch.-l. du mouhafaza d'al-Balqa, située dans le djebel Ajlun, au N.-O. d'Amman. 73 528 hab. Kaolin.

**SALTA** ♦ V. d'Argentine, cap. de prov., située au pied des Andes à 1 200 m d'alt. 473 000 hab. Fondée en 1582. Monuments coloniaux. Marché régional sur la voie ferrée reliant l'Argentine à l'Antofagasta au Chili. ♦ ***Province de Salta*** → **Argentine** (carte). 154 775 km². 1 079 000 hab. Oasis irriguée : canne à sucre, coton, tabac dans la vallée de Lerma. Gisements de pétrole et de gaz (oléoduc jusqu'à Buenos Aires).

**SALTILLO** ♦ V. du Mexique septentrional, cap. de l'État de Coahuila. 633 667 hab. Indus. diverses. Mines.

**SALT LAKE CITY** ◆ ÉTYM. angl. «ville du lac Salé» ♦ V. des États-Unis, cap. de l'Utah. 181 743 hab. (zone urbaine 1 333 914 avec Ogden). C'est la plus grande ville entre Denver et la côte du Pacifique, dans la vallée du Grand Lac Salé, entourée de montagnes grandioses. Son temple mormon est une construction en granit d'une architecture pompeuse (1853 - 1893). Univ. de l'Utah. Célèbres chœurs *(Tabernacle Choirs)*. ▪ Indus. alimentaire, imprimeries, raffinage de pétrole, métall. (cuivre, argent, plomb), électronique et textiles. L'industrie de haute technologie y est en pleine expansion. Les jeux Olympiques d'hiver s'y sont déroulés en 2002. ▮ **Histoire** La ville fut fondée en 1847 par Brigham Young, comme capitale des mormons*. → **Utah, Smith (Joseph).**

**SALTO** ♦ V. d'Uruguay, située au cœur d'une région fertile. 99 072 hab. C'est la 2^e ville du pays. Ch.-l. de dép. ♦ ***Département de Salto*** 14 163 km². 123 120 hab. Agriculture (horticulture, céréales). Échanges avec l'Argentine (pont-barrage de Salto Grande).

**SALTO DEL ANGEL** n. m. ◆ ÉTYM. esp. «saut de l'ange» ♦ Cascade du Venezuela (Guyane vénézuélienne). C'est la plus haute cascade du monde (978 m). Elle porte le nom du pilote qui l'a découverte.

**SALTYKOV-CHTCHEDRINE (Mikhaïl Ievgrafovitch SALTYKOV, dit)** ♦ Écrivain russe (Spas-Ougol, gouv. de Tver 1826 - Saint-Pétersbourg 1889). Romancier et journaliste satirique, il fit paraître ses premiers écrits dans la revue *Le Messager russe* (*Esquisses provinciales*, 1856 - 1857), et connut aussitôt une grande popularité. En 1862 il devint un des collaborateurs de la revue de Nekrassov*, *Le Contemporain*. Dans ce périodique et dans la revue de Dostoïevski*, *Le Temps*, parurent *Récits innocents* et *Satires en prose* (1857 - 1863). Il prit la direction des *Annales de la patrie* (1868 - 1884, avec Nekrassov* jusqu'en 1878) et développa son talent de satiriste en publiant *Histoire d'une ville* (1869 - 1870), *Les Pompadours, messieurs et dames* (1863 - 1874), *Les Messieurs de Tachkent* (1869 - 1872), *Journal d'un provincial* (1872), *Discours bien intentionnés* (1872 - 1876). Ces satires, dirigées pour la plupart contre la noblesse provinciale et les notabilités «éclairées», sont aujourd'hui difficilement compréhensibles, car, citant des personnalités en vue, Saltykov-Chtchedrine utilisa des noms symboliques à cause de la censure. Son unique roman, *La Famille Golovliev* (1875 - 1880), est une satire sociale qui met en scène une famille de nobles campagnards bornés et brutaux. Il publia des documents précieux du point de vue historique et biographique, *Pochekhonie d'autrefois* (1887 - 1889).

**SALUCES** – en it. ***Saluzzo*** ♦ V. d'Italie, dans le Piémont (prov. de Coni), sur le Pô. 15 647 hab. Marché agricole (châtaignes) et centre indus. (indus. alimentaire). ▮ **Histoire** Ch.-l. d'un marquisat fondé en 1142. Vassal de l'Empire, puis des ducs de Savoie, il fut annexé par le roi de France Henri II, puis repris par la Savoie à laquelle il fut cédé par Henri IV (traité de Lyon, 1601), en échange de la Bresse, du Bugey et du pays de Gex.

**SALUT** (îles du) ♦ Groupe de trois petites îles côtières de la Guyane française, au N. de Cayenne (Royale, Saint-Joseph, du Diable). Anc. établissement pénitentiaire où fut incarcéré notamment Dreyfus*.

**Salut (Armée du)** – en angl. ***Salvation Army*** ♦ Mouvement chrétien (protestant), caritatif et religieux, organisé sur le modèle militaire. Il est établi dans de très nombreux pays ; mais son centre est à Londres. Il fut créé en 1878 par William Booth* et se développa rapidement notamment par l'action de la fille de W. Booth, Evangeline. Ses «soldats» et «officiers» hommes et femmes, vêtus d'un uniforme, pratiquent la prédication en plein air et recueillent des fonds pour les œuvres sociales de l'Armée (centres d'accueil, soupes populaires, œuvres pour le «relèvement» des prostituées).

**SALVADOR** – anc. ***Bahia*** ◆ ÉTYM. autrefois *San Salvador* «Saint-Sauveur» ♦ V. du Brésil, cap. de l'État de Bahia. 2 442 000 hab. Bel ensemble d'architecture baroque dans la ville haute (église et couvent São Francisco du XVI^e s.), immenses favelas sur pilotis *(alagados)*. Importante communauté noire, foyer de la culture afro-brésilienne. Port du Nordeste à l'entrée de la baie de Todos os Santos. Raffineries de pétrole et premier pôle pétrochimique du pays (Camaçari). Centre touristique. ▮ **Histoire** Fondée en 1549, la ville fut la capitale du Brésil jusqu'en 1763.

## SALVADOR

▮ n. m. – off. ***république du Salvador,*** en esp. ***República de El Salvador*** ◆ ÉTYM. du n. de sa capitale ♦ Pays d'Amérique centrale. 21 041 km². 5 744 113 hab. *(Salvadoriens)*. LANGUE : espagnol. POPULATION : métis. RELIGION : catholique (90 %). MONNAIES : colón, dollar. CAPITALE : San Salvador. RÉGIME : présidentiel. Le pays est divisé en 14 départements.

▮ **GÉOGRAPHIE** ▮ **Les ressources** Les ressources naturelles sont rares et les activités se concentrent sur le plateau central, situé entre 400 et 800 m d'alt., alors que la côte pacifique, basse et lagunaire, reste peu active (port d'Acajutla). Le volcanisme (volcan Izalco*) et l'activité sismique (plusieurs séismes destructeurs en 2001) ont favorisé le morcellement du pays en petites unités géomorphologiques. ▮ **Démographie** Malgré un riche passé préhispanique, illustré par les sites archéologiques de Tazumal ou de San Andrés la Campana, les Indiens sont peu présents dans ce pays très métissé. L'exiguïté du territoire et la pénétration de la culture créole dans le milieu rural ont contribué à la disparition des cultures indiennes. Le Salvador est le plus petit État d'Amérique centrale, mais c'est aussi le plus densément peuplé (273 hab./km²). Cette pression démographique explique les problèmes politiques du pays et l'importance de la diaspora salvadorienne : un tiers de la pop. vit à l'étranger, dont un million de personnes aux États-Unis. En 1969, l'expulsion par le Honduras de plusieurs milliers de paysans salvadoriens provoqua une guerre entre les deux pays.

▮ **ÉCONOMIE** Les disparités économiques restent fortes entre des *latifundia* tournés vers les grandes cultures d'exportation et des *minifundia* où les paysans pauvres pratiquent une agriculture de subsistance (le maïs représente 40 % des terres cultivées). La propriété des sols est un sujet permanent de conflits entre les «14 familles» (en réalité plus de 250) qui monopolisent le foncier et les milliers de familles rurales (40 % de la pop.) qui ne possèdent pas de terre. Le Salvador dispose d'importantes ressources hydroélectriques (barrages sur le río Lempa) et utilise l'énergie géothermique (centrale d'Ahuachapán). Le secteur industriel a pu se développer depuis la Deuxième Guerre mondiale (indus. alimentaire et textile, colorants, aciéries), plaçant le Salvador au 2^e rang en Amérique centrale derrière le Guatemala. Le café reste la principale richesse du pays (depuis l'abandon de l'indigo à la fin du XIX^e s.) avec la canne à sucre et plus récemment les crevettes. L'industrie textile est menacée par la diminution des exportations (concur-

**Salvador.**

rence asiatique). L'économie salvadorienne est tributaire de celle des États-Unis qui ont œuvré pour sa libéralisation : la dollarisation a été décidée en 2001, un accord de libre-échange est entré en vigueur en 2006, enfin, les transferts des 2,5 millions de Salvadoriens émigrés aux États-Unis représentent près d'un cinquième du PIB.

**▮ HISTOIRE** Les Pilpils (Indiens de langue nahuatl, comme les Aztèques) résistèrent aux Espagnols jusqu'en 1540. Par la suite, le Salvador fit partie de la capitainerie générale du Guatemala* durant toute l'époque coloniale. Rattaché à l'empire mexicain d'Iturbide en 1821, puis aux Provinces-Unies d'Amérique centrale en 1823, il acquit son indépendance en 1841. En 1833, une révolte indienne dirigée par Anastasio Aquino avait ébranlé le pouvoir des *ladinos*. **▮ L'armée au pouvoir et la guerre civile** En 1932, une insurrection paysanne coûta la vie à près de 30 000 personnes, dont Augusto Farabundo Martí, ancien compagnon d'armes d'Augusto César Sandino*. Dès lors, l'armée assuma la direction du pays jusqu'en 1982, déposant et exilant le président élu en 1972, José Napoleón Duarte* (démocratie chrétienne). Plusieurs tentatives de réforme agraire échouèrent devant les réactions violentes de l'extrême droite, incarnée par l'Arena (Alliance républicaine nationaliste), qui remporta les élections de 1982. Pour conserver ses privilèges, l'oligarchie au pouvoir s'appuya sur des forces paramilitaires (les «escadrons de la mort»). En 1980, M^gr Romero, archevêque engagé aux côtés des paysans dans la lutte politique, fut assassiné dans la cathédrale de San Salvador. La guerre civile allait faire 100 000 morts en dix ans. **▮ Le Front Farabundo Martí et l'Arena** Les actions offensives du Front Farabundo Martí de libération nationale (FFMLN), de tendance marxiste, créé dans les années 1970, conduisirent les États-Unis à s'engager militairement aux côtés de l'armée salvadorienne. Dès le milieu des années 1980, des négociations de paix furent engagées entre le gouvernement et la guérilla. En 1991, un accord fut signé pour le désarmement des combattants en échange d'une redistribution des terres. Devenu un parti politique, le FFMLN dut se plier aux règles de la démocratie parlementaire. En 1994, la droite gagna l'élection présidentielle avec Armando Calderón Sol et imposa un programme néolibéral. Après plusieurs années d'embellie (6 % de croissance annuelle à partir de 1992), le ralentissement de la croissance et l'inflation accentuèrent les clivages entre riches et pauvres, favorisant le retour sur la scène politique en 1997 des anciens guérilleros du FFMLN qui devinrent même majoritaires à l'Assemblée législative (2003). Toutefois, ils ne purent empêcher l'Arena de conserver la présidence de la République jusqu'en 2009 où, après 20 ans de pouvoir, la droite, aux prises avec la crise financière mondiale, fut désavouée au profit de Mauricio Funes, candidat du FFMLM. Le pays souffre d'une vague d'homicides, du trafic de la drogue et de vols due à l'essor des gangs *(maras)* constitués à l'origine par les immigrés de la guerre civile salvadorienne installés à Los Angeles puis expulsés et rapatriés.

---

**SALVANDY (Narcisse Achille, comte DE)** ♦ Homme politique français (Condom 1795 - château de Graveron, Eure 1856). Officier de Napoléon I^er, il prit position contre l'occupation de la France par les Alliés en 1816, puis combattit le ministère ultra de Villèle*. Sous la monarchie* de Juillet, il contribua comme ministre de l'Instruction publique (1837 - 1839, 1845 - 1848) à fonder l'École française d'archéologie d'Athènes. Retiré de la vie politique après le coup d'État du 2 décembre 1851, il travailla à l'unité des monarchistes légitimistes et orléanistes. Auteur d'ouvrages historiques (*La Révolution et les Révolutions*, 1830). [Acad. fr. 1835]

**SALVETAT-SAINT-GILLES (LA)** [31880] ➝ ÉTYM. *Salvetat* : de l'anc. prov. *salvetat* «lieu d'asile» ♦ Comm. de la Haute-Garonne, arr. de Toulouse. 5 779 hab.

**SALVI (Niccolò)** ♦ Architecte italien (Rome 1697 - *id.* 1751). En 1732, son projet pour la fontaine de Trevi à Rome fut retenu. Il passa la majeure partie de sa vie à réaliser cette œuvre, l'une des dernières réussites du baroque romain. La fontaine fut achevée après sa mort en 1762. Le monument se déploie en accord avec la façade du palais Poli ; une niche, en son centre, abrite la statue de Neptune, sous laquelle tritons et chevaux marins s'agitent parmi les eaux et les rochers baroques. ➝ ÉTYM. *Salvi* vient de l'italien *salvo* «sauf» (du latin *salvus* «sauvé [par Dieu]»).

**SALVIATI (Francesco DE' ROSSI, dit Cecco)** ♦ Peintre italien (Florence 1510 - Rome 1563). Élève d'Andrea del Sarto, il fut protégé par le cardinal Salviati (1531). En 1541, après un voyage à Bologne, il décora l'église Santa Maria dell'Anima (Rome), puis en 1544, la salle des audiences du Palazzo Vecchio (Florence). En France (1544 - 1545), il travailla à Fontainebleau, au château de Dampierre, avant de retourner à Rome (1555). Il subit fortement l'influence des maniéristes et de Michel-Ange qui l'influença entièrement à la fin de sa carrière.

**SALVIEN** – en lat. ***Salvianus*** ♦ Historien et apologiste chrétien (v. 390 - Marseille v. 484). Prêtre à Marseille (428), il est l'auteur de *Sur le gouvernement de Dieu* (439 - 451), en huit livres.

**SALZACH** n. f. ➝ ÉTYM. vieil all. «la rivière *(ach)* au sel *(salz)*» ♦ Riv. d'Autriche, affl. rive d. de l'Inn*. Elle prend naissance dans le massif des Hohe Tauern* dont les glaciers l'alimentent. Elle arrose Salzbourg* et forme la frontière entre l'Au triche et l'Allemagne jusqu'à sa confluence avec l'Inn en amont de Braunau. ▪ Les installations hydroélectriques sur la rivière et ses affluents, dont le Kaprun, lui donnent une grande importance économique.

**SALZBACH** → **Sasbach**

**SALZBOURG** ➝ ÉTYM. en all. ***Salzburg*** «la ville *(Burg)* du sel *(Salz)*» ♦ V. d'Autriche, sur la Salzach, à 6 km de la frontière allemande. 142 808 hab. Univ. L'ensemble de la ville possède une unité et un charme qui lui ont valu le nom de «Rome des Alpes». La plupart des monuments s'ordonnent autour de places, sur la rive gauche de la Salzach. Sur la Domplatz, ornée par la colonne de la Vierge (Mariensäule, 1771), se trouve la cathédrale (1614 - 1628) de style baroque, renfermant des orgues célèbres. La Kapitelplatz est ornée par la Kapitelschwemme («abreuvoir aux chevaux»), fontaine monumentale du XVIII^e s., par le prieuré (XVI^e s.), et l'archevêché (XIX^e s.) La Residenzplatz est bordée par le Neugebäude (fin XVI^e et XVII^e s.) que domine une tour abritant le célèbre Glockenspiel (carillon de 35 cloches jouant une mélodie de *La Flûte enchantée* de Mozart) et par la Residenz, anc. résidence des princes-archevêques de Salzbourg (1596 - 1619 ; une aile du XVIII^e s.). L'Alter Markt est entouré de maisons de style baroque. Sur la rive g. se trouvent encore la Stiftskirche Sankt Peter, basilique romane du XII^e s. transformée aux XVII^e - XVIII^e s., et le cimetière Sankt Peter, avec de petites chapelles de style baroque ; le Stift Nonnberg, le plus vieux couvent autrichien, fondé v. 700, reconstruit en gothique au XV^e s. (fresques du XII^e s.) ; le Hohensalzburg, anc. château fort des princes-archevêques (sans cesse agrandi et transformé depuis sa construction en 1077 jusqu'au XVII^e s., il abrite un musée historique et un musée d'art médiéval). Sur la rive d. se trouve la Mirabellplatz, avec le palais Lodron (1631) et le château Mirabell, anc. résidence d'été des princes-archevêques (1606 ; reconstruit en 1721), devant lequel s'étendent des jardins dessinés au XVIII^e s. ▪ Chaque année se tient un festival de musique classique, fondé en 1922 en l'honneur de Mozart qui est né à Salzbourg. ▪ La ville possède des industries diverses : verrerie, petite métall., brasserie, indus. textile. Indus. du bois ; fabrique d'instruments de musique. **▮ Histoire** À l'emplacement de Salzbourg se trouvait à l'époque romaine une colonie *(colonia Hadriana)* qui fut détruite par les invasions. L'évêque Rupert de Worms fonda un couvent sur le Mönchsberg, et sa nièce un autre couvent à Nonnberg ; une ville se développa autour des deux couvents. Elle reçut le nom de *Salzburg*, évoquant la proximité de mines de sel. Au IX^e s., Salzbourg fut érigé en archevêché, et au XIII^e s., les archevêques reçurent le titre de princes du Saint Empire. Plusieurs furent de véritables princes de la Renaissance qui, grâce aux revenus abondants tirés des salines du Salzkammergut*, embellirent et transformèrent la cité. À l'époque napoléonienne, l'archevêché, sécularisé en 1802, fut enlevé à l'Autriche (paix de Lunéville), puis lui fut rendu (paix de Presbourg, 1805) ; remis à la Bavière en 1810, il fut enfin rattaché définitivement à l'Autriche en 1814 (paix de Paris). La ville connut un rapide essor à la fin du XIX^e s. Endommagée par les bombardements de la Deuxième Guerre mondiale, elle fut reconstruite ou restaurée avec soin.

**SALZGITTER** ♦ V. d'Allemagne (Basse-Saxe), au N. du Harz. Env. 106 000 hab. La ville a été formée en 1942 par la réunion de dix-huit communes, pour gérer les usines sidérurgiques Hermann Göring. Le gisement de fer, même médiocre, de Peine* et le Mittellandkanal* étaient des atouts pour cet ensemble industriel à mi-chemin entre la Ruhr et Berlin. La mono-industrie de l'acier en a fait une ville ouvrière aujourd'hui en difficulté.

**SALZILLO Y ALCARAZ (Francisco)** ♦ Sculpteur espagnol (Murcie 1707 - *id.* 1783). Fils d'un sculpteur napolitain, il prit à la mort de celui-ci la direction de l'atelier et, aidé de ses trois frères et de sa sœur, produisit de nombreuses scènes religieuses, notamment les grandes figures en bois polychromes destinées aux processions *(pasos)* et des crèches monumentales aux multiples personnages, dans la tradition napolitaine. Le pathos de ces figures était en accord avec le goût populaire et fait de Salzillo l'un des derniers grands représentants de la sculpture polychrome espagnole (*La Scène*, v. 1780).

**SALZKAMMERGUT** n. m. ➝ ÉTYM. all. «saline de la couronne» ♦ Région montagneuse du N.-O. de l'Autriche (Préalpes autrichiennes). La région s'étend autour du Schalberg, le long de la rivière Traun avec ses lacs (Attersee, Traunsee) et autour de Salzbourg. Le paysage est formé de dépressions dominées par les massifs calcaires et les escarpements abrupts (entre 1 500 et 1 800 m) du Dachstein et du Totes Gebirge. ▪ Tourisme. Usines hydroélectriques. Salines. ▮ **Histoire** L'exploitation du sel gemme, à l'aide d'outils en fer, à la fin du Néolithique a été si intense que la localité de Hallstatt* a donné son nom à la première civilisation du fer. Le sel fit la richesse des princes-archevêques de Salzbourg.

**SAMADEN** → Samedan

**SAMAIN (Albert)** ♦ Poète français (Lille 1858 - Magny-les-Hameaux, Yvelines 1900). Il mena une existence obscure, accueillant modestement la célébrité qui lui vint avec son premier recueil lyrique, *Au jardin de l'infante* (1893) ; il s'y montrait, par son amour des nuances musicales, attaché au mouvement symboliste et ardent admirateur de Baudelaire* comme de Verlaine*. Romantique par sa mélancolie désenchantée, Samain fut également sensible au culte des belles formes cher aux parnassiens. Les poèmes du recueil *Aux flancs du vase* (1898) exaltent un paganisme harmonieux et lumineux. *Le Chariot d'or* (posth. 1901) manifeste mieux encore la distinction langoureuse qui caractérise Albert Samain. Sa sensualité un peu trouble s'exprime aussi dans les *Contes* (posth. 1901) et le drame lyrique de *Polyphème* (posth. 1901, mis en musique en 1922 par Jean Cras). ➝ ÉTYM. *Samain* vient de l'ancien français *samin* qui désigne une fine étoffe de soie (surnom d'un marchand de soie).

**SAMANIDES** ou **SAMANI** n. m. pl. ♦ Dynastie iranienne (874 - 999). Fondée par Sāmān Khodāt, seigneur de Sāmān, noble zoroastrien converti à l'islam, elle étendit son pouvoir sous Nasr ibn Ahmad (913 - 942) sur la Transoxiane, le Khorassan, le Sīstān, le Tabarestan et elle eut Boukhara pour capitale. Les Samanides encouragèrent les arts, l'architecture et les sciences et engagèrent la littérature persane vers son premier essor. En conflit avec les Saffarides* et les Buyides*, les Samanides furent renversés par les Ghaznavides*.

**SAMAR** ♦ Île des Philippines (Visayas). 13 079 km$^2$. 1 517 585 hab. Bois, pisciculture. ▪ C'est là que Magellan mit, pour la première fois, le pied sur le sol philippin (Homonhon, 16 mars 1521).

**SAMARA** ➝ ÉTYM. de 1935 à 1991 ***Kouibychev*** ♦ V. de Russie, ch.-l. de région, au confluent de la Volga et de la Samara (594 km). 1 158 100 hab. Indus. mécanique (machines agricoles, équipements pour l'indus. pétrolière). Extraction, raffinage et chimie du pétrole. Indus. alimentaire. Matériaux de construc. ▪ Aux environs, grande centrale hydroélectrique sur la Volga. ▮ **Histoire** Le gouvernement soviétique s'y réfugia en 1941 - 1942, Moscou étant menacé par les troupes allemandes.

**SAMARIE** ➝ ÉTYM. p.-ê. d'une rac. hébr. *shamâr* «faire le guet» (la Bible fait dériver le n. du lieu du n. de son propriétaire : *Shémèr*) ♦ Cap. du royaume d'Israël*, fondée par Omri* v. -880, prise par Sargon II d'Assyrie en -721. Elle donna son nom à la province centrale de Palestine, entre la Galilée et la Judée. Appelée *Sébaste* sous Hérode le Grand, elle est aujourd'hui le village de Sébastiyé, près de Naplouse. Les habitants de Samarie, ou du moins une partie d'entre eux, furent déportés comme le furent plus tard ceux de Juda*. Mais la Bible*, généralement hostile au royaume du Nord, n'évoque pas leur retour et le livre des Chroniques* dit que certaines des tribus «sont encore aujourd'hui» en Assyrie : la légende étendit cette information à l'ensemble des dix tribus d'Israël qui devinrent les «tribus perdues», censées être séparées du monde par un fleuve légendaire. Au Moyen Âge, le mythe rencontra celui du prêtre Jean*, et à l'époque moderne on retrouva les tribus perdues jusqu'en Amérique. Le livre des Rois* évoque la venue à Samarie de colons d'origine païenne qui, mal judaïsés, auraient donné naissance aux samaritains* : les exégètes n'y voient que pure malveillance.

**SAMARIE** n. f. ♦ Partie de la Palestine, située entre la Galilée et la Judée et bordée à l'E. par le Jourdain. Annexée par la Jordanie en 1950, elle est occupée et administrée par Israël après 1967. Elle est, avec la Judée, concernée par la mise en place de l'autonomie palestinienne prévue par l'accord intérimaire de sept. 1995 (→ **Cisjordanie**). Ressources minérales aux alentours de la mer Morte (potasse, brome). ▪ La Samarie forme avec la Judée la Cisjordanie*.

**SAMARIE** (monts de) ♦ Reliefs de l'arête montagneuse centrale d'Israël, qui s'étend sur 360 km du Liban (N.) au Sinaï (S.). Ils font suite aux monts de la basse Galilée, dont ils sont séparés par la plaine de Jezréel, et culminent au mont Carmel.

**SAMARINDA** ♦ V. d'Indonésie, dans la prov. de Kalimantan Timur, sur le fleuve Mahakam. 536 100 hab. Industries du bois.

## samaritains

n. m. pl. ♦ Membres d'une communauté religieuse dont le livre sacré est la Torah*. Les samaritains se qualifient eux-mêmes de «fils d'Israël» et se considèrent comme les fidèles gardiens (hébr. *shomerîm*) d'une tradition dont se seraient écartés les juifs* ; ces derniers voient en eux des habitants de Samarie* *(shomerônîm)* d'origine païenne. On considère aujourd'hui que ce que la Bible dit des habitants de Samarie (Samaritains, que les Anglo-Saxons qualifient de «Samariens») ne concerne pas les samaritains en tant que groupe religieux ; de ce fait, la relation entre la religion du royaume du Nord (Israël) et les samaritains est d'appréciation délicate. Pour expliquer la séparation entre les deux communautés, la tradition samaritaine renvoie aux divergences religieuse (la fondation à Silo* d'un sanctuaire rival de celui de Sichem*, puis son transfert à Jérusalem) et politique (qui aboutit à la sécession de Jéroboam*) entre Israël* et Juda* avant l'Exil ; la tradition juive confirme que ces tensions ont été ravivées par la politique hégémonique des Judéens au retour de l'Exil (Néhémie* et Esdras*). Historiquement, rien ne prouve que la rupture entre les deux communautés fut effective avant le -IIe s., période où apparaissent d'autres divisions au sein du judaïsme (→ **esséniens, pharisiens, sadducéens, zélotes).** ▮ **Histoire** Les samaritains ne participèrent pas à la révolte maccabéenne et furent victimes de la «judaïsation» qui s'ensuivit : Jean Hyrcan* détruisit leur temple construit sur le mont Garizim* à l'époque séleucide (avec l'autorisation d'Alexandre le Grand, d'après la tradition). Par la suite, les textes chrétiens (notamment les Évangiles, où apparaissent les figures positives du Bon Samaritain et de la Samaritaine) et rabbiniques manifestent une ambivalence à l'égard de ces «frères ennemis» qui ne furent pas épargnés par les «guerres juives» (ils furent massacrés par Vespasien, qui édifia Naplouse sur le site de Sichem, puis par Hadrien). Ils eurent aussi leurs «sectes» (dosithéens) et il a existé une diaspora samaritaine. Après une période relativement prospère, les samaritains se révoltèrent contre le statut que leur imposa l'empereur Justinien, qui les réprima férocement. Tourmenté sous la domination musulmane, le sort de cette communauté ni juive ni chrétienne devint catastrophique à l'époque ottomane : les samaritains faillirent disparaître à la fin du XIXe s. À peine une centaine au début du XXe s., ils sont actuellement près de 700, répartis pour moitié en Cisjordanie (près de Naplouse), pour moitié en Israël (à Holon*) — ils peuvent bénéficier de la «loi du retour». ▮ **Religion** Les samaritains n'acceptent comme Écriture que le Pentateuque, dont ils conservent le texte dans l'ancienne écriture hébraïque («paléo-hébreu»), et ne reconnaissent comme prophète que Moïse. Ils attendent un Taheb, qui mettra fin à la période de disgrâce qui, depuis la royauté de Saül, a succédé à la faveur divine et restaurera leur grandeur. Leur conservatisme se traduit par des traditions cultuelles qui diffèrent de celles du judaïsme ; la principale est le maintien du sacrifice sanglant, où l'agneau de la Pâque est immolé sur le mont Garizim, conformément au commandement divin (le mont Ébal suivant le texte massorétique). Leur littérature, en araméen et en arabe, est composée de commentaires homilétiques (midrash), exégétiques et liturgiques, des chroniques (dont un *Livre de Josué* du XIIIe s., en arabe), de quelques traités grammaticaux et scientifiques (médecine). ▮ **La redécouverte des samaritains** Les samaritains avaient disparu de la conscience européenne lorsqu'ils furent redécouverts au XVIe s. (Guillaume Postel*) et surtout lorsque Pietro Della* Valle put acquérir un exemplaire de leur Torah : la recension du Pentateuque samaritain diffère du texte massorétique et s'accorde parfois avec la Bible grecque des Septante* ; éditée dans les Bibles polyglottes de Paris et de Londres, elle fut utilisée à des fins polémiques contre la «Bible des juifs»... et des protestants. Longtemps dépréciée par la suite, car les manuscrits samaritains sont récents (censé avoir été copié par l'arrière-petit-fils de Moïse, le plus révéré, le «rouleau d'Abisha», daterait du XIVe s.), elle a été revalorisée depuis que les découvertes de Qumrân* ont révélé la pluralité textuelle qui avait cours avant le Ier s. : les manuscrits de la mer Morte* confirment l'existence, pour le Pentateuque, d'un texte «protosamaritain» aussi bien que d'un texte «protomassorétique» et d'un texte hébreu proche de celui qui aurait été traduit en grec.

**SAMARKAND** – parfois francisé en ***Samarcande*** ➝ ÉTYM. «lieu de rencontre» ou «lieu de conflit», du sanskr. *samara* «rencontre, conflit» et suffixe *kand* ou *kent* «ville» ♦ V. d'Ouzbékistan, ch.-l. de région, dans l'oasis de Zeravchan (877 km). 362 300 hab. La ville est une grande cité d'art islamique : mosquée de Bibi Khanum, en ruine ; nécropole Chah-é Zendeh (XIVe - XVe s.) ; médersa (XVe - XVIIe s.). Université fondée en 1933. ▪ Construc. mécaniques. Indus. textile (soieries) et ali-

**Samarkand.** Mosquée. *Phot. © Andrey Plis /Shutterstock*

mentaire. Traitement du cuir. ▮ **Histoire** Connue sous le nom de *Maracanda*, elle fut la capitale de la Sogdiane*. Conquise par Alexandre* le Grand (329), puis par les Arabes (712), dévastée par Gengis Khān (1220), elle retrouva sa splendeur sous Tamerlan qui en fit sa capitale (XIVe s.). Prise par les Ouzbeks de Boukhara (1500), puis par les Russes (1868), elle fut la capitale de l'Ouzbékistan soviétique de 1924 à 1930.

**SAMARRA** ➝ **ÉTYM.** en ar. ***Sāmarrā'*** «heureux celui qui la voit» ♦ V. d'Irak, située sur la rive g. du Tigre, au N.-O. de Bagdad. 200 000 hab. Un barrage y a été construit pour dériver les eaux de crues du fleuve vers une dépression capable de les absorber, et de mettre ainsi la ville et les terres cultivables à l'abri des inondations. Samarra est l'un des plus grands sites archéologiques de l'islam. Grande mosquée (30 000 m²) avec un minaret hélicoïdal, inspiré de ziggourats ; plusieurs palais et châteaux. ▮ **Histoire** Fondée en 836, Samarra fut la capitale du calife abbasside Mutawakkil (847 - 861) ; ville faste, elle s'étendait alors sur 35 km, le long du Tigre où se succédaient casernes, palais et jardins. Elle fut abandonnée en 883 lorsque les califes retournèrent à Bagdad.

**SAMAZEUILH (Gustave)** ♦ Compositeur français (Bordeaux 1877 - Paris 1967). Il a laissé une œuvre marquée par une fine élégance d'écriture (*Quatuor* à cordes, 1899 ; *Sonate* pour piano et violon, 1904 ; *Naïades au soir*, 1926 ; *Nuit*, 1925, pour orchestre ; *Chant de la mer*, pour piano, 1920). Il est l'auteur de 125 transcriptions pianistiques d'œuvres orchestrales contemporaines. Il fut aussi un critique réputé.

**SAMBIN (Hugues)** ♦ Architecte, sculpteur et créateur de meubles français (Gray, près de Vesoul v. 1515 - Dijon 1601). Ses différentes réalisations témoignent de son intérêt pour la Renaissance italienne. Son originalité réside dans la combinaison du style italianisant inspiré de l'antique et de motifs bourguignons (notamment le motif du chou né de la palmette grecque, renflé à la base et s'élevant en feuilles superposées). Il travailla surtout à Dijon (porte d'entrée du palais de justice, oriel de l'hôtel Le Compasseur). Son style trouva de nombreux continuateurs.

**SAMBRE** n. f. ➝ **ÉTYM.** anc. *Sabis*, puis gaul. *Samara*, de *samo* «tranquille» et suff. *-ara* (fréquent dans les n. de cours d'eau) ♦ Riv. du N. de la France, affl. de la Meuse (190 km). Née en Thiérache, elle arrose Maubeuge en France, puis entre en Belgique, passe à Charleroi et Namur où elle conflue avec la Meuse.

**SAMBREVILLE** ♦ Comm. de Belgique (Région wallonne), prov. et arr. de Namur, sur la Sambre. 26 997 hab. Verrerie. Chimie lourde. Anc. charbonnages à Tamines.

**SAMEDAN** – en fr. ***Samaden*** ♦ V. de Suisse (Grisons), sur l'Inn, en haute Engadine. 3 201 hab. Maisons anc. ▪ Station d'été et de sports d'hiver à 1 728 m d'altitude.

**SAMER** [62830] ➝ **ÉTYM.** anc. *Sanctus Ulmarus*, du n. de saint *Wulmer*, qui y fonda un monastère au VIIIe s. ♦ Ch.-l. de cant. du Pas-de-Calais, arr. de Boulogne-sur-Mer. 3 105 hab. (aggl. 3 347) *(Samériens)*. Anc. abbatiale bénédictine (XVe s.) ▪ Marché agricole (fraises).

**SAMMARTINI (Giovanni Battista)** ♦ Compositeur italien (Milan 1700 ou 1701 - *id.* 1775). Organiste et maître de chapelle de plusieurs églises de Milan et, à ce titre, animateur de la vie musicale milanaise, il connut une réputation européenne avec près de trois mille compositions (symphonies, opéras, oratorios, pièces de musique religieuse et de chambre). Son rôle fut considérable dans la naissance de la symphonie. Il fut le maître de Gluck (1736 - 1741) et exerça son influence sur de nombreux musiciens, dont Jean-Chrétien Bach et le jeune Mozart (1770).

**SAMMURAMAT** ♦ Régente d'Assyrie qui semble à l'origine du personnage légendaire de Sémiramis*.

**SAMNITES** n. m. pl. ♦ Anc. peuple sabellien de l'Italie centrale, établi dans le Samnium* au -Ve s. D'abord alliés des Romains, ils opposèrent à partir de -343 une farouche résistance à la conquête romaine et ne furent définitivement soumis qu'après trois guerres successives. ♦ ***Première guerre samnite (-343 - -341)*** Siège de Capoue par les Samnites, victoire romaine. ♦ ***Deuxième guerre samnite (-327 - -302)*** Défaite romaine aux Fourches Caudines. ➝ **Caudium.** ♦ ***Troisième guerre samnite (-299 - -290)*** Victoire des Romains à *Sentinum* (-295). Rome occupa alors le Samnium, le Picenum* et la Sabine*.

**SAMNIUM** n. m. ♦ Région montagneuse de l'Italie anc., dans les Apennins*, entre le Latium* à l'O. et la Campanie* au S. Elle était habitée par les Samnites* et ses villes princ. étaient *Bovianum* (Boiano), *Caudium** (Montesarchio) et *Maleventum* (Bénévent*).

**SAMOA** (îles) ➝ **ÉTYM.** p.-ê. «offert en sacrifice à Moa (divinité fondatrice de l'île)» ♦ Archipel volcanique de Polynésie, divisé politiquement en un *État indépendant des Samoa** et un *Territoire non incorporé des Samoa* américaines*. L'archipel fut peuplé au moins un millénaire avant notre ère par des populations connaissant la céramique de type lapita*. Il fut traversé ensuite par des courants migratoires en direction de l'E. ou du S. Les îles furent découvertes par le Hollandais Roggeveen en 1722, visitées par Bougainville en 1768, par Lapérouse en 1787 et sans doute par Kotzebue* en 1824. À la fin du XIXe s., elles devinrent l'enjeu d'une rivalité entre l'Allemagne, la Grande-Bretagne et les États-Unis qui reconnurent néanmoins l'autorité du roi Malietoa Laupepa et l'indépendance de son pays jusqu'à sa mort en 1898. Par le traité de Berlin (1899), elles furent partagées entre les États-Unis, qui reçurent la partie orientale, et l'Allemagne, qui contrôlait déjà la partie occidentale, la Grande-Bretagne se retirant en échange de droits sur les îles Tonga et Salomon.

## SAMOA

▮ – off. ***État indépendant des Samoa*** anc. ***des Samoa-Occidentales*** ♦ Pays de Polynésie faisant partie de l'archipel des Samoa* et comprenant les deux grandes îles de Savai'i et d'Upolu, les petites îles de Manon et d'Apolima ainsi qu'un certain nombre d'îlots inhabités. 2 830 km². 176 710 hab. *(Samoens)*. LANGUES : anglais et samoan (toutes deux off.). POPULATION : Polynésiens. MONNAIE : tala. CAPITALE : Apia.

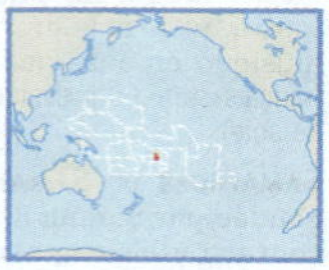

▮ **GÉOGRAPHIE** Les îles sont de nature volcanique et culminent à 1 857 m au Mauga Silisili (île Savai'i) où les nombreux champs de lave interdisent l'établissement humain. La population s'est installée sur Upolu, plus petite mais plus accueillante. Le climat est tropical humide avec des précipitations atteignant 2 800 mm à Apia. Les côtes sont frangées de récifs avec des lagons. Le taro et l'igname constituent les principales cultures vivrières avec les fruits des cocotiers et de l'arbre à pain. Le pays produit des papayes, des bananes, des mangues, des ananas, du coprah et du cacao. Pêche en mer et dans les lagons. Tourisme en développement.

▮ **HISTOIRE** (Jusqu'en 1899 ➝ **Samoa [îles]**). Possessions allemandes, les Samoa occidentales furent occupées en 1914 par la Nouvelle-Zélande qui, en 1920, les reçut de la SDN en un mandat, renouvelé en 1946 par l'ONU. En 1962, à l'issue d'un référendum organisé par les Nations unies, le pays accéda à l'indépendance en tant que monarchie constitutionnelle avec pour chef d'État le roi Malietoa Tanumafili II, lequel doit être remplacé à sa mort par un président élu au suffrage universel. Plus pauvre que les Samoa américaines, le pays demande la réunification avec ces dernières. ▪ Tombeau de R. L. Stevenson* à Upolu. Un tremblement de terre suivi d'un tsunami a frappé les îles en 2009.

**SAMOA AMÉRICAINES** (Territoire non incorporé des) – en angl. ***Unincorporated Territory of American Samoa*** ♦ Partie orientale de l'archipel des Samoa* en Polynésie comprenant sept îles (Tutuila, Aunu'u, Swains, Ta'u, Olosega, Ofu et Rose) et deux atolls. 197 km². 57 291 hab. *(Samoans)*. POPULATION : Polynésiens, Américains. CAPITALE : Pago Pago. Dotées du statut de territoire non incorporé dépendant du ministère de l'Intérieur américain, les Samoa américaines ont une Chambre des représentants de 20 membres élus.

▮ **GÉOGRAPHIE** Les îles, de nature volcanique, sont couvertes d'une forêt dense. Tutuila, l'île princ., culmine à 652 m. Le climat est de type équatorial avec de fortes précipitations (4 500 mm). Les cultures vivrières sont le taro, l'igname, le fruit de l'arbre à pain, les bananes. Les Samoa américaines ont un niveau de vie élevé par rapport aux autres régions du Pacifique. La base navale américaine de Pago Pago a été fermée peu après la guerre, cédant quelques-unes de ses installations à une industrie moderne de la pêche qui emploie un nombre important de personnes (exportation de thon). De petites industries légères se sont installées. Un effort tout particulier a été fait dans le domaine de la santé et de l'éducation. La poussée démographique est très forte et plus de 85 000 Samoans résident aux États-Unis.

**HISTOIRE** Jusqu'en 1899 → **Samoa (îles).** En 1900, les chefs des îles Tutuila et Aunu'u cédèrent leurs droits aux États-Unis, puis en 1904 ce fut au tour de l'archipel des Manu (Ta'u, Olosega) ; Swains fut annexée en 1925. Les Samoa servirent de base arrière à la reconquête du Pacifique sur le Japon durant la Deuxième Guerre mondiale.

**SAMOËNS** [samɔɛ̃s] [74340] ◆ ÉTYM. du germ. *Sanemod*, n. de pers., et suff. germ. *-ing* ♦ Ch.-l. de cant. de la Haute-Savoie, arr. de Bonneville, dans le Faucigny, sur le Giffre. 2 323 hab. *(Septimontains)*. Station d'été et de sports d'hiver (720 - 2 300 m). Jardin alpin.

**SAMOS** [samos] ◆ ÉTYM. p.-ê. préhellénique «lieu élevé, hauteur» ♦ Île grecque de la mer Égée, la plus proche de l'Asie Mineure (2 km du cap Mycale), formant avec l'île d'Icarie le nome de Samos. CH.-L. : Samos ou Vathy* (9 000 hab.). L'île (476 km² ; 42 000 hab.) (*Samiens* ou *Samiotes*) est très montagneuse, avec de petites plaines sur la côte S. ▪ Vignes (cépage malvoisie). ▪ À 20 km de Vathy, sur la côte S., se situait l'Héraion, sanctuaire d'Héra samienne (vestiges importants : temple de Rhoikos, –VIᵉ s.). **Histoire** Habitée par les Pélasges et les Cariens, puis par les Ioniens (–XIᵉ s.), Samos fut l'une des principales cités de l'Ionie*, et participa au mouvement de colonisation dans la Propontide et la mer Égée (Amorgos, Samothrace*). Ses bronziers, orfèvres et architectes, dont Rhoikos, étaient renommés à l'époque archaïque. Très prospère sous le tyran Polycrate*, elle domina en mer Égée. Prise par les Perses, Samos se libéra à l'issue de la deuxième guerre médique (–479) et fit partie de la ligue de Délos. Mais, ayant refusé l'arbitrage athénien dans un conflit avec Milet, elle fut soumise en –439 par Périclès qui y rétablit la démocratie. Alcibiade* mena de Samos la révolte contre le régime oligarchique des Quatre-Cents. Partagée entre l'occupation perse, l'influence de Sparte et celle d'Athènes, disputée ensuite par les royaumes hellénistiques, Samos devint romaine en –129. Rattachée à l'empire d'Orient, elle fut conquise et dévastée par les Turcs (1453), qui y établirent des Albanais ; deux siècles plus tard, les Grecs s'y installèrent de nouveau. Révoltée en 1821, Samos devint une principauté autonome sous la suzeraineté turque (1832), puis fut occupée en 1912 par la Grèce à laquelle elle fut attribuée par le traité de Lausanne (1923).

**SAMOSATE** – en gr. et en lat. ***Samosata*** ♦ Anc. ville d'Anatolie orientale, sur l'Euphrate. Habitée dès l'époque hittite, elle fut la cap. du royaume de Commagène*, et prospérait encore à l'époque byzantine. Après des fouilles archéologiques de sauvetage et l'évacuation de la population de la bourgade de Samsat, le site est désormais sous les eaux du lac du barrage Atatürk (Turquie).

**SAMOTHRACE** – en gr. mod. ***Samothráki*** ♦ Île grecque boisée et montagneuse (1 600 m) de la mer Égée, isolée au large de la côte thrace (nome d'Évros). 178 km². 3 100 hab. CH.-L. : Samothrace. Vestiges importants du sanctuaire des Grands Dieux (–VIIᵉ - –Iᵉʳ s.). **Histoire** Point avancé de l'Égéide vers la Thrace et l'Hellespont, Samothrace fut un terrain de syncrétisme religieux où se mêlèrent des croyances préhelléniques et celles des Grecs. Dardanos*, le fondateur mythique de Troie, serait né dans l'île. Les Thraces, venus après les Pélasges et les Cariens, auraient introduit le culte à mystères des Cabires ou Grands Dieux qui prit une importance panhellénique à l'époque hellénistique. Ayant reçu une colonie de Samiens (fin du –VIIIᵉ s.), l'île prit le nom de *Samos de Thrace* ou *Samothrace*. ♦ ***Victoire de Samothrace*** (musée du Louvre). Statue, représentant une Victoire ailée posée sur une proue de galère,

**Samothrace.** *La Victoire de Samothrace* (3,28 m). Musée du Louvre, Paris. *Phot.* © *RMN*

trouvée lors des fouilles de 1863 dans le site du sanctuaire. Œuvre d'un artiste rhodien du –IIIᵉ ou du –IIᵉ s., ce trophée commémorait une victoire navale de Démétrios Poliorcète ou une victoire des Rhodiens.

**SAMOYÈDES** n. m. pl. ♦ Peuples d'origine mongole et de langues finno-ougriennes, établis dans la toundra sibérienne, entre le cours inférieur de l'Ob* jusqu'à l'Iénisséi et, au N.-E., sur la presqu'île de Taïmyr*. Ils vivent de l'élevage des rennes et de la pêche. Leur culture a été marquée par le chamanisme.

**SAMPIERO CORSO** ou **SAMPIERO D'ORNANO** → **Ornano**

**SAMPRAS (Pete)** ♦ Joueur de tennis américain (Washington 1971). Disposant d'un jeu complet grâce à un service puissant, un revers à une main et un enchaînement service-volée redoutable, il a été le numéro un mondial de 1993 à 1998. Il détint jusqu'en 2009 le record du nombre de tournois en Grand Chelem avec 14 victoires (7 à Wimbledon, 5 à Flushing Meadow et 2 à l'Open d'Australie).

**SAMSØ** ♦ Île du Danemark, municipalité du Jutland central, au N. de la Fionie, dans le Kattegatt. 114 km². 4 130 hab. Liaisons par ferry avec Kalundborg. Culture de céréales. Élevage.

**SAMSON** [sɑ̃sɔ̃] ◆ ÉTYM. en hébr. ***Shimshôn*** «Celui de Shemesh, du Soleil» ♦ Personnage biblique, juge d'Israël (Juges, XIII-XVI). Consacré à Dieu *(nazir)*, il porte intacte sa chevelure, siège de sa force. Il lutte contre les Philistins, en tue mille avec une mâchoire d'âne, mais est trahi par Dalila* qui lui rase la tête et le livre. Prisonnier, il retrouve sa force et renverse le temple de Dagon sur lui-même et sur les Philistins.

**Samson et Dalila** ♦ Drame lyrique en 3 actes et 4 tableaux de Camille Saint*-Saëns, sur un livret de F. Lemaire (1877). L'action s'inspire du récit biblique. Les plus beaux airs de cet opéra sont ceux de Dalila (fin de l'acte I) et le duo entre Samson et Dalila (acte II).

**SAMSONOV (Aleksandr Vassilievitch)** ♦ Général russe (Iekaterinoslav 1859 - près de Willenberg 1914). En 1904 - 1905, il participa à la guerre russo-japonaise. Il fut nommé commandant de la IIᵉ armée russe en 1914. Ayant pénétré en Prusse-Orientale sans rencontrer de résistance, il fut vaincu à Tannenberg* et se suicida (août 1914).

**SAMSU-ILUNA** ♦ Roi de Babylone de –1749 à –1712, fils et successeur de Hammourabi*. Son règne de quarante ans marque la continuation de l'œuvre paternelle et l'apogée de l'ancien Empire babylonien. → **Babylone.** Confronté à des difficultés économiques et politiques (révoltes du pays de Sumer*, invasion des Kassites*), il ne put empêcher que le sud de la Babylonie n'échappe pour longtemps à la domination babylonienne.

**SAMSUN** – anc. ***Amisos*** ♦ V. de Turquie, ch.-l. de prov., en Asie Mineure, sur la mer Noire. 423 859 hab. Siège de l'univ. du 19-Mai. ▪ Principal port du littoral turc de la mer Noire, relié par chemin de fer à l'Anatolie intérieure. Pôle indus. (tabac, métallurgie, prod. alimentaires) et commercial de la région pontique centrale. **Histoire** L'anc. *Amisos*, colonie de Milet* et de Phocée*, fondée v. le –VIIᵉ s. ; elle fit partie, après le démembrement de l'empire d'Alexandre, du royaume du Pont*. Déjà florissante, elle garda sa prospérité sous les Romains, les Byzantins et les Turcs, jusqu'au XVᵉ s. Mustafa* Kemal y débarqua en 1919 pour organiser la résistance du peuple turc.

**SAMUEL** ◆ ÉTYM. en hébr. *Shemû'él* «son nom est Dieu» ♦ Personnage biblique, prophète et juge d'Israël. Consacré à Dieu dès sa naissance, il est attaché au temple de Silo*, puis se déplace dans différents sanctuaires et dirige le peuple. C'est lui qui instaure la royauté en consacrant Saül*, puis David*. ♦ ***Les «Deux Livres de Samuel»*** Livres de la Bible (Prophètes*), considérés comme un seul livre dans le canon hébreu, traditionnellement attribué à Samuel (et à ses successeurs). 31 chapitres racontent la royauté malheureuse de Saül et l'ascension de David ; 24 autres chapitres décrivent la royauté de David sur Juda, puis sur Juda et Israël réunis dans un royaume dont Jérusalem est la capitale. Pour glorieuse qu'elle soit, cette histoire (dont une autre version est donnée dans les livres des Chroniques*) n'en est pas moins marquée par une critique de la royauté, demandée par le peuple qui veut «un roi comme les autres nations», ce que Dieu interprète comme un rejet de sa propre souveraineté, et dont les prophètes (Samuel, puis Nathan*) ne manquent pas de pointer les dérives. ▪ Samuel est également considéré par la tradition comme l'auteur des livres des Juges* et de Ruth*.

**SAMUELSON (Paul Anthony)** ♦ Économiste américain (Gary, Indiana 1915 - Belmont, Massachusetts 2009). Venu à l'économie après des études de physique, il enseigna au Massachusetts* Institute of Technology (1940). Spécialiste d'économétrie rationnelle, il appliqua les techniques mathématiques modernes à l'analyse des théories économiques et à l'étude des différentes branches de l'économie, et donna un modèle mathématique pour l'explication des fluctuations économiques *(oscillateur de Samuelson)*. Conseiller de plusieurs présidents démocrates, dont John Kennedy, il a affirmé la nécessité d'un recours aux dépenses budgétaires dans la lutte contre le sous-emploi et préconisé une dévaluation du dollar (1968) ainsi qu'un retour à l'étalon-or pour remédier aux difficultés monétaires internationales. Il a écrit notamment *L'Écono-*

*mique* (1948, trad. fr. 1953), *Linear Programming and Economic Analysis* (1958). [Prix Nobel de sc. écon. 1970] ➝ ÉTYM. Ce nom anglais signifie «fils *(son)* de Samuel».

**SAMUELSSON (Bengt I.)** ♦ Biochimiste suédois (Halmstad 1934). Collaborateur de S. Bergström*, il élucida le mécanisme de la biosynthèse des prostaglandines. [Prix Nobel de physiol. ou méd. 1982, avec S. Bergström et J. Vane*]

**SAN** ♦ Riv. de Pologne, en Galicie (444 km) qui prend sa source dans le N. des Carpates, à la frontière ukrainienne, arrose Przemyśl et se jette dans la Vistule en aval de Sandomierz.

**SANAA** ♦ Cap. du Yémen, située à env. 2 500 m d'alt., sur les hauts plateaux du centre. 1 707 531 hab. Ville pittoresque, aux hautes constructions, d'une architecture harmonieuse. Centre commercial et artisanal (filature de coton). Nombreuses mosquées. Les trois quartiers de la ville (arabe, juif, turc) sont séparés par des murailles.

**SANAGA** n. f. ➝ ÉTYM. «rivière blanche» ♦ Fl. du Cameroun (520 km), le plus important du pays, tributaire du golfe de Guinée. La Sanaga recueille les eaux des rivières descendues de l'Adamaoua ; coupée de nombreuses chutes, elle passe à Édéa*.

**SAN AGUSTÍN** ♦ Site archéologique de Colombie, dans le département de Huila, situé à 1 700 mètres d'altitude, occupé par une civilisation amérindienne dès le troisième millénaire avant J.-C. La culture classique de San Agustín date de la période entre le IIIe siècle et le VIIIe siècle après J.-C. L'architecture monumentale, dispersée sur un vaste domaine, est principalement constituée de nombreux tombeaux et de stèles sculptées, qui révèlent une culture très élaborée.

**SANĀ'Ī** ♦ Poète persan (v. 1080 - v. 1131). Il commença par exercer la fonction de poète officiel à la cour des Ghaznavides* avant de se fixer au Khorassan où il suivit l'enseignement de maîtres soufis. Il fut le premier poète mystique de la littérature persane et écrivit plusieurs masnavis d'une haute qualité spirituelle.

**SANANDAJ** ♦ V. d'Iran occidental. Ch.-l. de la prov. du Kurdistan*. 316 862 hab. Travail de la laine.

**SAN ANDREAS (faille de)** ♦ Faille de l'écorce terrestre située en Californie, formée par la limite entre deux plaques tectoniques, celle de l'Amérique du Nord et celle du Pacifique. De nombreux séismes ont lieu, lorsque les plaques se déplacent, le long de cette ligne d'env. 1 000 km qui passe notamment par San Francisco et Los Angeles.

**SAN ANTONIO** ♦ V. des États-Unis (Texas), entre Houston et la frontière mexicaine. 1 144 646 hab. dont 56 % de Mexicains (zone urbaine 1 592 383). Une partie de la ville est de caractère mexicain et l'espagnol y est parlé. San Antonio et ses environs présentent des monuments de style colonial espagnol (palais du gouverneur, missions, petite ville coloniale de La Villita, près du site historique d'Alamo. ➝ **Texas**). Univ. confessionnelles. ▪ Centre administratif militaire, entouré par quatre importantes bases aériennes. Indus. aéronautique.

**SAN-ANTONIO** ♦ Narrateur, personnage principal et auteur pseudonyme d'une abondante série de romans qui ont obtenu un immense succès (*Le Standinge selon Bérurier*, 1965 ; *Les clefs du pouvoir sont dans la boîte à gants*, 1981). Sous le prétexte d'aventures policières ou d'espionnage mouvementées, une galerie de personnages truculents (l'énorme Bérurier, dit Béru, le lamentable Pinaud) et surtout un style fait de calembours, d'inventions cocasses ou argotiques, ont donné à cette geste populaire et à son auteur, FRÉDÉRIC DARD (Bourgoin-Jallieu 1921 - Bonnefontaine, cant. de Fribourg 2000), une existence littéraire originale.

**SANARY-SUR-MER** [83110] ➝ ÉTYM. anc. *Saint-Nazaire* (du n. d'un abbé de Lérins du VIIe s.), changé en *Sanary* lors de la Révolution et repris en 1890 pour la différencier de la ville de Saint*-Nazaire ♦ Comm. du Var, arr. de Toulon, sur la baie de Sanary. 16 995 hab. *(Sanaryens)*. Tour du Moyen Âge. Station balnéaire. Petit port de pêche et de plaisance.

**SANAWBARI** ♦ Poète arabe (Antioche - v. 945). Il fut le premier poète appelé à la cour de Sayf* al-Dawla. Il est surtout célèbre pour ses poèmes chantant les jardins de Damas et décrivant minutieusement les fleurs.

**SAN BERNARDINO** ♦ V. des États-Unis (Californie), à l'E. de Los Angeles. 185 401 hab., dont 34 % d'Hispaniques (zone urbaine 3 254 821, avec Riverside et Ontario). La population avait augmenté de 38 % entre 1980 et 1990. Centre d'une très riche région agricole. Indus. (fusées). Son expansion démographique et économique est liée à celle de Los Angeles.

**SAN BERNARDINO** (col de) ♦ Col des Alpes suisses (Grisons) reliant la haute vallée du Rhin à celle de la Moesa, affl. du Tessin, à 2 065 m d'altitude. Tunnel routier.

**SAN BLAS** (archipel de) ♦ Série d'îles côtières appartenant à la prov. de San Blas (Panamá), sur la mer des Antilles, et habitées par les Indiens cunas, qui ont conservé leurs traditions malgré l'extension du tourisme.

**SAN BLAS** (cordillère de) ♦ Chaîne montagneuse de la République de Panamá, surplombant la mer des Caraïbes et le *golfe de San Blas*. Moins de 1 000 m.

**SANCERRE** [18300] ➝ ÉTYM. anc. en lat. *Sanctus Satyrus* «Saint Satur (probablt le frère de saint Ambroise)» ♦ Ch.-l. de cant. du Cher, arr. de Bourges. 1 799 hab. (aggl. 3 530) *(Sancerrois)*. Vestiges du château des comtes de Sancerre (XVe s.). Tour des fiefs (fin du XIVe s.). ▪ Viticulture (sancerre blanc, rouge et rosé). ▮ **Histoire** La position stratégique de Sancerre, sur une colline dominant la Loire, lui fit jouer un rôle important pendant les périodes troublées de la guerre de Cent Ans et de la Réforme. Charles VII y avait rassemblé une armée de vingt mille hommes. La ville embrassa le calvinisme dès 1534. Elle repoussa une première fois les armées royales en 1569, mais dut rendre les armes en 1573. Ses remparts furent rasés sur l'ordre de Condé en 1621.

**SANCERROIS** n. m. ♦ Région de collines du Berry, à l'O. de Sancerre. C'est une zone d'élevage, de polyculture et surtout de vignobles. Les vins du Sancerrois (cépage sauvignon) sont très renommés.

**SANCHE Ier RAMÍREZ** ♦ (1043 - Huesca 1094). Roi d'Aragon (1063 - 1094). Il usurpa le royaume de Navarre où il régna après l'assassinat de Sanche IV (➝ **Sanche [de Navarre]**), sous le nom de Sanche V (1076 - 1094) et dirigea pendant vingt-cinq ans la Reconquista.

**SANCHE II le Fort** ♦ (v. 1038 - Zamora 1072). Roi de Castille et de León (1065 - 1072). Fils de Ferdinand* Ier, qui lui légua la Castille, il lutta contre ses frères pour reconstituer le royaume paternel. Il mourut assassiné. C'est à son service que le Cid* accomplit ses premiers exploits.

**SANCHE IV le Brave** ♦ (1257 - Tolède 1295). Roi de Castille et de León (1284 - 1295). Fils cadet d'Alphonse* X, il fit déposer son père, obtint la régence en 1282, puis il lui succéda (1284). Il combattit contre les Maures et enleva Tarifa (1292).

**SANCHE** ♦ Nom de sept rois de Navarre. ♦ **SANCHE Ier GARCÍA** (mort v. 925). Roi de Navarre (905 - 925). Il fonda la seconde maison de Navarre et vainquit les Maures à Pampelune (907) et à La Rioja (921). ♦ **SANCHE II GARCÍA** (mort en 1000). Roi de Navarre (970 - 994). Petit-fils du précédent, il se battit contre les Maures avec des fortunes diverses. ♦ **SANCHE III GARCÍA le Grand** (mort en 1035). Roi de Navarre (v. 1000 - 1035) et comte de Castille (1028 - 1029). Il prépara l'union de la Castille et de la Navarre, qui eut lieu en 1037. À la fin de son règne, ses États englobaient presque toute l'Espagne chrétienne (Navarre, Castille, Aragon, Sobrarbe et Ribagorza), mais ils furent partagés entre ses quatre fils. ♦ **SANCHE IV** (v. 1038 - 1076). Roi de Navarre (1054 - 1076). Petit-fils du précédent, il lutta contre le roi de Castille et périt assassiné ; son royaume passa au roi d'Aragon Sanche* Ier Ramírez. ♦ **SANCHE V.** ➝ **Sanche Ier Ramírez.** ♦ **SANCHE VI le Sage** (mort en 1194). Roi de Navarre (1150 - 1194). Il accepta la suzeraineté d'Alphonse* VII de Castille et rétablit la paix entre l'Aragon et la Castille. Il fit œuvre de législateur et protégea les arts. ♦ **SANCHE VII le Fort** (mort à Tudela en 1234). Roi de Navarre (1194 - 1234). Il participa à la victoire de Las Navas* de Tolosa sur les Maures (1212). À sa mort, la couronne de Navarre échut par sa sœur à Thibaud IV de Champagne (qui devint Thibaud Ier de Navarre). ➝ ÉTYM. *Sanche* vient du nom espagnol *Sancho*, du latin *sanctus* «saint».

**SANCHE Ier le Colonisateur, – en port. o Povoador** ♦ (Coimbra 1154 - *id.* 1211). Roi de Portugal (1185 - 1211). Il succéda à son père Alphonse* Ier Enriquez et poursuivit la reconquête contre les Maures. Ses efforts pour la mise en valeur agricole du pays, par l'appel d'immigrés anglais et allemands, lui valurent le surnom de «Povoador». Ses conflits avec l'évêque de Porto le firent excommunier mais, avant de mourir, il se réconcilia avec l'Église.

**SÁNCHEZ (Tomás)** ♦ Jésuite espagnol (Cordoue 1550 - Grenade 1610). Professeur de théologie morale et de droit canonique, notamment à Cordoue, il fut un casuiste des plus réputés. Auteur d'un traité sur le mariage : *De sancto matrimonii sacramento* (1602). ➝ ÉTYM. Ce nom espagnol signifie «fils de Sanche* *(Sancho)*».

**SÁNCHEZ COELLO (Alonso)** ♦ Peintre espagnol (Benifayó v. 1531 - Madrid 1588). Il étudia à Lisbonne puis devint en Flandre l'élève d'Antonio Moro*. Peintre de la cour du Portugal jusqu'en 1557, il travailla ensuite pour Philippe II d'Espagne. Auteur de nombreuses scènes religieuses, il s'affirma surtout comme portraitiste : fidèle au type de portrait de cour élaboré par son maître, il utilisa une gamme chromatique délicate, fut un observateur plein de finesse et s'attacha à souligner l'élégance froide et distinguée de ses modèles (*Le Prince Don Carlos, L'Infante Isabelle Claire*, 1579).

**SÁNCHEZ COTÁN (fray Juan)** ♦ Peintre espagnol (Orgaz 1561 - Grenade 1627). Auteur de nombreux tableaux d'église, il devint chartreux en 1603 et fournit alors de nombreuses œuvres religieuses destinées à la chartreuse de Paular (disparues), puis à celle de Grenade. Il conserva quelques traits archaïsants (sécheresse de la facture, raideur des formes) puis devint un précoce adepte du ténébrisme. Il a surtout laissé des natures mortes d'un caractère dépouillé : légumes posés sur le bord d'une fenêtre ou suspendus, ordonnés avec une grande rigueur géométrique et dont les volumes nets tranchent sur un fond sombre. Ces œuvres font de lui l'un des meilleurs représentants d'un genre en vogue sous le règne de Philippe III *(Nature morte au chou)*.

**SANCHI** ♦ Site antique de l'Inde centrale (Madhya Pradesh) et centre bouddhique d'où partirent, aux environs de notre ère, de nombreux missionnaires. De très beaux stūpas datant du Ier s. (mais fondés à l'époque d'Ashoka*) demeurent, témoignant de l'activité religieuse à cette époque.

**SANCHO PANÇA** ➝ **ÉTYM.** *Sancho* du lat. *sanctus* «saint» et *Pança*, anc. orthogr. de *panza* «panse», du lat. *pantex* (surnom d'un homme ventru) ♦ Écuyer de Don* Quichotte, héros du roman de Cervantès. Son sens commun s'oppose à l'idéalisme de son maître.

**SANCHUNG** ou **SANCHONG** ♦ V. de l'île de Taiwan, dans la banlieue O. de Taipei, dont elle est séparée par la riv. Tanshui. 383 621 hab. Centre indus. et commercial.

**SANCOINS** [18600] ➝ **ÉTYM.** du gaul. *Cingonius*, n. de pers. ♦ Ch.-l. de cant. du Cher, arr. de Saint-Amand-Montrond, sur l'Aubois. 3 562 hab. *(Sancoinnais)*. Vestiges de remparts du XVe s. ▪ Marché agricole (bétail). Activités artisanales et industrielles.

**SAN CRISTÓBAL** ➝ **ÉTYM.** esp. «Saint Christophe» ♦ V. du Venezuela, proche de la frontière colombienne, dans la cordillère des Andes. 234 000 hab. Carrefour commercial.

**Sanctuaire** – en angl. ***Sanctuary*** ♦ Roman de William Faulkner* (1931). Après une première version écrite en trois semaines, Faulkner reprit ce roman de la découverte du mal. L'acte central en est le viol d'une collégienne par un pervers impuissant. Un simple d'esprit meurt en tentant de préserver la virginité d'une innocente, un homme meurt pour expier un meurtre et un viol qu'il n'a pas commis, et un troisième est pendu pour un crime dont il est innocent. Ces pages baignent dans un climat d'incertitude floue. André Malraux, dans sa préface, évoque «l'intrusion de la tragédie grecque dans le roman policier». Certains des personnages de *Sanctuaire*, en particulier Temple Drake, réapparaissent dans *Requiem pour une nonne* (1951).

**SANCY (Nicolas HARLAY DE)** ♦ Homme politique français (1546 - Paris 1629). Conseiller au Parlement, puis maître des requêtes au Conseil d'État, il se rendit en Suisse et en Allemagne afin d'y lever des mercenaires pour Henri IV. Le célèbre diamant qui porte son nom fut mis en gage à Metz pour aider Henri IV qui le fit surintendant des Finances (1594 - 1597). S'étant définitivement converti au catholicisme après être retourné plusieurs fois à son ancienne religion, le protestantisme, il fut violemment attaqué par d'Aubigné dans une satire : *la Confession catholique de Sancy*. ♦ **Achille Harlay de Sancy** (1581 - 1646). Fils du précédent. Il fut ambassadeur à Constantinople (1610 - 1619), puis oratorien et évêque de Saint-Malo (1631). Sa collection de manuscrits orientaux donnés à la bibliothèque de l'Oratoire fait auj. partie des collections de la Bibliothèque nationale de Paris.

**SANCY** (puy de) ♦ Point culminant du Mont-Dore et du Massif central (1 885 m). Téléphérique.

**SAND** [sɑ̃d] **(Aurore DUPIN,** baronne **DUDEVANT,** dite **George)** ➝ **ÉTYM.** apocope de *Sandeau** (Jules) ♦ Romancière française (Paris 1804 - Nohant 1876). Ayant connu une enfance assez libre à Nohant (Berry), elle mena, après s'être séparée de son mari, une vie indépendante et devint la maîtresse de Jules Sandeau* (d'où le nom qu'elle prit pour pseudonyme). Elle revendiquait pour les femmes les droits de la passion, force sacrée justifiée par sa sincérité même. Dans ses premières œuvres, autobiographies transposées, elle assimilait la quête du bonheur personnel à une régénération morale : «Nous voulons inaugurer et sanctifier l'amour, perdu et profané dans le monde.» Ainsi, *Indiana** (qu'elle signe pour la première fois du pseudonyme de George Sand, 1832) et *Lélia* (1833) sont des œuvres romanesques et lyriques où l'amour se heurte aux conventions mondaines et aux préjugés sociaux, comme s'y heurta George Sand lors de ses passions successives, notamment pour Musset et pour Chopin. Dès 1836, sous l'influence de Pierre Leroux, puis de Barbès et d'Arago, elle se fit l'apôtre d'une régénération sociale dans des récits d'inspiration humanitaire où elle reprend les thèses de Rousseau : *Le Compagnon du tour de France* (1840) et *Consuelo* (1842 - 1843) sont des actes d'accusation contre la société, mêlés désormais au thème romantique de l'amour souverain. Se détournant de la politique et déçue par l'échec de la révolution de 1848, elle chercha à «se distraire l'imagination en se reportant vers un idéal de calme, d'innocence et de rêverie». Celle qu'on a appelée, depuis 1845, la «bonne dame de Nohant» se livra à une correspondance (notamment avec Flaubert) très abondante (25 vol. publiés entre 1967 et 1991) et publia des «romans champêtres» où s'exprime son optimisme sentimental ; *La Mare* au diable* (1846), *François* le Champi* (1847 - 1848), *La Petite* Fadette* (1849) et *Les Maîtres* sonneurs* (1853), sont de fraîches illustrations des théories de l'auteur : «L'art n'est pas une étude de la réalité positive ; c'est une recherche de la vérité idéale» ou encore «Le roman d'aujourd'hui devrait remplacer la parabole et l'apologue des temps naïfs.» Cette production romanesque (et dramatique) considérable (George Sand ne cessa pas d'écrire jusqu'à sa mort, rédigeant notamment une longue autobiographie, *Histoire de ma vie*, 1854), dont les

George **Sand** par Alfred de Musset, 1833.
Collection Lovenjoul. Bibliothèque de l'Institut, Paris. *BIS/Phot. © Coll. Archives Larbor*

effusions lyriques et les déclamations humanitaires peuvent paraître excessives de nos jours, frappe cependant par la générosité qui l'anime et la sûreté de la narration.

**SANDAGE (Allan Rex)** ♦ Astrophysicien américain (Iowa City 1926). Il étudia les amas globulaires, la structure de la Galaxie, et effectua une nouvelle détermination de la constante d'expansion de l'univers (constante de Hubble*, dont il devrait être possible de déduire l'âge de l'univers). Il découvrit en 1960 le premier quasar (objet extra-galactique, très lumineux, émetteur d'ondes radio).

**SANDBURG (Carl)** ♦ Poète américain (Galesburg, Illinois 1878 - Flat Rock, Caroline du Nord 1967). Fils d'immigrants suédois, il mena une vie difficile, décrite dans *Toujours les jeunes étrangers* (1959), avant de connaître le succès avec ses *Poèmes de Chicago* (1916) et de devenir le chef de l'école de Chicago, qui se réclamait de Whitman*. Après *Éplucheurs de maïs* (1918), *Fumée et Acier* (1920) et *L'Ouest brûlé par le soleil* (1922), son œuvre prit une orientation plus nettement socialiste avec *Le Peuple, oui* (1936). Il écrivit en outre un recueil de ballades folkloriques, des livres pour enfants, une biographie d'Abraham Lincoln (1926 - 1939) et un roman historique, *Roc du souvenir* (1948). Sandburg a été reporter pour le *Daily News* de Chicago de 1917 à 1928 ; champion de l'Américain moyen, patriote, démocrate, il a colporté et chanté ses ballades dans les campagnes en s'accompagnant de musique. Le prix Pulitzer lui fut attribué en 1951 pour l'ensemble de ses poèmes.

**SANDEAU (Julien,** dit **Jules)** dit aussi **Jules SAND** ♦ Écrivain français (Aubusson 1811 - Paris 1883). Il abandonna ses études de droit pour la littérature et écrivit, en collaboration avec la baronne Dudevant, devenue alors George Sand*, le roman *Rose et Blanche* (1831). À la rupture de leur liaison (1833), il mena désormais une vie très effacée. On lui doit *Sacs et Parchemins* (1851), et *Mademoiselle de La Seiglière* (1848), roman idéaliste qui connut un grand succès pendant plus d'un demi-siècle (et qu'il adapta au théâtre). Son œuvre théâtrale, écrite en collaboration avec Augier*, comporte notamment *Le Gendre de M. Poirier* (1854). [Acad. fr. 1859] ➝ **ÉTYM.** *Sandeau* vient du germanique *Sando*, nom de personne, de *sand* «vrai, juste».

**SANDEL (Sara Cecilie Margareta FABRICIUS,** dite **Cora)** ♦ Romancière norvégienne (Christiania, auj. Oslo 1880 - Uppsala 1974). Elle est célèbre pour un style nerveux, sensuel et extrêmement délié qui évoque Colette*. Elle a commencé par une trilogie centrée sur le personnage d'*Alberte* (1926 - 1939) où elle réclame pour la femme d'être traitée selon des critères féminins et non en vertu d'une vision masculine des choses. Dans *La Pâtisserie Krane* (1945), elle donne libre cours à une satire sociale virulente de la petite ville bourgeoise.

**SANDEMOSE (Aksel)** ♦ Romancier dano-norvégien (Nykøbing 1899 - Copenhague 1965). D'origine modeste, il débuta par des œuvres de langue danoise sur l'existence primitive dominée par les instincts : *Les Récits du Labrador* (1923). En 1931, il devint écrivain norvégien avec son roman *Un marin revient à terre* et sa suite *Un fuyard recoupe sa trace* (1933). Il y décrit des naturesprimitives et violentes. Il écrivit encore de nombreux romans dans le même esprit reprenant surtout les thèmes du meurtre et de l'amour comme dans *Le passé est un rêve* (1944).

**SANDER (August)** ♦ Photographe allemand (Herford-sur-la-Sieg, Rhénanie-Palatinat 1876 - Cologne 1964). Il élabora au début des années 1910 le projet de représenter sous la forme d'une encyclopédie visuelle composée de portraits l'ensemble des catégories sociales et professionnelles de l'Allemagne de Weimar. Il publia en 1929 *Visage de ce temps*, un album réunissant 60 clichés de ses contemporains. Après 1934, il délaissa le portrait pour la photographie de paysage et se consacra principalement à la mise en ordre de son fonds iconographique, composé de plusieurs dizaines de milliers de portraits.

**Sandhurst** (école militaire de) ♦ École militaire interarmes de Grande-Bretagne, établie depuis 1947 à Camberley (Berkshire). Elle provient de la fusion de l'anc. collège royal militaire de Sandhurst (infanterie, cavalerie) fondé en 1799, et de l'Académie militaire de Woolwich (artillerie, génie).

**San Diego** ← ÉTYM. esp. «Saint-Diègue (saint andalou du Ve s.)» (les explorateurs arrivèrent sur la côte le jour de la Saint-Diègue) ♦ V. des États-Unis (Californie), sur l'océan Pacifique, près de la frontière mexicaine. 1 223 400 hab. dont 21 % d'Hispaniques (zone urbaine 2 813 833). ▪ Base navale. Indus. aéronautique et fusées. Centre agricole. Centre de recherche de renommée internationale, surtout en biologie. Plusieurs universités. L'expansion démographique et économique s'explique en partie par la présence d'une main-d'œuvre mexicaine bon marché et de *maquiladoras* (ateliers de montage en sous-traitance) entre Tijuana et San Diego. Le climat ensoleillé en fait une des villes les plus touristiques de Californie (plages et ports de plaisance : Ocean Beach, Pacific Beach, La Jolla).

**Sandino (Augusto César)** ♦ Homme politique nicaraguayen (Niquinohomo 1895 - Managua 1934). Fils illégitime d'un propriétaire terrien, il s'initia à la politique comme ouvrier dans la zone pétrolière de Tampico (Mexique) et se rapproche des milieux anarchosyndicalistes. Véritable patriote, il combattit les troupes nord-américaines qui occupaient son pays depuis 1912, et, à leur départ, abandonna le combat (1933). Il fut cependant assassiné l'année suivante sur l'ordre d'Anastasio Somoza*, chef de la garde nationale. L'idéologie de Sandino était avant tout nationaliste. Devenu un symbole de la résistance à l'impérialisme yankee, il a donné son nom au mouvement révolutionnaire (sandinistes) qui prit le pouvoir au Nicaragua* en 1979 et le conserva jusqu'en 1990.

**Sandjak** n. m. ♦ Région historique de Serbie du S.-O. et du N. du Monténégro, dont le nom turc signifie «préfecture» subdivision du vilayet (province) dans le système territorial ottoman. V. PRINC. : Novi Pazar. L'Autriche-Hongrie l'occupa après le congrès de Berlin (1878) et le restitua à l'Empire ottoman en 1909. Serbie et Monténégro s'en emparèrent lors de la première guerre balkanique (1912). Peuplée de musulmans (51 %), de Serbes (26 %) et de Monténégrins (19 %), le Sandjak est considéré comme un foyer potentiel de troubles dans le contexte des conflits yougoslaves du début des années 1990.

**Sandomierz** – en fr. *Sandomir* ♦ V. de Pologne méridionale, voïvodie de Sainte-Croix, sur la rive g. de la Vistule, en Petite Pologne. 24 926 hab. Évêché. Nombreux monuments historiques (château fort, cathédrale XIVe - XVIIe s., porte Opatów).

**Sandouville** [76430] ← ÉTYM. «le domaine (lat. *villa*) de Sandolf (n. de pers. germ.)» ♦ Comm. de la Seine-Maritime, arr. du Havre. 754 hab. Indus. automobile (Renault). Métallurgie (nickel, cobalt).

**Sandracottos** → **Chandragupta Maurya**

**Sandringham** ♦ Village du comté de Norfolk. Château de la famille royale britannique.

**Sandwich (Edward Montagu, 1er comte de)** ← ÉTYM. n. de lieu, vieil angl. «le village *(wic)* du sable *(sand)*» ♦ Amiral anglais (1625 - en mer 1672). Après avoir combattu dans les armées du Parlement et servi le Commonwealth, il contribua à la restauration des Stuarts qui lui confièrent de nouveau le commandement de la flotte, pendant les guerres contre la Hollande. ♦ **John Montagu,** 4e comte **de Sandwich** (1718 - Londres 1792). Premier lord de l'Amirauté par deux fois, il fit preuve de qualités d'administrateur, mais scandalisa l'opinion par sa corruption et son comportement politique. Il donna son nom aux îles qui furent baptisées en son honneur, et est à l'origine du mot *sandwich*.

**Sandwich** (îles) → **Hawaii**

**Sandwich du Sud** (îles) – en angl. *South Sandwich Islands* ← ÉTYM. du n. du comte de *Sandwich** ♦ Archipel sous la dépendance des forces britanniques de l'Atlantique sud, situé à l'extrême sud de l'océan Atlantique (terres Australes, section orientale de l'arc de la Scotia) à 1 000 km au S.-E. de la Géorgie du Sud. De nature volcanique, il est formé de 11 îles et de quelques îlots, d'une superficie totale de 420 km², bordé à l'E. par une fosse marine d'une profondeur de plus de 8 000 m. → **Antarctique** (carte). ▮ **Histoire** Sans y aborder, Cook reconnut les îles méridionales du groupe (1775) et Bellingshausen découvrit celles du Nord (1819). Elles furent séparées des Falkland* après l'invasion argentine de 1982.

**San Fernando** ♦ V. d'Espagne (Andalousie), prov. de Cadix. 95 026 hab. Arsenal militaire. Port.

**San Fernando** ♦ V. de Trinité-et-Tobago, dans l'île de Trinité, sur le golfe de Paria. 48 784 hab. (aggl. env. 100 000). Port. Sucreries. Puits de pétrole.

**San Francisco** ← ÉTYM. esp. «Saint-François» (la v. a été fondée par une mission franciscaine) ♦ V. des États-Unis (Californie) sur la côte pacifique. 776 733 hab. dont 3 % d'Asiatiques, 14 % d'Hispaniques et 10 % de Noirs (zone urbaine 7 039 362). L'urbanisation, autour de la baie

**San Francisco.** *Le pont du Golden Gate. Phot. © Charles Lénars*

et vers l'intérieur, tend à former une énorme conurbation (San Francisco, San Mateo, Palo* Alto sur le Pacifique ; Richmond, Berkeley*, Oakland*, Alameda sur la rive E.). La ville est renommée aux États-Unis pour son agrément (climat doux et frais), son pittoresque (site du Golden Gate à l'entrée de la baie, avec son célèbre pont ; quartiers bâtis sur des collines) et ses activités culturelles d'avant-garde. Centre commercial et financier. Siège de la Bank of America. Les activités portuaires de la baie en font le 8e port du pays. Nombreuses indus. À proximité, deux grandes universités (→ **Berkeley, Palo Alto**). ▮ **Histoire** La mission *San Francisco de Asis* fut fondée en 1776 par les Espagnols. La ville ne se développa qu'après être devenue américaine et avec la ruée vers l'or (1849). En 1906, un violent tremblement de terre suivi d'un incendie ravagea San Francisco. Un autre séisme a endommagé la ville et fait des victimes en 1989.

**San Francisco** (conférences de) ♦ Deux importantes conférences internationales se sont tenues à San Francisco. ♦ ***25 avr. - 26 juin 1945*** Conférence internationale qui, en vertu des décisions de Dumbarton Oaks et de Yalta*, élabora la charte des Nations unies. → **Organisation des Nations unies.** ♦ ***4 - 8 sept. 1951*** Conférence internationale qui aboutit à la signature du traité de San Francisco avec le Japon (8 sept. 1951). Les États-Unis recevaient la tutelle des îles Bonin et Ryūkyū et des anciens mandats japonais ; le Japon renonçait à la Corée, à Formose, au S. de Sakhaline, aux Kouriles, aux Pescadores, aux Spratly. L'URSS, la Pologne, la Tchécoslovaquie refusèrent leur signature.

**Sangallo (da)** ♦ Famille d'architectes italiens de la Renaissance (G. et A. Giamberti furent anoblis sous ce nom par Pierre de Médicis). ♦ **Giuliano Giamberti,** dit **da Sangallo** (Florence 1445 - *id.* 1516). Archéologue, humaniste, il représenta auprès de Laurent de Médicis le modernisme florentin. Il édifia à Prato l'église Santa Maria delle Carceri, édifice à plan central, en croix grecque à bras peu saillants, dont les surfaces rythmées évoquent Brunelleschi* et dont l'intérieur crée une remarquable impression d'unité spatiale ; l'ensemble est coiffé d'une coupole enfermée dans un cylindre et surmontée d'un lanternon. La villa Médicis, construite à Poggio a Caiano, est bâtie sur un soubassement rectangulaire à arcades, formant terrasse ; les deux étages de la façade sont précédés d'une colonnade ionique à fronton triangulaire (thème antique qui devait être développé par Palladio). Sangallo est aussi l'auteur de forteresses, de la cour du palais Gondi (1490 - 1494), du cloître de Santa Maria dei Pazzi. En 1514, il succéda à Bramante* comme architecte de Saint-Pierre de Rome. Remarquable dessinateur, technicien habile, Giuliano da Sangallo fut l'un des grands créateurs de la fin du Quattrocento. ♦ **Antonio Giamberti da Sangallo,** dit **l'Ancien** (Florence 1455 - *id.* v. 1535). Il fut d'abord architecte militaire, puis construisit l'église de l'Annunziata à Arezzo. C'est après la mort de son frère Giuliano qu'il donna toute sa mesure, notamment à Monte San Savino (palais du Municipe, loge des Marchands) et à Montepulciano (nombreux palais et, surtout, église San Biagio [1518 - 1528], édifice en croix grecque à clocher légèrement détaché, à coupole surmontée d'un lanternon, qui, par ses masses harmonieuses et sa sobre décoration, réalise l'idéal renaissant élaboré notamment par Bramante). ♦ **Antonio Cordiani da Sangallo,** dit **le Jeune** (Florence 1483 - Terni 1546). Neveu des précédents. Il travailla à Rome avec Bramante et construisit Santa Maria di Loreto, édifice octogonal qui rappelle le style de son oncle Giuliano. Le cardinal Farnèse (futur Paul III) lui confia le palais qui devait être achevé par Michel-Ange. Sangallo, abandonnant la superposition des ordres, conçut pour le palais Farnèse une façade à deux étages, aux fenêtres à frontons alternativement triangulaires et courbes au premier étage, triangulaires au second ; l'allégement des formes vers le haut, les oppositions de matières (brique et travertin), l'axe formé par le portail aux lourds claveaux soutenant la loggia centrale, l'importance de la corniche qui couronne l'édifice définissaient la structure adoptée par les palais romains pendant trois siècles. Grand architecte militaire (Civitavecchia, Parme,

Ancône, Pérouse, Rome), il fut nommé architecte en chef de Saint-Pierre en 1536, mais son projet, assez chargé (maquette au Vatican), ne fut pas réalisé ; ses travaux (fondations, renforcement des piliers centraux) permirent ensuite à Michel-Ange de réaliser la coupole. Sangallo édifia encore des édifices à Pérouse, Rome, au Vatican (chapelle Pauline), ainsi que la ville de Castro (Ombrie) édifiée par les Farnèse et qu'Innocent X fit raser.

**SANGATTE** [62231] ◆ ÉTYM. du flam. *zand* « sable » et *gat* « passage » ♦ Comm. du Pas-de-Calais, arr. de Calais. 4 046 hab. *(Sangattois)*. Station balnéaire. Entrée du tunnel sous la Manche. Centre d'accueil de la Croix-Rouge des migrants étrangers en situation irrégulière de 1999 à 2002.

Le **Sang d'un poète** ♦ Film français de Jean Cocteau* (1930). Un sculpteur, dans son atelier, voit s'animer la statue qu'il a créée. À son injonction, il plonge dans un miroir. De l'autre côté, un hôtel borgne, une fumerie d'opium, une bataille de boules de neige cité Monthiers. Le tout n'aura duré qu'une minute et n'était probablement qu'un rêve. Toutes les obsessions de Cocteau, exprimées ailleurs sous forme littéraire, se retrouvent là : les souvenirs d'enfance, la drogue, l'homosexualité, le narcissisme, l'hommage à Éleusis et à ses mystères. Pour parfaire la ressemblance, l'auteur va jusqu'à enregistrer les battements de son cœur. Le retentissement de ce premier essai, commandité par le vicomte de Noailles, fut considérable, sur l'avant-garde américaine en particulier.

**SANGER (Frederick)** ♦ Biochimiste britannique (Rendcombe, Gloucestershire 1918). Auteur de recherches sur la structure des molécules biologiques, il fut le premier à déterminer la séquence des acides aminés d'une protéine, l'insuline (1955). Ses travaux ultérieurs aboutirent à la mise au point d'une technique enzymatique qui lui permit d'élucider la séquence des 538 nucléotides d'un virus bactérien formé d'ADN. [Prix Nobel de chim. 1958 et 1980, avec P. Berg* et W. Gilbert*]

**SANGHA** n. f. ♦ Riv. d'Afrique équatoriale (1 700 km), affl. rive d. du Congo (peu après le confluent de l'Oubangui) qui prend sa source dans le massif de l'Adamaoua (Cameroun), sous le nom de Mambéré. Palmiers à huile dans sa moyenne et basse vallée.

**SAN GIMIGNANO** ◆ ÉTYM. du n. d'un évêque de Modène, mort en 367, qui sauva la v. d'une attaque barbare ♦ V. d'Italie, en Toscane (prov. de Sienne). 7 114 hab. Cette vieille cité a conservé d'une façon étonnante son caractère médiéval avec son enceinte, sa collégiale du XIIe s., agrandie au XVe s. par Giuliano da Maiano (œuvres de Jacopo della Quercia, Giuliano et Benedetto da Maiano, B. Gozzoli et D. Ghirlandaio) et l'église Saint-Augustin décorée de fresques de B. Gozzoli, ses 13 hautes tours carrées, les palais du Peuple (pinacothèque : peintures des écoles de Sienne et de Florence, XIIe - XVe s.) et du Podestat (XIIIe s.).

**San Gimignano.** Les tours. *Phot. © Elsa Vernier-Lopin*

**SANGLI** ♦ V. de l'Inde (Maharashtra), sur le plateau du Dekkan. 447 632 hab. Industrialisée à l'initiative des souverains de l'anc. État princier du même nom.

**SANGNIER (Marc)** ♦ Journaliste et homme politique français (Paris 1873 - *id.* 1950). Fondateur du mouvement de formation religieuse et sociale Le Sillon*, il milita pour concilier les valeurs chrétiennes et la République au sein d'une démocratie sociale. Condamné par Pie* X (1910), il se soumit et fonda un nouveau journal, *La Démocratie*, puis le mouvement Jeune République (1912). Député (1919 - 1924), il lutta pour la paix et contre le racisme et créa la Ligue française des auberges de jeunesse (1930). La Jeune République fusionna avec le MRP après la Libération. ◆ ÉTYM. *Sangnier* est une variante de l'occitan *Sagnier* qui signifie « habitant d'une sagne [terrain marécageux] ».

Le **Sang noir** ♦ Roman de Louis Guilloux (1935). C'est le récit tragique du destin d'un professeur de philosophie, Merlin, surnommé Cripure (à cause de la *Critique de la Raison pure* de Kant). À la fois grotesque et généreux, Cripure est le souffre-douleur de tous. Après s'être opposé à un autre professeur, Nabucet, dont il veut prouver avec raison la niaiserie, Cripure met fin à ses jours, persuadé d'un manque total de nécessité dans la vie. La description de son cadavre promené dans un fiacre fait partie des pages les plus saisissantes de ce roman que Guilloux adapta pour la scène en 1962 sous le titre de *Cripure*.

**SANGRE DE CRISTO** ◆ ÉTYM. esp. « sang du Christ » ♦ Chaîne de montagnes de l'O. des États-Unis, appartenant aux Rocheuses*, qui s'étend du N. au S. (Colorado, N. du Nouveau-Mexique).

**SANGUINAIRES** (îles) ♦ Îles granitiques de la Corse, à l'entrée du golfe d'Ajaccio.

**SANGUINETI (Edoardo)** ♦ Écrivain italien (Gênes 1930). Représentant de la « néo-avant-garde » du Groupe 63, il est l'auteur de livres de poésie où est mise en acte la dissolution du langage. Ses romans (*Capriccio italiano*, 1963) s'emploient à démonter parodiquement les formes narratives traditionnelles. Il est également critique et auteur de textes mis en musique par L. Berio*. ◆ ÉTYM. *Sanguineti* vient probablement de *Sanguineto*, nom de lieu fréquent en Ligurie.

**SANHADJA** ou **SANHAJA** → **Berbères**

**Sanhédrin** n. m. ◆ ÉTYM. mot araméen, du gr. ***synedrion*** « assemblée, conseil » ♦ Haute cour de justice pour toute la Palestine antique. Institué au –IIIe s., le Sanhédrin comprenait 70 membres et un président (*nasi* « prince ») choisis parmi les chefs de la noblesse sacerdotale et civile (→ **sadducéens**) comme parmi les docteurs pharisiens*. Sa puissance fut considérable sous les Romains face auxquels il représentait les affaires juives ; seule, parmi les sentences prononcées par ce tribunal, la peine de mort devait être ratifiée par le procurateur romain. → **Jésus.** Il siégea dans l'enceinte du Temple, jusqu'à l'incendie de ce dernier (70).

**SAN ISIDRO** ♦ V. d'Argentine, au N. de l'agglomération de Buenos Aires, sur le río de La Plata. 250 000 hab. Ville résidentielle et balnéaire. ▪ Indus. alimentaires, mécaniques et du bois.

**SAN JOAQUIN** n. m. ♦ Fl. des États-Unis (510 km) en Californie. Il prend sa source dans la sierra Nevada, coule vers l'O. puis vers le N. et se jette dans la baie de San Francisco. Sa vallée constitue la partie S. de la Grande* Vallée californienne et est au centre d'une riche région agricole.

**SAN JOSE** ◆ ÉTYM. esp. « Saint Joseph » ♦ V. des États-Unis (Californie), à une dizaine de kilomètres au S. de la baie de San Francisco. 894 943 hab. dont 27 % d'Hispaniques (zone urbaine 7 039 362). La population a augmenté de 29 % entre 1980 et 2001. Centre agricole et industriel important, la ville s'est industrialisée sous la poussée de l'industrie de haute technologie venue de Palo* Alto et participe du phénomène de la Silicon* Valley.

**SAN JOSÉ** ♦ Cap. du Costa Rica. 309 672 hab. (aggl. 1 200 000). Fondée en 1736 à 1 200 m d'alt., la ville s'étend au cœur de la riche région agricole tempérée du Valle Central (café), au pied des volcans Irazú et Poas. Elle fait figure de petite ville, comparée aux gigantesques capitales d'Amérique latine. La concentration des activités (indus. et administration) et des habitants issus de l'exode rural ne s'opère pas dans le noyau central de San José, mais se répartit sur toute une région urbaine qui, sur 40 km de long et 1 000 km², englobe désormais Alajuela, Heredia, Santa Ana et Cartago. ♦ ***Prov. de San José*** 4 959 km². 1 346 000 hab. Production importante de café.

**SAN JOSÉ** ♦ Port du Guatemala, sur la côte du Pacifique, par lequel se fait une partie du commerce extérieur (activité en déclin), à l'un des terminus de la ligne de chemin de fer interocéanique.

**SAN JOSÉ DE CÚCUTA** → **Cúcuta**

**SAN JUAN** ◆ ÉTYM. esp. « Saint Jean » ♦ V. d'Argentine, cap. de prov., au pied des Andes, fondée en 1562. 414 000 hab. Caves vinicoles. Marché agricole et industrie alimentaire. ♦ ***Province de San Juan*** → **Argentine** (carte). 89 651km². 620 000 hab. Elle est adossée aux Andes et possède un périmètre irrigué, grâce à un pompage profond. Elle produit du vin, des fruits, des olives, des légumes et de la luzerne.

**SAN JUAN** n. m. (río) ♦ Fl. du Nicaragua (env. 230 km) qui déverse dans la mer des Caraïbes (Atlantique) les eaux du lac Nicaragua*. Il traverse des régions accidentées, mais est navigable sur tout son cours. Il donne son nom à un département et forme une partie de la frontière entre le Nicaragua et le Costa Rica. Importante voie de pénétration vers l'intérieur des terres, qui a servi de base à un projet de canal interocéanique (XIXe s.).

**SAN JUAN** ♦ Cap. de l'État de Porto Rico. 424 951 hab. (aggl. 833 187 avec Bayamón* et Carolina). Site remarquable d'une île-promontoire dans l'océan Atlantique abritant une magnifique baie. La vieille ville, fortifiée et entièrement restaurée (*viejo San Juan*), est rattachée à l'île principale par une mince langue de terre. Cathédrale classique. Palais de la Fortaleza (siège du gouvernement). Centre commercial Las Américas. Siège de l'université de Porto Rico à Río Piedras (fondée en 1902). Aéroport international d'Isla Verde. Port de croisière et plages. ▮ **Histoire** La première ville fut fondée au S. de la baie, à Caparra, par J. Ponce* de León. Elle fut déplacée sur le site actuel en 1521.

**SAN JUAN DE JUJUY** → **Jujuy**

**SAN JUAN DE PASTO** → **Pasto**

**SANJURJO SACANELL (José)** ♦ Général espagnol (Pampelune 1872 - Lisbonne 1936). Il fut haut-commissaire au Maroc (1926). En 1932, il tenta, sans succès, de soulever la garnison de Séville contre le gouvernement Azaña* y Diaz. En 1936, il devait prendre le commandement du soulèvement militaire déclenché par Franco, mais son avion s'écrasa alors qu'il quittait Lisbonne pour rejoindre l'Espagne.

**ŚANKARĀCHĀRYA, SHANKARA ou ŚANKARA** ➝ ÉTYM. sanskr. «bienfaisant» ♦ Philosophe indien (Kerala v. 788 - *id.* v. 820). Il exposa les doctrines hindoues du Vedānta* moniste et fonda des sectes shivaïtes. On lui attribue de nombreux ouvrages philosophiques, encore très lus.

**SANKT ANTON ou SANKT ANTON AM ARLBERG** ♦ V. d'Autriche (Tyrol), à 1 304 m d'alt. 2 521 hab. Station d'été et de sports d'hiver. ▪ C'est sur les pentes de Sankt Anton que Hannes Schneider adapta aux terrains accidentés le ski venu des pays scandinaves. Dès 1907, il donna aux touristes les premières leçons suivant la méthode dite de *l'Arlberg* qu'il créa. En 1928 y fut disputée la première coupe de l'Arlberg-Kandahar.

**SANKT FLORIAN ou MARKT SANKT FLORIAN** ♦ V. d'Autriche (Haute-Autriche). 5 529 hab. Abbaye du XIe s. dont l'église a été reconstruite en style baroque par Carlone et Prandtauer* de 1686 à 1751. Dans les autres bâtiments, salle de Marbre, bibliothèque et surtout galerie d'Altdorfer* avec les 14 tableaux du martyre de saint Sébastien. Anton Bruckner* y fut organiste.

**SANKT INGBERT** ♦ V. d'Allemagne (Sarre), à 13 km au N.-E. de Sarrebruck, sur le Rohrbach. 40 830 hab. Ville de bassin houiller.

**SANKT PÖLTEN** ♦ V. d'Autriche, cap. de la Basse-Autriche. 49 117 hab. Maisons et églises baroques (Franziskanerkirche, Karmeliterinnenkirche, Domkirche). Indus. mécanique et textile. Papeteries.

**SANLÚCAR ou SANLÚCAR DE BARRAMEDA** ♦ V. d'Espagne (Andalousie), prov. de Cadix, à l'embouchure du Guadalquivir. 63 968 hab. Arsenal, port d'exportation de vins (manzanilla). Station balnéaire. ▮ **Histoire** C'est de là que Christophe Colomb* s'embarqua pour son 3e voyage vers le Nouveau Monde et Magellan* pour son premier tour du monde (1519).

**SAN LUIS** ♦ V. d'Argentine, cap. de prov., au pied de la sierra de San Luis. 169 000 hab. ♦ ***Province de San Luis*** Elle est située dans une région aride de la Pampa sèche. 76 748 km². 368 000 hab. Élevage extensif.

**SAN LUIS POTOSÍ** ♦ V. du Mexique septentrional, cap. de l'État du même nom, dans la Meseta central. 685 934 hab. Fondée par les Espagnols, la ville est célèbre depuis l'époque coloniale pour ses gisements de métaux précieux (argent). Le centre garde un aspect colonial : cathédrale baroque (XVIIe s.), églises San Francisco et del Carmen (XVIIIe s.), plaza de Armas, plaza Juárez, néoclassique (1806). ▪ Centre commercial et indus. Métall. du plomb, cuivre, manganèse. Indus. textile et chimique (pneus). Manufacture de tabac. ♦ ***État de San Luis Potosí*** Il délimite, avec le S. du Zacatecas, la région des hautes terres et s'appuie, à l'E., aux chaînes de la sierra Madre orientale. 63 068 km². 2 410 414 hab. Les cultures sont rares dans cette région semi-désertique, qui recèle de grandes richesses minières.

**SAN MARTÍN (José DE)** ♦ Général et homme politique argentin (Corrientes 1778 - Boulogne-sur-Mer 1850). Fils d'un colonel espagnol, il servit comme officier en Espagne, puis rentra à Buenos Aires, où il fonda en 1812 la loge maçonnique du Lautaro. Il battit les Espagnols avec Belgrano* (1816), après une guerre sanglante qui assura l'indépendance de l'Argentine*. Puis, organisant à l'européenne l'armée des insurgés, il partit libérer le Chili avec O'Higgins* (victoires de Chacabuco et de Maipo, 1818). Il proclama enfin l'indépendance du Pérou (1821), dont il fut élu «protecteur». Il rencontra Bolívar* et s'effaça devant lui. Ayant renoncé à tout pouvoir (1822), il se retira aux Pays-Bas puis en France.

**SAN MARTÍN** (lac) ♦ Lac des Andes argentines (Patagonie), d'origine glaciaire, à cheval sur le Chili et l'Argentine, dominé par le glacier Fitzroy. Centre touristique.

**SANMICHELI (Michele)** ♦ Architecte italien (Vérone 1484 - *id.* 1559). Il travailla à Rome, Montefiascone et Orvieto et seconda Antonio da Sangallo le Jeune dans des constructions militaires. Après le sac de Rome (1527), il fit carrière en Vénétie, où il s'affirma comme le plus grand ingénieur militaire (Vérone, Zadar en Dalmatie). Son style, fondé sur l'ordre dorique (porte Palio, à Vérone), évolua vers une recherche de pittoresque sensible dans ses édifices civils : palais Bevilacqua (v. 1530), Canosso, Pompei (1530) à Vérone ; palais Grimani à Venise ; palais Roncale (1555) à Rovigo. Ces palais manifestent une liberté décorative qui les écarte du classicisme romain et préparent l'esthétique baroque. Sanmicheli créa aussi plusieurs églises à plan central (Montefiascone, Orvieto, Vérone).

**SAN MIGUEL** ♦ V. de l'E. du Salvador, ch.-l. de dép. sur la route Panaméricaine. 158 136 hab. Fondée en 1530 au pied du volcan San Miguel (2 130 m), elle abrite plusieurs églises coloniales. ♦ ***Département de San Miguel*** 2 077 km². 434 003 hab. Voie de passage obligée vers le Honduras, dans une région longtemps touchée par la guerre civile.

**SAN MIGUEL DE ALLENDE** ♦ V. du Mexique central, au N.-O. de Mexico, près de Guanajuato. 62 034 hab. Petite ville coloniale, séjour de nombreux artistes. Artisanat. Nombreux monuments : église San Francisco (fin XVIIIe s.), churrigueresque, église de La Salud (mil. XVIIIe s.), oratoire San Felipe de Neri (déb. XVIIIe s.).

**SAN MINIATO** ♦ V. d'Italie, en Toscane (prov. de Pise), sur une colline dominant la vallée de l'Arno. 26 365 hab. Palais épiscopal et cathédrale du XIIe s. Ruines de la Rocca (XIIIe s.), résidence de Frédéric Barberousse. Palais communal et église San Domenico du XIVe s. ▪ Important centre agricole. Vins (vernaccia).

**San Miniato al Monte** ♦ Église située à Florence*, sur les coteaux qui dominent la rive g. de l'Arno. Remarquable spécimen d'architecture romane florentine du XIe s., l'église présente une façade du XIIe s. (décoration alternée de marbres blancs et verts). À l'intérieur, pavement et mosaïque (à l'abside) du XIIIe s. Chapelle de Saint-Jacques, dite du cardinal de Portugal, de style Renaissance, dont la voûte est ornée de médaillons par Luca Della* Robbia ; sépulcre par A. Rossellino*.

**SANNAZARO (Iacopo)** ♦ Poète et humaniste italien (Naples 1455/1456 - *id.* 1530). Il fut reçu membre de l'Académie que Pontano avait fondée à Naples. Sannazaro composa essentiellement des œuvres en langue vulgaire : des jeux scéniques *(Farse)*, une centaine de *Rime* (posth. 1530), considérées comme le sommet du pétrarquisme au XVe s., et surtout le roman pastoral *L'Arcadie**, longuement élaboré, et destiné à une immense fortune. En 1501, il suivit Frédéric III d'Aragon dans son exil en France. De retour à Naples en 1504 après la mort du roi, il passa le reste de sa vie dans sa villa de Mergellina et se consacra surtout à la poésie latine, qu'il illustra par une extraordinaire maîtrise mêlée d'un sentiment très moderne, aspects particulièrement sensibles dans ses *Élégies*, où le thème du temps destructeur s'enveloppe d'une mélancolie poignante, et dans ses *Épigrammes*, dont les qualités narratives et la violence du trait ne le cèdent en rien aux épigrammatistes antiques. Il renouvela également la littérature bucolique en composant de transparentes *Eclogae piscatoriae* et donna un grand poème humaniste et religieux en hexamètres, *De partu Virginis* («De l'accouchement de la Vierge», 1526).

**SAN NICOLÁS DE LOS ARROYOS** ♦ V. d'Argentine, prov. de Buenos Aires, sur le fleuve Paraná. 114 000 hab. Sidérurgie.

**SANNOIS** [95110] ♦ Ch.-l. de cant. du Val-d'Oise, arr. d'Argenteuil, au pied de la butte de Sannois. 25 349 hab. *(Sannoisiens)*. Église dans laquelle fut enterré Cyrano de Bergerac.

**SAN PEDRO** ♦ V. de Côte d'Ivoire. Plus de 40 000 hab. Cet ancien petit comptoir portugais a été aménagé en port en eau profonde en 1970 pour désenclaver l'O. du pays encore inexploité. Les habitants, les Krous, se sont révélés d'excellents marins. Palmier à huile, cacao, café, hévéa, coprah, minerais de fer.

**SAN PEDRO SULA** ♦ V. du N.-O. du Honduras, ch.-l. de dép. et deuxième ville du pays. 515 458 hab. Au cœur d'une riche région agricole (bananes, canne à sucre), San Pedro Sula est le princ. centre industriel, commercial et financier du pays. La ville bénéficie de bonnes infrastructures routières et ferroviaires mises en place par les compagnies bananières nord-américaines. Zones franches industrielles en plein développement.

**SAN RAFAEL** ♦ V. d'Argentine, prov. de Mendoza, au pied des Andes. 174 000 hab. Vignobles et caves. Élevage. Gisement de pétrole.

**SAN REMO ou SANREMO** ♦ V. d'Italie, en Ligurie (prov. d'Imperia), au point de départ de la Riviera du Ponant. 50 608 hab. Cathédrale San Siro (XIIIe s.). Importante station balnéaire. Cultures florales (principal centre italien du commerce des fleurs). ♦ ***Conférence de San Remo*** Elle réunit du 26 au 28 avril 1920 les chefs des gouvernements français (Millerand), britannique (Lloyd George) et italien (Nitti) qui discutèrent de l'exécution du traité de Versailles* et préparèrent le traité de Sèvres*.

**SAN SALVADOR** ♦ Cap. du Salvador, située à 680 m d'alt. au pied du volcan du même nom, et à moins de 50 km du Pacifique. 316 090 hab. (aggl. 1 566 629). Durant la guerre civile, la ville a hébergé presque la moitié de la population du pays, mais depuis les accords de paix, de nombreux réfugiés ont regagné les campagnes (➝ **Salvador**). Autour du centre dévasté par le tremblement de terre de 1986 s'étendent des quartiers pauvres et de vastes bidonvilles. Bien que fondée en 1528, San Salvador abrite peu d'édifices coloniaux. Univ. ▪ Principal centre intellectuel et économique du pays. Indus. textile et alimentaire. Manufactures de tabac. Le chômage touche plus de la moitié de la population.

**SANSANDING** ♦ Localité du Mali sur la rive g. du Niger, au N.-E. de Ségou. Important pont-barrage dit de *Sansanding*, construit à Markala en 1948 et permettant l'irrigation des terres du «delta intérieur». ➝ **Macina.**

**SANSEPOLCRO** – anc. ***Borgo Sansepolcro*** ♦ V. d'Italie, en Toscane (prov. d'Arezzo). 15 693 hab. Cathédrale du XIIe s. remaniée au XIVe s. Au palais communal, musée contenant des œuvres de Piero* della Francesca, originaire de la ville (autre fresque aux environs, à Monterchi). ▪ Petite ville indus.

**sans-culottes**

n. m. pl. ♦ Nom donné sous la Convention (1792) aux révolutionnaires qui, considérant la culotte (à jambes étroites et faisant paraître les bas) comme une marque de l'Ancien Régime, portèrent le pantalon de bure à rayures, ainsi que la carmagnole et le bonnet rouge. Constitués par les sections parisiennes, les sans-culottes, dirigés par les enragés* (J. Roux*) puis par les hébertistes*, furent à l'origine des journées révolutionnaires des 31 mai et 2 juin 1793, qui amenèrent la chute des girondins, puis des 4 et 5 septembre* 1793. De façon générale, c'est sous leur pression que le gouvernement révolutionnaire (Convention montagnarde) fut amené à prendre différentes mesures politiques (la Terreur), économiques et sociales.

Les **Sans-Espoir** – en hongr. ***Szegénylegények*** ♦ Film hongrois de Miklós Jancsó* (1965). La Hongrie en 1860, sous domination autrichienne. Des insoumis sont enfermés dans un fortin, quelque part dans la Puszta. Un traître est parmi eux, provoquant des réactions en chaîne de violence et d'oppression. Cet épisode de l'histoire magyare a un fondement authentique, mais le réalisateur l'a poussée jusqu'aux limites de l'abstraction. Un désespoir muet émane de ce cauchemar carcéral, qui peut aussi bien évoquer Kafka que Soljenitsyne.

**SAN SEVERO** ♦ V. d'Italie, dans les Pouilles (prov. de Foggia), à l'O. du mont Gargano. 55 861 hab. Restes de la cité médiévale (murs, portes). ▪ Carrefour routier. Centre commercial (marché agricole) et indus. de la région. Viticulture. ▪ En 1627, la ville fut gravement endommagée par un tremblement de terre.

**SANSON (Charles Henri)** ♦ Bourreau, exécuteur de Louis XVI (Paris 1740 - 1806). Issu d'une famille florentine qui vint en France avec Marie de Médicis et dont les représentants assumèrent la charge de bourreau à Paris de 1688 à 1847. Après l'exécution de Louis XVI, Ch. H. Sanson se démit de ses fonctions au profit de son fils HENRI SANSON (Paris 1767 - *id.* 1840), exécuteur de la Terreur (il exécuta entre autres la reine Marie-Antoinette, Madame Élisabeth, et le duc d'Orléans), auquel il légua une somme importante pour faire célébrer chaque année en l'église Saint-Laurent une messe expiatoire le 21 janv. Le frère de ce dernier, LOUIS SANSON, renonça à la fonction familiale en 1847.

**SANSOVINO (Andrea CONTUCCI, dit IL)** ➝ ÉTYM. de *Monte San Savino,* son lieu de naissance ♦ Sculpteur et architecte italien (Monte San Savino, près d'Arezzo, v. 1467 - *id.* 1529). Peut-être élève de Pallaiolo, il fut envoyé au Portugal par Laurent de Médicis de 1491 à 1500. En Italie, il sculpta les fonts baptismaux de Volterra, un *Baptême du Christ* à Florence (baptistère, 1502 - 1505). À Rome (1505 à 1509), il réalisa un nouveau type de tombeau, où la tradition florentine s'enrichit d'une architectonique romaine (niches, arcatures). De 1513 jusqu'à sa mort, il sculpta à la Santa Casa de Lorette des bas-reliefs d'un style dynamique et plus dépouillé, évoquant la vie de la Vierge. L'évolution de sa composition, des sculptures du baptistère de Florence à ces bas-reliefs, illustre le passage de l'art du Quattrocento, encore médiéval, à celui de la première Renaissance.

**SANSOVINO (Iacopo TATTI, dit IL)** ➝ ÉTYM. du n. d'Andrea *Sansovino** ♦ Sculpteur et architecte italien (Florence 1486 - Venise 1570). Disciple d'Andrea Sansovino qui l'adopta, il fut à Rome un sculpteur apprécié de Léon X, puis de Clément VII *(Bacchus, Tombeau du cardinal Giovanni Michiel et de l'évêque Orso).* Après 1527 (sac de Rome), il devint un architecte renommé à Venise, où il construisit le palais Corner, d'ordonnance majestueuse et un peu froide, ainsi que l'église San Francesco della Vigna (conçue avec Francesco Giorgi, 1534). En 1536, il fut chargé d'édifier la Libreria Vecchia (bibliothèque) où il superposa le dorique et l'ionique, mariant les recherches d'ordonnance (qui seront reprises par Palladio) et les effets décoratifs par la sculpture (intrados ciselés, cariatides, figures en écoinçons). Il reprit ce parti à la loggetta du campanile de San Marco, aux nombreux bas-reliefs et statues. Régnant sur l'architecture vénitienne, malgré des erreurs techniques qui lui valurent d'être emprisonné (effondrement des voûtes de la Libreria Vecchia), il édifia encore la Zecca (hôtel de la Monnaie), le palais Dolfin (1562), une église et dota Venise de monuments somptueux et animés. Comme sculpteur, il réalisa de nombreux marbres et bronzes, à San Marco, au palais des Doges (*Mars, Neptune,* 1554), à l'Arsenal (*Madone à l'Enfant,* 1554), dans un style gracieux, mais d'un équilibre michelangelesque.

**Sans-Souci** (château de) ♦ Petit palais situé à 2 km de Potsdam*. Imitation rococo du château de Versailles, il fut édifié par Knobelsdorff pour Frédéric II (1745). François Gaspard Adam décora de sculptures les appartements.

**SAN STEFANO** – auj. ***Yeşilköy*** ♦ Faubourg d'İstanbul (Turquie), sur la rive européenne de la Marmara. Aéroport international Atatürk. ♦ ***Traité de San Stefano*** Ce traité signé par la Russie et la Turquie mit fin à la guerre des Balkans (1878). Il démembrait la Turquie et établissait l'influence russe sur les Balkans : la Turquie perdait la Roumanie, la Serbie, le Monténégro, la Bosnie et l'Herzégovine, et la partie septentrionale de l'Arménie donnée à la Russie, qui prenait en outre la Bessarabie à la Roumanie. La formation d'une Grande Bulgarie indépendante regroupait tous les États slaves. La réaction des puissances occidentales aboutit à la réunion du congrès de Berlin*.

**SANTA ANA** ♦ V. des États-Unis (Californie) au S.-E. de Los Angeles. 337 977 hab. dont 65 % d'Hispaniques (zone urbaine comté d'Orange 2 846 289). La population avait augmenté de 44 % entre 1980 et 1990. Centre agricole, la ville doit son expansion économique à partir des années 1970 à l'industrie de haute technologie.

**SANTA ANA** ♦ V. du Salvador, ch.-l. de dép., au pied du volcan du même nom. 204 340 hab. Deuxième ville du pays. Important centre commercial. ♦ ***Département de Santa Ana*** 2 023 km². 523 655 hab. Riche zone agricole (café). Indus. textiles.

**SANTA ANNA (Antonio LÓPEZ DE)** ♦ Homme d'État mexicain (Jalapa 1794 - Mexico 1876). Ce militaire ambitieux porta au pouvoir divers présidents qu'il renversa avant de se faire élire président de la République en 1833. Sa politique centralisatrice violente occasionna la sécession du Texas*, où il combattit et fut fait prisonnier (1836). Les États-Unis utilisèrent son impopularité pour s'implanter dans la région. Sa vie fut une suite de complots, d'exils et de courtes périodes de dictatures suivies de renversements. Il mourut oublié.

**SANTA BARBARA** ♦ V. des États-Unis (Californie), sur la côte Pacifique au N. de Los Angeles. 92 325 hab. (zone urbaine 399 347). Mission espagnole du XVIIIe s. Campus de l'université de Californie. ▪ V. résidentielle. Station balnéaire. Les îles situées au large de Santa Barbara recèlent du pétrole, mais celui-ci n'est pas exploité en raison d'une réglementation de l'État de Californie destinée à protéger le site.

**SANTA CATARINA** ♦ État du Brésil (région Sud). ➝ **Brésil** (carte). 95 318 km². 5 356 000 hab. CAP. : Florianópolis. Immigration d'origine européenne à la fin du XIXe s. ▪ Cultures du riz sur le littoral, du blé, de la vigne, des pommes et élevage de volailles et de porcs à l'intérieur. Pêche, charbon. Indus. textiles et mécaniques.

**SANTA CLARA** ♦ V. de Cuba, ch.-l. de la prov. de Villa Clara (811 671 hab.), au centre de l'île. 238 424 hab. Centre indus. (sucreries, manufactures de tabac). Nœud routier et ferroviaire.

**SANTA CRUZ (Alonso DE)** ♦ Géographe espagnol (Séville 1505 - Madrid 1567). Professeur de cosmographie de Charles Quint (1539), il est l'auteur d'un système de projection qui fait de lui un précurseur de Mercator*.

**SANTA CRUZ** (îles) ➝ ÉTYM. esp. «Sainte Croix», n. donné parce qu'elles furent découvertes le jour de la fête de l'Exaltation de la Sainte Croix, le 14 sept. 1595 ♦ Archipel du Pacifique du S.-O., en Mélanésie (Océanie), dépendance des îles Salomon, au N. de Vanuatu. Les principales îles sont celles de Santa Cruz et Vanikoro*. 938 km². Env. 6 000 hab. ▮ **Histoire** Les Américains y remportèrent en oct. 1942 une victoire aéronavale qui fit échouer l'attaque japonaise contre l'aérodrome de Guadalcanal*.

**SANTA CRUZ** ➝ ÉTYM. esp. «Sainte Croix», n. donné par Magellan qui débarqua le jour de la fête de l'Exaltation de la Sainte Croix, le 14 sept. 1520 ♦ Prov. d'Argentine (Patagonie méridionale). ➝ **Argentine** (carte). 244 000 km². 197 000 hab. CAP. : Río Gallegos. Le piémont andin y est jalonné de lacs (tourisme) tandis que le plateau qui s'étend jusqu'à l'océan n'est couvert que par une maigre steppe, ventée, traversée par le río Santa Cruz. ▪ Moutons pour la laine. Exploitation en déclin du charbon (Río Turbio), du pétrole et du gaz.

**Santa Cruz** (Argentine). Le mont Fitz Roy. *Phot. © Nino Cirani/Ricciarini*

**SANTA CRUZ** ou **SANTA CRUZ DE LA SIERRA** ➝ ÉTYM. esp. «Sainte Croix de la Montagne» (la v. a été fondée le 14 sept. 1560, jour de la fête de l'Exaltation de la Sainte Croix) ♦ V. de Bolivie, située à 450 m d'alt. dans les plaines orientales, au pied de la Cordillère orientale. 1 538 000 hab. C'est la capitale d'une région pionnière, qui, depuis 1950, connaît un essor économique important : agro-industrie, sucrerie, bois, raffinerie. ♦ ***Département de Santa Cruz*** Il est situé dans des plaines fertiles, irriguées par les affluents du Mamoré-Guaporé. 370 621 km². 2 627 000 hab. Canne à sucre, fruits, bois, élevage.

**SANTA CRUZ DE TENERIFE** ♦ V. d'Espagne, cap. de la Communauté autonome des Canaries (en alternance avec Las Palmas), ch.-l. de prov. 200 902 hab. Importante raffinerie traitant 1 700 000 t de pétrole par an.

**SANTA FE** ◆ ÉTYM. esp. «Sainte Foi» ♦ V. d'Argentine, cap. de prov., reliée au fl. Paraná par un canal de 10 km. 442 000 hab. Fondée en 1573. Port exportant céréales, soja, laines et cuirs vers Buenos Aires. Indus. mécanique, agroalimentaire et textile. ♦ ***Province de Santa Fe*** → **Argentine** (carte). 133 007 km². 3 001 000 hab. La Pampa vallonnée, fertile grâce à la proximité du fl. Paraná, possède une agriculture dynamique (céréales, luzerne, oléagineux) et des élevages de bovins.

**SANTA FE** ◆ ÉTYM. V. ci-dessous Histoire ♦ V. des États-Unis, cap. du Nouveau-Mexique, sur la rivière Santa Fe, affl. du Río Grande. 62 203 hab. (zone urbaine 147 635). La ville a conservé intacte son atmosphère coloniale espagnole ; 50 % de la population y parle espagnol et l'on y voit de nombreux Indiens pueblos. Plusieurs monuments notables ; palais du gouverneur (1610), chapelle San Miguel (déb. XVIIIe s.). Des bâtiments modernes sont construits en style hispano-indien (adobe). ▪ Centre admin., religieux, littéraire et artistique. Tourisme. ▮ **Histoire** Fondée en 1610 par Don Pedro de Peralta, comme capitale du royaume du Nouveau-Mexique, *Villa Real de la Santa Fe de San Francisco de Asis* («la ville royale de la sainte foi de saint François d'Assise») fut occupée par les Indiens révoltés à la fin du XVIIe s., et reconquise par Diego de Vargas (1692). Elle fut occupée par les Américains en 1842.

**SANTA FE DE BOGOTÁ** → **Bogotá**

**SANTA ISABEL** → **Malabo**

**SANTALIS** n. m. pl. ♦ Groupe de peuples aborigènes de l'Inde, de langue munda, vivant sur un territoire de l'O. du Bengale. Ce sont des chasseurs, pêcheurs et cultivateurs, de religion animiste.

**SANTA MARTA** ♦ V. de Colombie, cap. du dép. du Magdalena. 314 487 hab. Port. ♦ ***Sierra Nevada de Santa Marta*** Massif de montagnes dressant son sommet (Pico C. Colón, 5 775 m). au bord de la mer des Caraïbes. Parc national : zone archéologique et touristique.

**SANTA MONICA** ♦ V. des États-Unis (Californie), sur le Pacifique, dans l'agglomération de Los Angeles. 84 084 hab. Indus. légères. Siège de la Rand Corporation, grand centre de recherche en sciences et sciences humaines. Ville résidentielle ; plages. Tourisme.

**SANTANDER** ◆ ÉTYM. de *Sant Andrès* «Saint-André», n. d'un ermitage ou de l'esp. *sant(o)* «saint» et du basque *andere* «dame [Vierge]» ♦ V. d'Espagne, cap. de la Communauté autonome de Cantabrie, sur le golfe de Biscaye. 181 802 hab. Cathédrale du XIVe s. avec crypte du XIIe. Palais royal d'été de la Magdalena. Centre universitaire récent. ▪ Port de pêche (sardines, thons) et de commerce ; station balnéaire sur la baie (plages du Sardinero) et port de plaisance. Centre commercial et indus. (construc. navales, métall. de transformation, indus. chimiques, textiles, faïences).

**SANTARÉM** ♦ V. du Brésil (État de Pará), au confluent de l'Amazone et du Tapajós. 186 000 hab. Port fluvial. Bois, caoutchouc.

**SANTARÉM** ♦ V. du Portugal (région de Lisbonne et Vallée du Tage), ch.-l. de district, dans le Ribatejo, sur le Tage. 63 563 hab. Églises romano-gothiques et baroques. ▪ Exposition agricole annuelle.

**SANTA ROSA** ♦ V. d'Argentine, cap. de la prov. de la Pampa. 96 000 hab. Marché de grains et de bétail.

**SANTAYANA (George)** ♦ Philosophe américain d'origine espagnole (Madrid 1863 - Rome 1952). À mi-chemin du naturalisme et de l'idéalisme, sa philosophie voit dans le matérialisme mécaniste la seule explication rationnelle des choses, tout en admettant que la conscience est créatrice de valeurs. Œuvres philosophiques : *La Vie de la Raison,* 1903 - 1906 ; *Le Domaine de l'Être,* 1927 ; *Le Domaine de l'Esprit,* 1940. Œuvre littéraire : *Poèmes,* 1921. Roman, *Le Dernier Puritain,* 1935.

**SANT'ELIA (Antonio)** ♦ Architecte et urbaniste italien (Côme 1888 - près de Montefalcone 1916). Il présenta son projet de ville nouvelle *(Città nuova)* en 1914 à Milan, et son étude devint, avec la collaboration de Marinetti, un *Manifeste de l'architecture futuriste.* De nombreux et remarquables dessins soulignent l'importance des communications verticales et horizontales dans l'urbanisme prospectif de Sant'Elia. Mais ce dernier, tombé au front, ne put réaliser aucun de ses projets.

**SANTER (Jacques)** ♦ Homme politique luxembourgeois (Wasserbillig 1937). Premier ministre (chrétien-social) de 1984 à 1995, il fut président de la Commission européenne de 1995 à 1999. Député européen de 1999 à 2004.

**SANTERRE (Antoine Joseph)** ♦ Homme politique français (Paris 1752 - *id.* 1809). Brasseur au faubourg Saint-Antoine (1772), surnommé le Père du faubourg en raison de sa générosité, il participa dès 1789 à toutes les grandes journées révolutionnaires et prit en particulier, avec Legendre et Fournier, la tête de celle du 20 juin* 1792. Nommé chef de la Garde nationale de Paris par la Commune insurrectionnelle après le 10 août 1792, il fut chargé de la garde du Temple où était emprisonnée la famille royale et conduisit Louis XVI à l'échafaud. Général de division en Vendée en 1793, il fut battu à Coron. Suspecté, emprisonné aux Carmes, il fut libéré après le 9 Thermidor (27 juil. 1794). ◆ ÉTYM. Ce nom de famille vient d'un nom de lieu qui signifie «terre saine».

**SANTERRE** n. m. ♦ Région de Picardie, au S. d'Amiens*, comprise entre le cours inférieur de la Somme* et la vallée de l'Avre*. Pays de grandes cultures (céréales et betteraves).

**SANTES** [59211] ♦ Comm. du Nord, arr. de Lille. 4 974 hab.

**SANTIAGO** ◆ ÉTYM. esp. «Saint Jacques» (n. choisi par les Espagnols pour honorer saint Jacques le Majeur, patron de la Castille) ♦ Cap. du Chili, située à l'extrémité septentrionale de la Vallée centrale, au pied des Andes. Sa situation géographique renforce le risque de pollution atmosphérique. L'agglomération compte 4 659 000 hab. Métropole économique. Secteur tertiaire important (établissements financiers, banques, hôtels...). Universités. Siège de la Commission économique pour l'Amérique latine et les Caraïbes de l'ONU. ♦ ***Région métropolitaine de Santiago*** 15 000 km². 6 061 000 hab. Riche région agricole (céréales, vignobles, vergers). Élevage. Mines de cuivre. Stations de sports d'hiver. ▮ **Histoire** La ville fut fondée en 1541 par Pedro de Valdivia qui lui donna le nom de *Santiago del Nuevo Extremo.*

**SANTIAGO DE COMPOSTELA** → **Saint-Jacques-de-Compostelle**

**SANTIAGO DE CUBA** ♦ V. de Cuba, ch.-l. de la prov. de Santiago de Cuba (1 044 791 hab.), au S.-E. de l'île. 494 430 hab. Située au fond d'une baie remarquable, fermée par un goulet de 160 m de large seulement. Quartiers anciens pittoresques. Rhumeries. Manufactures de tabac. À 10 km se trouve le sanctuaire de la Vierge de Cobre, patronne de Cuba.

**SANTIAGO DEL ESTERO** ♦ V. d'Argentine, cap. de prov., sur le río Dulce. 373 000 hab. Centre de commerce. Indus. agroalimentaire. Fondée par les Espagnols en 1553, c'est la ville la plus ancienne d'Argentine. ♦ ***Province de Santiago del Estero*** Elle est située au contact du Chaco et des premiers plis des Andes → **Argentine** (carte). 135 254 km². 804 000 hab. La région est fertilisée par les crues du río Dulce et du río Salado del Norte (100 000 ha irrigués). Coton, tabac, céréales.

**SANTIAGO DE LOS CABALLEROS** ♦ V. de la République dominicaine, située sur les bords du río Yaque del Norte. 622 101 hab. Deuxième ville du pays. Centre commercial et indust. actif (tabac, café, cuir). Les cigares de Santiago sont parmi les plus réputés du monde. Importante zone franche indus. qui exporte vers les États-Unis. ▮ **Histoire** La ville, fondée en 1504 par les Espagnols, fut détruite à de nombreuses reprises, soit par des tremblements de terre, soit par des actions de guerre.

**ŠANTIĆ (Aleksa)** ♦ Poète serbe (Mostar 1868 - *id.* 1924). Très attaché à son pays natal, l'Herzégovine, il l'a chanté dans des vers devenus très populaires *(Ne partez pas...).*

**SANTILLANA (Iñigo LÓPEZ DE MENDOZA, marquis DE)** ♦ Homme de guerre et poète espagnol (province de León 1398 - Guadalajara 1458). Il participa aux guerres civiles du règne de Jean* II et contribua à la chute du favori Álvaro de Luna*. Il combattit aussi contre les Maures et obtint le titre de marquis de Santillana. Poète, il fut le premier à composer des sonnets à l'italienne et écrivit de nombreux poèmes allégoriques, philosophiques ou didactiques *(Le Doctrinal des favoris ; Les Proverbes de la glorieuse doctrine ; Serranillas).*

**SÄNTIS** n. m. ♦ Sommet des Alpes suisses à la limite des cantons d'Appenzell et de Saint-Gall, point culminant du massif de l'Alpstein à 2 503 m d'alt. Observatoire météorologique.

**SANTO ANDRÉ** ♦ V. du Brésil (État de São Paulo). 649 000 hab. Banlieue industrielle de São Paulo. Métallurgie, mécanique, chimie.

**SANTO DOMINGO DE GUZMÁN** → **Saint-Domingue**

**SANTŌ Kyōden** ♦ Écrivain japonais (Edo, auj. Tōkyō 1761 - *id.* 1816) et graveur sur bois, auteur de nombreux romans populaires aux intrigues compliquées : *Keiseikai shijûhatte* («Quarante-huit façons d'acheter une courtisane» 1790), *Nishiki no ura* («Derrière le brocart» 1791).

**SANTONS** n. m. pl. ◆ ÉTYM. en lat. ***Santones*** ; p.-ê. du gaul. *°santo,* à rapprocher de *sento* «chemin» ♦ Peuple de la Gaule établi autour de *Mediolanum Santonum* (Saintes*). Son territoire fut compris dans l'Aquitaine* IIe.

**SANTORIN** ou **THÉRA** ◆ ÉTYM. en gr. mod. ***Thira*** «chasse ; gibier» ♦ Île grecque de la mer Égée, la plus méridionale des Cyclades. L'île actuelle et l'îlot voisin de Thirasia (85 km². 10 000 hab. CH.-L. : Thira, au-dessus de la baie centrale), de forme annulaire, sont les témoins d'un anc. volcan dont le cratère s'est effondré en caldeira sous-marine à la suite d'éruptions explosives catastrophiques, notamment vers -1500. Dans la partie envahie par la mer, les îles Kameni («brûlées») ont émergé lors d'une dizaine de petites éruptions qui ont eu lieu entre -197 et 1950. L'île appelée dans la haute antiquité *Kallistê* («la très belle») et *Strongylê* («la ronde») fut occupée au IIe millénaire et en contact étroit avec la Crète minoenne. Les vestiges d'Akrotiri, ville de la côte S. de Thira exhumée en 1967 par Spiridon Marinatos, bien protégée par son enfouissement sous les cendres de l'éruption précédant l'abandon de l'île et l'explosion finale, témoignent de cette phase brillante. L'île fut réoccupée vers -1000. Elle entra plus tard dans la mouvance de Sparte. Nommée *Sainte-Irène* dès le IIIe s., puis *Santorini* par les Vénitiens qui l'intégrèrent en 1204 au duché de Naxos, l'île fut prise par les Turcs en 1537. ▪ Cultures de vignes et de légumes. Vins renommés. Tourisme.

**SANTORIO** latinisé en **Sanctorius** ♦ Médecin italien (Capo d'Istria 1561 - Venise 1636). Il fut le premier à introduire la mesure en médecine ; il est connu par ses expériences minutieuses sur les variations de poids et de température du corps. Il inventa le thermomètre et un appareil pour mesurer le pouls.

**SANTOS** ♦ V. et port du Brésil (État de São Paulo). 416 000 hab. Premier port exportateur de café du monde. L'étroitesse de la plaine littorale a provoqué la concentration d'installations industrielles polluantes (sidérurgie, pétrochimie) dans la ville voisine de Cubatão.

**SANTOS-DUMONT (Alberto)** ♦ Ingénieur et aéronaute brésilien (Palmira, auj. Santos Dumont, État de Minas Gerais 1873 - São Paulo 1932). Il participa activement en France, où il était venu vivre très jeune, à l'essor de l'aérostation et de l'aviation. Après avoir effectué un vol de 60 m à Bagatelle, près de Paris (23 oct. 1906), il détint, le 12 nov. de la même année, le premier record du monde avec un vol de 220 m d'une durée de 21 sec.

**SANUDO (Marco)** ♦ Homme de guerre vénitien (1153 - v. 1220). Il participa à la quatrième croisade et prit pour le compte de Venise certaines îles des Sporades et des Cyclades, dont Naxos qu'il réussit à conserver. Ses descendants y régnèrent jusqu'en 1383.

**SANVIGNES-LES-MINES** [71410] ♦ Comm. de la Saône-et-Loire, arr. de Charolles. 4 342 hab. *(Sanvignards)*.

**SÃO BERNARDO DO CAMPO** ♦ V. du Brésil (État de São Paulo). 691 000 hab. Construc. automobile. ▮ **Histoire** C'est de là que commencèrent les grèves de 1979 - 1980 qui annoncèrent la fin du régime militaire en place depuis 1964 et contribuèrent à la renommée du chef syndicaliste Lula*.

**SÃO CAETANO DO SUL** ♦ V. du Brésil (État de São Paulo). 140 000 hab. Troisième ville de la principale concentration indus. et ouvrière dite de l'ABC pauliste avec Santo André et São Bernardo.

**SÃO CARLOS** ♦ V. du Brésil (État de São Paulo). 183 000 hab. Deux universités. Pôle technologique (optique, nouveaux matériaux).

**SÃO FRANCISCO** n. m. (rio) ➝ ÉTYM. port. « Saint-François » (le fleuve fut atteint par A. Vespucci le 4 octobre 1501, jour de la Saint-François) ♦ Fl. du Brésil (3 161 km) qui relie les deux principaux foyers de peuplement du Brésil colonial, l'État de Minas Gerais et la région Nordeste. Il traverse le Sertão puis son cours sert de limite aux États de Sergipe et d'Alagoas avant son embouchure dans l'Atlantique. Son aménagement a une double fonction : fourniture d'électricité et irrigation. Une série de barrages a été édifiée (Paulo Afonso, 1947 ; Três Marias, 1953 ; Sobradinho [Juazeiro], 1974 ; Itaparica, 1986). Les périmètres d'irrigation fournissent des produits de qualité : melons, tomates, raisins, oignons.

**SÃO GONÇALO** ♦ V. du Brésil faisant partie de l'agglomération de Rio de Janeiro, à l'E. de la baie de Guanabara. 891 000 hab.

**SÃO JOÃO DE MERITI** ♦ V. du Brésil (État de Rio de Janeiro), dans la banl. N. de Rio de Janeiro. 450 000 hab.

**SÃO JOSÉ DO RIO PRÊTO** ♦ V. du Brésil (État de São Paulo). 337 000 hab. Centre d'une riche région agricole. ▮ **Histoire** La ville fut fondée en 1852.

**SÃO JOSÉ DOS CAMPOS** ♦ V. du Brésil (État de São Paulo). 533 000 hab. Centre aérospatial, construction aéronautique.

**SÃO LUÍS** ♦ V. du Brésil, cap. de l'État du Maranhão. 838 780 hab. Le centre-ville est classé Patrimoine de l'humanité par l'Unesco en raison de ses façades émaillées (azulejos). Du port d'Itaqui, exportation de minerais de fer (de Carajás) et d'aluminium. ▮ **Histoire** São Luís fut fondée par les corsaires français de Louis XIII en 1612, reprise par les armées portugaises trois ans plus tard, ce qui mit fin au rêve de la France équinoxiale.

**SÃO MIGUEL** – en fr. ***Saint-Michel*** ♦ Île la plus étendue de l'archipel portugais des Açores* où se trouve la cap., Ponta Delgada. 747 km$^2$. 77 000 hab.

**SAÔNE** [son] n. f. ➝ ÉTYM. anc. *Sauconna, Sagonna*, du gaul. *-onna* « fleuve » et d'un élément obscur, p.-ê. n. de divinité [*Sauconna* était le n. d'une source sacrée de Chalon à l'époque romaine] ♦ Riv. de l'E. de la France, le plus important affl. rive d. du Rhône*. 480 km. Née dans le seuil de Lorraine (dép. des Vosges) à 400 m d'alt. au S.-O. d'Épinal, elle arrose le dép. de la Haute-Saône, la partie orientale de la Côte-d'Or, la Saône-et-Loire et délimite une partie des dép. de l'Ain et du Rhône. Elle coule vers le S., à l'E. de la large dépression du plateau de Langres, puis entre le Massif central et le Jura. Elle arrose Port-sur-Saône et Gray, avant de recevoir l'Ognon (rive g.), passe à Auxonne, reçoit l'Ouche (rive d.) en aval de Saint-Jean-de-Losne, puis le Doubs, son affl. principal venu de la trouée de Belfort qui la dépasse en longueur au confluent. Elle arrose Chalon et Tournus, reçoit la Seille (rive g.), arrose Mâcon, longe les vignobles de Bourgogne (à l'O.), tandis qu'à l'E., elle borde la plaine fertile de la Bresse, qui s'étend au pied du Jura. Elle passe ensuite à Villefranche, Trévoux, franchit la région de la Dombes à l'E., puis conflue avec le Rhône après avoir traversé Lyon. La Saône est reliée par canaux avec le Rhin (par le Doubs), avec la Marne et la Seine (canal de Bourgogne) et avec la Loire (canal du Centre). C'est une rivière calme, abondante ; elle soutient le débit du Rhône en hiver. Le barrage de Pierre-Bénite sur le Rhône améliore considérablement les relations entre ce fleuve et la Saône en particulier sur le plan de la navigation fluviale par surélévation du niveau d'eau.

**SAÔNE (HAUTE-)** ➝ **Haute-Saône**

**SAÔNE-ET-LOIRE [71]** n. f. ➝ ÉTYM. du n. des deux cours d'eau ♦ Dép. du centre-Est de la France, région Bourgogne. 8 575 km$^2$. 544 893 hab. CH.-L. : Mâcon. CH.-L. D'ARR. : Autun, Chalon-sur-Saône, Charolles, Louhans. Cour d'appel : Dijon. Académie : Dijon. ➝ **Bourgogne.**

**SÃO PAULO** – en fr. ***Saint-Paul de Luanda*** ➝ **Luanda**

**SÃO PAULO** ➝ ÉTYM. du n. de la v. ♦ État du Brésil (région Sudeste). ➝ **Brésil** (carte). 248 255 km$^2$. 37 032 000 hab. CAP. : São Paulo. Le réseau urbain, très dense, regroupe 90 % de la population. C'est le cœur économique du pays. Son agriculture très diversifiée et mécanisée en fait le premier producteur d'oranges, de café, de tomates, de canne à sucre et de coton. Distilleries d'alcool, usines de jus d'oranges et élevages industriels symbolisent l'essor de l'industrie agroalimentaire. Son parc industriel extrêmement diversifié réalise 55 % de la production indus. du Brésil grâce à cinq raffineries de pétrole, un réseau d'oléoducs et un très bon réseau de transports. La majorité des firmes multinationales ainsi que les grandes banques y sont représentées. Les unités industrielles quittent la mégapole pour les régions de Campinas, de São José dos Campos et de Santos.

**SÃO PAULO** ➝ ÉTYM. port. « Saint Paul » ; la v. fut fondée à l'emplacement d'un collège jésuite dont la première messe fut célébrée le 25 janvier 1544, jour anniversaire de la conversion de saint Paul ♦ V. du Brésil, cap. de l'État de São Paulo, sur le tropique du Capricorne, au bord du très pollué rio Tietê. 9 813 000 hab. (aggl. 18 000 000 sur 8 000 km$^2$). C'est la 4e ville du monde. Univ. Centre culturel, scientifique et artistique. Dotée d'un tissu urbain hétérogène, São Paulo est sans doute la ville du Brésil qui ressemble le plus aux villes nord-américaines par ses gratte-ciel au centre, ses quartiers résidentiels aisés (cités-jardins) et ses banlieues ouvrières. Mais c'est aussi une agglomération du tiers-monde avec des périphéries immenses construites par les habitants pauvres jouxtant des quartiers aisés sous la haute surveillance de vigiles privés. Le problème des transports urbains est aigu malgré deux lignes de métro. ▪ Métropole économique (première place financière du pays), industrielle et commerciale. Tous les secteurs industriels y sont représentés, des indus. de base aux nouvelles technologies. Aéroports de Congonhas, dans la ville, et de Cumbinca à Guarulhos. ▮ **Histoire** Fondée par les jésuites en 1554, au bord du rio Tietê, la ville resta longtemps le point de départ d'explorateurs et de chercheurs d'or *(bandeirantes)* qui se dirigeaient vers l'intérieur. En 1822 l'indépendance du Brésil y fut proclamée, mais c'est vers la fin du XIXe s. qu'elle connut un essor rapide lié à la culture du café dont elle organisa le commerce.

**SAOS** n. m. pl. ➝ ÉTYM. d'un mot indigène *sawe* « mur d'enceinte » ♦ Peuple ayant dominé le S. du lac Tchad jusqu'à la fin du Ier millénaire. Habitant des buttes fortifiées hors d'atteinte des crues, ils furent peu à peu absorbés par les empires du Kanem* et du Bornou*. Animistes pratiquant des cultes funéraires dont il nous reste de nombreuses figurines en terre cuite, les Saos résistèrent à l'islamisation jusqu'au XVe s.

## SÃO TOMÉ-ET-PRÍNCIPE

▮ – off. ***République démocratique de Sao Tomé-et-Principe*** ➝ ÉTYM. *São Tomé* : port. « Saint Thomas », car l'île fut découverte le jour de la Saint-Thomas et *Príncipe* « île du Prince* (le futur Alphonse* V) » ♦ Pays insulaire au S.-E. du golfe de Guinée formé de deux îles principales, São Tomé (859 km$^2$) et Príncipe (142 km$^2$), et de quatorze îlots, dont Pedras Tinhosas et Rolas. 1 001 km$^2$. 163 000 hab. *(Santoméens)*. LANGUES : portugais (off.), forro (créole lusophone), angolare, fang. POPULATION : Métis (Forros, Angolares). RELIGION : catholiques. MONNAIE : dobra (100 centavos). CAPITALE : São Tomé. RÉGIME : présidentiel.

▮ **GÉOGRAPHIE** Ces îles au relief volcanique (2 024 m à São Tomé ; 948 m à Príncipe), situées sous l'équateur et aux flancs sillonnés de ruisseaux, présentent tous les types de végétation. La forêt couvre plus de 60 % de la superficie. La banane, la patate douce et l'igname constituent les cultures vivrières. Le cacao (80 %), le café, le coprah, l'huile de palme et la canne à sucre assurent l'essentiel des exportations. Des pêcheries tirent partie des bancs de thons qui fréquentent les eaux de l'archipel. São Tomé a été choisi comme plate-forme de stockage par les industriels et les commerçants travaillant dans le golfe de Guinée. Des concessions pétrolières importantes ont été accordées en 2004 à des compagnies américaines dans des zones aux frontières non délimitées et appartenant conjointement à São Tomé et au Nigeria. Près de 50 000 Santoméens vivent au Portugal, en Angola et au Gabon.

**HISTOIRE** L'archipel était désert lorsque, en 1471, le jour de la Saint-Thomas, João de Santarém et Pêdro Escobar découvrirent l'île qui porte ce nom. En 1493, le Portugal introduisit des condamnés dans l'archipel ainsi que des jeunes juifs bannis par l'Inquisition et des esclaves amenés d'Angola. Une première révolte d'esclaves eut lieu en 1530. Une autre, en 1585, aboutit à la création d'une principauté autonome dans une région inaccessible. En 1876, l'esclavage fut aboli. La canne à sucre fut d'abord la culture principale, puis, à partir du XIXe s., ce fut celle du café et surtout du cacaoyer qui fit de l'archipel le plus gros producteur mondial de cacao. São Tomé diversifia ensuite sa production avec l'arrivée, dans la première moitié du XXe s., de colons portugais qui se lancèrent dans l'agriculture de plantations. En 1951, São Tomé devint une province portugaise d'outre-mer. Le massacre d'un millier de personnes à Batepa par les colons portugais à la suite d'une révolte en 1953 marqua le début de la lutte pour l'indépendance qui prit sa forme politique parmi les étudiants santoméens de Lisbonne (fondation du Mouvement de libération de São Tomé e Príncipe [MLSTP] par Manuel Pinto da Costa et Miguel Trovoada). La révolution portugaise de 1974 accorda l'année suivante l'indépendance à l'archipel où la république fut proclamée avec Pinto da Costa pour président et Trovoada comme Premier ministre. Le nouveau régime de parti unique opta pour le marxisme-léninisme et l'alignement sur Cuba et l'Angola. En 1979, Trovoada fut arrêté comme «ennemi du peuple», puis expulsé. Les difficultés économiques et le retrait cubain d'Angola amenèrent le pouvoir à autoriser la tenue d'élections libres en 1991. Trovoada, rentré d'exil, chef du parti de la Convergence, fut élu à la présidence tandis que l'ancien parti unique remportait les élections en 1994. Un coup d'État militaire échoua sous la pression internationale (août 1995), témoignant des difficultés économiques et politiques du pays. Trovoada fut réélu en 1996, mais le MLSTP remporta les élections législatives de 1998 et son candidat, Fradique de Menezes, la présidentielle de 2001 et celle de 2006 face à Patrice Trovoada, le fils de l'ancien président. Deux tentatives de putschs (1995 et 2003) dénonçant la lutte contre la corruption ont été jugulées par la négociation. L'instabilité ministérielle dans un contexte de difficultés sociales marque le mandat de Fr. de Menezes.

**SAOURA** n. f. ♦ Région d'Algérie qui couvre la partie O. du Sahara algérien longeant les frontières du Maroc, du Sahara occidental, de la Mauritanie et du Mali. Princ. groupes d'oasis : Gourara et Touat. D'autres oasis sont dispersées le long de la vallée de l'*oued Saoura*, qui borde en direction du S. la face O. du Grand Erg occidental. Cette région possède également des ressources minières dont celles du gara Djebilet.

**SAPIENZA (Goliarda)** ♦ Romancière et comédienne italienne (Catane, 1924 - Gaète 1996), née dans une famille socialiste anarchiste, d'un père avocat syndicaliste et d'une mère directrice du *Cri du peuple*, dont Gramsci était rédacteur. Après l'Académie d'art dramatique de Rome, elle joua sous la direction de Visconti (dans *Senso*), Alessandro Blasetti, ou encore Francesco Maselli. De 1967 à 1976, elle se consacra à l'écriture de son chef-d'œuvre : *L'Art de la joie* (publié deux ans après sa mort), roman d'apprentissage dont les quatre livres correspondent aux quatre âges de la vie de Modesta, née le 1er janvier 1900 dans l'extrême pauvreté, et destinée à devenir, avec le concours du hasard et celui d'une volonté farouche, princesse sicilienne. Parallèlement, elle publia de 1967 à 1987 un cycle autobiographique (*Lettre ouverte ; Le Fil du Midi ; L'Université de Rebibbia ; Les Certitudes du doute*).

**SAPIR (Edward)** ♦ Linguiste et anthropologue américain d'origine allemande (Lauenburg 1884 - New Haven, Connecticut 1939). Il fut dirigé par F. Boas* vers l'étude des langues et des cultures amérindiennes. Enseignant au Canada (1910 - 1925), puis à Chicago et à Yale, il ne cessa d'étudier sur le terrain les langues indiennes, sur le plan tant formel (ce qui le conduisit notamment à donner dès 1925 une définition du phonème, indépendamment des travaux de l'école de Prague) que fonctionnel. Accordant toute leur importance aux considérations sémantiques, il a élaboré une typologie des langues d'après l'analyse conceptuelle opérée par le langage (idée développée dans l'analyse linguistique par B. L. Whorf*). En syntaxe, Sapir laissa pressentir les théories transformationnelles (→ **Harris, Chomsky**) par la prise en considération d'une phrase-noyau modifiable. Son influence sur la linguistique américaine fut considérable. Son ouvrage de synthèse *Language* (1921, trad. fr. 1953) fut l'un des premiers à proposer une linguistique synchronique, fonctionnelle (comme Bloomfield), mais tenant compte du fait anthropologique global et soulignant l'importance du lexique et de la sémantique.

**SAPOR** → **Chahpour**

**SAPPHO** ou **SAPHO** – en gr. ***Sapphô*** ou ***Psapphô*** ♦ Poète grecque (Mytilène, Lesbos fin du -VIIe - début du -VIe s.). Contemporaine d'Alcée* et aristocrate comme lui, elle fut exilée en Sicile* v. -593 (→ **Pittacos**), puis, revenue à Mytilène, elle anima une confrérie de jeunes filles nobles placée sous l'invocation d'Aphrodite et des

**Saragosse** vue des tours de Notre-Dame du Pilier.
*Phot. © Ilya D. Gridnev /Shutterstock*

muses, où l'on étudiait la poésie, la musique et la danse. Mariée et mère d'une fille, d'après les uns, elle aurait refusé l'amour d'Alcée, d'après les autres. Rien n'est confirmé des événements de sa vie ou de son aspect physique. La fable de son amour désespéré pour Phaon et de son suicide à Leucade* paraît sans fondement. Par contre, ses affinités pour certaines de ses élèves sont évidentes dans ses vers et firent scandale dès l'Antiquité. Explicables et tolérées dans le contexte de l'émancipation de la femme éolienne, ces affinités furent tournées en dérision par les comiques attiques désireux d'enrayer le mouvement féministe des Athéniennes (d'où le nom de lesbienne pour désigner la femme homosexuelle). ▪ Élaborant la lyrique monodique, Sappho composa des odes, épithalames et hymnes. La célèbre *Ode à Aphrodite* est le seul de ses poèmes qui soit conservé entier parmi les 650 vers que nous possédons d'elle. Le thème de l'amour, la célébration de la beauté et de la grâce féminine y trouvent des tons admirablement tendres et ardents. Créatrice du lyrisme érotique, Sappho enrichit le lyrisme de tous les temps. Elle inventa la strophe dite *saphique*. La peinture de vases du -Ve s. témoigne de sa popularité. Platon la nomma la Dixième Muse. Plutarque fit son éloge. Ovide* la plaça dans sa galerie des grandes amoureuses (Héroïdes), Catulle* et Horace* traduisirent et imitèrent ses vers. Enfin, elle inspira la littérature et l'art moderne (→ **Leopardi, Foscolo**).

**SAPPORO** ➔ ÉTYM. p.-ê. de l'aïnu *Sari-Paro-Pe* «large rivière aux roseaux» ♦ V. du Japon (Hokkaidō), ch.-l. de préf., fondée à la fin du XIXe s. 1 880 863 hab. Petite indus. alimentaire, textile, papeterie et centre administratif important. Elle fut le siège des jeux Olympiques d'hiver en 1972.

**SAQQARA** ou **SAKKARA** ♦ Site archéologique d'Égypte à 35 km au S.-O. du Caire, nécropole principale de l'anc. Memphis*. Sur 7 km s'étendent des sépultures de l'Ancien Empire à la période romaine. Le monument le plus remarquable est la pyramide à degrés de Djoser* (IIIe dynastie), composée de six gradins, œuvre de l'architecte Imhotep*. Elle s'élève au centre d'une vaste enceinte rectangulaire qui contient une série de salles et de cours. Au S. du tombeau de Djoser se trouve la pyramide d'Ounas (Ve dynastie), célèbre par les textes funéraires qui sont gravés sur ses parois. Autour des pyramides s'élèvent de nombreux mastabas des IVe, Ve et VIe dynasties, dans lesquels étaient enterrés les nobles de l'Ancien Empire, tels ceux de Ti et de Méra dont les très beaux bas-reliefs évoquent divers aspects de la vie quotidienne. Au N.-O. de l'édifice de Djoser a été découvert le Serapeum*.

**SARA** ou **SARAH** ➔ ÉTYM. hébr. «princesse» ♦ Personnage biblique (Genèse, XI-XXIII), femme d'Abraham*, miraculeusement mère d'Isaac* à 90 ans.

**SARACOĞLU (Şükrü)** ♦ Homme politique turc (Ödemis, près de Smyrne 1887 - İstanbul 1953). Il se rallia à Mustafa Kemal dès 1919, fut ministre des Finances (1927 - 1930), fonda la Banque centrale de l'État et stabilisa la monnaie. Ministre de la Justice (1933) puis des Affaires étrangères (1938 - 1942), il contribua à maintenir longtemps la neutralité du pays lors de la Deuxième Guerre mondiale. Président du Conseil (1942 - 1946), il déclara cependant la guerre à l'Allemagne et au Japon en fév. 1945 pour préserver les intérêts de la Turquie. ➔ ÉTYM. Parfois francisé en ***Saradjoglou***, ce nom turc signifie «le fils (*oğlu*) du sellier (*saraç*)».

**SARAGAT (Giuseppe)** ♦ Homme d'État italien (Turin 1898 - Rome 1988). Socialiste, il s'exila pendant la période fasciste. Ambassadeur à Paris (1945 - 1946), président de l'Assemblée constituante (1946 - 1947), il fonda le Parti social démocrate italien en 1947 pour se désolidariser des socialistes au sujet des rapports avec les communistes. Vice-président du Conseil et plusieurs fois ministre, il fut président de la République (1964 - 1971).

**SARAGOSSE** – en esp. *Zaragoza* ➝ ÉTYM. du lat. *Caesaraugusta* «(ville de) César Auguste», transformé en ar. en *Sarraqusta* et en esp. *Zaragoza* ♦ V. d'Espagne, cap. de la Communauté autonome d'Aragon, ch.-l. de prov., sur l'Èbre. 654 390 hab. Univ. Siège de l'Académie militaire. Cathédrale (la Seo) des XII$^e$ - XVI$^e$ s. Église Notre-Dame du Pilier (Nuestra Señora del Pilar), d'après les plans de J. B. de Herrera* (XVII$^e$ s.), nombreuses églises de style mudéjar. L'industrialisation est en plein essor (construc. mécaniques, indus. alimentaire). ▮ **Histoire** Ancienne *Salduba*, colonie phénicienne, elle devint sous les Romains (–I$^{er}$ s.) *Caesaraugusta*, nom que les Arabes, qui la prirent en 712, adaptèrent en *Sarakusta*. Au XI$^e$ s., Saragosse devint la capitale d'un royaume maure, mais fut reprise au siècle suivant par Alphonse* I$^{er}$ d'Aragon. Elle devint la capitale de l'Aragon et le siège d'un archevêché au XIV$^e$ s. Elle obtint alors des privilèges *(fueros)* importants qu'elle perdit peu à peu, et fut toujours en opposition avec le régime centralisateur de Madrid. Au cours des guerres napoléoniennes, elle soutint deux sièges héroïques (1808 - 1809).

**SARAJEVO** ➝ ÉTYM. «le lieu du château», du turc *saray* «château» et *-evo*, suff. slave marquant l'appartenance ♦ Cap. de la Bosnie*-Herzégovine, sur la Miljacka. 380 000 hab. *(Sarajéviens)*. Archevêché catholique et orthodoxe. Univ. Les trois villes dont elle est formée retracent les étapes de son histoire. Fondée par les Turcs au XV$^e$ s. sous le nom de Bosna-Saray, la ville ancienne, très orientale avec ses mosquées et ses marchés, est un centre d'artisanat (tapis, travail du cuivre, filigranes). La nouvelle ville, construite sous la domination autrichienne (à partir de 1878), le long de la Miljacka, est le centre administratif et commercial. La troisième ville marque l'ère industrielle (indus. lourde, mécanique et alimentaire) et s'étend vers Ilidža. Lieu de passage, au croisement des routes de Bosnie et d'Herzégovine vers la Save, c'était un centre touristique fréquenté (ville anc., citadelle). ▮ **Histoire** L'assassinat de l'archiduc François-Ferdinand d'Autriche (28 juin 1914) fut l'incident qui déclencha la Première Guerre mondiale. Les jeux Olympiques d'hiver s'y déroulèrent en 1984. De mars 1992 à août 1995, Sarajevo subit, de la part des forces serbes bosniaques hostiles à l'indépendance de la Bosnie-Herzégovine, un long siège meurtrier et destructeur. L'exode des Serbes locaux et l'afflux de réfugiés ont fait passer les Bosniaques (musulmans) de 50 % à 90 % de sa population.

**SARAKOLÉS** ou **SONINKÉS** n. m. pl. ➝ ÉTYM. «les gens du Nord», déformation de *Shaadinké* (*Shaadi* ou *Saadi*) ou «les personnes *(séré)* blanches *(koulé)*» (les fondateurs de l'empire du Ghana auraient été blancs) ♦ Peuple d'Afrique occidentale vivant au Sénégal oriental, dans le S. de la Mauritanie et l'O. du Mali, dans l'aire occupée par l'ancien empire du Ghana* dont ils furent les fondateurs. Islamisés de force après la chute du Ghana, ils n'abandonnèrent jamais complètement la religion traditionnelle et furent l'objet de reconversions souvent violentes, notamment par les Toucouleurs d'El-Hadj Omar au milieu du XIX$^e$ s. De l'époque du Ghana, ils ont conservé la structure très hiérarchisée de la société, ainsi que l'usage du sol géré au niveau du village par un «chef de terre». Ils constituent la plus importante des communautés de travailleurs immigrés d'Afrique noire en France.

**SARAMAGO (José)** ♦ Écrivain portugais (Azinhaga, Alentejo 1922). Son premier roman (*Terre du péché*, 1947) fut suivi de poèmes et d'essais, mais ce n'est qu'après la parution de son deuxième roman (*L'Année 1993*, 1975) que Saramago connut une renommée internationale. Proche du parti communiste, profondément anti-européen et critique de l'Église catholique, il a fait du Portugal le héros de ses œuvres. Mêlant réalité historique et fiction, il se sert de l'histoire de son pays pour juger l'époque contemporaine (*Le Dieu manchot*, 1982 ; *Le Radeau de pierre*, 1986 ; *L'Évangile selon Jésus-Christ*, 1991 ; *L'Aveuglement*, 1995, dont une adaptation cinématographique a été faite en 2008 ; *La Caverne*, inspiré du mythe de Platon, 2000 ; *Le Voyage de l'éléphant*, 2008). Avec *L'Année de la mort de Ricardo Reis* (1984) et *L'Autre comme moi* (2002), il aborde le thème du double. Les faiblesses de la civilisation et la corruption du pouvoir lui inspirent une nouvelle fable tragicomique sur une société qui implose le jour où la mort disparaît : *Les Intermittences de la mort* (2005). [Prix Nobel de littér. 1998]

**SARAN** [45770] ➝ ÉTYM. du gaul. *Sarro*, n. de pers., ou du germ. *Sigeramannus*, n. de pers. ♦ Comm. du Loiret, arr. d'Orléans. 14 797 hab. Indus. graphiques. Vente par correspondance.

**SARANSK** ♦ V. de Russie, cap. de la Mordovie. 304 900 hab. Univ. (fondée en 1963). Indus. métallurgique, mécanique et alimentaire. Centrale thermique.

**SARAPIS** → **Sérapis**

**SARASATE Y NAVASCUÉS (Martín, dit Pablo DE)** ♦ Violoniste et compositeur espagnol (Pampelune 1844 - Biarritz 1908). Enfant prodige, il compléta ses études au Conservatoire de Paris et entreprit une carrière de virtuose exceptionnellement brillante. Il composa pour son instrument des pièces inspirées du folklore espagnol (romances, fantaisies, danses et airs). De nombreux musiciens, dont Lalo et Saint-Saëns, lui ont dédié leurs œuvres.

**SARASIN (Jean-François)** ♦ Poète français (Caen v. 1614 - Pézenas 1654). Fréquentant l'hôtel de Rambouillet*, il y fut le rival de Voiture*. Ses œuvres furent réunies et publiées par Ménage* (1656). On y trouve la *Pompe funèbre de Voiture* (1649).

**SARASVATĪ** ➝ ÉTYM. sanskr. «région riche en lacs», de *sarasī* «lac», *sa* «pourvu de» et *rasa* «liquide» ♦ Divinité féminine des arts, de la connaissance et de la parole, dans les religions hindoues, épouse de Brahmā*. On la représente jouant de la vīnā, un instrument à cordes.

**SARATOGA SPRINGS** ou **SARATOGA** ➝ ÉTYM. mot mohawk «flanc de coteau» ♦ V. des États-Unis (État de New York). 26 186 hab. ▮ **Histoire** Importante victoire des forces américaines sur les Britanniques, commandés par Burgoyne (1777), au cours de la guerre d'Indépendance*.

**SARATOV** ➝ ÉTYM. du tatar *Saratau* «montagne *(tau)* jaune *(sary)*» ♦ V. de Russie, ch.-l. de région, l'un des plus grands ports fluviaux sur le cours inférieur de la Volga*. 873 500 hab. Belles maisons du XIX$^e$ et du début du XX$^e$ s. Cathédrale de la Trinité (1697) de style baroque. Musée des Beaux-Arts Radichtchev : peintures russes des XVIII$^e$ et XIX$^e$ s. ; œuvres des écoles d'Europe occidentale. Musée consacré à Tchernychevski*. Musée d'histoire régionale : antiquités tatares. Université fondée en 1909. ▮ **Économie** Indus. mécanique (machines agricoles, machines-outils), textile et alimentaire. Traitement du pétrole et du bois. Gaz naturel, gazoduc Saratov-Moscou. Nœud ferroviaire. ▮ **Histoire** Fondée en 1590, la ville se rallia à la révolte de Stenka Razine* en 1670, et fut prise par Pougatchev* en 1774.

**SARAWAK** ♦ État de la Fédération de Malaisie, au N.-O. de l'île de Bornéo. 124 449 km². 2 012 616 hab. CAP. : Kuching*. L'intérieur est montagneux, surtout vers l'E. ▪ Exploitation forestière. Plantations (hévéas, palmiers à huile, poivre, cacao). Exploitation offshore de pétrole et de gaz naturel, raffineries, liquéfaction du gaz. Industrie du bois et du caoutchouc. Pêche. Tourisme. ▮ **Histoire** Ce territoire fut cédé progressivement (1841, 1853) par le sultan de Brunei, dont il dépendait à l'origine, au riche aventurier britannique James Brooke qui reçut le titre de Raja héréditaire. Agrandi encore aux dépens de Brunei dans les années 1880 - 1890, Sarawak devint protectorat britannique en 1888, colonie de la Couronne en 1946 et fut intégré en 1963 dans la fédération de Malaisie.

**SARAZIN** ou **SARRAZIN (Jacques)** ♦ Sculpteur français (Noyon 1588 - Paris 1660). Il travailla pendant dix-huit ans à Rome, pour le cardinal Aldobrandini, et décora les fontaines de sa villa à Frascati. De retour en France, il collabora avec Vouet* qu'il avait connu à Rome. Il travailla au nymphée (1630 - 1632) de Widewille, fit les modèles des cariatides du pavillon de l'Horloge (Louvre) et décora avec d'autres peintres le château de Maisons. Il réalisa en outre quatre bas-reliefs en bronze *(Les Vertus)*, commandés par Henri de Bourbon, dont il sculpta le monument funéraire. Il est aussi l'auteur du tombeau du cardinal de Bérulle (Louvre).

**SARCELLES** [95200] ♦ Ch.-l. d'arr. du Val-d'Oise. 57 871 hab. *(Sarcellois)*. Grand ensemble d'habitation construit par Boileau et Labourdette (1958 - 1961).

**SARDAIGNE** n. f. ➝ ÉTYM. de *Sardus Pater*, divinité d'orig. africaine ou de *Sardi*, n. des permiers hab. de l'île ♦ Île italienne de la mer Tyrrhénienne, constituant une région administrative. → **Italie** (carte). 24 090 km². 1 631 880 hab. *(Sardes)*. CH.-L. : Cagliari. Elle comprend les provinces de Cagliari, Nuoro, Oristano et Sassari. ▮ **Géographie** L'île appartient géologiquement à l'Italie du N., économiquement au Mezzogiorno*. La montagne présente un vieux socle hercynien aux nombreuses entailles, d'une altitude moyenne de 1 000 m. Du N. au S., on distingue la Gallura au N. (1 359 m au Limbara) et les collines de l'Anglona, séparées par la dépression du Logudoro, entre Olbia et Sassari. Un massif volcanique, parallèle à l'ensemble Gallura-Anglona, s'étend entre les monts Nieddu et Mannu et est suivi par le grand massif central occupant l'E. de l'île (monti del Gennargentu, 1 834 m). Au S.-O. du Campidano, l'Iglesiente occupe la partie méridionale. Les deux grands fossés d'effondrement sont, au N.-O., la plaine marécageuse de la Nurra, et au S.-E. le Campidano. Les côtes, rectilignes à l'E., sont découpées et bordées d'îles à l'O. La montagne vit de l'élevage ovin transhumant, les vallées de cultures à faible rendement. C'est dans la montagne que l'émigration, aggravée par l'isolement, est la plus forte. La Nurra, jadis insalubre, a été drainée et assainie ; on y cultive maintenant des céréales. Sur les collines poussent l'olivier et des légumes (fèves, artichauts). Le Campidano vit de cultures maraîchères et de vergers, auxquels s'ajoutent les céréales et la vigne. Les ressources minières sont constituées par le charbon (Sulcis), le plomb, le zinc (Iglesiente). Des centrales hydroélectriques ont été établies, sur le cours des fleuves (Flumendosa). L'industrie s'implante peu à peu : pétrochimie (Cagliari, Porto Torres). Les princ. ports, Cagliari, Olbia et Porto Torres, sont très actifs. Le tourisme envahit le littoral, surtout dans le N. (Costa Smeralda). Partout, les côtes en développement s'opposent à l'intérieur en déclin. ▮ **Histoire** La Sardaigne connut à l'âge de bronze une grande prospérité, attestée par de nombreux mégalithes et *nuraghi* (tours-forteresses coniques en pierres cyclopéennes). Les Phéniciens y établirent des comptoirs, puis le pays passa sous influence punique, avant de devenir une province romaine. Occupée par les Vandales (436), reconquise par Bélisaire* (534), elle subit des attaques arabes du VIII$^e$ au XI$^e$ s. Pise et Gênes se disputèrent l'île jusqu'à la victoire des Génois (1284). L'Aragon en prit possession en 1325. Livrée à l'Autriche en 1708, puis échangée contre la Sicile (1720), elle

**Sardaigne.** Cap de Caccia.
*Phot. © Elisa Locci /Shutterstock*

passa aux mains de la maison de Savoie, dont les possessions devinrent les «États sardes». La Sardaigne fut intégrée au royaume d'Italie en 1861, et devint région autonome en 1948.

**SARDANAPALE** ← ÉTYM. en gr. *Sardanapallos* ; probablt du n. de *Assurbanipal* (V. ci-dessous) ♦ Roi légendaire d'Assyrie, mentionné par les auteurs grecs qui en font un tyran efféminé et le dernier roi d'Assyrie : assiégé par Arbakès, il se suicide en incendiant Ninive. On a rapproché son nom d'Assurbanipal et sa mort de celle de Shamash-shum ukīn, frère de ce dernier (→ **Assurbanipal**). Son histoire a inspiré un tableau célèbre à Delacroix → **Mort de Sardanapale (La)**.

**SARDES** – en gr. *Sardeis* ♦ Anc. ville d'Asie Mineure (Lydie) sur le Pactole* (vallée de Gediz). Cap. du royaume de Lydie, d'une richesse proverbiale (→ **Crésus**), point de croisement des civilisations ionienne et asiatique, elle fut prise par les Cimmériens v. –652, puis par Cyrus* le Grand (–546) qui en fit la cap. d'une satrapie perse. Les Ioniens révoltés et les Athéniens la ravagèrent en –499, puis elle fut prise par Alexandre* le Grand (–334), disputée par les diadoques, sous les Séleucides jusqu'en –190, annexée ensuite par Pergame, elle devint enfin romaine en –133. Détruite par un tremblement de terre en 17, elle fut relevée par Tibère* et embellie par Hadrien*. Elle fut cédée aux Seldjoukides en 1306 et ruinée par Tamerlan en 1402. ▪ Ruines du fameux temple hellénistique d'Artémis, à l'actuel village de Sart.

**SARDOU (Victorien)** ♦ Auteur dramatique français (Paris 1831 - *id.* 1908). Continuateur de Scribe et de Dumas fils, il se consacra d'abord au drame bourgeois (*La Famille Benoîton*, 1865), mais ce furent ses pièces historiques, prétextes à de fastueuses mises en scène, conçues au mépris de toute vraisemblance, qui assurèrent sa réputation (*Patrie*, 1869 ; *La Tosca**, 1887 ; *Madame Sans-Gêne*, 1893). [Acad. fr. 1877] ← ÉTYM. Ce nom signifie «originaire de Sardaigne» ou vient de *Sardon*, nom de lieu.

**SARE** [64310] ← ÉTYM. du basque *sara (xara)* «bois, taillis» ♦ Comm. des Pyrénées-Atlantiques, arr. de Bayonne. 2 184 hab. *(Saratars)*. Village typiquement basque que P. Loti a décrit dans *Ramuntcho* sous le nom d'Etchezar.

**SARGASSES** (mer des) ← ÉTYM. en raison des *sargasses* (algues brunes) abondantes dans cette mer ♦ Zone de l'Atlantique située entre le N. des Antilles et les côtes de Floride, s'étendant sur env. 4 millions de km², entre 20° et 30° de latitude N., 30° à 50° de latitude O. Formée d'amas isolés d'algues brunes du type *sargasse* (phéophycées) arrachées aux côtes les plus proches par les courants marins, la mer des Sargasses abrite une faune très caractéristique, formée de mollusques, de crustacés et de larves variées.

**SARGENT (John Singer)** ♦ Peintre américain (Florence 1856 - Londres 1925). Élève de Carolus*-Duran à partir de 1874, il travailla la plupart du temps en Europe. Son succès comme portraitiste mondain débuta par un scandale : *Portrait de M^me Gautreau* (1883). Il fit preuve d'une virtuosité technique consommée et rechercha particulièrement les effets chatoyants de couleurs. Il réalisa aussi de grandes décorations murales d'un style éclectique et conventionnel (bibliothèque de Boston, 1890 - 1910, et musée de Boston). Vers 1910, il abandonna les portraits et exécuta surtout des paysages à l'huile et à l'aquarelle.

**SARGODHA** ♦ V. du Pakistan (Panjab). Centre de la zone irriguée entre Chenab et Jhelam. 455 360 hab.

**SARGON l'Ancien** dit aussi **d'Agadé** ou **d'Akkad** ← ÉTYM. de l'akkadien *Šarrukīn*, de *šarru* «prince» ♦ Premier roi d'Akkad, dont il fonda la puissance. (v. –2340).

**SARGON I^er** ♦ Roi d'Assyrie (de –2048 à v. –2030). Son règne marqua le début de l'établissement de colonies marchandes assyriennes en Asie Mineure, ainsi à Kültépe* en Cappadoce.

**SARGON II** ♦ Roi d'Assyrie (de –721 à –705). Son règne marque la plus grande extension de l'empire assyrien (→ **Assyrie**). Frère de Salmanasar* V, il usurpa la royauté. Il acheva l'annexion d'Israël* (prise de Samarie*, –721) et déporta la population, vainquit et poursuivit les Égyptiens (Qarqar puis Raphia, –720), annexa de nouvelles contrées (Karkemish, Tabal, la Commagène), ravagea l'Urartu (–714), fit reconnaître sa suprématie jusqu'en Phrygie (→ **Midas**), à Chypre et aux îles Bahreïn. La Babylonie avait repris son indépendance sous l'égide de l'Élam : après un échec à Dēr (–720), il la soumit et s'y fit couronner en –709, sous son nom. Il voulut matérialiser l'éclat de son règne par une nouvelle capitale (Dur-Sharrukīn → **Khorsabad**), inaugurée en –707, mais qui fut abandonnée après sa mort. Une renaissance artistique et littéraire accompagna cet apogée.

**SARH** ← ÉTYM. p.-ê. de *Sara*, n. de peuple, de *sara* «enceinte de paille entourant les cases» ; anc. ***Fort-Archambault*** ♦ V. du Tchad, sur la Chari. Plus de 115 000 hab. Grand marché agricole (bétail, coton).

**SĀRI** ♦ V. d'Iran, ch.-l. de la prov. de Mazandéran, au pied de l'Elbourz, sur la mer Caspienne. 261 293 hab. Mausolées des XV^e et XVI^e s. Centre administratif. ▮ **Histoire** Fondée avant la période islamique, elle fut prospère jusqu'à l'invasion mongole. Abbas* I^er la reconstruisit, mais elle se développa surtout à l'époque de Rizā Chāh avec le passage du Transiranien à proximité.

**SARINE** n. f. – en all. ***Saane*** ♦ Riv. de Suisse (cant. du Valais, de Berne, de Vaud et de Fribourg), affl. rive g. de l'Aar. 120 km. Elle prend sa source dans le massif des Diablerets, traverse le lac de la Gruyère, reçoit la Singine (en all. *Sense* [rive d.]) et la Glâne (rive g.), passe à Fribourg et se jette dans l'Aar. Centrale hydroélectrique de Hauterive. La Sarine marque symboliquement la limite entre la Suisse romande et la Suisse alémanique.

**SARK** → Sercq

**SARKIA (Kaarlo Teodor)** ♦ Poète finlandais d'expression finnoise (Kiikka 1902 - Sysmä 1945). Orphelin à quatorze ans, il subit l'influence de Koskenniemi*. Il exprima dans une langue simple son amour de la beauté et sa nostalgie de la mort et du rêve dans *Le Puits du rêve* (1936). Retournant à la réalité dans *La Balance du destin* (1943), il protesta contre les horreurs de la guerre et affirma son désir de rétablir des contacts humains. Il mourut tuberculeux après avoir publié un recueil de ses *Poèmes* (1944).

**SARKIS (Sarkis ZABUNYAN, dit)** ♦ Artiste français d'origine arménienne (İstanbul 1938). Installé à Paris en 1964, il peignit des œuvres proches du style de la figuration narrative. Puis, après avoir découvert l'art conceptuel et l'œuvre de Beuys*, il créa des installations avec des matériaux lourds (rouleaux, feutre) chargés d'énergie (*Blackout*, 1974 - 1978 ; *Autopsie d'une peinture anonyme murale en face de la base sous-marine de Bordeaux*, 1976). Il détourna l'esthétique militaire, l'archéologie, en déplaçant des objets marqués historiquement dans des lieux contradictoires, le cinéma, la musique, l'art des ex-voto (création de 150 «Ikones» entre 1986 et 2002). La série *Kriegschatz* («Trésor de guerre») commencée en 1976, représente une synthèse de ces recherches sur la mémoire des lieux.

**SARKOZY (Nicolas Sarközy de Nagy-Bocsa, dit Nicolas)** ♦ Homme politique français (Paris 1955). Maire de Neuilly-sur-Seine (1983-2002), député (1988-1993 ; 1995-2002 ; 2005), secrétaire général du RPR (1998-1999), il fut ministre du Budget (1993-1995) puis de la Communication (1994-1995) dans le gouvernement Balladur. J.-P. Raffarin le nomma ministre de l'Intérieur (2002-2004) puis de l'Économie et des Finances en mars 2004. N. Sarkozy démissionna en nov. pour prendre la direction de l'UMP. Il revint au ministère de l'Intérieur dans le gouvernement Villepin (2005-2007) et fut élu président de la République avec 53,06 % des voix, face à S. Royal*, en mai 2007.

Nicolas **Sarkozy**, en 2007.
*Phot. © Christian Liewig/Corbis*

En rupture avec ses prédécesseurs, il a donné une nouvelle image de la présidence aussi bien dans le domaine privé (remariage avec la chanteuse Carla Bruni) que dans le domaine public avec une omniprésence («hyperprésidence») qui s'exprime par une implication personnelle dans tous les domaines de la vie politique. ◆ ÉTYM. *Sarkozy* est une variante de *Sarkozi*, désignant une personne originaire de la région de *Sárköz*, au sud de la Hongrie.

**SARLAT-LA-CANÉDA** [24200] ◆ ÉTYM. bas lat. «large *(latum)* colline *(serrum)*» ♦ Ch.-l. d'arr. de la Dordogne. 9 707 hab. *(Sarladais)*. C'est une des villes les plus pittoresques du Périgord. Cathédrale Saint-Sacerdos, anc. abbatiale, reconstruite aux XVI$^e$ - XVII$^e$ s. Musée d'art sacré dans la chapelle des Pénitents blancs du déb. du XVII$^e$ s. (portail baroque). Lanterne des morts (XII$^e$ s.). Nombreux hôtels gothiques et Renaissance parmi lesquels l'hôtel Plamon et l'hôtel de Maleville. Maison natale de La* Boétie. ▪ Cité touristique. Marché agricole (volailles, grains, noix, truffes, foies gras). Indus. alimentaire. Festival du film et Festival des jeux du théâtre.

**SARMATES** n. m. pl. ◆ ÉTYM. en lat. *Sauromatae*, du sanskr. «ceux qui ont les cheveux gris» ♦ Peuple nomade indo-iranien venu d'Asie centrale, qui envahit au -III$^e$ s. la région occupée par les Scythes* entre le Don et la Caspienne. Il comprenait plusieurs tribus, dont les Alains*, les Roxolans* et les Iazyges*. Il fut submergé au II$^e$ s. par les envahisseurs germaniques, Goths, Huns et Vandales.

**SARMATIE** n. f. ♦ Contrée occupée par les Sarmates*, située au N. du Pont-Euxin, de la Baltique à la mer Caspienne. La *Sarmatie occidentale* occupait la Russie et la Pologne actuelle. La *Sarmatie orientale* s'étendait du Tanaïs au delà de la Caspienne.

**SARMIENTO (Domingo Faustino)** ♦ Écrivain et homme d'État argentin (prov. de San Juan 1811 - Asunción 1888). Il fut un adversaire acharné du dictateur Rosas. Son œuvre principale *Facundo ou Civilisation et Barbarie dans les pampas argentines* (1845) est tout à la fois la biographie d'un *caudillo* local, une évocation de l'Argentine d'après l'indépendance et une épopée. Après une mission aux États-Unis où il fréquenta Emerson, Longfellow et Hawthorne, Sarmiento fut élu président de l'Argentine (1869 - 1874) et engagea de nombreuses réformes législatives.

**SARNATH** ♦ Site archéologique indien, au N. de Bénarès, où le Bouddha* prêcha pour la première fois. Nombreuses ruines de stûpas et de monastères.

**SARNEN** ♦ V. de Suisse, ch.-l. du cant. d'Obwald à l'extrémité N. du lac de Sarnen. 9 391 hab. Station estivale. Indus. textile.

**SARNENA GORA** → Balkan

**SARNEY (José)** ♦ Homme d'État et écrivain brésilien (São Luís 1930). Il fut le premier président civil de la République brésilienne après vingt ans de dictature militaire. Gouverneur du Maranhão de 1965 à 1970, il fut nommé vice-président et assuma la présidence après la mort de Tancredo Neves (1985 - 1990). Il a présidé le Sénat (1995 - 1996 ; 2003 - 2005).

**SARNIA** ♦ V. du Canada (Ontario), au N.-E. de Detroit, au S. du lac Huron. 71 419 hab. (aggl. 88 793). Port important. Raffineries de pétrole ; pétrochimie. Centrale thermique de Lambton.

**SARON** ou **SHARON** n. m. ♦ Plaine côtière centrale d'Israël, qui s'étend du S. de Haïfa à Tel-Aviv où commence la plaine de Judée. C'est un vaste verger (agrumes, arbres fruitiers, vignobles, fleurs cultivées pour l'exportation [glaïeuls]). ♦ ***Rose de Saron*** Épithète de la bien-aimée du Cantique des cantiques, II, 1.

**SAROYAN (William)** ♦ Romancier et auteur dramatique américain (Fresno, Californie 1908 - *id.* 1981). De parents arméniens, il fut entre autres télégraphiste (*Marionnettes humaines*, 1943) avant de se faire connaître par une nouvelle, *L'Audacieux Jeune Homme au trapèze volant* (1934). *Quand même un Américain* (*My Name is Aram*, 1940) consiste en nouvelles autobiographiques qui révèlent un optimisme sentimental inébranlable. Parmi ses nouvelles et ses romans, on compte *L'Ennui avec les tigres* (1938), *Matière à rire* (1953), *Papa, tu es fou* (1957), *Amour, je te tire mon chapeau*. Ses pièces de théâtre furent appréciées : *Mon cœur est sur les monts d'Écosse* (1939), *Ça s'appelle vivre* (1939).

**SARPÉDON** ♦ Héros crétois, né de l'union de Zeus* avec Europe*, frère de Minos* et de Rhadamante*. Il s'établit en Lycie dont il devient le roi. On l'identifia avec le héros homérique Sar pédon, roi de Xanthos* (Lycie) et allié de Priam pendant la guerre de Troie*.

**SARPI (Pietro),** dit **Fra Paolo** ♦ Moine et historien vénitien (Venise 1552 - *id.* 1623). Fils d'un négociant ruiné, il entra dans l'ordre religieux des Servites (1565) et reçut la prêtrise en 1574. Docteur en théologie en 1575, il s'intéressa à la science et aurait découvert la circulation du sang dès 1580. À Rome et à Naples, il se lia avec Bellarmin, Navarro, Galilée. Membre du Conseil des Dix, il s'opposa (avec succès) au pape lors du conflit qui s'éleva entre Venise et le Saint-Siège, sous Paul V. Qualifié de «protestant déguisé» par Bossuet, il dut se soustraire à ses ennemis (il avait de justesse échappé à plusieurs attentats) en s'enfermant dans son couvent, où il écrivit une *Histoire du concile de Trente* (1619). Ses *Œuvres complètes* furent publiées en 1750.

**SARPSBORG** ♦ V. de Norvège, au S.-E. d'Oslo, sur le fl. Glåma. 45 943 hab. Ville indus. : traitement du bois, indus. chimique, mécanique. Centrale hydroélectrique. Port d'exportation.

**SARRAIL (Maurice)** ♦ Général français (Carcassonne 1856 - Paris 1929). À la tête de la III$^e$ armée en 1914, il fit de Verdun un môle de résistance à l'avance allemande et un point d'appui de la manœuvre de la Marne. → **Marne (batailles de la)**. Commandant en chef de l'armée d'Orient (1915), il prit Monastir sur les Bulgares (nov. 1916), puis contraignit le roi Constantin* I$^{er}$, germanophile, à l'abdication (juin 1917). → **Guerre mondiale (Première)**. Haut-commissaire en Syrie (1924), il fut rappelé à la suite de la révolte des Druzes (1925 - 1926). ◆ ÉTYM. Ce nom occitan signifie «serrure», surnom de serrurier.

**SARRALBE** [57430] ♦ Ch.-l. de cant. de la Moselle, arr. de Forbach, au confluent de la Sarre et de l'Albe. 4 538 hab. *(Sarralbiens)*. Indus. chimiques. Salines à proximité.

**SARRANCOLIN** [65410] ♦ Comm. des Hautes-Pyrénées, arr. de Bagnères-de-Bigorre. 689 hab. *(Sarrancolinois)*. Église romane du XII$^e$ s. (châsse de saint Elbons en orfèvrerie limousine). ▪ Carrière de marbre (le *marbre de Sarrancolin* a été utilisé pour l'escalier d'honneur de l'Opéra de Paris).

**Sarrans** (barrage de) ♦ Ouvrage de type «barrage-poids», sur les gorges de la Truyère (Aveyron). Il retient un lac-réservoir d'une capacité de 150 millions de m$^3$, réalisant un plan d'eau de 1 000 ha (tourisme). Les installations hydroélectriques, englobant le barrage de la Barthe et l'usine de Brommat, peuvent produire plus de 1 milliard de kWh/an.

**SARRASINS** n. m. pl. ◆ ÉTYM. du bas lat. *Sarraceni*, peuple d'Arabie, p.-ê. de l'ar. *sarqiyyīn* (pl. de *sarqī*) «orientaux» ♦ Nom donné, au Moyen Âge, par les Occidentaux aux musulmans.

**SARRAUT (Maurice)** ♦ Homme politique français (Toulouse 1869 - *id.* 1943). Sénateur radical-socialiste (1913 - 1932), propriétaire et directeur de *La Dépêche de Toulouse*, il fut assassiné par la Milice* française. ♦ **Albert Sarraut.** Homme politique français (Bordeaux 1872 - Paris 1962). Frère du précédent. Député radical-socialiste (1902 - 1924), sénateur (1926 - 1940), il fut nommé gouverneur général de l'Indochine (1911 - 1914, 1916 - 1919) et plusieurs fois ministre : de l'Instruction publique (1914 - 1915), des Colonies (1920 - 1924, 1932 - 1933), de l'Intérieur (1926 - 1928, 1934 - 1935) et de la Marine (1930). Président du Conseil (oct.-nov. 1933), il fut rappelé à la tête du gouvernement (janv. 1936) ; mais les difficultés sociales (grèves) et politiques (occupation militaire de la Rhénanie par Hitler) l'obligèrent à se retirer devant le gouvernement du Front* populaire (juin 1936). Ministre d'État (1937 - 1938), de l'Intérieur (1938 - 1940), de l'Éducation nationale (mars-juin 1940), déporté en Allemagne (1944 - 1945), il présida l'Assemblée de l'Union française (1951).

**SARRAUTE (Nathalie)** ♦ Écrivain français (Ivanovo, Russie 1900 - Paris 1999). Vivant à Paris depuis l'âge de huit ans, N. Sarraute, née Natacha Ilyanova Tcherniak, après des études de droit, quitta le barreau en 1941 pour se consacrer à la création romanesque. Dans un important essai, *L'Ère du soupçon* (1956), elle récuse les conventions du roman traditionnel pour souhaiter des personnages qui seraient, comme chez Dostoïevski*, «des porteurs d'états parfois encore inexpliqués que nous retrouvons en nous-mêmes». → **nouveau roman.** ▪ Admiratrice de Proust* et de V. Woolf*, elle s'attache à la description minutieuse d'états psychologiques fugaces, comme dans *Tropismes** (1939) et *Portrait d'un inconnu* (1948), restituant dans ses mouvements feutrés, de faible amplitude, la «répulsion mêlée d'attrait, [la] coexistence chez le même individu, à l'égard du même objet, de haine et d'amour» (*Le Planétarium**, 1959). Après s'être interrogée dans *Les Fruits d'or* (1963) puis dans *Entre la vie et la mort* (1968) sur l'essentiel, la création littéraire, son succès et sa survie, N. Sarraute a traité à nouveau des situations de conflit (*Le Silence*, pièce radiophonique, 1964), «drames microscopiques» au sein du groupe social élémentaire qu'est la famille. *Vous les entendez ?* (1972), *C'est beau* (théâtre, 1973), «*disent les imbéciles*» (1976) opposent les fils (au rire sacrilège, à la spontanéité barbare) aux pères, représentants de l'orthodoxie. Ambitionnant d'atteindre «une matière anonyme comme le sang, un magma sans nom» (*Martereau*, 1953), de révéler le non-dit, le non-avoué (ou avouable), l'écrivain excelle à détecter les «innombrables petits crimes» que provoquent les paroles sous la carapace des lieux communs et à évoquer (rôle privilégié de la métaphore) cet «autre monde [...], furtif, apeuré, tremblant», celui de la «sous-conversation» (*L'Usage de la parole*, 1980). Affirmant que «toutes les autobiographies sont fausses», N. Sarraute, avec *Enfance* (1983), a «juste voulu assembler les images tirées d'une sorte de ouate où elles étaient enfouies [...] des instants dont [elle pourrait] retrouver la sensation». Elle a réuni en 1986 *Paul Valéry et l'enfant d'éléphant* et *Flaubert le précurseur*, deux essais publiés en 1947 et 1965. Elle publia ensuite un roman, *Tu ne t'aimes pas* (1989), qui reprend le mécanisme psychologique de *Tropismes*, et un récit, *Ici*

(1995), qui abandonne la psychologie pour ne plus s'intéresser qu'aux mots en ce qu'ils conduisent «où il n'y a plus rien». ➝ ÉTYM. *Sarraute* signifie «serre haute», nom de lieu dans les Landes.

**SARRAZIN (Albertine DAMIEN)** ♦ Romancière française (Alger 1937 - Montpellier 1967). Enfant abandonnée, placée dans une maison d'éducation, elle s'échappa et se livra à la prostitution. Emprisonnée pour vol à main armée, elle s'évada en 1957 et fut recueillie par Julien qui l'épousa deux ans plus tard en prison, où elle était retournée. C'est principalement dans sa cellule qu'elle a écrit ses romans d'un style très personnel, spontané, sur le thème de la vie carcérale, des évasions et des cavales : *La Cavale* (1962), *L'Astragale* (1964), *La Traversière* (1966).

**SARRE** n. f. ➝ ÉTYM. en all. *Saar*, en lat. *Saravus*, rac. indo-eur. *°ser-* «couler» avec suff. gaul. *-avus* ♦ Riv. de France et d'Allemagne (240 km), affl. rive d. de la Moselle. Née dans le massif du Donon, elle traverse la Lorraine, arrose Sarrebourg* et Sarreguemines*, pénètre en Allemagne, arrose Sarrebruck* et Sarrelouis*, et rejoint la Moselle en amont de Trèves. Elle a donné son nom au bassin houiller et à la région administrative (Land de Sarre*). Elle a pour princ. affl. la Blies. Le canal des Houillères y rejoint celui de la Marne au Rhin.

**Sarre.** Méandre de la Sarre. *Phot. © Pratt-Pries/Diaf*

**SARRE** n. f. – en all. *Saarland* ➝ ÉTYM. du n. de la riv. ♦ Région historique d'Allemagne comprise dans la Rhénanie*, divisée au Moyen Âge en diverses seigneuries, la Sarre fut cédée, pour sa partie méridionale, à la France, en 1661, et subit les «réunions» de Louis XIV (Sarrebourg, Sarrelouis, Sarrebruck), avant d'être annexée par la France révolutionnaire dont elle devint un département. Rendue à la Rhénanie en 1815, elle connut, à partir de 1870, un remarquable développement industriel, lié à la présence des mines de charbon. Le rôle historique de la Sarre commença avec le traité de Versailles*, en raison de son intérêt à la fois stratégique et économique. Clemenceau, qui réclama son annexion en 1918, se heurta à l'opposition des Alliés, particulièrement à celle de Wilson, et n'obtint que la propriété des mines, à titre de dommages de guerre, tandis que le pays était administré par la SDN pour une durée de quinze ans. À l'expiration de ce délai, en 1935, un plébiscite décida du rattachement de la Sarre au Reich, qui racheta les mines à la France. Occupée par cette dernière en 1945, elle devint indépendante de l'Allemagne en 1947, jouissant d'un gouvernement particulier dirigé par J. Hoffmann ; sa politique étrangère et sa défense furent assurées par la France, à laquelle elle se trouva rattachée économiquement : une union douanière fut conclue en 1948, les mines cédées à bail en 1950. Cependant, la question sarroise devait constituer un motif de difficultés dans les rapports franco-allemands et européens, malgré les solutions de compromis entre les exigences françaises et allemandes (accords de 1953, accords Mendès France-Adenauer en 1954). Ces solutions furent refusées par les Sarrois à une très forte majorité (référendum de 1955). Ceux-ci demandèrent le rattachement à la République fédérale d'Allemagne (accords Mollet-Adenauer, 1956) ; en échange, la canalisation de la Moselle et la livraison de 90 millions de t de charbon en quinze ans furent accordées à la France. L'intégration politique de la Sarre eut lieu en 1957, et son intégration économique était achevée en 1959. Elle forme depuis 1960 un Land allemand.

**SARRE** n. f. – en all. *Saarland* ➝ ÉTYM. du n. de la riv. ♦ État (Land) de la République fédérale d'Allemagne. ➞ **Allemagne** (carte). 2 570 km². 1 087 739 hab. Le Land est divisé en 6 cercles ou *Kreise*. CAP. : Sarrebruck. ▮ **Géographie** La région sarroise, en contact avec le plateau lorrain et le Massif schisteux rhénan, constitue un ensemble de plateaux gréseux, souvent recouverts de calcaire *(Muschelkalk)*. Vers le N.-O., à proximité de l'Hunsrück, le relief se relève et la Sarre coule dans une vallée encaissée. La région est au tiers recouverte par d'épaisses forêts de hêtres (forêt de la Warndt*). ▮ **Économie** Le sous-sol sarrois contient d'importantes réserves de houille (sur env. 1 160 km²) et la région constitue l'un des plus riches bassins d'Europe, prolongeant celui de Lorraine et souffrant également d'une grave crise. La production annuelle est de 10 millions de t. L'abondance de la houille a permis l'essor d'une puissante sidérurgie, développée avec le fer de Lorraine. La production de coke est évaluée à 4 millions de t/an, celle d'acier à 5 millions. L'indus. chimique (verreries, céramique), les constructions métallurgiques et mécaniques, l'indus. textile et la confection viennent en bonne place.

**SARREBOURG** [57400] ➝ ÉTYM. anc. *Saraburgum* «petit camp militaire (lat. *burgus*) sur la Sarre» ♦ Ch.-l. d'arr. de la Moselle, sur la rive d. de la Sarre. 13 330 hab. (aggl. 16 704) *(Sarrebourgeois)*. Anc. chapelle des Cordeliers (XIIIe s.), auj. musée régional. ▪ Centre indus.

**SARREBRUCK** ➝ ÉTYM. en all. *Saarbrücken* «pont *(Brücke)* de la Sarre *(Saar)*» ♦ V. d'Allemagne, cap. du Land de Sarre*, dans la vallée de la Sarre*. 191 000 hab. *(Sarrebruckois)*. Univ. sur un campus hors de la ville (1948). ▪ Église gothique Saint-Arnual (XIVe - XVe s.) ; bel ensemble de monuments baroques (restaurés après la guerre), disposés autour de la Ludwigplatz ; château du XVIIIe s. ▪ Développée sur le bassin houiller sarrois, Sarrebruck est un important centre sidérurgique et métallurgique, auquel se sont ajoutés des industries et des entrepôts orientés vers les marchés allemand et français. Nœud routier et ferroviaire. ▮ **Histoire** Ancienne possession des évêques de Metz, puis des comtes de Nassau-Sarrebruck (1381), la ville fut à partir du XVIIe s. l'enjeu constant des luttes entre la France et l'Empire. Louis XIV l'annexa de 1680 à 1697. Sarrebruck fut sous l'Empire (de 1794 à 1814) un chef-lieu d'arrondissement du département français de la Sarre, avant d'être cédée à la Prusse, en 1815.

**SARREGUEMINES** [57200] ➝ ÉTYM. du germ. *Saargemünd* «embouchure *(gemünd)* [de la Blies] dans la Sarre *(Saar)*» ♦ Ch.-l. d'arr. de la Moselle, à proximité de la frontière allemande, au confluent de la Sarre et de la Blies. 23 202 hab. (aggl. 27 735) *(Sarregueminois)*. Musée : archéologie ; histoire locale ; coll. de céramiques. ▪ Centre industriel. Céramiques (manufacture fondée au XVIIIe s.). Construc. mécaniques et électriques. Agroalimentaire.

**SARRELOUIS** ➝ ÉTYM. de *Sarre* et du n. de *Louis* XIV ; en all. ***Saarlouis***, de 1936 à 1945 ***Saarlautern*** ♦ V. d'Allemagne (Sarre), sur la Sarre, au N. de Völklingen. 38 440 hab. Centre admin. et indus. sur le bord du bassin houiller sarrois (sidérurgie, métall.). ▮ **Histoire** Ancienne forteresse construite par Vauban en 1681, Sarrelouis resta française jusqu'en 1815, date à laquelle elle passa à la Prusse.

**SARRETTE (Bernard)** ♦ Capitaine de la garde nationale française (Bordeaux 1765 - Paris 1858). En 1789, il fonda, à Paris, une école de musique qui devint le Conservatoire de musique (1795) et dont il assuma la direction de 1796 à 1814.

**SARRE-UNION** [67260] ➝ ÉTYM. du n. de la riv. *Sarre* et de *Union* (la v. a été formée par la réunion de 2 villages) ♦ Ch.-l. de cant. du Bas-Rhin, arr. de Saverne, sur la Sarre. 3 356 hab. (aggl. 4 369) *(Sarre-Unionais)*. Fontaine Renaissance. Hôtel de ville de 1648. ▪ Construc. électriques. Agroalimentaire.

**SARRIANS** [84260] ➝ ÉTYM. du lat. *Satrius*, n. de pers., et suff. *-anum* ♦ Comm. du Vaucluse, arr. de Carpentras. 5 459 hab. Primeurs. Conserves.

**SARRIEN (Jean-Marie Ferdinand)** ♦ Homme politique français (Bourbon-Lancy 1840 - Paris 1915). Député de la gauche radicale (1876), plusieurs fois ministre, il présida le Conseil (mars-oct. 1906) ; son ministère fut marqué sur le plan intérieur par le vote de la loi sur le repos hebdomadaire, la tentative d'apaisement des catholiques après la loi de séparation de l'Église et de l'État (en particulier à propos de la question des inventaires), la cassation du jugement condamnant Dreyfus et, sur le plan extérieur, par la conférence d'Algésiras*.

**SARRUS (Pierre)** ♦ Mathématicien français (Saint-Affrique 1798 - *id.* 1861). Auteur d'une règle qui porte son nom, permettant le calcul des déterminants d'ordre 3, et de travaux sur l'application de la méthode des variations aux intégrales multiples.

**SARTÈNE** [20100] ♦ Ch.-l. d'arr. de la Corse-du-Sud, au-dessus de la vallée du Rizzanèse. 3 410 hab. *(Sartenais)*. La vieille ville a conservé son aspect médiéval, notamment dans le quartier de Santa Anna. Musée de préhistoire corse. ▪ Centre viticole. ▪ À proximité, mégalithes de Cauria.

**SARTHE** n. f. ➝ ÉTYM. ➞ Sarre ♦ Riv. de l'O. de la France (285 km). Elle prend sa source dans le dép. de l'Orne, traverse la Sarthe, puis le Maine-et-Loire où elle conflue avec la Mayenne à quelques kilomètres en amont d'Angers pour former la Maine.

**SARTHE [72]** n. f. ➝ ÉTYM. du n. de la riv. ♦ Dép. de l'O. de la France, région des Pays de la Loire. 6 206 km². 529 851 hab. CH.-L. : Le Mans. CH.-L. D'ARR. : La Flèche, Mamers. Cour d'appel : Angers. Académie : Nantes. ➞ **Pays de la Loire.**

**SARTINE (Antoine Gabriel DE)**, comte **D'ALBY** ♦ Homme politique français (Barcelone 1729 - Tarragone 1801). Lieutenant général de la police (1759 - 1774), il prit d'heureuses mesures (assainissement de Paris, éclairage des rues, construction de la halle aux blés). Il devint en 1774 ministre de la Marine qu'il réforma profondément, et émigra lors de la Révolution.

**SARTO (Andrea del)** ➞ **Andrea del Sarto**

**SARTRE (Jean-Paul)** ♦ Philosophe, écrivain et critique français (Paris 1905 - *id.* 1980). ▮ **La formation** Issu d'une famille de la bourgeoisie protestante libérale, élevé par sa mère et son grand-père, parent du

Jean-Paul **Sartre.**
*BIS/Phot. H. Martinie*
*© Coll. Archives Larbor*

docteur Schweitzer, le jeune Sartre découvrit très tôt le sentiment de ce qu'il a appelé sa «bâtardise» (le sentiment d'être de trop), l'expérience de la «mauvaise foi», ayant conscience de jouer les attitudes de l'adulte, et sa «vocation» d'écrivain (*Les Mots**, 1964). Entré à l'École normale supérieure, il devait y critiquer, avec plusieurs de ses condisciples (tel P. Nizan*), les valeurs et les traditions de sa classe sociale, cette bourgeoisie qu'il jugea trop sûre d'elle-même, de sa sécurité, de ses devoirs et plus encore de ses droits. J.-P. Sartre enseigna quelque temps au lycée du Havre, puis, pensionnaire à l'Institut français de Berlin (1933 - 1934), y poursuivit sa formation philosophique. Au-delà de la pensée de Hegel*, s'affirmait en Allemagne le courant phénoménologique de Husserl* et de Heidegger*, que Sartre contribua à faire connaître en France et dont il développa la méthode (description réflexive) et les principes essentiels (intentionnalité de la conscience : «toute conscience est conscience de quelque chose» → **Situations**). **▮ Le philosophe** Dès ses premiers textes philosophiques (*L'Imagination*, 1936 ; *Esquisse d'une théorie des émotions*, 1939 ; *L'Imaginaire*, 1940) apparaît le double refus du réalisme naturaliste et mécaniste qui prétend expliquer la conscience par autre chose qu'elle-même (critique de la psychologie objective, mais également de la psychanalyse et de sa notion d'inconscient) et de l'idéalisme, qualifié de «philosophie douillette de l'immanence». **▮ *«L'Être et le Néant»*** De ce double refus procède l'existentialisme sartrien, développé dans *L'Être* et le Néant* (1943). Sartre y affirme l'opposition de «l'en-soi», l'être plein, massif et opaque des choses, et du «pour-soi», la conscience comme pouvoir de néantisation et comme sujet et liberté. La conscience est impossible à définir comme nature dotée de caractères déjà donnés, d'une essence (selon la formule devenue célèbre : «L'existence précède l'essence»). En situation dans un monde «toujours déjà là», la conscience dont Sartre analyse les structures (facticité et contingence, transcendance, temporalité) y rencontre le «regard de l'autre» (c'est l'expérience du «pour-autrui»), rencontre qui s'effectue sur le mode du conflit, du choc de deux libertés qui tentent de se détruire en tant que libertés (analyses du désir, de l'amour, de la haine, qui ont pu faire dire à Sartre dans une œuvre théâtrale que «l'enfer, c'est les autres») [*Huis* clos*, 1944]. L'homme, pour Sartre, se révèle comme «projet d'être» dont les conduites sont de vaines tentatives pour réaliser l'impossible synthèse de l'en-soi et du pour-soi, tentatives contradictoires que la psychanalyse existentielle (mise en œuvre par Sartre dans ses études sur Baudelaire, Jean Genet, Flaubert) cherchera à mettre en évidence en dévoilant le choix fondamental et libre fait par l'individu. **▮ *«L'existentialisme est un humanisme»*** Ainsi se dégagent les grandes thèses de l'existentialisme athée (*L'existentialisme est un humanisme*, 1946) : la liberté absolue à laquelle l'homme est condamné sans recours («Il n'y a rien au ciel, ni Bien, ni Mal, ni personne pour me donner des ordres»), cette liberté qui l'oblige à inventer lui-même son chemin sans que rien ne le justifie, cette liberté qui est le «fondement sans fondement de toutes les valeurs» et rend l'homme responsable de ses choix devant lui-même et devant les autres. L'être humain peut sans doute être tenté de se mentir à lui-même, de se dissimuler à soi-même et aux autres en jouant sa vie, en passant son temps à se laisser «hanter par autrui qui nous souffle nos attitudes», mais cette démission est précisément la mauvaise foi d'une liberté qui croit pouvoir se soustraire à ses exigences : choisir et s'engager. **▮ L'écrivain** Plus peut-être que par ses écrits philosophiques, Sartre s'est fait connaître du grand public par ses récits, nouvelles et romans (*La Nausée**, 1938 ; *Le Mur**, 1939 ; *Les Chemins de la liberté*, 1945 - 1949, cycle romanesque dans lequel il emprunte des techniques narratives aux romanciers américains, notamment à Dos* Passos tout en illustrant ses thèses sur la liberté), ses ouvrages de critique littéraire et politique (*Réflexions sur la question juive*, 1946 ; *Baudelaire*, 1947 ; *Saint Genet, comédien et martyr*, 1952 ; *Situations**, recueil d'articles, 1947 - 1965). **▮ L'homme de théâtre** Son théâtre (et les adaptations qu'il suscita) eut un plus vaste public encore : *Les Mouches*, 1943 ; *Huis clos*, 1944 ; *Morts sans sépulture*, 1946 ; *La Putain respectueuse*, 1946 ; *Les Mains sales*, 1948 ; *Le Diable et le Bon Dieu*, 1951 ; *Kean*, 1954 ; *Nekrassov*, 1955 ; *Les Séquestrés d'Altona*, 1959 ; une adaptation des *Troyennes* d'Euripide, 1965. La scène lui a en effet offert la forme la plus efficace qui lui permît de montrer «un caractère en train de se faire, le moment du choix, de la libre décision qui engage une morale et toute une vie» et d'exposer les thèmes généraux de sa philosophie. Le théâtre apparaît à Sartre comme le lieu privilégié d'une réflexion sur la réalité de l'être et sur l'imposture de cette «bâtardise» qui constitue le péché originel d'un de ses personnages les plus significatifs, l'acteur Kean*. Sartre a abordé les problèmes «de la fin et des moyens, de la légitimité de la violence, des conséquences de l'action : des rapports de la personne et de la collectivité, de l'entreprise individuelle avec les constantes historiques». Sans parvenir toujours à dominer les tentations de la rhétorique et du didactisme, faisant souvent appel aux moyens classiques du drame bourgeois, ce théâtre se veut avant tout théâtre de la liberté conduisant tour à tour le héros vers une solitude aristocratique, la dérision, ou vers l'évidence de l'absurde. Il exprime une contradiction majeure : la vaine tentative pour concilier les exigences de l'action, notamment de l'action révolutionnaire, avec un pessimisme qui est la négation même de cette action. Telle est sans doute une des contradictions qui a nourri l'attitude politique de Sartre, plus particulièrement ses rapports avec le Parti communiste français. Elle devait aboutir à la *Critique* de la raison dialectique* (1960 ; 1985, 2e éd., à titre posthume, avec un second tome). Cette œuvre se présente en effet comme une tentative pour repenser le marxisme et pour le concilier avec les affirmations fondamentales de l'existentialisme. **▮ L'influence de Sartre** Sartre a profondément marqué de son influence la jeunesse intellectuelle d'après-guerre. Il n'a cessé par ses prises de position (participation au tribunal Bertrand Russell*, engagement dans les luttes anticoloniales, refus du prix Nobel de littérature en 1964, activité comme directeur de *La Cause du peuple*, puis de *Libération*, jusqu'en 1974) de mettre en question le monde contemporain au nom de l'homme et de sa liberté. **▮ La biographie de Flaubert et les œuvres posthumes** Son dernier grand ouvrage est une tentative de biographie intégrale de Flaubert : les trois tomes de *L'Idiot de la famille* (1971 - 1972) apparaissent comme l'aboutissement de son entreprise ; psychanalyse existentielle et analyse historique sont mises au service de la philosophie sartrienne placée en situation pour rendre compte de l'unicité de la névrose de Flaubert ainsi que de l'esprit objectif du XIXe s. Le tome prévu sur *Madame Bovary* n'a pas paru. Mais après la mort de Sartre des inédits (*Cahiers pour une morale* ; *Les Carnets de la drôle de guerre*, 1983) ont été publiés. Sa correspondance livre des documents précieux sur son itinéraire et sur ses rapports avec ses proches, notamment avec sa compagne Simone de Beauvoir* (*Lettres au Castor et à quelques autres*, 1983). → ÉTYM. Ce nom occitan signifie «tailleur».

**SARTROUVILLE** [78500] → ÉTYM. anc. *Sartovilla* «domaine (lat. *villa*) de Satur (n. de pers. germ., de *satur* "repu, gras")», avec attraction de *sart* «défrichement» ♦ Ch.-l. de cant. des Yvelines, arr. de Saint-Germain-en-Laye, sur la Seine. 50 219 hab. *(Sartrouvillois)*. Mécanique de précision. Matériel électronique. Construc. mécaniques et électriques.

**SARVIG (Ole)** ♦ Écrivain danois (Copenhague 1921 - *id.* 1982). Il fut poète cherchant à réconcilier l'individu, bafoué par la conjoncture, et le monde (*Multiplicité*, 1945 ; *Mon amour*, 1952), puis romancier cherchant une forme nouvelle pour ce genre (dans *La Rose de pierre*, 1956), puis auteur de romans policiers et critique d'art lié au groupe Cobra*. Il exprime à sa façon la volonté un peu forcenée de résister au désespoir ambiant.

**SARZEAU** [56370] ♦ Ch.-l. de cant. du Morbihan, arr. de Vannes, dans la presqu'île de Rhuys. 6 143 hab. *(Sarzeautins)*. Maisons Renaissance. ▪ Tourisme estival. Aux environs, château de Suscinio, anc. résidence des ducs de Bretagne (XIIIe et XVe s.) près de l'océan : musée de l'histoire de la Bretagne.

**SASARAM** ♦ V. de l'Inde (Bihar), dans la vallée du Gange. 131 042 hab. À proximité de la ville se dresse le mausolée de Sher Shah, guerrier d'origine afghane, qui construisit un empire éphémère dans l'Inde du Nord au XVIe s. Il est situé au centre d'un bassin et surmonté d'un dôme haut de 45 m.

**SASBACH** ou **SALZBACH** ♦ Village d'Allemagne (Bade-Wurtemberg) près duquel Turenne* fut tué, au cours d'une bataille contre Montecuccoli* (1675).

**SASKATCHEWAN** n. f. → ÉTYM. du cree *Kisiska-djiwan* «le courant est rapide» ♦ Nom de deux rivières du Canada, nées dans les Rocheuses (Alberta) et réunies dans le centre de la prov. de Saskatchewan avant de se jeter dans le lac Winnipeg* (Manitoba). La *North Saskatchewan* arrose Edmonton et passe au N. de Saskatoon ; la *South Saskatchewan* parcourt le S. de l'Alberta, arrose Medicine* Hat, puis Saskatoon ; les deux branches confluent près de Prince Albert.

**SASKATCHEWAN** n. f. → ÉTYM. du n. des deux riv. ♦ Prov. du Canada, dans la Prairie*. → **Canada** (carte). 651 036 km². 968 157 hab. CAP. : Regina. **▮ Géographie** Le tiers N. de la prov. fait partie du Bouclier canadien ; c'est une zone de roches anciennes, érodées et modelées par les glaciers (lacs, marécages) ; le S. et le centre forment une partie de la plaine continentale (Prairie). Cette région est drainée par la Saskatchewan*. Le climat est continental, très froid l'hiver (moyenne de janvier −18 à −20 °C). **▮ Économie** Prov. agricole (40 % du revenu) : céréales, notamment blé. L'élevage s'est développé plus récemment. Les forêts, la pêche dans les lacs du Nord ainsi que le commerce des fourrures constituent d'importantes sources de revenus. Ressources minières : métaux (à l'E. ; région de Flin Flon), lignite, pétrole et gaz naturel, potasse, uranium (exploité depuis 1954). L'énergie hydroélectrique provient notamment du barrage Gardiner (South Saskatchewan). ▮ **Histoire** Exploré par Henry Kelsey pour la Compagnie de la baie d'Hudson (1690 - 1692) puis par les La Vérendrye (1750), le territoire connut son premier établissement en 1774 ; il fut transféré au Canada en 1869. → **Hudson (Compagnie de la baie d')**. Compris dans les Territoires du Nord-Ouest, la Saskatchewan devint une province en 1905.

**SASKATOON** ◆ ÉTYM. désigne, en cree, un fruit proche de la poire ♦ V. du Canada (Saskatchewan). 202 340 hab. (zone urbaine 233 923). Université. Centre commercial d'une riche région céréalière (blé), et d'élevage. Gisements de potasse. Raffinerie de pétrole. Indus. chimique. Indus. alimentaires.

**SASSANIDES** n. m. pl. ♦ Dynastie iranienne originaire du Fārs, qui renversa celle des Parthes arsacides et créa un vaste Empire s'étendant du Khorassan jusqu'à la Mésopotamie (226 - 651). → **Iran, Ardacher, Bahrām, Khosrō Ier Anocharvan, Ormizd, Péröz, Chahpour, Yazdgard.**

**SASSARI** ♦ V. d'Italie, ch.-l. de prov., au N.-O. de la Sardaigne. 120 729 hab. Université. Cathédrale (XIIe - XVIIe s.) à façade baroque. Musée d'archéologie. ▪ Aux environs, abbatiale de Santissima Trinità di Saccargia (XIIe - XIIIe s.).▪ Station balnéaire. Centre commercial et indus. Mines de plomb et de zinc à proximité. ▮ **Histoire** Première colonie romaine au-delà de l'Apennin (-283). Hasdrubal y fut vaincu en -207. Partie de la Pentapole, elle fut donnée à Giovanni Della Rovere par son oncle le pape Sixte IV.

**SASSENAGE** [38360] ◆ ÉTYM. anc. *Cassiniaco* «ensemble de chênes», du gaul. *cassanos* «chêne» et suff. lat. *-aticus* ♦ Ch.-l. de cant. de l'Isère, arr. de Grenoble, sur le Furon. 9 735 hab. *(Sassenageois)*. Dans l'église, tombe du connétable de Lesdiguières. Château reconstruit au XVIIe s., anc. propriété des Sassenage-Bérenger. ▪ Cimenterie. Fromage (sassenage). ▪ Aux environs, grottes dites *Cuves de Sassenage*.

**SASSETA (Stefano di Giovanni, dit il)** ♦ Peintre toscan (Cortona ? v. 1400 - Sienne v. 1450). Représentant de la tradition siennoise, il en a prolongé dans ses polyptyques la sensibilité gracieuse et colorée. Sans négliger le nouvel apport florentin (*Madonna delle Nevi*, 1430 - 1432, Florence), il resta fidèle au merveilleux gothique, poétique et religieux, et usa de solutions originales dans le rendu de l'espace (*Retable de saint François*, 1437 - 1444, dispersé).

▮ **Sasseta.** Prédelle du polyptyque de la cathédrale de Sansepolcro. Musée du Louvre, Paris. *Phot. © Nimatallah/Ricciarini*

**SASSOON (Siegfried Lorraine)** ♦ Poète et romancier britannique (Londres 1886 - Heytesbury, Wiltshire 1967). Juif d'origine espagnole, il fit ses études à Cambridge et fut affecté pendant la Première Guerre mondiale en France et en Palestine, puis collabora quelques années au *Daily Herald*. Ses poèmes sur les tranchées (*Contre-attaque*, 1918), juxtaposent sans complaisance les réalités de la guerre et les clichés rassurants de la propagande. Il fut marqué par sa rencontre en 1917 avec Wilfred Owen* et écrivit de nouveau sur la guerre (*Mémoires d'un officier d'infanterie*, 1930). Ses poèmes ultérieurs sont plus sereins, comme son autobiographie *Aspects de la jeunesse* (1942). Ses *Souvenirs complets de Georges Sherston*, trilogie romanesque (1928 - 1936), remportèrent un vif succès. ◆ ÉTYM. *Sassoon* vient du prénom hébreu *Sâsôn* «joie».

**SASTRE (Alfonso)** ♦ Auteur dramatique espagnol (Madrid 1926). Licencié es lettres de l'université de Madrid il anima le théâtre universitaire et créa le «théâtre d'agitation sociale» et le «groupe de théâtre réaliste». Son œuvre se nourrit des préoccupations sociales du siècle et il emploie les formes d'expression de la dramaturgie moderne. En 1953 il écrivit *Escuadra hacia la muerte* («Escadron vers la mort») dont les ressorts sont la peur et la lâcheté, puis *La mordaza* («Le Baillon», 1955) inspiré par le drame de Lurs, en France, *La sangre de Dios* («Le Sang de Dieu», 1955), *El pan de todos* («Le Pain de tous», 1957), *El cuervo* («Le Corbeau», 1957) et *Ana Kleiber*, joué à Paris en 1961.

**SATAN** ◆ ÉTYM. en hébr. *ha-sâtân* «l'Adversaire en justice, l'Accusateur», en gr. *diabolos* «accusateur, calomniateur» (d'où *diable*) ♦ Le chef des démons, dans les traditions juive et chrétienne (Zacharie, III, 1 ; Job, I et II ; Apocalypse, II, *passim*). ▪ Allusions : *Vade retro Satanas* «Arrière Satan», déformation du texte latin (*Vade, Satana*) de la réponse de Jésus au diable qui le tente (Matthieu, IV, 10) ; également réponse de Jésus à saint Pierre qui cherche à le dissuader de monter à Jérusalem (Matthieu, XVI, 23).

**SATHONAY-CAMP** [69580] ◆ ÉTYM. du germ. *Satoinus*, n. de pers., et suff. *-acum* ou de la rac. celt. *°sexta* «sept» (le village est à *sept* bornes romaines de Lyon) ♦ Comm. du Rhône, banlieue N.-E. de Lyon. 4 336 hab. Anc. camp militaire.

**SATIE (Alfred-Erik-Leslie Satie, dit Erik)** ♦ Compositeur français (Honfleur 1866 - Paris 1925). Venu à Paris (1879), il suivit les cours du Conservatoire, mais, rebelle aux disciplines scolastiques du lieu, il y échappa en s'engageant dans l'armée. Déçu par la vie militaire, il s'en libéra rapidement. Il commença alors une carrière de chef d'orchestre et de pianiste dans les cabarets de Montmartre (Le Chat noir, L'Auberge du Clou) où il fit la rencontre de Debussy avec qui il resta longtemps lié. De cette période marquée par le mysticisme (il avait fait la rencontre de Péladan et entrepris de dénoncer la décadence esthétique et morale de son époque) datent ses premières compositions : *Sarabandes* (1887), *Gymnopédies* (1888), *Trois Gnossiennes* (1890), *Le Fils des étoiles* (1892), *Pièces froides* (1897), pour piano et la *Messe des pauvres* (1895), pour orgue, dont l'étrange pouvoir de séduction harmonique s'apparente à celui du chant liturgique et de la musique orientale. À cette époque, il alla s'installer dans une humble maison de la banlieue parisienne, à Arcueil (1898), qu'il ne devait plus quitter. Las de la réputation d'amateur qui lui était faite, il décida, après avoir composé, en guise d'adieu à sa première époque *Trois morceaux en forme de poire* (1903), de suivre les cours de la Schola cantorum où, sous la direction d'Indy et de Roussel, il étudia le contrepoint (1905 - 1908). Les titres qu'il donna alors aux courtes pièces qu'il composait sont autant de défis ironiques à l'impressionnisme debussyste (*Aperçus désagréables, En habit de cheval, Véritables préludes flasques pour un chien, Descriptions automatiques, Embryons desséchés, Heures séculaires et instantanées*) ; ils n'en révèlent pas moins une sensibilité qui se dissimule sous le sarcasme et une vive originalité d'écriture, marquée par un extrême dépouillement mélodique et contrapuntique. Pendant la Première Guerre mondiale, Satie se lia avec Picasso, Diaghilev, Cocteau. Ce dernier devait s'inspirer de son esthétique pour susciter le groupe des Six*. ▪ La célébrité lui vint avec le ballet *Parade*, argument de Cocteau, chorégraphie de Massine, costumes et décors de Picasso* (1917), premier spectacle «cubiste» qui provoqua un scandale et attira à lui une jeunesse passionnée et désireuse de se mettre à son école, action militante qui était son moindre souci. Le groupe des Six et, un peu plus tard, l'école d'Arcueil*, allaient naître de cette ferveur. Cependant, Satie produisait son chef-d'œuvre, *Socrate*, «drame symphonique» pour voix et petit orchestre, sur des textes de Platon traduits par V. Cousin (1918), où la simplicité et la fraîcheur de l'invention mélodique atteignent souvent au sublime. À cette dernière période appartiennent encore les *Cinq nocturnes*, pour piano, les *Ludions*, mélodies sur des poèmes de L.-P. Fargue, et deux ballets, *Mercure* et *Relâche* (tous deux en 1924). ▪ Personnalité secrète et déconcertante, Satie a opéré une libération du langage et des formes, en réaction contre Wagner, Franck et, plus tard, contre Debussy et Ravel. En exaltant les vertus de la simplicité, en annexant à la musique les domaines du music-hall et des parades de la foire, il a exercé une influence indéniable sur son temps, notamment sur Ravel et Stravinski. ▪ Erik Satie est l'auteur d'ironiques *Écrits* (réunis en 1977) et d'une «comédie lyrique» d'esprit pré-Dada, *Le Piège de Méduse* (écrit en 1913).

Erik **Satie.** *Portrait* par Suzanne Valadon (41 × 22 cm). MNAMGP, Paris. *Phot. © Giraudon*

La **Satire Ménippée** ou **Satyre Ménippée** ♦ Ouvrage politique collectif (1594) qui représente l'opinion modérée des «politiques», hostiles à la Ligue et favorables à Henri de Navarre (→ **Henri IV**), roi légitime et français. Baptisée ainsi pour faire référence au philosophe cynique Ménippe*, connu pour son style satirique, cette relation pleine de verve des états généraux de 1593 fut rédigée par des juristes (Pierre Pithou*, Nicolas Rapin*) et des érudits humanistes (Jean Passerat*), ce qui confère à ce pamphlet une valeur historique et littéraire.

**Satires** ♦ Dix-huit pièces écrites par Horace*, sur le modèle de Lucilius* et réparties en deux livres (v. -35 - v. -30). Rédigées sur le ton de la conversation, elles sont consacrées à l'observation, d'abord amusée puis de plus en plus amère et dramatique, des travers et des vices de la société de son temps.

**Satires** ♦ Œuvre en vers de Juvénal*, composée de 16 pièces réparties en 5 livres écrits entre 100 et 130. Évitant la confidence, transposant dans la poésie écrite les procédés oraux du rhéteur, Juvénal y exprime avec force l'indignation de la classe moyenne devant la corruption de la Rome impériale. → **Rome.**

**Satires** ♦ Recueil des 17 poèmes de Mathurin Régnier* (publiés entre 1608 et 1652), inspirés des satiriques latins, où l'auteur attaque les vices et les travers de son temps (satire III : *La Vie de cour ;* XIII : *Macette, la fausse dévote*) avant de critiquer les règles édictées par Malherbe* (IX : *À Rapin*) et de conclure à la vanité des honneurs devant la rigueur de la mort où «Les escuelles de bois s'egalent aux couronnes» (XVII : *N'avoir crainte de rien*). Ces œuvres, vigoureuses et souvent truculentes, manifestent bien l'amour de la vérité et de la liberté qui anime Régnier.

**Satires** ♦ Recueil des 12 satires de Boileau* (1666, 1668, 1694, 1701, posth. 1716), tour à tour peinture réaliste des mœurs, réflexion morale et critique littéraire. D'abord critique plein de verve des mœurs bourgeoises (Satires I, X et VI, dite *Les Embarras de Paris*) et des mauvais écrivains (III ou *Le Repas ridicule*), Boileau aborde l'apologie morale (IV, VIII, XI et V ou *Que la vraie noblesse est celle du cœur*) avant de définir avec vigueur le but et les moyens de l'art. Établissant une rigoureuse hiérarchie des valeurs, il affirme la primauté de l'inspiration, puis prône une discipline stricte pour trouver l'expression la plus juste d'une idée vraie, c'est-à-dire «qui a dû venir à tout le monde». Il faut donc imiter les Anciens, modèles reconnus dans la peinture de la nature humaine, et se plier aux règles, contraintes «fondées en raison». Cette œuvre polémique, dont l'auteur s'est justifié (VII et IX), s'attaque avec fougue aux excès des précieux et des burlesques et se met au service du «naturel», c'est-à-dire de la vérité dans l'art.

**Satiricon** ♦ Roman (dont il ne reste que des fragments), écrit par Pétrone* dans un mélange de vers et de prose. Le *Satiricon* doit beaucoup aux *Fables milésiennes* de Cornelius* Sisenna et s'apparente aux *Satires Ménippées.* Formé d'épisodes qui se greffent les uns sur les autres comme dans le roman picaresque, il raconte les vagabondages d'un jeune dévoyé, Encolpe, et de ses deux amis Ascylte et Giton. Œuvre licencieuse, réaliste et comique par la surabondance des détails, elle dénonce le ridicule de toute activité humaine (vanité de la rhétorique et de la philosophie, grotesque des parvenus, misère du peuple, préciosité de la cour). Ses épisodes les plus célèbres sont l'histoire de la «Matrone d'Éphèse» (→ **La Fontaine**) et le «Festin de Trimalcion», repas ridicule chez un affranchi parvenu. ▪ L'ouvrage a inspiré Fellini*.

**SATLEJ** ou **SUTLEJ** ♦ Riv. de l'Inde et du Pakistan (1 600 km), affl. de l'Indus. Née au Tibet, elle traverse l'Himalaya et constitue l'une des «cinq rivières» du Panjab. Elle est barrée à la sortie des montagnes par les très grands ouvrages de Bakra-Nangal, et ses eaux alimentent le grand canal du Rajasthan.

**SATŌ Eisaku** ♦ Homme politique japonais (Tabuse 1901 - Tōkyō 1975). Après avoir été plusieurs fois ministre, il prit en 1957 la direction du Parti libéral. Succédant à Ikeda Hayato, il fut Premier ministre de 1964 à 1972 et obtint la restitution au Japon des îles Ogasawara, Okinawa et Ryūkyū, et la normalisation des relations internationales du Japon. Frère de Kishi* Nobusuke. [Prix Nobel de la paix 1974]

**SATOLAS** ◆ ÉTYM. probablt du lat. *Sintula,* n. de pers. ♦ Anc. nom de l'aéroport Lyon-Saint-Exupéry.

**SATORY** ♦ Plateau situé au S. de Versailles (Yvelines) et sur lequel se trouve un camp militaire.

**SATPURA** (monts) ♦ Axe de relief du N.-O. de la péninsule indienne. L'escarpement dû à une faille E.-O. est entaillé de nombreuses vallées. Ses pentes sont boisées, et il constitue un obstacle à la circulation. Il domine la vallée de la Tapti dont il a orienté le cours.

**Sattasāī** ♦ Recueil de poèmes indiens écrits en langue maharastri par le roi Śatavāhana Hāla (I - III^e s. ?) et souvent remanié. D'inspiration shivaïte, il traite principalement des joies simples des villageois et du labeur des paysans.

**SATU MARE** ♦ V. de Roumanie septentrionale, ch.-l. de district, près de la frontière hongroise, sur la rive d. du Someş, dans la région de Maramureş. 113 688 hab. Centre commercial et indus. (métall., textiles). Nœud ferroviaire en liaison avec l'Europe centrale et l'Ukraine.

**SATURNE** – en lat. ***Saturnus*** ♦ Dieu italique et romain identifié au Cronos grec. → **Cronos.** Divinité des semailles *(satus)* et de la culture de la vigne, il est souvent représenté avec une faucille ou une serpe. La tradition romaine voulait que, chassé de l'Olympe par Jupiter (→ **Zeus**), il se soit réfugié en Italie auprès de Janus*, et attribuait à son règne sur le Latium les caractéristiques de l'âge d'or. On célébrait en son honneur les *saturnales* (cf. *in Le Robert*) à la fin du mois de déc.

**Saturne.** *BIS/Phot. © Nasa-Photothèque*

**SATURNE** n. f. ♦ Planète du Système solaire, sixième dans l'ordre croissant des distances au Soleil, deuxième (après Jupiter*) quant à ses dimensions. Elle parcourt son orbite, à 1 425 millions de km du Soleil en moyenne, en 29 ans et 167 jours, et tourne sur elle-même en 10 h, 39 min et 24 s. À cause de sa rotation rapide, Saturne est très aplatie aux pôles ; ses diamètres, plus de 9 fois celui de la Terre, sont de 120 660 km (diamètre équatorial) et de 109 050 km (diamètre polaire). Sa masse vaut 95 fois la masse terrestre, son volume étant 800 fois celui de la Terre : Saturne est la seule planète d'une densité inférieure à celle de l'eau (ce qui suggère une composition interne à base d'hydrogène, surtout, et d'hélium). Le survol de Saturne par les deux sondes *Voyager** en 1980 et 1981 à une distance proche de 100 000 km permit de mieux connaître la planète qui ressemble beaucoup à Jupiter : elle est également pourvue d'une atmosphère très dense, composée d'hydrogène et d'hélium, ainsi que de méthane et d'ammoniac, elle possède aussi une source interne de chaleur (elle rayonne 3 fois plus d'énergie qu'elle n'en reçoit du Soleil) et un champ magnétique (bien moins intense que celui de Jupiter, assez proche de celui de la Terre). Une des grandes particularités de Saturne est son système d'anneaux que C. Huygens* identifia en 1656 comme un anneau unique. On en dénombre 7 principaux (A, B, C, D, E, F et G) depuis les missions des sondes *Voyager,* les anneaux A et B étant séparés par une zone d'ombre, la division de Cassini*. Chaque anneau est lui-même formé d'une multitude d'autres anneaux, de sorte qu'il en existe des milliers, extrêmement fins (leur épaisseur variant de 50 à 400 m), composés de petits corps de dimensions variées qui s'étalent jusqu'à 500 000 km de distance de la planète et dont l'origine n'est toujours pas élucidée. De petits satellites semblent confiner certains anneaux dans des bandes étroites, d'où leur nom de «satellites bergers». Après la découverte par les sondes *Voyager* de 11 nouveaux satellites, on en compte actuellement 20, dont le principal, Titan, est le seul du Système solaire à posséder une atmosphère dense, composée surtout d'azote (plus de 80 %). Les autres sont de petits astres glacés, criblés de cratères : Mimas, Dioné, Rhéa, Téthys, Encelade, Hypérion, Japet, Phoebé. Certains petits satellites gravitent sur les mêmes orbites que de plus grands ; Epiméthée et Janus, qui sont co-orbitaux, échangent leur place tous les 4 ans.

**SATURNIN** ou **SERNIN** (saint) ♦ (mort à Toulouse v. 250). Premier évêque de Toulouse, il aurait été massacré par la foule. ▪ Fête le 29 nov.

**SATYRES** n. m. pl. – en gr. ***Saturoi*** ♦ Démons champêtres et forestiers dans les mythes grecs, identifiés avec les *faunes* par les Romains. Comme Pan*, ils étaient représentés avec le haut du corps d'un homme barbu et cornu, le bas d'un cheval ou d'un bouc. Dans les représentations ultérieures, la bestialité s'atténue, mais il reste toujours la queue de bête et le membre viril surhumain. Ils parcourent la campagne, jouant de la flûte et dansant, poursuivant les nymphes et les mortelles. Ils font partie du cortège de Dionysos*. Les vieux Satyres s'appellent aussi Silènes.

**SAUERLAND** n. m. ♦ Massif montagneux d'Allemagne, appartenant à l'ensemble schisteux rhénan dont il forme la partie septentrionale. Il culmine à 841 m *(Kahler Asten)* dans le Rothaargebirge. Les vallées encaissées sont des annexes du bassin de la Ruhr (petite métallurgie de sous-traitance). Les hauteurs boisées servent de lieu de détente aux habitants de la Ruhr. La Ruhr, la Möhne et la Sieg prennent leur source dans le Sauerland et sont dotées de barrages.

**SAUGUES** [43234] ◆ ÉTYM. du gaul. *salico* «saule» ou de *Saliga,* n. de pers. ♦ Ch.-l. de cant. de la Haute-Loire, arr. du Puy-en-Velay. 2 013 hab. *(Saugains).* Église gothique (chasse de saint Bénilde). Donjon en ruines du XII^e s., dit «la tour des Anglais». ▪ Marché aux bestiaux. Tourisme.

**SAUGUET (Henri POUPARD, dit Henri)** ♦ Compositeur français (Bordeaux 1901 - Paris 1989). Il fut le disciple de Satie et l'un des membres de l'école d'Arcueil. Introduit dans les milieux musicaux parisiens par D. Milhaud*, il connut le succès avec ses premiers ouvrages, opéras bouffes et ballets composés à l'intention des spectacles montés par S. de Diaghilev*, le comte de Beaumont, I. Rubinstein* et S. Lifar*. Caractérisée d'abord par une fantaisie capricieuse et allègre, sa musique, fondée sur des bases traditionnelles, a progressivement gagné en gravité et atteint dans ses dernières compositions à une intensité d'émotion et à un pathétique qui sont l'expression d'un chant profond. ▪ L'œuvre de Sauguet comprend des opéras bouffes (*Le Plumet du colonel*, 1924 ; *La Contrebasse*, 1930), des opéras et opéras-comiques (*La Chartreuse de Parme*, 1936 ; *Les Caprices de Marianne*, 1954 ; *La Gageure imprévue*, 1942), des ballets (*La Chatte*, 1927 ; *La Nuit*, 1929 ; *Mirages*, 1943 ; *Les Forains*, 1945 ; *La Dame aux camélias*, 1957 ; *Pâris*, 1964), de la musique symphonique (*Symphonie expiatoire*, à la mémoire des victimes innocentes de la guerre, 1947 ; deux concertos pour piano ; une *Mélodie concertante* pour violoncelle et orchestre), de la musique de chambre (*Quatuor à cordes* pour deux violons, alto et violoncelle, à la mémoire de sa mère, 1948), de la musique de scène et de film, ainsi que de nombreuses mélodies.

**SAUJON** [17600] ➝ ÉTYM. du lat. *Salvius*, n. de pers., et suff. *-onem* ♦ Ch.-l. de cant. de la Charente-Maritime, arr. de Saintes, sur la Seudre. 5 392 hab. *(Saujonnais)*. Station hydrominérale.

**SAUL** ou **SAÜL** ♦ Nom juif de saint Paul*.

**SAÜL** ➝ ÉTYM. en hébr. *Shâ'ûl* «demandé (à Dieu)» ♦ Selon la Bible, premier roi d'Israël (situé vers –1030 - –1010). Jeune homme de belle allure, de la tribu de Benjamin*, il est oint par Samuel*, saisi par l'esprit de Dieu et proclamé roi par le prophète pour satisfaire la demande du peuple. Guerrier valeureux, il combat avec son fils Jonathan* et défait les Ammonites*, les Philistins* et les Amalécites, mais il commet des fautes qui lui font perdre la faveur de Dieu. Il prend à son service David, dont la cithare apaise ses crises, et lui donne sa fille Mikal en mariage. Mais il devient jaloux de lui, cherche à le faire mourir en dépit de l'amitié qui lie David et Jonathan et tente de lever sa malédiction en consultant l'âme de Samuel. Il est finalement vaincu par les Philistins et doit se tuer lui-même après la mort des trois fils qui l'accompagnaient. ▪ Le personnage de Saül a inspiré des peintres (Rembrandt) et des compositeurs (Haendel).

**SAULDRE** n. f. ➝ ÉTYM. anc. *Salera*, rac. pré-indo-eur. *°sala* «cours d'eau ; marécage» et suff. *-ara* ♦ Riv. de Sologne, dans les départements du Cher et du Loir-et-Cher. La Grande Sauldre (166 km) prend naissance dans les collines du Sancerrois et draine le S. de la Sologne. Elle traverse Argent-sur-Sauldre, Salbris* et Romorantin*-Lanthenay, avant de se jeter dans le Cher* en aval de Selles*-sur-Cher. Elle est reliée au Beuvron et à la Loire par le canal de la Sauldre. Elle reçoit la Petite Sauldre, son principal tributaire (56 km) sur sa rive g., à quelques kilomètres en amont de Salbris.

**SAULIEU** [21210] ➝ ÉTYM. anc. *Sidolocum*, du gaul. *Sedios*, n. de pers., et p.-ê. du lat. *lucus* «bois» ♦ Ch.-l. de cant. de la Côte-d'Or, arr. de Montbard. 2 837 hab. *(Sédélociens)*. La basilique Saint-Andoche (XII^e^ s.), de style roman bourguignon (chœur reconstruit en 1704, façade refaite au XIX^e^ s.) abrite de remarquables chapiteaux illustrant des thèmes bibliques. Musée François-Pompon. ▪ Marché agricole. Pépinières. Maroquinerie.

**SAULT-SAINTE-MARIE** ♦ V. du Canada (Ontario), sur la Sainte-Marie, entre le lac Supérieur et le lac Huron. 74 948 hab. (aggl. 80 098). Son canal et ses écluses ont un trafic important. Industrie lourde (2^e^ ville productrice d'acier du Canada).

**SAULT-SAINTE-MARIE** ♦ V. des États-Unis (Michigan), sur la rive sud de la riv. Sainte-Marie, entre le lac Supérieur et le lac Huron. 20 000 hab. La navigation sur son canal et ses quatre écluses parallèles est limitée à huit mois. ▪ Indus. chimique et alimentaire ; indus. du bois.

**SAULX-LES-CHARTREUX** [91160] ➝ ÉTYM. *Saulx*, de la langue d'oïl *saulz* «saule» et *Chartreux*, car des moines chartreux s'y étaient installés au XIII^e^ s. ♦ Comm. de l'Essonne, arr. de Palaiseau. 4 952 hab.

**SAULXURES-LÈS-NANCY** [54420] ➝ ÉTYM. du lat. *salsus* «salé (source salée)» et suff. *-ura* ♦ Comm. de la Meurthe-et-Moselle, banlieue E. de Nancy. 4 042 hab.

**SAULXURES-SUR-MOSELOTTE** [sosyʀ-] [88290] ➝ ÉTYM. → Saulxures*-lès-Nancy ♦ Ch.-l. de cant. des Vosges, arr. d'Épinal, sur la Moselotte. 3 070 hab. *(Saulxurons)*. Textile. Scierie.

**SAUMAISE (Claude)** latinisé en **Claudius Salmasius** ♦ Philologue et érudit français (Semur-en-Auxois 1588 - Spa 1653). Outre des études de droit, de théologie, de médecine et d'histoire, il avait acquis une bonne connaissance du latin, du grec, de l'arabe, de l'hébreu et du persan. Passé à la Réforme, il s'établit à Leyde où il enseigna la philologie. Esprit encyclopédique, il a laissé des ouvrages d'érudition, de controverses juridiques et théologiques (notamment des travaux montrant la compatibilité de l'usure avec les préceptes du christianisme).

**SAUMUR** [49400] ➝ ÉTYM. anc. *Salmurus*, probablt du précelt. *sala* «terrain marécageux» et d'un 2^e^ élément inconnu ♦ Ch.-l. d'arr. du Maine-et-Loire. 29 857 hab. (aggl. 31 443) *(Saumurois)*. Église romane Notre-Dame-de-Nantilly du XII^e^ s., maladroitement restaurée au XIX^e^ s. (tapisseries des XV^e^ - XVI^e^ s.). Église Saint-Pierre (portail roman, nef gothique à voûtes angevines). Église Notre-Dame-des-Ardilliers, édifice classique (1634 - 1695). Le château, reconstruit au XIV^e^ s., remanié aux XV^e^ et XVI^e^ s., abrite le musée d'Arts décoratifs et le musée du Cheval. Hôtel de ville du début du XVI^e^ s., autrefois incorporé à l'enceinte. Musée de la Cavalerie. Musée des Blindés. ▪ Célèbre école militaire de cavalerie, fondée en 1764, auj. École d'application de l'armée blindée et de la cavalerie. Les officiers et sous-officiers chargés de l'enseignement de l'équitation constituent le *Cadre noir*. Centre commercial et touristique. Viticulture : vins rouges (saumur-champigny) et blancs secs ou pétillants (saumur). Champignons. Jouets. Confection. Construc. mécaniques et électriques. Masques de carnaval. ▮ **Histoire** Une abbaye fondée en 848 à l'instigation de Charles le Chauve est à l'origine de la ville, qui entra sous Philippe Auguste dans le domaine royal. Tôt convertie aux idées de la Réforme, elle fut au XVI^e^ et au XVII^e^ s. l'un des bastions du protestantisme. En 1599, Duplessis*-Mornay y fonda l'Académie de théologie protestante. La révocation de l'édit de Nantes entraîna l'émigration d'une grande partie de la population et le déclin de la ville, qui ne reprit un certain essor qu'avec la fondation de l'École de cavalerie (1764). Balzac évoqua dans *Eugénie* Grandet* la léthargie de la vie saumuroise au début du XIX^e^ s. Du 19 au 21 juin 1940, les élèves de l'École de cavalerie, ou cadets de Saumur, défendirent le passage de la Loire sur 20 km entre Montsoreau et Gennes contre l'avance des armées allemandes.

**SAURA (Antonio)** ♦ Peintre espagnol (Huesca 1930 - Cuenca 1998). Ayant rencontré Breton* à Paris, où il séjourna de 1953 à 1955, il retint la force de catharsis des œuvres surréalistes. Puis, de retour en Espagne, il s'orienta vers une abstraction expressionniste, faite d'éclatement des formes. Impressionné par l'importance de l'infrastructure artistique à Paris, Saura décida en 1957 de former le groupe El Paso, avec Luis Feito, Rafael Canogar et Manolo Millarès. Il trouva son style personnel avec des portraits de personnages célèbres ou non, dont il faisait exploser les traits, comme sous l'effet d'une mitraille, avec une violence extrême (*Grande crucifixion*, 1963 ; *Portrait imaginaire de Goya*, 1963 ; *Philippe II*, 1967). La beauté latente de son œuvre est rehaussée par le tragique funèbre de sa gamme chromatique réduite au noir, au marron, au gris et au blanc. Il a aussi illustré des ouvrages littéraires, *Don Quichotte* de Cervantès, *La Famille de Pascual Duarte* de C. J. Cela, la poésie de saint Jean de la Croix, dans un style tachiste.

**SAURA (Carlos)** ♦ Cinéaste espagnol (Huesca 1932). Frère du peintre Antonio Saura. Passionné de photographie et de cinéma dès son plus jeune âge, il réalisa un premier long métrage en 1959, sur la délinquance juvénile madrilène, *Los golfos*. Héritier d'une vaste culture ibérique, qui va de Calderón à Buñuel, il se fit ensuite le peintre acide de la bourgeoisie puritaine de son pays, dans *Ana et les loups* (1972), *La Cousine Angélique* (1973), *Cría cuervos* (1975), *Elisa, vida mía* (1977). Puis il évolua vers un style plus classique, conjuguant théâtre et chorégraphie en collaboration avec le danseur flamenco Antonio Gades (*Noces de sang*, 1981 ; *Carmen*, 1983 ; *L'Amour sorcier*, 1986).

**SAURIA (Charles)** ♦ Inventeur français (Poligny 1812 - Saint-Lothain, Jura 1895). Il trouva le premier le principe des allumettes phosphoriques à friction (1831).

**SAUSHEIM** [68390] ➝ ÉTYM. du germ. *Swano*, n. de pers., et *heim* «village» ♦ Comm. du Haut-Rhin, banlieue N.-E. de Mulhouse. 5 470 hab.

**SAUSSET-LES-PINS** [13960] ♦ Comm. des Bouches-du-Rhône, arr. d'Istres, sur la Méditerranée. 7 233 hab. *(Saussetois)*. Port de pêche et station balnéaire.

**SAUSSURE (Nicolas DE)** ♦ Agronome suisse (Genève 1709 - *id.* 1790). Il est l'auteur de plusieurs traités d'agriculture (en particulier sur la culture de la vigne). ➝ ÉTYM. *Saussure* est un nom de domaine, de *sausse*, forme régionale de *saule* ou signifie «source salée», de *salsus* et suffixe *-alia*.

**SAUSSURE (Horace Benedict DE)** ♦ Géologue et physicien suisse (Conches, près de Genève 1740 - *id.* 1799), fils de Nicolas de Saussure. De nombreux voyages d'études dans divers pays d'Europe, particulièrement dans les massifs du Jura, des Vosges, des Alpes, lui permirent de faire d'importantes observations en minéralogie, en géologie et en météorologie. Il inventa plusieurs instruments tels l'hygromètre à cheveu, un diaphanomètre et un cyanomètre (pour étudier, respectivement, la transparence et la couleur du ciel à différentes altitudes), un anémomètre. Il effectua la deuxième ascension du mont Blanc en 1787.

**SAUSSURE (Nicolas Théodore DE)** ♦ Chimiste et naturaliste suisse (Genève 1767 - *id.* 1845), fils d'Horace Benedict de Saussure. Le premier à appliquer les méthodes expérimentales à la physiologie végétale, il étudia la nutrition des plantes (montrant qu'elles puisent dans la terre des sels minéraux, et que ceux-ci leur sont indispensables), ainsi que leur respiration et l'assimilation chlorophyllienne.

**SAUSSURE (Henri DE)** ♦ Naturaliste suisse (Genève 1829 - *id.* 1905), fils de Nicolas Théodore de Saussure. Envoyé en mission en Amérique centrale, il y poursuivit des travaux d'entomologie (sur les orthoptères et les hyménoptères).

**SAUSSURE (Ferdinand DE)** ♦ Linguiste suisse (Genève 1857 - château de Vufflens, cant. de Vaud 1913). Fils d'Henri de Saussure, il fit à Genève de brillantes études classiques, s'initia à Leipzig à la linguistique (sanskrit, vieux slave, iranien ancien) et présenta à Paris, où il devait se fixer (1880 - 1891), son *Mémoire sur le système primitif des voyelles dans les langues indo-européennes* (1879). Enseignant à l'école des Hautes Études (il eut A. Meillet* pour élève), il publia des travaux de linguistique historique qui fondaient une méthodologie nouvelle. Ne désirant pas acquérir la nationalité française, il dut revenir à Genève, où il fut professeur de sanskrit, de grammaire comparée, puis de linguistique générale (1907). Son *Cours*, reconstitué en 1916 par ses élèves (dont C. Bally*), pose les conditions d'une linguistique pure, détachée de la philologie, et les bases d'une science structurale du sens. On y trouve les grandes distinctions qui ont informé la linguistique du XXe s. : *langue* (système abstrait, fait social) et *parole* (réalité observable, individuelle) ; *synchronie* (domaine du fonctionnement) distinguée méthodologiquement de la *diachronie* (domaine des évolutions). La langue y est considérée comme un système (structure) de différences, et la théorie du signe (signifiant-signifié) interprétée dans une perspective psychosociologique, alimente le projet d'une science générale du signe ou sémiologie → **Peirce.** Le *Cours de linguistique générale* exerça une influence croissante sur la linguistique et la sémiologie, d'abord en Europe (notamment chez Hjelmslev*, Benveniste*), puis dans le monde, et bien au-delà de la linguistique (Lévi-Strauss, Merleau-Ponty, J. Lacan). Des exégètes ont cherché à reconstituer la pensée vivante de Saussure, quelque peu simplifiée dans le *Cours* (R. Godel, T. de Mauro). Les derniers travaux de Saussure, connus longtemps après sa mort *(Anagrammes)*, témoignent d'une conception originale du langage poétique comme code autonome, et du texte littéraire comme réseau de relations manifestées au niveau des signifiants.

**SAUTERNES** [33210] → ÉTYM. du lat. *saltus terra* «terrain boisé» ou *salva terra* «terre de refuge» ou du celt. *sau* «tertre, petite colline» et *ternevan* «rivage» ♦ Comm. de la Gironde, arr. de Langon. 586 hab. *(Sauternais)*. Viticulture (célèbres bordeaux blancs moelleux).

**SAUTET (Claude)** ♦ Cinéaste français (Montrouge 1924 - Paris 2000). *Classe tous risques* (1960) était un policier au ton insolite. À partir des *Choses de la vie* (1970), il devint le clinicien d'un certain mal de vivre de la bourgeoisie contemporaine : *Max et les ferrailleurs* (1971), *César et Rosalie* (1972), *Vincent, François, Paul et les autres* (1974), *Mado* (1976). Mais Sautet fut d'abord un conteur d'«histoires simples» (du titre d'un autre de ses films, 1978), à l'affût des soubresauts du cœur humain (*Quelques jours avec moi*, 1988 ; *Un cœur en hiver*, 1992 ; *Nelly et M. Arnaud*, 1995). → ÉTYM. Ce nom est un diminutif de *saut*, du latin *saltare* «sauter», sobriquet donné à un bateleur.

**SAUTRON** [44880] → ÉTYM. p.-ê. du lat. *Saltatorius*, n. de pers. (de *saltator* «danseur») ♦ Comm. de la Loire-Atlantique, arr. de Nantes. 6 824 hab.

**SAUVAGE (Frédéric)** ♦ Inventeur français (Boulogne-sur-Mer 1786 - Paris 1857). Concepteur d'un type d'hélice (vis à spirale entière) pour la propulsion des navires à vapeur.

**SAUVAGE (Henri)** ♦ Architecte français (Rouen 1873 - Paris 1932). Après avoir été un adepte de l'Art nouveau, il évolua rapidement vers le fonctionnalisme et préconisa l'emploi d'éléments préfabriqués. Une de ses meilleures réalisations est l'immeuble du 26, rue Vavin à Paris (1912) où la façade de carreaux blancs et bleus confère au bâtiment un aspect hygiéniste très prisé à l'époque, tandis que la disposition en gradins, image de la pyramide ou de la cité-jardin verticale, permet un apport de lumière. Il reprendra ces principes dans son immeuble de la rue des Amiraux à Paris en 1925, et dans son *Projet d'immeubles en front de Seine* (1928). Il construisit à Nantes les grands magasins Decré dont la façade était constituée d'un unique pan de verre (1931, détruit en 1943). Novateur et utopiste, Sauvage a inspiré l'architecte italien Antonio Sant'* Elia dans son projet de *Città Nuova* (1914) et peut-être aussi les gratte-ciel «babyloniens» américains, comme le Paramount Building à New York.

**SAUVE (LA)** [33670] → ÉTYM. du lat. *sylva* «forêt» ♦ Comm. de la Gironde, arr. de Bordeaux, dans l'Entre-Deux-Mers. 1 213 hab. Abbatiale (XIIe - XIIIe s.) de style roman saintongeais (chapiteaux romans), vestiges d'une anc. abbaye bénédictine fondée en 1079. Église gothique Saint-Pierre de la fin du XIIe s. (statues du XIIIe s.). ▪ Viticulture (entre-deux-mers).

**SAUVETERRE** n. m. (causse de) ♦ Formation calcaire située dans les Grands Causses* entre le Lot et le Tarn, au N. du causse Méjean, en Lozère. Le Tarn, pénétrant dans les causses, suit une série de failles qu'il a approfondies en forme de canyons ; il est alimenté uniquement par des résurgences. Tourisme. → **Tarn.**

**SAUVEUR (Joseph)** ♦ Mathématicien et physicien français (La Flèche 1653 - Paris 1716). Créateur de l'acoustique musicale, il établit, en 1700, une théorie des cordes vibrantes et des tuyaux sonores, dans laquelle il détermina les positions des nœuds et des ventres, imagina la notion d'ondes stationnaires et utilisa le phénomène des battements et de la résonance. Il découvrit les rapports simples de vibrations existant à côté de la note fondamentale dans une corde vibrante (harmoniques supérieurs). Il semble être le premier à avoir étudié les limites d'audition de l'oreille humaine. [Acad. sc. 1699]

**SAUVIAN** [34410] → ÉTYM. anc. *Salvianus*, du lat. *Salvius*, n. de pers. ♦ Comm. de l'Hérault, arr. de Béziers. 3 558 hab.

**SAUVY (Alfred)** ♦ Démographe et économiste français (Villeneuve-de-la-Raho, Pyrénées-Orientales 1898 - Paris 1990). Directeur de l'Institut national démographique (1945 - 1962), professeur au Collège de France, il est l'auteur d'importantes études économiques et démographiques (*Théorie générale de la population*, 1952-1954 ; *La Nature sociale*, 1957 ; *Croissance zéro*, 1973).

**SAVA** (saint) ♦ Métropolite de Serbie (v. 1174 - Tirnovo 1235). Il obtint la reconnaissance de l'autocéphalie de l'Église serbe en 1219. Il écrivit une biographie de son père Étienne* Nemanja, qui est considérée comme la première œuvre littéraire serbe.

**SAVAI'I** ♦ La plus grande des îles Samoa à l'O. d'Upolu, 1 709 km². 44 930 hab. Éruption du volcan Silisili (1 858 m) au début du XXe siècle.

**SAVALL (Jordi)** ♦ Gambiste et chef d'orchestre espagnol (Igualada, prov. de Barcelone 1941). Fondateur à Bâle de l'ensemble Hesperion XX (1974), puis à Barcelone de la Capella Reial de Catalunya (1987) et du Concert des Nations (1989), il a contribué largement, sans s'y cantonner, à la redécouverte du répertoire espagnol ancien.

**SAVANG VATTHANA** ♦ Roi du Laos (Luang Prabang 1907 - 1978 ou 1984). Fils du roi Sisavang* Vong, auquel il succéda de 1959 à 1975, il fut incarcéré en 1977 dans un camp de rééducation. Il a été considéré comme mort à partir de 1989.

**SAVANNAH** n. f. ♦ Fl. du S.-E. des États-Unis (505 km). Il prend naissance au N.-O. de la Caroline du Sud, dans les Appalaches, sert de frontière entre cet État et la Géorgie et coule vers le S.-E. jusqu'à l'Atlantique. Il arrose Augusta* et Savannah*. Nombreux barrages, hydroélectricité, usine atomique près d'Augusta.

**SAVANNAH** → ÉTYM. langue des Arawaks d'Haïti «savane» ♦ V. des États-Unis (Géorgie), à l'embouchure de la Savannah, sur la côte atlantique. 131 510 hab. dont 51 % de Noirs (zone urbaine 293 000). Port le plus actif entre Baltimore et La Nouvelle-Orléans. Indus. diverses (pâte à papier, raffineries de sucre) ; construc. navales. Tourisme. ▌**Histoire** Premier établissement anglais en Géorgie (1733), Savannah fut la capitale de la colonie, puis de l'État, jusqu'en 1785. Pendant la guerre de Sécession, la ville fut prise par Sherman en 1864.

**SAVANNAKHET** ♦ V. du S. du Laos, ch.-l. de prov., sur la rive g. du Mékong. Env. 70 000 hab. Port fluvial et carrefour de communications, relié à la Thaïlande par un pont.

**SAVARD (Félix-Antoine)** ♦ Prélat et écrivain canadien d'expression française (Québec 1895 - *id.* 1982). Missionnaire au Saguenay, professeur de français, il a été doyen de la faculté des lettres de Laval (1950 à 1956). Qu'il s'agisse de ses romans lyriques (*Menaud, maître draveur*, 1937 et 1943 ; *La Minuit*, 1948) ou des recueils de souvenirs et de portraits (*L'Abatis*, 1943 ; *Le Barachois*, 1959), F. A. Savard fait alterner passages descriptifs et méditations lyriques, recourant à un vocabulaire à la fois poétique et réaliste. Ses poèmes en prose affirment son don du symbole et *La Dalle-des-morts* (drame poétique, 1965) son inspiration épique.

**SAVART (Félix)** ♦ Physicien français (Mézières 1791 - Paris 1841). D'abord chirurgien, auteur, avec J.-B. Biot*, de la loi qui porte leur nom donnant l'expression du champ magnétique créé par un courant électrique, il s'intéressait surtout à l'acoutisque. Il étudia, en particulier, la propagation des vibrations dans divers milieux et inventa la roue dentée permettant de produire des sons de différentes fréquences et la détermination de leurs hauteurs. [Acad. sc. 1827] → ÉTYM. Ce nom vient du germanique *Sabhard* (ou *Savhard*), de *sav* (de sens incertain) et *hard* «fort».

**SAVARY (Anne Jean Marie René),** duc **DE ROVIGO** ♦ Général et homme politique français (Marcq, Ardennes 1774 - Paris 1833). Engagé en 1789, il devint aide de camp de Desaix (campagne d'Égypte, Italie), puis de Bonaparte (1800), colonel de la gendarmerie d'élite consulaire (1801), poste où il fit la police secrète du Premier consul. Il fut chargé de l'exécution du duc d'Enghien (1804). Nommé général de division en 1805, il se distingua à la victoire d'Ostrołęka (1807). Il fut fait duc de Rovigo en 1808. Envoyé en Espagne, il réussit à convaincre Charles IV et Ferdinand VII de se rendre à l'entrevue de Bayonne* (1808). Il succéda à Fouché comme ministre de la Police (1810 - 1814). Restant fidèle à Napoléon, il voulut le suivre en exil mais fut arrêté. Il fut commandant en chef en Algérie (1831 - 1833). Il a laissé des *Mémoires pour servir à l'histoire de Napoléon*.

**SAVARY (Félix)** ♦ Mathématicien et astronome français (Paris 1797 - Estagel 1841). Auteur de travaux concernant la cinématique, il étudia également le magnétisme ; surtout, il résolut le problème du calcul des éléments orbitaux réels à partir de ceux de l'orbite apparente (1827). [Acad. sc. 1832]

**SAVARY (Jérôme)** ♦ Acteur et metteur en scène français (Buenos Aires 1942). Il fonda avec Arrabal* le Grand Théâtre Panique (1965), puis, seul, le Grand Magic Circus (1968). Ses spectacles, présentés dans d'autres lieux que des théâtres, tenaient du cabaret, de la satire sociale et de la parade (*Zartan, frère mal aimé de Tarzan*, 1970 ; *Cendrillon et la lutte des classes*, 1973). Il évolua vers un théâtre destiné à un public plus large, mettant en scène des classiques (*Le Bourgeois gentilhomme*, *Cyrano de Bergerac*). Il a été directeur du Théâtre national de Chaillot (1988 - 2000) puis de l'Opéra-Comique (2000 - 2007).

**SAVASORDA (Abraham Bar Hiyya)** ♦ Astronome et mathématicien juif de Barcelone (mort v. 1136). Il écrivit en hébreu, entre autres, un traité d'arpentage, traduit en latin par Platon de Tivoli sous le titre de *Liber embadorum*, et consacré au calcul des surfaces. Il s'agit du premier ouvrage en latin traitant des équations du second degré, et on y trouve la formule de Héron* donnant l'aire d'un triangle en fonction des trois côtés et du demi-périmètre, ainsi que des valeurs approchées intéressantes.

**SAVATER (Fernando)** ♦ Philosophe et écrivain espagnol (Saint-Sébastien 1947). Esprit indépendant, il ne fait partie d'aucune école philosophique mais se rapproche de la pensée de Diderot et de Nietzsche. Figure du mouvement contre la violence au Pays basque, Basta Ya (prix Sakharov des droits de l'homme en 2000), il a été menacé de mort par l'ETA. *Essai sur Cioran* (1974) ; *Éthique à l'usage de mon fils* (1991) ; *Politique à l'usage de mon fils* (1992) ; *Choisir la Liberté* (2002) ; *Les 10 commandements du XXe siècle* (2004) ; *La Hermandad de la buena suerte* (prix Planeta 2008).

**SAVE** n. f. ◂ ÉTYM. anc. *Sava*, d'une rac. pré-indo-eur. *°sav-/sab-*, p.-ê. « creux » ou « liquide, sève » ♦ Riv. du bassin aquitain (150 km), affl. de la Garonne, qui prend sa source au plateau de Lannemezan et qui se jette dans la Garonne près de Grenade. Elle arrose l'Isle-en-Dodon, Lombez, Samatan et L'Isle-Jourdain.

**SAVE** n. f. – en serbo-croate ***Sava*** ♦ Riv. de Slovénie, Croatie et Bosnie-Herzégovine, affl. (rive d.) du Danube, qu'elle rejoint à Belgrade. 940 km, dont 593 navigables. Née dans les Alpes slovènes, elle traverse la Slovénie et sépare la Croatie de la Bosnie-Herzégovine avant d'entrer en Serbie.

**SAVENAY** [44260] ◂ ÉTYM. anc. *Saviniacum*, du lat. *Sabinus*, n. de pers., et suff. *-acum* ♦ Ch.-l. de cant. de la Loire-Atlantique, arr. de Saint-Nazaire. 5 883 hab. (aggl. 8 141) *(Savenaisiens)*. ▮ **Histoire** Les 22 et 23 déc. 1793, les troupes républicaines, commandées par Kléber et Westermann, y battirent l'armée vendéenne.

**SAVERDUN** [09700] ◂ ÉTYM. de la langue d'oïl *savart* « terre inculte » et gaul. *dunum* « forteresse » ♦ Ch.-l. de cant. de l'Ariège, arr. de Pamiers, sur l'Ariège. 3 589 hab. *(Saverdunois)*. Indus. textiles. ▮ **Histoire** Ce fut la plus grande place forte protestante du pays de Foix au XVIe s.

**SAVERNE** [67700] ◂ ÉTYM. anc. en lat. *Tres Tabernae* « Trois Tavernes » ♦ Ch.-l. d'arr. du Bas-Rhin, sur la Zorn et sur le canal de la Marne au Rhin, près du col de Saverne. 11 201 hab. (aggl. 16 014) *(Savernois)*. Le château, bâti à la fin du XVIIIe s. pour le cardinal de Rohan, évêque de Strasbourg (façade rythmée de colonnes et de pilastres corinthiens) abrite un musée : coll. gallo-romaines, art et histoire de la ville. Église reconstruite aux XIVe - XVe s. (clocher-porche roman ; œuvres d'art). ▪ Nœud de communications. Indus. diversifiées. ▮ **Histoire** Longtemps fief des évêques de Metz, puis, du XIIIe au XVIIIe s., des évêques de Strasbourg. En 1913, un incident survenu entre des Alsaciens loyalistes et un lieutenant allemand mit sérieusement à mal les relations diplomatiques franco-allemandes.

**SAVERNE** (col de) ◂ ÉTYM. de *sab-*, rac. prélatine hydronym. et oronym., et suff. *-ernu* ♦ Col des Vosges, à 413 m d'alt., entre le plateau lorrain et la plaine d'Alsace. Grand axe de circulation : voie ferrée, canal de la Marne au Rhin. Jardin botanique.

**SAVERY (Thomas)** ♦ Mécanicien anglais (Shilstone, Devon, v. 1650 - Londres 1715). Il fit breveter en 1698 la première machine utilisant la tension de la vapeur d'eau comme force motrice mais qui, employée pour le pompage de l'eau dans les mines de charbon, risquait d'exploser en raison des très grandes pressions ; il s'associa alors à T. Newcomen* et ils mirent au point la première machine atmosphérique réellement utilisable (1705).

**SAVIANO (Roberto)** ♦ Écrivain et journaliste italien (Naples, 1979). *Gomorra* (2006), vaste enquête sur la Camorra napolitaine, mêlant techniques du reportage et réflexions personnelles, a valu à son auteur des menaces de mort et l'a contraint à quitter l'Italie. En effet, Saviano ne se contente pas d'y dévoiler les mécanismes de ce pouvoir, il ose aussi livrer les noms des véritables responsables. Succès mondial, son livre a donné lieu en 2008 à un film-choc de Matteo Garrone.

**SAVIGNAC (Raymond)** ♦ Affichiste français (Paris 1907 - Trouville 2002). Collaborateur de Cassandre, Savignac a renouvelé le style de l'affiche par son style épuré, à l'humour incisif, et par sa capacité

Raymond **Savignac.** Publicité pour *Monsavon*, 1949. Musée de la Publicité, Paris. *BIS/Phot.*
*Phot. © Musée de la Publicité, Paris-Archives Larbor © Adagp, Paris 2007*

à traduire visuellement une idée (affiches des « Gitanes » et de la « pointe Bic »). ◂ ÉTYM. *Savignac* vient du nom de personne gallo-romain *Sabinius*, avec le suffixe *-acum* (→ aussi Sévigné).

**SAVIGNÉ-L'ÉVÊQUE** [72460] ◂ ÉTYM. du lat. *Sabinius*, n. de pers., et *l'Évêque*, parce que les évêques du Mans y avaient un manoir ♦ Comm. de la Sarthe, arr. du Mans. 3 721 hab.

**SAVIGNY (Friedrich Karl VON)** ♦ Juriste et homme politique allemand (Francfort-sur-le-Main 1779 - Berlin 1861). Ministre de Prusse en 1842, il fut chargé de la révision du code. Fondateur de l'école historique allemande, il publia une *Histoire du droit romain au Moyen Âge* (1815 - 1831), un *Traité de droit romain* (1840 - 1849).

**SAVIGNY-LE-TEMPLE** [77176] ◂ ÉTYM. du lat. *sabulum* « sable » et suff. *-in* et *-acum*, ou de *Sabinius*, n. de pers., et *-acum*, et *le Temple*, par allus. aux Templiers (le grand prieur de l'ordre était le collateur de l'église paroissiale) ♦ Ch.-l. de cant. de la Seine-et-Marne, arr. de Melun. 22 339 hab. (aggl. 28 498). Élément de la ville nouvelle de Sénart.

**SAVIGNY-SUR-ORGE** [91600] ◂ ÉTYM. du lat. *Sabinius*, n. de pers. ♦ Ch.-l. de cant. de l'Essonne, arr. de Palaiseau. 36 258 hab. *(Saviniens)*. Vestiges d'un château du XVe s., en partie incendié en 1940.

**SAVIMBI (Jonas)** ♦ Homme politique angolais (Munhango 1934 - prov. de Moxico 2002). Ministre des Affaires étrangères du Front de libération nationale (FLNA) de H. Roberto, il fonda, en 1966, l'Union pour l'indépendance totale de l'Angola (Unita) qui regroupait surtout les Ovimbundus. Après l'indépendance (1975), il prit le maquis et tint en échec l'armée du MPLA. Il accepta cependant de participer, en 1992, à des élections générales contrôlées par l'ONU. Le MPLA ayant recueilli la majorité, il reprit le maquis, avant de signer en 1995 un accord de paix avec le président Dos Santos. Mais la question du partage du pouvoir et du désarmement de ses troupes poussa à nouveau Savimbi à reprendre la lutte armée en 1998. Il a été tué au combat dans le S.-E. du pays en févr. 2002. → **Angola.**

**SAVINES-LE-LAC** [05160] ◂ ÉTYM. de l'anc. prov. *sabina*, *savina* « sabine (genévrier) » ou du lat. *Sabina*, n. d'une affranchie qui tenait un fief au VIIIe s. ♦ Ch.-l. de cant. des Hautes-Alpes, arr. de Gap, près du lac artificiel du barrage de Serre*-Ponçon. 815 hab. *(Savinois)*. Ce nouveau village a été construit pour remplacer l'ancien, submergé par la mise en eau du barrage en 1960.

**SAVINIO (Andrea DE CHIRICO, dit Alberto)** ♦ Écrivain italien (Athènes 1891 - Rome 1952). Musicien, peintre (comme son frère Giorgio De Chirico), il fit ses études à Athènes et à Munich puis vécut à Paris, où il fut lié à Apollinaire. Un goût du bizarre et un humour surréaliste caractérisent l'œuvre de A. Savinio. *Hermaphrodite* (1916), *Achille énamouré* (1938), *Toute la vie* (1946) comme les biographies quasi imaginaires d'hommes illustres de *Hommes, racontez-vous* (1942) offrent des images insolites, une transformation insidieuse du réel que le jeu avec le temps fait basculer dans le fantastique ou le métaphysique. À côté de *Vie des fantômes* ou de *Ville, j'écoute ton cœur* (1943), on citera encore ses curieuses critiques musicales (*Scatola sonora*).

**SAVITZKAYA (Eugène)** ♦ Écrivain belge d'origine russo-polonaise (Liège 1955). Influencé par les surréalistes, il publia des poèmes qui lui valurent une reconnaissance précoce (*Les Lieux de la douleur*,

1974). L'enfance constitue en elle-même un des ressorts de son écriture (*Mentir*, 1977 ; *La Disparition de maman*, 1982 ; *Sang de chien*, 1989) en tant que matériau pour aborder le rêve et la peur des monstres qui peuplent l'imaginaire. Ses récits, où les jeux de langage abondent, mettent en scène des animaux fabuleux et des personnages singuliers : *Les morts sentent bon* (1984), *Un jeune homme trop gros* (biographie fictive d'Elvis Presley, 1978), *Exquise Louise* (2003).

**SAVOIE** (maison de) ♦ Famille qui régna sur la Savoie et le Piémont à partir du XI^e s., sur la Sicile puis sur la Sardaigne à partir du XVIII^e s., et sur l'Italie (1861 - 1946). Son premier membre connu est Humbert I^er aux Blanches Mains. Ses principaux membres furent Amédée* VI, le Comte vert, Amédée* VIII, premier duc de Savoie, Philibert* II le Beau, Charles* III, Emmanuel*-Philibert, Charles*-Emmanuel I^er, Victor*-Amédée I^er, Charles*-Emmanuel II, Victor*-Amédée II, premier roi de Sardaigne (1720), Charles*-Emmanuel III, Victor*-Amédée III, Charles-Emmanuel IV, Victor*-Emmanuel I^er, Charles*-Félix. ▪ Avec Charles*-Albert, la branche de SAVOIE-CARIGNAN, issue au XVII^e s. de Charles-Emmanuel I^er, à laquelle appartint le prince Eugène*, accéda au trône de Sardaigne et acquit celui d'Italie, dont elle réalisa l'unité avec Victor*-Emmanuel II. Il eut pour successeurs Humbert* I^er, Victor*-Emmanuel III et Humbert* II. ▪ La branche d'AOSTE, descendante de Victor-Emmanuel II, monta sur le trône d'Espagne avec Amédée*.

**SAVOIE** n. f. ♦ Région historique du S.-E. de la France, correspondant aux départements de la Savoie et de la Haute-Savoie.

▮ **HISTOIRE** Occupée par les Allobroges* dès les -VII^e - -V^e s., la future Savoie fut conquise par les Romains en -121, puis pacifiée sous Auguste et partagée entre la Narbonnaise, la Viennoise et les Alpes Grées (I^er - III^e s.). C'est au IV^e s. qu'apparut le terme de Sapaudia. Soumise à la domination burgonde* (V^e s.) puis à celle des Francs* (VI^e s.), elle subit les partages mérovingiens* et carolingiens* et passa du royaume de Provence* de Boson à celui de Bourgogne* transjurane, et au second royaume de Bourgogne, avant d'être rattachée au Saint Empire (1032). Ce XI^e s. vit le développement de la féodalité et l'avènement de la future maison de Savoie* avec Humbert I^er aux Blanches Mains, en rivalité avec les comtes de Genève. En attendant que les visées des rois de France sur la partie O. des «monts» les rejettent peu à peu vers l'E., les comtes de Savoie bénéficièrent, dans leur lent travail d'unification, de leur maîtrise sur les cols et la route d'Italie ; ils ne cessèrent de la monnayer au cours de leur histoire, jouant les uns contre les autres de leurs puissants voisins : la France, l'Italie et l'Empire. Ce procédé fit leur fortune aussi bien lors des conflits entre l'empereur et la papauté (querelle des Investitures*, lutte des guelfes* et des gibelins*) que lors des guerres entre la France et la maison d'Autriche. Leurs tentatives contre le Dauphiné*, Genève et l'Italie trouvèrent leur aboutissement au XIV^e s. avec Amédée* VIII : premier duc de Savoie en 1416, il acquit Genève, annexa définitivement le Piémont (1419) et domina le Montferrat. Son prestige lui valut même une éphémère papauté (Félix V). La Réforme* et les guerres d'Italie* firent connaître à la Savoie une période de décadence (1434 - 1553), en même temps qu'elle s'orientait vers l'Italie ; ayant perdu Genève, passée à la Réforme, et la Savoie proprement dite, occupée par la France, la maison de Savoie devait fixer sa capitale à Turin, alors même qu'Emmanuel*-Philibert aurait retrouvé tous ses États au traité du Cateau*-Cambrésis (1559). Charles*-Emmanuel I^er fut le dernier souverain de Savoie à lutter pour reprendre Genève (nuit de l'Escalade, 1602) et dut céder à la France une grande partie de son territoire (Gex, Valromey, Bresse, Bugey). Tandis que la France leur imposait autant que possible sa domination, les ducs affermirent peu à peu leur position en Italie, grâce à leurs changements de camp dans les guerres du XVII^e et du XVIII^e s. Victor*-Amédée I^er reprit les terres savoyardes perdues lors des expéditions de Louis XIII contre la Valteline et Mantoue-Montferrat, perdit Pignerol, mais acquit une partie du Montferrat, confirmée à Victor*-Amédée II, ainsi qu'une partie du Milanais et la Sicile, puis la Sardaigne (traités d'Utrecht, 1713). Celui-ci se désintéressa du sort de la Savoie proprement dite, et elle eut à subir une occupation espagnole pendant la guerre de Succession* d'Autriche, qui fit cependant progresser Victor-Amédée en Lombardie. Annexée une première fois par la France révolutionnaire et impériale (1796 - 1814), la Savoie revint un moment au roi de Sardaigne avant d'être définitivement cédée à la France en même temps que Nice, après un plébiscite (traité de Turin, 1860), en échange du soutien apporté à l'unité italienne. → **Italie.**

**SAVOIE** n. f. [73] ← **ÉTYM.** du n. de la région de *Savoie** ♦ Dép. du S.-E. de la France, région Rhône-Alpes. 6 028 km². 373 258 hab. CH.-L. : Chambéry. CH.-L. D'ARR. : Albertville, Saint-Jean-de-Maurienne. Cour d'appel : Chambéry. Académie : Grenoble. → **Rhône-Alpes.**

**SAVOIE (HAUTE-)** → Haute-Savoie

**SAVONAROLE (Girolamo SAVONAROLA,** dit en fr. **Jérôme)** ♦ Prédicateur italien (Ferrare 1452 - Florence 1498). Entré chez les dominicains de Bologne, il commença par prêcher sans grand succès dans plusieurs villes d'Italie, avant de devenir prieur du couvent San Marco de Florence (1491). Ses sermons furent écoutés par des milliers de Florentins qu'il exhortait à la repentance et auxquels il prophétisa la venue d'un Cyrus des temps modernes. Après l'invasion de l'Italie par Charles* VIII, il s'imposa rapidement comme chef politique, instaurant à Florence un régime à la fois théocratique et démocratique, remaniant la constitution, la justice et les finances, réformant les mœurs (abandon des fêtes profanes, «bûchers de vanité»). Son austérité et son intransigeance finirent par diviser les Florentins en *arrabbiati* («enragés» qui lui étaient hostiles) et *piagnoni* («pleureurs», ses partisans). Ses attaques contre le pape Alexandre* VI (Borgia) lui valurent d'être convoqué à Rome (il ne s'y rendit point), puis excommunié. Les *arrabbiati* attaquèrent le couvent San Marco ; Savonarole fut condamné à mort, pendu, puis brûlé avec deux de ses partisans.

**Savonarole.** Portrait par Moretto.
Musée de Castelvecchio, Vérone.
*Phot. © Electa/Akg-images*

**SAVONE** – en it. ***Savona*** ♦ V. d'Italie, ch.-l. de prov., en Ligurie, à l'O. de Gênes, sur la Riviera du Ponant. 59 907 hab. Cathédrale (XVII^e - XIX^e s.). Palais des Della Rovere (XV^e s.). Sanctuaire de la Miséricorde. ▪ Port. Important complexe sidérurgique (Falck, Fiat) et indus. chimique. Important nœud de communications (vers Turin), au centre d'une grande région touristique. ▮ **Histoire** Possession de Gênes, elle la quitta en 1221, mais fut de nouveau annexée par elle (1251). Elle fut prise par le Piémont en 1746, puis annexée par la France en 1805 et devint le chef-lieu du département de Montenotte. Résidence du pape Pie* VII de 1809 à 1812. Elle fut rendue au Piémont en 1815.

**Savonnerie** ♦ Première manufacture royale de tapis fondée en France. Elle fut installée dans la grande galerie du Louvre sur l'ordre d'Henri IV en 1604, avant d'être transférée en 1631 dans une ancienne maison de savonnerie à Chaillot (d'où son nom). Il s'agissait alors de la fabrication de tapis veloutés auxquels on adjoignit par la suite des tapis copiés de l'Orient. En 1712, Louis XIV accorda à la Savonnerie les mêmes privilèges qu'à la Manufacture nationale des Gobelins*, à laquelle elle devait être réunie en 1826.

**SAVORGNAN DE BRAZZA (Pierre)** → **Brazza (Pierre Savorgnan de)**

**SAX (Antoine Joseph,** dit **Adolphe)** ♦ Facteur d'instruments à vent français d'origine belge (Dinant 1814 - Paris 1894). Il déposa en 1845 un brevet pour un nouvel instrument qui fut nommé, d'après son nom, *saxophone*.

**SAXE (Maurice,** comte **DE SAXE,** dit **le maréchal DE)** ♦ Maréchal de France (Goslar 1696 - Chambord 1750). Fils de l'électeur de Saxe Auguste II, futur roi de Pologne et d'Aurora de Königsmarck, il servit successivement le prince Eugène*, Pierre* le Grand, puis son père, qui l'avait reconnu en 1711, et enfin le roi de France. Élu duc de Courlande (1726), il ne put prendre possession de son duché et revint en France. Il révéla ses qualités exceptionnelles de stratège lors de la guerre de Succession* d'Autriche (prise de Prague, d'Eger, victoire de Fontenoy*, de Lawfeld*). Il avait été le dernier des condottieri par ses talents militaires mais aussi par l'agitation de sa vie privée.

**SAXE** n. f. – en all. ***Sachsen*** ← **ÉTYM.** du n. des *Saxons** ♦ Région historique d'Allemagne. ▮ **Le duché de Saxe (843 - 1180)** Le premier duché de Saxe fit partie du royaume de Germanie, dont Henri* I^er l'Oiseleur fut roi au X^e s. La maison de Saxe accéda à l'Empire avec le fils d'Henri I^er, Othon* I^er le Grand, mais celui-ci confia l'administration de la Saxe aux Billung, puis aux Supplinburg. Lothaire de Supplinburg, étant lui-même devenu empereur (Lothaire* II ou III), laissa la Saxe aux Welfen, héritiers des Billung. Henri* X le Superbe se trouva donc à la tête d'un immense territoire qui recouvrait toute l'Allemagne du Nord. Son fils, Henri* le Lion, entra en conflit avec Frédéric* Barberousse et, vaincu, vit ses possessions démantelées (1180). Le titre de duc de Saxe, donné à un fils d'Albert* l'Ours, était désormais attaché à une région formée du Wittenberg et du Lauenburg, et ce nouveau duché fut partagé en 1260 entre les deux héritiers qui se disputèrent l'électorat. ▮ **La Saxe électorale (1356 - 1806)** Ce titre fut donné finalement par l'empereur Sigismond* à la maison de Wettin qui régnait sur la Misnie*. Ses possessions furent divisées à partir de 1485 entre ligne Albertine* et ligne Ernestine*. La ligne Albertine joua de la Réforme et de l'opposition à Charles* Quint pour s'emparer des biens de la ligne Ernestine. Le même procédé devait par contre aboutir au XVII^e s. à un désastre pour la Saxe, qui fut particulièrement éprouvée par la guerre de Trente* Ans. Désormais le Brandebourg prenait la tête des puissances protestantes en Allemagne, et la Saxe dut tourner ses ambitions vers la Pologne. au début du XVIII^e s. Frédéric-Auguste I^er, devenu roi de Pologne sous le nom d'Auguste* II, donna à son électorat un nouvel essor, faisant de Dresde* un actif foyer artistique et encourageant l'industrie de la porcelaine (Meissen), mais l'entraîna dans une guerre malheureuse contre Charles* XII. La région eut encore à souffrir de la guerre de Sept* Ans, sous Frédéric-Auguste II, allié à l'Autriche. La situation fut redressée par Frédéric*-Auguste III, devenu *roi de Saxe* sous le nom de Frédéric-Auguste I^er (1806). Cependant, son alliance avec Napoléon lui fit perdre une grande partie de ses territoires en 1815. ▮ **Le royaume de Saxe (1815 - 1918)** Considérablement réduite, la Saxe oscilla pendant tout le XIX^e s. entre les réformes et la réaction. Les troubles de 1830 amenèrent une libéralisation de ses institutions, mais ceux de 1848 furent écrasés par les troupes prussiennes et furent le prétexte d'une réaction renforcée. La Prusse constitua une province de Saxe centrée sur Merseburg. L'adhésion du royaume au Zollverein* (1833) avait favorisé son développement économique. Favorable à l'Autriche, la Saxe fut intégrée à l'Empire allemand dans un climat de tensions et connut une agitation politique constante jusqu'en 1918. Bastion ouvrier sous la République de Weimar (→ **Allemagne**), la Saxe ne put pas pour autant s'adapter au régime de la République démocratique allemande en 1949. Les destructions (Dresde), le démontage de l'infrastructure industrielle par les Soviétiques, un appareil industriel très vieilli, une structure de petites entreprises soumises à une collectivisation inefficace y ont préparé le virage politique observé en 1990.

**SAXE** n. f. – en all. ***Sachsen*** ♦ État (Land) de la République fédérale d'Allemagne, reconstitué en 1990 après dissolution des districts de Dresde, Leipzig et Karl-Marx-Stadt, eux-mêmes formés par la RDA en 1952. L'État a retrouvé à peu de chose près les frontières de l'ancien royaume de Saxe. → **Allemagne** (carte). 18 408 km². 4 384 000 hab. (260 hab./km²). Le Land est divisé en 54 cercles ou *Kreise*. CAP. : Dresde. ▮ **Géographie** Les monts Métallifères (Erzgebirge) sont l'un des blocs soulevés du quadrilatère de Bohême, massif hercynien basculé dominant brutalement le fossé tchèque de l'Ohre (Eger) et descendant en glacis vers la plaine d'Allemagne du Nord. Très minéralisée (or, argent, plomb, uranium), la région a suscité une colonisation minière et agricole. Les plateaux gréseux aux parois ruiniformes font le succès touristique de la Suisse saxonne (Elbsandstein). Avec des dépôts quaternaires masquant des sédiments tertiaires, riches en lignite, le N. de la Saxe a des paysages identiques à ceux du Brandebourg voisin. Toutes ces hauteurs sont drainées par l'Elbe, ses affl. directs (Elster blanche, Mulde, Elster noire), indirects (la Haute Spree via la Havel), et, tout à l'E., la Neisse, tributaire de l'Oder. Seule l'Elbe est propice à la navigation. ▮ **Économie** Hors de la région de Leipzig, l'agriculture est médiocre à cause du climat submontagnard et du morcellement des exploitations. De ce fait, l'industrialisation a été précoce et s'est diffusée dans les moindres localités. Elle est pourtant très compromise aujourd'hui. Textiles et construc. mécaniques dominent dans le Vogtland (Plauen) et la région de Chemnitz*. De l'ancienne cour royale de Dresde et de Meissen reste une tradition de fabrications (ind. de précision, matériel photographique, porcelaine). Leipzig est située au cœur d'une région de mines (lignite à ciel ouvert), d'industries chimiques et métallurgiques longtemps insouciantes de l'environnement et à présent vivement critiquées. Dans le contexte délicat de la réunification, les industries modernes et les activités tertiaires se concentrent essentiellement sur les deux villes de Dresde et Leipzig. La ferveur protestante (dont J.-S. Bach est resté le symbole) et le haut niveau culturel se perpétuent dans l'activité universitaire de ces deux grandes villes et dans la multitude d'écoles d'ingénieurs (dont l'École des mines de Freiberg).

**SAXE (BASSE-)** → Basse-Saxe

**SAXE-ANHALT** n. f. – en all. ***Sachsen-Anhalt*** ♦ État (Land) de la République fédérale d'Allemagne, reconstitué en 1990 dans un périmètre légèrement différent de celui de 1945 - 1952, lequel réunissait la province prussienne de Saxe (à ne pas confondre avec l'ancien royaume de Saxe autour de Dresde) et la principauté d'Anhalt qui y était enclavée. → **Allemagne** (carte). 20 443 km². 2 581 000 hab. CAP. : Magdebourg. Le Land est divisé en 3 régences ou *Regierungsbezirke* (Halle, Magdeburg, Dessau) et 40 cercles ou *Kreise*. ▮ **Géographie** Entre la Basse-Saxe à l'O. et le Brandebourg à l'E., le Land présente surtout des horizons de plaine, proche à son extrémité S.-E. du bassin sédimentaire de Thuringe. Il abrite cependant la moitié orientale du massif du Harz, bastion éponyme des massifs hercyniens (Brocken, 1 142 m). Autour de Magdebourg, les couches sédimentaires sont recouvertes d'un lœss assez riche, qui laisse malheureusement place au N. aux épandages quaternaires mal drainés de la région de Stendal. L'Elbe, suivant les chenaux proglaciaires de la plaine du N., est l'artère majeure du Land. Son affl. de rive g., la Bode, reçoit dans le Harz le gros barrage de Rappbode, conçu pour contrer la sécheresse de la Börde. ▮ **Économie** Tout comme le Brandebourg voisin, le Land forme un espace intermédiaire entre Berlin et Hanovre, Hambourg et Leipzig, ce qui nuit à son unité et à son rayonnement. La région de Magdebourg est heureusement une région très agricole. Les ressources en lignite de Halle-Merseburg, de sel et de potasse (Stassfurt), de cuivre (Mansfeld), ont entraîné dès le début du XX^e s. le développement de gros complexes chimiques (Merseburg-Leuna), complétés dans les années 1950 par la sidérurgie (Calbe) et la grosse métallurgie (Magdebourg). Les villes de Halle et Dessau sont des villes universitaires.

**SAXE-COBOURG (Frédéric Josias, duc DE)** ♦ Général autrichien (Cobourg 1737 - *id.* 1815). Il servit l'Autriche dès la guerre de Sept* Ans et commanda l'armée des coalisés aux Pays-Bas à partir de 1792 (victoires de Neerwinden en 1793, de Fleurus en 1794).

**SAXE-WEIMAR (Bernard, duc DE)** → **Bernard de Saxe-Weimar**

**SAXO GRAMMATICUS** ♦ Historien et lettré danois (v. 1150 - Roskilde 1206 ou 1216). On sait fort peu de chose sur lui, si ce n'est qu'il fut le «secrétaire» du redoutable archevêque de Roskilde, Absalon. Sur l'ordre d'Absalon, Saxo rédigea, en latin, des *Gesta Danorum* («Hauts faits des Danois») qui sont à la fois notre meilleure source sur l'histoire ancienne du Danemark et aussi l'un des deux seuls traités de mythographie scandinave ancienne dont nous disposons (avec l'*Edda** de Snorri Sturlusson), les neuf premiers livres des *Gesta* étant consacrés à la période légendaire de l'histoire du Danemark. Son ouvrage est plein de morceaux de bravoure (sur Hamlet*, Regnerus, Toko, c'est-à-dire le prototype de Guillaume Tell).

**SAXONS** n. m. pl. ➝ ÉTYM. en lat. *Saxones*, de l'anc. nordique *saxar* «épée courte à un seul tranchant» ♦ Peuple germanique établi au II^e s. au N. de l'Elbe, sur les côtes de la mer du Nord puis dans toute l'Allemagne du Nord-Ouest à la fin du III^e s. Pirates, ils ravagèrent les côtes de la Gaule et de la Grande-Bretagne. Vers 450, certains Saxons allèrent s'établir en Angleterre avant les Angles*. Les Saxons qui étaient restés en Germanie gagnèrent le Harz et l'Eichsfeld, s'établissant ainsi aux frontières du monde franc. La conquête de la Saxe fut entreprise par Charles Martel, continuée par Pépin le Bref et achevée par Charlemagne*, qui mena de pair soumission et évangélisation de 772 à 804. Widuking* souleva les Saxons (778), mais il se soumit et consentit à recevoir le baptême en 785. La pacification ne fut achevée qu'en 804. Des évêchés furent fondés, notamment à Osnabrück, Brême, Paderborn, Münster, Hambourg. La dernière révolte fut réprimée par Louis le Germanique (841 - 842). → **Saxe.**

**SAY** [sɛ] **(Jean-Baptiste)** ♦ Économiste et industriel français (Lyon 1767 - Paris 1832). Influencé par les théories de A. Smith*, il publia son *Simple exposé de la manière dont se forment, se distribuent et se consomment les richesses*, 1803. Gérant d'une usine de filature de coton dans le Pas-de-Calais (1807 - 1813), il enseigna, après la Restauration, l'économie politique (*Catéchisme d'économie politique*, 1815 ; traduction de l'œuvre principale de Ricardo, 1819 ; *Lettre à Malthus*, 1820 ; *Cours complet d'économie politique pratique*, 1828-1830). Il mit en évidence le rôle de l'industrie, faisant l'apologie du machinisme, celui de l'entrepreneur, et la loi des débouchés. ♦ **Louis Auguste Say.** Économiste français (Lyon 1774 - Paris 1840). Frère du précédent. Il dirigea un raffinerie de sucre à Nantes. Opposé aux idées économiques de son frère, il affirma dans son ouvrage *Études sur la richesse des nations* que les forces productives sont la source effective des richesses. ♦ **Horace Émile Say.** Économiste français (Noisy-le-Sec 1794 - Paris 1860). Fils de Jean-Baptiste Say. Président de la Chambre de commerce de Paris, il entreprit une enquête sur l'industrie parisienne. Il fonda la Société d'économie politique, le *Journal des économistes* et le *Journal du commerce*. ♦ **Léon Say.** Homme politique et économiste français (Paris 1826 - *id.* 1896). Fils du précédent. Préfet de la Seine (1871), ministre des Finances (1872 - 1873 et 1875 - 1879), il se montra hostile au socialisme et partisan du libre-échange. [Acad. fr. 1886] ➝ ÉTYM. Le nom *Say* est une variante de *Saix*, du franco-provençal *sé, sei, chaix* «rocher».

**SAYAN** (monts) → **Saïan**

**SAYCE (Archibald Henry)** ♦ Orientaliste et philologue britannique (Gloucester 1845 - Bath 1933). Il fut l'un des fondateurs de l'assyriologie moderne.

**SAYDA** → **Saïda (Liban)**

**SAYF AL-DAWLA (Abū al-Ḥasan)** ➝ ÉTYM. ar. «le glaive *(sayf)* de l'État *(dawlah)*» ♦ Prince arabe de la dynastie hamdanide (mort en 967). → **Hamdanides.**

**SAYYID MURTAẒĀ [ou MURTADHA] AL-ZABĪDĪ** ♦ Écrivain arabe (mort en 1791). Venu de l'Inde, il se fixa au Caire et écrivit un commentaire de l'*Ihyā* de Ghazālī* ainsi qu'un autre commentaire érudit du *Qāmūs* de Fīrūzābādī* intitulé *Tāj al-'Arūs* («Le Diadème de la mariée»).

**SBEÏTLA** ♦ Localité de Tunisie située sur le rebord méridional du Haut Tell. Importants vestiges de la ville romaine de *Sufetula* : temples, thermes, théâtre, arc de triomphe. Un aqueduc de 166 km transporte les eaux captées de la région jusqu'à Sfax.

**SCAËR** [skɛʀ] [29390] ♦ Ch.-l. de cant. du Finistère, arr. de Quimper. 5 267 hab. *(Scaërois)*. Papeterie.

**SCAEVOLA (Caius Mucius) → Mucius Scaevola**

**Scala** n. f. ♦ Théâtre qui, construit à Milan à l'initiative de Marie-Thérèse d'Autriche, sur l'emplacement de l'ancienne église de Santa Maria alla Scala (Sainte-Marie-à-l'Échelle) par G. Piermarini (1778), se substitua à l'anc. théâtre ducal détruit par un incendie. Inauguré avec *L'Europa riconosciuta*, de Salieri (1778), il devint à l'époque du Risorgimento le foyer principal des manifestations d'indépendance patriotiques de l'Italie en lutte contre la puissance autrichienne. Rossini, Donizetti, Verdi y firent représenter leurs opéras. De grands chefs d'orchestre, dont Toscanini, qui en fut le directeur, et des chanteurs célèbres en ont fait la réputation. Rénové en 1867, en grande partie détruit en 1943, le théâtre fut reconstruit grâce à A. Toscanini et à l'aide d'Américains. Il rouvrit ses portes en 1949. D'une capacité de 3 200 places, il s'est agrandi (1955) d'une nouvelle salle, plus petite (500 places), située derrière la scène, qui est destinée aux opéras de chambre et aux récitals.

**SCALFARO (Oscar Luigi)** ♦ Homme d'État italien (Novare 1918). Juriste, membre de la Démocratie chrétienne, proche de M. Scelba*, il fut plusieurs fois ministre, notamment de l'Intérieur (1983 - 1987). Sa réputation d'intégrité lui valut d'être élu à la présidence de la Chambre (1992) puis de succéder à F. Cossiga* à la tête de l'État (1992 - 1999).

**SCALIGER** [skaliʒɛʀ] **(Giulio Cesare SCALIGERO,** dit en fr. **Jules César)** ♦ Médecin et humaniste italien (Riva del Garda 1484 - Agen 1558). D'un caractère entier, il s'opposa à maints savants et humanistes de l'époque (Cardan, Érasme). Il est l'auteur de travaux scientifiques sur Hippocrate, Aristote et Théophraste et d'ouvrages littéraires, en particulier sa *Poétique* qui annonce le classicisme. ♦ **Giuseppe Giusto Scaligero,** dit en fr. **Joseph Juste Scaliger.** Humaniste (Agen 1540 - Leyde 1609). Fils du précédent. Converti au protestantisme (1562), il se réfugia à Genève après la Saint-Barthélemy, puis devint professeur à Leyde (*Opus novum de emendatione temporum,* 1583 ; *Poemata omnia,* 1615).

**SCAMANDRE** n. m. – en gr. ***Skamandros*** ♦ Fl. côtier du N.-O. de l'Asie Mineure (Troade). Prenant sa source au mont Ida, il passait près de Troie, puis il recevait les eaux du Simoïs avant de déboucher dans l'Hellespont. Il est appelé aujourd'hui *Küçük Menderes,* nom également donné à l'antique Caystre. ▪ Dans *L'Iliade,* le dieu-fleuve *Scamandre* ou *Xanthe (Xanthos),* ancêtre de la famille royale de Troie, lutte contre les Grecs pendant le siège de la ville.

**SCAMOZZI (Vincenzo)** ♦ Architecte italien (Vicence 1552 - Venise 1616). Il fut, après Palladio et Sansovino* dont il continua l'œuvre, l'un des derniers grands constructeurs de la Renaissance italienne. Il édifia l'église San Gaetano à Padoue et le palais Contarini (1609) à Venise, et surtout les Nouvelles Procuraties qui achevaient la place Saint-Marc de Venise, avec une élévation en trois étages bien équilibrés mais assez froids (le second ordre fut modifié par Longhena). Il réalisa de nombreuses villas dans la région vénitienne, dont la villa Nani-Mocenigo (Conda, 1580 - 1584). Le théâtre de Sabbioneta (prov. de Mantoue, 1588 - 1589) est fortement inspiré du théâtre Olympique de Vicence (**→ Palladio**) que Scamozzi avait achevé. Après avoir dessiné les plans de la place forte de Palmanova, près d'Udine, et tracé des plans pour une cathédrale à Salzbourg, il se rendit dans l'E. de la France. Il écrivit un important traité d'architecture (*Idea dell'architettura universale,* 1615). Ses compétences techniques lui permirent de continuer dignement l'œuvre de ses prédécesseurs, mais une tendance à l'académisme donne à ses œuvres un caractère moins libre et plus froid.

**SCANDERBEG → Skanderbeg**

**SCANDINAVIE** n. f. → ÉTYM. p.-ê. du vx germ. *°Skadanawyo* «l'île [ou presqu'île] *(awyo-)* des dommages *(skadan)*» (allus. aux risques courus par les marins) ♦ Région de l'Europe du Nord, comprenant les deux États de la péninsule scandinave (Norvège et Suède) et le Danemark. 817 800 km$^2$. La Finlande et l'Islande, autres pays nordiques, n'en font pas partie. **→ Norden.**

**SCANIE** n. f. – en suéd. ***Skåne*** ♦ Prov. de l'extrême S. de la Suède, entre l'Øresund et la mer Baltique. V. PRINC. : Malmö*. Avec un sol fertile et un climat assez doux, la Scanie est la région la plus agricole de Suède : céréales, pommes de terre, betteraves à sucre, arbres fruitiers. Élevage de bovins et de porcins. Elle possède en outre des indus. importantes : construc. mécaniques, indus. du bois, textiles. **Histoire** La Scanie appartint au Danemark, dès la fin du VIII$^{e}$ s. Elle fut cédée à la Suède par le traité de Roskilde (1658).

**SCAPA FLOW** → ÉTYM. du vx norrois *skalpr* «bateau», *eith* «isthme» et *floa* «courant» ♦ Vaste baie dans les îles Orcades au S. de Mainland. L'un des principaux terminaux pétroliers des îles Britanniques. **Histoire** Une des principales bases navales de la Royal Navy, jusqu'en 1957. La flotte de guerre allemande, prisonnière, s'y saborda à la veille du traité de Versailles (1919).

**SCAPIN** → ÉTYM. de l'it. *scappare* «s'enfuir, s'échapper» ♦ Personnage de la comédie italienne, valet d'intrigue, fourbe et rusé. Sous les traits de Francesco Gabrieli, il apparut en France, pour la première fois, à la cour de Louis XIII. Molière l'a introduit sur la scène française (*Les Fourberies* de Scapin,* 1671).

**SCARAMOUCHE** → ÉTYM. de l'it. *scaramuccia* «escarmouche» ♦ L'un des plus anciens personnages de la commedia* dell'arte. Subtil et hâbleur, tout de noir vêtu, il s'incarna en Tiberio Fiorilli qui, devenu à Paris «le prince des comédiens et le comédien des princes», devait exercer, par son exemple, une influence certaine sur Molière.

**Scaramouche** (à droite) dans *Le Tombeau de maître André* de Claude Gillot (1 x 1,39 m), détail. Musée du Louvre, Paris.
*BIS/Phot. © Archives Nathan*

**SCARBOROUGH** → ÉTYM. norrois «fort de Skarthi (n. de pers.)» ou «vallée *(skarth* "trouée") près d'une colline *(berg)*» ♦ V. d'Angleterre (North Yorkshire), sur la mer du Nord. 106 233 hab. Château du XII$^{e}$ s. et demeures anciennes. Une des principales stations balnéaires de la côte E. Port de plaisance.

**Scarface** ♦ Film américain de Howard Hawks* (1932), avec Paul Muni, George Raft. La guerre des gangs fait rage à Chicago. Un jeune caïd, Tony Camonte, croit pouvoir faire régner sa loi. Traqué dans son repaire, il est abattu par la police. Hawks et ses scénaristes (dont William Burnett, un maître du roman policier) présentent un dossier de la criminalité strictement conforme à la vérité de la pègre (Camonte est Al Capone), sans le moindre soupçon de romantisme, dans une mise en scène glaciale. Un tel réalisme alarma la censure, qui obtint du producteur, Howard Hughes, que le film fût sous-titré «La Honte d'une nation». Le succès fut considérable, et engendra une foule de sous-produits.

**SCARLATTI (Alessandro)** ♦ Compositeur italien (Palerme 1660 - Naples 1725). Aîné de sept enfants, dont plusieurs devinrent musiciens, il reçut probablement sa première éducation musicale de Carissimi. Le succès de son premier opéra lui valut la protection de la reine Christine de Suède, en exil à Rome. Devenu maître de chapelle (1679) du vice-roi de Naples, il se fixa dans cette ville (1684) et connut rapidement, par ses ouvrages lyriques, religieux et profanes, une célébrité qui s'étendit à toute l'Italie. De cette période extrêmement féconde datent de nombreuses cantates de chambre, pièces de circonstances et opéras d'une valeur inégale. Avec son fils Domenico, il quitta Naples pour Florence puis Rome (1703) où, devenu assistant maître de chapelle à Sainte-Marie-Majeure, il fut le protégé du cardinal Ottoboni, dont il devint le maître de chapelle. Après un séjour à Venise où triomphèrent ses opéras *Mitridate Eupatore* et *Il Triónfo della libertà* (1707), il fut rappelé à Naples (1708) où, réintégré dans ses fonctions, il connut la période la plus glorieuse de sa vie, entreprenant encore un voyage à Rome (1719) et multipliant ses compositions dans tous les genres. Cependant le goût du public avait évolué et sa musique, réputée austère, avait cessé de plaire. Une dernière fois, il revint à Naples (1723) où J. A. Hasse vint recueillir ses conseils. Il mourut dans la solitude et l'oubli. ▪ Bien qu'il soit considéré à tort comme le fondateur de l'opéra napolitain, A. Scarlatti a exercé une indéniable influence sur ses contemporains (Purcell, et surtout Haendel). S'il s'est abandonné trop souvent à la facilité, dans le domaine de l'opéra notamment, il n'en demeure pas moins un maître de la mélodie et un parfait styliste, dont la rigueur d'écriture sait éviter les surcharges ornementales dont le baroque n'est point exempt. Il a fixé la forme de l'opéra napolitain où la musique domine l'action (emploi de l'*aria da capo*), donné à l'ouverture dite italienne sa forme classique, perfectionné le genre de la cantate de chambre et, en assignant trois mouvements à la symphonie, il s'est affirmé comme le précurseur de la symphonie classique. ▪ Son œuvre, extrêmement abondante, comprend 115 opéras, presque tous sérieux (dont *Tigrane*, 1715 ; *Canbise*, 1719 ; *Griselda*, 1721 ; *Il Triónfo dell'onore*, 1718), une trentaine d'oratorios, 60 motets, un nombre important de messes, plus de 600 cantates de chambre à 1 ou 2 voix, avec basse continue, et 61 avec accompagnement d'instruments, des symphonies, sonates, suites, préludes et fugues. ➙ ÉTYM. Ce nom de famille vient de l'italien *scarlatto* «écarlate».

**SCARLATTI (Domenico)** ♦ Compositeur italien (Naples 1685 - Madrid 1757). Élève de son père, Alessandro Scarlatti*, et de B. Pasquini, il fit ses débuts de compositeur d'opéra à la cour de Naples où il était organiste (1703). Il suivit son père à Florence, Rome, puis à Venise, où il rencontra Haendel* (1705). C'était le début d'une longue amitié, fondée sur une admiration réciproque, entre les deux musiciens. Il revint à Rome où, attaché au service de la reine Marie Casimire de Pologne, il composa plusieurs opéras (1709 - 1714). Nommé ensuite maître de chapelle à Saint-Pierre-de-Rome (1715), il écrivit à cette occasion quelques œuvres religieuses (*Miserere, Stabat Mater* à 10 voix, *Messe* à 4 voix, *Salve Regina*). Il quitta son poste au Vatican pour Lisbonne où, sollicité par l'ambassadeur du Portugal à Rome, il accepta en 1719 les fonctions de maître de musique de l'infante Maria Barbara. Au cours d'un dernier voyage en Italie, il séjourna quelques années à Naples où il remporta de vifs succès comme claveciniste, puis revint à Lisbonne. À peine établi dans ses nouvelles fonctions, il dut suivre la cour à Madrid, l'infante ayant épousé le prince des Asturies, héritier du trône d'Espagne (1729). C'est à Madrid que devait s'écouler le reste de ses jours, consacrés à la composition de son œuvre pour clavecin dont l'ensemble, monumental, n'a été publié qu'au XXe s. (catalogues Longo, puis Kirkpatrick). Utilisant d'une manière toute personnelle les possibilités de cet instrument, D. Scarlatti apparaît, dans la riche diversité de sa production, comme le véritable créateur d'un style, d'une forme et d'une technique qui ont révolutionné l'écriture de la musique de clavier. Ni sonates, ni préludes, ni extraits de suite, ses *Esercizi per gravicembalo* défient l'harmonie traditionnelle par la hardiesse de leurs accords et se caractérisent par la vivacité du rythme, la grâce et l'esprit de l'invention mélodique, le lyrisme d'une poésie toute méditerranéenne, qui trouve fréquemment ses sources d'inspiration dans l'art populaire espagnol. Par leur coupe, généralement binaire, ils se distinguent de la forme que fixèrent plus tard C. P. E. Bach*, Haydn* et Mozart*. Pour l'Italie, D. Scarlatti est, au XVIIIe s., avec Bach et Haendel en Allemagne, Couperin en France, le plus éminent représentant de l'école nouvelle du clavecin. Son œuvre comprend environ 560 «sonates», 12 opéras, des oratorios, sérénades, cantates de circonstances et cantates de chambre, ainsi que des pièces de musique sacrée.

**SCARPA (Antonio)** ♦ Anatomiste italien (Motta di Livenza, Frioul 1747 ou 1752 - Pavie 1832). On lui doit la description du système nerveux, de l'oreille *(ganglion de Scarpa)*, des lésions observées dans l'artérite et des hernies. [Acad. sc. 1817] ➙ ÉTYM. Ce nom vient de l'italien *scarparo* «cordonnier», nom de métier.

**SCARPA (Carlo)** ♦ Architecte italien (Venise 1906 - Tokyo 1978). Après avoir rejeté l'académisme architectural, il se tourna vers l'architecture de Palladio* et de l'Art* nouveau (Olbricht et Hoffmann) puis, après sa rencontre avec Frank Lloyd Wright* en 1951, vers le modernisme. Il fit une synthèse de toutes ces tendances dans ses réalisations muséographiques (musée Abatellis de Palerme, 1953 - 1954 ; pavillon de la Vénétie à l'exposition «Italia 61» de Turin ; musée de Castelvecchio de Vérone, 1964). Nommé en 1972 directeur de l'Institut universitaire d'architecture de Venise, il construisit le cimetière Brion à San Vito d'Altivole, puis son œuvre maîtresse, la Banque populaire de Vérone (1973 - 1978).

**SCARPE** n. f. ➙ ÉTYM. anc. *Scarpin*, probablt du germ. ♦ Riv. du N. de la France, affl. de l'Escaut (100 km). Elle prend sa source dans l'Artois, traverse Arras, Douai, Marchiennes, Saint-Amand-les-Eaux et conflue près de la frontière belge.

**SCARPETTA (Eduardo)** ♦ Auteur dramatique italien (Naples 1853 - *id.* 1925). Rénovateur de la tradition léguée par la commedia* dell'arte, il en a adapté le comique traditionnel, mi-satirique, mi-pathétique, dans de nombreuses pièces inspirées du génie populaire napolitain. Son œuvre la plus connue est *Misère et Noblesse* (1888). ➙ ÉTYM. *Scarpetta* a la même étymologie que *Scarpa**.

**SCARRON (Paul)** ♦ Écrivain français (Paris 1610 - *id.* 1660). Bohème, puis chanoine et attaché à l'évêque du Mans, devenu infirme mais continuant à fréquenter les salons littéraires, il avait épousé Françoise d'Aubigné, qui devait devenir Mme de Maintenon*. Il est l'auteur de comédies qui furent très prisées pour leurs intrigues bouffonnes et leur comique verbal, *Jodelet ou le Maître valet* (1645) et *Don Japhet d'Arménie* (1653). On lui doit aussi une parodie burlesque, en octosyllabes, le *Virgile travesti* (1648 - 1652) et, surtout, *Le Roman* comique* (1651 - 1657).

**SCEAUX** [so] [92330] ➙ ÉTYM. anc. *Cellae*, du lat. *cella* «cellule d'ermite» ou du lat. *celsus* «élevé» ♦ Ch.-l. de cant. des Hauts-de-Seine, arr. d'Antony, banlieue S. de Paris. 19 494 hab. *(Scéens)*. Église Saint-Jean-Baptiste reconstruite au XVIe s. (sculptures de Tubi et de Coysevox). Anc. manufacture de céramique fondée par la duchesse du Maine (1748). Musée de l'Île-de-France dans le château (XVIIIe s.). ▪ Cité résidentielle. Faculté de droit et de gestion de l'Université Paris-Sud. ▪ Le *parc de Sceaux* (200 ha) est situé entre Sceaux et Antony. ▮ **Histoire** La seigneurie de Sceaux fut achetée en 1670 par Colbert, qui fit transformer l'ancien château par Perrault, Le Brun, Coysevox, Girardon. Le parc est l'œuvre de Le Nôtre. Le marquis de Seignelay, fils de Colbert, prit la succession de son père à Sceaux ; puis le duc du Maine, fils de Louis XIV et de Mme de Montespan, reçut ce château en 1700. Sa femme, la duchesse du Maine, y tint une cour brillante («les grandes nuits de Sceaux»). Le château fut vendu et détruit à la Révolution. Il en reste l'orangerie, attribuée à Claude Perrault. Le pavillon de Hanovre, construit par Chevotet en 1760 à Paris, fut transporté à Sceaux au XXe s. Le château actuel fut édifié par le duc de Trévise sous le Second Empire.

**SCELBA (Mario)** ♦ Homme politique italien (Caltagirone, Sicile 1901 - *id.* 1991). Membre du Parti populaire fondé par L. Sturzo* (1919), et, à partir de 1941, de la Démocratie chrétienne, dont il devint l'un des dirigeants de l'aile droite, il fut plusieurs fois ministre entre 1945 et 1953. Président du Conseil (1954 - 1955), puis ministre de l'Intérieur (1960 - 1962), il dut faire face à l'opposition de gauche, et l'arrivée au pouvoir du centre gauche entraîna sa mise à l'écart.

**SCELSI (Giacinto)** ♦ Compositeur italien (La Spezia 1905 - Rome 1988). Il fut le premier musicien italien à utiliser la technique sérielle (1936), mais s'en détourna vite. Il passa la guerre en Suisse, rentra en Italie au début des années 1950, composant d'abondance, mais en porte-à-faux par rapport à l'esthétique sérielle de l'époque. Sa musique fut profondément influencée par les philosophies de l'Orient et, pour lui, l'essentiel était non pas la note mais le son, dont il explora les virtualités les plus infimes. Depuis 1980, on découvre sa production considérable, et de nombreux compositeurs de la jeune génération se réclament de lui. Il a laissé notamment cinq quatuors à cordes (1944, 1961, 1963, 1964, 1974 - 1985), *Khoom* pour soprano et 6 instruments (1962), *Hurqualia* (1960), *Aion* (1961) et *Hymnos* (1963) pour orchestre, *Uaxuctum* (1966), *Konx-Om-Pax* (1969) et *Pfhat* (1974) pour chœurs et orchestre. Une étape fondamentale de son travail de pionnier fut celle des *Quattro pezzi per orchestra su una nota sola* (1959), quatre pièces pour orchestre de chambre travaillant chacune une seule et unique hauteur dans tous ses paramètres sonores et temporels.

**Scènes de la vie de bohème** ♦ Roman d'Henri Murger* (1848). Recueil de récits dont les personnages, le musicien Schaunard, le poète Rodolphe, le peintre Marcel et le philosophe Colline, poursuivent ensemble leur vie de bohème. Parfois, ils semblent atteindre le succès, mais le plus souvent ils doivent faire face à leurs créanciers et dormir à la belle étoile. Quelques personnages féminins apparaissent telles Musette et Mimi, amie de Rodolphe, qui après l'avoir quitté pour un riche vicomte revient mourir dans ses bras. De ce roman Puccini* tira un opéra (*La Bohème**, 1896) que L. Comencini* porta à l'écran (1987).

**SCÈVE** [sɛv] **(Maurice)** ♦ Érudit et poète français (Lyon 1501 - *id.*, v. 1564), rattaché à l'école lyonnaise, comme Pontus de Tyard* et Sébillet*. Lié à Clément Marot* dès 1536, il participa aux fêtes de l'île Barbe, jeux poétiques consacrés à la vénération des reliques de sainte Anne et donna par ailleurs quelques blasons du corps féminin (1539). Son recueil *Délie*, objet de plus haute vertu* (1544), fait de dizains en décasyllabes, est un composé de confidences lyriques sur la femme aimée et de symboles mystiques (Délie est l'anagramme de «l'Idée»). Dans *Microcosme* (1562), épopée biblique de trois mille et trois vers construite selon une architecture savante, Scève fait de l'homme un condensé de l'univers. On lui doit également des traductions versifiées des psaumes XXVI et LXXXIII de la Vulgate (1542). ▪ Ce disciple de Pétrarque* et de Sannazaro, auquel les symbolistes du XXe s. ont rendu hommage, «exprime sous une forme très condensée, très personnelle et très choisie, des pensées très longuement méditées» (V. Larbaud).

**SCHACHT (Horace Greely Hjalmar)** ♦ Financier et homme politique allemand (Tingleff, Schleswig 1877 - Munich 1970). Il passa une partie de son enfance aux États-Unis, où son père avait émigré. Il fut employé à la Dresdner Bank de 1903 à 1916, puis dirigea la banque de Darmstadt. Lors de la crise de 1923, il fut nommé commissaire à la Monnaie, puis président de la Reichsbank et parvint à stabiliser le mark. Il abandonna ce poste en 1930 pour protester contre le plan Young concernant le paiement des réparations aux Alliés. Bien que n'appartenant pas au parti nazi, il apporta à Hitler l'appui de certains milieux industriels et financiers et, en 1933, reprit la présidence de la Reichsbank. Il fut également ministre de l'Économie (juil. 1934-nov. 1937). Mais il s'opposa à Göring et aux dépenses d'armement et démissionna de la présidence de la Reichsbank en 1938, conservant cependant le titre de ministre sans portefeuille jusqu'en 1943. Lié à la résistance allemande et en particulier aux conjurés du 20 juil. 1944, il fut envoyé au camp de Dachau, libéré par les Américains, puis arrêté à nouveau comme ancien ministre du Reich. Il fut acquitté à Nuremberg en 1946 et, après 1950, les gouvernements de Syrie, d'Indonésie, d'Iran, d'Égypte l'appelèrent comme conseiller financier. ▪ Auteur de *Seul contre Hitler* (1950) et de *Mémoires d'un magicien* (1954). ← ÉTYM. Ce nom de famille vient de l'hébreu *sachat* « abattre selon la coutume juive », nom de boucher.

**SCHADOW (Johann Gottfried)** ♦ Sculpteur allemand (Berlin 1764 - *id.* 1850). Élève de l'Académie royale de Berlin, il compléta sa formation en Italie (1785 - 1787) où il rencontra Canova*. De retour à Berlin, il devint une figure officielle, occupant la direction des ateliers royaux de sculpture, puis celle de l'Académie. Ses sculptures néoclassiques, essentiellement des œuvres de commande, allient, à l'instar de Canova, le style antique à une grande délicatesse (quadrige de la porte de Brandebourg, monument au général von Zieten [1794 - 1797]). ← ÉTYM. *Schadow* est le nom d'un lieu dans la vallée de la Sprée.

**SCHAEFFER (Claude)** ♦ Archéologue français (Strasbourg 1898 - Saint-Germain-en-Laye 1982). Il fut à l'origine des fouilles de Ras Shamra (Ougarit*) en Syrie, où il fit la découverte de tablettes portant des textes rédigés en cunéiforme alphabétique. Il fouilla aussi à Engomi* (Chypre). Il fut nommé professeur au Collège de France en 1954.

**SCHAEFFER** [ʃɛfɛʀ] **(Pierre)** ♦ Ingénieur et compositeur français (Nancy 1910 - Milles, Bouches-du-Rhône 1995). Ancien élève de l'École polytechnique, ingénieur du son à la RTF, il fut le fondateur du *Studio d'essai* et, avec P. Henry*, l'un des inventeurs de la « musique concrète », nouvelle technique de composition constituée à partir de matériaux sonores bruts enregistrés, éventuellement déformés et déplacés dans l'espace. Ces manipulations électroacoustiques sont à l'origine de plusieurs réalisations, dont *Études de bruits* (1948), *Suite pour 14 instruments*, *Variations sur une flûte mexicaine* (1949), et en collaboration avec P. Henry : *Bidule en ut* (1949), *Symphonie* pour un homme seul* (1950), *Orphée 53*, premier opéra de musique concrète (1953). Théoricien, P. Schaeffer publia *Traité des objets musicaux* (1966), *Musique concrète* (1967). Il dirigea le Groupe de recherches musicales de l'ORTF et fut professeur au Conservatoire de Paris. Comme philosophe, il s'intéressa à la culture de masse et à la communication en général (*Machines à communiquer*, 1970 - 1972, *Faber et Sapiens*, 1986). ← ÉTYM. *Schaeffer* vient du moyen haut allemand *schaefaere* « berger ».

**SCHAEFFNER** [ʃɛfnɛʀ] **(André)** ♦ Musicologue et ethnologue français (Paris 1895 - *id.* 1980). Outre des travaux sur Igor Stravinski (*Igor Stravinsky*, 1931), Debussy, il s'est consacré à l'ethnomusicologie. Membre de l'expédition Dakar-Djibouti de Marcel Griaule, il a, en particulier, étudié la musique africaine.

**SCHAERBEEK** – en néerl. ***Schaarbeek*** ♦ Comm. de Belgique (Région de Bruxelles-Capitale), faubourg N. de Bruxelles. 113 493 hab. Parc Josaphat. Gare de marchandises. Siège de la RTBF-BRTN (télévisions communautaires). ▪ Indus. diversifiées (les plus grosses usines, situées le long du canal, sont au-delà de la limite communale).

**SCHAFER (R. Murray)** ♦ Compositeur canadien (Sarnia, Ontario 1933). Il a composé pour la scène des œuvres multimédias (*Apocalypsis Part 1*, 1977 ; *Apocalypsis Part 2*, 1976 ; *Beauty and the Beast*, 1979), des pièces pour orchestre (*Cortege*, 1981), de la musique de chambre (trois *Quatuors à cordes*, 1970, 1976 et 1981) et pour chorales (*Sun*, 1982). Il s'est également consacré à l'enseignement et à l'étude de l'environnement acoustique, et a publié notamment *Le Paysage sonore* (*The Tuning of the World*, 1979).

**SCHÄFER (Wilhelm)** ♦ Romancier allemand (Ottrau, Hesse 1868 - Überlingen 1952). Auteur de biographies romancées sur Zwingli, Pestalozzi, il fonda à Düsseldorf la revue *Die Rheinlande*. Auteur d'une épopée en prose *Les Treize Livres de l'âme allemande* (1922), il fut un des représentants les plus caractéristiques de la littérature « régionaliste » (*Heimatkunst*) et fut un auteur populaire sous l'Allemagne hitlérienne.

**SCHAFF (Adam)** ♦ Philosophe et sociologue polonais (Lvov 1913 - Varsovie 2006). Membre du comité central du Parti ouvrier, directeur de l'Institut de philosophie et de sociologie de l'Académie polonaise des sciences, il a donné des études de logique et de philosophie du langage et de la connaissance (*Les Problèmes de la théorie marxiste de la vérité*, 1951 ; *Introduction à la sémantique*, 1960), et des travaux sur la conception marxiste des sciences sociales (*Le Caractère objectif des lois de l'histoire*, 1955).

**SCHAFFHOUSE** – en all. ***Schaffhausen*** ← ÉTYM. de l'all. *Schaf* « brebis » et *Haus* « maison » ♦ V. de Suisse sur la rive d. du Rhin, ch.-l. du cant. de Schaffhouse. 33 459 hab. (aggl. 61 573). La cité a gardé son caractère médiéval : tours, maisons anciennes, cathédrale romane. Musée zu Allerheiligen (« de Tous-les-Saints »). ▪ Indus. métallurgique (fonderie). Indus. textile (filatures de laine). Mécanique de précision. ▮ **Histoire** Schaffhouse se développa autour d'une abbaye bénédictine fondée en 1050. Devenue ville impériale libre en 1190, elle passa en 1330 sous la domination des Habsbourg dont elle se libéra en 1501 pour entrer dans la Confédération helvétique. Elle adhéra à la Réforme en 1529.

**SCHAFFHOUSE** (canton de) ♦ Cant. du N. de la Suisse, 298 km². 73 866 hab., de langue allemande et en majorité de rel. protestante. CH.-L. : Schaffhouse. V. PRINC. : Neuhausen, Stein am Rhein. Le canton occupe le plateau de Randen. Les ressources agricoles sont peu importantes (vignobles, forêts). L'industrie est centralisée autour de Schaffhouse. Centrale hydroélectrique.

**SCHALL VON BELL (Johann Adam)** ♦ Missionnaire allemand (Cologne 1592 - Pékin 1666). Père jésuite envoyé en Chine (1638 - 1661), il y contribua à l'essor du catholicisme et à l'introduction de la science moderne ; on lui doit notamment des ouvrages de mathématiques et d'astronomie en langue chinoise dont une grande encyclopédie (*Traité de l'astronomie et du calendrier selon les méthodes nouvelles de l'Occident*, 1645). → **Verbiest.**

**SCHALLY (Andrew V.)** ♦ Endocrinologue américain d'origine polonaise (Wilno, Pologne 1926). Avec R. Guillemin*, il est à l'origine de la neuroendocrinologie. [Prix Nobel de physiol. ou méd. 1977, avec R. Guillemin et R. Yalow*]

**SCHARNHORST (Gerhard Johann David VON)** ♦ Général prussien (Bordenau, Hanovre 1755 - Prague 1813). Officier du Hanovre, il servit la Prusse à partir de 1801. Blessé à Auerstedt*, il réorganisa ensuite avec Gneisenau* l'armée prussienne de Frédéric-Guillaume III. Il fut blessé mortellement à Lützen.

**SCHAROUN (Hans)** ♦ Architecte allemand (Brême 1893 - Berlin 1972). Directeur de l'Institut de la construction à Berlin (1947 - 1950), il participa à la reconstruction des quartiers dévastés par la guerre. Il fit construire le Théâtre philharmonique de Berlin (1956 - 1963).

**SCHATZMAN (Evry)** ♦ Astrophysicien français (Neuilly-sur-Seine 1920). Ses recherches concernent l'astrophysique théorique, en particulier la structure et l'évolution des étoiles. Il s'est intéressé, entre autres, aux naines blanches (type d'étoile de très forte densité), au phénomène de ralentissement de la rotation des étoiles au cours de leur évolution, aux réactions thermonucléaires dans les étoiles, au mécanisme d'accélération qui est à l'origine des rayons cosmiques. [Acad. sc. 1985]

**Schaubühne am lehniner Platz** ♦ Compagnie théâtrale fondée en 1962, à qui la ville de Berlin a donné un bâtiment aménagé en trois salles modulables (1981). C'est l'un des théâtres les plus réputés d'Europe grâce aux metteurs en scène (Peter Stein*, Klaus Michael Grüber*, Luc Bondy*) et aux acteurs qui l'animent.

**SCHAUDINN (Fritz Richard)** ♦ Microbiologiste allemand (Röseningken 1871 - Hambourg 1906). Il étudia les microbes du paludisme, de la dysenterie et découvrit l'agent de la syphilis (*tréponème de Schaudinn*) avec P. E. Hoffmann.

**SCHAUMBURG** ou **SCHAUENBURG** (comté de) ♦ Anc. État d'Allemagne situé sur la Weser, à l'O. du Hanovre. Il fut fondé au XIᵉ s. La branche aînée de la maison de Schaumburg, qui avait reçu le comté de Holstein en 1110, s'éteignit en 1459, et la branche cadette, qui avait conservé le Schaumburg, en 1640. Celui-ci fut alors divisé entre le Hanovre*, la Hesse*-Kassel et le Schaumburg-Lippe, passé à la maison de Lippe*. Cette dernière principauté entra dans la Confédération* du Rhin (1807) et est actuellement comprise dans le Land de Basse*-Saxe.

**SCHAWLOW (Arthur Leonard)** ♦ Physicien américain (Mt. Vernon, New York 1921 - 1999). Inventeur du laser (1958), avec Townes*, il travailla sur la spectroscopie et l'électronique quantique. [Prix Nobel de phys. 1981, avec N. Bloembergen* et Kai Siegbahn*]

**SCHEELE (Carl Wilhelm)** ♦ Chimiste suédois (Stralsund 1742 - Köping 1786). Pharmacien, il disposa de moyens réduits, mais expérimentateur remarquable, il fit de nombreuses découvertes de 1767 à sa mort. Il isola l'hydrogène (1768) puis de nombreux composés organiques. Il découvrit l'acide benzoïque (1782) et imagina un procédé de préparation de l'éther acétique. Il obtint, avant 1773, un gaz qui fut reconnu plus tard comme étant l'oxygène (→ **Lavoisier, Priestley**), qu'il prépara ainsi que le chlore à partir de l'oxyde de manganèse (1774) et découvrit également les acides fluorhydrique (1771), molybdique (1778), tungstique (1781), cyanhydrique (1782) et la baryte (1774). Il observa en outre le noircissement du chlorure d'argent à la lumière et l'adsorption des gaz par le charbon de bois.

**SCHEFFEL (Joseph Viktor VON)** ♦ Poète et romancier allemand (Karlsruhe 1828 - *id.* 1886). Un récit en vers (*La Trompette de Säckingen*, 1854) et une histoire à thème médiéval, achevant la tradition romantique (*Ekkehard*, 1855) firent sa réputation. Mais il a plutôt survécu par son recueil de chansons à boire, *Gaudeamus* (1865).

**SCHEFFER (Arie, dit Ary)** ♦ Peintre et graveur français d'origine néerlandaise (Dordrecht 1795 - Argenteuil 1858). Élève de P. N. Guérin*, il devint en 1830 peintre de Louis-Philippe et exécuta de vastes compositions historiques, des portraits (notamment pour la galerie historique de Versailles) et des œuvres d'inspiration littéraire (*Faust et Marguerite*, 1831). Plus académique que romantique malgré le choix de ses thèmes, il subit ensuite l'influence des nazaréens et produisit des œuvres religieuses d'une tonalité assourdie, dont le sentimentalisme sut toucher le public (*Saint Augustin et sainte Monique*, 1846).

**SCHEFFERVILLE** ♦ Anc. ville minière du Canada (Québec), à la limite du Labrador et du Québec, desservie par chemin de fer jusqu'à l'embouchure du Saint-Laurent (Sept*-Îles). 202 hab. «Ville-fantôme» abandonnée depuis la crise de la métallurgie des années 1980.

**SCHEHADÉ (Georges)** ♦ Écrivain et auteur dramatique libanais d'expression française (Alexandrie 1910 - Paris 1989). Poète d'inspiration surréaliste évoquant la fraîcheur et la transparence du «temps innocent des choses» (*Poésies*, 1938 à 1952 ; *L'Écolier Sultan*, suivi de *Rodogune Sinne*, 1973), il s'est affirmé, dans son théâtre, comme l'artisan de l'alchimie verbale la plus subtile : *Monsieur Bob'le* (1951), *La Soirée des proverbes* (1954), *Histoire de Vasco* (1959), *L'Émigré de Brisbane* (1967). En 1986, l'Académie française lui a décerné le premier Grand Prix de la francophonie.

**Schéhérazade** ➝ ÉTYM. en ar. *Chahrāzād*, de l'iran. *šahrāzād* «[la plus belle] fille *(zāde)* de la ville *(šāhr)*» ♦ Conteuse des *Mille et Une Nuits*. Le roi perse Chāhriyār, convaincu de l'infidélité de son épouse, décide de la faire étrangler et d'épouser chaque nuit une nouvelle femme qui serait mise à mort le lendemain. Schéhérazade s'offre d'elle-même à cette union et, au milieu de la nuit, elle commence à narrer ses histoires qui captivent le roi. Celui-ci décide de ne livrer sa femme au bourreau que le lendemain afin d'entendre la fin du conte. La même scène se passe les jours suivants jusqu'à la mille et unième nuit où Chāhriyār, ravi du savoir de Schéhérazade, renonce à son projet. Sont intitulés *Schéhérazade* une suite symphonique de Rimski*-Korsakov (1888) qui donna lieu à un ballet (→ **Diaghilev**) et un cycle de trois mélodies *(Asie, La Flûte enchantée, L'Indifférent)* de Maurice Ravel* sur des textes de Tristan Klingsor (1903, créé en 1904).

**SCHEIDEMANN (Philipp)** ♦ Homme politique allemand (Kassel 1865 - Copenhague 1939). Membre de l'aile droite du Parti social-démocrate allemand, député au Reichstag, il contribua à la répression du spartakisme (→ **Liebknecht, Luxemburg**) et devint Premier ministre lors de la proclamation de la République de Weimar (1919). → **Ebert**.

**SCHEIDT (Samuel)** ♦ Compositeur et organiste allemand (Halle 1587 - *id.* 1654). Organiste, puis maître de chapelle du margrave de Brandebourg, il fut l'élève de Sweelinck, à Amsterdam. Son œuvre pour orgue marque la synthèse des styles néerlandais, anglais et italien. Elle comprend des *Cantiones sacrae* à 8 voix (1620), des *Ludi musici* (1621), un recueil d'arrangements de chorals sacrés et profanes, *Tabulatura nova* (1624), et 70 symphonies «*auf Concerten manir*» (1645).

**SCHEIN (Johann Hermann)** ♦ Compositeur allemand (Grünhain, Saxe 1585 - Leipzig 1630). Maître de chapelle à la cour de Weimar, puis cantor à Saint-Thomas de Leipzig (1616), il fut avec Schütz*, Praetorius* et Scheidt* le plus fécond animateur de la vie musicale allemande au XVIIe s. Marqué par l'influence de l'Italie, il a composé de la musique instrumentale et surtout vocale qui fait de lui le plus important prédécesseur de J.-S. Bach. On lui doit plus de 200 chorals à 4, 5 et 6 voix *(Cantional)*, 30 motets de 5 à 12 voix *(Cymbalum Sionium)*, 25 lieder à 5 voix *(Venus Kräntzlein)*, 15 madrigaux *(Diletti pastorali)*, 20 suites à 5 instruments *(Banquetto musicale)*.

**SCHEINER (Christoph)** ♦ Astronome et mathématicien allemand (Wald, Souabe 1575 - Neisse, Silésie 1650). Jésuite, il enseigna les mathématiques. Premier réalisateur d'une lunette astronomique avec oculaire et objectif convexes, constructeur d'un pantographe (1603), il est surtout connu pour avoir observé les taches solaires en 1611 à Ingolstadt et les avoir étudiées à travers un écran coloré alors qu'il ignorait les découvertes de Galilée* ; il expliqua la déformation apparente du Soleil à son coucher et, plus tard, montra que le Soleil est soumis à des changements et tourne sur lui-même (*Rosa Ursina*, 1630). Intéressé également par les problèmes de l'optique, il montra sur un œil-de-bœuf la formation de l'image rétinienne et le rôle du cristallin dans l'accommodation.

**SCHEINER (Julius)** ♦ Astrophysicien allemand (Cologne 1858 - Potsdam 1913). Auteur d'une échelle de mesure des sensibilités pour les émulsions photographiques en *degrés Scheiner*.

**SCHÉLANDRE (Jean de)** ♦ Poète dramatique français (1584 - Soumazannes, Lorraine 1635). Auteur d'une tragédie irrégulière, *Tyr et Sidon ou les Funestes Amours de Belcar et de Méliane* (v. 1608), il la transforma en tragicomédie (1628). L'œuvre ainsi remaniée fut préfacée par le prieur Ogier. Cette préface contenait une véritable déclaration de guerre aux règles traditionnelles de la tragédie, en présentant le mélange du comique et du tragique comme le seul moyen de restituer sur le théâtre les divers aspects de la vie.

**SCHELER (Max)** ♦ Philosophe allemand (Munich 1874 - Francfort-sur-le-Main 1928). Plusieurs courants de pensée influencèrent son évolution intellectuelle (l'historisme de Dilthey, le spiritualisme d'Eucken*, les philosophies de Nietzsche et Bergson). Disciple de Husserl*, il a développé une phénoménologie du «cœur» *(Fühlen)*, de l'intentionnalité émotionnelle dont les objets sont les «a priori éthiques», valeurs objectives, immuables et hiérarchisées, substituant ainsi une éthique matérielle des valeurs à l'éthique formelle du devoir de Kant. Si Dieu (personne suprême) fut d'abord la clé de voûte du système schélérien, c'est à la personne humaine et à sa vocation qu'il devait finalement accorder la place prépondérante (*Le Formalisme en éthique et l'éthique matérielle des valeurs*, 1913-1916 ; *Le Sens de la souffrance*, 1916 ; *Nature et formes de la sympathie*, 1923 ; *La Situation de l'homme dans le monde*, 1928).

**SCHELLE** ♦ Comm. de Belgique (Région flamande), prov. et arr. d'Anvers, au confluent de l'Escaut et du Rupel. 7 914 hab. Château Laarhof (1622). ▪ Centrale électrique.

**SCHELLING (Friedrich Wilhelm Joseph VON)** ♦ Philosophe allemand (Leonberg 1775 - Bad Ragaz 1854). Professeur à Iéna, puis à Würzburg (1803), il fut secrétaire de l'Académie des beaux-arts de Munich (1806 - 1820) avant de revenir à l'enseignement (en particulier à Berlin [1841], à la demande de Frédéric-Guillaume IV). ▪ Sous l'influence de la pensée dialectique de Fichte*, il développa d'abord une philosophie de la nature (*Idées pour une philosophie de la nature*, 1797 ; *L'Âme du monde*, 1798) ainsi qu'une philosophie de l'esprit, déjà marquée par le romantisme (*Système de l'idéalisme transcendantal*, 1800). Formulée dans l'*Exposition de ma philosophie* (1801), sa conception de l'identité absolue (de l'esprit et de la nature), connue par intuition intellectuelle (que critiqua Hegel*), renouait avec le panthéisme de G. Bruno et de Spinoza et fit de lui le philosophe de l'école romantique. Il se consacra ensuite à des travaux d'esthétique (*Philosophie de l'art*, 1803, influencée par les théories des frères Schlegel*) et de philosophie des religions, présentant l'histoire de l'humanité comme un retour à l'absolu dont l'être fini s'est séparé (chute, désir individuel d'être pour-soi) [*Philosophie et religion*, 1804 ; *Les Recherches philosophiques sur l'essence de la liberté humaine*, 1809 ; *Les Âges du monde*, 1815]. ➝ ÉTYM. Ce nom de famille vient du vieil allemand *scilt* «bouclier».

**SCHELLING (Thomas C.)** ♦ Économiste américain (Oakland 1921). Ses travaux portèrent sur pourquoi et comment les interactions dans les groupes humains peuvent conduire aussi bien à des stratégies conflictuelles qu'à des comportements coopératifs (ce qu'illustre la course aux armements nucléaires). Il a publié *Stratégie du conflit* (1960). [Prix Nobel d'économie 2005 avec R. Aumann*]

**SCHENECTADY** ♦ V. des États-Unis (État de New York), sur la Mohawk. 61 821 hab. (zone urbaine 874 000 avec Albany et Troy). Indus. électriques et électroniques (siège de la General Electric Company) ; énergie atomique.

**Schengen (accords de)** ♦ Accords sur la libre circulation des personnes à l'intérieur d'un territoire composé de plusieurs pays membres, signés en 1985 par la Belgique, le Luxembourg, les Pays-Bas, l'Allemagne et la France à Schengen, localité du Luxembourg (cant. de Remich) proche des frontières allemande et française. La convention d'application fut adoptée en 1990 et entra en vigueur en 1995. L'espace Schengen s'est progressivement étendu à d'autres États européens : Italie (1990, entrée en vigueur 1997), Espagne et Portugal (1991), Grèce (1992, entrée en vigueur 1997), Autriche (1995), Danemark, Finlande et Suède (1996). Trois États européens non membres de l'UE se sont associés à l'espace Schengen : Islande et Norvège (2001), Suisse (2005, entrée en vigueur 2008). L'espace Schengen a été élargi en déc. 2007 aux pays entrés dans l'UE en 2004 (hormis Chypre) : Estonie, Hongrie, Lettonie, Lituanie, Malte, Pologne, République tchèque, Slovaquie, Slovénie. L'espace Schengen est ainsi composé de 25 membres depuis 2004. → **Europe**.

**SCHERCHEN (Hermann)** ♦ Chef d'orchestre allemand (Berlin 1891 - Florence 1966). Fondateur de la Neue Musik Gesellschaft (1919) et de la revue Melos (1920), il a animé des centres musicaux qui devinrent des foyers de diffusion pour la musique d'avant-garde (Bruxelles, Gravesano, Darmstadt, Donaueschingen), dispensé son enseignement à de nombreux compositeurs contemporains (Maderna, Nono, Xenakis). Chef d'orchestre, il a été l'un des premiers à diriger *Pierrot lunaire* de Schoenberg, et s'est largement consacré aux ouvrages majeurs de Berg, Webern, Křenek, Busoni, Mahler, Bartók, Hindemith, Tcherepnine, Roussel, Milhaud, Stravinski. Il a créé l'opéra *Le Prisonnier* de Dallapiccola (1950), dirigé plusieurs concerts du Domaine musical, et publié dans la maison d'édition Ars Viva qu'il ouvrit à Zurich (1950) ses *Gravesaner Blätter*, revue traitant des problèmes de l'électroacoustique et des rapports nouveaux du son et de l'image, nés de la télévision. Il fut aussi un grand interprète de la musique classique.

**SCHERER (Barthélemy Louis Joseph)** ♦ Général français (Delle 1747 - Chauny 1804). Officier autrichien, passé au service de l'armée française en 1791, il fut nommé général en 1791, et, commandant de l'armée de Sambre-et-Meuse, reprit Valenciennes* (août 1794). À la tête de l'armée d'Italie (1795), il remporta la victoire de Loano (nov. 1795), mais fut remplacé peu après par Bonaparte. ➝ ÉTYM. Ce nom vient du moyen haut allemand *scheraere* « barbier ; (plus rarement) tondeur ».

**SCHERPENHEUVEL-ZICHEM** – en fr. ***Montaigu-Zichem*** ♦ Comm. de Belgique (Région flamande), prov. du Brabant flamand, arr. de Louvain, sur le Démer. 22 100 hab. Maison des archiducs (1601). L'église (1609) est l'un des premiers édifices baroques construits en Belgique ; son architecte est Coebergher, l'inventeur des monts-de-piété. Important pèlerinage de la Vierge. À Zichem, maison natale de l'écrivain Ernest Claes (1885 - 1968). À Averbode, abbaye des Prémontrés (église de style baroque flamand). ▪ Indus. diversifiées.

**SCHERRER (Paul)** ♦ Physicien suisse (Saint-Gall 1890 - Zurich 1969). Il mit au point, avec Debye*, une méthode d'investigation des microstructures par diffraction des rayons X.

**SCHEURER-KESTNER (Auguste)** ♦ Industriel et homme politique français (Mulhouse 1833 - Bagnères-de-Luchon 1899). Libéral, opposé au Second Empire, il siégea comme député de l'Union républicaine à l'Assemblée nationale (1871) ; sénateur inamovible et directeur de *La République française* (1879 - 1884), il fut un de ceux qui, persuadés de l'innocence de Dreyfus*, luttèrent pour la révision de son procès.

**SCHEVENINGEN** – en fr. ***Scheveningue*** ♦ Port et station balnéaire des Pays-Bas, formant un quartier de La Haye (Hollande-Méridionale). Église gothique. ▪ Pêche. Tourisme. Scheveningen inspira les peintres de l'école de La Haye. Festival annuel de musique.

**SCHIAPARELLI (Giovanni)** ♦ Astronome italien (Savigliano, Piémont 1835 - Milan 1910). Il découvrit la petite planète Hespérie (1861) et établit l'identité des trajets de certains essaims de météores et d'anciennes comètes (1866). Ses observations, en 1877, des « canaux » de Mars (➝ **Secchi**) furent controversées, donnant lieu à une multitude d'hypothèses fantaisistes qui ne furent définitivement écartées qu'en 1965, après le survol de Mars par la sonde *Mariner**. [Acad. sc. 1902] ➝ ÉTYM. *Schiaparelli* vient d'un mot de dialecte ligurien *sciaparo* « bûcheron ».

**SCHIAPARELLI (Elsa)** ♦ Couturière française d'origine italienne (Rome 1890 - Paris 1973). Elle débuta par la création de vêtements de sport avant d'ouvrir sa maison de haute couture (1934). Influencées par le surréalisme, ses créations s'opposaient à celles de Chanel par une recherche d'originalité dans le choix des matières, l'impression des tissus, le contraste des couleurs.

Elsa **Schiaparelli.** Robe du soir et ballerines lacées, 1937. *Phot. © Lipnitzki/Roger-Viollet*

**SCHIAVONE (Juraj CULINOVIĆ ou Giorgio CHIULINOVIC, dit IL)** ♦ Peintre dalmate (Scardona v. 1434 - v. 1505). Il travailla à Padoue avec Squarcione*, dont la manière complexe et la ligne tourmentée se retrouvent dans plusieurs versions de *La Vierge et l'Enfant* (Turin, Londres, Amsterdam) d'un charme ambigu. Il revint en Dalmatie après 1462.

**SCHIAVONE (Andrija MEDULIĆ ou Andrea MELDOLLA, dit IL),** ou en fr. **l'Esclavon** ♦ Peintre et graveur italien (Zadar v. 1518 - Venise 1563). Il fut influencé par Titien, par Giorgione, dont il grava les œuvres, et par le Parmesan*. Ses œuvres sont marquées par une souplesse et une vivacité maniéristes (*Adoration des Mages ; Saint Jean Baptiste*).

**SCHICKARD (Wilhelm)** ♦ Savant allemand (Herrenberg, Wurtemberg 1592 - Tübingen 1635). Ayant entrevu les possibilités des logarithmes, il chercha une méthode de calcul différente de celle de Napier*. Il inventa une machine à calculer à roues dentées, avec transfert des dizaines, qu'il nomma « horloge à calculer » (1623). ➝ **Pascal.**

**SCHICKELÉ (René)** ♦ Écrivain alsacien de langue allemande (Oberehnheim, Alsace 1883 - Vence 1940). Le destin de l'Alsace, partagée entre la France et l'Allemagne, et dont il voulait faire, comme E. Stadler*, le lieu de rencontre et de conciliation des cultures française et allemande, est au centre de ses principaux romans *Jean dans le trou aux moustiques* (1916) et *L'Héritage du Rhin* (1925 - 1931). C'est à la Provence, où il termina sa vie, qu'il emprunta le cadre de ses derniers romans (*La Veuve Bosca*, 1933). ➝ ÉTYM. Ce nom vient de l'alsacien *schickelen* « celui qui fait quelque chose, exécutant » avec le diminutif *-lé*.

**SCHIEDAM** ♦ V. des Pays-Bas (Hollande-Méridionale), sur la Meuse. 75 162 hab. Moulins (Walvisch). Église gothique. ▪ Port. Construction et réparation navale ; distilleries de genièvre depuis le XVII$^e$ s. Chimie ; métallurgie. ▪ J.-K. Huysmans a évoqué *Sainte Lydwine de Schiedam*. ➝ **Lidwine (sainte).**

**SCHIELE (Egon)** ♦ Peintre et dessinateur autrichien (Tulln 1890 - Vienne 1918). Remarqué par Klimt* alors qu'il était étudiant à l'École des beaux-arts de Vienne, il s'orienta vers l'Art nouveau et participa en 1909 à l'Internationale Kunstschau. Méconnu de son vivant, il est considéré aujourd'hui comme l'un des principaux représentants de l'avant-garde viennoise du début du XX$^e$ siècle. Consacré aux portraits, aux nus (*Homme nu accroupi* [autoportrait], 1917), parfois aux paysages (*Torrent de montagne*, 1918), l'art de Schiele, fortement expressionniste, traduit par le regard, par la pose convulsée des personnages, par l'érotisme provocant, son angoisse, sa recherche d'identité. Il mourut prématurément, victime de la grippe espagnole.

Egon **Schiele.** Autoportrait, 1906.
Graphische Sammlung Albertina, Vienne.
*BIS/Phot. © Archives Larbor-DR*

**SCHIKANEDER (Emmanuel)** ♦ Chanteur, auteur et directeur de théâtre allemand (Ratisbonne 1751 - Vienne 1812). Il exerça tous les métiers du théâtre, se produisant à travers l'Allemagne avec une troupe de comédiens ambulants. Établi à Vienne (1789) et devenu le codirecteur du théâtre « Auf der Wieden », il écrivit pour Mozart le livret de *La Flûte enchantée*, opéra dans lequel il créa le rôle de Papageno.

**SCHILDE** ♦ Comm. de Belgique (Région flamande), prov. et arr. d'Anvers. 19 537 hab. Belles fermes. ▪ Indus. agroalimentaire.

**SCHILDT (Ernst Runar)** ♦ Nouvelliste et auteur dramatique finlandais d'expression suédoise (Helsinki 1888 - *id.* 1925). Il débuta par des nouvelles légèrement frivoles dans le goût des « flâneurs » contemporains (*Éros le victorieux*, 1912), étudia des personnages que leur sensibilité ou la faiblesse rend incapables de succès dans le monde dans les nouvelles *L'Arc-en-ciel* (1916), les situant dans les conflits contemporains avec *Perdita* (1918) et *Le Retour au foyer* (1919). Dans les récits *La Fiancée du sorbier* et *Le Jour de l'épreuve* (1917), il introduisit des éléments mystiques et symboliques, qui réapparaissent dans le drame *L'Homme de la potence* (1923).

**SCHILLER (Friedrich VON)** ♦ Poète et auteur dramatique allemand (Marbach 1759 - Weimar 1805). Issu d'une famille de tradition militaire, on le destinait à la carrière des armes, mais il se trouva vite attiré par la littérature. Enthousiaste de J.-J. Rousseau, il découvrit alors avec le même émerveillement Homère, Virgile, Shakespeare et les poètes du *Sturm* und Drang*. Sous l'influence de ce mouve-

**Schiller.**
Portrait par F. G. von Kugelgen.
Musée Goethe, Francfort.
*Phot. © Carlo Bevilacqua/Ricciarini*

ment poétique, il devait composer quatre drames, d'une inspiration polémique impétueuse, et où se trouvent dénoncés les abus ; ceux de la tyrannie : *Les Brigands* (1781) et *La Conjuration de Fiesque* (1783) ; de l'inégalité sociale et des préjugés de caste : *Intrigue et Amour* (1784) ; enfin, l'oppression des consciences : *Don* Carlos* (1787). Si cette ardeur militante lui valut d'être menacé de prison par le duc de Wurtemberg et contraint de s'exiler à Stuttgart, il reçut de l'Assemblée législative l'honneur d'être nommé citoyen français (1792). ▪ Nommé professeur d'histoire à l'université d'Iéna (1789), il se lia dans cette ville avec Herder et Wieland. Durant près de dix années, il allait se consacrer à l'étude de l'histoire, publiant une *Histoire de la guerre de Trente Ans* (1791 - 1793), à la philosophie (Kant) et à l'esthétique, avec des essais : *Sur l'art tragique* (1792), *Lettres sur l'éducation esthétique de l'homme* (1793 - 1795). Il avait commencé de correspondre avec Goethe et se trouvait désormais convaincu que seul l'effort individuel vers le beau et le bien peut amener l'humanité sur la voie du progrès plus efficacement que l'action politique et sociale, irréalisable en Allemagne et déjà décevante en France. ▪ Installé à Weimar, il resserra les liens d'amitié qui l'unissaient à Goethe* et reçut de lui cette influence qui allait acheminer son œuvre poétique vers un classicisme contemplatif, tout imprégné d'isolement aristocratique et de hautaine résignation. Il publia alors quelques-uns de ses chefs-d'œuvre lyriques : *Les Ballades* (1797) et *Le Chant de la cloche* (1800). Cependant il reprenait son œuvre d'auteur dramatique, entraîné par Goethe vers un lyrisme moins personnel, un art plus proche du réel et plus concret, transposant dans ses drames le problème politique et social sur le seul plan moral. De cette dernière période datent la trilogie de *Wallenstein** (1794 - 1799), *Marie* Stuart* (1800), *La Pucelle d'Orléans* (1801), *La Fiancée* de Messine* (1803), et *Guillaume* Tell* (1804), drame populaire qui n'a rien perdu de sa force généreuse, exaltation enfiévrée de la liberté de l'individu et de l'indépendance nationale. Réformateur du théâtre, ayant nourri l'ambition de devenir le Shakespeare de l'Allemagne, Schiller devait laisser à sa mort une vingtaine de pièces inachevées ou en projet. ➛ **ÉTYM.** *Schiller* signifie « celui qui louche », du moyen haut allemand *schilhen* « loucher », ou vient de l'allemand *schillern* « chatoyer ».

**SCHILTIGHEIM** [67300] ➛ **ÉTYM.** du germ. *Schiltung*, n. de pers., et *heim* « village » ♦ Ch.-l. de cant. du Bas-Rhin, banl. N. de Strasbourg, sur l'Ill. 30 841 hab. *(Schilikois)*. Centre industriel. Brasserie.

**SCHINDLER (Anton)** ♦ Violoniste et chef d'orchestre autrichien (Meedl, Moravie 1795 - Bockhenheim 1864). Secrétaire et ami de Beethoven, il fut successivement chef d'orchestre à Vienne, Pest, Münster et Aix-la-Chapelle. Il a publié une importante biographie de Beethoven (1840). Ses témoignages sur le compositeur sont précieux mais parfois sujets à caution, et l'on sait qu'il se livra à diverses falsifications. ➛ **ÉTYM.** Ce nom allemand signifie « couvreur » ou « fabricant de bardeaux ».

**SCHINER (Matthäus), dit le cardinal de Sion** ♦ Prélat suisse (Mühlebach, Valais 1456 - Rome 1522). Il défendit les intérêts du Saint-Siège en détachant la Suisse de l'orbite française et en l'amenant à conclure une alliance avec Jules* II (1510), après avoir soutenu Ludovic* Sforza. Il fut exilé quand la politique suisse fut renversée par la défaite de Marignan*.

**SCHINKEL (Karl Friedrich)** ♦ Architecte, peintre et écrivain allemand (Neuruppin 1781 - Berlin 1841). Il fut élève de Gilly et débuta comme peintre de décors. Fervent admirateur de l'architecture grecque, il contribua fortement à propager le style classique en Prusse. Nommé architecte en chef de Berlin, il édifia la Nouvelle Garde (1816 - 1818), le Théâtre (1818 - 1821) et l'Ancien Musée (1824 - 1828), qui témoignent de sa profonde compréhension de l'architecture antique et de son sens de la grandeur. Dans plusieurs de ses projets, il se montra aussi intéressé par le style gothique.

**SCHIO** ♦ V. d'Italie, en Vénétie (prov. de Vicence) au pied des Préalpes vénitiennes. 37 444 hab. Important centre textile (laine).

**SCHIPA (Raffaele, dit Tito)** ♦ Ténor italien (Lecce 1889 - New York 1965). Créateur du rôle de Ruggero dans *La Rondine* de Puccini, il mena une grande partie de sa carrière aux États-Unis.

**SCHIRMECK** [67130] ♦ Ch.-l. de cant. du Bas-Rhin, arr. de Molsheim, sur la Bruche, près du col du Donon. 2 177 hab. *(Schirmeckois)*. Centre d'excursions. Métallurgie. Scieries. ▮ **Histoire** Les nazis y installèrent un camp de concentration lors de la Deuxième Guerre mondiale.

## schisme

n. m. ♦ « Rébellion disciplinaire », différente de l'hérésie, qui est une dissidence doctrinale. ♦ ***Donatisme*** De 312 au VIIe s. en Afrique du Nord (➛ **Donat**). ♦ ***Schisme d'Orient*** Les oppositions entre Rome et Constantinople apparurent dès le IVe s. lors de la crise arienne. Le schisme d'Acace* (484 - 519) [➛ **Félix III, Hormisdas**] et le schisme de Photios* (863 - 867) ➛ [**Nicolas Ier**] précédèrent la rupture définitive : schisme de Michel Cérulaire* (1054). ➛ **Léon IX.** Les autres patriarcats orientaux rompirent par la suite. ➛ **orthodoxes (Églises).** Les réconciliations obtenues aux conciles de Lyon* (1274) et Ferrare-Florence (1439) [➛ **Bâle (concile de)**] restèrent éphémères. Les anathèmes réciproques ont été levés au concile du Vatican* (1965). ♦ ***Grand schisme d'Occident (1378 - 1417)*** Après le retour de la papauté à Rome, Urbain VI se montra si violent que les cardinaux annulèrent son élection, comme obtenue sous la pression populaire, et désignèrent Clément VII qui retourna en Avignon. Les deux papes reçurent des successeurs, aucun parti ne voulut céder. Devant l'impatience générale, des cardinaux réunirent le concile de Pise* (1409) qui échoua, ne parvenant qu'à créer un troisième pape. Il fallut l'élection de Sigismond de Germanie et le concile de Constance* (1414 - 1418) qui se proclama supérieur au pape, pour obtenir l'élection de Martin V, rendue possible par la démission du pape de Rome, Grégoire XII, et la déposition des deux autres. ▪ Papes de Rome (les seuls légitimes, du point de vue de l'Église). ➛ **Urbain VI, Boniface IX, Innocent VII, Grégoire XII.** ▪ Papes d'Avignon. ➛ **Clément VII, Benoît XIII, Clément VIII, Benoît XIV.** ▪ Papes de Pise. ➛ **Alexandre V, Jean XXIII** (Baldassare Cossa, dont le cardinal Roncalli a explicité l'illégitimité en prenant le nom de Jean XXIII en 1958). ♦ ***Réforme*** ➛ **Réforme.** ♦ ***Schisme anglican*** ➛ **anglicanisme.**

**SCHLAF (Johannes)** ♦ Écrivain allemand (Querfurt, près de Halle 1862 - *id.* 1941). Représentant du naturalisme, il composa des œuvres « expérimentales » (*Papa Hamlet*, 1889 ; *La Famille Selicke*, 1890), avec A. Holz* dont il se sépara peu après. Il donna ensuite un drame en dialecte qui reste dans la lignée du naturalisme (*Maître Œlze*, 1892). Traducteur de W. Whitman, il exprima dans ses œuvres ultérieures un lyrisme mystique (mi-naturiste, mi-chrétien) : *Printemps* (1894, poème en prose), *Le Troisième Règne* (1900), *Au point mort* (1909, récits à thème messianique).

**SCHLAGINTWEIT** ♦ Nom de cinq frères, explorateurs et savants allemands. HERMANN (Munich 1826 - 1882) et ADOLF (Munich 1829 - Kachgar 1857) explorèrent les Alpes dont ils étudièrent la géologie (1846 - 1853) ; puis, avec ROBERT (Munich 1833 - Giessen 1883), ils entreprirent une expédition scientifique aux Indes, au Tibet, au Turkestan, au cours de laquelle Adolf fut tué par des indigènes ; ils transmirent leur rapport à la Compagnie des Indes. EDUARD (Munich 1831 - tué à la bataille de Kissingen 1866) participa à l'expédition du Maroc. EMIL (Munich 1835 - Zweibrücken 1904) publia des études sur *Le Bouddhisme au Tibet* (1863), *L'Inde en paroles et en images*.

**SCHLEGEL (Johann Elias)** ♦ Poète et essayiste allemand (Meissen 1719 - Sorø, Danemark 1749). Précurseur de Lessing, spécialiste de l'histoire du théâtre, il a contribué à la connaissance de Shakespeare en Allemagne. ➛ **ÉTYM.** *Schlegel* vient du moyen haut allemand *slegel* « massue ».

**SCHLEGEL (August Wilhelm von)** ♦ Critique littéraire allemand (Hanovre 1767 - Bonn 1845). Fondateur avec son frère Friedrich de la revue *Athenäum*, il apparaît comme l'héritier de Herder et Lessing, se faisant le défenseur du romantisme contre le classicisme dans ses conférences sur *La Littérature et l'Art* (1801 - 1804) où il développe ses idées sur le langage, la poésie et les mythes, créations inconscientes de l'imagination, et dans ses cours de *Littérature dramatique* (1808). Il séjourna plusieurs années auprès de Mme de Staël à qui il fit découvrir la littérature allemande. L'Allemagne lui doit des traductions d'œuvres de Shakespeare, Pétrarque, Camoens, Cervantès, Calderón.

**SCHLEGEL (Friedrich von)** ♦ Écrivain, philologue et critique littéraire allemand (Hanovre 1772 - Dresde 1829). Fondateur avec son frère August Wilhelm de la revue *Athenäum* (1798 - 1800) et du cercle romantique d'Iéna (Tieck*, Novalis*, Wackenroder*, Schelling*), puis de la revue *Europa* à Paris (1803 - 1805), il fut le théoricien du premier romantisme. Sous l'influence de Fichte, il élabora une théorie de la création artistique qui voit dans l'ironie le gage de la liberté d'esprit du poète. Ainsi, dans son roman *Lucinde* (1799), où se mêlent les genres littéraires les plus divers, il prétend « se réserver le privilège d'une charmante confusion », tout en parcourant « tous les degrés de l'humanité, de la sensualité la plus exubérante à la spiritualité la plus spiritualisée ». En 1808, après un voyage d'études à Paris (1802 - 1804), il publia son ouvrage *Sur la langue et la sagesse des Indiens.* Converti au catholicisme, il se fit le défenseur de la Sainte-Alliance ; et, tout en assumant de hautes fonctions administratives à Vienne, il continua à donner des cours sur la littérature et sur la philosophie du langage (*Histoire de la littérature ancienne et moderne,* 1815). ➝ ÉTYM. *Schlegel* vient du moyen haut allemand *slegel* « marteau de forgeron, massue » (surnom d'un forgeron ou d'une personne rude).

**SCHLEICHER (August)** ♦ Linguiste allemand (Meiningen 1821 - Iéna 1868). Outre un manuel de la langue lituanienne (1856 - 1857), une grammaire historique de l'allemand (1860), il est l'auteur de *Recherches sur les langues de l'Europe* (1850). Dans son *Abrégé de la grammaire comparée des langues indo-germaniques* (1861 - 1862), il systématisa les connaissances du comparatisme et tenta de reconstruire l'indo-européen (donnant même un texte de fable dans cette langue hypothétique obtenue par déduction). En linguistique générale, il élabora une théorie des langues en tant qu'organismes, objets d'une véritable science naturelle (*Die darwinische Theorie und die Sprachwissenschaft,* 1865) et relevant de lois simples. ➝ ÉTYM. Ce nom vient du germanique *schleichen* « marcher à pas de loup ».

**SCHLEICHER (Kurt VON)** ♦ Militaire et homme politique allemand (Brandebourg 1882 - Neubabelsberg, près de Potsdam 1934). Officier au sein du grand état-major du Reich pendant la Première Guerre mondiale, il eut pendant la république de Weimar des responsabilités militaires au ministère de la Guerre sous les ordres de Groener. Il encouragea les nominations de Brüning puis de von Papen au poste de chancelier. Ministre de la Reichswehr (juin 1932), il devint lui-même chancelier lorsque von Papen démissionna (déc. 1932), mais dut céder la place à Hitler (janv. 1933). Il avait d'abord tenté de se concilier ce dernier, puis s'était appuyé sur l'aile gauche du parti nazi que dirigeait G. Strasser. Les nazis le jugèrent encombrant et l'assassinèrent en même temps que les partisans de Röhm.

**SCHLEIERMACHER (Friedrich)** ♦ Théologien protestant allemand (Breslau 1768 - Berlin 1834). Sous l'influence de Spinoza et de Fichte, il expose une mystique supranaturaliste, faisant du sentiment de notre dépendance à l'égard de l'infini l'essentiel du sentiment religieux (*Discours sur la religion,* 1799 ; *Monologues,* 1800 ; *Exposition de la foi chrétienne,* 1821).

**SCHLEMMER (Oskar)** ♦ Scénographe et metteur en scène allemand (Stuttgart 1888 - Baden-Baden 1943). Plasticien de formation, il enseigna la peinture et la sculpture au Bauhaus* de Weimar, tout en créant le *Ballet triadique* (1922). Il fut également décorateur d'opéras (*Petrouchka* de Stravinski ; *La Main heureuse* de Schoenberg). Il est l'inventeur de la « danse théâtrale » où le corps de l'acteur-danseur se fond dans des costumes qui l'inscrivent, par des attitudes et des parcours précis, dans l'univers abstrait et fonctionnel de la scène, et le transforment en « figure d'art ».

Oskar **Schlemmer.** *Groupe de quatorze personnages dans une architecture imaginaire.* Wallraf-Richartz Museum, Cologne. *Phot. © Arch. Smeets*

**SCHLESWIG** n. m. ➝ ÉTYM. du n. de la v. ♦ Région historique d'Allemagne. Le Schleswig est un ancien duché, situé dans la péninsule du Jutland, au N. de l'Eider. C'est de là que les Saxons* partirent pour conquérir la Grande-Bretagne au V$^{e}$ s. Son histoire ne se différencia de celle du Holstein* que lors de l'invasion carolingienne qui s'arrêta au S. de l'Eider, tandis que les Danois conservaient le Nord. Le Schleswig, qui appartenait à la famille royale de Danemark au XII$^{e}$ s., devint un fief danois de la maison de Schaumburg* qui régnait sur le Holstein. Le Schleswig et le Holstein, désormais réunis, restèrent très germanisés quand ils revinrent à Christian* I$^{er}$, roi de Danemark, qui dut s'engager à respecter leur autonomie. Une division fut de nouveau envisagée lors du partage entre la ligne royale de Danemark et la ligne de Holstein Gottorp. Le problème fut résolu quand le futur Paul I$^{er}$ de Russie, chef des Holstein-Gottorp, renonça à ses droits sur le Schleswig, contre l'Oldenbourg (1773). Une nouvelle crise se produisit entre 1848 et 1852, lorsque le roi du Danemark voulut procéder à l'annexion du Schleswig et imposer au Holstein une succession contraire à ses lois. Les États des deux duchés firent alors appel à la Prusse pour défendre leurs droits : le protocole de Londres (1852) les rendait aux Danois, mais leur conservait leur autonomie. La dernière crise, qui éclata en 1864, se solda par la victoire de la Prusse et de l'Autriche sur le Danemark. → **Duchés (guerre des).** Malgré la convention de Gastein (1865) qui donna l'administration du Holstein à l'Autriche et celle du Schleswig à la Prusse, les deux puissances ne purent s'entendre. Le conflit austro-prussien aboutit à l'annexion des deux duchés par la Prusse. Soumise à une germanisation intense, la minorité danoise du Schleswig continua cependant sa résistance et, en 1920, le Schleswig du N. fut rattaché au Danemark à la suite d'un plébiscite, disposition qui fut reprise en 1945. Le reste du pays, ainsi que le Holstein, forme depuis le Land de Schleswig-Holstein.

**SCHLESWIG** ➝ ÉTYM. anc. *Sliaswic, Slieswic,* vx norv. « baie [ou village] *(wik)* des roseaux *(sle)* » ♦ V. d'Allemagne du Nord (Schleswig-Holstein), au fond de l'étroite baie de la Schlei. Env. 25 000 hab. Cathédrale du XIII$^{e}$ s. abritant un retable de Hans Brüggemann (XVI$^{e}$ s.). ▪ Pêche, indus. alimentaires. ▪ À proximité, château de Gottorp, berceau de la famille de Holstein-Gottorp. Important musée des Vikings (vaisseau de Nydam).

**SCHLESWIG-HOLSTEIN** n. m. ➝ ÉTYM. → Schleswig et Holstein ♦ État (Land) de la République fédérale d'Allemagne. → **Allemagne** (carte). 15 732 km$^2$. 2 804 000 hab. 167 hab./km$^2$. Le Land n'est pas subdivisé en régences mais compte 15 cercles ou *Kreise.* CAP. : Kiel. ▮ **Géographie** Comme la Basse-Saxe, dont il est séparé par l'estuaire de l'Elbe, le Land appartient à la plaine du N. de l'Europe, marquée par les glaciations quaternaires. Il s'ouvre sur la baie allemande *(Deutsche Bucht)* de la mer du Nord en une côte basse, derrière les îles sableuses *(Watten)* parfois asséchées et transformées en polders *(Marschen).* Mais le relief est plus accentué qu'en Basse-Saxe en raison de la glaciation récente de la Vistule. À l'O. derrière les polders, les eaux de fonte ont étalé un glacis sableux *(Geest)* peu fertile. Dans l'axe de la presqu'île, dunes et landes alternent avec les tourbières des creux. À l'E., des collines argileuses fertiles sont ponctuées de lacs (dont le *Plöner See*) : c'est la « Suisse du Holstein ». Des vallées noyées font aujourd'hui pénétrer la mer dans de profonds *Förde* (Flensburg*, Kiel*). La proximité de la mer se fait sentir par la violence du vent, exploitée par quelques éoliennes modernes. ▮ **Économie** L'élevage laitier prédomine dans les Marschen, la grande culture dans le Holstein. Ports de pêche, stations balnéaires (Sylt, Fehmarn). Constructions navales, conserveries à Kiel, Lübeck et Flensburg. Indus. du cuir à Rendsburg et Neumünster. Une logique de décentralisation à partir de Hambourg, plus forte qu'au S. de l'Elbe, profite à Pinneberg, Elmshorn, Norderstedt, voire Heide. Le passage obligé vers le Danemark et la Suède est facteur d'investissements scandinaves (Flensburg, Schleswig). Le transport revêt ici une grande importance : le canal maritime de Kiel (Nord-Ostsee Kanal) relie Kiel à Brunsbüttel, bénéficiaire d'un port pétrolier. Un itinéraire rapide vers Copenhague (Vogelfluhlinie) utilise l'île de Fehmarn pour raccourcir le transbordement des trains et des voitures. Travemünde, l'avant-port de Lübeck, assure un intense transfert de poids lourds. Les traditions hanséatiques d'activité maritime et commerciale se perpétuent à Lübeck, renforcées par la reprise des liens avec les pays baltes.

**SCHLICK (Moritz)** ♦ Philosophe allemand (Berlin 1882 - Vienne 1936). Professeur de philosophie des sciences inductives à Vienne, il fonda le cercle de Vienne*. Développant et nuançant les thèses du *Tractatus logico-philosophicus* (1921) de L. Wittgenstein*, il a exposé la théorie générale de la connaissance du positivisme logique (ou néopositivisme), fondée sur la distinction des énoncés empiriques (synthétiques a posteriori) et des propositions logiques de la science (analytiques ou tautologiques), et dénonçant les pseudo-problèmes de la métaphysique. Il s'intéressa également aux questions d'esthétique et d'éthique. Il fut assassiné par un étudiant. Il a publié *Espace et temps dans la physique contemporaine,* 1917 ; *Théorie générale de la connaissance (Allgemeine Erkenntnislehre),* 1918 ; *Question d'éthique,* 1930.

**SCHLIEFFEN (Alfred, comte VON)** ♦ Maréchal allemand (Berlin 1833 - *id.* 1913). Après avoir été attaché militaire à Paris (1867 - 1869) et avoir servi à l'état-major du grand-duc de Mecklembourg en 1870 - 1871, il devint chef du Grand État-Major (1891 - 1906). Il élabora progressivement le plan de guerre dit *plan Schlieffen,* consistant à contenir une éventuelle poussée russe à l'E., et à chercher la décision en France par une manœuvre tournante, impliquant l'invasion de la Belgique pour éviter les forts français de l'Est ; les forces françaises devaient être poursuivies en direction du Jura et anéanties. Ce plan fut repris par Moltke* en 1914 et sembla réussir, jusqu'à la bataille de la Marne*. → **Guerre mondiale (Première).**

**SCHLIEMANN (Heinrich)** ♦ Archéologue allemand (Neubukow, Mecklembourg 1822 - Naples 1890). Ayant appris par lui-même les langues anciennes et orientales, et ayant fait fortune dans le commerce, il alla se fixer en Grèce (1868) afin d'y retrouver les sites décrits par Homère. Il entreprit ainsi des fouilles à Hissarlik, où il découvrit le site présumé de Troie (1870), à Mycènes (1874), à Orchomène (1880), à Tirynthe (1884) et à Ithaque. Malgré des erreurs d'interprétation, ses travaux ouvrirent la voie à l'archéologie grecque et en particulier aux recherches sur la civilisation mycénienne (*Ithaque, le Péloponnèse et Troie*, 1869 ; *Troie et ses ruines*, 1878 ; *Mycènes*, 1878 ; *Tirynthe*, 1886 ; son *Autobiographie* fut publiée en 1892).

**SCHLINK (Bernhard)** ♦ Écrivain allemand (Bielefeld 1944). Professeur de droit, il écrivit avec un collègue un roman policier (*Un hiver à Mannheim*, 1987), premier d'une trilogie dont le héros, le détective Selb, est un ancien juriste nazi. Il y fait des va-et-vient entre le passé de l'Allemagne et son actualité politique. En 1995, il publia l'histoire d'amour douloureuse d'un adolescent pour une ancienne gardienne de camp de concentration, *Le Liseur*, qui devint un best-seller mondial et fut adapté au cinéma en 2009. Son autre grand succès, *Amours en fuite* (2002), évoque la peur de l'engagement, les amours ratées, la désillusion. Ses écrits, essentiellement marqués par la mémoire du nazisme, posent le problème de la culpabilité et de la responsabilité.

**SCHLŒSING (Jean-Jacques Théophile)** ♦ Chimiste et agronome français (Marseille 1824 - Paris 1919). Il imagina la préparation du carbonate de sodium à l'ammoniac avant Solvay* et étudia la fixation de l'azote par les végétaux. [Acad. sc. 1882]

**SCHLÖNDORFF (Volker)** ♦ Cinéaste allemand (Wiesbaden 1939). Il s'est fait une spécialité de l'adaptation à l'écran d'œuvres littéraires réputées inadaptables ou peu spectaculaires : d'après Musil (*Les Désarrois de l'élève Törless*, 1966), Yourcenar (*Le Coup de grâce*, 1976), Günter Grass (*Le Tambour**, 1979), Proust (*Un amour de Swann*, 1983). Il a travaillé également à partir de scénarios originaux comme pour *La Soudaine Richesse des pauvres gens du Kombach* (1970), écrit en collaboration avec celle qui fut son épouse jusqu'en 1991, Margarethe von Trotta*, ou *Le Roi des Aulnes* (1996) sur l'Allemagne nazie.

**SCHLUCHT** [ʃluʁt] (col de la) ➝ ÉTYM. all. «ravin, gorge» ♦ Col des Vosges à 1 139 m, faisant communiquer la vallée de la Meurthe avec celle de la Fecht (affl. de l'Ill), aux limites des dép. des Vosges et du Haut-Rhin. Passage très fréquenté.

**SCHLUMBERGER (Jean)** ♦ Écrivain français (Guebwiller 1877 - Paris 1968). Ami d'André Gide*, avec lequel il fonda et anima (1909 à 1914) *La Nouvelle Revue française*, et de Jacques Copeau*, Jean Schlumberger, élevé dans un milieu protestant, s'intéressa d'abord à l'histoire des religions, puis composa une œuvre qui le signale avant tout comme un moraliste désormais agnostique, attentif aux drames qui se jouent au sein d'une famille ou d'un groupe social quand le conflit des générations oppose les individus. *Le Lion devenu vieux* (1924), évocation des dernières semaines du cardinal de Retz et constat amer des échecs d'une vie, est une approche de cette tragédie du vieillissement, devenu le thème central de *Saint-Saturnin* (1931) ; livre de l'attachement à une maison, de la fidélité à une tradition, c'est aussi l'étude de cette trahison à soi-même que la vieillesse entraîne. Ce goût de l'analyse psychologique ainsi que de la réflexion rigoureuse se retrouve dans des nouvelles comme *Passion* (1956), dans des études critiques, telles *Plaisir à Corneille* (1936) ou *Madeleine et André Gide* (1956), dans son théâtre et dans des traités. ➝ ÉTYM. Ce nom alsacien est composé de *schlum*, du moyen haut allemand *slump* «désordonné», et *berger* «montagnard».

**SCHLUSSELBURG,** à partir de 1944 ***Petrokrepost*** ♦ V. de Russie, région de Leningrad, sur le lac Ladoga. 12 600 hab. Sa célèbre forteresse fut construite en 1323 par un prince de Novgorod. Disputée entre Russes et Suédois au XVII^e s., reconquise définitivement par Pierre le Grand (1702), elle perdit son importance militaire et fut transformée en prison. Ivan* IV, D. M. Galitzine*, des décabristes, des narodniki* et des bolcheviks y furent internés. Musée à partir de 1928, la forteresse ne put être prise par les Allemands pendant la Deuxième Guerre mondiale.

**SCHLÜTER (Poul)** ♦ Homme politique danois (Tønder 1929). Président du parti conservateur, il fut Premier ministre de 1982 à 1992, à la tête de plusieurs gouvernements de coalition de partis bourgeois.

**SCHMALKALDEN** ♦ V. d'Allemagne (Thuringe), au pied du Thüringerwald. 17 000 hab. ♦ ***Ligue de Schmalkalden*** (ou de Schmalkalde). Les princes protestants allemands, sous l'autorité de Philippe de Hesse et de l'électeur de Saxe, y conclurent en 1531 une ligue contre Charles Quint, quand celui-ci eut exigé l'application de l'édit de Worms et la restitution des biens ecclésiastiques. Ils furent vaincus (Charles Quint, aidé de Maurice de Saxe, écrasa Jean-Frédéric de Saxe à Mühlberg*), et durent signer l'intérim d'Augsbourg (1548). Une amnistie leur fut accordée par le traité de Passau* (1552).

**SCHMID (Daniel)** ♦ Cinéaste suisse alémanique (Flims 1941 - Berne 2006). Une culture littéraire solide, l'attirance pour le romantisme allemand, le goût du baroque caractérisent cet auteur précieux, ami de R. W. Fassbinder, dont il fut l'interprète et qui fut le sien (pour *L'Ombre des anges*, 1976), cultivant un style très personnel, fait d'épanchements morbides et de dérives mélodramatiques. Ses meilleurs films, tout en arabesques silencieuses, tendent à plonger le spectateur dans un état voisin de l'hypnose : *Cette nuit ou jamais* (1972), *La Paloma* (1974), *Violanta* (1978), *Hécate* (1982), *Hors saison* (1992).

**SCHMIDT (Wilhelm)** ♦ Ethnologue et linguiste allemand (Hörde, Westphalie 1868 - Fribourg, Suisse 1954). Organisateur de l'École ethnologique de Vienne et collaborateur à la revue *Anthropos*, il contribua avec F. Graebner* au développement de la théorie historico-culturelle (diffusionniste) qui, à partir de l'étude comparative des techniques, coutumes et croyances des civilisations de tribus primitives, tente de reconstituer des «cycles culturels», d'en étudier la dispersion géographique et les migrations. Le père Schmidt a publié *Völker und Kulturen* (avec W. Koppers*, 1924) et une analyse sur les relations entre les structures des langues et les aires de civilisations (*Die Sprachfamilien und Sprachenkreise der Erde*, 1926). Il est également l'auteur d'un ouvrage sur *L'Origine de l'idée de Dieu* (1926 - 1955). ➝ ÉTYM. Ce nom vient de l'allemand *Schmied* «forgeron» (➝ aussi Faure, Fauré, Favre, Febvre, Kowalski, Lefebvre, Lefèvre, Le Goff, Smith).

**SCHMIDT (Bernhard)** ♦ Opticien et astronome allemand (île de Naissaar, Estonie 1879 - Hambourg 1935). Il conçut en 1931 un type de télescope aplanétique dans lequel une lame correctrice d'épaisseur variable crée une aberration exactement antagoniste de celle du miroir sphérique. Les *télescopes de Schmidt* permettent l'observation dans un champ de plusieurs degrés et sont utilisés pour la cartographie du ciel.

**SCHMIDT (Arno)** ♦ Écrivain allemand (Hambourg 1914 - Celle 1979). Par dégoût de l'usage qu'en avait fait les nazis, il a manié la langue allemande avec une fantaisie violente, inventant des mots et brisant toute syntaxe. Il a décrit la guerre et ses suites, a composé des œuvres de science-fiction (*Léviathan*, 1949 ; *Brand's Haide*, 1951 ; *Scènes de la vie d'un faune*, 1953 ; *La République des savants*, 1957). Ses œuvres les plus originales sont deux livres monumentaux, d'une très grande richesse verbale : *Zettels Traum* (1970) et *Soir bordé d'or* (1975).

**SCHMIDT (Helmut)** ♦ Homme politique allemand (Hambourg 1918). Après des études d'économie, il entra au parti social-démocrate (SPD) en 1946 et fut élu au Bundestag en 1953. Chancelier en mai 1974 après le retrait de W. Brandt*, il renforça les liens avec la France. La coalition socialo-libérale qu'il dirigea éclata en 1982 et, mis en minorité, il dut céder la place à H. Kohl.

**SCHMIDTBONN (Wilhelm SCHMIDT, dit Wilhelm)** ♦ Écrivain allemand (Bonn 1876 - Bad-Godesberg 1952). D'abord marqué par la vogue du naturalisme, il composa ensuite des œuvres d'un lyrisme néoromantique (*La Grand'Route notre mère, fin d'une jeunesse*, 1901) et s'orienta progressivement vers une littérature de type «régionaliste» (*La Place triangulaire*, 1935).

**SCHMIDT-ROTTLUFF (Karl)** ♦ Peintre allemand (Rottluff 1884 - Berlin-Ouest 1976). Fondateur de *Die Brücke** avec Kirchner et Heckel, il donna à l'expressionnisme* une franchise de couleurs et une solidité de composition parfois sommaires. Simplifiant progressivement les formes, diminuant l'intensité des couleurs, il peignit des nus géométrisés (*Nus au grand air*, 1913).

**SCHMITT (Florent)** ♦ Compositeur français (Blâmont, Meurthe-et-Moselle 1870 - Neuilly-sur-Seine 1958). Élève de Massenet et de Fauré, Grand Prix de Rome (1900), il a affirmé une personnalité vigoureuse, soucieuse d'indépendance, prompte à se manifester par le sarcasme et l'ironie. Un de ses envois de Rome lui valut la célébrité, le *Psaume XLVII*, pour orchestre, chœur, orgue et soprano (1904), œuvre d'une parfaite architecture, remarquable par le caractère fougueux et comme torrentiel de son inspiration. De ses voyages en Méditerranée et jusqu'au Proche-Orient, il rapporta des impressions chatoyantes (*Feuillets de voyage*, 1903 - 1913 ; les *Reflets d'Allemagne*, 1905), et surtout une nostalgie de la couleur orientale qui, jointe à une véhémence romantique et à une étonnante complexité d'écriture, caractérise ses ouvrages majeurs, pour orchestre : *Le Palais hanté* (1907), *Antoine et Cléopâtre*, six épisodes symphoniques, d'après Shakespeare (1920), *Mirages* (1921), *Salammbô*, six épisodes symphoniques d'après Flaubert (1925), *Danse d'Abisag* (1925) ; des ballets : *La Tragédie de Salomé* (1910), *Oriane et le Prince d'amour* (1938) ; une *Symphonie concertante* pour piano et orchestre (1928), une seconde *Symphonie* (1957). Il cultiva, dans la musique de chambre, le goût du paroxysme (*Quintette* pour piano et cordes, 1908 ; *Trio* à cordes, 1944 ; *Quatuor* à cordes, 1947), mais sut aussi y réserver leur place à l'effusion, à la tendresse et à la méditation. ➝ ÉTYM. Ce nom de famille a la même étymologie que *Schmidt**.

**SCHMOLLER (Gustav VON)** ♦ Économiste allemand (Heilbronn 1838 - Harzburg, Basse-Saxe 1917). Représentant, avec A. Wagner*, des «socialistes de la chaire» qui rédigèrent le *Manifeste d'Eisenach* (1872), préconisant un socialisme réformiste d'État, il a vivement critiqué les théories des marginalistes autrichiens (**➝ Menger**), se rattachant, par ses positions, aux économistes de l'école historique allemande. **➝ Hildebrand, Roscher.**

**SCHNABEL (Artur)** ♦ Pianiste et compositeur autrichien (Lipnik 1882 - Morschach, Suisse 1951). Professeur au conservatoire de Berlin, il quitta l'Europe pour les États-Unis, après la montée du nazisme (1939). Interprète incomparable des grands romantiques allemands, il fit une carrière internationale. Il fut le premier à enregistrer l'intégrale des sonates de Beethoven (1932 - 1935). Son œuvre de compositeur (pièces symphoniques, pour piano et musique de chambre), méconnue, s'inspire des techniques dodécaphoniques. ➝ ÉTYM. Ce nom allemand signifie «bec», surnom de personne bavarde ou médisante.

**Schnæbelé** (affaire) ♦ Incident intervenu à la frontière franco-allemande en 1887. Invité à se rendre dans la partie de la Moselle occupée par les Allemands pour y discuter de questions de service, le commissaire de Pagny-sur-Moselle, Schnæbelé, y fut arrêté pour espionnage. Le ministre français de la Guerre, le général Boulanger*, voulut adresser un ultimatum au gouvernement allemand ; mais cette solution fut écartée par le cabinet français qui préféra la voie diplomatique. Cet incident apparemment insignifiant qui s'acheva par la libération de Schnæbelé contribua à susciter en France une vague de «nationalisme revanchard». ➝ ÉTYM. Ce nom alsacien signifie «petit bec».

**SCHNEBEL (Dieter)** ♦ Théologien et compositeur allemand (Lahr 1930). Auteur d'un article sur Stockhausen (1958) qui l'influença à ses débuts, il s'est intéressé ensuite aux travaux de John Cage*. Passionné par les rapports entre la musique et le silence, il utilise pour ses compositions des matériaux gestuels et optiques, des «instruments dénaturés», des «voix naturelles diverses» faisant appel à la participation du public (*Concert sans orchestre*, pour un pianiste et public, 1964). On lui doit notamment les *Essais* (1953 - 1956 - 1964), *Préludes de choral* (1966 - 1969), *Projets* (1958), *Déchets* (1960 - 1962 - 1964), *Processus auditifs* (1963), *Processus de production* (1968) comprenant les *Ouvrages de gueule*, la série des *Bearbeitungen* (1972 - 1980), *Messe de Dahlem* (1988), *Symphonie X* (1992). Les principaux écrits de D. Schnebel sont réunis dans *Musique à penser* (1972).

**SCHNEIDER** [ʃnɛdʀ] ou [ʃnɛdɛʀ] ♦ Famille d'industriels français. ♦ **Eugène Schneider** (Bidestroff 1805 - Paris 1875). Propriétaire des forges de Bazeilles (Ardennes), il remit en exploitation en 1836, avec son frère ADOLPHE SCHNEIDER (Nancy 1802 - Le Creusot 1845), celles du Creusot* (fondées en 1788 par I. de Wendel*) et créa la Société Schneider Frères et C^ie^, dont les ateliers de mécanique comptèrent parmi les plus modernes de l'époque (construction de la première locomotive à vapeur, 1838). Député libéral en 1845, ministre du Commerce et de l'Agriculture en 1851, membre du Corps législatif sous le Second Empire, E. Schneider réalisa de nombreuses œuvres sociales. ♦ **Henri Schneider** (Le Creusot 1840 - Paris 1898). Fils du précédent. Gérant de la Société Schneider Frères et C^ie^, il développa la fabrication des constructions mécaniques et des armements, tout en poursuivant les œuvres sociales de son père. ♦ **Eugène Schneider** (Le Creusot 1868 - Paris 1942). Fils du précédent. Avec CHARLES SCHNEIDER (Paris 1898 - Saint-Tropez 1960), son fils, il contribua au développement et à la modernisation des usines du Creusot. ➝ ÉTYM. Ce nom alsacien signifie «tailleur».

**SCHNEIDER (Hortense)** ♦ Chanteuse française (Bordeaux 1833 - Paris 1920). Interprète favorite d'Offenbach* qui la lança aux Bouffes-Parisiens en 1855 et composa pour elle la plupart de ses chefs-d'œuvre, elle créa aux Variétés *La Belle Hélène*, *Barbe-Bleue*, *La Périchole*, *La Diva*. Ce fut l'une des sopranos les plus célèbres de l'opérette de la Belle Époque.

**SCHNEIDER (Gérard)** ♦ Peintre français d'origine suisse (Sainte-Croix 1896 - Paris 1986). Il s'essaya au cubisme, au surréalisme, pour choisir définitivement l'abstraction à partir de 1944. Il peignit des *Compositions* dans le style de l'abstraction lyrique, avec quelques influences de l'action* painting dans la véhémence des touches de couleurs crues passées à la brosse. Il intitula ses compositions *Opus*, suivi du numéro d'ordre.

**SCHNEIDER (Rosemarie Magdalena ALBACH,** dite **Romy)** ➝ ÉTYM. *Romy*, dimin. de *Rosemarie* et *Schneider*, n. de sa mère ♦ Actrice autrichienne (Vienne 1938 - Paris 1982). Fille de la comédienne Magda Schneider, qui fut notamment l'interprète de *Liebelei*, de Max Ophuls (1932), elle débuta à l'écran à l'âge de dix-sept ans, dans la série des *Sissi* (1955 - 1957). À partir de *La Piscine* (1968) elle trouva des rôles à sa mesure, notamment avec ceux que lui confia Claude Sautet : des *Choses de la vie* (1970) à *Une histoire simple* (1978). Elle fut tout aussi remarquable dans *Ludwig* (1972), *La Mort en direct* (1979) ou *La Banquière* (1980). Elle se donna la mort.

**SCHNEIDER (Peter)** ♦ Écrivain allemand (Lübeck 1940). Ses œuvres traduisent les fluctuations de son pays. *Lenz* (1973) évoque l'échec du mouvement anti-autoritaire de 1966 - 1968 et un retour à l'individualisme. *...Te voilà un ennemi de la Constitution* (1976) exprime la révolte de l'être humain devant un État envahissant. *Le Sauteur de Mur* (1982) décrit l'obsession allemande qu'était le mur de Berlin. *L'Allemagne dans tous ses états* (1990) est un constat des problèmes posés par la réunification du pays. *Encore une heure de gagnée* «Comment un musicien juif survécut aux nazis» (2002) rend hommage à tous les «Justes» allemands. Il a également écrit des scénarios (*Le Couteau dans la tête*, 1978).

**SCHNITTKE (Alfred)** ♦ Compositeur russe (Engels, région de Saratov 1934 - Hambourg 1998). D'abord influencé par Prokofiev et Chostakovitch, il passa par une phase strictement puis librement sérielle, abandonnée dès 1968, et adopta ensuite une démarche «polystylistique» qui faisait de lui un des compositeurs contemporains les plus joués. Sa production fut très abondante (quatuors à cordes, symphonies, concertos, concertos grossos).

**SCHNITZLER (Arthur)** ♦ Écrivain et auteur dramatique autrichien (Vienne 1862 - *id.* 1931). L'œuvre de ce médecin viennois venu très tôt à la littérature propose la peinture d'une société sur son déclin, celle de la Vienne fin de siècle. Son œuvre est très abondante : des poèmes, une soixantaine de romans, plus de trente pièces de théâtre, une autobiographie. Ses personnages atteignent souvent, dans une prose fine et simple, des désespoirs intenses, comme dans ses romans *Berthe Garlan* (1901) ; *La Pénombre des âmes* (1907) ; *Mademoiselle Else* (1924). Ses pièces *Liebelei* (1895) et *La Ronde** (1900) ont été particulièrement appréciées à travers l'interprétation cinématographique qu'en fit Max Ophuls* en 1932 et 1950. ➝ ÉTYM. Ce nom vient de l'allemand *Schnitzel* «petit morceau» (peut-être un surnom de boucher).

**SCHOBERT (Johann)** ♦ Claveciniste et compositeur allemand (Silésie v. 1730 - Paris 1767). Fixé à Paris, il fut au service du prince de Conti et connut la célébrité dans les salons parisiens pour son talent de virtuose et la qualité de sa production. À l'exception d'un opéra-comique, il n'écrivit que de la musique instrumentale avec clavier (sonates, trios, quatuors) réunie en vingt numéros d'opus. Précurseur du romantisme par la ferveur du sentiment, il eut sur Mozart une indéniable influence, lors des premiers séjours de celui-ci à Paris (1763 - 1764 et 1766).

**SCHOCKLEY (William)** ♦ Physicien américain (Londres 1910 - Stanford 1989). → **Bardeen.** [Prix Nobel de phys. 1956, avec J. Bardeen et W. Brattain]

**SCHOELCHER (Victor)** ♦ Homme politique français (Paris 1804 - Houilles, Seine-et-Oise 1893). Sous-secrétaire d'État dans le gouvernement provisoire après la révolution de fév. 1848, il contribua à faire adopter le décret sur l'abolition de l'esclavage dans les colonies, abolition pour laquelle il avait lutté depuis 1840. Député de la Guadeloupe et de la Martinique (1848 - 1851), il siégea avec la gauche et vécut exilé en Angleterre sous le Second Empire. Après l'abdication de Napoléon III (sept. 1870), il fut réélu député de la Martinique à l'Assemblée nationale (1871), puis devint sénateur inamovible (1875). En 1949, ses cendres furent transférées au Panthéon. ➝ ÉTYM. Ce nom vient du moyen haut allemand *schelck* «petite embarcation».

**SCHOELCHER** [97233] ➝ ÉTYM. du n. de Victor *Schoelcher** ♦ Ch.-l. de cant. de Martinique dans l'aggl. de Fort-de-France. 20 845 hab. *(Schoelchérois)*. Campus de l'université des Antilles. Habitat résidentiel et plages.

**SCHOENBERG** ou **SCHÖNBERG (Arnold)** ♦ Compositeur américain d'origine autrichienne (Vienne 1874 - Los Angeles 1951). ▮ **Les premières œuvres** Issu d'un milieu de petite bourgeoisie israélite, il étudia la musique en autodidacte. Ses premières œuvres, marquées par l'influence de Wagner, de Brahms et de Mahler, s'inscrivent dans le courant postromantique, témoignant d'un ton personnel, lyrique et tendu : des *Lieder* (1897 - 1903), le sextuor à cordes *La Nuit* transfigurée* (1899), un poème lyrique d'amples dimensions, les *Gurrelieder* (1901, orchestré en 1911) et un poème symphonique, *Pelléas et Mélisande* (1903) inspiré de Maeterlinck. Toutes ces œuvres marquent encore l'attachement du musicien au système tonal. ▮ **Le pédagogue** Fixé à Vienne où il rencontra G. Mahler* (1903), Schoenberg y révéla un des aspects dominants de sa personnalité, celui d'un pédagogue-né, et ses premiers élèves furent A. Berg* et A. Webern*. Il devait poursuivre cette activité d'éducateur tout au long de sa vie, enseignant tour à tour à Berlin, à Vienne où il fonda le Verein für musikalische Privataufführungen («Association pour des exécutions musicales privées», 1917), à Amsterdam (1920), de nouveau à Berlin (1924) puis, lorsqu'il dut fuir les persécutions nazies, en Amérique (Boston, New York, enfin Los Angeles, 1936 - 1944). ▮ **L'atonalité** Antérieures à la publication de son *Traité d'harmonie* (1911, remanié et complété en 1921, puis 1948), quelques-unes de ses œuvres marquent déjà une transition du système tonal à l'atonalité* : *Premier quatuor à cordes* (1905), *Première symphonie de chambre* (1906), *Deuxième quatuor à cordes* (1908). Cette évolution vers l'atonalité sous le signe de l'expressionnisme s'observe avec une grande netteté dans les trois pièces pour piano et les *Cinq* pièces pour orchestre* (1909), et dans des œuvres avec voix (*Erwartung*, monodrame, 1909 ; *Die glückliche Hand*, 1909 - 1913, *Herzgewächse*, pour chant et trois instruments, 1911, et surtout *Pierrot* lunaire*, pour récitant et quatre instrumentistes, 1912). Il y fait usage d'un nouveau mode de déclamation lyrique, le *Sprechgesang*. Pendant plusieurs années, Schoenberg ne publia plus rien. ▮ **Le dodécaphonisme** Il se consacra à son oratorio inachevé *L'Échelle de Jacob* et à la mise au point du dodécaphonisme* sériel, méthode de composition censée «codifier» l'atonalité, et fondée sur la série (succession dans un ordre donné des douze sons de la gamme chromatique). Relèvent de cette «méthode de composition avec douze sons n'ayant de rapports qu'entre eux» les grandes œuvres de sa maturité : *Quintette à vents* (1924), *Troisième quatuor à cordes* (1927), *Variations pour orchestre* (1928), un opéra bouffe, *Von Heute auf Morgen* (1929), et un drame religieux, d'une admirable force expressive, *Moïse* et Aaron* (1930 ; inachevé). Toutefois, Schoenberg continuait à y employer la rythmique, les timbres et les intensités selon la tradition classique.

Reconverti au judaïsme (1933), qu'il avait abandonné une dizaine d'années auparavant, puis émigré en Amérique, il rencontra un conformisme intellectuel dont il sut s'affranchir par des œuvres approfondissant les techniques de l'atonalité (*Concerto pour violon*, 1936 ; *Quatrième quatuor à cordes*, 1936 ; *Trio à cordes*, 1946 ; *Un survivant** *de Varsovie*, 1947) ou marquant un certain retour à la tonalité (*Deuxième symphonie de chambre*, 1939 ; *Variations sur un récitatif*, pour orgue, 1941 ; *Ode à Napoléon*, poème de Byron, dénonciation de la dictature ; *Concerto pour piano*, 1942). Il convient d'y ajouter encore des pièces d'inspiration religieuse, pour voix (*De Profundis*, 1950 ; *Psaumes modernes*, 1951, inachevés). ▮ **L'influence de Schoenberg** Accueillie par le scandale, assimilée de nos jours comme un nouveau classicisme, l'œuvre de Schoenberg a bouleversé le langage musical traditionnel. Elle a de ce fait exercé une profonde influence sur l'évolution de la musique contemporaine. De Berg et Webern à R. Leibowitz* (qui l'a profondément commentée) et à P. Boulez*, elle a inspiré de nombreux disciples. ▮ **Le peintre** Lié à l'expressionnisme, il collabora au Cavalier* bleu (1911). ⇁ ÉTYM. Ce nom allemand signifie «belle *(schön)* montagne *(Berg)*».

**SCHOENDOERFFER (Pierre)** ♦ Écrivain et cinéaste français (Chamalières 1928). Correspondant de guerre et grand reporter à la télévision, il a puisé dans son expérience des conflits d'Indochine et d'Algérie la matière de plusieurs livres ou films, passant avec aisance d'un langage à l'autre : *La 317e Section* (film, 1965 ; roman, 1973), *L'Honneur d'un capitaine* (film, 1982), *Diên Biên Phu* (film, 1991) et surtout *Le Crabe-tambour* (roman, 1976 ; film, 1977), rêverie nostalgique et réflexion morale sur le thème des «soldats perdus». [Acad. des bx-arts 1988]

**SCHÖFFER (Peter)** ♦ Imprimeur allemand (Gernsheim, Hesse, v. 1425 - Mayence 1502). Il travailla avec Gutenberg, puis perfectionna l'imprimerie, notamment en y introduisant la couleur.

**SCHÖFFER (Nicolas)** ♦ Sculpteur français d'origine hongroise (Kalocsa 1912 - Paris 1992). Il créa en 1948 la sculpture «spatiodynamique», formée d'une ossature géométrique en métal comprenant des plaques minces, puis des sculptures mobiles se déplaçant selon des impulsions sonores et lumineuses (*Cysp I*, 1956). Avec le «lumino-dynamisme» (*Lux I*, 1957), les sculptures de Schöffer, grâce à des réflecteurs et autres dispositifs optiques, produisent des effets lumineux mobiles. Les *Reliefs anamorphoses* (1961) produisent des anamorphoses par le mouvement d'éléments en plexiglas. Le *Mur-lumière* (1962) et le *Téléluminoscope* (1961) produisent des formes abstraites sous l'impulsion de cellules sensibles.

Nicolas **Schöffer.** *Chronos 5.* Wallraf-Richartz Museum, Cologne.
*Phot. © Arch. Smeets*

**SCHOLASTIQUE** (sainte) ♦ (Nursie v. 480 - Piumarola, près du mont Cassin v. 547). Sœur de saint Benoît de Nursie, fondatrice de la branche féminine des bénédictins, à Piumarola. ▪ Fête le 10 fév.

**SCHOLEM (Gershom)** ♦ Philologue, historien et théologien israélien (Berlin 1897 - Jérusalem 1982). Intéressé par les sources de la tradition juive, il publia en 1923 sa thèse, consacrée à la traduction et au commentaire du *Sefer ha-Bahir, Das Buch Bahir*. Œuv. princ. : *Les Grands Courants de la mystique juive* (1941), *Les Origines de la Kabbale* (1966), *La Kabbale et sa symbolique* (1966), *Le Messianisme juif* (1974).

**schola cantorum**

n. f. ♦ Appliquée à l'origine à tout groupement de jeunes gens étudiant la musique, l'appellation prit, aux premiers siècles de l'ère chrétienne, un sens spécifiquement religieux et fut appliquée exclusivement aux chapelles qui fournissaient des chantres aux basiliques romaines et à la chapelle papale. ♦ ***Schola cantorum*** École fondée à Paris en 1894 par Charles Bordes, Alexandre Guilmant et Vincent d'Indy* pour restaurer la musique religieuse selon la pure tradition grégorienne. Parallèlement, la Schola cantorum élargit son répertoire et s'attacha à retrouver des partitions oubliées ou inédites de musiciens comme Monteverdi, Schütz, Campra.

**SCHOLES (Myron)** ♦ Économiste américain (Timmins, Ontario 1941). Il a travaillé sur la fiscalité et les dividendes, et la valorisation des options. En 1973, il mit au point, avec R. Merton et F. Black (1938 - 1995), une formule de valorisation d'options sur actions dont l'application a entraîné un développement considérable des marchés dérivés. Ces travaux s'inscrivent dans la lignée de ceux du Français Louis Bachelier, *Théorie de la spéculation* (thèse parue en 1900). [Prix Nobel de sc. écon. 1997, avec R. Merton*]

**SCHOMBERG (Gaspard DE)** ♦ Homme de guerre d'origine allemande (Meissen 1540 - Paris 1599). D'abord aux côtés des huguenots, il servit ensuite Henri* III et Henri* IV. ♦ **Henri Schomberg,** comte **de Nanteuil** (Paris 1574 - Bordeaux 1632). Fils du précédent. Maréchal de France. ♦ **Charles Schomberg,** duc **d'Halluin** (Nanteuil 1601 - Paris 1656). Fils du précédent. Maréchal de France.

**SCHOMBERG** ou **SCHONBERG (Frédéric-Armand,** duc **DE)** ♦ Maréchal de France, d'origine germanique (Heidelberg 1615 - La Boyne 1690). Au service du prince d'Orange puis de la France, il prit part à la bataille des Dunes* (1658) et remporta la victoire de Vila Viçosa (1658) au Portugal. Chassé par la révocation de l'édit de Nantes*, il devint un des conseillers de Guillaume* III d'Orange-Nassau et fut tué à la bataille de la Boyne*.

**SCHOMBURGK** (sir **Robert Hermann)** ♦ Explorateur allemand (Freyburg an der Unstrut 1804 - Schöneberg, près de Berlin 1865). Il fut chargé par la Grande-Bretagne de délimiter les Guyanes britannique et brésilienne. ♦ **Richard Schomburgk.** Explorateur et naturaliste allemand (Freyburg 1811 - Adelaïde, Australie 1891). Frère du précédent. Il explora la Guyane (1840), puis vint en Australie (1849) où il fut directeur du jardin botanique d'Adélaïde (*The Flora of South Australia*, 1875). On a donné le nom de *schomburgkia* à une variété d'orchidée.

**SCHÖNBEIN (Christian Friedrich)** ♦ Chimiste allemand (Metzingen, Wurtemberg 1799 - Baden-Baden 1868). Il découvrit l'ozone (1839) et inventa la nitrocellulose.

**SCHÖNBERG (Arnold)** → Schoenberg

**Schönbrunn** ⇁ ÉTYM. all. «belle *(schön)* fontaine *(Brunnen)*» ♦ Château situé non loin de Vienne*, il fut la résidence d'été des Habsbourg. Commencé sur les plans de J. B. Fischer von Erlach sous Léopold Ier, il fut achevé sous Marie-Thérèse en 1750. Napoléon Ier y séjourna en 1805 et en 1809, et y signa le traité de Schönbrunn ou de Vienne (14 oct. 1809). Son fils, le duc de Reichstadt, y mourut en 1832.

**SCHÖNEBECK** ♦ V. d'Allemagne (Saxe-Anhalt), sur la rive g. de l'Elbe. 33 000 hab. Mines de sel. Indus. chimiques.

**SCHONGAUER (Martin)** ♦ Peintre, graveur et dessinateur alsacien (Colmar v. 1445 - Brisach 1491). Fils d'un orfèvre actif à Augsbourg, il travailla à Colmar, sans doute à partir de 1469 et jusqu'en 1488 et vécut ensuite à Brisach. Il exécuta de nombreux retables, mais son œuvre peinte a en grande partie disparu ; il peignit en 1473 *La Vierge au buisson de roses*. Empreinte d'un sentiment grave et retenu, cette œuvre allie monumentalité et sens décoratif et dénote l'influence de R. Van* der Weyden. Graveur remarquable, Schongauer exécuta cent quinze planches au burin sur cuivre, d'une grande maîtrise technique. L'extrême raffinement de son graphisme anguleux et fouillé (*La Mort de la Vierge, Tentation de saint Antoine*, toutes deux v. 1470 - 1475) s'infléchit souvent en arabesques élégantes et mesurées, sans perdre de sa vigueur expressive (*La Grande Montée au Calvaire*, v. 1475). Les graveurs allemands, notamment Dürer*, puisèrent dans le répertoire de modèles qu'il créa. Il influença aussi les artistes vénitiens et fut admiré par Michel-Ange.

**SCHOOLCRAFT (Henry Rowe)** ♦ Explorateur et ethnographe américain (Watervliet, New York 1793 - Washington 1864). Il vécut des années parmi les Indiens du N.-O. des États-Unis dont il étudia la vie, l'histoire et la culture (*Historical and Statistical Informations Respecting the History, Condition and Prospect of the Indian Tribes of the United States of America*, 1851 - 1857, résumé par Mondot : *Histoire des Indiens des États-Unis*, 1858).

**SCHOPENHAUER (Arthur)** ♦ Philosophe allemand (Gdańsk 1788 - Francfort-sur-le-Main 1860). Resté à l'écart de l'idéalisme postkantien (Fichte, Schelling, Hegel), il dépassa la philosophie critique de Kant dans le sens d'un phénoménisme radical, faisant du monde notre représentation (*La Quadruple Racine du principe de raison suffisante*, 1813). Toutefois, dans son œuvre principale (*Le Monde**

Martin **Schongauer.** *Tentation de saint Antoine* (31,7 x 23,4 cm), 1470-1475. Bibliothèque nationale de France, Paris. *BIS/Phot. © Coll. Archives Larbor*

*comme volonté et comme représentation,* 1818), il affirma que si l'univers est en apparence « le jeu sans but et par là incompréhensible d'une éternelle nécessité », il est en réalité, comme chose en soi, « volonté absolument libre » dont tous les phénomènes naturels sont les degrés progressifs d'objectivation (assimilés aux Idées platoniciennes). Dans ses formes individuelles, multiples et illusoires, le vouloir-vivre est la racine de tous les maux, nous menant, dans un cycle sans fin, du désir et de la douleur à l'ennui. Mais l'intelligence, qui lui est originairement liée, peut s'affranchir de cette servitude par l'Art (contemplation désintéressée de l'Idée ou expression immédiate de la volonté [dans la musique]), par la pitié (qui, en nous faisant prendre conscience de l'identité du vouloir-vivre en nous et en autrui, nous libère de l'illusion de l'égoïsme), par l'ascétisme enfin, négation de tous désirs, telle qu'elle fut prêchée dans le bouddhisme sous la forme du nirvāna. Profondément pessimiste, la philosophie de Schopenhauer influença Nietzsche*. ➝ **ÉTYM.** Ce nom vient de l'allemand *schöpfen* « puiser » et *Hauer* « mineur ».

**SCHOTEN** ♦ Comm. de Belgique (Région flamande), prov. et arr. d'Anvers, sur le canal Albert et le canal de la Campine. 33 132 hab. Châteaux. Festival mondial du folklore. ▪ Banlieue résidentielle. Indus. agroalimentaire.

**SCHOTTKY (Walter)** ♦ Physicien allemand (Zurich 1886 - Pretzfeld 1976). Il inventa le tube à quatre électrodes, ou tétrode, avec A. W. Hull* (1916) et expliqua l'origine du bruit de fond dans les amplificateurs électroniques (« bruit de grenaille » de Schottky, 1918). Il étudia également les semi-conducteurs.

**SCHRIEFFER (John Robert)** ♦ Physicien américain (1931). → **Bardeen.** [Prix Nobel de phys. 1972, avec J. Bardeen et L. Cooper]

**SCHROCK (Richard R.)** ♦ Chimiste américain (Berne, Indiana 1945). Après avoir produit, en 1974, le premier métallo-carbène, composé pouvant jouer le rôle de catalyseur dans la métathèse, il élabora, vers 1990, un premier catalyseur métallique spécifique et efficace pour cette réaction. [Prix Nobel de chimie 2005 avec Y. Chauvin* et R. H. Grubbs*]

**SCHRÖDER (Ernst)** ♦ Logicien allemand (Mannheim 1841 - Karlsruhe 1902). Son principal apport est ce que la logique moderne appelle « théorie générale des types », qu'il a mise au point avant Frege* et B. Russell*. Il a discuté ses travaux dans *Vorlesungen über die Algebra der Logik (exakt Logik),* 1890 - 1905.

**SCHRÖDER (Rudolf Alexander)** ♦ Poète, essayiste et traducteur allemand (Brême 1878 - Bad Wiessee 1962). Tour à tour peintre, architecte, décorateur, il donna d'abord des recueils poétiques dans la ligne de l'humanisme classique (*Empédocle, Elysium,* 1900), puis des traductions d'auteurs grecs (Homère), latins (Horace, Virgile), de Shakespeare et de Racine. Si la Première Guerre mondiale lui dicta des poèmes patriotiques voire nationalistes, ses œuvres ultérieures (*Le Milieu de la vie,* 1930) d'inspiration religieuse, expriment le désir d'une réconciliation de l'humanisme antique et du christianisme. *La Ballade du voyageur* (1937) marqua son détachement de l'Allemagne nazie.

**SCHRÖDER (Gerhard)** ♦ Homme politique allemand (Mossenberg 1944). Entré au SPD en 1963, il devint président des jeunesses du parti (les *Jusos*) en 1978 et député en 1980. Militant antinucléaire, il dirigea le Land de Basse-Saxe de 1990 à son élection à la chancellerie (1998 - 2005) et présida le SPD de 1999 à 2004. Ses mandats sont marqués par la dégradation économique de l'Allemagne, par la participation de l'armée allemande au conflit du Kosovo* et à la coalition internationale contre le terrorisme et par le refus de prendre part à la guerre contre l'Irak*. En 2005, il obtint l'organisation d'élections anticipées qui virent sa défaite et son départ de la chancellerie. ➝ **ÉTYM.** *Schröder* vient du moyen haut allemand *schröten* « couper », surnom de tailleur.

**SCHRÖDINGER (Erwin)** ♦ Physicien autrichien (Vienne 1887 - *id.* 1961). Deux ans à peine après l'énoncé par L. de Broglie* de la « dualité onde-particule », il écrivit la fameuse équation qui porte son nom (1926) et qui constitue une formulation mathématique de la mécanique ondulatoire. Elle permit la première description exacte de l'atome d'hydrogène et reste l'outil de base de toute la physique quantique. Schrödinger démontra ensuite l'équivalence de son équation avec la mécanique des matrices de Heisenberg*. Son travail scientifique fut toujours accompagné d'une réflexion philosophique sur la signification de nouveaux concepts. [Prix Nobel de phys. 1933, avec P. Dirac*]

**Schtroumpfs** → **Peyo**

**SCHUBART (Christian Friedrich)** ♦ Organiste, compositeur et poète allemand (Obersontheim, Wurtemberg 1739 - Stuttgart 1791). Organiste à Ludwigsburg, il y mena une vie de bohème et fut banni du duché de Wurtemberg en 1773 pour sa conduite. Fondateur à Ulm de la *Deutsche Chronik* (« Chronique allemande », 1774), revue anticléricale et libérale, il fut condamné à la prison pour raisons politiques (1777 - 1787). Poète politique et authentiquement populaire du Sturm* und Drang, il a laissé des écrits esthétiques et autobiographiques, ainsi que des *Poésies* dont certaines furent mises en musique par Schubert (*La Truite*). ➝ **ÉTYM.** *Schubart* est une variante de *Schubert**.

**SCHUBERT (Franz)** ♦ Compositeur autrichien (Lichtental, près de Vienne 1797 - Vienne 1828). ▮ **L'enfance** Fils d'un maître d'école et d'une ancienne servante qui eurent treize enfants dont cinq seulement survécurent, il fit son apprentissage musical avec l'organiste de la paroisse de Lichtental. Devenu chanteur à la chapelle impériale de Vienne, il reçut les leçons de Salieri (1809 - 1813) au *Stadtkonvikt* (collège municipal) où il fit de bonnes études. Il exerça quelques années les fonctions de maître auxiliaire dans l'école que son père dirigeait, mais par le goût dont il témoigna très tôt pour la musique, sa véritable vocation s'affirma. Ses premières compositions, dès l'âge de treize ans, la constitution d'un quatuor familial où il tenait la partie d'alto, et son père, celle de violoncelle, sont des événements importants d'une adolescence heureuse, malgré la mort prématurée de sa mère (1812). ▮ **Une vie difficile** Dénué de toute ambition, mais tentant à plusieurs reprises de conquérir Vienne avec ses œuvres de théâtre, plus attaché aux enchantements du rêve qu'à la réalité, il vécut pauvrement mais conscient de son génie, admirant Mozart, Haydn et Beethoven, entouré de l'affection, souvent agissante, d'un petit cercle d'amis (F. Schober, le poète Mayrhofer, le peintre M. von Schwind, le chanteur M. Vogl). Amoureux timide et impécunieux, voué à une solitude farouche par un physique ingrat, il noua plusieurs idylles sans espoir, notamment avec Thérèse Grob et Caroline Esterházy, dont il fut le professeur. Bohème longtemps insouciant, il vécut la majeure partie de sa courte existence à Vienne, ne quittant la ville que pour de joyeuses promenades dans la campagne ou pour quelques séjours à Zelesz (Hongrie), chez le comte Johann Esterházy (1818 et 1824) ou à Steyr (Haute-Autriche, 1825) avec son ami Vogl. Atteint de la syphilis (1822), il en subit les effets avec constance, ayant cependant à endurer les plus douloureuses épreuves physiques dans ses dernières années (1826 - 1828). Attristées par la solitude, l'insuccès, celles-ci furent sombres et même tragiques. Elles coïncident néanmoins avec une période d'intense production et un approfondissement de sa pensée, propre désormais à traduire l'angoisse la plus pathétique autant qu'une ineffable sérénité. ▮ **L'œuvre** L'œuvre de Schubert, dont le catalogue a été établi par O. E. Deutsch (1950), comprend plus de 900 numéros d'opus. Longtemps ignorée, elle ne sortit de l'oubli que grâce à Schumann, Mendelssohn, Liszt, et à ceux qui, chefs d'orchestre, grands solistes ou philosophes esthéticiens comme Nietzsche, en découvrirent les premiers l'incomparable richesse poétique et humaine. Elle comporte quinze opéras ou *Singspiele,* la musique de scène pour *Rosamunde,* drame romantique de H. von Chézy (1823), six messes (dont les *Messes en sol,* 1815 ; *en ut,* 1816 ; *en la bémol,* 1822, et *en mi bémol majeur,* 1828), d'autres œuvres religieuses (dont un *Stabat Mater,* 1816) ou chorales comme le *Chant des esprits sur les eaux* (1821), avec piano ou a cappella. ▮ ***Les lieder*** Plus de six cents lieder constituent l'apport le plus original de Schubert à la musique. Ils sont composés sur des poèmes de Goethe, Schiller, Heine, Mayrhofer, Schober et bien d'autres. Parmi les plus célèbres, on retiendra : *Marguerite au rouet* (1814), *Le Roi* des aulnes* (1815), *À la Musique, La Truite, La Jeune Fille et la Mort* (1817), *Le Fils des muses, Prometheus, Les Dieux de la Grèce* (1820), *La Jeune Religieuse* (1826) et les cycles de *La Belle Meunière* (vingt lieder, 1823) et du *Voyage* d'hiver* (vingt-quatre lieder, 1827), la célèbre *Sérénade,* sur un poème de Grillparzer (1827), et ceux réunis sous le titre *Le Chant du cygne* (1828). ▮ ***Les œuvres pour orchestre*** Parmi les œuvres pour orchestre : neuf symphonies (dont les *Symphonies en si bémol majeur,* 1816 ; *en ut,* 1818 ; *en si mineur,* dite *Symphonie* inachevée,* 1822 ; et la grande *Symphonie en ut majeur,* admirable chef-d'œuvre, 1826) ; de la musique de chambre, dont quinze quatuors, parmi lesquels ceux en *la mineur,* (1824), en *ré mineur,* dit *La Jeune Fille et la Mort* (1824), et *en sol majeur* (1826), un *quintette en la majeur* dit *La Truite* (1819), un *quintette*

Franz **Schubert.** Portrait par Wilhelm Rieder, 1875. Musée national de Vienne, Autriche. *BIS/Phot. Meyer © Archives Larbor*

*à cordes en ut majeur* (1828) ; des sonates pour violon et piano, 22 sonates pour piano (dont les *Sonates en la mineur,* 1817, *en sol,* 1824, ainsi que celles *en ut mineur, en la* et *en si bémol,* 1828) ; des pièces pour piano, dont la *Wanderer Fantasie* (1822) ; 8 *Impromptus,* 6 *Moments musicaux* et de nombreuses danses (*Ländler,* valses, marches, menuets, allemandes, polonaises). **Un novateur romantique** Doué d'une exceptionnelle précocité, Schubert posséda un véritable génie de l'improvisation, d'où sa réussite dans le genre du lied, pièce courte née d'une émotion fugitive qui suscite spontanément, par l'équilibre entre mélodie vocale et piano, l'atmosphère, le décor et l'inflexion propres au drame à évoquer. Plus encore que dans ses grandes compositions symphoniques ou dans ses œuvres pour le théâtre, plus impersonnelles, c'est dans la musique de chambre qu'il atteint à la confidence la plus dépouillée et la plus poignante. Grand musicien classique par la forme, quoiqu'avec une conception révolutionnaire du temps musical, il innove par les nuances chromatiques, harmoniques et rythmiques qu'il introduisit dans ses dernières œuvres, où la liberté de l'invention mélodique fait de lui le précurseur de Schumann* et de H. Wolf*. Poète de la nature, il l'est aussi de l'invisible et du fantastique et, par là, l'un des plus grands parmi les génies du romantisme (Symphonie* tragique). → ÉTYM. Ce nom vient du moyen haut allemand *schuochwürchte* «cordonnier».

**SCHUCHARDT (Hugo)** ♦ Linguiste allemand (Gotha 1842 - Graz 1927). Spécialiste de phonétique historique et d'étymologie (*Étymologies romanes,* 1898 - 99), il étudia aussi la langue basque et ses relations possibles avec d'autres langues (*Études basques,* 1893 ; *Les Origines basques,* 1919), ainsi que les rapports entre langues romanes et celtiques. Sa pensée le conduisit à proposer des hypothèses hardies, souvent contestées par la suite.

**SCHULS** → Scuol

**SCHULTZ (Theodore)** ♦ Économiste américain (Arlington 1902 - Chicago 1998). Spécialiste des questions rurales, il s'est attaché à l'étude des grandes crises agricoles et a publié des ouvrages sur les problèmes agricoles dans le tiers-monde. [Prix Nobel de sc. écon. 1979, avec W. A. Lewis*]

**SCHULTZE (Max)** ♦ Biologiste allemand (Fribourg-en-Brisgau 1825 - Bonn 1874). Il fut le premier à définir correctement la cellule comme «une petite masse de protoplasme renfermant un noyau» ; il mit en évidence les analogies de structure et de fonctionnement des protoplasmes végétaux et animaux. → ÉTYM. *Schultze* vient du moyen haut allemand *schultheize,* désignant l'homme chargé de collecter les taxes dues au seigneur, de *sculd(a)* «dette» et *heiz(z)en* «commander».

**SCHULTZE (Bernard)** ♦ Peintre et sculpteur allemand (Schneidemühl, Poméranie 1915 - Cologne 2005). Influencé par le surréalisme et l'expressionnisme, il s'orienta vers l'abstraction informelle et le tachisme (*Heiter,* 1954), et participa en 1952 à l'exposition du groupe Quadriga de Francfort. Il trouva son style avec ses *Reliefbilder* (1956), sculptures tentaculaires constituées d'amas de plastique et de ficelles. Dans les années 1960 il réalisa les *Migofs,* assemblages de papier, de carton, de câbles fixés sur des treillages métalliques, peints en rouges ou en bleus vifs évoquant les couleurs des entrailles, suivis dans les années 1970 des *Migof-Parthenon,* inspirés de la mythologie grecque, puis des *Migof-Waage,* en bronze. Il pratique depuis les années 1980 une abstraction informelle colorée (*Chimären-Tanz um ein gelbes Etwas,* 1990).

**SCHULZ (Bruno)** ♦ Écrivain polonais (Dorhobycz, auj. Drogobytch 1892 - *id.* 1942). La peur devant les lois incompréhensibles et un symbolisme énigmatique rapprochent Schulz de Kafka (il traduisit *Le Procès* en 1936). Professeur de dessin, il laissa une série de compositions saisissantes. Il fut fusillé par les Allemands en 1942. Œuv. princ. : *Les Magasins de cannelle* (1934), *Le Sanatorium au croque-mort* (1937), récit où il évoqua son enfance.

**SCHULZ (Charles Monroe)** ♦ Dessinateur et scénariste américain (Minneapolis 1922 - Santa Rosa, Californie 2000). Il publia ses premières bandes dessinées dans *The Saturday Evening Post. Peanuts* parut d'abord en 1950. Ces bandes sont de courtes histoires en image, au texte très limité, au dessin simple sans décor et sans fioriture. Le héros, Charlie Brown, haut comme trois cacahuètes, est un petit garçon malchanceux, entouré d'une bande de copains hors du commun : Schroeder pianiste virtuose, Lucy psychanalyste souvent de mauvaise foi, et son chien Snoopy, qui philosophe jour et nuit sur le toit de sa niche. Tous sont les acteurs de la vie quotidienne américaine vécue à travers ses grandes fêtes annuelles, religieuses, politiques ou sportives.

**SCHULZE (Gottlob Ernst)** ♦ Philosophe allemand (Heldrungen, Thuringe 1761 - Göttingen 1833). Il fut l'un des adversaires de Kant, et adopta le scepticisme (*Aenesidemus,* 1792, titre de son œuvre qui fut aussi son surnom).

**SCHUMACHER (Michael)** ♦ Coureur automobile allemand (Hürth-Hermühleim 1969). Il a remporté 7 titres de champion du monde des conducteurs (1994, 1995, 2000, 2001, 2002, 2003, 2004). → ÉTYM. Ce nom vient de l'allemand *Schuhmacher* «cordonnier».

**SCHUMAN (Robert)** ♦ Homme politique français (Luxembourg 1886 - Scy-Chazelles, Moselle 1963). Député démocrate-populaire de 1919 à 1940, il fut sous-secrétaire d'État aux Réfugiés de mars à juil. 1940. Déporté, il parvint à s'évader. Député MRP (1945 - 1962), ministre des Finances (juin 1946 - nov. 1947), il succéda à Ramadier à la présidence du Conseil (nov. 1947 - 1948), puis fut chargé du portefeuille des Affaires étrangères (juil. 1948-janv. 1953). Son ministère fut marqué par l'entrée en vigueur du plan Marshall* (1948) et par le rapprochement de la France avec l'Allemagne fédérale (abandon du contrôle de la Ruhr). R. Schuman fut surtout, avec J. Monnet*, un des promoteurs de la construction de l'Europe, posant les bases de la Communauté* européenne du charbon et de l'acier (CECA) et de la Communauté européenne de défense (accord de Paris de 1952). Face à l'opposition manifestée par le RPF et par les communistes à ce dernier projet, R. Schuman donna sa démission. Ministre de la Justice (fév. 1955 - juin 1956), il se consacra surtout à l'élaboration des institutions européennes comme président du Mouvement européen (1955), puis de l'Assemblée parlementaire européenne à Strasbourg (1958). Il écrivit *Pour l'Europe.*

**SCHUMANN (Robert)** ♦ Compositeur allemand (Zwickau, Saxe 1810 - Endenich, près de Bonn 1856). **L'enfance** Son père, libraire, traducteur et éditeur de Byron et de W. Scott, eut à souffrir de troubles mentaux. Dernier-né d'une famille de cinq enfants, il fut le préféré de sa mère, elle-même d'une sensibilité morbide. À l'issue d'un accès de folie, une de ses sœurs devait se donner la mort (1826). Cette hérédité pesa lourdement sur lui, autant que les épreuves dont sa vie ne fut pas épargnée. Il eut une enfance solitaire et exaltée par la fréquentation des poètes, surtout Jean-Paul Richter. L'audition du pianiste Moscheles, lors d'un concert que celui-ci donna à Karlsbad (1819) détermina sa vocation. Il entreprit néanmoins des études secondaires au lycée de Zwickau et, un peu plus tard, s'inscrivit aux universités de Leipzig (1828), puis de Heidelberg (1829) pour y étudier le droit. **La formation musicale** Mais, tenté par la littérature et davantage encore par la musique, il décida de parfaire sa connaissance du piano avec un maître réputé, Friedrich Wieck (1830). Il prit aussi quelques leçons de contrepoint et d'harmonie à Leipzig, avec Dorn, directeur de l'Opéra. Une audition de Paganini et la révélation des lieder de Schubert le confirmèrent dans sa volonté d'entreprendre une carrière de compositeur, celle de virtuose le tentant également. Les leçons de F. Wieck furent pour lui de peu de profit, celui-ci se montrant surtout attentif aux progrès de sa propre fille, Clara, jeune pianiste d'une étonnante précocité. Il lui fallut compléter seul sa formation, notamment par l'étude de Bach. Aussi allait-il demeurer un autodidacte. Une malencontreuse initiative, l'essai d'un appareil de son invention destiné à donner plus de vigueur au quatrième doigt de sa main droite, entraîna la paralysie de cette main (1832). Il dut dès lors renoncer à la carrière de virtuose. Une violente dépression nerveuse s'ensuivit (1833), premiers symptômes du mal qui devait plus tard emporter sa raison. **Les premières œuvres** Cependant, ses premières compositions pour le piano avaient vu le jour (*Variations Abegg, Papillons, Toccata, Caprices* d'après Paganini, *Intermezzi, Impromptus, Études symphoniques*). Il fonda une revue musicale, la *Neue Zeitchrift für Musik* (1834) où il s'instituait le défenseur de la bonne musique contre les «Philistins». La déclaration d'amour qu'il fit à Clara Wieck, puis une demande en mariage (1835), accueillie par un refus farouche du père, marqua pour Schumann le début d'une période tourmentée où il produisit néanmoins quelques-uns de ses plus grands chefs-d'œuvre : *Carnaval*, Première sonate, Fantaisie en ut majeur, Davidsbündlertänze, Phantasiestücke, Kinderszenen, Kreisleriana, Novelettes, Seconde sonate,* œuvres pour le piano que caractérisent la pureté du sentiment poétique et la profondeur de la pensée, souvent tendue jusqu'au désespoir. À l'issue d'une campagne de diffamation menée contre le musicien par l'intraitable Wieck, celui-ci fut enfin sommé par décision de justice de rendre sa liberté à sa fille Clara. **Le mariage avec Clara** Le mariage eut lieu (1840) et les années qui suivirent apportèrent au jeune couple une plénitude de bonheur dont l'œuvre de Schumann forme l'éclatant témoignage : plus de deux cents lieder composés sur des textes de Goethe, Heine, Schiller, Chamisso, Rückert, Mörike ; les cycles *L'Amour* et la Vie d'une femme, Les Amours* du poète ; Liederkreis, Myrtes* ; trois quatuors à cordes, dédiés à Mendelssohn, un quintette, un quatuor avec piano, la *Première symphonie, Le Paradis et la Péri,* oratorio. Virtuose de grande réputation, Clara entreprit souvent avec Schumann, durant ces années, de nombreuses tournées à travers l'Europe, allant même jusqu'en Russie (1844). Mais déjà le musicien traversait de nouvelles crises dépressives. Appelé par Mendelssohn, son ami depuis 1834, au conservatoire de Leipzig (1843), il s'y révéla un piètre pédagogue. Cet échec, le sentiment croissant de son indignité devant Clara, les tentatives malheureuses d'installation à Dresde, Vienne puis Berlin, la mort de Mendelssohn (1847) aggravèrent l'état mental de Schumann. Cependant, durant cette période, il concevait de très nombreuses œuvres où l'on trouve des pages admirables : *Concerto pour piano et orchestre, Deuxième symphonie, Genoveva*, son unique opéra (1848), *Manfred*, musique de scène ; des lieder, des pièces chorales *(Cantique de l'Avent)*, des cantates *(Requiem pour Mignon), Scènes de Faust, Concertstück* et de nombreuses pièces pour cor, clarinette et hautbois. **La fin de sa vie** C'est alors qu'il accepta le poste de chef d'orchestre à Düsseldorf (1850). Commencée dans l'euphorie, cette ultime période de sa vie consciente fut marquée par une nouvelle éclosion d'œuvres : *Troisième trio, Sonates pour violon, Concerto pour violoncelle, Troisième symphonie*, dite *Rhénane, Le Pèlerinage de la Rose*, oratorio, des lieder, des pièces symphoniques et de musique de chambre. Mais bientôt, ses insuffisances à la direction de l'orchestre furent si évidentes qu'il entra en conflit avec les administrateurs de la Société musicale. Après une tentative de suicide (1854), il fut interné à l'asile d'Endenich où il mourut deux ans plus tard. L'amitié du jeune Brahms et l'inlassable dévouement de Clara avaient adouci ses derniers moments. **Une figure du romantisme allemand** Maître du lied où la partie pianistique est traitée en une polyphonie pleine de nuances, véritable commentaire du poème chanté, Schumann exprima aussi, dans son œuvre pour piano, tous les aspects de la sensibilité romantique, de la gaieté populaire à l'angoisse onirique. Il se montra moins à l'aise dans les moules classiques (sonates, symphonies, opéra), où cependant il exprima avec force ses douloureux fantasmes et son inépuisable aspiration au bonheur. Grand harmoniste et rythmicien, maître de la dissonance, il a su créer une sensibilité nouvelle. Son art est à l'image de sa mélodie : fragmenté, mais reprenant sans cesse son élan, à la fois tendre et tourmenté, il incarne avec la plus grande profondeur l'esthétique romantique. ➝ ÉTYM. *Schumann* est une variante de l'allemand *Schuhmann* «cordonnier», de *Schuh* «chaussure» et *Mann* «homme» (→ aussi Schumacher).

**SCHUMANN (Clara)** née **WIECK** ♦ Pianiste allemande (Leipzig 1819 - Francfort-sur-le-Main 1896). → **Schumann (Robert).**

**SCHUMANN (Elisabeth)** ♦ Cantatrice américaine d'origine allemande (Merseboug 1885 - New York 1952). Soprano d'une grande musicalité, elle débuta à l'opéra de Hambourg (1909), se produisit au Metropolitan Opera de New York (1914) et fit ensuite la majeure partie de sa carrière à l'opéra de Vienne (1919 - 1938). Remarquable interprète des opéras de Mozart, de R. Strauss et du lied romantique, elle se fixa aux États-Unis (1944).

**SCHUMANN (Maurice)** ♦ Homme politique français (Paris 1911 - *id.* 1998). Ayant rejoint le général de Gaulle à Londres (1940), il fut le porte-parole de la France libre à la BBC. Membre de l'Assemblée consultative [provisoire] (1944 - 1945), député (à partir de 1945), puis sénateur (depuis 1974) du Nord, il contribua à la fondation du Mouvement* républicain populaire, dont il fut le président de 1945 à 1949. Secrétaire d'État aux Affaires étrangères (1951 - 1954), ministre chargé de l'Aménagement du territoire (1962), ministre d'État de 1967 à 1969, il fut ministre des Affaires étrangères de 1969 à 1973. [Acad. fr. 1974]

**SCHUMPETER (Joseph Alois)** ♦ Économiste autrichien (Triesch-Taconic, Moravie 1883 - Salisbury, Connecticut 1950). Élève de von Wieser et de Böhm-Bawerk, directeur avec Sombart et M. Weber*, des Archiv für Sozialwissenschaft und Sozialpolitik, il fut en Autriche ministre des Finances (1919), et émigra aux États-Unis en 1935. Expliquant la croissance économique par les «innovations» et insistant sur le rôle décisif de l'entrepreneur, il a donné une analyse théorique, historique et statistique de l'évolution oscillatoire de l'économie capitaliste. Analysant les transformations institutionnelles de l'économie de son époque, il affirme le caractère inévitable d'une forme de civilisation bureaucratique et socialiste (*La Théorie de l'évolution économique*, 1912, trad. fr. 1935 ; *Business Cycles*, 1939 ; *Capitalisme, socialisme et démocratie*, 1942).

**SCHUPPANZIGH (Ignaz)** ♦ Violoniste autrichien (Vienne 1776 - *id.* 1830). Premier violon dans le quatuor des princes Lichnowsky et Razoumovsky, il fut l'interprète et l'ami de Beethoven, dont il créa les derniers quatuors. Schubert lui dédia son 13e quatuor.

**SCHUSCHNIGG (Kurt VON)** ♦ Homme politique autrichien (Riva, lac de Garde 1897 - Muters, près d'Innsbruck 1977). Élu député chrétien-social en 1927, ministre de la Justice (1932 - 1933) et de l'Instruction publique (1933) de Dollfuss*, il devint chancelier après l'assassinat de ce dernier (1934). Schuschnigg lutta pour maintenir l'indépendance de l'Autriche, combattant à la fois les socialistes et les nazis et créant un Front patriotique. Afin de régulariser les relations avec l'Allemagne, il signa un accord avec Hitler (11 juil. 1936) par lequel celui-ci promettait de ne pas intervenir dans les affaires autrichiennes ; en contrepartie, Schuschnigg dut accorder des postes gouvernementaux à des personnalités favorables à l'Allemagne. Convoqué par Hitler à Berchtesgaden le 12 fév. 1938, il se vit dans l'obligation d'amnistier les nazis et de donner le poste de ministre de l'Intérieur à Seyss*-Inquart. Ayant annoncé un plébiscite sur le maintien de l'indépendance de l'Autriche (9 mars 1938), il dut démissionner à la suite d'un ultimatum d'Hitler. Les armées allemandes envahirent l'Autriche. Schuschnigg fut déporté jusqu'en 1945, puis émigra aux États-Unis.

**SCHUSTER (sir Arthur)** ♦ Physicien britannique (Francfort-sur-le-Main 1851 - Yeldall, Berkshire 1934). Ses travaux concernèrent l'astronomie ; on lui doit notamment la première analyse de l'atmosphère du Soleil (1905).

**SCHÜTZ (Heinrich)** ♦ Compositeur allemand (Bad Köstritz, Thuringe 1585 - Dresde 1672). Il poursuivit successivement l'étude du droit à Marburg, Francfort-sur-Oder, Iéna et celle de la musique à Venise, où il reçut l'enseignement de G. Gabrieli* (1609 - 1612), puis de Monteverdi (1628 - 1629). Nommé organiste à la cour de Kassel (1613), puis maître de chapelle à Dresde (1617), il occupa ce dernier poste jusqu'à sa mort, non sans effectuer plusieurs séjours à l'étranger, notamment à Copenhague où il trouva refuge durant la guerre de Trente Ans (1633 - 1645). Tout en demeurant fidèle à la polyphonie allemande de la Renaissance, son style a été fortement modifié par l'influence italienne. Ainsi, l'introduction du style monodique est sensible dans ses madrigaux (1611) et *cantiones sacrae* (1625) qui le rendirent célèbre dans toute l'Allemagne. De même que dans les *Psaumes de David*, composés sur des textes allemands (1619), il témoignait d'une remarquable assimilation du style concertant italien, il sut introduire dans l'*Histoire de la Résurrection* (1623) une grande liberté dans l'usage du récitatif. Un ample lyrisme, hérité de Monteverdi, est sensible dans une suite d'œuvres que le musicien composa après son séjour à Venise. Il s'agit des *Petits concerts spirituels* (1636 - 1639), des *Symphoniae sacrae I* (1629), *II* (1647) et *III* (1650), ainsi que des *Sept paroles du Christ*, oratorio (1645), ouvrages qui ne comportent qu'un nombre limité de voix, où l'expression se trouve intériorisée, et non dramatisée, comme dans le style italien. Des compositions monumentales où fusionnent les parties concertantes et les passages en forme de motet, on retiendra les *Musikalische Exequien*, requiem allemand (1636), *Les Grands Chœurs spirituels* (1648), l'*Oratorio de Noël* (1664), œuvres marquées par la profusion des ressources vocales et orchestrales. Dans les dernières années de sa vie, Schütz revint à un art plus sévère, tout imprégné d'esprit luthérien, avec les trois *Passions (selon saint Jean*, 1664 ; *saint Matthieu*, 1666 ; *saint Luc*, 1668) où la musique, dépouillée de tout ornement, atteint à une austère grandeur qui annonce J.-S. Bach. Génie créateur dans les domaines de la cantate et de l'oratorio, Schütz est encore l'auteur du premier opéra allemand, *Dafne* (1627), dont le manuscrit fut perdu dans un incendie. ➝ ÉTYM. Ce nom vient de l'allemand *Schutz* «défense, garde, abri», de *schützen* «protéger».

**SCHUTZENBERGER (Paul)** ♦ Chimiste français (Strasbourg 1829 - Mézy, Seine-et-Oise 1897). Il découvrit les hydrosulfites et les acétates de cellulose (1869). [Acad. sc. 1888]

**SCHVEIK** → **Chveik (Aventures du brave soldat)**

**SCHWAB (Gustav)** ♦ Écrivain allemand (Stuttgart 1792 - *id.* 1850). Représentant de l'école souabe (Uhland*, Kerner*, Mörike*), il est surtout connu pour ses ballades et chansons populaires, son *Recueil des légendes de l'Antiquité* (1838 - 1840) et sa traduction des *Méditations poétiques* de Lamartine (1826). ➝ ÉTYM. Ce nom allemand signifie «le Souabe».

**SCHWÄBISCH GMÜND** ♦ V. d'Allemagne (Bade-Wurtemberg). Env. 62 000 hab. Bijouterie, verrerie et orfèvrerie. Boîtes de vitesses.

**SCHWANN (Theodor)** ♦ Naturaliste allemand (Neuss am Rhein 1810 - Cologne 1882). Il fut le premier à isoler une enzyme (la pepsine, 1836) d'un tissu animal ; il montra également que la fermentation est due aux micro-organismes vivants. Il élabora sa théorie cellulaire, décrivant la structure microscopique des plantes et des animaux et affirmant que la cellule est l'unité élémentaire de la vie (1839). Malgré les inexactitudes que comporte son explication de la formation des cellules, cette découverte révolutionna la biologie. On appelle *gaine de Schwann* la gaine protectrice des nerfs. ➝ ÉTYM. Ce nom de famille vient de l'allemand *Schwan* «cygne» (désigne un homme au long cou ou évoque l'enseigne d'une maison).

**SCHWARTZ (Laurent)** ♦ Mathématicien français (Paris 1915 - 2002). Auteur de nombreux travaux sur la théorie des fonctions et sur les équations aux dérivées partielles, il établit en 1945 la *théorie des distributions* qui constitue une généralisation de la notion de fonction et trouve de nombreuses applications, notamment en physique. [Médaille Fields 1950 ; Acad. sc. 1975]

**SCHWARTZ (Melvin)** ♦ Physicien américain (New York 1932 - Twin Falls 2006). → **Lederman.** [Prix Nobel de phys. 1988, avec L. Lederman et J. Steinberger]

**SCHWARZ (Berthold)** ♦ Moine et inventeur allemand (Fribourg-en-Brisgau v. 1310 - Venise 1384). On lui a attribué à tort l'invention de la poudre à canon. Il mit au point une méthode pour la fonte des canons de bronze dans les ateliers installés à Venise (1377).

**SCHWARZ (Hermann Amandus)** ♦ Mathématicien allemand (Hermsdorf, auj. Sobiecin, Silésie 1843 - Berlin 1921). Élève de Weierstrass*, il fut l'auteur de travaux sur la théorie des fonctions.

**SCHWARZENBERG (Karl Philipp)**, duc **DE KRUMAU** ♦ Feld-maréchal autrichien (Vienne 1771 - Leipzig 1820). Il fit campagne contre les Turcs

(1788 - 1789), puis aux Pays-Bas contre les Français (1794). Battu à Hohenlinden* (1800) et à Ulm* (1805), il couvrit habilement la retraite. Ensuite il fut ambassadeur à Saint-Pétersbourg (1805 - 1809), à Paris (1809 - 1812). Le bal qu'il donna pour le mariage de Napoléon avec Marie-Louise fut une catastrophe, un incendie s'étant déclaré (juil. 1810). Allié de Napoléon pendant la campagne de Russie (corps auxiliaire de la Grande Armée), il fut fait maréchal (1812). Mais, après des négociations infructueuses avec Napoléon, il fit la campagne de 1813 contre l'Empereur et, battu à Dresde, fut vainqueur à Leipzig*. Il commanda les armées qui envahirent la France en 1814.

**SCHWARZENBERG (Felix,** Prinz **zu)** ♦ Homme politique autrichien (Krumau, Bohême 1800 - Vienne 1852). Neveu de Karl Philipp Schwarzenberg. Nommé chancelier en 1848, il prit la tête de la réaction contre l'agitation révolutionnaire. Après avoir porté François*-Joseph au trône, il institua, avec l'aide de A. von Bach*, un régime autoritaire (abrogation de la Constitution élaborée en 1848) et tenta de restaurer la puissance de l'Autriche (répression de la révolte hongroise et victoire sur le Piémont en 1849). Surtout, il s'opposa aux tentatives prussiennes d'union de l'Allemagne (→ **Olmütz**), mais ne parvint pas à faire entrer l'Autriche dans le Deutscher Zollverein*. ➝ ÉTYM. Ce nom allemand signifie « montagne *(Berg)* noire *(schwarz)* ».

**SCHWARZKOPF (Elisabeth)** ♦ Cantatrice britannique d'origine allemande (Jarotschin, Posnanie 1915 - Schruns, Autriche 2006). Élève du conservatoire de Berlin où elle reçut une solide formation musicale, elle excella dans les grands rôles de Mozart et de Richard Strauss sur les principales scènes du monde, notamment aux opéras de Berlin et de Vienne. Soprano lyrique, elle fut aussi remarquable dans l'interprétation du lied allemand. ➝ ÉTYM. *Schwarzkopf* est un nom allemand qui signifie « tête *(Kopf)* noire *(schwarz)* ».

Elisabeth **Schwarzkopf.**
*Phot. © Roger Pic*

**SCHWARZSCHILD (Karl)** ♦ Astrophysicien allemand (Francfort-sur-le-Main 1873 - Potsdam 1916). Ses travaux vont de l'observation astronomique à la physique théorique. Il introduisit les méthodes statistiques en astronomie et fut l'un des premiers à utiliser la photométrie photographique. Il étudia les atmosphères stellaires et les mouvements des étoiles. En physique, il effectua des recherches en mécanique quantique (on lui doit l'explication théorique de l'effet Stark*). Ses recherches les plus importantes concernent la théorie de la relativité générale : il parvint à résoudre exactement les équations de gravitation d'Einstein* et prédit l'existence des trous noirs en calculant la valeur limite du rayon d'une masse *(rayons de Schwarzschild)* au-dessous duquel elle s'effondrera nécessairement sur elle-même, sous l'effet des forces de gravitation.

**SCHWARZWALD** → Forêt-Noire

**SCHWEDT** ♦ V. d'Allemagne (Brandebourg), sur l'Oder. 35 530 hab. Raffinage du pétrole et pétrochimie.

**SCHWEIGGER (Johann Salomo Christoph)** ♦ Physicien allemand (Erlangen 1779 - Halle 1857). Réalisateur d'un électromètre en 1808, il mit au point en 1820 un « multiplicateur », appareil qui constitue en fait le premier galvanomètre.

**SCHWEIGHOUSE-SUR-MODER** [67590] ➝ ÉTYM. du germ. *Swadico*, n. de pers., et du vx haut all. *hus* « maison » ou du germ. *schweige* « bétail » et *haus* « maison » ♦ Comm. du Bas-Rhin, arr. de Haguenau. 4 595 hab.

**SCHWEINFURT** ➝ ÉTYM. germ. « gué *(furt)* des cochons *(schwein)* » ♦ V. d'Allemagne (Bavière), en Basse-Franconie, sur la rive d. du Main. 54 100 hab. Hôtel de ville du XVI^e s. ▪ Indus. mécanique ; princ. centre allemand de roulements à billes.

**SCHWEINFURTH (Georg)** ♦ Explorateur et naturaliste allemand (Riga 1836 - Berlin 1925). En Égypte en 1863, il gagna l'Éthiopie, puis se rendit à Khartoum. En 1868, il explora l'Afrique équatoriale et, de Khartoum, remonta le Nil. Fondateur de l'Institut égyptien du Caire, il se consacra à l'étude de la géologie et de la botanique de l'Égypte et des régions voisines. Il est l'auteur de *Im Herzen von Afrika* (1874), *Flora von Ägypten* (1887).

**SCHWEITZER (Johann Baptist VON)** ♦ Homme politique allemand (Francfort-sur-le-Main 1833 - Giessbach, sur le lac de Brienz, Suisse 1875). À la tête de l'Association générale des travailleurs allemands (→ **F. Lassalle**), qu'il dirigea de manière autoritaire (1867 - 1871), il soutint la politique d'unification de l'Allemagne sous l'hégémonie prussienne de Bismarck et ne cessa de s'opposer aux dirigeants du Parti ouvrier social-démocrate (Bebel, Liebknecht). ➝ ÉTYM. *Schweitzer* est une variante de l'allemand *Schweizer* « Suisse ».

**SCHWEITZER** [ʃvɛtzɛʀ] ou [ʃvajtzɛʀ] **(Albert)** ♦ Théologien, philosophe, musicien, musicologue et médecin missionnaire français (Kaysersberg, Alsace 1875 - Lambaréné 1965). Pasteur à Strasbourg (église Saint-Nicolas), il entreprit ensuite des études médicales et, dès 1913, se rendit à Lambaréné* au Gabon pour y créer un hôpital. Il y retourna définitivement après la Première Guerre mondiale (1924), ne se rendant en Europe et en Amérique que pour donner des concerts d'orgue. Théologien, il mena à bien des travaux sur Jésus et sur saint Paul ; philosophe, il est l'auteur d'ouvrages sur la *Philosophie de la culture, Culture et Éthique, Les Grands Penseurs de l'Inde.* Comme musicologue, on lui doit des études sur *J.-S. Bach, le musicien poète* (1905). Il a donné le récit de sa vie dans *À l'orée de la forêt vierge, Ma vie et mes pensées* (1960). [Prix Nobel de la paix 1952]

Albert **Schweitzer,** v. 1960, à Lambaréné.
*Phot. © Eddy Van Der Veen/Rapho/Eyedea*

**SCHWENCKFELD** ou **SCHWENKFELD VON OSSIG (Kaspar)** ♦ Théologien allemand (Ossig, près de Liegnitz 1489 - Ulm 1561). D'abord partisan de Luther, il adopta ensuite une position personnelle qui permit parfois de voir en lui le précurseur du piétisme. La communauté qu'il fonda (les « Confesseurs de la gloire de Dieu ») fit des adeptes en Silésie puis, au XVIII^e s., à Philadelphie.

**SCHWERIN** ➝ ÉTYM. du vx slave *zweri* « gibier » (réserve de chasse des princes wendes) ♦ V. d'Allemagne, cap. du Land de Mecklembourg-Poméranie-Antérieure, sur le lac Schwerin (63 km²). 97 329 hab. Anc. cap. du duché de Mecklembourg, elle a appartenu un temps à la Suède (d'où son nom). Restée longtemps modeste marché régional, la ville a été promue cap. du Land le plus pauvre de la RFA en 1990.

**SCHWINGER (Julian Seymour)** ♦ Physicien américain (New York 1918 - Los Angeles 1994). → **Feynman.** [Prix Nobel de phys. 1965, avec R. Feynman et S. Tomonaga*]

**SCHWITTERS (Kurt)** ♦ Peintre, sculpteur et poète allemand (Hanovre 1887 - Ambleside, Westmorland, auj. Cumbria 1948). Après des études à l'Académie des beaux-arts de Dresde (1909 - 1914), Schwitters exposa ses premières toiles abstraites en 1918, à Berlin. En 1919, il composa son premier tableau Merz, assemblage de clous, de papiers collés, de bouts d'étoffe, de carton ondulé. « Merz » est la seconde syllabe du mot *Kommerzbank*, apparu tronqué par hasard sur son tableau. Dès lors, toutes ses œuvres peintes, sculptées ou écrites s'appelèrent « Merz », terme que l'auteur définit dans sa revue en 1924 : « Ce qui par sa force, se développe, se forme et se meut. » Cette définition correspond tout à fait à son œuvre maîtresse, le *Merzbau*, construction tentaculaire, à laquelle il travailla jusqu'en 1933 (détruite pendant la Deuxième Guerre mondiale). Connu essentiellement comme dadaïste, Schwitters resta toujours un peu à l'écart, fondant d'ailleurs son propre mou-

Kurt **Schwitters.** *20 Oktober 1923* (2,55 x 2,04 m).
*BIS/Courtesy Galerie Nathalie Seroussi, Paris © ADAGP, Paris 2008*

vement «Merz» à Hanovre. Son premier recueil de poèmes, *Anna Blume* (1919), fut rejeté par Dada. Ce n'est qu'en 1922 qu'il participa au grand congrès dada de Weimar. Lié d'amitié avec Théo Van Doesburg, il l'accompagna dans une tournée dada aux Pays-Bas et collabora à sa revue, *Mécano*. De 1923 à 1932, il publia la revue *Merz* à laquelle collaborèrent Van Doesburg, Arp, Tzara, mais aussi El Lissitsky et où parut d'abord sous forme de disque pour gramophone son poème *Ursonate* (1925 - 1932), tentative de destruction du langage traditionnel. Membre de Cercle et Carré en 1930 et d'Abstraction-Création en 1932, il quitta l'Allemagne en 1933 pour la Norvège, puis la Grande-Bretagne. Schwitters commença alors ses collages et ses assemblages qui constituent, avec ses trois constructions-Merz, l'essentiel de son œuvre. Il y intégra des matériaux détériorés : papiers, plumes, tickets, copeaux de bois. Ses compositions furent d'abord violentes, contrastées et vigoureusement construites (*Merz 31*, 1920). Au cours de la période 1923 - 1934, les plans se simplifient, les couleurs s'éclaircissent, deviennent moins terreuses et provoquent une impression de grande sérénité (*Merz 30/35*, 1930). Par la suite, certaines de ses œuvres reprirent l'aspect agressif de ses travaux de jeunesse (*C 68, Wanteeside*, 1945). Ses collages, élaborés d'une manière quasi picturale, sont sans rapport avec les préoccupations cubistes, et n'ont pas dans l'ensemble le caractère polémique et destructeur de Dada.

**Schwob (Marcel)** ♦ Écrivain et érudit français (Chaville 1867 - Paris 1905). Après des études sur l'argot, il publie des chroniques et des contes (*Cœur double*, 1891), puis de nombreuses traductions de l'anglais. Le *Livre de Monelle* (1894), version symboliste de la compassion dostoïevskienne, et les *Vies imaginaires* (1896) où l'érudition est au service de l'imaginaire (on évoque aujourd'hui Borges) sont ses chefs-d'œuvre. Des travaux inspirés sur Villon, des lettres d'un lointain voyage, des réflexions sur la lecture enrichissent cette œuvre délicate et très personnelle. ➝ **ÉTYM.** En dialecte alsacien, *Schwob* signifie «le Souabe».

**Schwyz** ♦ V. de Suisse centrale à l'E. du lac des Quatre-Cantons, au pied du Grosser Mythen, ch.-l. du cant. de Schwyz. 14 178 hab. (aggl. 24 059). Église baroque Saint-Martin (XVII$^{e}$ s.), hôtel de ville (XVII$^{e}$ s.). Station climatique. Indus. textile.

**Schwyz** (canton de) ➝ **ÉTYM.** de *Suittes*, n. de village ; p.-ê. du vx haut all. *suedan* «brûler» [allus. aux clairières dégagées par le feu dans les forêts] ♦ Cant. du centre de la Suisse. 908 km$^2$. 138 832 hab., de langue allemande et en majorité de religion catholique. CH.-L. : Schwyz. Il est drainé par la Muota et la Sihl et bordé à l'O. par le massif du Rigi. L'économie du pays est traditionnellement pastorale (élevage laitier). L'activité industrielle est bien développée ainsi que le secteur tertiaire, du fait de la proximité de Zurich (indus. textile à Schwyz et près du lac de Zurich). Tourisme (Brunnen). ▮ **Histoire** Après avoir lutté avec succès contre la domination des Habsbourg (Frédéric II accorda aux habitants de Schwyz une lettre de franchise en 1240), le canton dut à nouveau subir le joug autrichien à l'avènement de Rodolphe I$^{er}$ de Habsbourg (1273). Il s'allia alors aux cantons d'Unterwald et d'Uri en 1291 (→ **Rütli**), alliance qui fut à l'origine de la Confédération helvétique (le nom de Suisse, en all. *Schweiz*, fut tiré du nom du cant.), et vainquit définitivement les Autrichiens à Morgarten* (1315). Il repoussa la Réforme au XVI$^{e}$ s. Démembré lors de l'occupation française, il fut rétabli en 1803.

**Sciascia (Leonardo)** ♦ Écrivain italien (Racalmuto, Agrigente 1921 - Palerme 1989). Dès les textes poétiques de *Fables de la dictature* (1950), Sciascia s'est interrogé sur la nature d'un pouvoir «qui, de plus en plus et graduellement, prend la forme obscure d'une chaîne de connivences, approximativement la forme de la Mafia». Mais, s'il a évoqué le monde immobile de la Sicile, c'est pour le rattacher à une dénonciation plus générale de l'arbitraire. Chroniqueur et moraliste, Sciascia relie par un récit (qui prend souvent la forme d'une enquête policière) des documents véridiques pour démontrer le fonctionnement implacable des machines à broyer les dissidents, État ou Église. Cette manière, déjà mise au point dans *Les Paroisses de Regalpetra* (1956) et *Les Oncles de Sicile* (1958), trouve son accomplissement dans *Le Jour de la chouette* (1961) et *À chacun son dû* (1966), dénonciation de la Mafia. En même temps, il aborde des questions historiques (*Le Conseil d'Égypte*, 1963 ; *Mort de l'inquisiteur*, 1964). À partir des années 1970, la polémique politique de l'écrivain sicilien (élu député) se fait plus générale avec *Le Contexte* (1971), *Todo modo* (1974), *Candido* (1977), variation sur le conte de Voltaire, *L'Affaire Moro* (1978), *Du côté des infidèles* (1979), *Portes ouvertes* (1987), *Le Chevalier et la Mort* (1988), sans que soit pour autant abandonnée une forme plus littéraire d'enquête dans le passé (*La Disparition de Majorana*, 1975 ; *Le Théâtre de la mémoire*, 1981 ; *1912 + 1*, 1986). Sciascia a encore donné de subtils essais littéraires (*Mots croisés*, 1983). ➝ **ÉTYM.** *Sciascia* est une forme familière et affectueuse de *Rosaria*.

## Science chrétienne

– en angl. ***Christian Science*** ♦ Secte fondée à Boston (États-Unis) par Mary Baker Eddy (1879). Elle prétend guérir par la foi plus que par la médecine.

**Sciez** [74140] ➝ **ÉTYM.** du germ. *Sigo*, n. de pers., et suff. *-iacum* ♦ Comm. de la Haute-Savoie, arr. de Thonon-les-Bains. 4 268 hab.

**Scilly** (Isles of) ➝ **ÉTYM.** anc. *Sylicanum*, d'étym. obsc., p.-ê. en rapport avec le dieu romain *Sulis* – en fr. ***îles Sorlingues*** ♦ Petit archipel britannique au large du cap Land's End en Cornouailles, formé d'une centaine d'îlots dont seulement quatre sont habités. 2 153 hab. Tourisme balnéaire et nautique grâce à un climat très doux permettant la croissance d'une végétation exotique importée. ▪ Les Scilly passent pour les Cassitérides des Anciens.

**Scionzier** [74950] ♦ Ch.-l. de cant. de la Haute-Savoie, arr. de Bonneville. 6 163 hab.

**Scipion** ➝ **ÉTYM.** en lat. ***Scipio*** «bâton triomphal», du gr. *skipôn* «bâton» ♦ Surnom d'une famille de la Rome ancienne de la gens *Cornelia*. ♦ **Scipion l'Africain** – en lat. ***Publius Cornelius Scipio Africanus.*** Homme politique et général romain (v. -235 - Liternum -183). Nommé proconsul en Espagne en -211 lors de la deuxième guerre punique, il prit Carthagène*, battit Hasdrubal* Barca en -209, puis, grâce à ses alliances avec les principaux chefs ibères, commença la conquête de l'Andalousie et réussit à chasser les Carthaginois d'Espagne (-206). Après s'être allié à Masinissa*, il fit adopter lors de son consulat de -205 son projet de débarquement en Afrique malgré l'opposition des conservateurs. → **Fabius Cunctator.** Il assiégea Carthage (-204), remporta sur Hannibal* la victoire décisive de Zama* (-202), ce qui lui valut, à son retour à Rome, le surnom d'*Africain* et les honneurs du triomphe. Déclinant le consulat à vie, il fut légat de son frère, Lucius Cornelius Scipio dit l'Asiatique, en Asie où il mena à bien la campagne contre Antiochos* III. → **Manisa.** Accusé de concussion par les conservateurs menés par Caton* l'Ancien, il se retira, après la condamnation de son frère (-187), dans son domaine de Liternum où il se consacra aux arts et aux lettres, et notamment à la culture grecque qu'il avait contribué à introduire à Rome. ♦ **Scipion l'Asiatique** – en lat. ***Lucius Cornelius Scipio Asiaticus*** (mort apr. -184). Frère du précédent. Il le suivit en Espagne et en Afrique et lui dut toute sa carrière. ♦ **Scipion Nasica** – en lat. ***Publius Cornelius Scipio Nasica*** (mort à Pergame en -132). Cousin des deux précédents. Préteur en -192, il vainquit les Lusitaniens*. Il était l'un des jurisconsultes de son temps. ♦ **Scipion Émilien,** dit le **Second Africain** ou le **Numantin** – en lat. ***Publius Cornelius Scipio Aemilianus.*** Homme politique et général romain (v. -185 - -129), fils de Paul* Émile le Macédonien et petit-fils adoptif de Scipion* l'Africain. Consul en -147, il donna l'assaut décisif à Carthage et la fit raser. À nouveau consul en -134, il s'empara de Numance* (-133) et pacifia l'Espagne (Marius* servit sous ses ordres). Adversaire des démocrates, il combattit les réformes des Gracques et se fit le défenseur du sénat conservateur ; il fut le type même de l'aristocrate éclairé qui refusa pourtant de réaliser à temps les réformes nécessaires au maintien de la République et dont le prestige ne servit qu'à préserver l'ordre établi. Héritier de la bibliothèque de Persée que lui avait donnée Paul* Émile, il reçut une excellente éducation hellénique et aida à la définition d'une nouvelle culture, synthèse des traditions grecques et romaines. Autour de lui se forma le «cercle de Scipion» qui regroupait Laelius, son plus cher ami, Lucilius*, le premier poète satirique, Térence* et Polybe*.

**SCOLA (Ettore)** ♦ Cinéaste italien (Trevico, Campanie 1931). D'abord scénariste, notamment de son aîné Dino Risi, il devint l'un des meilleurs auteurs de comédies italiennes, empreintes à l'occasion de critique sociale : *Parlons femmes* (1964), *Drame de la jalousie* (1970), *Nous nous sommes tant aimés* (1974), bel hommage au néoréalisme, *Une journée particulière* (1977), *La Terrasse* (1979), *La Nuit de Varennes* (en France, 1982), *Le Bal* (1983), *Splendor* (1989).

## scolastique

n. f. ♦ Philosophie médiévale du XIII^e s. Elle est caractérisée par une méthode de commentaire et de discussion de textes de référence (les *Quatre livres des Sentences* de Pierre* Lombard par exemple), et par une technique d'exposition et de raisonnement par «question» (*quaestio* en latin) : un point est exposé en fonction d'une autorité (Aristote, saint Augustin) puis discuté par arguments contraires («il semble que... mais...») [*disputatio* en latin]. La *Somme* théologique* de saint Thomas* est le meilleur exemple de cette méthode. Tout en faisant de la philosophie la servante de la théologie *(ancilla theologiae)*, la scolastique a puissamment contribué à la rationalisation du message de l'Église catholique. Elle a aussi assuré l'acclimatation à l'époque médiévale de la pensée antique, et surtout d'Aristote, dont les œuvres furent en grande partie traduites par Guillaume* de Moerbecke et commentées par Guillaume d'Auvergne, Albert* le Grand, Gilles* de Rome, saint Thomas* d'Aquin, Buridan*. Une crise grave entraîna en 1277 la condamnation d'un certain nombre de thèses associées au nom d'Averroès*. En dépit de profondes ruptures ultérieures, comme de l'hostilité ouverte de Luther* à l'égard d'Aristote, la scolastique reste un des fondements de la culture occidentale. Ainsi, on peut montrer que si Descartes* rompt radicalement dans le *Discours* de la méthode* avec la pensée scolastique, en refusant l'idée même d'une autorité intellectuelle, il utilise néanmoins certains de ses concepts (la cause formelle, par exemple). Le thomisme, sinon la scolastique, a eu à l'époque moderne des représentants de premier plan (É. Gilson*, J. Maritain*). → **thomisme.**

**SCOPAS** – en gr. ***Skopas*** ♦ Sculpteur et architecte grec, né à Paros, l'un des plus illustres du –IV^e s. avec Praxitèle* et Lysippe*. Il travailla à Sicyone*, dirigea la reconstruction du temple d'Athéna Aléa à Tégée dont il sculpta le décor des frontons, participa à la décoration du mausolée d'Halicarnasse (v. –350) et à celle du temple d'Artémis à Éphèse. Maître de l'expression pathétique, Scopas choisit comme figures des personnages tourmentés, des héros élus par un destin tragique. On a des copies romaines de ses statues, dont celle de Méléagre et d'Héraclès (fragments du groupe de la *Chasse au sanglier de Calydon* qui ornait le fronton de façade du temple de Tégée). Un fragment de la frise du mausolée représentant un combat de Grecs et d'Amazones (British Museum) lui est attribué. Sa *Ménade* de Sicyone (réplique au musée de Dresde) porte les principaux traits de son art ; le corps de la bacchante tordu dans le délire dionysiaque, le visage tourné vers le ciel expriment toute la tension intérieure et les tourments d'une âme passionnée.

**SCOREL (Jan VAN)** → **Van Scorel (Jan)**

**SCORPION** n. m. – en lat. ***Scorpius*** ♦ Constellation zodiacale australe dont l'étoile principale est Antarès*, comprenant deux amas ouverts M 6 et M 7 visibles à l'œil nu. Huitième signe du zodiaque (23 oct. - 21 nov.).

**SCORSESE (Martin)** ♦ Cinéaste américain (Flushing, New York 1942). La première vocation de ce petit-fils d'immigrants siciliens était la prêtrise, et ses films s'en ressentent : ils dégagent une spiritualité plus ou moins explicite, une quête de la pureté au sein de la sordide réalité. Ainsi doit-on comprendre les héros ou héroïnes, marqués par le destin, de *Mean Streets* (1973), *Taxi Driver* (1976), *New York, New York* (1977), *Raging Bull* (sur Jake La Motta, 1979), *La Valse des pantins* (1983), *After Hours* (1986), *Les Affranchis* (1990), *Gangs of New York* (2002), *Aviator* (sur Howard Hughes, 2005), *Les Infiltrés* (2006) ou *Shutter Island* (2009). Beaucoup de ses films sont interprétés par son acteur fétiche, R. De* Niro. En 1990, Kurosawa lui fit jouer le rôle de Van Gogh dans *Rêves*.

**SCOT (John DUNS)** → **Duns Scot (John)**

**SCOT ÉRIGÈNE (Jean)** ◆ ÉTYM. *Scot*, de *Scots**, et *Érigène* «originaire d'Érin» (Irlande) ♦ Philosophe et théologien (IX^e s.). Originaire d'Écosse ou d'Irlande, il vint à la cour de Charles* II le Chauve où il traduisit les œuvres du Pseudo*-Denys. Lors d'un débat sur la prédestination, il fut accusé d'hérésie. On peut citer de lui *De praedestinatione* (contre Gottschalk*), *De divisione naturae* ; *Commentaire de Boèce*. Sa philosophie, influencée par le néoplatonisme, a été considérée, peut-être à tort, comme contenant des thèmes panthéistes.

**Scotland Yard** ou **New Scotland Yard** ♦ Siège de la police londonienne compétente pour le «Grand Londres» et créée par Robert Peel en 1829. L'ambiance de sa section criminelle a été décrite par nombre de romans et de films policiers.

**SCOTS** n. m. pl. ◆ ÉTYM. en lat. ***Scoti*** ; p.-ê. «ceux qui portent des cicatrices de coupures», à rapprocher du gallois *ysgwthr* «coupure» (allus. à leur coutume de se tatouer la peau avec des pointes de fer) ♦ Peuple irlandais de l'Antiquité qui pillait les côtes de la Grande-Bretagne et de la Gaule. Au V^e s., des Scots émigrèrent en Calédonie, fondant un royaume (Dalriada) et exerçant sur toute la région une forte influence religieuse et culturelle (saint Colomba). → **Écosse.** Au IX^e s., ils s'imposèrent aux Pictes et donnèrent leur nom au pays conquis (Écosse en angl. *Scotland*).

**SCOTT (sir Walter)** ♦ Poète et romancier britannique (Édimbourg 1771 - Abbotsford, Roxburghshire 1832). De longues promenades dans la région frontière de l'Écosse lui fournirent la matière première de ses trois recueils de poésies (*Chansons de la frontière écossaise*, 1802 et 1803) très admirés de son vivant. Comme son père, il se destinait à la magistrature, bien que sans enthousiasme ; shérif du Selkirkshire (1799) puis chancelier à la Cour d'Édimbourg (1806), il continua à écrire, évoquant la légende écossaise. C'est un autre poème (en six chants) de cette veine, *La Dame du lac*, 1810, qui inspira Rossini* (opéra du même nom). *Le Lord des îles*, 1815, suit également de près la tradition écossaise. Ce fut anonymement (la profession de romancier étant fort mal considérée) qu'il publia *Waverley*, 1814, peinture des coutumes et des gens de son pays lors des conflits entre les Hanovres et les Stuarts. Reconstruisant le passé à partir du présent, Scott situe de préférence ses récits entre la Réforme et les dernières luttes civiles du XVIII^e s., bien que *Quentin* Durward* (1823) se situe au temps de Louis XI et qu'*Ivanhoé** (1819) mette en scène Richard Cœur de Lion et Robin des bois. Ces deux œuvres, qui eurent un immense et durable succès, furent à l'origine de la mode du roman historique en Europe. L'intérêt du lecteur moderne se porte plus volontiers vers les tableaux de mœurs écossaises : *L'Antiquaire* (1816), dont le personnage central ressemble beaucoup à W. Scott lui-même, *Les Puritains d'Écosse* (*Old Mortality*, 1816) où le sectarisme des personnages provoque le caractère épique de nombreux épisodes. Ce dernier roman fut inséré dans les *Contes de mon hôte* (1816 - 1832), qui comprenaient aussi *Le Nain noir, La Prison d'Édimbourg, La Fiancée de Lamermoor, La Légende de Montrose, Le Château périlleux, Rob Roy*. Cette série fut suivie des *Chroniques de la Canongave*. L'activité littéraire intense de Walter Scott lui permit de mener une vie fastueuse et de régler les dettes de la maison d'édition dont il était actionnaire. Baronet en 1820, il s'attaqua à la *Vie de Napoléon* (1827), collabora à la *Quarterly Review* qu'il avait contribué à fonder en 1809. Son *journal* demeura impublié jusqu'en 1890. Maître à penser des historiens du XIX^e s. (Carlyle et Macaulay), Walter Scott leur apprit que «l'histoire, non seulement peut être dramatiquement vivante, mais aussi que la vie des humbles est matière à recherche... au même titre que l'existence des souverains» (John Butt). ◆ ÉTYM. Ce nom vient de *Scots**.

**SCOTT (Robert Falcon)** ♦ Explorateur britannique (Devonport 1868 - dans l'Antarctique 1912). Commandant le *Discovery*, il entreprit avec Shackleton* une première expédition dans l'Antarctique (terre du Roi-Édouard-VII, 1901 - 1904). Il repartit en 1910 à bord de la *Terra Nova*, mais fut devancé au pôle Sud par R. Amundsen et mourut lors de cette expédition.

**SCOTTISH BORDERS** ♦ District d'Écosse, près de la frontière anglaise. 4 732 km². 106 764 hab. CH.-L. : Newton Saint Boswell's. Région agricole dans les collines des Southern Uplands. La vallée de la Tweed est plus industrielle. Nombreuses ruines d'abbayes médiévales.

**SCOTTO (Vincent)** ♦ Compositeur français (Marseille 1876 - Paris 1952). Auteur prolifique (plus de 4 000 mélodies), il avait débuté comme chanteur dans les banquets en s'accompagnant à la guitare. Ses œuvres (chansons et opérettes) furent popularisées par les plus célèbres interprètes de son époque, depuis Polin *(La Petite Tonkinoise)*, Alibert *(Venise provençale)* jusqu'à Tino Rossi *(Le Plus Beau de tous les tangos du monde)*. Sa chanson *Sous les ponts de Paris* a fait le tour du monde.

**SCRANTON** ♦ V. des États-Unis (Pennsylvanie). 76 415 hab. (zone urbaine 624 776). Centre indus. fondé par les frères Scranton en 1840. La métallurgie du fer y fut remplacée par l'extraction de l'anthracite, puis la crise du charbon nécessita (v. 1950) une reconversion et une diversification industrielle. Centre commercial. ▪ Le bassin d'anthracite de Scranton est l'une des deux grandes réserves houillères des Appalaches.

**SCRIABINE** → **Skriabine**

**SCRIBE (Eugène)** ♦ Auteur dramatique français (Paris 1791 - *id.* 1861). D'abord médiocrement accueillies durant les premières années de la Restauration, ses comédies, où l'influence de Goldoni et de Diderot est sensible, plurent à la bourgeoisie en raison du rôle qu'elles assignent à la réussite sociale et à l'argent. Grand inventeur d'effets comiques et de coups de théâtre, Scribe a fait représenter plus de 350 pièces, ensemble imposant d'où se détachent *Bertrand et Raton* (1833), *Le Verre d'eau* (1840), *Une chaîne* (1841), *Le Puff ou Mensonge et Vérité* (1849) et surtout *Bataille de dames* (1851). Seul ou en collaboration, il a publié de nombreux livrets d'opéras et d'opéras-comiques (*La Muette de Portici,* 1828 ; *La Juive,* 1835 ; *Les Huguenots,* 1836 ; *La Favorite,* 1840 ; *Le Prophète,* 1849). [Acad. fr. 1836] ✦ ÉTYM. *Scribe* est un surnom de greffier ou d'écrivain public.

Le **Scribe accroupi** ♦ Sculpture de l'Égypte ancienne (Ve dynastie, vers -2300, musée du Louvre, Paris). Immortalisé dans sa fonction, ce scribe tenait les instruments de son métier, un papyrus et un calame. Toutes les œuvres de l'Ancien empire égyptien présentent cette frontalité et ce regard porté au loin, au-dessus de la ligne d'horizon, qui placent le personnage dans un espace et un temps idéalisés. Le personnage aux traits individualisés est représenté à son avantage, pour qu'il conserve une éternelle jeunesse dans l'au-delà. Les statues servaient en effet de substitut en cas de destruction du corps du défunt.

Le **Scribe accroupi** (53,7 x 44 x 35 cm), v. - 2 300. Musée du Louvre, Paris. *BIS/Phot. © Archives Larbor*

**SCUDÉRY (Georges DE)** ♦ Auteur dramatique français (Le Havre 1601 - Paris 1667). Il composa un poème épique, des pièces de théâtre et attaqua Corneille* dans ses *Observations sur «le Cid»* (1637). Il collabora aussi aux romans écrits par sa sœur, Madeleine de Scudéry*.

**SCUDÉRY (Madeleine DE)** ♦ Écrivain français (Le Havre 1607 - Paris 1701). Sœur de Georges de Scudéry*. Elle fut une habituée de l'hôtel de Rambouillet* avant d'ouvrir un salon littéraire fréquenté par la société précieuse. On lui doit des romans à clés, galants et précieux, où les analyses morales succèdent aux dissertations amoureuses : *Artamène ou le Grand* Cyrus* (dix vol., 1649 à 1653) et *Clélie*, histoire romaine* (dix vol., 1654 - 1660). Elle écrivit aussi des *Conversations morales* (1686 et 1688) et connut un succès considérable.

**SCULTET (Johann SCHULTES,** latinisé en **Johannes Scultetus** et francisé en **Jean)** ♦ Chirurgien allemand (Ulm 1595 - Stuttgart 1645). Son habileté lui valut une grande renommée et son nom demeure attaché à des appareils qu'il mit au point, destinés à la contention des fractures.

**SCUNTHORPE** ✦ ÉTYM. vx norrois «domaine *(thorp)* de Skuma (n. de pers.)» ♦ V. d'Angleterre (North Lincolnshire), au S.-O. de Kingston-Upon-Hull. 70 000 hab. Sidérurgie et construc. mécaniques.

**SCUOL** – en fr. ***Schuls*** ♦ V. de Suisse (Grisons), princ. aggl. de la basse Engadine. 2 259 hab. Station thermale et centre de sports d'hiver à 1 250 m d'altitude. → **Tarasp.**

**SCUTARI** ♦ Ville d'Albanie. → **Shkodër.**

**SCUTARI** ♦ Faubourg d'İstanbul. → **Üsküdar.**

**SCUTENAIRE (Jean,** dit **Louis)** ♦ Écrivain belge d'expression française (Ollignies 1905 - Bruxelles 1987). Introduit par Nougé auprès des surréalistes bruxellois dès 1927, il a construit, à l'écart des tribunes officielles, une œuvre singulière, composée de poèmes, de romans et d'essais (*Avec Magritte,* 1977), où l'écriture récuse l'inspiration au profit du jeu et de la boutade provocatrice. Cette liberté d'esprit s'exprime en particulier dans *Mes inscriptions* (1945, 1976, 1981, 1984 et 1991), vaste recueil d'aphorismes, de pastiches, de calembours et d'anecdotes, qui s'affiche d'un bout à l'autre comme un projet d'antilittérature.

**SCYLAX** ♦ Navigateur et géographe grec (-VIe s.), originaire de Carie. Engagé par Darios Ier, il explora les côtes de la mer Érythrée. Le *Périple de la mer intérieure* (Méditerranée), ouvrage attribué à Scylax, est apocryphe, probablement du -IVe s.

**SCYLLA** → **Charybde et Scylla**

**SCYTHES** n. m. pl. – en gr. ***Skuthai*** ♦ Peuple d'origine iranienne, vivant dans les steppes au N. de la mer Noire (Scythie), dont certaines tribus restèrent nomades (Scythes royaux). Il fut, entre -700 et -200 env., le principal représentant de l'«art des steppes». Au -VIIe s., des Scythes franchirent le Caucase, participèrent aux luttes des Mèdes et des Assyriens, imposèrent leur suzeraineté aux Mèdes* (-653 - -625), écrasèrent l'Urartu, ravagèrent l'Assyrie, allèrent jusqu'en Palestine ; Psammétique Ier n'évita l'invasion de l'Égypte qu'en leur payant tribut. Par la suite, ils tentèrent encore des incursions contre les Achéménides (→ **Sakas**) puis contre les Parthes. → **Mithridate II le Grand.** Au Ier s. une dynastie scythe s'établit en Inde.

**SCYTHIE** n. f. – en gr. ***Skuthia*** ♦ Pays des Scythes, steppes situées au N. de la mer Noire. → **Scythes.**

**SDN** n. f. → **Société des Nations**

**SEABORG (Glenn Theodore)** ♦ Chimiste américain (Ishpeming, Michigan 1912 - Lafayette, Californie 1999). Il obtint artificiellement le plutonium avec McMillan* (1941) et mit au point la production de cet élément transuranien dans la pile* à uranium. Ultérieurement, il prépara l'américium, le curium, le berkélium et le californium, éléments transuraniens n'existant pas dans la nature, très difficiles à identifier et à étudier en raison de l'extrême brièveté de leur durée de vie. [Prix Nobel de chim. 1951, avec E. McMillan]

**SEARLE (Humphrey)** ♦ Compositeur et musicologue britannique (Oxford 1915 - Londres 1982). Influencé par Webern, il composa notamment cinq symphonies (de 1953 à 1964). Parmi ses livres, on citera *The Music of Liszt* (1954, rév. 1966). ✦ ÉTYM. *Searle* vient du germanique *Sarilo, Serilo,* nom de personne, probablement du vieux norrois *Sorli,* à rapprocher du vieil anglais *searu* «armure».

**SEARLE (Ronald William Fordham)** ♦ Dessinateur humoriste britannique (Cambridge 1920). Il publia à quinze ans ses premiers dessins d'humour et ne cessa depuis de travailler pour la presse *(Punch, Life, The New Yorker).* Il créa des films d'animation à Hollywood. Dans cet univers où les animaux et les hommes partagent les mêmes obsessions, son dessin se déploie en arabesques qui envahissent la page et donnent de ce monde en délire une vision de merveilleuse fantaisie.

**SEARLE (John)** ♦ Philosophe américain (Denver 1932). Il a enrichi la théorie des performatifs de John L. Austin*, avec les notions d'acte de langage et de force illocutoire (*Les Actes de langage. Essai de philosophie du langage,* 1969), par lesquelles il critique la dislocation saussurienne entre langue (objet d'un discours scientifique) et parole (lieu de l'invention individuelle).

**SEATTLE** ✦ ÉTYM. du nom du chef indien *Seattle* (ou *Seathl*) qui avait noué de bonnes relations avec les colons ♦ V. des États-Unis (État de Washington), sur le Puget Sound. 563 374 hab. (zone urbaine 3 554 760 avec Tacoma et Bremerton). La ville est bâtie sur des collines dominant le Sound, dans un site naturel remarquable. Siège de l'univ. du Washington. Centre commercial, financier et industriel du N. de la côte du Pacifique, Seattle est en relations maritimes avec l'Alaska et le Canada. Le port exporte du charbon, des céréales, de la farine. Nombreuses indus. grâce à l'énergie électrique abondante. Indus. aéronautique (Boeing).

**SÉBASTE** → **Sivas**

**SEBASTIANI DE LA PORTA (Bastien Horace François,** comte**)** ♦ Maréchal de France (La Porta, Corse 1772 - Paris 1851). Favorable à Bonaparte, il appuya le coup d'État du 18 Brumaire. Envoyé en mission à Constantinople (1802), où il devait revenir en 1806 comme ambassadeur, il fut promu général en 1805 et participa aux campagnes de l'Empire (Espagne, Russie, France). Placé en demi-solde par Louis XVIII, il siégea comme député de l'opposition. Ministre de la Marine, puis des Affaires étrangères au début de la monarchie de Juillet, il dut démissionner en 1832. Ambassadeur à Naples (1834), puis à Londres (1835 - 1840), il fut fait maréchal en 1840. Sa vieillesse fut assombrie par l'assassinat de sa fille par son gendre Choiseul*-Praslin (1847), l'un des principaux scandales de la fin de la monarchie de Juillet.

**SEBASTIANO DEL PIOMBO (Sebastiano LUCIANI,** appelé d'abord **Sebastiano Veneziano** «le Vénitien», puis**)** ♦ Peintre italien (Venise v. 1485 - Rome 1547). Élève de Giorgione*, il fut marqué par le style de son maître et notamment par le traitement de la lumière, dérivé de Bellini *(La Mort d'Adonis),* et par le sens de la construction, s'inspirant, pour les grandes figures de San Bartolomeo di Rialto, des fresques de Giorgione au Fondaco dei Tedeschi. Sebastiano s'écarta de cette grande tradition vénitienne en séjournant à Rome, où Agostino Chigi le fit venir en 1511. De cette époque datent des portraits raphaélesques, mais qui conservent la marque du colorisme vénitien (*Le Cardinal Carondelet, Tebaldeo, La Dorotea ;* plus tard,

**Sebastiano del Piombo.** *L'Appel* (84 x 69 cm).
The Detroit Institute of Arts, Detroit. *BIS/Phot. © Archives Larbor*

*Andrea Doria, Clément VII*). Cependant, Sebastiano devint le confident de Michel*-Ange et fut fortement marqué par son influence écrasante ; il peignit alors des sujets religieux, développant souvent des cartons et des projets du maître, non sans une certaine lourdeur (*Flagellation ; Pietà* de Viterbe, v. 1517 ; *Résurrection de Lazare*, 1519 ; *Naissance de la Vierge*). Il reçut vers la fin de sa vie la charge lucrative de chancelier des Bulles (ou «du Plomb», *del Piombo*). Ses portraits, d'une composition rigoureuse et d'une tonalité sombre, conservent encore parfois l'esprit giorgionesque.

**SÉBASTIEN** (saint) ♦ Martyr romain (IIIe s.). Selon les *Actes de saint Sébastien* (Ve s.), il aurait été capitaine de la garde prétorienne de Dioclétien et livré par ce dernier à ses archers comme chrétien. Sauvé par une chrétienne, il alla reprocher à Dioclétien de persécuter les chrétiens et fut bâtonné à mort. ▪ Fête le 20 janvier.

**SÉBASTIEN** ♦ (Lisbonne 1554 - Ksar el-Kébir 1578). Roi de Portugal (1557 - 1578). Petit-fils de Jean* III, il lui succéda sous la tutelle de son grand-oncle, Henri* le Cardinal, jusqu'en 1568. Il rêvait de constituer un grand domaine maghrébin ; mais ses expéditions contre les Maures furent des échecs et il fut tué à la bataille de Ksar* el-Kébir (1578). Le peuple portugais ne voulut pas croire à sa mort et entretint longtemps la «légende du roi Sébastien».

**SÉBASTOPOL** – en russe ***Sevastopol*** ← **ÉTYM.** gr. «la ville *(polis)* royale *(sebastos)*» ♦ V. d'Ukraine, au S.-O. de la Crimée, sur la mer Noire. 340 353 hab. Port. Construc. navales. Indus. mécaniques. Centrale électrique. ▮ **Histoire** Fondée par Potemkine en 1783, sur l'emplacement d'un village tatar (près de l'antique Cherson), la ville devint le principal port de guerre de la mer Noire et fut remarquablement fortifiée sous Nicolas Ier. Siège principal de la guerre de Crimée (sept. 1854 - sept. 1855), la place, défendue par Totleben, fut prise d'assaut par les forces franco-britanniques, commandées par Pélissier, après un an de siège. Durant celui-ci, les Russes avaient été battus au Mamelon vert (1855), sur la Tchernaïa, et surtout à Malakoff*. Ce dernier revers entraîna la chute de Sébastopol. Les Russes incendièrent puis évacuèrent la ville qui fut occupée par les Alliés. Au cours de la révolution bolchevique, Wrangel y établit son quartier général et en fut chassé par l'Armée rouge en nov. 1920. Lors de l'invasion allemande (nov. 1941), Sébastopol, assiégée par von Manstein, fut ardemment défendue par les Soviétiques. En grande partie détruite, la place tomba en juil. 1942 et fut reconquise par les troupes de Tolboukhine après un mois de siège, en mai 1944. ▪ Léon Tolstoï, qui participa à la défense de la ville lors de la guerre de Crimée, a célébré dans les *Récits de Sébastopol* le courage du peuple russe.

**SÉBENNYTOS** – nom gr. de ***Tjebnouti*** ♦ Anc. ville d'Égypte, dans le delta du Nil («bouches sébennytiques»), et cap. de la XXXe dynastie.

**SEBERG (Jean)** ♦ Actrice américaine (Marshalltown, Iowa 1938 - Paris 1979). Une vie comme un roman : une beauté ingénue, des rapports tumultueux avec son mari Romain Gary et des gens illustres comme André Malraux, des relations étranges avec les Black Panthers, une surveillance harcelante du FBI et une fin tragique. Elle eut un statut de star qui devait plus à sa vie privée qu'à sa filmographie (*Sainte Jeanne* d'Otto Preminger, 1957 ; *À bout de souffle* de Jean-Luc Godard, 1959 et *Lilith* de Robert Rossen, 1964).

**SEBHA** ♦ Oasis de Libye, dans le Fezzan. 50 000 hab. Raffinerie de pétrole en cours de construction. Université.

**SÉBILLET** ou **SIBILLET (Thomas)** ♦ Humaniste et traducteur français (probablement Paris v. 1512 - *id.* 1589). Auteur d'un *Art* poétique français* (1548) qui préconise déjà l'étude des Anciens, mais propose l'imitation des Modernes (Marot*, Scève*), il s'attira la riposte de J. du Bellay* dans la *Défense* et Illustration de la langue française* (1549).

**SEBINO** → Iseo (lac d')

**SEBONDE** ou **SEBOND (Raimundo SABUNDE,** dit en fr. **Raymond)** ♦ Médecin et philosophe catalan, d'expression latine (Barcelone fin du XIVe s. - Toulouse 1436), qui prétendit élucider la religion par la philosophie dans sa *Théologie naturelle* (1487), traduite par Montaigne*. Ce dernier lui consacra, dans ses *Essais**, une *Apologie* qui réunit les arguments du scepticisme.

**SEBOU** (oued) ♦ Fl. du Maroc septentrional (458 km) qui prend sa source dans le Moyen Atlas, coule vers le N. sous le nom d'oued Guigou (150 km), s'oriente vers l'O., traverse la plaine de Fès, longe le versant S. du Rif, pénètre dans le Gharb, passe à Kenitra et se jette dans l'Atlantique.

**SECCHI (Angelo)** ♦ Astronome italien (Reggio nell'Emilia 1818 - Rome 1878). Il appartenait à la Compagnie de Jésus. Il créa la spectroscopie stellaire : à la suite de nombreuses observations (1863 - 1868), il dégagea une classification des étoiles d'après leur spectre dont il distingua quatre types, selon la présence ou l'intensité de certains groupes de raies. C'est lui qui donna le nom de «canaux» à des tracés perçus sur Mars (1859) et qui furent à l'origine de diverses hypothèses fantaisistes. → **Schiaparelli.**

**SECCHIA** n. f. ♦ Riv. d'Italie (172 km). Née dans l'Apennin toscan, c'est un affl. de la rive d. du Pô*.

## Sécession

n. f. – en all. ***Sezession*** ♦ Mouvement artistique apparu en 1892 à Munich. Des artistes dissidents déclenchèrent en Allemagne et en Autriche trois mouvements de Sécession en réaction contre l'académisme, le naturalisme et le nationalisme prévalant au début du XXe s. Une première Sécession eut lieu en 1892 à Munich avec Franz von Stuck, Wilhelm Uhde et Wilhelm Trübner, en faveur de l'impressionnisme*. Une deuxième Sécession, plus proche de l'Art* nouveau, se manifesta à Vienne sous l'autorité de Gustav Klimt*, qui en fut le premier président de 1897 à 1905 et lança la revue *Ver Sacrum* ; la 49e exposition de cette Sécession révéla en 1918 le talent d'Egon Schiele*. La troisième Sécession, la plus importante, eut lieu à Berlin en 1899, sous l'égide de Max Liebermann*, proche de l'esprit de l'école de Barbizon ; elle fit connaître par ses expositions les œuvres des nabis, des Fauves, de Kandinsky* et surtout d'Edvard Munch*. Certains membres de la Brücke*, ayant vu leurs œuvres refusées en 1910 par la Sécession, créèrent la «Neue Sezession», avec Max Pechstein* pour chef de file.

**Sécession** (guerre de) – en angl. ***American Civil War*** ♦ Conflit intérieur qui divisa les États-Unis de 1861 à 1865. La guerre eut pour cause essentielle la question de l'esclavage des Noirs, qui se doublait d'un problème économique. Le Sud, où la monoculture du coton orientée vers l'exportation s'appuyait sur l'emploi de main-d'œuvre sous forme d'esclaves et sur le libre-échange, s'opposait au Nord, que son industrialisation alors en crise orientait vers le protectionnisme. Les différences culturelles ne pouvaient qu'aggraver la lutte, qui avait commencé dès 1832. Arrêtée alors par A. Jackson*, elle s'était poursuivie dans l'Ouest malgré divers compromis : Missouri 1820, 1850, 1857. L'élection à la présidence de l'antiesclavagiste Abraham Lincoln* précipita les événements et, en 1860, la Caroline du Sud faisait sécession, suivie par le Mississippi, la Floride, l'Alabama, la Géorgie, la Louisiane, le Texas, la Virginie, l'Arkansas, la Caroline du Nord et le Tennessee. La Confédération de onze États sudistes, sous la présidence de Jefferson Davis*, prenait pour capitale Richmond. En face, les nordistes, ou fédéraux, formaient l'*Union*. Les forces en présence étaient inégales (22 millions contre 9) et le Nord avait pour lui son développement industriel et ses moyens de communication. La chance du Sud résidait cependant dans une victoire rapide, qui n'était pas impossible en raison de sa supériorité tactique et de la valeur de ses troupes. Les sudistes remportèrent en effet une série de victoires (Beauregard à Bull Run, Lee* à Richmond contre McClellan*, à Fredericksburg, Chancellorsville), mais la marche de Lee sur Washington fut brisée à Gettysburg*, la bataille la plus importante de la guerre (1863). Dès lors, tandis que l'amiral Farragut* bloquait les côtes sud et s'emparait de La Nouvelle-Orléans, Grant* isolait l'Ouest et surveillait la vallée du Mississippi. Son lieutenant Sherman* continua dans l'Ouest, s'empara d'Atlanta, nœud des communications du Sud, puis marcha jusqu'à la mer à travers la Géorgie, avant de remonter vers le Nord, prenant ainsi à revers les troupes sudistes, et empêchant la jonction de Johnston* et de Lee. Richmond tomba, et Lee dut se rendre à Appomattox*, suivi de Johnston à Durham. La victoire militaire du Nord consacra sa prépondérance, prépondérance modérée par l'action d'Abraham Lincoln. → **États-Unis.** On a pu considérer cette guerre comme la première guerre moderne par l'importance de ses effectifs, la mobilisation de toutes les ressources, l'utilisation des possibilités industrielles (les premiers cuirassés, mines, torpilles, y furent employés) et par les pertes considérables qu'elle avait entraînées (617 000 tués).

**SECLIN** [59113] ◆ **ÉTYM.** du germ. *Sagilo,* n. de pers., et suff. lat. *-inus* ♦ Ch.-l. de cant. du Nord, arr. de Lille. 12 089 hab. *(Seclinois).* Collégiale du XIIIe s. (crypte préromane). Hôpital de style baroque flamand, fondé au XIIIe s. ▪ Indus. alimentaire, aéronautique et chimique.

**SECOND (Jean EVERAERTS, dit Jean)** ♦ Humaniste flamand (La Haye 1511 - Tournay 1536). Élève d'Alciat* à Bourges, secrétaire de l'archevêque de Tolède, il accompagna Charles Quint lors de l'expédition de Tunis (1534), durant laquelle il contracta une maladie. Ses petits poèmes érotiques en latin *Basia (Baisers)* furent publiés en 1539 et souvent imités au XVIe s.

**SECRÉTAN (Charles)** ♦ Philosophe suisse (Lausanne 1815 - *id.* 1895). Opposé à la théologie rationaliste qui tend vers le panthéisme et aux doctrines fidéistes reposant sur la seule autorité, il a tenté de formuler une philosophie de la «raison chrétienne», où le problème de la liberté et de sa réalisation dans la morale occupe une place centrale (*Philosophie de la liberté,* 1848-1849).

**Section française de l'Internationale ouvrière** [SFIO] → **socialiste français (Parti)**

**SEDAINE (Michel Jean)** ♦ Auteur dramatique français (Paris 1719 - *id.* 1797). Ses essais, dans des genres divers, la chanson, le vaudeville, le drame historique, ne lui vaudraient qu'une médiocre réputation s'il n'était le créateur de livrets d'opéras-comiques (*Rose et Colas,* 1764 ; *Richard Cœur de Lion,* 1784) et surtout, en disciple fidèle de Diderot*, l'auteur le plus représentatif de la comédie sérieuse, avec un drame bourgeois, *Le Philosophe* sans le savoir* (1765). [Acad. fr. 1786] ◆ **ÉTYM.** *Sedaine* est une variante du prénom *Sidoine.*

**SEDAN** [08200] ◆ **ÉTYM.** anc. *Villa Sedensi,* n. d'orig. précelt. (la légende veut que la ville ait été fondée par l'ermite Germain *Sedanus* en -280) ♦ Ch.-l. d'arr. des Ardennes, sur la Meuse. 20 548 hab. (aggl. 27 954) *(Sedanais).* Château fort du XVe s., renforcé jusqu'au XVIIe s. Château-Bas, ancien palais des princes de Sedan (XVIIe s.), abritant un musée : archéologie, ethnographie et histoire locales. ▪ Anc. centre textile (draps noirs dits *sedans*). Indus. métallurgique, automobile. Plasturgie. Brasserie. ▮ **Histoire** Au Xe s., Sedan appartenait aux moines de Mouzon. À la fin du XVe s., Robert de La Marck acquit le duché de Bouillon et ses successeurs prirent au XVIe s. le titre de *princes de Sedan.* En épousant Henri de La Tour d'Auvergne (1591), Charlotte de La Marck remit la principauté de Sedan à la maison de Turenne. L'âge d'or de Sedan se situe aux XVIe et XVIIe s. Une académie y fut créée, supprimée à cause de la révocation de l'édit de Nantes (1685). Le 2 sept. 1870, l'armée de Châlons, sous les ordres de Mac*-Mahon, auprès de laquelle se trouvait celle de Napoléon* III, fut battue devant Sedan par les Prussiens alors qu'elle avait été chargée de porter secours à l'armée de Bazaine repliée dans Metz*. Napoléon III, dans la place, fit hisser le drapeau blanc. La capitulation de l'armée française fut signée au château de Bellevue et l'empereur, fait prisonnier, fut interné près de Kassel. Cette défaite française entraîna la journée révolutionnaire du 4 septembre* 1870 (chute du Second Empire et proclamation de la IIIe République) et permit aux forces ennemies de marcher sur Paris qui fut investi dès le 18 sept.

**SÉDÉCIAS** ♦ Nom royal de Mattaniah, dernier roi de Juda (-597 - -587), fils de Josias*, successeur de Joachim* après la première prise de Jérusalem. La seconde prise de Jérusalem (-587) et la déportation à Babylone furent la conséquence de sa révolte contre Nabuchodonosor. Récit biblique : II Rois, XXIV-XXV.

**SÉE (Camille)** ♦ Homme politique français (Colmar 1827 - Paris 1919). Député de la gauche républicaine (1876 - 1881) et lié à J. Ferry*, il contribua à faire adopter les principales réformes concernant l'instruction publique : fondation des lycées de jeunes filles (loi Camille Sée, 1880) et de l'École normale supérieure de Sèvres (1881).

**SEEBECK (Thomas Johann)** ♦ Physicien allemand (Reval, auj. Tallinn, Estonie 1770 - Berlin 1831). Sa découverte de l'effet thermoélectrique (*effet Seebeck,* 1821) prouva que l'on peut transformer directement de l'énergie thermique en énergie électrique et fournit une méthode efficace et sensible de mesure des températures (couples thermoélectriques). Les convertisseurs d'énergie à effet Seebeck (de puissance très faible) sont utilisés pour l'alimentation des véhicules spatiaux, des balises marines et des stimulateurs cardiaques.

**SEECKT (Hans VON)** ♦ Général allemand (Schleswig 1866 - Berlin 1936). Chef de la Reichswehr de 1920 à 1926, il reconstitua une armée allemande offensive, en dépit des clauses du traité de Versailles, mettant l'accent sur la formation des cadres. Député en 1930, puis en 1932, il soutint Hitler.

**SEELAND** → **Sjælland**

**SÉES** [61500] ◆ **ÉTYM.** de *Sagii,* n. de peuple gaul., p.-ê. de la rac. celt. *saig-* «suivre à la trace» ♦ Ch.-l. de cant. de l'Orne, arr. d'Alençon, sur l'Orne. 4 504 hab. *(Sagiens).* Évêché. La cathédrale Notre-Dame des XIIIe - XIVe s., restaurée au XIXe s., est un beau spécimen de l'art gothique normand (vitraux du XIIIe s.). Anc. palais épiscopal (XVIIIe s.).

**SÉEZ** [73700] ◆ **ÉTYM.** du lat. *sextus* «sixième (borne milliaire)» ♦ Comm. de la Savoie, arr. d'Albertville, au pied du col du Petit-Saint-Bernard. 1 968 hab. *(Séerains).* Station d'été et d'hiver.

**SÉFÉRIS (Georghios SEPHERIADHIS, dit en fr. Georges)** ♦ Poète et diplomate grec (Smyrne 1900 - Athènes 1971). Influencé par le symbolisme français (*Stance,* 1931), puis par T. S. Eliot (*Roman,* 1935), il tenta surtout d'exprimer la conscience historique de la Grèce : *Poèmes* (1940), *Journal du bord* (1940 - 1944). [Prix Nobel de littér. 1963]

**Sefer Yetsirah** ◆ **ÉTYM.** hébr. «livre de la création» ♦ Bref traité spéculatif juif, en hébreu, sans doute écrit dans la communauté juive de Babylone, vers les IIIe - Ve s. Il explique la création par 32 «voies» qui sont les 22 lettres de l'alphabet hébraïque (auxquelles s'attachent des sens symboliques) et 10 *sephirot* («nombres» ? ou «rayonnements» ?). Jusqu'au XVIIIe s., l'ésotérisme juif fut marqué par ce traité. → **Kabbale.**

**SÉFÉVIDES** n. m. pl. → **Safavides**

**SEGAL (George)** ♦ Artiste américain (New York 1924 - Trenton 2000). Après avoir expérimenté la technique de la peinture, il créa des environnements réels qu'il peupla de figures en plâtre. Pratiquant un strict radicalisme formel, il modelait des figures humaines grandeur nature, qu'il entoura à partir de 1961 de bandes de plâtre pour leur donner l'aspect de fantômes aux gestes figés. Ils seront ensuite peints de façon hyperréaliste, et pris dans des environnements de la banalité urbaine, chargés d'objets réels et pourtant vides. Segal incite le spectateur à s'identifier à ces étrangers (*Walk, Stop,* 1976 ; *Movie House,* 1966 - 1967). Il exprime ses idées politiques dans les commandes publiques de sculptures en bronze, dont le *Fourth May Memorial : Abraham and Isaac* (1978), hommage aux étudiants tués par la police lors d'une manifestation contre la guerre du Viêtnam.

George **Segal.** *Cézanne Still Life* 2 (81 x 102 x 47 cm), 1981. Galerie Lelong, Paris. *BIS/Phot. © Galerie Lelong, Paris © ADAGP, Paris 2008.*

**SÉGALA** n. m. ◆ **ÉTYM.** de l'occit. *segalar* «terrain à seigle», de *segal* «seigle» ♦ Région humide du Massif central, entre le Tarn et l'Aveyron. Elle est constituée de plateaux cristallins d'une altitude variant de 700 à 1 000 m environ.

**SEGALEN (Victor)** ♦ Écrivain français (Brest 1878 - Huelgoat 1919). Médecin de la marine (1900), il partit pour Tahiti (1903). Il recueillit les dernières œuvres de Gauguin* *(Hommage à Gauguin)* et exalta la douceur de la vie sensuelle dans un long roman d'allure poétique, *Les Immémoriaux* (1907), où la poésie du style se marie à une dimension ethnologique qui permet à l'auteur de rendre compte de récits ou de mythes menacés de disparaître. De retour en France, il composa pour Debussy un drame, *Orphée-Roi* (posth. 1921), que le compositeur ne mit jamais en musique, puis s'embarqua à nouveau, gagna la Chine (1908) où il rencontra Claudel*, voyagea au Tibet, prit part à une mission archéologique (découvrant des monuments funéraires de la dynastie des Han), soigna la peste en Mandchourie, avant d'être rappelé en France par la Première Guerre mondiale. Son roman *René Leys* (posth. 1921) prend pour cadre la Chine, par le biais d'un narrateur que la

Cité interdite fascine mais dont on ignore s'il est mythomane ou héros. Après une dernière mission à Nankin, il mourut en Bretagne de façon accidentelle (on suspecta un suicide). Poète influencé à la fois par Rimbaud* et Mallarmé*, Segalen a élaboré dans ses œuvres, imprégnées de mysticisme oriental, un itinéraire à la fois géographique et intérieur : à *Stèles* (1912) succédèrent *Peintures* (1916), puis *Équipée* (posth. 1929). Il fallut attendre 1975 pour que soit publié son ultime roman *Le Fils du ciel*. Son œuvre traduit l'ambition de «Tout confondre, de l'orient d'amour à l'occident héroïque, du midi face au Prince au nord trop amical —, pour atteindre l'autre, le cinquième, centre et Milieu — Qui est moi» *(Stèles)*, en même temps qu'elle est marquée par une esthétique de l'exotisme vécue comme une réflexion intériorisée sur les conditions de la liberté : «Il se peut qu'un des caractères de l'*Exote* soit la *liberté*, soit *d'être libre* vis-à-vis de l'objet qu'il décrit ou ressent...» (*Essai sur l'exotisme*, posth. 1978). ➝ ÉTYM. *Segalen* vient de l'occitan *segal* «seigle».

**SEGALL (Lasar)** ♦ Peintre et graveur brésilien (Vilna, auj. Vilnius 1885 - São Paulo 1957). Il découvrit pendant ses études à Berlin et à Dresde, et par les voyages qu'il fit en Europe, l'expressionnisme et le cubisme dont devait s'inspirer son style à la fois construit, expressif et sobre (*Forêts*, 1950 - 1955). Il influença fortement l'école brésilienne dès une première exposition à São Paulo (1913), où il s'établit définitivement en 1923. Les thèmes de la persécution, de l'exil, puisés dans ses souvenirs de jeunesse, dominent son œuvre (*Pogrom, Le Bateau des émigrants*).

**SEGANTINI (Giovanni)** ♦ Peintre italien (Arco, Trentin 1858 - refuge du Schafberg, près de Majola, Suisse 1899). Jeune berger, il marqua un tel goût pour le dessin qu'on l'envoya étudier à Milan. Ayant la nature pour sujet de prédilection, il séjourna dans la Brianza (1882 - 1886) avant de s'installer en Engadine. Il utilisa surtout, après 1886, la technique du divisionnisme, propre à rendre par des vibrations de tons clairs l'atmosphère des paysages alpins qui font l'essentiel de son œuvre (*Labours en Engadine*, Alte Pinakothek de Munich).

**SEGAR (Elzie Cirsler)** ♦ Dessinateur américain (Chester, Illinois 1894 - Santa Monica 1938). Créateur de nombreux personnages comiques et notamment de Popeye. Dans ce récit, un graphisme violemment caricatural et un non-conformisme agressif ouvrent la voie à ce que fut l'*underground* des années 1970.

**SÉGESTE** – en lat. ***Segesta*** ♦ Anc. ville de Sicile* entre Palerme* et Trapani*. Elle aurait été fondée par les Troyens. Centre phénicien très prospère dès le -VIIe s., elle fut la rivale de Sélinonte*. Les Athéniens entreprirent pour l'aider la désastreuse expédition de Sicile (-415). Elle fit appel ensuite aux Carthaginois (-409) qui, sous ce prétexte, s'installèrent dans l'île. Détruite par les Syracusains en -307 (➝ **Agathocle**), elle s'allia plus tard aux Romains. ▪ Nombreuses ruines : théâtre du -IIIe s., murailles, maisons et notamment temple dorique inachevé de la fin du -Ve s.

**SEGHERS (Hercules Pieterszoon)** ♦ Peintre et graveur hollandais (Haarlem v. 1590 - Amsterdam entre 1633 et 1638). Élève de Gillis van Coninxloo, il travailla à Haarlem, Amsterdam, Utrecht et La Haye. Si ses œuvres furent appréciées, notamment par Rembrandt qui en possédait plusieurs et qui retravailla son *Grand paysage* (Offices, Florence), il semble avoir mené une carrière très isolée. Son art, dont témoignent aujourd'hui une cinquantaine d'eaux-fortes et huit peintures, montre une extrême singularité. Dans ses eaux-fortes il exploita les effets de matière propres à cette technique et élabora des paysages fantastiques qu'il imprima sur des papiers préalablement peints ou sur des toiles de lin colorées, faisant de chaque épreuve une œuvre unique (*L'Arbre moussu ; Agrès de navire dans un paysage rocheux*). Ses paysages peints tranchent également sur l'art de son temps par leur aspect visionnaire et les effets de taches par lesquels il travaille les lumières sur ses ciels sombres. Son œuvre n'a été redécouverte qu'à la fin du XIXe s.

**SEGHERS (Netty RADVÁNYI, dite Anna)** ♦ Romancière allemande (Mayence 1900 - Berlin-Est 1983). Engagée au service de la cause révolutionnaire, son œuvre est représentative du «réalisme socialiste» (*La Révolte des pêcheurs de Sainte-Barbara*, 1928 ; *La Septième Croix* [1942], histoire de l'évasion de sept détenus d'un camp de concentration nazi ; *Les morts restent jeunes*, 1949, tableau de l'Allemagne entre les deux guerres ; *La Force des faibles*, 1965). Exilée au Mexique sous le régime nazi, A. Seghers vécut en RDA après la fin de la Deuxième Guerre mondiale.

**SEGHERS (Pierre)** ♦ Poète et éditeur français (Paris 1906 - *id.* 1987). En 1939, il créa la revue *Poètes casqués* ou *PC39* qui devint *Poésie 40, 41, 42*, etc. et à laquelle collaborèrent Éluard, Aragon et Char. En 1944, il lança la collection «Poètes d'aujourd'hui», dont le premier ouvrage était consacré à Paul Éluard. En 1969 il se sépara des Éditions Seghers qu'il céda à Robert Laffont pour se consacrer à l'écriture (*La Résistance et ses poètes*, 1974 ; *Le Temps des merveilles*, 1978). ➝ ÉTYM. *Seghers* vient du néerlandais *zeggen* «dire, parler».

**SEGNI (Antonio)** ♦ Homme d'État italien (Sassari 1891 - Rome 1972). Membre de l'aile droite de la démocratie chrétienne, il fut plusieurs fois ministre et dirigea le gouvernement (1955 - 1957 ; 1959 - 1960) se montrant hostile à toute ouverture vers le centre gauche. Il fut élu président de la République en 1962, mais gravement malade, il quitta ses fonctions en 1964.

**SEGONZAC** [16130] ➝ ÉTYM. anc. *Secundiacum*, du lat. *Secundius*, n. de pers., et suff. *-acum* ♦ Ch.-l. de cant. de la Charente, arr. de Cognac. 2 297 hab. (*Segonzacais*). Eaux-de-vie réputées.

**SÉGOU** ♦ V. du Mali, sur la rive d. du Niger. Plus de 70 000 hab. Station expérimentale d'agronomie (Office du Niger). Complexe textile (coton). ▮ **Histoire** Centre historique du peuple bambara* qui constitua vers le milieu du XVIIe s. les royaumes de Ségou et du Kaarta, au détriment du royaume du Mali. Le royaume de Ségou engloba le Macina, puis s'étendit jusqu'à Tombouctou et au Sénégal. Les Bambaras, restés animistes, se heurtèrent à partir de 1820 aux Peuls musulmans puis au chef toucouleur El Hadj-Omar qui leur déclara la guerre sainte dès 1850 et occupa Ségou en 1861 après avoir détruit le royaume. Mais les Bambaras continuèrent la guérilla jusqu'à la prise de la ville par Archinard et la colonisation française.

**SEGOVIA (Andrés)** ♦ Guitariste espagnol (Linares 1893 - Madrid 1987). Il redonna à la guitare tout son prestige en interprétant ou en transcrivant des pièces d'Albeniz, Paganini, Granados, Schumann, Chopin. De nombreux compositeurs contemporains comme Ponce, Turina, Castelnuovo-Tedesco, Rodrigo, Villa-Lobos ont écrit pour lui.

**SÉGOVIE** – en esp. ***Segovia*** ➝ ÉTYM. du lat. *Segovia*, du celt. *sego* «fort, puissant» ♦ V. d'Espagne (Castilla-León), ch.-l. de prov., au pied de la sierra de Guadarrama, à 1 000 m d'alt. 56 047 hab. Célèbre aqueduc romain ; alcazar (XIe s.) ; églises romanes, cathédrale gothique (XVIe s.). ▪ Centre indus. ▮ **Histoire** La ville fut successivement romaine, arabe, puis résidence de plusieurs rois d'Espagne (Alphonse* le Sage, Henri IV l'Impuissant). Isabelle* la Catholique y fut proclamée reine.

**Ségovie.** L'Alcázar. *Phot. © Matt Trommer /Shutterstock*

**SEGRAIS (Jean REGNAULT DE)** ♦ Écrivain français (Caen 1624 - *id.* 1701), auteur d'un roman, *Bérénice* (1648). Il conseilla Mme de La* Fayette et participa à la rédaction de ses principaux romans. Poète, il écrivit avec *Athys* (1653) et six autres *Églogues* (1660) des pages qui manifestent sa sensibilité devant la nature. [Acad. fr. 1662]

**SEGRÉ** [49500] ➝ ÉTYM. anc. *Castellum Secretum* ou *Segreium*, du lat. *Securus* (ou du germ. *Sigrad*), n. de pers., et suff. *-acum* ou du lat. *secretum* «isolé, écarté» ♦ Ch.-l. d'arr. du Maine-et-Loire. 6 410 hab. (aggl. 7 721) (*Segréens*). Anc. mine de fer. Indus. diversifiées.

**SEGRÈ (Emilio)** ♦ Physicien américain d'origine italienne (Tivoli 1905 - Lafayette, Californie 1989). Il fit partie de l'équipe qui, étudiant le bombardement des éléments lourds par les neutrons, détermina les propriétés des neutrons lents (nécessaires au fonctionnement d'un réacteur nucléaire). Il découvrit le premier élément transuranien, le technétium (avec C. Perrier), puis l'astate, participa à la préparation du plutonium fissile et étudia ses propriétés. En 1955, il produisit et identifia l'antiproton (avec O. Chamberlain). [Prix Nobel de phys. 1959, avec O. Chamberlain]

**SÈGRE** n. m. – en esp. ***Segre*** ♦ Riv. d'Espagne (260 km), affl. rive g. de l'Èbre*. Né en France dans le Puigmal (Cerdagne française), le Sègre arrose Puigcerda, Seo* de Urgel et Lleida (Catalogne).

**SEGRÉEN** n. m. ♦ Petite région de France, aux confins du Maine et de l'Anjou. Pays de Segré. On l'appelle aussi Craonnais (➝ **Anjou**). ▪ Polyculture. Élevage.

**SÉGUIER** ♦ Famille de magistrats français. ♦ **Antoine Séguier.** Président à mortier au parlement de Paris (Paris 1552 - *id.* 1626). Il fut un adversaire de la Ligue*. ♦ **Pierre Séguier** (Paris 1588 - *id.* 1672). Neveu du précédent. Chancelier sous Louis XIII et Louis XIV, il instruisit le procès de Cinq*-Mars et présida au jugement de Fouquet* avec partialité. Il fut l'un des protecteurs de l'Académie française. [Acad. fr. 1635] ♦ **Antoine-Louis Séguier.** Avocat général au parlement de Paris (Paris 1726 - Tournai 1792). Il lutta contre les jésuites et les encyclopédistes. Il émigra dès le début de la Révolution. ♦ **Antoine-Mathieu** baron **Séguier** (Paris 1768 - *id.* 1848). Fils du précédent. Il fit une belle carrière sous l'Empire, se rallia à Louis XVIII, instruisit le procès de Ney* et servit Louis-Philippe. ➝ ÉTYM. *Séguier* vient du germanique *Sighari* (ancien nom wisigoth), de *sig* «victoire» et *hari* «armée».

**SEGUIN (Armand)** ♦ Chimiste et industriel français (Paris 1767 - *id.* 1835). Disciple de Lavoisier*, il effectua avec lui des recherches sur la respiration et la transpiration (1790). Grâce à son procédé de tannage du cuir en trois semaines, il fit fortune comme fournisseur des armées pendant la Révolution.

**SEGUIN (Marc)** ♦ Ingénieur français (Annonay 1786 - *id.* 1875). Avec son frère CAMILLE SEGUIN (Annonay - Toulon 1852), il conçut le principe des ponts suspendus et réalisa le premier sur le Rhône en 1824 ; il construisit le chemin de fer de Saint-Étienne à Lyon en 1826 et les premiers tunnels ferroviaires. Il est considéré comme le véritable inventeur de la chaudière tubulaire, qu'en fait il perfectionna considérablement et qu'il utilisa pour ses locomotives (1827). → **Stephenson.**

**SÉGUIN (Philippe)** ♦ Homme politique français (Tunis 1943 - Paris 2010). Député RPR (1978 - 2002) et maire d'Épinal (1983 - 1997), il fut ministre des Affaires sociales et de l'Emploi de 1986 à 1988. Opposé au traité de Maastricht* sur la construction européenne, il se posa en défenseur de la tradition nationaliste, populaire et sociale du gaullisme. Il a été président de l'Assemblée nationale (1993 - 1997), président du RPR (1997 - 1999). Il présida la Cour des comptes de 2004 à sa mort. ➝ ÉTYM. Ce nom vient du germanique *Sigwin*, nom de personne, de *sig* «victoire» et *win* «ami» (→ aussi Séguy).

**SÉGUR (Henri Philippe,** marquis **DE)** ♦ Maréchal de France (Paris 1724 - *id.* 1801). Secrétaire d'État à la Guerre sous Louis XVI, il améliora l'instruction des officiers et forma les corps d'artillerie légère et d'état-major, préparant ainsi les futurs succès de l'armée révolutionnaire. Il fut emprisonné pendant la Terreur et réhabilité par Bonaparte. Ses *Mémoires* furent publiés en 1895.

**SÉGUR (Philippe Paul,** comte **DE)** ♦ Général et historien français (Paris 1780 - *id.* 1873). Petit-fils de Henri Philippe, marquis de Ségur*, fils du comte Louis-Philippe de Ségur, il prit part aux campagnes de l'Empire (en particulier, les campagnes de Russie, d'Allemagne et de France). Il publia en 1824 une *Histoire de Napoléon et de la Grande Armée de 1812*, où il fut l'un des premiers à déduire et à analyser le désastre de la retraite de Russie. Cet ouvrage connut un grand succès, tout en suscitant de violentes polémiques, qui se terminèrent par un duel entre le comte de Ségur (qui fut blessé) et le général Gourgaud qui avait tenté de réfuter ses thèses (1825). [Acad. fr. 1830]

**SÉGUR (Sophie ROSTOPCHINE,** comtesse **DE)** ♦ Écrivain français (Saint-Pétersbourg 1799 - Paris 1874). Fille du comte Rostopchine*, Sofija Rostopchina quitta la Russie à la suite de son père, tombé en disgrâce, et s'installa (1817) en France où elle épousa le comte Eugène de Ségur (1819). Négligée par son mari, elle passa une grande partie de sa vie dans sa propriété de Nouettes (Orne) qui devait l'inspirer souvent pour le décor de ses récits faits essentiellement pour ses petits-enfants et qui jouirent rapidement d'une grande renommée. Elle y créait un monde manichéen, dont la morale a vieilli, en des histoires qui opposent souvent des personnages au caractère simplifié à l'extrême et incarnant le caprice irréfléchi ou le «bon sens» et la bonté. Ses récits les plus célèbres sont *Les Petites Filles modèles* (1858), *Les Mémoires d'un âne* (1860), *Les Malheurs de Sophie* (1864), *Le Général Dourakine* (1864) et *Un bon petit diable* (1865). ➝ ÉTYM. Ce nom occitan vient de *segur* «sûr» (nom de fief ou de forteresse).

Sophie Rostopchine, comtesse de **Ségur**, photographiée par Nadar.
*Phot. © Nadar/Collection Roger-Viollet*

**SÉGUY (Georges)** ♦ Syndicaliste français (Toulouse 1927). Inscrit au Parti communiste français (1942) et résistant, il fut déporté à Mauthausen en 1944. Il fut secrétaire général (1961 - 1965) de la Fédération des cheminots CGT. Il remplaça B. Frachon comme secrétaire général de la CGT (1967 - 1982). Il a été membre du comité central (1954 - 1994) et du bureau politique du PCF. ➝ ÉTYM. *Séguy* est la forme occitane de *Séguin**.

**SEIDEL (Heinrich)** ♦ Écrivain allemand (dans le Mecklembourg 1842 - Lichterfelde 1906). Il est surtout connu pour avoir décrit non sans humour le type même du petit-bourgeois qui a «le génie du bonheur et du confort paisible» (*Leberecht Hühnchen*, 1882).

**SEIFERT (Jaroslav)** ♦ Poète tchécoslovaque (Prague 1901 - *id.* 1986). Contemporain de Nezval* et de Teige*, Seifert sut par son art plus humain éviter la poétique un peu mécanique de ces derniers (*Sur les ondes de la T. S. F.*, 1925 ; *Le Pigeon voyageur*, 1929). Il fut exclu du parti communiste à la fin des années 1920. Il retrouva alors les thèmes de l'amour et de l'attachement au pays dans des vers d'un classicisme mélancolique et discret (*Une pomme glissée du giron*, 1933 ; *Les Mains de Vénus*, 1936) qui, devenus très populaires, incarnèrent sous l'occupation allemande la conscience de la culture nationale (*De clarté vêtue*, 1940 ; *Le Pont de pierre*, 1944). Il protesta contre l'invasion soviétique avec *La Colonne de la peste* (1971). Au sein de l'Union des écrivains, il prit la défense d'écrivains emprisonnés, tandis que se renouvelait son art (*Concert sur l'île*, 1965 ; *Le Parapluie de Piccadilly*, 1978). [Prix Nobel de littér. 1984]

**SEIGNELAY (Jean-Baptiste COLBERT,** marquis **DE)** ♦ Fils du grand Colbert* (Paris 1651 - Versailles 1690). Secrétaire d'État à la Marine (1669), il succéda à son père à la maison du roi.

**SEIGNELAY** [89250] ➝ ÉTYM. anc. *Sigliniacus*, du germ. *Sigilina*, n. de femme, et suff. *-iacum* ♦ Ch.-l. de cant. de l'Yonne, arr. d'Auxerre, au-dessus du Serein. 1 546 hab. *(Seignelois)*. Vestiges du château qui fut au Moyen Âge une importante seigneurie acquise par Colbert et érigée en marquisat en sa faveur.

**SEIGNOBOS** [sɛɲɔbos] **(Charles)** ♦ Historien français (Lamastre, Ardèche 1854 - Ploubazlanec, Côtes-du-Nord 1942). Marqué par l'école historique allemande, il publia une *Histoire de la civilisation* (1884 - 1886), une *Introduction aux études historiques* (en collab. avec C. Langlois, 1897), une *Histoire politique de l'Europe contemporaine* (1897). Sa méthode «positiviste» et sa conception «événementielle» de l'histoire ont été critiquées.

**SEILLE LORRAINE** n. f. ♦ Riv. de la Lorraine (130 km), affl. rive d. de la Moselle. Elle traverse l'étang de Lindre, passe à Vic-sur-Seille et Nomény, et se jette dans la Moselle à Metz.

**SEIN** (île de) ➝ ÉTYM. anc. *Sena* (p.-ê. n. de divinité gaul., à rapprocher de *seno* «vieux») *Insula* ♦ Île de l'Atlantique (Finistère), constituant une commune. → **Île-de-Sein.**

**SEINE** n. f. ➝ ÉTYM. anc. *Sequana*, de la rac. hydronym. précelt. *sec-* «jaillir» et double suff. *-u, -ana* ♦ Fl. de France, le deuxième par sa longueur (776 km), le plus important économiquement. La Seine draine un bassin d'env. 78 000 $km^2$ qui correspond à la majeure partie du Bassin parisien* ; son cours est le plus souvent transversal à la structure géologique de ce bassin. Elle prend sa source au plateau de Langres à 471 m d'altitude (les sources de la Seine appartiennent à la Ville de Paris) et se jette dans la Manche par un large estuaire, qui baigne Le Havre (rive d.) et Honfleur (rive g.) et qui est fermé au N. par le cap de la Hève. **▌De la source à Troyes** Son cours supérieur n'est pas permanent ; durant les étés secs, le fleuve peut être tari jusqu'à Châtillon-sur-Seine ; il entre alors dans une vallée boisée, puis reçoit l'Ource, sur sa rive d., en amont de Bar-sur-Seine. La Seine pénètre dans les larges terres basses de la Champagne humide avant de rencontrer l'escarpement de craie de Troyes. **▌Le «barrage-réservoir Seine»** En dérivation sur le fleuve, il occupe en Champagne humide une vallée secondaire à 20 km à l'E. de Troyes ; il a été construit de façon à permettre la régularisation de la Seine et de ses affl. en amont de Paris ; mis en service au début de 1966, il est utilisé pour écrêtement des crues et renforcement des étiages, production hydroélectrique ; il sert en outre au nautisme, à la pêche et aux activités touristiques. La retenue s'étend sur 2 300 ha et a une capacité de 205 000 000 $m^3$. Les eaux sont restituées à la Seine au débit maximal de 35 $m^3/s$ avec un canal de fuite (canal de la Morge). **▌De la Champagne pouilleuse à l'Île-de-France** Ensuite la Seine coule dans une large vallée à travers la zone crayeuse, franchit la Champagne pouilleuse jusqu'à ce qu'elle reçoive l'Aube sur sa rive d. À partir de là, la Seine prend une direction S.-O., passe à Nogent-sur-Seine, suit la côte de l'Île-de-France jusqu'à Montereau-Fault-Yonne où elle reçoit l'Yonne, puis le Loing sur sa rive g., arrose Melun, passe à Corbeil-Essonnes où elle reçoit l'Essonne, l'Orge (rive g.) et l'Yerres (rive d.) à Villeneuve-Saint-Georges, arrose Choisy-le-Roi, reçoit la Marne à Charenton-le-Pont, avant de traverser Paris. Là, elle se divise en deux bras, en particulier autour de l'île Saint*-Louis et de l'île de la Cité*. Les nombreux ponts gênent la navigation ; le port commence à Nanterre et les wharfs et appontements s'étendent sur 40 km env. → **Paris, Gennevilliers.** En aval de Paris, débute une suite de vastes méandres. **▌De l'Oise à l'estuaire** La Seine reçoit l'Oise en aval de Conflans-Sainte-Honorine ; puis elle arrose Poissy et Mantes-la-Jolie, reçoit l'Epte (rive d.), passe à Vernon, près de Gaillon et des Andelys ; elle traverse le Vexin normand, reçoit l'Andelle (rive d.) puis l'Eure (rive g.), passe à Elbeuf, à Sotteville-lès-Rouen, à Rouen et à Petit-Quevilly ; en aval de Rouen, la vallée s'élargit et présente de vastes étendues d'alluvions. La Seine coule entre le Roumois et le pays de Caux avant de se jeter dans l'estuaire ; à Tancarville, où elle est franchie par un pont suspendu, un canal la relie au Havre pour permettre à la navigation d'éviter les courants. Ceux-ci se produisent dans l'estuaire, fréquemment brumeux, et sont associés aux vagues de fond provenant de marées de grande amplitude. **Le rôle économique de la Seine** La Seine transporte le plus fort tonnage de marchandises de tous les fleuves français. La section Le Havre-Rouen-Paris, la plus importante, met en rapport de grands complexes portuaires et industriels ; sur la *basse Seine* se trouve le premier centre de raffinage du pétrole en France (raffineries du Petit-Couronne, Notre-Dame-de-Gravenchon, Port-Jérôme, Gonfreville-l'Orcher) ; pétrochimie. Le nouveau pont de Normandie permet la liaison entre Honfleur et la zone industrielle du Havre. **Les canaux** La Seine est reliée par canaux à la Somme, l'Escaut, la Meuse, le Rhin, la Saône et la Loire. **L'eau de la Seine** Soumise à un régime pluvial, elle subit de hautes eaux d'hiver (janvier) et des étiages d'été ; alimentée surtout par des averses océaniques, son débit moyen est assez faible : 450 à 500 $m^3$ à l'embouchure. Cependant, le gonflement de la Seine et de ses affl. pouvait avoir des conséquences catastrophiques ; on estime en effet à près de 2 400 $m^3$/s le débit maximal lors de la crue de 1910, alors qu'en année très sèche le débit naturel peut s'abaisser à 30 $m^3$/s env. Parallèlement, le recours croissant aux eaux de surface pour l'alimentation en eau de l'aggl. parisienne a mis en évidence l'intérêt des barrages-réservoirs pour le renforcement des débits d'étiage. Outre le barrage réservoir «Seine» (→ **Crescent, Pannesière-Chaumard, Settons [lac des]**), la mise en service du barrage «Marne» (1973) a doublé la capacité utile. L'augmentation continue des besoins en eau impose la poursuite de l'effort d'équipement en barrages-réservoirs. Le fort taux de pollution atteint par le fleuve au début des années 1980 a amené l'ensemble des autorités concernées à organiser l'opération *Seine Objectif 0* : lutte contre les pollutions individuelles et industrielles, repeuplement du fleuve en poissons, dépollution des affluents (Marne, Oise).

**SEINE** (département de la) n. f. – ÉTYM. du n. du fl. ♦ Anc. dép. du Bassin parisien. 478 $km^2$. La loi du 10 juil. 1964 lui a substitué quatre nouveaux dép. : Hauts*-de-Seine, Paris*, Seine*-Saint-Denis et Val*-de-Marne.

**SEINE (HAUTS-DE-)** → **Hauts-de-Seine**

**SEINE-ET-MARNE** n. f. [77] – ÉTYM. du n. des deux cours d'eau ♦ Dép. du centre-nord de la France, région Île-de-France. 5 915 $km^2$. 1 193 767 hab. CH.-L. : Melun. CH.-L. D'ARR. : Meaux, Provins, Fontainebleau, Torcy. Cour d'appel : Paris. Académie : Créteil. → **Île-de-France.**

**SEINE-ET-OISE** n. f. – ÉTYM. du n. des deux cours d'eau ♦ Anc. dép. du Bassin parisien qui a fait place, depuis la loi du 10 juil. 1964, à trois nouveaux départements : Essonne*, Val*-d'Oise et Yvelines*. Quelques-unes de ses comm. ont été rattachées aux dép. des Hauts*-de-Seine, de la Seine*-Saint-Denis et du Val*-de-Marne.

**SEINE-MARITIME** n. f. [76], – anc. ***Seine-Inférieure*** – ÉTYM. du n. du fl. ♦ Dép. du N.-O. de la France, région Haute-Normandie. 6 277 $km^2$. 1 239 138 hab. CH.-L. : Rouen. CH.-L. D'ARR. : Le Havre, Dieppe. Cour d'appel : Rouen. Académie : Rouen. → **Haute-Normandie.**

**SEINE-SAINT-DENIS** n. f. [93] – ÉTYM. du n. du fl. et de la v. de *Saint*-Denis* ♦ Dép. du centre-nord de la France, région Île-de-France. 236 $km^2$. 1 382 861 hab. CH.-L. : Bobigny. CH.-L. D'ARR. : Le Raincy, Saint-Denis. Cour d'appel : Paris. Académie : Créteil. Le dép. a été créé en 1964. → **Île-de-France.**

**SEIPEL (Ignaz)** ♦ Homme d'État et prélat autrichien (Vienne 1876 - Pernitz 1932). Prêtre catholique, professeur de théologie, il fut élu député chrétien-social en 1919, année où il avait été nommé protonotaire apostolique. Il devint chancelier en 1922 et exerça le pouvoir jusqu'en 1924, cherchant à restaurer l'ordre et l'équilibre économique dans une Autriche bouleversée par la défaite. Grâce à l'aide obtenue de la SDN, il assainit les finances et créa le schilling. Blessé lors d'un attentat en 1924, il se retira du pouvoir jusqu'en 1926. Après avoir mené une lutte énergique contre les socialistes (insurrection de 1927) et s'être appuyé sur les Heimwehren, monarchistes ou fascistes, il démissionna en 1929 pour raisons de santé, mais fut encore ministre des Affaires étrangères en 1930. Dollfuss* continua sa politique. Il est l'auteur de plusieurs ouvrages politiques.

**SEI Shōnagon** ♦ Poète et femme de lettres japonaise (v. 960 ?). Dame d'honneur de l'impératrice Teishi. Elle a laissé des *Notes de chevet* caustiques et spirituelles, écrites dans une langue très pure.

**SEIXAL** ♦ V. du Portugal, faisant partie de l'aire métropolitaine de Lisbonne, sur la rive S. du Tage. 170 626 hab. Complexe sidérurgique implanté en 1961 à Païos Pires.

**Seize** (les) ♦ Comité formé par les Ligueurs à Paris et composé de seize membres représentant les seize quartiers de la ville (v. 1585). Ils soutinrent les Guise*, organisèrent la journée des Barricades* (1588) et, après la mort du duc de Guise, prirent leur indépendance. Ils firent régner la terreur (assassinat de Brisson*), jusqu'à ce que Mayenne* les soumît par force (1591) et fit pendre quatre d'entre eux.

**SÉJAN** – en lat. ***Lucius Aelius Seianus*** ♦ Homme politique romain (Volsinies, auj. Bolsena v. -20 - Rome 31). Préfet du prétoire en 14, il devint le favori de Tibère*. En 27, il poussa l'empereur à se retirer à Capri, restant ainsi le véritable maître de l'Empire. Pour mieux assurer sa marche vers le pouvoir, il exploita les complots formés contre Tibère ; il avait déjà fait empoisonner Drusus, le propre fils de l'empereur (23), il fit reléguer Agrippine et emprisonner ses deux fils (29). Tibère, alerté par Antonia, mère de Germanicus*, revint à Rome et fit justice de son ministre en le livrant au Sénat. Séjan fut exécuté avec toute sa famille.

**SÉJOURNÉ (Paul)** ♦ Ingénieur français (Orléans 1851 - Paris 1939). Il fit progresser la technique des ponts en maçonnerie dont il réalisa un grand nombre. [Acad. sc. 1924]

**SEKHMET** – ÉTYM. égypt. «la Puissante» ♦ Déesse égyptienne représentée sous la forme d'une femme à tête de lionne et honorée principalement à Memphis* où elle était considérée comme la femme de Ptah* et la mère de Néfertoum. Elle était la déesse de la chaleur et des épidémies, déesse redoutable qu'il fallait sans cesse apaiser, manifestation de l'œil de Rê* en fureur, chargée de détruire les ennemis du Soleil.

**SEKIGAHARA** ♦ Petite localité japonaise (Honshū), préf. de Gifu. **Histoire** C'est là qu'en 1600 eut lieu une grande bataille mettant aux prises les partisans du fils héritier de Hideyoshi* et ceux de Tokugawa* Ieyasu. Celui-ci remporta la victoire et put dès lors établir un bakufu (gouvernement militaire) qui devait régir le Japon jusqu'en 1868.

**SEKONDI-TAKORADI** ♦ V. du Ghana, à l'O. d'Accra. 290 000 hab. Sekondi a englobé Takoradi en 1963. ▪ Port indus., exutoire de l'O. du pays (cacao, bois, manganèse), cimenterie.

**SELAM** – ÉTYM. langue amharique «paix» ♦ Squelette presque complet d'un australopithèque afarensis de 3,3 millions d'années dont la découverte en Éthiopie dans la vallée du fleuve Awash (Rift) en 2000 ne fut annoncée qu'en 2006, par Zeresenay Alemseged. Selam, de sexe féminin, était âgée de 3 ans et possédait, comme Lucy, une locomotion à la fois bipède et arboricole.

**SELANGOR** – off. ***Selangor Darul Ehsan*** ♦ État de la fédération de Malaisie, en péninsule malaise, bordant le détroit de Malacca. 7 910 $km^2$. 3 947 527 hab. CAP. : Shah Alam. L'État est placé sous l'autorité d'un sultan. ▪ Plantations (hévéas, palmiers à huile, cacao, café). Mines d'étain, de fer et de charbon. Zones industrielles. Pêche. **Histoire** Territoire dépendant du sultanat de Johor au XVIIe s., Selangor fut occupé par des Bugis venus de Célèbes et cherchant à contrôler le commerce de l'étain, qui attira également de nombreux groupes de mineurs chinois. Il devint autonome en 1766. Protectorat britannique en 1874, Selangor fut intégré en 1896 à l'union des États malais fédérés et se joignit en 1947 à la fédération de Malaisie.

**SELBERG (Atle)** ♦ Mathématicien norvégien (Langesund 1917 - Princeton 2007). Auteur de travaux sur la théorie des nombres, il donna, en 1948, avec P. Erdös, une nouvelle démonstration d'un théorème concernant la fréquence des nombres premiers. [Médaille Fields 1950]

**SELBORNE (Roundell PALMER,** 1er comte **DE)** ♦ Homme politique britannique (Mixbury Rectory, Oxfordshire 1812 - Petersfield, Hampshire 1895). Indépendant des partis mais proche de Gladstone* par sa ferveur anglicane, il fut chancelier de l'Échiquier dans son ministère et accomplit la réforme judiciaire de 1873. Il s'opposa à lui à propos du Home* Rule. ♦ **William Waldegrave Palmer,** 2e comte **de Selborne** (Londres 1859 - *id.* 1942). Fils du précédent. Haut-commissaire en Afrique du Sud, il eut une politique libérale qui aboutit à la constitution du pays en dominion.

**SELDJOUKIDES** ou **SALJUQIDES** n. m. pl. – ÉTYM. du n. de *Saljūq** ♦ Dynastie turque issue du peuple des Oghouz (X[e] - XIIIe s.). → **Saljūq.** Les Seldjoukides constituèrent un grand empire qui se divisa en trois parties : Iran, Syrie, Asie Mineure. Ils représentent la première époque de l'histoire des Turcs au Proche et au Moyen-Orient. Au cours du Xe s., les Seldjoukides s'installèrent sur le Syr-Daria, puis en Transoxiane (région de l'Amou-Daria) et dans la région de Boukhara (v. 985). Le véritable fondateur de la dynastie, Toghrul-Beg (1038 - 1063), soumit toute la Perse actuelle et libéra le calife abbasside de Bagdad de la tutelle des Buyides*, réinstaura le sunnisme et s'imposa comme vicaire temporel du calife, avec le titre de «sultan» (1055). Son neveu et successeur, Alp Arslan (1063 - 1072), eut des difficultés à renforcer l'État centralisé et hiérarchisé qu'il fonda, malgré la puissance de son armée composée essentiellement de Turcs et l'efficacité de son administration comprenant des Arabes et des Iraniens. L'époque des grands Seldjoukides ne dura qu'un demi-siècle (1040 - 1090). Alp Arslan s'empara de l'Arménie (1064), vassalisa Alep (1070) et ouvrit l'empire byzantin aux Turcs en gagnant la bataille de Manzikert (1071) contre l'empereur Romain* IV Diogène. Son fils et successeur Mālik Chāh (1072 - 1092) conquit la plus grande partie de l'Asie Mineure et domina un empire qui s'étendait de la mer Égée au Turkestan. Malgré les nombreuses révoltes et les troubles causés par les assassins*, Mālik Chāh put renforcer son régime et son vizir Niẓām al-Mulk lutta contre les Chiites en fondant les médersas

**Seldjoukides.** *Le sultan seldjoukide Sanjar écoute la requête d'une femme,* miniature persane du *Trésor des Mystères* de Nizàmi (XVI^e s.). Bibliothèque nationale de France, Paris. *Phot. © Cauboue*

(en ar. *madrasa,* pl. *madrasat*), écoles enseignant l'orthodoxie du sunnisme. À la mort de Mālik Chāh, l'empire se divisa. Sanjar (1096 - 1157) obtint le Khorassan et soumit toute la Perse ; mais après sa mort le sultanat seldjoukide de Perse déclina et disparut en 1194. La principauté seldjoukide de Syrie disparut à Damas (1104) et à Alep (1117) sous les effets d'une rapide arabisation. Seul le sultanat d'Asie Mineure *(sultanat de Rūm),* occupant les anc. pays byzantins, forma un État durable, à l'origine de la future Turquie. Après la défaite byzantine de Manzikert (1071), le peuplement turc se développa dans cette région. Les Seldjoukides étaient confrontés aux Byzantins, aux croisés et aux Turcs danishmendites installés sur le plateau anatolien. Avec l'avance des croisés, les Seldjoukides furent relégués dans le centre de l'Asie Mineure. Mais, en 1101, ils se redressèrent et la traversée de l'Anatolie fut interdite aux croisés. Mas'ūd (1116 - 1155) installa sa capitale à Konya. Son successeur Kilij Arslan II (1155 - 1192) soumit définitivement les Danishmendites et devint l'unique chef turc en face des Byzantins et des croisés. Au cours du XIII^e s., les Seldjoukides, victorieux des Grecs de Trébizonde et des Arméniens, gagnèrent de nouveaux territoires. Sous Kaykobad I^er (1219 - 1237), le sultanat de Rūm s'étendit sur presque toute l'Anatolie, pratiquant un commerce actif entre l'Orient et l'Occident. Mais à sa mort, le sultanat, secoué par une grave révolte turkmène (1241), dut subir les assauts des Mongols. L'armée seldjoukide fut écrasée à Kensé Dagh (1243). Malgré la tentative d'indépendance du gouverneur de Sinope, Mu'īn al-Dīn Sulaymān (1277), le sultanat fut irrémédiablement vassalisé par les Mongols, qui nommèrent un vice-roi à Konya (1307). Le reste de l'Anatolie s'émietta en petites principautés turques ; l'une d'elles, celle des Ottomans*, reprit plus efficacement le projet seldjoukide. Malgré leur profonde iranisation, les Seldjoukides entreprirent une œuvre historique essentielle en « déshellénisant » le plateau d'Anatolie pour en faire la Turquie.

**SÉLÉNÉ** ➝ ÉTYM. du gr. *Selênê* « Lune » ♦ Personnification de la Lune dans la mythologie grecque, sœur d'Hélios (le Soleil) et d'Éos (l'Aurore). Jeune femme très belle au visage d'une blancheur qui fait pâlir les étoiles, elle parcourt le ciel sur un char d'argent attelé de deux chevaux. Ses amours, surtout avec Pan* et Endymion*, sont célèbres.

**SELENGA** n. f. ♦ Riv. de Mongolie et de Russie (1 024 km). Formée par la confluence de l'Ider (452 km, né dans les monts du Khangaï) et du Mouran, elle arrose la ville d'Oulan-Oude et se jette dans le lac Baïkal (rive E.). Son princ. affl. en Mongolie est l'Orkhon (1 124 km). Elle est navigable jusqu'à Soukhe-Bator (Mongolie), d'avr. à nov.

**SÉLESTAT** [67600] ➝ ÉTYM. anc. *Scalistati villa,* du vx haut all. *sclade* « région marécageuse » et *statt* « endroit » ♦ Ch.-l. d'arr. du Bas-Rhin, sur l'Ill. 17 179 hab. *(Sélestadiens).* Abbatiale Sainte-Foy, remarquable édifice roman du XII^e s. Église gothique Saint-Georges des XIII^e - XV^e s. (vitraux du XV^e s. ; chaire Renaissance). Bibliothèque fondée en 1452. ▪ Métallurgie des métaux non ferreux. Textile. ▮ **Histoire** Anc. villa carolingienne, ville impériale au Moyen Âge, Sélestat fut le siège d'une célèbre école d'humanistes germaniques aux XV^e et XVI^e s. Fortifiée par Vauban en 1674, la ville fut démantelée par les Allemands en 1872.

**SÉLEUCIDES** n. m. pl. ➝ ÉTYM. en gr. ***Seleukidai*** ; du n. de *Séleucos** I^er ♦ Dynastie hellénistique qui régna sur la Syrie et sur une partie de l'Orient hellénistique de –305 à –64. ➝ **Séleucos, Antiochos, Alexandre, Démétrios.** Pendant le règne de son fondateur Séleucos* I^er Nicator, l'empire séleucide, avec comme capitale Séleucie, puis Antioche, s'étendit sur la Mésopotamie, l'Asie Mineure, la Bactriane*, la Sogdiane* et la Parthie (➝ **Parthes**). Par suite de longues disputes avec les autres royaumes hellénistiques (–III^e s.), les Séleucides perdirent la plus grande partie de l'Asie Mineure et les satrapies orientales. Reconstitué au début du –II^e s., sous Antiochos III le Grand, le grand État séleucide fut ensuite déchiré par les luttes intestines. Réduit à la Syrie (–140), il fut annexé par les Romains en –64. Les Séleucides soutinrent l'hellénisation de l'Asie antérieure et contribuèrent au dévelop-

**Seldjoukides.** L'empire seldjoukide.

pement de l'urbanisme hellénistique par la fondation de grandes villes dont les trois Séleucies (→ **Séleucie**), Antioche*, Doura*-Europos, Apamée*, Laodicée*, Édesse*.

**SÉLEUCIE** – en gr. ***Seleukeia*** ♦ Nom de plusieurs villes anciennes de Syrie et de Cilicie, fondées par Séleucos* I$^{er}$ Nicator. ♦ ***Séleucie du Tigre*** Située sur la rive d. du Tigre, ce fut la première capitale des Séleucides* (de –307 à –300), puis la résidence des rois parthes. Ville commerciale florissante, elle comptait à son apogée près de 500 000 hab., mais elle déclina après la fondation de Ctésiphon par les Parthes. ♦ ***Séleucie de Piérie*** Située à l'embouchure de l'Oronte (Syrie), c'était le port d'Antioche. Elle subsista jusqu'au VI$^{e}$ s., ruinée à cause des invasions arabes. ♦ ***Séleucie Trachée*** ou ***du Calycadnos*** Située en Cilicie (Asie Mineure) elle était florissante à l'époque romaine. Auj. *Silifke* (Turquie).

**SÉLEUCOS** ou **SELEUKOS** ← **ÉTYM.** gr. p.-ê. «brillant», de *selas* «éclat» ♦ Nom de six rois de la Syrie hellénistique. ♦ **SÉLEUCOS I$^{er}$ Nicator** «le Vainqueur» (Europos v. –358 - près de Lysimacheia –280). Général macédonien, lieutenant d'Alexandre* le Grand, puis roi de la Syrie (–305 - –280) et fondateur de la dynastie des Séleucides*. Ayant participé à la lutte des diadoques contre Perdiccas, il reçut la Babylonie au deuxième partage de l'empire d'Alexandre (–321). Il forma l'alliance des diadoques (→ **Cassandre, Lysimaque, Ptolémée**) contre Antigonos* Monophthalmos et, après la victoire sur Démétrios* Poliorcète (–312), entreprit de reconstituer à son profit l'empire d'Alexandre, mais ne réussit pas à soumettre l'Inde. Proclamé roi en –305, il se retourna vers l'Occident et, après la victoire des adversaires d'Antigonos à Ipsos* (–301), il transporta sa capitale de Séleucie* à Antioche* que, visant à la suprématie maritime, il fonda à proximité de la côte méditerranéenne ; ce fut la cause d'un long différend avec l'Égypte des Ptolémées. Après s'être débarrassé de Démétrios Poliorcète et de Lysimaque, Séleucos devint maître de l'Asie Mineure et marcha contre la Macédoine, mais il fut assassiné par Ptolémée Kéraunos. Sa politique d'hellénisation de l'Orient était basée sur l'urbanisme. → **Antioche, Séleucie.** ♦ **SÉLEUCOS II Kallinikos** «le Grand Vainqueur» (v. –265 - –226). Fils d'Antiochos II, il s'assura la succession (–246 - –226) en écartant sa belle-mère Bérénice (sœur de Ptolémée* III) et le fils de celle-ci, qu'il assassina. Durant la troisième guerre de Syrie (–246 - –241) qui s'ensuivit, Séleucos perdit une partie de la Syrie, les satrapies orientales passées aux Parthes et l'Asie Mineure, révoltée puis disputée par Pergame. ♦ **SÉLEUCOS III Sôter Kéraunos** «le Sauveur», «la Foudre» (mort en –223). Fils de Séleucos II, il lui succéda (–226 - –223). Il périt assassiné lors d'une campagne contre Pergame. ♦ **SÉLEUCOS IV Philopator** «qui aime son père» (mort en –175). Fils et successeur d'Antiochos III (–187 - –175), il tenta sans succès de faire obstacle aux progressions de Rome et de Pergame. Visant à la domination de la Palestine, il chargea son ministre Héliodore* de s'emparer du trésor du temple de Jérusalem. Héliodore, après son échec, assassina Séleucos et prit sa place. ♦ **SÉLEUCOS V Nicator** (mort en –125). Fils et successeur de Démétrios II Nicator (–125), il fut assassiné après son avènement par son frère Antiochos VIII à l'instigation de leur mère Cléopâtre Théa. ♦ **SÉLEUCOS VI Épiphane** «l'Illustre» (mort en –93). Fils et successeur d'Antiochos VIII (–96 - –93), il dut reprendre la Cœlésyrie à son oncle Antiochos IX et lutta contre son cousin Antiochos X. Prisonnier, il fut brûlé vif par les habitants de Mopsueste en Cilicie.

**SÉLIM** ♦ Nom de plusieurs sultans ottomans. ♦ **SÉLIM I$^{er}$** (Amasya 1467 - Constantinople 1520). Sultan ottoman (1512 - 1520). Fils de Bayazid* II, non désigné pour la succession, il acquit l'alliance des janissaires, se révolta et mit à mort ses frères et ses neveux. Restant en paix avec les États européens, il mena la guerre contre le chah de Perse Ismā'īl I$^{er}$, massacra les chiites* et annexa les pays sunnites* (Kurdistan, Haute-Mésopotamie, Syrie, Égypte). Il entra au Caire en 1517 et, selon la tradition, le calife abbasside lui aurait cédé son titre de calife («successeur du Prophète»), titre porté par les sultans ottomans, surtout à partir du XVIII$^{e}$ s., et aboli par Mustafa* Kemal en 1924. ♦ **SÉLIM II** (Constantinople 1524 - *id.* 1574). Sultan ottoman (1566 - 1574). Il délaissa, pour la débauche et le vin, les affaires de l'État qu'il confia à son grand vizir. Sous son règne, Chypre fut conquise (1570) et, malgré la destruction de la flotte turque à Lépante (1571), les Vénitiens ne purent rétablir leur autorité sur l'île. ♦ **SÉLIM III** (Constantinople 1761 - *id.* 1808). Sultan ottoman (1789 - 1807). Son règne fut catastrophique. Battu, il dut traiter avec l'Autriche et la Russie (1791 - 1792). L'invasion de l'Égypte par Bonaparte (1798) fut à l'origine d'une nouvelle guerre qui échoua. Les Serbes s'insurgèrent ; les wahhabites* prirent La Mecque, Sélim III tenta de procéder à des réformes, mais les janissaires se révoltèrent et le détrônèrent.

**Sélim I$^{er}$.** *Le Couronnement du sultan Sélim I$^{er}$,* miniature extraite d'un manuscrit du *Huner-Name,* art ottoman du XVI$^{e}$ s. Bibliothèque Topkapı, Istanbul. *Phot.* © *Giraudon*

**SELIMOVIĆ (Mehmed Meša)** ♦ Romancier yougoslave de Bosnie-Herzégovine (Tuzla 1910 - Belgrade 1982). Il s'engagea dans la lutte clandestine de libération du côté des Partisans mais fut fait prisonnier de 1942 à 1943. Il se rendit ensuite en zone libre et devint membre du Parti communiste de Yougoslavie. En 1947, il s'installa à Sarajevo et publia des nouvelles, *La Première compagnie* (1950), puis, dix ans plus tard, un premier roman, *La Prison*. Cependant, son travail ne fut révélé au grand public qu'avec *Le Derviche et la mort* (1966) et *La Forteresse* (1970), dont le cadre est la Bosnie musulmane, aujourd'hui considérés comme des classiques de la littérature ex-yougoslave.

**SÉLINONTE** ← **ÉTYM.** en gr. ***Selinous***, de *°selinoeis* «riche en persil», de *selinon* «ache ou persil» ♦ Anc. ville de Sicile*, sur la côte S.-O., fondée en –651 ou en –628 par des colons de Mégara* Hyblaea et de Mégare*. Sa menace contre Ségeste* motiva l'expédition des Athéniens en Sicile (–415). Elle fut ravagée par les Carthaginois en –409 et en –250. ▪ Ruines de sept temples doriques du –VI$^{e}$ s. dont celui d'Apollon, l'un des plus vastes monuments grecs (113 m × 54 m).

**SELKIRK (Alexander SELCRAIG, dit)** ♦ Marin écossais (Largo, Fifeshire 1676 - mort en mer 1721). Après une querelle avec son capitaine, il fut débarqué dans une île déserte de l'archipel Juan* Fernández, auj. appelée Robinson Crusoe. Il y vécut de 1704 à 1709. Ses aventures furent décrites par Woodes Rogers (1712), le capitaine qui l'avait découvert dans son île, puis par R. Steele, et surtout évoquées par Daniel De* Foe, à qui il servit de modèle pour son *Robinson* Crusoé.*

**SELKIRK** (monts) ♦ Chaîne de montagnes de l'O. du Canada (Colombie-Britannique), qui s'étend de la frontière des États-Unis vers la rivière Columbia. Elle culmine au mont Sir Sandford (3 533 m).

**SELLARS (Peter)** ♦ Metteur en scène américain (Pittsburgh 1957). Il devint à 26 ans directeur de l'American National Theater à Washington. Son désir de réveiller les esprits par l'humour et par l'ironie dans une démarche engagée se retrouve aussi bien dans ses mises en scène de théâtre, d'opéras et de ballets que dans la réalisation de films (*Le Cabinet du Docteur Ramirez*, 1991). Il n'hésite pas à mélanger les styles, les époques et les cultures afin de souligner la modernité des œuvres classiques : il situe *Les Noces de Figaro* dans un appartement luxueux de New York et *Don Giovanni* à Harlem. Shylock du *Marchand de Venise* est joué par un acteur noir et *The Rake's Progress* de Stravinski se passe dans une prison californienne. Également féru de musique contemporaine, il a créé tous les opéras de John Adams (notamment *Nixon in China*) et de la Finlandaise Kaija Saariaho et monté *Saint François d'Assise* d'Olivier Messiaen. Son audace est diversement ressentie par les auteurs, contestée par György Ligeti* pour sa mise en scène du *Grand Macabre* (1997), mais félicitée par Kaija Saariaho pour *L'Amour de loin* (2000).

**SELLES-SUR-CHER** [41130] ← **ÉTYM.** du lat. *cella* «cellule d'ermite» ♦ Ch.-l. de cant. du Loir-et-Cher, arr. de Romorantin-Lanthenay. 4 775 hab. *(Sellois)*. Château médiéval, remanié au début du XVII$^{e}$ s. Église Saint-Eusice (XII$^{e}$ - XV$^{e}$ s.) restaurée, anc. abbatiale (façade romane ; chevet orné d'une double frise de personnages). Maisons anc. ▪ Porcelaine sanitaire. Fromages de chèvre.

**SELONCOURT** [25230] ← **ÉTYM.** «domaine (bas lat. *curtis*) de Selo (n. de pers. germ.)» ♦ Comm. du Doubs, arr. et aggl. de Montbéliard. 5 746 hab. *(Seloncourtois)*. Métallurgie. Maroquinerie.

**SELTEN (Reinhard)** ♦ Économiste allemand (Breslau 1930). Il contribua, avec Harsanyi*, à appliquer la théorie des jeux «non coopératifs» au domaine de la négociation. [Prix Nobel d'écon. 1994, avec John F. Nash* et John C. Harsanyi]

**SELTZ** [67470] ♦ Ch.-l. de cant. du Bas-Rhin, arr. de Wissembourg. 2 985 hab. *(Seltzois)*. Vestige de la *Saliso* romaine. L'église moderne conserve le chœur et les chapelles du XV$^{e}$ s. de l'église détruite en 1940. ▪ Tuilerie. Petites industries.

**SELYE (Hans)** ♦ Physiologiste canadien d'origine autrichienne (Vienne 1907 - Montréal 1982). Ses travaux portent sur l'endocrinologie. Il étudia particulièrement les modifications psychophysiologiques consécutives à un choc violent (traumatique ou opératoire) ; elles se caractérisent par un état de tension aiguë (stress) de l'organisme obligé de mobiliser ses défenses face à l'agression *(syndrome d'adaptation de Selye).*

**SEM** → ÉTYM. en hébr. *shém* «nom» ♦ Personnage biblique (Genèse, V-X), fils de Noé*. Ancêtre éponyme des peuples sémitiques.

**SEM (Georges GOURSAT, dit)** ♦ Dessinateur et caricaturiste français (Périgueux 1863 - Paris 1934). Collaborateur des quotidiens *Le Gaulois* et *Le Journal*, il campa d'un trait acéré les silhouettes des hommes politiques. Il illustra les scènes de la vie parisienne, mondaine et sportive. Ses affiches, vivantes et pleines d'humour pour le restaurant Maxim's ou pour la revue du Casino de Paris, sont restées célèbres.

La **Semaine sainte** ♦ Roman de Louis Aragon* (1958). L'action se déroule pendant la semaine sainte de l'an 1815, au moment où Louis XVIII et ses fidèles s'enfuient vers les Pays-Bas alors que Napoléon reconquiert le pays. Parmi les multiples personnages, le peintre Théodore Géricault, lieutenant de la Maison du Roi, est partagé entre ses convictions bonapartistes et sa pitié pour le roi qu'il escorte. Il finit par déserter et s'engage dans l'armée impériale après avoir rencontré son ami, mais aussi son double, Robert Dieudonné. Aragon s'est défendu d'avoir écrit un roman historique : Géricault lui permet d'esquisser une réflexion sur l'engagement d'un homme confronté aux accélérations de l'Histoire.

**SEMAN** ou **SEMANI** n. m. ♦ Fl. d'Albanie (252 km) tributaire de l'Adriatique, ayant pour affluent le Devoll.

**SEMARANG** ♦ V. d'Indonésie, sur la côte N. de Java, cap. de la prov. de Jawa Tengah. 1 336 500 hab. Port assez important. Indus. textiles. Ancien grand port exportateur de sucre.

**SEMBAT (Marcel)** ♦ Homme politique français (Bonnières-sur-Seine 1862 - Chamonix 1922). Membre de la SFIO, député (1893 - 1922), auteur d'un pamphlet pacifiste, *Faites un roi, sinon la paix* (1913), il fut néanmoins ministre des Travaux publics durant l'Union sacrée (1914 - 1917), adoptant une position nationaliste. Réformiste, il vota contre l'adhésion à la III^e^ Internationale lors du congrès de Tours* (1920).

**SEMBENE Ousmane** ♦ Écrivain et cinéaste sénégalais d'expression française (Ziguinchor 1923 - Dakar 2007). Il est surtout connu comme cinéaste, bien que ses films s'appuient sur son œuvre littéraire. Autodidacte, resté très proche du petit peuple, il a exprimé sa critique de la colonisation et des bureaucrates qui lui ont succédé dans *Le Docker noir* (1956), *Ô Pays, mon beau peuple* (1957), *Les Bouts de bois de Dieu* (1960), *Voltaïques* (1962), *Le Mandat* (1963), *Xala* (1973), *Le Dernier de l'Empire* (1982). Le cinéma lui a permis de toucher directement en langue ouolof ceux dont il décrit la vie : *La Noire de* (1966, adaptation d'une nouvelle de *Voltaïques*), *Manda-bi* (1968, tiré du *Mandat*), *Emitaï* (1971), *Ceddo* (1977), *Guelwaar* (1992) ou *Moolaadé* (2004), contre la pratique de l'excision.

**SEMBLANÇAY (Jacques DE BEAUNE, seigneur DE)** ♦ (Tours 1445 - Montfaucon 1527). Homme politique français. Il fut l'un des principaux banquiers de Charles VIII, de Louis XII et de François I^er^ et fut surintendant des Finances à partir de 1518. Louise* de Savoie, après l'avoir accusé en vain de ses propres malversations, le fit condamner à mort, en l'absence du roi, sans parvenir à atteindre sa réputation.

**SÉMÉAC** [65600] → ÉTYM. probablt du lat. *Semius*, n. de pers., et suff. *-acum* ♦ Ch.-l. de cant. des Hautes-Pyrénées, banlieue E. de Tarbes. 4 751 hab.

**SEMEÏ** – jusqu'en 1994 ***Semipalatinsk*** ♦ V. du Kazakhstan, ch.-l. de région, sur l'Irtych. 259 500 hab. Indus. alimentaire. Traitement du cuir. Cimenterie. Métall. de l'aluminium. ▮ **Histoire** Après sa détention au bagne d'Omsk, F. Dostoïevski fut transféré à Semipalatinsk comme simple soldat (1854 - 1859).

**SÉMÉLÉ** ♦ Fille de Cadmos* et d'Harmonie* et sœur d'Ino*. Aimée de Zeus*, elle est victime de la jalousie d'Héra*. Inspirée par celle-ci, Sémélé oblige son amant divin, lié par une promesse, à lui apparaître dans toute sa gloire et elle est foudroyée. Zeus arrache pourtant de son sein Dionysos* qu'elle avait conçu de lui. Plus tard, Dionysos descend aux Enfers, en soustrait sa mère et l'emmène au ciel.

**SEMIONOV** ou **SEMENOV (Nikolaï Nikolaïevitch)** ♦ Chimiste russe (Saratov 1896 - Moscou 1986). Auteur de travaux sur la cinétique chimique, il participa notamment à la mise au point de la théorie des réactions en chaîne d'abord sur les réactions photochimiques, puis sur les réactions explosives (où il introduisit le concept d'«inflammation en chaîne»). [Acad. sc. 1978 ; Prix Nobel de chimie 1956, avec C. Hinshelwood*]

**SÉMIRAMIS** → ÉTYM. «amie des colombes», de l'akkadien *Šammuramat* ♦ Reine légendaire d'Assyrie et de Babylonie, femme du gouverneur Omnès puis du roi Ninos. Veuve, elle aurait guerroyé jusqu'aux Indes et aurait élevé de somptueuses constructions à Babylone, dont les célèbres jardins suspendus. → **Sammuramat.**

**SEMLER (Johann Salomon)** ♦ Théologien protestant allemand (Saalfeld 1725 - Halle 1791). Professeur de théologie à Halle (1752 - 1791), il est surtout connu pour ses travaux sur l'histoire des premiers siècles du christianisme : *Neue Versuche, die Kirchenhistorie der ersten Jahrhunderte mehr aufzuklären* (1788). Sans aller jusqu'à mettre en question la valeur de la révélation et des sacrements (comme par ex. Reimarus*), il contribua à préciser les bases d'une étude critique et historique de la Bible.

**SEMMELWEIS (Ignác Fülöp)** ♦ Médecin hongrois (Buda 1818 - Vienne 1865). Il affirma le caractère infectieux et transmissible de la fièvre puerpérale et lutta (contre l'avis de ses collègues) pour une asepsie rigoureuse par le chlorure de chaux dans les hôpitaux. Céline* lui consacra sa thèse de doctorat.

**SEMMERING** n. m. ♦ Col des Alpes autrichiennes (992 m) qui unit les vallées de la Leitha et de la Mürz et qui marque la frontière entre la Basse-Autriche et la Styrie. ▪ Le chemin de fer, terminé en 1854, fut la première grande ligne d'Europe construite en pleine montagne et a nécessité de nombreux ouvrages d'art pour relier Vienne à Trieste. ▪ Centre touristique et station de sports d'hiver, près du col (985 m) et à Spital (778 m).

**SEMOIS** ou **SEMOY** → ÉTYM. anc. *Sesomiris, Sesmarum, Sesmoys*, p.-ê. «la rivière aux pierres», du germ. *sahsa* «pierre» et *mari* «flaque d'eau» ♦ Riv. de Belgique (province de Luxembourg et de Namur) et de France (dép. des Ardennes). 198 km. Elle prend sa source à Arlon et son cours supérieur est en Lorraine belge ; elle reçoit la Vierre (barrage), passe à Chiny, entre en Ardenne, arrose Bouillon, pénètre en France et se jette dans la Meuse à Monthermé. Ses méandres encaissés constituent des sites touristiques. Dans la plaine alluviale, de part et d'autre de la frontière, la culture du tabac a fait place à celle de la fraise.

**SÉMONIDE** ou **SIMONIDE D'AMORGOS** ♦ Poète grec (Samos –VII^e^ s.), longtemps confondu avec Simonide de Céos. Il fonda à Amorgos une colonie de Samiotes. Auteur de satires en vers iambiques, dont une *Sur les femmes*, il est considéré comme le plus ancien représentant du pessimisme intégral.

**SEMPACH** ♦ V. de Suisse (cant. de Lucerne), sur la rive orientale du *lac de Sempach (Sempachersee)*. 3 741 hab. ▮ **Histoire** Sempach est célèbre par la victoire qu'y remportèrent les confédérés des huit cantons (→ **Suisse**) sur Léopold* III de Habsbourg, duc d'Autriche (9 juil. 1386), qui y fut tué. C'est au cours de cette bataille que s'illustra et périt Arnold de Winkelried*.

**SEMPÉ (Jean-Jacques)** ♦ Dessinateur humoriste français (Bordeaux 1932). Il publia à dix-huit ans ses premiers dessins dans la presse parisienne. En 1956, Goscinny lui apporta l'histoire du *Petit Nicolas*. Il illustra les nombreuses aventures de cet écolier et de ses copains. Il rencontra le succès en France comme aux États-Unis. Ses dessins, sobres et poétiques, sont un antidote à la morosité quotidienne, à l'univers écrasant des villes d'aujourd'hui et, par une légende souvent décalée, ouvrent la porte au rêve. → ÉTYM. *Sempé* est une variante de *Saint-Pé*, nom de plusieurs lieux dans le sud-ouest de la France.

**SEMPER (Gottfried)** ♦ Architecte et théoricien allemand (Hambourg 1803 - Rome 1879). Directeur de l'École d'architecture de Dresde, il construisit le grandiose Théâtre de la Cour (1838 - 1841), des résidences de style néo-Renaissance et néo-palladien, et une synagogue mauresque et néo-romane (1839 - 1840). Républicain en 1849, il dut s'exiler à Paris puis à Londres (1851), et publia *Die vier Elemente der Baukunst*, et, en 1852, *Wissenschaft, Industrie und Kunst*, où il critique l'industrialisation de l'architecture. Il conçut le bâtiment de l'École polytechnique de Zurich (où il enseignait depuis 1855 grâce à Richard Wagner*), puis le Sternwarte de Zurich, et l'Hôtel de ville de Winterthur, de 1865 à 1869. Il mena la reconstruction du Théâtre de Dresde, achevée en 1888 par Karl von Hasenauer. Son livre *Der Stil in den technischen und tektonischen Künste* (1874 - 1888) eut une grande influence sur Otto Wagner* et H. P. Berlage*.

**SEMPRONIUS** – en lat. ***Tiberius Sempronius Longus Tuditanus*** ♦ Homme politique romain, consul en –218, lors de la deuxième guerre Punique, il fut battu à la Trébie*, puis remporta quelques succès sur les Carthaginois en Italie méridionale.

**SEMPRÚN (Jorge)** ♦ Romancier et scénariste espagnol d'expression française et castillane (Madrid 1923). Son œuvre littéraire autobiographique est nourrie de ses expériences politiques, la déportation, l'exil (*Le Grand Voyage*, 1963 ; *La Deuxième Mort de Ramón Mercader*, 1969 ; *Quel beau dimanche !*, 1980 ; *L'Algarabie*, 1981 ; *La Montagne blanche*, 1986 ; *L'Écriture ou la vie*, 1994 ; *Adieu vive clarté*, 1998 ; *Le mort qu'il faut*, 2002). Son écriture est marquée par les techniques du nouveau roman, mais le propos est toujours engagé, humaniste et l'œuvre milite pour la liberté, en une méditation sur l'Histoire, à la fois généreuse et désenchantée. Il est l'auteur de scénarios de films (*Z*, 1969 ; *L'Aveu*, 1970). Il a été ministre de la Culture dans le gouvernement espagnol (1988 - 1991). [Acad. Goncourt 1996]

**SEMUR-EN-AUXOIS** [oswa] [21140] → ÉTYM. anc. *Sinemurum*, p.-ê. du pré-indo-eur. *°sin-* «montagne» et du lat. *murus* «mur» ou du prélatin *°sinemurus* «citadelle» ♦ Ch.-l. de cant. de la Côte-d'Or, arr. de Montbard, sur un plateau granitique dominant la rive d. de l'Armançon. 4 453 hab. *(Semurois)*. Église Notre-Dame fondée v. 1060, reconstruite au XIIIe s., restaurée par Viollet-le-Duc (vitraux des XIIIe et XVe s., retable du XVIe s.). Musée (archéologie, paléologie, beaux-arts) dans l'anc. couvent des Jacobines. Musée (sciences naturelles) dans la tour de l'Orle d'or. Vestiges d'un château des XIIe et XVIIe s., et remparts à tours rondes. ▪ Site touristique (courses de chevaux traditionnelles). Élevage bovin. Indus. diversifiée (cuir). ▮ **Histoire** La forteresse gallo-romaine de *Sinemurum* fut remplacée au VIe s. par un château des ducs de Bourgogne. Capitale de l'Auxois*, qui fut incorporé à la Bourgogne au XIe s., Semur obtint une charte de commune en 1276. Elle fut prise par Louis XI en 1478. En 1602, Henri IV fit démanteler le château qui avait servi de refuge aux Ligueurs.

**SEMUR-EN-BRIONNAIS** [71110] ➝ ÉTYM. → Semur*-en-Auxois ♦ Ch.-l. de cant. de la Saône-et-Loire, arr. de Charolles. 724 hab. Église Saint-Hilaire (XIIe s.) de style clunisien. Ruines d'un château médiéval où naquit saint Hugues. ▪ Aux environs, église romane (XIIe s.) de Saint-Julien-de-Jonzy (tympan, chapiteaux).

**SEN (Keshab Chandra)** ♦ Philosophe indien (Calcutta 1838 - *id.* 1884), membre du Brahmo-Samāj. Il quitta cette société pour fonder une nouvelle religion syncrétique se réclamant d'un dieu unique et rejetant le brahmanisme. Cette nouvelle religion se divisa à sa mort en de nombreuses sectes et disparut.

**SEN (Mrinal ou Mriṇāl)** ♦ Cinéaste bengali (Faridpur 1923). Ses films ont été révélés tardivement en France, grâce à l'action de festivals comme celui de La Rochelle. Ce que l'on en connaît procède d'une sympathique fougue militante, exprimée en une forme originale, qui se ressent de l'influence de la nouvelle vague française : *Calcutta 71* (1972), *Les Marginaux* (1977), *Un jour comme un autre* (1979), *Les Ruines* (1984), *Genesis* (1986).

**SEN (Amartya)** ♦ Économiste indien (Santiniketan, Inde 1933). Il démontra que les famines sont en relation avec la répartition des revenus et non avec des situations de pénurie alimentaire. Il mit également au point l'indice synthétique du développement humain, retenu par l'ONU. *Collective Choice and Social Welfare* (1970) ; *Un nouveau modèle économique* (2001). L'objet de *Identity and Violence : The Illusion of Destiny* (2006) est la «réduction» de l'humain engendrée par la construction de l'identité en fonction d'un seul paramètre (religion, nationalité), or la réduction de l'autre à une identité unique amène à l'assimiler à un ennemi. En 2009, il publia une réflexion tant économique que philosophique, menée durant trente années, sur les moyens de réduire les injustices : *L'Idée de justice*. [Prix Nobel d'écon. 1998]

**SÉNAC (Jean-Baptiste)** ♦ Médecin français (près de Lombez 1693 - Paris 1770). Premier médecin de Louis XV, il est considéré comme l'un des précurseurs de la cardiologie, notamment pour avoir mis en évidence certains symptômes importants des affections cardiaques. [Acad. sc. 1723]

**SÉNAC (Jean)** ♦ Poète algérien d'expression française (Beni-Saf 1926 - Alger 1973). Enfant tardivement reconnu par son père, il considéra son nom de Sénac «comme un pseudonyme» et se montra hanté dans son œuvre par la recherche du nom. Chrétien convaincu, il traversa, adolescent, une profonde crise religieuse et morale, et connut l'expérience de la maladie avant de faire des rencontres qui furent capitales, celles de R. Char et de A. Camus. Installé à Paris, il milita dans les rangs du FLN, rentra en Algérie en 1962 et donna des émissions littéraires à la RTA. Tenu en suspicion dès 1972, il fut assassiné en sept. 1973. Poète de l'amour («Car il n'y a pas de Révolution sans Amour»), de la liberté, et de la foi en la poésie («Car tout est chant hormis la mort !»), Jean Sénac a laissé d'importants recueils : *Poèmes* (1954), *Matinale de mon peuple* (1961), *Citoyens de beauté* (1967), *Avant-Corps* (1968) et *Les Désordres* (1972).

**SÉNAC DE MEILHAN** [mɛjɑ̃] **(Gabriel)** ♦ Administrateur et écrivain français (Paris 1736 - Vienne, Autriche 1803). Intendant général, collaborateur du comte de Saint-Germain au ministère de la Guerre (1776), il se fit connaître en publiant des *Mémoires* (apocryphes) *d'Anne de Gonzague, princesse Palatine* (1786). Il écrivit ensuite les *Considérations sur le luxe et les richesses* et les *Considérations sur l'esprit et les mœurs* (1787), où il visait Necker. Émigré en 1791, il se lia d'amitié avec Catherine II, puis s'installa à Vienne. Outre un roman historique, *L'Émigré* (1797), il publia un ouvrage qui retrace la situation sociale et politique de la France avant la Révolution : *Du gouvernement, des mœurs et des conditions en France avant la Révolution* (1797).

**SENANAYAKE (Dudley Shelton)** ♦ Homme politique cinghalais (Colombo 1911 - *id.* 1973). Fils de DON STEPHEN SENANAYAKE (Colombo 1884 - *id.* 1952), Premier ministre de Ceylan en 1947, qui présida à l'indépendance du pays en 1948. Il fut, à son tour, Premier ministre (conservateur) de 1947 à 1956, puis de 1965 à 1970. Il fut remplacé à ce poste par Mme Bandaranaike* Sirimavo.

**SENANCOUR (Étienne PIVERT DE)** ♦ Écrivain français (Paris 1770 - Saint-Cloud 1846). Menant une existence solitaire et errante, il trouva dans les théories de Rousseau*, puis dans les doctrines des illuministes l'aliment à un désenchantement et à un besoin d'absolu qu'il ne pouvait résoudre par le christianisme. Dans ses *Rêveries sur la nature primitive de l'homme* (1799) et, surtout, dans le roman autobiographique *Oberman** (1804) apparaît un malaise existentiel («Je voudrais savoir !») qui se traduit par l'incurable tristesse du héros, goûtant la «volupté de la mélancolie». Inquiété à cause de son agnosticisme (*Résumé de l'histoire des traditions morales et religieuses chez tous les peuples*, 1825), il ne connut le succès qu'à partir de 1830 : ses principales œuvres furent rééditées et il donna un nouveau roman, *Isabelle* (1833).

**Sénanque** (abbaye de) ♦ Abbaye cistercienne du Vaucluse (comm. de Gordes), au creux du petit vallon de la Sénancole. Fondée en 1148 par des moines venus de l'abbaye de Mazan (Haut-Vivarais), elle prospéra jusqu'à la fin du XIVe s. Incendiée par les protestants en 1544, vendue en 1791, elle retrouva sa vocation monastique à partir de 1854. Remarquable illustration de l'art cistercien, l'abbaye primitive est presque complète (seul le bâtiment des convers a été refait au XVIIIe s.). L'église, commencée v. 1150 et achevée au déb. du XIIIe s., est dénuée de toute décoration. Cloître de la fin du XIIe s. Musée saharien dans une partie des bâtiments conventuels. → **Silvacane, Thoronet (Le).**

**SÉNARMONT (Henri HUREAU DE)** ♦ Minéralogiste français (Broué, Eure-et-Loir 1808 - Paris 1862). Il étudia notamment les propriétés optiques des cristaux. [Acad. sc. 1852]

**SÉNART** (forêt de) ♦ Forêt de 2 500 ha, située au S.-E. de Paris, entre les vallées de la Seine et de l'Yerres.

**SÉNART** ♦ V. nouvelle d'Île-de-France. → **Melun-Sénart.**

**SÉNAS** [13560] ♦ Comm. des Bouches-du-Rhône, arr. d'Arles. 5 618 hab. Fromagerie industrielle.

**sénat**

n. m. ♦ Nom donné à diverses assemblées politiques. ▮ **Consulat et Premier Empire** Un sénat (dit *Sénat conservateur*), ainsi nommé d'après le sénat romain (→ **Rome**), fut institué par la Constitution de l'an VIII. Les sénateurs, âgés de plus de quarante ans, étaient nommés à vie ; ils contrôlaient la constitutionnalité des lois votées par le Corps législatif. Nantis d'un pouvoir politique très important, le Sénat ne s'en servit guère et ne fit que renforcer le pouvoir personnel du Premier consul, puis Empereur. → **Empire (Premier) ; Napoléon Ier.** Après 1804, ce dernier put nommer sénateur toute personnalité qu'il désirait récompenser ; les sénateurs furent tous anoblis. Le Sénat impérial disparut en 1814. ▮ **Second Empire** Restauré par la Constitution du 14 janv. 1852, au lendemain du coup d'État du 2 décembre* 1851, il était composé de 72, puis de 150 membres, nommés à vie par le Prince-Président puis empereur (Napoléon* III) qui leur attribua d'importantes dotations. Le Sénat, qui contribua à faire adopter le principe du rétablissement de l'Empire (nov. 1852), fut chargé de la garde de la Constitution ainsi que de la législation et de l'administration des colonies. Devenu une seconde chambre en 1869, il fut dissous après l'abdication de Napoléon III par le gouvernement de la Défense nationale. ▮ **IIIe et Ve Républiques** Réorganisé par la Constitution de 1875, il était constitué sous la IIIe République de 75 sénateurs inamovibles et de 225 sénateurs élus et renouvelés, et partagea le pouvoir législatif avec la Chambre des députés (réuni avec elle en Assemblée nationale pour élire le président de la République). Remplacé sous la IVe République (1946) par le Conseil de la République qui n'eut qu'un rôle consultatif (élargi toutefois en 1954), le Sénat fut rétabli par la Constitution de 1958 (Ve République). Ses membres sont élus au suffrage indirect (par les élus de leur département : députés, conseillers généraux et délégués des conseillers municipaux et, depuis 1986, conseillers régionaux) pour six ans et renouvelables par moitié tous les trois ans. Le président du Sénat (élu pour trois ans) est le second personnage de la République et assure l'intérim du président de la République en cas de vacance. L'Assemblée siège au palais du Luxembourg*.

**SENDAI** ➝ ÉTYM. du jap. *sen* «ermite» et *tai, dai* «dais, piédestal» ♦ V. du Japon (Honshū), préf. de Miyagi. 1 025 098 hab. Vaste zone portuaire à proximité. Centre admin. et culturel (univ.). Artisanat (céramique, bois, laque) et petites indus. (cuivre, textiles). ▪ La ville, fondée au VIIIe s., se développa à partir du XVIIe s.

**SENDER (Ramón)** ♦ Écrivain espagnol (province de Huesca 1902 - près de San Diego 1982). Collaborateur de journaux de la gauche socialiste, il prit part à la guerre civile dans les rangs républicains et dut s'exiler. Dans sa première œuvre, *Imán, Novela de la guerra de Marruecos* (1930), il dénonce le scandale de la guerre coloniale. *Sept dimanches rouges* (1932) et *Roman de la prérévolution espagnole* (1934), traitent de soulèvements anarchistes ou populaires et ont fait qualifier son style de «réalisme révolutionnaire». Il est aussi l'auteur de deux romans allégoriques et poétiques, *Le Roi et la Reine* (1947), *Les Cinq Livres d'Ariane* (1957), et surtout de *Requiem pour un paysan espagnol* (1960) qui décrit, dans un style linéaire, l'assassinat d'un paysan par la Phalange, au début de la guerre civile. Délibérément ignoré en Espagne, Sender incarne l'exilé à la recherche d'un nouvel humanisme.

**SENDERENS (Jean-Baptiste)** ♦ Chimiste français (Barbachen, près de Rabastens-de-Bigorre 1856 - *id.* 1937). Avec P. Sabatier*, il réalisa de nombreuses hydrogénations en chimie organique avec du nickel réduit comme catalyseur.

**SENDERENS (Alain)** ♦ Cuisinier français (Hyères 1939). Passionné de culture gastronomique, il réalise aussi bien des recettes oubliées que des mets aux saveurs inédites, dans le constant souci d'élargir la palette du goût.

**SÉNÉ** [56860] ➞ **ÉTYM.** du gaul. *Senos*, n. de pers., et suff. *-acum* ♦ Comm. du Morbihan, arr. de Vannes, dans le golfe du Morbihan. 7 868 hab. *(Sinagots)*. Pêche.

**SENEBIER (Jean)** ♦ Bibliographe et naturaliste suisse (Genève 1742 - *id.* 1809). Bibliothécaire de la ville de Genève, il publia une *Histoire littéraire de Genève* (1796). Naturaliste, il étudia les échanges gazeux dans les végétaux sous l'influence de la lumière.

**SENEFELDER (Aloys)** ♦ Inventeur allemand (Prague 1771 - Munich 1834). Auteur dramatique, il découvrit la technique de la lithographie en cherchant à reproduire ses textes (1796). Il lui donna alors une diffusion commerciale.

**SENEFFE** ♦ Comm. de Belgique, prov. de Hainaut, arr. de Charleroi, à la jonction du canal du Centre et du canal Charleroi-Bruxelles. 10 625 hab. Châteaux de Seneffe et de Feluy (XVIII^e^ s.). ▪ Centre industriel. Informatique. Zone industrielle à Feluy.

**SÉNÉGAL** n. m. ➞ **ÉTYM.** de *Sanghana*, n. d'un anc. pays et d'une v. ou de *Zenaga (Sanhaja)*, n. d'une tribu maure, ou du ouolof *samagal* «c'est ma pirogue» ♦ Fl. d'Afrique occidentale (1 700 km). Né de la réunion, à Bafoulabé*, du Bafing*, sa branche mère, et du Bakhoy*, il descend par une série de rapides jusqu'à Kayes (Mali) et reçoit la Falémé, son affl. principal, en amont de Bakel, en territoire sénégalais. Sur sa rive droite, il reçoit le Kolimbiné et le Karakoro et, sur sa rive gauche, le Ferlo (en voie de fossilisation). À mi-parcours, du fait de sa faible déclivité, son cours ne suit aucun lit bien précis et trace des bras qui changent d'année en année. Avant la formation de son delta, il alimente deux dépressions, les lacs Rkiz et de Guiers, qui lui rendent ses eaux lors de sa décrue. À la hauteur de Rosso, il s'élargit en un vaste delta qui a fait l'objet d'un plan d'aménagement (culture du riz et de la canne à sucre). Il se jette dans l'Atlantique en aval de Saint-Louis. C'est un fleuve très irrégulier dont les hautes eaux peuvent atteindre 5 000 $m^3$/s à Saint-Louis, en août, et 3 $m^3$/s à Bafoulabé, à mi-parcours, en mai.

## SÉNÉGAL

▪ n. m. – off. ***république du Sénégal*** ➞ **ÉTYM.** du n. du fl. ♦ Pays d'Afrique occidentale. 196 200 $km^2$. 12 999 000 hab. *(Sénégalais)*. LANGUES : français (off.), ouolof, peul, sérère. POPULATION : Mandingues, Maures, Ouolofs (1/3 de la population), Peuls, Sarakolés, Sérères et Toucouleurs. RELIGIONS : catholiques, musulmans, animistes. MONNAIE : franc CFA. CAPITALE : Dakar. RÉGIME : présidentiel. Le Sénégal est divisé en 10 régions.

Sénégal.

▪ **GÉOGRAPHIE** Pays de savanes herbeuses, arbustives et arborées, avec des forêts-galeries le long des cours d'eau, le Sénégal est constitué par une plaine sablonneuse (alt. moyenne inférieure à 200 m) limitée au N. par la vallée alluviale du Sénégal, à l'E. par son affluent la Falémé, au S.-E. par les avancées du Fouta-Djalon et au S. par la vallée de la Casamance. La côte est plate, sablonneuse et entaillée par les profonds estuaires des fleuves (➞ **Sénégal, Saloum, Casamance, Gambie**) sauf à l'extrémité de la presqu'île du Cap-Vert où le socle d'origine volcanique forme de faibles reliefs (pitons des Mamelles, pointe des Almadies, île de Gorée*, corniche et rade de Dakar*). Le climat tropical chaud comporte une seule saison des pluies dont la durée diminue aux abords de la vallée du Sénégal. On distingue trois zones : sahélienne au N. et au centre (➞ **Ferlo**), soudanienne au S. et une zone côtière plus tempérée sous l'influence du courant froid des Canaries* (brise et brouillards océaniques). La mangrove borde les estuaires du Saloum, de la Gambie et de la Casamance.

▪ **ÉCONOMIE** Le Sénégal est un pays essentiellement agricole dont les cultures vivrières, sorgho, riz, maïs, manioc, sont insuffisantes. On y cultive le coton, et surtout l'arachide (7^e^ producteur mondial) dont la culture systématique a entraîné la dégradation du sol. Sa transformation partielle a fait naître une industrie locale des oléagineux (huileries et raffineries). Une distillerie pour la production de biocarburant à base de canne à sucre est également en service dans le nord du pays depuis 2007. Le Sénégal est un producteur de phosphates (➞ **Thiès**), de titane et de zirconium. La vallée de la Falémé recèle des dépôts de minerais de fer. La pêche artisanale est pratiquée sur les côtes tandis que la pêche industrielle est la principale source de revenus avec le tourisme. Le naufrage d'un ferry, *le Joola*, en oct. 2002, faisant 1 800 morts, a rappelé la vétusté des infrastructures du pays.

Sénégal ▪ Productions en 2008

| Produits | Quantités | Rang |
|---|---|---|
| ▪ Agriculture | | |
| Arachides (2009) | 720 000 t | 18^e^ |
| Canne à sucre | 830 000 t | |
| Coton fibre | 50 000 t | |
| Maïs | 360 000 t | |
| Mangues | 75 000 t | |
| Manioc | 300 000 t | |
| Millet | 400 000 t | 9^e^ |
| Riz | 200 000 t | |
| Tomates | 180 000 t | |
| Bovins (têtes) | 3 200 000 | |
| Ovins (têtes) | 5 200 000 | |
| Pêche | 380 000 t | |
| ▪ Mines | | |
| Phosphates | 780 000 t | |

▪ **HISTOIRE** ▪ **La préhistoire et l'Antiquité** On a découvert de l'outillage paléolithique dans la presqu'île du cap Vert et dans les alluvions des cours d'eau, ainsi que des vestiges néolithiques un peu partout. La tradition orale attribue aux Sérères les vestiges de l'âge du fer (I^er^ millénaire) : métallurgie du fer dans la vallée du Sénégal et mobilier funéraire (pectoral d'or de Rao, armes et parures de cuivre du Saloum). En Sénégambie (Saloum et Gambie), des sépultures collectives composées de cercles de pierres dressées, dont certaines en forme de lyres attestent l'existence d'une culture mégalithique spécifique. Les petits royaumes apparus dès cette époque tombèrent sous l'influence de l'empire de Ghana puis sous celle du Mali. Dès lors se développèrent les voies de communication vers l'Atlantique. ▪ **L'islamisation** À partir du X^e^ s., la vallée du Sénégal fut intégrée à l'histoire du commerce transsaharien et devint une région de diffusion de l'islam. Dans la vallée du fleuve, le petit royaume de Tekrour, vassal du Ghana, se convertit à l'islam après l'effondrement de son suzerain animiste et sera le lieu d'origine des Toucouleurs*. Les petites principautés au S. du fleuve (Walo, Cayor, Baol, Siné-Saloum) vécurent dans la mouvance du Tekrour jusqu'à l'émergence du Djolof au XIV^e^ s. qui étendit son influence sur elles et regroupa les Ouolofs. ▪ **Les Européens et la colonisation française** L'arrivée des Européens sur les côtes, au milieu du XV^e^ s., précipita l'autonomie de ces petits royaumes. L'île de Gorée* fut un enjeu entre la France, la Hollande et surtout la Grande-Bretagne jusqu'en 1817. Au XVI^e^ s., les Portugais fondèrent le comptoir de Ziguinchor au fond de l'estuaire de la Casamance. Les Français s'établirent à l'embouchure du Sénégal (1638), puis dans une île voisine, Saint*-Louis (1659), pénétrant lentement vers l'intérieur. Par la suite, ils aménagèrent des comptoirs à Kaolak et à Rufisque. La colonisation fut entreprise par Faidherbe* à partir de 1854 et se heurta à une forte opposition. Les habitants des «quatre communes» (Dakar, Gorée, Kaolak, Rufisque) obtinrent la citoyenneté française. En 1902, Dakar, dont la vaste rade est favorable aux navires de fort tonnage, remplaça Saint-Louis en tant que capitale de l'Afrique-Occidentale française. La construction du chemin de fer Dakar-Niger désenclava le Soudan. ➞ **Mali.** La culture de l'arachide, introduite par Faidherbe, s'étendit sur le territoire au N. de la Gambie. Doté des grandes infrastructures (administrations, écoles, Institut français d'Afrique noire [Ifan], aéroport [escale de l'Aéropostale vers l'Amérique du Sud] et port [flotte française de l'Atlantique]), le Sénégal de l'époque coloniale (intégré à l'A-OF de 1895 à 1958) fut un centre économique, politique et culturel très animé. **▮ L'indépendance et Léopold Senghor** Il devint une république autonome dans le cadre de la Communauté en 1958 et tenta de préserver l'unité régionale en créant la Fédération du Mali avec le Soudan français. Mais le poids économique du Sénégal était trop grand et un conflit politique aboutit à la rupture entre les deux territoires. Le Sénégal accéda à l'indépendance en 1960 avec Léopold Senghor* comme président et Mamadou Dia comme Premier ministre. Ce dernier, après une tentative de prise du pouvoir et d'un alignement politique sur le Mali et la Guinée, fut éliminé (1962), et une nouvelle Constitution fondée sur un pouvoir présidentiel fort fut adoptée en 1963. Le Sénégal s'engagea sur la voie de l'économie mixte et devint une puissance régionale active dans les domaines diplomatique (négociations avec l'Afrique du Sud) et culturel (premier festival mondial des Arts nègres en 1966). **▮ Abdou Diouf** Le président Senghor se retira en déc. 1980 au profit de son Premier ministre Abdou Diouf qui œuvra pour la création d'une Confédération de Sénégambie* avec la Gambie*. Il fut confirmé dans ses fonctions en 1988 à la suite d'élections pluralistes qui l'opposèrent, notamment, à Abdoulaye Wade*, du Parti démocratique sénégalais. En 1991, le pouvoir dut faire face à des incidents frontaliers avec la Mauritanie* et à partir de 1992, à la guérilla des mouvements autonomistes de la Casamance. Abdou Diouf, réélu en 1993, fit entrer au gouvernement A. Wade (1995). Les troupes sénégalaises intervinrent en 1998 en Guinée-Bissau à la demande de son président B. Vieira. **▮ Abdoulaye Wade** En 2000, A. Wade fut élu président de la République. Toutefois, les suites du naufrage du *Joola*, l'orientation libérale du pouvoir et la hausse des prix suscitent un mécontentement grandissant. De plus, le président est accusé par ses opposants de «dérives monarchiques» en faveur de son fils Karim Wade qu'il a nommé à des postes stratégiques.

---

**SÉNÉGAMBIE** n. f. ← ÉTYM. mot-valise : *Séné*(gal)-*Gambie* ♦ Région d'Afrique occidentale englobant le Sénégal* et la Gambie* *(Sénégambiens)*. Le principe d'une union entre ces deux pays est posé depuis 1960 sous la forme d'une confédération de Sénégambie. Cette dernière a été constituée par un traité signé en déc. 1981 par Abdou Diouf et Daouda Jawara, mais l'application en a été suspendue en sept. 1989.

**SÉNÈQUE** en lat. ***Lucius Annaeus Seneca***, dit **Sénèque le Père** ♦ Écrivain latin (Cordoue v. –60 - Rome v. 39). Venu jeune à Rome, il y suivit l'enseignement des rhéteurs. Auteur d'une *Histoire de Rome* (aujourd'hui perdue), de *Controverses* et de *Conseils*, livres sur la formation des jeunes orateurs.

**SÉNÈQUE** ← ÉTYM. en lat. ***Lucius Annaeus Seneca***, de *senex* «vieux [respectable]» ♦ Homme politique, écrivain et philosophe romain (Cordoue –4 - Rome 65). Venu très jeune à Rome, il y étudia la philosophie stoïcienne. Brillant rhéteur, il fut avocat puis questeur. Exilé en Corse de 41 à 49, il fut rappelé à Rome où il devint le précepteur de Néron*. En 65, celui-ci l'impliqua dans la conjuration de Pison et lui ordonna le suicide. On attribue à Sénèque des tragédies, *Médée, Les Troyennes, Phèdre, Agamemnon, Hercule furieux*, des traités de philosophie, *De la clémence, Des bienfaits, De la constance du sage, De la tranquillité de l'âme, De la providence*, *Lettres* à Lucilius*, et un ouvrage scientifique, *Naturales Quaestiones*. Sa philosophie est exclusivement morale et Sénèque apparaît dans ses traités comme un directeur de conscience qui appelle à la maîtrise de soi. On a souvent noté les contradictions entre ses positions stoïciennes et sa vie fastueuse.

**SENGAI** ♦ Peintre japonais (Minō 1750 - 1837) et moine zen, originaire de Gifu. Il est réputé pour ses peintures religieuses pleines d'humour et ses dessins satiriques à l'encre de Chine.

**SENGHOR (Léopold Sédar)** ← ÉTYM. *Sédar* : sérère «qu'on ne peut humilier» et *Senghor* : du port. *senhor* «monsieur, seigneur» ♦ Homme d'État et poète sénégalais (Joal 1906 - Verson 2001). D'origine sérère, il fit ses études à Dakar et à Paris, où il rencontra Césaire qui venait de formuler le concept de «négritude», et passa l'agrégation de grammaire en 1935. Député à l'Assemblée constituante en 1945, il participa à la rédaction de la Constitution de la IVe République et fut secrétaire d'État dans le cabinet d'Edgar Faure (1955 - 1956). Fondateur de l'Union progressiste sénégalaise avec Mamadou Dia, il devint, après la dissolution de la Fédération du Mali, président de la République du Sénégal en 1960. Il s'efforça de favoriser le dialogue des cultures, s'attirant les invectives du camp progressiste et de son dirigeant Sékou Touré*. En 1980, il se retira de la vie politique sénégalaise après avoir assuré sa succession (→ **Sénégal**). Son œuvre poétique exprime l'amour de sa terre natale, de ses traditions et des paysans qui la peuplent. Elle s'élève parfois jusqu'au ton de l'épopée pour célébrer la «négritude» et l'espoir d'une réconciliation universelle des races. En 1966, Senghor organisa à Dakar le premier festival mondial des Arts nègres. Il a publié une *Anthologie de la nouvelle poésie nègre et malgache de langue française* précédée de la préface de J.-P. Sartre *Orphée noir*, 1948 ; des poèmes (*Chants d'ombre*, 1945 ; *Hosties noires*, 1948 ; *Éthiopiques*, 1956 ; *Nocturnes*, 1961 ; *Lettres d'hivernage*, 1973) ; ainsi que plusieurs essais littéraires et politiques (*Liberté I* à *IV*, 1964 - 1984). [Acad. des sc. morales et pol. 1969 ; Acad. fr. 1983]

Léopold Sédar **Senghor.**
*BIS/Phot. Service Info Sénégal © Coll. Archives Larbor*

**SENIGALLIA** ♦ V. d'Italie, dans les Marches (prov. d'Ancône). 41 550 hab. Petit port et station balnéaire.

**SENLIS** [sɑ̃lis] [60300] ← ÉTYM. de *Silvanectes*, n. d'un peuple gaulois ♦ Ch.-l. d'arr. de l'Oise, sur la Nonette. 16 327 hab. *(Senlisiens)*. Restes d'une enceinte gallo-romaine. Ruines du château royal (musée de la Vénerie). Cathédrale gothique Notre-Dame commencée v. 1153 (remarquable portail glorifiant le Couronnement de la Vierge ; flèche du XIIIe s.). Églises désaffectées Saint-Frambourg (XIIe - XIIIe s., restaurée), Saint-Pierre (XIIe s., remaniée au XVIIe s. ; façade gothique flamboyant). Musée d'Art et d'Archéologie dans l'anc. palais épiscopal (XVIe - XVIIe s.). Musée du Haubergier (histoire de Senlis). Hôtels des XVIe, XVIIe et XVIIIe s. ▪ Cité résidentielle avec quelques industries. ♦ ***Traité de Senlis (1493)*** Par celui-ci, Charles VIII céda l'Artois, la Franche-Comté et le Charolais à l'Autriche.

**SENNACHÉRIB** ← ÉTYM. de l'akkadien *Sîn-ahhê-erîba* «le dieu Sîn a compensé (la mort) des frères» ♦ Roi d'Assyrie* de –705 à –681 (mort dans un attentat). Fils de Sargon* II, il eut du mal à maintenir l'empire de son père, lutta contre des soulèvements provoqués par l'Égypte en Syrie-Palestine (siège de Jérusalem, –701, → **Ézéchias**) et par l'Élam en Babylonie. Vaincu par les Élamites à Haloulé (–690), il rasa Babylone l'année suivante. → **Assarhaddon.**

**SENNA DA SILVA (Ayrton)** ♦ Coureur automobile brésilien (São Paulo 1960 - Bologne 1994). Champion du monde des conducteurs en 1988, 1990 et 1991, grand rival d'Alain Prost*, il fut considéré comme un pilote magique par ses pairs pour son intrépidité et son talent. Il mourut à la suite d'un accident survenu lors du Grand Prix de Saint-Marin, à Imola.

**SENNAR** – en ar. ***Sannār*** ♦ V. du Soudan, sur la rive g. du Nil Bleu. 8 000 hab. Anc. cap. du royaume Fundji. Barrage hydroélectrique irriguant la Gézireh. Raffinerie de sucre.

**SENNE** – en néerl. ***Zenne*** ♦ Riv. de Belgique (103 km). Elle prend sa source sur le bas-plateau hainuyer, arrose Soignies, Tubize, où elle reçoit la Samme à Ronquières (→ **Braine-le-Comte**), puis le Hain. La Senne, longée par le canal de Charleroi-Bruxelles, arrose Halle, est voûtée dans la traversée de Bruxelles et passe à Vilvoorde où le canal de Bruxelles au Rupel s'en écarte. Elle se jette dans la Dyle en aval de Malines.

**SENNEP (Jean-Jacques PENNÈS, dit)** ♦ Dessinateur et caricaturiste français (Paris 1894 - Saint-Germain-en-Laye 1982). Après la Deuxième Guerre mondiale, il poursuivit une carrière de dessinateur pamphlétaire, notamment au *Rire*, à *Candide*, à *L'Écho de Paris* et enfin au *Figaro* de 1945 à 1967. Ses dessins, d'un graphisme robuste et expressif, dénoncent les intrigues et les désordres de la vie politique.

**SENNETT (Michael SINNOTT, dit Mack)** ♦ Réalisateur et producteur de cinéma américain (Richmond, Canada 1880 - Hollywood 1960). Plus qu'un réalisateur, il fut un incomparable animateur, accordant au scénario autant qu'au montage des quelque 500 films qu'il tourna (1912 - 1930) le meilleur de ses soins. À l'instar de Ince, il engagea des équipes de metteurs en scène qui, sous sa direction, tournèrent des séries burlesques d'une éblouissante drôlerie : les *Keystone Cops* («Flics de la Keystone») et les *Bathing Beauties* («Belles Baigneuses»). Il eut aussi le mérite de révéler au public une pléiade d'acteurs prestigieux : Charles Chaplin, Buster Keaton, Fatty Arbuckle, Gloria Swanson, Wallace Berry, Marie Dressler, Harry Langdon, W. C. Fields, Bing Crosby.

**SEN NO RIKYŪ** ♦ Homme de lettres japonais (Sakai 1520 - *id.* 1591), grand maître dans l'art d'arranger les fleurs et dans celui de la cérémonie du thé, qu'il codifia. Hideyoshi*, à qui il avait déplu en lui refusant la main de sa fille, lui ordonna de se suicider sous un faux prétexte de corruption.

**ŠENOA (August)** ♦ Écrivain croate (Zagreb 1838 - *id.* 1881). Son œuvre abondante, animée par le souci d'éveiller la conscience nationale de son peuple, marque la transition du romantisme au réalisme.

*Le Trésor de l'orfèvre* (1871), *La Révolte des paysans* (1877), *Diogène* (1878) sont des romans historiques sur la Croatie du XIVe au XVIIIe s. ; *Le Mendiant Luka* (1879), *Branka* (1881) des romans sur la vie de son époque.

**SÉNONAIS** n. m. ◆ ÉTYM. «pays des *Sénons**» ♦ Région située sur la bordure septentrionale de la Bourgogne entre le Gâtinais* à l'O., la Champagne* pouilleuse à l'E., la Brie* au N. et le pays d'Othe* au S., de part et d'autre de la vallée de l'Yonne. C'est un pays crayeux surmonté de quelques collines de sables tertiaires. Le Sénonais, plus riche que la Champagne pouilleuse, rappelle la Brie ; sa principale ressource est l'agriculture, riche et variée grâce à la diversité des sols et à l'épaisseur des limons. Céréales, betteraves, arbres fruitiers, vigne.

**SENONCHES** [28250] ◆ ÉTYM. du gaul. *Senonicus* (de *seno* «vieux»), n. de pers., et suff. *-ica* ♦ Ch.-l. de cant. de l'Eure-et-Loir, arr. de Dreux, à la lisière du Perche. 3 143 hab. *(Senonchois).* Château des XVe et XVIIe s., avec donjon du XIIe s. ▪ Ébénisterie. ♦ ***Forêt de Senonches*** Forêt domaniale couvrant plus de de 4 300 ha.

**SENONES** [88210] ♦ Ch.-l. de cant. des Vosges, arr. de Saint-Dié. 2 906 hab. (aggl. 4 109) *(Senonais).* Anc. abbaye du VIIe s., reconstruite au XVIIIe s.

**SÉNONS** n. m. pl. ◆ ÉTYM. en lat. ***Senones***, p.-ê. gaul. «les anciens», de la rac. *seno-* «vieux, ancien» ♦ Peuple de la Gaule qui occupait à peu près le Sénonais actuel et avait pour cap. le port fluvial d'*Agedincum* (Sens*). Les Sénons participèrent à la révolte de la Gaule sous Vercingétorix* réprimée par César* en −51, et, dans l'organisation romaine de la Gaule, *Agedincum* devint la métropole de la Lyonnaise* IVe sous le nom de *Senones.* ▪ Une population celte du même nom passa en Italie vers −400 et s'établit sur l'Adriatique ; coalisée contre Rome en −312, elle fut vaincue et dut accepter l'hégémonie romaine. Les colonies de *Sena Gallica* et d'*Ariminium* (Rimini) furent fondées par eux en −283 et −268.

**SÉNOUFO(S)** n. m. (pl.) ♦ Peuple d'Afrique occidentale vivant dans le N. de la Côte d'Ivoire, le S. du Mali et l'O. du Burkina Faso. Agriculteurs de la savane, ils cultivent le mil et le coton. Venus du N. au XVIIe s., ils reconnaissent l'autorité du chef de village, tandis que le «chef de terre», représentant les premiers habitants, préside aux cérémonies animistes en hommage aux ancêtres. Les nombreuses cérémonies, publiques ou secrètes, qui ponctuent les rites agraires, les funérailles et les initiations, font appel à de grands masques de bois évoquant les forces de la création et représentant des animaux tutélaires (calao, crocodile, tortue, antilope) ou l'image emblématique de l'ancêtre.

**SÉNOUSRET** → Sésostris

### senoussis ou sanūsī

n. m. pl. ♦ Membres de la confrérie musulmane de la *Senoussiya*, du nom de son fondateur MUḤAMMAD IBN ʿALĪ AL-SANŪSĪ (douar Torch, près de Mostaganem, v. 1792 - Djaraboud 1859). Al-Sanūsī demeura à La Mecque de 1830 à 1843. Il gagna ensuite la Cyrénaïque, où il fonda en 1843 la première «zaouïa» de son ordre. Opposée aux chrétiens, la confrérie s'établit en 1855 à Djaraboud, oasis et carrefour caravanier aux confins de la Tripolitaine et de l'Égypte, à 300 km au S. de Tobrouk, et son influence gagna tout le Sahara oriental. À la mort du fondateur, son fils Aḥmad al-Mahdī, puis le neveu de ce dernier, Aḥmad al-Charīf, lui succédèrent. Les senoussis résistèrent à l'occupation française du Kanem et du Tibesti. Lorsque les Italiens eurent occupé la côte de la Libye, ils les repoussèrent. En 1931, l'occupation de Koufra par l'Italie fasciste mit fin à leur puissance. En 1949, avec l'appui des Britanniques, la Cyrénaïque devint un royaume héréditaire au profit du chef des senoussis, Idris* Ier, qui devint roi de Libye en 1951, mais fut déposé en 1969.

**SENS** [89100] ◆ ÉTYM. du n. des *Sénons** ♦ Ch.-l. d'arr. de l'Yonne, sur l'Yonne, en aval de son confluent avec la Vanne. 26 904 hab. (aggl. 36 675) *(Sénonais).* Archevêché. Tour gallo-romaine. Commencée v. 1130, la cathédrale gothique Saint-Étienne est l'une des plus remarquables de France : portail sculpté (statue de saint Étienne, XIIe s.) ; à l'intérieur, ample nef aux voûtes sexpartites, éclairée par un remarquable ensemble de vitraux des XIIe - XVIe s. ; trésor d'une grande valeur historique et artistique. Palais synodal restauré par Viollet-le-Duc. Églises Saint-Savinien (XIe s.), Saint-Maurice (XIIe s. ; chœur remanié au XVIe s.), Saint-Pierre-le-Rond (XIIIe s. ; verrières du XVIe s.). L'anc. palais des archevêques abrite les musées de Sens : préhistoire ; archéologie ; peintures du XVIIe s. au XIXe s. Maisons et hôtels anciens. ▪ Indus. diversifiées (construc. mécaniques, câbles). ▮ **Histoire** Ancienne capitale des Sénons* sous le nom d'*Agedincum,* la ville devint la métropole de la Lyonnaise IVe sous le nom de *Senones.* Saccagée par les Normands, la ville fut prise par le duc de Bourgogne et devint capitale du Sénonais, qui revint à la Couronne en 1055. En 1234, Saint Louis y fit célébrer son mariage avec Marguerite de Provence.

**Sens** (hôtel de) ♦ Situé à Paris, dans le quartier du Marais*, c'est un des plus anciens monuments de l'architecture civile du Moyen Âge, avec l'hôtel de Cluny. Construit de 1475 à 1507 pour servir de résidence aux archevêques de Sens (qui eurent les évêques de Paris pour suffragants jusqu'en 1622), c'est une demeure moitié civile et moitié militaire ; la façade en pan coupé, flanquée de deux tourelles d'angle à toits en poivrière, offre une belle porte en tiers-point. Au-delà du porche à la voûte flamboyante, à l'angle S.-O. de la cour, se dresse une tour carrée. L'hôtel de Sens fut le lieu de rendez-vous des principaux ligueurs et abrita les intrigues galantes de Marguerite de Valois (1605). Il appartient à la Ville de Paris et contient la bibliothèque Forney (1961 ; arts décoratifs et technique).

**sensations (Traité des)** ♦ Ouvrage de Condillac* (publ. 1754). Il reprend les thèmes de l'*Essai sur l'origine des connaissances humaines* (1746). Allant dans le même sens que les théories empiristes de Locke*, mais les poussant plus loin, il aboutit au sensualisme ou théorie de la «sensation transformée». La sensation, qui se situe dans l'âme et non dans le corps, est le principe de tout son système. D'elle dérive toute la vie du psychisme ; la sensation est une «pure manière d'être de nous-mêmes». C'est pourquoi nous ne connaissons le corps et l'étendue que par un sens : le toucher actif. Le texte commence par un célèbre chapitre sur la statue qui n'a pas d'autre perception que l'odorat ; les odeurs sont pour elles des modifications de ses manières d'être : la statue *est* odeur de rose ou de jasmin. Condillac influença certains aspects de la méthode expérimentale en psychologie.

**SENSÉE** n. f. ♦ Riv. du N. de la France, affl. (rive g.) de l'Escaut (60 km). Née dans le Pas-de-Calais au N. de Bouchain, elle est réunie à la Scarpe par le *canal de la Sensée,* long de 25 km.

**Senso** ♦ Film italien de Luchino Visconti* (1954), d'après la nouvelle de Camillo Boito, avec Alida Valli, Farley Granger. La Vénétie en 1866, sous dépendance autrichienne, à la veille de la bataille de Custoza, qui vit la défaite des patriotes piémontais. Une aristocrate tombe amoureuse d'un lieutenant de l'armée d'occupation, personnage cynique et vénal ; elle lui sacrifie ses convictions politiques et son honneur, avant de l'envoyer à la mort, dans un accès de jalousie. *Senso* est un hommage constant à l'opéra italien, dont Visconti était un fervent adepte. Des images en couleurs et des costumes somptueux, une musique envoûtante d'Anton Bruckner, le jeu incandescent d'Alida Valli, font de ce film l'un des plus accomplis de Visconti.

**Sentier lumineux** – en esp. ***Sendero Luminoso*** ♦ Mouvement terroriste maoïste péruvien né dans les années 1970. Appelant à la «guerre populaire», il est responsable de la mort de 26 000 personnes et de nombreux attentats stratégiques. L'arrestation de son chef Abimaël Guzman (1992) a quelque peu freiné la progression du mouvement.

**SENTINELLE (LA)** [59174] ♦ Comm. du Nord, banlieue S.-O. de Valenciennes. 3 360 hab.

**SEO DE URGEL** ou **URGEL** – en catalan ***Seu d'Urgel*** ♦ V. d'Espagne (Catalogne), prov. de Lleida. 12 703 hab. Cathédrale romane (la Seu). L'évêque d'Urgel a partagé la suzeraineté de la principauté d'Andorre* avec le président de la République française jusqu'en 1993. Depuis cette date, ils ne représentent que la souveraineté nationale.

**SÉOUD** → Ibn Séoud

**SÉOUL** ou **SŎL** ◆ ÉTYM. coréen «la capitale, la résidence princière» ♦ Cap. de la Corée du Sud, située sur les rives du fl. Han, à 60 km de la mer de Chine et formant une prov. 9 820 171 hab. *(Séouliens).* La ville moderne concentre plus de 15 % de la population de la Corée du Sud. Centre culturel et administratif (4 univ.). Indus. alimentaires, textiles et de petite métall. Musée national de Corée. Musée national d'Art contemporain. ▮ **Histoire** Fondée au XIe s., elle se nommait *Gyeong Seong.* Elle devint capitale en 1392. Pendant l'occu-

**Séoul.** Cérémonie au temple de Bongeunsa.
*Phot. © Gina Smith/Shutterstock*

pation japonaise (1910 - 1945), elle fut appelée *Keijō*. Elle souffrit beaucoup de la guerre de 1950 - 1953 et a été reconstruite sur un plan moderne. Les jeux Olympiques d'été s'y sont déroulés en 1988.

**Sept Ans** (guerre de) ♦ Guerre européenne (1756 - 1763), qui opposa la France, l'Autriche, la Russie, la Saxe, la Suède et l'Espagne à la Grande-Bretagne alliée à la Prusse et au Hanovre. Elle eut pour cause à la fois la volonté autrichienne de reprendre la Silésie (→ **Succession d'Autriche**) et la rivalité coloniale franco-britannique. La Grande-Bretagne ayant ouvert les hostilités en saisissant trois cents navires de commerce français (1755), la Prusse s'allia à elle (traité de Westminster, 1756), et la France et l'Autriche se retrouvèrent dans le même camp. Ce renversement des alliances fut sanctionné par le traité de Versailles (1756). En Allemagne, Frédéric* II, qui avait envahi la Saxe et la Bohême (1756 - 1757), dut céder devant Daun* (1757) et évacuer la Bohême, tandis que les Anglo-Hanovriens étaient arrêtés par les Français (capitulation de Kloster* Zeven, 1757). La Prusse redressa sa situation par trois grandes victoires (Rossbach* sur les Français, Leuthen* sur les Autrichiens, Zorndorf sur les Russes), mais allait être vaincue par la Russie quand mourut la tsarine Élisabeth*. Pierre* III signa la paix (1762), et Frédéric put concentrer ses efforts et reconquérir la Silésie. Parallèlement, la guerre se poursuivit aux colonies et sur mer. À une période de succès français (prise de Port-Mahon par le duc de Richelieu* en 1756) succéda une reprise britannique, sous l'impulsion de Pitt*. La marine britannique, maîtresse des mers, bloqua les côtes des colonies françaises ; celles-ci ne purent résister. Au Canada, après la mort de Montcalm* aux plaines d'Abraham* (1759), Québec et Montréal se rendirent (1759 - 1760), et en Inde, Lally*-Tollendal capitula à Pondichéry (1761). Le pacte de Famille* (1761), signé à l'instigation de Choiseul*, arrêta cependant la Grande-Bretagne. La guerre fut terminée par deux traités. → **Hubertsburg, Paris (traité de).** Marie*-Thérèse abandonnait définitivement la Silésie, confirmant la puissance de la Prusse. La France cédait presque toutes ses possessions américaines et indiennes (→ **Canada, Inde**) et conservait les îles : la Grande-Bretagne possédait désormais le premier empire colonial.

Guerre de **Sept Ans.** *Épisode de la guerre de Sept Ans.*
École française, seconde moitié du XVIIIe s. Musée Condé, Chantilly.
*Phot. © Giraudon*

**Septante** n. f. ou **VERSION DES SEPTANTE** ♦ Traduction grecque de la Bible. Selon la *Lettre d'Aristée* (– IIe s.), la traduction de la Torah* fut, à la demande de Ptolémée* II Philadelphe, réalisée par 72 traducteurs venus de Jérusalem (six pour chaque tribu d'Israël ; Josèphe* et les Pères de l'Église donnent 70 traducteurs). Isolés pendant 72 jours, ils auraient produit un texte identique, qui devint dès lors l'un des joyaux de la bibliothèque d'Alexandrie : d'après Philon*, l'événement était commémoré chaque année sur l'île de Pharos*. La légende alla en s'amplifiant, et on en trouve des échos dans la tradition rabbinique, mais la réalité demeure plus obscure : le Pentateuque* fut sans doute traduit en Égypte au début du –IIIe s., les Prophètes* au –IIe s., les Écrits* du –IIe au Ier s. (certains livres ont été traduits en Palestine, notamment les Cinq* Rouleaux). La Bible grecque ne semble guère avoir été utilisée que par des juifs, en Égypte et en Judée (elle apparaît à Qumrân), puis devient la Bible des chrétiens qui en feront leur « Ancien Testament* ». La redécouverte du pentateuque samaritain (XVIIe s.), puis celle des manuscrits de Qumrân* a permis de comprendre que le texte hébreu traduit par les Septante différait du texte massorétique. Ce texte étant reconnu canonique par les juifs comme par les chrétiens, ces derniers entreprirent plusieurs recensions : après la monumentale entreprise des *Hexaples* d'Origène*, il y eut au moins celle de Lucien d'Antioche (martyr en 312) et peut-être celle d'Hésychius, évêque égyptien mort sous Dioclétien. Afin de préserver un héritage de plus en plus contesté par les chrétiens, les juifs firent pour leur part des révisions plus drastiques du texte grec. Sans doute dans la première moitié du Ier s., le travail de Théodotion semble parallèle à celui des réviseurs contemporains du texte hébreu. Aquila, prosélyte d'origine païenne, orienta la traduction vers un littéralisme extrême (parfois un calque), caractérisé en outre par le souci de se démarquer du vocabulaire qui, à la même époque, était récupéré par les chrétiens (ainsi, *christos* est remplacé par *êleimennos* qui signifie également « oint »). Enfin, Symmaque, samaritain converti au judaïsme, composa vers 165 une traduction plus littéraire qui fut appréciée des chrétiens aussi bien que des juifs. Il a existé également une version grecque du pentateuque et (peut-être) du targum samaritain, mais trop peu de ce *Samariticon* a été retrouvé pour que l'on puisse définir s'il se base sur le texte des Septante. Alors que le jugement des rabbins devient de plus en plus négatif à l'égard de la langue grecque, synonyme d'idolâtrie, il semble que ces nouvelles versions, surtout celle de Symmaque, finirent par évincer la Septante dans l'usage juif, qui se prolongea au moins jusqu'au VIe s. en dehors de Palestine. Mais les différents états de ce texte ne nous sont connus que très indirectement (fragments et citations) et les grands manuscrits de la Bible grecque (codex Vaticanus et Sinaiticus, du IVe s., et Alexandrinus, du Ve s.) sont chrétiens : ils contiennent le Nouveau Testament, et ne permettent pas de répondre à la question du canon des Septante, c'est-à-dire de savoir pourquoi elle intègre des textes qui ne font pas partie du canon hébreu (→ **Deutérocanoniques).** Texte officiel de l'Église grecque, la version des Septante a servi de base pour les versions orientales : directement (Bible syriaque [→ **Peshitta**], copte, éthiopienne, arabe) ou indirectement (Bible arménienne, traduite du grec ou du syriaque, géorgienne, traduite de l'arménien, éthiopienne moderne [amharique] traduite du guèze), toutes viennent du texte grec. À travers les premières versions latines, son influence demeure grande sur la Vulgate*.

**Sept contre Thèbes** – en gr. ***Hepta epi Thêbas*** ♦ Tragédie d'Eschyle* (–467). Après la mort d'Œdipe*, Étéocle* a refusé, en dépit de ses promesses, de rendre à son frère Polynice* le trône de Thèbes qu'il occupait depuis un an. Dans les cités avoisinantes, Polynice a recruté six chefs de bande et assigné à chacun la mission d'assiéger une porte de Thèbes, tandis qu'il marche lui-même contre la septième. Le drame dépeint la fermeté d'Étéocle déterminé à défendre sa ville, l'effroi des femmes thébaines (qui constituent le chœur) et l'agitation des guerriers aux portes de la ville. Quand il apprend que Polynice commande l'une des armées, Étéocle, fou de rage, se précipite au combat. La dernière partie de la pièce comporte le récit de sa mort, les gémissements rituels des Thébains, et prépare l'ultime péripétie, l'intervention d'Antigone. Consacrant le triomphe de la fatalité qui a poursuivi la postérité de Laïos, cette tragédie constituait le dénouement d'une trilogie commencée avec deux œuvres qui retraçaient le destin des Labdacides, *Laïos* et *Œdipe*, aujourd'hui perdues.

Les **Sept Dernières Paroles du Christ en croix** – en all. ***Die sieben letzten Worte unseres Erlösers am Kreuz*** ♦ Œuvre de J. Haydn* résultant d'une commande d'un chanoine de Cadix et existant en plusieurs versions. La version originale est pour orchestre (1787) ; la même année, Haydn en réalisa lui-même une transcription pour quatuor à cordes et donna son approbation à une transcription pour piano. L'œuvre comportait alors une introduction lente, sept mouvements lents correspondant à chacune des Paroles, et un *Terremoto* (« tremblement de terre »). À son second retour de Londres, Haydn réalisa, sur des paroles de Gottfried von Swieten, une version oratorio pour soli, chœur et orchestre (Vienne, 26 mars 1796), ajoutant entre les 4e et 5e Paroles (« Mon Dieu, pourquoi m'as-tu abandonné ? » et « J'ai soif ») un extraordinaire intermède pour 12 instruments à vent, et faisant précéder chaque Parole (sauf la 5e) d'une brève psalmodie du chœur a capella. Parmi les autres compositeurs ayant traité le thème, il faut citer Heinrich Schütz* (1645).

Les **Sept Dormants** ♦ Personnages d'une légende orientale d'après laquelle sept jeunes chrétiens, lors de la persécution de Dèce*, auraient été murés dans une caverne que l'on montre toujours à Éphèse. Miraculeusement endormis, ils se seraient réveillés deux siècles plus tard, sous Théodose II. Le plus ancien texte de cette légende est une version syriaque (v. 500). Elle figure dans le Coran (sourate 18). En Occident, la première mention est dans Grégoire de Tours (*De gloria martyrum*, 95).

**septembre 1792** (massacres de) ♦ Exécutions sommaires qui se déroulèrent entre le 2 et le 6 sept. à Paris (à la prison de l'Abbaye*, aux Bernardins, à Bicêtre, aux Carmes, au Châtelet, à la Conciergerie, à la Salpêtrière) et dans plusieurs villes de province. Avec la suspension du roi, le 13 août 1792, la menace d'un complot aristocratique hanta à nouveau les patriotes en même temps que se précisait le danger d'invasion. Après la reddition de Longwy (25 août) puis de Verdun (2 sept.) aux Prussiens, la Commune insurrectionnelle lança une proclamation aux Parisiens, fit lever des volontaires et sonner le tocsin. C'est dans une atmosphère de surexcitation générale qu'explosa la colère populaire, que les autorités (en particulier Danton*) ne firent rien pour empêcher, et que certains chefs révolutionnaires, comme Marat*, contribuèrent sans doute à aviver en appelant le peuple à faire lui-même justice de ses ennemis. Plus de 1 200 détenus furent massacrés à Paris : des prêtres réfractaires, des nobles, mais aussi de simples prisonniers de droit commun. Les massacres de Septembre, qui marquèrent le début de la Terreur*, ternirent pour beaucoup la lutte pour la liberté.

**septembre 1793** (journées des 4 et 5) ♦ Journées révolutionnaires parisiennes consécutives à la crise des subsistances (difficultés de ravitaillement) et à la reddition de Toulon aux Britanniques (2 sept.). Après les rassemblements ouvriers (4 sept.), les sections populaires des sans*-culottes, dirigées par les hébertistes et les enragés, organisèrent une manifestation (5 sept.) dont les mots d'ordre étaient : «Guerre aux tyrans ! Guerre aux aristocrates ! Guerre aux accapareurs !» Devant la pression populaire, la Convention mit la Terreur à l'ordre du jour. Ce n'est toutefois que le 11 sept. qu'elle décréta le maximum national des grains et des farines, et le 29 sept. le maximum général.

**Septembre** (lois de) ♦ Lois votées en 1835 sous le ministère de Broglie, après l'attentat de Fieschi*. La loi sur les cours d'assises donnait au ministre de la Justice le pouvoir de créer autant de cours d'assises qu'il lui paraîtrait nécessaire pour juger les prévenus coupables d'attentat contre la sûreté de l'État. La cour pouvait juger en leur absence. La loi sur le jury établissait le secret du vote et réduisait de huit à sept le nombre des voix nécessaires pour la condamnation. La loi sur la presse rendait le cautionnement plus lourd et interdisait tout article attaquant le roi ou le gouvernement.

**septembre 1864** (convention de) ♦ Convention signée entre la France et l'Italie pour régler la question romaine. Napoléon III s'engageait à faire évacuer Rome par les troupes françaises (dans les deux ans) à condition que le gouvernement italien reconnût l'intégrité des territoires pontificaux et transférât la capitale italienne de Turin à Florence. Cette convention souleva de vifs mécontentements de la part des partisans de Mazzini et de Garibaldi, ainsi que du pape Pie IX qui y répondit par l'encyclique *Quanta cura* et par le *Syllabus*.

**septembre 1870** (journée révolutionnaire du 4) ♦ À la nouvelle de la capitulation de Sedan* (2 sept.), connue à Paris le 3 sept., le Corps législatif décida d'assurer le pouvoir, tandis que les députés républicains réclamaient la déchéance de l'empereur et de sa dynastie. Le 4 sept., une manifestation fut organisée à Paris par Blanqui et Delescluze entre autres. Les manifestants ayant envahi la tribune du Palais-Bourbon, L. Gambetta*, sous la pression des forces populaires révolutionnaires, proclama la déchéance de Napoléon* III, puis la République à l'Hôtel de Ville. Un gouvernement de la Défense* nationale fut constitué le même jour.

**SEPTÈMES-LES-VALLONS** [13240] ➝ ÉTYM. du lat. *septimus (milliarus)* «septième (borne milliaire)» ♦ Comm. des Bouches-du-Rhône, arr. d'Aix-en-Provence. 10 202 hab. *(Septémois)*. Indus. chimique.

Le **Septième Sceau** – en suéd. ***Det Sjunde Inseglet*** ♦ Film suédois d'Ingmar Bergman* (1956), avec Max von Sydow, Gunnar Björnstrand, Nils Poppe, Bibi Andersson. Une légende à la manière médiévale brodant sur des motifs empruntés à l'iconographie religieuse populaire : chevalier errant, baladins, bûchers de sorcières, épidémie de peste, menace d'apocalypse, avec la Mort en personne qui mène l'action. C'est, selon Bergman, «une allégorie sur un thème simple : l'homme, sa recherche éternelle de Dieu, avec la mort pour certitude». Le film s'inscrit dans une tradition du merveilleux flamand et scandinave, avec des réminiscences de pièces historiques de Strindberg.

**SEPT-ÎLES** ♦ V. du Canada (Québec), sur la rive N. du Saint-Laurent. 25 514 hab. Port. Centre administratif de la côte Nord. Exportation du minerai de fer du Nouveau-Québec. ➝ **Knob Lake.**

**SEPTIMANIE** ou **GOTHIE** n. f. ➝ ÉTYM. du lat. *septimani* «soldats de la VII^e légion» ou «sept [villes]» à cause des sept villes principales qui s'y trouvaient ♦ Région de la Gaule méridionale située entre le Rhône, les Pyrénées et le Massif central, occupée par les Wisigoths*. Prise par les Arabes (719), elle fut reconquise par Pépin le Bref (759). Sous le nom de duché de Narbonne (X^e s.), elle appartint aux comtes de Toulouse et fut réunie à la France en 1229.

**SEPTIME SÉVÈRE** – en lat. ***Lucius Septimius Severus*** ♦ (Leptis Magna, Afrique 146 - Eburacum, auj. York 211). Empereur romain (193 - 211). Originaire d'Afrique, il commandait les légions d'Illyrie à la mort de Pertinax*. Proclamé empereur par ses soldats, il élimina successivement ses rivaux Didius* Julianus, Pescennius* Niger et Albinus*. Empereur autoritaire, inflexible et soucieux avant tout d'efficacité, il s'appuya sur l'armée, enlevant tout pouvoir au sénat et hâtant l'évolution vers un empire bureaucratique et centralisateur. Préoccupé de la sécurité de l'État, il fut presque continuellement en guerre, vainquit les Parthes à plusieurs reprises, prit Séleucie* et Ctésiphon* et constitua la province de Mésopotamie (199). Il mourut en Grande-Bretagne où il menait des campagnes contre les Calédoniens (208 - 211), laissant l'empire à ses fils Caracalla* et Geta*.

**SEPT-LAUX** (massif des) ➝ ÉTYM. «sept lacs» ♦ Partie du massif de Belledonne (Isère) culminant au Rocher Blanc (2 928 m) et comprenant plusieurs lacs à plus de 2 000 m d'alt. Sports d'hiver (1 400 - 2 000 m).

**Sept Merveilles du monde** (les) ♦ Nom donné dans l'Antiquité à de célèbres monuments dont la liste, différente selon les auteurs, comprend le plus souvent les pyramides* d'Égypte, les jardins suspendus de Babylone*, la statue de Zeus Olympien de Phidias* à Olympie, le temple d'Artémis à Éphèse*, le tombeau de Mausole* (mausolée) à Halicarnasse, le phare d'Alexandrie (➝ **Pharos**) et le colosse de Rhodes*, œuvre de Charès.

**SEPT SAGES** ➝ Sages (les Sept)

Les **Sept Samouraïs** ♦ Film japonais d'Akira Kurosawa* (1954). Ce film de maturité témoigne surtout d'une vitalité créatrice et d'une invention épique qui feront date dans l'histoire du cinéma japonais. Le scénario (la défense d'un village, aux prises avec des hordes de pillards, par un petit groupe de samouraïs) n'est que prétexte à des affrontements d'une extrême violence, à dix contre un, dans la boue et le sang, enregistrés par plusieurs caméras avec un art du rythme consommé, et à une réflexion humaniste sur les horreurs de la guerre civile. Ce western à la mode nippone enchanta les Américains qui en firent un remake, de facture plus conventionnelle, réalisé par John Sturges : *Les Sept Mercenaires* (1960).

**SEPÚLVEDA (Luis)** ♦ Écrivain chilien (Ovalle, Chili 1949). Engagé politiquement, il fut emprisonné sous Pinochet (1973) puis, exilé, il parcourut l'Amérique latine. Il s'installa en Allemagne au début des années 1980 puis en Espagne. Les peuples dits «premiers», le militantisme écologique et la dénonciation des dictatures constituent l'univers de ses romans : *Le Monde du bout du monde* (1989), *Le Vieux qui lisait des romans d'amour* (1989), *Histoire d'une mouette et du chat qui lui apprit à voler* (1996), *Journal d'un tueur sentimental* (1998), *Les Roses d'Atacama* (nouvelles, 2002), *L'Ombre de ce que nous avons été* (2009).

**SÉQUANAISE (GRANDE-)** n. f. – en lat. ***Maxima Sequanorum*** ♦ Province romaine constituée au IV^e s., correspondant au territoire des Séquanes* et ayant pour ch.-l. *Vesontio* (auj. Besançon*).

**SÉQUANES, SÉQUANAIS** ou **SÉQUANIENS** n. m. pl. – en lat. ***Sequani*** ♦ Peuple de la Gaule établi entre les sources de la Seine *(Sequana)* et le Jura et dont la cap. était *Vesontio* (auj. Besançon*). Adversaires des Éduens*, ils appelèrent Arioviste* contre ces derniers, mais furent vaincus par César* en –58. Dans l'organisation romaine de la Gaule au IV^e s., leur territoire forma la province de Grande-Séquanaise* *(Maxima Sequanorum)*.

**SEQUEDIN** [59320] ➝ ÉTYM. du germ. *Sigihad*, n. de pers., et suff. lat. *-inus* ♦ Comm. du Nord, banlieue O. de Lille. 3 627 hab.

**SERAFIMOVITCH (Aleksandr Serafimovitch POPOV, dit)** ♦ Romancier russe (Nijne-Kourmoïarskaïa, prov. du Don 1863 - Moscou 1949). Il a subi l'influence de son ami Gorki*. Dans ses premières nouvelles, il décrit la dure vie des hommes dans la nature arctique (*Sur la banquise*, 1889), puis le sort des ouvriers dans son roman *La Ville dans la steppe* (1912). *Le Torrent de fer* (1924), peinture du peuple russe en armes dans la guerre civile, est devenu un classique de la littérature soviétique.

**SERAING** ♦ Comm. de Belgique (Région wallonne), prov. et arr. de Liège, sur la Meuse. 61 237 hab. Le château de Seraing, anc. résidence d'été des princes-évêques de Liège (XVIII^e s.), est occupé par les bureaux des établissements Cockerill (sidérurgie ; métallurgie lourde). L'anc. abbaye cistercienne du Val-Saint-Lambert (reconstruite au XVIII^e s.) abrite les cristalleries restructurées. ▪ Anc. charbonnages. Friches industrielles en cours de réhabilitation. ▮ **Histoire** C'est à Seraing, en 1835, qu'a été construite la première locomotive en Europe.

**SERAM** – anc. ***Céram*** ♦ Île d'Indonésie, dans le centre de la prov. de Maluku (Moluques). 18 410 km². Env. 200 000 hab. L'intérieur est montagneux (mt Binaija, 3 019 m) et en grande partie couvert de forêt tropicale. Les populations de l'intérieur, de langues malayo-polynésiennes, présentent un fort métissage mélanoïde. Touchées assez récemment par l'administration et les missions, elles ont été pour la plupart christianisées, mais restent encore très attachées à leurs traditions ancestrales. ▪ Exploitations pétrolières sur la côte N.-E. Exportation de bois et de clous de girofle.

**Serapeum** ♦ Nécropole des taureaux Apis à Saqqara*, découverte par Mariette* en 1850. Elle est formée de larges galeries souterraines où l'on ensevelissait les sarcophages des taureaux momifiés à partir du Nouvel Empire. Lorsque le culte de Sérapis fut introduit en Égypte, les Grecs identifièrent Sérapis avec Apis, et le temple d'Apis mort devint sous le nom de *Sérapéion* (en lat. *Serapeum*), un lieu de pèlerinage commun aux Grecs et aux Égyptiens. ➝ **Sérapis.**

**SÉRAPHINE (Séraphine LOUIS, dite)** ♦ Peintre française (Arsy 1864 - Clermont-de-l'Oise 1942). D'origine modeste comme beaucoup de peintres naïfs, Séraphine, qui peignait depuis longtemps et avec la plus grande minutie des compositions végétales fantastiques, fut découverte par le critique Wilhelm Uhde en 1912, alors qu'elle était sa femme de ménage à Senlis. Les couleurs exaltées, l'abondante profusion de fleurs, couvrant l'ensemble de la toile, révèlent chez elle un grand talent de coloriste et d'observatrice de la nature, mais aussi une certaine frustration (*L'Arbre de Paradis*, vers 1929). Esprit visionnaire animé de phobies religieuses, Séraphine perdit la raison et fut internée dans un hospice où elle mourut.

**Sérapion (Les Contes des frères)** – en all. ***Die Serapionsbrüder*** ♦ Recueil de 9 nouvelles et contes d'Hoffmann* (1819 - 1821). Hoffmann y développe le «principe sérapionique» de toute son œuvre (d'après un ermite, le prêtre et poète Sérapion, qui vécut dans une forêt) : prééminence de l'imagination, mais en synthèse avec l'observation réaliste du monde. Ce titre évoque aussi le cercle d'amis qui entouraient Hoffmann ces années-là, parmi lesquels Chamisso* de Boncourt et La* Motte-Fouqué.

**SÉRAPIS** ou **SARAPIS** ♦ Divinité introduite en Égypte par Ptolémée* Ier, désireux d'instaurer un culte commun aux Égyptiens et aux Grecs. Son nom lui venait sans doute d'un sanctuaire de Memphis* réservé au culte des taureaux (Apis*) défunts (donc devenus Osiris*) qu'on appelait la Maison d'Osiris-Apis, ce que les Grecs transcrivirent par *Poserapis*. → **Serapeum.** Ce dieu réunissait les attributs de différents dieux grecs (Hadès*, Asclépios*, Dionysos* et Poséidon*) comme le montre la statue de Bryaxis retrouvée à Alexandrie, et était à la fois dieu des morts, dieu guérisseur, dieu de la fertilité et protecteur des marins. On en fit bientôt un dieu suprême, «l'unique Zeus Sérapis» selon la formule rituelle, et son culte gagna la Grèce, Rome et l'Asie Mineure. → **Canope.**

**SERBAN (Andreï)** ♦ Metteur en scène roumain (Bucarest 1943). Conjuguant ludisme et satire sociale, il conquit très jeune un public dans son pays, qu'il quitta pour les États-Unis (1970). Il commença une recherche sur les tragiques grecs, en s'attachant au son et en gardant les textes grecs et latins (*Médée*, 1972 ; *Électre*, 1973 ; *Les Troyennes*, 1974 ; *Medea*, 1990). Il a monté des pièces du répertoire moderne (*La Sonate des spectres* de Strindberg, 1971 ; *Oncle Vania* de Tchekhov, 1983) et de nombreux opéras, notamment à Paris. Il a dirigé le Théâtre national de Bucarest de 1990 à 1993.

## SERBIE

▮ n. f. – en serbe ***Srbija*** ♦ Pays des Balkans. 77 474 km². 7 479 437 hab. LANGUE : serbe majoritaire. MONNAIE : dinar. CAPITALE : Belgrade. La Serbie comprend une province autonome, la Voïvodine*, au N., où les Serbes, majoritaires, sont mêlés à de nombreuses minorités. Le reste de son territoire, appelé Serbie centrale (5 454 950 hab.), est de peuplement essentiellement serbe.

▮ **GÉOGRAPHIE** Alors que la Voïvodine est composée de plaines, la Serbie au S. du Danube et de la Save est un pays de collines et de montagnes, qui dépassent les 2 000 m aux confins du Monténégro et de la Macédoine. Les montagnes de l'E. appartiennent aux systèmes du Balkan et du Rhodope, celles du centre et de l'O. aux Dinarides. Entre ces deux ensembles passe le sillon de la Morava, seul passage commode entre les contrées danubiennes et égéennes.

▮ **ÉCONOMIE** Que ce soit dans les plaines céréalières (blé, maïs) ou sur les terroirs de piémont (arboriculture, vigne), la Serbie bénéficie d'importantes ressources sur le plan agricole ; celles-ci sont exploitées différemment en Voïvodine, où le socialisme a créé de grands combinats agroalimentaires, et dans le reste du pays, où la petite exploitation paysanne est demeurée prépondérante. Les sources d'énergie sont le lignite d'Obrenovac et de Kostolac, le gaz naturel du Banat, l'hydroélectricité produite notamment aux Portes de Fer, où le Danube a été aménagé en coopération avec la Roumanie. Le cuivre est extrait à Bor et Majdanpek. L'industrie comprend la sidérurgie (Smederevo), la métallurgie non ferreuse (Bor, Svetozarevo, Sevojno) et les industries de transformation, présentes dans la plupart des villes, même en montagne (indus. automobile de Priboj). L'infrastructure industrielle et de communication a été très endommagée par les bombardements de l'Otan lors de la guerre du Kosovo* en 1999. Le commerce extérieur est largement déficitaire et s'accompagne d'un taux de chômage qui avoisine 20 % (2009).

▮ **HISTOIRE** ▮ **De la Mésie à l'indépendance** Le territoire actuel de la Serbie fit partie au –Ier s. de la province romaine de Mésie, qui fut envahie au VIIe s. par les Serbes, peuple slave venu de la Galicie orientale. Après avoir subi tour à tour la domination des empereurs byzantins, desGrecs et des Bulgares, les Serbes conquirent leur indépendance avec la dynastie des Nemanjides (1180) et eurent une Église autocéphale en 1221. ▮ **La domination turque** La Serbie médiévale atteignit son apogée sous le règne d'Étienne IX Douchan (1331 - 1355) et devint l'État le plus puissant des Balkans. Mais à la suite de la bataille de Kosovo (1389), elle fut totalement soumise par les Turcs qui y exercèrent leur domination jusqu'au XIXe s. ▮ **Les Karageorgevitch et les Obrénovitch** En 1804, le soulèvement national serbe commença sous la direction de Karageorges qui s'empara de Belgrade et se proclama prince de Serbie (1808 - 1813). Miloch Obrénovitch lui succéda en 1815 et fit de la Serbie une principauté autonome. Néanmoins, l'indépendance complète ne fut reconnue qu'en 1878, au congrès de Berlin. Entre-temps, la Serbie fut en proie aux rivalités qui opposèrent les Karageorgevitch aux Obrénovitch : ces derniers furent victimes d'une conspiration qui permit à Pierre Ier Karageorgevitch de monter sur le trône (1903).

**Serbie.**

Dans les premières années du XXe s., la Serbie se fit le champion de la libération des Slaves du Sud. Par ses victoires sur la Turquie (1912 - 1913) et sur la Bulgarie (1913), elle s'agrandit du Kosovo-Metohija, du Sandjak (partagés avec le Monténégro) et d'une partie de la Macédoine. ▮ **La Première Guerre mondiale** Mais le 28 juin 1914, un jeune nationaliste serbe de Bosnie, Princip, assassina l'archiduc héritier d'Autriche François-Ferdinand à Sarajevo. Ce fut l'étincelle de la Première Guerre mondiale. Envahie par les armées autrichiennes, la Serbie résista d'abord avec succès, mais son armée dut battre en retraite après l'entrée en guerre de la Bulgarie. ▮ **La naissance de la Yougoslavie** À la suite de l'effondrement des puissances centrales, la Serbie s'unit à d'autres Slaves du Sud dans un nouvel État qui prit d'abord le nom de *royaume des Serbes, des Croates et des Slovènes* (1918) puis celui de Yougoslavie (1929). En 1941, les Allemands démembrèrent la Yougoslavie et reconstituèrent un État serbe sous le gouvernement du général Nedić. À celui-ci s'opposèrent deux mouvements de résistance rivaux entre eux, les tchetniks (nationalistes serbes) de Draža Mihajlović et les partisans de Tito (communistes). Après la défaite hitlérienne, la Serbie devint une des six républiques fédératives de la Yougoslavie. ▮ **La question du Kosovo** À partir de 1981, le gouvernement serbe se heurta aux revendications des Albanais du Kosovo, qui réclamaient la transformation de leur province en république. La question des Serbes du Kosovo, qui se sentaient menacés par les Albanais, raviva le nationalisme serbe entraînant une remise en cause de l'héritage politique de Tito (mort en 1980) et de l'équilibre politique de la fédération yougoslave. Les thèses serbes, formulées dans un Mémorandum de 1986 attribué à l'Académie des sciences de Serbie, ont servi de base à la politique de Slobodan Milošević*, qui remit le Kosovo au pas au prix d'une sévère répression antialbanaise et projeta de recentraliser la fédération. Toutefois, cette tentative échoua et quatre des six républiques yougoslaves proclamèrent leur indépendance entre juin 1991 et mars 1992. La Serbie fonda alors en avr. 1992, avec le seul Monténégro, une nouvelle fédération yougoslave (qui devint Serbie-et-Monténégro en 2003). En 1997, Milan Milutinovic, proche de Milošević (ne pouvant briguer un nouveau mandat), fut élu président de la République. Les Albanais du Kosovo proclamèrent en oct. 1991 une république indépendante, mais sans avoir les moyens de faire sécession. En 1998, la révolte albanaise et sa répression entraînèrent l'intervention militaire de l'Otan (mars 1999) et la mise du Kosovo sous administration de l'ONU en juin. Le Kosovo a finalement proclamé son indépendance en févr. 2008. → **Kosovo.** **La chute de Milošević** Le parti socialiste de Serbie (SPS), parti de Milošević, fut battu aux législatives de déc. 2000 par la coalition Opposition démocratique de Serbie (DOS). Les contradictions au sein de cette coalition s'expriment dans les désaccords entre le nationaliste V. Koštunica*, Premier ministre depuis févr. 2004, et le président Boris Tadić, élu en juin, sur la coopération avec le Tribunal* pénal international et sur la question du Kosovo. **La Serbie sans le Monténégro** La Serbie est devenue indépendante de fait en 2006, le Monténégro ayant proclamé son indépendance. En 2008, l'UE a signé avec la Serbie un accord de stabilisation et d'association (ASA), première étape du processus d'adhésion, bien qu'elle lui reproche sa coopération insuffisante avec le TPI, son refus de l'indépendance du Kosovo et son soutien constant à la république serbe de Bosnie. Cette démarche vise à soutenir les démocrates serbes aux dépens des ultranationalistes. À l'issue des législatives de 2008, c'est le ministre des Finances sortant, Mirko Cvetković, appartenant au parti du président Tadić, qui a formé le nouveau gouvernement en remplacement de Koštunica démissionnaire après la reconnaissance de l'indépendance du Kosovo par de nombreux pays européens. La Serbie est officiellement candidate à l'entrée dans l'UE depuis 2009.

---

**SERBIE-ET-MONTÉNÉGRO** ♦ Pays des Balkans, héritier de la République fédérale de Yougoslavie (1992 - 2003) regroupant les deux États fédérés de la Serbie* et du Monténégro*, formé en 2003 et dissous en 2006.

**HISTOIRE** La République fédérale de Yougoslavie fut formée en avr. 1992, lorsque la sécession de la Slovénie, de la Croatie, de la Bosnie-Herzégovine et de la Macédoine ainsi que la reconnaissance internationale et l'admission à l'ONU des trois premières (juin 1991 - avr. 1992) eurent consacré le démantèlement de la précédente République fédérative de Yougoslavie. Son premier président fut l'écrivain serbe Dobrica Ćosić (destitué en 1993 et remplacé par Zoran Lilić) mais l'inspirateur principal de sa politique fut le président de la Serbie, Slobodan Milošević* (président de la Rép. fédérale de Yougoslavie à partir de 1997). Bien que niant toute prétention territoriale et toute implication dans la guerre en Bosnie-Herzégovine, elle fut tenue pour largement responsable de celle-ci et se vit refuser le siège de l'ancienne Yougoslavie aux Nations unies qui la soumirent en 1992 à un embargo économique. Toutefois Miloševič ayant pris ses distances vis-à-vis des dirigeants serbes de Bosnie et pris part aux négociations de Dayton* de nov. 1995 (→ **Bosnie-Herzégovine**), l'ONU leva cet embargo l'année suivante. La Rép. fédérale de Yougoslavie reconnut la Macédoine en avril 1996, la Croatie en août. Ses principales difficultés politiques concernaient les dissensions entre Serbie et Monténégro, et surtout la situation au Kosovo où les Albanais, majoritaires, revendiquaient l'indépendance et pratiquaient depuis 1990 une résistance non-violente. L'insuccès de cette politique explique l'apparition d'attentats, revendiqués par une Armée de libération du Kosovo. En 1998, les affrontements entre celle-ci et les forces serbes et les violences de ces dernières contre les civils ouvrirent une crise majeure susceptible de déstabiliser le sud des Balkans. Leurs tentatives diplomatiques ayant échoué, les puissances occidentales contraignirent la Yougoslavie, par des bombardements de l'Otan (mars-juin 1999), à accepter le retour à une large autonomie du Kosovo garantie par une présence militaire internationale. La région passa alors sous l'administration provisoire de l'ONU. → **Kosovo.** La victoire de V. Koštunica*, leader de l'Opposition démocratique de Serbie (DOS) à l'élection présidentielle de sept. 2000 mit fin à une véritable dictature exercée par S. Miloševič par ailleurs inculpé par le Tribunal pénal international pour les crimes commis au Kosovo, en Croatie et en Bosnie. Ceci ouvrit la voie à la normalisation de la position internationale de la Yougoslavie, admise à l'ONU en nov. 2000. L'existence de la fédération ayant été remise en cause par le Monténégro qui souhaitait la réduire à une association avec la Serbie, où chaque État serait indépendant, une charte constitutionnelle fut adoptée en janv. 2003 et donna naissance à l'Union de Serbie-et-Monténégro, le Monténégro pouvant prononcer son retrait de l'Union au bout de trois ans par voie de référendum, ce qu'il fit en 2006, sous la présidence du Monténégrin S. Marovic.

**SERCQ** – en angl. *Sark* ♦ Île Anglo-Normande, dépendant du bailliage de Guernesey. 5,2 km². 600 hab. Formée de *Grand Sercq* et *Petit Sercq*, reliés par un isthme, Sercq a gardé jusqu'en 1969 un système de redevances féodales selon la coutume normande. Tourisme. Le premier Parlement local a été élu en 2008.

**SEREIN** n. m. ♦ Riv. de Bourgogne, affl. (rive d.) de l'Yonne, né dans le plateau de Saulieu (186 km). Il arrose Chablis.

**SERÉMANGE-ERZANGE** [57290] → ÉTYM. *Serémange*, du germ. *Sismir (Sigismar)*, n. de pers., et suff. *-ing* et *Erzange*, du germ. *Arichisus (Argiso)*, n. de pers., et suff. *-ing* ♦ Comm. de la Moselle, arr. et aggl. de Thionville-Ouest. 4 035 hab. *(Serémangeois-Erzangeois)*. Métallurgie.

**SEREMBAN** ♦ V. de la fédération de Malaisie, cap. de l'État de Negeri Sembilan. 246 441 hab. Industries du caoutchouc.

**SERENA (LA)** ♦ V. du Chili. Cap. de la région admin. de Coquimbo. 148 000 hab. Elle forme avec la v. de Coquimbo une conurbation d'env. 300 000 hab.

**Serengeti** (parc national de) → ÉTYM. d'une langue nilotique *siringet* « grande plaine » ♦ Le plus grand des parcs nationaux de Tanzanie (15 000 km²), situé au N.-O. du pays. Tourisme.

**SERENI (Vittorio)** ♦ Poète italien (Luino, Varese 1913 - Milan 1983). Fait prisonnier par les Alliés en 1943, il fut déporté en Algérie et au Maroc. De cette expérience de l'exclusion, il tira le recueil *Journal d'Algérie*. De retour à Milan, il fut enseignant, puis publicitaire, enfin éditeur. Son œuvre s'élabora dès lors avec une grande réserve. En 1965, il publia *Les Instruments humains*, dans lequel l'expérience subjective se dissout presque dans un vers souvent prosaïque, mais intérieurement travaillé par le rythme, et secoué par une pressante interrogation métaphysique. Son dernier recueil, *Étoile variable* (1981), accentue la retenue de son lyrisme et l'emblématique force du regret. Traducteur de Valéry, Pound et Char, V. Sereni a également laissé des essais, quelques récits et des fragments en prose (*Gli Immediati Dintorni*, 1962).

**SÉRÈRES** ou **SERERS** n. m. pl. → ÉTYM. « les dispersés » ou « ceux qui s'égarent » ♦ Peuple du Sénégal vivant dans le Siné-Saloum et sur la « petite côte » au S. de la presqu'île du Cap-Vert. D'après la tradition orale au Sénégal, ils seraient les premiers habitants du pays. On leur attribue de nombreux vestiges archéologiques (tumulus, restes métallurgiques, objets de cuivre). Agriculteurs originellement animistes, ayant fui les rives du fleuve Sénégal sous la pression de l'islam (notamment celle des Toucouleurs), les Sérères sont convertis au christianisme.

**SERGE** – en gr. *Sergios* ♦ Patriarche de Constantinople de 610 à sa mort en 638, conseiller d'Héraclius. Il défendit Constantinople assiégée par les Perses, les Avars et les Slaves (626). Il inspira le monothélisme. → **monothélètes.**

**SERGE** ou **SERGIUS Ier** (saint) ♦ 84e pape (de 687 à 701). Syrien né en Sicile. Il fut élu contre Théodore et Pascal, antipapes. Il modifia la liturgie de la messe et introduisit en Occident plusieurs solennités mariales : Nativité de la Vierge (8 sept.), Purification (2 fév.), Annonciation (25 mars), Assomption (15 août). En 692, il résista à Justinien II qui voulait le faire enlever. ▪ Fête le 8 sept.

**SERGE** ou **SERGIUS II** ♦ 102e pape (de 844 à 847). Romain. Élu contre l'antipape Jean, il tomba sous la coupe de son frère Benoît, laissa la simonie s'installer. Rome subit l'invasion sarrasine sous son pontificat en 846.

**SERGE** ou **SERGIUS III** ♦ 119e pape (de 904 à 911). Romain. Avec lui commence la période dite de la pornocratie. Selon le *Liber pontificalis*, un fils qu'il eut de Marozie devint le pape Jean* XI.

**SERGE** ou **SERGIUS IV** ♦ 141e pape (de 1009 à 1012). Romain.

**SERGE de Radonège** (saint) – en russe *Sergueï Radonejski* ♦ Moine russe (près de Rostov v. 1314 - monastère de la Trinité, auj. Serguev-Possad 1392). Il se retira dans un ermitage en pleine forêt (1336) et, rejoint par ses disciples, fit de sa retraite le monastère de la Trinité (futur monastère de la Trinité-Saint-Serge), qui devint le foyer d'un mouvement monastique (les *pustinniki*). Il accepta des missions politiques (réconciliations entre princes), bénit Dimitri* IV Donskoï, éduqua les paysans. Patron de la Russie, fêté (dans l'Église orthodoxe) le 25 sept. (→ **Serguev-Possad**).

**SERGENT-MARCEAU (Antoine François SERGENT, dit)** ♦ Dessinateur, graveur et homme politique français (Chartres 1751 - Nice 1847). Rallié à la Révolution, membre du Club des jacobins, député montagnard à la Convention, il fit partie du comité des Arts et de l'Instruction, et contribua à la création du Musée français et du Conservatoire. Il émigra en Italie après le 18 Brumaire.

**Sergents de La Rochelle (les Quatre)** ♦ En 1821, quatre sergents du 45e régiment d'infanterie alors en garnison à Paris, Bories, Goudin, Raoulx et Pommier, fondèrent une *vente* de carbonari (→ **carbonarisme**). Le 45e régiment fut envoyé à La Rochelle et, à la suite de dénonciations, les quatre sergents furent découverts. Traduits devant les assises de la Seine avec une vingtaine de complices, ils refusèrent de parler, furent condamnés à mort et guillotinés (21 sept. 1822). N'ayant pris part à aucune rébellion, ils passèrent pour martyrs. L'opposition libérale se servit de cette affaire contre le gouvernement de la Restauration.

**SERGIPE** ♦ État du Brésil (région Nordeste). → **Brésil** (carte). 21 862 km². 1 784 000 hab. CAP. : Aracaju. C'est le plus petit État brésilien (fondé en 1823). Exploitation de gisements offshore de gaz naturel. Fruticulture tropicale.

**SERGUEV-POSSAD,** → ÉTYM. de 1930 à 1991 *Zagorsk* ♦ V. de Russie, au N. de Moscou. 113 800 hab. Le monastère (ou laure) de la Trinité-Saint-Serge, fondé en 1340 par Serge de Radonège, fut un important foyer spirituel, intellectuel et artistique du XVe au XVIIIe s. ; il sert auj. de lieu de séminaire et d'académie de théologie. Dans l'enceinte du monastère se trouvent la collégiale de la Trinité

(1422), abritant une iconostase de A. Roublev et la collégiale de l'Assomption, construite de 1559 à 1585 (iconostase de S. Ouchakov ; fresques de 1684 ; tombeau de Boris Godounov). Musée des Arts appliqués et du Jouet. ▪ Indus. de précision (optique, électromécanique) et chimique. Jouets.

## sérialisme

n. m. ♦ Technique de composition musicale (fondée sur la série), dans laquelle les éléments concernés (hauteurs, durées, timbres et/ou intensités des sons) ne sont en principe plus soumis à une quelconque hiérarchie, comme les hauteurs dans le système tonal, mais sont «égaux» et régis en fonction de leur ordre d'apparition. Pour abolir, du moins en principe, toute hiérarchie entre les douze sons de l'échelle chromatique tempérée (→ **dodécaphonisme**), Schoenberg* eut recours à l'atonalité* et (pour organiser cette atonalité) au sérialisme, en n'appliquant ce dernier qu'aux hauteurs et par le truchement de la série dodécaphonique, définie comme l'énoncé, dans un ordre quelconque, des douze sons de l'échelle chromatique tempérée, chacun étant énoncé et ne l'étant qu'une fois. Le nombre des séries possibles s'élève ainsi à 479 001 600, et chaque série possède 48 formes : forme originale (ou droite), forme rétrogradée (de la dernière à la première note), forme renversée (en changeant la direction des intervalles), forme rétrogradée-renversée, chacune de ces quatre formes pouvant être transposée onze fois. Sont à la base d'une œuvre les 48 formes d'une série choisie en fonction de divers critères, avec en outre le principe de l'identité du vertical et de l'horizontal (présentation soit successive, soit simultanée sous forme d'accords, des notes de la série) et celui de l'identité de toutes les notes du même nom quel que soit leur registre, ainsi que la possibilité de faire passer d'une voix à l'autre telle ou telle forme de la série, et d'en faire entendre simultanément diverses formes, à des vitesses de déroulement et à des rythmes divers, aux différentes voix. Une musique peut être sérielle sans être dodécaphonique (si elle utilise des séries ayant plus ou moins douze sons ou si elle met en série des paramètres autres que les hauteurs) et/ou sans être atonale (si la série choisie suscite un sentiment tonal) ; elle peut être atonale sans être dodécaphonique (au sens étroit) ni sérielle (*Wozzeck* de A. Berg*) ; elle peut être dodécaphonique (au sens étroit) et sérielle et néanmoins tonale si la série choisie suscite un sentiment tonal (*Concerto pour violon* de Berg). Les œuvres de Schoenberg qui à partir de son opus 23 (1923) relèvent de sa «méthode de composition avec douze sons n'ayant de rapports qu'entre eux» sont (en principe) à la fois atonales, dodécaphoniques et sérielles, mais ne constituent qu'un cas particulier aussi bien de l'atonalité que du sérialisme. Il en va de même de celles qu'écrivirent alors Berg (à partir de la *Suite lyrique*) et Webern* (à partir de son opus 17). Après 1945, Boulez*, Stockhausen* et d'autres, comme Pousseur*, Nono* ou Maderna*, étendirent le principe sériel à d'autres paramètres (durées, timbres, intensités) : ce fut, jusque vers 1955, la période du «sérialisme intégral», ou du sérialisme «post-webernien».

**Série noire** ♦ Collection de romans policiers créée en 1945 par Marcel Duhamel aux éditions Gallimard. Elle a publié environ 2 500 romans «durs», volontiers écrits (ou traduits) dans une langue percutante. Parmi ses principaux auteurs : P. Cheyney*, J. H. Chase*, H. McCoy*, R. Chandler*, D. Hammett*, W. Irish*, J. Thompson*, A. Simonin*, Auguste le Breton, D. Goodis*, E. McBain*, C. Himes*, Lawrence Block, Donald Westlake, J.-P. Manchette*, Joe Gores, Bill Pronzini, A. D. G., Jean Vautrin*, Jerome Charyn, Daniel Pennac*.

**SÉRIGNAN** [34410] → ÉTYM. anc. *Surignanus*, p.-ê. du lat. *Surinius*, n. de pers. ♦ Comm. de l'Hérault, arr. de Béziers, sur la rive d. de l'Orb. 6 134 hab. *(Sérignanais)*.

**SERKIN (Rudolf)** ♦ Pianiste américain d'origine russe (Cheb 1903 - New York 1991). Il fit ses débuts à Vienne, joua beaucoup en duo avec A. Busch*, et se consacra surtout à la musique de chambre, comme interprète de Beethoven, Brahms, Schubert. Il fut le principal animateur du festival de Marlboro.

**SERLIO (Sebastiano)** ♦ Architecte et théoricien italien (Bologne 1475 - Fontainebleau v. 1554). Il se forma à Bologne, à Rome (notamment avec B. Peruzzi), à Venise et composa un ample traité d'architecture en 8 livres (dont 7 furent composés) qui vulgarisait les connaissances sur l'art antique (*Quatrième Livre*, 1537 ; *Troisième Livre* sur l'usage des cinq ordres, 1540), et les doctrines architecturales de Vitruve (*Premier, Deuxième, Cinquième Livre : géométrie, perspective, églises* ; 1545 - 1547). Il se rendit en France à la fin de 1540 et François Ier l'employa à Fontainebleau. Il édifia notamment le château d'Ancy*-le-Franc (longtemps attribué au Primatice, responsable de la décoration intérieure et de remaniements) ; cet édifice combine avec bonheur le respect des traditions françaises et l'utilisation des éléments antiques (pilastres doriques et corinthiens). On lui attribue également le château de Troissereux (Picardie) mais cette attribution est parfois contestée.

Le **Serment des Horaces** ♦ Tableau de David* (1784), manifeste idéologique et technique du néoclassicisme*. Tirée de la tragédie de Corneille, la scène fut réinterprétée par David qui, pour renforcer l'héroïsme des hommes, l'opposa au chagrin et à la douleur des femmes. Repoussant le style baroque, lui préférant l'art de Poussin et des bas-reliefs antiques, David prône la clarté de la construction, la simplicité des formes, l'austérité du décor, l'uniformité de l'éclairage et la froideur des couleurs. *Le Serment des Horaces* ouvre la voie à la peinture héroïque du XIXe s. et anticipe sur le modèle moral et austère élaboré par la bourgeoisie pendant la Révolution.

Le **Serment des Horaces.** Tableau de J. L. David (3,30 x 4,25 m), 1784. Musée du Louvre, Paris. *BIS/Phot. © Archives Nathan*

**Serments de Strasbourg** ♦ Premier texte connu écrit en langue romane (langue d'oïl) en 842, dans lequel deux des petits-fils de Charlemagne, Charles* II le Chauve et Louis* II le Germanique, font un serment d'assistance mutuelle contre leur frère Lothaire*. ▪ Les *Serments* ont été conservés par le chroniqueur Nithard*.

**Sermons** ♦ Sermons prêchés par Bossuet* essentiellement de 1655 à 1662 ; publiés à la fin du XVIIIe s. Usant d'une éloquence simple adaptée à son désir d'une prédication pratique et efficace, Bossuet y développe, suivant une organisation antithétique ou ternaire, le même enseignement que dans ses *Oraisons* funèbres* : appels à la charité et à la justice, humaine comme divine (*Sermon sur l'éminente dignité des pauvres* [...] 1659). Le thème le plus fréquent est celui (pascalien) de la misère et de la grandeur de l'homme, complexité dont seule la religion peut rendre compte, comme il est dit dans le vigoureux *Sermon sur la mort* (1662). → **Bourdaloue, Massillon.**

**SERNIN** (saint) → **Saturnin (saint)**

**SEROV (Aleksandr Nikolaïevitch)** ♦ Compositeur et critique musical russe (Saint-Pétersbourg 1820 - *id.* 1871). Fonctionnaire dans un ministère de Saint-Pétersbourg, autodidacte en musique, il fut fortement influencé par le drame wagnérien dont il tenta de donner un équivalent russe. Ses deux opéras *Judith* (1863) et *Rogneda* (1866) marquent une étape importante dans le développement de l'opéra russe après Glinka* et Dargomyjski*. Son chef-d'œuvre est *La Puissance du mal*, son dernier opéra, inachevé. Il écrivit un *Stabat Mater*, un *Ave Maria*, un *Cantique de Noël*.

**SEROV (Valentin Aleksandrovitch)** ♦ Peintre russe (Saint-Pétersbourg 1865 - Moscou 1911). Fils d'Aleksandr Serov*. Élève de Répine, il fit partie du groupe Mir Iskousstva. D'un séjour à Paris, il conserva une empreinte profonde et l'influence de l'impressionnisme est très sensible dans un tableau comme *La Fillette aux pêches*, peinture claire où le traitement de la couleur aboutit à des effets de simplification rappelant ceux de Manet. Il fut l'un des meilleurs portraitistes russes (*La Princesse Joussopova, Ida Rubinstein, La Pavlova*). ▪ *Illustration :* → **Rimski-Korsakov.**

**SEROV** – jusqu'en 1939 ***Nadejdinsk*** ♦ V. de Russie, région d'Iekaterinbourg, sur la Kakva. 106 000 hab. L'un des centres miniers (bauxite, minerai de fer) et métall. de l'Oural.

**SEROWE** ♦ V. du Botswana, à l'E. du pays. Env. 100 000 hab. Sépulture royale des Bamangwato. ▪ Princ. centre agricole et commercial du pays.

**SERPA PINTO (Alexandre Alberto DA ROCHA)** ♦ Explorateur portugais (Tendais, canton de Cinfães 1846 - Lisbonne 1900). Après une campagne dans le Mozambique (1868), il explora la région entre le Congo et le Zambèze (dont il étudia le cours et les affluents, 1877), traversa le désert du Kalahari, parvint à Pretoria puis Durban (1879). Nommé gouverneur général du Mozambique (1889), il tenta de l'unir à l'Angola ; mais, face à l'opposition de la Grande-Bretagne, le Portugal fut contraint de retirer ses troupes du Zambèze (1890).

**SERPENT** n. m. – en lat. ***Serpens*** ♦ Constellation équatoriale comprenant deux zones : la Tête *(Caput)* et la Queue *(Cauda)*.

**SERPOLLET (Léon)** ♦ Ingénieur et industriel français (Culoz 1858 - Paris 1907). Inventeur de la chaudière à vaporisation instantanée (1881), il construisit également un tricycle à vapeur (1887). Devant la concurrence de la voiture à essence, il améliora son moteur à vapeur en substituant l'huile de paraffine, plus légère, au coke. Ses voitures furent les premières à atteindre la vitesse de 120 km/h. ➝ ÉTYM. Ce nom est une variante de *serpolet* (surnom d'un producteur).

**SERPOUKHOV** ♦ V. de Russie, région de Moscou, sur l'Oka. 131 200 hab. Forteresse bâtie en 1556 par Ivan le Terrible. ▪ Centre textile. Indus. métall. et alimentaire. Matériaux de construction. Observatoire astronomique. Centre de recherches nucléaires (synchroton à protons en activité depuis 1967).

**SERRA (Richard)** ♦ Sculpteur américain (San Francisco 1939). Après avoir travaillé avec Albers*, admiré à Paris l'œuvre de Brancusi* et exposé à Rome ses *Animal Habitats Live and Stuffed* (1966), il rentra aux États-Unis et, dans l'esprit de l'Anti Form Group et du minimal art, créa en 1968 ses premières sculptures, massives, monumentales, en équilibre apparemment précaire (*Château de cartes, Etai d'une tonne*, 1968 - 1969). Néanmoins, ses œuvres installées dans des sites suscitèrent de vives réactions et il perdit un procès pour son *Arc penché* qui avait été retiré de la Place fédérale de New York à la demande du public. Il a conçu pour le musée Guggenheim de Bilbao trois courbes d'acier à parcourir, qui serpentent sur 31 mètres de long et 4 mètres de hauteur et plus de 6,8 mètres de large : *Snake* («Serpent») (1996). Serra raffine les formes de ses plaques de métal brut dans ses tours (*Fulcrum*, Londres, 1987 ; *Slat*, Paris, La Défense, 1983).

**SERRA (Éric)** ♦ Compositeur français (Saint-Mandé 1959). Sa collaboration avec Luc Besson* aboutit à des musiques parfaitement adaptées à l'image : *Subway*, 1985 ; *Le Grand Bleu*, 1988 ; *Le Cinquième élément*, 1997. Il a ensuite tenté de nouvelles expériences avec des films d'animation (*Arthur et les Minimoys*, 2006).

**Serrabonne** (collégiale de) ♦ Collégiale des Pyrénées-Orientales, dans le Conflent, sur la commune de Boule-d'Amont. La collégiale Sainte-Marie-de-Serrabone fut fondée en 1082 et agrandie au milieu du XIIe s. (cloître, tribune et chœur). Les sculptures de marbre qui s'y trouvent sont parmi les plus importantes œuvres romanes du Roussillon.

**SERRANO Y DOMÍNGUEZ (Francisco),** duc **DE LA TORRE** ♦ Général et homme politique espagnol (Arjonilla 1810 - Madrid 1885). Favori d'Isabelle* II qui lui confia le ministère de la Guerre (1843), il fut chassé par Narváez dont il devait rester l'un des principaux adversaires. En effet, devenu l'un des chefs du parti libéral, il participa au soulèvement de O'Donnell* (1854) auquel il devait succéder. Capitaine général de Cuba, puis de Grenade, il fut déporté aux Canaries (1868), puis prit avec Prim* y Prats la tête de l'insurrection de 1868, provoquant la chute de la reine Isabelle. Il constitua un gouvernement provisoire qui l'élut régent (1869 - 1871), et fut ensuite président du Conseil d'Amédée*. Il lutta contre les carlistes* et se réfugia en France au retour d'Alphonse* XII qui le nomma ambassadeur à Paris.

**SERRAULT (Michel)** ♦ Acteur français (Brunoy 1928 - Honfleur 2007). Après des études théâtrales, il se dirigea vers le cabaret, les sketches et le boulevard, souvent aux côtés de Jean Poiret. Son talent, servi par un jeu précis, une manière de façonner le personnage par touches, un humour froid (*La Cage aux folles*, 1973) le fit remarquer de metteurs en scène tels que Roger Planchon* (*L'Avare*, 1986). Il mène en parallèle une carrière cinématographique avec des réalisateurs tels que Claude Chabrol (*Les Fantômes du chapelier*, 1982), Jean-Pierre Mocky (*À mort l'arbitre*, 1984), Claude Miller (*Garde à vue*, 1981), Bertrand Blier (*Buffet froid*, 1979).

**SERRE (Pierre,** comte **DE)** ♦ Homme politique français (Pagny-sur-Moselle 1776 - Castellamare di Stabia 1824). Président de la cour impériale de Hambourg (1811), puis de Colmar, il se rallia aux Bourbons et siégea comme député, puis comme président à la Chambre (1817 - 1818) parmi les constitutionnels *doctrinaires*. Ministre de la Justice dans le cabinet Decazes (1818), il fit adopter la loi libérale sur la presse, mais refusa la loi d'amnistie pour les régicides bannis. Au congrès de Vérone (1822), il soutint les intérêts de Ferdinand VII.

**SERRE (Jean-Pierre)** ♦ Mathématicien français (Bages 1926). Il s'est particulièrement intéressé à l'algèbre homologique ; utilisant la notion de faisceaux et appliquant la méthode des suites spectrales de Leray* à des espaces fibrés convenables, il obtint ses théorèmes de finitude sur les groupes d'homotopie des sphères. [Médaille Fields 1954 ; Prix Abel 2003 ; Acad. sc. 1976]

**SERREAU (Jean-Marie)** ♦ Homme de théâtre français (Poitiers 1915 - Paris 1973). Il participa à la création de «Travail et Culture». Ayant fondé une compagnie (1949), il s'intéressa à la découverte de textes contemporains. Il mit en scène *Galileo Galilei* de Brecht à la Comédie-Française (1951) et prit successivement la direction de plusieurs théâtres de la Rive Gauche, où il fit connaître Beckett, Ionesco, Adamov et Genet qu'il inscrivit peu après à l'affiche de l'Odéon. Il s'attacha ensuite à faire connaître des œuvres d'auteurs francophones du tiers-monde, tels Aimé Césaire*, Kateb* Yacine ou Bernard Dadié*. En 1971, il fonda le théâtre de la Tempête.

**SERRE-CHEVALIER-CHANTEMERLE** ou **SERRE-CHEVALIER** ➝ ÉTYM. *Serre* ; de l'occit. *serre* «montagne de forme allongée», *Chevalier*, du lat. *caput* «tête» et *Chantemerle* (chant de l'oiseau) ♦ Station de sports d'hiver des Hautes-Alpes, dans le Briançonnais, s'étendant sur plusieurs hameaux des comm. de Saint-Chaffrey, La Salle-les-Alpes et Le Monêtier*-les-Bains (1 350 - 2 575 m).

**Serre-Ponçon** (barrage de) ♦ Barrage de terre compacte, construit sur la Durance, en aval du confluent de l'Ubaye (Hautes-Alpes). Mis en service en 1961. Sa retenue (3 000 ha) est l'une des plus vastes d'Europe ; un pont la franchit à Savines*-le-Lac. Centrale hydroélectrique produisant près de 760 millions de kWh par an.

**SERRES (Olivier DE)** ♦ Agronome français (Villeneuve-de-Berg, Ardèche, v. 1539 - Le Pradel, près de Villeneuve-de-Berg 1619). De son domaine du Pradel, il fit une ferme modèle. Il y pratiqua l'assolement, cultiva la betterave, le houblon, la garance et le riz. Appelé à Paris par Henri IV, il planta 20 000 mûriers blancs dans le jardin des Tuileries et écrivit à la demande du roi son *Traité de la cueillette de la soie par la nourriture des vers qui la font* (1599). En 1600, il produisit son œuvre majeure, le *Théâtre d'agriculture et mesnage des champs*. ♦ **Jean de Serres** (1540 - 1598). Frère du précédent. Pasteur calviniste à Nîmes, il fut nommé historiographe de France par Henri IV qui le chargea également de négociations avec les protestants étrangers. Il écrivit un *Recueil des choses mémorables advenues en France depuis Henri II jusqu'à Henri IV* et un *Inventaire de l'histoire de France* (1597).

**SERRES (Michel)** ♦ Philosophe et écrivain français (Agen 1930). Officier de marine puis universitaire (il enseigne à la Sorbonne et à Stanford aux États-Unis), il a consacré une thèse à Leibniz (*Le Système de Leibniz et ses modèles mathématiques*, 1968) et écrit des ouvrages d'histoire des sciences et des idées (*Hermès*, 5 vol. de 1969 à 1980 ; *Les Origines de la géométrie*, 1993), des textes sur l'art, comme *Esthétiques sur Carpaccio* (1975), enfin des essais plus généraux où se manifeste librement son talent d'écrivain (*Le Contrat naturel*, 1990 ; *Le Tiers instruit*, 1991). Sa démarche s'inspire des structures de la pensée logique (Leibniz), examine les cheminements du savoir et aboutit à des grilles de lecture, par exemple dans *Jouvences sur Jules Verne* (1974). Renouant avec la tradition française du XVIIIe s., il enrichit ces données intellectuelles par une réflexion sensualiste sur la sagesse du corps (*Les Cinq Sens*, 1985). En insistant sur l'importance de la communication (parfois avec humour et brio, comme dans son analyse des *Bijoux de la Castafiore* de Hergé in *Hermès*, t. I), M. Serres lui donne une fonction de transcendance par rapport à la science ou aux pratiques. Elle en est la condition de possibilité. La poursuite de sa réflexion sur notre passage à l'ère de la communication (mise en réseau des hommes et de leurs connaissances, répercussions sur l'éducation, apparition du virtuel...) lui fit entrevoir une nouvelle étape du développement humain qu'il baptisa *Hominescence* (2001) : «Les cinquante dernières années résument l'essentiel du bouleversement subi par l'humanité, à partir d'un état antérieur qui s'est étiré sur des millénaires». [Acad. fr. 1990] ➝ ÉTYM. Ce nom vient de l'occitan *serre* «hauteur allongée», nom de lieu assez fréquent dans le Cantal et le Puy-de-Dôme.

**SERRES** [05166] ➝ ÉTYM. occit. «montagnes de forme allongée» ♦ Ch.-l. de cant. des Hautes-Alpes, arr. de Gap, sur le Buech. 1 204 hab. *(Serrois)*. Église romane du XIIe s. remaniée au XIVe s., maisons anciennes.

**SERRÈS** ou **SERRAI** ♦ V. de Grèce (Macédoine centrale), ch.-l. du nome de Serrès. 60 000 hab. Marché agricole.

**SERRET (Joseph Alfred)** ♦ Mathématicien français (Paris 1819 - *id.* 1885). L'un des premiers diffuseurs en France de la théorie des groupes de Galois*, il découvrit également les formules sur la courbure et la torsion des courbes gauches (1851). [Acad. sc. 1860]

**SERS (ROC DE)** ♦ Abri-sous-roche de Charente (comm. de Sers) où les fouilles menées par le Dr Henri-Martin en 1927 ont permis la découverte d'une vingtaine de blocs sculptés en bas-relief au Solutréen*. Les représentations d'hommes et d'animaux formaient sans doute une frise dans le fond de l'abri.

**SERT (Josep Lluis)** ♦ Architecte américain d'origine espagnole (Barcelone 1902 - *id.* 1983). Exilé à Paris après la victoire du franquisme, il travailla jusqu'en 1939 avec Le* Corbusier et construisit avec Luis Lacasa le pavillon de la République espagnole pour l'Exposition internationale de 1937. Il s'installa aux États-Unis en 1939 où il publia *Can Our Cities Survive ?* (1942), réflexion sur l'urbanisme moderne. Président des CIAM (Congrès internationaux d'architecture moderne, ayant eu lieu de 1928 à 1959) de 1947 à 1956, professeur d'architecture à Harvard en 1953, il créa le premier cours d'urbanisme aux États-Unis. Il élabora les plans directeurs de Bogotá en 1951 et de La Havane en 1956, construisit la Fondation Maeght* à Saint-Paul-de-Vence de 1962 à 1964, l'ambassade des États-Unis à Bagdad en 1963, l'Undergraduate Science Center de Harvard et la Fondation Miró à Barcelone de 1972 à 1975.

**SERTÃO** n. m. ♦ Région intérieure du Nordeste brésilien caractérisée par de longues périodes sans pluies, et couvrant 1 000 000 ha dans les États de Bahia et du Piauí. Végétation arbustive composée d'espèces épineuses et formant la caatinga « forêt claire ». Les pluies sont très irrégulières et les périodes de sécheresse absolue entraînent la migration des habitants dans des conditions difficiles. Le Sertão est une référence de première importance dans la littérature et le cinéma brésiliens.

**SERTORIUS** – en lat. ***Quintus Sertorius*** ♦ Général romain (Nursia, Sabine v. –123 - Espagne –72). Lieutenant de Marius* en Gaule (–102) et partisan de celui-ci durant les guerres civiles (–88), il passa en Espagne quand Sylla* fut resté le maître de l'Italie. Il y aida les Lusitaniens* (–80) révoltés contre Rome à combattre les partisans de Sylla et organisa en Espagne, à Osca (auj. Huesca*), un simulacre de république romaine. Combattu par Metellus* et Pompée*, il s'allia à Mithridate* (–75) mais fut assassiné par ses officiers à l'instigation de son lieutenant Perpenna* (–72). ▪ Le personnage a inspiré à Corneille une tragédie (1662).

**SÉRURIER (Jean Matthieu Philibert,** comte) ♦ Maréchal de France (Laon 1742 - Paris 1819). Officier dans les armées royales, il fit la guerre de Sept Ans. Rallié à la Révolution, il fut nommé général de division en 1795, se distingua pendant la première campagne d'Italie (1796), puis fut gouverneur de Venise. Il participa au 18 Brumaire* an VIII, fut nommé gouverneur des Invalides, puis maréchal (1804). Il vota pourtant la déchéance de l'Empereur. Louis XVIII le fit pair ; mais Sérurier se rallia à Napoléon durant les Cent*-Jours et fut disgracié par la suite.

**SÉRUSIER (Paul)** ♦ Peintre et théoricien français (Paris 1864 - Morlaix 1927). Il étudia la peinture à l'académie Julian, tout en s'intéressant à la musique, à la philosophie et aux langues orientales (arabe, hébreu). En 1888, à Pont-Aven, il se lia avec Gauguin et, sous sa conduite, peignit *Le Talisman*, petit paysage sur bois juxtaposant des aplats de couleur pure qui manifeste au plus haut point les principes du synthétisme et servit de référence lorsque, avec ses camarades de Julian, Sérusier fonda le groupe des nabis* (1888). S'il travailla encore avec Gauguin en 1889 et 1890, et exécuta des décors pour le théâtre de l'Œuvre de Lugné-Poe à partir de 1890, par la suite il fréquenta les Rose † Croix, Verkade, le P. Didier Lenz, accentuant ses orientations vers le symbolisme et le nombre d'or. Ces préoccupations se manifestent dans ses ouvrages *Esthétique de Beuron* (1905) et *ABC de la peinture* (1921). Il se retira en Bretagne où il décora l'église de Châteauneuf-du-Faou. Ses œuvres, scènes bretonnes, portraits, paysages, révèlent un artiste d'une grande délicatesse, qui rénova l'art moderne en puisant notamment chez les primitifs italiens et allemands et dans sa spiritualité personnelle.

Paul **Sérusier.** *Paysage.* MNAMGP, Paris. *Phot. © Arch. Smeets*

**SERVANCE** (ballon de) ♦ Sommet des Vosges (1 216 m).

**SERVAN DE GERBEY (Joseph)** ♦ Général français (Romans, Dauphiné 1741 - Paris 1808). Collaborateur à l'*Encyclopédie* et auteur d'un *Projet de constitution pour l'armée française* (1790), il fut nommé ministre de la Guerre dans le cabinet girondin formé en mars 1792 sous la Législative, et proposa la formation d'un camp de 20 000 gardes nationaux sous Paris. Voté par l'Assemblée, ce décret ne fut pas sanctionné par le roi, qui fit renvoyer le ministère girondin (13 juin 1792). Membre de la commission exécutive provisoire, constituée après la journée révolutionnaire du 10 août 1792, Servan de Gerbey commanda l'armée des Pyrénées occidentales, puis fut interné à la prison de l'Abbaye comme girondin sous la Terreur.

**SERVANDONI (Giovanni Niccolò)** ♦ Architecte et peintre français (Florence 1695 - Paris 1766). Après des études d'arts plastiques en Italie, en particulier avec un élève de Bibiena* dont il prolongea le travail sur la perspective, les toiles peintes et la machinerie, il s'installa à Paris (1724). Architecte de la façade de l'église Saint-Sulpice (1766), il acquit sa célébrité surtout par ses décors d'opéra et de festivités royales. Il mit en scène avec succès des pantomimes féeriques (*La Conquête du Mogol par Thomas Khouli-Khan*, 1756) et obtint la concession de plusieurs théâtres dont la salle des Machines aux Tuileries (1738 - 1757).

**SERVAN-SCHREIBER (Jean-Jacques)** ➝ **ÉTYM.** la famille *Schreiber* prit le n. de *Servan* pendant la Deuxième Guerre mondiale ♦ Journaliste et homme politique français (Paris 1924 - Fécamp 2006). Fondateur de *L'Express* (1953), député (1970 - 1978) et président du Parti radical (1971 - 1979), il prit position en faveur de la régionalisation et d'une Europe supranationale. Nommé ministre des Réformes en 1974, il fut démis après treize jours en raison de ses déclarations contre la force de dissuasion française. Directeur du Centre mondial pour l'informatique (1982 - 1985), il a publié *Le Défi américain* (1967), *Le Défi mondial* (1980), ainsi que son autobiographie politique (*Passions*, 1991 ; *Les Fossoyeurs*, 1993).

La **Servante maîtresse** – en it. ***La Serva padrona*** ♦ Comédie de Jacopo Angelo Nelli, qui fut jouée en 1709 et publiée en 1731. La servante Pasquina dirige en tout la maison du vieil Arnolfo. Cléante, amoureux de Jacinta, fille d'Arnolfo, s'entend avec le fils et la belle-fille d'Arnolfo et grâce à Dragoncello réussit à surprendre Pasquina en train de voler l'argenterie de son maître. ▪ Opéra bouffe en 2 actes de Pergolèse* (1733), sur un livret de Gennaro Maria Federico. Serpina, la servante d'Uberto, en piquant la jalousie du vieillard réussit à se faire épouser. Donnée à Paris en 1746 puis reprise à l'Opéra en 1752, *La Servante maîtresse* déclencha la querelle des bouffons*. Grimm, J.-J. Rousseau, d'Holbach défendaient cet opéra et la musique italienne, les « antibouffons » (Cazotte, J. Ph. Rameau, l'abbé Fréron) défendaient la musique française. Rousseau voyait dans l'opéra bouffe un retour à la nature et pour étayer sa thèse, il écrivit *Le Devin du village*.

**SERVET (Michel)** ♦ Théologien, philosophe et médecin espagnol (Villanueva, Aragon, v. 1509 - Genève 1553). Il se passionna pour la théologie et le conflit qui opposait catholiques et protestants, voyagea en Italie, se rendit à Augsbourg, Bâle et Strasbourg. À Paris, il étudia la médecine et pressentit peut-être la circulation sanguine. Esprit indépendant et peu soucieux d'orthodoxie, il écrivit plusieurs ouvrages qui, par les thèses qu'il y soutient, lui valurent finalement d'être condamné à mort et brûlé vif à l'instigation de Calvin*, alors qu'il séjournait à Genève (*De Trinitatis erroribus ; Apologetica disceptatio pro astrologia* et *Christianismi restitutio* où il met en question le dogme de la Trinité et semble adopter une position proche du panthéisme).

**SERVIAN** [34290] ➝ **ÉTYM.** du lat. *Servius*, n. de pers., et suff. *-anum* ♦ Ch.-l. de cant. de l'Hérault, arr. de Béziers, dans le Biterrois. 3 355 hab. *(Serviannais)*. Viticulture.

**SERVICE (Robert)** ♦ Poète canadien d'expression anglaise (Preston, Lancashire 1874 - Lancieux, Bretagne 1958). « Poète officiel » de la ruée vers l'or au Yukon (*Songs of a Sourdough*, 1907), il écrivit des poésies de taverne connues par des millions de lecteurs. Elles sont sentimentales, pathétiques, simples. Service les a toujours qualifiées lui-même de rimes, de ballades, de chansons, jamais de poésie.

**Service du travail obligatoire** [STO] ♦ Service établi en France par le gouvernement de Vichy (fév. 1943), pour fournir aux usines du Reich la main-d'œuvre exigée par le gauleiter Sauckel. Si de nombreux réfractaires rejoignirent le maquis, la France fut (selon Robert O. Paxton) « de tous les pays occupés à l'Ouest comme à l'Est en 1943 celui qui fournit le plus grand nombre d'ouvriers pour les usines allemandes ».

**SERVIEN (Abel),** marquis **DE SABLÉ** et **DE BOISDAUPHIN** ♦ Diplomate français (Grenoble 1593 - Meudon 1659). Il fut un des négociateurs du traité de Westphalie*. Il eut pour neveu H. de Lionne*. [Acad. fr. 1634]

**Servitude et Grandeur militaires** ♦ Ouvrage en prose de A. de Vigny* (1835) qui rapporte directement les souvenirs de l'auteur et sa pensée sur la condition du soldat, « paria » de la société moderne. Vigny exalte en trois récits la seule religion encore possible, celle de l'honneur.

**SERVIUS TULLIUS** ♦ Sixième roi de Rome (de –578 à –534). La légende lui attribua une série de réformes qui sont en réalité postérieures (–IIIe s. ?) : division de la cité en quartiers, du territoire en régions, répartition de la population en cinq classes selon la fortune *(constitution servienne)* et division de chaque classe en centuries pour faciliter l'organisation militaire. Il agrandit aussi la ville renfermant dans une nouvelle enceinte le Quirinal, le Viminal et l'Esquilin.

**SERVRANCKX (Victor)** ♦ Peintre, sculpteur et théoricien belge (Dieghem 1897 - Vilvorde 1965). Il rompit rapidement avec sa formation académique et, dès 1917, il exposa des œuvres abstraites (les premières en Belgique). Dans ses compositions où il recherche le mouvement, les cercles sont l'élément dominant (*Opus 27*, 1926). Son travail le conduisit à organiser et à simplifier la structure de ses toiles, d'une manière très sculpturale. Son style volontaire s'affirma v. 1923 *(Opus 47)*. C'est l'époque où il créa ses premiers objets et projets d'architecture. En 1939, il exécuta pour le Salon de la radio de Bruxelles une monumentale composition murale (550 m²) à laquelle Léger rendit hommage. Sa période surréaliste est marquée par des toiles étranges, orageuses, parfois moralisantes ou érotiques. Après la guerre, il aborda l'abstraction d'une manière proche de Magnelli (*Opus 2*, 1953). Puis ses compositions devinrent de plus en plus sobres, géométriques et proches du néo-plasticisme (*Opus 5*, 1954).

**SESIA** n. f. ♦ Riv. d'Italie (138 km), affl. rive d. du Pô*. Née dans le massif du mont Rose dont elle reçoit les eaux de fonte des neiges, elle sert à l'irrigation. De nombreuses usines jalonnent son cours.

**SÉSOSTRIS** ← ÉTYM. n. gr. de *Sénousret* «l'homme de la déesse Ousert» ♦ Nom de plusieurs pharaons de la XII<sup>e</sup> dynastie (Moyen Empire) ♦ **SÉSOSTRIS Iᵉʳ** (de v. −1970 à −1928). Fils d'Amménémès* Iᵉʳ, il annexa la Basse-Nubie* et entreprit une expédition en Canaan*. ♦ **SÉSOSTRIS II** (de v. −1897 à −1878). Petit-fils de Sésostris Iᵉʳ. ♦ **SÉSOSTRIS III** (de v. −1878 à −1843). Fils de Sésostris II, il étendit l'influence de l'Égypte sur la mer Rouge, la Palestine, la Syrie et la Crète. Devenu le type idéal du conquérant égyptien, il fut divinisé au Nouvel Empire.

**SESSHŪ** ♦ Peintre et moine japonais (Akahama 1420 - Iwami 1506). Après un voyage en Chine (1467 - 1468), il s'attacha à la peinture de grands paysages, utilisant des coups de pinceau anguleux dans le style chinois de son époque. Il eut de très nombreux disciples. → **Sesson.**

**SESSIONS (Roger)** ♦ Compositeur américain (Brooklyn 1896 - Princeton, New Jersey 1985). Élève de Nadia Boulanger et d'Ernest Bloch, il s'intéressa à Schoenberg et à Berg, enseigna à Princeton, à Berkeley et à Harvard, et laissa notamment neuf symphonies (de 1927 à 1978).

**SESSON** ♦ Peintre japonais (1504 - 1589), disciple de Sesshū*. Il réussit cependant à se dégager de la manière de son maître et à adopter un style personnel, plus fluide.

**SESTOS** ♦ Anc. ville de la Chersonèse de Thrace, sur l'Hellespont, en face d'Abydos*. Colonie éolienne, la ville devint au −Vᵉ s. un comptoir athénien. Ruinée à l'époque byzantine, elle était évoquée dans l'élégie de Musée *Héro et Léandros* (Vᵉ - VIᵉ s.).

**SESTO SAN GIOVANNI** ♦ V. d'Italie, en Lombardie (prov. de Milan). 78 850 hab. V. indus., satellite de Milan : gros complexe sidérurgique (usines Falck).

**SESTRIÈRES** – en it. *Sestriere* ♦ V. d'Italie, dans le Piémont (prov. de Turin), au pied du col du Montgenèvre, au S. de Bardonnèche. 838 hab. Station d'été et de sports d'hiver (2 035 - 2 580 m).

**SETCHENOV (Ivan Mikhaïlovitch)** ♦ Physiologiste et naturaliste russe (Tioplyï Stan, auj. Setchenovo 1829 - Moscou 1905). Ses recherches sur *Les Actions réflexes du cerveau* (1863) dont il fait la base de la vie mentale (*Les Éléments de la pensée*, 1903) influencèrent Pavlov* qui fut son élève.

**SÈTE,** jusqu'en 1927 ***Cette*** [34200] ← ÉTYM. anc. lat. *Setius Mons*, p.-ê. du pré-indo-eur. *°set* «montagne (le mont saint-Clair)» ♦ Ch.-l. de cant. de l'Hérault, arr. de Montpellier, au pied du mont Saint-Clair (175 m), entre l'étang de Thau et le golfe du Lion. 39 542 hab. (aggl. 66 177) *(Sétois)*. La ville neuve est coupée de canaux (canal du Midi, canal du Rhône à Sète). Musée Paul-Valéry. Musée international des arts modestes. Centre régional d'art contemporain. ▪ 1ᵉʳ port de pêche et 2ᵉ port de commerce français sur la Méditerranée (importations de pétrole brut [raffiné à Frontignan], bois tropicaux, vins ; exportations d'hydrocarbures, vins et céréales). Indus. chimique (engrais), alimentaire et agroalimentaire. Cimenteries. Scieries. Port de voyageurs (Maroc, Baléares) et de plaisance. Centre touristique. ▮ **Histoire** Anc. site romain. La création du port fut envisagée sous Henri IV et décidée par Louis XIV sous l'impulsion de Colbert en 1666 ; les travaux furent entrepris par P. P. de Riquet* (le canal des Deux-Mers devait aboutir à Sète). Gravement endommagé pendant la Deuxième Guerre mondiale, le port a été remis rapidement en état.

**SETH** ♦ Personnage biblique, né d'Adam et d'Ève après le meurtre d'Abel et la fuite de Caïn (Genèse, IV, 25).

**SETH** – n. gr. de ***Sutekh*** ou ***Set*** ♦ Dieu égyptien représenté sous la forme d'une créature composite au corps de lévrier, au museau effilé et busqué, aux oreilles pointues, aux yeux bridés, à la longue queue raide et fourchue. Dès les origines, Seth était connu comme le meurtrier de son frère Osiris*, et le rival d'Horus* à qui il avait arraché un œil (en retour, Horus l'avait émasculé). Il était le dieu du désordre et de la violence mais aussi celui qui «à la proue du vaisseau de Rê» transperçait Apopis* de sa lance, toujours en opposition dialectique avec l'ordre (Maat) et la force disciplinée ; dieu de l'orage (le Baal* des Sémites occidentaux) et du désert, mais aussi des oasis, assassin d'Osiris, mais assassin bénéfique, puisque par cet acte seul le recommencement pouvait se réaliser. Vers le −VIIIᵉ s., quand le culte d'Osiris prit de l'importance, Seth ne fut plus considéré que comme le meurtrier de son frère, l'adversaire du droit patriarcal, l'homosexuel aux actes stériles, le dieu des étrangers, la personnification du Mal. Il fut représenté pendant la période ptolémaïque sous forme d'hippopotame ou de crocodile. Les Grecs l'identifièrent à Typhon.

**SÉTHI** ou **SÉTI** ← ÉTYM. égypt. «celui du dieu Seth» ♦ Nom de deux pharaons de la XIXᵉ dynastie (Nouvel Empire). ♦ **SÉTHI Iᵉʳ.** Deuxième pharaon de la XIXᵉ dynastie (de v. −1312 à −1300), fils et successeur de Ramsès* Iᵉʳ. Il reconquit le sud de la Palestine et battit les Hittites* (−1310) sans les vaincre définitivement. Il fit construire à Thèbes* le temple funéraire de Gourna et, à Abydos*, le célèbre *Memnonium*. Son tombeau, découvert en 1817 par Belzoni, est un des plus beaux de ceux de la Vallée* des Rois. L'obélisque qui se trouve aujourd'hui Piazza del Popolo, à Rome, avait été érigé par Séthi Iᵉʳ pour le temple d'Héliopolis*. ♦ **SÉTHI II.** Avant-dernier pharaon de la XIXᵉ dynastie (de v. −1210 à −1205). Il renversa l'usurpateur Méneptah-Siptah. Son fils Ramsès* III lui succéda.

**SÉTIF** – en ar. ***Sṭīf*** ← ÉTYM. du berbère *esdif*, de *ouzzaf* «être noir» (allus. à la couleur de la terre de la région) ♦ V. d'Algérie, ch.-l. de wilaya sur les Hauts Plateaux. 168 681 hab. *(Sitifiens)*. Marché agricole. Semouleries, usine de pâtes alimentaires. Meubles en matière plastique. ▮ **Histoire** Anc. *Sitifis*, cap. de la Maurétanie sitifienne, la ville fut appelée «le grenier de Rome» sous la domination romaine. En mai 1945, Sétif fut avec Guelma le théâtre d'émeutes nationalistes réprimées dans le sang (plusieurs milliers de morts).

**SETON (Ernest Thompson)** ♦ Écrivain, artiste et naturaliste canadien d'expression anglaise (South Shields, Newcastle 1860 - Seton Village, Santa Fe 1946). Les histoires naturelles de *Wild Animals I Have Known* doivent beaucoup aux carnets qu'il tint méticuleusement pendant les années 1880 au Manitoba. Racontées du point de vue de l'animal-héros, et toutefois réalistes, elles témoignent de sa foi dans les liens entre l'homme et la nature. Leur succès lui apporta une renommée internationale. Conservateur acharné, Seton fut un ami de Theodore Roosevelt. Il a également participé à la fondation du scoutisme avec Baden-Powell en 1908.

**SETO NAIKAI** ou mer **INTÉRIEURE** ♦ Mer du Japon, entre les îles de Honshū, Shikoku et Kyūshū, formée par un effondrement. De peu de profondeur, elle possède plus de trois cents îles inégalement réparties sur sa surface. Les paysages qu'elle offre comptent parmi les plus beaux du Japon. Longue de 770 km, large de 60 km au maximum, elle s'ouvre à l'O. par le détroit de Shimonoseki, au S. par celui de Hōyo, et à l'E. par les deux chenaux déterminés par l'île Awaji, entre Honshū et Shikoku. Ses côtes, très découpées, fournissent d'excellents ports. Sur sa côte N., les installations portuaires et industrielles forment une ligne presque ininterrompue d'Ōsaka* à Shimonoseki*.

**SETTAT** ♦ V. du Maroc, ch.-l. de prov., sur les plateaux de la haute Chaouïa. 116 570 hab. La ville, construite au XVIIᵉ s., a gardé sa Casbah fondée par Moulay Ismaïl. Capitale économique de la région et centre agricole.

**SETTONS** (lac des) ♦ Lac du Morvan (dép. de la Nièvre), dans la vallée de la Cure (env. 400 ha). Un barrage-réservoir long de 277 m (1861) et une digue (1901) forment une retenue d'environ 21 millions de $m^3$ destinée à régulariser le débit de l'Yonne*. Le lac est entouré de bois de sapins et de mélèzes. ▪ Centre touristique (pêche, chasse, loisirs nautiques).

**SETÚBAL** ♦ V. et port du Portugal (région de Lisbonne et Vallée du Tage), ch.-l. de district, sur la rive d. de l'estuaire du Sado. 122 554 hab. Églises de Jésus et Saint-Julien de style manuélin. ▪ Port de pêche. Important centre indus. (conserveries, indus. chimiques, chantiers navals, construc. automobiles). Tourisme (péninsule de Troia, *serra da Arrabida*).

**SEUDRE** n. f. ← ÉTYM. p.-ê. rac. hydronym. *sel-/sal-* ♦ Petit fl. côtier de la Saintonge (70 km) qui arrose Saujon et se jette dans l'Atlantique au S. de Marennes. Son estuaire, long et large, est particulièrement propice à l'ostréiculture.

**SEUPHOR (Fernand Louis BERCKELAERS, dit Michel)** ♦ Écrivain et dessinateur français d'origine belge (Anvers 1901 - Paris, 1999). Après 1918, il participa activement aux manifestations de revendications flamingantes et fonda à Anvers la revue *Het Overzicht* («Le Panorama», 1921 - 1925), organe de combat culturel et politique avant de devenir celui des avant-gardes internationales. Établi à Paris en 1925, il créa les revues *Les Documents de l'esprit nouveau* (1927) et *Cercle et Carré* (1930), organe du groupe qu'il avait fondé l'année précédente avec Torres-Garcia et Van* Doesburg. Outre des textes romanesques et poétiques (*Les Évasions d'Olivier Trickmansholm*, 1939), il publia de nombreux textes critiques et devint après 1945 l'un des principaux théoriciens de l'art moderne (*L'Art abstrait, ses origines, ses premiers maîtres*, 1949 ; *Dictionnaire de la peinture abstraite*, 1957 ; *La Sculpture de ce siècle*, 1959 ; *La Peinture abstraite, sa genèse, son expansion*, 1962 ; *Le Style et le Cri*, 1965). Il rédigea aussi des études sur Mondrian* (1956) et Arp*. Son œuvre graphique est constituée, à partir de 1951, par les «dessins à lacunes», souvent en noir et blanc, dont les traits horizontaux laissent en réserve les signes ou les formes (*La Mort d'Orphée*, 1964).

**SEURAT (Georges)** ♦ Peintre et dessinateur français (Paris 1859 - *id.* 1891). Il fut à partir de 1878 l'élève d'un disciple d'Ingres, Lehman. S'intéressant passionnément aux recherches chimiques sur les couleurs et aux théories de la vision, il étudia les travaux de E. Chevreul*, H. L. F. Helmholtz*, D. Sutter et C. Blanc. Durant une année de volontariat à Brest, il fit de nombreuses études de paysages et de figures. De retour à Paris en 1880, il se consacra presque exclusivement au dessin (1882 - 1883) et fit preuve dans cette technique

Georges **Seurat.** *Port-en-Bessin* (67 x 82 cm), 1888. Musée d'Orsay, Paris. *BIS/Phot. Hubert Josse © Archives Larbor*

d'une maîtrise exceptionnelle : éliminant la ligne au profit de la masse, au moyen de frottis sur papier granuleux, il créa des contrastes d'ombres et de lumière subtilement dosés, mais d'une grande force suggestive. Accepté au Salon de 1883 avec le *Portrait d'Aman-Jean*, il peignit, après de nombreuses études préparatoires, *Une baignade (Asnières)* qui fut rejetée au Salon de 1884. Il fonda alors, avec d'autres peintres refusés, la Société des artistes indépendants et y exposa son tableau. Il se lia avec Signac* et fit partager ses préoccupations à plusieurs peintres : refusant en effet le caractère intuitif des recherches lumineuses de Monet* et des autres impressionnistes, il voulut radicaliser leur conception de la couleur et tenter de l'appuyer sur des bases scientifiques ; il prôna non seulement la division de la touche mais celle des tons et l'application des lois du contraste simultané selon lesquelles les valeurs contraires s'exaltent mutuellement. Il parvint à convertir Pissarro* à la nouvelle technique et, grâce à lui, put présenter à la dernière exposition impressionniste : *Un dimanche* à la Grande Jatte-1884* (1884 - 1886), qui apparut comme le manifeste de la nouvelle école néo-impressionniste que certains qualifièrent de *divisionniste* ou de *pointilliste* en raison de l'emploi de petites touches séparées de couleurs pures. Seurat s'attira l'hostilité de la critique, mais fut soutenu par Félix Fénéon* et fit des émules en Belgique lorsqu'il exposa en 1887 la *Grande Jatte* au cercle des XX. Il réalisa de 1886 à 1888 *Poseuses* et *Parade de cirque*, qui témoignent de l'intérêt qu'il portait aussi aux contrastes des lignes et à leur valeur symbolique. Dans *Chahut* (1889 - 1890) et *Cirque* (1890 - 1891), il étudia le pouvoir expressif des éclairages artificiels et la décomposition du mouvement. Peu de temps avant de mourir, il énonça les principes sur lesquels était fondé son art, notamment sa conception des concordances entre les tons sombres et clairs, les teintes froides et chaudes, les lignes tombantes et ascendantes. Esprit de tendance classique, il voulut concilier le «fugitif» et l'«éternel», rétablir une composition fortement structurée et réorienter l'intérêt vers le volume tout en schématisant les formes. Il exerça une influence notable sur Gauguin*, Van* Gogh et Pissarro* mais aussi sur les fauves, les cubistes et les futuristes. ➝ **ÉTYM.** *Seurat* est l'hypocoristique de *Seurin* (contraction de *Séverin*).

**SEURRE** [21250] ➝ **ÉTYM.** p.-ê. du lat. *sabulum* «sable» ♦ Ch.-l. de cant. de la Côte-d'Or, arr. de Beaune, sur la rive g. de la Saône. 2 666 hab. (aggl. 3 058). *(Seurrois)*. Église (XIVe s.), château (XVIIe - XVIIIe s.).

**SEVAGRAM** ♦ V. de l'Inde (Madhya Pradesh), fondée par Gandhi* sur le site de l'anc. Segaon, et où il établit un ashram.

**SEVAN** (lac) ♦ Lac d'Arménie, situé à 1 900 m d'alt. (1 000 m au-dessus de la vallée de l'Araxe) au pied du massif volcanique de l'Alaguez. 1 240 km². Il recèle de grandes ressources d'énergie hydraulique, exploitées notamment sur son émissaire le Razdan (ou Zanga) par lequel il s'écoule dans l'Araxe.

**SÉVERAC (Déodat de)** ♦ Compositeur français (Saint-Félix-de-Caraman 1873 - Céret 1921). Élève de V. d'Indy* à la Schola cantorum de 1897 à 1907, il n'en subit pas moins l'influence de Debussy. Sa musique, imprégnée du folklore languedocien, évoque la nature avec une sincérité et une délicatesse de ton exceptionnelles. Il est l'auteur de mélodies parmi lesquelles *À l'aube dans la montagne* (1903), deux *Mélodies en langue d'oc* (1910), et de pièces pour piano qui comptent parmi ses plus belles œuvres : *En Languedoc* (1904), *Baigneuses au soleil* (1908), *Cerdaña* (1910).

**SÉVERAC** n. m. (causse de) ♦ Formation calcaire située dans les Grands Causses* à l'O. du causse de Sauveterre, entre le Lot et l'Aveyron.

**SÉVÈRE** ♦ Nom donné aux empereurs romains de la dynastie fondée en 193 par Septime* Sévère (193 - 211), et représentée après lui par Geta* (211 - 212), Caracalla* (211 - 217), Élagabal* (218 - 222) et Sévère* Alexandre (222 - 235).

**SÉVÈRE** – en lat. ***Flavius Valerius Severus*** ♦ (en Illyrie - Rome 307). Empereur romain (306 - 307). Nommé César par Dioclétien* en 305, puis Auguste par Galère*, il gouverna l'Afrique et l'Italie et fut vaincu par Maxence*.

**SÉVÈRE** – en lat. ***Libius Severus*** ♦ (mort à Rome en 465). Empereur romain d'Occident (461 - 465). Proclamé empereur avec l'appui de Ricimer*, il laissa ravager l'Italie par les Vandales.

**SÉVÈRE ALEXANDRE** – en lat. ***Marcus Aurelius Severus Alexander*** ♦ (Arca Caesarea, Phénicie v. 208 - près de Mayence 235). Empereur romain (222 - 235). Il succéda à l'âge de treize ans à son cousin Élagabal*. Cultivé, débonnaire par mollesse, il laissa la responsabilité de l'Empire à sa grand-mère, Julia* Maesa, et à ses conseillers, les juristes Ulpien* et Paul, qui tentèrent d'établir un régime stable en rendant son importance au Sénat. L'empereur dut mener en Orient une difficile campagne contre les Perses Sassanides (232) qu'il réussit cependant à refouler. Mais quand l'armée du Rhin le vit incapable de lutter contre les Germains, elle le massacra devant Mayence avec sa mère. Ce fut le début d'une longue période d'anarchie militaire.

**SÉVÈRE D'ANTIOCHE** ♦ (Sozopolis 465 - Xois, Égypte 538). Archevêque monophysite d'Antioche (512), exilé en Égypte (518 - 528, puis 536 - 538 après un regain de faveur à Constantinople). Principal chef du parti monophysite*, il en fixa la théologie, rejetant aussi bien les excès d'Eutychès* que les formules du concile de Chalcédoine*.

**SEVERI (Francesco)** ♦ Mathématicien italien (Arezzo 1879 - Rome 1961). Auteur de travaux sur les fonctions de plusieurs variables complexes et sur l'étude géométrique des surfaces algébriques, il s'est attaché au problème de l'uniformisation des fonctions algébriques.

**SEVERIANINE (Iegor Vassilievitch LOTAREV, dit Igor)** ♦ Poète russe (Saint-Pétersbourg 1887 - Tallinn 1941). Ses poèmes, d'esprit futuriste et aux rimes riches, étaient appréciés par Sologoub* et Brioussov* : *La Coupe d'écume bouillonnante* (1913), *Les Ananas au champagne* (1915), *Les Médaillons* (1934). Émigré après la révolution d'Octobre, résidant en Estonie en 1918, il approuva l'annexion des pays baltes par l'URSS en 1940.

**SÉVERIN** (saint) ♦ Moine (mort en 482), évangélisateur du Norique (Autriche actuelle) où il organisa la défense contre les barbares. Ses reliques furent transportées à Naples où il est vénéré. Sa *Vie* a été écrite par son disciple Eugippius. ▪ Fête le 8 janv.

**SÉVERIN** ♦ 71e pape (du 28 mai au 2 août 640). Romain. Élu en 638, il attendit vingt mois la ratification impériale et condamna l'*Ecthèse*. ➝ **monothélètes.**

**SEVERINI (Gino)** ♦ Peintre et mosaïste italien (Cortone 1883 - Paris 1966). Il vint en 1906 à Paris où il fit la connaissance de Modigliani et de plusieurs peintres de l'école de Paris. En 1909, Boccioni* l'invita à signer le premier manifeste futuriste. C'est à la même époque qu'il entreprit sa grande composition *Pam Pam* (1909 - 1911) qui illustre les hésitations de sa recherche. Attiré par la stabilité et l'espace dense du cubisme, il essayait de les concilier avec le dynamisme du futurisme. En 1911, l'influence du divisionnisme impressionniste, qui marqua Severini toute sa vie, se fit plus sensible *(Le Chat noir)*. C'est l'époque où il fit la connaissance de Gleizes, de Gris et de Le Fauconnier. En 1912, il commença une suite de peintures dont le thème principal était la danse, source d'inspiration essentielle dans son œuvre (1912 - 1915 ; *Danseuse à Pigalle*, 1912). La recherche du rythme, la prédominance des formes circulaires, le travail de la matière «moutonnée», y faisaient disparaître presque complètement la réalité. De 1915 à 1918, il composa de très nombreuses natures mortes de facture cubiste, proches de celles de Gris*, avec lequel il partageait le goût de l'étude des proportions et des mathématiques (*Nature morte en*

Gino **Severini.** *Hiéroglyphe dynamique du bal Tabarin* (1,62 × 1,56 m). Museum of Modern Art, New York. *Phot. © Arch. Smeets*

*gris,* 1918). Après la guerre, sous l'influence du mouvement *Valori Plastici,* il revint vers un formalisme proche des recherches de Derain (*Les Deux Polichinelles,* 1922) et certaines de ses œuvres sont alors volontairement académiques (*Portrait de Ramuz,* 1934). Quelques années avant la Deuxième Guerre mondiale, il entreprit une œuvre de mosaïste et exécuta des décors de théâtre (*Pulcinella* de Stravinski). Après la guerre, Severini évolua vers l'abstraction géométrique, mais l'élément figuratif resta toujours sous-jacent (*Pas de deux,* 1950 ; *Le Violon, forme en mouvement,* 1959).

**SEVERN** n. f. ♦ Fl. de Grande-Bretagne (335 km avec l'estuaire) qui se jette dans le canal de Bristol. Il est franchi par un pont suspendu de plus de 2 km de long en amont de Newport.

**SEVERNAÏA ZEMLIA** n. f. ➝ ÉTYM. russe «terre du Nord» ♦ Archipel de Russie, dans l'océan Arctique, au N. de la presqu'île sibérienne de Taïmyr, entre la mer de Kara et la mer des Laptev. S'étendant sur 37 600 km$^2$, il fait partie du territoire de Krasnoïarsk. Îles princ. : Bolchevik (11 500 km$^2$), île de la Révolution-d'Octobre (14 200 km$^2$), Komsomolets (9 000 km$^2$) et Pionier (1 550 km$^2$). Presque toujours recouvert de glace, il est inhabité. Seules quelques stations météorologiques y sont installées. Il fut découvert en 1913 et exploré en 1930 - 1932.

**SEVERODVINSK,** de 1938 à 1957 ***Molotovsk*** ♦ V. de Russie, région d'Arkhangelsk, sur la mer Blanche, à l'embouchure de la Dvina du Nord. 201 500 hab. Scieries. Matériaux de construc. Pêche.

**SEVES (Octave Joseph DE),** dit **Soliman Pacha** ♦ Général français (Lyon 1788 - Alexandrie 1860). Il prit part aux dernières campagnes de l'Empire et se rallia à Napoléon I$^{er}$ pendant les Cent-Jours. Licencié lors de la Seconde Restauration (1815), il passa au service du pacha d'Égypte Méhémet Ali (1816), participa à la campagne de Syrie (1831 - 1833), puis fut nommé général et pacha.

**SEVESO** ♦ V. d'Italie, en Lombardie (prov. de Milan). 18 728 hab. Centre industriel (indus. chimiques). Gisements de méthane et raffineries. ▪ En juil. 1976, une fuite de dioxine se produisit dans une usine, entraînant l'évacuation de la population.

**SÉVIGNÉ (Marie DE RABUTIN-CHANTAL,** marquise **DE)** ♦ Épistolière française (Paris 1626 - Grignan 1696). Très cultivée, enjouée et douée pour la vie mondaine, elle avait épousé en 1644 le marquis de Sévigné, qui fut tué en duel en 1651. Veuve à vingt-cinq ans, elle entrecoupa sa vie retirée aux Rochers (Bretagne) de séjours à Paris où elle fréquentait la Cour et des salons, comme celui de M$^{me}$ de La* Fayette. On lui doit une vaste correspondance, adressée à ses amis de Paris et surtout à sa fille, M$^{me}$ de Grignan, vivant en Provence et dont elle déplore l'absence. Ces *Lettres* (posth. 1726), dont l'apparente spontanéité est un effet de l'art, contiennent des évocations de la nature, rapides mais pleines de fraîcheur, et des anecdotes concernant des événements ou des personnages de la Cour. Longtemps perçues comme un tableau spirituel et précieux de la société, écrites dans une liberté de style exceptionnelle à l'époque classique, elles manifestent une vision du monde sereine où l'écriture devient la marque d'une victoire sur l'absence. Marcel Proust les tenait pour des chefs-d'œuvre. ➝ ÉTYM. Ce nom vient de *Sabiniacum,* nom d'un ancien fief d'Ille-et-Vilaine, du latin *Sabinius,* nom de personne, et suffixe *-acum* (➝ aussi Savignac).

**SÉVILLE** ➝ ÉTYM. en esp. ***Sevilla,*** en lat. *Hispalis* [les Arabes l'appelaient *Sbilla*], d'une rac. sémitique «être bas» (à rapprocher de l'hébr. *shefélâh* «basse terre») ♦ V. d'Espagne, cap. de la communauté autonome d'Andalousie, sur la rive g. du Guadalquivir*. 699 145 hab. Univ. créée en 1502. La ville est célèbre par ses monuments (cathédrale gothique, tour-minaret de la Giralda*, Alcázar, maison de Pilate) et par ses fêtes (procession de la Semaine Sainte, célèbre *feria*). Le quartier de Santa Cruz, aux ruelles bordées de maisons à patio, conserve l'aspect d'une médina. Princ. port fluvial du pays (importation de pondéreux, exportation de pyrites, de vins, d'huile d'olive). Les activités industrielles (métall., textiles) sont regroupées dans le faubourg de *Triana.* Musée des Beaux-Arts : peinture espagnole du Siècle d'Or (Zurbarán, Murillo, Valdés Leal). Centre touristique. ▮ **Histoire** Ville carthaginoise, Séville fut sous les Romains et les Wisigoths un grand centre d'humanisme chrétien. En 712, les Arabes l'occupèrent, et à la chute du califat de Cordoue* (X$^e$ s.), elle devint la capitale florissante du royaume maure des Abbadides*. La prise de Séville par Ferdinand* III en 1248 transforma la ville : la population maure fut remplacée par des Castillans, des Génois, des Catalans et des Juifs. Séville devint alors le port d'attache des navires partant à la conquête de l'Amérique et le plus important centre commercial du royaume : sise à la charnière des routes de la Méditerranée et de l'Atlantique, elle centralisait tout le commerce grâce à la *Casa de Contratación ;* draps du Nord, épices d'Orient, métaux précieux de l'Amérique espagnole y transitaient, donnant à la ville une remarquable prospérité. Le déclin vint au XVIII$^e$ s. avec le transfert de la *Casa de Contratación* à Cadix* et la perte des colonies américaines. Durant la guerre civile (1936), Séville fut occupée par les nationalistes conduits par Queipo* de Llano. En 1992, Séville a accueilli l'exposition universelle dans l'île de la Cartuja (650 000 m$^2$ de surface construite).

**SEVRAN** [93270] ➝ ÉTYM. anc. *Severanum* «le domaine de Severus (n. de pers.)» ♦ Ch.-l. de cant. de la Seine-Saint-Denis, arr. du Raincy, sur le canal de l'Ourcq. 47 063 hab. *(Sevranais).* Construc. mécaniques. Parc forestier.

**SÈVRE NANTAISE** n. f. ➝ ÉTYM. *Sèvre :* anc. *Severa, Separa, Savara, Suavedria,* des rac. pré-indo-eur. *°sab-* p.-ê. «creux» et *°ar- ; Nantaise :* du n. de la v. de *Nantes** ♦ Riv. de l'O. de la France (125 km), affl. de la Loire (rive g.). Elle naît dans les Deux-Sèvres, traverse la Vendée et la Loire-Atlantique où elle conflue à Nantes. Elle arrose Clisson*.

**SÈVRE NIORTAISE** n. f. ➝ ÉTYM. *Sèvre :* ➝ Sèvre Nantaise ; *Niortaise,* du n. de la v. de *Niort** ♦ Fl. côtier du Poitou et de l'Aunis (150 km) qui arrose Saint-Maixent-l'École, Niort, Marans et traverse le Marais poitevin avant de se jeter dans la baie de l'Aiguillon. La Sèvre reçoit la Vendée sur sa rive d. en amont de Marans.

**SÈVRES (DEUX-)** ➝ **Deux-Sèvres**

**SÈVRES** [92310] ➝ ÉTYM. du précelt. *Savara,* n. de riv. auj. disparue ♦ Ch.-l. de cant. des Hauts-de-Seine, arr. de Boulogne-Billancourt, sur la Seine, entre le parc de Saint-Cloud au N. et le bois de Meudon au S. 22 534 hab. *(Sévriens).* Église Saint-Romain (XII$^e$, XIII$^e$, XVII$^e$ s.) ; hôtel de ville (XVIII$^e$ s.). ▪ Manufacture nationale de porcelaine (ateliers et magasin de vente). Créée à Vincennes, la manufacture fut transférée à Sèvres en 1756 sur l'initiative de M$^{me}$ de Pompadour, et devint manufacture royale en 1759. Musée national de céramique. École nationale supérieure de céramique. Bureau international des poids et mesures.

**Sèvres** (traité de) ♦ Traité signé le 10 août 1920 entre les puissances victorieuses, alliées et associées, et la Turquie. Il consacrait le démembrement de l'Empire ottoman qui perdait tous ses possessions européennes, sauf la région de Constantinople, et toutes ses provinces du Proche-Orient (➝ **Arabie, Arménie, Égypte, Irak, Kurdistan, Palestine, Syrie, Turquie**) ; en Turquie même, la région de Smyrne était cédée à la Grèce (au bout de cinq ans, un plébiscite devait fixer le sort des populations). Ce traité déclencha la révolte de Mustapha Kemal qui, après la guerre gréco-turque, en obtint le remplacement par celui de Lausanne* (1923).

**SEXTIUS** – en lat. ***Caius Calvinus Sextius*** ♦ Consul romain (–II$^e$ s.). Il fonda *Aquae Sextiae* (Aix-en-Provence) en –122, au pied de l'oppidum d'Entremont*.

**SEXTON (Anne)** ♦ Poète et femme de lettres américaine (Newton, Massachusetts 1928 - Weston, Massachusetts 1974). Son premier livre (*To Bedlam and Part Way Back,* 1960) raconte ses troubles mentaux et leur incertaine guérison. Ses sept recueils de poèmes (notamment *To Live or Die,* prix Pulitzer, 1967) disent l'impossibilité pour la femme d'échapper au quotidien et sont hantés par l'appel de la mort.

**SEXTUS EMPIRICUS** – en gr. ***Sextos ho Empeirikos*** ♦ Philosophe, médecin et astronome grec (II$^e$ - III$^e$ s.). Il serait né à Mytilène, mais aurait vécu à Alexandrie et Athènes. Il fut surnommé «l'Empirique» pour avoir, dit-on, introduit l'empirisme en médecine. En philosophie, ses œuvres sont la source la plus importante pour la connaissance du scepticisme et du stoïcisme antiques. Dans ses *Hypotyposes* (ou *Esquisses*) *pyrrhoniennes* et son *Adversus Mathematicos,* il a su présenter la doctrine sceptique et indiquer tous les arguments contre le dogmatisme des philosophes et des savants.

**SEYBOUSE** (oued) ♦ Oued de l'Algérie orientale (225 km), tributaire de la Méditerranée, qui prend sa source dans les hauts plateaux, franchit le Tell, arrose le bassin de Guelma et débouche dans la plaine d'Annaba qu'il inonde fréquemment.

**SEYCHELLES**

▮ n. f. pl. – off. ***république des Seychelles*** ➝ ÉTYM. du n. du vicomte Moreau de *Séchelles,* contrôleur général des finances de Louis XV (1754 - 1756) [et non de Marie Jean Hérault de Séchelles] ♦ État insulaire formé d'un archipel comportant 115 îles et îlots situés dans l'océan Indien au N.-E. de Madagascar. 453 km$^2$. 87 476 hab. *(Seychellois),* avec un taux de croissance démographique de 0,8 %. LANGUES : anglais, français et créole (off.). POPULATION : métissée. RELIGION : chrétiens. MONNAIE : roupie seychelloise. CAPITALE : Victoria, dans l'île de Mahé. RÉGIME : présidentiel.

▮ **GÉOGRAPHIE** Le principal groupe d'îles, le plus important, est d'origine volcanique ; il comprend Mahé (153 km$^2$), Praslin, Silhouette, Frégate et La Digue. Entre Mahé et Madagascar, on compte également 83 îles extérieures de nature corallienne (214 km$^2$) très faiblement peuplées (400 hab.), et dont font partie les îles Amirantes (Desroches, Poivre, Daros) ainsi que les îles Aldabra, Assomption et Cosmoledo. Sous l'influence de la mousson, les îles montagneuses des Seychelles sont favorables aux cultures tropicales (plantes à épices). On y cultive également le cocotier en bord de mer (coprah), la canne à sucre sur les terres basses, le théier à flanc de montagne sur les sols bien drainés. La banane, la patate douce et l'igname constituent les cultures vivrières locales, mais le riz, nourriture de base, doit être importé. La pêche au thon est importante. L'industrie est insuffisante, et le tourisme assure 60 % des recettes en devises. Les Seychelles, qui bénéficient d'une aide internationale importante, se proposent de créer une zone franche.

**HISTOIRE** Probablement visité dès le Moyen Âge par les marins indiens et arabes, l'archipel était inhabité lorsqu'il fut abordé par les Portugais en 1505. Il fut annexé en 1742 par la France qui en fit une dépendance de l'île de France (île Maurice), qui était alors administrée par Mahé de La Bourdonnais. Ce dernier fit venir des colons français et des esclaves d'Afrique. L'intendant Pierre Poivre y introduisit peu après la culture des plantes à épices. Les Britanniques l'occupèrent en 1794, l'annexèrent en 1804 et en firent une dépendance de l'île Maurice en 1814. Les Seychelles devinrent une colonie séparée en 1903. Elles furent dotées du statut d'autonomie interne en 1975 et accédèrent à l'indépendance dans le cadre du Commonwealth en 1976 sous la présidence de James Mancham. Celui-ci fut déposé en 1977 par son Premier ministre France-Albert René. L'archipel commença dès lors à miser sur le tourisme qui est sa source de devises la plus importante. Le multipartisme fut institué en 1991, mais la réélection du président René en 2001 fut dénoncée par l'opposition. Il démissionna pour raisons de santé en avril 2004 au profit du vice-président James Michel qui fut élu en 2006. En 2009, Fr.-A. René céda au président Michel la direction de son parti, au pouvoir depuis 1977, qui prit le nom de parti du Peuple.

**SEYDLITZ (Friedrich Wilhelm VON)** ♦ Général prussien (Kalkar, près de Clèves 1721 - Ohlau, Silésie 1773). Commandant d'un régiment de dragons (1752), il combattit durant la guerre de Sept Ans. À Rossbach, il commandait la cavalerie prussienne, qui contribua à la victoire sur les Français (1757). Il fut aussi l'artisan de la victoire de Zorndorf sur les Russes (1758). À Kunersdorf, où il fut grièvement blessé, il décida de la victoire de Freiberg (1762). Il fut nommé général de cavalerie en 1767.

**SEYHAN** n. m. ♦ Fl. de Turquie, en Asie Mineure (560 km). Il descend du Taurus central (Tahtalı Dağları), arrose Adana, traverse la plaine alluviale de Cilicie, et se jette dans la Méditerranée. Barrage hydroélectrique du Seyhan à l'amont d'Adana (350 millions de kWh).

**SEYMOUR** ♦ Famille anglaise originaire de Saint-Maur en Normandie, illustrée notamment par JEANNE (→ **Jeanne Seymour**). EDWARD SEYMOUR (v. 1506 - 1552) dut sa fortune à sa sœur Jeanne. Lors de la minorité d'Édouard VI, il se fit nommer «protecteur» et s'empara du pouvoir jusqu'à ce que Dudley* le supplante et le fasse exécuter. Il avait orienté l'Angleterre vers le protestantisme et imposé avec Cranmer* le *Book of Common Prayer*. ➤ ÉTYM. *Seymour* est la déformation anglaise du nom de *Saint-Maur*.

**SEYNE** [sɛn] [04140] ➤ ÉTYM. anc. *Sedena*, du pré-indo-eur. °*set-* «hauteur» et suff. prélatin *-ena* ♦ Ch.-l. de cant. des Alpes-de-Haute-Provence, arr. de Digne-les-Bains. 1 440 hab. *(Seynois)*. Anc. place forte. Citadelle due à Vauban (1693). Restes de fortifications. Église romane Notre-Dame-de-Nazareth (XIIIe s. ; portails gothiques ; intéressant mobilier). ▪ Station d'été et de sports d'hiver (1 260 - 1 800 m).

**SEYNE-SUR-MER (LA)** [83500] ➤ ÉTYM. du bas lat. *sania* «marais bourbeux» ou d'une rac. oronym. prélatine °*sed-*/°*set-* ♦ Ch.-l. de cant. du Var, banlieue S.-O. de Toulon. 60 188 hab. *(Seynois)*.

**SEYNOD** [74600] ♦ Ch.-l. de cant. de la Haute-Savoie, banlieue S.-O. d'Annecy. 16 365 hab.

**SEYSSEL** [01420] ➤ ÉTYM. anc. *Saisel* «petit rocher», du franco-prov. *sé, sei, chaix* «rocher» et suff. dimin. *-el* ♦ Ch.-l. de cant. de l'Ain, arr. du Belley, sur le Rhône. 801 hab. *(Seysselans)*. Pont suspendu sur le Rhône, reliant le bourg à Seyssel (Haute-Savoie). ▪ Important barrage destiné à régulariser les eaux du Rhône à la sortie du barrage de Génissiat. Centrale hydroélectrique.

**SEYSSEL** [74910] ➤ ÉTYM. → Seyssel* (Ain) ♦ Ch.-l. de cant. de la Haute-Savoie, arr. de Saint-Julien-en-Genevois, sur le Rhône et le Fier. 1 793 hab. (aggl. 3 492) *(Seysselans)*. ▪ Centrale hydroélectrique. Fabrication de matières plastiques.

**SEYSSES** [31600] ➤ ÉTYM. du lat. *saxum* «rocher» ♦ Comm. de la Haute-Garonne, arr. de Muret. 5 753 hab.

**SEYSSINET-PARISET** [38170] ➤ ÉTYM. probablt du germ. *Saxoinus*, n. de pers. ♦ Comm. de l'Isère, banlieue S.-O. de Grenoble. 13 074 hab. *(Seyssinettois)*.

**SEYSS-INQUART (Arthur)** ♦ Homme politique autrichien (Stannern 1892 - Nuremberg 1946). Partisan de l'Anschluss, il entra en contact avec le gouvernement nazi et celui-ci l'imposa à Schuschnigg* comme ministre de l'Intérieur (1938). Après l'Anschluss, il devint chancelier, puis *Reischstatthalter* d'Autriche (mars 1938 - mai 1939). Il fut ensuite représentant à Cracovie du gouverneur nazi de la Pologne et, en 1940, commissaire du Reich aux Pays-Bas, où il présida aux persécutions et déportations (1940 - 1945). Traduit devant le tribunal de Nuremberg, il fut condamné à mort et exécuté en 1946.

**SEYSSINS** [38180] ➤ ÉTYM. probablt du germ. *Saxoinus*, n. de pers. ♦ Comm. de l'Isère, banlieue S.-O. de Grenoble. 6 850 hab.

**SÉZANNE** [51120] ➤ ÉTYM. probablt du lat. *Setius*, n. de pers., et suff. *-ana* ♦ Ch.-l. de cant. de la Marne, arr. d'Épernay, sur la riv. des Auges. 5 585 hab. *(Sézannais)*. Église Saint-Denis de style gothique flamboyant (XVIe s.). ▪ Lunetterie. Produits pharmaceutiques. Produits réfractaires. Viticulture.

**SÈZE (Romain DE)** → **Desèze (Romain)**

**SFAX** ➤ ÉTYM. en ar. *Sfāqis* ; berbère «celle qui est ceinte de remparts» (de *fkas* «se ceindre») ou «cité des concombres (de *fakous* [puis *sfakès*] "concombre")» ♦ V. et port de la Tunisie, ch.-l. de gouvernorat, métropole économique du Sud tunisien, sur la côte N. du golfe de Gabès, face aux îles Kerkennah, dans le *sahel de Sfax*. 265 131 hab. Anc. cité romaine de *Taparura*, elle se développa à l'époque aghlabide (IXe s.). Enceinte (porte de Bab Diwan). Grande mosquée. Souks. ▪ Riche région agricole : oliveraie de 7 000 000 arbres, céréales, arbres fruitiers. Huileries. Savonneries. Port exportateur d'alfa et des phosphates de la région de Gafsa. Usines de superphosphates. Centre de pêche ; salines ; indus. agroalimentaire.

**SFIO** n. f. → **socialiste français (Parti)**

**SFORZA** ♦ Famille italienne qui régna à Milan de 1450 à 1535. ♦ **Jacopo Muzio** ou **Giacomuzzo Attendolo,** dit **Sforza** (Cotignola, Romagne 1369 - près de Pescara 1424). Condottiere, il combattit pour Florence, pour le pape et pour Jeanne II de Naples. ♦ **Francesco Ier Sforza** (1401 - 1466). Fils naturel de Jacopo. Il prit la marche d'Ancône au pape Eugène IV (1434). En 1441, le duc de Milan, Filippo Maria Visconti* lui donna sa fille Bianca Maria en mariage. À la mort de son beau-père, Francesco se fit reconnaître comme duc de Milan (1450). Allié de Cosme de Médicis et de Louis XI de France, il s'empara de toute la Lombardie. ♦ **Galeazzo Maria Sforza** (1444 - Milan 1476). Fils de Francesco. Il fut duc de Milan de 1466 à 1476. Mécène, il protégea Bramante. Il mourut assassiné, mais le pouvoir passa à son fils Gian Galeazzo Sforza et sa fille Bianca Maria épousa l'empereur Maximilien Ier. ♦ **Caterina Sforza** (v. 1463 - 1509). Fille de Bianca Maria. Elle épousa Girolamo Riario*. Son mari ayant été assassiné, elle fit respecter les droits de son fils Octavien. Elle soutint le siège dans Forli contre César Borgia qui lui prit ses États (1499). Mère du condottiere Jean des Bandes noires (→ **Médicis**). ♦ **Gian Galeazzo Sforza** (1469 - 1494). Fils et successeur de Galeazzo Maria. Sa mère, Bonne de Savoie, assura d'abord la régence, puis son oncle Ludovic le More lui enleva tout véritable pouvoir. Il fut le père de Bonne Sforza qui épousa le roi de Pologne Sigismond Ier. ♦ **Ludovico Sforza.** → **Ludovic Sforza.** ♦ **Massimiliano Sforza** (1490 - 1530). Fils du précédent. Il se rétablit à Milan en 1512, mais fut chassé par la bataille de Marignan (1515). ♦ **Francesco II Maria Sforza** (1492 - 1535). Frère du précédent. Il recouvra son duché en 1521 grâce à Charles Quint. Il mourut sans héritier. ➤ ÉTYM. Ce nom italien signifie «le fort».

**SGANARELLE** ♦ Personnage de comédie créé par Molière, qui apparaît dans six de ses œuvres, où il incarne des types très divers : *Le Médecin* volant*, *Sganarelle ou le Cocu imaginaire* (1660), *L'École* des maris* (1661), *Dom Juan* (1665), *L'Amour médecin* (1665), *Le Médecin* malgré lui* (1666).

**SHAANXI** ou **CHEN-SI** n. m. ➤ ÉTYM. chin. «Shan (tribu de l'époque des Zhou) de l'Ouest *(xī)*» ♦ Prov. du N.-O. de la Chine. → **Chine** (carte). 205 600 km². 35 365 072 hab. CAP. : Xian. Nombreux monuments historiques : site archéologique (Banpo), vestiges des dynasties Qin, Han, Tang (Xian, Xianyang, Qianxian), armée de terre cuite de Qin Shi* Huangdi (Lintong*). ▪ Céréales, oléagineux. Coton, chanvre, lin. Laque. Élevage de bovins et d'ânes. Reboisement et implantation d'écrans végétaux pour limiter l'érosion du plateau de lœss. Charbon, pétrole, gaz naturel, géothermie, uranium. Indus. mécanique et textile.

**SHABA** → **Katanga**

**SHACHE, YARKANT** ou **YARKAND** ♦ V. et oasis de Chine, région autonome du Xinjiang. 3 200 km². 88 148 hab. Dernière oasis avant le désert du Taklamakan, elle constituait une étape importante sur la «route de la soie». Centre commercial entre l'Asie centrale et le Cachemire, centre agricole : blé, maïs, colza, coton, raisin, melon. Artisanat : tapis, travail de la laine et des cuirs.

**SHACKLETON (sir Ernest Henry)** ♦ Navigateur et explorateur britannique (Kilkee, Irlande 1874 - Géorgie du Sud 1922). Après avoir participé au raid de Scott* dans l'Antarctique (1901 - 1904), il tenta à plusieurs reprises, mais sans succès, d'atteindre le pôle Sud (en 1908, 1914 à bord de l'*Endurance* qui, pris par les glaces, dut être abandonné) et mourut lors de l'expédition à bord du *Quest*. Il est l'auteur de *The Heart of the Antarctic*, 1909 ; *South in the Antarctic*, 1912.

**SHAFTESBURY (Anthony Ashley COOPER, 1er comte DE)** ♦ Homme politique anglais (Wimborne 1621 - Amsterdam 1683). Il passa du camp des royalistes à celui des parlementaires, pour finalement contribuer à la restauration de Charles* II (1660). Modéré lors du procès des régicides, il soutint le Test* Act (1673) et perdit la faveur du roi. Passé dans l'opposition, il multiplia les intrigues contre les «papistes». L'affaire de Titus Oates* lui permit d'accéder de nouveau au pouvoir, après un emprisonnement. Renvoyé pour n'avoir pu faire accepter par les lords le bill d'exclusion contre le duc d'York, arrêté (1681), compromis dans la conspiration de Monmouth*, il se réfugia en Hollande. ← ÉTYM. Ce nom vient du vieil anglais «fort *(bury)* de Sceaft (nom de personne)» ou de *sceaft* «poteau (indiquant une frontière)» et *bury* «fort».

**SHAFTESBURY (Anthony Ashley COOPER, comte DE)** ♦ Philosophe anglais (Londres 1671 - Naples 1713). S'inspirant du platonisme de l'école de Cambridge, il développa une morale du sentiment basée sur l'idée optimiste d'un sens inné du beau et du bien en l'homme : *Lettre sur l'enthousiasme*, 1708 ; *Characteristics of Men, Manners, Opinions and Times*, 1711. → **Hutcheson.**

**SHAH ALAM** ♦ V. de la fédération de Malaisie, cap. de l'État de Selangor*. 319 612 hab. Grande mosquée d'État (Mesjid Sultan Salahuddin), la plus grande d'Asie du S.-E. Université technique. Zone industrielle en développement. Constructions automobiles, électroniques.

**SHĀH ĀLAM II** ♦ (1728 - Delhi 1806). Empereur moghol des Indes (1759 - 1806), fils et successeur d'Ālamgīr II. Il fut sous tutelle britannique à partir de 1765. En butte aux intrigues de sa cour et aux rébellions, il mena une vie errante et fut rendu aveugle en 1788 par un chef rājput qui l'avait vaincu. Il se mit en 1803 sous la protection des Britanniques qui le pensionnèrent. Ce fut un poète de grand renom.

**SHAHAR (David)** ♦ Romancier israélien (Jérusalem 1926 - Paris 1997). Son œuvre, enracinée dans la ville de son enfance, à l'époque du mandat britannique, porte l'empreinte de la Kabbale enseignée par Louria* (*Le Palais des vases brisés*, cycle romanesque).

**SHĀH JAHĀN** ♦ Empereur moghol des Indes (Lahore 1582 - Agra 1666), troisième fils de Jahāngīr*, qui régna de 1628 à 1658. Il se révolta contre son père, mais fut battu et se soumit. En 1628, il s'installa à Agra où il fit élever à la mémoire de son épouse le célèbre Tāj* Mahal. Il nomma son fils Aurangzeb* gouverneur du Dekkan, mais celui-ci se révolta en 1658, le déposa et le tint captif dans le fort d'Agra jusqu'à sa mort. Aurangzeb lui succéda.

**SHAHJAHANPUR** ♦ V. de l'Inde (Uttar Pradesh), au N.-O. de Lakhnau. 323 166 hab. Indus. alimentaires et artisanat. ▮ **Histoire** Elle fut fondée par Shāh Jahān en 1647.

**SHAHN (Ben)** ♦ Peintre et photographe américain d'origine russe (Kovno 1898 - New York 1969). Émigré aux États-Unis en 1906, il travailla chez un lithographe et étudia le dessin à New York. Il se consacra à des thèmes réalistes et sociaux, traités a tempera, avec une grande netteté graphique, des couleurs claires, une précision extrême dans le traitement des détails qui évoque plus certains primitifs italiens que les naïfs (série de *Sacco et Vanzetti*, 1931-1932 ; *La Partie de hand-ball*, 1939).

**SHAKESPEARE (William)** ← ÉTYM. son n. a aussi été écrit *Shakespere, Shakspeare, Shogspar, Choxper* (l'étym. en faisant un surnom militaire, du moy. angl. *schak(k)en* «brandir» et *speer* «épée» semble douteuse) ♦ Poète dramatique anglais (Stratford-upon-Avon, Warwickshire 1564 - *id.* 1616). ▮ **Sa vie** ▮ ***La jeunesse à Stratford*** Fils de John Shakespeare, commerçant aisé devenu propriétaire, qui accéda, dans sa ville, aux éminentes fonctions de bailli, et de Mary Arden, elle-même issue d'une vieille et riche famille catholique, c'est dans cette foi qu'il fut probablement élevé, avec ses frères Edmund et Gilbert et sa sœur Joan. Aucun document n'est là pour attester qu'il aurait fait ses études à l'école de la commune ni quels métiers il aurait exercés à la suite d'un revers de fortune éprouvé par son père. Cependant, le théâtre était peut-être venu jusqu'à lui sous l'aspect des troupes itinérantes autorisées depuis 1572 à se constituer en compagnies au service des dignitaires du royaume, et sous la forme, plus populaire, des groupements d'amateurs qui interprétaient, dans un esprit encore proche de celui du Moyen Âge, des mystères et des moralités. On ne sait donc rien de ces années d'apprentissage, sinon qu'à l'âge de dix-huit ans (1582), Shakespeare épousa Anne Hathaway, de huit ans son aînée, dont il eut trois enfants. ▮ ***Londres*** Déçu par un mariage qui s'avéra bientôt malheureux, il quitta sa ville natale quelques années plus tard pour Londres où, dès 1588, sa réputation commence à s'établir. Dans le même temps qu'il faisait ses débuts de comédien et de poète dramatique, il était devenu l'ami et le protégé du jeune comte de Southampton à qui il dédia son premier ouvrage, *Vénus et Adonis* (1593), bientôt suivi d'un autre long poème, *Le Viol de Lucrèce* (1594) et de l'admirable et énigmatique recueil des *Sonnets*, adressés pour la plupart à un destinataire masculin masqué, qui ne devait être publié qu'en 1609. La peste qui sévissait dans les bas quartiers de Londres (1592) entraîna la dislocation des compagnies de comédiens. Après un bref séjour à Stratford, Shakespeare revint dans la capitale où commence alors pour lui, avec la période la plus fructueuse de sa production, celle d'une prospérité matérielle qui lui permettra de devenir l'un des plus riches propriétaires de Stratford et le coactionnaire de la compagnie des Lord Chamberlain's Men, dirigée par Richard Burbage. À la mort de la reine Élisabeth, cette compagnie deviendra celle des King's Men et sera placée sous la protection du roi Jacques Ier (1603), dont elle recevra d'insignes faveurs. Elle avait d'abord donné ses représentations au théâtre du Globe puis s'était ensuite installée dans la salle toute neuve de la Fortune, théâtre à ciel ouvert qu'elle quitta parfois pour la salle couverte des Blackfriars, ou pour la Cour, ou pour des tournées dans la province anglaise. ▮ ***Les dernières années à Stratford*** Parvenu à ce moment de sa réussite, et dans la plénitude de son génie, il semble que Shakespeare ait décidé de renoncer à la brillante carrière qu'il pouvait poursuivre dans une capitale qui lui faisait fête. On le voit peu à peu s'en éloigner, n'y faisant plus que de brèves incursions. L'incendie du théâtre du Globe (1613) le détermina peut-être à regagner définitivement Stratford. C'est là que s'écouleront ses dernières années et qu'il mourra dans la sérénité, le 23 avril 1616. ▮ **Son œuvre** Des critiques et des historiens ont tenté d'accréditer la thèse selon laquelle Shakespeare n'aurait été que le prête-nom d'un auteur alors plus illustre, Francis Bacon ou Christopher Marlowe, ou de naissance aristocratique, Édouard de Vere, comte d'Oxford, ou William Stanley, sixième comte de Derby. Mais on peut voir dans ces hypothèses, parfois ingénieuses ou le plus souvent chimériques, la manifestation d'une incompréhension fondamentale à l'égard du génie dont la singularité est d'ignorer les préjugés de caste et les interdits qui en découlent. Shakespeare est bien le poète inspiré d'une œuvre immense qui fait toujours l'émerveillement d'un public innombrable. Aussi bien n'est-il point d'œuvre dont le catalogue soit plus difficile à établir que la sienne, seize pièces seulement sur les trente-sept qu'on lui attribue ayant été publiées de son vivant, et dans des conditions souvent suspectes. C'est en 1623 que deux de ses amis de la compagnie des King's Men, Heminge et Condell, publièrent un premier folio qui authentifiait l'œuvre shakespearienne dans son ensemble. Sacrifiant la chronologie à la logique, ils la répartissaient en comédies, drames historiques et tragédies. L'arbitraire d'une telle classification apparaît vite. Passant outre aux catégories qui nous sont devenues familières, Shakespeare a mené de front, sa vie durant, les trois genres, mêlant en toute spontanéité le rire et les pleurs, la grâce aérienne au réalisme le plus sordide, la noblesse et la générosité au vice le plus noir. ▮ ***1591 - 1600*** On peut distinguer trois grandes périodes dans la production shakespearienne. De 1590 à 1601, c'est le temps de la jeunesse, de la fantaisie, des grands drames historiques qui flattent l'orgueil national du public élisabéthain. De cette période datent, avec les trois parties de *Henri* VI* (1590 - 1592), *La Comédie des erreurs* (1592), *Richard* III* (1592 - 1593), *Titus Andronicus* (1593), *La Mégère* apprivoisée* (1593 - 1594), *Les Deux Gentilshommes de Vérone* (1594), *Peines d'amour perdues* (1594), *Roméo* et Juliette* (1594 - 1595), *Richard II* (1595), *Le Songe* d'une nuit d'été* (1595), *Le Roi Jean* (1596), *Le Marchand* de Venise* (1596), *Henri* IV* (1597), *Beaucoup* de bruit pour rien* (1598), *Henri* V* (1598), *Jules* César* (1599), *Les Joyeuses* Commères de Windsor* (1599), *Comme* il vous plaira* (1599) et *La Nuit* des rois* (1600 - 1601). ▮ ***1600 - 1608*** C'est le temps d'un désenchantement qui correspond, pour l'Angleterre, à la fin du règne d'Élisabeth. Pour le poète, c'est celui d'une pensée devenue plus amère, plus désabusée. À cette période correspondent : *Hamlet** (1600), *Troïlus* et Cressida* (1601), *Tout* est bien qui finit bien* (1602), *Othello** (1604), *Mesure* pour mesure* (1604), *Macbeth** (1605), *Le Roi* Lear* (1606), *Antoine* et Cléopâtre* (1606), *Coriolan** (1607), *Timon* d'Athènes* (1607). ▮ ***1608 - 1612*** Une dernière période s'ouvre alors. Le poète semble s'y abandonner plus volontiers à une fantaisie féerique, où le tragique se trouve transfiguré par l'intervention fréquente du surnaturel : *Périclès* (1608), *Cymbeline* (1609), *Le Conte* d'hiver* (1610), *La Tempête** (1611) et *Henri VIII* (1612). ▮ ***Une œuvre diverse*** Composée à l'une des époques les plus glorieuses de l'histoire du théâtre universel, contemporaine et parfois même tributaire des œuvres de Thomas Kyd*, de Marlowe*, de John Lyly* et de Ben Jonson*, celle de Shakespeare se caractérise par une extraordinaire diversité. Mêlant tous les genres, la farce, la comédie, la féerie, le drame, la tragédie, elle s'adressait à un public composite, issu de toutes les classes sociales. Public turbulent et parfois naïf, mais passionné de poésie et d'une intense richesse d'imagination, qui acceptait spontanément toutes les conventions de la scène, l'absence de décor, les écriteaux indiquant les changements de lieux, les éphèbes interprétant les rôles féminins, la médiocrité de la figuration, pour la beauté d'un vers, la vigueur d'une image, la splendeur d'un verbe sans cesse renouvelée. ▮ ***Les personnages*** On a relevé les erreurs fréquentes de Shakespeare dans les domaines de l'histoire et de la géographie et l'on a dénoncé ses anachronismes, ses invraisemblances, ses obscurités, ses «fautes de goût». Minces griefs, au regard de la puissance d'un génie créateur qui a fait du théâtre le miroir de l'univers et de chacun de ses grands personnages, Juliette, Hamlet, Macbeth, Richard III, Roméo, Othello, Iago*, Shylock*, Lear, Falstaff*, Ophélie*, Desdémone*, Viola, Rosalinde, l'archétype d'une attitude de l'homme devant l'énigme du monde, ou d'une des passions qui le dévorent ou qui l'exaltent. ▮ ***Les traducteurs français*** Parmi les grands traducteurs de Shakespeare en français figurent Pierre Le Tourneur et Jean-François Ducis*.

**SHAMASH** ← ÉTYM. de l'akkadien *samsu* «soleil» ♦ Nom sémitique du dieu Soleil, dans les anciennes religions de l'Asie antérieure (Sumer et Akkad, Babylone, Assyrie, Élam, Mitanni). Il préside à la justice, dicte les lois au roi sur le code de Hammourabi*. Symbolisé par un disque ailé ou rayonnant. → **Sin.**

**SHAMIR (Yitzhak)** ← ÉTYM. de l'hébr. *shâmîr* «pierre pointue ; diamant» ♦ Homme politique israélien (Białystok 1915). En Palestine depuis 1935, il rejoignit l'Irgoun et le groupe Stern. Arrêté, déporté en Érythrée en 1946, il s'évada, trouva asile en France et revint en Israël en 1948. Il entra en 1955 dans les services secrets (Mossad). Membre du Hérout dès 1970, il présida la Knesset en 1977. Ministre des Affaires étrangères (1980 - 1983), il succéda à M. Begin à la tête du Likoud et comme Premier ministre (sept. 1983 - juil. 1984). Après

Yitzhak **Shamir.**
*Phot. © Vioujard/Gamma*

l'accord d'alternance conclu en 1984 entre le Likoud et les travaillistes, il redevint ministre des Affaires étrangères jusqu'en oct. 1986 où il retrouva sa place de Premier ministre (1988 - 1992) mais les élections législatives de 1992 ramenèrent au pouvoir les travaillistes et il dut céder la place à Yitzhak Rabin*. Il se retira de la vie politique en 1996.

**SHAMIR (Moshe)** ♦ Écrivain israélien (Safed 1921 - Rishon Le Zion, près de Tel Aviv 2004). Il appartient à la génération «de l'État», c'est-à-dire de ceux qui ont participé à la guerre d'indépendance d'Israël et écrit sur cette période (*Il allait par les champs*, 1947). Dans ses romans ou drames historiques des années 1950, les héros deviennent des antihéros (*Un roi de chair et de sang*, 1951). Parallèlement, il oppose les valeurs pionnières de sa jeunesse à l'état présent de la société.

**SHAMMAI l'Ancien** ♦ Docteur juif pharisien (Jérusalem v. –50 - 30). Il donna naissance à une école dite *Bet Shammai* («maison de Shammai») dont la rigueur dans l'interprétation de la Loi s'opposa à celle de Hillel*, jusqu'à la fin du Ier s.

**SHA-MO** → **Gobi**

**SHAMSHI-ADAD Ier** ← ÉTYM. de l'akkadien *šamšī* «du soleil» et *Adad** ♦ Roi d'Assyrie v. –1770. Son règne marque l'apogée du premier empire assyrien. Il conquit les vallées moyennes du Tigre et de l'Euphrate et le royaume de Mari* et étendit son influence jusqu'au Liban. Il semble avoir créé le premier État centralisé : administration, courrier, intendance militaire, recensements, organisation de la transhumance des nomades. → **Assyrie.**

**SHAMSHI-ADAD V** ♦ Roi d'Assyrie* de –824 à –810. Il mit fin à la révolte de son frère Assurdanapal contre leur père Salmanasar* III. Il plaça le dieu Marduk* (babylonien) immédiatement après le dieu national Assur* dans le panthéon assyrien. Sa femme Sammuramat (à l'origine, peut-être, de la légendaire Sémiramis*) exerça la régence après sa mort sous la minorité de son fils Adad*-Nirāri III.

**SHAN** n. m. ♦ État de Birmanie occupant, outre le plateau shan, le quart E. du pays. 155 801 $km^2$. 4 851 000 hab. *(Shans)*. CAP. : Taungyi. Les Shans, en majorité bouddhistes, sont d'excellents agriculteurs. ▮ **Histoire** Les Shans, d'origine thaïe, s'installèrent au Nanchao (O.-N.-O. du Yunnan), d'où ils exercèrent des raids contre les Pyus, avant d'entamer une descente progressive en Birmanie du VIIIe au XIIIe s. Après la destruction de Pagan (1299), ils s'installèrent, aux XIVe, XVe et début du XVIe s., en Birmanie centrale, qu'ils finirent par dominer entièrement, établissant leurs capitales à Pinya, Sagaing, Ava. Jugulés par le roi Bayinnaung, ils furent intégrés dans le royaume birman. Depuis la colonisation britannique et l'indépendance (1948), les Shans ne cessent de réclamer leur autonomie.

**SHANDONG** ou **CHAN-TONG** n. m. ← ÉTYM. chin. «la montagne *(shān)* à l'Est *(dōng)* [du Tai* shan]» ♦ Prov. de l'E. de la Chine sur la mer Jaune et le golfe de Bohai, traversée par le Huang he. Sites des cultures de Dawenkou et de Longshan*. → **Chine** (carte). 153 300 $km^2$. 89 971 789 hab. CAP. : Jinan. ▪ 1er producteur du pays pour l'arachide et la patate douce ; céréales, soja, fruits. Coton, tabac. Sériciculture (soie Shantung). Or, cuivre, aluminium, diamant, terre réfractaire, granite et marbre. Charbon, pétrole (champs de Shengli). Sidérurgie. Engrais chimiques. → **Qufu, Tai shan.**

**SHANG** ou **CHANG** n. m. pl. ♦ Dynastie chinoise (v. –1765 - v. –1066), établie sur la plaine du Huang* he, d'abord à Hao (auj. district de Shangqiu) puis à Yin (aux environs de l'actuelle Anyang*, d'où parfois l'appellation de Shangyin). La période fut marquée par l'essor politique, économique et culturel, l'apparition de villes et l'apogée de l'art du bronze. La dynastie fut renversée et remplacée par celle des Zhou*. → **Chine.**

**SHANGHAI** ou **CHANG-HAI** ← ÉTYM. chin. «sur *(shàng)* la mer *(hai)*» ♦ V. de Chine, sur le Huangpu (à 27 km de son confluent avec le Chang jiang) et le Suzhouhe. 14 230 992 hab. Municipalité autonome (6 340 $km^2$ ; 16 407 734 hab.) dépendant directement du gouvernement central, c'est la plus grande ville et le premier port du pays, un centre universitaire (Fudan, Tongji) et culturel : théâtre ; le musée municipal abrite une exceptionnelle collection de bronzes antiques, de peintures et calligraphies, et de porcelaine. ▪ Au cœur d'une région riche et fertile (riz, blé, oléagineux, coton, légumes, produits laitiers, pêche et aquaculture), Shanghai possède une tradition commerciale et indus. L'ouverture de son port à l'étranger par le traité de Nankin (1842, → **Opium [guerres de l']**) et la création de concessions internationales (1845) en firent le «paradis des aventuriers». Des immeubles de bureaux furent érigés sur le Bund (le long du Huangpu) pour abriter le siège des grandes compagnies commerciales et financières ou les administrations. Auj. la ville compte 7 satellites indus. : complexe sidérurgique (Baoshan), pétrochimie (Jinshan), chimie (Wujing), électromécanique (Minxing), automobile à Anting (Santana), indus. légère et mécanique (Songjiang), technico-mécanique (Jiading). Textile et teinturerie, produits pharmaceutiques, engrais et insecticide. Chantiers navals, matériel ferroviaire, indus. aéronautique. Artisanat. Plaque tournante d'une multitude de produits locaux et importés. Shanghai a connu, au cours des années 1970 et 1980, un essor remarquable grâce à la politique d'ouverture lancée par le gouvernement central et la municipalité : création de zones de développement économique et technologique (Hongqiao, Caohejing) et plus récemment d'une zone de développement spécifique à Pudong. La ville a accueilli l'Exposition universelle de 2010.

**SHANHAIGUAN** ou **CHAN-HAI-KOUAN** ← ÉTYM. chin. «passe des montagnes et de la mer» ♦ V. de Chine (Hebei), à 15 km au N.-E. de Qinhuangdao. Anc. point de passage entre l'empire sinisé et la Mandchourie, à l'extrémité orientale de la Grande Muraille*.

**SHANIDAR** ♦ Grotte préhistorique d'Irak où ont été trouvées, entre 1951 et 1965, plusieurs sépultures de Néandertaliens (→ **Neandertal**). L'une d'elles contenait tellement de pollens fossiles que seul peut l'expliquer un dépôt intentionnel de fleurs au moment de l'inhumation.

**SHANKAR (Ravi)** ♦ Compositeur et sitariste indien (Bénarès 1920). C'est au cours de tournées à l'étranger qu'il prit contact avec la musique occidentale qu'il étudia parallèlement à la musique indienne. Chef d'orchestre, compositeur, il est surtout connu pour ses talents d'instrumentiste et d'improvisateur. Il a eu une grande influence sur des musiciens de jazz (John Coltrane) et de pop music (Byrds, Beatles) qui ont introduit le sitar dans leurs formations.

**SHANNON (Claude Elwood)** ♦ Mathématicien américain (Gaylord, Michigan 1916 - Medford, Massachusetts 2001). Fondateur, avec Weaver*, de la théorie de l'information (*Théorie mathématique de la communication*, 1949), il montra que chaque message est constitué d'un ensemble d'alternatives «oui-non» ou 1-0, définissant ainsi une unité d'information, un «bit». Il énonça un théorème fondamental concernant la transmissibilité d'un message, y définissant une vitesse mesurable (vitesse d'information), et, ayant montré qu'il existe un maximum à la possibilité de transmission, donna la formule exprimant la «capacité» d'une ligne de communication comportant un bruit (1949). Il montra ainsi que l'information peut être soumise à une analyse purement mathématique. Il imagina une machine autoreproductrice dont l'analogie avec la vie peut permettre des progrès en génétique. → **Neumann (Johannes von).**

**SHANNON** n. m. ← ÉTYM. du celt. *sen* «vieux» et *amhan* «eau» ♦ Fl. d'Irlande, le plus long des îles Britanniques (368 km). La régularité de son cours est due à la faible pente, au climat océanique et aux nombreux lacs qui forment son cours. Le Shannon constitue la limite entre l'O. de l'Irlande et le Connacht. La navigation fluviale de plaisance en fait, avec la pêche, un des attraits touristiques de la plaine centrale irlandaise. Près de l'estuaire, Arnacrusha est la seule centrale hydraulique du pays.

**SHANNON** ♦ Aéroport international de la rép. d'Irlande (comté de Clare). C'était l'escale obligatoire vers les États-Unis, que la généralisation des avions à réaction a rendu caduque. Le renouveau se fait grâce aux charters et surtout à la création d'une zone franche aéroportuaire qui a permis l'essor économique de la région jusqu'à Limerick.

**Shantiniketan** ou **Śāntiniketān** n. m. ♦ Établissement culturel et d'enseignement «université de la paix», fondé au N. de Calcutta en 1921 par Rabindranāth Tagore* et officialisé en 1951. Le poète y mourut en 1941.

**SHANTOU, CHAN-T'EOU** ou **SWATOW** ♦ V. de Chine (Guangdong), sur l'embouchure du Han shui. 3 070 364 hab. Port. Appareillages optiques et électroniques. Artisanat (broderie sur soie, bois doré). Zone économique spéciale.

**SHANXI** ou **CHAN-SI** n. m. ← ÉTYM. chin. «la montagne *(shān)* à l'ouest *(xī)* [du Tai* Shan]» ♦ Prov. du N.-O. de la Chine. → **Chine** (carte). 156 300 $km^2$. 32 471 242 hab. CAP. : Taiyuan. Nombreux monuments historiques à Datong*, Taiyuan, Wutai shan. ▪ Céréales, oléagineux, coton, tabac. Houille. Indus. sidérurgique. Cimenterie. Chimie. Fibres synthétiques. Indus. sucrière.

**SHAOXING** ou **CHAO-HING** ♦ V. de Chine (Zhejiang). 633 118 hab. Cité lacustre. ▪ Riz, pêche, aquaculture. Indus. textile (soie) et alimentaire (thé, vin jaune célèbre). Mines d'or et d'argent. Bambou, bois.

**SHAOYANG** ou **CHAO-YANG** ♦ V. de Chine (Hunan). 459 089 hab. Centre agricole (riz, blé, soja, agrumes). Réserves de bois. Réserves naturelles (animaux et plantes rares).

**SHAO Yong** ou **CHAO Yong** ♦ Philosophe chinois (1011 - 1077) néoconfucéen, dont la pensée eut une forte influence sur les doctrines de Zhu* Xi. Mathématicien, astronome et poète, il laissa des œuvres importantes dans ces domaines.

**SHAPE** n. m. [Supreme Headquarters Allied Powers Europe] ➝ ÉTYM. «grand quartier général des forces alliées en Europe» ♦ Quartier général des forces alliées de l'Organisation* du traité de l'Atlantique Nord en Europe, installé à Rocquencourt (Yvelines) en 1951 et transféré en Belgique en 1966. Il est commandé par un commandant suprême, dit le Saceur (Supreme Allied Commander Europe), qui fut, en 1951, D. Eisenhower*. La zone d'action du Shape s'étend du cap Nord à la Méditerranée et aux frontières orientales de la Turquie. Elle est divisée en secteurs : Nord-Europe (Q. G. Oslo), Centre-Europe (Q. G. aux Pays-Bas), Sud-Europe et Méditerranée (Q. G. Naples), Forces aériennes du Royaume-Uni couvrant l'ensemble de la zone d'action (Q. G. en Angleterre).

**SHAPLEY (Harlow)** ♦ Astronome américain (Nashville, Missouri 1885 - Boulder, Colorado 1972). On lui doit la première description, correcte dans l'ensemble, de notre Galaxie. En appliquant aux amas globulaires (groupements de plusieurs milliers d'étoiles) la relation de H. Leavitt* période-luminosité concernant les céphéides, il put calculer leur distance (1914). Il établit également que le Soleil ne se trouve pas au centre de la Galaxie, mais à environ 30 000 années-lumière, puis détermina le diamètre de la Galaxie (100 000 années-lumière).

**SHARAKU** dit **Tōshūsai** ♦ Peintre d'estampes japonais (actif de 1790 à 1795 à Edo, auj. Tōkyō) et acteur de théâtre de nō. Il se spécialisa dans les portraits d'acteurs de kabuki qu'il traita en gravure de manière très originale.

**Sharaku.** *Portrait d'acteurs.*
Musée Chiossone, Gênes. *Phot.* © *Scala*

**SHARETT (Moshe SHERTOK, dit Moshe)** ♦ Homme politique israélien (Kherson 1894 - Jérusalem 1965). Immigré en Palestine dès 1906, rédacteur en chef du journal *Davar* (1925), il dirigea le département politique de l'Agence juive. Après avoir contribué à la création de la «brigade juive» qui lutta aux côtés des forces britanniques pendant la Deuxième Guerre mondiale, il fut délégué de l'Agence juive à l'ONU (1947) et l'un des signataires de la proclamation de l'indépendance d'Israël (mai 1948). Député à la Knesset, ministre des Affaires étrangères (1948 - 1956), il fut Premier ministre de 1953 à 1955. En désaccord avec la ligne activiste de Ben Gourion envers les pays arabes, il se retira en 1956.

**SHARJAH** ou **CHARDJA** ♦ Émirat de la fédération des Émirats arabes unis, situé entre Dubaï et Ajman, sur le golfe Arabo-Persique. → **Arabie** (carte). 2 600 $km^2$. 793 573 hab. La production de pétrole de l'émirat reste limitée par rapport à celle d'Abū Dhabī ou de Dubaï (35 000 barils par jour) mais est la principale source de revenus de l'émirat avec le gaz, dont l'exploitation est récente. Important centre de construction navale et de pêche, l'émirat est le seul de la fédération à posséder des ports sur les deux rives du détroit d'Ormuz. Culture de fruits et légumes dans de nombreuses oasis. Sharjah administre avec l'Iran l'île d'Abou Moussa. En 1992, l'Iran a annexé de fait l'île provoquant une crise latente avec les membres du Conseil de coopération du Golfe (CCG).

**SHARON (Ariel SHEINERMANN, dit Ariel)** ➝ ÉTYM. de l'hébr. *shârôn* «plaine» [le n. évoque la plaine de Sharon ou Saron*] ♦ Général et homme politique israélien (Kfar Malal, Israël 1928). Il participa activement à toutes les guerres d'Israël de 1947 à 1973. Après la victoire du Likoud* en 1977, il occupa différents postes ministériels. Comme ministre de la Défense, il fut le maître d'œuvre en 1982 de l'invasion du Liban, qui avait pour objectif de chasser l'OLP de Beyrouth. Ministre des Infrastructures nationales dans le gouvernement Nétanyahou* en 1996, puis ministre des Affaires étrangères en 1998, président du Likoud (1999 - 2005), il fut élu Premier ministre en févr. 2001. Son mandat est marqué par la construction d'un mur tout le long de la Cisjordanie en réaction aux attentats suicides du Hamas, et l'application en août 2005 du plan de désengagement israélien de Gaza. En nov. 2005, il rompit avec le Likoud pour fonder Kadima*, un parti centriste, provoquant le bouleversement de la vie politique israélienne. Une attaque cérébrale a mis fin à sa carrière en janv. 2006.

**SHARON** (plaine de) → **Saron**

**SHARP (Phillip A.)** ♦ Biochimiste américain (Falmouth, Kentucky 1944). → **R. Roberts** [Prix Nobel de physiol. ou méd. 1993, avec R. Roberts]

**SHARPE (William)** ♦ Économiste américain (Cambridge, Massachusetts 1934). S'étant retiré de l'enseignement pour diriger sa propre firme de consultants en investissement, il travailla avec Markowitz* sur la gestion de portefeuille (portefeuille efficient). [Prix Nobel de sc. écon. 1990, avec H. Markovitz et M. Miller*]

**SHARPLESS (K. Barry)** ♦ Chimiste américain (Philadelphie 1941). Il mit au point, vers 1980, les catalyseurs chiraliens (→ **Knowles, Noyori**) pour les réactions d'oxydation, permettant de construire de nouvelles molécules complexes. [Prix Nobel de chimie 2001, avec W. Knowles et R. Noyori]

**SHĀSTRĪ** ou **ŚĀSTRĪ (Lāl Bahādur)** ♦ Homme d'État indien (Bénarès 1904 - Tachkent 1966). Il succéda au pandit Nehru comme Premier ministre du Congrès en 1964, mais mourut pendant une conférence internationale à Tachkent. Indira Gandhi lui succéda.

**SHAUMJAN** → **Chaumian (Sebastian Konstantinovitch)**

**Shavouot** ➝ ÉTYM. hébr. «les semaines» ♦ Fête juive, la deuxième des trois «fêtes du pèlerinage» au temple de Jérusalem, cinquante jours après Pessah. Elle commémore la révélation de la Loi sur le Sinaï.

**SHAW (Richard Norman)** ♦ Architecte britannique (Édimbourg 1831 - Londres 1913). Assistant de William Burn puis de G. E. Street, il s'associa avec W. E. Nesfield et construisit de nombreux châteaux, dont Bryanston (1889 - 1894) et des immeubles tels que New Zealand Chambers (1872) et New Scotland Yard (1887 - 1890) à Londres. Son style eut une grande influence sur le renouvellement du classicisme du début du XX$^e$ s., surtout avec le Piccadilly Hotel (1905 - 1908) à Londres.

**SHAW (George Bernard)** ♦ Écrivain et auteur dramatique irlandais d'expression anglaise (Dublin 1856 - Ayot Saint Lawrence 1950). Ses premières publications révèlent chez lui un tempérament de pamphlétaire indigné par les injustices sociales et soucieux d'y porter remède par la dénonciation de l'hypocrisie. Membre actif de la Société Fabienne, groupement d'intellectuels socialistes, il en rédigea le manifeste (1884). Il devait aussi publier de nombreux ouvrages politiques et sociaux et faire, sans grand succès, œuvre de romancier. Critique musical et dramatique, il publia des études sur Wagner et sur Ibsen, dont l'influence allait être grande sur la genèse de son propre théâtre. C'est en effet comme auteur dramatique qu'il allait parvenir à donner la forme la plus expressive aux idées qu'il tenait à exprimer. Virulentes à l'égard des vices de la société victorienne, ses pièces ont renouvelé le théâtre anglais, qu'il s'agisse de *L'argent n'a pas d'odeur* (*Widowers' Houses*, 1892), satire de l'usure ; de *La Profession de M$^{me}$ Warren* (1893), dénonciation du commerce de la prostitution ; de *Le Héros et le Soldat* (1894), dérision de l'héroïsme, ou encore de grandes fresques historiques comme *César et Cléopâtre* (1901), ou d'*Androclès et le Lion* (1912). Avec *Commandant Barbara* (1905),

George Bernard **Shaw.**
*Phot.* © *PSZ/Ricciarini*

tableau parodique de la puissance des marchands de canons, et *Pygmalion* (1912), satire des préjugés de classe, il devait encore poursuivre avec bonheur son entreprise de mise en accusation du conformisme social britannique. *L'Homme et le Surhomme* (1905) est une variation sur le thème de Don Juan. Mais c'est dans *Sainte Jeanne* (1923), ouvrage où le sarcasme cède la place au lyrisme, qu'il a sans doute voulu livrer l'essentiel de son message. Une adaptation théâtrale de la longue correspondance qu'il échangea avec une actrice célèbre, Miss Sarah Campbell, a été représentée sous le titre *Cher Menteur* (1957). Elle révèle certains aspects savoureux de la personnalité véritable de G. B. Shaw qui demeure, en tant qu'écrivain, un esprit d'une causticité puissante et libératrice. [Prix Nobel de littér. 1925] ➝ ÉTYM. Ce nom vient du gaélique *sithech* «loup».

**SHAW (Arthur ARSHAWSKY, dit Artie)** ♦ Clarinettiste, arrangeur et chef d'orchestre de jazz américain (New York 1910 - Los Angeles 2004). Il a connu la notoriété en 1939 en jouant *Begin the Biguine* avec une grande formation qu'il avait créée deux ans auparavant. En 1940, il constitua un nouvel orchestre augmenté d'une section de cordes, et dont il isola un petit groupe, les Gramercy Five, plusieurs fois modifié. Après un séjour en Espagne (de 1955 à 1959), il s'orienta également vers la production cinématographique.

**SHAWINIGAN** ➝ ÉTYM. de l'algonquin *ashawenikam* «partage sur la crête» ♦ V. du Canada (Québec), au N. de Trois-Rivières. 51 904 hab. (aggl. 56 434). Ville industrielle, aujourd'hui frappée par la récession, dont les activités (indus. chimiques, matières plastiques, métallurgie, papeterie) dépendent de l'hydroélectricité (chutes de la riv. Saint-Maurice, équipées en 1898).

**SHAWN (Edwin Myers, dit Ted)** ♦ Danseur et chorégraphe américain (Kansas City 1891 - Orlando 1972). Il fonda avec son épouse Ruth Saint* Denis le Denishawn Theatre (1917 - 1931). En 1933, il constitua une compagnie de danseurs masculins et organisa chaque été jusqu'en 1940 ce qui allait devenir l'un des plus importants festivals de danse américain (Jacob's Pillow). Son ballet *Xochtil* reprend des éléments du folklore aztèque, mais le thème principal de ses chorégraphies est toujours le rapport de l'être humain au surnaturel ; ainsi dans *O Libertad !* (1937) ou dans *Dance of the Ages* (1938), il exprime une idée hautement spiritualisée de la danse. Auteur de nombreux ouvrages (dont *Every little Movement*, 1954), il poursuivit ses activités de pédagogue et de théoricien jusque dans les années 1960.

**SHECKLEY (Robert E.)** ♦ Écrivain américain (New York 1928 - *id.* 2005). Révolté par la guerre de Corée à laquelle il participa de 1946 à 1948, il tourna en dérision la civilisation américaine dans la plupart de ses romans policiers (*Chauds les glaçons !*, 1961) et s'exila en Europe, puis en Asie. Il est surtout connu pour ses ouvrages de science-fiction et s'est affirmé comme le créateur d'une sorte de picaresque comique qui reprend la technique du récit à tiroirs (*Le Temps meurtrier*, 1958 ; *Options*, 1975 ; *Le Mariage alchimique d'Alistair Crompton*, 1978).

**SHEFFIELD** ➝ ÉTYM. vieil angl. «champ *(feld)* près de la riv. Sheaf (de *scēth* "frontière")» ♦ V. d'Angleterre (South Yorkshire), au pied des Pennines, dans la vallée du Don. 513 234 hab. La ville a été très éprouvée par les bombardements de la Deuxième Guerre mondiale. La coutellerie et l'argenterie, qui furent à la base du développement industriel, sont concurrencées par celles des pays d'Extrême-Orient. Comme à Rotherham, dans la banlieue N.-E., où est localisée la métallurgie lourde, la production d'aciers spéciaux et d'aciers électriques subit les contrecoups des restructurations de la sidérurgie. Des immeubles de bureaux commencent à remplacer des friches industrielles, mais le rôle régional de la ville est limité par celui de Leeds.

**SHELBURNE (William PETTY), 2e comte DE SHELBURNE, 1er marquis DE LANSDOWNE** ♦ Homme politique britannique (Dublin 1737 - Londres 1805). Il suivit le premier Pitt* dans sa retraite en 1768 et prit à sa suite la tête de l'opposition. Il rentra au gouvernement avec Fox*, conclut la paix de Versailles (1783) et dut quitter le pouvoir. Il favorisa l'ascension du jeune Pitt et prit position contre la Révolution française.

**SHELLEY (Percy Bysshe)** ♦ Poète britannique (Horsham, Sussex 1792 - au large de Viareggio 1822). De vieille noblesse terrienne, Shelley ne voulut pas se conformer à des traditions dont il ne pouvait être que le bénéficiaire et fit de l'idée de révolte, dès *La Reine Mab* (1813), le fil conducteur de son œuvre. À Oxford, sa *Nécessité de l'athéisme* qu'il refusa de désavouer le fit renvoyer. À dix-neuf ans, il épousa en Écosse Harriet Westbrook, âgée de seize ans, qui se suicida en 1816 lorsque Shelley s'éprit de la fille de l'écrivain William Godwin*, dont il admirait la pensée anarchisante (➝ **Shelley [Mary]**). Après son second mariage, il s'installa définitivement en Italie (1818) où furent écrites ses œuvres les plus importantes. Transposition lyrique des aspirations révolutionnaires de Shelley déjà exprimées dans *La Révolte de l'Islam* (1818), *Prométhée délivré* (1820), drame en vers s'inspirant de la conception platonicienne de l'Amour, appelle au bouleversement des structures sociales (Shelley fut profondément influencé par la Révolution française) et à la régénération de l'humanité par l'Amour. Publiés en même temps que le *Prométhée*, *Le Nuage*, *La Sensitive*, *À une alouette*, *Ode au vent d'ouest* sont de courts poèmes lyriques souvent fondés sur l'harmonie imitative, où le poète se veut un simple

Percy **Shelley.**
*Phot. © Begotti/Ricciarini*

instrument de résonance avec les forces vives de l'univers, sources de toute sagesse et de toute liberté. Ainsi qu'il l'affirme dans sa *Défense de la poésie* (1821), les poètes sont pour lui les «législateurs méconnus du monde» et ils reflètent «les ombres gigantesques que l'avenir projette sur le présent». C'est encore la pensée platonicienne qui inspira en 1821 le poème *Epipsychidion* («une âme sur une âme», c'est-à-dire : une âme en harmonie avec une âme), célébration de la beauté immortelle. Ami de Keats*, Shelley fut profondément affecté par sa mort (*Adonaïs*, 1821). Sa révolte contre le conformisme le rapprocha également de Byron* dès 1816. Bien qu'il parût condamné par la maladie (il était tuberculeux, comme Keats), c'est dans un orage, en pleine mer, qu'il trouva la mort. ➝ ÉTYM. *Shelley* vient du vieil anglais *scylf* «rebord, saillie» et *lēah* «clairière».

**SHELLEY (Mary) née GODWIN** ♦ Romancière britannique (Londres 1797 - *id.* 1851). Fille de William Godwin* et seconde femme de Percy Bysshe Shelley*, elle n'avait pas vingt ans quand elle composa *Frankenstein* ou le Prométhée moderne* (1817), roman pseudo-scientifique qui évoque la création artificielle d'un être humain et le drame du démiurge. *Valperga* (1823), roman historique, et *Le Dernier Homme* (1826) sont sans doute ses meilleures œuvres. Ses livres de voyage et sa correspondance éclairent la vie de Shelley.

**SHEMA** ou **CHEMA** ➝ ÉTYM. hébr. *Shema' Yisrâ'ēl* «Écoute, Israël» ♦ Début de la prière juive récitée quotidiennement (matin et soir), lors du shabbat et pour les fêtes. Composée de passages de la Bible (*Deutéronome*, 6, 4-9 et 11, 13-21 ; *Nombres*, 15, 37-41), cette profession de foi s'ouvre par l'affirmation de l'unicité de Dieu et la nécessité de l'aimer plus que tout.

**SHEN Gua** ou **CHEN Koua** ♦ Érudit et fonctionnaire impérial chinois (1031 - 1095), partisan des réformes de Wang* Anshi. Il proposa un calendrier solaire et inventa une sphère armillaire mue par un mouvement d'horlogerie. Il écrivit une somme des connaissances, notamment scientifiques et techniques, de son époque (*Mengxi bitan*, 1086, 26 vol.), complétée ultérieurement par *Bubitan* et *Xubitan*, dans laquelle il établit des cartes célestes pour lesquelles il utilisa les projections polaires et la projection dite de Mercator*.

**SHENYANG** ou **CHEN-YANG** – anc. ***Moukden*** ♦ V. de Chine, cap. de la prov. du Liaoning. 4 596 785 hab. Important centre économique et indus. de la Chine du N.-E. Nœud ferroviaire. **▮ Histoire** Anc. cap. de la Mandchourie* et de l'État fantoche du Mandchoukouo.

**SHENZHEN** ou **CHEN-TCHEN** ♦ V. de Chine (Guangdong), à la frontière de la concession britannique de Hong*-Kong. 6 480 340 hab. Zone économique spéciale (1980). Indus. textile, électronique, mécanique, chimique.

**SHEN Zhou** ou **TCHEN Tcheou** ♦ Peintre, poète et calligraphe chinois (Suzhou 1427 - 1509), issu d'une famille de peintres. Grand maître de paysages de la dynastie des Ming*, il fonda l'école de Wu, qui compta notamment parmi ses disciples Qiu Ying et Wen* Zhengming. Il a peint principalement des fleurs, des oiseaux et des personnages.

**SHEPARD (Samuel SHEPARD ROGERS JR, dit Sam)** ♦ Auteur dramatique, acteur et scénariste américain (Fort Sheridan, Illinois 1943). Établi à San Francisco depuis 1974, il est l'auteur attitré du Magic Theater. Jouant sur les archétypes de la conscience collective américaine (le cow-boy, l'Indien, le pionnier, le gangster, la famille puritaine, l'Ouest), il brise les structures admises de la communication et place le corps de l'acteur au premier plan. Tout en montrant l'impossibilité pour ses héros d'être fidèles à leur rêve, mais aussi d'y renoncer, c'est le théâtre lui-même que Shepard donne en exemple à une société qui se cherche, valorisant le jeu, la liberté, la gratuité du langage, l'improvisation. Princ. pièces : *Rock Garden* (1964), *Cowboy Mouth* (1972), *Californie, paradis des morts de faim* (*Curse of the Starving Class*, 1977), *L'Enfant enfoui* (1978), *L'Ouest le vrai* (1980), *Action* (1979). Il est le co-scénariste de *Zabriskie Point* d'Antonioni (1970) et de *Paris*, Texas* de W. Wenders (1984). Acteur, il a joué dans *L'Étoffe des héros* de P. Kaufman (1983), *Country* de R. Pierce (1984), *The Voyager* de V. Schlöndorff (1991).

**Sherpa,** dans la région de Khumbu, au Népal.
*Phot. © Ch. Boisvieux/Hoa Qui*

**SHEPP (Archie)** ♦ Saxophoniste de jazz américain (Fort Lauderdale 1937). Il travailla dans des formations de rhythm and blues puis joua avec Cecil Taylor*, B. Dixon et constitua un petit groupe. Poète et musicien ayant vécu pleinement l'avènement du free jazz, il cherche à exalter la musique et l'histoire des Noirs américains. Princ. enregistrements : *Malcolm Semper Malcolm* (1965), *Goin' Home* (album, 1974).

**SHERBROOKE** ➝ ÉTYM. du n. du général sir John Coape *Sherbrooke*, gouverneur du Canada de 1816 à 1818 ♦ V. du Canada (Québec), sur le Saint-François. 147 427 hab. (zone urbaine 186 952). Univ. Centre de communications, de services et de commerce. Énergie hydroélectrique. ▪ Indus. textiles et du caoutchouc. Indus. agroalimentaire. Matériel de transport. Papier.

**SHERIDAN (Richard Brinsley Butler)** ♦ Auteur dramatique et homme politique britannique (Dublin 1751 - Londres 1816). Après le succès de sa première comédie, *Les Rivaux*, et d'un opéra-comique, *La Duègne*, représentés tous deux la même année (1775), il devint directeur du théâtre de Drury Lane. C'est là qu'il fit jouer ses deux chefs-d'œuvre, *L'École de la médisance* (1777), dénonciation sévère de l'hypocrisie mondaine et *Le Critique ou la Tragédie en répétition* (1779), impitoyable satire des gens de théâtre. Abandonnant la scène pour la politique, il devint membre du Conseil privé et trésorier de la Marine. Battu aux élections (1812), ruiné par le jeu, il termina ses jours dans la gêne. À la fin du siècle, il était revenu au théâtre avec deux adaptations de Kotzebue, *Pizarro* et *Misanthropie et Repentir*.

**SHERLOCK HOLMES** ➝ ÉTYM. *Holmes :* n. de lieu, probablt du scand. *holm* «colline» ♦ Personnage créé par Conan Doyle*, héros de la célèbre série de romans policiers *Les Aventures de Sherlock Holmes* (1887 - 1927). Holmes est le type du détective amateur, utilisant minutieusement l'observation, la déduction et l'induction, selon l'idéal positiviste de l'époque ; mais il n'est pas dénué d'ambiguïté et d'un sens artistique inattendu. Par sa personnalité inquiétante et par son pouvoir d'abstraction, Holmes s'oppose à son inséparable compagnon, le Dr Watson, type de l'homme débonnaire et sympathique.

**SHERMAN (William Tecumseh)** ♦ Général américain (Lancaster, Ohio 1820 - New York 1891). Sorti de West Point, il avait déjà servi en Floride, dans la lutte contre les Indiens Séminoles (1840), avant de prendre part à la guerre de Sécession* dans les rangs nordistes. Il remporta les victoires de Vicksburg et d'Atlanta, accomplit la célèbre marche vers la mer *(March to the Sea)* à travers la Géorgie jusqu'à Savannah, puis remonta vers le nord et prit à revers les troupes sudistes. Après les victoires de Petersburg et de Richmond*, il reçut la reddition de Johnston (1865). Il commanda l'armée de 1869 à 1884. Son nom fut donné à un char d'assaut américain de la Deuxième Guerre mondiale. ♦ **John Sherman** (Lancaster, Ohio 1823 - New York 1900). Frère du précédent. Secrétaire au trésor (1877 - 1881), il fit adopter en 1890 la loi antitrust, reprise par Clayton.

**SHERMAN (Cindy)** ♦ Photographe américaine (Glenn Ridge, New Jersey 1954). Son travail sur l'image de la femme dans la société américaine est à rattacher aux débats des années 1970 sur le féminisme et l'identité sexuelle. Dans *Untitled Film Stills* (1970-- 1980), elle imite les photographies de plateau du cinéma hollywoodien des années 1950 se servant de son propre corps pour illustrer les stéréotypes féminins. Dans *History Portraits/Old Masters* (1988 - 1990) elle se met encore en scène pour incarner des modèles imaginaires de l'histoire de la peinture (*Vierge de Melun* de Fouquet ou *La Fornarina* de Raphaël), n'hésitant pas à s'affubler de prothèses (moustaches, sourcils, seins). À travers la mode *(Fashion)*, l'univers du conte de fées (*Fairy Tales*, 1985), l'évocation de l'enfance (*Broken Dolls*, 1999), la pornographie (*Sex Pictures*, 1992), le travestissement (*Clowns*, 2003 - 2004), elle travaille le problème de l'identité féminine et cherche également à poser la question de l'art à travers la parodie et le pastiche.

**SHERPAS** n. m. pl. ♦ Peuple de montagnards du Népal* oriental de souche tibétaine. Habitués au rude climat himalayen et aux hautes altitudes, les hommes de ce peuple sont souvent guides et porteurs dans les expéditions himalayennes. L'un d'eux, Tenzing* Norgay, devint célèbre en vainquant l'Everest en 1953.

**SHERRINGTON (sir Charles Scott)** ♦ Physiologiste britannique (Londres 1857 - Eastbourne 1952). L'un des fondateurs, avec Jackson*, de l'école neurologique moderne. Ses travaux sur la physiologie du système nerveux portent en particulier sur la théorie des réflexes et de la coordination des mouvements et sur la distinction des types de sensibilité (attitudes et mouvements du corps, sensibilité à la douleur). [Prix Nobel de physiol. ou méd. 1932, avec E. Adrian*]

**SHERWOOD** ➝ ÉTYM. vieil angl. «forêt *(wudu)* appartenant au comté *(scīr)*» ♦ Forêt du centre de l'Angleterre entre Nottingham et Worksop. Refuge de Robin* des Bois contre les exactions du Prince Jean, elle a été immortalisée par de nombreux films.

**SHESHONK, SHESHONQ** ou **SHESHANQ** → **Chéchonq**

**SHETLAND** ou **ZETLAND** (îles) ➝ ÉTYM. anc. *Hiatland, Hetland*, du vx norrois *het* «roches basaltiques» et du germ. *land* «pays, région» ou du suéd. *land* «île» ♦ Archipel britannique au N. des îles Orcades, constitué d'une centaine d'îles dont une vingtaine est habitée et formant un district écossais. 1 466 km². 21 988 hab. CH.-L. : Lerwick. Les sols sont médiocres et le climat particulièrement rude, pluvieux et venteux sur ces terres creusées par l'érosion glaciaire. Jusqu'en 1975, la pêche et l'élevage des moutons et des poneys ont été les seules ressources. Des terminaux pétroliers de Sullom Voe transportent depuis Brent, Cormorant et Statfjord les hydrocarbures, qui sont acheminés vers les raffineries européennes.

**SHETLAND DU SUD** (îles) – en angl. ***South Shetland Islands*** ♦ Îles situées au N. de la terre de Graham* (péninsule Antarctique). Dépendance du territoire britannique de l'Antarctique, administrée, par un haut-commissaire résidant aux Malouines, elles sont revendiquées par l'Argentine et le Chili.

**SHIDE** ou **CHE-TÖ** ♦ Moine chan* et poète chinois (VIIe - déb. VIIIe s.). Orphelin, adopté par les moines d'un monastère de Hangzhou, il fut l'ami de Hanshan*. Ses poèmes sont fortement influencés par des paraboles d'inspiration chan*.

**SHIGA Kiyoshi** ♦ Biologiste et médecin japonais (Sendai 1870 - Tōkyō 1957). Il découvrit le bacille de la dysenterie.

**SHIGA Naoya** ♦ Écrivain japonais (Ishinomaki, préf. de Miyagi 1883 - Tōkyō 1971). Il est l'auteur de courts romans qui connurent un grand succès. Il fonda avec d'autres écrivains une revue littéraire, *Shirakaba*, qui eut, à partir de 1910, une grande influence sur le roman japonais moderne.

**SHI Huangdi** ou **CHE Houang-ti** ou **QIN SHI Huangdi** ou **TS'IN CHE Houang-ti** ➝ ÉTYM. chin. «Premier Auguste Souverain» ♦ Titre du premier empereur de Chine. Après avoir vaincu les États des Zhanguo* et unifié l'empire, le roi de Qin*, Ying Zeng (v. –259 - –210), se proclama empereur en –221 et prit le titre de «Premier Auguste Souverain». Il fit construire la Grande Muraille* contre les invasions barbares, en reliant les tronçons des murailles existantes, imposa l'unité de l'écriture, de la monnaie, des poids et mesures et ordonna la destruction de tous les classiques et l'exécution de 500 lettrés récalcitrants. Mystique et superstitieux, il fit l'ascension du Tai* shan pour sacrifier au Ciel et à la Terre et ne cessa de rechercher l'élixir de l'immortalité. Il mourut au cours de l'une de ses nombreuses tournées d'inspection et fut enterré dans le mausolée (non encore fouillé) dont il avait ordonné la construction le jour de son intronisation, près de Lintong*.

**Shiji** → **Mémoires historiques**

**SHIJIAZHUANG** ou **CHE-KIA-TCHOUANG** ♦ V. de Chine, cap. de la prov. de Hebei. 1 935 553 hab. Nœud ferroviaire. Indus. textile (tissage, teinture) et pharmaceutique. Coton, blé, maïs.

**Shijing** ou **Che-king** ➝ ÉTYM. chin. «Classique (ou Canon) des vers» ou «Livre des odes» ♦ Première anthologie de poèmes chinois, comprenant 305 pièces, écrite du –XIe au –Ve s. Attribuée à tort à Confucius*, et donc élevée au rang de classique *(jing)* dont la mémorisation était obligatoire par les lettrés, la compilation est sans doute le fait de fonctionnaires. De nombreux vers ont nourri la littérature postérieure et les proverbes populaires.

**SHIKOKU** ➝ ÉTYM. jap. «quatre *(shi)* provinces *(koku)*» ♦ La plus petite des quatre grandes îles de l'archipel du Japon. Montagneuse (point culminant à 1 981 m), elle est divisée en quatre préfectures, d'où son nom. 19 000 km². 4 141 955 hab. Son économie est surtout agricole et artisanale. Vastes forêts. Activités industrielles : métallurgie du cuivre, pétrochimie. Émigration intense.

**SHILLONG** ♦ V. de l'Inde. Cap. du Meghalaya. 267 881 hab. Cette station d'altitude (1 500 m), adoptée par les Britanniques comme capitale de l'Assam est restée celle du Meghalaya, après le démembrement de l'Assam (1972).

**SHIMABARA** ♦ Péninsule de l'île de Kyūshū (Japon) où, en 1637 - 1638, plus de 20 000 chrétiens révoltés furent exécutés.

**SHIMAZAKI Tōson** ♦ Écrivain japonais (Magome, près de Tōkyō 1872 - Oiso, île d'Awaji 1943). Chrétien, auteur de romans sociaux ou inspirés par Shelley et les écrivains populistes français, il vécut en France de 1913 à 1916. Parmi ses œuvres : *Une famille* (1911), *Nobi jitaku* («L'Éveil», 1925).

**SHIMOMURA Osamu** ♦ Chimiste japonais (Kyōto 1928). Dans les années 1960, il isola, à partir de la méduse *Aequorea victoria*, une protéine, appelée ensuite la protéine fluorescente verte (GFP), ayant la propriété d'absorber la lumière bleue (émise par une autre protéine de la méduse) et de l'émettre dans une longueur d'onde différente (verte). Cette découverte est à l'origine de la mise au point de marqueurs luminescents pour l'étude du fonctionnement des cellules vivantes. [Prix Nobel de chimie 2008 avec M. Chalfie* et R. Y. Tsien*]

**SHIMONOSEKI** ♦ V. du Japon (Honshū), préf. de Yamaguchi, sur le détroit de Kanmon, à la pointe S.-O. de l'île de Honshū. 290 693 hab. Port important (chantiers navals, conserveries), à l'entrée du tunnel sous-marin reliant Honshū à Kyūshū. **▮ Histoire** C'est non loin de Shimonoseki, à Dan* no Ura, qu'eut lieu la défaite des Taira. En 1895 y fut signé le traité mettant fin à la guerre sino-japonaise, cédant au Japon l'île de Formose (Taiwan), celles des Pescadores, lui donnant la liberté de commerce dans les ports chinois et ouvrant la Corée à l'influence du Japon, tout en la déclarant indépendante.

**SHINANO GAWA** n. m. ♦ Fl. du Japon, le plus long (369 km) de l'archipel nippon. Il se jette dans la mer du Japon près de Niigata (Honshū).

**Shingon** ♦ Secte bouddhique japonaise fondée en 806 sur le mont Kōya par Kūkai*, sur le modèle de la secte chinoise du Chen-Yen ; sa doctrine est fondée sur deux grands mandala aux figurations de divinités ésotériques, émanations du bouddha unique Dainichi Nyorai.

**SHINRAN** ♦ Religieux bouddhiste japonais (Kyōto 1173 - *id.* 1262), fondateur de la secte piétiste du Jōdoshinshū ou «Vraie secte de la Terre Pure», consacrée à l'adoration du bouddha Amida.

**SHIRAKAWA Hideki** ♦ Chimiste japonais (Tōkyō 1936). En collaboration avec MacDiarmid* et Heeger*, il découvrit, en 1977, que la conductivité d'un film de polyacétylène (une matière plastique qu'il avait synthétisée en 1974) augmente un milliard de fois après une oxydation par la vapeur d'iode (dopage) : le plastique devient alors conducteur d'électricité. La découverte, vers 1990, des propriétés optoélectroniques des polymères conducteurs, moins coûteux que le silicium, rend possible leurs utilisations dans les systèmes d'affichage, ainsi que dans les composants électroniques moléculaires et les écrans souples. [Prix Nobel de chimie 2000, avec A. Heeger et A. MacDiarmid]

**SHITAO** ou **CHE T'ao (ZHU Ruoji,** dit**)** ♦ Peintre, poète et théoricien chinois (dans le Guangxi 1641 - v. 1718), descendant de la famille impériale de la dynastie Ming*. Il se fit moine (et prit le nom de Daoji) après la chute de la dynastie. Adepte du bouddhisme chan*, ce fut un grand voyageur. Ses œuvres étaient d'une composition audacieuse, d'un graphisme puissant (*Dix mille affreuses taches d'encre*, 1685). Il est l'auteur des *Propos sur la peinture du moine Citrouille-amère* (v. 1710).

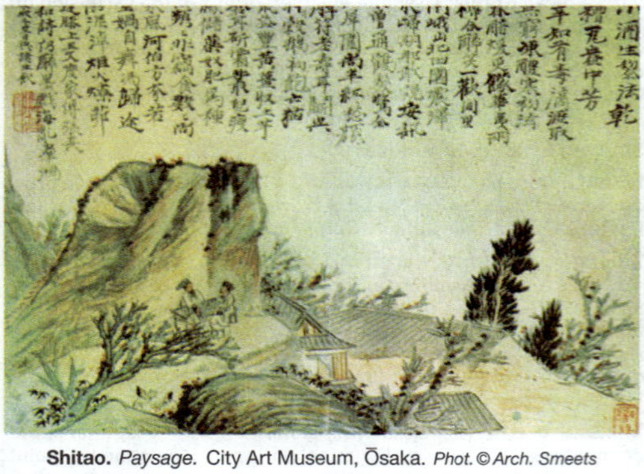

**Shitao.** *Paysage.* City Art Museum, Ōsaka. *Phot. © Arch. Smeets*

**SHIVA, ŚIVA** ou **ÇIVA** ♦ Une des trois principales divinités du panthéon hindou, il est regardé à la fois comme le Destructeur et le Créateur qui, de sa danse cosmique, dirige le monde. Il peut à ce titre assumer un grand nombre d'aspects, soit terribles, soit bénins. On le vénère surtout sous la forme du Linga (emblème phallique) qui, associé à la Yoni (emblème vaginal), représente les forces génératrices. Son animal-support est un taureau blanc, Nandī. Sa śakti «épouse» et «énergie active» est la déesse Pārvatī («celle de la montagne»). Sa demeure est le mont Kailasha, au Tibet. Il combine parfois ses formes avec celle de Pārvatī* ou encore avec celle de Vishnou*. Ses sectateurs sont nombreux et ont donné de grands philosophes et poètes religieux à l'Inde.

**SHIVAJI** ou **ŚIVAJĪ** ♦ (Shivner 1627 - Raigarh 1680). Chef marathe, révolté contre les Grands Moghols de l'Inde. Il mena tout d'abord la vie des brigands puis, après avoir battu des troupes mogholes, se lança à la conquête de son empire. En 1667, il se proclama raja du Maharashtra, fondant l'empire marathi. Son fils Sambhāji lui succéda à sa mort.

**SHIVALIK** n. m. pl. ♦ Ensemble de chaînons qui constituent la bordure méridionale du système himalayen (Pakistan, Inde et Népal). Ils sont formés de débris rocheux arrachés au haut Himalaya lors de sa surrection, et plissés à leur tour.

**SHKODËR** ou **SHKODRA** – en it. ***Scutari***, en serbo-croate ***Skadar*** ♦ V. d'Albanie septentrionale, ch.-l. de district sur le Drin. 85 798 hab. Principal centre de culture catholique en Albanie. Marché agricole au débouché de la montagne, et centre indus. (indus. textiles et alimentaires, manufacture de tabac). **▮ Histoire** Ancienne colonie illyrienne, *Scodra*, qui fut tour à tour romaine, byzantine, bulgare et serbe (VIIe s.), devint au XVe s. capitale d'une principauté albanaise, avant de passer aux Vénitiens, puis aux Turcs. En 1913, les Monténégrins la prirent mais durent l'abandonner à l'Albanie alors reconnue indépendante.

**SHKODËR** (lac de) ♦ Lac de la péninsule balkanique, partagé entre l'Albanie et le Monténégro. 370 km$^2$.

**SHKUMBIN** ou **SHKUMBINI** n. m. ♦ Fl. d'Albanie (146 km) tributaire de l'Adriatique, qui sépare les régions de dialecte guègue (au N.) et tosque (au S.). **▮ Histoire** C'est par la vallée du Shkumbin que passait l'ancienne route romaine, la *Via Egnatia*, prolongement de la *Via Appia*, importante voie commerciale jusqu'au XVe s., qui traversait les Balkans, joignant Durrës et Ohrid à Byzance par Thessalonique.

**SHLONSKY (Abraham)** ♦ Poète israélien de langue hébraïque (Ukraine 1900 - Tel Aviv 1973). Une des figures centrales du renouveau poétique, il s'efforça dès les années 1920 de créer, sans rupture radicale, de nouvelles formes d'expression poétique. La parution de chacun de ses recueils était un événement littéraire. Les horreurs des guerres et des pogroms sont un thème récurrent dans son œuvre mais après la période de la Shoah, pendant laquelle il garda le silence, il reprit sa méditation poétique sur le monde, la vie et la mort. Ses traductions des grands classiques européens ont contribué à enrichir la langue hébraïque renaissante.

**Shoah** n. f. – ÉTYM. hébr. «anéantissement» ♦ Mot hébreu désignant l'extermination de plus de 5 millions de Juifs par les nazis durant la Deuxième Guerre mondiale. Faisant de l'antisémitisme* une doctrine officielle, le IIIe Reich mit en place dès 1933 une politique qui, au moyen de lois (déchéance de la citoyenneté allemande ; aryanisation des biens et des entreprises juives ; impôts spécifiques) et de pratiques racistes (concentration des Juifs dans des ghettos), visait à une destruction des Juifs d'Europe qui devint systématique avec l'adoption de la «solution finale» (20 janv. 1942). Organisée par Himmler et Eichmann, cette «solution finale», qui fit environ 5 100 000 victimes, fut perpétrée à la fois par des massacres massifs menés par les troupes spéciales, les *Einsatzgruppen*, dans les territoires envahis par l'Allemagne et par la déportation vers les camps d'extermination (→ **Auschwitz, Treblinka, Majdanek, Mauthausen, Belzec, Sobibór, Chelmno**).

**SHOLAPUR** ♦ V. de l'Inde (Maharashtra), sur le plateau du Dekkan. 873 037 hab. Important centre régional. Industrie textile et mécanique.

**SHOLEM ALEYKHEM** → **Cholem Aleichem**

**SHOLES (Christopher Latham)** ♦ Inventeur américain (Mooresburg, Pennsylvanie 1819 - Milwaukee, 1890). Il réalisa, avec Soule et Glidden, la première machine à écrire utilisable (1867), que Remington* fabriqua en série à partir de 1873.

**Shōsō in** ♦ Construction en bois de style particulier, élevée en 756 dans l'enceinte du temple Tōdai ji à Nara (Japon, Honshū), pour abriter les collections de l'empereur Shōmu Tennō. C'est le plus ancien musée du monde, réunissant plus de 3 000 pièces provenant de toute l'Asie du VIIIe s.

**SHŌTOKU Taishi** ♦ Régent impérial du Japon (572 - 621). Grande figure du bouddhisme dont il était un fervent adepte et qu'il propagea. Il promulgua un code législatif inspiré de la Chine et écrivit des ouvrages d'histoire (*Tennoki* et *Kokuki*, 620).

**SHŌYŌ DAISHI** ♦ Nom posthume de Dōgen*.

**SHQIPËRIA** ou **SHQIPRIJA** → **Albanie**

**SHREVEPORT** ♦ V. des États-Unis (Louisiane), sur la Red River. 200 145 hab. dont 45 % de Noirs (zone industrielle 392 302). Centre commercial, dans une région productrice de coton, de pétrole et de gaz naturel. Indus. du bois, indus. chimiques, alimentaires, mécaniques.

**SHREWSBURY** – ÉTYM. anc. *Scrobbesbyrig* vieil angl. «forteresse de l'endroit broussailleux», du n. d'une anc. région (d'une rac. °*scrobb*) et de *burh* «forteresse» ♦ V. d'Angleterre, ch.-l. du Shropshire, à l'O. de Birmingham, sur la Severn. 95 896 hab. Ville touristique aux maisons anc. et églises médiévales. Centre commercial local et marché agricole. **▮ Histoire** Anc. ville romaine *(Viroconium)*.

**SHRINAGAR** ♦ V. de l'Inde, cap. de l'État de Jammu-et-Cachemire, dans un bassin intra-himalayen, la «vallée du Cachemire», à 1 500 m d'alt. 917 357 hab. Elle garde de sa fonction de capitale d'États importants, de magnifiques jardins, autour d'un grand lac, et de splendides monuments (temples hindous et mosquées). La campagne séparatiste des musulmans qui affecte la région nuit à son activité (attentat suicide d'islamistes contre le Parlement provincial, oct. 2001).

**SHROPSHIRE** ou comté de **SALOP** ➝ ÉTYM. forme contractée de *Shrewsbury* et angl. *shire* «comté» [*Salop* est une reprise en vx normand d'une prononciation contractée de *Shropshire*] ♦ Comté de l'Angleterre occidentale, en bordure du pays de Galles. 3 490 km². 405 000 hab. CH.-L. : Shrewsbury. Paysages de collines où les activités céréalières et l'élevage constituent l'essentiel de l'économie.

**SHŪBUN Tenshō** dit **Ekkei Shūbun** ♦ Peintre japonais (déb. XVe s. à Ōmi) de suiboku (lavis à l'encre de Chine) d'un style particulier, peut-être inspiré par celui des peintres coréens de son temps.

**SHUKEI SESSON** ➝ **Sesson**

**SHULL (Clifford G.)** ♦ Physicien américain (Pittsburgh 1915 - Medford, Massachusetts 2001). On lui doit une technique d'étude de la diffraction des neutrons, analogue à celle des rayons X (➝ **Bragg**), qui permet d'étudier l'architecture de molécules biologiques complexes. [Prix Nobel de phys. 1994, avec C. Brockhouse*]

**SHUNMAN Kubo (KUBOTA Yasubei, dit)** ♦ Peintre japonais (Edo 1757 - *id.* 1820), graveur d'estampes ukiyoe et poète renommé.

**SHUNSHŌ Katsukawa** ♦ Peintre japonais (Edo, auj. Tōkyō 1726 - *id.* 1792), auteur d'estampes ukiyoe. Il réalisa surtout des portraits d'acteurs et de femmes.

**SHUTRUK-NAHHUNTÉ Ier** ♦ Roi d'Élam v. –1200. Il prit Babylone en –1163 et rapporta de nombreux trophées, dont le code de Hammourabi, à Suse où ils furent retrouvés. En –1160, il déposa le dernier roi kassite de Babylone et, malgré une révolte, annexa le pays. ➝ **Élam.**

**SHYLOCK** ♦ Personnage du *Marchand* de Venise* de W. Shakespeare* (v. 1596). Ce personnage de juif usurier reflète l'antisémitisme de l'époque élisabéthaine. Mais Shakespeare, qui en fait un personnage méchant et grotesque, l'humanise et lui prête des accents émouvants, lorsqu'il crie sa ressemblance avec ceux qui le rejettent. Personnage complexe, Shylock est à la fois désespéré que sa fille Jessica se soit enfuie avec un chrétien et outré qu'elle lui ait volé son argent. Il cherche à se venger et quand la loi se retourne contre lui, il se révolte et révèle au public des traits de cruauté et d'amertume. La dualité du personnage a conduit à deux interprétations, celle, traditionnelle, qui fait de lui un être vil, un usurier avare et méchant, et celle du romantisme qui y voit un être maudit, que sa souffrance pousse à bout.

**SIALK** (Tepe) ♦ Site près de Kāchān, au S. de Téhéran (Iran), où furent trouvés les vestiges d'une civilisation protohistorique (fouilles par R. Ghirshman, 1933 - 1937). On distingue trois périodes principales. *Sialk I* (–Ve millénaire) est une civilisation de chasseurs connaissant aussi l'agriculture et l'élevage (céramique peinte, traces d'artisanat). *Sialk II* (déb. –IVe millénaire) et *Sialk III* (–IVe millénaire) se caractérisent par des progrès dans la construction des maisons. Des vestiges attestent l'usage de fours et de tours de potier, de sceaux. Métallurgie du cuivre. Les habitants de Sialk ne semblent ni sémites ni indo-européens ; on les dit *asianiques*.

**SIALKOT** ♦ V. du Pakistan (Panjab), au contact de l'Himalaya. 421 502 hab. Industrie diversifiée. Elle a perdu son rôle ancien de porte de l'Himalaya par la vallée de la Chenab en raison du tracé de la frontière indo-pakistanaise.

**SIAM** n. m. ➝ **Thaïlande**

**SIAM** (golfe du) ♦ Anc. nom du golfe de Thaïlande*.

**SIAULIAI** – jusqu'en 1795 ***Saule***, de 1795 à 1917 ***Chavli*** ♦ V. de Lituanie. 128 397 hab. Machines-outils. Cycles. Électronique.

**SĪBAWAYH ('Amr ibn 'Uthmān ibn Qanbar al-Basrī, dit)** ➝ ÉTYM. persan «senteur de pomme», surnom que lui donnait sa mère ♦ Le plus célèbre grammairien arabe (district de Chirāz 750 - Chirāz 795). Client perse d'une tribu arabe, il fut élève d'al-Khalīl* à Bassora. Son *Kitāb fī al-nahwi* («Traité de grammaire»), où il codifia systématiquement les problèmes grammaticaux, reste la synthèse la plus accomplie de la grammaire arabe. Ce livre définit trois parties du discours (le nom, le verbe et l'article) et explique les règles d'*al-'irab* («la syntaxe») appliquées au verbe et au nom. Comme son maître al-Khalīl, la langue qu'il étudie est l'arabe du désert à l'opposé de son rival, KISAĪ (mort v. 805), représentant de l'école de Kūfa, qui réagit contre l'enseignement d'al-Khalīl en cherchant à tenir compte davantage des réalités de la langue parlée dans les villes. Sībawayh accumula les exemples extraits du Coran* et de la poésie antéislamique afin d'en tirer des lois. À l'instar des juristes, il utilisa systématiquement le principe de l'«analogie» *(al-Qiyās)* alors qu'à l'école de Kūfa les grammairiens fondaient plus leurs études sur l'usage et l'«anomalie».

**SIBELIUS (Jean)** ♦ Compositeur finlandais (Hämeenlinna 1865 - Järvenpää 1957). Il connut très tôt la célébrité dans son pays avec des œuvres inspirées de l'épopée finlandaise du *Kalevala : Kullervo*, 1892 ; *Suite de Lemminkäinen* (1896), dont fait partie le célèbre *Cygne* de Tuonela*. Professeur au conservatoire d'Helsinki, il se consacra exclusivement à la composition quand il eut reçu une pension d'État (1897). Il entreprit plusieurs tournées à l'étranger, notamment en Grande-Bretagne où son œuvre connut une grande faveur. Sa période «romantico-nationale» culmina avec *Finlandia** (1899), les deux premières de ses sept symphonies (1899 - 1902), *En Saga* (1902), le *Concerto pour violon* (1905). Il évolua ensuite vers le classicisme et le «modernisme» avec notamment une musique de scène pour *Pelléas et Mélisande* (1905), le quatuor à cordes *Voces intimae* (1909), les symphonies n° 3 (1907) et n° 4 (1911), les poèmes symphoniques *Le Barde* (1913) et *Les Océanides* (1914), le poème pour soprano et orchestre *Luonnotar** (1913). Après l'indépendance, il composa trois symphonies (1919, 1923, 1924), une musique de scène pour *La Tempête* de Shakespeare (1926) et un poème symphonique *Tapiola** (1926). Il écrivit aussi une centaine de mélodies et de nombreuses pages de circonstance. Figure majeure de la musique du XXe s., héritier à la fois de Beethoven et de Wagner, Sibelius passa ses trente dernières années dans le silence. Une 8e symphonie fut achevée (vers 1933), puis détruite. ➝ **Valse triste.**

**SIBÉRIE** n. f. – en russe ***Sibir*** ➝ ÉTYM. de *Sibir*, n. de peuple et de ville, d'étym. incert., p.-ê. du kalmouk *Siwr* «terrain boisé ou broussailleux» ♦ Partie asiatique de la Russie, qui s'étend sur tout le N. de l'Asie, depuis l'Oural à l'O. jusqu'au détroit de Béring à l'E. (env. 7 000 km), et de l'océan Arctique au N. jusqu'aux steppes du Kazakhstan et à la Mongolie au S. (env. 3 500 km). 12 765 900 km². 33 791 700 hab.

**GÉOGRAPHIE** La Sibérie, très riche en matières premières, joue un rôle primordial pour la Russie. Depuis les années 1960, elle fournit une part croissante de ses approvisionnements, déjà majoritaire pour le gaz et le pétrole, de plus en plus décisive pour le bois, les métaux non ferreux. Cet éloignement forcé des lieux d'extraction, dû à l'épuisement des gisements européens est très coûteux en hommes et en matériels, en raison des distances et des conditions climatiques. Le climat est partout continental avec un hiver long aux moyennes de –15° à –40° (mais des records de froid jusqu'à –78° à Oïmiakon) et un été chaud mais trop court, sauf au S., pour permettre l'agriculture. La rigueur de ces conditions a entraîné une mise en valeur différenciée. Alors que le sud, plus clément, est relativement peuplé le long du Transsibérien* qui traverse les régions agricoles jalonnées de grandes villes industrielles, le nord fait l'objet d'une mise en valeur sélective, se bornant souvent à l'extraction de minerais exportés vers la partie européenne. ***Trois districts fédéraux*** Depuis mai 2000, les régions de Sibérie sont réparties entre trois Districts fédéraux. Les régions de Kourgan, Tioumen, Khantys-Mansis et Yamal sont rattachées au district *Oural*. Le district *Sibérie* comprend les régions d'Omsk, Novosibirsk, Tomsk, le territoire de l'Altaï, la rép. de l'Altaï (➝ **Gorno-Altaïsk**), Kemerovo, Krasnoïarsk, Irkoutsk, Tchita, les rép. de Bouriatie et Touva. Le district *Extrême-Orient* comprend les régions de l'Amour, Khabarovsk, Magadan, Sakhaline, du Kamtchatka et du Littoral, la rép. Sakha (Iakoutie) et la région juive. L'Arctique sibérien et le nord-est connaissent une véritable hémorragie de population. **Sibérie occidentale** Elle s'étend de l'Oural à la ligne de partage des eaux de l'Ob et de l'Ienisseï. Au pied des monts Altaï, riches en minerais ferreux et non ferreux, la partie méridionale constitue la principale région agricole de Sibérie vouée aux céréales, betteraves et tournesols, et à l'élevage bovin. Fournissant près de 40 % du charbon russe, le bassin du Kouzbass* a vu se développer, depuis les années 1930, une série de complexes industriels faisant de la région la seule véritable région industrielle sibérienne (centrales thermiques, combinats métallurgiques et chimiques, constructions mécaniques lourdes à Kemerovo et à Novokouznetsk). À l'intersection des branches du Transsibérien, de l'Ob et de l'Irtych, les autres centres tels Omsk et Barnaoul ont des activités plus diversifiées, Novossibirsk jouant le rôle de métropole régionale. Plus au N., le bassin de l'Ob, d'une platitude remarquable et couvert de forêts et de marécages, a été complètement transformé par la découverte, au début des années 1960 d'un gigantesque gisement d'hydrocarbures qui fournit aujourd'hui 70 % du pétrole et 90 % du gaz russes. Exploités de plus en plus au N. dans des conditions très dures, ces gisements ont donné lieu, sur l'Ob moyen, au développement de quelques centres industriels pétrochimiques (Sourgout, Tioumen), mais l'essentiel des hydrocarbures est acheminé brut, par pipelines, vers la partie européenne. **Sibérie orientale** Ensemble au relief plus marqué de plateaux et, au S. de chaînes de montagnes (de part et d'autre du lac Baïkal*), couverte aux trois quarts par la forêt, la Sibérie orientale correspond pratiquement au bassin de l'Ienisseï et de ses affluents comme l'Angara. Du fait de la continentalité, l'agriculture (céréales, pommes de terre et élevage) y devient discontinue, dans les bassins protégés du sud. Avec l'exploitation de gisements de charbon (Irkoutsk, Kansk-Atchinsk), de fer (Ilimsk, Minoussinsk) et de minerais non ferreux (amiante, étain, néphélite), l'énergie bon marché des grands barrages (Irkoutsk, Krasnoïarsk, Bratsk) a permis le développement d'indus. métallurgiques (aluminium) et chimiques (papier et cellulose). Près de l'embouchure de l'Ienisseï, le combinat métallurgique de Norilsk (cuivre, nickel), au-delà du cercle polaire, est relié par mer à la partie européenne alors que les régions de Transbaïkalie (Bouriatie et Tchita) développent leurs relations avec la Chine du Nord et les pays du Pacifique. ▮ **L'Extrême-Orient** Limité à l'O. par la Sibérie orientale, au S. par la Chine (frontière formée en partie par l'Amour) et la Corée du N., il se tourne résolument vers les pays du Pacifique au point que certains mouvements réclament son autonomie au sein de la Russie. Les chaînes de montagne bordières (Verkhoïansk* au N., Sikhote*-Aline au S.) bloquent très vite l'influence océanique et la Iakoutie (auj. république de Sakha*), formée des plateaux et montagnes du bassin de la Lena, est très continentale. Mais l'exploitation de ses riches gisements (gaz, charbon, diamants) trouve avec la voie ferrée du BAM* un débouché naturel vers le Japon et l'Asie du S.-E. À l'exception de Khabarovsk et Komsomolsk sur l'Amour, villes et activités se concentrent le long de la façade maritime. La Tchoukotka*, le Kamtchatka* et Sakhaline* vivent de la pêche et de l'exploitation de quelques gisements (or de la Kolyma, hydrocarbures de Sakhaline) mais l'essentiel du trafic va vers les ports du S., Vladivostok (base militaire), Nakhodka et Vostotchnyï. L'essor de la région dépend toutefois en partie du règlement du conflit russo-japonais sur les Kouriles* du Sud. ▮ **L'Arctique sibérien** Au-delà du cercle polaire, ce domaine de la toundra constituait le terrain de parcours des peuples du nord (Nenets, Khantys, Tchouktches), chasseurs et éleveurs nomades de rennes, à la culture voisine de celle des Lapons. La mise en valeur accélérée des gisements de gaz, pétrole, minerais non ferreux, desservie par la Voie maritime du Nord, axe de cabotage, entre Mourmansk et Vladivostok, ouvert désormais presque toute l'année, a bouleversé leur environnement au point de mettre leur existence en péril.

▮ **HISTOIRE** ▮ **L'occupation mongole** Au début du XIIIe s., une grande partie de la Sibérie fut occupée par les Mongols. ▮ **Le khanat de Sibérie** À la fin du XVe s., après la dissolution de la Horde* d'Or, fut constitué le khanat de Sibérie. En 1556, le khan Iedighêr se reconnut vassal du tsar Ivan le Terrible. Son successeur, le khan Koutchoun, refusa de payer le tribut aux Russes qui écrasèrent le khanat de Sibérie (expédition cosaque de Yermak, 1581 - 1584) et fondèrent de nombreuses places fortes : Tioumen (1586), Tobolsk (1587), Tomsk (1604). ▮ **La domination russe** Au début du XVIIe s., toute la Sibérie occidentale fut rattachée à la Russie, et, vers 1645, les Russes atteignirent le Pacifique (Okhotsk). Dès le début de la conquête, la Sibérie servit de lieu de déportation (condamnés de droit commun, suspects politiques et dissidents religieux). Les premières grandes vagues de peuplement ont accompagné la construction du Transsibérien (1891 - 1904) et surtout les réformes de Stolypine qui favorisèrent l'immigration (plus de trois millions de personnes entre 1905 et 1914). ▮ **L'ère soviétique** En février 1918, le régime soviétique fut instauré. Au printemps 1918, l'amiral Koltchak, commandant les troupes tsaristes et les contingents tchèques formés de déserteurs ou de prisonniers de l'armée autrichienne, engagea la lutte contre les Soviets, s'empara du pouvoir (nov. 1918), mais fut battu et exécuté par les bolcheviks (1920). Les troupes japonaises furent chassées de l'Extrême-Orient en 1922. La Sibérie mise en valeur sous le régime soviétique connut, particulièrement après la Deuxième Guerre mondiale, une expansion industrielle remarquable, mais des camps de travail et de déportation pour les prisonniers politiques (goulag) continuèrent à s'y installer.

La toundra en **Sibérie**. *Phot. © Serg Zastavkin/Shutterstock*

**SIBÉRIE ORIENTALE** (mer de) – en russe ***Vostotchno-Sibirskoïe More*** ♦ Mer bordière de Russie (océan Arctique), entre les îles de Nouvelle-Sibérie à l'O. et l'île Vrangel à l'E. (913 000 km$^2$). Profondeur moyenne 45 m. Couverte de glaces pendant la plus grande partie de l'année, elle reçoit les eaux des rivières Indiguirka*, Kolyma* et Alazeïa. Pêche (morses, phoques). Princ. port : Pevek.

**SIBILLET (Thomas)** → Sébillet (Thomas)

**SIBIU** – en all. ***Hermannstadt***, en hongr. ***Nagyszebem*** ♦ V. de Roumanie en Transylvanie méridionale, ch.-l. de distr. 154 458 hab. La ville conserve un caractère médiéval : église évangélique du XIVe s., maisons du XVe s. Musée Brukenthal (1817). ▪ Centre commercial et indus. : travail du cuir et du bois, construc. mécaniques et indus. textile, électrotechnique, machines-outils, mécanique de précision. ▮ **Histoire** Ancienne colonie romaine *(Cibinium)*, la ville devint au XIIe s. une colonie allemande *(Hermannstadt)* avant d'être détruite par les Tatars (1241). Centre commercial très actif dès le XIVe s., elle fut rattachée à l'empire des Habsbourg en 1699.

**SIBOUR (Marie Dominique Auguste)** ♦ Prélat français (Saint-Paul-Trois-Châteaux, Drôme 1792 - Paris 1857). Il fut évêque de Digne (1840) puis archevêque de Paris (1848). Il fut poignardé par un prêtre qu'il avait frappé d'interdit.

**SIBYLLE** n. f. – en gr. ***Sibulla*** ♦ Personnification de la divination et nom donné aux prophétesses à cause de la grande réputation d'une prêtresse d'Apollon et devineresse appelée Sibylle. La plus célèbre des sibylles fut celle de Cumes*.

**SIBYLLE** ♦ (v. 1150 - 1190). Reine de Jérusalem (1186 - 1190). Fille d'Amaury Ier de Jérusalem, elle épousa Guillaume de Montferrat* (dit Longuespée) puis Gui de Lusignan*.

**SICAMBRES** n. m. pl. ➔ **ÉTYM.** en lat. ***Sicambri*** ou ***Sugambri*** « le peuple bon et fort », de l'indo-eur. *°su* « bon » et vx all. *gambar* « fort » ♦ Peuple de Germanie établi au N. de la Lippe puis entre la Sieg et la Ruhr. Ils furent soumis par les Romains en -12 et déportés en Gaule belgique. Ils se mêlèrent aux Francs* au IIIe s., et le nom de Sicambre fut employé pour désigner les Francs (d'où l'apostrophe de saint Remi à Clovis : « Courbe-toi, fier Sicambre »).

**SICANES** n. m. pl. ♦ Peuple primitif de la Sicile*, vraisemblablement formé d'Ibères* venus d'Espagne, et qui s'établit dans l'île avant le -Ier millénaire.

**SICARD (Roch Ambroise CUCURRON, dit)** ♦ Pédagogue français (Le Fousseret 1742 - Paris 1822). Entré dans les ordres, il assuma la direction d'une école de sourds-muets à Bordeaux (1786) puis remplaça l'abbé de l'Épée* à la tête de celle de Paris. Emprisonné comme suspect sous la Terreur (1792), nommé professeur à l'École normale en 1794, et membre de l'Institut en 1795, il échappa de justesse à la déportation, après le 18 Fructidor, rencontra ensuite l'hostilité de Napoléon Ier, et ne retrouva des charges importantes que sous la Restauration. Il est l'auteur de plusieurs ouvrages pour l'instruction des sourds-muets (*Mémoire sur l'art d'instruire les sourds-muets de naissance*, 1789 ; *Cours d'instruction d'un sourd-muet de naissance*, 1800 ; *Théorie des signes pour l'instruction des sourds-muets*, 1808).

**SICHEM** ➔ **ÉTYM.** de l'hébr. *sekhêm* « épaules, cou » ♦ Anc. ville de Canaan, où se trouvait un célèbre sanctuaire (le chêne de Morèh). Théâtre de la rupture entre les royaumes d'Israël* et de Juda* (-931), elle devint la capitale de Jéroboam. Après la Captivité, elle fut le centre du culte samaritain. Relevée par Vespasien après la guerre juive (66 - 70), sous le nom de Flavia Neapolis. Ses ruines se trouvent à l'E. de l'actuelle Naplouse*.

**SICHUAN** ou **SSEU-TCH'OUAN** ➔ **ÉTYM.** chin. « les quatre *(se)* rivières *(tchouan)* » ♦ Prov. du centre de la Chine. → **Chine** (carte). 570 000 km$^2$. 82 348 296 hab., la prov. la plus peuplée du pays. CAP. : Chengdu. Elle est traversée par de nombreux cours d'eau dont le Chang* jiang, le Jialing jiang, le Jinsha jiang, constituant la première réserve de ressources hydrauliques du pays. La grande fertilité du sol, un climat propice aux cultures qui se succèdent presque tout au long de l'année font de cette province, que l'on surnomme « le pays de la capitale céleste », la plus riche de la Chine. Agriculture, notamment en terrasse : céréales, oléagineux. Coton, tabac, thé, canne à sucre, agrumes. Sériciculture. Charbon, pétrole, gaz naturel. Fer, cuivre, amiante, sel gemme. Sidérurgie. Indus. textile et alimentaire. Indus. chimique et mécanique. Broderie. Artisanat. Travail du bois et du bambou.

**SICIÉ** (cap) ♦ Cap de la côte provençale (Var), à l'extrémité de la *presqu'île de Sicié*, entre Sanary et Toulon (341 m).

**SICILE** n. f. – en it. ***Sicilia*** ➔ **ÉTYM.** du n. des *Sicules** ♦ Île de la Méditerranée, formant une région administrative de l'Italie. → **Italie** (carte). 25 708 km$^2$. 4 968 991 hab. *(Siciliens)*. CH.-L. : Palerme. Elle comprend les provinces d'Agrigente, Caltanissetta, Catane, Enna, Messine, Palerme, Raguse, Syracuse et Trapani.

▮ **GÉOGRAPHIE** ▮ **Relief et climat** Au N. s'élève une chaîne montagneuse de 250 km de long, d'une altitude de 1 000 à 2 000 m, qui comprend d'E. en O. les monts Péloritains, les Nebrodi (1 847 m), les Madoni (1 979 m). Ces massifs sont entaillés par des vallées isolées de l'intérieur. La *Conca d'Oro* est l'arrière-pays de Palerme. La Sicile intérieure et méridionale, délimitée par la diagonale Trapani-Catane, présente un amas de collines associées à des bassins intérieurs et des plaines marécageuses (plaine de Gela). Les monts Iblei et la masse volcanique de l'Etna (3 295 m) dominent la plaine de Catane. Les côtes sont élevées et bordées de falaises hautes au N., basses au S. Au large, on distingue au N. l'archipel des Lipari et à l'E. celui des Égades. Le climat est méditerranéen, à tendance subtropicale au S. **Économie** À l'inverse de la Sardaigne, qui pendant longtemps a vécu repliée sur elle-même, la Sicile est restée une île ouverte, soumise aux influences extérieures. L'opposition littoral-intérieur est donc une réalité ancienne, encore renforcée par le développement récent. L'intérieur est resté le pays du *Guépard**, un tissu lâche de gros villages vivant d'un élevage extensif, que les réformes agraires ont peu touché. Quelques zones irriguées troublent ces paysages semi-désertiques. En revanche, le développement provoque la concentration des hommes et des activités sur le littoral. Au sud, les cultures traditionnelles sont remplacées par la vigne et le coton, notamment dans la plaine de Gela. À l'ouest, le vignoble de Marsala anime toute la prov. de Trapani. La plaine de Catane, à l'est, est couverte de vergers et d'agrumes. La ville de Catane*, dont les habitants portent le titre envié de «Milanais du Sud», concentre de nombreuses industries très variées (agroalimentaire, chimie...). Plus au nord, de Taormina à Messine, la côte est un haut lieu du tourisme. Quant au littoral septentrional, il est sous la domination de Palerme*, grande métropole, dont la croissance rapide et anarchique reste sous le contrôle de la Mafia*. Celle-ci règne aussi sur la commercialisation des agrumes (introduits par les Arabes) de la Conca d'Oro, vaste plaine totalement irriguée. De gros investissements, dont l'origine n'est pas parfaitement connue, expliquent l'essor de l'île où cohabitent pratiques ancestrales et modernes.

**HISTOIRE** Selon des historiens anciens, les premiers occupants de la Sicile seraient les Sicules (d'origine asiatique), les Sicanes (d'origine ibérique) et les Élymes ou Élymiens (d'origine troyenne). Ces derniers, ainsi que les Phéniciens venus ensuite, s'installèrent à l'extrémité N.-O., autour d'Éryx*, de Panormos (Palerme*) et de Ségeste*. **La colonisation grecque** Le début de la période historique de l'île coïncide avec la colonisation grecque qui suit de près la colonisation de l'Italie méridionale (→ **Grande Grèce**). Les Ioniens de Chalcis* et de Cumes* à partir de -734 fondèrent sur la côte E. Naxos (Taormina*), qui à son tour colonisa Catane* et Leontium, puis Messine*. Cette dernière implanta Himère sur la côte Nord. La colonisation dorienne des côtes E. et S. commença presque en même temps (-733) : Syracuse* (de Corinthe*), Mégara* Hyblaea (de Mégare*), Sélinonte* (de Mégara Hyblaea), Gela* (Crétois et Rhodiens) et Agrigente* (de Gela). Très prospères jusqu'à l'époque romaine, les cités grecques devinrent de grands centres commerciaux et culturels et offrirent l'hospitalité à des poètes éminents de la Grèce (→ **Arion, Ibycos, Pindare, Sappho, Simonide de Céos**). Platon* y fut appelé pour organiser la république idéale. Mais cette prospérité, appuyée sur une aristocratie foncière, fut minée dès le -VI^e s. par des crises sociales dues à la surpopulation et dont les tyrannies portées par des mouvements populaires ne furent que des solutions provisoires. L'antagonisme entre cités ioniennes et doriennes aboutit à la destruction de plusieurs d'entre elles, donnant successivement l'hégémonie à Agrigente, Gela, puis à Syracuse qui domina aux -V^e et -IV^e s. → **Denys l'Ancien**. **La lutte contre Carthage et la conquête romaine** Après avoir repoussé l'invasion carthaginoise en -480 et l'expédition athénienne en -415 - -413 (→ **Alcibiade, Nicias**), les cités grecques s'engagèrent dans une longue lutte contre Carthage* qui envahit vers la fin du -V^e s. la partie N.-O. de l'île, autour de Panorme, de Ségeste et de Trapani*. Pyrrhus* enleva momentanément cette région aux Carthaginois (-277 - -276). L'intervention de Rome* aboutit, à l'issue de la première guerre punique*, à la réduction de la Sicile en première province romaine (-241). En -212, Syracuse, révoltée contre les Romains, fut prise par Marcellus. La Sicile subit au -I^er s. les exactions de Verrès* (-73 - -71). **Les invasions** Conquise par les Vandales, puis par les Ostrogoths (491), elle passa aux Byzantins en 535. Les Arabes y prirent pied au IX^e s. avec la prise de Palerme (831) puis de Syracuse (878) et la Sicile connut une brillante civilisation par la floraison du commerce, de l'agriculture et des sciences. Les Arabes furent chassés de Sicile par les Normands. **Le Royaume de Naples** Roger* I^er, frère de Robert Guiscard, fit la conquête de l'île de 1061 à 1091 et son fils Roger II devint le premier *roi de Sicile*. Par le mariage de Constance avec l'empereur germanique Henri VI (1186), la Sicile passa à l'Allemagne (1194) et fut le séjour favori de Frédéric* II (1194 - 1250). Donnée par les papes à Charles* I^er d'Anjou (1265), la Sicile se révolta contre les Français (→ **Vêpres siciliennes**, 1282), et passa aux Espagnols (Aragon). **Le Royaume des Deux-Siciles** En 1442, Alphonse V d'Aragon réunifia le royaume de Naples en vainquant les Angevins du continent. → **Naples (royaume de)**. En 1713 (paix d'Utrecht), la Sicile passa à la Savoie mais fut cédée en 1718 à l'Autriche, en échange de la Sardaigne. En 1735, elle passa avec Naples aux Bourbons d'Espagne qui, lorsque Napoléon les chassa du continent, se réfugièrent en Sicile jusqu'en 1814. **Le rattachement à l'Italie** En 1816, ils unifièrent les deux royaumes, ce qui mécontenta les Siciliens qui se révoltèrent en vain et se rallièrent à Garibaldi en 1860 (débarquement de Marsala). La Sicile, qui fait partie de l'Italie depuis lors, libérée entre le 10 juil. et le 16 août 1943 par les Anglo-Américains, est devenue autonome en 1948.

**Sicile.** Palerme, Piazza Pretoria. *Phot. © Dagli Orti*

**SICILES (DEUX-)** → Naples (Royaume de)

**SICKINGEN (Franz VON)** ♦ Homme de guerre allemand (Ebernburg 1481 - Landstuhl 1523). Chef de mercenaires, il servit notamment Maximilien* I^er et appuya l'élection de Charles* Quint. Il embrassa le parti de la Réforme, poussé par Hutten*, protégea Luther* lors de la diète de Worms* et devint chef de la révolte contre Rome. Il attaqua l'archevêque de Trèves (guerre des chevaliers) et fut à son tour assiégé dans son château par le landgrave de Hesse.

**SICULES** n. m. pl. ♦ Peuple primitif de la Sicile* (que l'on trouve également en Italie centrale) qui repoussa les Sicanes* et s'établit principalement dans l'E. de l'île (-I^er millénaire) à laquelle il donna son nom. → **Sicile.** ▪ Importante minorité (env. 2 millions de personnes) établie en Roumanie.

**SICYONE** ← ÉTYM. en grec *Sikuôn* «[la ville] des courges» ♦ Anc. ville du Péloponnèse, près du golfe de Corinthe. Fondée par les Ioniens (-II^e millénaire), elle fut prise par les Doriens (-XII^e s.) et gouvernée par une aristocratie dorienne. À son apogée sous la dynastie des Orthagorides (-675 - -570), Sicyone était un prestigieux centre d'art, et exportait les produits de ses ateliers de bronze et de céramique. Patrie de grands artistes, elle avait des écoles renommées de peinture et de sculpture (→ **Canachos, Polyclète, Lysippe, Scopas, Apelle**). La lutte incessante entre les démocrates et les oligarques épuisa la cité qui n'exerça plus une influence importante dans les affaires grecques. Détruite par Démétrios Poliorcète (-303), elle fut rebâtie sur une hauteur voisine. Patrie d'Aratos, elle prit la tête de la ligue Achéenne* en -251. Les Romains pillèrent ses trésors artistiques. ▪ Ruines d'un gymnase hellénistique et romain, d'un théâtre ; musée archéologique, près de l'actuel Kiato.

**SIDER (EL-)** ♦ Port pétrolier de Libye, sur le golfe de la Grande Syrte au débouché des oléoducs en provenance de Hofra et des gisements situés au S.-E. de ce dernier (Ora, Samah).

**SIDGWICK (Nevil Vincent)** ♦ Chimiste britannique (Oxford 1873 - *id.* 1952). Auteur de travaux sur la théorie de la liaison chimique, il contribua à la mise au point de la théorie de Lewis* et étudia la nature des forces de cohésion dans les corps solides.

**SIDI BEL-ABBÈS** ← ÉTYM. de l'ar. *saydī bāl-'abbās*, de *saydī* «monsieur, mon seigneur» et *bāl-'abbās*, n. de pers. ♦ V. d'Algérie, ch.-l. de wilaya, sur l'oued Sig ou Mekerra, dans *la plaine de Sidi Bel-Abbès*. 153 106 hab. Important centre agricole. Vignobles. Céréales. Cultures maraîchères. ▪ Centre de la Légion étrangère française jusqu'en 1962.

**SIDI BOU-SAÏD** ← ÉTYM. ar. «Monseigneur Abou Saïd, le père de Saïd», n. d'un soufi réputé, enterré près de Carthage ♦ V. de Tunisie, ch.-l. de gouvernorat, sur le versant d'un éperon dominant le golfe de Tunis. 39 915 hab. Séjour d'écrivains et d'artistes.

**SIDI BRAHIM** ♦ Loc. d'Algérie, au N.-O. de Tlemcen, non loin de la frontière marocaine. **Histoire** De violents combats opposèrent du 23 au 25 sept. 1845 une colonne de chasseurs français sous le commandement de Montagnac à près de 3 000 cavaliers de l'émir Abd El-Kader. En 1847, Abd El-Kader s'y soumettait à Lamoricière.

**SIDI FREDJ** – anc. *Sidi-Ferruch* ♦ Loc. d'Algérie (wilaya de Tipasa), sur la côte occidentale du sahel d'Alger. 7 047 hab. Station balnéaire. **Histoire** L'armée française commandée par le maréchal Bourmont* y débarqua le 14 juin 1830.

**SIDI IFNI** ♦ V. du Maroc méridional (prov. d'Agadir), située sur l'Atlantique, au pied du versant occidental de l'Anti-Atlas. 20 051 hab. Port de pêche. **Histoire** Anc. cap. de l'enclave espagnole d'Ifni, rétrocédée au Maroc en 1969.

**SIDI KACEM** – anc. *Petitjean* ♦ V. du Maroc septentrional, prov. de Rabat, située en bordure de la plaine du Gharb. 74 062 hab. Centre agricole et commercial (agrumes). Raffinerie de pétrole.

**SIDNEY (sir Philip)** ♦ Romancier, poète et essayiste anglais (Penshurst, Kent 1554 - Arnhem 1586). Descendant du célèbre comte de Leicester, favori d'Elizabeth, il fit ses études à Oxford et visita Paris (où il se trouvait lors du massacre de la Saint-Barthélemy), Strasbourg, Vienne, Venise, Padoue, Florence et Gênes. De retour en Angleterre, il célébra Pénélope Devereux dans un recueil de sonnets *Astrophel et Stella* (publié 1591), où il reprit une forme poétique rarement employée depuis Surrey* et qui lui valut l'épithète de «Pétrarque anglais» ; mais ce thème de l'amour charnel l'apparente plutôt à Ronsard. Cette œuvre sera incluse dans *L'Arcadie* (1590), roman pastoral en prose mêlé de vers où abondent allusions personnelles, pensées morales et politiques. Cette prose précieuse décida du goût général pour le roman d'amour chevaleresque. *L'Apologie ou Défense de la poésie* (publié 1595) est un examen méthodique de la poésie anglaise depuis Chaucer*, un exposé des principes qui devaient régir l'écriture dramatique et la prosodie. Première figure de la Renaissance anglaise, Sidney, malgré son naturel romanesque, prône l'attachement aux Anciens comme critère esthétique.

**SIDOBRE** n. m. ♦ Région granitique du S.-O. du Massif central, entre l'Agout et le Thoré (en grande partie dans le dép. du Tarn). Il comporte d'énormes blocs granitiques perchés, d'apparence instable (phénomène d'érosion). Site touristique intégré dans le parc naturel régional du Haut*-Languedoc.

**SIDOINE APOLLINAIRE** (saint) – en lat. ***Caius Sollius Modestus Apollinaris Sidonius*** ♦ Poète latin chrétien (Lyon v. 430 - Clermont, Auvergne v. 486). Aristocrate, préfet de Rome (468), évêque de Clermont (471), il tenta de maintenir la culture latine face aux envahisseurs wisigoths. Auteur de poèmes (épîtres, panégyriques) et de *Lettres*. ▪ Fête le 23 août.

**SIDON** – auj. ***Saïda*** ♦ Anc. cité phénicienne, possédant deux ports sur la Méditerranée. Fouilles par Renan (1861), Hamdy bey (1887), Contenau (1914). ▌**Histoire** Sidon fut le plus important port de la Méditerranée orientale avant sa dévastation probable par les Peuples* de la Mer (v. -1200) et l'hégémonie de Tyr. Elle fut tributaire de l'Assyrie à partir d'Assurnazirpal II et, révoltée, fut détruite par Assarhaddon (v. -678). Princ. divinité : → **Eshmoun.** Capitale de la satrapie de Phénicie* sous les Achéménides, elle fut brûlée par Artaxerxès III Ochos contre qui elle s'était révoltée (-344). Elle s'ouvrit à Alexandre en -332 et regagna une certaine prospérité à l'époque hellénistique et romaine. Elle tomba aux mains des Arabes en 637 et fut plus tard la *Sagette* ou *Sayette* des croisés, qui la disputèrent à Saladin. Elle se releva au XVII$^{e}$ s. avec l'émir des Druzes, Fakhreddin. → **Saïda.**

**Sidon.** Le château de la Mer, XIII$^{e}$ s. *Phot. © Géraldine Sourdot*

**SIEBENGEBIRGE** n. m. ◂ ÉTYM. all. «les sept montagnes» ♦ Groupe de sept montagnes volcaniques de Rhénanie, entre la rive d. du Rhin et la vallée de la Sieg. Très pittoresques, elles sont couvertes de forêts et parfois de vignobles. Le Drachenfels (321 m), le Petersberg (331 m) et l'Ölberg (464 m) sont les sommets les plus connus.

Le **Siècle** ♦ Quotidien politique fondé en 1836 par M. Dutacq. D'abord monarchiste constitutionnel mais anticlérical, il devint républicain en 1848, puis s'opposa au Second Empire. Il se tempéra quand Jules Simon en prit la direction politique (1874), mais déclina et disparut en 1917.

Le **Siècle de Louis XIV** ♦ Ouvrage historique (1751) où Voltaire* se propose, en faisant le tableau des progrès de l'esprit humain au XVII$^{e}$ s., de critiquer indirectement le règne de Louis* XV. Conçue dès 1732, cette œuvre s'appuie sur une documentation abondante et manifeste un esprit critique sérieux. Les événements militaires et diplomatiques y sont traités, mais plus encore le développement du commerce et le rayonnement des lettres et des arts, car Voltaire veut glorifier «tous ceux qui ont excellé dans l'utile ou dans l'agréable». Le ton devient polémique quand l'auteur aborde les affaires religieuses qui entachèrent le règne de Louis XIV, ce «despote éclairé». Adoptant une présentation dramatique, Voltaire recherche la variété et le pittoresque, mais choisit toujours les «détails signifiants» et manie une prose remarquable de concision et de clarté.

**SIEFF (Jean-Louis,** dit **Jeanloup)** ♦ Photographe français d'origine polonaise (Paris 1933 - *id.* 2000). Celui qui se qualifiait lui-même de «superficiel» et de «frivole» a marqué trente ans de la photographie de mode, collaborant avec les plus grands magazines français et américains (*Jardin des Modes, Harper's bazar*). Ses autres centres d'intérêt furent le portrait, le nu féminin et le paysage déclinés en noir et blanc, dans une approche graphique épurée et sensuelle.

**SIEGBAHN (Karl Manne)** ♦ Physicien suédois (Örebro 1886 - Stockholm 1978). Il développa considérablement les connaissances sur la spectroscopie des rayons X, élabora les techniques permettant la détermination de leurs longueurs d'onde et mit en évidence la réfraction de ces rayons (1925). [Prix Nobel de phys. 1924] ♦ **Kai Siegbahn.** Physicien suédois (Lund 1918 - Ängelholm, près d'Halmstad 2007). Fils du précédent. Il mit au point une nouvelle technique spectroscopique, dite ESCA (spectroscopie électronique pour l'analyse chimique) qui permet des mesures précises des niveaux d'énergie des atomes et des molécules. [Prix Nobel de phys. 1981, avec N. Bloembergen* et A. Schawlow*]

**SIEGBURG** ♦ V. d'Allemagne (Rhénanie-du-Nord-Westphalie), au N.-E. de Bonn*. 42 489 hab. Abbaye bénédictine du XI$^{e}$ s., église paroissiale abritant un riche trésor. ▪ Indus. mécaniques, fibres synthétiques.

**SIEGEL (Carl)** ♦ Mathématicien allemand (Berlin 1896 - Göttingen 1981). Appartenant à la remarquable école d'algèbre et de théorie des nombres qui naquit en Allemagne après 1918, il fut l'auteur de travaux concernant notamment les équations diophantiennes à deux variables et les nombres algébriques et transcendants ; il étudia également les formes quadratiques et les fonctions de variables complexes dont, particulièrement, les fonctions automorphes.

**SIEGEN** ♦ V. d'Allemagne (Rhénanie-du-Nord-Westphalie), sur la Sieg, au cœur du Siegerland. 104 289 hab. Église du XIII$^{e}$ s., château des XVII$^{e}$ - XVIII$^{e}$ s. ▪ Extraction de fer et métall.

**SIEGERLAND** n. m. ♦ Région d'Allemagne correspondant à la vallée encaissée de la Sieg, dans la partie orientale du Massif schisteux rhénan. De petits gisements de fer y sont exploités depuis le Moyen Âge.

**SIEGFRIED** ou **SIGFRIED** ◂ ÉTYM. du germ. *sig* «victoire» et *frid* «paix» ♦ Héros de la mythologie allemande, correspondant au Sigurd scandinave. → **Nibelungen (Chanson des).** ▪ Opéra de R. Wagner*. → **Tétralogie.**

**Siegfried** (ligne) ♦ Nom donné en 1917 à une bretelle de la position Hindenburg, de la Scarpe à l'E. d'Arras, jusqu'à l'Aisne au N.-O. de Reims. ▪ En 1936, Hitler décida la construction d'un système fortifié appelé également *ligne Siegfried*, allant du Luxembourg à la frontière suisse et achevé par l'organisation Todt en 1938. Les Français renoncèrent à l'attaquer en sept. 1939. Les Allemands s'y maintinrent de nov. 1944 à fév. 1945. La ligne Siegfried fut enlevée par les Américains en mars 1945.

**SIEGFRIED** [sigfʀid] **(Jules)** ♦ Homme politique français (Mulhouse 1837 - Paris 1922). Maire du Havre, député de l'Union républicaine (1885 - 1897), il fut ministre du Commerce et de l'Industrie dans le cabinet Ribot (1897), sénateur (1897 - 1900). Il a publié un ouvrage sur *La Misère, son histoire, ses causes, ses remèdes* (1877) et fondé le Musée social. ♦ **André Siegfried.** Économiste et sociologue français (Le Havre 1875 - Paris 1959). Fils du précédent. Professeur à l'École des sciences politiques (1911), au Collège de France (1933), il a publié des études consacrées à la situation économique, sociale et politique de nombreux pays, notamment de pays anglo-saxons (*L'Angleterre d'aujourd'hui*, 1924 ; *Les États-Unis d'aujourd'hui*, 1927 ; *Le Canada, puissance internationale*, 1937 - 1947). Ses études sur la vie politique française ont fait de lui un des maîtres de la sociologie électorale (*Tableau politique de la France de l'Ouest sous la III$^{e}$ République*, 1914 ; *Tableau des partis en France*, 1930). [Acad. fr. 1944]

**Siegfried** ♦ Pièce en 4 actes de Jean Giraudoux* (1928). Relevé sur le champ de bataille avec une blessure qui a entraîné l'amnésie, Jacques Forestier, écrivain français, est devenu l'un des chefs de la république de Weimar, sous le nom de Siegfried von Kleist. Deux femmes, l'Allemande Eva et la Française Geneviève, se disputent cet homme à la recherche de lui-même. Siegfried rentrera avec Geneviève dans une France définitivement réconciliée avec l'Allemagne. Dans une autre version, Siegfried est abattu à la frontière franco-allemande par une balle qui le touche au même endroit que six ans auparavant. Tirée par l'auteur de son roman, *Siegfried et le Limousin* (1922), la pièce marqua les débuts de Jean Giraudoux au théâtre et le renouvellement du théâtre français moderne.

**SIEMENS (Werner von)** ♦ Ingénieur et industriel allemand (Lenthe, près de Hanovre 1816 - Berlin 1892). Fondateur, avec J. G. Halske, d'une société qui réalisa la première grande ligne télégraphique européenne, reliant Berlin à Francfort (1848 - 1849), et les premières lignes russes (1850). Il imagina le principe de la dynamo (1866) et plusieurs autres appareils. On lui doit également la première locomotive électrique (1879) et une ligne de tramway. ♦ **Wilhelm von Siemens** devenu sir **William Siemens** en 1883. Ingénieur et industriel britannique d'origine allemande (Lenthe, près de Hanovre 1823 - Londres 1883), frère de Werner von Siemens. Il perfectionna les procédés d'argenture et de dorure d'Elkington* et mit au point un four à récupération de chaleur que P. Martin* utilisa pour la fabrication de l'acier *(procédé Martin-Siemens)*. ➝ ÉTYM. *Siemens* est le diminutif du germanique *Siegmar*, nom de personne (de *sig* «victoire» et *mari* «illustre»).

**SIEMIANOWICE ŚLĄSKIE** ♦ V. de Pologne, voïvodie de Silésie. 72 000 hab. Indus. métallurgique, houillères.

**SIENKIEWICZ (Henryk)** ♦ Romancier polonais (Wola Okrzejska 1846 - Vevey 1916). Issu d'une famille de noblesse terrienne, il collabora à la *Gazeta Polska* («Gazette polonaise»), puis visita l'Europe et les États-Unis où il écrivit les *Lettres de voyage* (1876 - 1878) et une nouvelle *Le Gardien du phare* (1881). Son premier roman, *Esquisse au fusain* (1877), est une satire de la bureaucratie villageoise. Dans sa *Trilogie* évoquant les guerres du XVIIe s. (*Par le fer et le feu*, 1884 ; *Le Déluge*, 1886 ; *Messire Wolodyjowski*, 1887 - 1888) et dans *Les Chevaliers Teutoniques* (1897 - 1900), il évoqua le passé héroïque et douloureux de la Pologne. Son roman *Quo* vadis ?* (1896) lui valut un succès mondial. [Prix Nobel de littér. 1905] ➝ ÉTYM. Ce nom vient du polonais *sień* «vestibule».

**SIENNE** – en it. ***Siena*** ♦ V. d'Italie, en Toscane, ch.-l. de prov. 52 625 hab. Université. La ville a conservé de nombreux monuments de son riche passé artistique. La Piazza del Campo est dominée par la Torre del Mangia du Palazzo Pubblico (XIIIe - XIVe s.) dont l'intérieur a été décoré par des artistes de l'école siennoise : S. Martini, A. Lorenzetti, Sodoma. La cathédrale *(Duomo)*, commencée au XIIIe s. par Giovanni Pisano, comporte un pavement de marbre (XVe - XVIe s.), une chaire sculptée par Nicola Pisano (XIIIe s.), et, dans la Libreria Piccolomini, des fresques du Pinturicchio (XVIe s.) ; le baptistère Saint-Jean (XIVe s.) est orné de fresques (XVe s.) et abrite des fonts baptismaux dessinés par Jacopo della Quercia et sculptés par L. Ghiberti et Donatello. Le musée de l'Œuvre de la cathédrale contient des sculptures originales de Giovanni Pisano, Jacopo della Quercia, et le retable de Duccio, la *Maestà* (début du XIVe s.). Pinacothèque (Palais Buonsignori, XVe s.) contenant une importante coll. de peintures de l'école siennoise (XIIIe - XVIe s.). Nombreux palais (Piccolomini [XVe s.], Chigi-Saracini, Tolomei [XIIIe s.], Salimberri) de style gothique, Renaissance et baroque. Maison natale de sainte Catherine de Sienne. Église Saint-Augustin, XIIIe s. (peintures). ▪ Deux fois par an (2 juil. et 16 août), la fête du *Palio delle Contrade* voit s'affronter les habitants des «paroisses» lors de spectaculaires courses de chevaux sur la Piazza del Campo, précédées d'un défilé en costumes. ▪ Carrefour de communications. Indus. alimentaires (sucre). ▮ **Histoire** Colonie romaine fondée par Auguste *(Sena Julia)*, Sienne devint une république gibeline libre au XIIe s. et battit Florence à Montaperto (1260) ; elle la combattit jusqu'au XVe s. Pandolfo Petrucci fut dictateur de 1487 à 1512 et, en 1524, les Siennois se donnèrent à Charles Quint. Révoltée, la ville fut assiégée et prise par les Espagnols (1555) malgré la résistance héroïque des Siennois commandés par Monluc*. Elle rejoignit le duché de Toscane. ▪ Sienne fut libérée par les Français le 3 juil. 1944. ➝ **Juin.** ♦ ***École siennoise*** ➝ **Duccio di Buoninsegna, Lorenzetti, Martini (Simone), Sasseta, Martini (Francesco di Giorgio), Sodoma, Beccafumi.**

**SIERCK-LES-BAINS** [57480] ➝ ÉTYM. anc. *Sirke, Circum*, du lat. *circus* «cercle, édifice rond» ou de *Circius*, n. de pers. ♦ Ch.-l. de cant. de la Moselle, arr. de Thionville-Est, sur la rive d. de la Moselle. 1 872 hab. (aggl. 3 520). *(Sierckois)*. Ruines de l'anc. château fort des ducs de Lorraine. Vestiges d'anc. fortifications. Église du XVe s. (restaurée).

**SIERPIŃSKI (Wacław)** ♦ Mathématicien polonais (Varsovie 1882 - *id.* 1969). Chef de l'école mathématique polonaise et un des fondateurs de son organe *(Fundamenta mathematicae)*, il contribua par ses recherches au développement de la théorie des ensembles analytiques de la topologie, de l'analyse fonctionnelle et des fondements des mathématiques.

## SIERRA LEONE

▮ n. f. – off. ***république de Sierra Leone*** ➝ ÉTYM. du port. *Serra Leão* «montagne (du) lion» [le rugissement du tonnerre évoquant celui des lions], hispanisé puis italianisé en *Sierra Leone* ♦ Pays d'Afrique occidentale baigné par l'Atlantique. 73 326 $km^2$. 6 070 000 hab. *(Sierraléonais)*. LANGUES : anglais (off.), krio, mendé, temné. POPULATION : Krios (Créoles), Mendés, Peuls, Soussous, Temnés. RELIGIONS : islam, religions traditionnelles. MONNAIE : le leone (100 cents). CAPITALE : Freetown. RÉGIME : présidentiel.

▮ **GÉOGRAPHIE** Situé sur le versant S.-O. de la dorsale guinéenne, le pays est formé d'un plateau granitique culminant à la frontière guinéenne aux monts Loma (1 948 m) et aux monts Sula (1 850 m), s'abaissant progressivement vers le S. en une succession de plaines côtières sédimentaires très fertiles. La côte, basse et marécageuse, est découpée (baie de Freetown, île Sherbro) et échancrée par les embouchures encombrées de mangroves des nombreux cours d'eau descendus des montagnes. Le climat est tropical humide avec de fortes précipitations (3 434 mm par an à Freetown). Le pays vit essentiellement des cultures vivrières comme le maïs et surtout le riz dont le prix est un élément déterminant de la politique intérieure, ainsi que la noix de kola destinée au commerce interafricain. Les cultures industrielles (canne à sucre, cacao, café, gingembre, arachide) assurent une part importante des rentrées en devises. La grande richesse de la Sierra Leone est constituée par le diamant (60 % des exportations), la bauxite et le molybdène. La pêche artisanale est pratiquée sur les côtes et aux embouchures des rivières.

Sierra Leone.

▮ **HISTOIRE** Les forêts profondes ont servi de refuges aux populations fuyant les effets des bouleversements politiques dans la savane, comme les Kissis, les Sherbros et les Krims. Les grandes migrations des peuples de langues mandés atteignirent la Sierra Leone au XVe s. avec l'installation des Temnés sur la côte O., puis des Mendés à la frontière du Liberia et des Soussous dans le centre. Les Portugais abordèrent la baie de Freetown en 1462 et firent du commerce aux embouchures des rivières. Dès le XVIe s., les marchands européens pratiquèrent une traite négrière active avec les peuples côtiers. En 1787, des colons britanniques et des anciens esclaves en provenance des États-Unis furent installés par des sociétés antiesclavagistes britanniques. Freetown fut fondée en 1792 et le territoire, alors possession de la Sierra Leone Company, devint colonie de la Couronne en 1808, puis protectorat en 1896. Entre-temps, les esclaves capturés sur les navires négriers après l'abolition de la traite furent installés dans les environs de Freetown et constituèrent une population spécifique, les Krios, parlant un créole d'origine anglaise *(pidgin English)*. Le pays accéda à l'indépendance en 1961 dans le cadre du Commonwealth avec Milton Margai comme président. À partir de 1967, plusieurs coups d'État plongèrent le pays dans l'instabilité politique. Ils amenèrent notamment au pouvoir Siaka Stevens (1968 - 1985) qui tenta une union avec la Guinée de Sékou Touré*, mais fut confronté à de violentes manifestations dues à l'augmentation du prix du riz, puis Joseph Momoh qui fut renversé par le capitaine Valentine Strasser en 1992. La guerre civile au Liberia* se propagea sur sa frontière orientale, riche en or et en diamants. Cette lutte entre le pouvoir et la rébellion du RUF (Front révolutionnaire uni), dirigée par le caporal Foday Sankoh appuyé par le Liberia, a entraîné la ruine du pays et l'exode massif de ses habitants. Après un coup d'État militaire qui renversa V. Strasser en 1996, le pouvoir organisa une élection présidentielle remportée par Ahmad Tejan Kabbah. Celui-ci fut chassé par une junte alliée au RUF (mai 1997). L'armée britannique qui intervint en 2000 pour faire respecter des accords signés à Lomé en juil. 1999 restaura le pouvoir du président Kabbah. Réélu en 2002 sous contrôle international avec 70 % des voix, il s'est engagé dans une politique de reconstruction avec l'aide de l'ONU. En 2007, des élections sous tension ont porté au pouvoir Ernest Bai Koroma, candidat de l'opposition du Congrès de tout le peuple (APC). Le Tribunal spécial pour la Sierra Leone (TSSL), créé en 2002, poursuit depuis 2008 le procès de l'ancien président libérien Charles Taylor qui contrôlait la rébellion responsable du massacre de la population sierraléonaise entre 1989 et 2003.

---

**SIERRE** – en all. ***Siders*** ♦ V. de Suisse (Valais) dans la vallée du Rhône. 15 319 hab. (aggl. 32 350). Station de chemin de fer pour Crans, Montana, Vermala. Métall. de l'aluminium (Chippis).

**SIEYÈS (Emmanuel Joseph)** dit **l'abbé Sieyès** ♦ Homme politique français (Fréjus 1748 - Paris 1836). Fervent lecteur des philosophes du XVIII^e s., il entra sans vocation dans les ordres et fut nommé en 1787 vicaire général de Chartres. Installé à Paris en 1788, il fit paraître peu après son *Essai sur les privilèges* (1788) et sa brochure *Qu'est-ce que le tiers état ?* (1789), qui, défendant les idées nouvelles, connurent un grand retentissement. Député du tiers état en 1789, il joua un rôle décisif dans la transformation des états généraux en Assemblée nationale (juin 1789), s'opposant, avec Mirabeau*, au coup de force contre cette dernière le 23 juin. Membre du Club des jacobins*, il contribua au sein de la Constituante à faire adopter la division administrative de la France en 83 départements et le maintien du suffrage censitaire dans la Constitution de 1791. Monarchiste constitutionnel, rallié aux feuillants, il fut élu à la Convention où il vota cependant la mort du roi. Il n'eut plus qu'un rôle effacé sous la Terreur, dont certains, pourtant, le considèrent comme un des inspirateurs, dans la mesure où il soutenait que la volonté générale devait l'emporter sur les formes constitutionnelles. Membre du Comité de salut public après le 9 Thermidor, il s'occupa de diplomatie, et, partisan de la politique d'annexion, signa avec la Hollande le traité de La Haye* (1795). Élu directeur en 1795, il se démit en faveur de Carnot, et siégea au Conseil des Cinq*-Cents qu'il présida après le coup d'État du 18 Fructidor an V (4 sept. 1797). Ministre plénipotentiaire à Berlin, il revint à Paris en mai 1799 pour occuper au sein du Directoire* la place de Reubell, fut un des instigateurs de la journée du 30 Prairial* an VII et prépara le coup d'État du 18 Brumaire* an VIII, qu'il réussit avec Bonaparte et grâce à l'aide de Fouché. Consul provisoire, il participa à la rédaction de la Constitution de l'an VIII, que Bonaparte modifia dans le sens de ses intérêts. Écarté des hautes fonctions politiques, Sieyès fut fait comte d'Empire en 1809, pair pendant les Cent-Jours. Réfugié à Bruxelles en 1815, et proscrit comme régicide en 1816, il ne revint en France qu'en 1830. [Acad. fr. 1803] ➝ **ÉTYM.** Ce nom vient du nom de la terre de *Sieyès* (près de Digne), peut-être du nom de personne germanique *Sigo*.

**SIG** – anc. ***Saint-Denis-du-Sig*** ♦ V. d'Algérie (wilaya de Mascara), dans la *plaine de Sig*, région marécageuse située au pied du Tell et traversée par le cours inférieur de l'*oued Sig* ou *Mekerra*. 48 268 hab. Centre commercial. Agrumes. Coton.

**SIGEAN** [11130] ➝ **ÉTYM.** anc. *Seianum*, p.-ê. du lat. *Seius*, n. de pers., et suff. *anum* ♦ Ch.-l. de cant. de l'Aude, arr. de Narbonne, à l'extrémité S. de l'étang du même nom. 4 049 hab. *(Sigeanais)*. Réserve zoologique. ♦ ***Étang de Sigean*** ou ***étang de Bages*** Il forme une lagune (antique golfe marin de Narbonne) qui s'étend sur une longueur de 15 km entre Narbonne et Port-la-Nouvelle et sur une largeur de 1 200 à 5 500 m ; il est séparé de l'étang de l'Ayrolle (à l'E.) par un isthme où passe la voie de chemin de fer.

**SIGEBERT I^er** ➝ **ÉTYM.** en germ. *Sigberht*, de *sig* « victoire » et *berht* « brillant » ♦ (mort à Vitry, Artois 575). Roi d'Austrasie (561 - 575). Fils de Clotaire* I^er, il épousa Brunehaut* (566). Après l'assassinat de Galswinthe*, femme de son frère Chilpéric* I^er et sœur de Brunehaut, il envahit la Neustrie, mais fut assassiné sur l'ordre de Frédégonde*. Père de Childebert II.

**SIGEBERT III** ♦ (631 - 656). Roi d'Austrasie (634 - 656). Fils de Dagobert I^er, il régna sous la tutelle de maires du palais, dont Grimoald*. ▪ Père de Dagobert II.

**SIGEBERT DE GEMBLOUX** ♦ Chroniqueur belge (v. 1030 - Gembloux 1112). Auteur d'un *Chronicon* ou *Chronographia* (de 381 à 1110) qui fit longtemps autorité, et fut publié dans les *Monumenta Germaniae historica* de Pertz (éd. Bethmann). Il a laissé également des œuvres hagiographiques.

**SIGER DE BRABANT** [siʒe-] ♦ Philosophe, professeur de l'université de Paris (v. 1235 - Orvieto 1281). Adepte d'Averroès*, il affirma l'éternité du monde et l'unité de l'« âme intellectuelle » *(De anima intellectiva)*. Ses thèses furent critiquées par Thomas* d'Aquin.

**SIGISMOND** (saint) ➝ **ÉTYM.** en all. *Sigismund*, autre forme de *Siegmund*, de *sig* « victoire » et *mund* « protection » ♦ (mort à Coulmiers, près d'Orléans en 523). Roi des Burgondes (516 - 523). Fils de Gondebaud*, il fut converti au catholicisme par saint Avit* et fonda le monastère de Saint*-Maurice d'Agaune. Il fut tué par Clodomir, roi d'Orléans. Son frère Gondemar* II lui succéda. ▪ Il fut canonisé (fête le 1^er mai).

**SIGISMOND DE LUXEMBOURG** ♦ (Nuremberg 1368 - Znojmo, Moravie 1437). Roi des Romains (1411 - 1433) et empereur germanique (1411 - 1437, couronné en 1433), fils de Charles* IV. Roi de Hongrie par mariage (1387), il combattit les Turcs mais fut vaincu par Bayazid* I^er à Nicopolis* (1396). Il protégea le pape Jean* XXIII et lui fit convoquer le concile de Constance où il joua un grand rôle (1414 - 1418). Après avoir accordé un sauf-conduit à Jan Hus* pour qu'il vînt se défendre devant le concile, il le fit brûler quand les pères l'eurent condamné (1415), ce qui eut pour conséquence le soulèvement des hussites de Bohême et une véritable insurrection lorsqu'il succéda comme roi en Bohême à son frère Wenceslas* (1419). Il mena la croisade contre les hussites et ne put se faire reconnaître roi de Bohême qu'en 1436 après les *compacta* (accords) de Bâle confirmés par la diète de Jihlava. Dernier de la branche aînée des Luxembourg, il laissa tous ses biens aux Habsbourg. Sa fille Élisabeth avait épousé le futur empereur germanique Albert* II de Habsbourg.

**SIGISMOND I^er JAGELLON** dit **le Vieux** ou **le Grand** ♦ (Kosienice 1467 - Cracovie 1548). Roi de Pologne (1506 - 1548). Fils de Casimir* IV Jagellon, il succéda à son frère Alexandre* I^er Jagellon, comme grand-duc de Lituanie, puis comme roi de Pologne. Il combattit les Moscovites, qu'il réussit à contenir en dépit de la perte de Smolensk* (1514), imposa sa suzeraineté sur la Prusse* orientale (1525) et annexa la Mazovie* (1526). Protecteur des arts, marié à la princesse milanaise Bonne Sforza, il fit de Cracovie* un foyer de la Renaissance. Père de Sigismond* II et d'Anne* Jagellon.

**SIGISMOND II AUGUSTE JAGELLON** ♦ (Cracovie 1520 - Knyszyn 1572). Roi de Pologne (1548 - 1572). Fils du précédent, dernier des Jagellon*, il annexa la Livonie* (1561), proclama l'Union de Lublin* qui consacrait la fusion de la Lituanie* et de la Pologne (1569), et favorisa par sa tolérance religieuse l'implantation de la Réforme en Pologne.

**SIGISMOND III VASA** ♦ (Stockholm 1566 - Varsovie 1632). Roi de Pologne* (1587 - 1632) et de Suède* (1592 - 1599). Fils de Jean* III Vasa de Suède et neveu de Sigismond II Auguste Jagellon par sa mère, il fut élu roi de Pologne à la mort d'Étienne* I^er Báthory, grâce à l'influence de Jan Zamoyski*. Il transféra la capitale polonaise de Cracovie* à Varsovie* (1596) et tenta, avec l'aide polonaise, de reconquérir la couronne de Suède dont il fut dépossédé en 1599. Ses fils Ladislas* IV et Jean* II Casimir lui succédèrent en Pologne.

**SIGMARINGEN** ♦ V. d'Allemagne (Bade-Wurtemberg), dominée par son château, anc. résidence des ducs de Hohenzollern. 16 700 hab. ▌**Histoire** En 1944 - 1945, le maréchal Pétain y séjourna et une « commission gouvernementale » française, prolongeant le gouvernement de Vichy, y siégea.

**SIGNAC (Paul)** ♦ Peintre, aquarelliste et critique français (Paris 1863 - *id.* 1935). En 1883, il étudia dans l'atelier du prix de Rome, Bin, mais il admirait surtout l'œuvre de Monet* et de ses amis dont on relève l'influence dans ses premiers tableaux. Appréciant peu l'esprit des salons officiels, il participa en 1884 à l'exposition du groupe des Artistes indépendants, et aida Seurat* à élaborer les bases théoriques du néo-impressionnisme dont il allait devenir l'ardent défenseur (*D'Eugène Delacroix au néo-impressionnisme*, 1899). Cherchant à obtenir la plus grande luminosité, il utilisait les couleurs du spectre posées par petites touches séparées. Il peignit des marines *(Port de Collioure)* mais aussi des intérieurs (*Le Petit Déjeuner*, 1886-1887 ; *Femme se peignant*, 1892), des portraits (*Félix Fénéon*, 1890) caractérisés par le hiératisme voulu des poses, la recherche de rythmes décoratifs où domine l'arabesque, révélant ainsi des tendances symbolistes. À partir de 1895, il élargit la dimension de ses touches et, passionné de navigation, ramena de ses nombreux voyages une multitude d'aquarelles représentant surtout des vues de ports, d'une facture très spontanée et nerveuse, aux coloris vibrants. À partir de ces études, il exécutait à l'atelier de grandes compositions longuement élaborées où il restait fidèle à la division du ton et au contraste simultané de couleurs. À partir de 1908, il devint le président de la société des Indépendants.

Paul **Signac**. *Brise, Concarneau* (65 x 82 cm). Coll. part.
*BIS/Phot. © Archives Larbor © ADAGP, Paris 2008*

**SIGNORELLI (Luca)** ♦ Peintre italien (Cortone v. 1450 - *id.* 1523). Dès ses œuvres de jeunesse (madones ; fresques de Città del Castello, 1474), il affirma sa personnalité par rapport à Piero* della Francesca. Entre 1476 et 1479, il travailla à Lorette et c'est avec des peintres florentins qu'il se rendit en 1481 à Rome, où il peignit les *Derniers Jours de Moïse* pour la chapelle Sixtine. Entre 1482 et 1493, il exécuta de nombreuses œuvres en Italie centrale (*Madone* et *Sainte Famille* des Offices ; *Triomphe de Pan* de Berlin, détruit en 1944 ; les deux *Adorations des Mages* de Città del Castello, 1482 et 1493, etc.). Après 1497, il peignit la *Vie de saint Benoît* au cloître de Monte Oliveto Maggiore et, à partir de 1499, la chapelle San Brizio à Orvieto. En 1508, il fit un séjour à Rome, mais Jules II ne retint pas sa collaboration aux Loges du Vatican, qu'il confia à Raphaël ; puis il se rendit à Sienne (1508 - 1513). Après un bref séjour à Rome (1513), il se retira à Cortone. ▪ Héritant de Piero le caractère monumental des figures et un dramatisme d'ailleurs moins retenu, Signorelli y joint un dynamisme graphique qui évoque parfois Pollaiolo, qu'il dut connaître à Florence. Son goût pour les contrastes appuyés dans la composition joint à une structuration affirmée de l'espace par les éclairages et les oppositions de couleurs le conduisirent à des œuvres puissamment simplifiées, derrière l'anecdote et malgré une tendance passagère au stéréotype (*La Flagellation*, 1475 ; fresques de la sacristie de la basilique de Lorette). L'importance accordée au corps humain, représenté nu (*Pan*, 1490 ; nombreux dessins), drapé ou vêtu d'étoffes plaquées (fresques de Monte Oliveto, d'Orvieto), constitue l'élément essentiel d'un langage plastique puissant, qui annonce Michel-Ange. Signorelli, en variant les perspectives, en faisant jouer les chairs et les étoffes qui soulignent les formes, en utilisant des poses provocantes (courbures, déhanchements), libère les valeurs corporelles et les intègre dans un style à la fois hardiment réaliste et puissamment symbolisant, où les costumes, loin d'être des ornements, prolongent les corps et les intègrent à un espace qu'ils définissent. Cet humanisme charnel et symbolique s'affirme dans le *Pan* de Berlin, à la composition statique et savamment décalée, et même ses portraits et ses madones ont une qualité charnelle. Les édifices des fonds de tableaux, évoquant un paganisme harmonieux, semblent répondre à un programme de vie arcadien. ▪ Dans l'anecdote même (*Vie de saint Benoît* à Monte Oliveto), Signorelli utilise les données imposées pour faire triompher le mouvement et les contrastes plastiques et place toujours un hymne au corps humain (les guerriers de Totila). Les fresques de la chapelle San Brizio à Orvieto, continuant une œuvre commencée par Angelico, intègrent les thèmes signorelliens à un projet décoratif global (multiplication des motifs, arabesques et « grotesques ») qui ne craint ni le pittoresque ni le pathétique (*Histoire de l'Antéchrist*). La verticalité épanouie des corps de la *Résurrection*, les torsions destructrices du *Jugement dernier*, dans un éclairage dramatique, annoncent certes la puissance de Michel-Ange, mais témoignent avant tout du génie du dernier grand fresquiste toscan. ➝ ÉTYM. *Signorelli* vient de l'italien *signore* « seigneur, maître ».

**SIGNORET (Simone KAMINKER, dite Simone)** ➝ ÉTYM. n. de sa mère (dér. de *seigneur*) qu'elle prit pendant l'Occupation ♦ Actrice française (Wiesbaden 1921 - Autheuil-Authouillet, Eure 1985). Son parcours exemplaire excède les limites du théâtre (en France et en Angleterre) et du cinéma, où elle débuta en 1942, pour englober l'action militante (aux côtés d'Yves Montand*) et la littérature (*La nostalgie n'est plus ce qu'elle était*, 1976 ; *Adieu Volodia*, 1985). Sur les 50 films qu'elle tourna, un chef-d'œuvre se détache : *Casque* d'or* (1952). Mais on ne doit pas négliger *Manèges* (1950), *La Ronde* (1950), *Thérèse Raquin* (1953), *Les Chemins de la haute ville* (en Grande-Bretagne, 1958), qui lui valut un oscar, et, en fin de carrière, *L'Armée des ombres* (1969), *Le Chat* (1971), *La Veuve Couderc* (1971), *La Vie devant soi* (1977).

**SIGNY-L'ABBAYE** [08460] ➝ ÉTYM. anc. de *Signiaco*, du lat. *Sinnius*, n. de pers., et suff. *-acum* ♦ Ch.-l. de cant. des Ardennes, arr. de Charleville-Mézières, dans la haute vallée de la Vaux. 1 340 hab. *(Signaciens)*. Vestiges d'une abbaye cistercienne fondée en 1134 par saint Bernard et détruite en 1793. ▪ Articles de sport. ▪ Forêt de Signy (3 526 ha).

**SIGOGNE (Charles DE BEAUXONCLES, sieur DE)** ♦ Poète satirique français (v. 1560 - Dieppe 1611), auteur d'œuvres d'inspiration fantastique et burlesque, à la métrique vigoureuse, publiées de 1607 à 1620 dans des recueils collectifs *(Le Cabinet satyrique)*. Elles furent réunies en 1920 sous le titre *Les Satyres de Sigogne*.

**SIGÜENZA** ♦ V. d'Espagne centrale (Castilla-La Mancha), prov. de Guadalajara, sur le Henares. 4 275 hab. Cathédrale (milieu XIIe - XIVe s.) de style roman poitevin avec des fragments cisterciens.

**SIGURD** ♦ Héros des légendes scandinaves *(Edda)* et germaniques *(Nibelungen)*. ➝ **Siegfried**.

**SIGWART (Christoph VON)** ♦ Philosophe et logicien allemand (Tübingen 1830 - *id.* 1894). Sa conception de la logique comme étude des actes de la pensée est nettement psychologiste (*Logique*, 1873 - 1878).

**SIHANOUK (Norodom)** ➝ **Norodom Sihanouk**

**SIHANOUKVILLE** – anc. ***Kompong Som*** ♦ V. du Cambodge, port sur le golfe du Siam, reliée par la route et une voie ferrée à Phnom Penh. Env. 160 000 hab. Son activité portuaire renaît lentement grâce à l'aide japonaise.

**SIIRT** ♦ V. de Turquie, en Anatolie, ch.-l. de prov. 117 599 hab. Centre admin. et commercial. Mosquées et bains d'époque seldjoukide.

**ŠIK (Ota)** ♦ Économiste suisse d'origine tchèque (Plzeň 1919 - Saint-Gall 2004). Directeur de l'Institut d'économie de l'Académie des sciences de Tchécoslovaquie (1963 - 1968), il anima dès 1963 la commission chargée de la réforme économique. Violemment opposé au gaspillage économique et au rôle prééminent de la bureaucratie qu'il dénonça lors du plénum du comité central (déc. 1967 - janv. 1968), il préconisait la participation accrue des travailleurs à la gestion des entreprises. Il dut renoncer à ses fonctions en sept. 1968 à la suite de l'invasion soviétique et obtint l'asile politique en Suisse en 1970.

**SIKASSO** ➝ ÉTYM. malinké « ville *(so)* du doute *(sika)* » ♦ V. du Mali. Plus de 60 000 hab. Égrenage du coton. Rizerie. ▌**Histoire** Ville fortifiée assiégée par Samory Touré* et prise par les troupes françaises en 1898.

**SIKELIANOS (Angelos)** ♦ Poète grec (Leucade 1884 - Athènes 1951). Plus que ses vues sur l'hellénisme et ses recherches d'une synthèse universelle, ce sont l'abondance de sa veine lyrique, le goût de la langue et du rythme, le sens de la nature et la puissance de son imagination qui le font considérer comme l'un des plus grands poètes de la Grèce moderne. Autour des années 1930, il tenta de créer à Delphes le centre d'un mouvement mondial d'unité intellectuelle. Ses plus belles œuvres poétiques sont : *Le Visionnaire* (1909), *Prologue à la vie* (1915 - 1917), *Mère de Dieu* (1917), *Le Discours delphique* (1927) et *Voie sacrée* (1935). Dans ses tragédies, il mit l'accent sur le rôle de la collectivité et de l'action des peuples : *Le Dithyrambe de la rose* (1932), *La Sibylle* (1940), *Le Christ à Rome* (1946), *La Mort de Digénis* (1947).

**SIKHOTE-ALINE** ♦ Système montagneux de Russie (Sibérie extrême-orientale), entre l'Oussouri (N.), l'Amour inférieur (O.) et la mer du Japon (S.-E.). Constitué par un haut plateau au N. et une série de chaînes montagneuses parallèles au centre et au S., il s'étend sur une longueur de 1 200 km et sur une largeur de 300 km. Altitude moyenne 800 - 1 000 m, max. 2 090 m. Gisements de houille et de métaux non ferreux.

## sikhs

n. m. pl. ♦ Adeptes d'un mouvement religieux et politique indien, fondé au XVe s. par le gourou Nānak et qui, refusant les castes, prônait une fraternité universelle. Le sikhisme eut 10 gourous successifs jusqu'en 1708. Il fonde sa doctrine sur les enseignements du *Gurū Granth Sāhib*, livre sacré contenant des poèmes et des textes des premiers gourous de la secte. S'opposant aux Moghols et aux musulmans, elle développa chez ses adhérents, pour la plupart des habitants du Panjab, une grande ardeur combative. ▪ Les sikhs, qui forment aujourd'hui une communauté active (commerce, professions techniques) dont les membres se retrouvent dans toute l'Inde, se reconnaissent à plusieurs signes distinctifs, dont le port du turban, de la barbe entière (soigneusement peignée et roulée), d'un bracelet d'acier et d'un couteau. La femme, chez les sikhs, a un statut égal à celui de l'homme. ▌**Histoire** Un siècle après sa fondation et grâce à la politique tolérante d'Akbar, les gourous Rām Dās (1547 - 1581) et Arjun Dev firent construire le grand temple d'Amritsar* ; mais après la mort d'Akbar, les sikhs furent persécutés. C'est Govind Singh, à la fin du XVIIe s., qui les transforma en une sorte de théocratie militaire, capable de résister à Aurangzeb. Ils réorganisèrent le Panjab et s'emparèrent de leur capitale religieuse Amritsar sous Ranjit Singh (1802), annexèrent le Cachemire et Peshawar. Leur puissance militaire inquiéta les Britanniques qui durent mener deux campagnes très dures (1845 - 1846 ; 1848 - 1849) avant de les réduire. Les sikhs furent intégrés à l'armée des Indes et devinrent une troupe d'élite, d'une absolue loyauté à l'égard des Britanniques. En 1947, ils choisirent l'Inde, et quittèrent massivement la partie du Panjab qui devait revenir au Pakistan. En 1966, ils obtinrent la division du Panjab indien en deux États, l'Haryana à majorité hindoue et le Panjab où ils étaient largement majoritaires. Mais un mouvement se dessina parmi eux à partir des années 1970, pour l'obtention d'un statut de large autonomie, voire la création d'un État sikh indépendant, le Kalistan. Des extrémistes eurent recours au terrorisme ; une violence endémique s'installa dans la région. L'assassinat, par un sikh, d'Indira Gandhi, responsable de la violation du Temple d'or d'Amritsar (juin 1984), entraîna une vague de violence à travers le pays..

**SIKKIM** n. m. ➝ ÉTYM. probablt du sanskr. *Sikhin* « qui possède une crête, un sommet » [pour désigner une contrée montagneuse] ou de *sukhin* « heureux, joyeux, agréable » ♦ État de l'Inde, dans la partie orientale de l'Himalaya. 7 096 km². 540 851 hab. LANGUES : bhutia, napali, lepcha, anglais. CAP. : Gangtok. C'est un État entièrement himalayen, qui possède le troisième sommet du monde (Kanchenjunga, 8 586 m). Les hautes montagnes encadrent les vallées de la Tista et de ses affluents. Malgré l'apparition récente d'industries alimentaires et la vitalité de l'artisanat traditionnel, le développement économique reste faible. **Histoire** Monarchie fondée par des Tibétains, le Sikkim fut, jusqu'à l'arrivée des Britanniques dans la région, dépendant du Népal. Après lui avoir acheté Darjeeling, les Britanniques en firent un protectorat, lequel fut soumis à la tutelle indienne après l'indépendance. En 1975, le Sikkim fut rattaché à l'Inde à la demande du roi, qui perdit alors ses prérogatives (la monarchie ayant été abolie à la suite d'un vote de la population).

**SIKORSKI (Władysław)** ♦ Général et homme politique polonais (Tuszów, Galicie 1881 - Gibraltar 1943). Après avoir combattu aux côtés de Piłsudski* durant la Première Guerre mondiale, et lors de la guerre polono-soviétique, il fut nommé chef d'état-major général (1922), puis chef du gouvernement (1922 - 1923) et enfin ministre de la Guerre (1924 - 1925). Il cessa toute activité politique et militaire après le coup d'État de Piłsudski (1926), dont il était devenu l'ennemi. Retiré en France, il prit le commandement des forces polonaises (1939) et devint le chef du gouvernement polonais en exil en France, puis à Londres (1940). Quelques mois après la rupture diplomatique entre l'URSS et le gouvernement polonais de Londres (provoquée par la découverte du massacre de Katyn*), il trouva la mort dans un accident d'avion (probablement dû à un sabotage).

**SIKORSKY (Igor)** ♦ Ingénieur américain d'origine russe (Kiev 1889 - Easton, Connecticut 1972). Pilote et constructeur aéronautique, il réalisa le premier avion multimoteur (1913) et plusieurs modèles d'hélicoptères.

**SILAS** ou **SILVAIN** (saint) ♦ Compagnon du deuxième voyage de saint Paul* (Actes, XV - XVII).

**ŚILAVAMŚA** ♦ Poète birman (1453 - 1520), originaire d'Ava, auteur d'épîtres versifiées en pali et d'une grande chronique mythologique, le *Yazawin Gyaw*, en prose.

Le **Silence de la mer** ♦ Nouvelle de Vercors* (1942). Un officier allemand est hébergé par un vieil homme et sa fille. Il se heurte au silence de ses hôtes alors qu'il exprime son idéal humaniste puis, après une permission à Paris, son désespoir devant la barbarie de ses chefs. Au moment de rejoindre une division en campagne, un murmure de la jeune fille manifeste l'émotion que les événements interdisent d'exprimer plus longuement. ▪ En 1949, Jean-Pierre Melville a adapté cette nouvelle au cinéma, dans un style quasi expérimental, sans autorisation, mais de façon extrêmement fidèle.

**SILÈNE** – en gr. ***Silênos*** ♦ Personnage de la légende de Dionysos*, considéré parfois comme fils de Pan* ou d'Hermès. Sage éducateur de Dionysos en Phrygie*, il est représenté sous les traits repoussants d'un vieillard jouisseur, au nez camus et au ventre proéminent. Il fait partie du cortège de Dionysos, monté sur un âne, toujours ivre, chantant et riant. Il intervient dans plusieurs contes plaisants comme celui du roi Midas*. Uni à une nymphe, il engendre le centaure Pholos*.

**SILÈNES** n. m. pl. ♦ Nom générique des vieux Satyres*.

**SILÉSIE** – en polon. ***Śląsk***, en all. ***Schlesien***, en tchèque ***Slezsko*** ◆ ÉTYM. de *Silingai*, n. d'une tribu de Vandales ♦ Région historique et géographique de l'Europe centrale, de part et d'autre de l'Oder supérieur et moyen. On distingue la basse et la haute Silésie. → **Silésie (basse)**, **Silésie (haute)**. ♦ ***Voïvodie de Silésie*** 12 294 km². 4 669 100 hab. CH.-L. : Katowice. **Histoire** Occupée par les Slaves dès le Vᵉ s., la Silésie fit partie de la Moravie avant d'être annexée au premier État polonais vers la fin du Xᵉ s. sous Mieszko Iᵉʳ. Divisée en duchés de basse et haute Silésie, au profit des membres de la famille des Piast* en 1163, elle fut morcelée en diverses principautés, qui furent peu à peu germanisées. Le partage de la basse Silésie, après la mort de Henri II le Pieux qui arrêta l'invasion des Mongols à Legnica (1241), et les dissensions des Piast aboutirent à la suzeraineté de la Bohême sur presque toute la Silésie, sous Casimir III le Grand (1335). Rattachée à l'Autriche avec la Bohême en 1526, elle fut revendiquée par la Prusse durant la guerre de Succession* d'Autriche et conquise par Frédéric II le Grand qui vainquit les Autrichiens à Mollwitz* (1741), mais à nouveau disputée par les Autrichiens durant la guerre de Sept Ans, réoccupée par la Prusse après la victoire de Leuthen*, elle lui fut rendue par le traité de Hubertsburg* en 1763, à l'exception de la Silésie autrichienne. → **Moravie, tchèque (République)**. Devenue province prussienne, agrandie de la Haute-Lusace en 1815, elle prit un essor économique considérable, grâce à l'exploitation du bassin houiller de haute Silésie. À la suite des insurrections silésiennes contre la domination allemande (1919 - 1920 - 1921) et du plébiscite de 1921, la Pologne obtint un partage de la haute Silésie (avec Katowice) qui fut à nouveau réannexée par le Reich en 1939. Conquise par l'armée soviétique en 1945, la Silésie fut incluse dans le territoire de la Pologne.

**SILÉSIE** (basse) – en polon. ***Dolny Śląsk*** ♦ Région géographique du S.-O. de la Pologne située à l'E. de la Neisse de Lusace, en bordure des Sudètes et constituée par la vallée moyenne de l'Oder et le versant oriental des Krkonoše. Riche région agricole, la basse Silésie est également un centre industriel disposant de ressources minérales diverses, notamment du charbon autour de Wałbrzych, de minerais de cuivre et de nickel, de lignite. L'industrie métallurgique, chimique, énergétique et textile est dispersée à Wrocław, Jelenia Góra, Legnica, Zielona Góra. Au S.-E., la *Silésie d'Opole* ou *Silésie centrale*, située entre la basse et la haute Silésie, est une région agricole peu fertile et moyennement industrialisée (textile, cimenterie). ♦ ***Voïvodie de Basse-Silésie*** 19 948 km². 2 882 300 hab. CH.-L. : Wrocław.

**SILÉSIE** (haute) – en polon. ***Górny Śląsk*** ♦ Région géographique du S. de la Pologne, située au débouché septentrional de la porte de Moravie sur la ligne de partage des eaux de la Vistule et de l'Oder, entre les Sudètes au S.-O., les Beskides occidentales au S. et la Petite Pologne au N.-E. On y distingue au N. la *Silésie blanche (Biały Śląsk)*, peu fertile, en partie couverte de forêts et très peu industrialisée en dehors de Tarnowskie* Góry ; la *Silésie verte (Zielony Śląsk)* au S., qui s'étend au pied des Beskides occidentales autour de la vallée de la haute Vistule, région boisée, agricole et touristique, en partie industrialisée à Rybnik et Bielsko-Biała ; la *Silésie noire (Czarny Śląsk)* au centre, qui constitue le bassin houiller proprement dit et la principale région industrialisée de Pologne, dont l'activité s'étend en dehors des limites géographiques de la haute Silésie, en direction des gisements de minerais de fer, vers le plateau de Petite Pologne et du complexe sidérurgique de Częstochowa au N., et jusqu'aux portes de Cracovie vers le nouveau centre de Nowa Huta à l'E. L'extraction de la houille, dont les gisements s'étendent sur 5 400 km² et représentent 95 % de la production polonaise (5 % en basse Silésie), soit environ 150 millions de t par an, est étroitement associée à la sidérurgie, la métallurgie lourde et la chimie et notamment concentrée autour de Bytom, Chorzów, Dąbrowa, Górnicza, Gliwice, Katowice, Racibórz, Ruda Śląska, Siemianowice Śląskie, Sosnowiec, Świętochłowice, Szopienice, Tychy, Zabrze, et forme une vaste conurbation à population très dense.

**SILHOUETTE (Étienne DE)** ♦ Homme politique français (Limoges 1709 - Bry-sur-Marne 1767). Grâce à l'appui de Mᵐᵉ de Pompadour, il devint contrôleur général des Finances (1759). Ses réformes efficaces furent d'abord approuvées, mais ses projets d'impôts sur les terres des nobles et de réduction des pensions lui aliénèrent la cour et il fut disgracié. Son impopularité survécut à sa chute et on continua à le ridiculiser (c'est de là que vient le mot *silhouette*).

**SILICON VALLEY** n. f. ♦ Technopôle des États-Unis (Californie) à l'E. du comté de San Francisco. 1 682 585 hab. sur 14 municipalités. La Silicon Valley commença à se développer dans les années 1920 sous l'impulsion du professeur Frederick Terman de l'université Stanford qui encouragea ses étudiants à fonder leur entreprise et à s'installer à proximité du campus. En 1946, l'université créa le Stanford Research Institute (SRI), comme interface avec le monde de l'entreprise, et en 1951, le parc industriel de Stanford, destiné à abriter des entreprises de haute technologie. La prolifération des entreprises de la vallée s'explique également par des financements accordés par l'État fédéral à la recherche, et par les investissements de capital-risque. La Silicon Valley abrite une population de chercheurs de haut niveau (200 000) et une main-d'œuvre étrangère peu qualifiée et bon marché. La vallée a enregistré une très forte croissance économique et démographique entre les années 1940 et 1970. Dès le milieu des années 1980, les capitaux japonais pénétrèrent dans ce territoire que certains dénomment parfois «Nippon Valley».

**SILISTRA** – en fr. ***Silistrie*** ♦ V. de Bulgarie du N.-E., ch.-l. de région, sur la rive d. du Danube (Dobroudja), à la frontière roumaine. 61 942 hab. Tombeau romain. Musée. ▪ Centre agricole et commercial. Port fluvial. Construc. mécaniques. Indus. du bois. **Histoire** C'est l'ancienne ville romaine de *Durostorum* qui fut l'une des cités les plus florissantes de la Mésie inférieure. Conquise en 967 par Sviatoslav* Iᵉʳ, prince de Kiev, elle fut prise en 971 par l'empereur byzantin Jean Iᵉʳ Tzimiskès, et fut une importante forteresse sous la domination turque. Elle fut plusieurs fois attaquée par les Russes au cours du XIXᵉ s., devint bulgare en 1878, puis roumaine de 1913 à 1940.

**SILIUS ITALICUS** – en lat. ***Tiberius Catius Asconius Silius Italicus*** ♦ Poète latin (v. 25 - 101). Courtisan de Néron* connu comme délateur, puis proconsul d'Asie sous Vespasien, il se consacra à la poésie dans sa vieillesse. Il est l'auteur des *Guerres puniques*, poème en 17 livres sur la lutte de Rome contre Hannibal*.

**SILKEBORG** ♦ V. du Danemark, municipalité du Jutland central, sur la rive g. du Langsø. 41 300 hab. Centre touristique entouré de lacs traversés par les eaux du Gudenå. Importante fabrique de papier. Indus. du meuble, électronique, mécanique.

**SILLA** ou **SINLA** n. m. ♦ Royaume coréen fondé en –57 et dont les souverains, appartenant à trois dynasties, régnèrent jusqu'en 918. Sa capitale fut, à partir de 668, installée à Kyŏngju. Il engloba les deux autres royaumes coréens de Koguryŏ et de Păk-dje, mais fut supplanté par celui de Koryŏ.

**SILLANPÄÄ (Frans Eemil)** ← ÉTYM. finnois «tête de pont» ♦ Romancier et nouvelliste finlandais d'expression finnoise (Hämeenkyrö 1888 - Helsinki 1964). Adepte d'un mysticisme biologique, il affirma la suprématie des instincts dans le roman *La Vie et le Soleil* (1916) et la pureté fondamentale de tout être humain, mais il considéra avec lucidité les défauts des pauvres comme des riches dans *Sainte misère* (1919), qui décrit la vie d'un pauvre métayer fusillé pendant la guerre civile. Il publia de nombreux recueils de nouvelles, *Près du sol* (1924), *La Cabane sur la colline* (1925), *La Confession* (1928). Il est surtout connu à l'étranger par le roman *Silja ou Une brève destinée* (1931), qui décrit la vie d'une jeune fille restée pure au milieu des humiliations. Les romans *Paavo* (1932) et *Des êtres humains dans la nuit d'été* (1934) sont plus optimistes. [Prix Nobel de littér. 1939]

**SILLÉ-LE-GUILLAUME** [72140] ← ÉTYM. anc. *Silliacum*, du lat. *Sillius*, n. de pers., et suff. *-acum* et *Guillaume*, n. du constructeur de la première forteresse contre les assauts des Bretons puis des Normands ♦ Ch.-l. de cant. de la Sarthe, arr. du Mans, à la lisière de la forêt de Sillé. 2 585 hab. *(Silléens)*. Église Notre-Dame (portail du XIIIe s. ; crypte romane ; stalles du XVIe s.). Anc. couvent des Minimes (XVIIe s.). ▪ Indus. diversifiées.

**SILLERY (Nicolas BRULART DE)** ♦ Homme politique français (Sillery, Champagne 1544 - *id.* 1624). Conseiller au parlement de Paris, il fut chargé de plusieurs missions diplomatiques et négocia notamment le traité de Vervins (1598) et l'annulation du mariage d'Henri IV et de Marguerite de Valois (1599). Il fut ensuite garde des Sceaux et chancelier. Son influence déclina à partir de la mort d'Henri IV (1610), et il fut disgracié à l'instigation de Concini* (1616). ♦ **Charles Alexis Pierre Brulart,** marquis **de Sillery,** comte **de Genlis** (Paris 1737 - *id.* 1793). Il épousa Mlle de Saint-Aubin, la célèbre comtesse de Genlis*. Il servit dans l'armée. Au moment de la Révolution, il s'attacha au duc d'Orléans* (futur Philippe Égalité) et fut exécuté.

**SILLITOE (Alan)** ♦ Romancier britannique (Nottingham 1928). Toute la première moitié de son œuvre traduit les frustrations du monde ouvrier d'où il est issu, décrit avec précision dans son premier roman *Samedi soir, dimanche matin* (1958), que prolonge *La Solitude du coureur de fond* (1959). Ses héros évoluent vers la prise de conscience révolutionnaire, comme celui de *La Mort de William Posters* (1965) qui s'engage en Algérie du côté du FLN. À partir de *Un début dans la vie* (1970), il s'oriente vers une veine picaresque, volontiers comique (*La vie continue*, 1985), déjà présente dans quatre recueils de nouvelles antérieurs.

Le **Sillon** ♦ Titre d'une revue française fondée en 1894 par Paul Renaudin, qui fusionna avec les *Bulletins de la Crypte* de Marc Sangnier* en 1899 et passa sous la direction de celui-ci en 1902. Le terme fut étendu au mouvement dirigé par Sangnier, qui s'exprima dans l'hebdomadaire *L'Éveil démocratique* (1904). Le mouvement fut dissous après sa condamnation (1910). → **Pie X.** Il avait cherché à regrouper les forces catholiques face à la politique anticléricale de la IIIe République et les avaient orientées dans un sens démocratique et social. C'est ce «démocratisme» qui fut condamné, ainsi qu'une certaine indépendance vis-à-vis de la hiérarchie ecclésiastique.

**SILLON ALPIN** n. m. ♦ Large couloir de plaines, formant une unité géographique, encaissé entre les Préalpes et les massifs centraux des Alpes ; d'une altitude moyenne de 200 à 300 m, il correspond aux vallées de l'Arve, de l'Arly, de l'Isère, à la Combe de Savoie, au Grésivaudan et à la vallée du Drac. C'est un riche pays rural et une importante zone industrielle, grâce à la houille blanche. La ville la plus importante est Grenoble.

**SILO** – auj. ***Seiloun*** ♦ Principal sanctuaire d'Israël à l'époque des Juges*. Samuel* y passa sa jeunesse, dans le temple détruit ensuite par les Philistins (I Samuel, I - IV).

**SILOE** ou **SILOÉ (Gil DE)** ♦ Sculpteur espagnol d'origine flamande (actif entre 1486 et 1505). Grande figure du gothique* tardif, il exerça principalement son activité à Burgos. Il exécuta plusieurs monuments funéraires à la demande d'Isabelle la Catholique : celui de Jean II de Castille et de son épouse Isabelle de Portugal, celui de l'infant don Alfonso et celui de Juan de Padilla. Il participa au maître-autel de la chartreuse de Miraflores (1496 - 1499) et réalisa encore plusieurs retables. ♦ **Diego de Siloé.** Architecte et sculpteur (Burgos v. 1495 - Grenade 1563). Fils du précédent. Il fut une des figures majeures de la Renaissance* espagnole. Après un séjour à Naples, il revint à Burgos en 1519 où il conçut presque toutes les sculptures de la cathédrale ainsi que *L'Escalera dorada* (l'escalier doré). En 1528, il fut appelé à Grenade pour terminer le monastère de San Jerónimo. La cathédrale de Grenade, qu'il édifia en style Renaissance, combinant une rotonde et un plan basilical, eut une influence considérable sur l'architecture hispanique.

**Siloé** ♦ Piscine de Jérusalem où se baigne l'aveugle-né guéri par Jésus (Jean, IX, 7).

**SILONE (Secondo TRANQUILLI, dit Ignazio)** ♦ Écrivain italien (Pescina, L'Aquila 1900 - Genève 1978). Ancien séminariste, il contribua à la fondation du Parti communiste italien (1921). Exilé pour ses opinions antifascistes, il vécut en Suisse. Il quitta le Parti communiste en 1930. Rentré en Italie (1945), il y exerça, principalement par ses écrits, une influence sur les partis de gauche. ▪ Ses romans sont souvent de véhémentes satires sociales servies par un réalisme poétique. *Fontamara* (1930) puis *Pain et Vin* (1937), que suivit *Le Grain sous la neige* (1940), contiennent une grande part autobiographique. Avec *Une poignée de mûres* (1954) et *Le Secret de Luc* (1956), Silone affirma son évolution vers une sorte d'évangélisme social.

**SILS-MARIA** ♦ Localité de Suisse (Grisons) dans la haute Engadine sur le *lac de Sils*. Env. 900 hab. Important centre culturel avec la *biblioteca Engiadinaisa*. ▪ Station d'été et de sports d'hiver à 1 797 m d'altitude. ▪ Nietzsche séjourna dans le village entre 1881 et 1888.

**Silvacane** (abbaye de) ♦ Abbaye située sur la rive g. de la Durance, à proximité de La Roque-d'Anthéron. Fondée en 1144, elle fut donnée à saint Bernard, fondateur de l'ordre de Cîteaux. À la suite d'un incendie (1357), l'abbaye déclina et, sous la Révolution, elle fut transformée en ferme. Elle est auj. propriété de l'État. L'abbatiale, reconstruite à partir de 1175, est d'une remarquable sobriété. Cloître de la seconde moité du XIIIe s. Bâtiments conventuels (1210 - 1230). Réfectoire reconstruit v. 1420 - 1425. → **Sénanque, Thoronet (Le).**

**SILVAIN** – en lat. ***Silvanus*** ♦ Divinité protectrice des bocages *(silvae)*. Silvain ne possédait pas de mythe particulier et fut assimilé à Faunus*, puis à Pan*.

**SILVAPLANA** ♦ Localité de Suisse (Grisons) entre les *lacs de Chamfer et de Silvaplana*, dans la haute Engadine. 985 hab. Station d'été et de sports d'hiver à 1 816 m d'altitude.

**SILVERBERG (Robert)** ♦ Écrivain américain (New York 1936). Sous son nom et sous divers pseudonymes (C. M. Knox, D. Osborne, I. Jorgenson), il a publié depuis 1954 d'innombrables récits de science-fiction marqués par l'idéologie de la beat* generation. Il y exprime notamment sa soif de libération sexuelle (*Les Ailes de la nuit*, 1968 ; *Monades urbaines*, 1975) et met en garde contre l'utilisation politique du psychisme humain (*L'Homme dans le labyrinthe*, 1969 ; *L'Oreille interne*, 1972). Déçu par l'extinction du mouvement *underground*, il déclara renoncer à la science-fiction en 1975 mais publie depuis 1980, de nouveau, des livres conformes aux lois du genre (*Le Château de Lord Valentin*, 1980 ; *Les Chroniques de Majipoor*, 1981 ; *Valentin de Majipoor*, 1983).

**SILVÈRE** (saint) ♦ 58e pape (de 536 à 537), de Frosinone, martyr. Après l'entrée de Bélisaire dans Rome (10 déc. 536), il fut exilé en Lycie puis dans l'île de Palmaria (golfe de Gaète) où il mourut. → **Vigile.** ▪ Fête le 20 juin.

**SILVES** ♦ V. du Portugal méridional (région de l'Algarve), district de Faro. 35 625 hab. Anc. capitale arabe reconquise en 1249. Château mauresque. Cathédrale gothique (XIIIe s.).

**SILVESTRE (Israël)** ♦ Dessinateur et graveur français (Nancy 1621 - Paris 1691). Il fut élevé à Paris par son oncle, Israël Henriet, ami et éditeur de Jacques Callot*. Il fit le commerce d'estampes et fut nommé en 1662, dessinateur et graveur du roi. Son œuvre considérable comprend surtout des vues d'Italie et de France très intéressantes au point de vue historique. Il exécuta à la demande de Louis XIV des pièces solennelles et fastueuses, essentiellement au burin (notamment les *Plaisirs de l'île enchantée*, 1664). Chargé de graver les bâtiments royaux, il donna à ses œuvres un sens de l'espace et de l'atmosphère qui les rapproche plus du paysage que du simple relevé topographique.

**SILVESTRE DE SACY (Antoine Isaac)** ♦ Orientaliste français (Paris 1758 - *id.* 1838). Professeur d'arabe à l'École des langues orientales dès 1795, puis de persan au Collège de France (1806) dont il fut nommé administrateur en 1823, il fut fait baron sous la Restauration, à laquelle il s'était rallié. Promoteur des études arabes en France, il a publié un *Mémoire sur l'histoire des Arabes avant Mahomet* (1785), une *Chrestomathie arabe* (1806) et surtout une importante *Grammaire arabe* (1820).

**SIMA (Josef ŠÍMA,** devenu **Joseph)** ♦ Peintre français d'origine tchèque (Jaroměř, Bohême 1891 - Paris 1971). Arrivé en France en 1921, il se lia avec le groupe de *L'Esprit Nouveau* (Ozenfant, Jeanneret) tout en gardant des relations suivies avec le Cercle linguistique et le groupe Devěstil de Prague. Il participa aux activités des surréalistes, malgré leur défiance pour ses tendances mystiques, mais surtout à celles du *Grand Jeu* (1928 - 1930). Après des tableaux abstraits, il peignit des paysages étranges, marqués par ses souvenirs de Bohême et surtout par le spectacle, vu à Hendaye en 1921, de l'océan déchaîné. Sa série de paysages avec prisme (1925 - 1928) montre des formes végétales et géométriques perdues dans un espace dédoublé (*Europe*, 1927 ; *Double paysage [Tempête électrique]*, 1928). Après la guerre, il continua à travailler dans un certain isolement, entouré d'amis comme Henri Michaux et sondant les origines du monde dans des tableaux aux signes de plus en plus restreints.

**SIMAK (Clifford Donald)** ♦ Romancier américain (Millville, Wisconsin 1904 - Minneapolis 1988). Après des débuts hésitants dans la science-fiction populaire des années 1930, il trouva sa voie en 1944 : son œuvre est une interrogation anxieuse sur la succession ouverte par la disparition probable de l'humanité. *Demain, les chiens* (1951), devenu un classique, imagine un monde où la civilisation canine a pris possession de la Terre. *Dans le torrent des siècles* (1951), *Au carrefour des étoiles* (1963), *À chacun ses dieux* (1972), *La Planète Shakespeare* (1976) ou *Héritiers des étoiles* (1977) envisagent les moyens de promouvoir une future «civilisation psychique», avec une tendance de plus en plus nette à la digression théorique.

**SIMANCAS** ♦ Bourgade d'Espagne (Castilla-León), prov. de Valladolid, sur le Pisuerga. 4 873 hab. Château mauresque (XIe s.) reconstruit au XIIIe. Riche collection d'archives (33 millions de documents) réunies sur l'ordre de Philippe II en 1563 sous le nom d'«archives générales du royaume» et concernant l'histoire des anciennes provinces de Castille et d'Aragon et de certaines colonies espagnoles (Flandre, Italie).

**SIMA Qian** ou **SSEU-MA Ts'ien** ♦ Historien chinois (-135 - -93) et grand astrologue à la cour des Han, auteur d'une célèbre chronique, les *Mémoires* historiques*, allant des origines à env. -100. Il fut le premier historien chinois véritable.

**SIMA Xiangru** ou **SSEU-MA Siang-jou** ♦ Poète et fonctionnaire impérial chinois (Chengdu -179 - Muling -117), ministre de Han Wudi*. Il fut l'un des principaux auteurs de la période la plus florissante du genre *fu*. Son célèbre *Shanglinfu* dépeint la magnificence de la Forêt d'En-Haut, parc impérial de Han Wudi, alors l'un des plus puissants monarques au monde.

**SIMBIRSK** → **Oulianovsk**

**SIMENON (Georges)** ♦ Écrivain belge d'expression française (Liège 1903 - Lausanne 1989). G. Simenon a évoqué ses souvenirs d'enfance dans *Je me souviens* (1945) et éclairé les éléments de sa formation d'écrivain dans *Pedigree* (1948), qui fait ressortir l'importance de l'expérience vécue dans ses romans. Arrivé à Paris en 1922, il y publia des romans populaires sous des pseudonymes divers, avant d'aborder le genre policier avec *Pietr le Letton* (1931) qui inaugurait le cycle des «Maigret». Dès lors (et malgré de nombreux voyages), durant son séjour en Amérique (1945 à 1955), puis dans sa résidence de Suisse (depuis 1957), l'écrivain allait donner une production considérable, à très grand tirage, traduite dans de nombreuses langues et portée très souvent au cinéma. Courtes et suggestives, ses intrigues policières s'organisent souvent autour de la personnalité attachante du commissaire Maigret*, attentif à se «placer en condition» pour mieux saisir «ces rapports inattendus, indéfinissables, entre les gens et les choses»; évoqués par «petites touches», avec des moyens volontairement réduits, les décors (tristesse des villes, brumes des ports, rues sous la pluie) révèlent ceux qui les habitent; souvent médiocres, «ratés de l'aventure», pas toujours coupables, mais jamais innocents, les personnages opposent en vain, à la psychologie intuitive du commissaire, mensonges et réticences. Simenon a aussi donné des études proprement psychologiques: perversités à demi inconscientes (*Les Fiançailles de M. Hire*, 1933), «déséquilibre» dû à la solitude (*La Fenêtre des Rouet*, 1945; *Trois Chambres à Manhattan*, 1946), rapports complexes entre deux personnages (*L'Aîné des Ferchaux*, 1945), notamment ceux qui unissent (maladroitement) un père à ses enfants (*L'Horloger d'Éverton*, 1954; *Le Fils*, 1957). Plus ambitieux, les romans d'atmosphère élucident, avec une lenteur envoûtante, les nostalgies inavouées et les haines cachées sous les relations quotidiennes de la vie familiale (*Les Pitard*, 1935; *Le Testament Donadieu*, 1937; *Le Voyageur de la Toussaint*, 1941). ▪ Peinture sans morale apparente, mais toujours humaine, l'œuvre de Simenon (depuis les personnages poussés «jusqu'au bout d'eux-mêmes» de *Lettre à mon juge* [1947] ou *La neige était sale* [1948] jusqu'aux *Anneaux de Bicêtre* [1963]) tend à montrer que «le métier d'homme est difficile». ➔ **ÉTYM.** Ce nom vient de *Simon**.

**SIMÉON** ➔ **ÉTYM.** de l'hébr. *shim'ôn* «exaucement» ♦ Personnage biblique (Genèse, XXXIV), fils de Jacob* et Léa*, vengeur de sa sœur Dinah. Ancêtre éponyme d'une des tribus d'Israël, dont le territoire était à l'extrême sud, dominé en fait par Juda*.

**SIMÉON** (saint) ♦ Dans l'Évangile, vieillard juif qui tint dans ses bras l'enfant Jésus lors de la présentation au Temple et le reconnaît comme le Messie en chantant un cantique d'actions de grâce (en lat. *Nunc dimittis servum tuum, Domine*, «Maintenant laisse partir ton serviteur, Seigneur», Luc II, 29 - 32).

**SIMÉON le Stylite** (saint) ♦ Ascète chrétien (Sisan, Syrie, v. 390 - Qala'at Sama'an 459). Initiateur du stylitisme, il passa trente-sept ans sur une colonne. ▪ Fête le 5 janv.

**SIMÉON Ier le Grand** ou **le Magnifique** ♦ (mort en 927). Tsar des Bulgares (893 - 927). Il rompit la paix avec les Byzantins dès son avènement, conquit la Macédoine, l'Albanie et les régions serbes et parut devant Constantinople (897). Léon VI demanda la paix et paya un tribut (904). Il lui céda une partie de la Macédoine du Nord. Siméon s'empara d'Andrinople (922) et reparut devant Constantinople, ne se retirant qu'après avoir obtenu un nouveau tribut (924). Il fit de sa capitale Preslav un important foyer culturel.

**SIMÉON II**, prince **DE SAXE-COBOURG-GOTHA** ♦ Homme politique bulgare (Sofia 1937). Tsar de Bulgarie (1943 - 1946), fils de Boris* III. Son jeune âge nécessita un conseil de régence présidé par le prince Cyrille, le président du Conseil Filov et le général Mihov. Ceux-ci pratiquèrent une politique germanophile, tout en n'attaquant pas l'URSS. Après l'occupation du pays par les Soviétiques, un référendum (8 sept. 1946) abolit la monarchie et Siméon II s'exila avec sa famille en Égypte. Resté très populaire, il rentra en Bulgarie en 1996 et fut Premier ministre (2001 - 2005) après la victoire de son parti, le Mouvement national Siméon II (NDSV), aux législatives. Le Mouvement fit partie de la coalition gouvernementale de 2005 à 2009, date à laquelle Siméon II en abandonna la direction.

**SIMÉON le Superbe** ♦ (1316 - 1353). Grand-prince de Moscou (1340 - 1353). Il succéda à son père Ivan* Ier dont il continua l'œuvre. Son frère Ivan* II lui succéda.

**SIMÉON BAR YOHAI** ♦ Docteur juif (milieu IIe s.), disciple d'Akiba*. Condamné à mort par les Romains, il se réfugia dans une grotte, vécut douze ans en ermite, puis tint une école à Tekoa (S.-E. de Jérusalem). La tradition lui attribue la rédaction du *Zohar**.

**SIMETO** n. m. ♦ Fl. de Sicile*. Né dans les monts Nebrodi, il arrose la plaine de Catane et se jette dans la mer Ionienne (88 km).

**SIMFEROPOL** ➔ **ÉTYM.** anc. ***Ak-Metchet*** «mosquée blanche» ♦ V. d'Ukraine, ch.-l. de la Crimée, au centre de la presqu'île. 341 599 hab. Carrefour ferroviaire et centre commercial d'une riche région agricole (vignobles, vergers, tabac). Indus. alimentaire (conserveries) et métallurgique. Manufactures de tabac. Université.

**SIMIAND (François)** ♦ Sociologue et économiste français (Gières 1873 - Saint-Raphaël 1935). Voyant dans la statistique la technique d'étude des sciences sociales (*La Méthode positive en sciences économiques*, 1912), il a publié des analyses sur *Le Salaire, l'évolution sociale et la monnaie* (1932), *Les Fluctuations économiques à longue période et la crise mondiale* (1933).

**SIMIANE-COLLONGUE** [13109] ➔ **ÉTYM.** *Simiane*, du n. de Jean de *Simiane*, acquéreur en 1684 des terres appartenant à l'abbaye de Montmajour et *Collongue*, du lat. *colonica* «terre cultivée par un colon» (droit féodal) ♦ Comm. des Bouches-du-Rhône, arr. d'Aix-en-Provence. 5 272 hab.

**SIMING** ou **SSEU-MING** ♦ Port de Chine (Fujian), l'un des sept quartiers de la ville de Xiamen. 120 155 hab. Ce fut un port international après 1903.

**SIMLA** ♦ V. de l'Inde, sur les avant-monts himalayens, cap. de l'Himachal Pradesh. 144 578 hab. Fondée par les Britanniques, cette station d'altitude était la capitale d'été de l'Inde. Elle constitue l'un des lieux de villégiature des habitants aisés de Delhi.

**SIMMEL (Georg)** ♦ Philosophe et sociologue allemand (Breslau 1858 - Strasbourg 1918). Représentant du néokantisme* relativiste, il voulut éviter l'écueil de l'abstraction, du formalisme de l'a priori kantien et celui de la dispersion dans la diversité des faits. Il tenta ainsi de dégager des types moraux (*Introduction à la science de la morale*, 1892), les sentiments, idées qui sont à la base de la reconstruction historique (*Problèmes de la philosophie de l'histoire*, 1892), des modèles d'association sociale (*Sociologie*, 1908).

**SIMMENTAL** n. m. ♦ Vallée de Suisse (cant. de Berne), située dans les Alpes bernoises, et drainée par la Simme (53 km). Elle s'étend du Wildstrubel à Spiez. Elle est le lieu d'origine de la principale race bovine suisse, dite *race du Simmental*.

**SIMON** ➔ **ÉTYM.** → Siméon* ♦ Nom originel de saint Pierre*.

**SIMON** (saint) **le Cananéen** ou **le Zélote** ♦ Un des douze apôtres*, souvent identifié avec un autre Simon «frère de Jésus», successeur de Jacques à la tête de l'Église de Jérusalem. Pour les chrétiens byzantins et coptes, c'est le même personnage que Nathanaël, disciple de Jésus originaire de Cana. On en a fait l'évangélisateur de l'Égypte et de la Perse. ▪ Fête le 28 oct. ♦ ***La «Légende de Simon et Théonoé»*** Ce texte apocryphe* (copte, fin du IVe s.), met en scène la vierge Théonoé, convertie par Simon et qui parvient à décapiter son persécuteur, l'empereur Trajan. ➔ **ÉTYM.** *Cananéen* vient du grec *Kananaios*, de l'araméen *Qanna'i* «zélote».

**SIMON**, comte **DE LEICESTER** → **Montfort**

**SIMON (Richard)** ♦ Oratorien français (Dieppe 1638 - *id.* 1712). Il fut l'un des pères de la critique biblique, et le premier à l'avoir exposée en français. Soucieux, dans son *Histoire critique du Vieux Testament* (1678) de revaloriser une tradition seule gardienne du texte, il fut plus violemment attaqué par Bossuet et par les jansénistes que par les protestants avec qui il pensa traduire la Bible. Mis à l'index, exclu de l'Oratoire, il a également laissé une *Histoire critique du texte* (1689), *des versions* (1690), et *des principaux commentateurs* (1693) *du Nouveau Testament*.

**SIMON (Antoine)** ♦ Cordonnier, membre du conseil général de la Commune (Troyes 1736 - Paris 1794). Il fut le gardien du dauphin Louis XVII à la prison du Temple (1793). Il fut exécuté après Thermidor.

**SIMON (Jules François Simon SUISSE, dit Jules)** ♦ Homme politique et philosophe français (Lorient 1814 - Paris 1896). Professeur de philosophie, connu pour son *Histoire critique de l'école d'Alexandrie* (1844 - 1845), il fut suspendu pour avoir refusé de prêter serment à l'Empire (1851). Député républicain (1863 - 1870), il publia plusieurs études sur la condition ouvrière (*L'Ouvrière*, 1863; *Le Travail*, 1866). À la chute de l'Empire, il devint ministre de l'Instruction publique (sept. 1870). Chef du gouvernement en 1876, il dut démissionner à la suite de la crise du 16 mai* 1877. Il prit position contre la politique scolaire de Jules Ferry et contre le boulangisme. [Acad. fr. 1875]

**SIMON (Théodore)** ♦ Psychologue français (Dijon 1873 - Paris 1961). Il mit au point et précisa, avec Binet*, une échelle métrique de l'intelligence (en 1904, 1908, 1911), afin d'étudier le niveau mental des enfants (en particulier d'âge scolaire). Cette échelle fut améliorée par l'Américain Terman*.

**SIMON (François, dit Michel)** ♦ Comédien français d'origine suisse (Genève 1895 - Bry-sur-Marne 1975). Photographe, chanteur, camelot, il devint comédien à Paris, fit partie de la troupe de Pitoëff (1922 - 1925), puis joua au théâtre de l'Atelier, chez Charles Dullin (1925 - 1926). Il anima ses créations d'une personnalité bourrue, chaleureuse ou sarcastique, dont l'humanité a marqué en particulier ses rôles au théâtre (*Jean de la Lune* de Marcel Achard, 1929 ; *Fric-Frac* d'E. Bourdet, 1936) et au cinéma dans de très nombreux films notamment de Vigo (*L'Atalante*), Renoir (*Boudu sauvé des eaux*), Carné (*Drôle de drame*), Clair (*La Beauté du diable*).

**SIMON (Pierre-Henri)** ♦ Écrivain français (Saint-Fort-sur-Gironde 1903 - Paris 1972). Son œuvre critique (*L'Homme en procès*, 1949 ; *Procès du héros*, 1950 ; *Témoins de l'homme*, 1951 ; *Théâtre et Destin*, 1959), affirme les valeurs d'un humanisme qui se teinte de morale chrétienne. Dans ses essais politiques (*Contre la torture*, 1957) comme dans son œuvre romanesque, l'écrivain s'efforça également de définir «une idée positive de la dignité de (l')essence et du sens de (la) vie» de l'homme, en faisant de ses personnages l'incarnation des systèmes de valeurs qui s'affrontent de façon féconde : *L'Affût* (1946), *Les Raisins verts* (1950), *Les hommes ne veulent pas mourir* (1953), *Elsinfor* (1956), *Histoire d'un bonheur* (1965). [Acad. fr. 1966]

**SIMON (Claude)** ♦ Écrivain français (Tananarive 1913 - Paris 2005). À partir de personnages peu individualisés, de sujets en apparence peu importants (*Le Vent*, 1957 ; *L'Herbe*, 1958) mais qui recoupent l'histoire générale des hommes (*La Route* des Flandres*, 1960 ; *Le Palace*, 1962), l'écrivain tente de saisir une réalité dont «le propre (...) est de nous paraître irréelle, incohérente». Il s'avoue en effet «hanté par deux choses : la discontinuité, l'aspect fragmentaire des émotions qui ne sont jamais reliées les unes aux autres, et en même temps leur continuité». D'où l'effort pour substituer au temps classique «une durée vague, hachurée» où le passé et le présent coïncident. La phrase participe à cette recherche : longue, coupée de parenthèses qui introduisent des descriptions minutieuses ou des analyses psychologiques «fragmentaires» (rendues difficiles car «Je est d'autres»), elle parvient à suggérer les rapports complexes de la conscience et de la réalité (*Histoire*, 1967 ; *Les Géorgiques*, 1981). Inventaire d'un monde foisonnant mais toujours nourri des obsessions de l'écrivain (images du guetteur, du cavalier ; thèmes de la débâcle et de la déambulation, de la solitude), *La Bataille de Pharsale* (1969), *Les Corps conducteurs* (1971), *L'Invitation* (1987), *L'Acacia* (1989) ou *Le Jardin des Plantes* (1997) se présentent comme des séries d'associations enchaînées à la manière d'un film afin de «restituer à l'action sa foudroyante discontinuité». Qu'il s'agisse du rappel de faits vécus (*Leçon de choses*, 1975) ou de la description de représentations renvoyant l'une à l'autre (un livre, une gravure, un film dans *Triptyque*, 1973), ces récits exaltent en fait ce qui est le premier des matériaux pour Claude Simon, les mots et «ce qui apparaît à leur lueur ou dans les perspectives ouvertes, (les) ensembles insoupçonnés de résonances et d'échecs (qui) se révèlent». [Prix Nobel de littér. 1985]

**SIMON (Herbert)** ♦ Économiste américain (Milwaukee 1916 - Pittsburgh 2001). Ses travaux ont essentiellement porté sur les sciences de la décision au sein de l'organisation économique. [Prix Nobel d'écon. 1978]

**Simon Boccanegra** ♦ Opéra de G. Verdi* (livret de F. M. Piave, Venise, 1857 ; version entièrement remaniée, livret revu par A. Boito, Milan, 1881). Simon Boccanegra, doge de Gênes d'origine plébéienne, retrouve la fille illégitime qu'il a eue de la fille d'un patricien. Paolo et le noble Gabriele Adorno se disputent l'amour de la jeune fille. S'ensuit une querelle entre plébéiens et patriciens, où Boccanegra prêche la concorde. En accordant sa fille à Gabriele, Boccanegra, qui meurt empoisonné, apaise la haine entre les deux clans. À travers la sombre majesté d'une partition où les vestiges du bel canto s'évanouissent dans la continuité du flux musical, le compositeur opère une sublime variation sur l'amour entre père et fille, et donne un de ses plus profonds opéras «politiques».

**SIMON DE CYRÈNE** ♦ Dans les Évangiles synoptiques, Juif réquisitionné pour porter la croix de Jésus.

**SIMONDS (Charles)** ♦ Artiste américain (New York 1945). Évocateur des mythes des civilisations disparues, il créa d'abord le sien propre en s'ensevelissant dans la terre, action enregistrée dans un film, *Birth* (1970). Il renouvela cette expérience en 1971, en créant cette fois sur son corps enduit de boue des ruines miniatures, *Landscape-Body-Dwelling*. Il installa, à New York, Gênes, Dublin, Paris, Toulouse... plus de deux cents cités miniatures, remparts, villes indiennes, mastabas, demeures habitées dans des temps immémoriaux par les «Little People». Ces merveilleuses constructions, façonnées avec de la terre trouvée sur place, ont elles-mêmes disparu. Simonds a cependant abandonné cet art de la rue éphémère et place ses constructions sur des socles, aptes à être exposées dans des musées, bien qu'encore fragiles (*Observatoire abandonné*, 1975 ; *Torque*, 1986). Il a peu à peu introduit la figure humaine dans ses œuvres.

**SIMONE (Eunice WAYMON, dite Nina)** → ÉTYM. *Nina* de l'espagnol *niña* «fille» et *Simone*, en hommage à Simone Signoret ♦ Pianiste et chanteuse américaine (Tryon, Caroline du Nord 1933 - Carry-le-Rouet 2003). Après avoir étudié le piano classique, elle se tourna vers la variété. On la remarqua dans ses interprétations de *Songs as Plain Gold Ring*, *Don't Smoke in Bed*, *Little Girl Blue* ou *I loves you Porgy* (de *Porgy and Bess*). Son répertoire inclut des standards de jazz, du gospel et des negro-spirituals, de la musique classique, du folklore américain, du blues, de la pop, de l'opéra, des chants africains et des compositions personnelles et des reprises (*Ne me quitte pas*, de Brel). Un tempo original, le silence utilisé comme élément musical, un jeu de scène souvent minimal, une voix à l'infinie variété en firent une artiste unique et lui valurent le titre de «grande prêtresse de la soul». Elle s'engagea pour le statut des Noirs en Amérique avec des chansons comme *Mississippi Goddam* (1963), *Why ? The King of Love is Dead*, après la mort de Martin Luther King (1968), ou *To Be Young, Gifted and Black* (1969).

**SIMONIDE DE CÉOS** – en gr. *Simônidês* ♦ Poète lyrique grec (Iulis, Céos [Kéal, –556 - Syracuse –467). Il séjourna en Thessalie, en Sicile* et à Athènes, où il l'emporta sur Eschyle dans un concours pour une élégie sur la victoire athénienne de Marathon. Ce poète professionnel, réputé cupide et opportuniste, fut le rival de Pindare* et le maître de Bacchylide*, son neveu. Il est considéré comme l'un des créateurs du thrène et de l'ode triomphale et le maître de l'épigramme (les plus célèbres immortalisent les Spartiates tombés aux Thermopyles). Il aurait introduit les lettres *thêta*, *khi*, *psi*, *oméga* dans l'alphabet grec. De ses œuvres ne subsistent que des fragments.

**SIMONIN (Albert)** ♦ Écrivain français (Paris 1905 - *id.* 1980). Ayant exercé de nombreux métiers, notamment celui de chauffeur de taxi, il utilisa sa connaissance du Paris nocturne pour mettre en scène, dans des romans policiers à l'argot très littéraire, les rivalités des «hommes» du milieu : *Touchez pas au grisbi !* (1953), *Le cave se rebiffe* (1954), *Le Hotu, chronique de la vie d'un demi-sel* (3 vol., 1968 - 1971). Il est également l'auteur de *Du mouron pour les petits oiseaux* (1963) et de souvenirs : *Confessions d'un enfant de la Chapelle* (1977).

**SIMON le Magicien** ♦ Personnage que les Actes* des Apôtres présentent comme «pratiquant la magie» à Samarie*. Thaumaturge identifié comme «la puissance de Dieu» par le peuple de la ville, il se voit surpassé par les chrétiens, notamment Philippe*, et propose de l'argent à saint Pierre* pour recevoir l'Esprit saint et ses pouvoirs : violemment rabroué pour cette première «simonie», il semble ensuite se repentir, mais la tradition en fera le premier hérétique et le père de la gnose (→ **gnosticisme**). Les légendes évoquées par saint Justin* et amplifiées par l'apocryphe Évangile de Pierre sont aussi fantaisistes que l'opposition entre Pierre et Simon dans le «roman pseudo-clémentin» (→ **Clément Ier**), mais les extraits, conservés par l'*Elenchos* du Pseudo-Hippolyte*, d'une «Grande Explication» (*Apophasis megalê*) dont il serait l'auteur laissent penser que Simon a tenté de concilier sa culture biblique native à la culture grecque de son époque (essentiellement fondée sur le stoïcisme). Ses disciples (Ménandre, Satornil) auraient accentué un caractère proprement gnostique qui n'apparaît guère dans ce que nous pouvons en lire.

**SIMON MACCABÉE** → Maccabée

**SIMONOV (Kirill Mikhaïlovitch, dit Konstantin)** ♦ Écrivain soviétique (Petrograd 1915 - Moscou 1979). La guerre lui apporta la célébrité avec les poésies qu'elle lui inspira : *Souviens-toi, Aliocha des routes de Smolensk*, *Attends-moi*, ainsi que le roman sur la défense de Stalingrad : *Les Jours et les Nuits* (1943 - 1944). Les nouvelles qu'il écrivit tout en participant à la guerre sont réunies dans quatre livres sous le titre *De la mer Noire à la mer de Barentz* (1942 - 1945). La guerre est également le thème d'une pièce de théâtre (*Gens de Russie*, 1942), d'un roman (*Compagnons d'armes*, 1952) et d'une trilogie : *Les Vivants et les Morts* (1959), *On ne naît pas soldat* (1963 - 1964), *Le Dernier Été* (1970 - 1971). → ÉTYM. Ce nom de famille russe signifie «Simon*».

**SIMONS (Menno)** ♦ (Witmarsum, Frise 1496 - Wüstenfeld 1561). Curé catholique de Pirsgjum (Frise), il rompit avec l'Église et devint le chef d'une secte anabaptiste modérée, les *mennonites** (1536).

**SIMOUNET (Roland)** ♦ Architecte français (Guyotville, auj. Aïn-Beniam 1927 - 1996). En Algérie, où il vécut jusqu'en 1963, il s'est spécialisé dans la résorption des bidonvilles et l'utilisation des terrains à forte pente. Toutes ses réalisations témoignent d'une cohérence rigoureuse dans la ligne de Le* Corbusier, d'une mise en scène de la lumière naturelle et d'une mise en harmonie avec le site : Cité Djenan el Hassan, Alger, 1956 - 1958 ; Résidence universitaire de Tananarive, 1962 - 1970 ; Musée de Préhistoire d'Ile-de-France à Nemours ; 1974 - 1979 ; Musée d'Art moderne du Nord à Villeneuve-d'Ascq, 1978 - 1982 ; Logements sociaux à Saint-Denis, 1979 - 1984 ; Musée Picasso (rénovation de l'Hôtel de Salé, 1976 - 1985).

**SIMPLICE** (saint) ♦ 47e pape (de 468 à 483), de Tibur (Tivoli). Il vit la chute de l'empire d'Occident (476) et tenta de résister aux monophysites* en Orient. ▪ Fête le 2 mars.

**Simplicissimus** ou **Les Aventures de Simplicius Simplicissimus** – en all. ***Der abenteuerliche Simplicius Simplicissimus*** ♦ Roman de H. J. C. von Grimmelshausen* dont la première édition parut en 1668 - 1669. Enfant de pauvres paysans, élevé dans une forêt par un ermite qui lui enseigne la morale chrétienne, Simplicissimus est brutalement entraîné dans la guerre de Trente Ans et à travers toute l'Allemagne. Après d'innombrables péripéties bouffonnes, qu'il subit avec une belle faculté d'adaptation et une fidélité obstinée à la morale enseignée par l'ermite, il revient, au moins pour un temps, à la forêt de son enfance. S'inspirant du roman picaresque espagnol tout en rappelant à maints égards les aventures truculentes de *Till* Eulenspiegel*, cette œuvre offre un témoignage caractéristique de l'esprit baroque, dominé par le sentiment aigu de la vanité du monde et de l'inconstance du destin, qui mène peu à peu le héros vers une recherche de la connaissance de Dieu. Une revue satirique intitulée *Simplicissimus* a été fondée à Munich en 1896. Elle parut, avec plus ou moins de succès, jusqu'en 1967. Livre fondateur de la littérature allemande, *Simplicissimus* a influencé jusqu'au *Tambour** de G. Grass.

**SIMPLICIUS** – en gr. ***Simplikios*** ♦ Philosophe néoplatonicien (Cilicie v. 500), élève d'Ammonios et de Damaskios. Parmi ses œuvres, on compte des commentaires sur *Les Catégories** d'Aristote et sur le *Manuel** d'Épictète. Il a tenté de concilier les théories de Platon* et celles d'Aristote* tout en s'opposant au christianisme. C'est en grande partie grâce aux commentaires de Simplicius, notamment grâce à son commentaire de la *Physique* d'Aristote, que bon nombre des fragments des présocratiques dont nous disposons sont parvenus jusqu'à nous. L'influence des commentaires de Simplicius sur le Moyen Âge et la Renaissance fut considérable.

**SIMPLON** ♦ Passage des Alpes pennines, faisant communiquer le Valais (Suisse) avec le Piémont (Italie), à 2 005 m d'altitude. C'est l'une des principales voies de passage vers l'Europe du Nord-Ouest. Une route (69 km) a été ouverte par Napoléon Ier en 1807. Un tunnel, longtemps le plus long du monde (20 km), relie depuis 1906 Brigue à Iselle, sur une double voie. Il est emprunté par deux voies ferrées internationales : la première (ligne Brigue-Domodossola) relie la Suisse à l'Italie, la seconde est utilisée par le Simplon-Express (Londres-Zagreb).

**SIMPSON (Thomas)** ➝ **ÉTYM.** angl. «fils *(son)* de Simon» (abrév. de *Simonson*) ♦ Mathématicien britannique (Market Bosworth, Leicestershire 1710 - *id.* 1761). Ce fut un disciple de Newton*. Son nom est lié à une méthode de calcul numérique des fonctions trigonométriques et à une expression approximative des aires planes.

**SIMPSON (George Gaylord)** ♦ Paléontologiste américain (Chicago 1902 - Tucson 1984). Auteur de nombreux travaux sur tous les groupes de mammifères, notamment dans les formations tertiaires de Patagonie, il élabora une nouvelle théorie de l'évolution, la «théorie synthétique», synthèse des thèses néo-darwiniennes avec les mathématiques, la génétique et la biophysique.

**SIN** ♦ Nom sémitique du dieu Lune, dans les anciennes religions de la Mésopotamie et d'Arabie du Sud. Père de Shamash* et d'Ishtar*, avec qui il forme une triade. Il correspond au dieu sumérien Nanna et fut vénéré notamment à Ur*.

**SINAÏ** n. m. ➝ **ÉTYM.** en ar. ***Shibh Jazīrat Sīnā'***; p.-ê. en relation avec l'hébr. *senèh* «buisson» ♦ Péninsule triangulaire, à l'extrémité nord-orientale du territoire égyptien, limitée au N. par la Méditerranée, à l'E. par Israël et Gaza, au S.-O. par le golfe de Suez et au S.-E. par celui d'Akaba, formant 2 gouvernorats égyptiens : le Sinaï al-Janūbīya (ch.-l. At-Tur) et le Sinaï al-Chamālīyā (ch.-l. El-Arich). ▮ **Géographie** La presqu'île est géographiquement rattachée au désert d'Arabie. Le plateau de Tih (1 000 m) en occupe le centre et se poursuit par le djebel Egma (1 626 m). La partie S. de la péninsule est formée des sommets du mont Sinaï (djebel Moussa ou mont Moïse, 2 285 m ; djebel Katharina, 2 637 m). ▮ **Économie** Les richesses du sous-sol sont le manganèse localisé à l'O. du mont Sinaï, exporté par le port d'Abou Zénima, et le pétrole. Les gisements sont situés sur les bords de la mer Rouge (Hourghada, Ras Gharra, Soudr et Asl) et à l'O. du Sinaï, à Ras Matarma. ▮ **Histoire** Le Sinaï fut occupé par les Égyptiens ; des bas-reliefs rupestres rappellent leurs victoires sur les Bédouins (de la IVe à la VIe dynastie) ; les XIe et XIIe dynasties, puis la XVIIIe et la XIXe reprirent l'exploitation de la région et l'étendirent vers l'intérieur (le dernier pharaon mentionné par les inscriptions est Ramsès XI). ▪ Selon la Bible, les Hébreux* séjournèrent au Sinaï pendant quarante ans (**➝ Exode**), avant de pénétrer dans la terre de Canaan ; c'est au Sinaï (appelé aussi Horeb*, sans que l'identification traditionnelle de ces noms avec le djebel Moussa puisse être confirmée) que Moïse voit le buisson ardent (Exode, III) et reçoit l'alliance de Yahvé avec Israël et les dix commandements (XIX - XX). Le Sinaï fut peuplé à partir du IVe s. par des colonies monastiques chrétiennes (monastère Sainte*-Catherine). ▪ Les troupes israéliennes l'occupèrent en

**Sinaï.** Caravane. *Phot. © E. Bernager/Age/Hoa Qui*

1956 et l'évacuèrent après le rétablissement par l'ONU de la ligne d'armistice de 1949. Israël l'occupa de nouveau en juin 1967 et les troupes égyptiennes y pénétrèrent en octobre 1973 après de durs combats. Le Sinaï fut finalement restitué à l'Égypte en 1982 en application du traité de paix de 1979, qui exige son désarmement. **➝ israélo-arabe (conflit).**

**SINAIA** ♦ V. de Roumanie, en Munténie, sur la Prahova. 11 935 hab. Musée Peleş (anc. palais de Charles Ier : peintures, mobilier, tapis). Palais Pelişor (jardins à l'anglaise). ▪ Importante station climatique dès le XIXe s. Centre de sports d'hiver. Indus. mécanique. ▮ **Histoire** Établie autour du monastère Sinaia que fit construire le prince Michel Cantacuzène (1695), la ville connut un rapide essor avec l'arrivée du chemin de fer (1878).

**SINALOA** n. f. ♦ État du Mexique septentrional qui s'étend le long du Pacifique, au pied de la sierra Madre occidentale. 58 328 km². 2 608 442 hab. CAP. : Culiacán. Région de cultures irriguées (céréales, fourrages, tomates). Importantes ressources minières (argent, or, cuivre, plomb). Indus. alimentaires (sucreries) et textiles.

**SINAN (Mimar)** ♦ Architecte turc (près de Kayseri 1489 - Constantinople 1588). Le plus célèbre architecte ottoman, il fut enrôlé jeune dans le corps des janissaires et participa comme ingénieur militaire à diverses campagnes. Il fut nommé architecte en chef de l'empire ottoman (1539) et on lui attribue un très grand nombre d'édifices. Si l'on considère ses œuvres certaines (mosquées Selimiye, à Édirne ; mosquées des Princes, la Mihrimah, la Süleymaniye, à İstanbul), on y retrouve partout un sens précis de l'équilibre, original malgré la constante référence au modèle de Sainte-Sophie. Sinan rédigea une autobiographie importante pour la compréhension de l'architecture ottomane.

**SINATRA (Frank)** ♦ Chanteur et acteur américain (Hoboken, New Jersey 1915 - Los Angeles 1998). Surnommé «The Voice», le plus célèbre des crooners italo-américains à la mode dans les années 1940 réussit à concilier le phrasé du jazz et la chanson sentimentale *(Night and Day, Strangers in the Night)*. Il fit aussi une belle carrière d'acteur de cinéma (non chantant), dans *Tant qu'il y aura des hommes* (1953), *L'Homme au bras d'or* (1955), *Comme un torrent* (1959), entre autres. ➝ **ÉTYM.** Ce nom italien vient probablement du latin *senator* «sénateur».

**SINCLAIR (sir John)** ♦ Économiste britannique (Thurso Castle, Caithness 1754 - Édimbourg 1835). L'un des fondateurs du bureau d'agriculture (1793) qu'il présida, il fut membre du Conseil privé (1810). Il a été l'un des créateurs de la statistique.

**SINCLAIR (May)** ♦ Poète et romancière britannique (Rock Ferry, Cheshire 1870 - Aylesbury, Buckinghamshire 1946). Sa carrière littéraire débuta en 1904 avec *Le Feu divin*, qui eut un grand succès en Amérique. Elle s'installa en Belgique pendant la guerre afin d'y travailler pour la Croix-Rouge, continuant d'écrire des romans très remarqués : *Mary Olivier* (1919), *Mr. Waddington de Wyck* (1921). Sa technique poétique *(La Nuit sombre)* préfigure celle du «courant de conscience».

**SINCLAIR (Upton Beall)** ♦ Polémiste et romancier américain (Baltimore 1878 - Bound Brook, New Jersey 1968). Tôt converti au socialisme, il sera avec Jack London* un des représentants des muckrakers*. Le scandale provoqué par *La Jungle* (1906), vigoureuse dénonciation du sort des ouvriers dans les abattoirs de Chicago, fut tel, qu'une enquête gouvernementale aboutit à des réformes substantielles. Grâce à la vente de ce roman, Sinclair s'installa à Helicon Hall, ferme utopique où les théories socialistes devaient être mises en pratique. Ce fut un échec. Mais Sinclair poursuivit sa croisade contre le capitalisme : *La Métropole* (1908), *Les Brasseurs d'argent* (1908), *Le Roi Charbon* (1917), *Le Pétrole* (1927). Lauréat en 1942 du prix Pulitzer pour *Les Griffes du dragon*, il écrivit encore plusieurs romans et des essais autobiographiques.

**SIND** ou **SINDHU** ➝ ÉTYM. persan «fleuve, mer» ♦ Nom persan qui désignait le fleuve Indus et qui a été ensuite utilisé pour désigner l'ensemble de l'aire dont il forme la limite occidentale. Les Grecs en ont fait *Hind,* les Européens médiévaux *India.*

**SIND** n. m. ➝ ÉTYM. du n. du fl. *Sind** ou *Sindhu* ♦ Prov. du Pakistan, correspondant à la basse vallée et au delta de l'Indus. 140 900 km². Env. 24 000 000 hab. CAP. : Karachi. La plus grande partie de la région est désertique, mais la vallée irriguée (grâce aux barrages) et le delta de l'Indus en font une des premières régions productrices de coton du monde.

**SINDBAD LE MARIN** ♦ Personnage d'un conte des *Mille et Une Nuits* qui a accompli sept voyages riches en aventures merveilleuses.

**SINDELFINGEN** ♦ V. d'Allemagne (Bade-Wurtemberg), près de Böblingen, au S.-O. de Stuttgart. Env. 60 000 hab. Siège d'industries très modernes : principale usine des automobiles Mercedes-Benz, indus. électroniques (IBM).

**SINÉ (Maurice SINET,** dit**)** ♦ Dessinateur humoriste et affichiste français (Paris 1928). Collaborateur de nombreux journaux (*Paris-Match, France-Soir, Le Canard enchaîné* et surtout *L'Express* puis *Charlie-Hebdo* [1980] dont il fut renvoyé en [2008]), il obtint le prix de l'humour noir en 1954 et fonda sa propre revue, *Siné Massacre* (1962-1963). Il s'attaque, dans des dessins volontairement sommaires, à la bourgeoisie et à ses représentants (policiers, militaires, patrons, ecclésiastiques). Principaux albums : *Complaintes sans paroles, Portée de chats, Le Code pénal.* Au lendemain de son renvoi de *Charlie Hebdo,* soutenu par plusieurs humoristes, il créa *Siné Hebdo.*

**SIN-EUI-JU** → Sinŭiju

## SINGAPOUR

– en angl. ***Singapore,*** en malais ***Singapura,*** en chin. ***Xinjiapo,*** off. ***république de Singapour*** ➝ ÉTYM. du sanskr. *Simhapuram* «la ville *(puram)* du Lion [ou des Lions] *(simhas)* [*lion* au sens de "prince"]» ♦ Pays de l'Asie du S.-E. formé d'une île principale (699 km², 44 km d'E. en O., 23 km du N. au S.) et de 57 petites îles, 647 km² en tout, situées à l'extrémité S.-E. de la péninsule de Malacca* et constituant une ville-État. → **Malaisie** (carte). 4 017 733 hab. *(Singapouriens).* LANGUES : malais, mandarin, anglais, tamoul (off.). POPULATION : Chinois, 76,8 % ; Malais, 13,9 % ; Indiens, 7,9 %. RELIGIONS : bouddhisme, taoïsme, christianisme, islam. MONNAIE : dollar de Singapour. RÉGIME : république parlementaire. L'État de Singapour comprend 27 municipalités dont l'une est la City.

**LA VILLE** Univ. ; musée et Bibliothèque nationale. Au centre de l'ancienne Cité, les avenues nouvelles et les buildings modernes n'ont laissé subsister que quelques édifices de l'époque coloniale et la majorité des lieux de culte ; la direction du patrimoine a sauvé de la destruction quelques quartiers typiques. Bourgeonnant à partir de la Cité primitive, au S. de l'île, entre la rivière de Rochor et le port Keppel, la ville s'est étendue jusqu'aux extrémités E., O. et N., absorbant tous les anciens villages. Toute la population est maintenant urbaine, et c'est donc à juste titre que Singapour est qualifiée de «Ville-État». Un réseau d'autobus très dense et un métro (MRT) rapide assurent les déplacements ; la circulation automobile en centre ville est sévèrement limitée. Aéroport international à Changi.

**GÉOGRAPHIE** L'île principale, située sur le détroit de Singapour, entre le détroit de Malacca et la mer de Chine méridionale, n'est séparée de Johor* que par un mince détroit que traverse une chaussée de 1 200 m, sur laquelle passent une route, la voie ferrée pour Kuala Lumpur et Bangkok et le pipe-line qui fournit la moitié de l'approvisionnement en eau de l'État. Le climat est équatorial, humide et chaud, plus ou moins constant (température moyenne de 27 °C) et les précipitations annuelles moyennes sont de 2 400 mm ; l'abondance des pluies contribue à la luxuriance de la végétation.

**ÉCONOMIE** **L'agriculture et la pêche** Pris entre une urbanisation croissante et le souci de préserver des espaces naturels, le territoire rural de Singapour va constamment en se réduisant et occupe moins de 10 % de la superf. du pays ; on y trouve cependant encore des cultures maraîchères et des vergers. La pêche et la pisciculture se maintiennent. **L'industrie** L'industrie est en plein essor. La principale zone industrielle Jurong, à l'O. de l'île, comprend un important chantier naval. Raffinage du pétrole, pétrochimie, matières plastiques, indus. du caoutchouc, indus. textile et de confection, indus. mécaniques, matériel et composants électroniques, produits chimiques et pharmaceutiques, conserveries. Centre de recherche biomédicale (Biopolis). Singapour exporte les produits de l'industrie locale ou en provenance de Malaisie, d'Indonésie et d'autres pays d'Asie du Sud-Est : bois, caoutchouc (1er port du monde pour ce produit), huiles végétales, riz. – Importante place d'affaires et financière et plaque tournante pour le tourisme en Asie du Sud-Est. **Le port** Le chenal en eau profonde de Keppel Harbour est abrité au S. par des îles. À l'extrémité E., un profond bras de mer permet aux gros bateaux d'accéder aux docks. Dès sa création, le port de

**Singapour.** L'île principale avec, au premier plan, l'Esplanade, centre d'art et de concert, évoquant un durian. *Phot. © Angelo Cavalli/Getty*

Singapour (port franc) connut un succès rapide ; à partir de l'ouverture du canal de Suez (1869) son rôle s'accrût encore. Le port occupe le premier rang mondial pour le tonnage annuel. Il comporte quatre grands bassins, une rade en eau profonde, plus de 5 km d'entrepôts et d'installations portuaires.

**HISTOIRE** Connue anciennement sous le nom de *Tumasik,* l'île fut rebaptisée *Singapura* à la fin du XIVe s. par le prince Parameswara, le futur fondateur de Melaka. **De la conquête britannique à la Malaysia** Dépendante de ce royaume puis du sultanat de Johor-Riau, elle fut acquise en 1819 par sir Thomas Stamford Raffles pour renforcer le contrôle britannique sur la route maritime des Détroits et faire pièce au monopole commercial hollandais dans l'archipel de la Sonde. De 1826 à 1947, Singapour constitua avec Penang et Melaka la colonie des Straits* Settlements. Attirant des immigrants de tout l'archipel de la Sonde, mais aussi de l'Inde et surtout de la Chine, Singapour ne cessa de prendre de l'importance et devint rapidement une métropole commerciale, principalement dans le domaine du caoutchouc. Après 1921, les Britanniques y installèrent une base stratégique. Pendant la Deuxième Guerre mondiale, après la conquête de la Malaisie, les Japonais s'emparèrent de Singapour et firent prisonniers 70 000 hommes de l'armée britannique. L'île, rebaptisée Shomauko, devint une base affectée à la défense des Philippines. Les Britanniques la reprirent en sept. 1945. Colonie de la Couronne de 1947 à 1965, Singapour obtint l'autonomie interne. En 1963, l'État de Singapour rejoignit les États de l'ancienne fédération de Malaisie et les anciennes colonies britanniques de Sabah* et de Sarawak* au sein de la Grande Malaisie ou Malaysia, dont il se retira en août 1965. **L'indépendance** C'est maintenant une république indépendante, membre du Commonwealth, dotée d'un régime parlementaire autoritaire, contrôlée par un parti dominant, le Parti d'action populaire (PAP), au pouvoir depuis 1959. → **Lee Kuan Yew, Goh Chok Tong, Lee Hsien Loong.**

**SINGER (Isaac Merrit)** ♦ Inventeur américain (Pittstown, New York 1811 - Torquay, Devon 1875). Inventeur d'une perforatrice (1839), il perfectionna la machine à coudre de Thimonnier*, imaginant une tablette pour recevoir le tissu, et fonda une entreprise pour en effectuer la fabrication à grande échelle.

**SINGER (Yitskhek Bashyevis ZINGER,** dit **Isaac Bashevis)** ♦ Écrivain américain d'origine polonaise (Radzymin 1904 - Miami 1991). La vie misérable et dramatique dans les ghettos juifs polonais, qui furent le cadre de son enfance, la tradition orale des légendes juives riches en épisodes fantastiques, les problèmes rencontrés par les émigrants arrivés à New York forment la toile de fond de ses romans écrits en yiddish (*La Famille Moskat,* 1950 ; *Le Magicien de Lublin,* 1960 ; *L'Esclave,* 1962 ; *La Couronne de plumes,* 1974 ; *Shosha,* 1978) et désormais traduits dans le monde entier. Toute son œuvre est sous-tendue par une interrogation anxieuse sur les limites de l'humain. [Prix Nobel de littér. 1978]

**SINGER (Isadore M.)** ♦ Mathématicien américain (Detroit 1924). Ses premiers travaux concernent l'analyse. Dans les années 1960, il découvrit et démontra, avec M. Atiyah*, le théorème de l'indice qui établit le lien entre la géométrie de l'espace et le nombre de solutions des équations elliptiques sur cet espace ; ce théorème joue un rôle déterminant dans l'élaboration de nouvelles passerelles entre les mathématiques et la physique théorique, notamment la théorie des cordes. [Prix Abel 2004, avec M. Atiyah]

**SINGER (Peter)** ♦ Philosophe australien (Melbourne 1946). Son premier ouvrage, *Démocratie et désobéissance* (1973), est consacré à la question de savoir si l'obligation de se soumettre à la loi est affectée par la forme démocratique des gouvernements. Mais il est surtout célèbre pour *La Libération animale* (1975), considéré comme le livre fondateur des mouvements contemporains de défense du droit des animaux : il y soutient non seulement la réalité du *spécisme,* discrimination de certains êtres pour leur appartenance à une espèce par certains autres (toujours humains), mais aussi que, tous les êtres sensibles (capables de souffrir ou de ressentir du plaisir) devant être considérés comme moralement égaux, il est moralement obligatoire de s'abstenir de manger la chair des animaux.

**SINGIER (Gustave)** ♦ Peintre français d'origine belge (Warneton 1909 - Paris 1984). D'abord décorateur, il ne se consacra à la peinture qu'à partir de 1936. Il exposa au Salon des Indépendants et au Salon d'Automne et devint en 1941 l'un des fondateurs du groupe des Jeunes Peintres de tradition française ; ses tableaux abstraits sont souvent inspirés par le spectacle de la nature, dans le style de l'abstraction lyrique.

**SINGLETON (Arthur James, dit Zutty)** ♦ Batteur de jazz américain (Bunkie, Louisiane 1898 - New York 1975). Instrumentiste doué, il joua avec Luis Russell, Jimmie Noone*, Louis Armstrong*, Fats Waller*, Roy Eldridge*, Sidney Bechet*, Jelly Roll Morton*. Si son jeu appartient au style Nouvelle*-Orléans, il a su en abandonner les clichés folkloriques. Princ. enregistrements : *Drum Face* (1951), *Moppin' and Boppin'* (avec Fats Waller, 1943).

**SINGLIN (Antoine)** ♦ Prêtre français (Paris 1607 - *id.* 1664). Il fut après Saint-Cyran (1638) le directeur de conscience et le confesseur des religieuses de Port*-Royal et fut, un moment, supérieur du monastère. Poursuivi comme janséniste en 1661, il se retira sur les terres de la duchesse de Longueville.

**SINIAVSKI (Andreï Donatovitch)** ♦ Écrivain et critique littéraire russe (Moscou 1925 - Fontenay-aux-Roses 1997). Chercheur à l'Institut de littérature mondiale de Moscou (1951 - 1965), il écrivit des récits fantastiques sur la vie soviétique dont *Messieurs, la Cour !* et *Lioubimov*. La parution de ces textes sous le pseudonyme d'Abram Tertz, en 1966 à l'étranger, déclencha le procès Siniavski-Daniel qui le condamnait à cinq ans de camp et qui a marqué, en URSS, le début du mouvement de la dissidence. Émigré à Paris (1973), il publia trois ouvrages de réflexions (*Une voix dans le chœur*, 1973 ; *Promenades avec Pouchkine*, 1975 ; *Dans l'ombre de Gogol*, 1975). Il fonda avec sa femme, M. Rozanova, la revue *Syntaxis* (1978) et publia un roman de l'exil, *Bonne nuit* (1984), une étude sur Rozanov* (1982), et, en 1990, *Ivan le Simple : paganisme, magie et religion du peuple russe*.

**SIN-KIANG** → **Xinjiang**

**SIN-LE-NOBLE** [59450] ♦ Comm. du Nord, banl. E. de Douai. 16 972 hab. *(Sinois)*.

**SINNAMARY** n. m. ♦ Fl. côtier de la Guyane française, tributaire de l'Atlantique (260 km). Le long de la bande côtière qui sépare son embouchure de celle du Kourou* fut installé, en 1966, un centre spatial français. Le barrage du Petit-Saut, mis en eau en 1994, alimente la région en électricité. ▪ Le *ch.-l. de cant. de Sinnamary* [97315] (arr. de Cayenne) est situé à l'embouchure du fleuve. 2 783 hab. ▪ Lieu de déportation des condamnés politiques du 18 Fructidor.

**Sinn Féin** → ÉTYM. gaél. «nous seuls» ♦ Mouvement irlandais nationaliste et républicain fondé par A. Griffith en 1902 pour lutter, d'abord par la résistance passive, contre la présence britannique. Après le Home Rule (1912) et l'agitation de 1914, James Connolly*, représentant une tendance plus extrémiste, remplaça Griffith à la tête du mouvement. Après la révolte de Pâques 1916, le parti, sous la direction de De Valera, combattit les troupes britanniques par les armes (1919 - 1920). Après la signature du traité de Londres (1921), le Sinn Féin se divisa. Les modérés se regroupèrent au sein de la ligue des Gaëls de Griffith et de Cosgrave, tandis que De Valera et les partisans de la poursuite de la lutte armée fondaient le Fianna Fail en 1926. Le Sinn Féin connut alors une longue éclipse, puis devint au lendemain de la Deuxième Guerre mondiale la branche politique de l'Ira*, réclamant le rattachement de l'Ulster à la république d'Irlande. En 1970, il se scinda comme l'Ira en «officiels» marxistes, qui formèrent le Worker's Party en 1982, et en «provisoires» privilégiant la lutte nationaliste et militaire, et qui à partir de 1981 conservèrent seuls le nom de Sinn Féin tout en soutenant l'action de l'Ira. Engagé dans la vie politique et reconnu comme un parti légal au Nord comme au Sud, le Sinn Féin a présenté des candidats à chaque élection, tout en pratiquant une politique abstentionniste à l'égard du parlement de Westminster. Depuis 1986 le parti a renoncé à cette même politique dans la république d'Irlande* (un élu au parlement irlandais en 1997, 4 en 2002, 5 en 2005). Sous l'égide de Gerry Adams, le Sinn Féin entama des pourparlers de paix avec les autorités britanniques qui aboutirent à l'accord de paix signé à Belfast en avril 1998. Des députés du Sinn Féin siègent au parlement d'Irlande du Nord, pourtant suspendu par Londres à plusieurs reprises depuis son inauguration en 1999 en raison des dissensions continuelles avec le DUP, parti unioniste démocratique.

**SINOPE** – en gr. *Sinôpê*, en turc *Sinop* ♦ V. de Turquie en Asie Mineure (anc. Paphlagonie), sur la mer Noire, situé sur un isthme reliant la presqu'île de Boz Tepe au continent, ch.-l. de prov. 34 755 hab. Port. Centre commercial et touristique. ▮ **Histoire** Capitale de la Paphlagonie*, colonisée par Milet* vers la fin du –VIIe s., elle fonda à son tour Trébizonde (→ **Trabzon**) et fut très florissante grâce à la route des caravanes qui la reliait à la région de l'Euphrate. Devenue capitale du royaume du Pont* (–183), elle fut prise par Lucullus* après un long siège (–70). Elle passa des Byzantins aux Seldjoukides (1214), aux émirs de Kastamonu (1301), puis aux Ottomans (1458). Une flotte turque y fut détruite par les Russes en 1853.

**Sinouhé (Histoire de)** ♦ Conte de l'Égypte anc., à base historique, rédigé au Moyen Empire. Biographie de Sinouhé, familier de la cour d'Amménémès* Ier, ce texte est un des plus représentatifs de la littérature égyptienne ancienne.

**SINT-GENESIUS-RODE** – en fr. *Rhode-Saint-Genèse* ♦ Comm. de Belgique (Région flamande), prov. du Brabant flamand, arr. de Halle-Vilvoorde. (Comm. à facilités pour la «minorité» francophone, en réalité légèrement majoritaire.) 17 975 hab. L'E. du territoire communal se trouve dans la forêt de Soignes. Fermes-châteaux. ▪ Comm. résidentielle dans la banl. S. de Bruxelles. Indus. du meuble.

**SINT-GILLIS-WAAS** ♦ Comm. de Belgique (Région flamande), prov. de Flandre-Orientale, arr. de Sint-Niklaas, à la frontière des Pays-Bas, à la limite des polders et de la région sablonneuse, dans le pays de Waas. 18 164 hab. Indus. textile.

**SINT-KATELIJNE-WAVER** – en fr. *Wavre-Sainte-Catherine* ♦ Comm. de Belgique (Région flamande), prov. d'Anvers, arr. de Malines. 19 642 hab. Culture maraîchère sous verre (marché maraîcher à la criée le plus grand d'Europe, créé en 1949). Indus. agroalimentaire et du bois.

**SINT-NIKLAAS** – en fr. *Saint-Nicolas* ♦ V. de Belgique (Région flamande), prov. de Flandre-Orientale, ch.-l. d'arr. 70 016 hab. Église Saint-Nicolas (XIIIe, XVIIIe s.). Musée (ex-libris, salle consacrée à Mercator*). Grand-place la plus vaste de Belgique, bordée de maisons anciennes. ▪ Indus. textile (surtout bonneterie). Indus. diversifiées.

**SINT-PIETERS-LEEUW** – en fr. *Leeuw-Saint-Pierre* ♦ Comm. de Belgique (Région flamande), prov. du Brabant flamand, arr. de Halle-Vilvoorde, sur le canal de Charleroi-Bruxelles. 30 929 hab. Église Saint-Pierre (gothique, XVe - XVIe s.). Fermes monumentales. ▪ Indus. diversifiées (chimie dominante).

**SINTRA** ou **CINTRA** ♦ V. du Portugal (région de Lisbonne et Vallée du Tage), à l'O. de Lisbonne, au pied de la *serra de Sintra*. Ch.-l. d'un canton de 428 470 hab. Anc. palais royal des XIVe - XVIe s. (azulejos). ▪ Aux environs, dans le parc de Pena, ruines du Castelo dos Mouros (VIIe - VIIIe s.). ▮ **Histoire** En 1808, Junot y négocia auprès des Anglo-Portugais l'évacuation du Portugal par ses troupes.

**SINT-TRUIDEN** – en fr. *Saint-Trond* ♦ V. de Belgique (Région flamande), prov. de Limbourg, arr. de Hasselt, sur le Melsterbeek. 38 427 hab. Porte de Brustem (vestiges des fortifications rasées par Louis XIV). Hôtel de ville du XVIIIe s. Beffroi du XVIIe s. Collégiale Notre-Dame (XIVe - XVe s.). Église Saint-Pierre, de style roman mosan. Église du Béguinage, de style flamand (XIIIe - XIVe s.). ▪ Marché aux fruits le plus important du pays, commercialisant la prod. du Hageland et de la Hesbaye humide. Marché aux bestiaux. Indus. automobile et alimentaire. Matériaux de construction. ▮ **Histoire** En 666, saint Trudon y fonda une abbaye. L'armée liégeoise fut battue par les Bourguignons en 1467 à 3 km de Sint-Truiden. Le Compromis des Nobles, contre la domination espagnole et la persécution des réformés, y fut signé en 1566.

**SINŬIJU** ou **SIN-EUI-JU** ♦ V. de Corée du Nord, sur le fl. Yalu (Amnok). 130 000 hab. Elle fut la capitale de la Corée du Nord de 1950 à 1951. ▪ Indus. du bois.

**SIODMAK (Robert)** ♦ Cinéaste américain d'orig. allemande (Dresde 1900 - Locarno 1973). Ce réalisateur suivit un parcours complexe, qui le mena d'Allemagne (*Les Hommes le dimanche*, 1929), en France (*Mollenard*, 1937), puis aux États-Unis, où il s'affirma comme un des maîtres du «film noir» (*Les Tueurs*, d'après Hemingway, 1946), et à nouveau en Allemagne (*Les Rats*, 1955).

**SION** ♦ Village de Meurthe-et-Moselle (comm. de Saxon-Sion) situé sur la colline de Sion-Vaudémont (495 m). Maurice Barrès a évoqué ce lieu dans *La Colline inspirée*. Basilique Notre-Dame-de-Sion reconstruite en 1741, restaurée au XXe s., anc. pèlerinage.

**SION** ♦ Nom de la colline de Jérusalem* où fut construite la citadelle conquise par David*. Le nom s'étendit à Jérusalem tout entière et même, chez les chrétiens, à la Jérusalem céleste.

**SION** – en all. *Sitten* → ÉTYM. du lat. *Sedunum*, p.-ê. *sego-* «force» et gaul. *dunum* «forteresse» ♦ V. de Suisse, dans la vallée du Rhône, ch.-l. du cant. du Valais. Alt. 512 m. 28 633 hab. (aggl. 52 226). Évêché catholique. La ville occupe un site pittoresque au pied des pitons rocheux de Valère et du Tourbillon, qui portent un château féodal (château du Tourbillon, XIIIe s.) et une église fortifiée (Notre-Dame-de-Valère, XIIe - XVe s.). Cathédrale Notre-Dame-du-Glarier (XVe s.). ▪ Métall. Manufacture de tabac. Vins réputés (fendant). ▮ **Histoire** L'ancienne *Sedunum* romaine devint le siège de l'évêché de Martigny au VIe s. Gouvernée par ses évêques, elle fut longtemps en lutte contre la maison de Savoie. Annexée par Napoléon, la ville fut, de 1810 à 1814, le chef-lieu du département français du Simplon puis devint le ch.-l. du canton du Valais en 1815, à l'entrée de ce dernier dans la Confédération helvétique.

**SIOUA** (oasis de) – en ar. *Siwā* ♦ Oasis d'Égypte, près de la frontière libyenne (gouvernorat du Désert-Occidental). 6 000 hab. Nombreux

## sionisme

n. m. ♦ Mouvement qui a œuvré pour l'installation du peuple juif en Palestine dans le cadre d'un État indépendant. Bien que l'attachement religieux à Sion ait perduré après la disparition définitive de l'indépendance juive (rébellion de Bar Kokhba en 135), le sionisme, qui apparaît au XIXe s., se distingue de la restauration eschatologique du royaume de David par son caractère éminemment politique. **▮ La montée de l'antisémitisme et la « question juive »** Son apparition est liée à une conjoncture historique bien précise, marquée par l'émergence du mouvement des nationalités et par celle de l'antisémitisme*. Le premier conduisit Moses Hess* à tenir dans son *Rome et Jérusalem,* paru en 1862, «la question juive» pour une question essentiellement politique devant être résolue dans le cadre d'un État juif en Palestine. Cette idée fut développée par Theodor Herzl* en 1896 dans le manifeste fondateur du sionisme politique, *L'État des Juifs.* Dans ce texte, Herzl affirmait également que le sionisme était la seule réponse cohérente à l'antisémitisme qui connut, à partir des années 1880, une expansion foudroyante dans toute l'Europe. Les pogroms de Russie conduisirent à l'apparition de centaines de sociétés d'« Amants de Sion » *(Hovevei Tsion)* qui, pour la première fois, allaient tenter de faire renaître une vie nationale en Eretz Israël (groupe du Bilou). **▮ L'Organisation sioniste mondiale** Bien que ces groupes fussent progressivement fédérés par Léon Pinsker (1821 - 1891), qui avait prôné en 1882, dans son manifeste *Auto-émancipation,* la création d'un foyer national sur un territoire autonome, il fallut attendre T. Herzl pour que le sionisme devienne un véritable mouvement politique grâce à la création de l'Organisation sioniste mondiale en 1897 qui fut, par la suite, dotée d'un organe financier, la Banque coloniale juive, et d'un organe foncier, le Fonds national juif chargé d'acheter les terres en Palestine. «Le foyer garanti par le droit public» souhaité par Herzl vit progressivement le jour grâce à l'arrivée continue d'immigrants qui fondèrent de nombreux villages pionniers *(kibboutz, mochav)* et grâce à la multiplication des contacts diplomatiques pour promouvoir le projet sioniste sur la scène internationale. **▮ La déclaration Balfour et la création de l'Agence juive** C'est finalement avec l'appui de la Grande-Bretagne (déclaration Balfour*, 1917) que le sionisme parvint à officialiser son projet lors du démantèlement de l'Empire ottoman* et de l'établissement du mandat britannique sur la Palestine (San Remo, 1920 ; SDN, 1922). En 1918, une commission, déléguée par l'Organisation sioniste mondiale et présidée par Chaïm Weizmann*, étudia les conditions d'implantation du Foyer national juif, et mit en place un organisme qui devint l'Agence juive (1929). Habilitée à «coopérer avec l'administration de la Palestine dans toutes les questions économiques, sociales et autres susceptibles d'affecter l'établissement du Foyer national juif», celle-ci deviendra, surtout après 1935 avec l'élection de David Ben* Gourion à la tête de l'exécutif à Jérusalem, le gouvernement officieux des Juifs de Palestine. L'Agence juive n'était alors que l'organe le plus important coiffant toute une société juive qui se structura progressivement dans l'entre-deux-guerres : «Parlement des juifs de Palestine» *(Assefat ha Nivharim),* Conseil National *(Vaad Leoumi),* syndicat (Histadrout*), formations militaires (Haganah* et groupes dissidents : Irgoun, groupe Stern), partis politiques (Ahdout Ha-avoda, sionistes-révisionnistes fidèles à Jabotinsky*, courant sioniste-religieux). Le nationalisme sioniste devait rapidement se heurter au nationalisme des Arabes de Palestine*. Apparemment insoluble, le problème de la Palestine fut porté devant l'Assemblée générale de l'ONU (1947) qui décida le partage du pays en deux États (juif et arabe). **▮ L'État d'Israël** Mais, alors que s'achevait le mandat britannique, Ben Gourion proclamait l'indépendance de l'État d'Israël* (mai 1948), aboutissement logique de la politique sioniste qui s'accompagna de l'exode de la majeure partie de la population arabe palestinienne, prélude d'un long conflit qui attend toujours sa résolution politique. → **israélo-arabe (conflit).** La création de l'État posait de façon directe la question du devenir du sionisme comme mouvement politique. Finalement, l'organisation créée par Herzl ne fut pas dissoute, mais se vit chargée de l'absorption des nouveaux immigrants et du développement des localités juives.

lacs et sources, dont certaines sont thermales. Culture d'arbres fruitiers. La ville principale est Sioua. **▮ Histoire** L'ancienne oasis d'Amon possédait un temple célèbre consacré à Amon* où Alexandre* se serait fait introniser miraculeusement par le dieu. Il en reste quelques vestiges dans le village d'Aguermi à l'E. de Sioua.

**SIOULE** n. f. ← ÉTYM. anc. *Sibolum, Siolum,* étym. obsc. (la ressemblance avec l'occit. *siular* «siffler» paraît fortuite) ♦ Riv. d'Auvergne (150 km), affl. de l'Allier. Elle prend sa source près du Mont-Dore et conflue en aval de Saint-Pourçain. ▪ Centrales hydroélectriques.

**SIOUX** ou **DAKOTA(S)** n. m. (pl.) ← ÉTYM. de *ssi-wag* ou *siwug,* abrév. de l'algonquin *Nadowe-ssiwag* «les petits serpents ; les impénétrables ; les ennemis», n. utilisé par les ennemis des Sioux. Les Sioux se nommaient eux-mêmes *Dakotas* «alliés, confédérés» ♦ Peuple indien des États-Unis, de langue siouan, originaire du haut Mississippi et présents au XVIe s. dans le Dakota du Nord et du Sud, sur les bords du Missouri et dans le Montana. Ils sont divisés en quatre branches (Tetons Sioux, Santee Sioux, Yankton Sioux, Yanktonai Sioux), comprenant chacune plusieurs bandes, et appartiennent à l'aire culturelle des Grandes Plaines. Ils doivent leur célébrité à la farouche résistance qu'ils opposèrent à l'avance des Blancs : ils furent impliqués dans deux des plus fameux événements de l'histoire des Indiens d'Amérique, la bataille de Little Big Horn (victoire sur le général Custer*, 1876) et le massacre de Wounded Knee (consécutif à une rébellion dans une réserve du Dakota du Sud, 1890). Les chefs de guerre indiens les plus connus sont des Sioux (Red Cloud, Sitting* Bull, Crazy Horse). Soumis en 1890 - 1891, les Sioux ont peu à peu reconstruit leur culture au cours du XXe s. En 1973 éclata dans la réserve de Wounded Knee la première opposition armée indienne au gouvernement des États-Unis, sous la direction de l'American Indian Movement. Il existe actuellement plusieurs réserves sioux aux États-Unis, dont les plus connues sont celles de Pine Ridge et de Rosebud, dans le Dakota du Sud.

**Sioux.** *La Fête des Chiens célébrée par une tribu sioux,* tableau de George Catlin. National Collection of Fine Arts, Washington. *BIS/Phot. Alain Lantz © Archives Larbor*

**SIOUX CITY** ♦ V. des États-Unis (Iowa), sur le Missouri. 85 013 hab. V. commerçante et indus. (viande, indus. alimentaires ; vêtements) au centre d'une région agricole. Navigation fluviale importante.

**SIOUX FALLS** ♦ V. des États-Unis (Dakota du Sud). 123 975 hab. Centre agricole et commercial. Indus. alimentaires (conditionnement de la viande), indus. du bois.

**SIPING** ou **SSEU-P'ING** ♦ V. de Chine (Jilin). 434 085 hab. Nœud routier et ferroviaire. Céréales (maïs, soja, sorgho). Indus. alimentaire et textile.

**ŠIPKA** ou **CHIPKA** (col ou passe de) ♦ Col du massif du Grand Balkan (1 326 m), en Bulgarie centrale.

**SI PRAT** ♦ Poète siamois du XVIIe s. qui vécut à la cour du roi Phra Naray (1657 - 1688). Ses romans, d'inspiration bouddhique, et ses poèmes connurent un grand succès. Le gouverneur de la province où il avait été exilé le fit exécuter par jalousie.

**SIQUEIROS (David Alfaro)** ♦ Peintre et théoricien mexicain (Chihuahua 1896 - Cuernavaca 1974). Engagé dans la lutte révolutionnaire, il rencontra Rivera à Paris. Revenu au Mexique en 1922, il affirma la nécessité de créer un art national exprimant les aspirations des masses et qui prît ses sources dans l'art précolombien. Il se montra le plus doctrinaire et le plus véhément des «muralistes» mexicains. Il travailla d'abord à la décoration de l'École préparatoire de Mexico (1922). Militant passionné, il fut plusieurs fois incarcéré. Il se rendit aussi en Argentine (1932 - 1933), aux États-Unis, fondant en 1935 un atelier où il poursuivait des expériences sur les matériaux et où travailla notamment Pollock. Durant la guerre d'Espagne, il s'engagea dans l'armée républicaine (1936 - 1939). Il réalisa ensuite des compositions murales au Chili *(Mort à l'envahisseur),* ainsi qu'à Cuba *(Allégorie de l'égalité raciale,* 1943). Les principales œuvres qu'il réalisa au Mexique se trouvent au Syndicat de l'électricité (1939), au palais des Beaux-Arts, à l'Institut polytechnique, à l'université, à l'hôpital de la Sécurité sociale, au musée du parc de Chapultepec (1964). Le Polyforium culturel de Mexico (terminé en 1973) est une des plus vastes surfaces peintes du monde (4 500 m²) et a pour thème la *Marche de l'humanité.* S'il a défendu une peinture réaliste à l'encontre du «subjectivisme déliquescent» de la peinture bourgeoise, il ne s'en est pas pour autant tenu aux normes du «réalisme socialiste» soviétique. Il a exalté le caractère héroïque de l'histoire de la vie des prolétaires dans un style violent et lyrique, parfois grandiloquent mais chargé d'une indéniable force émotive.

**Siracide (Livre du)** ou **Ecclésiastique (Livre de l')** ➝ ÉTYM. du nom de son auteur *Jésus ben Sira (Yeshua' bén Sîrâ') : Sophia [Iêsous huiou] Sirach* «Sagesse de [Jésus fils de] Sirach» dans les Septante*, *Liber Ecclesiasticus* dans la Vulgate* (*ecclesiasticus* était l'ancien nom donné aux deutérocanoniques) ♦ Livre deutérocanonique* (➝ **Bible**), composé en hébreu vers −190. Nous connaissons sa date et son auteur, notable de Jérusalem (scribe de tendance sadducéenne) grâce à son petit-fils qui traduisit l'ouvrage en grec en −132. 51 chapitres magnifient et illustrent la Sagesse depuis sa création par Dieu jusqu'à son établissement dans le monde ; le texte se clôt par un éloge des «Pères» depuis Hénoch* jusqu'au grand-prêtre Simon fils d'Onias (mais où Esdras* n'apparaît pas). Intégré à la Bible grecque, le livre resta en dehors du canon hébreu et son texte original fut oublié. On a pu en reconstituer les deux tiers depuis 1896, grâce à des manuscrits médiévaux retrouvés dans la *genizah* («cache» où l'on entreposait les manuscrits usés ou défectueux que l'on ne pouvait détruire) de la synagogue de Fostat, près du Caire, puis à des fragments de Qumrân* et de Massada* : le texte a donc été copié pendant plus de douze siècles, et la complexité de sa tradition textuelle témoigne encore de l'intérêt qu'il suscita chez les chrétiens aussi bien que chez les juifs. ▪ La réputation de sagesse de l'auteur apparaît encore dans l'*Alphabet de Ben Sira*, apocryphe* composé de deux séries de 22 proverbes commentés, l'une en araméen et l'autre en hébreu : la seconde, plus tardive, fait de son auteur supposé un enfant prodige, fils de Jérémie*, et intègre nombre de légendes (comme celle de Lilith*) et de fables proches de celle de *Kalila* et Dimna*.

**SIRĀJ UD-DAULA** ♦ Nabab du Bengale (1728 - 1757), successeur d'Alīvardī Khān en 1756. Il combattit les Britanniques, mais fut battu par lord Clive à Plassey et exécuté. Il fut le dernier des nababs du Bengale.

**SIRÈNES** n. f. pl. – en gr. *Seirênes* ♦ Démons marins de la légende grecque, représentés comme des femmes ailées ou comme des oiseaux à tête de femmes. Leur nombre et leur généalogie diffèrent selon les auteurs, mais le plus souvent elles sont filles d'Achéloos* et d'une muse (Melpomène* ou Terpsichore*) au nombre de deux, trois ou quatre. Musiciennes remarquables demeurant sur une île de la côte S.-O. de l'Italie, elles passaient pour attirer par leurs mélodies les navigateurs sur les récifs et dévorer les naufragés. Les Argonautes* réussirent à passer sans succomber à leur charme, grâce à Orphée* qui vainc les sirènes avec sa lyre et détourne ses compagnons du danger. Dans *L'Odyssée**, Ulysse* bouche les oreilles de ses compagnons avec de la cire et lui-même se fait attacher au mât pour pouvoir satisfaire sa curiosité. Dépitées de cet échec, les sirènes se précipitent dans la mer et périssent.

**SIRET** n. m. ♦ Riv. de Roumanie, qui draine la Moldavie (706 km). Née dans les Carpates moldaves, elle reçoit à droite la Bistriţa et la Moldova et rejoint le Danube (rive g.) en amont de Galaţi. Aménagements hydroélectriques.

**SIREY (Jean-Baptiste)** ♦ Juriste français (Sarlat 1762 - Limoges 1845). Emprisonné sous la Terreur bien que s'étant rallié à la Révolution, il fut fonctionnaire au ministère de la Justice sous le Directoire, puis avocat à la Cour de cassation après le coup d'État du 18 Brumaire (1799). Célèbre pour son *Recueil général des lois et arrêts* publié mensuellement à partir de 1802, il a laissé également *Six Codes annotés* (1829).

**SIRICE** (saint) ♦ 38e pape (de 384 à 399), Romain. Il réaffirma la primauté de l'évêque de Rome (synode de Rome, 386). Ses «décrétales» sont les plus anciennes qui nous soient parvenues. ▪ Fête le 26 nov.

**SIRIUS** ♦ Nom donné à l'étoile α Grand Chien*. Étoile la plus brillante du ciel et une des plus proches, elle est accompagnée d'une petite étoile de faible éclat (Compagnon de Sirius ou Sirius B) avec laquelle elle constitue une étoile double. Magnitude −1,4 ; type spectral A1 ; distance 8,6 années-lumière.

**SIRK (Hans Detlev SIERK** puis **SIERCK,** et aux États-Unis **Douglas)** ♦ Cinéaste américain d'origine danoise (Hambourg 1897 - Lugano 1987). On a longtemps sous-estimé ce réalisateur à l'itinéraire insolite, qui tourna ses premiers films en Allemagne hitlérienne puis, après des séjours dans divers pays, s'expatria aux États-Unis, pour finir ses jours en Suisse. Son domaine d'élection fut le mélodrame, qu'il traita avec un lyrisme flamboyant. C'est à ce genre que se rattachent *Paramatta, bagne de femmes* et *La Habanera*, ses deux meilleurs films allemands (1937), ainsi que son cycle pour Universal : *Le Secret magnifique* (1954), *Tout ce que le ciel permet* (1956), *Écrit sur du vent* (1957), *Mirages de la vie* (1959) et même, sur fond de chronique guerrière, *Le Temps d'aimer et le temps de mourir* (1958), d'après Erich Maria Remarque.

**SIRMIONE** ♦ V. d'Italie, en Lombardie (prov. de Brescia), à l'extrémité de la presqu'île du même nom, dans la partie méridionale du lac de Garde. 6 534 hab. Anc. *Sirmio* romaine (ruines importantes, villa). Musée. Château (XIIIe s.). ▪ Pêche. Station thermale (eaux sulfureuses chaudes). Centre de villégiature.

**SIRVEN** [sirvɛ̃] **(Pierre-Paul)** ♦ Protestant français (Castres 1709 - en Suisse 1777). Il fut accusé d'avoir tué l'une de ses filles qui s'était en fait suicidée et se réfugia en Suisse. Il fut alors condamné à mort par contumace, mais grâce à Voltaire fut réhabilité par le parlement de Toulouse (1771).

**SISAVANG VONG** ♦ (Luang Prabang 1885 - *id.* 1959). Roi de Luang Prabang (1905 - 1947), et roi du Laos de 1947 à sa mort. Son fils Savang* Vatthana lui succéda. ➝ **Laos.**

**SISINNIUS** ♦ 87e pape (janv. et fév. 708). Syrien.

**SISLEY (Alfred)** ♦ Peintre britannique de l'école impressionniste française (Paris 1839 - Moret-sur-Loing 1899). Il étudia dans l'atelier de Gleyre et devint l'ami de Bazille*, Monet*, Renoir*. Fuyant l'enseignement académique, il alla travailler avec eux à Chailly, dans la forêt de Fontainebleau*. Ses premières œuvres sont influencées par le réalisme de Courbet, mais surtout par Corot* et Daubigny*. Refusé plusieurs fois au Salon, il évolua grâce à Monet* vers l'impressionnisme et y resta fidèle sa vie durant malgré la misère dans laquelle il vécut à partir de 1870. Il peignit presque exclusivement des paysages, que ce fût à Marly, Louveciennes, Bou-

Alfred **Sisley.** *Vue du canal Saint-Martin* (50 x 65 cm), 1870. Musée d'Orsay, Paris. *BIS/Phot. © Archives Nathan*

gival ou à Moret, qui devint sa résidence en 1879. Il séjourna aussi à Londres (1874), où il admira Constable* et Turner*, et en Normandie (1894). Particulièrement doué pour rendre les effets de brouillard, de pluie ou de neige, la transparence des reflets et la fluidité de l'eau avec une palette raffinée où domine souvent une gamme subtile de gris, il sut fixer d'une façon discrète et poétique la lumière fugitive en donnant avec une touche plus souvent fondue que nettement juxtaposée une grande unité plastique à ses compositions (*Inondations à Port-Marly*, 1878 ; *La Neige à Louveciennes*, 1878). Son œuvre ne fut reconnue qu'après sa mort. ➝ ÉTYM. Ce nom de famille vient de *Caecilia* (➝ Cécile).

**SISMONDI (Jean Charles Léonard SIMONDE DE)** ♦ Historien et économiste suisse (Genève 1773 - *id.* 1842). D'abord influencé par A. Smith*, il finit par critiquer le libéralisme économique, qui, loin d'assurer le bien-être de tous, accroît la misère des travailleurs. Sismondi formula un programme d'intervention de l'État, ayant pour but la protection de la classe ouvrière. Ses positions furent en partie critiquées par K. Marx, qui le considéra comme le chef du socialisme petit-bourgeois (*Nouveaux principes d'économie politique*, 1817 ; *Études sur l'économie politique*, 1837). Historien, il est l'auteur d'une *Histoire des républiques italiennes* (1807 - 1818) et d'une *Histoire des Français* (1821 - 1844).

**SISOWATH** ♦ (Bangkok 1840 - Phnom Penh 1927). Roi du Cambodge (1904 - 1927), frère et successeur de Norodom*. Il soutint la politique du protectorat français.

**SISOWATH MONIVONG** ♦ (Phnom Penh 1875 - *id.* 1941). Roi du Cambodge (1927 - 1941), fils et successeur de Sisowath, dont il continua la politique de coopération avec la France.

**SISSONNE** [02150] ➝ ÉTYM. anc. *Sessonia, Sisona* «terre des Saxons (de *Saxones* et suff. *-ia*)» ♦ Ch.-l. de cant. de l'Aisne*, arr. de Laon*. 2 113 hab. *(Sissonnais)*. Vaste camp militaire.

**SĪSTĀN** ou **SEĪSTĀN** n. m. ♦ Région des confins irano-afghans correspondant à l'anc. Drangiane*. C'est une vaste cuvette endoréique et désertique d'env. 90 000 km² où les fleuves issus des montagnes centrales de l'Afghanistan viennent se jeter dans un grand lac central dont la superficie varie beaucoup selon les saisons. Autrefois bien irriguée et cultivée, elle fut ruinée par la destruction de son système d'irrigation par Tamerlan* en 1383.

**SISTERON** [04200] ➝ ÉTYM. anc. *Segusterone, Sestaro,* du gaul. *seg-* «hauteur» ou de *sego-* «victoire, force» ♦ Ch.-l. de cant. des Alpes-de-Haute-Provence, arr. de Forcalquier, sur la Durance. 6 964 hab. *(Sisteronais)*. Anc. cathédrale du XIIe s. Citadelle avec chapelle du XIVe s., très endommagée en 1944. ▪ Abattoir (ovins). Indus. agroalimentaire. Chimie. Centrale hydroélectrique.

**SISYPHE** ➝ ÉTYM. en gr. *Sisuphos ;* l'étym. selon laquelle *Sisuphos* viendrait de *sophos* «habile, sage» est populaire ♦ Fondateur mythique de Corinthe*, fils d'Éole*, père lui-même de Glaucos*. Renommé pour sa ruse, il passe parfois pour le vrai père d'Ulysse*. Aux Enfers, il est condamné à rouler éternellement un rocher sur une pente ; parvenu au sommet, le rocher retombe et il doit recommencer sans fin. Sur les raisons de ce châtiment, il existe plusieurs versions. Sisyphe avait enchaîné Thanatos (la Mort) venu pour l'accompagner aux Enfers, ou il avait trompé Hadès et était revenu à la vie, ou encore il avait dénoncé Zeus dans une de ses aventures amoureuses. ➝ **Mythe de Sisyphe (Le).**

**SITTANG** n. m. ♦ Fl. de Birmanie (560 km), prenant sa source dans la plaine centrale, et se jetant, par un delta, dans le golfe de Martaban.

**SITTARD** ♦ V. des Pays-Bas (Limbourg). 48 000 hab. (aggl. Geleen Sittard, 152 741). Centre indus. et tertiaire du N. de l'ancien bassin minier.

**SITTER (Willem DE)** ♦ Astronome néerlandais (Sneek 1872 - Leyde 1934). Un des premiers à s'intéresser à la théorie de la relativité, il proposa un modèle de l'univers en expansion constante (ce qui fut confirmé par les découvertes de Hubble*), contraire à l'opinion d'Einstein*, qui croyait à un univers statique. Il fut également l'auteur de nombreux travaux en astronomie (étude du mouvement des satellites de Jupiter, mesure des parallaxes stellaires) et en astrophysique (notamment calcul des constantes astronomiques). ➝ **Friedmann, Lemaître.**

**SITTING BULL** ➝ ÉTYM. angl. «Taureau assis» ♦ Chef indien des Sioux Hunkpapa (Grand River, Dakota du Sud v. 1831 - Standing Rock, Dakota du Nord 1890). De son vrai nom Tatanka Iyotake, ce chef des tribus Sioux écrasa les soldats de Custer* à Little Big Horn (1876).

**SITTWE** – anc. ***Akyab*** ♦ V. de Birmanie, cap. de l'État d'Arakan, dans le golfe du Bengale, fondée en 1826 par les Britanniques. 107 621 hab. Port. Exportation de bois. Indus. diverses, surtout alimentaires ; pêcheries. Construc. navales.

**Situations** ♦ Série de 10 livres où Jean-Paul Sartre* a rassemblé des textes publiés antérieurement, notamment dans sa revue *Les Temps* modernes*. *Situations I* (1947) comprend un article de 1939 «Une idée fondamentale de la phénoménologie de Husserl : l'intentionnalité». *Situations II* (1947) reprend «Qu'est-ce que la littérature ?» (1947), qui pose les bases de la littérature engagée. *Situations X* (1976) rassemble des textes politiques liés à la période de mai 1968, où Sartre a été associé au gauchisme*, et des entretiens.

**situationnisme**

n. m. ♦ Mouvement artistique et politique, créé en 1957 à l'initiative de dissidents du mouvement lettriste d'Isidore Isou* (Guy Debord*, Gil Wolman, Michèle Bernstein) et de peintres issus du mouvement Cobra* (Asger Jorn*, Constant*), regroupés autour de la revue *L'Internationale situationniste* (1958 - 1969). Le situationnisme avait pour ambition de mener une critique radicale de la société à partir des valeurs culturelles qu'elle produit, et se proposait de mettre en œuvre «une révolution permanente de la vie quotidienne». Dans sa mouvance, deux textes (*La Société du spectacle*, 1967, de Guy Debord, et *Traité de savoir-vivre à l'usage des jeunes générations*, 1967, de Raoul Vaneigem) jouirent d'une influence certaine lors des événements de mai 1968. Le mouvement fut dissous en 1972.

**SITUMORANG (Sitor)** ♦ Écrivain indonésien (Sumatra-Nord 1924). D'éducation néerlandaise, il réside aujourd'hui en Europe. Actif dans l'organisation culturelle du Parti national indonésien (1927) fondé par Sukarno, il était proche des écrivains communistes et fut, à ce titre, emprisonné durant huit ans, à la suite du coup d'État de 1965. Marquée par l'existentialisme, son œuvre est fondamentalement pessimiste et individualiste. S. Situmorang a écrit des recueils de poèmes (*Lettres sur papier vert*, 1953) et une autobiographie (*Le Poète du lac Toba*, 1981).

**SITWELL (Edith)** ♦ Poète et critique littéraire britannique (Scarborough 1887 - Londres 1964). Elle fit paraître, avec ses frères, Sacheverell et Francis Osbert Sitwell, une anthologie, *Les Roues* (1916 - 1921), qui rivalisait avec celle d'Edward Marsh *(La Poésie georgienne)*. Son érudition et son indépendance d'esprit permirent à Edith Sitwell de se dresser avec ses frères contre les traditions poétiques du début du XXe siècle (*Façade*, 1922). Après la Deuxième Guerre mondiale, elle exprima sa révolte devant l'apocalypse nucléaire (*La Chanson du froid*, 1945 ; *Le Cantique de la rose*, 1949).

**ŚIVA** ➝ Shiva

**SIVAS** – anc. ***Sébaste*** ♦ V. de Turquie, en Asie Mineure, à l'E. du plateau anatolien, sur le Kızıl Irmak (alt. 1 347 m), ch.-l. de prov. 294 402 hab. Siège de l'univ. de la République. Les médersas (collèges de théologie coranique) de Sivas, édifiés au XIIIe s., comptent parmi les plus beaux monuments de l'art musulman en Asie Mineure. ▪ Centre commercial et indus. (cimenterie, textile, matériel ferroviaire, prod. alimentaires, etc.). ▮ **Histoire** Ville très ancienne, connue à l'époque romaine sous le nom grec de *Sebasteia* (Augusta), c'était un grand centre de commerce. Christianisée au IIe s., elle devint capitale de la petite Arménie (IIIe s.), puis elle passa des Byzantins aux rois arméniens et fut prise en 1071 par les Seldjoukides qui en firent une de leurs principales cités. Centre de la principauté d'Ertena au XIVe s., elle fut intégrée à l'Empire ottoman en 1397.

**Six (groupe des)** ♦ Réunion de six jeunes compositeurs français, G. Auric*, L. Durey*, A. Honegger*, D. Milhaud*, F. Poulenc*, G. Tailleferre*, autour de E. Satie* (1918) et dont le porte-parole fut J. Cocteau (*Le Coq et l'Arlequin*, 1918). Formé de personnalités très diverses dont l'évolution esthétique révéla par la suite la richesse de contrastes, le *groupe des Six,* né au hasard d'un programme de concert où figuraient quelques-unes de leurs œuvres, et dont l'appellation est due au critique Henri Collet (1920), s'est d'abord caractérisé par un triple refus, celui de Wagner, de V. d'Indy et de Debussy. Favorables au retour de la «musique pure», les «Six» entendaient encore réagir contre l'emprise de la littérature et de la subjectivité romantique dans le domaine musical. Ils ont composé deux œuvres collectives, *Les Mariés* de la tour Eiffel*, ballet (1921) et l'*Album des Six*, pour piano.

**SIX-FOURS-LES-PLAGES** [83140] ➝ ÉTYM. «six postes fortifiés» ♦ Ch.-l. de cant. du Var, arr. de Toulon. 32 742 hab. *(Six-Fournais)*. Fort. Église romane et gothique (polyptyque du XVIe s.). ▪ Station balnéaire.

**Six Jours** (guerre des) ➝ **israélo-arabe (conflit)**

**Six personnages en quête d'auteur** – en it. ***Sei Personaggi in cerca di autore*** ♦ Comédie de Pirandello*, divisée de façon apparemment fortuite en 3 parties (1921). Tandis qu'on joue *Le Jeu des rôles* (de Pirandello), apparaît une famille de six personnages, nés de l'imagination d'un auteur qui n'a pas réussi à les porter sur la scène. Leur histoire, embrouillée et tragique, fascine le metteur en scène, mais les personnages vivent alors un second drame en ne se reconnaissant pas dans la pièce que donnent les acteurs : eux seuls sont capables de vivre la tragédie de leur réalité. ▪ Cette pièce, qui connut dès sa création un succès international, est la première de la trilogie pirandellienne du «théâtre dans le théâtre».

**SIXTE** ou **XYSTE Ier** (saint) ➝ ÉTYM. en lat. *Sixtus,* de *sextus* «sixième», surnom du sixième enfant d'une famille ♦ 7e pape (de 115 à 125 ?). Romain, martyr (?). Son pontificat n'a pas laissé de traces. ▪ Fête le 3 avr.

**SIXTE II** (saint) ♦ 24e pape (de 257 à 258). Grec, martyr (persécution de Valérien). Il renoua avec l'évêché de Carthage, après la querelle entre Étienne* Ier et saint Cyprien*. ▪ Fête le 7 août.

**SIXTE III** (saint) ♦ 44e pape (de 432 à 440). Romain. ▪ Fête le 28 mars.

**SIXTE IV [Francesco DELLA ROVERE]** ♦ (Près de Savone 1414 - Rome 1484). 210e pape (1471 - 1484). Franciscain, ancien général de son ordre (1464 - 1469). Il lutta contre les Médicis* à qui il retira la gestion des biens pontificaux, laissa tramer contre eux la conjuration des Pazzi qui aboutit au meurtre de Julien (1478), excommunia Laurent le Magnifique qui déclencha une guerre contre lui. Il pratiqua le népotisme, favorisa l'humanisme païen, fit travailler Botticelli et le Pérugin, réalisa de grands travaux à Rome, notamment la chapelle Sixtine*.

**SIXTE QUINT** ou **SIXTE V [Felice PERETTI]** ♦ (Grottammare, marche d'Ancône 1520 - Rome 1590). 225e pape (1585 - 1590). Franciscain conventuel de très humble origine, général de son ordre et cardinal (1570), il fut élu à l'unanimité pour succéder à Grégoire XIII. Il réorganisa la Curie, fixa à 70 le nombre des cardinaux, confia les affaires de l'Église et l'administration des États pontificaux à quinze congrégations spécialisées ; il vérifia, par des inspections, la discipline des évêques et des religieux ; fondateur de l'Imprimerie vaticane, il travailla personnellement à l'édition de la Vulgate* dite «sixtine» qu'il imposa comme texte officiel de la Bible catholique (1590). En France, il appuya Henri* III et la Ligue* et excommunia Henri de Navarre (1585). → **Henri IV, Religion (guerres de).** Contre l'Angleterre, il finança l'expédition désastreuse de l'Invincible Armada* (1588).

**SIXT-FER-À-CHEVAL** [74740] ➔ ÉTYM. du lat. *sextum (milliarum)* «sixième (borne milliaire)» ♦ Comm. de la Haute-Savoie, arr. de Bonneville, sur le Giffre. 706 hab. *(Sizerets)*. Église gothique de l'abbaye fondée en 1145. ▪ Centre d'excursions et de sports d'hiver (760 - 1 530 m). Site touristique (cirque du Fer-à-cheval). Fromages.

**Sixtine** (chapelle) ♦ Chapelle du Vatican, tirant son nom du pape Sixte IV qui la fit élever par Giovanni de' Dolci en 1473 et décorer par Botticelli, Ghirlandaio, C. Rosselli, Signorelli, le Pérugin, le Pinturicchio (achevée en 1483). Jules II fit peindre la voûte par Michel*-Ange (1508 - 1512), puis Paul III le *Jugement* dernier* sur le mur du fond, par le même (1536 - 1541). Une importante campagne de restauration a eu lieu de 1980 à 1994. La chapelle sert spécialement aux cérémonies de la Semaine sainte. Lors des élections papales, elle est le siège du conclave.

**SIZA (Álvaro)** ♦ Architecte portugais (Matosinhos 1933). Il a mis au point la théorie du «régionalisme critique», alliance du modernisme et des sources locales, des techniques artisanales et des maisons blanches et dépouillées traditionnelles. Il a construit des résidences privées (maison Duarte à Ovar, 1985), des ensembles (ville nouvelle de Malagueira, 1200 logements près d'Evora, de 1977 à 1992), l'immeuble d'angle de la Schlesisches Tor (1984), à Berlin, auquel la répétitivité monotone des fenêtres a valu le surnom de «Bonjour tristesse». Il a reconstruit à Lisbonne le quartier du Chiado après l'incendie de 1988 et édifié le pavillon du Portugal de l'Exposition universelle de 1998. On lui doit également le Centre d'art contemporain de Saint-Jacques-de-Compostelle (1988 - 1993), l'École normale de Setúbal (1993), la bibliothèque universitaire d'Aveiro (1995), la faculté d'architecture (1993) et le Musée d'art contemporain (1999) à Porto et le Museu da Fundação Iberê Camargo à Porto Alegre au Brésil (2005). [Prix Pritzker 1992].

**SIZEWELL** ♦ Centrale nucléaire d'Angleterre (Suffolk), sur la mer du Nord.

**SIZUN** (cap) ♦ Cap du Finistère, à l'E. de la pointe du Raz. Réserve ornithologique.

**SIZUN** [29450] ♦ Ch.-l. de cant. du Finistère, arr. de Morlaix. 1 850 hab. *(Sizuniens)*. Enclos paroissial : porte triomphale du cimetière (calvaire) et chapelle-ossuaire du XVIe s. ; église du XVIe s., remaniée au XVIIe s. (voûte richement décorée).

**SJ** → **Jésus (Compagnie de)**

**SJÆLLAND** ou **SJALLAND** ♦ Île du Danemark, dans la Baltique, entre la Suède et la Fionie, baignée par le Sund à l'E. et le Grand-Belt à l'O. 9 834 km². L'île forme 2 régions danoises : le Hovedstaden au nord (2 561 km². 1 636 749 hab. CH.-L. : Hillerød) et au sud la région du Sjælland avec les îles de Lolland, Falster et Møn (7 273 km². 816 118 hab. CH.-L. : Sorø). V. PRINC. : Elseneur, Holbaek, Køge, Kørsør, Næstved, Slagelse. ▪ Couverte d'épaisses moraines, l'île offre un paysage de plaines et de lacs avec au N.-E. des collines et des forêts. ▮ **Économie** L'agriculture intensive occupe 70 % de la superficie (betterave à sucre et fourragère, arbres fruitiers à l'E., horticulture). Pêche. Mais l'activité est essentiellement industrielle ; l'aggl. de Copenhague abrite près de la moitié de la population de l'île.

**SJÖSTRÖM (Victor)** ♦ Cinéaste et acteur suédois (Silbodal 1879 - Stockholm 1960). Il débuta au théâtre et demeura acteur jusqu'à la fin de sa vie (*Les Fraises* sauvages*, d'Ingmar Bergman, 1957). Venu à la mise en scène de cinéma (1912), il ne tarda pas à s'affirmer comme l'un des créateurs les plus féconds du 7e art, égalant souvent Griffith par l'efficacité d'une technique inédite (surimpressions, retours en arrière) et la richesse d'un lyrisme visionnaire. Poète panthéiste de l'image et de la lumière, acteur puissant, Sjöström apparaît, dans les brèves années de sa carrière de réalisateur, comme un précurseur qui sut frayer au cinéma les voies de l'intimisme, de l'expressionnisme et du fantastique. La meilleure partie de son œuvre s'inspire de la littérature scandinave et de ses légendes : *Ingeborg Holm* (1913), *Terje Vigen* (1916), *Les Proscrits* (1917), *La Montre brisée* (1919), *La Charrette* fantôme* (1921). Engagé à Hollywood, Sjöström put encore y réaliser deux de ses œuvres maîtresses : *La Lettre* écarlate* (d'après Hawthorne, 1926) et *Le Vent* (1928).

**SKADAR** → **Shkodër**

**SKAGERRAK** n. m. ♦ Détroit unissant la mer du Nord au Kattegat entre la Norvège au N. et le Jutland danois au sud.

**SKANDA** → **Kārttikeya**

**SKANDERBEG** ou **SCANDERBEG (Gjergj KASTRIOTI** dit **SKËNDERBEU,** en fr. **George CASTRIOTA,** dit) ➔ ÉTYM. déformation de *Iskander bey* (V. ci-dessous) ♦ Homme de guerre albanais (en Albanie v. 1403 - Lezhë [Alessio] 1468). Il fut élevé chez les Turcs et reçut le surnom d'*Iskander bey* («prince Alexandre»). Il déserta lors de la défaite turque devant les Hongrois à Niš (1443). Il prit Kroya (Krujë) non loin de Durazzo et lutta désormais contre les Turcs. En 1444, il fut proclamé prince par les Albanais. Il mourut invaincu malgré les forces bien supérieures de Murat II et de Mehmet II. Après sa mort, l'Albanie fut annexée par la Turquie.

**SKARGA (Piotr)** ♦ Prédicateur polonais (Grójec, Mazovie 1536 - Cracovie 1612). Organisateur de l'ordre des jésuites en Pologne, partisan de la Contre-Réforme, il fut le plus grand prédicateur polonais et le plus grand prosateur de la fin du XVIe s. Il écrivit les *Vies des saints* (1579) ; édité dix fois de son vivant, cet ouvrage religieux fut l'un des plus populaires de son temps. Dans ses *Sermons à la diète* (1597), il préconisa le renforcement de la monarchie. Sa prose, imagée et riche en métaphores, exerça une profonde influence sur le développement de la langue littéraire polonaise.

**SKELLEFTEÅ** ♦ V. du N. de la Suède, à proximité du golfe de Botnie, sur la riv. Skellefte Älv. 32 425 hab. Église (XVIIe s.). Musées. ▪ Ville minière : cuivre, or, argent, plomb, zinc, manganèse, nickel. Indus. électronique. Port d'exportation : minerai, pâte à papier, dérivés du bois.

**SKELTON (John)** ♦ Poète, auteur dramatique et grammairien anglais (Diss, Norfolk v. 1460 - Londres 1529). Après des études à Oxford et à Cambridge, il devint prêtre en 1498 et fut le précepteur du futur Henri VIII. C'est pour la mère de ce dernier, la comtesse de Richmond, qu'il écrivit sa première œuvre, une adaptation du *Pèlerinage de la vie humaine* de Guillaume de Guilleville. Sa réputation de farceur lui valut un recueil posthume de *Joyeux contes* parfois apocryphes. *La Bouche de cour* (v. 1509), où Skelton utilise la stance chaucérienne, rappelle la *Nef des fous* : voguant au pays de Faveur, le poète voit son voyage troublé par les amis de Fortune (Flatterie, Soupçon, Dédain, Tromperie). *Colin Clout* (1522) est un nouveau Pierre* le Laboureur, démasquant les vices du clergé. Bien que satiriste, Skelton était capable de sentiment : *Philippe le Moineau* (1503, 1507), longue élégie burlesque et touchante, reprend le petit poème de Catulle. Érasme appréciait ce poète qui fut surnommé le Rabelais d'Angleterre.

**SKERLIĆ (Jovan)** ♦ Critique littéraire serbe (Belgrade 1877 - *id.* 1914). Ayant fait ses études en France, influencé par les traditions démocratiques et libérales européennes, il a largement contribué à la formation de la jeune intelligentsia serbe du début du XXe s. : *Un regard sur la littérature française d'aujourd'hui* (1902), *La Jeunesse et sa littérature* (1906), *Histoire de la nouvelle littérature serbe* (1912).

**SKHIRA** ou **SKHIRRA (LA)** – anc. ***La Cekhira*** ♦ Port pétrolier de Tunisie (gouvernorat de Sfax) sur le golfe de Gabès, où aboutit l'oléoduc d'Edjelé (Algérie). 8 627 hab.

**SKIBINE (George)** ♦ Danseur et chorégraphe américain d'origine russe (Iasnaïa Poliana 1920 - Dallas 1980). Fils d'un danseur des Ballets russes de Diaghilev, il fut engagé en 1938 aux Ballets russes de Monte-Carlo puis au Ballet Theater de New York (*Les Sylphides*, chorégraphie de Fokine, 1941 ; *Aleko*, chorégraphie de Massine, 1942). En 1947, il revint en Europe comme étoile du Grand Ballet du marquis de Cuevas et y réalisa les chorégraphies de *Tragédie à Vérone* (1950) et *Roméo et Juliette* (musique de Prokoviev, 1955). Nommé maître de ballet à l'Opéra de Paris, il y régla *Daphnis et Chloé* (1959, décors de Chagall) ; puis participa au Ballet Harkness (1962 - 1966) avant de fonder à Dallas une académie de danse et la Compagnie du Dallas Civic Ballet.

**SKIEN** ♦ V. de Norvège, sur la riv. Skien, au S.-O. d'Oslo. Ch.-l. du comté de Telemark. 45 334 hab. Musée consacré à Ibsen, né à Skien. ▪ Centre indus. : papeteries, cellulose, équipements électriques.

**SKIKDA** ➔ ÉTYM. du libyco-berbère *ekedi* «escarpement» ; anc. ***Philippeville*** ♦ V. d'Algérie, ch.-l. de wilaya, dans l'E. de la Kabylie de Collo, sur la côte d'une plaine littorale. Vignobles. Primeurs. Oliviers. Tourisme. 127 901 hab. C'est le port de Constantine, relié par gazoduc à Hassi R'mel et par oléoduc à Mesdar et Haoud el-Hamra. Raffinerie. Pétrochimie. ▮ **Histoire** Créée par les Romains avant d'être détruite par les Vandales, la ville fut reconstruite par les Arabes.

**SKINNER (Burrhus Frederic)** ♦ Psychologue et psycholinguiste américain (Susquehanna, Pennsylvanie 1904 - Cambridge, Massachusetts 1990). Après des études sur le conditionnement de l'animal, il entreprit des recherches sur les comportements humains (*Science et comportement humain,* 1953). Ses théories de l'apprentissage furent confrontées, entre autres, à celles de son prédécesseur, Pavlov*. Il donna son nom à un dispositif mécanique permettant d'étudier l'effet des récompenses sur les comportements chez l'animal, la *boîte de Skinner,* qui s'inscrit dans un programme de recherches engagé par E. L. Thorndike.

**SKIVE** ♦ V. du Danemark, municipalité du Jutland central, sur le Skive Å, à 1 km du Skivefjord. 20 572 hab. Église avec peintures murales du XVI$^e$ s. ▪ Centre commercial. Indus. agroalimentaires et du bois.

**SKOBELEV (Mikhaïl Dmitrievitch)** ♦ Général russe (Saint-Pétersbourg 1843 - Moscou 1882). Après avoir participé aux expéditions contre les khanats de Khiva (1873) et de Kokand (1875 - 1876), il fut nommé général et gouverneur du Fergana*. Commandant de la 16$^e$ division pendant la guerre russo-turque (1877 - 1878), il s'empara de Lovtcha et occupa Andrinople. De nouveau en Asie, il dirigea l'armée qui conquit le Turkestan (1881).

**SKOLEM (Thoralf)** ♦ Mathématicien et logicien norvégien (Sandsvaer 1887 - Oslo 1963). Il participa, avec Zermelo* et Fraenkel*, à l'établissement de la théorie axiomatique des ensembles et fut l'auteur de découvertes importantes concernant les axiomes de l'arithmétique et les modèles dits non standards.

**SKOLIMOWSKI (Jerzy)** ♦ Cinéaste polonais (Łódź 1936). Formé à l'école de cinéma de Łódź, où il eut pour partenaire Roman Polanski, il élabora, à partir de 1961, une œuvre fondée sur une vision pessimiste de l'existence, aux frontières de l'absurde. Cela va de *Signes particuliers : néant* (1964) au *Bateau-phare* (1985), en passant par *Deep End* (aux États-Unis, 1970), *Le Cri du sorcier* (en Grande-Bretagne, 1978) et *Travail au noir* (*id.*, 1982). *Thirty Door Key* (1991) est une brillante transposition à l'écran du roman à tiroirs de W. Gombrowicz, *Ferdydurke.* Après un détour de quinze ans par la peinture, il revint au cinéma avec *Les Quatre Nuits d'Anna* (2008).

**SKOPJE** ou **SKOPLJE** – en turc ***Üsküb*** ♦ Cap. de la Macédoine, sur le Vardar*. 506 926 hab. Ville industrielle importante (combinat sidérurgique) et centre culturel renommé (univ.). Les vestiges de son passé turc (quartiers, mosquées) étaient nombreux avant le séisme qui, en 1963, détruisit une grande partie de la ville. Les énormes investissements engagés dans sa reconstruction lui ont valu une croissance extrêmement rapide.

**SKOU (Jens Christian)** ♦ Biophysicien danois (Lemvig 1918). Il découvrit, en 1957, la première enzyme transporteuse d'ions. Utilisant l'énergie des processus métaboliques (désintégration de l'ATP, l'adénosine triphosphate), cette «pompe» assure le déplacement d'ions à travers la membrane et permet le maintien du gradient de concentration en ions sodium et potassium entre l'extérieur et l'intérieur de la cellule. [Prix Nobel de chimie 1997, avec P. Boyer* et J. Walker*]

**SKOVORODA (Grigori Savitch)** ♦ Philosophe et poète ukrainien (Tchernoukhi, gouv. de Poltava 1722 - Ivanovka, gouv. de Kharkov 1794). Dans une langue russe mêlée d'ukrainien, Skovoroda prêcha une doctrine humaniste. S'opposant à la puissance du clergé, son œuvre fut censurée jusqu'en 1836. Poète lyrique, il écrivit *Le Verger des chansons divines* (1757 - 1785).

**SKRAM (Amalie)** née **ALVER** ♦ Auteur dramatique et romancière norvégienne (Bergen 1847 - Copenhague 1905). Un mariage malheureux lui inspira un roman naturaliste, *Constance Ring* (1885), proche des conceptions de Bjørnson*. Son œuvre principale, autre roman naturaliste en 4 volumes, *Ceux de Hellemyr* (1887 - 1898), illustre l'influence de l'hérédité et du milieu sur l'individu. Dans le même esprit elle écrivit un drame *Agnete* (1893).

**SKRIABINE** ou **SCRIABINE (Aleksandr Nikolaïevitch)** ♦ Compositeur russe (Moscou 1872 - *id.* 1915). Pianiste virtuose, il entreprit de nombreuses tournées de concerts en Europe et en Amérique. Marquée d'abord par l'influence de Chopin, son œuvre subit ensuite celles de Strauss, Debussy et Ravel. Chercheur infatigable, il fut l'un des premiers à s'évader de la gamme traditionnelle et par là apparaît comme l'un des précurseurs de l'atonalité. Adepte de Wagner (cas exceptionnel pour un Russe) et de Nietzsche, il tenta d'élaborer un art universel auquel auraient contribué tous les autres arts, conférant au musicien le pouvoir d'entrer en communication avec le cosmos. Programme ambitieux qui se conjuguait avec des recherches philosophiques inspirées de la sagesse orientale. Dans cet esprit, il a composé des œuvres symphoniques : *Le Divin Poème* (1904), *Le Poème de l'extase* (1907) et *Prométhée* ou *le Poème du feu* (1910) pour orchestre, chœurs, orgue, piano, cloches et claviers «de lumière», ouvrage où la grandeur se perd parfois en grandiloquence. On lui doit encore de nombreuses compositions pour piano, dont un concerto, dix sonates, vingt-quatre études, des impromptus et des préludes. D'un grand «mystère cosmique» qu'il laissa inachevé il a composé le prologue : *L'Acte préalable.* ➝ ÉTYM. Ce nom vient peut-être de la racine russe *skreb,* qui a donné *skriaba* «grattoir» et *skriesti* «ratisser, racler».

**ŠKVORECKÝ (Josef)** ♦ Romancier canadien d'origine et d'expression tchèque (Náchod 1924). Il se dirigea, via le journalisme, vers la littérature : *Les Lâches,* roman sur une fin de guerre anti-héroïque, écrit en 1949 mais publié en 1959, fut retiré de la vente, ce qui lui assura une popularité immédiate. Avec un réalisme caustique, Škvorecký persista à décrire, avant et après son émigration au Canada (1969), l'histoire de la Bohême d'après-guerre : *Le Lionceau* (1969), chronique d'une maison d'édition ; *L'Escadron blindé* (1969), farce féroce sur l'armée ; *Miracle en Bohême* (1972), sur la violence stalinienne déchaînée contre l'Église ; *L'Ingénieur des âmes humaines* (1977), évocation du milieu de l'émigration ; *Le Camarade joueur de jazz* (1988). À Toronto, il fonda Sixty-Eight Publishers et y publia des ouvrages interdits par le régime communiste jusqu'en 1994. En 1996, il publia *Deux meurtres dans ma double vie* sur la fausse accusation de collaboration avec l'ancienne police politique qui avait visé sa femme après la chute du régime communiste.

**SKYE** (île de) ♦ Île montagneuse (992 m) à l'O. de l'Écosse dans les Inner Hebrides, séparée de la côte par un étroit chenal. 155 km². 7 500 hab. V. PRINC. : Portree. L'élevage ovin est relayé par le tourisme estival malgré un climat hyperocéanique. Whisky.

**Skylab** n. m. ➝ ÉTYM. de l'angl. *a laboratory in the sky* «laboratoire spatial» ♦ Station orbitale américaine. Lancée le 14 mai 1973 par la fusée *Saturne* et placée sur orbite à 434,5 km, la station, pesant près de 100 tonnes et d'un volume habitable de 283 m³, hébergea trois équipes d'astronautes pendant un, deux puis trois mois. Elle permit la réalisation de nombreuses expériences scientifiques et prouva la possibilité de séjours humains prolongés dans l'espace. Elle retomba dans l'atmosphère et se désintégra, le 11 juil. 1979, au-dessus de l'océan Indien.

**Skylab**, en 1973. *BIS/Phot. © Nasa © Archives Larbor*

**SKYROS** ♦ Île grecque de la mer Égée (nome d'Eubée), la plus importante des Sporades. 209 km². 2 591 hab. CH.-L. : Skyros, port de la côte E. ▮ **Histoire** Le nom du roi mythique de Skyros, Lycomède*, est associé aux légendes de la mort de Thésée* et du séjour du jeune Achille* dans l'île. Colonisée par les Athéniens en −468, Skyros fut occupée par les Macédoniens de −340 à −192.

**SLÁDEK (Josef Václav)** ♦ Poète tchèque (Zbiroh 1845 - *id.* 1912). Après un long séjour aux États-Unis, il revint à Prague et y eut une intense activité de rédacteur, traducteur et poète ; de ses recueils, seuls les derniers (*Chansons paysannes, Mélodies tchèques,* 1889) s'émancipèrent du style ampoulé propre à la génération «réaliste» et qui s'exprimait dans la revue *Lumír,* dont il assura la direction de 1877 à 1898. ➝ ÉTYM. Ce nom tchèque signifie «brasseur», de *slad* «malt».

**SLÁDKOVIČ (Braxatoris ONDREJ, dit Andrej)** ♦ Poète slovaque (Krupina 1820 - Radvany 1872). Il composa dans la langue littéraire slovaque fixée par Štúr* un poème romantique, *Marína* (1846), et une épopée, *Detvan* (1853).

**SLAGELSE** ♦ V. du Danemark, municipalité du Sjælland, dans la partie occidentale de l'île. 31 778 hab. Centre commercial. Constr. de machines, indus. alimentaires.

**SLÁNSKÝ (Rudolf)** ♦ Homme politique tchèque (Nezvěstice, Plzeň 1901 - Prague 1952). Militant communiste et collaborateur de K. Gottwald*, il fut pendant la Deuxième Guerre mondiale l'un des organisateurs à Moscou de la résistance contre les nazis. Secrétaire général du Parti communiste de Tchécoslovaquie de 1945 à 1951, victime des purges staliniennes, il fut condamné à mort et exécuté.

**SLATER (John Clarke)** ♦ Physicien américain (Oak Park, Illinois 1900 - Sanibel Island, Floride 1976). Il élabora la théorie du magnétron à cavités multiples et, en chimie, introduisit la mécanique quantique dans l'étude de la liaison chimique.

**SLAUERHOFF (Jan Jacob)** ♦ Écrivain néerlandais (Leeuwarden 1898 - Hilversum 1936). Après ses études, il s'embarqua comme médecin à bord d'un long-courrier, visita ainsi la Chine, l'Inde et l'Amérique du Sud. Exotisme et romantisme imprègnent l'œuvre de ce «poète maudit», partagé entre la révolte contre la condition de l'homme et la civilisation moderne et l'aspiration à une vie intense et à un bonheur inaccessible. Outre de nombreux recueils de poèmes (*Archipel*, 1923 ; *Clair-Obscur*, 1927 ; *Asie orientale* ; *Eldorado*, 1928 ; *Un honnête tombeau de marin*, 1936), il publia des nouvelles (*Écume et Cendres* ; *Île du printemps*, 1930) et quelques romans (*Le Royaume interdit* ou *L'Empire défendu*, sur la vie du poète portugais Camoens, 1932 ; *La Vie sur terre*, 1934 ; *La Révolte de Guadalajara*, posth. 1937).

**SLAVEJKOV (Petko)** ♦ Poète bulgare (Tărnovo 1827 - Sofia 1895). En introduisant en Bulgarie la plupart des genres poétiques, il contribua à fixer les normes du bulgare littéraire moderne. Traducteur de la Bible, il fut aussi l'auteur d'un recueil de proverbes et dictons bulgares. Fervent patriote, il lutta pour une Église bulgare indépendante.

**SLAVEJKOV (Penčo)** ♦ Poète bulgare (Trjavna 1866 - Brunate, près du lac de Côme 1912). De ses études philosophiques en Allemagne, il garda une profonde admiration pour Heine* et Nietzsche*. Il se fit remarquer dès son premier recueil de vers, *Chants épiques* (1898), où se mêlent thèmes folkloriques et méditations intimes. Puis il publia successivement les recueils *Rêves de bonheur* (1907) empreints de mélancolie et de tendresse, et *Dans l'île des bienheureux* (1910). Enfin il immortalisa l'insurrection d'avril 1876 dans *L'Hymne sanglant* (1913). Il fut l'un des premiers poètes bulgares à insister sur la perfection formelle du vers et il joua un rôle important en tant que critique littéraire et directeur de la revue *La Pensée*.

**SLAVE LAKE (GREAT)** → Esclaves (Grand Lac des)

**SLAVES** n. m. pl. ♦ Le plus grand groupe de peuples en Europe centrale et orientale. D'origine indo-européenne, les Slaves, dont l'unité est plutôt linguistique qu'ethnique, se subdivisent en *Slaves orientaux* (Russes, Ukrainiens, Biélorusses), *Slaves occidentaux* (Polonais, Tchèques, Slovaques, Sorabes) et *Slaves du Sud* (Slovènes, Croates, Serbes, Bulgares, Macédoniens). En 1985, il y avait environ 290 millions de Slaves sur le continent eurasiatique (dont 198,5 millions dans l'ex-URSS) et 10 millions ailleurs (Amérique, Australie notamment). La plus grande partie des Slaves est orthodoxe (Russes, Ukrainiens, Serbes, Bulgares), mais une minorité importante est catholique (Polonais, Tchèques, Slovaques, Slovènes et Croates) et quelques-uns sont musulmans (musulmans de langue serbo-croate de Bosnie-Herzégovine, dont Tito a fait un groupe national, et Pomaques de Bulgarie).

**SLAVIANSK** ♦ V. d'Ukraine, dans le Donbass. 122 049 hab. Exploitation des gisements de sel de la région. Indus. chimique (soude).

**SLAVICI (Ioan)** ♦ Écrivain roumain (Siria 1848 - Bucarest 1925). Il prit la défense de la cause roumaine après sa rencontre à Vienne avec Eminescu*, qu'il suivit dans ses entreprises patriotiques : «la jeune Roumanie» et surtout la Junimea* de Iaşi. Il occupa une place importante dans la société de son temps, notamment par son activité de journaliste, mais fut discrédité par sa loyauté envers l'Autriche. Son talent littéraire, annoncé en 1873 avec *Tanda le Pope*, se confirma dans ses *Nouvelles* (1892 - 1896) et ses *Contes* (1908).

**SLAVKINE (Victor)** ♦ Auteur dramatique russe (Moscou 1935). Il est à la fois considéré, par son style, comme l'héritier de Tchekhov et comme l'un des précurseurs de la nouvelle vague du théâtre russe. *La Femme adulte du jeune homme* (1979) et *Le Cerceau* (1985) furent joués à Moscou et rencontrèrent un énorme succès auprès de la jeunesse soviétique. Il a écrit plusieurs courtes pièces à partir de situations incongrues (*Le Tableau*, 1982 ; *L'Orchestre*, 1982) souvent représentées en France.

**SLAVONIE** n. f. – en croate ***Slavonija***, anc. ***Esclavonie*** ♦ Région de Croatie de l'Est, située entre la Drave et la Save, composée des plaines fertiles de Podravina et de Posavina et de petits massifs intermédiaires (Psunj, Papuk) culminant à près de 1 000 m. V. PRINC. : Osijek.

**slavophiles**

n. m. pl. ♦ Mouvement littéraire russe des années 1840 - 1860 dont les adeptes, tels que Khomiakov*, Aksakov*, voulaient que la Russie suive sa propre évolution nationale. Ils s'opposaient aux occidentalistes*.

**SLESVIG** → Schleswig

**SLIGO** ◆ ÉTYM. en gaél. ***Sligeach***, de *slige* «coquillage» ♦ V. de la rép. d'Irlande, ch.-l. de comté entre le lough Gill et l'océan Atlantique. 17 892 hab. (comté 60 894). Petit port, la ville commence à s'industrialiser et sert de capitale régionale. Ruines d'une abbaye (XIIIe - XIVe s.). Dans les environs, le lough Gill, dans un site romantique, a été chanté par Yeats.

**SLIPHER (Vesto Melvin)** ♦ Astronome américain (Mulberry, Indiana 1875 - Flagstaff, Arizona 1969). Il étudia les spectres des planètes, ce qui permit d'identifier la présence de méthane dans les atmosphères de Jupiter, Saturne et Neptune. Il dirigea les recherches qui aboutirent à la découverte de Pluton*. Ce fut lui qui, mesurant les vitesses des nébuleuses, montra qu'elles s'éloignent les unes des autres, découverte qui fonde la théorie de l'expansion de l'univers.

**SLIVEN** ♦ V. de Bulgarie nord-orientale, ch.-l. de région, au pied du Petit Balkan, à l'entrée de la *passe de Sliven* (ou Portes de fer). 136 148 hab. Indus. textile (laine) ; construc. mécaniques.

**SLOCHTEREN** ♦ V. des Pays-Bas (Groningue). 15 186 hab. Gisement de gaz naturel découvert en 1959 (production : 82 milliards de m$^3$ en 1991). Plus de 40 % de la production est exportée.

**SLODTZ (René Michel, dit Michel-Ange)** ♦ Sculpteur français (Paris 1705 - *id.* 1764). Fils cadet du sculpteur d'origine flamande Sébastien Slodtz (1655 - 1726), il séjourna à Rome de 1728 à 1747, il y subit l'influence du Bernin*, admira et copia Michel-Ange (d'où son surnom). Il travailla avec ses deux frères : SÉBASTIEN ANTOINE (1695 - 1754) et PAUL AMBROISE (1702 - 1758) et fut un représentant caractéristique du baroquisme (tombeau des archevêques dans la cathédrale de Vienne, Isère ; tombeau polychrome du curé Languet de Gergy et statues monumentales du porche de Saint-Sulpice, Paris, 1753).

**SŁONIMSKI (Antoni)** ♦ Poète et écrivain polonais (Varsovie 1895 - *id.* 1976). Membre de Skamander, il insuffla un nouveau dynamisme au lyrisme, en introduisant le langage quotidien dans la poésie. Après des *Sonnets* (1918), il écrivit *Printemps noir* (1919) qui fut saisi par la censure. Gardant la forme classique, il s'attaqua à l'impérialisme, la guerre et l'obscurantisme : *L'Heure de la poésie* (1923), *Face à Face* (1928). Émigré en Angleterre durant la Deuxième Guerre mondiale, il publia à Londres *Alarme* (1940), *La Cendre et le Vent* (1942), *Poèmes chinois* (1944). Il dirigea la section littéraire de l'Unesco de 1946 à 1948 et fut président de l'Union des écrivains de 1956 à 1959.

**SLOUGH** ♦ V. d'Angleterre (Berkshire) formant un district, dans la banl. O. de Londres en face de Windsor. 105 000 hab. Centre tertiaire (informatique) et industriel (chimie, indus. pharmaceutiques, électroniques et mécaniques). Avec sa vaste zone industrielle (1 500 entreprises), elle constitue l'un des pôles de développement de la capitale. Fort pourcentage de population immigrée d'origine asiatique.

## SLOVAQUIE

▮ n. f. – off. ***République slovaque***, en slovaque ***Slovensko*** ♦ Pays d'Europe centrale. 49 036 km$^2$. 5 379 455 hab. (*Slovaques*). LANGUES : slovaque, hongrois, romani. POPULATION : Slovaques, 86 % ; minorité de langue hongroise, 11 % ; Tziganes. RELIGIONS : catholiques, 60 % ; protestants, 6 %. MONNAIE : euro. CAPITALE : Bratislava. RÉGIME : parlementaire. La Slovaquie est divisée en 8 régions et 79 districts.

▮ **GÉOGRAPHIE** Sur une largeur de 100 km et une longueur de plus de 250 km, les chaînons courbes des Petites Carpates et des Beskides, les massifs volcaniques et cristallins des monts Métallifères slovaques et des Hautes Tatras (2 655 m) se relaient pour créer un espace très compartimenté. Aucune large vallée ne facilite les communications intérieures à l'exception de celle du Váh qui épouse la courbure générale et à laquelle succède celle du Hernád au-delà de Poprad. L'ensemble de cet espace montagnard est marqué par la présence de la forêt qui bénéficie de fortes précipitations et occupe 38 % du territoire. C'est pour compenser l'absence de grandes plaines labourables que les signataires du

Slovaquie ▮ Productions en 2008

| Produits | Quantités | Rang |
|---|---|---|
| ▮ Agriculture | | |
| Betteraves à sucre (2009) | 840 000 t | |
| Blé | 1 800 000 t | |
| Maïs | 1 140 000 t | |
| Orge | 930 000 t | |
| Pommes de terre (2009) | 540 000 t | |
| Tournesol (graines) (2009) | 202 000 t | 20[e] |
| Bovins (têtes) | 480 000 | |
| Porcins (têtes) | 750 000 | |
| ▮ Mines et énergie | | |
| Énergie nucléaire | 16 TWh | 18[e] |
| Lignite | 2 600 000 t | |

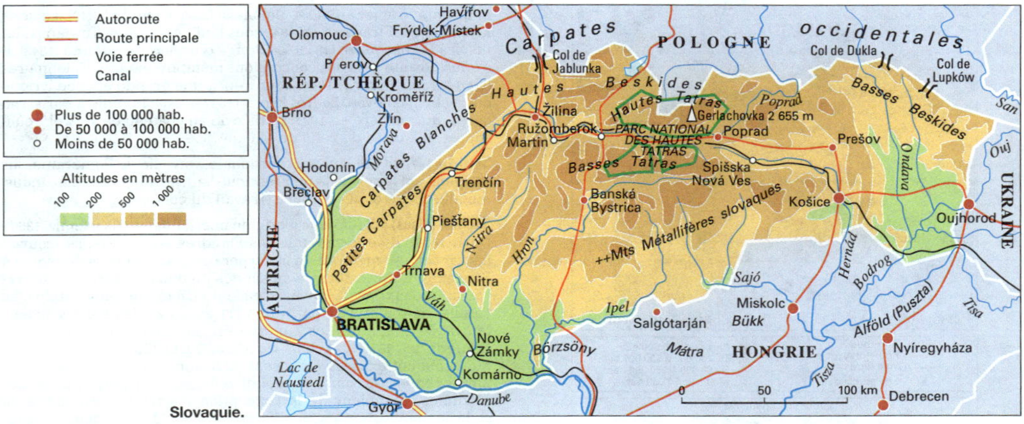

Slovaquie.

traité de Versailles avaient rattaché à la Tchécoslovaquie les basses terres de la rive g. du Danube, de Bratislava à Esztergom, bien qu'elles fussent occupées par une majorité hongroise.

**▮ ÉCONOMIE ▮ Le développement de la Slovaquie** L'absence de ressources minières importantes et la politique des grands propriétaires magyars au XIXe s. ont retardé le développement industriel de la Slovaquie. Celle-ci n'a connu un véritable démarrage industriel que vers le milieu du XXe s. Le développement de l'industrie lourde sur le modèle soviétique s'est accompagné, en Tchécoslovaquie, d'une volonté de rééquilibrage du territoire au profit de la Slovaquie. Cela s'est traduit par un essaimage des entreprises tchèques en Slovaquie, voire par des transferts complets d'établissements. Le manque de charbon a été pallié par la mise en valeur hydroélectrique des grandes rivières (Váh, Hron, Hernád) et par l'exploitation d'un gisement de lignite près de Banská Bystrica. Mais c'est surtout le développement du réseau ferroviaire et la situation de la Slovaquie au cœur du Comecon qui ont été déterminants. La division socialiste du travail a permis l'installation en Slovaquie d'énormes complexes industriels utilisant soit les ressources propres du pays (cimenteries, complexe de cellulose et papier), soit les ressources des pays voisins : le gigantesque complexe sidérurgique de Košice utilisait le fer d'Ukraine et le charbon de Silésie, tandis que le complexe métallurgique de Žiar traitait la bauxite de Hongrie. Le barrage de Gabčíkovo, commencé à l'époque soviétique, qui détourne 90 % des eaux du Danube est à l'origine d'une grave crise politique avec la Hongrie dont une région s'est retrouvée asséchée. **▮ La situation actuelle** D'une manière générale, le pays présente un taux de développement décroissant d'O. en E. Bratislava et la Slovaquie occidentale constituent le cœur économique du nouvel État (agriculture compétitive, industries de haute technologie, électronique, ingénierie, pétrochimie, automobile). Cette région a particulièrement bénéficié de nombreux investissements étrangers attirés par la restructuration de l'économie et les privatisations qui se sont accélérées depuis les années 2000. → **Bratislava.** La Slovaquie centrale, partie la plus montagneuse du pays, associe une industrie disséminée dans les vallées (chimie, bois, confection, machines-outils) et un bon équipement touristique (stations de ski, hôtels). En revanche, la Slovaquie orientale, important nœud de communications à l'époque du Comecon, connaît une grave crise économique et sociale (13 % de chômage en 2006, faibles niveaux de formation et de qualification, pollution). En outre, la présence d'une très forte minorité tzigane, mal intégrée à la société, suscite des tensions sociales et politiques. La crise survenue après la «partition de velours» de la Tchécoslovaquie a été rapidement surmontée (8,2 % de croissance du PIB en 2006) malgré la diminution des exportations traditionnelles (métallurgie, chimie du charbon et pétrole). Un net coup de frein fut également enregistré en 2009-2010 en raison de la crise mondiale.

**▮ HISTOIRE** Peuplée à partir du –Ve s. par les Celtes, puis par les Sarmates et les Germains, la région resta occupée au VIIe s. par les Slovaques, peuple slave. Elle fut incluse dans le royaume de Grande-Moravie à sa fondation (fin du VIIIe s.), mais les envahisseurs magyars dirigés par Árpád* assujettirent les tribus slovaques en 905. **▮ Une possession hongroise** La Slovaquie suivit alors le sort du royaume de Hongrie. Lors de l'invasion ottomane au XVIe s., les possessions habsbourgeoises en Hongrie furent réduites à une étroite bande à l'O. de l'ancien royaume et Bratislava* (alors Presbourg) devint capitale. Les insurrections se multiplièrent durant cette période (soulèvements de serfs slovaques entraînés par la noblesse magyare, insurrection des mineurs allemands et slovaques, 1525 - 1526). La Slovaquie perdit à nouveau de son importance lorsque le royaume fut reconstitué (1699). La politique de germanisation pratiquée par les Habsbourg et les obstacles opposés à toute expansion industrielle provoquèrent une aggravation des conditions de vie, déjà misérables, des Slovaques (jacquerie de 1831). Le sentiment national s'éveilla, soutenu par les partisans d'une union tchécoslovaque favorables à l'adoption de la langue tchèque et par les partisans d'une culture purement slovaque (ces derniers, dirigés par L. Štúr, réussirent à faire revivre un dialecte de Slovaquie centrale). Cependant le mouvement resta limité. En 1848, la revendication de l'autonomie slovaque, portée devant les Hongrois révoltés contre les Habsbourg, se solda par un échec. Les Slovaques prirent alors parti pour le gouvernement de Vienne contre les Hongrois, ce qui entraîna une sévère répression après le compromis austro-hongrois de 1867 et l'accentuation de la magyarisation. La misère poussa plus d'un demi-million de Slovaques à émigrer vers les États-Unis. En 1905 fut fondé le Parti populiste slovaque de l'abbé A. Hlinka (de tendance autonomiste). Un autre parti, favorable au rapprochement tchécoslovaque, reprit les idées de Masaryk*. **▮ La Tchécoslovaquie** En octobre 1918, la Slovaquie, séparée de la Hongrie, et les pays tchèques furent unis en un seul État, la Tchécoslovaquie*. Mais la convention de Pittsburgh signée en mai 1918 par Masaryk et garantissant l'autonomie slovaque ne fut pas respectée. Le mécontentement crût devant la politique centralisatrice de Prague. Le successeur de l'abbé Hlinka à la tête du Parti populiste (devenu pronazi), Mgr J. Tiso, obtint, après les accords de Munich*, l'autonomie de la Slovaquie (7 oct. 1938). Destitué par Prague, il fut alors convoqué par Hitler, proclama l'«indépendance» de la Slovaquie (14 mars 1939) et se plaça sous la protection allemande. Le régime fasciste de la Slovaquie, qui déclara la guerre à la Pologne, puis à l'URSS (juin 1941), provoqua un mouvement de résistance (insurrection de Banská Bystrica) réprimé par l'armée allemande (oct. 1944). Lorsque la Tchécoslovaquie fut reconstituée en avr. - mai 1945, l'égalité des peuples tchèque et slovaque fut théoriquement garantie. → **Tchécoslovaquie.** **▮ L'indépendance** Après avoir été l'une des deux républiques fédérées de la Tchécoslovaquie de 1969 à 1992, la république de Slovaquie devint un État indépendant le 1er janv. 1993 présidé par M. Kováč (1993 - 1998). La politique d'isolement menée par le Premier ministre populiste V. Mečiar fut sanctionnée par les législatives qui portèrent au pouvoir une large coalition démocratique qui entreprit de faire entrer la Slovaquie dans l'Otan et dans l'Union européenne en 2004 et de consolider ses liens avec les États-Unis (soutien en Afghanistan* et en Irak*). Cependant, cette coalition pratiqua également une politique d'austérité et de réformes sociales et fut battue à l'élection présidentielle de 2004 par le populiste I. Gašparovič. Celui-ci a nommé en 2006 Robert Fico Premier ministre (du centre gauche) à la tête d'une coalition. Il a poursuivi les réformes engagées (système de santé, retraites). L'année 2009 a été marquée par la réélection d'I. Gašparovič, par l'entrée dans la zone euro et par un ralentissement de la croissance, contrecoup de la crise globale, avec une augmentation du chômage et une chute brutale des exportations.

## SLOVÉNIE

**▮** n. f. – en slovène ***Slovenija***, off. ***république de Slovénie*** ♦ Pays d'Europe centrale. 20 251 km$^2$. 1 964 036 hab. *(Slovènes)*. **LANGUE** : slovène. **RELIGION** : catholique. **MONNAIE** : euro. **POPULATION** : Slovènes, 91 % ; Croates, 3 % ; Serbes, 2 %. **CAPITALE** : Ljubljana. **RÉGIME** : démocratie parlementaire.

**▮ GÉOGRAPHIE** La Slovénie comprend 4 régions naturelles : les Alpes slovènes, culminant au Triglav (2 864 m), équipées pour les sports d'hiver, les bassins et les collines du piémont alpin où se concen-

**Slovénie.**

trent la plupart des villes, les chaînons boisés du Karst au S.-O. et une courte section du littoral de l'Istrie avec le port de Koper. Située jusqu'en 1918 entre les centres vitaux de l'Empire austro-hongrois et son principal port maritime, Trieste, la Slovénie a bénéficié d'un équipement ferroviaire et d'une industrialisation précoces par rapport aux autres parties de la Yougoslavie dont elle fit ensuite partie. Elle réalisait dans les années 1980 un revenu national par hab. double de la moyenne du pays. Ressources naturelles variées : plomb et zinc (Mežica), mercure (Idrija), charbon (Trbovlje, Velenje), pétrole (Lendava), bois. Industrie diversifiée : sidérurgie (Jesenice), métallurgie (Maribor), textile (Celje), électronique (Ljubljana, Kranj). Le taux de chômage est élevé et l'agriculture souffre de la dimension insuffisante des exploitations. Le passage à l'euro a relancé l'inflation. L'économie est cependant dynamique et l'arrivée de capitaux étrangers se renforce.

**❚ HISTOIRE** C'est au VI^e s. que les Slovènes, peuple slave, vinrent s'établir dans cette région puis acceptèrent la suzeraineté de la Bavière (745). La région fut envahie par les Magyars (X^e - XI^e s.) et, du XIII^e au XV^e s., les principautés morcelées furent peu à peu réunies par les Habsbourg et fortement germanisées. Dans l'ancien empire d'Autriche-Hongrie, la majorité des Slovènes était répartie entre les provinces de Carniole, de Styrie et de Carinthie. Gagnée par le mécontentement des Slaves du Sud, la Slovénie demanda son rattachement aux royaumes de Serbie et du Monténégro (1918) avant d'être englobée dans la future Yougoslavie. Partagée en 1941 entre l'Allemagne et l'Italie, elle devint en 1945 une république fédérée de la Yougoslavie. Elle s'agrandit d'une partie de la Vénétie Julienne (1947) et d'une partie du territoire de Trieste* (1954). En juin 1991, elle proclama son indépendance, en même temps que la Croatie, faute d'avoir pu s'entendre avec la Serbie sur l'avenir de la fédération yougoslave. L'armée fédérale s'en retira après deux semaines de combats. Internationalement reconnue en janv. 1992, elle a conduit efficacement la transition vers l'économie de marché. En 2002, les Slovènes ont porté Janez Drnovsek (Démocratie libérale), Premier ministre depuis 1991, à la présidence de la République. La Slovénie est entrée dans l'Otan et dans l'Union européenne en 2004. Malgré ces bonnes performances, les Slovènes ont choisi l'alternance en élisant à la présidentielle de 2007 le candidat de centre gauche, Danilo Turk. En 2008, le pays a dû faire face à la crise régionale provoquée par l'indépendance du Kosovo en février puis aux retombées de la crise bancaire mondiale.

---

**SŁOWACKI (Juliusz)** ♦ Poète et auteur dramatique polonais (Krzemieniec 1809 - Paris 1849). Contemporain de Mickiewicz*, il fut avec lui le plus grand représentant du romantisme polonais. Issu d'un milieu lettré, influencé dès son jeune âge par Byron, très éprouvé par l'échec de l'insurrection de Varsovie (1831), il s'exila à Paris, puis en Suisse et en Italie et publia deux volumes de poésies pessimistes, *Lambro, l'insurgé grec* (1832) et *Kordian* (1834), drame romantique sur le thème de l'insurrection, conçu comme réplique aux *Aïeux* de Mickiewicz. Ses voyages en Europe et en Orient (il se fixa à Paris en 1838) lui inspirèrent une élégie d'amour romantique, *En Suisse* (1839), et des tableaux dantesques du malheur humain : *Le Père des pestiférés* (1839), *Le Voyage de Naples en Terre sainte* (1836 - 1837). En 1838, il publia à Paris *Anhelli*, poème dans une prose biblique où il évoque le martyre des Polonais déportés en Sibérie. L'œuvre dramatique de Słowacki, qui est considéré comme le créateur du théâtre tragique moderne en Pologne, est inspirée de Shakespeare et de Calderón : *Mindowe* (1829), *Marie Stuart* (1830), *Balladyna* (1834, publié en 1839), dont il emprunte le sujet au passé polonais, *Lilla Weneda* (1840). La crise mystique qu'il traversa en 1842 sous l'influence de A. Towiański lui inspira *L'Abbé Marc* (1843), *Le Songe d'argent de Salomé* (1843). Il évolua ensuite vers des conceptions métaphysiques et visionnaires (*Genèse par l'esprit*, 1844) et entreprit une grande épopée lyrique qui resta inachevée, *Le Roi Esprit* (1847 - 1849). Inhumé à Paris, son corps fut transféré en 1927 à Cracovie au château de Wawel*, où il repose aux côtés de celui de Mickiewicz.

**SŁUPSK** ♦ V. de Pologne septentrionale, voïvodie de Poméranie, sur la Słupia qui la relie à la mer Baltique (sur 18 km). 13 376 hab. Indus. métallurgique et alimentaire. Travail du bois.

**SLUTER (Claus)** ♦ Sculpteur d'origine néerlandaise (Haarlem v. 1350 - Dijon 1406). Il se forma dans les Flandres et, en 1379, se trouvait inscrit comme membre de la corporation des tailleurs de pierre à Bruxelles. En 1385, il entra au service du duc de Bourgogne et travailla au chantier de la chartreuse de Champmol dont il dirigea l'atelier de sculpture à partir de 1389, exécutant les statues du portail de la chapelle *(Les Donateurs)*, du trumeau *La Vierge et l'Enfant* (v. 1397) et le *Puits de Moïse**. Ces figures tourmentées, puissamment expressives, visent au trompe-l'œil par la vérité des physionomies, le souci du détail réaliste et la polychromie des costumes. L'ampleur de la conception plastique, l'originalité du style se manifestent particulièrement dans le traitement des draperies lourdes et mouvementées. En 1404, il commença aussi le tombeau de Philippe II le Hardi que termina son neveu Claus de Werwe. Il fut le maître de la sculpture bourguignonne et son influence se répandit, notamment en Flandres et en Allemagne. Il fut aussi l'un des principaux initiateurs du courant «réaliste» qui se développa dans la sculpture et la peinture du XV^e s.

**SMÅLAND** n. m. ♦ Région de Suède méridionale, comprise entre le lac Vättern et le Blekinge. Région forestière, peu peuplée.

**SMALE (Stephen)** ♦ Mathématicien américain (Flint, Michigan 1930). Ses travaux portent sur la topologie différentielle, en particulier sur la classification des immersions et plongements d'une variété différentiable dans une autre. Il démontra la conjecture de Poincaré* pour tout espace de dimension supérieure à 4 (→ **Freedman, Perelman**). [Médaille Fields 1966]

**SMALKALDE** → **Schmalkalden**

**SMALLEY (Richard E.)** ♦ Chimiste américain (Akron, Ohio 1943 - Houston 2005). [Prix Nobel de chimie 1996, avec R. Curl et H. Kroto*]

**SMART (Christopher)** ♦ Poète britannique (Shipbourne, Kent 1722 - Londres 1771). Étudiant à Cambridge, il connut Pembroke et se fit remarquer pour ses talents de satiriste. Il traduisit Horace en 1756 et écrivit sur les murs de la prison où il était enfermé pour dettes son *Hymne à David* (1763) dont l'inspiration le rattache à Young* et, secondairement, à William Blake*.

**SMENDÈS** ♦ Premier pharaon de la XXI^e dynastie tanite (v. –1085 - –1054). → **Hérihor.**

**SMERDIS** → **Bardiya**

**SMETANA (Bedřich)** ♦ Compositeur tchèque (Litomyšl 1824 - Prague 1884). Génie précoce, il fut d'abord pianiste virtuose et n'eut à vrai dire qu'une formation d'autodidacte. Affecté par l'écrasement de la révolte tchèque en 1848, il bénéficia de l'appui de Liszt et de Clara Schumann pour fonder à Prague une école de musique (1849), mais, quelques années plus tard, il s'exila en Suède pour échapper à l'oppression autrichienne (1856). Revenu en Bohême (1862), il exerça les fonctions de chef d'orchestre au Théâtre provisoire (1866 - 1874), dont il fut le «chef d'opéra» à partir de 1872, avec l'esprit militant d'un patriote résolu à exprimer le génie de son peuple éprouvé. De cette période datent ses huit opéras nationaux, dont *Les Brandebourgeois en Bohême* (1866), *Dalibor* (1868), *Le Baiser* (1876), *Libuše* (1881), et surtout *La Fiancée* vendue* (1866), chef-d'œuvre d'une grande fraîcheur d'inspiration dont les trouvailles mélodiques et rythmiques assurent, de nos jours encore, la popularité. Frappé de surdité, puis de dépression nerveuse, Smetana devait achever ses jours dans un asile d'aliénés. Marquée d'abord par l'influence de Liszt, son œuvre dépasse amplement le cadre folklorique et national. Outre les ouvrages lyriques cités plus haut, elle comprend des poèmes symphoniques, dont *Ma Patrie* (1874 - 1879), qui contient la célèbre *Moldau*, des pièces de musique de chambre, dont le quatuor à cordes *De ma vie* (1876), pour piano *(Trio, polkas, danses tchèques)*, des chœurs et des mélodies. ➡ ÉTYM. Ce nom tchèque signifie «crème».

**SMETHWICK** ♦ V. d'Angleterre (West Midlands), dans la banl. O. de Birmingham. 60 000 hab. Centre industriel.

**SMITH (John)** ♦ Navigateur et colonisateur anglais (Willoughby, Lincolnshire, v. 1579 - Londres 1631). Membre puis président (1608) de la Compagnie de Virginie (créée en 1605), il fonda la colonie de Jamestown et explora la côte orientale de l'Amérique du Nord, en particulier la région à laquelle il donna le nom de Nouvelle-Angleterre. ➡ ÉTYM. Ce nom anglais «forgeron» (→ aussi Fabre, Faure, Fauré, Favre, Febvre, Kowalski, Lefebvre, Lefèvre, Le Goff, Schmidt, Schmitt).

**SMITH (Adam)** ♦ Philosophe et économiste écossais (Kirkcaldy 1723 - Édimbourg 1790). Sa *Théorie des sentiments moraux* (1759), influencée par celle d'Hutcheson, fait de la sympathie le mobile principal de nos actes et la base de nos jugements moraux. Après un séjour en France, où il fréquenta les économistes (Quesnay, Turgot), il publia ses *Recherches sur la nature et les causes de la richesse* des nations* (1776), premier grand traité du capitalisme libéral. Voyant dans le travail la source de toute richesse et la mesure réelle de la valeur échangeable des biens, il affirme (contrairement aux physiocrates) que sa division et le développement de l'industrie favorisent l'accroissement de la production. Fondamentalement optimiste, il pense que le mécanisme des prix assure l'équilibre entre l'offre et la demande, et croit en la convergence des intérêts individuels vers l'intérêt général. Libre-échange et concurrence sont pour lui les principes fondamentaux de la politique économique. Son œuvre influença toute l'école libérale. → **Ricardo, Say.**

**SMITH (Joseph)** ♦ Fondateur de la secte des mormons (Sharon, Vermont 1805 - Carthage, Illinois 1844). En 1828, une «révélation» lui apprit l'histoire biblique de l'Amérique (les Indiens descendent des tribus perdues d'Israël) : cette histoire était consignée dans le Livre de Mormon, livre sacré (que l'on considère en général comme l'œuvre d'un pasteur américain, S. Spaulding). En 1830, il fonda une communauté dans l'État de New York, l'établit dans l'Ohio (1831) puis dans le Missouri (1838) et l'Illinois. Il fut lynché. → **mormons.**

**SMITH (sir Francis Pettit)** ♦ Ingénieur britannique (Hythe, Kent 1808 - South Kensington 1874). Il inventa une hélice à un seul pas pour laquelle il prit un brevet en 1836 et qui, montée sur l'*Archimède* en 1839, fut adoptée par l'Amirauté britannique.

**SMITH (William Robertson)** ♦ Exégète et orientaliste britannique (Keig, Aberdeenshire 1846 - Cambridge 1894). Ses analyses sur les sociétés musulmanes l'ont amené à étudier les structures de la parenté et le problème du totémisme, dans lequel il vit l'origine du culte sacrificiel (*The Prophets of Israel*, 1882 ; *Kinship and Marriage in Early Arabia*, 1885 ; *The Religion of Semites*, 1889).

**SMITH (Elizabeth, dite Bessie)** ♦ Chanteuse de jazz américaine (Chattanooga, Tennessee 1894 - Clarksdale, Mississippi 1937). Elle commença sa carrière de chanteuse de blues avec Ma Rainey, et connut le succès de 1923 à 1930, année où elle fut surnommée l'Impératrice du blues, mais tomba peu à peu dans l'oubli. Princ. enregistrements : *Saint Louis Blues* (1925, accompagnée par Louis Armstrong), *Trombone Cholly* (1927), *Gimme a Pig Foot* (1933).

**SMITH (Henry Joseph Bonaparte BERTHOLOFF, dit Willie the Lion)** ♦ Pianiste de jazz américain (Goshen, New York 1897 - New York 1973). Il fut, avec James P. Johnson* et Fats Waller*, l'un des meilleurs représentants du style *stride* caractérisant les pianistes de Harlem dans les années 1920 et 1930.

**SMITH (David)** ♦ Sculpteur américain (Decatur 1906 - Bolton Landing, New York 1965). Il fut l'un des premiers sculpteurs américains à mener une réflexion parallèle sur la sculpture et la peinture, qu'il avait étudiées à l'Art Students' League de New York. Il créa vers 1930 des sculptures abstraites. Il exposa en 1938 quinze plaques de bronze intitulées *Medals of Dishonor*, traduisant ses sentiments devant la montée de la violence. Puis il associa à ses œuvres des «objets trouvés», roues ou pièces d'instruments aratoires (*War Spectre*, 1944). Ses sculptures massives des années 1950 - 1960 (*Australie*, 1951 ; *Cubi XXVII*, 1965), reflets de sa fascination pour l'acier industriel, mais à la dynamique instable, auront une grande influence sur la sculpture américaine et britannique (Caro).

**SMITH (Hezekiah Leroy GORDON, dit Stuff)** ♦ Violoniste de jazz américain (Portsmouth, Ohio 1909 - Munich 1965). Après avoir débuté avec Jelly Roll Morton*, il constitua sa propre formation avec Jonah Jones et Cozy Cole et fut le premier instrumentiste de jazz à jouer sur un violon amplifié électriquement (1939). Il termina sa carrière en Europe. Princ. enregistrements : *After You've Gone* (1936), *Don't Get Around Much Anymore* (avec Stéphane Grappelli, 1957).

**SMITH (William MCLEISH, dit Willie)** ♦ Saxophoniste, clarinettiste, chanteur et arrangeur de jazz américain (Charleston 1910 - Los Angeles 1967). Il fut longtemps membre de l'orchestre de Jimmie Lunceford* (1929 - 1942), joua ensuite chez Duke Ellington* (1951) et Harry James (1954 - 1963). Il fut un remarquable soliste, notamment chez Jimmie Lunceford, s'inspirant de Johnny Hodges pour le saxophone et de Barney Bigard* pour la clarinette. Princ. enregistrements : *Harlem Shout* (1936), *Blues in the Night* (1941).

**SMITH (Tony)** ♦ Sculpteur américain (South Orange, New Jersey 1912 - *id.* 1980). D'abord assistant de Frank Lloyd Wright*, il devint sculpteur et peintre. Son œuvre-manifeste, *Die* («meurs», 1962), est un cube d'acier noir de six pieds de côté qui fait de lui un représentant du minimalisme bien que, paradoxalement, il s'intéresse au sujet et arrive à la création de modules par processus réflexif. Il a aussi créé des ensembles de volumes triangulaires (*Ten Elements*, 1975).

**SMITH (W. Eugene)** ♦ Photographe américain (Wichita, Kansas 1918 - Tucson, Arizona 1978). Reporter, il travailla pour *Life* de 1939 à 1941, puis de 1947 à 1955, année où il entra à l'agence Magnum. Dramatiques, voire expressionnistes, ses reportages photographiques *Médecin de campagne* (1948) et *Minimata* (1975) conjuguent avec force l'objectivité du photo-journalisme et la subjectivité de la création artistique.

**SMITH (Ian Douglas)** ♦ Homme politique rhodésien (Selukwe 1919 - Le Cap 2007). Premier ministre de la Rhodésie (1964 - 1979), il rompit les relations diplomatiques avec la Grande-Bretagne et proclama l'indépendance de son pays (1965), dont la politique de ségrégation raciale était critiquée par la plupart des États membres de l'ONU. Il négocia avec les nationalistes noirs leur accession au pouvoir et continua à représenter une partie de la minorité blanche dans le nouveau Parlement multiracial.

**SMITH (Jimmy)** ♦ Organiste de jazz américain (Norristown, Pennsylvanie 1925 - Phoenix 2005). Après avoir reçu une solide formation musicale, il constitua son propre trio (orgue, guitare, batterie) à New York en 1955. Il participa ensuite à plusieurs tournées européennes avant de diriger son propre club en Californie. Son style, qui laisse une place importante à l'improvisation, se caractérise par l'utilisation fréquente d'effets sonores originaux. Princ. enregistrements : *My Funny Valentine* (1957), *Piano Solo Medley* (1983).

**SMITH (Vernon L.)** ♦ Économiste américain (Wichita 1927). Il a posé les bases d'un nouveau domaine de recherche, l'économie expérimentale. Il a été reconnu pour avoir fait de l'expérience en laboratoire un instrument d'analyse économique empirique, en particulier dans l'étude de différentes structures de marché. [Prix Nobel d'écon. 2002 avec D. Kahneman*]

**SMITH (George Elwood)** ♦ Physicien américain (White Plains, New York 1930). [Prix Nobel de phys. 2009, avec W. S. Boyle* et C. K. Kao*]

**SMITH (Hamilton)** ♦ Biologiste américain (New York 1931). → **Arber.** [Prix Nobel de physiol. ou méd. 1978, avec W. Arber et D. Nathans]

**SMITH (Michael)** ♦ Biochimiste canadien d'origine britannique (Blackpool 1932 - Vancouver 2000). Il élabora, en 1978, la technique de «mutagenèse dirigée» qui permet de modifier très précisément un endroit choisi de l'ADN, support du message génétique. Il en résulte la possibilité de fabriquer des protéines nouvelles qui pourrait déboucher sur une thérapie génique (correction des gènes défectueux responsables de maladies héréditaires) et la conception de nouvelles substances, aussi bien pour la médecine que pour l'industrie. [Prix Nobel de chim. 1993, avec K. Millis*]

**SMITH** (détroit de) ♦ Détroit de l'Arctique canadien, séparant le Groenland de l'île d'Ellesmere.

**SMITHIES (Oliver)** ♦ Biochimiste américain d'origine britannique (Halifax 1925). Indépendamment de M. R. Capecci*, il élabora la technique de ciblage génétique permettant la production des souris transgéniques présentant des défauts génétiques particuliers et ouvrit la voie à la compréhension de nombreuses maladies héréditaires. [Prix Nobel de physiol. ou méd. 2007 avec M. R. Capecchi et M. J. Evans*]

**SMITHSON (Peter et Alison)** ♦ Couple d'architectes britanniques, PETER SMITHSON (Stockton-on-Tees 1923 - *id.* 2003) et ALISON SMITHSON (Sheffield 1928 - Londres 1993). Membres de l'Independent Group puis du Team 10, ils conçurent des projets révolutionnaires qualifiés de «brutalistes», inspirés du rigorisme de Mies* van der Rohe, mais avec une insistance sur les structures en acier et les éléments techniques (Hunstanton School, Norfolk, 1949 - 1954). Leurs bâtiments, répondant à une vocation sociale, sont imposants et dénués de décor autre que celui des matériaux bruts (Economist Building, 1964, Londres ; École d'architecture, Bath, 1988 - 1989).

**SMITHSON (Robert)** ♦ Artiste américain (Passaic, New Jersey 1938 - Amarillo 1973). D'abord peintre expressionniste abstrait, il devint l'un des principaux représentants du land* art avec ses *Earthworks*, œuvres gigantesques reproduisant les formes simples de l'art minimal (*Spiral Jetty*, 1970, construite dans le Grand Lac Salé de l'Utah avec 6000 t de pierres). Smithson accompagna ses œuvres de textes théoriques.

**SMOLENSK** → ÉTYM. du russe *smola* «résine, poix, goudron» [allus. à une tribu qui enduisait ses embarcations de goudron] et suff. *-sk* qui désigne une ville ♦ V. de Russie, ch.-l. de région, sur le cours supérieur du Dniepr. 325 500 hab. Remparts (1596 - 1602) restaurés. Cathédrale de l'Assomption, construite de 1676 à 1740 (iconostase du XVIII^e s.) ▪ Indus. métallurgique et mécanique (machines-outils). Indus. alimentaire. Nœud ferroviaire. ▮ **Histoire** Fondée au IX^e s., la ville, l'une des plus anciennes de Russie, fut une importante place de commerce avant de devenir la capitale d'une principauté qui appartint à la Lituanie, à la Russie (→ **Vassili III**), à la Pologne, puis de nouveau à la Russie (→ **Alexis I^er**) qui l'annexa au traité d'Androussovo* (1667). Durant la campagne de Russie (1812), Napoléon s'en empara à la suite d'un combat acharné contre les troupes russes de Bagration* et de Barclay* de Tolly. Occupée par les Allemands en 1941, elle fut reconquise par les Soviétiques en 1943.

**SMOLLETT (Tobias)** ♦ Romancier britannique (Dalquhurn, Dumbartonshire 1721 - Pise 1771). Il avait dix-huit ans quand il vint à Londres avec *Le Régicide*, tragédie que tous les théâtres lui refusèrent. Dépité, il s'engagea comme chirurgien à bord du *Cumberland* à destination de la Jamaïque, où il épousa la fille d'un planteur. Ses aventures lui inspirèrent les *Aventures de Roderick Random* (1748), publiées dès son retour à Londres. Profitant de son succès, Smollett composa *Les Aventures de Peregrine Pickle* (1751). En 1753 parut une œuvre qui annonce le «roman noir» (ou «gothique») qu'allait illustrer Ann Radcliffe* : *Les Aventures de Ferdinand, comte Fatham*. Pour faire face à ses besoins financiers, Smollett s'intéressa à l'édition, à la traduction (Voltaire, *Gil Blas*, *Don Quichotte*), au journalisme, révélant ses dons d'ironiste. *L'Histoire d'un atome* est une féroce satire de l'Angleterre et la causticité imprègne encore la dernière œuvre de ce voyageur infatigable, *Le Voyage de Humphry Clinker* (1771), de forme épistolaire, où l'auteur donne une leçon de tolérance.

**SMOLUCHOWSKI (Marian)** ♦ Physicien polonais (Vordenbühl, Autriche 1872 - Cracovie 1917). Auteur de nombreux travaux théoriques en calcul des probabilités, il proposa, indépendamment d'Einstein*, une théorie du mouvement brownien (1906) et détermina les fluctuations en théorie cinétique des gaz (1909).

**SMOOT (George F.)** ♦ Physicien américain (Yukon, Floride 1945). Il dirigea, au sein du projet Cobe, l'étude des variations de la température du rayonnement cosmique «fossile» (émis il y a plus de 13 milliards d'années, 380 000 ans après le big bang), parvenant à déceler les «anisotropies» de l'ordre du cent millième de degré, à l'origine de l'agrégation de la matière et donc de l'existence de galaxies. Ces résultats, en parfait accord avec le modèle du big bang, font accéder la cosmologie au rang d'une science exacte dont les prédictions peuvent être vérifiées par l'observation. [Prix Nobel de phys. 2006, avec J. Mather*]

**SMUTS (Jan Christiaan)** ♦ Maréchal et homme politique sud-africain (Bovenplaats, Le Cap 1870 - Irene, près de Pretoria 1950). Il combattit dans la guerre des Boers (1899 - 1902) avec le grade de général, puis participa aux négociations de Vereeniging (1902). Il fut membre du gouvernement Botha comme ministre de l'Intérieur (1910) puis de la Défense (1912). Général en chef en 1914, il réprima la révolte de De Wet et dirigea la campagne contre le Sud-Ouest africain allemand. En 1917, Lloyd George l'appela à Londres et le fit entrer dans le cabinet de guerre. À la Confé rence de la paix (1919) à laquelle il prit part avec Botha, il fut l'instigateur du système des mandats coloniaux et protesta contre le traité de Versailles qu'il jugeait trop lourd pour l'Allemagne. À la mort de Botha, il devint Premier ministre d'Afrique du Sud (1919 - 1924), mais il poursuivit la collaboration avec la Grande-Bretagne, ce qui lui fit perdre les élections face aux nationalistes d'Hertzog. Il passa dans l'opposition et accepta cependant en 1933 de participer au gouvernement d'Hertzog et de faire fusionner son parti avec le parti de ce dernier. Ministre de la Justice (1933 - 1939), il rompit avec Hertzog lors de la guerre contre l'Allemagne, devint Premier ministre (1939 - 1948) et dirigea la lutte aux côtés de la Grande-Bretagne. Maréchal de l'Empire britannique en 1941, il prit part à la conférence du Caire en 1942. Il fut renversé par les nationalistes du Dr Malan* et mena l'opposition contre la politique de ségrégation.

**SMYRNE** → **İzmir**

**SMYTHSON (Robert)** ♦ Architecte britannique (v. 1535 - Wollaton 1614). D'abord employé par sir John Thynne pour la reconstruction de sa résidence de Longleat en 1568, il s'illustra en concevant les résidences les plus remarquables de la période élisabéthaine : Wollaton Hall (1580 - 1588), Wootton Lodge (vers 1610). Il réalisa une synthèse de l'art de Serlio, du gothique anglais et flamand, et fit évoluer le style Renaissance anglais. ♦ **John Smythson** (mort en 1643). Fils du précédent. Il assista son père, notamment dans la construction de Bolsover Castle (1612 - 1634).

**SNAKE RIVER** n. f. ➝ ÉTYM. angl. «rivière *(river)* du serpent *(snake)*» ♦ Riv. des États-Unis (1 450 km), affl. de la Columbia (rive g.). Elle prend sa source dans le parc de Yellowstone, traverse en arc de cercle l'Idaho, formant une large vallée, remonte vers le N. en s'enfonçant dans de profonds canyons (frontière de l'Idaho et de l'Oregon), et pénètre dans l'État de Washington où elle se jette dans la Columbia.

**SNCF** n. f. → **Société nationale des chemins de fer français**

**SNEEK** ♦ V. des Pays-Bas (Frise), au centre d'une région lacustre. 33 106 hab. Indus. alimentaires. Cuir. Tourisme.

**SNÉFROU** ♦ Premier pharaon de la IVe dynastie (v. –2700). Il fit construire les pyramides de Meidoum et Dahshour.

**SNELL (George Davis)** ♦ Généticien américain (Bradford, Massachussets 1903 - Bar-Harbor, Maine 1996). Auteur de travaux sur la génétique et l'immunologie tissulaire de la souris. [Prix Nobel de physiol. ou méd. 1980, avec B. Benacerraf* et J. Dausset*]

**SNELL VAN ROYEN (Willebrord)** latinisé en **Villebrordus Snellius** ♦ Astronome et mathématicien hollandais (Leyde 1581 - *id.* 1626). Il mit au point, pour déterminer les distances, la méthode de triangulations (dite de *Snellius*), qui permit notamment de déterminer la longueur d'un arc de méridien ; il mesura ainsi l'arc compris entre Alkmaar et Bergen op Zoom (1° 11', en 1615). Il découvrit la loi de la réfraction de la lumière, appelée encore loi des sinus (1620), reprise peu après par Descartes*.

**SNOILSKY (Carl, comte)** ♦ Poète suédois (Stockholm 1841 - *id.* 1903). Il est l'auteur d'œuvres lyriques : *Images italiennes* (1865), *Poèmes* (1869, 1883, 1887, 1897), *Sonnets* (1871) et *Nouveaux poèmes* (1881). *Images suédoises* (1886) est composé de poèmes historiques. Par sa recherche d'une grande beauté formelle, on le considère comme l'équivalent des Parnassiens français.

**SNORRI STURLUSON** ♦ Écrivain islandais (Hvamm v. 1178 - Reykjaholt 1241). Ce grand seigneur, cet homme politique (il présida à plusieurs reprises le Parlement) intrigant que ses menées sourdes auprès du roi de Norvège finiront par conduire à sa perte (il fut assassiné, sur les ordres du roi Hákon Hákonarson, par les hommes de main de ses propres gendres), est aussi le plus grand écrivain scandinave du Moyen Âge. On le crédite de la *Heimskringla**, collection de sagas des rois de Norvège, de l'*Edda* en prose* qui illustre ses talents de pédagogue et sa science sûre de la poésie scaldique, et d'au moins une saga* de la catégorie des sagas des Islandais, *La Saga d'Egill, fils de Grímr le Chauve*. Science de la composition, don de la formule, rigueur du style, et aussi vision philosophique de l'Histoire (dans le sens augustinien), Snorri Sturluson serait reconnu comme l'un des premiers écrivains du Moyen Âge occcidental s'il n'avait écrit dans une langue difficile et demeurée marginale.

**SNOWDON** n. m. ➝ ÉTYM. en gallois ***Y Wyddfa*** «le point de vue» ♦ Massif du N.-O. du pays de Galles, culminant au Moel-y-Wyddfa à 1 085 m. Un des lieux les plus humides de la Grande-Bretagne, recevant en moyenne plus de 4 000 mm de précipitations par an. Le parc national du même nom est très fréquenté par les touristes.

**SNOWY** n. f. ♦ Riv. du S.-E. de l'Australie, à l'E. des Alpes australiennes. Elle se jette à l'E. du détroit de Bass.

**SNOWY MOUNTAINS** n. m. pl. ➝ ÉTYM. angl. «montagnes neigeuses» ♦ Chaîne des Alpes australiennes (mont Kosciusko, 2 228 m). Le complexe des Snowy Mountains, qui dévie notamment les eaux de la rivière Snowy, est destiné à la fourniture d'électricité et à l'irrigation.

**SNYDERS** ou **SNIJDERS (Frans)** ♦ Peintre flamand (Anvers 1579 - *id.* 1657). Formé chez Pieter II Bruegel* (dit d'Enfer), il devint maître de la guilde en 1602 et se lia avec Jean Bruegel*. Après un séjour en Italie (1608), il revint à Anvers, collaborant probablement à des œuvres de Van* Dyck, Jordaens* et Rubens*. Il obtint grâce à ce dernier des commandes du roi d'Espagne. Peintre animalier et de natures mortes, il fut dans ces deux genres le plus brillant et fécond représentant du baroque flamand. Ses mises en place dérivent en partie de Bueckelaer*, mais son style porte surtout l'empreinte de Rubens. Doué d'un grand sens décoratif et usant d'un coloris vibrant et fluide, il donne à ses accumulations de victuailles et d'objets un aspect opulent ; dans ses tableaux d'animaux et de scènes de chasse, il insiste parfois sur le pathétique *(Combat de coqs)*.

**SŌAMI** ♦ Peintre japonais (mort à Kyōto 1525) et dessinateur de jardins réputé. Il fut également poète, maître de la cérémonie du thé et de l'arrangement des fleurs.

**SOANE (sir John)** ♦ Architecte et écrivain britannique (Goring-on-Thames 1753 - Londres 1837). Dans son œuvre la plus célèbre, la Banque d'Angleterre (1788), il adapta d'une façon personnelle les motifs néoclassiques et, après 1806, rechercha les effets pittoresques en mélangeant les éléments pompéiens et gothiques (galerie d'art de Dulwich, 1811 - 1814). Il fonda le musée Soane (son ancienne maison des Lincoln's Inn Fields, 1812 - 1813).

**SOARES (Mario)** ♦ Homme d'État portugais (Lisbonne 1924). Avocat (il fit ses études de droit à Lisbonne puis à la Sorbonne), il milita contre le régime de Salazar dans les rangs du parti communiste portugais, puis du parti socialiste dont il devint le secrétaire général. Incarcéré 13 fois, banni en 1968, il s'exila en France en 1970 et revint dans son pays après le soulèvement de 1974. Ministre des Affaires étrangères, il négocia la décolonisation. Premier ministre à diverses reprises (1976 - 1978 ; 1983 - 1985), il fut président de la République de 1986 à 1996. Il fut député européen de 1999 à 2004. ➝ ÉTYM. *Soares* est la variante portugaise de *Suarez**.

**SOBAT** n. m. ♦ Riv. d'Afrique orientale (740 km). Née sur les plateaux occidentaux d'Éthiopie, c'est un affl. du Bahr el-Abiad ou Nil blanc qu'il rejoint à la hauteur de Malakal. Ses sédiments donnent au Nil son surnom de Nil blanc.

**SOBEK** – en gr. ***Soukhos*** ♦ Dieu crocodile de l'Égypte ancienne, adoré à Crocodilopolis (auj. Médinet* el-Fayoum) et à Kom* Ombo.

**SOBIBÓR** ♦ Anc. camp d'extermination, créé par les Allemands en Pologne, voïvodie de Lublin, entre 1942 et 1943, où périrent env. 250 000 Juifs.

**SOBIESKI (JEAN III)** → **Jean III Sobieski**

**SOBOLEV (Sergueï Lvovitch)** ♦ Mathématicien soviétique (Saint-Pétersbourg 1908 - 1989). Chef de file de l'école de théorie des équations différentielles en Union soviétique, il introduisit les dérivées et les fonctions généralisées (1936).

**SOBRARBE** n. f. ♦ Petit pays d'Espagne (Aragon), prov. de Huesca. Au IXe s. y fut fondé un petit comté chrétien pyrénéen autour de la ville de Jaca*, capitale du royaume de Sobrarbe, qui devint le berceau du royaume d'Aragon*.

**SOCHAUX** [25600] ♦ Comm. du Doubs, banlieue E. de Montbéliard. 4 491 hab. *(Sochaliens)*. Construc. automobile.

**sociale (Guerre)** ♦ Nom donné dans l'histoire romaine à la guerre qui opposa les Italiens alliés de Rome au sénat qui leur refusait le droit de cité (-90 - -88). Rome avait conclu avec la plupart des villes italiennes un traité qui faisait d'elles des *civitates foederatae*, des alliées *(socii)*. Depuis la fin du -IIe s., le sénat avait durci sa politique à l'égard des alliés, qui se virent refuser le droit de cité romaine qu'ils obtenaient facilement auparavant en venant résider à Rome. Les lois agraires des Gracques prévirent le lotissement des terres publiques au bénéfice des citoyens romains. Or ces terres étaient utilisées par les Italiens. En -91, Livius Drusus* tenta de faire obtenir le droit de cité à tous les alliés, mais il fut assassiné. Les peuples d'Italie centrale formèrent alors deux confédérations, celle des Marses* et celle des Samnites*, avec pour capitale Corvinium, rebaptisée Italica. Ils tinrent Rome en échec pendant plusieurs mois. Mais, progressivement, le sénat accorda la citoyenneté romaine aux confédérés. Et, dès -88, Rome l'emporta grâce aux victoires de Pompeius Strabo dans le N. et de Sylla* sur les Samnites*.

**socialiste (Parti)** [PS] ♦ Parti politique français issu principalement de la SFIO (→ **socialiste français [Parti]**) en 1969. Rénové lors du congrès d'Épinay (1971), il adopta la stratégie d'Union de la gauche qui aboutit en 1972 à la signature du programme commun de gouvernement avec le Parti communiste* français. Malgré la rupture de l'Union en 1977 et des courants divergents (aile gauche animée par J.-P. Chevènement ; tendance de M. Rocard* ; courant mitterrandiste majoritaire), le parti, sous l'impulsion de F. Mitterrand*, remporta les élections présidentielle et législatives de 1981. Devenu un parti de gouvernement, le PS, dirigé par L. Jospin* (1981 - 1988), connut au cours des années 1980 une importante évolution qui entraîna sa conversion à la rigueur économique. Battu aux élections législatives de 1986, il resta le premier parti de France et retrouva la majorité relative des sièges en 1988. Mais confronté à des divisions internes croissantes et à certains scandales politico-financiers, ainsi qu'à l'aggravation de la crise économique et à la montée du chômage, le PS, conduit par P. Mauroy* (1988 - 1992) puis par L. Fabius* (1992 - 1993), subit un grave revers aux législatives de 1993. Dans l'opposition, il fut dirigé par M. Rocard (1993 - 1994), H. Emmanuelli (1994 - 1995) et L. Jospin (1995 - 1997). S'alliant avec le PCF et les Verts, au sein de la «gauche plurielle», le PS remporta les législatives anticipées de 1997. Tandis que débutait une nouvelle période de cohabitation, entre le président Chirac et le Premier ministre, L. Jospin, F. Hollande* prit la tête du PS. Malgré la réforme des trente-cinq heures, le gouvernement Jospin mena une politique jugée trop libérale aux yeux de ses électeurs. En 2002, L. Jospin ne parvint pas au second tour de la présidentielle, devancé par J. Chirac et J.-M. Le Pen, et les socialistes furent battus aux législatives. Depuis lors, le PS est confronté à des divergences internes, diverses tendances se rapprochant des travaillistes anglais, d'autres des altermondialistes, avec des prises de position opposées sur l'adoption de la Constitution européenne en 2005. C'est d'ailleurs Ségolène Royal* qui l'a représenté à la présidentielle de 2007, mais c'est Martine Aubry* qui a été élue première secrétaire en 2008.

**socialiste français (Parti)** ou **Section française de l'Internationale ouvrière** [SFIO] ♦ Parti politique français (1905 - 1969). Plusieurs organisations politiques socialistes se formèrent en France à partir de 1877 : le Parti ouvrier français de J. Guesde et P. Lafargue, qui, de tendance marxiste, prôna la conquête du pouvoir politique par le prolétariat (→ **Guesde**) ; la Fédération des travailleurs socialistes (ou Parti possibiliste), qui, créée par P. Brousse (1884), envisageait une réalisation progressive du socialisme par des mesures transitoires et dont se sépara le groupe d'Allemane* (1890) ou Parti ouvrier socialiste révolutionnaire (favorable à une subordination de l'action électorale et politique à l'action syndicale révolutionnaire). Dès 1901 s'opéra un premier regroupement : le Parti ouvrier français et le Parti socialiste révolutionnaire formèrent le Parti socialiste de France (PSDF) ; les socialistes indépendants, les broussistes, les allemanistes constituèrent le Parti socialiste français (PSF) avec Jaurès*. Après le congrès socialiste international d'Amsterdam (1904) fut réalisée l'unité du socialisme français (congrès de Paris, 1905), par la fusion du PSDF, du PSF et de plusieurs fédérations autonomes au sein de la SFIO (dirigée par J. Guesde, J. Jaurès, E. Vaillant). Le nouveau parti, où le courant guesdiste fut minoritaire dès 1906, prit position contre la politique coloniale (principalement au Maroc) et contre le nationalisme belliciste. → **Jaurès.** Mais, dès la fin de la Première Guerre mondiale, l'unité fut rompue au congrès de Tours* (1920) ; les socialistes majoritaires, favorables à la révolution russe et au bolchevisme, quittèrent la SFIO (dont le journal fut désormais *Le Populaire*) pour constituer la Section française de l'Internationale communiste (SFIC ou Parti communiste* français) ; cette scission politique se doubla d'une scission syndicale (→ **Confédération générale du travail**). Dirigée par L. Blum et P. Faure, la SFIO fut la principale instigatrice du regroupement des forces de gauche (→ **Cartel des gauches**), victorieux en 1924. Après l'exclusion en 1933 des partisans de la participation ministérielle (Déat, Marquet, Renaudel) qui créèrent le Parti socialiste de France, elle se rapprocha des communistes (1934) et devint la formation principale du Front* populaire (1936), avant de se séparer des partisans de M. Pivert qui formèrent le Parti socialiste ouvrier et paysan de tendance trotskiste (1938). Lors de la Deuxième Guerre mondiale, si certains socialistes se rallièrent au gouvernement de Vichy, beaucoup d'entre eux militèrent au contraire dans les réseaux de la Résistance. Après la Libération, la SFIO (avec V. Auriol, L. Blum, D. Mayer, etc.) joua un rôle important dans le gouvernement de la France : avec les communistes et le MRP (1946 - 1947) puis, après l'exclusion des communistes, avec le MRP et les libéraux (1947 - 1950). Entrés dans l'opposition, les socialistes revinrent au pouvoir en 1956 avec le cabinet G. Mollet (renversé en mai 1957). L'échec de l'affaire de Suez, les difficultés financières et surtout la guerre d'Algérie suscitèrent de nouvelles scissions au sein de la SFIO : constitution de l'Union de la gauche socialiste [UGS] et du Parti socialiste autonome qui devinrent le Parti socialiste* unifié (PSU) en 1960. Dans l'opposition depuis 1958 - 1959, les socialistes se regroupèrent (à l'instigation de F. Mitterrand) pour former la Fédération* de la gauche démocrate et socialiste (1965). Au congrès d'Issy-les-Moulineaux (11 - 13 juil. 1969), la SFIO fut remplacée par le Parti socialiste*.

**socialiste unifié (Parti)** [PSU] ♦ Parti politique français fondé en avr. 1960 et dissous en nov. 1989. Issu du regroupement de deux formations, l'Union de la gauche socialiste et le Parti socialiste autonome, composées d'ex-membres de la SFIO refusant le soutien accordé par leur parti au général de Gaulle* au lendemain des événements d'Algérie de mai 1958, le PSU fut rejoint par quelques anciens communistes et des personnalités politiques tel Mendès* France. Dirigé par Michel Rocard* de 1967 à 1974, le PSU, partisan d'un socialisme autogestionnaire, soutint le mouvement de Mai* 1968. À partir de 1974, il se rapprocha du PS et participa au gouvernement de 1981 à 1984.

**SOCIÉTÉ** (îles de la) ▸ **ÉTYM.** du n. de la Royal *Society* of Sciences de Londres, qui subventionna l'expédition de J. Cook en 1769 ♦ Principal archipel de la Polynésie française, situé au S.-O. des Tuamotu. 1 747 $km^2$. 140 341 hab. On distingue à l'E., les îles du Vent : Tahiti* où se situe Papeete*, Moorea*, l'atoll de Tetiaroa et l'île de Mehetia, la plus orientale de l'archipel ; à l'O., les îles Sous-le-Vent : d'O. en E. Maupiti, Bora* Bora, Tahaa, Raiatea, Huahine. Ces îles sont en général montagneuses, formées de volcans éteints profondément disséqués par l'érosion. La population se concentre sur de petites plaines côtières, protégées des assauts de la mer par des récifs-barrières. ▪ Cocotiers, vanilliers, bananiers. Pêche. ▮ **Histoire** L'histoire de l'archipel se confond avec celle de Tahiti.

**Société.** L'île de Moorea. *Phot. © Xavier Marchant/Shutterstock*

**Société de la propriété artistique et des dessins et modèles** [Spadem] ♦ Organisme français (créé en 1954 et supprimé en 1996), chargé notamment de la collecte des droits d'auteur, dans les domaines des arts graphiques, photographiques, plastiques et appliqués.

**Société des auteurs, compositeurs et éditeurs de musique** [Sacem] ♦ Organisme créé en 1851, chargé des intérêts juridiques et économiques des artistes en France. Elle reçoit et répartit les droits d'auteur de plus de 25 millions d'œuvres musicales.

**Société des auteurs et compositeurs dramatiques** [SACD] ♦ Association créée en 1777 par Beaumarchais et les principaux auteurs dramatiques de son temps. Elle défend la propriété littéraire des auteurs, perçoit leurs droits et constitue un fonds de secours.

**Société des Nations** [SDN] ♦ Organisation internationale créée en 1920 pour le maintien de la paix et le développement de la coopération entre les peuples. Née du traité de Versailles*, elle avait son siège à Genève. Bien que le président Wilson en eût été l'instigateur, les États-Unis n'en firent pas partie. Elle fut loin de répondre aux espoirs qu'elle avait suscités et se montra impuissante à résoudre les problèmes graves : réarmement allemand, guerre civile espagnole, Anschluss*, déclenchement de la Deuxième Guerre mondiale. Elle disparut officiellement en 1946 et fut remplacée par l'Organisation* des Nations unies.

**Société nationale des chemins de fer français** [SNCF] ♦ Société ferroviaire d'économie mixte née en 1937 de la fusion de plusieurs compagnies françaises, dans laquelle l'État possédait 51 % du capital. Instituée pour 45 ans, elle devint, à l'échéance de 1982, un établissement public industriel et commercial avec de nouvelles obligations, en particulier l'équilibre des comptes. La SNCF mise sur les trains à grande vitesse (TGV), pour maintenir la compétitivité du rail face aux autres moyens de transport. En 1997, une réforme lui a confié la responsabilité de la seule exploitation ferroviaire. La gestion de la construction et de la maintenance des voies ferrées a été transférée à un nouvel établissement public, le Réseau ferré de France (RFF), qui a aussi pris en charge la dette imputable au financement des infrastructures, les recettes de la RFF étant assurées par les péages que lui verse la SNCF pour l'utilisation de son réseau.

**Société suisse de radiodiffusion et de télévision** [SSR] ♦ Société de droit privé à laquelle le Conseil fédéral suisse a concédé le monopole de la radiodiffusion (1931), puis de la télévision. La SSR possède plusieurs chaînes de télévision diffusant des programmes dans les quatre langues nationales de la Confédération helvétique (allemand, français, italien, romanche).

**SOCIN (Lelio SOZZINI ou SOCINI, dit en fr.)** ♦ Réformateur siennois (Sienne 1525 - Zurich 1562). Protestant, il fonda le *socinianisme*, doctrine qui nie la Trinité et la divinité du Christ. Le socinianisme fut développé par son neveu FAUSTO SOCINI (Sienne 1539 - Cracovie 1604).

**SOCOA** ♦ Écart de la comm. de Ciboure (Pyrénées-Atlantiques). Petit port sur la pointe de Socoa, dominé par un anc. fort construit sous Henri IV et remanié par Vauban.

**SOCOTRA** ou **SOCOTORA** (île de) n. f. ➝ ÉTYM. en ar. *Sukutra*, de l'hindi «île *(dvipa)* heureuse *(sukhatara)*» ♦ Île de l'océan Indien, dépendance du Yémen, située à 250 km au large des côtes de Somalie. 3 500 km$^2$. Env. 15 000 hab. La pêche est la principale activité (perles). Exportation de dattes et d'aromates. ▪ Elle est revendiquée par la Somalie.

**SOCRATE** ➝ ÉTYM. en gr. *Sôkratês*, de *saos, sôs* «intact, bien conservé» et *kratos* «force, vigueur» ♦ Philosophe grec (Athènes –470 - *id.* –399). Son père, Sophronisque, était, semble-t-il, sculpteur, et sa mère sage-femme ; il dira avoir hérité d'elle l'art d'accoucher (ou maïeutique) non pas les corps, mais les esprits. Il suivit l'enseignement d'Anaxagore* et celui des sophistes, les critiquant d'ailleurs. Peu d'événements marquent sa vie : il participa comme hoplite à quelques campagnes dont l'expédition de Potidée ; sous le gouvernement des Trente, il aurait refusé d'arrêter un démocrate, Léon de Salamine ; son mariage avec Xanthippe et sa vie familiale eurent sans doute à ses yeux moins d'importance que l'éducation philosophique des jeunes gens athéniens et que ses relations avec certains d'entre eux (Alcibiade*, Phédon*, Aristippe*, Antisthène*, Platon*, Xénophon*). De fait, il passa la plus claire partie de son temps à discuter dans les rues, les gymnases et les banquets, s'attirant la sympathie de beaucoup, mais suscitant chez certains une hostilité très nette. En –399, alors que la démocratie est rétablie à Athènes, Socrate est accusé par Anytos, Mélitos et Lycon et condamné à boire la ciguë pour impiété et corruption de la jeunesse. L'*Apologie de Socrate* écrite par Platon relate sa défense lors de son procès. L'influence de Socrate sur l'histoire de la philosophie est telle qu'elle dépasse largement le cercle de ses élèves directs : non seulement, le dialogue socratique (dont Socrate est le questionneur principal) devint un genre littéraire dans l'Antiquité, mais toutes les écoles philosophiques de l'Antiquité, à l'exception notable des épicuriens, ont vu en Socrate un maître et un modèle dont elles se réclamaient : l'Académie de Platon, bien sûr, et par elle le Lycée d'Aristote, les cyniques par l'intermédiaire d'Antisthène et de Diogène, les cyrénaïques, par l'intermédiaire d'Aristippe, les dialecticiens (ou mégariques) par celle d'Euclide de Mégare, les stoïciens par celle de Zénon qui fut élève à l'Académie, enfin les sceptiques qui voyaient dans la reconnaissance socratique de l'inscience préalable à tout savoir une préfiguration de leur critique des pouvoirs de la raison humaine. Dans *Les Nuées*, –427, Aristophane* le présente comme le pire des sophistes et n'hésite pas à porter contre lui les accusations qui seront plus tard celles de ses juges. Mais dans *Les Mémorables* et l'*Apologie de Socrate*, Xénophon*, qui fut son élève, tente de le disculper en le présentant comme un citoyen honnête et pieux. ▪ Ce sont surtout les dialogues platoniciens (l'*Apologie* de Socrate, Criton*, Phédon*, Le Banquet*, Théétète**) qui ont contribué à faire de Socrate un maître à penser et le père de la philosophie, capable d'éveiller les esprits à la réflexion grâce à son ironie et à sa maïeutique, à son art du dialogue et de la mise en question. L'essentiel de sa philosophie consiste dans sa foi en la raison humaine par laquelle l'homme peut atteindre à la connaissance de soi et au bonheur («Connais-toi toi-même», «Nul n'est méchant volontairement»). Même si Socrate n'a rien écrit, il apparaît clairement qu'il a renouvelé totalement la manière même de philosopher : Aristote, dans sa *Métaphysique*, considère que Socrate est le premier à s'être intéressé aux questions éthiques en tant que telles, à la différence de tous ses prédécesseurs que l'on désigne encore significativement comme présocratiques.

**SODDY (sir Frederick)** ♦ Chimiste et physicien britannique (Eastbourne 1877 - Brighton 1956). Collaborateur de Rutherford*, il est l'auteur de la loi qui porte son nom et qui régit les désintégrations radioactives : il montra que la radioactivité résulte de la transformation d'un élément chimique en un autre, la conséquence de l'émission des particules $\alpha$ étant la diminution de 2 unités du numéro atomique, celle d'une particule $\beta$, son augmentation d'une unité. Ils établirent (1902) la loi donnant la probabilité d'une désintégration, qui dépend uniquement du nuclide considéré, caractérisé par sa durée de vie. On lui doit la notion d'isotopie : devant la découverte de plusieurs éléments radioactifs nouveaux ayant le même nombre d'électrons et des propriétés chimiques apparemment identiques, il proposa de les placer dans la même case du tableau périodique de Mendeleïev* et les appela isotopes. [Prix Nobel de chim. 1921]

**SODERBERGH (Steven)** ♦ Cinéaste américain (Atlanta 1963). *Sexe, Mensonges et Vidéo* (1989) fut la révélation du festival de Cannes 1989 : pour son premier long métrage, ce jeune auteur révélait un talent original et incisif, et obtenait la Palme d'or. Il réalisa ensuite *Kafka* (1992), avec son esthétique expressionniste parfaitement adaptée aux méandres d'une biographie imaginaire. Autres films : *King of the Hill* (1993), *Erin Brockovich* (1999), *Traffic* (2000), *Ocean's Eleven* (2001), *Che* (2009), *The Informant* (2009). ➝ ÉTYM. Ce nom vient du suédois *soder* «sud» et *bergh* «colline» (composé arbitraire et non un nom de lieu).

Steven **Soderbergh.** Une scène du film *Kafka* avec Jeremy Irons. *Phot. © Coll. Christophe L.*

**SÖDERBLOM (Lars Olaf Jonathan, dit Nathan)** ♦ Prélat luthérien suédois (Trönö 1866 - Uppsala 1931). Aumônier de la légation de Suède à Paris (1894 - 1901), il suivit les cours de Bergson et étudia l'histoire comparée des religions. Il devint archevêque d'Uppsala (1914) après avoir enseigné quelque temps à Uppsala et Leipzig. Représentant du protestantisme libéral, auteur d'ouvrages sur *La Vie future d'après le mazdéisme* (1900), sur *Le Devenir de la croyance en Dieu* (1914), il fut l'un des principaux instigateurs du mouvement œcuménique (1919 ; conférence de Stockholm, 1925). [Prix Nobel de la paix 1930]

**SÖDERGRAN (Edith Irene)** ♦ Poète finlandaise d'expression suédoise (Saint-Pétersbourg 1892 - Raivola 1923). Elle écrivit des recueils, *Poèmes* (1916), *La Lyre de septembre* (1918), *L'Autel de roses* (1919), d'une forme nouvelle et libre et d'un esthétisme nietzschéen provocant, reçus avec une incompréhension totale par la critique, quoique admirés par Gripenberg*. Sans fortune, tuberculeuse, elle pencha, après sa conversion au catholicisme, vers un mysticisme religieux dans *L'Ombre du futur* (1920) ; l'admiration des jeunes comme Hagar Olsson et Diktonius* n'allégea pas sa fin. Elle fut reconnue (par la suite) l'un des plus grands poètes suédois de notre époque. Recueil posth. : *Le Pays qui n'est pas* (publié en 1925 par Hagar Olsson).

**SÖDERTÄLJE** ♦ V. et port de Suède, au S.-O. de Stockholm, sur le *Södertälje Kanal* reliant le lac Mälar à la Baltique. 82 421 hab. Hôtel de ville (XVIII$^e$ s.). Musée de plein air. ▪ Carrefour de communications. V. industrielle : construc. automobile, mécanique, indus. chimique. ▪ Södertälje fut au Moyen Âge un centre commercial actif, dont le port rivalisait avec celui de Stockholm.

**SODOMA (Giovanni Antonio BAZZI, dit LE)** ♦ Peintre lombard (Verceil, auj. Vercelli 1477 - Sienne 1549). Il subit l'influence de Raphaël, puis de Léonard de Vinci, avec qui il travailla avant 1500 à Milan. En

Le **Sodoma.** *La Décapitation de Nicolò di Tuldo*, détail. Église San Domenico, chapelle Sainte-Catherine, Sienne.
Phot. © de Gregorio/Ricciarini

1501, il se rendit à Sienne et fut chargé (1503) de décorer le réfectoire d'un monastère près de Pienza, avant de continuer le cycle de saint Benoît commencé par Signorelli* (Monteolivetto Maggiore, 1503 - 1508), puis de décorer le palais Agostino Bardi (1512). À Rome, il peignit à la Farnésine l'*Histoire d'Alexandre et de Roxane*, sujet profane traité avec une grande beauté formelle. Ces œuvres témoignent d'une esthétique raffinée, où le sens des compositions larges, la répartition habile des groupes, un certain sens de l'anecdote réaliste (notamment à Monteolivetto), un traitement pictural de l'espace inspiré de Léonard et la poésie des paysages sont mis au service d'une sensualité alanguie ou morbide. Les thèmes du Christ martyrisé, de la Pietà, du Christ portant sa croix, comme plus tard les représentations de *Saint Sébastien* martyrisé (1526) et de *Sainte Catherine* stigmatisée, lui permettent d'exprimer une tendresse douloureuse des visages, une souffrance empreinte d'un masochisme exalté, se plaisant à tourmenter des corps humains d'une beauté fragile, presque mièvre, comme pour mieux en dégager le charme. En 1526, le Sodoma fut chargé de décorer la chapelle de Sainte-Catherine à San Domenico de Sienne. Il y fit preuve d'une grande fantaisie décorative, mais surtout y mit en œuvre toute son habileté dans la composition et le traitement de la lumière pour mieux évoquer des extases à la fois théâtrales et névrotiques. Avec une production très abondante, que son élégance affectée a pu faire sous-estimer, le Sodoma fut l'un des peintres les plus poétiques et peut-être le plus inquiétant du XVI^e s. italien.

**SODOME** ♦ Cité biblique qu'on situe au S. de la mer Morte, détruite avec Gomorrhe* par le soufre et le feu à cause de sa dépravation (homosexualité), dans la Genèse, XIX. → **Loth.**

**SOEKARNO** → **Sukarno**

**SOEST** ♦ V. d'Allemagne (Rhénanie-du-Nord-Westphalie), au S. de la Lippe. 48 223 hab. Cette ancienne cité hanséatique a conservé de son passé d'intéressants monuments, dont une cathédrale (X^e - XIII^e s.), un très bel exemple d'église du type «halle» (XIV^e - XV^e s.), un hôtel de ville du XVIII^e s. abritant une riche bibliothèque (avec des lettres de Luther et Melanchthon). ▪ Centre agricole et indus. (construc. électriques).

**SOFALA** → **Beira**

**SOFIA** ◆ ÉTYM. du n. de sainte *Sophie** ♦ Cap. de la République de Bulgarie, ch.-l. de région à l'O. du pays, dans une plaine fertile que domine le Vitoša (2 290 m), à 8 km de la riv. Isker. 1 173 988 hab. *(Sofiotes)*. Bien que Sofia ait été presque entièrement rebâtie après la Deuxième Guerre mondiale, il subsiste pourtant de l'ancienne ville quelques monuments notables : églises Sainte-Sophie (plusieurs fois reconstruite) et Saint-Georges (rotonde du VI^e s. ; éléments plus anciens). Mosquée des Bains (fin XVI^e s.). Musée d'art sacré dans la cathédrale néobyzantine Alexandre-Nevski (XX^e s.). Musée archéologique, ethnologique. Galerie nationale d'art. ▪ Aux environs, église de Bojana (ou Boïana), ornée de remarquables fresques du XIII^e s. ▪ Centre admin. et universitaire, Sofia est aussi le premier centre industriel du pays. Les secteurs les plus développés sont la sidérurgie, la métallurgie et l'électrométallurgie, les constructions mécaniques, la chimie (produits pharmaceutiques), le textile et les industries alimentaires. Important nœud de communications relié aux autres grandes villes de l'Europe du Sud-Est des Balkans (Bucarest, Belgrade, İstanbul, Athènes). ▮ **Histoire** L'ancienne capitale des Serdes, *Serdica* (ou *Sardica*), fut sous l'Empire romain au cœur de la province de Dacie. Elle fut conquise en 809 par les Bulgares, puis en 1382 par les Turcs et fut alors la résidence ordinaire des gouverneurs de Roumélie. En 1879, Sofia fut choisie comme capitale de la Bulgarie.

**SOGDIANE** n. f. ♦ Région historique d'Asie centrale, située sur le territoire de l'Ouzbékistan* actuel. Sa ville princ. fut Maracanda (auj. Samarkand*). Conquise par les Perses, puis par Alexandre* le Grand (–329 - –328), la Sogdiane subit ensuite la domination des Séleucides*, des rois grecs de Bactriane*, des Parthes, des Arabes et des Turcs.

**SOGNEFJORD** n. m. ♦ Le plus long fjord de Norvège (175 km), s'ouvrant sur la mer du Nord, au N. de Bergen. Largeur : 5 à 6 km.

**SOHAG** – en ar. ***Sawhāj*** ♦ V. de Haute-Égypte, ch.-l. de gouvernorat sur le Nil. 189 695 hab. Couvents coptes du IV^e s. (*Deir el-Abiad* et *Deir el-Ahmar*). ▪ Fabrication de cotonnades.

**SOHAR** → **Mascate**

**SOHO** ◆ ÉTYM. onomatopée, cri des chasseurs de lièvres (il y avait des terrains de chasse à cet endroit, au XVII^e s.) ♦ Quartier cosmopolite de Londres, au N. de Trafalgar Square, célèbre par ses restaurants et ses boîtes de nuit. ▮ **Histoire** Quartier habité par les réfugiés huguenots français après la révocation de l'édit de Nantes. Casanova et Karl Marx y vécurent.

**SOHRAWARDĪ (Chihāb al-Dīn Yahyā)** ♦ Philosophe et mystique de l'islam chiite (Sohraward, nord-ouest de l'Iran 1155 - Alep 1191). Il étudia à Ispahan où il découvrit la pensée d'Avicenne*, vécut quelques années dans le sud-est de l'Anatolie, avant de se rendre en Syrie où il fut jugé et condamné à mort par les théologiens orthodoxes, sous le règne de Saladin*. Dans son œuvre principale, *Théosophie de l'Orient (Ḥikmat al-Ichrāq)*, il a voulu ressusciter la sagesse de l'ancienne Perse (sa doctrine sur les principes de la lumière et des ténèbres) souvent proche de la philosophie platonicienne et établir un lien entre la philosophie et le soufisme. Sa doctrine eut une influence considérable et fut à l'origine d'une école de «philosophie orientale ou illuminative» dont les représentants furent parfois appelés «platoniciens de Perse».

**Soie** (route de la) ♦ Réseau de pistes caravanières qui, depuis l'Antiquité jusqu'à la fin de la «paix mongole», assura les liaisons entre l'Occident et l'Orient. D'Antioche, Tyr, Sidon, la route gagnait Palmyre, Ecbatane et Bactres. De là, une branche conduisait vers l'Inde par Bāmyān, Peshawar et Taxila, une autre vers la Chine par Samarkand et, au Pamir, «la Tour de Pierre» où s'effectuaient les échanges avec les caravaniers chinois. De Kachgar, les routes des oasis au N. (par Turfan et le désert de Gobi) ou au S. du désert de Taklamakan permettaient de gagner Dunhuang, porte de la Chine. Les marchandises transportées étaient l'or, les pierres précieuses, les perles, l'ivoire, la soie, les épices, mais, au-delà du commerce, la route de la Soie permit la diffusion de l'hellénisme en Asie centrale et du bouddhisme en Chine.

**SOIGNES** (forêt de) – en néerl. ***Zonienbos*** ♦ Forêt de Belgique, au S.-E. de Bruxelles, s'étendant de Tervuren, au N.-E., à Waterloo et La Hulpe, au S. Propriété de l'État depuis 1842, elle couvre les 4 000 ha restant de la forêt qui s'étendait de la Sambre à l'Escaut. Belles hêtraies ; nombreux sentiers de promenade.

**SOIGNIES** – en néerl. ***Zinnik*** ♦ V. de Belgique (Région wallonne), prov. de Hainaut, ch.-l. d'arr., sur la Senne. 25 700 hab. Halle aux draps (XVI^e s.). Chapelles du XVII^e s. Chapelle des sœurs franciscaines (1762). Collégiale Saint-Vincent, romane (X^e, XI^e et XV^e s.). ▪ Carrières de pierre (calcaire carbonifère dit «petit granit») exploitées depuis le XV^e s. Verrerie de table. Indus. diversifiées. ▮ **Histoire** Vers 653, saint Vincent, époux de sainte Waudru (→ **Mons**), y fonda un monastère où il se retira après la mort de ses enfants. C'est en son honneur que se déroule encore la procession dite «tour de Saint-Vincent» le lundi de Pentecôte.

Le **Soir** ♦ Quotidien belge francophone créé à Bruxelles en 1887. Journal indépendant, *Le Soir*, qui contrôle un groupe multimédia comprenant plusieurs quotidiens régionaux et des stations de radio, est le principal quotidien belge par le tirage (135 000 exemplaires).

Les **Soirées de Médan** ♦ Recueil de 6 nouvelles écrites par Paul Alexis*, Henry Céard*, Léon Hennique, Joris-Karl Huysmans*, Guy de Maupassant* et Émile Zola* qui signa également la préface (1880). Ce dernier avait pris l'habitude de réunir ses amis chez lui, à Paris ou dans sa propriété de Médan acquise après le succès de *L'Assommoir** (1877). Il s'érige en chef de file et défend un style d'écriture «simplement vrai». Toutes les nouvelles se déroulent pendant la guerre de 1870 : Zola ouvre le recueil avec *L'Attaque du moulin*, Maupassant enchaîne avec *Boule*-de-Suif*. Viennent ensuite *Un sac au dos* de Huysmans, *La Saignée* de Céard,

*L'Affaire du grand 7* de Hennique puis *Après la bataille* de Alexis. Des écrivains comme Maupassant et surtout Huysmans se sont très rapidement détachés de l'emprise de Zola. → **Zola.**

**SOISSONNAIS** n. m. ♦ Région du Bassin parisien (Aisne) autour de Soissons, comprise entre la rive g. de l'Oise, le Laonnois et le Valois, coupée d'E. en O. par l'Aisne. Plateau calcaire convenant aux grandes cultures (céréales, betteraves), sillonné par les vallées de l'Aisne, de l'Ailette et de la Vesle, propices aux cultures maraîchères.

**SOISSONS (Charles DE BOURBON,** comte **DE)** ♦ Fils du prince de Condé, Louis Ier (Nogent-le-Rotrou 1566 - Blandy 1612). Il se rallia à Henri IV, après avoir successivement soutenu et trahi tous les partis pendant les guerres de Religion. Durant la minorité de Louis XIII, il combattit Marie de Médicis avec Henri, prince de Condé, son neveu. ♦ **Louis de Bourbon,** comte **de Soissons** (Paris 1604 - La Marfée 1641). Fils du précédent, il conspira avec Gaston d'Orléans contre Richelieu. Il se rallia aux Espagnols et combattit les Français à La Marfée, où il fut tué.

**SOISSONS (Eugène Maurice DE SAVOIE-CARIGNAN,** comte **DE)** ♦ Homme de guerre français (Chambéry 1633 - en Champagne 1673). Il épousa en 1657 Olympe Mancini, nièce du cardinal Mazarin, et fut le père du Prince Eugène. Gouverneur de Champagne, il s'illustra à la bataille des Dunes, en Franche-Comté et en Hollande. Il devint général en 1672.

**SOISSONS** [02200] ➝ **ÉTYM.** anc. *Augusta Suessionum*, de *Suessiones*, peuplade gauloise (du gaul. *suexs* «six» ou de *°su-ed-ti-ones* «bien pourvus en nourriture») ♦ Ch.-l. d'arr. de l'Aisne, sur l'Aisne. 29 453 hab. (aggl. 45 274) *(Soissonnais)*. Évêché. Cathédrale Saint-Gervais-et-Saint-Protais, très beau spécimen du gothique français (XIIe, XIIIe et XIVe s.). Ruines des anc. abbayes Saint-Médard (crypte préromane) et Saint-Jean-des-Vignes (XIIIe - XVe s.) dont subsistent la façade et les deux clochers flamboyants. Église Saint-Léger (XIIIe - XIVe s.). Musée occupant les restes de l'anc. abbaye fondée en 1152. ▪ Marché agricole et centre indus. (construc. électriques, verrerie). ▮ **Histoire** Ville de garnison gallo-romaine, évêché dès le IIIe s., Soissons s'illustra en 486 par la victoire de Clovis* sur Syagrius*. Grégoire de Tours rapporte la célèbre anecdote du *vase de Soissons :* Clovis aurait fracassé la tête d'un guerrier franc qui avait préféré briser un vase plutôt que de l'attribuer dans un partage à Clovis désireux de le restituer à l'évêque de Reims. Soissons devint en 511 la capitale du royaume de Neustrie* (ou de Soissons). En 751, Childéric III étant déposé, Pépin* le Bref y fut proclamé roi des Francs. La ville devint siège d'un comté à la suite de la défaite de Charles le Simple (923) et de sa prise par Hugues le Grand (948) et le resta jusqu'au XVIe s., où une partie de la ville passa à la Couronne. Soissons souffrit des invasions allemandes en 1870, 1914 - 1918 et pendant la Deuxième Guerre mondiale.

**SOISY-SOUS-MONTMORENCY** [95230] ➝ **ÉTYM.** du lat. *Sosius*, n. de pers., et suff. *-acum* ♦ Ch.-l. de cant. du Val d'Oise, arr. de Sarcelles. 16 802 hab. *(Soiséens)*.

**SOISY-SUR-SEINE** [91450] ➝ **ÉTYM.** → Soisy*-sous-Montmorency ♦ Comm. de l'Essonne, arr. d'Évry, sur la rive d. de la Seine. 7 072 hab.

**SOJ** n. f. ♦ Riv. de Biélorussie et de la région de Smolensk, affl. (rive g.) du Dniepr (648 km). Elle arrose Gomel*.

**Sōka Gakkai** ➝ **ÉTYM.** jap. «société pour l'étude des valeurs créatives» ♦ Secte japonaise moderne créée en 1938 et réorganisée en 1946, fondée sur les enseignements de Nichiren* pour l'entraide et la dévotion. Fortement structurée, elle gagna rapidement un très grand nombre d'adeptes, au point de fonder en 1964 un parti politique, le Kōmeitō (3e parti japonais), avec lequel elle dut rompre (en apparence) en 1974. Elle préconise les conversions forcées et se montre assez intolérante.

**SOKODÉ** ♦ V. du Togo. Plus de 50 000 hab. Égrenage de kapok ; coton.

**SOKOLOVSKI (Vassili Danilovitch)** ♦ Maréchal soviétique (Kozliki, près de Grodno 1897 - Moscou 1968). Sous-lieutenant de l'armée impériale (1917), membre du Parti bolchevik (1931), il commanda un front d'Ukraine pendant la Deuxième Guerre mondiale et reprit Smolensk (1943). Adjoint de Koniev*, il prit part à la conquête de la Pologne et de la Silésie. Promu maréchal (1946), il succéda à Joukov* comme commandant en chef des troupes d'occupation soviétiques en Allemagne. Élu membre du Comité central du Parti communiste (1949), il fut nommé vice-ministre à la Défense (1949 - 1960) et, après la mort de Staline (1953), chef d'état-major général. ➝ **ÉTYM.** Ce nom russe signifie «du faucon».

**SOKOTO** ➝ **ÉTYM.** p.-ê. «nous apportons notre religion (l'islam)» ♦ V. du Nigeria, cap. de l'État de Sokoto, sur la rive g. de la riv. du même nom, affl. du Niger. 381 931 hab. Cimenterie, indus. du cuir. Arachides, tabac, coton. ▮ **Histoire** L'empire peul de Sokoto fut fondé au début du XIXe s. par Ousman dan Fodio, originaire du Fouta Toro, «commandeur des croyants», artisan de l'islamisation du pays. Il annexa tous les royaumes haoussas* et son fils installa sa capitale à Sokoto. L'empire, agglomérat d'émirats autonomes, s'étendit au S. au-delà de la vallée du Niger et au S.-E. au-delà de la Bénoué. En 1900, la Grande-Bretagne prit en charge les territoires peuls du Nigeria du Nord.

**SOLAL (Martial)** ♦ Pianiste de jazz, compositeur, arrangeur et chef d'orchestre français (Alger 1927). Une technique hors pair, un don de l'improvisation et une grande sensibilité lui ont permis de jouer avec les plus grands musiciens (Lee Konitz*, Michel Portal* ou Didier Lockwood*). Compositeur de jazz (*Suite en ré bémol pour quartette de jazz*, 1959 ; *Concerto pour piano de jazz et orchestre*, 1981 ; *Fantaisie pour 2 orchestres*, 1984), il a aussi écrit des musiques de films : *Deux hommes dans Manhattan* de Jean-Pierre Melville, *À bout de souffle* de Jean-Luc Godard ou *Les Acteurs* de Bertrand Blier. Princ. enregistrements : *Solal series «suite for trio»* (1978) ; *Martial Solal big band* (1983 - 1984) ; *Solal Lockwood* (1993) ; *Just Friends* (avec le contrebassiste Gary Peacock et le batteur Paul Motian) ; *Martial Solal Dodécaband Plays Ellington* (2000).

**SOLANAS (Fernando)** ♦ Cinéaste argentin (Onivos 1936). Il se fit remarquer avec *L'Heure des brasiers* (1968), un film de propagande violemment anti-impérialiste, réalisé avec son compatriote Octavio Getino, et où l'on trouvait un éloge inattendu du péronisme. Après *Les Fils de Fierro* (1972), dans la même veine, il composa un diptyque coloré à la gloire du tango, *Tangos, l'exil de Gardel* (1985) et *Le Sud* (1988), suivi d'un «road movie» à l'argentine, *Le Voyage* (1991). C'est au travers de documentaires qu'il aborda la crise économique argentine de 2001, dénonçant la politique de Menem dans *Mémoire d'un saccage* (2004) et la résistance sociale qui s'ensuivit dans *La Dignité du peuple* (2005). Il se présenta à l'élection présidentielle de 2007.

**SOLARIO** ou **SOLARI (Cristoforo)** dit **il Gobbo** ♦ Sculpteur et architecte italien (Angera 1460 - Milan 1527). En Lombardie, il exécuta le gisant en marbre de Ludovic le More (1497 - 1499) actuellement à la chartreuse de Pavie ; l'œuvre se caractérise par une disposition monumentale, le fini de l'exécution et le sentiment de piété. On lui doit également les statues d'Adam et Ève de la cathédrale de Milan. Ses projets d'architecture témoignent de l'influence de Bramante. ♦ **Andrea Solario.** Peintre italien (Milan 1470 - v. 1524). Frère du précédent. Il fut l'un des élèves les plus doués de Léonard de Vinci et possédait un sens incomparable de la couleur. Il reçut ses premiers travaux de son frère et l'accompagna probablement à Venise, où il semble avoir été influencé par Antonello* da Messina (*L'Homme à l'œillet*, v. 1492, Londres). Plus tard, à Venise, il exécuta *La Vierge entre saint Joseph et saint Jérôme* (1495). Il se rendit en France et travailla pendant plusieurs années aux fresques de la chapelle du château de Gaillon. De retour à Milan, il peignit *Le Repos pendant la fuite en Égypte* sur un fond de paysage très harmonieux et détaillé. On lui doit également la célèbre *Vierge au coussin vert* (Louvre) et l'*Assomption* de la sacristie de la chartreuse de Pavie.

Le **Soldat fanfaron** – en lat. ***Miles gloriosus*** ♦ Comédie de Plaute*. Pyrgopolynice (le preneur de villes) prend par la violence une courtisane qui aime le jeune Pleusiclès et qui en est aimée. Mais Palestrion, esclave de Pleusiclès, passé à Pyrgopolynice à la suite d'une mésaventure de voyage, ourdit tant de ruses que non seulement la courtisane retourne à son vrai maître, mais que Pyrgopolynice se voit en outre accusé d'adultère, roué de coups et condamné à payer une amende d'une mine d'or. Comédie de caractère, la pièce offre une peinture divertissante de la vantardise et de l'avidité.

**SOLDATI (Mario)** ♦ Écrivain et cinéaste italien (Turin 1906 - Tellaro 1999). Ancien élève des jésuites, d'abord connu comme scénariste et réalisateur (il porta plusieurs romans de Fogazzaro* à l'écran), il se révéla comme écrivain avec les pages d'*Amérique premier amour* (1935) et un roman mêlant très ingénieusement intrigue métaphysique et grotesque : *L'Affaire Motta* (1937). De son abondante production (inégale, sans doute, mais toujours alerte, élaborée, excentrique), on retiendra les nouvelles du *Festin du Commandeur* (1950), *Les Deux Villes* (1964), *L'Enveloppe orange* (1966), *Raconte, carabinier* (1967), *Addio diletta Amelia* (1979), *L'Incendie* (1981). Sous-estimé dans l'immédiat après-guerre par suite de son manque d'«engagement», il fut réhabilité par la critique, sensible à l'originalité de ses dons de conteur. ➝ **ÉTYM.** *Soldati* vient de l'italien *soldato* «soldat» (nom de métier).

**SÖLDEN** ♦ Village d'Autriche (Tyrol), dans la vallée de l'Ötztal*. 3 066 hab. À 1 370 m d'alt., c'est la principale station de sports d'hiver de l'Ötztal.

**SOLEIL** n. m. ♦ Astre le plus brillant du ciel terrestre, autour duquel gravitent les planètes principales : Mercure, Vénus, la Terre, Mars, Jupiter, Saturne, Uranus, Neptune et la «planète naine» Pluton, cet ensemble formant le Système solaire. Le Soleil tourne sur lui-même en sens direct en 25,38 jours, autour d'un axe incliné de 82° 45′ sur l'écliptique. Étoile naine jaune (type spectral G 2 V), située dans une région périphérique de la Voie lactée, le Soleil pour un observateur terrestre présente une magnitude de –26,9 (sa magnitude visuelle absolue est de 4,83) et un diamètre angulaire de 31′ 59″ ; sa distance moyenne à la Terre est de 150 millions de kilomètres (soit 8 min 18,7 s pour que sa lumière nous parvienne) et son diamètre réel d'environ 1 390 000 km. Sa masse évaluée à $1{,}989.10^{30}$ kg représente 333 432 fois celle de la Terre, soit une densité de 0,256 par rapport à la Terre. La constante solaire (quantité moyenne d'énergie reçue par la Terre) est de 1,367 kW/m². L'observation de sa composition physique et de ses émissions (rayons X, $\gamma$, rayonne-

**Soleil.** Protubérance solaire en forme de poignée, 1999.
*BIS/Phot. Nasa JPL. © Coll. Archives Sejer*

ment ultraviolet et infrarouge) emprunte les méthodes les plus modernes de photométrie et de la spectroscopie. On distingue quatre couches concentriques : le noyau central, la photosphère, la chromosphère et la couronne, mais seule la photosphère nous est visible directement. Le Soleil est une sphère de gaz incandescent, composé essentiellement d'hydrogène (92 %) et d'hélium (7,2 %) et de traces d'éléments plus lourds. Le noyau, dont la température peut atteindre 15 millions de degrés, de densité extrêmement élevée, est le siège de réactions thermonucléaires transformant l'hydrogène en hélium. Ces réactions de fusion permanentes s'accompagnent d'une perte de masse compensée par l'émission de l'énergie vers l'extérieur. C'est la photosphère, dont l'épaisseur n'est que de 100 km, mais dont la température atteint 5 700 kelvins, qui émet la quasi-totalité du spectre solaire et l'essentiel de l'énergie calorifique ; sa brillance décroît du centre vers les bords. Des granules ou «grains de riz», éléments ovales de plusieurs centaines de kilomètres, contrastent par leur luminosité sur le fond solaire, mais leur existence n'excède pas quelques minutes. Les taches sombres sont des régions plus froides de plusieurs milliers de kilomètres d'origine toujours inconnue. La chromosphère (2 000 km environ) n'est observable que lors des éclipses ou avec un spectrohéliographe ; c'est une couche à structure physique complexe, les mêmes niveaux n'étant ni isobares ni isothermes. La couronne a une température très élevée (1 million de degrés), et contient des traces de fer, de nickel, de calcium et d'argon fortement ionisés. Certaines de ces particules échappent à l'attraction solaire et forment un flux permanent, le vent solaire, qui atteint la Terre à la vitesse de 600 km/s, et est à l'origine des aurores polaires, de la lumière zodiacale et de l'orientation de la queue des comètes. L'activité solaire se manifeste par l'apparition de facules brillantes et étendues, par des protubérances, jets gazeux issus de la chromosphère (jusqu'à 100 000 km d'altitude), par des éruptions, qui lancent dans l'espace des particules très énergétiques, dont certaines particulièrement intenses sont la cause, sur Terre, de l'extinction des ondes courtes, de l'augmentation des rayons cosmiques et des orages magnétiques. Le champ magnétique solaire s'inverse totalement tous les 11 ans. On admet que le Soleil, vieux de 5 milliards d'années, est au milieu de sa durée de vie ; mais son activité augmenterait, et la température sur terre pourrait atteindre une moyenne de 100 °C dans quelques centaines de millions d'années.

**Soleil (Théâtre du)** ♦ Troupe de théâtre française, fondée en 1964 par Ariane Mnouchkine (→ **Mnouchkine**).

**SOLENT** n. m. ♦ Chenal séparant l'île de Wight de la côte anglaise, long de 24 km et large de 6, et par où passent le trafic de Southampton et une partie de celui de Portsmouth. Régates de voiliers (semaine de Cowes).

**SOLENZARA** ♦ Station balnéaire de la Corse-du-Sud (comm. de Sari-Solenzara), à l'embouchure de la Solenzara. Port de plaisance.

**SOLER (LE)** [66270] → ÉTYM. du lat. *solarium* «endroit exposé au soleil» ♦ Comm. des Pyrénées-Orientales, arr. de Perpignan, sur la Têt. 5 825 hab.

**SOLER Y RAMOS (Antonio)** dit **le Padre Soler** ♦ Compositeur et théoricien espagnol (Olot 1729 - El Escorial 1783). Il étudia la musique au monastère de Montserrat et, très jeune, fut nommé maître de chapelle à la cathédrale de Lérida. En 1752, il entra au monastère de l'Escurial, où il devint maître de chapelle et organiste. Il y fut l'élève de D. Scarlatti*. Outre une importante production de musique religieuse et instrumentale parmi laquelle de célèbres sonates pour piano et des concertos pour orgue, il laissa un traité : *Llave de la modulación* (1762).

**SOLESMES** [solɛm] [59730] ♦ Ch.-l. de cant. du Nord, arr. de Cambrai, dans le Cambrésis. 4 767 hab. (aggl. 5 781) *(Solesmois)*. Métallurgie.

**SOLESMES** [solɛm] [72300] → ÉTYM. du lat. *Solemnis*, n. de pers. ♦ Comm. de la Sarthe, arr. de La Flèche. 1 384 hab. *(Solesmiens)*. Abbaye bénédictine. Église abbatiale du XIe s., remaniée au XVe et au XVIe s., puis au XIXe s. dans le style gothique tardif. Son transept renferme de remarquables sculptures des XVe et XVIe s., dites les «Saints de Solesmes». Anc. prieuré du XVIIIe s. ▪ Mécanique de précision automobile. ▮ **Histoire** L'abbaye Saint-Pierre de Solesmes fut fondée au début du XIe s. par Geoffroi de Sablé. Dom Prosper Guéranger y restaura en 1833 la congrégation bénédictine de France, dispersée en 1790 par la Révolution. La communauté de Solesmes se consacre à la liturgie et au chant grégorien.

**SOLEURE** – en all. ***Solothurn*** → ÉTYM. du lat. *Salodurum*, de *salo* p.-ê. «sel» et du gaul. *durum* «place forte» ♦ V. de Suisse au pied du Jura, sur l'Aar. Ch.-l. du cant. de Soleure. 15 184 hab. (aggl. 72 888). Sur la rive g. s'étend la vieille ville avec ses remparts, ses fontaines (XVIe s.) et ses maisons anciennes ; cathédrale Saint-Ours (XVIIIe s.), chef-d'œuvre du baroque italien en Suisse, église des Jésuites (XVIIe s.), tour de l'Horloge (XIIIe s.), hôtel de ville (XVe s.) ; arsenal du XVIIe s. *(Altes Zeughaus)* qui abrite le musée d'armes et d'armures ; musée de la ville. ▪ Horlogerie, mécanique de précision. ▮ **Histoire** L'ancienne *Salodurum* ou *Castrum Salodurense* romaine, après avoir subi la domination des Zähringen*, au XIIe s., devint ville libre impériale en 1218. Elle entra dans la Confédération en 1481. Peu atteinte par la Réforme, elle resta longtemps un important bastion du catholicisme.

**SOLEURE** (canton de) → ÉTYM. du n. de la v. ♦ Cant. du N.-O. de la Suisse. 791 km². 248 613 hab., de langue allemande, dont trois cinquièmes de religion catholique et deux cinquièmes de religion protestante. Constitué en majeure partie par le Jura, le canton est drainé par l'Aar et l'Emme. Son économie est marquée par l'industrie, notamment horlogère (Grenchen).

**SOLFERINO** ♦ Village d'Italie, en Lombardie (prov. de Mantoue), au S. du lac de Garde. 2 294 hab. ♦ ***Bataille de Solférino*** Bataille opposant, le 24 juin 1859, les armées franco-sarde et autrichienne. → **Italie (campagne d')**. Véritable carnage (près de 40 000 morts au total), qui devait inspirer à Henri Dunant* la fondation de la Croix-Rouge, cette bataille, qui ne fut pas vraiment décisive, fut suivie de l'armistice de Villafranca* (8 juil. 1859).

**Solidarité** – en polon. ***Solidarność*** ♦ Syndicat polonais issu des grandes grèves qui s'étendirent en Pologne à partir des chantiers navals de Gdańsk. Ce premier syndicat indépendant du monde soviétique fut créé en 1980 par les accords de Gdańsk entre son leader, Lech Wałęsa*, et le gouvernement. Il fut interdit de déc. 1981 à la chute de l'URSS et gagna les élections libres de 1989. Prenant une orientation nationaliste et catholique, le parti resta au pouvoir jusqu'en 1995 puis vit peu à peu ses dirigeants se désunir ; Wałęsa le quitta en 2006.

**SOLIGNAC** [87110] → ÉTYM. anc. *Solempniacensis*, probablt du lat. *Solemnius*, n. de pers., et suff. *-acum* ♦ Comm. de la Haute-Vienne, arr. de Limoges. 1 367 hab. *(Solignacois)*. Anc. abbatiale à coupoles du XIIe s., de style roman périgourdin (fresque, boiseries et stalles du XVe s.). Bâtiments conventuels gothiques et classiques.

**SOLIHULL** ♦ Banlieue résidentielle de Birmingham (Warwickshire). 199 521 hab.

**SOLIKAMSK** ♦ V. de Russie, région de Perm, sur la Kama. 110 000 hab. Indus. chimique (potassium et magnésium). Papier. Centrale thermique.

**SOLIMAN II** surnommé **le Magnifique** par les Occidentaux et **le Kanuni** «le Législateur» par les Turcs → ÉTYM. en turc ***Süleyman Ier*** «Salomon» (les Turcs ne retiennent pas le précédent au nombre des sultans) ♦ (1494 ou 1495 - Szeged, Hongrie 1566). Sultan ottoman (1520 - 1566). Il succéda à son père Sélim* Ier et entreprit une grande politique de conquête ; dès 1521, il prit Belgrade, puis il assiégea Rhodes et l'occupa (1522). Il triompha ensuite des Hongrois à la bataille de Mohács* (1526) où le roi Louis II périt ; dans la lutte successorale de la Hongrie, il soutint Zápolyai au détriment de Ferdinand, archiduc d'Autriche ; en 1529, il attaqua l'Autriche et assiégea sans succès Vienne. Soliman se retourna alors contre la Perse, occupa l'Azerbaïdjan, Tabriz et Bagdad (1534). Plus tard, la mort de Zápolyai et l'avance des armées autrichiennes en Hongrie obligèrent le sultan à mener une seconde campagne dans le pays (1541 - 1543) où il installa un gouverneur turc et imposa une présence militaire permanente. Cependant, la guerre en Hongrie ne cessa pas et après la prise de Timişoara par les Turcs (1552), de longues négociations aboutirent à une paix reconnaissant le *statu quo* dans la région (1562). À cette époque, la puissance navale ottomane devint très importante. Les corsaires Barberousse*, Piyale Pacha et Dragut prirent Coron, occupèrent momentanément Tunis, prirent le château de Messine, Nice, Djerba. Une flotte s'empara même d'Aden. À la fin du règne de Soliman surgirent des conflits entre ses fils. Il en fit exécuter deux, Mustafa (1553) et Bayazid (1561), et désigna comme successeur son autre fils Sélim. ▪ Sous Soliman, l'Empire ottoman connut la période la plus riche de son histoire. Entouré de fortes personnalités (les hommes politiques Ibrahim Pacha, Rustem Pacha et Mehmet Sokollu Pacha, le juriste Abū al-Su'ūd, le poète Bâkî* et l'architecte Mimar Sinan*), il sut ajuster la structure complexe de l'État ottoman en fonction des exigences contemporaines et encouragea les lettres et les arts.

**SOLIMENA (Francesco),** dit **l'Abate Ciccio,** en fr. **Solimène** ♦ Peintre italien (Canale, Serino, près de Naples 1657 - Barra 1747). Il subit l'influence de Lanfranco, de Pierre de Cortone, des Bolonais, de L. Giordano* et fut l'un des derniers représentants du baroque napolitain. Il travailla aussi à Rome et en Espagne (*Le Repas d'Hérode*). Doué d'une grande virtuosité technique, il accumula les grandes décorations (*Héliodore chassé du Temple*, 1725), paysages, portraits et natures mortes. Il recherchait les effets grandiloquents et dramatiques (architectures imposantes, figures tournoyantes, gestes théâtraux, savants éclairages fortement contrastés). Il se montra inventif dans les détails et habile coloriste. Il eut de nombreux élèves et influença plusieurs peintres et décorateurs du XVIIIe s.

**SOLIMÕES** n. m. (rio) ♦ Nom donné au fleuve Amazone dans son cours supérieur de la frontière du Pérou au confluent avec le rio Negro. Eaux argileuses couleur café au lait, rives fertiles.

**SOLINGEN** ♦ V. d'Allemagne (Rhénanie-du-Nord-Westphalie), au S. du Bassin de la Ruhr*, près de la Wupper. 162 099 hab. Célèbre dès le Moyen Âge pour ses manufactures d'armes blanches, Solingen est aujourd'hui un important centre de coutellerie et de quincaillerie.

**SOLÍS Y RIBADENEIRA** ou **RIVADENEIRA (Antonio)** ♦ Historien et écrivain espagnol (Alcalá de Henares 1610 - Madrid 1686). Premier historiographe des Indes occidentales, il est l'auteur d'un ouvrage sur l'histoire de la conquête du Mexique par les Espagnols (1684). Il a publié également une œuvre dramatique.

**SOLJENITSYNE (Alexandre Issaïevitch)** ♦ Écrivain russe (Kislovodsk 1918 - Moscou 2008). Ayant perdu son père avant sa naissance, il fut élevé pauvrement par sa mère à Rostov-sur-le-Don. Après de brillantes études de physique, mathématiques, histoire, littérature et philosophie, il entra en 1941 dans l'armée soviétique où il fut décoré à deux reprises, mais en 1945 il fut arrêté pour avoir critiqué Staline dans une lettre et fut condamné à huit ans de bagne. Libéré en 1953, il dut rester en exil jusqu'en 1957, date à laquelle il fut réhabilité. Après le long séjour qu'il passa au bagne, c'est durant son exil qu'il écrivit sa première œuvre, un drame, *Le Cerf et la Putain du bagne* (1954), puis sa célèbre nouvelle sur un camp stalinien, *Une journée d'Ivan Denissovitch*, dont Khrouchtchev autorisa la publication en 1962. Il publia ensuite successivement dans la revue *Novyi Mir* avec l'appui de Tvardovski *L'Inconnu de Kretchetovka* (1963), *La Maison de Matriona* (1963), *Pour le bien de la cause* (1963). À partir de 1964, toutes ses œuvres furent interdites en Union soviétique et, parvenues à l'étranger par voies détournées, furent aussitôt traduites : *Le Premier Cercle* (1955 - 1958, publ. 1968), roman sur le régime policier stalinien et la vie des prisonniers intellectuels à l'Institut de recherche scientifique ; le récit se déroule en 4 jours de 1949 ; *Le Pavillon des cancéreux* (1963 - 1966, publ. 1968), roman où chaque être humain, face à la maladie, apparaît dans toute sa vérité ; des nouvelles saisissantes telles que *La Main droite* (1964), *Zacharie l'Escarcelle* (1966), *La Procession pascale* (1969) ; le recueil de lettres sur *Les Droits de l'écrivain* (1969) ; et enfin *Août 14* (1971), premier tome d'une vaste fresque historique à laquelle Soljenitsyne travaillait depuis 1936, *La Roue rouge*, et dont *Novembre 16* (1984) constitue le deuxième tome. Il fut violemment attaqué par les autorités soviétiques après la publication à l'étranger de *L'Archipel* du Goulag* (1973), réquisitoire impitoyable contre l'univers concentrationnaire soviétique. Arrêté en 1974, il fut déchu de la citoyenneté soviétique et expulsé. Installé à Zurich puis aux États-Unis, il y publia *Lénine à Zurich* (1975) et *Discours de Harvard* (1978). Après la chute du communisme, il rentra en Russie (1994) mais se montra critique à l'égard du régime et de Boris Eltsine même s'il se rapprocha ensuite de Poutine. Fervent orthodoxe qui ne cachait pas son nationalisme panslave, à qui l'on a reproché son antisémitisme, il n'a cessé de préconiser un retour aux valeurs morales et politiques traditionnelles de son pays. ➝ ÉTYM. Ce nom russe vient peut-être de *solod* « malt » (peut-être surnom de brasseur).

**SÓLLER** ♦ V. et port d'Espagne (Baléares), dans l'île de Majorque. 13 194 hab. Centre touristique fréquenté.

**SOLLERS (Philippe JOYAUX,** dit **Philippe)** ➝ ÉTYM. du lat. *sollus* et *ars* « tout entier art » (et aussi en lat. *sollers* « ingénieux, intelligent, habile ») ♦ Écrivain français (Bordeaux 1936). Après une nouvelle *Le Défi* (1957), il publia un récit psychologique *Une curieuse solitude* (1958) dont F. Mauriac et L. Aragon louèrent l'élégance formelle. En 1960, fut fondée la revue *Tel* Quel*, à l'histoire de laquelle le nom de Sollers, comme ceux de Julia Kristeva et de Marcelin Pleynet, devait rester attaché. Ph. Sollers a écrit *Le Parc* (prix Médicis, 1961), *L'Intermédiaire* (1963), *Drames* (1965), *Logiques* (1968), *Nombres* (1968), *Lois* (1972). Ces œuvres, dans leur développement, correspondent à un travail de fiction moderne et de théorie de la littérature, sur fond linguistique et psychanalytique, lié à une activité politique alors d'orientation marxiste. Depuis 1970, Sollers semble s'orienter, après des travaux plus expérimentaux, vers une sorte d'épopée romanesque dont *H* (1973), puis *Paradis* (1981), « bribographie des débris d'explosion », constituent les meilleurs exemples. Avec *Femmes* (1983), Ph. Sollers a donné un roman baroque riche d'événements contemporains, de portraits à clés, dont le héros libertin part en guerre « pour les femmes, contre ceux qui tentent de les embrigader ». *Portrait du joueur* (1984), autobiographique, se veut une « défense et illustration de l'art de vivre sous toutes ses formes ». Moraliste, Sollers tente dans ses derniers écrits d'associer progressisme et défense de la culture (*Le Cœur absolu*, 1987 ; *Le Secret*, 1993 ; *La Divine Comédie*, 2000 ; *Les Voyageurs du temps*, 2009). Sa réflexion devient également autobiographique : *Un vrai roman — Mémoires* (2007).

**SOLLIÈS-PONT** [sɔljɛs-] [83210] ➝ ÉTYM. du prov. *sollier* « terrasse ensoleillée » ♦ Ch.-l. de cant. du Var, arr. de Toulon, sur le Gapeau. 10 820 hab. (*Solliès-Pontois*). Marché agricole (fruits, primeurs). ▪ La commune de *Solliès-Ville* est un village perché au-dessus de Solliès-Pont.

**SOLLIÈS-TOUCAS** [83210] ➝ ÉTYM. *Solliès*, du prov. *sollier* « terrasse ensoleillée » et *Toucas*, n. de pers., ou du prov. *tocàs* « jarre » ♦ Comm. du Var, arr. de Toulon. 4 397 hab.

**SOLLOGOUB (Vladimir Aleksandrovitch)** ♦ Diplomate et romancier russe (Saint-Pétersbourg 1813 - Hambourg 1882). Il est l'auteur de *Nouvelles et Récits* (1842), où il allie le romantisme et le réalisme, et d'un roman *Tarantass* (1845), où il évoque les mœurs de province et se moque de la lutte entre slavophiles et occidentalistes.

**SOLO** → Surakarta

**SOLOGNE** n. f. ➝ ÉTYM. anc. *Secalonia*, p.-ê. d'une rac. précelt. hydronym. *sec-* (→ Seine) ♦ Région du S. du Bassin parisien, limitée au N. par le Val de Loire, au S. par la vallée du Cher et à l'E. par les collines du Sancerrois. Elle couvre les régions du Loiret et du Loir-et-Cher, situées au S. de la Loire, et une petite partie du Cher. Région de plaine au relief peu accentué, au sol imperméable mal drainé par des rivières au cours indécis, la Sologne est une terre de landes, de forêts et d'étangs. Les alluvions descendues du Massif central la recouvrent d'une couche parfois épaisse (plus de 50 m entre la Sauldre et le Beuvron), mais elles sont peu fertiles et se prêtent mal à une mise en valeur agricole, qui même de nos jours reste difficile : bien que profondément transformée depuis le XIXe s., la Sologne demeure avant tout une région de chasse et de pêche exceptionnelle.

**SOLOGOUB (Fedor Kouzmitch TETERNIKOV,** dit**)** ♦ Poète, romancier et auteur dramatique russe (Saint-Pétersbourg 1863 - *id.* 1927). Il a été l'un des premiers représentants du symbolisme russe. Son œuvre, profondément pessimiste, décrit un monde maléfique, que ce soit dans les poèmes (*Le Cercle enflammé*, 1908 ; *Inferno*), dans les pièces de théâtre (*Danses nocturnes*, *La Victoire de la mort*, 1907) ou dans les romans, dont le plus connu est *Le Démon mesquin* (1905), qui n'est pas sans évoquer Gogol* et Dostoïevski*.

**SOLOMOS (Dionysios)** ♦ Poète grec (Zante 1798 - Corfou 1857). Ayant fait ses études en Italie, il débuta avec des poèmes écrits en italien, comme Calvos*. Mais la lutte pour l'indépendance, commencée en 1821, lui inspira sa première œuvre grecque, l'*Hymne à la liberté* (1823), qui devint l'hymne national de la Grèce. Les œuvres qui suivirent, bien qu'inachevées, montrèrent son talent : *Lambros*, *Le Crétois*, *Porphyras*, *Les Assiégés libres* (poèmes), *La Femme de Zante* (satire en prose), le *Dialogue* (polémique contre le purisme). La problématique de Solomos, d'ordre métaphysique, est orientée vers le présent et l'avenir de l'hellénisme. Il est considéré comme le premier grand poète de la Grèce moderne et le maître de l'école ionienne qui imposa la langue populaire à la poésie grecque.

**SOLON** ♦ Législateur et poète athénien (v. -640 - v. -558). Issu d'une famille noble mais appauvrie, il fit sa fortune dans le négoce. Conscient de l'importance du contrôle des routes maritimes, il décida (par ses poésies, dit-on) les Athéniens à la conquête de Salamine* sur les Mégariens, peut-être même mena-t-il la campagne victorieuse (v. -612). Très estimé de ses concitoyens pour son patriotisme et son honnêteté, il fut élu archonte avec des pouvoirs extraordinaires v. -594, en temps de guerre civile imminente. Arbitre entre les eupatrides* et les petits propriétaires dépossédés de leurs terres et menacés d'esclavage, Solon sut résoudre la crise sociale par l'exonération des dettes (*seisakhtheia*), l'abolition de la contrainte par corps et de l'hypothèque, l'amnistie politique, etc. On ne connaît pas l'étendue de son œuvre législative qui survenait peu après les premières lois écrites de Dracon*. Mais le nom de Solon est attaché à la vaste réforme sociale et politique qui détermina l'essor d'Athènes. Cette réforme favorisait le morcellement de la grande propriété par l'extension du droit de succession aux filles et aux enfants naturels, stimulait l'activité économique en encourageant les métiers et le commerce. La Constitution attribuée à Solon remplaça notamment le privilège de naissance par celui de la fortune pour l'obtention d'une magistrature et accorda le droit de vote et l'égalité de toutes les classes dans l'Assemblée du peuple, dont les pouvoirs restèrent d'ailleurs limités jusqu'à la réforme de Clisthène. De nouvelles institutions démocratiques furent créées, dont la boulè* et le tribunal de l'Héliée*. Ce fut le commencement de la démocratie athénienne, selon Aristote. La politique de Solon fut respectée et continuée par Pisistrate*. Les poésies de Solon, dont il nous reste des fragments, étaient composées à l'appui de sa philosophie morale et politique évoquant son programme de réformes. Placé au-dessus de tous les poètes par Platon, Solon a été rangé parmi les Sept Sages*.

**SOLOOUKHINE (Vladimir Alekseïevitch)** ♦ Écrivain russe (Olepino, près de Vladimir 1924 - 1997). Refusant la doctrine du réalisme socialiste, Solooukhine renoua avec la tradition chrétienne de la Russie, tout en demeurant un patriote convaincu ainsi qu'en témoignent son recueil de nouvelles *Les Chemins de Vladimir* (1957), son roman *La Mère marâtre* (1964), ses recueils de poèmes *Vivre sur terre* (1965), *La Couronne* (1975) et ses essais *Lettres du musée russe* (1966), *Le Temps de ramasser des pierres* (1980).

**SOLOTHURN** → **Soleure**

**SOLOVIEV** ou **SOLOVEV (Vladimir Sergueïevitch)** ♦ Philosophe et poète russe (Moscou 1853 - Ouzkoie, près de Moscou 1900). Issu d'une famille appartenant à la noblesse cultivée, il fut un érudit et un brillant orateur. Sa philosophie marqua profondément son époque. Dès 1875, il publia sa première œuvre, *La Crise de la philosophie occidentale*. Il voulut séparer l'orthodoxie de la doctrine slavophile. S'étant lié d'amitié avec Dostoïevski*, il écrivit entre 1881 et 1883 *In Memoriam*, étude sur la pensée religieuse de celui-ci, pour qui, à la différence de Soloviev, l'orthodoxie exprimait la pensée originale du peuple russe. En 1889, Soloviev écrivit en français *La Russie et l'Église universelle*. Il rêvait de l'union des Églises, et son orthodoxie, orientée vers Rome, était libre de tout sentiment nationaliste. En 1898, il publia un traité de théologie morale, *La Justification du bien*, qui marque l'évolution de sa philosophie. En 1900, il donna *Trois entretiens sur la guerre, le progrès et la fin de l'histoire humaine* et *Courte relation sur l'Antéchrist*, où il pose principalement le problème du mal dans l'évolution du monde. Sous le sérieux de ses écrits perce souvent son goût pour l'humour. Fervent admirateur de la poésie, il y voyait une « anticipation magique immédiate procédant par l'expression de l'idée cachée dans les profondeurs de l'âme ». De ses poèmes, souvent mystiques, on peut retenir *Sophia*, *L'Éternel Féminin*, *La Vierge vêtue de soleil* et *Trois rencontres* dans lesquels perce aussi son goût pour l'humour et l'absurde. ➝ ÉTYM. Ce nom vient du russe *soloviï* « rossignol ».

**SOLOW (Robert Merton)** ♦ Économiste américain (New York 1924). Néoclassique, il élabora un modèle économétrique étudiant les rapports entre la croissance et le progrès technique, montrant que les moyens de production et la compétence humaine comptent plus que les investissements. [Prix Nobel de sc. écon. 1987]

**SOLTI** (sir **Georg**) ♦ Chef d'orchestre britannique d'origine hongroise (Budapest 1912 - Antibes 1997). Élève de Dohnanyi et de Kodály à Budapest, il travailla ensuite avec Toscanini, dont l'influence resta sensible dans ses interprétations. Il s'est surtout consacré à l'opéra. Il fut à la tête, entre autres, de Covent Garden (1961 - 1971) et de l'Orchestre symphonique de Chicago (1969 - 1991), et dirigea la première discographie de la *Tétralogie* de Wagner (1958 - 1968).

**Solutréen** n. m. ♦ Période du Paléolithique* supérieur (de –19 000 à –15 000) marquée en Europe par un froid très vif et pendant laquelle les hommes ont inventé l'aiguille à chas et développé un outillage de pierre d'une grande beauté et techniquement très évolué. → **Sers, Solutré-Pouilly.**

**SOLUTRÉ-POUILLY** [71960] ➝ ÉTYM. *Solutré*, anc. *Sulistriacus*, du gaul. *Sollius*, n. de pers., et suff. lat. *-ister* et *Pouilly*, probablt du lat. *Pollius*, n. de pers., et suff. *-acum* ♦ Comm. de la Saône-et-Loire, arr. de Mâcon. 424 hab. *(Solutréens)*. Vins blancs (pouilly-fuissé). ▪ Au pied de la roche de Solutré, au lieu-dit le Cros-du-Charnier, fut découvert en 1866, au-dessus d'un amas d'ossements de chevaux, un outillage lithique caractéristique qui fit donner son nom au *Solutréen**. Le gisement s'étend sur plus d'un hectare et correspond à un site de chasse spécialisée dans l'abattage des chevaux. Il a été occupé depuis le Moustérien* jusqu'à la fin du Magdalénien*.

**SOLVAY (Ernest)** ♦ Industriel et philanthrope belge (Rebecq-Rognon 1838 - Bruxelles 1922). Il mit au point le procédé inventé par Schlœsing* concernant la préparation du carbonate de sodium à l'ammoniac (soude Solvay) et réussit à en réaliser la fabrication industrielle (1865). Il fonda plusieurs instituts scientifiques à Bruxelles et organisa, à partir de 1911, des réunions internationales de savants connues sous le nom de *conseils Solvay*, dans le but de débattre des questions brûlantes de la physique (la relativité, les quanta, la mécanique quantique). Si ces conseils existent toujours, leur importance a diminué depuis la Deuxième Guerre mondiale.

**SOLWAY FIRTH** n. m. – en fr. ***golfe*** ou ***fjord de Solway*** ♦ Vaste golfe de la côte N.-O. de Grande-Bretagne, profondément ouvert dans la mer d'Irlande, à la latitude de la frontière anglo-écossaise.

**SOMADEVA** ♦ Brahmane du Cachemire du XI^e^ s. à qui l'on doit l'*Océan des rivières de contes (Kathâsaritsâgara)* : cette œuvre en sanskrit regroupe en « flots », qui constituent l'Océan, des contes d'allure parfois fantastique (les *Contes du vampire*, au livre 12). Fondé sur une œuvre non sanskrite (le *Brihatkathâ*, *Grand Récit*, de Gunâdhya, III^e^), le recueil intègre une version versifiée du *Pañcatantra**.

**SOMAIN** [59490] ➝ ÉTYM. du germ. *Somo*, n. de pers., et suff. *-inus* ou de *solmanium* « terre marécageuse » ♦ Comm. du Nord, arr. de Douai. 12 013 hab. *(Somainois)*. Centre ferroviaire. Sellerie automobile.

**SOMAIZE (Antoine BAUDEAU DE)** ♦ Écrivain français (seconde moitié du XVII^e^ s.), surtout connu par *Le Dictionnaire des précieuses, ou la Clef de la langue des ruelles* (1660) et *Le Grand Dictionnaire des précieuses* [...] (1661), ouvrages utiles pour comprendre l'esprit des femmes du monde cultivées et de la préciosité littéraire.

## SOMALIE

▪ n. f. ➝ ÉTYM. « pays des Somalis (n. de tribu) », de *somâli* « foncé, brun (couleur de la peau) » ou de *Sow Mall* « va traire » (en raison de l'hospitalité légendaire de ces pasteurs) ou « terre de Saw Mall », territoire gouverné par deux frères représentants de la reine de Saba ♦ Pays d'Afrique orientale. 637 657 km$^2$. 9 219 000 hab. *(Somaliens)*. LANGUES : somali, arabe (off.), anglais, italien. POPULATION : 95 % de la population est issue d'un seul groupe ethnique : le peuple hamite, divisé en clans rivaux. RELIGION : musulmans sunnites. MONNAIE : shilling somali. CAPITALE : Mogadiscio. RÉGIME : présidentiel.

▪ **GÉOGRAPHIE** La côte, basse et rectiligne sauf à l'O. du cap Guardafui, forme une plaine alluviale large d'une centaine de kilomètres qui se resserre vers le N. L'intérieur du pays est constitué de plaines et de bas plateaux accidentés de crêtes calcaires et de collines de roches éruptives, plus élevés au N., où l'altitude atteint 2 000 m (Shimbiris, 2 416 m). Le climat est chaud avec de faibles écarts de température et de maigres précipitations. La steppe et la savane dominent ; les seules régions fertiles se trouvent le long des cours d'eau venus d'Éthiopie (Juba et Sheebele).

Somalie.

**ÉCONOMIE** Elle est agropastorale. 80 % de la population pratique l'élevage (chameaux, bovins, ovins, caprins) à destination de la péninsule arabique. La Somalie possède l'un des plus grands troupeaux de dromadaires du monde. Les plaines cultivables (2 % du territoire) se trouvent en grande partie dans le Sud (bassins du Juba et du Sheebele). Les cultures vivrières (maïs, sorgho, haricots) ne couvrent pas les besoins de la population. Les cultures commerciales sont principalement la banane, la canne à sucre et le coton. L'industrie est pratiquement inexistante (raffineries de sucre, textile, conserveries de poissons). De l'uranium a été découvert en 1984 dans la région de Mogadiscio. Le développement économique est entravé par l'absence de voies ferrées et, depuis 1991, par une guerre civile qui a engendré un effondrement total de l'État, la sécession de provinces entières et une piraterie maritime à grande échelle, l'ensemble sur fond de famines récurrentes.

**HISTOIRE** **L'islamisation** Les Somalis, établis depuis le haut Moyen Âge dans la Corne de l'Afrique, sont issus d'un seul groupe ethnique divisé en clans et sous-clans. Avec l'installation, dès le IXe s., des Arabes sur les côtes, l'islam devint la religion dominante. Au XVIe s., les Gallas* du Sud envahirent une partie de l'Éthiopie, où ils s'installèrent (ils furent définitivement réduits par l'empereur Ménélik, à la fin du XIXe s.). **La colonisation européenne** Durant la seconde moitié du XIXe s., la région fut l'objet des convoitises des puissances coloniales européennes, la France, la Grande-Bretagne et l'Italie. Tandis qu'en 1883 les Français annexaient Djibouti et en faisaient la Côte française des Somalis, le nord de la Somalie devint un protectorat britannique (Somaliland, 1884 - 1887), et le Sud un protectorat italien (1889). Après avoir envahi l'Éthiopie en 1935, les Italiens annexèrent la Somalie britannique, mais ils en furent chassés par les Britanniques en 1941. Ces derniers administrèrent la région jusqu'en 1950, date à laquelle l'ex-Somalie italienne fut placée par l'ONU sous tutelle italienne pour une durée de dix ans. Auparavant, la Grande-Bretagne avait cédé l'Ogaden à l'Éthiopie (1948). **L'indépendance et le conflit de l'Ogaden** La République de Somalie naquit en 1960 de la fusion de l'ex-Somaliland et de l'ex-Somalie italienne. En 1969, un putsch militaire porta au pouvoir un conseil suprême de la Révolution dirigé par le général Mohammad Siyad Barré. Ce dernier proclama la République démocratique de Somalie et opta pour une politique socialiste soutenue activement par l'URSS, qui installa une base aéronavale à Berbera pour le contrôle de la mer Rouge (1975). Profitant de la chute du régime impérial en 1974 à Addis-Abeba, Siyad Barré envahit la province de l'Ogaden dont les maquisards en lutte contre le gouvernement éthiopien réclamaient le «retour à la mère-patrie». Mais, privée du soutien des Soviétiques, qui s'étaient rangés aux côtés de l'Éthiopie devenue «marxiste», la Somalie fut battue (1978). Elle se retourna alors contre l'ex-allié soviétique et conclut un accord avec les États-Unis concernant la base stratégique de Berbera (1979). Dans les années 1980, le gouvernement central dut faire face à deux mouvements d'opposition armés, le Mouvement national de Somalie (MNS), composé des membres du clan des Issas au nord du pays, et le Front démocratique pour le Salut de la Somalie (FDSS), composé du clan des Majerteen du centre du pays, tous deux soutenus par l'Éthiopie. **La guerre civile et l'anarchie** La répression engagée par Siyad Barré plongea le pays dans la guerre civile et entraîna sa chute en 1991. Dans le Nord, l'ancien Somaliland britannique proclamait son indépendance ainsi que le nord de l'ancienne Somalia italienne qui prenait le nom de Puntland. Le pays sombra alors dans l'anarchie provoquée par la lutte des clans pour le pouvoir. L'opération humanitaire occidentale mandatée par l'ONU, *Restore Hope* («rendre l'espoir»), se solda par un échec (1995). Un gouvernement fédéral de transition dirigea le pays d'août 2000 à oct. 2004, date de l'élection d'Abdullai Yusuf Ahmed qui dut rester au Kenya jusqu'en 2005 par mesure de sécurité. En juin 2006, l'Union des tribunaux islamiques, un mouvement fondamentaliste, s'empara d'une grande partie du pays, dont Mogadiscio. En décembre, le gouvernement de transition réfugié à Baidoa s'installa dans la capitale avec l'aide des troupes éthiopiennes qui se retirèrent en janvier 2009. Un accord signé en août 2008 à Djibouti entre les nationalistes et des opposants islamistes déboucha en janv. 2009 sur la formation d'un parlement de transition qui nomma à la présidence Cheikh Charif Ahmed, ancien dirigeant de l'Union des tribunaux islamiques, et vota à l'unanimité l'instauration de la charia. La guerre civile se poursuit et des groupes islamistes radicaux, en particulier la milice *Al-Shabab* («les Jeunes»), menacent activement le gouvernement.

---

**SOMALILAND** n. m. → Somalie

**SOMALIS (CÔTE FRANÇAISE DES)** → Djibouti (république de)

**SOMBART (Werner)** ♦ Économiste et sociologue allemand (Ermsleben, Harz 1863 - Berlin 1941). Fondateur avec Max Weber* et J. Schumpeter* des *Archiv für Sozialwissenschaft und Sozialpolitik*, promoteur des études sociales en Allemagne, il appartint à la jeune école historique d'économistes allemands. Dans ses études sur le socialisme (*Le Socialisme et le Mouvement social au XIXe siècle*, 1896) et sur le capitalisme, dont il rattache l'apparition au judaïsme (*Le Capitalisme moderne*, 1902 - 1928 ; *Les Juifs et la vie économique*, 1911), il refusa de séparer les faits économiques de leur contexte politique et culturel global. Dans sa critique du capitalisme libéral, il fut d'abord influencé par le marxisme, mais s'orienta vers un socialisme nationaliste et spiritualiste et se rallia finalement au national-socialisme (*Le Socialisme allemand*, 1934).

**SOMBREUIL (Charles VIROT ou VIREAUX DE)** ♦ Officier français (1769 - Vannes 1795). Émigré en 1792, il servit dans l'armée prussienne, puis s'exila en Angleterre d'où, en 1795, il prit la tête des émigrés qui tentèrent de débarquer à Quiberon (juin-juil.), mais furent repoussés par Hoche. Arrêté, Sombreuil fut fusillé. Sa sœur, MARIE VIROT DE SOMBREUIL (près de Limoges 1774 - Avignon 1823), réussit lors des massacres de septembre 1792 à empêcher l'exécution de son père, gouverneur des Invalides (il fut cependant exécuté en 1794).

**SOMERGEM** → Zomergem

**SOMERS ou SOMMERS (John, baron)** ♦ Homme politique anglais (Worcester 1651 - Londres 1716). Appartenant à l'opposition sous Charles* II, il contribua à la révolution de 1688 et continua à jouer, par la suite, un rôle prépondérant dans le parti whig*.

**SOMERSET** → Seymour (Edward)

**SOMERSET (île)** ♦ Île de l'Arctique canadien, qui prolonge au N. la péninsule de Boothia* ; les détroits de Barrow et de Lancaster la séparent de l'île Devon au N., le détroit de Peel de l'île du Prince-de-Galles à l'O.

**SOMERSET** n. m. ◆ ÉTYM. anc. *Sumersaeton* «(région des) habitants de Somerton», contraction de *Somerton* «ferme utilisée en été» et vieil angl. *saete* «habitants» ♦ Comté du S.-O. de l'Angleterre. 3 458 km$^2$. 465 000 hab. CH.-L. : Taunton. Premier comté laitier de Grande-Bretagne. L'O. est occupé par les collines et le parc national d'Exmoor. Le littoral N. cherche sa vocation touristique.

**SOMEŞ** n. m. – en hongr. **Szamos** ♦ Riv. d'Europe centrale (435 km) coulant en Roumanie et en Hongrie, affl. de la Tisa, formée des deux branches du *Petit Someş (Someş Mic)*, né dans le massif du Bihor et arrosant Cluj, et du *Grand Someş (Someş Mare)*, né dans le Maramureş et arrosant Satu* Mare.

**SOMME** n. f. ◆ ÉTYM. d'un hydronyme gaul. de sens inconnu, °*sumena* ♦ Fl. côtier de Picardie (245 km) qui prend sa source dans l'Aisne, près de Fonsommes, et se jette dans la Manche par un large estuaire. Elle arrose les villes de Saint-Quentin, Péronne, Amiens, Abbeville et Saint-Valery-sur-Somme.

**Somme (batailles de la)** ♦ Batailles ayant opposé la France et ses alliés à l'Allemagne au cours des deux Guerres mondiales. ♦ ***Bataille de 1916*** Prévue depuis janv. par Joffre* et par Haig*, maintenue malgré Verdun* (→ **Chantilly [conférence de]**), l'offensive franco-britannique sur la Somme débuta le 1er juil. 1916 sous la direction de Foch*, commandant de corps d'armée. Si les premières lignes allemandes furent emportées, le front ne recula que de 5 à 10 km au N. et au S. de la rivière ; l'offensive s'arrêta en oct.-nov. Cette énorme bataille de matériel (artillerie, premiers combats de chars) coûta aux Allemands 267 000 morts dont 6 000 officiers, mais les attaquants s'épuisèrent dans les mêmes proportions et, sauf la diversion apportée à la bataille de Verdun, «la Somme» fut un échec. Joffre y perdit son commandement. → **Guerre mondiale (Première)**. ♦ ***Bataille de 1940*** Bataille défensive livrée par Weygand* pour tenter de contenir l'avance allemande durant l'évacuation des troupes franco-britanniques à Dunkerque*. Du 5 au 8 juin, le front français fut percé par les blindés allemands. → **Guerre mondiale (Deuxième)**.

Bataille de la **Somme**, près de Villers, 1916.
*BIS/Phot. © Imperial War Museum, Londres. Archives Larbor*

**Somme (canal de la)** ♦ Canal (156 km) unissant l'estuaire de la Somme, qu'il longe sur 53 km, au canal de Saint-Quentin.

**SOMME** n. f. [80] ◆ ÉTYM. du n. du fl. ♦ Dép. du N. de la France, région Picardie. 6 170 km$^2$. 555 551 hab. CH.-L. : Amiens. CH.-L. D'ARR. : Abbeville, Montdidier, Péronne. Cour d'appel : Amiens. Académie : Amiens. → **Picardie**.

Îles de la **Sonde**.
Prêtres bénissant les offrandes à Bali.
*Phot. © Prato/Ricciarini*

**SOMMERFELD (Arnold)** ♦ Physicien allemand (Königsberg 1868 - Munich 1951). Ses études des spectres atomiques le conduisirent à apporter plusieurs modifications importantes au modèle de l'atome de N. Bohr*. Il remplaça les orbites circulaires des électrons par les orbites elliptiques (1916), ce qui entraîna l'introduction du nombre quantique azimutal ; il y ajouta ensuite le nombre quantique magnétique. Appliquant à ce modèle la théorie de la relativité, il put expliquer, en introduisant une nouvelle constante, la structure fine des raies d'hydrogène. On lui doit également des contributions fondamentales à la théorie des électrons dans les métaux.

**Somme théologique** – en lat. ***Summa theologiae*** ♦ Œuvre en latin de saint Thomas* d'Aquin, interrompue par la mort de l'auteur (1274). À la suite des croisades, qui firent pénétrer en Occident de nombreux monuments de la philosophie grecque et arabe, les universités, au milieu du XIIIe s., éprouvèrent le besoin d'organiser leur enseignement philosophique et théologique. Aristote, admiré d'abord puis condamné, resta le maître le plus cité, et sa méthode, par sa précision scientifique et la profondeur de ses aperçus, imprégna l'effort mystique et intellectuel qui aboutit aux scolastiques, Alexandre de Hales, Albert le Grand, saint Bonaventure et Thomas d'Aquin. La *Somme* de saint Thomas est considérée comme l'ouvrage fondamental, phare du système de pensée théologico-philosophique de l'Église. Prenant appui sur les principes indémontrables de la Foi (Révélation et Tradition), elle se veut une «science» à la fois spéculative et pratique. Le Docteur dominicain y proclame clairement son intention : la connaissance de Dieu (en lui-même, mais aussi en tant que cause et but de toutes choses, spécialement de la créature raisonnable) est nécessaire au salut. L'œuvre se présente comme un triptyque : Dieu ; des créatures vers Dieu ; le Christ, sauveur et médiateur unique, de par ses deux natures, divine et humaine. Le principe de l'«analogie de l'être», par lequel Dieu peut révéler aux hommes sa vie propre et la donner à leur réflexion sans jamais pour autant en estomper le mystère, constitue l'assise de la théologie thomiste. → **scolastique, thomisme.**

**SOMMIÈRES** [30250] ◆ ÉTYM. de l'occit. *soumèire*, p.-ê. du lat. *summi iter* «chemin vers l'amont» ♦ Ch.-l. de cant. du Gard, arr. de Nîmes, sur la rive d. du Vidourle. 3 677 hab. (aggl. 4 873). *(Sommièrois).* Pont romain, plusieurs fois restauré. Ruines d'un château fort (VIIIe s.). Anc. citadelle protestante. ▪ Textile.

**SOMOSIERRA** (col de) ♦ Col d'Espagne (1 444 m), dans la sierra de Guadarrama, entre les bassins du Tage et du Douro, faisant communiquer les deux Castilles. ▮ **Histoire** Les troupes napoléoniennes y remportèrent sur les Espagnols une brillante victoire qui leur ouvrit la route de Madrid (1808).

**SOMOZA (Anastasio)** ♦ Homme d'État et général nicaraguayen (León 1925 - Asunción, Paraguay 1980). Fils d'Anastasio Somoza qui s'empara du pouvoir en 1937 et fut assassiné en 1956, et frère de Luis Somoza, président de 1956 à 1963, il fut élu président du Nicaragua en 1967 et fut renversé en 1979 (→ **Nicaragua**). Réfugié au Paraguay, il y fut assassiné l'année suivante.

**SOMPORT** (col du) ◆ ÉTYM. en lat. *Sumus portus* «le passage le plus élevé» ♦ Col des Pyrénées-Atlantiques (1 632 m) à la frontière espagnole. Il fait communiquer la vallée d'Aspe et celle de l'Aragón. Un tunnel routier, long de 8,8 km, a été inauguré en 2003.

**SON** n. f. ♦ Riv. de l'Inde (760 km), affl. du Gange près de Patna, née dans les monts Vindhya.

La **Sonate à Kreutzer** – en russe ***Kreïtserova Sonata*** ♦ Roman de L. Tolstoï (1891). La femme de Pozdnychev le trompe avec un violoniste et Pozdnychev la tue. Cette histoire d'adultère permet à Tolstoï d'exposer ses idées d'alors sur le caractère, selon lui néfaste, de l'amour physique.

**SONDE** (îles de la) ◆ ÉTYM. du malais *Sunda* ♦ Une partie des îles formant l'Indonésie. Les *grandes îles de la Sonde* sont les îles situées à l'O. de Bali (Java, Sumatra) mais ce terme n'est plus guère utilisé. Les *petites îles de la Sonde* sont Bali et les îles situées à l'E. de celle-ci, appelées Nusatenggara*. ♦ ***Détroit de la Sonde*** Détroit situé entre Sumatra et Java (le pays Sunda, à l'O. de Java lui a donné son nom) et offrant entre l'Océan Indien et la mer de Chine, un passage plus sûr pour les navires de gros tonnage que le détroit de Malaka. ♦ ***Plateforme de la Sonde*** Plateforme continentale déterminant la mer de Chine méridionale. De 55 m de profondeur moyenne et d'une superficie de 1 850 000 km², c'est la plus vaste du monde.

**SØNDERBORG** ♦ V. du Danemark, municipalité du Danemark-du-Sud, sur la côte O. de l'île d'Als. 27 391 hab. Château du XIIIe s. ▪ Ville indus. : mécanique (machines agricoles), électronique. Port de commerce.

**Sonderbund** n. m. ◆ ÉTYM. all. «ligue séparée» ♦ Ligue séparatiste formée en déc. 1845 par les cantons catholiques suisses de Lucerne, Uri, Schwyz, Zoug, Unterwald, Fribourg et du Valais, mécontents des mesures anticléricales prises par les radicaux (fermeture des couvents en Argovie en 1841). À cette décision, Lucerne avait répondu en faisant appel aux jésuites pour leur confier l'enseignement secondaire (1845). Les radicaux tentèrent sans succès d'envahir le territoire de Lucerne (mars 1845). Le Sonderbund fut alors créé. Mais la Diète, où les radicaux étaient majoritaires, en exigea la dissolution (juil. 1847). Le général Dufour, à la tête de l'armée fédérale, arrêta la résistance en trois semaines (occupation de Fribourg puis de Lucerne). À la suite de cette guerre, les jésuites furent expulsés et le pacte de 1815 remplacé par la Constitution de 1848. → **Suisse.**

**SONDRIO** ♦ V. d'Italie en Lombardie, ch.-l. de prov., dans la Valteline, sur l'Adda. 21 642 hab. Église collégiale (XVIIIe s.). Museo Valtellinese (collections archéologiques d'art et d'histoire ; peintures des XVIe - XIXe s.). Château Masegra (auj. casernes). ▪ La ville est connue pour ses vins. Centre commercial et agricole. Indus. textile. Important nœud de communications vers l'Autriche, la Suisse et Milan.

**SONG** n. m. pl. ♦ Nom de plusieurs dynasties chinoises dont la plus célèbre est celle fondée par Zhao Kuangyin (927 - 976), dite *Song du Nord* (960 - 1127, cap. à Kaifeng). Les Song durent se replier à Hangzhou après la prise de Kaifeng par les Jin* et ne régnèrent plus que sur la Chine du Sud, sous l'appellation de *Song du Sud* (1127 - 1279). → **Huizong, Chine.**

**SÔNG CÁI** → **Sông Hồng**

**SÔNG ĐÀ** n. m. ◆ ÉTYM. vietnamien «rivière noire» ♦ Riv. du N. du Viêtnam, affl. rive d. le plus important du Sông Hồng ou fleuve Rouge. Née dans le Yunnan, elle suit un cours parallèle à ce dernier et conflue avec lui après plus de 1 000 km, en amont de Hanoi. L'important barrage hydroélectrique de Hòa Bình se trouve sur sa section N.-S., après le changement brutal de direction. → **Sông Hồng.**

Le **Songe** – en suéd. ***Ett Drömspel*** ♦ Drame de Strindberg* (1902). Envoyée sur la terre par son père, le dieu Indra, Agnès, au cours d'un voyage où l'auteur exploite consciemment toutes les techniques et les caractéristiques du rêve, reçoit la révélation du monde où s'agitent les hommes, monde misérable et cruel où règnent la haine entre les couples, le scandale de la richesse qui opprime les pauvres, la solitude des vivants et leur effroi devant la mort. Cette pièce, qui se propose comme une somme de la pensée pessimiste de l'auteur et de son expérience tragique, est aussi la plus représentative de son apport original.

Le **Songe d'une nuit d'été** – en angl. ***A Midsummer Night's Dream*** ♦ Féerie de W. Shakespeare* (v. 1595). L'action se situe dans la campagne d'Athènes, au cœur d'une forêt de rêve, baignée d'une nuit vaporeuse et propice à tous les sortilèges. Tandis que des artisans jouent la tragédie de Pyrame et Thisbé, en l'honneur du mariage du prince Thésée, Puck, l'insouciant lutin, se fait le démiurge des aventures dans lesquelles vont être entraînés des couples d'amoureux, Lysandre et Hermia, Démétrius et Hélène, devenus les victimes de ses enchantements et condamnés pour un temps à trahir leur amour. Pour venger Obéron, le roi des elfes, de la coquetterie de Titania, la reine des fées, Puck rend celle-ci amoureuse du rustre Bottom, coiffé soudain par magie d'une tête d'âne. Ces intrigues entremêlées se concluront au mieux dans une atmosphère d'allégresse. F. Mendelssohn* a composé pour cette pièce une célèbre musique de scène (1843) ; Benjamin Britten* en a tiré un remarquable opéra (1960).

Le **Songe du vergier** ♦ Dialogue écrit par Évrard de Trémaugon sur l'ordre de Charles V. Il s'agit d'une discussion entre un chevalier qui défend les privilèges et un clerc qui défend les droits du pape. D'abord rédigé en latin (*Somnium Viridarii*, 1376), cet ouvrage qui traite des rapports entre les pouvoirs temporel et spirituel fut totalement remanié et affiné dans sa traduction française.

**SONGHAÏ(S), SONGHOY(S)** ou **SONRHAÏ(S)** n. m. (pl.) ♦ Peuple d'Afrique occidentale établi sur la boucle du Niger, à l'E. du Mali, au N. du Burkina Faso, à l'O. du Niger et au N.-O. du Nigeria. Au XIe s., des immigrants de l'E. qui avaient passé des accords avec les pêcheurs sorkos du Niger établirent leur capitale à Gao*. Deux siècles plus tard, le royaume de Gao devint un vassal de l'empire du Mali*, mais l'effacement de celui-ci, au XVe s., permit la résurrection du royaume. Le fondateur de l'empire fut Sonni Ali Ber (1464 - 1492) qui créa une armée (cavalerie et marine) et une administration efficaces. À sa mort, son général en chef Mohamed Sylla fonda la dynastie des Askia qui repoussa les limites de l'empire jusqu'au fleuve Sénégal et à l'Aïr. Il revint d'un pèlerinage à La Mecque avec le titre de calife pour le Soudan et tenta de réislamiser les Songhaïs. L'empire, affaibli par les intrigues de palais de ses successeurs, succomba sous les coups d'une expédition marocaine (bataille de Tondibi, près de Gao, 1591). L'époque de l'Empire songhaï fut celle des grandes cités du Soudan (Tombouctou, Djenné), nées des échanges entre le Maghreb et l'Afrique noire grâce à la création de circuits commerciaux entre le Sahara, la savane et la forêt.

**SÔNG HỒNG,** par altération ***Sông Cái, Sông Koi*** n. m. ➝ ÉTYM. vietnamien «fleuve rouge» ♦ Fl. principal et artère vitale du N. du Viêtnam (1 200 km). Né au Yunnan où il est appelé *Shiyang he,* il se jette dans le golfe du Tonkin (Vịnh Bắc Bộ). Son delta commence peu après le confluent du Sông Đà (rivière Noire) et se joint vers l'aval à celui du Thái Bình venu du N. Son cours, naturellement sujet à de fréquents débordements, doit être contenu par des digues (les premières furent construites dès 43 ; elles connurent un grand développement au XIe et au XXe s.). La construction du gigantesque barrage de Hòa Bình (1979 - 1988) a permis de contrôler les redoutables crues du Sông Đà.

**SONGHUA JIANG, SONG-HOUA-KIANG** ou **SOUNGARI** n. m. ➝ ÉTYM. en chin. *Songhua jiang :* «le fleuve des fleurs d'épicéa (en raison de la couleur jaune des limons charriés par le fleuve)». *Soungari,* en mandchou *Sungari Ula :* «rivière *(ula)* couleur de lait *(sungari)*» ♦ Riv. de Chine, dans les prov. du Heilongjiang et du Jilin (1 927 km). Né de la réunion de deux cours d'eau dont l'un est issu du lac Céleste (Tian chi) dans le Changbai shan au S., l'autre du Grand Hinggan au N., il traverse Harbin avant de se jeter dans le Heilong jiang (Amour). Il est navigable sur la plus grande partie de son cours.

**SÔNG KOI** ➝ Sông Hồng

**SÔNG LÔ** n. m. ➝ ÉTYM. vietnamien «rivière claire» ♦ Riv. du Viêtnam (Nord). Elle prend sa source en Chine, entre au Viêtnam, où elle arrose Hà Giang et Tuyên Quang, et se jette dans le Sông Hồng à la hauteur de Việt Trì. Voie d'accès vers le Yunnan, elle fut longtemps considérée comme le fleuve principal du Nord et appelée *Sông Cái* («rivière maîtresse») pour cette raison.

**SONG Meiling** ou **SONG Mei-ling** ♦ Femme politique chinoise (Shanghai 1897 - Long Island 2003). Issue d'une des quatre grandes familles de la banque chinoise, elle épousa Jiang* Jieshi (Tchang Kai-shek) en 1927. Son rôle de propagandiste dans les relations du Guomindang* avec les pays étrangers, les États-Unis surtout, fut considérable : elle servit d'interprète entre son mari et Roosevelt lors de la conférence du Caire en 1943. On lui doit des ouvrages en anglais sur la politique internationale. ♦ **SONG Qingling** ou **SONG K'ing-ling** (Shanghai 1893 - Pékin 1981). Sœur de la précédente. Elle épousa Sun* Yat-sen en 1915.

**SONGTSEN GAMPO** – en tibétain ***Srong-bcan sGam-po,*** en chin. ***Zongzan Ganbu*** ♦ Roi tibétain (617 - 650). Il transféra la cap. de la vallée du Yalu Zangbo à Lhassa* et fit construire un palais sur le site du Potala*. Sous l'influence de deux de ses épouses, la princesse népalaise Bhrikuti Devi et la princesse chinoise Wencheng, il favorisa l'introduction du bouddhisme et fit construire des monastères. Il aurait dépêché en Inde son ministre et conseiller Thonmi* Sambhota pour créer un système d'écriture adapté à la transcription tibétaine.

**SONG Ziwen** ou **SONG Tseu-wen** ♦ Homme politique chinois (Shanghai 1894 - San Francisco 1971). Frère de Song Qingling (épouse de Sun* Yat-sen) et de Song* Meiling (épouse de Jiang Jieshi). Après des études à Harvard, il fut successivement ministre des Finances, président de la Banque centrale puis de la Banque de Chine, ministre des Affaires étrangères et ambassadeur aux États-Unis au sein du gouvernement nationaliste. Après la défaite de Jiang Jieshi (Tchang Kai-shek) en 1949, il se retira aux États-Unis.

**SONIS (Louis Gaston DE)** ♦ Général français (Pointe-à-Pitre 1825 - Paris 1887). Il servit en Afrique, participa à la campagne d'Italie de 1859, fut chargé de la répression du soulèvement organisé par les Marocains à Laghouat (1869). Général de division, il fut nommé commandant du 17e corps d'armée de la Loire par Gambetta lors de la guerre franco-allemande et se distingua à Loigny à la tête des zouaves pontificaux (2 déc. 1870). Il fut blessé et fait prisonnier.

**SONNERAT (Pierre)** ♦ Voyageur et naturaliste français (Lyon 1748 ou 1749 - Paris 1814). Il explora les îles des mers de l'Inde et la Chine et, de retour en France, publia le récit de ses voyages (*Voyages aux Indes orientales et à la Chine, de 1774 à 1781,* 1782 - 1806).

**SONORA** n. m. ♦ État du Mexique septentrional qui s'étend entre la sierra Madre occidentale et le golfe de Californie. 182 052 km². 2 394 861 hab. CAP. : Hermosillo. De climat aride, la région fait alterner déserts (Altar) et savane herbeuse. ▪ Élevage extensif (les bêtes sont améliorées au Michoacán avant d'être envoyées dans la région de Mexico). Coton. Ressources minières : cuivre, or, manganèse. Indus. textiles et *maquiladoras* (assemblage en sous-traitance pour les États-Unis).

**SONTAG (Gertrud WALPURGIS SONNTAG,** dite **Henriette)** ♦ Cantatrice allemande (Coblence 1806 - Mexico 1854). Grande rivale de la Malibran, elle se rendit célèbre dans l'Europe entière, notamment dans les opéras de Weber (*Euryanthe,* qu'elle créa en 1823, et le *Freischütz*), de Rossini et de Donizetti.

**SONTAG (Susan)** ♦ Femme de lettres américaine (New York 1933 - *id.* 2004). Féministe, engagée dans tous les grands combats intellectuels contemporains, elle a consacré des essais à la théorie de l'art, du langage et de la littérature (*L'œuvre parle,* 1962 ; *Contre l'interprétation,* 1967 ; *Sur la photographie,* 1975 ; *L'Écriture même : à propos de Roland Barthes,* 1982) et à l'analyse critique des faits ou des phénomènes qui remettent en cause les cadres de la société occidentale (*Voyage à Hanoï,* 1969 ; *Le Sida et ses métaphores,* 1989 ; *Sarajevo,* 1993 - 1996). Elle a également écrit des romans (*Le Bienfaiteur,* 1963 ; *Death Kit,* 1967 ; *l'Amant du volcan,* 1992 ; *En Amérique,* 2000, porté à l'écran par J. Skolimowski en 2004) et réalisé plusieurs films. ➝ ÉTYM. Ce nom de famille vient du germanique *sonntag* «dimanche».

**SƠN TÂY** ♦ V. du Viêtnam (Nord), à l'O. de Hanoi. 100 000 hab. Ville historique dont les vieux quartiers ont conservé charme et mystère. Importante citadelle. Nœud de communications aux portes de Hanoi. ▪ Indus. textiles (coton, soie). ▮ **Histoire** La ville fut prise en 1883 par l'amiral Courbet.

**SOPHIA-ANTIPOLIS** ♦ Complexe industriel et scientifique créé en 1969, près d'Antibes, sur le plateau de Valbonne*.

**SOPHIE** (sainte) ➝ ÉTYM. gr. «Sagesse» ♦ Personnage de la tradition chrétienne. Elle aurait vécu au IIe s. et donné à ses filles, qui auraient subi le martyre, les prénoms de Foi, Espérance et Charité. ▪ Fête le 30 sept.

**SOPHIE Alexeïevna** ♦ (Moscou 1657 - Novodevitchi 1704). Régente de Russie (1682 - 1689). Fille du tsar Alexis Ier Mikhaïlovitch, elle s'empara du trône à la mort de Fedor* III, à la faveur d'une révolte des Streltsy*, et gouverna durant la minorité des co-tsars Ivan* V et Pierre* Ier avec l'aide de son favori Vassili Galitzine*. En 1689, elle fut renversée par Pierre Ier qui l'enferma dans un couvent.

Le **Sophiste** – en gr. ***Sophistês*** ♦ Dialogue de Platon*. La recherche d'une définition de la sophistique conduit Socrate et ses interlocuteurs à faire une analyse critique de la conception éléatique de l'Être ; dépassant une philosophie de l'immobilisme et de l'identité pure, il introduira dans la méthode dialectique les concepts d'altérité, de mouvement et de non-être dont il fait l'origine de nos erreurs.

**SOPHOCLE** ➝ ÉTYM. en gr. ***Sophoklês,*** de *sophos* «habile, sage» et *kleos* «bruit, rumeur» ♦ Poète tragique grec (Colone –496 - Athènes –406). Né d'une famille aisée, il vécut la période la plus brillante de l'histoire athénienne. Il prit part à plusieurs expéditions militaires et exerça par deux fois les fonctions de stratège, entretenant des relations étroites avec Périclès*, Phidias* et Hérodote*. Esprit de large ouverture, il sut accueillir les idées morales, politiques et religieuses qui avaient cours dans l'Athènes de son temps, se réservant de les interpréter librement sans toutefois en contester les principes. ▪ Bénéficiaire d'une technique dramatique qui atteignit avec lui son plus haut degré de perfection, il s'est vu attribuer 126 pièces dont 72 au moins furent couronnées. Correspondant à un choix effectué par des grammairiens au IIe s., il ne nous reste de son œuvre que 7 tragédies : *Ajax* (*Aias,* v. –450), *Antigone** (*Antigonê,* v. –442), *Œdipe* roi* (*Oidipous turannos,* v. –430), *Électre** (*Êlektra,* v. –425), *Les Trachiniennes** (*Trakhiniai,* v. –415), *Philoctète** (*Philoctêtês,* v. –409), *Œdipe à Colone* (*Oidipous epi Kolônô,* –401) et des fragments des *Limiers* (*Ikhneutai,* v. –460). ▪ Contemporain d'un gouvernement démocratique qui assignait aux citoyens le plein exercice de leur responsabilité, Sophocle ne pouvait plus reconnaître aux dieux le rôle prépondérant qu'Eschyle leur conférait dans la conduite des affaires humaines. Plus que les lois inéluctables de la fatalité, les mobiles psychologiques, qui acheminent le héros vers sa perte ou sa gloire, lui apparaissaient désormais propres à déterminer son destin. De là le caractère plus véridique des rapports qui s'établissent entre les personnages ; de là aussi les innovations que Sophocle introduisit dans la technique tragique : une action plus riche de péripéties et de retournements, le rôle accru des parties parlées au détriment du chœur, l'usage d'un vocabulaire plus quotidien, moins littéraire que celui d'Eschyle. ▪ Devenue le spectacle de l'homme et de sa liberté naissante, de son bonheur toujours menacé, de la noblesse de ses épreuves et de la grandeur de sa volonté, la tragédie, selon Sophocle, ne perd cependant rien de sa traditionnelle majesté. Elle a traversé les âges, proposant encore aux modernes les plus hautes leçons de beauté et de morale avec les figures exemplaires d'Œdipe, trouvant dans son propre anéantissement le seul chemin vers la lumière, et d'Antigone, combattante inflexible de la justice.

**SOPHONIE** ➝ ÉTYM. hébr. *Çephanyâh* «Yâh a préservé» ♦ Personnage biblique, prophète qui exerça son magistère avant la réforme de

Josias* (–622). ♦ ***Le « Livre de Sophonie »*** Livre de la Bible, un des Petits Prophètes*. 3 chapitres dénoncent l'idolâtrie des dirigeants du peuple et des commerçants, annoncent le « Jour de Yahvé », jour de colère (qui a inspiré le *Dies irae* médiéval), puis le jugement des nations et le châtiment des impies, avant la glorification du « reste d'Israël ».

**SOPHONISBE** ♦ Reine de Numidie (Carthage v. –235 - –203). Fille d'un général carthaginois, d'abord fiancée à Masinissa*, roi des Numides orientaux, elle épousa le roi des Numides occidentaux Syphax*, qu'elle attira dans l'alliance carthaginoise. Après la défaite de Syphax, Scipion* l'Africain exigea qu'elle lui soit livrée pour orner son triomphe, mais elle y échappa grâce au poison que Masinissa, son deuxième époux, lui avait envoyé. ▪ Le personnage de Sophonisbe inspira de nombreuses tragédies.

**Sophonisbe** ♦ Tragédie de Mairet* (1634). Devenue la captive des Romains, Sophonisbe, reine de Numidie, se voit menacée d'être livrée à Scipion. Son mari Masinissa lui envoie alors une coupe de poison. Première des tragédies françaises où se trouve appliquée la règle des trois unités, la *Sophonisbe* de Mairet devait être suivie de celles de P. Corneille (1663), Voltaire (1770) et Alfieri (1789).

**SOPOT** ♦ V. de Pologne, voïvodie de Poméranie et conurbation de Gdańsk, grande station balnéaire et résidentielle, située sur le golfe de Gdańsk entre Gdańsk et Gdynia. 39 344 hab. Centre scientifique et culturel.

**SOPRON** ♦ V. de Hongrie, située dans le comitat de Györ-Moson-Sopron, au N.-O. du pays, près du lac Neusied (Fertö), à la frontière autrichienne. 56 175 hab. Monuments médiévaux. Tour de la ville, remaniée au XVIIe s. Église Saint-Michel, de style gothique ; chapelle du XIIIe s. Église Saint-Georges (XIVe - XVe s.). Place Beloïannisz (XVe - XVIIe s.). Synagogue de 1350. Palais et maisons de style rococo. Musée Liszt. ▪ Centre climatique et touristique. Indus. textile, alimentaire. Usines de menuiserie. ▮ **Histoire** À l'emplacement de Sopron existait un établissement celte, étape sur la route de l'ambre. Sous la conquête romaine, l'établissement prit le nom de *Scarabantia*. Sopron fut élevée au rang de ville en 1277. En 1532 le commandant de la place, Miklós Jurisics, arrêta une armée turque, et la ville fut la seule en Hongrie à ne pas subir l'occupation turque. C'est à Sopron que Liszt* donna son premier concert, à l'âge de neuf ans. Lors du plébiscite de 1921 devant décider si Sopron deviendrait autrichienne ou hongroise, la ville vota pour la Hongrie ; elle reçut le titre de « ville de la fidélité ».

**SORABES** ou **SORBES** n. m. pl. ♦ Tribu slave de Lusace* que les Allemands appelaient Wendes. Soumis à la domination allemande (XIe s.), ils furent réduits en esclavage et perdirent l'usage de leur langue. Leur situation s'améliora quand la Lusace fut rattachée à la Bohême (1368), et, quand elle fut partagée entre la Saxe et la Prusse (XVIIe s.), ils obtinrent de pouvoir parler leur langue et retrouvèrent leurs traditions. Ce n'est qu'en 1949 qu'ils obtinrent de la RDA des mesures favorables à leur culture et à leur épanouissement.

**SORBIERS** [42290] ➝ ÉTYM. « sorbiers (arbres) » ♦ Comm. de la Loire, arr. de Saint-Étienne. 7 399 hab. Chocolaterie.

**SORBON (Robert DE)** ♦ Théologien français (Sorbon, près de Rethel 1201 - Paris 1274). Chanoine de Cambrai, puis chapelain de Saint Louis, il fonda en 1257 pour les clercs séculiers, les étudiants en théologie, le collège qui porte son nom (➝ **Sorbonne**), dont il fut le premier proviseur. Théologien thomiste, il avait écrit plusieurs traités parmi lesquels *De consciencia, De confessione, De matrimonio*. ➝ ÉTYM. *Sorbon* est un nom de domaine, de *Surbius*, nom de personne, et suffixe *-onem*.

**Sorbonne (la)** ➝ ÉTYM. du n. de Robert de *Sorbon** ♦ Établissement public d'enseignement supérieur, à Paris, au Quartier latin. Anc. siège de la faculté des lettres et des sciences, la Sorbonne abrite essentiellement la direction du rectorat de Paris, l'École des Chartes, quelques sections de l'École pratique des hautes études, les universités de Paris I (Panthéon-Sorbonne), Paris IV (Paris-Sorbonne), Paris V (René-Descartes). ▮ **Histoire** Fondé par Robert de Sorbon* (1257) pour permettre aux écoliers pauvres d'accéder à l'enseignement, le collège de la Sorbonne devint le centre des études théologiques et, en tant que tribunal ecclésiastique, la plus haute autorité religieuse du monde chrétien après le pape. La Sorbonne s'opposa aux jésuites au XVIe s., aux jansénistes au XVIIe s., aux philosophes du XVIIIe s., avant d'être supprimée en 1790. Ses bâtiments furent donnés à l'Université en 1808. De 1626 à 1642, ils avaient été reconstruits par Lemercier, sur l'ordre de Richelieu, dont le tombeau par Girardon (1694) est placé dans la chapelle (1635 - 1653 ; peintures par Philippe de Champaigne). De 1885 à 1901, Nénot reconstruisit ou remania considérablement les locaux tout en préservant la chapelle. Dans le grand amphithéâtre, *Le Bois sacré*, par Puvis de Chavannes.

**SORBY (Henry Clifton)** ♦ Naturaliste et minéralogiste britannique (Woodbourne, Yorkshire 1826 - Sheffield 1908). Il fut un des premiers à utiliser le microscope polarisant pour l'étude de la structure des cristaux. ➝ **Zirkel.**

**SORDELLO DE MANTOUE** ou en fr. **SORDEL** ♦ Troubadour italien (Goito v. 1200 - v. 1270) qui écrivit en langue provençale de nombreuses poésies lyriques où sa conception de l'amour touche au mysticisme. Il est l'auteur d'un poème didactique, *L'Enseignement d'honneur*.

**SOREL (Agnès)** ♦ (Fromenteau, Touraine, entre 1422 et 1426 - près de Jumièges, Normandie 1450). Favorite de Charles* VII, elle lui donna quatre filles. Patriote, elle exerça une bonne influence politique sur le roi. Charles VII lui donna le château de Beauté*-sur-Marne qui lui valut le surnom de « Dame de Beauté ». ▪ Jean Fouquet l'a représentée (*La Vierge à l'enfant*, musée royal des Beaux-Arts à Anvers).

**SOREL (Charles)** sieur **DE SOUVIGNY** ♦ Romancier et polygraphe français (Paris v. 1600 - *id.* 1674). Il manifeste un jugement critique perspicace dans la *Bibliothèque française* (1664) et, surtout, une étonnante verve réaliste dans son roman picaresque, *La Vraye Histoire comique de Francion* (1623), qui compte douze livres, scènes burlesques et colorées de la société sous Louis XIII, ainsi que dans son roman parodique *Le Berger extravagant* (1627).

**SOREL (Albert)** ♦ Historien et écrivain français (Honfleur 1842 - Paris 1906). Professeur d'histoire diplomatique à l'École des sciences politiques (1872), puis secrétaire général de la présidence du Sénat (1876 - 1902), il est l'auteur de romans et de nombreuses études historiques, dont les plus connues sont l'*Histoire diplomatique de la guerre franco-allemande* (1875), *La Question d'Orient au XVIIIe siècle* (1878) et *L'Europe et la Révolution française* (1885 - 1906). [Acad. fr. 1894]

**SOREL (Georges)** ♦ Théoricien politique français (Cherbourg 1847 - Boulogne-sur-Seine 1922). Ingénieur aux ponts et chaussées jusqu'en 1892, il collabora à plusieurs revues socialistes. Dénonçant la décadence économique, sociale et morale de la bourgeoisie capitaliste, il formula, sous l'influence de Proudhon et de Marx, mais aussi de Nietzsche, Bergson et W. James, un socialisme à caractère éthique. Au libéralisme et au réformisme démocratiques, il opposa des perspectives anarchosyndicalistes, voyant dans la violence, en particulier la grève générale, la cristallisation de la lutte des classes et dans les doctrines sociales des « mythes » exprimant les aspirations du prolétariat (*Réflexions sur la violence*, 1908). Sa pensée influença le syndicalisme révolutionnaire, mais fut également utilisée par les mouvements les plus réactionnaires, en particulier le fascisme italien (*Introduction à l'économie moderne*, 1903 ; *Matériaux pour une théorie du prolétariat*, 1919). ➝ ÉTYM. *Sorel* est le diminutif de l'ancien français *sor, saur* « roux ».

**SOREL (Cécile SEURRE, dite Cécile)** ♦ Actrice française (Paris 1873 - Hennequeville 1966). Elle fut d'abord engagée à l'Odéon (1893) puis à la Comédie-Française dont elle demeura pensionnaire pendant trente ans (1903 - 1933), avant d'entamer une carrière de music-hall puis de rejoindre les franciscaines (1952).

**SOREL-TRACY** ♦ V. du Canada (Québec), sur le Saint-Laurent, entre Montréal et Trois-Rivières. 34 076 hab. (aggl. 48 295). Centrale thermique. Métall., construc. navales, minoteries.

**SØRENSEN (Søren Peter Lauritz)** ♦ Chimiste danois (Havrebjerg 1868 - Copenhague 1939). Il introduisit, en 1909, le concept de pH, fonction de la concentration en ions hydrogène d'une solution qui précise son acidité.

**SORESCU (Marin)** ♦ Écrivain roumain (Bulzeşti 1936 - Bucarest 1996). Il développa une œuvre poétique inventive avant de se lancer dans des drames (*Jonas*, 1968) et des essais (*Insomnies*, 1971).

**SORGUE** n. f. ➝ ÉTYM. du prov. *sorgo*, désignant une source à débit important, p.-ê. de la rac. gaul. *°sor-* ♦ Riv. du Vaucluse, affl. du Rhône (36 km). Elle sort de la fontaine de Vaucluse, se sépare en plusieurs branches, et conflue en amont d'Avignon. Les eaux, qui faisaient tourner autrefois de nombreux moulins, sont utilisées aujourd'hui pour l'irrigation du Comtat*.

**SORGUES** [84700] ➝ ÉTYM. de *Sorgue** ♦ Comm. du Vaucluse, arr. d'Avignon, sur l'Ouvèze. 17 539 hab. *(Sorguais)*. Indus. diversifiées. Marché agricole.

**SORIA** ♦ V. d'Espagne (Castilla-León), ch.-l. de prov. sur la rive d. du Douro. 38 205 hab. Intéressants monuments romans : églises San Juan de Rabanera, Santo Domingo (XIIIe s.), collégiale San Pedro (XIIe - XIIIe s.).

**SORINIÈRES (LES)** [44840] ➝ ÉTYM. de la langue d'oïl *saurin* désignant une terre argilo-calcaire et ferrugineuse et suff. collectif *-ière* ♦ Comm. de la Loire-Atlantique, banl. S. de Nantes. 6 239 hab.

**SORKH-KOTAL** ♦ Ruines d'un temple monumental de l'époque des Kushans* au N. de l'Afghanistan (IIe - IVe s.). Le site a livré plusieurs inscriptions en langue bactrienne.

**SORLINGUES** (îles) ➝ **Scilly (Isles of)**

**SOROCABA** ♦ V. du Brésil (État de São Paulo). 377 000 hab. Centre commercial et industriel.

**SOROKIN (Pitirim)** ♦ Sociologue américain d'origine russe (Touria 1889 - Winchester, Massachusetts 1968). Expulsé de Russie (1922), il se réfugia aux États-Unis où il enseigna à l'université du Minnesota puis dirigea la section de sociologie à Harvard. D'abord partisan d'une sociologie du comportement (➝ **Watson [John]**), il affirma ensuite la spécificité des faits socio-culturels ; utilisant la méthode comparative et statistique, il les étudia au point de vue de la structure (ou de l'inter-réaction des phénomènes) et de la dynamique. La thèse centrale de sa théorie sociologique est celle des «fluctuations» (cycles rythmiques) historiques entre trois types de société et de systèmes culturels : idéationnel (prédominance de la foi, de la spiritualité), sensualiste (caractérisé par des valeurs terrestres) et idéaliste (intermédiaire entre les deux précédents). Œuv. princ. : *Sociologie de la révolution,* 1925 ; *Théories sociologiques contemporaines,* 1938 ; *Société, Culture et Personnalité : leur structure et leur dynamique,* 1947.

**SORONG** ♦ V. d'Indonésie, à l'extrême pointe occidentale de la Nouvelle-Guinée, dans la prov. d'Irian Jaya Barat. 112 652 hab. Port. Indus. pétrolières ; exportation de nickel, coprah, poissons.

**SORRE (Maximilien)** ♦ Géographe français (Rennes 1880 - Messigny, Côte-d'Or 1962). Il collabora à la *Géographie* universelle* de Vidal* de La Blache par des travaux sur le Mexique, l'Amérique centrale, la Méditerranée et les péninsules méditerranéennes. Il publia également un ouvrage sur *Les Migrations des peuples* (1955) et un traité sur *Les Fondements de la géographie humaine* (1943 - 1952).

**SORRENTE** – en it. ***Sorrento*** ♦ V. d'Italie, en Campanie (prov. de Naples), sur la *presqu'île de Sorrente.* 16 536 hab. Célèbre depuis l'Antiquité pour son site admirable, c'est un lieu de villégiature fréquenté en toute saison. Fabriques de meubles. ▮ **Histoire** Antique *Sorrentum,* d'abord colonie tyrrhénienne puis grecque, Sorrente fut ensuite romaine. À l'époque impériale d'Auguste et de Marc-Aurèle, elle possédait des arènes, un forum, des thermes et des temples. Après l'Empire, elle devint duché, puis fut normande avec le royaume de Naples dont elle partagea le sort.

**SOSIE** ♦ Personnage de la comédie de Plaute*, *Amphitryon** (v. -214). Esclave d'Amphitryon, dont Jupiter a pris les traits pour lui ravir sa femme Alcmène, Sosie se trouve face à un autre Sosie, Mercure, qui lui défend sa porte et le roue de coups pour lui prouver qu'il n'est pas Sosie. Ce dernier en vient à douter de sa propre identité et à reconnaître pour maître le seul qui ne le batte pas, Jupiter déguisé en Amphitryon. ▪ Dans son *Amphitryon* (1668), Molière a repris le personnage de Plaute (enrichi par J. de Rotrou dans *Les Sosies,* 1636). Esclave, Sosie se plaint de sa condition par plaisir de bavarder plus que par révolte profonde. Fanfaron, lâche, il s'accepte tel qu'il est.

**SOSIGÈNE D'ALEXANDRIE** – en gr. ***Sôsigenês*** ♦ Astronome grec (-Ier s.). Commentateur d'Aristote*, il participa à la préparation de la réforme du calendrier entreprise par César et remarqua les variations des diamètres apparents du Soleil et de la Lune.

**SOSNOWIEC** ♦ V. de Pologne, voïvodie de Silésie. 224 244 hab. Indus. chimique, sidérurgique et métallurgique. Exploitations houillères.

**SOSPEL** [06380] ♦ Ch.-l. de cant. des Alpes-Maritimes, arr. de Nice, dans les Alpes niçoises, sur la Bévéra. 2 885 hab. *(Sospellois).* Pont du XIe s. Église Saint-Michel du XVIIe s. (clocher roman ; *Vierge immaculée* de F. Bréa). Maisons anc. ▪ Centre d'excursions.

**SŌTATSU Nonomura** ♦ Peintre japonais (Kyōto déb. XVIIe s.). Puisant ses sujets dans la littérature, il les traita de manière originale, tant dans le choix des couleurs que par leur composition, préfigurant l'école d'Ogata Kōrin*.

**SOTCHI** ♦ V. et port de Russie, au pied du Caucase, au bord de la mer Noire. 328 800 hab. Indus. alimentaire. Station balnéaire, la plus grande de Russie. Nombreuses sources d'eaux minérales. Les jeux Olympiques d'hiver s'y dérouleront en 2014.

**SÔTER** (saint) ← ÉTYM. du gr. *sôter* «libérateur, sauveur» ♦ 12e pape (de 166 à 174 ?). Selon la tradition, originaire de Campanie et martyr. ▪ Fête le 22 avr.

**SOTO (Hernando DE)** ♦ Navigateur et explorateur espagnol (Barcarrota, Badajoz 1500 - rives du Mississippi 1542). Compagnon de F. Pizarro* lors de la conquête du Pérou, il entreprit ensuite une expédition vers la Floride, atteignit la Géorgie (1540), explora les régions de l'Alabama et du Mississippi.

**SOTO (Jesús Rafael)** ♦ Sculpteur vénézuélien (Ciudad Bolivar 1923 - Paris 2005). Ayant trouvé dans le cubisme un point de départ pour ses recherches sur le temps et l'espace, il s'installa à Paris en 1950 et y étudia les œuvres de Mondrian, de Calder, des constructivistes. Il participa au lancement du mouvement cinétique avec Agam*, Pol Bury, Tinguely*, et prit part à l'exposition «Mouvement» (1955). Sollicitant la participation du spectateur, Soto créa en 1958 une série de *Vibrations,* analogues à celles de la musique sérielle, par la juxtaposition d'éléments suspendus en équilibre instable devant des panneaux couverts de lignes, et à partir de 1963 sa série *Écritures.* Il supprima ensuite le support de ses œuvres intitulées *Progressions,* puis, en 1969, *Pénétrables,* fondées toujours sur le mouvement de tiges de différentes couleurs créant l'illusion d'un espace illimité (*Volume virtuel suspendu,* 1977 ; *Volume suspendu,* 1979 ; *Volume virtuel,* 1987). Pour Soto, l'art est la «connaissance sensible de l'immatériel».

**SOTTEGEM** → Zottegem

**SOTTEVILLE-LÈS-ROUEN** [76300] ← ÉTYM. anc. *Sotavilla* «domaine (lat. *villa*) de Soti (n. de pers. scand.)» ♦ Ch.-l. de cant. de la Seine-Maritime, arr. de Rouen, sur la Seine. 29 553 hab. *(Sottevillais).* La ville, détruite en 1944, a été reconstruite d'après les plans de M. Lods*. ▪ Indus. diversifiée. Gare de triage.

**SOTTSASS (Ettore)** ♦ Architecte et designer italien (Innsbruck 1917 - Milan 2007). Designer (machine à écrire portable Olivetti *Valentine,* 1969) et membre des mouvements anti-design des années 1970, il est l'un des fondateurs en 1981 du mouvement Memphis qui instaurait une poésie nouvelle dans les rapports avec les objets du quotidien. Également créateur de «meubles-totems» colorés et joyeux, Sottsass a créé une œuvre multiforme, nourrie de ses séjours en Inde et en Californie.

**SOUABE** n. f. ← ÉTYM. du n. des *Suèves** ♦ Région d'Allemagne méridionale, à cheval sur le Wurtemberg et le plateau bavarois. Anc. duché d'Allemagne peuplé par les Souabes, la région ainsi qualifiée a aujourd'hui plusieurs acceptions. On se réfère parfois à l'aire de ce duché ou au Cercle de Souabe (1512) : ce dernier s'étendait du lac de Constance à Heilbronn et du Rhin au Lech (Augsbourg) ; au-delà on passait à la Franconie et à la Bavière. Le Bassin géologique de Souabe-Franconie fait référence à cette acception large. Les habitants du Wurtemberg central et méridional (autour de Stuttgart) sont historiquement souabes. Mais la Souabe est administrativement partie intégrante de la Bavière : l'une des 7 régions de Bavière s'intitule Souabe (Schwaben), entre Iller et Lech (CH.-L. : Augsbourg). ▮ **Histoire** Peuplée de Celtes, puis de Suèves* (-Ier s.), cette région subit la domination romaine et devint la province de Rhétie*. Une nouvelle invasion en fit le duché d'Alémanie*, du VIe au VIIIe s., époque à laquelle elle entra dans les possessions carolingiennes, avant de faire partie du royaume de Germanie (IXe s.). → **Conrad Ier**. En 950, elle passa au fils d'Othon* le Grand et resta désormais dans la famille impériale (Frédéric* Barberousse était *duc de Souabe*). L'extinction de la maison de Hohenstaufen* fut suivie d'une période d'anarchie et de la formation de différentes ligues (1331, 1360, 1376), jusqu'à la *grande ligue de Souabe* (1488 - 1533) qui assura l'ordre et seconda l'autorité autrichienne : elle soutint Maximilien* Ier dans sa lutte contre la Suisse, puis écrasa Ulrich* de Wurtemberg, Franz von Sickingen* et les Paysans*. Déchirée par la guerre de Trente* Ans, la Souabe fut définitivement démantelée lors du traité de Westphalie*.

**SOUABE-BAVAROIS** (plateau) ♦ Région d'Allemagne méridionale s'étendant en arc de cercle entre le Danube au N., les Alpes au S. jusqu'à l'Inn et la Salzbach à l'E. C'est un vaste glacis incliné d'O. en E. et drainé par les affluents rive d. du Danube (Iller, Inn, Isar, Lech). On peut distinguer trois zones des Alpes au Danube : au pied des Préalpes, les collines disposées en arcs, formées par les moraines frontales des glaciers et enserrant des lacs (dont l'Ammersee) vers l'amont (secteur d'élevage bovin et de tourisme) ; un étagement de plateaux de cailloutis fluviaux-glaciaires, les plus hauts étant infertiles et boisés, les plus bas marécageux (*Dachauer Moos* au N. de Munich) ; enfin des collines de mollasse recouverte de lœss et de limons fertiles, propices aux cultures de céréales et de houblon.

**SOUABE-FRANCONIE** (bassin de) ♦ Région d'Allemagne sud-occidentale, s'étendant d'O. en E. de la Forêt-Noire à la forêt de Bohême et du N. au S. de la vallée du Main à celle du Danube. Partagée entre les Länder de Bavière* (E.), Bade*-Wurtemberg (O.) et Hesse* (N.), elle est le symétrique du Bassin parisien, sans en avoir l'ordonnance concentrique. C'est un bassin sédimentaire où des couches gréseuses, argileuses et calcaires alternent. Leur relèvement à proximité des massifs encadrants (Forêt*-Noire, Odenwald, Forêt-de-Thuringe) provoque des reliefs dissymétriques analogues aux «côtes» lorraines (Forêt-Souabe). Mais le grand étage calcaire du Jura souabe-franconien peut se dresser jusqu'à 1 015 m d'alt. La topographie, affectée de formes karstiques, est alors celle d'un plateau rude et peu fertile. Vers le N.-O., en contrebas, alternent des pays installés sur des assises calcaires, les *Gaue* (Kraichgau, Strohgau, Hohenlohe), et des forêts sur les couches gréseuses (Steigerwald). Le bassin élargi du Moyen Neckar, des environs de Tübingen et de Stuttgart à Heilbronn et la vallée du Main autour de Würzburg, sont des régions abritées, chaudes et couvertes de vignes. Dans le sous-sol, les gisements de fer (Amberg) sont aujourd'hui dérisoires.

**SOUBIROUS (Bernadette)** → **Bernadette Soubirous (sainte)**

**SOUBISE (Benjamin DE ROHAN,** seigneur **DE)** ♦ Homme de guerre français (La Rochelle 1583 - Londres 1642). Frère d'Henri de Rohan*, il fut avec lui un des chefs du parti protestant sous Louis* XIII. Lors du siège de La Rochelle*, il tenta de secourir la ville avec Buckingham*. Il mourut en Angleterre, n'ayant pas voulu profiter de la paix d'Alès. ♦ **Charles de Rohan,** prince **de Soubise.** Maréchal de France (Paris 1715 - *id.* 1787). Favori de Louis XV, il reçut le commandement d'une armée, et Frédéric II lui infligea une défaite honteuse à Rossbach* (1757) pendant la guerre de Sept Ans, mais il s'empara l'année suivante du landgraviat de Hesse.

**Soubise** (hôtel de) ♦ Hôtel de Paris, dans le Marais*. Construit par Delamair (1705 - 1709) pour François de Rohan, prince de Soubise, il possède une vaste cour d'honneur en fer à cheval que limitent deux péristyles. De 1732 à 1740, Germain Boffrand modifia les bâtiments et dirigea la décoration intérieure (Boucher, Natoire, C. Van Loo). Napoléon Ier affecta (1808) l'hôtel aux Archives* nationales.

**SOUCHEZ** [62153] ➝ **ÉTYM.** anc. *Sabucetum*, de *sambucus* «sureau» ♦ Comm. du Pas-de-Calais, arr. d'Arras. 2 176 hab. *(Souchezois)*. Des combats s'y déroulèrent en 1915.

**SOUCHON (Alain KIENAST, dit Alain)** ♦ Chanteur et auteur français (Casablanca 1944). Ce chanteur à l'apparence fragile dont les refrains tranchaient sur le répertoire habituel surgit dans le paysage de la variété française en 1974. *J'ai dix ans, Bidon, Allô Maman bobo,* aux musiques signées Laurent Voulzy dont la collaboration devint permanente, ont été suivis de *C'est comme vous voulez, Quand j'serai KO, Sous les jupes des filles, Foule sentimentale.* Il a également joué dans *L'Été meurtrier* de Jean Becker (1982).

**Souda** (la) ♦ Lexique byzantin composé probablement à la fin du Xe s. ou au début du XIe s. par un écrivain inconnu qu'on a longtemps appelé Suidas par erreur. Particulièrement précieux pour l'étude de la littérature païenne, il contient des renseignements sur des écrivains, des notices bibliographiques et des fragments d'œuvres disparues.

**SOUDAN** n. m. ➝ **ÉTYM.** en ar. ***Bilād-as-Sūdān*** «le pays (*beled* [pl. *bilād*]) des Noirs (*aswad* [pl. *sūdān*])» (V. aussi ci-dessous) ♦ Région climatique de l'Afrique, plus sensible dans la partie occidentale, formant transition entre le Sahel et la zone humide ; elle est caractérisée par le passage de la steppe à la savane (domaine des mammifères, élevage). C'est une zone basse sur laquelle souffle l'harmattan ; la saison sèche se situe en hiver tandis que la saison des pluies (été) est prolongée ; le total des précipitations est toujours supérieur à 600 mm avec des nuances entre le N. et le S. L'alternance régulière des saisons est le trait dominant de la zone soudanaise. ▪ Le mot Soudan a été employé par les explorateurs européens à partir du XVIIIe s. lors de leur pénétration dans le continent ; le Soudan occidental correspondait surtout à l'anc. Afrique-Occidentale française (A-OF). «C'est une expression vague et élastique empruntée aux géographes arabes ; ceux-ci appelaient *Bilād-as-Sūdān* "pays des Noirs" par opposition au *Bilād-el-Beïdān* "pays des Blancs" tout ce qui s'étend au sud du Sahara» (P. Vidal de La Blache).

## SOUDAN

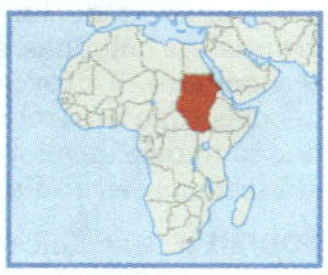

▮ n. m., – off. ***république du Soudan*** ♦ Pays d'Afrique orientale. 2 505 813 km². 40 340 000 hab. *(Soudanais)*. LANGUES : arabe (off.), plusieurs langues locales dont le dinka et le nuer, ainsi que de nombreux dialectes. RELIGIONS : musulmans sunnites, 70 % ; chrétiens, 10 % ; animistes, 20 % dans le Sud. MONNAIE : livre soudanaise. CAPITALE : Khartoum. RÉGIME : Constitution provisoire de 2005.

▮ **GÉOGRAPHIE** Le Soudan est un pays plat. La majeure partie du territoire est une immense plaine argileuse située entre 400 et 500 m d'altitude et drainée par le Nil, qui constitue l'artère vitale du pays et concentre les principales activités économiques. Les seuls reliefs qui ponctuent le paysage sont le mont Nouba dans le centre méridional, les marges des hauts plateaux d'Afrique orientale, les collines du bord de la mer Rouge et les éminences volcaniques à l'O. Le plus haut sommet du Soudan est le Kinueti (3 187 m) près de la frontière avec l'Ouganda. Au N., le Sahara empiète sur le Soudan. ➝ **Libyque [désert], Nubie.** Au centre se trouve le plateau du Kordofan et, plus à l'O., celui du Darfour. La plus grande partie du pays est soumise à un climat tropical de type continental, qui dans le S. marécageux devient un climat équatorial et dans le N. un climat désertique. Malgré ses capacités hydrauliques constituées par le Nil (barrage de Merowe) et ses affluents, le pays manque d'eau, faute d'organisation et de moyens.

Soudan ▮ Productions en 2008

| Produits | Quantités | Rang |
|---|---|---|
| ▮ Agriculture | | |
| Arachides | 700 000 t | 8e |
| Blé | 800 000 t | |
| Canne à sucre | 7 300 000 t | |
| Dattes | 330 000 t | 7e |
| Millet | 780 000 t | 9e |
| Sésame (graines) | 250 000 t | 4e |
| Sorgho | 5 600 000 t | 5e |
| Bovins (têtes) | 41 000 000 | 7e |
| Caprins (têtes) | 39 000 000 | |
| Ovins (têtes) | 51 000 000 | 5e |
| ▮ Énergie | | |
| Pétrole (2009) | 25 000 000 t | |

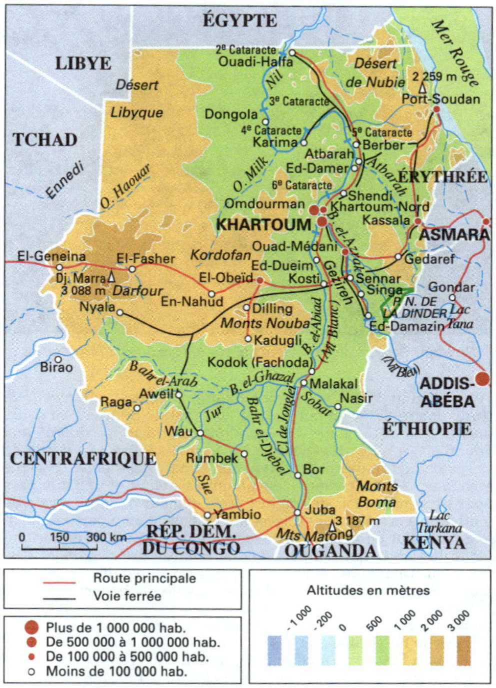


**Soudan.**

▮ **ÉCONOMIE** ▮ **L'agriculture et la fourniture de l'eau** Le Soudan, affecté par la longue guerre civile qui a sévi dans le Sud jusqu'au début de 2005, et celle qui déchire le Darfour depuis 2004, est l'un des pays les plus pauvres de la planète, alors qu'il possède d'énormes potentialités agricoles et pétrolières. L'agriculture est le principal secteur de l'économie et constitue la première source de devises. À l'agriculture de subsistance sans irrigation s'opposent les cultures d'exportation (coton, sorgho, gomme arabique, arachide) développées grâce à l'irrigation dans la plaine de la Gézireh. Environ un tiers de cet immense territoire est susceptible d'être aménagé en zone agricole mais seulement 15 % sont effectivement cultivés. En l'absence de nouvelles structures hydrauliques, le pays reste tributaire à la fois de la sécheresse et des inondations comme celles qui ont dévasté le Sud en 1988. Le Soudan compte cinq barrages principaux : Sennar et Roseires sur le Bahr el-Azrak (Nil Bleu), Jabel Aulia sur le Bahr el-Abiad (Nil Blanc) et Khachm al-Girba sur l'Atbarah, un affluent du Nil principal. La mise en service de l'énorme barrage de Merowe (sur la 4e cataracte) doit permettre de doubler la production d'électricité du pays, mais 10 000 familles ont dû être déplacées entre 2007 et 2009. Le canal de Jonglei, dont la construction a commencé en 1978, et qui doit drainer les vastes marécages situés au sud de Malakal et fournir l'eau nécessaire à l'irrigation et à l'amendement des terres, n'est toujours pas achevé en raison de la guerre civile. ▮ **L'élevage et la pêche** L'élevage (bovins, moutons, chèvres et dromadaires) est la principale activité des peuples nomades ou semi-nomades (Dinkas, Nuers) qui occupent 60 % du territoire. Une partie de la viande produite lorsque les conditions climatiques sont favorables est destinée à l'exportation. La pêche reste artisanale et marginale. ▮ **L'industrie** Le secteur industriel concerne essentiellement la production de biens de consommation courante et le traitement primaire des produits agricoles (tissage, huileries, sucreries, farine, tanneries). Les principales ressources en minerais sont le chrome (près de la frontière éthiopienne), le gypse (collines de la mer Rouge) et l'or dont de vastes réserves ont été décelées dans la région d'Arab. Un oléoduc de 1 600 km est entré en service en 1999 pour amener le pétrole brut découvert dans le S. et le S.-O. jusqu'à la mer Rouge pour approvisionner, notamment, la Chine. La mer Rouge recèle des gisements de gaz naturel. Les revenus des centaines de milliers de travailleurs soudanais à l'étranger, notamment dans le Golfe, constituent une importante source de devises.

▮ **HISTOIRE** ▮ **Les royaumes** Après le déclin de Méroé (➝ **Nubie**), deux royaumes chrétiens se constituèrent vers le VIe s. : le royaume de Dongola qui s'étendait d'Assouan à Khartoum et celui d'Aloa, au S. de Khartoum. Vers 640, la conquête de l'Égypte par les Arabes coupa ces royaumes du reste du monde chrétien. Ils continuèrent cependant à subsister jusqu'aux XIVe - XVe s. et furent conquis par des royaumes musulmans, comme celui des

**Soudan.** Bergers dinkas et leur troupeau. *Phot. © Chips Hires/Gamma*

Foundji dont l'économie était fondée essentiellement sur le trafic des esclaves et qui avait pour capitale Sennar. Au cours du XVIIIe s., le Darfour* indépendant enleva le Kordofan* aux Foundji. ▮ **De la conquête égyptienne à la domination mahdiste** Le déclin de ces petits États entraîna l'intervention en 1820 du khédive d'Égypte Méhémet* Ali. La conquête égyptienne s'étendit et unifia le pays pour la première fois de son histoire. Le khédive tenta en vain de mettre fin à la traite des esclaves au Soudan. Mais, à partir de 1881, le Soudan fut en proie à la révolte antiégyptienne et antibritannique du Mahdī* qui s'empara de Khartoum en 1885 malgré la résistance du Britannique Gordon*. La puissance mahdiste régna sur tout le Soudan jusqu'en 1898, date à laquelle Kitchener* remporta la victoire d'Omdourman*. ▮ **Le condominium anglo-égyptien** Un condominium anglo-égyptien fut établi par la convention du 19 janv. 1899. Le pays ne fut véritablement pacifié qu'en 1930. Au S., la tentative faite par la France de s'y établir (→ **Marchand**) entraîna une grave tension franco-britannique. → **Fachoda**. L'indépendance de l'Égypte en 1922 favorisa l'essor du mouvement nationaliste divisé entre deux tendances, l'une favorable à l'intégration à l'Égypte et l'autre aspirant à l'indépendance totale sous la conduite du parti Oumma qui s'allia à la secte des Ansars. En oct. 1951, le roi d'Égypte Farouk* abrogea unilatéralement les conventions passées avec la Grande-Bretagne et se proclama roi du Soudan. ▮ **L'indépendance et la guerre civile** Néguib* qui renversa le roi Farouk en 1952 reconnut le droit à l'autodétermination du Soudan qui, en 1956, devint une république indépendante. Au S. du pays, la région la plus riche, les populations noires chrétiennes et animistes refusèrent la domination du Soudan du Nord, arabe et musulman, et déclenchèrent dès 1955 une guerre civile séparatiste dirigée par l'Anya-Nya. L'Union soviétique et l'Égypte prirent parti pour le Nord, les États-Unis par l'intermédiaire d'Israël, de l'Éthiopie et de l'Ouganda pour le Sud. Le général Nemeiri* qui s'empara du pouvoir en 1969 réprima d'abord les Frères musulmans et surtout le parti Oumma, avant de se retourner contre les communistes (1970), ce qui lui permit de se rapprocher de l'Éthiopie et de mettre fin à la guerre civile en 1972 par un accord octroyant au S. un régime d'autonomie. ▮ **La chute de Nemeiri et la prise du pouvoir par l'armée** Aussitôt, les investissements internationaux attirés par les ressources pétrolières affluèrent au Sud. Mais la faillite économique, aggravée par les sécheresses et les famines, l'instauration de la *charī'a* (loi islamique) en 1983, l'entrée des Frères musulmans au gouvernement et la condamnation de la secte des Ansars ainsi que la division du Sud en trois provinces entraînèrent la reprise de la rébellion sudiste dirigée par le colonel Garang (chef de l'Armée populaire de libération du Soudan, APLS) et la chute de Nemeiri (1985). Le chef du parti Oumma et de la secte des Ansars, Sadek al-Mahdī, arrière-petit-fils du Mahdī, devint Premier ministre en 1986 et intensifia l'offensive contre les rebelles du Sud. L'armée prit le pouvoir en juin 1989 sous la direction du général Omar al-Bachir, doublé de l'idéologue fondamentaliste Hassan al-Tourabi, président du Parlement depuis 1995 et chef du Front national islamique. Les négociations avec les rebelles chrétiens et animistes échouèrent en raison, notamment, de leur refus d'adopter la *chari'a*. En 1990, le régime fut isolé par la communauté internationale pour avoir soutenu l'Irak dans son invasion du Koweït et pour son soutien supposé à certains groupes fondamentalistes armés. À partir de 1997, il dut faire face à une forte tension avec l'Égypte à propos de la zone d'Halaïb, au N.-E. (17 000 km$^2$), ainsi qu'à la radicalisation de l'opposition nordiste soutenue, comme les rebelles du S., par l'Éthiopie et l'Érythrée. Après l'éviction d'al-Tourabi en 2001, le président al-Bachir reprit les négociations avec l'opposition et signa un accord avec les rebelles du Sud sur le principe du partage des richesses et du pouvoir. ▮ **La répression au Darfour** Dans la région occidentale du Darfour, les succès de l'opposition armée, qui réclamait un meilleur partage des richesses, incitèrent le gouvernement central à signer un accord de paix avec les rebelles sudistes (2005). Leur leader, John Garang, du Mouvement populaire de libération du Soudan (MPLS), mort accidentellement, fut remplacé par Salva Kiir Mayardit à la vice-présidence dans un gouvernement soudanais d'union nationale. La crise du Darfour, qui a culminé en 2006, a fait près de 300 000 victimes, a causé une grave crise humanitaire (1 900 000 déplacés et 250 000 réfugiés au Tchad) et a débordé militairement sur le Tchad* et la Centrafrique voisins. En juin 2008, les rebelles du Darfour du Mouvement pour la justice et l'égalité (JEM) lancèrent une attaque sur la capitale Khartoum. En juill., le président al-Bachir a été inculpé de «crimes de guerre et crimes contre l'humanité» par la Cour pénale internationale (CPI) qui a émis un mandat d'arrêt contre lui (mars 2009). Il est notamment accusé d'avoir utilisé des milices arabes *(janjawid)* contre la population du Darfour pour appuyer la campagne de répression. En 2009, le renouvellement des diverses missions internationales de paix et de sécurité (Europe, ONU, UA) a fait baisser l'intensité du conflit. En déc. 2009, Khartoum et le Mouvement populaire de libération du Soudan (MPLS), la rébellion sudiste, ont signé un accord destiné à désamorcer la tension en prévision du référendum sur l'indépendance du Sud qui devrait se tenir en janvier 2011 et en février 2010 le gouvernement a signé un accord de paix avec le JEM.

**SOUDAN FRANÇAIS** → **Mali**

**SOUES** [65430] ♦ Comm. des Hautes-Pyrénées, banlieue de Tarbes, sur l'Adour. 3 054 hab.

**SOUF** ♦ Région du Sahara algérien, au S. de Biskra, entre Touggourt* et le chott el-Djerid* en Tunisie. Les oasis du Souf sont dispersées dans des cuvettes où affleure la nappe phréatique, peu profonde.

**SOUFFELWEYERSHEIM** [67460] ♦ Comm. du Bas-Rhin, banlieue N. de Strasbourg. 6 017 hab.

**SOUFFLENHEIM** [67620] ♦ Comm. du Bas-Rhin, arr. de Haguenau. 4 400 hab. *(Soufflenheimois)*. Ruines romaines. ▪ Ateliers de poterie et de céramique, connus depuis le XVe s.

**SOUFFLOT (Germain)** ♦ Architecte français (Irancy, près d'Auxerre 1713 - Paris 1780). Il séjourna à Rome de 1735 à 1737 puis travailla à Lyon (façade de l'hôtel-Dieu, 1748). En 1750, à la demande de Mme de Pompadour, il accompagna en Italie le frère de celle-ci, M. de Vandières, futur marquis de Marigny et directeur des bâtiments royaux. Il visita et dessina les ruines de Paestum*. De retour en France, il obtint de nombreuses charges officielles, et Louis XV lui confia l'édification de l'église Sainte-Geneviève de Paris (1756 - 1780) devenue le Panthéon*. S'inspirant de la façade des temples romains, il évida le tambour de la coupole par souci d'élégance et de luminosité, et fit porter son poids sur quatre groupes de colonnes, ce qui nécessita des travaux de consolidation. → **Rondelet**. Il exerça une profonde influence sur le mouvement néoclassique en architecture et annonça par son goût du colossal une tendance développée par Boullée* et Ledoux*. Ses cendres ont été transférées au Panthéon en 1829.

**SOUFRIÈRE** (la) ♦ Volcan de la Guadeloupe*, situé dans le sud de l'île de Basse* Terre. 1 467 mètres. Volcan de l'île de Saint-Vincent, au S. de la Martinique. 1 264 mètres.

**SOUILLAC** [46200] ♦ Ch.-l. de cant. du Lot, arr. de Gourdon, sur la Dordogne. 3 671 hab. *(Souillagais)*. Église abbatiale à coupoles (XIIe s.) contenant le célèbre bas-relief roman dit *le Prophète* (Isaïe). Musée de l'automate. ▪ Indus. alimentaire.

**SOUILLY** [55220] ▸ **ÉTYM.** anc. *Sauliaco*, du lat. *Sollius*, n. de pers. gallo-rom., et suff. *-acum* ou du germ. *solium* «marécage» et suff. lat. *-acum* ♦ Ch.-l. de cant. de la Meuse, arr. de Verdun. 275 hab. *(Soliaciens)*. ▮ **Histoire** Le général Pétain y installa son quartier général (fév. 1916) pour mener les opérations de la bataille de Verdun.

**SOUK AHRAS** ♦ V. d'Algérie (wilaya d'Annaba), dans la vallée de l'oued Medjerda. 87 278 hab. Vestiges de l'anc. cité romaine de *Thagaste*, patrie de saint Augustin. ▪ Centre commercial entouré de petits centres miniers. Ressources thermales. Cultures.

**SOUK EL-ARBA** → **Jendouba**

**SOUKHOUMI** ♦ V. de Géorgie, cap. de la république d'Abkhazie, et port sur la mer Noire. 122 000 hab. Ruines du château fort de Bagrat (Xe - XIe s.). Vestiges de l'anc. forteresse de Soukhoum-Kale, d'époque turque. ▪ Aux environs, grande muraille d'Abkhazie (160 km) élevée du VIe au VIIIe s.. Station balnéaire. Indus. alimentaire. Centrale électrique. ▮ **Histoire** Fondée par les Milésiens vers le –VIIe s. sur les ruines de l'antique *Dioscurias* (qui devait son nom aux Dioscures* et où auraient débarqué les Argonautes*), la ville fut prise par les Turcs au XVe s. et fut rattachée à la Russie en 1810. En 1993 les indépendantistes abkhazes s'en emparèrent après de durs combats contre les troupes géorgiennes qui ont causé d'importants dommages à la ville.

**SOUKHOVO-KOBYLINE (Aleksandr Vassilievitch)** ♦ Auteur dramatique russe (Moscou 1817 - Beaulieu-sur-Mer 1903). Ses démêlés avec la justice de son pays lui ont inspiré trois comédies où il dénonce l'hypocrisie des institutions et la férocité de leur fonctionnement : *La Noce de Kretchinski* (1856), *L'Affaire* (1861) et *La Mort de Tarelkine* (1869). Ces comédies ont été rassemblées sous le titre *Tableaux du passé*, imposé par la censure.

## soufisme

n. m. – en ar. ***Tassawwuf*** ♦ Nom par lequel fut connu le mysticisme musulman au VIIIe s. Les *soufis* (porteurs de laine) étaient appelés aussi *fuqara* («pauvres [d'esprit]»). D'après Massignon, ils s'étaient organisés dès le VIIe - VIIIe s. à Kūfa, puis à Bassora ; Bagdad devint le centre du mouvement dès la seconde moitié du IXe s. Les soufis se fondaient sur plusieurs passages du Coran*, surtout des versets eschatologiques, pour justifier leur attitude. Ils préconisèrent une interprétation allégorique du Coran* et rejetèrent la raison au profit de l'intuition. Ils vénéraient Ali* et voyaient en lui le chef de la tradition mystique. Dans leur doctrine et leurs pratiques, plusieurs traces d'influences chrétiennes, zoroastriennes et hindoues (notion de *nirvāna*) se manifestaient. À la fin du IXe s., ils adoptèrent plusieurs concepts néoplatoniciens qui leur permirent d'enrichir leur vocabulaire technique ainsi que la doctrine plotinienne de l'*émanation* ; le monde, miroir reflétant l'être divin, n'est qu'apparence ; pour y échapper, il faut parvenir ainsi à l'anéantissement *(al-fanā)* de sa personnalité propre dans l'être divin, seule réalité *(al-Haqq)*, et s'absorber en lui. Ce monisme fut théorisé par Ibn* 'Arabī : tout émane de l'essence divine et y retourne. Un *masnavi* (poème didactique) de Jalāl* al-Dīn Rūmī illustre cette doctrine. L'orthodoxie sunnite* toléra le soufisme modéré et réprima ses manifestations extrêmes ; Ḥallāj* fut supplicié à Bagdad en 922. Al-Ghazālī* (mort en 1111), un des plus grands penseurs de l'islam, tenta de concilier le traditionalisme, le rationalisme et le mysticisme en rejetant la casuistique et en opérant une synthèse entre l'intuition des soufis et la spéculation des théologiens. Dès le VIIIe s., les soufis se regroupèrent dans des couvents *(Zawiya)* où les novices suivaient l'enseignement d'un directeur spirituel. À partir du XIIe s., plusieurs ordres furent constitués (*tariqa*, pl. *turuq*) : Qādiria, Rifāiya, Mawlawiya (derviches tourneurs), Chadiliya (Afrique du Nord), Badawiya (Égypte). La règle variait, mais le rite était commun : des litanies d'Allah étaient répétées à satiété *(thikr)*. Chaque ordre était dirigé par un maître *(shaīkh)*, porteur d'un immense pouvoir spirituel *(baraka)* ; il était considéré comme saint. Le culte des saints se propagea surtout en Afrique du Nord.

**Soukkot** ← **ÉTYM.** hébr. «les tabernacles» ♦ Fête juive, la dernière des trois «fêtes du pèlerinage» au temple de Jérusalem. Elle commémore le séjour des Hébreux dans le désert, en chemin vers la Terre promise, sous la protection de Dieu.

**SOULAC-SUR-MER** [33780] ← **ÉTYM.** du lat. *Solus*, n. de pers. (de *solus* «seul»), et suff. *-acum* ♦ Comm. de la Gironde, arr. de Lesparre-Médoc. 2 720 hab. *(Soulacais)*. Basilique Notre-Dame-de-la-Fin-des-Terres (XIIe - XIVe s.), dégagée des sables au XVIIIe s. et restaurée au XIXe s. ▪ Station balnéaire.

**SOULAGES (Pierre)** ♦ Peintre français (Rodez 1919). Après des paysages dépouillés et tragiques (1938 - 1946), Soulages élabora un style abstrait puissant et équilibré. Il peignit, dès lors, de fortes compositions où dominent les formes rectangulaires noires, construites sur le jeu des horizontales et des verticales, souvent animées par la lumière et par de rares éclats de couleur. Paradoxalement, ce peintre rigoureusement abstrait se passionne pour les techniques de l'artisanat qu'il a, dès l'enfance, approchées à Rodez. Accordant une grande importance à la matérialité de son art, il n'hésite pas à utiliser des outils de peintres en bâtiment, voire des semelles de chaussures. De même il définit le plus souvent les titres de ses œuvres de façon identique (*Peinture*, la date, le format), afin d'éliminer toute approche anecdotique. À partir de 1979, ses tableaux sont entièrement noirs, rythmés de larges bandes mates ou brillantes, traversées de stries qui captent la lumière. Soulages a aussi réalisé à Sainte-Foy de Conques un ensemble de vitraux (1994). ← **ÉTYM.** *Soulages* vient de l'ancien provençal *solatge* «redevance (en grains)».

**SOULE** (pays de) ← **ÉTYM.** du basque *Zubero* ou *Zibero* ♦ Anc. province du Pays basque qui s'étendait dans la région de la vallée de la Saison (affl. du gave d'Oloron). La capitale était Mauléon*-Licharre. La Soule fut rattachée à la couronne de France au XVe s.

**SOULI** ♦ Village historique de la Grèce (Épire) sur un plateau dominant la vallée de Mauropotamos (Achéron). Ses habitants (les *Souliotes*), chrétiens d'Albanie qui s'installèrent dans la région, fuyant la répression turque, se distinguèrent par leur lutte héroïque contre Ali* Pacha de Tebelen (1790 - 1803) et pendant la guerre de l'indépendance grecque (1821).

**SOULIÉ (Frédéric)** ♦ Romancier et auteur dramatique français (Foix 1800 - Bièvres 1847). Il connut le succès au théâtre, depuis *Roméo et Juliette* (1828) jusqu'à *La Closerie des genêts* (1846). Auteur de romans illustrant l'histoire du Languedoc, F. Soulié acquit une notoriété considérable avec *Les Mémoires du diable* (8 vol., 1837 - 1838), inspirés du *Diable* boiteux* de Lesage*. Un des premiers romans-feuilletons, cette œuvre évoquait de façon mélodramatique la «dévorante atmosphère» de Paris.

Le **Soulier de satin** ♦ Drame de Paul Claudel* (publ. 1929). L'action, qui se déroule en quatre journées, se situe au temps de la Renaissance, quand l'Espagne et l'Église voulaient dominer le monde. Le nœud de l'action est l'impossible amour qui unit don Rodrigue à doña Prouhèze, femme du vieux Pelage. Consumés d'une passion aussi ardente que celle qui dévore les héros du *Partage* de midi*, Rodrigue et Prouhèze s'acheminent douloureusement sur la voie d'un renoncement qui répond aux desseins de la Providence. En perdant toutes ses dignités, en sacrifiant sa liberté même, Rodrigue, le conquistador victorieux, se délivre en même temps, pour l'amour de Prouhèze, de sa pesanteur terrestre. Foisonnante de personnages et d'intrigues secondaires, multipliant les lieux et confondant les époques, baroque comme le Siècle d'or qu'elle évoque, l'œuvre illustre les thèmes principaux de la pensée poétique de Claudel. Elle a été représentée pour la première fois à la Comédie-Française, dans une version abrégée due à la collaboration du poète et de J.-L. Barrault (1943). Manoel de Oliveira l'adapta au cinéma dans son intégralité en 1985 et, en 1987, Antoine Vitez, à son tour, la mit en scène pour le théâtre, sous sa forme originale.

**SOULLANS** [85300] ♦ Comm. de la Vendée, arr. des Sables-d'Olonne. 3 425 hab.

**SOULOM** [65260] ← **ÉTYM.** du lat. *Solonem*, n. de pers., ou du gasc. *souloum* «lieu abrité du soleil» ♦ Comm. des Hautes-Pyrénées, arr. d'Argelès-Gazost. 247 hab. *(Soulomnais)*. Église romane fortifiée au XVIe s. ▪ Indus. chimique. Centrale hydroélectrique sur le gave de Cauterets.

**SOULOU** → Sulu

**SOULOUQUE (Faustin)** ♦ Homme d'État haïtien (Petit-Goâve 1782 - Paris 1867). Militaire illettré, il fut élu président de la république d'Haïti* en 1847. En 1849 il se fit nommer empereur sous le nom de Faustin Ier et établit une «noblesse d'Empire». Il mena des expéditions désastreuses pour tenter de reconquérir la République dominicaine. Son règne se caractérisa par des méthodes brutales et une gabegie administrative et financière. Il dut s'exiler en 1859 à la suite d'une rébellion militaire dirigée par Nicolas Geffrard qui accéda alors à la présidence.

Pierre **Soulages.** *Composition*. Coll. part., Paris.
*Phot. © Schaeffner © ADAGP, Paris 2008*

**SOULT (Nicolas Jean de Dieu)** ♦ Maréchal de France (Saint-Amans-la-Bastide, Tarn 1769 - *id.* 1851). Engagé en 1785, il se distingua dans les campagnes de la Révolution et de l'Empire, prit part à la victoire d'Austerlitz (1805) et à la prise de Königsberg* (1807) et fut nommé gouverneur de la Vieille-Prusse et duc de Dalmatie. Envoyé en Espagne, il parvint après plusieurs succès à forcer les Britanniques à lever le siège de Badajoz (1811). Rentré en France en raison de son opposition à Joseph Bonaparte, il prit part peu après à la victoire de Bautzen, puis fut renvoyé en Espagne après la victoire britannique de Vitoria (1813) et réussit à freiner l'avance de Wellington. Rallié aux Bourbons en 1814, il fut fait pair de France et nommé ministre de la Guerre (1814 - 1815). Pendant les Cent-Jours, il prit parti pour Napoléon Ier. Banni lors de la seconde Restauration, il revint en France en 1819 et fut réintégré dans la Chambre des pairs en 1827. Rallié à la monarchie de Juillet, il réprima l'insurrection de Lyon (1831) comme ministre de la Guerre (1830 - 1831), décida de l'expédition d'Anvers (1832) comme président du Conseil (1832 - 1834), fut envoyé en mission à Londres lors du couronnement de la reine Victoria (1838), puis assuma de nouveau la présidence du Conseil (1840 - 1847), la réalité du pouvoir revenant toutefois à Guizot. ◆ ÉTYM. *Soult* est le participe passé de l'ancien verbe *solver* « délier » [probablement « délié de tous liens, célibataire »].

**SOULTZ-HAUT-RHIN** [68360] ◆ ÉTYM. anc. *Sulze*, du vx haut all. *sulza* « eau salée » ♦ Ch.-l. de cant. du Haut-Rhin, arr. de Guebwiller. 6 640 hab.

**SOUMAGNE** ♦ Comm. de Belgique (Région wallonne), prov. et arr. de Liège, sur le ruisseau de *Soumagne*, affl. de la Vesdre. 15 562 hab. Château Renaissance (1614) du domaine provincial de Wégimont (20 ha). ▪ Construc. métalliques. Anc. charbonnage.

**SOUMAROKOV (Aleksandr Petrovitch)** ♦ Poète et auteur dramatique russe (Lappeenranta, Finlande 1717 - Moscou 1777). Il fut le premier gentilhomme russe à se consacrer entièrement à la littérature. Ennemi de Lomonossov*, il rechercha dans ses satires, fables et chansons l'harmonie et la clarté. Critique littéraire et dramaturge (*Khoriev, Hamlet, Vycheslav, Dimitri l'Imposteur, Mstislav*), il introduisit le style classique en s'inspirant de Racine* et de Voltaire*.

**SOUMET (Alexandre)** ♦ Poète et auteur dramatique français (Castelnaudary 1788 - Paris 1845). Bonapartiste sous l'Empire, rallié aux Bourbons sous la Restauration, il appartint au cénacle de la Muse française et composa des tragédies d'un style encore proche du classicisme (*Jeanne d'Arc*, 1825). [Acad. fr. 1824]

**SOUMGAÏT** → **Sumqayit**

**SOUMMAM** n. f. ♦ Oued d'Algérie né dans le massif des Bibans sous le nom d'oued Sahel et qui arrose Bouira, passe entre les monts des Bibans et la chaîne du Djurdjura puis entre ceux de la Grande et de la Petite Kabylie. La Soummam se jette dans le golfe de Béjaïa. ▮ **Histoire** Au cours d'un congrès du FLN qui se tint dans la région de la Soummam en août 1956 fut adoptée la *Plateforme de Soummam* qui clarifiait les options de l'insurrection du 1er nov. 1954 et marquait le début de la guerre d'Algérie.

**SOUMY** ♦ V. d'Ukraine, ch.-l. de région, sur le Psiol (affl. du Dniepr). 282 198 hab. Indus. mécanique de précision, chimique et alimentaire (sucreries).

**SOUNGARI** → **Songhua jiang**

**SOUNION** ou **COLONNE** (cap) ♦ Promontoire de la Grèce, à l'extrémité S.-E. de l'Attique, près de Laurion*. Son sommet, acropole de l'anc. bourgade de *Sounion*, est couronné par les ruines du temple de Poséidon, périptère dorique construit v. -440. À proximité, ruines du temple d'Athéna Sounias (-VIe s.).

**SOUPAULT** [supo] **(Philippe)** ♦ Écrivain français (Chaville 1897 - Paris 1990). Il prit une part active au mouvement dada (1918 - 1920) avant de s'engager, aux côtés d'André Breton* et de Louis Aragon*, dans l'aventure du surréalisme*, en participant à ses plus tumultueuses manifestations ainsi qu'à la fondation de la revue *Littérature*. La publication du recueil *Les Champs* magnétiques* (en collaboration avec André Breton, 1920), suite de textes obtenus par l'écriture automatique, marque une date importante dans l'histoire de la poésie contemporaine. Bientôt, cependant, Soupault s'éloigna de ses amis et quitta Paris pour de longs voyages à travers le monde. Devenu journaliste et romancier (*Le Bon Apôtre*, 1923 ; *Les Frères Durandeau*, 1924 ; *Le Nègre*, 1927 ; *Les Dernières Nuits de Paris*, 1928 ; *Le Grand Homme*, 1929), il entendit se faire le témoin de son époque et des expériences nouvelles qui s'y élaboraient (*Voyages en URSS*, 1930), accordant à la musique de jazz et au cinéma (*Charlot*, 1930) un intérêt captivé par toutes les manifestations de l'art moderne. Toutefois, cette curiosité ne l'éloigna pas de la poésie (essais sur *Lautréamont*, 1927 ; *William Blake*, 1928), ni de la peinture (*Jean Lurçat*, 1928 ; *Paolo Uccello*, 1929). Il publia plusieurs recueils *Odes* (1946), *Sans phrases* (1953). Son activité s'étendra encore au théâtre (*Tous ensemble autour du monde*, 1943) et surtout à la radio, où il produira de nombreuses émissions (Paris, 1928 ; Tunis, 1938 - 1940 ; Paris, 1945 - 1957). Infatigable voyageur, esprit alerte et désinvolte, Philippe Soupault demeura toujours fidèle à l'allègre fantaisie de sa jeunesse.

**SOUPHANOUVONG** ♦ Homme d'État laotien (Luang Prabang 1912 - Vientiane 1995). Il créa en 1949 au Laos le Pathet* Lao (→ **Laos**) et s'opposa au neutralisme de son demi-frère, le prince Souvanna* Phouma. Devenu président de la République du Laos en 1975, surnommé le « prince rouge », il démissionna en 1986 et se retira de la vie politique en 1991.

**SOUPPES-SUR-LOING** [77460] ◆ ÉTYM. du germ. *suppa* « endroit détrempé » ♦ Comm. de la Seine-et-Marne, arr. de Fontainebleau, sur le Loing. 5 348 hab. (aggl. 7 941) *(Sulpiciens)*. Carrières de pierre dure.

**SOUPPILOULIOUMA** ou **SUPPILULIUMA** ♦ Roi des Hittites (-1385 - -1350 env.). Il fut le réalisateur du second empire hittite qui atteignit son apogée à la fin de son règne. Il vassalisa l'Amourrou et le Mitanni* (en replaçant sur le trône le prince héritier exilé, Mattiwasa), annexa Karkemish* et plusieurs districts du Taurus et, en Syrie septentrionale, soumit des principautés alors vassales de l'Égypte. → **Hittites.**

**SOUR** ou **SUR** ♦ V. du Liban, située sur la Méditerranée, au S. de Saïda, sur le site de l'anc. Tyr. Plus de 100 000 hab. Port de pêche et marché agricole. ▮ **Histoire** → **Tyr.**

**Sources de la morale et de la religion (Les Deux)** ♦ Ouvrage de Bergson* (1932). La « morale close », ensemble de préceptes et de règles issus des pressions sociales, et la religion statique, dogmes et croyances figés, y sont opposées à la « morale ouverte » des héros et des saints, créateurs de valeurs nouvelles, et à la religion dynamique des mystiques. Ces dernières s'inscrivent, selon l'auteur, dans le mouvement créateur de l'élan vital.

**SOURDEVAL** [50150] ◆ ÉTYM. de la langue d'oïl *sourde* (où le son ne porte pas) et *val* ♦ Ch.-l. de cant. de la Manche, arr. d'Avranches, sur la Sée. 3 038 hab. *(Sourdevalais)*. Fabrique de couverts.

**SOURDIS** [-dis] **(François D'ESCOUBLEAU, cardinal DE)** ♦ Prélat français (1575 - Bordeaux 1628). Il dut sa rapide ascension à Gabrielle d'Estrées* et devint cardinal (1598), puis archevêque de Bordeaux (1599). Il y montra un grand zèle épiscopal. ♦ **Henri d'Escoubleau de Sourdis** (1593 - Auteuil 1645). Frère du précédent. Il lui succéda, mais fut plutôt un homme de guerre et prit part au siège de La Rochelle.

**SOURGOUT** ♦ V. de Russie, territoire des Khantys-Mansis, sur l'Ob. 285 500 hab. Fondée en 1593 pour la conquête de la Sibérie, elle a retrouvé un rôle actif avec le développement des hydrocarbures de la plaine de l'Ob. Pétrochimie. Centrales thermiques.

**SOURIAU (Paul)** ♦ Philosophe français (Douai 1852 - Nancy 1926). Il a exposé dans ses œuvres une conception spiritualiste de la création artistique de la beauté (*Beauté rationnelle*, 1904). ◆ ÉTYM. *Souriau* signifie « souris » (surnom d'une personne leste ou futée).

**SOURIAU (Étienne)** ♦ Philosophe français (Lille 1892 - Paris 1979), fils du précédent. Directeur de la *Revue d'esthétique*, il fut un des créateurs de la filmologie. Selon lui, chaque œuvre d'art est un univers singulier, avec ses dimensions spatiales, temporelles et spirituelles, et n'a d'autre fin que sa propre existence. (*Pensée vivante et Perfection formelle*, 1925 ; *Avenir de l'esthétique*, 1929 ; *La Correspondance des arts*, 1947). [Acad. sc. morales et polit. 1958]

**SOURKOV (Alekseï Aleksandrovitch)** ♦ Poète soviétique (Serednevo, gouv. de Iaroslav 1899 - Moscou 1983). Poète soldat, il mit tout son cœur dans des recueils de poésies où domine une sincérité qui atteint souvent le pathétique : *La Rengaine* (1930), *La Patrie des courageux*.

**SOUS** [sus] ♦ Dépression du Maroc méridional ouverte sur l'Atlantique, enserrée entre les parties occidentales du Haut Atlas et de l'Anti-Atlas, peuplée par les Chleuhs. La *plaine du Sous* est drainée par l'*oued Sous*, qui prend sa source au pied du djebel Toubkal, pénètre dans la plaine au S. de Taroudant et se jette dans l'Atlantique au S. d'Agadir. Agrumes.

**Sous le soleil de Satan** ♦ Roman de Georges Bernanos* (1926). Mouchette, une provinciale révoltée, tue son ancien amant, le marquis de Cadignan, alors qu'elle est enceinte de lui. Devenue la maîtresse du docteur Gachet, elle sombre dans l'hystérie et donne naissance à un enfant mort-né. Elle vit donc comme une possédée. L'abbé Donissan survient. Après avoir passé une nuit en compagnie de Satan, il force Mouchette à avouer son crime, et celle-ci peut alors se tuer. Donissan, devenu curé de Lumbres, engage une lutte sans merci contre Satan, allant jusqu'à offrir par péché d'orgueil sa damnation contre le salut des pécheurs. Il tente vainement de ressusciter un enfant et meurt le jour où un célèbre académicien vient lui rendre visite. Ce puissant roman de Bernanos (le premier qu'il ait écrit) connut un succès immédiat. Il a été adapté au cinéma par Maurice Pialat en 1987, avec Gérard Depardieu, Sandrine Bonnaire et le réalisateur lui-même (palme d'or au festival de Cannes).

**Sous les toits de Paris** ♦ Film français de René Clair* (1930). La rivalité de deux copains amoureux d'une coquine en cheville avec des mauvais garçons. Ce premier film sonore, chantant et (très peu) parlant de René Clair connut un vif succès populaire à une époque où les techniques de reproduction du son étaient balbutiantes. Le paradoxe est que son auteur, resté un farouche adepte de « l'art muet », se refusait à élaborer (ce que firent Pagnol et Renoir) une nouvelle dramaturgie. *Sous les toits de Paris* apparaît donc comme une pochade visuelle accompagnée de musique se mariant bien avec l'évocation d'un Montmartre de fantaisie due au grand décorateur Lazare Meerson.

**SOUS-LE-VENT** (îles) ♦ Ensemble d'îles appartenant au groupe des Petites Antilles* et situées au large des côtes vénézuéliennes (Aruba*, Bonaire*, Curaçao*). ▪ Les Anglo-Saxons appellent *îles Sous-le-Vent (Leeward Islands)* l'ensemble d'îles des Petites Antilles formé par Antigua*, Barbuda, Montserrat, Anguilla*, Saint*-Kitts-et-Nevis et les îles Vierges*.

**SOUS-LE-VENT** (îles) **[Polynésie]** → **Société (îles de la)**

**SOUSLOV (Mikhaïl Andreïevitch)** ✦ ÉTYM. du russe *suslik* «marmotte de Sibérie» ♦ Homme politique soviétique (Chakhovskoïe 1902 - Moscou 1982). Il fut un des responsables de la chute de Khrouchtchev en 1964 et de l'arrivée au pouvoir de Brejnev. Considéré comme le gardien de l'orthodoxie, après avoir été de 1949 à 1951 rédacteur en chef de la *Pravda*, il a joué un grand rôle au sein du mouvement communiste international où il a souvent imposé une ligne rigide.

**SOUSSE** ♦ V. de Tunisie, ch.-l. de gouvernorat, sur la côte S. du golfe d'Hammamet au débouché du *sahel de Sousse*, couvert d'immenses olivettes (4 millions d'arbres). 173 047 hab. Musée archéologique (mosaïques). Grande mosquée (IXe s., souvent remaniée). Ribat (VIIIe s.) et remparts (IXe s.). Médina. ▪ Port exportateur d'alfa, d'huile d'olive et du sel de Monastir. Station balnéaire et touristique. ▮ **Histoire** Ancienne cité phénicienne puis romaine *(Hadrumète*)* développée par les Aghlabides, elle fut au Moyen Âge un important port de commerce.

**SOUSTELLE (Jacques)** ♦ Ethnologue et homme politique français (Montpellier 1912 - Neuilly-sur-Seine 1990). Spécialiste du Mexique précolombien (*La Famille Otoni-Pame*, 1937 ; *L'Art du Mexique ancien*, 1966 ; *Mexique et les Quatre Soleils*, 1967), sous-directeur du musée de l'Homme (1937), il fut membre de la ligue des intellectuels antifascistes et rallia en 1940 la France libre. Directeur général des Services spéciaux français à Londres, puis à Alger (1943), ministre de l'Information (1945) et des Colonies (1945 - 1946), il prit part à la fondation du mouvement gaulliste, le Rassemblement* du peuple français (avr. 1947). Député (1951 - 1958), il devint gouverneur général de l'Algérie (1955 - 1956) et se fit le défenseur de l'Algérie française. Lors des événements de mai 1958, il se montra favorable au retour du général de Gaulle*. Plusieurs fois ministre (1958 - 1960), il s'opposa ensuite à la politique algérienne d'autodétermination de De Gaulle et s'exila en Italie (1961) sous le coup d'un mandat d'arrêt. Rentré en France après avoir été amnistié en 1968, il fut élu député (1973 - 1978). Outre ses souvenirs de la Résistance (*Envers et contre tout*, 1947 - 1950), il a publié des ouvrages sur le problème de l'Algérie (*L'Espérance trahie*, 1962) et sur le gaullisme (*Vingt-huit ans de gaullisme*, 1968). [Acad. fr. 1983] ✦ ÉTYM. *Soustelle* vient de *Sostella*, nom de localité dans le Gard, peut-être de l'occitan *sosta* «abri».

**SOUSTONS** [40140] ♦ Ch.-l. de cant. des Landes, arr. de Dax, près de l'*étang de Soustons*. 5 743 hab. *(Soustonnais)*. Indus. du liège.

**SOU-TCHEOU** → **Suzhou**

**SOUTERRAINE (LA)** [23300] ✦ ÉTYM. ainsi nommée en raison de la crypte de l'église ♦ Ch.-l. de cant. de la Creuse, arr. de Guéret, dans la haute Marche. 5 320 hab. *(Sostraniens)*. Église romane et gothique des XIIe et XIIIe s. (crypte v. 1020 ; vestiges d'un sanctuaire gallo-romain). Porte Saint-Jean (XIIIe - XVe s.) ▪ Indus. diversifiées.

**SOUTH (Eddie)** ♦ Violoniste de jazz américain (Louisiana, Missouri 1904 - Chicago 1962). Après avoir reçu une formation classique, il s'orienta vers le jazz et constitua en 1927 les Alabamians, petite formation ne comportant pas de cuivres. Il effectua deux séjours en Europe (1930 et 1937 - 1938). Son style, plein de subtilité et de swing, le fit surnommer *the Dark Angel of the Violin* («l'Ange noir du violon»). Princ. enregistrements : *Nagasaki* (1933), *Sweet Georgia Brown* (avec Django Reinhardt, 1937).

**SOUTHAMPTON** (île) ♦ Île du Canada (Territoires du Nord-Ouest) qui ferme partiellement la baie d'Hudson au Nord. De nombreux oiseaux de mer s'y regroupent.

**SOUTHAMPTON** ✦ ÉTYM. anc. en vieil angl. *Homtun, Suthhamtunam, Hantone* «domaine (*tun* "domaine, village") sur un promontoire *(hamm)*» ; le préfixe *South-* a été ajouté pour la distinguer d'une ville homonyme, appelée dès lors *Northampton** [d'étym. différente] ♦ V. d'Angleterre (Hampshire) formant un district, sur la ria de la Southampton Water. 217 478 hab. Univ. La longue étale de haute mer et le faible marnage ont permis l'installation d'un port en eaux profondes dans la ria. Le trafic ferry pour la France a remplacé celui des paquebots dont Southampton était la tête de ligne (Cunard Line) ou le port d'escale (CGT). Port pétrolier alimentant la raffinerie de Fawley. Mais la proximité de Londres et l'attrait du S. de l'île font de l'ensemble Southampton-Portsmouth un des pôles majeurs du développement du S. du bassin de Londres, tant sur le plan tertiaire que sur celui des indus. modernes à technologie avancée. ▮ **Histoire** La ville saxonne de *Suthamtune* fut fondée au Ve s. près des ruines de l'ancienne colonie romaine de *Clausentum*. Du XIIe au XVIe s., le port noua d'étroites relations commerciales avec la Normandie, puis avec les ports de Venise et Gênes et pratiqua le commerce des épices. Du XVIe au XIXe s., Southampton connut une longue période de déclin. Ce n'est qu'au XIXe s. qu'elle fut dotée d'une importante infrastructure portuaire (Southampton Docks Company) et devint un grand port. La ville souffrit beaucoup des bombardements de la Deuxième Guerre mondiale.

**SOUTH BEND** ♦ V. des États-Unis (Indiana). 107 789 hab. dont 21 % de Noirs. Indus. diverses (la ville fut le siège des usines Studebaker et Singer).

**SOUTH CAROLINA** → **Caroline du Sud**

**SOUTH DAKOTA** → **Dakota du Sud**

**SOUTHEND-ON-SEA** ♦ V. d'Angleterre (Essex) formant un district, au débouché de l'estuaire de la Tamise. 160 256 hab. Importante station balnéaire, la plus proche de Londres. La proximité de la capitale et le développement du port vers l'E. ont favorisé la croissance industrielle de la ville.

**SOUTHERN UPLANDS** ♦ Hautes terres d'Écosse, parfois appelées improprement Southern Highlands, et situées dans les Lowlands au N. et l'Angleterre au S. Minées aujourd'hui par l'exode rural, elles ont servi de marches préservant l'indépendance écossaise jusqu'au XVIIe s. Les landes intérieures sont quasi désertes, aussi l'élevage ovin est-il la principale ressource économique avec, de nos jours, le tourisme dans les parcs nationaux. L'élevage laitier et l'indus. textile occupent les vallées, en particulier celle de la Tweed.

**SOUTHEY (Robert)** ♦ Poète britannique (Bristol 1774 - Greta Hall, Keswick 1843). Étudiant à Oxford, il se lia avec Coleridge* et, acquis aux idéaux de la Révolution française, rêva de fonder avec lui une communauté égalitaire (la *pantisocracy*) en Pennsylvanie. Deux séjours au Portugal (1795 et 1800) l'incitèrent à écrire l'histoire de ce pays. C'est aussi au Portugal qu'il composa son grand poème narratif *Thalaba le Destructeur* (1801). De retour en Angleterre, il s'installa dans la région des Lacs, près de Coleridge dont il avait épousé une parente (1795), et y rédigea des biographies de Nelson (1813), Wesley (1820) et Thomas More (1829). On le range parmi les poètes lakistes, mais sa poésie, si l'on excepte *Roderic, le dernier des Goths* (1814), reste médiocre. Il est surtout connu pour son amitié avec Coleridge*, Lamb* et Wordsworth*, dont témoigne sa correspondance, pleine d'esprit. ✦ ÉTYM. *Southey* est un nom de lieu, du vieil anglais *suð* «sud» et *hoeg* «enclos».

**SOUTHPORT** ♦ V. d'Angleterre (Merseyside), au N. de Liverpool sur la mer d'Irlande. 95 000 hab. Station balnéaire et port de plaisance.

**SOUTH SHIELDS** ♦ V. d'Angleterre (Tyne and Wear), sur l'estuaire de la Tyne. 105 000 hab. Station balnéaire et banlieue de l'agglomération de Newcastle upon Tyne.

**SOUTHWELL** ♦ V. d'Angleterre (Nottinghamshire), au N.-E. de Nottingham. 48 000 hab. Cathédrale romane du XIIe s. au chœur gothique.

**SOUTINE (Chaïm)** ♦ Peintre français (Smilovitchi 1894 - Paris 1943). Né dans un ghetto de Lituanie, il était le dixième enfant d'une famille très pauvre. Il travailla chez un photographe de Minsk et suivit des cours de dessin, puis entra à l'École des beaux-arts de Vilna (1910) avant de partir pour la France. Arrivé à Paris en 1913, il fréquenta l'atelier Cormon, mais abandonna rapidement cet enseignement académique. Il s'installa à la Ruche où vivaient déjà Chagall, Krémègne, Lipchitz et son compagnon d'enfance, Kikoïne. Pendant cette période misérable, que Soutine supporta comme une épreuve nécessaire, il connut, grâce à Modigliani, le marchand de tableaux Zborowsky qui l'envoya à Céret et à Cagnes (1919, 1922). Il y peignit plus de deux cents tableaux (surtout des paysages). En 1922, le docteur Barnes lui acheta plus de cent tableaux, lui permettant d'exercer son activité à sa guise. À Paris (1925), il exécuta des séries (*Bœufs écorchés ; Volailles plumées*), puis entreprit celle des *Enfants de chœur*. Les soucis matériels ne l'inquiétaient plus ; il traversait des périodes de dépression, au cours desquelles il détruisit de nombreuses toiles. C'est l'époque où il s'inspira de «la jeune femme au bain» de Rembrandt (*Le Bain de pieds*, 1931). En 1934, plus serein, il fut impressionné par *Les Demoiselles des bords de la Seine*, de Courbet (*La Siesta*, 1934). Après son exposition de Chicago, en 1935, sa production devint moins importante. Lorsque éclata la guerre, il se réfugia en Touraine, à Champigny-sur-Veude, où il commença une nouvelle série de paysages. Il mourut en 1943, opéré trop tard d'un ulcère. ▪ Soutine a abordé tous les sujets traditionnels : paysages, portraits, natures mortes. Ses thèmes sont inspirés par la peinture (le bœuf écorché de Rembrandt) ou personnels (gens de maison, portiers, pâtissiers). Traités en série, ils illustrent un goût irrésistible pour la perfection, lié à une profonde insatisfaction. C'est essentiellement dans les paysages que Soutine exprime l'inquiétude qui le tourmente : les maisons se cassent, les sols sont boursouflés, les ciels étouffants sont bouleversés par des tornades qui couchent les arbres (*Arbres couchés*, 1923). Le lyrisme de la touche rend parfois la lecture du tableau difficile (*Le Village*, 1923). La série des *Pâtissiers* (1922) et celle des *Enfants de chœur* (1927 - 1928) laissent une impression relative de sérénité, la touche étant plus contrôlée, la recherche de couleurs dominantes accentuant ce relatif équilibre. Au blanc et au rouge, les deux couleurs clefs de la palette de Soutine, s'intègrent une multitude de touches de couleurs différentes. Ce travail de la matière, en apparence dispersé, constitue un moyen d'intégration, qui donne à ses toiles un aspect organiquement unifié. L'œuvre de Soutine manifeste une grande homogénéité, qui ne correspond pas à l'instabilité de sa vie (cela est peut-être dû au fait qu'il a détruit toutes les toiles qui ne correspondaient pas à ses exigences). Entre *Le Petit Pâtissier* (1922) de la collection Walter-Guillaume et celui de la collection A. Ault (1928), l'identité de conception et de technique est presque totale. On peut cependant distinguer, à partir de 1935, une certaine aération dans les paysages : le ciel et l'espace envahissent la composition, la touche nerveuse devient moins agressive, un certain goût pour le détail anecdotique apparaît (*Retour de l'école après*

Chaïm **Soutine.** *Le Groom* (98 × 81 cm). MNAMGP, Paris.
*Phot. © Nimatallah/Ricciarini*

*l'orage*, 1939). Les portraits restent torturés, mais Soutine les place sur des fonds clairs (*La Servante*, 1935), adoucissant ainsi l'effet dramatique.

**SOUVANNA PHOUMA** ♦ Prince laotien (Luang Prabang 1901 - Vientiane 1984), demi-frère de Souphanouvong*. Il lutta en 1946 contre la présence française, puis dirigea de 1951 à 1954 un gouvernement neutraliste. Il revint au pouvoir en 1957, mais en fut évincé en 1960. Il s'exila en France en 1960, et fut réélu président du Conseil lao en 1962, s'opposant à Souphanouvong qui représentait la tendance procommuniste. Il forma en 1973 un gouvernement de coalition dont il fut Premier ministre, mais il fut renversé en 1975 par le Pathet Lao. → **Laos.**

**SOUVARINE (Boris LIFSCHITZ, dit Boris)** ← ÉTYM. n. emprunté à un pers. de *Germinal* de Zola ♦ Homme politique français (Kiev 1895 - Paris 1984). Fondateur du Comité pour l'adhésion de la IIIe Internationale (1919), arrêté, il ne put assister au congrès de Tours (1920), mais est à l'origine de la motion qui aboutit à la création du Parti communiste français. Il siégea, à Moscou, au præsidium de l'Internationale communiste (1921), mais fut exclu de cet organisme ainsi que du PCF en 1924 pour avoir pris parti pour Trotski*. Il créa plusieurs revues (*Bulletin communiste, La Critique sociale, Le Combat social*) et écrivit un livre sur Staline (1935).

**Souvenirs d'égotisme** ♦ Autobiographie de Stendhal* (posth. 1892) qui couvre une période allant de 1821 à 1830. L'œuvre est inachevée et ne compte que douze chapitres écrits entre le 20 juin et le 4 juil. 1832. Si le mot « égotisme » peut avoir sous la plume de Stendhal une connotation parfois péjorative (« C'est de l'égotisme abominable que ces détails ! »), il est aussi défini comme « une façon de peindre ce cœur humain dans la connaissance duquel nous avons fait des pas de géant ». Les nombreuses protestations de sincérité de l'auteur ne doivent pas faire oublier les silences de sa rédaction ainsi que sa propension à bouleverser l'ordre chronologique : l'être profond de l'écrivain apparaît insaisissable.

**Souvenirs d'enfance et de jeunesse** ♦ Autobiographie d'Ernest Renan* (1883). L'œuvre se compose d'un ensemble d'articles publiés dans la *Revue des Deux Mondes* entre 1876 et 1882. On y trouve notamment la célèbre « Prière sur l'Acropole » que l'auteur avait écrite dès 1865, lors d'un voyage en Grèce.

**SOUVIGNY** [03210] ← ÉTYM. anc. *Silviniaci*, du lat. *Silvinius*, n. de pers., et suff. *-acum* ♦ Ch.-l. de cant. de l'Allier, arr. de Moulins. 1 952 hab. *(Souvignyssois)*. Église Saint-Pierre (parties romanes des XIe - XIIe s. et gothiques du XVe s.), anc. nécropole des ducs de Bourbon. Église-musée Saint-Marc : coll. lapidaire (calendrier du XIIe s.) ; histoire locale.

**SOUVOROV (Aleksandr Vassilievitch)** ♦ Feld-maréchal russe (Moscou 1729 - Saint-Pétersbourg 1800). Nommé colonel en 1762 après avoir participé à la guerre de Sept Ans, il prit d'assaut Cracovie lors de l'insurrection polonaise (1768) puis se distingua pendant la guerre russo-turque (1773 - 1774). En 1775, il mit fin à la révolte de Pougatchev*. Ayant remporté une victoire complète sur les tribus du Caucase, il fut promu général commandant l'infanterie et nommé gouverneur de Crimée (1786). En 1787, il battit les Turcs à Kinburn, puis sur le Rimnik. En 1790, il s'empara de la forteresse d'Ismaïl en Bessarabie, puis réprima le soulèvement de la Pologne* (1794) et fut nommé par Catherine II feld-maréchal. Mis à la tête des troupes alliées par le tsar Paul* Ier et les Autrichiens, il dirigea la campagne contre les Français en Italie du Nord. Il occupa Milan (27 avr. 1799) et Turin, battit Moreau sur l'Adda, Macdonald sur la Trébie et Joubert à Novi (15 août 1799), ce qui lui valut le titre de prince d'Italie. Le Conseil militaire suprême, qui siégea à Vienne, demanda à Souvorov d'entreprendre la conquête de la Suisse. Il effectua le passage des Alpes au Saint-Gothard, mais l'armée de Korsakov qu'il devait rallier fut battue par Masséna à Zurich (25 - 27 sept. 1799) et il dut se replier. Paul Ier rappela Souvorov et son armée en Russie et chercha un rapprochement avec la France. Grand stratège, Souvorov écrivit *La Science de la victoire*.

**SOUZDAL** ♦ V. de Russie, au N.-E. de Moscou. 12 100 hab. Kremlin (XIe - XIIe s.) contenant la cathédrale de la Nativité-de-la-Vierge du XIIIe s. (portes revêtues de plaques de cuivre damasquiné ; peintures murales des XIIIe s. et XVIIe s.) et les appartements de l'Archevêché (XVIe - XVIIe s.) abritant le musée d'histoire, d'art et d'architecture. Monastères du XIIIe au XIVe s. Musée de l'architecture en bois. **Histoire** La région constitua en 1097 une principauté qui appartint à Vladimir II, puis à son fils Iouri Dolgorouki (1125 - 1157). La principauté se développa économiquement grâce à la main-d'œuvre du Dniepr et de Novgorod et les villes de Vladimir, Moscou (1147), Tver, Toula y furent fondées. Andreï Bogolioubski (1157 - 1174) attaqua et ravagea Kiev (1169), puis imposa à Novgorod un prince (1170). Vsevolod (1176 - 1212) prit Riazan ; ses fils se partagèrent la principauté, devenue celle de Vladimir, et qui allait être le noyau de l'État moscovite.

**SOVA (Antonín)** ♦ Poète, nouvelliste et romancier tchèque (Pacov 1864 - *id.* 1928). Influencé par Vrchlický* et François Coppée*, réaliste, impressionniste, symboliste, il chercha constamment à se renouveler. Après *Les Strophes réalistes* (1890), il exprima avec lyrisme sa tendresse nostalgique pour son pays (*De mon pays*, 1892 ; *Pitié et Révolte*, 1894) ; puis il atteignit un certain équilibre confiant (*Le Printemps du poète*, 1921). Attaché dans sa poésie à la ballade (*Le Livre des ballades*, 1915), il fit une bonne place aux réalités sociales dans ses romans (*Histoires de pauvres*, 1903). ← ÉTYM. Ce nom tchèque signifie « hibou », surnom d'une personne studieuse ou ayant une particularité physique.

**SOWETO** ← ÉTYM. abrév. de *South Western Townships* ♦ Vaste cité-dortoir, dans la banlieue de Johannesburg. Plus d'un million de Noirs y vivent. En 1976, à la suite de l'introduction de l'afrikaans dans les écoles, y éclata une violente émeute qui fut réprimée avec une particulière dureté par les autorités sud-africaines.

**SOYAUX** [16800] ← ÉTYM. de la langue d'oïl *sot, saue* « porcherie » et suff. dimin. ♦ Ch.-l. de cant. de la Charente, banlieue E. d'Angoulême. 10 177 hab. *(Sojaldiciens)*.

**SOYINKA (Wole)** ♦ Écrivain nigérian d'expression anglaise (Abeokuta 1934). Universitaire formé à Ibadan, puis en Grande-Bretagne, il a exploré dans son théâtre (*La Danse de la forêt*, 1963 ; *Les Gens des marais*, 1969 ; *Play of Giants*, 1984) le passé mythique et magique de l'Afrique et les difficultés du continent, mutilé par le colonialisme, à se forger un avenir. Poète (*Idanre et autres poèmes*, 1967 ; *A Shuttle in the Crypt*, 1972), il explore l'univers dualiste propre à la cosmogonie yorouba et cherche la fusion des contraires par un lyrisme généreux. Romancier (*Les Interprètes*, 1965 ; *Une saison d'anomie*, 1973), critique, il évoque les paroxysmes du sexe et de l'intellect, de la violence et du pouvoir. Il dévoile la nostalgie et les espoirs de l'« enfant noir » avec *Aké, les années d'enfance* (1981), premier volume de ses souvenirs, suivi de *Ibadan, les années pagaille* (mémoires 1946 - 1965 ; 1994), et de *Il te faudra partir à l'aube* (2006). Opposant au dictateur Abacha, qu'il ridiculise dans la pièce *Le Roi Baabu* (2001), inspirée d'*Ubu Roi*, il s'exila en 1994 et fut condamné à mort par contumace en 1997. Il fut amnistié après la disparition du général et rentra au Nigeria en 1998 où il poursuit son action politique. [Prix Nobel de littér. 1986]

**SOYOUZ** ← ÉTYM. russe « union » ♦ Fusée soviétique utilisée pour lancer les vaisseaux spatiaux du même nom, dans le cadre d'un programme spatial de vols habités. Effectif à la fin des années 1960, le programme Soyouz visait à envoyer un cosmonaute sur la Lune. Après l'abandon de ce projet, le programme a continué, permettant le lancement de très nombreux satellites et l'envoi de personnel et de matériel vers la station spatiale Saliout puis vers Mir. La Russie a poursuivi le programme, réalisant des vols habités (notamment depuis 2001, les vols « touristiques » avec des passagers ayant payé leur place à bord) et participant à l'élaboration de la Station spatiale internationale (ISS*).

**Sozialdemokratische Partei Deutschlands** [SPD] – all. « parti social-démocrate d'Allemagne » ♦ L'un des deux grands partis politiques de la République fédérale d'Allemagne, avec la Christlich*-Demokratische Union (CDU-CSU). Le SPD est l'héritier du Parti ouvrier socialiste d'Allemagne. Celui-ci, créé en 1875 à Gotha et davantage influencé par Lassalle* que par Marx*, n'en fut pas moins interdit de 1878 à 1890. À nouveau autorisé et plus radical, il prit le nom actuel de SPD au congrès d'Erfurt en 1891 et adopta le programme rédigé par Kautsky. Révisionnistes (Bernstein*) et révolutionnaires

(Rosa Luxemburg*, Karl Liebknecht*) s'opposèrent, les seconds créant la ligue Spartakus en 1916 puis le parti communiste (KPD). Sous la république de Weimar, le SPD devint un parti de gouvernement, portant même F. Ebert* à la présidence du Reich. Ses membres furent victimes du nazisme. Recréé en 1945 par Kurt Schumacher, le parti d'abord révolutionnaire pâtit du contexte de la guerre froide ; devant les succès économiques d'une Allemagne dirigée par la CDU, le SPD renonça à la lutte des classes par son programme de Bad Godesberg (nov. 1959). Progressant alors aux élections, il fut amené à gouverner dans la grande coalition (1966 - 1969) aux côtés de la CDU, puis des libéraux de 1969 à 1982 avec W. Brandt* et H. Schmidt*. Le SPD et les Verts ont été au pouvoir de 1998 à 2005, dans un gouvernement dirigé par Gerhard Schröder*, président du SPD de 1999 à 2004. Le parti opta pour une politique étrangère et de sécurité active contraire aux traditions pacifistes du SPD. Il peina également à accepter les réformes libérales imposées par G. Schröder, remplacé en mars 2004 par Franz Müntefering, et vit ses effectifs se réduire (300 000 adhérents de moins qu'en 1998). Le manque de soutien du SPD aux réformes lancées par G. Schröder explique sa décision d'organiser des élections anticipées en 2005. La CDU victorieuse dut former une coalition incluant le SPD. Après une présidence menée par Kurt Beck (2006-2008), puis de nouveau par F. Müntefering, Sigmar Gabriel a été élu en 2009 à la suite de législatives qui ont infligé au parti son plus grand échec depuis la chute du nazisme (23 % des voix) et le laissent en pleine crise.

**SPA** → ÉTYM. p.-ê. à rapprocher du lat. *sparsus* «épars» (allus. à un habitat dispersé) ♦ Comm. de Belgique (Région wallonne), prov. de Liège, arr. de Verviers, sur le Wayai, affl. de la Hogne. 10 472 hab. *(Spadois)*. Église Saint-Remacle de style roman rhénan. Waux-Hall de 1770 (musée). ▪ Station thermale (mise en bouteilles d'eaux minérales), assez célèbre au XIXe s. pour fournir un nom commun à l'anglais (*spa* : «ville thermale»). Sports d'hiver. Fabriques de «jolités» (bibelots de bois peint). Festival de la chanson française. Circuit automobile de Spa-Francorchamps. ▪ Marguerite de Valois, Christine de Suède, Pierre le Grand y séjournèrent. ♦ ***Conférence de Spa*** Elle réunit en juil. 1920 les Alliés et les Allemands pour régler les problèmes des réparations de guerre dues par l'Allemagne et de la limitation des forces armées allemandes.

**SPAAK (Paul Henri Charles)** ♦ Homme politique belge (Schaerbeek 1899 - Bruxelles 1972). Député en 1932, il occupa divers postes ministériels (Transports, Affaires étrangères) et devint Premier ministre (1946, 1947 - 1949), et à nouveau ministre des Affaires étrangères (1946 - 1949). Ardent partisan de la construction européenne, il présida l'Assemblée consultative du Conseil de l'Europe* (1949 - 1951) et de la CECA (1952 - 1954). Revenu aux Affaires étrangères de 1954 à 1957, il fut ensuite secrétaire général de l'Otan (1957 - 1961) avant de former avec Théo Lefèvre un gouvernement d'union (socialistes et sociaux-chrétiens). En 1966, il se retira de la vie politique.

**SPADA (Lionello)** ♦ Peintre italien (Bologne 1576 - Parme 1622). Élève des Carrache*, qu'il suivit dans leurs déplacements en Italie, il subit aussi l'influence du Caravage*. Il décora la cathédrale de Reggio (Émilie) de fresques d'une grande puissance de coloris. Le Louvre possède de lui une *Exécution de saint Christophe*. → ÉTYM. Ce nom vient de l'italien *spada* «épée» (surnom d'un fabricant d'armes).

**Spadem** n. f. → **Société de la propriété artistique et des dessins et modèles**

**SPALATO** → **Split**

**SPALLANZANI (Lazzaro)** ♦ Biologiste italien (Scandiano, duché de Modène 1729 - Pavie 1799). Il mit en évidence le rôle du suc gastrique dans la digestion. Il réalisa de nombreuses expériences visant à réfuter l'hypothèse de la génération spontanée et montrant que la vie ne peut apparaître sans existence préalable de germes. Il étudia le mécanisme de la reproduction chez les batraciens, réalisant des fécondations artificielles. Il montra que la fécondation n'est possible qu'après contact direct entre l'œuf et le sperme.

**SPANDAU** ♦ Anc. ville forte d'Allemagne aujourd'hui réunie à Berlin*. Le trésor de guerre de l'empire allemand y fut enfermé (tour Julius) de 1870 à 1914. En 1946, on y incarcéra certains criminels de guerre nazis condamnés à Nuremberg.

**SPANHEIM (Ezechiel)** ♦ Diplomate et historien allemand (Genève 1629 - Londres 1710). Professeur d'éloquence à Genève, il fut chargé de plusieurs missions diplomatiques par le Palatinat et le Brandebourg à Londres (1665) et à Paris (1680 - 1689). Il fut l'organisateur de l'émigration des huguenots en Prusse et l'un des négociateurs de la paix de Riswick (auj. Rijswijk*). Ses *Relations de la cour de France en 1690* forment un document intéressant.

**SPANISH TOWN** → ÉTYM. angl. «ville espagnole» ♦ V. de Jamaïque. 131 515 hab. Cap. de l'île à l'époque coloniale, elle est devenue un centre urbain annexe de la capitale, Kingston, dont elle est distante de 25 km. Industries.

**SPANN (Othmar)** ♦ Philosophe et sociologue autrichien (Vienne 1878 - Neustift 1950). Il a tenté d'unir la psychologie et la sociologie et de faire de l'économie politique une science fondée sur la morale (*Fundament der Volkswirtschaftslehre*, 1918 ; *Der wahre Staat*, 1921 ; *Gesellschaftsphilosophie*, 1928).

**SPARK (Muriel)** ♦ Romancière britannique (Édimbourg 1918 - Florence 2006). Ses premiers romans possédaient une composante naturaliste (*Le Bel Âge de Miss Brodie*, 1961 ; *Les Demoiselles de petite fortune*, 1963), mais elle évolua rapidement vers l'univers énigmatique, aux lisières de l'inquiétant, qui fait le meilleur de son œuvre romanesque : *Les Célibataires* (1960), *Ne pas déranger* (1971), *La Serre sur l'East River* (1973), *Intentions suspectes* (1981). Une partie de cette œuvre a pour cadre l'Italie, où Muriel Spark, convertie au catholicisme en 1954, a longtemps vécu : *L'Image publique* (1968), *L'Appropriation* (1976), *Territorial Rights* (1979), *Le Banquet* (1990). Elle a également publié des ouvrages critiques (*Mary Shelley*, 1987), de la poésie (*Going Up to Sotheby's*, 1982), plusieurs recueils de nouvelles, et une autobiographie, *Curriculum Vitae* (1992).

**SPARTACUS** ♦ Chef d'esclaves révoltés contre Rome (mort en Lucanie en -71). Ancien berger thrace, bâti en athlète, il s'échappa d'une école de gladiateurs de Capoue (-73) avec 73 compagnons. Ils se réfugièrent au sommet du Vésuve d'où l'infanterie romaine ne put les déloger. Des milliers d'esclaves fugitifs vinrent rejoindre Spartacus qui défit les unes après les autres les armées romaines, dont la majeure partie était hors d'Italie, et fit d'immenses ravages en Italie. Spartacus fut finalement vaincu par Crassus* et tué dans la bataille près du Silare en Lucanie (-71). Ce fut la plus grave mais aussi la dernière des grandes révoltes serviles.

**Spartakus** (ligue ou groupe) – en all. ***Spartakusbund*** ♦ Groupe de socialistes révolutionnaires allemands qui, lors de la Première Guerre mondiale, se séparèrent de la social-démocratie allemande en raison de ses positions opportunistes et nationalistes. La ligue fut fondée par Karl Liebknecht*, Rosa Luxemburg*, Franz Mehring*, Clara Zetkin*. Dès le mois d'août 1915, la lutte antimilitariste s'organisa. Au congrès de déc. 1918, la ligue Spartakus devint le Parti communiste allemand, affilié à la IIIe Internationale en 1919. L'insurrection spartakiste organisée à Berlin en janv. 1919 fut réprimée sur les ordres du social-démocrate Noske* et de Scheidemann, tandis que Rosa Luxemburg et Karl Liebknecht étaient assassinés.

**SPARTE** ou **LACÉDÉMONE** → ÉTYM. en gr. *Spartê*, de *spartos* «semé ; disséminé, épars» (allus. aux maisons qui étaient dispersées) ♦ ▮ **La ville antique** Anc. ville de Grèce dans le Péloponnèse (Laconie). Elle était située sur l'Eurotas, entre les chaînes du Taygète et du Parnon, à 40 km de la mer. La région, habitée à l'époque mycénienne par les Achéens, est dans la légende homérique le royaume de Ménélas* (**→ Tyndare, Hélène**) submergé par l'invasion des Doriens*. La cité historique de Sparte fut constituée au -IXe s. par la réunion de quatre villages doriens. Convoitant la plaine fertile de Messénie*, les Spartiates en devinrent maîtres au bout d'une longue guerre (-735 - -715 ?) et réduisirent les Messéniens au servage. Vers le milieu du -VIIe s., ils durent réprimer une révolte menée par Aristomène* (deuxième guerre de Messénie*). ▮ ***Les institutions*** État d'une aristocratie conquérante vivant du travail des vaincus, Sparte s'organisa alors définitivement en camp retranché et vécut l'une des plus singulières expériences politiques de l'Antiquité. Ses institutions, attribuées par les Spartiates à Lycurgue*, visaient à perpétuer dans l'immobilisme sa structure sociale. Les Spartiates proprement dits ou *Égaux* (en gr. *homoîoi*) étaient organisés en société égalitaire, voués au métier des armes et vivant de l'usufruit d'un lot de terre inaliénable, appartenant à l'État. La terre des plaines était cultivée par les *ilotes* (serfs de l'État) qui payaient aux Égaux une redevance annuelle fixe. Les Spartiates empêchaient l'expansion démographique par des massacres réguliers d'ilotes. Plus nombreux étaient les *périèques*, habitants de la montagne et du littoral, qui jouissaient d'une autonomie communale. Ils pratiquaient le commerce et l'industrie interdits aux Spartiates, étaient soumis à des impôts et à des corvées, mais n'avaient pas de droits politiques. La constitution politique, sous des apparences de régime mixte (monarchie-aristocratie-république), était foncièrement oligarchique. Les pouvoirs des deux rois héréditaires se limitaient de plus en plus à des fonctions religieuses et militaires. La *Gérousia* (conseil des Anciens), formée des deux rois et de vingt-huit *gérontes* («vieillards») élus à vie parmi les citoyens de plus de 60 ans, décidait de la politique de l'État et avait des attributions judiciaires. Les cinq *éphores* («surveillants»), désignés par la *Gérousia* pour un an, contrôlaient toute la vie publique, surveillaient l'éducation des jeunes, la conduite des citoyens et celle des rois. L'*Apella* (Assemblée du peuple), composée de tous les citoyens de plus de 30 ans, se bornait à un rôle passif : seuls les éphores et les gérontes y avaient droit à la parole. On votait par acclamations, un jury appréciant leur volume. ▮ ***L'éducation du citoyen*** Dans cette organisation militaire, l'individu était complètement aliéné par l'État. Le Spartiate nouveau-né était présenté par ses parents aux gérontes qui décidaient de sa vie : on supprimait les enfants faibles ou mal formés en les jetant dans un ravin du Taygète. Pris en main par l'État à l'âge de 7 ans, le jeune Spartiate était soumis à une éducation militaire et civique visant surtout aux valeurs collectives ainsi qu'à l'endurance, la discipline et la bravoure. De 20 à 30 ans, il était assigné à la caserne après avoir subi l'épreuve de la *cryptie* : abandonné pendant deux ans à la campagne, il devait vivre tel un fauve, ayant le droit de tuer des ilotes à volonté. L'éducation des filles était analogue. Le mariage, obligatoire, n'interrompait pas la vie de soldat. Le citoyen était d'ailleurs mobilisable et soumis à des exercices jusqu'à l'âge de 60 ans et devait participer au repas commun en payant sa quote-part. Le fameux «brouet noir» (à base de sang) était le plat de résistance, à dessein insuffisant et monotone pour inciter au vol ; le voleur n'était point méprisé ; il recevait néanmoins un châtiment corporel s'il était pris sur le fait. ▮ *La vie culturelle* La raison étatique prévalait aussi dans le domaine culturel. La musique, la danse, le chant choral y étaient en honneur. Ainsi, Sparte put devenir au –VII$^e$ s. un grand centre du lyrisme choral en accueillant Alcman* et des poètes-musiciens qui furent en même temps des éducateurs et des législateurs (Tyrtée*, Terpandre*, Thalétas*). Mais cet éclat culturel s'éteignit vers le milieu du –VI$^e$ s. ▮ *La Ligue péloponnésienne* Il y a d'ailleurs à l'époque de Chilon* une rupture de toute évolution à Sparte, marquée par le durcissement du caractère oligarchique de son régime, l'abandon des relations maritimes et la xénophobie. Après avoir brisé la résistance de l'Arcadie* (→ **Tégée**) et éliminé la prédominance d'Argos*, Sparte, disposant de la Ligue péloponnésienne, devint vers la fin du –VI$^e$ s. la plus grande force militaire grecque. Dès lors, rempart des régimes oligarchiques contre les «tyrans», puis contre les partis démocratiques, elle influença les affaires helléniques et rendit plus profonde la division politique de la Grèce. Murée dans son égoïsme, elle hésita entre l'indifférence totale et une participation modérée à la résistance grecque contre les Perses. → **médiques (guerres), Marathon, Thermopyles, Salamine, Platées, Mycale.** Ayant écrasé avec l'aide athénienne une nouvelle révolte des ilotes de Messénie (–464 - –458), Sparte s'éleva contre l'impérialisme d'Athènes, jouant en l'occurrence le rôle de protectrice de l'indépendance des cités. Renforcée avec l'alliance de la Béotie*, de l'Étolie* et d'autres cités, la Ligue dirigée par Sparte triompha d'Athènes à l'issue de la guerre du Péloponnèse* (–431 - –404). Les Lacédémoniens en profitèrent pour implanter partout des régimes oligarchiques (→ **Lysandre**). Après une nouvelle victoire sur l'alliance d'Athènes, Corinthe, Thèbes et Argos, à Coronée* en –394 (→ **Agésilas**), l'hégémonie lacédémonienne sur la Grèce fut assurée par la paix d'Antalcidas* (–386) offerte aux Perses. ▮ *La chute* Mais, quinze ans plus tard, l'offensive thébaine, avec les brillants succès d'Épaminondas* (→ **Leuctres, Mantinée**), éclipsa la puissance de Sparte et ruina à jamais son prestige militaire. La confédération arcadienne (→ **Megalopolis**) et l'union de Messénie libérée (→ **Messène**) se dressèrent en barrières, isolant Sparte dans la Laconie. Définitivement repliée sur elle-même, Sparte ne participa point à la résistance grecque contre l'afflux macédonien sous Philippe* II. Son déclin, amorcé dès le –V$^e$ s., fut consommé au –III$^e$ s. La structure égalitaire de la société spartiate était ruinée, les «Égaux», réduits à quelques centaines de familles, partageaient très inégalement les terres ; la corruption régnait. → **Léotychide, Lysandre.** Les rois Agis* IV et Cléomène* III tentèrent en vain de rétablir les lois de Lycurgue par la redistribution de terres, l'abolition de l'éphorat. Refusant le dernier effort tenté pour l'unité grecque, Sparte s'opposa à la Ligue achéenne* et fut même l'alliée de Rome. Après la défaite de Sellasie (–222), elle connut la tyrannie de Machanidas et de Nabis* et l'occupation étolienne (–192). Philopœmen* la fit entrer dans la Ligue achéenne. Soumise à Rome, elle fut reconnue comme cité libre (–146) et prospéra dans la paix romaine. Dévastée lors des invasions barbares, elle fut abandonnée par ses derniers habitants après la fondation de Mistra* en 1249. ▮ **La ville moderne** La ville moderne de Sparte (ch.-l. du nome de Laconie, 20 000 hab.) a été construite au sud de l'antique Sparte.

**SPD** n. m. → **Sozialdemokratische Partei Deutschlands**

**SPEARMAN (Charles)** ♦ Psychologue et mathématicien britannique (Londres 1863 - *id.* 1945). Il fonda la psychologie différentielle en utilisant la méthode mathématique de l'analyse factorielle. Il admit que la réussite à une tâche (test) est déterminée par une aptitude générale, le facteur g (intelligence globale) intervenant dans toutes les épreuves psychologiques, et une aptitude spécifique à la tâche particulière (conception bifactorielle ou hiérarchique précisée par P. E. Vernon qui diffère de la conception multifactorielle de Thurstone*).

**spectacles (Lettre sur les)** → **Lettre à d'Alembert sur les spectacles**

The **Spectator** ← ÉTYM. angl. «Le Spectateur» ♦ Périodique anglais créé par sir Richard Steele* et Joseph Addison* en 1711. Il prenait la succession d'une feuille analogue, *The Tatler* («Le Babillard»), créée en avril 1709 par Richard Steele. Journal toujours courtois, raffiné et civil, *The Spectator* consacra cependant de nombreux numéros à la satire sociale du règne de la reine Anne. Le succès immédiat que connurent *The Tatler* et *The Spectator* est significatif d'un important changement de la société anglaise. Ils eurent de nombreux imitateurs, parmi lesquels *The Rambler* («Le Promeneur») et *The Idler* («Le Paresseux») qui n'atteignirent toutefois jamais leur niveau. *The Spectator* cessa de paraître en déc. 1714. ▪ En France, Marivaux* fit paraître, sur son modèle, *Le Spectateur français* (1722 - 1723), consacré en partie à des peintures morales, où la défense des Modernes contre les Anciens trouve sa place.

**SPEER (Albert)** ♦ Homme politique et architecte allemand (Mannheim 1905 - Londres 1981). Architecte, inscrit au Parti national-socialiste dès 1931, il aménagea l'esplanade de Nuremberg où se déroulaient les grandes manifestations nazies et fut nommé inspecteur général des bâtiments à Berlin en 1937. Il construisit la Grande Chancellerie détruite en 1945. En 1942, il fut nommé ministre de l'Armement mais il refusa la tactique de la «terre brûlée». Il fut condamné à vingt ans de prison par le tribunal de Nuremberg*.

**SPEE VON LANGENFELD (Friedrich VON)** ♦ Jésuite et poète allemand de l'époque baroque (Kaiserswerth 1591 - Trèves 1635). Professeur et aumônier à Würzburg, Paderborn et Cologne, il lutta contre les procès de sorcellerie et mourut lors du siège de Trèves après avoir porté secours aux blessés et aux malades atteints de la peste. Il composa sur le mode de l'idylle des poèmes d'inspiration mystique qui foisonnent d'images, de symboles (*Le Rossignol combatif, Trutz Nachtigall*, 1649).

**SPEKE (John Hanning)** ♦ Explorateur britannique (Jordans, près de Ilminster, Somersetshire 1827 - près de Bath 1864). Après des expéditions dans l'Himalaya et le Tibet, en Somalie (1854, avec Burton) et dans le Caucase (lors de la guerre de Crimée), il explora l'Afrique centrale et l'Afrique orientale et découvrit, en 1858, les lacs Tanganyika et Victoria. Il repartit avec Grant en 1860, atteignit l'Ouganda et descendit une partie du cours du Nil (*Journal of the Discovery of the Source of the Nile*, 1863).

**SPEMANN (Hans)** ♦ Biologiste allemand (Stuttgart 1869 - Fribourg-en-Brisgau 1941). Auteur de travaux expérimentaux (en particulier des greffes embryonnaires sur des œufs de batraciens), il mit en évidence les mécanismes du développement embryonnaire et de son organisation. [Prix Nobel de physiol. ou méd. 1935]

**SPENCE (Michael)** ♦ Économiste américain (Montclair, New Jersey 1943). Ses travaux ont porté sur les liens existant entre l'information des parties et la vie des marchés. [Prix Nobel d'économie 2001, avec G. Akerlof* et J. Stiglitz*]

**SPENCER (Herbert)** ♦ Philosophe britannique (Derby 1820 - Brighton 1903). Tout en affirmant le caractère inconnaissable de la nature intime de l'univers, il voulut donner une explication globale de l'évolution des êtres à partir des lois ordinaires de la mécanique. Monde inorganique, biologique, psychologique et social : à chacun de ces stades se vérifie la loi de complexité croissante qui se traduit par le passage de l'homogène (indéfini) à l'hétérogène (défini), l'adaptation de plus en plus précise des fonctions mentales aux conditions changeantes du milieu, l'intégration toujours plus grande des parties au tout et la diversification des relations sociales. Spencer accorda une place particulière à la sociologie ; sa théorie (organicisme) s'achève par une morale qui se propose de concilier la coopération sociale et la liberté individuelle (*Principes de psychologie*, 1855 ; *Premiers Principes*, 1862 ; *Principes de biologie*, 1864 ; *Principes de sociologie*, 1877 - 1896). Cette philosophie, influencée par le transformisme de Darwin, a reçu le nom d'évolutionnisme*. ← ÉTYM. *Spencer* est l'aphérèse de l'anglais *dispenser* «dispensateur [de provisions]», de *to dispense* «dispenser», d'origine française (tâche du serviteur affecté au garde-manger d'une grande maison ou d'un monastère).

**SPENCER (sir Stanley)** ♦ Peintre britannique (Cookham on Thames 1891 - Cliveden 1959). Engagé pendant la Première Guerre mondiale en Macédoine (*Travoys arriving with Wounded at Smol*, 1916), il s'est inspiré de son expérience pour les peintures qu'il a réalisées pour la chapelle du Sandham Memorial. Dans ses œuvres à caractère religieux peintes pendant les années 1920 (*Resurrection ; Cookham*, 1923 ; et les peintures murales de l'oratoire d'All Souls à Burghclere dans le Berkshire), il a créé son style personnel, précis, expressionniste et à réminiscences préraphaélites. Il appliqua cette manière originale à ses portraits de couples souvent autobiographiques des années 1930, parfois comparés aux portraits de Bacon* et pour leur crudité de L. Freud* (*Self-Portrait with Patricia Preece*, 1936 - 1937). Peintre de guerre affecté aux chantiers navals de Glasgow pendant la Deuxième Guerre mondiale, il s'inspira encore de cette expérience pour sa série *Port Glasgow Resurrected* (1945 - 1950).

**SPENDER (Stephen)** ♦ Poète et romancier britannique (Londres 1909 - Londres 1995). Étudiant à Oxford, il se lia avec Christopher Isherwood*, rencontra W. H. Auden* et devint l'un des membres les plus remarqués de l'«Auden Group». Il fit partie de la génération qui réagit contre la double influence de W. B. Yeats* et de T. S. Eliot*. Il fréquenta le salon de Virginia Woolf*, voyagea en Allemagne six mois par an jusqu'à l'avènement du nazisme, prit part à la guerre d'Espagne. Sa poésie (*Centre immobile*, 1939 ; *Ruines et visions*, 1942 ; *Un regard [Collected Poems]*, 1955), comme son œuvre narrative (*Le Temple*) que couronne un remarquable *Monde dans le Monde* (1951), est le fidèle reflet de sa vie, de ses amours (sans cacher son homosexualité, il épousa en 1941 la pianiste Natacha Litvin) et de son engagement en faveur des droits de l'homme.

Stanley **Spencer.** *La Résurrection* (76 x 213 cm), 1945. Coll. part. *BIS/Courtesy Bernard Jacobson Gallery, Londres © ADAGP, Paris 2008*

**SPENER (Philipp Jakob)** ♦ Théologien protestant alsacien (Ribeauvillé 1635 - Berlin 1705). Successivement prédicateur à Strasbourg, Francfort-sur-le-Main, à la cour de Dresde (1685) et à Berlin (1691), il est l'auteur des *Pia desideria* (1675) que l'on peut considérer comme le texte fondateur du piétisme*.

**SPENGLER (Oswald)** ♦ Philosophe allemand (Blankenburg, Harz 1880 - Munich 1936). Principal théoricien de l'historisme (→ **Dilthey**) auquel il a donné une empreinte pessimiste, il a opposé au mythe du progrès, forgé puis récusé par l'Occident, une conception cyclique de l'histoire, comparant chaque culture à un tout organique, soumis aux lois du développement biologique : croissance, maturité, décadence (c.-à-d. la civilisation comme phase la plus extérieure, mécanique et artificielle d'une culture) et mort. Il s'est particulièrement attaché à l'étude du destin et du déclin de l'Occident, insistant sur le rôle politique éminent de l'Allemagne (*Le Déclin de l'Occident*, 1916 - 1920 ; *Prussianisme et Socialisme*, 1920 ; *L'Homme et la Technique*, 1933).

**SPENSER (Edmund)** ♦ Poète anglais (Londres 1552 - *id.* 1599). D'origine modeste, il fut boursier au Pembroke Hall de Cambridge, de 1569 à 1576. Secrétaire de l'évêque de Rochester, il fut ensuite attaché à Leicester. Son *Calendrier du berger* (1579), recueil de 12 églogues inspirées de Théocrite, Virgile et Marot, lui valut la faveur royale que le poète détruisit en faisant circuler une satire contre la reine Élisabeth (*L'Histoire de la mère Hubbard*). Spenser dut quitter l'Angleterre pour l'Irlande au service de lord Grey of Wilton. C'est pourtant à la reine Élisabeth qu'il dédia le premier des douze livres qui devaient composer *La Reine des fées* (1591 - 1596), véritable monument poétique de la Renaissance où ce poète à l'imagination débordante inaugure la stance de huit vers auxquels s'ajoute un neuvième vers de douze pieds (ababbcbcc), modèle que reprendront Keats, Shelley et Byron. Ses *Complaintes* (1591) comprennent 4 séries de poésies, mystiques ou allégoriques et *Les Visions de la vanité du monde*. Douloureusement éloquent, Spenser y défend aussi le «valeureux courtisan» Sidney*, dont il publia les œuvres. *Le Retour de Colin Clout* (1595), dédié à Raleigh, se termine sur les joies vertueuses de la vie rustique. C'est pour Elizabeth Boyle, qu'il avait épousée en 1594, qu'il écrivit les 88 sonnets des *Amoretti* publiés avec l'*Épithalame* (1595), hymne tenant du poème nuptial latin et de la chanson pétrarquisante.

**SPERBER (Manès)** ♦ Écrivain français (Zablotov, Galicie autrichienne 1905 - Paris 1984). Venu avec sa famille à Vienne pendant la Première Guerre mondiale, il découvrit le marxisme en même temps que la philosophie. Professeur de sociologie et de philosophie à Berlin à partir de 1927, il dut fuir les persécutions antisémites dès 1933 et finit par se réfugier à Paris. Il s'engagea alors dans l'armée française en 1939. Son œuvre, dont une partie est écrite en allemand et l'autre en français, est entièrement consacrée à la dénonciation du totalitarisme et à l'expression de la dignité humaine. On lui doit notamment des essais (*Analyse de la tyrannie*, 1938 ; *Sept questions sur la violence*, 1972), une somme autobiographique (*Les Porteurs d'eau*, 1974 ; *Le Pont inachevé*, 1975 et *Au-delà de l'oubli*, 1977), ainsi que des romans qui évoquent l'Europe centrale pendant les années 1930 et 1940 (*Et le buisson devint cendres*, 1949 ; *Qu'une larme dans l'océan*, 1952 ; *La Baie perdue*, 1953).

**SPERKHIOS** n. m. ou **ALAMANA** ♦ Fl. de Grèce (80 km). Il naît dans le massif du Timphristos et se jette dans le golfe Maliaque sous le défilé des Thermopyles.

**SPERRIN** (monts) ♦ Petit massif de l'Irlande du Nord culminant à 678 m, et isolant le comté de Tyrone de la côte.

**SPERRY (Roger Wolcott)** ♦ Neuropsychologue américain (Hartford, Connecticut 1913 - 1994). Il montra que les hémisphères cérébraux sont spécialisés fonctionnellement : le gauche, responsable d'un traitement analytique de l'information, s'exprime par le langage alors que le droit assure une perception synthétique des stimuli. Une seule information sensorielle provoque donc au moins deux opérations mentales distinctes. [Prix Nobel de physiol. ou méd. 1981, avec D. Hubel* et T. Wiesel]

**SPESSART** n. m. ♦ Petit massif de l'Allemagne moyenne s'étendant sur la Hesse méridionale et la Basse-Franconie (Bavière) au N. du Main qui le contourne entre Lohr et Aschaffenburg. Constitué pour une bonne part de plateaux de grès bigarré, peu élevés (Geyersberg, 586 m), il est couvert de belles forêts dont l'étendue est assez grande pour expliquer la ligne de partage qu'on attribue par commodité au Main, dans le domaine culturel, entre Allemagnes du Nord et du Sud.

**SPESSIVTSEVA (Olga)** ♦ Danseuse russe (Saint-Pétersbourg 1895 - New York 1991). Première danseuse du théâtre Marie à Saint-Pétersbourg, elle se joignit à la troupe des Ballets russes de S. de Diaghilev* (1916) avec laquelle elle effectua plusieurs tournées en Europe, paraissant notamment dans *Le Spectre de la rose*, *La Belle au bois dormant*, *La Chatte*. Ayant quitté définitivement la Russie (1924), elle fut engagée, au cours de plusieurs saisons (1924 - 1932), à l'Opéra de Paris, où elle eut S. Lifar* pour partenaire. Figure éminente du ballet romantique, O. Spessivtseva fut une incomparable interprète du rôle de Giselle.

**SPÉTSAI** ou **SPETSÈS** ♦ Île grecque de la mer Égée à l'entrée du golfe de Nauplie (nome d'Attique). 22 km². 3 508 hab. CH.-L. : Spétsai, centre touristique. L'île joua un rôle important pendant la guerre de l'Indépendance grecque (1821).

**SPEUSIPPE** – en gr. ***Speusippos*** ♦ Philosophe grec de l'Académie* (Athènes –393 - –339). Neveu de Platon* par sa mère, il étudia à l'Académie* avant d'en prendre la direction en –347 à la mort de son oncle. On croit savoir, principalement par les livres M et N de la *Métaphysique* d'Aristote, qu'il s'intéressa particulièrement à la doctrine pythagoricienne des nombres. Il semble avoir prôné une éthique anti-hédoniste contre les positions d'Eudoxe* de Cnide. Il écrivit de nombreux dialogues et traités (*Sur le plaisir, Sur la justice, Sur les dieux, Sur la richesse*).

**SPEY** n. f. ♦ Riv. d'Écosse se jetant dans la mer du Nord près d'Elgin (180 km). Ses eaux pures au goût de tourbe ont entraîné la création des distilleries traditionnelles de whisky pur malt (Glenlivet, Glenfiddish).

**SPEZIA (LA)** ♦ V. d'Italie, en Ligurie, ch.-l. de prov. au fond du golfe de La Spezia, sur la Riviera* du Levant. 91 391 hab. Importante base navale (arsenal et premier port militaire italien) et port commercial faisant surtout le trafic du charbon et du pétrole. Extraction de marnes et de pyrite. Métallurgie du plomb. Indus. mécaniques. Centrale thermique. Construc. navales. Raffineries de pétrole.

**SPHACTÉRIE** – en gr. ***Sphaktêria*** ♦ Petite île inhabitée de la Grèce, près de la côte de Messénie, fermant à l'O. la rade de Navarin. Elle est célèbre par la victoire des Athéniens sur les Spartiates lors de la guerre du Péloponnèse* (–425).

**SPHINX** [sfɛ̃ks] n. m. – ÉTYM. n. lat. emprunté au gr. *sphigx*, de *sphiggô* «serrer, étreindre, lier» ♦ Monstre fabuleux formé d'un corps de lion et d'une tête humaine. Originaire d'Égypte, il y était représenté sous l'aspect d'un lion à tête de pharaon. Incarnation du roi ou du dieu Soleil, il était symbole de puissance et de protection. Des doubles files de sphinx, gardiens des sanctuaires, bordaient le *dromos* des temples. Le plus imposant et le plus ancien est celui de Gizeh*, statue du pharaon Khéphren*. Au –IIe millénaire, sous l'influence égyptienne, le sphinx passa en Asie où il subit des modi-

**Sphinx.** *Artisan égyptien travaillant sur un sphinx doré,* v. - 1400.
*BIS/Phot. © British Museum, Londres © Coll. Archives Larbor*

fications (addition des ailes) et de là en Grèce (v. –1600), où il devint un monstre mystérieux, fille d'Échidna*. Démon énigmatique à visage et buste de femme, au corps de lion et aux larges ailes d'oiseau, il avait été envoyé, selon la mythologie, contre les Thébains pour venger le rapt de Chrysippe par Laïos. Établi près de Thèbes*, il proposait des énigmes aux voyageurs et dévorait ceux qui ne savaient pas les résoudre. Il se tua de dépit après qu'Œdipe* eut répondu à celle-ci : «Quel est l'être doué de la voix qui a quatre pieds le matin, deux à midi, et trois le soir ?» en proposant l'homme (qui marche à quatre pattes quand il est enfant et s'aide d'une canne quand il est vieux). ▪ La légende du Sphinx a inspiré de nombreux auteurs, depuis les Grecs jusqu'à J. Cocteau (*La Machine infernale*).

**SPICHEREN** [57350] → ÉTYM. pl. du germ. *spicher, speicher* «grenier à blé» ♦ Comm. de la Moselle, arr. de Forbach. 3 287 hab.

Der **Spiegel** ♦ Hebdomadaire allemand créé en 1946 à Hanovre. Racheté par R. Augstein en 1947, il fut l'un des premiers magazines européens constitué sur le modèle du *Time**. Indépendant, il bénéficie d'une large audience, au-delà même de l'Allemagne, grâce au sérieux de ses informations. Il tire à près de un million d'exemplaires.

**SPIEGELMAN (Art)** ♦ Dessinateur américain (Stockholm 1948). Il publia des bandes dessinées dans la presse *underground*, puis fonda en 1980 une revue d'arts graphiques, *Raw*. De 1980 à 1991 il y dessina *Maus*, réuni ensuite en 2 volumes (1986 et 1991). Cette série est à la fois une bande animalière qui évoque le génocide des Juifs de Pologne (les Juifs sont représentés comme des souris, les nazis comme des chats, les Polonais comme des porcs) et l'histoire des relations difficiles entre l'auteur, jeune intellectuel new-yorkais, et son père, rescapé d'Auschwitz.

**SPIELBERG (Steven)** ♦ Cinéaste américain (Cincinnati 1946). Il réalisa pour la télévision *Duel* (1973), exercice de style fantastico-policier, dont le succès lui permit d'accéder au grand écran. Archétype du «film catastrophe», *Les Dents de la mer* (1975) battit les records d'audience, de même *Rencontres du troisième type* (1977), la série des *Indiana Jones* (de 1981 à 2007) où Spielberg rajeunissait les clichés du film d'aventures, *E.T. l'extraterrestre* (1982) et *Jurassic Park* (1993). Il échoua curieusement avec des thèmes plus ambitieux, tels *1941* (1979), *La Couleur pourpre* (1985), *L'Empire du soleil* (1987), *Always* (1990) ou *Amistad* (1998). *La Liste de Schindler* (1994), inspiré d'un épisode de la Shoah, et *Il faut sauver le soldat Ryan* (1998) lui apportèrent la faveur du public et de la critique, ainsi que plusieurs oscars. Suivirent *Arrête-moi si tu peux* (2002), *Le Terminal* (2004) et *Munich* (2005). → ÉTYM. *Spielberg* est un nom de lieu, du moyen haut allemand *spiegel* «poste de guet» et *berg* «colline».

**SPIELBERG** ou **ŠPILBERK** ♦ Forteresse située à Brno* (Brünn) en Moravie. Elle fut prison d'État sous les Habsbourg jusqu'en 1857 (Silvio Pellico y fut incarcéré), et prison de la Gestapo.

**SPIELHAGEN (Friedrich)** ♦ Écrivain allemand (Magdeburg 1829 - Berlin 1911). Auteur de romans à caractère réaliste (*Natures problématiques,* 1860 ; *Dans les rangs,* 1867) et d'ouvrages théoriques sur la *Technique du roman* (1883).

**SPIEZ** ♦ V. de Suisse (cant. de Berne), sur la rive d. du lac de Thoune, au débouché du Simmental. 12 349 hab. Château (XI^e s.). ▪ Station estivale. Métallurgie.

**SPILLANE (Frank Morrison,** dit **Mickey)** ♦ Auteur de romans policiers américain (Brooklyn 1918 - Murrells Inlet, Caroline du Sud 2006). Ses livres violents, remplis de sadisme et de sexualité, où figure son personnage, le détective Mike Hammer, connurent un grand succès et se prêtent tout naturellement à l'adaptation cinématographique : *I, the Jury* (1947), *The Big Kill* (1951), *Kiss Me Deadly* (1952).

**SPILLIAERT (Léon)** ♦ Peintre belge (Ostende 1881 - Bruxelles 1946). Il préféra toujours l'aquarelle, l'encre de Chine, la gouache ou le pastel à la peinture à l'huile. D'abord marqué par le symbolisme* belge, dont il fréquentait les écrivains, il emprunta aussi des éléments de composition à l'Art nouveau et, dans une moindre mesure, à l'expressionnisme, au japonisme et aux nabis (*Coup de vent,* 1908). L'apparente simplicité de ses tableaux des années 1940 leur confère un caractère monumental (*Troncs de hêtres,* 1945) tandis que sa sensibilité à la solitude des êtres, des femmes surtout, et l'aspect presque hallucinatoire de ses paysages évoquent le réalisme magique et inspireront les surréalistes.

**SPINELLO ARETINO (Spinello di Luca SPINELLI,** dit**)** ♦ Peintre italien (Arezzo v. 1346 - *id.* 1410). Ses œuvres témoignent de l'influence d'Orcagna, puis de Giotto*. Il s'orienta vers un «gothicisme» de plus en plus sensible. Ses principales fresques se trouvent à Florence (*Scènes de la vie de saint Benoît*) à la sacristie de San Miniato (v. 1386), à Pise (*Légende de saint Éphèse et de saint Potitus*), au Campo Santo (1391 - 1392) et à Sienne (*Scènes de la vie du pape Alexandre III*), au Palais municipal (1407). Il marque les débuts de la peinture réaliste et narrative du Quattrocento. ▪ *Illustration :* → **Alexandre III.**

**SPIN GHAR** ou **SAFED KOH** → ÉTYM. persan «montagne blanche» ♦ Massif situé au S.-E. de Kaboul, de part et d'autre de la frontière pakistano-afghane et culminant à 4 761 m au Sikaram. La passe de Khyber* (1 080 m, N. du Pakistan), dans l'E. du massif, y ouvre la principale voie d'accès terrestre au subcontinent indien.

**SPINOLA (Ambrogio,** marquis **DE)** ♦ Homme de guerre génois (Gênes 1569 - Castelnuovo Scrivia 1630). D'une vieille famille génoise, il servit le roi d'Espagne, levant à ses frais une armée en Italie. Grand capitaine, il se distingua rapidement en enlevant Ostende (1604), assiégée en vain par l'archiduc Albert*. Il ne remporta pas d'autre succès décisif, et les deux partis signèrent la Trêve de douze ans (1609). Quand les hostilités eurent repris, il s'empara de Breda* (1625), puis alla au secours du duc de Savoie (guerre de Trente* Ans). Les subsides suffisant à des opérations définitives lui firent toujours défaut. → ÉTYM. Ce nom vient de l'italien *spino* «ronce» ou de *Monte Spinola,* nom de lieu.

**SPÍNOLA (António Sebastião Ribeiro)** ♦ Général et homme politique portugais (Estremoz 1910 - Lisbonne 1996). Gouverneur de la Guinée*-Bissau en 1968, chef d'état-major adjoint en 1973, disgracié en mars 1974, il organisa le coup d'État du 25 avr. 1974, qui le porta à la présidence de la République. Il démissionna le 30 sept. 1974, mais tenta un putsch contre son successeur, en mars 1975. Ayant échoué, il s'exila au Brésil. Il revint à Lisbonne en août 1976 et fut promu maréchal en 1981. → **Portugal.**

**SPINOZA (Baruch)** ♦ Philosophe hollandais (Amsterdam 1632 - La Haye 1677). Fils de commerçants d'origine juive portugaise, il reçut une éducation hébraïque, avant de découvrir la science de Galilée et la philosophie de Descartes* et de fréquenter le milieu des chrétiens libéraux (v. 1652). Excommunié par la synagogue portugaise en raison de ses positions rationalistes (1656), il quitta Amsterdam pour la banlieue de Leyde, puis pour La Haye, où il partagea son temps entre le polissage des verres d'optique et la philosophie. Solitaire et indépendant, il ne resta indifférent ni au développement des sciences ni aux problèmes religieux et politiques de son temps, comme en témoignent ses lettres. Ainsi, le *Tractatus* theologico-politicus* (1670), dont les analyses politiques furent poursuivies dans le *Tractatus* politicus* (inachevé), fut écrit en partie pour soutenir la politique libérale de Jan de Witt ; le «panthéisme» spinoziste y est supposé plutôt qu'explicite. Les attaques que suscita cet ouvrage décidèrent Spinoza à ne plus rien publier de son vivant. ▪ Le *Traité de la réforme de l'entendement* (→ **Tractatus* de intellectus emendatione**), ouvrage inachevé, est le préliminaire de *L'Éthique**, exposé de sa philosophie «selon la méthode géométrique». Opposé à toute conception anthropomorphique de Dieu, le «panthéisme» de Spinoza est l'affirmation de l'unité de la substance infinie : Dieu est «cause de soi». De ses attributs en nombre infini, nous ne connaissons que la pensée et l'étendue dont les esprits et les corps particuliers sont des modes (ou expressions) finis. Chaque être est caractérisé par une tendance (*conatus*) à persévérer dans son être. En raison du parallélisme entre la pensée et l'étendue, penser un être dont la perfection (le *conatus*) est plus grande, c'est aussi accroître sa propre perfection. Penser mieux augmente le degré d'être. Il existe trois formes de connaissance ; dans la connaissance du troisième genre, la plus élevée, nous voyons les choses sous une «certaine forme d'éternité» et nous accédons à la béatitude. Ainsi la véritable sagesse, qui est aussi la vraie liberté, réside dans la compréhension et l'amour intellectuel de l'ordre immuable de Dieu (ou la Nature), qui libèrent l'âme de la «servitude des passions» et lui procurent «la jouissance d'une joie incessante et éternelle». ➝ ÉTYM. Ce nom vient de l'espagnol *espinosa* «épineuse».

**SPIRE** – en all. ***Speyer*** ♦ V. d'Allemagne (Rhénanie-Palatinat), au confl. du Rhin et du Speyerbach, au S. de Ludwigshafen. 50 513 hab. Très belle cathédrale romane (1030 - 1061), l'une des plus grandes d'Allemagne, bel exemple de style roman rhénan, classée au patrimoine mondial de l'Unesco ; tour du XIII$^e$ s. *(Altpörtel)*. Musée historique du Palatinat. ▪ Centre indus. (chimie et pétrochimie, électromécanique). ▮ **Histoire** Ancienne cité des Nemètes (tribu celte), la ville devint à l'époque romaine une importante forteresse sur le *limes* rhénan *(Noviomagus Nemetum)*. Elle fut promue ville libre impériale (1294), et plusieurs diètes importantes y siégèrent. Incendiée par les Français en 1689, elle devint à l'époque impériale le chef-lieu du département français du Mont-Tonnerre, puis fut attribuée à la Bavière en 1815.

**Spire** (diètes de) ♦ Diètes tenues par Charles Quint dans cette ville. En 1526, il accorda aux princes allemands la liberté de choisir la religion qui serait pratiquée sur leurs domaines *(cujus regio, ejus religio)*. En 1529, il voulut revenir sur cette décision, ce qui entraîna la «protestation» de six princes et de quatorze villes, appelés pour cela *protestants*. → **Réforme.**

**SPITHEAD** n. m. ♦ Rade entre Portsmouth et l'île de Wight (Angleterre). Forts circulaires protégeant jadis les atterages de Portsmouth.

**SPITTELER (Carl)** ♦ Poète suisse d'expression allemande (Liestal, près de Bâle 1845 - Lucerne 1924). Écrit dans une prose rythmique aux formes parfois archaïques, son poème épique *Prométhée et Épiméthée* (1881), dont le thème fut repris dans une épopée en vers, *Prométhée martyr (Prometheus der Dulder* «le patient», 1924), exprime sa révolte contre les dieux, les interdits sociaux, moraux. Parfois comparée au *Zarathoustra* de Nietzsche écrit peu après, cette œuvre fut suivie d'une seconde épopée en hexamètres, à thème mythologique, qui connut un certain succès *(Printemps olympien*, 1900 - 1906) et d'un roman allégorique *(Imago*, 1906). Il fut partisan de la neutralité de la Suisse en 1914. [Prix Nobel de littér. 1919]

**SPITZ (René Arpad)** ♦ Psychanalyste américain d'origine hongroise (Vienne 1887 - Denver, Colorado 1974). S'attachant à l'étude de la relation précoce entre la mère et l'enfant, il montra l'existence d'un syndrome dépressif chez les nourrissons hospitalisés («l'hospitalisme»), ce qui prouve l'importance des relations intersubjectives initiales dans le développement du sujet *(De la naissance à la parole. La première année de la vie*. Préface d'Anna Freud, 1965).

**SPITZ (Mark)** ♦ Nageur américain (Modesto, Californie 1950). Il réalisa l'exploit de remporter 7 médailles d'or aux jeux Olympiques de Munich en 1972 (100 et 200 m nage libre, 100 et 200 m papillon, 4 × 100 et 4 × 200 m nage libre, 4 × 100 m quatre nages), en battant par là même 7 records du monde.

**SPITZBERG** n. m. ♦ Archipel norvégien faisant partie du Svalbard*.

**SPITZER (Lyman)** ♦ Astronome américain (Toledo, Ohio 1914 - Princeton 1997). Il montra l'impossibilité physique de la formation des planètes à partir d'un filament de matière nébulaire (1938). Intéressé par la formation des étoiles, il étudia le milieu interstellaire et en particulier le rôle du champ magnétique.

Le **Spleen de Paris** ♦ Recueil de poèmes en prose de Charles Baudelaire* (posth. 1869). Le titre de *Petits poëmes en prose* qui apparaissait dans la première édition est généralement utilisé comme sous-titre dans les éditions modernes. Inachevé, ce recueil comprend cinquante poèmes. Dans une lettre à Arsène Houssaye* placée en tête du volume, Baudelaire définissait le «poème en prose» comme étant «le miracle d'une prose poétique, musicale sans rythme et sans rime, assez souple et assez heurtée pour s'adapter aux mouvements lyriques de l'âme, aux ondulations de la rêverie, aux soubresauts de la conscience». Baudelaire signalait encore qu'il empruntait cette forme au recueil d'Aloysius Bertrand*, *Gaspard de la Nuit* (1842). Malgré cette source, *Le Spleen de Paris* marque un tournant dans la littérature française en ouvrant les chemins de l'écriture moderne. Il faudra attendre des écrivains comme Mallarmé*, puis Max Jacob*, Léon-Paul Fargue* et Pierre Jean Jouve* pour qu'il soit reconnu à sa juste valeur.

**Splendeurs et Misères des courtisanes** ♦ Roman de Balzac* (1838 - 1847), intégré aux *Scènes de la vie parisienne* de *La Comédie* humaine*. Suite des *Illusions* perdues*, ce vaste récit s'organise autour de la figure redoutable de Vautrin* (alias Carlos Herrera) qui, à travers «l'âme visible» qu'est pour lui Lucien de Rubempré, cherche à satisfaire son appétit de puissance ; n'hésitant pas à se servir des sentiments sincères que la courtisane Esther porte à Lucien, il prépare au jeune homme un mariage qui lui assurera fortune et position sociale. Mais, à la première rencontre avec la police, Lucien s'effondre, livre son «protecteur», puis se pend dans sa cellule. Entre les policiers et l'ancien forçat se déroule alors un combat dramatique dont Vautrin sortira chef de la Sûreté. Cette intrigue très complexe (plusieurs personnages apparaissent sous différents noms et divers déguisements) permet à Balzac d'évoquer des milieux sociaux, opposés en apparence (les bagnes et le palais de justice, les salons mondains et le boudoir des courtisanes), en fait rapprochés par la même soif d'argent et la tyrannie des passions.

**SPLIT** – en it. ***Spalato*** ♦ V. de Croatie, sur la côte dalmate. 188 694 hab. Construit vers 300, le palais de Dioclétien est le seul vestige palatial romain dont les murs existent encore. C'était à la fois une forteresse et un palais. La ville possède de beaux monuments religieux et civils du Moyen Âge et de la Renaissance. Elle abrite également un musée archéologique et ethnographique. ▪ Centre indus. (construc. navales, cimenteries, produits chimiques) et touristique. ▮ **Histoire** Fondée au VII$^e$ s. dans les ruines du palais de Dioclétien*, tout près de Salone, la ville, après avoir appartenu successivement à l'Autriche, à la Hongrie, à Venise (1420 - 1497) et à la France (1806 - 1813), redevint autrichienne en 1814, puis s'intégra à la Yougoslavie en 1918.

**SPLÜGEN** (col du) – en all. ***Splügen-Passhöhe***, en it. ***Passo dello Spluga*** ♦ Col des Alpes, formant la frontière entre l'Italie et la Suisse (haute Engadine) et reliant le bassin du Pô à celui du Rhin, entre le lac de Côme et Coire, à 2 115 m d'alt. ▪ À proximité se trouve le village de Splügen. Station d'été et de sports d'hiver (1 450 m).

**SPOERRI (Daniel Isaac FEINSTEIN, dit Daniel)** ♦ Artiste suisse d'origine roumaine (Galaţi 1930). Il se lia avec Tinguely à partir de 1949. Installé à Paris en 1959 (jusqu'en 1997), il fonda les éditions MAT (Multiplication d'Art Transformable) et créa ses premiers tableaux-pièges, ensemble d'objets pris tels qu'on les a trouvés et collés sur un support. Il adhéra en 1960 au groupe des Nouveaux Réalistes. À partir de 1963, menant une réflexion sur le lien entre le comestible et la culture, il intégra dans ses œuvres des reliefs de repas ; et exposa des œuvres comestibles à Düsseldorf en 1968. Il utilisa des animaux vivants et morts dans des installations baptisées *Natures mortes* (Zurich, 1971). Il représenta le corps en morceaux dans *Le Cabinet anatomique* (1994). Il créa en 1977 son *Musée sentimental* («autobiographie en œuvres projetée dans un espace naturel»), puis, en 1997 en Toscane, un jardin d'artistes accueillant ses œuvres et celles d'amis.

**SPOHR (Ludwig)** ♦ Violoniste, chef d'orchestre et compositeur allemand (Brunswick 1784 - Kassel 1859). D'abord violoniste à la cour du duc de Brunswick, il fut très vite considéré comme le meilleur virtuose allemand de son temps. À partir de 1802, il entreprit avec sa femme, harpiste, de nombreuses tournées de concerts à travers l'Europe. Premier violon dans l'orchestre du duc de Gotha (1805 - 1812), chef d'orchestre au théâtre An der Wien de Vienne, il dirigea l'opéra de Francfort (1817 - 1819), puis fut, de 1822 à sa mort, maître de chapelle à la cour de Kassel. Musicien brillant, il a composé des œuvres d'une grande virtuosité : des opéras *(Jessonda, Faust)*, dix symphonies, dix-sept concertos pour violon et quatre pour clarinette, un nonette et un octuor, des quatuors à cordes, et plus de cent lieder. Il a laissé en outre une célèbre méthode de violon et des *Mémoires*. ➝ ÉTYM. Ce nom de famille désigne un «fabricant d'éperons (moyen haut allemand *spor* éperon)».

**SPOKANE** ♦ V. des États-Unis (État de Washington). 195 629 hab. (zone urbaine 471 935). Centre financier et commercial d'une région agricole et minière. Indus. du bois, métall. (aluminium), grâce à l'énergie hydroélectrique de la Spokane River.

**SPOLÈTE** – en it. ***Spoleto*** ♦ V. d'Italie, en Ombrie (prov. de Pérouse). 37 889 hab. La ville a gardé un aspect médiéval : cathédrale (XII$^e$ - XV$^e$ s.) ornée de fresques de F. Lippi ; château de la Rocca (XIV$^e$ s.) ; Ponte delle Torri. Ruines romaines (aqueduc et arc de triomphe). ▪ Centre de commerce et ville d'art (tourisme). Festival international de théâtre, musique et danse. ▮ **Histoire** Devenue romaine dès le -III$^e$ s., *Spoletium* fut la capitale d'un duché lombard (570). Charlemagne la conquit et la donna au Saint-Siège tout en y imposant des ducs francs héréditaires. Au XI$^e$ s., les ducs de Spolète étaient nommés par les empereurs germaniques. Souvent affrontée à Pérouse au Moyen Âge, Spolète devint le chef-lieu du département du Trasimène sous Napoléon, puis fut rendue au Saint-Siège jusqu'en 1860, où elle se fondit dans le royaume d'Italie.

**SPONDE (Jean DE)** ♦ Humaniste et poète français (Mauléon 1557 - Bordeaux 1595). Issu d'une famille calviniste, il se convertit au catholicisme après Henri* IV, dont il fut le serviteur. Le recueil publié en 1588, composé des *Méditations sur les pseaumes* et de l'*Essay de quelques poèmes chrestiens* (comprenant *Stances de la Cène, Autre poème sur le mesme subject, Stances de la mort, Sonnets sur le mesme subject*) apparaît dominé par la hantise de la mort et du péché. Les *Amours* furent publiés en 1598, dans une anthologie collective. Cette poésie dans le goût baroque, oubliée au XVII$^e$ s., fut redécouverte, de nos jours, par un érudit britannique, Alan Boase, puis par Thierry Maulnier* et Marcel Arland*.

**SPONTINI (Gaspare)** ♦ Compositeur italien (Maiolati, prov. d'Ancône 1774 - *id.* 1851). Élève de Sala et Tritto au conservatoire de Naples, il avait déjà composé quelques scènes d'opéra lorsqu'il s'établit à Paris en 1803. Le succès de *La Vestale* (1807) et de *Fernand Cortez* (1809) lui assura l'appui de l'impératrice Joséphine. Directeur de l'Opéra italien en 1810, il donna les premières représentations à

Paris des versions originales en italien des *Noces de Figaro*, de *Don Giovanni* et de *Così fan tutte* de Mozart. Établi à Berlin en 1820, il devint maître de chapelle et compositeur attitré de Frédéric-Guillaume III (*Agnes von Hohenstauffen*, 1829), mais son caractère difficile le fit détester et il dut regagner Paris en 1838 ; il se retira en 1848 dans son village natal.

**SPORADES** n. f. pl. ➝ ÉTYM. en gr. mod. *Sporádes* «dispersées» ♦ Archipel grec de la mer Égée (nomes d'Eubée et de Magnésie) nommé ainsi par opposition aux Cyclades rangées «en cercle». Il comprend Skyros*, Skiathos, Skopelos et Alonissos. L'expression *Sporades du Sud* désigne parfois le Dodécanèse*.

**SPORADES ÉQUATORIALES** n. f. pl. → **Gilbert et Ellice (îles) ; Ligne (îles de la)**

**Spot** [Satellite pour l'observation de la Terre] ♦ Famille de satellites français d'observation civile de la Terre. Conçu par le Centre* national d'études spatiales et réalisé en coopération avec la Belgique et la Suède, *Spot 1* fut mis en orbite héliosynchrone en 1986 ; *Spot 2* fut lancé en 1990. Chacun est équipé de deux capteurs HRV («haute résolution visible») qui permettent l'observation d'une surface au sol de 60 × 60 km (et donc, avec un recouvrement de 3 km, un champ total de 117 km pour les deux instruments) ; la visée oblique (27° des deux côtés de la verticale) permet la répétitivité de l'observation et la vision stéréoscopique.

**Spoutnik** n. m. ➝ ÉTYM. russe «compagnon de voyage» ♦ Nom des premiers satellites artificiels de la Terre. Construit par l'URSS, le 1er *Spoutnik*, d'un poids de 83 kg, fut lancé le 4 oct. 1957 ; il se désintégra dans l'atmosphère le 4 janv. 1958. *Spoutnik 2* (1957) emporta dans l'espace le premier être vivant, la chienne Laïka (on mit fin à sa vie au bout de huit jours). *Spoutnik 3* fut lancé en 1958.

**SPRANGER (Bartholomeus)** ♦ Peintre et graveur flamand (Anvers 1546 - Prague 1611). Il se forma à Anvers, passa par Paris pour se rendre en Italie où il admira le Parmesan* et le Corrège*. À Rome, où il résida jusqu'en 1575, il subit l'influence de Zuccari et devint le peintre de Pie V et du cardinal Farnèse. Il travailla ensuite à Vienne pour Maximilien II et entra en 1581 à Prague au service de Rodolphe II, où sa présence contribua à l'éclosion d'un important foyer maniériste. Ses œuvres (gravées par Sadeleer et Goltzius) influencèrent notamment A. Bloemaert*. Il est l'auteur de sujets bibliques, allégoriques et mythologiques dans lesquels les formes étirées, les gestes affectés, les poses instables et sinueuses, les éclairages artificiels et contrastés, le chromatisme précieux et froid concourent à créer un climat sensuel et étrange, caractéristique de la dernière phase du maniérisme international *(Hercule et Omphale)*.

**SPRATLY** (îles) ♦ Archipel d'une centaine d'îles inhabitées en mer de Chine méridionale. 130 000 km². Les Spratly font l'objet de revendications de 6 nations (Viêtnam, Chine, Taiwan, Philippines, fédération de Malaisie, Brunei). La Chine s'empara de quelques îles en 1988 et occupa en 1995 le récif Mischief (ou Panganiban) revendiqué par les Philippines, marquant sa volonté de s'imposer comme la puissance dominante de la zone Pacifique.

**SPRÉE** n. f. – en all. *Spree* ♦ Riv. d'Allemagne (400 km). Née en Haute-Lusace, à la frontière tchèque, elle a un tracé coudé et arrose Bautzen, Spremberg, Cottbus, Fürstenwalde et Berlin. Elle se divise en plusieurs branches entre Bautzen et Spremberg, puis entre Cottbus et Fürstenwalde (où elle irrigue la zone marécageuse du Spreewald). Elle rejoint la Havel à Spandau et est reliée par canaux à l'Oder et à l'Elbe (par la Havel).

**SPRENGEL (Hermann)** ♦ Chimiste britannique d'origine allemande (Schillerslage, Hanovre 1834 - Londres 1906). Ses recherches sur le vide l'amenèrent en 1861 à inventer la trompe à mercure qui fut utilisée en 1881 pour la fabrication industrielle des ampoules à vide. Il découvrit également les propriétés explosives de l'acide picrique ou mélinite (1885) et proposa des mélanges explosifs formés par addition d'acide nitrique concentré à une matière combustible *(explosif de Sprengel)*.

**SPRINGFIELD** ♦ V. des États-Unis, cap. de l'Illinois. 111 454 hab. (zone urbaine 201 437). Centre commercial. Indus. électriques.

**SPRINGFIELD** ♦ V. des États-Unis (Massachusetts), sur le Connecticut. 152 082 hab. dont 19 % de Noirs et 17 % d'Hispaniques (zone urbaine 591 932). Centre financier, commercial et indus. (mécanique, électricité, imprimerie). Carrefour routier et autoroutier de l'État.

**SPRINGFIELD** ♦ V. des États-Unis (Missouri). 151 580 hab. (zone urbaine 325 721). Centre commercial, agricole (viande, produits laitiers). Indus. variées (machines à écrire, meubles, vêtements).

**SPRINGS** ♦ V. d'Afrique du Sud (Transvaal), dans le Witwatersrand. Env. 80 000 hab. Charbon. Or. Pâte à papier.

**SPYKMAN (Nicholas John)** ♦ Géopoliticien américain (Amsterdam 1893 - 1943). Convaincu du rôle prépondérant joué par une zone centrale, pivot du monde, mais récusant la théorie de Mackinder*, il estimait que le *rimland* («les terres du bord»), vaste croissant eurasiatique intermédiaire entre le *heartland* et la mer, joue le rôle clé dans la géopolitique mondiale. Son hypothèse, «celui qui contrôle le *rimland* domine l'Eurasie ; celui qui domine l'Eurasie tient le destin du monde entre ses mains», anticipait la politique étrangère des États-Unis pendant la guerre froide. *The Geography of the Peace*, 1944.

**SQUARCIONE (Francesco)** ♦ Peintre italien (Padoue 1397 - *id.* 1468). Au cours de ses voyages (Grèce, Italie), il réunit une collection considérable d'antiques. Il s'établit à Padoue comme professeur de peinture et eut de nombreux élèves, dont Mantegna*. Son atelier joua sans doute un plus grand rôle que ses œuvres. On lui attribue un polyptyque peint entre 1449 et 1452 (musée de Padoue), une Madone, non datée (musée de Berlin). Il a mis à la mode les guirlandes de fruits et les décors façonnés à l'antique.

**SQUAW VALLEY** ♦ Station de sports d'hiver des États-Unis (Californie), dans les Rocheuses, au N.-O. du lac Tahoe. Les jeux Olympiques d'hiver s'y sont déroulés en 1960.

**SRAFFA (Piero)** ♦ Économiste italien (Turin 1898 - Cambridge 1983), auteur de *La Production de marchandises par des marchandises* (1960). Il prépara une édition des œuvres et de la correspondance de Ricardo*. Il a introduit dans l'analyse des coûts de production le concept de «marchandise-étalon», ce qui l'aida à remettre en question la théorie économique néoclassique.

**SREBRENICA** ♦ V. de Bosnie-Herzégovine. 5 746 hab. en 1991. Pendant la guerre de Bosnie*, malgré son statut de «zone de sécurité» attribué par l'ONU en 1993, Srebrenica fut prise en 1995 par les forces serbes, qui massacrèrent environ 8 000 Bosniaques musulmans. Le Tribunal* pénal international a qualifié ce massacre de génocide en 2004, tandis que la République serbe de Bosnie reconnaissait la responsablité des forces serbes.

**SREMAC (Stevan)** ♦ Écrivain serbe (Senta 1855 - Soko Banja 1906). Il décrivit avec humour et réalisme la vie provinciale serbe, dans des romans très populaires : *La Fête d'Ivko* (1895), *Le Pope Tchira et le Pope Spira* (1898).

## SRI LANKA

▮ – anc. *Ceylan* ; off. ***République socialiste démocratique de Sri Lanka*** ➝ ÉTYM. du sanskr. *śrī* «bonheur, richesse, gloire» (titre de révérence donné en Inde) et *Lanka*, n. d'un pays fabuleux ♦ Pays insulaire d'Asie, situé au S.-E. de l'Inde, dont il n'est séparé que par le détroit de Palk (30 km de large). 66 000 km². 18 797 300 hab. *(Srilankais)*.

LANGUES : cinghalais et tamoul (off.), anglais. RELIGIONS : bouddhistes, hindouistes, musulmans et chrétiens. POPULATION : Cinghalais 70 %, Tamouls 20 %, Veddas. MONNAIE : roupie srilankaise. CAPITALE ADMINISTRATIVE : Sri Jayewardenepura Kotte (116 366 hab.). CAPITALE COMMERCIALE : Colombo. RÉGIME : démocratie parlementaire.

**▮ GÉOGRAPHIE** L'île comporte au S.-O. une partie montagneuse culminant à 2 524 m d'altitude, bordée de plaines littorales. L'ensemble est très arrosé par la mousson d'été, et constitue la «zone humide». Elle contraste fortement avec les plateaux et les plaines du N., prolongés par la péninsule de Jaffna. Les pluies ont lieu en automne et sont relativement peu abondantes : c'est la «zone sèche». Le S.-O. est la partie la plus active et la plus peuplée de l'île (c'est là que se trouve Colombo). Les Britanniques ont développé des plantations de café puis de thé dans les régions élevées. Les vallées et les plaines littorales sont vouées à la riziculture et aux plantations d'hévéas et de cocotiers. La zone sèche a connu une grande période de prospérité, grâce au développement d'un système d'irrigation fondé sur le creusement de petits réservoirs, les «tanks». Après une longue période d'abandon, ce système est en cours de reconstitution, et la culture du riz réapparaît. L'importance des ressources exportables (produits des plantations et de l'industrie de la confection) et le transfert des revenus des Srilankais émigrés ont permis d'assurer un niveau de vie relativement élevé (subvention des denrées alimentaires) et de mettre en place des infrastructures importantes. Mais cette prospérité a été compromise par les luttes armées.

**▮ SOCIÉTÉ** Le sud est surtout peuplé de Cinghalais bouddhistes parlant une langue de la famille indo-européenne. Ils dominent net-

Sri Lanka ▮ Productions en 2008

| Produits | Quantités | Rang |
|---|---|---|
| ▮ Agriculture | | |
| Cacao | 1 000 t | |
| Café | 8 000 t | |
| Cannelle | 13 000 t | 3e |
| Caoutchouc | 116 000 t | 10e |
| Noix de coco | 2 100 000 t | 5e |
| Poivre | 19 000 t | 6e |
| Riz | 3 200 000 t | 20e |
| Thé | 300 000 t | 4e |
| Bovins (têtes) | 1 200 000 | |
| Pêche | 280 000 t | |

**Sri Lanka.**

tement, en particulier depuis que les Burghers, issus de mariages mixtes entre Hollandais et Cinghalais, et les Indiens du S. de l'Inde, immigrés récents qui travaillaient sur les plantations, ont été contraints à l'exil. La zone sèche abrite une importante population de Tamouls, hindouistes et parlant une langue dravidienne, comme les Tamouls du S. de la péninsule indienne. Un conflit séparatiste

**Sri Lanka.** Scène rurale traditionnelle. *Phot. © Paul Cowan/Shutterstock*

oppose les deux communautés et a dégénéré en une guerre civile (1983-2009), les Tigres tamouls revendiquant la création d'un État indépendant.

**▮ HISTOIRE ▮ L'Antiquité** Anciennement peuplée de tribus australoïdes, dont les Vedda sont probablement les derniers représentants, l'île fut colonisée vers le –v^e^ s. par des tribus indo-européennes venues des vallées du Gange et de l'Indus. Elle fut une des premières régions à subir l'influence du bouddhisme, celui-ci ayant été importé, selon la tradition, par le fils (ou le frère) d'Ashoka ; cette religion demeure la plus répandue dans l'île. Une des premières capitales fut Anurādhapura (de –235 à 1055), abandonnée au XIII^e^ s. **▮ Les invasions** Mais à partir de la fin du –III^e^ s. les Tamouls du S. de l'Inde commencèrent à pénétrer dans le pays. Les invasions, lentes au début, s'intensifièrent au cours des siècles pour aboutir au XI^e^ s. à une véritable conquête de l'île par les souverains Chola* de l'Inde du Sud. Une nouvelle capitale, Polonnāruwa fut créée. Le souverain le plus célèbre fut Parākkamā-Bāhu I^er^ (1153 - 1186) : il réussit à unifier l'île qui connut alors son âge d'or. Mais, à la suite de guerres incessantes, la prospérité disparut rapidement, à tel point qu'au XIII^e^ s. Polonnāruwa était déjà devenue une ville morte. Les Chinois firent même prisonnier, lors de l'une de leurs expéditions, le roi Vijayabāhu IV (XV^e^ s.). **▮ La colonisation européenne** En 1505, les Portugais entreprirent la colonisation de l'île, suivis, au XVII^e^ s., par les Hollandais. En 1802, à la suite du traité d'Amiens, l'île passa sous la domination britannique. Le port de Colombo connut un grand développement avec l'ouverture du canal de Suez (1869). **▮ L'indépendance et les luttes entre Cinghalais et Tamouls** Aux mouvements de résistance menés par des Cinghalais, Londres répondit par l'octroi de l'autonomie interne et, en fév. 1948, par l'indépendance au sein du Commonwealth. D'emblée la cohabitation jusque-là pacifique des Cinghalais et des Tamouls se révéla difficile. Néanmoins malgré les violences, le pays conserva un régime parlementaire à l'anglaise, qui fonctionna à peu près régulièrement. Les luttes électorales opposèrent surtout un parti réformiste (Parti de la liberté du Sri Lanka), et une tendance plus conservatrice (Parti national unifié). Tous deux dominés par des Cinghalais, ils cherchèrent à entériner officiellement leur prédominance. Ceylan devint république de Sri Lanka en 1972 sans que cela affecte la vie politique du pays. Le régime fut mis à l'épreuve par les actions de mouvements d'obédience trotskiste (Front de libération du peuple), et surtout par la révolte des Tigres Tamouls, dont les plus extrémistes réclament la constitution d'un État indépendant dans le nord de l'île. Le recours au terrorisme de la part des Tigres pour la Libération de l'Eelam tamoul (LTTE) déclencha une véritable guerre civile, à laquelle une intervention de l'armée indienne (de 1987 à 1990) ne put mettre fin. Comme toute une partie de l'Asie, l'île fut très durement touchée par le tsunami du 26 déc. 2004, qui détruisit des villages entiers sur les côtes est, nord et sud. L'accalmie qui s'ensuivit avec les Tigres fut de courte durée et, en 2005, l'état d'urgence fut proclamé après l'assassinat du ministre des Affaires étrangères. La solution militaire fut dès lors privilégiée et les Tigres, affaiblis par les offensives répétées, perdirent leur base dans le nord-est de l'île en mai 2009. C'est dans le contexte d'une paix récente et fragile que s'est déroulée la présidentielle début 2010 avec un deuxième mandat pour le président Rajapakse (Cinghalais du Parti de la liberté du Sri Lanka) mais une bonne partie de la population s'élève contre la corruption et la dérive autoritaire du pouvoir.

---

**SS** n. f. et n. m. ➝ **ÉTYM.** abrév. all. de *Schutzstaffel* «échelon *(staffel)* de protection *(Schutz)*» ♦ Formation de police militarisée du parti nazi. Nées officiellement en 1926, les SS ne furent jusqu'en 1934 qu'une branche particulière des SA*. Mais, après la liquidation de Röhm*, elles devinrent la principale force d'intervention et de police ainsi que l'élite du mouvement nazi. Dirigées par Himmler* depuis 1929, les SS furent chargées à partir de 1939 et aux côtés de la Gestapo* de la surveillance des territoires occupés et de la gestion des camps de concentration. Elles furent ainsi responsables de l'extermination systématique des juifs dans les camps spéciaux (ouverts en 1942). Avec la guerre furent créées les Waffen-SS, unités militaires d'élite de l'Allemagne, qui attirèrent des volontaires étrangers. Jugées en tant qu'organisation, les SS furent condamnées par le tribunal de Nuremberg.

**SSEU-TCH'OUAN** → Sichuan

**SSR** → Société suisse de radiodiffusion et télévision

**STAAL DE LAUNAY** [stal-] **(Marguerite Jeanne CORDIER,** baronne **DE)** ♦ Écrivain français (Paris 1684 - Gennevilliers 1750). Protégée par Fontenelle*, au service de la duchesse du Maine*, à Sceaux, elle écrivit des comédies et, surtout, des *Mémoires* (posth. 1755), tableau précis et pénétrant de la Régence.

**STABIES** – en lat. ***Stabiae,*** auj. ***Castellammare di Stabia*** ➝ **ÉTYM.** de l'osque *Stafia* ♦ V. de l'Italie anc. (Campanie) à l'extrémité S.-O. du golfe de Naples, entre Pompéi et Sorrente. Elle fut détruite en 79 par l'éruption du Vésuve qui ensevelit Pompéi*. Au N.-E., les fouilles ont mis au jour les ruines de deux villas romaines.

**STABROEK** ♦ Comm. de Belgique (Région flamande), prov. et arr. d'Anvers, à l'E. des bassins du port, dans les polders de l'Escaut. 17 627 hab. Indus. alimentaire.

**STACE** – en lat. ***Publius Papinius Statius*** ♦ Poète latin (Naples v. 45 - *id.* 96), auteur de deux épopées, la *Thébaïde** et l'*Achilléide* (inachevée), et de trente pièces de circonstance, les *Silves*. Poète mondain, il mêla beaucoup de convention à une sensibilité vraiment poétique.

**STADE** ♦ V. et port d'Allemagne (Basse-Saxe), sur la rive g. de l'estuaire de l'Elbe, auquel elle est reliée par un canal. 45 000 hab. Église Saint-Côme (XIIe s.). ▪ Gros complexe chimique.

**STADION (Johann Philipp,** comte **VON)** ♦ Homme politique autrichien (Mayence 1763 - Baden 1824). Il fut ambassadeur à Stockholm (1787), à Londres (1790), à Berlin (1801), puis à Saint-Pétersbourg (1804), où il prépara la troisième coalition contre la France. Ministre des Relations extérieures (1806), il était très hostile à Napoléon. Après Wagram*, il fut remplacé par Metternich*. À partir de 1815, il fut ministre des Finances.

**STADLER (Ernst)** ♦ Poète lyrique alsacien de langue allemande (Colmar 1883 - devant Ypres 1914). Professeur aux universités de Bruxelles et de Strasbourg, il participa, avec R. Schickelé*, au mouvement intellectuel alsacien et tenta d'établir un lien entre les cultures allemande et française, donnant en particulier de nombreuses traductions allemandes (Francis Jammes, Péguy, Balzac, etc.). Si son premier recueil de poèmes (*Préludes*, 1904) est proche par son style de la poésie de S. George ou de H. von Hofmannsthal, Stadler renonça bientôt aux formes poétiques traditionnelles et formula dans ses œuvres ultérieures les violences et les espoirs (celui d'une «fraternité humaine») du mouvement expressionniste (*Le Départ*, 1913). ➝ **ÉTYM.** *Stadler* vient du moyen haut allemand *stadel* «grange, entrepôt de grains», désignant celui qui vit près d'une grange ou d'un entrepôt de grains ou le fonctionnaire qui prélève la dîme.

**STAËL** [stal] **(Germaine NECKER,** baronne **DE STAËL-HOLSTEIN,** dite Mme **DE)** ♦ Écrivain français (Paris 1766 - *id.* 1817). Fille de Necker* et élevée à l'école des philosophes (son premier ouvrage sera un éloge de Rousseau*), elle s'enthousiasma pour la Révolution. Rêvant de jouer un rôle de premier plan dans la vie politique, elle reçut bientôt dans son salon tous les mécontents hostiles au Directoire. Exilée en 1803, tantôt séjournant à Coppet*, avec Benjamin Constant*, tantôt voyageant en Europe, elle illustra ce qui sera l'idéologie romantique par l'exemple de sa vie passionnée et par ses ouvrages. Dès 1800, *De la littérature considérée dans ses rapports avec les institutions sociales,* soulignant l'importance du cœur et de l'imagination, demandait une littérature nouvelle pour des temps nouveaux et annonçait les théories développées dans *De l'Allemagne** (1813) : indiquant la relativité esthétique et l'apport fructueux du cosmopolitisme littéraire, l'auteur appelle la rénovation des genres, chargés désormais d'exalter la sensibilité et l'individualisme, comme ses deux romans, *Delphine** (1802) et *Corinne* ou l'Italie* (1807). La poésie, pour Mme de Staël, se doit d'exprimer les tourments de ces «âmes à la fois exaltées et mélancoliques», prisonnières de cette «belle inconséquence : l'amour de la gloire, le dégoût de l'existence». ➝ **ÉTYM.** *Staël* est une autre forme de l'allemand *Stahl* «acier» (peut-être surnom d'une personne rigide).

**STAËL** [stal] **(Nicolas DE)** ♦ Peintre français d'origine russe (Saint-Pétersbourg 1914 - Antibes 1955). Après avoir étudié à Bruxelles, voyagé en Europe et séjourné à Paris où il travailla le dessin, il partit pour le Maroc en 1936. C'est là qu'il commença à peindre d'après nature. Démobilisé de la Légion étrangère, il s'installa en 1941 à Nice, où il entreprit ses premières natures mortes et les portraits de Jeannine. Revenu à Paris en 1943, il se lia d'amitié avec Braque. Une exposition chez Jeanne Bucher (1945) le fit connaître. Après la mort de Jeannine (1946), la peinture devenant son seul refuge, il s'acharna au travail. Les années 1950 - 1952 furent marquées par des expositions importantes aux États-Unis et en Angleterre. En 1953, il se retira dans le Vaucluse, puis à Antibes. Si les premiers portraits de *Jeannine* (1941 - 1942) sont marqués par la «période rose» de Picasso, Staël évolua vite vers l'abstraction (*Astronomie*, 1944 ; *Composition en noir*, 1946). Les tonalités chaudes, travaillées dans une pâte très nuancée, sont dominées par les gris (*Image à froid*, 1947), tandis que la structure de ses toiles, d'abord très enchevêtrée, se simplifie (*Composition en gris et bleu*, 1950). Les années 1951 - 1952 constituent une période charnière pour l'œuvre de Staël. La réalité réapparaissant dans son travail, ses recherches concernent le rythme (*Les Feuilles mortes*, 1951), la vibration (par la juxtaposition d'une multitude de taches, faites de coloris cassés : *La Ville blanche*, 1951), et le mouvement (série des *Footballeurs*, 1952, où dominent les bleus et les rouges). Il aborde alors toutes les disciplines, en particulier l'illustration et la tapisserie. La pâte épaisse et huileuse, les tons mélangés disparaissent pour faire place à une peinture composée de surfaces simples, aux coloris appliqués «en jus», laissant apparaître le travail du pinceau. Ces caractéristiques se retrouvent transposées dans une série de collages qu'il exécuta en 1953. Les trois dernières années de sa vie, Staël épura et simplifia de plus en plus ses toiles. Il évoqua de préférence des horizons et des espaces en fuite, aux coloris parfois stridents et contrastés (*Agrigente*, 1954), parfois tendres et nuancés (*La Plage*, 1954). Dans ce dépouillement final où tout semble s'effacer, on aurait pu trouver la marque d'une joie de vivre, si Staël n'avait choisi de mettre fin à ses jours.

Nicolas de **Staël**. *Ciel à Honfleur*. Coll. part.
*Phot. © Arch. Smeets © ADAGP, Paris*

**STAFF (Leopold)** ♦ Poète polonais (Lvov 1878 - Varsovie 1957). Influencé par Nietzsche, il écrivit des poèmes lyriques, combattant le «pessimisme décadent» de son époque : *Rêves de puissance* (1901), *Le Jour de l'âme* (1903), *Aux oiseaux du ciel* (1905), *Dans l'ombre du glaive* (1911), *Le Chas de l'aiguille* (1927). Avec le recueil *Wiklina* (1954), il se révolta contre les normes staliniennes imposées à la culture. On lui doit des drames (*Le Trésor*, 1904), de très nombreuses traductions (D'Annunzio, Goethe, Nietzsche, Thomas Mann) ainsi qu'une *Anthologie des poètes français* (1924).

**STAFFA** ♦ Îlot des Hébrides, où se trouve la grotte de Fingal*.

**STAFFARDE** – en it. ***Staffarda*** ♦ Loc. d'Italie du N. (Piémont, prov. de Cuneo). ▪ Victoire de Catinat sur le duc de Savoie et le prince Eugène (18 août 1690).

**STAFFELFELDEN** [68850] ➝ **ÉTYM.** germ. «champs en pente cultivés en gradins», de *staffel* «marche, degré» et *feld* «champ» ♦ Comm. du Haut-Rhin, arr. de Thann. 3 553 hab.

**STAFFORD** ➝ **ÉTYM.** du n. de la v. de *Stafford** ♦ Famille anglaise. ♦ **Humphrey Stafford** (1402 - 1460). Il participa à la guerre des Deux*-Roses du côté des Lancastre. Il fut fait 1er duc de Buckingham (1444). ♦ **Henry Stafford,** 2e duc **de Buckingham** (v. 1454 - 1483). Petit-fils du précédent. Il aida Richard III à s'emparer du trône, mais se révolta et fut décapité.

**STAFFORD** ➝ **ÉTYM.** «gué près d'un endroit de débarquement», du vieil angl. *staed* «rive, débarcadère» et *ford* «gué» ♦ V. d'Angleterre, ch.-l. du Staffordshire, au S. de Stoke-on-Trent. 120 000 hab. Église gothique. ▪ Construc. mécaniques et électriques.

**STAFFORDSHIRE** ➝ **ÉTYM.** de *Stafford** et angl. *shire* «comté» ♦ Comté du centre de l'Angleterre, dans les Midlands. 2 716 km². 1 050 000 hab. CH.-L. : Stafford. Au cœur du «pays noir» des Midlands, le N. du comté, dans la région de Stoke-on-Trent, dit «district des *potteries*,» est spécialisé dans la fabrication des faïences et des céramiques. Le S. du comté est agricole.

**STAGIRE** – en gr. ***Stageiros*** ou ***Stagira*** ♦ Anc. ville de Macédoine sur la côte orientale de la Chalcidique. Fondée v. le milieu du -VIIe s. par des Ioniens venus d'Andros, elle fut la patrie d'Aristote*, dit le *Stagirite*.

**STAGNELIUS (Erik Johan)** ♦ Écrivain suédois (Gårdslösa 1793 - Stockholm 1823). Passionné de gnose, il composa des poèmes mystiques (*Les Lys de Saron*, 1821 - 1822), un drame inspiré de Chateaubriand (*Les Martyrs*, 1822) et un autre nourri de Swedenborg (*Albert et Julia ou l'Amour après la mort*, 1824).

**STAHL (Georg Ernst)** ♦ Médecin et chimiste allemand (Ansbach 1660 - Berlin 1734). Médecin du duc de Saxe-Weimar (1687), puis du roi de Prusse (1716), il développa la théorie du phlogistique, fluide hypothétique assurant la combustion, qui ne fut définitivement écartée que par Lavoisier. C'est dans sa *Theorica medica vera* (1707) qu'il expose son système physiologicomédical connu sous le nom d'animisme (qui consiste à faire de l'âme le principe des phénomènes biologiques normaux ou pathologiques).

**Stahlhelm** n. m. ◆ ÉTYM. all. «casque d'acier» ♦ En Allemagne, association d'anciens combattants créée après la Première Guerre* mondiale, qui devint, sous l'influence nationaliste, un groupement paramilitaire de droite et facilita l'accession de Hitler au pouvoir, mais fut absorbée dans les SA* dès 1933.

**STAHLY (François)** ♦ Sculpteur français d'origine allemande (Constance 1911 - Meudon 2006). Après avoir exécuté des sculptures pour le pavillon de la Femme à l'Exposition universelle de Paris (1937), il évolua vers une abstraction inspirée de la nature et proche de Brancusi* et de Arp*. Il privilégia d'abord le bois, le marbre et le bronze pour créer des formes organiques stylisées dans lesquelles le vide joue un rôle essentiel (*Les Pousses*, 1945 - 1946). Il a exécuté de nombreuses œuvres monumentales destinées à animer des ensembles architecturaux (*Aimant*, 1974, Crestet). Il a aussi travaillé l'acier pour ses *Signaux* aux formes géométriques dans les années 1950, puis, approfondissant le caractère sacré de la sculpture antique, Stahly créa à la fin des années 1960 dans le parc du Haut de Crestet, dans le Vaucluse, des *Labyrinthes* ponctués de sculptures en marbre ou en bronze aux formes brutes. [Acad. des bx-arts 1992]

**STAINS** [stɛ̃] [93240] ◆ ÉTYM. du germ. *Sittin*, n. de pers., ou du lat. *stagna* «les étangs» ♦ Ch.-l. de cant. de la Seine-Saint-Denis, arr. de Saint-Denis. 32 839 hab. *(Stanois)*. Vestiges d'un château.

**STAIR (James et John DALRYMPLE)** → Dalrymple

**STAKHANOV (Alekseï Grigorievitch)** ♦ Mineur soviétique (Lougovaïa, gouv. d'Orel 1905 - Donetsk 1977). Dans la nuit du 30 au 31 août 1935, il réussit à extraire, à Irmino (Donbass), 105 t de charbon (la norme étant de 7 t) ; en sept. il parvint à extraire, avec l'aide de deux autres mineurs, 227 t de charbon. De cette initiative naquit le *stakhanovisme*, méthode de travail fondée sur l'utilisation de techniques nouvelles et l'émulation des travailleurs en vue d'améliorer le rendement. ◆ ÉTYM. *Stakhanov* vient du russe *Stakan*, nom d'un ancêtre de la famille, de *Stahiï*, nom de personne, du grec *stakhus* «épi».

**STAKHANOV** – av. 1937 et de 1940 à 1978 ***Kadievka***, de 1937 à 1940 ***Sergo*** ♦ V. d'Ukraine, dans le Donbass. 84 427 hab. Indus. métallurgique.

**STALIN** → Varna

**STALINABAD** → Douchanbe

**STALINE (Iossif Vissarionovitch DJOUGACHVILI, dit)** ◆ ÉTYM. du russe *stal* «acier» ♦ Homme politique soviétique (Gori, Géorgie 1879 - Moscou 1953). **Un militant** Fils d'un cordonnier, envoyé par sa mère, très pieuse, au séminaire orthodoxe de Tiflis (1894), il devint en 1899 membre du comité clandestin du Parti social-démocrate dans la même ville et prit le nom de Koba, héros géorgien d'un roman populaire, insurgé contre la Russie. Exilé en Sibérie (1902), il réussit à s'évader et rentra à Tiflis. Rallié au bolchevisme, il participa pendant la révolution de 1905 aux «expropriations» des banques d'État pour financer les organisations clandestines. En 1906 - 1907, il prit part aux congrès du Parti à Stockholm et à Londres. Déporté de 1908 à 1909 et de 1910 à 1912, il se distingua comme dirigeant bolchevik à Bakou et fut nommé membre du Comité central (1912) sur proposition de Lénine. Premier directeur de la *Pravda* (5 mai 1912), il prit le pseudonyme de *Staline* au début de 1913. Déporté en févr. 1913 à Touroukhansk (près du cercle polaire), il fut libéré peu avant la révolution de mars 1917. Il rentra alors à Petrograd, assuma de nouveau la direction de la *Pravda*, fut élu membre du comité militaire révolutionnaire dirigé par Trotski, mais ne joua qu'un rôle secondaire pendant l'insurrection armée du 25 oct. 1917. **De 1917 aux années 1930** Commissaire du peuple aux Nationalités (1917 - 1922), puis à l'Inspection ouvrière et paysanne (1919 - 1922), membre du Conseil de la Défense et inspecteur de divers fronts pendant la guerre civile, il organisa la défense de Tsaritsyne (Stalingrad, auj. Volgograd*) en 1918, puis de Petrograd contre l'offensive du général Ioudenitch (mai 1919). Élu secrétaire général du comité central au XI$^{e}$ congrès du Parti communiste (avr. 1922), il conserva ce poste clé jusqu'à la mort de Lénine, qui le jugeait pourtant «trop brutal». Faisant bloc tantôt avec Zinoviev* et Kamenev* contre Trotski*, tantôt avec Boukharine*, Rykov et Tomski contre la troïka de Trotski, Zinoviev et Kamenev, Staline obtint le bannissement de Trotski (1929) et obligea tous ses adversaires à se soumettre et à avouer leurs «erreurs». Devenu le chef incontesté du Parti et le maître absolu de l'URSS, il imposa sa politique d'«édification du socialisme dans un seul pays». La collectivisation forcée de l'agriculture (1929 - 1930) ainsi que l'industrialisation très rapide et la priorité donnée à l'industrie lourde provoquèrent une pénurie des produits de consommation et le mécontentement des masses populaires (1931 - 1932). **Les purges** L'assassinat de Kirov* (1934) permit à Staline de déclencher une vaste «purge» du Parti bolchevik (1936 - 1938). Les «déviationnistes de gauche» (Zinoviev, Kamenev, Smirnov), puis les «droitiers» (Boukharine, Rykov, Radek) furent arrêtés et torturés ; aux «procès» de Moscou, dirigés par Vychinski*, ils avouèrent «spontanément» des crimes peu vraisemblables, beaucoup d'entre eux croyant que «si Staline disparaissait, la révolution tomberait en morceaux». Ces membres de la vieille garde bolchevique furent exécutés ainsi que 35 000 officiers de l'Armée rouge, parmi lesquels le maréchal Toukhatchevski*. Un million de fusillés et 9 millions de «saboteurs», d'«ennemis du peuple» et de «trotskistes terroristes», détenus dans les prisons et les camps de concentration (goulags), tel fut, selon les évaluations les plus généralement retenues, le bilan de la grande terreur stalinienne, appelée parfois *iejovchina* (du nom du chef du NKVD*, Iejov). **La Deuxième Guerre mondiale** Le 23 août 1939, Molotov* signa sur l'ordre de Staline le pacte germano-soviétique (→ **URSS**). Président du Conseil des commissaires du peuple (mai 1941), Staline devint généralissime et président du Comité d'État à la Défense, après l'invasion des troupes allemandes (22 juin 1941). → **Guerre mondiale (Deuxième)**. Son attitude, énigmatique quant à ses intentions, ayant fait craindre à Roosevelt qu'il ne donnât à l'armée soviétique l'ordre de marquer le pas, il obtint un partage avantageux de l'Europe en zones d'influence aux conférences de Téhéran* (nov. 1943) et de Yalta* (fév. 1945). **La guerre froide** En 1946, dénonçant l'«impérialisme américain», Staline imposa le régime communiste dans les pays de l'Europe orientale. Il refusa de participer au plan Marshall (juil. 1947) et ressuscita la III$^{e}$ Internationale (Komintern) sous le nom de Kominform (oct. 1947). Cette politique de «guerre froide» conduisit au blocus de Berlin-Ouest (mars 1948 - mai 1949) et le «rideau de fer» (expression de Churchill) sépara l'Europe en deux. **La fin de sa vie** Vers la fin de sa vie, le culte de Staline atteignit sa forme la plus extrême : les hommes de science, les philosophes, les linguistes et les poètes furent obligés d'accepter ses jugements comme infaillibles. Devenu d'une méfiance maladive, après avoir déclenché diverses persécutions (comme les poursuites consécutives au «complot» des médecins juifs de janv. 1953), Staline mourut au Kremlin d'une hémorragie cérébrale le 5 mars 1953. **La condamnation du stalinisme** En février 1956, Khrouchtchev* condamna le «culte de la personnalité» et les crimes de Staline. Son corps embaumé fut retiré du mausolée de Lénine en 1961. **Les textes de Staline** Staline a laissé des textes théoriques : *Le Marxisme et le Problème national et colonial* (1912, éd. définitive 1934), les *Problèmes du léninisme* (collection d'articles, 1926), *Le Marxisme et les Questions de linguistique* (1951) et les *Problèmes économiques du socialisme en URSS* (1952).

**Staline.** De gauche à droite, Churchill, Roosevelt et Staline lors de la conférence de Yalta. *Phot. © Keystone*

**STALINGRAD** → Volgograd

**Stalingrad** (bataille de) ♦ En août 1942, Stalingrad fut attaquée par les divisions du feld-maréchal von Bock et en sept. la VI$^{e}$ armée de Paulus réussit à pénétrer dans les faubourgs de la ville. Les Soviétiques et surtout la 62$^{e}$ armée du général Tchouikov livrèrent une résistance acharnée et empêchèrent les Allemands, qui, en oct. 1942, occupaient la majeure partie de la ville, de franchir la Volga. Une contre-offensive lancée par Joukov se termina par l'encerclement des divisions de Paulus (25 nov. 1942). Manstein contre-attaqua pour dégager les troupes encerclées (12 - 16 déc. 1942) mais ce fut un échec. En janv. 1943, les ruines de la ville furent reconquises quartier par quartier par les Soviétiques et le 2 fév. 1943, Paulus signa sa capitulation. La défaite allemande de Stalingrad marqua un des tournants décisifs de la guerre. Son retentissement psychologique fut considérable au sein du camp allié qui acquit la certitude de la victoire finale.

**STALINO** → Donetsk

**STALINOGORSK** → Novomoskovsk

**STALINOGRÓD** → Katowice

**STALINSK** → Novokouznetsk

**STALINSTADT** → Eisenhüttenstadt

**STAMBOUL** → **Istanbul**

**STAMBOULOV (Stefan)** ♦ Homme politique bulgare (Tărnovo 1854 - Sofia 1895). Il s'engagea dans l'armée russe lors de la guerre de 1877 - 1878. Après le congrès de Berlin*, il fut élu député (1882), devint président de la Chambre en 1884 et prit la tête du parti national-libéral. Il favorisa le retour d'Alexandre* de Battenberg après l'insurrection de 1886 et assura la régence quand il abdiqua. Ayant contribué à l'avènement de Ferdinand* de Saxe-Cobourg-Gotha (1887), il conserva le pouvoir effectif jusqu'en 1894. Sa politique étrangère fut dominée par le souci de préserver l'indépendance de la Bulgarie face à la Russie et à la Turquie. À l'intérieur, il exerça une répression impitoyable contre ses adversaires politiques. Aussi, quand il eut été renvoyé par le prince à la suite d'un scandale privé, fut-il tué dès l'année suivante au cours d'un attentat. ➝ ÉTYM. *Stamboulov* vient du bulgare *Stamboul* «Istanbul».

**STAMFORD** ♦ V. des États-Unis (Connecticut), à 50 km de New York. 117 083 hab. dont 17 % de Noirs (zone urbaine 203 000). Indus. et recherches chimiques.

**STAMITZ** ou **STAMIČ** ♦ Famille de musiciens tchèques établis à Mannheim, qui contribuèrent à fixer la forme de la symphonie. ♦ **Johann Wenzel Anton** ou **Jan Václav Antonin Stamitz.** Violoniste, compositeur et chef d'orchestre (Německý Brod 1717 - Mannheim 1757). Directeur de l'orchestre de la cour de l'électeur palatin à Mannheim, il mit au point l'écriture symphonique moderne en apportant d'importantes modifications aux modèles italiens : adoption du menuet comme troisième mouvement d'une symphonie à quatre mouvements, bithématisme, etc. ♦ **Carl Philipp Stamitz.** Violoniste et compositeur (Mannheim 1745 - Iéna 1801). Fils du précédent. Il continua la tradition de Mannheim. Il écrivit un grand nombre de symphonies, symphonies concertantes, trios et sonates.

**STAMPA (Gaspara)** ♦ Poète italienne (Padoue 1523 - Venise 1554). À la mort de son père en 1530, sa mère décida de revenir à Venise, sa patrie, où Gaspara poursuivit son éducation (latin, grec, rhétorique, musique) et participa bientôt à la vie littéraire de la maison, où se pressaient des personnalités de premier plan (F. Sansovino, S. Speroni, B. Varchi). En 1544, la mort de son jeune frère provoqua chez elle une crise religieuse. Quatre ans plus tard, elle rencontra le comte Collaltino di Collalto, qui devint la passion de sa vie et l'objet essentiel de son *Canzoniere**. La liaison, entrecoupée de longues et silencieuses absences de l'amant, s'acheva en 1550. Gaspara ne se remit jamais de cette rupture. À partir du modèle pétrarquiste (forme et lexique), ses *Rime* (essentiellement des sonnets), publiées l'année même de sa mort, modulent sans se lasser une plainte amoureuse dont la lancinante et mélodique immédiateté ne doit pas tromper sur sa haute élaboration littéraire.

**La Stampa** ♦ Quotidien italien fondé à Turin en 1866. Le journal est la propriété du groupe Fiat depuis 1920. Cette situation conduisit dans les années 1970 la rédaction à réclamer et à obtenir un droit de regard sur la ligne politique du journal et une plus grande indépendance. Proche du centre gauche, il tire à 410 000 exemplaires.

**STANEV (Emilian)** ♦ Romancier bulgare (Tărnovo 1907 - Sofia 1978). Il a peint avec finesse la société bulgare après la Première Guerre mondiale, en insistant sur le désarroi des intellectuels : *Le Voleur de pêches* (1948), *Ivan Kondarev* (1960).

**STANHOPE (James, 1er comte)** ♦ Homme politique et général anglais (Paris 1673 - Londres 1721). Il participa à la guerre de Succession* d'Espagne (prise de Port-Mahon, 1708 ; défaite de Brihuega, 1710) avant de diriger la politique étrangère sous le règne de George* Ier (1714 - 1721), s'alliant à la France dans la Triple-, puis la Quadruple-Alliance*. Le scandale de la South Sea Company provoqua sa chute. Il eut pour frère le comte de Chesterfield*. ♦ **Charles,** 3e comte **Stanhope** (Londres 1753 - Chevening 1816). Petit-fils du précédent. Il fut l'inventeur de machines à calculer et d'une presse typographique. Ses idées libérales et sa sympathie pour la Révolution française amenèrent sa rupture avec le jeune Pitt*, son beau-frère. ♦ **Hester Lucy,** lady **Stanhope** (Chevening, Kent 1776 - Saïda 1839). Fille du précédent. Après avoir vécu aux côtés de son oncle Pitt, elle partit pour l'Orient. Elle s'établit en 1814 chez les druzes, qui la vénéraient comme une prophétesse, y reçut de nombreux visiteurs, parmi lesquels Lamartine, et y mourut dans le dénuement. ➝ ÉTYM. *Stanhope* est un nom de lieu, du vieil anglais *stān* «pierre» et *hop* «vallée encaissée».

**STANISLAS (saint)** ♦ Prélat polonais (Szczepanów 1030 - Cracovie 1079). Évêque de Cracovie* (1072), il fut assassiné par Boleslas* II, pour avoir condamné ses violences et ses débauches et sans doute pour des motifs politiques. Canonisé en 1253, en qualité de patron de la Pologne. ▪ Fête le 11 avril. ➝ ÉTYM. Ce nom vient du polonais *Stanisław*, de *stan* «devenir» et *slav* «gloire».

**STANISLAS Ier LESZCZYŃSKI** ♦ (Lvov 1677 - Lunéville 1766). Roi de Pologne* (1704 - 1709 et 1733 - 1736). Palatin de Posnanie*, il fut imposé sur le trône de Pologne par Charles XII de Suède, à la chute d'Auguste* II (1704), mais fut contraint de s'enfuir après la défaite de Poltava* (1709). Réélu roi de Pologne par la diète (1733), avec l'appui de Louis* XV, époux de sa fille Marie* Leszczyńska, il fut chassé par les Russes au profit d'Auguste* III (→ **Succession de Pologne [guerre de]**), renonça à la couronne polonaise au traité de Vienne (1738), mais garda son titre et reçut les duchés de Bar* et de Lorraine* à titre viager. Il se consacra dès lors à l'embellissement de ses capitales : Lunéville* et surtout Nancy*, qui devint un centre littéraire et scientifique et lui doit ses plus beaux monuments.

**STANISLAS II AUGUSTE PONIATOWSKI** ♦ (Wołczyn 1732 - Saint-Pétersbourg 1798). Dernier roi de Pologne* (1764 - 1795), descendant des Jagellons par la famille Czartoryski*. Amant de la future Catherine* II de Russie, qui le fit nommer ambassadeur de Pologne à Saint-Pétersbourg (1757) et assura, avec l'appui des troupes russes, son élection au trône de Pologne (1764), il fut déchu en 1770 par les patriotes de la confédération du Bar*. Après le premier partage de la Pologne (1772), en dépit d'un pouvoir précaire, il favorisa les arts et les sciences, embellit Varsovie* et réorganisa l'enseignement, mais fut contraint d'adhérer à la confédération de Targowica* et assista impuissant au deuxième (1792) puis au troisième partage de la Pologne (1795) avant d'abdiquer.

**STANISLAV** → **Ivano-Frankivsk**

**STANISLAVSKI (Konstantin Sergueïevitch ALEKSEÏEV, dit)** ♦ Acteur et metteur en scène de théâtre russe (Moscou 1863 - *id.* 1938). Fondateur avec V. N. Dantchenko du Théâtre d'art de Moscou (1898), il y adjoignit un «studio» expérimental (1905). Pédagogue et réformateur, il s'attacha à l'étude méthodique des phénomènes psychiques qui accompagnent le jeu de l'acteur. Il s'essaya d'abord au réalisme historique (G. Hauptmann*, L. Tolstoï*) et au symbolisme (Maeterlinck*). Il devait ensuite illustrer sa conception du réalisme synthétique avec *La Mouette* de Tchekhov, puis avec *Les Bas-Fonds* de M. Gorki (1902). Traversant les dernières années du tsarisme puis la victoire du bolchevisme, Stanislavski n'admit aucun compromis dans l'application de ses théories créatrices, mettant à son répertoire des œuvres de Sophocle, Shakespeare, Molière, Goldoni, Beaumarchais, Byron, Ibsen et Knut Hamsun. Il a publié *La Formation de l'acteur* et *Ma vie dans l'art*, dans lesquels il exprime sa passion de l'homme et de la vérité humaine au théâtre. ➝ ÉTYM. *Stanislavski* vient du polonais *Stanisław* (→ Stanislas) et suffixe *-ski*.

**STANKOVIĆ (Borislav)** ♦ Écrivain serbe (Vranje 1876 - Belgrade 1927). Ses drames (*Koštana*, 1902 ; *Tašana*, 1902), et son roman (*Le Sang impur*, 1910) retracent avec nostalgie la vie sous l'influence des Turcs dans sa province natale de la Serbie du Sud.

**STANLEY (John ROWLANDS, puis sir Henry Morton)** ♦ Journaliste et explorateur britannique (Denbigh, pays de Galles 1841 - Londres 1904). Orphelin, embarqué comme mousse pour l'Amérique, il fut adopté par un négociant de La Nouvelle-Orléans et en prit le nom. Il participa à la guerre de Sécession tour à tour du côté des Sudistes et des Nordistes, puis fut correspondant de journaux en Asie Mineure et en Abyssinie. Chargé par le *New York Herald* de retrouver Livingstone*, il le rejoignit dans la région du lac Tanganyika (1871). En 1874, il repartit pour Zanzibar afin de poursuivre l'exploration de l'Afrique équatoriale qu'il traversa d'est en ouest. Il passa ensuite au service de l'Association africaine internationale créée par Léopold II de Belgique, explora le Congo jusqu'au Stanley Pool, découvrit le lac Léopold II, prit possession de la rive gauche du Congo (au nom de la Belgique). Enfin, en 1887, il partit porter secours à Emin* Pacha contre les mahdistes. De retour en Angleterre, il fut élu membre de la Chambre des communes. Œuv. princ. : *Comment j'ai retrouvé Livingstone* (1876), *À travers le continent mystérieux* (1879). ➝ ÉTYM. *Stanley* signifie «clairière (vieil anglais *ley*) pierreuse (*stān* pierre)».

**STANLEY (Wendell Meredith)** ♦ Biochimiste américain (Ridgeville, Indiana 1904 - Salamanque 1971). À l'époque où l'on ignorait tout de la nature des virus, il parvint à cristalliser celui de la mosaïque du tabac (1937) et à montrer sa nature protéique, ouvrant ainsi la voie à toute la recherche dans ce domaine. Il étudia également le virus de la grippe et prépara, durant la Deuxième Guerre mondiale, un vaccin antigrippal. [Prix Nobel de chim. 1946, avec J. Northrop* et J. Sumner*]

**STANLEY POOL** n. m. → **Malebo Pool**

**STANLEYVILLE** → **Kisangani**

**STANOVOÏ** (monts) – en russe ***Stanovoï Khrebet*** ♦ Système montagneux de Russie (Sibérie orientale), entre le cours moyen de l'Olekma et le bassin du cours supérieur de l'Outchour (affl. de l'Aldan), où il s'articule avec les monts de Djougdjour. Longs de 900 km, les monts Stanovoï se composent de deux chaînes montagneuses parallèles (alt. moyenne : 1 500 m ; maximale 2 412 m), que séparent de longues vallées. Avant la révolution d'octobre 1917, les géographes rapportaient aux monts Stanovoï la chaîne des monts Iablonovyï, celle des monts Djougdjour et celle des monts de la Kolyma. ▪ Gisements d'or et de fer.

**STANS** ♦ V. de Suisse, ch.-l. du cant. de Nidwald, au pied du Stanserhorn. 6 983 hab. (aggl. 27 675). Église Saint-Pierre (XVIIe s.). ▪ Station estivale. Indus. textile.

**STANSTEAD** ♦ Troisième aéroport de Londres (après Heathrow et Gatwick), au N. de l'agglomération.

**STAPLEDON (Olaf)** ♦ Romancier britannique (péninsule de Wirral 1886 - Liverpool 1950). Il passa une partie de son enfance en Égypte, puis en Angleterre où il exerça divers métiers et étudia la philosophie. En 1930, il composa son premier roman, *Last and First Men*, épopée spatiotemporelle et réflexion sur l'histoire des civilisations. De même, *Créateurs d'étoiles* (1937) passe en revue les possibilités évolutives de la vie pensante et des sociétés. *Odd John*, paru en 1935, et *Sirius* (1944) évoquent deux destins imaginaires qui transcendent la spécificité des êtres vivants : John est un mutant, que son intelligence, supérieure à celle de l'espèce humaine, isole et voue à l'échec ; Sirius, un chien doté d'un cerveau humain qui conserve sa psychologie canine et s'en trouve tragiquement déchiré. Parfois mal construite sur le plan romanesque, l'œuvre généreuse de Stapledon prolonge les mythes critiques de Swift.

**STARA PLANINA** → **Balkan**

**STARA ZAGORA** ♦ V. de la Bulgarie méridionale, ch.-l. de région, au pied de la Sarnena Gora (Rhodope*), dans la Vallée des Roses. 167 708 hab. Centre commercial (tabac) et industriel.

**STARCK (Philippe)** ♦ Architecte d'intérieur et designer français (Paris 1949). Voulant créer des « meubles qui ne ressembleraient pas à des meubles » et affirmant : « Tout ce que je fais, c'est offrir du bonheur », il a aménagé en France et dans le monde entier hôtels, restaurants, magasins, salles de spectacles et immeubles et a conçu des meubles et des accessoires ainsi que du mobilier urbain.

Philippe **Starck.** *Juicy Salif. Phot. © Philippe Starck*

**STARHEMBERG** ♦ Vieille famille autrichienne. ♦ **Guido,** comte **von Starhemberg.** Feld-maréchal autrichien (Graz 1657 - Vienne 1737). Il défendit Vienne en 1683 et servit sous le prince Eugène en Hongrie et en Italie. Général en chef en Espagne contre Philippe V, il fut finalement vaincu à Villaviciosa (1710) et dut évacuer la Catalogne (1713). ♦ **Ernst Rüdiger,** comte **von Starhemberg.** Feld-maréchal autrichien (Graz 1638 - Wesendorf 1701). Cousin du précédent. Après s'être illustré sous Montecuccoli*, il assura la défense de Vienne contre les Turcs (1683). ♦ **Ernst Rüdiger,** prince **von Starhemberg.** Homme politique autrichien (Eferding 1899 - Schruns 1956). Il fut vice-chancelier de 1934 à 1936. Hostile à l'Anschluss, il s'exila.

**STARK (Johannes)** ♦ Physicien allemand (Schickenhof, Bavière 1874 - Traunstein 1957). Ce fut lui qui découvrit (en 1905) l'effet Doppler* sur les rayons canaux (flux de particules positives émises par la cathode d'un tube à décharges). Il observa également la décomposition des raies spectrales d'un atome sous l'action d'un champ électrique (*effet Stark*, 1913), phénomène utilisé notamment en spectroscopie des hyperfréquences et pour l'étude des plasmas. [Prix Nobel de phys. 1919]

**STAROBINSKI (Jean)** ♦ Critique littéraire suisse d'expression française (Genève 1920). Dans ses travaux remarqués sur *Montesquieu*, sur Rousseau (*J.-J. Rousseau, la transparence et l'obstacle*, 1958 ; *La Relation critique*, 1970) comme dans la série des études sur le regard réunies dans *L'Œil vivant* (1961 - 1970), il a su recourir avec souplesse aux différentes interprétations possibles d'une œuvre que propose la critique contemporaine, passant de la lecture structurale des textes à l'analyse thématique ou à l'interprétation psychanalytique. « La critique complète [...], c'est un regard qui sait exiger tour à tour le surplomb et l'intimité, sachant par avance que la vérité n'est ni dans l'une ni dans l'autre tentative, mais le mouvement qui va inlassablement de l'une à l'autre » (*Montaigne en mouvement*, 1982 ; *La Mélancolie au miroir*, 1989 ; *Le Remède dans le mal*, 1989).

**STARYÏ OSKOL** ♦ V. de Russie, sur l'Oskol. 216 000 hab. Extraction de minerai de fer (anomalie magnétique de Koursk*). Indus. métallurgique, construc. mécaniques (matériel de levage).

**STAS (Jean Servais)** ♦ Chimiste belge (Louvain 1813 - Bruxelles 1891). Avec Jean-Baptiste Dumas*, à Paris, il détermina, avec une grande précision, de nombreuses masses atomiques, dont plusieurs étaient fractionnaires, ce qui constituait une contradiction apparente avec l'hypothèse de Prout* et l'existence des atomes. (Ces résultats ne furent expliqués que par la découverte de l'isotopie par Soddy* en 1913.)

**STASSFURT** ♦ V. d'Allemagne (Saxe-Anhalt), sur la Bode, affl. de la Saale. 23 700 hab. Mines de potasse et de sel. Indus. chimiques. Matériel de radio ; produits alimentaires.

**STASZYC (Stanisław)** ♦ Prêtre et humaniste polonais (Piła 1755 - Varsovie 1826). Il contribua tant par son rôle dans le développement de la vie scientifique polonaise (fondation de l'Association des amis des sciences en 1802) que par ses écrits à la renaissance morale et intellectuelle de son pays. On lui doit *Considérations sur la vie de Jan Zamoyski* (1787), *Avertissement à la Pologne* (1790) et *Le Genre humain* (1819 - 1820) où il critiqua le féodalisme.

**STATEN ISLAND** ♦ Île des États-Unis, dans l'État de New York, qui se trouve dans la baie de New York entre le New Jersey et l'extrémité O. de Long Island (elle est reliée à Brooklyn par le pont Verazzano). Elle forme le district de Richmond (New York City).

**Station spatiale internationale** → **ISS**

**STAUDINGER (Hermann)** ♦ Chimiste allemand (Worms 1881 - Fribourg-en-Brisgau 1965). Il créa une nouvelle branche de la chimie, la chimie macromoléculaire, en montrant que les petites molécules peuvent s'unir entre elles par des liaisons identiques à celles qui lient les atomes dans les molécules, et qu'il n'existe pas de limite au nombre d'atomes composant une macromolécule. Il ouvrit la voie à l'étude des macromolécules biologiques et à la synthèse des plastiques. [Prix Nobel de chim. 1953]

**STAUDT (Christian VON)** ♦ Mathématicien allemand (Rothenburg 1798 - Erlangen 1867). Auteur d'une axiomatisation de la géométrie projective qu'il reconstitua indépendamment de toute notion métrique, à l'aide des seuls axiomes concernant la position ou l'ordre des éléments fondamentaux. Il fut l'un des partisans de la géométrie dite « synthétique ».

**STAUFFENBERG (Claus SCHENK, comte VON)** ♦ Officier allemand (Jettingen, Augsbourg 1907 - Berlin 1944). Blessé et amputé d'une main lors de la campagne de Tunisie (1943), il fut versé dans l'armée de réserve dont il devint chef d'état-major avec le grade de colonel (déb. juil. 1944). Mais, déjà, il avait pris contact avec la conjuration militaire visant à écarter du pouvoir Hitler et les nazis. Lui-même fut partisan d'aller jusqu'au meurtre : il déposa une bombe au QG du Führer, à Rastenburg, entendit l'explosion et regagna Berlin où le putsch se déclencha (20 juil. 1944). Mais Hitler n'avait été que légèrement blessé et le complot échoua. Stauffenberg fut fusillé le soir même. → **Beck, Canaris, Kluge, Rommel, Rundstedt.**

**STAVANGER** ♦ V. de Norvège, sur la côte O. du pays, dans le Boknafjord. Ch.-l. du comté de Rogaland. 115 491 hab. Cathédrale mi-romane, mi-gothique (construite aux XIIe et XIIIe s.). Ville anc., maisons de bois à deux étages. Musées. ▪ Centre des activités pétrolières du pays. Port de pêche (sprat, hareng), de commerce et de voyageurs (vers l'Amérique du Nord). Conserveries (poissons), indus. métallurgique, mécanique, textile (draperies), chantiers navals.

**STAVELOT** ♦ V. de Belgique (Région wallonne), prov. de Liège, arr. de Verviers, sur l'Amblève, fusionnée en 1977 avec Francorchamps*. 6 669 hab. Restes d'une abbaye fondée en 651 (princes-abbés dont le premier fut saint Remacle). Tannerie du XVe au XIXe s. Guillaume Apollinaire y séjourna en 1899 (musée dans l'abbaye). Carnaval de Laetare (les Blancs Moussis constituent le principal groupe du défilé). ▪ Tourisme ; cascade de Coo (12 m de chute) créée au XVIIIe s. par les moines de Stavelot. Usine hydroélectrique.

**STAVISKY (Serge Alexandre)** ♦ Homme d'affaires français d'origine russe (Slobodka, Ukraine 1886 - Chamonix 1934). Fondateur et directeur du Crédit municipal de Bayonne (1931), il détourna plusieurs dizaines de millions (bons émis par le Crédit municipal de Bayonne et gagés sur des bijoux volés ou faux). La découverte de ce scandale financier (fin 1933) contribua à discréditer le régime, car plusieurs personnalités y furent plus ou moins directement impliquées. Recherché par la police, Stavisky fut retrouvé tué (d'une balle de revolver) à Chamonix. Les ligues d'extrême droite accusèrent le gouvernement de l'avoir fait disparaître et, après la démission du cabinet Chautemps*, remplacé par celui de Daladier*, elles organisèrent la manifestation du 6 février* 1934.

**STAVROPOL** ▸ ÉTYM. du gr. *stauros* « croix » et *polis* « ville » [l'armée russe y aurait trouvé une croix à son arrivée en 1777] ; de 1935 à 1943 ***Vorochilovsk*** ♦ V. de Russie, ch.-l. de territoire, dans la partie centrale du Caucase du Nord. 354 600 hab. Indus. mécanique, chimique et alimentaire. Traitement du cuir. ▪ La ville fut fondée en 1777.

**STECKEL (Wilhelm)** ♦ Psychiatre autrichien (Boian, Bucovine 1868 - Londres 1940). Disciple de S. Freud*, il s'en sépara en 1912. Auteur d'études sur les troubles de la sexualité (*La Femme frigide, Onanisme et Homosexualité, L'Homme impuissant*), il a mis en question la notion d'inconscient (critique qui fut utilisée par J.-P. Sartre).

**STEELE** (sir **Richard**) ♦ Journaliste, essayiste, auteur dramatique et homme politique irlandais (Dublin 1672 - Carmarthen, pays de Galles 1729). De famille bourgeoise, orphelin très jeune, il fit ses études à Oxford et s'engagea dans les Life Guards. Capitaine, il se battit en duel, ce qui lui inspira *Le Héros chrétien* (1701) ou «arguments destinés à prouver que seuls les principes de la religion sont propres à faire un grand homme». En opposition avec la plupart des écrivains de son temps, il conseilla le respect de la femme, attitude qui donna le ton au *Tatler* («Le Babillard», 1709) et au *Spectator** qu'il fonda en 1711 avec son ami Addison*. Il lança d'ailleurs plusieurs périodiques (*The Guardian*, 1713 ; *The Englishman*, *The Lover*...) et fut le premier à y introduire le genre de l'essai. Mais Steele doit surtout sa renommée au *Tatler*, très représentatif des «tendances de cette société qui cherchait un compromis entre les exagérations du puritanisme et la licence cynique de la Restauration». Le genre comique, léger et ironique, lui convenait, et *Les Amants réservés* (1722) annonce la comédie sentimentale qui fleurira au siècle suivant. Son *Amant menteur* est inspiré du *Menteur* de Corneille. Élu au Parlement, anobli par George I$^{er}$, Steele n'en mourut pas moins criblé de dettes.

**STEEMAN (Stanislas-André)** ♦ Écrivain belge (Liège 1908 - Menton 1970). Fertile auteur de romans policiers, il créa le personnage de M. Wens, détective aux déguisements protéiformes. Ses titres les plus célèbres sont : *Mystère au zoo d'Anvers* (1928, en collab.), *Six hommes morts* (1930), *Le Mannequin assassiné* (1931), *L'Infaillible Silas Lord* (nouvelles, 1938), *L'assassin habite au 21* (1939), *Légitime défense* (1942, devenu *Quai des Orfèvres* au cinéma → **Clouzot**).

**STEEN (Jan)** ♦ Peintre hollandais (Leyde 1626 - *id.* 1679). Il étudia à Utrecht, puis devint, à Haarlem, élève de Van* Ostade et, à La Haye, celui de Van* Goyen. Il fut l'un des membres fondateurs de la guilde de Leyde (1648). Il représenta d'abord des paysages et quelques sujets religieux, mais se consacra surtout à la peinture de genre. Il traite avec humour des scènes de la vie populaire, dans l'esprit de Brouwer* et de la tradition flamande. Esprit satirique et moralisateur, il usa de l'allégorie, insistant sur le caractère trivial des gestes et des expressions (*Visite du médecin*), éclairant avec franchise les formes. Il aimait les tonalités froides délicatement nuancées.

**STEENKERQUE** → **Steinkerque**

**STEENSEN (Niels)** → **Sténon**

**STEENSTRUP (Johannes Japetus Smith)** ♦ Naturaliste danois (Vang 1813 - Copenhague 1897). Il étudia le phénomène d'alternance de générations sexuées et asexuées chez certains invertébrés.

**STEENSTRUP (Knud Johannes Vogelius)** ♦ Explorateur et géologue danois (Mors, Jutland 1842 - Copenhague 1913). Il explora le Groenland où il fit de nombreuses études géologiques, paléontologiques et ethnographiques.

**STEENVOORDE** [59114] ➝ **ÉTYM.** flam. «le gué *(voord)* de pierre *(steene)*» ♦ Ch.-l. de cant. du Nord, arr. de Dunkerque, en Flandre. 4 024 hab. (*Steenvoordois*). Indus. agroalimentaire et pharmaceutique.

**STEENWERCK** [59181] ➝ **ÉTYM.** flam. «construction *(verk)* de pierre *(steene)*» ♦ Comm. du Nord, arr. de Dunkerque. 3 263 hab.

**STEFAN (Josef)** ♦ Physicien autrichien (Sankt Peter, près de Klagenfurt 1835 - Vienne 1893). Il énonça (1879) la *loi de Stefan* (ou *loi de Stefan-Boltzmann**) selon laquelle la puissance totale rayonnée par un corps noir (absorbant entièrement le rayonnement qu'il reçoit) est proportionnelle à la quatrième puissance de la température absolue de ce corps.

**STEFANO DE VÉRONE** ♦ Peintre italien (Vérone v. 1379 - *id.* apr. 1438). Représentant raffiné du gothique international, il est l'auteur de l'*Adoration des Mages* (1435, Milan, Brera). On lui conteste aujourd'hui la paternité de la *Vierge à la roseraie* (v. 1400, Vérone) et on hésite à l'identifier à Stefano da Zevio.

**STEFANSSON (Vilhjalmur)** ♦ Explorateur canadien d'origine islandaise (Arnes, Manitoba 1879 - New Hampshire 1962). Au cours de plusieurs expéditions dans les régions arctiques, il a exploré la terre de Beaufort, les îles de Banks et de Melville et fait des études sur les mœurs et coutumes des Inuits (*My Life with the Eskimo*, 1913).

**STEFFANI (Agostino)** ♦ Compositeur italien (Castelfranco, près de Venise 1654 - Francfort-sur-le-Main 1728). Prêtre et diplomate, il écrivit des opéras et de la musique sacrée, et surtout des duos vocaux avec basse continue qui marquèrent profondément le jeune Haendel.

**STEFFENS (Henrik)** ♦ Écrivain et savant allemand d'origine norvégienne (Stavanger 1773 - Berlin 1845). Le récit de sa vie et de ses expériences (*Ce que j'ai vécu*, 1840 - 1845) est riche en renseignements sur de nombreux écrivains et philosophes de son époque (Goethe, Schelling, Fichte, les romantiques).

**STEICHEN (Edward)** ♦ Photographe américain (Luxembourg 1879 - West Redding 1973). Membre fondateur du groupe Photo-Secession en 1902, il contribua activement à l'essor de la photographie d'art américaine. D'abord adepte du flou artistique, il opta durant les années 1920 pour la géométrie nette du modernisme photographique. Il organisa en 1955 l'importante exposition «Family of Man» («La Grande Famille des hommes»), apogée du courant humaniste et idéaliste en photographie.

**STEIN (Karl,** baron **VON)** ♦ Homme politique prussien (Nassau 1757 - Kappenberg, Westphalie 1831). Entré au service de la Prusse en 1780, il devint directeur des mines et des usines de Westphalie en 1784. Adepte du despotisme éclairé, il prit en 1804 le portefeuille du Commerce, de l'Industrie et des Douanes et se montra un excellent administrateur ; il désirait abattre les barrières douanières entre les provinces prussiennes. Frédéric*-Guillaume III le renvoya en janv. 1807, mais le rappela auprès de lui en juil., après le traité de Tilsit* qui démembrait la Prusse. Stein fit comprendre au roi la nécessité d'adopter certaines réformes : l'édit du 9 oct. 1807 abolissait le régime des castes, le servage ; les roturiers avaient le droit d'acheter des terres ; les nobles pouvaient travailler à l'industrie et au commerce sans déroger ; ces mesures inquiétèrent Napoléon, qui obtint la démission de Stein en nov. 1808. Hardenberg* devait continuer son œuvre après 1810. Il publia un *Mémoire de Nassau* où il exposait ses vues libérales et l'utilité d'introduire le régime parlementaire. Il se réfugia en Autriche en mai 1812, puis fut appelé par le tsar Alexandre, qu'il alla rejoindre. En fév. 1813, il décida Frédéric-Guillaume III à signer à Kalisz un traité d'alliance avec la Russie. Déçu par le congrès de Vienne et l'échec de l'unité allemande, il abandonna la politique. En 1819, il fonda la Société d'histoire de l'Allemagne, qui publia la collection des *Monumenta Germaniae historica*.

**STEIN (Gertrude)** ♦ Femme de lettres américaine (Alleghany, Pennsylvanie 1874 - Neuilly-sur-Seine 1946). Après une enfance à Vienne, une adolescence à Oakland et à San Francisco, elle élut domicile à Paris dès 1903, et séjourna en France même durant l'occupation nazie, bien qu'elle fût d'origine juive. Disciple de W. James*, G. Stein avait étudié la psychologie et la biologie. Elle vécut avec son frère Leo, puis avec une compagne intime, Alice B. Toklas, et collectionna les tableaux modernes. Les recherches de Picasso, Matisse, Juan Gris ou Braque la passionnèrent. Elle avait une «soif des autres» et son appartement du 27 de la rue de Fleurus devint le pôle d'attraction de toute une génération d'écrivains qu'elle qualifia de *lost generation** («génération perdue»), lors de sa brouille avec Hemingway. Son style, fait d'une progression répétitive d'instantanés, comparable au principe du cinéma, a été surnommé «cubisme littéraire» (*The Making of America*, 1906 - 1908, publ. 1925 ; *Trois Vies*, 1909). Ses livres de souvenirs, *Autobiographie d'Alice Toklas* (1933), *Autobiographie de tout le monde* (1937), *Les Guerres que j'ai vues* (1945) sont écrits dans une prose plus traditionnelle. Elle donna des conférences, notamment sur la composition littéraire, dans diverses universités anglaises et américaines. Elle a également écrit le livret de deux opéras que Virgil Thomson* a mis en musique. ➝ **ÉTYM.** Ce nom allemand signifie «pierre».

**STEIN (Edith)** ♦ Philosophe allemande (Breslau 1891 - Auschwitz 1942). Elle étudia d'abord auprès de Husserl*. Juive, elle se convertit au catholicisme et rejoignit le Carmel (sœur Thérèse-Bénédicte de la Croix). Elle fut arrêtée et déportée en 1942. Elle avait été influencée par le thomisme autant que par la phénoménologie. Dans la partie mystique de son œuvre, la méthode de l'*épochê* («mise entre parenthèses») de Husserl joue un rôle dans le progrès de l'âme vers Dieu. Œuv. princ. : *De l'État* (1925), *La Science de la croix* (1957), *Phénoménologie et philosophie chrétienne* (1987). Elle a été béatifiée par Jean-Paul II en 1987. ▪ Fête le 9 août.

**STEIN (William)** ♦ Biochimiste américain (New York 1911 - *id.* 1980). → **Moore.** [Prix Nobel de chim. 1972, avec C. Anfinsen* et S. Moore]

**STEIN (Peter)** ♦ Metteur en scène allemand (Bad Hombourg vor der Höhe 1937). Il se fit remarquer dès la première mise en scène, *Sauvés*, d'E. Bond (1967). Attentif à l'intersection du politique et de l'artistique, il choisit des textes en fonction de leur thématique plus que de leur écriture, ne répugnant pas à pratiquer des coupes ou des ajouts. Ses spectacles sont élaborés à partir d'une scénographie importante, avec des acteurs maîtres du jeu (*Peer Gynt* d'Ibsen, avec six acteurs pour le rôle titre, 1971 ; *Le Prince de Hombourg* de Kleist, 1972, 1978 ; *Grand et Petit* et *La Trilogie du revoir* de Botho Strauss, 1972 ; *Les Estivants* de Gorki, 1978 ; *Les Nègres* de Genet, 1984 ; *Roberto Zucco* de Bernard-Marie Koltès, 1990 ; *Faust* de Goethe, 2000 ; *Wallenstein* de Schiller, 2007). Il dirigea la Schaubühne* de 1970 à 1987.

**STEIN AM RHEIN** ♦ V. de Suisse (cant. de Schaffhouse) sur la rive d. du Rhin. 3 078 hab. Maisons anc. ornementées, couvent bénédictin de Saint-Georges (XIV$^{e}$ - XV$^{e}$ s. et XVI$^{e}$ s.).

**STEINARR (Adalsteinn KRISTMUNDSSON,** dit **Steinn)** ♦ Poète islandais (Nauteyrarhreppur 1908 - Reykjavík 1950). Poète maudit d'inspiration communiste, il a exprimé son nihilisme et son désespoir de vivre dans d'admirables et minces recueils de poèmes dont le plus beau est *Le Temps et l'Eau* (1948). Il aura eu une influence prépondérante sur les poètes qui l'auront suivi, en particulier sur la célèbre école des poètes dits atomiques.

**STEINBECK (John)** ♦ Romancier américain (Salinas, Californie 1902 - New York 1968). D'ascendance prussienne et irlandaise, il étudia à l'université Stanford et exerça plusieurs métiers mal rémunérés à

New York. Après un échec dans le journalisme, il commença à se faire connaître avec *Tortilla Flat* (1935), chronique truculente et émue de la vie de six *paisanos* («assortiment de sang espagnol, indien, mexicain et caucasien») peu recommandables unis un moment en fraternelle communauté. L'observation de la langue populaire et la cocasserie verbale y sont remarquables. Suivit une série de romans de tendance naturaliste et de revendication sociale : *En un combat douteux* (1936) qui évoque une grève, et *Les Raisins* de la colère* (1939), où Steinbeck condamne l'inhumanité du développement économique, la mécanisation de l'agriculture et le système capitaliste qui les engendre. Sa foi en l'homme subsiste, même si la Terre promise (la Californie) se transforme pour les fermiers ruinés de l'Oklahoma en «un vaste pénitencier». *Des souris et des hommes* (1937) évoque la misère psychologique de deux journaliers dans un ranch de la vallée de Salinas (l'œuvre, adaptée à la scène, eut un grand succès). *Rue de la Sardine* (*Cannery Row*, 1944) renoue avec l'inspiration anarchisante, hippie avant la lettre, de *Tortilla Flat*. Steinbeck obtint en 1940 un prix Pulitzer ; pendant les hostilités, il fut correspondant de guerre en Méditerranée. *The Moon Is Down* (1942) traite de la Résistance norvégienne. Après 1950, la qualité des œuvres de Steinbeck décline, comme dans *À* l'est d'Éden* (1952) ou *The Winter of Our Discontent* (1961) ; son texte pour le film *Viva Zapata !* (1952) est sa plus grande réussite à cette époque. Déçu dans ses rêves d'utopie socialiste, Steinbeck s'était rallié au conformisme américain conservateur (prônant la guerre au Viêtnam, par exemple). [Prix Nobel de littér. 1962]

**STEINBERG (Saul)** ♦ Peintre et dessinateur américain d'origine roumaine (Râmnicul-Sărat 1914 - New York 1999). Mobilisé en 1943, il fit paraître en 1945 son premier recueil de dessins humoristiques *All in Line*, inspiré par ses souvenirs de guerre. Suivirent d'autres albums : *The Passport* (1954), *The Labyrinth* (1959), *The New World* (1965). Ses dessins furent également publiés dans *Harper's Bazaar* et il réalisa de nombreuses couvertures pour *The New Yorker*. L'extraordinaire habileté de son graphisme, jouant du déploiement baroque des contours, est mise au service d'une critique sociale et psychologique impitoyable. Steinberg est également l'auteur de fresques pour des hôtels et des habitations privées. Il composa un ensemble de huit panneaux, de 80 m de long, pour le Pavillon américain de l'Exposition de Bruxelles en 1958, inaugurant une seconde carrière de peintre et de plasticien, sans renoncer à ses vertus critiques.

**STEINBERGER (Jack)** ♦ Physicien américain d'origine allemande (Bad Kissingen 1921). → **L. Lederman.** [Prix Nobel de phys. 1988, avec L. Lederman et M. Schwartz*]

**STEINER (Jacob)** ♦ Mathématicien suisse (Utzensdorf, Berne 1796 - Berne 1863). Il est considéré comme le plus grand géomètre depuis l'Antiquité. On lui doit une grande part de l'élaboration de la géométrie projective synthétique : il systématisa les méthodes de génération projective des figures, réalisa la construction de courbes et de surfaces de degrés supérieurs et développa par la seule voie géométrique la théorie des polaires des courbes algébriques.

**STEINER (Rudolf)** ♦ Penseur et pédagogue autrichien (Kraljević 1861 - Dornach, près de Bâle 1925). Il participa à Weimar (1889 - 1896) à l'édition complète des œuvres de Goethe, dont les écrits scientifiques l'avaient particulièrement intéressé. Après avoir fréquenté les milieux théosophiques, il devait élaborer sa propre doctrine, l'anthroposophie. Il fonda la Société anthroposophique et le centre de Dornach (le Goetheanum, près de Bâle). Comme la pensée de Goethe, celle de R. Steiner veut être «un chemin de connaissance qui tente de conduire du spirituel dans l'homme au spirituel dans l'univers». Ainsi, voulant dépasser le caractère matérialiste de la science contemporaine, l'anthroposophie propose une compréhension de la nature humaine capable de lui rendre sa véritable place au sein du Cosmos, «d'élargir et d'approfondir notre sens de l'action sociale, pédagogique et médicale». Éduquer et guérir l'homme, parvenir à harmoniser en lui l'être matériel (physique) et l'être spirituel, en développant le sentiment ou «don du cœur», seule force capable d'équilibrer les contraires, tel est le but que cherche à atteindre l'anthroposophie, qui voit dans le Christ «le véritable *cœur* de l'histoire terrestre» (O. J. Hartmann). La doctrine eut des prolongements pédagogiques (s'inspirant de certains aspects des théories exposées par Goethe dans *Wilhelm* Meister*) avec la fondation de plusieurs écoles Rudolf-Steiner, esthétiques (l'eurythmie dans l'expression musicale, picturale, architecturale, théâtrale, dans la danse), médicaux et scientifiques et même agricoles (biodynamique). R. Steiner a exposé ses idées dans plusieurs ouvrages : *Théosophie, introduction à la connaissance du monde suprasensible ; Pensée humaine, pensée cosmique, L'Ésotérisme chrétien, Les Mystères bibliques de la Genèse, L'Impulsion du Christ et la Conscience du moi, Les Bases spirituelles de l'éducation, Le Faust de Goethe.*

**STEINERT (Otto)** ♦ Photographe allemand (Sarrebruck 1915 - Essen Werden 1978). Membre du groupe Fotoform et figure principale de la photographie subjective (*Subjektive Fotografie*), il énonça en 1955 une doctrine fondée sur la recherche des limites de l'objectivité photographique. Se réclamant de la Nouvelle Vision et du surréalisme, il voulut exploiter les possibilités créatrices propres à la technique photographique.

**STEINHEIL (Carl August VON)** ♦ Physicien allemand (Ribeauvillé 1801 - Munich 1870). Directeur d'une usine d'instruments d'optique, il appliqua la technique de l'argenture chimique aux miroirs des télescopes (1856), et participa au développement de la photographie en mettant au point en 1860 ses aplanats (objectifs à large champ corrigés de la distorsion).

**STEINITZ (Ernst)** ♦ Mathématicien allemand (Laurahütte, auj. Siemianowice, Pologne 1871 - Kiel 1928). Un des précurseurs de l'algèbre abstraite moderne, il créa la théorie des corps algébriques (1910).

**STEINKERQUE** – auj. ***Steenkerque*** ♦ Localité de Belgique dépendant de la ville de Braine*-le-Comte. ▪ Victoire du maréchal de Luxembourg* sur Guillaume* III d'Orange (1692).

**STEINLEN** [stɛ̃lɛn] ou [stɛnlɛn] **(Théophile Alexandre)** ♦ Dessinateur, peintre, lithographe et affichiste français d'origine suisse (Lausanne 1859 - Paris 1923). Il s'installa à Paris à partir de 1878, débuta comme dessinateur industriel et collabora à plusieurs journaux : *Le Chat noir, Gil Blas, L'Assiette au beurre.* Ses dessins de chats le rendirent vite célèbre ; il illustra de nombreux ouvrages (*Dans la rue*, de Bruant), produisit des affiches fortement marquées par le «japonisme» alors en vogue et des tableaux aux tons parfois assourdis évoquant les mœurs populaires et où s'expriment ses préoccupations sociales et ses aspirations humanitaires. Sensible aux leçons de Daumier et surtout de Toulouse*-Lautrec, il fit preuve d'une curiosité et d'un sens de l'observation qui en font l'un des plus intéressants témoins de l'époque 1900.

**Steinlen.** Affiche pour la tournée du Chat noir avec Rodolphe Salis, 1896. Musée de l'Affiche, Paris. *BIS/Phot. © Coll. Archives Larbor*

**STEINMETZ (Karl Friedrich VON)** ♦ Feld-maréchal prussien (Eisenach 1796 - Landeck, Silésie 1877). Il participa aux différentes campagnes de la Prusse (Schleswig, 1848, 1864, en Bohême contre l'Autriche, 1866). Placé à la tête de la Ire armée allemande lors de la guerre franco-allemande (1870 - 1871), il remporta sur l'armée française de Frossard* la bataille de Forbach-Spicheren (6 août 1870). Pourtant, sa tactique ayant été critiquée par ses supérieurs (dont Moltke), il fut relevé de ses fonctions le 15 sept. après la bataille de Saint-Privat-la-Montagne. Il devint ensuite gouverneur de Posnanie et de Silésie.

**STEINTHAL (Heymann)** ♦ Linguiste et philosophe allemand (Gröbzig, Anhalt 1823 - Berlin 1899). Il étudia à Paris la langue et la littérature chinoises. Professeur de linguistique à Berlin, il fonda (avec Lazarus) une revue de psychologie des peuples et de philologie (1859). Ses travaux sur la philosophie du langage en font un successeur de W. von Humboldt*. Il a publié *Origine du langage* (1851), *Précis de linguistique* (1850 - 1871).

**STEINWAY** ◆ ÉTYM. anglicisation du n. *Steinweg* en remplaçant l'all. *Weg* «chemin» par *way* (de même sens) ♦ Famille de facteurs de pianos allemands fondée par HEINRICH ENGELHARD STEINWEG (Wolfshagen, Harz 1797 - New York 1871). Celui-ci ouvrit avec Grotrian deux manufactures, à Seesen et à Brunswick. Puis il partit en Amérique avec quatre de ses fils et fonda à New York la maison Steinway and Sons (1853). Il fonda une nouvelle manufacture à Hambourg, ce qui assit la réputation mondiale de sa firme.

**STEITZ (Thomas A.)** ♦ Biochimiste américain (Milwaukee 1940). Il détermina avec précision la structure en trois dimensions du cristal de la plus grande sous-unité du ribosome, obtenu par A. Yonath* en 1980. En 2000, il parvint à établir sa structure atomique. [Prix Nobel de chim. 2009, avec A. Yonath et V. Ramakrishnan*]

**STEKENE** ♦ Comm. de Belgique (Région flamande), prov. de Flandre-Orientale, arr. de Sint-Niklaas. 17 040 hab. Indus. textile.

**STELLA (Frank)** ♦ Peintre américain (Malden, Massachusetts 1936). Il fut l'un des rares artistes américains à avoir reçu, dès l'âge de quatorze ans, une formation de peintre abstrait, et s'inspira de Jasper Johns* pour ses premières œuvres. Il peignit par séries, cherchant à supprimer la distinction figure-fond par la répétition de bandes parallèles, ce qui l'apparente au mouvement «post-painterly», au minimalisme et au «all-over» (*Stripe Paintings*, 1958 ; *Hyena Stomp*, 1962). Puis, suivant un parcours discontinu, il créa les *Shaped Canvases* (toiles mises en forme) et introduisit des lignes courbes, et donc la troisième dimension, aboutissant à ses collages de feutre et aux grands reliefs peints en couleurs vives (*Brazilian Series*, 1974 - 1975 ; *Exotic Bird Series* ; *Indian Bird Series*, 1976 - 1978) que certains critiques considérèrent comme une dérive vers le kitsch. À partir des années 1990, il réalisa de monumentales sculptures en acier et en fibres de carbone (*Chinese Pavilion*, 2007).

**STELLA-PLAGE** ➝ ÉTYM. *Stella* : prénom féminin choisi par M. Labrasse, créateur de la station balnéaire ♦ Station balnéaire du Pas-de-Calais (comm. de Cucq).

**STELLENBOSCH** ♦ V. d'Afrique du Sud, à l'E. du Cap, fondée en 1679. Env. 38 000 hab. Université. Production de fruits.

**Stello ou les Consultations du docteur Noir** ♦ Roman symbolique de Vigny* (1832). Reprenant la thèse de *Moïse*, l'auteur l'applique aux poètes, isolés au sein d'un ordre social qui repose sur le mensonge. En lui contant l'histoire de trois génies méconnus (Gilbert*, craint par la monarchie absolue ; Chatterton*, dédaigné par la monarchie constitutionnelle ; Chénier*, condamné par la république), le docteur Noir (la pensée de l'écrivain) tente de guérir de ses illusions Stello, en lui prescrivant la réserve («neutralité armée») pour mieux accomplir sa mission.

**STELVIO** (col du) ♦ Col des Alpes italiennes (2 758 m), situé à l'E. du massif de l'Ortler, entre les cours supérieurs de l'Adda et de l'Adige et emprunté par la route Milan-Innsbrück.

**STENAY** [55700] ➝ ÉTYM. anc. *Sathonagium*, du lat. *Satto*, n. de pers. gallo-rom., et suff. *-acum* ♦ Ch.-l. de cant. de la Meuse, arr. de Verdun, sur la Meuse. 2 952 hab. (aggl. 3 377) *(Stenaisiens)*. Anc. place forte ayant conservé quelques fortifications (XVI^e^ s.), des maisons à porches des XVII^e^ et XVIII^e^ s. Petit musée : archéologie ; arts et traditions populaires. ▪ Métallurgie. Papeterie.

**STENDAL** ♦ V. d'Allemagne (Saxe-Anhalt). 37 000 hab. Monuments gothiques et Renaissance. ▪ Industries métallurgiques, chimiques et alimentaires (conserveries, sucreries).

**STENDHAL (Henri BEYLE, dit)** ➝ ÉTYM. de *Stendal*, n. d'une petite v. de Saxe ♦ Écrivain français (Grenoble 1783 - Paris 1842). Après une adolescence où sa révolte contre son père et son précepteur (l'abbé Raillane) le conduisit à se déclarer athée et jacobin, il se passionna pour le dessin, les mathématiques et le théâtre, se livrant parallèlement à la lecture des philosophes et des romanciers sentimentaux du XVIII^e^ s. ▮ **Une carrière militaire** Engagé dans l'armée de Bonaparte, il découvrit, en 1800, l'Italie avec émerveillement. En même temps, séduit par la méthode des idéologues*, il commença, dès 1801, à rédiger son *Journal* (publ. 1888 à 1935) afin de se mieux connaître. Sa carrière militaire ne fut pas remarquable. Malade, il manqua la bataille de Wagram. Il eut cependant une conduite exemplaire pendant la retraite de Russie, ce qui ne lui valut (et sa déception fut grande) aucune récompense. ▮ **De 1810 à 1830** La seule année vraiment heureuse fut celle de 1810 où il se lança dans une vie mondaine et insouciante et fut nommé successivement auditeur au Conseil d'État et inspecteur du mobilier et des bâtiments de la Couronne. Fixé à Milan (1814 - 1821), il y fit paraître un essai, *Rome, Naples et Florence* (1817) signé du nom de Stendhal. De retour à Paris et fort bien reçu dans la société mondaine, il publia *De l'amour** (1822), défendit un romantisme libéral en littérature (*Racine* et Shakespeare*, 1823 et 1825) et donna successivement deux romans, *Armance** (1827) et *Le Rouge* et le Noir* (1830). ▮ **De 1830 à la fin de sa vie** Assombri par sa relative pauvreté et son peu de succès littéraire, il retourna en Italie (consul à Trieste, puis à Civitavecchia, de 1830 à 1842) et entreprit en 1834 *Lucien* Leuwen* (inachevé, 1855). De 1836 à 1839, en congé à Paris, il fit paraître *Les Mémoires d'un touriste* (1838), puis *La Chartreuse* de Parme* (1839) et *L'Abbesse de Castro* (1839), recueil de nouvelles qui deviendra les *Chroniques* italiennes* (posth. 1855), récits où il exprime son culte de la passion et de l'énergie, avant d'entamer, à son retour en Italie, *Lamiel* (1842), roman inachevé où toutes ses aspirations s'incarnent en une fascinante figure féminine. Après sa mort, paraîtront le *Journal*, la *Vie* de Henry Brulard* (souvenirs d'enfance et d'adolescence, publ. 1890) et les *Souvenirs* d'égotisme* (années 1821 à 1830, publ. 1892). ▮ **Le beylisme** Rêvant des «plus nobles passions», l'amour et la gloire, il fait preuve également d'une sensibilité esthétique intense. Cependant, il cherche à être «davantage perception et moins sensation» en «s'expliquant, [...] s'analysant», n'hésitant pas à feindre «la grande froideur» pour mieux jouer la comédie sociale. On retrouve dans ses romans la même vision sans indulgence pour les mœurs de son temps. Ses héros sont en révolte contre l'ordre social (Julien* Sorel ou Lamiel), méprisent le règne de l'argent (Lucien Leuwen) ou traversent avec hauteur les intrigues politiques (Fabrice* del Dongo). Sous des formes différentes, ces personnages incarnent la même attitude devant la vie : le beylisme. Pour cultiver l'«art d'aller à la chasse au bonheur» (beauté et passion), ils déploient une grande énergie, faisant jouer leur volonté sur eux-mêmes (lucidité envers soi ou dissimulation nécessaire) comme sur les autres (épreuves infligées) et acceptation du risque. Ce désir de «marcher droit au but» se retrouve chez Stendhal écrivain. Persuadé qu'«un roman, c'est un miroir que l'on promène le long d'un chemin», c'est par le récit de faits authentiques, par le choix délibéré du réalisme psychologique et le recours à un style incisif et dépouillé que Stendhal réussit à mettre «la puissance et les séductions de l'intelligence au service du sentiment» (André Suarès).

**STENHAMMAR (Wilhelm)** ♦ Compositeur et chef d'orchestre suédois (Stockholm 1871 - *id.* 1927). Chef de l'orchestre de Göteborg (1907 - 1923), avec lequel il créa en Suède la *4^e^ Symphonie* de Sibelius (1913), il laissa notamment deux symphonies (1903 et 1915), deux concertos pour piano (1893 et 1907), six quatuors à cordes (1894, 1896, 1897 - 1900, 1904 - 1909, 1910 et 1916), de la musique pour piano, des mélodies et la cantate symphonique *Le Chant* (1921).

**STENMARK (Ingmar)** ♦ Skieur suédois (Tärnaby 1956). Vainqueur de trois Coupes du monde (1976, 1977, 1978), il domina le slalom (géant et spécial) durant une décennie (1975 - 1985), remportant 86 victoires et 5 médailles d'or aux jeux Olympiques et aux Championnats du monde.

**STÉNON (Niels STEENSEN, latinisé en Nicolaus Steno, en fr. Nicolas)** ➝ ÉTYM. *Steensen* : danois «fils (*sen*, anc. forme de *søn*) de Steen [de *sten* "pierre"]» ♦ Anatomiste et géologue danois (Copenhague 1638 - Schwerin, Allemagne 1686). Converti au catholicisme, lors d'un voyage en Italie, il entra dans les ordres et devint évêque de Titiopolis (Grèce). On lui doit la découverte du canal excréteur de la glande parotide (dit *canal de Sténon*). Il fut par ailleurs le fondateur de la paléontologie, affirmant que les fossiles sont d'anciens animaux pétrifiés, disposés par couches successives à partir des plus anciens et formulant ainsi les bases de la géologie chronologique ou stratigraphie.

**STENSIÖ (Erik)** ♦ Paléontologue suédois (Döderhult 1891 - Stockholm 1984). Il s'est particulièrement intéressé aux poissons fossiles du Spitzberg et de Grande-Bretagne, élaborant une méthode de travail entièrement nouvelle. La pratique de la dissection, en particulier, fut à l'origine des premières études des systèmes nerveux et vasculaires des poissons les plus archaïques.

**STENTOR** – en gr. *Stentôr* ♦ Personnage de *L'Iliade** mentionné pour l'ampleur de sa voix pendant la guerre de Troie*. Cet homme «à la voix d'airain» criait aussi fort que cinquante guerriers réunis.

**STEPHENS (James)** ♦ Poète et romancier irlandais (Dublin 1882 - Londres 1950). Tout en travaillant chez un avoué, il collabora au *Sinn Fein* et à l'*Irish Review* qui publia son premier roman, *La Fille de la femme de ménage* (1912). C'est grâce à George Russell qu'il publia ses premières poésies, *Insurrection* (1909). Toute sa fantaisie apparaît dans *Le Pot d'or* (1912) ; parmi ses autres recueils de contes, on peut citer *Deirdre* (1923) et *Esquisse au clair de lune* (1928) et, parmi ses poèmes réunis en 1926 *(Collected Poems)*, *Chansons de la terre* (1915) et *Les Rois de la lune* (1938).

**STEPHENSON (George)** ♦ Ingénieur britannique (Wylam, près de Newcastle 1781 - Chesterfield 1848). Le premier à comprendre le principe de l'adhérence de surfaces lisses entre elles, il imagina un véhicule roulant sur des rails en fer et capable d'entraîner plusieurs wagons chargés. Il construisit une locomotive à vapeur (démonstration, le 25 juil. 1814, couronnée de succès) qu'il améliora considérablement au cours des années suivantes ; notamment il conçut une locomotive qui fonctionnait avec une chaudière tubulaire dont le principe était dû à M. Seguin*. Il réalisa en outre de nombreuses lignes ferroviaires en Grande-Bretagne. ➝ ÉTYM. Ce nom anglais signifie «fils *(son)* d'Étienne *(Stephen)*».

**STEPTOE (Patrick Christofer)** ♦ Médecin britannique (Witney 1913 - Canterbury 1988). Il mit au point, avec R. G. Edwards, la technique de fécondation *in vitro* qui aboutit, en 1978, à la naissance du premier «bébé-éprouvette».

**STERLING (Charles)** ♦ Historien d'art français d'origine polonaise (Varsovie 1901 - Launay, Yvelines 1991). Élève de Focillon*, il fut conservateur au Louvre (1929 - 1961) puis enseigna à l'Institute of Fine Arts de New York. Spécialiste de l'art français du Moyen Âge, il entreprit en 1987 son œuvre majeure, *Les Primitifs français*. Sa méthode, proche de celle de Roberto Longhi*, recourait, pour la recherche, au *paragone* d'images, selon la formule : «la peinture ne se raconte pas, elle se montre». Il révéla l'œuvre de Georges de La Tour (exposition «Les Peintres de la réalité française», 1934) et rendit traditionnelle la publication des catalogues.

**STERLITAMAK** ♦ V. de Russie en Bachkirie, sur la rive g. de la Belaïa. 264 400 hab. Indus. mécanique et chimique. Verreries. Traitement du cuir et du bois.

**STERN (Daniel)** ♦ Pseudonyme de la comtesse d'Agoult*.

**STERN (William)** ♦ Philosophe et psychologue allemand (Berlin 1871 - Durham, Caroline du Nord 1938). Promoteur de la philosophie personnaliste, il est surtout connu par ses travaux sur la psychologie de l'enfant, l'étude du développement et la mesure de l'intelligence ; on lui doit la notion de quotient intellectuel. Princ. ouvrages : *La Psychologie différentielle dans ses fondements méthodologiques,* 1911 ; *L'Intelligence des enfants et des adolescents,* 1916. → **Terman, Wechsler.** ◆ ÉTYM. Ce nom vient de l'allemand *Stern* «étoile», nom de maison signalée par une étoile et aussi nom juif (allusion à l'étoile de David).

**STERN (Otto)** ♦ Physicien américain d'origine allemande (Sohrau 1888 - Berkeley 1965). Étudiant les propriétés magnétiques des atomes, il introduisit avec Gerlach* la méthode des jets moléculaires (flux de molécules très peu dense dans le vide et soumis à l'action du champ magnétique ou électrique, qui permet d'atteindre expérimentalement les conditions voisines des conditions théoriques) et vérifia ainsi directement la «quantification dans l'espace» (l'atome, par ex., ne peut se trouver que dans certaines orientations, 1921). Il put également mesurer le moment magnétique du proton et confirmer le caractère ondulatoire des particules composant les jets. [Prix Nobel de phys. 1943]

**STERN (Isaac)** ♦ Violoniste américain d'origine russe (Kremenets, Ternopol 1920 - New York 2001). Après des études à San Francisco, il mena une brillante carrière internationale, se spécialisant dans le répertoire romantique. Il forma avec E. Istomin et L. Rose un célèbre trio.

**Stern** (groupe) ♦ Organisation juive nationaliste extrémiste. Née d'une scission de l'Irgoun*, elle fut dirigée par Abraham Stern (tué en 1942) et se signala par ses actions terroristes antibritanniques et antiarabes.

Der **Stern** ♦ Hebdomadaire d'information allemand fondé en 1948 à Hambourg par H. Nannen. Proche de la gauche, le journal, qui mêle reportages photographiques, actualités générales, divertissements et sensationnalisme, est actuellement le premier magazine allemand, tirant à 1 100 000 exemplaires.

**STERNBERG (Josef VON)** ♦ Cinéaste américain d'origine autrichienne (Vienne 1894 - Hollywood, Californie 1969). Il introduisit au cinéma un nouveau type de héros, le gangster (*Les Nuits de Chicago,* 1927) et excella à créer la trouble et pathétique atmosphère de l'aventure (*Les Damnés de l'océan,* 1928). Mais c'est avec un film réalisé en Europe, *L'Ange* bleu* (1930), qu'il devait, en révélant au public Marlène Dietrich*, imposer à l'écran un type de personnage destiné à lui survivre, celui de la femme fatale. Plasticien au goût fastueux et baroque, il fut, avec le concours des plus grands opérateurs de l'époque (Lee Garmes, Bert Glennon), un des maîtres de l'image. Réal. princ. : *Cœurs brûlés* (*Morocco,* 1930), *Shanghaï Express* (1932), *L'Impératrice rouge* (1934).

**STERNBERG (Fritz)** ♦ Économiste allemand (Breslau 1895 - Santa Monica, Californie 1963). De tendance marxiste, il a analysé le développement du système capitaliste en insistant sur les relations entre l'impérialisme et le sous-développement et en supposant que dans les pays dominés l'évolution se ferait probablement non «du stade féodal et précapitaliste à celui des grandes entreprises monopolisatrices, [mais] au profit d'un système économique qui donnera d'emblée à l'État un rôle primordial». Il a publié *L'Impérialisme* (1926), *Le Conflit du siècle,* (*Kapitalismus und Sozialismus vor dem Weltgericht,* 1951).

**STERNE (Laurence)** ♦ Romancier britannique (Clonmel, Irlande 1713 - Londres 1768). Fils d'un officier subalterne de l'armée britannique, Sterne fit ses études à Cambridge et devint pasteur de Sutton in the Forest où, pendant vingt ans, il mena une vie retirée avec sa femme Elizabeth Lumley. Il publiait ses sermons (*The Case of Elijah,* 1747). À quarante-six ans il fit paraître son premier roman, *Vie et Opinions de Tristram* Shandy* (I, II, 1760 ; III-VI, 1762 ; VII, VIII, 1765 ; IX, 1767) qui eut un succès immédiat. Le «shandéisme» devint synonyme de réflexion sur la solitude. L'ouvrage, comme *Jacques le Fataliste* de Diderot qui s'en inspire, n'est pas construit sur une suite d'événements ou sur une intrigue, mais sur des personnages (ce qui explique l'emploi méthodique de la digression), et plus encore sur les caractères des discours. Sur ce plan, Sterne est l'un des premiers à prendre conscience du jeu du récit entre l'énonciation d'un auteur à la fois présent et caché et les énoncés qu'il produit, à mettre en scène les artifices créateurs de l'écriture (innovations typographiques : pages laissées blanches, phrases remplacées par des astérisques), en des recherches que systématisera Joyce*. Sterne fit de son œuvre le reflet d'une philosophie où le savoir-vivre du XVIIIe s. recouvre une théorie prémonitoire de la lecture («Se permettre de tout penser serait manquer de savoir-vivre : la meilleure preuve de respect que l'on puisse donner à l'intelligence du lecteur, c'est de lui laisser amicalement quelque chose à imaginer»). Son *Voyage sentimental en France et en Italie,* 1768 (célèbre en France, où il répandit le mot «sentimental») illustre aussi cette formule. C'est aussi un précieux témoignage sur les mœurs de l'ancienne France à la veille de la Révolution. Ses *Lettres,* notamment à Eliza Draper à qui le lia une affection platonique, éclairent la personnalité de ce «premier romancier de la conscience» (Mayoux). ◆ ÉTYM. Ce nom de famille vient du moyen anglais *stern(e)* «sévère, strict», surnom d'une personne sévère.

**STERNHEIM (Carl)** ♦ Dramaturge et romancier allemand (Leipzig 1878 - Bruxelles 1942). Représentant de l'expressionnisme, il a dénoncé la société de son temps, le monde ouvrier tout autant que la bourgeoisie, dans un style violent, ironique, cynique, qui lui a souvent été reproché. Sous le titre *Vie héroïque de la bourgeoisie* sont regroupées douze comédies composées entre 1908 et 1922. Il écrivit également plusieurs récits, nouvelles et romans (*Europa,* 1919, sur la décadence européenne).

**STÉSICHORE (Tisias,** dit en gr. **Stêsikhoros** «maître de chœur» et en fr.) ♦ Poète grec (Sicile v. –640 - v. –550). Un des créateurs du lyrisme choral par l'application du chœur musical aux récits héroïques et lyriques des rhapsodes, il inventa aussi la triade (strophe, antistrophe, épode). De son œuvre, composée d'hymnes héroïques, de péans, de chants d'amour, il nous reste quelques fragments.

**STÉTIÉ (Salah)** ♦ Poète libanais d'expression française (Beyrouth 1929). Diplomate, il passe en France une partie de sa vie, représentant notamment son pays à l'Unesco (1963). Célébrant à la fois une langue française très pure et les traditions de la poésie arabe, il est l'auteur d'une œuvre poétique abondante et très dense, où la «réduction» de l'expression et des thèmes vise à l'évocation de l'essentiel humain par des moyens verbaux épurés, la référence à Mallarmé (*Mallarmé sauf azur,* 1999) s'imposant, du côté occidental. Parmi ses recueils poétiques : *L'Eau froide gardée,* 1973 ; *Inversion de l'arbre et du silence,* 1981 ; *L'Être poupée,* 1983 (traduit en arabe par Adonis, 1983) ; *Archer aveugle,* 1986, *Lecture d'une femme,* 1988 ; *L'Autre côté brûlé du très pur,* 1992. Il est l'auteur de nombreux essais, de recueils d'aphorismes (*Signes et singes,* 1996), de traductions et présentations de poètes arabes, de textes sur la poésie, la langue, l'art et la calligraphie. Son œuvre se découvre «dans une illuminante complexité» (Giovanni Dotoli, *Salah Stétié, le poète, la poésie,* 1999).

**STETTIN** → Szczecin

**STEVENAGE** ♦ V. nouvelle d'Angleterre (Hertfordshire), au N. de Londres. 79 724 hab. Créée en 1946, autour d'un noyau anc. pour décongestionner la capitale, c'est la première des villes nouvelles britanniques. Construc. électroniques.

**STEVENS (John)** ♦ Industriel et inventeur américain (New York 1749 - Hoboken, New Jersey 1838). On lui doit la première législation fédérale relative aux brevets aux États-Unis (1790). Il participa activement à l'essor des chemins de fer et de la navigation à vapeur dans son pays. Il fit breveter une chaudière multitubulaire (1803) et construisit, en 1808, le bateau qui effectua la première traversée à vapeur (New York-Philadelphie).

**STEVENS (Alfred)** ♦ Peintre belge (Bruxelles 1823 - Paris 1906). Frère du peintre animalier JOSEPH STEVENS (Bruxelles 1819 - *id.* 1892). Il fréquenta très tôt le café Guerbois à Paris. Il fut l'élève de Navez et travailla chez Roqueplan. À Paris, il exposa notamment *Chez soi* (1857) et *La Consolation.* Se situant entre la peinture de genre et la peinture naturaliste, il introduisit parfois une note sentimentale. Stevens donna une image de la femme du monde au Second Empire (*Dame en rose,* Bruxelles ; *Rentrée de bal,* Compiègne).

**STEVENS (Wallace)** ♦ Poète américain (Reading, Pennsylvanie 1879 - Hartford, Connecticut 1955). Après des études de droit, il devint avocat et entra dans une compagnie d'assurances, dont il finira vice-président. Il publia son premier recueil de poèmes à quarante-quatre ans, *Harmonium* (1923). Moins lyrique, mais tendant à une perfection formelle digne de Valéry, l'œuvre de Stevens est très influencée par la peinture moderne, bien qu'elle ne porte pas sur des réalités visuelles : *Idées d'ordre* (1936), *L'Homme à la guitare bleue* (1937), *Aurores d'automne* (1950) et *Poèmes réunis* (1954, prix Pulitzer). Un volume d'essais critiques paru en 1951, *L'Ange nécessaire,* éclaire sa technique poétique.

**STEVENS (Stanley Smith)** ♦ Psychophysiologiste américain (Ogden 1906 - 1973). Auteur d'une théorie psychophysique fondée sur l'appréciation quantitative directe de l'intensité de la stimulation, et opposée à celle de Weber et Fechner, qui contribua au développement de la psychophysique (*Handbook of Experimental Psychology,* 1956).

**STEVENSON (Robert Louis BALFOUR)** ♦ Poète, essayiste et romancier britannique (Édimbourg 1850 - Vailima, Samoa-Occidentales 1894). Fils unique d'un ingénieur éminent, Stevenson entra à l'école d'ingénieurs d'Anstruthen puis, après des études de droit, s'inscrivit au barreau en 1875. Collaborateur du *Cornhill Magazine* où il fit notamment paraître un *Appel au clergé de l'Église d'Écosse* (1875), il délaissa peu à peu le droit au profit de la littérature. Atteint de tuberculose, il passa sa vie à voyager à la recherche d'un climat plus sain. Il publia ainsi *Un Voyage dans les terres* (1878), suivi de *Voyage avec un âne à travers les Cévennes* (1879). C'est en France qu'il rencontra Mrs. Osbourne qu'il devait épouser en 1880. Elle le conseilla dans la rédaction de ce chef-d'œuvre de la littérature d'épouvante qu'est *Docteur* Jekyll et Mister Hyde* (1885), où l'habileté du récit, évoquant un dédoublement manichéiste de personnalité, recouvre le pressentiment de l'analyse des pulsions inconscientes et un sens profond des valeurs symboliques. Le mystérieux imprègne aussi les contes des *Nouvelles Mille et Une Nuits* (1882). Et l'immense succès de *L'Île* au trésor* (1883) est dû à la poésie d'un réalisme fantastique, renouvelant le récit d'aventures. Dans le goût de W. Scott, Stevenson publia encore *La Flèche noire* (1886). *Le Maître de Ballantrae* (1889) met en scène avec vigueur, dans un cadre historique écossais, le thème de l'homme malfaisant et satanique ; *Les Gais Lurons* (1887) chantent la solitude et la peur dans un décor marin sauvage. Toujours en lutte contre la maladie, Stevenson partit (1888) pour les Marquises, Tahiti, Honolulu et s'installa enfin aux Samoa, écrivant *Dans les mers du Sud* (1896) et un chef-d'œuvre inachevé, *Le Barrage d'Hermiston* (publ. en 1896). On lui doit aussi des poèmes (*Jardin de poèmes pour enfants*, 1885 ; *Sous-Bois*, 1887) et des *Lettres*. ➜ ÉTYM. Ce nom de famille anglais signifie «fils *(son)* d'Étienne *(Steven)*».

**STEVIN (Simon),** dit aussi **Simon de Bruges** ♦ Mathématicien et physicien flamand (Bruges 1548 - La Haye 1620). Il se préoccupa toujours de l'aspect pratique de ses recherches. Il établit les premières tables d'intérêt (1582) et développa les méthodes de la comptabilité en partie double (1608). Géomètre, il étudia les polyèdres, dépliant les surfaces de ces corps pour les développer sur le plan et mentionna l'analogie entre quantité continue et quantité discontinue (1583). Il réalisa une systématisation et une simplification de l'arithmétique et de l'algèbre (*Arithmétique*, 1585), introduisit l'emploi systématique des fractions décimales et une nouvelle conception du nombre qui rend l'algèbre autonome de la géométrie. Admettant le nombre négatif, il put réduire et unifier les règles de résolution des équations, traitant le premier l'équivalence de la soustraction d'un nombre positif à l'addition d'un nombre négatif. En physique, il étudia les propriétés de l'équilibre des poids, développant les théories du levier et du plan incliné, reconnaissant l'impossibilité du mouvement perpétuel comme un principe fondamental de la mécanique, et il formula, pour des composantes rectangulaires, la règle de composition des forces (*Statique*, 1586). Il étudia la pression exercée par un liquide sur les parois du récipient qui le contient, démontrant que la pression de l'eau sur le fond d'un vase dépend uniquement de sa hauteur (*Hydrostatique*, 1586).

**STEWART (James)** ♦ Acteur américain (Indiana 1908 - Beverly Hills 1997). Sa grande silhouette un peu gauche traversa un demi-siècle de cinéma hollywoodien. Les plus grands firent appel à lui : Capra, Lubitsch, Cukor, Hitchcock, Anthony Mann, DeMille, Wilder, Ford... Il a su conférer humour et caractère à *Monsieur* Smith au Sénat* (1939), *Rendez-vous* (1940), *Indiscrétions* (1940), *La Corde* (1948), *Winchester 73* (1950), *L'Appât* (1953), *Fenêtre sur cour* (1954), *Sueurs froides* (1958), *Les Deux Cavaliers* (1961), *L'Homme qui tua Liberty Valance* (1962). ➜ ÉTYM. → Stuart.

**STEWART** (île) ♦ Île située à l'extrémité de la Nouvelle-Zélande, séparée de l'île du Sud par le détroit de Foveaux. 1 735 km².

**STEYR** ♦ V. d'Autriche (Haute-Autriche), à la confluence de l'Ems et de la Steyr. 39 339 hab. Place bordée par un hôtel de ville (rococo) ; Bummerlhaus (gothique), église paroissiale (XVe s.) restaurée au XIXe s., maisons et ruelles anc. ▪ Centre métallurgique ; usines d'armement ; chaînes de montage automobile (Steyr, Daimler, Puch) ; scieries ; indus. textiles. ▮ **Histoire** Centre industriel depuis le Moyen Âge, Steyr utilisait les minerais de fer de Styrie et, dès le XIIe s., sa fabrique d'armes fut célèbre.

**STIBITZ (George Robert)** ♦ Ingénieur et informaticien américain (York, Pennsylvanie 1904 - Hannover, New Jersey 1995). Spécialiste des relais téléphoniques, il fut le premier à coder en décimal les systèmes binaires des machines à calculer (1939), procédé à l'origine du télétraitement. Il conçut de nombreux calculateurs, depuis le «Modèle K» qu'il construisit dans sa cuisine en 1937, jusqu'aux machines à relais très élaborées à la fin des années 1940.

**STIEGLITZ (Alfred)** ♦ Photographe américain (Hoboken, New Jersey 1864 - New York 1946). Chef de file de la photographie d'avant-garde américaine, fondateur de la revue *Camera Work*, de la petite galerie 291 et du groupe Photo-Secession en 1902, il fut l'instigateur d'une photographie directe caractérisée par des tensions formelles internes. En 1923, il fit preuve d'un modernisme radical avec les premiers clichés d'*Équivalents*, une série de photographies de nuages échelonnée sur dix ans.

**STIERNHIELM (Georg)** ♦ Érudit et poète suédois (Vika, Dalécarlie 1598 - Stockholm 1672). Fils d'un simple mineur, il fit de sérieuses études et voyagea à l'étranger ; il fut le poète favori de la reine Christine*. Après des années de disgrâce, il occupa le poste de président au collège des Antiquités à Stockholm de 1667 à sa mort. On lui doit de nombreux poèmes dont le plus célèbre est *Hercule* (1658). Il fut considéré comme «le père de la poésie suédoise» et ses œuvres, aujourd'hui oubliées, touchaient à toutes les sciences humaines.

**STIFTER (Adalbert)** ♦ Écrivain autrichien (Oberplan, Bohême 1805 - Linz 1868). Directeur des écoles de Linz, il a laissé des nouvelles et des romans qui, selon l'avis de Nietzsche, font de lui un des maîtres de la prose allemande du XIXe s. (*Études*, 1844 ; *Pierres multicolores*, 1853 ; *L'Été de la Saint-Martin*, 1857 ; *Witiko*, 1865-1867). Son œuvre témoigne d'un sens poétique attentif aux réalités de la vie, de la nature. Son art mesuré, serein, presque aristocratique semble parfois masquer, derrière la croyance en l'ordre et en la beauté du monde, le désarroi devant les bouleversements politiques (révolution de 1848, guerre de 1866) et «le triomphe historique de l'égoïsme et de la brutalité» (H. Plard).

**STIGLER (George)** ♦ Économiste américain (Renton, État de Washington 1911 - Chicago 1991). Défenseur de la libre concurrence, il a mené des travaux d'analyse microéconomique concernant principalement le marché du travail et les choix publics, examinant notamment les causes et effets des réglementations. [Prix Nobel de sc. écon. 1982]

**STIGLITZ (Joseph)** ♦ Économiste américain (Gary, Indiana 1943). Conseiller économique du président Clinton, vice-président et économiste en chef de la Banque mondiale (1997 - 2000), il est devenu l'un des critiques les plus influents du système financier international. Il a démontré, conjointement avec G. Akerlof* et M. Spence*, le caractère asymétrique de l'information dans un marché, au début des années 1970. Ils ont ainsi attaqué les fondements de la théorie économique libérale classique, qui postule une circulation parfaite de l'information permettant à tous les acteurs de prendre des décisions rationnelles. *La Grande Désillusion* (2002), *Quand le capitalisme perd la tête* (2003). En 2008-2009, à la demande du président Sarkozy, il dirigea les travaux d'une commission sur la mesure de la performance économique et du progrès social qui recommandèrent la prise en compte, en plus du PIB, de nouveaux indicateurs plaçant l'individu au centre de l'économie (services de santé et d'éducation, consommation). [Prix Nobel d'économie 2001, avec G. Akerlof et M. Spence]

**STILICON** ou **STILICHON** – en lat. *Flavius Stilicho* ♦ Général et homme politique romain, d'origine vandale (v. 360 - Ravenne 408). Ambassadeur puis maître de la milice de l'empereur Théodose* Ier, il reçut de ce dernier la régence de son fils Honorius*, empereur d'Occident (395). Il contint la poussée des Barbares en Italie, battant les Wisigoths en 402 à Pollenza et à Vérone en 403, achetant leur départ en 408. → **Alaric Ier**. Occupé à repousser d'Italie une armée d'Ostrogoths (406), il ne put défendre la Gaule qui fut envahie par les Vandales*. Il fut assassiné sur l'ordre d'Honorius.

**STILL (Clyfford)** ♦ Peintre américain (Grandin 1904 - 1980). Influencé par le surréalisme, il a peint de grands champs chromatiques sombres dans lesquels percent des taches de couleur vive (*Jamais*, 1944), éclats lumineux qui allaient peu à peu s'agrandir (*Number 2*, 1949). Dès 1950, le noir envahit ses toiles, où seuls les bords déchiquetés laissent apparaître des traces colorées (*Sans titre*, 1957).

**STILLER (Mauritz)** ♦ Cinéaste suédois (Helsinki 1883 - Stockholm 1928). Contemporain et ami de Victor Sjöström*, il s'est affirmé, par des œuvres d'une poésie tour à tour délicate et puissante, comme l'un des maîtres de l'école suédoise, à l'époque du cinéma muet. Inspirés par les grandes sagas nationales et souvent adaptés de Selma Lagerlöf, ses films témoignent d'un sens délicat de la réalité quotidienne, transfigurée par le surnaturel, dans un jeu subtil d'ombres et de lumières. Réal. princ. : *Le Trésor* d'Arne* (1919), *Le Vieux Manoir* (1922), *La Légende de Gösta Berling* (1924), fresque géante qui révéla Greta Garbo.

Mauritz **Stiller.** *Le Vieux Manoir*, 1923. *BIS/Phot. © Archives Larbor-DR*

**STILWELL (Joseph Warren)** ♦ Général américain (Palatka, Floride 1883 - San Francisco 1946). Spécialiste de la Chine, il y fut attaché militaire (1932), puis chef d'état-major de Jiang Jieshi (1937) et s'efforça de moderniser l'armée chinoise. Vaincu par les Japonais en 1942, il réorganisa des forces chinoises à Ramgarth (Inde), fut nommé commandant des troupes américaines pour l'Inde-Chine-Birmanie, puis adjoint de Mountbatten* au commandement interallié (1943).

Pour rétablir les communications terrestres avec la Chine, il fit construire la *route Stilwell* qui, de Ledo (Assam) alla rejoindre la route de Birmanie près de Bhamo. Dans l'été 1944, il réussit à chasser les Japonais de la haute Birmanie, mais ses heurts avec Jiang* Jieshi (Tchang Kai-shek) le firent rappeler (nov.). Il reçut le commandement de la X$^{e}$ armée, qui combattit à Okinawa* (1945).

**STINNES (Hugo)** ♦ Industriel allemand (Mülheim an der Ruhr 1870 - Berlin 1924). Un des plus importants industriels du bassin de la Ruhr*, il sut profiter des difficultés économiques de l'Allemagne après la Première Guerre mondiale pour construire de puissants cartels internationaux. À la tête d'un immense empire industriel de 300 000 ouvriers, il put, en tant que député au Reichstag*, défendre les positions de l'Allemagne à l'égard de la France sur la question des réparations. → **Versailles (traité de).**

**STIRING-WENDEL** [57350] ◆ ÉTYM. *Stiring*, du germ. *Sterro, Stiuri*, n. de pers., et suff. *-ing* et *Wendel**, du n. de l'industriel qui fonda le village en 1846 ♦ Ch.-l. de cant. de la Moselle, arr. de Forbach. 13 129 hab. *(Stiringeois).*

**STIRLING (James)** ♦ Mathématicien écossais (Garden, Stirling 1692 - Édimbourg 1770). Il développa la théorie des suites et des séries. L'étude de la loi des grands nombres dans le domaine des probabilités l'amena à mettre au point, avec de Moivre*, une importante formule d'approximation, dite *formule de Stirling* (1730), qui permet de calculer la factorielle d'un grand nombre ; il perfectionna également les travaux de géométrie analytique entrepris par Newton*, notamment l'étude des cubiques. ◆ ÉTYM. *Stirling* vient d'un nom de lieu en Écosse (anciennement *Strevelin*).

**STIRLING (James)** ♦ Architecte et théoricien britannique (Glasgow 1926 - Londres 1992). Ses premières réalisations, en association avec J. Gowan, proches de Le* Corbusier et de P. et A. Smithson* firent une utilisation originale de la brique rouge industrielle et du béton apparent (Engineering Faculty Building de Leicester, 1959 - 1963). Il créa aussi la Bibliothèque de la faculté d'histoire, 1964 - 1967, à Cambridge, selon les mêmes principes, souvent critiqués. À partir de 1971, date de son association avec Michael Wilford, il évolua vers un classicisme postmoderne. La Neue Staatsgalerie de Stuttgart (1977 - 1984) est d'un style éclectique imaginatif intégrant aussi bien des éléments d'architecture romaine que des motifs égyptiens, des rampes aux couleurs vives prises dans une ossature de béton évoquant le cubisme*, Le Corbusier ou Aalto*. [Prix Pritzker 1981]

**STIRLING** ♦ V. d'Écosse, ch.-l. de district, dans les Lowlands, sur le Forth, au N.-E. de Glasgow. 86 212 hab. La ville s'est développée sur une butte autour de son château médiéval (XII$^{e}$ et XIII$^{e}$ s.), ancienne résidence royale (Marie Stuart y fut couronnée). Ville universitaire. ▪ Indus. agroalimentaire.

**STIRNER (Johann Kaspar SCHMIDT, dit Max)** ♦ Philosophe allemand (Bayreuth 1806 - Berlin 1856). Son principal ouvrage (*L'Unique et sa propriété*, 1845) est une critique du libéralisme politique, social et humain, qui vise en particulier l'anthropologie de Feuerbach* auquel Stirner oppose un individualisme anarchiste (critiqué par Marx* et Engels* dans *L'Idéologie* allemande*). On lui doit également une *Histoire de la réaction*, 1852.

**ŠTÍTNÝ (Tomáš de)** ♦ Philosophe et moraliste tchèque (Štítné, Bohême v. 1331 - Prague v. 1401). Que ses œuvres fussent destinées à ses enfants, *Dialogues du père et des enfants* (1385), ou au peuple, *Livres de la doctrine chrétienne* (1400), il les écrivit dans un but d'éducation morale et chrétienne. Elles contribuèrent à fixer les normes de la langue tchèque.

**STO** → **Service du travail obligatoire**

**STOCKHAUSEN (Karlheinz)** ♦ Compositeur allemand (Modrath, près de Cologne 1928 - Kürten 2007). Il entreprit des études musicales à Cologne, avec F. Martin, puis vint à Paris où il fut l'élève de Milhaud et de Messiaen (1952 - 1953). La rencontre de P. Schaeffer et l'amitié de P. Boulez furent essentielles pour lui. Marquée par l'influence de Messiaen et de Webern, sa recherche révèle le dessein d'étendre les principes du dodécaphonisme au rythme, au timbre et à l'intensité. Mêlant les sons traditionnels aux sons électroniques (*Kontakte*, 1960), elle renouvelle les notions d'espace et de temps et fait parfois appel au principe du «hasard guidé» qui permet à l'exécutant de participer à la création. Caractérisée d'abord par des réussites dans le domaine, purement abstrait, de la musique «ponctuelle» (*Kreuzspiel* pour hautbois, clarinette, basse, piano et percussion, 1951 ; *Spiel für Orchester*, 1952), de la musique «aléatoire» (*Klavierstück XI, Zyklus*, pour un percussionniste, 1959), son œuvre, en évoluant vers les «grandes formes» (*Gruppen*, pour 3 orchestres, 1957 ; *Carré*, pour 4 orchestres et chœurs, 1960 ; *Momente II*, pour soprano, 4 chœurs et 13 instruments, dont 2 orgues électroniques, 1962), parvint dans les années 1960 à une subjectivité de résonance profondément humaine (*Hymnen, Stimmung*, 1968 ; *Opus*, 1970, hommage à Beethoven pour son bicentenaire). Cette exploration des sources les plus secrètes du mystère poétique se poursuivit notamment dans *Mantra* (1970), *Inori* (1974), *Sirius* (1977). De 1977 à 2003, il a travaillé à *Licht* («lumière»), immense œuvre dotée de nombreux satellites dont l'exécution s'étend sur une semaine. Elle comprend 7 opéras, à partir des 7 jours de la semaine. Stockhausen se consacra ensuite à un nouveau cycle, sur le son cette fois, *Klang*. → **sérialisme.** ◆ ÉTYM. Ce nom vient de l'allemand *Stockhaus* «prison».

**STOCKHOLM** ◆ ÉTYM. suéd. «île *(holm)* des rondins *(stock)*» ou finnois «île *(holm)* de la baie *(stäk)*» ♦ Cap. de la Suède, et port important au confluent du lac Mälar et du Saltsjön, bras de la Baltique. 782 885 hab. *(Stockholmois)* (aggl. 1 918 104). Ch.-l. de comté. Université. Siège des institutions Nobel. Aéroport international d'Arlanda (48 km au N.). La vieille ville, qui a gardé en partie ses rues étroites et ses maisons anciennes, s'étend sur les îles du Norrström. (La première île habitée fut Staden mellan Broarna : la «Cité entre les ponts».) Au N., dans des quartiers à l'urbanisme moderne, sont concentrés les affaires et les administrations, au S. les quartiers résidentiels. La ville continuant à s'étendre, des cités-satellites ont été construites (Vällingby à l'O., Skärholmen au S.-O., Farsta au S., Kista au N.). Elle possède des monuments remarquables : le château royal (construit au déb. du XVIII$^{e}$ s. sur les plans de Tessin le Jeune), Storkyrkan (église du XV$^{e}$ s. où ont été couronnés les rois suédois), Riddarholms Kyrkan (XIII$^{e}$ s., lieu de sépulture des rois), Riddarhuset («maison des Nobles», XVII$^{e}$ s.), l'hôtel de ville (1911 - 1923). Plus récent, le Stockholm Globe Arena, le plus grand bâtiment sphérique du monde (palais des sports). Nombreux musées, parmi lesquels le Musée national, le musée d'Art moderne, le Musée historique, le Musée nordique et le célèbre musée de plein air de Skansen (reconstitution de maisons traditionnelles des différentes provinces suédoises). Bibliothèque royale. ▪ Important port de commerce (grâce à sa position sur la Baltique). Son accès difficile lui interdit cependant de rivaliser avec Göteborg. Port de voyageurs vers la Finlande (Helsinki* et surtout Turku*). Stockholm est le plus grand centre industriel et commercial du pays : constructions mécaniques, appareillage électrique et électronique, agroalimentaire, imprimerie. 80 % des actifs appartiennent au secteur tertiaire. ▮ **Histoire** Fondée en 1255 par Birger Jarl, Stockholm fut au Moyen Âge un important centre de commerce hanséatique. À la suite de l'union de Kalmar*, les intérêts danois et suédois entrèrent en conflit : en 1520, le roi Christian II s'empara de la ville et fit massacrer les chefs du Parti national suédois («bain de sang» de Stockholm, le 8 nov.). En 1523, le patriote Gustave* Vasa, après s'être emparé du pouvoir, chassa les Danois de Stockholm. Celle-ci devint la capitale de la Suède en 1634.

**Stockholm.** *Phot. © Arch. Nathan/Sonneville*

**STOCKPORT** ♦ V. d'Angleterre (Greater Manchester), dans le S.-E. de la conurbation. 284 544 hab. Indus. textile (en déclin) et chimique.

**STOCKTON** ♦ V. des États-Unis (Californie), sur la riv. San Joaquin. 243 771 hab. (zone urbaine 563 598). Centre minier et agricole. L'urbanisation liée à l'expansion économique de la région se fait au détriment des terres agricoles.

**STOCKTON-ON-TEES** ♦ V. d'Angleterre (Cleveland) formant un district, sur la Tees, face à Middlesbrough. 178 405 hab. Indus. mécaniques et chimiques.

**STODOLA (Aurel)** ♦ Ingénieur suisse d'origine slovaque (Liptovský Mikuláš 1859 - Zurich 1942). Ses travaux contribuèrent au développement des turbines à vapeur et à gaz.

**STOETZEL (Jean)** ♦ Sociologue français (Saint-Dié 1910 - Paris 1987). Président de l'Institut français de l'opinion publique, il a contribué au développement des enquêtes par sondage dans le domaine de la psychologie sociale (*Théorie des opinions*, 1943 ; *Les Sondages d'opinion*, 1948 ; *Psychologie sociale*, 1963). [Acad. des sc. morales et polit. 1977]

**STOFFLET (Jean Nicolas)** ♦ Chef vendéen (Lunéville v. 1751 - Angers 1796). Parmi les premiers insurgés vendéens (→ **Vendée [guerre de]**), il participa à la prise de Cholet (mars 1793), combattit sous les ordres de D'Elbée puis de La Rochejaquelein, qu'il remplaça en 1794. Il se brouilla avec Charette, qui avait signé le traité de pacification de La Jaunaye avec la Convention thermidorienne, mais finit par se soumettre lui aussi (Saint-Florent-le-Vieil, mai 1795). Il reprit toutefois les armes peu après, poussé par les agents du comte d'Artois. Arrêté près de La Poitevinière, il fut exécuté à Angers.

## stoïcisme

n. m. ♦ École philosophique née en Grèce au IIIe s. av. J.-C. Le stoïcisme, dont on fait remonter l'origine à Zénon* de Citium, ne doit pas son nom à un philosophe particulier mais à un lieu : le Portique* (en gr. *Stoa*) Poecile où les premiers stoïciens (Zénon puis Cléanthe*) avaient coutume de se réunir. Il y eut à Rome des continuateurs et des vulgarisateurs écrivant en latin (Cicéron*), mais aussi des théoriciens originaux, écrivant en grec (Marc* Aurèle et Épictète*) et en latin (Sénèque*). On en connaît surtout les aspects moraux, popularisés par les *Entretiens* d'Épictète et le *Manuel**, et qui reposent sur la distinction entre ce qui dépend de nous (nos pensées, nos représentations) et ce qui ne dépend pas de nous (ce qui se produit nécessairement dans la nature). Selon les stoïciens, les hommes doivent accepter ce qui découle inévitablement de la nature, qui est raison, et ne pas se révolter contre ce qui a l'apparence du mal. Le sage vit comme dans une «forteresse intérieure» et obéit à la prescription : «Supporte et abstiens-toi». Le stoïcisme comprend aussi une physique (exposée notamment par Chrysippe*) qui soutient l'existence d'un feu artiste animant la nature et lui assurant sa cohésion (la «sympathie universelle»). Le monde est soumis à un cycle qui aboutit à une conflagration générale. La logique des stoïciens est différente de celle d'Aristote* : elle ne repose pas sur le syllogisme mais sur l'enchaînement de conséquences donc sur les propositions. D'après eux, en contrôlant ses «représentations», le sage pourrait échapper à la souffrance. Dans certains cas, ils estimaient juste de se suicider (comme le fit Sénèque*). Mais les stoïciens ne préconisaient pas la fuite hors du monde : chacun doit tenir son rôle, ce qui fonde une morale du devoir et de la participation à la vie de la cité. Cependant, le stoïcisme, notamment avec Marc Aurèle, définit l'homme comme citoyen de l'univers (cosmopolite, au sens étymologique du terme) ; par là, il est une des doctrines qui anticipent sur les théories universalistes affirmant l'existence d'un droit naturel (un des thèmes de Cicéron*, dans *De la République*). Des œuvres des stoïciens les plus anciens, on ne possède que des fragments, ce qui rend difficile la compréhension de certains points de leur doctrine, dont un des exposés les plus longs se trouve chez le glossateur tardif Diogène* Laërce. Le stoïcisme, a, bien au-delà du monde antique, marqué l'histoire intellectuelle de l'Occident. Ainsi Pascal* fit d'Épictète la figure même de l'orgueil philosophique et humain qui ne croit pas à la «misère de l'homme sans Dieu» *(Entretien avec Monsieur de Sacy)*. Hegel* a montré, dans *La Phénoménologie de l'esprit*, comment la philosophie stoïcienne, devenue une doctrine édifiante dans une période de crise de l'Empire romain, tournait au moralisme vide qui convenait aussi bien à l'empereur (Marc Aurèle) qu'à l'esclave (Épictète). Quant à Nietzsche*, il a attaqué l'illusion des stoïciens de vouloir se maîtriser et maîtriser la nature *(Par-delà le bien et le mal)*. Un philosophe contemporain comme Gilles Deleuze* a pu trouver dans la théorie du langage des stoïciens des éléments pour sa propre réflexion *(Logique du sens)*.

**STOKE-ON-TRENT** ➝ ÉTYM. du vieil angl. *stoc* «endroit» ♦ V. d'Angleterre (Staffordshire) formant un district, sur la Trent, dans les Midlands, au N.-O. de Birmingham. 240 643 hab. Elle se situe au cœur du «district des *potteries*.» Fabriques de céramiques et de faïences.

**STOKES** (sir **George Gabriel**) ♦ Mathématicien et physicien irlandais (Skreen 1819 - Cambridge 1903). Auteur de recherches sur la viscosité, il découvrit la loi qui régit le mouvement d'une sphère solide à l'intérieur d'un fluide (et sert de modèle pour expliquer, par ex., la chute des gouttes de pluie ou les déplacements des nuages). Il étudia la fluorescence, montra que le quartz est transparent à l'ultraviolet (contrairement au verre ordinaire), et élabora toute une théorie de l'éther (fluide hypothétique dans lequel se déplacerait la lumière) ; il supposa que les rayons X et la lumière sont de même nature ; enfin, il mit au point une expression *(formule de Stokes)* qui permet de transformer une intégrale de surface en intégrale curviligne, procédé employé notamment en géodésie pour déterminer l'écart métrique vertical entre géoïde et ellipsoïde en utilisant les anomalies de la pesanteur.

**STOKOWSKI (Leopold)** ♦ Chef d'orchestre américain (Londres 1882 - Nether Wallop, Hampshire 1977). Il débuta à Londres en 1908 et dirigea, de 1912 à 1938, l'Orchestre de Philadelphie, dont il fit l'un des premiers du monde, de 1955 à 1961, celui de Houston et, de 1962 à 1972, l'American Symphony Orchestra de New York. Il assura de nombreuses créations, dont *Amériques* (1926) et *Arcana* (1927) de Varese et la *Symphonie n° 4* de Charles Ives (1965). ➝ ÉTYM. Ce nom désigne «celui qui habite près d'un poteau (polonais *stok* poteau)».

**STOLYPINE (Petr Arkadievitch)** ♦ Homme politique russe (Dresde 1862 - Kiev 1911). Noble propriétaire terrien, il fut nommé gouverneur de la province de Grodno (1902), puis de Saratov (1903). Ministre de l'Intérieur et Premier ministre après la dissolution de la première douma (1906), il tenta de consolider le régime semi-constitutionnel en prenant des mesures sévères contre les révolutionnaires et en inaugurant une réforme agraire qui favorisa l'émancipation des paysans et la colonisation de la Sibérie. Considéré comme réactionnaire par l'opposition libérale et trop progressiste par la noblesse, il se trouva isolé dans la troisième douma. Le 14 sept. 1911, il fut assassiné dans un théâtre de Kiev, en présence du tsar Nicolas* II, par un ex-terroriste et agent de l'Okhrana (police politique).

**STONE** (sir **John Richard Nicholas)** ♦ Économiste britannique (Londres 1913 - 1991). Professeur de sciences économiques à Cambridge, proche de Keynes dont il subit l'influence, il apporta une importante contribution à l'analyse empirique des mécanismes de la croissance et des différents systèmes de comptabilité nationale. [Prix Nobel de sc. écon. 1984]

**STONEHENGE** ➝ ÉTYM. de l'angl. *stone* «pierre» et de *henge* «cromlech» ♦ V. d'Angleterre méridionale (Wiltshire), dans la plaine de Salisbury, où se trouve le plus grand ensemble mégalithique du pays. Formé de plusieurs rangs concentriques de menhirs d'une hauteur comprise entre 3 et 6 m, certains reliés par des linteaux colossaux, cet ensemble commencé dès la fin du néolithique (–3000), fut construit surtout à l'âge du bronze (–1500).

**Stonehenge.** Ensemble mégalithique. © *PhotoDisc*

**STONEY (George Johnstone)** ♦ Physicien irlandais (Oakley Park, King's County 1826 - Londres 1911). Il participa à l'établissement des conceptions actuelles sur la structure de la matière. Il évalua le nombre d'Avogadro* (1867) et donna le nom d'électron à l'unité naturelle de charge électrique (1891).

**STOPH (Willi)** ♦ Homme d'État allemand (Berlin 1914 - *id.* 1999). Membre du Parti communiste depuis 1931, il fit partie du bureau politique en 1953. Il occupa plusieurs fonctions ministérielles (Intérieur, 1952 - 1955 ; Défense, 1956 - 1960) avant de devenir chef du gouvernement de la RDA (1964 - 1973 ; 1976 - 1989). Il fut en outre chef de l'État de 1973 à 1976.

**STOPPARD** (sir **Thomas Straussler,** devenu **Tom)** ♦ Auteur dramatique britannique d'origine tchèque (Zlin 1937). Fils d'industriels juifs émigrés à Singapour, élevé en Inde puis en Angleterre, il quitta l'école à dix-sept ans et connut le succès avec des pièces à l'humour grinçant qui dénoncent l'absurdité du destin et parasitent volontiers des œuvres célèbres : *Rosencrantz et Guildenstern sont morts* (1967, qu'il a porté au cinéma en 1990) reprend deux personnages secondaires de *Hamlet* qui cherchent à comprendre pourquoi le texte de la pièce les condamne à mort, alors que *Parodies* (1975) met en scène la rencontre imaginaire à Zurich, en 1918, de Joyce, de Lénine et de Tzara, sur un canevas emprunté à *L'Importance d'être constant* d'Oscar Wilde. *Dogg's Hamlet et Cahoot's Macbeth* (1980) montre des personnages aux prises avec un langage qu'ils ne maîtrisent plus. *Arcadia* (1993) entremêle présent et passé. La virtuosité de T. Stoppard fait de son art parfois contesté un élément essentiel du paysage théâtral contemporain. Il a également écrit pour le cinéma (*Shakespeare in love*, oscar du meilleur scénario 1998).

**STORM (Theodor Woldsen)** ♦ Poète et nouvelliste allemand (Husum, Schleswig-Holstein, alors danois 1817 - Hademarschen, Holstein 1888). Il fit une carrière d'avocat, tout en publiant des poèmes lyriques, décrivant notamment les paysages du Nord, et ses premières nouvelles (*Immensee*, 1850) au charme encore romantique. Exilé en Prusse pour son opposition au régime danois (1853 - 1864), il composa à son retour dans son pays natal des nouvelles dont les analyses psychologiques devinrent progressivement plus réalistes, plus nuancées et plus riches (*Viola tricolora*, 1874, et surtout *L'Homme au cheval blanc*, 1888).

**STØRMER (Carl)** ♦ Géophysicien norvégien (Skien 1874 - Oslo 1957). Il étudia la composition chimique de la haute atmosphère et le mouvement des particules électrisées dans le champ magnétique terrestre. Il formula également la théorie mathématique des aurores boréales.

**STÖRMER (Horst L.)** ♦ Physicien allemand (Francfort-sur-le-Main 1949). En 1982, il découvrit, avec D. Tsui, l'effet Hall quantique fractionnaire, c'est-à-dire l'existence des paliers de la résistance de Hall (→ **Klitzing**) correspondant à des charges électriques fractionnaires, phénomène interprété en 1983 par R. Laughlin*. [Prix Nobel de phys. 1998, avec R. Laughlin et D. Tsui]

**STORMONT** ♦ Banlieue E. de Belfast. Château où siège l'Assemblée d'Irlande du Nord depuis 1998.

**Storting** n. m. ♦ Parlement norvégien de 165 députés élus pour quatre ans au suffrage universel. Il se divise en deux chambres : le *Lagting* (Chambre haute, un quart des membres) et l'*Odelsting* (Chambre basse, trois quarts des membres) qui délibèrent réunies ou séparées.

**STOSS (Veit)** ou **Wit Stwosz** ♦ Sculpteur et graveur allemand (Nuremberg ? v. 1438 - *id.* 1533). Il se rendit à Cracovie en 1477 où il réalisa les sculptures de l'important retable de l'église Notre-Dame (1477 - 1489). Il exécuta aussi le tombeau en pierre de Casimir IV Jagellon. De retour à Nuremberg en 1496, il poursuivit ses activités de sculpteur, réalisant notamment la *Salutation angélique*, 1516 - 1517, et le retable de la cathédrale de Bamberg. Il grava aussi plusieurs planches au graphisme exacerbé. Proche de l'esprit gothique, son réalisme vise à un pathétique de caractère théâtral. Technicien virtuose, il aimait les volumes tourmentés et anguleux, les lignes brisées, les forts contrastes d'ombre et de lumière et exerça une profonde influence sur les sculpteurs de l'école de Nuremberg.

**STOWE** (Mrs. **BEECHER**) → **Beecher-Stowe**

**STRABON** ◆ ÉTYM. en gr. *Strabôn*, de *strabos* «tordu ; aux yeux de travers» ♦ Géographe grec (Amasya, Cappadoce −58 ? - entre 21 et 25). Si ses *Mémoires historiques* sont perdus, sa *Géographie* fut en grande partie conservée. Peu connue à son époque, ignorée au Moyen Âge, elle fut rééditée à la Renaissance (édit. Dübner et Ch. Müller). Strabon y pose les problèmes de l'origine des peuples, de leurs migrations, de la fondation des empires, étudiant les relations de l'homme et du milieu naturel.

**STRACHEY (Lytton)** ♦ Critique et biographe britannique (Londres 1880 - Inkpen, Berkshire 1932). Fils d'un général fortuné, Strachey, dispensé de gagner sa vie, se consacra à la recherche. Il avait étudié à Cambridge, s'était mêlé au cercle d'écrivains que recevait sa mère (E. M. Forster, Roger Fry, Arthur Waley, Virginia Woolf). Il se fit biographe et ses *Victoriens éminents* (1918) le classèrent comme le maître de la biographie en Angleterre. *Elizabeth et Essex* (1928) évoque les relations de la reine et de son favori ; *La Reine Victoria* (1921), *Livres et Personnalités*, *Pope* (1925), *Portraits en miniature* (1931), *Personnalités et Commentaires* (1933) sont de la même veine.

**STRACHWITZ (Moritz Karl Wilhelm Anton VON)** ♦ Poète allemand (Peterwitz, Silésie 1822 - Vienne 1847). Formé par Platen-Hallermünde, il composa des sonnets et surtout des ballades (*Le Cœur de Douglas*, *Herz von Douglas*) dont la forme fut reprise par Fontane.

La **Strada** ♦ Film italien de Federico Fellini* (1954), avec Anthony Quinn, Giulietta Masina, Richard Basehart. C'est le film qui consacra Fellini auprès du public. Le scénario dévoile la vie misérable des gens du voyage, en compagnie d'un Hercule de foire, Zampano, et d'une femme-enfant un peu demeurée, Gelsomina, qui sillonnent les campagnes du Latium à bord d'une roulotte de fortune. Peu à peu, on bascule dans la féerie, à la manière du *Cirque* de Chaplin, modèle avoué de Fellini. Un troisième personnage, «il matto» (le fou), tirera la morale de la fable : «Dans l'univers, tout sert à quelque chose. Même ce petit caillou.» Le leitmotiv musical de Nino Rota, joué à la trompette par Gelsomina, fit le tour du monde.

**STRADELLA (Alessandro)** ♦ Chanteur, violoniste et compositeur italien (Rome ? v. 1645 - Gênes 1682). Il mena une vie très agitée. Des épisodes semi-légendaires (escroqueries, enlèvements) inspirèrent plusieurs compositeurs (Niedermeyer, Flotow). Il mourut assassiné. ▪ Malgré l'influence certaine de l'école napolitaine, les compositions de Stradella sont d'un style très personnel. Il renouvela l'aria, la cantate et l'oratorio (*San Giovanni Battista*) en y introduisant la structure du concerto grosso. On lui doit en outre des opéras, des motets et des madrigaux. ◆ ÉTYM. *Stradella* vient de *Strada*, nom de lieu fréquent en Italie.

**STRADIVARIUS (Antonio STRADIVARI, dit)** ◆ ÉTYM. *Stradivari* : n. it. d'une pers. habitant une rue (*strada*) qui a de nombreux tournants (*vara* «courbée, tordue») ♦ Luthier italien (Crémone v. 1644 - *id.* 1737). Élève d'Amati, dont il se sépara en 1669, il atteignit sa plus grande maîtrise entre 1695 et 1720, et ses fabrications conservent encore une réputation inégalée. Il ne confia à ses fils, OMOBONO (1679 - 1742) et FRANCESCO STRADIVARIUS (1671 - 1743), avec qui il s'était associé, que des travaux secondaires, et produisit plus de 1 100 instruments (dont 400 existent encore) pour toutes les cours d'Europe. Leur qualité tenait au bois (sapin), à l'équilibre atteint entre les diverses parties, et surtout au vernis dont la composition a été perdue.

**STRAFFORD (Thomas WENTWORTH, 1er comte DE)** ♦ Homme politique anglais (Londres 1593 - *id.* 1641). Il fut élu député du Yorkshire en 1614. Après s'être opposé en 1625 au conseiller du roi, Buckingham, il fut nommé shérif du Yorkshire et fut écarté des Communes. Ayant refusé de payer un impôt illégal, il fut arrêté, mais, en 1628, il revint au Parlement, où il s'opposa à l'arbitraire. Il fit adopter la Pétition des droits mais, la Couronne étant mise en cause par les extrémistes, il se rapprocha des modérés. Il fut nommé président de la cour du Nord par Charles Ier (1628) puis lord-député d'Irlande (1632 - 1639), abandonnant l'opposition. Lorsque l'Écosse se souleva en 1639, il devint avec Laud* le principal conseiller de Charles Ier qui le fit comte de Strafford et lord-lieutenant d'Irlande (1640). Cependant, en nov. 1640, lors de la convocation du Long Parlement, un des chefs de l'opposition, Pym*, accusa Strafford de trahison. Un procès eut lieu et il fut condamné à mort. Le roi n'intervint pas pour le sauver et Strafford fut décapité. Sa correspondance a été publiée en 1739.

**STRAITS SETTLEMENTS** ◆ ÉTYM. angl. «Établissements des Détroits» ♦ Anc. entité coloniale britannique, formée en 1826 des comptoirs de Penang et province Wellesley, Malacca* et Singapour, de l'île de Labuan et des îles Cocos, et dissoute en 1947. Penang, la province Wellesley et Malacca furent alors incorporées dans la fédération de Malaisie. → **Malaisie.**

**STRALSUND** ♦ V. d'Allemagne (Mecklembourg-Poméranie-Antérieure), port sur la Baltique, en face de l'île de Rügen et au fond du détroit de Stralsund. 60 663 hab. Monuments gothiques. ▪ Pêcheries, construc. navales. ▌**Histoire** Anc. cité hanséatique. Assiégée en vain par les Danois (1628), elle passa à la Suède après le traité de Westphalie (1648). Occupée par les Français du général Brune (1807), elle devint prussienne en 1815.

**STRAND (Paul)** ♦ Photographe américain (New York 1890 - Orgeval 1976). Adepte de la photographie pure, il réalisa dès 1915 des images de formes géométriques abstraites et, après la Première Guerre mondiale, de plantes et autres formes naturelles, et de machineries industrielles, dans un style dépouillé caractéristique de l'avant-garde américaine.

**STRAND** (the) ♦ Grande artère de Londres, entre Charing Cross et le Temple Bar Memorial, où se trouvent le palais de justice (Law Courts) et les grands cabinets d'avocats.

**STRANRAER** ♦ V. d'Écosse (Dumfries and Galloway) dans le Mull of Galloway. 12 000 hab. Terminal ferry pour Larne en Irlande du Nord.

**STRASBERG (Lee)** ♦ Metteur en scène et directeur d'acteurs américain (Boudanov, Autriche-Hongrie, auj. Pologne 1901 - New York 1982). Il découvrit le théâtre par les écrits de Craig* et de Stanislavski*. Il le pratiqua comme acteur avec peu de succès, puis comme metteur en scène et surtout comme directeur d'acteurs de notoriété mondiale à l'Actors* Studio. Il a publié *Le travail à l'Actors Studio* en 1965.

**STRASBOURG** [67000] ◆ ÉTYM. anc. *Argentoraton*, puis en germ. *Strateburgo* «forteresse (*burg*) de la route (*straza*)» ♦ Ch.-l. du dép. du Bas-Rhin et de la région Alsace, sur l'Ill, près du Rhin. 264 115 hab. (aggl. 410 346, 11e rang) (*Strasbourgeois*). Évêché. La ville contient de nombreux et célèbres monuments. La cathédrale en grès rouge, construite du XIe au XIVe s., ne possède qu'une flèche ; elle est ornée d'importantes sculptures gothiques, de vitraux et de tapisseries et abrite une belle horloge astronomique. La maison de l'Œuvre Notre-Dame, des XIVe et XVIe s., renferme un musée (sculptures provenant de la cathédrale, vitraux, tapisseries). Église Saint-Thomas des XIIIe et XIVe s., avec le mausolée du maréchal de Saxe, par Pigalle. Églises Saint-Pierre-le-Jeune (XIIIe s.), Saint-Guillaume (XVe s.), Saint-Pierre-le-Vieux (XVe s., panneaux peints de l'école de Martin Schongauer). Le château des Rohan (XVIIIe s.), endommagé en 1944 et restauré, renferme trois musées (Beaux-Arts, Arts décoratifs, Archéologique). Musée d'Art moderne. Musée historique. Musée alsacien. Quartier pittoresque de la «Petite France» avec ses vieilles maisons et ses ponts couverts conservant trois tours du XIVe s. Les places Kléber (statue de Kléber, l'Aubette, de 1770) et Broglie conservent des édifices du XVIIIe s. Maisons anc. et vieux hôtels. Parc de l'Orangerie. Palais de l'Université (1884), palais du Rhin (1889). Palais des droits de l'homme (1995) par R. Rogers. Zénith par M. Fuksas. Ville rhénane, située à proximité des grands foyers économiques et urbains européens, Strasbourg peut désormais valoriser pleinement sa position stratégique de ville-frontière et de ville-carrefour. Siège du Conseil de l'Europe depuis 1950, de l'Union européenne des droits de l'homme depuis 1966, elle a obtenu en 1992 de conserver le siège du Parlement européen. Le secteur de l'enseignement supérieur, avec 3 universités

**Strasbourg.** La cathédrale Notre-Dame.
*Phot.© Stéphane Bourhis/Fotolia*

réputées, 4 grandes écoles, 7 écoles d'ingénieurs, plus d'une centaine de laboratoires de recherche, a été encore renforcé par l'arrivée en 1992 de l'École nationale d'administration (ENA), décentralisée de Paris. Les infrastructures de transport doivent permettre à la ville de gagner son pari européen. Elle est desservie par le TGV Est depuis 2007. Son vaste port fluvial, qui bénéficie de la réunion avec le Rhin des canaux de la Marne au Rhin et du Rhône au Rhin, est le 2e de France après Paris, avec près de 9 millions de t de trafic. L'aéroport de Strasbourg-Entzheim est le 9e avec 1,9 million de passagers. Prééminence des activités tertiaires. Secteur indus. diversifié : équipements automobiles, indus. agroalimentaire, pharmaceutique et chimique. ▮ **Histoire** En 842, Charles le Chauve et Louis le Germanique y prononcent les *Serments* de Strasbourg* contre Lothaire. À partir de 855, Strasbourg et l'Alsace font partie du Saint Empire. Gutenberg résida à Strasbourg de 1434 à 1447 et y mit au point sa découverte de la typographie. En 1681, la ville est réunie à la France, une citadelle y est construite par Vauban en 1687. Goethe et Metternich ont étudié à l'université. En 1792, c'est à Strasbourg que Rouget de Lisle chante le «Chant de guerre pour l'armée du Rhin» *(La Marseillaise)*. Assiégée par les Allemands le 28 sept. 1870, la ville capitula après une résistance héroïque ; elle resta sous domination allemande jusqu'en 1918. Elle a beaucoup souffert au cours de la Deuxième Guerre mondiale, et fut libérée par le général Leclerc le 23 nov. 1944.

**STRASBURGER (Eduard)** ♦ Botaniste allemand (Varsovie 1844 - Poppelsdorf 1912). Un des pionniers de la cytologie, il observa le phénomène de la fécondation végétale, le mécanisme de la division cellulaire (mitose) et le rôle qu'y jouent les chromosomes du noyau *(Formation et division des cellules*, 1875 ; *Les Angiospermes et les Gymnospermes*, 1879 ; *Pratique botanique*, 1887).

**STRASSMANN (Fritz)** ♦ Physicien allemand (Boppard 1902 - Mayence 1980). Collaborateur de L. Meitner* et d'O. Hahn*, il participa à la découverte de la fission de l'uranium et contribua à en expliquer le mécanisme.

**STRATFORD-UPON-AVON** ♦ V. d'Angleterre (Warwickshire), sur l'Avon, au S. de Birmingham. 20 000 hab. Centre touristique organisé autour de la maison natale de Shakespeare et du Shakespeare Memorial (théâtre et bibliothèque).

**STRATHCLYDE** → ÉTYM. gaél. «vallée *(strath)* de la Clyde» ♦ Région d'Écosse, située de part et d'autre de la Clyde et de son estuaire. Elle comprend l'essentiel des industries écossaises ainsi que les espaces récréatifs des Highlands (loch Lomond). La conurbation de Glasgow regroupe la majeure partie de la population. La fortune de la région remonte à l'exploitation de la houille et au développement de l'industrie lourde au XIXe s., mais elle n'a pas échappé aux sinistres des «pays noirs» britanniques. Si Glasgow semble sortie de la crise, il n'en est pas encore de même des zones charbonnières et des régions sidérurgiques. Plusieurs villes nouvelles ont décongestionné Glasgow, permettant une rénovation urbaine qui gagne progressivement l'ensemble de la région. ▮ **Histoire** Cet ancien royaume des Bretons du S. de l'Écosse et du N. de l'Angleterre, gouverné par des princes écossais, fut rattaché au XIIe s. à l'Écosse.

**STRATON** → ÉTYM. du gr. *stratos* «armée» ♦ Philosophe grec péripatéticien (Lampsaque v. -340 - Athènes ? -268). On l'appela le Physicien, car au Lycée* dont il fut le directeur de -288 à -268 et où il succéda à Théophraste*, il orienta les recherches et l'enseignement surtout vers les sciences de la nature. Contrairement à Aristote*, il nia les causes premières et finales dans l'explication des phénomènes et affirma l'existence du vide.

**STRATONICE** – en gr. ***Stratonikê*** ♦ Princesse macédonienne (morte en -254), célèbre pour sa beauté. Fille de Démétrios* Poliorcète et épouse de Séleucos Ier Nicator, roi de Syrie, elle inspira une violente passion à son beau-fils Antiochos qui en tomba gravement malade. Sur le conseil des médecins, Séleucos divorça et céda Stratonice à son fils.

**STRAUBING** ♦ V. d'Allemagne (Bavière), dans la vallée du Danube, à l'E. de Ratisbonne. 44 686 hab. Centre agricole et commercial.

**STRAUS (Oskar)** ♦ Compositeur autrichien (Vienne 1870 - Bad Ischl 1954). Il s'illustra dans la composition d'opérettes viennoises (*Rêve de valse*, 1907 ; *Le Soldat de chocolat*, 1908 ; *Trois Valses*, 1935).

**STRAUSS** ♦ Famille de musiciens viennois qui acquirent une célébrité mondiale dans la composition de musique légère et de valses. ♦ **Johann Strauss** (Vienne 1804 - *id.* 1849). Chef d'orchestre et compositeur autrichien, il dirigea l'ensemble de J. Lanner avant de fonder son propre orchestre en 1825. Il se produisit avec grand succès à travers l'Europe, puis fut nommé en 1834 chef d'orchestre des bals de la cour. Il composa de nombreuses valses et airs de danse. ♦ **Johann Strauss** (Vienne 1825 - *id.* 1899). Fils du précédent. Il joignit en 1849 son propre orchestre à celui de son père. Dès lors, il acquit par toute l'Europe, où il fit de nombreuses tournées, une réputation incontestée et fut surnommé le «prince de la valse», genre qu'il porta à son plus haut degré de perfection par l'équilibre rythmique et l'invention de mélodies simples et gaies *(Le Beau Danube bleu, Sang viennois, La Vie d'artiste, La Valse de l'Empereur)*. À partir de 1863, il confia à ses frères la direction de l'orchestre et se consacra totalement à la composition d'opérettes (*La Chauve*-Souris*, 1874 ; *Le Baron tzigane*).

**STRAUSS (David Friedrich)** ♦ Historien et philosophe allemand (Ludwigsburg 1808 - *id.* 1874). Formé par la pensée de Hegel et celle de Schleiermacher, il enseigna à Tübingen, mais fut destitué après la parution de sa *Vie de Jésus* (1835, trad. fr. de Littré*, 1839 - 1840), critique historique des Évangiles qui tente de mettre en lumière ce qu'il y a de mythique dans le personnage de Jésus.

**STRAUSS (Richard)** ♦ Compositeur allemand (Munich 1864 - Garmisch 1949). Il poursuivit de solides études musicales parallèlement à celles qu'il entreprit au lycée, puis à l'université de Munich. Protégé de H. von Bülow, il lui succéda à la tête de l'orchestre de Meiningen (1885). Il devait ensuite diriger les opéras de Munich (1886), Weimar (1889), Berlin (1898), puis de Vienne (1919). Chef d'une incontestable autorité, il entreprit de nombreuses tournées à travers le monde. Marquées par l'influence des romantiques et de Wagner, ses premières œuvres trouvèrent dans le poème symphonique la forme la plus apte à traduire les grands thèmes d'une philosophie héritée de Nietzsche*, tour à tour angoissée, hautaine et exaltée par l'appel du héros. De cette période, on retiendra *Don* Juan*, d'après Lenau (1888), *Mort* et Transfiguration* (1889), *Till* Eulenspiegel* (1895), *Ainsi parlait Zarathoustra* (1896), *Don Quichotte* (1897), *Une vie de héros* (1898), où s'affirment le jaillissement mélodique, le déchaînement du rythme et la puissance orchestrale. ▪ C'est au théâtre que R. Strauss devait consacrer ensuite la majeure partie de son œuvre, avec d'éclatantes réussites : *Salomé*, d'après O. Wilde (1905), *Elektra*, qui marqua le début de sa collaboration avec le poète H. von Hofmannsthal (1909), *Le Chevalier* à la rose* (1911), *Ariane* à Naxos* (1912), *La Femme sans ombre* (1919), *Arabella* (1933), *La Femme silencieuse*, livret de S. Zweig (1935), *Daphné* (1938), *Capriccio* (1942), *L'Amour de Danaé* (1944), ouvrages que caractérise un retour au baroque du XVIIIe s., par un style qui s'inspire de Mozart, ou à des sources plus lointaines, par l'emprunt des modes propres au théâtre grec, le tout empreint d'une puissance un peu lourde et d'une sensualité parfois proche du réalisme puccinien. Au terme de sa longue vie, le musicien devait composer encore deux œuvres importantes, *Les Métamorphoses* pour 23 cordes solistes (1945), inspirées de la *Marche funèbre* de l'*Héroïque* de Beethoven, musique de deuil à la mémoire d'une civilisation en train de s'écrouler, et l'adieu à la vie teinté de sérénité, que constituent les *Quatre Derniers Lieder*, pour soprano et orchestre (1948), composés sur des poèmes de H. Hesse et Eichendorff. ▪ Si l'œuvre de R. Strauss reste fermée à toutes les révolutions de l'art musical qui s'accomplirent de son temps, elle se caractérise par la richesse des lignes mélodiques, l'utilisation de toutes les possibilités orchestrales, une grandeur d'inspiration qui font de Strauss le dernier des grands musiciens romantiques.

**STRAUSS (Emil)** ♦ Romancier et nouvelliste allemand (Pforzheim, Bade 1866 - Fribourg-en-Brisgau 1960). Après une tentative manquée de retour à la terre, qu'il évoquera dans un de ses romans (*Le Jouet géant*, 1934), il partit au Brésil et, à son retour en Allemagne, se consacra à la littérature. Son roman, *L'Ami Hein* (1902), développe le thème de l'enfance incomprise. Ses récits et nouvelles (*L'Hôtelier à l'enseigne de l'Ange, Der Engelwirt*, 1901 ; *Hans et Grete*, 1909 ; *Le Voile*, 1920) appartiennent à la littérature «régionaliste» et, comme d'autres œuvres de ce type, furent assez populaires sous le régime national-socialiste.

**STRAUSS (Franz Josef)** ♦ Homme politique allemand (Munich 1915 - Ratisbonne 1988). Secrétaire général du parti chrétien-social bavarois (1948) (→ **Christlich-Demokratische Union**), député à Bonn (1949), ministre de la Recherche atomique (1953 - 1956), puis ministre de la Défense nationale (1956 - 1962), il devint ministre des Finances en 1966, dans des cabinets de coalition (avec les sociaux-démocrates). Il fut président du gouvernement bavarois de 1978 à sa mort.

**STRAUSS (Botho)** ♦ Écrivain allemand (Naumburg 1944). Le thème fondamental de son œuvre est l'angoisse devant l'intimité avec autrui et les difficultés qu'il éprouve à communiquer. Son théâtre fut révélé en France par Claude Régy qui monta *Trilogie du revoir* (écrite en 1977 pour la Schaubühne) puis *Grand et Petit* (écrit en 1978) et *Le Parc* (écrit en 1983). Luc Bondy créa notamment *Le Temps et la chambre* (1989 ; également mis en scène par Patrice Chéreau en 1991) et *Viol* (2005). Ses romans ou récits reflètent la même sensibilité à la fois écorchée vive et emmurée : *La Dédicace* (1977) ; *Raffut* (1980) ; *Le Jeune Homme* (1984) ; *Fragments de l'indistinct* (1989).

**STRAUSS-KAHN (Dominique)** ♦ Homme politique français (Neuilly-sur-Seine 1949). Député socialiste à partir de 1986, il fut ministre délégué (1991 - 1992) puis ministre de l'Industrie et du Commerce extérieur (1992 - 1993) et maire de Sarcelles (1995 - 1997). Ministre de l'Économie et des Finances dans le gouvernement de Lionel Jospin de 1997 à 1999, il fit procéder à la privatisation ou à l'ouverture de capital de nombreuses entreprises dont France Telecom et Air France. Il est directeur du Fonds monétaire international depuis 2007.

**STRAVINSKI (Igor)** ♦ Compositeur russe, naturalisé français, puis américain (Oranienbaum, près de Saint-Pétersbourg 1882 - New York 1971). **❙ La période russe** Fils d'un chanteur du Théâtre-Impérial, il mena de front des études de droit et de piano avant de devenir l'élève de Rimski*-Korsakov (1902 - 1908). La rencontre de S. de Diaghilev, qui lui commanda son premier ballet, *L'Oiseau de feu* (1910), fut l'événement marquant des débuts de sa carrière. Venu à Paris avec les Ballets russes, il y acquit d'emblée la célébrité grâce à trois œuvres fortement imprégnées du folklore russe mais d'une totale nouveauté par l'originalité des rythmes, la puissance, la nouveauté harmonique et la richesse de l'orchestration : *Petrouchka** (1911), *Le Sacre* du printemps* (1913), ballets, et *Le Rossignol*, opéra (1914). *Le Sacre du printemps*, par l'emploi de la polytonalité et la sauvage violence de ses rythmes, devait exercer une féconde influence sur toute la musique de la première moitié du XX$^{e}$ siècle. **❙ Les deux guerres mondiales** Réfugié en Suisse durant la guerre de 1914, Stravinski revint en France où il se fixa (1919 - 1939) et acquit la nationalité française (1934). Il entreprit de nombreuses tournées en Europe et en Amérique, comme pianiste et chef d'orchestre. La guerre de 1939 le trouva aux États-Unis. D'abord professeur à Harvard, il s'établit ensuite à Hollywood et obtint la nationalité américaine (1945).

**❙ L'ŒUVRE** Personnalité complexe, hantée par un souci constant de renouvellement, Stravinski s'est distingué de ses contemporains par une évolution qui n'a pas manqué de déconcerter bon nombre de ses premiers admirateurs, devenus parfois ses détracteurs. **❙ 1914 - 1919** Après les rutilances de la période russe (1908 - 1914), on peut distinguer dans l'œuvre de Stravinski trois manières successives. D'abord, un retour au dépouillement et à la clarté du discours, dans des ouvrages composés pour de petits ensembles et voix : *Pribaoutki* (1914), *Renard* (1917), *L'Histoire* du soldat*, sur un texte de Ramuz (1918), *Piano Ragtime music* (1919) où l'écriture contrapuntique se conjugue avec les apports (très modifiés) du jazz. **❙ 1920 - 1952** Une nouvelle métamorphose s'observe ensuite que caractérisent des rythmes moins heurtés, une mélodie plus consonante et plus ample, sous les invocations aussi diverses qu'imprévues de Pergolèse, Rossini, Glinka, Tchaïkovski et des grands classiques, Bach, Mozart, Haendel, Beethoven et Chopin. À cette période appartiennent notamment les ballets *Pulcinella* (1920), *Apollon Musagète* (1927), *Le Baiser de la fée* (1928), l'oratorio *Œdipus Rex* (1927), l'opéra bouffe *Mavra* (1922), le mélodrame *Perséphone*, sur un poème d'André Gide (1934), l'opéra *The Rake's Progress ou le Libertin* (1951) ; des œuvres instrumentales et de chambre : les *Symphonies d'instruments à vent* (1920), *Octuor pour instruments à vent* (1923), *Concerto pour piano et orchestre*, *Concerto pour violon* (1931), *Concerto pour deux pianos* (1935), les *Symphonies en ut* (1940), *en trois mouvements* (1945). On peut détacher de cet ensemble d'admirables pages où se retrouvent la richesse rythmique et la couleur orchestrale du plus grand Stravinski : *Noces* (1923), *Jeux de cartes* (1937), la *Symphonie* de psaumes* (1930), les *Danses concertantes* (1942), les *Scènes de ballet* (1944), *Orpheus*, ballet (1948) et la *Messe* pour instruments à vent et chœurs (1951), d'une harmonisation éclatante, proche de la polyphonie médiévale. **❙ Après 1952 : le dodécaphonisme** Dans la dernière partie de sa carrière, après 1952, Stravinski vint au dodécaphonisme sériel. De cette ultime phase de recherches, on retiendra *Canticum sacrum* (1956), *Agon*, ballet (1957), *Threni* (1958), *Mouvements*, pour piano et orchestre (1959) et *Requiem Canticles* (1966). **❙ De nombreux styles** Plus disposé à considérer la composition musicale comme le prétexte à une mise en ordre du temps par le moyen du son et du rythme, qu'à une expression de la confiance et de l'effusion, prodigieux chercheur aux trouvailles fécondes, Stravinski a laissé une œuvre abondante qui, en illustrant tous les genres et toutes les manières, apparaît comme la somme et la synthèse des acquisitions du temps présent et des conquêtes du passé.

**Igor Stravinski. Costume de 1924 pour L'Oiseau de feu. Bibliothèque de l'Arsenal, Paris.** *BIS/Phot. Michel Didier © Archives Larbor-DR*

**STRAWSON (sir Peter Frederick)** ♦ Philosophe britannique (Londres 1919 - 2006). Réagissant contre la trop grande dépendance de la philosophie analytique par rapport à la logique formelle, la pensée de Strawson s'inscrit dans la tradition de l'analyse du langage ordinaire. Il est notamment connu pour un article sur la référence (« On Refering », 1950) qui reprend le problème de la dénotation tel que Russell* l'avait traité et critique la théorie russellienne des descriptions définies. Selon lui, Russell confond en effet la signification et la référence et la signification d'une phrase n'a rien à voir avec sa valeur de vérité. Son ouvrage principal est *Les Individus* (1959), à entendre non au sens psychologique mais logique, sous-titré : *Essai de métaphysique descriptive*. La métaphysique descriptive vise à décrire la structure effective de notre pensée au sujet du monde et s'oppose à la métaphysique de révision qui entend produire une structure meilleure. Il s'agit donc principalement de décrire l'ontologie qui sous-tend nos concepts et notre discours ordinaire.

**STREDNA GORA** → Balkan

**STREHLER (Giorgio)** ♦ Metteur en scène et directeur de théâtre italien (Trieste 1921 - Milan 1997). Acteur à ses débuts, il devint rapidement l'un des animateurs de théâtre les plus créatifs et popu-

Giorgio **Strehler.** Répétition du *Roi Lear* de Shakespeare. *Phot. © Luigi Ciminaghi/Ricciarini*

laires d'Europe. Cofondateur, en 1947, du Piccolo* Teatro, qu'il dirigea de 1955 à 1996, il créa ensuite une coopérative d'acteurs et dirigea le Théâtre de l'Europe-Odéon (1983 - 1990). Rénovateur de l'esprit et des techniques de la commedia dell'arte (*Arlequin serviteur de deux maîtres*, nombreuses versions de 1947 à 1997), il a conjugué le théâtre comme plaisir ludique et comme facteur de réflexion sociale. Il a prôné un théâtre universel fondé sur l'histoire et les vérités humaines, avec les ressources de l'illusion et les artifices du spectacle.

**STREISAND (Barbara Joan,** dite **Barbra)** ♦ Actrice, chanteuse et cinéaste américaine (New York 1942). Elle reçut d'emblée un oscar pour son rôle dans la comédie musicale *Funny Girl* (1968), où son charme acide fait oublier un visage peu classique. Son talent se confirma dans *Hello Dolly !* (1969) et *Nos plus belles années* (1973). À partir de 1970, elle se tourna vers la chanson, où sa voix et son sens de l'interprétation lui valurent une consécration internationale (*Evergreen, Woman in love, Memories)*. En 1983, elle réalisa *Yentl* et en 1987 produisit et interpréta *Nuts* de M. Ritt.

**Streltsy** n. m. pl. ➛ ÉTYM. russe «archers, tireurs» ♦ Corps d'infanterie russe, institué par Ivan* IV le Terrible (v. 1550) et composé d'arquebusiers (40 000 à 50 000) formant la garde du tsar. Première armée permanente russe, ils avaient de nombreux privilèges. Très indisciplinés, ils se rendirent bientôt redoutables pour l'État par leurs fréquentes révoltes. À la mort de Fedor* III (1682), ils imposèrent la régence de Sophie* Alexeïevna, puis se révoltèrent contre celle-ci, avant de s'opposer à Pierre* I$^{er}$ le Grand qu'ils tentèrent de renverser (1698). Des exécutions massives s'ensuivirent et le corps des Streltsy fut dissous.

**STRESA** ➛ ÉTYM. à rapprocher du lombard *strecia* «resserrement d'une route» ♦ V. d'Italie, dans le Piémont (prov. de Novare), sur le lac Majeur. 4 836 hab. Station touristique. ♦ ***Conférence de Stresa*** Elle réunit du 11 au 14 avr. 1935 les représentants de l'Italie (Mussolini), de la Grande-Bretagne (MacDonald, J. Simon) et de la France (Laval, Flandin), qui, à la suite du rétablissement par l'Allemagne du service militaire obligatoire, s'entendirent pour s'opposer à toute nouvelle violation du traité de Versailles.

**STRESEMANN (Gustav)** ♦ Homme politique allemand (Berlin 1878 - *id.* 1929). Élu député au Reichstag en 1906 dans les rangs du parti national libéral, dont il devint le président en 1917, il contribua à rapprocher les monarchistes de la république de Weimar. Chancelier (sept. - nov. 1923) à la chute de Cuno, il forma un gouvernement de coalition avec les sociaux-démocrates. En demandant l'arrêt de la résistance passive des ouvriers dans la Ruhr (24 sept.), il réussit à rétablir un climat de conciliation entre la France et l'Allemagne. Nommé ministre des Affaires étrangères (1923 - 1929), il continua cette politique dans l'espoir d'obtenir la révision du traité de Versailles, et entama une période de négociations que la personnalité d'A. Briand* rendit possibles ; après le pacte de Locarno*, l'Allemagne entra dans la SDN (1926), et Stresemann partagea cette année-là le prix Nobel de la paix avec Briand. En 1928, il signa le pacte Briand-Kellogg et sa collaboration avec Briand se poursuivant, ils se mirent d'accord sur le plan Young. Il obtint encore de la France l'évacuation de la Rhénanie, qui eut lieu après sa mort (1930). On a publié ses *Papiers inédits* (1932 - 1933).

**STREUVELS (Frank LATEUR,** dit **Stijn)** ♦ Écrivain belge de langue néerlandaise (Heule 1871 - Ingooigem 1969). Neveu de Guido Gezelle*, il collabora à la revue *Van nu en straks* («D'aujourd'hui et de demain») et commença dès 1895 à publier des nouvelles, notamment le recueil *Vie printanière* (1899) qui eut un grand succès. Influencé par Tolstoï, Dostoïevski et Ibsen, il composa des romans puissants et sombres où est peinte la vie des paysans de Flandre, soumis aux exigences de la terre qu'ils travaillent : *La Moisson* (1900), *Le Long des routes* (1902), et *Le Champ de lin* (1907). Il aborda avec un égal succès l'analyse de l'âme enfantine (*Prutske*, 1921) et donna, avec *La Vie et la Mort au séchoir* (1926), un récit mystérieux où la description est enrichie de plongées hardies dans l'inconscient.

**STRINDBERG (August)** ♦ Auteur dramatique et écrivain suédois (Stockholm 1849 - *id.* 1912). Une enfance difficile (qu'il évoqua dans *Le Fils de la servante*, 1886), une nature passionnée mais instable, un individualisme exaspéré et toujours en quête d'absolu caractérisent sa personnalité et se reflètent dans ses écrits, presque tous autobiographiques. De multiples influences se sont exercées sur sa pensée, tour à tour marquée par la philosophie de Kierkegaard* et celle de Nietzsche, par un socialisme romantique inspiré de Rousseau et de Fourier, par les tentations successives de l'athéisme et du mysticisme. Ses trois mariages furent de douloureux échecs et, dans la solitude où il se retrouva à l'issue du deuxième, il devait frôler la folie (il en fait la confidence dans *Inferno*, 1897). Son œuvre se divise en trois périodes. D'abord naturaliste, sous l'influence de Vallès et de Zola, elle fit scandale avec un roman, *La Chambre rouge* (1879), et un pamphlet, *Le Royaume nouveau* (1882), des nouvelles, *Mariés* (1884) et surtout trois pièces de théâtre, *Père* (1887), *Mademoiselle* Julie* (1888) et *Les Créanciers* (1888). Revenant au genre historique qu'il illustra avec une pièce demeurée plusieurs années interdite, *Maître Olof* (1872), il publia *Gustave Vasa*, *Éric XIV* (1899) et d'autres drames dont *La Danse* de mort* (1900). Au naturalisme exacerbé de la première période succéda un mys-

August **Strindberg,** en 1891. *BIS/Phot. © Coll. Archives Larbor*

ticisme apaisé teinté d'occultisme, dont *Le Songe** (1902) offre la meilleure image. C'est enfin à l'illustration d'un humanisme lucide que Strindberg vouera la dernière partie de son œuvre, dans ce *Théâtre intime* (1907) qu'il dirigera et où il fera représenter ses pièces de chambre (*Kammarspel*) : *Orage, Le Pélican, La Sonate des spectres*, œuvres d'une intense cruauté et d'un désespoir absolu. Analyste du comportement, penché sur les mystères du subconscient, Strindberg passe avec aisance du naturalisme le plus cru au symbolisme le plus aérien. Dénonçant le triomphe universel de la violence dans les rapports humains (il envisage tout «dialogue» comme une «lutte de cerveaux» qui se conclut presque nécessairement par un «meurtre psychique» et où la femme, que ce misogyne-né n'a jamais pu accepter, est toujours «la plus forte»), témoin de l'impossible communication entre les êtres, il explora quelques-unes des voies majeures de la culture européenne pour en atteindre les limites extrêmes. Son œuvre constitue le rigoureux constat d'échec d'une civilisation qui a atteint le temps de sa décadence. On a découvert récemment le talent pictural de Strindberg, comme peintre et photographe. ➛ ÉTYM. *Strindberg* vient du suédois *strand* «côte, rive» et *berg* «colline».

**STRITAR (Josip)** ♦ Poète, conteur et romancier slovène (Podsmerka 1836 - Rogaška Slatina 1923). Romantique et patriote, il participa au réveil national de la littérature slovène : *Zorin* (1870), *Sonnets viennois* (1872), *Rosana* (1877).

**STROGANOV** ♦ Famille russe de marchands et financiers originaires de Novgorod (XVI$^{e}$ et XVII$^{e}$ s.) dont les plus connus sont ANIKI (1498 - 1570) et ses fils GRIGORI et IAKOV. Ils mirent en valeur les terres du nord de la Russie, de l'Oural et de la Sibérie et y exploitèrent les mines. ➛ ÉTYM. *Stroganov* vient du prénom russe *Strogan*, de *strogi* «sévère» ou participe passé du verbe *strogat* «rasé».

**STROHEIM (Erich VON)** ♦ Cinéaste et acteur américain d'origine autrichienne (Vienne 1885 - Maurepas 1957). Une légende, qu'il a contribué lui-même à créer, s'est emparée très tôt de sa personne et de son œuvre. Si romantique qu'elle soit dans ses excès, elle ne trahit qu'à peine la réalité. Il n'était pas né aristocrate, ainsi qu'il l'a prétendu, mais il le fut assurément par la lucidité hautaine et le pessimisme avec lesquels il a jugé l'humanité, du moins dans ses classes dirigeantes, par le goût du faste, au service d'une esthétique baroque, par un mépris si éclatant des impératifs matériels qu'il finit, en moins de dix années, par être chassé de Hollywood. Marquée par le réalisme et la violence, par une cruauté qui n'exclut pas le sens de la justice, son œuvre semble souvent s'apparenter au mélodrame, mais introduit au cinéma un sens nouveau du récit romanesque et de la durée psychologique. Inachevée, mutilée, elle n'en demeure pas moins l'une des plus importantes de l'histoire du 7$^{e}$ art. Réal. princ. : *Folies de femmes* (1921), *Les Rapaces** (1924), *La Veuve joyeuse* (1925), *La Symphonie nuptiale* (1927), *Queen Kelly* (1928). Après son départ des États-Unis, Stroheim devait poursuivre sa carrière d'acteur, notamment dans *La Grande* Illusion*, de Jean Renoir, 1937. En 1950, il fut un des interprètes du film de Billy Wilder, *Boulevard du crépuscule*.

**STROMBOLI** ➛ ÉTYM. anc. ***Strongyle***, du gr. *strongûlê [nêsos]* «[île] ronde» ♦ La plus septentrionale des îles Éoliennes* (Italie, mer Tyrrhénienne), sommet émergé, culminant à 924 m d'altitude, d'un volcan dont les racines se trouvent par 2 000 m de fond dans la mer Tyrrhénienne. Cratère en activité continuelle, éruptions importantes en 2002 (tsunami) et 2007. 12 $km^2$. Env. 500 hab. Elle possède trois villages, Ginostra, San Bartolomeo et San Vincenzo, descendant de la montagne vers la plage (station climatique et balnéaire). Les vignobles fournissent un vin renommé, le malvasia (malvoisie).

**STRÖMGREN (Bengt)** ♦ Astrophysicien suédois (Göteborg 1908 - Copenhague 1987). Auteur de travaux sur les concentrations gazeuses dans l'espace, il découvrit les régions (qui portent son nom) autour de certaines étoiles chaudes qui contiennent de l'hydrogène ionisé. Il étudia l'abondance de certains éléments (en particulier l'hydrogène et l'hélium) dans l'espace, ainsi que la structure stellaire, et apporta une contribution essentielle à notre connaissance de l'atmosphère solaire. On lui doit la première classification précise, basée sur les mesures photoélectriques, des spectres solaires.

**STROUGATSKI (Arkadi** et **Boris)** ♦ Écrivains russes. ARKADI STROUGATSKI (Batoumi 1925 - 1991), linguiste, et BORIS STROUGATSKI (Léningrad 1933 - 1992), mathématicien et astronome. Révélés en 1964 par un récit d'anticipation *(Il est difficile d'être un dieu)*, ces deux frères ont beaucoup contribué au renouveau de la science-fiction soviétique en écrivant ensemble des romans de tonalité satirique, tour à tour philosophiques et utopiques (*Le Conte de la troïka*, 1968 ; *L'Escargot sur la pente*, 1966 - 1968 ; *Les Mutants du brouillard*, 1972 ; *Les Vilains Cygnes*, à l'étranger 1972). Interdits de publication après 1972, ils s'orientèrent vers des œuvres moins politisées, consacrées aux problèmes de l'univers ou aux troubles de la personnalité (*Stalker*, 1972, porté à l'écran par A. Tarkovski en 1979 ; *Le Scarabée dans la fourmilière*, 1982 ; *Un milliard d'années avant la fin du monde*, 1983).

**STROUVE (Petr)** ♦ Homme politique russe (Perm 1870 - Paris 1944). L'un des dirigeants du parti constitutionnel-démocrate (1905), il fut le plus en vue des marxistes «légaux» (autorisés par le gouvernement tsariste), dont l'économisme opportuniste fut critiqué par Lénine.

**STROZZI** ♦ Famille de Florence connue depuis la fin du XIII$^{e}$ s. Puissants banquiers, les Strozzi ne cessèrent de s'opposer aux Médicis. ♦ **Palla Strozzi** (1373 - 1462). Brillant humaniste, il fut exilé. ♦ **Filippo Strozzi** (1426 - 1491). Il fit élever le palais Strozzi ♦ **Filippo II Strozzi** (1489 - 1538). Il épousa la petite-fille de Laurent le Magnifique et, après avoir contribué à la révolution de 1527, se rallia à Alexandre de Médicis*. ♦ **Piero Strozzi** (1510 - 1558). Il fut attiré en France par sa cousine Catherine* de Médicis et devint maréchal.

## structuralisme

n. m. ♦ Ensemble des théories qui, en sciences sociales et humaines, privilégient l'étude et l'analyse des structures. En ce sens on pourra parler du structuralisme de la Gestalttheorie* qui met l'accent sur les mécanismes de perception des formes appréhendés comme des totalités ou de celui d'auteurs comme K. Goldstein*, qui ont mit l'accent sur l'organisation structurée de l'organisme. Mais le terme s'applique surtout au mouvement intellectuel très puissant en France dans les années 1960, qui affirmait la prééminence du tout par rapport aux parties, le primat des relations par rapport aux éléments, la causalité interne d'un ensemble systématique. La figure centrale de ce mouvement, qui n'a pas, à proprement parler, formé une école, fut Claude Lévi*-Strauss, même s'il désavouait cette étiquette. Il avait été formé à l'analyse structurale par le linguiste Roman Jakobson* lors de son séjour à New York pendant la guerre. Jakobson, fondateur avec N. Troubetzkoï* de la phonologie structurale (école de Prague), analysait les phonèmes comme des systèmes d'opposition binaires. Lévi-Strauss a transposé ce type de méthode dans l'étude de la famille *(Les Structures élémentaires de la parenté)* puis des mythes. C'est à son exemple que Jacques Lacan* a relu certains textes de Freud, proposant en particulier d'analyser le cas du petit Hans (dans *Cinq psychanalyses*) comme un mythe : le sens des éléments du récit mythique (ou du rêve ou de la phobie) vient de leur place par rapport à d'autres éléments. S'appuyant sur la notion de valeur en linguistique telle que F. de Saussure* l'avait dégagée bien antérieurement dans le *Cours de linguistique générale*, Lacan a proposé la formule : l'inconscient est structuré comme un langage, ce qui conduit à élaborer une logique du signifiant (*Écrits*, 1966). Dans ses premiers travaux, Pierre Bourdieu* se réclamait lui aussi des paradigmes dégagés par Lévi-Strauss. On trouve dans l'œuvre de Louis Althusser* et de ses élèves (*Lire le Capital*, 1965) une réinterprétation du marxisme qui rompt avec un modèle mécaniste et qui cherche à penser les formations sociales comme des ensembles de modes de production, ce qui conduit à proposer l'idée de l'autonomie relative de certaines instances par rapport à l'économie. D'autres auteurs sont parfois inclus dans le mouvement structuraliste, comme Michel Foucault* ou Roland Barthes*. Les critiques à l'égard du structuralisme sont nombreuses et diverses (Aron* ou Sartre* par exemple). Sur le plan méthodologique, le structuralisme ne favorise-t-il pas de façon abusive la synchronie par rapport à la diachronie ? L'analyse structuraliste permet d'expliquer des phénomènes qui se produisent dans la vie sociale (organisation familiale) ou individuelle (rêve, psychopathologie) sans recourir à la notion de sujet : n'est-ce pas mettre en cause les exigences d'une morale reposant sur la volonté libre ? À l'inverse, le structuralisme peut trouver dans le recours à la notion d'homme une fausse explication pour des mécanismes qui font apparaître, au contraire, que le sujet n'est pas le lieu des conditions de possibilité de l'expérience : en ce sens le structuralisme est une rupture avec la tradition issue de Kant* et il place la transcendance dans le langage ou dans le discours plus que dans le sujet.

**STRUENSEE (Johann Friedrich,** comte **VON)** ♦ Homme politique danois (Halle 1737 - Copenhague 1772). Médecin de Christian* VII de Danemark (1768), il fut l'amant de la reine Caroline-Mathilde. Il renversa le ministre Bernstorff (1770) et devint Premier ministre (1771). Il accomplit de profondes réformes, abolit le servage et les corporations mais ne put terminer sa tâche. Accusé de complot contre le roi, il fut arrêté en 1772 et condamné à mort.

**STRUMA** n. f. → **Strymon**

**STRUTHOF** ♦ Écart de la comm. de Natzwiller (Bas-Rhin). Camp de concentration et d'extermination nazi (1941 - 1944), appelé *Natzweiler* en allemand. Le général Frère* y mourut. Sur l'emplacement du camp ont été érigés une nécropole des victimes des camps de concentration et le Centre européen du résistant déporté.

**STRUVE** ♦ Famille d'astronomes russes. ♦ **Wilhelm von Struve** (Altona, Holstein 1793 - Saint-Pétersbourg 1864). Après avoir participé à de nombreux travaux de triangulation dans son pays, équipé du plus grand télescope de l'époque, il fut l'auteur d'un catalogue de 3 134 étoiles multiples (1827) et des premières évaluations significatives de parallaxes (1838) ; il fonda l'observatoire de Poulkovo (1839). ♦ **Otto Struve** (Dorpat, auj. Tartu, Estonie 1819 - Karlsruhe 1905). Fils du précédent. Il découvrit de nombreux systèmes binaires, un satellite d'Uranus, détermina l'apex et la valeur de la constante de la précession (1842) et établit le premier catalogue fondamental de Poulkovo (1868). ♦ **Otto Struve** (Kharkov 1897 - Berkeley, Californie 1963). Petit-fils du précédent. Il étudia la spectrographie des étoiles et des nébuleuses, mesura leurs vitesses radiales, fit des recherches sur les étoiles doubles spectroscopiques, découvrit la matière interstellaire et la présence du calcium.

**STRYMON** n. m. ♦ Fl. de Bulgarie et de Grèce (430 km). Né dans le massif de Vitoša*, le Strymon traverse le Rhodope et se jette dans la mer Égée.

**STUART** ♦ Forme francisée de STEWART, nom d'une ancienne famille qui régna sur l'Écosse (1371 - 1714 → **Robert, Jacques I$^{er}$, Jacques II, Jacques III, Jacques IV, Jacques V, Marie I$^{re}$ Stuart**) et sur l'Angleterre (1603 - 1714 → **Jacques I$^{er}$, Charles I$^{er}$, Charles II, Jacques II, Marie II Stuart, Anne**). Elle eut pour fondateur Alan Fitzalan (XII$^{e}$ s.) dont les descendants reçurent le titre de *stewart* (sénéchal) d'Écosse. L'acte d'Établissement*, en 1701, qui assurait la couronne d'Angleterre à un prince protestant, en priva le prétendant Jacques* Francis Édouard, puis son fils Charles* Édouard, mais l'agitation jacobite se poursuivit en Écosse jusqu'à la mort du dernier descendant en 1807.

**STUBBS (George)** ♦ Peintre animalier et graveur britannique (Liverpool 1724 - Londres 1806). Il se passionna pour l'anatomie et débuta comme portraitiste. En 1766, il fit paraître un traité sur l'*Anatomie du cheval* (1756 - 1760). Devenu le peintre animalier le plus célèbre de son époque, il représenta aussi des cavaliers, des scènes de chasse et quelques scènes historiques. Observateur scrupuleux, il possédait un sens classique de la composition. Avec une facture lisse et minutieuse, il sut conférer un caractère étrange, magique et dramatique à l'un de ses thèmes de prédilection : *Lion attaquant un cheval* (1765).

**STUMPF (Karl)** ♦ Philosophe et psychologue allemand (Wiesentheid, Franconie 1848 - Berlin 1936). Élève de Lotze et de F. Brentano, il fit une analyse critique de la dissociation établie par Kant entre la théorie de la connaissance et la psychologie (*Psychologie et Théorie de la connaissance*, 1891). Il se consacra par ailleurs à d'importants travaux sur la psychologie de l'audition.

**ŠTÚR (Ľudovít)** ♦ Écrivain et homme politique slovaque (Uhrovec 1815 - Modrá 1856). Il fut l'un des premiers à montrer que les Slovaques pouvaient écrire dans leur langue, et non plus en tchèque. Il écrivit une étude sur l'esprit slave à travers *Les Chansons populaires et légendes slaves* (1855).

**STURA DI DEMONTE** n. f. ♦ Riv. d'Italie continentale (110 km). Née au col de Larche (Piémont), elle coule ensuite en plaine, arrose Cuneo* et rejoint le Tanaro.

**STURDEE** (sir **Frederick Charles Doveton)** ♦ Amiral anglais (Charlton, Kent 1859 - Camberley 1925). Chef d'état-major naval en 1914, il détruisit le 8 déc. 1914, à la bataille des îles Falkland*, la flotte allemande de l'amiral von Spee. Il fut nommé amiral de la flotte en 1921.

**STURDZA** ou **STOURDZA** ♦ Famille roumaine connue depuis le XV$^{e}$ s. ♦ **Ion Sturdza** (mort en 1842), prince de Moldavie (1822 - 1828). Il fut chassé par les Russes dont il combattait l'influence. ♦ **Mihail Sturdza** (1795 - Paris 1884). Il fut prince de Moldavie (1834 - 1849), après avoir été ministre des Finances sous Kisselev. Il fut remplacé par Ghika. ♦ **Vasile Sturdza** (1810 - 1870). Il fut l'un des principaux artisans du rapprochement de la Moldavie et de la Valachie. ♦ **Dimitrie Sturdza** (Miclăuceni 1833 - Bucarest 1914). Il prépara l'unification de la Moldavie et de la Valachie sous le prince Cuza*, qu'il devait contribuer à renverser. Il fut l'un des partisans de Carol* de Hohenzollern-Sigmaringen, et fit partie des cabinets de Ghika et de Brătianu*, comme ministre des Finances, de l'Éducation et des Affaires étrangères. À la tête du parti libéral depuis 1892, il fut Premier ministre à quatre reprises, et réprima sévèrement la révolte paysanne de 1907. Numismate et historien, il dirigea la publication des *Documents sur la régénération roumaine*.

**STURE** ♦ Famille noble suédoise. ♦ **Sten Sture l'Ancien** (v. 1440 - Jönköping 1503). Régent de Suède (1470), il défendit les paysans contre la noblesse et le clergé, et défit Christian* Ier (Brunkeberg, 1471). Il fut le fondateur de l'université d'Uppsala. ♦ **Sten Sture le Jeune** (v. 1492 - 1520) Régent de Suède en 1512, il déposa l'archevêque d'Uppsala Gustav Trolle, partisan des Danois (1517), mais il fut vaincu par Christian* II qui s'empara de Stockholm et massacra ses adversaires (le «bain de sang»).

**STURGEON (Edward Hamilton Waldo, dit Theodore)** ♦ Romancier américain (New York 1918 - Eugene, Oregon 1985). Il commença à écrire vers la fin des années 1930 dans la revue *Astounding SF* et devint rapidement l'un des grands noms de «l'âge d'or de la science-fiction» avec de nombreuses nouvelles *(Les Songes superbes de Theodore Sturgeon, Symboles secrets, Sturgeon dans l'espace)* et des romans comme *Le Cristal qui songe* (1950) ou *Les Plus qu'humains* (1953). Quoiqu'il cherchât, classiquement, à anticiper sur des technologies futures, ce furent les conséquences sociales et éthiques du progrès qui le préoccupèrent.

**STURGES (Edmond P. Biden, dit Preston)** ♦ Cinéaste américain (Chicago 1898 - New York 1959). D'abord scénariste (notamment de *Thomas Garner*, 1933, film dans lequel est exploité de façon magistrale le procédé du flash-back), il renouvela la «comédie américaine» dans les années 1940, avec des satires à la fantaisie savamment contrôlée : *Les Voyages de Sullivan* (1941), *Miracle au village* (1944), *Infidèlement vôtre* (1948).

**STURLUSON (SNORRI)** → **Snorri Sturluson**

**STURM (Johannes)** ♦ Humaniste allemand (Schleiden 1507 - Strasbourg 1589). Après avoir adhéré à la Réforme, il vint à Strasbourg en 1537 et il y fut nommé recteur du gymnase protestant (→ **Sturm de Sturmeck**) qui, sous la direction de ce pédagogue de valeur, acquit une grande renommée. Toutefois, J. Sturm s'attira l'hostilité des luthériens «orthodoxes» et perdit ses fonctions en raison de ses sympathies pour les réformateurs suisses. Il a laissé de nombreux ouvrages, dont des traductions d'œuvres latines et grecques.

**STURM (Charles)** ♦ Mathématicien français d'origine suisse (Genève 1803 - Paris 1855). Il mesura en 1828, avec Colladon*, la vitesse du son dans l'eau, et le mémoire qu'ils publièrent sur la compressibilité des liquides leur valut un prix de mathématiques. Il énonça en 1829 un théorème célèbre, précisant le nombre des racines réelles d'une équation algébrique comprises entre deux limites données. [Acad. sc. 1836]

## Sturm (Der)

→ ÉTYM. all. «La Tempête» ♦ Groupe expressionniste de Berlin dont la revue (du même nom) fut fondée par H. Walden en 1910. Ses représentants se proposaient de supprimer dans la poésie toute pensée logique, toute idéologie et toute effusion de la sensibilité personnelle pour atteindre par le rythme pur «l'intensité, l'immédiateté absolues ; l'ivresse de Dionysos sans les artifices d'Apollon» (C. David). Parmi eux on compte le poète et auteur dramatique August Stramm (*Toi*, 1914), le poète allemand Wilhelm Klemm (*Gloria*, 1915) et A. Döblin*.

**STURM DE STURMECK (Jacques)** ♦ Homme politique alsacien (Strasbourg 1489 - 1553). Élève de Wimpheling, il fit des études de théologie et de jurisprudence. Après avoir adhéré à la Réforme, il fonda à Strasbourg le gymnase protestant, fut chargé de nombreuses missions diplomatiques et assuma dans sa ville de hautes fonctions politiques.

## Sturm und Drang

→ ÉTYM. all. «tempête et passions» ♦ Mouvement littéraire préromantique allemand (1770 - 1790) qui doit son nom au titre d'une tragédie de F. M. von Klinger*. Sous l'influence de J.-J. Rousseau, ses représentants opposèrent au rationalisme du siècle des Lumières *(Aufklärung)* les exigences de la sensibilité *(Empfindlichkeit)*, les lois d'une nature idéalisée où l'homme retrouverait sa place, et aux règles de l'idéal classique français, l'originalité du «génie». «Gais lurons et en même temps cœurs sensibles» (P. Grappin), révoltés contre toute contrainte sociale, mais aussi patriotes, voire nationalistes, ses tenants n'hésitèrent pas à scandaliser. Pressenti par Lessing dans sa *Dramaturgie de Hambourg*, ce courant littéraire fut préparé par Hamann* et surtout par Herder* qui remit à l'honneur la chanson et la poésie populaires (y compris Homère, la Bible). Il compta parmi ses «génies» le jeune Goethe* (→ **Götz von Berlichingen, Werther**), le jeune Schiller* *(Les Brigands)*, Bürger*, Heinse*, Jung* (Stilling), Lenz*, Miller*, F. Müller*, Schubart*.

**STURZO (Luigi)** ♦ Homme politique et sociologue italien (Caltagirone, Sicile 1871 - Rome 1951). Ordonné prêtre (1894), maire adjoint de Caltagirone (1905), secrétaire général de l'Action catholique (1915 - 1917), il fonda le Parti populaire italien (1919), premier grand mouvement de la démocratie chrétienne. Adversaire du fascisme, L. Sturzo quitta l'Italie en 1924 pour Londres, puis New York. Rentré dans son pays en 1946, il devint sénateur à vie, sans toutefois jouer de rôle très important dans la vie politique italienne. Il a publié plusieurs études sociologiques et politiques sur l'Italie : *L'Italie et le Fascisme* (1926), *L'Église et l'État, Essai de sociologie* (1936).

**STUTTGART** → ÉTYM. du moy. haut all. *stuotgarte* «enclos ou parc *(garte)* pour les juments *(stuot)*» [la ville était à l'origine un haras] ♦ V. d'Allemagne, cap. du Land de Bade-Wurtemberg, sur la rive g. du Neckar. 591 059 hab. Résidence des ducs puis rois de Wurtemberg, elle doit son nom (*Stutengarten* «jardin des juments») à un ancien haras (*Stuterei*). Elle fut dotée aux XVIIIe et XIXe s. d'un château et de nombreux bâtiments publics. Univ. technique. Belle bibliothèque du Land (1 000 manuscrits et la 2e collection mondiale de bibles), musée d'Art moderne (Neue Staatsgalerie), opéra célèbre. ▪ Important carrefour ferroviaire. Favorisée par une politique économique efficace, la ville est passée du textile aux constructions mécaniques, à l'automobile (Mercedes-Benz à Stuttgart-Untertürkheim et Sindelfingen*, Porsche à Zuffenhausen), à l'équipement électrique (Bosch, SEL) et à l'informatique (IBM, HP). Les biens d'équipement et la haute technologie ont trouvé ici, comme à Francfort et à Munich, un terrain favorable auquel l'université a beaucoup contribué. Banques et assurances.

**STUYVESANT (Peter)** ♦ Colonisateur hollandais (Scherpenzeel, Frise 1592 - New York 1672). Capitaine général des possessions hollandaises en Amérique (1643), il fut directeur de la Compagnie hollandaise des Indes occidentales aux Caraïbes (1643). Blessé en combattant les Portugais, il fut amputé d'une jambe. Il arriva en 1647 à Nieuwe Amsterdam (New* York) où il gouverna la colonie despotiquement, mais développa la prospérité de la ville, qu'il défendit contre les Suédois. Il dut se rendre aux Anglais (1664), faute de soutien de la part des colons. Il resta à New York dans sa ferme de la Bowery jusqu'à sa mort. → ÉTYM. Ce nom vient du moyen néerlandais *stüven* «remuer», probablement surnom d'une personne fanfaronne ou d'un cavalier chevronné.

**STYMPHALE** – en gr. ***Stumphalos*** ♦ Nom d'une ville et d'un lac de l'anc. Grèce, à l'extrémité N.-E. de l'Arcadie. Le lac Stymphale est célèbre dans la mythologie par les oiseaux monstrueux aux becs et serres d'airain qui vivaient sur ses bords et se nourrissaient de chair humaine. Héraclès* les fait sortir de leur retraite à l'aide de cymbales et les abat avec des flèches.

**STYRIE** n. f. – en all. ***Steiermark*** → ÉTYM. du n. du château de *Steyr** (V. ci-dessous) ♦ État fédéral (Bundesland) de l'Autriche. → **Autriche** (carte). 16 392 km². 1 183 303 hab. CAP. : Graz. ▮ **Géographie** On distingue deux régions appartenant à deux ensembles géographiques distincts : la Styrie supérieure, au N., centrée sur la chaîne des Niedere Tauern et incluant les vallées de la Salza, du cours supérieur de l'Enns, de la Mur et de la Mürz ; la Styrie inférieure, au S., s'étendant sur les terres et les collines des Alpes méridionales, entaillées par la vallée moyenne de la Mur. ▪ Si l'agriculture y reste importante, puisqu'elle occupe plus de 4 % de sa population active, la plus grande richesse de la région est constituée par son sous-sol : fer (Erzberg), qui a entraîné l'implantation de la plus grande partie de la sidérurgie autrichienne ; lignite (Graz et Leoben), 65 % de la production nationale ; graphite (entre l'Enns et le Semmering) ; magnésite (Veitsch) ; sel (Bad Aussee). ▮ **Histoire** Comprise dans les provinces romaines de Norique et de Pannonie, la région connut au VIe s. une occupation slave (Slovènes), et fut réunie à la Bavière (VIIIe s.), puis à la Carinthie. Au cours des XIe - XIIe s., elle éclata en petites seigneuries, puis fut réunifiée par les seigneurs de Steyr et fut érigée en duché (1180). Celui-ci passa successivement aux Babenberg, au roi de Bohême (1278) et aux Habsbourgs (1282), tandis qu'il était peu à peu germanisé. La région adopta la Réforme, mais fut soumise par le futur Ferdinand II au début du XVIIe s. Le sud du pays, encore peuplé de Slovènes, fut donné à la Yougoslavie au traité de Saint-Germain (1919).

**STYRON (William)** ♦ Romancier américain (Newport News, Virginie 1925 - Vineyard, Massachusetts 2006). Héritier de W. Faulkner, il se situe entre histoire et métaphysique, et aime les grands sujets : *Un lit de ténèbres* (1951), sur une famille sudiste décadente, *Les Confessions de Nat Turner* (1967), qui retrace l'esclavage des Noirs américains au XIXe s., *Le Choix de Sophie* (1979, porté à l'écran par A. Pakula), sur le martyre d'une mère dans les camps de la mort et symbolisant l'omniprésence du Mal. Autobiographiques, *Un matin de Virginie* (1994) est la relation de sa jeunesse et *Face aux ténèbres* (2000) celle de la dépression qui l'a longtemps affecté.

**STYX** n. m. → ÉTYM. en gr. ***Stux*** «froid glacial ; horreur» ♦ Fleuve des Enfers qu'il entoure de ses méandres. Ses eaux noires et glacées ont des propriétés magiques : Thétis* y trempe Achille pour le rendre invulnérable. Le nom du Styx invoqué par les dieux quand ils prononçaient un serment rendait ce serment inviolable. ▪ Styx est à l'origine l'une des Océanides*. Avec ses quatre fils, Zélos (l'Ardeur), Nikê (la Victoire), Cratos (la Force) et Bia (la Violence), elle porte secours à Zeus lors de la lutte des Olympiens contre les Géants*.

**SUALEM** → **Rennequin**

**SUARD (Jean-Baptiste Antoine)** ♦ Écrivain et journaliste français (Besançon 1732 - Paris 1817). Protégé de Mme Geoffrin* et de Mlle de Lespinasse*, il fut censeur dramatique (1774 - 1790). Il collabora au journal royaliste *Les Nouvelles politiques*, ce qui lui valut d'être exilé après le 18 Fructidor (1797) ; à son retour à Paris après le 18 Brumaire, il travailla au *Publiciste*. Il fut nommé en 1803 secrétaire perpétuel de la section littéraire de l'Institut. Ses *Mémoires et correspondances historiques et littéraires* furent publiés en 1858. [Acad. fr. 1774] ◆ ÉTYM. *Suard* vient du germanique *Sudhard*, nom de personne, de *sud* «sud» et *hard* «fort».

**SUARÈS (André)** ♦ Écrivain français (Marseille 1868 - Saint-Maur-des-Fossés 1948). Après son passage à l'École normale supérieure, il se lia avec Romain Rolland*, puis avec Gide*, Claudel* et Péguy*. De son voyage en Italie (1893), pays qui correspondait à son amour de la grandeur et de l'énergie, il rapporta le *Voyage du condottiere* (1910 - 1932) ; puis il manifesta sa mystique du «héros» dans ses essais sur *Tolstoï* (1899), sur *Wagner* (1899), dans *Trois Hommes : Pascal, Ibsen, Dostoïevski* (1913) et dans *Trois Grands Vivants* (Cervantès, Tolstoï et Baudelaire ; 1937). Auteur de tragédies «à l'antique» (*La Tragédie d'Elektre et Oreste*, 1905 ; *Cressida*, 1913), Suarès a également composé une œuvre poétique d'un esthétisme souvent exacerbé, de *Avis* (1900) à *Rêves de l'ombre* (1937), laissant par ailleurs une vaste *Correspondance* (avec Claudel, publ. 1951 ; avec R. Rolland, publ. 1954). ◆ ÉTYM. Ce nom est le diminutif de *Suero*, nom de baptême germanique.

**SUÁREZ (Francisco)** ♦ Jésuite et théologien espagnol (Grenade 1548 - Lisbonne 1617). Il enseigna, à Rome, Alcalá, Salamanque, Coimbra, une théologie «éclectique» largement inspirée de Thomas d'Aquin et attentive aux problèmes politiques et sociaux de son époque. Auteur des *Disputationes metaphysicae*, de la *Defensio fidei* (1613, contre Jacques Ier d'Angleterre) et de monumentaux commentaires de la *Somme théologique*.

**SUBIACO** ♦ Loc. d'Italie, dans le Latium (prov. de Rome). 9 030 hab. Papeteries et carrières d'albâtre. ▮ **Histoire** Saint Benoît y établit son premier monastère au début du VIe s. (fresques dans les deux églises superposées) et sainte Scholastique un couvent de femmes (dont subsistent trois cloîtres) qui connurent tous deux leur apogée du XIe au XIIIe s. C'est là que furent imprimés en 1464 les premiers livres italiens conservés.

**SUBLEYRAS (Pierre Hubert)** ♦ Peintre français (Saint-Gilles-du-Gard 1699 - Rome 1749). Formé dans l'atelier toulousain d'Antoine Rivalz* et à Paris, il obtint le premier prix de peinture de l'Académie de Paris en 1727. Installé à Rome en 1728, remarqué et apprécié par les milieux religieux et princiers, il devint membre de l'académie de Saint-Luc en 1740. En 1741, le pape Benoît XIV lui commanda son portrait et, en 1747, *Une messe de saint Basile* pour Saint-Pierre. Son œuvre se partage entre le portrait et l'histoire bien qu'il ait aussi abordé le paysage, la nature morte, le nu et la scène populaire. Si l'influence de Rivalz est importante dans la formation du style de Subleyras, l'artiste ne se rattache à aucune école et reste une figure isolée, usant avec raffinement des contrastes de couleurs.

Pierre Hubert **Subleyras.**
*Caron passant les ombres* (135 × 83 cm).
Musée du Louvre, Paris. *Phot. © Lauros-Giraudon*

**sublime (Traité du)** ♦ Traité de critique littéraire d'un auteur grec inconnu de la seconde moitié du Ier s., longtemps attribué à Longin* (IIIe s.). Contre la rhétorique cicéronienne, il rejette la conception purement technique du classicisme, qui proposait des recettes stylistiques, réduisant ainsi au «style sublime» la notion du sublime. Celle-ci est, pour l'auteur du traité, «l'écho d'une grande âme», la substance de grandes idées conçues par un esprit créateur, et non leurs formules figées et imitables. ▪ Très estimé depuis la Renaissance, ce texte fut traduit par Boileau* qui s'en inspira.

**Sublime Porte** → **Porte**

**SÜBÖTEÏ** ♦ Général mongol (mort en 1246) au service de Gengis* Khān puis d'Ögödei, il conquit la Perse et la Géorgie en 1220 - 1221, la Chine en 1233, et envahit l'Europe orientale, prenant la ville de Pest en 1241.

**SUBOTICA** ♦ V. de Serbie (Voïvodine). 147 758 hab. Grand marché agricole de la plaine de la Bačka. Indus. métallurgiques.

**SUBRĀHMANYA** ♦ Divinité hindoue du S. de l'Inde, un des fils de Shiva* et de Pārvatī. C'est la divinité de la guerre. On le représente monté sur un paon faisant la roue.

**Succession d'Autriche** (guerre de) ♦ Conflit (1740 - 1748) qui opposa tous les États européens et qui révéla la rivalité franco-britannique. À la mort de l'empereur Charles* VI, les puissances dénoncèrent la pragmatique* sanction, qui assurait sa succession à sa fille Marie*-Thérèse, et Frédéric* II ouvrit les hostilités en envahissant la Silésie (1740). La France, sous la pression d'une opinion traditionnellement antiautrichienne (Belle*-Isle), l'Espagne, la Saxe et la Bavière se rangèrent aux côtés de la Prusse pour soutenir les prétentions de l'électeur Charles-Albert de Bavière qui se fit élire empereur sous le nom de Charles* VII, tandis que la Grande-Bretagne et les Pays-Bas prenaient parti pour Marie-Thérèse. Les Français et les Bavarois envahirent la Haute-Autriche et la Bohême. Cependant, la Prusse s'étant désolidarisée pour signer par deux fois une paix séparée (Breslau, 1742 ; Dresde, 1745) par laquelle elle obtenait la Silésie, et Charles-Albert ayant traité de son côté, quand la Bavière avait été menacée (1743), la France se retrouva seule face à la Grande-Bretagne. La victoire du maréchal de Saxe* à Fontenoy* (1745) lui permit d'occuper les Pays-Bas et les Provinces-Unies (1747 - 1748), mais le traité d'Aix*-la-Chapelle (1748), qui reconnaissait la pragmatique sanction, ne fut pour la France qu'un retour au *statu quo ante* et ne régla aucun conflit.

**Succession de Bavière** (guerre de) ♦ Conflit (1778 - 1779) qui opposa l'Autriche à la Prusse et, en second lieu, à la Russie. À la mort de l'électeur Maximilien* III, l'électeur palatin Charles-Théodore, pour hériter de lui, dut laisser la Basse-Bavière et une partie du Haut-Palatinat à l'Autriche. La France ayant refusé de soutenir celle-ci, quand Frédéric* II intervint, elle dut signer la paix de Teschen (1779) où elle ne reçut que le district de l'Inn.

**Succession de Bretagne** (guerre de) ♦ Conflit qui se déclencha à la mort de Jean* III qui avait désigné sa nièce Jeanne* de Penthièvre, femme de Charles de Blois, comme héritière (1341 - 1364). Le frère de Jean III, Jean* de Montfort, soutenu par les Anglais, éleva des prétentions au duché. Cette guerre vit le célèbre combat des Trente*. Après la défaite et la mort à Auray de Charles de Blois soutenu par Charles V (1364), Jeanne de Penthièvre conclut le traité de Guérande* (1365) par lequel elle renonçait au duché en faveur de Jean* IV.

**Succession d'Espagne** (guerre de) ♦ Conflit qui opposa la France et l'Espagne à une coalition européenne (1701 - 1714). La guerre fut provoquée par l'avènement au trône de Philippe* V, petit-fils de Louis* XIV (1700), conformément au testament de Charles II, que Louis XIV avait accepté non sans hésitations. Il fut d'abord reconnu par toute l'Europe à l'exception de Léopold* Ier qui soutenait la candidature de son fils l'archiduc Charles, mais l'ouverture de l'empire colonial espagnol au commerce français permit à Guillaume* III d'Orange de former la Grande-Alliance de La Haye : elle réunissait l'Angleterre, les Provinces-Unies, l'Empire, les princes allemands puis le Portugal et la Savoie. Après une brève période de succès en Italie et en Allemagne (1701 - 1704), les Français subirent des revers : tandis que l'archiduc Charles débarquait en Espagne, appuyé sur une partie de la population (Catalogne), et était proclamé roi à Madrid (1706), Marlborough* et le Prince Eugène* envahissaient la Belgique et le nord de la France (défaite d'Audenarde, 1708). Après l'échec d'une tentative de paix de Louis XIV, à des conditions humiliantes, Villars* parvint à arrêter l'invasion à Malplaquet* (1709) et surtout à Denain* (1712), et Philippe V fut rétabli grâce à la victoire de Villaviciosa* (1710). La mort de Joseph* Ier et l'arrivée de l'archiduc Charles sur le trône impérial précipitèrent la fin de la guerre qui se termina par les traités d'Utrecht* (1713) et de Rastadt* (1714). → **Rastatt.**

**Succession de Pologne** (guerre de) ♦ Conflit européen qui opposa la France alliée de l'Espagne, de la Sardaigne et de la Bavière, à la Russie, la Saxe et l'Autriche, de 1733 à 1738. À la mort d'Auguste* II, roi de Pologne, l'élection de son ancien compétiteur Stanislas* Leszczyński (beau-père de Louis XV) appuyé par la France, provoqua une intervention austro-russe en faveur d'Auguste* III de Saxe. Stanislas, chassé du trône, se réfugia à Gdańsk (1734) et la Pologne fut placée sous autorité austro-russe, tandis que les Français occupaient la Lorraine, Kehl et Philippsburg, après avoir rompu avec l'Autriche à l'instigation de G. L. de Chauvelin*. La guerre, qui avait pour origine la succession de Pologne*, se déroula en Italie (Milan, Naples) où les Sardes et les Espagnols espéraient acquérir des domaines. Les négociations entreprises dès 1735 par le ministre français Fleury* aboutirent en 1738 au traité de Vienne*. Stanislas renonçait à la couronne polonaise (au profit d'Auguste III) et recevait à titre viager la Lorraine* et le comté de Bar* (qui devaient, à sa mort, revenir à la France). Don Carlos, fils de Philippe V d'Espagne et d'Élisabeth Farnèse, obtenait Naples et la Sicile, tandis que la France adhérait à la pragmatique* sanction.

**SUCEAVA** ♦ V. de Roumanie du N.-E. en Moldavie, ch.-l. de district, sur la Suceava. 106 397 hab. Vestiges de la citadelle du XIV^e^ s. Églises des XV^e^ et XVI^e^ s. ▪ Indus. textile, alimentaire, chimique, travail du bois. ▮ **Histoire** Suceava fut par deux fois capitale de la Moldavie (de 1370 à 1380 et de 1564 à 1568).

**SUCÉ-SUR-ERDRE** [44240] ◆ **ÉTYM.** du lat. *Sulcius*, n. de pers. gallo-rom., et suff. *-acum* ♦ Comm. de la Loire-Atlantique, arr. de Nantes. 5 868 hab.

**SUCHET (Louis Gabriel),** duc **D'ALBUFERA** ♦ Maréchal de France (Lyon 1770 - Marseille 1826). Engagé en 1792, il se distingua en Italie (1800) et fut fait général en 1798. Il prit part à la bataille d'Austerlitz (1805) et à celle d'Iéna (1806). En Espagne (1809 - 1814), il s'empara de Lérida et de Tarragone (1811) et soumit la Catalogne ; il fut fait maréchal et duc en 1811. Il fut chargé en 1814 de protéger le retour de Ferdinand VII en Espagne. Rallié à la première Restauration, il rejoignit Napoléon durant les Cent-Jours. En disgrâce jusqu'en 1819, il accompagna en 1823 le duc d'Angoulême dans l'expédition d'Espagne. Il a laissé des *Mémoires sur la guerre d'Espagne* (1829). ◆ **ÉTYM.** *Suchet* est le diminutif de *suc* «hauteur, butte où est située la maison».

**SUCKLING (John)** ♦ Critique littéraire, poète et auteur dramatique anglais (Whitten, Middlesex 1608 - Paris 1642). Le type même du «cavalier», il mena grande vie tant dans son pays qu'en France et en Italie avant de s'empoisonner pour échapper à la misère. Improvisateur, il imitait Donne* sans en adopter la métaphysique. Sa *Ballade à l'occasion d'un mariage* est un chef-d'œuvre de langue populaire et pittoresque : le poète y fait parler un fermier. Le meilleur de son œuvre, appréciée par Thomas Moore*, est réuni dans *Fragmenta Aurea* (1646). On doit aussi à Suckling un savant traité religieux *(An Account of Religion by Reason)* et des tragédies dont *Aglaura* (1638) et *Brennoralt* (1639). ◆ **ÉTYM.** Ce nom vient du moyen anglais *suckling* «enfant au sein», du vieil anglais *sūcon* «sucer» et suffixe germanique *-ling* [surnom d'une personne d'apparence enfantine].

**SUCRE (Antonio José DE)** ♦ Général vénézuélien (Cumaná, Venezuela 1795 - Berruecos, Colombie 1830). Il servit sous les ordres de Miranda*, puis de Bolívar* dans la lutte pour l'indépendance de son pays. Il remporta les victoires qui libérèrent l'Équateur et surtout le Pérou (Ayacucho*, 1824). Élu président à vie de Bolivie, il abdiqua deux ans après (1828). Il alla secourir la Colombie contre le Pérou et y fut choisi pour présider le «Congrès admirable» réuni à Bogotá en 1830. Il fut assassiné alors qu'il se rendait à Quito.

**SUCRE** ◆ **ÉTYM.** du n. du général *Sucre** ; anc. ***Charcas, Chuquisaca*** et ***La Plata*** ♦ V. de Bolivie, cap. constitutionnelle du pays, située au N. de Potosí dans la Cordillère centrale à 2 750 m d'alt. 288 000 hab. Première cap. du pays après l'indépendance, la ville a conservé de nombreux édifices religieux de la colonie. Indus. agroalimentaires.

**SUCY-EN-BRIE** [94370] ◆ **ÉTYM.** → Sucé*-sur-Erdre ♦ Ch.-l. de cant. du Val-de-Marne, arr. de Créteil. 24 812 hab. *(Sucyciens)*. Église Saint-Martin (XII^e^ - XIII^e^ s.), restaurée. Château de Sucy (XVII^e^ s.) ; anc. château de Haute-Maison. Château de Montaleau (mairie) où séjourna M^me^ de Sévigné. ▪ Verrerie.

**SUD** (île du) → **Nouvelle-Zélande**

**SUD-AFRICAINE (RÉPUBLIQUE)** → **Afrique du Sud**

**SUDBURY** → **Grand Sudbury**

**SUDERMANN (Hermann)** ♦ Écrivain allemand (Matzicken, Prusse-Orientale 1857 - Berlin 1928). Après des nouvelles, rappelant Maupassant (*Dame Souci,* 1887), il composa des pièces d'inspiration sociale et réaliste (*L'Honneur,* 1890 ; *La Fin de Sodome,* 1891 ; *Le Foyer,* 1893) ; elles connurent un grand succès, mais il fut éphémère. Sudermann revint au récit et, avec ses *Histoires lituaniennes* (1917), prit place dans la littérature de type «régionaliste».

**SUDÈTES (ALLEMANDS DES)** ♦ Nom donné entre les deux guerres mondiales à la minorité de langue allemande de Tchécoslovaquie, établie sur le pourtour des pays tchèques. Le Parti allemand des Sudètes, créé en 1933 par K. Henlein, obtint une victoire aux législatives de 1935 et aux municipales de 1938. Malgré la pression franco-britannique, Prague refusa l'autonomie à la minorité sudète renforçant ainsi l'inspiration nazie du parti de Henlein qui, soutenu par Hitler, demanda son rattachement à l'Allemagne (sept. 1938). Poussé par les gouvernements britannique et français, Hodža (président du Conseil tchécoslovaque) accepta le rattachement de certains territoires sudètes à l'Allemagne. Encouragé par ces concessions, Hitler augmenta ses prétentions et adressa un ultimatum au gouvernement de Prague (26 sept. 1938). À la conférence de Munich (29 - 30 sept. 1938), la France et la Grande-Bretagne, espérant par là éviter la guerre, abandonnèrent le gouvernement de Prague et acceptèrent l'annexion des Sudètes par l'Allemagne, ce qui causa la démission de Beneš (5 oct. 1938) et fut suivi de l'occupation de la Bohême et de la Moravie (15 mars 1939). En 1945, ce territoire fut rendu à la Tchécoslovaquie, qui expulsa la majorité de la population allemande des Sudètes conformément aux accords de Potsdam* (de 3 200 000 en 1938, ils passèrent à environ 160 000 en 1946). La signature d'un traité d'amitié et de coopération entre la Tchécoslovaquie et l'Allemagne en fév. 1992 permit aux deux pays de reconnaître leurs torts réciproques, mais la question des Sudètes pesa encore sur les relations entre la République tchèque et l'Allemagne, qui ont signé en janv. 1997 une déclaration de réconciliation.

**SUDÈTES** (monts des) – en polon. et en tchèque ***Sudety*** ♦ Massifs montagneux à la frontière polono-tchèque, formant le rebord N.-E. du quadrilatère de Bohême, entre la Neisse et la Porte de Moravie. Ils comptent trois chaînes principales : les Krkonoše, les Orlické Hory et les Jeseníky à l'E. Point culminant : 1 602 m.

**SU Dongpo** ou **SOU Tong-p'o (Su Shi** ou **Sou Che,** dit**)** ♦ Poète chinois (Meishan, Sichuan 1036 - Changzhou 1101). En dépit d'une carrière de haut fonctionnaire marquée par les exils et les retours en grâce, il est parvenu à incarner l'archétype du taoïste. Un amour peu modéré du vin et celui de la nature l'ont amené à chanter dans ses poèmes le retour à l'état naturel. Sa réputation de calligraphe et de peintre, en particulier de bambous, est également remarquable.

**SUD-OUEST AFRICAIN** → **Namibie**

**ŚŪDRAKA** → **Mrichchhakaṭikā**

**SUE (Marie-Joseph,** dit **Eugène)** ♦ Romancier français (Paris 1804 - Annecy 1857). Fils d'un médecin célèbre et lui-même médecin de la marine jusqu'en 1829, il mena une vie de dandy, après avoir beaucoup voyagé. Admirateur de Fenimore Cooper*, il débuta dans la littérature avec des romans maritimes (*La Salamandre,* 1832) ; puis il aborda le roman de mœurs (*Mathilde,* 1841) avec un égal succès avant d'exprimer ses idées sociales et démocratiques dans *Les Mystères* de Paris* (1842 - 1843), premier roman-feuilleton qui connut un immense succès et contribua à répandre les théories humanitaires annonçant *Les Misérables** de Victor Hugo*. *Le Juif errant* (1844 - 1845), dirigé contre les jésuites, et *Les Sept Péchés capitaux* (1847 - 1849) furent aussi très bien accueillis. Par la puissance et la précision de la peinture des milieux ouvriers et des bas-fonds, le relief des innombrables personnages qui animent ses ouvrages, Eugène Sue peut être considéré comme l'initiateur des réalistes. Parfois généreuse, son œuvre est aussi l'expression d'un moralisme naïf et manichéen et d'un certain conservatisme social. ◆ **ÉTYM.** Ce nom vient du nom de personne germanique *Sugo* (il choisit le prénom *Eugène* en hommage à l'un de ses mécènes : Eugène de Beauharnais).

## SUÈDE

▮ n. f. – en suéd. ***Sverige,*** off. ***royaume de Suède*** ◆ **ÉTYM.** p.-ê. de l'anc. norrois *Svearige* «empire, pays *(rige)* des Svear (lat. *Sueones*)» ♦ Pays de l'Europe du Nord, comprenant aussi les îles d'Öland et de Gotland. 449 964 km². 9 113 257 hab. dont 15 000 Lapons, 493 848 étrangers, 184 745 Nordiques *(Suédois)*. LANGUE : suédois. RELIGION : luthériens, 95 %. MONNAIE : couronne suédoise. CAPITALE : Stockholm. RÉGIME : monarchie parlementaire. Le royaume est divisé en 21 provinces *(län)* et 284 communes.

▮ **GÉOGRAPHIE** La Suède s'étend sur env. 1 600 km de long et une partie de son territoire est située au-delà du cercle polaire. Le climat est moins rude que ne le ferait craindre la latitude, mais les hivers sont longs avec des jours très courts dans le Nord. À l'inverse, le long ensoleillement d'été favorise la vie végétative. Le milieu physique impose des contraintes sur l'occupation humaine : 58 % du territoire sont recouverts de forêts (sapins, pins et bouleaux), 11 % de marais et tourbières et 8,5 % seulement sont consacrés à l'agriculture. La densité de population diminue du Sud vers le Nord et de la côte vers l'intérieur. L'axe Stockholm-Göteborg est le plus densément occupé. La moitié du pays a moins de 1 hab. au km² et la chaîne de montagne scandinave (maximum 2 114 m), qui occupe 16 % de l'espace, est quasiment inhabitée. L'eau est omniprésente : les lacs occupent 10 % de la superficie du pays et les côtes sont très découpées et bordées d'îles et îlots (archipels de Stockholm et de la côte Ouest). Le golfe de Botnie est pris par les glaces en hiver, mais les parties les plus méridionales du pays profitent de l'influence adoucissante du prolongement du Gulf Stream.

▮ **ÉCONOMIE** ▮ **Agriculture** Fortement restructurée, elle se prépare à s'adapter aux normes européennes. Elle occupe aujourd'hui 4 %

Suède.

de la population active et la superficie qui lui est consacrée varie de 83 % dans le Sud à 2 % dans le Nord. Il y a autosuffisance pour les produits de base : céréales, fourrages, viande et produits laitiers. On élève des rennes en Laponie. La pêche joue un rôle réduit et son centre de gravité est passé de la mer du Nord à la Baltique (harengs, morues). ▮ **Industrie** Avec seulement 0,16 % de la population mondiale, la Suède est le 13e producteur industriel du monde. Son industrie a bénéficié d'un sous-sol riche en minerais, de l'importance de la forêt et d'une source d'énergie abondante et bon marché avec l'hydroélectricité. Les exportations de bois et de minerais de fer (Kiruna, Gällivare, Bergslagen) ont été à la base de son rapide développement industriel au début du XXe s. et jouent encore un rôle très important. ▮ ***Les métaux*** La Suède assure en effet de 20 à 25 % de la production de métaux sulfurés, cuivre, plomb, zinc (Gällivare, Arjeplog, Närke) et de métaux précieux (or,

**Suède** ▮ Productions en 2008

| Produits | Quantités | Rang |
|---|---|---|
| ▮ Agriculture | | |
| Avoine | 1 100 000 t | 5e |
| Betteraves à sucre | 1 900 000 t | |
| Blé (2009) | 2 300 000 t | |
| Bois | 70 000 000 m³ | 10e |
| Orge | 1 400 000 t | |
| Pommes de terre | 850 000 t | |
| Bovins (têtes) | 1 500 000 | |
| Porcins (têtes) | 1 700 000 | |
| Pêche | 240 000 t | |
| ▮ Mines et énergie | | |
| Argent | 270 t | 13e |
| Cuivre | 90 000 t | |
| Énergie nucléaire | 65 TWh | 10e |
| Fer | 27 000 000 t | 11e |
| Hydroélectricité | 66 TWh | 10e |
| Plomb | 65 000 t | |
| Zinc | 210 000 t | 11e |

argent) de l'Europe de l'Ouest. ▮ ***Le bois*** L'industrie suédoise du bois et de ses dérivés (scieries, pâte à papier, cellulose) est moderne et compétitive, visant l'amélioration qualitative plutôt que l'augmentation de la production dans un marché mondial en crise. Elle est localisée le long du golfe de Botnie et dans la région des grands lacs. ▮ ***Les produits finis*** À côté de ces secteurs traditionnels, ce sont les produits finis, à haute technologie, qui dominent aujourd'hui l'industrie. L'industrie mécanique, très moderne, représente 50 % de la production et des exportations (automobile, qui a bénéficié d'un soutien de l'État lors de la crise financière en 2009, mais Saab connaît de grosses difficultés ; machine-outil, matériel de transport, électronique...). L'industrie pharmaceutique et la biotechnologie sont en pleine expansion. ▮ ***Le marché extérieur*** L'économie est très internationalisée : une grande partie de la production est destinée au marché extérieur et de nombreuses entreprises sont implantées à l'étranger. Electrolux, Volvo, Ericsson, Saab-Scania, ASEA, SKF, entre autres, sont des entreprises à l'échelle mondiale. Les principaux partenaires commerciaux de la Suède sont l'Allemagne, la Grande-Bretagne et les autres pays du Norden*. Si l'industrie est très concentrée sur le plan structurel, les établissements sont répartis sur l'ensemble du territoire. ▮ ***L'énergie*** En matière d'énergie, la Suède est dépendante de ses importations de pétrole. L'hydroélectricité et l'énergie nucléaire contribuent chacune pour moitié à la production d'électricité. Toutefois, les dix centrales nucléaires existantes devraient être fermées progressivement et l'énergie nucléaire ne serait abandonnée que vers 2040, les énergies renouvelables ne représentant pas pour l'instant une alternative suffisante. Par ailleurs, les réserves d'uranium ne sont pas exploitées. L'accent est mis sur le développement des ressources d'énergie renouvelables.

▮ **SOCIÉTÉ** Le niveau de vie est parmi les plus élevés du monde du point de vue des revenus, de l'espérance de vie et de la protection sociale. Le modèle suédois a visé à diminuer les inégalités entre les catégories sociales, entre les hommes et les femmes, entre les différentes régions, tant en matière d'emploi, de revenus, de conditions de travail que d'accès aux services (éducation, santé...). Le développement des services publics, passés de 14 % des emplois dans les années 1960 à 38 % en 1990, a été un élément de cette politique. Les grandes dimensions du pays relativement à sa faible population posent des problèmes de gestion du territoire. Le réseau des transports a été continuellement amélioré et l'État subventionne le développement des régions périphériques. La politique de protection de l'environnement est une des plus avancées d'Europe et les réglementations sont très strictes. Les parcs nationaux suédois figurent parmi les plus anciens et les plus vastes d'Europe.

▮ **HISTOIRE** ▮ ***Suiones et Göter*** Habitée dès le début du Néolithique, la Suède connaissait en -3 000 un peuplement sédentaire. Au Ier s., selon Tacite, les *Suiones* (Syear), navigateurs, vivaient dans la partie septentrionale du pays, tandis qu'au S. étaient établis les *Göter*, origine probable des Goths. Le Nord acquit sur le Sud une supériorité qui se poursuivit jusqu'au VIe s., mais le royaume théocratique qui s'y était constitué s'apparentait davantage à une fédération qu'à une véritable union. Comme l'atteste l'archéologie, le pouvoir central, resté faible, s'exerçait à Uppsala et était entouré d'une riche aristocratie, tandis que le commerce, très florissant, avait pour centre Birka. ▮ ***L'extension et la christianisation*** Du VIIe au Xe s., les Suédois devaient rapidement s'étendre vers l'E., d'abord autour de la mer Baltique, puis à travers la Russie (→ **Varègues**), jusqu'à la mer Caspienne : dès 860, ils étaient présents à Constantinople. Ils participèrent également aux expéditions des Vikings*. Ils assuraient le commerce avec l'Occident, dont l'influence se fit déterminante à partir du XIe s. En effet, si la christianisation avait débuté en 830 (Angsar à Birka), elle ne s'établit réellement qu'au XIe s. avec les premiers rois chrétiens (Olof* Skötkonung), et surtout au

XII^e s. avec Éric* IX (saint Erik), dont la croisade contre la Finlande échoua. Elle devait cependant rester lente, et l'esclavage existait encore au XIV^e s. L'annexion de la Finlande fut accomplie au XIII^e s. par Birger* Jarl, chef de la dynastie des Folkkungar ; ceux-ci prirent Stockholm pour capitale. Le XIV^e s. fut agité par les troubles dynastiques, qui permirent à la noblesse et au clergé de développer leur puissance (fondation du *Riksråd*, conseil adjoint au roi et recruté dans les plus grandes familles), au point de pouvoir déposer successivement Magnus* Eriksson et Haakon* VI. L'avènement d'Albert de Mecklembourg (1364) manifesta l'importance de la Hanse*, établie principalement dans l'île de Gotland, et assurant tout le commerce suédois du fer et du cuivre. **▮ *L'union de Kalmar*** En 1397, l'Union de Kalmar* réalisée par Marguerite* Valdemarsdotter, veuve d'Haakon VI, devait permettre aux pays scandinaves de lutter contre cette emprise, mais le danger économique de cette politique et la tendance autoritaire que manifesta alors la monarchie danoise la rendirent impopulaire, sauf dans la haute aristocratie : en 1439, Éric* XIII de Poméranie fut chassé du trône par une révolution populaire des districts miniers, conduite par Engelbrekt* Engelbrektsson, qui réunit le premier *Riksdag* (assemblée nationale). Les révoltes, revêtant toujours un caractère à la fois national et social, se poursuivirent pendant tout le XV^e s., faisant souvent appel à l'intervention étrangère et imposant contre les monarques danois des régents suédois ou allemands : Christophe* III, Karl Knutssonn, Sten Sture* l'Ancien, Sten Sture* le Jeune. L'écrasement des partisans de ce dernier par Christian* II de Danemark, lors du «bain de sang» de Stockholm (1520), allait provoquer un sursaut définitif. **▮ La vie culturelle** Malgré les troubles qui les avaient agités, le XV^e et le XVI^e s. avaient vu en Suède l'épanouissement d'une civilisation qui la préparait au rang de grande puissance européenne auquel elle allait accéder. La fondation de l'université d'Uppsala en 1477 marqua le début de l'humanisme nordique. La rédaction de chroniques à tonalité patriotique annonçant le «goticisme» *(Historia de gentibus septentrionalibus)*, la traduction de la Bible en langue vernaculaire et la publication des *Révélations de sainte Brigitte* témoignent de l'importance croissante de la Suède sur le plan intellectuel. **▮ *De Gustave Vasa à Charles XI*** La révolte de Gustave* Vasa chassa les Danois, et l'adoption de la Réforme lui permit de confisquer les biens ecclésiastiques, tandis que la royauté héréditaire était établie, et l'influence économique allemande éliminée. Son règne vit le commencement de la lutte avec le Danemark, la Russie et la Pologne pour la domination de la Baltique, lutte qui allait se poursuivre sans résultat sous ses successeurs Éric* XIV, Jean* III et Charles* IX, dont les règnes furent agités par les questions religieuses. Cette lutte devait être menée à bien par Gustave* Adolphe, dont l'intervention dans la guerre de Trente* Ans plaça la Suède au premier plan de la politique européenne. Son œuvre fut poursuivie par son chancelier Oxenstierna*, sous le règne de Christine*. Les besoins d'argent dus à la guerre avaient amené la Couronne à aliéner ses terres, renforçant ainsi l'aristocratie. Le problème de la «réduction», réclamée par les autres ordres, agita le règne de Christine, puis celui de son successeur Charles* X de Palatinat-Deux-Ponts. Une réduction partielle et la création de la Banque de Palmstruch restèrent sans effet en raison de la poursuite de la guerre : l'empire suédois était fragile face aux attaques des pays slaves. Charles* XI, qui renforça l'absolutisme, ne put maintenir l'intégrité de ses possessions que grâce à l'intervention de Louis XIV. **▮ *La vie intellectuelle*** Bien qu'agitée, la période suivant la fin de la guerre se traduisit par un renouveau intellectuel. Les Suédois désignent leur XVII^e s. comme «ère de grandeur». Christine attira de nombreux intellectuels et artistes à sa cour, dont Descartes* et le juriste Grotius*. Sous Charles XI fut construit le château royal de Stockholm et publié le premier grand ouvrage de la littérature nationale, l'*Atlantica sive Manhem* (1679) de Rudbeck. **▮ De Charles XII à Charles XIII** Charles XII, qui parvint d'abord, par son extraordinaire talent militaire, à triompher d'une coalition comprenant la Russie, le Danemark et la Pologne, fut écrasé par Pierre* le Grand à Poltava*, et la Suède perdit la quasi-totalité des conquêtes de Gustave Adolphe (→ **Charles XII**). L'absolutisme suivit l'empire dans sa chute. Une Constitution qui établissait l'autorité du *Riksdag* fut imposée au nouveau souverain Frédéric* I^er (de Hesse) et la vie politique fut agitée par la lutte entre le parti des «Chapeaux» et celui des «Bonnets*». Le chancelier Horn*, qui appartenait aux Bonnets, fit connaître à la Suède un rapide essor économique : sa politique protectionniste encouragea l'industrie, le commerce se développa (Compagnie suédoise des Indes orientales), et l'agriculture bénéficia du mouvement de remembrement et de la libre circulation des grains. Ces progrès furent accompagnés par un accroissement démographique. Cependant, les Chapeaux, revenus au pouvoir, conduisirent leur pays à des guerres désastreuses contre la Prusse et la Russie. L'ordre ne fut rétabli que par le coup d'État de Gustave* III qui, appuyé par l'armée et par le peuple, restaura l'autorité de la monarchie tout en se conformant à l'idéal du «despotisme éclairé». Son règne vit l'apogée de la vie intellectuelle en Suède (Linné*, Celsius*, Scheele*, Swedenborg*). Après l'assassinat du roi, Gustave* IV Adolphe se laissa entraîner dans les guerres napoléoniennes et fut renversé au profit de Charles* XIII, qui accepta une nouvelle constitution instaurant la séparation des pouvoirs, et fit de Bernadotte, futur Charles XIV, son héritier. **▮ La dynastie des Bernadotte ▮ *L'union avec la Norvège*** Celui-ci, par son entrée en guerre aux côtés des Alliés, obtint la cession de la Norvège (1814) ; l'union entre les deux pays devait se poursuivre jusqu'en 1905. → **Norvège.** À l'extérieur, Bernadotte adopta une politique de neutralité. À l'intérieur, l'opposition libérale le contraignit en 1840 à une réforme constitutionnelle. → **Charles XIV.** Neutralité et libéralisation se poursuivirent à travers tout le XIX^e s., sous les règnes d'Oscar* I^er, de Charles* XV et d'Oscar* II, favorisant la modernisation rapide du pays à partir de 1850. Cette évolution fut sensible dans l'accroissement du commerce extérieur (grâce aux ressources forestières, à la métallurgie) qui aboutit au libre-échange. La réforme du *Riksdag* en 1866 accrut la puissance du parti paysan. Celui-ci parvint au pouvoir avec Posse. Cependant, le progrès industriel et le malaise paysan de la fin du siècle, qui entraînèrent une forte émigration vers les États-Unis, s'accompagnèrent d'une précoce évolution sociale (Branting*, création de la Confédération générale des syndicats). Elle devait aboutir en 1918 à l'établissement du suffrage universel, comblant le retard des institutions politiques. **▮ *La littérature*** En décalage par rapport à cette évolution économique et sociale, la littérature de la fin du XIX^e s. resta romantique, marquée soit par la solitude, la révolte et l'aristocratisme nietzschéen (→ **Strindberg**), soit par le folklore, la religiosité et la sentimentalité (→ **Lagerlöf**). La tension entre tradition et modernité est également à l'origine de la description tragique de la condition humaine que donna un peu plus tard P. Lagerkvist*, en rapport avec les horreurs de la Première Guerre mondiale, de la famine ou de la répression sanglante de la grève d'Ådalen (1931). **▮ *Un pays neutre*** Ce ne fut qu'après cette révolte que les sociaux-démocrates s'attachèrent à supprimer le chômage et à réduire les différences sociales par une abondante législation. Leur politique étrangère fut dominée par un souci de neutralité, conservé même pendant les deux guerres mondiales, et qui entraîna pour la Suède, membre de l'ONU et du Conseil de l'Europe, le refus d'adhérer à l'Otan et au Marché commun. **▮ *L'alternance politique*** La social-démocratie (Per Albin Hansson, Tage Erlander, Olof Palme*, Ingvar Carlsson*) fut au pouvoir de 1932 à 1991 à l'exception de la période 1976 à 1982 où les partis bourgeois (modérés, libéraux et centristes) gouvernèrent. Le modèle social-démocrate suédois était fondé sur la croissance économique, le plein emploi et une politique sociale active reposant sur une redistribution des revenus. La crise générale des années 1970 n'épargna pas le pays et ce n'est que dans les années 1980 que la croissance se manifesta à nouveau après diverses mesures économiques (dévaluation en 1982). Cependant, les produits suédois devinrent de moins en moins compétitifs en raison de la hausse des salaires et des prix et le chômage jusque là relativement faible augmenta. Les sociaux-démocrates continuèrent de diriger le gouvernement avec Olof Palme de 1969 à 1976 puis de 1982 à 1986, date de son assassinat, puis avec Ingvar Carlsson qui lui succéda jusqu'en 1991. Le modéré Carl Bildt élu en 1991 entreprit une politique d'austérité, notamment dans le secteur public, en réponse à la crise monétaire de sept. 1992. La remise en cause de l'État-providence ainsi que la profondeur de la récession influèrent sur le résultat des élections législatives de 1994, remportées par les sociaux-démocrates d'Ingvar Carlsson, auquel succéda en 1996 Göran Persson. **▮ *L'entrée dans l'Europe*** Membre de l'AELE, la Suède, qui avait posé sa candidature à la Communauté européenne en 1991, entra, en même temps que l'Autriche et la Finlande, dans l'Union européenne, le 1^er janvier 1995, mais le refus d'adopter l'euro fut enregistré au référendum de 2003. Au début de l'an 2000, les mesures mises en œuvre par le gouvernement permirent entre autres de diminuer la dette, de réduire le chômage et de relancer la croissance. Malgré ces résultats, en 2006, les législatives furent remportées par une coalition de centre droit menée par Fredrik Reinfeldt, nommé Premier ministre, sur un programme de réduction de l'impôt et de baisse du chômage sans remise en question de l'État-providence. La crise mondiale de 2008 - 2009 s'est traduite par un arrêt brutal de la croissance économique et un plan de sauvetage des banques locales par le gouvernement. Malgré une légère reprise de l'économie dès 2010, les prévisions restent défavorables quant à la baisse du chômage (9 % en 2009, env. 10 % en 2010).

---

**SUESS (Eduard)** ♦ Géologue autrichien (Londres 1831 - Vienne 1914). Auteur d'importants travaux en paléogéographie, il fut le premier à supposer l'existence d'un continent unique, le Gondwana*. On lui doit la première étude géologique globale de la Terre, des relations entre la morphologie des continents, leur histoire et la biosphère, qu'il présenta dans *La Face de la Terre*. [Acad. sc. 1900]
→ **ÉTYM.** Ce nom vient de l'allemand *süß* «doux, sucré».

**SUÉTONE** – en lat. ***Caius Suetonius Tranquillus*** ♦ Biographe latin (Rome v. 70 - apr. 128). Homme d'études, il s'adonna toute sa vie à des recherches érudites. Secrétaire *ab epistolis* (chargé de la correspondance) d'Hadrien* (v. 120), il eut accès aux archives du Palatin et écrivit les *Vies des douze Césars*, biographies anecdotiques des empereurs, œuvre où la critique historique est inexistante, mais source d'information inestimable. Il est aussi l'auteur du *De viris illustribus*, recueil de biographies érudites qui annoncent les commentaires du Moyen Âge.

**SUETONIUS PAULINUS (Caius)** ♦ Général romain du Ier s. Après une expédition contre les Maures, au cours de laquelle il traversa l'Atlas et le Sahara marocain jusqu'à l'actuel oued Ghir (42), il vainquit en 60 - 61 l'insurrection de Boadicée en Bretagne (Angleterre).

**SUÈVES** n. m. pl. ➝ ÉTYM. en lat. ***Suebi*** ou ***Suevi,*** du germ. *swēba* «libre» ou «appartenant à son propre peuple» (➝ aussi Souabe) ♦ Peuple germanique établi à l'E. de l'Elbe puis entre Rhin et Danube, en Souabe, au –IIe s. Les Suèves franchirent le Rhin en 406 lors des grandes invasions et arrivèrent en Espagne (409). Refoulés par les Vandales v. 428 - 429, ils s'établirent principalement en Galice et se convertirent au christianisme. Le royaume suève fut annexé par le roi des Wisigoths Léovigild* v. 585.

**SUEZ** ➝ ÉTYM. en ar. ***al-Suways,*** de *Bir Suweis,* n. d'une source proche de la ville ♦ V. et port d'Égypte, sur la mer Rouge, au fond du golfe de Suez, à l'entrée du canal de Suez. Ch.-l. de gouvernorat sur le djebel Ataka. 500 000 hab. Le complexe portuaire de Port-Tawfiq et Port-Ibrahim compte des raffineries de pétrole et des industries chimiques. Embarquement à destination de Djeddah et de La Mecque.

**SUEZ** (golfe de) ♦ Bras nord-occidental de la mer Rouge, entre l'Égypte (Afrique) et la presqu'île du Sinaï (Asie), d'une longueur de 314 km sur une largeur maximale de 56 km, au fond duquel débouche le *canal de Suez.* Champs pétrolifères sous-marins (70 % de l'ensemble des réserves de l'Égypte).

**SUEZ** (isthme de) ♦ Bande de terre désertique et plate, d'une longueur d'env. 160 km et s'étendant entre la Méditerranée au N., et la mer Rouge au S., percée depuis 1860 d'un canal. ➝ **Suez (canal de).**

**Suez** (canal de) ♦ Canal maritime situé en territoire égyptien, unissant, de Suez à Port-Saïd, à travers l'isthme de Suez, la mer Rouge à la Méditerranée. Son tracé rectiligne utilise les dépressions naturelles des lacs Amer, Ballah et Timsah. C'est un canal sans écluses, long (avec les chenaux de la mer Rouge et de la Méditerranée) de 162,5 km, large de 190 m et profond de 20 m, permettant le passage de navires de fort tonnage (jusqu'à 400 000 t à vide). Son rôle économique est capital : réduisant considérablement la distance entre l'Europe et l'Asie en évitant de passer par Le Cap, il est aussi une des principales ressources économiques de l'Égypte. Le trafic s'est développé grâce à l'exploitation des zones pétrolifères du golfe Arabo-Persique, mais le pétrole ne représente plus aujourd'hui qu'un peu moins du tiers du trafic total. Les principaux utilisateurs du canal sont, par ordre d'importance, la Grande-Bretagne, le Liberia, la France, la Norvège, les Pays-Bas et l'Italie. Le passage du canal a favorisé le développement des villes de Suez, Ismaïlia et Port-Saïd.

▌**HISTOIRE** À l'époque pharaonique, Sésostris* Ier (déb. –XXe s.) aurait fait construire un canal d'eau douce reliant le delta du Nil à la mer Rouge (près de l'actuel port de Suez). Restauré par Néchao II (–609 - –594), puis par Darios Ier (v. –518), il fut par la suite ensablé et ne fut remis en état que sous les Ptolémées. De nouveau abandonné, il fut réaménagé par le général arabe 'Amr ibn al-As afin de faciliter l'acheminement du blé de la vallée du Nil vers Médine et La Mecque. Il fut définitivement délaissé au VIIIe s. sur l'ordre du calife al-Manṣūr, pour des raisons militaires. Après la découverte du cap de Bonne-Espérance et l'appropriation de la route des Indes par le Portugal (XVe - XVIe s.), les Vénitiens eurent l'idée de relier la mer Rouge à la Méditerranée, mais rien ne fut entrepris. Quand Bonaparte occupa l'Égypte (1798), il ordonna à un groupe d'officiers et d'ingénieurs d'élaborer un projet de canal reliant les deux mers. J. M. Lepère projeta un tracé d'Alexandrie à Suez. Plus tard, Linant, ingénieur français travaillant pour Mohammed Ali, démontra la possibilité d'un tracé direct à travers l'isthme, solution qu'adopta Ferdinand de Lesseps, consul de France à Alexandrie (1834 - 1835). Ayant repris le projet de Linant, il obtint de son ami Saïd* Pacha, vice-roi d'Égypte, un acte de concession (1854) puis fonda la Compagnie universelle du canal maritime de Suez. Encouragé par Napoléon III, il fit commencer les travaux en avr. 1859. Fort du soutien de Saïd, qui lui fournit une main-d'œuvre gratuite de 20 000 hommes, Lesseps continua les travaux malgré les pressions de la Grande-Bretagne, inquiète de perdre sa suprématie sur la route des Indes. Après une interruption de trois ans (1863 - 1866) due à la Grande-Bretagne, les travaux reprirent après la médiation de Napoléon III, qui conseilla le paiement des ouvriers et l'utilisation des machines. Ayant acheté les titres d'Ismaïl Pacha, la Grande-Bretagne devint le principal actionnaire de la compagnie (nov. 1875), et, pour préserver ses intérêts, elle fut amenée à occuper militairement l'Égypte (1882). Le canal fut bombardé en 1940 par les forces italiennes et allemandes ; mais tout danger d'occupation fut écarté après la victoire de Montgomery sur Rommel à El-Alamein. Après l'avènement de Nasser, les accords antérieurs concernant la zone du canal furent contestés, et l'évacuation des troupes britanniques obtenue (1956). À la suite de la nationalisation du canal par Nasser (26 juil. 1956), Israël, la Grande-Bretagne et la France occupèrent militairement la région nord du canal. Mais la crainte d'une intervention de l'URSS et des États-Unis amena l'arrêt des opérations, puis l'évacuation des troupes occupantes. Rouvert à la navigation après les accords de Rome (avr. 1958), le canal fut de nouveau fermé après la guerre de juin 1967 et l'occupation de sa rive orientale par l'armée israélienne, jusqu'au 5 juin 1975. ➝ **Égypte.**

**SUFFOLK (William DE LA POLE,** 4e comte puis 1er duc **DE)** ♦ Homme politique et diplomate anglais (Cotton, Suffolk 1396 - 1450). Il défendit Orléans contre Jeanne d'Arc, mais dut lever le siège (1429). Il devint le principal ministre d'Henri VI d'Angleterre (1445). Pour avoir tenté de faire la paix avec la France, il fut banni et assassiné.

**SUFFOLK** ➝ ÉTYM. vieil angl. «le peuple *(folc)* du Sud *(suð)* [d'une région beaucoup moins vaste que l'Angleterre]» (➝ aussi Norfolk) ♦ Comté du S.-E. de l'Angleterre dans l'East Anglia. 3 800 km². 650 000 hab. CH.-L. : Ipswich. Grande plaine agricole sur sols fertiles. La partie S.-O. bénéficie de la proximité de Londres.

**SUFFREN DE SAINT-TROPEZ (Pierre André DE)** dit **le bailli de Suffren** ♦ Marin français (château de Saint-Cannat, près d'Aix-en-Provence 1729 - Paris 1788). Après avoir servi dans la marine royale (1743 - 1748, en particulier lors de la bataille de Toulon, 1744), il entra dans l'ordre de Malte, dont il fut successivement chevalier, commandeur et bailli. Revenu dans la marine royale, il prit part à l'expédition de Minorque (1756) et fut fait prisonnier par les Britanniques (bataille de Lagos, 1757). Il combattit ensuite au Maroc (1767), puis, sous les ordres de d'Estaing, se distingua lors de la guerre d'Indépendance des États-Unis (combat de Grenade, 1779 ; combat du cap Saint-Vincent où il captura plusieurs bâtiments britanniques, 1780 ; Porto-Praya, îles du Cap-Vert, où il fit subir de lourdes pertes à l'escadre de Johnstone, 1781). Il guerroya ensuite dans les mers des Indes (golfe du Bengale), où il succéda au comte d'Orves (1782) comme commandant de la flotte. Tout en apportant une aide à l'allié de la France Haydar Ali, il infligea plusieurs défaites aux Britanniques, et, revenu en France (1783) après la signature de la paix de Versailles, il fut promu vice-amiral (1784). Le *Journal de bord du bailli de Suffren dans l'Inde* fut publié en 1888.

**SUGER** [syʒɛ] ♦ Moine et homme politique français (v. 1081 - Saint-Denis 1151). Condisciple et ami de Louis* VI, il fut son ambassadeur auprès de la papauté. Après son élection comme abbé de Saint-Denis (1122), il resta son conseiller puis devint celui de son fils Louis* VII qui lui confia la régence du royaume à son départ pour la croisade (1147 - 1149). Il développa l'autorité royale en favorisant la naissance des communes urbaines contre le pouvoir des nobles, et assura une meilleure justice. Il s'opposa à la répudiation d'Aliénor* d'Aquitaine, qui contrariait sa politique d'agrandissement du royaume. Il fit reconstruire l'abbatiale de Saint-Denis* (1144). Il est l'auteur d'ouvrages historiques dont une vie de Louis VI et une vie de Louis VII *(Vita Ludovici regis ; Historia gloriosi regis Ludovici).*

**SUHARTO** ♦ Général et homme d'État indonésien (Yogyakarta 1921 - Jakarta 2008). Commandant de la Réserve stratégique (Kostrad) en 1965, il écrasa le putsch du 30 sept., attribué au Parti communiste indonésien. Sukarno dut lui céder progressivement son pouvoir et il fut élu président par intérim en 1967, puis président en 1968. Candidat unique, il fut réélu président cinq fois par la suite. Soutenu par un Parlement que domine le parti gouvernemental (Golkar) et par l'armée, il a lancé une politique de développement économique avec l'aide occidentale et japonaise. Ses deux grands succès sont le contrôle des naissances et l'autosuffisance en riz. En 1988, un certaine tension avec l'armée, qui désapprouvait son choix de Sudharmono comme vice-président, se fit jour. L'opinion indonésienne se fit en même temps plus critique quant aux monopoles commerciaux accordés à sa famille. Suharto s'appuya alors de plus en plus sur l'islam. Il créa une banque islamique (Bank Muamalat) et promut une législation, concernant le statut personnel, plus proche de la loi islamique tout en restant profondément attaché à la culture javanaise, à son mysticisme et à sa philosophie. À la suite de la grave crise monétaire de 1997, il démissionna (mai 1998). Il fut poursuivi par la justice pour détournement de fonds publics. ➝ ÉTYM. Ce nom de famille signifie «fils, descendant (préfixe *su*) de Harto (nom de personne)».

**SUHL** ♦ V. d'Allemagne (Thuringe), au cœur du Thüringer Wald. 43 400 hab. Nœud ferroviaire et centre indus. (armes et cycles, matériel de précision et jouets).

**SUI** ou **SOUEI** n. m. pl. ♦ Dynastie chinoise (581 - 618) fondée par Yang Jian (541 - 604), empereur Wendi, auquel succéda son fils Yangdi (604 - 617). Ayant établi sa capitale à Daxing, elle réunifia l'empire, renforça le pouvoir central, continua l'édification de la Grande Muraille, du réseau routier et le creusement du Grand* Canal. Elle poursuivit la guerre avec la Corée.

**Suidas** (lexique de) ➝ **Souda (la)**

**SUIPPE** n. f. ➝ ÉTYM. du germ. *suppa* «sol détrempé» ♦ Riv. du Bassin parisien (83 km), affl. rive g. de l'Aisne, qui prend naissance en Champagne pouilleuse.

**SUIPPES** [51600] ➝ ÉTYM. du n. de la *Suippe** ♦ Ch.-l. de cant. de la Marne, arr. de Châlons-sur-Marne, sur la Suippe. 3 497 hab. *(Suippas).* Camp militaire. Métallurgie (bronze).

## SUISSE

▮ n. f. – off. ***Confédération suisse***, en all. ***die Schweiz***, en it. ***Svizzera*** ➝ ÉTYM. du n. du cant. de *Schwyz** ♦ Pays de l'Europe centrale. 41 285 km². 7 508 739 hab. *(Suisses)*. LANGUES : allemand (63,6 %, dont 93,7 % de dialecte alémanique), français (19,2 %), italien (3 %), romanche (0,6 %). La plupart des cantons sont monolingues ; trois sont bilingues français-allemand (Valais, Fribourg et Berne, les deux premiers avec une majorité francophone), les Grisons sont trilingues (allemand, romanche, italien). RELIGIONS : protestante (52,7 %) et catholique (45,4 %). MONNAIE : franc suisse (FS). CAPITALE : Berne. RÉGIME : parlementaire.

▮ **LES CANTONS ET L'ORGANISATION POLITIQUE** Les 26 cantons sont la base du découpage et de la vie politique helvétique. Ils se subdivisent en 166 districts et 2 721 communes. La Suisse dispose de droits constitutionnels spécifiques, le référendum et l'initiative populaire, auxquels elle a fréquemment recours sur des sujets très divers et qui, sous condition de la double majorité de la population et des cantons, permettent théoriquement à la population de changer la constitution en dehors des voies législatives parlementaires (droit de vote accordé aux femmes en 1971 ; rejet des initiatives xénophobes en 1974, 1977 et 2002 ; création du canton du Jura en 1978 ; refus de séparer complètement l'Église de l'État en 1980 ; adhésion à l'ONU et droit à l'avortement en 2002). Dans une société où l'information joue un rôle de plus en plus grand, le citoyen helvétique est entré dans une extrême modernité technique et scientifique tout en se référant à des modèles traditionnels dans le domaine politique et culturel.

### GÉOGRAPHIE

Bien qu'ils disposent de pouvoirs politiques très étendus et qu'ils demeurent très vivants dans leur spécificité naturelle et culturelle, les cantons ne sont peut-être plus le maillage pertinent pour comprendre le développement territorial helvétique. Pas plus, d'ailleurs, que le découpage «naturel» du pays en sous-ensembles orographiques : deux chaînes de montagnes orientées du S.-O. au N.-E., les Alpes (Alpes, proprement dites, Préalpes et versant S. des Alpes) et le Jura, que sépare la dépression du Moyen Pays *(Mittelland)*. C'est, en fait, l'urbanisation de ce dernier qui commande l'organisation régionale de la Suisse, selon un modèle centre-périphérie de plus en plus marqué. Toutefois, les divisions naturelles correspondent à une réalité géographique.

▮ **LES ALPES** ▮ **Le relief et le climat** Château d'eau de l'Europe (le Rhin et le Rhône prennent leur source dans le massif du Saint-Gothard), les Alpes suisses soulignent la compacité du pays, auquel les nombreux cours d'eau qui en sont issus donnent l'aspect d'un puzzle très complexe, quoique remarquablement structuré selon deux axes : l'axe N.-S., qui permit la pénétration et le franchissement des Alpes, et l'axe N.-E.-S.-O., qui constitua la colonne vertébrale du pays. Accidentée, recouverte de neige et de glace, la chaîne alpine (Alpes et Préalpes) occupe pratiquement 60 % de la superficie du pays, alignant, sur env. 350 km à vol d'oiseau, quelques-uns des plus hauts sommets d'Europe (d'O. en E., le Grand Combin, 4 314 m ; le Cervin ou Matterhorn, 4 478 m ; le mont Rose, point culminant de la Suisse, 4 634 m ; la Jungfrau, 4 158 m ; le Piz Bernina, 4 049 m). De telles altitudes séparent efficacement le monde méditerranéen, encore sensible dans le Tessin, de la péninsule européenne. Le climat présente des aspects à la fois océaniques et continentaux. Les grandes vallées longitudinales de l'intérieur (Rhône, Rhin, Inn) offrent des climats particuliers, où sécheresse et température sont d'autant plus marquées que l'altitude du fond de la vallée est basse. ▮ **Les communications et le tourisme** La montagne alpine reste très ouverte ; puissamment sculptée par les glaciers quaternaires (glaciers du Rhône, de l'Aar, de la Reuss, du Rhin), elle possède de larges vallées et des cols accessibles (d'O. en E., le Grand-Saint-Bernard, le Simplon, le Saint-Gothard, le San Bernardino, le Splügen, le Julier, la Maloja et la Bernina) favorisant une circulation d'autant plus intense que les Suisses ont su faire de leur montagne, en l'organisant techniquement et politiquement, une plaque

Suisse.

tournante des communications européennes. Le tourisme a pénétré dans presque toutes les vallées, stimulant l'industrie de la construction et ponctuant l'espace alpin (et préalpin) helvétique de stations de renommée mondiale (Leysin et Villars en pays vaudois, Verbier, Zermatt, Saas-Fee en Valais, Gstaad, Grindelwald dans le cant. de Berne, Arosa, Davos, Saint-Moritz dans les Grisons). **L'hydroélectricité** La technologie hydroélectrique exploite la plus grande partie du potentiel existant (barrages de la Grande-Dixence sur la Dixence, de Mauvoisin sur la Drance de Bagnes, d'Oberhasli sur l'Aar, de Hinterrhein sur le Rhin postérieur, de Maggia dans le Tessin, de Spöl sur un affluent de l'Inn, la Spöl). **L'évolution depuis les années 1990** Pourtant, cet ensemble paraît aujourd'hui menacé. Si la population des Alpes suisses a globalement augmenté entre 1980 et 1990, de très nombreuses zones sont en voie de dépeuplement. Après des années de croissance effrénée, la courbe de la demande touristique stagne à un niveau élevé tandis que le nombre des exploitations agricoles décroît rapidement, mettant en péril la conservation du paysage alpin cultivé. Toutefois, le dynamisme du Moyen Pays helvétique et la mise en place de voies de communication à l'échelle européenne (les grandes transversales alpines) devraient permettre aux Alpes de conserver, en tant que région de loisirs, leur attrait pour des citadins aisés se déplaçant facilement. Par ailleurs, le développement de nouvelles formules de répartition et de décentralisation du travail permet d'envisager d'y créer des activités artisanales et industrielles de complément ou de remplacement.

**LE MOYEN PAYS** **Le relief et le climat** Vaste dépression insérée entre les contreforts alpins et la chaîne du Jura, le Moyen Pays (l'expression « plateau Suisse » est géomorphologiquement erronée) est relativement protégé des influences de secteur S.-O. à N.-N.-O. Il doit cependant au fœhn sa relative sécheresse et ses températures plus douces, hiver comme été, effets plus marqués encore vers le S.-O. Il est, en revanche, ouvert aux influences de l'E. et du N.-E., qui se traduisent, en hiver surtout, par des écoulements d'air froid (bise), et à celles du S.-S.-O. qui lui apportent, en toute saison, des masses d'air plus douces et souvent humides. La zone centrale (autour du massif du Napf), plus élevée et moins protégée par le Jura, est plus humide. Le Moyen Pays étend, également sur 350 km, ses formes diversifiées du Léman au Bodan (lac de Constance). **L'urbanisation** Son fort réseau urbain comporte de multiples centres et sa densité atteint des maxima européens (400 hab./km² en moyenne). Les cinq plus grandes agglomérations urbaines de Suisse (Zurich, Bâle, Genève, Berne et Lausanne) concentrent le tiers de la population du pays. Un double mouvement de concentration et de dispersion de la population fait apparaître un tissu « rurbain » de plus en plus serré qui, au-delà des aires métropolitaines, s'innerve de voies ferrées, de routes et d'autoroutes que ponctuent des villes de toutes tailles, constituant un double chapelet qui tend à se confondre en une *megalopolis* helvétique s'étendant de Genève à Saint-Gall. Celle-ci offre en fait deux modèles contrastés de métropolisation : radioconcentrique autour de Zurich, elle est polycentrique dans le bassin lémanique, avec Genève, Lausanne et Vevey-Montreux. Bâle et le Tessin (avec Lugano et Locarno) offrent également des ensembles urbains et transfrontaliers importants en voie de métropolisation. La moitié des surfaces d'habitat et d'infrastructure de Suisse appartiennent au Moyen Pays, de même que la moitié des prés et des terres arables, qui se trouvent, de ce fait, particulièrement menacés.

**LE JURA** **Le paysage** Avec ses croupes massives couvertes de forêts (du S.-O. au N.-E., la Dôle, 1 677 m ; le mont Tendre, 1 679 m ; le Chasseron, 1 607 m ; le Chasseral, 1 607 m ; le Passwang, 1 204 m), le Jura se dresse brutalement au-dessus de la dépression des lacs subjurassiens (lacs de Neuchâtel, de Bienne et de Morat). Le paysage calcaire des anticlinaux et synclinaux remplace celui de la molasse, l'hydrographie de surface disparaît brusquement. Quoique relativement peu élevés, les plis serrés forment une barrière topographique plus hermétique que les Alpes du fait de l'absence de grandes vallées transversales et de la rareté des cols praticables toute l'année ; un enneigement très important rend difficile la traversée hivernale du Jura. L'ampleur de la chaîne en fait, d'autre part, une barrière climatique efficace, qui isole le Moyen Pays de la dépression bressane et du plateau franc-comtois. **Une région industrielle** Le Jura, qui reste proche du Moyen Pays, est caractérisé par l'existence d'une multitude de petits centres industriels qui travaillent à l'exportation et sont très sensibles à la conjoncture, en particulier dans les cantons de Neuchâtel et du Jura : horlogerie à La Chaux-de-Fonds et au Locle, construction électronique, machines et véhicules dans le Jura vaudois et le Jura bernois. L'utilisation des nouvelles technologies (commandes numériques, construction électronique, microtechnique dans la vallée de Joux et à Neuchâtel) prend actuellement le relais des activités traditionnelles, ce qui témoigne d'une réaction rapide et bien adaptée aux crises économiques successives de ces dernières années.

## ÉCONOMIE

***La population active*** Le pourcentage des Suisses exerçant une activité atteint 49,4 % (51,8 % avec les saisonniers et frontaliers ; 61,7 % pour les hommes et 37,7 % pour les femmes). Les étrangers (dans l'ordre d'importance : Turcs, Albanais, Bosniens, Croates, Hongrois) représentent près de 22 % de la population active en comptant les saisonniers et les frontaliers, les femmes étrangères atteignant un taux d'activité de plus de 45 %, nettement supérieur à celui de leurs homologues helvétiques. ***Une réussite économique et sociale*** Si la Suisse n'a pas échappé aux crises qu'ont connues les pays occidentaux au tournant de la décennie 1990 puis en 2008-2009 avec les subprimes, elle n'en demeure pas moins l'image même de la réussite économique et sociale. En témoignent, entre autres, son 3e rang européen, après le Luxembourg et la Norvège, en termes de niveau de vie (le PNB y atteint 60 820 dollars par habitant en 2007) et d'espérance de vie, tant pour les hommes (78 ans) que pour les femmes (84 ans en 2000 - 2010). Sont également exemplaires la qualité et la valeur ajoutée de ses produits, l'importance de son trafic aérien (par les aéroports internationaux de Zurich-Kloten, de Genève-Cointrin et de Bâle-Mulhouse) et ferroviaire (rôle des percées alpines) et, surtout, celle de ses activités de place forte de la finance internationale (Zurich, Bâle, Genève et Lugano) comme de ses activités de recherche, de service et de conseil, le poids de ses sociétés multinationales, de leurs effectifs (plus de 95 % pour Nestlé) et de leurs avoirs à l'extérieur du pays. Une réussite paradoxale pour un pays peu favorisé par la nature (moins d'un tiers de sa surface est cultivable), moins peuplé que l'agglomération parisienne, privé d'accès direct à la mer, et qui joue dans le monde un rôle hors de proportion avec ses dimensions, mais dont l'histoire montre que c'est probablement à sa faiblesse en richesses naturelles qu'il doit d'avoir fourni le spectaculaire effort économique qui lui a valu cette place enviable. ***Les inégalités régionales*** Ces succès n'empêchent pas l'existence d'inégalités régionales entre centres et périphéries non plus que la persistance de poches de pauvreté. Ces sujets de préoccupation recoupent celui de l'équilibre écologique du pays, que certains jugent menacé. La surface bâtie a plus que doublé depuis 1950, bien que la Suisse, considérée comme jouissant du plus haut niveau de vie occidental, soit un pays de locataires : moins du tiers des ménages sont propriétaires de leur logement, dont 22 % sous la forme d'une maison individuelle. **Agriculture** Seuls 3,8 % de la population active exercent une activité liée à une agriculture de type familial (75 300 exploitations dont 58 % à titre principal, dégageant 1,20 % du PIB), axée sur les produits laitiers (fromages gras à pâte dure : gruyère, emmenthal), mais conservant un secteur de cultures céréalières et arboricoles hautement protégé en termes de garanties de prix et d'écoulement. La Suisse accorde en effet à l'agriculture, au-delà de sa fonction nourricière (le pays est autosuffisant à 65 %), un rôle important dans la sauvegarde du milieu rural et dans la préservation des paysages, rôle devenant quasi patrimonial en ce qui concerne les vignes (près de 15 000 ha dont les trois quarts en Suisse romande). Toutefois les fortes subventions allouées au secteur agricole diminuent continuellement en raison d'une réforme, amorcée dans les années 1990, qui s'oriente vers une libéralisation du marché agricole. **Industrie** Elle occupe 22,7 % des actifs et reste dominée par les petites entreprises (de 1 à 9 personnes occupées à plein temps) : 85 % des établissements recensés appartiennent à cette catégorie, alors que les grandes entreprises de plus de 100 personnes ne représentent que 1 % de la totalité. En valeur : bâtiment, machines, électronique, chimie, métallurgie (Alusuisse, racheté par Alcan, dans le canton de Schaffhouse et dans le Valais), arts graphiques, alimentaire (Nestlé à Vevey), bois, horlogerie-bijouterie, textiles. En dépit de l'implantation traditionnelle de l'horlogerie à Genève et dans la chaîne du Jura, de la chimie (Novartis, Hofmann-La Roche qui figurent parmi les leaders pharmaceutiques mondiaux) à Bâle et dans sa périphérie, des machines-outils (ABB à Baden, Sulzer à Winterthur) dans le « triangle d'or » centré sur Zurich et des textiles en Suisse orientale, il n'y a plus guère en Suisse de régions mono-industrielles. **Services** Ce secteur emploie 73,5 % des actifs, avec une concentration croissante et rapide dans les services aux entreprises (banques et services financiers, assurances, immobilier, fiduciaires, bureaux de conseils, traitement de données), eux-mêmes étroitement liés à la hiérarchie des villes et des grandes entreprises. Le système bancaire, qui apparaissait comme inébranlable, a été particulièrement touché par la crise financière en 2009. La première banque, l'UBS (Union des Banques Suisses), n'a échappé à la faillite qu'avec l'aide de l'État. La pression internationale sur la levée du secret bancaire contribue à malmener l'image de ce secteur. **Urbanisation** En 2008, le réseau urbain helvé-

Suisse | Productions en 2008

| Produits | Quantités |
|---|---|
| **Agriculture** | |
| Betteraves à sucre | 1 500 000 t |
| Blé (2009) | 545 000 t |
| Maïs | 175 000 t |
| Orge | 202 000 t |
| Pommes de terre | 408 000 t |
| Vin | 1 000 000 hl |
| Bovins (têtes) | 1 550 000 |
| Porcins (têtes) | 1 600 000 |
| **Énergie** | |
| Énergie nucléaire | 27 TWh |
| Hydroélectricité | 36 TWh |

**Suisse ▮** Les divisions administratives

| Cantons | Date d'entrée dans la Confédération | Superficie (en km²) | Population | Chef-lieu | Langue |
|---|---|---|---|---|---|
| Zurich | 1351 | 1 729 | 1 284 052 | Zurich | allemand |
| Berne | 1353 | 6 051 | 958 897 | Berne | allemand, français |
| Lucerne | 1332 | 1 493 | 359 110 | Lucerne | allemand |
| Uri | 1291 | 1 077 | 34 948 | Altdorf | allemand |
| Schwyz | 1291 | 908 | 138 832 | Schwyz | allemand |
| Unterwald | 1291 | | | | |
| Obwald * | | 491 | 33 755 | Sarnen | allemand |
| Nidwald * | | 276 | 40 012 | Stans | allemand |
| Glaris | 1352 | 685 | 38 084 | Glaris | allemand |
| Zoug | 1352 | 239 | 107 171 | Zoug | allemand |
| Fribourg | 1481 | 1 671 | 258 252 | Fribourg | allemand, français |
| Soleure | 1481 | 791 | 248 613 | Soleure | allemand |
| Bâle | 1501 | | | | |
| Ville * | | 37 | 184 822 | Bâle | allemand |
| Campagne * | | 428 | 267 166 | Liestal | allemand |
| Schaffhouse | 1501 | 298 | 73 866 | Schaffhouse | allemand |
| Appenzell | 1513 | | | | |
| Rhodes-Extérieures * | | 243 | 52 509 | Herisau | allemand |
| Rhodes-Intérieures * | | 172 | 15 300 | Appenzell | allemand |
| Saint-Gall | 1803 | 2 026 | 461 810 | Saint-Gall | allemand |
| Grisons | 1803 | 7 105 | 187 920 | Coire | allemand, italien, romanche |
| Argovie | 1803 | 1 404 | 574 813 | Aarau | allemand |
| Thurgovie | 1803 | 991 | 235 764 | Frauenfeld | allemand |
| Tessin | 1803 | 2 812 | 324 851 | Bellinzona | italien |
| Vaud | 1803 | 3 211 | 662 145 | Lausanne | français |
| Valais | 1815 | 5 224 | 294 608 | Sion | allemand, français |
| Neuchâtel | 1815 | 803 | 168 912 | Neuchâtel | français |
| Genève | 1815 | 282 | 433 235 | Genève | français |
| Jura | 1979 | 836 | 69 292 | Delémont | français |

* demi-canton jusqu'en 1999

tique accueillait quelque 75 % de la population, 70 % des emplois industriels et 80 % des emplois tertiaires. Face à l'énorme croissance de Zurich (le cant. de Zurich, qui ne représente pourtant que 17 % de la population, abrite à lui seul 47 des 100 principales entreprises industrielles, commerciales et de services helvétiques), les régions frontalières et l'ensemble de la Suisse romande se montrent favorables à l'intégration européenne. Celle-ci, en effet, encouragerait sans doute le développement des regroupements régionaux transfrontaliers *(regio)*, renforçant, ou tout au moins confirmant, à ceux de Bâle et de Genève, leur rôle économique, social et culturel. Ces espaces transfrontaliers sont progressivement pris en compte par les infrastructures de communication, les investissements industriels et le travail, voire déjà, dans l'exemple bâlois, par les institutions politiques, comme un seul et même territoire, «programmé» en termes de coopération transfrontalière. **▮ Échanges** Les réussites de l'économie suisse sont essentiellement liées à la valeur ajoutée du travail, à la flexibilité de son capital, à la créativité de sa recherche, à son orientation systématique vers les technologies de pointe, à sa capacité d'ouverture économique sur l'extérieur et à son dynamisme financier qui placent le pays, sur ces deux derniers plans, au premier rang mondial. Ces qualités viennent s'ajouter aux bénéfices historiques tirés de la taille et des particularités de son empire financier (secret bancaire, importance des capitaux accumulés, faiblesse des taux d'intérêt), stimulant un commerce extérieur qui, par habitant, est deux fois supérieur à celui des autres pays d'Europe alors même que la balance commerciale (poids des importations) est toujours déficitaire. L'Europe est, de loin, le principal partenaire de la Suisse (Union européenne : près de 80 % des importations et 60 % des exportations en 2008). Mais ce déficit ne joue guère de rôle, compensé qu'il est par les revenus des placements à l'étranger (Novartis en Amérique du Nord où est employé le quart de ses effectifs), par les gains que réalisent à l'extérieur les entreprises industrielles et les services, par les rentrées tirées du tourisme et par les bénéfices issus du réseau de relations financières tissé à travers le monde.

**▮ HISTOIRE ▮ La préhistoire** Les premières traces de la présence humaine en Suisse remontent au Paléolithique inférieur. Au Néolithique (v. -3000) commença la construction des palafittes sur les bords du lac Léman, des lacs de Neuchâtel et de Zurich. **▮ Des invasions celtiques au rattachement au Saint Empire** Au deuxième âge du fer (apr. -500), une première invasion des Celtes* pénétra le pays qui devint le centre de la civilisation de La Tène. → **Tène (La)**. À la fin du -IIᵉ s., une seconde invasion celtique aboutit à l'occupation de la partie occidentale de la Suisse par les Helvètes. Ces derniers passèrent vite sous la domination romaine (→ **Helvètes**). Sous Auguste, l'Helvétie fut rattachée à la Belgique puis à la Lyonnaise Iʳᵉ tandis que la Suisse orientale faisait déjà partie de la province de Rhétie*. Au Vᵉ s., la région fut occupée par deux peuples germaniques, les Burgondes* (dans la région du lac Léman et du Jura) et les Alamans* (dans le reste de la Suisse), qui se répartirent en deux domaines linguistiques (français et allemand) correspondant à peu près aux actuelles Suisse romande et Suisse alémanique. À partir du VIᵉ s., le pays fit partie de la monarchie franque puis, après le démembrement définitif de l'Empire carolingien en 888, se trouva presque entièrement compris dans le royaume de Bourgogne transjurane (→ **Bourgogne**) et rattaché avec lui au Saint Empire en 1032. Du VIIᵉ au IXᵉ s., la Suisse avait été progressivement christianisée. Saint Colomban* fonda l'abbaye de Saint-Gall qui, grâce à l'activité de son scriptorium *(Psautier de Folchard, Psalterius aureus, Evangelium longum)* et à la présence de Notker* Labeo, acquit rapidement une grande notoriété. De 1032 à 1291, le pays connut un grand renouveau. De nombreuses principautés apparurent comme celle des Zäbringen (1127 - 1218) ou celle des comtes de Kyburg. La plus importante fut celle des Habsbourgs*, originaires d'Argovie qui allaient accéder à l'empire en 1273. **▮ Naissance de la Confédération et lutte contre l'Autriche (1291 - 1389)** Menacés par l'autorité croissante des Habsbourgs, les cantons forestiers (Waldstätten) d'Uri, de Schwyz et d'Unterwald conclurent entre eux, le 1ᵉʳ août 1291, une alliance perpétuelle qui devait être à l'origine de la Confédération (→ **Rütli**). C'est à cet épisode que se rattache la légende de Guillaume* Tell. En 1315, les confédérés vainquirent Léopold* Iᵉʳ de Habsbourg à Morgarten* puis renouvelèrent leur alliance par le pacte de Brunnen*. À la suite de cette victoire, Lucerne (1332), Zurich (1351), Glaris et Zoug (1352), puis Berne (1353) se joignirent aux trois cantons primitifs pour former la Confédération des huit cantons. À nouveau défaits à Sempach* (1386) puis à Naefels (1388), les Habsbourg reconnurent alors l'indépendance de la Confédération et signèrent la paix de 1389. Cette reconnaissance marqua la victoire d'une bourgeoisie qui n'avait cessé tout au long du XIVᵉ s. de favoriser l'émergence d'une culture profane et d'exalter le passé national (*Manuscrit de la Manesse*, sorte d'encyclopédie du Minnesang ; fresque de la *Camera Domini* au château de Chillon). **▮ Extension de la Confédération et affermissement de la puissance militaire des Suisses (XVᵉ - XVIᵉ s.)** Après une grave crise intérieure qui opposa Zurich à Schwyz de 1435 à 1450 (→ **Zurich**), la Confédération se trouva renforcée par l'alliance que conclurent entre eux un ou plusieurs cantons : Saint-Gall (1451), Appenzell (1452), Schaffhouse (1454), Mulhouse (1466), les Grisons (1497 - 1498). La puissance militaire des Suisses, devenue considérable, fut alors utilisée par les souverains d'Europe : Louis* XI entraîna les confédérés dans sa lutte contre Charles* le Téméraire qui, vaincu à Grandson* puis à Morat* en 1476, trouva la mort sous les murs de Nancy (1477). Ils vainquirent Maximilien* Iᵉʳ qui s'était allié contre eux à la ligue de Souabe (1499) et obtinrent par la paix de Bâle la séparation définitive des pays suisses et des pays allemands (cette séparation devait être consacrée par les traités de Westphalie en 1648). Après Fribourg et Soleure (1481), Bâle et Schaffhouse (1501), puis Appenzell (1513) entrèrent dans la Confédération pour former la Confédération des treize cantons. Au moment des guerres d'Italie, la Confédération fit une dernière tentative de conquête étrangère : alliée d'abord au roi de France, Louis* XII, elle changea de camp pour prendre le parti du pape Jules* II (1510). Victorieuse à Novare* (1513), elle contribua à chasser les Français du Milanais que reprit François* Ier deux ans plus tard à Marignan* (1515). La Confédération renonça alors à toute politique étrangère. En 1516, elle conclut une paix perpétuelle avec la France ; celle-ci garantissait la possession du Tessin mais obtenait en échange le droit de lever des mercenaires en Suisse, droit qu'elle exerça jusqu'à la fin du XVIIIe s. ▮ **La Confédération, de la Réforme aux traités de Westphalie (1519 - 1648)** ▮ ***La Réforme*** L'introduction de la Réforme* vint interrompre les activités internationales de la Suisse. Elle fut préparée par l'humanisme dont Bâle était un foyer important. L'Université, fondée en 1460, y permit l'éclosion d'une sorte de république humaniste au centre de laquelle l'imprimerie de Johannes Amerbach joua un rôle déterminant. Celle-ci draina quelques-uns des plus grands esprits de l'époque (Érasme*, Œcolampade*, Johann Froben, Glareanus*, Holbein* le Jeune). La Réforme commença d'être prêchée à Zurich par Zwingli* en 1519. À partir de 1525, Zurich adhéra complètement au protestantisme, entraînant avec elle les villes de Bâle, Berne, Schaffhouse, Saint-Gall, Bienne et Mulhouse. Les cantons montagnards et ruraux (Uri, Schwyz, Unterwald, Lucerne, Zoug, Soleure, Fribourg) restèrent fidèles au catholicisme. Le conflit aboutit à la bataille de Kappel* (1531) où Zwingli trouva la mort. ▮ ***La division religieuse*** La paix consacra la division religieuse de la Suisse : sept cantons restaient catholiques (voir ci-dessus), quatre étaient protestants (Zurich, Bâle, Berne, Schaffhouse), deux étaient mixtes (Glaris et Appenzell). Genève, alliée à Berne et à Fribourg contre le duc de Savoie, devint la métropole du protestantisme avec Calvin*, à partir de 1536 (→ **Genève**). Cependant sous l'impulsion de Charles* Borromée, les cantons des Grisons, de Glaris et d'Appenzell furent regagnés au catholicisme. ▮ ***La neutralité*** Restée en dehors du conflit pendant la guerre de Trente Ans, la Suisse posa définitivement les bases de sa neutralité en 1647 : la Confédération pouvait fournir des troupes à différents pays sans pour cela se sentir engagée et décidait de se défendre contre tout agresseur au moyen d'une armée fédérale de 36 000 hommes. Son indépendance fut reconnue solennellement par toutes les puissances européennes aux traités de Westphalie* (1648). ▮ **Le XVIIIe s., la Révolution française et Napoléon** ▮ ***L'épanouissement économique et intellectuel*** Siècle de paix, le XVIIIe s. fut pour la Suisse une période de prospérité économique et d'épanouissement intellectuel et artistique. C'est à cette époque que commença le développement de centres industriels comme Zurich (filature de la soie), Genève (horlogerie) et que s'exerça le rayonnement de grands esprits comme ceux des mathématiciens Euler* et Bernoulli*, des naturalistes Bonnet* et H. B. de Saussure*, des peintres comme Liotard* et Füssli*, des écrivains comme Bodmer*, des pédagogues comme Lavater* et Pestalozzi*. Des étrangers, tel Voltaire établi à Ferney, contribuèrent à donner au pays le caractère cosmopolite qui le marque encore aujourd'hui. Mais cette prospérité économique allait de pair avec une certaine décadence politique. ▮ ***La fin de la démocratie*** La Confédération n'offrait plus que l'image déformée de la démocratie. Le renforcement d'un système aristocratique laissait une bourgeoisie de plus en plus fermée monopoliser le pouvoir. L'écart s'accrut entre les villes et les campagnes : les révoltes des paysans furent durement réprimées. La condamnation du *Contrat social* de J.-J. Rousseau* à Genève (1781 - 1782) eut un retentissement européen. La répercussion des événements parisiens qui suivirent 1789 fut violente en Suisse et particulièrement dans le pays de Vaud. Mais les manifestations révolutionnaires furent rapidement étouffées. De nombreux démocrates se réfugièrent en France, dont Frédéric César de La Harpe. Le Directoire songeait déjà à annexer la Suisse pour la position stratégique qu'elle représentait et pour sa richesse économique. Des agitations révolutionnaires (→ **La Harpe, Ochs**) lui donnèrent un prétexte pour envahir le pays. ▮ ***De la proclamation de la République au rétablissement de la Confédération*** Le 22 mars 1798, la République helvétique était proclamée. La Suisse dut renoncer à sa neutralité. Elle fut envahie en 1799 par les armées russes et autrichiennes et resta en proie à l'anarchie pendant cinq ans. Bonaparte rétablit le fédéralisme par l'Acte de médiation de 1803, par lequel le nombre des cantons fut porté à dix-neuf. Aux treize anciens cantons venaient s'en ajouter six nouveaux (Saint-Gall, Grisons, Argovie, Thurgovie, Tessin et Vaud) constitués en États soumis à un pouvoir fédéral commun. Ce régime prit fin en 1813 quand les Alliés envahirent le pays après la bataille de Leipzig*. ▮ **Du Pacte fédéral à la guerre du Sonderbund (1815 - 1848)** Le traité de Paris* (1814) et le congrès de Vienne* (1815) fixèrent le statut international de la Suisse, garantissant la neutralité et l'inviolabilité de son territoire. La France lui céda Genève, Neuchâtel et le Valais. La Confédération comptait désormais vingt-deux cantons. La Diète, réunie à Zurich, élabora le Pacte fédéral de 1815 : les cantons étaient reconnus pleinement souverains. Malgré un net retour au conservatisme dans les années qui suivirent 1815, le libéralisme triompha après la révolution parisienne de 1830. Mais les libéraux, bientôt dépassés, furent remplacés par des radicaux anticléricaux qui préconisèrent la révision du Pacte de 1815, la fermeture des couvents et l'expulsion des jésuites. Les cantons conservateurs catholiques (Uri, Schwyz, Unterwald, Zoug, Lucerne, Fribourg, Valais) formèrent alors une alliance défensive, le Sonderbund (1845), alliance qui

**Suisse.** Le Matterhorn.
*Phot. © A & S Aakjaer /Shutterstock*

fut dissoute en 1847 par la Diète après une courte guerre civile (→ **Sonderbund**). ▮ **La Constitution de 1848** En sept. 1848, une nouvelle constitution remplaça le Pacte de 1815. Abandonnant les structures d'une confédération d'États, la Suisse prit son caractère moderne d'État fédératif. Les cantons restaient souverains sauf dans les domaines réservés à la Confédération (politique extérieure, poste, douane, monnaie, trafic, organisation militaire). Ils possédaient chacun un Grand Conseil (législatif) et un Conseil d'État (exécutif). La Confédération était dotée d'un véritable pouvoir exécutif, le Conseil fédéral. Le pouvoir législatif était assuré par l'Assemblée fédérale représentant le peuple (Conseil national) et les cantons (Conseil des États). Le président était élu pour un an, le vice-président lui succédant. Berne devint le siège permanent du gouvernement fédéral. Révisée en 1874, la Constitution de 1848 est restée en vigueur. ▮ **La Suisse contemporaine** Le Parti radical garda la majorité jusqu'en 1919. Une stricte neutralité resta le principe fondamental de la politique extérieure du pays, neutralité qui fut observée pendant les guerres de 1870, 1914 et 1940. ▮ ***La vie culturelle*** Au carrefour de trois cultures européennes, la Suisse favorisa l'éclosion de nombreux talents tout au long des XIXe et XXe s. Mais si le peintre Hodler*, les historiens J. Burckhardt* et H. Wölfflin, les écrivains G. Keller*, R. Walser*, M. Frisch*, F. Dürrenmatt* et le psychanalyste C. G. Jung* passèrent la plus grande partie de leur vie en Suisse, bon nombre d'artistes et d'écrivains firent carrière à l'étranger (Pradier, Böcklin, Cendrars, C. A. Cingria, Vallotton, Taeuber-Arp, Klee, Bill, Giacometti, Le Corbusier, Honegger). ▮ ***La neutralité et l'humanitaire*** Avec la fondation de la Croix-Rouge par H. Dunant* (1859), la Suisse avait commencé d'accomplir une importante œuvre humanitaire en faveur des victimes de guerre. → **Genève (conventions de)**. En 1919, c'est Genève qui fut choisie comme siège de la Société des Nations. Fidèle à sa politique de neutralité, la Suisse refusa de faire partie de l'ONU. En revanche, elle adhéra aux institutions internationales d'ordre économique, social ou culturel (OIT, Unesco, FAO, OCDE, OECE, AELE, OMS). ▮ ***Le rapprochement avec l'Europe et l'adhésion à l'ONU*** Un rapprochement sensible avec l'Europe s'est exprimé dès 1986 par la participation aux négociations du Gatt puis aux négociations de l'Espace économique européen (EEE), l'adhésion au Fonds monétaire international (FMI) et la décision de creuser deux tunnels dans les Alpes pour améliorer le transit alpin européen (ferroutage), enfin, par le dépôt d'une demande d'adhésion à la CEE. Toutefois, le vote du 6 déc. 1992 refusant l'entrée dans l'Espace économique européen a montré qu'en dépit de son ouverture économique ancestrale, la Suisse n'était pas prête à s'intégrer pleinement à un continent dont elle occupe le centre géographique. Cette tendance se confirma lors des élections législatives de 1999 qui firent de l'Union démocratique du centre (UDC) le premier parti du pays. Cette formation nationaliste ancrée à droite s'oppose en effet à l'adhésion à l'Union européenne, à l'Otan et aux Nations unies. La Suisse a cependant adhéré à l'ONU à la suite du référendum du 3 mars 2002. L'exceptionnelle stabilité politique dont a joui le pays pendant 40 ans avec un gouvernement invariablement composé de deux radicaux, deux démocrates-chrétiens, deux socialistes et un UDC fut rompue en 2003, l'UDC gagnant un siège sur les démocrates-chrétiens aux législatives, siège qu'il conserva aux législatives de 2007. Bien que non-membre de l'Union européenne, la Suisse a choisi par référendum (2005) de participer aux accords de Schengen* à partir de 2008. La crise financière de 2008 - 2009 a contraint le gouvernement à adopter un plan d'aide pour assurer la stabilité du système bancaire et l'année 2009 s'est terminée par une récession économique.

**SUISSE NORMANDE** → Bocage normand

**SUISSE SAXONNE** – en all. ***Sächsische Schweiz*** ou ***Elbsandsteingebirge*** ♦ Région d'Allemagne orientale et de la République tchèque s'étendant de part et d'autre de l'Elbe, en amont de Dresde (→ **Saxe**), formée de puissantes tables de grès dont les escarpements attirent alpinistes et touristes (Bastei, Königstein).

**SUITS (Gustav)** ♦ Poète estonien (Kastré-Vynnu 1883 - Stockholm 1956). Il représenta le mouvement culturel de la «Jeune-Estonie» par son orientation nationaliste et occidentaliste : «Soyons Estoniens en devenant Européens». Émigré en 1944, il publia un recueil de poésie : *Le Feu et le Vent* (1950).

**SUIZHOU** ou **SOUEI-TCHEOU** ♦ V. de Chine (Hubei). 1 535 769 hab. Céréales, coton. Indus. mécanique, textile et chimique.

**SUK (Josef)** ♦ Violoniste et compositeur tchèque (Křečovice 1874 - Benešov, près de Prague 1935). Élève de Bennewitz (piano) et de Dvořák (composition) au conservatoire de Prague où il devait lui-même enseigner à partir de 1922, Suk contribua grandement au renouveau de la musique tchèque. On lui doit des symphonies *(Asrael)*, des poèmes symphoniques *(Praga ; Zrání ; Épilogue)*, de la musique de chambre et des pièces pour piano.

**SUKARNO** ou **SOEKARNO** ♦ Homme politique indonésien (Surabaya 1901 - Jakarta 1970). Fondateur du Parti nationaliste indonésien en 1927. Détenu par les Néerlandais en 1933, le dirigeant nationaliste fut ensuite placé en résidence surveillée. Il fut libéré par les Japonais en 1942. Après la Deuxième Guerre mondiale, il proclama l'indépendance de l'Indonésie et devint le premier président de la nouvelle République (1945). Il dut combattre de nouveau les Néerlandais, fut fait prisonnier (1948), puis libéré (1949) et redevint président. Mettant fin à une période de démocratie parlementaire instable, Sukarno parvint en 1959, à imposer, avec le soutien de l'armée, un régime présidentiel fort que l'on appela la «Démocratie dirigée». Pour contrebalancer le pouvoir de l'armée, il s'appuya sur le Parti communiste indonésien. Sukarno s'engagea dans une politique de confrontation avec la Malaysia en 1963 et dans une politique étrangère anti-américaine, refusant toute aide économique et quittant l'ONU en 1965. Un putsch, le 30 sept. de la même année, attribué au Parti communiste indonésien, marque le début de la lente chute de Sukarno, au profit du général Suharto*, qui lui succéda en 1968. Il fut placé en résidence surveillée jusqu'à sa mort.

**SUKARNOPURA** → **Jayapura**

**SUKHOTHAÏ** ♦ V. du N.-O. de la Thaïlande, sur le Me Nam Yom. 35 713 hab. Petite cité agricole et site archéologique. **Histoire** Anc. capitale du royaume thaï du même nom (XIII$^e$ - XIV$^e$ s.). L'enceinte de la vieille ville renferme de nombreux vestiges des XIV$^e$ et XV$^e$ s., notamment les ruines imposantes du Wat Mahathat, qui, malgré leur délabrement, dominent le site. Il subsiste des traces de nombreux monastères et de bassins peut-être marqués par l'influence khmère. Un musée Rāma* Kamheng a été inauguré en 1964 en souvenir de celui qui en est considéré comme le premier grand roi.

**SUKKUR** ♦ V. du Pakistan (province du Sind), sur l'Indus. 335 551 hab. Un barrage de dérivation sur le fleuve permet l'irrigation de 2 millions d'ha de désert. L'industrie se développe.

**SULAMITE** ♦ Forme tardive de *Sunamite*, habitant de *Shounem (Sunam)*, auj. Sulam, en Galilée. ♦ ***La Sulamite*** Qualificatif de la bien-aimée du Cantique des cantiques (VI, 1) pour rappeler Abisag, la Sunamite qui réchauffe David (Rois, I).

**SULAWESI**, en fr. ***Célèbes**** ♦ Île d'Indonésie → **Indonésie** (carte). 189 216 km². 14 446 483 hab. Elle est divisée en 5 provinces. L'île a la forme d'un K déformé, projetant quatre péninsules, chaînes divergentes d'un massif volcanique culminant au mont Latimojong (3 455 m). Sauf dans le centre, elle a perdu la plus grande partie de sa couverture forestière en raison d'un déboisement intense déjà ancien. Elle produit du café, du coprah, des épices (girofle), du riz, du bois, du rotin et des minerais (nickel, fer). Elle dispose de quelques industries : cimenterie, papeterie, minoterie au S., huile de coco, conserveries de thon au N. Les diverses populations de l'île parlent toutes des langues malayo-polynésiennes, dont certaines (au N.) se rapprochent de celles des Philippines. Elles sont presque toutes islamisées (Bugis*, Makassar, etc.), sauf dans le N. (région de Manado*) où la population a été christianisée ainsi que les montagnards du centre de l'île. Dans cette région, le pays Toraja a gardé néanmoins très vivaces ses traditions, dont des rites funéraires élaborés, qui contribuent à en faire une destination touristique. **Histoire** Dès le XII$^e$ s., dans le S.-O. de Célèbes, se développèrent des États fondés sur la riziculture et le commerce, en lutte constante entre eux. Aux XVI$^e$ - XVII$^e$ s., la rivalité entre les deux principaux royaumes, celui de Goa (Makassar) et celui de Bone (Bugis), les poussèrent à rechercher l'aide des Portugais (apparus en 1540) et des Hollandais (1609). Constituant un véritable «empire maritime» dont le centre était Makassar *(Ujungpandang)*, Goa imposa par la force l'islamisation de l'ensemble de la péninsule (1605 - 1610) et réussit pendant un temps, avec le soutien des Portugais, à concurrencer le monopole des épices que voulaient établir les Hollandais. Ces derniers conquirent la

**Sulawesi. Un village dans l'île de Sulawesi.**
*BIS/Phot. B. Sonneville © Archives Nathan*

ville en 1667 avec l'aide des troupes de Bone et de Ternate. Le pays bugis resta pratiquement autonome jusqu'à la conquête hollandaise de 1906.

**SULAYMĀN** (monts) ⇒ **ÉTYM.** de *Salomon** ♦ Chaîne de montagnes de 450 km, située au centre du Pakistan. Elle culmine à 3 374 m au Takht-i-Sulaiman.

**SULAYMĀNIYA (AL-)** ♦ V. du N.-E. de l'Irak, dans le Kurdistan méridional. Ch.-l. de la prov. du même nom, partie intégrante de la région autonome kurde. 825 000 hab. Marché agricole. Raffinerie de sucre. Cimenterie. Fabrique de tapis. La ville échappe depuis 1991 au contrôle du pouvoir central irakien.

**SÜLEYMAN ÇELEBI** ♦ Poète turc (déb. XV$^e$ s.). Il vécut à Brousse et à Andrinople. Son unique œuvre est le *Mevlid sherif* («Naissance de Mahomet*»), poème vivant qui est encore chanté dans les mosquées turques lors de l'anniversaire du Prophète.

**SULLANA** ♦ V. du Pérou, au N. de Piura sur le río Chira, traversée par la Panaméricaine. 181 954 hab. Centre d'une riche oasis dans le désert (fruits et légumes).

**SULLIVAN (Louis Henry)** ⇒ **ÉTYM.** de l'irl. *Ó Súilleabháin* «descendant *(ó)* de Súilleabháin (de *súil* "œil" et *dubh* "noir, sombre" [borgne] et suff. *-án*)» ♦ Architecte américain (Boston 1856 - Chicago 1924). À Paris en 1874, il étudia dans l'atelier de Vaudremer. Il se fixa à Chicago et devint de 1881 à 1895 l'associé de Dankmar Adler. Il éleva le Wainwright Building (1890 - 1891) de St. Louis, à ossature métallique portante, et le Guarantee Trust Building à Buffalo (1894 - 1895) avec un rez-de-chaussée vitré, reposant sur des pilotis métalliques. Créateur d'un type d'immeuble promis à un vif succès, il défendit des conceptions fonctionnalistes, privilégia les lignes verticales, excepté dans le magasin Carson, Pirie et Scott à Chicago (1899 - 1904). Il employa des motifs floraux comparables à ceux de l'Art nouveau.

**SULLIVAN (Vernon)** → **Vian (Boris)**

**SULLY (Maurice,** dit **DE)** ♦ Évêque de Paris (Sully-sur-Loire v. 1120 - Paris 1196). D'origine humble, il étudia la théologie à Paris et devint en 1160 évêque de Paris, succédant à Pierre Lombard. Il aurait jeté les fondements de l'église de Notre*-Dame de Paris, mais certains pensent que la construction débuta peut-être avant l'épiscopat de Maurice de Sully.

**SULLY (Maximilien DE BÉTHUNE,** baron **DE ROSNY,** duc **DE)** ⇒ **ÉTYM.** du n. du château de *Sully**-sur-Loire ♦ Homme politique français (Rosny 1560 - Villebon 1641). D'une famille protestante, il fut un des plus anciens compagnons d'Henri* IV. Conseiller écouté, il se rendit d'abord utile par ses talents d'ingénieur militaire (il fut blessé à la bataille d'Ivry*), puis fut chargé de superviser les finances royales (tâche qu'il exerça en fait à partir de 1598) qu'il entreprit d'assainir. Il diminua les dépenses en réduisant le taux d'intérêt de la dette par une conversion, annula certaines rentes ou en remboursa d'autres à bas prix. Quant aux recettes, il fit exercer par l'État son droit de reprise sur la partie du domaine et des impôts royaux qui avaient été aliénés au cours des règnes précédents, et accrut les impôts indirects : institution d'un droit annuel sur les offices (la Paulette*), augmentation du bail de la ferme des aides (qu'il regroupa en un seul contrat). Sa gestion rigoureuse lui permit de rétablir l'équilibre financier et même de dégager un excédent à partir de 1605, sans innover davantage que dans le domaine économique, où il donna une primauté traditionnelle à l'agriculture : ordonnances en faveur des paysans, notamment réduction de la taille ; encouragement des travaux d'Olivier de Serres*. Méfiant face aux innovations commerciales, il contribua néanmoins à faciliter la circulation des marchandises par l'amélioration des voies de communication et surtout par l'abolition de nombreux péages. Écarté à la mort de Henri IV, il se signala encore sous Louis XIII pour encourager ses coreligionnaires à l'obéissance. Il laissa des mémoires sous le titre d'*Économie royale* (1638 - 1662).

**Sully** (hôtel de) ♦ Hôtel situé dans le Marais*, près de la place des Vosges à Paris. Construit en 1624 par Jean Androuet* du Cerceau, il fut acquis en 1634 par Sully et conservé par sa famille jusqu'en 1752. Propriété de l'État depuis 1945, il abrite la Caisse des Monuments historiques et des Sites.

**SULLY PRUDHOMME (René François Armand PRUDHOMME,** dit) ♦ Poète français (Paris 1839 - Châtenay-Malabry 1907). Ingénieur au Creusot, il compléta sa formation par des études de droit. Jouissant d'une grande aisance personnelle, il put se consacrer à ce qui l'attirait, la poésie. Il adhéra au mouvement parnassien, mais, dès *Stances et Poèmes* (1865), sa poésie se fit moins impersonnelle et se plut à noter les «affectations obscures et ténues de l'âme». Élégiaque de la nuance intimiste, il exprima sa mélancolie et ses angoisses amoureuses dans *Les Solitudes* (1869) et *Les Vaines Tendresses* (1875). Traducteur de Lucrèce*, Sully Prudhomme rêva d'unir la poésie et la science et composa de vastes poèmes philosophiques, comme *La Justice* (1878) et *Le Bonheur* (1888), où il traite des affrontements de la conscience et de l'univers moderne. On lui doit également des essais d'esthétique, de philosophie et de critique. [Acad. fr. 1881, prix Nobel de littér. 1901]

**SULLY-SUR-LOIRE** [45600] → ÉTYM. du gaul. *Sollius*, n. de pers., et suff. *-acum* ou du germ. (et roman) *solium* «marécage» ♦ Ch.-l. de cant. du Loiret, arr. d'Orléans. 5 907 hab. (aggl. 10 056) *(Sullylois)*. Château des XIII^e et XIV^e s., remanié par Sully au début du XVII^e s. et où Voltaire séjourna. Église Saint-Ythier (vitraux du XVI^e s.). Vestiges de l'enceinte fortifiée. Maisons anc. ▪ Construc. mécaniques.

**SULPICE le Sévère** (saint) ♦ (mort à Bourges en 591). Évêque de Bourges (584), il participa au concile de Mâcon (585). ▪ Fête le 29 janv.

**SULPICE SÉVÈRE** – en lat. ***Sulpicius Severus*** ♦ Historien chrétien (en Aquitaine v. 360 - v. 420), auteur d'une *Vie de saint Martin* (397) et d'une *Chronique* ou *Histoire sacrée*, s'étendant depuis la Création jusqu'en 400.

**SULPICIUS** – en lat. ***Publius Sulpicius Rufus*** ♦ Homme politique romain (v. –124 - Laurentum –88). Tribun de la plèbe (–88) partisan de Marius*. → **Sylla.**

**SULSTON (John Edward)** ♦ Biochimiste britannique (Fulmer 1942). Il établit la généralité du programme de différenciation cellulaire, puis entreprit, en 1983, le premier séquençage complet du génome d'un organisme multicellulaire, achevé en 1998, et qui est à l'origine du séquençage du génome humain. Ses travaux constituent le point de départ de la compréhension de l'apoptose, mort programmée des cellules. [Prix Nobel de physiol. ou méd. 2002, avec S. Brenner* et R. Horvitz*]

**SULU** ou **SOULOU** ♦ Petit archipel des Philippines, dans le prolongement de Mindanao. 2 688 km². 619 668 hab. CH.-L. : Jolo.

**SUMATERA BARAT** ♦ Prov. d'Indonésie, bordant la côte ouest de Sumatra. 49 778 km². 4 228 103 hab. CAP. : Padang*.

**SUMATERA SELATAN** ♦ Prov. d'Indonésie, au S. de Sumatra, la plus vaste de l'île. 86 945 km². 6 869 596 hab. CAP. : Palembang*.

**SUMATERA UTARA** ♦ Prov. d'Indonésie, au N. de Sumatra, la plus peuplée de l'île. 70 787 km². 11 476 272 hab. CAP. : Medan*.

**SUMATRA** → ÉTYM. en indon. ***Sumatera***, probablt du sanskr. *samudra-* «mer, océan» ♦ Île de l'Indonésie, longue de 1 650 km et large d'env. 350 km, à l'O. de Java. 473 481 km². 42 666 048 hab. Elle comprend huit provinces : Aceh*, Bengkulu*, Jambi*, Lampung*, Riau*, Sumatera* Barat, Sumatera* Selatan et Sumatera* Utara. Traversée par l'équateur, Sumatra est parcourue dans sa longueur par une haute chaîne volcanique (Kerinci, 3 805 m). La côte E. est bordée par une large bande côtière marécageuse. Le climat est humide avec une longue saison des pluies. L'île est riche en ressources naturelles et a connu un développement rapide dans les années 1990. Grandes exploitations pétrolières, gaz, charbon, bauxite, or, aciéries à Asahan, usines de ciment, indus. du bois (contreplaqué), depuis les années 1980. Grandes plantations d'hévéas. Production de cacao, de tabac, d'huile de palme. C'est la première destination des familles prises en charge par le programme de colonisation agricole des territoires à faible densité démographique, la plupart en provenance de l'île surpeuplée de Java*. Lampung, la province la plus proche de Java, a accueilli de nombreux transmigrants. Face à l'épicentre, tous les villages de la côte N.-O. ont été détruits par le tsunami du 26 déc. 2004 qui a fait plus de 200 000 victimes dans l'île. Depuis, de nombreux séismes continuent de secouer la région dont celui de sept. 2009.

**SUMBA** ♦ Île d'Indonésie, dans l'archipel des petites îles de la Sonde, au S.-O. de Flores. 11 150 km². Env. 350 000 hab. L'intérieur est montagneux (mont Wanggamet, 1 225 m). L'île était connue autrefois pour son bois de santal. Cultures vivrières, café et coprah à l'O., élevage et tissage d'*ikats* réputés à l'E.

**SUMBAWA** ♦ Île d'Indonésie, dans l'archipel des petites Îles de la Sonde, à l'E. de Lombok. 15 650 km². Env. 800 000 hab. L'explosion en 1815 du volcan Tambora (2 851 m) fut très violente. L'île est formée de deux parties réunies par un isthme : à l'O., Sumbawa proprement dit, habitée par les Samawa et qui a longtemps été en rapport avec Bali ; à l'E. Bima, habitée par les Mbojo, et où les influences Bugis sont sensibles. L'une et l'autre ont été le siège de sultanats distincts, et l'islam y est fortement implanté. L'économie repose sur l'agriculture, l'élevage de bovins et la pêche.

**ŠUMEN** → ÉTYM. de 1950 à 1965 ***Kolarovgrad*** ♦ V. du N.-E. de la Bulgarie, ch.-l. de région de plateaux faisant suite à la Dobroudja. 104 473 hab. Construc. mécaniques. Indus. agroalimentaire.

**SUMER** ♦ Région correspondant à la Basse-Mésopotamie, en bordure du golfe Arabo-Persique (anc. rivage, env. 250 km au N.-O. du rivage actuel). Les Sumériens sont une population non sémitique qu'on trouve mêlée à des Sémites (Akkadiens) dès l'origine de nos connaissances ; on parlera donc de civilisation *suméro-akkadienne* quoique les langues soient différentes et qu'une pensée proprement sumérienne apparaisse aujourd'hui fort éloignée de celle des Sémites. Cette civilisation introduisit en Mésopotamie le travail du cuivre et l'habitation de brique, inventa l'architecture (temples et, plus tard, ziggourats) et l'écriture (pictographique puis cunéiforme → **Uruk**), se répandit dans toute l'Asie antérieure grâce à l'empire d'Akkad et se survécut dans celui de Babylone. ▮ **Histoire** Périodes protohistoriques : → **Obeid (El-), Uruk, Djemdet Nasr.** La période d'Uruk semble marquer l'arrivée des Sumériens ; celle d'El Obeid serait donc le fait d'une population autochtone. La période «dynastique archaïque» commence dans la légende des souverains aux longévités extraordinaires (selon nos sources) et entre dans l'histoire avec la I^re dynastie d'Ur* (v. –2700). La royauté passa ensuite aux cités de Lagash* puis d'Umma. Vers –2450, Sumer fut englobé dans l'empire d'Akkad*. Celui-ci tomba devant les barbares Goutéens* (–XXIII^e s.) ; Lagash pourtant restant florissante sous son *patesi* Goudéa* (civilisation néosumérienne). Puis la royauté revint à Ur (III^e dynastie, –2100 - –2000) et aux rivales Isin* et Larsa*. La puissance de Sumer tomba définitivement devant l'empire de Hammourabi* v. –1700. ▪ *Autres cités :* → **Eridu, Kish, Nippur.** ▪ *Divinités :* → **An, Enlil, Enki** (principale triade du panthéon) ; **Adad, Ishtar, Sin, Tammuz** (correspondants sémitiques et divinités sumériennes). ▪ *Mythol. :* → **Gilgamesh.**

**Sumer.** Tête en pierre dure, - 2800- 2000.
Musée Van Oudheden, Leyde.
*BIS/Phot. L. Joubert © Archives Larbor*

**Sumitomo** ♦ Zaibatsu (trust) japonais fondé à Osaka au XVII^e s. Né de l'exploitation du cuivre de Shikoku, il est aujourd'hui surtout centré sur l'industrie lourde, métallurgique et chimique et la construction navale.

**SUMNER (William Graham)** ♦ Sociologue américain (Paterson 1840 - Englewood 1910). Il a abordé dans une perspective naturaliste (darwinienne) le problème de l'origine des coutumes et morales (*Folkways*, 1906 ; *Science of Society*, publ. en 1927).

**SUMNER (James Batcheller)** ♦ Biochimiste américain (Canton, Massachusets 1887 - Buffalo 1955). Auteur de recherches sur les enzymes, en particulier l'uréase (responsable de la transformation de l'urée), il parvint à l'obtenir sous forme cristallisée, ouvrant ainsi la voie à l'élucidation de la nature des enzymes. [Prix Nobel de chim. 1946, avec J. Northrop* et W. Stanley*]

**SUMQAYIT** – anc. ***Soumgaït*** ♦ V. d'Azerbaïdjan, au N.-O. de Bakou. 278 100 hab. Centre industriel.

**SUND** → **Øresund**

**SUNDA** → **Sonde (îles de la)**

**SUNDANAIS** ♦ Peuple de langue malayo-polynésienne différente du javanais proprement dit (env. 24 200 000 pers.) et habitant la partie O. de l'île de Java (Indonésie). La culture sundanaise, proche de la culture javanaise, s'en distingue par une moindre présence des éléments indiens, des formes d'art particulières, une structure sociale moins hiérarchisée et une plus forte présence de l'islam (adopté au XVI$^e$ s.), malgré l'existence de communautés montagnardes non islamisées *(Baduy)*.

**SUNDARBANS** n. m. pl. ♦ Ensemble d'îles très basses formant la bordure du delta du Gange-Brahmapoutre (Inde et Bangladesh). Couvertes en partie de mangrove, elles sont peuplées de pêcheurs et de riziculteurs. Elles vivent sous la menace constante des dévastations par les cyclones du golfe du Bengale ; celles de 1970 et de 1990 furent de véritables catastrophes.

**SUNDERLAND (Robert SPENCER,** 2$^e$ comte **DE)** ◆ **ÉTYM.** du n. de la v. ♦ Homme politique anglais (Paris 1641 - Althorp 1702). Il servit Charles* II, fut disgracié pour s'être rapproché de l'opposition protestante lors de l'affaire de Titus Oates*, mais se rallia à Jacques* II, tout en servant la politique française. Il ne tarda pas à se rapprocher secrètement de Guillaume* III à l'avènement duquel il travailla. ♦ **Charles Spencer,** 3$^e$ comte **de Sunderland** Homme politique anglais (1674 - Londres 1722). Fils du précédent, gendre de Marlborough*, aussi peu scrupuleux que son père, il passa des whigs aux tories et devint premier lord de la Trésorerie (1718). Il dut démissionner après le scandale de la South Sea Company (1721).

**SUNDERLAND** ◆ **ÉTYM.** du vieil angl. «pays *(land)* indépendant *(sundor)*» ♦ V. d'Angleterre (Tyne and Wear), dans le S.-E. de la conurbation de Newcastle upon Tyne. 280 807 hab. Centre indus. (chimie, mécanique) et construc. d'automobiles avec des capitaux japonais (Nissan).

**SUNDGAU** n. m. ◆ **ÉTYM.** vieil all. «pays du Sud» ♦ Région du S. de l'Alsace, traversée par l'Ill supérieure, couverte de forêts et de cultures. ▮ **Histoire** Le comté appartint aux Habsbourg de la fin du XII$^e$ s. à 1469, où il passa à Charles le Téméraire, qui le garda jusqu'en 1474 ; le comté revint ensuite à l'Autriche, puis en 1648 à la France.

**SUNDSVALL** ♦ V. et port de Suède, au fond d'une baie s'ouvrant sur le golfe de Botnie. 94 516 hab. Important centre de commerce du bois. Indus. du bois (cellulose).

## sunnites

n. m. pl. ◆ **ÉTYM.** de l'ar. *sunnī,* «qui suit la *sunna,* la tradition» ♦ Mulsumans orthodoxes par opposition aux chiites*. Les sunnites acceptèrent dès l'origine comme successeurs du Prophète les quatre premiers califes, les Omeyades* et les Abbassides*. Ils se divisèrent en quatre rites juridico-religieux : les malékites*, les chafiites*, les hanbalites* et les hanafites*, représentant la grande majorité des musulmans.

**SUN RA (Herman POOLE BLOUNT,** dit) ◆ **ÉTYM.** Son pseudonyme signifie «Soleil (angl. *sun*) Soleil (*Râ* nom du dieu égyptien du Soleil)» ♦ Compositeur et pianiste de jazz américain (Birmingham, Alabama 1914 ou 1915 - *id.* 1993). Personnalité du free jazz américain, il produisit, avec son orchestre l'Arkestra, des concerts-spectacles extravagants, mêlant théâtre, photos, poésies dans un luxe de costumes et d'éclairages. Il délivrait ainsi un «message cosmogonique» puisé dans toutes les mythologies (il se disait lui-même habitant immortel de la planète Saturne). On lui doit une musique inventive combinant les sons d'Afrique noire et du Moyen-Orient, les standards de jazz et des morceaux improvisés dans une ambiance foisonnante et festive.

**SUN Simao** ou **SOUEN Sseu-mao** ♦ Médecin chinois (581 - 682), auteur des *Ordonnances* à mille pièces d'or*. Il fut divinisé par les taoistes qui en firent le patron des droguistes.

**SUNTHON PHU** ♦ Poète siamois (1786 - 1855), auteur de vers populaires, de contes, d'un roman épique en 30 000 vers *(Aphaimani)* et de recueils de maximes morales.

**SUN Yat-sen** en chin. **SUN Wen,** de son nom **SUN I-Hsien** ◆ **ÉTYM.** du cantonais *sūn* «petit-fils» et *yātsēn* «esprit vagabond» ♦ Révolutionnaire chinois (Canton 1866 - Pékin 1925). D'origine paysanne et formé à Honolulu (docteur en médecine) par un frère, puis par les missionnaires britanniques de Hong Kong après sa conversion au christianisme, Sun admirait les sociétés secrètes et les Taiping*. Cette double influence est sensible ; inspirées des sociétés secrètes, les méthodes insurrectionnelles qu'il élabora avaient pour dessein la défense des principes républicains occidentaux. Il créa une «Société pour la régénération de la Chine» qui fomenta des insurrections dans les provinces du Sud. L'échec de son enlèvement à la légation chinoise de Londres en 1895 le rendit célèbre, mais ce n'est qu'en 1905, après la fusion de sa société avec d'autres du même type au sein de la Ligue Jurée, qu'il fut reconnu par les révolutionnaires antimandchous. Après la chute de la dynastie Qing, la Ligue se scinda et Sun prit la tête de la faction du Guomindang*. Proclamé premier président de la République chinoise (1$^{er}$ janv. 1912), il démissionna en faveur de Yuan* Shikai. Il est considéré comme le «père de la révolution chinoise».

**Suomenlinna** – en suéd. ***Sveaborg*** ♦ Forteresse située à l'entrée du port de Helsinki (Finlande). Elle fut construite en 1748, prise par les Russes en 1808 et incendiée par les Franco-Britanniques en 1855.

**SUOMI** → **Finlande**

**SUPERBAGNÈRES** ◆ **ÉTYM.** de *super-* «au-dessus» et *Bagnères**-de-Luchon ♦ Station de sports d'hiver de la Haute-Garonne (comm. de Bagnères-de-Luchon), dans les Pyrénées (1 797 - 2 260 m).

**SUPERBESSE** → **Besse-et-Saint-Anastaise**

**SUPÉRIEUR** (lac) – en angl. ***Lake Superior*** ◆ **ÉTYM.** n. probablt dû à sa position par rapport au lac Huron ♦ Le plus vaste des Grands Lacs américains, situé à l'O. du groupe, à la frontière entre Canada (Ontario) et États-Unis (Minnesota, Wisconsin, Michigan). 82 380 km². Long de 600 km, il communique avec le lac Huron* par la riv. Sainte-Marie (à Sault-Sainte-Marie). ▪ Navigation très active pendant l'été. Duluth* se trouve à son extrémité O. (embouchure de la riv. Saint-Louis).

**SUPERMAN** ♦ Personnage de bandes dessinées créé en 1938 par le scénariste Jerry Siegel et le dessinateur Joe Shuster. Originaire de la planète Krypton, Superman, l'«homme supérieur», reçoit de ses parents adoptifs le nom de Clark et devient journaliste, amoureux timide de sa consœur Lois Lane. Mais, lorsqu'il retrouve ses vêtements de superhéros, une cape rouge et un collant bleu avec lesquels il s'élance dans les airs, il est alors le justicier qui fait régner l'ordre. La très longue série de ses aventures a nécessité de nombreux dessinateurs et scénaristes comme Murphy Anderson, Joe Hubert, John Byrne. Superman a fait l'objet d'albums et de films (Richard Donner, 1978).

**SUPERVIELLE (Jules)** ♦ Poète et romancier français (Montevideo 1884 - Paris 1960). Né en Uruguay de parents d'origine basque, Supervielle passa sa vie entre la France et l'Amérique du Sud. Toute son œuvre fut imprégnée du souvenir des immenses espaces vides de la pampa et de l'océan, dont la fréquentation lui donna très tôt le sentiment de distance et d'isolement. Ses premières publications, les *Poèmes de l'humour triste* (1919) et *L'Homme de la pampa* (1925), roman désinvolte et fantaisiste, masquent encore l'angoisse du poète. Ce n'est qu'à quarante ans, avec *Gravitations* (1925), que Supervielle trouva sa véritable originalité. Il donna ensuite plusieurs recueils de poèmes, comme *Le Forçat innocent* (1930), *Les Amis inconnus* (1934), *Oublieuse Mémoire* (1949), *Naissances* (1951), *Le Corps tragique* (1959), des contes, genre littéraire dans lequel se manifeste le plus profondément son génie (*Le Voleur d'enfants*, 1926 ; *L'Enfant de la haute mer*, 1931 ; *Le Jeune Homme du dimanche et des autres jours*, 1952) et des pièces de théâtre (*La Belle au bois*, 1932 ; *Bolivar*, 1936 ; *Schéhérazade*, 1949). Volontairement étranger à la révolution surréaliste, Supervielle s'est toujours refusé à faire de la poésie pour «spécialistes du mystère». «Je n'ai guère connu la peur de la banalité, [...] mais bien plutôt celle de l'incompréhension» *(En songeant à un art poétique)*. Tout son art, par la sincérité et la simplicité, tend à rendre le surnaturel «naturel», à «faire en sorte que l'ineffable nous devienne familier tout en gardant ses racines fabuleuses». Son écriture même est d'une transparence absolue ; elle utilise un vocabulaire simple dans des poèmes généralement courts où les figures sont rares, le rythme assourdi, la rime et la césure peu marquées. Le monde poétique de Supervielle, peuplé essentiellement de présences animale et végétale, peut sembler exprimer une vision paisible et attendrie de l'univers, où l'angoisse est tempérée par un humour familier. Mais ce monde est traversé de mouvements inquiétants, d'apparitions et de disparitions qui mettent en doute la certitude même de l'existence. L'imagination du poète, loin de créer un monde rassurant, déclenche dans l'univers des gravitations inattendues. Tout bouge, tout se disloque. Le tragique est lié à ces mouvements insolites, à cette circulation indéfinie et perpétuelle des choses : «Ne touchez pas l'épaule Du cavalier qui passe Il se retournerait Et ce serait la nuit.» Une menace de non-être entoure toute existence. L'un des thèmes fondamentaux de la poésie de Supervielle est la responsabilité de l'homme dans l'existence des choses : rien ne vit que lorsqu'il y pense. Ainsi, la distraction aurait des conséquences tragiques, la précarité de l'univers tiendrait à la fragilité

Jules **Supervielle.**
*Phot. © Lipnitzki/Roger-Viollet*

de l'attention humaine («Si nul ne pense à moi je cesse d'exister») ; mais il serait tragique aussi de désirer trop fortement puisque le seul désir peut amener à l'être *(L'Enfant de la haute mer)*. C'est pourtant par cette attention ininterrompue, par cette fraternisation avec l'univers que le poète a pu échapper à l'angoisse. C'est cet amour perpétuellement en alerte qui seul peut donner sa continuité au discontinu, c'est par l'affectivité que l'homme peut espérer réaliser son goût fondamental de l'éternel en «logeant le temps dans un cœur continu». ➝ **ÉTYM.** *Supervielle* signifie «au-dessus de la ville», nom de lieu au pays Basque, variante de *Suberville*, du latin *super* «au-dessus».

**SUPPÉ (Franz VON)** ♦ Compositeur autrichien d'origine belge (Spalato, auj. Split 1819 - Vienne 1895). Chef d'orchestre à Vienne (théâtres Josephstadt, An der Wien, Leopoldstadt), il composa une trentaine d'opérettes (*La Dame de pique*, 1860 ; *Boccace*), de nombreux vaudevilles et des ouvertures qui lui valurent une grande célébrité *(Poète et Paysan)*.

Les **Suppliantes** – en gr. ***Hiketides*** ♦ Première tragédie conservée d'Eschyle* (v. –490). Pour assouvir une rancune dynastique de leur père Danaos, les cinquante Danaïdes* consentiront à épouser leurs cinquante cousins germains, fils d'Egyptos, roi de Libye, qu'elles poignarderont pendant leur nuit de noces. Au début de la tragédie, elles ne sont que des fugitives conduites par leur père qui sollicitent la protection de Pelasgos, roi d'Argos. Mais Pelasgos, qui craint d'exposer son peuple à une guerre, décide de s'en remettre au jugement des citoyens d'Argos qui accordent asile à Danaos et à ses filles. Les deux autres pièces de la trilogie, les *Égyptiens* et les *Danaïdes*, aujourd'hui perdues, montraient le mariage des Danaïdes, leur crime et leur punition.

Les **Suppliantes** – en gr. ***Hiketides*** ♦ Tragédie d'Euripide* (v. –422). Après l'intervention malheureuse des Argiens tombés devant Thèbes pour soutenir Polynice, fils d'Œdipe, les mères des combattants viennent supplier les Athéniens pour qu'ils obtiennent des Thébains qu'on leur rende les corps de leurs fils. Thésée prend leur défense, triomphe des Thébains, et rend les honneurs funèbres aux héros d'Argos.

## Support-Surface

♦ Mouvement artistique apparu en France vers 1966. Il s'est structuré en 1971 en un groupe qui a poursuivi les recherches de Matisse* sur les limites externes de l'œuvre d'art (dans ses gouaches découpées), celles de Buren*, ainsi que celles de peintres américains tels que Kenneth Noland*, Ad Reinhardt*, Clyfford Still*, Barnett Newman*, sur le matériau peint. Dans une tentative de peindre le fini et l'infini, ces peintres libèrent la toile du châssis et ne la fixent que par quelques agrafes ou la laissent tomber sur le sol. En France, le groupe Support-Surface s'est inscrit dans une optique marxiste d'analyse des structures du langage, dont la modification doit amener une modification des systèmes de pensée et d'organisation sociale. Ce groupe se divisa en deux tendances, selon leurs lieux d'intervention : Claude Viallat, P. Saytour, Toni Grand, Bernard Pagès* (de 1968 à 1970) opérèrent en province, dans le sud de la France surtout, tandis que Daniel Dezeuze, Louis Cane, Bioulès et Devade préférèrent élaborer cette théorie matérialiste de l'art à Paris. Ils s'attachent tous à «l'énigme de la forme plus qu'à sa résolution».

**Suprématie (Acte de)** – en angl. ***Act of Supremacy*** ♦ Par cet acte (1534), Henri VIII devenait «chef unique et suprême de l'Église d'Angleterre», titre que reprit Élisabeth en 1559.

**SURABAYA** – anc. ***Soerabaja*** ♦ V. d'Indonésie, cap. de la prov. de Jawa-Timur, sur la côte N.-E. de l'île. 2 701 300 hab. Base navale et port commercial important. Chantiers navals ; indus. chimiques ; usines de ciment ; textiles, cosmétiques, bois, tabac. Aquaculture dans les environs.

**SURAKARTA** – anc. ***Solo*** ♦ V. d'Indonésie (Java). 516 500 hab. C'est le cœur de Java, le plus ancien centre culturel, le moins touché par l'urbanisation. Célèbre pour ses batiks et ses anciennes danses de cour. Petites industries textiles, instruments de musique. ▮ **Histoire** Anc. *Solo*, elle fut le centre du royaume de Mataram de 1746 jusqu'à sa scission et la fondation du sultanat de Yogyakarta en 1755.

## suprématisme

n. m. ♦ Mouvement artistique créé en 1915 en Russie par Malevitch* et proposant un art radicalement non figuratif, un «monde sans objet». ➝ **abstrait (art)**. La première manifestation du mouvement eut lieu en déc. 1915 à Petrograd lors de la «Dernière Exposition futuriste. 0,10». À la suite d'une dispute avec Tatline, Malevitch et son groupe (Pougny, Klioune, Rozanova) exposèrent dans une salle à part et publièrent le tract *0,10* ou *Manifeste suprématiste*. L'œuvre clé de l'exposition était le *Quadrangle* ou *Carré noir sur fond blanc* de Malevitch, reprenant une idée, le carré noir «embryon de tous les possibles», utilisée par lui dès 1913 dans un décor d'opéra. À partir de 1916, le groupe se développa, multiplia les interventions et les textes théoriques (Malevitch, *Du cubisme et du futurisme au suprématisme*, 1916) et passa du suprématisme statique au suprématisme dynamique, multipliant les éléments du tableau et adjoignant aux formes quadrangulaires et triangulaires toutes sortes de formes courbes (Alexandra Exter, *Couleurs en mouvement*, 1917). Un point extrême fut atteint par Malevitch avec sa série des *Blanc sur blanc*, où les formes semblent disparaître dans la pure énergie des blancs (*Carré blanc sur fond blanc*, 1917, Museum of Modern Art, New York). La révolution de 1917 empêcha la publication de la revue *Supremus* qui devait synthétiser l'activité du groupe et, en 1919, Malevitch déclara la mort du mouvement. Néanmoins, dans les années 1920, les suprématistes continuèrent à marquer la création artistique russe, en parallèle et en opposition au constructivisme*. ▪ Loin de se limiter à des propositions formelles, le suprématisme a toujours insisté sur ses fondements philosophiques, l'acte créateur cherchant à saisir «l'excitation universelle du monde» par-delà les formes particulières, dans le Rien, et il a cherché à étendre ses principes à la décoration et à l'architecture.

**SURAT** ♦ V. de l'Inde (Gujarat), sur le golfe de Khambat. 2 811 466 hab. Comptoir européen fondé en 1512 par les Portugais, Surat est devenue une importante ville industrielle. Les diamants taillés qui y sont produits constituent maintenant le premier article d'exportation de l'Inde. Port.

**SURCOUF (Robert)** ♦ Navigateur et corsaire français (Saint-Malo 1773 - *id.* 1827). Après avoir participé comme mousse à une expédition aux Indes et avoir pratiqué la traite des Noirs pour les planteurs de l'île Bourbon (auj. la Réunion) comme capitaine marchand, il sillonna comme corsaire l'océan Indien successivement à bord de l'*Émilie* (1795), de la *Clarisse* (1798), de la *Confiance* (1801) et du *Revenant* (1807), capturant de nombreux navires anglais. Il devint ensuite un des armateurs les plus riches de Saint-Malo. ➝ **ÉTYM.** *Surcouf* est le nom d'un hameau dans la Manche, du vieux norrois «colline *(kufr)* noire *(surtr)*».

**SŪR DĀS** ♦ Poète indien (Agra 1483 - 1563), musicien et religieux. Gouverneur de Sandila, il donna en aumônes le trésor royal. Devenu aveugle, il écrivit de nombreux poèmes religieux.

**SÛRE** n. f. ♦ Riv. née en Belgique (173 km), entre Neufchâteau et Bastogne ; elle traverse le Luxembourg, arrosant Bourscheid, Esch-sur-Sûre (barrage), forme frontière entre le Luxembourg et l'Allemagne, passant près d'Echternach, et se jette dans la Moselle. La rive d. de sa basse vallée borde la pittoresque région dite Suisse luxembourgeoise (vallée de l'Ernz Noire), dont le centre est Echternach.

**SURÉNA** ♦ Nom employé par les historiens classiques pour désigner le général d'Orode* II, vainqueur de Crassus* à Carrhes (–53). ▪ C'est en réalité un nom commun, titre désignant, chez les Parthes arsacides puis chez les Sassanides, le général en chef, second personnage de l'État.

**Suréna** ♦ Tragédie en 5 actes et en vers de P. Corneille* (1674). Suréna vient de triompher des Romains. En compagnie d'Orode, il est venu à la cour d'Arménie où doit se dérouler le mariage de Pacorus, fils d'Orode, avec Eurydice, princesse d'Arménie. Mais Suréna et Eurydice sont liés par un amour absolu et secret. Suréna périra assassiné, victime de sa fidélité et de son amour. Le drame de Suréna naît de l'amour et du respect qu'il porte aux ordres de son roi et de sa ferme décision de ne jamais se vouer à une autre qu'Eurydice.

**SURESNES** [syʀɛn] [92150] ➝ **ÉTYM.** du lat. médiév. *Soresnae, Syrenae* ♦ Ch.-l. de cant. des Hauts-de-Seine, arr. de Nanterre, sur la Seine, à l'O. de Paris, en face du bois de Boulogne. 39 706 hab. *(Suresnois)*. Mont Valérien*, mémorial national de la Résistance ; cimetière américain. ▪ Ville résidentielle et indus. aéronautique, automobile, pharmaceutique, électronique, informatique.

**Sûreté générale** (loi de) ♦ Loi adoptée sous le Second Empire après l'attentat d'Orsini* (fév. 1858) ; elle donnait au gouvernement le droit d'interner ou de déporter sans jugement tous les condamnés politiques (révolutionnaires de 1848, adversaires du coup d'État du 2 décembre 1851). Environ quatre cents républicains furent arrêtés,

## surréalisme

n. m. ♦ Mouvement littéraire et artistique du XXᵉ s. dont le champ d'expression couvre la littérature, la peinture, la sculpture, la photographie et le cinéma tout en fondant un discours théorique qui bénéficie des apports de la psychanalyse freudienne en même temps qu'il appelle à la révolution. **Les origines et les objectifs** L'existence du surréalisme est inséparable de la vie d'André Breton* qui dirigea les orientations du groupe. → **Manifestes du surréalisme.** Issu du mouvement Dada* qui, sous l'impulsion de Tristan Tzara*, avait prôné, de 1919 à 1922, à Zurich puis à Paris, un esprit de révolte radicale contre les valeurs morales de la culture occidentale, le surréalisme s'est donné pour but de libérer l'homme d'une civilisation trop contraignante. Il s'agit d'accéder « à la réalité supérieure de certaines formes d'associations [...], à la toute-puissance du rêve, au jeu désintéressé de la pensée ». **Le « Manifeste du surréalisme »** Si le groupe était composé au moment du premier *Manifeste du surréalisme* (1924) d'écrivains et d'artistes tels qu'Aragon*, A. Artaud*, Jacques Baron, Boiffard, Carrive, R. Crevel*, J. Delteil*, R. Desnos*, P. Éluard*, M. Ernst*, G. Limbour*, Malkine, Morise, Pierre Naville, Noll, B. Péret*, Picon, P. Soupault* et R. Vitrac*, il s'est plusieurs fois renouvelé à la suite de brouilles ou d'exclusions prononcées par Breton qu'on surnomma « le Pape du surréalisme ». L'engagement politique fut la cause majeure de ces brouilles : l'adhésion du mouvement au parti communiste en 1927 entraîna l'exclusion ou le départ volontaire d'Artaud, de Soupault et de Vitrac. **Le « Second Manifeste du surréalisme »** Mais d'autres noms apparurent dans le groupe avec le *Second Manifeste du surréalisme* (1929) : Maxime Alexandre, L. Buñuel*, J. Bousquet*, R. Char*, S. Dalí*, Fourrier, Camille Goemans, Paul Nougé, F. Ponge*, Ristitch, Sadoul, Yves Tanguy*, André Thirion et Albert Valentin. Tzara lui-même se réconcilia avec Breton. Parallèlement, à l'initiative de R. Daumal*, de Gilbert*-Lecomte, de R. Vailland* et de J. Sima*, la revue *Le Grand Jeu* (1928 - 1930), déplorant la confusion et l'inefficacité des nouvelles orientations surréalistes, réunissait Desnos, Harfaux, Maurice Henry*, Rolland de Renéville, G. Ribemont*-Dessaignes et Saint*-Pol Roux. Breton ne s'intégra jamais totalement aux structures du parti communiste, et le quitta en 1935, après s'être brouillé avec Aragon (1933) ; plus tard, Éluard fut à son tour exclu du surréalisme (1938), du fait de sa fidélité au communisme, alors que Breton, la même année, rendait visite à Trotski exilé au Mexique. **De la Deuxième Guerre mondiale à 1969** Depuis New York, Breton exprima une vision surréaliste de la guerre dans les *Prolégomènes à un troisième manifeste du surréalisme ou non* (1942). L'engagement du groupe restait la seule manière de lutter, en mettant l'accent « sur le pouvoir de dépassement, fonction du *mouvement* et de la *liberté* ». Après la guerre, le surréalisme persista dans sa manière de déconcerter et de provoquer le public. Ainsi, l'exposition qui s'inspira de la magie primitive (Paris, 1947) ou le refus qu'opposa J. Gracq* au prix Goncourt qui lui fut attribué pour *Le Rivage des Syrtes* (1951) suscitèrent de vives réactions dans les milieux littéraires parisiens. C'est dans une optique plus proche des aspirations libertaires (*Ode à Charles Fourier*, 1947) que Breton poursuivit son travail, jusqu'à sa mort (1966), en collaboration avec Robert Benayoun, Gérard Legrand, José Pierre et Jean Schuster. Ce dernier signa l'acte de décès du surréalisme en 1969. **Hors de France** Du fait des voyages d'André Breton (États-Unis, Mexique, etc.), le surréalisme eut un rayonnement international. En Belgique, plus qu'ailleurs, René Magritte* et Paul Nougé développèrent leurs activités dès 1924 avec la complicité de Goemans, Marcel Lecomte, André Souris, puis Louis Scutenaire*. Autour de Christian Dotremont, le mouvement Cobra, réunissant des peintres-poètes, marqua les années 1948 - 1951, par un engagement voisin de ce qu'avait été en 1947 le groupe Surréalisme révolutionnaire. → **Cobra.** **Les revues** L'aventure surréaliste fut ponctuée d'une multitude de revues qui furent, avec les tracts, le moyen d'expression le plus direct. Ainsi, après *Nord-Sud* (1917 - 1918) de P. Reverdy*, *Sic* (1916 - 1919) de Pierre Albert*-Birot, les amis de Breton s'unirent autour de *Littérature* (1919 - 1924), *La Révolution surréaliste* (1924 - 1929), *Le Surréalisme au service de la révolution* (1930 - 1933) et *Minotaure* (1933 - 1939). Noël Arnaud dirigea *La Main à plume* pendant l'Occupation allemande. *Le Surréalisme révolutionnaire* tenta vainement de joindre les aspirations belges et françaises (1947). Puis Breton reprit la direction d'une revue, *Le Surréalisme, même* (1956 - 1961) qui fut suivi de *La Brèche* (1961 - 1965). Jean Schuster dirigea pour sa part *L'Archibras* (1967 - 1969). **Les apports de la psychanalyse** Les découvertes de la psychanalyse freudienne donnèrent aux surréalistes leurs principaux outils. De l'écriture automatique sous la dictée de l'inconscient à laquelle recoururent André Masson et Henri Michaux (→ **Champs magnétiques [Les]**) à la méthode de *paranoïa critique* de Salvador Dalí en passant par l'habitude de noter les rêves, l'expression se sépare de toute contrainte rationnelle pour exprimer l'inattendu. Cette dimension du hasard peut, dans d'autres contextes, atteindre un niveau quasi mystique, que ce soit lors de rencontres marquées par ce que Breton appelle le hasard objectif (→ **Nadja**), ou au cours de rêveries sur les objets et les lieux les plus familiers (→ **Paysan de Paris [Le]** ; il appréciait particulièrement les tableaux « métaphysiques » de Giorgio De Chirico. **L'humour** Mais cet aspect ne doit pas faire oublier l'humour présent dans la plupart des peintures ou collages de Max Ernst, de Miró*, de Magritte, de Delvaux*, de Tanguy*, de Bellmer*, dans les premières sculptures de Giacometti* ou celles d'Arp*, tout comme dans les « cadavres exquis » (« Le cadavre — exquis — boira le vin nouveau. ») et autres jeux. **Photographie, cinéma, théâtre** La photographie (→ **Ray [Man]**) et le cinéma explorèrent les mêmes voies (*Un chien andalou*, 1928 et *L'Âge d'or*, 1930 de Buñuel et Dalí). Bien que le mot *surréaliste* soit né d'un drame d'Apollinaire (*Les Mamelles* de Tirésias*, 1917), la création théâtrale des surréalistes fut plus théorique qu'effective. → **Artaud, Vitrac.**

près de trois cents furent déportés en Algérie. La loi cessa toutefois d'être appliquée peu après juin 1858 ; elle fut officiellement abrogée en 1870.

**SURGÈRES** [17700] → ÉTYM. du n. de la *Gère*, riv. ♦ Ch.-l. de cant. de la Charente-Maritime, arr. de Rochefort. 6 051 hab. *(Surgériens)*. Église romane du XIIᵉ s. (façade occidentale). Vestiges d'un château du XVIᵉ s. ▪ École nationale d'indus. laitière. Indus. agroalimentaire.

## SURINAME OU SURINAM

▮ n. m. – off. ***république du Suriname*** → ÉTYM. du n. de la riv. *Suriname* ♦ Pays d'Amérique du Sud. → **Guyanes** (carte). 163 000 km². 492 829 hab. *(Surinamiens)*. LANGUES : néerlandais (off.), langue caraïbe chez les indigènes. POPULATION : Amérindiens, métis indonésiens, Asiatiques (Indiens), Noirs africains. RELIGIONS : hindouisme, christianisme, islam. MONNAIE : dollar du Suriname. CAPITALE : Paramaribo. RÉGIME : présidentiel.

**GÉOGRAPHIE** Au-delà d'une étroite plaine côtière sur l'Atlantique, le pays s'étend sur le massif des Guyanes*, entre le Guyana et la Guyane française, et ses frontières sont constituées par les fleuves Courantyne* à l'O. et Maroni* à l'E., et par la serra de Tumucumaque qui le sépare du Brésil au S. Le climat est chaud et humide. Les deux tiers du pays sont couverts d'une forêt dense riche en bois précieux. La plaine côtière, vaseuse à cause des sédiments apportés par le fleuve Amazone, a été transformée en polders par les Hollandais dès le XVIIᵉ s. pour y cultiver le tabac et la canne à sucre. Elle concentre aujourd'hui 90 % de la population.

**ÉCONOMIE** L'agriculture (canne à sucre, riz, bananes) et l'élevage y sont faiblement développés. La grande richesse du Suriname est la bauxite, exploitée dans le massif des Guyanes depuis 1915 (4 500 000 t en 2008) et qui représente en valeur 70 % des exportations et 20 % du PNB. Le pétrole (1980) et l'or (2004) ont été peu à peu exploités. L'énergie fournie par le barrage de Brokopondo permet la fabrication d'alumine et d'aluminium près de la capitale (24 000 t). Gisements de fer et de manganèse. L'industrie est surtout représentée par les raffineries de sucre, les distilleries de rhum et l'industrie de l'aluminium. Exportations de bauxite, aluminium, or, pétrole, bois de constr. et produits tropicaux, surtout en direction des États-Unis. Le commerce se fait essentiellement par voie maritime : Paramaribo est le premier port du pays. Nieuw Nickerie, situé à l'ouest et proche des lieux de production (bananes, riz), exporte des produits agricoles.

**HISTOIRE** D'abord occupée par les Anglais, la Guyane néerlandaise ou Suriname fut cédée aux Pays-Bas en 1667. L'esclavage y fut aboli (1863) et la colonie se peupla d'Indiens et d'Indonésiens. Le Suriname reçut des Pays-Bas le statut d'une province autonome en 1954 et devint une république indépendante le 25 nov. 1975. Il fut dirigé jusqu'en 1980 par le président Johan Ferrier, destitué par l'armée (colonel Bouterse) qui prit le contrôle total du pays. Un retour à la démocratie sembla s'amorcer en 1988 avec l'élection à la présidence de la République de M. Shankar, du parti indien, mais l'armée reprit le pouvoir en déc. 1990. Une rébellion, réfugiée en Guyane française, s'opposa alors à la dictature militaire de Bouterse, forçant ce dernier à organiser des élections. Le ministre de l'Éducation, Ronald Venetiaan (Front nouveau), devint président en sept. 1991 et un accord de paix fut signé avec les rebelles en août 1992. De 1996 à 2000, le Parti démocratique national fut majoritaire au Parlement et la présidence de la République revint au Premier ministre sortant, Jules Wijdenbosch. La dépendance vis-à-vis des Pays-Bas est restée forte même si le pays a adhéré au Caricom en 1995. Le centriste Ronald Venetiaan, qui a retrouvé le pouvoir en 2000, a obtenu deux autres mandats consécutifs.

La **Surprise de l'amour** ♦ Comédie en 3 actes en prose de Marivaux* (1722). Lélio, trahi par une femme infidèle, s'est retiré à la campagne et ne veut plus voir de femmes. Son valet Arlequin, éga-

**Surréalisme.** Revue *La Révolution surréaliste* du 15 décembre 1929, n° 12. Musée d'Art et d'Histoire, Saint-Denis.
*BIS/Phot. J. L. Charmet © Archives Larbor*

lement trahi, l'a suivi. Jacqueline, la servante de Lélio, aime Pierre, le jardinier de la comtesse voisine, et voudrait l'épouser. Cependant, ils ont peur de la réaction de Lélio, et cherchent l'appui de la comtesse, qui le leur accorde. Cette dernière, accompagnée de sa suivante Colombine, vient, voit Lélio et est fort mal accueillie ; mais la comtesse a un égal mépris des hommes et l'entrevue devient un affrontement. Le baron, leur ami commun, ne s'y trompe pas et reconnaît là les prémices d'un amour. Les deux derniers actes analysent avec le génie psychologique et la virtuosité verbale de Marivaux les résistances à cet amour et leur progressive disparition.

**SURREY (Henry HOWARD,** comte **DE)** ♦ Homme politique et poète anglais (Hunsdon, Hertfordshire 1517 - Londres 1547). Fils du duc de Norfolk, il devint l'élève de sir Thomas Wyatt. Son titre de comte fit que Tottel imprima sous son nom, après sa mort, un mélange de poèmes dus en grande partie à Wyatt* (*Songes and Sonettes, written by the right Honorable Lord Henry Howard late Earl of Surrey, and other,* 1557). Cette œuvre, inspirée de Pétrarque, a pour thème l'indulgence ou la cruauté des belles. On nota le modernisme de la *Complainte pour l'absence du bien-aimé*, écrit d'un point de vue féminin, fait inhabituel à l'époque. C'est également à Surrey qu'on doit la forme anglaise du sonnet : trois quatrains et un distique final. Il introduisit encore en Angleterre l'usage du vers blanc, qu'il utilisa dans sa traduction de l'*Énéide* (Livres II et IV). Sa familiarité avec Henri* VIII jointe à ses opinions favorables au catholicisme lui valut d'être mêlé aux drames sanglants de la vie conjugale du roi, d'être emprisonné à Windsor sous une accusation douteuse, puis décapité.

**SURREY** ➝ **ÉTYM.** anc. *Suthrige* «région du Sud» [par rapport au Middlesex*], du vieil angl. *sūther* «Sud» et *°gē* «région» ♦ Comté du S. de l'Angleterre. 1 655 km². 1 059 015 hab. CH.-L. : Kingston upon Thames. Le N. du comté correspond au S. de l'aggl. londonienne, tandis que le S. et l'O. sont le siège d'une intense urbanisation et d'un développement industriel et tertiaire lié aux voies de communication. L'espace agricole tend à se réduire.

**SURREY** ♦ V. du Canada (Colombie-Britannique), dans la banl. E. de Vancouver, sur le Fraser. 394 976 hab. La population a augmenté de 30 % en 5 ans. Banlieue à la fois résidentielle, agricole et industrielle (produits laitiers, travail du bois, matériaux de construction).

**SURSEE** ♦ V. de Suisse (cant. de Lucerne) à l'extrémité N.-O. du lac de Sempach. 8 376 hab. Maisons anciennes, hôtel de ville (XVIe s.). ▪ Indus. mécaniques.

**SURVAGE (Léopold Frédéric STURZWAGE,** dit **Léopold)** ♦ Peintre français d'origine russe (Moscou 1879 - Paris 1968). Né en Russie d'une mère finnoise et d'un père danois, il s'initia à l'art occidental chez le collectionneur Chtchoukine, puis gagna Paris en 1908. Ses premières œuvres montrent l'influence de Cézanne et du cubisme, qu'il interpréta, avec le soutien d'Apollinaire, dans ses *Rythmes colorés* (1912 - 1913). Il s'associa en 1919 avec Gleizes* et Archipenko* à la Section d'Or, dont il devint le secrétaire, et évolua vers une synthèse des formes avec des paysages urbains (*Villefranche-sur-Mer,* 1915) et un retour à la figure humaine (*Le Paysan,* 1915). Il créa en 1922 les décors du ballet de Diaghilev*, *Mavra*, et reçut en 1937 une médaille d'or pour ses trois panneaux du palais des Chemins de fer à l'Exposition universelle.

**SURVILLIERS** [95470] ➝ **ÉTYM.** probablt «domaine (bas lat. *villare*) de *Subar* (n. de pers. germ.)» ♦ Comm. du Val-d'Oise, arr. de Sarcelles. 3 654 hab.

**survivant de Varsovie (Un)** – en all. ***Ein Überlebender aus Warschau*** ♦ Œuvre pour récitant, chœur d'hommes et orchestre, opus 46 (1947) d'Arnold Schoenberg* (Albuquerque, Nouveau-Mexique, 4 nov. 1948). Le texte (en anglais) reprend le récit d'un survivant du ghetto de Varsovie qui s'était caché dans les égouts de la ville en ruine et dont Schoenberg reçut la visite en Californie durant l'été de 1947. À la fin, le «chœur des futures victimes» entonne le «vieux credo oublié», le *Schema Israel*. L'œuvre est à la musique ce que *Guernica* de Picasso est à la peinture.

**SŪRYAVARMAN** ➝ **ÉTYM.** «qui a la protection du dieu Soleil» ♦ Nom de règne de deux souverains khmers. ♦ **SŪRYAVARMAN Ier** (1002 - 1049). Il acheva de conquérir son royaume, vers 1010, après neuf années de guerre civile. Il multiplia les fondations pieuses et fit des conquêtes dans les régions du Menam Chao Phraya (Siam). ♦ **SŪRYAVARMAN II** (1113 - 1150). Il combattit le Đại Việt (Annam), le Champa et les Môns du royaume de Haripuñjaya (Lamphun*) et fit élever le grand temple d'Angkor Vat. ➝ **Angkor.**

**SURY-LE-COMTAL** [42450] ➝ **ÉTYM.** du lat. *Surius*, n. de pers., et suff. *-acum* ♦ Comm. de la Loire, arr. de Montbrison. 4 805 hab.

**SUSE** ➝ **ÉTYM.** en gr. ***Ta Sousa*** «les lis» ♦ Anc. ville d'Élam, plus tard capitale de la Susiane et centre administratif de l'empire achéménide. Fouilles par Dieulafoy (1884), J. de Morgan (1897) puis R. Ghirshman. Restes du palais de Darios* ou Apadana. De nombreux vestiges de Suse figurent au Louvre, notamment la statue de la reine Napir-Azu, épouse de Untash-Gal (bronze grandeur nature, de la première moitié du XIIIe s.) et les trophées rapportés de Babylone par Shutruk*-Nahhunté (code de Hammourabi*, stèle de Naram-Sin). ▮ **Histoire** ➝ **Élam.**

**SUSE** – en it. ***Susa*** ♦ V. d'Italie, dans le Piémont (prov. de Turin), sur la Doire Ripaire, au débouché des routes du Mont-Cenis et du Mont-Genèvre. 6 577 hab. Cathédrale du XIe s., arc d'Auguste. ▮ **Histoire** Le col, ou *pas de Suse* (500 m), qui commandait la route des Alpes, a revêtu au cours de l'histoire une grande importance militaire. Il fut forcé à plusieurs reprises par les troupes françaises, notamment en 1629, où les armées de Louis XIII refoulèrent les Suisses et les Impériaux.

**SUSIANE** n. f. ♦ Nom grec de l'ancien pays d'Élam*, devenu satrapie de l'empire perse, puis province séleucide. CAP. : Suse*.

**SÜSKIND (Patrick)** ♦ Écrivain, dramaturge et scénariste allemand (Ambach, Bavière 1949). Son roman *Le Parfum* (1985), vaste variation sur le thème des odeurs et de la monstruosité humaine, fut un grand succès mais ne fut porté à l'écran qu'en 2006. Il a écrit également *Le Pigeon* (1990), *La Contrebasse* (théâtre, 1981), *L'Amour et la Mort* (essai, 2005). ➝ **ÉTYM.** Ce nom de famille vient du germanique *süss* «gentil» et *kind* «enfant» ou du nom de femme yiddish *Ziske* et suffixe *-kin*.

**SUSO** (bienheureux **Heinrich SEUSE,** dit **Heinrich)** ♦ Théologien et mystique suisse (Constance v. 1295 - Ulm 1366). Comme Tauler*, il appartenait à l'ordre des dominicains et fut l'élève de Maître Eckhart* avant d'enseigner la théologie à Constance. Il est l'auteur de deux ouvrages mystiques, *Le Livre de la vérité* (v. 1326) et *Le Livre de la sagesse éternelle* (v. 1328).

**Suspects** (loi des) ♦ Loi votée par la Convention* nationale le 17 sept. 1793 sur un rapport de Merlin de Douai et de Cambacérès, et dirigée contre toutes les personnes suspectées d'hostilité à la cause révolutionnaire et à la liberté (nobles, parents d'émigrés, fonctionnaires destitués). Complétée par les lois du 13 mars, du 16 avr. et du 10 juin 1794, elle servit de base juridique à la Terreur*. Elle fut abrogée en oct. 1795.

**SUSQUEHANNA** n. f. ♦ Fl. de l'E. des États-Unis (env. 750 km), qui prend naissance dans les Appalaches, au centre de l'État de New York, en deux branches, et traverse cet État et la Pennsylvanie, arrosant sa cap. Harrisburg, avant de se jeter dans l'Atlantique (sa basse vallée forme la baie de Chesapeake*).

**SUSSEX** ➝ **ÉTYM.** anc. en vieil angl. *Suth Seaxe* «les Saxons *(Seaxe)* du Sud *(suth)*» (➝ aussi Essex, Middlesex, Wessex) ♦ Anc. comté du S. de l'Angleterre divisé en 1974 en deux comtés. L'*East Sussex* (1 795 km² ; 492 324 hab. ; *ch.-l.* : Lewes) et le *West Sussex* (2 016 km² ; 753 612 hab. ; *ch.-l.* : Chichester). Le Sussex est une région de collines crayeuses (South Downs) dominant la dépression du Weald. Région agricole, dont les paysages rappellent ceux de la «merry England» où la propriété nobiliaire et les parcs aristocratiques sont encore présents (Petworth House). Mais la dynamique d'ensemble s'inscrit dans la proximité de Londres et de l'attrait du littoral S. de l'Angleterre pour les retraités, les cadres et les entreprises. La frange littorale (Brighton, Eastbourne, Hastings) se transforme en une riviera où les activités de pointe se mêlent aux formes touristiques plus traditionnelles.

**SÜSSMAYR (Franz Xaver)** ♦ Compositeur autrichien (Schwanenstadt 1766 - Vienne 1803). Disciple de Salieri, il fut aussi l'élève et l'ami de Mozart qu'il assista dans ses derniers jours et dont il acheva avec piété et talent le *Requiem** et un concerto pour cor. Il a composé une vingtaine de *Singspiels* (opéras-comiques allemands), de la musique d'église et des pièces instrumentales.

**SÜSS OPPENHEIMER (Joseph)** ♦ Financier allemand (Heidelberg v. 1698 - Stuttgart 1738). Il fut au service de l'électeur palatin et de l'électeur de Cologne puis, à partir de 1732, du duc Charles-Alexandre de Wurtemberg. Nommé directeur de la Monnaie puis directeur des Finances, il réorganisa l'administration et les finances du Wurtemberg. Il acquit une immense fortune qui en fit l'homme le plus puissant et le plus haï de l'État. On attribua sa fortune à des procédés malhonnêtes ; il fut, après la mort du duc, arrêté et pendu. Son personnage («le Juif Süss») fut exploité par l'antisémitisme allemand, et notamment par les nazis (film de propagande antisémite de Veit Harlan, 1940).

**SUSTEN** (col du) – en all. ***Sustenpass*** ♦ Col des Alpes suisses reliant la vallée de l'Aar à celle de la Reuss. Il permet d'aller de Berne au Saint-Gothard. Alt. 2 224 m.

**SUTHERLAND (Graham)** ♦ Peintre britannique (Londres 1903 - *id.* 1980). Peintre aux armées pendant la Deuxième Guerre mondiale, il a évoqué dans ses toiles les ravages des bombardements allemands. Après la guerre, il réalisa la tapisserie de la nouvelle église de Coventry, *Le Christ en gloire* (1952 - 1961), gigantesque fresque sur les atrocités nazies. Il a composé également de nombreux portraits académiques (*Somerset Maugham*, 1949 ; *Winston Churchill*, 1954).

**SUTHERLAND (Earl Wilbur)** ♦ Biochimiste américain (Burlingame, Kansas 1915 - Miami 1974). En étudiant l'action glycogénolytique de l'adrénaline sur le foie, il découvrit l'acide adénosine monophosphate (AMP) cyclique et son rôle de médiateur intracellulaire (il l'appela «deuxième messager») dans l'action de nombreuses hormones sur leurs récepteurs. [Prix Nobel de physiol. ou méd. 1971]

**SUTLEJ** → Satlej

**SÜTÓ (András)** ♦ Écrivain roumain d'expression hongroise (Pusztakamarás 1927 - Budapest 2006). Son roman *Maman me promet un sommeil léger* (1970) est une autobiographie lyrique. Sa trilogie dramatique, dont *Étoile sur le bûcher* (1975), qui traite de l'antagonisme entre Calvin et Servet, est une quête d'une vérité aux visages multiples. Humaniste et père spirituel de l'Alliance démocratique des Hongrois de Roumanie, il fut victime d'agressions lors des luttes de libération du pays, en 1990.

**SUTTNER (Bertha KINSKY, baronne VON)** ♦ Romancière autrichienne (Prague 1843 - Vienne 1914). Auteur d'un roman pacifiste, *Bas les armes* (*Die Waffen nieder*, 1889), elle contribua à la fondation de la Ligue de la paix autrichienne. [Prix Nobel de la paix 1905]

**SUTTON** ♦ Faubourg *(borough)* de Londres, au S. de l'aggl. 170 000 hab.

**SUTTON HOO** ♦ Loc. du S. de l'Angleterre (Suffolk) près de Woodbridge, où fut découvert en 1939 le tombeau d'un des premiers rois saxons (milieu VII^e s.), contenant un vaisseau rempli d'objets précieux ou usuels, et dont l'origine est probablement suédoise.

**SUTZKEVER (Avrom)** ♦ Écrivain israélien d'expression yiddish (Smargan, Biélorussie 1913 - Tel-Aviv 2010). Membre dans les années 1930 du groupe littéraire Jeune Vilna, il s'illustra pendant la Deuxième Guerre mondiale dans les rangs de la résistance armée contre l'envahisseur allemand. Le motif de la communion avec la nature, prédominant dans ses œuvres de jeunesse, fit place ensuite à des sujets liés à des événements autobiographiques et historiques.

**SUVA** ♦ Cap. et port princ. des îles Fidji, sur la côte S.-E. de l'île de Viti Levu. 86 178 hab. Centre admin. et commercial. Manufacture de cigarettes. Savonnerie. Traitement du coprah. Brasserie.

**SUWŎN** ou **SU-WEON** ♦ Anc. cap. coréenne de la dynastie des Chosŏn (→ **Yi**), en Corée du Sud (prov. de Kyŏnggi). Nombreux monuments des XVII^e et XVIII^e s.

**SUZANNE** ➔ ÉTYM. en hébr. *Shôshannâh* «lis, iris» ♦ Personnage biblique, qui apparaît dans *Suzanne et les vieillards*, épisode (deutérocanonique*) de la version grecque du livre de Daniel*. Convoitée par deux anciens du peuple qui la surprennent au bain, Suzanne, femme de Joachim, refuse leurs avances et se voit accusée par eux d'adultère. Mais leur mensonge est déjoué par la sagacité du jeune Daniel : la jeune femme est réhabilitée et les vieillards indignes exécutés à sa place.

**SUZANNE** (sainte) ♦ Martyre du III^e s. ▪ Fête le 11 août.

**SUZE-SUR-SARTHE (LA)** [72210] ➔ ÉTYM. anc. *Secusa*, du gaul. *seg-* «montagne» et suff. *-usa* ♦ Ch.-l. de cant. de la Sarthe, arr. du Mans. 3 597 hab. (aggl. 5 924) *(Suzerains)*. Vestiges d'un château du XII^e s., remanié au XV^e s. ▪ Construc. électriques.

**SUZHOU** ou **SOU-TCHEOU,** ➔ ÉTYM. de 1912 à 1945 ***Tung-shan*** ♦ V. de Chine (Jiangsu), sur le Grand Canal et à proximité du lac Taihu. 1 750 251 hab. Elle est appelée parfois la «Venise de l'Orient» en raison des nombreux canaux qui la parcourent. Ville-jardin. Musée construit par Pei. ▪ Indus. de la soie (broderie). ▮ **Histoire** Anc. base des Taiping en 1853, elle devint un «port à traité» en 1896.

**SVALBARD** n. m. ♦ Archipel de l'océan Arctique, au N.-E. du Groenland, possession norvégienne. Il comprend le Spitzberg, l'île Blanche, l'île du Roi-Charles, l'île Hope et l'île aux Ours. 62 050 km². 2 700 hab. (55 % de Norvégiens, 44 % de Russes et d'Ukrainiens, quelques Polonais). Charbon. Pêcheries. ▮ **Histoire** Découvert au XII^e s. par les Vikings, redécouvert par Barents* en 1596, l'archipel fut fréquenté au XVII^e s. par des chasseurs de baleines. En 1920, les îles furent attribuées à la Norvège par le traité de Paris.

**SVEALAND** n. m. ♦ Région de la Suède centrale, comprenant la Dalécarlie, la région du lac Mälar et la région située au N. des grands lacs (Vänern et Vättern).

**SVEDBERG (Theodor)** ♦ Chimiste suédois (Valbo 1884 - Stockholm 1971). Auteur de recherches sur les colloïdes et les solutions de masses moléculaires élevées, il réalisa l'ultracentrifugeuse (1920). Il établit la formule qui lui permit de calculer, en fonction des coefficients de diffusion, la masse moléculaire de nombreuses substances. L'unité de centrifugation porte son nom. [Prix Nobel de chim. 1926]

**SVEN I^er TVESKÄGG** ou **SVEND I^er TVESKAEGG** ➔ ÉTYM. «Barbe fourchue» ♦ (v. 960 - Gainsborough 1014). Roi de Danemark (986 - 1014). Fils du roi Harald Blaatand auquel il succéda, il reprit la tradition viking des raids vers l'Angleterre où il s'établit solidement. Son alliance avec le roi Olof* Skötkonung lui permit de remporter des victoires contre la Norvège qu'il partagea avec celui-ci (1000). À l'intérieur, il protégea l'Église et développa le commerce.

**SVEN II Estridsson** ou **SVEND II Estridsen** ♦ (v. 1018 - 1076). Roi de Danemark (1047 - 1074). Successeur de Magnus le Grand, il affermit le christianisme au Danemark et tenta, sans succès, de conquérir l'Angleterre.

**SVERDLOVSK** → **Iekaterinbourg**

**SVERDRUP (Harald Ulrik)** ♦ Géophysicien norvégien (Sogndal 1888 - Oslo 1957). Il participa à des expéditions en Arctique où il effectua des recherches sur la météorologie et le magnétisme terrestre ; il est surtout connu pour ses travaux en océanographie.

**SVĚTLÁ (Mužáková Johana, dite Karolina)** ♦ Romancière tchèque (Prague 1830 - *id.* 1899). Issue d'une région bilingue (tchèque-allemand), elle subit l'influence conjointe de Božena Němcová* et de George Sand* et, s'inspirant de motifs campagnards, composa des romans (*Un roman de village*, 1867 ; *La Croix près du ruisseau*, 1868) et surtout des nouvelles (*Dessins de Ješt'ěd'*, 1880). Elle eut une certaine influence sur la vie littéraire de son temps.

**SVEVO (Ettore SCHMITZ, dit Italo)** ♦ Écrivain italien (Trieste 1861 - Motta di Livenza, Trévise 1928). Il naquit, dans une famille israélite, d'une mère italienne et d'un père allemand (son pseudonyme reflète cette double appartenance), et fit ses études en Bavière. La faillite de son père, commerçant aisé, l'obligea en 1880 à entrer dans une banque triestine, où il resta employé vingt ans. En 1892, il publia son premier roman, *Une vie*, histoire d'un suicide marquée au coin du naturalisme. Le livre passa inaperçu, comme, six ans plus tard, *Senilità*, déjà si parfaitement svevien dans la complaisance lucide du héros pour son impuissance et la tonalité maladroite de la phrase (peu faite pour plaire au purisme italien). Déçu, Svevo s'enfonça dans une longue période de silence. Marié et père d'un enfant, il entra comme associé dans la fabrique de vernis sous-marins de son beau-père (1899). C'est ainsi qu'il parcourut l'Europe ; mais c'est à Trieste, en 1905, qu'il fit la connaissance de Joyce, lequel l'encouragea vivement à écrire. En 1923, il publia *La Conscience de Zeno*, qui suscita des articles positifs d'E. Montale (le premier à l'avoir soutenu en Italie), puis, en France, de V. Larbaud et B. Crémieux, auxquels Joyce l'avait fait connaître. Svevo n'eut guère le temps de jouir de ces succès : il mourut des suites d'un accident d'automobile en 1928 ; il avait entre-temps publié la nouvelle intitulée *Vin généreux* et le recueil *Una Burla riuscita*. Après sa mort parurent *Le Bon Vieux et la Belle Enfant* (*La Novella del buon vecchio e della bella fanciulla*, 1930), puis, plus tard, le *Court Voyage sentimental* (1949), des écrits épars (1954) contenant peut-être la suite esquissée de *Zeno* (*Le Memorie del vegliardo*), le *Journal pour la fiancée* (1962) et sa correspondance (1967). ▪ Marqué par son multilinguisme (triestin, allemand, français, anglais, italien) et sa culture européenne (Flaubert, Schopenhauer), Svevo trouva chez Freud (dont il traduisit *La Science des rêves*) moins le sujet (ironique et même cocasse) de son chef-d'œuvre que l'instrument «linguistique» libérateur qui, au-delà des codes stylistiques et des genres, lui permit de dérouler les fils d'un monologue intérieur d'une force novatrice révolutionnaire.

**SVIATOSLAV Ier Iegorevitch** ← **ÉTYM.** du russe *sviatoï* «saint» et *slava* «gloire» ♦ (mort en 972). Grand-prince de Kiev* (964 - 972). Fils d'Igor* et d'Olga*, il fut le premier prince varègue* à porter un nom slave. Vainqueur des Khazars* dont il anéantit l'empire (968), il lutta également contre les Bulgares du Danube, conquit Silistra*, mais fut tué par les Petchenègues* qui assiégeaient Kiev (972). Sa succession provoqua une guerre civile entre ses fils, Iaropolk, grand-prince de Kiev (973 - 980), Oleg, prince des Drevlianes (972 - 977), Vladimir, prince de Novgorod, jusqu'à l'avènement de Vladimir* Ier (980) qui rétablit l'unité.

**SVIR** n. f. ♦ Riv. de Russie, région de Saint-Pétersbourg (224 km). Émissaire du lac Onega, tributaire du lac Ladoga. Deux centrales hydroélectriques.

**SVOBODA (Ludvík)** ♦ Général et homme d'État tchécoslovaque (Hroznatín, Moravie 1895 - Prague 1979). Après avoir participé à la Première Guerre mondiale dans les rangs de la Légion tchèque qui combattait en Russie, il servit dans l'armée tchèque de 1921 à 1929. Résistant, il contribua à la libération de son pays en 1945 et fut ministre de la Défense de 1945 à 1950. Victime des épurations en 1951, il fut réhabilité en 1954, et en mars 1968, il succéda à Novotný* à la présidence de la République. Lors du «printemps de Prague», il se rallia à la politique de «normalisation». Démis de ses fonctions en 1975, il fut remplacé par G. Husák*. ← **ÉTYM.** Ce nom tchèque signifie «liberté» (dans le système féodal, désignait un paysan non serf).

**SVOBODA (Josef)** ♦ Scénographe tchèque (Čáslav 1920 - Prague 2002). Chef décorateur du théâtre national de Prague (1948 - 1975), il signa aussi de nombreux décors d'opéras. Proche collaborateur de Krejca*, il conçut des scénographies plus métaphoriques que réalistes. On lui doit les projecteurs «svoboda» avec lesquels il a inventé les rideaux de lumière.

**SWAHILI** n. m. (pl.) ♦ Ensemble des populations islamisées des îles et de la côte orientale de l'Afrique. Les Swahili sont issus des mariages entre femmes africaines et commerçants musulmans arabes ou persans (à partir du VIIIe siècle). – Le swahili est la plus importante des langues africaines. Elle est utilisée entre Djibouti, Kinshasa et Le Cap ; la Tanzanie en a fait sa langue officielle.

**SWAMMERDAM (Jan)** ♦ Naturaliste néerlandais (Amsterdam 1637 - *id.* 1680). Ses dissections d'insectes font de lui un des fondateurs de l'anatomie des invertébrés. En embryologie, il fut partisan de la théorie de la préformation.

**SWAN (sir Joseph Wilson)** ♦ Chimiste britannique (Sunderland 1828 - Warlingham 1914). Il imagina le principe de la lampe électrique à incandescence dans une ampoule sous vide (1845), puis le filament de tantale. Il inventa divers papiers photographiques et les plaques alvéolées de l'accumulateur au plomb.

**SWANSEA** – en gallois ***Abertawe*** ♦ V. du S. du pays de Galles (West Glamorgan, district de Swansea, 378 km$^2$, 223 301 hab.), à l'embouchure de la Tawe. 169 880 hab. Anc. place forte dont il reste les ruines d'un château du XIIIe s. La reconversion industrielle a permis le développement de l'exploitation des métaux non ferreux, notamment l'aluminium, et la construction de pièces détachées pour l'automobile. La sidérurgie et le raffinage pétrolier sont en crise. Port.

**SWANSON (Gloria)** ♦ Actrice américaine (Chicago 1899 - New York 1983). Elle débuta au cinéma dans les bandes burlesques de Mack Sennett, avant de devenir une star dans la comédie sophistiquée (*L'Admirable Crichton*, 1919 ; *Madame Sans-gêne*, 1925) et surtout dans le baroque *Queen Kelly* (1929), le chef-d'œuvre mutilé d'Erich von Stroheim. Elle retrouva ce dernier, en 1950, dans le mythique *Boulevard du crépuscule (Sunset Boulevard)*, où tous deux jouent quasiment leur propre rôle.

**SWATOW** → Shantou

## SWAZILAND OU NGWANE

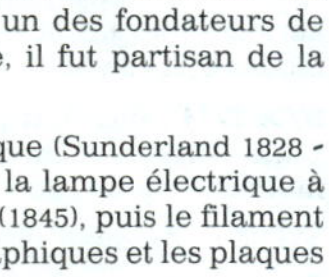

▮ n. m. – off. ***Royaume du Swaziland*** ← **ÉTYM.** «pays des Swazis (peuple bantou [du n. de leur chef, zoulou "bâton de commandement"])» ♦ Pays d'Afrique australe enclavé entre l'Afrique du Sud et le Mozambique. 17 363 km$^2$. 1 148 000 hab. *(Swazis)*. LANGUES : anglais et siswati (off.). POPULATION : Swazis, d'origine bantoue. RELIGIONS : christianisme, religions traditionnelles. MONNAIE : lilangeni (ou rand sud-africain). CAPITALE : Mbabane. RÉGIME : monarchie absolue.

▮ **GÉOGRAPHIE** Le relief est constitué de hauts plateaux s'abaissant progressivement vers l'océan Indien. Le climat est tempéré par l'altitude avec les étages de végétation ou de cultures correspondants (forêts, cultures forestières, agrumes, maïs, coton, canne à sucre). L'élevage, activité traditionnelle, est important. Le Swaziland possède un sous-sol riche en amiante, charbon, fer, or, étain. Difficilement accessible à partir du Mozambique, il est dépendant de l'Afrique du Sud pour son commerce et l'emploi de ses travailleurs.

**Swaziland.**

▮ **HISTOIRE** Les plateaux du Swaziland étaient probablement inoccupés lorsque les pasteurs swazis y trouvèrent refuge avec leurs troupeaux à l'issue des migrations bantoues et sous la pression des Boers en lutte contre les Zoulous. Leur souverain demanda la protection des Britanniques qui établirent leur protectorat sur le pays (*Swaziland* ou royaume de *Ngwane*) en 1902 et l'administrèrent à partir du Transwaal jusqu'en 1906. Il parvint à résister à la volonté d'annexion de l'Afrique du Sud lors de l'indépendance de celle-ci et devint à son tour indépendant en 1968. Le roi Sobhuza II mourut en 1982 après 61 ans d'un règne patriarcal. La succession fut des plus difficiles. Elle passa par le traditionnel interrègne assumé par la reine mère et, après la mort de cette dernière, par la régence provisoire d'une des cent femmes du défunt, en attendant la nomination de la régente officielle dont le fils devint l'héritier de la couronne en 1986 sous le nom de Mswati III. Ce dernier règne en souverain absolu, nomme le Premier ministre et gouverne par décrets. Il tente de museler l'opposition qui réclame l'instauration d'un «système démocratique».

**SWEDENBORG (Emanuel)** ♦ Savant et théosophe suédois (Stockholm 1688 - Londres 1772). Après des études de sciences exactes (où ses talents techniques ne vont pas sans rappeler ceux de Léonard de Vinci), il rédigea, après des voyages à travers l'Europe, plusieurs publications savantes, en latin (*Oeconomia regni animalis*, 1740 - 1741). Puis, en 1743, à Londres, il eut une sorte de révélation : le Christ lui apparut et lui donna l'ordre de fonder une Église. Ce à quoi il s'employa désormais, tout en écrivant de nombreux ouvrages où il s'efforça de démontrer avec une rigueur toute mathématique qu'il faut aller à Dieu par la force des choses. Il pensait correspondre avec les esprits et publia le résultat des entretiens qu'il avait eus avec eux. Dans ses traités *De cultu et amore Dei* (1745) ou *Arcana caelestia* (1749 - 1756), il visait, en quelque sorte, à édifier une histoire naturelle du monde surnaturel. Ses vues eurent une influence déterminante sur Balzac*, Baudelaire*, Nerval*. Mais son *De amore conjugiali* (1768) lui valut le désaveu de l'Église officielle.

**SWEELINCK (Jan Pieterszoon)** ♦ Organiste et compositeur néerlandais (Deventer 1562 - Amsterdam 1621). Il fut pendant quarante-quatre ans titulaire de l'orgue de l'Oude Kerk d'Amsterdam, où il succédait à son père. C'est probablement par les textes qu'il s'initia à la musique italienne et par l'intermédiaire de John Bull qu'il connut les œuvres des virginalistes anglais. Il composa de nombreuses pièces vocales (*Chansons françaises, Rimes françaises et italiennes, Cantiones sacrae*, en latin) et des psaumes, portant le style polyphonique traditionnel à son plus haut degré de perfection formelle. Mais c'est surtout par ses œuvres instrumentales (notamment des fantaisies et toccatas pour orgue) qu'il fut un réel novateur, enrichissant considérablement l'ancienne forme du *ricercare* italien et introduisant les premiers motifs de fugue. Sweelinck fut par ailleurs un éminent pédagogue, et eut S. Scheidt pour élève.

**ŚWIĘTOCHŁOWICE** ♦ V. de Pologne, voïvodie de Silésie. 57 743 hab. Indus. métallurgique et minière.

**SWIFT (Jonathan)** ♦ Romancier, pamphlétaire et poète irlandais de langue anglaise (Dublin 1667 - *id.* 1745). Il était orphelin de père et ses oncles pourvurent à son éducation. Après une formation universitaire à Dublin (1681 - 1688), il fut secrétaire de William Temple*, qui lui permit de poursuivre des études de théologie. Il fut nommé pasteur près de Belfast en 1694. Pour défendre Temple dans la querelle des Anciens et des Modernes, il fit circuler une satire en prose, *La Bataille des livres* (1704). Swift y dresse un parallèle entre l'araignée et les modernes «tirant de leur corps de quoi filer leur science» alors que les anciens cherchent, comme l'abeille, leur miel dans la nature. Précepteur d'Esther Johnson (sans doute fille naturelle de Temple), il lui envoya des lettres révélatrices de sa personnalité (publiées de 1766 à 1768 sous le titre de *Journal à Stella*). Son premier pamphlet politique prenait position pour les whigs qu'il dut quitter pour avoir défendu les droits du clergé irlandais (*Argument contre l'abolition du christianisme*, 1708). Collaborant à l'*Examiner*, de 1711 à 1714, il prépara l'opinion à la paix avec la France. Doyen de la cathédrale Saint-Patrick à Dublin (1713), il n'accéda pas à l'évêché : *Le Conte du tonneau* (1704), satire en prose, avait déplu à la reine Anne. Swift s'y attaquait aussi bien aux anglicans qu'aux dissidents ou aux catholiques romains. La chute des tories en 1714 rendit définitif son exil volontaire en Irlande. Dès lors, il défendit âprement son pays : sa *Proposition pour l'usage universel des produits d'Irlande* (1720) enjoignait de «brûler tout ce qui venait d'Angleterre, sauf le charbon» et ses *Lettres de M. B., drapier* (1724) eurent pour effet de supprimer le privilège qu'avait un Anglais de frapper des «demi-sous destinés à l'Irlande». Le ton docte et sérieux de la *Modeste proposition pour empêcher les enfants des pauvres en Irlande d'être à la charge de leurs parents ou de leur pays et pour les rendre utiles au public* (1729) rend ce pamphlet désespéré d'autant plus féroce : les Irlandais regarderaient comme «un grand bonheur d'avoir été vendus pour être mangés à l'âge d'un an et d'avoir évité par là toute la série d'infortunes par lesquelles ils sont passés et l'oppression des propriétaires». La même ironie marque les *Instructions aux domestiques* (1745), reprenant le thème de la *Méditation sur un manche à balai* : les apparences sociales dissimulent la réalité humaine. *La Conversation polie* (1738) fustige les gens du monde («Lady Smart», «Miss Notable»). Cette ironie, qui annonce le tragique de l'attitude nietzschéenne et qui est servie par une prose admirable d'économie, se retrouve dans *Les Voyages de Lemuel Gulliver**. Swift poussa l'humour destructeur jusqu'à composer des *Vers sur la mort du doyen Swift, écrits par lui-même* (1739).

**SWINBURNE (Algernon Charles)** ♦ Poète et critique britannique (Londres 1837 - *id.* 1909). Issu d'une famille d'aristocrates cultivés, Swinburne fut initié très tôt aux littératures française et italienne. Après des études à Eton et à Oxford, il se rallia aux idées républicaines de 1848 (*Ode à Mazzini*, 1857) et découvrit Sade* qui le marqua profondément. Charles IX, l'un des personnages de son premier livre, *La Reine mère* (1860), est une sorte de monstre violent et faible. Le premier des trois drames qu'il consacra à Marie Stuart (*Chastelard*, 1865) est violemment érotique, et Swinburne lui-même fut comparé à «un satyre lâché dans un salon victorien» (Ifor Evans). Sa tragédie *Atalante en Calydon* (1865) lui apporta la gloire. On y trouve déjà le thème de la divinité considérée comme le Mal suprême («The Supreme Evil, God»). Ses *Poèmes et Ballades*, publiés en trois volumes (1866, 1878, 1889), firent scandale par leur érotisme sulfureux (*Laus Veneris, Dolorès, Anactoria*). Admirateur de Baudelaire et de V. Hugo, Swinburne leur dédia *Ave atque Vale* et *À Victor Hugo*. Homosexuel et alcoolique, il concevait son œuvre comme un défi à la morale bourgeoise de l'époque victorienne. Devenu poète de la révolte politique, Swinburne en arriva à une idée de liberté totale : *L'Hymne à l'homme* et *Devant un crucifix* (qui composèrent les *Chants d'avant l'aube*, 1871) dénoncent la tyrannie de la religion, mais valent surtout par l'ampleur musicale des vers. Il quitta Londres et, affligé de surdité à partir de 1880, vécut grâce à la protection de son ami Theodore Watts-Dunton. Ses dernières œuvres (*Tristan de Leonois*, 1882, d'un grand lyrisme) parurent dans l'indifférence générale. Mais il suscitait l'admiration d'écrivains comme Meredith, Ruskin, Verlaine et Verhaeren. ▸ ÉTYM. Ce nom vient du vieil anglais *swīn* «cochon» et *burna* «cours d'eau».

**SWINDON** ♦ V. d'Angleterre (Wiltshire) formant un district, à l'E. de Bristol. 180 061 hab. Construc. de matériel ferroviaire, manufacture de tabac. Centre commercial local.

**ŚWINOUJŚCIE** ♦ V. de Pologne, à l'extrémité N.-E. de l'île d'Uznam, sur la mer Baltique. 40 805 hab. Avant-port de Szczecin, et importante station balnéaire. Construc. navales. Conserves de poisson.

**SYAGRIUS** ▸ ÉTYM. du gr. *suagreios* «de sanglier», de *suagros* «sanglier» ♦ Général gallo-romain (v. 430 - 486). Fils d'Egidius*, il gouverna un territoire entre Loire et Somme (464) mais fut vaincu à Soissons (486) par Clovis qui le fit assassiner par la suite.

**SYBARIS** – en gr. ***Subaris*** ♦ Anc. V. d'Italie, sur le golfe de Tarente. Une des plus anc. cités de la Grande*-Grèce, fondée par les Achéens v. –720, elle fut fameuse pour son luxe et pour les mœurs libres de ses habitants (*Sybarites*). L'oligarchie sybarite renversée par une révolution populaire se réfugia à Crotone* qui, par la suite, s'empara de Sybaris et la dévasta en –510. Les Athéniens fondèrent en –446 Thourioi (→ **Thurium**) près de la ville ruinée.

**SYBERBERG (Hans Jürgen)** ♦ Cinéaste allemand (Nossendorf 1935). Avec Peter Fleischmann et Werner Herzog, il a été l'un des rénovateurs du cinéma allemand, moribond dans les années 1960. Obsédé par les grands destins de l'histoire et de l'art germaniques (Louis II de Bavière, Wagner, Hitler), il leur consacra de monumentales fresques baroques, truffées de références et d'anachronismes : *Ludwig, requiem pour un roi vierge* (1972), *Karl May* (1974), *Hitler, un film d'Allemagne* (1977), qui atteint 7 heures de projection, *Parsifal* (1982).

**SYDENHAM (Thomas)** ♦ Médecin anglais (Wynford Eagle, Dorset 1624 - Londres 1689). Surnommé «l'Hippocrate d'Angleterre», il est l'inventeur du laudanum. Ses œuvres complètes (publiées en 1685) comportent un traité extrêmement précis sur la goutte et de nombreuses relations de maladies épidémiques. Il nomma la scarlatine, et la «danse de Saint-Guy», qu'il décrivit, est appelée *chorée de Sydenham*. ▸ ÉTYM. *Sydenham* est un nom de lieu, du vieil anglais *sīd* «large» et *hamm* «noue».

**SYDNEY** ▸ ÉTYM. nommée ainsi en l'honneur de Thomas Townsend, vicomte de *Sydney*, ministre de l'Intérieur et des Colonies ♦ V. d'Australie, cap. de l'État de Nouvelle-Galles-du-Sud, sur l'océan Pacifique, dans la partie méridionale de la baie profonde de Port-Jackson. 1 738 km². 4 284 379 hab. La baie est franchie par d'immenses ponts (the Sydney Harbour Bridge, 1932 ; the Gladesville Bridge, 1964). La ville, construite dans un site montagneux, au pied des Blue* Mountains, est très étendue et possède quelques beaux éléments d'architecture moderne (Opéra au toit en forme de voiles). C'est la plus grande ville et le plus grand port exportateur d'Australie. Centre ferroviaire, relié à l'intérieur du pays et aux principales villes de la côte orientale. Aéroport de Kingsford Smith. Université. Centre commercial et industriel, Sydney est de loin le premier marché mondial de la laine. Construc. navales ; matériel ferroviaire ; automobiles et matériel agricole. Indus. chimiques et électriques. Indus. alimentaires et textiles. Raffinerie de pétrole. Le port exporte de la laine, du blé et de la farine, des peaux de mouton, de la viande congelée et des conserves de viande. ▪ Belles plages le long de l'océan, en particulier Bondi Beach. ▮ **Histoire** Le site fut aperçu pour la première fois par James Cook* en 1770 et, en 1788, fut choisi comme lieu du premier établissement australien (colonie pénitentiaire de Botany* Bay). Elle fut une importante base navale et aérienne durant la Deuxième Guerre mondiale. Les jeux Olympiques d'été s'y sont déroulés en 2000.

**SYDNEY** ♦ Anc. v. du Canada (Nouvelle-Écosse), fusionnée dans Cape* Breton. Collège universitaire (Xavier). Port. Centre commercial et indus. de l'île.

**SYÈNE** → **Assouan**

**SYKTYVKAR** – jusqu'en 1930 ***Oust-Sysolsk*** ♦ V. de Russie, cap. de la rép. des Komis, au confluent de la Syssola et de la Vytchegda. 230 000 hab. Chantier naval. Traitement du bois. Indus. alimentaire. Nœud de transports fluviaux et routiers.

**SYLLA** – en lat. ***Lucius Cornelius Sulla*** ♦ Général et homme politique romain (–138 - Cumes –78). D'origine aristocratique mais peu fortuné (gens *Cornelia*), Sylla ne montra de goût dans sa jeunesse ni pour la guerre ni pour la politique et, nourri d'hellénisme, mena une vie d'esthète débauché. Légat de Marius* en Numidie, il réussit à se faire livrer Jugurtha* (–105), ce qui attira l'attention sur lui mais lui valut la jalousie de Marius. En –88, il mit fin à la guerre sociale par sa victoire sur les Samnites et, nommé consul, obtint du sénat la conduite de la guerre contre Mithridate*. Mais le tribun Sulpicius*, acquis au parti populaire, le fit destituer de sa charge au profit de Marius. À cette nouvelle, Sylla rentra dans Rome à la tête de ses légions, fit abolir les lois de Sulpicius Rufus et assassiner le tribun, tandis que Marius s'enfuyait en Afrique. Il partit ensuite combattre Mithridate, s'empara d'Athènes (–86), de Chéronée et d'Orchomène, chaque victoire étant suivie de massacres et de pillages, et passa en Asie où il imposa au roi la paix de Dardanos (–85) contre une lourde indemnité. Avec un immense butin et une armée de 40 000 hommes, Sylla débarqua alors en Italie (–83). Marius était mort depuis –86, mais il fallut un an et demi de guerres civiles pour écraser ses partisans. Par sa victoire à la porte Colline (–82), Sylla se rendit maître de Rome où il ordonna massacres, proscriptions et confiscations. Nommé dictateur perpétuel (*lex Valeria*), il se fit donner le titre de *Félix*, soulignant ainsi les faveurs particulières que les dieux lui accordaient, et tenta d'instaurer un nouveau régime, peut-être une monarchie impériale. En fait, il réforma la constitution au profit de l'aristocratie, enlevant les tribunaux aux chevaliers pour les rendre aux sénateurs et limita les pouvoirs des tribuns du peuple. En juil. –79, à la stupéfaction générale, il abdiqua tous ses pouvoirs et se retira à Cumes où il mourut l'année suivante.

Le **Syllabus** ♦ Catalogue ou *Recueil des principales erreurs de notre temps* publié par Pie* IX avec l'encyclique *Quanta* cura* (8 déc. 1864). Il recense 80 propositions qui doivent être condamnées. Parmi elles figurent le panthéisme, le socialisme, le rationalisme, le libéralisme, même catholique. Ce recueil donna satisfaction aux catholiques intransigeants, décontenança les libéraux et, chez les non-croyants, symbolisa l'obscurantisme de l'Église de Rome.

## symbolisme

n. m. ♦ Mouvement poétique, littéraire et artistique, principalement français, de la fin du XIXe s. ▮ **Poésie et littérature** L'esthétique symboliste concerna d'abord la poésie et se constitua en réaction contre le réalisme* trop descriptif et le naturalisme* trop scientifique. Elle s'est unifiée à partir d'œuvres antérieures au mouvement, en particulier celles des romantiques allemands (→ **romantisme**) et d'Edgar Poe*. Les symbolistes conçoivent la poésie comme un mode intuitif de connaissance et une expérience de l'absolu, la notion d'art elle-même étant rapportée à la tradition occultiste. Le poète a le don de saisir les *correspondances* (Baudelaire*) qui éveillent en lui la conscience de l'analogie universelle («tout est symbole de tout») et tel un «voyant», il dépasse les apparences pour percevoir l'unité du monde, en allant de symbole en symbole. Pour Mallarmé*, comme pour Nerval*, Baudelaire et Rimbaud*, la poésie devient une métaphysique expérimentale, le langage symboliste étant d'abord fondé sur la sensation. Le poète laisse «l'initiative aux mots» (Mallarmé) pour ses intuitions et illuminations. Les mots sont alors entendus comme un système de notation musicale ; cette affinité de la poésie et de la musique, fortement influencée par Wagner*, a permis aux symbolistes d'innover dans la rythmique et la prosodie. ▮ ***En France*** Le mouvement fut constitué entre 1875 et 1885 par Verlaine* (*Romances sans paroles*, 1874 ; *Les Poètes maudits*, 1884), Rimbaud, Mallarmé (*L'Après*-midi d'un faune*, 1876), Huysmans* (*À* rebours*, 1884) et Villiers* de L'Isle-Adam (*Axël**, 1872, 1885 - 1886, 1890) pour devenir dominant vers 1885. La seule année 1886 fut marquée par la publication des œuvres de Rimbaud (due aux soins de Verlaine), de l'*Avant-dire* de Mallarmé au *Traité du verbe* de René Ghil* et du *Manifeste du symbolisme* de Moréas* (dans *Le Figaro*). Le mouvement symboliste s'efforça de se dégager du climat «décadent» et d'assurer ses positions intellectuelles. Mallarmé répondit à une enquête de *La Vogue* et, dans ses réflexions sur Wagner (*Rêverie d'un poète français*), il développa les thèses déjà énoncées dans l'*Avant-dire* : «Tout reprendre à la musique». Les textes de Théodore de Wyzewa (1863 - 1917) dans la *Revue wagnérienne* (fondée par Édouard Dujardin*) renforcèrent la convergence des esthétiques du musicien et du poète. Dans la période suivante, les poètes René Ghil, Jean Moréas, Henri de Régnier* et Gustave Kahn*, ainsi que certains textes de Remy de Gourmont* et de Marcel Schwob, illustrèrent cette esthétique, la détournèrent parfois par excès de préciosité, tandis que leurs contemporains belges Georges Rodenbach*, Émile Verhaeren*, Maurice Maeterlinck* et Charles Van Lerberghe marquèrent clairement le partage historique et théorique du symbolisme : décadentisme et idéalisme. De nouvelles revues furent lancées : *La Plume*, les *Entretiens politiques et littéraires*, *La Revue Blanche* (1889), le *Mercure* de France* (1890) et *L'Ermitage* (1891). Jules Huret (1864 - 1915), avec son *Enquête sur l'évolution littéraire*, permit encore à Mallarmé de s'afficher comme le théoricien et le chef de file du mouvement et d'annoncer le triomphe du symbolisme et l'affaiblissement du naturalisme. Mais cette consécration allait précéder de peu l'occultation du courant. ▮ ***Hors de France*** Dans le monde anglophone, T. S. Eliot*, Yeats*, Pound*, Joyce* et Virginia Woolf* s'intéressèrent, à des degrés divers, au symbolisme. L'ouvrage d'Arthur Symons (1865 - 1945), *The Symbolist Movement in Literature* (1899), fut une «révélation» pour Eliot. Yeats, le dédicataire du livre, utilisa également les symboles de l'occulte et dans son essai *The Symbolism of Poetry* mit l'accent sur l'importance du rythme. En Russie, les symbolistes se groupèrent autour de Blok*, V. Ivanov*, Brioussov*, Bély*, Balmont*. Mais l'école littéraire proprement dite disparaîtra en 1912, en même temps que son organe principal, *La Balance*. Cependant, l'esthétique symboliste, par sa tentative de tracer un chemin entre la totalisation romantique et l'accent mis sur le particulier, fera sentir son influence sur la poésie du XXe s. dans le monde entier. ▮ **Peinture** Le symbolisme est marqué par son opposition au vérisme académique ou social, au naturalisme et à l'impressionnisme. Plus que par une technique particulière, les artistes symbolistes se distinguèrent par leur démarche intellectuelle en créant dans leurs tableaux des visions oniriques aux couleurs irisées, transpositions de leur inconscient, et en puisant dans les grands mythes ou dans les œuvres littéraires de l'époque (*Correspondances* de Baudelaire, Mallarmé). Le mouvement visait une peinture «idéiste, synthétique et décorative» (Albert Aurier). S'inspirant des précurseurs romantiques allemands ou britanniques, le courant symboliste compta des artistes aussi différents que le Suisse Arnold Böcklin*, l'Allemand Hans von Marées*, les Belges Antoine Wiertz* et Félicien Rops*. En France, les principales figures furent Gustave Moreau*, Odilon Redon* et Puvis* de Chavannes. Dominant dans les Salons de la Rose†Croix à Paris, le symbolisme se prolongea avec l'école de Pont-Aven (Émile Bernard*, Gauguin*, Sérusier*), qui formula le «synthétisme», et avec d'autres groupes et systèmes qui s'influencèrent mutuellement : «cloisonnisme» (Louis Anquetin), nabis* et Art* nouveau. Le mouvement eut une influence considérable hors de France. Il marqua aussi bien les Salons des Vingt puis de la Libre Esthétique en Belgique avec Fernand Khnopff*, que le Norvégien Munch*, le Danois Jens Ferdinand Willumsen (1863 - 1958), les Néerlandais Toorop* et Johan Thorn Prikker (1868 - 1932), l'Autrichien Klimt*, l'Italien Segantini*, le Suisse Holder et le Tchèque Kupka*.

La **Sylphide** ♦ Ballet en 2 actes sur un livret d'A. Nourrit d'après Ch. Nodier, musique de J. Schneitzhöffer, chorégraphie de Filippo Taglioni, représenté en 1832, avec pour princ. interprète Marie Taglioni. C'est à cette occasion qu'apparut le tutu en mousseline blanche. Premier des «ballets blancs», cette œuvre inaugurait une nouvelle technique de danse.

**SYLT** ♦ Île d'Allemagne (Schleswig-Holstein), en Frise du Nord. 93 km². Tourisme (villages de Westerland, Keitum).

**SYLVESTER (James Joseph)** ♦ Mathématicien britannique (Londres 1814 - *id.* 1897). Auteur, à partir de 1845, d'une importante série de travaux sur la théorie des formes algébriques, celle des invariants et des déterminants ; on lui doit de nombreux résultats et la création, avec Cayley*, du vocabulaire et des principes de base de ces théories. Il étudia également la distribution des nombres premiers, la géométrie différentielle et les équations différentielles.

**SYLVESTRE Ier** (saint) ◆ ÉTYM. du lat. *silva* «forêt» ♦ 33e pape (de 314 à 335). Romain. Son autorité fut éclipsée par celle de l'empereur Constantin qui convoqua personnellement le synode d'Arles (314 → **Donat**) et le concile de Nicée* (325). ▪ Fête le 31 déc.

**SYLVESTRE II** → **Gerbert d'Aurillac**

**SYLVESTRE III [Jean]** ♦ (Rome v. 1000 - 1046). 145e pape, en janv.-mars 1045, à la place de Benoît* IX. Il est parfois considéré comme illégitime, son élection ayant été cassée au concile de Sutri (1046).

**SYLVESTRE IV [Maginulf]** ♦ (Rome v. 1050 - apr. 1111). Antipape élu le 18 nov. 1105 par le parti impérial de Rome, en l'absence de Pascal* II. Il se soumit en 1111 quand ce pape, cédant à la violence, abandonna à Henri* V le droit d'investiture. → **investitures (querelle des)**.

**SYLVIUS** → **Dubois (Jacques)**

**SYLVIUS (François DE LA BOË, dit)** ♦ Physiologiste hollandais (Hanau 1614 - Leyde 1672). Partisan, comme van Helmont, de l'iatrochimie (qui prétendait expliquer la physiologie animale par des réactions chimiques), il contribua à répandre les découvertes de Harvey*, principalement à Leyde où il enseigna.

**SYMMAQUE** ◆ ÉTYM. en lat. ***Quintus Aurelius Symmachus*** «allié, auxiliaire», du gr. *sun* «avec» et *makhê* «combat» ♦ Orateur et homme politique romain (Rome 340 - 410). Préfet de Rome en 384, consul en 391, il défendit le paganisme et les valeurs traditionnelles de Rome contre saint Ambroise* (*Relation sur l'autel de la Victoire*, 364). Il est l'auteur de *Discours* (dont il ne reste que des fragments) et de *Lettres* qui cherchent à imiter celles de Pline* le Jeune.

**SYMMAQUE** (saint) ♦ 51e pape (de 498 à 514). Sarde. Il subit les accusations, et même un attentat, d'un parti adverse, favorable à un rapprochement avec l'Orient monophysite, qui avait élu l'antipape Laurent. Théodoric* le Grand ne l'imposa définitivement qu'en 507. ▪ Fête le 19 juil.

**Symphonie classique** ♦ Symphonie n° 1 en *ré* majeur opus 25 (1916 - 1917) de Serge Prokofiev* (Petrograd, 2 avr. 1918), écrite «comme Haydn l'aurait fait s'il avait vécu de nos jours». Il s'agit d'un pastiche habile du style de Haydn, non de l'œuvre d'un symphoniste de la taille de Haydn qui aurait vécu au XXe s.

**Symphonie de psaumes** ♦ Œuvre pour chœur et orchestre en 3 mouvements d'Igor Stravinski* d'après les Psaumes, XXVIII, XL et CL (Boston, 19 déc. 1930).

**Symphonie des Mille** ♦ Symphonie n° 8 en *mi* bémol majeur de Gustav Mahler* (1906, créée à Munich le 12 sept. 1910). Ainsi nommée à cause de ses grands effectifs instrumentaux et vocaux, elle est en deux parties fondées respectivement sur l'hymne *Veni Creator* et sur la scène finale du *Second Faust* de Goethe.

**Symphonie Du Nouveau Monde** ♦ Neuvième et dernière symphonie (en *mi* mineur opus 95) d'Antonín Dvořák*, créée à New York le 16 déc. 1893, puis sous la direction de l'auteur à Prague le 13 oct. 1894. L'article «du» signifie non pas «sur le», mais «en provenance du» Nouveau Monde. L'œuvre n'est donc pas une «description» de l'Amérique, bien qu'elle ait été en partie inspirée par l'audition de mélodies populaires noires et indiennes. Elle est aussi de forte coloration tchèque et, souvent, ses sonorités semblent venir du fond des âges.

**Symphonie espagnole** ♦ Œuvre pour violon et orchestre d'Édouard Lalo* (1873, créée à Paris le 7 fév. 1875), habile synthèse de symphonie et de concerto.

**Symphonie fantastique** ♦ Symphonie d'Hector Berlioz* (1830), sous-titrée *Épisode de la vie d'un artiste*. L'œuvre, divisée en 5 parties («Rêveries, passions» ; «Un bal» ; «Scène aux champs» ; «Marche au supplice» ; «Songe d'une nuit de sabbat»), illustre un programme autobiographique. Le thème central («Idée fixe») évoque la femme aimée (l'actrice Harriet Smithson). Par sa richesse orchestrale, la variété des atmosphères et l'invention mélodique, harmonique et rythmique, l'œuvre constitue un sommet de la musique romantique.

**Symphonie funèbre et triomphale** ♦ Œuvre pour grand orchestre d'harmonie (avec chœur et cordes *ad libitum*) commandée à Hector Berlioz* pour le dixième anniversaire de la révolution de 1830, créée place de la Bastille à Paris le 28 juil. 1840.

**Symphonie héroïque** ♦ Symphonie n° 3 en *mi* bémol majeur opus 55 de Beethoven*, entreprise en 1802, terminée en avr. 1804, créée en privé (après une répétition le 9 juin) chez le prince Lobkowitz, son dédicataire, en août 1804, et en public à Vienne le 7 avr. 1805. Une copie ayant appartenu à Beethoven porte (de la main du copiste) la mention *Sinfonia Grande Intitulata Bonaparte* (les deux derniers mots furent plus tard rayés par Beethoven, après réception de la nouvelle du couronnement de Bonaparte comme empereur Napoléon Ier, le 2 déc. 1804). Les sentiments de Beethoven envers Bonaparte et la France révolutionnaire ne passèrent pas d'un extrême à l'autre à cette époque : ils furent ambigus avant, pendant et après la composition de l'œuvre. L'appellation de *Sinfonia Eroica* n'apparut qu'avec la première édition (oct. 1806). Cette symphonie est presque deux fois plus longue que les dernières de Haydn et de Mozart, bien plus vaste également que les deux premières de Beethoven lui-même. Le deuxième mouvement est une marche funèbre, et le finale reprend un thème du ballet *Les Créatures de Prométhée* (1801), déjà réutilisé par Beethoven comme contredanse et dans des variations pour piano (opus 35, 1802).

**Symphonie inachevée** ♦ Symphonie n° 8 en *si* mineur D. 759 de Franz Schubert*. Elle fut commencée le 30 oct. 1822 et, l'année suivante, Schubert envoya les deux seuls mouvements achevés à son ami Anselm Hüttenbrenner, qui les mit dans ses tiroirs en espérant la suite, qui ne vint jamais. En 1865 seulement, trente-sept ans après la mort de Schubert, Hüttenbrenner remit les deux mouvements achevés (un *Allegro moderato en si mineur* et un *Andante con moto en mi majeur*) au chef d'orchestre Johann Herbeck, qui en donna la première audition à Vienne, le 30 avr. L'inachèvement est une donnée essentielle chez Schubert, en particulier vers 1822. Des esquisses existent pour un troisième mouvement, mais les deux mouvements terminés sont tels, et si apparentés, qu'à ce stade de l'évolution de Schubert, un *scherzo* et surtout un *finale* auraient très probablement abouti à une rupture de ton, voire à un malencontreux délayage, à une conclusion imposée de l'extérieur, alors que celle de l'*Andante con moto* ouvre les portes de l'éternité.

**Symphonie liturgique** ♦ Symphonie n° 3 d'Arthur Honegger* (1945 - 1946), créée à Zurich le 17 août 1946, construite en trois mouvements *(Dies irae, De profundis clamavi, Dona nobis pacem)*.

**Symphonie lyrique** ♦ Œuvre en 7 parties enchaînées avec prélude, interludes et postlude pour soprano, baryton et orchestre opus 18 d'Alexander von Zemlinsky*, d'après des poèmes de R. Tagore (Prague, 5 juin 1924).

**Symphonie pastorale** ♦ Symphonie n° 6 en *fa* majeur opus 68 de Beethoven*, composée pour l'essentiel de l'hiver 1807 à l'été 1808 et créée (au même concert que la 5e) à Vienne le 22 déc. 1808 sous la direction de l'auteur. Le programme portait comme indication «Une symphonie intitulée *Souvenir de la vie champêtre*... Plutôt expression de sentiments que peinture». L'édition (mai 1809) reprit ces indications, mais précédées de «*Symphonie pastorale*», et donna à chacun des cinq mouvements un titre particulier : «Éveil de sentiments joyeux à l'arrivée à la campagne», «Scène au bord du ruisseau», «Réunion joyeuse des paysans», «Orage, tempête», «Chant de bergers, sentiments de joie et de reconnaissance après la tempête». La partition contient d'un bout à l'autre des éléments de «style pastoral» familiers aux auditeurs de l'époque, qui, en outre, ne manquèrent pas de comparer l'«Orage» avec celui des toutes récentes *Saisons** (1801) de Haydn.

**Symphonie pour un homme seul** ♦ Œuvre de musique concrète de Pierre Schaeffer* et Pierre Henry* (1950). C'est le premier grand classique du genre. En 1955, Maurice Béjart* réalisa sur elle un ballet qui fut son premier grand succès.

**Symphonie romantique** ♦ Symphonie n° 4 en *mi* bémol majeur d'Anton Bruckner* (version originale 1874, version connue 1878 - 1880). Il s'agit non pas d'une musique descriptive, à programme, mais de la symphonie de Bruckner traduisant le mieux ses relations profondes (d'ordre largement mystique) avec la nature.

**Symphonie tragique** ♦ Symphonie n° 4 en *ut* mineur D. 417 de Franz Schubert* (1816, créée le 19 nov. 1849).

**SYMPHORIEN** (saint) ➔ ÉTYM. en gr. *Sumphorianos*, de *sumphoros* «qui accompagne, qui convient» ♦ Martyr (Autun v. 160 - *id.* 179). Il eut la tête tranchée pour avoir avoué sa foi chrétienne au gouverneur Héraclius. ▪ Fête le 22 août.

**SYNÉSIOS** ♦ Philosophe grec (Cyrène v. 370 - Ptolémaïs v. 413). Disciple d'Hypatie*, il est l'auteur d'un *Traité des songes* sur la divination par les rêves, de *Dion ou l'Éducation de soi-même*, d'un discours à Arcadius sur les devoirs du souverain et d'un curieux *Éloge de la calvitie*, suggéré par l'*Éloge du cheveu* de Dion* Chrysostome. Baptisé et devenu évêque de Ptolémaïs (410), il chercha dans ses *Hymnes* et dans ses *Homélies* à allier platonisme et christianisme.

**SYNGE (John Millington)** ♦ Auteur dramatique irlandais d'expression anglaise (Rathfarnham 1871 - Dublin 1909). Après avoir séjourné en Europe, il se fixa aux îles d'Aran (1898) où, mêlé à la vie quotidienne des habitants, il trouva la source d'une inspiration sans cesse renouvelée. De son théâtre, où le réel et le légendaire se confondent pour créer une puissante impression d'étrangeté et de mystère, se détachent des œuvres d'une riche densité poétique : *À cheval vers la mer* (1904), *La Fontaine aux saints* (1905), *Le Baladin* du monde occidental* (1907), *Deirdre des douleurs* (1910). La plupart de ses pièces furent créées à l'Abbey* Theatre de Dublin, dirigé par lady Gregory* et par son ami W. B. Yeats*.

**SYNGE (Richard Laurence Millington)** ♦ Chimiste britannique (Liverpool 1914 - Norwich, Norfolk 1994). → **Martin.** [Prix Nobel de chimie 1952, avec A. Martin]

**SYNGMAN RHEE, YI SŬNGMAN** ou **YI SEUNGMAN** ♦ Homme politique coréen (Pyongsan 1875 - Honolulu 1965). Il adhéra au mouvement nationaliste et fut emprisonné de 1898 à 1904. Il partit ensuite étudier aux États-Unis et obtint un doctorat en philosophie. Pendant son séjour, il se convertit au christianisme et rédigea un manifeste, *L'Esprit de l'Indépendance*. À son retour en Corée, il lutta contre l'occupation japonaise et fut emprisonné à plusieurs reprises. En 1919, il fut élu à la tête du gouvernement provisoire à Shanghai, mais fut écarté en 1921. Il continua à militer pour l'indépendance du pays, depuis les États-Unis et Hawaii cette fois, et ne rentra dans son pays qu'en 1945. Il fut élu premier président de la République sud-coréenne en 1948 et réélu par la suite. Mais, autoritaire et anticommuniste, il gouverna en dictateur et provoqua une révolte, à la suite d'une élection truquée en 1960. Il démissionna et se retira aux États-Unis.

**SYPHAX** ♦ Roi des Numides occidentaux (mort à Rome en −202). D'abord allié de Rome lors de la deuxième guerre punique, il prit ensuite le parti de Carthage, sous l'influence de sa femme Sophonisbe*. Après avoir tenté de s'emparer de la Numidie* orientale (−205), il fut vaincu par Masinissa* et mourut en captivité (−202).

**SYRA** → Syros

**SYRACUSE** ♦ V. des États-Unis (État de New York), entre Albany et Buffalo. 147 306 hab., dont 20 % de Noirs (zone urbaine 732 117). Université. Centre indus. et commercial. La ville fut le principal producteur de sel des États-Unis, ce qui détermina sa prospérité.

**SYRACUSE** – en it. *Siracusa* ➔ ÉTYM. p.-ê. du phénicien *serach* ou *sarach* «puer» ♦ V. d'Italie, ch.-l. de prov., en Sicile, sur la mer Ionienne, près de l'embouchure de l'Anapo. 123 657 hab. *(Syracusains)*. Riche en palais médiévaux et baroques, la vieille ville s'étend sur l'îlot d'Ortygie, entre la mer Ionienne à l'E. et le Porto Grande à l'O. La fontaine Aréthuse et la cathédrale, bâtie sur les ruines d'un temple de Minerve, de style dorique (VIIe s.), en sont les monuments les plus célèbres. Nombreux palais médiévaux et baroques, dont le palais Bellomo (XIIIe - XVe s.) abritant le musée régional (pinacothèque ; *Annonciation* d'A. de Messine). La zone archéologique, au N.-E., dans l'ancien quartier de *Neapolis*, comporte un théâtre grec (−Ve s.), l'un des plus vastes du monde antique, un amphithéâtre romain (−IIIe s.), un autel dédié au tyran Hiéron II et une ancienne carrière de pierres (latomies du Paradis). La ville moderne est construite sur la côte, selon un plan en damier. Musée archéologique P. Orsi dans un bâtiment moderne. Catacombes de Saint-Jean. ▪ Station touristique. Indus. mécaniques et alimentaires. Salines. Port.

**Syracuse.** *Phot.© Hassan Ben Sliman/Fotolia*

**HISTOIRE** Fondée en –734 par des Corinthiens, elle fonda elle-même Acrae (–663), Casmenae (–643), Camarina (–598). En –485, les aristocrates, ayant été chassés par la plèbe, demandèrent aide à Gélon*, tyran de Géla, qui reconquit Syracuse pour son propre compte et battit les Carthaginois à Himère (–480). Le frère de Gélon, Hiéron* Ier (–478 - –467), protégea le poète Pindare et exerça son action en Italie continentale ; son frère et successeur Thrasybule fut chassé en –466. Ayant soutenu Sparte lors de la guerre du Péloponnèse, Syracuse fut assiégée par les Athéniens, mais en vain (–415 - –413). Sous la tyrannie de Denys* l'Ancien (–405 - –367), la ville prospéra avec des finances rétablies et une armée organisée. En –397, la guerre contre Carthage recommença et, en –392, Denys avait chassé les Carthaginois à l'O. de la Sicile. Il conquit presque toute la Grande Grèce (–379). Son fils Denys* le Jeune ne put empêcher les villes de Grande Grèce de reconquérir leur indépendance. Il fut renversé par Timoléon en –344. Syracuse connut ensuite la tyrannie d'Agathocle* (–317 - –289). Hiéron II (–270 - –215) resta neutre entre Rome et Carthage, mais son petit-fils Hiéronyme, qui avait pris le parti de Carthage (–215), détermina l'invasion romaine et Syracuse, malgré les trouvailles militaires d'Archimède*, fut prise en –212 (→ **Sicile**). ▪ Lors de la Deuxième Guerre mondiale, Syracuse fut libérée le 12 août 1943 par Montgomery.

**SYR-DARIA** ou **SYR-DARYA** n. m. ◆ ÉTYM. kazakh « le fleuve *(daria)* rougeâtre *(syr)* » – anc. ***Iaxarte*** ♦ Fl. d'Asie centrale (2 212 km). Né dans les glaciers des monts Tian shan (Kirghizstan), il porte le nom de *Naryn* (720 km) jusqu'à sa confluence avec le Kara-Daria ; il arrose et fertilise la vallée du Fergana, puis le Kazakhstan méridional, en longeant le désert de Kyzylkoum et se jette dans la mer d'Aral en formant un large delta. Il reçoit les eaux du Tchirtchik, de l'Arys (rive d.), du Sokh, de l'Isfara (rive g.). Navigable jusqu'à la ville de Bekabad (en Ouzbékistan, vallée du Fergana, où se trouve la centrale hydroélectrique de Farkhad), il arrose aussi les villes de Qyzylorda et de Khoudjand.

**SYRIANUS** ♦ Philosophe grec néoplatonicien (mort à Alexandrie –438). Successeur de Plutarque d'Athènes à la tête de l'école néoplatonicienne d'Athènes, il chercha à concilier l'analyse rationnelle et la mystique. Nous possédons de lui notamment un commentaire à la *Métaphysique* d'Aristote*. Il fut le maître de Proclus* qui lui succéda à la tête de l'école en –438.

## SYRIE

▮ n. f. – off. ***République arabe syrienne***, en ar. ***Sūriya*** ♦ Pays du Proche-Orient. 185 180 km². 19 880 000 hab. *(Syriens)*. LANGUES : arabe (off.), kurde, circassien, arménien et syriaque. POPULATION : Arabes, 89 % ; Kurdes, 8 %. RELIGIONS : musulmans sunnites 75 %, alaouites 11 %, chrétiens 10 %, druzes 3 %. MONNAIE : livre syrienne. CAPITALE : Damas. RÉGIME : présidentiel. La Syrie est divisée en 14 mouhafazas (gouvernorats).

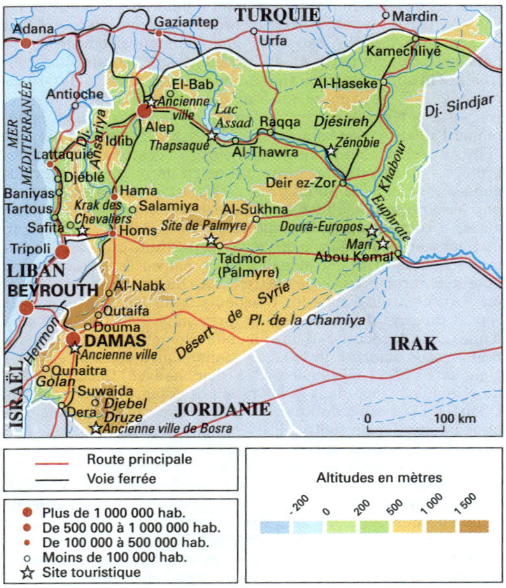


Syrie.

**GÉOGRAPHIE** ▮ **Le relief** Les côtes sont hautes et rocheuses. Le littoral est dominé par les monts al-Nusayriya, la plus haute chaîne de montagnes du pays qui fait suite au N. à l'Anti-Liban et dont le versant oriental borde la dépression du Ghab, arrosée par l'Oronte. Un autre système montagneux traverse le pays à partir du massif de l'Hermon, en chaînons isolés de direction S.-N., tandis qu'au S.-E. de Damas s'élèvent les reliefs volcaniques du djebel Druze (Jabal al-Arab). Ce système montagneux accidente un vaste plateau recouvert de steppes faisant suite à la plaine côtière et s'inclinant vers l'E. À la steppe succède un désert (Djésireh au N., Chamiya au S.) qui occupe plus de la moitié du pays avec quelques oasis *(ghoutas)* et quelques zones de cultures sur les bords de l'Euphrate et de son affluent, le Khabour. La Syrie appartient au Croissant fertile qui s'étend en arc de cercle de la côte du Levant aux montagnes d'Anatolie (Palestine, Jordanie, Syrie, Liban et une partie du littoral turc). ▮ **Le climat et l'hydrographie** Le climat, méditerranéen dans la plaine côtière du N., avec une pluviosité accentuée et une végétation forestière (pins, cèdres) sur les versants montagneux, devient continental à l'intérieur du pays où l'élévation des températures correspond au passage de la steppe au désert. Le système hydrographique syrien est constitué principalement par l'Euphrate (600 km sur le territoire syrien) et ses deux principaux affluents : le Khabour et le Balik. L'Oronte descend du toit de la Békaa en coulant vers le N. jusqu'à la Méditerranée (Liban). Le Barada arrose la *ghouta* de Damas tandis que le Sinn et le Nahr al-Kabir irriguent les plaines côtières de Lattaquié. La Syrie possède sept lacs dont les quatre plus importants sont le lac Assad (artificiel, né du barrage sur l'Euphrate), le lac de Jabboul (près d'Alep), le lac de Qattineh (près de Homs) et celui de Jairoud (près de Damas).

Syrie ▮ Productions en 2008

| Produits | Quantités | Rang |
|---|---|---|
| ▮ Agriculture | | |
| Blé (2009) | 3 800 000 t | |
| Coton fibre | 360 000 t | 10e |
| Huile d'olive | 130 000 t | |
| Olives | 500 000 t | 7e |
| Oranges | 600 000 t | 17e |
| Orge | 800 000 t | |
| Pistaches | 52 000 t | 4e |
| Tomates | 750 000 t | |
| Bovins (têtes) | 1 200 000 | |
| Ovins (têtes) | 24 000 000 | 14e |
| ▮ Mines et énergie | | |
| Gaz naturel | 6 000 000 000 m³ | |
| Pétrole | 20 000 000 t | |
| Phosphates | 3 600 000 t | 8e |

**ÉCONOMIE** ▮ **L'agriculture et l'élevage** L'agriculture occupe 30 % de la population active et un tiers de la superficie totale du pays, mais ne réalise que 23 % du PIB. Malgré les efforts faits pour développer les capacités hydrauliques (barrage sur l'Euphrate et l'Oronte, travaux d'assainissement), la production demeure irrégulière en raison des conditions climatiques. Les cultures sont regroupées le long du littoral, des oasis de la vallée de l'Euphrate et du Khabour. D'importants travaux d'irrigation ont été effectués dans le Ghab, pour accroître la surface des terres cultivées et permettre la modernisation des cultures. Des barrages construits sur l'Euphrate et sur le Khabour ont permis d'irriguer un million d'hectares de terres. Le blé, le coton et les fruits constituent les principales exportations agricoles. Les *ghoutas* sont plantées d'oliviers et d'arbres fruitiers. L'élevage concerne surtout les moutons, les chèvres et dans une moindre mesure les bovins. C'est l'activité principale des populations semi-nomades qui subsistent dans le pays. La Syrie est exportatrice de bétail et de peaux. ▮ **Le pétrole, le gaz naturel et les mines** Le secteur pétrolier domine, mais le gouvernement doit amorcer une reconversion de l'économie en raison de l'amenuisement des réserves (principalement concentrées dans le N.-E. du pays) qui oscillent, selon les estimations, entre 1,7 et 4 milliards de barils. Une petite moitié de la production est exportée. Deux raffineries à Homs (1959) et à Baniyas (1980) sur la Méditerranée ont une capacité globale de 237 000 barils par jour. Une troisième est en cours de construction dans la région de Deir-ez-Zor. Un oléoduc de 650 km les relie aux champs pétrolifères de Rumulan, Karatchök, Souwaida, Jubaisseh et au port de Tartous spécialement équipé. En 1982, le gouvernement a fermé l'oléoduc acheminant le pétrole irakien de Kirkouk jusqu'à Banias, en échange de quoi l'Iran s'était engagé à fournir gracieusement 20 000 barils par jour à la Syrie. Le pays possède également des réserves en gaz naturel. ▮ **L'industrie, le tourisme et les communications** L'industrie occupe 25 % de la population active : pétrochimie, textile, tanneries, raffineries de sucre, métallurgie et sidérurgie (Hama). Les ressources minières sont le phosphate, le chrome (Lattaquié), l'asphalte (Ansariya et Deir ez-Zor) et quelques mines de fer (Hama) et d'or. Le tourisme est appelé à se développer (richesses archéologiques, climat ensoleillé). Les communications ont été développées mais restent insuffisantes. Le réseau ferroviaire s'étend sur 21 900 km. Damas possède le seul aéroport international. Le gouvernement mène une politique d'expansion des ports de Lattaquié, Baniyas et Tartous. **▮ Depuis 1989** L'économie syrienne, dont le développement est entravé par le poids du secteur public et l'importance des dépenses militaires, connaît depuis 1989 une embellie grâce en partie au secteur pétrolier et à l'aide de 2 milliards de dollars allouée par les pétromonarchies du Golfe en dédommagement de la participation de la Syrie à la coalition anti-irakienne. Le gouvernement a engagé une libéralisation de l'économie dans l'espoir d'attirer les capitaux étrangers. Le pays continue d'importer la plupart des biens de consommation et le taux de chômage reste élevé.

**▮ HISTOIRE ▮ De la préhistoire aux Séleucides** La Syrie historique, qui s'étendait du désert à la Méditerranée (actuels États de Syrie, du Liban*, d'Israël* et de Jordanie*) et où l'apparition de l'homme est attestée au Paléolithique, était occupée par une population à dominante sémite (Araméens, Amorites, Cananéens et Phéniciens) qui possédait sa langue et sa civilisation propres. Comme la plupart des régions du Proche-Orient, elle fut successivement envahie et dominée par les Égyptiens (–XVI$^{e}$ s.), les Hittites (–XIV$^{e}$ s.) et les Assyriens (–VIII$^{e}$ - –VII$^{e}$ s.). Après la victoire de Cyrus sur Babylone (–539), elle passa sous domination perse jusqu'à la conquête d'Alexandre le Grand (–333) puis fut disputée par les Lagides et les Séleucides. Ceux-ci fondèrent un royaume qui, avec Antioche pour capitale, prit le nom de royaume de Syrie en –312. C'est à cette époque que des tribus arabes venues du S. de la péninsule Arabique s'installèrent dans la région où elles fondèrent plusieurs principautés : Émèse (auj. Homs), Damas, Palmyre. L'époque hellénistique fut pour la Syrie une période particulièrement florissante : les villes, l'art, le commerce et l'agriculture connurent un grand essor. **▮ De la conquête romaine au rattachement à l'Empire byzantin** La Syrie fut conquise par les Romains en –64 et devint une des principales provinces de l'empire. La période romaine qui dura plus de quatre siècles fut particulièrement florissante culturellement et économiquement. En 395, lorsque l'Empire romain se scinda en deux, l'empire d'Occident de Rome et l'empire d'Orient de Byzance, la Syrie fut naturellement rattachée au second. La domination byzantine (jusqu'en 634) fut marquée par l'apparition de nombreux schismes chrétiens (nestoriens, monophysites, monothélètes), situation qui favorisa plusieurs incursions perses (611 - 623), dont l'une mit à sac Jérusalem (614). L'empereur Héraclius parvint à chasser définitivement les Perses en 623 alors que la conquête arabe commençait. **▮ L'islamisation et l'occupation franque** Les Arabes musulmans conquirent la Syrie en 636 lors de la bataille du Yarmouk et le pays, déjà largement arabisé, adopta massivement la nouvelle religion. Sous les califes omeyades (661 - 750), qui choisirent Damas pour capitale, la province de Syrie-Palestine fut le centre politique, commercial et culturel de l'Empire arabe et connut alors une période florissante. Sous les Abbassides, qui s'installèrent à Bagdad, la Syrie perdit de son importance et passa, surtout après l'affaiblissement du califat abbasside, sous la tutelle de diverses dynasties : Tulunides (879 - 905), Ikhchidites (934 - 969), Hamdanides (945 - 1003). Les Fatimides qui tentèrent d'y établir leur autorité (v. 969) furent chassés par les Turcs seldjoukides (1070) qui ne parvinrent cependant pas à imposer le contrôle de toute la région. Divisé en plusieurs dynasties arabes et turques, plus ou moins indépendantes, le pays sombra dans l'anarchie ce qui facilita la pénétration des croisés qui s'emparèrent de Jérusalem en 1099. Les chrétiens d'Occident occupèrent principalement le littoral et l'extrême nord de la Syrie tandis que Damas, Alep et Homs restaient aux mains des musulmans. La Syrie fut en grande partie reprise par Saladin qui fonda le sultanat ayyūbide (1173). En 1260, les mamelouks d'Égypte écrasèrent l'armée mongole de Hūlāgū qui avait pénétré en Syrie, saccageant tout sur son passage, et exercèrent leur domination sur le pays (jusqu'en 1516). Ils parachevèrent la libération du pays du joug franc et eurent également à combattre les Mongols qui envahirent la Syrie à plusieurs reprises (Tamerlan en 1401). **▮ La domination ottomane** Le pays passa sous domination ottomane en 1516 et fut divisé en trois puis quatre «pachaliks» (Damas, Tripoli, Alep puis Saïda). Le pays connut peu d'événements marquants jusqu'à la fin du XVIII$^{e}$ s. (Bonaparte envahit la Syrie en 1799). Profitant de l'affaiblissement de l'Empire ottoman à la suite de la guerre russo-turque de 1831, le vice-roi d'Égypte, Méhémet Ali, envoya une armée dirigée par son fils Ibrahim conquérir la Syrie (1831 - 1832), y introduisit de profondes réformes, avant de l'évacuer (1840) sous la pression militaire des puissances européennes, peu favorables à l'avènement d'un État fort et moderne en Orient. La Syrie, reprise par les Ottomans, fut réorganisée en deux grandes provinces : Damas et Alep. En 1860, des massacres intercommunautaires se déclenchèrent au Liban et atteignirent la Syrie. **▮ Le nationalisme arabe et la Première Guerre mondiale** Le début du XX$^{e}$ s. fut marqué par la naissance du nationalisme arabe et c'est en Syrie que se formèrent les premières organisations secrètes (Jeunes Arabes). Ces organisations, alliées à Hussein, chérif de La Mecque, se rangèrent aux côtés des Britanniques lors de la Première Guerre mondiale pour combattre les occupants ottomans, alliés des Allemands. En contrepartie, la Grande-Bretagne s'engagea à garantir l'indépendance arabe. Londres, en dépit de ses engagements, signa avec la France des accords secrets (Sykes-Picot, 1916) prévoyant le partage des pays arabes entre la France et la Grande-Bretagne. Après le démembrement de l'Empire ottoman, l'émir Fayçal, fils du chérif Hussein, se fit proclamer roi d'une «Grande Syrie» qui devait englober la Syrie, le Liban, la Palestine et la Jordanie (1920) mais dut se retirer sous la pression militaire de la France qui obtint, par le traité de Sèvres (10 août 1920), conformément aux accords Sykes-Picot, l'administration du Liban et de la Syrie sous forme de mandat. Plusieurs insurrections éclatèrent contre l'occupation française. La plus importante fut celle de 1925 - 1927. **▮ La Deuxième Guerre mondiale et l'indépendance** En 1930, une Constitution instaura un régime parlementaire. Mais l'agitation nationaliste reprit et la France fut contrainte d'engager des négociations qui aboutirent à un traité franco-syrien (1936) accordant, dans un délai de trois ans, l'indépendance à la Syrie. Mais, en 1939, le traité fut dénoncé par le gouvernement français qui suspendit la Constitution et exerça directement le pouvoir. Lors du déclenchement de la Deuxième Guerre mondiale, les autorités françaises de Syrie se rallièrent au gouvernement de Vichy. Les Britanniques, soutenus par les Forces françaises libres du général Catroux, envahirent la Syrie en juin 1941 et, en sept., Catroux proclama l'indépendance du pays. Un régime nationaliste parlementaire fut mis en place en 1943, mais Français et Britanniques maintinrent leur présence militaire dans le pays. De nombreux heurts opposèrent les nationalistes syriens aux forces françaises. La France réprima durement ce mouvement, bombarda Damas (mai 1945), mais dut mettre un terme à ses actions militaires sous la pression des Britanniques. En 1946, la Syrie et le Liban obtinrent l'évacuation des forces franco-britanniques. **▮ Les coups d'État et la RAU** D'emblée, la Syrie fut secouée par plusieurs coups d'État. Adīb Chichaklī, qui renversa le président Chukri al-Quwwatlī (1951), exerça une véritable dictature et se heurta à une violente opposition politique. Il fut renversé en 1954 par un coup d'État fomenté par une alliance du Baas, du parti communiste et du bloc socialiste, qui entreprit des réformes à caractère socialiste, signa avec l'URSS un traité d'assistance économique, technique et militaire (août 1957) et se montra favorable au rapprochement avec l'Égypte nassérienne. En 1958, la Syrie fusionna avec l'Égypte dans le cadre de la République arabe unie (RAU) qui, en 1961, se désintégra à la suite d'un nouveau coup d'État en Syrie. **▮ Le parti Baas au pouvoir** Le pays sombra dans l'instabilité et en mars 1963 un nouveau coup d'État porta le Baas au pouvoir. Ce dernier entreprit la nationalisation de l'industrie, du commerce et du pétrole, mais ne parvint pas à rétablir le calme dans le pays, agité par des mouvements d'opposition sociaux et politiques au régime. Les luttes internes au parti Baas secouèrent la Syrie. En fév. 1966, l'aile dite de gauche, dominée par des officiers alaouites, évinça la direction «historique» du Baas, accentua l'orientation socialiste du pays et se rapprocha de l'Égypte et de l'URSS. Farouchement hostile à Israël, la Syrie prit part à la guerre israélo-arabe de 1967 (à l'issue de laquelle Israël occupa le Golan) et apporta son soutien à la résistance palestinienne. Lors des affrontements jordano-palestiniens de 1970 («Septembre noir»), la Syrie se rangea aux côtés des Palestiniens et intervint militairement contre le roi Hussein. **▮ La prise de pouvoir par Hafez al-Assad** Finalement, un coup d'État du général Hafez al-Assad (nov. 1970) élimina du pouvoir la tendance radicale du parti. Assad procéda à une libéralisation contrôlée et fit approuver par référendum une Constitution (1973) définissant la Syrie comme un État démocratique, populaire et socialiste. Il tenta de briser l'isolement de son pays tout en maintenant l'alliance stratégique avec l'URSS. En oct. 1973, la Syrie et l'Égypte déclenchèrent une attaque surprise contre Israël mais les armées syro-égyptiennes furent mises en déroute. Au cours des années 1980, la Syrie fut en proie à l'agitation menée notamment par les Frères musulmans, en lutte ouverte contre le régime alaouite. Lors de la première guerre du Golfe, Damas soutint l'Iran de Khomeiny contre l'Irak, dirigé par l'aile droite du parti Baas, et avec lequel la Syrie entretenait de fort mauvaises relations, sans pour autant rompre avec les pétromonarchies du Golfe. **▮ Le Liban et Israël** Après avoir évincé les Occidentaux du Liban et obtenu le retrait du pays des Israéliens au printemps 1985 (à l'exception d'une «zone de sécurité» d'un millier de kilomètres carrés), la Syrie renforça son emprise sur le Liban. Maintenant son alliance stratégique avec l'URSS, elle améliora ses relations avec l'Occident grâce au rôle qu'elle joua dans la libération des otages occidentaux au Liban. Dès l'invasion du Koweït (1990), elle se rangea dans la coalition internationale contre l'Irak. Peu après, en mai 1991, elle officialisait son emprise sur le Liban par la signature d'un traité stipulant que les deux pays appartenaient à une même nation. La Syrie, devenue un élément essentiel dans le règlement du conflit israélo-arabe, participa, à partir d'oct. 1991, aux négociations de paix menées sous la conduite des États-Unis. Cependant d'importants désaccords, toujours d'actualité, ont entravé la conclusion d'un traité de paix entre Israël et la Syrie, notamment le retrait israélien des hauteurs stratégiques du Golan syrien, la nature de la normalisation et le soutien de Damas au front du refus palestinien. L'échec des négociations, reprises en 1999 avec le Premier ministre israélien E. Barak puis interrompues avec son successeur Ariel Sharon, amena la Syrie à consolider son alliance avec l'Iran et à normaliser ses relations avec l'Irak. **La présidence de Bachar al-Assad** Dans le même temps, Bachar al-Assad*, candidat unique, accéda à la présidence à la mort de son père en juin 2000. La même année Israël se retira du Sud Liban, relançant de façon très polémique la question de la restitution du Golan. Depuis 2003, les États-Unis ont prononcé des chefs d'accusation contre la Syrie allant de la possession d'armes de destruction massive à un soutien de «groupes terroristes» du Hamas et du Djihad islamique et à des éléments armés en Irak dans des opérations antiaméricaines. Amorcé depuis 2000, le retrait syrien du Liban s'est trouvé accéléré par l'assassinat de l'ancien Premier ministre libanais R. Hariri et s'est terminé en avril 2005. Cependant la Syrie ne reconnaît pas le Liban sur le plan diplomatique et soutient le Hezbollah qui s'affronte violemment au gouvernement libanais et aux responsables politiques indépendants, surtout depuis le conflit armé avec Israël en 2006. Une reprise de dialogue avec les États-Unis a été amorcée début 2009 lors de l'arrivée au pouvoir de B. Obama.

---

**SYRINX** ♦ Nymphe d'Arcadie* aimée de Pan*. Poursuivie par le dieu, elle se transforme en roseau. Pan, en écoutant le vent siffler sur les roseaux, a l'idée d'unir des tiges de longueur inégale, faisant une flûte qu'il appelle syrinx en souvenir de la nymphe.

**syro-malabare** ou **syro-malabre (Église)** ♦ L'existence de chrétiens dans l'Inde du Sud (côte de Malabar, Ceylan) est attestée dès le VI<sup></sup>e s. et se rattache peut-être aux missions nestoriennes. Les voyageurs du XIIIe s. rencontrèrent ces «chrétiens de saint Thomas». Mais l'Église syro-malabre proprement dite est issue de la prédication missionnaire (XVIe - XVIIe s.). Une liturgie retenant quelques rites hindous fut acceptée par le pape (1623) mais fut condamnée au XVIIIe s. Une fraction se rattacha à l'Église syrienne (jacobite). L'Église syro-malabre, unie à Rome, est dirigée par un patriarche œcuménique et possède un rite particulier.

**SYROS** ou **SYRA** ♦ Île grecque des Cyclades. 84 km². 21 000 hab. CH.-L. : Hermoupolis*. Production de primeurs précoces, élevage laitier. **Histoire** Pendant la guerre de l'Indépendance hellénique, quelques milliers de réfugiés de Chios et de Psara s'installèrent dans l'île et y fondèrent la ville maritime (Hermoupolis), à côté de la haute ville habitée par des catholiques. Grâce à l'activité commerciale des deux communautés protégées par la France, Syros devint au XIXe s. l'entrepôt des Cyclades et un important centre industriel (chantier naval).

**SYRTE** (golfe de la **GRANDE**) ➝ ÉTYM. en lat. *Syrta major*, emprunt à l'anc. gr. *surtis* «banc de sable», de *surô* «charrier, entraîner» ♦ Golfe de Libye, formé par la Méditerranée, qui borde une partie des côtes de la Tripolitaine et de la Cyrénaïque, où se concentrent dans l'arrière-pays désertique les principaux gisements pétroliers libyens. ▪ La *Petite Syrte (Syrta minor)* est auj. le golfe de Gabès* (Tunisie).

**SYZRAN** ♦ V. de Russie, région de Samara, sur la rive d. de la Volga. 187 800 hab. Indus. mécanique (machines agricoles), chimique et alimentaire. Traitement du schiste, de l'asphalte, du bois et du cuir. Verreries. Matériaux de construc. Raffineries de pétrole. → **Bakou (Second-)**.

**SZABÓ (Lörinc)** ♦ Poète hongrois (Miskolc 1900 - Budapest 1957). D'abord disciple de Babits*, il trouva vite sa propre voix de révolutionnaire intellectuel (*Les Chefs-d'œuvre de Satan*, 1926 ; *Paix séparée*, 1936). Ses poèmes (*Chansons de cigale*, 1947 ; *La Vingt-Sixième Année*, 1957), d'inspiration autobiographique, sont des réflexions ontologiques, à partir d'objets et d'événements quotidiens, proches de celles de Valéry. Ses nombreuses traductions, surtout celles de Baudelaire et de Verlaine, égalent l'original par leur excellence. ➝ ÉTYM. Ce nom hongrois signifie «tailleur».

**SZÁLASI (Ferenc)** ♦ Homme politique hongrois (Kassa 1897 - Budapest 1946). Il fonda le parti des Croix fléchées de tendance nazie. Après l'arrestation de Horthy, le pouvoir fut confié à Szálasi (oct. 1944), qui entreprit le démantèlement de l'opposition, la déportation d'un grand nombre de Juifs et l'intensification de la guerre. Il fut condamné en 1946 et exécuté.

**SZASZ (Thomas)** ♦ Psychanalyste américain d'origine hongroise (Budapest 1920). Il a mis en cause le bien-fondé de notions décrivant les maladies psychiatriques, notamment la schizophrénie. À ce titre, il s'inscrit dans le courant antipsychiatrique dont les représentants les plus connus sont Laing* et Cooper* (*L'Éthique de la psychanalyse*, 1965 ; *Idéologie et folie*, 1970, dont le sous-titre indique bien la visée générale de l'auteur : «Essais sur la négation des valeurs humanistes dans la psychiatrie d'aujourd'hui»). Il a consacré un ouvrage à Karl Kraus*. Posant la question de la liberté de chacun à disposer de son propre corps, il dénonce la guerre que la société a déclarée aux drogués (*La Persécution rituelle des drogués, boucs émissaires de notre temps*, 1976 ; *Notre droit aux drogues*, 1994) et défend le droit au suicide : *The Untamed Tongue (Langue sauvage)*, 1990.

**SZCZECIN** ➝ ÉTYM. en all. *Stettin* ; p.-ê. du polon. *szczotka* «brosse» [allus. à l'herbe hérissée qui entourait la ville] ♦ V. et port du N.-O. de la Pologne, ch.-l. de la voïvodie de Poméranie-Occidentale, sur l'estuaire de l'Oder, dans le *golfe de Szczecin*. 409 068 hab. Cap. intellectuelle et indus. de la Poméranie occidentale, port relié à la mer Baltique par l'avant-port de Świnoujście (à 65 km) et utilisé comme débouché commercial de l'Allemagne orientale et de la République tchèque. Indus. métallurgique de transformation, construc. mécaniques, produits textiles et chimiques. **Histoire** Fondation wende (→ **Sorabes**), colonisée par les Allemands au XIIe s., la ville fut résidence des ducs de Poméranie, reçut le statut de ville allemande en 1243, puis fit partie de la ligue hanséatique (1360) et adhéra à la Réforme en 1523. Après l'occupation de Gustave-Adolphe (1630), elle fut cédée à la Suède (traités de Westphalie, 1648). Prise par le Grand Électeur de Brandebourg (1677), rendue à la Suède (1679), elle fut annexée à la Prusse par la paix de Stockholm (1720). Les Français l'occupèrent de 1806 à 1813. La ville, de nouveau prussienne, fut prise par les Russes (→ **Rokossovski**) en 1945, et attribuée à la Pologne par les accords de Potsdam* (1945), tandis que la population allemande était évacuée.

**SZÉCHENYI (István**, comte**)** ♦ Écrivain et homme d'État hongrois (Vienne 1791 - Döbling 1860). Après avoir participé aux guerres contre Napoléon, il voyagea en Europe, principalement en France et en Angleterre, où il prit conscience du retard de son pays. Revenu en Hongrie, il écrivit *Crédit* (1830), *Lumière* (1831), *Stade* (1833), dans lesquels il préconisa, plutôt que la rupture avec l'Autriche, des réformes économiques et sociales afin de développer et de moderniser le pays. Il participa activement à la vie politique, réalisant de nombreux travaux publics. Au moment de la révolution de 1848, se sentant responsable des événements, il perdit la raison. Il écrivit encore pendant ses moments de lucidité *Connaissance de soi-même* (1856), *La Grande Satire hongroise* (1859) ; il se suicida en 1860.

**SZEGED** ♦ V. de Hongrie, ch.-l. du comitat de Csongrád, située au S.-E. du pays, sur la rive d. de la Tisa*, en aval de sa confluence avec le Mureş (Maros). 168 273 hab. Univ. (depuis 1921). Église de Mathias du XVIe s. ▪ Indus. agricole, chimique, textile. Port fluvial et centre ferroviaire. **Histoire** Szeged, forteresse et place commerciale sous les Árpád*, fut mise à sac par les Tatars* en 1241. La ville reçut de Béla IV des privilèges municipaux et devint ville franche en 1498. Elle fut prise par les Turcs en 1542 et reconquise en 1686. Kossuth* y installa son gouvernement provisoire en juil. 1849. Reconstruite après les inondations en 1879, la ville perdit de son importance économique en 1918, lorsque le Banat* fut rattaché à la Roumanie et à la Yougoslavie.

**SZÉKESFEHÉRVÁR** ♦ V. de Hongrie, ch.-l. du comitat de Fejér, au S.-O. de Budapest, à mi-distance entre la capitale et le lac Balaton*. 106 346 hab. Musée de plein air dit «jardin des ruines» *(lapidarium)*. Chapelle gothique Sainte-Anne (1470), églises et maisons baroques. ▪ Métall. de l'aluminium (laminoirs). Fabrique d'appareils de télévision. **Histoire** Székesfehérvár fut constituée en ville sous le roi Étienne. Jusqu'au milieu du XVIe s., la ville porta le nom d'*Alba Regia* et fut le lieu de couronnement et de sépulture des souverains hongrois. C'est à Székesfehérvár que fut promulguée en 1222 la Bulle d'or limitant le pouvoir royal. La ville fut occupée par les Turcs de 1543 à 1688. Au cours de la Deuxième Guerre mondiale, des combats très violents opposèrent Allemands et Soviétiques dans la ville, qui en a beaucoup souffert. Elle fut reconstruite après la guerre.

**SZEKSZÁRD** ♦ V. de Hongrie, ch.-l. du comitat de Tolna. 36 229 hab. Vins.

**SZELL (George)** ♦ Chef d'orchestre américain d'origine hongroise (Budapest 1897 - Cleveland 1970). Enfant prodige, il commença sa carrière en Allemagne, puis dirigea et enseigna à Prague (1919 - 1921, 1930 - 1936). En 1941, il s'établit aux États-Unis et dirigea au Metropolitan Opera (1942 - 1946). De 1946 à sa mort, il fut à la tête de l'Orchestre de Cleveland. Il s'est distingué dans le répertoire allemand, de Haydn à R. Strauss, et aussi dans Dvořák et Bartók.

**SZENT-GYÖRGYI VON NAGYRAPOLT (Albert)** ♦ Biochimiste américain d'origine hongroise (Budapest 1893 - Woods-Hole 1986). Il isola à partir de la glande surrénale, puis à partir de certains fruits et légumes, un composé qu'il identifia en 1932 comme la vitamine antiscorbutique (vitamine C) pour laquelle il proposa le nom d'acide ascorbique. On lui doit également la découverte de la vitamine P (1936). Ses recherches sur le métabolisme cellulaire (1935) sont à la base des travaux de H. A. Krebs*. Il découvrit l'actine dans le muscle et démontra qu'il s'agit de la protéine responsable (avec la myosine) de la contraction. [Prix Nobel de physiol. ou méd. 1937]

**SZERYNG (Henryk)** ♦ Violoniste mexicain d'origine polonaise (Żelazowa Wola 1921 - Kassel 1988). Après des études à Berlin puis à Paris, il devint professeur au Mexique, avant de commencer une carrière internationale, au cours de laquelle il créa de nombreuses œuvres contemporaines pour violon et orchestre.

**SZILARD (Leo)** ♦ Physicien américain d'origine hongroise (Budapest 1898 - La Jolla, Californie 1964). Spécialisé en physique nucléaire, il mit au point la réaction qui transforme le béryllium en hélium en produisant des neutrons. Il collabora avec E. Fermi* à la préparation de la première pile atomique. Opposé cependant à l'utilisation de l'arme nucléaire, il se tourna, à la fin de la Deuxième Guerre mondiale, vers la biophysique.

**SZOLNOK** ♦ V. de Hongrie, ch.-l. du comitat de Jász-Nagykun-Szolnok, sur la Tisa. 77 631 hab. Univ. technique. Méthane. Indus. chimique, métallurgique et mécanique, papier, indus. alimentaire. Centre ferroviaire et port fluvial.

**SZOMBATHELY** ♦ V. de Hongrie, ch.-l. du comitat de Vas, à l'O. du pays, près de la frontière autrichienne. 81 920 hab. Temple d'Isis (IIe s.). Musée de plein air (antiquités romaines). Palais épiscopal (baroque). ▪ Indus. textile et du cuir. Indus. mécanique. ▮ **Histoire** La ville fut fondée en 41 par l'empereur Claude, et reçut le nom de *Savaria*. Résidence des proconsuls romains, elle joua un rôle important comme centre de communications. Septime Sévère y fut proclamé empereur. Au Moyen Âge, des bastions y furent construits. Puis la ville devint un grand centre du catholicisme en Transdanubie.

**SZONDI (Lipot)** ♦ Psychiatre hongrois (Nitra 1893 - Küsnacht 1986). Le *test de Szondi* consiste à classer des photographies représentant des types psychologiques déterminés par ordre de sympathie ; il est utilisé pour l'exploration des pulsions profondes de la personnalité (en particulier en psychopathologie) ; l'interprétation de ce test repose sur le «système des pulsions» établi par Szondi, qui distingue huit besoins pulsionnels indépendants. La valeur de ce système et du test a été l'objet de vives polémiques.

**SZOPIENICE** ♦ Aggl. indus. de Pologne, située dans la banlieue de Katowice. Charbonnages et fonderie de zinc.

**SZOSTAK (Jack W.)** ♦ Généticien américain (Londres 1952). Il montra, avec E. Blackburn*, que les télomères sont indispensables à la pérennité des chromosomes et étudia leur rôle dans le vieillissement cellulaire. [Prix Nobel de physiol. ou méd. 2009, avec E. Blackburn et C. Greider*]

**SZTÁLINVÁROS** → **Dunaújváros**

**SZYMANOWSKI (Karol)** ♦ Compositeur polonais (Tymószówka, Ukraine 1882 - Lausanne 1937). Né dans une famille de musiciens, il fut l'élève de son père et de son oncle, puis étudia la composition à Varsovie avec Z. Noskowski, avant de se joindre au groupe «Jeune-Pologne», qui militait pour la rénovation de la musique polonaise. Ses premières œuvres se ressentent de l'influence de Chopin et de Scriabine (2e symphonie) et de celle de Wagner, Strauss et Reger (1re symphonie ; *Hagith*, opéra). Plus tard, à Vienne, il eut la révélation de l'œuvre de Debussy, de Ravel et surtout du *Petrouchka* de Stravinski, influences décelables dans sa musique pour violon (1er concerto) et pour piano (*Mythes*, comprenant la célèbre *Fontaine d'Aréthuse* ; *Métopes*) tout en étant profondément marqué par la musique folklorique polonaise (ballet *Harnasie*). Nommé en 1926 directeur du conservatoire de Varsovie, il connut alors une période très féconde, dont l'opéra du *Roi Roger*, le *Stabat Mater*, la symphonie concertante pour piano et orchestre et le 2e concerto pour violon sont les œuvres les plus originales. → **ÉTYM.** Ce nom de famille vient d'un nom de lieu, du polonais *Szymon* «Simon» avec le suffixe *-ski*.

**SZYMBORSKA (Wisława)** ♦ Poète polonaise (Kórnik, près de Poznań 1923). D'abord conforme au réalisme socialiste, sa poésie se démarqua peu à peu des courants littéraires et politiques, décrivant le monde avec simplicité et concision. Le ton ironique de ses poèmes laisse transparaître toutefois les angoisses existentielles de l'auteur (*Le Sel*, 1962 ; *À tout hasard*, 1972 ; *La Fin et le Commencement*, 1993 ; *Moment*, 2003). [Prix Nobel de littér. 1996]

# T

**TAAF** → Australes et Antarctiques françaises (terres)

**TABAGO** → Tobago

**ṬABARĪ (Abū Ja'far Muḥammad ibn Jarīr AL-)** ♦ Historien et théologien arabe (Amol, Tabaristan, v. 838 - Bagdad 923). Il passa l'essentiel de sa vie à Bagdad où il commença par être précepteur du fils d'un vizir ; il fut ensuite professeur de droit et de *hadīth*. Il écrivit une histoire universelle de la Création jusqu'à 915 : *Tārīkh al-Russūl wa al-Mulūk* («Chronique des prophètes et des rois»), texte célèbre par les précisions historiques qu'il fournit sur la période qui va du VIe au Xe s. Sa deuxième grande œuvre est son commentaire du Coran (*Jamī' al-Bayān* ou *Tafsīr*).

**TABARIN** ♦ Personnage de théâtre de rue, inventé par le bateleur ANTOINE GIRARD (1584 - 1626), qui fut rapidement connu sous ce nom. Il jouait place Dauphine, en compagnie de son frère Philippe (Mondor ou Rodomont), de courtes farces improvisées à partir de canevas, à la manière des comédiens-italiens. Sa popularité fut telle que demeure l'expression «faire le tabarin». Ses facéties furent réunies dans le *Recueil général des rencontres et questions tabariniques* (1622).

**TABARKA** ♦ V. du N. de la Tunisie (gouvernorat de Jendouba), située sur la Méditerranée, à proximité de la frontière algérienne, en Kroumirie. 15 634 hab. Port de pêche et d'embarquement de liège.

**TABARLY (Éric)** ♦ Officier de marine et navigateur français (Nantes 1931 - au large de Milford Haven, 1998). Vainqueur de la deuxième course transatlantique en solitaire Plymouth-Newport (1964) sur le ketch *Pen Duick II*, il s'illustra aussi lors de la course transpacifique en solitaire (1969) à bord de *Pen Duick V*. Grand vaincu de la course autour du monde (1973 - 1974) avec le *Pen Duick VI*, il remporta la course transatlantique en 1976 et, en 1980, battit le record de traversée de l'Atlantique. ◂ ÉTYM. Ce nom de famille vient de *tabard* (manteau porté sur l'armure).

**TABASCO** n. m. ◂ ÉTYM. mot indien «en terre inondée» ♦ État du Mexique méridional, situé entre le Guatemala et le golfe du Mexique. 25 267 km². 1 989 969 hab. CAP. : Villahermosa. Vaste plaine côtière lagunaire et marécageuse, où la forêt vierge a été défrichée pour les plantations et surtout l'élevage bovin. Depuis 1974, les découvertes pétrolières ont bouleversé cette région, longtemps isolée du reste du pays.

**TABINSHWEHTI** ♦ Souverain birman (1515 - v. 1550). Il régna à Pegou (de 1531 à 1550) après avoir conquis tout le territoire et fait l'unité du pays grâce à ses alliances avec des mercenaires portugais qui l'aidèrent à contenir les armées siamoises.

**Tableaux de voyage** – en all. ***Reisebilder*** ♦ Œuvre de Heinrich Heine*, parue en plusieurs volumes (*Les Montagnes du Harz, L'Île de Nirdeney, Le Tambour Legrand, Idées, Les Bains de Lucques, La Ville de Lucques*), de 1826 à 1831. Inaugurant un genre nouveau dans la littérature allemande, les *Reisebilder* constituent une œuvre particulièrement révélatrice du génie et du style de Heine qui y exprime ses sentiments et ses idées en maniant tour à tour

Les chevaliers de la **Table ronde.** *Le Livre de Messire Lancelot du Lac*, Bibliothèque nationale de France, Paris. *BIS/Phot. © Coll. Archives Larbor*

un lyrisme tout impressionniste et l'ironie la plus mordante. L'audace politique des *Reisebilder* les fit interdire par la plupart des gouvernements allemands de l'époque.

**Tableaux d'une exposition** ♦ Œuvre pour piano en 10 morceaux de M. Moussorgski* (1874), inspirée par une exposition de dessins, esquisses et maquettes de l'architecte Victor Hartmann (mort en 1873). Des différentes orchestrations réalisées, seule celle de Maurice Ravel (1922) s'est imposée.

**Table ronde** (chevaliers de la) ♦ Dans les romans du *cycle breton*, ensemble des chevaliers (→ **Galaad, Gauvain, Lancelot, Perceval, Yvain**) que le roi de Bretagne, Artus*, réunit, une fois l'an, autour d'une «table ronde», où chacun a sa place marquée, sans querelle de préséance.

**TÁBOR** → ÉTYM. du tchèque *tábor* «fortification» ♦ V. de la République tchèque, en Bohême méridionale, bâtie sur un bastion escarpé, au-dessus de la Lužnice. 35 859 hab. La vieille ville conserve ses rues tortueuses et ses remparts. Musée hussite. ▪ Construc. mécaniques, manufacture de tabac. ▮ **Histoire** La ville fut fondée en 1420 par les hussites* les plus intransigeants, qui prirent alors le nom de taborites.

**Tabou** – en angl. ***Tabu*** ♦ Film américain de Friedrich Wilhelm Murnau* (1931). Un pêcheur de perles de Bora-Bora amoureux d'une jeune vierge est victime de la loi du tabou. Ce chant du cygne du cinéaste allemand, sous contrat aux États-Unis, fut réalisé avec la collaboration, inattendue, du documentariste R. Flaherty*. L'un a tiré le film vers l'idylle bucolique, l'autre vers le drame romantique. C'est cette dernière tonalité qui l'emporte, favorisant l'affleurement de l'éternel dans l'éphémère.

**TABOUROT (Jehan)** ♦ Écrivain français (Dijon 1520 - Langres 1595). Chanoine de Langres, il publia en 1588 sous l'anagramme de Thoinot Arbeau l'*Orchésographie*, se présentant comme un «Traité en forme de dialogue par lequel toutes personnes peuvent facilement apprendre et pratiquer l'honneste exercice des dances». C'est un des plus anciens ouvrages où soit proposée une notation de diverses danses. ♦ **Étienne Tabourot,** sieur **des Accords.** Écrivain français (Dijon 1549 - *id.* 1590). Neveu du précédent. Auteur de recueils de contes et de facéties où les jeux verbaux sont cultivés avec virtuosité : *Les Bigarrures* (1583), *Les Touches* (1585), *Premier Livre des Escraignes dijonnaises* (1588). → ÉTYM. *Tabourot* vient de *tabour*, forme rare de l'ancien français *tambour*.

**TABRIZ** ou **TABRĪZ** ♦ V. d'Iran, ch.-l. d'Azerbaïdjan-Oriental, près du lac d'Ormiya*, sur la rivière Talkheh. 1 398 060 hab. La ville conserve plusieurs monuments anciens, parmi lesquels la magnifique Mosquée Bleue (1465, détruite en grande partie par un tremblement de terre) et la citadelle (XIVe s.). Centre administratif, universitaire, commercial (céréales, fruits secs, tabac, coton) et industriel (textile, construc. mécanique et électrique, cimenterie, raffinerie, travail du cuir). Carrefour de communications routières et ferroviaires, relié à Téhéran, au Transcaucasien et au réseau turc. ▮ **Histoire** Citée dans les inscriptions du roi d'Assyrie, Sargon* II (-714), *Turus* ou *Tauris* fut une place forte de l'Iran antique. Plusieurs fois victime de tremblements de terre, reconstruite vers le IXe s., Tabriz devint la capitale des Ilkhanides à la fin du XIIIe s., des Hordes Mouton-Blanc au XVIe s. et des premiers Safavides au XVIIe s. Sous l'occupation soviétique elle fut le siège de l'éphémère République démocratique d'Azerbaïdjan (1946).

**TABUCCHI (Antonio)** ♦ Écrivain italien (Pise 1943). Entre romans et récits, rêve et réalité, ses ouvrages font évoluer des personnages tourmentés et contradictoires. Ils se cherchent eux-mêmes au travers des autres, ainsi le héros de *Nocturne indien* (1987), porté à l'écran par Alain Corneau, celui du *Fil de l'horizon* (1988) ou encore le personnage de roman dans *Tristano meurt* (2004). *Requiem* (1993) fut son premier roman en portugais. Tabucchi partage son temps entre l'Italie et le Portugal et a traduit l'œuvre de Fernando Pessõa. Son roman *Pereira prétend* (1994), qui restitue l'histoire d'un journaliste sous la dictature de Salazar, devenu un symbole pour l'opposition de gauche à Berlusconi, a été porté à l'écran. Les bouleversements de l'histoire de l'Occident de la fin du XXe siècle lui ont inspiré un recueil de nouvelles *Le temps vieillit vite* (2009).

**TACANA** n. m. ♦ Volcan du Guatemala (4 092 m), situé à la frontière du Mexique, dans le prolongement de la sierra Madre del Sur.

**TACHAOUZ** ♦ V. du Turkménistan, sur un des bras du bas Amou-Daria, ch.-l. de région. 165 400 hab. Indus. textile (cotonnades, tapis).

**TACHKENT** → ÉTYM. du russe emprunté au kazakh *taškent* «ville *(kent)* de pierre *(taš)*» ♦ Cap. de l'Ouzbékistan, ch.-l. de région dans l'oasis du Tchirtchik. 2 142 700 hab. Important centre culturel (univ. fondée en 1920) et indus. de l'Asie centrale. Indus. mécanique (machines agricoles, excavateurs) et alimentaire. Combinat textile. Nœud ferroviaire. Centrale thermique. La ville fut en grande partie détruite par un tremblement de terre en avr. 1966. ▮ **Histoire** D'origine obscure, Tachkent fut conquise successivement par les Chinois, les Mongols, les Kirghiz et les Boukhariens. Appartenant dès le début du XIXe s. au khanat de Kokand*, elle fut prise par les Russes en 1865 et devint capitale du gouvernement général du Turkestan en 1867. Elle devint capitale de la République soviétique d'Ouzbékistan après Samarkand (1930).

**TACHÔS** ou **TÉOS** ♦ Deuxième pharaon de la XXXe dynastie sébennytique, fils et successeur de Nectanébo* Ier (v. -361 - -359). Il entreprit une campagne en Palestine, mais fut arrêté par une révolte de l'armée qui donna le trône à Nectanébo* II. Il fut le premier pharaon à frapper monnaie.

**TACITE** → ÉTYM. en lat. ***Publius Cornelius Tacitus*** ; de *tacitus* «taciturne», de *tacere* «se taire» ♦ Historien latin (v. 55 - v. 120). Il entra dans la carrière administrative sous Vespasien* ; il fut consul (97), puis proconsul d'Asie (110 - 113). Son éloquence lui avait assuré une grande réputation avant qu'il ne s'adonne à l'histoire (v. 98). Il est l'auteur du *Dialogue des orateurs* (qu'il écrivit probablement en 106), brillant essai sur les causes du déclin de l'éloquence, de la *Vie d'Agricola* (98), éloge funèbre de son beau-père, général de Domitien*, dans lequel il prend violemment parti contre l'empereur, et de la *Germanie*, traité sur les mœurs des Germains. Ses deux grands ouvrages historiques sont les *Histoires** et les *Annales**. ▪ Tacite voulait faire œuvre morale, sauver les vertus de l'oubli et stigmatiser les vices. Il s'intéressait surtout à la cour impériale, qui offrait une riche matière à l'analyse psychologique, et au monde barbare pour son étrangeté pittoresque, étudiant les mobiles humains individuels plus que les causes générales. Excellent peintre des âmes complexes et dissimulées, il avait une philosophie pessimiste de l'histoire. Il se forgea un style dont la personnalité doit beaucoup au récit narratif des Grecs (Thucydide*), déjà pratiqué par Salluste*, style nerveux, inégal, asymétrique, d'une extrême concision, allant parfois jusqu'à la suppression du verbe. Entre ses mains, l'histoire cesse d'être une chronique pour devenir une documentation psychologique et un genre littéraire.

**TACITE** – en lat. ***Marcus Claudius Tacitus*** ♦ (Terni v. 200 - Tyane, Cappadoce 276). Empereur romain (275 - 276). Sénateur austère et consciencieux, il prétendait descendre de l'historien Tacite* et fut choisi par le sénat comme successeur d'Aurélien* pour son intégrité. Il vainquit les Goths en Cilicie et, malgré ses largesses, mourut assassiné par ses soldats après six mois de règne.

**TACLOBAN CITY** ♦ V. des Philippines dans l'île de Leyte*, ch.-l. d'Eastern Visayas. 178 639 hab. Bois, chanvre, noix de coco. Poisson.

**TACNA** ♦ V. du Pérou, cap. de dép., à la frontière chilienne dans une oasis au pied des Andes. 242 451 hab. Coton, canne à sucre, vigne, tabac. ▮ **Histoire** La ville de Tacna, ainsi que celle d'Arica, fut cédée au Chili par le traité d'Ancón (1883). Par le traité de Lima (1929), Tacna revint au Pérou et Arica au Chili. ♦ ***Département de Tacna*** 16 076 km², 288 781 hab. Oliviers. Zone de protection des vigognes.

**TACOMA** ♦ V. des États-Unis (Washington), sur le Puget Sound, au S. de Seattle. 193 556 hab. Université méthodiste de Puget Sound dans les environs. La ville participe de la dynamique de l'agglomération de Seattle. Indus. du bois, métall. (aluminium, cuivre), électrochimie. Pêche.

**TADDEO DI BARTOLO** → ÉTYM. *Taddeo*, probablt du gr. *Theodotos* (ou *Theodôros*) et *Bartolo*, abrév. de *Bartolomeo* ♦ Peintre italien (Sienne v. 1362 - *id.* 1422). Se rattachant à la tradition héritée des Lorenzetti*, il en fit une sorte d'académisme qu'il répandit de Pise à la Ligurie et à l'Ombrie. Fidèle aux conventions de la peinture religieuse siennoise, il innova plus dans le sujet que dans le style aux environs de 1400, à son retour dans sa ville natale (articles du *Credo*, Opera del Duomo, Sienne ; figures de dieux et héros antiques, 1414, palais municipal, Sienne).

**TADEMAÏT** (plateau du) → ÉTYM. berbère «le palmier nain» ♦ Région du Sahara algérien, formée de hamadas calcaires, située au S. du Grand Erg occidental limité par les régions de Gourara et du Touat à l'O., le Tidikelt au S. et le Grand Erg oriental à l'E.

## TADJIKISTAN

▮ n. m. – off. ***république du Tadjikistan***, en tadjik ***Jumhurii Tojikistan*** → ÉTYM. «pays (iran. *ostān*) des Tadjiks*» ♦ Pays d'Asie centrale. 143 100 km². 6 127 000 hab. *(Tadjiks)*. LANGUE : tadjik. POPULATION : Tadjiks, 62 % ; Ouzbeks, 23 % ; Russes et Ukrainiens, 8 % ; Kirghiz, Turkmènes. RELIGION : musulmans sunnites. MONNAIE : somoni. CAPITALE : Douchanbe. RÉGIME : présidentiel. Le Tadjikistan englobe une république autonome, le Haut-Badakhchan* et deux régions : le Khatlon et le Soghd (cap. Khoudjand).

▮ **GÉOGRAPHIE** Pays de hautes montagnes, le Tadjikistan était la plus pauvre des républiques de l'URSS. Les reliefs très découpés et élevés du Pamir au S. et du Tian shan au N. ne permettent guère qu'un élevage ovin et des cultures de subsistance insuffisantes pour la population qui a dû gagner les plaines. Les bassins du Piandj, du Vakhch (affluents de l'Amou-Daria), du Zeravchan et la partie tadjike du Fergana* sont de riches piémonts irrigués depuis l'Antiquité et qui concentrent plus de 90 % de la population. On y pratique la culture du coton, du tabac, de fleurs à parfums (géraniums, roses), des fruits et légumes, la sériciculture et l'élevage ovin

**Tadjikistan.**

(astrakans). Les industries traditionnelles (traitement des peaux, du coton et de la soie, tapis, conserveries) demeurent prépondérantes. L'exploitation de gisements de métaux rares (aluminium, au 1$^{er}$ rang des exportations, antimoine, argent, tungstène), de sel, de charbon (Choutab) et d'hydrocarbures (région de Termez) et la construction d'une cascade de barrages sur le Piandj et le Vakhch (16 milliards de kWh par an) ont permis le développement d'industries lourdes, métallurgie non ferreuse (dont le combinat d'aluminium de Regar, très controversé pour sa pollution) et chimiques (engrais et plastiques).

**▮ HISTOIRE** Conquises successivement par les Arabes (VIII$^{e}$ s.), les Samanides* (IX$^{e}$ - X$^{e}$ s.) et les Mongols (XIII$^{e}$ s.), les terres tadjikes firent partie du khanat de Boukhara* du XVI$^{e}$ au XIX$^{e}$ s. Dans la seconde moitié du XIX$^{e}$ s., après la conquête de l'Asie centrale par la Russie, le Tadjikistan actuel fut annexé au gouvernement du Turkestan et au khanat de Boukhara (alors vassal des Russes). En déc. 1917, le régime soviétique fut proclamé dans les régions septentrionales et en 1922 fut créée la République populaire soviétique de Boukhara. Après la délimitation territoriale des républiques de Turkestan, de Boukhara et du Khorezm (qui furent partagées entre le Kazakhstan, le Kirghizstan*, l'Ouzbékistan*, le Tadjikistan et le Turkménistan*), le Tadjikistan devint en 1924 une République socialiste soviétique autonome au sein de l'Ouzbékistan et, en 1929, une RSS fédérée d'URSS. Miné par les conflits internes entre les partisans du Parti de la renaissance islamiste et les «conservateurs» communistes partagés en clans régionaux, confronté à des voisinages difficiles (importantes communautés tadjikes en Ouzbékistan et en Afghanistan), le Tadjikistan connut, à partir de son accès à l'indépendance en 1991, une sanglante guerre civile qui entraîna le départ des russophones, l'exode de milliers de Tadjiks et l'intervention militaire de la Russie soutenant le régime néocommuniste du président Rakhmonov (réélu en 1999 et en 2006). Un cessez-le-feu est intervenu en juin 1997. Le pays est confronté à de graves problèmes amplifiés par la crise mondiale de 2008-2009 (pauvreté, pénurie d'énergie, inflation, corruption) ainsi qu'à l'autoritarisme et la corruption du gouvernement.

---

**TADJIK(S)** n. m. pl. ➝ ÉTYM. du sanskr. *tájika* «arabe ; arabo-persan» ou de l'ar. *tādjir* «marchand» ♦ Peuple iranien du N. de l'Iran, de l'Afghanistan et de l'Ouzbékistan, composé d'agriculteurs sédentaires parlant un dialecte persan archaïque.

**TADJOURA** ♦ V. de la rép. de Djibouti, dans le pays afar. 3 500 hab. Port. Une route la relie à Djibouti.

**TADLA** ➝ ÉTYM. berbère «gerbe de céréales» ♦ Plaine du Maroc occidental, dépression E. de la Meseta, au pied du Moyen-Atlas, traversée par l'Oum er-Rebia et irriguée en partie par le barrage de Bin el-Ouidane. Agrumes. Betteraves. Coton.

**TAECH'ŎN, DAEJON** ou **TAEJON** ♦ V. de Corée du Sud, dans le S.-O. de la péninsule. Chef-lieu de la prov. de Chungchongnam. 1 442 856 hab. Indus. légères. ▪ Temple et parc national aux environs.

**TAEF** – en ar. *al-Ṭā'if* ♦ V. d'Arabie saoudite, située à 1 372 m d'alt., dans le Hedjaz, au S.-E. de La Mecque. 521 273 hab. Elle est entourée de vignobles et de vergers et son climat en fait un lieu de villégiature pour les dignitaires saoudiens.

**TAEGU** ou **DAEGU** ♦ V. de Corée du Sud, formant une province. 2 464 547 hab. Universités. Indus. textiles, électriques et conserveries.

**TAEHAN MIN'GUK, DAE-HAN MIN-GUG** ou **TAE HAN MIN KUK** ♦ Nom officiel que prit en 1948 la république de Corée, et qui a été conservé pour s'appliquer à la Corée* du Sud.

**TAEUBER-ARP (Sophie)** ♦ Peintre et sculptrice suisse (Davos 1889 - Zurich 1943). Elle rencontra Hans Arp* en 1915 et prit part, avec lui, aux manifestations dada du cabaret Voltaire. Elle épousa Arp en 1922 et créa avec lui et Van* Doesburg la décoration de l'Aubette à Strasbourg en 1926 - 1928, utilisant notamment des panneaux abstraits strictement géométriques. Elle prit part avec son mari aux réunions de Seuphor et à l'Esprit Nouveau, puis elle s'associa en 1930 avec le mouvement Abstraction-Création, créant des tableaux et objets peints aux géométries raffinées, aux couleurs pures, lumineuses, posées sur un fond neutre, blanc, noir ou gris. Ses œuvres, parfois également signées par son mari, sont empreintes d'humour (*Sculpture conjugale*, 1937). Ils vécurent de 1929 à 1939 dans leur propriété de Meudon, devenue la Fondation Arp. En 1940, ils se réfugièrent à Nérac, à Annecy, puis à Grasse. Engagée dans la Résistance, malade, elle se rendit à Zurich, chez Max Bill*, où elle mourut accidentellement.

**TAFARÍ MAKONNEN** ➝ **Hailé Sélassié I$^{er}$**

**TAFILALET, TAFILALT** ou **TAFILET** n. m. ♦ Région saharienne du Maroc, cuvette dominée par l'Anti-Atlas à l'O. et le Haut-Atlas au N. Nombreuses oasis (palmeraies) alimentées par les oueds Ziz et Rhéris. Barrage Hassan Addakhil. **▮ Histoire** La maison régnante du Maroc est originaire du Tafilalet. René Caillié, en 1828, fut le premier Européen à y pénétrer, mais la région ne fut occupée par les Français qu'en 1932.

**TAFNA** n. f. ♦ Fl. côtier de l'Algérie occidentale qui a pour sous-affl. la rivière Isly (Maroc). ♦ ***Traité de la Tafna*** Il fut signé le 30 mai 1837 entre Bugeaud et l'émir Abd el-Kader, auquel le gouvernement français faisait d'importantes concessions, reconnaissant la souveraineté de l'émir sur près des deux tiers de l'Algérie. Les combats reprirent néanmoins après deux ans de trêve.

**TAFT (William Howard)** ♦ Homme d'État américain (Cincinnati, Ohio 1857 - Washington 1930), 27$^{e}$ président des États-Unis. Avocat puis magistrat, il devint le premier gouverneur civil des Philippines (1901 - 1904). Th. Roosevelt le nomma secrétaire à la Guerre (1904 - 1908) et le désigna comme son successeur. Républicain, il fut président des États-Unis de 1909 à 1913. Il continua la politique de Roosevelt et fit voter malgré une vive opposition le *Payne-Aldrich Act* (1909) sur les tarifs douaniers. Il fut vaincu par le démocrate Wilson* en 1912. En 1919, il se déclara favorable à la SDN et au traité de Versailles. En 1921, Harding le nomma président de la Cour suprême. ♦ **Robert Alphonso Taft.** Homme politique américain (Cincinnati 1889 - New York 1953). Fils du précédent. Sénateur républicain, il fut le principal auteur de la loi Taft-Hartley (juin 1947) qui autorisait le contrôle des fonds des syndicats, interdisait la grève aux fonctionnaires et permettait au président de suspendre une grève pendant 80 jours.

**TAGAL(S)** n. m. (pl.) – en philippin ***Tagalog*** ♦ Ethnie des Philippines habitant Manille et les provinces environnantes. Ils sont plus de 21 000 000. Le tagal (Tagalog) est la langue nationale des Philippines depuis 1937 ; à ce titre, il est appelé «philippin» (*Filipino* en esp. et en angl., *Pilipino* en tagal). ➝ **Quezon.**

**TAGANROG** ♦ V. de Russie, sur la côte septentrionale de la mer d'Azov. 282 300 hab. Port. Indus. métallurgique et chimique. Construc. navales. **▮ Histoire** Fondée en 1698 par Pierre le Grand qui y fit édifier une forteresse, la ville devint la résidence favorite d'Alexandre I$^{er}$ qui y mourut en 1825. Durant la guerre de Crimée, elle fut bombardée par une flotte franco-britannique.

**TAGAR** ♦ Site préhistorique éponyme de l'âge du bronze en Sibérie, près de Minoussinsk, caractérisé par un art animalier très élaboré et une métallurgie à la technique avancée (v. -700 - -100).

**TAGDEMPT** ♦ Site d'Algérie, à 8 km de Tiaret*. Ancien poste romain, Tagdempt fut la capitale du royaume de Tāhert* (VIII$^{e}$ - X$^{e}$ s.).

**TAGE** n. m. – en esp. ***Tajo***, en port. ***Tejo*** ➝ ÉTYM. du lat. *Tagus*, p.-ê. du phénicien *dag* «poisson [la rivière aux poissons]» ♦ Princ. fl. de la péninsule Ibérique (1 006 km). Né en Espagne, dans les Montes Universales (Aragon, prov. de Teruel), il coule d'abord au fond de profondes gorges, traverse la Meseta* (Castilles), arrose Aranjuez, Tolède, Talavera de la Reina, Alcántara. Au Portugal, après avoir franchi les Portas de Rodão, il coule en plaine à partir d'Abrantes* et se jette dans l'Atlantique dans la baie de Lisbonne* (mer de Paille). Ses princ. affl. sont le Henares, le Manzanares, l'Alberche (Espagne) et le Zézere (Portugal). Hydroélectricité sur le haut et le moyen Tage.

**TAGLIAMENTO** n. m. ♦ Fl. d'Italie du Nord (170 km). Né dans les Alpes carniques, il coule d'abord vers l'E. en arrosant le Frioul*, puis s'oriente vers le S. en traversant la Vénétie Julienne. Après avoir parcouru une zone de lagunes, il se jette dans l'Adriatique, entre Venise et Trieste. **▮ Histoire** Bonaparte y vainquit l'archiduc Charles (mars 1797). De 1806 à 1814, le Tagliamento donna son nom à la région de Trévise et à une partie du Frioul. En 1917, les troupes italiennes ne purent contenir sur ses rives l'avance austro-allemande vers la Piave.

**TAGLIONI (Filippo)** ♦ Danseur et chorégraphe italien (Milan 1777 - Côme 1871). Il débuta en Italie, puis vint à Paris, où il parut à l'Opéra dans *La Caravane du Caire* (1799). Engagé au Théâtre-Royal de Stockholm (1803), il y devint maître de ballet et épousa une jeune Suédoise, Anna Karsten, dont il eut deux enfants, Marie et Paul, qui illustrèrent l'art de la danse, la première comme ballerine, le second comme chorégraphe. Il a monté lui-même de nombreuses chorégraphies sur les plus grandes scènes d'Europe, notamment à Vienne, Paris (1830 - 1836), Saint-Pétersbourg (1837 - 1842), et peut être considéré comme le véritable créateur du ballet romantique, par l'atmosphère poétique et dépouillée de sensualité dont il sut l'imprégner. On lui doit en particulier les ballets *La Sylphide* (1832), *La Fille du Danube* (1836) et l'*Ombre* (1839) qu'il composa pour sa fille Marie.

**TAGLIONI (Maria,** en fr. **Marie)** ♦ Danseuse italienne (Stockholm 1804 - Marseille 1884), fille de Filippo Taglioni*. Élève de son père, qui composa ses plus célèbres chorégraphies, elle débuta à Vienne en 1822. Elle entreprit de nombreuses tournées en Italie et en Allemagne avant de paraître à l'Opéra de Paris (1827), où sa grâce immatérielle et la nouveauté de sa technique suscitèrent l'enthousiasme. Auber composa pour elle *Le Dieu et la Bayadère* (1830) et Meyerbeer inséra à son intention le *Ballet des nonnes* dans son opéra *Robert le Diable* (1831). Le triomphe de *La Sylphide* (1832) précéda pour elle ceux de *La Révolte au sérail* (1833) et de *La Fille du Danube* (1836). Adulée à Saint-Pétersbourg (1837 - 1842), Londres, Vienne, Milan, elle devint l'idole du public européen. C'est à Londres qu'elle interpréta, aux côtés de C. Grisi, F. Cerrito et L. Grahn, le célèbre *Pas de quatre,* avant de faire ses adieux à la scène (1847). Danseuse d'élévation d'une sublime noblesse de style, Maria Taglioni fut la pure incarnation du rêve romantique.

**TAGORE** ou **THĀKUR (Rabindranāth)** ➝ **ÉTYM.** du bengali *robindronāth tākhur,* de *robi* «soleil», *indronāth* «le seigneur Indra» et *tākhur* «prince» ♦ Poète indien (Calcutta 1861 - Shantiniketan, Bengale 1941). Il est l'auteur de plus de mille poèmes, de romans, de pièces dramatiques et de chants qui eurent une grande influence sur la littérature moderne de l'Inde. A. Gide traduisit son recueil de poèmes, *Gītāñjali,* sous le titre *L'Offrande lyrique* (1913). Son inspiration est mystique et patriotique. Tagore fut également un musicien et un peintre de talent. En 1921, il fonda au N. de Calcutta une université internationale (Shantiniketan) destinée à promouvoir les idéaux indiens de culture et de tolérance. [Prix Nobel de littér. 1913]

**ṬĀHA ḤUSAYN** ♦ Écrivain égyptien (Maghāgah 1889 - Le Caire 1973), critique, historien, romancier, journaliste et traducteur. Il perdit la vue à l'âge de deux ans. Sa première thèse est consacrée à Abū* al-'Alā' al-Ma'arrī (*Dhikra Abū al-'Alā',* 1915). Il fut au centre de la polémique qui secoua le monde intellectuel arabe pendant l'entre-deux-guerres : dans son *Fi al-chi'r al-Jāhili* («sur la poésie préislamique»), il soutint que cette poésie avait été entièrement composée par des musulmans pour, entre autres raisons, rendre crédibles les «mythes» qui entourent le Coran*. Il fut déclaré apostat. Il traduisit nombre de chefs-d'œuvre français et grecs. Son autobiographie, *Les Jours (Al-Ayyām)* fut la première œuvre arabe contemporaine qui eut des échos en Occident (trad. française, préface de A. Gide). Dans l'ensemble de son œuvre, il essaya de concilier les exigences de l'arabe classique et l'assimilation des valeurs occidentales.

**TĀHERT** ♦ Anc. cap. des Rostémides*, située à proximité de Tagdempt* (Tiaret). Après sa destruction en 909, une partie de la population s'établit dans les oasis algériennes, en particulier dans celles du Mzab*.

**TAHIRIDES** n. m. pl. ➝ **ÉTYM.** du n. de *Ṭahir* ibn Ḥusayn (V. ci-dessous) ♦ Dynastie iranienne (820 - 873), fondée par le général musulman ṬĀHIR IBN ḤUSAYN (775 ? - 822), client perse de la tribu arabe de Khuzā'a, qui fut gouverneur de la Syrie et de la haute Mésopotamie avant de recevoir le gouvernement du Khorassan (820). Ses princes se considéraient comme les vassaux du califat abbasside*. Cette famille a fourni des gouverneurs de Bagdad et a encouragé l'activité littéraire arabe.

**TAHITI** ➝ **ÉTYM.** tahitien «l'endroit qui produit *(ta)* le point du jour *(hiti)*» (c'est-à-dire «à l'est») ou «petite *(iti)* île *(nui)*» ♦ Île de Polynésie française, la plus grande de l'archipel de la Société appartenant au groupe des îles du Vent. 1 042 km$^2$. 115 820 hab. *(Tahitiens)* dont env. 5 000 Chinois. V. PRINC. : Papeete. L'île est formée de deux parties, *Tahiti Nui,* la plus importante, à l'O., *Tahiti Iti* ou *Taiarapu,* à l'E. ; elles sont reliées par l'isthme de Taravao. Ces îles se composent de deux anciens cônes volcaniques, avec des pics secondaires, profondément découpés par des vallées. Orohena, le cône de Tahiti Nui, s'élève à 2 241 m ; Roniu, sur Tahiti Iti, s'élève à 1 323 m. L'île est entourée d'un récif de corail. ▪ Cocotiers, arbres fruitiers, monoï. Tourisme. **▮ Histoire** Le premier Européen qui découvrit Tahiti fut Samuel Wallis* en 1767. L'île fut visitée plus tard par Bougainville*, J. Cook*, W. Bligh*. Les premiers Européens à y résider furent des membres de la Société missionnaire de Londres (1797), qui s'allièrent au roi Pomaré* Ier et à ses successeurs. La reine Pomaré, sous l'influence des Britanniques, expulsa en 1836 les missionnaires français venus s'installer dans l'île. Mais, sur l'intervention militaire de Dupetit*-Thouars, la reine Pomaré IV fut contrainte d'accepter le protectorat de la France (sept. 1842 ; ratification, mars 1843). Son fils et successeur, Pomaré V (1877 - 1880), abandonna ses droits à la France en 1880. Tahiti et ses dépendances devinrent alors une colonie française (Établissements français d'Océanie*, 1885). Son histoire se confond alors avec celle de la Polynésie* française.

Tahiti.

**TAHOUA** ♦ V. du Niger, entre Niamey et l'Aïr. Plus de 55 000 hab. Centre commercial (bétail, cuirs et peaux).

**TAIAN** ou **T'AI-NGAN** ♦ V. de Chine (Shandong). 937 761 hab. Située au pied sud du mont Tai shan (classé patrimoine de l'humanité par l'Unesco en 1987), Taian est le point de départ du pèlerinage sur la plus vénérée des montagnes sacrées de Chine. ▪ Blé, maïs.

**TAÏBA** ♦ Loc. du Sénégal, au N. de Thiès, reliée par une bretelle au chemin de fer Dakar-Niger. Importante exploitation de phosphates.

**TAICHUNG** ou **TAIZHONG** ♦ V. de l'île de Taiwan, ch.-l. de district. 1 055 898 hab. Centre culturel et universitaire. Agriculture et indus. alimentaire. Zone franche industrielle.

**TAIFAS** (royaumes des) ♦ Nom désignant au XIe s. la vingtaine de petits États musulmans qui se partagèrent l'Andalousie. ➝ **Espagne.** Issus de la décomposition du califat de Cordoue*, due aux luttes entre bandes ou partis *(taifas)* rivaux, ces royaumes, parmi lesquels dominèrent ceux de Séville et de Valence, disparurent pour la plupart avec l'arrivée des Almoravides* et les débuts de la Reconquista*.

**Taiheiki** ➝ **ÉTYM.** jap. «histoire de la grande paix» ♦ Célèbre récit historique japonais retraçant les luttes de la fin de la période de Kamakura (XIVe s.) et du début du shogunat des Ashikaga*, à la manière d'une chanson de geste. Probablement écrit vers 1370 et remanié par la suite.

**TAI HU** ou **T'AI-HO** ♦ Lac de Chine, prov. du Jiangsu (2 420 km$^2$). Nombreuses îles. Paysage célèbre. Pêche.

**TAILHADE (Laurent)** ♦ Écrivain français (Tarbes 1854 - Combs-la-Ville 1919). Lié avec Verlaine, Moréas et Samain, il débuta par des recueils parnassiens, *Le Jardin des rêves* (1880), puis *Vitraux* (1892), enfin *Poèmes élégiaques* (1907). *Au pays du mufle* (1891) puis *À travers les groins* (1899) révèlent un poète virulent mettant sa verve satirique au service des idées anarchistes auxquelles il adhérait. On retrouve les tendances de sa poésie «aristophanesque» dans ses œuvres en prose (*Imbéciles et Gredins,* 1900) et dans les articles qu'il donna au *Libertaire* ou à *L'Aurore.* On lui doit également des traductions de Plaute et de Pétrone. ➝ **ÉTYM.** Ce nom vient de l'occitan *talhada* «taillis».

**TAILLAN-MÉDOC (LE)** [33320] ➝ **ÉTYM.** du lat. *Autellius,* n. de pers., et suff. *-anum* (la 1re syllabe a été prise pour un article) ♦ Comm. de la Gironde, arr. de Bordeaux. 7 885 hab.

**TAILLEBOURG** [17350] ➝ **ÉTYM.** du bas lat. *taliare* «tailler (faire des entailles dans le rocher)» et de *bourg* ♦ Comm. de la Charente-Maritime, arr. de Saint-Jean-d'Angély. 600 hab. *(Tailleborgeois).* Vestiges d'une forteresse du XIIIe s. remaniée aux XVe - XVIIIe s. **▮ Histoire** Saint Louis y remporta une victoire sur Henri III d'Angleterre et sur le comte de La Marche (1242).

**TAILLEFERRE (Germaine)** ♦ Compositeur français (Saint-Maur 1892 - Paris 1983). Élève de Milhaud, elle fut l'un des membres du groupe des Six* et l'amie de nombreux compositeurs et écrivains. On lui doit des pièces de musique de scène (*Le Marchand d'oiseaux, Les Mariés de la tour Eiffel,* la *Cantate du Narcisse,* d'après Valéry), des pièces pour piano (concerto, *Ballade*) et de la musique de chambre. ➝ **ÉTYM.** Ce nom de famille signifie «forgeron».

**TAÏMYR** (presqu'île de) ➝ **ÉTYM.** p.-ê. du toungouze *taymur* «abondant, riche» ou du samoyède *tay* «front (ou chauve)» et *myry* «neige mêlée d'eau» ♦ Presqu'île de Russie, située au N. de la Sibérie centrale, entre la mer de Kara à l'O. et la mer des Laptev à l'E., au S. de l'archipel de la Severnaïa Zemlia, se terminant au N. par le cap Tcheliouchkine. Incluse dans la région de Krasnoïarsk, elle s'étend sur environ 400 000 km². Relativement peu accidenté au N. et au S., le relief en est montagneux au centre (monts Byrranga). Le sol est couvert de toundra, le sous-sol est riche en minerais (cuivre, platine, or, nickel). La population est très faible en raison du sous-sol gelé en permanence (pergélisol) et de son climat rigoureux.

**TAINAN** ♦ V. de l'île de Taiwan. 764 658 hab. Nombreux monuments historiques. ▪ Port. Centre commercial et industriel : indus. textile et alimentaire (canne à sucre). ▮ **Histoire** Créée par les Hollandais au XVIIᵉ s. (Fort Provintia), c'est l'anc. capitale et la ville la plus ancienne de l'île.

**TAINE (Hippolyte)** ♦ Critique littéraire, philosophe et historien français (Vouziers, Ardennes 1828 - Paris 1893). Il produisit une œuvre abondante dont l'unité et la cohérence résident dans une méthode de recherche rigoureuse, voire systématique. Se fondant sur un déterminisme strict, il pensa trouver dans la race, le milieu (géographique et social) et le moment (évolution historique) les facteurs susceptibles d'expliquer la production littéraire et plus généralement artistique, le développement des fonctions mentales et les faits historiques. Comme critique littéraire et philosophique, on lui doit *La Fontaine et ses fables* (1853 - 1861), *Les Philosophes français du XIXᵉ siècle* (1857), *Essais de critique et d'histoire* (1858), *Histoire de la littérature anglaise* (1864). Ses cours d'esthétique et d'histoire de l'art, réunis dans la *Philosophie de l'art* (1882), traduisent le même souci de méthode. Influencé par les théories de Condillac, de J. S. Mill et de A. Bain, il a exposé une conception sensualiste et associationniste *De l'intelligence** (1870). Dans *Les Origines de la France contemporaine* (1876 - 1893), il tenta, au lendemain de la guerre de 1870 et de la Commune, d'en rechercher les causes. [Acad. fr. 1878] ➝ **ÉTYM.** *Taine* est probablement le nom d'un lieu-dit dans les Ardennes («repaire de blaireaux [ancien français *taisse* blaireau]»).

**TAIN-L'HERMITAGE** [26600] ➝ **ÉTYM.** du lat. *Tennius*, n. de pers., et l'*Hermitage** ♦ Ch.-l. de cant. de la Drôme, arr. de Valence, sur le Rhône, en face de Tournon. 5 503 hab. *(Tainois)*. Célèbre vignoble de l'Hermitage (côtes-du-rhône).

**TAIPEI, T'AI-PEI** ou **TAIBEI** ➝ **ÉTYM.** chin. «terrasse *(tai)* du nord *(pei)*» ♦ Cap. de Taiwan* et, depuis 1949, de la république de Chine, et siège du gouvernement nationaliste. 3 798 015 hab. La ville fut élevée en 1967 au statut de municipalité spéciale placée sous la juridiction du pouvoir exécutif. ▪ Le musée du Palais, installé dans la banlieue N., renferme une part importante du trésor de la Cité interdite de Pékin, emporté à Taiwan lors du repli du Guomindang sur l'île. ▪ Centre culturel et commercial. Inaugurée en 2003, la Tour Taipei 101 culmine à 508 m. Indus. textile, chimique et électronique. Édition.

**Taipei.** Au fond, le gratte-ciel Taipei 101. *Phot. © Louie Psihoyos/Corbis*

**TAIPING** – anc. *Larut* ♦ V. de la Fédération de Malaisie, anc. capitale de l'État de Pérak, au centre de la plus ancienne région d'exploitation de l'étain de la péninsule. 183 320 hab. Industries mécaniques, textiles et électroniques.

**Taiping** ou **T'ai-p'ing** ➝ **ÉTYM.** chin. «grande paix» ♦ Mouvement politique et religieux chinois qui provoqua, de 1850 à 1864, une grande révolte populaire contre la dynastie mandchoue Qing*. Les insurgés établirent leur capitale à Nankin et un gouvernement dirigé par un illuminé, Hong* Xiuquan. L'ampleur de la rébellion (matée avec l'aide britannique) ébranla le gouvernement impérial et affaiblit davantage la Chine.

**TAIRA** ou **HEIKE** ♦ Famille féodale japonaise qui, aux XIᵉ et XIIᵉ s., s'opposa au clan rival des Minamoto* pour la conquête du pouvoir. ➝ **Taira no Kiyomori.** Elle fut finalement vaincue en 1185 par Minamoto no Yoritomo.

**TAIRA NO KIYOMORI** ♦ Seigneur japonais (1118 - 1181), chef de la famille des Taira*, devenu tout-puissant à la cour impériale. Tout d'abord vainqueur du clan rival des Minamoto*, il s'opposa aux moines et aux empereurs. Sa mort marqua le déclin de sa famille qui fut définitivement éliminée du pouvoir quatre ans après par les Minamoto.

**TAIROV (Aleksandr Iakovlevitch KORNBLIT, dit)** ♦ Acteur et metteur en scène russe (Romnyï 1885 - Moscou 1950). Fondateur et directeur du Kamernyï Teatr («Théâtre de chambre», 1914 - 1949), il considérait que le même acteur devait pouvoir passer de la tragédie classique à l'opérette, et associa à l'art dramatique la danse, la musique et le cinéma. Ses nombreuses réalisations (*La Tragédie optimiste*, 1934) et son ouverture au répertoire occidental (de Shakespeare à O'Neill) le placent parmi les créateurs les plus originaux de son pays après la révolution d'Octobre. Il a laissé des écrits rassemblés dans *Le Théâtre libéré*.

**TAI SHAN** ou **T'AI-CHAN** n. m. ➝ **ÉTYM.** chin. «pic de l'Est» ♦ Montagne de Chine (Shandong), culminant à 1 524 m au Yuhuang ding. L'une des cinq montagnes sacrées, elle est l'objet d'un culte très ancien : le premier Auguste souverain Shi* Huangdi y célébra les premiers sacrifices «fengshan» au Ciel et à la Terre. Lieu de pèlerinage important, de nombreux édifices sont consacrés aux trois cultes (taoïste, confucéen et bouddhiste).

**TAISHŌ TENNŌ** ➝ **ÉTYM.** du jap. *taishō* «grande rectitude» et *tennō* «empereur» ♦ (Tōkyō 1879 - *id.* 1926). Empereur du Japon (1912 - 1926) qui succéda à son père Meiji* Tennō. Son fils Hirohito devint régent en 1921 et lui succéda en 1926, inaugurant l'ère Shōwa.

**TAIWAN** ou **FORMOSE** ➝ **ÉTYM.** *Taiwan* : du chin. *táiwān* «la baie de la terrasse» (allus. au paysage de plateaux et collines en terrasses) et *Formose*, du port. *Formosa* «la Belle» ♦ Île située à 150 km au S.-E. de la Chine continentale et prov. de la Chine ; depuis 1949, seul territoire administré de fait par la république de Chine nationaliste. 35 966 km². 22 958 360 hab. (2006) CAP. : Taipei.

▮ **GÉOGRAPHIE** La population est concentrée sur la côte occidentale de l'île. Baignée par la mer de Chine et située au large du Fujian, l'île, très montagneuse, se rattache à l'arc insulaire allant des îles Kouriles à l'Indonésie. Une cordillère traverse le pays en son centre et occupe la moitié orientale de l'île (Yushan ou mont Morrison, 3 950 m). La partie occidentale s'abaisse jusqu'à une plaine alluviale, bordée d'une côte sableuse. De climat tropical (forêt dense couvrant 60 % de la surface du pays, mangrove), Taiwan est soumise au régime des moussons (été-hiver), auquel s'ajoutent les typhons de juillet. Les températures sont adoucies par le Kuroshio*, courant tiède longeant les côtes. Les rivières, grossies par des pluies abondantes, arrachent des sédiments à la montagne et forment des deltas.

▮ **ÉCONOMIE** ▮ **Agriculture** Grâce à une réforme agraire réussie (1952), Taiwan avait fondé son essor économique sur l'agriculture. Celle-ci est devenue autosuffisante. Actuellement, les exportations des produits agricoles sont marginales (2 % des exportations, 5 % du PIB). Principales productions : riz, patates douces, canne à sucre, bois, pêche en haute mer et aquaculture. Importation de bœufs. ▮ **Industrie** Elle est la base de l'économie, en particulier les produits manufacturés (98 % des exportations), électronique en tête, suivie des produits dérivés du pétrole, de la chimie et du textile. Taiwan a perdu l'avantage du faible coût de la main-d'œuvre, mais a su s'adapter (gains de productivité, investissements). En dépit de réserves de charbon, de pétrole et de gaz naturel, 70 % de l'énergie doivent être importés. 40 % de l'électricité consommée viennent du nucléaire. ▮ **Échanges** Essentiels à l'économie (15ᵉ puissance mondiale pour le commerce), ils ont bénéficié longtemps d'un marché protégé et d'un change favorable, ce qui a provoqué dans les années 1980 de graves tensions avec le principal client, les États-Unis. Taiwan a donc diversifié ses partenaires (Chine, devenue 1ᵉʳ importateur de biens taiwanais en 2005, États-Unis, 17 % et U.E., 15 %). Les gains du commerce extérieur ont permis au pays de devenir l'un des grands investisseurs mondiaux (1ᵉʳ en Chine, investisseur aussi aux États-Unis et en Asie du Sud-Est). Depuis 1984, les investissements étrangers à Taiwan ont été en croissance régulière (Japon, États-Unis, Union européenne). Pendant cinquante ans, Hong Kong a été le passage obligé des échanges avec la Chine continentale, jusqu'à la levée du ban sur les échanges directs par le

**Taiwan.**

président Chen Shui-bian en 2001. L'accord historique de novembre 2008 avec Pékin, autorisant de nombreuses liaisons directes, a ouvert d'immenses perspectives de développement économique accéléré de part et d'autre du détroit.

**HISTOIRE** ▮ **Jusqu'à l'occupation japonaise** Le peuplement Han (chinois), commencé au XVII^e^ s., s'est ajouté à une population protomalaise. Occupée par les Portugais (qui l'appelèrent *Formosa* «la Belle»), puis par les Hollandais (1624 - 1662), Taiwan fut intégrée à l'empire de Chine en 1683. Les Japonais l'annexèrent en 1895 et la conservèrent jusqu'en 1945 où elle fut rendue à la Chine. ▮ **Le Guomindang au pouvoir** Après la victoire communiste de 1949 (→ **Chine**), elle servit de refuge aux nationalistes de Jiang* Jieshi (Chiang Kai-shek), qui fut président de la République de 1950 à sa mort (1975). Sous la présidence de son fils Jiang Jingguo, puis, après la mort de ce dernier (1988), de Lee Teng-hui, le parti nationaliste Guomindang* qui accaparait le pouvoir depuis 1949 fut menacé par la résistance de ses cadres et engagea des réformes souhaitées par la population (levée de la loi martiale, 1987 ; légalité de partis d'opposition, 1989 ; première élection présidentielle au suffrage universel direct, 1996). Sur le plan international, en raison de l'isolement de l'île (expulsée de l'ONU en 1971 au profit de la Chine, qui considère Taiwan comme une province dissidente), le président Lee Teng-hui (du Guomindang) chercha à instaurer une légitimité internationale qui aboutit à l'adhésion à l'OMC en 2001. ▮ **Depuis 2000** Le Parti démocratique progressiste évinça le Guomindang aux présidentielles de 2000 et de 2004 mais celui-ci sortit à nouveau vainqueur des législatives début 2008. La population est divisée entre tenants de la réunification avec la Chine quand elle deviendra démocratique, position des descendants des réfugiés du Guomindang (15 % de la pop.), et conscience de l'émergence d'une identité propre qui conduira à l'indépendance. L'apaisement survenu en 2008 après l'élection du leader nationaliste Ma Ying-jeou et la mise à l'écart du leader de l'opposition Chen Shui-bian (président de 2000 à 2008), soupçonné de corruption, n'a pas résisté à la crise mondiale et à la sévérité de la récession. Ma a cherché une solution en ouvrant Taiwan aux investissements directs de Chine. Mais la population a craint la fin du statu quo (ni indépendance ni réunification) et a fortement sanctionné le Guomindang lors des élections locales de 2009.

**TAIYUAN** ou **T'AI-YUAN** – anc. ***Yangku*** ♦ V. de Chine, cap. de la prov. du Shanxi. 2 538 336 hab. Importants monuments historiques. ▪ Centre indus. : sidérurgie, cimenterie, indus. mécanique et pharmaceutique, équipements militaires. Gisements de fer, manganèse, cuivre, plomb, charbon, soufre.

**TAÏZ** ♦ V. du Yémen, située à une centaine de kilomètres d'Aden, dans la région des hauts plateaux. 466 968 hab. Capitale du Yémen au XIX^e^ s. Elle reste un centre commercial et artisanal. ♦ ***Province de Taïz*** Elle occupe une région de plateaux bien arrosés et fertiles (elle est incluse dans l'«Arabie Heureuse» des Anciens). Cultures en terrasses. Champs de café.

**TAIZÉ** [71250] ➝ ÉTYM. anc. *Taisiacus*, du lat. *Tatius*, n. de pers., et suff. *-acum* ♦ Comm. de Saône-et-Loire, arr. de Mâcon. 161 hab. *(Taizéens)*. Église de la Réconciliation inaugurée en 1962. Communauté monastique protestante fondée en 1940 par frère Roger*, à qui succéda frère Alois en 2005. Un concile des Jeunes s'y tint en 1974.

**TAIZONG** ou **T'AI-TSONG** ➝ ÉTYM. chin. «Grand Ancêtre» ♦ Titre posthume de plusieurs empereurs de Chine dont le règne fut important. ♦ **TAIZONG DES TANG.** Titre posthume de l'empereur chinois Li Shimin (598 - 649, règne de 627 à 649) de la dynastie Tang. Il est considéré comme le véritable fondateur de la dynastie, bien que son père, Gaozu*, occupât le trône avant lui. Sous son règne, baptisé Zhenguan, l'empire connut une ère de prospérité et de paix : réforme de l'administration, du code pénal et du régime foncier, arrêt des incursions des Tujue (peuple turc de la haute Asie) et rétablissement du protectorat sur les royaumes septentrionaux, alliance avec le Tibet (mariage de la princesse Wencheng à Songtsen* Gampo). Le bouddhisme fut florissant et plusieurs moines, dont Xuanzang*, partirent en Inde chercher les textes sacrés. ♦ **TAIZONG DES SONG.** Titre posthume de l'empereur chinois Zhao Kuangyi, ensuite dénommé Zhao Gui ou Jiong (939 - 997, règne de 976 à 997), frère de Taizu*. Souverain appliqué, diligent et courageux, il poursuivit l'œuvre de réunification de l'empire entreprise par ce dernier et parvint à parachever la réintégration des royaumes de la Chine du Sud et des Beihan. Il dut renoncer, après deux défaites militaires, à reconquérir les territoires du Nord cédés par les Houjins* aux Khitans*.

**TAIZU** ou **T'AI-TSOU** ♦ Titre posthume de plusieurs empereurs de Chine, généralement conféré aux empereurs fondateurs de dynastie. ♦ **TAIZU DES SONG.** Titre posthume de l'empereur Zhao Kuangyin (927 - 976, règne de 960 à 976), fondateur de la dynastie des Song. Proclamé empereur lors de la mutinerie de Chenqiao, il sut, par la suite, confisquer en douceur le pouvoir aux autres gouverneurs militaires et raffermir le pouvoir impérial. Il commença l'œuvre de réunification de l'empire que paracheva son frère Taizong*. ♦ **TAIZU DES MING.** Titre posthume de l'empereur Zhu Yuanzhang (1328 - 1398, règne de 1368 à 1398), fondateur de la dynastie des Ming*. D'origine modeste, il se fit moine pour échapper à la famine avant de rejoindre comme simple soldat le rang des insurgés contre les Yuan*. S'étant proclamé empereur en 1368, il installa sa capitale à Nankin, parvint à chasser les Mongols de Cambaluc* et à pacifier le pays. Son règne fut marqué par la réforme du système administratif et la concentration du pouvoir entre ses mains, la rédaction d'un code des Ming *(Damingdian)*, la lutte contre la corruption et le développement de l'agriculture et de l'économie nationale. De caractère soupçonneux et susceptible, il persécuta les mandarins civils et militaires qui l'avaient aidé à fonder la dynastie, et condamna pour écrits subversifs des lettrés et fonctionnaires de l'empire.

**TAJÍN (EL)** ♦ Site archéologique du Mexique (État de Veracruz), daté du -I^er^ s. au IX^e^ s. Célèbre pour sa pyramide constituée de 7 degrés superposés et de 365 niches et pour son architecture intégrant les talus et les panneaux *(talud-tablero)*, ce site est l'une des manifestations architecturales majeures des cultures du golfe du Mexique.

El **Tajín**. Pyramide à niches. *Phot. © Dagli Orti*

**Tāj Mahal** n. m. ♦ Immense monument funéraire élevé à Agra* (Inde gangétique) sur le bord de la Yamuna*, par Shāh* Jahān pour son épouse favorite Mumtaz-i Mahal, de 1630 à 1652. C'est un bâtiment de marbre blanc, incrusté de pierres semi-précieuses, œuvre

**Taj Mahal.** *Phot. © Wong Yu Liang /Shutterstock*

probable d'un architecte persan assisté de nombreux architectes et artisans provenant de pays différents (un lapidaire venait de Bordeaux). Il s'élève au centre d'un jardin carré parcouru de canaux et décoré de fontaines. Le Tāj Mahal fait d'Agra un centre touristique d'importance mondiale.

**TAKARLĪ (Fu'ād al-)** ♦ Écrivain irakien (Bagdad 1927 - Amman 2008). Dans ses nouvelles, il a décrit la vie misérable du peuple, dénonçant certaines traditions et valeurs islamiques : *L'Autre Visage* (*Al-Wagh al-akar,* 1960), *Recueil de nouvelles* (*Qisas Muktārah,* 1961).

**TAKDIR ALISJAHBANA (Sutan)** ♦ Écrivain indonésien (Sumatra-Nord 1908 - Djakarta 1994). Connu dès 1929 par son premier roman *Accablés par le sort,* il n'a cessé depuis lors d'aspirer à la modernisation de l'Indonésie suivant le modèle occidental et de croire dans le rôle éducatif des intellectuels. En 1933, il créa, avec Amir* Hamzah et Armijn Pane, la revue « Le Nouveau Poète » *(Poedjangga Baroe),* qui devint le forum de la littérature nationale naissante. Outre ses romans, *Toutes voiles déployées* (1936), *Grotta Azzura* (1968), il est célèbre pour ses essais philosophiques et son œuvre linguistique, qui lui a valu le surnom d'« ingénieur de la langue indonésienne ».

**TAKEMITSU (Tōru)** ♦ Compositeur japonais (Tōkyō 1930 - *id.* 1996). Pratiquant à ses débuts une esthétique proche de Messiaen, il s'intéressa à la bande magnétique (*Relief statique,* 1955). Revenant à la musique instrumentale, il accorda toujours une grande importance aux timbres. Dans ses œuvres orchestrales, il tenta d'attribuer à chaque instrument un cycle temporel particulier tout en préservant la cohésion de l'ensemble (*Requiem,* pour cordes, 1959 ; *November Steps n° 1,* pour shakuhachi, biwa et orchestre, 1967 ; *Winter* pour orchestre, 1971 ; *Visions* pour orchestre, 1990). Il a écrit des musiques de film (*La Femme de sable,* 1963 ; *La Cérémonie,* 1971).

**TAKEO** n. m. ♦ V. et prov. du S.-E. du Cambodge, traversée par un bras du Mékong, et longeant la frontière vietnamienne.

**TAKESHITA (Noboru)** ♦ Homme politique japonais (préf. de Shimane 1924 - Tōkyō 2000). Premier ministre (1987 - 1989), il dut démissionner à la suite d'une série de scandales dont le plus retentissant, le scandale Recruit Cosmos, une affaire de financement occulte du parti. Kaifu* Toshiki lui succéda. Takeshita demeura l'éminence grise du parti libéral démocrate.

**Taketori monogatari** ➜ ÉTYM. jap. « Conte du coupeur de bambous » ♦ Légende japonaise écrite vers le début du Xe s. par un auteur inconnu, la plus ancienne œuvre purement littéraire du Japon.

**TAKIS (Panayiotis VASSILAKIS, dit)** ♦ Sculpteur grec (Athènes 1925). Autodidacte, il s'essaya d'abord à la sculpture en plâtre et en fer aux formes inspirées de la statuaire antique et de Giacometti*. Venu à Paris en 1958, influencé par les mobiles de Calder, il approfondit le travail du fer dans une première série de *Signaux,* longues tiges flexibles supportant à leur extrémité des lumières clignotantes. Il en réalisa ensuite d'autres pour le quartier de La Défense (1988). Il intégra aussi les forces magnétiques invisibles dans la composition de ses *Télélumières,* de ses *Télésculptures* animées par des aimants (1963 - 1971), et ses *Murs magnétiques.* Il mena des recherches parallèles sur la « dématérialisation » de l'objet et sur les sources naturelles d'énergie (*Fleurs cosmiques,* 1963). Takis allia les mouvements magnétiques et le son, qu'il sculpta comme un matériau par des amplificateurs ou des coups de gong (*Trois totems, espace musical,* 1981).

**TAKLAMAKAN SHAMO** n. m. ♦ Désert de Chine, dans le Xinjiang, au milieu du bassin du Tarim*. Le plus grand désert de Chine (env. 344 000 km²).

**TAKORADI** → **Sekondi-Takoradi**

**TALAAT PACHA (Mehmet)** ♦ Homme politique turc (province d'Edirne 1872 - Berlin 1921). Membre du parti jeune-turc, il devint ministre de l'Intérieur, puis des Postes (1909) avant de participer au triumvirat avec Enver* Pacha et Djamal* Pacha (1913). Grand vizir (1917 - 1918), il se retira en Allemagne après la défaite. Il y fut assassiné par un Arménien.

**TALAMANCA** (cordillère de) ♦ Chaîne montagneuse du Costa Rica, qui fait suite à la cordillère de Guanacaste et constitue l'épine dorsale du pays (point culminant : Chirripo* Grande).

**TALANGE** [57525] ➜ ÉTYM. anc. *Tatolinga,* du germ. *Tatoli (Tadilo),* n. de pers., et suff. *-ing* ♦ Comm. de la Moselle, arr. de Metz-Campagne, sur la Moselle. 7 782 hab. *(Talangeois).*

**TALANT** [21240] ➜ ÉTYM. probablt du bas lat. *°talucium* « talus » ♦ Comm. de la Côte-d'Or, banlieue N.-O. de Dijon, dominant la vallée de l'Ouche. 12 176 hab. *(Talantais).* L'église du XIIIe s. possède d'intéressantes statues des XIVe, XVe et XVIe s.

**TALARA** ♦ V. du Pérou à 114 km au N. de Piura. 87 622 hab. Petite ville pétrolière traversée par la route Panaméricaine. Puits dans la Cordillère et en mer. Raffinerie.

**TALAS** n. m. ♦ Riv. d'Asie centrale (661 km), au S. du lac Balkhach drainant le Kirghizstan et le Kazakhstan. **Histoire** Les troupes chinoises des Tang y furent battues par les Arabes (751). Cette défaite décida de l'islamisation des peuples turcs.

**TALAUDIÈRE (LA)** [42350] ♦ Comm. de la Loire, arr. de Saint-Étienne. 6 700 hab. Indus. mécanique et alimentaire.

**TALAVERA DE LA REINA** ♦ V. d'Espagne (Castilla-La Mancha), prov. de Tolède, sur le Tage. 85 549 hab. Fabrication de broderies et de céramiques. **Histoire** Victoire des Britanniques de Wellington sur les Français (juil. 1809).

**TALBOT (John)** 1er comte **DE SHREWSBURY** ♦ Homme de guerre anglais (Blechmore, Shropshire, v. 1373 - Castillon, Gironde 1453). Il combattit en France pendant la guerre de Cent Ans sous le règne d'Henri VI. Il ne put empêcher Jeanne d'Arc de délivrer Orléans et perdit la bataille de Patay (1429). Il conquit la Guyenne en 1452, mais fut vaincu et tué à la bataille de Castillon*. ➜ ÉTYM. Le nom *Talbot* vient probablement du germanique *tal* « détruire » et *bod* « message ».

**TALBOT (William Henry Fox)** ♦ Physicien britannique (Lacock, près de Chippenham 1800 - *id.* 1877). Il obtint des négatifs photographiques dès 1835 mais, en 1839, après l'annonce de la découverte de Daguerre*, il perfectionna son procédé et parvint, à partir de négatifs sur papier, à tirer des épreuves positives (*procédé calotype,* plus tard rebaptisé *talbotype*).

**TALCA** ➜ ÉTYM. langue des Araucans « coup de tonnerre » ♦ V. du Chili central, cap. de la région admin. du Maule. 194 000 hab. La ville est située au cœur d'une région fertile où les cultures traditionnelles (vin, fruits) reculent devant les cultures industrielles (betterave, riz). Mines de talc.

**TALCAHUANO** ♦ V. du Chili, à proximité de Concepción. 249 000 hab. Industries du bois et du papier.

**TAL COAT (Pierre JACOB, dit)** ♦ Peintre français (Clohars-Carnoët 1905 - Saint-Pierre-de-Bailleul 1985). Il fit ses débuts comme peintre céramiste et se consacra à la peinture de chevalet dès 1924 (*Portrait de Gertrude Stein,* 1935). De 1936 à 1939, il réalisa la série des *Massacres,* inspirée de la guerre d'Espagne. Il se rapprocha ensuite de la peinture non figurative, surtout après sa découverte, en 1947, de la peinture extrême-orientale : *Souvenir de Dordogne,* 1956 ; *Tracé dans le blanc,* 1970.

**TALCY** [41370] ➜ ÉTYM. du lat. *Talicius,* n. de pers. gallo-rom. ♦ Comm. du Loir-et-Cher, arr. de Blois. 247 hab. Château acheté en 1517 par un parent des Médicis, Bernard Salviati, père de Cassandre à qui Ronsard consacra de nombreux sonnets et grand-père de Diane qui fut aimée d'Agrippa d'Aubigné. Mobilier du XVIe - XVIIIe s. Pigeonnier (XVIe s.).

**TALDY KOURGAN** ♦ V. du Kazakhstan, ch.-l. de région, sur la Karatal. 98 000 hab. Indus. textile, alimentaire et automobile. Commerce frontalier avec la Chine.

**TALENCE** [33400] ➜ ÉTYM. du lat. *Tallentius,* n. de pers. ♦ Ch.-l. de cant. de la Gironde, banlieue S.-O. de Bordeaux. 37 210 hab. *(Talençais).* Centre universitaire. Vignobles.

**TALEV (Dimităr)** ♦ Romancier bulgare (Prilep 1898 - Sofia 1966). Il a retracé l'histoire des Macédoniens bulgares au XIXe s. dans ses romans et nouvelles (*Le Chandelier de fer, Les Cloches de Prespa, Le Jour de la Saint-Elie,* 1952 - 1954) et composé une trilogie historique (*Samuel,* 1958 - 1960).

**TALIBANS** n. m. pl. ➜ ÉTYM. afghan « étudiants en théologie » ♦ Membres d'un mouvement militaire et religieux afghan créé en 1994 et prônant un islam très rigoureux. Lors de la guerre civile qui suivit le retrait des Soviétiques d'Afghanistan (1989), les talibans, dirigés par le mollah Mohammad Omar et constitués essentiellement de Pashtouns, conquirent progressivement la quasi-totalité du pays depuis leur base de Kandahar. Soutenus par le Pakistan, ils prirent Kaboul en 1996, et imposèrent un régime mêlant fondamentalisme islamique et traditionalisme pashtoun, interdisant notamment toute éducation et tout travail aux femmes, contraintes de porter la burka (voile islamique intégral). Ils s'attaquèrent aussi à la culture et à ses symboles et s'efforcèrent de faire disparaître toute trace du passé antérieur à l'arrivée de l'islam (→ **Bāmyān**). En oct. 2001, les talibans refusant d'extrader Ben* Laden, les États*-Unis intervinrent militairement, avec l'appui des forces de l'opposition afghane anti-talibanes, ce qui entraîna la chute du régime et la fuite du mollah Omar (→ **Afghanistan**).

**TALLAHASSEE** ➝ ÉTYM. mot indien «vieille ville» ♦ V. des États-Unis, cap. de la Floride. 150 624 hab. dont 29 % de Noirs (zone urbaine 284 539). Indus. alimentaires, bois. ▮ **Histoire** La ville succéda à Saint Augustine et à Pensacola comme capitale du territoire de Floride en 1822.

**TALLARD (Camille D'HOSTUN, comte DE)** ♦ Maréchal de France (Lyon 1652 - Paris 1728). Il fut vaincu à Höchstädt* (1704) par Marlborough* et le Prince Eugène*.

**TALLEMANT** [tal(ə)mɑ̃] **DES RÉAUX (Gédéon)** ♦ Mémorialiste français (La Rochelle 1619 - Paris 1692). Après avoir accompagné le futur cardinal de Retz* en Italie, où il se lia avec Voiture*, il fréquenta le salon de Mme de Rambouillet* qui l'encouragea à écrire ses *Historiettes* (depuis 1657 ; publ. 1834 - 1835). Émaillées d'anecdotes piquantes recueillies à la cour comme à la ville et concernant les règnes d'Henri IV, de Louis XIII, ainsi que la Fronde, elles composent une peinture réaliste des mœurs au XVIIe s. et offrent un témoignage précieux des transformations des classes sociales, en particulier de la bourgeoisie. Tallemant des Réaux manifeste un réel talent de conteur, plein de verve et de malice pour tenir «registre [...] de drôleries et de gaietés» (Sainte-Beuve).

**TALLEYRAND** [tal(ɛ)rɑ̃] **(Charles Maurice DE TALLEYRAND-PÉRIGORD)** ➝ ÉTYM. *Talleiran* «le destructeur», anc. surnom des comtes du Périgord, de *talar* «dévaster, détruire» ♦ Homme politique français (Paris 1754 - *id.* 1838). Devenu boiteux après un accident, il ne put entrer dans l'armée et, bien que dépourvu de vocation religieuse, fut destiné à la carrière ecclésiastique et étudia au séminaire de Saint-Sulpice. Ses origines aristocratiques lui permirent d'obtenir une abbaye du diocèse de Reims. Agent général du clergé de France (1780), évêque d'Autun (1788), il fut élu député de son ordre aux États généraux (1789). Lecteur des philosophes, acquis aux idées nouvelles, il se prononça dès le début des séances pour la réunion des trois ordres et joua un rôle prépondérant à l'Assemblée nationale constituante, où il contribua à faire voter la mise à la disposition de la nation des biens du clergé. Lors de la fête de la Fédération* nationale (14 juil. 1790), il célébra la messe au Champ-de-Mars. Bien que n'ayant pas pris une part directe à la rédaction de la Constitution civile du clergé, il fut un des premiers à y prêter serment et devint chef du clergé constitutionnel, après avoir abandonné son évêché d'Autun. Condamné comme schismatique par le pape, il se sépara peu après de l'Église. Sous l'Assemblée législative débuta pour lui une longue carrière diplomatique. Envoyé en Grande-Bretagne pour obtenir la neutralité de ce pays, il fut accusé, après le 10 août 1792, d'avoir intrigué à Londres pour le duc d'Orléans ; ayant tenté en vain de se disculper, il repartit pour la Grande-Bretagne en sept. 1792 et fut mis sur la liste des émigrés. Après avoir séjourné quelque temps aux États-Unis, il revint en France, avec sa maîtresse, Mme Grand (qu'il devait épouser en 1803), lors de la chute de Robespierre. Grâce à Barras, il fut nommé ministre des Relations extérieures, fonction qu'il conserva après le coup d'État du 18 Brumaire qu'il avait appuyé, en dépit des accusations de malversation dont il fut l'objet sous le Directoire. Inspirateur des Articles organiques du concordat* de 1801, négociateur à Lunéville*, Amiens*, Presbourg*, Tilsit*, il fut fait successivement grand chambellan (1804), prince de Bénévent (1806), puis vice-Grand Électeur (1807). Mais, partisan d'un équilibre européen, il se sépara de Napoléon Ier sur les questions de politique extérieure et, dès 1807, perdit son ministère. Ayant intrigué contre l'Empereur avec Fouché, il tomba en disgrâce en 1809. Chef du gouvernement provisoire en 1814, il contribua à faire voter par le Sénat la déchéance de Napoléon Ier et à appeler Louis XVIII au pouvoir. Réintégré dans ses fonctions de ministre des Affaires étrangères, il négocia le premier traité de Paris (mai 1814), participa au congrès de Vienne* où il parvint par ses intrigues à diviser les Alliés, à limiter les exigences de la Prusse et de la Russie, efforts diplomatiques qui furent en grande partie rendus vains par l'épisode des Cent-Jours. Président du Conseil au début de la Seconde Restauration (juil. 1815), il fut contraint de démissionner peu après, face à l'hostilité des ultras de la «Chambre introuvable». Membre de la Chambre des pairs, il ne joua plus qu'un rôle effacé, se rangeant dans le camp de l'opposition au régime de la Restauration. S'étant prononcé en faveur de la branche d'Orléans lors de la révolution de juillet 1830, il fut nommé ambassadeur à Londres par Louis-Philippe et participa à la conférence de Londres (1830 - 1831, consacrée en grande partie au problème de la Belgique) et à la conférence sur les affaires ibériques. Intelligent et cultivé, mais âpre au gain et apparemment peu encombré de scrupules moraux, il gardait en diplomatie la figure impassible d'un grand seigneur et l'empreinte de son éducation ecclésiastique. Il avait un don prodigieux de prévision et voulait que ses collaborateurs eussent «de l'avenir dans l'esprit». Talleyrand «s'il a, au cours de sa vie, souvent changé de parti, n'a jamais changé d'opinion» (J. Cambon).

**Talleyrand.**
Portrait par Prud'hon, détail. Musée Carnavalet, Paris. *Phot. © Hubert Josse*

**TALLIEN (Jean-Lambert)** ♦ Homme politique français (Paris 1767 - *id.* 1820). Membre du Club des jacobins dès le début de la Révolution, il fit paraître en 1791 un journal-affiche, *L'Affiche des citoyens*. Secrétaire-greffier de la Commune insurrectionnelle de Paris après le 10 août 1792, il fut élu à la Convention, où, siégeant avec les députés montagnards, il vota la mort du roi et s'opposa à la politique des girondins. Membre du Comité* de sûreté générale, il fut envoyé comme représentant en mission à Bordeaux pour y organiser la Terreur. C'est là que, parmi les prisonniers, il rencontra Thérésa de Cabarrus qu'il épousa en 1793 (→ **Tallien [Mme]**). Sous son influence, il adopta une attitude plus modérée, voire franchement opportuniste, et contribua de façon décisive à la chute de Robespierre*. Il prit une part active à la réaction thermidorienne (fermeture du Club des jacobins, suppression du Tribunal révolutionnaire, répression de l'insurrection montagnarde de l'an III [20 mai 1795]). Membre du Conseil des Cinq-Cents, il accompagna Bonaparte en Égypte.

**TALLIEN (Thérésa DE CABARRUS, Mme)** ♦ Fille du banquier espagnol François de Cabarrus* (Carabanchel, près de Madrid 1773 - Chimay 1835), elle épousa très jeune un conseiller au parlement de Bordeaux, Davis de Fontenay, dont elle divorça en 1793. Bien qu'ayant d'abord éprouvé quelque sympathie pour la Révolution, elle craignit le développement de la Terreur et tenta de passer en Espagne, mais fut arrêtée et emprisonnée à Bordeaux, où elle devint la maîtresse puis l'épouse de Tallien. Surnommée *Notre-Dame de Thermidor*, elle fut, sous la Convention thermidorienne et pendant le Directoire, une des femmes les plus célèbres, inspiratrice de la mode du retour à l'antique. Divorcée en 1802, elle épousa en 1805 le comte de Caraman, futur prince de Chimay.

**TALLINN** ou **TALLIN** ➝ ÉTYM. en estonien *Tani Linn* «ville des Danois» – anc. ***Reval*** ou ***Revel*** ♦ Cap. de l'Estonie, sur le golfe de Finlande. 400 400 hab. Dans la ville haute, enceinte par d'intéressants remparts des XIVe - XVIe s., château (1229, remanié au XIVe s.), cathédrale gothique des XIIIe - XIVe s. (maître-autel en bois sculpté et chaire du XVIIe s.). Dans la ville basse, églises gothiques des XIVe et XVe s. ; hôtel de ville gothique (fin du XIVe s.). ▪ Aux environs, palais de Kadriorg, de style baroque, construit par Pierre le Grand (1718 - 1723), abritant auj. le musée des Beaux-Arts. ▪ Centre culturel. Port important (liaison par ferry avec Helsinki) et nœud ferroviaire. Indus. d'équipement pour le traitement des schistes bitumineux. Indus. métall., électromécanique, textile et alimentaire. ▮ **Histoire** Forteresse danoise en 1219, anc. ville hanséatique, Tallinn fut vendue par le Danemark à l'ordre Teutonique (1346). À la dissolution de cet ordre, la ville fut prise par les Suédois (1561), puis par Pierre le Grand (1710) qui y fit construire un port militaire. Une mutinerie de marins y éclata pendant la révolution de 1905. Occupée par les Allemands après le traité de Brest-Litovsk (1918), la ville fut évacuée en 1919 et devint la cap. de l'Estonie indépendante. En 1940, elle fut prise par les Soviétiques, puis par les Allemands (1941) et de nouveau par les Soviétiques (1944).

**TALLIS (Thomas)** ♦ Compositeur anglais (v. 1505 - Greenwich 1585). Après des séjours dans plusieurs monastères (prieuré de Douvres, St. Mary at the Hill de Londres, abbaye de Ste Croix à Waltham, Essex), il devint en 1540 organiste de la chapelle royale, charge qu'il partagea avec Byrd* (avec qui il obtint le monopole de l'édition musicale et écrivit des *cantiones sacrae*, 1575). Il composa sous le règne d'Édouard VI (1547 - 1553) selon le rite de l'Église réformée, puis sous Marie Tudor (1553 - 1558) pour l'Église catholique et de nouveau pour le culte protestant sous Élisabeth Ire (1558 - 1603). On lui doit des messes, des motets latins, dont le célèbre *Spem in alium* à 40 voix réelles, des *Lamentations de Jérémie*, des psaumes, services et anthems anglais et des pièces pour orgue, dans le plus pur style polyphonique.

**TALLOIRES** [talwaʀ] [74290] ➝ ÉTYM. du pré-indo-eur. °*tala-* «terre, argile» et 2e élément obsc. ♦ Comm. de la Haute-Savoie, arr. d'Annecy, au bord du lac d'Annecy. 1 448 hab. (*Talloiriens*). Anc. abbaye bénédictine du XIe s. ▪ Station estivale.

**TALMA (François Joseph)** ♦ Tragédien français (Paris 1763 - *id.* 1826). Il débuta à la Comédie-Française dans le *Mahomet* de Voltaire, puis créa *Charles IX*, drame de M.-J. Chénier* (1789). Le scandale causé par la représentation de cette pièce entraîna une scission chez les comédiens-français. Talma fonda alors un théâtre dissident qui devint le théâtre de la République (1793), où il interpréta notamment *Othello*, *Macbeth* et *Hamlet*, dans les adaptations de Ducis. Revenu à la Comédie-Française (1799), il y joua les premiers rôles de Corneille avec une grandeur inégalée jusqu'alors, bénéficiant de la protection de Napoléon qui le combla de faveurs. Il a introduit au théâtre une réforme profonde de la diction et du costume, dans le sens du naturel et de la vérité historique, annonçant l'époque romantique.

**TALMONT** [17120] ➔ ÉTYM. du pré-indo-eur. °*tala-* «terre, argile» et suff. *-am* et *-one* ♦ Comm. de la Charente-Maritime, arr. de Saintes, sur la Gironde. 83 hab. Église romane Sainte-Radegonde (XIIe s.) édifiée sur une falaise de la Gironde. Musée.

**TALMONT-SAINT-HILAIRE** [85440] ♦ Ch.-l. de cant. de la Vendée, arr. des Sables-d'Olonne. 5 363 hab. *(Talmondais)*. Anc. port au fond d'un estuaire auj. comblé. Château des XVe - XVIe s. avec donjon du XIe s. Musée automobile de Vendée. Patisserie industrielle.

**Talmud** n. m. ➔ ÉTYM. hébr. «étude» ♦ Œuvre fondamentale du judaïsme* constituée par la réunion de la Mishnah et de la Guemarah (en araméen «achèvement») qui en est un commentaire incomplet. Il existe deux versions de la Guemarah, toutes deux en araméen (mais les dialectes sont différents) : celle de Palestine, dite de Jérusalem, issue des travaux de Jochanan ben Nappacha et achevée au Ve s., et celle de Babylone, plus volumineuse, issue des travaux de Rab Ashi (375 - 427) et terminée au VIe s. Le tout vise à fournir un enseignement complet et les règles à suivre sur tous les points de la vie religieuse et civile des juifs ; le Talmud le plus utilisé fut celui de Babylone. Son édition princeps (Venise, 1520 - 1523) est reproduite par toutes les autres afin de simplifier les références de cet ouvrage monumental.

**TALON (Omer)** ♦ Magistrat français (Paris 1595 - *id.* 1652). Il resta fidèle au pouvoir royal pendant la Fronde* tout en défendant les prérogatives des parlementaires. Son talent oratoire était célèbre. ➔ ÉTYM. Ce nom d'origine germanique est formé sur *tal* «vallée».

**TALON (Jean)** ♦ Administrateur français (Châlons-sur-Marne 1625 - 1694). Commissaire des guerres (1654), intendant du Hainaut (1655), il fut envoyé par Colbert comme intendant en Nouvelle-France (Canada) où, de 1665 à 1668 et de 1670 à 1672, il contribua au développement de la colonisation par la mise en valeur économique du pays (exploitation des forêts, commerce maritime avec les Antilles) et par son organisation administrative. À son retour, il devint secrétaire du cabinet du roi (1681).

**TALON (Antoine Omer)** ♦ Magistrat français (Paris 1760 - Gretz 1811). Lieutenant civil au Châtelet (1789), puis député à l'Assemblée nationale constituante (1790), il tenta de jouer le rôle d'intermédiaire entre Mirabeau et la cour, et devint chef de la police secrète de Louis XVI. Compromis, il émigra après le 10 août 1792. Revenu en France (1799 - 1800), il fut accusé de servir d'agent aux émigrés et interné à l'île Sainte-Marguerite (1804).

**TALOS** ♦ Personnage légendaire qui passe le plus souvent pour un automate de bronze fabriqué par Héphaïstos* ou par Dédale et mis au service de Minos*. Gardien de la Crète, Talos fait trois fois par jour le tour de l'île et brûle les étrangers clandestinement introduits en les étreignant de son corps métallique qu'il a préalablement porté au rouge sur le feu. ▪ Neveu et apprenti de Dédale* qu'il surpasse en ingéniosité : il invente le compas, la scie, etc. Jaloux de son habileté, Dédale l'assassine.

**TAMALE** ♦ V. du Ghana. 135 952 hab. La construction d'un port au S.-O., New Tamale, à l'extrémité N. du lac Volta*, fait de la cité la ville la plus importante du N. du pays. Reliée au S. par bateau. Marché agricole : riz, arachide.

**TAMANRASSET** [tamanʀasɛt] ou **TAMENGHEST** ♦ Oasis du Sahara algérien, formant un département (556 000 km$^2$ ; 86 114 hab.), dans le S.-O. du massif du Hoggar, où C. de Foucauld* s'était établi en 1905 et où il fut assassiné en 1916.

**TAMARIS-SUR-MER** [-ʀis] ♦ Station balnéaire du Var (comm. de La Seyne-sur-Mer). G. Sand y a écrit plusieurs romans.

**TAMATAVE** → **Toamasina**

**TAMAULIPAS** n. m. ♦ État du Mexique septentrional, en bordure du golfe du Mexique, séparé du Texas par le río Grande del Norte. 79 384 km$^2$. 3 024 238 hab. CAP. : Ciudad Victoria. C'est une région de plaines dominée par les chaînes de la sierra Madre orientale ; sa côte est basse et lagunaire. Gaz naturel dans le N. Raffineries de pétrole ; indus. chimiques.

**TAMAYO (Rufino)** ♦ Peintre mexicain (Oaxaca 1899 - Mexico 1991). Il dirigea la section de dessin ethnographique du Musée national d'anthropologie. En 1933, il reçut la commande de la décoration murale du conservatoire de Mexico, puis il devint professeur aux Beaux-Arts. Il se rendit aux États-Unis et en Europe et réalisa notamment de vastes décorations au Smith College de Northampton (1941), au palais des Beaux-Arts de Mexico (1952 - 1953), à la Second National Bank de Houston, à l'université de Porto Rico (1957), au palais de l'Unesco à Paris (1958). Il a aussi peint de nombreux tableaux de chevalet. Il considéra la peinture comme un «produit dont la valeur dérive uniquement de ses qualités plastiques». Il refusa, contrairement aux autres muralistes mexicains, de mettre la peinture au service de la politique mais, comme eux, puisa dans l'héritage des civilisations précolombiennes. Son art révèle l'assimilation de diverses influences : il donna souvent aux volumes un caractère angulaire qui procède du cubisme, il

Rufino **Tamayo.** *Animaux* (76,5 x 101,6 cm), 1941.
*BIS/Phot. © The Museum of Modern Art, New York/Archives Bordas*

emprunta certains schémas formels à Picasso, mais surtout révéla des affinités avec le surréalisme (caractère irrationnel, souvent agressif de ses figurations ; aspect monstrueux de la morphologie humaine ou animale : *Animaux*, 1941 ; *Guitariste*, 1951). Il a fait don de sa collection d'art préhispanique au musée qui porte son nom à Oaxaca (1974). En 1979 a eu lieu au Guggenheim Museum de New York une importante rétrospective de son œuvre intitulée «Myth and Magic».

**TAMBORA** (mont) ♦ Volcan d'Indonésie (2 851 m), dans l'île de Sumbawa. Son éruption de 1815 fut la plus puissante de l'histoire moderne. Elle perturba le climat mondial et fit au moins 60 000 morts, surtout à cause des famines dues à l'anéantissement des récoltes. Le volcan perdit 1 000 m de hauteur et il se forma un immense cratère (caldeira) de 6 km de diamètre.

Le **Tambour** – en all. ***Die Blechtrommel*** ♦ Roman de Günter Grass* (1959). L'énorme succès de ce livre a marqué la résurrection de la littérature allemande après la Deuxième Guerre mondiale. Oskar Matzerath a décidé de ne plus grandir pour ne pas rejoindre le monde des adultes, le monde de la guerre. Il exprime tout son désespoir en criant de sa voix qui brise le verre, et en jouant de son tambour en fer-blanc. Partant du petit monde de Dantzig, le livre évoque la montée du nazisme et la débâcle allemande, de même que la déception de l'auteur devant le «miracle économique» allemand, avec une force, une violence, une puissance de style exceptionnelles. L'ouvrage a été adapté au cinéma par V. Schlöndorff* (Palme d'or du festival de Cannes 1979).

**TAMBOV** ➔ ÉTYM. du mordve *tombal* «de l'autre côté» ♦ V. de Russie, ch.-l. de région, sur la Tsna. 294 300 hab. Indus. mécanique, chimique et alimentaire. Nœud ferroviaire. **▌Histoire** La ville fut fondée en 1636.

**TAMERLAN** ➔ ÉTYM. forme francisée du persan ***Tīmūr-i Lang, Timur-Lang*** ou ***Timour-Lang*** «Tīmūr le Boiteux» ou «le Boiteux de fer *(tīmūr)*» ♦ Chef d'un clan turco-mongol (près de Samarkand 1336 - Otrar, sur le Syr-Daria 1405). En 1363, il abattit la puissance mongole. Il perdit dans la bataille l'usage d'une de ses jambes d'où son surnom. Il se proclama roi de Transoxiane en 1370 et dicta ses volontés à la Perse. En 1388, il se fit acclamer sultan musulman puis commença la conquête de l'Asie centrale, de l'Iran, de la Syrie, de la Turquie d'Europe : il battit Bayazid Ier à Ancyre (Ankara) en 1402. Il prit Delhi en 1398, pilla la ville de fond en comble, puis se disposa à attaquer la Chine, mais il mourut avant d'avoir pu mettre son projet à exécution, en 1405. Son immense empire fut alors partagé entre ses quatre principaux descendants, fils et petit-fils, qui fondèrent des dynasties séparées régnant sur la Perse, la Transoxiane, l'Afghanistan.

**TAMIL NADU** n. m. ➔ ÉTYM. «pays des Tamouls» – jusqu'en 1956 ***État de Madras*** ♦ État de l'Inde. 130 069 km$^2$. 62 405 679 hab. LANGUE : tamoul (off.). CAP. : Madras. Peuplement homogène de Tamouls. Les deltas et les plaines littorales de la côte, grands producteurs de riz, s'opposent à l'intérieur, plus sec (millet et coton). Le réseau urbain est particulièrement dense, et les villes, centres de pèlerinage ou anciennes capitales d'État, s'industrialisent rapidement.

**TAMILS** → **Tamouls**

**TAMISE** n. f. – en angl. ***Thames*** ➔ ÉTYM. anc. *Temesis, Temesa* ♦ Princ. fl. de Grande-Bretagne (338 km). Elle prend sa source au pied des Cotswold Hills et se jette par un large estuaire dans la mer du Nord en aval de Londres. Elle arrose Oxford, Reading, Windsor puis, remontée par la marée, les différentes zones du port de Londres. Au-delà de Tower Bridge, s'étendent les docks impériaux abandonnés et soumis à une vaste entreprise de rénovation. Ce n'est que vers Gravesend et Tilbury, déjà dans la zone maritime, que l'estuaire de la Tamise conserve des activités industrialo-portuaires.

**Tanagra.**
*La Sophocléenne.*
Terre cuite (29 cm), -IVe s.
Musée du Louvre, Paris.
*Phot. © H. Lewandowski/RMN*

**TAMISE** → Temse

**TAMM (Igor Ievguenievitch)** ♦ Physicien soviétique (Vladivostok 1895 - Moscou 1971). Il élabora, avec I. Frank, la théorie de l'effet Tcherenkov*. Il avait formulé (1932) les mêmes hypothèses que Heisenberg* sur le noyau atomique. [Prix Nobel de phys. 1958, avec I. Frank et P. Tcherenkov]

**TAMMERFORS** → Tampere

**TAMMSAARE (Anton HANSEN, dit Anton)** ♦ Romancier estonien (Albu 1878 - Tallinn 1940). Il fut célèbre pour son roman, *Vérité et Justice* (1926 - 1933), dans lequel il décrivit la société estonienne de la période 1870 - 1930 et représenta le destin d'un intellectuel issu de la classe paysanne.

**TAMMUZ** ◆ ÉTYM. du sumérien *Dumu-zi*, abrév. de *Dumu-zi-abzu* «fils authentique de l'océan circumterrestre» ♦ Dieu de la fertilité, dans la religion babylonienne. C'est un berger-roi, uni à Ishtar* dans un très ancien rite de mariage sacré. Sa vie, sa souffrance et sa mort sont liées au cycle de la végétation. Il est issu du Dumuzi («Fils fidèle») sumérien ; on le rapproche de l'Adonis* syro-phénicien.

**TAMOUL(S)** ou **TAMIL(S)** n. m. (pl.) ♦ Groupe culturel habitant le S. de l'Inde et le N. du Sri Lanka. Ils parlent une langue de la famille dravidienne (tamoul ou tamil), associée à une riche littérature, la deuxième de l'Inde après la littérature sanskrite. Les Tamouls ont constitué au cours de l'histoire des États puissants et durables, dont les expéditions maritimes ont été à l'origine de la diffusion de la culture indienne en Asie du S.-E. La société est caractérisée par une proportion de brahmanes relativement faible par rapport au reste de l'Inde. Au lendemain de l'indépendance du Sri Lanka, les Tamouls furent victimes d'une politique de discrimination de la part de la majorité cinghalaise. Des émeutes éclatèrent, durement réprimées, qui débouchèrent, avec l'apparition du mouvement sécessionniste des Tigres de libération du Tamil Eelam (LTTE), sur une lutte armée entraînant, depuis les années 1980, le pays dans une guerre civile destructrice.

**TAMPA** ♦ V. des États-Unis (Floride), au fond de la *baie de Tampa*. 303 447 hab., dont 25 % de Noirs et 15 % d'Hispaniques (zone urbaine 2 395 997 avec Clearwater et Saint Petersburg). Université. Princ. centre agricole et indus. de l'État (traitement des agrumes, fabriques de cigares) ; port actif (exportation des phosphates extraits dans les environs). Tourisme.

**TAMPERE** – en suéd. *Tammerfors* ♦ V. de Finlande, entre les lacs Näsijärvi et Pyhäjärvi. 207 866 hab. C'est la 2e ville de Finlande et un exemple remarquable d'urbanisme industriel intégré au milieu naturel (forêts, lacs). Université. Musées. Théâtre de plein air à salle tournante. ▪ Les chutes du Tammerkoski fournissent en énergie les nombreuses industries : construc. mécaniques, indus. du bois, indus. textiles, indus. du cuir, du caoutchouc. Aéroport international de Pirkkala. ▮ **Histoire** Lors de la guerre d'Indépendance, Mannerheim s'empara de la ville, jusqu'alors aux mains des bolcheviks (avr. 1918).

**TAMPICO** ♦ V. du Mexique septentrional (État de Tamaulipas), sur le golfe du Mexique, à l'embouchure du Pánuco. 303 635 hab. Grand centre de raffinage de pétrole. Deuxième port exportateur du pays. Zone industrielle portuaire en développement au N. de la ville (Altamirano).

**TAMPON (LE)** [97430] ◆ ÉTYM. n. d'une ravine, du malgache *tampony* «cime» ou de *tampona* «que l'on voit de loin» ♦ Ch.-l. de cant. de la Réunion, au S. de l'île. 60 323 hab. *(Tamponnais)*. Distilleries de plantes à parfum.

**TAMSIR NIANE (Djibril)** ♦ Historien guinéen d'expression française (Conakry 1932). Il recueillit les récits de griots qu'il confronta aux archives et grâce auxquels il publia la geste de l'empire du Mali avec *Soundjata ou l'épopée mandingue* (1960), puis *le Soudan occidental au temps des grands empires* (1975) et *Histoire des Mandingues de l'Ouest* (1989). Il fut emprisonné sous Sékou Touré dans les années 1970 pour ses écrits. Sa fille, KATOUCHA NIANE (1960 - 2008), disparue tragiquement à Paris, est l'auteur d'un ouvrage dénonçant son excision (*Dans ma chair*, 2007).

**TANA** ou **TSANA** (lac) ◆ ÉTYM. «embouchure» ♦ Lac d'Éthiopie (alt. 1 829 m) où naît le Nil Bleu (Bahr* el-Azrak appelé en amont Abbay). Sa profondeur ne dépasse pas 15 m. Les rives et les îles du lac abritent des églises coptes couvertes de fresques.

**TANA** n. m. ♦ Fl. du Kenya (800 km) prenant sa source près du mont Kenya et se jetant dans l'océan Indien.

**TANA** n. f. – en finnois *Teno* ♦ Fl. de Norvège (304 km), tributaire de l'océan Arctique (au Tanafjord) et dont la plus grande partie du cours forme la frontière entre le Finnmark et la Finlande.

**TANAGRA** ♦ Anc. ville de Grèce (Béotie) à l'E. de Thèbes. Les Spartiates et les Béotiens y défirent les Athéniens et les Argiens en –457. Tanagra est célèbre par ses figurines de terre cuite (–VIe - IVe s.). Ruines près de l'actuel village de Tanagra ; nécropole. Musée au village voisin de Schimatari.

**TANAÏS** → Don

**TANAKA Giichi** ♦ Général japonais (Yamaguchi 1863 - Tōkyō 1929), Premier ministre de 1927 à 1929, chef des services secrets en Mandchourie. Le «plan Tanaka», présenté en 1927 à l'empereur, définissait les modalités de la politique expansionniste du Japon qui fut suivie jusqu'à la défaite en 1945.

**TANAKA Kakuei** ♦ Homme politique japonais (Nishiyama, préf. de Niigata 1918 - Tōkyō 1993). Il fut ministre à partir de 1957 et Premier ministre de 1972 à 1974. Sa popularité était grande en Occident et au Japon mais, bien que l'artisan de la réconciliation avec la Chine (1972), il échoua dans son programme d'alliance asiatique en raison de l'agressivité commerciale japonaise. Il démissionna après qu'une campagne de presse eut mis en évidence sa corruption. En 1976, le scandale Lockheed éclata et Tanaka fut arrêté. En sursis judiciaire, il fut réélu député et continua en coulisse de peser sur la vie politique du Japon. ◆ ÉTYM. Le nom japonais *Tanaka* signifie «milieu *(naka)* de la rizière *(ta)*».

**TANAKA Koichi** ♦ Ingénieur japonais (Toyama 1959). Il développa une technique de préparation de molécules biologiques, la désorption laser douce, qui permet d'analyser les échantillons de protéines par la spectrométrie de masse. Cette méthode, de même que celle de Fenn* dont elle est complémentaire, devint rapidement d'usage courant dans les laboratoires. [Prix Nobel de chimie 2002 avec J. B. Fenn* et K. Wüthrich*]

**TANANARIVE** → Antananarivo

**TANARO** n. m. ♦ Riv. italienne (276 km), affl. du Pô. Née dans les Alpes-Maritimes, elle coule ensuite dans une zone de collines et de plaine, arrose Asti* et Alessandria* et reçoit la Stura* di Demonte et la Bormida*.

**TANCARVILLE** [76430] ◆ ÉTYM. «le domaine (lat. *villa*) de Tancrède (n. de pers. germ.)» ♦ Comm. de la Seine-Maritime, arr. du Havre, sur l'estuaire de la Seine. 1 234 hab. *(Tancarvillais)*. Anc. forteresse de Raoul de Tancarville, précepteur de Guillaume le Conquérant (tour de l'Aigle du XVe s.). ▪ Le *canal de Tancarville* (26 km) longe l'estuaire de la Seine et aboutit au Havre. ▪ Le *pont de Tancarville* sur la Seine est l'un des plus grands ponts suspendus d'Europe (1 410 m).

**TANCRÈDE** ♦ Prince normand de Sicile, petit-fils de Robert Guiscard (mort à Antioche en 1112). Il partit pour la première croisade avec son oncle Bohémond de Tarente. Il prit Tarse et participa à la prise d'Antioche et de Jérusalem. Prince de Galilée (1099), il gouverna la principauté d'Antioche en l'absence de son oncle Bohémond (1101 - 1103 et 1104 - 1111), puis le comté d'Édesse pour Baudouin du Bourg (1104 - 1108). ▪ Le Tasse en a fait le modèle des chevaliers dans sa *Jérusalem délivrée*. ◆ ÉTYM. Ce nom vient du germanique *thanc* «pensée» et *rad* «conseil».

**TANCRÈDE DE LECCE** ♦ (mort à Palerme en 1194). Roi de Sicile (1190 - 1194). Petit-fils de Roger II de Sicile, il succéda à Guillaume II de Sicile. Il lutta contre Henri VI, empereur d'Allemagne, qui s'empara de ses États à sa mort.

**TẢN ĐÀ (NGUYỄN Khắc Hiếu, dit)** ♦ Poète et écrivain vietnamien (Sơn Tây 1888 - Hanoi 1939). Auteur de nombreux ouvrages : recueils de poésies (*Khối tình con*, «Le Petit Amour»), romans, pièces de théâtre, et traductions d'œuvres chinoises.

**TANEGASHIMA** ♦ Île japonaise de l'archipel Osumi (préf. de Kagoshima). Lieu du premier débarquement européen au Japon, celui du Portugais Fernão Mendes Pinto*, au XVIe s. Celui-ci introduisit aussi les premières armes à feu que les Japonais désignaient du nom de l'île.

**TANEÏEV (Sergueï Ivanovitch)** ♦ Pédagogue, théoricien et compositeur russe (Vladimir 1856 - Dioudkovo, Moscou 1915). Élève de Tchaïkovski (composition) et de N. Rubinstein (piano) au conservatoire de Moscou, il forma Skriabine et Rachmaninov. Il a laissé une grande trilogie dramatique, *Oresteia* (1895), deux grandes cantates pour chœur et orchestre, des symphonies, des mélodies, de la musique de chambre et des pièces pour piano.

**TANEZROUFT** ◆ ÉTYM. ar. «pays de la soif» ♦ Région du Sahara, sans aucune végétation, qui s'étend à l'O. du Hoggar, en Algérie et au Mali.

**TANG** ou **T'ANG** n. m. pl. ◆ ÉTYM. chin. «amélanchier (arbuste)» ♦ Dynastie chinoise, qui de 618 à 907 donna 21 empereurs. Elle fut fondée par Li Yuan (566 - 635), dont le fils Li Shimin est considéré comme le véritable fondateur (→ **Taizong**), cap. Changan*. La Chine connut sous les Tang son âge d'or. Après les règnes de Taizong*, de Wuhu* et de Xuanzong*, l'empire, au milieu du VIII^e s., avait une population de 53 000 000 hab. et était le plus vaste et le plus puissant du monde. L'art avait atteint un sommet jamais égalé depuis et le commerce était des plus florissants (route de la soie). La révolte d'An* Lushan en 755, qui marqua le déclin de l'empire en 907, fit entrer le pays dans sa période la plus noire, celle des Wudai*. → **Chine.**

**TANGA** ♦ V. de Tanzanie, sur la côte N. du pays, face à l'île de Pemba. Env. 200 000 hab. Port. Exportation de bois, thé, sisal.

**TANGANYIKA** (lac) ◆ ÉTYM. mot local «mère des eaux (lieu de rencontre des eaux)» ♦ Grand lac de l'Afrique orientale, le deuxième d'Afrique par la superficie (31 900 km²). Il est alimenté par les eaux de la Ruzizi, venue du lac Kivu, et se déverse par la Lukuga dans le cours supérieur du Congo (Lualaba). Le lac Tanganyika forme frontière entre la Rép. démocratique du Congo, le Burundi et la Tanzanie. Sur la rive N.-E., Oujiji fut, avant l'arrivée des Européens, le plus grand marché d'Afrique centrale. Stanley* y retrouva Livingstone en 1871. Le lac Tanganyika a été découvert par John Speke* et Richard Burton* en 1858.

**TANGANYIKA** n. m. → **Tanzanie**

**TANGE Kenzō** ♦ Architecte japonais (Ōsaka 1913 - Tōkyō 2005). Novateur, il a conçu de nouveaux principes architecturaux généralement fondés sur l'architecture japonaise traditionnelle et est l'auteur de nombreuses réalisations remarquables tant au point de vue du fonctionnalisme que de l'esthétique (Centre de la Paix à Hiroshima, 1946 - 1950 ; gymnases nationaux olympiques de Tōkyō, 1964). À la fin des années 1960, il rejeta les références aux formes traditionnelles pour créer un style international abstrait cohérent. Bien qu'il ne soit jamais devenu membre du mouvement métaboliste, il y fut associé. Il créa des mégastructures de villes et, en 1991, le complexe de l'hôtel de ville de Tōkyō. En France, on lui doit le musée des Arts asiatiques de Nice (1998). Il exerça une profonde influence sur Isozaki* Arata et Kurokawa Kisho. [Prix Pritzker 1987] ▪ *Illustration :* → **Japon.**

**TANGER** – en ar. *Ṭandja* ◆ ÉTYM. du phénicien *Tinjis* «courant de la rivière» ♦ V. du Maroc septentrional, ch.-l. de prov., située au débouché O. du détroit de Gibraltar, adossée aux contreforts du Rif. 669 685 hab. Port franc. Indus. diverses. Tourisme. ♦ ***École de Tanger*** → **Bowles, W. Burroughs.** ▮ Histoire Comptoir phénicien puis carthaginois, sans doute capitale de la Maurétanie Tingitane *(Tingi)*, il devint musulman en 707 après les invasions vandales et byzantines. Portugais en 1640, il fut ensuite cédé à l'Angleterre en 1661 avant d'être repris par Moulay Ismaïl en 1684. ▪ Après le bombardement de Tanger et la bataille d'Isly, la paix de Tanger fut signée en sept. 1844 entre la France et le sultan du Maroc ʿAbd al-Raḥmān, qui s'engageait à chasser de son territoire l'émir Abd el-Kader. Le 31 mars 1905, l'empereur Guillaume II y fit une déclaration pour affirmer, contre l'influence française, la souveraineté et l'indépendance du Maroc. Ce qui fut appelé le «discours de Tanger» eut pour conséquence la réunion de la conférence d'Algésiras (1906) qui plaça le Maroc sous le contrôle des puissances européennes. Zone internationale de 1923 à 1956, excepté durant l'occupation espagnole (1940 - 1945), Tanger est port franc depuis 1962.

**TANGSHAN** ou **T'ANG-CHAN** ♦ V. de Chine (Hebei). 1 660 054 hab. Houille. Centre indus. : cimenterie, aciérie, terre réfractaire. ▪ La ville fut détruite par un séisme en 1976.

**TAN'GUN, TAN-KUN** ou **DAN-GUN** ♦ Héros mythique coréen, d'origine divine, qui aurait, selon la légende, fondé en –2333 le «Pays du Matin calme». → **Corée.** Il aurait été également le premier législateur coréen.

**TANGUY (Yves)** ♦ Peintre américain d'origine française (Paris 1900 - Woodbury, Connecticut 1955). Issu d'une famille bretonne, il devint d'abord marin et voyagea au Portugal, en Espagne, en Afrique et en Amérique du Sud. À Paris, vers 1920, il se lia avec J. Prévert et, après avoir eu la révélation d'une œuvre de De* Chirico, il se consacra à la peinture, fréquenta les membres du groupe surréaliste et adhéra à ce mouvement. En 1939, il s'exila aux États-Unis où il épousa Kay Sage, elle-même peintre, et s'établit en 1942 dans le Connecticut. À ses débuts, il expérimenta des procédés automatiques puis, à partir de 1927 - 1928, élabora un style personnel. Il réalisa des figurations d'aspect naïf : personnages et éléments hétéroclites peuplèrent d'abord un espace peu déterminé, comme envahi par des fumées grises (*Il faisait ce qu'il voulait,* 1927 ;

Yves **Tanguy.** *Hérédité des caractères acquis* (40,8 x 33 cm), 1936. Menil Collection, Houston. *BIS/Phot. © Archives Larbor © ADAGP, Paris 2008*

*Maman ! Papa est blessé*). Puis son univers pictural prit une apparence plus liquide et visqueuse. Utilisant la technique du trompe-l'œil, il peignit avec un soin minutieux des «êtres-objets, strictement inventés», «êtres errants» de «configuration amiboïde» nettement différenciés, au modelé accentué, mais difficilement identifiables, à l'aspect simultanément organique, végétal, minéral, cartilagineux, apparaissant dans un espace où une ligne d'horizon est presque toujours soit marquée, soit suggérée. Le style de ses œuvres évolua peu, la dominante grise persista, mais les tonalités prirent parfois plus d'éclat et, à la fin de sa vie, il eut tendance à faire proliférer ses motifs sur des toiles de plus grand format *(Nombres imaginaires ; Multiplication des arcs)*, accusant ainsi leur nature obsessionnelle et onirique. ◆ ÉTYM. Ce nom signifie «ardent comme un chien (au combat)», du breton *tan* «feu» et *ki* «chien».

**TANGUY (Éric)** ♦ Compositeur français (Caen 1968). Élève d'Horatio Radulescu*, d'Ivo Malec* et de Gérard Grisey*, titulaire de nombreux prix internationaux, il s'est fait connaître par la clarté et l'originalité de son style orchestral. En témoignent *Intrada* (1998), *Éclipse* (1999) et la *Sinfonietta* (2003) qui dénotent son sens aigu de la forme ; *Deuxième Concerto pour violoncelle*, créé par Rostropovitch (2001) ; *Sénèque, dernier jour*, monodrame pour récitant et orchestre (2004) ; *In Terra Pace* (2007).

**TANINGES** [74440] ◆ ÉTYM. du lat. *Tannius*, n. de pers., et suff. *-anicas* ♦ Ch.-l. de cant. de la Haute-Savoie, arr. de Bonneville, dans le Faucigny, sur le Giffre. 3 140 hab. (*Taningeois* ou *Jacquemards*). Station d'été. ▪ Aux environs, anc. chartreuse de Mélan : église du XIII^e s. restaurée, cloître du XVI^e s.

**TANIS** – n. gr. de l'égypt. ***Djan***, en hébr. ***Zoan***, auj. ***San al-Hajar*** ♦ Anc. ville d'Égypte dans le delta, à quelques kilomètres du lac Menzaleh*. On sait très peu de choses sur l'histoire de Tanis. Vraisemblablement l'une des plus anciennes villes du delta, elle remonterait à l'Ancien Empire comme l'attestent des pierres portant le nom de Pépi* I^er (VI^e dynastie). Mariette* y a retrouvé des sphinx figurant un pharaon de la XII^e dynastie. Certains identifient Tanis à la forteresse des Hyksos*, Avaris, et à la ville de Ramsès* II, Pi-Ramsès. La ville joua un rôle de première importance sous le règne de Ramsès II (XIX^e dynastie). Elle devint capitale à la XXI^e dynastie (→ **Smendès**) et garda ce rang jusqu'à la XXIV^e dynastie (–1085 - –720). ▪ Les fouilles effectuées par P. Montet ont mis au jour, dans le grand temple d'Amon*, la sépulture de Psousennès* I^er.

**TANIT** ou **TINNIT** ♦ Déesse, une des formes d'Ashtart*, formant avec Baal* Hammon le grand couple divin protecteur de Carthage (à partir du –V^e s.). Son origine, libyenne ou phénicienne, reste discutée. Les Anciens l'assimilèrent à Héra ou Junon, sous le nom de *Juno Caelestis.* ♦ ***Signe de Tanit*** Symbole de la déesse, figurant sur de nombreuses stèles puniques et interprété comme un croissant de lune ou comme un homme en prière (levant les bras).

**TANIZAKI Junichirō** ♦ Romancier japonais (Tōkyō 1886 - Yugawara 1965). L'œuvre de ce géant de la littérature fut révélée très tôt (1910) par Nagai* Kafū. Elle accompagna les trois règnes impériaux du

Japon contemporain, dont elle exprima les antagonismes internes. Aux nouvelles de jeunesse marquées par l'influence romantique occidentale (E. Poe*, Baudelaire*), à la mode dans le Japon encore vibrant du choc de la révolution et de l'ouverture, succédèrent des œuvres de maturité (*Bya kko noyu* [«Le Renard blanc»], 1923 ; *Récit d'un aveugle*, 1931 ; *Éloge de l'ombre*, essai, 1933) fondées sur l'approfondissement de la culture traditionnelle. Tanizaki avait alors quitté (1923) Tōkyō pour le berceau de cette culture, le Kinki* (rég. de Kyōto-Ōsaka), et se tenait à l'écart de l'orientation militariste du pays. Vinrent enfin les œuvres majeures de la vieillesse (*La Confession impudique*, 1956 ; *Journal d'un vieux fou*, 1961), originales et troublantes dans l'époque effervescente de l'après-guerre, qui incarnaient la nostalgie du passé et l'inévitable évolution des mœurs (*Les Quatre Sœurs*, 1943 - 1947). Virtuose de la langue, Tanizaki mit en scène ses thèmes de prédilection (nostalgie de la femme japonaise traditionnelle, l'homme esclave de l'érotisme le plus débridé) à travers plusieurs genres d'expression (critique, théâtre, traduction) dont le succès ne s'est jamais démenti.

**TANJORE** ou **TANJAVUR** → **Thanjavur**

**TANJUNG KARANG-TELUK BETUNG** → **Bandar Lampung**

**TANJUNG PRIOK** ♦ Port de Jakarta, le premier d'Indonésie.

**TANKEI** ♦ Célèbre sculpteur japonais (1173 - 1256), fils d'Unkei. Ses œuvres bouddhiques inaugurèrent, dans la ligne de son père, un nouvel art de la représentation réaliste.

**TANLAY** [tɑ̃lɛ] [89430] ♦ Comm. de l'Yonne, arr. d'Avallon, sur l'Armançon. 1 172 hab. *(Tanlaysiens)*. Château Renaissance édifié vers 1550, précédé par le «petit château» (1610). ▪ À proximité, vestiges de l'anc. abbaye de Quincy (XIIe - XVIe s.).

**TANNA** ou **TANA** (île) → **Vanuatu**

**TANNENBERG** – en polon. ***Stębark*** ♦ Anc. localité de Prusse*-Orientale, auj. en Pologne (voïvodie de Warmie-Mazurie). Aux environs, champ de bataille de *Grunwald-Tannenberg*, où Ladislas* II Jagellon, à la tête des armées polono-lituaniennes, infligea une sanglante défaite à l'ordre des chevaliers Teutoniques* (1410). ▪ Au début de la Première Guerre* mondiale, les forces allemandes de Hindenburg* y remportèrent une victoire décisive sur l'armée russe de Samsonov* (août 1914).

**TANNER (Alain)** ♦ Cinéaste suisse (Genève 1929). Avec son compatriote Claude Goretta, il fit ses débuts à Londres, sous l'égide du Free Cinema, avec un court métrage sur «Picadilly by night», *Nice Time* (1957). De retour dans son pays, il tourna deux longs métrages, dans l'esprit «contestataire» du temps, qui firent date : *Charles mort ou vif* (1969) et *La Salamandre* (1971). La suite de son œuvre fut inégale, le meilleur s'inscrivant sous le signe de l'utopie : *Le Retour d'Afrique* (1973), *Le Milieu du monde* (1974), *Les Années Lumière* (1981), *Dans la ville blanche* (1983), *La Ville fantôme* (1987), *Paul s'en va* (2004).

**TANNHÄUSER** ♦ Poète allemand (v. 1205 - v. 1270). Sans doute issu d'une famille de chevaliers de la région de Salzbourg, il aurait pris part à la croisade (1228), vécu à la cour du duc d'Autriche, Frédéric II le Batailleur (ou le Belliqueux), puis à celle du duc de Bavière, Othon II, avant de mener à travers l'Allemagne la vie de chanteur errant, auteur de poésies lyriques, de chansons à danser *(Tanzlieder)*, marquant déjà le déclin de la poésie courtoise *(Minnesang)*. La légende s'empara de lui dès la fin du XIIIe s. On raconta qu'après avoir mené une vie de plaisirs au Venusberg il se serait rendu en pèlerinage à Rome où le pape Urbain IV lui aurait dit qu'il n'était pas plus possible de lui accorder le pardon que de voir reverdir son bâton de pèlerin. Certains prétendirent que sur le chemin du retour le bâton se couvrit de feuilles et que Tannhäuser retourna au Venusberg ; d'autres soutinrent que, repenti, il acheva ses jours en Palestine. Cette légende a inspiré poètes et musiciens, et, parmi eux, Heine et surtout Wagner* (opéra en 3 actes, 1845). ➝ ÉTYM. Ce nom de famille vient probablement du nom de lieu *Thannhausen* ou *Thonhausen*.

**Tannhäuser** ♦ Opéra en 3 actes et 4 tableaux, poème et musique de R. Wagner*, représenté en 4 versions successives (Dresde, 1845 et 1847 ; Paris, 1861 ; Vienne, 1875) avant que Wieland Wagner en réalise une cinquième (Bayreuth, 1954) qui constitue la synthèse des précédentes. ▪ Partagé entre la passion dévorante qu'il éprouve pour Vénus, la reine de volupté, et son amour désincarné pour la pure Élisabeth, fille du landgrave Hermann de Thuringe, Tannhäuser participe au tournoi des chanteurs de la Wartburg. Il espère en sortir vainqueur et gagner par là le cœur de la vierge chaste, mais dans l'ardeur du concours il trahit le secret de sa passion pour la déesse du Venusberg. Repoussé par le pape qui lui refuse l'absolution, Tannhäuser en appelle de nouveau à Vénus, mais au bord de l'abîme il est sauvé par le charme rédempteur d'Élisabeth qui s'est éteinte en implorant de Dieu le pardon du pêcheur. Par le renoncement, il trouve le chemin du salut et meurt pardonné. Un miracle de la miséricorde divine a obtenu sa grâce. L'ouverture de l'ouvrage en résume l'esprit : le dualisme de la volupté païenne et de l'idéal ascétique, fondé sur le sacrifice. À la fin, le chœur des pèlerins marque une tentative de réconciliation des deux morales.

**TANNU-TOUVA** → **Touva**

**TAN Sitong** ou **TAN Sseu-t'ong** ♦ Poète et philosophe chinois (1865 - 1898) passionné par la modernisation de la Chine. Partisan d'une réforme à l'occidentale des anciennes institutions impériales, il participa avec Kang Youwei au mouvement dit «Réforme des cent jours», mais fut arrêté et exécuté par le gouvernement mandchou. → **Guangxu.**

**ṬANṬĀ** ♦ V. de Basse-Égypte, ch.-l. du gouvernorat de Garbieh, au centre du delta du Nil. 421 076 hab. C'est la plus grande ville du delta et un important nœud de communications. Centre commercial (foires réputées) et religieux où se trouve le tombeau de Sidi Aḥmad al-Badawī, l'un des saints les plus vénérés en Égypte islamique. Manufactures de tabac, minoteries. Raffinerie de pétrole.

**TANTALE** – en gr. ***Tantalos*** ♦ Roi mythique de Lydie* ou de Phrygie, père de Pélops* et de Niobé* et grand-père d'Atrée*. Lui-même fils de Zeus*, il a les faveurs des dieux, mais il en abuse en révélant aux mortels les secrets de l'Olympe ou en dérobant le nectar et l'ambroisie. Selon une variante, il immole son fils Pélops et en fait un mets qu'il sert aux dieux. Pour un de ces crimes, son châtiment aux Enfers est exemplaire, mais il varie aussi selon les versions. Ou bien il est placé sous un rocher toujours sur le point de tomber et de l'écraser, ou bien il est plongé dans l'eau jusqu'au cou, mais le niveau baisse chaque fois qu'il veut boire ; de même, une branche chargée de fruits à portée de sa main s'écarte quand il s'efforce d'attraper la nourriture.

**TANUCCI (Bernardo,** marquis**)** ♦ Homme politique italien (Stia, Toscane 1698 - Naples 1783). Principal ministre à Naples de Charles* VII et de Ferdinand* IV, il fut l'un des représentants du despotisme éclairé, encourageant le développement économique (grands travaux : palais de Caserte, manufactures) et menant une politique anticléricale (renvoi des jésuites). Il fut renvoyé par la reine Marie*-Caroline (1777).

**TANYŪ** → **Kanō**

## TANZANIE

▪ n. f. – off. ***République unie de Tanzanie,*** anc. ***Tanganyika et Zanzibar,*** en angl. ***Tanzania*** ➝ ÉTYM. mot-valise composé de *tan* (de *Tanganyika*) et de *zan* (de *Zanzibar*) ♦ Pays d'Afrique orientale, formé de l'union politique d'une partie continentale, l'anc. Tanganyika, et de l'archipel de Zanzibar*. 945 037 km². 42 493 000 hab. *(Tanzaniens)*. LANGUES : anglais et souahéli (off.), nombreuses langues bantoues et nilotiques. POPULATION : Souahélis et 120 groupes ethniques, dont Sukumas, Nyamouézis, Nyakyusas, Chagas, Makondés, Massais. RELIGIONS : christianisme, islam, religions traditionnelles, hindouisme. MONNAIE : shilling tanzanien. CAPITALE : Dodoma (cap. officielle, siège du Parlement et du Premier ministre), Dar es Salaam (cap. administrative et siège de la présidence). RÉGIME : présidentiel. La Tanzanie est divisée en 26 régions, dont 3 à Zanzibar et 2 à Pemba.

▪ **GÉOGRAPHIE** ▪ **Le relief** La côte est découpée, bordée de récifs coralliens avec de grandes îles au large (Mafia, Pemba, Zanzibar). Situées à une cinquantaine de kilomètres du continent, ce sont des îles basses, parsemées de petites dépressions marécageuses, aux côtes très découpées, ourlées de récifs coralliens. Dans la partie continentale, à l'étroite plaine côtière succède un immense plateau cristallin dont l'altitude varie de 1 000 à 1 400 m constituant la majeure partie du pays. Il est traversé du N. au S. par la branche orientale de la vallée du Rift avec des reliefs spectaculaires (→ **Kilimandjaro**), des dépressions (lacs Eyasi, Natron), des accidents géologiques grandioses (gorges d'Olduvai, cratère du Ngorongoro). L'autre branche de la vallée du Rift borde sa frontière occidentale du N. au S. (→ **Victoria, Tanganyika, Malawi**). ▪ **Le climat** La côte et

Tanzanie ▪ Productions en 2008

| Produits | Quantités | Rang |
|---|---|---|
| **Agriculture** | | |
| Café | 60 000 t | |
| Canne à sucre | 2 600 000 t | |
| Maïs | 3 600 000 t | |
| Manioc | 6 600 000 t | 10e |
| Patates douces | 960 000 t | 8e |
| Riz | 1 300 000 t | |
| Sorgho | 900 000 t | 11e |
| Tabac | 50 000 t | |
| Thé | 30 000 t | 14e |
| Bovins (têtes) | 18 000 000 | |
| Ovins (têtes) | 3 600 000 | |
| Pêche | 320 000 t | |
| **Mines** | | |
| Diamants | 280 000 carats | 17e |
| Houille | 40 000 t | |
| Or | 42 t | 16e |

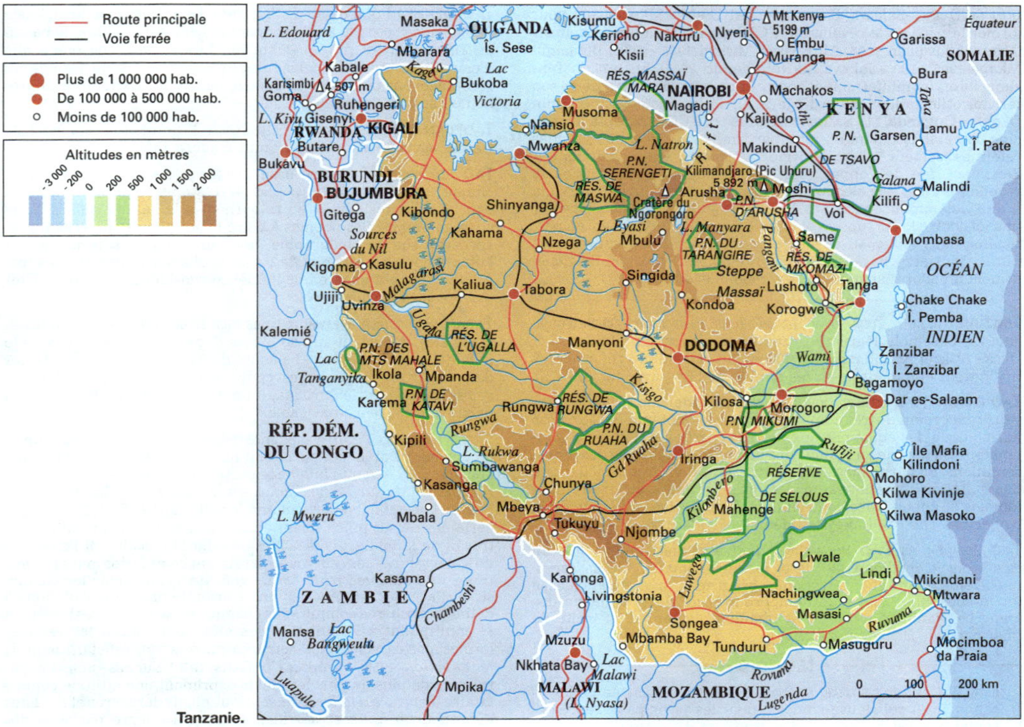


**Tanzanie.**

les îles sont soumises à la mousson de l'océan Indien, et le climat y est chaud et humide avec une longue saison des pluies et une végétation luxuriante. Il est continental sur le plateau, tempéré par l'altitude, avec une petite saison des pluies spécifique de la savane sèche où l'on trouve des zones très éprouvées par un déficit en pluie et une dégradation du sol ; il est plus humide à l'O. du lac Victoria. Une flore alpine couvre les hauts versants du Kilimandjaro, tandis que les dépressions sont caractérisées par une végétation semi-aride. **▮ L'économie** Elle est essentiellement agricole (30,8 % du PIB) mais, à part les régions basses, le sol est pauvre. Le maïs et le sorgho constituent les cultures vivrières du plateau, auxquelles il faut ajouter le manioc dans les régions humides. Les grandes cultures industrielles sont le sisal, le coton, le café, le thé, la canne à sucre, la noix de cajou, les agrumes, la plus grande partie de ces cultures étant produite dans les régions arrosées (côtes, lac Victoria, montagnes). Les îles sont spécialisées dans la culture des épices (clou de girofle à Zanzibar et surtout à Pemba). L'élevage du bétail est important sur le plateau et la pêche est développée sur la côte. De grands parcs naturels abritant toute la gamme de la faune sauvage africaine attirent de nombreux touristes, de même que l'aménagement d'ensembles touristiques sur les côtes, notamment à Zanzibar.

**▮ HISTOIRE ▮ La préhistoire** Dans les dépôts sédimentaires des gorges d'Olduvai (vallée du Rift), près de la frontière kényane, Louis Leakey* a découvert des restes du Zinjanthrope *(Australopithecus boisei)* en 1959, des premiers hommes *(Homo habilis)* et de leurs industries (1 750 000 ans environ). Un peu plus au sud, à Laetoli, Mary Leakey mit au jour des restes d'une autre espèce d'Australopithèque et des pistes d'empreintes de ses pas (3 600 000 ans environ). Les rives occidentales du lac Victoria ont révélé des vestiges préhistoriques plus récents apparentés au Sangoen (–40 000 environ). **▮ Les migrations** La côte fut fréquentée dès le milieu du IIe millénaire par les marins de l'Antiquité qui donnèrent le nom de Zinj à la région. Les migrations bantoues touchèrent le lac Victoria au seuil de notre ère puis gagnèrent le reste du pays. Le N.-E. de la Tanzanie subit l'influence des royaumes interlacustres avec l'arrivée des pasteurs de langues nilotiques **(→ Ouganda, Burundi).** La dernière grande migration fut celle des Yaos au XVIe s., des Nilotiques dont certains groupes poursuivirent leur route jusqu'en Afrique australe. **→ Malawi.** Vers 1860, les Souahélis fondèrent le comptoir de Tabora, au centre du plateau, habité par les Nyamouézis, une population spécialisée dans le convoyage des caravanes. En 1871, Mirambo, un chef nyamouézi, s'affranchit des Souahélis et se créa un fief jusqu'à sa mort en 1884. **▮ L'arrivée des Européens** Deux ans après la conférence de Berlin de 1884 - 1885 portant sur la délimitation de zones d'influence en Afrique, un accord germano-britannique limita les possessions continentales du sultan à une bande côtière de 15 km de profondeur. Les Britanniques établirent leur protectorat sur Zanzibar en 1890 et les Allemands sur l'intérieur des terres en 1891, en passant des accords avec les chefs locaux, puis sur la côte elle-même. En 1902 - 1903, ils durent faire face à la révolte des Maji-Maji. Durant leur domination, ils construisirent une infrastructure pour mettre le pays en valeur (port à Dar es-Salaam et Tanga-Moshi, chemin de fer Dar es-Salaam-Kigoma sur le lac Tanganyika), introduisirent la culture du sisal, du coton, du caoutchouc et, sur les pentes du Kilimandjaro, du café. **▮ Le Tanganyika** Les Britanniques envahirent l'Afrique-Orientale allemande en 1916 et s'en emparèrent après de durs combats. En 1920, celle-ci devint un territoire britannique sous mandat et prit le nom de Tanganyika. Le petit triangle de Kionga, au S.-E., fut donné au Portugal qui l'annexa au Mozambique. Le Tanganyika reçut du Rwanda*, qui passait sous mandat belge, toute sa partie orientale, riveraine du lac Victoria, dans le but d'accomplir le rêve (jamais réalisé) d'unir par un chemin de fer «Le Cap au Caire». La Grande-Bretagne continua le développement du pays mais, contrairement au Kenya voisin, colonie britannique, le Tanganyika ne devint pas une colonie de peuplement. Les Britanniques appliquèrent la règle du *self government*, comme à Zanzibar où le pouvoir restait aux mains des Arabes. En 1947, le Tanganyika devint un territoire sous tutelle de l'ONU et une vie politique s'y développa avec la création de la Tanganyika African National Union (TANU) qui remporta les élections de 1960 par accord tacite des représentants des communautés blanche et asiatique en faveur des Noirs. Le Tanganyika accéda à l'indépendance en 1961, dans le cadre du Commonwealth avec Julius Nyerere comme Premier ministre, et devint une république l'année suivante. **▮ Zanzibar et la naissance de la Tanzanie** À Zanzibar, en 1961, des élections opposant l'Afro-Shirazy Parti (ASP), regroupant la population africaine, au Zanzibar Nationalist Parti (ZNP), représentant les Arabes, ouvrirent une période troublée qui déboucha sur la victoire du ZNP en 1963 et la proclamation de l'indépendance la même année. En 1964, le sultan fut déposé et la république proclamée. Une révolution populaire menée par Sheikh Abeid Amani Karume, le chef de l'ASP, s'empara du pouvoir, et le Zanzibar s'unit au Tanganyika pour former la Tanzanie avec Nyerere comme président et Karume comme vice-président. Ce dernier fut assassiné en 1972. **▮ La présidence de Nyerere** Sous l'impulsion de Nyerere, la Tanzanie se fixa pour but d'atteindre l'autosuffisance alimentaire (Déclaration d'Arusha en 1967) par le regroupement de la population en villages communautaires ou *ujamaa*. Les difficultés économiques de l'ancien Tanganyika suscitèrent des velléités autonomistes à Zanzibar. La Tanzanie prit position au sein des «pays de la ligne de front» pour aider les nationalistes du Mozambique et les Noirs d'Afrique du Sud. Elle fit appel à la Chine populaire pour construire le Tanzam, un train destiné à désenclaver la Zambie et à exporter son cuivre par le port de Dar es-Salaam. En 1977, la TANU et l'ASP s'unirent pour former le parti de la révolution (CCM) qui est toujours au pouvoir (Nyerere jusqu'en 1985, Ali Hassan Mwinyi 1985 - 1995, Benjamin Mkapa 1995 - 2005, Jakaya Kikwete depuis 2005). En 1978, la Tanzanie intervint militairement contre l'annexion d'une partie de son territoire (le saillant de la Kagera sur le lac Victoria) par Amin Dada. → **Ouganda.** ▮ **Le multipartisme** En 1992, le CCM accepta le principe de l'établissement du multipartisme et a engagé de grandes réformes (secteur public, énergie, transports, anti-corruption). À Zanzibar*, fief de l'opposition, les sentiments autonomistes se réveillèrent lors des élections générales de 2000, puis de 2005, qui furent violemment contestées. En 2008, le gouvernement a fait voter une loi contre la corruption et les détournements de fonds, en particulier dans l'aide au développement des infrastructures routières ; plusieurs pays donateurs (Norvège, États-Unis, Belgique) avaient en effet suspendu leurs versements en 2006.

**Tanzimat** n. m. ← **ÉTYM.** en ar. *Tandhīmāt*, pl. de *tandhīm* «action d'organiser» ♦ Ensemble législatif introduit par les sultans Mahmud II (1808 - 1839) et Abdülmacid Ier (1839 - 1861) et destiné à réformer les institutions et à moderniser les mœurs de l'Empire ottoman.

**TAO (Terence)** ♦ Mathématicien australien (Adélaïde 1975). Ses travaux concernent de très nombreux domaines, notamment l'analyse harmonique, les équations aux dérivées partielles, l'analyse combinatoire, la théorie analytique des nombres et la théorie des représentations. En particulier, il démontra, avec Ben Green, qu'il existe des suites arithmétiques en nombres premiers arbitrairement longues et apporta des contributions significatives à l'étude de la conjecture dite «de Kakeya». [Médaille Fields 2006]

**TAO Hongjing** ou **T'AO Hong-king** ♦ Lettré chinois (v. 456 - 536) au savoir encyclopédique, taoïste et médecin, amateur de paysages, musicien, calligraphe, astronome, géographe, mathématicien ; il fut le conseiller-ermite de l'empereur Wudi de la dynastie des Liang (→ **Nanbeichao**). Il est notamment l'auteur d'un traité de pharmacopée *Bencaojing Jizhu*.

## taoïsme

n. m. ← **ÉTYM.** du chin. *dao (tao)* «voie, raison» ♦ Doctrine philosophique et religieuse chinoise dont les principaux représentants auraient été, selon la tradition, Lao*-tseu (–VIe s.), auteur supposé du *Daodejing**, et Tchouang-tseu ou Zhuangzi* (entre –350 et –275), auteur du *Zhuangzi*. Toutefois, si ces sages, connus surtout par des légendes, sont à l'origine d'un taoïsme philosophique orienté vers une mystique du vide et du «non-agir», de la non-intervention dans le cours naturel des choses, le taoïsme comme religion populaire ne se constitua historiquement qu'au IIe s., en faisant la synthèse de courants religieux plus anciens. Ses composantes essentielles sont la croyance aux esprits (rôle de la divination), la croyance en l'immortalité (atteinte par des pratiques diététiques et alchimiques), le culte des esprits. Elles s'articulent autour de la notion de *Dao (Tao)*, la «voie» qui permet à l'individu d'acquérir une certaine «vertu» (ou *de*) et d'atteindre le bonheur. L'influence du taoïsme à la cour déclencha une réaction impériale (exécution du premier adepte Gan Zhongke, –Ier s.). Puis la religion se répandit dans le peuple et certaines sociétés secrètes la revendiquèrent au cours de révoltes paysannes, notamment celle des Turbans jaunes en 184. Le *Daodejing** fut commenté (par Han* Fei) et devint le cadre doctrinal de la religion taoïste. Éminemment syncrétique, la doctrine taoïste s'enrichit considérablement au fil du temps et ses ramifications et sectes varièrent des pratiques populaires strictement magiques à des tendances sophistiquées de spéculation intellectuelle ou métaphysique. Méprisé par les communistes, le taoïsme demeure vivace tant en Chine que parmi les communautés d'outre-mer.

**TAORMINE** – en it. *Taormina* ← **ÉTYM.** en gr. *Tauromenion*, p.-ê. de *ta ormena* «les pousses, les rejets», avec attraction de *tauros* «taureau» ♦ V. d'Italie, en Sicile (prov. de Messine), sur la côte orientale, entre Messine et Catane, au pied de l'Etna. 10 780 hab. Centre touristique. Théâtre grec (–IIIe s.) agrandi par les Romains au IIe s. Ruines de Naumachia (édifice romain de l'époque impériale). Château médiéval. ▮ **Histoire** Habitée par les Sicules à la fin du –IVe s., la cité fut rebaptisée *Tauromenion* par Denys l'Ancien et repeuplée de Grecs de Naxos (Sicile) après la destruction de celle-ci. Au –IIIe s., la ville vécut sous la férule de Hiéron II, puis s'allia à Rome en –210. Plus tard (–34), Octave y fonda une colonie. Elle fut détruite par les Sarrasins (902), puis prise par les Normands au XIe s.

**TAOS** ♦ Localité des États-Unis (Nouveau-Mexique), au N.-E. de Santa Fe. Elle est située près d'un village indien *(Taos Pueblo)* remarquable par son architecture et son site (entre le Rio Grande et les montagnes de la chaîne Sangre de Cristo). Centre touristique. ▪ À *Ranchos de Taos*, église Saint-François-d'Assise (1730 - 1772), de style hispano-mexicain.

**TAOUDENNI** ♦ Point d'eau du Sahara* à l'extrême N. du Mali. Vaste dépression (1 000 000 $km^2$) occupant le centre du Sahara, le bassin de Taoudenni est pratiquement inhabité et ne reçoit que 5 mm d'eau par an. Au XVIe s., les mines de sel gemme de Taoudenni remplacèrent celles de Teghazza, cause de l'expédition marocaine contre l'Empire songhaï*.

**TAOYUAN** ♦ V. de l'île de Taiwan, ch.-l. de district. 391 822 hab. Centre agricole (riziculture, canne à sucre, thé).

**TAO Yuanming** ou **T'AO Yuan-ming** (**TAO Qian,** dit) ♦ Poète et littérateur chinois (dans le Jiangxi 365 - *id.* 427). Méprisant les honneurs, il exprimait le désir de «s'en retourner» à la culture de ses chers chrysanthèmes. Ses poèmes à boire et ses poèmes de «champs et vergers», son autobiographie, une chronique et son poème sur l'utopie de la *Source des fleurs de pêchers* sont des œuvres très célèbres qui ont exercé une influence considérable sur les poètes des époques postérieures.

**TAPAJÓS** n. m. (rio) ← **ÉTYM.** n. d'une tribu amérindienne ♦ Riv. du Brésil (1 555 km), important affl. de la rive d. de l'Amazone où il se jette à hauteur de Santarém*. Le cours du Tapajós (appelé *rio Arinos* dans sa partie supérieure) est coupé de nombreux rapides. Il reçoit sur sa gauche le rio Juruena, lui-même long de 850 km. Seule la partie inférieure est navigable.

**TÀPIES (Antoni)** ♦ Peintre espagnol (Barcelone 1923). Cofondateur du mouvement Dau al set en 1948, il fit la connaissance de Miró, qui l'encouragea et dont l'influence est très nette dans sa période surréalisante (*Muduc*, 1949). Tàpies s'intéressa alors à la philosophie et à l'art oriental, en particulier à la calligraphie. En 1953, bien que certaines de ses toiles soient encore attachées au surréalisme, le travail de la matière, les taches, les signes constituent l'essentiel de son écriture ; ses œuvres apparaissent comme des murs reconstitués de banlieues pauvres. Le goût de Tàpies pour les compositions lacérées, griffées, est une constante dans son évolution ; il définit ses œuvres comme «des champs de bataille où les blessures se multiplient à l'infini». Tàpies affectionne aussi les espaces fermés, portes, volets clos, serrures, miroirs sans reflet (*Rideau de fer et violon*, 1956 ; *Miroir et Confettis*, 1970). Sur ses «murs» apparaissent de plus en plus les objets exprimant une attitude contestataire (*Peinture à la lessiveuse*, 1970), objets dérisoires et sordides (*Grand drap noué et détritus*, 1971) qu'il intègre parfois à des enchevêtrements de fil de fer ou qu'il présente seuls (*Fardeau*, 1970). Il créa dans les années 1970 des collages, des assemblages à l'aide d'objets de récupération (vieux journaux, morceaux de bois

Antoni **Tàpies.** *Peinture n° XXVIII* (1,95 x 1,30 m), 1955.
Galerie Stadler, Paris. *BIS/Phot. Coll. Archives Larbor*

ou d'étoffe). Il témoigna encore des souffrances de l'Espagne opprimée (*Les Jambes*, 1975), puis reprit sur un mode monumental le thème de la croix omniprésent dans son œuvre (*Croix noire sur a b*, 1975), croix brisée peinte au lavis noir évoquant le vide, à la manière des calligraphes orientaux. Son art est l'expression spontanée de l'angoisse face à un monde fermé, déchiré, qu'il cherche à transmettre tel quel. ▪ Fondation Tàpies à Barcelone (1990).

**Tapiola** ♦ Poème symphonique opus 112 de J. Sibelius*, commandé par Walter Damrosch* (New York, 26 déc. 1926). Dans le Kalevala, Tapio est le dieu de la forêt. *Tapiola* est le «domaine de Tapio» (la forêt). L'œuvre relève du «voyage intérieur», avec, aux deux tiers environ, une vision terrifiante qui est sans doute une des clés du silence ultérieur de Sibelius.

**TAPTI** n. f. ♦ Riv. de l'Inde (env. 720 km), prenant naissance dans le Madhya Pradesh et se jetant dans le golfe de Khambhat (Cambay), près de Surat. Son cours inférieur est navigable.

**ṬARAFA 'AMR IBN AL-'ABD AL-BAKRĪ** ♦ Poète antéislamique (VIe s.). Poète de la cour de Hira, il est l'auteur de la plus longue des *mu'allaqāt* (102 vers). Plusieurs de ses vers sont retenus comme proverbes chez les Arabes.

**TARAKĪ (Nūr Mohammad)** ♦ Homme politique et écrivain afghan (Sour 1917 - Kaboul 1979). Fondateur et secrétaire général du parti communiste Khalq (1965), il fut président du Conseil révolutionnaire et Premier ministre de 1978 à sa destitution en 1979, bientôt suivie de son assassinat à l'instigation de Hafizollāh Amīn*. Son œuvre romanesque s'inspire du réalisme socialiste.

**TARANTINO (Quentin)** ♦ Réalisateur et acteur américain (Knoxville 1963). Un premier film a suffi à le propulser au faîte du box-office : *Reservoir Dogs* (1992), «polar» à l'extrême violence tempérée d'humour. Son style s'est affirmé dans *Pulp fiction* (1994), savoureuse parodie des films noirs, avec J. Travolta à contre-emploi. Avec *Jackie Brown* (1998), il a signé sa première histoire d'amour. En 2003, il a réalisé *Kill Bill*, directement inspiré par les films d'arts martiaux asiatiques. Ses références cinématographiques, son humour, son inventivité lui permettent une incursion dans le film de guerre où les résistants scalpent les nazis... *Inglorious Basterds* (2009). ➝ ÉTYM. *Tarantino* signifie «originaire de la région de *Tarente**».

**TARAPACÁ** ➝ ÉTYM. «pays *(tëtá)* des perroquets *(arapachá)*» ♦ Région admin. du Chili, dans le Norte Grande. 57 000 km². 429 000 hab. CAP. : Iquique. Exploitation de nitrate depuis le XIXe s. Soufre au N.-E. d'Iquique. ▮ **Histoire** Anc. prov. de la Bolivie, cédée au Chili à la suite de la guerre du Pacifique.

**TARAPUR** ♦ Partie de l'agglomération de Bombay (Maharashtra) abritant un centre important de recherche atomique.

**TARARE** [69170] ➝ ÉTYM. anc. *Taradrum*, du gaul. *Taros*, n. de pers., et *durum* «forteresse» ♦ Ch.-l. de cant. du Rhône, arr. de Villefranche-sur-Saône, dans le Beaujolais. 10 420 hab. *(Tarariens)*. Centre d'indus. textiles.

**TARASCON** [13150] ➝ ÉTYM. p.-ê. pré-indo-eur. «le rocher *(°tar-)* de la rivière *(°asc-)*» ou de *Tarus*, n. de pers. ♦ Ch.-l. de cant. des Bouches-du-Rhône, arr. d'Arles, sur le Rhône. 12 668 hab. *(Tarasconnais)*. Église Sainte-Marthe des XIIIe, XIVe et XVIIe s., endommagée en 1944 (portail sud ; œuvres d'art). Puissante forteresse bâtie par les comtes de Provence (XIIIe - XVe s.) et parachevée par le roi René. Hôtel de ville du XVIIe s. ▪ Marché agricole (expédition de primeurs). Pâte à papier. Emballages alimentaires et indus. agroalimentaire. Textile (indiennes de Provence). ▮ **Histoire** Sainte Marthe aurait évangélisé la région et aurait, selon la tradition, débarrassé le pays d'un animal monstrueux appelé la Tarasque.

**TARASCON-SUR-ARIÈGE** [09400] ♦ Ch.-l. de cant. de l'Ariège, arr. de Foix, au confluent de l'Ariège et du Vicdessos. 3 446 hab. (aggl. 4 401) *(Tarasconnais)*.

**TARASP** ♦ Loc. de Suisse (Grisons), dans la basse Engadine, sur la rive g. de l'Inn à 1 200 m d'altitude. Château du XIe s., restauré. ▪ Station thermale (sources alcalines) et touristique très réputée. Tarasp forme avec Scuol* et Vulpera*, situées à quelques kilomètres, un important ensemble touristique et climatique.

**TARASQUES** n. m. pl. ♦ Peuple indien du Mexique (Michoacán). Puissants et prospères, ils résistèrent à la conquête aztèque. Ils vivent encore d'agriculture et de pêche. Leur artisanat est élaboré (poterie, laques, travail du bois et de l'os).

**Tarass Boulba** ♦ Récit de N. Gogol* (1835). Le chef cosaque Tarass Boulba tue son propre fils coupable de l'avoir trahi. Ce roman truculent et coloré a connu un succès international, mais il demeure isolé dans l'œuvre plus sombre de son auteur.

**TARAWA** ♦ Atoll situé au N. de l'équateur sur lequel se trouve la capitale de la république de Kiribati (Tarawa, centre admin. Bairiki). 40 311 hab. Exportation de coprah. ▪ La prise de l'île par les Américains, en 1943, donna lieu à de durs combats.

**TARAZ** – anc. ***Aoulié-Ata*** puis ***Jambyl*** ♦ V. du Kazakhstan, ch.-l. de région, sur le Talas et la ligne ferroviaire Tachkent-Bichkek. 330 125 hab. Indus. alimentaire. Usine de superphosphate.

**TARBES** [65000] ➝ ÉTYM. anc. *Turba, Tarva*, du précelt. *°tarba*, de sens incert., à rapprocher du n. de la tribu des *Tarbelli* (➝ Dax) ♦ Ch.-l. du dép. des Hautes-Pyrénées, sur l'Adour. 46 275 hab. (aggl. 76 699) *(Tarbais)*. Cathédrale romane Notre-Dame-de-la-Sède, fortifiée au XIVe s. Cloître gothique Saint-Sever-de-Rustan dans le jardin Massey. Musée Massey : archéologie ; peintures des écoles italienne, hollandaise, flamande, espagnole et française ; musée international des Hussards. ▪ Centre tertiaire (commerce, administration) industrialisé : construc. aéronautiques et électriques. Haras national. ▮ **Histoire** Cette ancienne capitale de la Bigorre* fut dévastée par les Normands, puis fut cédée aux Anglais (fin XIVe s.). Elle fut réintégrée au royaume de France au début du XVIIe s.

**TARDE (Gabriel de)** ♦ Sociologue français (Sarlat 1843 - Paris 1904). Auteur de travaux sur le problème de la criminalité, il fut, en France, le principal représentant de la sociologie à tendance psychologique : il vit dans la répétition des processus psychiques individuels (invention, création d'une part, imitation, diffusion, tradition d'autre part) la base des phénomènes sociaux (*Criminalité comparée*, 1886 ; *Les Lois de l'imitation*, 1890 ; *Études pénales et sociales*, 1892 ; *Études de psychologie sociale*, 1898).

**TARDENOIS** n. m. ♦ Région de l'E. du Bassin parisien, située entre la Vesle et la Marne. ➝ **Fère-en-Tardenois.**

**TARDI (Jacques)** ♦ Dessinateur de bandes dessinées français (Valence 1946). Il débuta à *Pilote* en 1970, créa *Adèle Blanc-Sec* en 1977, adapta *Nestor Burma*, le détective imaginé par Léo Malet, en 1981. Il a illustré de grands textes céliniens (*Voyage au bout de la nuit*, 1988, *Casse-Pipe*, *Mort à crédit*). Hanté par la Première Guerre mondiale, il lui a consacré ses œuvres les plus fortes, où les noirs et blancs très contrastés évoquent des ambiances étranges et pesantes. *La Débauche* (2000), écrit par D. Pennac, peint la misère urbaine et *Le Cri du peuple* (2001), avec J. Vautrin, les espoirs de la Commune.

**TARDIEU (André)** ♦ Homme politique français (Paris 1876 - Menton 1945). Chef de cabinet de Waldeck-Rousseau (1902), rédacteur du «Bulletin de l'étranger» au journal *Le Temps*, élu député (1914) et choisi par Clemenceau comme commissaire spécial aux États-Unis (1917 - 1918), il participa à la conférence de la paix à Paris (1919) et fut ministre des régions libérées d'Alsace-Lorraine (1919 - 1920). Fondateur (avec Mandel) de *L'Écho national*, il fut battu aux élections de 1924 (lors de la victoire du Cartel des gauches), mais réélu en 1926 et chargé successivement par Poincaré des portefeuilles des Travaux publics (1926 - 1928), de l'Intérieur (1928 - 1929). Appelé à la présidence du Conseil (nov. 1929 - déc. 1930), à l'époque de la crise économique et financière internationale, il pratiqua une politique optimiste mais onéreuse de la prospérité (assurances sociales, enseignement gratuit, retraite du combattant, grands travaux, etc.). Écarté du pouvoir (à l'occasion de l'affaire Oustric), il fut ministre de l'Agriculture puis de la Guerre (cabinets P. Laval, 1931 - 1932), puis rappelé comme président du Conseil (fév. - mai 1932). Il fut une dernière fois ministre dans le cabinet Doumergue (1934), chargé d'étudier la réforme de la Constitution. Il se retira de la vie politique en 1935. Il a publié *La Paix*, 1921 ; *Sur la pente*, 1935 ; *La Révolution à refaire*, 1936 - 1937. ➝ ÉTYM. *Tardieu* est la forme occitane et picarde de *Tardy*, de l'ancien français *tard* «lent» (surnom d'homme lent).

**TARDIEU (Jean)** ♦ Poète et auteur dramatique français (Saint-Germain-de-Joux, Ain 1903 - Créteil 1995). L'obsession d'une réalité toujours fuyante et qui se confond jusqu'à l'absurde avec les fantaisies du rêve caractérise son œuvre où l'inquiétude existentielle se dissimule sous le brio d'un jeu verbal insolite et riche de pouvoir destructeur (permutations de mots révélant la fonction et les contraintes du contexte). Les poèmes de Tardieu comprennent *Le Fleuve caché* (1968), *Obscurité du jour* (1974) et *Formeries* (1976). Son œuvre dramatique a été publiée dans les *Poèmes à jouer* (1960) et *Théâtre de chambre* (1955 - 1965).

**TARENTAISE** n. f. ♦ Région de Savoie formée par la haute vallée de l'Isère et par celles de ses affluents qui descendent de la Vanoise. V. princ. : Moûtiers*. Élevage bovin (race tarine). Indus. électrochimique, électrométallurgie, équipement hydroélectrique (barrage de Tignes). Tourisme estival et sports d'hiver.

**TARENTE** – en it. ***Taranto*** ➝ ÉTYM. du gr. *Taras*, p.-ê. à rapprocher de la rac. *°ter* «traverser, percer» (allus. à la traversée entre la Grèce et l'Italie) ou «rapide (rivière)» ♦ V. d'Italie, ch.-l. de prov., dans les Pouilles, sur le golfe de Tarente formé par la mer Ionienne. 202 033 hab. *(Tarentins)*. Cathédrale (XIe - XIIe s. remaniée) : façade baroque, chapelle San Cataldo à décor de marbres polychromes. Musée national (archéologie de la Grande Grèce, coll. de céramiques et de bijoux provenant de la région). Bâtie sur une île, la ville est reliée au continent par un système de canaux. ▪ C'est un marché agricole important et une ville industrielle : sidérurgie (Finsider), indus. mécaniques, construc. navales. Tarente possède le plus grand arsenal d'Italie. La pêche est active dans le golfe. ▮ **Histoire** Tarente est l'une des plus anciennes villes de la Grande Grèce. Fondée par des exilés spartiates, elle devint une importante cité commerciale. Alliée à Rome à partir de –272, elle ouvrit ses portes à Hannibal* (–212), fut reprise par Rome en –209 et sévèrement punie pour sa défection. Elle fut colonisée par celle-ci en –123. Plus tard, elle subit l'occupation normande, puis s'érigea en principauté indépendante. Elle fut bombardée en 1940 par les forces aéronavales britanniques.

**TARFAYA** – anc. ***Villa Bens*** ♦ V. du Maroc saharien, ch.-l. de prov., sur l'Atlantique, au S. du cap Juby. 183 691 hab. Centre pétrolier. Centre commercial. La ville correspond à l'ancienne zone du «Maroc espagnol méridional», rétrocédée en partie au Maroc en 1958. Depuis 1969, l'ancienne enclave d'Ifni y a été rattachée.

**TARGET (Guy Jean-Baptiste)** ♦ Magistrat français (Paris 1733 - Molières, Seine-et-Oise 1807). Avocat au parlement de Paris (1752), il se fit remarquer par son opposition à Maupeou et son *Mémoire sur l'état des protestants en France* (1787) qui participa à l'édit de tolérance en faveur de ces derniers. Élu député du tiers état aux États généraux (1789), conseiller au Tribunal de cassation sous le Directoire (1798), il participa à la rédaction des Codes civil et criminel. [Acad. fr. 1785]

**TĂRGOVIŠTE, TÎRGOVIŠTE** ou **TURGOVIŠTE** ♦ V. de Bulgarie, au S.-O. de Šumen, ch.-l. de région. 60 890 hab. Construc. mécaniques. Indus. agroalimentaire.

**TÂRGOVIŞTE** ou **TÎRGOVIŞTE** ♦ V. de Roumanie méridionale en Munténie, ch.-l. du distr. de Dâmboviţa, sur la Ialomiţa. 89 773 hab. Église du Prince (XVI$^e$ - XVII$^e$ s.) de style byzantin. Musées. ▪ Centre industriel : métall., électrotechnique, machines-outils, chimie. ▪ Aux environs, monastère Dealu (XV$^e$ - XVI$^e$ s.). ▮ **Histoire** Anc. colonie romaine et cap. de la Valachie (1385 - 1559).

**Targowica** ou **Targovitsa** (confédération de) ♦ Confédération formée en 1792 à *Targovitsa*, en Ukraine, par une faction de la noblesse polonaise russophile, afin de combattre la constitution monarchique de 1791. Elle aboutit, après l'adhésion de Stanislas* II Poniatowski, au deuxième partage de la Pologne*.

**TARGUI** n. m. → Touaregs

**TARGUM** ou **TARGOUM** n. m. ➝ **ÉTYM.** hébr. *targûm* «traduction» ♦ Version de la Bible en araméen. Rendus nécessaires par la méconnaissance croissante de l'hébreu dans la population juive, les targums sont des traductions paraphrastiques, marquées par des phénomènes d'adaptation tels qu'euphémismes et gloses (voire légendes), incorporées dans le récit biblique. Ils sont étroitement liés à l'usage synagogal ou réservés à la lecture privée. Il existe des targums de tous les livres de la Bible (sauf ceux dont le texte est en partie araméen : Esdras*, Néhémie* et Daniel*). Il existe également un targum samaritain (limité au Pentateuque). Enfin, on connaît des targums de textes deutérocanoniques* (Tobie*, additions à Esther* et Daniel*). Au sein du judaïsme, plusieurs traditions ont eu cours entre le –I$^{er}$ s. (des targums de Job* et du Lévitique* ont été retrouvés à Qumrân*, et l'on considère souvent comme targumique le texte dit Apocryphe de la Genèse) et le IX$^e$ s. (où l'on date la mise par écrit des derniers targums des Écrits*) : comme pour le Talmud*, on distingue une tradition palestinienne et une tradition babylonienne qui, plus littérale, s'est imposée au cours du Moyen Âge. Le targum du Pentateuque dit «d'Onqelos» (ou Onkelos, nom de son auteur supposé), assez proche du texte hébreu, est devenu un texte officiel : vocalisé, il accompagne souvent le texte hébreu dans les Bibles imprimées.

**TÂRGU MUREŞ** ou **TÎRGU MUREŞ** – en hongr. ***Marosvásárhely*** ➝ **ÉTYM.** roumain «la foire sur le Mureş» ♦ V. de Roumanie centrale en Transylvanie, ch.-l. du distr. de Mureş*, sur le Mureş. 145 943 hab. Centre universitaire et culturel (bibliothèque Teleki, musées). ▪ Indus. électrotechnique, électronique, textile et alimentaire. Combinat chimique. ▪ Aux environs, gisement de gaz naturel.

**TARIFA** ♦ V. d'Espagne (Andalousie), prov. de Cadix, à l'extrémité méridionale de la péninsule Ibérique, sur le détroit de Gibraltar. 17 619 hab. La ville conserve un caractère mauresque très accusé.

**TARIJA** ♦ V. de Bolivie, au S. du pays, cap. de département. 183 001 hab. Agro-industrie (canne à sucre, vigne). Raffinerie de pétrole. ♦ ***Département de Tarija*** 37 623 km$^2$. 497 000 hab. Agro-industrie (canne à sucre, fruits).

**TARIM** n. m. ➝ **ÉTYM.** emprunt russe au turc «fleuve qui se jette dans le sable» ♦ Fl. de Chine (Xinjiang), formé par la confluence du Yarkant he, du Kaxgar he, de l'Aksu he et du Hetian he (2 137 km). Né dans le Karakoram, le Tarim draine un bassin de 198 000 km$^2$ et se perd dans la cuvette du Lob nor. ▪ Le *bassin du Tarim* comprend, en son centre, le désert du Taklamakan, à l'E. la zone de marais salants du Lob nor et une ceinture d'oasis entourant le désert : Kaxgar (Kashi), Kargilik (Yecheng) et Yarkant (Shache) à l'O. ; Hotan (Hetian*) et Keriya (Yutian) au S. ; Karkilik (Ruoqiang) et Qiamol (Qarqan) à l'E. ▪ Agriculture (coton, soie, fruits, céréales).

**TARĪM** ♦ V. du Yémen située dans une oasis de la vallée de l'Hadramaout. Elle est bâtie sur les hautes falaises surplombant un cours d'eau. Artisanat.

**ṬĀRIQ IBN ZIYĀD** ➝ **ÉTYM.** en ar. *thāriq* «qui arrive la nuit ; étoile du matin ; événement» et *ziyād* «accroissement» ♦ Chef berbère (VIII$^e$ s.). Il commanda les troupes musulmanes lors de la conquête de l'Espagne. Il débarqua à Gibraltar (Jabal al-Ṭāriq), battit le roi Rodrigue* (→ **Guadalete**) et prit Tolède (oct. 711). Il conquit Saragosse avec Mūsā* ibn Nuṣayr (714). Ensuite, il occupa León, puis Astorga. Appelé par le calife al-Walīd, il partit vers Damas à la fin de 714.

**TARKOVSKI (Arseni Aleksandrovitch)** ♦ Poète soviétique (Ielisavetgrad, auj. Kirovohrad 1907 - Moscou 1989). Père du réalisateur Andreï Tarkovski, il fut l'un des poètes majeurs de sa génération. Traducteur depuis 1932 de la poésie classique orientale, il ne publia son premier recueil qu'en 1962 (*Avant la neige*). Inscrite dans la tradition de Tiouttchev* et de Fet*, sa poésie philosophique est proche de celle des acméistes, de Pasternak ou de M. Tsvetaïeva* (*La Terre terrestre*, 1966 ; *L'Annonciateur*, 1969 ; *Les Montagnes enchantées*, 1978 ; *Jour d'hiver*, 1980). ➝ **ÉTYM.** Ce nom vient probablement du vieux polonais *tarkać* «jacasser».

Andreï **Tarkovski.** Une scène du film *Andreï Roublev*, 1966-1967. Prod. Mosfilm. *BIS/Phot. © Coll. Archives Larbor-DR*

**TARKOVSKI (Andreï)** ♦ Cinéaste soviétique (Ivanovo 1932 - Paris 1986). Fils du poète Arseni Tarkovski, ayant fait des études de peinture poussées, il s'affirma, dès son premier long métrage, *L'Enfance d'Ivan* (1962), comme un des créateurs les plus doués de sa génération. D'une haute exigence esthétique et morale, sa recherche atteste de la pérennité des valeurs religieuses, toujours vivaces en terre russe malgré un demi-siècle de marxisme. Ce défi à l'idéologie dominante lui valut l'hostilité du régime, et le contraignit à l'exil. Ses films, peu nombreux, sont d'une richesse humaine exceptionnelle : *Andreï* Roublev* (1967), *Solaris* (1972), *Le Miroir* (1974), *Stalker* (1979), *Nostalghia* (en Italie, 1983) et le plus accompli de tous, sans doute, *Le Sacrifice** (Suède-France, 1986).

**TARLAC** ♦ V. des Philippines (Luçon), ch.-l. de prov. 1 068 783 hab. Sucre, riz, tabac.

**TARN** n. m. ➝ **ÉTYM.** anc. *Tarnis*, rattaché au gaul. *Taranis*, dieu du tonnerre, d'une rac. hydronym. prélatine *°tar* ♦ Riv. du Massif central et du Bassin aquitain (375 km), affl. de la Garonne, qui prend sa source au mont Lozère, descend les Cévennes, traverse les Causses. De Sainte-Énimie à Peyreleau, il coule entre le causse de Sauveterre et le causse Méjean au fond de gorges pittoresques. Le Tarn est alimenté par une quarantaine de cours d'eau souterrains (Agout, Aveyron, Dadou, Sorgues) qui ont creusé dans le calcaire des grottes et des avens. Après avoir arrosé Millau, Albi, Gaillac, Montauban et Moissac, le Tarn se jette dans la Garonne en aval de Montauban.

Le **Tarn** dans la Lozère. *Phot.© Jean Michel Pouget/Fotolia*

**TARN** n. m. [81] ➝ ÉTYM. du n. de la riv. ♦ Dép. du S. de la France, région Midi-Pyrénées. 5 758 $km^2$. 343 402 hab. CH.-L. : Albi. CH.-L. D'ARR. : Castres. Cour d'appel : Toulouse. Académie : Toulouse. ➝ **Midi-Pyrénées.**

**TARN-ET-GARONNE** n. m. [82] ➝ ÉTYM. du n. des deux cours d'eau ♦ Dép. du S.-O. de la France, région Midi-Pyrénées. 3 718 $km^2$. 206 034 hab. CH.-L. : Montauban. CH.-L. D'ARR. : Castelsarrasin. Cour d'appel : Toulouse. Académie : Toulouse. ➝ **Midi-Pyrénées.**

**TARNIER (Étienne,** dit **Stéphane)** ♦ Chirurgien français (Aiserey, Côte-d'Or 1828 - Paris 1897). Auteur de nombreux ouvrages d'obstétrique, il mit au point un forceps à tracteur.

**TARNOBRZEG** ♦ V. de Pologne, voïvodie des Basses-Carpates, sur la rive d. de la Vistule. 50 019 hab. Exploitation d'un important gisement de soufre (découvert en 1953).

**TARNOS** [40220] ➝ ÉTYM. du lat. *Tarinus,* n. de pers. gallo-rom., et suff. aquitain *-ossum* ♦ Comm. des Landes, arr. de Dax. 10 076 hab. Aéronautique.

**TĂRNOVO** ➝ **Veliko Tărnovo**

**TARNÓW** ♦ V. de la Pologne méridionale, voïvodie de Petite-Pologne. 116 967 hab. Carrefour ferroviaire. Centre admin. et industriel.

**TARNOWSKIE GÓRY** ♦ V. de Pologne, voïvodie de Silésie. 60 954 hab. Houillères. Industries.

**TARO** n. m. ♦ Riv. d'Italie (126 km), née dans l'Apennin ligure et affl. de la rive d. du Pô.

**TAROUDANT** ou **TAROUDANNT** ♦ V. du Maroc méridional, ch.-l. de prov., située dans l'E. de la plaine du Sous, au pied du Haut Atlas et de l'Anti-Atlas. 69 489 hab. Remparts. Oliveraies. Artisanat. Sous la dynastie saadienne, la ville connut son âge d'or grâce au commerce et à la culture de la canne à sucre, de l'indigo et du coton.

**TARPEIA** ♦ Vestale romaine, fille du gouverneur du Capitole*, qui, selon la légende, aurait livré la citadelle de Rome aux Sabins* (fin -VIIIe s.) qui la tuèrent. Elle fut enterrée au mont Capitolin dans la partie qui prit d'elle le nom de « roche Tarpéienne » *(arx Tarpeia).* ♦ ***Roche Tarpéienne*** Crête rocheuse de l'extrémité S.-O. du Capitole dans la Rome ancienne ; c'est de là qu'on précipitait les criminels, jusqu'à l'époque impériale.

**TARQUINIA** – en fr. ***Tarquinies*** ♦ V. d'Italie, dans le Latium (prov. de Viterbe). 15 162 hab. Aux environs, importante nécropole étrusque (-VIe - -Ier s.), dont les chambres funéraires sont revêtues de fresques : tombe des Taureaux, tombe des Lionnes, etc. Musée national renfermant des œuvres provenant des fouilles (célèbres chevaux ailés en terre cuite) ainsi que des reconstitutions de tombes. Église romane Sainte-Marie intégrée à la citadelle. ▮ **Histoire** Patrie présumée des Tarquins*, elle fut l'une des plus grandes villes de l'Étrurie* méridionale.

**TARQUIN l'Ancien** – en lat. ***Lucius Tarquinius Priscus*** ➝ ÉTYM. du n. de *Tarquinia** ♦ Cinquième roi légendaire de Rome (v. -616 - v. -578). Il introduisit dans la cité la civilisation étrusque, fit construire le Forum, le Grand Cirque, le temple de Jupiter Capitolin et les égouts *(Cloaca maxima).* Vainqueur des Latins et des Sabins, il institua l'usage du « triomphe ».

**TARQUIN le Superbe** – en lat. ***Lucius Tarquinius Superbus*** ♦ Septième et dernier roi de Rome (de -534 à -509). Monté sur le trône après avoir assassiné son beau-père Servius* Tullius, il ne put s'y maintenir que par la violence. Il abolit la constitution de Servius, mais acheva les grands travaux de ses prédécesseurs et triompha des Latins. Son fils Sextus devint amoureux fou de Lucrèce*, femme de Tarquin Collatin, et lui fit violence. Avec l'aide de Brutus*, Collatin souleva le peuple. Les Tarquins furent chassés de Rome et la république proclamée (-509).

**TARRACONAISE** n. f. – en lat. ***Hispania Tarraconensis*** ♦ Province romaine du N.-E. de l'Espagne, constituée par Auguste en -27 et correspondant aux provinces de Catalogne*, d'Aragon*, de Navarre* et de Castilla*-León. CAP. : Tarragone. Elle occupait à l'origine tout le N.-E. et le centre de la péninsule, mais fut diminuée au IIe s. quand furent formées la Galice* et la Carthaginoise.

**TARRAGONE** ➝ ÉTYM. en esp. ***Tarragona*** ; du lat. *Portus Tarraconis, Colonia Tarraconensis* ou *Tarraco,* du phénicien *tarchon* « citadelle » ♦ V. d'Espagne (Catalogne), ch.-l. de prov., sur la Méditerranée. 134 163 hab. Elle conserve de l'époque romaine des murailles construites sur une enceinte cyclopéenne, un aqueduc, un amphithéâtre, le palais d'Auguste *(pretorio romano).* Cathédrale (XIIe - XIIIe s.) avec cloître roman ; riche musée provincial. ▪ Raffinerie de pétrole, indus. chimiques (soufre), distilleries (fabrication de « chartreuse »). 1er port d'Espagne. ▮ **Histoire** Fondée, croit-on, à la fin du -IIe millénaire par un peuple égéen, elle fut conquise par les Ibères, puis par Scipion en -218. Importante colonie romaine (cap. de la Tarraconaise), ce fut la résidence d'Auguste*, de Galba* et de Hadrien*. Elle connut l'invasion des Wisigoths (464), des Maures (714), puis devint catalane en 1220.

**TARRASA** – en catalan ***Terrassa*** ♦ V. d'Espagne (Catalogne), prov. de Barcelone. 202 136 hab. Églises remarquables, regroupées dans une zone archéologique : San Miguel (époque wisigothique, Ve s.), San Pedro (IXe - XIIe s.), Santa Maria (IXe - XIIe s.) avec retables catalans du XVe s. ▪ Centre textile très anc. (filatures et tissage de la laine, musée du textile), construc. électriques et mécaniques.

**TARSKI (Alfred)** ♦ Mathématicien et logicien américain d'origine polonaise (Varsovie 1902 - Berkeley 1983). En collaboration avec Jan Łukasiewicz, il travailla à l'élaboration de systèmes logiques à trois valeurs (vrai, faux, possible) puis à *n* (nombre infini) valeurs, rompant ainsi avec le calcul classique des propositions qui n'admettait que deux valeurs (vrai et faux). Dès 1936, il affirma la nécessité de compléter les analyses syntaxiques du langage par une sémantique générale (étude des rapports des signes avec une donnée des conditions de vérité et de fausseté des propositions du langage). Tarski précisa la distinction entre les niveaux de la logique et de la métalogique (➝ **Łukasiewicz**), entre langage et métalangage. Alors qu'après G. Frege*, Carnap* et Church* tentèrent de systématiser une sémantique « intensionnelle » (étude de la signification), Tarski et son école développèrent une sémantique « extensionnelle » (étude des relations entre les expressions et ce qu'elles désignent), qui « peut être présentée comme l'algèbre des classes arithmétiques » (L. Apostel). Il a publié *La Notion de vérité dans les langages formels,* 1931, 1935 ; *Introduction à la logique mathématique,* 1937 ; *La Conception sémantique de la vérité,* 1944 ; *Logique, sémantique et métamathématique,* 1956.

**TARSUS** – en gr. ***Tarsos,*** anc. ***Tarse*** ♦ V. de Turquie, en Asie Mineure (Cilicie), sur le Tarsus Çayi (l'anc. Cydnus*), sous-préfecture de la prov. d'İçel. 229 921 hab. Vestiges hittites, hellénistiques et romains. ▪ Important centre indus. (coton, produits alimentaires, matériel agricole). ▮ **Histoire** Occupée par les Hittites, la ville primitive reçut peut-être des colons ioniens. Dominée par les Assyriens (fin -VIIIe s.), elle fut ravagée v. -696 à la suite d'une révolte. Elle fut prise par Alexandre le Grand, puis échut en partage aux Séleucides et devint un centre intellectuel. Florissante sous les Romains (-64) et capitale de la Cilicie*, elle eut une célèbre école stoïcienne. Prise lors de la première croisade (1097), elle devint la capitale du royaume chrétien de la Petite-Arménie (XIIe - XIVe s.). Elle passa aux Mamelouks (1359), puis aux Ottomans.

**TARTAGLIA (Niccolò FONTANA, dit)** ♦ Mathématicien italien (Brescia v. 1499 - Venise 1557). Il s'est intéressé à de nombreuses parties des sciences telles que l'arithmétique, l'algèbre, la géométrie, la balistique, qu'il fut le premier à soumettre à un traitement théorique (*Nova scientia,* 1537), la statique (*Quesiti,* 1546), la fabrication des explosifs, etc. Mais on lui doit surtout la résolution des équations du troisième degré et notamment la *formule de Cardan,* qu'il avait découverte en 1537 puis communiquée à Cardan* en 1539.

**TARTARE** n. m. – en gr. ***Tartaros*** ♦ Le fond de l'Univers dans les mythes grecs, placé au-dessous des Enfers à une distance égale à l'espace qui s'étend entre la Terre et le ciel. Deux générations divines préolympiennes y sont précipitées successivement après leurs défaites (➝ **Cyclopes, Hécatonchires, Titans**). Zeus menace toujours les dieux qui enfreignent sa volonté de les enfermer dans le Tartare, devenu peu à peu synonyme des Enfers, le lieu où sont châtiés les grands criminels. ▪ Considéré aussi comme un élément primordial du monde, Tartare s'unit à Gaïa* et engendre les monstres Typhon* et Échidna*.

**TARTARES** n. m. pl. ➝ ÉTYM. déformation du n. des *Tatars** ♦ Nom donné en Occident, surtout en Russie, à partir du XIIIe s. aux envahisseurs mongols.

**TARTARIE** (détroit de) – en russe ***Tatarski Proliv*** ♦ Bras de mer entre la côte de Sibérie extrême-orientale et l'île de Sakhaline, unissant les mers du Japon et d'Okhotsk. Long de 663 km, il est large de 40 km au N. à 324 km au S. (minimum : 7,3 km). Profondeur minimale : 7,2 m. Il est pris par les glaces de nov. à avril. Ports princ. : Aleksandrovsk-Sakhalinski, Lessogorsk, Ouglegorsk. ▪ Il fut découvert et baptisé *manche de Tartarie* par Lapérouse en 1787.

**Tartarin de Tarascon (Aventures prodigieuses de)** ♦ Roman d'Alphonse Daudet* (1872). Tartarin, un petit bourgeois de Tarascon, a décidé d'aller chasser les lions en Afrique. Après maintes tribulations, il réussira finalement à tuer un vieux lion aveugle qu'un mendiant montrait sur les foires. Cet exploit dérisoire lui vaudra pourtant d'être accueilli en héros à Tarascon. Ce roman est le premier d'une trilogie (*Tartarin sur les Alpes,* 1885 ; *Port-Tarascon,* 1890), qui fit entrer dans la légende le type du Méridional pittoresque, hâbleur et tonitruant.

**TARTINI (Giuseppe)** ♦ Violoniste, théoricien et compositeur italien (Pirano d'Istria 1692 - Padoue 1770). D'abord destiné à l'état ecclésiastique, il fréquenta des écoles religieuses à Pirano et à Capo d'Istria, puis étudia à l'université de Padoue. Ayant épousé la protégée de l'évêque, il dut fuir la colère de celui-ci et vécut trois ans caché dans un monastère d'Assise, où il reçut les leçons de violon d'un moine tchèque ; il y composa sa sonate *Trillo del Diavolo* (« Le Trille du diable »). Il regagna Padoue et devint premier violon à la cathédrale Saint-Antoine. Il vécut à Prague de 1723 à 1726, à l'époque du couronnement de Charles VI, et y fut au service de grandes familles. De retour à Padoue, sa notoriété de pédagogue s'accrut et gagna toute l'Europe. Il composa de la musique de chambre (sonates, concertos pour violon, trios pour cordes) influencée pour les premières œuvres par Corelli, mais qui acquit progressivement une originalité. Ses recherches portèrent plus particulièrement sur l'approfondissement de l'expressivité des mouvements lents et la structure des premiers mouvements. Il apporta au violon de notables améliorations techniques (allongement de l'archet, épaississement des cordes) et écrivit plusieurs ouvrages théoriques sur cet instrument (*Trattato di musica*, 1754 ; *De principi dell' armonia musicale*, 1767 ; *Affetti di musica*, 1771).

**TARTOUS** ou **TARTUS** ♦ Port de Syrie (gouvernorat de Lattaquié), situé entre Lattaquié et Tripoli, et par lequel sont exportés les pétroles de Karatchōk. 85 772 hab. Port de pêche.

**TARTU** ➝ ÉTYM. p.-ê. letton «le pays *(-bata)* des aurochs ou des bisons *(tār)*», anc. ***Dorpat*** ♦ V. d'Estonie. 101 200 hab. Centre culturel et universitaire. Indus. alimentaire, textile, chimique et mécaniques (machines agricoles). ▮ **Histoire** *Iouriev* fut fondé au XIe s. par Iaroslav, prince de Novgorod. Ville hanséatique sous le nom de *Dorpat* (1224), prise par Ivan IV le Terrible (1558), elle fut ensuite cédée à la Pologne (1581). Les Suédois la prirent en 1600 et y fondèrent une université (1632) qui fut détruite et rétablie en 1802. Disputée par les Suédois et les Russes au XVIIe s., elle fut conquise par Pierre le Grand en 1704. Prise par les Allemands (fév. 1918), puis rattachée à l'Estonie indépendante (traité de Dorpat, 2 fév. 1940), la ville reprit son nom estonien (Tartu). Occupée par les Soviétiques (1940), puis par les Allemands (1941), elle fut annexée par l'URSS en 1944.

**Tartuffe ou l'Imposteur** ➝ ÉTYM. de *Tartufo*, personnage de la Comédie italienne, de l'it. *tartufo* «truffe» ♦ Comédie en 5 actes et en vers, de Molière*. Orgon a introduit dans sa demeure Tartuffe, personnage dont l'apparente dévotion l'a séduit. Mais son fils Damis, son beau-frère Cléante et la servante Dorine suspectent en Tartuffe un méprisable aventurier. Fort de la confiance que lui témoigne Orgon, Tartuffe va tenter d'obtenir la main de Marianne, sa fille, de séduire Elmire, sa femme, et de le dépouiller de ses biens. Au moment où, convaincu de son infamie par une ruse de l'honnête Elmire, l'hypocrite se voit démasqué et contraint de fuir, il se dresse, menaçant, et fort de son droit : Orgon a commis la faute de lui faire donation générale de ses biens. Déjà, le sergent, M. Loyal, s'apprête à expulser Orgon et les siens de leur propre demeure. Mais le roi, qui a tout appris, fait appréhender Tartuffe. ▪ La pièce connut plusieurs versions : la première (représentée en mai 1664) comprenait 3 actes et s'achevait sur le triomphe de Tartuffe ; à nouveau représentée le 5 août 1667, sous le titre *L'Imposteur*, avec un personnage principal rebaptisé Panulfe, elle fut interdite le lendemain. La version définitive et autorisée, en 5 actes, date de 1669. ▪ Peinture satirique des faux dévots et de leurs victimes naïves et aveuglées, charge vigoureuse contre l'autorité arbitraire des pères et des époux, la pièce est tenue pour l'une des comédies majeures du répertoire universel. Molière y déploie une vision subtile et sans complaisance de son époque, annonçant le théâtre de mœurs du XVIIIe s.

**TARVIS** [tarvis] (col de) – en it. ***Tarvisio***, en slovène ***Trbiž*** ♦ Col des Alpes orientales (812 m) qui relie l'Italie (Frioul), l'Autriche (Carinthie) et la Slovénie, en faisant communiquer les vallées de la Drave, de la Save et de la Fella, affl. du Tagliamento.

**TARZAN** ➝ ÉTYM. dans le langage des singes imaginé par Burroughs «peau blanche» ♦ Personnage créé par E. R. Burroughs*, dans un feuilleton publié en 1912 et réuni en volume à partir de 1914. La bande dessinée (1928) puis le cinéma popularisèrent cette histoire d'un enfant élevé par une guenon dans la brousse africaine. Tarzan est l'ami de toutes les bêtes et ses aventures fabuleuses en ont fait un mythe de virilité et de liberté généreuse, non sans alimenter l'idéologie et la bonne conscience américaines.

**TASCHER DE LA PAGERIE (Marie-Josèphe Rose)** ➝ ÉTYM. *Tascher*, de l'anc. fr. *taschier* «ouvrier à la tâche» et *Pagerie*, lieu où était perçu un droit de péage ♦ ➝ **Joséphine**

**TASCHEREAU (Louis Alexandre)** ♦ Homme politique canadien (Québec 1867 - *id.* 1952). Député libéral de 1900 à 1936, il fut Premier ministre du Québec de 1920 à 1936.

**TASMAN (Abel Janszoon)** ♦ Navigateur hollandais (Lujtegast, Groningen 1603 - Batavia 1659). Après des voyages aux Moluques, aux Philippines, au Japon, il entreprit une expédition (1642) au cours de laquelle il découvrit la terre de Van Diemen (nom du gouverneur hollandais des Indes orientales, qui fut d'abord donné à la Tasmanie*), la Nouvelle*-Zélande (île du Sud), les archipels des Tonga et des Fidji ; il revint à Batavia par la Nouvelle-Guinée, la Nouvelle-Irlande et la Nouvelle-Bretagne. La relation de son voyage (précédant celles de Cook et de Bougainville) fut publiée par Jacob Zwart (1860).

**TASMAN** (mer de) ♦ Partie de l'océan Pacifique comprise entre l'Australie à l'O. et la Nouvelle-Zélande à l'E.

**TASMANIE** n. f. – en angl. ***Tasmania*** ➝ ÉTYM. du n. de Abel Janszoon *Tasman** ♦ Le plus petit des États du Commonwealth d'Australie, comprenant l'île même de Tasmanie située à l'extrémité S.-E. du continent, dont elle est séparée par le détroit de Bass, et des îles voisines situées pour la plupart dans le détroit. 68 332 km$^2$. 489 922 hab. *(Tasmaniens)*. CAP. : Hobart. La Tasmanie est formée de plateaux et de chaînes accidentées, prolongements de la Cordillère* australienne ; son centre est formé de plaines et de collines. Nombreux fl. côtiers. Le climat est doux et humide, à caractère océanique. ▮ **Économie** Elle est surtout agropastorale : élevage de bovins (vaches laitières) et d'ovins, forêts de hêtres et d'eucalyptus, fruits (pommes, poires), houblon et une très grande variété de légumes. L'État possède en outre d'importantes richesses minières : cuivre, minerai de fer, zinc, plomb, étain et tungstène. Aux industries traditionnelles, en expansion (exploitation des produits forestiers, de l'élevage, conserveries de fruits ; indus. textile), s'est ajoutée la métallurgie, grâce à l'aménagement hydroélectrique de la Derwent (fl. princ.) et de ses affluents. ▮ **Histoire** L'île fut découverte en 1642 par le Hollandais Abel Tasman* et porta jusqu'en 1853 le nom de terre de Van Diemen (nom du gouverneur général des Indes néerlandaises). Elle fut visitée par de nombreux Européens au cours du XVIIIe s., notamment par Cook* en 1777. La colonisation britannique débuta en 1804 et l'île fut jusqu'en 1853 une colonie pénitentiaire. Rattachée à la Nouvelle*-Galles-du-Sud jusqu'en 1825, elle devint un État du Commonwealth australien en 1901.

**TASSE (Torquato TASSO,** dit en fr. **LE)** ➝ ÉTYM. du germ. *Tasso* (*Taso* ou *Tassone*), ou hypocoristique de *Tassimano* ou de l'it. *tasso* «blaireau» ♦ Poète italien (Sorrente 1544 - Rome 1595). À Padoue, il étudia le droit, fréquenta le cercle de Sperone Speroni et publia des poésies. Entré en 1565 dans la maison du cardinal Luigi d'Este à Ferrare, il se rendit en France avec ce prélat ; en 1572, il passa au service du duc Alphonse. À cette époque, il avait déjà écrit l'essentiel de ses poésies amoureuses (d'un pétrarquisme enrichi de modes et mouvements maniéristes), un poème chevaleresque à la manière de l'Arioste, *Rinaldo* (1562) et les *Discours de l'art poétique* (1565 - 1566), où il livre le propos de son futur chef-d'œuvre, le poème épique de la *Jérusalem* : retisser l'histoire dans le vraisemblable universel, supérieur à la vérité des choses singulières. En 1573, on représenta avec un vif succès l'*Aminta*, fable pastorale qui, au-delà du jeu courtisan, balance entre l'hédonisme hardi de l'amour et la nostalgie d'une impossible évasion. Deux ans plus tard, le Tasse achevait *La Jérusalem* délivrée*, que, au fur et à mesure de sa composition, il avait soumise aux censeurs littéraires et religieux. La même année, un accès de folie le poussa à s'accuser d'hérésie auprès de l'Inquisition (qui le blanchit par deux fois). Enfermé dans un couvent après avoir agressé un valet par lequel il se croyait espionné, il s'enfuit à Sorrente chez sa sœur, puis, en 1578, à Turin. Rentré l'année suivante à Ferrare pour le mariage du duc, et se jugeant négligé, il se livra à une crise de fureur qui le fit enfermer à l'hôpital Sant'Anna. Il y resta sept ans, passant tour à tour de la lucidité aux hallucinations (cf. ses *Lettres*), et composant de nombreuses poésies et des *Dialogues*. Depuis 1580, les éditions pirates de la *Jérusalem* s'étaient succédé (1re éd. intégrale et autorisée, 1581). Libéré, le Tasse écrivit à Mantoue une tragédie de l'inceste, située dans un nord désolé, *Le Roi Torrismondo*, puis erra dans toute l'Italie (il devint ainsi à Naples l'ami du marquis Manso, son premier biographe), avant de trouver refuge à Rome auprès du cardinal Cinzio Aldobrandini, auquel il dédia la nouvelle mouture de son poème, intitulée *Jérusalem conquise*. Il n'avait pu qu'ébaucher son poème sur *Le Mont des oliviers* (1589), mais il termina les *Sept Journées de la création du monde* (posth. 1607) et rédigea les *Discours sur le poème héroïque*. Il mourut à Saint-Onuphre, sur le Janicule, alors qu'on s'apprêtait à le couronner poète lauréat au Capitole. Aux yeux des romantiques, le Tasse allait passer pour le modèle de l'homme de génie accablé par sa propre grandeur.

Le **Tasse.** Portrait anonyme. Coll. part.
*Phot. © L'Esperto/Ricciarini*

**TASSILI** n. m. ➝ ÉTYM. berbère «plateau» ♦ Nom berbère qui a donné son nom à une région, le Tassili des Ajjers*, plateau désertique et gréseux du Sahara algérien, au nord-est du Hoggar. Des prospections, menées notamment par H. Lhote à partir de 1956, ont révélé l'existence, dans les grottes du Tassili, de vestiges rupestres datant du Néolithique*.

**TASSILON III** ♦ (v. 742 - v. 794). Duc de Bavière (749 - 788). Il s'empara de la Carinthie (772) et se révolta contre Charlemagne qui le captura et annexa la Bavière (788).

**TASSIN-LA-DEMI-LUNE** [69160] ➝ ÉTYM. *Tassin*, du lat. *Tattius*, n. de pers., et suff. *-anum* et *Demi-Lune*, probablt en raison de la construction des maisons en demi-lune autour du rond-point de l'Horloge ♦ Ch.-l. de cant. du Rhône, banlieue O. de Lyon. 15 977 hab. *(Tassilunois)*.

**TASSONI (Alessandro)** ♦ Poète italien (Modène 1565 - *id.* 1635). Secrétaire du cardinal Ascanio Colonna, il le suivit de Rome en Espagne (1600 à 1603). Auteur de *Philippiques* contre Philippe III d'Espagne, il fut, de 1619 à 1621, au service de la maison de Savoie. *Le Seau enlevé* (1617 ; publ. 1624), est un poème héroïcomique en 12 chants, où les allusions satiriques à des personnages contemporains se mêlent à l'invention bouffonne.

**ṬĀṬĀ (Jamshed Nassarwān)** ♦ Industriel indien (Navsari, Gujarat 1839 - Bad Nauheim 1904), originaire du Gujarat et appartenant à la communauté des parsis*. De culture britannique, il participa au développement de la ville de Bombay* et dota le pays d'une puissante industrie métallurgique. Il finança des chaînes hôtelières, de nombreux artisanats, créa des compagnies d'assurances. Ses fils et sa famille continuèrent son œuvre, ouvrant notamment des aciéries modernes à Jamshedpur*, dans le Bengale occidental, et créant l'aviation commerciale indienne.

**TATABÁNYA** ♦ V. de Hongrie, ch.-l. du comitat de Komárom-Esztergom, au N.-O. de Budapest. 72 470 hab. C'est la plus importante ville minière du pays (houille) et un grand centre industriel (cimenteries, fonte, aluminium, indus. chimiques).

**TATARS** (République des) ou **TATARSTAN** n. m. ➝ ÉTYM. du turc *Tha-ta* «bandits», n. donné par les Chinois aux Mongols puis aux tribus turques qui suivaient Gengis Khān ♦ République de la fédération de Russie. ➝ **Russie** (carte et tableau des divisions admin.). 68 000 km². 3 779 800 hab. *(Tatars)*. LANGUES : tatar, russe. POPULATION : Tatars, 48 % ; Russes, 43 % ; Tchouvaches, Mordves et Oudmourtes, 4 %. RELIGION : musulmane. CAPITALE : Kazan. La république des Tatars est divisée en 39 districts. ▪ Pour asseoir sa revendication d'indépendance, le Tatarstan compte sur sa position stratégique, au carrefour de la moyenne Volga et d'une des principales voies reliant la Russie centrale à l'Oural et à la Sibérie. Il dispose d'une riche économie. Malgré la perte de bonnes terres qu'implique le réservoir de Samara (2 850 km² sur le territoire de la république), c'est un pays de plaines et de collines aux terres noires *(tchernoziom)* où domine la grande culture céréalière, betteravière et fourragère associée à un élevage bovin et ovin. Depuis les années 1950, l'industrie s'est étoffée : sur le gisement d'hydrocarbures du Second-Bakou* s'est constitué un complexe pétrochimique regroupant raffineries, chimie (plastiques, pneumatiques, engrais), centrales thermiques, qui alimentent des indus. de transformation (automobile avec les camions Kamaz, machines-outils, matériel pour l'indus. pétrolière, ordinateurs). Mais l'équilibre entre Tatars et Russes demeure fragile. ▮ **Histoire** D'origine turque, descendants des Mongols de la Horde d'Or, les Tatars s'établirent dans la région au XIIIe s. et fondèrent le khanat de Kazan, qui fut annexé par Ivan le Terrible en 1552. En nov. 1917, le régime soviétique fut instauré à Kazan et, en mai 1920, la République socialiste soviétique autonome des Tatars fut créée. Le Tatarstan a obtenu en 1994 un statut particulier au sein de la fédération russe.

**TATE (John Orley Allen)** ♦ Poète et critique littéraire américain (Winchester, Kentucky 1899 - Nashville, Tennessee 1979). Professeur dans diverses universités, il fut avec J. C. Ransom* le chef de file du New Criticism qui propose de considérer l'œuvre littéraire en soi sans référence à son contexte historique, politique ou social. Il appartint comme R. P. Warren* et Ransom au groupe des Fugitifs qui prirent pour thème la perte des valeurs du Sud traditionnel. Conservateur, converti au catholicisme en 1950, il est l'auteur d'une œuvre poétique importante qui s'apparente à celle de T. S. Eliot* et porte la marque du regret des temps disparus. Œuv. princ. : *Mr Pope and Other Poems* (1928) ; *The Mediterranean and Other Poems* (1932) ; *The Fathers* (1938) ; *The Winter Sea* (1944) ; *Collected Poems* (1977).

**Tate Britain,** anc. *Tate Gallery* n. f. ♦ Musée de peinture de Londres (Chelsea) fondé en 1897 sur l'initiative du collectionneur Henry Tate et renfermant la plus grande collection d'art britannique du monde (Blake, Watts, Constable, Turner, préraphaélites, Hockney). Une annexe a été ouverte à Liverpool en 1988 et une autre à St. Ives (Cornouailles) en 1993. ♦ **TATE MODERN** n. f. Musée londonien, ouvert en 2000, qui regroupe les collections d'art contemporain de l'anc. Tate Gallery.

**TATI (Jacques TATISCHEFF, dit Jacques)** ➝ ÉTYM. abrév. de son n. (du surnom *Tatische*, dimin. du vx russe *tat* «voleur» ; p.-ê. surnom d'un officier chargé de poursuivre les voleurs) ♦ Cinéaste français (Le Pecq 1907 - Paris 1982). Venu du music-hall, il réalisa des courts métrages, avant de devenir une personnalité originale du cinéma comique français. Nourri d'une observation minutieuse de la réalité quotidienne, son art est l'effet d'une lente et scrupuleuse élaboration. Il a abordé la peinture, riche d'une poésie insolite et caricaturale, de la vie paysanne (*Jour* de fête*, 1949), des petits bourgeois (*Les Vacances* de M. Hulot*, 1953 ; *Mon oncle*, 1958), avant de s'élever, par des œuvres plus ambitieuses (*Playtime*, 1967 ; *Trafic*, 1969), à la satire d'un monde devenu absurde sous l'effet de la tyrannie des machines.

**TATIEN** – en gr. *Tatianos* ♦ Apologiste chrétien (Mésopotamie v. 120 - apr. 173). Disciple de Justin à Rome, il fonda en Syrie, après la mort de celui-ci, une secte d'encratites, ascètes condamnant les nourritures sensuelles. Il est l'auteur d'un *Discours aux Grecs*, âpre critique du paganisme, et du *Diatessaron*, harmonisation des quatre Évangiles.

**TATIUS (Titus)** ♦ Roi légendaire des Sabins. Il aurait pris les armes contre Rome pour venger l'enlèvement des Sabines et aurait ensuite partagé le pouvoir avec Romulus*. ➝ **Sabins.**

**TATLINE (Vladimir)** ♦ Artiste russe (Kharkov 1885 - Moscou 1953). Marqué d'abord par l'expressionnisme et le fauvisme, il contribua ensuite à la formation d'une école russe indépendante inspirée par l'art populaire et enfantin. Il parvint à une fusion des acquis du cubisme et de ceux du futurisme, créant le cubo-futurisme par ses contre-reliefs «picturaux» (1914), suivis de ses «contre-reliefs d'angle» (1915). Il fut élu président de l'Union des Artistes de Moscou après la révolution d'octobre 1917. Il reçut en 1919 une commande pour le *Monument à la IIIe Internationale*, qu'il conçut comme une triple spirale désaxée exprimant la dynamique de la situation révolutionnaire d'alors, et qui resta à l'état de maquette. En opposition au suprématisme de Malevitch*, Tatline fonda le productivisme, qui devint le constructivisme. En 1920, il publia, avec Rodchenko*, le *Programme du groupe constructiviste*. Lors de la scission des constructivistes, il se rallia aux tenants de «l'art industriel», opposé à ceux de «l'art de laboratoire». Il créa ainsi le *Letatline*, en forme de machine volante (1930 - 1931). Mais en 1934, avec la proclamation du réalisme* socialiste, il abandonna ses recherches pour se consacrer à des tableaux de style informel et mourut oublié.

**TATRAS** n. f. pl. – en polon. *Tatry* ➝ ÉTYM. du serbe *Trtra*, lui-même du gr. «partie supérieure, plus haut degré» ♦ Massif montagneux faisant partie des Carpates* et s'étendant le long de la frontière polono-slovaque. Les *Hautes Tatras*, culminant au mont Gerlachovka (2 655 m), sont situées à cheval sur la Slovaquie et la Pologne, où se trouve Zakopane*, la plus importante station de sports d'hiver polonaise. Un parc national commun aux deux pays assure la protection des paysages montagnards (env. 20 000 ha). Les *Basses Tatras*, entièrement en Slovaquie, culminent au mont Ďumbier (2 043 m).

**TATTA** ♦ V. du Pakistan, anc. cap. de dynasties locales du XIVe s. au XVIIe s. Immense nécropole de plus d'un million de sépultures datant des XVIe et XVIIe s.

**TATUM (Edward Lawrie)** ♦ Biochimiste américain (Boulder, Colorado 1909 - New York 1975). Collaborateur de G. W. Beadle* et J. Lederberg*, il étudia le mode d'action chimique des gènes. [Prix Nobel de physiol. ou méd 1958, avec G. Beadle et J. Lederberg]

**TATUM (Art)** ♦ Pianiste de jazz américain (Toledo, Ohio 1910 - Los Angeles 1956). Soliste virtuose, il commença sa carrière en 1928 et la poursuivit isolément, ne dirigeant guère qu'un trio (avec Tiny Grimes à la guitare et Slam Stewart à la contrebasse) en 1944. Princ. enregistrements : *Tiger Rag* (1933), *Get Happy* (1940), *Flying Home* (en trio, 1944), *Tea for Two* (1952), *Night and Day* (1956).

**TAUBATÉ** ♦ V. du Brésil (État de São Paulo), au cœur de la vallée du Paraíba. 205 000 hab.

**TAUBE (Henry)** ♦ Chimiste américain d'origine canadienne (Neudorf 1915 - Stanford, Californie 2005). Auteur de recherches sur les réactions d'oxydo-réduction en solution, il élucida le mécanisme de transfert d'électrons dans les complexes métalliques, en particulier ceux où un même élément présente plusieurs états d'oxydation. Ce phénomène intervient, entre autres, dans la transmission de l'information le long d'une chaîne biologique ou dans les propriétés semi-conductrices de certains composés. [Prix Nobel de chim. 1983]

**TAUERN** n. m. pl. ➝ ÉTYM. de l'indo-eur. *°taur, °tier, °staur* «grand, important, puissant» ♦ Chaîne cristalline des Alpes orientales, en Autriche, s'étendant du col du Brenner* jusqu'à Leoben, d'O. en E., de la Salzach jusqu'à la Drave et la Mur, du N. au S. Les *Hohe Tauern*, à l'E., connaissent les altitudes les plus élevées (Grossglockner, 3 798 m) et de grands glaciers (Pasterze, 32 km²). Mais les cols (Felber Tauern et Hochtor) permettent les relations entre les vallées de la Salzach et de la Drave. Les *Niedere Tauern*, à l'O., ont une altitude plus basse (Hoch Golling, 2 863 m). Le tourisme et les installations hydroélectriques (Kaprun, sur la Salzach) contribuent à la mise en valeur des Tauern.

**TAULER (Jean)** ♦ Théologien, mystique et prédicateur alsacien (Strasbourg v. 1300 - 1361). Appartenant à l'ordre des dominicains, il fut élève de maître Eckhart*. Ses *Institutions* développent surtout le thème du renoncement à soi-même et prêchent un mysticisme austère.

**TAUNTON** ♦ V. d'Angleterre, ch.-l. du Somerset, sur la Tone. 38 000 hab. Château du XIIe s. et église du XVe s. à cinq nefs. Marché agricole et centre commercial pour le Somerset.

**TAUNUS** n. m. → ÉTYM. du celt. *dunu* «hauteur» ♦ L'un des quatre massifs formant l'ensemble schisteux rhénan d'Allemagne (Rhénanie-Palatinat-Hesse), s'étendant à l'E. du Rhin, entre la Lahn et le Main, au N. de Francfort. De dimensions modestes (50 km de long et 16 de large), il culmine à 880 m au Feldberg. De sol pauvre, il est couvert d'épaisses forêts et a été aménagé pour le tourisme autour des villes thermales de Wiesbaden*, Ems*, Bad* Homburg vor der Höhe.

**TAUREAU** n. m. – en lat. *Taurus* ♦ Constellation zodiacale comprenant les deux amas des Hyades et surtout des Pléiades*, visibles à l'œil nu, ainsi que la nébuleuse du Crabe. Aldébaran* est son étoile la plus brillante. Deuxième signe du Zodiaque (21 avr.-20 mai).

**TAURIDE** ou **CHERSONÈSE TAURIQUE** n. f. ♦ Anc. nom de la Crimée. Ses habitants, les *Tauroi*, étaient considérés par les Grecs comme des barbares inhospitaliers qui immolaient les étrangers (le mythe a inspiré *Iphigénie* en Tauride*). La colonie ionienne de Chersonèse, près de l'actuelle Sébastopol, fut le principal centre d'exportation de blé ukrainien vers la Grèce. La Tauride fut submergée par les Cimmériens et par les Scythes, mais la Chersonèse grecque garda son indépendance. Au –IIe s., elle fut annexée par le royaume du Pont, ensuite par Rome.

**TAURION** ou **THAURION** n. m. ♦ Riv. du Limousin (125 km), affl. de la Vienne. Elle prend sa source au plateau de Gentioux et conflue en amont de Limoges. Centrales hydroélectriques.

**TAURUS** n. m. – en turc *Toros* ♦ Ensemble de chaînes montagneuses plissées occupant la partie méridionale de l'Asie Mineure (Turquie), portion de l'arc alpino-himalayen qui dessine deux arcs successifs. Le *Taurus occidental*, à prédominance calcaire, comprend des chaînons étroits à l'O., les hauts massifs boisés de la péninsule lycienne (Akdağ, 3 073 m ; Bey Dağları, 3 070 m) et les montagnes encadrant les bassins lacustres de Pisidie. L'arc du *Taurus central*, de structure plus composite, est plus élevé aux deux extrémités : le Dedegöldağ (2 980 m) domine à l'O. la plaine de Pamphylie ; au centre, le Göksu traverse en gorge les plateaux calcaires de Taşeli ; à l'E., les hauts voussoirs du Bolkar Dağ (3 524 m) et de l'Aladağ (3 756 m), séparés par la trouée des «Portes de Cilicie» (gorge du Çakit Çay), dominent la plaine de Cilicie occidentale. Plus à l'E., les Tahtalı Dağları de direction S.-O.-N.-E. sont doublés vers l'E. par les montagnes de l'*Anti-Taurus**. Le *Taurus oriental*, au S.-E. de la Turquie, constitué de hauts massifs cristallins, marque la transition vers le Zagros. La plupart des groupes nomades de Turquie, Yörüks turcophones à l'O. et Kurdes à l'E., effectuent leurs migrations pastorales à travers le Taurus.

**TAUSEN (Hans)** ♦ Réformateur danois (Birkende 1494 - Ribe 1561). Ancien disciple de Luther à Wittenberg, aumônier du roi Frédéric Ier, il introduisit la Réforme au Danemark (on le surnomma «le Luther danois») et dirigea la rédaction de la *Confessio hafniensis* (1530) ; il fut fait évêque de Ribe en 1542.

**TAUTAVEL** [66720] → ÉTYM. du catalan *Taltehull* ♦ Comm. des Pyrénées-Orientales, arr. de Perpignan. 851 hab. *(Tautavellois)*. Musée de la Préhistoire. Viticulture. ▪ Des restes d'*Homo erectus* ont été découverts dans les niveaux archéologiques de la caune de l'Arago, dont un crâne presque complet, mis au jour en 1971 par H. de Lumley, daté de 450 000 ans.

**TAVANT** [37220] → ÉTYM. probablt du gaul. *tauo-* «calme» (n. de riv.) et suff. *-ennum* ♦ Comm. de l'Indre-et-Loire, arr. de Chinon. 238 hab. *(Tavantais)*. L'église Saint-Nicolas, du XIIe s., conserve un célèbre ensemble de peintures murales romanes. Les décorations de la voûte du chœur ont pour thème l'Annonciation, la Visitation, la Nativité, l'Annonce aux bergers, le massacre des Innocents, la Fuite en Égypte. Un grand Christ en majesté est représenté dans l'abside. Parmi les plus remarquables peintures de la crypte (d'une facture plus anc. que celles du chœur) figurent un Christ en majesté, le Crucifiement de saint Pierre, la Descente aux Enfers, les Vertus terrassant les Vices.

**TAVASTSJERNA (Karl August)** ♦ Poète et romancier finlandais d'expression suédoise (Annila, près de Mikkeli 1860 - Pori 1898). Salué comme le pionnier du réalisme, critiqué par les conservateurs, il refusa de suivre toute école. À l'écart des querelles entre Suédois et Finlandais, il se lia d'amitié avec Aho* et Minna Canth*, il fit jouer une pièce en finnois, *La Métairie d'Uramo* (1892). Il est l'auteur de poèmes, *Dans la brise du matin* (1883), *Poèmes de l'attente* (1890), *Laureatus* (1897), qui décrivent des scènes de tous les jours, célèbrent l'amour sensuel et révèlent un mysticisme rêveur. Ses romans et ses nouvelles, *Amis d'enfance* (1886), *L'Alliance avec la mort* (1893), *Un patriote sans patrie* (1896), évoquent souvent des individus incompris et solitaires.

**TAVAUX** [39500] → ÉTYM. de *°tavel*, n. franc-comtois d'orig. gaul. «talus» ♦ Comm. du Jura, arr. de Dole. 4 274 hab. (aggl. 7 699) *(Tavellois)*. Indus. chimiques.

**TAVČAR (Ivan)** ♦ Homme politique, conteur et romancier slovène (Poljane 1851 - Ljubljana 1923). Il fut maire de Ljubljana de 1911 à 1921 et représenta le parti libéral au Parlement de Vienne. Il décrivit fidèlement son pays dans des nouvelles (*Fleurs d'automne*, 1917), et des romans : *Ivan Savelj* (1876), *Dans les montagnes* (1887), *Le Congrès* (1907), *La Chronique de Visoko* (1919).

**TAVEL** [30126] → ÉTYM. du lat. *tabellis* «aux petites planches [construction en bois]» ♦ Comm. du Gard, arr. de Nîmes. 1 529 hab. (*Tavelois* ou *Tavelins*). Vins rosés renommés (côtes-du-rhône), de couleur pelure d'oignon. Carrières (pierres dites *marbre de Tavel*).

**TAVERNIER (Jean-Baptiste)** ♦ Voyageur français (Copenhague ou Paris 1605 - Moscou ? 1689). Anobli par Louis XIV en 1669, il obtint la baronnie d'Aubonne (canton de Vaud) en 1676. Ses premiers voyages le menèrent en Angleterre, aux Pays-Bas et en Europe centrale (Hongrie, Pologne). Il visita ensuite la Turquie, la Palestine, la Perse, les Indes, Sumatra et Java. Ruiné par son neveu, il fut contraint, comme protestant, de s'exiler après la révocation de l'édit de Nantes (1685). Nommé directeur d'une nouvelle compagnie commerciale par l'électeur de Brandebourg, il mourut en traversant la Russie pour se rendre en Asie. Son récit, *Les Six Voyages de Jean-Baptiste Tavernier* (Paris, 1681), est un document précieux. → ÉTYM. *Tavernier* est le surnom d'un tenancier de taverne ou de quelqu'un qui fréquente une taverne.

**TAVERNIER (Bertrand)** ♦ Critique et cinéaste français (Lyon 1941), fils de l'écrivain RENÉ TAVERNIER (Paris 1915 - 1989). Ses films sont d'une verve chaleureuse, teintée de gravité, dans la lignée de Jean Renoir : *L'Horloger de Saint-Paul* (1974), *Que la fête commence* (1975), *Le Juge et l'Assassin* (1976), *Coup de torchon* (1981), *Un dimanche à la campagne* (1984), *La Vie et rien d'autre* (1989) ou font montre de réalisme social : *L 627* (1992), *L'Appât* (1995), *Ça commence aujourd'hui* (1999). Passionné de jazz, il réalisa *Autour de minuit* (1986). Il a tourné également deux films historiques : *Capitaine Conan* (1996) et *Laissez-passer* (2002) sur le cinéma français sous l'Occupation, et d'un thriller *Dans la brume électrique* (2009). Il est, en outre, un actif défenseur du droit d'auteur en matière de cinéma et se bat pour la redécouverte de scénaristes oubliés. Il a rédigé un monumental *Dictionnaire du cinéma américain* (1991).

**TAVERNY** [95150] → ÉTYM. du lat. *Tavernus*, n. de pers. gallo-rom., et suff. *-acos*, avec attraction de *taberna* «échoppe, cabane» ♦ Ch.-l. de cant. du Val-d'Oise, arr. de Pontoise. 25 909 hab. *(Tabernaciens)*. Église gothique Notre-Dame du XIIIe s., remaniée aux XIIIe et XIXe s. (retable Renaissance). ▪ Centre d'opérations de la défense aérienne.

**TAVEUNI** (île) → **Fidji (îles)**

**TAVIANI (Vittorio et Paolo)** ♦ Cinéastes italiens. VITTORIO (San Miniato de Pise 1929) et PAOLO (San Miniato de Pise 1931) ont constitué l'un des exemples les plus célèbres d'une œuvre réalisée de concert par deux frères, à la sensibilité et à l'idéologie (de gauche) parfaitement accordées. Le ferment de cette œuvre est l'utopie : *Les Subversifs* (1967), *Saint Michel avait un coq* (1971), *Allonsanfan* (1974), *Padre Padrone* (1977), *Le Pré* (1979), *La Nuit de San Lorenzo* (1981), *Good Morning Babylonia* (1987), *Fiorile* (1993), *Les Affinités électives* (1996), *Le Mas des alouettes* (2006). → ÉTYM. *Taviani* est l'hypocoristique de *Ottaviani*, de *Ottavio* «Octave».

**TAVOLIERE** n. m. ♦ Plaine argileuse de l'Italie méridionale (Pouilles), entre le Fortore, l'Ofanto et l'Apennin d'une part, et le monte Gargano de l'autre. On y cultive des céréales (blé) et l'on y pratique l'élevage.

**TAWFIK AL-HAKIM** → **Hakim (Tawfik al-)**

**TAWFĪQ (Muḥammad)** ♦ (Le Caire 1852 - 1892). Khédive d'Égypte (1879 - 1892). Successeur de son père Ismaïl* Pacha, il nomma, en 1881, Arabi* Pacha chef du mouvement nationaliste, ministre de la Guerre. Mais, après la défaite d'Arabi à Tall al-Kabīr, il dut subir un contrôle plus rigoureux des Britanniques et abandonner sa suzeraineté sur le Soudan après la victoire des mahdistes (1884). 'Abbās* II lui succéda.

**TAWḤĪDĪ (Abū Ḥayyān AL-)** ♦ Prosateur arabe (mort apr. 1009). Il mena une vie difficile qui fit de lui un pamphlétaire et un misanthrope. Il aborda tous les genres et fut philosophe, juriste, grammairien et essayiste. Sa *Délectation* se divise en 40 nuits, chaque nuit étant réservée à un sujet de discussion précis, dont celui de la comparaison entre les méthodes et les mérites respectifs de la grammaire arabe et celles de la logique grecque. Ses *Entretiens* présentent une succession de dialogues animés par des contradicteurs de sectes différentes et de croyances diverses. Il est considéré par la critique orthodoxe comme l'un des grands athées de la littérature arabe, avec Abū* al-'Alā' al-Ma'arrī et Ibn Rawandi.

**TAXCO** ♦ Petite ville du Mexique (État de Guerrero), au S. de Mexico. 50 415 hab. Ville coloniale, près de mines d'argent et d'étain exploitées depuis le XVIe s. Places du XVIIIe s. ; église Santa Prisca churrigueresque (mil. XVIIIe s.). ▪ Important centre touristique grâce à ses ateliers artisanaux d'orfèvrerie.

**TAXILA** ♦ Anc. cité indienne (auj. au Pakistan) et célèbre université bouddhique, florissante du –Ve s. au IIe s. Nombreux vestiges de monuments remontant à l'époque d'Alexandre le Grand.

**TAY** n. f. → ÉTYM. du gaél. *tamh* «tranquille» ou «plat» ♦ Fl. d'Écosse, qui se jette dans la mer du Nord par un long estuaire entre Perth et Dundee.

**TAŸGÈTE** n. m. – en gr. mod. *Taïyetos* ➝ ÉTYM. n. d'une des Pléiades, filles d'Atlas ♦ Chaîne montagneuse de Grèce (Péloponnèse) aux confins de la Laconie à l'E. et de la Messénie à l'O. (2 404 m). Elle domine Sparte et Mistra*.

**TAYLOR (Brook)** ♦ Mathématicien anglais (Edmonton, Middlesex 1685 - Londres 1731). Dans son ouvrage principal, *Methodus incrementorum directa et inversa* (1715), il énonça la formule qui donne le développement en série d'une fonction *(formule de Taylor)* ; on y trouve également une ébauche de la détermination des solutions singulières des équations différentielles, une étude des changements de variable indépendante et, enfin, le traitement d'un des premiers exemples de physique mathématique : la détermination de la fréquence des vibrations et de la forme d'une corde vibrante, connaissant sa longueur, son poids et sa tension. Il obtint ainsi la fréquence de la vibration fondamentale d'une corde vibrante. Il s'intéressa également aux principes de la perspective (1716 et 1719). ➝ ÉTYM. Ce nom anglais d'origine française signifie «tailleur».

**TAYLOR (Zachary)** ♦ Homme d'État américain (Orange County, Virginie 1784 - Washington 1850). 12e président des États-Unis. Il participa à la guerre contre les Britanniques (1812) et remporta une victoire sur les Séminoles en Floride*. Pendant la guerre du Mexique, il prit Monterrey (1846) et vainquit Santa* Anna à Buena Vista (1847). Sa popularité lui permit d'être élu président (1848). Il provoqua l'hostilité du Sud en demandant l'intégration de la Californie non esclavagiste.

**TAYLOR (Isidore Justin Séverin,** baron**)** ♦ Écrivain d'art, administrateur et philanthrope français (Bruxelles 1789 - Paris 1879). Commissaire royal près du Théâtre-Français (1824), il fut l'un des premiers à favoriser les écrivains romantiques et organisa la première représentation d'*Hernani* de Hugo. En 1830, il fut chargé de se rendre en Égypte pour y négocier l'acquisition de l'obélisque de Louksor. Il fut nommé inspecteur des Beaux-Arts (1838), contribua à la création de nombreuses sociétés d'aide aux artistes et à la fondation de la Société des Gens de lettres. Inspecteur des musées, membre du Sénat en 1869, il a laissé, outre des pièces de théâtre, le récit de ses voyages : *Voyages pittoresques et romantiques de l'ancienne France* (1820 - 1863), avec des illustrations d'Isabey, de Géricault, d'Ingres, de Fragonard, de Viollet-le-Duc ; *Voyage pittoresque en Espagne, en Portugal et sur la côte d'Afrique, de Tanger à Tétouan* (1826 - 1832) ; *La Syrie, l'Égypte, la Palestine et la Judée* (1835 - 1839) ; *Voyage en Suisse, en Italie, en Grèce* (1843). [Acad. des bx-arts 1837]

**TAYLOR (Frederick Winslow)** ♦ Ingénieur et économiste américain (Germantown, Pennsylvanie 1856 - Philadelphie 1915). Ingénieur dans plusieurs entreprises sidérurgiques (dont la Bethlehem Steel Co.), il est l'inventeur, avec Maunsel White, des aciers à coupe rapide (1898 - 1900) qui permirent un accroissement considérable du rendement des machines. Il fut, sinon l'initiateur du travail à la chaîne, du moins le promoteur de l'organisation scientifique du travail industriel *(taylorisme)* ; celle-ci suppose «l'utilisation maximale de l'outillage, la spécialisation stricte et la suppression des gestes inutiles», ainsi qu'un système de salaires à primes pour inciter l'ouvrier au rendement. Cette méthode favorisa l'augmentation de la production, mais conduisit, «sous le couvert de la simplification et de l'économie des gestes, à dépouiller les tâches de connaissances professionnelles, de qualification, d'initiative» (G. Friedmann) et à déshumaniser le travail (*L'Ajustement des salaires au rendement*, 1896 ; *Études sur l'organisation du travail dans les usines*, 1907 ; *Principes d'organisation scientifique des usines*, 1912).

**TAYLOR (Richard E.)** ♦ Physicien canadien (Medicine Hat, Alberta 1929). ➝ **Friedman.** [Prix Nobel de phys. 1990, avec J. Friedman et H. Kendall]

**TAYLOR (Paul)** ♦ Danseur et chorégraphe américain (Alleghany Country, Pennsylvanie 1930). Il entra en 1955 dans la Compagnie de Martha Graham* et créa notamment *Clytemnestra* (1958) et *Phaedra* (1961). Parallèlement, il avait fondé dès 1954 sa troupe (la Paul Taylor Dance Company) avec laquelle il créa *Three Epitaphs* (1960), *Piece Pierod* (1962), *Orbs* (1966), *Big Bertha* (1971), *Noah's Minstrels* (1973), *Dust* (musique de Poulenc, 1976), *Airs* (musique de Haendel, 1978), *Le Sacre du Printemps* (musique de Stravinski, 1980), *Lost Found Clover Kingdom* (1987), *Promethean Fire* (2002). *Esplanade, Private Domain and Company B* retrace son propre parcours de danseur et de chorégraphe, dans la tradition du ballet américain.

**TAYLOR (Charles)** ♦ Philosophe canadien (Montréal 1931). Élève de G. E. M. Anscombe, auteur de plusieurs ouvrages d'histoire de la philosophie sur Hegel (*Hegel*, 1975 ; *Hegel et la société moderne*, 1979) mais aussi d'une œuvre personnelle très vaste, il a touché à de nombreux domaines : à la théorie de l'action et à la question de l'identité personnelle (*The Explanation of Behaviour*, 1964 ; *Les Sources du moi*, 1989), à l'interprétation et à l'explication en sciences sociales (*Social Theory as Practice*, 1979), à l'éthique (*The Ethics of Authenticity*, 2005), à la théorie politique de la démocratie (*Multiculturalisme. Différence et démocratie*, 1992 ; *La Liberté des Modernes*, 1999). Taylor s'est particulièrement intéressé aux transformations de la subjectivité et de l'identité, et à la question politique de la reconnaissance individuelle. Face au risque de repli identitaire, il défend une conception universaliste de l'individu et des peuples.

**TAYLOR (Elizabeth)** ♦ Actrice américaine (Londres 1932). À onze ans, elle tournait dans *La Fidèle Lassie* (1943), à dix-sept elle était l'une des *Quatre Filles du docteur March* (1949). Puis elle accéda progressivement à la maturité, avec *Une place au soleil* (1951), *Géant* (1956), *Soudain l'été dernier* (1959), *Cléopâtre* (1963), *Le Chevalier des sables* (1965), *Qui a peur de Virginia Woolf ?* (1966), *La Mégère apprivoisée* (1967), ces quatre derniers films avec son époux Richard Burton pour partenaire, *Reflets dans un œil d'or* (1967), *Cérémonie secrète* (1968), jusqu'à *Toscanini* (1988). S'en tenir à ses frasques, à ses mariages répétés serait méconnaître le talent d'une des dernières grandes stars de Hollywood.

**TAYLOR (Cecil)** ♦ Pianiste et compositeur de jazz américain (Long Island 1933). Il cherche à inventer de nouvelles formes rythmiques et à synthétiser différentes tendances musicales en une expression afro-américaine. Princ. enregistrements : *Just Friends* (avec John Coltrane, 1958), *Conquistador* (1966).

**TAYLOR (Joseph H.)** ♦ Astrophysicien américain (Philadelphie, Pennsylvanie 1941). ➝ **Hulse** [Prix Nobel de phys. 1993, avec R. Hulse]

**TAYMŪR (Muḥammad)** ♦ Romancier et dramaturge égyptien (1892 - 1921). Grand conteur, il imita Maupassant. Adepte de la langue populaire, il écrivit des pièces de théâtre réalistes. Son frère MAHMŪD (Le Caire 1894 - *id.* 1973) écrivit également de très nombreuses nouvelles (*Le Cheik Joum'a et autres contes*, 1925). Dans ses romans et dans son théâtre, il dépeint la société de transition qui était celle de l'Égypte à son époque.

**TAYSIDE** ➝ ÉTYM. de *Tay** et gaél. *side* «bord» ♦ Région du centre de l'Écosse. Au N., les monts Grampians sont de hautes terres désolées couvertes de landes. Au S., le contact entre les Lowlands et le littoral se fait le long du Firth of Tay. Là, sont situées les principales villes (Perth et Dundee) qui bénéficient des retombées de l'exploitation pétrolière. L'ensemble de la région développe ses infrastructures touristiques.

**TÂY SƠN** ♦ Nom collectif donné à trois frères vietnamiens (Nguyễn Huệ, Nguyễn Lữ, Nguyễn Nhạc), originaires du village de Tây Sơn, près de Qui Nhơn, qui se révoltèrent contre les seigneurs Nguyễn de Huế en 1771. Alliés aux princes Trịnh du Nord, rivaux des Nguyễn, ils s'emparèrent de Saigon, puis de Huế, en principe au nom des empereurs Lê. Mais l'un d'eux, Nguyễn Huệ (1753 - 1792), se proclama empereur (sous le nom de Quang Trung), et repoussa les envahisseurs chinois jusqu'à Hanoi (bataille de Đống Đa, 1789). Leur dynastie prit fin en 1802. ➝ **Viêtnam.**

**TAZA** ♦ V. du Maroc septentrional, ch.-l. de prov., entre le Rif et le Moyen-Atlas, dans la «*trouée*» ou «*couloir de Taza*», porte naturelle entre le Maroc occidental et le Maroc oriental et vers l'Algérie. 139 686 hab. Mosquée almohade. Artisanat.

**TAZIEFF (Haroun)** ♦ Géologue français (Varsovie 1914 - Paris 1998). Il étudia particulièrement les manifestations volcaniques et la volcano-sismologie. Il se fit connaître du grand public par des ouvrages de vulgarisation et de nombreux films documentaires d'une grande beauté plastique. Il fut secrétaire d'État chargé de la prévention des risques naturels et technologiques majeurs (1984 - 1986).

**TAZOULT** – anc. *Lambèse* ➝ ÉTYM. mot ar. et berbère, probablt var. de *touzzalt* (arbre très fréquent dans les Aurès) ♦ V. d'Algérie (wilaya de Batna), au pied N. du massif des Aurès. 18 990 hab. Importantes ruines romaines de l'anc. *Lambaesis*, camp romain de la IIIe légion Augusta et capitale de la prov. de Numidie.

**TBILISSI** ➝ ÉTYM. anc. *Tiflis* ; *Tbilis-kalaki* (ou *Tbilisi*), du géorg. *tbili* «chaud» et *kalaki* «ville» [on y trouve des sources d'eau chaude sulfureuse] ♦ Cap. de la Géorgie, sur la Koura. 1 101 100 hab. Ruines de la forteresse de Narikala (IVe s.), souvent détruite et reconstruite. Cathédrale de Sion (VIe s., souvent remaniée). Basilique d'Antchiskhati, à trois nefs (VIe s.). Église de Metekhi (XIIIe s.), seul vestige de la résidence fortifiée des rois de Géorgie à l'époque de la reine Thamar (1184 - 1213). Musée des Arts de Géorgie abritant notamment des icônes, des pièces d'orfèvrerie et des émaux géorgiens des VIIe - XIIIe s. Musée d'État de Géorgie Djanachia : archéologie, ethnographie. ▪ Berceau historique et culturel de la Géorgie, centre politique, scientifique et indus., c'est la deuxième ville de la Transcaucasie (après Bakou) par sa population et son importance industrielle (40 % de l'indus. de la Géorgie). Électronique. Aviation. Machines-outils. Machines agricoles. Indus. textile (soie) et alimentaire (vins fins, «cognac», «champagne»). Oléoduc Bakou-Tbilissi-Ceylan reliant l'Azerbaïdjan à la Turquie. ▮ **Histoire** Fondée au IVe s., disputée entre les Byzantins, les Arabes, les Perses, cap. du royaume de Géorgie à partir de 1122, *Tiflis* fut souvent dévastée avant d'être occupée par la Russie en 1801. C'est une ville cosmopolite avec de fortes communautés arménienne, azérie, juive, kurde.

**TCHAADAÏEV (Petr Iakovlevitch)** ♦ Philosophe russe (Moscou 1794 - *id.* 1856). Principal défenseur des occidentalistes*, il exposa sa doctrine dans ses *Lettres philosophiques* (1836). Pour le réduire au silence, on le déclara fou. Il construisit une philosophie de l'histoire valorisant l'Europe et la chrétienté médiévale face à la barbarie russe. L'Occident qu'il proposait en modèle n'était donc pas celui de la société industrielle naissante.

**TCHAD** (lac) ➝ **ÉTYM.** du kanouri *tzadé* «grande étendue d'eau, lac» ♦ Lac au S. du Sahara occupant le centre d'une vaste dépression recouvrant la majeure partie de la république du Tchad et limitée par les plateaux du Tassili des Ajjers, du Tibesti, de l'Ennedi, du Ouaddaï, de l'Adamaoua, de Jos et de l'Aïr. Il y a moins de 10 000 ans, la superficie du lac Tchad dépassait 300 000 km². De nos jours, elle est au maximum de 3 000 km². Son tributaire principal est le Chari*, dont le principal affluent est le Logone*. Sa superficie se rétrécit chaque année sous l'effet de la désertification et le lac prend l'aspect d'un immense marécage. Sa profondeur ne dépasse pas 7 m et ses rives sont encombrées de végétation (papyrus).

## TCHAD

n. m. – off. ***république du Tchad*** ➝ **ÉTYM.** du n. du lac *Tchad** ♦ Pays du N. de l'Afrique centrale, le plus grand des États intérieurs du continent au S. du tropique du Cancer. 1 284 000 km². 11 397 000 hab. (*Tchadiens*). LANGUES : français et arabe (off.), sara, peul, haoussa. POPULATION : Kanouris, Peuls, Saras, Toubous (Goran, Teda, Daza). RELIGIONS : musulmans, chrétiens, animistes. MONNAIE : franc CFA. CAPITALE : N'Djamena. RÉGIME : présidentiel. Le Tchad est divisé en 14 préfectures.

**GÉOGRAPHIE** **Relief, hydrographie et climat** Le Tchad est compris dans la grande dépression du lac Tchad* bordée par les massifs du Tibesti* au N., de l'Ennedi et du Ouaddaï* à l'E. Il comprend 3 zones climatiques : saharienne et désertique dans le N. où le relief déchiqueté et volcanique laisse la place à des étendues pierreuses ou sableuses ; sahélienne au centre avec une couverture d'épineux ; soudanienne et tropicale au S. avec une savane arbustive devenant de plus en plus arborée, accompagnée d'épaisses forêts-galeries le long des cours d'eau. Les rives du lac sont peu peuplées. La savane a la plus forte densité de population. Mal drainée, elle subit les inondations durant la saison des pluies (de 900 à 1 200 mm), rendant les communications difficiles ; le Chari est navigable d'août à sept.

Tchad.

**ÉCONOMIE** Le Tchad est un pays voué à l'élevage des chameaux et des chèvres dans le désert, des bovins dans le sahel, à l'agriculture dans la savane. Les dattes sont produites dans les oasis, le mil dans le sahel et la savane, le sorgho, le maïs et la patate douce dans la savane humide, le riz et la canne à sucre dans les zones inondables. Le coton, dans le S., constitue la grande culture industrielle ainsi que l'arachide. Le commerce avec le Nigeria et le Cameroun porte sur le bétail. La pêche, pratiquée dans le lac Tchad, le Chari et le Logone, fait l'objet d'une commercialisation régionale sous forme de poisson séché ou fumé (100 000 t). Les dépressions salées sont exploitées pour fournir du natron. Le Tchad possède des gisements peu exploités d'uranium, d'or et de bauxite. Le pétrole est la première recette d'exportation depuis 2005. Les gisements sont situés dans la région de Doba dans le Mayo Kebbi, à la frontière camerounaise. La production est exportée par le port de Kribi au Cameroun grâce à un oléoduc de 1 070 km qui traverse ce pays.

Tchad | Productions en 2008

| Produits | Quantités | Rang |
| --- | --- | --- |
| **Agriculture** | | |
| Arachides | 230 000 t | 19ᵉ |
| Canne à sucre | 390 000 t | |
| Manioc | 330 000 t | |
| Millet | 500 000 t | 9ᵉ |
| Riz | 110 000 t | |
| Sorgho | 580 000 t | 14ᵉ |
| Bovins (têtes) | 6 900 000 | |
| Ovins (têtes) | 2 700 000 | |
| **Énergie** | | |
| Pétrole | 7 000 000 t | |

**HISTOIRE** **La préhistoire et l'Antiquité** Le peuplement du Tchad est extrêmement ancien. Le plus ancien des Préhumains, Tumaï (7 millions d'années), y a été découvert en 2001 ; un autre Préhumain dit Abel (3 500 000 ans) montre la continuité probable de ce peuplement qu'un fossile humain d'un million d'années, Tchadanthrope (découvert par Y. Coppens*), vient encore conforter. De nombreuses peintures et gravures rupestres dans le Tibesti et l'Ennedi témoignent d'une civilisation de pasteurs de bovidés dans le N. avant l'assèchement du Sahara (à partir de –6 000 ans env.). Chassés du Sahara par la sécheresse, les populations se déplacèrent vers le S. provoquant brassages et migrations (➝ **Nigeria**). À partir du –Vᵉ s., les Saos* s'établirent sur des buttes fortifiées au S. du lac Tchad et développèrent une civilisation originale. **Le Kanem** Animistes pratiquant des cultes funéraires, ils résistèrent à l'islamisation jusqu'au XVᵉ s. Le Kanem, royaume né du contact des nomades et des sédentaires, apparut au N. du lac au IXᵉ s., atteignit sa plus grande extension au début du XIIIᵉ s. et poussa ses conquêtes au Niger, au Fezzan et au Ouaddaï. Sous la pression des nomades Boulala, le souverain du Kanem Omar ibn Idriss (1384 - 1388) se réfugia dans le royaume du Bornou, au S.-O. Il imposa le tribut aux Haoussas et entreprit la reconquête du Kanem, mais il ne put résister à la pression des nomades qui fondèrent les royaumes du Darfour, du Baguirmi et du Ouaddaï et qui prirent le contrôle du commerce transsaharien (esclaves capturés chez les animistes du S. et produits africains). **L'arrivée des Européens et la conquête française** La route transsaharienne du Tchad fut parcourue par les premiers explorateurs européens : Clapperton* en 1823 ; Heinrich Barth* et Overweg en 1850 ; Nachtigal* en 1870. La «ruée» européenne sur le Tchad, dont la délimitation n'avait pu être tracée à la conférence de Berlin en 1884 - 1885, se traduisit, en 1890, par le découpage du lac en zones britannique, allemande et française. La France se heurta au conquérant arabe Rabah Zobeir qui s'empara du Borkou en 1893 et du Baguirmi en 1897, mais périt dans la bataille de Kousseri, en 1900, en même temps que le commandant Lamy (➝ **Foureau, Lamy, Gentil**). La pacification fut lente, le Ouaddaï s'opposant à la pénétration française jusqu'en 1909. Le Borkou, l'Ennedi et le Tibesti, ou BET, en semi-dissidence, restèrent longtemps soumis à l'administration militaire. La frontière N. ne fut jamais fixée définitivement, et la bande d'Aozou* resta une cause de conflit avec la Libye jusqu'en 1994. Le pays fut incorporé à l'A-ÉF en 1910 et devint une colonie française en 1920. Rallié à la France libre en 1940 par le gouverneur Félix Éboué*, le Tchad fut le point de départ de la reconquête de l'Afrique du Nord (➝ **Koufra**). La vie politique pluraliste qui émergea avec la loi-cadre de 1956 favorisa surtout le Sud chrétien et animiste plus peuplé. **L'indépendance et la présidence de Tombalbaye** République autonome au sein de la Communauté* en 1958, le Tchad accéda à l'indépendance en 1960 sous la présidence de François Tombalbaye, leader du Parti progressiste tchadien (PPT). Tombalbaye s'engagea dans une politique autoritaire visant à mettre au pas le Nord, en rébellion contre les abus de la nouvelle administration, et prit des mesures de retour à la tradition. Le Nord et l'opposition réagirent vivement après la transformation du PPT en parti unique, en créant, en 1966, le Front de libération nationale (Frolinat). La rébellion fut étouffée par l'intervention des soldats français. La reprise des activités du Frolinat (prise en otage de l'archéologue française Françoise Claustre) et la dégradation de la vie politique aboutirent au coup d'État de 1975 qui porta au pouvoir le général Félix Malloum. **▮ Hissène Habré au pouvoir** Celui-ci ne put résister à la pression des rebelles toubous dont l'un des chefs, Hissène Habré*, devint Premier ministre d'un gouvernement d'union nationale en 1978. L'année suivante, la bataille de N'Djamena opposa les Forces armées du Nord de H. Habré à l'armée nationale. La conférence de Kano (1979) nomma Goukouni Oueddeï, du Frolinat, président d'un Conseil d'État provisoire. Le conflit éclata entre les deux chefs du Frolinat, H. Habré reprochant à G. Oueddeï de s'appuyer sur la Libye qui occupait la bande d'Aozou et bombardant la capitale (1980). Une force africaine d'interposition (Nigeria, Zaïre, Sénégal) accompagnée d'une aide française intervint en 1981 et H. Habré fut reconnu comme chef de l'État en 1982. Dans le Nord, une campagne de raids militaires chassa les Libyens. Ces derniers réoccupèrent la bande d'Aozou dont le dossier fut confié à la Cour internationale de Justice (qui l'attribua au Tchad en fév. 1994). Sous la présidence de H. Habré, la situation politique se dégrada et le Sud fut livré à l'anarchie. **▮ Idriss Déby** En 1990, il fut chassé par son conseiller militaire Idriss Déby, discrètement soutenu par la France qui maintint son dispositif militaire. En 1998, le président Déby reçut le colonel Kadhafi pour s'assurer de sa neutralité dans le conflit qui l'oppose aux rebelles du Tibesti. À partir de 2004, le conflit au Darfour a fragilisé le président Déby accusé de ne pas soutenir suffisamment les Zaghawa, tribu dont il est issu, et déborde de plus en plus sur le Tchad. Les relations entre le Soudan et le Tchad ne cessent de se dégrader et I. Déby a réclamé l'installation d'une force européenne de maintien de la paix pour former un tampon entre les deux pays. Celle-ci a été retardée après qu'une attaque de rebelles, menée depuis l'ouest du Soudan (janvier 2008 puis mai 2009) a assiégé en vain la capitale. En 2009, la force européenne (Eufor) mise en place l'année précédente pour protéger la population et les 250 000 réfugiés du Darfour, a été remplacée par une mission des Nations unies en République centrafricaine et au Tchad (Minurcat) plus importante.

---

**TCHAÏKOVSKI (Piotr** ou **Petr Ilitch) ♦** Compositeur russe (Votkinsk, 1840 - Saint-Pétersbourg, 1893). À l'issue de ses études de droit, il fut fonctionnaire au ministère de la Justice (1859). Il s'inscrivit néanmoins au Conservatoire et étudia la composition avec Anton Rubinstein. Ses études musicales terminées, il quitta l'administration et entreprit une carrière de compositeur (1863). Nommé professeur d'harmonie au conservatoire de Moscou (1866) après le succès de ses premières œuvres, il connut une période d'intense activité créatrice. Les vicissitudes d'un mariage malheureux aggravèrent chez lui un état dépressif chronique, né en grande partie de la conscience de ses tendances homosexuelles et que l'échec de ses nouvelles œuvres rendit plus aigu encore. C'est à cette époque (1877) que la générosité de Nadejda von Meck devait le sauver de l'insécurité matérielle et lui rendre, pour une dizaine d'années, la confiance en lui-même qu'il avait perdue. Admiratrice du musicien, cette riche veuve avait posé pour unique condition à leur amitié qu'il n'existât entre eux que des liens épistolaires et qu'ils ne se rencontrassent jamais. Lorsqu'elle eut décidé de rompre avec lui (1890), Tchaïkovski, qui avait déjà entrepris, en qualité de chef d'orchestre, plusieurs tournées de concerts à travers l'Europe, accepta de partir pour les États-Unis (1891). Le triomphe qui l'y accueillit ne put le délivrer de l'angoisse morbide dont il était atteint. Il lui fut pourtant donné de connaître, autant dans son propre pays qu'à travers le monde, une gloire peu commune avec une œuvre abondante dont les incertitudes esthétiques souvent soulignées masquent les qualités réelles. Fortement imprégnée des influences occidentales (Bellini, Schumann, Mendelssohn, Liszt), elle s'oppose aux tendances nationalistes des grands contemporains de Tchaïkovski que furent Balakirev, Borodine et Rimski-Korsakov. D'une inspiration généreuse dans sa subjectivité, fidèle aux formes traditionnelles, l'œuvre de Tchaïkovski doit sa constante popularité à la sincérité du sentiment qui l'anime. Elle a exercé une influence sur plusieurs générations de compositeurs russes. Elle comprend dix opéras dont *Eugène* Onéguine* et *La Dame* de pique ;* trois ballets *(Le Lac* des cygnes, La Belle* au bois dormant, Casse*-Noisette) ;* six symphonies, dont la 6e est dite *Pathétique,* des ouvertures symphoniques, trois concertos pour piano, un concerto pour violon, de la musique de chambre (trois quatuors à cordes, un trio avec piano, un sextuor), de nombreuses compositions pour piano, violon et orchestre, violoncelle et orchestre, une vingtaine d'œuvres chorales et une centaine de mélodies. ➝ **ÉTYM.** Ce nom de famille vient d'un nom de lieu et signifie « lieu fréquenté par des mouettes », du russe *čajka* « mouette », *-ow* et suffixe *-ski* « originaire de ».

Piotr Ilitch **Tchaïkovski.**
Portrait par E. Galli.
Musée du Conservatoire de musique, Naples.
*BIS/Phot. G. Tomsich © Archives Larbor*

**TCHAMPA** → Champa

**TCHANG Kai-shek** → Jiang Jieshi

**TCHAO Tseu-yang** → Zhao Ziyang

**TCHAPEK (Karel** et **Josef)** → Čapek (Karel)

**TCHARDJOOU** → Türkmenabat

**TCHEBOKSARY ♦** V. de Russie, cap. de la Tchouvachie, sur la rive d. de la Volga. 440 800 hab. Indus. mécaniques et alimentaires. Traitement du bois.

**TCHEBYCHEV (Pafnouti Lvovitch) ♦** Mathématicien russe (Okatovo, Kalouga 1821 - Saint-Pétersbourg 1894). Il fut le fondateur de l'école mathématique de Saint-Pétersbourg. Ses travaux les plus connus, caractérisés par une grande rigueur, concernent la théorie des nombres, les lois de probabilité (démonstration du théorème de Laplace* relatif aux erreurs d'observation, 1887) et la théorie des polynômes d'approximation des fonctions. [Acad. sc. 1874]

**TCHÉCOSLOVAQUIE** n. f. ➝ **ÉTYM.** en tchèque ***Československo*** « pays des Tchèques et des Slovaques », de *Česko* « Tchèque » et *Slovensko* (→ Slovaquie) ♦ Anc. État de l'Europe centrale fondé en 1918. → **Bohême, Moravie, Slovaquie, tchèque (République). ▮ La naissance de l'État** Le début de la Première Guerre mondiale accéléra le processus d'émancipation des peuples slaves de l'empire d'Autriche-Hongrie, notamment des Tchèques et des Slovaques. Tandis que l'agitation se développait en Bohême, le Conseil national tchèque créé en 1916 à Paris par T. G. Masaryk* et E. Beneš* s'efforçait de se faire reconnaître par les puissances alliées comme cobelligérant (il organisa une armée tchécoslovaque en France, en Italie et en Russie) et seul représentant du peuple tchèque. Le 6 janv. 1918, les députés de Bohême réclamèrent l'union des Tchèques et des Slovaques au sein d'un État indépendant, et des accords furent conclus entre les dirigeants des deux peuples. Le 28 oct. 1918, l'indépendance fut proclamée à Prague. **▮ L'entre-deux-guerres** Un gouvernement provisoire fut constitué et Masaryk* élu président de la République tchécoslovaque. Beneš* représenta la Tchécoslovaquie à la signature des traités conclus par les Alliés avec l'Autriche et la Hongrie. Les Tchèques, Moraves et Slovaques (9 700 000 fin 1930) constituaient seulement les 2/3 de la population du pays qui comprenait aussi 3 200 000 Allemands, 700 000 Magyars et des minorités ruthène (dans l'extrême E.) et polonaise (région de Český Těšín, anc. Teschen). La Constitution de 1920 institua une république centralisée et démocratique sur le modèle français, et l'opinion se divisa en un grand nombre de partis politiques. La Tchécoslovaquie fonda sa politique étrangère, dirigée par Beneš, sur l'alliance avec la France et le maintien du statu quo : elle se lia à la Roumanie* et à la Yougoslavie* au sein de la Petite Entente, mais l'avènement du nazisme en Allemagne détériora sa position internationale. En 1935, un pacte d'assistance mutuelle fut conclu entre la Tchécoslovaquie et l'Union soviétique. La même année, Beneš succéda à Masaryk à la présidence de la République : il ne put faire face à l'agitation de la minorité allemande des Sudètes*, soutenue par Hitler, et à la montée de l'autonomisme slovaque. **▮ La Deuxième Guerre mondiale** Après une grave crise internationale, la conférence de Munich (29 et 30 sept. 1938), qui se déroula en l'absence de représentants tchécoslovaques, admit les exigences allemandes : les territoires où la population germanique était majoritaire furent annexés au Reich. Tandis que la Slovaquie accédait à l'autonomie, la satisfaction des revendications hongroises achevait de disloquer l'État tchécoslovaque. Le 15 mars 1939, l'armée allemande entra à Prague : les pays tchèques formèrent un protectorat de Bohême et Moravie et la Slovaquie devint un État indépendant. La résistance à l'oppresseur se développa (le 27 mai 1942, le *Reichsprotektor,* Reinhard Heydrich, fut abattu) et un gouvernement tchécoslovaque en exil, animé par Beneš, se forma à Londres. **▮ Le « coup de Prague » et la démocratie populaire** Après la libération (9 mai 1945), la Tchécoslovaquie, amputée de la Ruthénie subcarpatique, prise par l'URSS, expulsa sa minorité allemande ; elle fut dirigée par des gouvernements de Front national au sein desquels l'influence du Parti communiste s'accrut. Un coup de force, en fév. 1948, assura la prééminence de celui-ci (on parle du « coup de Prague ») et, après la mort de Jan Masaryk* et l'abandon par Beneš* de la présidence de la République (juin), celui-ci fut remplacé par le communiste K. Gottwald*. La Tchécoslovaquie rejoignit les démocraties populaires : son économie fut socialisée et divers pactes la lièrent à l'URSS. De 1949 à 1954, le Parti communiste subit une épuration (procès Slansky). **▮ Le « printemps de Prague » et la politique de normalisation** La déstalinisation atteignit tardivement la Tchécoslovaquie et le pays connut, au début de 1968 (le « printemps de Prague »), une libéralisation à laquelle s'est attaché le nom du nouveau premier secrétaire du Parti communiste, A. Dubček*. Cette nouvelle orientation fut jugée inadmissible par les dirigeants soviétiques. Le 21 août, les troupes du pacte de Varsovie (excepté celles de Roumanie) envahirent le pays. La Tchécoslovaquie devint le 1er janv. 1969 un État fédéral composé des deux républiques tchèque et slovaque. Par la suite, l'ancien gouvernement fut peu à peu remplacé par de nouveaux dirigeants qui menèrent la politique de normalisation imposée par l'URSS (Gustáv Husák* remplaça d'abord A. Dubček en avr. 1969, puis le président de la République le général Svoboda* en mai 1975, cumulant ainsi leurs deux fonctions). ▮ **La «révolution de velours»** En 1987, Husák fut écarté de la tête du PC au profit de M. Jakeš. Des manifestations contre le régime et la constitution du Forum civique regroupant l'opposition, à l'initiative de V. Havel*, un des fondateurs de la Charte* 77 (organisation de défense des droits de l'homme créée en 1977), conduisirent, en nov. - déc. 1989, à la démission des dirigeants du PC, à une réforme de la constitution (abolition du rôle dirigeant du PC, remplacement du marxisme-léninisme par «l'humanisme et le patriotisme»), à l'élection de A. Dubček à la présidence du Parlement et à celle de V. Havel à la présidence de la République. ▮ **Les causes de la scission** Plus théorique que réelle à l'époque socialiste, l'autonomie de la République slovaque fut renforcée après la révolution démocratique de 1989. L'échec des dirigeants de la «révolution de velours» dans leurs tentatives de réforme de l'État tchécoslovaque et la montée de la crise économique et des nationalismes aboutirent, en juin 1992, à la victoire de la droite libérale (ODS) dirigée par V. Klaus en République tchèque et des nationalistes slovaques (HZDS) dirigés par V. Mečiar en Slovaquie. Plusieurs facteurs géographiques, économiques et sociaux conditionnaient ces divergences. → **tchèque (République), Slovaquie.** La structure territoriale de la Tchécoslovaquie représentait tout d'abord un véritable défi à l'articulation spatiale : 800 km d'O. en E. contre moins de 200 km du N. au S. et le plus fort rapport d'Europe entre la longueur de la frontière (3 472 km) et la superficie (127 881 km²). Les grands courants de circulation internationaux traversaient davantage le pays dans le sens N.-S. que dans le sens E.-O. Cet étirement d'O. en E. était par ailleurs corrélé avec la double hétérogénéité du milieu naturel et de la société (94 % de Tchèques et de Moraves en République tchèque contre 86 % de Slovaques et 11 % de Hongrois en République slovaque). Malgré les efforts du pouvoir fédéral, la République slovaque était demeurée moins développée sur le plan économique et son taux de chômage atteignait plus de 12 % en 1991 contre moins de 5 % en République tchèque. L'incompatibilité des points de vue des dirigeants des deux républiques, tant sur le plan économique (libéralisme absolu pour les Tchèques, maintien d'une intervention de l'État pour les Slovaques) que sur le plan politique (rejet par les Tchèques d'une solution confédérale proposée par les Slovaques), entraîna, au cours de l'été 1992, le blocage des institutions fédérales et la démission du président V. Havel, le jour de la déclaration de souveraineté de la Slovaquie (17 juil. 1992). ▮ **La séparation** Le processus de séparation, bien que non souhaité par une grande partie de la population, prit effet le 1er janv. 1993. Les avoirs de l'ancienne fédération ont été partagés proportionnellement à la population des deux nouveaux États, mais ceux-ci gardent des liens privilégiés dans plusieurs domaines (défense, monnaie, migrations).

**Tcheka** ✦ ÉTYM. pour ***Vetcheka,*** sigle russe de ***Vserossiiskaïa Tchrezvytchaïnaïa Komissia*** «commission extraordinaire panrusse» ♦ Police chargée de combattre la contre-révolution, la spéculation, le sabotage en Russie soviétique. Créée sur l'ordre de Lénine le 20 déc. 1917, dirigée par Felix Dzerjinski, elle avait au début comme tâche de livrer à la justice les contre-révolutionnaires. En avr. 1918, elle institua ses propres tribunaux, composés de trois juges (les *troïkas*). Le décret «sur la Terreur rouge» (5 sept. 1918) permit à la Tcheka de dénoncer les activités des membres du parti eux-mêmes et d'installer des camps de concentration. Une «instruction» du 17 sept. 1918 autorisa officiellement la Tcheka à condamner et à exécuter sans en référer aux tribunaux révolutionnaires. Abolie par un décret du 6 fév. 1922, elle fut remplacée par la Guépéou*.

**TCHEKHOV (Anton Pavlovitch)** ✦ ÉTYM. du russe *čeh* «tchèque» (son grand-père s'appelait *Tchekh*) ♦ Écrivain et auteur dramatique russe (Taganrog 1860 - Badenweiler 1904). Petit-fils d'un serf libéré, fils d'un épicier qui fit faillite (1876), il devint médecin et exerça cette profession jusqu'aux dernières années de sa vie. Cependant, il débuta très tôt dans les lettres, faisant simultanément œuvre de conteur, de nouvelliste et de dramaturge. Ses premiers recueils, *Contes de Melpomène* (1884), *Récits bariolés* (1886), *Dans le crépuscule, Innocentes Paroles* (1887), suivis d'autres récits, *La Steppe, Les Feux, L'Anniversaire* (1888), assurèrent d'emblée la réputation de l'écrivain. Tandis que son drame, *Ivanov* (1887), était accueilli au théâtre de Saint-Pétersbourg avec succès, il décida, tourmenté par la souffrance humaine, d'entreprendre un long voyage au bagne de Sakhaline (1890) d'où il devait rapporter un nouveau récit, *L'Île de Sakhaline* (1894). Au retour d'un autre voyage en Europe et devenu propriétaire à Melikhovo, localité proche de Moscou, il se trouva amené à prodiguer ses soins à une population paysanne décimée par la famine et le choléra. Durant cette période (1891 - 1897), il composa des nouvelles (*La Cigale, La Chambre n° 6*). Mais l'échec de *La Mouette** (1896), celui de ses drames qui allait connaître, deux ans plus tard, un éclatant succès au Théâtre d'art de Moscou, le décidèrent à entreprendre un nouveau voyage, cette fois en France où il séjourna une année (1897 -

Anton **Tchekhov** et Maxime Gorki, v. 1900.
Bibliothèque nationale de France, Paris.
*BIS/Phot. © Coll. Archives Larbor*

1898). De retour en Russie, il se fixa à Yalta où les artistes et les littérateurs les plus célèbres lui rendirent visite. C'est là qu'il composa encore des nouvelles (*Douchetchka*, 1898 ; *La Dame au petit chien*, 1899 ; *La Fiancée*, 1903), ainsi que ses trois derniers drames : *Oncle* Vania* (1897), *Les Trois Sœurs* (1901) et *La Cerisaie** (1904). Élu académicien (1900), il donna sa démission deux ans plus tard pour protester contre l'exclusion, prononcée par l'Académie, de Maxime Gorki. Marié avec l'actrice Olga Knipper (1901), étant parvenu au sommet de la gloire, il tomba malade et partit pour la Forêt-Noire où il mourut (2 juil. 1904). ▪ Issue de la littérature narrative, sa vocation théâtrale est le prolongement direct de son art du récit. Dès sa jeunesse, il avait composé de courtes saynètes, *Les Méfaits du tabac* (1886), *L'Ours* (1888), *La Demande en mariage* (1888). Cependant, ses véritables débuts de dramaturge datent de sa vingtième année, avec une pièce dont la redécouverte est relativement récente, *Ce fou de Platonov* (1880), évocation du destin tourmenté d'un don Juan de province. Si *Ivanov* et *L'Esprit des forêts* (1889) constituent des expériences de recherche et de transition, c'est avec *La Mouette* que Tchekhov consomme sa rupture avec une construction dramatique traditionnelle, conférant au silence et aux sous-entendus d'un dialogue apparemment chargé de banalités une profondeur psychologique nouvelle. Drame du renoncement lucide à tout idéal, tragédie de la solitude et de la stérilité, *Oncle Vania* exprime encore cette exigence absurde de liberté dont nul écho n'est perceptible désormais dans *Les Trois Sœurs*, où tout espoir de briser l'oppression de la réalité quotidienne est à jamais perdu. Dans *La Cerisaie*, chronique d'un temps de transition entre un passé révolu et un avenir riche de promesses, l'art du dramaturge cède à la prophétie d'un visionnaire lucide et confiant dans les destinées de son peuple. ▪ Étroitement liée aux débuts du Théâtre d'art de Stanislavski*, l'œuvre dramatique de Tchekhov, miroir fidèle d'une société au seuil d'un des plus grands bouleversements de l'histoire, rejoint, par la valeur humaine de son témoignage, les chefs-d'œuvre du théâtre universel.

**TCHELIABINSK** ou **CHELYABINSK** ✦ ÉTYM. du bachkir *čeliab* «seau» (la v. est située dans une dépression) et suff. *-sk* qui désigne une ville ♦ V. de Russie, ch.-l. de région, dans l'Oural, sur la Miass (658 km). 1 078 300 hab. Centre culturel. Indus. métallurgique, sidérurgique, mécanique (tracteurs), chimique et alimentaire. Nœud ferroviaire important.

## TCHÈQUE (RÉPUBLIQUE)

▮ n. f. – en tchèque ***Česká Republika*** ♦ Pays d'Europe centrale. 78 864 km². 10 230 060 hab. (*Tchèques*). LANGUES : tchèque, allemand, polonais, rom, ukrainien (ruthène). POPULATION : Tchèques, 81 % ; Moraves, 13 % ; Slovaques, 3 % ; minorités d'origine allemande, polonaise et tzigane. RELIGIONS : catholiques, 39 % ; protestants, 4 %. MONNAIE : couronne. CAPITALE : Prague. RÉGIME : république parlementaire. La République tchèque est divisée en quatorze régions administratives.

▮ **GÉOGRAPHIE** Le pays relève dans son ensemble d'un climat de type continental (20 °C d'amplitude thermique). Les précipitations sont assez contrastées en raison du relief accidenté : fortes en montagnes (1 500 mm sur la Forêt-de-Bohême*) et très modérées dans les bassins qui peuvent connaître des problèmes de sécheresse (442 mm à Brno). Le pays chevauche deux ensembles géologiques majeurs de l'Europe montagnarde : le quadrilatère hercynien de Bohême et les bassins tertiaires de Moravie et de Silésie qui marquent la transition avec les Carpates. La Bohême et la Silésie sont ouvertes sur le flanc N. de l'Europe et rattachées par l'Elbe et l'Oder au domaine hydrographique des mers Baltique et du Nord. La Moravie est ouverte sur l'Europe du Sud et rattachée à la Méditerranée et à la mer Noire par la Morava*, affluent du Danube. Cette orientation des bassins-versants et la situation de la République tchèque au cœur de l'Europe centrale ont guidé depuis le Moyen Âge les grands flux d'échanges qui traversent la région selon deux axes N.-S. : le couloir moravo-silésien (Ostrava-Brno-Bratislava),

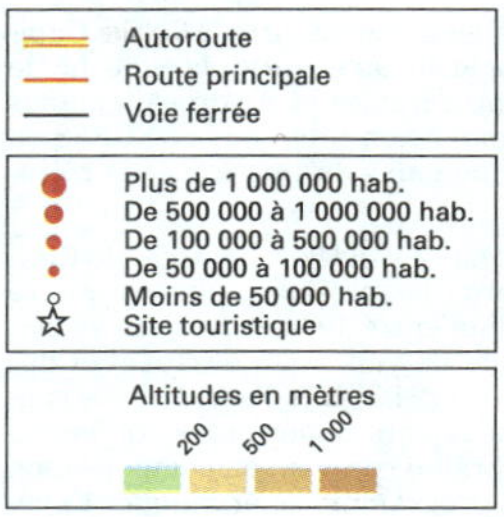

République Tchèque.

qui relie Cracovie et Gdańsk au N. à Vienne et Budapest au S. ; les vallées de l'Elbe et de la Vltava (Děčín-Prague-České Budějovice), qui relient Hambourg et Berlin à Linz, Vienne et l'Adriatique. Mais les grandes routes continentales entre l'Orient et l'Occident évitent le bastion tchèque et le contournent soit par le piémont N. (Bruges-Leipzig-Cracovie), soit par la voie danubienne S. (Ratisbonne-Vienne-Budapest), de sorte que le grand axe de circulation intérieure Prague-Brno-Bratislava répondait avant tout à une volonté de desserte nationale et d'intégration du territoire.

**ÉCONOMIE** L'économie du pays est marquée par l'ancienneté du développement industriel et par les effets de quarante années de socialisme. Ayant connu la première révolution industrielle au même moment que la France ou l'Allemagne, les territoires de l'actuelle République tchèque faisaient figure de pôle économique à l'intérieur de l'Empire austro-hongrois (deux tiers de la production industrielle en 1914). Bien que cette dimension industrielle ait été renforcée depuis 1950 par l'application stricte d'une économie centralement planifiée, le pays a connu une régression sensible de son niveau de vie et de sa capacité d'innovation. Toutefois, lors de la transition postcommuniste, sous l'impulsion de mesures libérales, l'économie tchèque a fait preuve d'une robustesse plus marquée que celle des pays voisins, permettant ainsi, en 1995, au pays d'être le premier de l'ex-bloc communiste à intégrer l'OCDE et à sa monnaie, la couronne, de devenir convertible. En mai 1997, une crise financière a touché le pays. L'économie piétine, la part de l'agriculture dans le PIB est de plus en plus marginale (7 % en 1985, 2,7 % en 2007) et l'industrie lourde manque de capitaux. Les investissements étrangers concernent surtout l'électroménager et l'automobile (Škoda a été racheté par Volkswagen). Les exportations sont pénalisées par la crise globale de 2008 - 2009. **L'agglomération pragoise** Elle constitue le cœur du pays avec plus de 1 % de la population active de la république. C'est également le centre du réseau de transport. La plaine du Polabí*, située au N.-E. de Prague, est à la fois une riche région agricole et un point de convergence hydrographique qui assure à la capitale des réserves en eau importantes. Les gisements de charbon (Kladno*) et de métaux pré cieux (Kutná Hora) ont assuré très tôt la richesse de la capitale de la Bohême et son développement industriel, dominé par la branche des constructions mécaniques (matériel roulant lourd, camions, automobiles, avions, électronique et mécanique de précision). À une trentaine de kilomètres autour de Prague, un anneau de cités industrielles renforce cette orientation productive avec les centres sidérurgiques de Kladno et Beroun, les centres chimiques de Kralupy et Neratovice, la firme automobile Škoda à Mladá Boleslav. La région pragoise demeure peu touchée par le chômage. Outre ses atouts touristiques, Prague peut prétendre à un rôle de place économique et financière pour les investisseurs étrangers en Europe de l'Est. **Le croissant industriel du Nord** Il s'étend de Cheb à Ostrava en passant par Liberec et constitue le foyer énergétique du pays ; il est centré autour de deux gigantesques pays noirs : le bassin lignitier de l'Ohře, de Sokolov à Most, et le bassin houiller moravo-silésien autour d'Ostrava. À proximité se sont localisées des industries de base : électricité thermique, carbochimie, sidérurgie, métallurgie lourde. Au centre-nord, la plus ancienne région manufacturière du pays (XVIIIe s.) rompt la succession des pays noirs avec de grandes usines textiles et des industries traditionnelles de cristallerie et de joaillerie fantaisie (Liberec et Jablonec nad Nisou). Les stations thermales de Karlovy Vary et de Mariánské Lázně redeviennent des pôles touristiques. La montée rapide du chômage depuis 1989 témoigne des difficultés de la restructuration industrielle de cette zone, qui connaît, par ailleurs, des problèmes aigus de pollution de l'air et de l'eau. **Les régions du Sud** Elles sont encore le poumon de la capitale : forêt, étangs, lacs et réservoir du réseau de la Vltava ont suscité une forte densité de résidences secondaires et d'implantations touristiques. Les villes moyennes déterminent de petites régions qu'elles ont façonnées ; České Budějovice*, Jihlava, Tábor* et Plzeň*, lieu de production d'une bière fameuse. Au XXe s., les ressources en kaolin (2e prod. mondial) et surtout en uranium (Příbram, Dolní Rožínka) ont favorisé un essor industriel, renforcé ensuite par quelques grosses implantations de la première phase socialiste (Jihlava, Ždár nad Sázava). Depuis 1989, cette région bénéficie du développement des relations avec l'Allemagne du Sud (tourisme, investissements, migrations de travail transfrontalières). **La Moravie des bassins** Elle correspond à de riches régions agricoles (céréales, betterave, vigne, élevage) et industrielles (construc. mécaniques, textile, cuir). L'industrie de la chaussure se concentre à Zlín*, siège des usines Baťa. Brno*, métropole économique de la Moravie, est concurrencée au N. par la capitale historique et religieuse, Olomouc*. La culture populaire morave, influencée par les milieux pannoniques et carpatiques, garde une originalité à l'intérieur de la République tchèque. Cette identité est surtout marquée en Moravie du Sud où une majorité des habitants se sont déclarés «Moraves» au recensement de 1991, bien qu'ils soient de langue tchèque.

République tchèque ▮ Productions en 2008

| Produits | Quantités | Rang |
|---|---|---|
| **Agriculture** | | |
| Betteraves à sucre (2009) | 2 800 000 t | 18e |
| Blé (2009) | 4 360 000 t | |
| Colza (2009) | 1 130 000 t | 10e |
| Houblon | 6 000 t | 4e |
| Maïs | 850 000 t | |
| Orge | 2 200 000 t | 18e |
| Pommes de terre (2009) | 721 000 t | |
| Bovins (têtes) | 1 360 000 | |
| Porcins (têtes) | 2 200 000 | |
| **Mines et énergie** | | |
| Charbon et lignite | 62 000 000 t | 14e |
| Énergie nucléaire | 26 TWh | 16e |
| Pétrole | 300 000 t | |
| Plomb | 20 000 t | |
| Uranium | 350 t | 12e |

**HISTOIRE** Après avoir été l'une des deux républiques fédérées de la Tchécoslovaquie (→ **Bohême, Moravie, Tchécoslovaquie**), la République tchèque devint indépendante le 1er janv. 1993. V. Havel* en fut le premier président et le libéral V. Klaus* le Premier ministre, à la tête d'un gouvernement de coalition de centre droit. Malgré plusieurs succès en politique étrangère (intégration à l'Otan, négociations en vue d'une adhésion à court terme à l'Union européenne), V. Klaus dut démissionner en raison d'un scandale financier. Le Parti social-démocrate (CSSD) remporta les élections législatives en 1998 et en 2002 et forma avec les centristes des gouvernements de coalition. V. Klaus, candidat du Parti civique démocrate (ODS), fut élu président de la République en 2003 grâce au report des voix communistes et forma un gouvernement de coalition. En 2004, le pays entra dans l'Union européenne conformément au résultat du référendum organisé en 2003, ce qui dopa les exportations. Le président Klaus, eurosceptique et soutenu par le centre droit, fut réélu en 2008. Malgré son opposition au traité de Lisbonne, il le signa en nov. 2009.

**TCHÉRÉMISSES** → Maris

**TCHERENKOV (Pavel Alekseïevitch)** ♦ Physicien soviétique (Tchigla 1904 - Moscou 1990). Il découvrit en 1934 l'effet qui porte son nom, où une particule traversant un milieu matériel transparent et réfringent avec une vitesse plus grande que celle de la lumière dans ce même milieu donne naissance à une radiation lumineuse bleue émise suivant un cône dont l'angle d'ouverture est fonction du milieu et de la vitesse de la particule. Cet effet est utilisé, dans les *compteurs Tcherenkov*, pour la détection des particules de haute énergie. [Prix Nobel de phys. 1958, avec I. Frank et I. Tamm*]

**TCHEREPNINE (Aleksandr Nikolaïevitch)** ♦ Pianiste et compositeur russe (Saint-Pétersbourg 1899 - Paris 1977). Élève de son père NIKOLAÏ NIKOLAÏEVITCH TCHEREPNINE (Saint-Pétersbourg 1873 - Issy-les-Moulineaux 1945), il étudia ensuite aux conservatoires de Moscou et de Paris. Il fit de nombreuses tournées de concerts autour du monde, vécut à Shanghai (où il édita des œuvres de compositeurs extrême-orientaux), puis au Japon. En 1938, il enseigna la musique russe au Conservatoire de Paris. Émigré aux États-Unis en 1942, il fut professeur de 1949 à 1964 à la DePaul University de Chicago. Il est l'auteur de compositions pour piano, d'opéras et de ballets. ➝ ÉTYM. Ce nom vient peut-être du russe *čerep* «crâne» (allusion à un crâne dénudé) ou est un nom de profession «tuilier».

**TCHEREPOVETS** ♦ V. de Russie, région de Vologda. 312 200 hab. Port sur le lac de retenue du barrage de Rybinsk. Chantier naval. Sidérurgie. Équipements d'automobiles. Matériaux de construction.

**TCHERKASSY** ♦ V. d'Ukraine, ch.-l. de région, sur le Dniepr (rive d.). 293 271 hab. Indus. chimique (engrais, plastiques), mécanique, textile et alimentaire.

**TCHERKESSES** ou **CIRCASSIENS** n. m. pl. ➝ ÉTYM. du gr. *Kerketoi*, p.-ê. du persan *tscherikass* «guerre, guerrier» ou turco-tatar «les coupeurs (de *kes* "couper") de routes *(tcher)*» ♦ Peuple du Caucase du Nord, installé dès le VIe s. en Circassie. Intrépides montagnards, ils résistèrent héroïquement aux armées russes (XVIIIe - XIXe s.). Islamisés, ils habitent auj. la région autonome de Karatchaïevo*-Tcherkessie. Les Adygués* et les Kabardes* appartiennent au même groupe.

**TCHERKESSK** – jusqu'en 1939 ***Batalpachinsk,*** de 1936 à 1937 ***Soulimov*** ♦ V. de Russie, territoire de Stavropol, cap. de la rép. de Karatchaïevo*-Tcherkessie, sur le Kouban. 116 400 hab. Centre industriel.

**TCHERNAÏA** n. f. ➝ ÉTYM. «la [rivière] noire» ♦ Fl. côtier de Crimée (Ukraine) qui se jette dans la mer Noire par la rade de Sébastopol (43 km). Durant la guerre de Crimée*, l'armée franco-britannique remporta sur ses rives une victoire contre les Russes (1855).

**TCHERNENKO (Konstantin Oustinovitch)** ♦ Homme d'État soviétique (Bolchaïa-Tes, territoire de Krasnoïarsk 1911 - Moscou 1985). Il succéda à Andropov* au secrétariat général du parti communiste (fév. 1984) et à la tête du Praesidium du Soviet suprême (avr. 1984). ➝ ÉTYM. *Tchernenko* vient du russe *čornyï* «noir» et du suffixe ukrainien *-enko.*

**TCHERNIHIV** – anc. ***Tchernigov*** ♦ V. d'Ukraine, ch.-l. de région, sur la Desna. 300 497 hab. Cathédrale de la Transfiguration du Sauveur (1033 - 1041) de style byzantin. Cathédrale Saint-Boris-et-Gleb (1120 - 1123), restaurée en 1957. Monastère de la Trinité (XVIIe - XVIIIe s.), dont la cathédrale illustre le baroque tardif ukrainien. ▪ Centre d'une région agricole et forestière. Indus. alimentaire, électromécanique et textile. Traitement du bois. **▌Histoire** La ville, dont l'origine serait antérieure à l'introduction du christianisme en Russie, est mentionnée dès 907 et devint, après la fondation d'un évêché (998), une des principales cités de la Russie kiévienne. Cap. de la principauté de Tchernigov (XIe - XIIIe s.), détruite par les Mongols (1239 - 1240), elle devint, tour à tour, lituanienne (seconde moitié du XIVe s.), russe (1503) puis polonaise (début du XVIIe s.) et fut rattachée à l'Empire russe en 1654.

**TCHERNIKHOWSKY (Saül)** ♦ Écrivain de langue hébraïque (Mikhaïlovka, Russie 1875 - Jérusalem 1943). Très tôt passionné par la littérature russe et occidentale (grecque classique, française, allemande, anglaise) qu'il traduisit en hébreu, il introduisit les thèmes majeurs du romantisme ainsi que les genres de la ballade, de l'épopée et de l'idylle dans la poésie hébraïque. Son œuvre, d'inspiration sioniste, exprime sa révolte contre le sort des Juifs en diaspora. Elle comporte également des aspects «païens» : hédonisme, panthéisme, idéal esthétique grec, pouvoir rédempteur de l'art et non plus de la religion. Il s'installa à Tel-Aviv en 1931 où, grâce à sa formation médicale, il fut chargé du dictionnaire hébreu des termes médicaux et scientifiques.

**TCHERNIVTSI** – en all. ***Czernowitz,*** en roum. ***Cernăuţi*** ♦ V. d'Ukraine, ch.-l. de région, sur le Prout, près de la frontière roumaine. 242 250 hab. Univ. Important marché agricole. Indus. électrique, textile et alimentaire. Traitement du bois. Usine de chaussures. **▌Histoire** Capitale de la Bucovine septentrionale jusqu'en 1940, la ville fut le théâtre de nombreux combats entre Russes et Austro-Allemands de 1914 à 1917. Attribuée à la Roumanie en 1919, cédée à l'URSS en 1940, elle fut réoccupée par les Roumains de 1941 à 1944 et rétrocédée à l'URSS en 1947.

**TCHERNOBYL** ➝ ÉTYM. ukr. «herbe amère» ♦ V. d'Ukraine, au N. de Kiev, sur le Pripiat. Centrale nucléaire ; l'explosion d'un des quatre réacteurs de 1 000 MGW (construits entre 1977 et 1983), le 26 avr. 1986, provoqua l'irradiation du site (la ville a été évacuée) et des régions biélorusses et russes plus au N. Après l'accident, la centrale a continué à fonctionner au ralenti. Sa fermeture définitive est effective depuis déc. 2000, l'Ukraine recevant en compensation une aide occidentale pour son programme énergétique. Expériences de décontamination.

**Tchernobyl.** État du site en 1996, dix ans après l'explosion.
*Phot. © Anatoly Kleschuk/Sygma*

**TCHERNYCHEVSKI (Nikolaï Gavrilovitch)** ♦ Philosophe et critique russe (Saratov 1828 - *id.* 1889). Révolutionnaire démocrate, partisan du socialisme utopique, il s'opposa aux réformes d'Alexandre II. Écrit en prison, son roman *Que faire ?* (1863) décrit le héros idéal qui, déterminé et fort, entreprend l'éducation des autres. ➝ ÉTYM. Ce nom vient du russe *černika* «myrtille».

**TCHERSKI** (monts) ♦ Massif de Russie s'étendant sur environ 1 500 km au N.-E. de la chaîne de Verkhoïansk, en Sibérie extrême-orientale, dans la rép. de Sakha et la région de Magadan. C'est un système complexe de chaînes montagneuses englacées, culminant à 3 003 m, de massifs et de plateaux.

**TCHÉTCHÉNIE** n. f. ➝ ÉTYM. de *Tchétchènes*, n. de peuple, du kabarde *šešen* ou de l'avar *čačan* «peuple», off. ***république de Tchétchénie-Itchkérie*** ♦ République de la fédération de Russie. → **Russie** (carte et tableau des divisions admin.). 16 600 $km^2$. 1 103 686 hab. en 2002 *(Tchétchènes).* LANGUES : tchétchène, russe. POPULATION : Tchétchènes, 58 % ; Ingouches, 13 % ; Russes, 23 %. RELIGION : musulmane. CAPITALE : Groznyï. **▌Géographie** Pays de plaines au N., la république est occupée au S. par les chaînes du Grand Caucase. Culture des céréales (blé, maïs, orge) et horticulture. Élevage bovin et ovin. Sériciculture. Pétrole et indus. dérivées. Indus. mécanique, alimentaire. **▌Histoire** Peuple musulman, les Tchétchènes luttèrent contre les Russes aux XVIIIe et XIXe s., jusqu'à la capitulation de leur chef Chamil (1859), et beaucoup émigrèrent alors dans l'Empire ottoman. En mars 1918, le régime soviétique fut instauré en Tchétchénie et en Ingouchie. Occupées par les troupes de Denikine (déc. 1919) puis par l'Armée rouge (mars 1920), elles firent partie de la république socialiste soviétique autonome des Montagnes (1920 - 1922), puis devinrent des régions autonomes comprises dans la même république (1922 - 1924) et, en 1924 - 1934, dans la République socialiste fédérative soviétique de Russie. Unies en 1934, les deux régions furent proclamées RSS autonome de Tchétchéno-Ingouchie en 1936. Liquidée en 1944 (les deux peuples furent déportés), la république fut recréée le 9 janv. 1957. Les nationalistes tchétchènes ont proclamé leur indépendance en 1991 et obtenu la reconnaissance par Moscou de la partition de la république en deux, entraînant un conflit entre les Ingouches et l'Ossétie. Mais face au refus de la Tchétchénie de signer le traité fédéral russe, Moscou imposa un blocus économique puis, en déc. 1994, engagea un premier conflit armé sanglant. Incapables de surmonter la résistance tchétchène, les Russes concédèrent (accord de Khasaviourt, 1996) la quasi-indépendance de la république rebelle. Mais le président nationaliste Aslan Maskhadov (élu en 1997) ne parvint pas à maîtriser les groupes islamistes. En septembre 1999, V. Poutine* relança une guerre particulièrement meurtrière. L'armée russe prit Groznyï en déc. 1999 et, ne reconnaissant plus la légitimité de Maskhadov (tué en 2005), favorisa en 2003 l'élection d'un président pro-russe, A. Kadyrov. En dépit d'une tentative de reconstruction, les troubles ont continué, causant la mort de milliers de civils. De nombreux attentats ont été commis par des séparatistes à l'intérieur et à l'extérieur de la région, les plus meurtriers restant les prises de centaines d'otages dans un théâtre de Moscou en 2002 et dans une école de Beslan* en 2004. Le calme revient peu à peu dans la République mais au prix d'un régime totalitaire, gagné par la corruption, mis en place par le fils de A. Kadyrov mort en 2004 dans un attentat, Ramzan Kadyrov, nommé par V. Poutine en 2007. → **Russie.**

**TCHICAYA U TAM'SI (Gérald-Félix)** ◆ ÉTYM. *U Tam'si* «petite feuille qui parle pour son pays» ♦ Auteur dramatique et romancier congolais (M'Pili, prov. du Kouilou 1931 - Bazancourt, Oise 1988). Ayant choisi pour pseudonyme U Tam'si, il publia son premier recueil poétique *Le Mauvais Sang* (1955), puis *Feu de brousse* (1957) et *À triche-cœur* (1958). À Léopoldville, il dirigea le journal *Congo,* l'organe de presse de Lumumba. Délégué de son pays à l'Unesco, il écrivit pour la radio : *Épitomé* (1962), le drame du Zaïre, à travers le martyre de Lumumba ; *Le Ventre* (1964) ; *Arc musical* (1970) ; *Le Zulu* (1978) ; *Le Bal de N'Dinga* (1988). Avec *Les Cancrelats* (1980), il signa son premier roman. Le Congo de l'époque coloniale et de l'indépendance a servi de cadre à sa trilogie romanesque : *La Main sèche* (1980), *Les Méduses* (1982), *Les Phalènes* (1984).

**TCHIMKENT** → **Chymkent**

**TCHIRIKOV (Ievgueni Nikolaïevitch)** ♦ Romancier russe (Kazan 1864 - Prague 1932). Il critiqua dans ses œuvres (pièces de théâtre, *Les Juifs,* 1904 ; *Les Moujiks,* 1906 ; un roman autobiographique, *La Vie de Tarkhanov,* 1911 - 1925) les idées et les mœurs petites-bourgeoises. S'étant opposé par la suite à la révolution socialiste, il émigra en 1919.

**TCHIRTCHIK** ♦ V. d'Ouzbékistan, dans la vallée du Tchirtchik (affl. du Syr-Daria, 161 km). 145 600 hab. Satellite indus. de Tachkent. Indus. métall. et chimique. ▪ Aux environs, centrale hydroélectrique sur le Tchirtchik.

**TCHISTIAKOVO** → **Thorez**

**TCHITA** ou **CHITA** ◆ ÉTYM. en russe *Čita,* du n. de la riv., probablt du mandchou «argile» ♦ V. de Russie, ch.-l. du territoire de Transbaïkalie, au confluent de la Tchita et de l'Ingoda et au S. de la Sibérie orientale. 317 800 hab. Extraction du charbon. Indus. mécanique. Réparation de locomotives. Travail du bois.

**TCHITCHERINE (Gueorgui Vassilievitch)** ♦ Diplomate et homme politique soviétique (Karaoul, gouv. de Tambov 1872 - Moscou 1936). Membre du Parti ouvrier social-démocrate de Russie dès 1905, menchevik, il milita dans l'émigration jusqu'en 1918. Rentré en URSS, il adhéra au PCUS et devint commissaire aux Affaires étrangères (jusqu'en 1930) ; il signa la paix de Brest*-Litovsk (1918) et dirigea la délégation soviétique aux conférences de Gênes et de Lausanne.

**TCHKALOV** → **Orenbourg**

**TCHOGHA-ZANBIL** ♦ Anc. cité sainte de l'Élam, à l'E. de Suse (auj. en Iran). Elle fut bâtie par le roi Untash-Hupan (ou Untash-Gal) dans la première moitié du -XIII$^{e}$ s. Sa ziggourat, où étaient les sanctuaires de Gal et Inshushinak, est la mieux conservée de l'ancien Orient.

**TCHOIBALSAN** ♦ Homme politique et militaire mongol (Baian-Tumen, auj. Tchoibalsan 1895 - Moscou 1952). Il succéda à Sükhe Bâtar (Sukhe Bator) et devint le chef du gouvernement de la République populaire de Mongolie en 1923. Il parvint au pouvoir suprême en 1936 et le garda jusqu'à sa mort. En 1946, il fit adopter les caractères cyrilliques en remplacement des anciens caractères ouïgours pour transcrire la langue mongole moderne.

**TCHOUANG-TSEU** → **Zhuangzi**

**TCHOUDSK** (lac) → **Peïpous (lac)**

**TCHOUKOTKA** (mer de) ♦ Mer bordière de Russie (océan Arctique) entre la presqu'île de Tchoukotka à l'O. et la péninsule d'Alaska à l'E. (595 000 km$^2$). Profondeur moyenne : 25 - 50 m ; maximale : 1 256 m. Elle est couverte de glaces pendant la plus grande partie de l'année. Morses et veaux marins. Port princ. : Ouelen.

**TCHOUKOVSKAÏA (Lydia Korneïevna)** ♦ Femme de lettres russe (Saint-Pétersbourg 1907 - Moscou 1996), fille de l'écrivain K. Tchoukovski* et épouse du savant Matveï Bronchteïn qui fut arrêté et fusillé en 1938. Son roman, *Sofia Petrovna,* écrit en pleine terreur stalinienne, publié en France sous le titre *Maison déserte* en 1965, parut en URSS en 1988. Collaboratrice au sein de différentes revues, notamment de *Novy Mir,* elle fut exclue de l'Union des Écrivains en 1974. *La Plongée* (1972), bouleversant témoignage sur l'époque stalinienne, et un recueil *La Parole ouverte* (1976) ont été publiés en Occident. Amie de Pasternak, confidente de A. Akhmatova, elle a publié des *Entretiens avec Anna Akhmatova* (1976 - 1980) ainsi qu'un recueil de vers : *Du côté de la mort* (1978).

**TCHOUKOVSKI (Nikolaï Ivanovitch KORNEÏTCHOUK, dit Korneï Ivanovitch)** ♦ Écrivain soviétique (Saint-Pétersbourg 1882 - Moscou 1969). D'origine modeste, il fut l'un des fondateurs, après la révolution d'Octobre, de la revue *Occident* et des éditions Littérature universelle. Auteur d'une œuvre variée comprenant des articles de littérature moderne (*De Tchekhov à nos jours,* 1908), des études sur l'œuvre de Nekrassov (*L'Art de Nekrassov,* 1952) ou sur celle de Tchekhov (*Vivant comme la vie,* 1962), des essais sur Akhmatova, Pasternak et Zochtchenko, ainsi qu'un ouvrage sur le langage enfantin (*De deux à cinq,* 1928), il est resté célèbre pour ses contes poétiques destinés aux enfants (*Le Crocodile,* 1917 ; *Le Cafard géant,* 1923 ; *Barmaleï,* 1925) et qui jouissent encore aujourd'hui d'une grande popularité.

**TCHOUKTCHES** n. m. pl. ◆ ÉTYM. de *Chawchu* «propriétaires de rennes», n. qu'ils se donnent eux-mêmes ♦ Peuple d'origine paléosibérienne, de la Sibérie orientale. Ils sont env. 15 000. → **Tchoukotka.**

**TCHOU Ta** → **Bada Shanren**

**TCHOUVACHIE** n. f. ◆ ÉTYM. de *Tchouvaches,* n. de peuple, d'un mot tatar «paisible, calme», off. ***république de Tchouvachie,*** en russe ***Tchouvachskaïa Respoublika*** ♦ République de la fédération de Russie. → **Russie** (carte et tableau des divisions admin.). 18 300 km$^2$. 1 313 900 hab. *(Tchouvaches).* LANGUES : tchouvache, russe. POPULATION : Tchouvaches, 68 % ; Russes, 26 % ; Tatars, 3 % ; Mordves, 1 %. RELIGIONS : orthodoxe, musulmane. CAPITALE : Tcheboksary. La république de Tchouvachie est divisée en 21 districts. **▮ Géographie** Pays de forêts au N., de steppes au S., la Tchouvachie est riche en terres défrichées où l'on cultive les céréales (seigle, blé, sarrasin, maïs), les pommes de terre, le chanvre, le tabac. Élevage bovin et porcin. Apiculture. Pêche sur la Volga et la Soura. Indus. métall., mécanique et alimentaire. Traitement du bois. **▮ Histoire** Les Tchouvaches, peuple d'origine finnoise dominé par les Tatars (XV$^{e}$ - XVI$^{e}$ s.) puis par les Russes (1552), participèrent aux révoltes de Stenka Razine* (1670 - 1671) et de Pougatchev* (1773 - 1775). En nov. 1917, le régime soviétique fut instauré à Tcheboksary. Proclamée région autonome le 24 juin 1920, la Tchouvachie devint une République socialiste soviétique le 21 avr. 1925 et proclama sa souveraineté au sein de la fédération de Russie en 1990.

**TEBALDI (Renata)** ♦ Soprano italienne (Pesaro 1922 - Saint-Marin 2004). Elle débuta en 1944 et, pendant une quinzaine d'années, triompha sur les principales scènes mondiales. On a vu en elle la «rivale» de la Callas. ◆ ÉTYM. Ce nom vient du nom de personne germanique *Theobald,* de *theod-* «peuple» et *bald* «audacieux».

**TÉBESSA** ou **TBESSA** ♦ V. d'Algérie, ch.-l. de wilaya, à proximité de la frontière tunisienne, au pied N. des *monts de Tébessa,* prolongés par la Dorsale tunisienne. 112 000 hab. Marché agricole. Élevage. Céréales. Gisements de phosphates aux environs (mines du Kouif). ▪ Ruines de l'anc. cité romaine de *Théveste* et l'arc de Caracalla.

**TÉBOURSOUK** ♦ V. de Tunisie septentrionale, au pied S. des *monts de Téboursouk.* 10 987 hab. Marché agricole. Oliveraies. → **Dougga.**

**TECH** [tɛʃ] n. m. ◆ ÉTYM. anc. *Tecum,* rac. hydronym. prélatine *tec-/tecc-* ♦ Fl. côtier des Pyrénées-Orientales né près de la frontière espagnole, à 2 340 m d'alt. (82 km). Son cours supérieur arrose la région du Vallespir ; il passe à Prats-de-Mollo, Amélie-les-Bains, près de Céret (rive d.) et se jette dans la Méditerranée au S. d'Elne. Son régime est de type nivo-pluvial méditerranéen et son cours est utilisé par diverses centrales.

**TÉCHINÉ (André)** ♦ Cinéaste français (Valence d'Agen 1943). D'abord critique aux *Cahiers du Cinéma,* il s'est imposé, dès son second film, *Souvenirs d'en France* (1974), comme un des plus sûrs espoirs de sa génération. Après un détour par l'académisme *(Barocco, Les Sœurs Brontë),* il s'est épanoui avec des œuvres d'une sensibilité délicate : *Ma saison préférée* (1993), *Les Roseaux sauvages* (1994), *Alice et Martin* (1998), *Les Témoins* (2007). ◆ ÉTYM. En pays gascon, *téchiné* signifie «tisserand» (du latin *texere* «tisser»).

**TECTOSAGES** n. m. pl. ♦ Peuple volce de Gaule établi dans la région de Carcassonne (Narbonnaise I$^{re}$). Une tribu était allée s'établir en Asie Mineure, au N.-O. de la Galatie.

**TECUMSEH** ♦ Chef indien shawnee (Piqua, près de Springfield, Oregon, v. 1768 - près de la Thames River, Ontario 1813). Avec son frère Tenskwatawa, il essaya d'unir les Indiens des États-Unis et du Canada contre les Blancs. Son frère ayant été battu par Harrison à Tippecanoe (1811), Tecumseh s'allia aux Britanniques lors de la guerre de 1812 et mourut à la bataille de la Thames River.

**TEDDER (Arthur)** ♦ Maréchal de l'air britannique (Glenguin, Stirlingshire, Écosse 1890 - Banstead 1967). Il commanda l'aviation britannique en Extrême-Orient (1936 - 1938), au Proche-Orient (1940 - 1941), en Libye (1941 - 1943), puis l'aviation alliée en Tunisie, en Sicile et en Italie. Il devint alors l'adjoint d'Eisenhower* (fin 1943) ; celui-ci le délégua à Berlin pour recevoir la capitulation allemande le 8 mai 1945.

**Te Deum** ♦ Hymne liturgique latine dont le premier verset commence par *Te Deum laudamus,* «Nous te louons, Dieu...». On en attribue la première rédaction à Nicetas, évêque de Remesiana, Dacie (fin IV$^{e}$ - déb. V$^{e}$ s.). Elle est chantée lors des actions de grâce solennelles. ▪ Le *Te Deum* fut mis en musique notamment par Lully, Charpentier, Delalande, Clérambault, Haydn, Mozart ; il donna lieu à des compositions symphoniques de Berlioz (1855), Bruckner (1886), Verdi (1898).

**TEES** n. f. ♦ Fl. du N. de la Grande-Bretagne, tributaire de la mer du Nord (110 km). L'estuaire traverse la conurbation industrielle de Teeside autour de Middlesbrough.

**TÉGÉE** – en gr. ***Tegea*** ♦ Anc. ville de Grèce, au S.-E. de l'Arcadie (Péloponnèse). Ses origines remontent à la préhistoire. Elle résista longtemps à l'expansion lacédémonienne, mais v. le milieu du –VI$^{e}$ s. dut reconnaître la prédominance de Sparte* et fut son alliée, notamment pendant la guerre du Péloponnèse. Après la défaite spartiate à Leuctres (–371), Tégée abandonna cette alliance et constitua le centre de la Ligue arcadienne. Elle fut toujours rivale de sa voisine Mantinée*. Détruite par Alaric, puis repeuplée, elle fut de nouveau florissante sous la domination franque (1209 - 1296). ▪ Les fouilles, commencées en 1889, ont mis au jour les fondations d'un temple du –IV$^{e}$ s.

**TEGEL** ♦ Aéroport international de Berlin, situé dans l'ancien secteur français. Il remplace celui de Tempelhof depuis 1975. Saturé et très proche des habitations, il doit être complété par Schönefeld (ex-Berlin Est), voire par un 4$^{e}$ aéroport.

**TEGETTHOFF (Wilhelm,** baron **VON)** ♦ Amiral autrichien (Maribor, Styrie 1827 - Vienne 1871). Victorieux des Danois à Helgoland (1866), il remporta sur les Italiens la victoire de Lissa (1866) et prit le commandement de la flotte autrichienne.

**TEGLATH-PHALASAR III** ♦ Roi d'Assyrie (de –746 à –727), véritable fondateur de l'empire assyrien (→ **Assyrie**). Il rétablit l'autorité royale, créa une armée permanente, imposa souvent l'annexion aux pays vaincus (par ex. Aram*), reçut tribut du roi de Juda, Achaz, et régna à Babylone sous le nom de Poulou (–729), instaurant un système de double monarchie.

**TEGNÉR (Esaias)** ♦ Poète suédois (Kyrllerud 1782 - Östrabo 1846). Le premier poème qu'il écrivit fut à la gloire de Napoléon. Avec son grand poème patriotique *Svea* (1811), il prêchait la guerre contre la Russie pour reconquérir la Finlande perdue. *Psaume matinal du poète* (1813), *Le Chant du Soleil* et *Le Fleuve* (1817) célèbrent la vocation poétique. La plus populaire de ses nombreuses œuvres fut la *Saga de Frithiof* (1820 - 1825), cycle de romances dédiées à la légendaire figure du grand Viking. Malgré son idéalisme, Tegnér reste le plus rationaliste des romantiques suédois.

**TEGUCIGALPA** ◆ ÉTYM. mot indien «montagne d'argent» ♦ Cap. du Honduras, à 975 m d'alt., sur les hauts plateaux du S.-E. du pays. 850 227 hab. Univ. ▪ Située au centre d'une zone agricole importante, la ville est un centre commercial actif et est auj. dépassée par San* Pedro Sula dans les secteurs industriel et financier. Son aéroport, enclavé dans une région montagneuse, est concurrencé par celui de San Pedro Sula. ▮ **Histoire** Fondée en 1578, Tegucigalpa a bâti sa richesse sur le secteur minier, et est devenue la cap. politique du pays en 1880.

**TÉHÉRAN** ◆ ÉTYM. en persan ***Tehrān*** «l'endroit *(ran)* où il fait chaud *(teh)*» ou «qui est derrière *Ray* [n. d'un village proche]» ♦ Cap. de l'Iran, au pied de l'Elbourz*. 7 797 520 hab. *(Téhéranais)*, ch.-l. de prov. (13 413 348 hab.). Téhéran conserve peu de monuments anciens : le palais de Golestān (déb. XIX$^{e}$ s.), les mosquées du Chah (ou Imam) et de Sépahsālār (1830). Le musée archéologique renferme de précieuses collections de l'époque préhistorique à la période islamique. ▪ Téhéran s'étend sur près de 75 km de long et 45 km de large, des vallées irriguées et ombragées des pentes de l'Elbourz au N., regroupant les quartiers résidentiels des riches banlieues de Shemirān, à la plaine aride et polluée du S. où se trouvent les cités ouvrières, les bidonvilles ainsi que les principales industries (raffinerie, briqueteries, cimenterie, indus. textile et sucreries). Les infrastructures et les transports font défaut malgré une 3$^{e}$ ligne de métro ouverte en 2006. ▮ **Histoire** Petit village de vergers dans les faubourgs de Ray*, Téhéran prit de l'importance après la destruction de Ray par les Mongols (1220). Le safavide Chāh Tahmāsp I$^{er}$ (1524 - 1576) la fit entourer d'une muraille. Devenue la capitale de l'Iran sous Āghā* Muḥammad Chāh, son développement s'intensifia à partir de la seconde moitié du XIX$^{e}$ s. Sous le règne de Rizā* Chāh (1925 - 1941), des grands travaux d'urbanisme (suppression des remparts, percement des larges avenues, construction de l'université et des grands bâtiments publics) transformèrent l'aspect de la ville. L'augmentation du prix du pétrole dans les années 1970 acheva de la métamorphoser en une mégalopole dont la croissance et le gigantisme sont incontrôlés.

**Téhéran (conférence de)** ♦ Conférence tenue à Téhéran du 28 nov. au 1$^{er}$ déc. 1943 entre Roosevelt, Churchill et Staline. Première rencontre des trois grands Alliés de la Deuxième Guerre* mondiale, elle décida l'ouverture d'un véritable second front en Europe occidentale (celui d'Italie n'en étant pas un aux yeux de Staline), par des débarquements en Normandie* et en Provence*. En même temps, des décisions secrètes concernant la Pologne furent prises (acceptation des annexions soviétiques de 1940 et compensation à l'Ouest) ; un démembrement de l'Allemagne fut projeté. L'indépendance de l'Iran fut garantie. La conférence de Yalta* ne fit que confirmer les décisions prises à Téhéran.

**TEHUACÁN** ♦ V. du Mexique (État de Puebla), située au cœur d'une région aride (forêts de cactus). 238 229 hab. Des fouilles archéologiques y ont montré toute la stratification des civilisations depuis les chasseurs-collecteurs jusqu'au post-classique, soulignant l'importance de l'irrigation.

**TEHUANTEPEC** (isthme de) ♦ Isthme du Mexique méridional, entre le golfe de Campeche (Atlantique) et le golfe de Tehuantepec (Pacifique), large de 200 km au moins. La sierra Madre n'y dépasse pas 224 m d'alt., mais elle a interdit tous les projets de canal interocéanique. Une voie ferrée relie Coatzacoalcos sur la côte E. à Salina Cruz sur la côte du Pacifique doublée par un réseau d'oléoducs.

**TEICH (LE)** [33470] ◆ ÉTYM. de l'occit. *tèch* «if» ♦ Comm. de la Gironde, arr. de Bordeaux, près de l'embouchure de l'Eyre. 4 822 hab. Parc ornithologique.

**TEIL (LE)** [07400] ◆ ÉTYM. de l'occit. *telh* «tilleul» ♦ Comm. de l'Ardèche, arr. de Privas, sur le Rhône. 7 999 hab. *(Teillois)*. Église romane de Mélas des XI$^{e}$ - XII$^{e}$ s. (chapiteaux sculptés, du XII$^{e}$ s.) ; édifice du XI$^{e}$ s., supposé être un baptistère. ▪ Cartonneries. ▪ Aux environs, carrières de calcaire (fabrication de chaux et de ciment).

**TEILHARD DE CHARDIN** [tɛjaʀ-] **(Pierre)** ♦ Théologien, philosophe et paléontologue français (château de Sarcenat, Orcines, Puy-de-Dôme 1881 - New York 1955). Entré dans l'ordre des jésuites (1899), il s'intéressa très tôt à la géologie. Après sa thèse sur *Les Mammifères de l'Éocène inférieur en France* (1922), il fut nommé professeur à l'Institut catholique de Paris. À partir de cette époque, il participa à de nombreuses expéditions scientifiques en Extrême-Orient : désert de Gobi (1928), fouilles des gisements à sinanthropes à Zhoukoudian (Choukoutien) près de Pékin (1929), Croisière* jaune Haardt-Citroën (1931 - 1932), expéditions américaines en Inde (1935 - 1936), en Birmanie et à Java avec la fouille des gisements à pithécanthropes (1937 - 1938). Installé à New York (1951), il participa encore à des fouilles en Afrique australe (gisements à australopithèques). Ainsi, l'étude des étapes du développement de l'homme domine l'œuvre de Teilhard de Chardin, qui formule une vision globale du monde, un évolutionnisme optimiste, en s'efforçant de concilier les exigences de la science et celles de la foi catholique. Cosmogenèse, biogenèse, noogenèse, tels sont les moments essentiels et le sens de l'évolution dans laquelle il voit une spiritualisation progressive de la matière, et dont l'homme est pour lui la clé et Dieu, le point initial et final, l'alpha et l'oméga. Redonnant au Christ une dimension cosmique, sans nier la grâce et le surnaturel, Teilhard de Chardin put paraître adopter des positions presque panthéistes, ce qui explique que le Saint-Office ait lancé un appel (1962) exhortant les responsables de l'enseignement religieux «à défendre les esprits, particulièrement ceux des jeunes, contre les dangers des ouvrages de P. Teilhard de Chardin et de ses disciples». Princ. ouvrages : *Le Phénomène humain*, 1955 ; *L'Apparition de l'homme*, 1956 ; *Le Milieu divin*, 1957 ; *L'Avenir de l'homme*, 1959 ; *Lettres*. [Acad. sc. 1950]

Pierre **Teilhard de Chardin.**
*BIS/Phot. © Archives Bordas*

**TEISSERENC DE BORT** [tɛs(ə)ʀɛ̃k] **(Léon Philippe)** ♦ Météorologue français (Paris 1855 - Cannes 1913). Attaché au Bureau central de météorologie de Paris (1880 - 1896), puis fondateur de l'observatoire privé de Trappes (1896), il découvrit l'existence de la stratosphère en procédant à des observations par ballons-sondes. [Acad. sc. 1910]

**TEISSIER (Georges)** ♦ Biologiste français (Paris 1900 - Roscoff 1972). Auteur de recherches sur l'embryologie des hydraires (1931 - 1934), sur la faune interstitielle, et sur la génétique de l'évolution (étude expérimentale de la sélection naturelle) et sur la biométrie (croissance relative, similitude biologique). [Acad. sc. 1967]

**TE KANAWA** (dame **Kiri**) ♦ Soprano néo-zélandaise (Gisborne 1944). Ses débuts à Covent Garden en 1971 marquèrent le commencement de sa carrière internationale. Elle chante Elvire dans le film *Don Giovanni* de J. Losey (1979).

**TEKELI (Imre)** → **Thököly (Imre)**

**TÉKÉ(S)** ou **BATÉKÉ(S)** n. m. (pl.) ♦ Peuple du Gabon, du Congo et de la Rép. démocratique du Congo, de langue bantoue. Les Tékés vivent sur la rive droite du Congo où ils échangent les produits de la savane contre ceux de la forêt. Ils se seraient constitués en royaume à la fin du I$^{er}$ millénaire sous la direction de Makoko (titre et nom appliqués à la personne du roi). Le «traité Makoko», signé en 1880 par Savorgnan de Brazza avec le roi du Congo, ouvrit le

Tékés. Masque peint. Coll. part. *Phot. © Arch. Smets*

pays à l'influence française. Les Tékés fabriquent des fétiches remplis de substances magiques. Habiles dans le travail du métal, ils ont pour ancêtre mythique un roi-forgeron.

**TEKİRDAĞ** ➝ ÉTYM. du turc *tekir* «gris» et *dağ* «montagne», anc. ***Rodosto*** ♦ V. de Turquie ch.-l. de prov., sur la côte européenne de la mer de Marmara (Thrace orientale). 133 322 hab. Port. Mosquée et marché couvert (construits par M. Sinan* au XVI$^e$ s.). ▪ Centre commercial et indus. (vin et autres produits agricoles).

**TELA** ♦ V. du Honduras, sur la côte caraïbe, à l'O. de La Ceiba. 77 031 hab. Station balnéaire. Port, exportation de bananes.

**TÉLAMON** – en gr. ***Telamôn*** ♦ Héros grec, fils d'Éaque*. Banni, ainsi que son frère Pélée*, pour le meurtre de son demi-frère Phocos, il s'établit à Salamine* et il hérite de ce royaume. Il intervient dans plusieurs légendes, notamment celles des Argonautes* et d'Héraclès*. Compagnon du héros dans son expédition punitive contre le roi de Troie* Laomédon*, il reçoit comme récompense Hésione* qui lui donne un fils, Teucer*. Celui-ci participe avec son frère Ajax* à la guerre de Troie, mais, comme il revient seul, Télamon le chasse de Salamine parce qu'il n'avait pas vengé son frère.

**TEL-AVIV-JAFFA** ➝ ÉTYM. hébr. «la colline *(tél)* du printemps *('âbhîbh)*» (n. inspiré par celui de la v. biblique *Tell-Abib*) ♦ V. d'Israël, siège du gouvernement, sur la côte méditerranéenne. 384 000 hab. *(Telaviviens)*. Elle constitue la plus importante aggl. du pays (3 098 400 hab. avec les banlieues). → **Bat Yam, Bene Braq, Petah Tiqwa.** Édifiée en 1909 à 70 km de Jérusalem, la ville est surtout de type européen avec la ville blanche construite entre 1930 et 1948. Tel-Aviv est contiguë à la vieille ville arabe de Jaffa* avec laquelle elle a fusionné en 1948. Au N. coule le Yarkon dans la plaine de Saron que prolonge, au S. de la ville, la plaine de Judée. ▪ Importante ville indus. et commerciale (indus. alimentaires, textiles, métallurgiques, chimiques, mécaniques ; électrotechnique ; travail du cuir, du diamant). Princ. centre économique et financier du pays, Tel-Aviv est aussi le centre de la presse et le plus grand centre culturel d'Israël, avec ses deux universités, son musée d'art, ses théâtres et son opéra. Le port a cessé d'être un port commercial depuis 1965 au profit d'Ashdod*. Située à 15 km de Lod*, aéroport international, la ville est un nœud routier et ferroviaire.

**TELEMANN (Georg Philipp)** ♦ Compositeur allemand (Magdeburg 1681 - Hambourg 1767). Autodidacte, il dut l'essentiel de sa formation musicale à l'étude des œuvres de Lully et de Campra. Inscrit à l'université de Leipzig, il abandonna assez vite des études de droit pour la composition de ses premières cantates. Successivement organiste et maître de chapelle à Leipzig, Sorau et Eisenach (1708), où il se lia d'amitié avec la famille Bach, il fut encore directeur de la musique à Francfort et à Bayreuth avant de se fixer à Hambourg (1721) où, durant de longues années, il devint le principal animateur de la vie musicale. La célébrité venue, il entreprit de nombreux voyages à Berlin et à Paris. Auteur prodigieusement fécond, Telemann a composé dans tous les genres, réalisant, souvent avec bonheur, la synthèse des courants français, italien et allemand de la musique, entre 1700 et le milieu du siècle. Son œuvre théâtrale (une quarantaine d'opéras) en fait le promoteur du *singspiel* germanique, tandis que par son œuvre religieuse (douze cycles annuels de cantates et motets, quarante-quatre passions, de nombreux oratorios et pièces de circonstance, plus de mille cantates) il se place au premier rang de l'école hambourgeoise. En outre, il a composé de la musique instrumentale, dont six cents ouvertures «à la française». ➝ ÉTYM. *Telemann* est une autre forme de *Thelemann*, du prénom allemand *Thiede* (dérivé de *Dietrich*) et de *Mann* «homme».

**TÉLÉMAQUE** ➝ ÉTYM. en gr. ***Têlemakhos*** «qui combat de loin [avec des armes de jet]» ♦ Fils unique d'Ulysse* et de Pénélope*. Dans la première partie de *L'Odyssée**, intitulée *Télémachie*, le prince, qui grandissait aux soins de Mentor*, essaie sans succès de faire face aux prétendants. Guidé par Athéna*, qui prend les traits de Mentor pour le conseiller, il part aux nouvelles de son père. Il est reçu par le roi de Pylos Nestor*, puis par Ménélas et il apprend qu'Ulysse est retenu par Calypso. Peu après son retour à Ithaque, il retrouve son père et il l'assiste dans l'extermination des prétendants. Le personnage a inspiré la littérature, notamment Fénelon. → **Télémaque (Les Aventures de), Joyce, Ulysse.**

**Télémaque (Les Aventures de)** ♦ Roman didactique, en 18 livres, de Fénelon* (1699), composé pour proposer au duc de Bourgogne, son élève, un véritable «Art de régner». S'inspirant de *L'Odyssée** (liv. IV), l'auteur raconte, en une prose poétique qui a gardé sa fraîcheur et sa grâce, les pérégrinations de Télémaque, accompagné de son guide et directeur de conscience, Mentor (métamorphose de Minerve), pour retrouver son père, Ulysse. Les réminiscences mythologiques et les notations géographiques sont le support d'un enseignement moral et politique : dénonçant la réalité sociale et les dangers de l'absolutisme (goût du luxe et passion de la guerre), Fénelon exalte la paix, liée pour lui au bonheur, et rêve d'une cité idéale, Salente, qu'il dote d'un pouvoir tempéré par des conseils et d'un peuple imprégné de vertu civique. Peinture ingénieuse de quelques types de l'autorité royale, cette utopie généreuse, après avoir indisposé Louis* XIV (portrait d'Idoménée) et entraîné la disgrâce de Fénelon, séduisit les philosophes du XVIII$^e$ s.

**TELEMARK** n. m. ♦ Comté du S. de la Norvège. 15 315 km$^2$. 166 170 hab. CH.-L. : Skien. Région montagneuse et boisée. Centrales électriques (Rjukan), gisements de fer et de cuivre.

**TÉLÈPHE** en gr. ***Têlephos*** ♦ Héros du cycle troyen, fils d'Héraclès. Établi en Mysie, il lutte contre les Grecs lors de la première expédition contre Troie* et il est blessé par Achille*. Sa blessure reste inguérissable et un oracle lui prédit que «ce qui l'avait blessé le guérirait». Or, quand les Grecs réunis à Aulis se préparent pour la deuxième expédition, il s'y rend et propose de leur montrer le chemin ; en échange, Achille consent à le guérir en appliquant sur sa blessure un peu de la rouille de sa lance.

**TÉLESPHORE** (saint) ♦ 8$^e$ pape (de 125 à 136). Grec, martyr. ▪ Fête le 5 janv.

**Télévision française 1** [TF1] ♦ Chaîne de télévision privée française. Issue de la première chaîne de télévision (→ **RTF**), devenue une société nationale de programmes lors de l'éclatement de l'ORTF en 1974, TF1 a été privatisée en 1987. C'est, en taux d'audience, la première chaîne française. Appartenant à un consortium dominé par le groupe Bouygues*, elle possède, sur le réseau câblé, plusieurs chaînes spécialisées (information, sport, histoire, nature, séries) (→ **France Télévisions**).

**TELL (Guillaume)** → **Guillaume Tell**

**TELL** ♦ Ce terme s'oppose en Afrique du Nord à celui de Sahara («désert») et désigne les zones bien arrosées (plus de 400 mm). Limitées au S. par les hauts plateaux, ces régions constituent les zones côtières méditerranéennes, succession de chaînes de montagnes (→ **Atlas tellien, Rif, Dahra, Ouarsenis, Kabylie, Bibans, Kroumirie, Mogods**) séparées fréquemment par des dépressions longitudinales (→ **Chéliff, Soummam, Medjerda**) que recoupent des vallées transversales (→ **Medjerda, Rhummel**). Ce découpage de l'ensemble Rif-Tell permet des communications assez faciles améliorées par l'existence de quelques plaines. → **Mitidja, Annaba.**

**TELL EL-AMARNA** ou **TALL AL-AMARNA** ➝ ÉTYM. n. ar. de l'anc. ***Akhetaton*** «l'horizon du disque solaire» ♦ Site d'Égypte au N. d'Assiout*, sur la rive d. du Nil. C'est là que le pharaon Aménophis IV, devenu Akhnaton*, fonda (au détriment de Thèbes*) sa nouvelle capitale Akhetaton (v. -1362) en l'honneur du dieu Aton*. En 1887, une paysanne égyptienne y découvrit un lot de plusieurs centaines de tablettes en caractères cunéiformes qui éclairaient l'histoire diplomatique et les rapports des États orientaux (Babylone, Assyrie, Mitanni) avec l'Égypte au -XIV$^e$ s. Au cours de fouilles entreprises la même année, les archéologues britanniques et allemands mirent au jour les structures de la ville antique. Les bas-reliefs des monuments et des stèles se caractérisent par un abandon du hiératisme ; le pharaon y est représenté dans ses activités quotidiennes, et son physique si particulier (→ **Akhnaton**) inspira un type humain au cou allongé (cf. les bustes de Néfertiti), au ventre saillant, aux membres grêles. La peinture évoque une nature familière (scènes d'animaux domestiques). Malgré sa brièveté, cette période amarnienne modifia les structures traditionnelles de l'art égyptien.

**TELLER (Edward)** ♦ Physicien américain d'origine hongroise (Budapest 1908 - Stanford, Californie 2003). Il participa à la réalisation de la bombe atomique et dirigea la mise au point de l'explosif thermonucléaire aux États-Unis.

**TÉLLEZ GIRÓN (Pedro)** → **Osuna**

**TELLIER (Charles)** ♦ Ingénieur français (Amiens 1828 - Paris 1913). Il conçut une machine frigorifique à compression capable de conserver des denrées périssables (1868 - 1869) et aménagea, en 1876, le premier navire à cales réfrigérées, le *Frigorifique*, qui transporta de Rouen à Buenos-Aires des viandes conservées en parfait état. Il étudia également les moteurs, l'air comprimé, l'utilisation thérapeutique de l'oxygène. ➝ ÉTYM. Ce nom vient de l'ancien français *telier* «tisseur de toile», du latin *tela* «toile».

**TELLO** ♦ Nom actuel des ruines de Lagash*.

**TELLUS** ➝ ÉTYM. «la Terre» ♦ Divinité italique et romaine personnifiant la terre nourricière. Elle est souvent honorée sous le nom de *Terra Mater* et identifée à Gaïa*. Elle perdit vite ses attributs propres pour être assimilée à Cérès*.

**Tel Quel** ♦ Revue littéraire française fondée en 1960 par Philippe Sollers*, Jean-René Huguenin et Jean-Edern Hallier. Lié aux écrivains du nouveau* roman mais également à Francis Ponge* ou à Georges Bataille*, Sollers accentua, après le départ de J.-E. Hallier en 1963, l'aspect formaliste de la publication en s'entourant de Jean-Pierre Faye et de Jean Ricardou*. Les références à la psychanalyse freudienne, à la linguistique et au structuralisme contribuèrent à systématiser une pensée qui considérait l'écriture commme le seul objet de l'acte d'écrire. Après l'exclusion de Faye en 1967, la revue, sous l'impulsion de Julia Kristeva, laissa une place encore plus grande à la psychanalyse, en se référant plus directement à Lacan. Proche du parti communiste en mai 68, mais intéressée par le maoïsme et la Révolution culturelle chinoise, *Tel Quel* connut encore des crises internes et externes et évolua vers un certain éclectisme. La revue cessa de paraître en 1982, tandis que Sollers créait, en 1983, une nouvelle revue, *L'Infini*.

**TELUK BETUNG-TANJUNG KARANG** → **Bandar Lampung**

**TEMA** ♦ Port artificiel du Ghana, à l'E. d'Accra. Plus de 100 000 hab. Principal centre industriel du pays : raffinerie de pétrole, traitement de l'aluminium (→ **Akosombo**), indus. métallurgiques (aciérie), chimiques, textiles et alimentaires (cacao). Construit à l'époque de Nkrumah.

**TEMESVÁR** → **Timişoara**

**TEMIN (Howard Martin)** ♦ Biologiste américain (Philadelphie 1934 - Madison 1994). Professeur d'oncologie à l'université de Wisconsin (1969), il s'est consacré à l'étude des rétrovirus. Travaillant avec D. Baltimore*, il découvrit la transcriptase inverse, enzyme responsable de la synthèse d'ADN complémentaire de l'ARN du rétrovirus. Cette découverte conduisit à nuancer le dogme de la biologie moléculaire, selon lequel l'ADN gouverne la synthèse de l'ARN, qui gouverne la synthèse des protéines. [Prix Nobel de physiol. ou méd. 1975, avec D. Baltimore et R. Dulbecco*]

**TEMIRTAOU** ♦ V. du Kazakhstan, région de Qaraghandy. 164 100 hab. Sidérurgie. Métallurgie.

**TÉMISCAMINGUE** ou **TIMISKAMING** (lac) ➝ ÉTYM. de l'algonquin *timiskaming* «dans l'eau profonde» ♦ Lac du Canada (280 km²) formé par la riv. Ottawa (Outaouais), à la frontière du Québec et de l'Ontario.

## Témoins de Jéhovah

♦ Secte fondée à Pittsburgh (Pennsylvanie) en 1872 par Charles Taze Russell (1852 - 1916) qui dirigea le mouvement jusqu'à sa mort. En 1931, son successeur, Joseph Franklin Rutherford, adopta la dénomination de *Témoins de Jéhovah* (Jehovah's Witnesses) en remplacement de Zion's Watch Tower Society, nom adopté en 1881. À la mort de J. F. Rutherford (1932), Nathan Homer Knorr prit la direction du mouvement. Les Témoins de Jéhovah ont développé un millénarisme suivant lequel a été instauré au Ciel, en 1914, un Royaume de Dieu dirigé par Jésus-Christ et destiné à gouverner prochainement la Terre avec l'aide de 144 000 élus. Une lecture littéraliste de la Bible les conduit à rejeter, comme purement humains, la plupart des dogmes des autres églises chrétiennes (notamment la divinité du Christ), à adopter à l'égard des États une attitude de soumission critique (dont le symbole le plus voyant est l'objection de conscience qui leur a valu nombre de persécutions, notamment dans l'Allemagne nazie) et à suivre rigoureusement une morale parfois en conflit avec les exigences de l'éthique moderne (refus de «verser le sang» par transfusion sanguine). Un ardent prosélytisme amène souvent les quelque 4,5 millions de fidèles répartis dans le monde entier à diffuser des magazines périodiques *(Réveillez-vous !)* et leur traduction de la Bible.

**TEMPÉ** (vallée de) ♦ Défilé séparant les massifs de l'Olympe et de l'Ossa (Grèce), emprunté par le fl. Pénée (Pinios) avant son débouché sur la mer Égée, et réputé depuis l'Antiquité pour sa fraîcheur verdoyante. La vallée était consacrée à Apollon.

**TEMPELHOF** ♦ Quartier périphérique du S. de Berlin, dans l'anc. secteur américain. 146 000 hab. L'aéroport international, construit sur un anc. champ de manœuvres de l'époque impériale, fut fermé en 2008. ▮ **Histoire** C'est par Tempelhof que les Américains firent passer, en 1948 - 1949, le pont aérien qui reliait Berlin à l'Europe occidentale.

La **Tempête** ♦ Tableau de Giorgione* (82 × 73 cm, v. 1506 - 1508). Objet de multiples interprétations littéraires, religieuses et allégoriques, *La Tempête* est avant tout un hommage à la nature à travers

**La Tempête.** Tableau de Giorgione (82 × 73 cm). Académie, Venise.
*Phot. © Arch. Smeets*

toutes ses créations. Elle la montre dans ce qu'elle a de puissant (les mystères de l'orage, la force de la maternité, la beauté du paysage, le génie créateur de l'homme), mais n'en occulte pas pour autant le processus de destruction symbolisé par le ruisseau et les ruines qui évoquent la fuite du temps. Giorgione a construit son tableau non plus par le dessin mais par la couleur qu'il manie directement, avec beaucoup de nuances et de raffinement.

La **Tempête** – en angl. ***The Tempest*** ♦ Comédie-féerie de W. Shakespeare* (v. 1611). Le duc de Milan, Prospero, a été chassé de ses États par son frère Antonio. Avec sa fille Miranda, il a abordé dans une île mystérieuse. Instruit par l'étude et les épreuves, devenu une sorte de mage, Prospero a asservi le monstre Caliban, esprit de la terre fait de pesanteur et de méchanceté, qui avait tenté de lui ravir sa fille. De l'autre génie de l'île, Ariel, lutin ailé plein de grâce et de bonté, il a fait son confident et son ami. Obéissant à Prospero, Ariel déchaîne une tempête qui jette sur les rivages de l'île un groupe de naufragés parmi lesquels se trouve le jeune Ferdinand, fils d'Alonso, roi de Naples. Ferdinand et Miranda s'aiment aussitôt, et le jeune homme surmonte les épreuves auxquelles le soumet Prospero qui renonce à sa vengeance et à son pouvoir de mage, tandis que Caliban, un instant révolté, perçoit les premières lueurs de la conscience et que la mer s'apaise autour de l'île. ▪ Dans cette pièce, qui peut être considérée comme l'adieu de Shakespeare au théâtre, le poète s'abandonne sans nulle contrainte au jeu de son imagination, repoussant toute subordination au métier, au public, au monde réel. L'œuvre a inspiré un semi-opéra à Purcell (1695), une fantaisie symphonique à Tchaïkovski (1873), une musique de scène à Honegger (1923 - 1929) et à Sibelius (1926), et un opéra à Frank Martin (1956).

**Tempête sur l'Asie** – en russe ***Potomok Tchinguisa Khana*** ♦ Film soviétique de Vsevolod Poudovkine* (1928). Un épisode de la lutte menée en 1920 par le peuple mongol contre l'armée britannique d'occupation. Un vendeur de fourrures, qu'on cherche à faire passer pour «le descendant de Gengis Khān» (c'est le titre original), devient malgré lui le héros de l'offensive de libération. Poudovkine se montre plus à l'aise dans l'exubérance épique de ce film que dans la démonstration idéologique.

**TEMPLE** (sir **William**) ♦ Essayiste, mémorialiste et homme politique anglais (Londres 1628 - Sheen 1699). Il fut un des plus grands diplomates de son temps, négocia la Triple-Alliance* de 1668 contre la France, puis le traité de Westminster (1674) et le mariage de Marie* Stuart avec Guillaume* d'Orange. Ses mémoires et ses essais furent publiés par Jonathan Swift, son secrétaire, et sa correspondance avec sa femme Dorothy Osborne est restée célèbre. «Temple, en un sens, est le premier des classiques anglais ; et son style net, dégagé, simple [...] a presque toujours le rythme et l'allure de la meilleure prose moderne» (Legouis).

**TEMPLE (Richard GRENVILLE-TEMPLE,** 1er comte) ♦ Homme politique britannique (Buckinghamshire 1711 - 1779). Il fit partie du ministère Pitt* en 1756 - 1757, et fut seul à prôner avec lui la guerre avec l'Espagne. Mais le soutien qu'il donna à la politique américaine de son frère G. Grenville* le fit entrer en conflit avec Pitt (son beau-frère).

**Temple** (ordre du) ♦ Ordre religieux militaire fondé en 1119 par Hugues de Payns et Godefroi de Saint-Amour, pour la défense des pèlerins en Terre sainte. Sa règle fut rédigée par saint Bernard* de Clairvaux. Il s'enrichit, posséda domaines et forteresses, servit de banque aux pèlerins et, plus tard, aux rois. Il acheta même Chypre à Richard Cœur de Lion (1191), mais, la population s'étant révoltée, il la revendit aussitôt à Gui de Lusignan. Après la perte de la Terre sainte, l'ordre se retira dans ses possessions européennes. En butte à de nombreuses hostilités (notamment parce qu'il ne relevait que du pape), l'ordre fut persécuté à partir de 1307 par Nogaret et Philippe IV le Bel : arrêtés, soumis à la question, les templiers avouèrent des crimes peu vraisemblables (adoration d'une idole nommée Baphomet, sacrilèges, sodomie). Sous la pression royale, les procès aboutirent à des condamnations à mort (1310), à la suppression de l'ordre par Clément V, malgré l'avis des Pères du concile de Vienne* (1312), à l'exécution du grand maître Jacques de Molay (1314), à la confiscation des biens, transmis aux hospitaliers après que le roi, sous prétexte de dettes, en eut tiré le plus d'argent possible.

**Temple** (le) ♦ Anc. prieuré parisien de l'ordre du Temple, établi au XII^e s. dans le Marais*. Vaste enclos fortifié qui entourait l'église (édifice complexe commencé au XII^e s.) et le puissant donjon (ou tour du Temple), le Temple était exempt d'impôts et possédait d'immenses domaines qui jouissaient du droit d'asile. ▪ Le palais du Grand Prieur, reconstruit en 1667 sur les plans de Mansart*, fut animé d'une vie galante au XVIII^e s. ▪ À la Révolution, les Hospitaliers de Saint-Jean-de-Jérusalem (établis au Temple au XIV^e s. par Philippe le Bel) furent chassés ; Louis XVI et la famille royale furent enfermés en 1792 dans le donjon (Louis XVII y serait mort en 1795). L'église fut abattue en 1796, le donjon rasé de 1808 à 1810, et le palais démoli en 1853. Sur l'ordre d'Haussmann* (1857), l'enclos du Temple fut transformé en un square et en un marché couvert, à l'emplacement même du *carreau du Temple*, marché actif depuis le Moyen Âge. ▪ Le Temple a donné son nom à un quartier de Paris (3^e arr.).

**TEMPLEMARS** [59175] ➝ ÉTYM. «temple de Mars (dieu romain)» ♦ Comm. du Nord, arr. de Lille. 3 435 hab.

**TEMPLEUVE** [59242] ➝ ÉTYM. p.-ê. «temple de Jupiter (lat. *Jovis*)» ♦ Comm. du Nord, arr. de Lille. 5 778 hab. (aggl. 9 549). Moulin du XVII^e s., restauré.

**Templiers** → **Temple (ordre du)**

Le **Temps** ♦ Quotidien français. Fondé une première fois en 1829 par Jacques Coste, il cessa de paraître en 1842. Republié à partir de 1861, sous la forme d'un quotidien du soir par A. Nefftzer, il fut l'un des grands organes d'information pendant les dernières années du Second Empire. *Le Temps*, dirigé après la Commune par Adrien Hébrard, put être considéré comme «le journal officieux de la III^e République» dont il exprima le libéralisme traditionnel ; la participation de collaborateurs souvent brillants (Sainte-Beuve, A. France, Louis Blanc, Claretie, Souday, Sarcey, Tardieu, de Pressensé) contribua à accroître son rôle en France et à l'étranger (en particulier pour les articles de politique extérieure). Il devint un journal de droite après la guerre de 1914 - 1918 et cessa de paraître en nov. 1942.

Les **Temps modernes** – en angl. ***Modern Times*** ♦ Film américain de Charlie Chaplin* (1936), avec C. Chaplin, Paulette Goddard. Charlot en révolte ouverte contre la société moderne : qu'il soit ouvrier d'usine, chômeur, veilleur de nuit ou serveur dans un cabaret, c'est toujours la même malchance et la même peur du gendarme. Toujours réfractaire au cinéma parlant, Chaplin tourna encore ce film sans dialogue en 1936. Il ne s'y autorisa qu'une chanson, sur l'air de *Je cherche après Titine*, mais dans un langage incompréhensible. Surtout, avec une force comique inchangée, il stigmatisait les tares de l'Amérique : inhumanité du travail à la chaîne, chômage endémique, écrasement de l'individu dans la masse.

Les **Temps modernes** ♦ Revue littéraire, philosophique et politique, fondée en 1945 par J.-P. Sartre*, en collaboration avec R. Aron*, M. Merleau*-Ponty, S. de Beauvoir*, M. Leiris*, J. Paulhan*, Étiemble*. Cette revue, où s'exprimèrent les opinions d'une partie de la gauche intellectuelle française non communiste, s'est signalée, entre autres, par ses prises de position au moment de la guerre froide, des guerres coloniales (Indochine, Afrique du Nord), sur le problème du Proche-Orient. Mais c'est aussi elle qui fit prendre la mesure d'écrivains comme Faulkner ou Pavese.

**TEMSE** – en fr. ***Tamise*** ♦ Comm. de Belgique (Région flamande), prov. de Flandre-Orientale, arr. de Sint-Niklaas, sur l'Escaut, au confluent avec la Durme. 26 667 hab. Église Notre-Dame (1721 ; clocher bulbeux). Église Sainte-Marguerite à Elversele (fin du XIII^e s.). Maison De Klokke (vieille maison patricienne). Pont métallique long de 365 m. ▪ Chantiers navals en difficulté. Indus. textile. Mobilier. Imprimerie.

**TEMUCO** ♦ V. du Chili, cap. de la région admin. de l'Araucanie. 233 000 hab. Centre agricole. ▮ **Histoire** La ville fut fondée en 1881, comme capitale de la nouvelle frontière.

**TEMÜJIN** ou **TEMUDJIN** → **Gengis Khān**

**TÉNARE** ou **MATAPAN** (cap) – en gr. mod. ***Ténaro*** ♦ Pointe S. du Péloponnèse (Grèce), dans le prolongement de la chaîne du Taygète marquant la limite entre les mers Ionienne et Égée. Falaise redoutée des navigateurs. Dans l'Antiquité, il portait un temple de Poséidon. Une de ses cavernes était censée conduire aux Enfers.

**TENASSERIM** n. m. ➝ ÉTYM. malais «le pays du bonheur» ♦ Région géographique au S.-E. de la Birmanie, formée par une langue de terre constituant la partie méridionale de la frontière avec la Thaïlande. Administrativement, cette région est divisée en deux : l'État môn au N. et la province du Tenasserim au S. Le port principal de l'État môn est Moulmein, à l'embouchure de la Salouen ; celui de la province est Mergui. La côte, très découpée, est parsemée d'îles (archipel de Mergui). Exploitations forestières (hévéa, teck). Parcs à huîtres perlières. Gisements d'étain et de tungstène (wolfram). Nombreuses pêcheries.

**TENCE** [tɑ̃s] [43190] ➝ ÉTYM. du lat. *Tincius*, n. de pers. gallo-rom. ♦ Ch.-l. de cant. de la Haute-Loire, arr. d'Yssingeaux, dans le Velay. 2 890 hab. *(Tençois)*. Église (chœur gothique, XV^e s.). ▪ Centre d'excursions.

**TENCIN (Pierre GUÉRIN DE)** ♦ Prélat français (Grenoble 1680 - Lyon 1758). Frère de la marquise de Tencin. Cardinal (1739), archevêque de Lyon (1740), ministre d'État (1742 - 1751), il s'opposa au jansénisme.

**TENCIN (Claudine Alexandrine GUÉRIN,** marquise **DE)** ♦ Écrivain français (Grenoble 1682 - Paris 1749). Elle fut la mère de d'Alembert*. Sa renommée vient du salon qu'elle tenait, où se réunissait une société très mêlée (Duclos*, l'abbé Prévost*, Marmontel*, Piron*, Mably*, Helvétius*) qui s'entretenait de philosophie. Ses romans, *Les Mémoires du comte de Comminges* (1735), *Le Siège de Calais* (1737) et *Les Malheurs de l'amour* (1747), inaugurant le genre «sensible», connurent un vif succès.

**Tendaishu** ♦ Importante secte bouddhique japonaise dont la doctrine fut rapportée de Chine en 805 par le moine Saichō (Dengyō Daishi). Elle est appelée aussi «secte du Lotus» en raison de l'importance qu'elle accorde au texte du «Sūtra du Lotus de la Bonne Loi», *Saddharmapundarīkasūtra*.

**TENDE** [06430] ➝ ÉTYM. du bas lat. *tendita* «cabane rudimentaire» ♦ Ch.-l. de cant. des Alpes-Maritimes, arr. de Nice, sur la Roya, à 816 m d'alt., au S.-E. du col de Tende. 1 844 hab. *(Tendasques)*. Collégiale Notre-Dame-de-l'Assomption du déb. du XVI^e s. (portail Renaissance). ▮ **Histoire** Ce comté indépendant passa par mariage dans la maison de Savoie. Tende fut annexée à la France en 1796, rendue à la Savoie en 1814. Elle fut rattachée à la France en 1947 à la suite d'un référendum.

**TÈNE (LA)** ♦ Site archéologique de Suisse, situé à l'extrémité N.-E. du lac de Neuchâtel*, qui a donné son nom à la civilisation celtique du deuxième âge du fer (v. –450 - –50). L'époque de La Tène succéda à celle de Hallstatt* ; on la divise en trois phases : *La Tène I^re* (v. –450 - –250), *La Tène II^e* (v. –250 - –120), *La Tène III^e*, jusqu'à la fin de la conquête romaine en Gaule (v. –120 - –50). → **Celtes.**

**TÉNÉDOS** – en turc ***Bozcaada*** ♦ Île turque de la mer Égée, près de l'entrée du détroit des Dardanelles. Env. 2 500 hab. ▮ **Histoire** Colonisée par les Éoliens, Ténédos fit ensuite partie de la ligue de Délos*, puis fut conquise par les Perses en –386. D'une grande importance stratégique, elle fut souvent l'objet d'invasions et de pillage, de la part des Vénitiens, des Arabes et des Turcs. Elle fut rattachée à l'Empire ottoman en 1657.

**TÉNÉRÉ** ♦ Cuvette lacustre du Sahara nigérien entre l'Aïr et le Tibesti, recouverte de regs et de dunes jusqu'à la limite du lac Tchad. La présence humaine y est attestée au Paléolithique au bord de grands lacs. Les industries lithiques du –III^e millénaire comptent parmi les plus remarquables du Néolithique.

**TENERIFE** ou **TÉNÉRIFFE** ➝ ÉTYM. p.-ê. guanche «l'île *(tener)* blanche *(ife)*» ♦ La plus vaste (2 053 km²) des îles de l'archipel espagnol des Canaries. 865 070 hab. D'origine volcanique, elle est occupée en son centre par le cratère de Las Cañadas (2 000 m) d'où s'élève le pic du Teide (3 707 m). Le sol, très fertile, permet la culture des fruits, de la vigne et du tabac. L'île vit de l'exportation des fruits et du vin. Le tourisme connaît un essor croissant.

**TÉNÈS** ♦ V. d'Algérie (wilaya de Chéliff), sur la côte du Dahra. 26 300 hab. Port. ▪ Anc. comptoir punique puis romain où a été retrouvé le *trésor de Ténès* (IV^e - V^e s.).

**TENGGER** n. m. ♦ Massif volcanique d'Indonésie, à l'E. de Java. Ses habitants qui vivent dans quelque 40 villages près du mont Bromo, sont parmi les derniers gardiens de la tradition javanaise préislamique. Leur religion est un mélange de bouddhisme et d'hindouisme. Ils sont encore env. 400 000 et cultivent surtout des légumes, vendus dans les villes côtières.

**TENG Siao-p'ing** → **Deng Xiaoping**

**TENGZHOU** ou **T'ENG-TCHEOU** ♦ V. de Chine (Shandong). 506 623 hab. Mines de charbon. Carrières de calcaire, de granite. Matériaux de construc. Blé, maïs.

**TENIENTE (EL)** ♦ Centre minier du Chili (région admin. Libertador Bernardo O'Higgins), dans la cordillère de Rancagua. 11 000 hab. Mine exploitée dès 1916 et fonderie de cuivre fournissant 1/4 de la production nationale.

**TENIERS (David),** dit **le Jeune** ♦ Peintre, graveur flamand (Anvers 1610 - Bruxelles 1690). Fils et élève du peintre et marchand de tableaux DAVID TENIERS, dit le Vieux (1582 - 1649). Reçu maître à la guilde d'Anvers en 1632 - 1633, il devint en 1637 le gendre de Bruegel* de Velours. Il peignit des scènes d'inspiration fantastique dans la veine de Bles et de Momper, mais surtout il subit fortement l'influence de Brouwer*, traitant des scènes de cabaret avec une grande liberté de touche. Il affirma son talent en représentant des sujets populaires : scènes de kermesses, paysages où figurent des paysans, empreints d'une certaine bonhomie et qui plurent à ses clients aristocrates par leur côté pittoresque et anecdotique. Il avait le souci du détail, aimait les harmonies subtiles de valeurs claires, parfois argentées, et de tons assourdis. Devenu peintre de l'archiduc Léopold Guillaume et le conservateur de ses collections d'art, il peignit une série dite de «cabinet d'amateur», représentant la galerie de peinture de l'archiduc. Il exécuta aussi des copies de ses tableaux italiens en vue d'un ouvrage, le *Theatrum pictorium*, qui en répertorie 240. Il fut le plus célèbre peintre de genre du XVIIe s. flamand.

**TENNESSEE** n. m. ← ÉTYM. mot indien «cuillère tordue» [en raison du méandre du fleuve] ou du n. de la tribu *tena* (ou *tinneh*) «les hommes» ou du cherokee *tinase, tinnase*, p.-ê. «rivière» ♦ Riv. des États-Unis (env. 1 600 km), affl. de l'Ohio. Né de la réunion de deux torrents des Appalaches, il parcourt le Tennessee du N.-E. jusqu'à Chattanooga, après avoir baigné Knoxville, traverse le N. de l'Alabama d'E. en O., puis retraverse le Tennessee du S. au N., avant de se jeter dans l'Ohio. De régime pluvionival très irrégulier, la rivière fut régularisée par le programme de la Tennessee Valley Authority (TVA), installée à Knoxville par Roosevelt dans le cadre des grands projets du New Deal (1933). Vingt et un barrages et six lacs-réservoirs ont été aménagés, faisant de la vallée un grand producteur d'énergie électrique, et permettant la modernisation des exploitations agricoles, le reboisement de la région et la création d'industries variées. La TVA est un remarquable exemple d'aménagement et de mise en valeur d'un territoire pauvre à l'origine.

**TENNESSEE** n. m. ← ÉTYM. du n. de la riv. ♦ État du S.-E. des États-Unis. → États-Unis (carte). 109 412 km². 5 689 283 hab. CAP. : Nashville-Davidson. ▮ **Géographie** On distingue traditionnellement trois régions : l'Ouest, comprenant la plaine du Mississippi et le plateau qui la sépare de la rivière Tennessee ; le Centre, qui s'étend du Tennessee au plateau du Cumberland ; l'Est, entre le Cumberland et les sommets des Appalaches (Great Smoky Mountains). ▮ **Économie** État agricole, voué récemment à l'élevage des bovins et traditionnellement aux cultures du tabac, du soja, du maïs et du coton, le Tennessee recèle divers minéraux (charbon du Cumberland, marbre dans l'E., phosphates). Les industries se sont développées après 1950 : industries chimiques, alimentaires, textiles, électricité, bois et papier, imprimerie, métallurgie (aluminium à Alcoa). ▮ **Histoire** Exploré par les voyageurs du Mississippi (H. de Soto, Marquette, Cavelier de La Salle), la région devint britannique v. 1763 ; les premiers établissements et la première ville furent fondés entre 1770 et 1780. L'Est fut cédé par la Caroline du Nord au gouvernement fédéral, l'Ouest restant indépendant. «Territoire méridional de l'Ohio» (1796), puis 16e État de l'Union (1796), le Tennessee fut marqué par la personnalité de A. Jackson. Sécessionniste en 1861, l'État fut envahi par les Nordistes dès 1862, mais réadmis dans l'Union en 1866.

**TENNYSON (Alfred,** lord**)** ♦ Poète et auteur dramatique britannique (Somersby, Lincolnshire 1809 - Aldworth, Surrey 1892). Fils d'un pasteur anglican, il passa son enfance en pension avec deux de ses onze frères et sœurs, ce qui lui inspira *Poèmes composés par deux frères* (1827). À Cambridge, Tennyson eut pour admirateurs et amis W. E. Gladstone et A. H. Hallam, dont la mort (1833) le bouleversa. L'élégie *In Memoriam* (1850) fut composée en l'honneur de cet ami ; ce poème, divisé en trois parties («Désespoir», «Regret», «Espérance»), utilisait la stance d'octosyllabes dite «in memoriam» (rimes *abba*). Ses *Poèmes* de 1842 lui valurent la célébrité. Il composa une *Ode pour la mort de Wellington* (1852). Fasciné par la légende arthurienne, il la transposa dans le cadre victorien (*Le Saint-Graal et autres poèmes*, 1869 ; *Idylles du roi*, 1872). Tennyson composa dans les dernières années de sa vie des pièces historiques : *La Reine Mary* (1874), *Harold* (1877), *Becket* (1884). Il fut élevé à la pairie. Après avoir été considéré comme le plus grand poète de son temps et fort imité, il fut très controversé, mais a compté parmi ses admirateurs T. S. Eliot, E. A. Poe, W. Whitman. Parmi ses œuvres les plus connues, il faut citer «Les Mangeurs de lotus», inclus dans les *Poèmes* (1932), *La Princesse* (1847), *Maud* (1855), *Enoch* Arden* (1864) et *Le Rêve d'Akbar et autres poèmes* (posth. 1892).

**TENO** → Tana

**TENOCHTITLÁN** ♦ Anc. cap. aztèque*, sur le plateau d'Anáhuac, conquise et détruite en 1521 par Cortés*. C'est sur son emplacement que fut édifiée Mexico*.

**TENON (Jacques René)** ♦ Chirurgien et médecin français (Sépeaux, Bourgogne 1724 - Paris 1816). Il soumit à La Martinière (alors premier chirurgien du roi, 1759) un plan de réforme du service des hôpitaux qui devait aboutir à la création d'une nouvelle maison hospitalière. En 1785, Tenon fut chargé par Louis XVI d'une enquête sur l'Hôtel-Dieu, où la mortalité était particulièrement élevée ; son rapport suscita une vive émotion. Député à l'Assemblée législative (1791), où il présida le comité des secours, il se retira de la vie politique peu après le 10 août 1792 et poursuivit ses recherches anatomiques. [Acad. sc. 1759] ← ÉTYM. Le nom de famille *Tenon* a la même étymologie que *Étienne**.

**TENSIFT** (oued) ♦ Fl. du Maroc occidental (270 km) qui naît dans le Haut-Atlas, prend le nom de Tensift dans la plaine du Haouz où il passe au N. de Marrakech, longe le Djebilet, traverse la Meseta et se jette dans l'Atlantique entre Safi et Essaouira.

La **Tentation de saint Antoine** ♦ Œuvre narrative de Gustave Flaubert* qui participe du roman, du dialogue et du poème en prose (1874). Hanté dès 1835 par ce thème que le *Caïn* de Byron* et le *Faust* de Goethe* avaient déjà illustré, Flaubert écrivit trois versions (1849, 1856, 1870) de cette longue narration cosmique où l'anachorète de la Thébaïde dialogue avec des apparitions successives. Antoine, évoquant les souvenirs trop vivaces de son passé, connaît à nouveau les tentations démoniaques : des visions de luxe, les séductions du pouvoir ou de la volupté le sollicitent ; plus troublante encore est l'apparition de son ancien disciple, Hilarion, qui lui présente «tous les dieux, tous les rites, toutes les prières, tous les oracles», soulignant les contradictions des Écritures. Et quand, sous le nom de *Science*, le démon dévoile à Antoine les secrets de l'univers, l'anachorète aspire un moment à se fondre dans la matière dont il aperçoit l'extraordinaire foisonnement ; mais, dans le disque du soleil qui se lève, resplendit le visage du Christ. Alliance originale de l'évocation du monde gréco-latin du IVe s. et de l'énoncé des théories modernes, cette œuvre symbolique contient des tableaux d'une grande beauté plastique.

**TENZING NORGAY (Namgyal Wangdi,** dit**)** ← ÉTYM. en tibét. *Tenzing* «défenseur de la religion» *Norgay* «riche» ♦ Sherpa tibétain (Tibet 1914 - 1986) qui réalisa avec Edmund Hillary* la première ascension de l'Everest en 1953.

**TENZIN GYATSO** – en tibétain ***Ye-shes bstan-dzin rgya-mcho*** ♦ Quatorzième dalaï-lama (Qinghai 1935), intronisé en 1940. Lors de l'arrivée des troupes chinoises révolutionnaires en 1950, il résista mais dut finalement se soumettre (accord de Pékin, 23 mai 1951). Le Tibet perdit son indépendance. Mais la résistance puis le soulèvement général de 1958 entraînèrent une répression très dure et le dalaï-lama dut se réfugier en Inde où il vit en exil. Par son esprit de tolérance et sa spiritualité, il a acquis une influence qui dépasse largement le bouddhisme tibétain. [Prix Nobel de la paix 1989]

**TÉOS** ♦ Anc. ville d'Asie Mineure (Ionie), bâtie sur un isthme reliant la presqu'île de Bodrum au continent, près de Clazomènes*. Fondée au -Xe s., elle fit partie de la confédération ionienne. Patrie d'Anacréon*. ▪ Ruines d'un fameux temple de Dionysos et d'autres vestiges archaïques et hellénistiques.

**TEOTIHUACÁN** ← ÉTYM. nahuatl «le lieu des dieux» ou «le lieu où ils deviennent dieux» ♦ Site archéologique du Mexique, à 48 km de Mexico, qui a donné son nom à l'une des civilisations «classiques» du Mexique central, antérieures à celle des Toltèques. Vaste ensemble comportant une construction quadrangulaire (la «citadelle») qui contient le temple de Quetzalcóatl* (sculptures). La voie principale («voie des Morts») conduit à la grande pyramide du Soleil, puis à la pyramide de la Lune, précédée du palais de Quetzalpapalotl («Quetzal-papillon»), aux très beaux reliefs. Palais des Jaguars (peintures murales). Du réalisme de la période antérieure (-300 - 300), la statuaire est devenue hiératique et schématisée. La poterie, abondante, est plus stéréotypée. Ville habitée et centre religieux, Teotihuacán fut le centre d'une importante civilisation. Son apogée se serait situé entre 300 et 650 (Teotihuacán III).

**TEPIC** ♦ V. du Mexique occidental, cap. de l'État de Nayarit, dans la sierra Madre occidentale. 295 204 hab. Église Santa Cruz et cathédrale du XVIIIe s. ▪ Indus. alimentaires (sucreries), textiles et chimiques. Tanneries.

**TEPLICE** ← ÉTYM. de la rac. slave *tepl* «chaud, chaleur» (allus. aux eaux) ♦ V. de la République tchèque, en Bohême septentrionale, à l'O. d'Ústí* nad Labem. 51 046 hab. Centre indus. : indus. mécaniques, chimiques, textiles. Grandes verreries et extraction de lignite à proximité. Station thermale.

**TEQUILA** ♦ V. du Mexique (État de Jalisco). 26 809 hab. Petite ville célèbre par ses distilleries de jus fermenté *(pulque)* d'agaves *(mezcal)*, cultivés aux environs et produisant l'alcool dit *tequila*.

**TERAÏ** n. m. ♦ Bande marécageuse qui suit le pied de l'Himalaya en Inde et au Népal, engendrée par la résurgence des eaux infiltrées dans les Shivalik. Longtemps désert, domaine de la chasse au tigre, le Teraï est maintenant largement défriché.

**TERAMO** ♦ V. d'Italie, dans les Abruzzes, ch.-l. de prov., entre le Gran Sasso et l'Adriatique. 51 023 hab. Université. Église romane et cathédrale du XIV$^e$ s. Ruines d'un amphithéâtre romain. À proximité, ruines de l'anc. ville sabine d'Amiterne*. ▪ Marché agricole. Indus. alimentaires.

**TERAUCHI Hisaichi** ♦ Maréchal japonais (Tōkyō 1879 - Saigon 1946). Il commanda en Mandchourie en 1931, devint ministre de la Guerre (1936) et, à partir de 1938, fut l'un des conquérants de la Chine. En 1943, il commanda, de Manille, un million d'hommes sur un théâtre d'opérations comprenant les Philippines, l'Insulinde, la Malaisie, la Birmanie, mais il se replia à Saigon (déc. 1944), capitula sur ordre de l'empereur (août 1945) et se suicida.

**TERBORCH, TER BORCH, TERBORG** ou **TERBURGH (Gerard)** ♦ Peintre hollandais (Zwolle 1617 - Deventer 1681). Élève de Pieter Molyn, il résida successivement à Amsterdam (1632), Haarlem (1634), Londres (1635), Rome, Munster (à partir de 1646), puis à Madrid et revint aux Pays-Bas en 1650. Il débuta par des portraits et des scènes de genre populaires, réalisant notamment des scènes militaires, des portraits collectifs ainsi que des sujets d'histoire, et contribua à l'évolution de la peinture de genre hollandaise ; il mit en effet en scène des jeunes femmes de la bourgeoisie élégante et cultivée (femme jouant de la musique, écrivant une lettre, conversations galantes), en donnant un caractère intime, délicat à ses représentations. La composition souvent sobre et très méditée (choix et emplacement des accessoires, place des protagonistes), la distribution de l'éclairage avec ses lumières atténuées, ainsi que les attitudes mesurées, l'expression calme des visages contribuent à créer une atmosphère feutrée, sereine. Avec une palette raffinée, des tons amortis ou plus vibrants, une touche fondue, il sut mettre en valeur la texture des différentes matières et rendre avec virtuosité les diverses étoffes. Par le choix de ses thèmes, le caractère de ses compositions, son style s'apparente à certaines œuvres de Metsu, F. Van Mieris, Pieter de Hooch et, dans ses compositions les plus réussies, à Vermeer.

Gerard **Terborch.** *Le Galant militaire* (68 x 55 cm), v. 1660-1663. Musée du Louvre, Paris. *BIS/Phot. Hubert Josse © Archives Larbor*

**TERBRUGGHEN** ou **TER BRUGGHEN (Hendrick)** ♦ Peintre et dessinateur hollandais (Deventer 1588 - Utrecht 1629). Élève de Bloemaert*, il séjourna en Italie à partir de 1604 et fut l'un des premiers peintres nordiques à être marqué par le courant caravagesque, subissant notamment l'influence de Gentileschi* et de Saraceni. Il revint aux Pays-Bas v. 1620 et, comme Honthorst*, contribua à propager l'influence du Caravage à Utrecht. Nombre de ses scènes religieuses sont peintes dans une manière sombre, avec de fortes oppositions d'éclairage. Dans ses figures à mi-corps, d'une facture plus claire, l'originalité de sa personnalité s'affirme par le choix d'une palette aux harmonies raffinées et par une expression retenue, aux accents élégiaques (*Berger jouant de la flûte*, 1621).

**TERCEIRA** ➝ ÉTYM. port. «la troisième (île)» (par ordre de découverte après Santa Maria et São Miguel) ♦ Île portugaise située dans la partie centrale de l'archipel des Açores*. 397 km². CH.-L. : Angra do Heroïsmo.

**TERÉE** → Philomèle

**TEREK** n. m. ♦ Riv. de Russie (623 km), dans le Caucase du Nord. Le Terek prend sa source au pied du Kazbek (5 047 m) en Géorgie, arrose la Kabardino-Balkarie, l'Ossétie du Nord, la ville de Vladikavkaz et se jette dans la mer Caspienne.

**TÉRENCE** ➝ ÉTYM. en lat. ***Publius Terentius*** [p.-ê. «consacré à la déesse *Terensis*»] ***Afer*** ♦ Poète comique latin (Carthage v. -190 - -159). Jeune esclave africain, il fut recueilli et affranchi par le sénateur Terentius Lucanus qui lui fit donner une éducation libérale et l'introduisit dans le cercle de ses amitiés aristocratiques. Profondément pénétré de la culture grecque, il a laissé six comédies qui furent jouées entre -166 et -160. Ce sont, dans l'ordre chronologique, *L'Andrienne, L'Hécyre* (ou *La Belle-Mère*), *Héautontimoroumenos** («Le Bourreau de soi-même»), *L'Eunuque, Phormion* et *Les Adelphes*. ▪ Caractérisée par le souci d'adapter la finesse et l'élégance du génie grec au goût d'un public romain lettré, la comédie de Térence se distingue de celle de Plaute, son prédécesseur, par une psychologie plus subtile, une disposition permanente à l'émotion délicate, des intentions moralisatrices. Répudiant les procédés traditionnels du comique chez les Latins (calembours, plaisanteries grossières, déformation caricaturale de la réalité), Térence s'attache à peindre, à travers la vie quotidienne de ses personnages, leurs rapports professionnels, sociaux et familiaux, montrant par cette peinture que l'humanité vaut mieux que ses apparences et qu'elle mérite estime et confiance. Une pensée si généreuse, un comique si retenu ne pouvaient plaire au public romain de l'époque. Seuls, les lettrés apprécièrent ce théâtre qui marquait la fin de la comédie latine, mais qui était promis à un bel avenir, à l'époque de la Renaissance, comme plus tard à la veille de la Révolution, sous le nom de drame bourgeois.

**TERENGGANU** – off. ***Terengganu Darul Iman*** ♦ État de la fédération de Malaisie, bordant la mer de Chine. 12 955 km². 879 691 hab. CAP. : Kuala Terengganu. L'État est placé sous l'autorité d'un sultan. ▪ Plantations d'hévéas, de palmiers à huile, de tabac ; riziculture. Exploitation offshore de pétrole et de gaz naturel. Complexe pétrolier et port de Kerteh. Artisanat (soieries, batik). Tourisme. ▮ **Histoire** D'abord vassal de Melaka* puis de Johor*, Terengganu tomba au XVII$^e$ s. sous la suzeraineté du royaume de Siam. Celui-ci abandonna ses droits en 1909 au bénéfice des Britanniques. En 1947, Terengganu se joignit à la Fédération de Malaisie.

**TERESA (Agnes Gonxha BAJAXHIU,** en rel. mère) ➝ ÉTYM. du n. de sainte *Thérèse* de Lisieux ou de sainte *Thérèse* d'Ávila ♦ Religieuse indienne d'origine albanaise (Skopje 1910 - Calcutta 1997). Issue d'une famille catholique albanaise, elle créa plusieurs organismes destinés aux miséreux et aux malades de Calcutta, et fonda la Congrégation des missionnaires de la Charité qui rayonna dans le monde entier. [Prix Nobel de la paix 1979] ▪ Mère Teresa a été béatifiée en 2003.

**TERESINA** ♦ V. du Brésil, cap. de l'État du Piauí, sur la rivière Parnaíba. 677 000 hab. Centre commercial et de services. ▮ **Histoire** La ville fut fondée en 1852.

**TERGNIER** [02700] ➝ ÉTYM. probablt du gaul. *Tarinus*, n. de pers., et suff. *-iacum* ♦ Ch.-l. de cant. de l'Aisne, arr. de Laon. 15 069 hab. (aggl. 24 017) *(Ternois)*. Nœud ferroviaire important. Indus. diversifiées.

**TERMAN (Lewis Madison)** ♦ Psychologue américain (Johnson County 1877 - Stanford 1956). Il modifia l'échelle métrique de l'intelligence de Binet*-Simon, préconisant l'utilisation du quotient intellectuel (rapport de l'âge mental sur l'âge réel) de W. Stern* pour étudier le niveau mental de l'enfant *(test de Terman-Merril)*.

**TERME** ➝ ÉTYM. du lat. *terminus* «borne» ♦ Divinité romaine primitive représentant la fixité, l'immuable, identifiée aux bornes des champs. On célébrait en son honneur les *Terminalia* le 23 fév. de chaque année.

**TERMIER (Pierre)** ♦ Géologue français (Lyon 1859 - Grenoble 1930). Il dirigea le Service de la carte géologique de la France et étudia la géologie de plusieurs chaînes montagneuses. Il fut le premier à considérer les Alpes comme un ensemble, ce qui lui permit de dégager l'essentiel de leur structure en adoptant la théorie des nappes de charriages. [Acad. sc. 1909] ♦ **Henry Termier.** Géologue français (Lyon 1897 - *id.* 1989). Neveu du précédent. Il est l'auteur d'un *Traité de géologie* (1955) et d'un *Traité de stratigraphie et de paléographie* (1960). ➝ ÉTYM. Ce nom de famille vient du nom de lieu *Terme*, du latin *terminus* «limite d'un territoire».

**TERMINI IMERESE** ♦ V. d'Italie, en Sicile (prov. de Palerme), sur les ruines de l'anc. Himère*. 26 958 hab. Port. Station thermale et balnéaire.

**TERMONDE** → Dendermonde

**TERNATE** ♦ Petite île d'Indonésie, à l'O. d'Halmahera, dans la prov. de Maluku Utara (Moluques Nord) (env. 80 000 hab.). Centre d'un ancien sultanat dont la prospérité était fondée sur le commerce des épices et qui étendit son empire des côtes de la Nouvelle-Guinée à tout l'E. de Célèbes. Il fut au XVI$^e$ s. l'objet des tentatives d'hégémonie des Portugais et des Espagnols puis, au XVII$^e$ s., de la C$^{ie}$ Hollandaise des Indes Orientales dont il dut se reconnaître vassal en 1667.

**TERNAUX** (baron **Louis Guillaume**) ♦ Industriel et homme politique français (Sedan 1763 - Saint-Ouen 1833). Chef d'une fabrique de draps et membre de la municipalité de Sedan au début de la Révolution, il était lié à La Fayette ; compromis avec ce dernier en 1792, il émigra et ne revint en France que sous le Directoire. Il fonda alors plusieurs manufactures textiles (Louviers, Sedan, etc.) et comptoirs à l'étranger, fut le premier à tenter d'acclimater les chèvres du Tibet en France et à fabriquer des cachemires. La taxation sur les matières premières importées, votée en 1823, le ruina.

**TERNAY** [69360] ➝ ÉTYM. → Tergnier ♦ Comm. du Rhône, arr. de Lyon, sur le Rhône. 4 618 hab.

**TERNEUZEN** ♦ V. des Pays-Bas (Zélande). 55 268 hab. Située en Flandre zélandaise, sur l'Escaut occidental, au débouché du canal de Terneuzen. Port maritime. Indus. chimiques et électroniques.

**Terneuzen** (canal de) ♦ Canal de Belgique et des Pays-Bas (38 km) reliant Gand (3e port belge) au Westerschelde (Escaut occidental). Il est accessible aux navires portant 60 000 t en lourd depuis déc. 1968, grâce à la construction d'une nouvelle écluse maritime à Terneuzen. Le trafic sur le canal atteint 16 millions de t.

**TERNI** – anc. en lat. ***Interamna*** ♦ V. d'Italie, ch.-l. de prov., en Ombrie, sur la Nera. 105 018 hab. Important nœud ferroviaire. C'est le principal centre industriel de la région : installations d'électrométallurgie et d'électrochimie lourdes. Indus. chimiques (fibres synthétiques).

**TERNOPIL** – anc. ***Ternopol*** ♦ V. d'Ukraine, ch.-l. de région, sur le Seret (affl. du Dniestr), en Volhynie. 220 720 hab. Carrefour ferroviaire. Indus. alimentaire. Équipement agricole. Indus. du cuir et de la chaussure. **Histoire** Polonaise jusqu'en 1772, la ville a suivi l'histoire de la Galicie* orientale et fut annexée par l'URSS en 1945.

**TERPANDRE** – en gr. ***Terpandros*** ♦ Poète et musicien grec (Lesbos –VIIe s.). Sur la foi de la tradition et de la légende, on le comparait à Homère pour ses poésies et à Orphée pour ses compositions musicales. Il établit les premières règles musicales à Sparte et aurait été l'inventeur de la lyre à sept cordes et d'innovations rythmiques.

**TERPSICHORE** [tɛʀpsikɔʀ] ➝ ÉTYM. en gr. ***Terpsikhora***, de *terpsikhoros* « qui aime (*terpô* "être réjoui") les danses (*khoros* "chœur") » ♦ L'une des neuf muses*, considérée parfois comme la mère des Sirènes*. On lui attribuait la danse et, dans la tradition tardive, les chœurs dramatiques et la poésie lyrique.

**TERRA AMATA** ♦ Site préhistorique de Nice, occupé il y a 380 000 ans par des chasseurs d'éléphants maîtrisant l'usage du feu. Il fut découvert au cours des travaux de construction d'un immeuble en 1966 et fit l'objet d'une fouille de sauvetage par H. de Lumley et son équipe. Musée.

**TERRACINA** – en fr. ***Terracine*** ♦ V. d'Italie, dans le Latium (prov. de Latina), sur le golfe de Gaète*. 36 633 hab. Quartier médiéval avec des vestiges romains : enceinte (Sylla), thermes et amphithéâtre. Cathédrale XIe - XIIIe s. (pavement «cosmatesque», en marbres polychromes). **Histoire** Anc. centre des Volsques* sous le nom d'*Anxur*, la ville fut prise par les Romains en –406. À l'époque impériale, de nombreux Romains y possédaient des villas (Galba, Domitien*). Après les travaux dus au pape Pie VI, elle retrouva une certaine importance à la fin du XVIIIe s. Terracina a beaucoup souffert de la Deuxième Guerre mondiale.

**TERRAMARES** n. m. pl. ♦ Nom donné au type d'habitat (à cause du dépôt noir, *terra marna*, qui en marque auj. l'emplacement) de forme régulière (généralement un trapèze) et établi le plus souvent sur des marécages, qu'occupaient les premiers envahisseurs indoeuropéens installés en Lombardie vers le milieu du –IIe millénaire. Ils connaissaient l'usage du bronze, pratiquaient l'incinération, mais n'enterraient pas les urnes funéraires. Ils furent remplacés par les Villanoviens (→ **Villanova**).

**TERRASSE (Claude Antoine)** ♦ Compositeur français (L'Arbresle 1867 - Paris 1925). Élève à l'école Niedermeyer, il délaissa bientôt la musique d'église, vers laquelle il s'était d'abord tourné, pour se consacrer à l'opérette (*Les Travaux d'Hercule*, 1901 ; *La Fiancée du scaphandrier*, 1901 ; *Le Sire de Vergy*, 1903). Il écrivit la musique de scène pour *Ubu Roi*, de A. Jarry.

**TERRASSON-LAVILLEDIEU** [24120] ♦ Ch.-l. de cant. de la Dordogne, arr. de Sarlat, sur la Vézère. 6 180 hab. (aggl. 10 366) (*Terrassonnais*). Pont du XIIe s. ▪ Marché (noix et truffes). Conserves. Indus. agroalimentaire. Caoutchouc. Plastiques. Papeterie. Cartonnages. Meubles.

**TERRAY (Joseph Marie, dit l'abbé)** ♦ Homme politique français (Boën, Forez 1715 - Paris 1778). Protégé de la Pompadour, il devint contrôleur général des Finances en 1769 et forma, avec Maupeou* et d'Aiguillon*, un «triumvirat». Il parvint à réduire la dette, mais fit appel à des mesures autoritaires (nouvelles taxes, rétablissement du second vingtième, suspension des paiements) qui le rendirent très impopulaire. On l'accusa même de vouloir spéculer sur les grains (pacte de Famine*) quand il établit sur eux le monopole royal. Louis XVI, dès son avènement, le remplaça par Turgot*.

**TERRE** n. f. ♦ Troisième des planètes du Système solaire dans l'ordre croissant des distances au Soleil* (150 millions de kilomètres en moyenne), dont elle fait le tour complet en 365 j, 6 h, 9 min et 9,5 s (365,26 j, soit une année) sur une orbite elliptique, appelée écliptique, de très faible excentricité. Elle tourne sur elle-même en 23 h 56 min 4 s, autour d'un axe incliné de 66° 34' sur le plan de l'écliptique, de sorte que les rayons du Soleil ne tombent pas toujours sous le même angle au même endroit, ce qui explique l'existence des saisons et des variations de longueur des jours et des nuits au cours de l'année. Sa masse est de 6 000 milliards de milliards de t et son diamètre équatorial de 12 756 km (elle a la forme d'un ellipsoïde légèrement aplati aux pôles) ; sa densité moyenne est de 5,52. Elle est entourée d'une atmosphère dont la densité décroît très rapidement avec l'altitude (50 % de sa masse totale se concentrent sur une épaisseur de 5 km) et qui est composée d'air, constitué à 99 % d'un mélange d'environ 1 volume d'oxygène pour 4 d'azote. La Terre possède un champ magnétique dont l'axe est incliné de 11,6° par rapport à celui des pôles géographiques et dont l'intensité à la surface du globe est d'environ 0,5 gauss ; il est confiné, à cause du vent solaire, dans une cavité appelée magnétosphère. La Terre, dont l'âge est estimé à 4,6 milliards d'années, possède un satellite naturel, la Lune*. Le globe terrestre est formé de couches concentriques limitées par des discontinuités mises en évidence par l'étude de la propagation des ondes sismiques. La croûte terrestre est basaltique, homogène et épaisse de 30 km sous les océans, tandis qu'elle est essentiellement granitique et peut atteindre 70 km d'épaisseur dans les zones continentales. Elle est séparée du manteau sous-jacent par la discontinuité de Mohorovičić*, ou «moho». Le manteau, composé de péridotite, comprend une partie supérieure rigide et une partie inférieure visqueuse, l'asthénosphère. Le manteau supérieur et la croûte constituent la lithosphère, épaisse de 100 à 200 km. À 2 900 km de profondeur, la discontinuité de Gutenberg sépare le manteau du noyau constitué de nickel et de fer et dont la partie centrale (la graine) est solide, alors que sa couche externe (le noyau supérieur) est liquide. La lithosphère est fragmentée en plaques rigides se déplaçant les unes par rapport aux autres, à une vitesse de quelques centimètres par an, sous l'effet de mouvements de convection ayant leur siège dans l'asthénosphère. Ce phénomène est connu sous le nom de tectonique des plaques (→ **Morgan [Jason W.]**). Ces mouvements sont à l'origine des phénomènes volcaniques (montée de magma issu du manteau dans les zones de fragilité de la croûte) et des tremblements de terre (relâchement des contraintes élastiques dans les zones de frottement). Cette mobilité de la surface de la Terre la distingue des autres planètes autant que l'existence de la vie, apparue il y a 3,8 milliards d'années. Les océans couvrent plus de 70 % de la surface du globe. Les terres formées par les cinq continents (Afrique*, Amérique*, Asie*, Europe*, Océanie*) abritent plus de 6 milliards d'hommes.

**Terre.** La mer Rouge et le golfe d'Aden vus de *Gemini XI*.
*Phot. © USIS-DITE*

La **Terre** ♦ Roman d'Émile Zola* (1887), quinzième volume du cycle des *Rougon*-Macquart*. L'intrigue se déroule dans la Beauce où le père Fouan, un vieillard connu pour son avarice, se voit contraint de partager sa terre entre ses deux fils, «Jésus-Christ», un braconnier ivrogne, et Buteau. Ce dernier épouse Lise Mouche qui, avec sa sœur Françoise, est également parente du père Fouan. Françoise Mouche, pour sa part, a épousé Jean Macquart, revenu de Solferino où il s'est illustré. La rivalité au sein de la famille se cristallise autour de Jean Macquart qui fait figure d'étranger. Françoise est tuée par un coup de faux mis sur le compte d'un accident. Le père Fouan, témoin indésirable du meurtre, est également assassiné par Buteau et Lise. Dessillé, Jean quitte le pays en ayant toutefois compris le sens de l'attachement à la terre. Ce roman qui présente les paysans sous un jour noir suscita des réactions hostiles au sein même des défenseurs habituels de Zola.

La **Terre** – en russe ***Zemlia*** ♦ Film soviétique d'Aleksandr Dovjenko* (1930). En Ukraine, les débuts difficiles de la collectivisation des terres et de la mécanisation du travail agricole. Le réalisateur, échappant à tous les pièges de «l'art socialiste» (on le lui reprocha à l'époque), composa un hymne à la terre russe, qui sut faire la part de la tradition et du renouveau. L'image clé est celle du tournesol, symbole de vie. Ces *Géorgiques* modernes contrastent, dans leur émouvante simplicité, avec la rhétorique d'Eisenstein* qui, dans *La Ligne générale* (1929), traitait du même sujet.

**TERRE DE FEU** – en esp. ***Tierra del Fuego*** ♦ Archipel chilien et argentin, à l'extrémité S. du continent sud-américain et nom de la grande île de la Terre de Feu partagée entre les deux pays (partie chilienne à l'O. et partie argentine à l'E.). L'archipel est traversé par le détroit de Magellan et s'achève au S. au cap Horn. Climat froid, humide et très venté. Densités de population faibles. ♦ ***Province de Terre de Feu*** → **Argentine** (carte). 21 571 km². 101 000 hab. CAP. : Ushuaia. Élevage d'ovins. Exploitation de pétrole et de gaz sur le plateau continental. Parc national.

**TERRE-NEUVE-ET-LABRADOR** ← ÉTYM. en angl. ***Newfoundland*** «terre nouvellement trouvée» ***and Labrador*** ♦ Prov. du Canada formée de l'île de Terre-Neuve et de la partie orientale du Labrador*. → **Canada** (carte). 405 212 km². 505 469 hab. *(Terre-Neuviens)*. CAP. : Saint John's (Saint-Jean). *Île de Terre-Neuve.* 112 299 km². ▮ **Géographie** L'île de Terre-Neuve appartient aux prolongements septentrionaux du système appalachien ; elle est bordée à l'O. par le golfe du Saint-Laurent et le détroit de Belle-Isle, à l'E. et au S. par l'Atlantique. La côte O. est longée par des montagnes précambriennes (Long Range, alt. max. 815 m), le reste de l'île formant un plateau qui s'abaisse vers l'E. L'érosion glaciaire lui a donné les formes caractéristiques des zones glaciaires (lacs, collines arrondies, etc.). Plusieurs riv., dont la Humber (vers l'O.). L'île se prolonge au S.-E. par la presqu'île d'Avalon*. Saint-Pierre et Miquelon se trouve près de la côte S. Le climat subit de fortes influences continentales : moyenne de janv. entre −9 et −4 °C, de juil. entre 10 et 15 °C. Seule la côte S. est libre de glace en hiver ; la côte E. est brumeuse, surtout l'été (rencontre du courant froid du Labrador et du Gulf Stream). ▮ **Économie** Elle était fondée traditionnellement sur la pêche, qui garde son importance et donne lieu à des industries (morue salée, haddock, conserves de harengs, flétans et homards congelés, conserves de saumon, etc.). La flotte de pêche est entretenue sur place (chantiers à Marystown, au S.). L'agriculture est d'importance locale (fonds de vallées, petites plaines côtières) ; élevage laitier, surtout sur la côte O. ; avoine, pommes de terre, airelles. 35 % de l'île sont couverts de forêts : d'importantes usines de pâte à papier et de pulpe traitent le bois (Corner* Brook, Grand Falls, Windsor). Les richesses minières de l'île sont modestes par rapport à celles du Labrador ; l'île produit du zinc, du cuivre, de la pierre, du gypse, de l'amiante. Exploitation pétrolière d'Hibernia (importantes réserves d'hydrocarbures). ▪ Un chemin de fer à voie étroite traverse l'île d'O. en E. ainsi qu'une route moderne (Trans-Canada Highway). Liaisons aériennes. Système de télécommunications correspondant à celui du reste du pays. Tourisme. ▮ **Histoire** Le premier explorateur connu de l'île fut Jean Cabot* (1497), suivi par Gaspard Corte* Real. Dès le XVIe s., de nombreux pêcheurs venus d'Angleterre, de France, du Pays basque et du Portugal vinrent dans les parages de l'île. En 1583, sir Humphrey Gilbert en prit possession pour la Grande-Bretagne, mais les Français s'y établirent en 1662 ; le traité d'Utrecht* (1713) régla le différend à l'avantage de la Grande-Bretagne, la France conservant quelques privilèges de pêche (jusqu'en 1904). En 1809, l'E. du Labrador* fut réuni administrativement à Terre-Neuve, qui reçut un gouvernement en 1855. Refusant de faire partie du Canada (1869), Terre-Neuve devint dominion britannique en 1917. Mais, éprouvée par la crise économique après 1928, elle dut faire appel à l'aide financière du Canada et du Royaume-Uni. À partir de 1934, une Commission royale la gouverna et, en mars 1949, Terre-Neuve (avec la côte du Labrador) devint la dixième province de la Confédération canadienne.

**Terreur** n. f. ♦ Nom donné à une période de la Révolution française. Après le 10 août 1792, la crainte d'un complot aristocratique et les défaites des armées françaises aboutirent, sous l'impulsion de la Commune insurrectionnelle de Paris, à la création d'un Tribunal criminel extraordinaire (17 août 1792) pour juger les suspects, puis aux massacres de septembre* 1792 *(première Terreur)*. Après l'élimination des girondins (2 juin 1793), la menace extérieure et intérieure (insurrection fédéraliste*, guerre de Vendée*, Chouannerie*) et les difficultés financières et économiques favorisèrent le développement du mouvement révolutionnaire populaire des sans*-culottes et des enragés*, qui obtint, au lendemain des émeutes des 4 et 5 septembre* 1793, la légalisation de la Terreur (loi des suspects, 17 sept. 1793). Elle visait les nobles et les prêtres réfractaires, les émigrés et leurs familles, les officiers suspects de trahison, les agioteurs et les accapareurs. Les principaux organes de la Terreur furent le Comité* de salut public, le Comité* de sûreté générale, le Tribunal* révolutionnaire, les Comités* de surveillance et les représentants en mission dans les départements. On estime que 17 000 personnes ont été exécutées après procès et 25 000 sur simple constat d'identité. La première vague frappa les chefs girondins et Marie-Antoinette (oct. 1793). Alors qu'avec la fin de la guerre de Vendée et les succès militaires (Hondschoote, Wattignies), sa continuation n'avait plus aucune justification, la Terreur, transformée en moyen de gouvernement (exécution des hébertistes* et des indulgents*), fut encore renforcée *(Grande Terreur)* par la loi du 22 Prairial an II (10 juin 1794), qui supprimait l'interrogatoire préalable. Manifestation d'une volonté politique extrême se fondant sur l'idée d'une souveraineté populaire, absolue et indivisible, la Terreur, désormais «coextensive à la Révolution» (F. Furet), participa d'une volonté de régénération et de rétablissement de l'unité du peuple, après l'élimination de tous les complots. Mais l'emballement de la machine terroriste (plus de 1 300 accusés guillotinés en un peu plus d'un mois) finit par entraîner la chute de Robespierre*. Sous la Convention thermidorienne, la Terreur fut abolie, et la plupart des anciens terroristes furent déportés ou guillotinés.

**Terreur blanche** ♦ Nom donné aux réactions sanglantes des royalistes et des fanatiques religieux contre les révolutionnaires. ▪ La *première Terreur blanche* se développa surtout dans le S.-E. de la France après l'échec des insurrections jacobines (avr. et mai 1795). Les bandes royalistes des Compagnies de Jéhu, de Jésus ou du Soleil, pourchassèrent et massacrèrent jacobins, républicains, prêtres constitutionnels, protestants, détenus politiques des prisons, à Lons-le-Saunier, Bourg, Lyon, Saint-Étienne, Aix, Marseille, Toulon, Tarascon, etc., généralement avec la complicité des autorités qui cherchaient à anéantir le terrorisme révolutionnaire. Après le débarquement manqué des émigrés à Quiberon (juin-juil. 1795) et l'échec de l'insurrection royaliste du 13 Vendémiaire* an IV (5 oct. 1795), la Terreur blanche fut partiellement réprimée par Fréron* (fin 1795). Elle reprit en 1796 après la conjuration des Égaux* de Babeuf. ▪ Plus violente encore, la *seconde Terreur blanche* fit suite à la défaite de Napoléon Ier à Waterloo (18 juin 1815). Dans l'O. et le S.-E. de la France, les bandes de *verdets*, portant la cocarde verte du comte d'Artois, tuèrent des anciens révolutionnaires jacobins, des bonapartistes, assassinèrent le maréchal Brune* en Avignon et le général Ramel* à Toulouse. Le gouvernement devait en quelque sorte légaliser cette terreur en faisant exécuter Ney et des généraux d'Empire (La Bédoyère, César et Constantin de Faucher, Mouton-Duvernet) et bannir les régicides.

**TERRIER (Louis Félix)** ♦ Chirurgien français (Paris 1837 - *id.* 1908). Après Terrillon*, il utilisa la méthode de l'asepsie en chirurgie ; il pratiqua l'ovariectomie, la chirurgie des voies biliaires, des hernies, attirant auprès de lui de nombreux élèves.

**TERRILLON (Octave)** ♦ Chirurgien français (Oigny-sur-Seine, Côte-d'Or 1844 - Paris 1895). Dès 1886, il introduisit l'asepsie dans les interventions chirurgicales (stérilisation des instruments par la chaleur).

**TERRITOIRE DU NORD** → **Nord (Territoire du)**

**TERRITOIRES DU NORD-OUEST** → **Nord-Ouest (Territoires du)**

**TERTRY** [80200] ♦ Comm. de la Somme, arr. de Péronne. 186 hab. *(Testriciens)*. ▮ **Histoire** Pépin de Herstal, maire du palais d'Austrasie, y remporta, contre Thierry III, une victoire qui lui permit d'assujettir la Neustrie (687).

**TERTULLIEN** – en lat. ***Septimius Florens Tertullianus*** ♦ Écrivain latin chrétien (Carthage v. 155 - v. 225), considéré comme le fondateur de la théologie chrétienne de langue latine. Après sa conversion, il composa une œuvre apologétique, et combattit les gnostiques. Son style polémique et la rigueur de sa morale, concernant en particulier le mariage et la question des *lapsi*, le conduisirent au montanisme* après 207. Marqué par le stoïcisme, il fut le premier auteur latin à tenter la synthèse entre le christianisme et la culture païenne, et exerça une influence durable dans l'Occident chrétien. Œuv. princ. : *Contre les nations* (197), *Apologétique* (197), *Contre Marcion* (210), *De l'exhortation à la chasteté, De la fuite devant les persécutions* (213), *Sur les spectacles, Sur la mise des femmes.*

**TERUEL** ← ÉTYM. du lat. *Turiolum* ♦ V. d'Espagne (Aragon), ch.-l. de prov., au pied des Montes Universales. 34 236 hab. Églises et tours mudéjares (XIIe et XIIIe s.). Cathédrale de l'Assomption (XVIe s.). ▮ **Histoire** La ville fut très durement éprouvée par la guerre civile. D'abord aux mains des républicains (1936 - 1937), elle passa aux franquistes en 1938.

**TERVILLE** [57180] ← ÉTYM. «le domaine (lat. *villa*) de Terbo (n. de pers. germ.)» ♦ Comm. de la Moselle, banlieue S.-O. de Thionville-Est. 6 469 hab. *(Tervillois)*.

**TERVUREN** ♦ Comm. de Belgique (Région flamande), prov. du Brabant flamand, arr. de Louvain, sur la Voer. 20 816 hab. Église du XIIIe, XIVe et XVe s. (restaurée en 1948). Églises des XIIe et XIIIe s.

à Vossem et Duisburg. Léopold II fit aménager un parc de 235 ha sur le côté N. duquel fut élevé, de 1904 à 1909, le musée royal de l'Afrique centrale. Château de Ravenstein (appartenant au XVIIIe s. à l'abbaye d'Auderghem), au S. duquel s'étendent les 110 ha de l'Arboretum. ▪ Cultures sous verre à Duisburg, près d'Overijse*.

**TERZIEFF (Laurent)** ♦ Acteur et metteur en scène français (Toulouse 1935). Metteur en scène, il se consacra à la création de textes anglo-saxons contemporains (*Zoo Story*, *Le Rêve d'Amérique*, d'Albee), mais également d'Andreïev ou de Mrożek (*Tango*, 1967). Sa personnalité d'acteur le prédispose à l'incarnation de l'inquiétude. Il a marqué certains rôles tel Cébès de *Tête d'or* de Claudel (mise en scène de Jean-Louis Barrault, à l'Odéon, 1959). Révélé au cinéma en 1958 dans *Les Tricheurs* (de M. Carné), il a souvent travaillé avec des cinéastes de grand talent : Rossellini (*Vanina Vanini*, 1961), Buñuel (*La Voie lactée*, 1968), Pasolini (*Médée*, 1969), Zurlini (*Le Désert des Tartares*, 1976), ou encore Godard (*Détective*, 1985).

Laurent **Terzieff.** Une scène de *Témoignage sur Ballybeg* de Brian Friel, en 1986. *Phot. © Bernand*

**TESCHEN** → **Cieszyn**

**TESLA (Nikola)** ♦ Ingénieur serbe (Smiljan 1856 - New York 1943). Il réalisa les premières machines utilisant le courant alternatif et conçut le premier moteur asynchrone à champ tournant (1888). Inventeur des courants polyphasés, il effectua le premier transport d'énergie électrique en courant triphasé (175 km, 1891), imagina les commutatrices, le montage en étoile. Couplant deux circuits par induction mutuelle, il mit au point un alternateur à haute fréquence (1891) ; des générateurs de ce type équipèrent le réseau radiotélégraphique international après la Première Guerre mondiale. Son nom fut donné à l'unité d'induction magnétique.

**TESSAI** → **Tomioka Tessai**

**Tess d'Urberville** – en angl. ***Tess of the D'Urbervilles*** ♦ Roman de Thomas Hardy* (1891). Séduite par un fils de famille, Alec d'Urberville, et bientôt mère d'un enfant qui meurt à la naissance, Tess Durbeyfield épouse le fils d'un pasteur. Lorsqu'elle lui avoue sa faute, il l'abandonne. Il aura beau revenir sur sa décision, Tess aura entre-temps tué son premier amant et, après s'être cachée quelque temps, sera découverte, jugée et condamnée à mort. Ce roman, où Hardy fit passer l'atmosphère des paysages du Wessex sans même recourir à de longues descriptions, fit scandale par son sujet et frappe le lecteur par son extrême fatalisme. Sous le titre *Tess*, l'ouvrage a été adapté au cinéma par Roman Polanski*, avec Nastassja Kinski (1978).

**TESSENDERLO** ♦ Comm. de Belgique (Région flamande), prov. de Limbourg, arr. de Hasselt, sur le canal Albert. 16 999 hab. Église Saint-Martin du XVe s. (jubé du XVIe s.). Parc naturel de Gerhagen (600 ha de bois et de dunes). Vieux moulin sur le Berg. ▪ Important pôle chimique, alimenté par canalisations depuis le port d'Anvers.

**TESSIER (Gaston)** ♦ Syndicaliste français (Paris 1887 - *id.* 1960). Secrétaire général (puis président) de la CFTC (1919 - 1953), il fut l'un des fondateurs du mouvement de résistance «Libération-Nord», fit partie du Conseil national de la Résistance et de l'Assemblée consultative provisoire (1944) et présida la Confédération internationale des syndicats chrétiens (1947). ➝ ÉTYM. Ce nom de famille signifie «tisserand».

**TESSIN (Nicodemus)** dit **le Vieux** ou **Tessin l'Ancien** ♦ Architecte suédois (Stralsund 1615 - Stockholm 1681). Il s'installa à Stockholm à partir de 1636 et fut le disciple de Simon de La Vallée, introducteur du style français dans l'architecture suédoise. Il travailla pour la noblesse, puis fut nommé architecte de la cour (1676) après un voyage d'étude en Europe. Il aurait introduit en Scandinavie le style de Palladio*. Son œuvre principale est le palais royal de Drottningholm (1662 - 1700), aux environs de Stockholm. ♦ **Nicodemus Tessin**, dit **le Jeune**. Architecte suédois (Nyköping 1654 - Stockholm 1728), fils du précédent et son continuateur. Il voyagea en Italie et en France, devint architecte de la cour en 1681, puis de la ville de Stockholm en 1682. Il est l'auteur du parc à la française du château de Drottningholm. Son œuvre la plus célèbre est la reconstruction du château royal de Stockholm* dont les anc. bâtiments du XIIIe s. avaient été détruits par un terrible incendie en 1697. Il est constitué de quatre bâtiments identiques entourant une vaste cour et de deux ailes plus basses, sur les façades E. et O. Le palais ne fut terminé qu'en 1754.

**TESSIN** n. m. ➝ ÉTYM. en it. *Ticino* ; du lat. *Ticinus* ♦ Riv. de Suisse et d'Italie (248 km). Née dans les *Alpes du Tessin*, près du col du Nufenen, elle décrit une courbe jusqu'à Bellinzona en suivant le val Leventina, traverse le lac Majeur, coule dans la plaine lombarde et rejoint le Pô en aval de Pavie. ▮ **Histoire** Sur ses bords, Hannibal* remporta la première bataille de la deuxième guerre punique* (-218), contre le consul romain Scipion.

**TESSIN** (canton du) ➝ ÉTYM. en it. *Ticino* ; du n. de la riv. ♦ Cant. du S. de la Suisse. 2 812 km$^2$. 324 851 hab., de langue italienne et en majorité de rel. catholique. CH.-L. : Bellinzona*. Entièrement situé dans les Alpes, au débouché des tunnels du Saint-Gothard, le Tessin est un important lieu de passage entre la Suisse et l'Italie. Il est drainé du N. au S. par le Tessin et contient une partie du lac Majeur (au S.-O.) et du lac de Lugano (au S.). Le *haut Tessin*, montagneux et dépeuplé, contraste avec le S., où le climat plus doux et la présence des lacs favorisent les cultures. ▪ L'économie du pays est mixte : élevage dans le N., céréales, pommes de terre, cultures maraîchères, arbres fruitiers, tabac, vignes (le Tessin est avec le Valais le principal producteur de vin rouge de Suisse) dans le S. Les importantes centrales hydroélectriques construites sur le Tessin alimentent le chemin de fer et les industries électrochimiques du canton. Le tourisme, développé surtout dans la région des lacs, reste la principale ressource du pays. ▮ **Histoire** Possession du duché de Milan jusqu'au XIIIe s., le Tessin fut conquis par les Suisses au XVe s., de 1403 à 1516. Il fut érigé en canton lors de l'Acte de médiation de 1803.

**Test Act** ♦ Loi votée en 1673 par le Parlement anglais. Elle interdisait aux catholiques toute charge dans l'administration ou l'armée et visait, en fait, le duc d'York (futur Jacques* II). Elle fut abolie en 1829.

**Testament (Ancien** et **Nouveau)** ♦ L'Ancien et le Nouveau Testament constituent la Bible dans le vocabulaire chrétien. Le grec *diathêkê* peut avoir le sens de «convention» et de «testament». C'est celui qu'ont généralement choisi les traducteurs de la Bible grecque (Septante*) pour rendre l'hébreu *berîth* «alliance». La Bible étant le livre de l'Alliance, il arrive à saint Paul* de la qualifier d'Ancienne Alliance (*Palaia Diathêkê*), à laquelle les chrétiens ajoutèrent leur propre Écriture comme Nouvelle Alliance (*Nea Diathêkê*) ; les deux expressions furent d'autant mieux traduites en latin par *Vetus* et *Novum Testamentum* que les deux corpus apparaissaient comme des héritages. Les termes «intertestament», «intertestamentaire» pour qualifier une littérature biblique non canonique (les apocryphes*) ou les textes propres à la communauté de Qumrân* (souvent qualifiés de «sectaires») ne se sont pas imposés.

Le **Testament** ♦ Poème de F. Villon*, dit *Le Grand Testament* (1461, publ. posth. 1489), composé en huitains octosyllabiques où s'insèrent des ballades et des rondeaux. C'est l'héritage matériel (suite de legs burlesques) mais surtout spirituel du poète, dont les regrets et l'angoisse devant la mort s'expriment dans diverses ballades : des confessions poétiques abordent les thèmes de la jeunesse enfuie («Hé ! Dieu, si j'eusse étudié...»), de la vieillesse («La Belle Heaulmière») et de la mort («Ballade des dames du temps jadis»). Villon fait enfin appel au pardon des hommes («Ballade de Mercy»), eux-mêmes dans les mains de Dieu («Ballade pour prier Notre-Dame»). Dotée peut-être d'une signification ésotérique (satire en code secret contre les milieux juridiques parisiens, la *Basoche*), cette œuvre de Villon est comme une image du «Moyen Âge énorme et délicat» (Verlaine).

**TESTE (Jean-Baptiste)** ♦ Homme politique français (Bagnols-sur-Cèze 1780 - Paris 1852). Directeur de la police et député lors des Cent-Jours, il fut proscrit au moment de la Seconde Restauration (1815). Revenu en France en 1830, il fut plusieurs fois ministre sous la monarchie de Juillet (de 1834 à 1843), puis pair et président de la Cour de cassation. En 1847, il fut accusé, avec le général Cubières, et condamné à trois ans de prison pour avoir fait la concession d'une mine de sel (Gouhenans, Haute-Saône) en échange d'un important pot-de-vin. Ce fut là un des grands scandales de la fin de la monarchie de Juillet.

**TESTE-DE-BUCH (LA)** [33260] ♦ Ch.-l. de cant. de la Gironde, arr. d'Arcachon, sur le bassin d'Arcachon. 22 970 hab. (*Testerins*). Station balnéaire. Ostréiculture. Construc. de bateaux de plaisance. ▪ Forêt de *La Teste* (2 200 ha).

**TÊT** [tɛt] n. f. ➝ ÉTYM. rac. hydronym. prélatine *tat-* ou *tett-* ♦ Fl. côtier des Pyrénées-Orientales (120 km). Née au pied du pic Carlitte, la Têt passe à Mont-Louis, sépare la région du Capcir de celle du Conflent, arrose Prades, traverse la plaine du Roussillon, Perpignan et se jette dans la Méditerranée. Le lac des Bouillouses (barrage-réservoir) régularise son régime. Son débit moyen est de 18 m$^3$/s, son débit maximal peut atteindre 2 000 m$^3$/s ; son régime pluvionival est de type méditerranéen.

**Têt** (fête du) ou **TÊT NGUYÊN ĐÁN** ➝ ÉTYM. du vietnamien *têt* «fête» ♦ Fête vietnamienne du début de l'année lunaire correspondant à la nouvelle lune du milieu du solstice d'hiver et de l'équinoxe de printemps (entre le 19 janv. et le 20 fév.). Elle dure généralement 3 jours. Beaucoup de Vietnamiens en font encore le symbole d'un nouveau départ pour tout ce qui concerne bonheur, prospérité et longévité. On détermine traditionnellement les âges à partir de cette date.

**Tête d'or** ♦ Drame de Paul Claudel* (1889 et 1901). Placée sous la triple invocation d'Eschyle, de Shakespeare et de Wagner, cette œuvre de la vingtième année du poète est antérieure aux grands drames d'inspiration catholique. Jeune et blond conquérant devant qui cèdent les peuples et les villes, Tête d'or, assoiffé de gloire et de conquête, apparaît comme un nouveau Rimbaud dans sa recherche frénétique, et finalement dérisoire, de l'absolu. Influencée par le *Zarathoustra* de Nietzsche, l'œuvre est riche d'une extraordinaire force verbale et d'un puissant souffle lyrique.

**TÉTEGHEM** [59229] ➝ ÉTYM. du germ. *Tatto*, n. de pers., et suff. *-ingaheim* ♦ Comm. du Nord, banl. S.-E. de Dunkerque. 7 237 hab.

**têtes rondes** → **cavaliers**

**TÉTHYS** ➝ ÉTYM. en gr. ***Têthus*** «la nourrice» ♦ L'une des Titanides*, qui symbolise la fécondité des eaux. Unie à son frère Océan*, elle donne naissance aux fleuves (plus de 3 000), aux Océanides* et, selon certains auteurs, à Protée*.

**TÉTOUAN** ➝ ÉTYM. en esp. ***Tetuán***, en ar. ***Tiṭwān***, en berbère ***Tittāwin***, pl. de *titt* «œil ; par métaphore source, puits» ♦ V. du Maroc septentrional, ch.-l. de prov., entre la Méditerranée et le versant N. du Rif*. 320 539 hab. ▮ **Histoire** Ville construite par les Mérinides (XIV^e^ s.), elle devint un repaire de pirates (XIV^e^ - XV^e^ s.). Prise par O'Donnell y Jorris en 1860, rendue au Maroc, elle fut à nouveau occupée en 1915 par les Espagnols qui en firent la capitale du Maroc espagnol. Tétouan fut définitivement restituée au Maroc en 1956.

**Tétralogie** n. f. ♦ Cycle dramatique de quatre opéras de Richard Wagner*, *L'Or du Rhin, La Walkyrie, Siegfried, Le Crépuscule des dieux*, connu aussi sous le nom de *L'Anneau du Nibelung* (*Der Ring des Nibelungen* ou le *Ring*). Le musicien, qui en composa également le poème, a puisé son inspiration à des sources très diverses, dont les poèmes scandinaves des *Eddas* (entre 800 et 1250), le *Nibelunge Nôt*, poème médiéval germanique (→ **Nibelungen**), la *Saga des Välsungs*, la légende allemande de Siegfried et des œuvres de La Motte-Fouqué et Hebbel. Marquée d'abord par la philosophie optimiste et révolutionnaire du milieu du XIX^e^ s., cette cosmogonie, dont la composition s'étendit sur près de trente années (1848 - 1874), traduit fidèlement l'évolution de la pensée de son créateur, progressivement gagné à la doctrine pessimiste de Schopenhauer et substituant peu à peu à l'exaltation de l'énergie vitale les valeurs de la résignation et du renoncement. ▪ Dans *L'Or du Rhin* (1853 - 1854), qui constitue le prologue de l'œuvre, le nain Alberich le Nibelung, en commettant le sacrilège de renoncer à l'amour, a ravi dans le fleuve le trésor des Ondines avec lequel il a forgé un anneau qui doit lui assurer la domination du monde par la tyrannie de l'or. Wotan, le premier des dieux de lumière, lui ravit son talisman et son trésor, se fait construire par les géants Fasolt et Fafner l'orgueilleux château du Walhalla. Prisonnier de son ambition et de l'impureté que symbolise l'anneau dérobé, il se voit contraint de le céder aux géants. Aussitôt en possession de l'or, ceux-ci se querellent. Fasolt meurt, et Fafner, devenu le possesseur farouche du trésor maudit, se transforme en dragon. ▪ *La Walkyrie* (1854 - 1856) nous montre Wotan résolu à arracher à Fafner l'or du Rhin. Ayant pris l'apparence humaine, il engendre deux enfants, Siegmund et Sieglinde ; de leur union incestueuse naîtra Siegfried*, héros au sang pur. Maudit par Alberich, il doit cependant, pour obéir à la dure loi qu'il a lui-même dictée, sacrifier son propre fils Siegmund et se séparer de sa fille chérie, la walkyrie Brunehilde. Rebelle à ses ordres, en prenant le parti de Siegmund contre lui, elle est rendue à la condition de mortelle. Frappée d'un sommeil léthargique, elle ne s'éveillera qu'à l'appel d'un homme qui ne connaît pas la peur. Brisé par l'épreuve, Wotan renonce à la puissance, reconnaît la loi de l'universelle nécessité et n'attend plus que de Siegfried, le héros qui ne doit rien aux dieux, cet affranchissement de l'humanité qu'il a vainement tenté en instaurant la loi d'une raison orgueilleuse. ▪ *Siegfried* (1856 - 1857 ; 1865 - 1869), à l'encontre de Wotan, ne s'abandonne qu'aux impulsions de son instinct, tout de droiture et de vaillance. Son innocence est celle de la nature en communion de laquelle il vit intimement. Avec le glaive brisé de son père Siegmund, il se forge l'épée qui lui permet de tuer Fafner, gardien de l'or fatal, et de s'emparer de l'anneau ; puis il franchit le cercle de flammes qui protège le sommeil de Brunehilde et s'unit à elle, triomphant aussi de Wotan qui a tenté, dans un dernier sursaut de jalousie, de protéger sa fille. Fondée sur la liberté du héros, une loi d'amour va maintenant régénérer l'humanité. L'abdication de Wotan autant que la pureté de Siegfried ont rendu possible ce prodige. ▪ *Le Crépuscule des dieux* (1869 - 1874) décrit d'abord, en une suite de scènes grandioses, la dure naissance du monde nouveau. Séduit par le nain Hagen, fils d'Alberich, Siegfried boit le philtre d'amour qui lui fait oublier Brunehilde et épouser Gutrune. Il va même, dans son inconsciente trahison, jusqu'à livrer la Walkyrie à Gunther, le frère de Gutrune. Victime à son tour de la nécessité, il expie son erreur par la mort et tombe sous la lance de Hagen. Tandis que Brunehilde se jette avec son cheval dans le brasier qui consume le corps de Siegfried, le Walhalla s'écroule dans les flammes. Le Rhin déborde et les filles du fleuve y recueillent l'anneau et l'or maudits qui retrouvent leur pureté originelle. À son tour, Wotan, apaisé, s'anéantit dans le feu. Alors peut commencer le règne de l'homme. ▪ Œuvre géante dont la représentation intégrale ne fut rendue possible qu'après la construction du théâtre de Bayreuth (1876), la *Tétralogie* illustre la totalité de l'esthétique wagnérienne, développée par l'artiste dans *Opéra et Drame* (1851).

**TETRICUS** – en lat. ***Caius Pius Pesuvius*** ♦ Usurpateur romain (III^e^ s.). Successeur de Postumus* comme empereur des Gaules, il fut soumis à la bataille de Châlons par Aurélien* qui le réintégra dans le sénat et lui confia le gouvernement de la Lucanie.

**TETZEL (Johannes Diez, dit)** ♦ Dominicain allemand (Pirna v. 1465 - Leipzig 1519). Au service d'Albert de Mayence, il se rendit tristement célèbre par le trafic des indulgences qui provoqua les protestations de Luther* (1517) et, avec elles, le début de la Réforme.

**TEUCER** ou **TEUCROS** – en gr. ***Teukros*** ♦ Fondateur légendaire du premier habitat de Troie*, fils du dieu-fleuve Scamandre et d'une nymphe du mont Ida ou Crétois immigré en Troade. Il lègue son royaume à Dardanos*, époux de sa fille. ▪ Héros de la guerre de Troie*, fils de Télamon* et d'Hésione*, princesse troyenne. Il se distingue comme le meilleur archer de l'armée achéenne. À son retour, Télamon le bannit de Salamine*, parce qu'il n'a pas su venger son demi-frère Ajax* tué par les Grecs. Teucer se rend en Syrie puis à Chypre* où il fonde la nouvelle Salamine*.

**TEUTATÈS** ➝ ÉTYM. gaul. «père de la tribu», de *teuta* «tribu» ♦ Dieu gaulois. Ce nom remplaçait peut-être le nom personnel du dieu et le désignait seulement en tant que protecteur de la tribu. Teutatès ne serait donc pas le grand dieu des Celtes*, comme le pensaient les Romains, qui l'identifiaient à Mercure* ou à Mars*.

**TEUTOBURGERWALD** n. m. ➝ ÉTYM. all. «forêt de Teutobourg» ♦ Hauteurs boisées d'Allemagne (Basse-Saxe), s'étendant à l'E. de l'Ems, appartenant à l'ensemble des «monts de la Weser», entre Osnabrück et Detmold*, et culminant à 468 m. ▮ **Histoire** Le chef chérusque Arminius* y vainquit les Romains conduits par Varus* (9), obligeant ceux-ci à reculer vers le Rhin.

**Teutoniques (ordre des chevaliers)** – en all. ***Deutscher Ritterorden*** ♦ Ordre religieux et militaire dont l'origine remonte à 1128, date à laquelle fut créé à Jérusalem un hôpital pour soigner les croisés allemands malades ou blessés. Les Frères de Sainte-Marie combattirent bientôt et, après la prise de Jérusalem par Saladin (1187), le duc Frédéric de Souabe fonda à Saint-Jean-d'Acre l'ordre des chevaliers Teutoniques (ou ordre teutonique) sur le modèle des templiers et des hospitaliers. Sanctionné par le pape Clément III (1190), l'ordre fonda la ville de Kronstadt (Braşov*, Transylvanie) en 1211 et acquit de vastes possessions, surtout en Allemagne. Son quatrième grand maître fut nommé prince de l'Empire par Frédéric II. En 1230, après un appel de Conrad, duc de Mazovie, les chevaliers Teutoniques déclenchèrent une offensive contre les Prussiens idolâtres et achevèrent leur conversion en occupant les territoires de Kulm (Chełmno) et de Loebau et en fondant les villes de Toruń* (1231), Marienwerder (Kwidzyń) et Elbing (Elbląg). Après leur fusion avec l'ordre des chevaliers Porte*-Glaive (1237), la Livonie* passa sous la suzeraineté des chevaliers Teutoniques, mais leur croisade vers l'E. fut un échec. Écrasés par Alexandre* Nevski sur les glaces du lac Peïpous (1242), ils limitèrent leurs entreprises aux païens et fondèrent Klaipda* (1252) et Königsberg (1255). Au XIV^e^ s., ils établirent leur domination sur la Pomérélie et Dantzig (1308 - 1309), l'Estonie* et la Courlande*, mais de longues guerres commencèrent contre la Pologne et la Lituanie. Vaincus par Ladislas* II Jagellon au champ de bataille de Grunwald*-Tannenberg (1410), ils perdirent 40 000 hommes et durent abandonner la Samogitie puis, après la guerre de Treize Ans (1454 - 1466), la Sudavie et une partie de la Pomérélie. Au traité de Toruń (1466), l'ordre Teutonique ne garda que la Prusse orientale, sous la suzeraineté de la Pologne. En 1525, le grand maître Albert de Brandebourg sécularisa les biens de l'ordre, tandis que la majorité des chevaliers se convertissait à la Réforme. Ceux qui demeurèrent catholiques se réfugièrent en Allemagne, à Mergentheim, sous la direction du Deutschmeister. L'ordre fut supprimé en Allemagne par Napoléon I^er^ en 1809, mais subsista en Autriche jusqu'à nos jours, sous la forme d'un ordre de chevalerie ecclésiastique.

**TEUTONS** n. m. pl. ➝ ÉTYM. du lat. *Teutones*, d'une forme archaïque *°teuta* «peuple ; pays» ♦ Peuple germanique qui se joignit aux Cimbres* pour envahir la Gaule et fut vaincu par Marius* à *Aquae Sextiae* (Aix-en-Provence) en –102.

**TEVERONE** n. m. → **Aniene**

**TEWKESBURY** ♦ V. d'Angleterre (Gloucestershire). 6 000 hab. Abbaye bénédictine du VIIIe s., reconstruite au XIIe s. ▮ **Histoire** Lors de la guerre des Deux*-Roses, Édouard IV y vainquit Henri VI qu'il fit prisonnier (1471).

**TEXAS** n. m. ➝ **ÉTYM.** mot indien «amis», mot d'accueil des Indiens aux premiers explorateurs espagnols ♦ État du Centre-Sud des États-Unis. ➝ **États-Unis** (carte). 692 408 km$^2$ (le plus grand État des États-Unis, à l'exception de l'Alaska). 20 851 820 hab. dont 34 % d'Hispaniques. *(Texans)* CAP. : Austin. ▮ **Géographie** Ce vaste État comprend des régions très diverses. L'extrême O. contient certains chaînons des Rocheuses, prolongeant ceux du Nouveau-Mexique (Guadalupe Peak, 2 667 m), et l'O. comprend des hauts plateaux tels que le Llano Estacado, le plateau Edwards (région dite des Grandes Plaines [Great Plains]). Le reste de l'État s'abaisse progressivement vers le S.-E. par des plaines (Central Lowlands) parfois accidentées de reliefs dus à des affleurements de roches dures, jusqu'à la plaine côtière du golfe du Mexique (Gulf Coastal Plain). Celle-ci, entre la Louisiane (riv. Sabine) et le Mexique (embouchure du Rio Grande), est formée d'alluvions, et les flèches littorales y isolent une suite de lagunes, aménagées en une voie navigable, qui longe le golfe, et dont l'importance économique est considérable. Le climat est désertique à l'O., continental au centre, subtropical humide au S. et à l'E. ▮ **Économie** Les cultures, sur moins de 20 % de la surface, placent le Texas au 2e rang dans le pays ; il est le 1er producteur de coton, de riz (irrigation le long du golfe) et un important producteur de blé, de maïs, de légumes et de fruits (1er producteur d'épinards, de pastèques, de carottes, etc. ; 2e de pamplemousses). L'élevage de bovins et ovins est extensif (1re place dans l'Union et 1er producteur de laine). Les richesses minérales sont immenses ; la production de gaz naturel (50 % des États-Unis) et de pétrole (40 %) fait du Texas une des régions économiquement les plus importantes du monde. L'État est le 1er producteur de l'Union pour le brome, le soufre, le magnésium et possède des gisements de lignite et de charbons bitumineux. L'industrie dérive en partie du pétrole et du gaz, soit en tant que matières premières (raffineries, indus. chimiques), soit en tant que sources d'énergie (métall. de l'acier, de l'aluminium ; traitement des produits agricoles : indus. alimentaires et textiles [coton]). L'électronique représente 20 % des exportations de l'État. Le Texas abrite d'importants programmes de la Nasa (Nassau Bay, près de Houston), des centres de recherche médicale de pointe et possède des ports très actifs (Houston, Port Arthur, Corpus Christi, Beaumont). ▮ **Histoire** La région fut visitée par les Espagnols au début du XVIe s., mais le premier établissement ne date que de 1682 (Ysleta, auj. El Paso). Les Espagnols, inquiétés par Cavelier de La Salle, fondèrent d'autres établissements entre 1690 et le milieu du XVIIIe s. Relevant de la vice-royauté de la Nouvelle-Espagne, le Texas devint indépendant en 1821 avec le Mexique, mais la colonisation par des citoyens des États-Unis se développa, encouragée par S. F. Austin*. Révoltés contre le dictateur mexicain Santa Anna, les Texans américains, malgré des revers (siège d'Alamo), constituèrent une république indépendante (1836) et firent prisonnier Santa Anna (bataille de San Jacinto). Le Texas fut annexé par les États-Unis en 1845, et les Américains attaquèrent le Mexique, obtenant après leur victoire tous les territoires au N. du Rio Grande (traité de Guadalupe Hidalgo, 1848). Esclavagiste, le Texas fit partie de la confédération sudiste lors de la guerre de Sécession* et, après la difficile période de la «reconstruction», fut réintégré dans l'Union en 1870.

**TEXEL** ♦ Île des Pays-Bas (Hollande-Septentrionale), appelée *île des Oiseaux*. 18 355 ha. 13 618 hab. Pêche et élevage ovin.

**TEYRAN** [34820] ➝ **ÉTYM.** probablt du lat. *Altirius* (ou *Terrius*), n. de pers. gallo-rom., et suff. *-anum* ♦ Comm. de l'Hérault, arr. de Montpellier. 4 239 hab.

**TEZUKA (Osamu)** ♦ Réalisateur de mangas et de dessins animés japonais (Toyonaka, près d'Ōsaka 1928 - Tōkyō 1989). Encore étudiant en médecine, il obtint son premier succès avec le manga *La Nouvelle Île au trésor* (1947). Il fut très inspiré par la littérature populaire et son style dynamique révolutionna les cadres de la bande dessinée japonaise : il inventa un graphisme moderne, utilisa le langage cinématographique avec séquences alternées et gros plans (influence de Walt Disney), choisit souvent des aventures scientifiques en instillant de l'émotion dans ses dessins et en n'hésitant pas à réutiliser ses personnages dans des histoires différentes. Auteur inventif et prolifique (150 000 planches de mangas), il fut aussi un grand maître de l'animation (60 films). Considéré comme le dieu du manga, il est l'auteur de *Bouddha, Le Roi Leo* (ou *Kimba, le lion blanc*), *Les Trois Adolf, Astro, le petit robot.* Son influence a été déterminante pour toute une génération d'auteurs.

**TF1** ➝ **Télévision française 1**

**THABOR** (mont) ♦ Sommet des Alpes françaises (frontière franco-italienne jusqu'en 1947) situé près de Modane. 3 178 m.

**THABOR** (mont) n. m. ➝ **ÉTYM.** de l'hébr. *thâbûr* «nombril ; hauteur» ♦ Montagne de basse Galilée (Israël) située au S.-O. du lac de Tibériade et à proximité de la ville de Nazareth. 588 m. La tradition y situe la transfiguration du Christ (Matthieu, XVII, 1-9). ▮ **Histoire** Bonaparte, débarqué en Syrie après la campagne d'Égypte, y battit les Turcs en 1799.

**THACKERAY (William Makepeace)** ♦ Journaliste et romancier britannique (Alipur, Calcutta 1811 - Londres 1863). À cinq ans, il perdit son père et fut envoyé en Angleterre par sa mère. Cette solitude exacerba une sensibilité aiguë et la vie de collège (1822 - 1829) augmenta sa susceptibilité. À Cambridge, il collabora au *Snob* ; il appréciait Swift, Sterne, Addison, Steele, Pope et Goldsmith. À Cologne et à Weimar, il rencontra Goethe. Après des études de droit, il acheta le *National Standard and Journal of Literature,* mais dut cesser la publication en 1834. Ruiné, Thackeray devint correspondant parisien du *Constitutional.* Ses premiers livres, *Mémoires de Jaunepeluche* (1845 - 1846) et *Cahier de croquis de Paris* (1840), n'eurent aucun succès, mais il prit sa revanche avec l'œuvre la plus représentative du roman anglais au XIXe s., *La Foire aux vanités* (1848). Cette œuvre, dont le sous-titre révèle l'ambition de créer un «roman sans héros», révolutionna le monde littéraire. Le *Livre des snobs* (1846) contient de petits chefs-d'œuvre satiriques, publiés dans *Punch.* C'est aussi dans un magazine *(Fraser's Magazine)* que parut en feuilleton *Les Mémoires de Barry Lyndon* (1856), en réaction contre le romantisme de Bulwer Lytton*. Comme dans *La Foire aux vanités,* le protagoniste de *L'Histoire de Pendennis* (1849 - 1850) n'a rien d'un héros. Les *Newcomes,* évocation critique d'une jeunesse ambitieuse et désœuvrée, sont, comme la plupart des œuvres de Thackeray, la chronique de la vie d'une famille. Il écrivit aussi des romans historiques, *L'Histoire d'Henri Esmond* (1852), suivi des *Virginiens* (1857 - 1859), qui évoquent l'époque de la reine Anne, qu'il connaissait bien comme en témoignent les conférences qu'il fit en Amérique *(Les Humoristes anglais ; Les Quatre Georges).* ➝ **ÉTYM.** *Thackeray* est un nom de lieu, du vieux norrois *þack* «chaume» et *(v)rá* «encoignure».

**THADDÉE** (saint) ➝ **Jude (saint)**

**THAGASTE** ➝ **ÉTYM.** du berbère *tagust* «la parcelle» ♦ Anc. ville de Numidie, auj. Souk-Ahras. Patrie de sainte Monique* et de saint Augustin*.

## THAÏLANDE

▮ n. f. – off. ***royaume de Thaïlande*** ➝ **ÉTYM.** en thaï ***Muang Thai*** «pays des hommes libres» – jusqu'en 1938 ***Siam*** ♦ Pays de l'Asie du Sud-Est, situé dans la péninsule indochinoise. 513 115 km$^2$. 60 916 441 hab. *(Thaïlandais).* LANGUE : thaï. POPULATION : Thaïs (80 %), minorités chinoise, indienne et «montagnardes». RELIGION : bouddhisme du Theravāda (95 %). MONNAIE : baht. CAPITALE : Bangkok. RÉGIME : monarchie constitutionnelle.

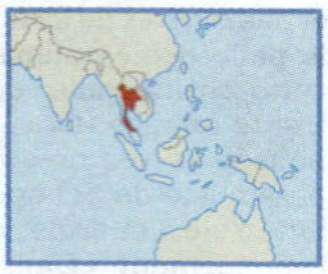

▮ **GÉOGRAPHIE** La partie centrale de la Thaïlande est occupée par le bassin du Menam Chao Phraya et de ses affluents. Quatre régions viennent se greffer sur cet ensemble : au N. et à l'O., la frontière birmano-thaïlandaise est établie sur le prolongement du massif montagneux tibéto-himalayen (1 000 - 2 000 m) ; à l'E., un large plateau est encadré par les escarpements des Dangrek, des Khao Khien, des Dong Phya Yen et par la vallée du Mékong ; au S.-E., se trouve une partie du massif cambodgien des Cardamomes ; la

Thaïlande ▮ Productions en 2008

| Produits | Quantités | Rang |
|---|---|---|
| ▮ Agriculture | | |
| Ananas | 2 800 000 t | 1er |
| Bananes | 2 000 000 t | 9e |
| Canne à sucre | 64 000 000 t | 4e |
| Caoutchouc | 3 000 000 t | 1er |
| Maïs | 3 600 000 t | |
| Manioc | 26 000 000 t | 2e |
| Noix de coco | 1 700 000 t | 6e |
| Riz | 32 000 000 t | 6e |
| Soie | 5 000 t | 6e |
| Soja (graines) | 200 000 t | 20e |
| Sucre | 7 600 000 t | 5e |
| Tabac | 70 000 t | 12e |
| Bovins (têtes) | 6 800 000 | |
| Buffles (têtes) | 2 000 000 | |
| Porcins (têtes) | 8 600 000 | 19e |
| Pêche | 4 100 000 t | 9e |
| ▮ Mines et énergie | | |
| Étain | 120 t | |
| Gaz naturel | 28 000 000 000 m$^3$ | |
| Lignite | 18 000 000 t | |
| Pétrole | 13 000 000 t | |

**Thaïlande.**

bande montagneuse étroite du S. s'abaisse progressivement et les plaines côtières sont plus importantes. Le pays est soumis à un climat tropical de mousson, dont les pluies augmentent vers le S.

**ÉCONOMIE** La production agricole est excédentaire : riz (1$^{er}$ exportateur mondial), maïs. Le caoutchouc progresse (1$^{er}$ exportateur mondial), mais la forêt, surexploitée, ne donne plus assez de bois. L'élevage (poulets, bovins, buffles, porcins) et la pêche couvrent les besoins de la population. Une importante quantité de gaz naturel est extraite dans le golfe de Thaïlande. Les autres ressources énergétiques et minières sont restreintes (hydroélectricité, lignite, étain, plomb) et les importations de pétrole pèsent lourd dans la balance commerciale. La croissance industrielle est forte (textile, agroalimentaire, cimenteries, pétrochimie, électronique). Le réseau ferré, assez dense (3 924 km), est vétuste, mais le réseau routier est souvent très moderne (156 776 km). Le commerce intérieur utilise en majorité fleuves et canaux. Le port et l'aéroport de Bangkok jouent un rôle important. Le pays exporte des produits agricoles et miniers et importe des biens d'équipement et des produits manufacturés. Ses principaux partenaires sont le Japon, les États-Unis, l'Europe occidentale, Singapour, Hong Kong, Taiwan et la Malaisie. Le tourisme, très actif, réduit le déficit de la balance commerciale, bien que certaines infrastructures côtières (Phuket) aient été gravement endommagées par le tsunami du 26 déc. 2004. En 1997, la dévaluation du baht a déclenché la crise financière et économique « asiatique ». Le pays a relativement peu pâti de la crise mondiale de 2008 en raison d'un système financier fortement encadré, et les exportations qui avaient chuté en 2009 sont reparties à la hausse dès 2010.

**Thaïlande.** Marché sur la rivière. © *PhotoDisc*

**HISTOIRE** **Les Thaïs** Des royaumes môns occupèrent le bassin du Menam Chao Phraya dès le début de l'ère chrétienne. Celui de Dvarāvatī, situé au S., a été florissant du VI$^e$ au IX$^e$ s. Aux XI$^e$ et XII$^e$ s., les plaines étaient largement contrôlées par les Khmers*. Les Thaïs*, venus du N., s'infiltrèrent peu à peu. Au début du XIII$^e$ s., deux princes thaïs rejetèrent l'occupant et créèrent le royaume de Sukhothaï*, origine du Siam, qui s'agrandit avec le roi Rāma* Kamheng. En 1350, le royaume d'Āyuthyā* lui succède et s'élargit (→ **Ramathibodi**) au prix de nombreuses guerres avec ses voisins, principalement la Birmanie* et l'empire khmer (→ **Boromorāja, Naresuen, Lan Na**). **L'arrivée des Européens** Dès le XVI$^e$ s., le pays fut fréquenté par les Européens (Portugais, puis Hollandais et Anglais). À la fin du XVII$^e$ s., la France échoua dans une tentative d'implantation. Détruit en 1767 par les Birmans, le royaume fut libéré et reconstitué par le général Phya* Taksin, qui devint roi mais fut assassiné en 1782 par le Chao Phya Chakri*, qui fonda Bangkok comme capitale et imposa une nouvelle dynastie. Au XIX$^e$ s., le Siam s'ouvrit à l'influence européenne et adopta l'économie de marché et les techniques modernes (→ **Nang Klao, Mongkut**). Menacé par les ambitions britanniques et françaises, il perdit des territoires au Laos*, au Cambodge et en Malaisie*, mais échappa à la colonisation (→ **Chulalongkorn**). **La naissance de la Thaïlande** En 1932, un coup d'État instaura un régime de monarchie constitutionnelle et parlementaire (→ **Prachadhipok**) qui fut dominé par les militaires. Mais l'indépendance fut consolidée (→ **Pridi Phanomyong, Vachiravudh**). En 1938, Phibun* Songkram, chef du gouvernement, donna au pays le nom de *Thaïlande*. Alliée du Japon pendant la Deuxième Guerre mondiale, la Thaïlande se rapprocha ensuite des États-Unis. **Depuis 1945** Après trois ans de pouvoir civil, un régime militaire s'installa pour 25 ans. Le roi Bhumibol* Adulyadej (Rama IX), accédant au trône en 1946 et couronné en 1950, n'a au départ que peu de pouvoir. En 1973, à la faveur d'une révolte étudiante, un régime civil revint sur la scène, pour trois ans seulement mais ramenant le roi dans un rôle d'arbitre, qu'il conserve depuis lors. Après 1976, un nouveau régime militaire, mais instable, dirigea le pays, jusqu'à l'arrivée au pouvoir du général Prem Tinsulanonda, Premier ministre de 1980 à 1988, qui stabilisa la situation et jeta les bases d'un processus démocratique. La suite, rompant progressivement avec une longue tradition de coups d'État militaires (16 entre 1932 et 1991), vit se consolider une démocratie parlementaire, marquée notamment par le gouvernement du démocrate Chuan Leek Pai (1992 - 1995). Après la crise asiatique, la montée en puissance du nouveau parti de Thaksin Shinawatra, à la fois pionnier des secteurs modernes (télécommunications) et populiste (*Thai Rak Thai* « les Thaïs aiment les Thaïs »), domina la vie politique. Premier ministre de 2001 à 2006, mais soupçonné de corruption, confronté à une forte agitation sociale et fragilisé par la guérilla des séparatistes musulmans du Sud, il fut démis par les militaires, qui laissèrent cependant le fonctionnement électoral reprendre ses droits rapidement. Revenue au pouvoir avec Samak Sundarajev mais sous un nouveau nom (Parti du pouvoir du peuple), la mouvance de Taksin fut à nouveau confrontée à une forte mobilisation populaire, occupant le siège du gouvernement puis l'aéroport de Bangkok. Réclamée par les manifestants, la dissolution de l'Assemblée nationale fut finalement décidée en décembre 2008 et Abhisit Vejjajiva, proche du Palais royal, nommé Premier ministre.

**THAÏLANDE (golfe de)** – anc. golfe du Siam ♦ Golfe de la mer de Chine méridionale, bordé par la Malaisie, la Thaïlande, le Cambodge et le Viêtnam.

**THAÏS** n. m. pl. ♦ Groupes originaires de la Chine du Sud et du Yunnan, qui émigrèrent en Asie du Sud-Est dès le début de l'ère chrétienne et surtout au XIII$^e$ s. et furent à l'origine de nombreux peuples constitués à partir de cette époque (Siamois, Laotiens, Assamais, une partie des Tonkinois). Ils parlent une langue à tons dont les nombreux dialectes sont assez proches les uns des autres. On distingue, au Viêtnam surtout, les *Thaïs noirs*, les *Thaïs blancs* et les *Thaïs rouges*, d'après des particularités vestimentaires. Ils forment des groupements distincts répartis dans les hautes régions du nord du Viêtnam.

**THAÏS** ➝ ÉTYM. du gr. *thais* qui désigne une sorte de bandage qui ceint la tête ♦ Courtisane athénienne (-IV$^e$ s.). Maîtresse d'Alexandre* le Grand, elle le suivit dans sa campagne et lui aurait suggéré l'incendie de Persépolis pour venger l'incendie d'Athènes par Xerxès. Elle devint ensuite la maîtresse de Ptolémée, l'un des diadoques.

**THAÏS** (sainte) ♦ Courtisane d'Égypte (IVe s.) qui, convertie par un anachorète, se serait retirée dans un monastère. ▪ Fête le 8 oct. ▪ Anatole France en fit l'héroïne d'un roman, *Thaïs* (1890), dont Massenet tira un opéra (1894).

**THALBERG (Sigismund)** ♦ Pianiste et compositeur autrichien (Pâquis, près de Genève 1812 - Naples 1871). Fils naturel du comte de Dietrichstein et de la baronne de Wetzlar, il reçut les leçons de Hummel* et effectua, de 1837 à 1848, de triomphales tournées de concerts à travers toute l'Europe et en Amérique latine. Il fut considéré comme l'émule de Liszt. Il a laissé des fantaisies, des caprices pour piano et des airs d'opéra d'un certain brio.

**THALÈS DE MILET** – en gr. *Thalês* ♦ Mathématicien, physicien, astronome et philosophe grec (Milet v. –625 - v. –546). Le plus ancien et le plus célèbre des Sept Sages*, il fut considéré par Aristote* comme le premier des philosophes ioniens, et ce parce que le premier il a tenté d'expliquer la nature à partir d'un principe unique. Il aurait rapporté d'Égypte et de Babylone en Grèce les fondements de la géométrie ; il résolut le problème consistant à inscrire un triangle dans un cercle, exprima la hauteur d'un objet à partir de son ombre ; il aurait en outre étudié les angles des triangles et donné la démonstration de l'égalité des angles opposés par le sommet. Un célèbre théorème de géométrie, concernant la proportionnalité des segments découpés sur deux droites sécantes par trois droites parallèles, porte son nom. Proclus* lui attribue quatre propositions du premier livre des *Éléments* d'Euclide*. Selon Aetius, il aurait «dit le premier que la Lune était illuminée par le Soleil». Il devint célèbre en annonçant une éclipse de Soleil (sans avoir d'éléments suffisants pour le calcul) et le hasard voulut qu'elle eût lieu en effet (vraisemblablement celle de –585). Il fut le premier à étudier le magnétisme, déclarant que les pierres magnétiques avaient une âme puisqu'elles pouvaient se mouvoir. Dans sa doctrine philosophique, qui constitue un premier essai de «philosophie de la nature», il existe une seule substance primordiale, l'eau : tout en procède et pas seulement la vie, car l'eau donne naissance aux autres éléments (transformation par condensation, raréfaction, etc.). Cette conception le conduisit à considérer notre univers comme une bulle d'air hémisphérique au sein d'une masse liquide infinie.

**THALÉTAS** ♦ Musicien grec (Gortyne, Crète –VIIe - –VIe s.). Il enseigna la musique à Sparte et, d'après Strabon, mit en musique les lois lacédémoniennes. On lui attribue l'invention du péan.

**THALIE** ➝ **ÉTYM.** en gr. *Thalia* «jeune pousse [puis abondance]» ♦ L'une des neuf muses*. Elle préside à la comédie et à la poésie légère et elle est représentée tenant le masque grimaçant de la comédie.

**THÄLMANN (Ernst)** ♦ Homme politique allemand (Hambourg 1886 - Buchenwald 1944). Ouvrier et syndicaliste, il entra au parti social-démocrate (1903) et devint (1924) député communiste au Reichstag. Secrétaire du parti, il fut deux fois candidat contre Hindenburg* aux élections pour la présidence de la République (1925 et 1932). En mars 1933, il fut arrêté et emprisonné ; en 1943, il fut transféré à Buchenwald où il mourut.

**THALWIL** ♦ V. de Suisse (cant. de Zurich), sur la rive S. du lac de Zurich. 16 296 hab. Indus. textile.

**THAMAR** ou **TAMAR** ➝ **ÉTYM.** hébr. «datte ; dattier» ♦ Personnages bibliques. Épouse des fils de Juda, Er puis Onan* ; veuve, elle feint de se prostituer et a deux fils de Juda* lui-même (Genèse, XXXVIII). ▪ Fille de David et de Maakah, violée par son demi-frère Amnon, elle est vengée par son frère Absalon* (II Samuel, XIII).

**THAMES** → **Tamise**

**THANA** ♦ V. de l'Inde (Maharashtra). 1 261 517 hab. Banl. indus. de l'aggl. de Bombay.

**THANATOS** ➝ **ÉTYM.** gr. «la mort» ♦ Dans la mythologie grecque, dieu de la mort, représenté comme un vieillard barbu et ailé, ou drapé dans un manteau noir.

**THANH HÓA** n. m. ♦ V. du Viêtnam (Nord), ch.-l. de la prov. du même nom, en partie limitrophe du Laos. 127 000 hab. La ville, qui a beaucoup souffert lors des deux guerres d'Indochine, a été presque entièrement reconstruite. ▪ Construc. navales. Matériaux de construction. Centrale électrique. Poteries. ▪ La *plaine de Thanh Hóa*, formée par les deltas des fleuves Mã et Chu, marquait la limite N. de l'Annam à l'époque coloniale.

**THANJAVUR** – anc. *Tanjore* ♦ V. de l'Inde (Tamil Nadu), dans le delta de la Kaveri. 215 725 hab. Anc. capitale de la dynastie des Chola (907 - 1331), elle conserve de très grands temples qui attirent des foules de pèlerins et une tradition musicale remarquable.

**THANN** [68800] ➝ **ÉTYM.** du germ. *tanne* «sapin» ♦ Ch.-l. d'arr. du Haut-Rhin, sur la Thur. 8 033 hab. (aggl. 29 706) *(Thannois)*. Thann fait partie de l'agglom. Thann-Cernay. Collégiale gothique Saint-Thiébaut du XIVe au XVIe s. (portail à trois tympans ; stalles, statues et vitraux du XVe s. ; œuvres d'art). Musée municipal dans une halle aux blés du XVIe s. ▪ Viticulture (alsace, grand cru Rangen). Indus. textile et chimique. ▮ **Histoire** La ville a beaucoup souffert lors des deux guerres mondiales.

**THANT (Sithu U)** ♦ Homme politique birman (Pantanaw 1909 - New York 1974). Il fut le secrétaire général de l'ONU de 1961 à 1971.

**THAON DI REVEL (Paolo)** ♦ Amiral italien (Turin 1859 - Rome 1948). Il participa à la guerre italo-turque de 1911 et fut nommé en 1913 chef d'état-major de la marine. Chef des forces navales (1917), il devint le chef des forces navales alliées de l'Adriatique pendant la Première Guerre mondiale et amiral en 1918. Sous Mussolini, il fut ministre de la Marine.

**THAON-LES-VOSGES** [tɑ̃-] [88150] ➝ **ÉTYM.** anc. de *Tadone*, du germ. *Tado*, n. de pers., ou de la rac. germ. *thâho* «argile» ♦ Comm. des Vosges, arr. d'Épinal. 7 785 hab. *(Thaonnais)*. Construc. mécaniques.

**THAPSUS** ♦ Anc. ville d'Afrique (actuellement en Tunisie) au S.-E. d'Hadrumète*. César* y vainquit les derniers pompéiens et leur allié Juba* Ier de Numidie (6 fév. –46).

**THAR** n. m. ♦ Région désertique s'étendant entre l'Inde occidentale et le Pakistan, du rann de Kachchh* au Panjab. Elle reçoit moins de 200 mm de pluie par an.

**THARAUD** ➝ **ÉTYM.** de °*tarare* «percer, forer» (surnom d'un artisan) ; leurs prénoms *Jérôme* et *Jean* furent choisis à l'École normale par Péguy qui voyait en eux les apôtres de la future cité socialiste ♦ Ernest dit JÉRÔME (Saint-Junien 1874 - Varengeville-sur-Mer 1953) et Charles dit JEAN (Saint-Junien 1877 - Paris 1952). Écrivains français. Leur œuvre, très abondante, comprend des romans de mœurs (*Dingley, l'illustre écrivain*, 1902 [prix Goncourt, 1906] ; *La Maîtresse servante*, 1911), des récits exotiques (*À l'ombre de la croix*, 1917 ; *La Rose de Saron*, 1927), des livres de reportage, où alternent anecdotes, notations pittoresques et rappels historiques (*La nuit de Fez*, 1930), et des recueils de souvenirs (*Notre cher Péguy*, 1926 ; *Mes années chez Barrès*, 1928 ; *La Chronique des frères ennemis*, 1929). Nationalistes revendiquant la filiation de Péguy et de Barrès, soucieux d'humanisme mais convaincus de la supériorité de la civilisation occidentale, ils se firent les chantres d'une certaine bonne conscience colonialiste. [Acad. fr. respectivement 1938 et 1946]

**THASOS** ♦ Île grecque proche de la côte thrace (nome de Kavalla). 379 km². Env. 15 000 hab. CH.-L. : Thasos, sur la côte N., à l'emplacement de l'anc. ville. Ruines importantes : enceinte, sanctuaires d'Apollon et de Dionysos, théâtre, agora. Musée archéologique. ▪ Montagneuse, humide et boisée à l'intérieur, l'île a des plaines côtières fertiles (oliviers, vignes) ; ses vins et son marbre étaient réputés dès l'Antiquité. Mines de zinc. ▮ **Histoire** Habitée primitivement par des Thraces, Thasos a reçu un établissement phénicien (–XIIIe s. ?). Elle fut colonisée v. la fin du –VIIIe s. par des Ioniens de Paros, attirés probablement par des mines d'or, et devint un avant-poste de la civilisation grecque dans le N. de l'archipel. Entrée dans la Confédération athénienne, elle se révolta en –465 et fut soumise par Cimon. Disputée entre Athènes et Sparte, conquise par Philippe II de Macédoine (v. –340), elle fut favorisée par les Romains qu'elle soutint contre la Macédoine et contre Mithridate. Prospère encore à l'époque byzantine et sous la domination latine (1204 - 1455), elle déclina pendant l'occupation ottomane. Elle fut cédée à la Grèce en 1913.

**THATCHER (Margaret)**, née **ROBERTS** ♦ Femme politique britannique (Grantham 1925). Député conservateur dès 1959, ministre de l'Éducation (1970 - 1974), elle devint chef du parti conservateur en 1975. Premier ministre (1979 - 1990), elle mena une politique d'austérité et de rigueur. D'un libéralisme radical en matière économique (vaste programme de privatisations), la «Dame de fer» ne céda ni devant les grévistes de la faim irlandais en 1981 ni devant le syndicat des mineurs (en grève pendant un an) en 1984 - 1985. Attachée farouchement à la souveraineté britannique (→ **Malouines**), elle s'opposa sans répit à la politique communautaire européenne (elle accepta cependant l'entrée de la livre dans le SME en 1990). L'instauration d'un nouvel impôt local *(Poll Tax)* et ses positions sur l'Europe la mirent en minorité au sein même de son parti et elle démissionna en nov. 1990. J. Major* lui a succédé. M. Thatcher, qui a été anoblie, a publié ses *Mémoires* (2 vol., 1993 - 1995). ➝ **ÉTYM.** Le nom anglais *Thatcher* signifie «couvreur».

**THAU** (étang de) ♦ Étang du Languedoc, à l'extrémité du canal du Midi. Le chenal qui le relie à la Méditerranée, près de Sète, est bordé d'industries (raffinerie de pétrole, indus. chimiques).

**Théagène et Chariclée** ou **Les Éthiopiques** ♦ Roman grec d'Héliodore*, en 10 livres.

**théatins**

n. m. pl. ➝ **ÉTYM.** du lat. *episcopus theatinus* «évêque de Chieti» ♦ Ordre de clercs réguliers fondé par saint Gaétan* de Thiene et G. P. Carafa, évêque de Chieti. → **Paul IV.**

**Théâtre de Clara Gazul, comédienne espagnole** ♦ Ensemble des œuvres dramatiques (comédies, drames ou saynètes) publiées par Mérimée* en 1825, 1830 et 1842, sous la forme d'une mystification littéraire. Destinées à la lecture, ces pièces illustrent les théories du drame moderne exposées par Stendhal* *(Racine* et Shakespeare)* et marquent une nette préférence pour l'Espagne, jugée par Mérimée propice aux passions violentes *(Les Espagnols en Danemark ; Le Ciel et l'Enfer ; Une femme est un diable)*. En 1830, c'est une Amérique espagnole de fantaisie qui apparaît dans *L'Occasion* et *Le Carrosse du Saint-Sacrement*, joué en 1850. Puis, en 1842, Mérimée aborde l'histoire médiévale avec *La Famille de Carvajal* et *La Jacquerie, scènes féodales*.

Le **Théâtre et son double** ♦ Recueil d'essais sur le théâtre écrits par Antonin Artaud entre 1931 et 1935 (publ. 1938). Il y expose notamment «le théâtre de la cruauté» destiné à ramener l'esprit «vers la source de ses conflits» par une «union de la pensée, du geste, de l'acte», un dépassement de la matière qui ouvre au métaphysique et à la magie, afin de provoquer l'expression libératoire des hantises.

**Théâtre-Libre** ♦ Théâtre parisien, proche des Boulevards, ouvert en 1887. André Antoine* y défendit un nouveau type de spectacle, naturaliste et respectueux de la vérité sociale et historique.

**Théâtre national populaire** [TNP] ♦ Théâtre subventionné, créé en 1920 à l'initiative de Firmin Gémier* qui en prit la direction dans une des salles du Trocadéro (1920 - 1933). En 1937, le TNP s'installa dans le nouveau palais de Chaillot et fut dirigé par des personnalités du théâtre dont Paul Abram (1938 - 1940), Jean Vilar* (1951 - 1963), Georges Wilson (1963 - 1972), Roger Planchon (1972 - 2000). Il fut transféré au Théâtre national de Villeurbanne en 1973. Le TNP est, par vocation, un théâtre ouvert au plus grand nombre, défendant un répertoire de culture accessible à tous, et proposant un rapport entre les spectateurs, la salle et la scène favorable au partage et à l'égalité.

**Théâtre national populaire.** *La guerre de Troie n'aura pas lieu*, de Jean Giraudoux avec Christiane Minazzoli, Robert Etcheverry et Pierre Vaneck, 1963. *BIS/Phot. © Lipnitzki. Archives Larbor*

**THÉBAÏDE** n. f. ♦ Appellation classique de la partie méridionale de la Haute-Égypte dont la capitale était *Thèbes**. Un grand nombre de chrétiens, fuyant la persécution de Dèce* (249 - 251), se réfugia dans les déserts situés à l'E. et à l'O. de la ville pour y mener une vie ascétique.

La **Thébaïde** – en lat. ***Thebais*** ♦ Épopée en 12 chants de Stace*, dédiée à Domitien et imitée d'Antimaque de Colophon, sur la guerre menée par Polynice* contre son frère Étéocle*.

**Thébaïde ou les Frères ennemis (La)** ♦ Tragédie de Racine* (1664). Premier ouvrage dramatique de l'auteur et inspirée de l'*Antigone* de Rotrou (1637), la pièce décrit l'affrontement tragique des deux fils d'Œdipe, Étéocle et Polynice, qui se combattent jusqu'à la mort.

**THÈBES** ➔ ÉTYM. en égypt. ***Ouaset***, puis ***Nowe*** ou ***Nuve*** «ville [d'Amon]», en hébr. ***No-Amon*** ♦ Anc. ville de Haute-Égypte sur les deux rives du Nil, à 750 km au S. du Caire. Capitale de l'Empire égyptien à son apogée, la «Thèbes aux cent portes» que chantait Homère était une des plus célèbres villes de l'Antiquité. Restée dans l'ombre pendant tout l'Ancien Empire, elle passa au premier plan avec la réunification de l'Égypte par Mentouhotep* sous la XI$^e$ dynastie (v. –XX$^e$ s.). Elle était le centre du culte de la triade Amon*, Mout et Khonsou* et imposa son dieu à tout l'empire. Avec l'expulsion des Hyksos* par les pharaons de la XVIII$^e$ dynastie et la fondation du Nouvel Empire commença pour Thèbes une période de très grande prospérité (–XVI$^e$ - –XI$^e$ s.). C'est alors que furent construits les temples de Karnak et Louksor et les hypogées de la Vallée des Rois. La ville fut abandonnée par Akhnaton*, mais son successeur Toutankhamon* s'y réinstalla. Après Ramsès* III, la royauté s'affaiblit et la réalité du pouvoir passa aux mains des prêtres d'Amon. → **Hérihor.** Supplantée par Tanis*, à la XXI$^e$ dynastie, Thèbes perdit son rang de capitale et ne resta qu'un centre religieux. Elle fut prise et mise à sac par les Assyriens en –664, puis pillée par les Perses et ne cessa plus de décliner. Elle constitue actuellement le plus grand site archéologique d'Égypte. → **Karnak, Louksor, Deir el-Bahari, Deir el-Medineh, Médinet-Habou, Memnon (colosses de), Ramesseum, Vallée des Rois.**

**THÈBES** – en gr. mod. ***Thívé*** ♦ V. de Grèce centrale, en Béotie. 24 000 hab. Tour franque (XIII$^e$ s.). Musée archéologique. ▪ Centre industriel. ▮ **Histoire** Nos connaissances sur l'origine de Thèbes et ses premiers siècles relèvent de la mythologie. → **Béotie.** On attribuait la fondation de sa citadelle (Cadmée*) à Cadmos* et aux Cadméens venus de Phénicie. Dans la légende, Héraclès* est né à Thèbes qu'il affranchit d'un lourd tribut payé à Orchomène*, la capitale des Minyens. La légende de la naissance de Dionysos est liée à la descendance immédiate de Cadmos (Sémélé, Ino). À sa postérité, les mythographes rattachent les drames légendaires d'Antiope et de Dircé*, d'Amphion* et Zethos, de Niobé*, enfin celui des Labdacides, le plus cohérent et le plus sanglant, magnifiquement relaté dans les tragédies d'Eschyle *(Sept* contre Thèbes)*, de Sophocle *(Œdipe* roi ; Antigone*)* et d'Euripide *(Les Phéniciennes* ; Les Suppliantes*)*. → **Laïos, Jocaste, Œdipe, Créon, Étéocle, Polynice, Adraste, Tydée, Épigones, Diomède, Tirésias.** L'invasion des Béotiens au –XII$^e$ s. ruina la civilisation mycénienne. Gouvernée par une oligarchie d'aristocrates éoliens (béotiens) et doriens constituée v. –725, Thèbes dirigea une confédération de dix bourgades béotiennes. La sécession de la cité ionienne de Platées, soutenue par Athènes* (–519), détermina une animosité durable entre les deux cités. Par haine d'Athènes, Thèbes s'allia aux Perses lors des guerres médiques. Alliée de Sparte* pendant la guerre du Péloponnèse*, puis mécontente de la politique lacédémonienne, elle aida les démocrates athéniens à renverser les Trente Tyrans et fit partie de la coalition d'Athènes, Argos et Corinthe contre Sparte (–395 - –386). Après leur victoire, les Spartiates occupèrent la Cadmée (–382) et imposèrent la tyrannie (→ **Archias**). Les démocrates révoltés (→ **Pélopidas, Épaminondas**) expulsèrent en –379 la garnison lacédémonienne et le parti oligarchique. Ayant réorganisé la Confédération béotienne et constitué une forte armée, Thèbes acquit une brève hégémonie sur la Grèce par la destruction de Thespies* et d'Orchomène* en Béotie, par les victoires de Pélopidas en Thessalie et surtout par les quatre campagnes victorieuses d'Épaminondas dans le Péloponnèse (–371 - –362). → **Leuctres, Mantinée.** Engagée ensuite dans une longue guerre contre les Phocidiens (–356 - –346), elle dut faire appel à Philippe* II de Macédoine qui en profita pour s'installer aux portes de la Béotie. → **sacrées (guerres).** Devant ce danger, elle fit cause commune avec Athènes, mais leur coalition fut battue à Chéronée* (–338), et Thèbes dut accepter une garnison macédonienne. Révoltée à la mort de Philippe II, la ville fut prise et rasée par Alexandre* le Grand et sa population massacrée ou réduite à l'esclavage (–336). Rebâtie par Cassandre (–316), Thèbes fut ravagée par les Romains en –146. Elle prospéra de nouveau au Moyen Âge grâce à ses manufactures de soieries (XI$^e$ - XIV$^e$ s.), mais déclina sous l'occupation turque. La ville moderne, rasée par les tremblements de terre de 1853 et de 1893, fut reconstruite sur un plan quadrangulaire.

**Théétète** – en gr. ***Theaitêtos*** ♦ Dialogue de Platon* où Socrate* fait une analyse critique du sensualisme de Protagoras* et du mobilisme universel, sans parvenir à une définition définitive de la science.

**THEILE (Johann)** ♦ Compositeur allemand (Naumburg 1646 - *id.* 1724). Élève de Schütz* à Weissenfels, il enseigna la musique à Stettin et à Lübeck, puis fut maître de la chapelle ducale de Gottorp (Holstein) de 1673 à 1675. Il occupa la fonction de maître de chapelle aux cours de Wolfenbüttel et de Merseburg. Il regagna sa ville natale vers 1694 après avoir vécu quelque temps à Berlin, y fondant une école de contrepoint. Il a laissé de nombreuses pièces de musique d'église et des traités de technique contrapuntique.

**THEILER (Max)** ♦ Médecin américain d'origine sud-africaine (Pretoria 1899 - New Haven, Connecticut 1972). Il mit au point un vaccin contre la fièvre jaune. [Prix Nobel de physiol. ou méd. 1951]

**THEISS** → Tisa

**THEIX** [56450] ♦ Comm. du Morbihan, arr. de Vannes. 5 029 hab.

**Thélème** (abbaye de) ♦ Communauté mixte et aristocratique, imaginée par Rabelais* dans le *Gargantua**. Régis par le précepte «Fay ce que vouldras», ses membres, spirituels et avisés, car «Science sans conscience n'est que ruine de l'âme», y cultivent l'épanouissement de la vie physique, intellectuelle et morale.

**THELLE** (pays de) ♦ Région d'Île-de-France (Oise) comprise entre le pays de Bray et le Vexin français.

**THÉMINES (Pons de Lauzières,** marquis **de)** ♦ Maréchal de France (v. 1552 - Auray 1627). Il prit part aux guerres de Religion* et soumit le Quercy, puis il participa aux campagnes de Louis XIII contre les protestants (sièges de Montauban, de La Rochelle). Il fut ensuite gouverneur de Bretagne.

**THÉMIS** ➔ ÉTYM. gr. «loi divine, décret» ♦ L'une des Titanides*, personnification de la justice et de l'ordre établi. On lui attribuait l'invention des oracles et des rites. Associée à Zeus*, bien que divinité primordiale, elle garde ses attributions parmi les Olympiens et elle est très respectée par tous. De son union avec Zeus naissent les Moires*, les Heures*, Astrée* et les nymphes de l'Éridan. Symbolisant l'impartialité de la justice, on la représente souvent les yeux bandés, tenant balance et épée dans les mains.

**THEMISTIOS** – en lat. *Themistius* ♦ Philosophe et rhéteur grec (Paphlagonie 317 - Constantinople v. 388). Directeur de l'université de Constantinople, ami de Julien* l'Apostat, précepteur d'Arcadius*, il joua un grand rôle politique, successivement sénateur et proconsul. Il est l'auteur de *Paraphrases sur Aristote* et de *Discours*.

**THÉMISTOCLE** – en gr. *Themistoklês* ♦ Homme d'État athénien (v. –525 - Magnésie du Méandre v. –460). Il était issu d'une famille de commerçants, doué de clairvoyance politique et d'une remarquable éloquence. Élu archonte en –493, il devint le chef du parti démocratique et, après l'ostracisme d'Aristide*, chef des aristocrates (–483), il domina la scène politique. Conscient de l'importance de la mer pour l'avenir d'Athènes, il travailla à la création de sa puissance maritime. Il fortifia Le Pirée* qui devint le principal port d'Athènes et accéléra la construction de deux cents trières, financée par les bénéfices des mines d'argent de Laurion*. Lors de la campagne de Xerxès (–480), il décida ses concitoyens à évacuer Athènes et à livrer le combat sur mer. Devant la supériorité de la force perse, le Spartiate Eurybiade*, commandant la flotte grecque, décida la retraite. Thémistocle essaya de le détourner par un chantage (menaçant de retirer l'armée athénienne de Sicile), puis en avisa Xerxès qui s'empressa de barrer le détroit de Salamine*. Tout en empêchant ainsi le repli lacédémonien, Thémistocle, entraînant les Perses dans le chenal étroit, devint le protagoniste de l'éclatante victoire de Salamine (–480). → **médiques (guerres).** Il restaura ensuite les fortifications du Pirée et le relia à Athènes par les Longs-Murs en détournant les inquiétudes de Sparte par une habile diplomatie. Plus tard, rendu impopulaire par son faste, il fut à son tour frappé d'ostracisme. Accusé de trahison pendant son exil, il se réfugia auprès du roi perse Artaxerxès Ier qui lui accorda les revenus de trois villes. Après sa mort, il fut vénéré comme un dieu par les habitants de Magnésie du Méandre. Cimon* continua sa politique maritime.

**THENARD (Louis Jacques,** baron) ♦ Chimiste français (La Louptière, près de Nogent-sur-Seine 1777 - Paris 1857). Il établit une classification des métaux d'après leur résistance à l'action de l'eau et de l'oxygène, donna la préparation du *bleu Thenard*, un colorant de la porcelaine (1799), découvrit l'eau oxygénée (1818) et, au cours de ses nombreux travaux avec Gay*-Lussac, le bore. [Acad. sc. 1810] ➜ **ÉTYM.** *Thenard* est l'hypocoristique de *Estenne* (forme ancienne de *Étienne**).

**THÉOCRITE** ➜ **ÉTYM.** en gr. *Theokritos* « qui juge les déesses », de *theos* « dieu » et *kritos* « qui juge » ♦ Poète grec (Syracuse v. –315 - v. –250), le plus illustre de l'époque alexandrine. Il séjourna à Kos* et à Alexandrie*. Il a donné son essor à l'idylle bucolique et sa forme la plus achevée au mime, avec ses tableaux exquis de la vie urbaine. Le sentiment de la nature et la fraîcheur de l'inspiration s'y allient au réalisme. L'art savant et l'érudition alexandrine servent dans son œuvre une sensibilité peu commune à l'époque. Les bergers et leur monde merveilleux de ses *Idylles** inspirèrent Virgile* (→ **Bucoliques**), ainsi que toute la littérature pastorale, André Chénier* et les parnassiens.

**THÉODAT** ou **THÉODAHAH** ♦ (mort à Ravenne 536). Neveu de Théodoric le Grand. Il devint roi des Ostrogoths (535 - 536) en assassinant sa femme la reine Amalasonte*. Ce crime fournit à Justinien Ier le prétexte à la reconquête de l'Italie.

**THÉODEBALD** ➜ **ÉTYM.** en lat. *Theobaldus*, du germ. *Theodbald*, de *theod* « peuple » et *bald* « audacieux » ♦ Roi d'Austrasie (de 548 à 553). Fils de Théodebert* Ier, il eut pour successeur Clotaire* Ier.

**THÉODEBERT Ier** ➜ **ÉTYM.** du germ. *Theodberht*, de *theod* « peuple » et *berht* « brillant, célèbre » ♦ Roi d'Austrasie (de 534 à 548). Fils de Thierry* Ier, il guerroya en Italie pour son propre compte lors de la reconquête des Byzantins sur les Ostrogoths. Père de Théodebald*.

**THÉODEBERT II** ♦ Roi d'Austrasie (de 596 à 612). Fils de Childebert II, il régna d'abord sous la tutelle de son aïeule Brunehaut qu'il chassa en 599. Battu par son frère Thierry* II, roi de Bourgogne, il fut livré à Brunehaut qui le fit assassiner.

**théodicée, concernant la bonté de Dieu, la liberté de l'homme et l'origine du mal (Essais de)** ♦ Ouvrage de Leibniz*, écrit en français (1710). Aux difficultés que soulève le problème du mal (physique et moral), Leibniz répond à Bayle par une solution optimiste (« Tout est pour le mieux dans le meilleur des mondes possibles » créé par Dieu) et y affirme la conformité de la raison et de la foi.

**THÉODORA** ♦ (morte en 548). Impératrice d'Orient (527 - 548). Fille d'un gardien des ours de l'Hippodrome, danseuse et prostituée selon l'historien Procope*, elle devint la maîtresse, puis l'épouse de Justinien* Ier avant son avènement. Intelligente et ambitieuse, elle fut la conseillère de l'empereur et influença sa politique obtenant même des concessions aux monophysites. Elle inspira notamment la législation justinienne concernant la femme, le mariage, le divorce et les mesures contre l'exploitation des prostituées. C'est

**Théodora.** *L'impératrice Théodora et sa suite*, mosaïque. Basilique San Vitale, Ravenne. *Phot. © Carlo Bevilacqua/Ricciarini*

elle qui empêcha Justinien de fuir lors de la sédition de Nika*. Cependant, elle imposa ses caprices et créa autour d'elle une cour de favoris.

**THÉODORA** ♦ (morte en 867). Impératrice régente d'Orient (842 - 856) pendant la minorité de son fils Michel III. Veuve de l'empereur iconoclaste Théophile*, elle convoqua un concile (843) qui rétablit le culte des images et persécuta les hérétiques.

**THÉODORA** ♦ (v. 995 - 1056). Impératrice d'Orient (1028 et 1055 - 1056). Fille de Constantin VIII, elle fut d'abord évincée par sa sœur Zoé et les époux successifs de celle-ci (1028, 1042). Elle régna seule après la mort de Constantin IX. Michel VI Stratiotikos lui succéda.

**THEODORAKIS (Mikis)** ♦ Compositeur grec (Chios 1925). Engagé très jeune dans le combat de la résistance grecque contre l'occupant allemand, il poursuivit ses études musicales au hasard des maquis et des prisons, à l'école de la chanson folklorique de son pays. Élève des conservatoires d'Athènes et de Paris, il travailla aussi avec R. Leibowitz. Élu député du Pirée, il connut de nouveau la prison et la déportation après le coup d'État militaire (1967). Libéré, il vécut en France pendant le « régime des colonels », militant en faveur de la liberté de son pays. Auteur de plusieurs compositions de musique instrumentale, il est surtout connu pour ses partitions de musique de film (*Zorba le Grec ; Z ; État de siège*), ses mélodies, ses chansons, expression authentique du génie de son peuple.

**THÉODORE** (saint) ➜ **ÉTYM.** gr. « cadeau (*dôron*) de Dieu (*theos*) » ♦ Personnage de la tradition chrétienne (IVe s.). Il est patron des soldats. ▪ Fête le 9 nov.

**THÉODORE Ier** ♦ 73e pape (de 642 à 649). Grec de Jérusalem. Il lutta contre les monothélètes*.

**THÉODORE II** ♦ 115e pape, il ne régna que vingt jours en 898. Romain.

**THÉODORE Ier LASCARIS** ♦ (mort en 1222). Empereur byzantin fondateur de l'empire de Nicée* (1204 - 1222). Après la prise de Constantinople par les Latins (1204), il se battit contre les croisés, contre l'empire de Trébizonde et contre les Turcs. Couronné empereur à Nicée, il échoua dans ses efforts militaires et diplomatiques pour reprendre Constantinople, mais il maintint vivante dans sa capitale la tradition impériale byzantine. Jean* III Doukas lui succéda. ♦ **THÉODORE II DOUKAS LASCARIS** (1222 - 1258). Empereur byzantin de Nicée* (1254 - 1258), petit-fils du précédent. Gouvernant avec sagesse, il réussit à reprendre la Thrace aux Bulgares, à combattre les Turcs et le despotat d'Épire. Son fils Jean IV, mineur à sa mort, fut éliminé par Michel VIII Paléologue qui reprit Constantinople.

**THÉODORE DE MOPSUESTE** ♦ Théologien grec (Antioche v. 350 - Mopsueste, Cilicie 428), évêque de Mopsueste en 392. Son œuvre fut détruite quand on vit en lui, tardivement, le père du nestorianisme* (concile de Constantinople, 553).

**THÉODORE DE TARSE** ou **DE CANTERBURY** (saint) ♦ (Tarsus 602 - Canterbury 690). Moine grec à Rome, il fut nommé archevêque de Canterbury (668) et partit avec Benoît* Biscop réorganiser l'Église anglo-saxonne. Il réunit les observances romaines et celtes (concile d'Hertford, 673). Auteur d'un *Pénitentiel*. ▪ Fête le 19 sept.

**THÉODORE le Studite** (saint) ♦ (Constantinople 759 - îles des Princes 826). Higoumène du monastère du Saccoudion, en Bithynie, puis de celui de Studios à Constantinople, il réforma la vie monastique en se fondant sur les règles de saint Basile et fut le chef de la résistance aux iconoclastes*, ce qui lui valut trois déportations. Auteur de discours *Contre les iconomaques*, de lettres, d'hymnes liturgiques. ▪ Fête le 11 nov.

**THÉODORET DE CYR** ♦ Théologien grec (Antioche 393 - Cyr, Syrie, v. 460), évêque de Cyr en 423. Il défendit Nestorius contre Cyrille d'Alexandrie (*Réfutation des douze anathèmes*), participa au concile de Chalcédoine (451) et laissa des ouvrages polémiques (*Éranistes*, contre le monophysisme), apologétiques et historiques (*Histoire ecclésiastique ; Histoire des hérésies*).

**THÉODORIC Ier** ◆ ÉTYM. du germ. *Theodrik*, de *theod* «peuple» et *rik* «puissant» ♦ (mort aux champs Catalauniques en 451). Roi des Wisigoths (418 - 451). Successeur de Wallia, qui avait fondé le royaume d'Aquitaine, il établit la capitale à Toulouse. Il tenta d'étendre son royaume en Gaule en combattant Aetius* puis l'aida à vaincre Attila aux champs Catalauniques*.

**THÉODORIC II** ♦ (mort en 466). Roi des Wisigoths (453 - 466). Fils de Théodoric Ier. Il s'étendit en Gaule presque jusqu'à la Loire et vainquit les Suèves en Espagne (456). Il fut assassiné par Euric*.

**THÉODORIC le Grand** ♦ (v. 455 - Ravenne 526). Roi des Ostrogoths (474 - 526). Élevé à Constantinople comme otage de son peuple, il mena, avec l'accord de Zénon*, les Ostrogoths en Italie où il destitua Odoacre*, roi des Hérules, et fonda un royaume autonome (488 - 493), qu'il protégea ensuite par la conquête de la Rhétie, du Norique, de la Pannonie et de la Dalmatie. Théodoric se posa en héritier de l'empire d'Occident. Confiant aux Goths les charges militaires, il s'entoura de conseillers romains (→ **Boèce, Cassiodore**), imposa le droit romain à tous (v. 500), encouragea les lettres et les arts, notamment à Ravenne*, sa capitale, développa l'économie et pratiqua une politique de tolérance envers les catholiques. → **Symmaque.** À l'extérieur, il se réserva un rôle d'arbitre, nouant des alliances matrimoniales dans tout le monde barbare, faisant l'union des souverains ariens contre Clovis*. Tuteur d'Amalaric* après la bataille de Vouillé*, il défendit les Wisigoths* contre les Francs, acquérant ainsi la Provence (508). À la fin du règne, il participa au premier partage du royaume burgonde (524). En réaction à la politique d'intolérance religieuse de Byzance à l'égard de l'arianisme (→ **Justin Ier**), il rompit avec la papauté (→ **Jean Ier**) et persécuta les catholiques. Cette persécution manifesta l'échec de l'œuvre de Théodoric qui, par sa politique de ségrégation, avait définitivement séparé les Goths et les Romains. Son règne lui valut de passer dans la légende allemande sous le nom de *Dietrich von Bern*. Père d'Amalasonte*.

**THÉODOROS II** – en fr. ***Théodore*** ♦ Nom de règne du négus Kassa (Sagé 1818 - Magdala 1868), empereur d'Éthiopie (1855 - 1868). Artisan de l'unification de l'Éthiopie moderne, au prix d'une politique violente et xénophobe, il se suicida après la défaite de Magdala, où il fut battu par les Britanniques. → **Éthiopie.**

**THÉODOSE Ier le Grand** ◆ ÉTYM. en lat. ***Flavius Theodosius***, en gr. *Theodôsios* «don de Dieu» ♦ (Cauca, Espagne, v. 346 - Milan 395). Empereur romain (379 - 395). Nommé Auguste par Gratien* (379), il reçut le gouvernement de l'empire d'Orient à la place de Valens. Maxime s'étant fait proclamer empereur d'Occident (383), il le reconnut d'abord, tout en rétablissant sur le trône Valentinien* II, puis marcha contre lui, le battit près d'Aquilée (388) et le fit mettre à mort. Après avoir vaincu l'usurpateur Eugène (394), Théodose resta seul souverain, le dernier à avoir régné sur l'ensemble de l'empire. Il mourut quatre mois plus tard, après avoir partagé l'empire entre ses deux fils, Honorius* pour l'Occident et Arcadius* pour l'Orient. Sous son règne, le christianisme devint religion d'État ; l'empereur combattit avec force le paganisme, ordonna la fermeture des temples et interdit les sacrifices. Au cours d'un séjour à Milan, il se vit excommunié par saint Ambroise* pour avoir ordonné le massacre de 7 000 habitants de Thessalonique insurgée (390). Pour la première fois, l'État romain se soumettait à la puissance de l'Église.

**Théodose Ier le Grand.** *Théodose Ier le Grand recevant l'hommage des ennemis vaincus.* Socle de l'obélisque de Théodose, Istanbul.
*Phot. © Carlo Bevilacqua/Ricciarini*

**THÉODOSE II** ♦ (v. 401 - 450). Empereur d'Orient (408 - 450). Petit-fils de Théodose* Ier et fils d'Arcadius*, auquel il succéda, il se laissa gouverner par sa sœur Pulchérie* et par son épouse Athénaïs devenue Eudoxie*. Il ne put empêcher l'invasion des Huns et dut payer un tribut à Attila*. Pour résoudre la crise nestorienne, il convoqua à Éphèse le concile de 431. C'est sous son règne que fut rédigé, de 435 à 438, le *Code théodosien* qui réunissait les Constitutions impériales promulguées depuis 312.

**THÉODOSE III** ♦ (mort à Éphèse en 722). Empereur d'Orient (716 - 717). Percepteur d'impôts, il fut proclamé roi malgré lui par l'armée révoltée de Rhodes. Il s'empara de Constantinople et déposa Anastase II. Détrôné à son tour par Léon* III l'Isaurien, il prit l'habit religieux.

**THÉODULF** ◆ ÉTYM. du germ. *Theodwulf*, de *theod* «peuple» et *wulf* «loup» ♦ Prélat (en Espagne mil. du VIIIe s. - 821). Évêque d'Orléans et abbé de Fleury (avant 798), il fut l'un des principaux représentants de la renaissance carolingienne. Théologien, il fut chargé par Charlemagne de constituer un dossier sur le *filioque* et écrivit un traité sur le Saint-Esprit (*De Spiritu Sancto*). Poète, il a écrit des *Carminia* et le *Gloria, laus et honor* des Rameaux. Sous Louis le Pieux, il fut compromis dans la révolte d'Italie, destitué et emprisonné (818). ▪ Il fit construire l'église de Germigny-des-Prés.

**THEOGNIS DE MÉGARE** ◆ ÉTYM. du gr. *theos* «dieu» et *gignomai* «naître» ♦ Poète grec (Mégare, seconde moitié du -VIe s.). Aristocrate exilé par le parti démocratique, il exprima dans ses élégies son pessimisme, ses rancunes et le mépris du peuple. Un recueil postérieur d'environ 1 400 vers didactiques le fit passer comme l'inventeur de la poésie gnomique.

La **Théogonie** – en gr. ***Theogonia*** ♦ Poème d'Hésiode* (1 022 vers). «Généalogie des dieux», ce poème est aussi une cosmogonie, puisque les dieux originels sont des personnifications des forces naturelles. Ainsi de Chaos naissent Nuit et Érèbe (l'Enfer), de Nuit naissent Éther et Jour. De Gaïa* (la Terre) naissent Ouranos* (le Ciel) et Pontos (la Mer). D'Ouranos naissent les Titans* dont le dernier, Cronos*, mutile son père et règne à sa place. De Cronos et de Rhéa* naissent les Olympiens : Zeus*, Héra*, Poséidon*... Zeus triomphe des Titans et rétablit la justice et la paix. La dernière partie, relatant la naissance des héros, est généralement considérée comme une interpolation apocryphe.

**THÉON D'ALEXANDRIE** – en gr. ***Theôn*** ♦ Astronome et mathématicien grec (IVe s.). Auteur d'un commentaire de l'*Almageste* de Ptolémée*, d'une refonte des *Éléments* et de l'*Optique* d'Euclide* et d'une *Catoptrique* attribuée souvent à ce dernier.

**THÉOPHANO** ♦ Impératrice allemande (morte à Nimègue en 991). Princesse byzantine, elle épousa Othon* II en 972 et assura la régence pour son fils Othon* III (983 - 991).

**théophilanthropes**

n. m. pl. ♦ Nom donné sous le Directoire aux membres d'une secte déiste et morale (théophilanthropie) animée par Chemin-Dupontès, Haüy (le père du minéralogiste) et soutenue par certains représentants du Directoire, comme La Révellière-Lépeaux qui lui fit obtenir la jouissance des principales églises parisiennes. S'inspirant du déisme des philosophes du XVIIIe s. (en particulier Voltaire et Rousseau) et, par certains aspects, du culte de l'Être* suprême, ils virent dans une croyance rationnelle en l'existence de Dieu le fondement nécessaire de la morale privée et civique. Souvent ridiculisés, les théophilanthropes furent soupçonnés de jacobinisme et, sous le Consulat, un arrêté du 17 Vendémiaire an X (21 oct. 1801) leur ôtait la jouissance des églises de Paris.

**THÉOPHILE** ◆ ÉTYM. en gr. ***Theophilos*** «aimé des dieux» puis «de Dieu» [«heureux, fortuné»], de *theos* «dieu» et *philô* «aimer» ♦ Juriste byzantin (mort en 536), l'un des jurisconsultes de Justinien* Ier qui rédigèrent le *Code*, le *Digeste* et les *Institutes**.

**THÉOPHILE** ♦ (mort en 842). Empereur byzantin (829 - 842). Fils de Michel II le Bègue, il fut un iconoclaste implacable. Il soutint une longue guerre contre les Arabes en Asie Mineure, mais il dut leur abandonner la Sicile. Sa veuve Théodora* (842 - 856) rétablit le culte des images.

**THÉOPHILE D'ADANA** (saint) ♦ Personnage de la tradition chrétienne (VIe s.). Économe de l'Église d'Adana, il est dépouillé de sa charge et vend son âme au démon. Repentant, il obtient de la Vierge que l'acte par lequel il avait vendu son âme lui soit rendu. ▪ Cette histoire, célèbre au Moyen Âge, inspira Rutebeuf pour le *Miracle de Théophile*.

**THÉOPHILE D'ANTIOCHE** (saint) ♦ Apologiste chrétien (mort v. 185). Païen converti, évêque d'Antioche v. 170, auteur d'une *Apologie à Autolycos*. ▪ Fête le 13 oct.

**THÉOPHILE DE VIAU** → Viau (Théophile de)

**THÉOPHRASTE** ◆ ÉTYM. en gr. ***Theophrastos*** «qui parle comme les dieux, inspiré par les dieux», de *theos* «dieu» et *phrazô* «énoncer, penser» ♦ Philosophe grec péripatéticien (Erésos, Lesbos v. –372 - Athènes v. –287). Il fut disciple de Platon avant de devenir celui d'Aristote* qui lui donna le surnom de Théophraste, (son vrai nom était Tyrtamos). Il dirigea le Lycée* pendant vingt-cinq ans, se consacrant surtout à la botanique et tentant d'ordonner ce champ, alors vierge de recherches, à l'image de ce que Aristote avait accompli pour la zoologie. On lui doit la distinction des mono- et des dicotylédones, et la séparation théorique entre les règnes animal et végétal. Nous possédons de lui des fragments importants d'une *Histoire des plantes* en 9 livres et des *Causes des plantes* en 6 livres, ainsi que de petits traités de physique et de métaphysique, de psychologie (notamment les *Caractères** dont s'inspira La* Bruyère) et de littérature.

**THÉOPHYLACTE** → Benoît VIII, Benoît IX

**THÉOPOMPE** – en gr. ***Theopompos*** ♦ Orateur et historien grec (Chios –IVe s.). Élève d'Isocrate*, brillant dans l'éloquence d'apparat, il obtint un prix pour son éloge de Mausole. À l'histoire, il prêta les artifices et la grâce de la rhétorique. Il ne nous reste que des fragments de ses trois ouvrages historiques : *Abrégé d'Hérodote, Helléniques*, histoire grecque qui continuait celle de Thucydide, de –411 à –393, et *Philippiques*, histoire grecque à l'époque de Philippe II.

**THEORELL (Axel Hugo Theodor)** ♦ Biochimiste suédois (Linköping 1903 - Stockholm 1982). Auteur de recherches sur les relations entre les vitamines et les coenzymes, il effectua également des travaux sur la nature et le mode d'action des enzymes d'oxydation. [Prix Nobel de physiol. ou méd. 1955]

**Théorème** – en it. ***Teorema*** ♦ Film italien de Pier Paolo Pasolini* (1968), avec Terence Stamp, Silvana Mangano, Massimo Girotti. Une famille de bourgeois milanais se remet dramatiquement en question, sur tous les plans (intellectuel, moral, social, sexuel), après le passage d'un étrange visiteur, porteur d'une vérité qui restera, pour chacun, «inimaginable et incestueuse». Ce film déclencha un scandale. Son auteur, pourtant écrivain reconnu, fut accusé d'«obscénité», et la pellicule mise un temps sous séquestre, en même temps que l'Office catholique international du cinéma lui décernait son grand prix au festival de Venise en 1968. À l'évidence, le propos est constamment allégorique, à la fois religieux, politique, esthétique et psychanalytique. S'il y a une morale à tirer de la fable, c'est qu'il faut «changer la vie», coûte que coûte.

**THÉOT (Catherine)** ♦ Visionnaire française (Barenton, Manche 1725 ? - Paris 1794). Atteinte dès son adolescence d'hallucinations, se croyant choisie par Dieu pour être la mère d'un nouveau messie, elle fut placée au couvent jusqu'en 1782, puis internée ou emprisonnée. Lorsque Robespierre eut institué le culte de l'Être* suprême (mai 1794), elle déclara qu'il était le précurseur du Verbe divin. L'affaire Catherine Théot fut dénoncée devant l'Assemblée par Vadier (14 juin 1794). Malgré la protection de l'Incorruptible, C. Théot fut enfermée à la Conciergerie où elle mourut peu après. Cette affaire, destinée en fait à ridiculiser Robespierre et le culte de l'Être suprême, contribua à sa chute. → **Thermidor an II.**

**THÉOULE-SUR-MER** [06590] ♦ Comm. des Alpes-Maritimes, arr. de Grasse. 1 296 hab. *(Théouliens).* Station balnéaire.

**THÉRA** → **Santorin**

**THÉRAIN** n. m. ♦ Riv. du Bassin parisien (86 km), affl. de l'Oise* (rive d.). Elle arrose Beauvais*.

**THÉRAMÈNE** – en gr. ***Thêramenês*** ♦ Homme politique athénien (Céos av. –450 - Athènes apr. –404). Le plus modéré parmi les chefs du régime oligarchique des Quatre*-Cents (–411), il réussit à l'adoucir par la désignation des Cinq-Mille qui remplacèrent l'Assemblée du peuple. Après la défaite athénienne de l'Aigos-Potamos, il négocia avec Lysandre la capitulation d'Athènes (–404) et fut l'un des Trente* imposés par Sparte. Encore partisan de la modération, il s'opposa à Critias qui l'accusa de trahison et le fit condamner à boire la ciguë.

**THÉRAMÈNE** ♦ Personnage de *Phèdre* de Racine. Gouverneur d'Hippolyte, il fait à Thésée le célèbre récit de la mort du jeune héros.

**THÉRÈSE DE JÉSUS,** dite **sainte Thérèse d'Ávila** – en esp. ***Teresa de Cepeda y Ahumada*** ♦ Carmélite et mystique espagnole (Ávila 1515 - Alba de Tormes 1582). Grande lectrice de romans de chevalerie dans sa jeunesse, elle rêva d'aller en Terre sainte pour y souffrir le martyre. Entrée au carmel de l'Incarnation d'Ávila en 1535, elle connut des expériences mystiques et résolut de vivre selon une règle plus stricte (les religieuses suivaient alors une règle adoucie → **Carmel**). Elle fonda, en 1562, le couvent Saint-Joseph à Ávila, puis, à partir de 1567, d'autres couvents réformés dans toute la Castille, tandis qu'elle confiait à Jean* de la Croix la même mission pour les carmels masculins. Elle retourna comme prieure à l'Incarnation d'Ávila (1571 - 1574) et y établit sa réforme avec l'aide de Jean de la Croix, dut lutter contre l'hostilité des mitigés, mais triompha lorsqu'une «province» réformée fut créée sous la direction du père Gratien (1580). À la fin de sa vie, seize maisons féminines et quatorze masculines avaient été fondées. ▪ Sainte Thérèse est la plus illustre représentante du mysticisme espagnol. Outre son autobiographie spirituelle (*Le Livre de la vie*, 1588), elle a écrit *Le Livre des fondations* (1613) qui raconte l'histoire de son action et *Chemin de perfection* (1565), série de conseils destinés aux sœurs du couvent d'Ávila pour atteindre la perfection de l'âme. Son ouvrage majeur reste *Les Demeures ou le Château intérieur* (1588). Il s'agit des sept degrés de la prière par laquelle on arrive à l'union avec Dieu. Dans ce livre elle résume ce qui, à ses yeux, demeure la base de sa ferveur : spontanéité, tendresse, volonté de Dieu. Le style très humble et simple est le reflet de son esprit où toute rhétorique est bannie. Elle a aussi composé de nombreuses poésies et écrit des lettres passionnantes à ses contemporains. ▪ Docteur de l'Église. ▪ Fête le 15 oct.

**THÉRÈSE DE L'ENFANT-JÉSUS ET DE LA SAINTE-FACE** (sainte) **[Thérèse MARTIN]** ♦ Carmélite française (Alençon 1873 - Lisieux 1897). Entrée au carmel de Lisieux en 1888 à la suite de ses deux sœurs, elle y mourut de tuberculose après neuf années de vie religieuse apparemment ordinaire. Rédigée à la demande de sa supérieure, son autobiographie, *Histoire d'une âme* (1897), eut un grand retentissement par la «petite voie» faite d'humilité et d'abandon à Dieu qu'elle dessinait vers la sainteté. Inconnue à sa mort, Thérèse fut canonisée en 1925 ; un pèlerinage s'organisa vers sa tombe et la basilique de Lisieux. ▪ Docteur de l'Église en 1997. ▪ Fête le 1er oct.

**Thérèse Desqueyroux** ♦ Roman de F. Mauriac* (1927). Mariée à un jeune homme d'une famille de la bourgeoisie bordelaise, l'héroïne, asphyxiée par le milieu et la personnalité mesquine de son mari, tente d'échapper à cet enserrement en empoisonnant ce dernier. Elle échoue et on étouffe le scandale pour préserver l'honneur de la famille. Thérèse, qui a bénéficié d'un non-lieu devant la justice, se trouve face à la vindicte familiale, mise en quarantaine et séparée de sa fille. Après une séquestration de trois mois, son mari la conduit à Paris vers la liberté et la solitude. Le récit est l'un des plus significatifs de son auteur, par sa concision. La dure critique d'un milieu s'y mêle à l'analyse psychologique et à l'évocation sensible de la nature.

**Thérèse Raquin** ♦ Roman d'Émile Zola* (1867). Thérèse qui est mariée à Camille Raquin, un homme maladif et peu attirant, découvre le sentiment amoureux dans les bras de Laurent, un ami de son mari. Les deux amants tuent Camille en le noyant au cours d'une promenade. Ils se marient avec l'approbation de Mme Raquin, mère du défunt. Mais le remords s'empare d'eux et les conduit au suicide sous les yeux de Mme Raquin devenue impotente. Devant l'indignation suscitée par cette parution, Zola ajouta au roman, lors de la seconde édition (1868), une préface où il défendait l'aspect scientifique de sa méthode en faisant l'apologie du naturalisme. Il adapta également son roman pour le théâtre en 1873. ▪ En 1928, J. Feyder en tira un film qui semble aujourd'hui perdu. Selon la critique du temps, c'était une œuvre envoûtante, marquée par l'esthétique expressionniste. En 1953, Marcel Carné porta à son tour le roman à l'écran. L'Américain Tobias Picker en tira l'opéra du même nom (2001)

**THÉRIAULT (Yves)** ♦ Écrivain canadien d'expression française (Québec 1915 - Joliette 1983). Écrivain très fécond, il a publié notamment trois recueils de contes (de 1944 à 1962) et dix romans. Situées pour la plupart dans les régions les plus diverses du Canada, les intrigues présentent des personnages d'origine ethnique «étrangère», particulièrement dans *Aaron* (1954) qui analyse le traditionalisme religieux de la société judaïque, dans *Agaguk* (1958), peinture de la mentalité esquimaude, et dans *Ashini* (1960) où sont étudiés les problèmes des Indiens. Pourtant «deux sources principales alimentent la sensibilité et la pensée d'Yves Thériault : naturisme et critique acerbe de la société» (G. Tougas). Réquisitoires contre toute forme d'aliénation (rigorisme religieux ou moral, lois sociales comme coutumes tribales), ces romans constituent des plaidoyers ardents pour une joie païenne de vivre. Volontairement «parlé» dans le récit naturiste *Le Dompteur d'ours* (1951), le style de Thériault sait se faire réaliste et précis dans *Agaguk*, et évoquer par des moyens très sobres le drame psychologique d'*Aaron*.

**THERMAÏQUE** (golfe) – en gr. ***Thermaikos*** ♦ Anc. nom du golfe de Thessalonique. → **Salonique.**

**Thermidor an II** (journée du 9) ♦ Journée révolutionnaire (27 juil. 1794) qui eut pour conséquence la chute de Robespierre et de ses alliés, la fin de la Convention* montagnarde et le développement de la *réaction thermidorienne* dirigée contre les forces révolutionnaires. Après l'élimination des factions ultrarévolutionnaires et modérées (hébertistes, en mars 1794, et indulgents, dantonistes, en avril), la dictature révolutionnaire jacobine fut renforcée. Mais, alors que la situation militaire s'améliorait grâce aux victoires des armées républicaines, la crise politique alla en s'aggravant : dissensions au sein du Comité de salut public, dominé par Robespierre, Couthon et Saint-Just, conflit entre le Comité de salut public et le Comité de sûreté générale. Dès le 14 juin 1794, Vadier attaquait Robespierre en ridiculisant le culte de l'Être suprême (→ **Théot [Catherine]**). Robespierre cessa alors de paraître aux séances du Comité de salut public, favorisant ses adversaires. Les tentatives de réconciliation entre les deux comités (22 - 23 juil. 1794) échouèrent. Le 8 Thermidor (26 juil.), Robespierre porta le conflit devant la Convention, rejetant les excès de la Terreur sur ses adversaires, sans toutefois les nommer, ce qui devait contribuer à sa perte. Le soir même, alors que Robespierre refaisait son discours au Club des jacobins, les membres du Comité* de sûreté générale, organisateurs de la Terreur (Barras, Tallien, Billaud-Varenne,

**Thermidor an II.** *Robespierre attaqué dans la Maison commune de Paris, le 27 juillet 1794.* Musée Carnavalet, Paris.
*BIS/Phot. M. Didier © Archives Larbor*

Fouché) s'allièrent aux conventionnels modérés (la Plaine), leur promettant la fin de la Terreur, et, lors de la séance du 9 Thermidor, empêchèrent Saint-Just et Robespierre de prendre la parole. Hanriot, commandant la garde nationale parisienne, et Dumas, président du Tribunal révolutionnaire, furent arrêtés, Robespierre décrété d'accusation avec son frère, Couthon, Saint-Just et Lebas. Mal organisée, la tentative d'insurrection de la Commune de Paris échoua devant les sections modérées dirigées par Barras. Robespierre*, Couthon*, Saint*-Just et dix-neuf de leurs alliés furent guillotinés sans jugement le 10 Thermidor, soixante et onze le lendemain, plusieurs encore les jours suivants.

**THERMOPYLES (LES)** ➝ ÉTYM. en gr. *Thermopulai* «les portes *(pulai)* chaudes *(thermai)*» ♦ Défilé de la Grèce en Phtiotide*, près de la côte S. du golfe de Lamia. Les alluvions du Sperkhios ont fait reculer de 5 km env. le rivage du golfe, mais dans l'Antiquité, le passage entre les contreforts abrupts du Callidromos et la côte était très étroit (entre 10 et 50 m par endroits). Célèbre par la résistance de Léonidas* Ier aux Perses et le sacrifice de trois cents Spartiates (–480), le défilé fut le théâtre de plusieurs batailles. Les Romains le forcèrent en –191 contre Antiochos* III de Syrie. L'amphictyonie* delphique y tenait ses assemblées.

**THÉROIGNE DE MÉRICOURT (Anne Josèphe THERWAGNE, dite)** ♦ Révolutionnaire française (Marcourt, Belgique 1762 - Paris 1817). Surnommée «l'Amazone de la liberté», elle fonda avec Romme* la Société des Amis de la loi (1790) et prit part à la journée du 10 août* 1792. Liée aux girondins, elle fut flagellée en public par des femmes jacobines lors de la chute de la Gironde (juin 1793) et sombra dans la folie peu après. Internée à la Salpêtrière (1794), elle y demeura jusqu'à sa mort. Sa personnalité et sa légende inspirèrent de nombreux écrivains au XIXe s., notamment Lamartine, Michelet et Baudelaire.

**THÉRON** ♦ (mort en –472). Tyran d'Agrigente (–488 - –472). Beau-fils et allié de Gélon, tyran de Gela et de Syracuse, il lutta à son côté contre les Carthaginois et participa à la victoire remportée à Himère (–480). Il utilisa les captifs aux travaux d'embellissement d'Agrigente.

**THÉROUANNE** [62129] ➝ ÉTYM. anc. *Tarouanna*, probablt du gaul. *taruos* «taureau» et suff. *-enna* ♦ Comm. du Pas-de-Calais, arr. de Saint-Omer. 1 045 hab. *(Thérouannais)*. ▮ **Histoire** Les habitants furent massacrés par Charles Quint en 1553.

**THEROUX (Paul)** ♦ Écrivain américain (Medford, Massachusetts 1941). Auteur de nombreux romans et nouvelles (*The Mosquito Coast*, roman, 1982), il est surtout connu pour ses récits de voyage teintés d'ironie et d'humour, notamment *The Great Railway Bazaar* (1975) qui rend compte d'un périple entrepris en train de la Grande-Bretagne au Japon.

**THERSITE** – en gr. *Thersitês* ♦ Personnage comique de *L'Iliade**, caricature de laideur et de lâcheté. Menant une mutinerie dans l'armée, il est corrigé à coups de bâton par Ulysse. Dans les poèmes cycliques, il ose se moquer d'Achille, quand le héros se penche amoureusement sur le corps de l'Amazone Penthésilée* qu'il vient de blesser mortellement, et il crève de sa lance les yeux de l'Amazone. Achille le tue en lui écrasant le crâne d'un coup de poing.

**THÉSÉE** – en gr. *Thêseus* ♦ Héros de l'Attique, fils d'Égée* ou de Poséidon* et d'Aethra. Sa légende a bien des analogies avec celle d'Héraclès*. ▮ **De la naissance à 16 ans** Comme celui-ci, Thésée a un père mortel, mais sa mère, prise de force par Poséidon la nuit de ses noces, en avait conçu l'enfant qu'Égée accepte pour fils. Le roi, craignant la jalousie de ses neveux, les Pallantides, laisse son fils à Trézène* (Argolide), à la cour de Pitthée, père d'Aethra. Il cache une épée et une paire de sandales sous une énorme pierre et recommande à Aethra de révéler le secret à leur fils lorsque celui-ci sera assez fort pour déplacer le rocher. À ce moment seulement, le fils devra apprendre qui est son père et partir à sa recherche. Ayant atteint l'âge de seize ans, Thésée soulève le bloc et, prenant les objets dissimulés, part pour Athènes* où régnait Égée. ▮ **Les six exploits** Thésée, envieux de la gloire d'Héraclès, refuse la sécurité de la route maritime et, prenant la route de terre par l'isthme de Corinthe, accomplit six exploits. Il tue la truie monstrueuse Phaea, les brigands Périphétès, Sinis, Sciron, Cercyon et le plus terrible de tous, Procruste*. ▮ **La rencontre avec Médée** Il est déjà célèbre quand il arrive à Athènes. La magicienne Médée*, qui avait épousé entre-temps Égée et aspirait à voir son propre fils successeur du roi, devine l'identité de Thésée et suggère au roi d'empoisonner cet étranger au cours d'un festin. Or Thésée se fait reconnaître par son père pendant le repas, en tirant son épée pour découper la viande. Égée renverse la coupe de poison, proclame Thésée son successeur et bannit Médée. ▮ **Le Minotaure** Selon une variante, Médée enjoint au héros de tuer le taureau qui, ramené autrefois de Crète* par Héraclès, ravageait la plaine de Marathon. Thésée capture le monstre et il est reconnu par son père quand il tire son épée pour sacrifier l'animal à Apollon. Prenant enfin sa place, il écrase d'abord la révolte de ses cousins, les cinquante Pallantides, qui le considéraient comme un usurpateur. À ce moment, les Athéniens devaient envoyer en Crète pour la troisième fois le tribut de sept jeunes gens et sept jeunes filles destinés au Minotaure*. Thésée s'offre à être du nombre. Jeté avec ses compagnons dans le Labyrinthe* de Cnossos, il tue le Minotaure et parvient à trouver la sortie grâce à la pelote de fil que lui avait donnée la fille du roi Minos*, Ariane*, amoureuse de lui. Accompagné de ses compatriotes, dont il avait sauvé la vie, et d'Ariane, il prend la route du retour, mais il abandonne Ariane à Naxos où il fait escale pour la nuit. Pourtant, son retour heureux est assombri par la mort d'Égée qui se suicide lorsqu'il voit au large la voile noire du navire de Thésée laissée par distraction, et signal convenu au cas où celui-ci aurait été dévoré par le Minotaure. ▮ **Le roi d'Athènes** Le règne de Thésée est traditionnellement lié à l'unification de l'Attique en une seule cité (le «synœcisme»), à la division de la population en trois classes (noblesse, artisans, cultivateurs) et aux premières institutions démocratiques (le Prytanée, la Boulê). Le héros instaure les Panathénées, réorganise les jeux Isthmiques en l'honneur de Poséidon et soumet Mégare. ▮ **Le héros de tragédie** Dans la tragédie, Thésée apparaît comme un roi bienfaiteur. Il offre sa protection à Œdipe (*Œdipe à Colone* de Sophocle) et prend les armes pour obliger les Thébaines à accorder des sépultures aux Sept Chefs tombés devant la ville (*Les Suppliantes* d'Euripide). Thésée avait enlevé et épousé l'Amazone Antiope et avait d'elle un fils, Hippolyte*. Dans le combat qui s'ensuit entre Amazones et Athéniens, Antiope, se battant aux côtés de son mari, est tuée. Thésée épouse alors Phèdre*, fille cadette de Minos, qui, éprise d'Hippolyte et repoussée, l'accuse de tentative de viol et provoque sa mort (*Hippolyte porte-couronne* d'Euripide). La participation de Thésée à l'expédition des Argonautes* est un anachronisme évident (ne serait-ce que par rapport à l'action de Médée dans sa légende), mais les mythographes devaient associer un personnage d'une si grande importance à cette réunion des héros grecs. ▮ **Pirithoos** Son amitié avec Pirithoos* est à l'origine d'une autre série d'exploits : invité aux noces de Pirithoos, Thésée assiste les Lapithes* dans leur combat contre les Centaures*. Les deux héros partent plus tard à la conquête des filles de Zeus. Ayant enlevé Hélène*, qui échoit à Thésée, ils descendent aux Enfers pour enlever Perséphone*, sur laquelle l'ambitieux Pirithoos avait jeté son dévolu. Là, invités à un banquet par Hadès, ils sont assis sur les sièges de l'oubli qui les retiennent prisonniers. Héraclès, descendu aux Enfers, obtient la permission de ramener Thésée seul sur la terre. Pendant l'absence du héros, Castor et Pollux avaient retrouvé et ramené à Sparte Hélène, leur sœur. Thésée, chassé par une révolution, s'exile à Skyros. Peu après, il meurt accidentellement ou assassiné par le roi de l'île Lycomède*. ▮ **Le héros ionien** On a voulu voir en Thésée le héros ionien par excellence : plus raffiné, moins brutal et jovial qu'Héraclès, héros typiquement dorien. Plusieurs mythographes mettent l'accent sur les motifs humanistes de son action et sur le caractère volontaire de ses exploits qui implique le libre choix de la lutte du bien opposé à la contrainte sous laquelle il agit.

Les **Thesmophories** ➝ ÉTYM. en gr. *Thesmophoriazousai* «femmes célébrant les Thesmophories, fêtes de Déméter» ♦ Comédie d'Aristophane* (–411), sorte de satire littéraire dirigée, ainsi que les *Grenouilles*, contre Euripide dont elle parodie les tragédies. Le poète tragique, ayant appris que les femmes, réunies aux Thesmophories, vont décider sa mort pour le châtier de sa misogynie, s'ingénie à trouver un avocat. Le poète efféminé Agathon lui refuse ce service. Mnésiloque, son beau-frère, s'y rend déguisé en femme et prend sa défense, mais son subterfuge est découvert et il est captif des femmes. Finalement, Euripide s'y rend lui-même et réussit à libérer le prisonnier en donnant la promesse de ne plus offenser les femmes.

**THESPIES** – en gr. *Thespiai* ♦ Anc. ville de Grèce (Béotie) au N.-E. de l'Hélikon*. Sans cesse menacée par Thèbes*, elle chercha la protection d'Athènes, puis de Sparte. Prise en –371, elle fut dévastée et sa population dispersée. ▪ Fondations d'un temple des Muses. À quelques kilomètres du site de Thespies, le Val des Muses avec les ruines du *mouseion* (sanctuaire des Muses).

**THESPIS** ♦ Poète tragique grec (près de Marathon -VIe s.). Personnage semi-légendaire à qui les érudits de la Grèce classique ont attribué l'invention de l'action tragique, des tirades parlées, du masque et du jeu des acteurs. Grâce à son fameux chariot, il aurait transporté dans l'Attique d'abord et à Athènes* ensuite la première troupe d'acteurs ambulants, introduisant la tragédie dans la ville.

**THESSALIE** n. f. – en gr. *Thessalía* ♦ Région de la Grèce du N., au S. de l'Olympe. 14 037 km². Env. 800 000 hab. La Thessalie est l'une des 13 régions géographiques de la Grèce, formée par les nomes de Karditsa, Larissa, Magnésie et Trikala. Formée de deux vastes plaines drainées par le Pénée, la région est dominée à l'O. par le Pinde qui l'isole des vents humides. Le golfe de Volos est son seul débouché maritime. ▪ La Thessalie fut, dès son rattachement à la Grèce, le grenier du pays, mais la monoculture irriguée du coton s'impose auj. aux dépens des céréales.

**▌HISTOIRE** Les citadelles néolithiques de Thessalie (Dimini et Sesklo, près de Volos) sont les plus anciennes connues en Grèce. Les Pélasges*, venus de l'Asie* Mineure v. -2600, furent submergés par les Hellènes ou se mêlèrent avec eux. Dans cet amalgame de peuples, on distinguait à l'époque préhistorique les Myrmidons* (Achéens de Phtiotide*), les Minyens* dans la zone maritime, les Éoliens* ou Béotiens, les Dolopes aux confins de l'Épire, les Perrhèbes dans le N. La Thessalie était célèbre pour l'élevage des chevaux et pour sa cavalerie ; les légendes des Centaures* et des Lapithes* en témoignent. Les Doriens* venus de l'Épire (Thesprotes), environ soixante ans après la guerre de Troie, soumirent ou repoussèrent les peuples de la plaine. Une aristocratie militaire y domina durant plusieurs siècles. Les Aleuades de Larissa*, l'un des clans nobles, fondèrent une confédération thessalienne à laquelle s'unit aussi la Phtiotide devenue l'un des quatre districts *(tétrarchies)* thessaliens. Les querelles des clans et des villes, la guerre contre Sparte (-395) et les conflits sociaux minèrent la puissance de l'aristocratie. Les tyrans de Phères* imposèrent leur hégémonie (-374). Mais la victoire du Thébain Pélopidas à Cynocéphales* (-364) élimina la puissance de Phères. Lors de la troisième guerre sacrée, Philippe II, prétextant l'intervention des Phocidiens en faveur de Phères, envahit la Thessalie (-353) qui ensuite fut annexée par la Macédoine (-342). Antipatros écrasa la révolte antimacédonienne *(guerre lamiaque)* à Crannon* (-322). Nominalement indépendante après la victoire romaine à Cynocéphales (-197), elle fut annexée à la province romaine de Macédoine en -146. Partie de l'Empire byzantin, elle connut les invasions barbares et l'infiltration des Valaques (XIe s.) qui s'enracinèrent dans le Pinde. Comprise dans l'Empire serbe en 1349, elle fut occupée par les Turcs à partir de 1393. La Phtiotide fut intégrée à la Grèce indépendante en 1831 et la Thessalie proprement dite en 1881.

**THESSALONICIENS (ÉPÎTRES AUX)** ♦ Livres du Nouveau Testament* (→ Bible), attribués à saint Paul* (Épîtres*). Lettres adressées aux chrétiens de Thessalonique, en Macédoine. Première Épître, sans doute authentique, 5 chapitres. Deuxième Épître, 2 chapitres.

**THESSALONIQUE** → Salonique

**THETFORD MINES** ♦ Village du Canada (Québec) dans l'Estrie. 26 107 hab. Mine d'amiante, une des plus importantes du monde.

**THÉTIS** ♦ Divinité marine grecque, la plus célèbre des Néréides*. Zeus et Poséidon veulent s'unir avec elle, mais en sont dissuadés par un oracle révélant que le fils qui naîtrait de Thétis serait plus puissant que son père. Un mortel, Pélée*, en profite pour épouser la divinité et parvient à s'emparer d'elle malgré les métamorphoses successives par lesquelles Thétis s'efforce d'échapper. À leur mariage, Éris lance la pomme d'or dédiée «à la plus belle» qui est à l'origine de la guerre de Troie. De cette union naît Achille*. Pour le rendre immortel, Thétis le trempe dans les eaux du Styx* en le tenant par le talon, qui reste ainsi le seul endroit vulnérable de son corps. À la perspective de la guerre de Troie, elle dissimule son fils, alors âgé de neuf ans, dans le gynécée du roi de Skyros, Lycomède. Quand le héros est découvert et emmené dans le camp grec, elle lui donne des armes, l'assiste et, lorsqu'il meurt, transporte son corps dans l'île Blanche (l'île des Bienheureux).

**THEURIET (André)** ♦ Poète et romancier français (Marly-le-Roi 1833 - Bourg-la-Reine 1907). Fonctionnaire au ministère des Finances, il composa une œuvre littéraire abondante, qui débuta par des recueils de poésie où se manifeste un délicat sentiment de la nature (*Le Chemin des bois*, 1867 ; *Le Bleu et le Noir*, 1873 ; *La Ronde des saisons et des mois*, 1892). Sa province d'origine, la Lorraine, l'inspira souvent dans ses romans, où la peinture réaliste reste au service des intentions morales : *Mademoiselle Guignon* (1874), *Raymonde* (1877), *La Maison des deux Barbeaux* (1877), *Madame Heurteloup* (1882). [Acad. fr. 1896] ◆ ÉTYM. *Theuriet* est l'hypocoristique de *Theury*, variante de *Thierry**.

**THEUX** ♦ Comm. de Belgique (Région wallonne), prov. de Liège, arr. de Verviers, dans une dépression creusée par la Hogne et ses affl. *(fenêtre de Theux)*. 11 672 hab. *(Theutois)*. Église Saint-Hermès-et-Saint-Alexandre (XIIe s.). Chapelle Saint-Nicolas (1739). Hôtel de ville du XVIIIe s. Château de Franchimont où séjournèrent Louis le Débonnaire, Charles de Bourgogne, Guillaume de La* Marck. ▪ Construc. métalliques. Aux environs, à La Reid, monument aux maquisards, parc animalier ; à Polleur, église du XIIIe s. plusieurs fois transformée, pont en dos d'âne sur la Hogne (1767). **▌Histoire** Anc. cap. du marquisat de Franchimont d'où partirent, en 1468, les 600 Franchimontois qui attaquèrent le duc de Bourgogne. Au XVIe s., on y exploitait des carrières de calcaire noir.

**THÉVENOT (Jean DE)** ♦ Voyageur français (Paris 1633 - Mianeh, Perse 1667). Il explora l'Asie occidentale (1656) et les Indes (1666) et aurait introduit le café en France (*Voyages de Monsieur de Thévenot contenant la relation de l'Indostan, des nouveaux Mogols et des autres peuples et pays des Indes*, publ. 1684).

**THEVET (André)** ♦ Moine cordelier et voyageur français (Angoulême 1503 ou 1504 - Paris 1592). Il visita l'Italie, la Grèce, l'Asie Mineure, la Palestine et participa à l'expédition de Villegaignon au Brésil (1555). De retour en France, il fut aumônier de Catherine de Médicis et historiographe et cosmographe du roi en 1558 (*Cosmographie du Levant*, 1554 ; *Les Singularités de la France antarctique*, 1558).

**THIAIS** [tjɛ] [94320] ◆ ÉTYM. anc. *Theodasium*, du germ. *Theodasius*, n. de pers. ♦ Ch.-l. de cant. du Val-de-Marne, arr. de L'Haÿ-les-Roses. 28 232 hab. *(Thiaisiens)*. Église Saint-Leu-Saint-Gilles (XIIIe s., restaurée au XIXe s.). Grand cimetière. ▪ Centre commercial.

**THIBAUD** → Théodebald

**THIBAUD,** comte **DE CHAMPAGNE** ♦ Guerrier et trouvère (Troyes 1201 - Pampelune 1253). Comte de Champagne, roi de Navarre (1234). Il prit la tête de la révolte des Barons contre Blanche* de Castille (1226), mais se rallia à la régente en 1227 et la soutint efficacement par la suite. Auteur de poèmes d'inspiration très diverse, il fut considéré dès le XIIIe s. comme un très grand poète lyrique. «Je vois [en lui] le prince de nos trouvères. C'est le plus habile, le plus élégant et le plus nuancé, peut-être aussi le plus personnel» (M. Arland). ◆ ÉTYM. Ce nom vient du germanique *Theobald*, nom de personne, de *theod* «peuple» et *bald* «audacieux».

**THIBAUD (Jacques)** ♦ Violoniste français (Bordeaux 1880 - mort dans un accident d'avion près de Barcelonnette 1953). Élève de Marsick au conservatoire de Paris, il remporta le premier prix en 1896 et fut engagé comme violon solo aux concerts Colonne. Son style et sa technique lui valurent de faire une brillante carrière internationale. En 1905, il s'associa à A. Cortot et P. Casals pour former un trio qui est resté célèbre par ses exceptionnelles interprétations de musique classique (Mozart, Beethoven) et romantique. Il fonda en 1943 avec Marguerite Long* le concours qui porte leur nom et qui devint international (1946).

**THIBAUDEAU (Antoine Claire,** comte**)** ♦ Homme politique français (Poitiers 1765 - Paris 1854). Avocat, député à la Convention, membre du Conseil des Cinq-Cents, préfet et membre du Conseil d'État (1800), il participa à la rédaction du Code civil. Il dut s'exiler en 1816. Sénateur sous le Second Empire, il a laissé des *Mémoires*.

**THIBAUDET (Albert)** ♦ Critique littéraire français (Tournus 1874 - Genève 1936). Philosophe formé par Bergson*, il enseigna la littérature française à l'université de Genève, de 1925 à sa mort. Ses articles à *La Nouvelle* Revue française* (de 1912 à 1914, et de 1919 à 1934), groupés après sa mort dans *Réflexions sur le roman* (1938), *sur la littérature* (1938 et 1941) et *sur la critique* (1939), ainsi que ses nombreux essais, eurent une importance considérable sur la pensée critique de l'entre-deux-guerres. Son attention portée aux courants intellectuels et culturels les plus divers apparaît dès ses premiers essais, *La Poésie de Stéphane Mallarmé* (1912 ; remanié en 1926), où il se montre un théoricien pénétrant du symbolisme, et *Les Heures de l'Acropole* (1913). Capable d'appliquer l'introspection bergsonienne à des écrivains aussi différents que *Flaubert* (1922 ; remanié en 1935), *Stendhal* (1931) ou *Paul Valéry* (1924), A. Thibaudet s'attacha à étudier, dans les trois volumes constituant *Trente Ans de vie française, Les Idées de Charles Maurras* (1920), *La Vie de Maurice Barrès* (1921) et *Le Bergsonisme* (1923), avant d'analyser de façon très personnelle *Les Idées politiques de la France* (1931). Manifestation significative de l'étendue et de l'éclectisme de ses connaissances, son *Histoire de la littérature française de 1789 à nos jours* (1936) fut achevée, après sa mort, d'après ses notes. ◆ ÉTYM. *Thibaudet* est l'hypocoristique de *Thibaud**.

Les **Thibault** ♦ Cycle romanesque de Roger Martin* du Gard (1922 - 1940). À travers le portrait d'une famille bourgeoise (les Thibault), R. Martin du Gard dresse le tableau de la France de la première partie du XXe s. en insistant plus particulièrement sur les tensions sociales et politiques de la période qui s'achève par la tragédie de la Première Guerre mondiale. Les antagonismes entre protestants et révolutionnaires opposent deux frères, Antoine et Jacques, tous deux liés par un «puissant atavisme commun», mais cherchant par des voies opposées et finalement vaines à donner un sens à leur vie (*Le Cahier gris*, 1922 ; *Le Pénitencier*, 1922 ; *La Belle Saison*, 1923 ; *La Consultation*, 1928 ; *La Sorellina*, 1928 ; *La Mort du père*, 1929 ; *L'Été 1914*, 1936 ; *Épilogue*, 1940).

**THIBAW** ♦ Dernier roi de Birmanie (Mandalay 1858 - Ratnagiris, Inde 1916). Il régna de 1878 à 1885, succédant à son père Mindon. Après avoir fait assassiner ses 70 frères et sœurs, il se révéla incapable de gouverner et, manipulé par la reine Supayalat, il provoqua la révolte de son peuple et l'intervention des Britanniques. Ceux-ci, après une rapide campagne, annexèrent toute la haute Birmanie et déposèrent Thibaw qui fut envoyé en exil avec sa famille à Ratnagiris, près de Bombay, où il mourut.

**THIBON (Gustave)** ♦ Philosophe français (Saint-Marcel-d'Ardèche 1903 - *id.* 2001). Penseur chrétien autodidacte, resté attaché à son travail de paysan, il se lia avec Maritain*, G. Marcel*. Il dénonça les «ersatz que l'homme substitue à Dieu» (nature, société, histoire) et affirma que l'ouverture aux valeurs spirituelles n'est possible que par un enracinement dans les réalités terrestres (*Diagnostics*, 1940 ; *Destin de l'homme*, 1941 ; *L'Échelle de Jacob*, 1942 ; *Retour au réel*, 1943 ; *Au soir de ma vie*, 1993).

**THIDE TSUGTEN** ou **DRIDE TSUGTEN** – en tibétain ***Khri-Lde gSug-gCan*** ♦ Roi tibétain (de 704 à 755). Sous son règne eurent lieu de nombreux incidents de frontière avec la Chine, bien qu'il eût épousé en 710 la princesse chinoise Jincheng. Son fils TRISONG DETSEN (742 - 797), à qui il affecta un précepteur chinois, fut considéré comme l'un des plus grands rois du Tibet.

**THIÈLE** ou **THIELLE** n. f. – en all. ***Zihl*** ♦ Riv. de Suisse, affl. de l'Aar (rive g.), formée par le cours inférieur de l'Orbe qui prend le nom de Thièle à partir de son confluent avec le Talent. Elle se jette à Yverdon dans le lac de Neuchâtel d'où elle ressort à l'extrémité N.-E. ; canalisée jusqu'au lac de Bienne, elle sort de ce dernier à Nidau et rejoint l'Aar. Elle sert de frontière aux cantons de Neuchâtel et de Berne entre les lacs de Neuchâtel et de Bienne.

**THIÉRACHE** n. f. ♦ Région du N. de la France comprise entre l'Oise* et la Sambre*. Le sous-sol crayeux recouvert d'un limon argileux en fait une région humide. Pays d'élevage (produits laitiers, fromages) ; vergers. Petites indus. métallurgiques et textiles.

**THIERRY I^er^** ← ÉTYM. du germ. *Theoderic*, n. de pers., de *theod* «peuple» et *rik* «puissant» ♦ (mort en 533). Roi d'Austrasie (511 - 533). Fils de Clovis, il conquit la Thuringe avec ses frères Clotaire* I^er^ et Childebert* I^er^ (531). ▪ Père de Théodebert* I^er^.

**THIERRY II** ♦ Roi de Bourgogne (de 596 à 613) et d'Austrasie (de 612 à 613). Fils de Childebert* II et frère de Théodebert* II, roi d'Austrasie, il régna d'abord sous la tutelle de son aïeule Brunehaut. Après avoir vaincu Clotaire II, roi de Neustrie, il battit Théodebert, le captura (612) et annexa l'Austrasie. Clotaire* II lui succéda en Austrasie.

**THIERRY III** ♦ Roi de Neustrie et de Bourgogne (de 673 à 691). Fils de Clovis* II, il succéda à son frère Clotaire III grâce à Ébroïn*, maire du palais. Déposé par son frère Childéric II (673), il reprit le pouvoir après son assassinat (675) et gouverna sous la tutelle d'Ébroïn. Il fut battu en 687 à Tertry* par Pépin* de Herstal et ne régna plus qu'en titre. Père de Clovis* III, de Childebert* III et peut-être de Clotaire* IV.

**THIERRY IV DE CHELLES** ♦ Roi des Francs (de 721 à 737). Fils de Dagobert* III, il gouverna sous la tutelle de Charles* Martel.

**THIERRY (Augustin)** ♦ Historien et écrivain français (Blois 1795 - Paris 1856). Il devint le secrétaire du comte de Saint*-Simon, avant de collaborer à des journaux libéraux. Ayant senti très tôt s'éveiller sa vocation d'historien (à la lecture des *Martyrs* de Chateaubriand*), il se consacra, dès 1821, à l'*Histoire de la conquête de l'Angleterre par les Normands* (1825) qui illustre sa théorie des races (conquérantes et conquises) dont l'antagonisme séculaire expliquerait toute l'histoire des peuples. La même opposition, cette fois-ci entre les Romains et les Francs, entre «l'esprit de discipline civile et les instincts violents de la barbarie», apparaît dans les *Récits des temps mérovingiens* (1840), tableau évocateur de la Gaule au VI^e^ s. qui toucha un vaste public par un mélange habile d'érudition et d'imagination. Bien que devenu aveugle (en 1833), A. Thierry continua ses travaux historiques et fit paraître son essai sur l'*Histoire de la formation et des progrès du tiers état* (1850) où il proposait «la recherche et la discussion de faits sans autre dessein que l'exactitude». Maître de la narration vivante des événements, A. Thierry, par son souci de reconstituer la couleur locale comme la psychologie des personnages évoqués, reste un grand historien littéraire.

**THIERRY D'ALSACE** ♦ (mort à Gand 1168). Comte de Flandre (1128 - 1168). Il combattit le comte de Hainaut Baudouin IV. Il aida Alphonse I^er^ de Portugal à s'emparer de Lisbonne et participa à la deuxième croisade. ▪ Père de Philippe* d'Alsace.

**THIERS (Louis Adolphe)** ♦ Homme politique, journaliste et historien français (Marseille 1797 - Saint-Germain-en-Laye 1877). ▮ **L'orléaniste** Avocat à Aix-en-Provence, il se lia à Mignet, vint à Paris (1821), où il fréquenta les milieux libéraux, collabora au *Constitutionnel* et publia de 1823 à 1827 son *Histoire de la Révolution française*. Fondateur avec A. Carrel* et Mignet* du journal d'opposition *Le National** (janv. 1830), il s'y fit le défenseur d'une monarchie constitutionnelle de type anglais et, le 26 juil. 1830, prit part à la rédaction de la protestation des journalistes aux ordonnances de Saint-Cloud (→ **Charles X**) qui déclenchèrent la révolution de 1830. S'étant montré partisan convaincu de l'appel à la branche d'Orléans, il fut successivement conseiller d'État, député d'Aix

Louis Adolphe **Thiers.** *Caricature de Thiers entouré de représentants des partis réactionnaires piétinant le drapeau de la Commune*, 1871. Musée Carnavalet, Paris. *BIS/Phot. Jeanbor © Archives Larbor*

(oct. 1830), secrétaire général au ministère des Finances dans le cabinet Laffitte, ministre de l'Intérieur (1832), puis de l'Agriculture et du Commerce (1834). Ayant repris le portefeuille de l'Intérieur et celui des Affaires étrangères (1834 - 1836), il réprima avec rigueur l'opposition royaliste-légitimiste (affaire de la duchesse de Berry*, 1832) et les émeutes républicaines d'avril* 1834. Louis-Philippe ayant refusé d'intervenir dans les affaires d'Espagne, comme il le souhaitait, Thiers dut démissionner (1836). Il fut remplacé par Molé dont il devait provoquer la chute (1839). ▮ **Le parti de l'ordre** À nouveau chef du gouvernement avec le portefeuille des Affaires étrangères (1840), Thiers voulut poursuivre sa politique extérieure aventureuse, cherchant à soutenir le pacha Méhémet Ali contre la Turquie et, après la signature du traité de Londres* (15 juil. 1840), conduisant la France au bord d'une guerre avec la Grande-Bretagne. Contraint une fois encore de démissionner, il commença ses travaux sur l'*Histoire du Consulat et de l'Empire* (1845 - 1862), tout en siégeant à la Chambre des députés dans l'opposition centre gauche qui contribua en 1848 à provoquer la chute du cabinet Guizot. Le 23 fév. 1848, Louis-Philippe l'appelait, mais trop tard, pour former un nouveau ministère. Thiers, rallié au gouvernement provisoire, fut élu député et ne cessa de voter avec la droite conservatrice contre les socialistes. Après avoir appuyé la candidature de Louis Napoléon à la présidence, il s'opposa à la formation du Second Empire et fut arrêté, puis exilé en Suisse après le coup d'État du 2 décembre 1851. ▮ **L'opposant à Napoléon III** Rentré en France dès 1852, il se tint à l'écart de la vie politique jusqu'en 1863. Devenu chef de l'opposition libérale, il se signala à l'Assemblée par son discours sur les «libertés nécessaires» (individuelle, électorale, de presse) et par son hostilité à la politique extérieure de l'empereur. ▮ **De la guerre de 1870 à la Commune** Après Sedan et la capitulation de Napoléon III, il fut envoyé par Jules Favre dans les capitales européennes pour plaider la cause de la France (sept.-oct. 1870). Après cette infructueuse «tournée des capitales», il fut chargé de négocier avec Bismarck à Versailles (nov. 1870). Élu à l'Assemblée nationale, qui à partir du 12 fév. 1871 se réunit à Bordeaux, Thiers fut nommé chef du pouvoir exécutif de la République le 17 fév. et forma un gouvernement d'union nationale qui choisit Versailles comme résidence. La signature des préliminaires de paix avec Bismarck (26 fév.), par lesquels Thiers obtenait une réduction de l'indemnité de guerre de la France à la Prusse et le maintien de la région de Belfort dans le territoire français, et celle du pacte de Bordeaux (10 mars 1871), qui laissait en suspens la question des institutions du pays jusqu'à sa réorganisation administrative, accrurent la colère du peuple parisien dont la situation économique, sociale et militaire était catastrophique. La maladresse de Thiers, qui, le 18 mars, tenta de récupérer les pièces d'artillerie situées à Belleville et à Montmartre, provoqua l'insurrection de la Commune* de Paris. Ayant pris la décision d'abandonner Paris (25 mars), Thiers signait le traité de Francfort* avec la Prusse (10 mai) et peu après réprimait violemment la Commune («Semaine sanglante», 22 - 28 mai). ▮ **Le président de la République** Nommé président de la République, jusqu'à ce que l'Assemblée ait achevé ses travaux, Thiers travailla alors au redressement de la France, réorganisant les finances et l'armée (institution du service militaire obligatoire de cinq ans) et, par sa politique d'emprunts, favorisant l'évacuation totale du territoire français dès 1873. Néanmoins, il fut renversé le 24 mai 1873 par la majorité conservatrice de l'Assemblée et remplacé par Mac-Mahon. **Le chef de l'opposition républicaine** Élu député, il devait encore siéger comme chef de l'opposition républicaine. [Acad. fr. 1833] ➝ ÉTYM. Ce nom est probablement un diminutif de *Thierry**.

**THIERS** [tjɛʀ] [63300] ➝ ÉTYM. «fort (lat. *castrum*) du seigneur (gaul. *tigerno-*)» ♦ Ch.-l. d'arr. du Puy-de-Dôme, au-dessus de la Durolle. 13 338 hab. (aggl. 15 281) (*Thiernois* ou *Bitords*). Église romane Saint-Genès (XIe s.), très remaniée (voûtes d'ogives d'une portée exceptionnelle, XIIIe s.). Église romane du Moutier (XIIe, mutilée au XIXe s.), vestiges d'une abbaye bénédictine fondée au VIIe s. Nombreuses maisons des XVe, XVIe et XVIIe s. ▪ Anc. centre français de la coutellerie (musée) ; couverts, vaisselle en acier inoxydable, décolletage. Plastiques.

**THIÈS** [tjɛs] ➝ ÉTYM. de *kyès*, prononc. locale du fr. *caisse* (l'endroit servait de dépôt de matériel pour la construction d'une ligne de chemin de fer) ♦ V. du Sénégal, à l'E. de Dakar. Plus de 160 000 hab. Construc. mécaniques. Traitement des phosphates d'alumine de Pallo.

**THILL (Georges)** ♦ Ténor français (Paris 1897 - Lorgues 1984). Engagé à l'Opéra (1924), il y affirma d'éclatantes qualités dans l'interprétation des plus grands rôles du répertoire lyrique (*Rigoletto ; Aïda ; Les Huguenots ; Le Prophète ; Werther ; Carmen*) et plus particulièrement du drame wagnérien (*Parsifal ; Lohengrin ; Les Maîtres chanteurs ; La Walkyrie*). La générosité de son lyrisme, la pureté de son timbre, la splendeur de son phrasé lui ont valu une gloire internationale.

**THILLAY (LE)** [95500] ➝ ÉTYM. du lat. *tilia* «tilleul» ♦ Comm. du Val-d'Oise, arr. de Sarcelles. 3 665 hab.

**THILLOT** [tijo] **(LE)** [88160] ➝ ÉTYM. → Thillay (Le) ♦ Ch.-l. de cant. des Vosges, arr. d'Épinal, sur la Moselle. 3 945 hab. (aggl. 13 230) (*Thillotins*). Tissage. Tannerie. Tôlerie.

**THIMERAIS** n. m. → **Thymerais**

**THIMONNIER (Barthélemy)** ♦ Inventeur français (L'Arbresle, Rhône 1793 - Amplepuis 1857). Réalisateur de la première machine à coudre (brevetée en 1830), il vint à Paris dans l'espoir d'exploiter son invention, mais se heurta à l'opposition des ouvriers tailleurs. De retour à Amplepuis, où il exerçait lui-même le métier de tailleur, il apporta des perfectionnements à son «couso-brodeur» dont il vendit le brevet à une compagnie de Manchester (1848). ➝ ÉTYM. Ce nom est une variante de *timonier* (nom de métier).

**THIO** ♦ Localité de la Nouvelle-Calédonie sur la côte S.-E., reliée par route à Nouméa. Gisement de nickel. Plantations de caféiers.

**THIONVILLE** [57100] ➝ ÉTYM. anc. *Theudone villa* «domaine (lat. *villa*) de Theudo (n. de pers. germ.)» ♦ Ch.-l. d'arr. de la Moselle, sur la rive g. de la Moselle. 40 907 hab. (aggl. 130 480) (*Thionvillois*). Tour aux Puces (XIIIe s.), vestige de l'anc. château des comtes de Luxembourg. Vestiges de fortifications (XVIe - XVIIe s.). Maisons des XVe - XVIIIe s. Beffroi du XVIe s. Hôtel de ville (XVIIe s.) dans un anc. couvent de clarisses. ▪ Métropole de la sidérurgie de la Moselle, en difficulté. **Histoire** La ville fut annexée à l'Allemagne de 1871 à 1918, et de 1940 à 1944 sous le nom de *Diedenhofen*.

**THIRA** → **Santorin**

**THIRIET (Maurice)** ♦ Compositeur français (Meulan 1906 - Puys, Seine-Maritime 1972). Élève de Kœchlin, il se fit connaître en 1931 avec le *Livre pour Jean*. On lui doit de nombreux ballets, des mélodies, de la musique symphonique. Son œuvre lyrique est importante : *Le Bourgeois de Falaise* (1933), *La Véridique Histoire du docteur* (1937), *La Locandiera* (1958). Il a également beaucoup écrit pour le cinéma (musique des *Visiteurs du soir*, des *Enfants du paradis*, avec J. Kosma*). ➝ ÉTYM. *Thiriet* est un diminutif de *Thiry (Thierry*)*.

**THIRON-GARDAIS** [28480] ♦ Ch.-l. de cant. de l'Eure-et-Loir, arr. de Nogent-le-Rotrou. 1 121 hab. (*Thironnais*). Vestiges de l'anc. abbaye fondée au début du XIIe s. : vaste abbatiale avec nef et clocher romans ; bâtiments conventuels du XVIIe s.

**THIRY (Marcel)** ♦ Poète belge de langue française (Charleroi 1897 - Fraiture, près de Liège 1977). Admirateur d'Apollinaire, il a cultivé des rythmes réguliers et adopté une forme traditionnelle qu'il s'attache cependant à briser par des «défauts pathétiques», «traits [volontairement] sans rigueur où la ligne a plié». Combattant sur le front russe durant la Première Guerre mondiale, il a ensuite accompli le tour du monde, évoquant ce périple «dans l'entrepont plein du chaos confus des âmes», avec son premier recueil poétique (*Toi qui pâlis au nom de Vancouver*, 1924). Attentif au monde moderne et à son merveilleux (*Astrale automobile*, poèmes publiés dans *Âges*, 1950), il sait en célébrer également la saveur quotidienne (*La Mer de la Tranquillité*, 1938) et les aspects les plus matériels (*Statue de la fatigue*, 1934). Écrivain au talent riche en contrastes, M. Thiry a composé des récits et des nouvelles où le bizarre est savamment cultivé : *Échec au temps* (1945), *Nouvelles du grand possible* (1960), *Simul et autres cas* (1963), *Nondum jam non* (1966).

**THIS** – probablement *al-Birbeh* ♦ Anc. ville de la Haute-Égypte, sur la rive g. du Nil, à quelques kilomètres au N. d'Abydos*. Lieu d'origine des pharaons des Ire et IIe dynasties dites *thinites* (-3200 - -2780) dont la nécropole était en Abydos*.

**THISBÉ** → **Pyrame**

**THISTED** ♦ V. du Danemark, municipalité du Jutland-du-Nord, sur la rive N. de la *baie de Thisted*. 12 762 hab. Église gothique (fin XIVe s.) ▪ Port de commerce. Indus. mécanique, agroalimentaire.

**THITSUG DETSEN** ou **RALPACHEN** ♦ (805 - 838 ?). Roi du Tibet (815 - 838 ?). Troisième et dernier grand roi bouddhiste du Tibet (→ **Songtsen Gampo, Trisong Detsen**) de l'ère Yarlung. Il fit réaliser une traduction plus fidèle des classiques bouddhiques à partir du sanskrit (adopté comme langue religieuse officielle) et poussa la dévotion jusqu'à se faire moine. Il aurait été assassiné en raison des privilèges accordés au clergé. Le texte du traité de paix qu'il conclut avec la Chine en 821, gravé sur stèle, est encore visible de nos jours devant le Jokhang, à Lhassa*.

**THIVIERS** [24800] ➝ ÉTYM. du lat. *Tiberius*, n. de pers. ♦ Ch.-l. de cant. de la Dordogne, arr. de Nontron. 3 261 hab. (*Thibériens*). Église romane du XIIe s., remaniée au XVe s. Château de Vaucocour des XVe, XVIe et XVIIe s. ▪ Marché et foires (foies gras, volailles, truffes). Pantoufles.

**THIZY** [69420] ➝ ÉTYM. du lat. *Titius*, n. de pers., ou de la rac. précelt. *°tas*, *°tat*, désignant les hauteurs ♦ Ch.-l. de cant. du Rhône, arr. de Villefranche-sur-Saône, dans le Beaujolais. 2 483 hab. (aggl. 5 722) (*Thizerots*). Indus. textiles.

**THOIRY** [01630] ➝ ÉTYM. du lat. *Taurius*, n. de pers., et suff. *-acum* ♦ Comm. de l'Ain, arr. de Gex, près de la frontière suisse. 4 063 hab. (*Thoirysiens*). **Histoire** Le 17 sept. 1926, Briand* et Stresemann* se rencontrèrent à Thoiry en vue d'un rapprochement franco-allemand (évacuation par la France des territoires occupés et paiement par l'Allemagne des réparations pour consolider le franc). Mais ces négociations restèrent sans suite.

**THOIRY** [78770] ♦ Comm. des Yvelines, arr. de Rambouillet. 969 hab. (*Thoirysiens*). Château (XVIe - XVIIe s.) ; parc zoologique et réserve «africaine».

**THÖKÖLY** ou **TÖKÖLY (Imre)** ♦ Homme politique hongrois (Késmárk 1657 - İzmit 1705). Il participa à un complot contre les Habsbourg en 1670. Après son échec, il se réfugia en Transylvanie où il constitua une armée pour libérer la Hongrie des Habsbourg. Après s'être allié à Louis XIV qui l'abandonna après Nimègue, Thököly s'allia aux Turcs, et le sultan le nomma roi de Hongrie. Vienne, assiégée, fut défendue par Jean Sobieski. Les Turcs refluèrent ; les villes de Visegrad, Pest, Buda, Belgrade furent reprises. Après la victoire du prince Eugène de Savoie à Zenta (1697), Thököly s'enfuit chez les Turcs, tandis que sa femme Ilona continuait seule la lutte. La Transylvanie resta autonome, mais son prince devint désormais roi héréditaire de Hongrie.

**THOM (René)** ♦ Mathématicien français (Montbéliard 1923 - Bures-sur-Yvette 2002). Auteur de la théorie du cobordisme (concernant les variétés différentiables), il étudia ensuite les espaces feuilletés et les ensembles et morphismes stratifiés (*Stabilité structurelle et morphogenèse*, 1973). Il est surtout connu pour sa «théorie des catastrophes», théorie des singularités de certaines équations différentielles qui applique la topologie aux phénomènes de la vie. [Médaille Fields 1958 ; Acad. sc. 1976]

**THOMAS** (saint) surnommé **Didyme** ➝ ÉTYM. *Thomas*, de l'araméen *t'ômâ* «jumeau» et *Didyme*, du gr. *didumos* «jumeau» ♦ Un des douze apôtres*. Selon l'Évangile de Jean, il refusa de croire à la résurrection de Jésus avant d'avoir touché ses plaies. La tradition en fait l'évangélisateur des Parthes (mort à Édesse) ou des Indes (mort à Madras). Si, en Occident, Thomas fut la figure de l'incrédule par excellence, la tradition gnostique en fait le disciple accompli («jumeau» du Christ, en l'identifiant parfois à Jude*) et le dépositaire de révélations particulières. ♦ ***L'«Évangile selon Thomas»*** Livre apocryphe du IIe s., dont on a retrouvé des fragments grecs à la fin du XIXe s., faisait partie de la bibliothèque copte de Nag* Hammadi : les «paroles secrètes que Jésus le Vivant a dites et qu'a écrites Didyme Jude Thomas» sont un recueil de 114 sentences (*logia*) dont la moitié ont un équivalent dans les Évangiles synoptiques ; certaines témoignent d'une influence gnostique. Une Histoire de l'enfance de Jésus, attribuée à un «Thomas l'Israélite», est souvent qualifiée d'Évangile de l'enfance par Thomas (grec, IVe s.). Les Actes de Thomas (syriaque ? IIIe s.) et l'Apocalypse de Thomas (un original grec ? du IIIe s. aurait été repris au Ve dans une version latine plus longue) sont également apocryphes*. ▪ Fête le 3 juillet.

**THOMAS** ♦ Poète anglo-normand (fin du XIIe s.) qui composa un *Tristan* (entre 1172 et 1176). Le texte nous est parvenu en huit fragments qui comptent 3 146 vers en tout. Il s'agit de la légende de *Tristan* et Iseult*, en une version dite «courtoise» : malgré son mariage avec Iseult aux blanches mains, Tristan ne peut oublier Iseult la blonde, qu'il mande à son heure dernière. Son amante, arrivée trop tard, le rejoint dans la tombe. Les critiques modernes s'attachent aujourd'hui à montrer que la mort des amants plonge le roman dans l'impasse. Le texte serait alors une dénonciation de l'idéologie courtoise.

**THOMAS (Clément)** ♦ Homme politique français (Libourne 1809 - Paris 1871). Député en 1848, commandant de la garde nationale, il prit position contre le coup d'État du 2 décembre* 1851. Exilé en Belgique jusqu'en 1870, il reprit ses fonctions à la tête de la garde nationale à la chute de l'Empire, combattit à Buzenval. Après avoir donné sa démission (fév. 1871), il fut fusillé avec Lecomte par les insurgés, à Montmartre (18 mars 1871).

**THOMAS (Ambroise)** ♦ Compositeur français (Metz 1811 - Paris 1896). Il obtint le premier prix de Rome en 1832 avec la cantate *Herman et Ketty*. Il est surtout connu pour ses opéras et opéras-comiques, dont *Mignon* (1866) et *Hamlet* (1868), ses plus grands succès. Il a également composé des messes, des cantates, un *Requiem* et des pièces pour piano. Il devint, en 1871, directeur du Conservatoire de Paris.

**THOMAS (Sidney Gilchrist)** ♦ Métallurgiste britannique (Londres 1850 - Paris 1885). Il imagina en 1876 un procédé d'affinage des fontes provenant de minerais de fer riches en phosphore et pour lesquelles le convertisseur Bessemer* ne convenait pas. Peu à peu abandonné à cause de la quantité excessive d'azote et de phosphore qu'il contenait, l'*acier Thomas* était utilisé dans de nombreuses installations (tôles, rails, barres, profilés de charpentes, etc.) et les scories de déphosphoration fournissaient des engrais.

**THOMAS (Albert)** ♦ Homme politique français (Champigny-sur-Marne 1878 - Paris 1932). Professeur d'histoire, auteur d'une étude sur *Le Syndicalisme allemand* (1903), il collabora avec J. Jaurès* à la rédaction de *l'Humanité* (1904). Député socialiste (1910), il fut sous-secrétaire d'État, puis ministre aux Armements (1915 - 1917) et favorisa la mobilisation industrielle (octroi de sursis et hauts salaires aux ouvriers de la métallurgie). Au lendemain de la Première Guerre mondiale, il fut l'un des instigateurs de la fondation du Bureau international du travail (BIT), dont il fut nommé président (1920 - 1932).

**THOMAS (Henri)** ♦ Poète, essayiste, romancier et traducteur français (Anglemont, Vosges 1912 - Paris 1993). Ses romans autobiographiques sont construits autour d'un héros «sans attaches mais non sans passé» (*Le Seau à charbon*, 1940 ; *La Nuit de Londres*, 1956 ; *Une saison volée*, 1986 ; *Le Goût de l'éternel*, 1990). *Le Promontoire* (1961, prix Femina) est une réflexion sur l'écriture. À l'aise dans la nouvelle (*La Cible*, 1955 ; *Les Tours de Notre-Dame*, 1979) comme dans l'essai (*La Chasse au trésor I* et *II*, 1961 et 1992), H. Thomas est un écrivain à la première personne, dont l'écriture pratique l'ascèse de la tension dans la simplicité. C'est pourquoi il est avant tout poète (*Travaux d'aveugle*, 1941) et qu'il continue de l'être dans ses meilleures traductions (Goethe ; Jünger ; Kleist ; Melville ; Pouchkine : *Le Convive de Pierre*, 1947 ; Shakespeare : *Les Sonnets*, posth. 1995).

**THOMAS (Ronald Stuart)** ♦ Poète britannique (Cardiff 1913 - 2000). Ordonné prêtre en 1936, il vécut à l'écart du monde littéraire et édifia lentement une œuvre où s'exprime son amour mélancolique et jaloux du pays de Galles et de la nation galloise, avec une force et une simplicité d'où tout sentimentalisme est exclu. Sa ferveur chrétienne le rapproche de mystiques comme G. Herbert*, qu'il édita, et son réalisme paysan de G. Crabbe*. Le succès et la diffusion de son œuvre contrastent avec sa vie retirée. Œuvres princ. : *Stones of the Field* (1947), *Song at the Year's Turning* (1955), *Poetry for Supper* (1958), *The Bread of Truth* (1963), *Pieta* (1966), *No Truce with the Furies* (1995).

**THOMAS (Dylan Marlais)** ♦ Poète, nouvelliste et auteur dramatique britannique (Swansea, pays de Galles 1914 - New York 1953). Fils d'un professeur, il publia à onze ans *Chanson d'un chien méchant*. Après avoir été comédien, il collabora au *Herald of Wales* et au *South Wales Daily Post*, expérience qui lui inspirera certaines nouvelles du *Portrait de l'artiste en jeune chien* (1940, titre inspiré de Joyce*). Après la publication de *Dix-huit poèmes* (1934), Dylan Thomas séjourna en Irlande où il mit en ordre les *Vingt-cinq poèmes* (1936) qui enthousiasmèrent Edith Sitwell et H. Read*. Influencée par Joyce, les surréalistes et H. Miller, la poésie de Thomas (notamment *Morts et Entrées*, 1946 ; *Un sommeil de campagne*, 1951) «combine des préoccupations sexuelles obsédantes, la maladie, le paysage gallois, exprimés dans un langage nébuleux et élaboré, avec des observations aiguës» (Stephen Spender). Miné par l'alcool et la fatigue, Thomas mourut au cours d'un voyage aux États-Unis alors qu'il mettait la dernière main à une pièce de théâtre, *Au bois lacté* (posth. 1954).

**THOMAS (Edward Donnall)** ♦ Médecin américain (Mart, Texas 1920). Il réalisa en 1956 la première greffe de moelle osseuse et précisa les moyens radiothérapiques et chimiothérapiques permettant de maîtriser les réactions d'incompatibilité (rejet du greffon par le receveur et réaction du greffon contre l'hôte). [Prix Nobel de physiol. ou méd. 1990, avec J. Murray*]

**THOMAS A KEMPIS (Thomas HEMERKEN, dit)** ♦ Mystique allemand (Kempen, Rhénanie 1379 ou 1380 - Sint Agnietenberg, Zwolle, Pays-Bas 1471). Il fut, avec son frère Jean, frère de la Vie contemplative au monastère de Sint Agnietenberg. Il est généralement considéré comme l'auteur de *L'Imitation* de Jésus-Christ*.

**THOMAS BECKET** (saint) ♦ Prélat et homme politique anglais (Londres v. 1118 - Canterbury 1170). Ami du roi Henri* II, il fut nommé chancelier du royaume (1154) puis élu sur son ordre archevêque de Canterbury (1162). Mais, loin de servir la politique religieuse du roi qui, par la promulgation des Constitutions de Clarendon, soumettait la justice ecclésiastique à la justice royale (1164), il s'y opposa, alla jusqu'à excommunier le roi et fut finalement assassiné à son instigation (1170). Sur l'ordre du pape Alexandre III, Henri II dut faire une pénitence publique ; il retira même les Constitutions de Clarendon (1172). Thomas Becket fut canonisé dès 1173. Son assassinat a inspiré plusieurs œuvres dramatiques. → **Eliot (T. S.).** Il est resté environ 197 *lettres* dictées par Thomas Becket. ▪ Fête le 29 décembre.

**THOMAS D'AQUIN** (saint) ♦ Théologien et philosophe italien (Roccasecca, près d'Aquino, royaume de Naples 1228 - Fossanova 1274). Celui qui fut surnommé «le Docteur angélique», en raison de la sainteté de sa vie, entra dans l'ordre des dominicains en 1240 ou 1243 ; il étudia à l'abbaye du Mont-Cassin, puis à Naples (où se développait la connaissance des philosophes arabes), puis à Cologne et à Paris. Il fut l'élève de saint Albert* le Grand. Maître en théologie, il enseigna successivement à l'université de Paris (1252 - 1259), au *studium* de la curie romaine, à nouveau à Paris (1269 - 1272), et enfin à Naples. Il mourut en se rendant au concile de Lyon. Son œuvre comprend un *Commentaire des sentences* (de Pierre* Lombard), *Quaestiones disputatae*, *De Ente et Essentia*, et les deux «sommes» : *Summa contra Gentiles* et *Summa Theologiae*. → **Somme théologique, thomisme.** Il fut canonisé en 1323 et proclamé docteur de l'Église en 1567. ▪ Fête le 28 janv.

**Thomas d'Aquin.** *Le Triomphe de saint Thomas d'Aquin*, par B. Gozzoli (2,30 x 1,02 m), détail, v. 1470. Musée du Louvre, Paris.
*BIS/Phot. Hubert Josse © Archives Larbor*

**THOMAS DE CELANO (Tommaso DA CELANO, dit en fr.)** ♦ Franciscain italien (Celano ? - Tagliacozzo 1244-1250). Auteur de deux *Vies de saint François** et, selon la tradition, rédacteur du *Dies* irae*.

**THOMASIUS (Christian THOMAS, latinisé en)** ♦ Philosophe et jurisconsulte allemand (Leipzig 1655 - Halle 1728). Il fut professeur de droit à Leipzig puis à Halle ; un des premiers à enseigner en langue allemande, il ne ménagea pas ses critiques contre la routine des universités. Il fut également un des créateurs du journalisme en Allemagne.

**THOMAS MORE** (saint) → **More (saint Thomas)**

**THOMASSIN (Louis)** ♦ Oratorien français (Aix-en-Provence 1619 - Paris 1695). Professeur de théologie à Saumur puis au séminaire Saint-Magloire à Paris, il dut abandonner son poste après ses *Mémoires sur la grâce* suspects de jansénisme (1668). Comme canoniste, il est l'auteur de l'*Ancienne et Nouvelle Discipline de l'Église touchant les bénéfices et les bénéficiers*, ouvrage classique (1678 - 1679). ▸ ÉTYM. *Thomassin* est un hypocoristique de *Thomas**.

**THOMASSIN** ♦ Nom porté au XVIIIe s. par deux des plus célèbres Arlequins* de la Comédie*-Italienne : TOMMASO VISENTINI (Vicenza 1682 - Paris 1739) qui fut l'interprète de Marivaux et humanisa le personnage ; et son fils VINCENZO VISENTINI (Paris 1717 - *id.* 1769).

**THOMERY** [77810] ➝ ÉTYM. anc. *Taumeriacum*, probablt du gaul. °*Talo-maros*, n. de pers., et suff. *-acum* ♦ Comm. de la Seine-et-Marne, arr. de Fontainebleau. 3 203 hab. *(Thomeryons)*. Raisins de table («chasselas de Fontainebleau»). Mécanique de précision.

## thomisme

n. m. ♦ Doctrine philosophique et théologique de saint Thomas* d'Aquin. Indissociable de la scolastique* qui lui sert d'armature et du débat avec Aristote* qui domine son siècle (➝ **Somme théologique**), l'œuvre de Thomas est centrée sur l'articulation entre raison et foi. Contre un augustinisme* strict, Thomas réhabilite la première, mais préserve la primauté de la seconde contre les averroïstes (➝ **Averroès, Siger de Brabant**). Si la philosophie est du domaine exclusif de la raison, celle-ci agit au sein de la théologie tout en y étant soumise à la Révélation. Le thomisme distingue deux types de sciences : celles qui portent en elles leurs propres principes (arithmétique, géométrie) et celles qui les puisent dans un registre supérieur, qui est pour la théologie la propre science de Dieu. Il existe donc une théologie révélée, où la raison montre seulement que les dogmes ne sont pas impossibles rationnellement (Sainte-Trinité, doctrine de la création du monde), et une théologie naturelle, où la raison accède par ses propres moyens aux vérités de la foi, comme en témoignent les cinq voies prouvant l'existence de Dieu, qui toutes remontent par une chaîne causale de l'évidence sensible à la nécessité de Dieu. La réalité sensible est en effet la seule source de connaissance et le thomisme réhabilite la nature et le monde dans une théorie de la hiérarchie des êtres empruntée à Aristote. Condamné en 1277 par l'évêque de Paris Étienne Tempier, combattu dans l'école franciscaine (➝ **Bonaventure** [saint], **Duns Scot, Guillaume d'Occam**), récusé avec la scolastique par les humanistes, le thomisme donna cependant naissance à une tradition théologique marquée au XVIe s. par l'apport de Cajetan* et de l'Espagnol Francisco de Vitoria (1492 ? - 1546). L'édition princeps des œuvres de Thomas parut en 1497. L'encyclique *Aeterni patris* (Léon* XIII, 1879) fit du thomisme le fondement de l'enseignement catholique, et provoqua un retour à Thomas (néothomisme) tantôt conservateur (➝ **Garrigou-Lagrange**), tantôt ouvert à la modernité. ➝ **Mercier, Maritain, Gilson, Rahner, Chenu, Congar.** L'éthique thomiste de la justice commutative a été considérée par Schumpeter* comme l'esquisse des théories modernes de l'échange.

**THOMPSON (William)** ♦ Économiste britannique (Rosscarbery, comté de Cork 1785 - *id.* 1833). Il vit dans la rente foncière et le profit réalisé par le capitaliste une partie de la valeur volée aux travailleurs. On peut le considérer comme un précurseur de la théorie marxiste de la plus-value ; hostile néanmoins à toute mesure violente contre le régime, il a préconisé une redistribution égalitaire des revenus (*Recherches sur les principes de la distribution des richesses*, 1824). Il s'orienta ensuite vers le coopératisme d'Owen (*Le Travail récompensé*, 1827). ➝ ÉTYM. Ce nom anglais signifie «fils *(son)* de Thomas *(Thom)*».

**THOMPSON (Francis Joseph)** ♦ Poète et essayiste britannique (Preston, Lancashire 1859 - St John's Woods, Londres 1907). Ayant déçu sa famille très catholique par son inaptitude à la prêtrise, puis à la médecine, il mena à Londres, où il devint opiomane, une vie vagabonde. Déjà atteint de tuberculose, le poète trouva refuge auprès de l'éditeur de la revue catholique *Merry England* à qui il avait envoyé ses premiers vers en 1888. *Le Lévrier du Ciel* publié dans *Poèmes* (1893) est considéré comme l'expression mystique la plus haute de la poésie anglaise de cette époque. Critique littéraire à l'*Athenaeum* et à l'*Academy*, Thompson donna encore *Nouveaux poèmes* (1897), *Santé et Sainteté* (1905) et *La Vie de saint Ignace de Loyola* (1909).

**THOMPSON (John Eric Sidney)** ♦ Archéologue britannique (Londres 1898 - Cambridge 1975). Ses recherches sont à l'origine de l'établissement de la chronologie et du déchiffrement de l'écriture des Mayas*.

**THOMPSON (James Myers, dit Jim)** ♦ Romancier américain (Anadarko, Oklahoma 1906 - Los Angeles 1977). Les romans pessimistes et violents qu'il publia de 1942 à 1973 dénoncent, sur un mode sarcastique, le conformisme et la bonne conscience de l'Amérique profonde, où des gens ordinaires sûrs de leur bon droit châtient sans pitié ceux que la malchance a écartés du droit chemin. *1 275 âmes* (*Pop. 1 280*, 1964) est considéré comme son chef-d'œuvre. On lui doit aussi *Le Démon dans ma peau* (1952) et *Le Lien conjugal* (1959).

**THOMPSON (John Griggs)** ♦ Mathématicien américain (Ottawa, Kansas 1932). Ses recherches concernent la théorie des groupes. [Médaille Fields 1970 ; Prix Abel 2008 avec J. Tits*]

**THOMSEN (Christian Jürgensen)** ♦ Préhistorien et numismate danois (Copenhague 1788 - *id.* 1865). Directeur des musées archéologiques et ethnographiques de Copenhague, il est le premier à avoir donné une classification scientifique des temps préhistoriques : âges de pierre, du bronze et du fer (*Ledetrand til Nordisk Oldkyndighed*, 1836).

**THOMSEN (Julius)** ♦ Chimiste danois (Copenhague 1826 - *id.* 1909). Auteur de 3 500 mesures calorimétriques, il fut le premier à évaluer la force relative des acides et formula les principes de la thermochimie (1858).

**THOMSON (James)** ♦ Poète britannique (Ednam, Roxburgh 1700 - Kew, Londres 1748). Fils d'un pasteur écossais, Thomson se destina d'abord à la carrière ecclésiastique mais sa rhétorique raffinée déplut à ses paroissiens. Il devint précepteur chez sir Charles Talbot dont il accompagna le fils en France, en Suisse et en Italie. À Londres à partir de 1725, il rencontra Pope, Arbuthnot, Gray, du Scriberus Club, et fit jouer sans succès une tragédie, *Sophonisbe*. Son poème, *Les Saisons* (*L'Hiver*, 1726 ; *L'Été*, 1727 ; *Le Printemps*, 1728 ; *L'Automne*, 1730), le rendit célèbre. Cette œuvre, influencée par Virgile et la Bible (Booz), inspira l'oratorio de Haydn et fut imitée en Italie par Barbieri. De même, *Le Château de l'indolence* (1748), remettait la nature à l'honneur et réhabilitait la strophe spensérienne à une époque où la mode allait au couplet. Thomson y chante une bienheureuse oisiveté qui convenait à son gai caractère. L'une de ses pièces, le masque *Alfred* (1740) contient l'hymne «Rule Britannia». ➝ ÉTYM. *Thomson* a la même étymologie que *Thompson** (William).

**THOMSON (sir William) lord KELVIN** ♦ Physicien britannique (Belfast 1824 - Netherhall 1907). Il établit la théorie thermodynamique des phénomènes thermoélectriques (1851) ; en 1852, il découvrit avec Joule* que la détente d'un gaz réel (à enthalpie constante) provoquait un refroidissement *(effet Joule-Thomson)* ; il mit en évidence l'importance du principe de Carnot* (1854) et en déduisit une définition thermodynamique de la température (température absolue) montrant que la température est une grandeur mesurable et non seulement repérable. En électricité et en magnétisme, il conçut le galvanomètre à aimant mobile (1851), et formula la théorie complète des circuits oscillants (1853) ; s'intéressant à la télégraphie sous-marine (1854), il imagina les appareils récepteurs et établit l'équation de propagation des signaux. Il réalisa également l'électromètre à quadrants (1867), l'électromètre absolu (1870) et il détermina l'ohm. Il construisit en outre le premier intégrateur mécanique permettant la résolution des équations différentielles (1876). Son nom fut donné à l'unité de température absolue, le *kelvin* (0 K = –273,15 °C).

**THOMSON (James)** ♦ Poète britannique (Port Glasgow 1834 - Londres 1882). Écossais, élevé dans une institution de charité à Londres, il enseigna dans une école militaire irlandaise, puis vécut pauvrement de sa plume, collaborant au *National Reformer* de Londres. Admirateur de Percy Bysshe Shelley et de Novalis, il prit le pseudonyme de Bysshe Vanolis. Ses *Essais* furent rassemblés en 1881. *La Cité de la terrible nuit*, publié en 1880 avec d'autres poèmes, évoque une ville qui vénère le néant et tient la certitude de la mort pour l'unique réconfort. L'inspiration désespérée de Thomson est en opposition totale avec l'optimisme de l'époque victorienne.

**THOMSON (Elihu)** ♦ Ingénieur américain d'origine britannique (Manchester 1853 - Swampscott, Massachusetts 1937). Il participa, par ses nombreuses inventions, à l'industrialisation de l'électricité et fut l'un des fondateurs de la Thomson-Houston Company. On lui doit aussi le moteur à courant alternatif synchrone (1879), le soufflage magnétique des arcs, la soudure électrique par la méthode des résistances, les moteurs à répulsion (1888), les alternateurs à haute fréquence, les compteurs d'énergie électrique.

**THOMSON (sir Joseph John)** ♦ Physicien britannique (Cheetham Hill, près de Manchester 1856 - Cambridge 1940). Il étudia les propriétés électriques de la matière et jeta les bases de nos connaissances sur l'électron, dont il prouva l'existence (contestée à l'époque) en tant que particule, caractérisée par une masse, et une charge électrique. Dans une expérience célèbre (1897), il fit agir séparément un champ électrique et un champ magnétique sur les particules constituant les rayons cathodiques et il détermina leur vitesse et le rapport de leur charge à leur masse, montrant ainsi qu'il s'agissait de corpuscules très légers dont il assimila la charge négative à celle que porte un ion monovalent dans l'électrolyse ; son dispositif, amélioré par Aston*, constituera le premier spectrographe de masse. Il mesura ensuite directement la charge des électrons (1898 - 1899) ➝ **Millikan.** Il proposa, en 1902, un modèle atomique dit «pain aux raisins», dans lequel les électrons étaient disposés à l'intérieur d'une boule d'électricité négative, en accord avec les spectres atomiques et satisfaisant aux lois de la mécanique et de l'électrodynamique classiques ; ce modèle fut écarté par la découverte du noyau par Rutherford*. [Prix Nobel de phys. 1906 ; Acad. sc. 1919]

**THOMSON** (sir **George Paget**) ♦ Physicien britannique (Cambridge 1892 - *id.* 1975). Fils de Joseph John Thomson. Il mit en évidence la diffraction des électrons rapides dans les cristaux (1929), confirmant la théorie de L. de Broglie* sur la nature ondulatoire de l'électron. [Prix Nobel de phys. 1937, avec C. Davisson*]

**THOMSON (Virgil)** ♦ Compositeur et critique musical américain (Kansas City, Missouri, 1896 - New York 1989). Il vécut à Paris (1925 - 1940), où il fut l'élève de Nadia Boulanger et subit l'influence du groupe des Six, de Satie et de Stravinski. Curieux de toutes les formes de l'expression musicale, il fut l'ami de G. Stein* qui composa le livret de deux de ses opéras *Four Saints in Three Acts* (1934) et *The Mother of All Us* (1947). Le refus de toute convention est sensible dans la diversité d'inspiration de son œuvre, qui mêle le burlesque et le sévère et témoigne d'une indifférence vigoureuse pour l'esprit de système. On lui doit deux symphonies, des concertos, trois messes, de la musique de chambre, pour piano (cent «portraits», des sonates et études), des ballets, de la musique de scène et de film *(Louisiana Story)*. Critique musical du *New York Herald Tribune* (1940 - 1954), il joua un rôle important dans l'évolution de la musique américaine contemporaine et publia divers ouvrages, dont *The State of Music* (1939).

**THONBURI** ♦ Anc. cap. du Siam de 1767 à 1781, créée face à l'actuelle Bangkok* sur la rive opposée du Menam Chao Phraya, et englobée aujourd'hui dans l'agglomération. Elle a conservé ses canaux *(khlong)* et son caractère lacustre et verdoyant avec ses nombreux monastères, le quartier chrétien de Santa Cruz et son église désuète, ses fondeurs de bronze et son marché flottant.

**THÔNES** [74230] ♦ Ch.-l. de cant. de la Haute-Savoie, arr. d'Annecy, dans le massif des Aravis, sur le Fier. 5 212 hab. (aggl. 6 111) *(Thônains)*. Musée : histoire locale ; arts et traditions populaires. Industrie du meuble. ▪ Station estivale.

**THONMI SAMBHOTA** ♦ Conseiller tibétain (mort en 667) du roi Songtsen* Gampo. Il fut envoyé en 640 à la cour des Tang* pour négocier le mariage de son maître avec la princesse Wencheng, et aurait rapporté de l'Inde un système d'écriture inspiré d'une forme du sanskrit et adapté à la transcription du tibétain. Il en élabora la forme et la grammaire. Il fut régent du royaume après le décès de Songtsen Gampo.

**THONON-LES-BAINS** [74200] ♦ Ch.-l. d'arr. de la Haute-Savoie, sur la rive S. du lac Léman. 28 927 hab. (aggl. 58 834) *(Thononais)*. Basilique Saint-François-de-Sales (1889 - 1930), de style néogothique (chemin de croix par M. Denis). Église Saint-Hippolyte des XIII^e^ - XV^e^ s. (crypte romane ; voûtes de style rocaille, XVII^e^ s.). Château de Sonnaz (XVII^e^ s.) abritant le Musée régional folklorique du Chablais. ▪ Station thermale. Indus. diversifiées. ▌**Histoire** Thonon est l'ancienne capitale du Chablais*.

**'T HOOFT (Gerardus)** ♦ Physicien néerlandais (Den Helder 1946). → **Veltman (Martinus)**. [Prix Nobel de physique 1999, avec M. Veltman]

**THOR** ou **TOR** ➝ **ÉTYM.** vx scand. correspondant à l'all. ***Donar***, de *þörr* «tonnerre» ♦ Dieu germanique, de la famille des Ases*. C'est le dieu atmosphérique du tonnerre, de la pluie, peut-être de la fertilité. En rapport avec l'orage, ce qu'exprime le fracas de son char, tiré par deux boucs, et son arme, le marteau Mjöllnir, il est aussi un dieu guerrier, luttant contre les Géants ou contre le serpent Jörmundgand.

**THOR (LE)** [84250] ➝ **ÉTYM.** de l'occit. *tòr* «tertre» ♦ Comm. du Vaucluse, arr. d'Avignon. 6 619 hab. *(Thorois)*. Église (XIII^e^ s.) en grande partie romane (nef à voûtes d'ogives ; portails inspirés de l'art antique). ▪ Produits maraîchers. Arboriculture. Viticulture (chasselas).

**THORBECKE (Johan Rudolf)** ♦ Homme politique néerlandais (Zwolle 1798 - La Haye 1872). Député en 1840, il prit part à la réforme constitutionnelle de 1848. Chef des libéraux, il dirigea le gouvernement à plusieurs reprises (1849 - 1853, 1862 - 1866, 1871 - 1872), mena une politique de libre-échange et favorisa la construction de plusieurs canaux.

**THÓRÐARSON (Thórbergur)** ♦ Écrivain islandais (Sudursveit 1889 - Reykjavík 1974). Il se rendit célèbre par son étrange *Lettre à Laura* (1924) où il luttait contre la société capitaliste islandaise en prêchant un évangile socialiste. Les divers volumes autobiographiques qu'il publia ensuite n'ajoutent rien à cette surprenante inspiration à la fois théosophique et spiritiste en dépit de ses prises de position politiques.

**THORÉ** n. m. ♦ Riv. du Massif central (55 km) qui naît dans la Montagne* Noire ; elle arrose Mazamet et se jette dans l'Agout en aval de Castres.

**THOREAU (Henry David)** ♦ Essayiste, mémorialiste et poète américain (Concord, Massachusetts 1817 - *id.* 1862). D'ascendance française et écossaise, quaker et puritaine, il mena une vie ascétique. D'une culture immense, il termina ses études à Harvard et vécut quatre ans chez son ami et mentor R. W. Emerson* à Concord. Il ne se livrait à l'observation du monde extérieur que pour parvenir à la connaissance de son âme. Les seuls événements de sa vie étaient le retour des saisons, qu'il décrivit dans *Une semaine sur les fleuves Concord et Merrimac* (1849), où il évoque la nostalgie de la culture indienne. *Walden ou la Vie dans les bois* (1854) révèle, dans un langage précis et simple, parsemé de citations grecques et latines, la vie solitaire et méditative qu'il mena deux ans à Walden Pond, qui appartenait à Emerson. Thoreau gagnait sa vie comme instituteur, artisan, arpenteur et journalier. Son refus de payer une taxe destinée à financer la guerre avec le Mexique lui valut en 1846 la prison, expérience brève qui lui inspira l'essai *La Désobéissance civile* (1849), dont s'inspira notamment Gandhi*. Il défia encore l'opinion en prenant vivement la défense du terroriste abolitionniste John Brown* en 1859. Sa devise était : «Simplifiez, simplifiez !» Son œuvre, dont une grande partie parut après sa mort (*Journal*, 14 vol., 1906 ; *Writings*, 20 vol., 1906), se situe entre le panthéisme mystique et le naturalisme poétique, sur le fil du rasoir de l'individualisme sans concessions ; féru d'exotisme (littératures chinoise et hindoue), Thoreau a été redécouvert dans les années 1960 - 1970 par les jeunes contestataires. ➝ **ÉTYM.** Ce nom de famille vient de l'ancien français *taurel* «taureau».

**THOREZ** [tɔʀɛz] **(Maurice)** ♦ Homme politique français (Noyelles-Godault, Pas-de-Calais 1900 - en mer Noire 1964). Employé d'une compagnie minière, il adhéra à la SFIO et, lors de la scission du congrès de Tours (1920), se rallia à la majorité qui constitua la SFIC (Parti communiste* français). Membre du bureau politique (1925), il devint secrétaire général du parti en 1930. Élu député (1932, 1936), il travailla à l'alliance avec les socialistes au sein du Front* populaire (juil. 1934). Mobilisé peu après la signature du pacte germano-soviétique, il quitta son régiment et passa en URSS (oct. 1939 - 1944). Condamné à mort par contumace, il fut amnistié après la Libération. Député en oct. 1945, il fut appelé par de Gaulle comme ministre d'État chargé de la Fonction publique (nov. 1945 - janv. 1946), et fut vice-président du Conseil dans les cabinets ultérieurs. En mai 1947, il quitta le gouvernement avec les ministres communistes, exclus par Ramadier. En 1964, Waldeck Rochet* lui succéda comme secrétaire général du Parti communiste français. Il a écrit *Fils du peuple* (1937), *Une politique de grandeur française* (1949). ➝ **ÉTYM.** Thorez vient de *Mathoré* ou *Mathorel* ou de l'ancien français *taurel* «taureau».

**THOREZ** ou **TOREZ,** jusqu'en 1964 ***Tchistiakovo*** ♦ V. d'Ukraine, dans le Donbass. 66 446 hab. Centre houiller.

**THORIGNÉ-FOUILLARD** [35235] ➝ **ÉTYM.** du lat. *Taurinius*, n. de pers., et suff. *-acum* ♦ Comm. de l'Ille-et-Vilaine, arr. de Rennes. 6 625 hab.

**THORIGNY-SUR-MARNE** [77400] ➝ **ÉTYM.** → Thorigné*-Fouillard ♦ Comm. de la Seine-et-Marne, arr. de Torcy. 9 029 hab. *(Thorigniens)*.

**THORN (Gaston)** ♦ Homme politique luxembourgeois (Luxembourg 1928 - *id.* 2007). Membre du Parti démocratique (libéral), il dirigea le gouvernement de 1974 à 1979. Un des artisans de la construction européenne, il fut président de la Commission européenne de janv. 1981 à janv. 1985.

**THORN** → Toruń

**THORNDIKE (Edward Lee)** ♦ Psychologue américain (Williamsburg, Massachusetts 1874 - Montrose, État de New York 1949). Il mit au point un matériel expérimental (technique du labyrinthe à l'extrémité duquel se trouve placée de la nourriture) pour étudier la formation des habitudes chez l'animal (apprentissage par «essais et erreurs» ou encore «par la réussite», consistant pour l'animal à ne plus s'engager dans les impasses du labyrinthe). Il fit également avec ses élèves des expériences sur l'apprentissage scolaire (*The Psychology of Learning*, 1914 ; *The Measurement of Intelligence*, 1926).

**THORNHILL** (sir **James**) ♦ Peintre anglais (Melcombe Regis, Dorset 1675 - Thornhill Park 1734). Il tenta d'introduire en Angleterre la grande décoration baroque, à l'hôpital de Greenwich (plafond du Painted Hall), puis à Saint-Paul (grisailles de la coupole, 1716 - 1719). Cette dernière œuvre impressionna Hogarth* ; celui-ci devint le gendre de Thornhill et reprit à sa mort son école de peinture. ➝ **ÉTYM.** Ce nom vient du vieil anglais *þorn* «buisson d'épines» et *hyll* «colline».

**THORONET (LE)** [83340] ➝ **ÉTYM.** «petite source», de l'anc. prov. *toron, teron* «source jaillissante» et suff. *-itum* ♦ Comm. du Var, arr. de Draguignan, près de Lorgues. 1 533 hab. *(Thoronéens)*. Abbaye du XII^e^ s., d'une grande sobriété, l'une des «trois sœurs cisterciennes de Provence» avec Silvacane et Sénanque. Son cloître, en forme de trapèze, comportant sur trois de ses galeries un étage couvert en charpente. La salle capitulaire est du premier gothique et présente des voûtes d'ogives aux nervures déployées en palmier, supportées par deux colonnes. Propriété de l'État en 1854. → **Sénanque, Silvacane.**

**THORPE (Ian)** ♦ Nageur australien (Milperra, près de Sidney 1982). Il a remporté entre 1998 et 2006 cinq médailles d'or aux jeux Olympiques, onze titres mondiaux et il a battu 23 records du monde (dont le 200 m et le 400 m nage libre).

**THORVALDSEN** ou **THORWALDSEN (Bertel,** dit **Alberto)** ♦ Sculpteur et restaurateur danois (Copenhague 1768 ou 1770 - *id.* 1844). Il passa la plus grande partie de sa vie à Rome où il subit l'influence de Carstens* et des théories de Winckelmann*. Partisan du retour à l'antique, il contribua à la propagation du néoclassicisme en Allemagne et acquit une notoriété comparable à celle de Canova*. Il

**Thorvaldsen.** *Hébé*, marbre (1,56 m). Musée national, Copenhague. *Phot. © Arch. Smeets*

**Thorvaldsen.** Cariatide de l'Érechthéion, copie romaine restaurée. Musée du Vatican, Rome. *Phot. © Arch. Smeets*

interpréta avec froideur et parfois avec une grâce un peu mièvre la statuaire antique, que ce soit en exécutant des œuvres mythologiques (*Jason*, 1803), des statues de personnages célèbres (*Schiller*, 1835) ou des œuvres religieuses (*Le Christ et les douze Apôtres*, cathédrale de Copenhague, 1833 - 1838). ➝ **ÉTYM.** Le nom danois *Thorvaldsen* signifie « fils *(sen)* de Thorvald » ou peut-être « forêt du dieu Thor ».

**THOT** – n. gr. de ***Djehouti*** ♦ Dieu égyptien représenté comme un homme à tête d'ibis ou de babouin et adoré principalement à Hermopolis*. Dieu lunaire, il fut le dieu comptable, la lune étant l'instrument de comput du temps par excellence pour les Égyptiens. En conséquence, il fut considéré comme le dieu du savoir, l'inventeur de l'écriture, des langages, le scribe (il jouait le rôle de greffier lors de la psychostasie) et le conseiller des dieux. Sa maîtrise du langage (il était la langue de Ptah*, le Verbe par lequel le dieu avait donné l'existence à l'Univers) faisait de lui un redoutable magicien connaissant les formules capables de guérir les maladies. Il fut assimilé par les Grecs à Hermès* (Trismégiste).

**THOU (François Auguste DE)** ♦ Magistrat français (Paris 1607 - Lyon 1642). Ayant conspiré avec son ami Cinq*-Mars, qui le chargea lors du procès, il fut exécuté avec lui.

**THOUARÉ-SUR-LOIRE** [44470] ➝ **ÉTYM.** du lat. *Taurius*, n. de pers., et suff. *-acum* ♦ Comm. de la Loire-Atlantique, banl. N.-E. de Nantes. 6 661 hab.

**THOUARS** [79100] ➝ **ÉTYM.** du n. du *Thouet** et suff. *-icus* ♦ Ch.-l. de cant. des Deux-Sèvres, arr. de Bressuire, sur un plateau au-dessus de la rive d. du Thouet. 10 656 hab. (aggl. 15 791) *(Thouarsais)*. Vestiges de fortifications (XII$^{e}$ - XIV$^{e}$ s.). Église romane Saint-Médard (façade de style poitevin, ornée d'une rosace gothique). Anc. abbatiale Saint-Laon des XII$^{e}$ - XIV$^{e}$ s. (clocher roman ; tête du Christ mort, du XV$^{e}$ s.). Château du XVII$^{e}$ s. et, attenante, sainte chapelle (façade flamboyante) édifiée sur des cryptes renfermant les sépultures des ducs de La Trémoille, vicomtes de Thouars. Hôtels et maisons anc. Musée d'art et d'histoire. ▪ Indus. diversifiées.

**THOUÉRIS** ➝ **ÉTYM.** égypt. « la Grande » ♦ Divinité égyptienne représentée sous la forme d'un hippopotame, déesse de la fécondité.

**THOUET** [twɛ] n. m. ➝ **ÉTYM.** anc. *Toarum*, probablt du gaul. *tauo* « tranquille » et suff. *-aris* ♦ Riv. de l'O. de la France (140 km), affl. de la Loire (rive g.). Elle prend naissance dans les Deux-Sèvres, où se situe la majeure partie de son cours, et traverse le Maine-et-Loire où elle conflue en aval de Saumur. Elle arrose Secondigny, Parthenay, Airvault, Thouars, Montreuil-Bellay.

**THOUNE** – en all. ***Thun*** ♦ V. de Suisse (cant. de Berne), située sur les deux rives de l'Aar à sa sortie du *lac de Thoune*. 41 177 hab. (aggl. 89 522). Fondée au XII$^{e}$ s. par les ducs de Zähringen, la ville a gardé en partie son caractère médiéval : château des Zähringen-Kyburg (XII$^{e}$ s.) qui abrite maintenant le Musée historique ; église protestante (Pfarrkirche) du X$^{e}$ s. ; hôtel de ville (XVI$^{e}$ s.), sur la rive d. ; église Scherzligen (IX$^{e}$ s.), sur la rive g. ▪ Station climatique. Fromage. Appareillage électrique. Céramique.

**THOUNE** (lac de) – en all. ***Thunersee*** ♦ Lac de Suisse (cant. de Berne) [48 km$^2$] formé par l'Aar*, à l'O. du lac de Brienz. Il baigne les villes d'Interlaken, Thoune, Spiez.

**THOURET (Jacques-Guillaume)** ♦ Homme politique français (Pont-l'Évêque 1746 - Paris 1794). Avocat au parlement de Rouen, il fut député du tiers état aux états généraux (1789) et adopta une attitude modérée. Président du Tribunal de cassation, il contribua à l'institution du jury en matière criminelle et devait se prononcer contre les excès du régime de la Terreur. Il fut guillotiné peu après les indulgents. Il a laissé un *Projet de déclaration des droits de l'homme en société* (1789), un *Projet de l'organisation judiciaire* (1790).

**THOUROTTE** [60150] ➝ **ÉTYM.** anc. *Torota*, du lat. *turris* « tour (désignant le château) » et suff. dimin. *-otta* ♦ Comm. de l'Oise, arr. de Compiègne, sur l'Oise. 5 239 hab. *(Thourottois)*. Église (XII$^{e}$ - XVI$^{e}$ s.). ▪ Importante verrerie. Encres d'imprimerie.

**THOUTMÈS** → **Thoutmôsis**

**THOUTMÔSIS** ➝ **ÉTYM.** égypt. « le dieu Thot l'a engendré » ♦ Nom grec de quatre pharaons de la XVIII$^{e}$ dynastie (Nouvel Empire). ♦ **THOUTMÔSIS I$^{er}$** (de v. –1530 à –1520). Fils et successeur d'Aménophis* I$^{er}$. Il fonda la province de Coush* (Nubie), étendit le protectorat égyptien sur la Syrie du Nord et franchit l'Euphrate. Il ajouta une salle hypostyle au temple d'Amon* à Karnak* et se fit le premier construire une tombe dans la Vallée* des Rois. ♦ **THOUTMÔSIS II** (de v. –1520 à –1504). Fils de Thoutmôsis I$^{er}$ et premier époux de sa demi-sœur Hatchepsout*. ♦ **THOUTMÔSIS III** (de –1504 à –1450). Fils de Thoutmôsis II et père d'Aménophis* II. Il ne put succéder à son père qu'en épousant sa tante la reine Hatchepsout, alors régente, et ne commença son règne personnel qu'à la mort de cette dernière (–1483). Grand conquérant, il reprit la politique d'expansion de son père et porta le Nouvel Empire à son apogée. Il mena dix-huit expéditions en Asie qui aboutirent à l'éclatante victoire de Megiddo*, en Palestine, et repoussèrent les frontières de l'Égypte jusqu'à l'Euphrate, arrêtant l'expansion du Mitanni (Arménie actuelle). Il enrichit le temple d'Amon à Karnak* d'un grand nombre de salles et d'obélisques. ♦ **THOUTMÔSIS IV** (de v. –1425 à –1410). Fils d'Aménophis* II auquel il succéda et père d'Aménophis* III.

**Thoutmôsis III.** Statue provenant de Karnak. Musée du Caire. *Phot. © Arch. Rencontre*

**THOUVENEL (Édouard)** ♦ Homme politique français (Verdun 1818 - Paris 1868). Remplaçant de Walewski* comme ministre des Affaires étrangères (1860 - 1862), il négocia le traité de Turin* (mars 1860), ainsi que le traité de libre-échange avec la Grande-Bretagne (1860) et prépara l'expédition de Syrie.

**THRACE** n. f. – en gr. mod. ***Thráki*** ➝ **ÉTYM.** du n. des *Thraces* (V. ci-dessous), de l'anc. gr. *thrakh-* que l'on trouve dans *trasso* « troubler, agiter » ♦ Région formant l'extrémité S.-E. de la péninsule des Balkans, partagée entre la Bulgarie, la Grèce et la Turquie. Dans la haute Antiquité, la Thrace s'étendait jusqu'à la mer Adriatique, mais sa frontière occidentale recula sous la pression de l'Illyrie, puis de la Macédoine. La Thrace est aujourd'hui limitée à l'O. par le cours de la Mesta et correspond schématiquement au bassin du fl. Marica dont le cours inférieur sépare la Thrace orientale (Turquie d'Europe) et la Thrace occidentale grecque (8 578 km$^2$. 350 000 hab.) composée des nomes de Xanthi*, du Rhodope (→ **Comotini**) et d'Évros (→ **Alexandroupolis**) ; au N., la Thrace bulgare est formée par l'anc. Roumélie orientale (versant N. du Rhodope et vaste bassin de Plovdiv).

**▮ HISTOIRE** La région fut habitée au –IIe millénaire par les Thraces qui se répandirent aussi sur la partie N.-O. de l'Asie Mineure (Mysie). Les nombreuses tribus thraces, dont les Gètes, les Triballes au N. et les Odryses au S., parlaient une langue indo-européenne apparentée au grec et auraient créé une culture importante surtout en musique et en poésie (mythes d'Orphée*, de Linos et des Muses Piérides*). C'est là que naquirent les cultes à mystères de Dionysos*, d'Orphée* et des Cabires (→ **Samothrace**). Cependant, les Thraces restèrent longtemps à l'écart de la civilisation grecque. Peuple de pasteurs, belliqueux et farouches, ils fournissaient des esclaves et des mercenaires à la Grèce où ils avaient une réputation d'ivrognes. La Thrace maritime fut colonisée dès le début du –VIIe s., surtout par des Ioniens (→ **Chersonèse, Chalcidique, Édonide, Abdère, Byzance, Samothrace, Thasos**). Conquise par Darios Ier v. –513, elle fut affranchie après les guerres médiques*. Les Athéniens contrôlèrent ensuite la région littorale, tandis que les Odryses dominaient à l'intérieur. Philippe* II de Macédoine, convoitant les mines d'or du Pangée* et de Thasos, devint le maître de toute la Thrace méridionale v. –340. Le royaume macédonien de Thrace sous Lysimaque (–305 - –281) lutta contre les Odryses et s'unit à la Macédoine, mais fut ensuite démembré par les Épigones. Les Lagides, les Séleucides et les Antigonides se disputèrent la Thrace (–IIIe s.), qui passa aux Attalides de Pergame en –188. Les Romains la conquirent à partir de –168 et formèrent au Ier s. les provinces de Mésie* et de Thrace. Partie de l'Empire byzantin, elle connut les invasions barbares (IVe s.). Les Slaves, puis les Bulgares, y pénétrèrent à partir du VIe s. Sous la domination ottomane de 1361 à 1878, la Thrace fut ensuite disputée à la Turquie par la Bulgarie et la Grèce. La Bulgarie annexa la Thrace septentrionale (Roumélie orientale) en 1885, et occupa la Thrace méridionale lors de la guerre balkanique de 1912, pour ne conserver qu'une «fenêtre» sur la mer Égée (Thrace occidentale) après le partage du traité de 1913 avec la Turquie. Elle perdit cet accès après la Première Guerre mondiale : les traités de Neuilly (1919) et de Sèvres (1920) attribuèrent l'ensemble de la Thrace méridionale à la Grèce, mais, par suite de la défaite grecque en Asie Mineure, sa partie orientale (à l'E. de la Marica) fut rendue à la Turquie en 1923 (traité de Lausanne). La Bulgarie, ayant occupé la Thrace grecque pendant la Deuxième Guerre mondiale, dut se retirer en 1944.

**THRASYBULE** ➝ ÉTYM. en gr. ***Thrasuboulos***, de *thrasus* «hardi» et *boulê* «volonté» ♦ Général et homme politique athénien (mort à Aspendos, Cilicie, en –388). Ami d'Alcibiade et chef de la mutinerie de l'armée athénienne de Samos qui renversa les Quatre-Cents (–441), il contribua aux victoires navales d'Athènes en mer Égée. Banni par les Trente* (–404), il se retira à Thèbes, y groupa les démocrates exilés et s'empara du Pirée (–403) où fut tué Critias*. Ayant ainsi renversé le gouvernement oligarchique des Trente, Thrasybule restaura la démocratie à Athènes. Il conclut ensuite une alliance avec Thèbes contre Sparte (–395) et, commandant la flotte athénienne, il remporta des succès qui contribuèrent à la reconstitution de la confédération maritime d'Athènes, mais il fut tué par les habitants d'Aspendos qui contestaient la taxe de 5 % sur les importations et les exportations imposée au bénéfice d'Athènes, métropole de la confédération.

**THUCYDIDE** ➝ ÉTYM. en gr. ***Thoukudidês***, de *theos* «dieu» et *kudos* «gloire, rénommée (militaire)» ♦ Historien grec (dème d'Alimonte, Attique –470 ou –460 - –400 ou –395), le plus illustre du monde antique. De famille aristocratique, il fut probablement élève d'Anaxagore*, fréquenta les sophistes Gorgias* et Antiphon*. Élu stratège en –424 et commandant l'expédition navale d'Athènes en Thrace, il ne put empêcher la prise d'Amphipolis* par Brasidas* et fut accusé de trahison. Fuyant une sentence de mort, il vécut pendant vingt ans en Thrace, où sa famille exploitait des mines d'or. Pour ses recherches, il voyagea en Italie, en Sicile et dans le Péloponnèse et entretint des informateurs dans de nombreuses villes. Lors de l'amnistie imposée par les vainqueurs spartiates, il fut rappelé à Athènes en –404 et mourut peu après, peut-être assassiné par ses ennemis politiques. ▪ Son *Histoire de la guerre du Péloponnèse*, écrite en vieil attique, embrasse la période du début de la guerre (–431) à la chute des Quatre-Cents (–411). Une première partie de cette histoire, jusqu'à la paix de Nicias* (–421), paraît remaniée pour être intégrée dans l'ouvrage d'ensemble qui resta inachevé. Les événements sont exposés dans l'ordre chronologique, saison par saison (été-hiver). La scrupuleuse exactitude de documentation et l'impassibilité, servies par un style extrêmement dense et sobre, sont les vertus de cette œuvre qui introduit la méthode critique dans l'histoire. Points culminants de l'ouvrage, les discours des chefs et des députés des deux camps révèlent les mobiles, les raisons et la psychologie des belligérants, mais sont marqués par les idées de l'auteur. Ainsi Périclès*, dans la célèbre oraison funèbre, défend la cause d'Athènes, la supériorité de ses institutions et de sa culture, en empruntant la philosophie et l'éloquence de l'auteur. Si la vocation d'historien naquit chez le jeune Thucydide lors d'une lecture publique d'Hérodote*, comme le veut la tradition, son esprit fut certainement formé par l'enseignement des sophistes. Dans sa conception de l'histoire, il n'y a pas de place pour le merveilleux ou le destin. Les causes des faits résident dans les intérêts et les passions des hommes, l'intelligence seule peut éclairer le passé «pour dégager des vérités utiles à méditer». Sa philosophie politique se définit par deux idées majeures : la distinction absolue entre morale et politique, la première guidant la vie des individus et non celle des États, et l'affirmation de la volonté de puissance comme force motrice du monde. Ces idées, retrouvées depuis chez Machiavel* et Nietzsche*, ne nuirent pas au civisme de Thucydide qui célébra la cité athénienne et sa grandeur sous Périclès. L'œuvre de Thucydide marqua la pensée historique occidentale. Son influence est évidente chez Xénophon*, Polybe*, Salluste* et Tacite*.

**THUEYTS** [07330] ➝ ÉTYM. du lat. *taxum* «if» ♦ Ch.-l. de cant. de l'Ardèche, arr. de Largentière. 1 004 hab. *(Athogiens)*. Aux environs, muraille basaltique appelée *pavé des Géants* et volcan de la Gravenne.

**thugs** ou **thags**

n. m. pl. ♦ Membres d'une secte de fanatiques musulmans (parfois hindous sectateurs de Kālī) apparus au XIIIe s. à Delhi et au Bengale et qui pratiquaient le meurtre rituel par étranglement. Ils eurent une activité redoutable de 1831 à 1837 et furent décimés par les Britanniques.

**THUIN** ♦ V. de Belgique (Région wallonne), prov. de Hainaut, ch.-l. d'arr., sur la Sambre, au confluent avec la Biesmes. 14 606 hab. La ville haute est séparée de la ville basse par des jardins en terrasses. Beffroi de 1638 (restauré). Remparts : tour Notger (978), vestige de la première enceinte ; remparts avec portes du XVe s. Église Notre-Dame-del-Vaux dans la ville basse (tour gothique de 1591 ; chœur du XVIIIe s.). Pont en S, unique en Europe, long de 300 m, qui franchit la Sambre. ▪ Aux environs, à Gozée, ruines de l'abbaye d'Aulne, fondée, d'après la tradition, par saint Landelin en 656, incendiée par les troupes françaises en 1794 ; le *Zeupire*, menhir d'une vingtaine de tonnes. Château de Fosteau (XIVe s.). ▪ Chantier naval (bateaux de plaisance). Indus. diversifiées. **▮ Histoire** La ville appartint à la principauté épiscopale de Liège du Xe s. à 1794 (prise par Moreau).

**THUIR** [66300] ➝ ÉTYM. du catalan *tuguri* «maison petite et modeste» ♦ Ch.-l. de cant. des Pyrénées-Orientales, arr. de Perpignan. 7 257 hab. (aggl. 9 092) *(Thuirinois)*. Dans l'église, statue en plomb de Notre-Dame-de-la-Victoire (XIIe s.). ▪ Vins doux naturels.

**THULÉ** ♦ Nom donné par les Grecs et les Romains à la terre la plus septentrionale du monde connu. Le navigateur marseillais Pythéas (–IIIe s.) la situait à six jours de navigation des côtes N. de l'Écosse. Il s'agissait probablement de l'une des Shetland ou des Orcades, de l'Islande ou d'une partie des côtes de Norvège.

**THULÉ** ♦ Comptoir polaire, sur la côte N.-O. du Groenland, fondé en 1910 par K. Rasmussen* qui en fit la base des sept «expéditions de Thulé» entre 1912 et 1933. Ce fut également le point de départ de l'expédition de J. Malaurie* (1950 - 1951) et le lieu de ses études sur les Inuits. ▪ Une base aérienne américaine y fut installée en 1945, transformée pour accueillir des bombardiers stratégiques (nucléaires) en 1951. Le village primitif d'Uummannaq a été transféré à 100 km au N., à Qaanaaq-Thulé (1953).

**THUMERIES** [59239] ➝ ÉTYM. du germ. *Theodmar*, n. de pers., et suff. *-iacum* ♦ Comm. du Nord, arr. de Lille. 3 394 hab.

**THUN** → **Thoune**

**THUNDER BAY** ♦ V. du Canada (Ontario), sur la rive N.-O. du lac Supérieur, formée par la fusion de Fort William et de Port Arthur (1970). 109 140 hab. (zone urbaine 122 907). Port de transbordement (céréales) et d'exportation (charbon, produits forestiers, fer, potasse, soufre). Tourisme.

**THÜNEN (Johann Heinrich VON)** ♦ Économiste allemand (Kanarienhausen, près de Jever 1783 - Tellow 1850). Agronome, propriétaire à Tellow d'un domaine modèle où il appliquait la participation des employés aux bénéfices, il est l'auteur de *L'État isolé* (1824, 2e partie en 1850). Il étudia, après Ricardo, la loi de la rente foncière et formula avant les marginalistes (→ **Menger**) le principe de la productivité marginale.

**THUR** n. f. ♦ Riv. d'Alsace (60 km), affl. de l'Ill (rive g.). Elle traverse Thann, Cernay.

**THUR** n. f. ♦ Riv. de Suisse (130 km), affl. du Rhin (rive g.). Elle prend sa source au pied du Säntis, traverse les cantons d'Appenzell, de Saint-Gall (où elle forme le Toggenburg), de Thurgovie et de Zurich, et se jette dans le Rhin en aval de Schaffhouse.

**THURBER (James Grover)** ♦ Conteur et dessinateur américain (Columbus, Ohio 1894 - New York 1961). Il collabora aux journaux *Chicago Tribune*, en France, et *The New Yorker* (1927 - 1933) aux États-Unis, illustrant sa critique de la mentalité bourgeoise par des dessins humoristiques. On lui doit des ouvrages à la veine également satirique, notamment *A-t-on besoin des femmes ?* (1929), *Fables for Our Time* (1940), *The Thurber Carnival* (1945) qui fut porté à la scène et joué par l'auteur. Thurber fut frappé de cécité après 1952. Ses contes et ses fables ont pour antihéros le petit homme craintif que terrorisent les femmes et le progrès. *The Secret Life of Walter Mitty* (1942) a été porté à l'écran.

**THUREAU-DANGIN (Paul)** ♦ Historien français (Paris 1837 - Cannes 1913). Catholique libéral, il collabora à divers journaux (*Le Français, Le Correspondant*) et publia des ouvrages historiques sur *Paris, capitale pendant la Révolution française* (1872), *Royalistes et Républicains* (1874), *Le Parti libéral sous la Restauration* (1876) et surtout une importante *Histoire de la monarchie de Juillet* (1884 - 1892). [Acad. fr. 1893] ♦ **François Thureau-Dangin.** Orientaliste français (Paris 1872 - *id.* 1944). Fils du précédent. Spécialiste d'assyriologie et collaborateur aux *Découvertes en Chaldée*, il s'est particulièrement intéressé au problème de l'origine de l'écriture cunéiforme.

**THURET (Gustave Adolphe)** ♦ Botaniste français (Paris 1817 - Nice 1875). Il observa chez les algues brunes (fucus) le mécanisme de la fécondation et constata qu'il était identique à celui des animaux. ➝ ÉTYM. *Thuret* est l'hypocoristique avec aphérèse d'*Arthur*.

**THURGOVIE** (canton de) ➝ ÉTYM. en all. *Thurgau* « région *(Gau)* de la Thur* » ♦ Cant. du N.-E. de la Suisse. 991 km². 235 764 hab., de langue allemande et en majorité de rel. protestante (deux tiers). CH.-L. : Frauenfeld. Le pays est drainé par la Thur. Son économie est diversifiée entre l'agriculture et l'industrie ; la région est célèbre pour ses poires, ses pommes et son cidre. Vignobles en bordure du lac de Constance et dans la vallée de la Thur. Indus. mécaniques et textiles. ▮ **Histoire** Après avoir fait partie de la province romaine de Rhétie jusqu'au Vᵉ s., le pays fut occupé par les Alamans. Il passa ensuite aux Zähringen, aux comtes de Kyburg, puis aux Habsbourg (1264). Il fut conquis par les confédérés en 1460 et érigé en canton en 1803.

**THURINGE** n. f. – en all. *Thüringen* ♦ Région historique d'Allemagne. Liés aux Hermondures, les Thuringiens suivirent les Huns*, au IVᵉ s., dans leur conquête de la Gaule, avant de faire partie du royaume franc (531), puis de l'Austrasie. Après une période d'indépendance, la Thuringe devint une marche de l'empire de Charlemagne (IXᵉ s.), dirigée contre les dangers saxon et slave. C'est à cette époque qu'elle acheva d'être évangélisée. Elle passa ensuite aux ducs de Saxe (Xᵉ s.), à la dynastie des Ludovinges (XIIᵉ - XIIIᵉ s.) [➝ **Hermann Iᵉʳ**] qui en firent un landgraviat et acquirent une partie de la Hesse, et enfin à celle de Wettin (➝ **Saxe, Misnie**). En 1920, les anciennes principautés regroupées formèrent un État de Thuringe qui fut par la suite incorporé à la République démocratique allemande et constitua un Land après la réunification de l'Allemagne en 1990.

**THURINGE** n. f. – en all. *Thüringen* ♦ État (Land) de la république fédérale d'Allemagne, correspondant approximativement aux districts d'Erfurt, de Gera et de Suhl de l'ancienne RDA. ➝ **Allemagne** (carte). 16 176 km². 2 355 000 hab. CAP. : Erfurt. Le Land est divisé en 40 cercles ou *Kreise*. ▮ **Géographie** Les limites du Land semblent naturelles : le bassin sédimentaire (➝ **Thuringe [bassin de]**), tapissé de lœss avec ses riches campagnes, est en effet encadré par quatre massifs (Harz, forêt de Thuringe, monts de la Weser en Hesse et Erzgebirge en Saxe) ménageant des passages qui ont servi de lieux de bataille (Iéna) ou de rencontre (Erfurt, Gotha, Weimar). La Saale, affl. de l'Elbe, est la rivière principale. ▮ **Économie** Outre les richesses en bois (hêtre et épicéa), le Land a de grandes potentialités agricoles (blé, betterave à sucre, houblon). Le sous-sol, riche en sel, potasse et métaux, a suscité l'industrie chimique d'Erfurt* et de Mühlhausen, celle de porcelaine et de verre (Meiningen, Sonneberg), la métallurgie et la mécanique (Eisenach*). Dans cette ville dominée par le *Burg* où s'abrita Luther, la RDA avait construit sa plus moderne usine d'automobiles. La réunification l'a remplacée par une chaîne de montage Opel. Au S. de la forêt de Thuringe, les armes et les jouets de Sonneberg, Suhl et Zella-Melhis souffrent de leur caractère trop artisanal. Même l'optique (Zeiss à Iéna*) s'adapte difficilement aux conditions du marché mondial. ▪ Université d'Iéna ; tourisme culturel à Weimar et Ilmenau.

**THURINGE** (bassin de) ♦ Région naturelle de l'Allemagne moyenne, formant une dépression encastrée entre les massifs du Harz* au N. et le Thüringerwald* au S. Résultant d'un double mouvement d'affaissement (ère primaire) et de dislocation (ère tertiaire), il est surtout formé de marnes, de grès et de calcaires, ce qui explique son relief composite. Au N., la Goldene Aue (« plaine dorée »), au S. de l'Helme, est bordée (à l'E.) par la ligne fertile des Börde (lœss) s'étendant en direction de Halle. Le sous-sol renferme une grande quantité de potasse.

**THÜRINGERWALD** n. m. – en fr. ***forêt de Thuringe*** ♦ Massif montagneux de l'Allemagne hercynienne, s'étendant en arc de cercle de la Werra à la Saale, sur 110 km de long et 10 km de large. C'est un horst formé surtout de schistes et de porphyre, d'une altitude moyenne de 900 m (982 m au Beerberg), parcouru par un chemin de 170 km (le Rennstieg) et entièrement boisé (hêtres). L'industrie s'y est développée (métallurgie, mécanique, verreries, travail du bois) autour d'un petit gisement de fer.

**THURIOT DE LA ROZIÈRE (Jacques,** chevalier**)** ♦ Homme politique français (Sézanne 1753 - Liège 1829). Député à l'Assemblée législative (1791), il prit part à la journée du 10 août 1792, puis à la création du Tribunal criminel révolutionnaire. Réélu à la Convention (1792), il siégea avec les montagnards, mais, président de l'Assemblée au 9 Thermidor an II (27 juil. 1794), il s'opposa à Robespierre qu'il empêcha de prendre la parole. Accusé d'être impliqué dans l'insurrection populaire de Germinal an III (avr. 1795), il s'exila. Rentré en France, il présida, comme juge, le procès de Cadoudal (1804). Il fut proscrit comme régicide en 1816.

**THURIUM** – en gr. *Thourioi* ♦ Anc. ville d'Italie, sur le golfe de Tarente (Calabre), dans la Grande*-Grèce. Elle fut fondée par les Athéniens et d'autres Grecs comme colonie panhellénique, pour remplacer Sybaris* (-443). Hérodote* fut l'un des fondateurs. La ville prospéra vite mais, devant l'hostilité des Lucaniens, fit appel à l'assistance romaine. Vidée de sa population par les Carthaginois en -204, elle reçut en -193 une colonie romaine.

**THURROCK** ♦ V. d'Angleterre (Essex), sur l'estuaire de la Tamise. 130 000 hab. Centre indus. (cimenteries, papeteries et savonneries), à proximité des docks de Tilbury, les plus actifs du port de Londres.

**THURSO** ♦ V. d'Écosse (Highland), à l'extrême N. du pays. 9 000 hab. Petite station balnéaire et centre commercial. Point de départ pour les Orcades.

**THURSTON (William)** ♦ Mathématicien américain (Washington 1946). On lui doit des contributions à divers aspects de la topologie : feuilletages, systèmes dynamiques, structure des espaces de dimensions 2, 3 et 4. Son programme vise à décomposer tout espace de dimension 3 en parties de structure géométrique plus riche. [Médaille Fields 1982]

**THURSTONE (Louis Leon)** ♦ Psychologue américain (Chicago 1887 - Chapel Hill, Caroline du Nord 1955). Spécialiste de psychologie différentielle, il admit, contrairement à Spearman*, que le comportement, plus particulièrement la réussite à une tâche, dépend d'une multiplicité de facteurs équivalents (conception multifactorielle).

**THURY-HARCOURT** [14220] ➝ ÉTYM. *Thury*, du lat. *Taurius*, n. de pers. (en 1700, le marquisat de Thury fut érigé en duché en faveur d'Henri d'*Harcourt**, maréchal de France) ♦ Ch.-l. de cant. du Calvados, arr. de Caen, sur l'Orne. 1 825 hab. *(Harcourtois)*. Église reconstruite (façade du XIIIᵉ s.) et ruines du château des ducs d'Harcourt, détruit en 1944.

**THUSIS** – en it. ***Tossana,*** en romanche ***Tusaun*** ♦ Loc. de Suisse (Grisons), dans une vallée affluente du Rhin (rive d.), au S.-O. de Coire. 2 669 hab. Centre touristique.

**THYESTE** – en gr. *Thuestês* ♦ Héros grec, fils de Pélops* et d'Hippodamie. La haine inassouvie qui l'oppose à son frère jumeau Atrée* marque le début du drame des Atrides développé par les tragiques. Disputant à son frère le trône de Mycènes*, Thyeste séduit sa belle-sœur. Atrée, pour se venger, tue les fils de Thyeste et les lui sert à un repas. Informé par un oracle qu'il trouverait un vengeur dans un fils né de l'inceste avec sa sœur Pélopia, Thyeste viole celle-ci et engendre Égisthe*. Ce fils, exposé à sa naissance par Pélopia, est adopté par Atrée, qui entre-temps avait épousé Pélopia ignorant qu'elle était sa sœur. Devenu adulte, Égisthe, sur l'ordre d'Atrée, ramène prisonnier Thyeste à Mycènes pour l'égorger. Mais celui-ci reconnaît dans l'arme qui le menace l'épée que sa sœur lui avait arrachée la nuit du viol et Pélopia, appelée, révèle la vérité à Égisthe, qui tue alors Atrée.

**THYEZ** [74300] ♦ Comm. de la Haute-Savoie, arr. de Bonneville. 4 873 hab. Mécanique de précision.

**THYMERAIS** n. m. ♦ Région du Bassin parisien, au S. de Dreux, entre l'Eure et son affluent l'Avre. Région humide couverte par le bocage et la forêt, c'est le prolongement naturel du Perche vers le Nord-Est.

**THYSSEN** ♦ Famille d'industriels allemands. ♦ **August Thyssen** (Eschweiler 1842 - château de Landsberg, près de Kettwig, Westphalie 1926). Propriétaire d'une usine métallurgique à Duisbourg, il fonda la Thyssen Co. à Mülheim dans la Ruhr (1871) et fut à l'origine du mouvement de cartellisation encouragé par Bismarck. Introducteur en Allemagne du procédé « Thomas » de déphosphoration de la fonte, il fut après la Première Guerre mondiale l'un des principaux représentants (contre Rathenau) de la résistance des gros industriels allemands aux obligations du traité de Versailles et fut arrêté par les Français lors de l'occupation de la Ruhr (1923). En 1926, la Thyssen Co. s'agrandit par de nouvelles fusions et devint la Vereinigte Stahlwerke AG. ♦ **Fritz Thyssen** (Mülheim 1873 - Buenos Aires 1951), fils du précédent. Collaborateur, puis successeur de son père, il apporta un important soutien financier à la propagande du parti national-socialiste, fut conseiller d'État et commissaire de Rhénanie-Westphalie (1933). Il rompit avec Hitler lors de la signature du pacte germano-soviétique (1939), se réfugia en Suisse, puis en France, où il fut arrêté par le gouvernement de Vichy qui le livra à la Gestapo. Déchu de sa nationalité et de ses biens, déporté à Dachau, il s'établit en Amérique du Sud après la Libération. ♦ **Heinrich Thyssen-Bornemisza** (1875 - 1947). Frère du précédent. Il réunit avec son fils Hans Heinrich Thyssen l'une des principales collections privées d'œuvres d'art classiques et modernes d'Europe (anc. à Lugano, aujourd'hui à Madrid). ▪ Au lendemain de la Deuxième Guerre mondiale, l'héritage Thyssen fut reconstitué, formant le groupe Thyssen-Oberhausen, première entreprise sidérurgique du Marché commun. ➝ ÉTYM. *Thyssen* est le diminutif alsacien-lorrain de *Thys*, aphérèse de *Mathis* « Mathieu ».

**TIAHUANACO** n. m. – en aymara *Tiwanaku* ♦ Site archéologique précolombien d'Amérique du Sud, au S. du lac Titicaca, en Bolivie, à 3 900 m d'alt., classé au patrimoine mondial de l'Unesco. Centre cérémoniel offrant des bâtiments caractérisés par de gros blocs de pierres taillées comme la porte du Soleil. Construction en plusieurs étapes de –200 à 1 000. Cette culture, à l'origine des Aymaras, maîtrisa le bronze 1 000 ans avant l'arrivée des Espagnols. Outre un bel artisanat (céramique, tissage, orfèvrerie), elle utilisa au maximum la terre (adaptation des plantes, terrasses, irrigation). Selon la légende inca, Tiahuanaco est une civilisation millénaire et point de départ de la Création.

**TIANJIN** ou **T'IEN-TSIN** → ÉTYM. chin. «cité céleste» ♦ V. de Chine, à 120 km au S.-E. de Pékin, au confluent de cinq rivières dont le Hai he, à 45 km de la mer, sur le golfe du Bohai. 6 839 008 hab.. Tianjin constitue une municipalité autonome dont le territoire (11 305 km$^2$ ; 9 848 731 hab.) dépend directement du gouvernement central. Premier port artificiel du pays (avant-port, Tanggu), à proximité de ressources énergétiques : pétrole, gaz naturel, géothermie (Dagang, Jibao, Bohai). Chimie, pétrochimie ; complexe sidérurgique ; indus. mécanique, électronique, textile, alimentaire, pharmaceutique. Construc. automobiles. Artisanat. Centre universitaire (instituts de recherche). Création d'une Zone de développement économique et technologique (33 km$^2$) à Xingang-Tanggu (1984). ▮ **Histoire** À la suite des guerres de l'Opium*, la ville fut ouverte aux étrangers en 1858 avec la création de huit concessions étrangères. ▪ Par les *traités de T'ien-tsin* (26 et 28 juin 1858), la Grande-Bretagne, les États-Unis, la France et la Russie obtinrent l'ouverture au commerce de onze nouveaux ports en Chine. La non-observation de ces traités par les Chinois fut l'occasion d'une occupation de Tianjin (T'ien-tsin) puis de Pékin (1860) par un corps expéditionnaire franco-britannique. C'est à T'ien-tsin également que fut signé par la France et la Chine le 9 juin 1885 le traité selon lequel cette dernière dut renoncer à ses droits sur le Tonkin* et sur l'Annam. En 1900, à la suite de la révolte des Boxers*, des troupes internationales s'installèrent dans la cité et en firent démolir les remparts. Les concessions étrangères furent supprimées en 1946.

**TIAN SHAN** ou **T'IEN-CHAN** n. m. → ÉTYM. chin. «monts célestes» ♦ Système montagneux de l'Asie centrale. Env. 2 500 km de longueur. Le *Tian shan occidental*, situé au Kazakhstan et au Kirghizstan (1 200 km de longueur), est composé d'une série de chaînes montagneuses qui dépassent 5 000 m d'alt. et se déploient vers l'O. en éventail, entrecoupées par les vallées du Fergana, du Naryn et de l'Issyk-Köl. Culminant au massif de Khan-Tengri (pic Pobedy, 7 439 m), elles sont couvertes de nombreux glaciers où prennent leur source les riv. Syr-Daria (Naryn) et Ili. Princ. lacs : Yssyk-Köl et Song-Köl (274 km$^2$, à une alt. de 3 016 m). Le *Tian shan oriental*, situé en Chine, est constitué par deux grandes chaînes montagneuses parallèles qui, s'étendant de l'O. à l'E., séparent les bassins du Tarim et de Djoungarie. Alt. max. 5 445 m.

**TIARET** ou **TIHERT** ♦ V. d'Algérie, ch.-l. de wilaya, au pied S. de l'Ouarsenis, en contact avec les Hauts Plateaux. 110 000 hab. Centre commercial de la région céréalière du Sersou. Site antique de Tihert. ▪ À 8 km, ruines de Tagdempt.

**TIBÈRE** → ÉTYM. en lat. ***Tiberius Claudius Nero*** ; *Tiberius* «qui appartient au Tibre* *(Tiberis)*» ♦ (Rome –42 - Misène 37). Empereur romain (14 - 37). Fils de Tiberius Claudius Nero et de Livie* qui devait épouser Auguste* en –38. Consul en –29, il rétablit Tigrane sur le trône d'Arménie (–20) puis aida Drusus*, son frère, à affermir les frontières du Rhin et du Danube. Il avait épousé Vipsania Agrippina, mais, Agrippa* venant de mourir, Auguste obligea Tibère à divorcer pour épouser Julie*, sa fille, à l'instigation de Livie qui préparait l'accession de son fils au trône. La mort de Drusus (–9) puis celle des deux fils de Julie et d'Agrippa forcèrent alors Auguste à adopter Tibère qui dut lui-même adopter Germanicus*, son neveu. Pourtant Tibère ne désirait pas le pouvoir et, stoïcien hautain, misanthrope et aisément dédaigneux, il vivait retiré de la vie publique, scandaleusement trompé par Julie. À la mort de l'empereur (14), il lui succéda aisément ; il avait alors cinquante-six ans. Il poursuivit l'œuvre d'Auguste, fidèle à sa politique de paix, s'occupant tout particulièrement des finances, de la justice et de l'administration des provinces. Excédé par les intrigues de son entourage, il se retira à Capri en 27, continuant à gouverner par l'intermédiaire de son ministre Séjan* qui multiplia exécutions et empoisonnements. Malgré les complots qui l'entouraient, il refusa de laisser compromettre Caligula* qu'il désigna comme son successeur. Il mourut en Campanie, probablement assassiné par les gardes de Macron, préfet du prétoire.

**TIBÈRE II CONSTANTIN** ♦ (mort en 582). Empereur d'Orient (578 - 582). Adopté et proclamé César par Justin* II à l'instigation de l'impératrice Sophie (574), il fut couronné empereur peu avant la mort de Justin. Sa politique fiscale fut compromise par le gaspillage des ressources économiques dans une politique extérieure ambitieuse mais peu habile. Il remporta des succès dans la guerre contre les Perses, mais ne put empêcher la progression des Avars et des Slaves.

**TIBÈRE III APSIMAR** ♦ (mort en 705). Empereur d'Orient (698 - 705). Il détrôna l'usurpateur Leontios et se battit contre les Arabes qui harcelaient la province d'Afrique. Justinien* Rhinotmète, ayant repris son trône avec l'appui bulgare, fit exécuter Tibère à l'Hippodrome.

**TIBÉRIADE** → ÉTYM. du n. de l'empereur *Tibère* ♦ V. d'Israël, sur la rive occidentale du lac du même nom. 40 000 hab.

**TIBÉRIADE** (lac de) ou lac de **GÉNÉSARETH,** mer de **GALILÉE,** lac de **KINNERET** ♦ Lac d'Israël situé aux frontières de la Syrie en Galilée, et relié à la mer Morte par le Jourdain. À plus de 200 m au-dessous du niveau de la mer, il occupe en partie la dépression de Ghor et couvre plus de 200 km$^2$. Ses eaux alimentent le système de canalisation Kinneret-Néguev, le plus important d'Israël, établi conformément au plan d'irrigation du désert du Sud (→ **Néguev**). Le barrage de Tibériade contribue par ailleurs à régulariser le cours du Jourdain. Agrumes, bananeraies, palmiers dattiers, vignobles. Gisement de fer au N. du lac. ▪ Les Évangiles y situent plusieurs épisodes de la vie de Jésus, notamment la pêche miraculeuse (Luc, V, 1-11).

**TIBESTI** n. m. → ÉTYM. du n. d'une tribu berbère *Tibu*, probablt «gens *(bu)* de la montagne *(tu)*» ♦ Massif montagneux du Sahara central, de formation volcanique, peuplé par les Toubous. Il culmine à l'Emi Koussi (3 415 m). Situé au N. du Tchad, il limite la cuvette tchadienne et ses contreforts se prolongent au N. en Libye et au N.-O. au Niger. Abris-sous-roche ornés de gravures rupestres (Néolithique).

**TIBET** – en chin. ***Xizang*** ♦ Région autonome de Chine, dans l'O. du pays. 1 228 400 km$^2$. 2 616 329 hab. (2003) *(Tibétains)*. CAP. : Lhassa. RELIGION : bouddhisme lamaïque. Agriculture : orge et légumes dans la vallée du Zangbu. Maïs, riz et cultures fruitières dans les vallées orientales. Élevage de chevaux et de yacks. Nomadisme sur les hauts plateaux. Tapis, orfèvrerie. L'économie est en plein essor depuis le milieu des années 2000. ▮ **Histoire** Gouverné depuis le XVII$^e$ s. par une théocratie à la tête de laquelle se trouve le dalaï*-lama, le Tibet dut reconnaître la suzeraineté de son puissant voisin la Chine, lors du règlement en 1720 de la révolte de la Djoungarie* par Kangxi*. Celui-ci imposa la présence de deux hauts-commissaires chinois *(amban)*. L'occupation du Qinghai* en 1759 par l'armée de Qianlong* renforça la présence chinoise sur le sol tibétain. La région resta fermée aux étrangers, à quelques rares exceptions près (le père Huc*, Alexandra David*-Néel), durant près de deux siècles. Au début du XX$^e$ s., les puissances occidentales apparurent (mission britannique de Younghusband, 1904), puis la révolte des Tibétains parvint à chasser la présence chinoise à l'occasion de la révolution de 1911. Après la proclamation de la République populaire de Chine en 1949, le gouvernement de Pékin, considérant le Xizang comme «partie intégrante du territoire chinois», envoya en oct. 1950 l'Armée populaire de Libération au Tibet. Le dalaï-lama s'enfuit et ne revint qu'en août 1951. Après une courte période de compromis, une rébellion générale éclata, durement réprimée. Le dalaï-lama s'exila en Inde avec les membres de son gouvernement, à Dharamsala, où il se trouve toujours. Bien que le gouvernement central de Pékin dise reconnaître le particularisme du peuple tibétain, et malgré une sinisation croissante, le nationalisme ne cesse de s'affirmer et la résistance demeure vive. En témoignent les violentes émeutes antichinoises, depuis 1987. → **dalaï-lama, Tenzin Gyatso.**

**Tibet.** Lamaserie. *Phot. © Arch. Nathan/Sonneville*

**TIBRE** n. m. → ÉTYM. en lat. ***Tiberis***, en it. ***Tevere*** ; probablt d'orig. étrusque ♦ Fl. d'Italie (396 km), né dans l'Apennin toscan à 1 268 m, au mont Fumaiolo. Il traverse la Toscane, l'Ombrie et le Latium, et arrose Rome. Il se jette dans la mer Tyrrhénienne près d'Ostie. Affl. : Paglia (rive g.), Nera et Aniene (rive d.).

**TIBULLE** – en lat. ***Albius Tibullus*** ♦ Poète élégiaque latin (v. –50 - v. –19 ou –18), ami de Properce* et d'Ovide* et protégé par Messala*. Poète de la vie rurale, il se rapproche par les thèmes de son modèle Virgile*, mais en l'affadissant. Il composa deux livres d'*Élégies* où les thèmes se mêlent selon un principe de composition musicale. À son œuvre est associé le *Corpus tibullianum*, ensemble de pièces composées dans le cercle de Messala.

**TIBUR** → Tivoli

**TICINO** → Tessin

**TIDIKELT** ♦ Plaine sablonneuse du Sahara algérien, au S. du Tademaït, qui groupe quelques oasis dont la principale est In Salah.

**TIECK (Ludwig)** ♦ Écrivain allemand (Berlin 1773 - *id.* 1853). Ses premières œuvres sont un écho du *Sturm* und Drang* (*Histoire de William Lovell*, 1795-1796) ; sous l'influence de F. von Schlegel* et de Wackenroder* (son ami), il devint un des membres les plus actifs du groupe romantique d'Iéna. Son lyrisme musical et sa virtuosité dans le maniement de l'ironie s'expriment dans ses contes populaires à thèmes médiévaux (*Le Fidèle Eckhart*, 1791 ; *Le Chat botté*, 1794 ; *Le Blond Eckbert*, 1797), ses romans (*Les Pérégrinations de Franz Sternbald*, 1798) et deux tragédies légendaires dont *Vie et Mort de sainte Geneviève* (1800), sur Geneviève* de Brabant. Avec *La Révolte des Cévennes* (1826) et *Vittoria Accorombona* (1840), il ouvrit la voie au roman historique et à l'art réaliste.

**TIELT** ♦ V. de Belgique (Région flamande), ch.-l. d'arr., prov. de Flandre-Occidentale. 19 357 hab. Église-halle gothique du XIe s., reconstruite aux XVIIe - XVIIIe s. Beffroi du XVe s. Hôtel de ville (tour du XIIe s.). Moulins à vent. ▪ Élevage de volailles et de bovins. Indus. textile.

**TIENEN** – en fr. *Tirlemont* ♦ V. de Belgique (Région flamande), prov. du Brabant flamand, arr. de Louvain, sur la Grande Gete. 32 083 hab. Tumuli des Ier et IIe s. Églises Notre-Dame-du-Lac (XIIIe et XIVe s.), Saint-Germain (XIIe s., art mosan), Saint-Pierre (Xe, XIVe et XVe s.) ; chapelle Notre-Dame-de-Pierre (XIVe s., reconstruite en 1699). Aux environs : églises d'Oplinter (gothique), de Grimde (XIIIe s., mausolée pour 140 soldats belges tombés en 1940 à Sint-Margriete-Houtem), de Goetsenhoven (romane), de Hakendover (romane et gothique). ▪ Constr. métalliques. Raffinerie de sucre (la plus importante de Belgique). ▪ L'autoroute Bruxelles-Liège sépare la ville de Hoegaarden, célèbre pour sa bière blanche.

**T'IEN-TSIN** → Tianjin

**TIEPOLO (Giambattista)** ♦ Peintre, décorateur et graveur italien (Venise 1696 - Madrid 1770). Élève du Vénitien G. Lazzarini, il subit d'abord l'influence de Piazzetta* et chercha comme lui les contrastes d'ombre et de lumière (*Le Sacrifice d'Isaac*, 1717-1719). En 1719, il épousa la sœur de F. Guardi*. Il s'affirma bientôt comme le plus grand décorateur de son siècle. Dès 1725, il reçut de nombreuses commandes de tableaux religieux peints à l'huile et surtout de cycles et de fresques à sujets bibliques, mythologiques ou allégoriques : décorations au palais Dolfin de Venise (1725) ; au palais archiépiscopal et à la cathédrale d'Udine (1726 - 1727) ; à la Scuola dei Carmini (1740 - 1745) et au palais Labbia (v. 1750) à Venise.

Giandomenico **Tiepolo.** *Les Saltimbanques.* Ca'Rezzonico, Venise.
*Phot. © Alinari/Bridgeman-Giraudon*

En 1750, le prince-évêque de Würzburg le chargea de décorer le plafond et l'escalier de la Résidence (*Les Quatre Parties du monde*, terminé en 1753). Appelé en Espagne par le roi Charles III en 1762, il travailla au palais royal de Madrid (plafond de la salle du trône) et à Aranjuez. S'il emprunta à Véronèse* son goût des vastes architectures qui rythment l'espace avec ampleur, imitant ses costumes fastueux et s'inspirant de ses types féminins, il élabora brillamment un style personnel en faisant preuve d'une grande fantaisie imaginative dans l'agencement des scènes et dans l'invention de gestes et de mouvements rendus souvent par d'audacieux raccourcis. Il évitait de charger ses vastes compositions de trop nombreuses architectures, tout en exploitant les effets de perspective en trompe-l'œil, et leur donna un caractère aérien en réservant de grands espaces vides aux blancs délicatement nuancés. Sa gamme chromatique claire et lumineuse où dominent le bleu, le rose et le jaune, sa facture elliptique et nerveuse, son goût pour le mouvement (multiples envols de figures) confèrent à ses œuvres une exceptionnelle légèreté. Il fut aussi un brillant portraitiste (*Le Procurateur Jean Querini*, v. 1750) et témoigna de son souci de l'observation dans ses scènes de la vie quotidienne à Venise. Il exprima dans les *Scènes de la Passion* à Sant'Alviso (Venise) un lyrisme dramatique et révéla l'originalité de son imagination dans ses gravures, au trait fouillé et preste, des *Caprices* ou *Jeux de fantaisie*. ➝ ÉTYM. *Tiepolo* vient du germanique *Teupulo*, de *Teupasio*, nom de lieu en Toscane.

**TIEPOLO (Giandomenico)** ♦ Peintre et décorateur italien (Venise 1727 - *id.* 1804). Formé par son père Giambattista, il fut son collaborateur fidèle, mais sut se montrer personnel dans ses tableaux de genre, particulièrement dans des scènes représentant des saltimbanques, polichinelles et pierrots aux accents étranges et grotesques (*Les Pierrots qui se reposent*). Plusieurs de ses dessins exécutés à Madrid ne sont pas sans affinités avec Goya*.

**TIERCÉ** [49125] ➝ ÉTYM. anc. *Teceium*, du lat. *Tessius*, n. de pers., et suff. *-acum* ♦ Ch.-l. de cant. du Maine-et-Loire, arr. d'Angers, sur la Sarthe. 3 605 hab.

**Tiers Livre** ♦ Roman de François Rabelais* (1546). Le titre complet est : *Tiers Livre des faicts et dicts héroïques du noble Pantagruel*. Désireux de se marier, Panurge cherche à savoir s'il sera trompé ou non. Les réponses lui prédisent le « coqüage » mais elles soulèvent différentes interprétations. Il décide donc de partir avec ses amis en quête de l'oracle de la Dive Bouteille. Après *Pantagruel** et *Gargantua**, le *Tiers Livre* est une œuvre hermétique qui semble explorer toutes les possibilités du savoir humain.

**TIETÊ** n. m. (rio) ♦ Riv. du Brésil (1 032 km), la plus importante de l'État de São Paulo, très polluée après avoir traversé la ville de São Paulo. Usines hydroélectriques.

**TIFFANY (Charles Lewis)** ♦ Orfèvre américain (Killingly, Connecticut 1812 - New York 1902). La maison qu'il fonda à New York en 1837 et qui subsiste sur la 5e Avenue (Tiffany and Co.) acquit une grande réputation pour son argenterie et aussi pour avoir, la première, utilisé le *mixt metal* ou mocoumé (métal composite mêlant or, argent, étain et cuivre).

**TIFFANY (Louis Comfort)** ♦ Décorateur et verrier américain (New York 1848 - *id.* 1933). Fils de Charles Lewis Tiffany*. Il décora certaines pièces de la Maison-Blanche (1880), mais il est surtout connu pour les lampes et les vases en pâte de verre ainsi que pour les vitraux qu'il réalisa à partir de 1892 dans le style Art nouveau (appelé *Tiffany Style* aux États-Unis).

**TIFFAUGES** [85130] ➝ ÉTYM. anc. *Tyfauges*, de *Taifali (Theifales)*, n. de peuple ♦ Comm. de la Vendée, arr. de La Roche-sur-Yon, sur un promontoire dominant la rive g. de la Sèvre Nantaise. 1 328 hab. (*Teiphaliens*). Ruines du château de Gilles de Rais (XIIe, XIVe et XVe s.).

**TIFLIS** → Tbilissi

**TIGNES** [73320] ➝ ÉTYM. « domaine de Tinius (n. de pers. gallo-rom.) » ou du lat. *tina* « vase, cuve » (allus. à l'encaissement du site) ♦ Comm. de la Savoie, arr. d'Albertville, en Tarentaise, sur l'Isère. 2 220 hab. (*Tignards*). Nouveau village construit à 1 820 m d'alt., sur la rive g. de l'Isère, en remplacement de l'anc. Tignes, submergé par le lac du barrage. ▪ Le *Lac-de-Tignes*, station de sports d'hiver, à 2 100 m d'alt. ▪ Au N.-E., barrage achevé en 1952, sur la haute Isère ; retenue d'eau (lac de Chevril, 230 millions de m$^3$) alimentant notamment les centrales de Brévières et de Malgovert.

**TIGNIEU-JAMEYZIEU** [38230] ➝ ÉTYM. *Tignieu*, du lat. *Tennius*, n. de pers., et *Jameyzieu*, du lat. *Gemmatus*, n. de pers., et suff. *-iacum* ♦ Comm. de l'Isère, arr. de La Tour-du-Pin, sur la Bourbre. 4 838 hab.

**TIGRANE le Grand** ♦ (v. –140 - –55). Roi d'Arménie (v. –95 - v. –55). Allié avec Mithridate* VI Eupator contre les Romains, il conquit la Cappadoce (–93) dont il fut chassé par Sylla* (–92), la Cilicie, la Syrie et la Mésopotamie septentrionale. En –78, il fonda sur le haut Tigre la capitale de Tigranocerte. Mithridate, à nouveau en guerre contre Rome, vint se réfugier chez lui en Arménie et Lucullus* s'empara de Tigranocerte. Lorsque Pompée* s'avança à nouveau vers l'Arménie, Tigrane lui offrit sa soumission ; il lui céda la Syrie, la Cappadoce et la petite Arménie et vécut en vassal de Rome.

**TIGRE** n. m. ➝ ÉTYM. en ar. ***Dijla,*** en turc ***Dicle,*** en vx persan *Tigra,* à rapprocher de *tigra* «flèche, trait» (allus. à la rapidité du fl.) ♦ Fl. d'Asie occidentale (1 718 km) qui prend sa source dans le Taurus turc au S.-E. d'Elaziğ et traverse le territoire irakien où il délimite la basse Mésopotamie avant de former le Chatt* al-Arab avec l'Euphrate et de se jeter dans le golfe Arabo-Persique. Il coule aux deux tiers en Irak (1 419 km) après avoir marqué sur une cinquantaine de kilomètres la frontière entre la Syrie et la Turquie. Son embouchure se perd dans une zone lagunaire impropre à la navigation, mais contrairement à l'Euphrate auquel il est relié par des canaux, il est navigable sur l'ensemble de son cours. La violence de son régime, aggravée par le caractère impétueux de ses affl. (Grand et Petit Zab, Diyālā, Adhaim), a nécessité la construction de barrages sur le fleuve (Samarra, Kut) et ses affl., afin de dériver les eaux de crues vers des réservoirs et de mettre les terres cultivées à l'abri des inondations. Polyculture dans la vallée riche en alluvions (céréales, fruits, coton, riz). Palmiers dattiers sur le cours moyen et inférieur du fleuve, fournissant 80 % des dattes consommées dans le monde. D'amont en aval, le Tigre arrose Mossoul, Samarra, Bagdad, Kut et 'Amāra. Il est l'objet d'un litige entre l'Irak et la Turquie qui projette de construire plusieurs barrages risquant de diminuer gravement le débit du fleuve.

**TIGRÉ** n. m. ♦ Prov. d'Éthiopie. 65 900 km². 4 314 456 hab. CH.-L. : Makalé.

**TIGUINA** – anc. ***Bendery*** ♦ V. de Moldavie, sur la rive d. du Dniestr. 97 027 hab. Combinat de soie naturelle. Machines électr. Porcelaine. **Histoire** Après la défaite de Poltava (1709), Mazeppa y mourut. Charles XII soutint aux environs un siège contre les Turcs (1713). Durant les guerres russo-turques, les Russes s'emparèrent de la ville en 1770 (massacre de 30 000 mulsumans), en 1789, en 1806, et se la firent céder par les Turcs en 1812. Roumaine en 1919, elle fut rétrocédée à l'URSS en 1945. Depuis 1991, elle est l'enjeu de combats entre Moldaves et Russes sécessionnistes. ➝ **Moldavie.**

**TIHAMA** n. f. ♦ Plaine côtière qui fait suite à la barrière montagneuse du Hedjaz, sur la rive orientale de la mer Rouge, et borde l'Asir saoudien et les hauts plateaux du Yémen. C'est une plaine sablonneuse, entrecoupée de reliefs volcaniques, où les cours d'eau se perdent dans les sables avant d'avoir pu gagner la mer. Dattes, bananes, coton et tabac. Pêche.

**TIJUANA** ♦ V. du Mexique septentrional (État de Basse-Californie-du-Nord), à la frontière des États-Unis. 1 286 187 hab. Centre touristique important, proche des grandes villes de Californie. Ville frontalière typique, lieu de passage des émigrants clandestins vers les États-Unis. Indus. *maquiladoras* (ateliers d'assemblage en sous-traitance pour les États-Unis) : automobile, électronique.

**TIKAL** ♦ Site archéologique maya du Guatemala (État du Petén), daté du VIIIᵉ s. Le cœur de la cité et le centre cérémoniel, situés dans la jungle, couvrent près de 2,5 km². Le site comprend six temples pyramidaux de 40 à 60 m de haut, reliés les uns aux autres par des escaliers et des terrasses de pierre. Il est également réputé pour son architecture à voûtes en encorbellement et ses stèles gravées.

**TIKHONOV (Nikolaï Semenovitch)** ♦ Poète soviétique (Saint-Pétersbourg 1896 - Moscou 1979). Il appartint au groupe des Frères* Sérapion. Ses deux premiers recueils de vers ont pour sujet la guerre civile (*La Horde,* 1922 ; *L'Hydromel,* 1922). Séduit par l'Orient, il écrivit *À la recherche du héros* (1927) et, après un voyage de Pologne jusqu'en Angleterre, *L'Ombre d'un ami* (1936). La Deuxième Guerre mondiale vit paraître son célèbre poème *Kirov est avec nous* (1941). Il publia encore des recueils de vers (*Le Printemps géorgien,* 1948 ; *Deux torrents,* 1951) et des récits (*Six colonnes,* 1968).

**TILAK (Bāl Gangādhar)** ♦ Écrivain indien d'expression marathi (1856 - 1920). Dans ses écrits, il se montra farouchement opposé à la domination britannique. Il écrivit également d'importants commentaires religieux, notamment sur le *Bhagavad*-gītā.*

**TILBURG** ♦ V. des Pays-Bas (Brabant-Septentrional), sur le canal Wilhelmine. 201 259 hab. (aggl. 289 569). Univ. catholique. Problèmes de reconversion dus au déclin de l'indus. textile. Développement des activités tertiaires (commerce, culture et loisirs).

**TILBURY** ➝ ÉTYM. anc. en vieil angl. *Tilaburg* probablt «bastion *(burh)* de Tila (n. de pers.)» ♦ Site portuaire d'Angleterre, sur l'estuaire de la Tamise. Le creusement de docks, dès 1886, en a fait le principal ensemble portuaire de Londres et de l'estuaire, équipé de nos jours pour le roll on-roll off (manutention par roulage) et le trafic de conteneurs. L'accessibilité terrestre du port a été améliorée par le creusement du Dartford, tunnel sous la Tamise.

**TILDEN (William Tatem)** ♦ Joueur de tennis américain (Philadelphie 1893 - Hollywood 1953). Il domina le tennis mondial dans les années 1920, remportant en particulier le tournoi de Wimbledon (1920, 1921, 1930) et la coupe Davis avec l'équipe américaine (de 1920 à 1926).

**TILLEMONT** [tij(ə)mɔ̃] **(Louis Sébastien LE NAIN DE)** ♦ Prêtre et historien français (Paris 1637 - *id.* 1698). Janséniste, il eut une vie mouvementée, fut un des solitaires de Port*-Royal des Champs (1677 - 1679) et se retira à Tillemont près de Vincennes. Il est l'auteur de l'*Histoire des empereurs [...] des six premiers siècles* (6 vol., 1691 - 1738) et des *Mémoires pour servir à l'histoire ecclésiastique des six premiers siècles* (15 vol., 1693 - 1712) où il fait preuve d'une érudition et d'un esprit critique remarquables.

**Till Eulenspiegel** ➝ ÉTYM. primitivement ***Uylenspiegel*** «miroir aux chouettes» ♦ Légende germanique écrite à l'origine en bas allemand (1483, version auj. perdue) dont une version en haut allemand fut publiée à Strasbourg (v. 1515 - 1519). Son héros, à l'origine un personnage réel qui vécut en Basse-Saxe au début du XIVᵉ s., est un fils de paysan, célèbre par les tours qu'il joua aux nobles, aux artisans ou aux clercs. Traduite dans plusieurs langues, cette œuvre satirique connut un succès considérable ; son thème fut repris par plusieurs écrivains (J. Fischart*, XVIᵉ s. ; C. de Coster* ; G. Hauptmann dans un poème) et mis en musique par R. Strauss (poème symphonique opus 28, Cologne, 1895).

**TILLICH (Paul)** ♦ Philosophe et théologien allemand (Starzeddel 1886 - Chicago 1965). Pasteur luthérien, il fut aumônier des armées (1914 - 1918), puis enseigna en Allemagne jusqu'à l'avènement du nazisme qui le contraignit à l'exil aux États-Unis où il demeura jusqu'à sa mort. Attentif aux grands courants de la pensée contemporaine comme aux progrès scientifiques, Tillich chercha à en exprimer la signification religieuse en une «théologie de la culture» qui assignait à toute activité, sacrée ou profane, de même qu'à toute pensée, croyante ou athée, un sens profond inclus dans l'unité divine. Cette «théologie du dialogue», qui réconciliait religion et modernité dans l'idée d'une Révélation se poursuivant à travers le développement des cultures, fut critiquée par ceux qui y voyaient un affadissement de l'originalité chrétienne. Princ. ouvrages : *Religion biblique et Ontologie* (1955), *Théologie systématique* (1956 - 1964), *Le Christianisme et les Religions* (1963), *Théologie de la culture* (1964).

**TILLIER** [tilje] **(Claude)** ♦ Écrivain français (Clamecy 1801 - Nevers 1844). Choisi par le sort pour six années de service militaire, puis maître d'école en butte aux pressions cléricales, il devint dès 1831 un pamphlétaire redoutable, décidé à dire «de la société autant de mal qu'elle [lui en avait] fait». Ses articles, publiés dans un journal d'opposition à Clamecy, puis à Nevers, firent voir en lui un nouveau Paul-Louis Courier*. Ses récits humoristiques, *Belle-Plante et Cornélius* (1841) et surtout *Mon oncle Benjamin* (1843), offrent de savoureux tableaux des mœurs provinciales que des paradoxes spirituels, illustrant une philosophie épicurienne, rattachent à la tradition romanesque du XVIIIᵉ s.

**TILLION (Germaine)** ♦ Ethnologue et résistante française (Allègre, Haute-Loire, 1907 - Saint-Mandé 2008). Elle participa à la création, avec Boris Vildé*, du Réseau du musée de l'Homme. Dénoncée, elle fut arrêtée en 1942 et déportée en 1943 à Ravensbrück dont elle a laissé un témoignage très émouvant (*Ravensbrück,* 1988). Elle retourna ensuite en Algérie où elle avait accompli plusieurs missions d'étude avant guerre et durant la bataille d'Alger, rencontra Yacef Saadi, responsable du FLN d'Alger, pour tenter d'arrêter les attentats. Par la suite elle dénonça la torture durant la guerre d'Algérie, tout en continuant de dispenser ses cours à l'EHESS.

**TILLON (Charles)** ♦ Homme politique français (Rennes 1897 - Marseille 1993). Il entra au parti communiste (1922), devint membre du comité central (1931) et député (1936 - 1940). Lors de la guerre d'Espagne, il fut volontaire dans les Brigades internationales. Durant la Deuxième Guerre mondiale, il fit partie du secrétariat clandestin du PC et prit la tête de l'organisation de résistance armée, les Francs*-Tireurs et Partisans français (1942 - 1944). Ministre de l'Air dans le cabinet de Gaulle (1944), il fut exclu de la direction du PC en 1952 pour «travail fractionnel», puis du parti en 1970. ➝ ÉTYM. *Tillon* est le diminutif de *Til,* du latin *tilia* «tilleul».

**TILLY** [tiji] **(Johann T'SERCLAES, comte DE)** ♦ Général belge au service du Saint Empire (Brabant 1559 - Ingolstadt 1632). Il servit l'empereur et Maximilien* de Bavière, à la tête des forces de la Sainte Ligue, contre les protestants. Il fut avec Wallenstein* le plus grand général des Impériaux (victoire de la Montagne* Blanche en 1620, de Lutter en 1626, sac de Magdeburg* en 1631). Il fut défait par Gustave* II Adolphe à Breitenfeld (1631) et sur le Lech* (1632) où il fut mortellement blessé.

**TILSIT** ➝ ÉTYM. du n. de la riv. *Tilze,* à rapprocher du lituanien *tilzti* «baigner, imprégner» ; auj. ***Sovietsk*** ♦ V. de Prusse-Orientale, auj. en Russie, région de Kaliningrad. 42 500 hab. **Histoire** Le tsar Alexandre Iᵉʳ y rencontra Napoléon, après la victoire de ce dernier à Friedland (14 juin 1807). L'entrevue eut lieu sur le Niémen (sur un radeau), et les conversations durèrent vingt jours, avec la participation du roi de Prusse. Un traité fut signé le 7 juil. : Napoléon laissait au tsar les mains libres en Suède et proposait de partager avec lui des possessions turques d'Europe : la Russie adhérait au Blocus continental et promettait d'entrer en guerre avec la Grande-Bretagne si cette dernière ne faisait pas la paix avant le 1ᵉʳ nov. Ce traité secret fut suivi par un second, le 9 juil., prévoyant la création d'un royaume de Westphalie et d'un grand-duché de Varsovie, au détriment de la Prusse. Napoléon avait fait par ses traités d'importantes concessions à la Russie. Alexandre Iᵉʳ devait accentuer ses exigences à Erfurt (1808) avant d'abandonner le Blocus* continental en 1810.

**TIMANTHE** – en gr. ***Timanthês*** ♦ Peintre grec (né à Cythnos fin du –Ve s.), l'un des représentants de l'école ionienne. Maître de l'expression pathétique, il vainquit Parrhasios dans un concours à Samos où les deux artistes avaient représenté le même sujet : *Ajax et Ulysse disputant les armes d'Achille*. Son œuvre la plus admirée était le *Sacrifice d'Iphigénie* dont on a cru reconnaître une transposition dans les fresques de Pompéi.

**Time** ♦ Hebdomadaire américain publié en 1923 par Henry Luce et Briton Hadden. Désireux de créer un nouveau type de journal adapté à la société américaine des années 1920, ils lancèrent le premier «newsmagazine», constitué d'illustrations nombreuses et d'articles courts s'intéressant à l'ensemble de l'actualité, au style fait de formules simples et de néologismes. *Time* connut alors un succès rapide et servit de modèle à de nombreux magazines dans divers pays. Proche des républicains, il tire à 6 millions d'exemplaires dans le monde.

**TIMÉE** – en gr. ***Timaios*** ♦ Philosophe grec pythagoricien (Locres –Ve s.). On croit savoir qu'il eut de hautes fonctions de magistrat dans sa ville. Son influence aurait été capitale sur le développement de la pensée de Platon*. → **Timée.**

**Timée** – en gr. ***Timaios*** ♦ Un des derniers dialogues de Platon*. L'exposé de la cosmologie platonicienne présentée par le pythagoricien Timée* précède le récit du mythe de l'Atlantide (→ **Critias**). Platon maintient que le monde sensible n'est qu'une image imparfaite du monde intelligible et qu'il n'y a de science que de ce dernier, mais il tente néanmoins, à l'aide de connaissances astronomiques, physiques, psychologiques et médicales, de donner une explication vraisemblable de la formation de l'univers, de l'âme et du corps. Celle-ci a un caractère nettement finaliste.

The **Times** ♦ Quotidien britannique fondé en 1785 par J. Walter. Après avoir acquis difficilement son indépendance au cours du XIXe s., il devint durant les années 1930, sous l'impulsion de G. Dawson, le journal des classes dirigeantes et joua alors un rôle prépondérant dans la vie politique britannique. À la suite d'un grave conflit social qui entraîna l'interruption de sa parution pendant 50 semaines (1978 - 1979), il fut racheté par sir Murdoch qui en modifia le contenu, ouvrant le journal à un lectorat plus populaire. *The Times* est doté de plusieurs suppléments hebdomadaires, dont l'un, le *Times Literary Supplement*, est particulièrement renommé et donne le ton à la critique littéraire britannique. *The Times* tire à 420 000 exemplaires.

**TIMGAD** ♦ V. d'Algérie (wilaya de Batna), sur le versant N. des Aurès*. 8 838 hab. Site archéologique classé au patrimoine mondial de l'Unesco, poste fortifié. **Histoire** Anc. *Thamugas* ou *Thamugadi*, située sur une voie romaine qui reliait Lambèse (auj. Tazoult) et Théveste. Trajan en fit une colonie romaine (100).

**TIMIŞ** n. m. ♦ Riv. d'Europe centrale (350 km), affl. rive g. du Danube, irriguant la Roumanie et la Serbie. Issue des monts du Banat, elle arrose Caransebeş, Lugoj et rejoint le Danube en amont de Belgrade.

**TIMIŞOARA** ← **ÉTYM.** adaptation roumaine du hongr. ***Temesvár*** «forteresse *(vár)* du comitat de Temes *(Timiş)*» ♦ V. de Roumanie occidentale, cap. du Banat, ch.-l. du distr. du Timiş, sur la Bega canalisée. 307 347 hab. Château (XIVe - XIXe s.). Églises baroques (XVIIIe s.). ▪ Important centre industriel : électronique, électrotechnique, machines-outils, indus. textile et alimentaire. **Histoire** La ville fut le théâtre du début de l'insurrection de déc. 1989 qui contribua à la chute de la dictature de Ceauşescu.

**TIMMERMANS** [-mɑ̃s] **(Felix)** ♦ Écrivain belge de langue néerlandaise (Lier 1886 - *id.* 1947). Il se fit connaître par un roman d'inspiration provincialiste, *Pallieter* (1916), fresque haute en couleur célébrant la campagne flamande et la vie agreste, puis par une nouvelle naïve et charmante, *Les Très Belles Heures de Mlle Symphorose, béguine* (1918), écrite dans la tradition des conteurs médiévaux. Surnommé «le prince des conteurs flamands», il écrivit une vingtaine d'ouvrages, dont *Psaume paysan* (1935).

**TIMNA** ← **ÉTYM.** en hébr. *timnâh* «territoire, portion» ♦ Site des «mines royales» de Salomon, dans le S. du Néguev (Israël), à proximité de la frontière jordanienne. Gisements de cuivre, phosphate et chrome. ▪ Le cuivre extrait de ces mines servit notamment à décorer le Temple de Jérusalem.

**TIMOCHARIS** ou **TIMOKHARIS** ♦ Astronome grec (–IVe - –IIIe s.). Auteur des premiers relevés relativement précis de positions d'étoiles.

**TIMOCHENKO (Semen Konstantinovitch)** ♦ Maréchal soviétique (Fourmanka, Bessarabie 1895 - Moscou 1970). Sous-officier dans l'armée impériale, membre du parti bolchevik dès 1919, il devint commandant d'une division de cavalerie pendant la guerre civile. En 1939, il dirigea l'occupation de la Pologne orientale. Promu maréchal (1940), il devint commissaire du peuple à la Défense (1940 - 1941). Commandant du front sud, Timochenko subit une grave défaite à Kharkov (mai 1942), fut remplacé par Joukov* et muté au quartier général personnel de Staline. ← **ÉTYM.** Ce nom vient du russe *Timofei* «Timothée*».

**TIMOLÉON** ♦ Homme politique grec (Corinthe v. –410 - Syracuse v. –337). Ayant permis l'exécution de son frère Timophane, tyran de Corinthe (–365), il se retira pendant longtemps de la vie politique. Chargé par ses concitoyens de délivrer Syracuse de la tyrannie de Denys* le Jeune, il parvint à y rétablir la démocratie en –344. Les tyrans de la Sicile grecque, attaqués ensuite par Timoléon, firent appel aux Carthaginois. La victoire décisive de Timoléon à la bataille de Crimisos (v. –339) livra le territoire carthaginois de la Sicile à la colonisation grecque.

**Timon d'Athènes** – en angl. ***Timon of Athens*** ♦ Drame en 5 actes, en vers et en prose, de W. Shakespeare* (1607), inspiré de *Timon le Misanthrope* de Lucien*. Riche et généreux, Timon vit à Athènes, entouré de flatteurs. Dès qu'il est ruiné, il se voit abandonné de tous. Réfugié dans une caverne, il est de nouveau sollicité de toutes parts dès que le bruit se répand qu'il a découvert un trésor. Devenu amer et misanthrope, il accueille Alcibiade, banni par les Athéniens, et lui remet de quoi équiper une armée, prendre Athènes d'assaut et, de la sorte, humilier ses chefs et ses concitoyens. La pièce développe avec force une accusation du pouvoir corrupteur de l'or et de l'usure.

**TIMON le Misanthrope** ♦ Philosophe grec (Athènes –Ve s.). Ses malheurs et ceux de sa cité lui avaient inspiré une haine profonde du genre humain. Il devint le type même du misanthrope et inspira plusieurs écrivains (Lucien* ; Shakespeare*).

**TIMON le Sillographe** ← **ÉTYM.** *Timon* : du gr. *timê* «honneur, estime» ♦ Philosophe grec sceptique (Phlionte v. –325 - Athènes –235). Disciple le plus célèbre de Pyrrhon*, il est l'auteur d'une œuvre considérable dont il nous reste quelques fragments en prose et environ cent cinquante vers. Il fut pyrrhonien tant sur le plan spéculatif que sur le plan pratique, raillant tous les autres philosophes et raillant même ses propres écrits. Il est l'auteur notamment d'un poème satirique intitulé les *Silloi* où il raille un grand nombre de philosophes à l'exception de son maître Pyrrhon.

**TIMOR** ← **ÉTYM.** malais «orient» ♦ L'une des petites îles de la Sonde. 33 615 km$^2$. La population comprend une vingtaine de groupes parlant soit des langues malayo-polynésiennes, apparentées à celles des Moluques, soit des langues papoues. La partie occidentale (env. 1 150 000 hab.) fait partie de la province indonésienne de Nusatenggara Timur. C'est une région montagneuse et semi-aride dont l'activité principale est l'élevage (chevaux, bovins). **Histoire** D'abord habitée, comme le reste de l'Insulinde, par des populations australo-mélanoïdes, Timor accueillit v. –2 500 des populations austronésiennes mais aussi papoues responsables du métissage et de la diversité linguistique encore sensible aujourd'hui. Touchée par les influences malaises, elle fut l'objet à partir du XVIIe s. de rivalités entre Portugais, qui prirent le contrôle de la moitié orientale, et Hollandais, qui contrôlèrent la moitié occidentale. → aussi **Timor oriental.**

**TIMOR** (mer de) ♦ Partie de l'océan Indien comprise entre le Timor au N. et l'Australie au S., riche en pétrole. Des accords ont été signés entre l'Indonésie et l'Australie pour son exploitation.

## TIMOR ORIENTAL

▪ – en port. ***Timor Leste*** ; off. ***République démocratique du Timor oriental*** ou ***Timor Loro Sa'e*** ♦ Partie orientale de l'île de Timor, comprenant également l'enclave de Oecusi dans la partie occidentale. 14 874 km$^2$. 923 198 hab. *(Est-Timorais)*. LANGUES : portugais et tétum (off.), indonésien. CAP. : Dili. La région exporte coprah et café. Début d'exploitation de pétrole et de gaz offshore.

**HISTOIRE** → **Timor.** La partie orientale de Timor fut annexée par les Indonésiens en 1975 après le départ des Portugais et constitua la province indonésienne de Timor Timur, l'ONU n'ayant pas reconnu «l'acte d'autodétermination» organisé par les Indonésiens. À partir de 1975 le Fretilin (Front révolutionnaire pour l'indépendance du Timor oriental), dont le dirigeant Xanana Gusmão* fut emprisonné, mena une guérilla contre l'annexion. L'attribution du prix Nobel de la paix 1996 à Mgr Belo*, évêque de Dili, et au leader indépendantiste J. Ramos*-Horta encouragea la recherche d'une solution et un référendum d'autodétermination eut lieu en sept. 1999. 78,5 % des votants s'exprimèrent en faveur de l'indépendance. En réaction, des milices pro-indonésiennes se livrèrent à des massacres entraînant l'intervention d'une force multinationale. Le rapatriement, depuis les territoires indonésiens voisins, de milliers de réfugiés fut organisé. X. Gusmão fut libéré en déc. 1999, élu en 2000 à la tête du Conseil national de la Résistance timoraise (remplacé en 2001 par J. Ramos-Horta), et devint président du Timor oriental lors de son accession à l'indépendance (mai 2002). Afin d'apaiser de violents troubles dus à des dissensions interethniques en 2006, il nomma J. Ramos-Horta au poste de Premier ministre. Ce dernier, élu président en mai 2007, nomma Gusmao à la tête d'un gouvernement de coalition en août. En

**Timor** oriental. *Kay Rala Xanana Gusmao.*
*Phot © DP/UN/Eskinder/Sipa*

février 2008, les deux dirigeants réchappèrent d'un double attentat commis pas des soldats rebelles et la pacification du pays reste précaire.

---

**TIMOSHENKO (Stepan Prokofievitch TIMOCHENKO,** devenu **Stephan)** ♦ Ingénieur américain, d'origine russe (Chpotovka, près de Kiev 1878 - Wuppertal 1972). Spécialiste de l'élasticité, il développa les connaissances théoriques sur la résistance des matériaux.

**TIMOTHÉE** (saint) ➝ **ÉTYM.** en gr. *Timotheos,* de *timê* «honneur, estime» et *theos* «Dieu» ♦ (Lystres, Asie Mineure Ier s.). Compagnon de saint Paul* à partir du deuxième voyage missionnaire. La tradition le fait évêque d'Éphèse mort martyr. ♦ ***La Première et la Deuxième Épître à Timothée*** Livres du Nouveau Testament* (**➝ Bible**), attribués à saint Paul. 5 chapitres rappelant quelle doit être la discipline de l'Église (femmes, épiscopes, diacres, riches). 4 chapitres où l'auteur, qui se présente au soir de sa vie, met en garde contre les faux docteurs et rappelle les périls des derniers temps. ▪ Fête le 26 janv.

**TĪMŪR CHĀH** ♦ Roi d'Afghanistan (Meched 1747 - 1793). Il succéda à son père Aḥmad* Chāh en 1772 et transféra la capitale de Kandahar* à Kaboul en 1775, mais il ne put éviter la perte des provinces périphériques de son empire (Sind*, Bactriane*).

**TIMURIDES** n. m. pl. ♦ Dynastie turco-mongole des descendants de Tamerlan* qui régna à Samarkand de 1369 à 1499 et jusqu'en 1517 en Perse. Une branche de cette dynastie régna également sur l'Afghanistan (v. 1400 - v. 1506) ; la lignée indo-musulmane des Moghols* en est issue.

**TĪMŪR-I LANG ➝ Tamerlan**

**TINBERGEN (Jan)** ♦ Économiste néerlandais (La Haye 1903 - *id.* 1994). Il est l'auteur de recherches d'économétrie (en particulier sur les fluctuations de l'activité économique) et de travaux sur les pays sous-développés. [Prix Nobel de sc. écon. 1969, avec R. Frisch*]

**TINBERGEN (Nikolaas)** ♦ Zoologiste néerlandais (La Haye 1907 - Oxford 1988). Il fut, avec K. Lorenz*, le fondateur de l'éthologie. Il se consacra à l'étude des comportements instinctifs chez les animaux et montra qu'ils sont déclenchés par des stimuli complexes non appris qu'il nomma «schémas innés de déclenchement» (*L'Étude de l'instinct,* 1953). [Prix Nobel de physiol. ou méd. 1973, avec K. Lorenz et K. von Frisch*]

**TINDEMANS (Léo)** ♦ Homme politique belge (Zwijndrecht 1922). Député du Parti social chrétien à partir de 1961, il fut successivement ministre des Affaires communautaires flamandes (1968 - 1971), ministre de l'Agriculture et de la Classe ouvrière (1971 - 1973), ministre du Budget (1973 - 1974), Premier ministre (1974 à 1978) et ministre des Affaires étrangères (1981 - 1989). Également président du parti populaire européen (1976 - 1985), il siégea au Parlement européen (1979 - 1981 ; 1989 - 1999). Il est l'auteur d'un rapport sur l'union politique de l'Europe (1975) préconisant notamment le renforcement des institutions et la mise en place d'une union économique et monétaire et d'une politique étrangère et de sécurité commune.

**TINDOUF** ♦ V. du Sahara algérien, ch.-l. de wilaya, proche des frontières du Maroc, du Sahara espagnol et de la Mauritanie. Anc. marché nomade. Les gisements de fer du gara Djebilet situés au S.-E. ont amené des contestations de frontière entre le Maroc et l'Algérie. ▪ La région recèle de nombreux vestiges préhistoriques dont des gravures rupestres.

**TINÉE** n. f. ♦ Riv. des Alpes-Maritimes (72 km), affl. du Var*. Elle alimente plusieurs centrales hydroélectriques.

**TING (Samuel Chao Chung)** ♦ Physicien américain (Ann Arbor 1936). [Prix Nobel de phys. 1976, avec B. Richter*]

**TINGUELY (Jean)** ♦ Sculpteur suisse (Fribourg 1925 - Berne 1991). Installé à Paris en 1953, il créa des reliefs animés à transformations multiples et construisit des figures aux éléments mobiles, en fil de fer et en tôle. Après ces *Métamécaniques* (1954 - 1955), il réalisa des machines à dessiner et à peindre, capables de produire à grande vitesse une multitude d'œuvres qui s'apparentent formellement à la peinture abstraite gestuelle. À cette série de *Meta Matics* succédèrent des machines formées de pièces de moteur diverses, d'engrenages, d'éléments de rebut, de ferrailles auxquelles il ajouta des objets de textures variées (bois, tissus déchirés, etc.) et dont le fonctionnement anarchique et frénétique aboutit parfois à la destruction de la machine elle-même (*Hommage à New York,* 1960). À cette époque, il adhéra au Nouveau Réalisme et eut tendance à faire de ses créations un spectacle éphémère («machine-happening»). Ses «Machines délirantes», critique joyeuse de la civilisation technologique, ne remplissent aucune fonction pratique ; elles marchent à vide, mystérieuses et cocasses, leur seule finalité étant de produire un mouvement heurté, plus ou moins complexe et assourdissant. La fantaisie déployée dans l'assemblage des éléments, les effets imprévus obtenus démontrent les possibilités formelles et le pouvoir expressif de constructions qui récusent le vocabulaire traditionnel de l'art. Avec sa femme, Niki de Saint* Phalle, il a créé une fontaine sur la place Stravinski, près du Centre Georges-Pompidou à Paris (1983) et une sculpture monumentale à Milly-la-Forêt (*Cyclop,* 1994). *Illustration :* **➝ Paris.**

**TINIAN** (île) **➝ Mariannes (îles)**

**TINÓDI (Lantos Sebestyén)** ♦ Poète, chanteur et compositeur hongrois (Tinód v. 1510 - Sárvár 1556). D'abord au service d'un grand seigneur hongrois, Bálint Török, il partit combattre les Turcs puis, perpétuant la tradition médiévale illustrée par les chansons de geste, alla de château en château encourager les habitants en célébrant la lutte héroïque contre l'envahisseur. Son œuvre, publiée sous le titre de *Cronica* (1554), constitue un précieux document historique.

**TINOS** ♦ Île grecque des Cyclades, au S.-E. d'Andros. 194 km². Env. 8 000 hab. CH.-L. : Tinos, sur la côte S. (3 779 hab.). La plus catholique des Cyclades, Tinos est aussi un centre de pèlerinage orthodoxe très fréquenté (célébration de la Vierge). Sanctuaire de Poséidon et d'Amphitrite (–IIIe s.).

**TINQUEUX** [51430] ♦ Comm. de la Marne, banlieue O. de Reims. 10 083 hab.

**TINTERN** ♦ Abbaye cistercienne du pays de Galles, dans la vallée de la Wye.

**TINTIN** ♦ Personnage de bandes dessinées créé en 1929 par Hergé* dans *Le Petit Vingtième,* supplément hebdomadaire du quotidien belge *Le Vingtième Siècle.* Parti en reportage *Au Pays des Soviets,* titre de sa première aventure, accompagné de son chien Milou, rejoint au fil des albums par le capitaine Haddock, le professeur Tournesol, les policiers jumeaux Dupond et Dupont, l'adolescent Tintin n'écrit jamais une ligne pour le journal qui l'emploie, qu'il soit en Amérique, en Asie ou sur la Lune, mais il résout des énigmes, fait arrêter des trafiquants de drogue, des bandits, ou aide un souverain à sauver son trône. Le dessin de Hergé représente le type de ce que l'on a appelé «la ligne claire» en bandes dessinées et montre un constant souci de précision et de véracité documentaire ; son récit, respectueux des valeurs morales traditionnelles, s'agrémente de gags. Depuis la mort de son créateur en 1983, le succès de Tintin ne s'est pas démenti.

**TINTO** (río) ♦ Fl. de l'Espagne méridionale, en Andalousie (100 km). Il naît dans la région des mines de cuivre à laquelle il a donné son nom (**➝ Minas de Río Tinto**) et se jette dans l'Atlantique.

**TINTORET (Jacopo ROBUSTI,** dit **il Tintoretto,** en fr. **LE)** ➝ **ÉTYM.** de l'it. *tintore* «teinturier» ♦ Peintre vénitien (Venise 1518 - *id.* 1594). Son surnom, «Tintoretto», lui vint de la profession de son père, inscrit à la corporation des teinturiers à Venise. On ne lui connaît pas de maître attitré, sinon quelques peintres de seconde importance, comme Schiavone. ▌***L'élève de Titien et les premières œuvres*** Il semble que le Tintoret ait fait un très bref séjour dans l'atelier de Titien, mais la critique contemporaine n'accepte pas la thèse de la jalousie du grand maître vis-à-vis de son élève, qui aurait poussé Titien à renvoyer le Tintoret. Dès 1539, ce dernier ouvrit un atelier. En 1545, il fit un voyage à Rome où il exécuta de très nombreux dessins d'après Michel-Ange ; la même année, l'Arétin lui commanda deux décorations de plafond. Ce fait prouve que le Tintoret était déjà apprécié des milieux intellectuels. Pour *Le Jugement dernier, L'Adoration du veau d'or* (1546, église de la Madonna dell'Orto, Venise) et la décoration du chœur de la chapelle, soucieux de se faire un nom, il ne demanda pour prix de son travail que le remboursement des matériaux utilisés, s'attirant naturellement l'hostilité des autres peintres. En 1548, la confrérie de San Marco lui demanda d'illustrer le *Miracle de l'esclave* (Académie, Venise). Cette œuvre, par la violence de sa conception, lui amena pourtant certaines offres, en particulier pour l'église Santa Maria Zobenigo. Ce n'est qu'en 1556 que les grandes commandes officielles affluèrent. Il fut chargé de réaliser pour le palais ducal deux grandes compositions : *Le Couronnement de l'empereur Frédéric Barberousse* et plus tard, en 1562, *L'Empereur excommunié par le pape Alexandre III* (les deux furent détruites dans l'incendie de 1577). ▌***San Rocco et le palais des Doges*** Entre 1562 et 1566, la confrérie de San Rocco lui commanda une série de toiles pour le chœur de l'église et le choisit parmi plusieurs candidats, dont Véronèse, pour décorer la Scuola. Ce fut le plus vaste ensemble décoratif réalisé par le Tintoret, comprenant plus de cinquante compositions, qui constituent «sa véritable Bible». On raconte que les autres concurrents n'avaient pas encore terminé leur esquisse, que le Tintoret, doué d'une extraordinaire rapidité d'exécution, avait déjà mis en place son tableau, *L'Apothéose de San Rocco* (ce qui lui valut le surnom de «furioso»). La *Crucifixion* de plus de 5 × 12 m

Le **Tintoret.** *Danaé* (1,42 x 1,83 m). Musée des Beaux-Arts, Lyon.
*BIS/Phot. © Archives Larbor*

qu'il peignit en 1565 pour la Sala dell'Albergo à la Scuola est sans doute la plus vigoureuse et la plus intense de ses compositions. Au faîte de sa gloire, il concurrençait même Titien, puisqu'on lui commanda pour la salle du Grand Conseil, au palais ducal, *La Bataille de Lépante* (1572 - 1573). Henri III, de passage à Venise, lui fit faire son portrait que l'on connaît par une copie (palais ducal, Venise). À partir de cette époque, le Tintoret travailla beaucoup pour le palais des Doges (salle de l'Anticollège, salle du Collège, salon central). Il aborda tous les sujets : mythologie *(Les Forges du Vulcain)*, grandes «machines» historiques *(Le Doge Aloïse Mocenigo adorant la Rédemption)* ou religieuses *(Le Martyre de sainte Catherine)*. Après l'incendie de 1577, le Tintoret recomposa plusieurs scènes *(Le Doge Niccolò da Ponte recevant l'hommage des villes soumises)*. Parallèlement, il poursuivait la décoration de la Scuola San Rocco, qu'il ne termina qu'en 1587. Ayant commencé par l'étage supérieur, il aborda vers 1585 - 1587 l'étage inférieur, où sont représentées entre autres la *Fuite en Égypte*, l'*Annonciation*, la *Nativité*, la *Madeleine*, dans un style étonnamment fougueux et d'une liberté totalement maîtrisée. Son dernier tableau pour le palais des Doges, *Le Paradis* (1588), est considéré comme l'un des plus grands tableaux du monde (esquisse au musée du Louvre). ▮ ***Hors de Venise*** Le Tintoret a presque exclusivement travaillé à Venise ; il a cependant exécuté plusieurs scènes illustrant la vie des Gonzagues à Mantoue (vers 1580) et peint plusieurs œuvres pour l'empereur Rodolphe II, qui était sensible à son «pathos». ▮ ***La fin de sa vie*** Comme activité secondaire, il mettait au point des projets de mosaïques pour San Marco. Alors qu'il travaillait depuis deux ans sur le chantier de San Giorgio Maggiore, il s'éteignit à Venise. ▮ **L'art du Tintoret** ▮ ***Avant 1560*** Dès le *Miracle de l'esclave* (1548), le Tintoret avait trouvé les grands traits de son écriture picturale : perspectives plongeantes ou basculantes, coloris strident appliqué sur les centres d'intérêt, formes fortement campées. Contrairement à Titien, dont il admirait le coloris, le Tintoret cernait ou «auréolait» ses personnages et les dégageait très nettement des fonds, recherchant les contrastes violents. S'il était capable d'organiser des architectures d'une main aussi sûre que Véronèse (*Le Lavement des pieds*, musée du Prado, Madrid), l'élément architectural apparaît surtout comme définition de lignes de force, d'un aspect soit théâtral et sans relief *(La Découverte du corps de saint Marc)*, soit rythmique (*La Piscine probatique*, Scuola San Rocco). L'art du Tintoret est rude et violent, mais il sut assouplir sa touche lorsqu'il recherchait une certaine sérénité. La *Suzanne et les vieillards* (v. 1560, Kunsthistorisches Museum, Vienne) reste cependant une œuvre un peu isolée. Coloriste brillant, le Tintoret fut surtout préoccupé par l'espace qu'il définissait à l'aide de figures en déséquilibre qui se dispersent dans toutes les directions (*La Voie lactée*, National Gallery, Londres) ou qui s'articulent entre elles d'une manière rythmée (*Les Forges de Vulcain*, palais ducal). Travaillant souvent directement sur la toile, sans dessins préparatoires, le Tintoret avait cependant le goût du détail et de l'anecdote qui disperse parfois la lecture (*La Cène*, San Giorgio Maggiore), et l'on a pu trouver à certaines de ses œuvres un aspect presque surréaliste (*La Création des animaux*, Académie, Venise). ▮ ***Après 1560*** À ses premières toiles, violentes et contrastées, succédèrent vers les années 1560 des toiles plus sereines qui le rapprochent de Véronèse*. À la fin de sa vie, le Tintoret, dominant totalement sa rapidité d'exécution, fut plus sensible aux problèmes de l'enchaînement des figures et des rythmes, ainsi qu'à la mise en valeur de l'essentiel. Ce dynamisme parfaitement contrôlé et le pathos qu'il introduisit dans la peinture vénitienne, face au «classicisme» de Titien*, font du Tintoret une source d'inspiration majeure, à laquelle Rubens puis Delacroix ont largement puisé.

**TIOUMEN** ou **TYUMEN** ➝ ÉTYM. tatar «dix mille» (p.-ê. allus. à un nombre de soldats ou d'habitants) ♦ V. de Russie, ch.-l. de région, en Sibérie occidentale, sur la Toura. 510 700 hab. Chantier naval. Indus. ferroviaire et mécanique (matériel pétrolier). Traitement du bois et du cuir. Raffinerie de pétrole. Depuis 1970, centre de la mise en valeur des gisements d'hydrocarbures de la plaine de l'Ob. Textiles. Station importante sur le Transsibérien. ▮ **Histoire** Première ville fondée par les Russes en Sibérie (1586), Tioumen a longtemps servi de lieu de regroupement et de point de départ de la colonisation.

**TIOUTTCHEV (Fedor Ivanovitch)** ♦ Poète russe (Ovstoug, près de Briansk 1803 - Tsarskoïe Selo, auj. Pouchkine 1873). Méconnu à son époque, il fut apprécié plus tard par les symbolistes, et son talent est aujourd'hui pleinement reconnu. Il vécut longtemps en Allemagne comme diplomate et l'influence des romantiques allemands est chez lui très sensible. Ses poèmes reflètent l'angoisse métaphysique d'une âme déchirée entre la nuit et le jour («Le Chaos et le Cosmos»), qui veut retenir son passé («Silentium», «Prédestinations»). Il écrivit aussi des poèmes sur la nature («La nature n'est pas ce que vous imaginez») et des poèmes politiques nationalistes moins appréciés.

**TIPASA** ou **TIPAZA** ➝ ÉTYM. à rapprocher de *Thapsacus*, n. d'une colonie phénicienne ♦ V. d'Algérie, ch.-l. de wilaya, située sur la côte, au pied du djebel Chenoua. 15 756 hab. De la ville antique, qui fut une cité florissante de Numidie puis de Maurétanie césarienne, subsistent de beaux vestiges (enceinte, forum, édifices religieux et civils, mausolée dit «tombeau de la chrétienne») classés au patrimoine mondial de l'Unesco. Musée. ▪ Pêche. Centre touristique.

**TIPPERARY** ➝ ÉTYM. «la source (irl. *tipper* "source, puits") de l'Ara (n. de riv.)» – en gaél. ***Tiobrad Árann*** ♦ V. de la rép. d'Irlande (comté de Tipperary). 5 000 hab. La ville est célèbre par la chanson de marche *It's a long way to Tipperary...* («La route est longue pour Tipperary...»). ♦ ***Comté de Nord Tipperary et Comté de Sud Tipperary*** Comté de Nord Tipperary1 996 km². 66 023 hab. ; Comté de Sud Tipperary 2 258 km². 83 221 hab. Paysage de plaine et de collines, où l'élevage bovin intensif produit, dans un cadre coopératif, des produits laitiers de qualité. Le Golden Vale en est la région la plus riche.

**TIPPETT** (sir **Michael**) ♦ Compositeur britannique (Londres 1905 - 1998). Élève au Royal College of Music de Londres puis directeur du Morley College, il est l'une des personnalités les plus intéressantes de l'école anglaise contemporaine. Par l'utilisation originale d'une écriture polyphonique et polyrythmique, il a su se forger un langage très personnel. Son premier chef-d'œuvre fut l'oratorio *A Child of Our Time* (1941). On lui doit notamment quatre symphonies (1945, 1957, 1972, 1977), cinq quatuors à cordes (1935, 1942, 1946, 1978, 1991), quatre sonates pour piano (1937, 1962, 1973, 1983), un *Concerto pour double orchestre à cordes* (1939), un concerto pour piano (1954), un concerto pour orchestre (1963) et un triple concerto pour violon, alto et violoncelle (1979), les oratorios *A Vision of St Augustine* (1965) et *A Mask of Time* (1984), et cinq opéras, *The Midsummer Marriage* (1955), *King Priam* (1962), *The Knot Garden* (1970), *The Ice Break* (1977) et *New Year* (1989).

**TIPPU SULTĀN** ou **SĀHIB** ♦ Sultan du Mysore ( ? 1749 - Seringapatam 1799). Fils d'Haidar* (auquel il succéda), il apprit l'art militaire d'officiers français au service de son père. En 1784, il expulsa les Britanniques du Mysore, dont il devint sultan. En 1789, il attaqua le rajah de Travancore, allié des Britanniques, ce qui provoqua une nouvelle guerre. Assiégé à Seringapatam, il dut abandonner un tiers de ses États (1792). Croyant pouvoir compter sur l'aide de Bonaparte, il reprit la lutte contre les Britanniques. Mais Wellesley envahit le Mysore (1798) et assiégea Seringapatam, où Tippu Sultān fut tué.

**TIRAN** ♦ Petite île de la mer Rouge qui commande l'accès au golfe d'Akaba et qui appartient à l'Arabie saoudite.

**TIRANA** ou **TIRANË** ♦ Cap. de l'Albanie, dans une plaine du centre du pays. 352 581 hab. (estim. 2001 : 700 000 hab.) *[Tiranais]*. Princ. centre commercial et indus.

**TIRAQUEAU (André)** ♦ Humaniste et juriste français (Fontenay-le-Comte v. 1480 - Paris 1558). Sénéchal de Fontenay, où il fut le protecteur et l'ami de Rabelais, il devint conseiller au parlement de Paris en 1541. Bon connaisseur du droit coutumier, il a publié *De legibus connubialibus* (1513), *De nobilitate et jure primogenitorum* (1549).

**TIRARD (Pierre-Emmanuel)** ♦ Homme politique français (Genève 1827 - Paris 1893). Député à l'Assemblée nationale (1871), où il essaya d'éviter l'affrontement entre le gouvernement versaillais et la Commune de Paris, il siégea avec la gauche républicaine à la Chambre des députés (1876) et fut plusieurs fois ministre. Président du Conseil (déc. 1887 - mars 1888, fév. 1889 - mars 1890), il prit position contre le boulangisme, dont il fit comparaître les responsables devant la Haute Cour de justice.

**TIRASPOL** ♦ V. de Moldavie, sur le Dniestr inférieur. 158 069 hab. Indus. alimentaire et textile. ▮ **Histoire** Entre 1929 et 1940, cap. de la rép. autonome de Moldavie.

**TIRÉSIAS** ➝ ÉTYM. en gr. *Teiresias* «qui interprète les signes *(teirea)*» ♦ Devin grec qui intervient souvent dans le cycle légendaire de Thèbes*. Selon la version la plus connue, Tirésias voit un jour deux serpents en train de s'accoupler et les sépare, ou il tue la femelle. Il est aussitôt miraculeusement changé en femme. Sept ans après, il rencontre des serpents entrelacés et agit de la même façon. Il reprend alors sa forme première. Pour avoir fait l'expérience des deux

**Tirésias.** *Ulysse consultant l'ombre de Tirésias* (48 cm). Bibliothèque nationale de France, Paris. *BIS/Phot. © Coll. Archives Larbor*

sexes, il est choisi comme arbitre dans une querelle qui opposait Héra* à Zeus. La déesse prétendait que c'est l'homme qui éprouve le plus grand plaisir dans l'amour et Zeus contestait cette opinion. Tirésias affirme alors que la femme a pour sa part les neuf dixièmes de la jouissance totale de l'union. Héra, furieuse de cette indiscrétion, frappe Tirésias de cécité. Zeus, en compensation, lui accorde le don de prophétie et le privilège de vivre pendant sept générations. Les prédictions de Tirésias jouent un grand rôle dans le drame des Labdacides. Ulysse* descend aux Enfers pour le consulter. Le devin Mopsos* était son petit-fils.

**TÎRGOVIŞTE** → **Târgovişte**

**TÎRGU MUREŞ** → **Târgu Mureş**

**TIRIDATE Ier** – en gr. ***Tiridatês*** ♦ Roi d'Arménie (de 52 env. à 73). Frère de Vologèse* Ier, roi des Parthes, il fut porté au pouvoir comme adversaire des Romains. Il battit Corbulon*, qui envahit l'Arménie, pour mettre sur le trône Tigrane V, mais à la suite d'un accord il vint à Rome recevoir de Néron* le bandeau royal d'Arménie.

**TIRIDATE II** ou **III** ♦ Roi d'Arménie (de 294 à 324). Allié des Romains, il persécuta les chrétiens sous le règne de Dioclétien*, mais fut converti par Grégoire l'Illuminateur et imposa le christianisme comme religion nationale.

**TIRIS EL-GHARBIA** ♦ Région du S. du Sahara occidental correspondant à l'anc. Río de Oro espagnol. 90 000 km². Administré par la Mauritanie dès 1976, le territoire fut annexé par le Maroc en 1979, après la signature de l'acccord entre la Mauritanie et le Front Polisario, devenant une province marocaine sous le nom d'Oued-Eddahab. → **Sahara occidental.**

**TIRLEMONT** → **Tienen**

**TIRMIDHĪ (Abū 'Abd Allāh Muḥammad ibn 'Alī ibn Ḥusayn AL-)** ♦ Soufi musulman (mort en 898). Il fut surnommé al-Hakim («le Philosophe») en raison de l'influence qu'eut sur sa pensée mystique la philosophie grecque. Son œuvre principale *Khātam al-walāya* («Sceau de la sainteté») a été lue et méditée par Ibn* 'Arabī.

**TIRON** – en lat. ***Marcus Tullius Tiro*** ♦ (v. –104 - v. –4). Affranchi et secrétaire de Cicéron dont il publia les *Discours* et les *Lettres familières*. Grammairien, il inventa un système de sténographie qui porte son nom (*notae tironianae* «notes tironiennes»).

**TIRPITZ (Alfred VON)** ♦ Amiral allemand (Küstrin 1849 - Ebenhausen, près de Munich 1930). Chef d'état-major (1892 - 1896) puis ministre de la Marine (1897 - 1916), il fut nommé grand-amiral en 1911 et créa la flotte de guerre allemande, faisant de l'Allemagne la deuxième puissance navale après la Grande-Bretagne. Cette menace militaire eut pour conséquence de resserrer l'Entente cordiale, et Tirpitz, inquiet de la possibilité d'un conflit avec la Grande-Bretagne, poussa le gouvernement à rechercher une alliance avec la Russie. Lors de la Première Guerre mondiale, Guillaume II l'empêcha d'engager la flotte contre la Home Fleet ; Tirpitz orienta alors son action vers la guerre sous-marine. Favorable à l'offensive à tout prix, il se heurta aux civils et démissionna en 1916. En 1917, il forma le parti allemand de la Patrie, nationaliste et pangermaniste, et siégea comme député national-allemand au Reichstag de 1924 à 1928. ▪ Il publia des *Souvenirs* (1919) et des *Documents politiques* (1924 - 1926).

**TIRSO** n. m. ♦ Fl. de Sardaigne* (150 km), traversant l'île selon une direction N.-E.-S.-O. Sur son cours ont été aménagés un grand lac-réservoir et une centrale électrique.

**TIRSO DE MOLINA** (fray **Gabriel TÉLLEZ,** dit) → ÉTYM. *Tirso,* du lat. *thyrsus* «thyrse» et *Molina,* n. de lieu (de l'esp. *molino* «moulin») ♦ Auteur dramatique espagnol (Madrid v. 1583 - Soria 1648). Devenu supérieur de l'ordre de la Merced où il était entré en 1601, il y exerça avec autorité des charges importantes, sans cesser de se consacrer à l'activité littéraire, au moins jusqu'à 1638. Des trois à quatre cents pièces qu'il a composées et qui font de lui, entre Lope de Vega et Calderón, l'un des maîtres du théâtre espagnol, se détachent des comédies d'intrigue : *Marthe la dévote* (*Marta la piadosa,* 1614), des comédies romanesques : *Les Amants de Teruel* (*Los Amantes de Teruel,* 1635) et surtout une comédie de caractère, *Le Trompeur de Séville et le convive de pierre* (*El Burlador de Sevilla,* v. 1625), première apparition au théâtre de Don Juan*, personnage qui donnera naissance à un mythe universel, ainsi qu'un drame religieux (*auto sacramental*) : *Le Damné par manque de confiance* (*El condenado por desconfiado,* 1635). Nul dogmatisme, nul souci des convenances ne restreignent la libre démarche de Tirso de Molina dans son interprétation des sentiments et des passions. Seule subsiste, avec un dessein moral, une curiosité toujours renouvelée pour l'homme et son destin. En témoignent encore ses *Miscellaneas, Les Jardins de Tolède* (*Los Cigarrales de Toledo,* 1621 ?), recueil de contes et de comédies, et *Amuser et être utile* (*Deleitar aprovechando,* 1635).

**TIRUCHIRAPALLI** ou **TRICHY** – anc. ***Trichinopoly*** ♦ V. de l'Inde (Tamil Nadu), à la tête du delta de la Kaveri. 847 131 hab. Artisanat traditionnel réputé (soieries), et indus. modernes (matériel ferroviaire et constructions électriques). ▪ Lieu d'une défaite décisive des Français devant les Britanniques en 1752.

**TIRUNELVELI** – anc. ***Tinnelvely*** ♦ V. de l'Inde (Tamil Nadu). 431 603 hab. Centre d'échanges entre la plaine littorale de l'extrême S. de l'Inde et les moyennes montagnes de l'intérieur.

**TIRUTTAṆI** ou **RĀDHĀKRISHNAN (Sarvapalli)** ♦ Philosophe et homme d'État indien (Tirutani 1888 - Madras 1975). Après avoir été ambassadeur, il devint vice-président de l'Inde, puis fut élu président (1962 - 1967). Professeur de religions orientales à Oxford de 1936 à 1952, il avait traduit en anglais de nombreux ouvrages religieux hindous anciens et écrit dans cette même langue des ouvrages imprégnés de philosophie gandhienne.

**TIRYNTHE** – en gr. ***Tiruns*** ♦ Anc. ville de Grèce en Argolide* (Péloponnèse), à 4 km au N. de Nauplie. Selon la légende, elle aurait été fondée par Proetos, le frère du roi d'Argos* Acrisios, qui aurait fait venir des Cyclopes de Lycie pour bâtir ses murailles. Argos fournit ainsi la dynastie légendaire de Tirynthe (→ **Persée, Alcée, Amphitryon**) à laquelle appartient Héraclès*. C'est à Tirynthe que le héros retourne après chacun de ses «travaux» pour en apporter la preuve à son cousin Eurysthée*, usurpateur de son trône. Les fouilles entreprises par H. Schliemann et W. Dörpfeld, en 1884, reprises souvent ensuite, ont permis de trancher les grandes lignes de la préhistoire de cette cité. Son acropole portait déjà au –IIIe millénaire un palais circulaire. Après l'arrivée des Achéens*, elle devint l'un des centres les plus influents de la civilisation crétomycénienne. À cette époque remontent les premières fortifications du pourtour de l'acropole ainsi que les maisons et les tombes trouvées au S. du palais. La ville atteignit son apogée au –XVIe s., précédant Mycènes* et éclipsant Argos*. De l'«ancien palais» de cette époque, orné de fresques dans le style de Cnossos, ainsi que d'un «nouveau palais» du –XIVe s. ne restent comme témoins que des morceaux de stuc. La muraille cyclopéenne de son acropole, vantée par Homère et dont les ruines sont encore aujourd'hui imposantes, a été construite du début du –XIVe s. (enceinte supérieure) au milieu du –XIIIe s. (enceinte inférieure). Peu avant l'arrivée des Doriens* fut construit le palais (v. –1200) dont les fondations déblayées par les fouilles ont permis de reconstituer le plan assez évolué : cours, portiques, vestibule, mégaron des hommes, avec le foyer, mégaron des femmes, salle de bains. La citadelle comprend aussi les grands et les petits propylées, des galeries, divers bâtiments d'habitation, un grand escalier donnant sur une poterne voûtée. Ayant participé à la bataille de Platées contre les Perses, la ville s'attira l'hostilité d'Argos qui finit par la détruire v. –468.

**TISA** n. f. → ÉTYM. dans les langues slaves *Tisa,* en all. ***Theiss*** ♦ Riv. d'Europe centrale (966 km), affl. rive g. du Danube. Née en Ukraine, dans les Carpates (massif de la Hoverla), de la réunion de la *Tisa Blanche* et de la *Tisa Noire,* la Tisa marque la frontière ukraino-roumaine avant de pénétrer en territoire hongrois. Elle traverse alors du N. au S. la grande plaine hongroise, passe à Szolnok et Szeged, traverse la Voïvodine avant de rejoindre le Danube. Elle présente dans l'ensemble un régime de plaine, modifié toutefois par l'influence de son cours supérieur montagnard (crues d'avril, étiages de septembre). Ses princ. affl. sont le Someş (Szamos), le Körös (Criş*) et le Mureş.

**TISCHBEIN** ♦ Peintres allemands du XVIIIe s. ♦ **Johann Heinrich Tischbein,** dit **l'Ancien** (Haina 1722 - Kassel 1789). Il a laissé quelques-uns de ses meilleurs portraits dans la galerie des Beautés du château de Wilhelmsthal. ♦ **Johann Friedrich August Tischbein** (Maastricht 1750 - Heidelberg 1812). Neveu du précédent. Il voyagea en Europe, abandonna le néoclassicisme et laissa des portraits charmants rappelant ceux de l'école anglaise. ♦ **Johann Heinrich Wilhelm Tischbein,** dit **le Jeune** (Haina 1751 - Eutin, Holstein 1829). Cousin du précédent. En 1787, il exécuta le fameux portrait de *Goethe dans la campagne romaine* (Francfort). On lui doit en outre des tableaux d'histoire et des paysages. ▪ *Illustration :* → **Goethe.**

**TISELIUS (Arne Wilhelm Kaurin)** ♦ Biochimiste suédois (Stockholm 1902 - Uppsala 1971). Il fut l'auteur de deux méthodes d'analyse des solutions : l'électrophorèse, qui utilise le champ électrique et qui lui permit, en particulier, d'isoler et d'identifier plusieurs protéines du sang, et l'analyse frontale (fondée sur l'étude des modifications de l'indice de réfraction du liquide). Ces deux techniques ont l'avantage d'être très spécifiques et d'introduire très peu de perturbations dans le matériau étudié. [Prix Nobel de chim. 1948]

**TISI (Benvenuto)** → **Garofalo (il)**

**TIŠMA (Aleksandar)** ♦ Romancier et conteur serbe (Horgoš 1924 - Novi Sad 2003). Son œuvre est consacrée aux mésaventures d'hommes ordinaires confrontés à des situations extrêmes : *Le Livre de Blam* (1972), *L'Usage de l'homme* (1976), *L'École d'impiété* (1978), *Croyances et Méfiances* (1983).

**TISSANDIER (Gaston)** ♦ Aéronaute français (Paris 1843 - *id.* 1899). Il réalisa le premier ballon dirigeable muni d'une hélice entraînée par un moteur électrique (1883) avec lequel, en compagnie de son frère Albert, il réussit à remonter un courant aérien. ➝ **ÉTYM.** *Tissandier* est une variante occitane de *Tisserand.*

**TISSAPHERNE** – en gr. *Tissaphernês* ♦ Homme politique et général perse (mort à Colossos, Phrygie, en –395). Satrape de Lydie et de Carie (413), il tenta d'empêcher Darios II de soutenir Sparte contre Athènes. Il disputa à Cyrus le Jeune les villes grecques d'Ionie et prit Milet. Il participa à la bataille de Cunaxa (–401), où Cyrus fut vaincu et tué. Il devait conduire au Pont-Euxin les Dix Mille, mercenaires grecs qui s'étaient battus pour Cyrus, mais fit égorger les chefs. Artaxerxès II Mnémon, roi des Perses, lui donna une de ses filles en mariage et lui confia les provinces que gouvernait son frère Cyrus. Cependant, après avoir attaqué les villes grecques d'Ionie, il fut vaincu par le roi de Sparte, Agésilas II, sur les bords du Pactole (–395). Il fut destitué et mis à mort.

**TISSERAND (Eugène)** ♦ Agronome et administrateur français (Flavigny-sur-Moselle 1830 - Paris 1925). Il fit rétablir l'Institut agronomique dont il fut nommé directeur en 1876. Appelé à la direction de l'Agriculture au ministère (1879), il contribua au développement du service des recherches scientifiques et de l'enseignement agricole. Il est l'auteur d'études sur l'agriculture et l'économie du Holstein, du Schleswig, du Danemark, de *Considérations générales sur l'agriculture* (1867), d'un *Rapport sur l'enseignement agricole en France* (1894). [Acad. sc. 1911]

**TISSERAND (Félix)** ♦ Astronome français (Nuits, Côte-d'Or 1845 - Paris 1896). Il étudia le Système solaire et rédigea une mise à jour de l'œuvre de Laplace* (*Traité de mécanique céleste,* 1889 - 1896). [Acad. sc. 1874]

**TISSERANT (Eugène)** ♦ Prélat français (Nancy 1884 - Albano, Italie 1972). Il se spécialisa dans l'étude des langues orientales et dans la littérature chrétienne primitive et devint propréfet de la Bibliothèque vaticane. Cardinal (1936), doyen du Sacré-Collège (1951), archevêque titulaire d'Iconium en 1937, il fut préfet de la congrégation des Églises orientales (1936 - 1959), évêque d'Ostie (1951 - 1966), bibliothécaire et archiviste de l'Église romaine (1957). [Acad. fr. 1961]

**TISTA** n. f. ♦ Riv. (400 km) de l'Inde orientale et du Bangladesh, naissant dans le Sikkim et se jetant dans le Brahmapoutre. Ses crues de printemps sont parfois catastrophiques.

**TISZA (Kálmán)** ♦ Homme politique hongrois (Geszt 1830 - Budapest 1902). Chef du centre gauche depuis 1865, il fit fusionner son parti en 1875 avec le centre de Deák qu'il avait combattu, pour former le parti libéral. Premier ministre (1875 - 1890), il lutta contre les catholiques et tenta la magyarisation des minorités. ♦ **István,** comte **Tisza** (Budapest 1861 - *id.* 1918). Fils du précédent. Député libéral, il fut Premier ministre de 1903 à 1905. Il fonda le Parti national du travail en 1910 et redevint Premier ministre en 1913. Il lutta pour la prépondérance hongroise sur les autres nationalités, défendit l'alliance des Habsburg avec l'Allemagne et se déclara favorable à la guerre en 1914. Il n'accepta pas l'institution d'un système électoral démocratique, ce qui l'opposa à l'empereur Charles I$^{er}$, et il dut se retirer (1917). Rendu responsable de la guerre, il fut assassiné par des soldats lors de la chute de l'Autriche-Hongrie en 1918.

**Titanic** ♦ Paquebot britannique qui fit naufrage dans la nuit du 14 au 15 avr. 1912. Suivant un itinéraire risqué dans l'espoir de remporter le ruban bleu qui récompensait la traversée la plus rapide de l'Atlantique Nord, le *Titanic,* alors le plus grand transatlantique du monde, heurta un iceberg au sud de Terre-Neuve et sombra, entraînant la mort de 1 513 personnes. Des recherches entreprises en 1986 ont permis de localiser l'épave à près de 4 000 m de fond.

**Titanides** n. f. pl. ♦ Nom générique des six filles d'Ouranos* et de Gaïa*, sœurs et épouses des Titans*. → **Rhéa, Thémis, Téthys, Mnémosyne.**

**TITANS** n. m. pl. ➝ **ÉTYM.** en gr. *Titanes* ; p.-ê. du gr. *titainontes* «ceux qui arrachent» [l'étym. selon laquelle *Titanes* viendrait de *tiô* «respecter» est populaire] ♦ Nom générique des six fils d'Ouranos* et de Gaïa*. Les plus célèbres sont Océan*, Japet* et Cronos*. Les Titans s'unissent à leurs sœurs, les six Titanides*. Cronos engendre les six Olympiens, dont Zeus* qui mène la lutte contre les Titans. Les enfants de Cronos, retranchés sur l'Olympe* et aidés par les Cyclopes*, les Hécatonchires*, Océan, Prométhée* et d'autres divinités, sont les vainqueurs, et Zeus précipite les Titans dans le Tartare*. → **Théogonie.**

**TITE** (saint) ♦ Personnage du Nouveau Testament*, cité dans les Épîtres de Paul*. Compagnon de l'apôtre, qu'il accompagna dans sa captivité romaine, il demeura incirconcis et fut chargé d'organiser les églises de Crète. ♦ ***L'«Épître à Tite»*** Livre du Nouveau Testament (Épîtres* ; → **Bible**). 3 chapitres. Épître sans doute postérieure à la mort de Paul, c'est l'une des «pastorales». ▪ Fête le 26 janvier.

**TITE-LIVE** – en lat. *Titus Livius* ♦ Historien romain (Padoue v. –64 ou –59 - Rome v. 10), auteur d'une *Histoire de Rome (Ab Urbe condita libri)* en 142 livres, allant des origines à l'an –9, commencée en –25, qui l'occupa jusqu'à sa mort. Par souci de vie et de naturel, Tite-Live a interrompu le récit, écrit selon un plan chronologique, par des épisodes dramatiques et des discours. Véritable philosophe de l'histoire, animé par un patriotisme profond plus que par une foi politique, cherchant les causes de la grandeur romaine dans la morale des Romains, il a tracé un portrait du Romain idéal, héroïque, travailleur, tenace, épris de justice, contribuant ainsi à répandre une image de Rome exaltante et par là même unifiante.

**TITELOUZE (Jehan)** ♦ Organiste et compositeur français (Saint-Omer v. 1563 - Rouen 1633). Titulaire des orgues de l'église Saint-Jean de Rouen (1585), puis de celles de la cathédrale (1588), il acquit très vite une grande réputation d'improvisateur. Son œuvre, uniquement destinée à l'orgue, traduit l'influence des virginalistes et organistes anglais et des polyphonistes franco-flamands. Un peu austère, mais d'une admirable perfection d'écriture, elle marque la transition entre la structure modale et les débuts de la musique tonale. On lui doit les *Hymnes de l'Église pour toucher sur l'orgue avec les fugues et recherches sur leur plain-chant* (1623), le *Magnificat ou cantique de la Vierge pour toucher sur l'orgue suivant les huit tons de l'Église* (1626) et plusieurs messes. ➝ **ÉTYM.** Ce nom est peut-être un dérivé de *Titel,* hypocoristique de *Dietrich.*

**TITICACA** (lac) ➝ **ÉTYM.** du n. d'un massif voisin «la montagne *(caca)* de plomb *(titi)*» ♦ Lac d'Amérique du Sud, partagé entre le Pérou et la Bolivie à 3 800 m d'alt., entre les deux cordillères des Andes (occidentale et orientale). Il couvre une superficie de 8 340 km$^2$, ce qui en fait le plus grand lac de montagne du monde. Sa profondeur maximale est impressionnante (467 m). Le río Desaguadero lui sert d'exutoire vers le lac Poopó. C'est un lieu de vieille civilisation préinca et inca comme en témoignent les vestiges de Tiahuanaco*. Les Indiens urus, disparus au milieu du XX$^e$ s., avaient trouvé refuge dans les îles flottantes du lac. Sur ses rives aux densités rurales fortes (100 hab./km$^2$), on cultive la pomme de terre, l'orge et le quinoa et on pratique la pêche et l'élevage (embouche des bovins de l'altiplano grâce aux plantes aquatiques du lac). Le commerce est actif entre les deux pays par route et par bateau. Hydroglisseur. Tourisme. Les villes de Puno et de Juliaca au Pérou, de Copacabana (pèlerinage de la Vierge) en Bolivie sont des centres régionaux actifs.

**TITIEN (Tiziano Vecellio,** dit en fr.) ➝ **ÉTYM.** trad. de son prénom, du lat. *Titianus,* du n. de famille romain *Titus* ♦ Peintre vénitien (Pieve di Cadore v. 1490 - Venise 1576). ▮ ***La formation*** D'abord placé comme apprenti chez le mosaïste Sebastiano Zuccato, il devint l'élève de Gentile puis de Giovanni Bellini*. En 1508, Titien fut employé par Giorgione*, qui eut une influence décisive sur son œuvre de jeunesse. À la mort de ce dernier (1510), Titien était déjà célèbre. On lui confia en 1511 l'exécution de trois grandes compositions murales, représentant *Les Miracles de saint Antoine* (Scuola del Santo, Padoue). ▮ ***Venise*** Il rentra à Venise en 1513 et on lui proposa de travailler à Rome au service de Léon X. Titien préféra Venise et accepta d'exécuter, au palais des Doges, une scène de bataille en échange d'avantages qui faisaient de lui l'égal de Carpaccio et des Bellini. Cette proposition fut d'abord acceptée, mais le décret fut rapporté du fait, pense-t-on, des intrigues de Giovanni Bellini. Ce n'est qu'à la mort de ce dernier (1516) que Titien régna en maître sur la peinture vénitienne. Cette même année, il avait reçu commande, pour l'église des Frari (Venise), d'une *Assomption* qui obtint un immense succès (1518). Au même moment, il exécutait, pour le duc Alphonse d'Este, deux bacchanales, *L'Offrande à la déesse des Amours* et *L'Arrivée de Dionysos dans l'île d'Andros* (1518 - 1519, musée du Prado, Madrid), complétées par le brillant *Bacchus et Ariane* (1523, National Gallery, Londres), et, pour la famille Pesaro, une *Vierge à l'Enfant* (1519 - 1526, église des Frari) qui eut une profonde influence sur la peinture vénitienne. ▮ ***Les portraits et «La Vénus d'Urbino»*** En 1523, Titien entra en relation avec la cour de Mantoue et peignit pour Frédéric II plusieurs tableaux religieux, dont *La Madone au lapin* (1530, musée du Louvre, Paris). Les portraits des Douze Césars, destinés à la salle du palais de Frédéric II, ne furent entrepris par Titien qu'à partir de 1537. Titien peignit son premier *Portrait de Charles Quint* (perdu) à Bologne, celui du musée du Prado datant du second passage de l'empereur dans cette ville, en 1532 - 1533. Il devint alors le peintre favori de l'empereur, fut fait comte palatin et les grands de l'époque lui commandèrent leurs portraits : *Le Cardinal Hippolyte de Médicis* (palais Pitti, Florence) ; *Isabelle d'Este* (v. 1534 - 1536 ; Kunsthisto-

**Titien.** *Flore*, peinture à l'huile (79,7 × 63,5 cm).
Galerie des Offices, Florence. *BIS/© Archives Larbor*

risches Museum, Vienne) ; *Le Duc d'Urbino, Francesco Maria Della Rovere* et sa femme *Éléonore de Gonzague* (les deux aux Offices, Florence) ; *François Ier* (musée du Louvre, Paris). Pendant cette période, Titien peignit également des œuvres religieuses, en particulier la *Présentation de la Vierge au Temple* (Académie, Venise), sujet dont il renouvela la composition, en faisant un modèle pour des générations. C'est de 1538 que date *La Vénus d'Urbino* (Offices, Florence), nu qui conserve le type de Giorgione mais dont la facture sensuelle marque un renouvellement décisif. En 1545 - 1546, il séjourna à Rome où il fut accueilli par Paul III dont il fit le portrait, seul, puis entouré de ses deux petits-fils, en 1546 (musée de Capodimonte, Naples). À Rome, il rencontra Michel-Ange, dont on a du mal à déterminer l'influence dans son œuvre. Invité par Charles Quint à Augsbourg, il commença une nouvelle série de portraits dont celui de *Charles Quint assis* (1548, Alte Pinakothek, Munich) ou *Charles Quint à cheval* (musée du Prado, Madrid) et celui d'*Isabelle de Portugal* (1548, musée du Prado, Madrid). En 1550 - 1551, il fit le portrait de Philippe II qui fut son plus fidèle mécène pendant les vingt dernières années de sa vie. ▮ **L'art de Titien** ▮ ***Les influences de Giorgione et de Michel-Ange*** Si la composition de Giovanni Bellini (composition compacte, formes larges et cernées) est discernable dans les premières œuvres de Titien, c'est à Giorgione qu'il emprunta le choix thématique, d'ailleurs fort à la mode, de ses premières grandes œuvres *(Flore ; Vanité ; L'Amour* sacré et l'Amour profane)*. Ce n'est pas un hasard si on lui restitue aujourd'hui de nombreuses toiles, longtemps attribuées à son maître, tel le *Concert champêtre* (musée du Louvre, Paris). Le sfumato et la poétique giorgionesques sont alors au service d'une conception classique, au sens où on l'entend pour le XVIIe s. français. Alors que Titien s'affirmait très tôt dans les grandes compositions *(L'Assomption)*, ce n'est que plus tard qu'il conféra toute leur profondeur à ses portraits. *Le Portrait du doge Andrea Gritti* (National Gallery, Washington) est à plusieurs titres une œuvre capitale. On y a vu l'influence du *Moïse* de Michel-Ange que Titien aurait connu par un moulage. La silhouette fortement campée, la pâte sobre et cendrée, travaillée à coups de brosse très larges, expriment une force contenue et maîtrisée : traits qui annoncent, dix ans à l'avance, ses travaux des années 1550. ▮ ***Après 1550*** Vers les années 1552 - 1554, Titien changea radicalement de palette : sa couleur, plus travaillée, s'assombrit, mais resta nacrée, les blancs, les ocres et les rouges prédominèrent, les zones d'éclairage étant fermement délimitées (*Danaé*, 1552 - 1554, musée du Prado, Madrid). Une nuance d'expressionnisme, que l'on ressent dans *Vénus et Adonis* (v. 1560, National Gallery, Washington), se développa alors et ses dernières œuvres laissent éclater un génie violent, qui travaille la matière picturale avec une totale liberté et lui fait exprimer la frénésie la plus extrême (*Tarquin et Lucrèce*, av. 1571, Cambridge ; *Le Supplice de Marsyas*, Kroměříž, République tchèque) aussi bien qu'une sombre spiritualité (*Le Couronnement d'épines*, v. 1570 - 1571, Alte Pinakothek, Munich ; et surtout *La Pietà*, 1573 - 1576, Académie, Venise, œuvre initialement destinée à la sépulture de l'artiste aux Frari). Cette évolution n'est pas sans rapport avec la poussée du maniérisme auquel il fut sensible, peut-être sous l'influence du Tintoret* dont il se rapprocha parfois (*Persée et Andromède*, Wallace Collection, Londres). ▮ ***Le maître de la peinture vénitienne*** Cependant, Titien resta toujours classique dans sa conception d'ensemble et fut le maître indiscutable de la peinture vénitienne pendant soixante ans ; l'étendue exceptionnelle de sa production, la force et la poésie de son œuvre sont telles qu'aucune génération, classique ou baroque, romantique ou réaliste, ne fut indifférente à son rayonnement. ▪ *Autres illustrations :* → **Arétin (l'), Charles Quint, François Ier.**

**TITINIUS** ♦ Poète comique latin (–IIe s.). Entre Plaute et Térence, il composa des comédies à sujet romain *(togatae)* dont le ton de fraîcheur et de jovialité convenait aux personnages qui en étaient les héros, hommes et femmes du menu peuple. On ne connaît qu'une quinzaine de titres de ses œuvres.

**TITISEE** (lac) ♦ Lac d'Allemagne, en haute Forêt-Noire. Important centre touristique et climatique.

**TITIUS (Johann Daniel TIETZ,** latinisé en) ♦ Mathématicien et physicien allemand (1729 - 1796). Auteur, en 1772, de la relation empirique d'astronomie à partir de laquelle Bode* formula sa loi.

**TITO (Josip BROZ,** dit) ◆ ÉTYM. du lat. *Titus* (→ Tite) ♦ Maréchal et homme d'État yougoslave (Kumrovec, Croatie 1892 - Ljubljana 1980). Né dans une famille de petits paysans croates, il servit dans l'armée austro-hongroise, fut fait prisonnier par les Russes (1915) et combattit dans les rangs de l'Armée rouge. Rentré dans son pays (1923), il prit une grande part à l'activité clandestine du Parti communiste yougoslave, ce qui lui valut d'être arrêté plusieurs fois et emprisonné de 1928 à 1934. En 1936, il s'occupa à Paris du passage vers l'Espagne des Brigades* internationales et l'année suivante devint secrétaire général du Parti communiste yougoslave. Après l'attaque allemande contre l'URSS (1941), il organisa la guérilla permanente contre l'occupant allemand et devint le chef d'un gouvernement révolutionnaire clandestin, le Conseil antifasciste de libération nationale. Soutenu par Staline, admis par Churchill, il fut reconnu par tous les Alliés, dès 1944, comme le seul représentant valable de la nouvelle Yougoslavie et devint président du Conseil et ministre de la Défense. Il fit de son pays une démocratie populaire indépendante de Moscou, ce qui entraîna la rupture avec Staline (1948). Réconcilié avec l'URSS (1955), Tito, devenu l'un des promoteurs du non-alignement, normalisa ses relations avec l'Albanie, la Chine et le Vatican (1971). Président de la République en 1953 (à vie en 1974), préoccupé par le problème de «l'après-titisme», il fit approuver en 1971 une formule de direction collégiale de l'État. Sous son impulsion, la Yougoslavie s'est différenciée du modèle soviétique par le développement de l'autogestion et l'attribution à ses républiques d'une autonomie croissante, évolution dont les écueils ne sont apparus qu'après sa mort, avec la disparition de sa fonction d'arbitre incontesté. S'il fut comme chef de l'État l'objet d'un véritable culte, la crise finale de la fédération yougoslave s'est accompagnée d'un rejet sans nuances de son héritage, tant en Serbie qu'en Croatie.

**Tito,** à la fin de la guerre 1939-1945.
*Phot. © Roger-Viollet*

**TITOGRAD** → **Podgorica**

**TITS (Jacques)** ♦ Mathématicien français d'origine belge (Uccle 1930). Spécialiste de la théorie des groupes, il a donné, entre autres, des interprétations géométriques des groupes simples finis, dont il a permis une classification complète. [Prix Abel 2008 avec J. Thompson*]

**TITULESCU (Nicolae)** ♦ Homme politique roumain (Craiova 1883 - Cannes 1941). Délégué à la SDN (1922), ministre des Affaires étrangères (1927 - 1928), puis président de la SDN (1930 - 1931), il se montra favorable au traité de Versailles et fonda la défense de son pays sur la Petite-Entente*. De nouveau ministre des Affaires étrangères (1932 - 1936), il se rapprocha de l'URSS, ce qui le fit écarter par Tatarescu. Il se retira en France.

**TITUS** – en lat. ***Titus Flavius Sabinus Vespasianus*** ♦ (Rome 40 ou 41 - Aquae Cutiliae, Sabine 81). Empereur romain (79 - 81). Fils de Vespasien, il servit sous son père et termina victorieusement la guerre de Judée. → **Vespasien.** Rentré à Rome, il célébra son triomphe (arc de Titus) et fut associé par son père à l'empire. Il monta sur le trône en 79. Violent et passionné, débauché notoire et de plus épris d'une princesse juive, Bérénice*, qu'il se proposait d'épouser, son comportement faisait craindre aux Romains un règne digne de celui de Néron. Venu au pouvoir, il ne voulut plus être que le bienfaiteur de l'empire et ne signa aucune condamnation à mort pendant son règne. Il reçut le qualificatif flatteur de «délices du genre humain». Pourtant l'Italie connut alors une série de catastrophes : un nouvel incendie de Rome, des épidémies meurtrières et l'éruption du Vésuve (août 79) qui ensevelit Herculanum* et Pompéi*. Titus mourut à quarante ans, laissant le trône à son frère Domitien*.

**TITUS-CARMEL (Gérard)** ♦ Artiste français (Paris 1942). Formé à l'École Boulle de Paris, il a appliqué son talent de dessinateur et de peintre à la réalisation de longues séries d'œuvres (*Altérations d'une sphère*, 1971 ; *Sur l'idée de forme. Trois concepts de solides détériorés*, 1971 ; *The Pocket Size Tlingit Coffin*, 1975 - 1976 ; la série *Nielles*, dans les années 1990) dans lesquelles la fatigue, le harcèlement de l'artiste, la création d'une impression mentale accentuent l'épuisement du sujet tiré du réel.

**TITYRE** ♦ Nom de berger dans les *Idylles** de Théocrite* et *Les Bucoliques** de Virgile*.

**TIVOLI** ➝ ÉTYM. anc. Tibur ♦ V. d'Italie dans le Latium (prov. de Rome), sur l'Aniene à l'E. de Rome. 49 342 hab. ▪ Indus. chimiques (matières plastiques). Extraction de travertin. Activités tertiaires. ▮ Histoire Fondée par les Sicules*, l'ancienne *Tibur* fut définitivement soumise par Rome en –254. À l'époque de la République et sous l'empire, elle devint un lieu de villégiature pour les riches Romains : Mécène*, Horace*, Hadrien* y possédaient une villa. Au XVIe s., la ville appartint à la famille d'Este et l'architecte Pirro Ligorio y construisit en 1549 pour Hippolyte II, cardinal d'Este, la villa d'Este, célèbre par ses jardins et ses fontaines.

**TIY** ou **TIYI** ♦ Reine d'Égypte, sans doute d'origine nubienne (v. –1400), femme d'Aménophis* III. On a retrouvé son sceau à Haghia Triada (Crète).

**TIZI OUZOU** ➝ ÉTYM. francisation du berbère *Tizi-uzzū* «le col (ou le passage) *[tizi]* des genêts épineux *[uzzū]*» ♦ V. d'Algérie, ch.-l. de wilaya, située en Grande Kabylie. 59 101 hab. Centre commercial.

**TJIBAOU (Jean-Marie)** ♦ Homme politique néo-calédonien (Tiendanite, vallée de Hienghène 1936 - Ouvéa 1989). Il reçut une éducation catholique et fut ordonné prêtre en 1965. Après des études de sociologie et d'ethnologie effectuées en France et portant sur l'identité culturelle des Mélanésiens (1968 - 1972), il renonça à la prêtrise. Maire de Hienghène et conseiller territorial de la côte (1977), il lança le concept d'«indépendance kanak» et prit la tête du mouvement indépendantiste. Partisan du dialogue, il garda le contact avec ses adversaires, même aux moments les plus forts de la crise, et signa, en juin 1988, les accords de Matignon avec M. Rocard et J. Lafleur. Il tomba sous les balles d'un extrémiste de son camp. → **Nouvelle-Calédonie.**

**TJIREBON** → **Cirebon**

**TLAXCALA** n. m. ➝ ÉTYM. langue aztèque «lieu proche du pain de maïs» ♦ État du Mexique, situé dans la région volcanique du Popocatépetl. 4 016 km². 1 068 207 hab. CAP. : Tlaxcala (au N. de Puebla). Élevage. Cultures céréalières.

**TLEMCEN** ou **TILIMSEN** ➝ ÉTYM. déformation fr. du berbère *talmist* «source» ♦ V. de l'Algérie occidentale, ch.-l. de wilaya, située dans la *plaine de Tlemcen* et adossée à des chaînons calcaires, les *monts de Tlemcen*. 111 588 hab. Centre religieux. Mosquées des XIIIe et XIVe s. ▪ Vignobles. Huilerie. Filature. Artisanat. ▮ Histoire Située au carrefour des routes qui menaient du Maroc à l'Algérie et de la Méditerranée au Sahara, Tlemcen eut un rôle commercial considérable. En 1248, elle forma un royaume berbère, indépendant de l'empire almohade, et devint la capitale du royaume abdelwadide qui s'étendit au XIVe s. à la plus grande partie de l'Algérie actuelle. Tlemcen qui, déjà au XIIe s., était un centre religieux devint alors un foyer de culture islamique. Au XVIe s. elle passa sous la suzeraineté du gouverneur espagnol d'Oran puis sous la domination d'Arudj Barberousse et enfin des Turcs en 1553. Par le traité de la Tafna (1837), elle fut abandonnée à Abd el-Kader puis conquise par les Français en 1842.

**TMOLOS** ou **TMOLUS** n. m. – en turc ***Boz Dağ*** ♦ Massif montagneux de Turquie (Asie Mineure), dans l'anc. Lydie. 2 159 m. Au pied du mont s'élevaient Sardes, du côté N., et la ville lydienne de Tmolos, du côté S.

**TNP** n. m. → **Théâtre national populaire**

**TOAMASINA** – anc. ***Tamatave*** ♦ V. et 1er port de Madagascar, sur la côte orientale de l'île. Plus de 200 000 hab. Raffinerie de pétrole. Constr. mécaniques. Plantations de café, de cacao et d'épices (clous de girofle, vanille).

**TOBA** (lac) ♦ Lac (100 km sur 30 km) du nord de Sumatra, en Indonésie. Il correspond au cratère formé par la plus importante éruption volcanique du quaternaire, il y a 75 000 ans.

**TOBA Sōjō** → **Kakuyū**

**TOBAGO** ♦ Petite île des Antilles, située à 35 km au N.-E. de l'île de Trinité, à laquelle elle est rattachée politiquement. → **Trinité-et-Tobago.** 301 km². 44 190 hab. CH.-L. : Scarborough. Aéroport international à Crown Point. Le tourisme est l'activité la plus lucrative. ▮ Histoire La possession de Tobago fut l'objet d'une lutte incessante entre les Français et les Britanniques au XVIIIe s. Elle fut définitivement acquise à la Grande-Bretagne en 1814, et celle-ci la conserva jusqu'à 1962, date de l'indépendance. Daniel De* Foe y situa les aventures de *Robinson Crusoe*.

**To Be or not to Be** ♦ Film américain d'Ernst Lubitsch* (1942). Un ricochet de «jeux dangereux» (titre initialement retenu pour l'exploitation française) opposant une troupe de comédiens polonais et les autorités allemandes dans Varsovie occupée. Une leçon de résistance par l'humour, dont ne sont pas exclues les implications tragiques.

**TOBEY (Mark)** ♦ Peintre américain (Centerville, Wisconsin 1890 - Bâle 1976). Il étudia à Chicago, puis il donna des dessins de mode aux journaux new-yorkais et devint vers 1917 un journaliste mondain réputé. Il s'établit ensuite à Seattle où il enseigna. Il fit la connaissance du peintre chinois Teng Kwei, qui l'initia à la calligraphie et au lavis. Avec *Broadway Norm* débute son style dit *White Writing* («écriture blanche», 1934 - 1937) : une multitude de signes sont à la fois cernés, reliés et comme effacés par un tracé effectué à l'encre de Chine blanche ; faisant d'abord allusion à l'univers urbain, ils prirent parfois un caractère strictement non figuratif s'apparentant formellement à des tracés calligraphiques, mais dépourvus de valeur sémantique. Affectionnant les formats réduits, il pratiqua souvent la gouache, la détrempe, l'aquarelle et le pastel, préférant les tonalités pâles et leurs subtiles modulations. Profondément marqué par la pensée orientale, Tobey semble avoir voulu faire du geste même de peindre un acte de méditation qui traduise l'écoulement insensible du temps et où s'expriment le rapport de l'un et du multiple, les notions de passage, d'infini, d'illimité (*Pacific Transition*, 1943) rendues plastiquement par la multiplication d'éléments presque identiques, l'infléchissement du contour, la variation de la valeur chromatique, l'intensité lumineuse étant à peine perceptibles. Toujours fidèle à l'esprit du bahaïsme qu'il avait adopté dès 1925, Tobey approfondit ses recherches sur la «ligne vivante» des graphismes arabe et chinois. La multitude de signes, réseaux sans fin recouvrant ses toiles en «all over» (*Unknown Journey*, 1966), rend le tumulte de la vie moderne, mais tend aussi vers l'au-delà. Pionnier de l'art non figuratif en Amérique, principal fondateur de l'école du Pacifique, il a notamment exercé une influence sur Pollock*, alors même que son œuvre se situe dans un registre opposé qui exclut la violence et la hâte.

**TOBIE** ou **TOBIAS** ➝ ÉTYM. en hébr. *Tôbhîyâh* «Yâh(wèh) est mon bien *(tôbh)*» ♦ Personnage biblique, héros du Livre de Tobie, deutérocanonique* (→ **Bible**). ♦ ***Livre de Tobie*** Le narrateur, Tobit (grec *Tôbit* ou *Tôbeit*), narre les aventures de son fils Tobie (la Vulgate* ne distingue pas les deux noms). Sans doute composé en araméen aux –IIIe - –IIe s., ce roman fantaisiste et édifiant (13 chapitres) met en scène, à Ninive, un Juif exemplaire, Tobit, frappé de cécité et, à Ecbatane, sa nièce Sarra qui ne peut se marier par la faute du démon Asmodée*. Grâce à son compagnon Azarias, en réalité l'ange Raphaël*, Tobie parvient à épouser Sarra et à guérir son père tout en reconstituant sa fortune.

**TOBIN (James)** ♦ Économiste américain (Champaign, Illinois 1918 - 2002). Keynésien, professeur à Harvard puis à Yale, spécialiste des problèmes monétaires et financiers, il s'est affirmé comme l'un des principaux adversaires du monétarisme. Il a été le défenseur d'une taxation des transactions à court terme sur les devises (taxe Tobin) [Prix Nobel de sc. écon. 1981]

**Tobit (Livre de)** → **Tobie**

**TOBOL** n. m. ♦ Riv. d'Asie centrale et de Sibérie occidentale (1 591 km). Née dans les monts de Tourgaï, elle arrose le Kazakhstan et la Russie (régions de Kourgan, Tioumen), les villes de Roudnyï, Koustanaï, Kourgan. Le Tobol se jette dans l'Irtych (rive g.), après avoir reçu les eaux des riv. Isset, Toura et Tavda (rive g.), Oubagan (rive d.).

**TOBOLSK** ➝ ÉTYM. de *Tobol** ♦ V. de Russie, en Sibérie occidentale, région de Tioumen, au confluent de l'Irtych et du Tobol. 98 100 hab. Port fluvial et chantier naval. Pétrochimie. Indus. alimentaire. Traitement du bois (contreplaqué). Pêcheries. ▮ Histoire Fondée en 1587, la ville devint un important comptoir de pelleterie et fut la capitale de la Sibérie avant d'être remplacée par Omsk (1824). Tobolsk fut l'un des principaux lieux de déportation sous les tsars. Après la révolution de 1917, Nicolas II et sa famille y furent internés, avant d'être transférés à Iekaterinbourg.

**TOBROUK** – en ar. ***Tubruq,*** en it. ***Tobruch,*** en angl. ***Tobruk*** ♦ V. et port de Libye, sur la côte orientale de la Cyrénaïque*. 28 061 hab. Raffinerie de pétrole. ▮ **Histoire** Base navale italienne à partir de 1930, elle fut le théâtre de violents combats de janv. 1941 à déc. 1942, date à laquelle elle fut définitivement occupée par les troupes de Montgomery. Le maréchal Balbo périt au-dessus de Tobrouk en 1940, son avion ayant été abattu par suite d'une erreur de la DCA italienne. En 1969, le colonel Kadhafi nationalisa la base aérienne anglo-américaine de Tobrouk.

**TOCANTINS** n. m. (rio) ➝ ÉTYM. du n. d'un peuple indien ♦ Riv. du Brésil (2 416 km), dont l'estuaire rejoint, par de petites rivières, l'embouchure de l'Amazone. Rapides à 350 km du confluent où sont édifiés le barrage et l'usine hydroélectrique de Tucuruí. Elle forme avec l'Araguaia un bassin de 800 000 km$^2$.

**TOCANTINS** ♦ État du Brésil (région Nord). ➝ **Brésil** (carte). 286 796 km$^2$. 1 157 000 hab. CAP. : Palmas. Élevage extensif. L'usage du sol oppose les propriétaires et les petits exploitants. Les conflits sont particulièrement aigus dans le N. de l'État, appelé en raison de sa configuration géographique Bico de Papagaio («Bec de perroquet»). Détaché du Goiás en 1988, il est le plus récent des États de la Fédération brésilienne.

**TOCOPILLA** ♦ Port du Chili (région admin. d'Antofogasta). 23 000 hab. Exportation de nitrate et de cuivre.

**TOCQUÉ (Louis)** ♦ Peintre et dessinateur français (Paris 1696 - *id.* 1772). Élève, puis gendre de Nattier*, il se consacra au portrait et, comme son maître, n'évita pas toujours les artifices des portraits mythologiques ou d'apparat *(Le Dauphin ; Frederick V de Danemark).* Mais il avait aussi le goût du naturel, le souci de l'observation précise et un sens raffiné des nuances (*M$^{me}$ Dangé faisant des nœuds,* 1753). ▪ *Illustration :* ➝ **Alembert (Jean d').**

**TOCQUEVILLE (Charles Alexis Clérel de)** ♦ Historien et homme politique français (Paris 1805 - Cannes 1859). Magistrat sous la Restauration, il fut chargé par le gouvernement de Juillet d'une enquête sur le système pénitentiaire aux États-Unis. Il élargit le sujet et en fit *De la démocratie* en Amérique* (1835 - 1840), qui le rendit célèbre. Cet ouvrage est toujours considéré, en Amérique même, comme la plus pénétrante et prophétique analyse de la civilisation des États-Unis. Député, puis ministre des Affaires étrangères (1849), il renonça à la vie politique après le 2 décembre 1851 et se consacra à des travaux historiques ; son ouvrage, *L'Ancien* Régime et la Révolution* (1856), eut un grand retentissement. Convaincu que l'idée démocratique, à savoir l'égalité des conditions, est un «fait providentiel» qui a rendu la ruine de l'aristocratie inéluctable, Tocqueville tenta de définir les moyens de «faire sortir la liberté du sein de la société démocratique». Selon lui, en effet, il peut découler de la démocratie un redoutable danger : celui de voir l'État brimer toute liberté au nom de la volonté populaire. Les remèdes pour éviter ce despotisme de la majorité sont à la fois politiques (décentralisation, liberté de la presse et défense des libertés locales), sociaux (développement des associations) et juridiques (indépendance du pouvoir judiciaire). Cette démonstration, fondée sur l'examen des faits historiques, suit une méthode qui évoque celle de Montesquieu*, de qui il se rapproche par sa logique rigoureuse et son style austère et clair. [Acad. fr. 1841] ➝ ÉTYM. *Tocqueville* vient du latin *Tokevilla,* nom d'un ancien fief dans la Manche, «domaine *(villa)* de Toki (norrois, hypocoristique de *Thor*) [nom de personne]».

**Tocqueville**, par Théodore Chassériau (1,63 x 1,30 m), 1850. Musée national du château, Versailles.
*BIS/Phot. Hubert Josse © Archives Larbor*

**TODD** (sir **Alexander Robertus**) ♦ Biochimiste britannique (Glasgow 1907 - Cambridge 1997). Il effectua, en 1955, la synthèse des vitamines B1, B12 et E. Il étudia ensuite les nucléotides, unités de base des acides nucléiques, et parvint à élucider leur mode d'association en chaîne. Ses recherches permirent la préparation des coenzymes nucléotidiques, en particulier la cozymase, importante dans plusieurs réactions biochimiques. Il montra également que la vitamine B12 joue le rôle de coenzyme. Ses derniers travaux portèrent sur la bioénergétique. [Prix Nobel de chim. 1957]

**TODI** ♦ V. d'Italie, en Ombrie (prov. de Pérouse). 16 704 hab. Anc. cité étrusque. La ville conserve trois enceintes concentriques : une étrusque, une romaine, une médiévale, et des portes. Cathédrale du XII$^{e}$ s., campanile du XIII$^{e}$ s. Église Saint-Fortunat (XIII$^{e}$ - XV$^{e}$ s.). Palais (XIII$^{e}$ s.) abritant divers musées. ▪ Aux environs, église Renaissance Santa Maria della Consolazione.

**TÖDI** n. m. ♦ Sommet des Alpes suisses à la limite des cant. de Glaris et des Grisons entre les vallées du Rhin au S., de la Linth au N.-E. (qui y prend sa source) et de la Reuss à l'O., à 3 614 m d'altitude.

**TODLEBEN** ➝ **Totleben**

**TODOROV (Petko)** ♦ Écrivain bulgare (Elena 1879 - château d'Oex, cant. de Vaud 1916). Il introduisit en Bulgarie la prose poétique avec son œuvre principale, *Idylles* (1908), aux thèmes surtout folkloriques. Il écrivit aussi des drames, dont *Les Maçons* (1902), qui reprend la légende de la femme emmurée.

**TODOS OS SANTOS** (bahia de) ➝ ÉTYM. port. «baie de la Toussaint» ♦ Grande baie de la côte brésilienne, tributaire de l'Atlantique, découverte par Amerigo Vespucci* en 1501. À l'entrée de la baie se dresse Salvador*, la cap. de l'État de Bahia.

**TODT (Fritz)** ♦ Homme politique allemand (Pforzheim 1891 - dans un accident d'avion 1942). Aviateur en 1916, rallié très tôt au national-socialisme, il avait été ingénieur puis directeur (1928) d'une compagnie munichoise de construction de routes, avant d'être nommé par Hitler inspecteur général des routes du Reich (1933) et directeur de l'Organisation Todt. Général-major (1939), il devint ministre de l'Armement et des Munitions en 1940. ♦ ***Organisation Todt*** Créée en 1933, ce fut une formation paramilitaire de l'Allemagne nazie, un service du génie annexe de la Wehrmacht. Elle fut d'abord chargée de la construction du réseau d'autoroutes allemandes (1933 - 1938), puis de travaux de fortification du Reich et des territoires occupés (construction de la ligne Siegfried, 1937 - 1940, puis sous la direction de Speer à la mort de F. Todt, du «mur de l'Atlantique»).

**TŒPFFER** ou **TÖPFFER (Rodolphe)** ♦ Écrivain et dessinateur suisse d'expression française (Genève 1799 - *id.* 1846). Fils du peintre WOLFGANG ADAM TŒPFFER (Genève 1766 - *id.* 1847), il se destinait à embrasser la même carrière que son père, mais une maladie des yeux l'obligea à abandonner la peinture pour la littérature. En 1832, il fit paraître une courte nouvelle, *La Bibliothèque de mon oncle,* qui devait être unie en 1840 à son recueil de *Nouvelles genevoises ;* cette œuvrette révélait au public un écrivain au style plein de fraîcheur et d'humour, qui ne dédaignait pas à l'occasion le détail didactique ou la notation moralisatrice. C'est dans le même esprit qu'il rédigea ses *Voyages en zigzag* (1844), récits d'excursions pédestres à travers la Suisse. Mais c'est surtout à ses charmants albums comiques illustrés *(Les Amours de monsieur Vieux-Bois, Monsieur Jabot, Voyages et aventures du D$^{r}$ Festus, Monsieur Pencil, Monsieur Crépin, Monsieur Cryptogame)* qu'il doit d'être passé à la postérité : d'une conception entièrement originale, ces volumes annonçaient, dans leur esprit comme dans les détails techniques de leur exécution, la bande dessinée moderne. Il a par ailleurs laissé deux romans, *Le Presbytère* (1839) et *Rosa et Gertrude* (1847), ainsi qu'un opuscule non dépourvu d'intérêt, dans lequel il expose ses conceptions esthétiques, *Réflexions et menus propos d'un peintre genevois* (1848).

**TOER (Pramoedya Ananda)** ♦ Écrivain indonésien (Java-Est 1925 - Jakarta 2006). Prisonnier des Néerlandais durant la révolution, en 1947 - 1949, il écrivit alors ses œuvres maîtresses : *Famille de maquisards* (1950), *La vie n'est pas une foire nocturne* (1951), *Le Fugitif* (1951). Très tôt reconnu pour ses nouvelles et ses romans, il est considéré comme le plus grand prosateur indonésien. Son œuvre des années 1950 s'inspire de son expérience et fait preuve d'un réalisme cru, avant même ses choix politiques, qui l'amenèrent à militer dans les rangs de l'organisation culturelle du Parti communiste indonésien (Lekra). Par la suite, il écrivit plutôt des essais, mais à son retour de déportation (il fut exilé dans l'île de Buru entre 1965 et 1979), il publia une grande fresque romancée sur l'éveil du nationalisme indonésien : *Terre des hommes ; Fils de toutes les nations ; Traces de pas ; La Maison de verre.*

**TOGLIATTI (Palmiro)** ♦ Homme politique italien (Gênes 1893 - Yalta, Crimée 1964). Militant socialiste, rédacteur à l'*Avanti !,* il fut l'un des créateurs du Parti communiste italien (1921). Il s'exila en URSS après l'instauration du fascisme, devint secrétaire du Komintern (1937) et fut commissaire politique en Espagne pendant la guerre civile (1937 - 1939). Rentré en Italie (1944), il fut ministre sans portefeuille dans le gouvernement Badoglio et participa également aux gouvernements Bonomi (1944 - 1945), Parri et De Gasperi (1945 - 1946) ; il fut exclu du pouvoir en même temps que les autres communistes en 1947. Il devint alors le chef de l'opposition d'extrême gauche. À l'intérieur de son parti, il prit position pour la déstalinisation (1956), puis, lors du conflit entre Moscou et Pékin, affirma la liberté de choisir leur orientation pour les partis communistes nationaux. ➝ ÉTYM. Ce nom est probablement l'aphérèse de *Bertoglio,* nom de personne fréquent dans le Piémont et en Lombardie.

**TOGLIATTI** ou **TOLIATTI,** jusqu'en 1964 ***Stavropol*** ♦ V. et port de Russie, sur le réservoir d'eau de Samara. 701 900 hab. Indus. mécaniques (équipement pour les cimenteries). Pétrochimie. Combinat de caoutchouc synthétique. Usine d'automobiles montée par la Fiat. Réparation de navires.

## TOGO

▌n. m. – off. ***République togolaise*** → **ÉTYM.** n. d'un village, probablt de *togodo* «de l'autre côté de l'étendue d'eau» (n. probablt donné par Nachtigal*) ♦ Pays d'Afrique occidentale ouvert sur le golfe de Guinée. 56 785 km². 6 942 000 hab. *(Togolais)*. LANGUES : français (off.), éwé, kabyé, kotokoli, mina, peul. POPULATION : 60 groupes ethniques, principalement Éwés, Kabyés, Minas, et groupes apparentés. RELIGIONS : animistes, catholiques, musulmans. MONNAIE : franc CFA. CAPITALE : Lomé. RÉGIME : présidentiel. Le Togo est divisé en 5 régions.

▌**GÉOGRAPHIE** De forme allongée, le Togo comporte du S. au N. une étroite bande côtière sableuse, des lagunes (lac Togo), des terres sédimentaires plus élevées (60 à 200 m) dites «terres de barre», puis un long plateau cristallin de moins de 500 m d'alt. (les monts du Togo avec le mont Agou à 986 m). Ce plateau est coupé, au N., par le bassin de l'Oti, un affluent de la Volta, et les rivières qui l'alimentent. La partie orientale, plus basse, est constituée par le bassin du Mono. Le climat est subéquatorial chaud et humide dans le S. (microclimat relativement sec à Lomé) et dans les montagnes du S.-O. couvertes d'une forêt dense. Il devient soudanien sur le plateau avec une saison sèche plus longue au N. La végétation passe alors de la forêt sèche à la savane arborée avec des forêts-galeries le long des rivières. ▌**Ressources naturelles** Manioc, igname et maïs constituent les plantes vivrières du S., sorgho et mil celles du N. auxquelles s'ajoute l'élevage. Il en est de même des cultures industrielles : cocotiers (coprah) et palmiers à huile dans le S., café et cacao sur le versant méridional des monts du Togo, coton et arachide dans le centre. Les phosphates d'Hahotoé, au N. du lac Togo, sont la grande richesse du pays (1,2 million de t en 2004), ainsi que le marbre exporté en Europe. Il existe un grand décalage entre le développement et la forte densité de population du S. et le N. pauvre et sous-peuplé.

**Togo.**

▌**HISTOIRE** ▌**De la préhistoire au XVe s.** La métallurgie du fer est attestée dans le N. au Ier millénaire. La plaine de l'Oti, grâce aux reliefs qui l'encadrent, a servi de refuge aux populations anciennes de la région (Kabyés, Tambermas, Bassaris). Néanmoins, l'histoire du N. est liée à celle des grands empires de la savane et aux mouvements de populations qui l'ont accompagnée avec, notamment, l'arrivée des Gourmas et des Kotokolis. Au S., la région de Notsé, traversée par les routes de l'or, de la kola, du fer et du sel joignant les royaumes akans **(→ Ghana)** aux cités yoroubas **(→ Bénin [royaume du])**, a été, à partir du XVe s., un centre de dispersion des peuples côtiers, Éwés, Guins et Minas. Les Éwés s'installèrent dans le centre jusqu'à Atakpamé et sur la rive gauche de la Volta. ▌**Les Européens et la colonisation** Les Portugais abordèrent les côtes au XVe s., suivis des Anglais et des Hollandais (XVIIe s.) puis des Danois (XVIIIe s.). Ils se livrèrent à la traite des esclaves dans la région d'Aneho (lac Togo), jusqu'au milieu du XIXe s. En 1884, Nachtigal* fit signer un traité de protectorat aux chefs du S., mais les limites définitives du territoire, alors deux fois plus grand que le Togo actuel (la frontière occidentale se trouvait sur la Volta), ne furent fixées qu'en 1899. Dans le N., elles coupaient en deux les royaumes mamprussi et dagomba. L'Allemagne s'employa à faire du Togo «utile» une colonie modèle, introduisant la culture du café et du cacao et construisant une infrastructure moderne (port, voie de chemin de fer jusqu'à Atakpamé), au besoin par le travail forcé. Occupé par les forces franco-britanniques du Dahomey* et de la Côte*-de-l'Or en 1914, le territoire fut divisé entre les vainqueurs et confié sous mandats en 1922, suscitant une forte opposition de la part des Éwés qui se trouvèrent ainsi séparés. En 1946, les deux Togo furent placés sous tutelle de l'ONU et continuèrent d'être administrés par la France et la Grande-Bretagne. En 1956, le Togo britannique votait son incorporation à la Côte-de-l'Or, sauf les districts éwés, et le Togo français devenait une république autonome sous l'impulsion de Nicolas Grunitzky qui en fut le Premier ministre. ▌**L'indépendance** Le pays accéda à l'indépendance en 1960 et des élections amenèrent Sylvanus Olympio à la présidence l'année suivante. Le problème éwé et l'opposition entre les populations du Nord sous-représentées et celles du Sud entraînèrent deux coups d'État (1963, assassinat du président Olympio ; 1967, renversement de Grunitzky par le sergent-chef Gnassingbé Eyadéma*, un Kabyé). ▌**Le président Gnassingbé Eyadéma** Opposé aux hommes politiques du Sud, Eyadéma traqua l'opposition. Il lança une campagne pour un «retour à l'authenticité» (adoption obligatoire de prénoms d'origine africaine) et tenta, non sans succès, de donner à son pays un rôle régional. En 1980, il dota le Togo d'une nouvelle Constitution. En 1990, il fut contraint d'accepter la convocation d'une conférence nationale chargée de mettre en place un gouvernement de transition dirigé par le Premier ministre Joseph Kokou Koffigoh (1991). Eyadéma fut réélu en 1993 et resta président jusqu'à sa mort en 2005, la Constitution ayant été modifiée pour permettre sa réélection chaque fois contestée voire boycottée par l'opposition. ▌**Le président Fauré Gnassingbé** Grâce à un coup de force de l'armée, son fils, Fauré Gnassingbé, lui succéda en avril. Sous la pression internationale, il s'engagea à organiser des élections législatives et nomma un Premier ministre issu de l'opposition, Edem Kodjo (juin 2005). En août 2006, la signature par les différents partis d'un «accord politique global» a débouché sur des élections législatives qui ont été remportées par le Rassemblement du peuple togolais (RPT) au pouvoir en oct. 2007. L'opposition a décliné l'offre du président Fauré Gnassingbé de participer à un gouvernement d'union nationale. La réélection de Fauré Gnassingbé en mars 2010, avec 62 % des voix, a été violemment contestée par l'opposition.

**TŌGŌ Heihachirō** ♦ Amiral japonais (Kagoshima 1847 - Tōkyō 1934), vainqueur des Russes lors des batailles navales de Port-Arthur et de Tsushima* en 1905.

**TŌHOKU** ♦ Partie N.-E. de l'île de Honshū, au Japon, qui comprend six préfectures.

**Toison d'or** ♦ Toison du bélier ailé qui enlève Phrixos* et Hellé, dans la légende grecque. Phrixos, parvenu en Colchide*, sacrifie le bélier et offre sa précieuse dépouille au roi Æétès. Plus tard, la Toison d'or, gardée par un dragon, est dérobée par Jason* avec l'aide de Médée*. → **Pélias, Argonautes.**

**Toison d'or** (ordre de la) ♦ Ordre de chevalerie créé en souvenir de la Toison d'or de Jason* par le duc de Bourgogne, Philippe* III le Bon (1429), pour unifier la noblesse autour de lui. En passant à la maison de Habsbourg avec Maximilien d'Autriche (duc de Bourgogne) en 1477, il devint un ordre autrichien, puis, avec Charles Quint, également espagnol.

**TŌJŌ Hideki** ♦ Général et homme politique japonais (Tōkyō 1884 - *id.* 1948). Il dirigea le gouvernement japonais de 1941 à 1944 et fut un partisan de la lutte à outrance contre les États-Unis (il décida l'attaque contre Pearl Harbor le 7 déc. 1941). Il fut traduit, après la guerre, devant le tribunal international militaire pour l'Extrême-Orient. Reconnu coupable de crimes de guerre, il fut, après une tentative de suicide, exécuté en déc. 1948.

**TŌKAIDŌ** ♦ Grande artère routière japonaise qui reliait autrefois, en 53 étapes, la ville d'Edo (auj. Tōkyō) à la capitale Kyōto* (600 km), et qui fut immortalisée par les estampes de Hiroshige*. ▪ De nos jours la ligne ferroviaire de Tōkaidō doublant la ligne Tōkyō-Ōsaka est conçue pour les trains à très grande vitesse.

**TOKAJ** – en fr. ***Tokay*** ♦ V. de Hongrie, au N.-E. du pays, sur la rivière Tisa, au S. de la chaîne des montagnes de Zemplén. 4 988 hab. La région (Tokaj et les 31 villages voisins) produit le célèbre vin de Tokay. La vigne, très développée dès le XIII$^{e}$ s., profite du sol composé d'un mélange de débris volcaniques et de lœss, ainsi que d'un automne chaud et sec. Le cépage a été acclimaté en Alsace.

**TOKAT** ♦ V. de Turquie, ch.-l. de prov., en Asie Mineure, dans une vallée de la chaîne pontique intérieure. 127 988 hab. Centre admin. et commercial, manufactures de toiles peintes et industries diverses. Faculté d'agronomie. ▪ Elle a supplanté après la conquête turque la v. antique de *Comana Pontica* située 8 km plus au nord. Riche patrimoine architectural et urbain hérité des périodes seldjoukide, mongole et ottomane.

**TOKELAU** ♦ Archipel de l'océan Pacifique, au nord des Samoa, formé de trois îles (Nukunonu, Fakaofo, Atafu) placées sous la souveraineté de la Nouvelle-Zélande. 1 403 hab. 10 km$^{2}$.

**TOKIMUNE** → **Hōjō**

**TOKUGAWA** ♦ Famille noble japonaise issue d'une branche des Minamoto* et qui était implantée dans l'E. du Japon. Le premier daimyo à s'emparer du pouvoir shogunal fut Tokugawa* Ieyasu, qui le légua au clan pour 15 générations, de 1603 à 1868. Une telle longévité venait de l'organisation féodale que les Tokugawa imposèrent et perfectionnèrent. Par des réglementations très contraignantes sur la vie des seigneurs féodaux (obligation de résider dans la capitale Edo, auj. Tōkyō, une partie de l'année, de laisser des otages à la cour shogunale), une pratique constante de l'espionnage, la transformation des guerriers en administrateurs loyaux et compétents, le contrôle attentif des mariages et successions, le maintien de l'empereur dans l'isolement des fonctions purement sacerdotales ; les Tokugawa parvinrent à donner au Japon une grande stabilité politique connue sous le nom de Tenka Taihei «l'Ère de la Grande Paix».

**TOKUGAWA Ieyasu** ◆ ÉTYM. du jap. *toku* «vertu» et *gawa* «rivière» ♦ Premier shogun des Tokugawa* (1542 - 1616). Ancien général d'Oda* Nobunaga puis de Toyotomi Hideyoshi*, il vainquit ses rivaux en 1600 à la bataille de Sekigahara* et en 1615 lors de la prise du château d'Ōsaka. Il établit son bakufu (gouvernement militaire ou shogunat) en 1603 à Edo*, fondant ainsi la dynastie shogunale des Tokugawa.

**TŌKYŌ** ◆ ÉTYM. «capitale (*tō*) de l'Est (*kyō*)» (par rapport à Kyōto, l'anc. cap.) – anc. ***Edo*** ♦ Cap. du Japon, dans l'île de Honshū à l'embouchure de la Sumida, au fond d'une large baie. 12 577 000 hab. (aggl. 35 327 000) (*Tokyotes* ou *Tokyoïtes*). Sa situation, à l'endroit le plus large de la plaine du Kantō, lui a permis, fait unique au Japon, de s'étendre démesurément, formant une agglomération ininterrompue avec ses nombreuses villes-satellites (Kanagawa, Yokohama), malgré la présence d'un épicentre sismique. Centre politique et admin., c'est aussi le centre commercial du pays, comptant plus de 200 000 entreprises. Le port, créé en 1941, est l'un des plus importants du Japon (spectaculaire marché aux poissons de Tsukiji). ▮ **Les activités industrielles et tertiaires** La fonction industrielle de Tōkyō est récente (1950), ce rôle étant jusque-là dévolu à Ōsaka et Nagoya. On y trouve mêlées de petites entreprises traditionnelles, aux conditions de travail souvent pénibles, et les plus grandes des industries de pointe du pays (électronique, photo). Dans les banlieues (Kawasaki, Yokohama, Chiba) sont concentrées les raffineries de pétrole, les hauts fourneaux, les aciéries et les usines d'automobiles, souvent construits sur des polders. Parallèlement à ce développement industriel s'est affirmé le rôle de direction économique de la ville, qui abrite les sièges sociaux de très nombreuses grosses entreprises, Ōsaka gardant cependant la maîtrise de la partie O. du pays. ▮ **Les quartiers** Le centre géographique de la ville, constitué par le Palais impérial, n'est pas un centre d'animation urbaine. Vaste espace vert inaccessible au milieu de la ville, il contribue au contraire à l'éclatement en petits centres très différenciés. Au S., Marunouchi est le quartier des affaires, moderne, formé de grandes avenues et de gratte-ciel ; Ginza est le centre du commerce de luxe, et un quartier de vie nocturne. Au S.-O. s'étendent les quartiers résidentiels (Akasaka). À l'O. et au N.-O. se trouvent les quartiers plus populaires et très commerçants de Shibuya, Shinjuku et Ikebukuro. C'est là que le paysage urbain de Tōkyō se montre le plus contrasté : de hautes tours ultramodernes dominent d'anciens petits quartiers de maisons en bois. À l'E. se trouvent Asakusa, autre quartier traditionnel construit autour d'un temple, et Ueno, avec ses musées et ses universités. ▮ **Les transports** Tōkyō est une des villes du monde où les transports posent le plus de difficultés. Un manque chronique de logements joint au prix élevé des loyers pousse les travailleurs à habiter très loin à la périphérie. L'habitat traditionnel ménageant peu de place pour les rues, la circulation de surface est restée très complexe, malgré la construction de voies express sur plusieurs niveaux et de ponts aériens. Le système des transports en commun (trains, métro) est remarquablement développé. La pollution, qui avait atteint un niveau très inquiétant, a été combattue efficacement, bien que de nouveaux problèmes se posent. ▮ **Un centre culturel** Tōkyō, dont le dialecte est devenu la langue nationale, est aussi un centre culturel de premier plan, possédant un tiers des universités du pays et de très nombreuses maisons d'édition. Cependant, capitale politique du Japon, elle ne parvient pas à rivaliser avec le prestige culturel de Kyōto* ou avec celui de centre d'affaires d'Ōsaka*.

▮ **HISTOIRE** ▮ **Edo** Si l'occupation du site de Tōkyō remonte au Néolithique (époques Jōmon* et surtout Yayoi*), c'est seulement en 1457 qu'un seigneur local, Ōta Dōkan, fit bâtir le premier château autour duquel se développèrent les embryons de la ville. Passée aux mains des Hōjō au XVI$^{e}$ s., *Edo* fut négligée et ne prit son essor qu'au début du siècle suivant, lorsque, en 1603, Tokugawa* Ieyasu, abandonnant Kyōto, décida d'y établir le gouvernement shogunal (début de la période d'Edo, 1615 - 1868). Les Tokugawa, soucieux de centralisme, obligèrent les daimyos à résider au moins la moitié du temps à Edo. La ville prit donc de l'importance, les marchands y affluèrent, le réseau routier du Tōkaido* se développa. Les marécages environnants furent asséchés, de nombreux villages et agglomérations furent créés. Au XVIII$^{e}$ s., la ville comptait 1 000 000 d'habitants. Les incendies fréquents et terribles (1657, 1772, 1806), les famines (1780) n'entravèrent pas son essor. En 1853, les premiers vaisseaux américains apparurent dans la baie d'Edo, marquant la fin de la fermeture du Japon à l'Occident. ▮ **Tōkyō** Après une période d'isolement, due au transfert du centre politique à Kyōto, de 1863 à 1868, Edo, sous le nouveau nom de Tōkyō, devint la capitale du Japon au sens

Une rue de **Tōkyō**. *Phot. © Galina Barskaya/Shutterstock*

moderne, résidence de l'empereur Meiji* Tennō qui avait repris le pouvoir. L'arrivée des techniques occidentales (chemin de fer, téléphone, immeubles modernes) s'accompagna d'une baisse passagère de la population (580 000 en 1877). Tōkyō fut au début du XX$^{e}$ siècle le théâtre de nombreuses émeutes populaires puis, dans la ville reconstruite après le tremblement de terre de 1923, des attentats de caractère fasciste ainsi que des coups d'État de 1932 et 1936. À la fin de la guerre du Pacifique (→ **Guerre mondiale [Deuxième]**), elle fut massivement bombardée et de nouveau presque totalement détruite.

**Tokyo (palais de)** ♦ Bâtiment construit à Paris en 1937 pour l'Exposition internationale des arts et techniques, sous le nom de palais des Musées d'art moderne (puis palais de Tokyo, du nom du quai de Tokyo bordant la Seine). Il abrita notamment le musée national d'Art* moderne de 1961 à 1977, le FNAC (Fonds national d'art contemporain) de 1938 à 1991 et le CNP (Centre national de la photographie) de 1984 à 1993. Après l'abandon en 1998 d'un projet de palais du Cinéma, la partie ouest du bâtiment fut réhabilitée par les architectes Anne Lacaton et Jean-Philippe Vassal qui privilégièrent luminosité et espace et le palais de Tokyo devint, en 2002, un lieu interdisciplinaire consacré à la création contemporaine.

**TOLAIN (Henri Louis)** ♦ Homme politique français (Paris 1828 - 1897). Ouvrier ciseleur, il préconisa les candidatures ouvrières au Corps législatif (*Manifeste des Soixante*, 1864) et la formation de syndicats. Membre de l'Association internationale des travailleurs (I$^{re}$ Internationale, 1864), il s'orienta, sous l'influence des théories de Proudhon, vers des positions réformistes. Hostile à la Commune de Paris (1871), il fut exclu de la I$^{re}$ Internationale par le Conseil fédéral (12 avr. 1871). Il fut sénateur en 1875.

**TOLAND (John)** ♦ Philosophe irlandais (Redcastle, près de Londonderry 1670 - Putney 1722). Converti au presbytérianisme, il quitta son pays après le scandale que provoqua son ouvrage *Christianisme sans mystère* (1696). Il écrivit également *Le socinianisme tel qu'il est* (1705), des pamphlets qui expriment un point de vue matérialiste et panthéiste : *Lettres philosophiques (Letters to Serena)*, 1704, trad. fr. 1768. C'est lui qui, du reste, forgea le terme de «panthéisme». Célèbre et controversé de son vivant, il est parfois présenté comme ayant subi l'influence du spinozisme.

**TOLBERT (William)** ♦ Homme d'État libérien (Bensonville, comté de Monserrado 1913 - Monrovia 1980). D'origine «freemen» (descendant d'esclaves libérés), il devint chef de l'État et du gouvernement du Liberia à la mort du président Tubman* en 1972 et représenta l'Afrique modérée (groupe dit de Monrovia). Il fut assassiné en avr. 1980 lors de la prise de pouvoir du sergent-chef Samuel Kanyon Doe.

**TOLBIAC** – auj. *Zülpich* ♦ Petite ville industrielle d'Allemagne au S.-O. de Cologne. ▮ **Histoire** Clovis y vainquit les Alamans (496 ou 506).

**TOLBOUKHINE (Fedor Ivanovitch)** ♦ Maréchal soviétique (Androniki, près de Iaroslavl 1894 - Moscou 1949). Capitaine d'infanterie dans l'armée tsariste en 1917, commandant d'une division de la cavalerie rouge pendant la guerre civile, il prit part à la bataille de la Volga (1942 - 1943). Il reconquit la Crimée, occupa Sébastopol (9 mai 1944), libéra Bucarest (31 août), Sofia (sept.) et Belgrade (oct.) et fut promu maréchal. Avec Malinovski, il assiégea Budapest, qui fut prise en fév. 1945. Après la guerre, il commanda les troupes d'occupation soviétiques en Autriche, puis la région militaire de Transcaucasie (1946 - 1949).

**TOLÈDE** – en esp. *Toledo* → ÉTYM. du lat. *Toletum*, p.-ê. du celt. °*tol* «montagne, éminence» ♦ V. d'Espagne, cap. de la Communauté autonome de Castilla-La Mancha, ch.-l. de prov. sur la rive d. du Tage. 78 618 hab. Archevêché (primat d'Espagne) depuis la monarchie wisigothe et confirmé périodiquement en 681, 1088, 1851 comme étant au sommet de la hiérarchie religieuse. Célèbres manufactures d'armes blanches (*lames de Tolède*). C'est l'une des plus riches cités d'Espagne en monuments mauresques (pont d'Alcántara, Puerta del Sol). Très belle cathédrale gothique (XIII$^{e}$ - XV$^{e}$ s.). Anc. synagogue Santa María la Blanca (XIII$^{e}$ s.). Anc. synagogue El Transito (XIV$^{e}$ s.), devenue le Musée Sefardi. Églises Renaissance (Santo Tomé, avec *L'Enterrement du comte d'Orgaz* du Greco* ; San Juan de los Reyes). Célèbre Alcázar* plusieurs fois reconstruit, maison dite du Greco (XIV$^{e}$ s.), musée provincial consacré à Charles Quint. ▪ Indus. chimique, agroalimentaire. Centre touristique. ▮ **Histoire** C'est une des plus anciennes cités espagnoles ; colonie des Romains, elle devint de 576 à 711 la capitale des Wisigoths ; elle joua un important rôle politique et religieux, les conciles de Tolède organisant l'unité des Wisigoths et des Ibéro-Romains. Conquise par Ṭāriq en 711, elle fit partie du califat de Cordoue*, puis devint la capitale d'un royaume arabe indépendant (X$^{e}$ s.) où une importante colonie juive fonda des écoles renommées. Reconquise par Alphonse* VI en 1085, Tolède resta jusqu'au XVI$^{e}$ s. la résidence des rois de Castille. Remplacée par Madrid* en 1561, elle garda tout son prestige de ville d'art. Au début de la guerre civile (1936), l'Alcázar fut assiégé par les républicains ; 1 760 combattants nationalistes, commandés par le colonel Moscardó*, résistèrent héroïquement pendant deux mois avant d'être dégagés par l'armée de Franco*.

**Tolède.** *Phot. © Serge Lamere/Shutterstock*

**TOLEDO (Juan Bautista DE)** ♦ Architecte espagnol (mort en 1567). Il se forma en Italie, travailla à Naples et fut chargé par Philippe II de la construction du monastère de l'Escurial* ; il dessina le plan d'ensemble, caractérisé par l'ampleur et la simplicité des partis pris, et édifia la façade méridionale ainsi que le patio de los Evangelistas, qui reflète l'assimilation des conceptions architecturales de la Renaissance italienne. Il exécuta aussi des travaux à Aranjuez et à l'Alcázar de Madrid.

**TOLEDO** ♦ V. des États-Unis (Ohio), à l'extrémité O. du lac Érié. 313 619 hab. dont 20 % de Noirs (zone urbaine 618 203). Port charbonnier de première importance ; importations de minerais, grains, pâtes à papier ; exportation de charbon, produits pétroliers, automobiles. Centre industriel.

**TOLENTINO** ♦ V. d'Italie, dans les Marches (prov. de Macerata). 18 649 hab. Basilique Saint-Nicolas (fresques du XIV$^{e}$ s. relatant la vie du saint ; nombreuses œuvres d'art). ▪ Céramique, indus. lainière. ▮ **Histoire** Un traité y fut signé entre Bonaparte et Pie VI (19 fév. 1797), qui donnait à la France Avignon et le Comtat venaissin et abandonnait les légations. Murat y perdit une bataille contre les Autrichiens (3 mai 1815).

**TOLIARY** – anc. *Tuléar* ♦ Ville de Madagascar, ch.-l. de prov., sur la côte S.-O. de l'île. 61 460 hab. Port. Centre commercial et administratif. Région d'élevage de bovins. Conserveries.

**TOLKIEN (John Ronald Reuel)** ♦ Romancier britannique d'origine sud-africaine (Bloemfontein 1892 - Bournemouth 1973). Marqué par la Première Guerre mondiale, il rejeta en bloc la civilisation moderne et se plongea dans l'étude de la littérature médiévale ; il devint professeur à Oxford en 1925, donna des études sur Chaucer* et sur le lai de *Beowulf**. Son œuvre est nourrie de connaissances anthropologiques et d'emprunts aux mythologies nordiques. *Le Seigneur des anneaux* (1954 - 1956) se présente comme l'épopée d'une ère révolue de l'histoire où doit être détruit un anneau corrupteur qui rend omniprésent celui qui le détient. Ce cycle, qui comble les aspirations des lecteurs avides d'évasion et fait depuis le milieu des années 1960 l'objet d'un véritable culte, a été porté à l'écran par Peter Jackson (2001).

**TOLLER (Ernst)** ♦ Auteur dramatique allemand (Samotschin 1893 - New York 1939). Ancien membre du gouvernement révolutionnaire de Bavière (1918), il a voulu illustrer dans son théâtre les thèmes dominants de la révolte sociale dans l'Allemagne tourmentée des lendemains de la Première Guerre mondiale, avec *Foule humaine* (1921), *Destructeurs de machines* (1922), *Hop là, nous vivons !* (1927), *Le Pasteur Hall* (1938). Son œuvre poétique (*Le Jour du prolétariat*, 1926) préfigure son destin tragique ; exilé à New York après la victoire du nazisme, il devait s'y donner la mort.

**TOLMAN (Edward Chace)** ♦ Psychologue américain (West Newton, Massachusetts 1886 - Berkeley 1959). Il appliqua les principes de la théorie de la forme (→ **Wertheimer, Koffka, Köhler**) à l'étude du comportement (→ **Watson**), considérant celui-ci comme une totalité douée de propriétés spécifiques, telles que l'intentionnalité (ou orientation du comportement vers un but). Il a publié *Purposive Behavior in Animals and Men* (1932).

**TOLSTOÏ (Piotr Andreïevitch, comte)** ♦ Homme politique russe (1645 - couvent de Solovetsk 1729). Envoyé par Pierre le Grand à Venise, il y étudia les problèmes maritimes (1696 - 1698). Ambassadeur à Constantinople (1702 - 1714), puis conseiller du tsar en politique extérieure, il devint chef de la police secrète (1718) et membre du conseil privé (1725). En 1727, il fut exilé par Pierre II à Solovetsk, île de la mer Blanche. → ÉTYM. *Tolstoï* vient du russe *tolstyï* «gros, corpulent».

**TOLSTOÏ (Alekseï Konstantinovitch)** ♦ Poète, romancier et auteur dramatique russe (Saint-Pétersbourg 1817 - domaine de Krasnyï Rog, gouv. de Tchernigov 1875). Il est l'auteur de poésies satiriques, humoristiques et absurdes sous le pseudonyme de Kozma-Proutkov (1854 - 1863). Il écrivit un remarquable roman historique sur l'époque d'Ivan* le Terrible, *Le Prince Serebriany* (1863), mais son œuvre la plus marquante reste sa trilogie dramatique historique : *La Mort d'Ivan le Terrible* (1866), *Le Tsar Fiodor Ivanovitch* (1868) et *Le Tsar Boris* (1870).

**TOLSTOÏ (Lev Nikolaïevitch,** en fr. **Léon)** ♦ Romancier, conteur et auteur dramatique russe (Iasnaïa Poliana, gouv. de Toula 1828 - Astapovo, gouv. de Riazan 1910). Issu d'une famille de la vieille noblesse russe, Tolstoï fut toujours conscient de son rang. Orphelin très jeune, il fut élevé par sa tante et des gouverneurs étrangers dans la grande propriété de famille avec ses frères, puis fit ses études à l'université de Kazan d'où il sortit sans aucun diplôme, marqué par l'influence de J.-J. Rousseau*. Il menait une vie désordonnée et légère. En 1848, il retourna dans sa propriété d'Iasnaïa Poliana, décidé à améliorer le sort des paysans, mais sa tentative fut un échec. En 1851, voulant donner un sens à sa vie, il partit comme volontaire se battre au Caucase. Et en 1852 parut sa première nouvelle, *Enfance,* qui, envoyée à Nekrassov*, fut publiée dans *Le Contemporain.* Tolstoï fut aussitôt célèbre. À la suite d'*Enfance,* il écrivit *Adolescence* (1854) et *Jeunesse* (1857), formant ainsi une remarquable trilogie autobiographique. Après trois ans passés au Caucase, il participa à la défense de Sébastopol, où il écrivit ses fameux *Récits de Sébastopol* (1855). Tolstoï quitta l'armée en 1856 et partit pour deux ans à l'étranger ; il voyagea en France, en Suisse, en Italie et en Allemagne. Il y fut frappé par l'égoïsme et le matérialisme de la bourgeoisie : *Lucerne* (1857). De retour à Iasnaïa Poliana, il fonda une école populaire et édita en 1862 un journal pédagogique, *Iasnaïa Poliana.* En 1862, il se maria, voulant, semble-t-il, atteindre par là un certain confort moral (*Le Bonheur de la famille,* 1859). Il eut treize enfants. En 1863, parut sa nouvelle, *Les Cosaques,* qu'il avait commencée alors qu'il était au Caucase, et il se mit à travailler à sa grande œuvre qui a pour cadre les guerres de 1805 et 1812 contre Napoléon et qu'il ne devait terminer qu'en 1869 : *Guerre* et Paix.* Puis, de 1873 à 1877, il écrivit son deuxième grand roman, *Anna* Karénine.* Ces deux ouvrages lui apportèrent la gloire et la célébrité mondiale. En écrivant *Anna Karénine,* il fut saisi d'une crise morale et religieuse qui le mena à la conversion, décrite en 1879 - 1882 dans *Confession* (publ. 1884). D'athée, il devint croyant et d'auteur réaliste et vitaliste, il devint un écrivain moralisateur, mais toujours rationaliste. Du christianisme, il ne retint que l'aspect moral et se mit à condamner tout ce qui était violence ou recherche du plaisir et du luxe (*La Mort d'Ivan Ilitch,* 1884 - 1886, admirable réflexion sur la solidarité humaine et sur la mort ; *La Sonate* à Kreutzer,* 1891). À cette époque, il écrivit des pièces de théâtre, comme *La Puissance des ténèbres* (1887) et *Le Cadavre vivant* (1900 publ. en 1911), pièces qui avaient toutes un but moral et éducatif. En 1897 parut *Qu'est-ce que l'art ?* où Tolstoï dénonce «l'art pour l'art». En 1899 il publia un long roman, *Résurrection,* qu'il avait commencé en 1889 et où, décrivant un amour coupable, il tire une leçon de morale, illustrée par l'Évangile. Son point de vue trop rationaliste sur l'orthodoxie le fit excommunier par le saint-synode en 1901, mais sa renommée et son influence ne cessèrent de s'amplifier, débordant largement les frontières de la Russie. Deux récits marquèrent encore la fin de sa vie : *Le Père Serge* (1890 - 1898, publ. 1912), histoire d'un aristocrate qui devient moine, et *Hadji Mourat* (1896 - 1904, publ. 1912) où il raconte d'une façon émouvante la longue guerre du Caucase. En contradiction intérieure continuelle entre sa doctrine morale exigeante et la vie facile qu'il menait, il finit par quitter sa maison en octobre 1910, et mourut un mois plus tard dans une petite gare de province.

Léon **Tolstoï,** en 1909.
*BIS/Phot. © Coll. Archives Larbor*

**TOLSTOÏ (Alekseï Nikolaïevitch,** en fr. **Alexis)** ♦ Écrivain soviétique (Nikolaïevsk, auj. Pougatchev, gouv. de Saratov 1883 - Moscou 1945). Appartenant à la noblesse provinciale russe, il passa son enfance à la campagne, d'où il garda son amour pour la nature et sa connaissance du folklore. En 1907, ses premiers vers, *Au-delà des fleurs,* furent bien accueillis par les poètes symbolistes. Ses *Contes de la pie* (1910) et ses nouvelles (*Au-delà de la Volga,* 1909 - 1911) le rendirent aussitôt célèbre. En 1912 il mit en scène la noblesse ruinée dans *Le Seigneur boiteux.* Émigré de 1918 à 1923, il vécut en France. Il écrivit une autobiographie, *L'Enfance de Nikita* (1920 - 1922), pleine de finesse, un roman fantastique, *Aelita* (1922 - 1923), et un roman d'aventures utopique, *L'Hyperboloïde de l'ingénieur Garine* (1925 - 1927), ainsi que d'autres romans d'anticipation qui firent de lui un précurseur de ce genre en URSS. Revenu dans son pays natal, il travailla à sa grande œuvre, *Le Chemin des tourments* (trois romans, 1922 - 1941), où il montre comment sa patrie a su sortir victorieuse de l'épreuve que lui a fait subir l'histoire. Enfin, il atteignit le sommet de sa gloire avec un roman historique, *Pierre le Grand* (1929 - 1945, inachevé), et le drame *Ivan le Terrible* en deux parties (1941 - 1943). À travers des genres, des thèmes et des personnages différents, A. Tolstoï a toujours exprimé sa joie de vivre : «J'ai aimé la vie, je me suis opposé de tout mon tempérament à l'abstraction, aux conceptions idéalistes», a-t-il dit dans son autobiographie. En 1939 il fut nommé membre de l'Académie des sciences.

**TOLTÈQUES** n. m. pl. ♦ Peuple indien établi au Mexique du X$^{e}$ au XII$^{e}$ s. et dont la capitale était Tula. Ils développèrent une brillante civilisation intégrant les traits essentiels des civilisations classiques, notamment de Teotihuacán*, et dominèrent tout le Mexique central. Topiltzin, le fondateur de Tula, est assimilé au dieu Quetzalcóatl. L'empire s'effondra en 1168, sans doute en raison de conflits internes.

**TOLUCA** ♦ V. du Mexique central, cap. de l'État de Mexico, à 2 500 m d'alt. dans un haut bassin encadré de montagnes. 467 712 hab. La vallée de Toluca est un riche secteur agricole (céréales) qui fait de la ville un centre commercial. Pittoresque marché. Le long de l'autoroute de liaison avec Mexico, un important corridor industriel accueille des activités décentralisées de la capitale (automobile, pharmacie, chimie, électronique). ▪ Aux environs, site de Calixtlahuaca (temple de Tláloc et de Quetzalcóatl).

**TOM** n. m. ♦ Riv. de Russie (827 km). Issu de l'Altaï (Sibérie occidentale), le Tom traverse le Kouzbass où il arrose Ossinniki, Novokouznetsk, Kemerovo, avant de se jeter dans l'Ob (rive d.) en aval de Tomsk.

**TOMAR** ♦ V. du Portugal (région Centre), district de Santarém. 42 575 hab. Située sur une anc. voie de transhumance, la ville fut la capitale de l'ordre des Templiers de 1160 à 1314 (puis de l'ordre du Christ). Chapelle des Templiers en rotonde polygonale (XII$^{e}$ - XIII$^{e}$ s.) et bâtiments conventuels où domine le style manuélin (cloîtres, chœur de l'église). ▪ Centre indus. important.

**TOMASI (Henri)** ♦ Compositeur et chef d'orchestre français (Marseille 1901 - Paris 1971). Élève de Vincent d'Indy au Conservatoire de Paris, premier prix de Rome en 1927, il dirigea l'orchestre de l'opéra de Monte-Carlo de 1946 à 1950. Outre des concertos, des pièces symphoniques, un oratorio *(François d'Assise),* il composa surtout des ballets *(La Rosière du village ; Les Santons ; Noces de cendres)* et des opéras *(Miguel de Mañara ; Sampiero Corso ; Le Triomphe de Jeanne)* dans un style vif et coloré où affleurent souvent des thèmes du folklore corse ou provençal.

**TOMASI DI LAMPEDUSA** → **Lampedusa**

**TOMASZÓW MAZOWIECKI** ♦ V. de Pologne, voïvodie de Łódź, sur la Pilica. 66 435 hab. Centre d'indus. textiles (fibres synthétiques). Constr. mécaniques.

**TOMBAUGH (Clyde William)** ♦ Astronome américain (Streator, Illinois 1906 - Las Cruces, Nouveau-Mexique 1997). Le 13 mars 1930, il découvrit la planète Pluton*, à six degrés de la position prédite par P. Lowell*.

**TOMBLAINE** [54510] ◂ **ÉTYM.** langue d'oïl «(terre de la) petite butte», de *tombe* «tumulus, tertre» ♦ Ch.-l. de cant. de la Meurthe-et-Moselle, banlieue E. de Nancy, sur la Meurthe. 7 853 hab. *(Tomblainois).*

**TOMBOUCTOU** ◂ **ÉTYM.** «lieu de la petite dune», du berbère *tim* «lieu de, celui de» et *Bouctou,* de l'ar. *nekba* «petite dune» ou songhaï «cavité (dans les dunes)» ou touareg «la vieille» ♦ V. du Mali, au N.-O. de la grande boucle du Niger. Située aux confins du Sahara, elle est le point de départ des caravanes allant chercher le sel de Taoudenni, à 800 km au N. Plus de 35 000 hab. ▮ **Histoire** Fondée vers le XI$^{e}$ s. par les Touaregs, elle devint un centre de commerce important entre le Soudan et le Maghreb. Ibn Baṣṣūṣa la visita en 1353. Elle fut prise en 1591 par une expédition marocaine envoyée par le sultan Aḥmad al-Manṣūr. En 1828, René Caillié atteignit Tombouctou, Heinrich Barth* en 1853. Les Français l'occupèrent en 1893.

**TOMÉ** ♦ Famille d'architectes, sculpteurs et décorateurs espagnols qui travaillèrent à Tolède et à Valladolid au XVIII$^{e}$ s. ♦ **Antonio Tomé** (actif au début du XVIII$^{e}$ s.). Il est l'auteur de la façade de l'université de Valladolid (1718), au lourd et surabondant décor baroque.

♦ **Narciso Tomé** (actif dans la 1re moitié du XVIIIe s.). Frère du précédent, il réalisa le célèbre «transparent» de la cathédrale de Tolède (1721 - 1732) : l'architecture, la sculpture et la peinture s'y fondent dans un foisonnement d'ornements de bronze, stucs, marbres polychromes, sur lesquels jouent les éclairages contrastés. Le succès obtenu par cette œuvre témoigne de la persistance et de la vitalité du style dit churrigueresque (→ **Churriguera**) en Espagne.

**TOMES** – en lat. ***Tomis***, auj. ***Constantza*** ♦ Anc. ville de Mésie* sur la côte du Pont-Euxin. Lieu d'exil d'Ovide*, qui y mourut.

**TOMIOKA Tessai** ♦ Peintre japonais (Kyōto 1836 - *id.* 1924). Il fut nommé artiste de la maison impériale en 1917. De style très libre tout en restant traditionnel, il réalisa de nombreuses œuvres qui permirent à l'art pictural japonais de se dégager du formalisme qui l'étouffait. Il est considéré à ce titre comme le premier peintre moderniste du Japon.

**Tom Jones** – en angl. ***The History of Tom Jones, a Foundling*** ♦ Roman en 18 livres d'Henry Fielding* (1749). L'auteur y retrace avec verve les aventures d'un enfant trouvé, recueilli par le riche Alworthy dont il est en réalité le fils naturel. Cette ultime découverte donnera une fin heureuse à ce roman picaresque où Fielding évoque toutes les couches de la société anglaise du XVIIIe s. Fielding lui-même, cadet de grande famille obligé de gagner sa vie et de frayer avec tout le monde, occupa une position analogue à celle de son héros. Ce sentiment de ne pas «être à sa place» aiguise son humour et tempère son sentimentalisme. Le roman a été transposé au cinéma par T. Richardson (1963).

**TOMMASO DA CELANO** → Thomas de Celano

**TOMONAGA Shinichirō** ♦ Physicien japonais (Kyōto 1906 - Tōkyō 1979). Auteur d'une formulation relativiste de la théorie des champs (1945), il est l'un des créateurs de l'électrodynamique quantique. [Prix Nobel de phys. 1965, avec R. Feynman* et J. Schwinger]

**TOMSK** ◆ ÉTYM. du n. de la riv. *Tom** et suff. *-sk* qui désigne une ville ♦ V. de Russie, ch.-l. de région, sur le Tom, en amont de son confluent avec l'Ob en Sibérie occidentale, au N. du Transsibérien. 487 700 hab. Centre universitaire (univ. fondée en 1888 ; nombreuses écoles supérieures), scientifique et indus. situé au N. du Kouzbass* auquel il est étroitement lié. Centrale thermique. Indus. alimentaire, chimique et mécanique. Équipements électriques et miniers. Instruments de précision. Indus. du cuir et du bois. Centre de recherches nucléaires. ▮ **Histoire** Fondée en 1604, la ville devint au XIXe s. un centre important à la suite de la découverte de gisements aurifères dans la région.

**TOMYRIS** ♦ Reine des Massagètes (–VIe s.). Selon Hérodote, le Perse Cyrus aurait voulu l'épouser. Elle refusa et il lui fit la guerre, capturant son fils Spargapisès, qui se suicida. Selon une tradition, Cyrus, vaincu et capturé par Tomyris, aurait été noyé par elle dans du sang ; selon Xénophon, Cyrus serait mort libre à Pasargades.

**TONEGAWA Susumu** ♦ Généticien japonais (Nagoya 1939). Il découvrit le phénomène de réorganisation des gènes des anticorps, mécanisme moléculaire responsable de la variété quasi illimitée de ces derniers, rendant possible la défense sélective de l'organisme contre l'immense diversité des antigènes. [Prix Nobel de physiol. ou méd. 1987]

## TONGA

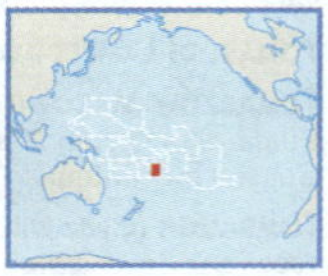

▮ n. f. pl. – anc. ***îles des Amis***, en angl. ***Friendly Islands*** ; off. ***Royaume des Tonga*** ◆ ÉTYM. du mot local *Tongatabu* «l'île *(tonga)* sacrée *(tabu)*» ♦ État de Polynésie, dans l'océan Pacifique, à l'E. des îles Fidji comportant plus de 160 îles et îlots répartis en trois groupes, du N. au S. : îles Vava'u et Niu ; îles Ha'apai ; îles Tongatapu et Eua. 675 km². 101 991 hab. *(Tongiens)*. LANGUES : anglais (off.), tonguien. MONNAIE : pa'anga. POPULATION : Polynésiens. CAPITALE : Nuku'alofa. RÉGIME : monarchie.

▮ **GÉOGRAPHIE** Les îles hautes au relief volcanique (Uta Vava'u dans le N. ; Tongatapu dans le S.) alternent avec les îles basses (atolls) au soubassement calcaire. Le climat y est chaud et humide. Les atolls sont peu peuplés, la majeure partie de la population vivant sur Tongatapu que prolonge un vaste lagon. La terre appartient à l'État ; elle est louée à qui en fait la demande, mais elle est devenue insuffisante du fait de la démographie, obligeant les habitants à émigrer. Le taro et l'igname constituent les principales cultures vivrières. La pêche est pratiquée dans les lagons. Le pays produit du coprah, de la canne à sucre et de la vanille. Pêche. Le royaume bénéficie de l'aide du Japon, de l'Australie et de la Nouvelle-Zélande.

▮ **HISTOIRE** La poterie de type Lapita* est présente dans l'archipel vers –1250. Une royauté s'établit à Tongatapu au début du IIe millénaire de notre ère (la dynastie actuelle s'y réfère). Les îles Niu furent découvertes par le Hollandais Schouten en 1616 et Tongatapu par Tasman* en 1643. Cook* prit contact avec les populations de Tongatapu et nomma l'archipel *îles des Amis* (1773 et 1777). Une longue période de troubles succéda à sa visite et un pouvoir incontesté ne s'établit dans l'île qu'en 1845 avec le roi Tupou Ier. Ce dernier se convertit et fut à l'origine de la dynastie qui gouverne encore Tongatapu et les autres îles. Durant son règne (1845 - 1893), les îles Tonga restèrent une nation indépendante et unifiée. Sous George Tupou II (mort en 1918), les Tonga devinrent un protectorat de l'Empire britannique. À sa mort, le pouvoir revint à la reine Salote Tupou III qui régna jusqu'en 1965. Son fils Taufa'Ahau Tupou IV, lui succéda. Les îles Tonga devinrent en 1970 un royaume indépendant membre du Commonwealth, dont le souverain gouverne avec l'assistance d'un cabinet ministériel et d'une assemblée législative. Taufa'Ahau Tupou V (également appelé George Tupou V) a été couronné roi en 2006. Les îles ont été admises à l'OMC en 2007.

---

**TONGEREN** → Tongres

**TONGERLO** → Westerlo

**TONGHUA** ou **T'ONG-HOUA** ♦ V. de Chine (Jilin), sur la frontière avec la Corée. 605 653 hab. Sidérurgie. Papeterie. Raisin. Sports d'hiver. Base militaire.

**TONGRES** ◆ ÉTYM. en néerl. ***Tongeren*** (V. ci-dessous) ♦ V. de Belgique (Région flamande), prov. de Limbourg, ch.-l. d'arr., sur le Geer, affl. de la Meuse, à la limite de la Hesbaye sèche et de la Hesbaye humide. 29 806 hab. *(Tongrois)*. Grand-Place de style mosan (XVIe - XVIIe s.). Hôtel de ville de 1737 (musée). Musée provincial gallo-romain. Musée d'histoire militaire (Moerenpoort de 1379). Église Notre-Dame fondée au IXe s., réédifiée au XIe et au XVe s. (diptyque en ivoire du VIe s.). Cloître du XIIe s. Béguinage (église de 1294). Couvent et église du XVIIe s. Aux environs, château de Betho (XVIIe s.). ▪ Nœud routier. Indus. agroalimentaire relayée par les construc. électriques. ▮ **Histoire** La ville doit son origine à un camp de César *(Attuatuco Tungrorum)* dont les légions furent massacrées à Tongres même en –59 par Ambiorix, chef des Éburons. Ville-étape sur la voie romaine de Bavay à Cologne, Tongres se développa rapidement. Les invasions barbares et la décadence de Rome à la fin du IIe s. éprouvèrent la ville. Après le transfert de son évêché à Maastricht, puis à Liège, elle fut détruite par les Normands en 881, et ne se releva que grâce à la solide organisation communale des XIIIe et XIVe s.

**TONKIN** n. m. ◆ ÉTYM. prononciation déformée de *Đông Kinh* «capitale de l'Est» (V. ci-dessous), le n. de la v. ayant servi à dénommer tout le nord du Viêtnam ♦ Partie N. du Viêtnam comprenant une zone de plaine formée par les deltas du réseau du Sông Hồng, du Thái Bình et du Sông Đà et une partie montagneuse (massifs calcaires anciens) débordant sur le Laos et la Chine. Une moyenne région faite de collines moutonnées (50 - 200 m d'alt.), assez difficile d'accès, forme la transition entre les deux. → **Viêtnam** (carte). Les hautes régions sont relativement peu peuplées tandis que les plaines connaissent de fortes densités et concentrent les plus grandes villes (Hanoi*, Haiphong*, Nam Định*, Bắc* Ninh, Sơn* Tây). On y trouve des plaines de riziculture intensive, de cultures indus. et maraîchères, des mines de charbon à Đông Triều-Hồng Gai, Cẩm Phả, des minerais variés et des ressources hydroélectriques. ▮ **Histoire** Le Tonkin constitue le berceau de la nation vietnamienne, dont la capitale fut appelée *Thăng Long* sous les Lý* et *Đông Kinh* («capitale de l'Est») sous les Lê*. Les Français conquirent cette région entre 1882 et 1885, la détachèrent de l'empire vietnamien, et l'administrèrent sous le nom de *protectorat du Tonkin*, dont le premier résident général fut Paul Bert*, appliquant l'appellation d'origine chinoise «Annam» à la partie centrale du pays laissée sous administration de la dynastie Nguyễn*. À partir de 1882, son histoire se confondit avec celle de la conquête coloniale, de la pacification puis de la décolonisation. → **Indochine française, Viêtnam.** L'incident de Lạng* Sơn provoqua la chute du gouvernement de Jules Ferry en 1885. L'avance française au Tonkin déclencha un conflit avec la Chine, qui se termina en 1885 par le traité de T'ien-tsin (Tianjin*) laissant les mains libres à la France. En 1887 le Tonkin fut intégré dans l'Union indochinoise. En 1945, le coup de force japonais ayant provoqué la chute du régime colonial, c'est du Tonkin que furent proclamées l'indépendance et la République, englobant l'intégralité du territoire (révolution d'Août). C'est encore au Tonkin que furent organisées d'abord la résistance à l'occupation japonaise, puis à la présence française (se terminant par l'affrontement décisif de Điện* Biên Phủ en 1954) et enfin la lutte contre les États-Unis soutenant le régime de Saigon. La région constituait la partie vitale de la République démocratique du Viêtnam, au N. du 17e parallèle, pendant la partition du pays (1954 - 1975).

**TONLE SAP** n. m. ♦ Lac du Cambodge, déversoir naturel du trop-plein des eaux du Mékong, passant de 3 000 à 10 000 km² selon la saison. Navigable, il constitue la plus riche réserve de poissons du monde, mais il est peu à peu comblé par les alluvions. Il est relié au Mékong, à la hauteur de Phnom Penh, par un bras de 112 km de longueur dans lequel le courant s'inverse deux fois par an en juil. et en nov.

**TONNAY-CHARENTE** [17430] ➝ ÉTYM. anc. *Taunay*, du gaul. *Talenus*, n. de pers., et suff. *-acum* ♦ Ch.-l. de cant. de la Charente-Maritime, arr. de Rochefort. 6 628 hab. *(Tonnacquois)*. Port sur la Charente (importation de phosphates ; exportation de céréales).

**TONNEINS** [tɔnɛ̃s] [47400] ➝ ÉTYM. anc. *Toninge*, du germ. *Tunno*, n. de pers., et suff. *-ing* ♦ Ch.-l. de cant. du Lot-et-Garonne, arr. de Marmande, sur la Garonne. 9 041 hab. (aggl. 9 856) *(Tonneinquais)*. Menuiserie indus. Marché agricole.

**TONNERRE** [89700] ➝ ÉTYM. anc. *Ternoderum*, du lat. *Tunus*, n. de pers. gallo-rom., et *durum* «forteresse» ♦ Ch.-l. de cant. de l'Yonne, arr. d'Avallon, sur la rive g. de l'Armançon. 5 979 hab. (aggl. 6 583) *(Tonnerrois)*. Hôpital construit de 1293 à 1295 par Marguerite de Bourgogne : grande salle des malades (berceau lambrissé et charpente) ; chapelle du Revestière (mise au tombeau de 1453). Église Notre-Dame (XIIIe - XVe s., restaurée). Église Saint-Pierre, reconstruite au XVIe s. (chœur du XIVe ; tour du XVe s.). Hôtel d'Uzès (1533). ▪ Source vauclusienne de la Fosse Dionne. Vins renommés très corsés (blancs de Fleys, Beru et Viviers, rosé d'Épineuil). Électronique. Composants automobiles. Pierres de taille.

**TONNERROIS** n. m. ➝ ÉTYM. du n. de la v. de *Tonnerre** ♦ Région située autour de Tonnerre* et encadrant la vallée de l'Armançon*. Agriculture et élevage (viande, lait), grâce à la création de prairies artificielles. Le vignoble s'étend sur les coteaux de la rive d. de l'Armançon (vins rouges : olivottes, lorraines, poinsots ; blancs : vaumorillons ; gris : à Épineuil).

**TÖNNIES (Ferdinand)** ♦ Philosophe et sociologue allemand (dans le Schleswig 1855 - Kiel 1936). À la communauté, fondée sur des liens organiques, affectifs et spirituels, il a opposé la société de la civilisation urbaine et industrielle, établie sur des contrats rationnels (des lois écrites), qui lui paraît être une forme de décadence (annonçant ainsi l'opposition de Spengler entre culture et civilisation). Auteur de *Communauté et Société* (1887), *Introduction à la sociologie* (1931).

**TOOROP (Johannes Theodor,** dit **Jan)** ♦ Peintre, affichiste et dessinateur néerlandais (Poerwuredjo, Java 1858 - La Haye 1928). Après des études à Amsterdam et à Bruxelles, il fit plusieurs séjours en France et admira Gustave Moreau et Manet. Sa peinture refléta successivement les influences de l'impressionnisme, du divisionnisme et du symbolisme. Ses œuvres les plus originales sont des affiches au graphisme onduleux, caractéristique de l'esthétique Art nouveau, et des peintures allégoriques, puis religieuses, d'un linéarisme aigu et vigoureux *(La Sainte Fuite)*. ▪ *Illustration :* ➝ **Casals (Pablo).**

**TOOWOOMBA** ♦ V. d'Australie (Queensland), sur le versant O. de la cordillère Australienne, reliée à Brisbane par voie ferrée. 121 894 hab. Centre commercial et touristique.

**Topaze** ♦ Comédie de Marcel Pagnol (1928). Congédié, pour excès de conscience, de l'institution où il enseignait, Topaze, modeste professeur, se met au service d'un conseiller municipal véreux dont il devient l'homme de paille. Il découvre alors avec horreur les turpitudes dont la vie de ce politicien sans scrupules est faite. Mais, s'enhardissant peu à peu, il renonce à pratiquer la morale austère qu'il enseignait à ses élèves et prend finalement la place de son patron, lui ravissant aussi sa maîtresse et se réservant désormais de trafiquer pour son compte.

**TOPEKA** ➝ ÉTYM. mot indien «pomme de terre» ou «bon endroit pour cultiver les pommes de terre» ♦ V. des États-Unis, cap. du Kansas. 122 377 hab. La ville est connue pour son urbanisme et ses parcs. Centre admin., agricole et indus. (pneumatiques, indus. chimique). Siège d'une base aérienne et d'une importante fondation psychiatrique (Menninger Foundation).

**TOPELIUS (Zachris)** dit **le Jeune** ♦ Poète et romancier finlandais d'expression suédoise (Kuddnäs, près de Uusikaarlepyy 1818 - Sipoo 1898). Professeur d'histoire et recteur de l'université d'Helsinki. Avec Runeberg*, il domina la littérature suédoise de Finlande. Il s'opposa au réalisme et au naturalisme, écrivit des ouvrages instructifs pour la jeunesse (*Le Livre de la nature*, 1856 ; *Le Livre sur notre pays*, 1875) et des contes de fées (*Lectures pour les enfants*, 8 vol., 1865 - 1896), devenus classiques. Ses poèmes *Fleurs de bruyère* (3 vol., 1845 - 1854) célèbrent un amour chaste, les beautés naturelles de la Finlande et la foi dans le progrès de l'humanité. Ses romans historiques, *Les Récits du chirurgien militaire* (4 vol., 1853 - 1864), *Le Gant du roi* (1863), *Les Protégés des planètes* (3 vol., 1886), romantiques et mystérieux, connaissent encore un grand succès.

**TÖPFFER** ➝ Tœpffer

**TOPINARD (Paul)** ♦ Médecin et anthropologue français (L'Isle-Adam 1830 - Paris 1911). Attaché au laboratoire d'anthropologie de Broca il s'occupa essentiellement d'anthropologie biologique (études sur la pigmentation, sur la distinction des différents types de prognathisme, sur le poids de l'encéphale). On lui doit *Éléments d'anthropologie générale* (1885), *L'Homme dans la nature* (1891).

**Topkapı** ♦ Résidence des sultans de l'Empire ottoman à İstanbul. Elle comprend le palais, le harem, des kiosques et des dépendances. Les différents bâtiments furent construits entre le XVe et le XIXe s. Le palais est aménagé en musée d'art islamique depuis 1924.

Le palais de **Topkapı**. *Phot. © Mehmet Dilsiz /Shutterstock*

**TOPOR (Roland)** ♦ Dessinateur et écrivain français (Paris 1938 - *id.* 1997). Collaborateur de diverses revues, dont *Hara-Kiri*, il fonda en 1960, avec notamment Arrabal*, le groupe «Panique» qui donne son titre à l'un de ses albums de dessins à l'encre (*Panic*, 1965). Auteur de dessins en couleurs, de sérigraphies et d'illustrations de textes, dont les siens (*La Vérité sur Max Lampin*, 1968), il écrivit également des romans et des nouvelles (*La Princesse Angine*, 1967 ; *La Cuisine cannibale*, 1971 ; *Mémoires d'un vieux con*, 1975). Il est l'auteur avec René Laloux d'un film d'animation : *La Planète sauvage* (1973). On retrouve dans toute l'œuvre de Topor un violent humour noir, mêlant l'absurde au cruel, laissant cependant paraître une poésie onirique renforcée dans ses dessins par un graphisme évoquant les graveurs du XIXe s.

**TOPPILA (Heikki)** ♦ Romancier et nouvelliste finlandais d'expression finnoise (Paavola 1885 - Kuusankoski 1963). Instituteur dans sa région natale, il en étudia le folklore qu'il utilisa dans ses ouvrages, mêlant des apparitions surnaturelles et terrifiantes à la vie de tous les jours. Décrivant avec une remarquable intensité les terreurs et les souffrances physiques dans le roman *Délivre-nous du mal* (1931) et les nouvelles *L'Homme de la mort* (1928, trad. fr. 1958), humoristique dans les nouvelles *L'Eau-de-vie de Noël du père Valkola* (1923), sentimental et rêveur dans le récit *Vers le pays du soleil levant* (1926), il montre encore son talent dans ses *Contes* (1950).

**TOR** ➝ **Thor**

**Torah** n. f. ➝ ÉTYM. hébr. *Tôrâh* «direction, instruction», généralement compris comme «Loi» à partir du grec *Nomos* employé par les traducteurs des Septante* ♦ Nom hébreu du Pentateuque*, souvent donné par extension à l'ensemble de la Bible et même, dans le judaïsme rabbinique, à la Loi non écrite («Torah orale»). Attribuée à Moïse*, la Torah est le cœur de la Bible : le mot *tôrâh* est rappelé dès le début des deux autres sections du corpus, les Prophètes* (Josué, 1, 7) et les Écrits* (Psaumes, 1, 2) ; c'est la seule Écriture que reconnaissent les samaritains*. Copiés avec un soin extrême, les rouleaux de la Torah utilisés pour la liturgie ne comportent que le texte consonantique (ni voyelles, ni accents).

**TOR BAY** ♦ Baie de la côte S. de l'Angleterre (Devon) située en face de Torquay.

**TORBAY** ♦ District de la côte S. de l'Angleterre (Devon), sur la Tor Bay, et regroupant les stations balnéaires de Torquay, Paignton et Brixham. 129 702 hab.

**TORCELLO** ➝ ÉTYM. du bas lat. *turricellum* «petite tour» ♦ Île de la lagune de Venise, à 8 km au N.-E. de la ville. Torcello est dominée par sa cathédrale fondée au VIIe s. et reconstruite en style vénéto-byzantin (IXe - XIe s.) ; elle est ornée de riches mosaïques et flanquée d'un campanile du IXe siècle.

**TORCY (Jean-Baptiste COLBERT,** marquis **DE)** ♦ Homme politique français (Paris 1655 - *id.* 1748). Fils de Croissy*, neveu du grand Colbert* et gendre de Pomponne*, il succéda à son père aux Affaires étrangères (1696), poussa Louis XIV à accepter le testament de Charles* II et fut un des artisans de la paix d'Utrecht* (1715). Il a laissé des *Mémoires*.

**TORCY** [71210] ➝ ÉTYM. anc. *Torciacum*, du lat. *Turcius*, n. de pers., et suff. *-acum* ♦ Comm. de la Saône-et-Loire, arr. d'Autun. 3 554 hab. *(Torcéens)*.

**TORCY** [77200] ➝ ÉTYM. ➝ Torcy [71] ♦ Ch.-l. d'arr. de la Seine-et-Marne. 21 595 hab. Élément de la ville nouvelle de Marne*-la-Vallée.

**Toronto.** Patinoire au centre de la ville. *Phot. © Elena Elisseeva/Shutterstock*

**TORDESILLAS** ÉTYM. du lat. *Turris Syllae* «forteresse de Sylla» ou de l'ar. *Thor Shilahla* «forteresse des Shilanes (tribus arabes établies dans la péninsule au VIIIe s.)» ou *Oter de Sillas,* de *otero* «endroit élevé» et *Sillas,* n. d'un mirador situé au-dessus du Douro ♦ V. d'Espagne (Castilla-León), prov. de Valladolid, sur le Douro. 8 708 hab. Monastère mudéjar de Santa Clara, construit par Alphonse* XI en 1350. **Histoire** En 1494, un traité arbitré par le pape Alexandre* VI Borgia y fut signé entre le Portugal et l'Espagne. Sous la pression des Portugais que les quatre bulles successives du pape Alexandre VI en 1493 défavorisaient nettement, ce traité reportait de 100 à 370 lieues à l'ouest des îles du Cap-Vert la «ligne de marcation» entre l'Amérique portugaise et l'Amérique espagnole.

**TORELLI (Giacomo)** ♦ Architecte et peintre italien (Fano, Pesaro 1604 - *id.* 1678). Sur l'ordre de Richelieu, il aménagea pour 1 400 spectateurs la salle du Palais-Royal (1637), mais c'est dans l'art de la machinerie qu'il apparut comme un véritable créateur, réalisant d'admirables décors pour l'*Andromède* de Corneille, *Les Fâcheux* de Molière et de nombreuses comédies-ballets.

**TORELLI (Giuseppe)** ♦ Violoniste et compositeur italien (Vérone 1658 - Bologne 1709). Après des études à l'académie de musique de Bologne, il devint joueur de viole à l'église de San Petronio (1686 - 1697), puis premier violon à la cour de Brandebourg-Ansbach. Après un passage à Vienne, il regagna Bologne en 1701. Malgré sa réputation, il accepta un poste de simple violon à San Petronio. Considéré (probablement à tort) comme le promoteur du *concerto grosso,* il fut le premier musicien à utiliser la forme du concerto de soliste, conçu à la fois comme exercice de virtuosité (allegro) et d'expressivité (adagio). Il a laissé 8 recueils pour instruments à cordes dont 7 nous sont parvenus (*Sonate a tre ; Concerti da camera ; Sinfonie a 3 e concerti a 4 ; Concerti musicali ; Concerti grossi con una Pastorale per il SS Natale ; Sinfonie* pour orchestre ; *Concertino per camera*).

**TORGAU** ♦ V. d'Allemagne (Saxe), sur l'Elbe. 22 300 hab. Château Renaissance (XVIe - XVIIe s.). **Histoire** Luther et ses compagnons y rédigèrent en 1530 les *Articles de Torgau,* base de la *Confession d'Augsbourg*.* ▪ Les troupes américaines et soviétiques y opérèrent leur jonction le 26 avr. 1945.

**TORHOUT** ♦ Comm. de Belgique (Région flamande), prov. de Flandre-Occidentale, ch.-l. d'arr. 19 539 hab. Château de Wijnendale, bâti en 1085 par le comte de Flandre Robert le Frison, détruit et reconstruit à plusieurs reprises, où Léopold III a signé la capitulation de l'armée belge le 28 mai 1940. Hôtel de ville de 1713 ; anc. hôpital fondé en 1229. Parc Groenhove (13 ha). ▪ Indus. textile et agroalimentaire.

**TORI Busshi** ♦ Sculpteur japonais (593 - 628) d'origine coréenne qui réalisa au Japon les premières œuvres bouddhiques dans un style apparenté à celui de la Chine de la dynastie des Wei*.

**TORIGNI-SUR-VIRE** [50160] ÉTYM. anc. *Toriniacum,* du lat. *Taurinius,* n. de pers., et suff. *-acum* ♦ Ch.-l. de cant. de la Manche, arr. de Saint-Lô. 2 578 hab. (aggl. 4 581) *(Torignais).* Ruines de l'anc. château (XVIe - XVIIe s.) des Matignon, incendié en 1944 (tapisseries des XVIIe - XVIIIe s.). ▪ Marché agricole. Produits laitiers.

**TORII** ♦ Atelier de peintres d'estampes d'Edo, spécialisé dans les portraits de comédiens et les affiches de théâtre. Actif au XVIIIe s., jusqu'au XXe s. ♦ **TORII KIYONOBU.** Peintre japonais (Ōsaka 1664 - Edo 1729). Illustrateur et graveur d'estampes ukiyoe, influencé par les écoles Kanō* et Tosa*, il réalisa des affiches pour le théâtre kabuki. ♦ **TORII KIYONAGA.** Peintre japonais (Edo 1742 - *id.* 1815) et graveur d'estampes ukiyoe, qui représenta le plus souvent des acteurs de théâtre kabuki et des portraits de jolies femmes.

**TORNE ÄLV** n. m. ♦ Fl. de Suède (400 km), en Laponie, émissaire du Torne träsk et tributaire du golfe de Botnie. La partie inférieure de son cours forme la frontière entre la Suède et la Finlande.

**TORONTO** ÉTYM. mot huron «lieu de rassemblement, agglomération» ou de l'iroquois *karonta* «un arbre dans l'eau» ♦ V. du Canada, cap. de l'Ontario, sur la rive N. du lac Ontario. 2 503 281 hab. (zone urbaine 5 113 149 hab.). C'est la ville la plus internationale du Canada en raison de la présence importante d'immigrés non protestants et non britanniques : 30 langues sont enseignées dans les écoles. L'hôtel de ville, construit par Viljo Revel (1965), est un des bâtiments modernes les plus remarquables d'Amérique du Nord. En 1979 a été achevé le Centre Eaton, un vaste immeuble entouré d'atriums abritant des commerces et des restaurants et relié au métro et aux centres voisins par un réseau souterrain animé. Le prestigieux Roy Thompson Music Hall fut inauguré en 1982, et le stade à toit ouvrant en 1989. L'aménagement de l'ensemble des terrains portuaires et ferroviaires séparant la ville du bord du lac est presque achevé. Musées. Universités. ▪ Centre commercial et financier (Bourse très active). Indus. principales : traitement de la viande ; imprimeries ; matériel agricole ; aéronautique ; machines électriques ; produits métallurgiques. Port actif ; haute technologie. **Histoire** Ancien fort indien, le fort Toronto fut bâti par les Britanniques après la destruction du fort Rouillé (1759), fondé par les Français dix ans avant. La ville, nommée York, devint capitale du Haut-Canada en 1796. Prise par les Américains au cours de la guerre de 1812, elle reçut son nom actuel en 1834. Cap. de l'Ontario depuis 1867.

**TORQUAY** ♦ V. d'Angleterre (Devon, district de Torbay). 100 000 hab. Princ. pôle de l'agglomération de Torbay*, au S. d'Exeter sur la Manche. Station balnéaire, port de plaisance.

**TORQUEMADA** (fray **Tomás DE**) ♦ (Valladolid 1420 - Ávila 1498). Dominicain espagnol, prieur du couvent de Santa Cruz à Ségovie, inquisiteur (1482). Nommé inquisiteur général pour la péninsule Ibérique en 1483, il fut le véritable organisateur du Saint*-Office, réagissant contre les abus de ses prédécesseurs, mais poursuivant les Juifs avec une intransigeance qui a fait de lui le symbole du fanatisme. Il est l'auteur d'*Instructions* publiées de 1484 à 1498 et réglementant les procédures. → **Inquisition.** ÉTYM. *Torquemada* est le nom d'un village en Vieille-Castille, de *torre* «tour» et *quemada* «brûlée» (le nom évoque aussi le latin *torquere* «torturer»).

**TORRANCE** ♦ V. des États-Unis (Californie) dans l'aggl. de Los Angeles. 137 946 hab. dont 21 % d'Asiatiques. Centre résidentiel et industriel.

**TORRE ANNUNZIATA** ♦ V. d'Italie, prov. de Naples, en Campanie, au S. du Vésuve. 48 011 hab. Villa romaine d'Oplontis (peintures). ▪ Port de pêche. Station balnéaire et thermale. Important nœud ferroviaire. Sidérurgie, manufacture d'armes. Chantiers navals. Fabriques de pâtes alimentaires.

**TORRE DEL GRECO** ♦ V. d'Italie, prov. de Naples, en Campanie, au pied du Vésuve, sur le golfe de Naples. 90 607 hab. Port de pêche. Indus. alimentaires (pâtes). École d'art (travail du corail et des camées).

**TORRELAVEGA** ♦ V. d'Espagne (Cantabrie). 55 418 hab. Port. Indus. chimiques, textiles artificiels.

**TORREMOLINOS** ♦ V. d'Espagne (Andalousie), prov. de Málaga. 60 010 hab. Station balnéaire très fréquentée sur la Costa del Sol.

**TORRE NILSSON (Leopoldo)** ♦ Cinéaste argentin (Buenos Aires 1924 - *id.* 1978). Son premier film, *El crimen de Oribe* (1950), tiré d'un roman d'Adolfo Bioy Casarès, fut coréalisé avec son père, LEOPOLDO TORRES RÍOS (1899 - 1960), un des pionniers de la cinématographie argentine. On y trouvait déjà la dominante fantastique qui allait s'épanouir dans *La Maison de l'ange* (1957) et *La Chute* (1959), deux films écrits en collaboration avec sa compagne, la romancière Beatriz Guido. Ses autres films, plus conventionnels, sont orientés vers la critique sociale, tendance commune aux réalisateurs d'Amérique latine : *Fin de fiesta* (1960), *La Main dans le piège* (1961), *Martín Fierro* (1968).

**TORREÓN** ♦ V. du Mexique septentrional (État de Coahuila). 548 723 hab. pour la conurbation avec Gómez Palacio. Centre minier. Grand centre commercial et indus. (indus. alimentaires, textiles, chimiques, métallurgiques). Construc. mécaniques. Fonderies. Gisements de pétrole aux environs.

**TORRES (Luis VÁEZ DE)** ♦ Navigateur espagnol du XVIIe s. Parti de Callao, il explora avec Queirós les mers du Sud, découvrit l'île Espiritu Santo (Nouvelles-Hébrides), puis seul atteignit la côte méridionale de la Nouvelle-Guinée, passa par le détroit qui porte aujourd'hui son nom (1606) et parvint à Manille. Connue au moment de la prise de Manille par les Britanniques (1762), sa relation de voyage fut publiée en 1806.

**TORRES** (détroit de) ♦ Bras de mer (env. 160 km) reliant l'océan Indien (mer d'Arafura) à l'océan Pacifique (mer de Corail), qui sépare l'Australie (péninsule de York) de la Nouvelle-Guinée. ▪ Le détroit fut franchi en 1606 par le navigateur espagnol L. Váez de Torres*.

**TORRES** (îles) → **Vanuatu (république de)**

**TORRES QUEVEDO (Leonardo)** ♦ Ingénieur et mathématicien espagnol (Santa Cruz, Santander 1852 - Madrid 1936). Il conçut des machines destinées à résoudre des équations algébriques quelconques, réalisa des automates de jeux déductifs et fut l'un des premiers à effectuer des commandes à distance au moyen des ondes hertziennes. [Acad. sc. 1927]

**TORRES VEDRAS** ♦ V. du Portugal (région Centre). 76 696 hab. Centre vinicole. ▮ **Histoire** Des lignes fortifiées construites par Wellington* arrêtèrent, d'oct. 1810 à mars 1811, Masséna*, qui se retira en Espagne.

**TORRICELLI (Evangelista)** ♦ Physicien italien (Faenza 1608 - Florence 1647). Disciple direct de Galilée*, il mit en évidence l'existence de la pression atmosphérique par la célèbre expérience dont dérive le baromètre à mercure (*expérience de Torricelli*, 1643) et réalisa en même temps le premier vide (dont la possibilité n'était pas admise à l'époque) ; dans un traité sur le mouvement des corps pesants (1644), développement et systématisation de la dynamique des *Discorsi* de son maître, il démontra l'égalité des vitesses le long de plans inclinés avec une même hauteur de chute, énonçant que deux corps graves liés ensemble ne peuvent se mettre spontanément en mouvement que si leur centre commun de gravité descend ; initiateur des recherches d'hydrodynamique, il formula également la première loi quantitative d'écoulement d'un liquide par un orifice étroit placé à la partie inférieure d'un vase (*loi de Torricelli*, 1644). Étudiant les problèmes de quadrature, il découvrit en 1641, indépendamment de Roberval*, la méthode cinématique, obtint la quadrature de la cycloïde (1644) et des hyperboles. ➝ ÉTYM. *Torricelli* est le diminutif de l'italien *torre* « tour ».

**TORRINGTON (Arthur HERBERT, comte DE)** ♦ Amiral britannique (1647 - 1716). L'un des artisans de la révolution de 1688, il fut fait premier lord de l'Amirauté par Guillaume d'Orange (1689). Il fut vaincu par Tourville à Beachy Head, près de Brighton (1690).

**TORRINGTON (George BYNG, vicomte)** ♦ Amiral britannique (Wrotham, Kent 1663 - Southhill, Bedfordshire 1733). Il commanda la flotte britannique en Méditerranée lors de la guerre de Succession d'Espagne. En 1708, il s'opposa à une tentative de débarquement en Écosse du prétendant Jacques Francis Édouard Stuart.

**TORRITI (Iacopo)** ♦ Peintre et mosaïste italien (connu à Rome, fin XIII$^{e}$ s.). Il travailla à Assise avec Cimabue* et à Rome, à Saint-Jean-de-Latran, avec Jacopo da Camerino. Sa seule œuvre conservée est la mosaïque absidiale de Sainte-Marie-Majeure, *Le Couronnement de la Vierge*, datée (1295) et signée. Elle permet d'affirmer que Torriti, par la richesse des couleurs, par la composition savante et par la romanisation de thèmes orientaux, fut un précurseur de Giotto*.

**TÓRSHAVN** ♦ Cap. des îles Féroé, sur la côte E. de l'île de Strømø. 14 800 hab.

**TORSTENSSON (Lennart), comte D'ORTOLA** ♦ Maréchal suédois (Torstena 1603 - Stockholm 1651). Formé à l'école de Gustave* Adolphe, il succéda à Banér* en 1641 au commandement des armées suédoises. Il remporta sur les Impériaux la victoire de Breitenfeld (1642) et termina la guerre contre le Danemark (expédition dans le Jutland). Une nouvelle offensive contre les Impériaux lui valut les victoires de Jüterbogk (1664) et de Jankow (1645).

**TORTELIER (Paul)** ♦ Violoncelliste français (Paris 1914 - château de Villarceaux, Val-d'Oise 1990). Disciple de Pablo Casals, il a formé de nombreux élèves, et s'est souvent produit avec sa femme et ses enfants.

**TORTOSA** ♦ V. d'Espagne (Catalogne), prov. de Tarragone, sur la rive g. de l'Èbre. 34 832 hab. Cathédrale gothique (XIV$^{e}$ - XVIII$^{e}$ s.). ▪ Marché agricole (huile, vins, riz).

**TORTOSA** (cap de) ♦ Cap d'Espagne méridionale, sur la Méditerranée, formant la pointe du delta de l'Èbre.

**TORTUE** (île de la) ♦ Petite île située au N.-O. de l'île d'Haïti. Env. 50 000 hab. ▮ **Histoire** La Tortue servit au XVII$^{e}$ s. de base aux pirates, flibustiers et boucaniers de toutes nationalités qui sillonnaient la mer des Caraïbes.

**TORUŃ** – en all. ***Thorn*** ♦ V. de Pologne centrale, ch.-l. de la voïvodie de Couïavie-Poméranie, port fluvial sur la Vistule (rive d.). 207 190 hab. Univ. fondée en 1945. Ville anc. Églises et maisons gothiques (dont celle de Copernic). Musées. ▪ Indus. métallurgique, chimique et alimentaire. ▮ **Histoire** Fondée en 1231 par les chevaliers Teutoniques, la ville, affiliée à la Hanse, devint un centre commercial important et passa sous la suzeraineté polonaise après les *traités de Toruń* (1411 et 1466) qui la libérèrent du joug teutonique. Centre du protestantisme polonais dès 1557, elle fut rattachée à la Prusse au deuxième partage de la Pologne (1793), passa en 1806 au grand-duché de Varsovie et revint à la Prusse de 1815 à 1920.

**TORY (Geoffroy)** ♦ Typographe, écrivain et graveur français (Bourges v. 1480 - Paris apr. 1533). Il voyagea en Italie et devint libraire v. 1518 ; François I$^{er}$ le nomma imprimeur du roi en 1530. Il employa les accents, l'apostrophe, la cédille et répandit en France le caractère romain. Son *Livre d'heures* (1525) est un des chefs-d'œuvre du livre décoré de la Renaissance. Son *Champfleury* (1529) expose ses idées sur la grammaire, l'orthographe, l'écriture et la typographie.

**tory**

n. m. ➝ ÉTYM. « brigand irlandais », de l'irl. *tóraidhe* « poursuivant » ♦ Nom du parti politique anglais (1679 - 1830) opposé aux whigs. → **whig et tory.**

**TOSA** ♦ Famille de peintres japonais qui forma une école traditionnelle de peinture spécialisée dans la représentation de scènes historiques ou traditionnelles (XIV$^{e}$ - XVII$^{e}$ s.).

La **Tosca** ♦ Drame en 5 actes de V. Sardou* (1887). À Rome, Floria Tosca, cantatrice et maîtresse du peintre Mario Cavaradossi, est courtisée par le baron Scarpia, ministre de la police pontificale. Ce dernier arrête Cavaradossi qui a caché un révolutionnaire, son ami Angelotti. Il propose un marché à la Tosca, la liberté de son amant si elle devient sa maîtresse. La Tosca accepte, mais, dès qu'elle a le sauf-conduit, elle poignarde Scarpia. Cavaradossi est cependant fusillé et la Tosca se jette dans le Tibre. ♦ ***Tosca*** Opéra de Puccini* sur un livret de Illica et Giacosa d'après la pièce de Sardou, qui fut créé à Rome en 1900 et rencontra un vif succès. L'œuvre, violente et vocalement contrastée, baigne dans un impressionnant climat de sadisme.

La **Tosca.** *Mort de Scarpia,* gravure d'Achille Beltrame en 1900. *Phot. © Dagli Orti*

**TOSCANE** n. f. – en it. ***Toscana*** ➝ ÉTYM. du lat. *Tuscania*, de *Tusci* ou *Etrusci* « Étrusques » ♦ Région d'Italie. → **Italie** (carte). 22 992 km$^2$. 3 497 806 hab. *(Toscans)*. CH.-L. : Florence. Elle comprend les provinces d'Arezzo, Florence, Grosseto, Livourne, Lucques, Massa-Carrare, Pise, Pistoia et Sienne. ▮ **Géographie** Au N. et à l'E. s'étend l'Apennin toscan, formé de roches calcaires dures, parfois métamorphosées en marbre (région de Carrare) et où se produisent souvent des glissements de terrain, les *frane*. L'Apennin culmine au mont Cimone (2 165 m) et se morcelle vers l'O. en massifs argileux et marneux d'une altitude moindre : monts Amiata (1 738 m), Chianti (893 m), collines de la région de Sienne. L'Arno, au N., et l'Ombrone, au S., ont creusé leurs vallées au milieu de collines aux formes douces. Le long de la mer Tyrrhénienne s'étend la plaine côtière de la Maremme, autrefois marécageuse, coupée au N. par le promontoire de Piombino et au S. par le mont Argentario (635 m) et bordée d'îles (Elbe, Montecristo), formant l'archipel toscan. Le climat est tempéré. La Toscane s'ordonne suivant deux axes. Le premier, le val d'Arno, a attiré les principales villes, capitales mondiales du tourisme culturel, comme Sienne et Florence, et des installations industrielles modernes le long des autoroutes. Le second, sur le littoral, est formé d'une succession de cités balnéaires, intégrées dans la conurbation en voie de formation de la Verilia. L'agriculture est fondée sur une polyculture très diversifiée, associant les cultures arbustives aux céréales et aux plantes fourragères. Les principales productions sont : le blé, l'orge, l'avoine, le seigle, le maïs, la betterave sucrière, l'olivier et la vigne (Chianti, Elbe). Le troupeau bovin et ovin est assez important. L'assainissement de la Maremme a permis d'y développer l'élevage laitier. La Toscane est dans l'ensemble un pays de grandes propriétés. Les ressources minérales sont variées, mais relativement faibles, à l'exception du marbre (Carrare), de la houille « rouge » (utilisation des vapeurs naturelles du sous-sol pour produire de l'énergie électrique) de Larderello fournissant 2 600 000 kWh et alimentant 3 centrales thermiques. Les principales activités industrielles sont : le raffinage du pétrole (Livourne), la métallurgie (Piombino), la mécanique (Florence), la chimie (Pise, Larderello). Les métiers de luxe

**Toscane.** *Phot. © C. Koserowski/Age/Hoa Qui*

(couture, maroquinerie, arts graphiques) sont localisés à Florence. Ces indus. se concentrent dans des districts spécialisés, comme celui de Prato, édifiés le long de l'Arno ou de l'autoroute Florence-Pise. **Histoire** Conquise par les Romains vers la fin du –IVe s., la région fut ensuite un duché lombard (VIe s.), occupé par les Carolingiens en 774. Les comtes de Lucques, qui régnaient en Toscane depuis le IXe s., combattirent les Arabes en Méditerranée ; leur famille s'éteignit à la mort de la comtesse Mathilde* (1115), qui céda la Toscane au Saint-Siège. Cette décision fut combattue par les empereurs germaniques ; à la faveur des troubles, les cités se rendirent indépendantes : Lucques, Pise et Pistoia devinrent gibelines tandis que Florence devenait guelfe. Après la défaite de Pise à la Meloria (1284), la Toscane passa à Florence qui annexa Pistoia (1301), Volterra (1361), Arezzo (1384) et Pise (1405). Le duché de Florence, devenu en 1569 le grand-duché de Toscane, revint, à l'extinction des Médicis (1737), à François de Lorraine, époux de Marie-Thérèse d'Autriche. La Toscane fut prise par les Français en 1799. En 1801, elle devint le royaume d'Étrurie qui fut réuni à la France en 1807. Élisa Bacciochi (Élisa Bonaparte) fut nommée grande-duchesse en 1809, mais dut partir quand Ferdinand III de Habsbourg fut restauré (1814). Après une révolte (1848) contre les Habsbourg*, Mazzini, Guerazzi et Montanelli instituèrent une république qui ne dura que six mois. Une nouvelle révolte en 1859 aboutit à la réunion au Piémont-Sardaigne en 1860. Florence fut la capitale du royaume d'Italie de 1865 à 1870.

**TOSCANINI (Arturo)** ♦ Chef d'orchestre italien (Parme 1867 - New York 1957). Il débuta comme violoncelliste, et comme chef au pied levé à l'opéra de Rio de Janeiro (*Aida*, 1886), où il s'initia aussi à la direction d'orchestre. Il connut rapidement une grande notoriété. Il fut directeur musical de la Scala de Milan (1898 - 1908) puis du Metropolitan Opera de New York (1908 - 1915) et de nouveau de la Scala (1921 - 1929). Il dirigea à Bayreuth (1930 - 1931) et à Salzbourg (1935 - 1937). Il s'établit en 1938 à New York, où il dirigea jusqu'en 1954 l'orchestre de la NBC, créé pour lui. Il réapparut à la Scala en 1946. Il donna une interprétation très personnelle des opéras de Verdi et de Wagner ainsi que des symphonies de Beethoven. Sa fougue, son lyrisme et sa maîtrise de l'équilibre orchestral en firent l'un des chefs les plus inspirés de son temps. ← ÉTYM. *Toscanini* est le diminutif de l'italien *toscano* «toscan».

***Totem et Tabou*** ♦ Ouvrage de Freud* (1912 - 1913), sous-titré *Interprétation par la psychanalyse de la vie sociale des peuples primitifs*. L'analyse des primitifs et des deux phénomènes essentiels que sont la possession d'un nom totémique par les clans et les interdits sacrés permet de retrouver et d'éclairer des mécanismes inconscients qui sont aussi en œuvre chez l'enfant et qui ont une valeur universelle. Freud engage une explication de l'histoire de l'humanité : son origine est dans le meurtre du «père primitif» qui s'accaparait les femelles au détriment des jeunes mâles. Bien qu'il ne s'agisse là pour Freud que d'un «mythe scientifique», dont il emprunta des éléments à Darwin, on peut ainsi expliquer la culpabilité inconsciente des hommes.

**TOTILA** ou **BADUILA** ♦ Roi des Ostrogoths de 541 à 552 (mort à Taginae, auj. Gualdo Tadino, près d'Urbino en 552). Après avoir réussi à rétablir presque entièrement son autorité en Italie et notamment à Rome (546), aux dépens des Byzantins, il fut vaincu et tué par Narsès* (552), général de Justinien* Ier.

**TOTLEBEN** ou **TODLEBEN (Edouard Ivanovitch)** ♦ Comte, ingénieur militaire et adjudant-général russe (Mitau, Courlande 1818 - Bad Soden, près de Francfort 1884). L'un des héros de la défense de Sébastopol* (1854 - 1855) pendant la guerre de Crimée, il élabora le système de la défense des frontières russes (1860 - 1870). Durant la guerre russo-turque, il dirigea le siège de Plevna (auj. Pleven), obtint sa capitulation (1877), puis commanda une armée dans les Balkans. À partir de 1879, il occupa le poste de gouverneur général dans diverses provinces frontalières.

**TOTONAQUES** n. m. pl. ♦ Peuple indien du Mexique (État de Veracruz), soumis aux Aztèques avant l'arrivée des Espagnols, dont ils furent les premiers alliés. Il n'est pas certain que les Totonaques actuels descendent des représentants de la culture précolombienne du même nom, éteinte au début du XVe s. Dès –500, les Totonaques construisaient des jeux de balle qui prirent une grande importance mythique, cosmogonique et artistique à la période «classique» (300 - 900) ; ils furent les constructeurs du site d'El Tajín*.

**TOTSUGEN** ♦ Peintre japonais (1768 - 1823). Il travailla à Edo, Nagoya et Kyōto, et peignit surtout des sujets historiques.

**TOTTENHAM** ♦ Quartier populaire et indus. de la banlieue N.-E. de Londres.

**TOUAREG(S)** n. m. (pl.) ← ÉTYM. usage fr. différent du berbère ***touareg*** (au sing. ***targui***) ♦ Population nomade du Sahara, d'origine berbère métissée de Noirs et se donnant le Tafilalet* pour lointaine origine. Les Touaregs parlent une langue berbère, la seule à avoir conservé un alphabet (*tifinagh*) qu'étudia le père de Foucauld*. Ils habitent les régions montagneuses du Sahara central, au Hoggar, au Tassili des Ajjers, entre Ghadamès et Ghat (Libye), dans l'Aïr et l'Adrar des Iforas. Nomades réputés pour leurs vertus guerrières, ils contrôlèrent pendant des siècles le commerce caravanier entre la Tunisie, la Libye et la boucle du Niger dont ils dominèrent les comptoirs présahéliens (Tombouctou, Agadès), mais furent parfois tributaires des empires du Mali* et du Songhaï*. Ils jouèrent un rôle essentiel dans l'approvisionnement du sahel et de la savane (échange sel-mil). L'entrée des Français dans Tombouctou (1894) et le massacre de la mission Flatters* par les Touaregs du Hoggar ponctuèrent le déclin de leur autonomie (1905 - 1920). Ils conservèrent un semblant d'unité durant la colonisation, mais la création de nouveaux États indépendants scinda leurs aires de nomadisme. Des menées indépendantistes suscitèrent de violentes répressions (Mali, 1960 et 1990 ; Algérie, dans les années 1980 ; Niger, 1992).

**TOUAT** ♦ Groupe d'oasis du Sahara algérien (wilaya d'Adrar), situé à l'O. du Tademaït et au S. de la région de Gourara, arrosé par l'oued Saoura, souterrain sur 200 km. 54 000 hab. Palmeraies. Importante production de dattes. Cultures diverses (céréales, tabac). Au S. se trouve le bordj de Reggane.

**TOUBKAL** (djebel) ♦ Sommet situé dans l'O. du Haut Atlas (Maroc), point culminant de l'Afrique du Nord (4 167 m).

**TOUBOU(S)** n. m. (pl.) ← ÉTYM. mot utilisé par les Kanouris du Tchad pour désigner les «habitants du Tibesti» et repris par l'administration coloniale française ♦ Population noire du Sahara. On distingue les Tedas (Toubous du Nord), éleveurs de chameaux du Tibesti et de l'Ennedi, et les Dazas (Toubous du Sud et du Borkou), éleveurs de bovins (appelés Goranes par les Arabes). Les Toubous ont toujours tenu les grands circuits commerciaux menant de la Libye au lac Tchad jusqu'au Soudan. Musulmans pratiquant un islam très teinté de croyances traditionnelles, ils n'ont pas d'unité politique, recherchant plutôt des alliances à l'intérieur de leurs aires de nomadisme (Libye pour les Tedas ; Soudan pour les Dazas). → **Tchad.**

**TOUCHET (Marie)** ♦ Dame française (Orléans 1549 - Paris 1638). Maîtresse de Charles IX, elle en eut un fils, Charles de Valois, duc d'Angoulême. Elle se maria, après la mort du roi, avec François de Balzac d'Entragues, gouverneur d'Orléans, et fut la mère de la marquise Catherine Henriette de Balzac d'Entragues*.

**TOUCOULEUR(S)** n. m. (pl.) ← ÉTYM. de *Tekoror, Tekrour*, p.-ê. de *Dekekir*, première religion du peuple toucouleur ou «bois sacré (où l'on célébrait le culte)» ♦ Peuple d'Afrique occidentale de religion musulmane vivant dans la moyenne et haute vallée du Sénégal, et surtout au Fouta-Toro, au Sénégal oriental. Les Toucouleurs, dont la société est très hiérarchisée, sont issus du métissage de Peuls et de populations locales, structurés vers le Xe s., et ils se constituèrent peu après en un royaume connu par les Arabes sous le nom de *Tekrour*. Au XIe s., celui-ci subit l'islamisation des Almoravides*. Son souverain légendaire Tenguéla se détacha de l'empire du Mali*, et des dynasties d'origines ethniques diverses se succédèrent. Le pouvoir se stabilisa au milieu du XVIe s. sous la dynastie des Deniankobé, instituée par Koli Tenguéla. En 1776, elle tomba aux mains des Torodés (lettrés musulmans) dont faisait partie El-Hadj Omar (1797 - 1864), un réformateur qui porta la guerre sainte dans la haute et moyenne vallée du Niger. Sous son commandement, ses *talibés* (disciples) se heurtèrent aux Français à Médine* et, en 1862, aux Peuls du Macina* dont ils détruisirent le royaume. Les différentes principautés toucouleurs ne purent résister à l'avancée des troupes françaises du colonel Archinard.

**TOUCY** [89130] ← ÉTYM. anc. *Tociacus*, du lat. *Toccius*, n. de pers., et suff. *-acum* ♦ Ch.-l. de cant. de l'Yonne, arr. d'Auxerre, sur l'Ouanne, aux confins de la Puisaye. 2 602 hab. (*Toucycois*). Église fortifiée (deux tours du XIIe s.) reconstruite au XVIe s.

**TOUFFLERS** [59390] ◆ ÉTYM. du germ. *Tuffo*, n. de pers., et de *hlaeri* « clairière, terrain marécageux boisé » ♦ Comm. du Nord, arr. de Lille, sur la frontière belge. 3 864 hab.

**TOU Fou** → Du Fu

**TOUGGOURT** ♦ Oasis du Sahara algérien (wilaya d'Ouargla), dans le Souf, à l'O. d'El Oued. 23 978 hab. Palmeraie (production de dattes). Centre touristique.

**TOUKHATCHEVSKI (Mikhaïl Nikolaïevitch)** ◆ ÉTYM. du n. du village de ses ancêtres, près de Kolomna ♦ Maréchal soviétique (région de Smolensk 1893 - Moscou 1937). Officier de la garde impériale, membre du parti bolchevik dès 1918, il prit part à la guerre civile, dirigeant la V$^{e}$ armée, puis le front ouest pendant la guerre polono-soviétique (1920). En 1921, il réprima, sur l'ordre de Lénine, la révolte des marins de Kronstadt. Chef d'état-major du Comité révolutionnaire de l'Armée rouge (1925), il devint commandant de la région militaire de Leningrad (1928), puis commissaire du peuple adjoint à la Défense. En 1935, il fut promu maréchal. Accusé de trahison sur un dossier en grande partie forgé par les nazis, qui parvinrent à faire photographier les pièces par un agent double afin de convaincre Staline, Toukhatchevski fut jugé à huis clos le 11 juin 1937 et exécuté le lendemain. Le plus brillant des généraux soviétiques fut ainsi la première victime de l'épuration de l'Armée rouge ordonnée par Staline, qui craignait un putsch. Toukhatchevski fut réhabilité par Khrouchtchev en 1961. Il a laissé plusieurs ouvrages, parmi lesquels *Les Problèmes de la stratégie contemporaine* (1926).

**TOUL** [54200] ◆ ÉTYM. anc. *Tullum*, probablt du prélatin *°tol-*, *°tul-* « mont, éminence » ♦ Ch.-l. d'arr. de Meurthe-et-Moselle, sur la Moselle et sur le canal de la Marne au Rhin. 16 945 hab. (aggl. 22 611) *(Toulois)*. La ville a été endommagée en 1870, en 1940 et en 1944. Enceintes de Vauban. Anc. cathédrale Saint-Étienne restaurée après 1944 (façade du XV$^{e}$ s. de style gothique flamboyant encadrée de deux tours hautes de 65 m) ; cloître des XIII$^{e}$ et XIV$^{e}$ s. Église Saint-Gengoult des XIII$^{e}$ - XVI$^{e}$ s. (cloître flamboyant). Maisons anc. Musée municipal. ▪ Indus. diversifiées. ▮ **Histoire** L'antique *Tullum* fut le siège d'un évêché dès le IV$^{e}$ s., qui fut supprimé par le Concordat. À partir du XI$^{e}$ s., Toul fut gouvernée par des évêques. Au XIII$^{e}$ s., la ville obtint son autonomie administrative. Elle fut occupée par Henri II en 1552. Toul, qui formait avec Verdun et Metz les Trois*-Évêchés, fut annexée à la France au traité de Westphalie (1648).

**TOULA** ou **TULA** ◆ ÉTYM. probablt du mot dialectal *tula* « refuge, abri » ♦ V. de Russie, ch.-l. de région, sur l'Oupa (345 km). 472 300 hab. Centre du bassin houiller de Moscou, à proximité de gisements de fer, et anc. centre métallurgique (fin XVI$^{e}$ s.). Construc. de machines agricoles. Travail des métaux (articles de quincaillerie, samovars), machines-outils. Indus. alimentaire. Nœud ferroviaire. ▪ Aux environs, à Iasnaïa Poliana, propriété de Léon Tolstoï. ▮ **Histoire** Fondée par les princes de Souzdal au XII$^{e}$ s., la ville devint sous Vassili III une des principales forteresses de la Moscovie. En 1712, Pierre le Grand y fit bâtir une grande manufacture d'armes.

**TOULET (Paul-Jean)** ♦ Écrivain français (Pau 1867 - Guéthary 1920). Une virtuosité technique, une préciosité et une fantaisie charmantes dissimulent avec pudeur, dans son unique recueil poétique, *Les Contrerimes* (1921), une gravité et une amertume souvent poignantes. Dans la lignée de Laforgue et de Verlaine, il est l'initiateur d'une forme de poésie dont les meilleurs représentants sont Léon-Paul Fargue, Tristan Derême et Francis Carco. Romancier, il a publié, dans la même veine ironique et tendre : *Mon Amie Nane* (1905), *La Jeune Fille verte* (1920). ◆ ÉTYM. *Toulet* est la forme francisée du nom de famille béarnais *Téoulet* qui signifie « petite tuile ».

**TOULON** [83000] ◆ ÉTYM. anc. *Telo Martius*, du prélatin *°tel-* (*°tol-*) « source » ou du lat. *telonium* « bureau du fermier public » ♦ Ch.-l. du dép. du Var (depuis 1974, après Draguignan), sur la rade de Toulon. 160 639 hab. (aggl. 456 086) *(Toulonnais)*. Évêché. Église Sainte-Marie-Majeure, anc. cathédrale, en partie romane et en partie du XVI$^{e}$ s. ; tour du XVI$^{e}$ s. (fort Saint-Louis) sur la presqu'île du Mourillon. Toulon est le premier port militaire français. L'influence de la Défense nationale est encore renforcée depuis la fermeture des chantiers navals civils de La Seyne. Toulon est également un port de commerce et de plaisance. Le secteur maritime emploie plus de 70 000 Toulonnais, dont près de 8 000 pour la seule Direction des constructions navales qui est à la pointe de la recherche en technologie maritime. Le laboratoire de l'Ifremer est spécialisé dans les robots aquatiques et les radars. L'université de Toulon et du Var possède un département très réputé en biologie marine. La ville tente de diversifier ses activités en développant le tourisme (Bandol, Sanary, Six-Fours) et l'accueil des retraités. Elle bénéficie pour cela de l'aéroport de Toulon-Hyères, de liaisons par TGV avec la capitale, d'autoroutes vers Marseille (A50) et vers Nice (A57). ▮ **Histoire** Colonie romaine, *Telo Martius* était renommée pour sa manufacture de pourpre. La ville fut rattachée en 1481 à la France. Henri IV fonda l'arsenal et créa la Darse vieille. À l'époque de Louis XIV, le port étant trop petit, Vauban fit creuser la Darse neuve. Toulon repoussa les attaques des Impériaux et des Austro-Sardes en 1524 et en 1707. Les Britanniques, qui avaient occupé la ville en 1793, furent vaincus après un siège où se distingua le jeune Bonaparte. La conquête de l'Algérie donna un nouvel essor à Toulon. À la suite du débarquement allié en Afrique du Nord, lors de la Deuxième Guerre mondiale, la Wehrmacht occupa la zone libre, et la majeure partie de la flotte française concentrée dans le port de Toulon s'y saborda le 27 nov. 1942. Seuls quelques sous-marins et bâtiments légers s'échappèrent. La ville fut reconquise par l'armée française aux ordres du général de Lattre le 28 août 1944.

**TOULOUGES** [66350] ◆ ÉTYM. p.-ê. du gaul. *Taluppius*, n. de pers. ♦ Ch.-l. de cant. des Pyrénées-Orientales, banlieue S.-O. de Perpignan. 5 396 hab.

**TOULOUSE (Louis Alexandre DE BOURBON, comte DE)** ♦ Amiral de France (Versailles 1678 - Rambouillet 1737). Troisième fils légitimé de Louis XIV et de M$^{me}$ de Montespan*, il prit part à la guerre de Succession* d'Espagne, combattant devant Málaga la flotte de l'amiral britannique Rooke (1704). Il tint à Rambouillet une petite cour qui rivalisa avec celle de Sceaux.

**TOULOUSE (Édouard)** ♦ Médecin aliéniste et psychologue français (Marseille 1865 - Paris 1947). Fondateur d'un laboratoire de psychologie expérimentale (hôpital Sainte-Anne à Paris), d'un service de psychiatrie libre à l'hôpital Henri-Rousselle, de la Ligue d'hygiène mentale et d'une Association des études sexologiques, il publia notamment une étude sur *Les Conflits intersexuels et sociaux* (1904) et un traité sur la *Technique de psychologie expérimentale* (en collaboration avec H. Piéron* et Vaschide, 1904).

**TOULOUSE** [31000] ◆ ÉTYM. p.-ê. du pré-indo-eur. *°tol-*, *°tor-* « hauteur, montagne » ♦ Ch.-l. du dép. de la Haute-Garonne et de la Région Midi-Pyrénées, sur la Garonne. 390 350 hab. (aggl. 741 120) *(Toulousains)*. Surnommée la « Ville rose », Toulouse est riche en monuments d'art. La basilique Saint-Sernin, anc. abbatiale bénédictine, est la plus grande église romane de France. Cathédrale Saint-Étienne (XII$^{e}$ - XIII$^{e}$ s.) ; église des Jacobins, gothique, à deux nefs (XIII$^{e}$ - XIV$^{e}$ s.) ; église Notre-Dame-de-la-Dalbade, rebâtie au XVI$^{e}$ s. Le Capitole du XVIII$^{e}$ s. est maintenant l'hôtel de ville. Maisons et hôtels anc. (de Jean de Bernuy, d'Assézat) ; ponts ; musées (dont celui des Augustins, riche en sculptures médiévales et en peintures). Archevêché. ▪ La ville a bénéficié depuis la Première Guerre mondiale des politiques de décentralisation industrielle pour devenir le plus important pôle français de l'industrie aéronautique et spatiale (50 % de l'emploi industriel de l'aggl.). De grandes sociétés nationales et la société européenne Thales (Galiléo) assurent le fonctionnement du secteur grâce à des réalisations mondialement connues (avions, Airbus ; fusées Ariane). Plusieurs établissements publics liés à l'aéronautique et à l'espace (Météo-France, CNES). Une diversification s'est produite en aval comme en amont dans les secteurs de l'électronique (radars, missiles, satellites). Cette grande spécialisation peut devenir un inconvénient pour la ville qui s'efforce de développer d'autres secteurs (médecine, pharmacologie, chimie) en s'appuyant sur le potentiel de ses 4 universités (2$^{e}$ pôle français pour le nombre d'étudiants) et de laboratoires. Toulouse est bien reliée au réseau autoroutier (vers Bordeaux, vers Montpellier et Barcelone via Narbonne), mais souffre de l'absence de liaison directe vers Paris au N. (traversée du Massif central) et vers Barcelone au S. (traversée des Pyrénées). L'aéroport de Toulouse-Blagnac est le 5$^{e}$ de France, ex aequo avec Marseille (5,8 millions de passagers en 2005). La ville possède le potentiel humain et technologique qui lui permet de s'affirmer comme une technopole et une « eurocité ». Capitale incontestée, elle concentre les 3/10 de la population d'une région qu'elle a fortement polarisée, mais pourrait trouver des limites à son développement du fait de la faible densité démographique et économique de cet environnement. ▮ **Histoire** Anc. cap. du royaume wisigoth, devenue cap. du royaume d'Aquitaine, Toulouse abrita l'Inquisition au XIII$^{e}$ s. ; l'ordre des dominicains y fut fondé pour combattre l'hérésie. La ville avait subi les effets de la croisade contre les albigeois*, et Simon IV de Montfort* fut tué en l'assiégeant (1218). Le comté de Toulouse passa sous le contrôle des Capétiens (1249) et fut intégré au domaine royal en 1271. Après une période de décadence, c'est au XV$^{e}$ s. que Toulouse renaquit et essaya de garder ses traditions jusqu'à la Révolution. Son expansion n'a pas cessé depuis le XIX$^{e}$ siècle. En septembre 2001, l'explosion d'une usine chimique a fait 30 morts, 2 500 blessés et a beaucoup endommagé la ville.

**TOULOUSE-LAUTREC (Henri DE)** ◆ ÉTYM. au XII$^{e}$ s., Alix, fille de Sicard, vicomte de *Lautrec*, épousa Baudouin, fils de Raymond* V, comte de *Toulouse* ♦ Dessinateur, peintre, lithographe et affichiste français (Albi 1864 - château de Malromé, Gironde 1901). Descendant d'une vieille famille aristocratique, il fit ses études au lycée Condorcet. Atteint d'une maladie osseuse aggravée par deux chutes de cheval (1878, 1879), il resta nain et estropié. Très doué pour le dessin, il reçut d'abord les conseils du peintre animalier René Princeteau et commença à peindre des scènes hippiques et militaires (*Artilleur sellant son cheval*, 1879). À partir de 1882, il travailla à Paris dans l'atelier de Bonnat* puis chez Cormon où il rencontra É. Bernard* puis Van Gogh (en 1886), avec lequel il se lia. Installé à Montmartre où il fréquenta assidûment les cafés-concerts, les bals, théâtres et

Henri de **Toulouse-Lautrec.** *Au cirque : Entrée en piste*, 1899.
Bibliothèque nationale de France, Paris.
*BIS/Phot. M. Didier. © Coll. Archives Larbor*

beuglants, dont le monde le fascinait, il illustra les chansons de Bruant* et représenta avec une palette d'abord assez sombre des portraits féminins réalistes et des scènes de danse. Sous l'influence de l'impressionnisme, il éclaircit sa palette mais il mit toujours l'accent sur le trait qui cerne fortement les figures, et resta profondément indépendant. ▪ Il sut profiter de la leçon de Manet, mais assimila surtout l'art de Degas* et retint des estampes japonaises le sens des mises en pages originales, les aplats de couleurs vives et les formes simplifiées. Il développa ses qualités d'une façon très personnelle dans la série d'affiches qu'il produisit à partir de 1891 *(Le Bal du Moulin-Rouge)*, œuvres remarquables par l'extrême concision du trait, leur mordant et leur valeur décorative. Que ce soit dans ses estampes (plus de 500) ou dans ses dessins humoristiques, il fit preuve d'une grande virtuosité de facture et, observateur aigu, souvent caustique, il sut d'un trait nerveux et elliptique saisir le geste ou l'expression caractéristique. ▪ Ses peintures et dessins à la craie rehaussés de peinture à l'essence et exécutés sur carton (*Femme qui tire son bas,* 1894) évoquent avec une rare intensité expressive les vedettes et les personnages familiers de Montmartre (*Au bal du Moulin de la Galette,* 1889 ; *Jane Avril sortant du Moulin-Rouge,* 1892 ; *Yvette Guilbert,* 1894). Il trouva aussi son inspiration dans le monde des champs de courses, des maisons closes (*Au salon,* 1894), mais aussi au Palais de justice et dans les hôpitaux. L'excès de boisson allait finir par détruire sa santé et il fut finalement atteint de paralysie. Dans son œuvre, l'élément graphique est dominant, mais il fit aussi un usage audacieux et sobre de la couleur, choisie surtout en fonction de sa valeur expressive, ce qui le fit admirer des fauves et des expressionnistes. La ville d'Albi* possède un important *musée Toulouse-Lautrec.* ▪ *Autres illustrations :* → **Bruant, Fuller (Loïe).**

**TOUMAÏ** ➝ **ÉTYM.** langue gorane « espoir de vie » ♦ Nom donné à un hominidé (Sahelanthropus tchadensis) âgé de 7 millions d'années, dont le crâne fut découvert par l'équipe de Michel Brunet en 2001 dans le désert du Djourab au Tchad. La grande ancienneté de Toumaï et ses caractères anatomiques suggèrent sa proximité avec le dernier ancêtre commun des chimpanzés et des humains. Si le volume de son cerveau est proche de celui des chimpanzés actuels, sa face relativement plate et la situation de son foramen magnum (trou occipital) ne l'en rapprochent pas moins des hommes.

**TOUMANOVA** ou **TUMANOVA (Tamara)** ♦ Danseuse russe (dans un train, près de Shanghai 1919 - Santa Monica, 1996). Élève, à Paris, de O. Preobrajenska, elle fut engagée par G. Balanchine au Ballet russe de Monte-Carlo. Elle parut ensuite en Australie, puis se fixa aux États-Unis où elle tourna quelques films, dont *Jours de gloire* (1943). Engagée par l'Opéra de Paris (1947 - 1959), elle parut aussi à la Scala de Milan (1951 - 1956). Elle s'est illustrée notamment dans les grands rôles du répertoire classique *(Giselle, Aurore, Le Lac des cygnes, La Sylphide)* ainsi que dans des œuvres modernes (*Phèdre,* 1950).

**TOU MOU** → **Du Mu**

**TOUNGOUSKA** n. f. ♦ Nom de trois affluents de l'Ienisseï* en Sibérie orientale (rive d.) : la Toungouska inférieure (*Nijniaïa Toungouska,* 2 989 km), la Toungouska moyenne ou pierreuse (*Sredniaïa Toungouska,* 1 865 km) et la Toungouska supérieure (*Verkhniaïa Toungouska,* 1 779 km), aujourd'hui appelée Angara*.

**TOUNGOUZES** ou **TUNGUZ** n. m. pl. ♦ Groupe de tribus de Sibérie orientale parlant des dialectes apparentés. Les tribus proches de la Chine sont quelque peu mongolisées ; elles se nomment Manju (Mandchous), alors que les tribus du N.-E. se nomment Evenkis. Les Tougounzes participèrent à la formation de peuples fort différents, tels que les Coréens, les Mandchous et une partie des Japonais, auxquels ils transmirent certaines de leurs coutumes et croyances religieuses. Au nombre de 100 000 environ, ils sont en voie de russification et perdent peu à peu leur administration tribale et leurs croyances chamaniques.

**TOUQUES** n. f. ➝ **ÉTYM.** anc. *Tolca,* rac. hydronym. *°tol-,* var. de *°tel-* (→ Toulon) ♦ Fl. de Normandie (108 km), qui traverse Lisieux, Pont-l'Évêque et se jette dans la Manche entre Deauville et Trouville.

**TOUQUES** [14800] ♦ Comm. du Calvados, arr. de Lisieux, à l'embouchure de la Touques. 3 500 hab. Église Saint-Thomas (XII^e s.) où passa saint Thomas Becket.

**TOUQUET-PARIS-PLAGE (LE)** [62520] ➝ **ÉTYM.** de *°touque,* équivalent picard de *tausche* « bosquet » ♦ Comm. du Pas-de-Calais, arr. de Montreuil-sur-Mer, à l'embouchure de la Canche, sur la Manche. 5 299 hab. *(Touquettois).* Station balnéaire. Thalassothérapie. Hippodrome. Aérodrome.

**TOURA** n. f. ♦ Riv. de Russie (1 030 km). Née dans les monts Oural, elle arrose les régions d'Iekaterinbourg et de Tioumen, les villes de Tourinsk et de Tioumen et se jette dans le Tobol (rive g.).

**TOURAINE (Alain)** ♦ Sociologue français (Hermanville-sur-Mer, Calvados 1925). Au début de sa carrière, il établit les fondements d'une sociologie industrielle axée sur la pratique en étudiant les rapports de travail dans l'ensemble des rapports sociaux (*L'Évolution du travail salarié aux usines Renault,* 1955 ; *Sociologie de l'action,* 1965 ; *La Conscience ouvrière,* 1966). Il met l'accent non sur les classes sociales mais sur les mouvements sociaux (*Production de la société,* 1973) et sur la possibilité d'une transformation sociale (*Le Retour de l'acteur : essai de sociologie,* 1984). Directeur du Centre d'analyse et d'intervention sociologique, il défend le lien nécessaire entre connaissance sociologique et action sociale. Il a par ailleurs conduit de nombreux travaux sur l'Amérique latine (*La Parole et le Sang : politique et société en Amérique latine,* 1988) où sa notoriété est particulièrement importante. Dans *Critique de la modernité* (1992) il s'interroge sur la validité de la raison.

**TOURAINE** n. f. ➝ **ÉTYM.** anc. *Territorium toronicum* « pays des Turons (n. de peuple gaul. et suff. *-icum*) » (→ aussi Tours) ♦ Région de plateaux au S.-O. du Bassin parisien. Elle couvre le dép. de l'Indre-et-Loire et la frange occidentale du Loir-et-Cher, ainsi qu'une petite partie de l'Indre. La Touraine est constituée de plateaux peu fertiles, au sous-sol crayeux recouvert d'argile d'altération, coupés par de prospères vallées alluviales : Val de Loire, vallées du Cher, de l'Indre et de la Vienne. La Gâtine de Touraine, au N. de la Loire, et les plateaux de Montrichard, de la Champeigne et de Sainte-Maure, au S., comprennent de vastes zones de forêts et de landes, alternant avec des prairies et plus rarement avec des cultures lorsque les faluns ont permis l'amendement des terres. L'austérité de ce paysage de plateaux contraste avec la fertilité des vallées, dont les pentes sont souvent consacrées au vignoble (appellations Chinon, Bourgueil, Vouvray) et les fonds à l'élevage et aux cultures fruitières et maraîchères. ▮ **Histoire** L'ancien pays des *Turones* fut intégré sous l'Empire romain à la Lyonnaise III^e, avec Tours pour capitale. Devenu comté sous les Mérovingiens, puis comté héréditaire au X^e s., il fut réuni au domaine royal sous Philippe* Auguste. À partir de 1312, les souverains le conférent en apanage à de nombreux princes du sang (le futur Jean II le Bon, Philippe le Hardi, le futur Charles VII). Il fut définitivement réuni à la Couronne en 1584.

**TOURANE** → **Danang**

**TOURCOING** [turkwɛ̃] [59200] ➝ **ÉTYM.** anc. *Turconium, Torcun,* p.-ê. du germ. *Thorkun,* n. de pers. ♦ Ch.-l. de cant. du Nord, arr. de Lille. 93 540 hab. *(Tourquennois).* La ville fait partie de la conurbation Lille-Roubaix-Tourcoing. Musée des Beaux-Arts : peintures du XVI^e au XX^e s. ▪ Centre textile : filature de laine peignée, confection. Vente par correspondance. ▮ **Histoire** Victoire des armées républicaines, commandées par Jourdan, Moreau et Pichegru, sur l'armée britannique du duc d'York (18 mai 1794).

**TOUR-D'AIGUES (LA)** [84240] → ÉTYM. doit son n. à une fortification médiévale du XIe s. ♦ Comm. du Vaucluse, arr. d'Apt, au pied du Luberon. 3 860 hab. Château ruiné, remanié au XVIe s. (monumental portail d'entrée en forme d'arc de triomphe). Église (nef de style roman provençal des XIe - XIIe s. ; chœur et transept du XVIIe s.).

**Tour de Londres** n. f. – en angl. ***Tower of London*** ♦ Forteresse de Londres, sur la rive g. de la Tamise. Sa partie la plus ancienne, la tour Blanche (White Tower), fut édifiée à partir de 1078 par Guillaume le Conquérant. La tour de Beauchamp, la tour du Sang et la tour de Wakefield (où sont conservés les diamants de la Couronne) ont été érigées aux XIIIe et XIVe s. L'enceinte a été ajoutée sous Henri VIII. La Tour servit de résidence royale, mais surtout de prison d'État. À ce titre, elle fut le siège d'exécutions sanglantes, dont les plus fameuses sont celles d'Henri VI et des enfants d'Édouard IV, d'Anne Boleyn et de Catherine Howard, de Thomas More et de Jeanne Grey. Actuellement, la Tour abrite un musée d'armes et sert d'arsenal.

**TOUR-DE-SALVAGNY (LA)** [69890] ♦ Comm. du Rhône, arr. de Lyon. 3 402 hab. Station thermale.

Le **Tour du monde en 80 jours** ♦ Roman de Jules Verne* (1873). À la suite d'un pari avec ses amis du Reform Club, le gentleman anglais Phileas Fogg part faire le tour du monde en 80 jours, accompagné de son domestique Passe-Partout. Suivi pendant tout le voyage par l'inspecteur Fix qui le soupçonne d'avoir dérobé 2 millions à la Banque d'Angleterre, Fogg est finalement arrêté au moment où il regagne la Grande-Bretagne. Il perd une journée pour se disculper et pense avoir perdu son pari. Mais il se rend compte qu'en voyageant vers l'est il a gagné vingt-quatre heures par le jeu du décalage horaire. Il peut alors épouser Mrs. Aouda, la veuve d'un maharadjah qu'il a sauvée du bûcher pendant l'un des multiples rebondissements de son aventure.

**TOUR-DU-PIN (LA)** [38110] → ÉTYM. doit son n. à une tour signalée par un pin ♦ Ch.-l. d'arr. de l'Isère, sur la Bourbre. 6 553 hab. (aggl. 13 013) *(Turripinois)*. Dans l'église, triptyque de 1541. Maison des Dauphins (XVIe s.). ▪ Indus. diversifiées.

**TOURÉ (Samory)** ♦ Chef soudanais d'origine mandingue (près de Sanankoro, v. 1837 - N'Dojé, Gabon 1900). En 1868, il se déclara lui-même chef religieux *(almany)* et étendit sa domination sur toute la partie orientale de la Guinée actuelle. À partir de 1883, il lutta contre les Français qui venaient d'occuper récemment Bamako. En 1891, la guerre éclata de nouveau entre lui et les Français ; chassé par ceux-ci et par la population qui supportait mal ses exactions, il s'établit alors dans la haute Côte d'Ivoire et détruisit la cité commerciale de Kong (1895). Il fut poursuivi par les colonnes françaises commandées par Gouraud* ; capturé, il fut déporté au Gabon.

**TOURÉ (Sékou)** ♦ Homme d'État guinéen (Faranah 1922 - Cleveland 1984). Il prit part en 1946 à la fondation du Rassemblement démocratique africain (RDA) et créa en 1952 le Parti démocratique de Guinée. Il fut maire de Conakry, député à l'Assemblée nationale française (1956) et vice-président du conseil de Guinée (1957). Il préconisa le non au référendum constitutionnel organisé par la France et fut ainsi le promoteur de l'indépendance guinéenne (2 oct. 1958). Président de la République, chef du gouvernement et des armées, il orienta son pays dans la voie du socialisme marxiste, obtenant l'aide de l'URSS et de la Chine populaire, puis chercha à se rapprocher de la France (1975). Mais le régime dictatorial instauré par Sékou Touré se révéla désastreux pour son pays tant sur le plan des droits de l'homme que sur celui de l'économie. → **Guinée.** → ÉTYM. Ce nom de famille soni signifie «éléphant».

**TOURÉ (Ali Ibrahim TOURÉ, dit Ali Farka)** → ÉTYM. Son surnom *farka* signifie «âne», symbole de force physique : dixième enfant de la famille, il est le seul à avoir survécu au-delà de l'enfance ♦ Musicien et chanteur malien (Kanau, Mali 1939 - Bamako 2006). Autodidacte, il s'initia très tôt au gurkel, au najarka, à la flûte peul et au luth n'goni à 4 cordes et enfin à la guitare qui devint son instrument de prédilection. La rencontre de l'écrivain malien Hampâté Bâ* pour l'écriture et du musicien John Lee Hooker* pour le blues noir américain fut déterminante. Dans les années 1980, il incarna la world music et, grâce à sa voix lancinante, mêlant songhaï, zarma, peul et un peu de français, devint une grande vedette de la musique africaine autant en Afrique qu'en Occident tout en se consacrant à l'agriculture et à la réalisation de projets sociaux pour son pays. Princ. enregistrements : *Farka* (1976) ; *Ali Farka Touré* (1987) ; *The river* (1990) ; *The source* (1992) ; *Talking Timbuktu* (1994, Grammy Award) ; *Radio Mali* (1996) ; *Niafunké* (1999) ; *In the heart of the moon* (2005, Grammy Award) ; *Savane* (2006).

**TOURGUENIEV (Ivan Sergueïevitch)** → ÉTYM. de *Turga*, n. du khan tatar dont il descendait (de *türgen* «rapide») ♦ Romancier et auteur dramatique russe (Orel 1818 - Bougival 1883). Son enfance fut marquée par le despotisme de sa mère envers lui et la cruauté avec laquelle elle traitait les serfs. Après des études à Moscou et à Saint-Pétersbourg, où il rencontra Pouchkine*, il se rendit à Berlin pour compléter ses études philosophiques, subissant surtout l'influence de Hegel*, particulièrement forte sur les idéalistes russes. Sa première œuvre fut un poème narratif, *Paracha* (1843). Ayant quitté la fonction publique pour devenir écrivain, Tourgueniev se vit refuser toute aide financière de la part de sa mère qui voyait d'un très mauvais œil l'amour qu'il portait à la célèbre cantatrice Pauline Viardot-Garcia (sœur de la Malibran) qu'il suivit à l'étranger. Dès 1847, il avait commencé à publier dans le journal *Le Contemporain* les premiers *Récits* d'un chasseur*, et le livre fut intégralement publié en 1852. Ce témoignage sur le servage en Russie est resté célèbre. Tourgueniev s'essaya alors comme auteur dramatique avec *Une imprudence* (1843), *Sans argent* (1846), *Le Parasite* (1848), *Une corde trop mince se rompt* (1851), *Une dame de province* (1851), *Un soir à Sorrente* (1852) et enfin *Un mois à la campagne* (1855), sa pièce la plus connue. Puis il écrivit des nouvelles pleines de vérité et de poésie (*Deux amis*, 1854 ; *Un coin tranquille*, 1854 ; *Iakov Pasynkov*, 1855 ; *Une correspondance*, 1856 ; *Premier amour*, 1860) et des romans sur des problèmes d'actualité : *Roudine* (1856) où il expose l'opposition des deux générations, *Un nid de gentilshommes* (1859) où il décrit les mœurs charmantes et désuètes de la vieille noblesse, *À la veille* (1860), où il cherche l'âme énergique qui libérera la Russie et la trouve dans le Bulgare Insarov et l'héroïque Hélène, et enfin *Père et Fils* (1862) où le héros, Bazarov, est un jeune nihiliste qui veut la révolution totale. C'est la seule œuvre de Tourgueniev où le héros est un homme et non une femme. Incompris par la jeunesse, déçu, Tourgueniev quitta la Russie qu'il ne retrouva désormais que pour de brefs séjours et suivit Mme Viardot jusqu'à Paris où il se lia notamment avec Flaubert*. Il fit connaître la littérature russe en France. Il écrivit encore deux romans, *Fumée* (1867), qui est un tableau pessimiste de la Russie, et *Terres vierges* (1877), qui dépeint l'atmosphère révolutionnaire de cette époque, puis quelques contes dont les plus célèbres sont *Le Roi Lear de la steppe* (1870) et *Eaux printanières* (1872).

**Touring Club de France** ♦ Association créée en 1890 pour promouvoir le tourisme et défendre les intérêts des touristes, auxquels il propose de nombreux services.

**TOURLAVILLE** [50110] → ÉTYM. anc. *Torlachvilla* «domaine *(villa)* de Thorlakr (n. de pers. scand.)» ♦ Ch.-l. de cant. de la Manche, banlieue E. de Cherbourg. 17 551 hab. *(Tourlavillais)*. Château Renaissance. ▪ Informatique. ▮ **Histoire** Colbert y établit une manufacture de glaces.

**TOURMALET** (col du) → ÉTYM. «mauvais détour» ♦ Col des Hautes-Pyrénées (2 115 m), le plus haut col routier des Pyrénées françaises. Beau panorama. Il est généralement obstrué par la neige de nov. à juin.

**TOURNAI** – en néerl. ***Doornik*** → ÉTYM. anc. *Turnacum* «domaine de Turnus (n. de pers.)» ou «le lieu aux collines (gaul. °*turno* "colline")» ♦ V. de Belgique (Région wallonne) prov. de Hainaut, ch.-l. d'arr., sur l'Escaut, à la frontière française (contiguë à la Communauté urbaine de Lille). 67 844 hab. *(Tournaisiens)*. Avec 2 137 km², c'est la comm. la plus étendue de Belgique, depuis sa fusion avec 29 autres comm. en 1977. Maisons romanes. Beffroi (XIIe et XIVe s.). Pont médiéval (déb. XIVe s.). Place de l'Évêché (1300). Cathédrale Notre-Dame (XIIe et XIIIe s., contenant un jubé de Cornélis de Vriendt). Église Saint-Jacques (XIe et XIIIe s.). Église gothique Sainte-Marie-Madeleine (XIIIe et XIVe s.). Église romane Saint-Piat (remaniée en 1672). Église Saint-Brice (XIIe s., restaurée après 1940). Musées d'archéologie, des beaux-arts (Watteau, Monet, Ensor) et de folklore. Évêché suffragant de Malines. ▪ Activités tertiaires d'une ville moyenne à fonctions régionales (commerce, écoles techniques et artistiques, supérieure, maison de la culture). Tourisme actif fondé sur un riche patrimoine monumental. Indus. diversifiées. Imprimerie. Textile. Carrières, cimenteries, bâtiment et travaux publics. Indus. chimiques. Construc. métalliques. Électronique. ▮ **Histoire** Cité romaine (*Turris Nerviorum* ou *Tornacum*), Tournai fut évangélisée par saint Piat au IIIe s. La ville passa sous la domination franque en 440, et devint l'une des capitales des rois mérovingiens*. Ravagée par les Normands en 898, elle se releva au XIIe s. et resta fidèle à la France jusqu'au XVe s. Au XVe s., les dinandiers concurrençaient ceux du pays mosan. Prise par Henri VIII d'Angleterre en 1513, la ville retourna à la France en 1518. Charles Quint la réunit aux Pays-Bas en 1521. Bastion du calvinisme jusqu'à son investissement par Alexandre Farnèse en 1581, elle fut défendue par Christine de Lalaing. Louis XIV s'en empara en 1667 et la fit fortifier par Vauban ; c'est à la France de Louis XIV que Tournai doit une grande partie de son architecture urbaine. Ses porcelaines firent sa célébrité au XVIIIe s. Autrichienne après la paix d'Utrecht (1713), française après la bataille de Fontenoy (1745), puis de nouveau autrichienne en 1748, Tournai subit encore la conquête française de 1792 à 1794. Tournai et Tournaisis, réunis au Hainaut, firent partie du dép. de Jemmapes. Lors de la Deuxième Guerre mondiale, la ville fut bombardée en 1940 (par les Allemands) et en 1944 (par les Alliés) : plus de 2 700 bâtiments furent complètement détruits ou gravement endommagés.

**TOURNAN-EN-BRIE** [77220] → ÉTYM. du gaul. *Turnus*, n. de pers., et *magos* «marché» ♦ Ch.-l. de cant. de la Seine-et-Marne, arr. de Melun. 7 545 hab. *(Tournanais)*.

**TOURNEFEUILLE** [31170] ♦ Comm. de la Haute-Garonne, banlieue O. de Toulouse. 22 758 hab.

**TOURNEFORT (Joseph PITTON DE)** ♦ Botaniste et voyageur français (Aix-en-Provence 1656 - Paris 1708). Professeur de botanique au Jardin

Les **Tournesols.**
*Fleurs de tournesol coupées,* tableau de Van Gogh (43,2 × 61 cm). Metropolitan Museum, New York.
*Phot. © Lauros-Giraudon*

du Roi (futur Muséum d'histoire naturelle), il fut envoyé en voyage scientifique en Europe et en Asie Mineure. Sa classification des plantes fait de lui un précurseur de Linné* (*Éléments de botanique, ou Méthode pour connaître les plantes* [1694]). [Acad. sc. 1691]

**TOURNEMINE (René Joseph DE)** ♦ Érudit français (Rennes 1661 - Paris 1739). Entré chez les jésuites, il fut le directeur des *Mémoires de Trévoux* (1701 - 1718).

**TOURNEMIRE (Charles)** ♦ Organiste et compositeur français (Bordeaux 1870 - Arcachon 1939). Élève de Franck et de Widor au Conservatoire de Paris, il succéda à G. Pierné à l'orgue de Sainte-Clotilde en 1898. Excellent improvisateur, il a composé de nombreuses pièces de musique d'église sur des textes liturgiques et des chants grégoriens (les 253 pièces de l'*Orgue mystique*). Il écrivit aussi deux opéras, huit symphonies, de la musique de chambre et des pièces pour piano. ➝ ÉTYM. Ce nom est composé de deux verbes à l'impératif : *tourne* et *mire* «regarde».

Les **Tournesols** ♦ Série de tableaux réalisés par Van* Gogh au cours de son séjour à Arles (1887 - 1889) : *Douze fleurs de tournesols,* Alte Pinakothek, Munich ; *Le Tournesol,* Amsterdam ; *Fleurs de tournesol coupées,* 1887, Metropolitan Museum, New York ; *Quatre fleurs de tournesol,* Otterlo. Cette série de tournesols témoigne de l'influence qu'eurent les couleurs et la lumière du midi de la France sur Van Gogh. Sa palette s'illumine, son dessin se simplifie. Il cherche avant tout à construire le tableau par la couleur. Il se passionne pour le jaune et expérimente divers jeux de couleurs : jaune des tournesols sur fond jaune, sur fond vert, etc. Bien que la nature soit sa première source d'inspiration, il ne cherche pas à être fidèle à la réalité et abandonne les trois dimensions et la perpective. La rage de peindre que connaît Van Gogh dans le Midi se retrouve dans son écriture exaltée, rapide et incisive. Malgré le bonheur que le peintre connut à cette époque, les tournesols offrent un caractère agressif trahissant des sentiments complexes.

**TOURNEUR (Cyril)** ♦ Poète dramatique anglais (v. 1575 - Kinsale, Irlande 1626). L'habileté du dramaturge et l'élégance du poète sont mises, dans son théâtre, au service de la violence, du sadisme et de la cruauté la plus sanglante. Il est sans doute l'auteur élisabéthain qui a témoigné des audaces les plus grandes, passant du plan réaliste à celui du symbole, avec *La Tragédie de l'athée,* jouée vers 1602, et *La Tragédie du vengeur,* inspirée de Hamlet (imprimée en 1607). Il collabora avec Fletcher*.

**TOURNEUR (Maurice)** ♦ Cinéaste français (Paris 1878 - *id.* 1961). Esprit cultivé, cet ancien acteur et régisseur de théâtre formé à l'école de l'avant-garde théâtrale européenne s'imposa à Hollywood, entre 1914 et 1926, par des réalisations de qualité : *L'Oiseau bleu,* d'après Maeterlinck (1918), *Le Dernier des Mohicans,* avec Clarence Brown (1922), *L'Île des navires perdus* (1924). En France, il tourna au parlant quelques bons films d'atmosphère, tels *Justin de Marseille* (1935) et *La Main du diable* (1943). ♦ **Jacques Tourneur.** Cinéaste français (Paris 1904 - Bergerac 1977), fils du précédent. Il a fait une brillante carrière, presque exclusivement américaine, dans le domaine du fantastique (*La Féline,* 1942 ; *Rendez-vous avec la peur,* 1957), du film noir (*La Griffe du passé,* 1947) et du film d'aventures (*La Flèche et le Flambeau,* 1950).

**TOURNIER (Michel)** ♦ Écrivain français (Paris 1924). Dans *Le Vent paraclet* (1977), autobiographie intellectuelle autant qu'«essai d'esthétique littéraire», M. Tournier a relaté les étapes de sa venue tardive à la littérature ; déçu dans ses ambitions d'enseigner la philosophie, il s'est attaché à trouver un passage entre la philosophie et le roman, par le recours à de grands mythes toujours vivants. Son œuvre romanesque est à la fois une réflexion sur la civilisation (*Vendredi ou les Limbes du Pacifique,* 1967) et une interrogation sur la volonté et le pouvoir de fascination (*Le Roi des aulnes,* 1970 ; prix Goncourt). *Les Météores* (1975) reprennent le mythe de la gémellité, tandis que *Gaspard, Melchior et Balthazar* (1980) et *La Goutte d'or* (1985) poursuivent le rêve d'une écriture classique. *Éléazar ou la Source et le Buisson* (1996) transpose l'histoire de Moïse dans l'Irlande du XIXᵉ siècle. Tournier a, en outre, écrit des contes et des nouvelles (*Coq de bruyère,* 1978 ; *Le Médianoche amoureux,* 1989) et manifesté sa passion de la photographie avec *Des clefs et des serrures* (1979) et *Journal de voyage au Canada* (1984). [Acad. Goncourt 1972]. ➝ ÉTYM. *Tournier* signifie «tourneur», nom de métier.

**TOURNON (François DE)** ♦ Cardinal français (Tournon, Ardèche 1489 - Saint-Germain-en-Laye 1562). Il négocia avec habileté la paix de Madrid (1526), mais échoua quand il voulut obtenir du pape le divorce d'Henri VIII. Il défendit la Provence avec Montmorency* contre Charles* Quint (1536) et dirigea la politique française jusqu'à la mort de François Iᵉʳ. Cardinal (1530), archevêque de Lyon (1551), il avait fondé, en 1536, le *collège de Tournon.*

**TOURNON-SUR-RHÔNE** [07300] ➝ ÉTYM. du lat. *Turnus,* n. de pers. gallo-rom., ou du prélatin *turno-* «éminence» ♦ Ch.-l. d'arr. de l'Ardèche, sur le Rhône. 9 946 hab. (aggl. 17 843) *(Tournonais).* Collégiale Saint-Julien du XIVᵉ s. (œuvres d'art). Château des XVᵉ - XVIᵉ s. (musée). Lycée dans un anc. collège fondé en 1536 par F. de Tournon* : Honoré d'Urfé y fut élève en 1583 ; S. Mallarmé y enseigna de 1863 à 1866. ▪ Indus. automobile (caravanes).

**TOURNUS** [turny] [71700] ➝ ÉTYM. anc. *Tinurtium,* p.-ê. de la rac. prélatine hydronym. *°tin* ♦ Ch.-l. de cant. de la Saône-et-Loire, arr. de Mâcon, sur la rive d. de la Saône. 6 231 hab. *(Tournusiens).* Siège du Centre international d'études romanes. Maisons anc. L'église Saint-Philibert, ancienne abbatiale reconstruite au XIᵉ s., constitue l'un des exemples les plus originaux de l'art roman bourguignon par sa façade d'aspect militaire flanquée de deux tours carrées (Xᵉ - XIᵉ s.), son imposant narthex (fin Xᵉ s.) et sa nef voûtée en berceaux transversaux reposant sur de magnifiques piliers cylindriques en moellons de pierre rose (déb. XIᵉ s.). Cloître Saint-Ardain (XIᵉ s.). Musée bourguignon (folklore). ▪ Indus. diversifiées. Viticulture.

**TOURNY (Aubert,** marquis **DE)** ♦ Administrateur français (Paris 1690 - *id.* 1760). Intendant du Limousin, puis de la Guyenne, il est connu par les embellissements dont il dota Bordeaux* (*allées de Tourny,* portes d'Aquitaine et Digeaux).

**TOUROUVRE** [61190] ➝ ÉTYM. langue d'oïl «chêne *(rouvre)* tordu *(tort)*» ♦ Ch.-l. de cant. de l'Orne, arr. de Mortagne-au-Perche. 1 636 hab.

*(Tourouvrains)*. Dans l'église, stalles et *Adoration des mages* du XVe s. **Histoire** En 1944, le village fut incendié par les Allemands et les habitants massacrés.

**TOURRETTE-LEVENS** [06690] ➝ ÉTYM. *Tourrette* « la petite tour » et *Levens*, de la rac. précelt. *°lev-* « pente » et suff. prélatin *-entium* ♦ Comm. des Alpes-Maritimes, arr. de Nice. 4 116 hab.

**TOURRETTES-SUR-LOUP** [06140] ➝ ÉTYM. « les petites tours » ♦ Comm. des Alpes-Maritimes, arr. de Grasse, au-dessus du Loup. 3 870 hab.

**TOURS** [37000] ➝ ÉTYM. du n. des *Turons*, peuple gaulois (V. ci-dessous) ♦ Ch.-l. du dép. de l'Indre-et-Loire, sur la Loire. 132 820 hab. (aggl. 296 476, 17e rang) *(Tourangeaux)*. Archevêché. La cathédrale Saint-Gatien offre, du chœur à la façade, toute l'évolution du style gothique : chœur du XIIe s., transept du XIVe s., nef des XIVe et XVe s., façade du XVe s. de style gothique flamboyant (porche) et Renaissance (couronnement des tours). Vitraux (XIIIe s.). Église Saint-Julien (XIe - XIIIe s.). Maisons et hôtels anc. Musée des Beaux-Arts (dans l'anc. archevêché). École de l'aviation de chasse. La ville fait partie des aggl. situées dans l'orbite de la capitale (avec Caen, Le Mans, Orléans, Reims, Rouen). Une croissance plus soutenue jusqu'en 1975 permet de la différencier de ses concurrentes. Elle a bénéficié depuis 1945 des politiques de décentralisation (industrielle puis tertiaire). La microélectronique, la micromécanique, l'imprimerie, la santé (indus. chimiques et pharmaceutiques), l'équipement automobile et la plasturgie sont bien représentés. La gastronomie locale (vins de Touraine, rillettes, rillons, pruneaux fourrés) pourvoit l'industrie agroalimentaire. Cependant la ville s'est plutôt affirmée dans les services (services aux entreprises et services en ligne notamment) et la recherche (nombreux laboratoires, Centre national de recherche technologique, université). La proximité de Paris, à 250 km (autoroute A10 ; liaison TGV), et la concurrence orléanaise sont à la fois des atouts et des handicaps. **Histoire** Sous l'impulsion de saint Martin, son troisième évêque, la ville des Turons *(civitas Turonum)* devint au IVe s. l'un des plus importants centres religieux de la Gaule. L'influence de Tours comme foyer intellectuel et artistique alla grandissant aux siècles suivants avec Grégoire* de Tours (VIe s.) sous la direction de qui la ville s'agrandit, puis avec Alcuin* (VIIIe s.), fondateur d'une école renommée et d'une importante bibliothèque. Au XVe s., Louis XI introduisit l'industrie de la soie, qui assura pendant deux siècles la prospérité de la ville. Le calvinisme trouva au XVIe s. de fervents adeptes parmi les artisans et les ouvriers tourangeaux, et Tours devint un centre actif de la Réforme ; la révocation de l'édit de Nantes, provoquant l'émigration de nombreux soyeux, portera à la ville un coup dont elle ne commencera à se relever qu'au XIXe s., avec les débuts du chemin de fer. ▪ En 1870, Tours accueillit le gouvernement de la Défense nationale. ♦ ***Congrès de Tours*** Congrès du Parti socialiste français (25 - 31 déc. 1920) qui marqua la scission entre socialistes, partisans de la IIe Internationale, et communistes, partisans de la IIIe Internationale. ➝ **socialiste français (Parti).**

**TOURVILLE (Anne Hilarion DE COTENTIN,** comte **DE)** ♦ Amiral français (château de Tourville, près de Coutances 1642 - Paris 1701). Il passa du service de l'ordre de Malte à celui de Louis* XIV et combattit la flotte anglaise : il soutint Jacques* II en Irlande et remporta la victoire de Beachy* Head (1690), mais subit un revers en 1692, à La Hougue*. Il fut fait maréchal de France.

**TOUSSAINES** (signal de) ➝ ÉTYM. francisation du bret. *tuchen* « butte » ♦ Anc. point culminant des monts d'Arrée* et de la Bretagne (383 m), également appelé Ménez-Kador.

**Toussaint** n. f. ♦ Fête catholique instituée au début du VIIe s. pour célébrer la Vierge et l'ensemble des saints de l'Église et placée à l'origine le 13 mai, la Toussaint a été fixée au 1er novembre au cours des VIIIe et IXe s. Cette célébration, a priori festive, est, dans la pratique, éclipsée par la commémoration familiale du Jour des morts, le 2 novembre, avec laquelle on la confond souvent.

**TOUSSAINT-LOUVERTURE (François Dominique TOUSSAINT,** dit**)** ♦ Homme d'État haïtien (Haut du Cap, Saint-Domingue 1743 - fort de Joux, Jura 1803). Esclave noir affranchi, il s'incorpora aux bandes insurgées à la fin de 1791, puis passa au service de l'Espagne. Il se rallia à la France en 1794 après la première proclamation de l'abolition de l'esclavage. Il réussit à chasser les Britanniques de Saint-Domingue (1798), se débarrassa de son rival, le mulâtre Rigaud, puis proclama l'autonomie de l'île dans le cadre de la République française (1801). Bonaparte, Premier Consul, envoya alors un corps de 20 000 hommes commandé par C. Leclerc*, pour restaurer l'autorité de la France et rétablir l'esclavage. Toussaint dut se soumettre (1802). Arrêté par surprise, il fut embarqué vers la France et interné au fort de Joux où il mourut de la rigueur du climat. Son surnom de *Louverture* ou *L'Ouverture* lui vient des brèches qu'il ouvrait dans les rangs de ses ennemis. Très conscient de sa valeur, il n'hésita pas à envoyer une lettre à Bonaparte commençant par ces mots : « Le Premier des Noirs au Premier des Blancs ».

**TOUSSUIRE (LA)** ♦ Station d'été et de sports d'hiver de la Savoie (comm. de Fontcouverte-la-Toussuire), dans la Maurienne (1 700 - 2 235 m).

**TOUSSUS-LE-NOBLE** [78117] ♦ Comm. des Yvelines, arr. de Versailles. 659 hab. *(Nobeltussois)*. Aéroport international de tourisme.

**TOUTANKHAMON** ➝ ÉTYM. de l'égypt. *tūt* « ressembler », *anḫ* « vie » et *amen* « Amon » ; nom de règne de ***Nebképerourê*** ♦ Pharaon de la XVIIIe dynastie (de v. –1354 à –1343). Il succéda très jeune à Akhnaton* (Aménophis* IV) sous le nom de *Toutankhaton* en hommage au culte d'Aton que celui-ci avait instauré. Les archéologues ont longtemps pensé qu'il était le gendre d'Akhnaton mais des analyses ADN ont montré en 2010 qu'il en était le fils sans toutefois être celui de la reine Néfertiti. À la mort d'Akhnaton, *Toutankhaton* devint *Toutankhamon*, abolit le culte d'Aton, et rétablit la religion officielle sous l'influence du général Aÿ, chef de la cavalerie d'Akhnaton, vrai maître de l'Empire. Il mourut du paludisme à vingt ans après un règne obscur ; l'usurpateur Horemheb* lui succéda. ▪ Il n'est devenu le plus célèbre des pharaons que parce que sa tombe, découverte en nov. 1922 dans la Vallée* des Rois par Howard Carter* et lord Carnarvon, est une des seules dont les trésors aient été entièrement préservés (musée du Caire) ; elle avait été recouverte lors de la construction du tombeau de Ramsès* VI.

**Toutankhamon.** Masque funéraire,
or incrusté d'émail et de pierres semi-précieuses
(54 × 39 cm). Musée du Caire.
*Phot. © Nino Cirani/Ricciarini*

**TOUTÉE (Georges)** ♦ Général et explorateur français (Saint-Fargeau 1855 - Paris 1927). Après avoir exploré les régions de Cotonou jusqu'au Niger (1894 - 1895), il participa à la mission pour la détermination des frontières entre le Dahomey et le Nigeria (1900).

**Tout est bien qui finit bien** – en angl. ***All's Well that Ends Well*** ♦ Comédie en 5 actes, en vers et en prose, de W. Shakespeare* (peut-être écrite vers 1602). L'intrigue complexe de cette pièce, empruntée au *Décaméron** de Boccace, fait évoluer dans un univers merveilleux des personnages « réels » et raconte comment Hélène, fille du médecin Gérard de Narbonne, guérit le roi de France et demande à épouser le comte Bertrand de Roussillon pour prix de ses services. Celui-ci, qui ne veut pas d'elle, l'épousera malgré tout après de nombreuses péripéties. On peut y voir une allégorie de l'humanité déchue refusant la grâce divine.

**TOUVA** ou **TUVA** (république de) – anc. ***Tannou-Touva*** ➝ ÉTYM. de *Touva*, n. de peuple, déformation de *Dubo* (*Tuba*, puis *Tuva*), n. de tribu chinoise ♦ République de la fédération de Russie. ➝ **Russie** (carte et tableau des divisions admin.). 170 500 km². 305 500 hab. *(Touvas)*. LANGUES : touva (ou soyote), russe. POPULATION : Touvas ou Soyotes, 64 % ; Russes, 32 %. RELIGIONS : bouddhisme, chamanisme. CAPITALE : Kyzyl. La république de Touva est divisée en 14 districts. ▪ La partie occidentale du pays est occupée par la vallée de Touva, bordée au N.-O. par les monts du Saïan, au S. par la chaîne de Tannou-Ola et arrosée par le cours supérieur de l'Ienisseï ; la partie orientale est occupée par des montagnes, que fragmentent des bassins intérieurs. Gisements de houille, de cobalt et d'amiante. Élevage de bovins et surtout de moutons et de chèvres. Céréaliculture. Indus. alimentaire. Traitement du bois. **Histoire** Dominée par les Mongols aux XIIIe - XVIIIe s., Touva fit ensuite partie de la Chine (1757 - 1912). Protectorat russe (1914), proclamée république populaire après une révolution nationale (1921), elle devint une région autonome (1944), puis une République socialiste soviétique autonome (1961) et proclama sa souveraineté au sein de la fédération de Russie en 1991.

**TOUVRE** n. f. ➝ ÉTYM. anc. *flumen Tolveram*, composé tautologique du pré-indo-eur. *°tol-* et indo-eur. *°vera* « eau » ♦ Petite riv. de l'O. de la France (10 km) qui se jette dans la Charente (rive g.) à Angoulême. C'est une résurgence de deux affl. de la Charente, la Tardoire et le Bandiat.

**TOWNES (Charles Hard)** ♦ Physicien américain (Greenville 1915). Inventeur du maser en même temps que N. G. Bassov* et A. M. Prokhorov* (1954), il réalisa le premier maser à gaz ammoniac puis, avec Schawlow*, imagina d'appliquer le même principe aux spectres lumineux et infrarouge, créant ainsi le laser (1958). [Prix Nobel de phys. 1964, avec N. G. Bassov et A. M. Prokhorov]

**TOWNSEND (sir John Sealy Edward)** ♦ Physicien britannique (Galway, Irlande 1868 - Oxford 1957). Collaborateur de J. J. Thomson*, il mit au point une méthode de détermination de la charge de l'électron ; il étudia ensuite les gaz ionisés. → ÉTYM. Ce nom de famille désigne une personne qui vit au bout du village, du moyen anglais *tone, tūn* «village» et *end* «fin».

**TOWNSHEND (Charles, 2e vicomte)** ♦ Homme politique britannique (Raynham, Norfolk 1674 - *id.* 1738). Après une ambassade aux Provinces-Unies, au cours de laquelle il conclut les traités de la Barrière (1709) destinés à empêcher toute agression française, il écrasa le soulèvement jacobite de 1715. Il se trouva au pouvoir en 1721 avec Walpole*, son beau-frère, qui ne tarda pas à s'opposer à lui et l'obligea à se retirer en 1730. Il avait été l'auteur d'un rapprochement de l'Angleterre avec la France et la Prusse contre l'Autriche (1725). ♦ **Charles Townshend** (1725 - Londres 1767). Petit-fils du précédent. Il fit partie du cabinet Pitt*. Les *Townshend Acts* (1767) taxant le commerce des colonies d'Amérique furent à l'origine des émeutes de Boston* et de l'insurrection des colonies. → ÉTYM. *Townshend* est une variante de *Townsend**.

**TOWNSVILLE** ♦ V. d'Australie (Queensland), située au N.-E. de l'État, sur la mer de Corail, et reliée à Brisbane et à l'O. du pays par voie ferrée (→ **Mount Isa**). 98 074 hab. Collège universitaire. La ville se trouve au débouché d'une région aux potentialités économiques variées, immense zone de pâturage (bovins, moutons). La viande est l'une des exportations les plus importantes avec le sucre brut, les métaux (zinc, argent, cuivre, plomb), le bétail sur pied, les peaux et la laine. Indus. de la viande (bœuf congelé, conserves). Affinage du cuivre. Cimenterie ; scierie.

**TOWTON** ♦ Localité d'Angleterre (Yorkshire), au S.-O. d'York. Lors de la guerre des Deux*-Roses, Henri VI y fut vaincu et fait prisonnier par Édouard IV et Warwick* (1461).

**TOYEN (Maria ČERMÍNOVÁ, dite Maria)** → ÉTYM. n. choisi en hommage au mot fr. *citoyen* ♦ Peintre tchécoslovaque (Prague 1902 - Paris 1980). Influencée par le cubisme dès les années 1920, elle exposa en 1923 avec le groupe d'avant-garde Devětsil. Par la suite, les formes reconnaissables tendent à disparaître de ses toiles qui représentent alors des paysages quasi lunaires (*Gobi*, 1931). En 1934, elle participa à la fondation du groupe surréaliste tchécoslovaque et donna des tableaux peuplés d'apparitions (*Le Spectre rouge*, 1934 ; *La Dormeuse*, 1937). Les toiles qu'elle réalisa pendant la Deuxième Guerre mondiale rendent compte de l'isolement du groupe (*L'Heure dangereuse*, 1942) et de son angoisse (cycles de dessins : *Tir*, 1940 ; *Cache-toi, guerre*, 1944). Installée à Paris en 1947, Toyen a élaboré une œuvre qui relève du domaine de la magie (*Devenir de la liberté*, 1947), réinterprété les enseignes de la vieille Prague (*Au Soleil noir*, 1951) et peint des silhouettes, souvent érotiques, voilées de brume (*La Belle Ouvreuse*, 1957 ; *Le Paravent*, 1966 ; *Éclipse*, 1968).

**TOYNBEE (Arnold)** ♦ Historien britannique (Londres 1889 - York 1975). Après des études à Winchester et à Oxford, il professa à Londres. Son œuvre principale est une *Étude de l'histoire* (12 vol., 1934 - 1961), dont la thèse centrale est que les civilisations (il en distingue 21) se font par l'action de minorités créatrices et se défont quand la force de création diminue. Contrairement à Spengler* (*Le Déclin de l'Occident*), Toynbee ne voit pas la mort d'une civilisation comme inévitable.

**TOYOKUNI** ♦ Nom de plusieurs peintres japonais de la famille d'UTAGAWA TOYOKUNI (Edo v. 1769 - 1825) ; graveurs d'estampes ukiyoe, ils sont connus principalement pour leurs images représentant des acteurs de théâtre kabuki à Edo.

**TOYOTOMI HIDEYOSHI** → **Hideyoshi**

**TOZEUR** – en ar. *Tūzar* ou *Tawzar* ♦ V. de Tunisie, ch.-l. de gouvernorat, située sur la rive N. du chott el-Djerid. 32 400 hab. Vaste oasis. Centre touristique.

**TOZZI (Federigo)** ♦ Écrivain italien (Sienne 1883 - Rome 1920). Jugé aujourd'hui comme un des grands narrateurs italiens du début du XXe siècle, Tozzi, enfant malheureux d'un petit propriétaire terrien, commença à écrire sous les auspices de la poésie dannunzienne et d'une inspiration très catholique. Établi à Rome, il rencontra Borgese et Pirandello, qui l'aidèrent à faire connaître ses nouvelles. Outre la fresque paysanne de *Bêtes* (1917), son œuvre majeure est représentée par trois romans : *Les Yeux fermés* (1919), où il peint la déchéance d'un petit propriétaire incapable de défendre son héritage et de conquérir la jeune paysanne dont il est amoureux ; *Trois croix* (posth. 1920), drame de trois frères, aux tonalités dostoïevskiennes, considéré comme son chef-d'œuvre ; et *Le Domaine* (*Il Podere*, posth. 1921), moins achevé. L'originalité de Tozzi se manifeste dans son écart par rapport à l'esthétique du vérisme*, sa sensibilité à la crise de conscience moderne, sa recherche d'une langue précise et cruelle.

**TRABZON** → ÉTYM. anc. *Trébizonde*, en gr. *Trapezous*, de *trapeza* «table» (la vieille ville est bâtie sur un socle rocheux comparable à une table) ♦ V. et port de Turquie, ch.-l. de prov. sur la mer Noire, pôle de la région pontique orientale. 228 826 hab. Siège de l'université de la Mer-Noire. Églises byzantines (XIIIe s.) et mosquées (XVIe s.) ; forteresse génoise. ▪ Centre indus. et commercial (tabac, laine, soie, tapis). ▮ **Histoire** Fondée v. –700, probablement par des colons de Sinope*, elle était surtout un comptoir sur l'aboutissement de la route venant de l'Asie centrale. Annexée par le royaume du Pont, sous la domination romaine depuis 63, elle conserva sa prospérité sous l'Empire byzantin. L'*empire de Trébizonde* (1204 - 1461) y fut fondé par deux princes Comnène* à la suite de la prise de Constantinople par les croisés. L'ambition de ses empereurs de reconquérir l'Empire byzantin se heurta aux Seldjoukides et à l'empire de Nicée*. Mais le quasi-monopole du commerce des Indes et l'activité génoise assurèrent le maintien de la prospérité de cet État qui devint le refuge des Byzantins lors de la chute de Constantinople (1453) et le dernier foyer de la civilisation byzantine. Prise par Mehmet II en 1461, la ville devint la capitale d'une province ottomane et déclina progressivement.

Les **Trachiniennes** – en gr. *Trakhiniai* ♦ Tragédie de Sophocle*, composée et représentée à des dates inconnues. Elle a comme sujet les derniers épisodes de la vie d'Héraclès* à Trachis et sa fin.

**Tractatus de intellectus emendatione** → ÉTYM. «Traité de la réforme de l'entendement» ♦ Ouvrage inachevé de Spinoza*, probablement rédigé en 1661 (posth. 1677). On y trouve exposée la théorie du vrai comme *index sui* («index de lui-même») et de la capacité de l'entendement à connaître les choses «sous une certaine espèce d'éternité». Ainsi est présenté un des grands thèmes de *L'Éthique* : l'homme peut connaître la vérité et ainsi connaître la nature (ou Dieu) comme Dieu se connaît lui-même. La solution de Spinoza à la question du statut de l'erreur est différente de celle de Des-

Marie **Toyen.** *L'Avant-Printemps* (89 x 146 cm), 1945. MNAMGP, Paris. *BIS/Phot. © MNAM, Centre Georges Pompidou, Paris*

cartes* : pour Spinoza l'erreur ne résulte pas du décalage entre entendement et volonté mais, en elle-même, elle n'est rien de positif. C'est un des aspects de l'ontologie de Spinoza, qui n'admet pas le néant.

**Tractatus logico-philosophicus** ♦ Seul ouvrage publié de son vivant par Ludwig Wittgenstein*. Édité dans la revue *Annalen der Naturphilosophie* (Leipzig 1921) sous le titre *Logisch-philosophische Abhandlung,* il parut en 1922 sous son titre définitif à Londres, en allemand avec une traduction anglaise. Il était préfacé par Bertrand Russell* et fut très vite considéré comme un des textes principaux de la philosophie contemporaine en dépit de sa difficulté. En enchaînant des paragraphes, numérotés, qui sont de quasi-aphorismes, et en s'appuyant sur le formalisme logique, Wittgenstein défend une thèse que l'on peut qualifier de strictement néopositiviste. Elle culmine au septième et dernier chapitre qui ne comprend qu'une phrase : «Ce qu'on ne peut dire, il faut le taire.» Ce qui ne peut se dire, ce sont les énoncés de type esthétique, religieux, éthique, métaphysique. La tâche de la philosophie est de montrer que les énoncés de ce genre sont mal formés et dépourvus de sens. Ultérieurement, Wittgenstein développera une théorie des «jeux de langage» qui seraient tous légitimes, à l'opposé de la perspective choisie dans le *Tractatus.* Dans la constellation philosophique du début du XX^e^ s., on peut rapprocher le *Tractatus* des travaux de Carnap* et du cercle* de Vienne et l'opposer radicalement à *L'Être et le Temps* de Heidegger.

**Tractatus politicus** → ÉTYM. «Traité politique» ♦ Ouvrage inachevé de Spinoza* (posth. 1677). La description de l'origine de la société ressemble à celle de Hobbes* ; mais, si celui-ci conclut à la nécessité du pouvoir absolu (despotisme), Spinoza au contraire aboutit à un État libéral qui, tout en instituant le droit civil, ne nie pas les droits naturels de l'individu, particulièrement la liberté de pensée dont il doit être le protecteur.

**Tractatus theologico-politicus** ♦ Seul ouvrage majeur publié par Spinoza* de son vivant, en 1670 (le titre est parfois rendu en français par *Traité des Autorités politiques et théologiques*). La première traduction française date de 1678. Critiquant la superstition, Spinoza s'appuie sur sa connaissance de l'hébreu pour proposer une lecture «littérale» de la Bible qui est un modèle d'exégèse moderne. Il réfute la notion de peuple élu et critique la croyance au miracle dans le cadre d'une théorie de la liberté humaine comme effet de la connaissance vraie. Il croit en une gestion rationnelle des passions humaines, qui libérerait les hommes de la crainte. Il recherche les conditions politiques qui permettraient de se protéger du fanatisme et des conflits intercommunautaires, c'est-à-dire de faire régner la liberté d'opinion, même religieuse. L'éloge de l'activité marchande du port d'Amsterdam, où les hommes vivent actifs dans la paix sociale, malgré la pluralité des confessions, est typique de ce livre qui eut une forte influence, même si la personnalité de l'auteur et son intention interdisaient qu'il soit explicitement cité aux XVII^e^ et XVIII^e^ s. Car le message de Spinoza, en partie crypté pour des raisons de prudence, est que la démocratie est le meilleur des régimes.

**TRACY (Spencer)** ♦ Acteur américain (Milwaukee 1900 - Los Angeles 1967). Il forma avec Katharine Hepburn un des couples légendaires de Hollywood, dans d'alertes comédies signées George Cukor. Mais il s'affirma aussi dans le film à tendances sociales (*Ceux de la zone,* 1933 ; *Furie,* 1936) ou, en vieillissant, dans le western (*Un homme est passé,* 1955) et la parabole politique (*Jugement à Nuremberg,* 1961).

**TRAETTA (Tommaso)** ♦ Compositeur italien (Bitonto, près de Bari 1727 - Venise 1779). Le triomphe de son premier opéra, *Il Farnace,* à Naples (1751), lui valut d'emblée une célébrité européenne. Nommé maître de chapelle à la cour de Parme (1759), puis directeur du conservatoire de l'Ospedalleto, à Venise (1765), il fut appelé à Saint-Pétersbourg par Catherine II dont il devint le «maestro di corte», succédant dans cet emploi à B. Galuppi (1768 - 1775). À l'issue d'un séjour de deux années à Londres (1775 - 1777), il revint en Italie où il mourut. ▪ Auteur d'une quarantaine d'opéras dont la qualité dramatique soutient la comparaison avec ceux de Gluck, il y effectue avec bonheur la synthèse des styles italien et français. On lui doit encore de la musique religieuse (*Passion, Stabat mater,* oratorio, messes, motets), des airs, des cantates et un divertimento, *Le quattro stagioni,* pour quatre orchestres (1770).

**TRAFALGAR** (cap) → ÉTYM. en ar. *Taraf al-Gharb* «bout (*taraf* "pointe") de l'Occident (*gharb* "ouest")» ♦ Cap de l'Espagne méridionale, au N.-O. de Gibraltar, entre Cadix et Tarifa. ▮ Histoire Nelson*, à la tête de la flotte britannique, y remporta sur la flotte franco-espagnole, commandée par l'amiral de Villeneuve*, une éclatante victoire (21 oct. 1805) et y trouva la mort.

**Trafalgar Square** ♦ Place du centre de Londres. Colonne du monument de Nelson (1840 - 1843), commémorant la victoire de Trafalgar*.

Les **Tragiques** ♦ Poème épique de A. d'Aubigné*, dont les 7 chants en alexandrins furent conçus entre 1577 et 1589, divulgués sous forme manuscrite en 1593 et publiés en 1616. Combattant de l'Église réformée, d'Aubigné se montre dans cette œuvre successivement justicier et visionnaire. Dans les livres I à III («Misères» ; «Princes» ; «La Chambre dorée»), sa verve satirique dénonce les horreurs de la guerre civile, les mœurs de la cour et l'iniquité de la justice. Les livres IV et V («Feux» ; «Fers») peignent les victimes des massacres et les martyrs protestants. Puis sont rappelées (livre VI) les «Vengeances» de Dieu et évoquées (livre VII) les scènes animistes du «Jugement» dernier.

**TRAILL (Catherine),** née **PARR** ♦ Femme de lettres, pionnière et botaniste canadienne d'expression anglaise (Londres 1802 - Lakefield, Ontario 1899). Émigrée au Canada en 1832 avec son mari le lieutenant Thomas Traill, elle s'établit aux environs de Peterborough près de sa sœur Susanna Moodie*. À l'intérêt historique de son œuvre, *The Backwoods of Canada* (1836), s'ajoute un intérêt descriptif documenté jusqu'à la rigueur scientifique, relatant la vie des pionniers.

**TRAIT (LE)** [76580] ♦ Comm. de la Seine-Maritime, arr. de Rouen. 5 397 hab. *(Traitons).* Métallurgie. Indus. pharmaceutique.

**TRAJAN** – en lat. ***Marcus Ulpius Trajanus*** ♦ (Italica, Bétique 53 - Sélinonte, Cilicie 117). Empereur romain (98 - 117). Fils d'un soldat, il fut nommé, en 96, gouverneur de la Germanie supérieure et adopté par Nerva* en 97. Proclamé empereur à la mort de ce dernier, il séduisit par sa simplicité, sa déférence pour le sénat et son dévouement au bien public. Excellent chef de guerre, il lança l'empire dans une politique de conquêtes qui parurent ressusciter les grands siècles de l'impérialisme : il conquit la Dacie (101 - 102 et 105 - 107), ce qui assura à Rome de riches mines d'or et rétablit l'équilibre budgétaire, annexa l'Arabie Pétrée (106), l'Arménie, l'Assyrie et la Mésopotamie, portant ainsi l'empire romain à son extension extrême ; il entreprit de grands travaux, fit construire le forum de Trajan, agrandir le port d'Ostie, assécher les marais Pontins, et rendit à la navigation le canal du Nil à la mer Rouge. Premier empereur provincial, il poursuivit activement l'intégration des provinciaux à l'empire. À l'égard des chrétiens, il se refusa à toute violence et interdit qu'on les recherchât. Le règne de Trajan fut également remarquable par son exceptionnel éclat littéraire (Tacite, Juvénal, Pline le Jeune, Plutarque). L'empereur mourut brusquement au retour de ses campagnes d'Orient, laissant le trône à Hadrien*. ▪ La *colonne Trajane,* sur le forum de Trajan à Rome, commémore les campagnes victorieuses de l'empereur en Dacie.

**TRAJANOV (Todor)** ♦ Poète bulgare (Pazardžik 1882 - Sofia 1945). Il représenta avec talent le symbolisme bulgare : *Hymnes et Ballades* (1911), *Panthéon* (1934).

**TRÀ KIỆU** ♦ Anc. cap. du Champa sur la côte du centre du Viêtnam, florissante aux X^e^ et XI^e^ s. Site archéologique.

**TRAKL (Georg)** ♦ Poète lyrique autrichien (Salzbourg 1887 - Cracovie 1914). Peu de destins furent aussi tragiques que le sien : malédiction de la passion incestueuse qui le lia à sa sœur Margarete (Grete), dont «la forme blême», «le visage blanc» paraît sans cesse dans le miroir du poète, comme son image jumelle, son double ; malédiction des paradis artificiels de l'alcool et de la drogue ; malédiction de la guerre et de ses horreurs. Mis en observation pour troubles mentaux à l'hôpital militaire de Cracovie à la suite d'une tentative de suicide après la bataille de Grodek, Trakl y mourut d'une crise cardiaque due à l'absorption d'une dose trop importante de cocaïne. Il laissait une œuvre qui, en dépit de sa minceur, le fait compter parmi les plus grands poètes lyriques de langue allemande. Deux de ses pièces (*Le Jour des Morts* et *Fata Morgana*) furent représentées à Salzbourg en 1906. Certains de ses poèmes parurent dans la revue *Der Brenner* à laquelle il collabora de 1912 à 1914 ; deux recueils lyriques furent également publiés de son vivant (*Crépuscule et Déclin, Sébastien en rêve,* 1912 - 1914). La traduction de ses œuvres complètes (poésies, prose, fragments de drames) a été donnée en français (1972). Par ses thèmes, son style, l'œuvre de Trakl s'apparente à celle des poètes expressionnistes (Benn, Heym). Comme eux, il est obsédé par les images violentes et cruelles d'un monde décadent au-dessus duquel plane une «nuée rouge qu'habite un dieu en courroux» et hanté par la proximité d'une mort qui «entre à pas pourrissants dans la maison». Mais, dans cet univers dominé par le Mal, dont le poète porte le poids de culpabilité, apparaît le désir nostalgique de l'innocence, «le chant de l'âme qui, chose étrange sur terre, gagne en sa migration la terre comme la patrie plus sereine de la race regagnant son foyer». Plus que des expressionnistes, Trakl le solitaire, «l'enfant en fuite appelé par la forêt et par la nuit» (M. Brion), apparaît ainsi comme le frère spirituel de Novalis*, davantage encore de Hölderlin*. D'une transparence hermétique, le langage poétique de Trakl est autre chose que le chant ou le cri d'une sensibilité inquiète ; il vise à une sorte d'impersonnalité où «celui qui disait *je* s'efface peu à peu du poème, pour laisser place à des figures de rencontre : rêveur, somnambule, amants, homme qui marche, enfant, sœur, père, berger, animal...» (M. Petit et J. C. Schneider), où les mots retrouvent leur densité, leur saveur, leur couleur.

**TRALEE** – en gaél. ***Tráighlí*** ♦ V. de la rép. d'Irlande, ch.-l. du comté de Kerry, sur la baie de Tralee. 20 288 hab. Petit centre indus. et pôle touristique près de la presqu'île de Dingle. À proximité, cité épiscopale d'Ardfert.

**TRALLES** → Aydin

Un **tramway nommé Désir** – en angl. ***A Streetcar Named Desire*** ♦ Drame en 5 actes de Tennessee Williams* (1947). Une vieille fille à la fois innocente et dépravée se jette dans les bras de son beau-frère : telle est la trame de cette œuvre violente et mélodramatique. La pièce a été mise en scène par Elia Kazan*, à Broadway en 1947, puis au cinéma en 1952. Pour le film, Kazan reprit les comédiens de la pièce, notamment Marlon Brando*, et à l'exception de Jessica Tandy, remplacée par Vivien Leigh. Le climat trouble et sensuel de la pièce est parfaitement restitué à l'image, et son érotisme décuplé.

**TRẦN** ♦ Dynastie vietnamienne qui régna de 1200 à 1400 sur le Đại Việt (anc. Viêtnam, s'étendant essentiellement au N. du Hòanh Sơn), et qui succéda à la dynastie des Lý*. Éclipsée de 1400 à 1407 par les Hồ (→ **Hồ Quí Ly**), eux-mêmes vaincus par l'invasion chinoise, elle échoua dans sa tentative de reprendre le pouvoir entre 1407 et 1413, et disparut, laissant la place à l'administration chinoise jusqu'à l'avènement de la nouvelle dynastie des Lê* en 1428.

**TRANCHE-SUR-MER (LA)** [85360] ♦ Comm. de la Vendée, arr. des Sables-d'Olonne. 2 510 hab. *(Tranchais)*. Station balnéaire sur le Pertuis breton.

**TRANI** – anc. ***Trajanopolis*** ♦ V. d'Italie, dans les Pouilles (prov. de Bari). 53 139 hab. Cathédrale romane (XII$^{e}$ - XIII$^{e}$ s.). Église d'Ognissanti (XII$^{e}$ s.). ▪ Station balnéaire sur l'Adriatique. Traitement de la bauxite.

**TRAN NINH** n. m. ♦ Anc. nom donné par le Viêtnam à la région de Xieng Khouang (N.-O. du Laos, plaine des Jarres*), qui en était vassale. Plateau d'une alt. moyenne de 1 250 m (culminant à 2 820 m) et d'une superficie d'env. 2 000 km$^2$.

**TRANSALAÏ** n. m. ♦ Massif montagneux formé par la partie N. du Pamir (Tadjikistan). Le pic du Communisme*, point culminant (7 495 m), s'y trouve.

## transavangarde

n. f. ♦ Terme forgé en 1979 par le critique d'art italien Achille Bonito pour qualifier le travail de cinq artistes italiens : Sandro Chia, Enzo Cucchi, Francesco Clemente, Mimmo Paladino et Nicola de Maria. En réaction à l'art conceptuel et à l'art engagé, ces artistes rejettent le principe d'originalité, se tournent vers l'histoire de l'art (citations, trace, pastiche), les cultures primitives et populaires et privilégient les modes d'expression que sont la peinture et la sculpture, en recourant aux techniques traditionnelles telles que fusain, huile, pastel et perspective. Ce mouvement a des affinités avec Georg Baselitz* et Anselm Kiefer* en Allemagne et, en France, avec Gérard Garouste* (travail sur *La Divine Comédie*) et la figuration* libre.

**TRANSCARPATIE** ou **TRANSCARPATHIE** n. f. ➝ ÉTYM. en russe ***Zakarpatskaïa Oblast*** «région de Transcarpatie» ♦ Région de l'Ukraine, située dans la partie S.-O. des monts Carpates centraux. Elle confine à l'O. avec la Slovaquie et la Hongrie, au S. avec la Roumanie. 12 800 km$^2$. 1 251 117 hab. CH.-L. : Oujhorod. ▪ Les forêts couvrent 46,5 % du territoire. Gisements de houille et de sel gemme. L'activité agricole est surtout représentée par la culture du blé, du maïs et du tabac. Élevage ovin, bovin et porcin. Indus. mécanique, textile et alimentaire. Traitement du bois (meubles, maisons préfabriquées). Matériel de construc. ▮ **Histoire** Sous le nom de Ruthénie*, la région fit partie de la Russie kiévienne (X$^{e}$ - XI$^{e}$ s.), puis de la Hongrie, de l'Autriche et de l'Autriche-Hongrie. Elle fut cédée à la Tchécoslovaquie au traité de Trianon (1920). Après les accords de Munich en 1938 (c'est-à-dire après le premier partage de la Tchécoslovaquie), le gouvernement de Prague constitua un gouvernement autonome ruthénien, avec à la tête le père Augustin Vološin (9 oct. 1938). Le 2 nov. 1938, l'Allemagne et l'Italie forcèrent la Ruthénie à céder à la Hongrie ses districts septentrionaux, y compris le chef-lieu, Oujhorod. En mars 1939, après le second partage de la Tchécoslovaquie, la Ruthénie proclama son indépendance, prenant le nom de Carpato-Ukraine ou Ukraine subcarpatique, mais le lendemain les Allemands autorisèrent la Hongrie à occuper et annexer la région. Après la Deuxième Guerre mondiale, la Tchécoslovaquie, ayant obtenu ses frontières d'avant 1938, dut céder la Ruthénie à l'URSS par le traité du 29 juin 1945.

**TRANSCAUCASIE** → Caucase

**TRANS-EN-PROVENCE** [83720] ➝ ÉTYM. d'une rac. précelt. oronym. *°tr-* «hauteur» ♦ Comm. du Var, arr. de Draguignan. 4 780 hab.

**TRANSHIMALAYA** → Himalaya

**TRANSJORDANIE** n. f. ➝ ÉTYM. trad. de l'hébr. *'ébhèr hayyardén* «au-delà du Jourdain» ♦ Région historique à l'E. du Jourdain et dont le territoire correspond, à quelques centaines de kilomètres carrés près, à l'actuelle Jordanie. ▪ La Transjordanie, État princier créé par la Grande-Bretagne en 1921 et confié à l'émir hachémite 'Abd* Allāh, accéda à l'indépendance en 1946. Après la création de l'État d'Israël, en 1948, et l'intégration de la Cisjordanie, en avr. 1949, cette appellation fut abandonnée au profit de Royaume hachémite de Jordanie.

**TRANSKEI** [trɑ̃skaj] n. m. ♦ Ancien homeland (bantoustan) d'Afrique du Sud, sur l'océan Indien, englobé depuis 1994 dans la province du Cap-Oriental. → **Afrique du Sud** (carte). ▮ **Histoire** Ce fut le premier territoire regroupant des populations bantoues homogènes selon la politique de l'apartheid. Sa création fut suivie par celle du Ciskei. En 1976, l'Afrique du Sud lui accorda l'indépendance (refusée par la communauté internationale). En 1987, un coup d'État renversa le chef Mantanzina, puis un autre coup d'État amena au pouvoir le major-général Bantu Holomisa (1988).

**TRANSNISTRIE** n. f. – off. ***République moldave de Transnistrie*** ♦ Région d'Europe orientale située en Moldavie, 4 163 km$^2$, 555 000 hab. CAPITALE : Tiraspol. La Transnistrie est l'héritière de la Rép. autonome moldave créée sous Staline en 1924 sur la rive gauche du Dniestr. En sept. 1990, les Russes de Transnistrie firent sécession, appuyés par la 14$^{e}$ armée russe opposée à une action militaire moldave (mars 1992). La Moldavie serait prête à accorder un statut de large autonomie mais Igor Smirnov, qui dirige la Transnistrie depuis 1991, continue d'exiger une indépendance totale et a installé un régime autocratique.

**TRANSOXIANE** n. f. ➝ ÉTYM. «région au-dessus de l'Oxus» ♦ Région qui s'étendait au-delà de l'Oxus (anc. nom de l'Amou-Daria), correspondant à peu près à l'actuel Ouzbékistan.

**Transsibérien** n. m. ♦ Ligne de chemin de fer qui relie Tcheliabinsk à Vladivostok, en passant par Omsk, Novossibirsk (où elle se rattache au Turksib), Tchita, la Mandchourie (où elle porte le nom de chemin de fer oriental chinois) et Kharbin. 7 500 km de longueur. De Vladivostok, une ligne se prolonge vers le N. jusqu'à Khabarovsk où elle se rattache au chemin de fer de l'Amour. Construit de 1891 à 1898, le Transsibérien fut complété en 1916 (ligne contournant la partie S. du lac Baïkal).

**TRANSTRÖMER (Tomas)** ♦ Poète suédois (Stockholm 1931). Son art de la mélodie, la richesse de ses métaphores, son goût du détail et de la précision expriment de façon quasi religieuse la complexité de la vie et de la nature. Reconnue dès les années 1950, son œuvre a été couronnée de nombreux prix : *17 Poèmes*, 1974 ; *Baltiques*, 1974 ; *Les souvenirs m'observent* (autobiographie), 1993 ; *La Grande Énigme-45 Haïkus*, 2003.

**TRANSVAAL** n. m. ➝ ÉTYM. «pays au-delà du Vaal*» ♦ Région de l'Afrique* du Sud, partagée depuis 1994 entre les prov. du Nord, de Mpumalanga, du Nord-Ouest et de Gauteng. → **Afrique du Sud** (carte). C'est la principale région minière (or, diamant, cuivre, fer, mica, amiante) et industrielle du pays. ▮ **Histoire** L'espace compris entre le Vaal et le Limpopo fut colonisé par les Boers venus du Cap en 1838, puis par les colons venus du Natal (1843). La Constitution de 1844 donnait au pays une structure très lâche ; peu nombreux, les Boers du Transvaal n'inquiétaient guère les Britanniques, qui leur accordèrent l'indépendance en 1852. Le Transvaal ne parvint pas à s'unir à l'Orange ; la politique économique et fiscale plus moderne du président Burgers* (1872) fut freinée par l'opposition de la population boer, et le pays ne parvenait pas à écarter la menace des Zoulous. Profitant de ces difficultés, la Grande-Bretagne, désireuse de promouvoir une fédération africaine, intervint au Transvaal pour y rétablir l'équilibre financier et proclama l'annexion en 1877. Trois ans plus tard, les Boers, dirigés par Kruger*, se soulevèrent et ce fut le début de la guerre. → **Afrique du Sud.**

**Transvaal.** Coulée d'or en fusion. *Phot. © Gilles Boutin/Explorer*

**TRANSYLVANIE** n. f. – en roumain ***Transilvania*** ou ***Ardeal***, en hongr. ***Erdély***, en all. ***Siebenbürgen*** ♦ Région historique et géographique de la Roumanie centrale, limitée au N. par la région de Maramureş, à l'E. par les Carpates orientales, au S. par les Carpates méridionales (Alpes de Transylvanie) et à l'O. par les monts Apuseni, correspondant au bassin transylvain proprement dit. ▪ La région, drainée par le

Mureş, l'Olt et le Someş, présente des montagnes, des collines couvertes de forêts et une plaine collinaire (alt. 400 - 500 m) fertile, vouée aux cultures céréalières, maraîchères et à la viticulture. L'élevage bovin et ovin est traditionnel. Le sous-sol est riche en gaz naturel (autour de Târgu Mureş) et en sel. Les montagnes recèlent des métaux divers (or, cuivre, plomb, fer), du marbre et du charbon (Petroşani). ▮ **Histoire** Elle fit partie de la Dacie* romaine, fut envahie par les Barbares et soumise par les Hongrois du XIe au XVIe s. Principauté indépendante de 1526 à 1691, la Transylvanie, alors en majorité protestante, se heurta aux Habsbourg catholiques d'Autriche qui la soumirent totalement en 1691. Dans le cadre de la double monarchie austro-hongroise (1867), elle fut sous administration hongroise jusqu'en 1918. Lors de l'effondrement de l'empire des Habsbourg, les Roumains de Transylvanie demandèrent leur rattachement à la Roumanie (1918) qui fut confirmé en 1947. En 1952, le gouvernement communiste roumain permit à la minorité hongroise de se constituer en région autonome, mais la nouvelle organisation administrative de 1968 la supprima. Depuis 1990, la minorité hongroise de Transylvanie a son propre parti ethnique, représenté au parlement roumain : l'Union démocratique des Magyars de Roumanie.

**TRANSYLVANIE (ALPES DE)** ♦ Nom donné (par E. de Martonne en 1908) à la partie méridionale de la chaîne des Carpates, séparant le bassin transylvain, au N., de la Valachie, au S. L'altitude y dépasse souvent 2 000 m (Negoiu, 2 535 m ; Paringu Mare, 2 519 m ; Peleaga, 2 509 m) et culmine au Moldoveanu (2 544 m), point le plus élevé de la Roumanie. Les Alpes de Transylvanie sont drainées par l'Argeş, la Ialomiţa, le Jiu, l'Olt.

**TRAORÉ (Moussa)** ♦ Général et homme politique malien (Kayes 1936). Lieutenant de l'armée française, il présida le Comité militaire de salut national (CMLN) qui renversa le président Modibo Keita* en 1968. Bénéficiant d'une réputation d'intégrité, il concentra peu à peu tous les pouvoirs et promulgua en 1974 la Constitution instituant un parti unique. Il bénéficia de l'attitude bienveillante des Occidentaux et du bloc socialiste, mais laissa son régime s'enfoncer dans la corruption. Il fut renversé par un coup d'État en 1991. Condamné à mort en 1993 puis en 1999 pour «crimes économiques», il fut gracié par le président Konaré en 2002. → **Mali.**

**TRAPANI** ♦ V. d'Italie, en Sicile, ch.-l. de prov., à l'extrémité de la côte occidentale, sur une presqu'île. 68 346 hab. Église Santa Maria del Gesù (XIVe s.) ; cathédrale baroque (XVIIe s.) ; couvent de l'Annonciation (XIVe - XVIIe s.) à chapelles Renaissance et campanile baroque ; musée Pepoli (peintures, sculptures, objets d'art). Le port, très actif, fait le commerce de denrées agricoles (blé, coton, vin de Marsala). Salines. Centre tertiaire, commercial et industriel. ▮ **Histoire** L'ancienne cité carthaginoise de *Drepanon* (en lat. *Drepanum*) fut cédée aux Romains après la bataille des Égates. La ville connut une grande prospérité sous la domination normande et fut la résidence des souverains aragonais.

**Trappe** (la) ♦ Appellation globale pour l'ordre des cisterciens réformés de la stricte observance (OCSO). L'abbaye bénédictine de Notre-Dame-de-la-Trappe, à Soligny près de Mortagne-au-Perche (Orne), fut fondée en 1140, rattachée à Cîteaux* (1147), réformée par Rancé* (1664) qui la soumit à une règle extrêmement austère, limitant les activités à la prière, à la liturgie et au travail manuel. Elle essaima, se scinda en une congrégation belge (1836) et deux françaises (1847) qui furent réunifiées en 1892. Outre la Grande Trappe, on peut citer Igny, Sept-Fons, Valsainte, Westmalle (Belgique).

**TRAPPES** [78190] → ÉTYM. de l'anc. fr. *trape* «embûche, piège» ou de *trappe*, n. des marches qui conduisaient à l'étang de Saint-Quentin ♦ Ch.-l. de cant. des Yvelines, arr. de Versailles. 28 812 hab. *(Trappistes)*. Élément de la ville nouvelle de Saint*-Quentin-en-Yvelines. Gare de triage. Indus. électronique. Construc. mécaniques et électriques. Laboratoire national d'essais. Centre technique de la Météorologie nationale.

**TRASIMÈNE** (lac) – en lat. ***Trasimenus lacus***, en it. ***Trasimeno*** ♦ Lac de l'Italie centrale (Ombrie*) 124 km². ▮ **Histoire** Lors de la deuxième guerre punique, Hannibal* y remporta sur les Romains commandés par Flaminius* Nepos une brillante victoire (-217). ▪ À l'époque contemporaine, le nom de *Trasimène* fut porté par un département de la première république romaine (1798 - 1799 ; CH.-L. : Pérouse) qui fut intégré à l'Empire français de 1809 à 1814 (CH.-L. : Spolète*).

**TRÁS-OS-MONTES** → ÉTYM. port. «au-delà des monts» ♦ Anc. province du N.-E. du Portugal, auj. incluse dans la région Nord. Elle comprend de hauts plateaux granitiques ou schisteux (terres froides) et la profonde vallée du Douro et de ses affl. (terres chaudes du Haut-Douro), site du vignoble de Porto, où le climat est continental (hivers rudes et étés très chauds). Enclavée, la région reste peu développée. Barrages hydroélectriques sur le Douro ; quelques mines de wolfram.

**TRAUNER (Alexandre)** ♦ Décorateur de cinéma français d'origine hongroise (Budapest 1906 - Omonville-la-Petite 1993). Élève de Lazare Meerson, il fit auprès de lui ses premières armes (*À nous la liberté*, *La Kermesse héroïque*). Il affirma son autonomie, à la veille de la Deuxième Guerre mondiale, avec Marcel Carné, qui lui confia l'édification des fameux complexes décoratifs d'*Hôtel du Nord* et du *Quai des brumes*. Cette collaboration culmina avec le Boulevard du Crime des *Enfants du paradis* et le métro Barbès des *Portes de la nuit*, modèles de stylisation réaliste. Sa carrière se poursuivit avec Orson Welles (*Othello*, 1952), Howard Hawks (*La Terre des pharaons*, 1955) et surtout Billy Wilder (huit films, dont *La Garçonnière*, 1960, qui lui valut un oscar) puis Bertrand Tavernier (*Autour de minuit*, 1986) et Luc Besson (*Subway*, 1985).

Les **Travailleurs de la mer** ♦ Roman de Victor Hugo* (1866) conçu comme une vaste épopée du travail humain dans laquelle «l'homme a affaire à l'obstacle [...] sous la forme élément». D'abord dramatique pour peindre la lutte du pêcheur solitaire Gilliat contre l'Océan, ce roman est également pathétique quand, au terme d'une tâche périlleuse («La Lutte contre la pieuvre géante») accomplie pour conquérir la jeune fille qu'il aime, le héros sacrifie et son bonheur et sa vie. Antithèse continuelle, cette œuvre offre des visions dramatiques («La Mort sur le récif») et des tableaux d'une grande richesse de coloris («La Grotte marine»).

**travailliste (Parti)** – en angl. ***Labour Party*** ♦ Fondé officiellement en 1906, le Parti travailliste existait en fait depuis la création, en 1893, de l'Independant Labour Party par Keir Hardie* qui voulait organiser une représentation ouvrière indépendante du parti libéral. L'Independant Labour Party se réunit aux groupes socialistes (→ **Fabian Society**) et aux Trade Unions en 1900 pour former le comité pour la représentation du travail (Labour Representation Committee), amorce de l'actuel Labour Party et dont le secrétaire fut J. R. MacDonald*. Mais ce furent les difficultés sociales et économiques de l'après-guerre qui lui assurèrent un succès spectaculaire tandis que, contrairement aux partis socialistes des autres pays, il restait en dehors de la IIIe Internationale (142 députés en 1922 ; 191 en 1923). Avec l'appui du parti libéral, J. R. MacDonald forma alors le premier gouvernement travailliste, qui fut de très courte durée (1924), mais revint au pouvoir en 1929. Le gouvernement travailliste ne résista pas à la crise économique de 1929, et MacDonald dut former un cabinet de coalition après le recul électoral de 1931. Malade, il démissionna en 1935, et les travaillistes ne retrouvèrent un rôle politique actif qu'après la Deuxième Guerre mondiale : au pouvoir de 1945 à 1951, ils réalisèrent alors avec C. Attlee* de profondes réformes (décolonisation, nationalisation, sécurité sociale). Avec H. Wilson*, le Labour Party revint au gouvernement en 1964 mais dut faire face à de nombreuses difficultés (dévaluation de la livre, refus de l'entrée de la Grande-Bretagne dans le Marché commun). Mis en échec par les conservateurs aux élections de 1970, il retrouva le pouvoir de 1974 à 1979 et en 1997. En 1976, H. Wilson fut remplacé par J. Callaghan* ; celui-ci démissionna en 1980, cédant la place à M. Foot (1980 - 1983) à qui succédèrent N. Kinnock (1983 - 1992), John Smith (1992 - 1994), Tony Blair* (1994 - 2007) et Gordon Brown*.

**travailliste d'Israël (Parti)** – en hébr. mod. ***Mifleget ha-Avoda ha-Yisraelit*** ♦ Parti politique israélien constitué en janv. 1968 par le regroupement des partis Mapaï*, Ahdout ha-Avoda et Rafi. Majoritaire jusqu'en 1977 à la Knesset*, et donc au gouvernement, mais aussi à la Histadrout*, il lutte pour «le rassemblement du peuple juif dans sa patrie nationale et la réalisation des aspirations sociales, pionnières et nationales d'Israël, dans l'esprit de l'héritage du judaïsme, des idéaux du sionisme socialiste et des valeurs du mouvement travailliste». Dirigé par Shimon Peres* à partir de 1977, le Parti travailliste participa à un gouvernement d'union nationale avec le Likoud de 1984 à 1990. Yitzhak Rabin* dirigea le parti de 1992 jusqu'à son assassinat (1995) puis Shimon Peres (1995), Ehud Barak* (1997) et à nouveau Shimon Peres (2001) qui s'allia au gouvernement Sharon (Likoud) de 2001 à oct. 2002. Amram Mitzna leur succéda jusqu'à la défaite électorale de janv. 2003 où il démissionna. Shimon Peres reprit la tête du parti et accepta à nouveau de participer au gouvernement Sharon de janv. à nov. 2005, date à laquelle il quitta le Parti travailliste. Amir Peretz, dirigeant du syndicat Histadrout, puis E. Barak en 2007, lui succédèrent. Les travaillistes firent partie de la coalition d'E. Olmert (2006 - 2009) puis de celle de B. Nétanyahou (2009-). → **Israël.**

**TRAVANCORE** ♦ Ancien État indien du Kerala*, dans le S. de la côte de Malabar. CAP. : Trivandrum.

Les **Travaux et les Jours** ♦ Poème didactique d'Hésiode* (826 vers). Le mythe de Prométhée* et de Pandore*, interprété comme péché originel et condamnation, y fonde la loi du travail. Le mythe de la succession des cinq races d'or, d'argent, d'airain, des héros, de fer, est une généalogie des hommes et l'histoire de leur déchéance, où s'affrontent constamment la justice *(dikê)* et la démesure *(hybris)*, cause de tous les maux de l'humanité. Suivent des préceptes utilitaires sur l'économie domestique, sur les travaux des champs, sur le commerce et la navigation, des sentences sur les devoirs de l'individu et un calendrier des jours propices aux différents ouvrages.

**TRAVEMÜNDE** ♦ V. d'Allemagne (Schleswig-Holstein), près de Lübeck, à l'embouchure de la Trave. 13 700 hab. Station balnéaire et port de voyageurs sur la Baltique, liaisons par transbordeurs avec la Scandinavie.

La **Traviata** ♦ Opéra en 3 actes de Verdi* sur un livret de Fr. M. Piave, inspiré par *La Dame* aux camélias* de A. Dumas* fils (1853).

Marguerite Gautier y devient Violetta Valéry et Armand Duval Alfredo Germont. L'action se situe au XVIIIe s., mais l'intrigue du drame de A. Dumas n'a pas été changée. L'accent est mis sur l'amour et non plus sur le thème de la réhabilitation. La musique atteint une très haute expression dramatique. Les airs les plus connus sont les duos d'Alfredo et de Violetta et la romance de Violetta.

**TRAVNIK** ♦ V. de Bosnie-Herzégovine. 17 200 hab. Cap. de la Bosnie de 1680 à 1850. Forteresse du XVe s. Mosquées du XVIIIe s.

**TRAWSFYNYDD** ♦ Centrale nucléaire du pays de Galles, au N. d'Aberystwyth.

**TRÈBES** [11800] ♦ Comm. de l'Aude, arr. de Carcassonne, sur la rive g. de l'Aude. 5 495 hab. *(Trébéens)*. Trèbes est reliée à Orbiel par un pont-aqueduc, sur le canal du Midi.

**TRÉBEURDEN** [-dɛ̃] [22560] ➝ ÉTYM. du vx bret. *treb* «village» et saint *Preden* ♦ Comm. des Côtes-d'Armor, arr. de Lannion, sur la côte du Trégorrois. 3 451 hab. *(Trébeurdinais)*. Station balnéaire.

**TRÉBIE** n. f. – en it. ***Trebbia*** ♦ Riv. italienne (115 km), affl. (rive d.) du Pô*. Née dans l'Apennin, elle arrose l'Émilie et rejoint le Pô en aval de Plaisance. ▮ **Histoire** Lors de la deuxième guerre punique, Hannibal* y vainquit Sempronius* (–218). En juin 1799, l'armée française commandée par Macdonald* y résista trois jours à l'armée russe de Souvorov*, avant de battre en retraite.

**TRÉBIZONDE** → **Trabzon**

**TREBLINKA** ♦ Camp d'extermination nazi, situé en Pologne, voïvodie de Mazovie, à 80 km de Varsovie, où périrent, en 1942 et 1943, env. 800 000 Juifs.

**TŘEBOŇ (MAÎTRE DE)** ♦ Peintre tchèque du XIVe s. On ne sait rien de la vie et de la carrière de cet artiste qui doit son nom au retable de la *Passion du Christ* qu'il exécuta pour le couvent des augustins de Třebon (vers 1380). Les trois panneaux qui ont été conservés *(Le Christ au jardin des Oliviers, La Mise au tombeau, La Résurrection)*, où le peintre, alliant la gravité d'expression à la délicatesse du modelé, représente la nature avec un réalisme rare à l'époque, sont de véritables chefs-d'œuvre de la peinture gothique*.

**TRÉBOUL** ♦ Station balnéaire du Finistère (comm. de Douarnenez*). Centre de nautisme. Port de pêche et de plaisance. Thalassothérapie.

**TREDIAKOVSKI (Vassili Kirillovitch)** ♦ Linguiste et poète russe (Astrakhan 1703 - Saint-Pétersbourg 1769). Il a réformé la versification sous Pierre le Grand par sa *Nouvelle et Brève Méthode pour composer les vers russes*. Avec lui, le vers devient tonisyllabique.

**TRÉFOUËL (Jacques)** ♦ Chimiste français (Le Raincy 1897 - Paris 1977). Il fut directeur de l'Institut Pasteur de Paris (1940 - 1964). Auteur de travaux sur la chimiothérapie, il étudia les sulfamides et fut à l'origine de la découverte de nombreux corps bactériostatiques. [Acad. sc. 1947]

**TRÉGASTEL** [22730] ➝ ÉTYM. vx bret. «village *(treb)* du château *(kastell)*» ♦ Comm. des Côtes-d'Armor, arr. de Lannion, dans le Trégorrois. 2 234 hab. *(Trégastellois)*. Église (XIIe - XIIIe s.) ; ossuaire du XVIIe s. ▪ Station balnéaire à Trégastel-Plage. La côte est bordée par un chaos de rocs de granit rose ; récifs et îlots se dressant dans la mer.

**TRÉGORROIS** ou **TRÉGOR** n. m. ➝ ÉTYM. → Tréguier ♦ Région de Bretagne (Côtes-d'Armor et Finistère), située entre la baie de Saint-Brieuc et la baie de Morlaix, dont la côte est très découpée. C'est un plateau cristallin (alt. 100 - 150 m) voué à la culture (céréales, primeurs, pommes de terre). Tourisme estival ; navigation de plaisance.

**TRÉGUEUX** [22950] ➝ ÉTYM. du vx bret. *treb* «village» et saint *Ké* ou saint *Quay* ♦ Comm. des Côtes-d'Armor, banlieue S.-E. de Saint-Brieuc. 6 581 hab.

**TRÉGUIER** [22220] ➝ ÉTYM. en vx bret. *Trec(h)or, Trecher*, du celt. *tri* «trois» et *corio* «troupe» ♦ Ch.-l. de cant. des Côtes-d'Armor, arr. de Lannion, dans le Trégorrois, sur l'estuaire de Jaudy *(rivière de Tréguier)*. 2 679 hab. (aggl. 5 536) *(Trégorrois* ou *Trécorrois)*. La cathédrale Saint-Tugdual (XIVe - XVe s.) est l'une des plus belles de Bretagne, de style gothique rayonnant. Cloître du XVe s. Maison natale de E. Renan* (musée).

**TRÉGUNC** [29910] ➝ ÉTYM. en bret. *Tregon*, de *tre* «au-delà» et *konk* «anse, baie» ♦ Comm. du Finistère, arr. de Quimper. 6 354 hab.

**TREIGNAC** [19260] ➝ ÉTYM. du lat. *Traianus*, n. de pers., et suff. *-acum* ♦ Ch.-l. de cant. de la Corrèze, arr. de Tulle, au pied du massif des Monédières, au-dessus de la Vézère. 1 415 hab. *(Treignacois)*. Maisons anc. (tourelles et portails sculptés). Pont du XVe s. ▪ Barrage et centrale hydroélectrique.

**TREILHARD (Jean-Baptiste)** ♦ Homme politique français (Brive-la-Gaillarde 1742 - Paris 1810). Avocat au Parlement de Paris, député à l'Assemblée constituante, il participa à la rédaction de la Constitution civile du clergé. Réélu à la Convention (1792), montagnard, il fit partie du premier Comité de salut public (avr. 1793). Plénipotentiaire au congrès de Rastadt (1797 - 1799), il fut membre du Directoire (1798 - 1799), puis conseiller d'État après le 18 Brumaire et prit part à la rédaction du Code* civil. Sénateur, comte d'Empire, il fut nommé ministre d'État en 1809. Son corps repose au Panthéon.

**TREILLIÈRES** [44119] ➝ ÉTYM. du lat. *trichila* «tonnelle» ♦ Comm. de la Loire-Atlantique, arr. de Nantes. 6 032 hab.

**TREITSCHKE (Heinrich VON)** ♦ Historien allemand (Dresde 1834 - Berlin 1896). *Que réclamons-nous de la France ? L'Alsace*, écrivait-il en 1870, soutenant par là la politique de Bismarck tout en affirmant son pangermanisme et son hostilité à la France ainsi qu'à l'Autriche. Historiographe de la Prusse, il écrivit une importante *Histoire de l'Allemagne au XIXe siècle* (1879 - 1894).

**Trek (le Grand)** ➝ ÉTYM. néerl. «migration» ♦ Migration des fermiers boers (1834 - 1838) à la suite notamment de l'abolition de l'esclavage en 1834 par les Britanniques dans la colonie du Cap. Ils s'établirent dans le Natal, l'Orange et le Transvaal. → **Afrique du Sud.**

**TRÉLAZÉ** [49800] ➝ ÉTYM. probablt du lat. *°Trellasius*, n. de pers., et suff. *-acum* ♦ Comm. du Maine-et-Loire, banlieue S.-E. d'Angers. 11 025 hab. *(Trélazéens)*. Musée de l'ardoise. ▪ Ardoisières exploitées depuis le XIIe s.

**TRÉLISSAC** [24750] ➝ ÉTYM. du lat. *°Trellicius*, n. de pers., et suff. *-acum* ♦ Comm. de la Dordogne, banlieue E. de Périgueux, sur l'Isle. 6 422 hab.

**TREMADOC** (baie de) ♦ Baie du N.-O. du pays de Galles, formant l'extrémité N. de la baie de Cardigan*. Littoral touristique et balnéaire.

**TREMBECKI (Stanisław)** ♦ Poète polonais (région de Cracovie 1739 - Tulczyn, Podolie 1812). Après des études à l'académie de Cracovie, il voyagea à Paris et fréquenta le salon de Mme Geoffrin ; il put y rencontrer Voltaire, Diderot et Holbach. Libre penseur, partisan du despotisme éclairé, il devint le favori du roi Stanislas Auguste. Il écrivit une *Ode sur le déclin des Jésuites*, satire contre le pape Clément XIV. L'*Ode qui n'est pas publiable* ridiculisait le fanatisme religieux, la superstition et les préjugés. *Le Jour de saint François* (1784) constituait une vive polémique contre l'idéologie catholique. Son poème majeur fut *Zofiówka* (1806) où il exposa ses idées humanistes et matérialistes, à l'occasion d'une description des allées et des statues d'un parc.

**TREMBLADE (LA)** [17390] ➝ ÉTYM. de l'occit. *tremolada* «lieu planté de trembles» ♦ Ch.-l. de cant. de la Charente-Maritime, arr. de Rochefort. 4 667 hab. (aggl. 9 141) *(Trembladais)*. Centre ostréicole (huîtres de Marennes). Marais salants.

**TREMBLAY (Gilles)** ♦ Compositeur canadien (Arvida, Québec 1932). Élève de Messiaen, il enseigna au conservatoire de Montréal (1962 - 1966), séjourna plusieurs mois à Bali (1972), et sonorisa le pavillon du Québec à l'Exposition universelle de Montréal (1967). Il manifeste dans ses œuvres une prédilection pour les vents et la percussion Œuv. princ. : *Fleuves* pour orchestre (1976), *Vêpres de la Vierge* pour soprano, chœur mixte et 13 instruments (1986), *Katadrone* pour orchestre (1988).

**TREMBLAY (Michel)** ♦ Écrivain canadien d'expression française (Montréal 1942). Son œuvre d'auteur dramatique a totalement renouvelé le théâtre québécois. Bien qu'il ait commencé à dix-sept ans avec *Le Train*, c'est la création en 1968 des *Belles-Sœurs*, par son metteur en scène attitré André Brassard, qui l'a vraiment imposé. Son théâtre est souvent jugé réaliste, à cause de son parler populaire montréalais (le «joual»), du caractère local de ses références et du rôle important qu'y tient la famille, même s'il met en scène un monde peuplé de gens non-intégrés. Pourtant de nombreux procédés, accentués dans des pièces ultérieures comme *Albertine, en cinq temps* (1984), mettent en abyme la réalité. Les six volets de sa *Chronique du Plateau Mont-Royal*, la tranche la plus marquante de sa production romanesque, s'appliquent avec humour et fantaisie à décrire le quartier où il a grandi. Un aspect moins connu de son écriture est le roman intimiste *(Le Cœur découvert*, 1986, suivi du *Cœur éclaté*, 1993, et *Quarante-quatre minutes, quarante-quatre secondes*, 1997).

**TREMBLAY-EN-FRANCE,** jusqu'en 1989 ***Tremblay-lès-Gonesse*** [93290] ➝ ÉTYM. de la langue d'oïl *trembloi* «lieu planté de trembles» ♦ Ch.-l. de cant. de la Seine-Saint-Denis, arr. du Raincy, au N. de Paris, près de Roissy-en-France. 33 885 hab. *(Tremblaysiens)*. Église Saint-Denis, en partie du XVIe s. ▪ Comm. résidentielle.

**TREMBLEY (Abraham)** ♦ Naturaliste suisse (Genève 1710 - *id.* 1784). Il pratiqua de nombreuses expériences très délicates sur l'hydre d'eau douce dont il montra les caractéristiques à la fois végétales et animales (*Mémoires pour servir à l'histoire de polypes d'eau douce à bras en forme de cornes*, 1774).

**TRÉMENTINES** [49340] ➝ ÉTYM. du lat. *Trementius*, n. de pers. gallo-rom. (de *tremere* «trembler»), et suff. *-ina* ou de la langue d'oïl *tormentine* «tormentille» ♦ Comm. du Maine-et-Loire, arr. de Cholet. 2 817 hab. Horlogerie.

**TRENDELENBURG (Friedrich)** ♦ Chirurgien allemand (Berlin 1844 - *id.* 1924). Il réalisa en 1908 l'opération consistant à ouvrir l'artère pulmonaire afin d'extraire les caillots qui l'obstruent dans les risques d'embolie grave *(opération de Trendelenburg)*.

**TRENET (Charles)** ♦ Auteur, compositeur et chanteur français (Narbonne 1913 - Créteil 2001). Fils de la terre catalane, il a rendu la chanson française à la poésie, à travers plus de 500 œuvres dont la fraîcheur d'inspiration, l'humour et l'invention mélodique ont fait le succès. Marqué par l'influence de Max Jacob, de Jean Cocteau et des surréalistes, son univers poétique, riche de fantaisie et de liberté, est une célébration de la joie de vivre *(Je chante, Y'a d'la joie, Fleur bleue, Boum, La vie qui va)* et du mystère que dissimulent les apparences *(Une noix)*. Cette familiarité avec l'invisible, souvent cocasse *(Mam'zelle Clio)*, parfois troublante *(La Folle Complainte, Papa pique et maman coud)*, se conjugue avec la mélancolie du temps qui passe *(Coin de rue, Mes jeunes années, Fidèle, Que reste-t-il de nos amours ?)*. Enfin, Charles Trenet a célébré, dans son œuvre la plus populaire, *La Mer*. [Acad. des bx-arts 1999] ◂ ÉTYM. *Trenet* est le diminutif de l'ancien français *train* «traîneau, charrette [conducteur de traîneau]» ou vient de *Trainel*, nom de commune dans l'Aube.

**TRENT** n. f. ♦ Riv. d'Angleterre (270 km). Elle irrigue les Midlands, traverse Burton, Stoke-on-Trent, Nottingham et se jette dans la Humber. Risques de pollution industrielle importante.

**Trente** (les) ou **LES TRENTE TYRANS** ♦ Nom donné au gouvernement oligarchique imposé par les Spartiates à Athènes* après sa capitulation à l'issue de la guerre du Péloponnèse* (-404). Ce conseil de trente magistrats exerça une tyrannie odieuse. Les démocrates les plus en vue furent exécutés ou exilés sans jugement, les pleins droits de citoyen furent réservés à 3 000 riches. Les plus célèbres des Trente sont Critias*, représentant la tendance la plus dure, et Théramène*, finalement accusé par le premier de trahison et mis à mort. Les Trente furent renversés au bout de huit mois par la révolution démocratique menée par Thrasybule* et Anytos*. ♦ ***Les Trente Tyrans*** Nom donné aux généraux romains qui se proclamèrent empereurs dans les diverses provinces de l'empire, de 253 à 270, sous les règnes de Valérien*, Gallien*, Claude* II le Gothique et Aurélien*.

**Trente** (combat des) ♦ Combat singulier lors de la guerre de Succession* de Bretagne qui opposa trente Français, partisans de Charles de Blois, et trente Anglais, partisans de Jean* IV (1351). Les Français furent vainqueurs. Ce combat inspira un récit à Froissart.

**TRENTE** ◂ ÉTYM. en it. *Trento* ; en lat. *Tridentum* «trois *(tres)* dents [montagnes] *(dentes)*» ♦ V. d'Italie, cap. du Trentin-Haut-Adige et ch.-l. de prov., sur l'Adige*. 104 946 hab. (*Trentins* ou *Tridentins*). La ville, située dans un cirque de montagnes, est une importante voie de passage vers les Dolomites, la Brenta, le lac de Garde. Elle possède d'intéressants monuments : vestiges de l'enceinte de Théodoric, cathédrale romano-lombarde (XIIIe s.), église Sainte-Marie-Majeure (XVIe s.). Château de Bon-Conseil, anc. résidence des princes-évêques (XIIIe - XVIe s.), abritant le musée national du Trentin (fresques, peintures, meubles et objets d'art). ▪ Indus. textile (coton, laine). Tourisme. ▮ **Histoire** Anc. *Tridentum*, elle devint romaine en –222. Au XIe s., elle fut une ville libre et impériale gouvernée par les princes-évêques de Trente. En 1805, elle passa à la Bavière puis fut le chef-lieu du département français du Haut-Adige (1809 - 1814). Elle passa à l'Italie en 1918.

**Trente** (concile de) ♦ 19e concile œcuménique, convoqué par le pape Paul III à la demande de Charles Quint, pour faire face aux progrès de la Réforme protestante. L'assemblée se réunit en trois périodes : 1545 - 1549, 1551 - 1552, 1562 - 1563. Tous les points fondamentaux de la doctrine catholique furent examinés ; la plupart des institutions ecclésiastiques furent révisées. → **Contre-Réforme.**

**Trente Ans** (guerre de) ♦ Conflit politique et religieux qui déchira l'Allemagne de 1618 à 1648. Né de l'antagonisme qui opposait les princes allemands protestants (qui avaient formé, avec certaines villes impériales, l'Union évangélique en 1608) à l'autorité impériale catholique, il prit une ampleur européenne du fait de l'intervention des grandes puissances étrangères. Les chefs mercenaires, qui menèrent cette guerre avec des troupes indisciplinées, lui donnèrent un caractère particulièrement cruel et dévastateur pour l'Allemagne. Les hostilités furent déclenchées par la Défenestration* de Prague. L'avènement de Ferdinand* II, dont l'intransigeance religieuse et l'ambition politique étaient connues, ne fit qu'aggraver les choses. La Bohême se révolta, le déposa pour nommer à sa place l'électeur palatin Frédéric* V. Celui-ci fut battu à la Montagne* Blanche (1620) par les forces de la Sainte-Ligue, catholique, commandées par Tilly* et Maximilien* de Bavière, et il dut se réfugier dans les Provinces-Unies. Christian* IV de Danemark, qui avait pris sa relève à la tête des protestants, fut battu à son tour et contraint à la paix de Lübeck* (1629). Mais l'empereur profita de sa victoire pour imposer une répression sévère dont les excès entraînèrent l'intervention de Gustave* Adolphe de Suède (poussé par la France inquiète de la puissance des Habsbourg). Ses succès (Breitenfeld, 1631, le Lech*, 1632) ne furent arrêtés que par sa mort à Lützen* (1632). Les Impériaux prirent leur revanche sur les Suédois à Nördlingen* (1634). Richelieu intervint alors directement en déclarant la guerre à l'Espagne. Après avoir subi une série de revers malgré l'action de Bernard* de Saxe-Weimar, la France rétablit sa situation (victoire du duc d'Enghien* à Rocroi*, 1643 ; de Turenne* à Fribourg et à Nördlingen*, 1645), tandis que la Suède s'emparait de Prague. L'empereur était acculé à la paix et les négociations furent engagées dès 1644. Les traités de Westphalie* consacrèrent l'affaiblissement du pouvoir impérial et le morcellement de l'Allemagne. Les grands bénéficiaires étaient la France et la Suède, les Provinces-Unies et la Suisse ainsi que l'électorat de Brandebourg qui commençait son ascension.

**Trente Camarades** ♦ Groupe de jeunes Birmans qui, à l'initiative d'Aung* San, allèrent au Japon et à Taiwan préparer l'indépendance de la Birmanie (1941). Ils formèrent et encadrèrent l'Armée d'indépendance birmane, soutenue par les Japonais. Ce soutien se mua bientôt en occupation, et, bien que proclamée en 1943, l'indépendance officielle du pays n'intervint qu'en 1948.

**TRENTIN-HAUT-ADIGE** n. m. – en it. ***Trentino-Alto Adige*** ◂ ÉTYM. du n. de la v. de *Trente** et de *Adige** ♦ Région d'Italie. → **Italie** (carte). 13 613 km². 940 016 hab., dont une maj. de langue allemande dans la prov. de Bolzano*. CH.-L. : Trente. Elle comprend les provinces de Trente et de Bolzano. ▮ **Géographie** La région est entièrement montagneuse. La vallée de l'Adige, ou *val Lagerina*, constitue l'axe de la région, de part et d'autre de laquelle s'articulent de hauts massifs. Au N., les Alpes Tridentines ou Tyrol méridional s'étendent du col de la Resia (1 507 m) au Brenner. À l'O., l'Ortler (3 905 m) est suivi par l'Adamello (3 539 m). À l'E. de l'Adige s'étend la masse des Dolomites. La montagne est le domaine des forêts et de l'élevage bovin ainsi que du tourisme d'hiver (Bressanone, Bolzano, Cortina d'Ampezzo). Les vallées (Adige, Noce, Sarco) ont été aménagées pour fournir un important potentiel électrique ; celle de l'Adige se consacre aux cultures fruitières et à la viticulture. La métallurgie s'est développée grâce à l'énergie électrique (Mori, Bolzano). Les industries électriques, mécaniques, textiles et alimentaires se localisent à Trente, Bolzano et Merano. ▮ **Histoire** La région, qui correspond à la Vénétie* Tridentine, est formée par l'ancien département français du Haut-Adige (1805) et appartint au XIXe s. à l'Autriche. Elle fut rattachée à l'Italie en 1919 (traité de Saint-Germain-en-Laye). L'existence de populations de langue allemande crée une situation de tension entre l'Italie et l'Autriche. Un accord de 1946, inclus dans le traité de Paris de 1947, garantit à ces populations (Tyroliens du Sud) l'égalité de droits et la liberté culturelle ; mais les Tyroliens du Sud, mécontents de l'application de ces textes, revendiquent l'autonomie.

**TRENTON** ◂ ÉTYM. de *Trent's town* «la ville de (William) Trent (homme d'affaires qui fonda la v. au XVIIIe s.)» ♦ V. des États-Unis, cap. du New Jersey, sur la Delaware, dans la métropole de Philadelphie-Wilmington. 85 403 hab. Outre les industries traditionnelles (porcelaine, notamment), la présence des aciéries de Morrisville, sur l'autre rive de la Delaware (Pennsylvanie), a suscité de nombreuses entreprises. Tête de navigation sur la Delaware (canal New York-Trenton). ▮ **Histoire** Washington y remporta une victoire sur les Britanniques (1776).

**TRÉPASSÉS** (baie des) ◂ ÉTYM. son n. viendrait de la coutume suivant laquelle les corps des druides étaient transportés de cette baie pour être inhumés dans l'île de Sein ♦ Baie de la côte du Finistère, située entre la pointe du Raz et la pointe de Van.

**TRÉPORT (LE)** [76470] ◂ ÉTYM. «le port qui se trouve de l'autre côté», du lat. *trans* «au-delà de» et *portus* «port» ♦ Comm. de la Seine-Maritime, arr. de Dieppe, à l'embouchure de la Bresle, sur la Manche. 5 900 hab. *(Tréportais)*. Port de pêche et de cabotage. Station balnéaire.

Le **Trésor d'Arne** – en suéd. ***Herr Arnes pengar*** ♦ Film suédois de Mauritz Stiller* (1919), d'après un roman de Selma Lagerlöf*. Au XVIe s., des soldats écossais dérobent un trésor à un fermier du Danemark. Ils sont poursuivis à travers forêts et villages et finalement capturés. Une servante amoureuse de l'un d'eux trouve la mort dans l'aventure. Ce mélodrame sur fond historique voit l'éclatante confirmation du talent de Stiller. S'il n'atteignit pas à la plénitude épique de *La Légende de Gösta Berling* (1924), il n'affirma pas moins la suprématie de l'école suédoise. On en retiendra surtout les grandes scènes d'extérieurs, d'un lyrisme intense et contrôlé.

Le **Trésor de la sierra Madre** – en angl. ***The Treasure of Sierra Madre*** ♦ Film américain de John Huston* (1948). Trois aventuriers exploitent un riche filon aurifère dans les montagnes du Mexique. La fièvre de l'or leur monte à la tête et voue leur effort à l'échec. Huston et Humphrey Bogart* sont rejoints ici par le père du cinéaste, l'acteur Walter Huston, auquel sa savoureuse prestation de vieux prospecteur vaudra un oscar du meilleur second rôle. Tiré d'un roman du mystérieux B. Traven (Traven Torsvan, alias Ret Marut), *Le Trésor de la sierra Madre* s'impose comme un grand classique du film d'aventures.

**TRESSES** [33370] ◂ ÉTYM. du gaul. *Triccius*, n. de pers. ♦ Comm. de la Gironde, banlieue E. de Bordeaux. 3 592 hab.

**TRETS** [13530] ◂ ÉTYM. → Trans*-en-Provence ♦ Ch.-l. de cant. des Bouches-du-Rhône, arr. d'Aix-en-Provence, près de l'Arc. 9 312 hab. (aggl. 12 093 hab.).

**TRÈVES** – en all. ***Trier*** ◂ ÉTYM. du n. des *Trévires** ♦ V. d'Allemagne (Rhénanie-Palatinat), sur la rive d. de la Moselle, au pied du Hunsrück, à 10 km du Luxembourg et à 50 km de la France. 97 200 hab. Ch.-l. de régence. L'une des plus vieilles cités allemandes, Trèves a conservé de son passé romain de nombreux vestiges, dont la *Porta nigra* (–IVe s.), des thermes impériaux (IVe s.), une basilique et un amphithéâtre. La ville est très riche en monuments médiévaux, rassemblés autour de la pittoresque place du Marché *(Hauptmarkt)*, notamment la cathédrale (IVe - XIIIe s.) et des églises (Saint-Mathias, XIIe s. ; Saint-Gandolfe, XVIe s. ; Saint-Paulin, XVIIIe s.). ▪ Important centre commercial (marché des vins de la Moselle). Mécanique légère, tanneries et industrie alimentaire (brasseries, manufactures de tabac). ▮ **Histoire** Peuplée par la tribu celtibère des *Trévires**, la ville, soumise par César vers –56, reçut d'Auguste le nom d'*Augusta Treverorum* (–16), acquit une rapide expansion et devint la capitale de la Belgique Ire, puis, au IVe s., de tout le diocèse des Gaules, une résidence impériale (de Constance Chlore, de Constantin, de Valentinien, de Gratien) et l'une des quatre capitales de l'Empire romain. Au Ve s., Trèves connut les invasions des Barbares (406) et des Francs (460). Rattachée à la Lotharingie (843), puis à l'empire allemand, elle devint le siège d'un électorat (870) gouverné par un archevêque-électeur (dont le plus représentatif fut, au XIIIe s., Baudouin de Luxembourg). En 1794, Trèves devint le chef-lieu du département français de la Sarre, puis fut rattachée à la Prusse en 1815. Elle fut occupée par les Français de 1918 à 1930 et de 1945 à 1955.

**Trevi** (fontaine de) ♦ Fontaine monumentale de Rome. → **Salvi (Niccolò)**.

**TRÉVIRES** n. m. pl. ➝ **ÉTYM.** en lat. ***Treveri***, celt. «les passeurs» (→ aussi Trèves) ♦ Peuple de la Gaule belgique établi dans la vallée inférieure de la Moselle et dont la capitale était *Augusta Treverorum* (Trèves*). En –70, les Trévires participèrent à la révolte de Civilis* ; après la conquête romaine, *Augusta Treverorum* devint la capitale de la Belgique Ire, puis de tout le diocèse des Gaules, et fut une des résidences des empereurs au IVe s. (→ **Trèves**).

**TRÉVISE** – en it. ***Treviso*** ♦ V. d'Italie, en Vénétie, ch.-l. de prov., sur le Sile. 80 144 hab. *(Trévisans)*. Remparts des XVe - XVIe s. entourant la vieille ville et ses monuments : palais de la Piazza dei Signori (XIIIe s. et Renaissance) ; anc. Mont-de-Piété ; églises San Vito (XIIe s.) ; Santa Lucia (XIVe s.), ornée de fresques de Tommaso da Modena ; Saint-Nicolas (XIIIe - XIVe s.) contenant fresques et portraits (par L. Lotto, Savoldo) ; cathédrale des XVe - XVIe s. (fresques du Pordenone, retable de Titien). Musée municipal (peintures de l'école vénitienne). ▪ Aux environs, à Maser, villa Barbaro par Palladio (1560), ornée de fresques par Véronèse (1566 - 1568). ▪ Céramiques. Travail du verre. ▮ **Histoire** *Tarvisium* fut un municipe romain. La ville se donna à Venise en 1339. Elle fut prise par la France en 1797 et fut, de 1805 à 1814, le chef-lieu du département du Tagliamento. Elle appartint de nouveau à l'Autriche et fut rendue à l'Italie en 1866.

**TREVITHICK (Richard)** ♦ Ingénieur britannique (Illogan, Cornouailles 1771 - Dartford, Kent 1833). Réalisateur de la première locomotive à haute pression (1803), il imagina en 1808 le tirage forcé par échappement de vapeur dans la cheminée.

**TRÉVOUX** [01600] ➝ **ÉTYM.** du lat. *trifurcium* «carrefour de trois voies» ♦ Ch.-l. de cant. de l'Ain, arr. de Bourg-en-Bresse, sur la Saône. 6 392 hab. *(Trévoltiens)*. Ruines d'un château médiéval. Palais du Parlement du XVIIe s. (peintures de P. P. Sevin). Maisons anc. ▪ Indus. diversifiées. ▮ **Histoire** D'origine gallo-romaine, la ville devint la capitale de la principauté de Dombes* en 1424. Elle fut le siège d'un parlement de 1676 à 1771. En 1603, une imprimerie y fut fondée : les jésuites y publièrent, à partir de 1701, le *Journal de Trévoux* puis (1704) le *Dictionnaire de Trévoux* qui combattaient avec vigueur l'*Encyclopédie* de Diderot et l'hérésie janséniste.

**TRÉZEL (Camille)** ♦ Général français (Paris 1780 - *id.* 1860). Géographe de formation, il accompagna le général Gardane en Perse (1807). Général en 1825, il participa à l'expédition de Morée (1828), puis à celle d'Algérie, où, après avoir remporté la victoire de Bougie (sept. 1833), il remplaça Desmichels, mais fut battu par Abd el-Kader à la Macta (1835). De retour en France, il fut fait pair (1846) et devint ministre de la Guerre (1847 - 1848). ➝ **ÉTYM.** Ce nom vient de l'ancien français *trezel* «fraction de l'once» ou désigne un sorte de tonneau.

**TRÉZÈNE** – en gr. ***Troizên*** ♦ Anc. ville de Grèce dans l'Argolide (Péloponnèse). Habitée par des Ioniens, elle était étroitement liée à Athènes par des cultes et des traditions communs. Occupée par les Doriens au –XIIe s., Trézène participa à la colonisation dorienne de Carie, où elle fonda Halicarnasse*. Pendant la campagne de Xerxès et l'évacuation d'Athènes, elle donna asile aux femmes et aux enfants des Athéniens, mais dans la guerre du Péloponnèse elle se tint aux côtés de Sparte par haine d'Argos. Au Moyen Âge, Trézène fut le siège d'une baronnie franque. ▪ Ruines près de l'actuel village de *Damala*.

**TRÍ (François)** → **Hàn Mặc Tử**

**TRIAL (Jean-Claude)** ♦ Compositeur français (Avignon 1732 - Paris 1771). Il fut à Paris l'élève de Rameau. Violoniste renommé, il devint directeur de l'Académie royale de musique avec P. Berton. Il écrivit des œuvres pour orchestre, des cantates, des opéras (*Sylvie*, avec Berton, 1765 ; *Ésope à Cythère*, 1766 ; *La Fête de Flore*, 1770) et la musique de scène de *La Chercheuse d'esprit* de Favart (1741).

**TRIAL (Antoine)** ♦ Chanteur français (Avignon 1736 - Paris 1795), frère de Jean-Claude Trial*. Ténor à la voix fluette, il compensait cette faiblesse par un jeu spirituel, notamment dans les rôles comiques. Son nom désigne encore un chanteur comique à voix faible.

**Trianon** n. m. ♦ Nom de deux châteaux construits dans le parc du château de Versailles*. Le *Grand Trianon*, construit en 1670, fut remplacé par le *Trianon de marbre*, construit par Mansart en 1687. Le *Petit Trianon* fut construit par Gabriel (1762 - 1768).

**Trianon** (traité de) ♦ Traité signé le 4 juin 1920, par lequel les puissances victorieuses fixaient le sort de la Hongrie. Celle-ci cédait des territoires à la Yougoslavie (Croatie, Slavonie), à la Roumanie (Transylvanie, banat de Timişoara), à la Tchécoslovaquie (Ruthénie, Slovaquie) ; elle réduisait son armée à 35 000 hommes. → **Guerre mondiale (Première), Paris (conférence de)**.

**TRIBONIEN** – en lat. ***Tribonianus*** ♦ Jurisconsulte byzantin (Side, Pamphylie - v. 546), principal conseiller juridique de Justinien* Ier. Il participa à la rédaction du *Code justinien* et présida la commission chargée de la composition du *Digeste* et des *Institutes**. Devenu impopulaire à cause de sa vénalité, il fut momentanément éloigné par Justinien après la sédition Nika (532), mais, rappelé, il reprit son poste de questeur du Palais-Sacré.

Le **Tricheur à l'as de carreau.**
Tableau de Georges de La Tour (1,06 x 1,46 m), v. 1635.
Musée du Louvre, Paris.
*BIS/Phot. H. Josse © Archives Larbor*

**TRIBOULET (Févrial** ou **Le Feurial,** dit) ♦ Bouffon français (Foix-lez-Blois v. 1479 - v. 1536). Fou de Louis XII et de François Ier, il eut la réputation d'être très spirituel. Victor Hugo l'a mis en scène dans *Le roi s'amuse.* ➝ ÉTYM. *Triboulet* vient du vieux français *triboler* «tourmenter».

**Tribunal pénal international (TPI)** ♦ Juridiction pénale internationale instaurée par le Conseil de sécurité de l'ONU, pour juger des crimes de guerre et des crimes contre l'humanité commis en ex-Yougoslavie (TPIY) et au Rwanda (TPIR), respectivement de 1993 à 2010 et en 1994. Le TPI en charge des procès des Khmers rouges, les CETC (Chambres extraordinaires au sein des tribunaux cambodgiens), doit juger les crimes d'atrocité commis entre avril 1975 et janvier 1979. Ayant pour précédent les procès de Nuremberg* (1945 - 1946) et de Tōkyō (1946 - 1948), le TPI marque le premier pas vers l'instauration d'une Cour criminelle internationale permanente chargée de juger les crimes de génocide, les crimes contre l'humanité et toute violation grave des lois et coutumes de la guerre (traité signé à Rome en 1998).

**Tribunal révolutionnaire de Paris** ♦ Tribunal d'exception institué le 10 mars 1793 par la Convention*, malgré l'opposition de la plupart des députés girondins (en particulier Vergniaud*) qui s'élevèrent contre cette menace de dictature. Créé sous la pression des sections parisiennes, après les défaites des armées révolutionnaires, ce tribunal, composé de douze jurés, de cinq juges choisis par la Convention, d'un accusateur public, devait juger tous ceux qui porteraient atteinte à «la liberté, l'égalité, l'unité, l'indivisibilité de la République, la sûreté intérieure et extérieure de l'État» ou fomenteraient des «complots tendant à rétablir la royauté»; ses jugements étaient exécutoires dans les vingt-quatre heures, sans appel ni cassation. Au début de la Terreur* (automne 1793), le personnel du Tribunal fut accru et son pouvoir étendu à la province ; avec la loi du 22 Prairial an II (10 juin 1794), l'instruction préliminaire était supprimée. Le Tribunal fut supprimé le 31 mai 1795 (12 Prairial an III).

**Tribunat** n. m. ♦ Assemblée instituée par la Constitution de l'an VIII. Composée de cent membres âgés au minimum de vingt-cinq ans, nommés pour une durée de cinq ans par le Sénat parmi les citoyens inscrits sur la liste des notabilités, elle était renouvelable tous les ans par cinquième. Le Tribunat se prononçait pour ou contre les projets de loi dont l'initiative revenait au Premier consul. Composé notamment d'idéologues, il devint une chambre d'opposition. Réduit en 1802, il fut supprimé en 1807.

**TRICASTIN** n. m. ➝ ÉTYM. de *Tricastini,* n. de peuplade gauloise ♦ Anc. pays du Dauphiné, dans la vallée du Rhône, couvrant auj. les cant. de Saint-Paul-Trois-Châteaux, de Pierrelatte (Drôme) et de Bollène (Vaucluse). ▪ Site du complexe nucléaire situé à proximité de Pierrelatte et sur lequel sont regroupés les centres de recherche du CEA et des établissements industriels de la Cogema, dont les activités sont liées au cycle du combustible nucléaire.

Le **Tricheur à l'as de carreau** ♦ Tableau de G. de La* Tour peint v. 1635. Le thème pictural du dupeur et du dupé, fréquent de *L'Escamoteur* de J. Bosch à *La Diseuse de bonne aventure* du même G. de La Tour, se double ici d'une intention morale, peut-être en relation avec la parabole du fils prodigue qui gaspille sa part d'héritage dans le vin, les femmes et le jeu. L'organisation savante du tableau, fondée sur le jeu des mains et des regards, sur les motifs récurrents des vêtements (plis, bandes verticales, plumes) et sur la distribution de la lumière qui accentue l'isolement du jeune homme à droite, l'autorité de l'exécution où n'apparaît aucun repentir, l'intensité dramatique de la scène et le rôle de voyeur fasciné conféré au spectateur par la composition même font considérer l'œuvre comme capitale. Elle est contemporaine des premières «nuits» peintes par G. de La Tour et est sans doute précédée de quelques années par *Le Tricheur à l'as de trèfle* (Fort Worth, Kirnbell Art Museum), composition similaire mais d'une exécution plus rapide.

**TRICHINOPOLY** ou **TRICHY** ➝ **Tiruchirapally**

Le **Tricorne** – en esp. ***El sombrero de tres picos*** ♦ Ballet en 2 tableaux de M. de Falla*, sur un livret de Martinez Sierra, d'après l'œuvre d'Alarcón*, chorégraphie de L. Massine (1919). Les principaux interprètes étaient L. Massine, T. Karsavina, L. Voïzikovski, S. Idzikovski. ▪ Un meunier a une femme très belle que le corregidor de la ville essaie de séduire. Lorsqu'il se fait plus entreprenant, il est berné et ridiculisé. Les danses et les thèmes musicaux espagnols sont exploités avec habileté et l'orchestration est remarquable par le crescendo des instruments.

**TRIEL-SUR-SEINE** [78510] ➝ ÉTYM. du frq. *thresk* «jachère» ♦ Ch.-l. de cant. des Yvelines, arr. de Saint-Germain-en-Laye, sur la Seine, au pied du coteau de l'Hautil. 11 097 hab. *(Triellois).* Église Saint-Martin des XIIIe, XVe et XVIe s. (vitraux du XVIe s.). Pont suspendu sur la Seine. ▪ Cultures fruitières.

**TRIER (Lars von)** ♦ Cinéaste danois (Copenhague 1956). Après un premier film gorgé d'audaces stylistiques (*Element of Crime,* 1984), il s'avéra un cinéaste majeur avec *Europa* (1991). Il réalisa *Breaking the Waves* (1995) et *Les Idiots* (1998) conformément au manifeste qu'il signa avec d'autres cinéastes danois pour le renoncement aux artifices d'images, Dogma 95 (qui prit fin en 2005). Sa comédie musicale *Dancer in the dark* remporta la Palme d'or du Festival de Cannes (2000). *Dogville* (2003), drame sur la nature humaine filmé dans un décor dessiné à la craie, commence une trilogie sur l'Amérique, dont *Manderlay* (2005) est le deuxième volet et sera suivi de *Washington.* Entre-temps, von Trier revient au Danemark afin d'y mener une expérimentation pour privilégier l'arbitraire et réduire l'intervention humaine, un ordinateur réglant la caméra, et livre une dénonciation du capitalisme avec *Le Direktor* (2006). *Antichrist* (2009) est un film brutal sur le deuil, le désespoir et la guerre des sexes à l'intérieur d'un couple. Depuis 1991, il poursuit la réalisation de *Dimension* dont le tournage devrait durer trente ans, à raison de trois minutes par an.

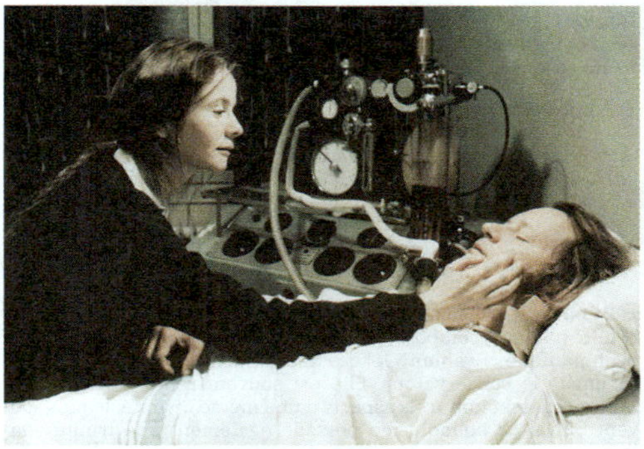

Lars von **Trier.** Une scène du film *Breaking the Waves,* avec Emily Watson et Stellan Skarsgard. *Phot. © Sygma/DR*

**TRIESTE** ➝ ÉTYM. anc. ***Tergeste,*** n. vénitien apparenté à l'illyrien *terga* «commerce» ♦ V. d'Italie, ch.-l. de la région Frioul-Vénétie Julienne et ch.-l. de prov., sur l'Adriatique, près de la frontière slovène, au fond du golfe de Trieste. 211 184 hab. *(Triestins).* Université. Cathédrale Saint-Just (XIe - XIVe s.), campanile (1343), château (XVe - XVIe s.), ruines romaines. ▪ Port de transit international, qui, après avoir beaucoup décliné au profit de Venise, est en reprise. Centre commercial et indus. : chantiers navals, raffineries de pétrole, indus. chimiques, sidérurgie et métal. de transformation, indus. alimentaires. **▌Histoire** Devenue colonie romaine sous César (–52), l'anc. *Tergeste* dut son développement à Auguste. Elle se donna en 1382 à Léopold III de Habsbourg, duc d'Autriche, et devint sous l'empereur Charles VI un port franc (1719), seul débouché maritime de l'empire des Habsbourg. Elle fit partie des Provinces illyriennes (1809 - 1814), fut de nouveau sous domination autrichienne et connut un développement économique remarquable. En 1918, elle fut rattachée à l'Italie, mais le démantèlement de l'Empire austro-hongrois entraîna la décadence du port. Les partisans yougoslaves l'occupèrent en 1945. En 1947, le traité de Paris créa un *Territoire libre de Trieste,* neutre, sous la protection de l'ONU, avec deux zones, administrées par les Anglo-Américains et la Yougoslavie. En 1954, la zone anglo-américaine, correspondant à la ville de Trieste, fut rendue à l'Italie par accord avec la Yougoslavie.

**TRIFONOV (Iouri Valentinovitch)** ♦ Écrivain soviétique (Moscou 1925 - *id.* 1981). Fils d'un héros de la guerre civile arrêté et exécuté en 1937, il obtint en 1951 le prix Staline pour son roman *Les Étudiants* (1950). Son intérêt pour l'histoire lui a inspiré *Le Reflet du bûcher* et *Le Vieux* (1978), liés au souvenir de son père, *Impatience* (1973), où il évoque l'activité des populistes, *La Maison disparue* (1989), sur la terreur stalinienne. Parmi ses récits consacrés à la peinture de l'intelligentsia moscovite (*L'Échange,* 1969 ; *Bilan préalable,* 1970 ; *Les Longs Adieux,* 1971), *La Maison du quai* (1976) est une analyse pénétrante des mécanismes du stalinisme au sein de l'intelligentsia et du parti.

**TRIGNAC** [44570] ➝ ÉTYM. du lat. *Trinius,* n. de pers., et suff. *-acum* ♦ Comm. de la Loire-Atlantique, arr. et aggl. de Saint-Nazaire. 6 956 hab. *(Trignacais).* Faub. indus. de Saint-Nazaire.

**TRIKALA** ♦ V. de Grèce (Thessalie), ch.-l. de nome. 60 000 hab. **▌Histoire** Le site de la ville était probablement habité dès le –IIIe millénaire. La ville de *Trikka* (ou *Trikkê*), possédait un sanctuaire d'Asclépios, considéré comme le plus ancien de Grèce. La plaine de Trikka fournissait une race de chevaux réputée.

**TRIKOUPIS (Charilaos)** ♦ Homme politique grec (Nauplie 1832 - Cannes 1896). Il signa avec la Grande-Bretagne le traité (1863) restituant les îles Ioniennes à la Grèce. Six fois Premier ministre, il gouverna presque constamment le pays de 1875 à 1895. Il introduisit le fonctionnement du système parlementaire (obligation pour le roi de nommer un ministère ayant la confiance de la Chambre), réorganisa la justice, l'administration et l'armée et réalisa de grands travaux publics (canal de Corinthe, réseau ferroviaire). Le recours continuel à l'endettement aboutit à la banqueroute de 1893 et sa politique fiscale mécontenta la majorité des Grecs, qui lui infligèrent la défaite électorale de 1895.

**TRILPORT** [77470] ◆ ÉTYM. anc. *Tria Portus*, de *trajectus* «traversé» et *portus* «port» (allus. au franchissement de la riv. par un gué) ♦ Comm. de la Seine-et-Marne, arr. de Meaux. 4 602 hab. *(Trilportais)*.

**TRIMBLE (David)** ♦ Homme politique d'Irlande du Nord (Bangor 1944). Chef du Parti unioniste, l'UUP (*Ulster Unionist Party*, parti protestant modéré), de 1995 à 2005 (date d'une défaite cuisante aux législatives), il joua un grand rôle dans les négociations qui aboutirent à l'accord de paix signé à Belfast en avril 1998. Il fut chef du gouvernement local d'Irlande du Nord de juin 1999 à la démission de celui-ci en oct. 2002 qui entraîna la suspension de l'Assemblée. [Prix Nobel de la paix 1998, avec J. Hume*]

**TRIMŪRTI** ◆ ÉTYM. du sanskr. *tri* «trois» et *mūrti* «matière, incarnation» ♦ Trinité hindoue, composée des trois grandes divinités du panthéon brahmanique, Brahmā* le créateur, Shiva* le destructeur, et Vishnou* le conservateur. Elle est souvent remplacée par une image représentant trois aspects d'une même divinité, le plus souvent Shiva. Le bouddhisme possède également une trinité analogue, mais composée de trois bodhisattvas, aux attributions différentes.

**TRỊNH** ♦ Puissante famille vietnamienne qui évinça celle des Nguyễn* dans le rôle de généralissime, pendant la guerre de restauration des Lê* à partir de 1545. En tant que princes, véritables maires du palais, les Trịnh disposèrent du pouvoir effectif, ne laissant aux souverains Lê qu'un pouvoir théorique, à partir de leur restauration en 1592. Ils luttèrent ensuite contre la dissidence des Nguyễn (1627 - 1672), mais ne réussirent à unifier temporairement l'empire qu'en 1774, en prenant la capitale de ces derniers, Phú Xuân.

**TRINIL** ♦ Localité du centre de Java, où fut découvert en 1891 par Eugène Dubois le pithécanthrope *(Pithecanthropus erectus)* ou *homme de Java*, qu'il considérait comme une forme de transition entre l'homme et les singes. Actuellement, les pithécanthropes de Java sont considérés comme des *Homo erectus*. Ils datent de -900 000 à -700 000.

**TRINITÉ (LA)** – anc. ***La Trinité-Victor*** [06340] ◆ ÉTYM. du n. d'une chapelle consacrée à la *Trinité* ♦ Comm. des Alpes-Maritimes, au N.-E. de Nice, sur le Paillon. 10 046 hab. *(Trinitaires)*.

**TRINITÉ (LA)** [97220] ◆ ÉTYM. la v. est composée de *trois* quartiers : le Petit-Brésil, la Citerne et la rue Paille ♦ Ch.-l. d'arr. de Martinique. 12 890 hab. Sucrerie. Rhumerie. Tourisme sur la presqu'île de la Caravelle. Château Dubuc (fortifications coloniales en ruine).

**TRINITÉ** – en esp. et en angl. ***Trinidad*** ♦ Île la plus méridionale des Petites Antilles* (îles du Vent*), située dans l'Atlantique, à 15 km env. des côtes vénézuéliennes dont elle est séparée par le golfe de Paria. 4 828 km$^2$. → **Trinité-et-Tobago.**

## TRINITÉ-ET-TOBAGO

▮ – off. ***république de Trinité-et-Tobago***, en angl. ***Trinidad and Tobago*** ♦ État formé de deux îles situées au large des côtes de l'Amérique du Sud, l'île de Trinité et l'île plus petite de Tobago*. 5 128 km$^2$. 1 114 772 hab. *(Trinidadiens)*. LANGUE : anglais. POPULATION : Noirs, Indiens, métis. RELIGIONS : christianisme, hindouisme, islam. MONNAIE : dollar de Trinité-et-Tobago. CAPITALE : Port of Spain. RÉGIME : parlementaire.

▮ **GÉOGRAPHIE** Dans l'île de Trinité la chaîne du N. qui culmine au Cerro del Aripo à 940 m est un prolongement de la péninsule montagneuse de Paria au Venezuela. Au centre et au S. le relief est plus modéré, et fait de collines et plaines (bassin du Caroni). Le climat est chaud et humide avec des précipitations abondantes de juin à décembre. Flore et faune riches (caïmans et flamants). → **Tobago.** L'agriculture et l'élevage ne comptent plus guère : quelques plantations de canne à sucre, de café et de cacao. En revanche le pays est riche en pétrole et en gaz naturel. L'exploitation se fait à terre et en mer, tant dans le golfe de Paria que dans l'Atlantique. Le lac d'asphalte naturel de La Brea est exploité depuis le XIX$^e$ siècle. Une partie du pétrole est raffinée sur place. La présence d'énergie abondante et à bon marché a encouragé l'industrialisation : aciérie, usine pétrochimique (ammoniac, méthanol), fabriques de produits alimentaires. Malgré ces atouts, la répartition des richesses est très inégale. Le tourisme reste peu développé.

▮ **HISTOIRE** Découverte par C. Colomb, l'île de Trinité fut négligée pendant trois siècles par les Espagnols. Les Britanniques la conquirent en 1797 à la faveur des guerres de la Révolution. Après l'émancipation des esclaves noirs (1838), les colonisateurs importèrent largement des engagés venus des Indes orientales pour les faire travailler dans les plantations. L'État de Trinité-et-Tobago devint indépendant en 1962 à la suite de l'échec de la fédération des Indes occidentales, que les Britanniques avaient voulu mettre sur pied. Eric Williams (1911 - 1981), Premier ministre de 1956 jusqu'à sa mort, contribua fortement à l'affirmation du sentiment nationaliste. Un système démocratique autorise des alternances régulières.

**TRINITÉ-SUR-MER (LA)** [56470] ♦ Comm. du Morbihan, arr. de Lorient, sur la baie de Quiberon. 1 530 hab. *(Trinitains)*. Port de pêche, port de plaisance, station balnéaire. Ostréiculture.

**TRINTIGNANT (Jean-Louis)** ♦ Comédien français (Piolenc, près d'Orange, Vaucluse 1930). Incarnant fréquemment des personnages ambigus et déroutants, il a tourné une centaine de films avec notamment Vadim (*Et Dieu créa la femme*, 1956), Rohmer (*Ma nuit chez Maud*, 1969), Costa-Gavras (*Z**, 1969), Bertolucci (*Le Conformiste*, 1970) ou Truffaut (*Vivement Dimanche*, 1983) et aussi avec Claude Lelouch (*Un homme et une femme*, 1966 ; *Partir, revenir*, 1984) et avec sa femme, la réalisatrice Nadine Trintignant. Il a également joué avec sa fille Marie Trintignant (1962 - 2003), notamment au théâtre (*Poèmes à Lou*, d'Apollinaire).

**TRIOLET (Elsa)** ♦ Romancière française d'origine russe (Moscou 1896 - Saint-Arnoult-en-Yvelines 1970). Belle-sœur de Maïakovski* (dont elle a traduit un volume de *Vers et Proses*), elle fut encouragée à écrire par Maxime Gorki. Après un voyage à Tahiti, puis à Berlin (à la suite de son premier mari, André Triolet), elle rencontra à Paris (1928) Louis Aragon* dont elle devint la compagne et l'inspiratrice. Depuis sa première œuvre en français, *Bonsoir Thérèse* (1938), Elsa Triolet a composé de nombreux ouvrages publiés «en dialogue» avec ceux d'Aragon (*Œuvres romanesques croisées*, à partir de 1964). «Tournés vers le soleil de la réalité et de son fantastique, l'inconnu, l'inconnaissable, l'inconcevable», ces romans s'attachent à analyser le devenir de l'homme aux prises avec les problèmes politiques (*Le premier accroc coûte deux cents francs*, 1944, recueil de nouvelles imprégnées de l'aventure de la Résistance) et poursuivant la quête d'un bonheur douloureux, voire insaisissable (*Le Cheval blanc*, 1943). Cycle consacré au XX$^e$ s. et écrit à la lumière de ce «réalisme socialiste» où la peinture du monde capitaliste alimente la revendication révolutionnaire, *L'Âge de Nylon* révèle l'inquiétude de l'auteur devant la fascination qu'exercent les machines sur ses contemporains (*Roses à crédit*, 1959), sa confiance cependant et son émerveillement devant l'évolution scientifique (*Luna-Park*, 1959), mais surtout son sentiment de la prééminence mystérieuse de l'âme humaine (*L'Âme*, 1963). Ce mystère de l'homme se trouve de nouveau évoqué dans *Le Grand Jamais* (1965), réflexion sur la vérité historique, le temps, l'amour et la mort, à laquelle fera écho *La Mise à mort* d'Aragon (1965). ◆ ÉTYM. Ce nom de famille est un diminutif de l'ancien français *triole* «trille, long bavardage».

Le **Triomphe de l'Amour** ♦ Ballet de Lully sur des vers de Quinault et de Benserade (1681). M$^{lle}$ de la Fontaine y dansa avec tant de grâce que, dès lors, les femmes furent autorisées à danser à l'Opéra.

Les **Triomphes** – en it. ***I Trionfi*** ♦ Poème allégorique de Pétrarque*.

**Triple-Alliance** → **Alliance (Triple-)**

**Triple-Entente** → **Entente (Triple-)**

**Triplice** → **Alliance (Triple-)**

**TRIPOLI** ♦ V. du Liban, sur la Méditerranée, au N. de Beyrouth. 350 000 hab. Vestiges romains, islamiques et francs. ▪ Port. Important marché agricole. Indus. alimentaires (sucreries) et textiles, tanneries, manufacture de tabac. Aciérie. La raffinerie de pétrole, qui traitait jusqu'en 1982 le pétrole irakien acheminé par oléoducs depuis Kirkūk, est alimentée aujourd'hui en pétrole syrien.

**Tripoli,** au Liban. *Phot. © Olga Kolos/Shutterstock*

**TRIPOLI** (comté de) ♦ État latin du Levant. Raymond* de Saint-Gilles, qui mourut au cours du siège de la ville de Tripoli, jeta les bases d'un comté latin gouverné par ses descendants : Bertrand (1109 - 1112), Pons (1112 - 1137), Raymond II (1137 - 1152), Raymond III (1152 - 1187). Les souverains de la maison d'Antioche qui leur succédèrent furent Bohémond IV (1187 - 1233), qui réunit le comté à la principauté d'Antioche en 1201, Bohémond V (1233 - 1251), Bohémond VI (1251 - 1275). Ce dernier s'allia aux Mongols, ce qui mécontenta les mamelouks qui prirent Antioche (1268) et le krak des Chevaliers (1271). L'héritière de Bohémond VII (1275 - 1287), Lucie, fut en butte à la révolte de la ville de Tripoli, qui fut prise par le sultan d'Égypte en 1289. Les templiers se maintinrent à Tortose jusqu'en 1291. Le comté comprenait alors la chaîne libanaise et la vallée du haut Oronte.

**TRIPOLI** ➝ ÉTYM. du gr. *tripolis* «qui contient trois villes» [Leptis* Magna, Sabratha et Oea], en ar. ***Tarābulus al-Gharb***, anc. ***Tripoli de Barbarie*** ♦ Cap. de la Libye, sur la côte de l'anc. prov. de Tripolitaine, au centre d'une oasis. 1 500 000 hab. *(Tripolitains)*. Université (facultés et instituts scientifiques). École des arts et métiers. Vestiges romains (arc de triomphe de Marc Aurèle). ▪ Port important. ▮ **Histoire** Colonie phénicienne puis romaine *(Oea)*, capitale de la Tripolitaine antique, elle fut conquise par les Vandales puis par les Byzantins, avant de passer sous la domination des Arabes (643) puis des Turcs de 1551 à 1911. À cette date, occupée par les Italiens, elle devint la capitale de la Libye. Pendant la Deuxième Guerre mondiale, base militaire importante de l'Axe, elle fut prise par la VIII$^e$ armée de Montgomery (23 janv. 1943) rejointe par celle de Leclerc et resta sous administration britannique jusqu'en 1951. Elle devint alors la capitale du royaume indépendant de Libye. En 1988, la plupart des ministères ont été transférés dans d'autres villes du pays.

**TRIPOLIS** ♦ V. de Grèce au centre du Péloponnèse. Ch.-l. du nome d'Arcadie. 23 000 hab.

**TRIPOLITAINE** n. f. ♦ Région du N.-O. de la Libye, bordant la Méditerranée et qui s'étend jusqu'au Fezzan au S. Plateau aride dominant la plaine côtière de la Djeffara. 285 000 km$^2$. Îlots de population berbère. Céréales. Agrumes. Vignes. Tabac.

▮ **Histoire** Dès le –VIII$^e$ s. les Phéniciens y fondèrent les comptoirs de Leptis Magna, Oea (Tripoli) et Sabrata, au terminus des caravanes venues du Soudan. Occupée par les Romains (fin du –I$^{er}$ s.), la province de Tripolitaine dépendit du vicaire d'Afrique (III$^e$ s.). Les Vandales l'envahirent (V$^e$ - VI$^e$ s.), puis, reconquise par les Byzantins (533), elle fut rattachée au diocèse d'Égypte ; elle fut conquise par les Arabes à partir de 643. Les Berbères entrèrent en lutte contre les nouveaux conquérants et adhérèrent au kharijisme (IX$^e$ s.). La région appartint successivement aux Aghlabides (IX$^e$ s.), aux Fatimides (X$^e$ - XI$^e$ s.), aux Almohades (XII$^e$ - XIII$^e$ s.), mais connut également des dynasties indépendantes. Au XVI$^e$ s. les côtes tripolitaines passèrent sous le contrôle des corsaires turcs et Tripoli devint le grand débouché maritime du Soudan et le principal centre d'échanges entre l'Afrique intérieure et l'Europe. Le tribut payé par les navires étrangers aux pachas de Tripoli fut à l'origine de plusieurs démonstrations des puissances européennes sur les côtes, et son augmentation entraîna même une guerre avec les États-Unis (1801 - 1805). En 1835, la Tripolitaine devint un wilayet de l'Empire ottoman. Les Italiens, qui avaient depuis la fin du XIX$^e$ s. des intérêts dans cette région, déclarèrent la guerre à la Turquie (nov. 1911) et occupèrent la zone côtière. Par le traité d'Ouchy-Lausanne (oct. 1912), la Turquie abandonna la Tripolitaine à l'Italie qui occupa l'intérieur y compris le Fezzan (1913 - 1914). Mais à la suite de la déclaration de guerre de l'Italie à l'Autriche (20 mai 1915), les Italiens évacuèrent leur colonie (à l'exception de Tripoli et Homs) qui fut de nouveau occupée par les Turcs (1916). Après la guerre, les Italiens réoccupèrent le littoral et soumirent l'intérieur (➝ **Fezzan**). En 1934, la Tripolitaine et la Cyrénaïque furent réunies et formèrent la colonie italienne de Libye, incorporée à la métropole en janv. 1939. Au cours de la Deuxième Guerre mondiale, défendue par les troupes de Rommel, elle fut conquise par la VIII$^e$ armée britannique aux ordres du général Montgomery (1943), secondée par les troupes françaises et africaines aux ordres du général Leclerc venues du Fezzan. Temporairement placée sous administration britannique, elle devint une province (auj. divisée en cinq prov.) du royaume de Libye (1951).

**TRIPTOLÈME** – en gr. ***Triptolemos*** ♦ Héros éleusinien associé au culte de Déméter* et de Perséphone. La déesse, reconnaissante de l'hospitalité du roi Céléos, confie au fils de celui-ci, Triptolème, la mission de parcourir le monde sur un char attelé de deux dragons et de semer partout le blé. Ce même héros est parfois considéré comme l'instaurateur des mystères d'Éleusis*. ➝ **Eumolpe.**

**TRIPURA** n. m. ♦ État de l'Inde, dans les derniers chaînons des montagnes prébirmanes, enclavé le long de la frontière du Bangladesh. 10 477 km$^2$. 3 199 203 hab. LANGUES : bengali, tripuri, manipuri. CAP. : Agartala. La création de l'État résulte du démembrement de l'Assam. Exploitation forestière et plantations de thé. Un des points forts du communisme en Inde.

**TRISONG DETSEN** ou **THISONG DETSEN** ♦ (742 - 797). Roi du Tibet (755 - 797), fils de Thide* Tsugten. Deuxième roi bouddhiste après Songtsen* Gampo, il fut considéré comme la manifestation du bodhisattva Manjuśrī. Il invita au Tibet le maître tantrique indien Padmasambhava* et fit construire Samye (v. 775), premier monastère érigé au Tibet. En 791, il proclama le bouddhisme religion d'État et présida en personne le grand débat théologique de Samye (v. 792). Souverain d'un État puissant, il profita de la révolte soulevée par An* Lushan pour envahir la Chine en 763 et occuper Changan*. Son règne, malgré des périodes de bonne entente avec la Chine, constitua une menace constante sur l'O. de l'Empire chinois.

**TRISSINO (Gian Giorgio)** ♦ Écrivain italien (Vicence 1478 - Rome 1550). En faveur auprès des papes Léon X, Clément VII et Paul III, il accomplit pour eux de nombreuses missions diplomatiques. Dans le domaine des lettres, il proposa l'adjonction de lettres grecques à l'alphabet italien et suggéra, dans son dialogue *Il Castellano* (1529), que la langue littéraire s'enrichît des divers dialectes. Il donna également une *Sophonisbe* (1515), inspirée par les tragédies grecques et première tragédie régulière de la Renaissance. Il voulut également doter l'Italie d'une épopée bâtie selon les règles d'Aristote en composant la pesante *Italie délivrée des Goths* (1527 - 1548).

**TRISSOTIN** ♦ Personnage des *Femmes* savantes* (1672), de Molière. Son nom peut être traduit par «trois fois sot». Bel esprit, le personnage a des idées sur tout : poésie, philosophie, astronomie même. Au cours de la pièce, il va se révéler hypocrite et coureur de dot : il veut épouser Henriette, la fille de Philaminte, et n'hésite pas à user de la menace. Molière, par vengeance personnelle, lui prête un sonnet de l'abbé Cotin*.

**TRISTAM** ou **TRISTÃO (Nuño)** ♦ Explorateur portugais du XV$^e$ s. (mort au Río de Oro 1447). Au service d'Henri le Navigateur (infant du Portugal), il explora les régions du Sahara, du Río de Oro, atteignit en 1443 le banc d'Arguin, et fut tué lors de sa troisième expédition.

**TRISTAN** ♦ Héros de la légende médiévale, illustrée dans le *cycle breton*. ➝ **Tristan et Iseult.** Il incarne l'amour-passion en lutte contre la société et que la mort elle-même ne peut dissoudre.

**TRISTAN (Flore Célestine Thérèse TRISTAN-MOSCOSO, dite Flora)** ♦ Femme politique française (Paris 1803 - Bordeaux 1844). Fille d'un noble péruvien et d'une Française, épouse du graveur André Chazal (1821) et grand-mère de Gauguin, elle fut une des initiatrices françaises du féminisme, lutta pour le divorce et l'amour libre. Outre son ouvrage *Pérégrinations d'une paria* (1838), elle publia l'*Unité ouvrière* (1843) qui contribua à ouvrir la voie à un socialisme internationaliste.

**TRISTAN DA CUNHA** ➝ ÉTYM. du n. de *Tristão da Cunha** ♦ Archipel britannique situé au S. de l'océan Atlantique (terres Australes), composé de 4 îles. 200 km$^2$. 272 hab. (2006). L'île principale (98 km$^2$) est dominée par un volcan qui culmine à 2 060 m. Le climat y est relativement tempéré, mais pluvieux et venteux. Recouverte de prairies, à caractère tourbeux sur les hauteurs, l'île est une des seules parmi les terres Australes à posséder quelques arbustes. ▮ **Histoire** Découverte par le Portugais Tristão da Cunha (1506), elle fut annexée par la Grande-Bretagne en 1816 (dépendance de Sainte-Hélène). Les habitants, installés dans la bourgade d'Edinburgh et vivant de l'élevage (bœufs, porcs et moutons), de quelques cultures (pommes de terre) et de l'industrie de congélation des langoustes (firmes organisées par l'Union sud-africaine), furent évacués en 1961 en raison de la reprise de l'activité volcanique, mais revinrent en 1963. Station météorologique installée en 1942.

**Tristan et Iseult** (légende de) ♦ Légende médiévale celtique (vraisemblablement bretonne) qui fut reprise (fin XII$^e$ s.) dans les deux poèmes français de Thomas* et de Béroul*. Elle inspira aussi Marie* de France et un prosateur anonyme du XIII$^e$ s., ainsi que divers poèmes médiévaux allemands (dont le *Tristrant* d'Eilhart von Oberg et le *Tristan und Isolde* de Gottfried de Strasbourg) et italiens notamment. Dans les temps modernes, l'Angleterre (Matthew Arnold*, Tennyson*, Swinburne*), l'Italie (D'Annunzio*) et surtout l'Allemagne (Schlegel*, Wieland*) ont perpétué la légende (*Tristan* et Isolde* de Wagner*). ▪ Victimes d'un philtre magique et unis par une passion fatale, Tristan et Iseult la blonde deviennent coupables envers Marc, roi de Cornouailles et généreux époux d'Iseult, puis envers la femme de Tristan, Iseult aux blanches mains. La mort seule réunira les amants.

**Tristan et Isolde** ♦ Drame lyrique en 3 actes, poème et musique de Richard Wagner* (Munich, 1865 ; Bruxelles, 1894 et Paris, 1900, dans la version française de V. Wilder). Composé entre 1854 et 1857, le poème de Wagner s'inspire librement du *Tristan* et Iseult*, de Béroul (XII$^e$ s.), dont Gottfried de Strasbourg (XIII$^e$ s.) et ses successeurs Ulrich de Turkheim et Henri de Freisburg dégagèrent une version courtoise. L'interprétation wagnérienne du mythe a été marquée par la philosophie de Feuerbach et de Schopenhauer, ainsi que par un récit de Schlegel, *Lucinde*, où se trouve affirmée l'identité du sentiment amoureux et de la révélation religieuse. Commencée à Zurich (1857), la composition de la partition se poursuivit à Venise et s'acheva à Lucerne (1859). ▪ Sur la nef qui la conduit vers le roi Marke, son époux, Isolde découvre sa passion pour Tristan, qui a reçu mission de

**Tristan et Iseult.** *Tristan et Iseult buvant le philtre,* v. 1470, dans le « Livre de Messire Lancelot du Lac » de Gautier Map. Bibliothèque nationale de France, Paris. *BIS/Phot. © Archives Larbor*

l'escorter. Passion partagée par Tristan qui aime Isolde d'un amour non moins violent, d'où une situation sans issue à laquelle les amants ne peuvent échapper que par la mort. Isolde invite Tristan à vider avec elle la coupe qui les délivrera de leur tourment, mais la servante Brangaene leur verse un philtre d'amour. Au comble de la félicité, ils aspirent à un anéantissement qui les affranchira des derniers liens terrestres et les unira à jamais. Surpris par le roi Marke, Tristan se jette sur l'épée de Melot qui l'a trahi et tombe, grièvement frappé. Transporté dans le château de Kéréol, il revient à la vie, mais le désir éperdu de revoir Isolde renaît en lui. Il trouvera l'apaisement au retour d'Isolde et son agonie s'achève en transfiguration. Isolde le suit dans la mort et le roi Marke accourt en vain pour pardonner et unir les deux amants. ▪ Poème de la souffrance et du renoncement, conçu par Wagner au lendemain de sa séparation d'avec Mathilde Wesendonck, *Tristan et Isolde* est l'expression d'une victoire et non d'une abdication. Type achevé du drame wagnérien, l'ouvrage est riche d'une partie orchestrale puissante dont le rôle évoque celui du chœur de la tragédie antique. Le style contrapuntique y apparaît pour la première fois avec la multiplicité de ses thèmes conducteurs, son chromatisme hardi et ses modulations si propres à suggérer tour à tour l'énergie, la langueur, la fascination de la mort et la toute-puissance du désir.

**TRISTAN L'HERMITE** ♦ Homme politique français (mort apr. 1475). Après s'être illustré dans la lutte contre les Anglais sous Charles VI et Charles VII, il devint l'un des principaux conseillers de Louis XI et se montra implacable dans l'application de l'absolutisme.

**TRISTAN L'HERMITE (François,** dit) ♦ Poète, auteur dramatique et romancier français (château du Solier, Marche v. 1601 - Paris 1655). Il raconta sa jeunesse aventureuse dans un spirituel roman autobiographique, *Le Page disgracié* (1643). On lui doit des recueils poétiques, dont *Les Plaintes d'Acante* (1633), riche d'un lyrisme inspiré par le sentiment de la nature, et *Les Amours de Tristan* (1638) où se trouve l'ode fameuse «Le Promenoir des deux amants» que Debussy mit en musique. Ce recueil est d'une inspiration variée : pièces burlesques, poésies descriptives, mais surtout plaintes amoureuses, délicatement exprimées en des vers très musicaux. Son œuvre dramatique comprend notamment une comédie, *Le Parasite* (1656), et la tragédie en vers *Marianne* (1636), peinture pathétique d'une passion, dont le succès mérita balança celui du *Cid* de Corneille*. [Acad. fr. 1649]

Les **Tristes** – en lat *Tristia* ♦ Recueil d'élégies sous formes de lettres en 5 livres écrits par Ovide* à ses amis durant son exil à Tomes*.

**Tristram Shandy (Vie et Opinions de)** – en angl. ***The Life and Opinions of Tristram Shandy, Gentleman*** ♦ Œuvre en 9 volumes de Laurence Sterne*, publiée entre 1760 et 1767. Roman d'opinion et non d'aventures comme ceux qu'il parodie, cet ouvrage, dont le héros n'apparaît qu'au milieu, se présente comme une suite de digressions au cours desquelles l'auteur se laisse aller, au gré de l'association des idées, à aborder tous les thèmes que lui suggère son immense culture. De la même façon, personnages et intrigues secondaires fourmillent et se greffent sur l'intrigue principale, elle-même assez lâche. L'ensemble doit sa cohérence paradoxale à sa continuelle fantaisie. Par la liberté des interventions de l'auteur, ce roman est à la source de toute une tradition de déconstruction de la fiction romanesque.

**TRITH-SAINT-LÉGER** [tʀi-] [59125] ➛ **ÉTYM.** du lat. *trajectus* «passage d'un cours d'eau» ♦ Comm. du Nord, banlieue S.-O. de Valenciennes. 6 196 hab. *(Trithois).*

**TRITON** ♦ Dieu marin grec, fils de Poséidon* et d'Amphitrite*. On le représente comme un homme dont le corps se termine par une queue de poisson et souvent en train de souffler dans une conque. Parfois c'est le dieu du lac *Tritonis* en Libye, père de Pallas*, la jeune compagne de jeux d'Athéna. Plus tard, il se multiplie : les tritons font partie du cortège de Poséidon.

**TRIVANDRUM** ou **TIRUVANANDAPURAM** ♦ V. de l'Inde, capitale du Kerala, sur la côte de la mer d'Oman. 889 191 hab. Fonction administrative et centre de la culture de langue malayalam. Industries liées au port et aux produits des plantations de la région (caoutchouc).

**TRIVELIN** – en it. ***Trivellino*** ♦ Type de la commedia* dell'arte, introduit à Paris vers 1650. Valet d'intrigue, sorte d'Arlequin moins subtil, mais plus malhonnête. Les deux grands interprètes du personnage furent Domenico Locatelli, au XVII^e s., et François Biancolelli, dit Dominique, sous la Régence.

**TRIVULCE (Giangiacomo TRIVULZIO,** marquis **DE VIGEVANO,** dit en fr.) ♦ Maréchal de France (Milan v. 1441 - Arpajon 1518). Issu d'une vieille famille milanaise, il contribua à la conquête du Milanais par les Français (1499), fut nommé gouverneur, se rendit très impopulaire, mais s'empara de Ludovic* le More (1500) et eut un rôle déterminant à Agnadel* (1509) et à Marignan* (1515). ♦ **Théodore,** en it. **Teodoro, Trivulce** (1456 - Lyon 1531). Neveu du précédent. Maréchal de France, il devint, sous François I^er, gouverneur de Milan, puis de Gênes dont il fut chassé par Andrea Doria*.

**TRNAVA** ♦ V. de la Slovaquie. 70 286 hab. La ville conserve plusieurs églises gothiques et baroques et des maisons de style Renaissance. Musée régional. Université. ▪ Centre d'une riche région agricole, Trnava possède de nombreuses indus. alimentaires (raffineries de sucre, malteries, distilleries) et bénéficie de la proximité de Bratislava.

**TRNKA (Jiří)** ♦ Cinéaste tchèque (Plzeň 1912 - Prague 1969). Il fut peintre et illustrateur de livres pour enfants, puis décorateur et maquettiste de théâtre. Cependant, fidèle à l'art de la marionnette qui est l'une des expressions les plus authentiques du génie populaire tchèque, il fonda à Prague le Théâtre de bois (1936). Grand poète de l'image, devenu le maître d'une technique éblouissante, il devait, en quelque vingt années, rénover en Europe le cinéma d'animation et créer de toutes pièces le film de marionnettes (auxquelles il alla parfois jusqu'à substituer des sculptures animées). Réal. princ. : *Le Cadeau* (1946), *Le Rossignol de l'empereur de Chine* (1949), *Prince Bayaya* (1950), *Vieilles légendes tchèques* (1953), *Le Brave Soldat Švejk* (1955), *Le Songe d'une nuit d'été* (1959), *La Main* (1965). ➛ **ÉTYM.** Ce nom tchèque signifie «petite épine».

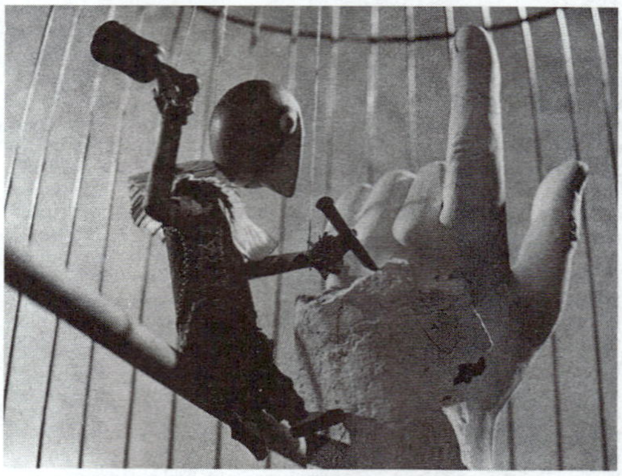

Jiří **Trnka.** Une scène du film *La Main. Coll. Rui Nogueira*

**TROADE** n. f. – en gr. ***Trôias*** ♦ Anc. région à l'extrémité N.-O. de l'Asie Mineure (Mysie). Elle s'étendait autour de Troie*, entre l'Hellespont, la mer Égée, le golfe d'Edremit et le mont Ida* et était arrosée par le Scamandre* (l'actuel Küçük Menderes) et le Simoïs. Enserrée par l'Éolide* grecque, elle fut hellénisée après la chute de Troie et prit aussi le nom de *Dardania,* de Dardanos*, l'un des fondateurs légendaires de cette cité.

**TROARN** [14670] ➛ **ÉTYM.** du germ. *Trudhard,* n. de pers. ♦ Ch.-l. de cant. du Calvados, arr. de Caen. 3 176 hab. Violents combats en 1944.

**TROBRIAND** (îles) – en angl. ***Trobriand Islands*** ♦ Archipel de Papouasie-Nouvelle-Guinée situé au N. des îles d'Entrecasteaux. ▪ B. Malinowski* y fit d'importantes recherches anthropologiques.

**TROCADERO** ➛ **ÉTYM.** de l'esp. *trocador* «qui aime troquer» (allus. à une anc. activité de foire) ♦ Localité d'Espagne, proche de Cadix, où se trouvaient les positions fortifiées (fort Luis, fort de Matagorda) défendant la ville. Le 31 août 1823, le corps expéditionnaire français commandé par le duc d'Angoulême enleva ces positions aux insurgés espagnols.

**Trocadéro** (palais du) → **Chaillot (palais de)**

**TROCHU (Louis Jules)** ♦ Général français (Le Palais, Belle-Île-en-Mer 1815 - Tours 1896). Après avoir servi en Algérie, en Crimée (1854 - 1855), en Italie (1859), il fut nommé général de division au ministère de la Guerre (1866), mais disgracié en 1867 après la publication d'un ouvrage sur *L'Armée française en 1867*. Gouverneur de Paris (17 août 1870), il présida le gouvernement de la Défense* nationale constitué le 4 sept. 1870 après la proclamation de la déchéance de Napoléon III et fut chargé d'assurer la défense de la capitale, fonction qu'il assuma avec une certaine passivité. Il fut contraint de démissionner, en faveur de Vinoy*, le 22 janv. 1871. Député orléaniste à l'Assemblée nationale (1871), il se retira de la vie politique dès 1872. ◆ ÉTYM. *Trochu* est le diminutif de *Troche*, du latin *tradux* «sarment».

**TROELTSCH (Ernst)** ♦ Philosophe allemand (Haunstetten, près d'Augsbourg 1865 - Berlin 1922). Son interprétation du christianisme (*L'Absolutisme du christianisme et l'histoire de la religion*, 1902) et sa philosophie de l'histoire qui tente d'expliciter l'unité du devenir à travers chaque culture et ses valeurs (*L'Historisme et ses problèmes*, 1922) le rattachent à l'école de Bade et à l'historisme de Dilthey*.

**TROIE** – en gr. ***Troia*** ou ***Ilion***, en lat. ***Ilium*** ♦ Anc. ville du N.-O. de l'Asie Mineure, située près de la côte égéenne (5 km) à l'entrée de l'Hellespont, localisée à Hissarlik. Cap. de la Troade*, bâtie sur une colline entre le Scamandre* et le Simoïs, elle occupe une place privilégiée dans la légende, la littérature et l'archéologie. **▮ La légende grecque** Selon la tradition grecque, l'anc. cité résultait de la fusion des trois villes successives : *Dardania*, fondée par Dardanos* qui, venu de Samothrace, père de Ganymède* ; *Ilion*, fondée par Ilos, fils de Tros. Sous le règne de Laomédon*, fils d'Ilos, Poséidon bâtit les murs de la ville, mais offensé par le roi, il envoya un monstre qui dévorait ses habitants. Héraclès* tua le monstre et libéra Hésione*, fille du roi, mais, celui-ci lui ayant refusé sa récompense, il s'empara de la ville et tua la famille royale à l'exception d'Hésione et de Priam*, le dernier fils de Laomédon. **▮ La guerre de Troie** Relatée originalement dans *L'Iliade** et *L'Odyssée**, elle est au centre du cycle troyen. ***▮ L'enlèvement d'Hélène*** À son origine, il y eut l'enlèvement d'Hélène*, épouse du roi de Sparte Ménélas*, par le prince troyen Pâris*, aidé par Aphrodite* qu'il avait préférée à Héra et à Athéna en lui décernant la pomme d'or. Les Achéens*, pour laver l'outrage, rassemblés d'abord à Aulis*, débarquèrent en Troade et assiégèrent la cité de Priam. Les plus célèbres des chefs grecs, sous le commandement d'Agamemnon*, roi de Mycènes, étaient Achille*, chef des Myrmidons*, Ménélas, les deux Ajax*, Ulysse*, Idoménée*, Diomède*, Nestor*, Palamède*, Patrocle*, Philoctète*, Teucer*. → **Calchas, Stentor, Pyrrhos, Télèphe.** Du côté des Troyens, le plus vaillant guerrier était Hector*, fils de Priam. → **Anténor, Étion, Memnon, Sarpédon, Penthésilée, Briséis, Chryséis.** ***▮ Le cheval de Troie*** Au terme d'un siège de dix ans, les Grecs s'emparèrent de la ville grâce au stratagème du *cheval de Troie*, gigantesque construction en bois cachant des guerriers qui, introduits dans l'enceinte de la ville, en ouvrirent les portes à leurs compagnons d'armes. → **Cassandre, Laocoon.** Le drame fut consommé par l'incendie de Troie, le massacre des hommes et la réduction des femmes à l'esclavage. → **Hécube, Andromaque, Créüse, Astyanax, Hélénos.** Par les descendants d'Énée*, fils d'Anchise*, qui se réfugia en Italie, le cycle troyen rejoint la tradition des origines troyennes des Romains. → **Ascagne, Euryale, Énéide.** La tradition attribua aussi des origines troyennes à Pharamond, premier roi franc demi-légendaire. **▮ Histoire** L'historicité de la légende de Troie, jamais mise en doute dans l'Antiquité, fut longuement discutée ainsi que la «question homérique». Depuis 1871, les recherches archéologiques ont établi l'existence d'une ville préhistorique remontant à la fin du Néolithique égéen (v. –3000). Située au carrefour des routes commerciales reliant l'Asie à l'Europe, mais aussi au passage des grandes migrations indo-européennes, cette ville fut plusieurs fois détruite, relevée et repeuplée. Sa prospérité au –IIe millénaire, attestée par les traces de la civilisation troyenne retrouvées jusqu'au centre de l'Asie Mineure (notamment la poterie rouge polie à la main), attirait les peuples repoussés par l'invasion dorienne de la Grèce. L'expédition des Achéens et des Éoliens (–1193 - –1184, selon la tradition) précédait probablement la première vague de colonisation de la côte égéenne de l'Asie Mineure. ***▮ Ilion*** Après sa destruction, peuplée peut-être par des Éoliens v. –700, la ville apparaît dans l'histoire à l'époque hellénistique sous le nom d'*Ilion*. Alexandre le Grand lui accorda des privilèges (–334) et Lysimaque réalisa en partie les projets du conquérant en élargissant l'enceinte de la ville. Passée ensuite des Séleucides aux rois de Pergame, ravagée par les Gaulois (–IIIe s.), elle fut prise et incendiée par les Romains en –85. ***▮ Ilium novum*** Reconstruite en partie par Sylla et appelée *Ilium novum*, elle ne retrouva jamais sa prospérité. Sous la domination turque depuis 1306, la ville, ruinée, fut envahie par la végétation. **▮ Archéologie** Les fouilles entreprises de 1871 à 1890 par l'archéologue allemand H. Schliemann*, qui localisa le site de Troie, et poursuivies après sa mort par son collaborateur W. Dörpfeld (1893 - 1894), ont attesté neuf couches de fondations correspondant à neuf villes successives désignées par des numéros indicatifs : *Troie I*, *Troie II*, etc. ***▮ De Troie I à Troie V*** Parmi les cinq premières villes dont la continuité culturelle durant tout le –IIIe millénaire (âge de l'ancien bronze) et la parenté avec la civilisation cycladique prémycénienne semblent être établies, les plus importantes étaient *Troie I* et *Troie II*. Schliemann (en 1873) avait cru identifier cette dernière, détruite pourtant au début du –IIe millénaire, avec la ville homérique. ***▮ Troie VI*** De nouvelles données (depuis 1890) ont amené Dörpfeld à identifier *Troie VI* avec la capitale de Priam. Cette ville, la plus grande des neuf, fut habitée par un peuple indo-européen, participant au même mouvement de migration qui déferla en Grèce vers le début du –IIe millénaire et qui créa la civilisation égéenne. → **Égée (mer).** À l'intérieur d'une puissante enceinte de type mycénien s'étageaient des maisons bâties en terrasse que dominait un palais (totalement détruit lors des travaux de nivellement entrepris par les Romains). Après de nouvelles fouilles exécutées par une mission de l'université de Cincinnati (1932 - 1938), l'hypothèse de Dörpfeld fut mise en doute puisque la date approximative de la destruction de cette ville (–1300) et la nature du désastre (tremblement de terre) ne correspondaient pas aux événements racontés par Homère. ***▮ De Troie VII à Troie IX*** Selon les archéologues américains, si jamais telle ville exista, elle doit être reconnue au niveau de *Troie VII a*, ville élevée sur les ruines de *Troie VI* et détruite par le feu vers –1250 ou –1200. Dans ce cas, la date traditionnelle de la guerre de Troie (–1193 - –1184), fondée sur les généalogies des familles royales grecques, composées par Ératosthène, devrait être rectifiée. Enfin, *Troie VIII* est la ville hellénistique et *Troie IX* la ville romaine.

**Troïlus et Cressida** – en angl. ***Troilus and Cressida*** ♦ Pièce en 5 actes de W. Shakespeare* (v. 1601), inspirée de Chaucer et de *L'Iliade*. Fils de Priam, le Troyen Troïlus aime la Grecque Cressida, fille de Calchas ; mais bientôt Cressida préfère au modeste Troïlus le héros Diomède. Troïlus mourra de chagrin dans la guerre où Troie va s'écrouler. Dans le cours de cette mince intrigue s'insèrent une suite de scènes burlesques où apparaissent, sous le jour le moins flatteur, les héros célébrés par Homère. Ainsi, la lâcheté d'Achille, l'imprudence de Thersite surprennent autant le spectateur que la perplexité des Troyens qui se demandent s'il vaut la peine d'endurer tant de souffrances pour la seule beauté d'Hélène. Seuls sont épargnés par le poète, dans cette pièce sarcastique, Ulysse et Hector.

**TROIS-BASSINS (LES)** [97246] ◆ ÉTYM. allus. à *trois bassins* situés dans la comm. ♦ Ch.-l. de cant. de la Réunion, à l'O. de l'île. 6 598 hab.

**Trois Contes** ♦ Recueil de 3 nouvelles de G. Flaubert* (1877). Dans «Un cœur simple», l'auteur fait «le récit d'une vie obscure, celle d'une pauvre fille de campagne [...]. Elle aime successivement un homme, les enfants de sa maîtresse, un neveu, un vieillard qu'elle soigne, puis son perroquet». Écrit à l'instigation de George Sand*, ce conte réaliste frappe par la discrétion de l'analyse et la perfection de l'écriture. «La Légende de saint Julien l'Hospitalier», inspirée à Flaubert par un vitrail de la cathédrale de Rouen, évoque la splendeur mystique du Moyen Âge, où le réalisme le plus quotidien se pare d'une lumière surnaturelle. (→ **Julien l'Hospitalier.**) «Hérodias» s'attache à faire revivre le monde judéo-chrétien, en animant les données archéologiques les plus précises par l'évocation imaginaire de l'atmosphère sociale et religieuse de la Palestine, à partir d'une intrigue s'inspirant de la mort de saint Jean*-Baptiste.

**TROIS-ÉVÊCHÉS** (les) ♦ Nom donné aux trois villes de Metz*, Toul* et Verdun*, qui furent annexées par Henri II en 1552. Leur possession fut reconnue à la France par l'Espagne lors du traité du Cateau-Cambrésis (1559) et par l'Empire lors des traités de Westphalie (1648).

**Trois-Gorges** (barrage des) ♦ Barrage hydroélectrique situé en Chine, sur le Chang* Jiang (prov. du Hubei). Entamé en 1996, il a été mis en eau en 2003, et sera achevé en 2011 pour être le plus grand du monde (185 m de haut, plus de 2 km de long, 39 milliards de m³ de retenue d'eau). Il doit également réguler le débit du fleuve responsable d'inondations et fluidifier la navigation (écluses et ascenseur). C'est le plus grand ouvrage entrepris en Chine depuis la Grande Muraille. Il est très critiqué en raison du déplacement des populations (entre 1,8 et 4 millions de personnes à terme), de la disparition de sites archéologiques, des conséquences néfastes sur l'environnement et des doutes sur la qualité des matériaux utilisés.

Le **Troisième Homme** – en angl. ***The Third Man*** ♦ Film britannique de Carol Reed (1949), scénario original de Graham Greene*, avec Joseph Cotten, Orson Welles, Alida Valli. Dans la Vienne d'après la guerre, divisée en secteurs d'occupation, se trament de louches trafics dont le pivot est un certain Harry Lime, qui passe pour mort et qu'un de ses amis, écrivain raté, va retrouver et trahir. Cette histoire a été directement écrite pour l'écran par Graham Greene, qui en a par la suite tiré un roman et développé les implications morales. Le film a connu un succès considérable (Palme d'or au festival de Cannes 1949), lié aux interrogations de la «guerre froide». Orson Welles, dans un rôle de trafiquant cynique et charmeur, n'apparaît que dans la dernière partie, mais son ombre plane sur tout le film, d'autant qu'on le soupçonne d'avoir collaboré, sinon à la mise en scène, du moins au dialogue (le fait n'a jamais été confirmé). La musique d'accompagnement se réduit à quelques lancinants accords de cithare, dus au Viennois Anton Karas.

**TROIS-ÎLETS (LES)** [97229] ♦ V. de la Martinique, arr. du Marin. 5 162 hab. Complexe touristique à la pointe du Bout. Ruines de l'habitation de la Pagerie où naquit Joséphine* de Beauharnais.

Les **Trois Mousquetaires** ♦ Roman historique d'Alexandre Dumas* père (1844). Quatre gentilshommes, mousquetaires du roi Louis XIII, très dissemblables de caractère (Athos dissimule un noble désespoir ; Aramis se montre subtil et intrigant, au contraire de Porthos, géant débonnaire ; d'Artagnan* est un Gascon courageux et rusé), manifestent un goût commun pour l'action généreuse. Dans leur lutte contre le calcul et la ruse politiques des agents de Richelieu, ils connaîtront de nombreuses aventures, rencontrant l'angélique Constance Bonacieux ou la diabolique Milady. Le succès de cette œuvre originale et mélodramatique fut tel qu'Alexandre Dumas lui donna pour suite *Vingt ans après* (1845) où il évoque les événements de la Fronde et les intrigues de Mazarin, puis *Le Vicomte de Bragelonne* (1848 - 1850) où apparaissent encore les héros, vieillis, et le fils d'Athos, durant les premières années du règne de Louis XIV.

**Trois Petites Liturgies de la présence divine** ♦ Œuvre d'Olivier Messiaen* pour piano, ondes Martenot, célesta, vibraphone, 3 percussions, chœur de 36 voix de femmes à l'unisson et orchestre à cordes (1943 - 1944). Sa création à Paris le 21 avr. 1945 déclencha un scandale, en raison surtout des textes sacrés que Messiaen s'était appropriés. En 3 parties («Antienne de la Conversation intérieure», «Séquence du Verbe, Cantique divin», «Psalmodie de l'Ubiquité par l'Amour»), l'œuvre n'en devint pas moins une des plus jouées de l'auteur.

**TROIS-RIVIÈRES** ♦ V. du Canada (Québec), sur le Saint-Laurent, au confluent de la riv. Saint-Maurice, entre Montréal et Québec. 126 323 hab. (zone urbaine 141 529). Branche de l'univ. du Québec. Fabrication de papier journal (plus grande usine de pâte à papier du monde). Métall. de l'aluminium. Indus. chimiques. Vêtements. ▪ Port actif (bois, grain, amiante).

**TROIS-RIVIÈRES** [97114] ➝ **ÉTYM.** doit son n. aux *trois rivières* qui sillonnent la région : la rivière du Trou au chien, la rivière du Petit Carbet et la rivière Grande-Anse ♦ V. de la Guadeloupe, arr. de Basse-Terre. 8 738 hab. Parc archéologique présentant des pierres gravées par les Amérindiens.

**Trois Royaumes (Histoire des)** – en chin. ***Sanguozhi*** ♦ Œuvre historique chinoise de veine épique composée par Chen* Shou et traitant de la guerre civile de la fin de la dynastie Han (220 - 260). À partir du XII^e s., la propagande néoconfucéenne s'empara de l'œuvre et fit des personnages authentiques des archétypes (l'usurpateur Cao Cao), voire des divinités (le général Guan* Yu). L'œuvre ne cesse pas d'enflammer l'imagination des enfants chinois (ce fut le cas de Mao Zedong*), en particulier dans sa version la plus achevée, celle de Luo Guanzhong (XIV^e s.).

**TROIS-VALLÉES** ♦ Vallées du Doron de Belleville, du Doron des Allues et des torrents de Saint-Bon, en Tarentaise, dans le dép. de la Savoie. Importants équipements de sports d'hiver, en particulier dans les stations de Méribel*-les-Allues, Courchevel*, Les Ménuires*.

**TROLLHÄTTAN** ♦ V. de Suède, sur le Göta älv, au N. de Göteborg. 53 830 hab. Les chutes de Trollhättan, utilisées dès le Moyen Âge, sont à la base du développement industriel de la ville : indus. lourde, indus. mécanique et électromécanique. Centrale hydroélectrique. Canal, écluses. Tourisme.

**TROLLOPE (Anthony)** ♦ Romancier britannique (Londres 1815 - *id.* 1882). Les romans qui lui valurent le succès et forment la partie la plus vivante de son œuvre étaient inspirés par les milieux religieux (*Le Pasteur*, 1855 ; *Les Tours de Barchester*, 1857 ; *Le Docteur Thorne*, 1858 ; *La Cure de Framley*, 1867 ; *La Dernière Chronique de Barset*, 1867). Il sut restituer avec une vigueur savoureuse l'atmosphère provinciale, créant des personnages hauts en couleur et décomposant les mécanismes sociaux. La diversité de son talent lui fit également aborder le genre du roman psychologique, satirique et politique (*Phineas Finn*, 1869 ; *Le Premier ministre*), avec un égal souci de réalisme.

**TROMP (Maarten Harpertszoon)** ♦ Amiral hollandais (Brielle 1597 - Ter Heide 1653). Il remporta des victoires capitales sur l'Espagne : Gravelines*, les Dunes* (1639). Il battit l'Angleterre près de Douvres (1652), mais fut vaincu à Portland (1653) et fut tué en combattant Monk*. ♦ **Cornelis Tromp** (Rotterdam 1629 - Amsterdam 1691). Fils du précédent. Vice-amiral en 1653, il battit les Anglais à Dunkerque sous les ordres de Ruyter* et obtint d'importants succès sur les flottes franco-anglaise et suédoise (Öland, 1676).

**TROMSØ** ♦ V. de Norvège septentrionale, ch.-l. du comté de Tromsø, dans une île du fjord de Tromsø (important pont suspendu). 55 492 hab. Institut de géophysique et de météorologie, observatoire (étude des aurores boréales). Musée polaire. Université la plus nordique du monde (1968). ▪ Centre commercial. Port. Exportation de poissons et dérivés, de fourrures. Conserveries. Centre touristique.

**TRONCHE (LA)** [38700] ➝ **ÉTYM.** du franco-prov. *tronchi* «souche d'arbre» (désigne un bois) ♦ Comm. de l'Isère, banl. E. de Grenoble. 6 433 hab. (*Tronchois*).

**TRONCHET (François Denis)** ♦ Juriste et homme politique français (Paris 1726 - *id.* 1806). Bâtonnier des avocats avant la Révolution, il fut élu député du tiers état aux États généraux (1789) et fut membre de la commission de réforme de la jurisprudence criminelle. Défenseur de Louis XVI devant la Convention (déc. 1792-janv. 1793), il parvint à se cacher sous la Terreur. Membre du Conseil des Anciens (1795), président du Tribunal de cassation, il fut choisi par Bonaparte pour faire partie de la commission de préparation du Code civil (1800). Sénateur (1801), il prit position contre le consulat à vie. Son corps repose au Panthéon. ➝ **ÉTYM.** *Tronchet* signifie «lieu plein de souches», de *tronc* et suffixe collectif latin *-etum*.

**TRONCHIN (Jean Robert)** ♦ Homme politique suisse (Genève 1710 - Rolly 1793). Il voulut justifier la condamnation de l'*Émile* et du *Contrat social* de Rousseau par le Grand Conseil de Genève dans un pamphlet (*Lettres écrites de la campagne*) auquel Rousseau répliqua par les *Lettres de la Montagne*.

**TRONDHEIM** ♦ V. de la côte O. de Norvège, au bord du fjord de Trondheim. Ch.-l. du comté de Sør-Trøndelag et troisième ville du pays. 155 076 hab. Université. École polytechnique. Siège de la Société royale des sciences. Ville commerçante, Trondheim possède encore de grands magasins de bois aux toits élevés. Cathédrale imposante, de style gothique, où sont toujours couronnés les rois norvégiens. Forteresse de Kristiansten (XVII^e s.). Musée de plein air. ▪ Port de pêche, de commerce et de voyageurs (vers la Suède et le N. du pays). Centre indus. diversifié : conserveries (poisson), indus. du bois (papeteries), indus. métallurgique, mécanique. Centre de services lié aux activités pétrolières en mer du Nord. Fabriques de chaussures. ▮ **Histoire** Fondée en 995 par Olav I^er Trygvesson, elle fut d'abord appelée *Nidaros*. Ce fut la capitale de la Norvège jusqu'en 1380 et la principale ville catholique jusqu'à la Réforme. En 1681, elle fut détruite par un incendie. Elle servit de base navale aux Allemands durant la Deuxième Guerre mondiale.

**TRONSON DU COUDRAY (Guillaume)** ♦ Avocat français (Reims 1750 - Sinnamary, Guyane 1798). Désigné comme défenseur de Marie*-Antoinette, il fut emprisonné sous la Terreur. En 1795, il était député aux Anciens ; il fut déporté en Guyane après le 18 Fructidor en raison de ses opinions royalistes.

**TRONTO** n. m. ♦ Fl. d'Italie péninsulaire (93 km). Né au pied du Gran Sasso, il irrigue les Marches* et se jette dans l'Adriatique.

**TROODOS** n. m. – en gr. mod. ***Troódos*** ♦ Massif montagneux (en partie volcanique) de Chypre, occupant les deux tiers de l'île au S. de la plaine de Mésorée. 1 951 m au Chionistra.

**TROPHONIOS** ♦ Héros béotien d'origine obscure. La tradition en fait un architecte, auteur du premier temple d'Apollon à Delphes, du temple de Poséidon à Mantinée et d'autres constructions archaïques. Il disposait d'un oracle dans une fissure du sol près de Lébadée. Le consultant, après purifications et sacrifices, était englouti dans des profondeurs souterraines et, là, recevait la révélation par des visions et des voix que les prêtres interprétaient ensuite.

**Tropique du Cancer** – en angl. ***Tropic of Cancer*** ♦ Œuvre autobiographique de Henry Miller* (1934). Ce livre inclassable, parfois aux limites du poème en prose, raconte le séjour de Miller à Paris et sa libération de tous les carcans intellectuels et moraux. Il choqua notamment, comme toute l'œuvre de l'auteur, par sa franchise en matière de sexualité. *Tropique du Capricorne*, second volet de cette autobiographie publié en 1938, raconte la vie de Miller dans l'«enfer» américain avant son départ pour l'Europe et exprime son mépris pour la vie aux États-Unis : «Tout ce qui est américain disparaîtra un jour.»

**Tropismes** ♦ Récit de Nathalie Sarraute* (1939). 18 textes brefs, que l'auteur nomme «tropismes», rendent compte des mouvements qui effleurent notre conscience et manifestent nos sentiments. Pour cerner cette agitation commune et interne, N. Sarraute fait éclater les formes traditionnelles du dialogue, créant une sorte d'espace neutre où les personnages ne sont plus que des entités impersonnelles. L'auteur augmenta le recueil de 6 nouveaux textes en 1957.

**Troppau** (congrès de) ♦ Congrès qui réunit, en 1820, dans la ville de Troppau (anc. cap. de la Silésie autrichienne, auj. Opava* en République tchèque), les cinq puissances européennes de la Sainte-Alliance (Autriche, France, Grande-Bretagne, Prusse et Russie). Face à l'extension des troubles révolutionnaires au Portugal, en Espagne, à Naples et à Turin, les cinq pays décidèrent de «mettre un frein, soit par la médiation, soit par la force, aux nouvelles calamités qui menaçaient l'Europe». Le congrès ayant été ajourné, ses travaux se poursuivirent à Laibach* (Ljubljana).

**TROS** ♦ Héros éponyme de Troie* et l'un des fondateurs mythiques de la ville. Son fils cadet Ganymède* est enlevé par Zeus qui, en compensation, lui donne deux chevaux divins.

**TROTSKI (Lev Davidovitch BRONSTEIN, dit Lev Davidovitch Trotski, en fr. Léon)** ➝ ÉTYM. du n. de son gardien de prison, de *troitsa* «trinité» ♦ Théoricien et homme politique russe (Ielisavetgrad, auj. Kirovograd 1879 - Coyoacán, Mexique 1940). Issu de la bourgeoisie juive, il milita dans le mouvement révolutionnaire alors qu'il était étudiant. Arrêté (1898) et déporté en Sibérie, il s'évada et gagna l'Angleterre (1902) sous le nom de Trotski. Collaborateur à la revue *Iskra* en 1902 (→ **Lénine**), il opta pour la fraction menchevik en 1903 (→ **Martov**). En 1905, à Saint-Pétersbourg, président du soviet, il prépara l'insurrection armée et formula sa théorie de la révolution permanente ; selon lui «la révolution russe n'aboutira à la victoire qu'en transférant le pouvoir à la seule classe capable de se tenir à la tête des masses exploitées, le prolétariat», et en se transformant en une révolution du prolétariat européen. Condamné au bannissement à vie, il parvint de nouveau à s'évader, et s'installa en Autriche où il fonda le journal la *Pravda* («la Vérité», 1908). Dans sa lutte pour l'unité de la social-démocratie russe, il constitua une coalition antibolchevique (bloc d'août, 1912). Dès 1914, il affirma son opposition à la guerre mondiale ; après des séjours mouvementés dans plusieurs pays, il revint en Russie (1917) et rejoignit alors les bolcheviks. Après la révolution d'Octobre, dont il fut l'un des principaux dirigeants à la tête du soviet de Petrograd, il devint commissaire du peuple aux Affaires étrangères ; il se prononça pour l'interruption de la guerre, tout en refusant de signer la paix, espérant ainsi gagner du temps et favoriser le développement du mouvement révolutionnaire en Allemagne. L'offensive des troupes allemandes l'obligea à se plier à la position de Lénine ; mais il quitta la direction de la diplomatie après la signature de la paix de Brest-Litovsk (mars 1918). Commissaire du peuple à la Guerre, il organisa l'Armée rouge (1918 - 1920), puis les armées du travail (1920). Hostile à la Nouvelle politique économique (NEP), il préconisa la poursuite du communisme de guerre. Après la mort de Lénine, il s'opposa de plus en plus nettement à Staline*, dont il dénonça particulièrement la politique d'édification du socialisme dans un seul pays ; il fut bientôt rejoint par Zinoviev* et Kamenev* (1925). Démis de ses fonctions (1925), exclu du parti (1927), déporté dans le Kazakhstan, puis expulsé d'URSS (1929), il vécut à Constantinople, en France, en Norvège, enfin au Mexique, ne cessant de lutter contre la politique de Staline et fondant la IVe Internationale. Il fut assassiné sur l'ordre de Staline, par un agent du service secret du Guépéou, Ramón Mercader (alias Jacques Mornard), en août 1940. Dans de nombreux pays (Europe occidentale, États-Unis, Ceylan) le trotskisme est l'idéologie de ralliement de groupes contestataires d'extrême gauche, très actifs en milieu étudiant (France, mai 1968). Princ. ouvrages : *Défense du terrorisme,* 1920 ; *Les Questions essentielles de la révolution,* 1922 ; *Ma vie,* 1929 ; *La Révolution permanente,* 1929 ; *Histoire de la révolution russe,* 1931-1933 ; *La Révolution trahie,* 1936.

Léon **Trotski.** *BIS/Phot. © Coll. Archives Larbor*

**TROTTA (Margarethe von)** ♦ Actrice et réalisatrice allemande (Berlin 1942). Elle écrivit et réalisa plusieurs films à contenu politique (*Les Années de plomb,* 1982 ; *Rosa Luxemburg,* 1986 ; *Les Années du mur,* 1995), joua avec R. Fassbinder et V. Schlöndorff*, alors son mari, avec lequel elle coécrivit plusieurs scénarios.

**TROUBETSKOÏ** ♦ Famille princière russe, qui doit son origine au grand-duc de Lituanie Olgierd (XIVe s.). ♦ **Dimitri Troubetskoï** (mort en 1625). Après avoir combattu les Polonais, il refusa le trône et appuya Michel III Fedorovitch Romanov, qui fut élu tsar en 1613. ♦ **Alexeï Nikititch Troubetskoï.** Il signa avec l'hetman des Cosaques Khmelnitski le traité qui mit fin à la guerre civile en Ukraine (1659). ♦ **Vassili Sergueïevitch Troubetskoï** (1773 - 1841). Il devint aide de camp d'Alexandre Ier Pavlovitch et prit part aux campagnes de l'Empire. ♦ **Sergueï Troubetskoï** (Nijni-Novgorod 1790 - Moscou 1860). Il fut l'un des chefs de l'insurrection manquée des décabristes (1825) ; exilé en Sibérie, il fut gracié par Alexandre II. ♦ **Piotr Troubetskoï.** Il prit part à la guerre de Pologne (1831) ; nommé lieutenant général en 1844, il devint gouverneur de Smolensk, puis membre du Sénat à Saint-Pétersbourg. ➝ ÉTYM. Ce nom russe signifie «du trompettiste».

**TROUBETSKOÏ (Nikolaï Sergueïevitch, en fr. Nicolas)** ♦ Linguiste russe (Moscou 1890 - Vienne 1938). De grande famille, fils d'universitaire, Nicolas Troubetskoï fut d'une étonnante précocité intellectuelle. Passionné d'ethnographie, il se tourna vers la linguistique parce que les méthodes lui en parurent plus scientifiques. Il étudia un an à Leipzig et soutint une thèse en indo-européen sur le futur (1916). En 1917, le linguiste Serge Kartchevski, formé à Genève, l'initia à la pensée de Saussure*. La Révolution l'incita à partir pour Rostov, puis İstanbul, Sofia (1920 - 1922) et Vienne, où il enseigna. Depuis 1920, il était en contact scientifique avec Roman Jakobson* et, en 1928, les deux linguistes adhérèrent au Cercle linguistique de Prague ; leur action commune et leurs théories s'exprimèrent aux congrès internationaux de linguistique, à partir de 1928. De santé fragile, Troubetskoï, persécuté puis chassé de son poste par les nazis en 1938, mourut peu après. ▪ Troubetskoï est avec Jakobson le créateur de la phonologie ou phonétique fonctionnelle, préparée notamment par Baudoin* de Courtenay, et a donné la définition du phonème, unité ultime et support de toutes les oppositions distinctives. Reprenant et condensant ses travaux antérieurs, ses *Principes de phonologie* (posth. 1939 ; trad. fr. 1949) constituent l'un des ouvrages méthodologiques primordiaux de la linguistique moderne.

**TROUÉE HÉROÏQUE** n. f. ♦ Nom donné à une partie de la vallée du Rhin en Allemagne (Rhénanie-Palatinat), entre Bingen et Coblence, là où le fleuve a taillé dans le Massif schisteux rhénan une vallée épigénique. Le rocher de la Lorelei*, la Pfalz au milieu du fleuve et les ruines des *Burgen* sont les destinations des croisières touristiques sur le Rhin.

**TROUMOUSE** (cirque de) ♦ Cirque des Hautes-Pyrénées* à l'E. du Marboré (entre Gèdre et Gavarnie*). Le cirque est fermé par une muraille calcaire qui s'élève de 1 000 à 3 085 m (pic de Troumouse) et 3 133 m (pic de la Munia).

**TROUSSEAU (Armand)** ♦ Médecin français (Tours 1801 - Paris 1867). Élève de Bretonneau*, il enseigna la thérapeutique, puis la clinique médicale (1852). Il publia ses célèbres *Cliniques médicales de l'Hôtel-Dieu* (1861). ➝ ÉTYM. Ce nom vient probablement de l'ancien français *trousser* «charger des bagages, empaqueter».

Le **Trouvère** – en it. ***Il Trovatore*** ♦ Opéra de G. Verdi* sur un livret de Cammarano inspiré du *Troubadour* de García* Gutiérrez (1853). Un des fils du comte de Luna a été enlevé enfant, et son frère, l'actuel comte de Luna, aime Éléonore, elle-même éprise du trouvère Manrique. Éléonore, qui croit que Manrique a été tué, se retire dans un couvent. Mais Manrique, revenu, l'enlève. Le comte, pour se venger, fait alors enlever la mère de Manrique, une gitane, et arrêter le trouvère. Éléonore promet au comte d'être à lui s'il libère Manrique, mais elle s'empoisonne. Le comte de Luna ayant fait décapiter le trouvère, la gitane lui révèle alors que celui-ci était son frère. Les récitatifs et les airs de l'opéra sont d'une grande intensité dramatique, ainsi que le chœur final («Miserere»).

**TROUVILLE-SUR-MER** [14360] ➝ ÉTYM. anc. *Torouvilla* «domaine (lat. *villa*) de Thorulfr, n. de pers. scand. (du vx norv. *þor* "courage" et *ùlfr* "loup")» ♦ Ch.-l. de cant. du Calvados, arr. de Lisieux, à l'embouchure de la Touques, sur la Manche. 5 411 hab. (aggl. 20 184). *(Trouvillais).* Musée Montebello (peintures, gravures et dessins). ▪ Station balnéaire ; port de pêche et de plaisance.

**TROY** ♦ V. des États-Unis (État de New York), sur la rive g. de l'Hudson, à sa confluence avec la Mohawk dans l'agglomération d'Albany. 54 000 hab.

**TROYAT (Lev TARASSOV, dit Henri)** ➝ ÉTYM. d'après les lettres de son vrai nom ♦ Romancier, essayiste et auteur dramatique français d'origine russe (Moscou 1911 - Paris 2007). Fixé en France en 1920, il aborda la littérature en 1935 avec *Faux Jour* que suivent *L'Araigne* (1938) et les nouvelles de *La Fosse commune* (1939), récits placés sous le signe d'un fantastique assez noir. H. Troyat est resté attaché au réalisme du XIXe s. dans les grands cycles romanesques qu'il entama en 1940. *Tant que la terre durera* (1947 - 1950), *La Lumière des justes* (1959 - 1963) sont consacrés à la peinture de la Russie avant et après la Révolution de 1917, tandis que *Les Semailles et les Moissons* (1953 - 1958), *Les Eygletière* (1965 - 1967), comme *Les Héritiers de l'avenir* (1968 - 1970) se veulent le tableau de la société moderne à travers l'histoire de familles françaises. H. Troyat donna encore *Le Moscovite* (1974 - 1975) et publia d'autres œuvres romanesques, dramatiques et biographiques (*Tolstoï,* 1965 ; *La Vie passionnée de Gogol,* 1971 ; *Catherine la Grande,* 1978 ; *Pierre le Grand,* 1979 ; *Le Pain de l'étranger,* 1982 ; *Tourgueniev,* 1985 ; *Gorki,* 1986 ; *Nicolas Ier,* 2001). [Acad. fr. 1959]

Les **Troyennes** – en gr. ***Trôiades*** ♦ Tragédie d'Euripide* (–415). Dans Troie qui vient d'être prise par les Grecs et devant Hécube, veuve de Priam, apparaissent, en une suite de tableaux pathétiques, Cassandre*, captive promise à Agamemnon et qui prédit le châtiment de son vainqueur ; Andromaque, veuve d'Hector, qui essaie vainement de sauver son fils Astyanax ; Hélène, qui tente de reconquérir l'amour de Ménélas. Mais c'est surtout la figure d'Hécube, aïeule douloureuse, tour à tour prostrée et déchaînée, qui domine le drame. Avant d'être elle-même emmenée en captivité, elle aura rendu les honneurs funèbres à son petit-fils Astyanax, maudissant l'aveugle barbarie des dieux. Dans cette œuvre, puissant réquisitoire contre la guerre, les personnages se dégagent du mythe pour entrer dans la tragédie d'une réalité tout humaine. Imitée par Sénèque, la tragédie d'Euripide a inspiré Racine pour *Andromaque*.

Les **Troyens** ♦ Tragédie lyrique en 2 parties et en 5 actes, poème et musique d'Hector Berlioz*, composée entre 1856 et 1863. Premier volet du diptyque, la *Prise de Troie*, tirée du second chant de *L'Énéide*, évoque les derniers jours de la ville assiégée où seule la fureur visionnaire de Cassandre tente vainement de prévenir le malheur qui attend les Troyens. La trame de ces 3 actes est celle de la tragédie d'Euripide, *Les Troyennes*. Extrait du quatrième chant de *L'Énéide*, le livret des *Troyens à Carthage* (second volet, en 2 actes) rapporte les amours de Didon et d'Énée, le départ d'Énée, cédant aux ordres de Mercure envoyé par Jupiter, pour l'Italie, et la mort de Didon sur le bûcher, après la fuite de son infidèle amant. *Les Troyens à Carthage* fut donné à Paris en 1863. Les premières représentations d'ensemble eurent lieu à Karlsruhe en 1890 (en allemand) et à Nice en 1891. La première représentation intégrale eut lieu à Londres (Covent Garden) en 1968, sous la direction de Colin Davis.

**TROYES** [tʀwa] [10000] ➝ ÉTYM. du n. des *Tricasses* (V. ci-dessous), peuple gaulois (p.-ê. de *tri-* «trois» et *-casses* «boucle [de cheveux]») ♦ Ch.-l. du dép. de l'Aube, sur la Seine. 60 958 hab. (aggl. 125 547) *(Troyens)*. Évêché. Église Sainte-Madeleine du XIIe s., remaniée au XVIe s. (jubé flamboyant par J. Gailde, 1508 - 1517 : statue de sainte Marthe du XVIe s.). Cathédrale Saint-Pierre-et-Saint-Paul (XIIIe au XVIIe s.) : façade en partie due à Martin Chambiges (1506 - 1544) ; vitraux du XIIe au XVIIe s., parmi lesquels le *Pressoir mystique* de Linard Gontier, 1625 ; trésor. Église Saint-Jean des XIIIe et XVIe s. (intéressant mobilier). Église Saint-Urbain (XIIIe - XIVe s.), chef-d'œuvre de l'art gothique champenois (vitraux du XIIIe s.). Église Saint-Pantaléon, de style gothique tardif et Renaissance. Hôtel de Vauluisant, Renaissance, abritant le musée historique de Troyes et de Champagne et le musée de la Bonneterie. Musée des Beaux-Arts et d'Archéologie et riche bibliothèque, dans l'anc. abbaye Saint-Loup (XVIIe - XVIIIe s.). Musée d'art moderne : peintures du XIXe au XXe s. ; sculptures ; verreries ; pièces d'art africain. ▪ Indus. traditionnelle de la bonneterie (depuis le XVIe s.) et indus. diversifiées. ▮ **Histoire** *Augustabona* devint la capitale des Tricasses qui lui laissèrent son nom. En 878, Jean VIII y tint un concile et y couronna Louis le Bègue. ♦ ***Traité de Troyes (21 mai 1420)*** Traité signé entre Henri V d'Angleterre et Charles VI le Fou avec la complicité de la femme de ce dernier, Isabeau de Bavière, et celle du duc de Bourgogne. Ce traité déshéritait le Dauphin (le futur Charles VII) au profit d'Henri V, à la condition d'épouser Catherine, fille de Charles VI. → **Cent Ans (guerre de).**

**TROYON** [tʀwajɔ̃] **(Constant)** ♦ Peintre français (Sèvres 1810 - Paris 1865). Paysagiste, il se lia avec les peintres de l'école de Barbizon*, alla travailler dans le Berry, dans le Limousin, en Bretagne et dans la forêt de Fontainebleau ; il produisit alors des paysages solidement construits et fortement empâtés. Après un voyage en Hollande où il admira les animaliers Cuyp* et Potter*, les vaches devinrent jusqu'à la fin de sa vie son motif de prédilection.

**TRUBAR (Primož)** ♦ Ecclésiastique slovène (1508 - 1586). Il fut l'un des chefs de file de la propagande luthérienne dans son pays. Il édita en langue slovène un *Catéchisme* (1550) et un *Abécédaire*, et traduisit le Nouveau Testament.

**TRUCIAL COAST «CÔTE DE LA TRÊVE»** → **Pirates (côte des)**

**TRUCIAL STATES** ➝ ÉTYM. angl. «États de la Trêve» ♦ Nom donné par les Britanniques aux émirats de la côte des Pirates (dans le golfe Arabo-Persique) après la signature par ceux-ci d'un traité général de paix avec la Grande-Bretagne. Ce nom resta en vigueur jusqu'en 1971, date à laquelle fut créée la fédération des Émirats* arabes unis.

**TRUDAINE (Daniel Charles)** ♦ Administrateur français (Paris 1703 - *id.* 1769). Intendant d'Auvergne, il fut nommé directeur des Ponts et Chaussées (1743) et fonda en 1747, avec Perronet*, l'École des ponts et chaussées. [Acad. sc. 1743]

**TRUDEAU (Pierre Elliott)** ♦ Homme politique canadien (Montréal 1919 - *id.* 2000). Il étudia le droit et les sciences politiques à Paris, Harvard et Londres. Député libéral à Ottawa en 1965, ministre de la Justice en 1967, il fut élu chef du parti libéral en 1968 et devint Premier ministre du Canada. Partisan du bilinguisme, il fit créer en 1969 des «districts» bilingues pour l'enseignement, la justice et l'administration dans les régions où la population francophone atteint 10 %. Défenseur du fédéralisme, il s'employa à le redéfinir et s'opposa aux séparatistes québécois. Battu aux élections de 1979, il revint au pouvoir en 1980, obtint le «rapatriement» de la Constitution mais démissionna en 1984. → **Canada.**

**TRUFFAUT (François)** ♦ Cinéaste français (Paris 1932 - Neuilly 1984). Au jeune critique intransigeant des *Cahiers du cinéma* succéda l'un des meilleurs réalisateurs que la Nouvelle* Vague ait révélés. En grande partie autobiographique, son œuvre est une confidence marquée par la tendresse, l'inquiétude et la compassion. Elle exprime, sous le masque de l'ironie, la nostalgie du temps qui passe et de la jeunesse enfuie. Réal. princ. : *Les Quatre* Cents Coups* (1959), *Tirez sur le pianiste* (1960), *Jules* et Jim* (1962), *Fahrenheit 451* (1966), *Baisers volés* (1968), *L'Enfant sauvage* (1970), *La Nuit américaine* (1973), *L'Histoire d'Adèle H.* (1975), *La Chambre verte* (1978), *Le Dernier Métro* (1980), *La Femme d'à côté* (1981). ➝ ÉTYM. Ce nom de famille est le surnom d'un blagueur ou d'un filou, de l'ancien français *truffe* «tromperie».

François **Truffaut.** *Phot. © Coll. Christophe L.*

**TRUJILLO** ➝ ÉTYM. du n. d'une v. d'Estrémadure, corruption du n. romain *Trogilum* ou *Turris Julia* ♦ V. du Pérou. cap. du dép. de la Libertad sur la côte septentrionale, sur la Panaméricaine et au débouché d'une vallée s'ouvrant sur les Andes. 682 834 hab. Centre d'une oasis fluviale en partie consacrée à la canne à sucre. ▮ **Histoire** La ville fut fondée en 1535 par Pizarro à proximité des ruines de Chanchán. Vestiges (18 km²) de la capitale des Chimus qui occupaient toute la côte Nord avant les Incas.

**TRUJILLO Y MOLINA (Rafael Leónidas)** ♦ Homme politique dominicain (San Cristóbal 1891 - Saint-Domingue 1961). Entré dans la police à l'époque de l'occupation de son pays par les États-Unis, il s'empara du pouvoir par un coup d'État en 1930 et ne l'abandonna plus jusqu'à son assassinat. Ne tolérant aucune opposition, il régna par la terreur, tout en sachant ménager les institutions utiles à sa dictature, en particulier l'Armée et l'Église. Sur le plan économique il administra le pays comme s'il s'agissait d'un domaine particulier en s'appropriant de nombreux biens et sociétés privées et en pratiquant le népotisme. Il alla jusqu'à rebaptiser de son nom la capitale (Ciudad Trujillo de 1936 à 1961).

**TRUK** → **Carolines (îles)**

**Trullo** (concile in) ♦ Concile, appelée aussi *Quinisexte*, convoqué en 692 par Justinien II dans le «troullon» du palais Sacré à Constantinople. Considéré en Orient comme partie intégrante du concile de Constantinople* III (680 - 681), il fut rejeté par l'Église latine.

**TRUMAN (Harry S.)** ♦ Homme d'État américain (Lamar, Missouri 1884 - Kansas City 1972). 33e président des États-Unis (1945 - 1953). Sénateur démocrate du Missouri (1935 - 1945), il fut élu vice-président de F. D. Roosevelt en 1944 et lui succéda à sa mort (avr. 1945). Il mit fin à la guerre contre le Japon en ordonnant le lancement de la bombe atomique (Hiroshima, 6 août 1945 ; Nagasaki, 9 août 1945). Il poursuivit la politique de Roosevelt dans un Fair Deal qui imposait le contrôle des prix et qui fut complété par une loi antigrèves Taft-Hartley (1947) ; il limita l'immigration (loi McCarran-Walter, 1952). À l'extérieur, il dut faire face au début de la guerre froide avec l'URSS. Il aida les pays d'Europe par le plan économique dit plan Marshall* (1947). Réélu en 1948, Truman fut à l'origine de l'Otan (1949) qui devait défendre l'Europe occidentale ; lorsque la Corée du Nord attaqua la Corée du Sud, il décida d'intervenir (juin 1950). Il envoya des troupes sous le commandement du général MacArthur*, mais lui enleva son commandement lorsque celui-ci proposa d'étendre le conflit à la Chine. → **Corée.** Truman eut pour successeur Eisenhower*, élu en nov. 1952. Il rédigea dès lors ses *Mémoires* (1955 - 1956) et fonda la bibliothèque Harry S. Truman à Independence, dans le Missouri (1957). ➝ ÉTYM. Ce nom anglais signifie «homme *(man)* sincère *(true)*».

**TRƯNG** ♦ Nom de deux sœurs vietnamiennes (Trưng Trắc et Trưng Nhị), qui, de 40 à 43, se soulevèrent contre la domination chinoise, inaugurant ainsi près de mille ans de lutte contre la Chine. Vaincues et probablement tuées au combat, elle devinrent les héroïnes du Viêtnam libre.

**TRƯƠNG Vĩnh Ký** ou **PETRUS KÝ** ♦ Écrivain vietnamien (Cái Món, prov. de Bến Tre 1837 - Saigon 1898). Auteur d'ouvrages sur la langue, l'histoire, la littérature vietnamiennes et de traductions d'œuvres françaises, utilisateur de la nouvelle écriture, transcription phonétique du vietnamien en caractères latins, il est l'un des rénovateurs de la littérature vietnamienne moderne.

**TRURO** ♦ V. d'Angleterre, ch.-l. du comté de la Cornouailles, au fond d'une ria. 15 000 hab. Centre commercial et touristique.

**TRUYÈRE** [tryjɛr] n. f. ♦ Riv. du Massif* central (160 km), affl. du Lot*. Elle prend sa source dans les monts de la Margeride* et conflue à Entraygues. Elle a été l'objet d'aménagements hydroélectriques considérables : centrales de Sarrans, Brommat, Couesque.

**TSAHAL** ◆ ÉTYM. hébr., sigle de *Tsva Hagana Léisraël* «armée *(tsva)* de défense *(hagana)* d'Israël *(Léisraël)*» ♦ Nom de l'armée israélienne.

**TSANA** (lac) → Tana (lac)

**TS'AO** **Tche** → Cao Zhi

**TS'AO** **Ts'ao** → Cao Cao

**TS'AO** **Yu** → Cao Yu

**TSARATANANA** (massif de) ♦ Massif montagneux du N. de Madagascar, où se situe le point culminant de l'île, le Maromokotro (2 876 m).

**TSARSKOÏE SELO** → Pouchkine

**TSAVO** (parc national de) ♦ Réserve du Kenya, au S.-E. du pays, l'une des plus grandes du monde (23 000 km$^2$), comprenant des paysages très variés et une riche faune. Safaris.

**TSCHERMAK VON SEYSENEGG (Erich)** ♦ Généticien autrichien (Vienne 1871 - *id.* 1962). Il redécouvrit les lois de l'hérédité de Mendel*, créa plusieurs variétés d'hybrides, montra la permanence à l'état latent de certains caractères qui réapparaissent lors de l'hybridation (théorie de la cryptomérie).

**TSELINOGRAD** → Astana

**TS'EU-HI** → Cixi

**TSEU-PO** → Zibo

**TSEVI (Sabbataï)** → Zevi (Sabbataï)

**TSHWANE** ◆ ÉTYM. du n. tswana d'un ancien chef de tribu «nous sommes les mêmes» → Pretoria

**TSIEN (Roger Y.)** ♦ Chimiste américain (New York 1952). Il a élucidé le mécanisme d'émission de la lumière par la protéine fluorescente verte et a fabriqué des marqueurs cellulaires émettant d'autres couleurs, permettant ainsi le suivi simultané de plusieurs processus biologiques *in vivo*. [Prix Nobel de chimie 2008 avec M. Chalfie* et Shimomura* Osamu]

**TSIGANES** ou **TZIGANES** n. m. pl. ♦ Ensemble de populations originaires de l'Inde et parlant une langue indo-européenne commune, participant d'une même culture et menant une vie nomade, principalement en Europe. On distingue les Manouches (Italie), les Gitans (Espagne) et les Roms (Europe centrale).

**TSHIKAPA** ♦ V. de la Rép. démocratique du Congo, sur le Kasaï. Production de diamant.

**TSI-NAN** → Jinan

**TSING-HAI** → Qinghai

**TS'IN-HOUANG-TAO** → Qinhuangdao

**TSIOLKOVSKI (Konstantin Edouardovitch)** ♦ Ingénieur russe (Ijevsk 1857 - Kalouga 1935). Auteur de travaux sur l'aérodynamique, il jeta les bases scientifiques de l'astronautique, réalisant d'importantes recherches sur la propulsion par réaction, et les fusées pour lesquelles il proposa l'emploi d'hydrogène et d'oxygène liquéfiés (1903), constituants du propergol liquide utilisé actuellement. Il imagina les fusées à étages et les stations orbitales. Son œuvre théorique très élaborée en fait un précurseur de l'astronautique contemporaine.

**TSIRANANA (Philibert)** ♦ Homme d'État malgache (Anahidrano 1912 - Antananarivo 1978). Fondateur du parti social-démocrate, il fut député à l'Assemblée nationale française (1956 - 1959). Il devint président du Conseil du gouvernement de Madagascar (1958). Président de la République malgache en 1959 et constamment réélu jusqu'en 1972, il vit alors sa politique critiquée et fut écarté du pouvoir (référendum du 8 octobre).

**TSITSIHAR** → Qiqihar

**TS'IUAN-TCHEOU** → Quanzhou

**TSONG-KHA-PA** ◆ ÉTYM. tibétain «l'homme de la terre des oignons» ♦ Moine bouddhiste tibétain (1357 - 1419). Maître des doctrines du bouddhisme exotérique et ésotérique, il réforma le lamaïsme et fonda la secte des Gelugpas («vertueux») porteurs de bonnets jaunes, et le monastère de Gandan. Il est l'auteur de nombreux textes de doctrine lamaïque.

**TSUBOUCHI Shōyō (TSUBOUCHI Yuze, dit)** ♦ Écrivain japonais (Ôta, préf. de Gifu 1859 - Atami 1935). Spécialiste de la littérature anglaise, il traduisit l'œuvre entière de Shakespeare. Il s'intéressa à la recherche théâtrale, jetant les bases de la mise en scène du théâtre occidental au Japon. L'un de ses essais, *Shōsetsu Shinzui* («La Quintessence du roman», 1885 - 1886), eut un grand retentissement. Critiquant les formes traditionnelles de la prose romanesque japonaise, il revendiqua un roman psychologique, de nature à révéler ce qu'est l'essence de l'homme.

**TSUGARU** (détroit de) ♦ Détroit qui sépare les deux plus grandes îles japonaises (Honshū et Hokkaidō), faisant communiquer la mer du Japon avec l'océan Pacifique.

**TSUI (Daniel C.)** ♦ Physicien américain d'origine chinoise (Henan 1939). [Prix Nobel de phys. 1998, avec R. Laughlin* et H. Störmer*]

**TSUJI Kunio** ♦ Homme de lettres japonais (Tōkyō 1925 - Karuizawa 1999). Après des études de littérature française, il séjourna à Paris de 1956 à 1959. Son œuvre est inspirée par l'histoire et la civilisation méditerranéennes (France, Italie, Grèce) : *Julien l'Apostat* (1972), *À Paris, journal intime* (1973 - 1974, 6 vol.).

**TSUMEB** ♦ V. de Namibie, située dans une zone d'exploitation du plomb, du cuivre, du fer et du manganèse. Plus de 14 000 hab.

**Tsurezuregusa** → Kenkō Hōshi

**TSUSHIMA** ♦ Îles du N. de Kyūshū (Japon), dans le détroit de Corée, à 130 km de Kyūshū. 37 468 hab. ▮ **Histoire** C'est dans le détroit où se trouvent ces îles qu'eut lieu les 27 et 28 mai 1905 une bataille navale entre les Russes (amiral Rojdestvenski) et les Japonais (amiral Tōgō) qui vit la défaite totale de la flotte russe de la Baltique venue au secours de Port-Arthur assiégée.

**TSVETAÏEVA (Marina Ivanovna)** ♦ Poète russe (Moscou 1892 - Elabouga 1941). Fille d'un historien de l'art, fondateur du Musée d'art de Moscou (auj. musée Pouchkine), elle se fit connaître dès ses premiers recueils de poèmes (*Album du soir*, 1910 ; *La Lanterne magique*, 1912 ; *Les Verstes*, 1921) consacrés à l'amour, à la Russie et à la poésie. Mariée à un officier blanc, elle quitta l'URSS en 1922 pour rejoindre son mari réfugié à Prague puis à Paris (1925). Son œuvre lyrique, au souffle puissant et aux formes nouvelles et hardies (*Poésies pour Blok*, 1922 ; *Séparation*, 1922 ; *Le Métier*, 1923 ; *Poème de la montagne*, 1926 ; *Poème de la fin*, 1926 ; *Le Preneur de rats*, 1925 ; *Poème de l'air*, 1930), ses tragédies, ses essais sur l'art poétique (*Le Poète et le Temps*, 1932), les portraits qu'elle a brossés de ses contemporains (Pasternak, Maïakovski) et ses récits autobiographiques témoignent de sa haute conception de la vocation poétique et de son immense désir d'absolu. Nostalgique de la terre natale (*Après la Russie*, 1922 - 1925), elle retourna en URSS en 1939, où, accablée par la déportation de son mari et de sa fille puis par le départ de son fils pour le front, elle se suicida.

**TUAMOTU** (îles) ◆ ÉTYM. tahitien «les îles *(motu)* de la haute mer *(tua)*» ♦ Archipel de la Polynésie française, à l'E. des îles de la Société. Il est formé d'environ 80 atolls (à l'exception de Makatea*) et prolongé par les Gambier dont l'île la plus orientale est Mangareva. 860 km$^2$. 12 374 hab. (*Paumotus* ou *Pomotus*). Climat chaud. Cocotiers. Pêche dans les lagons (coquillages nacriers). Bases d'essais nucléaires aériens puis souterrains dans les atolls de Mururoa* et Fangataufa. Aérodrome et centre technique dans l'atoll de Hao (Centre d'expérimentation du Pacifique). ▮ **Histoire** L'archipel (anc. «îles Basses» ou îles Paumotu) fut découvert en 1606 par les Espagnols et annexé par la France en 1880.

**TUBAL-CAÏN** ◆ ÉTYM. de *Tubal*, n. de peuple d'Asie mineure et de *Caïn** ♦ Personnage biblique (Genèse, IV, 22), fils de Lamech* et de Tsilla, ancêtre mythique des forgerons.

**TUBI** ou **TUBY (Jean-Baptiste)**, dit **le Romain** ♦ Sculpteur français d'origine italienne (Rome 1630 ou 1635 - Paris 1700). Il se fixa en France vers 1660, fut naturalisé en 1672 et fut reçu académicien en 1676. Devenu le neveu par alliance de Le* Brun, il travailla à la manufacture des Gobelins et participa largement au programme de décoration sculptée des jardins de Versailles (*Apollon sur son char*, 1671 ; *La Saône*, 1683 ; *Flore*). Il fut le collaborateur de Coysevox* pour les tombeaux de Colbert et de Mazarin et exécuta le groupe central du tombeau de Turenne. Dans ses œuvres versaillaises, les tendances baroques apparaissent tempérées par l'influence de la statuaire antique, ce qui lui confère un caractère de noblesse et de simplicité.

**TUBIANA (Maurice)** ♦ Médecin français (Constantine, Algérie 1920). Cancérologue et l'un des pionniers de la radiothérapie en France, il est l'auteur de recherches en radiobiologie (utilisation de marqueurs, effet des radiations sur les tissus) et en cancérologie (cinétique de la prolifération cellulaire, cancers de la thyroïde et du sein, hématosarcomes). [Acad. sc. 1988]

**TÜBINGEN** ♦ V. d'Allemagne (Bade-Wurtemberg), sur le Neckar, près de son confl. avec l'Ammer, chef-lieu de régence. 81 911 hab. Château de Hohentübingen (XI$^e$ - XVI$^e$ s.), églises et maisons anc., hôtel de ville et collégiale du XV$^e$ s. La ville doit sa célébrité à son université, fondée en 1477, où Melanchthon enseigna au XVI$^e$ s. et où étudièrent Uhland, Hölderlin, Mörike, Hegel et Schelling, ainsi que Kepler. Elle demeure le grand foyer intellectuel et spirituel du Wurtemberg*. ▪ Indus. mécaniques et textiles. Papeteries, imprimeries et maisons d'édition.

**TUBIZE** – en néerl. ***Tubeke*** ♦ Comm. de Belgique (Région wallonne), prov. du Brabant wallon, arr. de Nivelles, au confluent de la Senne et de la Sennette, sur le canal Charleroi-Bruxelles. 22 713 hab. Églises gothiques à Tubize, Oisquercq, Saintes ; châteaux à Saintes et Clabecq. ▪ Sidérurgie (forges de Clabecq en difficulté).

**TUBMAN (William Vacanarat Shadrach)** ♦ Homme d'État libérien (Harper 1895 - Londres 1971). Président de la République en 1943, constamment réélu, il gouverna en dictateur. Il fit entrer son pays en guerre aux côtés des Alliés en 1944 et obtint l'aide économique des États-Unis. Il participa aux principales conférences du tiers monde à Bandung (1955) et à Accra (1958). À l'origine, des conférences panafricaines de Monrovia (1959, 1961), il y lança l'idée de l'union économique des pays de l'Ouest africain.

**TUBUAÏ** (archipel des) ou îles **AUSTRALES** ♦ Archipel le plus méridional de la Polynésie française, situé de part et d'autre du tropique du Capricorne. Il comprend les hautes îles volcaniques de Rimatara, Rurutu, Tubuaï, Raivavae, au S.-E., l'île isolée de Rapa* et quelques atolls. 174 km². 6 509 hab. Le centre principal est Mataura dans l'île Tubuaï. Le climat est doux et tempéré, mais les typhons y sont fréquents. Cocotiers, taro, pêche.

**TUC-D'AUDOUBERT** ♦ Grotte préhistorique d'Ariège (comm. de Montesquieu-Avantès) faisant partie de l'ensemble des cavernes du Volp. Des empreintes de pas d'enfants, des gravures et surtout deux bisons modelés dans l'argile crue, découverts en 1912, en font un témoin exceptionnel de l'art du Magdalénien*.

**TUCHOLSKY (Kurt)** ♦ Écrivain allemand (Berlin 1890 - Hindås, Suède 1935). Sous divers pseudonymes, il publia en vers et en prose de violentes critiques du nationalisme chauvin et du militarisme (*Sous cinq pseudonymes*, 1928 ; *Allemagne par-dessus tout [Deutschland über alles]*, 1931). Lors de l'avènement du régime nazi, ses livres furent brûlés, lui-même perdit la nationalité allemande et, réfugié en Suède, il s'y suicida peu après.

**TUCQUEGNIEUX** [54640] ♦ Comm. de la Meurthe-et-Moselle, arr. de Briey. 2 726 hab. (aggl. 5 998) *(Tucquenois)*. Anc. mine de fer.

**TUCSON** [tusɔn] ♦ V. des États-Unis (Arizona). 486 699 hab. dont 30 % d'Hispaniques (zone urbaine 843 746). Université. Important marché agricole. Indus. électronique et de haute technologie. Centre touristique et résidentiel en expansion. ▪ Nombreuses missions espagnoles et villes fantômes dans les environs.

**TUCUMÁN** – anc. ***San Miguel de Tucumán*** ♦ V. d'Argentine, au pied des Andes, cap. de prov. 754 000 hab. (aggl.). Centre commercial d'une région de cultures irriguées. Indus. agroalimentaire. Université. ▮ **Histoire** Fondée en 1565 par les Espagnols. Les troupes royalistes y furent défaites en 1812 et, le 9 juil. 1816, la proclamation de l'indépendance des provinces unies d'Amérique du Sud y fut signée. ♦ ***Province de Tucumán*** → **Argentine** (carte). 22 524 km². 1 339 000 hab. Cultures subtropicales (canne à sucre, coton, tabac, maté).

**TUDJMAN (Franjo)** ♦ Homme d'État croate (Veliko Trgovišče, Croatie 1921 - Zagreb 1999). Ancien combattant du mouvement de résistance antifasciste de Tito, général, membre de l'état-major de l'armée yougoslave, démissionnaire en 1961, il fut nommé en 1967 directeur de l'Institut d'histoire du mouvement ouvrier. Condamné en 1972 et 1981 à la prison pour nationalisme croate, il devint, en 1990, le chef de l'Union démocratique croate (HDZ), constituée en vue des premières élections libres. Il fut élu président de la République de Croatie, qui devait faire sécession de la Yougoslavie en 1991, puis réélu en 1997. Menant une politique nationaliste de plus en plus contestée, il exerça un contrôle autoritaire sur le pays.

**TUDOR** ♦ Famille qui régna sur l'Angleterre de 1485 à 1603. Originaire du pays de Galles, connue dès le XIII$^{e}$ s., elle eut pour véritable fondateur OWEN TUDOR (mort en 1461), qui dut sa fortune à la veuve d'Henri V, la reine Catherine de Valois, qu'il épousa sans doute secrètement. Il prit part à la guerre des Deux*-Roses aux côtés des Lancastre* dont son petit-fils, HENRI TUDOR, devint l'héritier, sa mère étant Marguerite de Lancastre. Henri, devenu Henri VII, fut le fondateur de la dynastie (→ **Henri VII, Henri VIII, Édouard VI, Marie I$^{re}$ Tudor, Élisabeth I$^{re}$**). Les Stuarts* devaient lui succéder à la suite du mariage de Marguerite Tudor, fille d'Henri VII, avec Jacques IV Stuart.

**TUDOR (William COOK, dit Antony)** ♦ Danseur et chorégraphe britannique (Londres 1909 - New York 1987). Il composa son premier ballet, *Cross Gartered* (1931), pour la compagnie de Marie Rambert. Il travailla ensuite pour l'American Ballet Theatre (1939), pour l'Opéra royal de Suède (1949), et devint, en 1950, directeur de l'école de ballet du Metropolitan Opera de New York. Donnant au ballet classique une nouvelle portée par l'expression psychologique, A. Tudor acquit une grande réputation avec ses ballets dramatiques composés aux États-Unis : *Lilac Garden, Pillar of Fire, Roméo et Juliette, Échos de trompettes*.

**TỰ ĐỨC** ♦ Nom de règne de l'empereur du Viêtnam (ou empereur d'Annam) Nguyễn Dục Tông, de son vrai nom Nguyễn Phúc Hồng Nhậm (Huế 1829 - *id.* 1883), qui régna à partir de 1848. Il céda la Cochinchine à la France, puis s'allia à la Chine afin de chasser les Français du Viêtnam du Nord, mais il échoua dans cette dernière tentative. Fin lettré, il laissa de nombreux poèmes et écrits en chinois.

**TUFFIER (Théodore)** ♦ Chirurgien français (Bellême 1857 - Paris 1929). Il mit au point l'anesthésie rachidienne *(procédé de Tuffier)* et se spécialisa dans la chirurgie pulmonaire (*opération de Tuffier*, 1891), cardiaque et vasculaire.

**Tugendbund** ▸ **ÉTYM.** all. «ligue de la vertu» ♦ Association fondée à Königsberg en 1808 pour lutter contre la domination française et relever la Prusse écrasée par Napoléon I$^{er}$. Officiellement dissoute en 1809, elle se reforma pendant les guerres de libération, dans lesquelles elle ne joua qu'un rôle assez restreint (elle ne compta jamais plus de 600 membres). Ses opinions libérales entraînèrent sa dissolution en 1815.

**TUGHLUQ** ♦ Dynastie de sultans musulmans turcs de Delhi qui régnèrent de 1320 à 1413. Elle eut 13 souverains.

**Tuileries** (palais des) ♦ Résidence jadis édifiée à Paris sur la rive d. de la Seine, entre le Louvre et les Champs-Élysées. Commencés, à la demande de Catherine de Médicis, par Philibert Delorme* (1564 - 1570), les travaux furent poursuivis par Jean Bullant*, Androuet* du Cerceau (pavillon de Flore), repris par Louis Le* Vau sous Louis XIV (anc. pavillon de Marsan), puis, après 1800, par Percier* et Fontaine*. Résidence royale sous Louis XV, siège de la Convention nationale à la Révolution (1793), habité par les souverains depuis l'Empire, le palais fut partiellement incendié pendant la Commune (1871) avant d'être démoli en 1882 (excepté les deux pavillons). ▪ Les *jardins des Tuileries* (dessinés à l'emplacement d'une fabrique de tuiles) furent d'abord un parc à l'italienne (1563) avant d'être confiés à Le* Nôtre (1664) qui corrigea la déclivité du terrain en établissant deux terrasses (du Bord de l'eau et des Feuillants) qui se rejoignent en rampes courbes et dominent l'actuelle place de la Concorde au niveau des *Chevaux ailés* de Coysevox* (faisant pendant aux *Chevaux de Marly* de G. Coustou* dont les originaux sont au Louvre). Elles portent l'Orangerie et le Jeu de paume, établis sous le Second Empire et devenus musées et salle d'exposition. De part et d'autre de l'allée centrale, ponctuée de deux bassins et axe de la «voie triomphale», s'ordonnent parterres et quinconces ornés de statues dues notamment à Coysevox, N. et G. Coustou*, P. Lepautre, Pradier* et Maillol*. → **Carrousel (arc de triomphe du).**

**TUKULTI-NINURTA II** ♦ Roi d'Assyrie* (de –888 à –884). Il annexa les régions de Harran, du moyen Euphrate et le pays compris entre le Grand Zab et le Petit Zab.

**TULA** ♦ Village du Mexique, à 95 km au N. de Mexico (État de Hidalgo). Église et couvent du XVI$^{e}$ s. Ruines de l'anc. cap. toltèque : pyramide et temple de Tlahuizcalpantecuhtli «temple de l'étoile du matin», dont les reliefs et les atlantes sont remarquables. → **Toltèques.**

**TULA** (Russie) → **Toula**

**TULÉAR** → **Toliary**

**TULKARM** ♦ V. de Cisjordanie, en Samarie. Occupée par Israël après la guerre des Six Jours, elle est sous autogouvernement palestinien depuis 1995. Env. 30 000 hab. Carrefour ferroviaire.

**TULLE** [19000] ▸ **ÉTYM.** anc. *Tutelae*, du lat. *Tutela*, n. de divinité «protection, défense» ♦ Ch.-l. du dép. de la Corrèze, au confluent de la Corrèze et de la Solane. 15 553 hab. (aggl. 18 547) *(Tullistes)*. Évêché. Anc. cap. du bas Limousin. Cathédrale (nef du XII$^{e}$ s., clocher des XIII$^{e}$ et XIV$^{e}$ s., cloître et salle capitulaire du XIII$^{e}$ s. renfermant un musée d'arts et de traditions populaires). Maison de Loyac du XVI$^{e}$ s. Le quartier de l'Enclos possède des maisons Renaissance. ▪ Pôle admin. Manufacture d'armes. Indus. du bois (meubles) et alimentaire. Instruments de musique (accordéons). Centre d'instruction des gendarmes auxiliaires. ▮ **Histoire** La ville, érigée en évêché en 1317, tomba aux mains des Anglais en 1346 et en 1369 et fut décimée par la peste noire en 1348. Elle fut pillée en 1585 par le vicomte de Turenne, au moment de la Ligue*. Le 8 juin 1944, Tulle fut libérée par les troupes d'un maquis de Corrèze et, le lendemain, 99 otages pris dans la ville furent pendus par les Allemands (monument commémoratif).

**Tullianum** ou **prison Mamertine** ♦ Prison de la Rome antique, creusée sous Ancus* Martius (–VII$^{e}$ s.) au flanc du Capitole. Elle comportait deux étages dont un cachot souterrain et voûté ; on y enfermait les condamnés à mort, parmi lesquels Catilina*, Jugurtha*, Vercingétorix* et, selon la tradition, saint Pierre et saint Paul.

**TULLINS** [38210] ▸ **ÉTYM.** anc. *Tollianum*, du lat. *Tullius*, n. de pers., et suff. *-anum* ♦ Ch.-l. de cant. de l'Isère, arr. de Grenoble, près de l'Isère. 7 068 hab. *(Tullinois)*. Noix de table. Indus. diversifiées (papeterie, construc. mécaniques).

**TULLUS HOSTILIUS** ♦ Troisième roi légendaire de Rome (de v. –672 à v. –640). Latin belliqueux, il mena deux guerres contre Albe* (épisode des Horaces* et des Curiaces) qu'il détruisit et dont il fit déporter les habitants à Rome.

**TULSA** ♦ V. des États-Unis (Oklahoma) sur la riv. Arkansas. 393 049 hab. (zone urbaine 803 235). Université presbytérienne. C'est l'un des principaux centres pétroliers des États-Unis. Centre commercial agricole. Indus. aéronautique ; indus. diverses.

**TULSĪ DĀS** ♦ Poète mystique indien (Bénarès v. 1532 - v. 1623). Il est l'auteur de nombreux écrits piétistes, de versions hindi du *Rāmāyana* et des textes sanskrits.

**TULUM** ♦ Site archéologique du Mexique (État de Quintana Roo). La façade de l'un des principaux édifices, le Castillo, domine une falaise sur la mer des Caraïbes. Daté des XII$^{e}$ - XIII$^{e}$ s., ce bâtiment semble avoir été le donjon d'une sorte d'enceinte fortifiée. L'une des divinités les plus fréquemment représentées est un personnage plongeant la tête vers la terre.

**TULUNIDES** n. m. pl. ♦ Dynastie égyptienne (868 - 905), fondée par Aḥmad Ibn* Ṭūlūn, officier du gouverneur abbasside de l'Égypte. Ce dernier imposa son autorité sur l'Égypte et la Syrie et en fit un territoire indépendant du califat abbasside. Cette dynastie encouragea l'éclosion d'un art musulman spécifique, différent de celui de Bagdad. En 905, le califat reconquit l'Égypte et la Syrie et mit fin à la domination tulunide.

**TUMACO** ♦ Port de Colombie, sur l'océan Pacifique (département de Nariño). 161 490 hab. Pêche. Point d'arrivée de l'oléoduc amazonien. Plantations de palme dans la région. Huileries. ♦ ***Culture de Tumaco-La Tolita*** Culture amérindienne brillante (orfèvrerie, céramique anthropomorphe) de l'époque préhispanique (~600 - 200 apr. J.-C.) dans la région de Tumaco et de La Tolita (Équateur).

**TUMAS (Youosas,** dit **Vaizgantas)** ♦ Écrivain lituanien (Milaïchiaï, gouvern. d'Anikchiaï 1869 - Kaunas 1933). Son œuvre est représentative de la littérature de combat. Dans son roman *Les Éclaireurs* (1917 - 1933), l'auteur rêve d'une réconciliation nationale.

**TUNDER (Franz)** ♦ Compositeur allemand (Lübeck 1614 - *id.* 1677). Organiste à la cour de Schleswig, puis à la Marienkirche de Lübeck, précédant dans cette charge son gendre Buxtehude*, il fut l'un des principaux représentants de la musique d'orgue en Allemagne du Nord, le premier à avoir utilisé le schéma caractéristique de la *toccata* (toccata, fugue, coda). Il a laissé des toccatas et fugues, des fantaisies et des chorals (avec procédés de contraste et d'écho) pour orgue et des motets de soliste.

**TUNDŽA** n. f. ♦ Riv. de Bulgarie (330 km), princ. affl. de la Marica (rive g.). Née dans le Balkan, elle arrose Jambol et Edirne.

**TUNGABHADRA** n. f. ♦ Riv. (650 km) du S. de l'Inde (Karnataka), affl. de la Krishna. D'importants barrages hydroélectriques régularisent son cours et fournissent l'électricité à l'État.

**TUNIS** ➝ ÉTYM. en ar. ***Tūnis*** ; du lat. *Tunes* (ou *Tunis*), du dialecte ahaggar *ténésé* « fait d'être couché » et par ext. « fait de passer la nuit », d'où « campement ; bivouac ; halte » ♦ Cap. de la Tunisie, située au N.-E. du pays. 728 453 hab. *(Tunisois)*. La ville, construite entre des collines et une lagune *(lac de Tunis)*, est reliée par un canal à La Goulette ; elle est située sur le *golfe de Tunis* (de même que Carthage, Sidi Bou-Saïd, La Marsa, Hammam Lif), où se jette la Medjerda et qui est fermé à l'E. par la presqu'île du cap Bon. Université (hors ville). Mosquées. Ville ancienne : souks, univ. musulmane al-Zaytuna (« l'Olivier ») du IXe s. Ville nouvelle entre les collines et la lagune, en cours de comblement (travaux d'urbanisation). Musée archéologique du Bardo. Centre administratif, commercial et financier. 1er centre indus. de Tunisie. Artisanat.

**▌HISTOIRE** Si Tunis, l'antique *Tunes*, remonte à l'époque punique, elle ne connut un véritable développement qu'après la conquête arabe. Elle devint à la fin du VIIe s. la capitale économique de l'Ifrīqiya, puis celle des émirs aghlabides au IXe s. ; au milieu du XIe s., après la dévastation de Kairouan par les tribus des Hilaliens, elle fut également un centre religieux et s'agrandit des faubourgs de Bab Souïka et Bab Djazira. Résidence du gouverneur almohade du XIIe s., elle devint au XIIIe s. la capitale des Hafsides et donna son nom au royaume de Tunis. Principal centre commercial entre l'Europe et le Maghreb, elle fut l'objectif de la dernière croisade et Saint Louis mourut sous ses murs (1270). Devenue une des bases du corsaire turc Barberousse au XVIe s., elle fut prise par Charles Quint en 1535, et les Espagnols la conservèrent jusqu'en 1569. De nouveau sous domination ottomane (don Juan d'Autriche s'y établit momentanément en 1573 - 1574), elle devint la capitale de la régence de Tunis et le centre de la résistance contre la France. Elle fut prise par les Français en 1881. Durant la Deuxième Guerre mondiale, les Allemands l'occupèrent en nov. 1942, mais les troupes britanniques la reprirent le 7 mai 1943. Après la reconnaissance par la France de l'indépendance de la Tunisie (1956), la République tunisienne y fut proclamée le 25 juil. 1957.

## TUNISIE

**▌**n. f. ➝ ÉTYM. de *Tunis**, off. ***République tunisienne***, en ar. ***al-Djumhūriya al-Tūnisiya*** ♦ Pays du Maghreb. 163 610 km². 9 910 872 hab. *(Tunisiens)* et 350 000 émigrés dont 250 000 en France. LANGUES : arabe (off.), français et berbère. RELIGION : musulmans sunnites 99 % (dont 85 % de rite malékite, 15 % de rite hanéfite). MONNAIE : dinar tunisien. CAPITALE : Tunis. RÉGIME : présidentiel. Le pays est divisé en 23 gouvernorats.

**▌GÉOGRAPHIE** La Tunisie forme un pays plat dans son ensemble à l'exception de sa partie septentrionale relevée, surtout dans l'O. Cette zone est formée par le Tell et l'Atlas (➝ **Dorsale tunisienne**) entre lesquels s'insèrent les plaines de la Medjerda. Ses côtes découpées forment des caps (caps Blanc, Bon) et des golfes (Bizerte, Gabès avec les îles de Djerba et de Kerkennah, Hammamet, Tunis). La position de la Tunisie avec sa double façade maritime et son faible relief, ouvert sur la mer, lui font subir les influences méditerranéennes. Dès que l'on s'éloigne de la côte, le continentalisme apparaît avec la steppe et l'aridité du centre et du S. (➝ **Sahara**).

**Tunisie.**

Au pied des hautes steppes se situe la dépression présaharienne du Chott el-Djerid. Le N. de la Dorsale tunisienne reçoit plus de 400 mm d'eau, le S. moins de 300 mm et enfin les monts de Gafsa forment la limite de la sécheresse, avec moins de 150 mm.

**▌ÉCONOMIE** Pays en voie de développement, la Tunisie a enregistré de réels progrès depuis le début des années 1970. Néanmoins, l'économie tunisienne reste fragile et souffre de carences structurelles. **▌Agriculture, élevage et pêche** Le secteur agricole représentait 11 % du PIB en 2009. L'agriculture connaît une bonne reprise depuis 2004. Le développement du réseau d'irrigation a été porté au rang de priorité par le gouvernement et un plan d'aménagement de barrages est en cours. Les céréales, principalement le blé, dur et tendre, et l'orge, occupent plus du tiers des terres cultivées (zone du Tell) mais restent insuffisantes pour satisfaire les besoins du pays. L'arboriculture, elle, est en expansion régulière et en grande partie destinée à l'exportation : olives, agrumes, dattes. Avec près de 70 millions d'oliviers (principalement dans la zone du Sahel), la Tunisie est l'un des plus importants producteurs d'huile d'olive. La production vinicole est concentrée dans les régions de Tunis et de Bizerte, les agrumes dans la région du cap Bon, et les dattes dans

Tunisie ▮ Productions en 2008

| Produits | Quantités | Rang |
|---|---|---|
| ▮ Agriculture | | |
| Blé | 1 400 000 t | |
| Dattes | 125 000 t | 12e |
| Huile d'olive (2009) | 200 000 t | 4e |
| Olives | 900 000 t | 5e |
| Orge | 520 000 t | |
| Tomates | 1 000 000 t | 17e |
| Vin (2006) | 300 000 hl | |
| Bovins (têtes) | 700 000 | |
| Ovins (têtes) | 7 600 000 | |
| Pêche | 110 000 t | |
| ▮ Mines et énergie | | |
| Fer | 200 000 t | |
| Pétrole | 4 500 000 t | |
| Phosphates | 8 000 000 t | 3e |
| Plomb | 9 000 t | |

les oasis du Sud. La production d'alfa, dans la steppe, est en revanche plus développée. L'élevage (bovins dans le tell et ovins dans la steppe) progresse peu en nombre et sa productivité reste insuffisante. La pêche est un secteur en pleine expansion et le gouvernement a entrepris un programme d'aménagement de 20 nouveaux ports. ▮ **Mines** La Tunisie recèle les gisements de phosphates et de superphosphates les plus importants du monde. Les mines, principalement situées au S.-O. de Gafsa (Metlaoui), sont exploitées par la Compagnie des phosphates de Gafsa, entreprise parapublique. Les quotas d'exportation imposés sur le phosphate ont contribué à la stagnation de ce secteur. Les autres ressources minières sont le fer, le plomb et le zinc. ▮ **Hydrocarbures, pétrole et gaz naturel** La production d'hydrocarbures reste à un niveau assez faible. Elle représente 14 % des exportations totales de la Tunisie. Les réserves pétrolières sont estimées à 80 millions de t, celles de gaz naturel à 80 milliards de m$^3$. Le gouvernement s'efforce d'attirer les investissements et multiplie les permis de prospection octroyés aux compagnies étrangères. Le principal gisement (gaz et pétrole) est celui d'El-Borma, qui exporte via La Skhira. Les autres gisements sont situés dans les régions de Sfax et de Kasserine, et surtout dans le golfe de Gabès. Les hydrocarbures fournissent l'essentiel de l'énergie électrique (18 centrales thermiques). ▮ **Industrie** L'activité industrielle représente 28 % du PIB tunisien (2009). Les principales régions industrialisées sont localisées sur le littoral. Plus de la moitié des industries sont concentrées dans l'agglomération de Tunis et à Sousse, Sfax, Gabès, Bizerte, Gafsa, Beja et Kasserine. L'activité industrielle, tournée vers l'extérieur, concerne les industries de base, à partir des matières premières locales (agroalimentaire, sidérurgie, métallurgie, chimie) et les industries de biens de consommation : textile (pénalisée par la concurrence chinoise), alimentaire, cuirs et chaussures, papier et carton, verre. ▮ **Tourisme et commerce** Le tourisme, très bien organisé, constitue une activité économique essentielle (7 % du PNB) et représente une des premières sources de devises du pays. D'importants aménagements ont été réalisés grâce à l'accroissement des investissements étrangers. La Tunisie réalise 80 % de son commerce avec l'Union européenne. La France y tient la première place.

▮ **HISTOIRE** ▮ **Carthage (–XIIe - –IIe s.)** Peuplée primitivement de nomades berbères, la Tunisie connut très tôt des apports ethniques divers. À la fin du –IIe millénaire, les Phéniciens arrivèrent sur les côtes où ils établirent des comptoirs. La colonisation phénicienne ne débuta vraiment qu'avec la fondation de Carthage, colonie de Tyr*. Carthage s'émancipa progressivement et imposa son hégémonie aux autres colonies phéniciennes des côtes africaines. Au –VIe s., elle devint la capitale d'un empire maritime composé de plusieurs villes-comptoirs et de l'arrière-pays, correspondant à peu près à la Tunisie actuelle. La rivalité avec Rome déclencha trois guerres puniques* qui aboutirent en –146 à la destruction totale de Carthage. → **Carthage.** ▮ **La domination romaine (–IIe - Ve s.)** Les territoires conquis par les Romains constituèrent la province romaine d'Afrique*. Carthage fut reconstruite par Auguste et devint le siège du gouvernement provincial. Sous l'administration romaine, le pays connut un grand essor, surtout après la fin des guerres civiles. Fortement urbanisé, il fut presque totalement romanisé et latinisé. Le christianisme y apparut assez tôt et y fut largement propagé. Carthage fut le foyer d'une intense activité intellectuelle (Tertullien*, saint Cyprien*, saint Augustin*). Un ingénieux système d'irrigation permit le développement de l'agriculture qui fit de la région l'un des greniers de Rome (grains, huile, vin). Le déclin de la province commença à partir du IIIe s. lorsqu'elle dut faire face à de graves troubles sociaux. L'hérésie donatiste qui se répandit largement au IVe s. dans le petit peuple des campagnes sonna le glas de l'administration romaine. ▮ **Les Vandales (Ve - VIe s.)** Pendant que l'Empire romain se désagrégeait sous la poussée barbare, les Vandales*, conduits par Genséric, déferlèrent en Afrique du Nord. La prise de Carthage en 429 marqua la fin de leur progression. Ils s'approprièrent les grandes propriétés sans remettre en cause les lois et l'administration romaines. Mais, très vite, le royaume miné par les luttes intestines et les rivalités religieuses, ébranlé par des jacqueries dans les campagnes et par les incessants raids berbères, s'enfonça dans l'anarchie et ne put résister à la poussée byzantine. ▮ **Les Byzantins (VIe - VIIe s.)** Entreprise par l'empereur Justinien*, la conquête byzantine de l'Afrique du Nord s'acheva avec la prise de Carthage* (534). Justinien dut très vite s'employer à défendre la nouvelle province contre les attaques berbères. Il fit ainsi édifier tout un réseau de forteresses à travers le pays. Dès la première moitié du VIIe s., l'Afrique byzantine, incapable de rétablir la paix religieuse et d'endiguer la résistance berbère, s'affaiblit considérablement, ce qui facilita la conquête arabe. ▮ **La conquête arabe (VIIe - VIIIe s.)** Commencée par une première expédition menée en 647, la conquête arabe ne débuta vraiment qu'après la fondation de Kairouan par ʿUqba ibn Nāfiʿ (670), destinée à servir de base d'opérations des troupes arabo-musulmanes contre le N. et l'O. Le pays fut long à pacifier en raison de la résistance berbère. Les Arabes prirent Carthage définitivement en 698 et fondèrent Tunis. Après la mort de la reine berbère, la Kahina, en 702, ils purent étendre leur contrôle sur tout le pays au nom du califat omeyade* de Damas. L'actuelle Tunisie et l'Est algérien constituèrent une province appelée Ifrīqiya* (Afrique). La conversion à l'islam fut rapide, mais les Berbères* en lutte contre le pouvoir central adoptèrent l'hérésie kharijite, la secte la plus extrême et la plus rigoriste de l'islam, et multiplièrent les soulèvements. Les gouverneurs omeyades puis abbassides eurent beaucoup de mal à mettre fin à l'insurrection des Berbères qui, par deux fois, réussirent à prendre Kairouan (745 - 767). ▮ **Les dynasties orientales (IXe - XIIe s.)** ▮ ***Les Aghlabides*** Profitant des troubles, un gouverneur, Ibrahim al-Aghlab, se fit donner le titre d'émir et fonda en 800 la dynastie des Aghlabides* qui se perpétua jusqu'en 909 dans une dépendance de fait à l'égard du califat de Bagdad*. Les Aghlabides envahirent la Sicile (902), mais ne progressèrent pas vers l'O. où siégeaient les royaumes kharijites. Sous leur règne, le pays connut une période brillante marquée par une série de grands travaux (résidences princières, mosquées, ouvrages hydrauliques) et par l'effervescence religieuse. ▮ ***Les Fatimides*** Au début du Xe s., les Fatimides*, arabes et chiites, renversèrent les Aghlabides (909), instaurèrent un État indépendant et prétendirent convertir tous les pays islamiques à leur cause. En 972, les Fatimides, ayant achevé la conquête de l'Égypte, s'établirent au Caire et confièrent l'Ifrīqiya aux Zirides, leurs alliés berbères. La province profita alors de la brillante civilisation fatimide d'Égypte. ▮ ***Les Zirides*** Plus tard, les Zirides, influencés par les docteurs malikites de Kairouan, adoptèrent le sunnisme (1048) et rejetèrent la tutelle des Fatimides. Le calife du Caire se vengea en envoyant contre l'Ifrīqiya les tribus arabes des Hilaliens, qui ravagèrent le pays et troublèrent son ordre politique et social au point que les Normands de Sicile purent s'installer dans certains ports tunisiens et y prélever des tributs. ▮ **Les dynasties berbères (XIIe - XVIe s.)** Le calife almohade ʿAbd* al-Muʾmin chassa les Normands et unifia ainsi tous les musulmans d'Occident sous son autorité. Après une brève paix, les Almohades* durent faire face aux incessantes révoltes que fomentait le clan almoravide des Banū Ghaniya, allié à d'autres tribus hostiles aux Almohades et aux mercenaires turcs présents en Tripolitaine et au Fezzan. Profitant de ces troubles, le gouverneur de Tunis s'émancipa du pouvoir central, prit le titre d'émir (1230) et fonda la dynastie hafside. Le pays connut alors une période de prospérité malgré les incessantes crises internes à la dynastie et les révoltes des tribus arabes. On

**Tunisie.** Femme berbère avec son enfant aux environs de Kairouan. *Phot. © Nino Cirani/Ricciarini*

**Tunisie.** Gorges de Tamerza. *Phot. © Jakez/Shutterstock*

doit notamment aux Hafsides l'agrandissement de la Grande Mosquée de Tunis. ▮ **La Tunisie ottomane (XVIe - XIXe s.)** Au début du XVIe s., l'extension de la piraterie en Méditerranée et la rivalité hispano-turque amenèrent le pirate turc Barberousse* à s'emparer au nom de Constantinople de Bizerte, La Goulette et Tunis (1534), ainsi que des villes de la côte orientale et même de Kairouan. Les troupes espagnoles reprirent Tunis l'année suivante (1535) et le sultan hafside fut restauré dans ses droits sous le «protectorat» de Charles Quint. Après divers troubles et vicissitudes, les Turcs mirent fin en 1574 à la tutelle espagnole. Sous leur domination, la Tunisie fut d'abord gouvernée par un pacha. En 1590, les deys, choisis par les janissaires, prirent le pouvoir. L'arrivée de nombreux morisques, fins artisans et agriculteurs efficaces, fut une source supplémentaire de prospérité (déb. du XVIIe s.). ▮ ***Les Mouradites*** En 1640, le bey Mourad*, ministre des Finances, s'appropria le pouvoir et instaura la dynastie mouradite (Mourad Ier, Mourad II, Mourad III). Pendant leur règne, les Mouradites luttèrent contre les tribus insoumises de l'intérieur du pays, et également contre l'Algérie. ▮ ***Les Husseinites*** En 1702, un complot militaire renversa la dynastie et, trois ans plus tard, Hussein ibn Ali prit le pouvoir et fonda la deuxième dynastie beylicale, celle des Husseinites (1710) qui régna officiellement jusqu'en 1957 et s'efforça, malgré les querelles successorales, de transformer la Tunisie en un État moderne. Indépendante de fait, mais toujours attachée nominalement à l'Empire ottoman, elle multiplia les traités de commerce avec les pays européens au prix d'une aliénation économique croissante. ▮ ***La présence française*** Après la prise d'Alger par la France en 1830, la Tunisie devint l'objet des convoitises européennes. En 1836, dans un contexte de tension entre Constantinople et la régence, les Français intervinrent une première fois à La Goulette pour empêcher le débarquement de troupes ottomanes. Dès lors, la présence française en Tunisie se fit de plus en plus forte. Face à la crise financière provoquée par la chute des ressources tunisiennes (fin de la piraterie, baisse du cours de l'huile et concurrrence des produits manufacturés européens), les beys réformateurs Ahmad Bey (1837 - 1855), Mohammed Bey (1855 - 1859), Muḥammad* al-Ṣadūq s'employèrent à moderniser le pays tout en renforçant la dépendance à l'égard des pays européens, devenus les bailleurs de fonds des programmes de réformes de la régence. La crise financière finit par ruiner l'État tunisien (1869), qui se résigna à accepter le contrôle d'une commission franco-italo-britannique, présidée par la France, ce qui mit de fait la régence sous tutelle. Lorsque la Grande-Bretagne s'assura le contrôle de Chypre (1878), elle laissa entendre à la France qu'elle lui abandonnait la Tunisie. Pour prendre de vitesse l'Italie, le gouvernement français, inspiré par Jules Ferry, prétexta une incursion des Kroumirs en Algérie et envoya un corps expéditionnaire fort de 30 000 hommes (1881). Le bey dut signer le traité du Bardo (12 mai 1881) réservant à la France la défense militaire du pays et les affaires étrangères. ▮ **Le protectorat français (1881 - 1955)** ▮ ***La convention de La Marsa*** Plusieurs villes du S. se révoltèrent, mais la résistance nationaliste fut durement brisée : prise de Sfax (11 juil. 1881) ; occupation de Kairouan (oct. 1881), de Gafsa et de Gabès (nov. 1881). Le 8 juin 1883, la France imposa au nouveau bey (Ali ibn Hussein) la convention de La Marsa qui affirma et réglementa le protectorat de la France. Le pouvoir réel fut exercé par le résident général de France, le bey ne conservant qu'un rôle symbolique. La puissance tutélaire rétablit l'ordre et les finances et entreprit la mise en valeur du pays (développement des communications, de l'agriculture, de l'extraction minière, création de nombreuses industries). Ces progrès profitèrent principalement aux colons et dans une moindre mesure à la bourgeoisie nationale. ▮ ***La montée du nationalisme*** Sous l'influence combinée du mouvement nationaliste arabe et du mouvement des Jeunes-Turcs, le nationalisme tunisien naquit officiellement avec la création en 1907 du parti des Jeunes-Tunisiens. En 1911 et 1912, un regain de tension déclencha émeutes et grèves, sévèrement réprimées par le résident général : arrestation des chefs nationalistes, suspension des organes de presse, instauration de l'état d'urgence (de 1914 à 1921). Dans un contexte social agité, le mouvement nationaliste prit de l'ampleur avec la création en 1920 du parti Destour* et celle en 1924 de la Confédération générale des travailleurs tunisiens (CGTT). ▮ ***Le Néo-Destour et Bourguiba*** En 1934, de jeunes intellectuels favorables à la coopération avec l'Occident se séparèrent du Destour et fondèrent le Néo-Destour, dirigé par Habib Bourguiba*. En 1937 - 1938, de nouvelles émeutes populaires entraînèrent l'arrestation des dirigeants nationalistes, la suppression des libertés et la proclamation de l'état d'urgence. Pendant la Deuxième Guerre mondiale, Moncef Bey (1942 - 1943) réclama au gouvernement de Vichy d'importantes réformes et fut déposé au profit de Lamine Bey (1943 - 1957) après la victoire des Alliés sur les forces de l'Axe. De retour à Tunis en 1949, Bourguiba reprit la lutte en s'appuyant sur l'UGTT et son dirigeant, Ferhat Hached. Lamine Bey forma en 1950 le gouvernement Chenik, dans lequel entra un des chefs du Néo-Destour (Salah Ben Youssef) et qui se fixa pour objectif l'«autonomie interne». En 1952, le conflit entre la France et le Néo-Destour conduisit à l'arrestation de Bourguiba et des chefs nationalistes. Un mois plus tard, la France mit fin au gouvernement Chenik. L'agitation populaire s'intensifia et la résistance armée entra en action. Après l'assassinat de Ferhat Hached par la «Main rouge» en 1952, incidents et attentats terroristes se multiplièrent. ▮ ***De l'autonomie interne à l'indépendance*** Le nouveau président du Conseil, Pierre Mendès France, promit en juil. 1954 l'«autonomie interne» (discours de Carthage) et engagea avec le gouvernement Tahar Ben Ammar des négociations auxquelles participa Bourguiba. Les conventions du 3 juin 1955 qui rendaient aux Tunisiens la gestion intérieure du pays furent jugées insuffisantes par Salah Ben Youssef et ses partisans, qui entrèrent en conflit ouvert avec Bourguiba. Vaincu, Salah Ben Youssef s'enfuit en Égypte (il fut assassiné en 1961 en Allemagne). La France reconnut l'indépendance totale de la Tunisie le 20 mai 1956. ▮ **Depuis l'indépendance** ▮ ***La proclamation de la République*** Après l'éviction des partisans de Ben Youssef, les élections législatives d'avr. 1956 donnèrent une immense majorité (95 %) aux candidats du Néo-Destour. Le 25 juil. 1957, l'Assemblée constituante proclama la république et Bourguiba fut nommé président. La nouvelle Constitution, à caractère fortement présidentiel, fut promulguée en juin 1959. Dès lors, Bourguiba s'employa à laïciser la justice et le droit (le nouveau code de statut personnel promulgué en août 1956 permit l'émancipation des femmes), réforma et démocratisa l'enseignement et tenta de moderniser l'État. Si les rapports avec la France furent d'abord très tendus, notamment durant la guerre d'Algérie, la Tunisie, tributaire de l'aide française, instaura par la suite des rapports privilégiés avec l'ancienne métropole. Adhérant à la doctrine Eisenhower, le gouvernement de Bourguiba bénéficia d'une aide des États-Unis. ▮ ***La transformation du Néo-Destour en Parti socialiste destourien*** Devant les problèmes sociaux et les tensions latentes accentués par une démographie galopante, le Néo-Destour se constitua en Parti socialiste destourien (PSD) en 1964, et tenta d'organiser l'économie de façon étatique et autoritaire. Cette politique échoua et son promoteur Ahmed Ben Salah fut condamné (1970). La libéralisation économique ouvrit de nouvelles perspectives, tandis que s'affirmait le caractère présidentiel du régime. Bourguiba devint ainsi président à vie en mars 1975. La Tunisie, d'abord jugée trop modérée face à la question palestinienne (rupture des relations diplomatiques avec l'Égypte en 1966 et avec la Syrie en 1968), s'efforça de resserrer les liens avec les pays arabes. Tunis, après le boycottage de l'Égypte signataire des accords de Camp David, fut choisie en 1979 pour être le siège de la Ligue arabe. Après l'invasion israélienne au Liban (juin 1982), la Tunisie accueillit une partie de la direction de l'OLP. Bourguiba s'employa à entretenir de bonnes relations avec ses deux puissants voisins maghrébins, ce qui n'empêcha pas des crises sporadiques avec la Libye kadhafiste, surtout après l'échec du projet de fusion entre les deux pays (1974). Kadhafi tenta de déstabiliser le régime (attaque de Gafsa en 1980, expulsion de travailleurs tunisiens). Les tensions sociales culminèrent lors des émeutes provoquées par la hausse du prix du pain en 1983 - 1984. En 1987, les affrontements entre forces de l'ordre et militants islamistes intégristes firent de nombreuses victimes. ▮ ***La présidence de Ben Ali*** En 1987, Bourguiba fut destitué pour sénilité par son Premier ministre, Zine el-Abidine Ben* Ali. Celui-ci le remplaça en novembre et jeta les bases d'une économie libérale, mit un frein à l'essor de l'islamisme et transforma son parti, le PSD, au pouvoir depuis l'indépendance, en Rassemblement constitutionnel démocratique (RCD). Bien qu'ayant officiellement institué le multipartisme, il fut reconduit avec des scores toujours supérieurs à 89 %, très décriés par l'opposition. Son cinquième mandat, commencé en 2009, devrait constitutionnellement être le dernier. En matière de politique étrangère, il a poursuivi la politique pro-occidentale de Bourguiba (la Tunisie a été le premier pays du sud de la Méditerranée à signer un accord de partenariat et d'association avec l'UE, en 1995, entré en vigueur en 1998, qui a abouti à son entrée dans une zone de libre-échange avec l'UE en 2008), tout en l'équilibrant par une ouverture sur le monde arabe.

---

**TUNJA** ♦ V. de Colombie, cap. du dép. de Boyacá située dans la cordillère orientale des Andes, à 2 800 m d'altitude. 152 419 hab.

**TUPAMAROS** → Uruguay

**TUPOLEV (Andreï Nikolaïevitch)** ♦ Ingénieur soviétique (Poustomazovo 1888 - Moscou 1972). Spécialiste d'aérodynamique, il construisit son premier monoplan en 1918, puis de nombreux appareils dont le *Maxime-Gorki* (1933), le plus grand avion du moment. Arrêté (1937) et condamné à mort, il fut remis en liberté (1941), conçut le TV-Z (premier bombardier bimoteur soviétique). Il élabora les projets et dirigea la réalisation de plus de 120 types d'avions civils et militaires, et obtint les plus hautes récompenses soviétiques.

**TURA (Cosmè)** ♦ Peintre italien (Ferrare v. 1430 - *id.* 1495). Peintre officiel de la célèbre cour de Ferrare sous les règnes du duc Borso d'Este et de son successeur Ercole Ier, Tura fut le premier grand maître natif de Ferrare, inaugurant par son activité le style original de cette école, qui fut enrichi par ses élèves Ercole de' Roberti* et Francesco del Cossa*. Probablement élève de Squarcione à Padoue, il fut influencé à la fois par le style minéral de Mantegna*, au graphisme sculptural, par la clarté monumentale de Piero* della Francesca, à l'éloquence géométrique, et par le naturalisme dramatique de Van* der Weyden. Il offrait en outre dans ses œuvres une certaine interprétation gothique des idiomes picturaux de la Renaissance et parvint à élaborer un monde féroce dégageant une puissante intensité expressionniste (*Pietà*, v. 1472, Museo Civico Correr, Venise ; *Lamentation*, 1472, Louvre, Paris). Parmi ses autres travaux religieux qui nous sont parvenus figurent les volets de l'orgue de la cathédrale de Ferrare (*Saint Georges*, l'*Annonciation*, 1469) et le retable Roverella (v. 1474, dispersé). Cependant, les peintures et les stucs en relief de la chapelle Bebriguardo (1469 - 1472) ont disparu. Maître de l'allégorie et de la décoration monumentale, Tura peignit la bibliothèque du château de la Mirandola (1465 - 1467, disparu). Il aurait joué un rôle important dans la conception du cycle complexe et érudit des fresques du palais Schifanoia de Ferrare (1469 - 1471). Sa peinture annonce, en partie, les tendances vertigineuses et morbides du maniérisme.

Cosmè **Tura**. L'archange Gabriel, détail de l'*Annonciation*. Musée de la cathédrale, Ferrare. *Phot. © Arch. Rencontre*

**Turandot** ♦ Opéra en 3 actes de Giacomo Puccini* sur un livret de Giuseppe Adami et Renato Simoni d'après Carlo Gozzi (Milan, 25 avr. 1926 sous la direction de Toscanini, qui s'arrêta là où Puccini avait mené l'ouvrage à sa mort en 1924). Depuis, on joue le grand duo final tel qu'il fut réalisé par Franco Alfano* d'après les esquisses de Puccini.

**Turangalîla-Symphonie** ♦ Œuvre d'Olivier Messiaen* (1946 - 1948) pour piano, ondes Martenot et orchestre (Boston, 2 nov. 1949, direction Leonard Bernstein). Le titre est un mot composé sanskrit aux multiples significations, et l'œuvre, la seule symphonie de l'auteur, est le volet central d'un triptyque inspiré du mythe de Tristan et Iseult, les deux autres étant *Harawi* et les *Cinq Rechants*. Il y a dix mouvements répartis en trois groupes principaux : les quatre mouvements les plus développés et les plus mélodiques (n[os] 2, 4, 6 et 8), les trois les plus brefs et les plus tragiques (n[os] 3, 7 et 9), les deux à allure de scherzo dionysiaque (n[os] 5 et 10), le n° 1 jouant un rôle de portique introductif.

**TURATI (Filippo)** ♦ Homme politique italien (Canzo 1857 - Paris 1932). Il participa à la création du Parti socialiste italien en 1895 mais fut arrêté en 1898 à la suite d'émeutes à Milan et condamné à douze ans de prison. Libéré en 1899, il devint l'un des dirigeants de la tendance modérée au sein du PSI, partisan d'une transformation «graduelle» de la société, se rapprochant du président du Conseil Giolitti. Hostile à la campagne de Libye, puis à l'entrée de l'Italie dans la guerre, il fut exclu du PSI en 1922 pour s'être opposé à son adhésion à l'Internationale communiste. Antifasciste, il dut s'exiler en France où il publia avec Nitti* et Treves, le journal *La Libertà*.

**TURBALLE (LA)** [44420] ♦ Comm. de la Loire-Atlantique, arr. de Saint-Nazaire. 4 042 hab. (aggl. 7 407). *(Turballais)*. Port de pêche (sardines) et de plaisance.

**TURBIE (LA)** [06320] ← **ÉTYM.** en gr. *Tropaia Sebastou* «les Trophées d'Auguste» ♦ Comm. des Alpes-Maritimes, arr. de Nice, au-dessus de Monaco. 3 021 hab. *(Turbiasques)*. Le village est célèbre par son Trophée des Alpes ou Trophée d'Auguste, monument élevé en -6 pour commémorer les conquêtes d'Auguste. Le trophée fut élevé au point où la route suivie par les armées (Via Julia) franchit un col des Alpes-Maritimes. Il est formé d'une colonnade dorique circulaire, sur un vaste soubassement carré.

**TURBIGO** ♦ Loc. d'Italie, en Lombardie (prov. de Milan), sur la rive g. du Tessin. 7 225 hab. ▮ **Histoire** Victoires françaises sur les Autrichiens en 1800 et 1859.

**Turcaret ou le Financier** ♦ Comédie en 5 actes et en prose, de Lesage* (1709), qui peint le double mouvement de la chute de Turcaret, parvenu insolent et sot, et de l'ascension de Frontin, valet sans scrupules. Par le personnage de Turcaret, odieux dans sa bassesse et ridicule dans sa naïveté, Lesage dénonçait vigoureusement la puissance scandaleuse de l'argent qui corrompt un monde où, par un «ricochet de fourberies», les dupeurs sont finalement dupés. Cette âpre satire des gens de finance souleva l'opposition de ces derniers, mais connut un vif succès et reste, par l'exactitude et la hardiesse de sa peinture comme la verve qui l'anime, le modèle de la comédie de mœurs.

**TURCKHEIM** [tyʀkɛm] [68230] ← **ÉTYM.** anc. *Thurincheim*, du lat. *Toringus*, n. de pers., et germ. *heim* «hameau» ♦ Comm. du Haut-Rhin, arr. de Colmar, sur la Fecht. 3 594 hab. *(Turckheimiens)*. Vestiges d'une enceinte (porte de France, XIVe s.). Fontaine (1715). Maisons anc. ▪ Papeterie. Viticulture.

**TURCOMANS** → **Turkmènes**

**TURCS** ou **TÜRKS** n. m. pl. ← **ÉTYM.** «fort, puissant» ♦ Nom donné à de nombreuses populations d'Asie centrale qui apparurent vers le VIe s. et qui sont à l'origine de dynasties. Dépourvus de liens politiques, ethniques ou religieux, ils se définissent par une langue commune. Ils conquirent l'Iran (→ **Turkmènes**) et se répandirent en Asie occidentale où ils fondèrent la Turquie (dynastie des Seldjoukides* à partir de 1025 en Anatolie). → **Seldjoukides, Turquie.**

**TURDA** n. f. ♦ V. de Roumanie en Transylvanie, au S.-E. de Cluj-Napoca. 57 381 hab. Musée d'histoire. ▪ Centre touristique et industriel : métall., chimie, mécanique. Mines de sel connues depuis l'Antiquité. ▮ **Histoire** Ancienne citadelle dace puis romaine *(Potaissa)*, elle devint au XVIe s. le siège de la diète de Transylvanie.

**TURENNE (Henri de La Tour d'Auvergne,** vicomte **de)** ♦ Maréchal de France (Sedan 1611 - Sasbach, Bade 1675). Second fils du duc de Bouillon et petit-fils, par sa mère, de Guillaume* le Taciturne, il fut formé par Maurice* de Nassau et Frédéric*-Henri. Passé au service de la France, il prit part à la guerre de Trente* Ans en Flandre, sur le Rhin et en Italie (il se distingua particulièrement en prenant Turin* aux Espagnols en 1640). Revenu en Allemagne, il vengea sa défaite de Marienthal (1645) par la victoire de Nördlingen* qu'il remporta avec Condé* (1645). Un moment aux côtés des frondeurs (il fut battu avec les Espagnols à Rethel*, 1650), il se rallia à la cause royale, vainquit Condé au faubourg Saint-Antoine (1652) et remporta sur les Espagnols, dirigés par Condé, les batailles d'Arras* (1654) et des Dunes* (1658), ce qui lui valut d'être nommé maréchal général (1660). Il prit encore part à la guerre de Dévolution* et enleva la Flandre à l'Espagne en trois mois (1667). Son rôle dans la guerre de Hollande, enfin, fut déterminant : après le Palatinat, il envahit l'Alsace, qu'il reconquit par la plus audacieuse de ses campagnes, en plein hiver (victoire de Turckheim, 1675), et trouva la mort à Sasbach* en combattant Montecuccoli*. De religion protestante, il s'était converti au catholicisme en 1668. ← **ÉTYM.** Ce nom vient du nom de la commune de Corrèze.

**TURENNE** [19500] ← **ÉTYM.** du prélatin *turra* «hauteur, colline» et suff. gaul. *-enna* ♦ Comm. de la Corrèze, arr. de Brive-la-Gaillarde. 742 hab. *(Turennois)*. Ruines importantes du château des vicomtes de Turenne (deux tours des XIIIe et XIVe s.). Nombreuses maisons des XVe et XVIe s. Dans l'église, reconstruite en 1661, maître-autel baroque à colonnes torses.

**TURFAN** ou **TOURFAN** – en chin. *Turpan* ♦ V. et oasis de Chine (Xinjiang), à l'E. des monts Tian shan, dans une grande dépression *(bassin de Turfan)* à 168 m au-dessous du niveau de la mer. 123 379 hab. Anc. étape sur la route de la Soie. ▪ Céréales, coton, melons, raisin. Élevage. ▪ Aux environs, vestiges de l'antique Yar (auj. Jiahoe), anc. cap. des Han, et de l'antique Kotcho (auj. Gaochang), devenue cap. des Ouïgours aux VIIIe - IXe s. Grottes de Bezeklik (VIe - Xe s.), ornées de peintures murales.

**TURGOT (Anne Robert Jacques),** baron **DE L'EAULNE** ♦ Homme politique et économiste français (Paris 1727 - *id.* 1781). Destiné à une carrière ecclésiastique, il fréquenta le milieu des philosophes, fit paraître ses *Lettres sur la tolérance* (1754) et collabora à l'*Encyclopédie* par un remarquable article consacré à l'étymologie. Il rédigea un ouvrage d'économie, *Réflexions sur la formation et la distribution des richesses* (1766), alors qu'il était intendant du Limousin (1761 - 1774). Devenu contrôleur général des Finances (1774), il se montra partisan de remplacer les multiples taxes par un impôt unique territorial et entreprit d'importantes réformes économiques, instituant d'abord la liberté du commerce et de la circulation des grains (1774) à l'instigation des physiocrates, puis celle du travail (1776) par la suppression des corporations, des maîtrises et des jurandes. Ses réformes lui attirèrent l'hostilité des privilégiés et il finit par être disgracié (1776). Si sa doctrine fut influencée par celles de Gournay et des physiocrates, il se sépara néanmoins de ces derniers en mettant en évidence l'utilité de l'industrie et du commerce. ➝ **ÉTYM.** *Turgot* vient du vieux norrois *Þorgotr*, formé sur *Thor** et *Gotr* «Dieu» et signifie «le dieu Thor».

**TURIN** ➝ **ÉTYM.** en it. ***Torino***, en lat. *Augusta Taurinorum*, de *Taurini*, n. de peuple ligure ou celtique, du celt. *tauro* «montagne» ou *tur* «eau» ou *tauro* «taureau» ♦ V. d'Italie, ch.-l. du Piémont et ch.-l. de prov., au confluent du Pô et de la Doire Ripaire. 865 263 hab. *(Turinois)*. Université fondée en 1405. C'est à la maison de Savoie que Turin doit son urbanisme et ses principaux monuments. ▮ **Le centre historique** Sur un plan strict en damier, un centre historique se détache, riche en palais élevés ou remaniés au XVIIIe s. par les architectes Juvara et Guarini. Le palais Madama, à l'emplacement d'un site romain, possède, outre une partie médiévale, une façade dessinée par Juvara ; il abrite auj. le musée d'Art ancien. Le palais Carignano, où naquit Victor-Emmanuel II, présente une façade baroque de Guarini ; il est devenu le musée du Risorgimento. Au palais royal (XVIIe s.), dû à Amedeo di Castellamonte, somptueux appartements baroques et importante coll. d'armes. L'église San Lorenzo est de Guarini, de même que la chapelle de la cathédrale San Giovanni qui conserve le saint suaire, vénéré par la tradition populaire comme celui du Christ. La cathédrale, de style Renaissance (XVe s.), a vu son campanile achevé par Juvara. Sur la piazza San Carlo, l'église San Carlo jouxte l'église Santa Cristina (façade par Juvara) ; toutes deux font face au palais de l'Académie des sciences (dessiné par Guarini) qui abrite le Musée égyptien, l'un des plus riches du monde, et la galleria Sabauda, contenant des peintures de toutes les écoles italiennes. Construite à la fin du XIXe s., la Mole Antonelliana domine la ville de ses 165 m de hauteur. ▮ **Au-delà du centre** Aux environs, basilique de Superga (XVIIIe s.), chef-d'œuvre de Juvara, contenant les tombeaux des rois d'Italie ; palais Stupinigi (XVIIIe s.) par Juvara, abritant un musée d'Art et de mobilier et des appartements baroques. Musée d'Art contemporain au château baroque de Rivoli, commencé par Juvara (inachevé). Le Lingotto, anc. usine Fiat aménagée en centre culturel et d'affaires par Renzo Piano*. ▮ **Une ville industrielle** Nœud de communications au débouché des tunnels du Mont-Blanc, du Grand-Saint-Bernard, du Mont-Genèvre et du Mont-Cenis. La perte de son rang de capitale au profit de Florence d'abord, puis de Rome, a contribué à accélérer son développement industriel, déjà favorisé par la proximité des Alpes qui lui assuraient un important potentiel électrique et lui garantissaient les débouchés. Turin est la ville de la Fiat. Ses principales industries sont la sidérurgie, et surtout la métallurgie de transformation : construction automobile (Fiat-Lancia, 86 % de la production nationale) et aéronautique, pièces détachées, appareils électroménagers, mécanique de précision, industries chimiques (textiles artificiels, plastiques, engrais), pharmaceutiques, textiles (laine, coton, confection), alimentaires (pâtes, vermouths), imprimeries et arts graphiques. Les principaux satellites sont : Borgofranco, Lingotto, Mirafiori, Montaclieri, Rivoli, Settimo Chivasso et Settimo Torinese.

▮ **HISTOIRE** La v. fut colonie romaine sous Auguste*. Elle appartint à la maison de Savoie en 1281 puis devint en 1418 la capitale des ducs de Savoie. Elle fut prise par Turenne en 1640. Assiégée par la France en 1706, elle fut délivrée par le Prince Eugène*. Elle fut à la France en 1800 ; de 1802 à 1814, elle devint le chef-lieu du département du Pô. Elle fut au XIXe s. la capitale du royaume du Piémont et le centre du Risorgimento. ▪ Turin a accueilli les jeux Olympiques d'hiver de 2006. ♦ ***Traités de Turin*** Le 20 août 1696, Louis XIV restituait au duc de Savoie tous ses États. ▪ Le 26 janvier 1859, après l'entrevue de Plombières* (juil. 1858), un traité d'alliance franco-sarde fut signé entre Napoléon* III et le roi Victor*-Emmanuel II. Celui-ci, en échange de la main de sa fille Clotilde au prince Napoléon et de la cession de ses droits sur le comté de Nice et la Savoie à la France, obtenait de l'empereur un appui militaire contre l'Autriche. Bien que prévoyant la formation d'un royaume de Haute-Italie, le traité ne précisait pas les conditions de réalisation de l'unité italienne. ▪ Le 24 mars 1860, après la campagne d'Italie (1859) et la signature des préliminaires de Villafranca et de la paix de Zurich*, un traité franco-italien fut signé. Négocié par Thouvenel, il précisait les conditions de l'annexion de la Savoie et du comté de Nice à la France, annexion qui fut plébiscitée par la population.

**TURINA (Joaquin)** ♦ Pianiste et compositeur espagnol (Séville 1882 - Madrid 1949). Élève au conservatoire de Madrid, il travailla à Paris avec Moszkowski (au Conservatoire) et avec V. d'Indy (à la Schola Cantorum). Il enseigna ensuite au conservatoire de Madrid. Son œuvre, inspirée d'assez loin par le folklore andalou, se caractérise par une grande rigueur de construction, non sans parfois une certaine austérité. *La Procesíon del Rocío* (1914), les *Danzas fantásticas* (1920), la *Sinfonía sevillana* (1920), les *Ritmos* (1929), ainsi que ses pièces pour guitare et piano sont considérées comme ses meilleures compositions. Turina fut aussi un théoricien de valeur (*Enciclopedia abreviada de música*, 1917 - 1947 ; *Traité de composition*, 1947).

**TURING (Alan Mathison)** ♦ Mathématicien et logicien britannique (Londres 1912 - Wilslow, Cheshire 1954). Il imagina, en 1936, la machine de Turing, automate fictif universel, base de la théorie des calculateurs, capable, par définition, d'effectuer tous les calculs. Turing parvint à montrer qu'il existe des problèmes que sa machine ne peut pas résoudre, et qui donc sont insolubles par les méthodes calculatoires.

**TURKANA** (lac) – anc. lac *Rodolphe* ♦ Lac salé d'Afrique orientale de 8 600 km² au N. du Kenya, alimenté par le fl. éthiopien Omo et sans émissaire. Ses rives ont révélé des restes d'australopithèques vieux de 2,5 millions d'années. ➝ **Leakey.**

**TURKESTAN** n. m. ➝ **ÉTYM.** du persan *Turkistan* «Pays des Turcs» ♦ Anc. dénomination des régions de l'Asie centrale s'étendant entre la Sibérie au N. et le Tibet, l'Inde, l'Afghanistan et l'Iran au S. Sa superficie (plus de 2 600 000 km²) fut répartie entre le *Turkestan de l'Ouest* ou *Turkestan russe*, qui correspondait aux territoires actuels des Turkménistan*, Ouzbékistan*, Tadjikistan*, Kirghizstan*, ainsi qu'à la partie méridionale du Kazakhstan*, et le *Turkestan de l'Est* ou *Turkestan chinois* (Xinjiang). ▮ **Histoire** Au –IIe s., les Huns occupèrent la Kachgarie. Après le démembrement de l'empire, le Turkestan de l'Est fut annexé par les Chinois. Vers 400, les Hephthalites créèrent un empire dans le Turkestan occidental. Au VIe s., les Turcs s'établirent en Transoxiane (à l'E. du fl. Amou-Daria, anc. Oxus) ; cette région fut conquise par les Arabes (VIIIe s.), puis par la dynastie des Perses samanides. En même temps, les Ouïgours, venant de Mongolie, occupèrent le Turkestan oriental. Le Turkestan dans son ensemble fut administré par divers gouverneurs turcs, jusqu'à l'apparition des Mongols de Genghis* Khān qui conquirent la Kachgarie (1218) et la Transoxiane (1220). Gengis Khān légua le Turkestan à son deuxième fils Djaghataï ; les descendants de ce dernier se sont divisés en deux branches, les khans de Transoxiane et les khans du Turkestan oriental. En 1369, la Transoxiane fut conquise par Tamerlan et Samarkand* devint la capitale de son empire. Elle passa ensuite sous la domination du chef ouzbek Shaybānī Khān (1500), puis à la dynastie des Ashtarkhamides (1600), qui furent à leur tour renversés par Nādêr Chāh (1710). Pendant le siècle suivant, le Turkestan de l'Ouest fut essentiellement contrôlé par les khanats de Boukhara*, du Khorezm* (Khiva) et de Kokand*. Le Turkestan de l'Est fut annexé à la Chine par la dynastie des Mandchous (Qing, 1762). Au XVIIIe s., les Russes pénétrèrent dans l'actuel Kazakhstan et, vers 1850, fondèrent des places fortes à l'E. et à l'O. de la mer d'Aral. En 1865, Tachkent* fut prise et devint la capitale du gouvernement général du Turkestan (1867). Exploré par Bonvalot* (1880), conquis définitivement par Skobelev* (1881), le Turkestan de l'Ouest fut contrôlé par les Russes, sauf les khanats de Boukhara et de Khiva, qui gardèrent une semi-indépendance, sous leurs gouverneurs traditionnels. Piotr Stolypine* favorisa l'installation massive des colons russes et ukrainiens au Turkestan (1906 - 1911), ce qui provoqua une insurrection des populations qui fut sévèrement réprimée (1916). Après la révolution de 1917, une république socialiste soviétique autonome du Turkestan, comprise dans la RSFS de Russie, fut créée (avr. 1918). En oct. 1924, les républiques du Turkestan, de Boukhara et du Khorezm furent démantelées ; sur leurs territoires furent créées les républiques de Turkménistan, d'Ouzbékistan, de Tadjikistan, de Kirghizstan et de Kazakhstan.

**TÜRKMENABAT** – anc. ***Tchardjoou*** ♦ V. du Turkménistan, ch.-l. de région, sur l'Amou-Daria. 203 000 hab. Indus. textile (coton), alimentaire et pétrochimique.

**TURKMÈNES** n. m. pl. ➝ **ÉTYM.** probablt de *Turk-mèn* «Turc pur, supérieur» ♦ Peuple apparenté aux Turcs, de langue ouralo-altaïque, installé principalement en Turkménistan et dans le N. de l'Iran*. Ils conquirent l'Iran et s'installèrent au début du XIe s. en Anatolie. Ils sont parfois appelés Oghouz.

## TURKMÉNISTAN OU TURKMÉNIE

n. m. ou n. f. – en turkmène ***Turkmenistan Respublikasi*** ; off. ***république du Turkménistan*** ➝ ÉTYM. «pays des *Turkmènes**» ♦ Pays d'Asie centrale. 488 100 km$^2$. 5 673 000 hab. *(Turkmènes)*. LANGUE : turkmène. POPULATION : Turkmènes, 72 % ; Russes, 9 % ; Ouzbeks, 9 % ; Kazakhs, 3 % ; Tatars, Ukrainiens, Arméniens. RELIGION : musulmane. MONNAIE : manat. CAPITALE : Achgabat. RÉGIME : présidentiel. Le Turkménistan comprend 5 régions : Ahal, Balkan, Lebap, Mary et Tachaouz.

**GÉOGRAPHIE** La majeure partie du Turkménistan est occupée par le désert sablonneux du Karakoum*, parcouru par les éleveurs de chameaux et d'ovins dont les célèbres caraculs (astrakans). Sur ses marges, les plaines irrigables de l'Amou-Daria* et du Mourgab* à l'E., des piémonts du Kopet-Dag au S., sont de riches régions agricoles (coton, fruits, primeurs, sériciculture). Le périmètre irrigué a été considérablement étendu par le canal du Karakoum (1 100 km) amenant l'eau de l'Amou-Daria dans tout le S. Spécialisé dans la transformation des productions agricoles (indus. de la soie et du coton, travail des peaux et du tapis), le Turkménistan a également développé quelques indus. mécaniques dans les villes principales et une puissante indus. chimique et pétrochimique avec l'exploitation du soufre de Gaourdak, des sulfates du golfe de Kara*-Bogaz gol et surtout du gaz et du pétrole du littoral caspien (Nebit-Dag, Tcheleken, Okaren). Considéré comme la république soviétique la plus pauvre, il a développé depuis son indépendance (1991) une économie qui repose sur l'exportation des hydrocarbures et du coton. Les réserves de gaz sont estimées à 7 000 milliards de m$^3$. Mais l'ambitieux programme de développement se heurte à l'enclavement du pays. En modernisant le port de Turkmenbachy (ferry vers Bakou) le Turkménistan s'ouvre vers le Caucase et la mer Noire avec plusieurs projets de gazoducs, tandis que vers l'est un gazoduc reliant la Chine a ouvert fin 2009 et qu'un autre est en construction vers l'Afghanistan et le Pakistan depuis 2010.

**HISTOIRE** Au XIIIe s., le pays fut envahi par Gengis Khān et, aux XVIIe - XIXe s., fut disputé entre le chah de Perse, les khans de Khiva, les émirs de Boukhara et les féodaux afghans. En 1869, les Russes débarquèrent sur la côte E. de la mer Caspienne et fondèrent le port de Krasnovodsk (auj. Saparmourat-Turkmenbachy). Une révolte des Turkmènes fut réprimée en 1881, et le pays fit partie du Turkestan*. Après la révolution d'Octobre, les Turkmènes formèrent un gouvernement provisoire social-révolutionnaire, mais l'Armée rouge occupa Achgabat (1919) et Krasnovodsk (1920) ; le régime soviétique fut proclamé et le Turkménistan devint une république socialiste soviétique autonome au sein de la République socialiste fédérative soviétique de Russie. Jusqu'en 1924, la région transcaspienne faisait partie de la République socialiste soviétique autonome de Turkestan, et les autres régions du Turkménistan actuel étaient rattachées aux républiques populaires soviétiques de Boukhara* et de Khorezm*. Le 27 oct. 1924, fut formée la RSS fédérée du Turkménistan englobant les régions turkmènes des ex-républiques de Boukhara et de Khorezm. Des contestations frontalières persistent le long de l'Amou-Daria. Depuis le 27 oct. 1991, le Turkménistan est indépendant. Il fut dirigé par le président à vie Separmourad Nyazov qui mit en place un véritable culte de sa personnalité et un régime hautement répressif. À sa mort, fin 2006, l'intérim fut assuré par le vice-Premier ministre, Gourbangouly Berdymoukhammedov qui fut ensuite élu en février 2007, aucun des opposants au régime n'ayant eu la possibilité de se présenter car exilés sous Nyazov. Le nouveau président impulse de timides réformes mais semble décidé à ouvrir son pays vers de nouveaux partenaires économiques (investisseurs et débouchés).

**Turkménistan.** Habitants de la région d'Achgabat. *Phot. © Burt Glinn/Magnum*

**Turkménistan.**

**TURKS ET CAICOS** – en angl. ***Turks and Caicos*** ♦ Archipel situé dans l'océan Atlantique au N. de l'île d'Haïti et dans le prolongement des Bahamas. 417 km$^2$. 33 202 hab. CH.-L. : Cockburn Town dans l'île de Grand Turk. Sur les 30 îles de l'archipel, 6 ont une population notable. Ce sont des îles basses, sablonneuses, où l'agriculture n'est pas possible. Pêche et tourisme. Centre financier. ▪ Territoire appartenant à la Grande-Bretagne depuis 1766, l'archipel dispose d'une certaine autonomie en vertu de la Constitution de 1976.

**Turksib** n. m. ➝ ÉTYM. abrév. de Turkestan-Sibérie ♦ Nom donné à la ligne de chemin de fer, longue de 1 462 km, qui relie le Turkestan à la Sibérie occidentale Lougovaïa (près de Djamboul)-Almaty-Semipalatinsk en contournant le S. et l'E. du lac Balkhach. Construite de 1928 à 1932, elle se rattache au Transsibérien* à Novossibirsk.

**TURKU** – en suéd. ***Åbo*** ♦ V. et port de Finlande méridionale, ch.-l. de la prov. de Turku-Pori, à la limite des golfes de Botnie et de Finlande et à l'embouchure de l'Aurajoki. 175 286 hab. Université. Turku est la plus ancienne ville de Finlande : elle conserve une cathédrale romane (1229, restaurée) et un château (1280, restauré au XVIIe s.). Musée de plein air. Musée des Beaux-Arts. ▪ 3e ville du pays. Important centre indus. : construc. mécaniques, chantiers navals, indus. chimique, textile et agroalimentaire. Port de commerce et de voyageurs. **Histoire** Fondée au XIIIe s., durant la domination suédoise, Turku, siège d'un archevêché, devint un centre culturel. La ville tomba sous l'emprise russe lors des guerres entre Suède et Russie (1713 - 1721 et 1742 - 1743). Par la *paix de Turku* (1743), le S.-E. de la Finlande fut accordé par la Suède à la Russie. Lorsque la Finlande devint un grand-duché autonome en 1808, Turku fut nommée capitale et le resta jusqu'en 1812. En 1827, un incendie la détruisit aux trois quarts.

**TURLUPIN (Henri LE GRAND, dit)** ♦ Comédien de la farce française (mort à Paris en 1637). Il s'illustra sur les tréteaux du Pont-Neuf, avant d'entrer à l'Hôtel de Bourgogne* (1615) et de former avec Gros*-Guillaume et Gaultier*-Garguille un trio célèbre. Pour la tragédie, il prenait le pseudonyme de Belleville.

**TURNÈBE (Adrien TOURNEBOUS, dit)** ♦ Humaniste français (Les Andelys 1512 - Paris 1565). Professeur au Collège des trois langues, auj. Collège de France, il aida, par ses publications, à la connaissance de la littérature grecque. ♦ **Odet Tournebous,** dit **Odet de Turnèbe** (Paris 1552 - 1581). Fils du précédent. Il est l'auteur d'une comédie en prose *Les Contens* (posth. 1584).

**TURNER (Joseph Mallord William)** ♦ Peintre, aquarelliste et graveur britannique (Londres 1775 - *id.* 1851). Fils de barbier, autodidacte, il reçut cependant des leçons de perspective de l'aquarelliste T. Malton et, à partir de 1789, étudia à l'Académie royale. Découvert par un amateur d'art, il rencontra T. Girtin*, subit son influence et s'intéressa aux paysages de Cozens et de R. Wilson*. Il travailla d'abord comme graveur et progressivement le caractère topographique de ses paysages et de ses ruines disparut pour faire place à une conception plus sensible et poétique de la nature. À partir de 1796, il commença à exposer des peintures à l'huile (sites pittoresques ou marines inspirées de ses voyages à travers l'Angleterre) où éclate son tempérament romantique ; il évoque avec une grande maîtrise technique les coups de lumière sur la mer, les tempêtes, les paysages montagneux baignés d'une lumière aurorale, crépusculaire ou lunaire. Il acquit très vite une grande renommée en

Joseph **Turner.** *Le Téméraire* (91 × 122 cm). Tate Gallery, Londres. *Phot. © Arch. Smeets*

Angleterre et ouvrit à partir de 1804 sa propre galerie. Dès 1802, il se rendit en France et en Suisse et ne cessa, dès lors, de voyager sur le continent, en rapportant une multitude de croquis et d'aquarelles d'une facture très libre. Il voulait rivaliser avec l'art de Claude Lorrain* qu'il admirait profondément et représenta des paysages mythologiques (*Didon construisant Carthage,* 1815). À l'exemple du *Liber Veritatis* du Lorrain, il commença un *Liber Studiorum* dans lequel il établit une classification des types de paysages. Cherchant avec une passion de plus en plus exclusive à rendre les effets de l'atmosphère, il employait des couleurs intenses. Après son voyage en Italie en 1819 *(Campo Santo de Venise)*, le caractère anecdotique et descriptif des motifs disparaît au profit de la lumière : lumière diaphane à travers les nuages, le brouillard ou la pluie, orages (*Navire en feu dans la tempête ; Tourmente de neige en mer,* 1842). Certaines œuvres traitent des espaces mouvants et fluides en des structures tourbillonnantes (*Pluie, vapeur et vitesse,* 1844), et plusieurs de ses visions ont une dimension onirique et fantastique (*Lever de soleil avec monstres marins,* 1845). Turner démontra le pouvoir suggestif de la couleur étalée par masse fluide et transparente (souvent au couteau) ; si ses recherches sur le rendu atmosphérique le firent parfois considérer comme un précurseur de l'impressionnisme, il apparaît aussi, par l'abandon de tout support descriptif, comme celui de l'abstraction lyrique. ➝ **ÉTYM.** Ce nom anglais signifie « tourneur » (nom de métier) ou « celui qui s'occupe d'un tournoi » ou est le surnom d'un coureur rapide, du moyen anglais *turnen* « courir ».

**TURNER (John)** ♦ Homme politique canadien (Richmond, Surrey 1929). Avocat, plusieurs fois ministre, notamment de la Justice (1968 - 1972) et des Finances (1972 - 1975), dans le gouvernement de P. E. Trudeau*, il succéda à ce dernier à la tête du parti libéral (1984 - 1989) et dans ses fonctions de Premier ministre (juin-sept. 1984).

**TURNHOUT** ♦ V. de Belgique (Région flamande), prov. d'Anvers, ch.-l. d'arr., sur le canal de la Campine. 39 863 hab. Hôtel de ville (1716). Palais de justice (château des ducs de Brabant du XIIIe au XVIIe s.). Chapelle gothique Saint-Théobald. Églises du XIVe et du XVIIe s. Musée Taxandria (antiquités belgo-romaines). Musée de la Carte à jouer. Centre culturel De Warande. ▪ Indus. du papier, de l'imprimerie et de la carte à jouer (introduite par P. J. Brepols en 1826). Construc. métalliques et électriques. Indus. chimique. Dentelle. ▪ La comm. voisine d'*Oud-Turnhout,* faubourg E. de Turnhout, est restée une comm. indépendante. 11 589 hab. Elle est entourée de bruyères et de bois. Prieuré de Corsendonck (XVIe s.). **▮ Histoire** Turnhout appartint au Brabant du XIIe au XVIe s. Charles Quint en fit une seigneurie qu'il offrit à sa sœur, Marie de Hongrie. En 1648 (traité de Westphalie), la ville devint un fief tenu par les Orange-Nassau. Résidence de nombreux seigneurs, Turnhout fut surnommé le « Petit Bruxelles ».

**TURNUS** ♦ Roi légendaire des Rutules* dans *L'Énéide** (VII, VIII et IX).

**TURNU SEVERIN** → Drobeta-Turnu Severin

**TURPIN (Eugène)** ♦ Chimiste français (Paris 1848 - Pontoise 1927). Inventeur de la mélinite (1887), explosif très puissant à base d'acide picrique adopté à partir de 1889 en France pour le chargement des obus.

**TURPIN (Raymond)** ♦ Médecin français (Pontoise 1895 - Paris 1988). Promoteur des premières vaccinations contre la tuberculose (BCG en 1921), il est surtout connu pour ses travaux sur les déterminations et les observations chromosomiques (en particulier l'aberration de nombre qui détermine le mongolisme, en collaboration avec son élève Lejeune*). [Acad. sc. 1962] ➝ **ÉTYM.** *Turpin* vient du latin *turpis* « laid, difforme ».

## TURQUIE

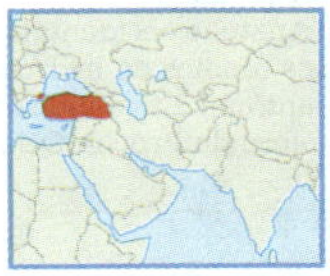

▮ n. f. – off. ***République turque,*** en turc ***Türkiye Cumhuriyeti*** ♦ Pays du Proche-Orient, à cheval sur l'Europe et l'Asie. 779 452 $km^2$. 70 586 256 hab. *(Turcs).* POPULATION : Turcs (env. 90 %) ; Kurdes (estimés à plus de 7 millions) ; Arabes (env. 800 000) ; peuples du Caucase (Tcherkesses ou Circassiens, Lazes, Géorgiens) ou des Balkans (Pomaks, Bosniaques) ; Grecs, Arméniens et Juifs (concentrés dans l'aggl. d'İstanbul). LANGUE : turc. RELIGION : musulmans, 98,3 %. MONNAIE : livre turque. CAPITALE : Ankara. RÉGIME : démocratie parlementaire. La Turquie est divisée en 81 départements *(il),* subdivisés en arrondissements *(ilçe).*

**▮ GÉOGRAPHIE** Deux grandes chaînes de montagnes, la chaîne Pontique au N. et le Taurus au S., se rejoignant vers l'E. dans le « nœud arménien », abritent l'intérieur du pays des influences méditerranéennes. Les régions de la Méditerranée, où le Taurus occidental et central domine les plaines de Pamphylie et de Cilicie, et de l'Égée, découpée en peigne par les vallées du Büyük Menderes (Méandre), du Küçük Menderes et du Gediz, ont un climat typiquement méditerranéen, avec des hivers doux et arrosés, des étés chauds et secs et des forêts étagées de pins d'Alep, puis de sapins de Cilicie et de cèdres du Liban. La région de la Marmara, associant les plateaux et massifs de Thrace orientale et les chaînons et bassins de Bithynie, marque la transition vers le domaine pontique, tempéré, arrosé toute l'année et couvert d'abondantes forêts. En Anatolie centrale, ensemble de plateaux, de bassins et de massifs en partie volcaniques déjà plus continental, la steppe adaptée au climat semi-aride progresse aux dépens des forêts. La continentalité est extrême en Anatolie de l'Est, montagneuse (5 165 m au mont Ararat) et froide, et en Anatolie du Sud-Est, plus chaude, prolongement des plateaux syriens.

**▮ ÉCONOMIE ▮ Agriculture** Puissante, elle occupe encore en 2009 près de 30 % de la population active du fait de structures d'exploitation très émiettées, mais elle s'est rapidement mécanisée. L'Anatolie intérieure est vouée à la culture des céréales (blé, orge) et de la betterave à sucre et à l'élevage des ovins et caprins fournissant laine (et mohair des chèvres angora autour d'Ankara), viande et produits laitiers, et des bovins dont le rôle d'animaux de trait décline. Les régions périphériques y ajoutent des cultures spécialisées : tabac

**Turquie.**

de l'Égée et de la région pontique centrale, noisettes entre Ordu et Trabzon, thé de la région pontique orientale, autour de Rize, vignoble à vin de Thrace (mais aussi de Cappadoce et d'Anatolie du Sud-Est), oliviers, figuiers et vignes à raisins secs (« de Smyrne ») de la façade égéenne, coton, agrumes et cultures maraîchères sous serre du littoral méditerranéen. Le Projet de l'Anatolie du Sud-Est doit développer sur les plateaux d'Urfa les cultures irriguées à partir des eaux de l'Euphrate. **▌La pêche** Encore artisanale, elle est pratiquée principalement sur la côte égéenne, la mer de Marmara et le littoral pontique (anchois, maquereaux, etc.). **▌Ressources énergétiques et minières** La prod. du bassin houiller de Zonguldak-Ereğli, en déclin, est relayée par les abondantes ressources en lignite de l'Anatolie occidentale, mais la Turquie doit importer l'essentiel de ses besoins en hydrocarbures, le gisement de Batman ne fournissant que 2,2 millions de t. La prod. d'hydroélectricité est la première du Proche-Orient (35 milliards de kWh sur 200 milliards de

**Turquie ▌Productions en 2008**

| Produits | Quantités | Rang |
|---|---|---|
| **▌Agriculture** | | |
| Abricots (2007) | 557 000 t | 1er |
| Betteraves à sucre | 13 000 000 t | 6e |
| Blé (2009) | 20 500 000 t | 9e |
| Cerises (2007) | 390 000 t | 1er |
| Coton fibre | 950 000 t | 7e |
| Huile d'olive | 160 000 t | |
| Maïs | 4 000 000 t | |
| Noisettes | 520 000 t | 1er |
| Olives | 1 000 000 t | 4e |
| Oranges (2009) | 1 560 000 t | 11e |
| Orge | 5 600 000 t | 6e |
| Pastèques | 3 800 000 t | 2e |
| Pommes de terre (2009) | 5 200 000 t | 13e |
| Seigle | 240 000 t | 7e |
| Tabac | 80 000 t | 11e |
| Thé | 210 000 t | 5e |
| Tomates (2009) | 10 900 000 t | 3e |
| Tournesol (graines) (2009) | 1 000 000 t | 10e |
| Vin (2007) | 300 000 hl | |
| Bovins (têtes) | 11 000 000 | |
| Ovins (têtes) | 25 300 000 | 9e |
| Pêche (2007) | 632 000 t | |
| **▌Mines et énergie** | | |
| Bauxite | 780 000 t | |
| Cuivre | 45 000 t | |
| Fer | 3 800 000 t | 20e |
| Houille | 82 000 000 t | 11e |
| Hydroélectricité | 33 TWh | |
| Zinc | 70 000 t | |

kWh en tout en 2008), grâce à la mobilisation des fleuves tributaires de la mer Noire (Kızıl Irmak, Yeşil Irmak, Sakarya), de l'Égée (Gediz, Büyük Menderes) et de la Méditerranée (Seyhan, Ceyhan), puis de l'Euphrate avec les trois grands barrages de Keban, Karakaya et Atatürk. Le Projet de l'Anatolie du Sud-Est, projet global de développement régional, prévoit encore une vingtaine de barrages dans les bassins du Tigre et de l'Euphrate. Les minerais très diversifiés sont inégalement exploités : fer de Divriği, en Anatolie centrale, et Çam Dağı, près d'İzmir, chrome de Güleman, près du lac de Van, et de Fethiye, en Anatolie occidentale, cuivre au N.-E., manganèse, plomb, zinc et antimoine de la chaîne pontique, soufre de la région de Burdur. **▌Industrie** Malgré ces ressources et les efforts d'Atatürk pour créer une industrie nationale, elle reste insuffisamment développée, et très mal répartie à travers le territoire, le quart de la main-d'œuvre industrielle étant concentré à İstanbul. L'indus. textile, développée dès la fin de la période ottomane, reste la plus répandue avec pour principaux centres Adana et les villes de l'Égée pour le coton, Bursa pour la laine et la soie, Ankara pour le mohair et İstanbul pour la confection, sans oublier l'artisanat du tapis. L'automobile est la deuxième industrie exportatrice. La sidérurgie, implantée à Karabük et dans les ports d'İskenderun et Ereğli, s'est beaucoup développée et alimente des industries mécaniques variées. Les autres branches importantes sont la chimie, alimentée par les raffineries de pétrole d'İzmit, Mersin, Batman et Kirikkale, l'électronique, les matériaux de construction (32 millions de t de ciment) et l'industrie agroalimentaire. **▌Secteur tertiaire** Ses activités sont réparties entre de nombreuses agglomérations urbaines qui constituent un réseau de mieux en mieux hiérarchisé, depuis les marchés ruraux jusqu'aux deux villes qui se partagent les fonctions de capitale, Ankara, capitale politique, et İstanbul, métropole économique. La majorité de la population vit désormais dans ces villes (près de 70 % en 2008). Parmi ces activités, le tourisme s'est fortement développé depuis 1960. Les principales régions touristiques, İstanbul, la Cappadoce et les côtes de la Méditerranée et de l'Égée, ont attiré en 2007 20 millions de touristes venant surtout d'Allemagne, de Grande-Bretagne, de France et des États-Unis. **▌Communications** Le réseau ferroviaire, dont les lignes principales sont orientées d'O. en E. (İstanbul-Ankara-Kayseri-Erzurum-Kars, Kayseri-Malatya-Van-Tabriz, İzmir-Konya-Adana-Mossoul), reste insuffisant (8 607 km), mais le réseau routier, considérablement amélioré au cours des années 1980, supporte l'essentiel du trafic de marchandises et de voyageurs. **▌Commerce** Les échanges se font principalement avec l'Union européenne avec laquelle des négociations sont ouvertes pour une éventuelle adhésion de la Turquie (Allemagne et Italie en tête) et les États-Unis. La Turquie exporte du tabac, des fruits et autres produits agricoles, du coton, des automobiles, des minerais et des produits textiles (tissus, tapis, confection). Elle importe des hydrocarbures et des biens d'équipement. Le déficit commercial persistant est en bonne partie comblé par les revenus du tourisme et les remises des travailleurs turcs expatriés en Europe occidentale (2 millions de personnes avec leurs familles) ou dans les pays pétroliers (Arabie saou-

**Turquie.** Le Grand Bazar à Istanbul. *Phot. © Vladimir Melnik/Shutterstock*

dite, Libye). La grave crise financière mondiale de 2008-2009 a provoqué une augmentation du chômage et un fort endettement auprès du FMI.

**▮ HISTOIRE ▮ Histoire ancienne** → **Anatolie, Asie Mineure, byzantin (Empire) ; Seldjoukides ; ottoman (Empire).** **▮ La Turquie moderne ▮ *Atatürk*** Après la défaite des empires centraux, le sultan Mehmet* VI accepta le contrôle des Alliés et le traité de Sèvres* (10 août 1920) défavorable aux intérêts turcs. Mustafa* Kemal refusa ce traité et entreprit de renverser le sultanat et d'instaurer un État national turc. Il put faire évacuer les armées grecques de l'Anatolie, imposer son autorité au sein du peuple turc, abolir le sultanat (1922) et constituer le Parti républicain du peuple. Il devint ensuite président de la République nouvellement formée et exerça un pouvoir dictatorial, essayant de moderniser l'État et de dégager la Turquie de la tutelle de la finance internationale. Il imposa la laïcisation, l'instruction obligatoire, l'industrialisation et la planification. Il institua nombre de lois nouvelles bousculant les habitudes de certains musulmans. Toute opposition fut brisée. Les minorités nationales (Grecs et Arméniens) perdirent le contrôle de l'économie. Les révoltes kurdes furent violemment réprimées. Pourtant, ces manifestations du nationalisme turc ne s'exprimèrent qu'à l'intérieur des frontières du pays. En politique étrangère, Mustafa Kemal mena une action pacifique. **▮ *İnönü*** À sa mort (nov. 1938), le général İsmet İnönü* lui succéda. Ce dernier sut garder la neutralité de la Turquie pendant la Deuxième Guerre mondiale en usant d'une habile diplomatie. Refusant la virtualité d'une ingérence soviétique, İnönü obtint l'appui des États-Unis qui l'aidèrent à renforcer son armée. Il favorisa la création d'une opposition parlementaire, et son parti, dont le prestige ne résista pas à la crise économico-sociale qui suivit la guerre, perdit le pouvoir au profit du Parti démocrate fondé en 1946 par Celâl Bayar* (1950). **▮ *Menderes*** Sous la présidence de ce dernier, Adnan Menderes*, qui fut nommé Premier ministre, exerça à son tour un pouvoir dictatorial. Il rendit l'enseignement religieux obligatoire à l'école primaire et encouragea le retour à l'islam : il construisit en dix ans cinq mille mosquées. Il fit appel à l'investissement étranger, abandonna le dirigisme et la protection de l'entreprise nationale. En politique étrangère, la Turquie entra dans l'Otan (1952), se rapprocha de la Grèce et de la Yougoslavie, adhéra au pacte de Bagdad (1955) et tenta de gêner l'évolution du nationalisme arabo-syrien (1956 - 1957). L'affaire de Chypre envenima ses rapports avec la Grèce et la Grande-Bretagne (jusqu'en 1959). **▮ *Du coup d'État de 1960 à la prise du pouvoir par l'armée en 1980*** Devant l'état latent d'une grave crise financière, un putsch militaire renversa le régime et confia la direction de l'État au général Gürsel (mai 1960). Les dirigeants du Parti démocrate furent condamnés et trois d'entre eux, dont Menderes, furent pendus (sept. 1961). Le général Gürsel, élu président de la République, imposa un cabinet de coalition dirigé par İnönü (juin 1962). Cependant, les élections de 1965 virent le triomphe du Parti de la justice, composé de plusieurs anciens compagnons de Menderes. Süleyman Demirel* accéda au poste de Premier ministre. Mais les problèmes essentiels n'étaient pas résolus. En 1970, de graves troubles éclatèrent dans les centres industriels, tandis qu'un vaste mouvement de contestation se développait dans les lycées et les universités. La dévaluation de la livre turque de 66 % aggrava la situation. Devant l'accentuation des émeutes et des violences, l'armée intervint de nouveau en mars 1971 et imposa un gouvernement de salut public dirigé par Nihat Erim qui dut démissionner après l'enlèvement et l'assassinat de trois cadres de l'Otan par des gauchistes en avr. 1972. Fahri Korutürk fut élu président de la République en avr. 1973. Les élections législatives d'oct. permirent à Bülent Ecevit*, chef du Parti républicain du Peuple, de constituer avec Necmettin Erbakan*, chef du Parti du salut national (religieux), un gouvernement de coalition qui ordonna en juil. 1974 l'intervention militaire à Chypre* et tomba en septembre. Les gouvernements de coalition suivants furent impuissants à enrayer les affrontements entre extrême gauche et extrême droite et les actions terroristes. L'armée sous la conduite du général Kenan Evren* prit le pouvoir sans violence le 12 sept. 1980. **▮ *La Constitution de 1982 et la présidence de Turgut Özal*** Une nouvelle Constitution nommant K. Evren président de la République et excluant de la vie politique pour dix ans les anciens dirigeants des partis fut approuvée par référendum en nov. 1982, et de nouveaux partis furent créés. Turgut Özal*, vice-Premier ministre du gouvernement de techniciens mis en place par les militaires, gagna les élections de nov. 1983 à la tête du nouveau Parti de la Mère Patrie et devint le Premier ministre d'un gouvernement civil. Élu président de la République en nov. 1989, il dut, après le retour sur la scène politique des anciens dirigeants aux élections législatives d'oct. 1991, confier le gouvernement à une coalition du Parti de la Juste Voie (DYP) de Süleyman Demirel, nommé Premier ministre, et du Parti populiste social-démocrate d'Erdal İnönü. La Turquie, confrontée à la guérilla du Parti des Travailleurs du Kurdistan (PKK) en Anatolie du Sud-Est, accepta de servir de base à l'aviation occidentale durant la guerre du Golfe (janv. - mars 1991) puis aux opérations humanitaires dans le Kurdistan irakien. Elle a relancé, après l'éclatement de l'URSS, une politique d'ouverture vers les républiques turques ex-soviétiques (Azerbaïdjan, Turkménistan, Ouzbékistan, Kazakhstan et Kirghizstan), tout en impulsant une zone de coopération économique des pays riverains de la mer Noire et en réaffirmant sa candidature à l'entrée dans l'Union européenne. **▮ *De Demirel à Gül*** Après la mort de Turgut Özal en avr. 1993, Süleyman Demirel fut élu président de la République et dut faire face à la recrudescence de la guérilla kurde, contre laquelle une offensive militaire fut engagée, et à la montée des islamistes du parti de la Prospérité (RP), dont le succès aux législatives de 1995 obligea les deux partis de centre droit, le Parti de la Mère Patrie et le DYP, à conclure un accord de coalition faisant alterner au poste de Premier ministre leurs leaders respectifs Mesut Yilmaz* et Tansu Çiller*. L'échec de cette coalition et la nomination de l'islamiste Necmettin Erbakan à la tête d'un nouveau gouvernement de coalition (avec le DYP de T. Çiller) suscitèrent l'hostilité d'une partie de l'armée qui contraignit Erbakan à la démission en juin 1997. La Cour constitutionnelle décida, en fév. 1998, de dissoudre le RP, aussitôt remplacé par le Parti de la Vertu. Le pays fut dirigé par M. Yılmaz (1997 - 1998) puis par B. Ecevit (1999 - 2002). Le chef rebelle kurde, Abdullah Öcalan, arrêté en février 1999, a été condamné à mort puis à la prison à perpétuité mais son sort reste suspendu à la pacification en Anatolie du Sud-Est où le PKK a proclamé l'abandon de la lutte armée, et à l'évolution des relations entre la Turquie et l'Europe (→ **Kurdes**). Le juge Ahmet Necdet Sezer, soutenu par B. Ecevit mais n'appartenant à aucun parti, fut élu président de la République en 2000. Il abolit la peine de mort et autorisa l'enseignement du kurde en 2002. Abdullah Gül*, issu de l'aile modérée du Parti de la Vertu, interdit depuis 2001, baptisée Parti Justice et Développement (AKP), fut nommé Premier ministre à l'issue des législatives de 2002 qui marquèrent l'effondrement de la droite traditionnelle. Il fut remplacé par le numéro un de l'AKP, Recep Erdogan*, en mars 2003, mais resta au gouvernement puis fut élu à la présidence de la République en 2007. L'admission dans l'Union européenne est l'une des priorités du gouvernement mais celle-ci suppose le respect du processus démocratique qui reste mis à mal avec notamment l'interdiction, fin 2009, du parti pro-kurde pourtant représenté au Parlement, le DTP (Parti pour une société démocratique), accusé de liens avec le PKK.

---

**TURTIAINEN (Arvo Albin)** ♦ Poète finlandais d'expression finnoise (Helsinki 1904 - *id.* 1980). Il appartint au groupe radical de gauche *Kiila* avec Kajava* et Katri Vala*. Il décrivit des types humains dans le recueil *Le Chemin sous le nuage* (1939). Il se battit dans l'armée finlandaise en 1939 - 1940, fut prisonnier de 1941 à 1944 pour ses opinions antifascistes, publia des recueils agressifs et amers à sa libération, *Je reviens à la maison* (1944), un *Chant pour le parti* (1946), puis s'éloigna du parti communiste. Il publia des œuvres simples et humaines, comme *J'aime* (1955), *L'Automne du printemps* (1959) ou *Moi, nu-pattes* (1962).

**TUSCALOOSA** ♦ V. des États-Unis (Alabama). 77 906 hab. (zone urbaine 164 875). Univ. Ancienne capitale de l'État, la ville conserve des résidences du XIXᵉ s. Centre agricole et industriel.

**TUSCARORA** ♦ Fosse marine de 10 535 m de profondeur, se trouvant à l'E. des îles du Japon et des Kouriles, découverte en 1874 par un navire océanographique américain de ce nom.

**Tusculanes** – en lat. ***Tusculanae Disputationes*** ♦ Œuvre philosophique de Cicéron* (-45) en 5 livres, qui établit l'immortalité de l'âme et fonde le souverain bien sur la vertu.

**TUSCULUM** ♦ Anc. ville de l'Italie (Latium), près de Frascati*. Cicéron* y possédait une villa où il écrivit ses *Tusculanes**.

**TUTICORIN** ♦ V. de l'Inde (Tamil Nadu), sur la côte du golfe de Mannar, à l'extrême S. de la péninsule. 216 058 hab. Anc. comptoir portugais, fondé en 1540. Pêche, industrie textile. Les pêcheries de perles sont en voie de disparition.

**TUTU (Desmond)** ♦ Prélat sud-africain (Klerksdorp 1931). Noir, doyen de la cathédrale anglicane de Johannesburg en 1976, secrétaire général du conseil des Églises sud-africaines (1978 - 1984), il soutint la lutte (non violente) contre l'apartheid. Il est devenu chef de l'Église anglicane sud-africaine et archevêque du Cap en 1986. [Prix Nobel de la paix 1984]

**TUTUILA** ♦ La plus grande des îles Samoa américaines, au relief volcanique (mont Matafao, 653 m). 137 km². 55 876 hab. Le centre admin. des Samoa américaines, Pago* Pago, est dans cette île. Coprah.

**TUTUOLA (Amos)** ♦ Romancier nigérian d'expression anglaise (Abeokuta 1920 - Ibadan 1997). Issu du peuple yorouba, il emprunte à ses traditions orales la matière de son œuvre, inaugurée en 1952 avec *L'Ivrogne dans la brousse (The Palm Wine Drunkard)* traduit en français par R. Queneau en 1953. Ses ambitions d'autodidacte sont à rapprocher de celles de Blake* ou de Bunyan* : dans un univers effrayant où la technique n'est qu'une sorcellerie de plus qui coexiste avec les mentalités traditionnelles, Tutuola veut le triomphe de l'humain. *Ma vie dans la brousse des fantômes* (1954), *Simbi and the Satyr of the Dark Jungle* (1957), *Feather Woman of the Jungle* (1962), *Ajaigi and His Inherited Poverty* (1967), *The Witch Herbalist of the Remote Town* (1981).

**TUVA** → Touva

## TUVALU

▮ n. f. pl. – off. ***les Tuvalu*** ← ÉTYM. de *tu* «se dresser» et *valu* «huit» [sur les 9 atolls, 8 parlent la langue de Tuvalu, le dernier celle de Kiribati] ; anc. ***îles Ellice*** ♦ État du centre de l'océan Pacifique, au S. de l'équateur, constitué de 9 atolls coralliens. 26 km². 9 561 hab. *(Tuvalais)*. LANGUES : anglais (off.), tuvaluan. POPULATION : Polynésiens. MONNAIE : dollar tuvaluan et australien. Centre admin. Vaiaku (sur l'atoll de Funafuti). RÉGIME : démocratie parlementaire. Ces îles basses soumises à un climat équatorial sont couvertes par la végétation habituelle des atolls (pandanus, cocotiers, arbres à pain). Le coprah est le seul produit d'exportation. Tuvalu est directement menacé par le réchauffement climatique et l'élévation du niveau de l'océan qui provoque des inondations de plus en plus fréquentes et rend les terres impropres à la culture.

▮ **HISTOIRE** Les îles Ellice furent probablement découvertes par Alvarado de Mendaña* de Neyra en 1568 et 1595. La Grande-Bretagne établit un protectorat sur l'archipel en 1892 et en fit une colonie en 1915. Le pays devint autonome en 1975 après un référendum, puis indépendant en 1978.

---

**TUWAYQ** n. m. (djebel) ♦ Relief montagneux du centre de l'Arabie saoudite, formant un arc de cercle à l'O. de Riyad, qu'il surplombe. Long de 800 km, il n'excède pas 400 m. Il est traversé par le Wādi al-Rumma.

**TUWIM (Julian)** ♦ Poète polonais (Łódź 1894 - Zakopane 1953). D'origine juive, inventeur de l'«exotisme quotidien», il est l'un des plus éminents représentants du groupe Skamander créé en Pologne après la Première Guerre mondiale. Il révolutionna le lyrisme polonais dès son premier recueil, *Le Piège tendu à Dieu* (1918) et exprima sa vision du monde, concrète et réaliste, dans *Socrate dansant* (1920), *Le Septième Automne* (1922), *Paroles dans le sang* (1926), *La Bible tzigane* (1933), *La Foire aux rimes* (1934), *Le Bal à l'opéra* (1936) et *Fleurs polonaises* (1949). Il publia des poèmes pour enfants *(L'Éléphant Trombalski)* et traduisit Horace, Nekrassov, Nestroy, Rimbaud, Maïakovski.

**TUXTLA GUTIÉRREZ** ♦ V. du Mexique, cap. de l'État de Chiapas. 490 455 hab. Ville récente, aux fonctions essentiellement admin. et commerciales. Aéroport.

**TUYÊN QUANG** ♦ V. du Viêtnam (Nord), sur la rive d. du Sông Lô. 48 000 hab. Mines de zinc à la porte de la ville. ▮ **Histoire** Commandant des passages importants, Tuyên Quang fut souvent l'enjeu d'âpres combats (1884 - 1885 ; 1947). Elle fut défendue (1884 - 1885) contre les troupes chinoises par le commandant Dominé et le sergent Bobillot. → **Viêtnam.**

**TUZLA** ♦ V. de Bosnie-Herzégovine. 84 100 hab. Sel gemme. Industrie chimique.

**TVARDOVSKI (Aleksandr Trifonovitch)** ♦ Poète soviétique (Zagorie, près de Smolensk 1910 - Moscou 1971). Son poème, *Le Pays de Mouravia*, dont le héros est troublé par la collectivisation, le rendit célèbre en 1936. Puis avec *Vassili Terkine* (1941 - 1945), cycle de poésies qui racontent l'histoire d'un cœur sensible et courageux, *La Maison au bord de la route* (1946), poème sur la douloureuse histoire d'une famille paysanne et *Lointains* (1953 - 1960), cycle de poésies formant une sorte de journal de voyage, Tvardovski a exprimé la confiance qu'il avait en son peuple. Dans *Terkine dans l'autre monde* (1963) comme dans *Lointains*, il critique le culte de Staline. Nommé rédacteur en chef de la revue *Novyï* Mir* («Nouveau Monde»), il y prit la défense de Soljenitsyne*. Son recueil poétique *De par les droits de la mémoire* a été publié après sa mort en 1987.

**TVER,** de 1931 à 1990 ***Kalinine*** ♦ V. de Russie, ch.-l. de région, port fluvial au confluent de la Volga et de la Tvertsa. 409 400 hab. Indus. textile. Construc. mécaniques. Indus. du verre, du bois. Confection. Bonneterie. ▮ **Histoire** Fondée par les princes de Souzdal, la ville devint la cap. d'une principauté indépendante avant d'être réunie à l'État moscovite par Ivan III (1485).

**TWAIN (Samuel Langhorne CLEMENS, dit Mark)** ← ÉTYM. l'expression *mark twain* est un terme technique de marine (V. ci-dessous) ♦ Journaliste, romancier et humoriste américain (Florida, Missouri 1835 - Redding, Connecticut 1910). Le village tranquille où il grandit au bord du Mississippi est décrit dans *Les Aventures de Tom Sawyer* (1876), histoire de deux inséparables amis partis une nuit pour enterrer un chat dans un cimetière, et dans *Les Aventures de Huckleberry Finn* (1884) d'où «toute la littérature moderne découle», si l'on en croit Hemingway. Cette satire est une suite d'épisodes où Tom, Huck et Jim, l'esclave noir qu'il faut emmener dans un État abolitionniste, affrontent mille malheurs, tous surmontés à la fin du livre. Twain fut typographe, pilote sur le Mississippi, d'où il devait tirer son pseudonyme, qui signifie «deux brasses de fond» (*La Vie sur le Mississippi*, 1883), se fit chercheur d'or (*À la Dure*, 1872) et, enfin, réussit dans le journalisme : son récit *La Grenouille sauteuse de Calaveras* le rendit célèbre du jour au lendemain (1865). Il fit une brillante carrière de conférencier-humoriste, dont les profits le sauvèrent de spéculations et d'entreprises commerciales malheureuses. Il connut Bret Harte à San Francisco, alla à Hawaii, visita la Terre sainte et l'Italie (*Le Voyage des Innocents*, 1869). *The Gilded Age* (1873) est une satire de la corruption sous la présidence d'Ulysses Grant*, à laquelle elle a donné son sobriquet. À l'apogée de sa carrière, une série de malheurs familiaux (mort de sa femme, mort d'une de ses filles, folie de l'autre) le fit changer de style (*Jeanne d'Arc*, 1896 ; *Le Mystérieux Étranger*, posth. 1916). *What Is Man ?* (1906) est le dernier Mark Twain, déterministe, pessimiste sur la nature humaine. Foncièrement américain, anti-européen, anti-impérialiste, il s'en est pris peu à peu à l'ensemble de la civilisation moderne. C'est le premier humoriste américain à avoir été reconnu comme un grand maître (certains disent «le plus grand») de la littérature nationale. Son observation des dialectes populaires est restée un modèle du genre.

Mark **Twain** en 1899.
*Phot. © Harlingue/ Roger-Viollet*

**TWARDOWSKI (Samuel ze Skrzypny)** ♦ Poète polonais (v. 1600 - Zalesie 1661). Auteur de mémoires et de chroniques en vers sur les guerres polonaises de son époque, il est surtout connu comme représentant de l'élégie et du roman pastoral à l'espagnole (*Daphné changée en laurier*, 1638 ; *La Belle Pascaline*, 1655 ; *La Guerre civile*, 1681).

**TWEED** n. f. ♦ Fl. de Grande-Bretagne (156 km), tributaire de la mer du Nord et servant de frontière entre l'Écosse et l'Angleterre. Les usines textiles de la vallée préparent la laine et les tissus du même nom.

**TWENTE** ♦ Région des Pays-Bas (partie E. de l'Overijssel), près de la frontière allemande. V. PRINC. : Enschede*, Hengelo*, Almelo*. ▪ Tradition indus. : textile, construc. mécaniques, chimie.

**TWICKENHAM** ← ÉTYM. anc. *Tuicanhom*, probablt «terrain près d'une riv. d'un homme nommé °Twicca», du vieil angl. *hamm* «terrain près d'une riv.» ou de *°twicce* «confluent» ♦ Banlieue résidentielle du S.-O. de Londres, sur la Tamise. Célèbre stade de rugby.

**TWINGER (Jacques)** ♦ Homme d'Église et chroniqueur alsacien (Königshofen 1346 - Strasbourg 1420). Chanoine de l'église Saint-Thomas de Strasbourg, il a écrit une chronique locale (v. 1386), précédée, en introduction, par une chronique universelle.

**TWOMBLY (Cy)** ♦ Peintre et sculpteur américain (Lexington 1928). En 1951, il rencontra De* Kooning, Motherwell*, Kline*, auprès desquels il s'initia à l'action* painting. Parti de l'expressionnisme abstrait puis, en réaction contre celui-ci, devenu proche de la «post-painterly abstraction» avec Rauschenberg* et Jasper Johns*, il s'en écarta pour créer son œuvre personnelle faite de signes autonomes. Ses graffiti sur fonds clairs, ses traces de peinture expressionniste (*Red Paintings* des années 1960), parfois parcourus de mots à peine lisibles, évoquent un univers de réminiscence (*Hero and Leandro*, 1981 - 1984). Ses sculptures puristes, raffinées, créent un imaginaire nostalgique (*Humul*, 1986 ; *Rotalla*, 1986).

**TYĀGARĀJA** ♦ Poète et musicien indien (v. 1759 - v. 1847) de la cour des rajahs de Tanjore, auteur de nombreuses chansons religieuses en l'honneur de Rāma* et réformateur de la musique dite «carnatique».

**TYARD** ou **THIARD (Pontus DE)** ♦ Poète français (château de Bissy, près de Mâcon 1521 - Bragny-sur-Saône 1605), consacré évêque de Chalon-sur-Saône en 1578. Ami de M. Scève*, il fut d'abord disciple de l'école lyonnaise, avec son recueil des *Erreurs amoureuses* (1549). Puis, rattaché à la Pléiade* par Ronsard*, il écrivit le *Livre des vers lyriques* (1555), avant de se consacrer à des ouvrages scientifiques et philosophiques (*L'Univers ou Discours des parties et de la nature du monde*, 1557 ; *Ephemerides octavae spherae*, 1562).

**TYCHO BRAHÉ** → **Brahé (Tycho)**

**TYCHY** ♦ V. de Pologne, voïvodie de Silésie, au S. du bassin houiller de haute Silésie. 130 492 hab. Indus. métallurgique, houillères.

**TYDÉE** – en gr. ***Tudeus*** ♦ Roi légendaire de Calydon* en Étolie. Ayant commis un meurtre, il se réfugie auprès d'Adraste*, roi d'Argos, et le suit dans l'expédition des Sept* Chefs. Combattant vaillant et cruel, il terrasse les défenseurs de Thèbes*, mais il est à la fin mortellement blessé. Athéna obtient pour lui l'immortalité, mais elle revient sur sa décision lorsqu'elle le voit manger le cerveau d'un de ses ennemis morts. Son fils Diomède* le venge en participant à l'expédition des Épigones.

**TYL (Josef Kajetán)** ♦ Auteur dramatique et publiciste tchèque (Kutná Hora 1808 - Plzeň 1856). Figure majeure et très populaire du «Renouveau national» tchèque, il produisit nombre de comédies sociales (*La Kermesse des cordonniers*, 1834, dont fut extraite la chanson «Où est ma maison ?», devenue l'hymne national ; *Le Cornemuseux de Strakonice*, 1847) et de drames historiques, notamment sur la période hussite (*Jan Hus* et *Žižka*, 1849), riches en allusions directes aux événements contemporains. Il se tourna plus tard vers un patriotisme larmoyant (*Le Dernier Tchèque*, 1844), qui lui aliéna une partie de la jeunesse nationaliste.

**TYLER (Wat** ou **Walter)** ♦ Révolutionnaire anglais (mort à Smithfield, Londres, en 1381). Il prit la tête des paysans révoltés contre les impôts excessifs, marcha sur Londres, obtint des concessions du roi Richard* II, mais fut tué par le maire de Londres William Walworth (1381).

**TYLER (John)** ♦ Homme d'État américain (Charles City County, Virginie 1790 - Richmond 1862), 10e président des États-Unis (1841 - 1845). Il prit parti, très jeune, contre l'autorité fédérale pour les questions de l'esclavage. Gouverneur de Virginie, puis sénateur démocrate opposé à Jackson*, il se rallia à Henry Clay* et aux whigs. Vice-président de William Harrison* (1840), il lui succéda presque immédiatement, déçut les whigs et gouverna en dehors de tout parti. Sous sa présidence le Texas* fut annexé. Il ne se représenta pas aux élections. Lors de la guerre de Sécession*, il se rallia à la cause sudiste.

**TYLISSOS** ou **TILISSOS** ♦ Localité crétoise au S.-O. d'Héraklion* où furent découvertes trois villas minoennes (v. –1800 - –1450).

**TYLOR (sir Edward Burnett)** ♦ Ethnologue britannique (Camberwell, Londres 1832 - Wellington, Somerset 1917). Créateur d'une théorie sur l'animisme d'après laquelle les croyances religieuses des «primitifs» ont pour origine les rêves et la mort et constituent la forme originale de toute religion, il fit également des travaux sur l'ethnologie de la parenté (la régulation du mariage, le lévirat). Partisan de la conception du développement uniforme de la civilisation, il fut le premier à tenter de réaliser une «statistique sociale» en chiffrant les données ethnographiques (*Researches into the Early History of Mankind* [...], 1865 ; *Primitive Culture*, 1871 ; *Anthropology*, 1881).

**TYNDALE (William)** ♦ Théologien et traducteur gallois (v. 1494 - Vilvorde, Brabant 1536). Frappé d'interdiction par l'Église d'Angleterre pour avoir voulu traduire la Bible en anglais, il publia sa traduction du Nouveau Testament à Cologne en 1525 et entreprit celle de l'Ancien Testament en 1530. Arrêté en Hollande, il fut condamné à mort et brûlé par les autorités ecclésiastiques. Ses travaux, complétés par Miles Coverdale (1488 - 1568), servirent de base à la version autorisée de 1611 («King James Bible») toujours en usage dans la liturgie anglicane. La prose simple et imagée de Tyndale contribua fortement à la formation de l'anglais littéraire.

**TYNDALL (John)** ♦ Physicien irlandais (Leighlin Bridge, comté de Carlow 1820 - Hindhead, Surrey 1893). Il découvrit le phénomène de regel de la glace (1871), ce qui lui permit d'interpréter la marche des glaciers. Il expliqua également la différence d'aspects que prennent les suspensions colloïdales, selon qu'elles sont observées par transparence ou par réflexion, en faisant intervenir la diffusion de la lumière par les particules *(effet Tyndall)*. Cette découverte permet d'expliquer la couleur bleue du ciel et la couleur orange du soleil levant et couchant. Il imagina une méthode de stérilisation par chauffage humide discontinu *(tyndallisation)*.

**TYNDARE** – en gr. ***Tundareôs*** ♦ Roi légendaire de Sparte*, qui intervient dans la légende des Atrides. Son épouse Léda*, unie également à Zeus métamorphosé en cygne, lui donne Clytemnestre*, Hélène* et les Dioscures (→ **Castor et Pollux**). Il lègue son royaume à Ménélas*.

**TYNE** n. f. → ÉTYM. précelt. ou celt. «rivière» ♦ Riv. du N. de l'Angleterre (100 km), née dans les monts Cheviot et qui se jette dans la mer du Nord, en traversant la conurbation industrielle de Tyneside (Newcastle, Tynemouth, Gateshead et South Shields).

**TYNE AND WEAR** ♦ Comté métropolitain du N. de l'Angleterre correspondant à la conurbation de Newcastle upon Tyne (Newcastle, Gateshead, Sunderland). 540 km². 1 075 979 hab.

**TYNEMOUTH** → ÉTYM. anc. en vieil angl. *Tinanmuthe* «embouchure *(muthā)* de la Tyne» ♦ V. d'Angleterre (Tyne and Wear), sur l'estuaire de la Tyne, qui constitue la banlieue E. de Newcastle upon Tyne. 60 000 hab. Construc. mécaniques. Terminal ferry pour la Norvège et le Danemark. Les équipements portuaires ont été modernisés pour les trafics des conteneurs et la manutention par roulage.

**TYPHON** → ÉTYM. en gr. ***Tuphôn*** «trombe d'eau, ouragan» ♦ Monstre de la légende grecque. Gaïa*, unie à Tartare*, enfante Typhon pour venger ses fils, les Titans et les Géants, vaincus par Zeus*. Les mythographes lui donnent les traits les plus effrayants de la monstruosité : taille plus haute que les montagnes, corps ailé et couvert d'écailles ou de vipères, cent têtes de dragons, yeux qui lancent des flammes. Uni à Échidna*, il engendre Cerbère*, l'Hydre* de Lerne, la Chimère*, le lion de Némée*, etc. Il attaque l'Olympe* et met en fuite les Olympiens qui se sauvent en Égypte et se dissimulent dans le désert en prenant des formes d'animaux. Zeus, d'abord vaincu, foudroie ensuite Typhon et l'écrase sous les montagnes que le monstre essayait de lancer contre lui.

**TYR** → ÉTYM. nom vieux scandinave correspondant au ***Tiwar*** ou ***Tiuz*** des Germains du Nord ♦ Dieu germanique de la guerre et du droit (la guerre étant une façon de manifester le droit). Dans le mythe, il met sa main, comme gage, dans la gueule du loup Fenris* que les dieux enchaînent ; lorsque celui-ci reconnaît le piège, il mange la main de Tyr. Son culte déclina à l'époque historique. On le rapproche du héros romain Mucius* Scaevola.

**TYR** – en gr. ***Turos*** auj. ***Sour*** (Liban) → ÉTYM. du phénicien *sr* «roc» (allus. à la situation initiale de la v. sur deux îlots rocheux) ♦ Anc. cité phénicienne bâtie dans une île reliée à la côte par une digue. ▪ **Histoire** Déjà prospère sous la tutelle égyptienne au –XVIe s., elle bénéficia du déclin des grandes puissances à la fin du –XIIe s. et devint le principal port de la Méditerranée orientale. Sa prospérité reposait sur la fabrication de la pourpre et du verre, sur l'abattage des cèdres du Liban, sur le commerce entre l'Orient et l'Occident. Elle fonda des colonies : peut-être Utique*, Gadès (Cadix*), Lixos (au Maroc, sur l'Atlantique), Carthage*. Sa principale divinité était Melkart*, son organisation politique la royauté (→ **Hiram Ier**). Au –IXe s., elle devint tributaire de l'Assyrie, à partir d'Assurnazirpal II et fut plusieurs fois assiégée, notamment par Sennachérib (–701 - –700). Elle fut prise encore par Nabuchodonosor II après treize ans de siège (–573) puis par Alexandre le Grand (–332). Elle retrouva un nouveau lustre sous les Séleucides puis à l'époque romaine et fut un évêché chrétien (attesté fin IIe s.). Elle tomba devant les Arabes en 636, passa aux Seldjoukides (1089), aux croisés et aux Vénitiens (1124), aux mamelouks d'Égypte (1291). Elle fut alors détruite, de sorte qu'il en reste peu de vestiges. → **Phénicie.** ▪ Légendes et religion : → **Didon, Baal, Melkart.**

**TYROL** n. m. → ÉTYM. du n. du château de *Tiral*, résidence d'une famille noble bavaroise, près de Merano, au XIe s. ♦ Région historique d'Autriche et d'Italie. En –15, les Rhètes qui occupaient la région furent battus par Drusus et Tibère et la Rhétie* (ou Raetie) devint province romaine. Au VIe s., les Bavarois occupèrent l'actuel Tyrol autrichien et, par le col du Brenner, poussèrent jusqu'au Tyrol du Sud (l'actuel Bolzano), alors que le Trentin était occupé par les Lombards. Les deux régions firent partie de l'empire franc du VIIIe s., puis appartinrent aux empereurs germaniques. En 1040, Henri II donna la région aux évêques de Trente qui laissèrent le pouvoir aux comtes de Tyrol. En 1363, le Tyrol passa au duc d'Autriche, Rodolphe IV, et resta entre les mains des Habsbourg jusqu'à la Première Guerre mondiale. ▪ Au XVIe s., le Tyrol s'enrichit grâce à ses mines et à son industrie des armes. Il adopta la Réforme, mais, après l'écrasement de la grande révolte paysanne de 1525, il revint au catholicisme. Le sentiment régionaliste y était très fort. En 1805 - 1806, la paix de Presbourg donna le Tyrol à la Bavière, mais les Tyroliens mécontents s'insurgèrent sous la conduite d'Andreas Hofer. La paix de Paris (1814) rendit le Tyrol à l'Autriche. Le Trentin (de langue italienne) devint un centre de résistance à l'Autriche, surtout après l'unité italienne. ▪ Le traité de Saint-Germain-en-Laye (1919) donna à l'Italie le sud du Tyrol : provinces du Trentin et de Bolzano. Dans cette dernière province vivait une importante population de langue allemande. Une partie de cette population émigra vers l'Allemagne après les accords germano-italiens de 1939. En 1969, un accord fut passé entre l'Autriche et l'Italie, laissant une grande autonomie à la province de Bolzano. → **Trentin*-Haut-Adige.**

**TYROL** n. m. – en all. ***Tirol*** ♦ État fédéral (Bundesland) d'Autriche. → **Autriche** (carte). 12 648 km². 673 504 hab. CAP. : Innsbruck. ▮ **Géographie** Situé entre la Carinthie* à l'E. et le Vorarlberg* à l'O., le Tyrol autrichien est séparé en deux par le Bundesland de Salzbourg et l'Italie. Il y a donc un Tyrol septentrional (Nordtirol), autour d'Innsbruck, et un Tyrol oriental (Osttirol), autour de Lienz, en direction de la Carinthie. ▪ Le Tyrol est entièrement montagnard. Au N. ou à l'E. de l'Inn, les Préalpes (massifs de Karwendel et de Kitzbühel) sont très enneigées. Au S. de l'Inn, s'élèvent les Alpes centrales : massif de l'Ötztal* (Wildspitze, 3 768 m), Alpes du Zillertal, enfin Hohe Tauern (Grossvenediger, Grossglockner*). Cette ligne de faîte isolait le Tyrol oriental jusqu'au percement du tunnel routier du Felbertauern. Elle s'abaisse très fortement entre Ötztal et Zillertal : le col du Brenner* (1 375 m) est de ce fait le passage principal entre l'Allemagne et l'Italie. Au carrefour de la vallée de l'Inn (axe vital du Tyrol) et de la route du col, Innsbruck est la cap. naturelle du pays. ▮ **Économie** L'économie traditionnelle du Tyrol, fondée sur des cultures dans les vallées et sur les premières pentes (blé, vigne, fruits), sur l'élevage et des activités artisanales, a été vivifiée par l'essor du tourisme. Les stations climatiques et de sports d'hiver, favorisées par la beauté des paysages et l'abondance de la neige, ont acquis une réputation internationale (Ischgl*, Igls*, Innsbruck*). L'exploitation des mines du N. (cuivre, sel, magnésite) est ancienne et de petites industries très spécialisées sont implantées dans les villes (bijouterie, textile, petite métallurgie à Reutte, cuivre à Brixlegg). Le développement de la chimie, de la pharmacie et surtout de l'électrochimie est plus récent, bénéficiant de l'abondance des ressources hydrauliques. Industrie et tourisme sont favorisés par les relations N.-S. (Brenner) et O.-E. (tunnels ferroviaire et routier de l'Arlberg*).

**Tyrol.** Le village de Brandberg. *Phot. © Mag. Alban Egger /Shutterstock*

**TYRONE** ♦ Comté d'Irlande du Nord, entre les Lough Erne et Neagh. 3 155 km². 135 000 hab. CH.-L. : Omagh. Hautes collines et agriculture pauvre.

**TYRRHÉNIENNE** (mer) ♦ Portion de la Méditerranée occidentale, comprise entre la Corse, la Sardaigne et la Sicile et baignant la côte O. de la péninsule italienne. Un seuil situé entre Piombino et le cap Corse la sépare du golfe de Gênes. La profondeur maximale est de 4 600 m, entre la Sardaigne et l'Italie. Les côtes sont en général élevées et rocheuses et bordées de plusieurs groupes d'îles : archipel toscan, îles Ponziane, Éoliennes. Fl. tributaires : Arno, Ombrone, Tibre, Garigliano, Volturno, Sele.

**TYRTÉE** – en gr. ***Turtaios*** ♦ Poète grec (Aphidnae, Attique –VIIᵉ s.). D'après la légende, maître d'école, boiteux et difforme, il fut prêté par les Athéniens aux Spartiates contraints par un oracle de Delphes de demander un conseiller à leurs adversaires. Devenu citoyen lacédémonien par adoption, il se montra sage conseiller et chef militaire. Ses *Embatêria* (marches ou chants pour charger l'ennemi), en dialecte dorien littéraire, diffusés à travers la Grèce, furent une espèce de catéchisme de bravoure. Il écrivit aussi en ionien des élégies intitulées *Eunomia* («ordre des lois justes») et *Ypothêkai* («exhortations»), recueil de préceptes pratiques.

**TYTCHINA (Pavlo Grigorievitch)** ♦ Poète et homme d'État ukrainien (Peski, gouv. de Tchernigov 1891 - Kiev 1967). Ami de Kotsioubinski*, qui lui inspira ses premiers poèmes : *Première Connaissance* et *Nuit chez Kotsioubinski* (1910). En 1918 il publia un recueil de vers, *Clarinettes solaires*, qui révèle sa sensibilité à la nature ukrainienne. Puis la réalité révolutionnaire prit le dessus, et Tytchina mit désormais son art au service du pouvoir en devenant le poète officiel de l'Ukraine. Il écrivit *Le parti dirige* (1934), *Une seule famille* (1938), où domine sa conception marxiste du monde. Pendant la guerre il chanta la gloire des héros dans son poème *L'Enterrement d'un ami* (1943) et après la guerre il appela à la reconstruction dans *À l'usine des tracteurs* et *Il nous faut vivre*. Il fut ministre de l'Éducation en Ukraine de 1943 à 1948. [Prix Staline 1941]

**TYUMEN** → Tioumen

**TZARA (Samy Rosenstock, dit Tristan)** ◆ **ÉTYM.** roum. «terre» ♦ Écrivain français d'origine roumaine (Moineşti, Roumanie 1896 - Paris 1963). Résolument hostile à toute prétention littéraire ou artistique, identifiant révolte poétique et révolution sociale, le mouvement Dada, dont il fut l'initiateur (Zurich, 1916), se présente comme la réaction la plus violente que l'Europe, en proie à une guerre à ses yeux inutile et dévastatrice, ait suscitée parmi la jeunesse intellectuelle. → **Dada.** Déterminés à détruire toutes les valeurs esthétiques, morales, philosophiques et religieuses sur lesquelles repose la société occidentale, Tzara et ses amis (Breton, Éluard, Fraenkel, Soupault, Ribemont-Dessaignes, Péret) manifestèrent d'abord leur révolte par une critique nihiliste du langage, fondant une revue *(Dada)* et organisant à travers la plupart des capitales d'Europe, principalement à Paris (*Sept manifestes dada*, 1924), des soirées «artistiques et littéraires» qui firent scandale, dans le but de répondre à l'incohérence par l'absurde. Leur quête de l'authenticité et de la liberté absolues, résurgence du romantisme le plus exacerbé, devait, après la séparation d'avec Tzara, se retrouver au cœur des aspirations les plus hautes des surréalistes, groupés autour d'André Breton (1919). Tzara a publié *La Première Aventure céleste de M. Antipyrine* (1916), *Vingt-Cinq poèmes* (1918), *De nos oiseaux* (1923), *L'Homme approximatif* (1931), *L'Anti-tête* (1933), *La Deuxième Aventure céleste de M. Antipyrine* (1938), *Midis gagnés* (1939), *Le Cœur à gaz* (pièce de théâtre, création 1923, publ. 1946). Après la Deuxième Guerre mondiale, ayant renoncé aux aspects les plus provocants de son action et devenu anxieux de l'avenir de l'homme, il a fait paraître *Entre-temps* (1946), *De mémoire d'homme* (1951), *La Face intérieure* (1953), *Le Fruit permis* (1956), *La Rose et le Chien* (1957).

Tristan **Tzara** porté par Jean Arp (à gauche) et Hans Richter (à droite). Bibliothèque nationale de France, Paris. *BIS/Phot. X DR © Coll. Archives Larbor*

**TZIA** → Kéa

# U

**UA** n. f. → **Union africaine**

**UBAC (Raoul)** ♦ Peintre et sculpteur belge (Malmedy 1910 - Beauvais 1985). Lié au groupe surréaliste dès 1930, il aborda la photographie sous l'influence de Man Ray. Il fit paraître dans la revue *Minotaure* des « photo-reliefs » obtenus par brûlage et solarisation (*Vases communicants,* 1937). Ce n'est qu'après 1945 qu'il se consacra à la peinture et à la sculpture. Sa peinture s'est rapidement orientée vers une totale abstraction (*Table,* 1958 ; *Terre rouge et noire,* 1973). Il utilise souvent l'ardoise qu'il grave, sculpte (mur de la buvette d'Évian-les-Bains, 1957) ou dont il insère des morceaux dans des compositions peintes. Ubac est également l'auteur de stèles en bois recouvertes de matière synthétique (cycle des *Torses* et des *Labours*), de nombreuses lithographies, de vitraux et de cartons de tapisserie.

**'UBAYD ALLĀH AL-MAHDĪ** ← ÉTYM. de l'ar. *'ubayd,* dimin. de *'abd* « serviteur » ♦ Fondateur de la dynastie fatimide (Salamīya, Syrie, v. 862 - Mahdia 934). S'étant proclamé calife en 909 à Kairouan, il fonda la ville de Mahdia* sur le littoral tunisien, où il s'installa en 926. → **Fatimides.**

**UBAYE** [ybaj] n. f. ← ÉTYM. anc. *Hubaya,* rac. hydronym. *ub-/up-* (→ Vésubie) ♦ Riv. des Alpes (80 km), affl. de la Durance. Elle prend sa source au mont Viso, passe à Barcelonnette, et rejoint la retenue des eaux du barrage de Serre*-Ponçon.

**ÚBEDA** ♦ V. d'Espagne (Andalousie), prov. de Jaén, sur la *Loma de Úbeda.* 34 347 hab. Cité riche en monuments Renaissance : églises del Salvador et San Nicolás (XVI$^e$ s.), palais des XV$^e$ s. et XVI$^e$ s., hôpital de Santiago (XVI$^e$ s.).

**UBERLÂNDIA** ♦ V. du Brésil (État du Minas Gerais). 366 700 hab. Indus. agroalimentaires (laiteries, trituration de soja).

**ÜBERLINGEN** ♦ V. d'Allemagne (Bade-Wurtemberg), anc. ville d'Empire et station touristique fréquentée, au bord du lac de Constance. 21 395 habitants.

**UBU (le père)** ♦ Personnage d'Alfred Jarry*, apparaissant notamment dans ses pièces : *Ubu Roi, Ubu enchaîné, Ubu sur la Butte, Ubu cocu* et dans les *Almanachs du père Ubu* (repris, après Jarry, par Ambroise Vollard). Création collective des potaches du lycée de Rennes et appelé d'abord Heb, Eb, Ébé (où transparaît le nom d'Hébert, l'infortuné professeur qui en était le prototype), il fut doté par Jarry d'une existence littéraire. Amplification « en plus éternel » d'un homme qui, pour ses élèves, représentait « tout le grotesque qui fût au monde », souverainement avide et imbécile, méchant et lâche, bardé de titres magnifiques et dérisoires (« roi de Pologne et d'Aragon », « maître des Phynances », « docteur en pataphysique »), proférant des jurons scandaleux ou incongrus (« Merdre ! », « Cornegidouille ! », « De par ma chandelle verte ! »), il fut, selon la constatation de Jarry, le « double ignoble » dans lequel le public refusa de se reconnaître. ▪ Le père Ubu est accompagné d'une épouse, l'acariâtre et volage mère Ubu, et d'aides, les trois « palotins » aux noms héraldiques : Giron, Pile et Cotice.

Paolo **Uccello.** *Saint Georges et le dragon* (52 x 90 cm), 1460. Musée Jacquemart-André, Paris. *BIS/Phot. Jeanbor © Archives Larbor*

**UCAYALI** n. m. ♦ Riv. de l'Amazonie péruvienne (1 600 km) formée par la fusion de l'Apurimac et de l'Urubamba et dont le cours supérieur longe la cordillère des Andes. Il rejoint en amont d'Iquitos le Marañón pour former l'Amazone. ♦ ***Département d'Ucayali*** 102 411 $km^2$. 432 159 hab. CH.-L. : Pucallpa*.

**UCCELLO (Paolo di Dono,** dit **Paolo)** ♦ Peintre, mosaïste, décorateur et marqueteur italien (Florence 1397 - *id.* 1475). Figure originale et diverse, il travailla comme orfèvre dans l'atelier de Ghiberti* (1407 - 1414), comme mosaïste à Venise (San Marco, 1425 - 1430) et dessina aussi des vitraux pour la cathédrale de Florence (*Résurrection*, 1443 - 1445). Véritable homme de la Renaissance* par sa curiosité et son ouverture d'esprit, Uccello ne mena pas seulement des recherches sur la perspective comme on le lit communément mais il explora une multitude d'expressions picturales, s'intéressant avant tout à la plasticité de l'œuvre, chaque tableau étant prétexte à de nouvelles expériences. Passionné de géométrie, fin dessinateur, il se révéla en peinture un « poète de la science » sachant créer par la perspective l'illusion (effigie équestre de *John Hawkwood*, 1436, cathédrale de Florence) ou l'effet dramatique (*Déluge*, 1445 - 1450, cloître vert de Sainte-Marie-Nouvelle) et unir dans ses compositions, à la rigueur mathématique, la puissance suggestive et rythmique de la ligne et des audaces de couleur et de forme qui traduisent son talent de conteur, de décorateur, d'animalier et son goût du merveilleux (*Bataille* de San Romano*, 1456 - 1460, Offices, Louvre, National Gallery ; *Saint Georges et le Dragon*, Paris ; *Chasse*, v. 1468, Oxford). On lui doit aussi des portraits, des « cassoni » (devants de coffre décorés) et, sur la prédelle d'un retable d'Urbino, la *Légende de la profanation de l'hostie* (1467 - 1469, palais ducal), mais on a perdu, à Padoue, ses *Géants* de la Casa Vitaliani v. (1446), qui impressionnèrent Mantegna*. ◆ ÉTYM. Le nom italien *Uccello* signifie « oiseau ».

**UCCLE** - en néerl. ***Ukkel*** ♦ Comm. de Belgique (Région de Bruxelles-Capitale). 76 576 hab. Chapelle Notre-Dame-des-Affligés (XIVe - XVe s.). Le Cornet, vieux relais de poste (1570). La Ferme Rose (1708). Parcs de Wolvendael et de l'Observatoire royal de Belgique. Institut royal météorologique. ▪ Construc. électriques.

**UCKANGE** [57270] ◆ ÉTYM. du germ. *Hucho* (var. de *Hugo*), n. de pers., et suff. *-inga* ♦ Comm. de Moselle, arr. de Thionville-Ouest. 7 905 hab. (*Uckangeois*).

**UDAIPUR** ♦ V. de l'Inde (Rajasthan), dans la partie sud des monts Aravalli. 389 317 hab. Elle conserve, de son ancienne fonction de capitale de l'un des principaux États rajputs, un très beau palais, au milieu du lac Pichola, transformé en hôtel de luxe, et des maisons décorées de peintures traditionnelles.

**UDDEVALLA** ♦ V. de la côte O. de la Suède, au fond du Byfjord, sur le Skagerrak. 50 507 hab. Port. V. industrielle.

**UDERZO (Albert)** ♦ Dessinateur français (Fismes, Marne 1927). Fondateur, avec Goscinny, de *Pilote* (1959), il dessina notamment *Astérix*, contribuant par la truculence assez traditionnelle de son dessin au succès exceptionnel de cette série de bandes dessinées. ◆ ÉTYM. Ce nom de famille vient de *Oderzo*, nom de lieu en Vénétie.

**UDF** n. f. → **Union pour la démocratie française**

**UDINE** ♦ V. d'Italie, dans le Frioul-Vénétie Julienne, ch.-l. de prov., sur la Roja. 95 030 hab. Château (XVIe s.) dominant la ville, flanqué de l'église (XIIIe - XVIe s.). Cathédrale (XIVe s., intérieur baroque, voûtes peintes par Tiepolo). Loggia del Lionello, de style gothique vénitien (1457), et Loggia di San Giovanni (XVIe s.), Renaissance. ▮ **Histoire** D'origine probablement romaine, Udine fut à partir du XIIIe s. la capitale du Frioul, avant de passer en 1420 sous domination vénitienne.

**UDONG** ♦ Anc. cap. du Cambodge, au N. de Phnom Penh, créée au XVIIe s. et maintenue jusqu'en 1866. → **Phnom Penh.** Auj., simple village proche des tombeaux de plusieurs rois du pays.

**UDR** n. f. → **Union des démocrates pour la République.**

**UEDA Akinari** ♦ Écrivain japonais (Ōsaka 1734 - Kyōto 1809). Fils naturel d'une courtisane, adopté par un riche marchand, Ueda, écrivain autodidacte, exerça une forte influence sur la littérature japonaise. Son œuvre la plus remarquée est *Contes de pluie et de lune* (1776), que Mizoguchi* porta à l'écran en 1953 sous le titre *Contes de la lune vague après la pluie*. Dans ce recueil de 9 contes, Ueda, qui avait renoué avec l'étude de la poésie et des épopées classiques, offrit une combinaison harmonieuse d'influences chinoises et japonaises et revivifia le style littéraire. Son œuvre compta des éditions de critique poétique et littéraire : *Akinari* (« Poudre d'or », 1804), *Tandai shôshin roku* (« Notes téméraires et circonspectes », 1808).

**UÉLÉ** → **Ouellé**

**UFA** → **Oufa**

**UGARIT** → **Ougarit**

**UGINE** [73400] ◆ ÉTYM. du franco-prov. *augina, ugine* « bief, canal » ♦ Ch.-l. de cant. de la Savoie, arr. d'Albertville, près de l'Arly. 6 963 hab. (aggl. 8 239) (*Uginois*). Musée d'Arts et de Traditions populaires du Val d'Arly. ▪ Aciérie. Alliages (zirconium). Centrale hydroélectrique.

**UGOLIN** → **Gherardesca**

**UHLAND (Ludwig)** ◆ ÉTYM. du vieil. all. *Uolant*, de *odal* « patrie » et *nand* « hardi » ♦ Poète allemand (Tübingen 1787 - *id.* 1862). Chef de l'école souabe (Kerner*, Schwab*, Mörike*), il retient l'attention par ses *Poèmes lyriques* (1815) et un recueil de *Volkslieder* (1844 - 1845).

**UHLENBECK (George Eugene)** ♦ Physicien américain d'origine néerlandaise (Batavia, Indonésie 1900 - Boulder 1988). Auteur, avec Goudsmit*, de la théorie du spin de l'électron.

**UHURU** (pic) → **Kilimandjaro**

**UITLANDERS** ◆ ÉTYM. néerl. « étrangers », de *uit* « hors de » et *land* « terre » ♦ Nom donné jadis, au Transvaal et dans l'État d'Orange, à tous les étrangers venus chercher fortune, par opposition aux anciens habitants d'origine hollandaise, les *Boers*.

**UJI** ♦ V. du Japon (Honshū), préf. de Kyōto. 189 591 hab. Culture du thé. La ville renferme le Byōdōin, l'un des rares bâtiments encore existants de l'époque de Heian*, à la fois temple et palais, dont la silhouette en forme d'oiseau se reflète dans un lac artificiel.

**UJJAIN** ♦ V. de l'Inde (Madhya Pradesh), sur le plateau du Malva. 430 669 hab. L'une des sept villes sacrées de l'hindouisme, sur les bords de la Shipra, vers lesquelles convergent, tous les douze ans, des foules de pèlerins. Activités artisanales et commerciales habituellement liées aux pèlerinages. La ville a été détruite en 1245 par les sultans de Delhi, et la plupart des monuments sont relativement récents. Observatoire (1733).

**UJUNGPANDANG** → **Makassar**

**UK** [United Kingdom of Great Britain and Northern Ireland] → **Grande-Bretagne**

## UKRAINE

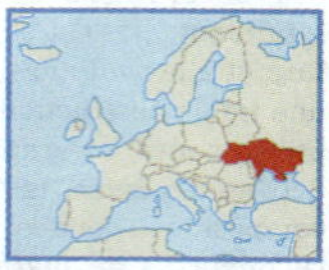

▮ n. f. - off. ***république d'Ukraine***, en ukr. ***Ukraïna*** ◆ ÉTYM. « près de (*u*) la frontière (*kraina*) » ♦ Pays d'Europe orientale. 603 700 $km^2$. 47 620 000 hab. (*Ukrainiens*). LANGUES : ukrainien (off.), russe. POPULATION : Ukrainiens, 73 % ; Russes, 22 % ; Biélorusses, 1 %. RELIGIONS : orthodoxes, catholiques. MONNAIE : grivnia. CAPITALE : Kiev. RÉGIME : démocratie parlementaire. L'Ukraine comprend une république (la Crimée) et 24 régions : Dnipropetrovsk, Donetsk, Ivano-Frankivsk, Jytomyr, Kharkiv, Kherson, Khmelnytskyï, Kiev, Kirovohrad, Louhansk, Lvov, Mykolaïv, Odessa, Poltava, Rivne, Soumy, Tcherkassy, Tchernihiv, Tchernivtsi, Ternopil, Transcarpatie (ch.-l. Oujhorod), Vinnytsia, Volhynie (ch.-l. Loutsk), Zaporijjia.

▮ **GÉOGRAPHIE** La majeure partie du territoire ukrainien est formé par de vastes plaines aux faibles ondulations qui sont par excellence le domaine des *terres noires (tchernoziom)* vouées, depuis leur reconquête au XVIIe s., à la grande culture céréalière. On distingue la partie occidentale (rive droite du Dniepr), au relief plus marqué (plateaux de Podolie) et plus arrosé et où le blé d'hiver est associé à la betterave à sucre, et les régions orientales et méridionales, où les sécheresses ne sont pas rares (les plaines entre le Dniepr et la mer d'Azov doivent être irriguées), où le blé alterne avec le maïs et le tournesol. Dans tous les cas, cette grande culture intensive et mécanisée est associée à un important élevage et fournit les matières premières à une puissante indus. agroalimentaire (sucreries, dis-

Ukraine ▮ Productions en 2008

| Produits | Quantités | Rang |
|---|---|---|
| ▮ Agriculture | | |
| Betteraves à sucre | 17 000 000 t | 5e |
| Blé | 14 000 000 t | 12e |
| Maïs | 7 400 000 t | 17e |
| Orge | 12 600 000 t | 5e |
| Pommes de terre | 19 500 000 t | 5e |
| Sarrasin | 210 000 t | 3e |
| Seigle | 570 000 t | 5e |
| Tournesol (graines) | 4 200 000 t | 2e |
| Bovins (têtes) | 6 200 000 | |
| Ovins (têtes) | 920 000 | |
| Porcins (têtes) | 7 900 000 | |
| Pêche | 240 000 t | |
| ▮ Mines et énergie | | |
| Énergie nucléaire | 90 TWh | 8e |
| Fer | 80 000 000 t | 6e |
| Gaz naturel | 20 000 000 000 $m^3$ | |
| Houille | 77 000 000 t | 12e |
| Pétrole | 4 400 000 t | |
| Potasse | 65 000 t | |
| Titane | 370 000 t | 4e |
| Uranium | 840 t | 9e |

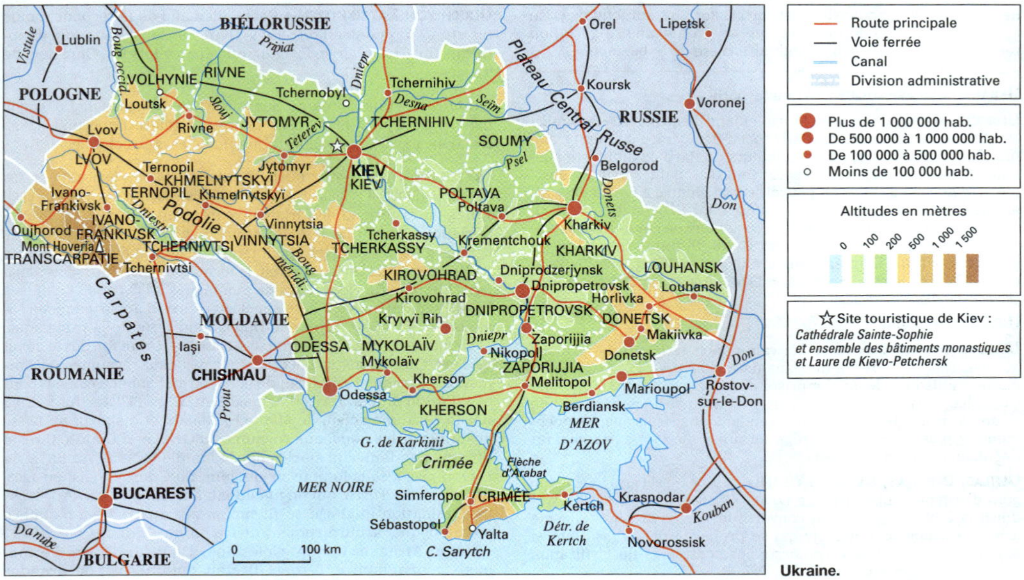


Ukraine.

tilleries, combinats de viande, conserveries). D'autres zones offrent des compléments appréciables. Le *polessié*, au N.-O., dépression marécageuse et boisée, fournit des pommes de terre et du lin alors que la partie ukrainienne des Carpates (mont Goverla 2 061 m) reste une région d'élevage et de travail du bois. Les plaines littorales de la mer Noire se spécialisent dans les cultures horticoles et viticoles, surtout le liseré sud de la Crimée, entre Sébastopol et Kertch qui, grâce à un climat subméditerranéen abrité par les monts de Crimée (1 545 m), est devenu une *Riviera* où les stations balnéaires (Yalta, Alouchta) avoisinent des vignobles de qualité. **❚ Le sous-sol** Outre sa réputation de grenier à blé de la Russie, l'Ukraine a longtemps dû sa puissance aux ressources de son sous-sol : charbon du Donbass, fer de Kryvyï Rih et de Kertch, manganèse de Nikopol. Mais si la production de minerais métalliques reste importante, les mines du Donbass s'épuisent. La puissante industrie lourde (sidérurgie, métallurgie non-ferreuse, chimie et énergie thermique) développée près des mines de charbon (Donetsk, Makiïvka), de fer (Kryvyï Rih) ou, entre les deux, près des centrales aménagées sur le Dniepr (Dnipropetrovsk, Zaporijjia), aux équipements souvent obsolètes, doit faire face à une restructuration difficile. Les petits gisements de gaz (Dachava à l'O., Cheblinka à l'E.) sont insuffisants et l'Ukraine est très dépendante de la Russie pour ses combustibles. Une grande partie de la production, destinée aux entreprises russes, n'est guère concurrentielle sur les marchés mondiaux. La conversion des industries d'armement est d'autant plus compliquée que la majorité des laboratoires de pointe de ces secteurs étaient en Russie. **❚ Les centres urbains et le commerce** Plus diversifiés, les grands centres urbains extérieurs aux régions minières comme Kharkiv (construc. mécaniques, machines agricoles, armement) ou Kiev (électronique, aéronautique) semblent plus favorisés, de même que les grands ports sur la mer Noire (Odessa et son avant-port Ilitchevsk, Mykolaïv, Kherson), dont les équipements ont été modernisés. L'Ukraine a été admise à l'OMC en 2008.

**❚ HISTOIRE ❚ Les invasions barbares** Primitivement habité par les Scythes, puis par les Sarmates, le territoire actuel de l'Ukraine fut successivement occupé par les Goths, les Huns, les Slaves orientaux et les Khazars, avant l'infiltration des Varègues* dont un des chefs (**→ Oleg le Sage**) fonda la principauté de Kiev (882). Cette ville devint la capitale du premier État russe et constitue le noyau originaire de l'Ukraine (**→ Kiev, Russie**). Avant de devenir ethnique et de s'appliquer à toutes les terres où s'est formé le peuple ukrainien, le mot *Ukraine*, mentionné par les annales russes du XII^e s., désignait géographiquement les terres de Kiev, de Pereislav, de Tchernigov et de Galitch. **❚ Les Mongols, la Pologne, la Lituanie, la Russie** Après l'invasion des Mongols (XIII^e s.) qui provoqua le démembrement de la Russie kiévienne, la majeure partie des terres ukrainiennes fut assujettie aux Mongols, tandis que les principautés réunies de Galicie-Volhynie (1199, cap. Galitch) étaient partagées entre la Pologne et la Lituanie, dont l'union personnelle (1386) fit passer une grande partie de la future Ukraine à l'État polono-lituanien. Face à la dureté de la condition paysanne et aux persécutions des orthodoxes à l'intérieur de l'État polono-lituanien (catholique), de nombreux Ukrainiens s'exilèrent au-delà des rives du Dniepr inférieur où ils formèrent le groupe indépendant des Cosaques zaporogues qui, sous la conduite de l'hetman Bogdan Khmelnitski, s'insurgea contre la Pologne (1648 - 1654). Au traité d'Androussovo* (1667), l'Ukraine au-delà de la rive gauche du Dniepr et avec Kiev fut cédée à la Russie, mais dès 1708 l'hetman Mazeppa* s'allia au roi de Suède Charles XII et tenta en vain de détacher l'Ukraine de la Russie. Sous le règne de Catherine II, qui destitua le dernier hetman (1764), abolit les dernières franchises cosaques (1775), renforça le servage et annexa la Crimée (1783), le deuxième partage de la Pologne attribua une grande partie de l'Ukraine à la Russie (1793). **❚ La république indépendante (1917 - 1921)** Le mouvement nationaliste ukrainien, célébré par Tarass Chevtchenko (qui exerça une influence considérable), se manifesta après la chute du tsarisme. Une République autonome ukrainienne fut proclamée à Kiev en nov. 1917, avec pour dirigeants Vinnichenko et Petlioura. Mais les bolcheviks lui opposèrent la République soviétique d'Ukraine reconnue à Kharkov en déc. 1917. Après le traité de Brest*-Litovsk (mars 1918), le pays fut occupé par les Allemands jusqu'en déc. 1918, date à laquelle le gouvernement nationaliste de Petlioura reprit le pouvoir. De 1919 à 1921, l'Ukraine fut le théâtre de violents combats entre l'armée blanche de Denikine et Wrangel*, l'armée soviétique qui soutenait la République soviétique d'Ukraine créée par Rakovski en mars 1919 (à nouveau opposée à Petlioura) et l'armée nationaliste ukrainienne de Petlioura, qui s'allia aux Polonais en 1920. **❚ L'Ukraine soviétique** Le conflit polono-soviétique, qui s'acheva au traité de Riga (1921), aboutit au partage de l'Ukraine entre la Pologne (Galicie orientale et Volhynie) et l'Union soviétique qui l'érigea en république fédérée en 1922. La terreur stalinienne marquant la collectivisation se traduisit par une véritable famine en 1932 - 1933 provoquant la mort de 4 millions d'Ukrainiens. Totalement occupée par les Allemands de 1941 à 1942, libérée peu à peu par la contre-offensive soviétique (Joukov, Koniev, Tolboukhine), l'Ukraine fut, après un premier élargissement (1939 - 1941) consécutif au pacte Molotov-Ribbentrop, définitivement agrandie en 1945 de la Galicie orientale, de la Volhynie, de la Ruthénie subcarpatique, du sud de la Bessarabie, de la Bucovine du N. **❚ L'indépendance** Elle proclama son indépendance en déc. 1991 à la suite de l'élection du président Leonid Kravtchouk. Elle cherche depuis lors à se rapprocher de l'Europe occidentale et centrale, et tente difficilement de clarifier ses rapports avec la Russie (conflits sur la flotte de la mer Noire basée à Sébastopol, sur le statut de la Crimée et sur celui des Russes d'Ukraine). **❚ De la « révolution orange » à la « guerre du gaz »** La succession du président Leonid Koutchma (élu en 1994 et 1999) provoqua la « révolution orange » : en dépit de fortes pressions de Moscou, le candidat pro-occidental Viktor Iouchtchenko battit (déc. 2004) le Premier ministre pro-russe V. Ianoukovitch, ce qui acheva de dégrader les relations entre les deux pays. Alors que Kiev tentait de hâter son adhésion à l'OTAN, Moscou déclencha une véritable « guerre du gaz » (pression sur les prix, différents sur le transit) provoquant à deux reprises la coupure des approvisionnements européens. Cette crise a été amplifiée par les divisions internes du pays : succédant comme Premier ministre à V. Ianoukovitch en 2007, Ioulia Timochenko, l'égérie de la révolution orange, s'est rapidement opposée au président V. Iouchtchenko. Cette bataille s'est encore aggravée lors de l'élection présidentielle de 2010, dont V. Ianoukovitch est sorti victorieux, sur fond de crise économique profonde et alors que se profile une négociation tendue sur le sort de la base militaire russe de Sébastopol.

**UKRAINE SUBCARPATIQUE** → **Transcarpatie**

**ULBRICHT (Walter)** ♦ Homme d'État allemand (Leipzig 1893 - Berlin-Est 1973). Ouvrier, membre du Parti social-démocrate depuis 1912, il fut, avec W. Pieck*, l'un des fondateurs du Parti communiste allemand (1918). Député au Reichstag* vers 1928, il dut s'exiler à Paris lors de l'arrivée d'Hitler au pouvoir (1933). Rentré à Berlin avec les armées soviétiques en 1945, il renforça, au IIIe congrès du Parti socialiste unifié (SED), le caractère soviétique de celui-ci en instaurant le centralisme démocratique (1950). Premier secrétaire du parti (1960 - 1970), il fut également élu chef de l'État, président du conseil d'État à la mort de Pieck. ← ÉTYM. Ce nom vient du vieil allemand *Olbricht*, de *Albrecht* «Albert».

**ULEÅBORG** → **Oulu**

**ULFELDT (Leonora Christina)** ♦ Écrivain danois (Frederiksborg 1621 - Maribu 1698). Fille du roi du Danemark, Christian IV. Accusée de haute trahison, elle fut emprisonnée dans la «Tour bleue» de Copenhague (1662 - 1685). Elle écrivit *Souvenirs de misère*, où elle relate les brimades qu'elle subit pendant vingt-trois ans. Ce document, le plus important ouvrage en prose du XVIIe s. danois, fut découvert et publié en 1869.

**ULFILAS, ULPHILAS, ULFILA** ou **WULFILA** ← ÉTYM. «petit loup» ♦ Évêque goth d'origine cappadocienne (v. 311 - Constantinople 383). Il traduisit la Bible en gotique et convertit les Goths au christianisme arien (→ **arianisme**), hérésie qui se propagea parmi les peuples barbares et contribua à renforcer les contrastes de civilisation entre Romains et Barbares.

**ULHASNAGAR** ♦ V. de l'Inde, intégrée à l'agglomération de Bombay. 472 943 hab.

**ULIS (LES)** [91940] ← ÉTYM. n. emprunté à un fief situé sur son territoire au Moyen Âge, *As Usleiz*, de l'anc. fr. *usler*, du lat. *ustulare* «brûler» (allus. au défrichage par écobuage) ♦ Ch.-l. de cant. de l'Essonne, arr. de Palaiseau. 25 785 hab. *(Ulissiens)*. Comm. créée en 1977. Laboratoires pharmaceutiques. Informatique.

**ULLMANN (Liv)** ♦ Actrice norvégienne (Tōkyō 1938). Au Théâtre national d'Oslo, elle interpréta des pièces de Shakespeare, Goethe, Brecht. Sa rencontre avec Ingmar Bergman décida de sa vocation cinématographique. Il en fit le «double» de Bibi Andersson dans *Persona* (1966). Nul mieux que lui ne sut mettre en relief la beauté frémissante de sa compagne, en particulier dans *La Honte* (1968), *Une passion* (1969), *Cris* et Chuchotements* (1972), *Sonate d'automne* (1978). Elle parut aussi dans le diptyque *Les Émigrants* et *Le Nouveau Monde* (1971 et 1972) de Jan Troell, et dans *La Diagonale du fou* (1984). En 1992, elle mit en scène *Sophie*, une chronique familiale très influencée par Bergman qu'elle retrouva en 2004, pour une suite de *Scènes de la vie conjuguale* (1973) : *Saraband*.

**ULM** ← ÉTYM. p.-ê. mot celt. ou germ. «marécageux» ♦ V. d'Allemagne (Bade-Wurtemberg), sur la rive g. du Danube, à son confl. avec la Blau (rive g.) et l'Iller (rive d.). 117 232 hab. Sur la rive d., Neu*-Ulm est en Bavière. Cathédrale gothique (XIVe - XIXe s., clocher de 161 m). Hôtel de ville Renaissance. Princ. centre indus. de haute Souabe : industries mécaniques (fabriques d'autocars), électriques. Centre de design industriel réputé. **Histoire** Sa position stratégique et frontalière fit l'importance de sa place-forte. Le 20 oct. 1805, le général autrichien Mack* y capitula, étant cerné par les troupes de Napoléon. En 1810, la ville passa au Wurtemberg.

**ULMER (Edgar George)** ♦ Cinéaste américain d'origine autrichienne (Vienne 1900 - Woodland 1972). Sa carrière commença en Allemagne comme assistant de Murnau et de Robert Siodmak, se poursuivit aux États-Unis avec des films d'horreur (*Le Chat noir*, 1934) et des mélodrames policiers (*Détour*, 1946 ; *L'Impitoyable*, 1948), s'égara dans des productions de faible qualité et culmina avec un western à connotation curieusement psychologique, *Le Bandit* (1955).

**ULPIEN** – en lat. *Domitius Ulpianus* ♦ Jurisconsulte romain (Tyr ? - Rome 228). Préfet du prétoire sous Sévère* Alexandre, il fut massacré par les prétoriens. Il est l'auteur de nombreux écrits : *Commentaires de l'Édit*, *Responsa*, dont il ne reste que des fragments.

**ULRICH** ← ÉTYM. en vx haut all. *Odalric*, de *uodal* «bien foncier ; patrie» et *rik* «puissant» ♦ (en Alsace 1487 - Tübingen 1550). Duc de Wurtemberg (1503 - 1519, 1534 - 1550). Il réussit à réprimer l'insurrection du «pauvre Conrad», provoquée par ses dépenses excessives, en faisant d'importantes concessions, mais fut mis au ban de l'Empire, et chassé de ses États par la Ligue souabe (1519). Réfugié auprès de Philippe* Ier de Hesse, il l'aida à soutenir la cause protestante et put reprendre son duché où il établit la Réforme. Vaincu par Charles* Quint (1547), il dut accepter l'Intérim d'Augsbourg*.

**ULRICH VON LICHTENSTEIN** ♦ Poète de langue allemande (Lichtenstein, Styrie, v. 1200 - v. 1276). Il fut un des derniers poètes à exalter, avec plus d'érudition que d'originalité, l'idéal courtois (*Service des dames*, 1255 ; *Livre des dames*, 1257).

**ULRICH VON ZATZIKHOVEN** ♦ Poète allemand de la seconde moitié du XIIe s. Son poème *Lanzelot* v. (1195) est sans doute une adaptation du *Chevalier à la charrette* (Lancelot) de Chrétien de Troyes.

**ULSAN** ♦ Port de Corée du Sud (prov. de Kyŏngsangnam), sur la mer du Japon. 1 049 177 hab. Centre portuaire important, constructions navales, métallurgie, automobiles, pétrochimie.

**ULSTER** ← ÉTYM. en gaél. *Ulaidh* ; du vieil irl. *Uladh* «tombeau» et *ster* «endroit» (probablt le tumulus érigé en 285 pour ensevelir le corps d'un chef) ♦ Région historique de l'Irlande regroupant 3 comtés de la rép. d'Irlande (Cavan, Donegal et Monaghan : 267 264 hab.) et les 6 comtés d'Irlande du Nord maintenus par le traité de 1921 au sein du Royaume-Uni. Au sens étroit, le terme s'utilise, à tort, pour désigner l'Irlande du Nord. Pays de montagnes à l'O., et de collines à l'E., la séparation s'est faite sur des critères d'appartenance religieuse. La frontière sépare le Donegal du reste de la république, et coupe Derry de son arrière-pays. **Histoire** L'*Udah* fut, dès le début de l'ère chrétienne, le plus puissant des cinq royaumes qui formaient l'Irlande. Il s'étendait de la Boyne au Shannon et avait pour cap. *Emain Macha* (près d'Armagh). Au IIe s., l'Ulster fut vaincu par le royaume voisin de *Midhe* (→ **Meath**) et disparut au IVe s., absorbé par les nouveaux royaumes d'Oriel et d'Ulaidh. Il resta dominé pendant sept siècles par la famille O'Neill. Au XIIe s., la région passa sous le pouvoir de John de Courcy, puis, en 1205, de Jean sans Terre, qui en fit cadeau à Hugh de Lacy. Au XVe s., la domination anglaise se fit moins pesante. L'Ulster était, à cette époque, arbitrairement divisé en neuf comtés ou *shires* : Antrim, Armagh, Cavan, Coleraine, Donegal, Down, Fermanagh, Monaghan et Tyrone. Il était dominé par de grandes familles (O'Neill, O'Donnell). À partir du XVIIe s., les colons protestants, venus essentiellement d'Angleterre et d'Écosse, arrivèrent en masse, formant au XIXe s. la majorité de la population. Ce fut l'origine du «problème irlandais». Les protestants, ayant dépossédé la population indigène, pratiquèrent une politique hostile aux catholiques, partisans de l'autonomie de l'Irlande, et firent reculer le vote du *Home Rule* jusqu'en 1914. En 1920 - 1921, l'Ulster se scinda en deux blocs distincts et opposés : d'un côté, les trois comtés de Cavan, Donegal et Monaghan qui reconnurent en 1922 la république d'Irlande ou Eire, de l'autre, l'Ulster diminué ou Irlande du Nord, rattaché au Royaume-Uni. Les troupes britanniques stationnées dans la région depuis 1969 pour mettre fin aux violences entre protestants et catholiques et aux attentats se sont retirées en 2007. → **Irlande du Nord.**

## ultramontanisme

n. m. ♦ Doctrine catholique mettant l'accent sur l'autorité des papes au détriment des traditions ecclésiales nationales (du latin *ultra*, au-delà, *montes*, les monts, c.-à-d. les Alpes). Apparu au XVIIIe s. dans les pays germaniques, l'ultramontanisme fut théorisé en France contre le gallicanisme* par Joseph de Maistre* et surtout par Félicité de Lamennais* (*De la religion considérée dans ses rapports avec l'ordre politique et social*, 1825). Développé dans une optique antilibérale et antimoderne après 1848 sous l'impulsion de Monseigneur Pie, dom Guéranger* et surtout Louis Veuillot*, il triompha au premier concile du Vatican* (1869) lors de la proclamation de l'infaillibilité pontificale. La séparation de l'Église et de l'État en réduisit la portée pratique.

## ultras

n. m. pl. ♦ Nom donné sous la Restauration aux ultraroyalistes, représentants de l'opposition royaliste à la Charte de 1814. Sous l'Empire, déjà, les royalistes s'étaient regroupés dans des sociétés secrètes comme celle des Chevaliers de la foi qui s'abritaient sous le couvert d'une association religieuse, la Congrégation. Pendant les Cent-Jours, ils furent les principaux organisateurs de la Terreur blanche. Les ultras (La* Bourdonnais, Villèle*, Vitrolles*, avec à leur tête le comte d'Artois, futur Charles* X, et le duc de Berry*) exprimèrent leurs positions dans divers journaux (*La Gazette de France, La Quotidienne, Le Drapeau blanc*), s'inspirant des théories de Maistre*, Bonald* et, sur le plan religieux, de l'ultramontanisme* de Lamennais*. Vainqueurs aux élections de 1815 (Chambre introuvable, → **Chambre des députés**), ils légalisèrent la Terreur* blanche par des mesures d'exception contre les généraux et maréchaux d'Empire, contre les anciens régicides condamnés à la déportation. Battus aux élections de 1816, les ultras sortirent majoritaires de celles de 1824 (Chambre retrouvée), tandis que progressait et s'organisait l'opposition libérale au régime de la Restauration.

**ULÚA** n. m. ♦ Princ. fl. du Honduras* (420 km), qui prend sa source sur les hauts plateaux volcaniques du S.-O. du pays et se jette dans la mer des Antilles à proximité du golfe de Honduras. Plantations de bananes dans la vallée.

**ULUĞ BEG (Mahmūd Turgay)** ♦ Prince mongol (Sultaniya 1393 - Samarkand 1449). Souverain du Turkestan (1447 - 1449), fils de Chāh Rokh, astronome, théologien, poète et historien, il fit de Samarkand le dernier grand centre de civilisation de l'Orient médiéval islamique, y faisant notamment édifier un remarquable observatoire où furent produites les célèbres *tables d'Uluğ Beg,* lesquelles furent corrigées au XVIIIe s. par Jai Singh II de Jaipur.

**ULYSSE** – en gr. *Odusseus* ◆ ÉTYM. le lien avec *odussomai* «haïr» est populaire ♦ Héros grec immortalisé par les épopées homériques. Au premier plan de *L'Iliade** et au centre de *L'Odyssée**, Ulysse est le héros le plus humain, le premier personnage romanesque. Il est fils de Laërte*, roi d'Ithaque*, et d'Anticlée, mais une tradition lui donne comme père naturel Sisyphe*, le plus habile des hommes. Plus obscure est l'étymologie de son nom ; pour Homère, il signifie «Celui qui s'irrite». Quant au nom latin *Ulyxes,* il dérive du grec *Olusseus,* déformation dialectale de l'originel. Ulysse est, parmi les héros homériques, le plus habile, le plus efficace, celui qui joint l'astuce à la vigueur, la persuasion et l'ingéniosité à la vaillance. **▮ La guerre de Troie** Engagé par le serment commun des prétendants d'Hélène* (dont il était d'ailleurs l'instigateur), il participe à l'expédition contre Troie*, non sans avoir d'abord essayé de se soustraire à la guerre. → **Palamède.** Laissant son domaine et sa famille aux soins de Mentor*, Ulysse se rallie à la cause grecque et y déploie ses vertus de conseiller, de diplomate et de guerrier. Pour découvrir Achille*, caché par sa mère dans le gynécée du roi Lycomède à Scyros, il a recours à la ruse : déguisé en marchand, il s'y rend et reconnaît le jeune héros, trahi par son intérêt spontané pour les armes intentionnellement mêlées à sa pacotille. Si son éloquence ne suffit pas pour persuader les Troyens de rendre Hélène ou pour calmer la colère d'Achille et le faire revenir au combat, elle s'avère du moins efficace au cours des conseils de guerre et des querelles des chefs achéens. Il ne recule pas pour autant devant la tromperie et pour s'emparer des armes de Philoctète n'hésite même pas, pour se venger, à monter de toutes pièces une affaire de trahison contre Palamède. Les variantes posthomériques sont certainement pour beaucoup dans cette image d'Ulysse. Il est toutefois l'un des plus vaillants parmi les chefs achéens (→ **Diomède**) ; il tue plusieurs Troyens, défie Ajax* aux jeux funèbres en l'honneur de Patrocle et gagne les armes d'Achille. Il prend place dans le cheval de Troie* et contribue plus que tout autre à la victoire grecque. **▮ Le retour** C'est surtout son retour qui fait sa grandeur. Sur la route d'Ithaque, mille aventures l'attendent. Après de nouveaux combats au pays des Cicones, alliés des Troyens en Thrace, il est jeté par les vents au pays des Lotophages* (Libye) ; là, il soustrait ses compagnons au danger d'oublier leur foyer, pour tomber ensuite au pays des Cyclopes (Sicile), d'où il échappe de justesse, après avoir aveuglé Polyphème* et encouru ainsi la haine de Poséidon. Ballotté désormais par une mer hostile, il échoue d'abord sur l'île d'Éole*, mais, malgré la bienveillance du maître des vents, les épreuves continuent. Ce sont alors les anthropophages Lestrygons*, puis la magicienne Circé* qui transforme ses compagnons en pourceaux. Puis il se rend au pays des Cimmériens*, voisin des Enfers, évoque les ombres des héros morts et consulte le devin Tirésias*. Fort de ses conseils, Ulysse peut maintenant se moquer des Sirènes*, des roches errantes, de Charybde* et de Scylla. Mais ses marins imprudents mangent les bœufs du Soleil et provoquent de nouveau la colère des dieux. Naufragé sur l'île de Calypso*, le héros est retenu pendant sept ans par la nymphe amoureuse de lui. Libéré enfin sur l'ordre des dieux, il parvient, naufragé, à l'île des Phéaciens* où il trouve enfin hospitalité et réconfort (→ **Nausicaa, Alcinoos**). **▮ L'arrivée à Ithaque** Transporté alors par des marins phéaciens, il est déposé endormi sur un rivage d'Ithaque. Il rencontre secrètement son père Laërte et son fils Télémaque*, puis s'introduit au palais déguisé en mendiant. Son épouse la fidèle Pénélope* lui raconte ses souffrances. Suivant son conseil, elle organise un concours de tir en promettant sa main au vainqueur. Ulysse est le seul qui réussisse à faire passer la flèche dans des anneaux juxtaposés. Reconnu alors par Pénélope, il massacre les prétendants et reprend sa place de roi. Les parents des tués se lancent dans la guerre, mais Athéna*, la déesse qui a toujours assisté le héros, rétablit la paix. **▮ Le personnage d'Ulysse dans la littérature après Homère** Ulysse réapparaît dans les poèmes cycliques, attire les mythographes et les commentateurs jusqu'à l'époque byzantine et illustre les spéculations des stoïciens sur la sagesse acquise à force d'expériences et d'épreuves. Personnage de la littérature universelle, il survit aux époques et aux genres littéraires. Sous des traits souvent ambigus dans le drame de Sophocle *(Ajax, Philoctète)* et d'Euripide *(Hécube, Le Cyclope),* réhabilité dans la poésie de Dante *(L'Enfer),* il renaît sous le nom de Léopold Bloom comme un symbole de l'homme contemporain dans l'œuvre de J. Joyce* → **Ulysse.**

**Ulysse.** *Ulysse et les Sirènes* (détail), mosaïque provenant de Dougga. Musée du Bardo, Tunis. *Phot. © Arch. Larbor*

**Ulysse** – en angl. *Ulysses* ♦ Roman de James Joyce* (1922). Le livre, auquel Joyce travailla de 1913 à 1921, dut être édité à Paris, des extraits publiés précédemment dans la presse anglo-saxonne ayant été interdits pour cause d'obscénité. Une savante parodie de *L'Odyssée* conduit Stephen Dedalus (Télémaque) et Léopold Bloom (Ulysse), en un seul jour, le jeudi 16 juin 1904 (c'est aussi la date du mariage de Joyce), dans le vaste univers de la seule ville de Dublin, avec sa mer, son soleil sur la mer, ses écoles, ses maisons (Calypso), ses églises (les Lotophages), ses cimetières (Hadès), ses journaux (Éole), ses bibliothèques (Charybde et Scylla), ses bars (les Sirènes), ses tavernes (les Cyclopes), ses plages (Nausicaa), ses hôpitaux (le troupeau d'Hélios), ses bordels (Circé), et tous ses habitants (les Rochers flottants). Les trois premiers livres correspondent à la *Télémachie,* les trois derniers au retour d'Ulysse vers une Pénélope ouvertement infidèle qui symbolise Gê, la Terre. Mais la parodie du poème homérique est loin d'épuiser tout le sens de l'ouvrage, ces «dix-huit livres en dix-huit langages» dont chacun inaugure, avec un nouveau groupe de thèmes (lieu, partie du corps, couleur, domaine de pensée ou d'activité), un nouveau mode d'expression (narration, éloquence, rhétorique, style journalistique, reprise de formes musicales, évolution de la langue en raccourci). L'unité est assurée par l'utilisation de repères spatio-temporels et par la technique du «monologue intérieur» qui permet de ramener le passé au présent, l'écriture imitant l'émergence d'une pensée spontanée. Somme de symboles, d'allusions à l'histoire de la pensée occidentale (Bloom-Ulysse est aussi juif), de procédés techniques et de jeux, *Ulysse,* que son titre désigne d'emblée comme voyage initiatique, exigerait du lecteur, pour être entièrement décrypté, autant d'art et de savoir qu'en a déployé Joyce.

**'UMAR** → **Omar**

**'UMAR IBN ABŪ RABĪ'A** ♦ Poète arabe (644 - v. 719). Grand seigneur, issu d'une famille opulente, il fut le premier poète arabe strictement érotique. Vivant en milieu urbain (La Mecque et Médine), enrichi par le butin ramassé pendant les conquêtes, ce séducteur écrivit des poèmes légers où il loue les belles femmes. Ses vers, galants et réalistes, s'éloignent des thèmes amoureux traités dans les poèmes de la période antéislamique.

**UMAYYADES** → **Omeyades**

**UMEÅ** ♦ V. de Suède, à l'embouchure de l'Ume Älv, dans le golfe de Botnie. Ch.-l. du comté de Västerbotten. 111 235 hab. Université. Centre administratif et de services, la ville est faiblement industrialisée (indus. du bois, construc. mécaniques).

**UME ÄLV** n. m. ♦ Fl. de Suède septentrionale (460 km), tributaire du golfe de Botnie. Il traverse le lac Storuman, reçoit le Vindelälven. Il arrose les villes de Tärna, Umeå, Vännäs.

**UMM AL-QAÏWAIN** ♦ Émirat de la fédération des Émirats arabes unis, situé près de la principauté d'Ajman, sur le golfe Arabo-Persique. 49 159 hab. Il compte parmi les émirats les plus pauvres de la fédération.

**UMM SAÏD** ou **MESSAÏD** ou **MESAIEED** ♦ Port pétrolier du Qatar situé à 10 km au S. de Doha, sur le golfe Arabo-Persique. 12 611 hab. L'oléoduc et le gazoduc qui partent du gisement de Dukhan, sur la côte occidentale, y aboutissent. Site industriel : fonderie d'aluminium, raffinerie.

**UMP** n. f. → **Union pour un mouvement populaire**

**UMTALI** → **Mutare**

**UMTATA** ♦ V. d'Afrique du Sud (prov. du Cap-Oriental), anc. cap. du Transkei. Env. 45 000 hab. Univ. bantoue.

**UNAMUNO (Miguel DE)** ♦ Philosophe, poète et auteur dramatique espagnol (Bilbao 1864 - Salamanque 1936). Déporté aux Canaries, puis exilé à Paris en raison de ses positions politiques (1924), il fut, à son retour en Espagne (1930), l'un des inspirateurs spirituels du régime républicain dont il devait dénoncer les erreurs avant de mourir. Profondément individualiste, refusant toute étiquette et

Miguel de **Unamuno.**
*Phot. © Harlingue/Roger-Viollet*

hostile à tout dogmatisme, il a exprimé une pensée inquiète, attentive à la réalité de l'homme concret, «celui qui naît, souffre et meurt — meurt surtout [...]», aussi bien dans ses essais philosophiques (*Vie de Don Quichotte et Sancho Pança,* 1905 ; *Le Sentiment tragique de la vie,* 1912 ; *L'Agonie du christianisme,* 1925) que dans ses romans et contes (*Paix dans la guerre,* 1897 ; *Brume,* 1914 ; *Trois Nouvelles exemplaires,* 1920), son théâtre (*Phèdre*) et ses poèmes (*Le Christ de Vélasquez,* 1920). Sans jamais avoir imposé une doctrine, il exerça une profonde influence sur les milieux intellectuels espagnols.

**UNDER (Marie ADSON,** dite **Marie)** ♦ Poète estonienne (Tallinn 1883 - Stockholm 1980). Sa poésie authentique et vivante est représentative de l'épanouissement littéraire qui fut favorisé par l'indépendance de l'Estonie de 1918 à 1940. Elle émigra en Suède en 1944.

**UNDSET (Sigrid)** ♦ Romancière norvégienne (Kalundborg, Danemark 1882 - Lillehammer 1949). Après une enfance heureuse, elle perdit à onze ans son père qu'elle adorait. À seize ans, elle dut travailler comme employée de bureau. Elle publia en 1907 son premier roman sur les mœurs du temps : *Madame Marthe Oulie.* Puis elle connut la célébrité avec son deuxième roman : *Jenny* (1911), dans lequel elle critiquait l'émancipation des femmes et l'amour libre. Elle exprima les mêmes idées avec encore plus de force dans *Printemps* (1914), et un recueil d'essais, *Le Point de vue d'une femme* (1919). Pour elle, le sort de la femme résidait dans le don total de soi. Elle écrivit alors les trois volumes de *Kristin Lavransdatter* (1920 - 1922) qui sont à la fois une fresque médiévale d'une saisissante beauté et une méditation sur la vraie vocation de la femme. En 1925, elle divorça et se convertit au catholicisme. Dans un deuxième grand récit épique, à la fois réaliste et mystique, dont l'action se passe au XIIIe s., *Olav Audunssøn* (1925 - 1927), elle traita des problèmes de la conscience et de la conversion. Avec les romans suivants aux mêmes convictions, elle revint à l'époque contemporaine : *Gymnadenia* (1929), *Le Buisson ardent* (1930), *Ida Elisabeth* (1932), *La Femme fidèle* (1936). Elle écrivit un dernier roman historique : *Madame Dorthea* (1939). À travers toute son œuvre, elle s'opposa au courant féministe de l'époque, le jugeant décadent. On la considère avec Olav Duun* comme le plus grand écrivain épique norvégien du XXe s. [Prix Nobel de littér. 1928]

**Unesco** [United Nations Educational, Scientific and Cultural Organization] «Organisation des Nations unies pour l'éducation, la science et la culture» ♦ Institution spécialisée de l'ONU, fondée en 1946, pour resserrer la collaboration entre les peuples par le développement de l'éducation, la science et la culture. L'Unesco, dirigée par un directeur général pour six ans, comprend une conférence générale se réunissant tous les deux ans, un conseil exécutif de 58 membres et un secrétariat général dont le siège est à Paris (palais de l'Unesco). Elle se consacre en particulier à l'alphabétisation, à la diffusion de l'enseignement obligatoire et gratuit, à la lutte contre le racisme, à la défense des droits de l'homme, à la recherche scientifique et à la préservation des monuments du patrimoine culturel mondial.

**UNGARETTI (Giuseppe)** ♦ Poète italien (Alexandrie, Égypte 1888 - Milan 1970). Ayant suivi des études en partie francophones, il s'installa en 1912 à Paris, où il connut Apollinaire, Breton et Picasso (il y conserva par la suite des relations étroites avec Jean Paulhan et la *Nouvelle Revue française*). Rentré en Italie, partisan de l'intervention, il fit la guerre dans les tranchées et en rapporta *Le Port enseveli* (1917), que suivra en 1919 *Allégresse des naufrages.* Ces recueils, repris par la suite sous le titre *L'Allégresse,* illustrent (sous l'influence de Mallarmé) un travail de dénuement du mot, obtenu par la réduction de la syntaxe, la fragmentation du vers et l'usage envahissant de la pause. Avec le vaste recueil de *Sentiment du temps* (1933), s'ouvre une deuxième période, où, par opposition aux «atomes» d'émotion précédents, le poète reconstruit une réflexion subtile à travers la préciosité des images (sensuelles, mythiques) et des vers hautement élaborés. De 1936 à 1942, il enseigna au Brésil. C'est là, en 1939, que la mort frappa son fils, âgé de neuf ans. Ungaretti écrivit alors les émouvants premiers poèmes de *La Douleur* qui paraîtra en 1947, marquant la troisième période de son activité poétique, phase de méditation sur le destin où se trouve assumée toute la tradition du grand lyrisme italien (de Pétrarque à Leopardi). En 1942, il rentra à Rome, où il enseignera désormais. En 1950, il fit paraître *La Terre promise* (commencée avant *La Douleur*), en 1952 *Un cri et des paysages,* en 1960 *Le Carnet du vieillard.* Il rassembla enfin toute son œuvre (poésies, proses et traductions de Racine, Shakespeare, Góngora, Blake, Mallarmé), dans *Vie d'un homme* (1969, pour les poésies). La situation cardinale d'Ungaretti dans la poésie italienne (refus simultané de D'Annunzio et des crépusculaires (→ **Gozzano**), raréfaction explosive de l'énonciation, mais indifférence vis-à-vis du futurisme*) et le rôle qu'il joua dans la formation de l'hermétisme ne doivent pas faire oublier le «retour» au classicisme dont témoignent son évolution et la grandeur magistrale des proses réunies en français sous le titre d'*Innocence et Mémoire.* ← ÉTYM. *Ungaretti* est le diminutif de l'italien *ungaro* «hongrois».

**UNGAVA** ← ÉTYM. de l'inuktitut *Ungawak* «au plus loin» ♦ Région naturelle du N.-E. du Canada, entre la baie d'Hudson (O.) et la baie d'Ungava, à l'E., qui correspond à peu près à l'actuel Nunavik. Sa population est concentrée dans les villages côtiers. Exploitation minière. ♦ ***District d'Ungava*** Anc. district des Territoires du Nord-Ouest du Canada, cédé au Québec en 1912 et appelé Nouveau*-Québec.

**UNGERSHEIM** ♦ Comm. du Haut-Rhin, arr. de Guebwiller. 1 633 hab. Écomusée d'Alsace.

**Unicef** [United Nations International Children's Emergency Fund] «Fonds d'urgence des Nations unies pour l'enfance» ♦ Organisation créée en déc. 1946 afin d'améliorer la condition de l'enfance principalement dans les pays en voie de développement. Financée par des contributions volontaires des États membres et des dons privés, l'Unicef, se consacre à des programmes d'aide dans le domaine de la santé, de l'instruction et de la lutte contre la faim. Son siège est à New York. [Prix Nobel de la paix 1965]

**UNIEUX** [42240] ← ÉTYM. du germ. *Huno,* n. de pers., et suff. lat. *-acum* ou de *unda* «eau qui coule» ♦ Comm. de la Loire, arr. de Saint-Étienne. 8 339 hab.

**Unigenitus Dei Filius** ♦ Bulle de Clément* XI (8 sept. 1713), condamnant 101 propositions tirées des *Réflexions morales* de Pasquier Quesnel* (janséniste). Elle divisa le clergé français en «acceptants» et en «appelants» qui la refusaient. Elle fut érigée en loi française en 1730. → **jansénisme.**

**UNION (L')** [31240] ← ÉTYM. n. donné sous le Directoire pour célébrer *l'union* des comm. de Le Cornaudric et Belbèze ♦ Comm. de la Haute-Garonne, banlieue N.-N.-O. de Toulouse. 12 141 hab.

**Union** (actes d') ♦ Lois par lesquelles le Parlement anglais prononça l'union avec l'Écosse (1707) et avec l'Irlande (1800), supprimant le Parlement de Dublin.

**Union africaine** [UA] ♦ Union de l'ensemble des pays d'Afrique, due à l'initiative du colonel Kadhafi (qui en assura la présidence en 2009), entrée en vigueur en mai 2001 et destinée à prendre la suite de l'OUA. → **Organisation de l'unité africaine.**

**Union de l'Europe occidentale** [UEO] ♦ Organisation politique et militaire européenne fondée par les accords de Paris du 23 oct. 1954 (qui reprenaient les clauses du traité de Bruxelles* de 1948) et ayant pour but de renforcer la paix et la sécurité entre les signataires. Composée de 6 membres (Grande-Bretagne, France, Pays-Bas, Belgique, Luxembourg et Allemagne), étendue à l'Italie (1964), à l'Espagne et au Portugal (1989), puis à la Grèce (1992), l'UEO est constituée d'un Conseil des ministres et d'une Assemblée de 108 représentants (tous membres du Parlement de leur pays). L'UEO, dont les compétences ont été renforcées avec le traité de Maastricht*, doit disparaître à terme, ses activités et ses missions étant transférées au sein de l'Union européenne (→ **Europe**).

**Union des démocrates pour la République** [UDR] ♦ Nom que prit en 1971 le mouvement politique gaulliste Union pour la défense de la République (UDR), cette dernière dénomination ayant été adoptée en 1968 par l'Union des démocrates pour la Ve République (UD-Ve), qui avait été créée en 1967 pour succéder à l'Union pour la nouvelle République (UNR), elle-même fondée en 1958. Après une grande victoire électorale après mai* 1968, l'UDR connut quelques dissensions avec l'arrivée de G. Pompidou* au pouvoir, mais conserva la majorité lors des législatives de 1973. En déc. 1976, son secrétaire général, J. Chirac*, transforma le mouvement en Rassemblement* pour la République.

**Union économique et monétaire** [UEM] → **Europe**

**Union européenne** [UE] ♦ Union politique, économique et monétaire prévue par le traité signé à Maastricht* le 7 fév. 1992 par l'Allemagne, la Belgique, le Danemark, l'Espagne, le Portugal, la France, la Grèce, l'Irlande, l'Italie, le Luxembourg, les Pays-Bas et le Royaume-Uni de Grande-Bretagne et d'Irlande du Nord (les *Douze*) et entrée en vigueur le 1er nov. 1993. Cette union est issue de l'évolution de la CEE (→ **Communauté économique européenne**). Le 1er janv. 1995, la Suède, la Finlande et l'Autriche adhérèrent à l'Union européenne, qui passa ainsi de douze à quinze membres. → **Europe.** Selon le traité de Nice entré en vigueur le 1er févr. 2003, dix nouveaux membres intégrèrent l'Union le 1er mai 2004

**Union européenne.**

(Chypre, Estonie, Hongrie, Lettonie, Lituanie, Malte, Pologne, République tchèque, Slovaquie, Slovénie). La Roumanie et la Bulgarie sont entrées dans l'Union en 2007, portant le nombre de pays membres à 27. Entre 2004 et 2007, le projet de Constitution européenne a été ratifié, soit par voie parlementaire soit par voie référendaire, dans dix-sept pays (Allemagne, Autriche, Belgique, Bulgarie, Chypre, Espagne, Estonie, Finlande, Italie, Grèce, Hongrie, Lettonie, Lituanie, Luxembourg, Malte, Slovaquie, Slovénie) mais rejeté par la France et les Pays-Bas. Le traité de Lisbonne, appelé «traité modificatif», est finalement entré en vigueur le 1er décembre 2009. → **Europe.** ▮ **L'Union monétaire et l'euro** L'Union monétaire fait partie de l'UE, elle regroupe les pays qui adoptèrent, en premier lieu, le Pacte de stabilité de 1996 fixant les seuils de déficit et d'endettement à respecter. Ce pacte définit également les critères de convergence, c'est-à-dire les conditions que les candidats doivent remplir pour prétendre rejoindre l'Union monétaire. Il a été assoupli en 2005. Depuis 1999, l'Union monétaire correspond à la zone euro, dirigée par la Banque centrale européenne (BCE) et composée de l'Allemagne, l'Autriche, la Belgique, l'Espagne, la Finlande, la France, l'Irlande, l'Italie, le Luxembourg, les Pays-Bas, le Portugal — et la Grèce à partir de 2001 — les banques centrales nationales de ces États ayant transféré leurs compétences à la BCE. À l'intérieur de ces pays, une même unité monétaire, l'euro, fut mise en circulation le 1er janvier 2002. Depuis, d'autres pays ont adopté l'euro : la Slovénie (2007), Chypre et Malte (2008), puis la Slovaquie (2009) qui est devenue le 16e membre de la zone euro.

**Union française** ♦ Nom donné par la Constitution de 1946 à l'ensemble formé par la France et les pays d'outre-mer. La France accordait la citoyenneté française à tous les habitants de l'Union française, avec toutefois une distinction entre les citoyens de la métropole et les autres. Les pays d'outre-mer étaient divisés en quatre groupes : certaines colonies (Martinique, Guadeloupe, Guyane et Réunion) devenaient des départements d'outre-mer ; l'Algérie avait un statut spécial ; les autres colonies devenaient les territoires d'outre-mer ; les anciens pays sous mandat (Togo, Cameroun) devenaient des territoires associés ; les anciens protectorats (Viêtnam, Laos, Cambodge, Tunisie, Maroc) devenaient, s'ils le voulaient, des États associés. L'Union française avait pour chef le président de la République française. Elle était assistée d'un haut conseil et de l'Assemblée de l'Union française qui comprenait en nombre égal des représentants de la France et des pays d'outre-mer. L'Union française fut remplacée en 1958 par la Communauté*.

**Union Jack** n. m. ➝ ÉTYM. angl. «pavillon (drapeau) *(jack)* de l'union *(union)*» ♦ Nom du drapeau du Royaume-Uni de Grande-Bretagne, créé en 1606 par Jacques Ier.

**Union nationale des syndicats autonomes** [UNSA] → **Fédération de l'Éducation nationale**

**Union pour la démocratie française** [UDF] ♦ Formation politique groupant le Parti républicain (auquel succéda Démocratie libérale en 1997), le Centre des démocrates sociaux (devenu en 1995 Force démocrate), le Parti radical, le Parti social-démocrate et les clubs Perspectives et Réalités (devenus en 1995 Parti populaire pour la démocratie française), créée en 1978 et présidée par J. Lecanuet* (1978 - 1988), V. Giscard* d'Estaing (1988 - 1996), F. Léotard* (1996 - 1998) puis F. Bayrou* (1998 - 2007). L'UDF s'est posée en mouvement centriste et libéral, favorable à la construction européenne. Constituée en vue de soutenir aux législatives de 1978 l'action de Giscard d'Estaing, alors président de la République, l'UDF subit un net recul aux législatives de 1981. Membre de l'opposition de 1981 à 1986, de 1988 à 1993 et de 1997 à 2002, elle se rapprocha du RPR à partir de 1984. La prééminence accrue du parti gaulliste au sein de la droite, les défaites aux élections législatives en 1997 et régionales en 1998, les conflits entre ses principaux dirigeants et les désaccords sur l'attitude à adopter face au Front national aggravèrent les dissensions entre centristes et libéraux. Le parti commença à s'affaiblir avec le départ de Démocratie libérale, en 1998, puis celui d'une majorité de ses membres lors de la création de l'UMP (Union* pour un mouvement populaire) en 2002. En mai 2007, F. Bayrou, président du parti et candidat à la présidentielle, appela l'UDF à se fondre dans une nouvelle formation centriste : le Mouvement démocrate (MoDem*).

**Union pour un mouvement populaire** [UMP] ♦ Parti politique français fondé le 23 avril 2002, entre les deux tours de l'élection présidentielle, pour soutenir le président sortant J. Chirac*, sous le nom d'Union pour la majorité présidentielle et regroupant une partie de l'UDF, le RPR et DL. Aux législatives de juin, la coalition obtint la majorité absolue à l'Assemblée nationale, prit le nom de Union pour un mouvement populaire en novembre et Alain Juppé* fut élu à sa présidence. Nicolas Sarkozy* lui succéda en 2004 jusqu'à son élection à la présidence de la République en 2007. Le poste de président de l'UMP fut supprimé à cette date, même si Nicolas Sarkozy resta de fait à la tête du parti. Le secrétaire général est Xavier Bertrand* depuis déc. 2008.

**Union républicaine** ♦ Nom donné au parti républicain d'extrême gauche qui, regroupé autour de L. Gambetta*, eut plusieurs représentants à la Chambre des députés (1876 - 1882). À la mort de Gambetta, ce parti se joignit à celui de J. Ferry.

L'**Unità** ♦ Quotidien italien fondé en 1924 par A. Gramsci. Organe officiel du Parti communiste italien, puis journal du Parti démocratique de la gauche (PDS, devenu DS en 2000), il publie deux éditions (Milan et Rome) Il connaît depuis plusieurs années une importante perte d'audience.

**UNITED STATES OF AMERICA** → **États-Unis d'Amérique**

L'**Univers** ♦ Quotidien catholique fondé en 1833 par Migne et dirigé par L. Veuillot* (1843 - 1874). Celui-ci s'y fit le défenseur de l'Église et du Saint-Siège, critiquant la politique italienne de l'empereur Louis Napoléon, après avoir d'abord approuvé le coup d'État du 2 déc. 1851 et en se faisant après 1870 le porte-parole de la tendance légitimiste (comte de Chambord). *L'Univers* disparut en 1914.

**UNKEI** ♦ Sculpteur japonais (mort en 1223). Il fut le plus remarquable sculpteur de statues bouddhiques, dans une dynastie pourtant riche en grands talents puisqu'il descendait de Jōchō*, et fut le père de Tankei*. Il dirigea notamment la reconstruction des temples de Nara* incendiés au cours de la guerre civile en 1180 et restaura le Grand Bouddha du Tōdaiji, ce qui lui valut le plus haut rang honorifique accordé à un artiste.

**UNKIAR-SKELESSI** – en turc *Hünkar Iskelesi* ♦ Village de Turquie, sur la rive orientale du Bosphore*, où fut signé le 8 juil. 1833 un traité d'alliance entre la Turquie et la Russie, dirigé contre l'Égypte et destiné à préserver l'intégrité des territoires ottomans. La Russie obtenait la fermeture des Détroits* aux navires de guerre étrangers. Cette clause fut abolie par la convention des Détroits de 1841.

**UNNA** ♦ V. d'Allemagne (Rhénanie-du-Nord-Westphalie), dans la partie orientale du bassin de la Ruhr, à l'E. de Dortmund. 68 932 hab. Indus. mécaniques.

**UNR** [Union pour la nouvelle République] → **Union des démocrates pour la République**

**UNRUH (Fritz VON)** ♦ Poète et auteur dramatique allemand (Coblence 1885 - Diez, Rhénanie-Palatinat 1970). Issu d'une famille de militaires, officier lui-même, il composa d'abord des drames où prédominent les thèmes héroïques : *Officiers* (*Offiziere*, 1912) et *Louis-Ferdinand, prince de Prusse* (1913). Cependant, il devait découvrir, dès 1916, l'inhumanité de la guerre et la dénoncer dans un poème inspiré par la bataille de Verdun : *Marche au sacrifice*. Converti au pacifisme et à l'idée d'un rapprochement universel des peuples, il a composé pour le théâtre des drames d'un symbolisme hautain : *Avant la décision* (1917) et *La Lignée* (1918). ➝ ÉTYM. Ce nom allemand vient de *Unruhe* «tapage» (surnom d'une personne querelleuse).

**UNTER DEN LINDEN** ➝ ÉTYM. all. «sous *(unter)* les *(den)* tilleuls *(Linden)*» ♦ Grande avenue au cœur de Berlin tracée en 1647 par le Grand Électeur Frédéric-Guillaume à l'O. de la Spree. Bordée de palais au XVIIIe s., elle fut l'artère triomphale entre la vieille ville et la porte de Brandebourg*. Placée en secteur soviétique en 1945, elle se vit imposer l'énorme ambassade de l'URSS et elle fut supplantée par le Kurfürstendamm à Berlin-Ouest. Avec la réunification, elle s'est retrouvée au cœur du quartier gouvernemental.

**UNTERWALD** ➝ ÉTYM. en all. ***Unterwalden*** «sous les forêts» ♦ Anc. cant. de Suisse centrale, divisé en deux cantons : *Nidwald* à l'E. (276 km². 40 012 hab. CH.-L. : Stans*) et *Obwald* à l'O. (491 km². 33 755 hab. CH.-L. : Sarnen*). Les habitants sont de langue allemande et en majorité de religion catholique. ▪ L'économie de la région est essentiellement tournée vers l'élevage laitier. L'industrie repose sur le travail du bois. Le tourisme s'y développe. ▮ **Histoire** Le cant. d'Unterwald fut avec les cant. d'Uri et de Schwyz un des trois premiers cantons de la Confédération suisse. → **Rütli.**

**UNZEN** (mont) ♦ Volcan du Japon, dans l'île de Kyūshū (1 486 m). L'éruption de 1991 - 1995 a permis l'étude approfondie du phénomène de nuées ardentes.

Le volcan **Unzen.** Dôme de lave et nuées ardentes.
*Phot. © Jean-Claude Tanguy*

**Upanishad** ou **Upaniṣad** n. m. pl. ➝ ÉTYM. «Traités des équivalences» ♦ Textes indiens de la littérature védique, les plus anciens écrits philosophiques de l'Inde. Ils sont au nombre théorique de 108, mais en réalité on en compte plus de 200 dont la plupart sont postvédiques. Les commentaires qui en furent faits sont innombrables.

**UPDIKE (John Hoyer)** ♦ Écrivain américain (Shillington, Pennsylvanie 1932 - Danvers, Massachusetts 2009). Diplômé de Harvard, collaborateur au *New Yorker*, il se fit connaître par son roman *Cœur de lièvre* (1960) qui inaugurait une série de romans sur la vie malheureuse de son double, Harry «Rabbit» Angstrom, et fut suivi par *Le Centaure* (1963), *Couples* (1968), *Rabbit rattrapé* (1971), *Buchanan Dying* (1974), *Épouse-moi* (1976), *Hugging the Shore* (1983) et surtout *Rabbit est riche* (1981) qui lui valut le prix Pulitzer en 1982. On lui doit encore *Les Sorcières d'Eastwick* (1984), *Ce que pensait Roger* (1986), *Brésil* (1994). Styliste méticuleux, précieux, spirituel, sophistiqué, à l'aise dans tous les genres, il excelle dans l'analyse de l'ambiguïté morale et sexuelle aux prises avec un univers en désintégration où les anciennes certitudes n'ont plus cours. Il est également l'auteur de poèmes (*Telephone Poles*, 1963 ; *Midprint and Other Poems*, 1969) et de nouvelles (*Solos d'amour*, 2005).

**UPITS (Andreï Martinovitch)** ♦ Romancier letton (Skriveri, Livonie 1877 - Riga 1970). Après un premier récit, *La Tempête*, il commença en 1909 sa grande œuvre, un roman en 6 tomes sur le rapport entre les masses et l'individualité, *Les Gardes-frontières*. En 1917, il prit une part active à la révolution russe. Il écrivit de nombreuses comédies satiriques dont *Suzanne au bain* (1922). Il publia successivement deux romans historiques sur son peuple : *Terre verte* (1945) et *Lumière dans la nuée* (1951).

**UPOLU** ♦ Seconde île des Samoa-Occidentales, où se situe la cap. Apia. 1 118 km². 122 228 hab.

**UPPDAL (Christofer)** ♦ Poète et romancier norvégien (Beistad, Trøndelag 1878 - Oslo 1961). Il débuta par plusieurs recueils de vers dans lesquels il peignit son pays natal et des caractères primitifs. Il y révéla une âme angoissée et amoureuse de solitude. Il entreprit ensuite un vaste cycle romanesque, *Danse aux pays des ombres* (1911 - 1924), où il décrivit le milieu des ouvriers au tempérament aventureux qui posaient des rails à travers le pays et où il médita sur les forces primitives du prolétaire.

**UPPSALA** ➝ ÉTYM. suéd. «Sala d'en haut», de *uppe* «plus haut» et *Sala*, n. d'un anc. village ou de *sal* «grande salle, demeure» ♦ V. de Suède, ch.-l. de comté, sur le Fyriså, tributaire du lac Mälar, au N.-O. de Stockholm. 185 187 hab. Première univ. de Suède. Cathédrale gothique (fin XIIIe s., restaurée). Château édifié par Gustave* Ier Vasa (1540, restauré). La bibliothèque de l'univ., *Carolina Rediviva*, est la plus riche de Suède. ▪ Services publics ; peu d'indus. (imprimeries, construc. mécaniques). ▮ **Histoire** À l'origine située au N. de la ville actuelle, Uppsala possédait un important temple païen dès le IXe s. En 1164, elle devint siège d'un archevêché. À la suite d'un incendie, ce dernier fut transféré à son emplacement actuel (1273). Depuis la fondation de l'université par l'archevêque Jakob Ulfsson (1477), Uppsala est l'un des principaux centres de l'enseignement en Suède.

**UR** ou **OUR** ♦ Cité sumérienne, autrefois à l'embouchure de l'Euphrate, auj. à l'intérieur des terres (Tell el-Muqayyar). Les fouilles menées par L. Woolley* mirent au jour temples, palais, ziggourat, tombes royales et permirent de reconstituer l'histoire de la ville : occupation dès les temps pré- et protohistoriques ; trace d'une inondation hasardeusement identifiée au Déluge des traditions babylonienne et biblique ; domination de Sumer* par la Ire dynastie d'Ur (v. -2700 - -2500), supplantée par Lagash* ; nouvelle domination sous la IIIe dynastie d'Ur (v. -2100 - -2000) fondée par Ur-Nammu ; décadence de la ville prise par les Amorites* v. -2000, avec une période de reconstruction sous Nabuchodonosor II et Nabonide (-VIe s.) ; disparition vers le -IIIe s. ▪ Selon la Genèse, XI, 28, 31, Ur aurait été la patrie d'Abraham*.

**URABE Kenkō** ➝ **Kenkō Hōshi**

**URANIE** – en gr. ***Ourania*** ♦ L'une des neuf Muses*, qui préside à l'astronomie. On la représente généralement avec la sphère céleste et le compas dans les mains. Elle est considérée comme la mère du musicien Linos*.

**URANUS** ♦ Nom d'Ouranos* dans la mythologie romaine.

**URANUS** n. f. ♦ Planète du Système solaire, la septième dans l'ordre croissant des distances au Soleil (2 880 millions de km en moyenne). Elle ne fut découverte qu'en 1781 par W. Herschel*, qui crut avoir affaire à une comète. Très éloignée de la Terre, difficilement observable (magnitude 6), Uranus commence à être connue depuis son survol par la sonde américaine *Voyager** 2 en 1986. Son atmosphère, relativement calme (la vitesse des vents ne dépasse pas 220 m/s), est formée essentiellement d'hydrogène (plus de 80 %) et d'hélium (12 à 15 %) avec des nuages de méthane qui absorbent les radiations rouges et donnent à Uranus son aspect bleuâtre ; cette composition est probablement très proche de celle de la nébuleuse qui engendra le Système solaire. Uranus tourne sur elle-même dans le sens rétrograde en 17 h environ, pratiquement couchée sur le plan de son orbite. Sa révolution sidérale est de 84 ans ; ainsi, le jour dure 42 ans sur chacun des pôles. La température moyenne est de -215 °C. De même que la Terre, Jupiter et Saturne, Uranus possède un champ magnétique. Son intensité est voisine de celle du champ magnétique terrestre, mais très incliné par rapport à l'axe de rotation (55°, contre 11,6° dans le cas de la Terre). Son diamètre équatorial est de 51 120 km (4 fois celui de la Terre), alors que sa masse est 14,5 fois celle de notre planète ; sa densité moyenne est donc très faible, de 1,19 environ. On suppose qu'Uranus se compose d'un noyau rocheux et de glaces d'eau, d'ammoniac et de méthane. En dehors des 5 satellites principaux (Titania, Umbriel, Obéron, Ariel et Miranda) qui tournent toujours la même face vers la planète, on lui connaît, en 2007, 13 satellites intérieurs et 9 extérieurs. Uranus est entourée de 10 anneaux très fins (quelques kilomètres) et très sombres, disposés à des distances comprises entre 42 000 et 51 000 km du centre de la planète.

**URARTU** ou **OURARTOU** n. m. ♦ Nom assyrien du pays situé autour du lac de Van, plus tard l'Arménie*. Il s'y forma un royaume puissant du -IXe au -VIIe s. Le premier roi connu est Sardur Ier, mentionné en -856. Dans la première moitié du -VIIIe s., sous Argisti Ier et Sardur III, qui prit le titre de *Roi des Rois*, l'expansion urartéenne toucha l'Assyrie, la Syrie du Nord, les royaumes hittites du Taurus, l'actuel Azerbaïdjan, mais elle fut entravée par la montée de l'Empire assyrien (victoire de Teglath-Phalasar III sur Sardur III en Syrie, -743 ; raid de Sargon* II en Urartu, -714) et par le passage des envahisseurs cimmériens (vainqueurs d'Argisti II v. -706). Le royaume disparut lors des invasions scythes (seconde moitié du -VIIe s.). La langue urartéenne était apparentée au hourrite. La civilisation procédait de celle des Hittites. Le panthéon était dominé par Haldi, le dieu national, Tesheba (le Teshub hourrite, dieu de l'orage) et Ardini, divinité solaire. L'art était surtout remarquable dans le travail du métal.

**URBAIN Ier** (saint) ➝ ÉTYM. du lat. *urbanus* «de ville, urbain» (it. et esp. *Urbano*, bret. *Urvan*, angl. et all. *Urban*) ♦ 17e pape (de 222 à 230). Romain, martyr (?). ▪ Fête le 25 mai.

**URBAIN II** (bienheureux) **[Eudes ou Odon de Châtillon]** ♦ (Châtillon-sur-Marne v. 1042 - Rome 1099). 157e pape (1088 - 1099). Disciple de saint Bruno, archidiacre puis chanoine à Reims, il entra à Cluny v. 1075, mais en sortit à la demande de Grégoire VII qui le fit évêque d'Ostie et cardinal (1078). Il lutta contre l'antipape Clément* III et ne put s'installer au Latran qu'en 1094. Il poursuivit l'action de Grégoire* VII, tenant plusieurs conciles importants, notamment Plaisance (1095) et Clermont (1095) à l'issue duquel il annonça la première croisade. ➝ **Investitures (querelle des).** ▪ Fête le 29 juil.

**URBAIN III [Uberto Crivelli]** ♦ (Milan 1120 - Ferrare 1187). 170e pape (1185 - 1187), ancien archevêque de Milan. Il succéda à Lucius* III à Vérone, qu'il quitta pour Ferrare, et se heurta à Frédéric* Ier Barberousse qui envoya son fils Henri ravager les États de l'Église.

**URBAIN IV [Jacques Pantaléon]** ♦ (Troyes v. 1200 - Pérouse 1264). 180e pape (1261 - 1264), ancien patriarche de Jérusalem (1255), ancien évêque de Verdun (1253). Il donna le royaume de Sicile à Charles* d'Anjou. Il institua la fête du Saint-Sacrement.

**URBAIN V** (bienheureux) **[Guillaume de Grimoard]** ♦ (Près de Mende 1310 - Avignon 1370). 198e pape (1362 - 1370), bénédictin, ancien abbé de

**Uranus.** *Phot. © Jet Propulsion Laboratory. NASA-JPL*

Saint-Victor de Marseille. Pape en Avignon, il entra à Rome mais n'y resta que trois ans (1367 - 1370). Il fut le premier des papes humanistes.

**URBAIN VI [Bartolomeo PRIGNANO]** ♦ (Naples v. 1318 - Rome 1389). 200$^{e}$ pape (1378 - 1389), ancien archevêque de Bari (1377). Premier pape élu à Rome après le retour d'Avignon, il se rendit odieux aux cardinaux, en majorité français ; ceux-ci élurent alors Clément* VII. Ce fut le grand schisme* d'Occident.

**URBAIN VII [Giovan Battista CASTAGNA]** ♦ (Rome 1521 - *id.* 1590). 226$^{e}$ pape (15 - 27 sept. 1590), Génois.

**URBAIN VIII [Maffeo BARBERINI]** ♦ (Florence 1568 - Rome 1644). 233$^{e}$ pape (1623 - 1644), ancien nonce à Paris (1604). Ami de Galilée*, il adoucit sa détention après sa condamnation par l'Inquisition (1633). Il condamna l'*Augustinus** de Jansénius* (1642, mais la bulle ne parut, sans doute modifiée, qu'en 1643). Il fit travailler le Bernin* (palais Barberini, baldaquin de l'autel de Saint-Pierre).

**Urbain VIII.** *Le pape Urbain VIII* par Pierre de Cortone. Musée national romain, Rome.
*Phot. © Arch. Smeets*

**URBAIN (Georges)** ♦ Chimiste français (Paris 1872 - *id.* 1938). Spécialiste de la famille d'éléments appelés terres rares, il réussit à séparer les principaux d'entre eux, identifia le lutécium, et montra que le rôle de luminogène dans les fluorines naturelles est joué par certains de ces éléments (europium, samarium, etc.). [Acad. sc. 1921]

**URBINO** – en fr. ***Urbin*** ♦ V. d'Italie, dans les Marches (prov. de Pesaro-et-Urbino), entre la Foglia et le Métaure, sur deux collines. 15 270 hab. Université. Entourée de remparts, la ville de briques roses est dominée par l'élégant palais ducal élevé pour Federigo da Montefeltro par L. Laurana*, puis Francesco di Giorgio Martini* de 1444 à 1472. Il abrite auj. la Galerie nationale des Marches contenant des chefs-d'œuvre du Quattrocento, entre autres de P. Uccello et Piero della Francesca et un célèbre portrait par Raphaël, *La Muette*. Le *studiolo* du duc est décoré de marqueteries en trompe-l'œil, et de portraits dus à Juste de Gand et à P. Berruguete. Maison natale de Raphaël. Églises Saint-Jean-Baptiste (XIV$^{e}$ s.) et Saint-Joseph (XVI$^{e}$ s.) décorées de peintures (fresques et toiles). ▪ Centre agricole et commercial. Cité d'art (céramiques) et de tourisme. ▮ **Histoire** Capitale d'un ancien duché qui appartint dès le XII$^{e}$ s. à la famille Montefeltro* qui en fit un important centre artistique (particulièrement brillant au XV$^{e}$ s.), elle passa aux Della* Rovere au début du XVI$^{e}$ s., puis fit partie des États de l'Église de 1631 à 1860 avant de s'intégrer à la République italienne en 1860.

**UREY (Harold Clayton)** ♦ Chimiste américain (Walkerton, Indiana 1893 - La Jolla, Californie 1981). Il pressentit l'existence des isotopes de l'hydrogène et en découvrit un, le deutérium, ainsi que l'eau lourde (1932). Il mit au point des méthodes de séparation des isotopes, fit des recherches sur l'enrichissement de l'uranium (dont l'isotope le plus abondant n'est pas fissile) et étudia les isotopes de l'oxygène, dont l'abondance relative lui permit de déterminer la température de l'eau de mer à différentes époques et donc de reconstituer l'évolution du climat sur Terre. Il fit ensuite des recherches sur l'abondance de divers isotopes dans le Soleil, les étoiles et les météorites. [Prix Nobel de chim. 1934]

**URFA** – anc. ***Édesse*** auj. ***Şanlı Urfa*** ➝ ÉTYM. «Urfa la Prospère» ♦ V. de Turquie, en Anatolie orientale, près de la frontière syrienne, ch.-l. de prov. 472 238 hab. Ruines de la citadelle des croisés (déb. XII$^{e}$ s.). ▪ Centre commercial et industriel (textile, tabac), la ville connaît un développement rapide en tant que pôle du Projet de l'Anatolie du Sud-Est.

**URFÉ (Honoré D')** ➝ ÉTYM. du n. du château de la Bastie *d'Urfé*, dans le Forez (du germ. *Wulf*, n. de pers., et suff. *-iacum*) ♦ Écrivain français (Marseille 1567 - Villefranche-sur-Mer 1625). Homme d'action, ayant participé à la Ligue*, il tomba malade et mourut pendant la guerre de la Valteline où la Savoie et la France étaient alliées contre l'Espagne. Ses *Épîtres morales* (1598, 1603) mettent en place le discours sur l'amour qu'on retrouve dans le poème *Sireine* (1604), dans le drame *Silvanire ou la Morte vive* (1625) et surtout dans son grand roman pastoral, *L'Astrée**, dont les trois premières parties (1607, 1610 et 1619) furent complétées par une quatrième, publiée en 1627 par son secrétaire, Balthazar Baro, qui y ajouta en 1628 *La Conclusion et Dernière Partie d'Astrée*. L'ensemble est une somme de casuistique amoureuse mais aussi un roman des origines nationales qui fixa l'idéal moral du XVII$^{e}$ s. classique.

**URGEL** → Seo de Urgel

**ÜRGÜP** ♦ Petite ville de Turquie, en Cappadoce, au S.-E. d'Ankara, sous-préfecture de la prov. de Nevşehir. 14 538 hab. Elle est située sur un plateau de tuf volcanique dont le relief caractéristique dû à l'érosion (aiguilles, cheminées des fées), les villages troglodytes et les églises rupestres constituent l'une des principales curiosités de la Turquie. Ces églises abritent un ensemble important de fresques d'un grand intérêt iconographique (Tokalı Kilise, Elmalı Kilise à Göreme).

**URI** ➝ ÉTYM. de l'all. *Urochs* «aurochs» ♦ Cant. de Suisse centrale. 1 077 km$^{2}$. 34 948 hab., de langue allemande et en majorité catholiques. CH.-L. : Altdorf*. La région est entièrement formée par les Alpes qu'entaille l'axe N.-S. de la vallée de la Reuss aménagée en voie de communication. Elle est reliée au Valais à l'O. par le col de la Furka, aux Grisons à l'E. par l'Oberalppass et au Tessin au S. par le tunnel du Saint-Gothard. ▪ L'économie du canton est principalement industrielle, tout en comportant un secteur de production laitière. L'industrie est groupée dans la vallée de la Reuss ; centrales hydroélectriques d'Amsteg, Wassen et Göschenen. ▮ **Histoire** Dès 1231, Uri reçut l'immédiateté d'empire. Désireux de défendre leur liberté contre la domination des Habsbourg, les habitants d'Uri, sous la conduite de W. Fürst*, prêtèrent le serment du Rütli* avec les cantons de Schwyz et d'Unterwald (1291) et remportèrent sur les Autrichiens les victoires de Morgarten* (1315) et de Sempach* (1386). Lors de la Réforme, le canton resta fidèle au catholicisme.

**URIAGE** ♦ Station thermale de l'Isère (comm. de Saint-Martin-d'Uriage), à 416 m d'altitude.

**URIBE VÉLEZ (Álvaro)** ♦ Homme d'État colombien (Medellín 1952). Engagé très jeune en politique (il fut maire de Medellín de 1982 à 1984 et gouverneur du département d'Antioquia de 1995 à 1997), il fut élu président en 2002 après avoir quitté le Parti libéral pour se présenter en candidat indépendant, et réélu en 2006. Il poursuivit la lutte contre les trafiquants de drogue, chercha une solution militaire au conflit avec les insurgés (FARC et ELN) et privilégia les relations avec les États-Unis. Sa gestion a été ternie par des accusations de corruption ou d'atteinte aux droits civils, visant ses partisans proches ou certains de ses ministres.

**URIE le Hittite** ♦ Officier de David*, mari de Bethsabée*. David organisa sa mort face à l'ennemi pour s'approprier sa femme. Récit biblique : II Samuel, XI.

**URIEL** ➝ ÉTYM. hébr. «flamme de Dieu» ou «Ma lumière est Dieu» ♦ Ange souvent cité dans la liturgie orientale.

**URQUIJO (Mariano Luis DE)** ➝ ÉTYM. forme esp. du basque *urkiza, urkizu*, n. d'une pers. vivant près d'une boulaie (de *urki* «bouleau» et suff. *-zo*) ♦ Homme politique espagnol (Bilbao 1768 - Paris 1817). Ministre des Affaires étrangères (1798), il succéda à Godoy* puis servit fidèlement Joseph Bonaparte.

**URQUIZA (Justo José DE)** ♦ Homme politique argentin (Arroyo de la China, Entre Ríos 1800 - San José, Entre Ríos 1870). D'abord allié de Rosas*, il se tourna contre lui et le vainquit en 1852. Devenu maître du pays et élu président (1853), il lutta contre le séparatisme de Buenos Aires. En 1862, il se retira dans l'Entre Ríos dont il était gouverneur et y mourut assassiné.

**URRAQUE** – en esp. ***Urraca*** ♦ (1081 - Saldaña 1126). Reine de Castille et de León (1109 - 1126). Fille du roi Alphonse VI, elle épousa en 1090 Raymond de Bourgogne qui mourut en 1106. Elle lui avait donné un fils, le futur Alphonse VII. En 1109, elle épousa Alphonse I$^{er}$ le Batailleur, roi d'Aragon et de Navarre. Ce dernier se fit reconnaître roi de Castille, fit enfermer sa femme mais, après l'annulation du mariage par le pape Pascal II, dut renoncer à la Castille (1114). Alphonse VII, reconnu roi de Castille (1112), s'opposa à Urraque et elle dut finalement s'effacer (1122).

**URRUGNE** [64122] ♦ Comm. des Pyrénées-Atlantiques, arr. de Bayonne. 7 043 hab.

**URSEREN** (val) ♦ Nom donné à la vallée supérieure de la Reuss, en Suisse, dans le canton d'Uri. → **Andermatt.**

**URSINS (Marie-Anne DE LA TRÉMOILLE,** princesse **DES)** ♦ Dame française (Paris 1642 - Rome 1722). Elle exerça un rôle prépondérant dans la politique espagnole par ses intrigues à la cour de Philippe* V, jusqu'en 1714, époque où elle fut renvoyée par la nouvelle reine.

**URSINUS** ♦ Antipape (366 - 367), contre Damase* Ier. Il mourut en exil (384).

**URSS** [Union des républiques socialistes soviétiques], en russe ***SSSR*** [Soïouz Sovietskikh Sotsialistitcheskikh Respoublik] ♦ État communiste héritier de l'Empire tsariste, formé à l'issue de la révolution* russe de 1917, dissous en déc. 1991 par transformation de ses quinze républiques fédérées en États souverains. Située en Europe orientale et en Asie centrale et septentrionale (Sibérie), l'URSS a connu après 1945 sa plus grande extension grâce à l'intégration de marges européennes et asiatiques (États baltes, Kouriles) qui portèrent son territoire à 22 402 200 km² représentant un sixième des terres émergées. Alors de loin le plus grand État du monde, s'étendant sur 10 000 km d'O. en E. (onze fuseaux horaires) et sur 5 000 km du N. au S., l'URSS était limitée par 60 000 km de frontières dont 43 000 maritimes. Elle était en contact avec douze pays (six d'Europe et six d'Asie) et avait accès à l'océan Arctique et à la mer Baltique au N., à la mer Noire et à la mer Caspienne au S., à l'océan Pacifique à l'E. Après 1918, Moscou fut la capitale de cet État-continent, peuplé par 282 760 000 hab., et organisé comme une poupée gigogne en une Union de quinze républiques fédérées parmi lesquelles figuraient, outre la Russie, six républiques européennes (→ **Estonie, Lettonie, Lituanie, Biélorussie, Ukraine, Moldavie**), trois républiques transcaucasiennes (→ **Arménie, Azerbaïdjan, Géorgie**) et cinq républiques en Asie centrale (→ **Kazakhstan, Kirghizistan, Ouzbékistan, Tadjikistan** et **Turkménistan**). Elles étaient elles-mêmes subdivisées en vingt républiques autonomes, huit régions autonomes, dix districts autonomes, six territoires *(kraï)* et 124 régions *(oblast)* administratifs (1991).

**▌POPULATION** L'URSS était formée d'un grand nombre de groupes ethniques (126 recensés en 1989) aux langues, cultures et religions très diverses. Le régime prétendait organiser le rapprochement puis la fusion de ces peuples dans une entité unique (le *peuple soviétique*) dont le ciment était le peuple et la langue russes. Si les Slaves demeuraient largement majoritaires (plus de 70 % en 1989), la part des Russes (56,1 %) ne cessait de baisser au profit d'ethnies à la natalité plus forte, en particulier les peuples musulmans (près de 20 %). Le brassage, historiquement ancien, de ces peuples fut accentué par une politique systématique de migrations, organisée pour des raisons politiques ou économiques. Des peuples entiers furent contraints à la déportation (Allemands de la Volga ou Coréens en 1941, peuples «collaborateurs» punis en 1944 en Crimée ou au Caucase) alors que les Slaves étaient incités à se rendre dans toutes les républiques où les Russes constituaient de fortes minorités (37 % au Kazakhstan, 34 % en Lettonie, 22 % en Ukraine, 21 % au Kirghizistan) et occupaient nombre de postes dirigeants. L'URSS entreprit un programme de développement qui se traduisit par une urbanisation croissante (56 % de population urbaine en 1970, 66 % en 1991), des taux remarquables d'alphabétisation et de formation, et une vie culturelle animée. En dépit de la censure et des pressions russificatrices, on assista au développement dans les républiques de cinémas et de littératures nationales. Mais les inégalités demeurèrent entre peuples et républiques, dégénérant dès que le système répressif s'estompa, après 1985, en revendications nationalistes accompagnées parfois de conflits sanglants.

**▌SYSTÈME POLITIQUE** Au terme de son évolution, après les périodes répressives de Staline et les tentatives de réformes avortées sous Khrouchtchev, l'URSS se présente comme une dictature d'un parti unique, le Parti communiste de l'Union soviétique (PCUS) qui, dans les termes de la Constitution de 1977, «oriente et dirige» toute la société. Les organes d'État, les *soviets* (conseils) élus sur des listes uniques ne jouaient qu'un rôle formel de chambres d'enregistrement, du niveau local à celui du Soviet suprême, formé de deux chambres (Soviet de l'Union et Soviet des nationalités). Les gouvernements (fédéral et républicains) étaient des organismes de gestion sans véritable pouvoir de décision. Les orientations et les mesures importantes étaient fixées par les organes supérieurs du PCUS : le Comité central et surtout le Politburo avec à sa tête le secrétaire général, véritable dirigeant de l'URSS. C'est le parti unique qui, au travers de ses organisations de base, administrations de fait, et en s'appuyant sur les organismes répressifs (KGB), choisissait tous les responsables politiques mais aussi économiques ou culturels *(nomenklatura)*. Toute la société était encadrée par des associations comme les *Komsomols* (jeunesse communiste), un syndicat unique, des Unions professionnelles (écrivains, cinéastes, journalistes, architectes).

**▌SYSTÈME ÉCONOMIQUE ▌Une planification centralisée** L'économie obéissait aux règles d'un système d'économie étatique, avec une planification centralisée. À l'exception du petit matériel agricole nécessaire à la culture des lopins et des marchés kolkhoziens sur lesquels les paysans pouvaient vendre leurs excédents, tous les moyens de production et d'échange étaient étatisés. Après définition des grandes lignes des plans quinquennaux et annuels par le PCUS, les administrations centrales fixaient les prix, les quantités à produire et les clients-fournisseurs pour la majorité des entreprises. Ce faisant, elles privilégiaient les secteurs ou régions prioritaires, organisant l'ensemble de l'économie autour du noyau dur que constituait le *complexe militaro-industriel,* le mieux doté en hommes, en techniques et en investissements. Très bureaucratisé, ce système, mis en place sous Staline alors que le nouveau régime craignait pour sa survie *(la forteresse assiégée)*, permit un développement rapide des secteurs de base favorisés (énergie, métallurgie, industries mécaniques lourdes [matériels de transport, armement]), mais, malgré quelques tentatives pour l'assouplir lors des réformes décentralisatrices khrouchtchéviennes, il continua de fonctionner par inertie et fut responsable de la crise des années

**URSS.** L'URSS en 1990

1980. ▮ **L'industrie** Pratiquement privées de toute autonomie, les entreprises, fonctionnant en circuit fermé dans un espace économique coupé du marché mondial, étaient placées dans l'incapacité de réagir aux innovations, aux mutations technologiques. Dans l'industrie, alors que la recherche théorique demeurait d'un bon niveau, l'écart technique ne cessa de se creuser après la Deuxième Guerre mondiale à l'exception de quelques secteurs stratégiques (aviation, espace, armement). Les énormes richesses naturelles dont disposait l'URSS, pratiquement autosuffisante pour tous ses approvisionnements, ne constituaient pas que des avantages : planificateurs et industriels, habitués à utiliser sans compter des matières premières jugées inépuisables, multiplièrent les cas d'épuisement précoce de gisements, les gaspillages et les catastrophes écologiques. Alors que le pays était aux premiers rangs pour les produits de base (combustible et énergie, acier, camions et tracteurs), les industries de biens de consommation restaient sous-développées et l'équipement des ménages était médiocre. L'appel à des techniques importées et à des coopérations internationales demeurait exceptionnel (par exemple dans l'automobile), les planificateurs préférant fonctionner en quasi-autarcie, tissant des liens de plus en plus étroits entre les régions et les républiques gérées centralement en un espace économique unique. ▮ **L'agriculture** La situation de l'agriculture était encore plus paradoxale. Disposant, malgré les conditions climatiques continentales, d'énormes surfaces arables, l'URSS ne put jamais fournir à ses habitants un approvisionnement régulier et, à partir des années 1960, elle dut même importer des quantités croissantes de céréales. La productivité des *sovkhozes* (fermes d'État) et des *kolkhozes* (coopératives), enserrés dans le carcan des directives planifiées, restait médiocre. Une part importante (plus du tiers) des récoltes se perdait faute de transport, de stockage et de conditionnement adaptés. Les lopins cultivés par la population étaient beaucoup plus productifs mais jusqu'à la fin des années 1980, le PCUS refusa toute idée de privatisation même partielle des terres.

## ▮ HISTOIRE

▮ **LES CONSTITUTIONS DE L'URSS** L'union, formée au Congrès des soviets du 30 déc. 1922, comprenait alors les républiques de Russie, de Biélorussie, d'Ukraine et de Transcaucasie (cette dernière se divisa en 1936 en trois républiques : Arménie, Azerbaïdjan et Géorgie). Elles furent rejointes en 1925 par l'Ouzbékistan et le Turkménistan ; puis en 1929 par le Tadjikistan et en 1936 par le Kazakhstan. En 1940 l'URSS incorpora de force l'Estonie, la Lettonie et la Lituanie et créa, en l'agrandissant la rép. de Moldavie. La Carélie constitua, de 1940 à 1956, une seizième république. Remplaçant la Constitution du premier État soviétique socialiste (1918), celle de 1924 établit les premières règles de cette Union avant d'être à son tour remplacée par la Constitution de 1936 (Constitution «stalinienne») remaniée en 1946 (transformation du Conseil des commissaires du peuple en Conseil des ministres, et du Parti communiste bolchevik en PCUS). Introduisant quelques notions nouvelles (État du «peuple entier» et «socialisme développé»), la Constitution de 1977 n'apporta pas de modification substantielle, maintenant théoriquement le droit accordé aux républiques de «sortir librement» de l'Union.

▮ **LA RUSSIE SOVIÉTIQUE, PUIS L'URSS SOUS LÉNINE (1917 - 1924)** ▮ **L'établissement du régime** À l'issue de la révolution d'octobre 1917, les bolcheviks, sous la présidence de Lénine, prirent le pouvoir. Conformément à leur programme, divers décrets d'une importance décisive furent adoptés : décret sur la paix (immédiate, sans annexions et sans contributions), sur la terre (abolition de la grande propriété foncière sans délai et sans indemnité), sur les entreprises industrielles (passant sous le contrôle des ouvriers et employés), sur les nationalités (égalité et souveraineté des peuples de Russie, droit de disposer librement de leur sort). Prévue avant la révolution, l'élection de l'Assemblée constituante faillit rétablir la dualité des pouvoirs dans la mesure où les bolcheviks furent mis en minorité par rapport aux socialistes-révolutionnaires, aux constitutionnels-démocrates et aux mencheviks ; aussi, dès sa première séance (19 janv. 1918), l'Assemblée fut-elle dissoute par un décret du gouvernement soviétique qui s'organisait progressivement : création de la Tcheka*, de l'Armée rouge (28 janv. 1918), séparation de l'Église et de l'État, émancipation politique des femmes, confiscation des emprunts faits par le tsar et le gouvernement provisoire, formation d'un Conseil suprême de l'Économie nationale et début des nationalisations (des banques, des chemins de fer, du commerce extérieur, de la grande industrie, du commerce intérieur). ▮ **La paix** Ces mesures caractérisèrent le «communisme de guerre» ; celui-ci avait pour but de réorganiser l'industrie afin d'en augmenter le rendement et d'assurer le ravitaillement des villes et de l'armée (d'où le système de réquisitions visant particulièrement les paysans aisés ou *koulaks*). Toutefois, c'est de la signature de la paix que dépendait l'autorité du gouvernement soviétique. Lénine ayant proposé en vain aux puissances alliées l'ouverture de pourparlers en vue d'une «paix démocratique», les négociations furent engagées (après la conclusion de l'armistice à Brest*-Litovsk, le 15 déc. 1917) entre les Austro-Allemands et la Russie soviétique, représentée par Trotski. Elles ne se déroulèrent pas sans difficultés : les bolcheviks réclamaient une paix sans annexions ni indemnités, tandis que les Austro-Allemands, d'accord sur le principe, revendiquaient la partie de la Pologne appartenant à l'empire des tsars, la Courlande et la Lituanie. En même temps, des dissensions se manifestaient au sein du parti bolchevik, opposant les partisans de la signature de la paix (en dépit des conditions injustes) à ceux qui souhaitaient la poursuite d'une «guerre révolutionnaire» (les socialistes-révolutionnaires avec Boukharine) ou la temporisation (ne pas capituler tout en démobilisant l'armée : position de Trotski). Cependant, le problème ukrainien évoluait : à la Rada (assemblée nationale ukrainienne de Kiev, formée de mencheviks et de socialistes-révolutionnaires), qui forma une république indépendante, s'opposa un gouvernement rallié aux bolcheviks à Kharkov. À la suite d'une nouvelle attaque allemande (fév. 1918), le traité de Brest*-Litovsk fut signé le 3 mars 1918. ▮ **L'intervention étrangère** Cette paix désastreuse, qui renforça un moment l'opposition violente des socialistes-révolutionnaires (assassinat de l'ambassadeur d'Allemagne, Mirbach, le 6 juil. 1918 ; mutinerie de Moscou, 6 - 7 juil. ; attentat contre Lénine, 30 août), fut aussi considérée comme une trahison par les puissances alliées, qui apportèrent leur soutien aux forces contre-révolutionnaires (les «blancs») par peur du bolchevisme. Les Britanniques débarquèrent à Mourmansk (mars 1918), puis à Arkhangelsk (août 1918) ; les Allemands occupèrent l'Ukraine où, après avoir dissous la Rada, ils proclamèrent ***hetman*** leur agent Skoropadski (avr. 1918) ; enfin, les Japonais s'installèrent à Vladivostok (avr. 1918). ▮ **La guerre civile** Une situation catastrophique (famines, épidémies) et la guerre civile mirent le pays à sang, faisant plusieurs millions de victimes ; dans la nuit du 16 au 17 juillet, le tsar et sa famille étaient exécutés à Iekatérinbourg. En août 1918 le premier camp de concentration fut ouvert. Si l'effondrement de l'Allemagne permit au gouvernement de Moscou de dénoncer la paix de Brest-Litovsk et de réoccuper progressivement les territoires abandonnés, il renforça également la guerre civile, qui se propagea sur tous les fronts et permit l'intervention alliée (débarquement de troupes franco-britanniques à Odessa et en Transcaucasie, organisation du blocus autour de la Russie). À partir des pays baltes, occupés par Ioudenitch, l'offensive blanche contre Petrograd échoua (mai - nov. 1919). En 1920, la Russie reconnut l'indépendance de l'Estonie, de la Lituanie, de la Lettonie et de la Finlande ; d'abord acquise aux socialistes, la Sibérie passa sous les ordres de l'amiral Koltchak* (de tendance monarchiste) ; ce dernier, avec l'aide de la légion tchécoslovaque, marcha sur Moscou, prit Perm (déc. 1918), puis Oufa (mars 1919), mais, finalement vaincu par l'armée soviétique, il abandonna le pouvoir. En Ukraine, où la Rada avait constitué un directoire nationaliste avec Vinnitchenko et Petlioura, le général Denikine* et les Cosaques du Kouban tinrent quelque temps la région avant d'être battus par l'Armée rouge à Orel et Voronej (oct. 1919) ; peu après, le baron Wrangel* réattaquait, tandis que la Pologne devenue indépendante (1918) occupait Minsk et une partie de l'Ukraine ; profitant de la guerre polono-soviétique, Wrangel attaqua en direction du bassin du Donets et tenta en vain d'établir la liaison avec l'armée polonaise ; celle-ci, battue par l'Armée rouge, abandonnait la Biélorussie et l'Ukraine mais sauvait Varsovie grâce à l'appui de la France ; la signature du traité de Riga (oct. 1920), fixant la frontière soviéto-polonaise à l'E. de la ligne Curzon, permit aux «rouges», sous les ordres de Frounze*, de vaincre Wrangel ; après l'évacuation des Britanniques et des Allemands, les Soviétiques l'emportèrent en Azerbaïdjan (avr. 1920), en Arménie (déc. 1920), en Géorgie (fév. 1921) ; le Turkestan (où les Britanniques avaient soutenu parfois les mencheviks, parfois les princes locaux : le khan de Khiva, l'émir de Boukhara) passa également sous le contrôle des bolcheviks ; quant aux Japonais, ils ne quittèrent Vladivostok qu'en oct. 1922 et le N. de Sakhaline qu'en 1925. La guerre civile s'acheva à l'avantage des bolcheviks, mais elle laissa le pays dans une situation de crise : crise économique (baisse de la production agricole et mécontentement des paysans provoqué par les réquisitions ; effondrement de la production industrielle) et crise politique qui éclata avec l'insurrection des matelots de Kronstadt, mettant en question l'hégémonie et la dictature du parti communiste bolchevik de Russie («Vivent les Soviets sans les communistes !»), ceux-ci tinrent tête à l'Armée rouge (10 - 15 mars 1921), qui réprima violemment la mutinerie. ▮ **La NEP** Face à cette situation, Lénine instaura une «nouvelle politique économique» (NEP*) en mars 1921. Non sans crises (en particulier la crise «des ciseaux» : écart croissant entre le prix des objets manufacturés et celui des denrées agricoles en 1923), les objectifs de la NEP furent atteints en 1927, date à laquelle le niveau de la production fut à nouveau celui d'avant la guerre. Mais, tandis que s'effectuait l'organisation territoriale et politique de l'URSS et qu'en dépit de la création de la III$^e$ Internationale* ou Komintern (mars 1919) s'affirmait de plus en plus nettement la thèse de la construction du socialisme dans un seul pays, la bataille de la NEP suscitait de fortes dissensions au sein du parti communiste bolchevik, dissensions que la mort de Lénine (21 janv. 1924) allait encore aggraver. La NEP n'infléchissait en rien la rigueur de la dictature de parti unique. ▮ **La vie culturelle** Cette centralisation se ressentit aussi sur le plan culturel, portant un coup d'arrêt à la prodigieuse effervescence qu'avait suscitée la révolution. Parmi les nombreuses institutions artistiques créées, on trouve l'Institut de la culture artistique (Inkhouk) et les Ateliers supérieurs de l'État (Vkhoutemas). Terrains de grands débats théoriques, ils aidèrent à la cristallisation des mouvements d'avant-garde : le suprématisme* et le constructivisme* (K. Malevitch, W. Kandinsky, El Lissitzky, V. Tatline, N. Gabo, A. Pevsner, A. Rodchenko, L. Popova, A. Exter). Les liens entre la littérature et la peinture devinrent très étroits : Maïakovski fonda, en collaboration avec les principaux membres de l'avant-garde artistique, la revue *Lef.* La nouvelle esthétique gagna tous les domaines, y compris le théâtre (Meyerhold) et le cinéma (Eisenstein, Dovjenko, Poudovkine).

**LA SUCCESSION DE LÉNINE ET L'URSS SOUS STALINE (1924 - 1953)** **De 1924 à la Deuxième Guerre mondiale** ***L'exclusion de Trotski*** Dès 1923, Trotski et ses partisans avaient pris la tête de l'opposition à la NEP et dénoncé la bureaucratisation du régime : à la même époque, Staline, secrétaire général du parti communiste bolchevik depuis 1922, avait forgé avec Kamenev* et Zinoviev* la première «troïka» antitrotskiste. La situation s'envenima après la mort de Lénine (→ **Trotski**). Le combat idéologique se poursuivit jusqu'en 1927, date à laquelle Zinoviev, Kamenev et Trotski furent exclus du parti communiste ; Staline profita de l'occasion pour éliminer également du parti les opposants de «droite» (Boukharine, Rykov, Tomski). ***Le premier plan quinquennal*** Du point de vue économique et social, la période de 1927 à 1939 fut marquée par la planification et la collectivisation des campagnes dont le principe avait déjà été affirmé par Lénine peu après la révolution. Préparé à partir de 1927, le premier plan quinquennal entra en vigueur en oct. 1928, alors que les dissensions politiques au sein du parti semblaient maîtrisées. Il fut caractérisé par la disparition progressive du secteur privé qu'avait laissé subsister la NEP, le financement par l'État de l'industrialisation, à laquelle prirent part de nombreux techniciens étrangers, la formation de «brigades de choc», l'appel à l'«intéressement matériel» afin de stimuler la participation des ouvriers à la production. La collectivisation forcée provoqua le massacre de plusieurs millions de koulaks et permit l'essor du mouvement kolkhozien, la création des Stations de machines et tracteurs (MTS). Le rapide développement de l'industrie (doublement de la prod. de charbon et de fer, création de l'industrie chimique, de nouvelles voies de communication) se fit dans des conditions extrêmement difficiles pour la classe ouvrière soviétique. Le système concentrationnaire soviétique s'étendit. ***Les deuxième et troisième plans quinquennaux*** Le deuxième plan quinquennal (1933 - 1937) poursuivit et intensifia cet effort : naissance du mouvement stakhanoviste, développement de l'industrie légère (bien que la priorité fût toujours accordée à l'industrie lourde), amélioration des conditions d'existence de la population. Le troisième plan quinquennal, qui prévoyait le développement de l'industrie (lourde et de la défense), la constitution de réserves économiques, l'amélioration de la production d'énergie électrique et de l'industrie chimique, fut interrompu par la Deuxième Guerre mondiale. ***Culture et propagande*** Sur le plan culturel et artistique, le régime soviétique fixa, dès 1934, un système rigide de normes favorisant la propagande communiste. La réalisation des premier et deuxième plans avait affermi l'autorité du régime et le prestige de Staline. ***Les purges*** Mais l'assassinat de S. M. Kirov* (1er déc. 1934, Leningrad) fut suivi d'une épuration massive des cadres du parti. Les procès de Moscou (1936 - 1938), les «purges» staliniennes contribuèrent à affaiblir les cadres du régime à la veille de la guerre. ***Le pacte germano-soviétique*** Les accords de Munich* avaient renforcé la méfiance de Staline envers les démocraties occidentales. Le 23 août 1939 était signé au Kremlin un pacte de non-agression germano-soviétique comportant un protocole secret qui prévoyait la délimitation de zones d'influence entre l'Allemagne et l'Union soviétique avec notamment le partage de la Pologne. → **Guerre mondiale (Deuxième).** **De la Deuxième Guerre mondiale à la mort de Staline** ***La guerre*** Après la victoire des forces nazies sur la Pologne, l'URSS en occupa la partie orientale. Elle signa des pactes d'assistance avec les pays baltes, qui lui accordèrent des bases aériennes et navales et furent occupés en juil. 1940 formant trois nouvelles Républiques soviétiques : Estonie*, Lettonie* et Lituanie*. Les pressions sur la Finlande ayant échoué, celle-ci fut envahie par les troupes soviétiques (→ **Finlande**). L'URSS fut exclue de la SDN. La Finlande, après sa capitulation, dut céder l'isthme de Carélie et la base navale de Hanko. Après un ultimatum à la Roumanie, celle-ci abandonna à l'URSS la Bessarabie et la Bucovine du Nord. Cependant, la menace nazie se précisait. Après le renouvellement de l'alliance entre l'Allemagne, l'Italie et le Japon, l'invasion de la Bulgarie (3 mars 1941) puis de la Yougoslavie (6 avr. 1941), le gouvernement soviétique s'efforça de maintenir la paix sur le front d'Extrême-Orient (pacte de non-agression avec le Japon, avr. 1941). Malgré cela, le 22 juin 1941, l'Allemagne, qui venait de signer un traité d'amitié avec la Turquie, pénétrait en territoire soviétique. Si la Wehrmacht remporta d'abord de rapides et importants succès (occupation de l'Ukraine, encerclement de Leningrad), elle subit par contre l'offensive de l'Armée rouge (autour de Moscou durant l'hiver 1941 - 1942). Malgré des pertes terribles, l'échec de la «Blitzkrieg» (guerre éclair) constituait une victoire pour les Soviétiques. Staline, qui était président du Conseil des commissaires du peuple depuis mai 1941, qui avait pris la tête d'un Conseil de défense (fin juin 1941) et s'était fait nommer généralissime (oct. 1941), exalta le patriotisme soviétique. Il reçut l'appui

**URSS.** Soldats soviétiques pendant la bataille de Moscou en 1941.
*Phot. © Keystone*

de l'Église orthodoxe après avoir atténué la propagande antireligieuse du «mouvement des sans-dieu» et renoua non sans mal les relations diplomatiques avec les puissances alliées : signature d'un traité d'assistance mutuelle anglo-soviétique (mai 1942). L'Union soviétique exigea l'ouverture d'un second front en Europe occidentale ; en contrepartie, Staline accorda aux Alliés la dissolution de la IIIe Internationale en mai 1943. C'est avec un courage héroïque que le peuple soviétique (troupes de l'Armée rouge avec Joukov, Koniev, Rokossovski, Tcherniakovski, unités de partisans, ouvriers) mena la lutte contre les forces nazies et, après la défense de Stalingrad (de sept. 1942 à fév. 1943 où le maréchal von Paulus capitula), reconquit le territoire soviétique, occupa les pays alors sous domination nazie (Roumanie, Bulgarie, Yougoslavie, Hongrie), puis envahit l'Allemagne dont le maréchal Joukov reçut la reddition à Berlin, le 8 mai 1945. Cependant les combats s'intensifiaient en Extrême-Orient (déclaration de guerre de l'URSS au Japon, 8 août 1945, et avance des troupes soviétiques en Mandchourie). → **Guerre mondiale (Deuxième).** ***La place de l'URSS sur la scène politique internationale*** Le rôle décisif de l'URSS dans la victoire sur les forces de l'Axe lui permit de s'assurer une place prépondérante sur la scène politique internationale : participation à l'organisation des Nations unies (1942, puis conférence de San Francisco de 1945), conférences de Moscou (oct. 1943), de Téhéran* (déc. 1943) et surtout de Yalta* (fév. 1945) et de Potsdam (juil. - août 1945). Au lendemain de la guerre étaient fixées les nouvelles frontières de l'URSS, qui avait acquis la Carélie, l'Estonie, la Lettonie, la Lituanie, une partie de la Prusse-Orientale (avec Königsberg, auj. Kaliningrad), de la Pologne orientale (sur la base de la ligne Curzon), l'Ukraine subcarpatique, la Bessarabie, la Bucovine du Nord et, en Extrême-Orient, la partie S. de Sakhaline et les Kouriles. Mais les pertes qu'elle avait subies étaient considérables, tant sur le plan démographique (environ 26 millions de morts) qu'économique. ***La reconstruction*** La tâche du gouvernement soviétique fut donc la reconstruction du pays. En mars 1946, le Soviet suprême adoptait la loi «sur le plan quinquennal de relèvement et de développement de l'économie nationale de l'URSS pour 1946-1950» (IVe Plan quinquennal suivi en 1951 du Ve Plan). L'effort considérable qui fut entrepris sur le plan industriel (essor de l'indus. lourde, développement indus. en direction des pays périphériques : Oural, Sibérie, Asie centrale, Transcaucasie) et agricole permit à l'URSS de retrouver dès 1948 (et de dépasser largement en 1950) son niveau économique d'avant-guerre et de devenir, après les États-Unis, la seconde puissance mondiale. ***Le réalisme socialiste*** Le gouvernement s'attacha également à la réorganisation du PCUS et intensifia le travail d'«éducation politique» des masses et de propagande idéologique. Le réalisme* socialiste, dont le principal théoricien fut Jdanov*, domina alors la production philosophique, littéraire, artistique, scientifique. Sur le plan extérieur, le camp socialiste affirmait ses positions, malgré la rupture entre l'URSS et la Yougoslavie (1948 ; → **Tito**). En réponse au plan Marshall fut créé le Comecon*. La victoire des communistes chinois et la création de la République populaire de Chine (oct. 1949), que soutint d'abord l'URSS, renforçaient encore le «camp du socialisme». ***La guerre froide*** En revanche, les relations entre les Soviétiques et les pays capitalistes d'Occident n'allèrent point sans difficultés jusqu'en 1953. Dès 1946, en effet, débutait la période de la «guerre froide» marquée entre autres par la création du Kominform (oct. 1947), le blocus de Berlin* (1948) et la guerre de Corée* (1950). La tension menaçante pour la paix mondiale qui régna entre l'URSS et ses alliés, d'une part, et les pays du Pacte atlantique, d'autre part, favorisa le développement de campagnes antisoviétiques et anticommunistes dans ces pays. ***Le cinquième plan quinquennal*** À la veille de la mort de Staline, le XIXe Congrès du PCUS (oct. 1952) ratifiait le cinquième plan quinquennal (1951 - 1955) ; l'URSS, qui avait comblé une grande partie de son retard par rapport aux États-Unis et qui possédait l'arme atomique (première explosion en sept. 1949), paraissait menacée à l'intérieur par le caractère de plus en plus rigide de l'idéologie officielle, la bureaucratie régnant au sein des cadres du PCUS et de l'administration, et le «culte de la personnalité» qui s'était créé autour de Staline. La mort de celui-ci (mars 1953) évita la réédition des purges de 1936 - 1938. → **Staline.**

**▮ L'URSS DE LA MORT DE STALINE À 1985 ▮ La succession de Staline** Elle suscita moins de tensions que celle de Lénine, mais fut néanmoins l'occasion de quelques remous politiques liés au mouvement de «déstalinisation» qui commença dès avr. 1953. La première équipe gouvernementale comprit Malenkov à la présidence du Conseil (où il fut remplacé par Boulganine en 1955), Beria à l'Intérieur, Boulganine à la Défense (Joukov lui succéda en 1955), Molotov aux Affaires étrangères (où furent ensuite nommés Chepilov, puis Gromyko en 1957), Mikoïan au Commerce, tandis que Nikita Khrouchtchev*, qui allait progressivement s'imposer dans la vie politique de l'URSS, devint premier secrétaire du PCUS en sept. 1953 (il devait devenir président du Conseil en 1958). Sur le plan économique, la production industrielle connut un nouvel essor, qu'une centralisation excessive risquait toutefois de freiner. **▮ La décentralisation** Peu après le XX<sup>e</sup> Congrès du PCUS (fév. 1956), où furent dénoncés les crimes de Staline («rapport secret»), N. Khrouchtchev proposa un projet de loi tendant à instaurer une décentralisation relative et temporaire par la création de régions économiques pourvues d'un Conseil de direction (ou *Sovnarkhoz*) ; cette loi fut votée par le Soviet suprême (7 - 10 mai 1957) et suivie par l'interruption du sixième plan quinquennal (pour 1956 - 1960), qui fut remplacé par un plan «perspectif» de sept ans (1959 - 1965). Ce dernier mettait en particulier l'accent sur la nécessité de développer les industries chimiques pour améliorer les rendements de l'agriculture. Dans ce domaine également, le gouvernement entreprit plusieurs expériences : défrichement de terres vierges en Sibérie et au Kazakhstan, renforcement des sovkhozes, regroupement des kolkhozes, remplacement des MTS par des sections techniques d'entretien (STE). Cette volonté de décentralisation caractérisa aussi la vie politique de l'URSS : la compétence et les pouvoirs des ministères des républiques fédérées furent accrus, plusieurs lois furent votées en 1957 pour accorder à celles-ci une plus grande autonomie. **▮ La déstalinisation** La déstalinisation, qui commença avec l'exécution (fin 1953) de Beria (anc. chef de la police stalinienne), se poursuivit avec l'exclusion du Comité central du PCUS de Molotov, Malenkov, Chepilov, Kaganovitch (groupe dit «antiparti» qui avait tenté de destituer Khrouchtchev en 1957) et peu après par celle du maréchal Joukov, en même temps qu'étaient réhabilités d'anciens condamnés politiques et que les camps de concentration étaient remplacés par des camps de «rééducation par le travail». Le culte de la personnalité fut vivement critiqué. Les «erreurs» et les «crimes» de Staline furent révélés et dénoncés à plusieurs reprises, tandis que s'affirmait une certaine libéralisation idéologique (parution en 1954 du roman d'Ehrenbourg au titre significatif : *Le Dégel* ; relative libéralisation de la presse), mais interdiction du *Docteur Jivago* (1957) de Pasternak. **▮ La politique extérieure** Ce mouvement eut également des conséquences décisives sur la politique extérieure de l'URSS : les liens de celle-ci avec les démocraties populaires furent renforcés et renouvelés ; à la création de l'Otan répondit en mai 1955 la signature du pacte de Varsovie, «traité d'amitié, de coopération et d'assistance mutuelle avec la formation d'un commandement unifié». La normalisation des relations soviéto-yougoslaves (1955) témoignait des concessions faites par l'URSS aux possibilités de voies originales dans la construction du socialisme (1956). Les événements de Pologne* et surtout l'intervention armée soviétique contre le gouvernement d'Imre Nagy* en Hongrie* (oct. - nov. 1956) furent expliqués par la nécessité de maintenir l'unité du camp socialiste, mais cette politique suscita un grand désarroi parmi nombre de communistes des pays occidentaux. L'unité du monde socialiste fut compromise dès 1959 quand la Chine (d'où l'URSS avait rappelé ses techniciens), suivie de l'Albanie, se lança dans une violente campagne contre le «révisionnisme» des dirigeants soviétiques. Dans ses rapports avec les pays capitalistes occidentaux, l'URSS adopta une politique de «coexistence pacifique» (négociations de traités de commerce entre l'URSS et plusieurs pays, normalisation des relations diplomatiques avec l'Autriche, la République fédérale allemande, le Japon, participation à de nombreuses négociations internationales qui aboutirent à la fin de la guerre de Corée en juil. 1953, reprise des négociations à quatre, signature du pacte de Moscou sur la limitation de l'armement nucléaire en 1963). Cette politique fut toutefois compromise par le développement de la guerre du Viêtnam, la crise de Cuba (1960 - 1962) et le problème de Berlin. L'URSS dénonça l'«impérialisme américain» au Viêtnam et la politique d'Israël au Proche-Orient, où elle soutint les gouvernements «progressistes» arabes, en particulier l'Égypte, puis la Syrie. **▮ Le limogeage de Khrouchtchev et les réformes de Brejnev et Kossyguine** Vers 1960, la situation économique de l'URSS devint alarmante particulièrement dans le domaine agricole ; les mauvaises récoltes, notamment en 1963, contraignirent les dirigeants soviétiques à faire des achats massifs de blé au Canada et aux États-Unis. C'est en grande partie l'échec de sa politique agraire qui fut donc reproché à N. Khrouchtchev ; celui-ci fut écarté de ses fonctions le 15 oct. 1964. Il fut remplacé par L. Brejnev* à la tête du PCUS, par A. Kossyguine* à la présidence du Conseil, tandis que Mikoïan, président du Praesidium du Soviet suprême d'URSS (1964), abandonnait ses fonctions au profit de N. Podgorny* (1965). Si le départ de N. Khrouchtchev n'apporta pas de changements radicaux dans les grandes options économiques et politiques de l'URSS, il s'accompagna néanmoins de transformations. Sur le plan économique (adoption d'un nouveau plan quinquennal, 1965 - 1970), les réformes préconisées par Libermann* furent en partie appliquées à partir de 1965 dans l'industrie puis dans l'agriculture, et donnèrent des résultats relativement satisfaisants. **▮ La contestation** Dans le domaine idéologique, un net recul par rapport au mouvement de libéralisation se manifesta dès 1963 (date à laquelle Khrouchtchev rappelait aux écrivains soviétiques la norme du réalisme socialiste). Cette tendance ne fit que s'accentuer en même temps que se développait la contestation chez plusieurs intellectuels (condamnation des écrivains A. Siniavski et Y. Daniel). Cette contestation et la façon dont elle fut étouffée (déportation, internement en hôpital psychiatrique) suscitèrent une vive émotion dans les milieux intellectuels occidentaux, tout en alimentant la propagande antisoviétique et anticommuniste. En outre, les dirigeants de l'URSS se heurtèrent au réveil des nationalismes (en Ukraine, en Lituanie, en Géorgie) et au problème que posaient les Juifs soviétiques, dont certains désiraient quitter l'URSS. **▮ Les relations internationales** Quant à la politique extérieure de l'URSS, elle restait dominée d'une part par les tensions et les menaces de rupture au sein du camp socialiste, d'autre part par le désir de maintenir en accord avec les États-Unis l'équilibre mondial. Le gouvernement soviétique, qui paraissait parfois vouloir accepter les voies originales adoptées par certains pays socialistes (Yougoslavie, Roumanie), réprima par la force armée les tentatives de libéralisation introduites en Tchécoslovaquie* (août 1968). Par ailleurs, les relations sino-soviétiques n'avaient cessé de se dégrader depuis 1959 ; loin d'en rester à un niveau purement idéologique, l'opposition entre les deux grands États socialistes avait abouti à des incidents souvent d'une extrême gravité (problèmes relatifs à la frontière sino-soviétique). Ces dissensions transparaissaient aussi dans leurs positions respectives par rapport aux pays du tiers-monde ; l'attitude souvent modérée et prudente de l'URSS dans les grands conflits (Viêtnam, Proche-Orient, etc.) avait permis à la Chine d'acquérir une position de premier plan dans la lutte contre l'«impérialisme». L'URSS développa ses relations commerciales et politiques avec plusieurs pays d'Occident. En mai 1972, lors d'un sommet URSS-États-Unis (contrebalançant en partie le rapprochement entre Nixon* et Mao Zedong), un traité d'accord partiel sur la limitation des armements stratégiques fut conclu. Au milieu des années 1970, l'URSS était au comble de sa puissance à l'échelle mondiale : la flotte militaire était la première du monde ; de nouveaux pays entraient dans le mouvement communiste international : Viêtnam, Éthiopie, anciennes colonies portugaises d'Afrique (Angola, Mozambique). En 1975, le 15 janv., à Helsinki, l'URSS signait l'Acte final de la Conférence sur la sécurité et la coopération en Europe. **▮ La dissidence** Néanmoins le système politique soviétique ne laissait toujours pas de place aux droits de l'homme et du citoyen. C'est ce qui entraîna le phénomène de la «dissidence» dont les courants furent divers : occidentalistes (Sakharov*) ou plus traditionalistes (Soljenitsyne*). Le 26 déc. 1979, l'URSS envahit l'Afghanistan afin d'y maintenir au pouvoir un régime communiste, ce qui souleva l'indignation et lui valut l'hostilité de nombreux pays musulmans, notamment de l'Iran et du Pakistan. En dépit d'une intense mobilisation «pacifiste» en Europe, les États-Unis ne renoncèrent pas à déployer des fusées Pershing 2 en Europe en réponse au déploiement des missiles soviétiques SS 20. La faible productivité au travail en URSS, en partie compensée par les richesses naturelles mais au prix de nom-

**URSS.** Fête de la révolution à Moscou, en 1958. *Phot. © Roger Pic*

breux gaspillages et d'un gâchis écologique, avait rendu très lourd le budget militaire : dans les années 1980, les dépenses militaires soviétiques absorbaient 16 % du PNB contre 6,5 % aux États-Unis. **De Brejnev à Gorbatchev** À la mort de Brejnev (1982) lui succédèrent Andropov (68 ans), qui mourut en 1984, puis Tchernenko (73 ans) qui mourut quelques mois plus tard en 1985 ; la gérontocratie soviétique n'était plus viable.

**LA FIN DE L'URSS** **Gorbatchev : perestroïka et glasnost** Le 11 mars 1985 le Politburo nomma un «jeune» secrétaire général du parti, Mikhaïl Gorbatchev* (51 ans). Au XXVII^e congrès du PCUS en mars 1986, il dénonça la «stagnation» brejnevienne et affirma la nécessité d'améliorer le système économique et de démocratiser la société. Il lança la *perestroïka* («restructuration») et la *glasnost* («transparence») dont l'urgence fut soulignée par la catastrophe de Tchernobyl en avr. 1986. Gorbatchev voulait permettre un contrôle des «masses populaires» sur l'activité du parti et du gouvernement et créer un «État de droit socialiste» (XIX^e conférence du PCUS en juil. 1988). En dépit de l'opposition des conservateurs du parti et du gouvernement, M. Gorbatchev, s'appuyant sur la presse timidement libérée et sur des personnalités réformatrices dont d'anciens dissidents comme Sakharov, put, à partir de 1988, accélérer les réformes. Mais ses propres hésitations, l'application difficile des mesures prises dans un contexte économique dégradé, ravivèrent les tensions. Au plan extérieur, après avoir, entre 1985 et 1988, rétabli des relations normales avec les principaux pays occidentaux et relancé les négociations sur le désarmement nucléaire avec les États-Unis, M. Gorbatchev ordonna en mai 1989 l'évacuation des troupes soviétiques d'Afghanistan. À Pékin, les 15 - 18 mai, il renouait avec la Chine et, en nov., il annonçait que l'URSS n'interviendrait plus par la force dans les pays socialistes. Le message fut vite mis à l'épreuve : le 9 nov. 1989, le mur de Berlin tombait, ouvrant la voie à la réunification de l'Allemagne alors que les autres pays socialistes s'émancipaient. Les obstacles contre l'émigration des Juifs vers Israël étaient levés alors que, le 1^er déc. 1989, une visite au Vatican renouait les relations avec le Saint-Siège. En politique intérieure, c'est la nouvelle loi électorale, permettant une pluralité de candidatures qui causa la rupture. **L'arrivée des réformateurs** Le nouveau Congrès des députés du Peuple, élu les 26 mars et 9 avr. 1989, vit l'arrivée de personnalités réformatrices à la tête de plusieurs villes, Boris Eltsine* et Gavril Popov à Moscou, Anatoli Sobtchak à Leningrad. Le 13 mars 1990, le Congrès votait l'abandon du rôle dirigeant du PCUS, la fin du système de parti unique et l'adoption d'un régime présidentiel. Premier président élu de l'URSS le 15 mars (mais ce fut par les députés du Congrès), Gorbatchev fit adopter les lois sur la presse (juin) et sur la liberté de conscience et de culte (oct. 1990). Cependant dans le même temps, le débat sur les réformes économiques s'enlisait. Dénonçant le dérapage vers «le marché» et la décollectivisation, les «conservateurs» bloquèrent l'application des lois donnant un peu d'autonomie aux entreprises et repoussèrent toute idée de privatisation des terres et de l'industrie. Malgré le début d'ouverture du commerce extérieur et l'appel à des entreprises mixtes, les incertitudes demeurant, la situation économique continua de se dégrader provoquant la première grande vague de grèves, pendant l'été 1990, dans les charbonnages. **La montée des mouvements nationalistes** Face à ces incertitudes économiques et politiques se multiplièrent les revendications dans les républiques où se développèrent des mouvements nationalistes. Après une première alerte à Alma-Ata en déc. 1986, le gouvernement fédéral ne sut pas gérer la crise caucasienne où la revendication de rattachement du Nagornyï*-Karabakh à l'Arménie dégénéra, après les pogroms de Soumgaït (28 fév. 1988), en véritable guerre opposant l'Arménie à l'Azerbaïdjan. D'autres affrontements surgirent en Géorgie et en Ouzbékistan (1989), puis au Kirghizstan et en Moldavie (1990), mêlant revendications territoriales, droits des minorités et crises socio-économiques. Chez les Baltes, ces mouvements débouchèrent sur un conflit institutionnel frontal : le 11 mars 1990, la Lituanie déclarait son indépendance. Moscou répliqua par un blocus économique et M. Gorbatchev proposa l'adoption d'un nouveau traité fédéral, censé donner plus d'autonomie aux républiques. Mais le contrôle de la situation lui échappait peu à peu. Après avoir suggéré un programme de réformes économiques radicales, il le laissa rejeter par le parlement. **La dislocation de l'URSS** L'incohérence des mesures prises, entre libéralisation timide et maintien du centralisme, eut des effets dramatiques : inflation galopante, déficit budgétaire, délitement des liens entre entreprises. Début 1991, de nouveaux troubles sanglants éclatèrent en Lituanie, Lettonie et Arménie. Au référendum du 17 mars 1991, 70 % des Soviétiques votèrent pour un nouveau traité fédéral qui fut boycotté par plusieurs républiques. Dans le même temps les signes de la perte de puissance extérieure de l'URSS éclatèrent avec la dissolution du Pacte de Varsovie (26 fév.) et celle du Comecon (28 juin 1991). Élu au suffrage universel, le 12 juin, à la présidence de la Russie, Boris Eltsine engagea sa république dans la voie de la souveraineté. Son intervention fut décisive, du 19 au 21 août, pour mettre en échec une tentative de coup d'État lancée par des militaires et des hauts cadres du PCUS. Gorbatchev annonça sa démission du poste de secrétaire général du PCUS le 24 août et le 29, le parti communiste fut suspendu. Les républiques qui ne l'avaient déjà fait déclarèrent leur indépendance. L'élection,

**URSS.** Mikhaïl Gorbatchev (à droite) et George Bush, le 3 décembre 1989, à Malte. *Phot. © Dirck Halstead/Gamma*

le 1^er déc., d'un président indépendantiste Leonid Kravtchouk* à la tête de l'Ukraine porta le coup de grâce : le 8 déc. 1991 à Minsk, les présidents de Biélorussie, de Russie et d'Ukraine déclarèrent l'URSS dissoute, au profit d'une Communauté* d'États indépendants, la CEI, à laquelle huit autres républiques adhérèrent le 21 déc. à Alma-Ata (les États baltes et la Géorgie n'y entrèrent pas). L'URSS avait cessé d'exister et, le 25 déc., Gorbatchev démissionnait de son poste de président. La disparition si brusque d'une des deux superpuissances mit fin au monde bipolaire d'après les accords de Yalta et ouvrit une période de grande instabilité tant en Europe orientale que dans l'ex-URSS où l'intrication des systèmes économiques et militaires représente un héritage difficile pour les nouveaux États souverains qui souhaitent s'engager sur la voie de la démocratisation et de l'économie de marché.

**URSULE** (sainte) → ÉTYM. du lat. *ursa* «ourse» ♦ Personnage légendaire de la tradition chrétienne. Princesse originaire d'Angleterre, elle accomplit avec son fiancé, païen converti, et onze mille vierges, ses suivantes, un pèlerinage à Rome auprès du pape Cyriaque (légendaire). Au retour, tous sont massacrés par les Huns près de Cologne. Une légende primitive (IX^e s.) fut transformée au XII^e s. après la découverte d'un cimetière comportant la pierre tombale d'une certaine Ursula (morte à huit ans). Le nombre des suivantes serait issu d'une inscription XI.M.V («onze vierges martyres») interprétée *onze mille vierges*. La cathédrale de Cologne est dédiée à sainte Ursule. ▪ Fête le 21 oct.

**ursulines**

n. f. pl. ♦ Religieuses appartenant à une congrégation placée sous le patronage de sainte Ursule. Il existe 21 congrégations d'ursulines dont la principale est l'ordre de Sainte-Ursule, fondé par sainte Angèle* Merici (Brescia, 1535), devenu ordre cloîtré en 1620, regroupé en Ursulines de l'Union romaine après 1900. Ses membres sont des moniales à vœux solennels, vouées à l'enseignement. ▪ *Affaire des ursulines de Loudun* : → **Jeanne des Anges, Grandier (Urbain).**

**URUGUAY** n. m. (río) → ÉTYM. du guarani *uru*, sorte de petit oiseau et *guay* «queue» ou «rivière des escargots» ♦ Fl. d'Amérique du Sud (env. 1 580 km), tributaire de l'Atlantique. Il prend sa source dans la Serra Geral au Brésil et forme frontière dans son cours supérieur, entre les États brésiliens de Santa Catarina et du Rio Grande do Sul, puis entre l'Argentine et le Brésil dans son cours moyen, où il est séparé du río Paraná par les plaines basses de la Mésopotamie argentine, et enfin entre l'Argentine et l'Uruguay, dans son cours inférieur, où il reçoit le río Negro, qui traverse transversalement l'Uruguay. Il se déverse dans le río de La Plata, vaste estuaire, où il mêle ses eaux à celles du Paraná. En raison des périodes de basses eaux, il n'est pas navigable. Le barrage binational de Salto Grande, à la hauteur de Salto* (Uruguay) et de Concordia* (Argentine), sert de pont entre ces deux pays et fournit de l'énergie électrique.

**URUGUAY**

n. m. – off. ***República oriental de l'Uruguay***, en esp. ***República oriental del Uruguay*** → ÉTYM. du n. du fl. ♦ Pays d'Amérique du Sud. Il est bordé à l'O. par l'océan Atlantique. 176 220 km². 3 241 003 hab. *(Uruguayens)*. LANGUE : espagnol. RELIGION : chrétiens. MONNAIE : peso uruguayen. CAPITALE : Montevideo. RÉGIME : démocratie présidentielle. L'Uruguay est divisé en 19 départements.

**GÉOGRAPHIE** Ce vaste ensemble de plaines ondulées qui prolongent la Pampa argentine dont elle est séparée par le fl. Uruguay a une vocation pastorale imposée par sa végétation naturelle (la prairie) et son climat subtropical (1 000 mm). La prairie est occupée par de grands troupeaux de bovins et d'ovins. Les exploitations *(estancias)* assurent depuis plus d'un siècle les productions de

**Uruguay.**

laine, de cuir et de viande, destinées au marché international. L'agriculture ne bénéficie de bons sols que dans des secteurs limités dans le S. (vigne, fruits) et le long du río Uruguay, appelé *litoral* (céréales, agrumes). Des aménagements récents à l'E. du pays (laguna Merín) ont permis l'implantation de rizières. La population de l'Uruguay se caractérise non seulement par son urbanisation (près de 93 %), mais aussi par une forte concentration dans la capitale (51 % de la population), qui regroupe, autour de son port, l'essentiel de l'industrie nationale (frigorifique, conserverie, textile, tannerie, papeterie). Le pétrole est importé (raffinerie à Montevideo). Le barrage de Salto Grande sur le fleuve Uruguay, construit avec l'Argentine, assure l'avenir énergétique du pays. Pour n'avoir pas su moderniser à temps ses structures de production, l'Uruguay reste tributaire des cours internationaux et subit la concurrence d'autres pays d'élevage. Très en avance pour ses lois sociales, ce «morceau d'Europe» (par l'origine de sa population immigrée entre 1880 et 1920) en Amérique du Sud, connaît un grave sous-emploi. En 2002, la dévalorisation du réal brésilien et la crise argentine ont provoqué une crise financière dont l'Uruguay s'est relevé, avec un fort taux de croissance annuel jusqu'en 2008 (5,5 %). Le ralentissement économique mondial s'est fait sentir brutalement en 2009 avec une baisse significative des exportations, primordiales pour le pays. L'Uruguay a signé en 1991 le traité d'Asunción constitutif du Mercosur*.

**▮ HISTOIRE** Exploré en 1516 par Díaz* de Solís, l'Uruguay, longtemps appelé *Banda oriental*, était peuplé d'Indiens charruas qu'évangélisèrent les franciscains et les jésuites. Au XVIII^e^ s., Portugais et Espagnols se le disputèrent, tandis que se développaient l'élevage et l'exportation du cuir et de la viande salée. Les Espagnols fondèrent Montevideo en 1726 et le pays dépendit de Buenos Aires. En 1810, Artigas*, chef des gauchos de l'intérieur, se souleva contre les Espagnols ; en 1828, l'Uruguay se libéra du Brésil auquel il avait été annexé après la défaite d'Artigas et devint indépendant. Le XIX$^e$ s. fut marqué par les guerres civiles entraînées par la lutte entre *blancos* (conservateurs) et *colorados* (libéraux) ; ces derniers devaient conserver le pouvoir de 1865 à 1958. Après avoir connu plusieurs dictatures, l'Uruguay trouva son plus grand homme politique en Batlle* y Ordoñez, chef des *colorados*. Président de 1903 à 1907 et de 1911 à 1915, il établit un régime démocratique collégial, inspiré de celui de la Suisse, qui fut remis en cause après sa mort. De 1952 à 1966, le gouvernement fut de nouveau collégial. À partir de 1970, le pays fut agité par la révolte des Tupamaros, guérilleros urbains du Mouvement de libération nationale, qui tiraient leur nom du chef inca rebelle Tupac Amaru ; ils multiplièrent les actions de commandos tout en ne donnant aux partis de gauche qu'un soutien modéré. En 1972, ils furent écrasés lors d'une action policière et militaire. Les militaires s'installèrent au pouvoir de 1973 à 1984. Les élections de 1984 mirent fin à ces onze années de dictature militaire avec la victoire du parti Colorado qui se maintint au pouvoir jusqu'en 2004, gouvernant à partir de 1989 au sein d'une coalition Colorado-Blanco. Se succédèrent à la présidence de la République : J. M. Sanguinetti (1984, puis à nouveau en 1994), I. Lacalle (1989), puis Jorge Battle (1999). Rejetant les deux partis traditionnels Blanco et Colorado, les Uruguayens élirent en 2004 le premier président socialiste de l'histoire de leur pays, Tabaré Vázquez, à la tête de la coalition *Frente Amplio*. Issu de cette coalition, José Mujica, ex-membre des Tupamaros, fut investi président en 2010.

---

**URUK** ou **OUROUK** – aj. ***Warka*** ♦ Localité de basse Mésopotamie, sur la rive g. de l'Euphrate (dans la Bible : Erech). Site sumérien, fouillé à partir de 1928. On a identifié 18 niveaux dont 17 protohistoriques. Les plus anciens se rattachent à la civilisation d'El*-Obeid. **▮ Civilisation d'Uruk (env. -3300 - -3100)** Caractérisée par sa céramique à engobe rouge ou gris, elle vit la naissance de l'écriture (pictogrammes) et la transformation des villages préhistoriques en cités d'agriculteurs centrées sur un temple. → **Sumer.** **▮ Mythologie** Uruk est la patrie du héros Gilgamesh*.

**URUMQI** ou **OUROUMTSI** – en chin. ***Dihua*** ou ***Ti-hua*** ♦ V. de Chine, cap. de la région autonome de Xinjiang, située dans une oasis, au pied des monts Tian shan. 1 727 712 hab. Sidérurgie. Indus. textile et mécanique. Artisanat. Céréales, oléagineux, houblon. Mines de calcaire et de gypse.

**URUNDI** → **Burundi**

**URZIDIL (Johannes)** ♦ Écrivain et journaliste américain de langue allemande et d'origine tchèque (Prague 1896 - Rome 1970). Il est l'un des derniers représentants du groupe d'intellectuels et artistes pragois dont faisaient partie Kafka et Max Brod. Son art est caractérisé par un réalisme poétique qui le rattache à la tradition bohémienne : *Prague, la Bien-aimée perdue* (1956), *Le Triptyque de Prague* (1960), *La Maison des neuf diables* (1962).

**USA** n. m. pl. [United States of America] → **États-Unis d'Amérique**

**UŞAK** ♦ V. de Turquie, en Anatolie occidentale, ch.-l. de prov. 172 709 hab. Centre administratif. Marché. Tapis réputés.

**USĀMA IBN MUNQIDH** ♦ Écrivain arabe (Chaysar 1105 - Damas 1188). Chevalier, seigneur du château de Shayzar (Syrie du Nord), banni de sa principauté, il vécut entre Damas, l'Égypte et la haute Mésopotamie. Il écrivit ses Mémoires *(L'Instruction par l'exemple)*, inaugurant ainsi le genre autobiographique.

**USEDOM** – en polon. ***Uznam*** ♦ Grande île de Poméranie* divisée par la ligne Oder*-Neisse entre l'Allemagne (qui en possède la plus grande partie) et la Pologne qui détient la partie E. et l'avant-port de Świnoujście*. Elle isole, avec l'île Wolin*, la rade de Szczecin* de la mer Baltique*.

**USHUAIA** ➝ **ÉTYM.** mot d'orig. yámana «la baie qui pénètre à l'Ouest» ♦ V. d'Argentine, cap. de la prov. de Terre-de-Feu, située sur le canal Beagle. C'est la ville la plus australe du monde (54° 48' S.). 45 000 hab. Port. Pêche et croisières.

**ÜSKÜDAR** ou **SCUTARI** – anc. ***Chrysopolis*** ♦ Faubourg asiatique d'İstanbul dont il constitue un arr. (495 000 hab.), sur la rive E. du Bosphore*, où se trouvent le plus grand cimetière musulman d'Orient (Büyük Mezaristan) et de nombreuses mosquées des XVI$^e$ et XVII$^e$ s.

**USSÉ** (château d') ♦ Château de la vallée de la Loire situé non loin de la forêt de Chinon (comm. de Rigny-Ussé, Indre-et-Loire). Il a été presque totalement reconstruit de 1485 à 1535. Chapelle Renaissance (1520 à 1538).

**USSEL** [19200] ➝ **ÉTYM.** du gaul. *uxello* «élevé» ♦ Ch.-l. d'arr. de la Corrèze, sur la Diège. 10 753 hab. *(Ussellois)*. Aigle romaine (monument taillé dans le granite). Église Saint-Martin du XII$^e$ s., remaniée. Maisons des XV$^e$ et XVI$^e$ s. Hôtel de Ventadour (Renaissance).

**USTARITZ** [-rits] [64480] ➝ **ÉTYM.** du basque *uste* «plaine» et *haritz* «chêne» ♦ Ch.-l. de cant. des Pyrénées-Atlantiques, arr. de Bayonne, sur la Nive. 4 984 hab. *(Ustaritztarraks)*. Tourisme. Anc. cap. du Labourd.

**USTER** ♦ V. de Suisse (cant. de Zurich), sur l'Aa, au S.-E. de Zurich. 30 144 hab. Château médiéval. ▪ Appareillage électrique. Cycles. Indus. textile. Brasserie.

**ÚSTÍ NAD LABEM** ♦ V. de la République tchèque et ville principale de la Bohême septentrionale, au confluent de la Bílina et de l'Elbe, au pied des monts České Středohoří. 94 565 hab. Indus. chimique, alimentaire et métallurgique.

**USUMACINTA** n. m. ♦ Fl. du Mexique méridional, tributaire du golfe du Mexique. 560 km. Il prend sa source sur les hauteurs du Guatemala, sert de frontière à l'État mexicain de Chiapas* et traverse les forêts tropicales du Tabasco* et de Campeche* avant de se jeter dans le golfe de Campeche.

**USUMBURA** → **Bujumbura**

**UTAGAWA** ♦ École réaliste de peinture ukiyoe, dont le fondateur fut UTAGAWA TOYOHARU (1735 - 1814). ♦ **UTAGAWA KUNISADA.** Peintre et graveur d'estampes ukiyoe japonais (Edo 1786 - 1865). Élève de Toyokuni*. Il illustra des livres et réalisa des portraits d'acteurs de kabuki et de femmes, chef de l'école Utagawa. ♦ **UTAGAWA KUNIYOSHI.** Peintre et graveur d'estampes ukiyo-e japonais (1797 - 1861). Élève de Toyokuni*. Ses paysages sont influencés par la peinture occidentale. Il fut un excellent caricaturiste. Il gagnait sa vie en faisant des tatouages artistiques.

**UTAGAWA TOYOKUNI** → Toyokuni

**UTAH** n. m. → ÉTYM. en esp. *Yutta,* du n. de la tribu indienne des *Utes* « hauts » ou « hommes de haute taille » ou « montagnards » ♦ État de l'O. des États-Unis. → **États-Unis** (carte). 219 932 km². 2 233 169 hab. CAP. : Salt Lake City. **Géographie** L'État se divise en quatre régions naturelles : une partie du plateau du Colorado à l'E. ; la région appartenant au Grand Bassin à l'O. et une zone montagneuse formée de nombreuses chaînes (monts Wasatch) qui les sépare, avec des pics élevés dans le N.-E. de l'État (monts Uinta, avec le Kings Peak, 4 123 m) ; le coin N.-O. de l'Utah, occupé par le Grand Lac* Salé et le désert qui l'entoure ; le S.-O. de l'État, découpé de canyons et de formations naturelles étranges, extrêmement pittoresque (parcs et « monuments » nationaux : Bryce Canyon, Zion, Canyonlands). ▪ Le climat est en général tempéré et sec. **Économie** Alors que les montagnes sont le plus souvent boisées, le reste du sol est utilisé en pâturages, 4 % seulement étant mis en culture (irrigation) : céréales, alfa, fourrages, fruits et légumes. 75 % des revenus agricoles viennent de l'élevage (produits laitiers, volailles, viande de bœuf, laine). L'État possède de grandes richesses minières : cuivre, fer dans le S.-O., charbon (8e producteur des États-Unis, le 1er à l'O. du Mississippi), pétrole dans l'E. et uranium. L'industrie est essentiellement celle des métaux (40 %) et des produits alimentaires (25 %). L'imprimerie, l'industrie du pétrole, les indus. chimiques en général et l'industrie du bois sont bien représentées. ▪ Univ. d'État à Salt Lake City, univ. d'agriculture à Loghan, univ. Brigham Young (mormone) à Provo. **Histoire** Explorée par les Espagnols au XVIIIe s., la région fut parcourue par des trappeurs américains après 1820. Les mormons s'y établirent à partir de 1847 (fondation de Salt Lake City) et, après la cession par les Mexicains (traité de Guadalupe Hidalgo, 1848), elle devint un territoire avec Brigham Young pour gouverneur. Les difficultés entre les mormons et le gouvernement fédéral retardèrent l'admission de l'Utah comme État de l'Union (le 45e, 1896) alors que le Nevada qui en dépendait était devenu un État en 1864.

**Utah.** Delicate Arch dans le parc national de Canyonlands.
*Phot. © Bryan Brazil/Shutterstock*

**UTAMARO** ou **OUTAMARO Kitagawa** ♦ Peintre japonais d'estampes ukiyoe (Kawagoe 1753 - Edo 1806). Fils d'un peintre de style chinois, Toriyama Sekiyen, Utamaro reste l'un des artistes les plus populaires au Japon, et des plus célèbres en Occident parce que ses œuvres y furent les premières connues. Il créa un style en exaltant la beauté féminine dont les canons (grâce des poses, minceur des corps) furent abondamment reproduits par ses élèves et imitateurs. Il est aussi l'auteur de nombreuses illustrations de livres, de paysages, d'études de plantes et d'animaux. Son élève Koikawa Shuncho épousa sa veuve et signa, entre 1806 et 1817, du même nom d'Utamaro. Il est désigné sous le nom d'UTAMARO II quand on parvient à distinguer ses œuvres de celles de son maître. → ÉTYM. Ce nom de famille vient du japonais *uta* « chant, poème » et *maro* « je, vous ».

**UTICA** ♦ V. des États-Unis (État de New York), sur la Mohawk. 60 651 hab. (zone urbaine 299 896 avec Rome). Indus. textiles et mécaniques.

**Utilitarisme (L')** ♦ Exposé des principes de la morale utilitariste par Stuart Mill* (1861), qui tente de la distinguer d'une morale purement égoïste, d'établir une hiérarchie des plaisirs et de montrer le lien entre le principe d'utilité et la justice.

**UTIQUE** → ÉTYM. en lat. *Utica ;* du phénicien *'attik* « ancien, vénérable » ♦ Anc. ville d'Afrique sur la Méditerranée, au N.-O. de Carthage. Elle fut fondée par des Tyriens. Après la fin des guerres puniques et la disparition de Carthage, elle devint la capitale de la province romaine d'Afrique. Sous Auguste, elle devint cité romaine sous le nom de *Municipium Julium Uticense.* Simple colonie sous Hadrien, elle déclina et disparut après la conquête arabe.

**Utopie** – en lat. ***De optimo reipublicae statu deque nova insula Utopia*** ♦ Roman politique et social de Thomas More* « sur la meilleure constitution d'une république », écrit en 1516. Divisé en deux parties, l'ouvrage débute par une critique de la propriété privée et du régime monarchique, où l'auteur vise particulièrement l'Angleterre et la France. Il décrit ensuite l'organisation économique, sociale, politique et culturelle de l'île d'Utopie (« nulle part »), où règne un communisme idéal.

**UTRECHT** → ÉTYM. anc. *Utrajectum,* du germ. *ūt* « hors de » et lat. *trajectus* « traversée » ♦ V. des Pays-Bas, ch.-l. de prov. sur un défluent du Rhin. 288 401 hab. (aggl. 585 223). Ville ancienne sillonnée de canaux *(Oude Gracht)* bordés de quais superposés où sont aménagés ateliers et boutiques, Utrecht possède de nombreux monuments : cathédrale (1254 - 1517), cloître gothique, église Saint-Pierre (romane). Musées. Métropole religieuse, intellectuelle et commerciale (centre commercial récent de Hoog Catharijne, près de la gare et du Palais des expositions). ▪ Indus. textiles et alimentaires. Métall. (fer, aluminium). Céramiques. Administrations nationales. Principal carrefour ferroviaire des Pays-Bas. **Histoire** Camp romain sur l'emplacement d'un gué, la ville fut le siège d'un évêché au VIIe s. ; elle devint le centre d'une principauté épiscopale relevant de Liège avant de se ranger aux côtés de la maison d'Orange. En 1579, les sept provinces constituèrent l'*Union d'Utrecht*.* La ville a été marquée par les dissensions religieuses. Après son occupation par les armées de Louis XIV pendant la campagne de Hollande, c'est à Zeist* que furent signés les *traités d'Utrecht*.* L'essor industriel et commercial date du XVIIe s. (fabrication du velours d'Utrecht par l'émigré français Havart).

**UTRECHT** (province d') ♦ Prov. des Pays-Bas. → **Pays-Bas** (carte). 1 331 km² (la plus petite des 12 prov.). 1 190 604 hab. CH.-L. : Utrecht. S'étendant sur des collines boisées et sur des polders, la province est arrosée par l'Eem et la Vecht. L'O. est une région de pâturages (vaches laitières) et l'E. s'adonne à l'élevage avicole et porcin. Fruits et horticulture. Tourisme. La province fait partie de la Randstad* Holland : fortes densités résidentielles, dominante tertiaire des activités.

**Utrecht** (Union d') ♦ Union conclue le 23 janv. 1579, après la formation de l'union d'Arras par les provinces catholiques (Artois, Hainaut, Flandre wallonne), par les provinces protestantes du N. des Pays-Bas (Hollande, Zélande, Utrecht, Gueldre, Overijssel, Frise, Groningue). Cette union fut le début de la formation des Provinces-Unies.

**Utrecht** (traités d') ♦ Suite de traités qui mirent fin à la guerre de Succession* d'Espagne (1713). Philippe* V conservait la couronne d'Espagne mais renonçait à celle de France. La France retrouvait ses frontières d'avant la guerre. La principale gagnante était la Grande-Bretagne qui recevait de précieux avantages outre-mer et affirmait sa suprématie sur les mers. Contre elle, les Provinces-Unies, épuisées par la guerre continentale, ne pourraient plus lutter. Ces traités furent complétés par le traité de Rastadt. → **Rastatt.**

**UTRILLO (Maurice)** ♦ Peintre et dessinateur français (Paris 1883 - Le Vésinet 1955). Fils de Suzanne Valadon* et probablement d'un certain Boissy, il fut reconnu en 1897 par le critique catalan Miguel Utrillo. Devenu alcoolique très jeune, il dut subir une première cure de désintoxication. Sa mère, pour l'occuper, le poussa à dessiner et à peindre. Plusieurs fois interné entre 1912 et 1921, il fit bientôt figure de peintre maudit et une légende ne tarda pas à se créer autour de lui. Admiré par Élie Faure, O. Mirbeau, F. Carco, il gagna la faveur du public et obtint même la Légion d'honneur (1928). Pratiquement autodidacte, il débuta dans un style réaliste et sombre (*Les Toits,* 1906 - 1907), mais évolua rapidement vers une manière plus lumineuse et aérée qui dénote l'influence de Pissarro* et de Sisley*. À partir de 1907, ses représentations de la banlieue parisienne et de Montmartre présentent des accents très personnels : c'est le début de ce que l'on a appelé la « période blanche » (1907 - 1916). Cette harmonie aux multiples nuances confère un caractère poétique souvent mélancolique à ces sites urbains, cafés, églises, places, rues souvent enneigées et désertées. Il trouva ensuite sa source d'inspiration dans les cartes postales et il eut tendance à utiliser des couleurs plus vives, à insister sur le dessin et à rendre les détails avec minutie ; ses tableaux présentèrent alors des ressemblances avec l'imagerie naïve. En 1934, il épousa Lucie Valore, elle aussi peintre, et vécut retiré au Vésinet, produisant intensivement des tableaux selon une formule plus sèche et presque invariable. ➝ ÉTYM. *Utrillo* vient d'un nom de lieu en Espagne (*Utrilla*, dans les provinces de Soria et de Guadalajara, ou *Utrillas*, dans la province de Teruel).

**UTTARAKHAND** n. m. – de 2000 à 2006 ***Uttaranchal*** ♦ État de l'Inde, situé dans l'Himalaya, bordé par le Tibet et le Népal. 53 483 km². 8 489 349 hab. LANGUE : hindi. CAP. : Dehradun.

**UTTAR PRADESH** n. m. ➝ ÉTYM. hindi «province *(pradesh)* du Nord *(uttar)*» ♦ État de l'Inde, occupant une grande partie de la plaine du Gange. 240 928 km². 166 197 921 hab. (c'est l'État le plus peuplé de l'Inde). LANGUE : hindi. CAP. : Lucknow. L'État résulte de la fusion des Provinces unies directement gouvernées par les Britanniques, et d'un petit nombre d'États princiers. Les sols alluviaux, les pluies abondantes, les possibilités d'irrigation permettent une agriculture intensive, avec des systèmes fondés sur le blé à l'ouest, sur le riz à l'est. Le réseau urbain est assez dense. Les villes ont toutes un artisanat développé, et les plus importantes d'entre elles connaissent une industrialisation rapide.

**UTZON (Jørn)** ♦ Architecte danois (Copenhague 1918 - *id.* 2008). Il a donné une dimension poétique à l'architecture, en construisant ses bâtiments de préférence au bord de l'eau, tout en appliquant les principes de rigueur de Jacobsen*, Aalto*, Asplund* (Opéra de Sydney, 1957 - 1973). En rupture avec le fonctionnalisme froid des années 1950, il s'inspira des traditions vernaculaires, les toits suspendus de l'Assemblée nationale du Koweït (1971 - 1979 - 1983) imitant les tentes de bédouins. Sa maison personnelle, Can Lis (1971), à Majorque, illustre une autre notion chère à Utzon, celle d'«intimité cultivée». [Prix Pritzker 2003]

**UUSIKAUPUNKI** ➝ **Nystad**

**UVÉA** ou **OUVÉA** ➝ **Loyauté (îles)**

**UVÉA** ou **OUVÉA** ♦ La plus grande des îles Wallis, sur laquelle se situe le ch.-l. de Wallis et Futuna. 96 km². 8 084 hab.

**UXELLODUNUM** ♦ Oppidum gaulois, dans l'actuel Quercy, qui fut la dernière place forte à résister à César : ce dernier fit couper les mains de tous ses défenseurs après leur reddition en −51 (➝ **Cadurques**). Revendiqué par plusieurs communes, le site a été officiellement identifié en 2001 au Puy d'Issolud près de Vayrac (commune de Saint-Denis-lès-Martel, dans le Lot).

**UXMAL** ♦ Site archéologique maya du Mexique, dans le N. du Yucatán. Il est caractérisé par la présence de façades de mosaïques et de nombreux édifices ornés de motifs religieux. La grande pyramide, le palais du gouverneur et le quadrilatère des nonnes sont bien conservés.

**UYUNI** (salar de) ♦ Désert salé de Bolivie (département de Potosí) couvrant env. 12 500 km² à 3 700 m d'alt. Vastes réserves de sel et de lithium.

**UZ (Johann Peter)** ♦ Poète allemand (Ansbach 1720 - *id.* 1796). Auteur de traductions de poètes grecs et latins, en particulier d'Anacréon (1746) ; il publia également des *Poèmes lyriques* (1749), qui font de lui un des représentants de l'«anacréontisme». ➝ **Gleim.**

**UZERCHE** [19140] ➝ ÉTYM. à rapprocher probablt du n. de la *Vézère** ♦ Ch.-l. de cant. de la Corrèze, arr. de Tulle, sur la Vézère. 3 062 hab. *(Uzerchois)*. Église Saint-Pierre romane, fortifiée au XIVe s. (chapiteaux ; clocher limousin du XIIe s. ; crypte du XIe s.). Porte Bécharie, seul vestige de l'enceinte des XIVe - XVe s. Nombreuses maisons à tourelles des XVe et XVIe s. (château Tayac, Pontier, etc.). ▪ Indus. diversifiées.

**Uxmal.** Pyramide du devin. *Phot. © Dagli Orti*

**UZÈS** [yzɛs] [30700] ➝ ÉTYM. probablt du précelt. *°uc-* «hauteur» ♦ Ch.-l. de cant. du Gard, arr. de Nîmes, sur la rive d. de l'Alzon. 8 007 hab. *(Uzétiens)*. «Duché», château des ducs d'Uzès (donjon carré du XIe s.). Tour de l'Horloge (XIIe s.). Place entourée de maisons à arcades (XVIe - XVIIIe s.). Cathédrale Saint-Théodorit (XVIIe et XIXe s.) avec tour romane cylindrique du XIIe s. (tour Fenestrelle). Hôtel de ville du XVIIIe s. Musée municipal dans l'anc. palais épiscopal (XVIIe s.). ▪ Poteries et produits réfractaires. Confiseries. Marché aux truffes. Haras national. ▮ **Histoire** L'évêché, installé à Uzès depuis le Ve s., fut supprimé en 1817. La ville, successivement vicomté et comté (1486), devint duché en 1565. Acquise à la Réforme, elle fut durement éprouvée par les guerres de Religion (la cathédrale du XIIe s. fut presque totalement détruite ; Louis XIII fit raser les remparts en 1629) et par la guerre des camisards. ▪ Racine séjourna à Uzès chez son oncle, vicaire général, et y écrivit des *Lettres*.

**Uzès.** La cathédrale Saint-Théodorit. *Phot. © Stella*

**'UZZĀ (AL-)** ➝ ÉTYM. ar. «puissante, noble» ♦ La plus importante des divinités de la triade arabe (avec al-Lāt* et al-Manāt*) à l'époque de la prédication de Mahomet*. C'est la planète Vénus, citée dans le Coran*.

# V

**VAAL** n. m. ◆ ÉTYM. du néerl. *vaal* «jaunâtre» ♦ Riv. d'Afrique du Sud (1 200 km) qui prend sa source au Transvaal, trace une partie de la frontière de la prov. de l'État libre d'Orange et se jette dans l'Orange. Son cours délimite historiquement le Transvaal.

**VAALSERBERG** n. m. ♦ Point culminant (321 m) des Pays-Bas, dans le Limbourg.

**VAASA** – en suéd. ***Vasa*** ♦ V. de Finlande centrale, ch.-l. de comté, port sur une baie du golfe de Botnie. 57 998 hab. dont 30 % de langue suédoise. Église de style gothique (1867). Musée historique de l'Ostrobotnie. ▪ Indus. textiles, mécaniques. Minoteries. Exportation de bois. Ville de garnison. Aéroport international ; liaisons par ferry avec la Suède. Centre culturel. ▪ Anc. capitale de la Finlande.

Les **Vacances de M. Hulot** ♦ Film français de Jacques Tati* (1953). Œuvre la plus caractéristique d'un auteur-acteur complet, qui imposa non seulement un nouveau style comique, fondé sur une fine observation des travers de la petite bourgeoisie, assortie d'un dialogue minimum, mais aussi un mode de récit dédramatisé, un rythme *allegro moderato,* et surtout un personnage original : Hulot, hurluberlu dégingandé et gaffeur, qui vient semer la perturbation dans un cercle d'estivants blasés. Cette microsociologie souriante, contraire à toutes les traditions du burlesque cinématographique, connut un succès inespéré.

**VACCARÈS** (étang de) ♦ Étang situé dans les Bouches-du-Rhône, en Camargue. Sa superficie est d'environ 6 000 ha, sa profondeur extrêmement faible (0,50 m). Il est isolé de la Méditerranée par une digue et constitue une réserve géologique et botanique.

**VACHEROT (Étienne)** ♦ Philosophe français (Torcenay, près de Langres 1809 - Paris 1897). Professeur à la Sorbonne, il publia une *Histoire critique de l'école d'Alexandrie* (1846 - 1851), à l'origine d'une polémique avec le P. Gratry* qui en dénonça les idées panthéistes. Ayant refusé de prêter serment en 1852, Vacherot fut destitué. Il est également l'auteur de *La Démocratie* (1859) et du *Nouveau spiritualisme* (1884).

**VACHIRAVUDH** ♦ (1881 - 1935). Roi du Siam sous le nom de Rāma VI (1910 - 1925). Écrivain et auteur dramatique de talent, il institua l'instruction élémentaire obligatoire et créa à Bangkok l'université Chulalongkorn en hommage à son père. Ayant participé à la Première Guerre mondiale aux côtés des Alliés, il signa en 1925 des traités renforçant l'indépendance du pays. Ses fêtes incessantes ruinèrent les finances du Siam.

**VACQUERIE (Auguste)** ♦ Écrivain et journaliste français (Villequier, Seine-Maritime 1819 - Paris 1895). Membre du groupe romantique, grand admirateur de Victor Hugo, il était le frère de Charles Vacquerie qui épousa Léopoldine Hugo. Collaborateur au *Globe,* à

Les **Vacances de M. Hulot.** Film de Jacques Tati, 1953. Prod. Fred Orain (Cady-Films/Discina). *BIS/Phot. André Dino/© Coll. Archives Larbor*

*L'Époque*, à *L'Événement* (qui devint *L'Avènement du peuple* en 1851), il fit paraître des recueils poétiques d'inspiration romantique (*L'Enfer de l'esprit*, 1840 ; *Les Demi-Teintes*, 1845), et des pièces de théâtre (*Tragaldabas*, 1848 ; *Les Funérailles de l'honneur*, 1861). Après le coup d'État du 2 décembre* 1851, il accompagna quelque temps V. Hugo en exil à Jersey. Démocrate, libéral, il ne cessa de prendre position contre le Second Empire (en particulier dans *Le Rappel*).

**VACULÍK (Ludvík)** ♦ Écrivain tchèque (Valašské Klobouky, Moravie 1926). Après une carrière de rédacteur dans les structures éditoriales officielles, il s'engagea lors du «printemps de Prague*,» et se distingua alors par ses *2 000 mots* (1968), article qui galvanisa le pays guetté par l'invasion soviétique. Mis au ban de la société pendant la «normalisation», il devint l'une des figures majeures de la vie dissidente et en particulier de l'édition *samizdat* (souterraine), fondant avec Václav Havel* les Éditions sous les verrous. *La Clé des songes* (1980) donne une chronique au jour le jour de cette vie parallèle, caractérisée par un style poétique déjà sensible dans *La Hache* (1966) et *Les Cobayes* (1970).

**VADÉ (Jean Joseph)** ♦ Chansonnier et auteur dramatique français (Ham 1719 - Paris 1757). Auteur de comédies, de vaudevilles et de livrets d'opéras-comiques (*Les Troqueurs*, 1753), il fut aussi le maître de la littérature «poissarde», exploitant le parler des halles («La Pipe cassée, poëme épitragipoissardihéroïcomique»).

**VADIAN** ou **VADIANUS (Joachim DE WATT, dit)** ♦ Humaniste et réformateur suisse (Saint-Gall 1483 ou 1484 - 1551). Poète, exégète de textes anciens, il enseigna à Vienne puis fut bourgmestre de Saint-Gall où il introduisit la réforme de Zwingli. On possède de lui un *De poetica et carminis ratione* (1518), deux chroniques de Saint-Gall (en manuscrit).

**VADIER (Marc Guillaume)** ♦ Homme politique français (Pamiers 1736 - Bruxelles 1828). Député du tiers état aux États généraux (1789), réélu à la Convention (1792), où il siégea avec la Montagne, il fit partie du Comité* de sûreté générale, où il fut un des principaux instigateurs de l'opposition à Robespierre. Condamné néanmoins après le 9 Thermidor (27 juil. 1794), à la suite des journées des 12 et 13 Germinal* an III, il réussit à se cacher, mais fut à nouveau impliqué dans la conjuration des Égaux de G. Babeuf (1796). Député pendant les Cent-Jours, il fut proscrit comme régicide en 1816.

**VADIMON** (lac) – en lat. ***Vadimonis lacus***, auj. ***lac de Bassano*** ♦ Lac d'Italie (Étrurie). Les Gaulois y furent vaincus par les Romains (–283).

**VADODARA** – anc. ***Baroda*** ♦ V. de l'Inde (Gujarat). 1 492 398 hab. Important centre industriel : indus. chimique liée à la proximité de gisements de pétrole.

**VADUZ** → ÉTYM. anc. *Valduz*, du lat. *vallis dulcis* «douce vallée» ♦ Cap. du Liechtenstein, sur la rive d. du Rhin. 5 070 hab. La ville est dominée par le château de Liechtenstein (XII^e s.), résidence de la famille princière. Centre touristique.

**VAGANOVA (Agrippina)** ♦ Danseuse soviétique (Saint-Pétersbourg 1879 - *id.* 1951). Elle dansa au théâtre Mariinski, où elle devint première danseuse et danseuse étoile (1915) avant de se consacrer à l'enseignement de la chorégraphie au conservatoire de Leningrad (1921) et de devenir maître de ballet au théâtre Kirov (1931 - 1937). Elle a publié *Les Fondements de la danse classique* (1934).

**VAGNEY** [88120] → ÉTYM. anc. *de Wahiniaco*, du germ. *Wadin*, n. de pers., et suff. *-iacum* ♦ Comm. des Vosges, arr. d'Épinal, au confluent de la Moselotte et du Bouchot. 3 793 hab. (aggl. 8 230).

**VÁH** n. m. ♦ Riv. de Slovaquie (433 km), affl. rive g. du Danube. Ses sources se trouvent dans les Tatras. Centrales hydroélectriques.

**VAIHINGER (Hans)** ♦ Philosophe allemand (Nehren, près de Tübingen 1852 - Halle 1933). Affirmant la destination biologique des fonctions intellectuelles, il a lui-même défini sa philosophie comme un «idéalisme positiviste» ou un «irrationalisme idéaliste» (*La Philosophie du «comme si»*, 1921).

**VAILLAND (Roger)** ♦ Écrivain français (Acy-en-Multien, Oise 1907 - Meillonnas, Ain 1965). Fondateur, avec ses amis René Daumal et Roger Gilbert-Lecomte, de la revue *Le Grand Jeu* (1928) où s'exprimait une révolte assez proche de celle du surréalisme, il se consacra d'abord au journalisme. De même qu'elle devait l'initier à une vie dangereuse, son entrée dans la Résistance (1942) allait lui permettre d'affirmer sa vocation d'écrivain (*Drôle de jeu*, 1945) et le conduire à l'engagement politique dans les rangs du Parti communiste français (1952). De cette période datent *Bon pied, bon œil* (1950), *Beau masque* (1954), *325 000 francs* (1955). Cependant, en publiant *Esquisses pour un portrait du vrai libertin* (1946), *Les Mauvais Coups* (1948) et un *Laclos par lui-même* (1953), Vailland marquait son attachement à l'un des thèmes majeurs de sa pensée, le libertinage, et son refus des contraintes morales et religieuses, dans la quête d'une liberté absolue. Cette tentative de conciliation de la révolte individuelle et de l'action révolutionnaire devait se solder pour lui par un douloureux échec, après la publication du rapport Khrouchtchev (1956). Désormais, prenant ses distances à l'égard du monde, Vailland se consacra au voyage et à une méditation souvent amère sur la vanité de tout engagement. De cette dernière période, il convient de détacher *Éloge du cardinal de Bernis* (1956), *La Loi* (prix Goncourt 1957), *La Fête* (1960), *La Truite* (1964). La publication des *Écrits intimes* (1968) a éclairé d'un jour nouveau la personnalité de l'homme et celle de l'écrivain dont les héros, par la lucidité de la pensée et l'énergie du caractère, évoquent bien souvent ceux de Laclos et de Stendhal.

**VAILLANT (Sébastien)** ♦ Botaniste français (Vigny, Île-de-France 1669 - Paris 1722). Il fut nommé directeur du jardin du Roi (auj. Muséum national d'histoire naturelle) où il fit installer la première serre chaude de France. Auteur de travaux sur les fonctions des étamines et du pistil, il laissa un ouvrage sur la végétation de la région parisienne (*Botanicum Parisiense*, publié par Boerhaave après sa mort). [Acad. sc. 1716] → ÉTYM. *Vaillant* est le surnom d'un homme de grande valeur ou robuste.

**VAILLANT (Jean Baptiste Philibert)** ♦ Maréchal de France (Dijon 1790 - Paris 1872). Sorti de Polytechnique, il participa à la campagne de Russie et à la bataille de Waterloo. Après s'être distingué à la prise d'Alger (juil. 1830), il contribua à établir les plans des fortifications de Paris. Ministre de la Guerre (1854), il fut promu maréchal par Napoléon III et devint ministre de la Maison de l'empereur (1860 - 1870). Après la capitulation de Sedan (sept. 1870) et la chute de l'Empire, il émigra en Espagne (sept. 1870 - 1871).

**VAILLANT (Édouard)** ♦ Socialiste français (Vierzon 1840 - Saint-Mandé 1915). Membre de la I^re Internationale et de la Commune de Paris, il dut se réfugier en Grande-Bretagne (1871 - 1880). Un des dirigeants de la II^e Internationale, il évolua du blanquisme au marxisme puis au socialisme réformiste. Ami de Jaurès, il se rallia à l'Union sacrée au début de la Première Guerre mondiale.

**VAILLANT (Auguste)** ♦ Anarchiste français (Mézières v. 1861 - Paris 1894). Il fut condamné à mort et exécuté pour avoir lancé une bombe lors d'une séance de la Chambre des députés (déc. 1893).

**VAILLANT-COUTURIER (Paul)** ♦ Homme politique et journaliste français (Paris 1892 - *id.* 1937). Membre du comité central du Parti communiste français (1921), député (1919 - 1928, 1936), rédacteur en chef de *l'Humanité* (1928), il fut un des fondateurs de l'Association des écrivains et artistes révolutionnaires, et dirigea la revue de cette organisation, *Commune* (1933). Il a publié *Lettres à mes amis* (1920), *Le Bal des aveugles* (1927), *Défendons l'URSS* (1929).

**VAIR (Guillaume DU)** ♦ Magistrat, orateur et moraliste français (Paris 1556 - Tonneins 1621), devenu garde des Sceaux (1615). Cet humaniste écrivit notamment un ouvrage, *De la philosophie morale des stoïques* (1585), admiré de Corneille* et de Pascal*, et un *Traité de l'éloquence française* (1594) qui influença Malherbe*. Modéré, il se rangea dans le parti des politiques*, favorables à Henri* IV de Navarre, avec son *Discours pour le maintien de la loi salique* (1593).

**VAIRES-SUR-MARNE** [77360] → ÉTYM. de la langue d'oïl *vern* «aulne» ♦ Ch.-l. de cant. de la Seine-et-Marne, arr. de Torcy. 11 772 hab. *(Vairois)*.

**VAIROCHANA** ♦ Grand Bouddha d'aspect solaire, divinité suprême de certaines sectes du bouddhisme du Mahāyāna*, spiritualisation du Bouddha historique Siddharthā Gautama*.

**VAIŚĀLĪ** ♦ Anc. cité indienne du Bihar (au N. de Patna), célèbre pour avoir été associée à la légende de la vie du Bouddha et pour avoir abrité le II^e concile bouddhique (v. –443).

**VAISON-LA-ROMAINE** [84110] → ÉTYM. de la rac. précelt. hydronym. *°vis-* ou de la rac. oronym. *°ves-* ♦ Ch.-l. de cant. du Vaucluse, arr. de Carpentras, sur l'Ouvèze. 5 904 hab. *(Vaisonnais)*. La ville moderne est située sur la rive d. de l'Ouvèze, la vieille ville sur la rive g. Importantes ruines romaines : maison des Messii ; portique de Pompée ; théâtre (I^er s., réparé au III^e s.). Pont romain (arche unique de 17 m d'ouverture). Musée lapidaire. Anc. cathédrale Notre-Dame-de-Nazareth, de style roman provençal (abside du VI^e s.). Cloître (XI^e - XII^e s.). Chapelle romane Saint-Quenin (abside triangulaire, riche décor à l'antique). ▪ Centre commercial et touristique (festival de musique, théâtre et danse). **▮Histoire** *Vasio*, cap. du peuple des Voconces*, conquise par Rome en –123, devint à l'époque romaine une des villes les plus riches de la Gaule narbonnaise. Elle a subi de graves dommages lors d'une crue catastrophique de l'Ouvèze en sept. 1992.

**VAÏSSE (Claude Marius)** ♦ Homme politique et administrateur français (Marseille 1799 - Lyon 1864). Après avoir participé au mouvement libéral et révolutionnaire de 1830, il fit une carrière administrative sous la monarchie de Juillet. Rallié au bonapartisme dès 1848, il fut ministre de l'Intérieur (janv.-juil. 1851), puis, député à l'Assemblée législative, se montra partisan du coup d'État du 2 décembre* 1851. Nommé préfet du Rhône (1854 - 1864), il entreprit d'importants travaux de rénovation de la ville de Lyon. → ÉTYM. *Vaïsse* est l'ancien nom du noisetier.

Le **Vaisseau fantôme** – en all. ***Der fliegende Holländer*** ♦ Opéra en 3 actes, livret et musique de Richard Wagner* (Dresde, 2 janv. 1843).

Fondé sur le mythe du Hollandais volant que seul l'amour d'une femme délivrera de son errance, l'ouvrage est le premier en date des grands drames wagnériens.

**VAJDA (János)** ♦ Poète hongrois (Pest 1827 - Budapest 1897). Fidèle aux idées de la révolution de 1848 (*Chant lusitain,* 1867), il vécut de sa plume à la périphérie de la vie littéraire. Les poèmes amoureux de ce grand solitaire (*Vingt ans après,* 1876) et son langage visionnaire annoncent l'art d'Ady*. ➝ ÉTYM. Ce nom hongrois signifie «chef».

**VAKHTANGOV (Ievgueni Bagratenovitch)** ♦ Metteur en scène et acteur soviétique (Vladikavkaz 1883 - Moscou 1922). Dans les premières années de la révolution soviétique, il a tenté de réaliser la synthèse des enseignements de Stanislavski* sur la formation des acteurs, et de Meyerhold*. Empruntant à tous les genres, avec une attirance pour le grotesque, il fit du théâtre une création collective destinée à traduire la nouvelle réalité économique et sociale. Fondateur du Troisième Studio du Théâtre d'art de Moscou en 1913, devenu le théâtre Vakhtangov en 1926, il a exercé par ses mises en scène une influence profonde sur l'évolution du théâtre russe (*La Noce,* de Tchekhov ; *La Princesse Turandot,* de Gozzi ; *Le Dibbouk* de Shalom An-Ski, 1922).

**VALA (Karin Alice HEIKEL, née WADENSTRÖM, dite Katri)** ♦ Poète finlandaise d'expression finnoise (Muonio 1901 - Eksjö, Suède 1944). Du groupe moderniste Tulenkantajat avec Kailas*, elle utilisa le vers libre, célébra les instincts et l'ivresse des sens. Les recueils *Le Jardin éloigné* (1924) et *La Porte bleue* (1926) contiennent également des poèmes méditatifs et des touches d'humour. Elle rejoignit le groupe de gauche Kiila avec Kajava* et Turtiainen*. Socialiste humanitaire plutôt que marxiste, elle exprima son indignation devant la souffrance humaine dans *Le Retour* (1934) et son espoir dans la victoire des forces du bien dans *L'arbre avec le nid est en flammes* (1942).

**VALACHIE** n. f. ➝ ÉTYM. en roum. *Valahia,* du frq. *°walh* «étranger (qui parle une langue non germanique)» → aussi Galles (pays de), Gaule, Wallonie ♦ Région historique de la Roumanie située entre les Carpates méridionales et le Danube. Constituée par Bessarab I^er^ au XIV^e^ s., elle passa sous la domination des Turcs auxquels Michel le Brave (1593 - 1601) résista héroïquement ; néanmoins elle ne se libéra complètement de l'emprise étrangère (Autriche, 1718 à 1739 ; Russie, 1839) que par sa réunion à la Moldavie* pour former la Roumanie (1859). → **Roumanie.**

**VALADON (Marie Clémentine, dite Maria puis Suzanne)** ♦ Peintre française (Bessines-sur-Gartempe, Haute-Vienne 1865 - Paris 1938). Fille d'un maçon et d'une blanchisseuse, elle dut abandonner le métier d'acrobate à la suite d'une chute et devint modèle. Mère à dix-huit ans d'un enfant auquel quelques années plus tard le critique Miguel Utrillo allait donner son nom (→ **Utrillo**), elle se maria en 1896 avec Paul Moussis, puis épousa en secondes noces le peintre A. Utter.

Suzanne **Valadon.** *Nu à la couverture rayée* (104 × 79 cm). Musée d'Art moderne, Paris. *Phot. © Giraudon*

Elle posa pour Puvis de Chavannes, Renoir, Toulouse-Lautrec et Degas. Ce dernier ayant remarqué ses dessins lui prodigua des conseils et l'encouragea à dessiner. Vers 1908, elle commença à peindre, exécutant des natures mortes et des paysages, mais surtout des portraits et des nus féminins. Établissant solidement ses compositions, elle cernait les formes d'un trait assuré et concis, souvent avec une certaine dureté. La vigueur expressive des types dénote une approche directe de la réalité, non dénuée d'une certaine rudesse accentuée par son goût pour les accords chromatiques aux contrastes violents, parfois criards (*Les Lanceurs de filets,* 1914). Cependant, ce caractère synthétique du contour dénote l'influence de Gauguin et des nabis, comme le révèlent certains effets décoratifs qui s'apparentent aussi à Matisse (*Nu à la couverture rayée,* 1922 ; *La Chambre bleue,* 1923). Elle sut allier un sens de l'observation parfois âpre à des effets plastiques dénués d'afféterie. ▪ *Autre illustration :* → **Satie.** ➝ ÉTYM. *Valadon,* diminutif de *Valade,* désigne l'habitant d'une maison située dans un val.

**VALAIS** n. m. ➝ ÉTYM. en all. ***Wallis,*** du lat. *Vallis Poenina* «vallée pennine» ♦ Canton du S.-O. de la Suisse. 5 224 km². 294 608 hab. *(Valaisans)* dont 2/3 de langue française, 1/3 de langue allemande et 96 % de rel. catholique. CH.-L. : Sion*. Le Valais occupe la totalité de la haute vallée du Rhône, du col de la Furka au lac Léman. Il est bordé par l'Oberland bernois au N. (Finsteraarhorn, 4 274 m ; Jungfrau, 4 158 m ; Balmhorn, 3 709 m ; les Diablerets, 3 210 m) et les Alpes du Valais au S. (dents du Midi, 3 257 m ; Cervin, 4 478 m ; mont Rose, 4 634 m ; Monte Leone, 3 553 m). On peut y accéder, en venant de l'E., par le tunnel routier du Grand-Saint-Bernard ou par des cols élevés comme ceux de Balme, du Simplon, de la Furka, du Grand-Saint-Bernard, de la Forclaz. Des vallées transversales rejoignent celle du Rhône : val d'Entremont, val d'Hérens, vallée de Saas-Fee sur la rive g., drainées par la Drance, la Dixence, la Borgne et la Viège. ▮ **Économie** L'agriculture du Valais est orientée vers la culture des céréales, du tabac, de la vigne (fendant) et principalement des arbres fruitiers (abricotiers et pêchers) dans la vallée du Rhône (alcools de fruits réputés). Mais elle est dépassée en importance par l'industrie : les centrales hydroélectriques du Valais produisent un quart de l'énergie du pays (barrage de la Grande-Dixence*) ; métall. de l'aluminium à Sierre et Martigny, indus. chimique à Viège et Monthey. Le tourisme connaît un essor constant avec le développement des sports d'hiver (Arolla, Champéry, Crans-sur-Sierre, Montana-Vermala, Saas-Fee, Verbier, Zermatt). ▮ **Histoire** Conquis par les Romains en –57, le *Vallis Poenina* fit ensuite partie du royaume de Bourgogne. L'abbaye d'Agaune (Saint-Maurice) devint un important foyer du christianisme. Le Valais fut légué au X^e^ s. par le dernier roi de Bourgogne aux évêques de Sion, qui entrèrent en rivalité avec les comtes de Savoie. Au XVII^e^ s., le Valais résista à la Réforme grâce à son évêque Adrien II de Riedmatten. Occupé par les Français en 1798, le pays fut érigé (1802) par Bonaparte en État indépendant sous le nom de République rhodanienne puis annexé à la France comme département du Simplon. Le Valais entra dans la Confédération helvétique en 1815 en tant que vingt-deuxième canton.

**VAL-ANDRÉ (LE)** ♦ Station balnéaire des Côtes-d'Armor (comm. de Pléneuf-Val-André), sur la côte E. de la baie de Saint-Brieuc.

**VALBERG** ♦ Loc. des Alpes-Maritimes (comm. de Péone), située au col de Valberg (1 669 m) sur la route qui mène du Var supérieur (Guillaumes) aux gorges du Cians (Beuil). Station de sports d'hiver (1 500 - 2 000 m).

**VALBONNE** [06560] ➝ ÉTYM. occit. «bonne vallée» ♦ Comm. des Alpes-Maritimes, arr. de Grasse, sur le plateau de Valbonne. 10 746 hab. Au S.-E., complexe industriel et scientifique de Sophia-Antipolis.

**VAL-CENIS** ♦ Station d'été et de sports d'hiver de la Savoie (comm. de Lanslebourg-Mont-Cenis), dans la haute Maurienne (1 500 - 2 800 m).

**VALDAHON** [25800] ➝ ÉTYM. du germ. *wald* «forêt» et de *Hago,* n. de pers. ♦ Comm. du Doubs, arr. de Besançon. 4 027 hab. *(Valdahonnais).* Vaste camp militaire.

**VALDAÏ** (plateau des ou du) ♦ Ensemble de collines au N.-O. de la partie européenne de la Russie, culminant au Kamenik (346 m). Riche en marécages et en lacs, il donne naissance à la Dvina occidentale, à la Volga et au Dniepr.

**VAL-D'AJOL (LE)** [88340] ♦ Comm. des Vosges, arr. d'Épinal. 4 452 hab. *(Ajolais).* Station estivale à proximité des vallées de la Combeauté, ou vallée des Roches, et de la Combalotte. Mécanique de précision.

**VAL-D'AOSTE** n. m. → **Aoste** ***(Vallée d')***

**Val-de-Grâce** (le) ♦ Anc. abbaye de Paris, devenue hôpital (1795) et école de santé (1850) militaires. Fondés par Anne d'Autriche en 1621, les bâtiments monastiques, qui conservent un beau cloître, constituent un remarquable ensemble du XVII^e^ s. L'église fut édifiée de 1645 à 1665 sur les plans de Mansart*, repris par Lemercier*, Le* Muet et Le Duc. Le dôme, majestueux et équilibré, est inspiré de celui de Saint-Pierre du Vatican ; sa coupole intérieure est décorée par Mignard* d'une «gloire» que célébra Molière.

**VAL DE LOIRE** n. m. ♦ Partie de la vallée de la Loire entre le confluent de l'Allier et celui de la Vienne. Long de 350 km, large de 2 à 6 km, il comprend, d'amont en aval, le val Nivernais, le val d'Orléans, le val de Loire (au sens étroit : entre Orléans et Tours) et le val de Touraine. Tapissé d'alluvions fertiles, le val se prête à une mise en valeur agricole fort diversifiée : prairies, cultures maraîchères, fruitières et horticoles, vignobles.

**VALDEMAR** ÉTYM. du germ. *waldan* «gouverner» et *mari* «fameux» ♦ Nom de plusieurs rois de Danemark. ♦ **VALDEMAR Ier le Grand** (Slesvig 1131 - Vordingborg 1182). Roi de Danemark après avoir triomphé de deux compétiteurs (1157 - 1182). Il combattit les Wendes, prit Rügen (1168) et assura l'unité du pays. ♦ **VALDEMAR II le Victorieux** (1170 - Vordingborg 1241). Roi de Danemark (1202 - 1241). Fils de Valdemar Ier, il succéda à son frère (Canut VI). Il conquit le Holstein en 1201, puis annexa l'Estonie (1215) et y fonda Reval. Il fut vaincu par les princes de l'Allemagne du Nord à Bornhöved (1227). ♦ **VALDEMAR III le Jeune** (v. 1314 - 1364). Roi de Danemark (1326 - 1330). Il remplaça Christophe* II. ♦ **VALDEMAR IV** (v. 1320 - 1375). Roi de Danemark (1340 - 1375), fils de Christophe II. Ayant pris le pouvoir dans des conditions difficiles (rivalités et anarchie intérieure), il affermit son autorité. Il vendit l'Estonie aux chevaliers Teutoniques (1346). Il tenta l'unification de la Scandinavie mais dut faire face à la coalition des villes de la Hanse et de la Suède. À la paix de Stralsund (1370), le Danemark dut accorder des privilèges à la Hanse.

**VAL-DE-MARNE** n. m. [94] ♦ Dép. du centre-Nord de la France, région Île-de-France. 245 km$^2$. 1 227 250 hab. CH.-L. : Créteil. CH.-L. D'ARR. : L'Haÿ-les-Roses, Nogent-sur-Marne. Cour d'appel : Paris. Académie : Créteil. → **Île-de-France.**

**VAL-DE-REUIL** [27100] ♦ Ch.-l. de cant. de l'Eure, arr. des Andelys. 13 245 hab. (aggl. 18 822). Pôle pharmaceutique.

**VALDÉS (Juan DE)** ♦ Érudit et moraliste espagnol (Cuenca v. 1500 - Naples 1541). Avec son frère ALFONSO DE VALDÉS (Cuenca v. 1490 - Vienne 1532), il fut l'un des principaux représentants de l'érasmisme en Espagne. Installé à Naples pour fuir l'Inquisition, il publia des ouvrages sur la doctrine chétienne. Il est également célèbre pour son *Dialogue de la langue* (posth.), considéré comme l'un des grands traités philosophiques de l'époque consacrés à la langue littéraire castillane.

**VALDÉS (Manolo)** ♦ Peintre et sculpteur espagnol (Valence 1942). Après une formation à l'école des beaux-arts de Valence, il fonda en 1964 Equipo* Crónica, avec Rafael Solbes et Antonio Toledo, un mouvement du Pop Art caractérisé par des images déclinées en série et la captation d'éléments puisés dans l'histoire de l'art. Après la mort de Solbes en 1981, il travailla seul, se réappropriant les œuvres des peintres classiques, de Pisanello à Goya, de Ribera à Van Eyck, de Rembrandt à Vélasquez, ou plus modernes tels Matisse et Picasso. «L'art de chaque époque rassemble toujours des éléments du passé, c'est une succession infinie [...] Peindre équivaut à ajouter, tout se mélange. Il existe des artistes qui croient annuler avec leurs œuvres celles qui les précèdent. En fait, il se peut que ce qui nous précède nous annule.» On lui doit notamment les peintures *Rembrandt* (1986), *Danza* (inspiré de *la Ronde* de Matisse), *Retrato con medio rostro azul* (1999), *Lillie VIII* (2004), la sculpture en bronze *Dama de Barajas II* (2004), les vingt et une *Ménines* en bronze exposées en 2004 - 2005 dans les jardins du Palais Royal à Paris, le travail de bois polychrome *Biblioteca* (2005).

**VALDÉS LEAL (Juan DE)** ♦ Peintre, décorateur et graveur espagnol (Séville 1622 - *id.* 1690). Fils d'un orfèvre portugais, il étudia à Cordoue, subit d'abord l'influence de E. Murillo* et réalisa plusieurs séries de grands cycles, notamment l'*Histoire de sainte Claire*, pour les clarisses de Carmona (1653 - 1654). À partir de 1656, il se fixa à Séville et devint en 1660 l'un des fondateurs de l'Académie, puis son président (de 1663 à 1666) et eut avec ses collègues de violents démêlés. En 1658, il réalisa le cycle de *San Jerónimo* de Séville, ainsi qu'un retable pour le carmel de Cordoue. Par la recherche de l'expression pathétique, le dynamisme des formes, la nervosité et la liberté de sa touche, il insuffla à ses œuvres un caractère exalté et tragique, n'évitant pas toujours l'enflure et la surcharge. Il était particulièrement à l'aise dans les sujets macabres : têtes de martyrs et «Vanités» (*Hiéroglyphes de nos fins dernières*, pour l'hôpital de la Charité à Séville, v. 1671).

**VAL-D'ISÈRE** [73150] ♦ Comm. de Savoie, arr. d'Albertville, sur l'Isère, en Tarentaise. 1 632 hab. *(Avalins)*. Station d'été et de sports d'hiver (1 850 - 3 650 m).

**VALDIVIA (Pedro DE)** ♦ Conquistador espagnol (La Serena, prov. de Badajoz v. 1500 - Tucapel, Chili 1553). Après avoir participé à la conquête du Pérou avec F. Pizarro (1535), il gagna le Chili* où il fonda successivement Santiago (1541), Valparaíso (1544), Concepción (1550) et Valdivia (1552). Nommé capitaine général du Chili, il fut tué par les Araucans.

**VALDIVIA** ♦ V. du sud du Chili située sur un estuaire. Cap. de la région administrative de Los Ríos. 130 000 hab. Région agricole et forestière. Port. Industries du bois, papier, mécanique et alimentaire (laiteries, brasserie). Important tourisme saisonnier. ▮ **Histoire** Fondée en 1552 par Pedro de Valdivia, la ville reçut une importante colonie allemande à partir de 1850.

**VALDO** ou **VALDÈS (Pierre)** ♦ (Lyon v. 1140 - en Bohême apr. 1206). Riche Lyonnais qui, après avoir fait traduire la Bible (Nouveau Testament, Psautier et extraits des Pères) en langue vulgaire, abandonna ses biens vers 1175 pour mener une vie de prédication évangélique. Le mode de vie de sa communauté itinérante semble avoir été approuvé à Rome (IIIe concile de Latran, 1179), mais on lui rappela la nécessité canonique d'obtenir l'autorisation des évêques et des curés pour pouvoir prêcher dans leur juridiction. Le non-respect d'une interdiction déjà motivée par la présence, au sein du mouvement, de prédicatrices entraîna progressivement la transformation des «Pauvres de Lyon» en vaudois* dissidents puis hérétiques (anathématisés au concile de Vérone, en 1184).

**VALDOIE** [90300] ÉTYM. anc. *Wedo*, du lat. *vadum* «gué» et du germ. *°awa* «aqueux» ♦ Ch.-l. de cant. du Territoire de Belfort, banlieue N. de Belfort, sur la Savoureuse. 4 843 hab. *(Valdoyens)*.

**VAL-D'OISE** n. m. [95] ♦ Dép. du centre-Nord de la France, région Île-de-France. 1 246 km$^2$. 1 105 464 hab. CH.-L. : Cergy. CH.-L. D'ARR. : Argenteuil, Pontoise, Sarcelles. Cour d'appel : Paris. Académie : Versailles. Le dép. a été créé en 1964. → **Île-de-France.**

**VAL D'OR** ♦ V. du Canada (Québec). 31 123 hab. Centre minier (or, cuivre).

**VALÉE (Sylvain Charles, comte)** ♦ Maréchal de France (Brienne-le-Château 1773 - Paris 1846). S'étant distingué lors de la campagne d'Espagne, il fut promu général (1810) et fait comte d'Empire (1814). Nommé inspecteur général de l'artillerie (1822) après s'être rallié aux Bourbons, il succéda à Damremont à la tête de l'armée d'Afrique (1837), occupa Constantine* (oct. 1837), devint gouverneur de l'Algérie et fut fait maréchal de France. En 1840, il fut remplacé par Bugeaud*.

**VALENÇAY** [36600] ÉTYM. du lat. *Valentius*, n. de pers., et suff. *-acum* ♦ Ch.-l. de cant. de l'Indre, arr. de Châteauroux. 2 736 hab. *(Valencéens)*. Le château, construit aux XVIe et XVIIe s., fut la propriété de plusieurs fermiers généraux, ainsi que de Law* et de Talleyrand*. Napoléon Ier y assigna à résidence Ferdinand VII, roi détrôné d'Espagne, de 1808 à 1814. Parc animalier. Musée de l'Automobile du Centre.

**VALENCE** – en esp. *Valencia* ÉTYM. du n. de la v. ♦ Communauté autonome d'Espagne orientale. → **Espagne** (carte). 23 305 km$^2$. 4 885 029 hab. CAP. : Valence. Elle comprend trois provinces : Ali-

Manolo **Valdés.** *Les Ménines*, jardins du Palais-Royal, Paris, 2005.
*Phot. © Viviane Negrotto/Sipa*

cante*, Castellón* de la Plana, Valence*. La région occupe la plus grande partie du Levant, plaine alluviale entre la côte et les contreforts des monts Ibériques au N. et de la cordillère Bétique au S. La côte est basse et bordée de lagunes et d'étangs. Climat méditerranéen et sec. L'agriculture pratiquée dans les huertas produit des agrumes et des légumes. L'industrie (métallurgie, pétrochimie, papeterie) repose sur des ressources minières appréciables (plomb, zinc) et sur la présence des ports. Le tourisme balnéaire est très développé.

**VALENCE** – en esp. ***Valencia*** ➛ ÉTYM. du lat. *Valentia Edetanorum* «forteresse [ou force] des Edétains» (peuple de la Tarraconaise) ♦ V. d'Espagne, cap. de la Communauté autonome et de la prov. du même nom, sur le Turia, dans une riche huerta. 797 654 hab. Université. Les monuments les plus intéressants sont la Lonja de la Seda (halle de la soie), de style gothique flamboyant (XV<sup>e</sup> s.), la cathédrale gothique (XIII<sup>e</sup> - XIV<sup>e</sup> s.) surmontée d'une tour octogonale de 60 m de haut : le Miguelete. Palais des congrès réalisé par R. Moneo*, nombreuses églises, monuments baroques. ▪ Centre commercial très actif exportant des agrumes, du riz, des légumes, et important des matières premières par son port d'El Grao. À l'industrie de la soie, la plus ancienne, s'ajoutent des papeteries, des aciéries utilisant le fer de Sagunto, de la construction mécanique. ▮ **Histoire** Occupée par les Grecs, puis par les Carthaginois, la ville devint une colonie militaire romaine au II<sup>e</sup> s. *(Valentia Edetanorum)*. Prise par les Wisigoths, puis par les Arabes (714), Valence fut au XI<sup>e</sup> s. la capitale d'un royaume maure. Le Cid* Campeador s'en empara (1094) mais, après sa mort, la ville retomba aux mains des Almoravides*. Reconquise par Jacques* I<sup>er</sup> d'Aragon en 1238, elle bénéficia d'une législation particulière jusqu'en 1707. Soulevée contre les Français en 1808, elle fut occupée par Suchet* (1812). Durant la guerre civile espagnole, le gouvernement républicain s'y réfugia par deux fois ; la ville fut prise par les franquistes en mars 1939.

**VALENCE** [26000] ♦ Ch.-l. du dép. de la Drôme, sur le Rhône. 64 260 hab. (aggl. 109 988) *(Valentinois)*. Évêché. Cathédrale romane Saint-Apollinaire (XI<sup>e</sup> - XII<sup>e</sup> s., restaurée au XVII<sup>e</sup> s.). Monument funéraire dit le Pendentif érigé en 1548 par le chanoine Nicolas Mistral. Musée : archéologie ; dessins et sanguines d'Hubert Robert* ; peintures des écoles française, flamande, hollandaise et italienne du XVI<sup>e</sup> au XIX<sup>e</sup> s. ; art contemporain. Université. ▪ Marché agricole (fruits et légumes) bien desservi par le rail et la route. Indus. diversifiée. ▮ **Histoire** Anc. capitale des Segalauni, *Colonia Julia Valentia* à l'époque romaine, évêché (374), elle se rendit indépendante sous la direction de ses évêques (1150) qui luttèrent contre les comtes de Valentinois et de Diois. Elle fut réunie à la Couronne en 1450. En 1452, Louis XI y fonda une université où enseigna J. Cujas.

**VALENCE** ou **VALENCE-D'AGEN** [82400] ➛ ÉTYM. du n. de Guillaume de *Valence*, oncle d'Édouard* I<sup>er</sup> ♦ Ch.-l. de cant. du Tarn-et-Garonne, arr. de Castelsarrasin, sur le canal latéral à la Garonne. 4 783 hab. (aggl. 6 330). *(Valenciens)*. Marché agricole. Appareils de céramique. ▮ **Histoire** Anc. bastide, fondée à la fin du XIII<sup>e</sup> s. par Jean de Grailly, sur l'ordre du roi d'Angleterre Édouard I<sup>er</sup>.

**VALENCIA** ♦ V. du Venezuela, cap. de l'État de Carabobo, située à l'O. du lac de Valencia. 1 196 000 hab. Métropole régionale au cœur d'une région fertile (canne à sucre, café, coton, cacao, élevage laitier). Industries textiles, mécaniques et agroalimentaires. L'industrialisation et l'urbanisation se font au détriment des riches terroirs agricoles autour du *lac de Valencia*, situé dans une dépression en cours de comblement à 405 m d'alt.

**VALENCIENNES (Pierre Henri DE)** ou **DEVALENCIENNES** ♦ Peintre et dessinateur français (Toulouse 1750 - Paris 1819). Formé auprès de Doyen, il se rendit en Italie en 1769 et y séjourna de 1776 à 1782. Il voyagea aussi en Orient, en Espagne, en Grande-Bretagne et en Allemagne et ramena de nombreux croquis. Nommé académicien en 1787, il donna aussi des cours de perspective de 1795 à 1800 et publia les *Éléments de perspective pratique à l'usage des artistes* (1800). Partisan des théories néoclassiques et admirateur des paysages composés du Lorrain et de Poussin, il fut l'un des représentants du «paysage historique» ; mais à côté de toiles froidement élaborées, il réalisa des esquisses et des études peintes à l'huile, d'une composition simple et équilibrée, qui témoignent d'une sensibilité nouvelle à l'atmosphère et se distinguent par la finesse de la gamme chromatique (*Pin parasol du couvent de l'Ara Caeli ; Deux Peupliers à la villa Farnèse*, v. 1786).

**VALENCIENNES (Achille)** ♦ Zoologiste français (Paris 1794 - *id.* 1865). Professeur au Muséum d'histoire naturelle (1832), il donna une traduction des *Observations de zoologie* de von Humboldt*, une *Histoire naturelle des poissons* (1828 - 1849 ; les premiers tomes écrits en collab. avec Cuvier*), une *Histoire naturelle des mollusques, des annélides et des zoophytes* (1833), et des travaux sur les parasites de l'homme. [Acad. sc. 1844]

**VALENCIENNES** [59300] ➛ ÉTYM. lat. «terres de Valentianus (n. de pers.)» ♦ Ch.-l. d'arr. du Nord, sur l'Escaut. 41 278 hab. (aggl. 336 951) *(Valenciennois)*. Anc. place forte. Église Saint-Géry (XIII<sup>e</sup> s., reconstruite après 1958). Bibliothèque dans l'anc. collège des jésuites du XVII<sup>e</sup> s. (poème de sainte Eulalie*, du IX<sup>e</sup> s.). Musée des Beaux-Arts : œuvres flamandes du XV<sup>e</sup> au XVIII<sup>e</sup> s. ; œuvres de J.-B. Pater, A. Watteau, H. Harpignies, J.-B. Carpeaux, tous nés à Valenciennes. Au XVIII<sup>e</sup> s., manufactures de faïence fine puis de porcelaine dure. ▪ Université. Centre tertiaire formant avec son agglomération (Denain*, Trith*-Saint-Léger, Bouchain*) un centre indus. relié par canal à Dunkerque. Matériel ferroviaire. Construc. automobile. Peintures. ▮ **Histoire** Réunie au Hainaut au XI<sup>e</sup> s., la ville fut prise en 1677 par Vauban qui la fortifia ; elle fut cédée à la France au traité de Nimègue en 1678. Les troupes alliées, britanniques (sous les ordres du duc d'York) et autrichiennes (commandées par le prince de Saxe-Cobourg), occupèrent la ville en juil. 1793 ; celle-ci fut reprise par les forces républicaines, sous les ordres du général Schérer, le 17 août 1794. Elle fut gravement endommagée lors des deux guerres mondiales.

**VALENS** – en lat. ***Flavius Valens*** ♦ (Cibalae, Pannonie v. 328 - Hadrianopolis, auj. Edirne 378). Empereur romain (364 - 378). Il fut associé à l'Empire par son frère Valentinien* I<sup>er</sup> qui lui confia le gouvernement de l'Orient. Reprenant la tradition de Constantin*, il accorda sa faveur aux chrétiens ariens et déclencha la première persécution antipaïenne. Il triompha de la tentative d'usurpation de Procope à Constantinople (365 - 366), mais fut vaincu par les Goths près d'Andrinople* où il mourut.

**VALENSOLE** [04210] ♦ Ch.-l. de cant. des Alpes-de-Haute-Provence, arr. de Digne, sur le plateau de Valensole, 2 334 hab. *(Valensolais)*. Cultures de lavande. Tourisme. ▪ Le *plateau de Valensole* est situé au centre du département.

**VALENTIA** ♦ Île de la rép. d'Irlande, au large du Kerry et au S. de la baie de Dingle. Point de départ de câbles transatlantiques vers Terre-Neuve. La station météorologique de Valentia est située à proximité, à Cahirciveen.

**VALENTIGNEY** [25700] ➛ ÉTYM. du lat. *Valentinius*, n. de pers., ou dimin. de *Valentin* ♦ Comm. du Doubs, banl. S.-E. de Montbéliard, sur le Doubs. 12 486 hab. *(Boroillots)*. Cycles.

**VALENTIN** ➛ ÉTYM. en lat. *Valentinus*, de *valens* «fort, puissant» ♦ Théologien gnostique du II<sup>e</sup> s. D'origine égyptienne, il s'installa à Rome v. 140, y créa une école et se rendit en Orient avant de revenir mourir à Rome. Nous connaissons, grâce aux hérésiologues, moins son système que celui de ses disciples : le Plérôme divin y est composé de trente éons regroupés deux par deux. Le désir du dernier éon Sophia (la Sagesse) de connaître le Père inconnaissable introduit une rupture dans cet équilibre : l'élément divin chute dans le monde (péché originel, symbolisé par la différenciation sexuelle d'Adam et Ève). L'homme, qui en est le résultat, peut reconstituer l'unité perdue, mais tous ne sont pas capables d'être gnostiques. Après sa mort, les valentiniens se divisèrent en deux branches : une branche italique, animée notamment par Ptolémée (dont Épiphane nous a transmis la *Lettre à Flora*) et Héracléon (commentateur de l'Évangile selon Jean), et une branche orientale, illustrée par un Théodote dont Clément* d'Alexandrie nous a transmis des *Extraits*.

**VALENTIN** (saint) ♦ (mort à Rome 270 ?). Prêtre de Rome, il mourut martyr. ▪ Fête le 14 fév. Pour des raisons obscures, cette fête est confondue, depuis le XV<sup>e</sup> s. au moins, avec la fête des amoureux.

**VALENTIN** ♦ 100<sup>e</sup> pape (août - sept. 827). Son pontificat ne dura que quarante jours, entre celui d'Eugène II et celui de Grégoire IV.

**VALENTIN DE BOULOGNE** ou **DE BOULONGNE** ♦ Peintre et dessinateur français (Coulommiers 1591 - Rome 1632). Il se rendit à Rome vers 1620 et subit l'influence de Manfredi et surtout du Caravage*. Il fut aussi sensible à Vouet et Guido Reni*. Il représenta des sujets allégoriques et religieux (*Martyre de saint Procès et saint Martinien*, 1630) ainsi que des sujets populaires : scènes de cabaret avec des joueurs, des soldats et des musiciens dans lesquels les figures sont présentées à mi-corps. Approfondissant progressivement son art, il s'affirma comme l'un des caravagesques les plus fidèles au maître et sut donner à ses œuvres un accent lyrique et mélancolique qui lui est personnel *(Concert dans un intérieur)*.

**VALENTINIEN I<sup>er</sup>** – en lat. ***Flavius Valentinianus*** ♦ (Cibalae, Pannonie 321 - Brigetio, Pannonie 375). Empereur romain (364 - 375). Officier de la garde sous Julien* et Jovien*, il fut proclamé empereur par l'armée à la mort de ce dernier. Il restaura le système collégial et associa à l'Empire son frère Valens* qu'il mit à la tête de l'Orient. Il fixa sa capitale à Trèves en 367. Empereur militaire, il défendit les frontières mieux que ses prédécesseurs. Il repoussa les Pictes et les Scots avec l'aide de son général Théodose (368), écrasa les Maures (372 - 374), vainquit les Quades et les Sarmates et construisit un *limes* contre les invasions des Alamans. Pour tenter de mettre un frein à la puissance des riches, il créa la charge de défenseur de la plèbe (364). Il mourut subitement au cours d'une campagne.

**VALENTINIEN II** – en lat. ***Flavius Valentinianus*** ♦ (v. 371 - Vienne, Gaule 392). Empereur romain (375 - 392). Fils de Valentinien* I<sup>er</sup>, il succéda à son père à l'âge de quatre ans et partagea l'empire d'Occident avec son frère Gratien*. Il s'installa à Milan, favorisa l'arianisme mais se heurta à saint Ambroise*. Renversé par Maxime (387), il fut rétabli sur le trône par Théodose* Ier mais mourut assassiné l'année suivante.

**VALENTINIEN III** – en lat. ***Flavius Placidus Valentinianus*** ♦ (Ravenne 419 - près de Rome 455). Empereur romain (425 - 455). Fils de Constance* III et de Galla* Placidia, il fut placé sur le trône d'Occident par Théodose* II à l'âge de six ans et laissa gouverner l'empire par sa mère et un de ses généraux, Aetius*, qu'il assassina en 454. L'empire se morcela : les Barbares s'emparèrent de la Bretagne, de la Gaule et de l'Espagne, et les Vandales de l'Afrique. Valentinien III fut tué par Maxime* Pétrone.

**VALENTINO (Rodolfo GUGLIELMI, dit Rudolph)** ♦ Acteur américain d'origine italienne (Castellaneta, Bari 1895 - New York 1926). Il abandonna une carrière de danseur de cabaret et devint, durant quelques années, par sa séduisante langueur, l'idole du public féminin. Il fut la première étoile masculine de l'histoire du cinéma : *Les Quatre Cavaliers de l'Apocalypse* (1921), *Le Cheik* (1921), *Arènes sanglantes* (1922), *Le Fils du Cheik* (1926).

**VALENTINOIS** n. m. ♦ Anc. pays de France, dans le Dauphiné. Sa cap. était Valence*. Ce comté, réuni au Diois, fut vendu au fils de Charles VI qui ne put s'acquitter, puis au comte de Savoie. Le Valentinois fut réuni à la France (1446), érigé en duché-pairie pour César Borgia, puis pour Diane de Poitiers, enfin (1642) pour les princes de Monaco.

**VALENTON** [94460] ➝ **ÉTYM.** du lat. *Valens*, n. de pers., et suff. *-one* ♦ Ch.-l. de cant. du Val-de-Marne, arr. de Créteil, sur la Seine. 11 426 hab. *(Valentonnais)*. Indus. aéronautique. Installations du CEA. Parc de loisirs (43 ha).

**VALERA (Juan)** ♦ Romancier, essayiste et critique espagnol (Cordoue 1824 - Madrid 1905). Diplomate, venu tard à la littérature, Valera a un style précis et naturel qui n'a pas vieilli. Il évoqua à merveille dans ses romans l'atmosphère andalouse et madrilène (*Pepita Jiménez*, 1874 ; *Juanita la longue*, 1896). Dans son œuvre critique, très fournie (essais politiques, religieux, historiques et philosophiques), il se montre un rationaliste sceptique et tolérant.
➝ **ÉTYM.** Ce nom de famille vient d'un nom de lieu qui signifie «domaine de Valerius (nom de personne)».

**VALERA (Eamon DE)** → De Valera

**VALÈRE MAXIME** – en lat. ***Valerius Maximus*** ♦ Historien latin (-Ier s. - Ier s.). Auteur de neuf livres de *Faits et dits mémorables*, compilation de brefs récits qui eut un vif succès dans l'Antiquité et au Moyen Âge.

**VALÉRIEN** ➝ **ÉTYM.** en lat. ***Publius Licinius Valerianus ;*** de *Valerius* «Valère» ♦ (mort en Perse en 260). Empereur romain (253 - 260). D'une vieille famille patricienne, il avait presque soixante ans lorsqu'il fut proclamé empereur par les légions de Gaule et de Germanie, alors qu'il marchait au secours de Gallus* contre Émilien*. Il reprit la persécution contre les chrétiens (257 - 258), interrompue par la mort de Dèce* ; le diacre Laurent* (légendaire), les papes Corneille et Sixte* II ainsi que Cyprien* de Carthage furent alors martyrisés. Il associa à l'empire son fils Gallien* à qui il confia la défense de l'Occident. Vaincu et fait prisonnier par Chahpûr Ier, roi des Perses, à la bataille d'Édesse, il mourut en captivité.

**VALÉRIEN** (mont) ♦ Colline située à l'O. de Paris, sur la rive g. de la Seine, et dominant Suresnes* de 161 m. Lieu de culte dès l'époque gauloise, le mont Valérien reçut au XVe s. de nombreux ermitages. Le fort, construit en 1830 et consolidé par Thiers* en 1840, tint un rôle important durant le siège de Paris (1871). De 1941 à 1944, plus d'un millier de Français y furent fusillés par les Allemands ; depuis 1960, un mémorial national de la Résistance rappelle leur souvenir.

**VALERIO (Lorenzo)** ♦ Écrivain et homme politique italien (Turin 1810 - Messine 1865). Après avoir travaillé comme ouvrier, voyagé dans divers pays d'Europe, il dirigea une usine textile dans le Piémont, où il tenta d'apporter des réformes sociales en faveur des ouvriers, et fonda deux journaux (*Lectures populaires*, 1837 - 1841 ; et *Lectures de famille*, 1842 - 1847). Député de l'opposition au Parlement subalpin (1848 - 1860), il dirigea plusieurs journaux radicaux et s'occupa de l'organisation des premières associations mutualistes d'ouvriers. À partir de 1862, il fut nommé sénateur du royaume, puis préfet extraordinaire à Messine.

**VALERIUS FLACCUS (Caius)** ♦ Poète latin (v. 45 - v. 90), auteur des *Argonautiques*, poème inachevé en 8 livres, inspiré d'Apollonios* de Rhodes et écrit dans un style virgilien. Disciple des tragiques, il excella dans la peinture des caractères (Médée, Jason).

**VALÉRY (Paul)** ♦ Écrivain français (Sète 1871 - Paris 1945). Attiré par la mer, il songeait à préparer l'École navale, mais il laissa rapidement «dériver cette passion marine malheureuse vers les lettres et la peinture». Grand liseur, amateur de poésie, il poursuivit à Paris (1886) des études sans éclat, par «horreur des choses prescrites», commença son droit (1888), s'intéressant surtout aux

Paul **Valéry.** Portrait par Simon Bussy (29,5 x 22 cm), 1927. MNAMGP, Paris.
*BIS/Phot. Luc Joubert © Archives Larbor-DR*

sciences exactes et à la musique. Vers dix-neuf ans, il fit la connaissance de Pierre Louÿs, qui devint son ami, écrivit à Mallarmé, qu'il admirait, puis rencontra Gide. ▮ ***La «nuit de Gênes»*** La tension entre un vif narcissisme intellectuel et le détachement requis par le calcul des possibilités humaines aboutit à une violente crise. La «nuit de Gênes» (1892) fut pour Valéry une rupture ; il abandonna ses premières «idoles», l'amour, la poésie, s'éloignant de l'esthétisme, de la recherche du plaisir (Gide, Louÿs), pour aller vers l'air raréfié du raisonnement abstrait, sans toutefois renoncer à sensualiser cette abstraction dans ses œuvres. ▮ ***«Monsieur Teste»*** En 1894, lorsqu'il s'installa à Paris, Valéry avait déjà écrit des textes d'importance (*Narcisse parle ;* un essai sur l'architecture) ; cette même année, lors d'un séjour à Montpellier chez son frère aîné, il entreprit *La Soirée avec Monsieur Teste* (1896) ; il avait également commencé à tenir ses cahiers quotidiens qu'il allait continuer jusqu'à sa mort. À travers les grandes influences intellectuelles qui le pénètrent, Mallarmé, Edgar Poe, Léonard de Vinci, tous pionniers de la rigueur et de la lucidité, on perçoit l'unité de l'œuvre qui s'ébauche : *Monsieur* Teste, Introduction à la méthode de Léonard de Vinci* (1895) et plus tard *Eupalinos ou l'Architecte* (1921) proposent trois personnages géniaux, inventeurs d'une méthode et qui, dans le silence (Teste) ou dans l'action, élaborent, construisent (texte et architecture) une conscience absolue, témoin *(testis)* de soi-même. ▮ ***La rencontre avec Mallarmé*** En 1895, Valéry entra comme rédacteur au ministère de la Guerre. Il connut Degas et devint très proche de Mallarmé*, peu avant la mort de ce dernier (1898), alors que l'influence qu'avait sur lui Huysmans faiblissait. En 1900, il devint secrétaire particulier d'un administrateur de l'Agence Havas, ce qui le fit accéder aux cercles fermés de l'information et de la finance. ▮ ***Les «Cahiers»*** Plus que ses textes publiés, les *Cahiers*, longtemps tenus secrets et qui atteindront le nombre de 261, témoignent de ses thèmes privilégiés : la psychologie (l'attention, le rêve), le langage et la création poétique, le temps, le destin des civilisations et l'histoire, l'art, le calcul et l'action réglée sur les choses, la technique. ▮ ***Les poèmes*** En 1912, projetant l'édition d'un volume de ses œuvres, il entreprit *La Jeune Parque*, qui parut en 1917, avant *Le Cimetière* marin* (1920), *L'Album de vers anciens* (1920), *L'Âme et la Danse* (1921) et *Charmes* (1922). Devenu célèbre avec *La Jeune Parque* (1917), très sollicité, invité à l'étranger (il fut reçu par D'Annunzio, par Rilke), il fut élu à l'Académie française en 1925. Derrière l'activité officielle, qui lui faisait admettre qu'il était devenu «une espèce de poète d'État» (1932), Valéry, faisant tous les matins sa gymnastique mentale des *Cahiers*, composait *Regards sur le monde actuel* (1931), *L'Idée fixe* (publié en 1932), les essais de *Variété III* (publié en 1936), ceux de *Degas, Danse, Dessin* (id.). ▮ ***Le Collège de France*** Nommé professeur de poétique au Collège de France en 1937, il publia *La Cantate du Narcisse* (1938), édita *Variété IV*, prononça parmi beaucoup d'autres le *Discours aux chirurgiens*. Sous l'Occupation, il acheva *Mon Faust* (1940), regroupa les textes de *Tel quel* (1941) et parvint à publier en 1942 les *Mauvaises pensées et autres*. Il mourut le 24 juil. 1945 et eut des obsèques nationales. ▮ ***L'œuvre*** L'œuvre de Valéry est un tout, animé par une dialectique : création (poésie) et réflexion s'y stimulent et s'y menacent. Valéry créateur, poète et ingénieur se voit créant et se commente. Les *Cahiers*, notamment, sont une féconde et inlassable réflexion sur l'activité d'un esprit hors du commun en puissance de poésie. En revanche, la réflexion et l'essai prennent souvent chez l'écrivain valeur de création pure : «théâtre d'idées», mythologies familières où se meuvent, comme au guignol qu'il animait pour ses enfants, les personnages à forte tête (mais à corps suggéré) de *Monsieur Teste* ou de *L'Idée fixe*. Ce va-et-vient est fondamental, mais tolère des à-côtés : les textes où Valéry parle des créations d'autrui (textes littéraires, œuvres d'art), d'où il fait toujours sortir une leçon de méthode (ou d'antiméthode) pour lui-même ; ceux où il analyse ces créations collectives et impures que sont les politiques et les civilisations. ▮ ***Le poète*** Poète exigeant, il parvint par la recherche lexicale, syntaxique, prosodique à une certaine perfection classique, aboutissement d'une tradition française où l'inspiration antique de la Renaissance, la pureté malherbienne et les enrichissements rythmiques du XIXe s. (de Hugo à Verlaine) sont embrassés et rebrassés. À la suite de Mallarmé, il voulut atteindre par la dialectique du son et du sens une pureté qui fût gage de durée : seul le texte poétique, qui n'a d'autre visée que sa propre existence esthétique, assure la survie du langage, ailleurs transitoire par nature. ▮ *L'essayiste* Essayiste, Valéry énonça et analysa avec une lucidité, une intelligence et une force d'expression quasi constantes les conditions de toute activité mentale. Peu sensible à l'influence des principales philosophies modernes (posthégéliennes et dialectiques, ou bien phénoménologiques, bien qu'il fût proche de certains thèmes husserliens), influencé par la pensée bergsonienne et enclin au psychologisme, Valéry occupe cependant, surtout par ses *Cahiers*, une place éminente dans la philosophie du langage et dans la théorie littéraire, comme en épistémologie. Le caractère isolé de ses recherches, à l'écart des sciences constituées desquelles il se méfiait, ne doit pas en masquer l'importance.

**VALETTE (LA)** → **La Valette**

**VALETTE-DU-VAR (LA)** [83160] ← ÉTYM. de l'occit. *valeta* «vallon» ♦ Ch.-l. de cant. du Var, banlieue N.-E. de Toulon. 21 739 hab.

**VALINCO** (golfe de) ♦ Golfe de la côte S.-O. de la Corse.

**VALLA** ou **DELLA VALLE (Lorenzo)** latinisé en **Laurentius Vallensis** ♦ Humaniste italien (Rome 1407 - Naples 1457). Il enseigna à Pavie, Naples et Rome. Philologue érudit, il traduisit et contribua à faire connaître les œuvres des Anciens. Il fut l'un des premiers écrivains de la Renaissance à vouloir accorder la sagesse des Anciens et la morale chrétienne. Il est l'auteur de nombreux ouvrages, *De voluptate, Disputationes dialecticae* (contre l'aristotélisme des penseurs du Moyen Âge), *Elegantiae linguae latinae* (étude de la langue latine à partir des textes), *In Novum Testamentum adnotationes.* Dans des ouvrages polémiques, il prit position contre le pouvoir temporel du pape.

**VALLADOLID** ← ÉTYM. anc. en ar. *Belad Valed* «ville *(belad)* des gouverneurs *(vāli)*» ou «ville d'Olid (*Olid* serait la forme hispanisée du n. d'un gouverneur arabe de la ville : *Walid* Abril Abbas)» ♦ V. d'Espagne, cap. de la Communauté autonome de Castilla-León, ch.-l. de prov. sur la rive g. du Pisuerga. 316 564 hab. Université. Nombreux monuments des XVe - XVIe s. : église San Pablo (façade au décor fantastique, XVe s.) ; cathédrale bâtie sur les plans de Herrera (XVIe s.), musée national de Sculpture (œuvres de Berruguete*, J. de Juni*, G. Hernández*) dans l'anc. collège San Gregorio de la fin du XVe s. Centre culturel Delibes par Bofill. ▪ L'essor industriel (indus. alimentaire, construc. automobiles, aluminium, indus. chimique) y a été spectaculaire. ▮ **Histoire** La *Belad Valed* arabe devint au XVIe s. la résidence favorite des rois de Castille. Ferdinand d'Aragon et Isabelle de Castille s'y marièrent. Christophe Colomb y mourut en 1506. Philippe II y installa sa cour de 1560 à 1601. Cervantes y résida.

**Valladolid.** École de Cavalerie. *Phot. © Javier Sánchez/Shutterstock*

**VALLĀTHŌL** ♦ Poète indien (1878 - 1958), originaire du Kerala et d'expression malayalam, idéaliste et nationaliste, influencé par Tagore* et par le christianisme. Il rénova la tradition des danses religieuses du Kathakali et traduisit dans sa langue de nombreux classiques sanskrits.

**VALLAURIS** [valɔʀis] [06220] ← ÉTYM. anc. en lat. *Vallis Aurea* «vallée *(vallis)* d'or *(aurea)*» (→ aussi Valloire) ♦ Ch.-l. de cant. des Alpes-Maritimes, arr. de Grasse. 25 773 hab. *(Vallauriens)*. Anc. prieuré de Lérins reconstruit au XVIe s. (chapelle romane décorée par Picasso). ▪ Centre de poterie traditionnelle et de céramique, relancé par Picasso. Plantes à parfums. Parfums.

**VALLEDUPAR** ♦ V. de Colombie, cap. du dép. du Cesar, au pied de la sierra Nevada de Santa Marta. 348 990 hab.

**VALLÉE D'AOSTE** → **Aoste (VALLÉE D')**

**VALLÉE DES ROIS** – en ar. ***Bibān al-Mulūk*** ♦ Site archéologique d'Égypte situé au N.-O. de l'anc. Thèbes, derrière les collines de Deir* el-Bahari ; nécropole des pharaons des XVIIIe, XIXe et XXe dynasties (–1530 - –1085), de Thoutmôsis* Ier à Ramsès* XI. Les tombes thébaines ou syringes, creusées au flanc d'une colline désertique, consistent en une longue galerie en pente douce divisée en trois compartiments par des étranglements successifs, flanqués d'un nombre variable de niches ou de chapelles latérales et aboutissant à une ou plusieurs chambres dont le plafond est supporté par des piliers. Au fond de l'hypogée, dans la chambre funéraire, se trouvait le sarcophage de pierre où était déposée la momie royale et, dans les chambres adjacentes, le mobilier qui devait satisfaire aux besoins du mort dans l'autre monde. Les murs étaient décorés de fresques et de sculptures représentant le pharaon en présence des divinités de l'au-delà. Ces tombes ont été fouillées depuis 1818 par Belzoni, Loret (1898 - 1899), Théodore Davis (1903 - 1913), lord Carnarvon et H. Carter* (1913 - 1923). On en connaît actuellement cinquante-huit. La plupart d'entre elles avaient été violées dès la fin du Nouvel Empire et étaient déjà ouvertes aux touristes à l'époque romaine. Seule celle de Toutankhamon* a été retrouvée intacte. Les plus belles sont celles de Séthi* Ier (n° 17) et d'Aménophis* II (n° 35). On adjoint généralement à la Vallée des Rois les tombeaux de la Vallée des Singes (ainsi nommée en raison de l'existence d'une nécropole de singes sacrés) dont deux seulement sont accessibles : ceux d'Aménophis* III et du général Aï. ▪ À quelques kilomètres au S. se trouve la Vallée des Reines (en ar. *Biban al-Harim*), nécropole réservée aux reines et à quelques princes royaux des XIXe et XXe dynasties. Les plus belles hypogées sont celles de Néfertari*, femme de Ramsès* II (n° 66), celle du prince Khamouast, fils de Ramsès* III (n° 44), et celle de la reine Tithi, femme de l'un des Ramsès de la XXe dynastie (n° 52).

**VALLE INCLÁN (Ramón María DEL)** ♦ Écrivain espagnol (Villanueva de Arosa, Galice 1869 - Saint-Jacques-de-Compostelle 1936). Ses premières poésies se rattachent au mouvement moderniste : les *Sonates* (1902 - 1905) mettent en scène le double de l'auteur, le marquis de Bradomín «laid, catholique et sentimental», qui réapparaîtra dans des romans ultérieurs. Les *Comédies barbares* (1906) révèlent un goût du réalisme violent, qui s'épanouit aussi dans des œuvres à caractère populaire et régional, surtout galicien (*La Guerre carliste,* 1907). Une sorte de réalisme poétique se manifeste dans des pièces en prose où se mêlent le macabre et le comique dans un genre appelé *esperpento.*

**VALLEJO (César)** ♦ Poète péruvien (Santiago de Chuco 1892 - Paris 1938). Sa mélancolie de métis s'exprime par un lyrisme intime, angoissé, qui s'épanouit ensuite en un sentiment humain plus large, en amour panthéiste des êtres et des choses (*Poèmes humains,* posth. 1939 ; *Trilce ; Le Tungstène,* 1931, roman social d'inspiration marxiste).

**VALLERY-RADOT (Louis PASTEUR)** → **Pasteur Vallery-Radot**

**VALLERYSTHAL** ♦ Loc. de Moselle (comm. de Troisfontaines). Verrerie en activité depuis 1838.

**VALLÈS** [valɛs] **(Jules)** ♦ Écrivain et journaliste français (Le Puy 1832 - Paris 1885). Venu à Paris pour se consacrer aux lettres, il effectua divers métiers ; puis, polémiste sans concession, il réunit ses différents articles (écrits entre 1861 et 1865) dans *Les Réfractaires* (1865) et *La Rue* (1866) où il montre un enthousiasme sincère pour les prolétaires. En 1871, il fut nommé membre de la Commune qu'il défendit dans son journal *Le Cri du peuple.* Condamné à mort à la fin de l'insurrection, il se réfugia à Londres et ne regagna Paris qu'en 1880. Sa trilogie romanesque, *Jacques* Vingtras* (1879 - 1886), comporte *L'Enfant* (1879), *Le Bachelier* (1881) et *L'Insurgé* (posth. 1886) qui évoquent la jeunesse, les luttes de l'auteur, puis le climat tragique de la Commune. Révolté par les injustices de la société bourgeoise (et de l'éducation qu'elle dispense), Jules Vallès ne prétend pas à l'objectivité, mais rédige en un style animé, enrichi d'images inattendues et avec une syntaxe parfois déconcertante, des œuvres dont le réalisme, par sa violence, est souvent saisissant et parfois animé d'un lyrisme révolutionnaire. ← ÉTYM. *Vallès* est une variante de *Vallez,* nom occitan dérivé de *val.*

**VALLESPIR** n. m. ← ÉTYM. anc. en lat. *Vallis Asperis* «vallée sauvage (allus. aux terrains montagneux broussailleux et difficiles d'accès)» ♦ Région des Pyrénées*-Orientales correspondant à la haute vallée du Tech*. C'est une zone pastorale et montagnarde, qui comprend les communes les plus méridionales du territoire français. → **Prats-de-Mollo-la-Preste, Amélie-les-Bains- Palalda.** Vergers et cultures dans la vallée ; forêts de hêtres et de châtaigniers, vastes pâturages dans la partie amont. Activités industrielles : bois, usines hydroélectriques, indus. textile, exploitation de carrières et de minerai de fer.

**VALLET** [44330] ← ÉTYM. langue d'oïl «vallon» ♦ Ch.-l. de cant. de la Loire-Atlantique, arr. de Nantes. 6 807 hab. *(Valletais).* Viticulture (muscadet de Sèvre-et-Maine). Indus. laitière.

**VALLIN (Ninon)** ♦ Cantatrice française (Montalieu-Vercieu, Isère 1886 - La Sauvagère-La Millery, près de Lyon 1961). Soprano lyrique, elle débuta à Paris dans *Le Martyre de saint Sébastien* (1911) et fut engagée à l'Opéra-Comique (1912), puis à l'Opéra (1920). Elle s'est illustrée dans l'interprétation des grands rôles du répertoire lyrique *(Manon, Louise, Thaïs, Faust, Alceste, La Damnation de Faust)*. Elle entreprit de nombreuses tournées à travers le monde, notamment en Amérique du Sud, et fut, au concert, une remarquable interprète de la mélodie française (Massenet, Fauré, Duparc, Hahn).

**VALLOIRE** [73450] → ÉTYM. anc. en lat. *Valle Aurea* «le val d'or» (→ aussi Vallauris) ♦ Comm. de Savoie, arr. de Saint-Jean-de-Maurienne, en Maurienne. 1 243 hab. *(Valloirins)*. Église du XVIIe s. (décor de peintures et stucs à l'italienne). ▪ Station d'été et de sports d'hiver (1 430 - 2 430 m).

**VALLOIS (Henri Victor)** ♦ Anthropologue et paléontologue français (Nancy 1889 - Paris 1979). Directeur du musée de l'Homme (1950 - 1959), il a publié : *Traité d'anthropologie* (1926), *Les Races humaines* (1944), *La Paléontologie et l'origine de l'homme* (1950). Contre la théorie polygéniste sur l'origine de l'homme, il soutint que «l'ensemble de l'humanité dérive d'un petit groupe primitif qui s'est différencié à l'époque tertiaire».

**VALLONNET (LE)** ♦ Grotte préhistorique des Alpes-Maritimes (comm. de Roquebrune-Cap-Martin) où ont été trouvés, en 1962 par H. de Lumley, des outils de pierre et d'os parmi les plus vieux d'Europe (950 000 ans).

**VALLON-PONT-D'ARC** [07150] → ÉTYM. anc. *castrum de Abalone*, du gaul. *aballo* «pomme» (avec aphérèse) ♦ Ch.-l. de cant. de l'Ardèche, arr. de Largentière, près de l'Ardèche. 2 027 hab. *(Vallonnais)*. ▪ Aux environs, site dit *le pont d'Arc*, arcade creusée par l'Ardèche et formant un pont naturel. ▪ Une grotte préhistorique ornée, située à proximité, à la Combe d'Arc, a été découverte en 1994 par J.-M. Chauvet. Les peintures, représentant notamment des espèces jusqu'alors jamais observées dans l'art préhistorique (hibou, hyène, panthère), ont été datées d'env. –30 000.

**VALLORBE** ♦ V. de Suisse (Vaud), dans le Jura, sur la ligne Paris-Lausanne-Simplon-Milan. 3 102 hab. Quincaillerie, construc. métalliques.

**VALLORCINE** [74660] → ÉTYM. «la vallée *(val)* aux ours (lat. *ursina*)» ♦ Comm. de Haute-Savoie, arr. de Bonneville. 390 hab. *(Vallorcins)*. Station d'été et de sports d'hiver.

**VALLOT (Joseph)** ♦ Astronome et géographe français (Lodève 1854 - Nice 1925). Il étudia le mont Blanc et installa un observatoire à Chamonix et aux Bosses. Il établit une carte du massif et publia les *Annales de l'observatoire du mont Blanc*.

**VALLOTTON (Félix)** ♦ Peintre, graveur et écrivain français d'origine suisse (Lausanne 1865 - Paris 1925). Élève à l'académie Julian, il devint l'ami des peintres nabis, exposa avec eux, restant cependant foncièrement indépendant. Il devint un maître de la xylographie et donna ses illustrations à *La Gazette de Lausanne*, *La Revue blanche*, au *Rire*, au *Courrier français*. Dans ses séries de planches *(C'est la guerre, Intimités, Crimes et châtiments)*, il fit preuve d'un esprit caustique et, ayant assimilé la leçon des Japonais, il eut l'art, avec ses mises en pages et ses raccourcis audacieux, son graphisme elliptique, de jouer du contraste des blancs et de larges masses noires uniformes. Sa peinture montre des scènes d'intérieur d'un graphisme et d'une composition parfois singuliers, aux rapports de couleurs recherchés. Dans sa maturité, il peignit des nus féminins aux formes raidies, révélant des intentions acerbes. Il écrivit aussi plusieurs ouvrages pessimistes (*La Vie meurtrière*, roman posth.). → ÉTYM. Ce nom est le diminutif de *Vallon* et signifie «petit val».

Félix **Vallotton.** *Misia à sa coiffeuse* (35 x 27 cm), 1898. Coll. part.
*BIS/Phot. © Archives Larbor*

**VALLOUISE** [05290] → ÉTYM. de *val* et *Louise*, en l'honneur de *Louis* XI ♦ Comm. des Hautes-Alpes, arr. de Briançon. 637 hab. *(Vallouisiens)*. Elle a donné son nom à la vallée de la Gyronde, affluent de la Durance, appelée la *Vallouise*. Église Saint-Étienne des XVe - XVIe s. (portail S. clos par des vantaux de bois sculptés ; verrou de fer forgé). Vastes fermes à galeries de bois. ▪ Station d'été et de sports d'hiver (1 106 - 1 400 m).

**VALMIER (Georges)** ♦ Peintre français (Angoulême 1885 - Paris 1937). Il s'est d'abord orienté vers le cubisme*, mais contrairement aux peintres du cubisme analytique et synthétique, il choisit une palette de couleurs gaies, acidulées, pour des compositions de plus en plus abstraites inspirées de la Section d'or et de la musique (*Fugue, Scherzo, Improvisation*, 1919 - 1923). Il adhéra en 1932 au groupe Abstraction-Création et créa des décors pour les pièces de Max Jacob*, Marinetti*, Claudel*. → ÉTYM. Ce nom est une variante de *Galmier*, du nom de personne germanique *Waldomar*, de *waldan* «gouverner» et *mari* «célèbre».

**VĀLMĪKI** → ÉTYM. du sanskr. *valmī* «fourmi» ♦ Sage indien, peut-être mythique, peut-être pseudonyme collectif, à qui la tradition indienne attribue la rédaction du *Rāmāyana**, grand poème épique indien.

**VALMONT** [57730] ♦ Comm. de Moselle, arr. de Forbach, banl. S. de Saint-Avold. 3 144 hab. *(Valmontais)*.

**VALMONT** [76540] → ÉTYM. du germ. *Walmundus*, n. de pers. ♦ Ch.-l. de cant. de la Seine-Maritime, arr. du Havre, dans le pays de Caux. 1 010 hab. *(Valmontais)*. Vestiges d'une anc. abbaye bénédictine fondée au XIIe s. : chapelle de la Vierge (voûte et vitraux du XVIe s.). Château des XIVe et XVIe s. (donjon carré du XIe s.).

**VALMOREL** → ÉTYM. de *val* et *Morel* (V. ci-dessous) ♦ Station d'été et de sports d'hiver de Savoie (comm. d'Aigueblanche), en Tarentaise, au fond de la vallée du Morel (1 500 - 2 400 m).

**VALMY** [51800] → ÉTYM. du germ. *Walismus*, n. de pers., et suff. *-acum* ♦ Comm. de la Marne, arr. de Sainte-Menehould. 284 hab. *(Valmeysiens)*. ▮ **Histoire** La *bataille de Valmy* fut remportée par l'armée française commandée par Dumouriez* et Kellermann* sur l'armée prussienne du duc de Brunswick* (20 sept. 1792). Cette bataille, qui se réduisit à une violente canonnade, mit fin à l'invasion de la France révolutionnaire et fut considérée comme la première victoire de la République.

**VALOGNES** [50700] → ÉTYM. du lat. *Vallaunius*, n. de pers., et suff. *-ias* ♦ Ch.-l. de cant. de la Manche, arr. de Cherbourg. 7 537 hab. *(Valognais)*. Très endommagée en 1944, la ville a conservé des ruines gallo-romaines, de nombreux hôtels des XVIIe et XVIIIe s., parmi les-quels l'hôtel de Beaumont (XVIIIe s.). Musée du Cidre. ▪ Carrefour routier.

**VALOIS** → ÉTYM. du n. du *Valois** ♦ Branche des Capétiens* qui régna en France de 1328 à 1589. Son fondateur fut Charles, fils de Philippe III le Hardi, qui reçut le Valois en apanage. Son fils Philippe VI accéda au trône après que les trois fils de Philippe IV le Bel furent morts sans héritiers, et cet avènement fut le prétexte de la guerre de Cent* Ans. ▪ Aux *Valois directs* (→ **Philippe VI, Jean II, Charles V, Charles VI, Charles VII, Louis XI, Charles VIII**) succédèrent les *Valois-Orléans*, avec Louis XII, arrière-petit-fils de Charles V, puis les *Valois-Angoulême* avec François Ier, descendant également de Charles V (→ **François Ier, Henri II, François II, Charles IX, Henri III**). Le trône passa ensuite à la maison de Bourbon.

**VALOIS (Alfred Georges GRESSENT, dit Georges)** ♦ Homme politique français (Paris 1878 - Bergen-Belsen 1945). Autodidacte, formé par la lecture de Proudhon, Sorel et Nietzsche, séduit quelque temps par le syndicalisme révolutionnaire, il adhéra à l'Action française, puis fonda le mouvement du Faisceau (1925), imité du fascisme italien, dont il se sépara dès 1935. Résistant, Valois mourut en déportation. Œuv. princ. : *L'Économie nouvelle, La Monarchie et la Classe ouvrière, La Réforme économique et sociale, La Fin du bolchevisme*.

**VALOIS (Edris STANNUS, dite Ninette DE)** → **De Valois**

**VALOIS** n. m. → ÉTYM. anc. *Pagus Vadensis* «pays de Vez (hameau de Crépy-en-Valois) [en picard "gué"]» ♦ Pays du centre du Bassin parisien, situé aux confins du Soissonnais. Il correspond à l'E. du dép. de l'Oise et

**Les Valois**

Charles comte de Valois
fils de Philippe III le Hardi
et frère de Philippe IV le Bel
|
Philippe VI de Valois 1328-1350
|
Jean II le Bon 1350-1364
|
Charles V 1364-1380
├ Louis duc d'Orléans
│ |
│ Charles duc d'Orléans
│ |
│ Louis XII 1498-1515
│ |
│ Claude de France
│ épouse de François Ier 1515-1547
│ |
│ Henri II 1547-1559
│ ├ François II 1559-1560
│ ├ Charles IX 1560-1574
│ ├ Henri III 1574-1589
│ └ Marguerite de Valois (la reine Margot) épouse d'Henri de Navarre
└ Charles VI 1380-1422
Charles VII 1422-1461
Louis XI 1461-1483
Charles VIII 1483-1498

au S. du dép. de l'Aisne. V. PRINC. : Crépy*-en-Valois. ▪ Grande culture (céréales, betterave à sucre, fourrages). ▮ **Histoire** Rattaché au domaine royal sous Philippe Auguste, il fut donné (1284) par Philippe III le Hardi, en apanage, à son fils Charles, père de Philippe VI de Valois. En 1406, il devint propriété de la maison des ducs d'Orléans.

**VALONA** → Vlorë

**VALPARAÍSO** ➝ ÉTYM. esp. «vallée *(valle)* du paradis *(paraíso)*» ♦ V. du Chili, à 120 km de Santiago, cap. de la région admin. de Valparaíso. 275 000 hab. Port. Importante base navale. Siège du Congrès chilien depuis 1990. Université. La ville, classée au patrimoine mondial de l'Unesco, a conservé ses funiculaires et ses maisons de bois pittoresques. ♦ ***Région administrative de Valparaíso*** 16 000 km$^2$. 1 540 000 hab. Nombreuses activités minières et industrielles (raffinerie de cuivre de Ventanas). Port de San Antonio. Tourisme et résidences secondaires. ▮ **Histoire** La *baie de Valparaíso* fut découverte en 1536 par le conquistador Almagro et la ville fut fondée en 1544 par Pedro de Valdivia. Escale sur la route maritime entre le cap Horn et la Californie, Valparaíso perdit de son importance lors de l'ouverture du canal de Panamá.

**VALPOLICELLA** ♦ Région d'Italie, en Vénétie* (prov. de Vérone), entre les monts Lessini et l'Adige, célèbre pour ses vins rouges.

**VALRAS-PLAGE** [34350] ➝ ÉTYM. du lat. *Valerus*, n. de pers., et suff. *-anum* (l'étym. «vallée rase» est populaire) ♦ Comm. de l'Hérault, arr. de Béziers, près de l'embouchure de l'Orb. 3 625 hab. Station balnéaire.

**VALRÉAS** [valreas] [84600] ➝ ÉTYM. p.-ê. du lat. *Valerianus*, n. de pers. ♦ Ch.-l. de cant. du Vaucluse, arr. d'Avignon. 9 425 hab. *(Valréassiens)*. Vestiges de remparts. Église Notre-Dame-de-Nazareth en grande partie de style roman provençal (portail S. à trois baies du XIIe s.). Hôtel de ville du XVIIIe s., avec parties gothiques. Maisons anc. ▪ Cartonnages. Matières plastiques. Imprimeries. Meubles métalliques. Viticulture (côtes-du-rhône-villages). ▮ **Histoire** Le 12 juin 1944, les Allemands y abattirent 53 otages pris au hasard.

**VALROMEY** n. m. ➝ ÉTYM. du lat. *Vallis Romana* «Vallée romaine» ♦ Pays de l'ancienne France, dans le Jura (dép. de l'Ain). C'est une longue dépression orientée N.-S., arrosée par le Séran. ▪ Sylviculture. Élevage bovin laitier. ▮ **Histoire** Le Valromey appartint aux comtes de Genève, puis à la maison de Savoie qui le céda à la France sous Henri IV au traité de Lyon (1601). Il fut érigé en duché par Louis XIII pour la maison d'Urfé.

**VALSALVA (Antonio Maria)** ♦ Anatomiste italien (Imola 1666 - Bologne 1723). Élève de Malpighi* à Bologne, il est connu pour ses travaux sur l'anatomie de l'oreille : *De aure humana tractatus* (1704). On nomme *sinus de Valsalva* la dilatation de l'aorte à son orifice.

La **Valse** ♦ Poème chorégraphique de Maurice Ravel* (Paris, 12 déc. 1920). D'abord intitulée *Wien* («Vienne»), cette œuvre, qui est certes une «apothéose de la valse viennoise», frappe surtout par ses côtés grinçants et mécaniques, souvenirs de splendeurs révolues. Sous forme de ballet, elle fut exécutée en première mondiale à l'Opéra de Paris le 23 mai 1929.

**VALSERINE** n. f. ➝ ÉTYM. «qui coule (hydronyme prélatin *sera-*) dans le val» ♦ Riv. du Jura (50 km), affl. du Rhône. Elle conflue à Bellegarde-sur-Valserine.

**Valse triste** ♦ Œuvre de J. Sibelius* (opus 44) faisant partie d'une musique de scène pour la pièce *Kuolema* («La Mort») de son beau-frère Arvid Järnefelt (Helsinski, 2 déc. 1903). La mère du héros Paavali confond la Mort avec son époux disparu, et danse avec elle avant d'expirer à son tour.

**VALS-LES-BAINS** [vals-] [07600] ♦ Ch.-l. de cant. de l'Ardèche, arr. de Privas, sur la Volane. 3 536 hab. *(Valsois)*. Station thermale. Embouteillage d'eaux minérales.

**VALS-PRÈS-LE-PUY** [43750] ♦ Comm. de la Haute-Loire, banl. S. du Puy-en-Velay. 3 391 hab.

**VALTELINE** n. f. – en it. ***Valtellina*** ♦ Vallée glaciaire des Alpes italiennes, comprise entre les Alpes des Grisons et les Alpes rhétiques au N., et les Alpes bergamasques au S., correspondant à la haute vallée de l'Adda* et orientée E.-O. V. PRINC. : Sondrio*. ▪ Le versant S. est couvert de cultures, tandis que le N. est le domaine des pâturages. Important potentiel électrique. Tourisme. ▮ **Histoire** À l'époque romaine, la Valteline formait la partie méridionale de la Rhétie*. Âprement disputée entre Coire, Côme et Milan, elle revint à cette dernière au XVe s., puis aux ligues suisses au XVIe s. Point stratégique important pendant la guerre de Trente* Ans : Richelieu essaya vainement d'empêcher les Impériaux de passer en Lombardie pour soutenir leurs alliés espagnols. Elle appartient à l'Italie depuis 1859.

**VAL-THORENS** ♦ Station de sports d'hiver de la Savoie (comm. de Saint-Martin-de-Belleville), dans la Vanoise (2 300 - 3 400 m).

Les **Vampires** ♦ Ciné-roman français en 10 épisodes de Louis Feuillade* (1915 - 1916). Cette épopée suburbaine, improvisée quasiment au jour le jour, conte les exploits fabuleux d'une bande d'escrocs, avec pour égérie la belle Irma Vep (anagramme de vampire), alias Musidora. Dans cette folle noria de «tête coupée», de «bague qui tue», d'«yeux qui fascinent» et de «noces sanglantes», pour reprendre les titres de quelques épisodes, les surréalistes virent, en filigrane, «la grande réalité de ce siècle».

**VAN** ♦ V. de Turquie, sur la rive E. du *lac de Van*, ch.-l. de prov., en Anatolie orientale, près de la frontière iranienne. 331 986 hab. Musée archéologique renfermant des inscriptions urartéennes trouvées près de la ville (→ **Urartu**). Siège de l'univ. du Centenaire. ▪ Centre de commerce (fruits, légumes, peaux) et administratif. ♦ ***Lac de Van*** Entouré de hautes montagnes volcaniques, à 1 700 m d'alt. 3 740 km$^2$.

**VAN ACKER (Achille)** ♦ Homme politique belge (Bruges 1898 - *id.* 1975). Docker puis journaliste, il milita dans les rangs du syndicalisme socialiste. Plusieurs fois ministre à la Libération, Premier ministre en 1945 et 1946, il entreprit le redressement économique de la Belgique, instaurant notamment la Sécurité sociale. Favorable à la monarchie, il se prononça toutefois pour l'abdication de Léopold III. De nouveau Premier ministre (1954 - 1958), il dut faire face à la querelle scolaire avec les catholiques, puis fut élu président de la Chambre des représentants (1961 - 1974). ➝ ÉTYM. Ce nom flamand signifie «de l'acre, du champ».

**VANADZOR** – jusqu'en 1935 ***Karaklis***, jusqu'en 1992 ***Kirovakan*** ♦ V. d'Arménie. 105 500 hab. Indus. textile (laine, coton). La moitié de la ville a été détruite par un tremblement de terre en 1988.

**VAN ALLEN (James Alfred)** ♦ Physicien américain (Mount Pleasant, Iowa 1914 - 2006). En 1958, il découvrit des zones de rayonnement autour de la Terre (entre quelques centaines et 60 000 km de distance), appelées *ceintures de Van Allen*, dues à la capture de particules chargées par le champ magnétique terrestre.

**VAN ARTEVELDE (Jacob)** ♦ Homme politique flamand (Gand v. 1290 - *id.* 1345). Opposé à l'alliance du comte Louis* de Nevers avec la France au début de la guerre de Cent Ans (politique qui entraîna une crise économique, le roi d'Angleterre Édouard III ayant mis l'embargo sur l'exportation des laines vers la Flandre), il prit la tête de la révolution qui chassa le comte (1337). Il exerça la dictature à Gand et soutint les prétentions d'Édouard III au trône de France, faisant ainsi passer la Flandre dans le camp anglais (1340). Il fut massacré au cours d'une émeute. ♦ **Philip Van Artevelde.** Homme politique flamand (Gand 1340 - Rozebeke 1382). Fils du précédent. Chef de la révolte de Gand contre le comte de Flandre Louis II de Male (1381), il fut vaincu et tué à Rozebeke* (1382).

**VAN BENEDEN (Pierre)** ♦ Zoologiste belge (Malines 1809 - Louvain 1894). Il est l'auteur d'une *Zoologie médicale* (1859) et d'une *Ostéographie des cétacés vivants et fossiles* (1868 - 1877). ♦ **Édouard Van Beneden.** Zoologiste et embryologiste belge (Louvain 1846 - Liège 1910). Fils du précédent. Il montra que les chromosomes sont en nombre égal dans le noyau de l'ovule et dans le spermatozoïde, et que le noyau des gamètes en contient deux fois moins que celui des cellules germinales (mécanisme de la méiose ou réduction chromatique, théorie confirmée par Th. Boveri).

**VANBRUGH** (sir **John**) ♦ Auteur dramatique et architecte anglais (Londres 1664 - *id.* 1726). Son œuvre dramatique, où prédomine une verve assez grosse, met en accusation l'hypocrisie de la bourgeoisie anglaise : *La Rechute* (1696), *La Femme provoquée* (1697). ▪ En qualité d'architecte, il a édifié le château de Blenheim, pour le duc de Marlborough (1705 - 1724) et l'orangerie de Kensington, pour le roi George Ier (1704).

**VAN BUREN (Martin)** ♦ Homme d'État américain (Kinderhook, New York 1782 - *id.* 1862), 8e président des États-Unis (1837 - 1841). Fils d'un fermier, il devint avocat, puis sénateur et fit partie de l'entourage de A. Jackson* dont il fut le continuateur, quand il lui succéda à la présidence. Confronté à la crise économique de 1837 et opposé à l'annexion du Texas, il perdit toute popularité.

**VANCE (John Holbrook VANCE, dit Jack)** ♦ Romancier américain (San Francisco 1916). La plupart des livres qui ont fait de Vance l'un des maîtres de la science-fiction contemporaine sont organisés en cycles : *La Geste des princes-démons, Chroniques de Durdane,* sa chronique imaginaire de la constellation d'Alastor *(Marune : Alastor 933 ; Wyst : Alastor 1716 ; Trullion : Alastor 2262)* et *Le Cycle de Tschaï.* Dans *Bonne Vieille Terre,* il décrit la planète Cadwall, transformée en réserve naturelle des espèces disparues de la Terre. Dans *Les Langages de Pao,* il imagine une langue dont l'invention par un sorcier régénère une civilisation endormie. Jack Vance est aussi l'auteur de romans noirs à l'ironie mordante et de romans policiers.

**VAN CLEVE** ou **VAN DER BEKE (Joos)** ♦ Peintre flamand d'origine allemande (Anvers 1485 - *id.* 1540). Il fut longtemps appelé le Maître de la Mort de Marie, d'après un retable traitant ce thème (v. 1515, Munich). On le trouve inscrit à la guilde d'Anvers en 1511 mais il voyagea en Allemagne, à Gênes, en France, en Angleterre. Ses œuvres semblent refléter les influences conjuguées de Memlinc*, de G. David* et de Patenier* pour les fonds de paysages, mais sa prédilection pour les formes élégantes et paisibles, intégrées sans heurt dans le paysage environnant, porte aussi la marque d'un italianisme discret, apparenté à celui de Metsys*. La douceur de son modelé traité en demi-teintes est proche du «sfumato» de Léonard de Vinci. Sa renommée comme portraitiste fut telle que François Ier l'appela pour peindre son portrait et celui de la reine Éléonore ; dans ce genre, il usait en général d'un éclairage plus tranché *(Portrait d'un Bativoglio)* et sa facture n'est pas sans présenter des affinités avec celle de Clouet*.

**VANCOUVER (George)** ♦ Navigateur britannique (King's Lynn, Norfolk 1757 - Richmond, Surrey 1798). Après avoir participé aux deuxième et troisième voyages de J. Cook*, il fut désigné par le gouvernement britannique pour explorer la côte N.-O. de l'Amérique du Nord (et obtenir la restitution de la région située au N. de San Francisco occupée par les Espagnols en 1789). Parti de Falmouth en 1791 avec deux navires, le *Discovery* et le *Chatham* (commandé par Broughton), il explora l'océan Pacifique et fut le premier à établir une carte précise du littoral N.-O. du Canada et en particulier de l'île qui porte son nom (*Voyage de découvertes à l'océan Pacifique du Nord et autour du monde,* publié en 1798 par le frère de G. Vancouver).

**VANCOUVER** (île de) – en angl. ***Vancouver Island*** ➝ **ÉTYM.** du n. de George *Vancouver** ♦ Île du Canada (Colombie-Britannique), sur la côte du Pacifique, séparée du continent par les détroits de la Reine-Charlotte au N., de Juan de Fuca au S. et de Géorgie à l'E. 32 137 km². Env. 700 000 hab. L'île est montagneuse (600 à 1 200 m en moy. ; 2 201 m au mont Golden Hinde) ; ses côtes sont profondément creusées de fjords ; les lacs et les fleuves sont nombreux. ▪ Forêts, pêche ; agriculture à l'E. ; gisements de charbon, minerai de fer, de cuivre. Tourisme (chasse, pêche, randonnée). Haute technologie.

**VANCOUVER** ➝ **ÉTYM.** du n. de George *Vancouver** ♦ V. du Canada (Colombie-Britannique), sur le Pacifique. 578 041 hab. (zone urbaine 2 116 581). La ville est dans un site pittoresque, entre le fjord de Burrard Inlet et ses montagnes, au N., et le delta du fleuve Fraser, au S. Le climat est l'un des plus doux du Canada (janv. : 3 °C ; juil. : 18 °C). L'agglomération est une mosaïque de quartiers habités par différentes ethnies (comme Chinatown). Des ponts suspendus relient la ville à ses faubourgs. Universités de Colombie-Britannique et Simon Fraser. ▪ Centre commercial et financier de l'Ouest canadien. Nombreuses indus. : bois et papier, sidérurgie, raffineries de pétrole, indus. chimique et alimentaire. L'énergie provient de l'hydroélectricité (barrages près de la côte) et du gaz naturel amené par gazoducs du N.-E. de la province. Le port, ouvert toute l'année, est très actif. Terminus O. des quatre grandes lignes de ch. de fer : Canadian Pacific, Canadian National, Pacific Great Eastern (vers le N. de la prov.) et Great Northern (venant de Seattle). ▮ **Histoire** Le site fut visité par G. Vancouver* en 1792, mais le premier établissement ne date que de 1865. La construction du

**Vancouver.** La baie des Anglais et la chaîne Côtière en arrière-plan.
*Phot. © Karoline Cullen /Shutterstock*

Canadian Pacific développa la ville, ravagée par un incendie en 1886. En 1910, Vancouver comptait déjà 100 000 habitants. L'ouverture du canal de Panamá accrut l'importance du port.

**VANČURA (Vladislav)** ♦ Romancier tchèque (Háj, près d'Opava 1891 - Prague 1942). Dans un style d'une hardiesse très personnelle, oscillant entre le romanesque et la méditation philosophique et poétique, il décrivit un monde passionné et tragique en proie à l'injustice : *Le Boulanger Jan Marhoul* (1924), *Un été capricieux* (1926), *Le Jugement dernier* (1926), *Markéta Lazarová* (1931), *La Fuite à Buda* (1932), *Trois rivières* (1936). Il fut exécuté par les Allemands en 1942.

**VANDALES** n. m. pl. ➝ **ÉTYM.** «les nomades, les voyageurs», du germ. *vandjan* «tourner», du vieil all. *wantalôn* «voyager» ♦ Groupe de peuples germaniques établis principalement entre la Vistule et l'Oder au IIIe s. (➝ **Silésie**), émigrés par la suite vers le S.-E. et l'O. (Danube, Main). Entraînant les Suèves* et les Alains*, ils franchirent le Rhin en 406, pillèrent la Gaule, puis, en 409, gagnèrent l'Espagne (➝ **Andalousie**). Combattus par les Wisigoths*, ils gagnèrent l'Afrique en 429 où ils conquirent sous Genséric la Numidie (E. de l'Algérie), la Byzacène et la Proconsulaire (Tunisie). Maîtres de la mer par la conquête de la Corse, de la Sardaigne, des Baléares et provisoirement de la Sicile, ils pillèrent les côtes de la Méditerranée. Ils ne réussirent pas à établir un État durable. Ariens, ils persécutèrent les catholiques (surtout de 482 à 484, sous Hunéric) ; ils furent incapables d'établir la fusion entre Barbares et Romains et, menacés par les Berbères et les grands nomades, ne purent opposer qu'une faible résistance à la reconquête byzantine menée en 533 - 534 sous Justinien* Ier par Bélisaire*. ➝ **Gelimer.**

**VAN DAM (Joseph VAN DAMME, dit José)** ♦ Baryton belge (Bruxelles 1940). Il débuta en 1961 à l'Opéra de Paris, où il chanta Escamillo (dans *Carmen*) en 1965. Créateur du rôle-titre de *Saint François d'Assise* de Messiaen au palais Garnier en 1983, il le reprit en 1992 à Salzbourg et à l'Opéra de Paris Bastille. Il tint le rôle de Leporello dans *Don Giovanni* de Losey (1979). ➝ **ÉTYM.** Ce nom flamand signifie «de la digue».

**VAN DE GRAAFF (Robert Jemison)** ♦ Physicien américain (Tuscaloosa, Alabama 1901 - Boston 1967). Il inventa l'accélérateur de particules électrostatique, dont le premier fut construit en 1931. Le principe des *accélérateurs de Van de Graaf,* produisant une tension extrêmement élevée (plusieurs millions de volts), est toujours utilisé.

**VAN DEN BERGHE (Frits)** ♦ Peintre belge (Gand 1883 - *id.* 1939). À Laethem-Saint-Martin, où il vécut de 1904 à 1914, il forma avec De Smet la seconde école de Laethem. Il peignit des œuvres de style impressionniste ; puis, après un séjour à Amsterdam pendant la Première Guerre mondiale toujours en compagnie de De Smet, il s'initia au cubisme, à l'art nègre, à l'expressionnisme allemand. Il devint, à son retour en Belgique en 1922, l'un des fondateurs de l'expressionnisme belge, avec Albert Servaes. Mais, contrairement aux expressionnistes allemands, il resta attaché à la terre, à la rusticité des paysages de Belgique, à l'expérience visuelle plus qu'aux théories préconçues. Vers 1920 ses tableaux et gravures sur bois évoquèrent le style de Die Brücke par la simplification des lignes (*Le Semeur,* 1919). Installé définitivement à Gand en 1926, il s'orienta vers le fantastique et le surréalisme, dans la ligne d'Ensor* et de Max Ernst*. Le traitement de ses thèmes devint ensuite sarcastique (*Scène de maison close,* 1927) ou poétique (*L'Homme des nuages,* 1927). ➝ **ÉTYM.** Ce nom flamand signifie «du mont».

**VANDEN BOEYNANTS (Paul)** ♦ Homme politique belge (Forest, Bruxelles 1919 - Bruxelles 2001). Député (1949), président national du Parti social-chrétien (1962 - 1966 ; 1979 - 1981), il devint Premier ministre en 1966 et prit des mesures en faveur des classes moyennes, mais l'échec de sa politique de «trêve linguistique» entre Flamands et Wallons le contraignit à la démission (1968). Très populaire, il fut encore plusieurs fois ministre dans les années 1970, notamment de la Défense nationale (1972 - 1979) et Premier ministre d'un gouvernement de transition (1978 - 1979).

**VAN DEN BOSCH (Johannes,** comte) ♦ Homme politique néerlandais (Herwijnen, Gueldre 1780 - Boschlust, près de La Haye 1844). Commissaire général pour les Antilles et le Suriname (1827 - 1828), il fonda la banque de Curaçao. Gouverneur général des Indes néerlandaises (1830 - 1833), il instaura un système de culture *(cultuurstelsel)* qui donnait au gouvernement néerlandais le cinquième des terres et des journées de travail. Les très importants bénéfices qui en furent tirés permirent aux Pays-Bas de rétablir leur situation financière mais ce système trop pénible pour les populations fut supprimé en 1877. Van den Bosch fut ensuite ministre des Colonies (1834 - 1839). ➝ ÉTYM. Ce nom flamand signifie «du bois».

**VAN DEN VONDEL (Joost)** ♦ Poète dramatique hollandais (Cologne 1587 - Amsterdam 1679). Auteur de poésies lyriques et satiriques, il s'est surtout illustré au théâtre par ses vingt-quatre tragédies avec chœurs dont la plupart sont d'inspiration religieuse (*Gijsbrecht van Amstel*, 1637 ; *Lucifer*, 1654 ; *Adam exilé*, 1664). Un lyrisme robuste et coloré s'y conjugue avec un dessein moralisateur.

**VAN DE POELE (Karel Joseph)** ♦ Ingénieur belge (Lichtervelde, Flandre-Occidentale 1846 - Lynn, Massachusetts 1892). Auteur de nombreuses inventions dont la traction électrique par trolley. ➝ ÉTYM. Ce nom flamand signifie «du marécage».

**VANDERBILT (Cornelius)** ♦ Homme d'affaires américain (Stapleton, New York 1794 - New York 1877). Il fonda au temps de la ruée vers l'or une compagnie de navigation reliant New York à San Francisco, puis se lança dans la construction de lignes de chemin de fer et dans le rachat de compagnies ferroviaires. Surnommé le «roi du rail» (il contrôlait principalement les lignes du Nord entre New York et Chicago), il symbolisa, avec Carnegie et Rockefeller, le type du «self-made man» né avec le développement du capitalisme américain au XIXe s.

**VAN DER GOES (Hugo)** ♦ Peintre et miniaturiste flamand (Gand ? v. 1440 - près de Bruxelles 1482). Il fut l'ami de Juste de Gand et se trouvait inscrit en 1467 à la guilde des peintres de Gand. Il travailla aussi à Bruges et fut chargé de plusieurs travaux décoratifs. En 1475, il entra au monastère de Rouge-Cloître, et, bien qu'en proie à des troubles mentaux, il continua à peindre jusqu'en 1480. Il subit l'influence de Van* Eyck et, dans une certaine mesure, fut marqué par Van* der Weyden, manifestant cependant une personnalité originale. Il est considéré comme l'un des peintres flamands les plus importants de la seconde moitié du XVe s. Son chef-d'œuvre, le triptyque de *L'Adoration des bergers* (v. 1476), commandé par T. Portinari, exerça une profonde influence sur la peinture florentine, notamment sur Ghirlandaio*. Cette œuvre, à la polychromie précieuse, où dominent les tons saturés, exprime une spiritualité anxieuse : les attitudes théâtrales, la caractérisation poussée des visages, les volumes d'une grande plasticité sont puissamment expressifs. Dans une autre *Adoration des bergers*, le traitement de la lumière, les expressions hallucinées accentuent cette tendance au lyrisme qui prend dans *La Mort de la Vierge* un caractère pathétique. Inventeur de types, d'attitudes, il influença de nombreux peintres, particulièrement le Maître de Moulins*.

**VAN DER HELST (Bartholomeus)** ♦ Peintre hollandais (Haarlem 1613 - Amsterdam 1670). Élève du peintre Nicolas Eliasz, il poursuivit la tradition du portrait hollandais en pratiquant un art sévère et précis ; l'objectivité de sa vision, son habileté à rendre les étoffes, les détails précieux, son souci de mettre en valeur l'appartenance de ses modèles à une classe sociale et à une profession déterminées lui valurent la faveur de la clientèle bourgeoise ; il fut aussi peintre officiel de la maison d'Orange. Il sut donner parfois un accent plus intime et élégant à ses portraits (*La Dame en bleu* ; *Portrait de l'artiste*). Son œuvre comporte de nombreux portraits collectifs (*Quatre chefs de la confrérie de Saint-Sébastien* ; *Banquet de la garde civique pour fêter la conclusion de la paix de Münster*, 1648). Il réalisa notamment *La Compagnie du capitaine Roelof Bicker*, entre 1639 et 1643, destinée comme la *Ronde de nuit* de Rembrandt* à la guilde des arquebusiers d'Amsterdam et dont la composition et le traitement plus conformistes obtinrent une approbation unanime.

**VAN DER MEER (Simon)** ♦ Ingénieur néerlandais (La Haye 1925). Il mit au point un procédé de production de faisceaux d'antiprotons qui permit la réalisation d'un collisionneur protons-antiprotons à l'aide duquel l'équipe de C. Rubbia* découvrit les bosons W et Z. [Prix Nobel de phys. 1984, avec C. Rubbia]

**VAN DER MEERSCH (Jan André)** ♦ Général belge (Menin 1734 - Dadizeele 1792). Il servit la France pendant la guerre de Sept* Ans, puis l'Autriche, avant de prendre contre elle la direction des forces de l'insurrection brabançonne (victoire de Turnhout, 1789). Partisan de Vonck, il fut jeté en prison par Van* der Noot.

**VAN DER MEERSCH (Maxence)** ♦ Écrivain français (Roubaix 1907 - Le Touquet 1951). En 1932, il composa *La Maison dans la dune*, dont le succès fut immédiat. Cette histoire d'un contrebandier fut suivie en 1933 de *Quand les sirènes se taisent*, récit d'une grève du textile à Roubaix. Van der Meersch obtint en 1936 le prix Goncourt pour l'*Empreinte du dieu* et en 1943 le grand prix de l'Académie française pour *Corps et Âmes*. Parmi les autres œuvres de cet écrivain catholique, on peut citer *Pêcheur d'hommes* (1940), *Vie du curé d'Ars* (1942), *La Petite Sainte Thérèse* (1947). ➝ ÉTYM. Ce nom de famille flamand signifie «du pré», de *van* «de», *der* ancienne forme de l'article «le» et *mersch* «pré (à faucher)».

**VAN DER MEULEN (Adam Frans)** ♦ Peintre, dessinateur et graveur d'origine flamande, naturalisé français (Bruxelles 1632 - Paris 1690). Formé par le peintre de batailles Pierre Snayers, il fit preuve d'une grande habileté dans le dessin des chevaux. Inscrit à la guilde de Bruxelles en 1651, il s'établit ensuite à Paris et fut chargé par Le* Brun de collaborer au projet des tentures des maisons royales (1667). Nommé peintre des batailles royales et peintre ordinaire du roi, il accéda à l'Académie en 1673. Topographe et mémorialiste chargé de célébrer les victoires de Louis XIV, il suivait les armées et relevait les sites. Il conçut avec ampleur de vastes panoramas, se déroulant en lignes parallèles, plaçant l'horizon assez haut. Il manifeste le goût de l'anecdote, du détail précis ; paysagiste sensible aux valeurs de l'atmosphère, il utilise une pâte légère et des tonalités transparentes (*Vue de Lille assiégée* ; œuvre destinée au château de Marly). ➝ ÉTYM. Ce nom flamand signifie «du moulin».

**VANDERMONDE (Alexandre)** ♦ Mathématicien français (Paris 1735 - *id.* 1796). Auteur de travaux sur la théorie des équations, il utilisa les déterminants (1772) et amorça la théorie des groupes de substitution en étudiant la résolution des équations de degré supérieur ou égal à 4. Il s'intéressa également à la métallurgie et à l'industrie mécanique et participa à la création du Conservatoire des arts* et métiers. [Acad. sc. 1771]

**VAN DER NOOT (Henri)** ♦ Homme politique belge (Bruxelles 1731 - Strombeek, Brabant 1827). Il mena dès 1787 la résistance aux mesures centralisatrices de l'empereur Joseph* II et devint l'un des chefs de la révolution brabançonne avec Vonck. Il ne devait d'ailleurs pas tarder à entrer en conflit avec celui-ci, les tendances des vonckistes étant libérales, contrairement à celles des statistes, ses partisans, purement réactionnaires. Cette division permit à l'Autriche d'écraser la révolte dès 1790, malgré des échecs militaires comme celui de Turnhout. ➝ ÉTYM. Ce nom flamand signifie «de la vallée».

**VANDERVELDE (Émile)** ♦ Homme politique belge (Ixelles 1866 - Bruxelles 1938). Membre du Parti ouvrier de Belgique et de la IIe Internationale, il fut député socialiste (1894 - 1938) et ministre des Affaires étrangères de 1925 à 1927.

**VAN DER WAALS (Johannes Diderik)** ♦ Physicien néerlandais (Leyde 1837 - Amsterdam 1923). Il proposa en 1873 une équation d'état des fluides qui porte son nom et qui, tenant compte des interactions entre les molécules, traduit mieux les faits expérimentaux que la loi des gaz parfaits. Il étudia la force, d'origine électrostatique, appelée *liaison de Van der Waals*, qui, malgré sa très faible intensité, assure la cohésion de nombreux liquides et de certains solides (1880). [Acad. sc. 1910 ; prix Nobel de phys. 1910] ➝ ÉTYM. Ce nom de famille néerlandais signifie «du Wallon», de *van* «de» et *Waal* «Wallon».

**VAN DER WEYDEN (Rogier)** dit parfois en fr. **Roger de La Pasture** ♦ Peintre flamand (Tournai v. 1399 - Bruxelles 1464). Il obtint sans doute sa maîtrise en 1432 à Tournai, après avoir été élève de Campin*, et devint en 1435 le peintre officiel de la cité de Bruxelles (c'est alors que son nom fut traduit en flamand). Il fit un voyage en Italie v. 1450, travaillant pour la famille d'Este (*Portrait de François d'Este*) ; il aurait influencé Tura* et Cossa*. Il reçut aussi de nombreuses commandes des ducs de Bourgogne, Philippe le Bon et Charles le Téméraire, notamment des portraits. Il fut à son époque considéré comme le plus grand peintre flamand après Van* Eyck. On lui attribue notamment : *Saint Luc peignant la Vierge*, œuvre qui reflète l'influence de Van Eyck, *La Vierge et saint Jean*, le triptyque *Braque* (v. 1432), la *Déposition de Croix* (av. 1443, Prado), le *Jugement dernier* de Beaune (v. 1445), le triptyque du *Calvaire* (➝ **Crucifixion**), le triptyque de l'autel de la Chiesa Madre de Polizzi Generosa (près de Palerme). Ses portraits sont remarquables d'équilibre et de pénétration (*Portrait de jeune femme*, Washington). Dans ses compositions amples, de caractère monumental, il semble moins rechercher une insertion illusionniste de formes dans l'espace qu'un rapport de rythmes linéaires et de volumes visant à accentuer le caractère expressif de ses mises en scène. Son art exprime en effet un sentiment religieux intense et pathétique, rendu avec une plénitude sculpturale, dans des tonalités saturées, mais souvent claires. Son style influença profondément de très nombreux peintres flamands et étrangers. ➝ ÉTYM. Le nom *Weyden* vient du flamand *wei* «pâturage».

**VAN DE VELDE** ♦ Famille de peintres hollandais du XVIIe s. ♦ **Esaias Van de Velde.** Peintre et graveur (Amsterdam v. 1591 - La Haye 1630).

Il travailla à Haarlem entre 1610 et 1618, puis devint portraitiste de la cour d'Orange à La Haye. Auteur de scènes de genre qui portent la marque du caravagisme, il peignit aussi des paysages animés *(Plaisir de l'hiver ; Jeux sur la glace)* issus de la tradition flamande et des calmes paysages de son pays : vues de rivières, de dunes, qui révèlent son souci d'enregistrer fidèlement le réel. Ces œuvres, fines et détaillées, dans lesquelles le rendu du ciel, des reflets de la lumière priment sur l'anecdote, constituent d'importants jalons dans le développement du paysage hollandais. Il fut le maître de Van* Goyen (*Les Dunes*, 1629). ♦ **Willem Van de Velde,** dit **le Vieux** (Leyde 1611 - Greenwich 1693). Frère du précédent. Il se spécialisa dans la représentation des batailles navales et a surtout laissé des dessins à la plume, rehaussés de grisaille d'une méticuleuse précision. ♦ **Adrian Van de Velde.** Fils et élève du précédent. Il représenta surtout des paysages italianisants qui reflètent l'influence de Berchem* (*Repos des bergers*, 1664), peignit des personnages dans les paysages de ses confrères, ainsi que des paysages et animaux au coloris brillant. ♦ **Willem Van de Velde,** dit **le Jeune.** Peintre et graveur (Leyde 1633 - Greenwich 1707). Fils et élève de Willem le Vieux. Il représenta aussi des combats navals, comptes rendus exacts ou libres compositions, prétextes à de savants effets de lumière, ciels nuageux jouant sur des mers calmes ou démontées *(Le Coup de canon, La Bataille des Dunes)*. Il se fixa à Londres à partir de 1673 et travailla à la cour de Charles II. ➝ ÉTYM. Ce nom flamand signifie «des champs».

**VAN DE VELDE (Henry Clemens)** ♦ Peintre, architecte, décorateur et théoricien belge (Anvers 1863 - Zurich 1957). En 1884, il étudia la peinture dans l'atelier de Carolus*-Duran, puis adopta la technique divisionniste de Seurat*. Subissant ensuite l'influence du mouvement Arts and Crafts de W. Morris*, il s'intéressa aux arts décoratifs et à l'architecture et se fit le défenseur d'un art social. En 1895, il construisit et créa tous les éléments du décor et du mobilier de sa maison à Uccle. Il prônait un art fonctionnel et le rejet de l'ornementation (*Déblaiement d'art*, 1894 ; *L'Art futur*, 1895) mais employa les lignes incurvées, les ornements linéaires et devint l'un des maîtres de l'Art nouveau (décor du magasin du marchand Bing à Paris, 1896 ; aménagement du Folkwang Museum de Hagen, 1901 - 1902). Chargé par le grand-duc de Saxe-Weimar de rénover les industries d'art, il édifia la Kunstgewerbeschule de Weimar au style plus géométrique et dépouillé et prépara par son enseignement le succès du Bauhaus*. Dans le théâtre du Werkbund (1914, détruit), il manifesta une grande compréhension des problèmes scéniques. En 1921, dans les plans du musée Kröller-Müller (Pays-Bas), construit de 1937 à 1954, il appliqua strictement ses conceptions fonctionnelles. Il fut un ardent polémiste et un important théoricien (*Formule d'une esthétique moderne*, 1923).

**VAN DE WOESTIJNE (Karel)** ♦ Écrivain belge de langue néerlandaise (Gand 1878 - Zwijnaarde, Gand 1929). Reprenant la double postulation satanique et angélique qui régit l'œuvre de Baudelaire*, éprouvant d'une manière violente le spleen ressenti par J. Laforgue*, Van de Woestijne a donné, avec ses ouvrages en prose comme avec ses poèmes, une autobiographie lyrique où l'obsession de la mort aggrave le conflit entre sensualité et mysticisme. Dans *Le Paysan qui meurt, Imaginations divines* ou *Janus au double visage* (1908), véritables poèmes en prose, se font jour cette souffrance et cette lassitude que le poète estime inhérentes à la condition humaine. Le recueil *L'Homme de boue* (composé de 1909 à 1915 ; publié en 1920) exprime les tentations d'une sensualité lourde qu'accompagne pourtant le dégoût des jouissances, tandis que les recueils *Dieu à la mer* (1926) et *Le Lac de montagne* (1928), dans une langue dense jusqu'à l'hermétisme, font alterner le sentiment chrétien de la culpabilité et le désir sincère d'une sublimation spirituelle.

**VAN DE WOESTIJNE (Gustaaf)** ♦ Peintre belge (Gand 1881 - Uccle 1947), frère de Karel Van de Woestijne. Aux côtés de Valerius de Saedeleer et de Georges Minne*, il fut un des principaux animateurs de la première école de Laethem Saint-Martin (Sint-Martens-Latem). Sa religiosité s'exprime d'abord sous la forme d'une émotion mystique naïve, dans des œuvres où se retrouve l'influence de Fra Angelico et des préraphaélites anglais (*Dimanche après-midi*, 1914), avant d'adopter, après 1919, les formes vigoureuses de l'expressionnisme (*Fugue*, 1925 ; *Azur*, 1928 ; *Le Baiser de Judas*, 1937).

**VAN DIEMEN (Anthony)** ♦ (Culemborg 1593 - Batavia 1645). Gouverneur général pour la Compagnie des Indes néerlandaises (1636 - 1645), il poursuivit l'œuvre de Coen, prit les établissements portugais de Malaka et de Ceylan et fut à l'origine de la découverte de la *Terre de Van Diemen* ou Tasmanie*.

**VAN DIJK (Peter)** ♦ Danseur et chorégraphe allemand (Brême 1929 - Paris 1997). Soliste de l'Opéra de Berlin (1946), il fut vite considéré comme le meilleur danseur étoile allemand de sa génération. Nommé maître de ballet à l'Opéra de Wiesbaden (1951), il préféra rejoindre la compagnie de Janine Charrat (*Les Algues*, théâtre des Champs-Élysées, 1953). Il cumula ensuite les fonctions de danseur étoile à l'Opéra de Paris (*Chemin de Lumière*, de S. Lifar, 1957) et de chorégraphe. Après avoir été maître de ballet à Hambourg (1960 - 1974), au Ballet du Rhin (1974 - 1978), au Grand Théâtre de Genève (1978 - 1980), il fut directeur du Ballet de Bonn (1981 - 1989). Ses chorégraphies s'inscrivent dans la plus pure tradition néoclassique (*La Nuit transfigurée*, Schoenberg, 1965, Théâtre du Rhin ; *À la mémoire d'un ange*, Berg, 1979, Genève).

**VAN DOESBURG (Christian Emil Marie KÜPPER, dit Theo)** ♦ Architecte, peintre et théoricien néerlandais (Utrecht 1883 - Davos 1931). Malgré la guerre, il créa avec Mondrian* en 1917 la revue *De* Stijl* dans laquelle il publia des essais théoriques sur l'abstraction. Les peintres Bart Van der Leck, Huszar, Vantongerloo*, les architectes Oud*, Wils, Van't Hoff et Rietveld se joignirent à eux, sans jamais cependant former un véritable groupe : Mondrian et Rietveld par exemple ne se sont jamais rencontrés. Van Doesburg signa en 1918 le *Premier manifeste du mouvement néoplasticiste* (➝ **néoplasticisme**). Mais il en transgressa les règles après ses contacts en 1922 avec le dadaïsme à travers Arp*, Tzara* et Schwitters* et introduisit la diagonale et les non-couleurs (*Contre-composition V*, 1924). Sa décoration de la brasserie de l'Aubette, à Strasbourg, en collaboration avec Hans Arp* et Sophie Taeuber*-Arp, commencée en 1926, année de la publication de son *Manifeste élémentariste*, est fondée sur l'emploi de la diagonale, dans la salle de danse notamment, sorte d'archétype de l'art moderne. Il mena parallèlement des recherches sur les possibilités d'une architecture qui fût à la fois abstraite plastiquement et fonctionnelle, dans l'esprit du Bauhaus* de Weimar, bien qu'il n'admît pas le style de Mies Van der Rohe, trop éloigné de la vie. Malgré les conférences qu'il donna au Bauhaus, il ne réussit pas à se faire engager comme professeur par Gropius*. Van Doesburg se détacha aussi des principes de Mondrian et multiplia les projets dessinés : pour une cité ouvrière à Drachten en 1920, la maison de Oud à Noordwijkerhout, puis, en 1929, son propre atelier à Meudon, où il lança avec Hélion* le manifeste de *L'Art concret*.

**VANDŒUVRE-LÈS-NANCY** [54500] ♦ Ch.-l. de cant. de la Meurthe-et-Moselle, banl. S. de Nancy. 32 048 hab. *(Vandopériens)*.

**VAN DONGEN (Cornelis Theodorus Marie, dit Kees)** ♦ Peintre et dessinateur français d'origine néerlandaise (Delfthaven 1877 - Monte-Carlo 1968). Il manifesta des dons précoces et peignit d'abord dans un style réaliste progressivement marqué par l'influence impressionniste. Il devint dessinateur-reporter pour un journal néerlandais, puis, en 1897, il s'installa à Paris, pratiquant les métiers les plus divers et donnant des dessins satiriques aux journaux (notamment *L'Assiette au beurre*). Il s'intéressa un moment aux théories néo-impressionnistes et fit preuve très tôt d'une grande liberté de facture et d'une prédilection pour les couleurs violentes, tout en utilisant un trait rapide visant à l'essentiel. Installé au Bateau-Lavoir en 1905, il se rapprocha des peintres que la critique allait dénommer les «fauves» et exposa avec eux au Salon d'Automne de 1905. Certaines de ses œuvres furent aussi exposées en Allemagne par le groupe Die Brücke* (1908), contribuant ainsi à rapprocher les fauves français et les expressionnistes allemands. Ses paysages, scènes de la vie élégante ou scènes de music-hall, figures féminines au visage très fardé, se distinguent par l'audace des mises en page dans un espace peu approfondi, par la stylisation des formes, dont il accentue certains traits, et surtout par la richesse d'un chromatisme souvent arbitraire, plus expressif que descriptif, où apparaissent des accords de tons originaux, intenses, souvent stridents. La sobriété des moyens employés met en valeur une vision à la fois aiguë, sensuelle et caustique, qui n'est pas sans parenté avec

Kees **Van Dongen.** *Femmes à la balustrade* (81 x 100 cm), 1910.
Musée de l'Annonciade, Saint-Tropez.
*BIS/Phot. Jeanbor © Archives Larbor © ADAGP, Paris*

l'expressionnisme (*Danseuse borgne*, 1905 ; *Au bois de Boulogne*, 1906 ; *Fille au grand chapeau*, 1906 ; *Femme à l'aigrette*, 1910). Après avoir fait scandale au Salon d'Automne de 1913 avec un nu jugé indécent, il devint l'un des portraitistes préférés de l'aristocratie et du monde du spectacle. S'il sut encore se montrer un impitoyable observateur (*Rappoport* ; *Anatole France)*, il eut alors tendance à tomber dans la facilité, multipliant les effigies de femmes aux corps minces et aux poses affectées. ➝ ÉTYM. *Van Dongen* signifie «originaire de Dongen (Pays-Bas)».

**VAN DYCK (Antoon VAN DIJK, sir Antony)** ♦ Peintre et graveur flamand (Anvers 1599 - Londres 1641). **▮ Un talent précoce** Apprenti dans l'atelier du peintre maniériste Van Baelem, il manifesta des dons précoces et, à quatorze ans, il réalisa un autoportrait plein d'assurance ; il fonda en 1615 - 1616 un atelier libre alors qu'il ne fut reçu maître à la guilde d'Anvers qu'en 1618. Très tôt, il assimila le style de Rubens, devenant son fidèle disciple et l'un de ses exécutants les plus brillants ; il interpréta notamment ses œuvres en des esquisses destinées aux graveurs et obtint rapidement des commandes personnelles : portraits, mais aussi compositions religieuses ou mythologiques où s'affirme une manière vigoureuse et tourmentée d'une grande liberté (*Têtes d'apôtres*, 1616 - 1617 ; *L'Arrestation du Christ ; Jupiter et Antiope*, 1620). **▮ Les voyages en Angleterre et en Italie** En 1619, il entreprit à la demande du comte d'Arundel, collectionneur et amateur d'art, son premier voyage en Angleterre, mais, si le roi le chargea probablement de quelques commandes, il quitta l'Angleterre dès 1621 pour se rendre en Italie, séjournant surtout à Gênes et à Rome. Il multiplia les croquis (*Album* dit *de Chatsworth*), admira particulièrement le Corrège, Raphaël, Véronèse, le Tintoret, Guido Reni et surtout Titien dont l'influence, déjà sensible dans ses œuvres anversoises, ne fit que s'amplifier. Sa gamme gagna en nuances et en finesse, tandis que ses œuvres religieuses acquirent une douceur expressive presque suave (*Madone aux anges)*, et c'est à cette époque qu'il mit au point un nouveau type de portrait d'apparat dénué de statisme et de raideur (*Le Cardinal Bentivoglio*, v. 1623 ; *La Marquise Elena Grimaldi Cattaneo*, v. 1625). **▮ Anvers** Revenu à Anvers en 1627, il déploya jusqu'en 1632 une activité intense. Dans ses œuvres mythologiques et religieuses, il mit surtout l'accent sur l'émotivité des protagonistes, multiplia les effets de lumière, sa pâte devenant plus onctueuse et fondue ; il insista sur les effets de draperies mouvementées, sur les gestes maniérés, sinueux (*Déposition de Croix* ; *La Vierge et l'Enfant*, 1630 ; *Vénus et Vulcain ; Samson et Dalila ; Renaud et Armide*). Quant à ses portraits de bourgeois et d'artistes (c'est probablement en 1630 qu'il entreprit les modèles pour la célèbre *Iconographie*, publ. 1640 - 1645), s'ils conservent le caractère somptueux des portraits de la période italienne, ils se distinguent par une harmonie tonale plus froide et des couleurs très claires ; les expressions sont variées et les gestes souvent plus éloquents (*Jean Wildens, Pierre Stevens, Les Magistrats de Bruxelles)*, tandis que dans ses portraits à double personnage, il rend subtilement sensibles les rapports qui lient les modèles (*Portrait présumé de Mytens et de son épouse)*. **▮ Le retour en Angleterre** En 1632, il s'établit définitivement en Angleterre où il fut comblé d'honneurs par le roi Charles Ier et où il fit surtout une brillante carrière de portraitiste. Il n'eut pas l'occasion, en effet, de concevoir de grandes décorations et ne réalisa à cette époque qu'un nombre limité de sujets religieux, notamment l'éloquente et pathétique *Déploration du Christ mort* (1634). Son talent s'épanouit surtout dans les multiples portraits du roi (*Portrait équestre de Charles Ier*, 1635 ; *Charles Ier à la chasse*, 1635 ; *Charles Ier, trois têtes*, 1636), ainsi que de son entourage et des membres de l'aristocratie. Ses modèles aimèrent se reconnaître dans ces images élégantes et désinvoltes où l'affectation donne l'impression du naturel et où l'indifférence hautaine se charge de mélancolie. Il savait aussi bien souligner le charme et la distinction de ses modèles féminins (*Lady Ann Carr, comtesse de Bedford*, v. 1640) que faire preuve d'une délicate sensibilité dans ses portraits d'enfants (*Trois enfants de Charles Ier)*. Il sut aussi rendre convaincant le genre du portrait mythologique, dont la vogue se développa particulièrement en France au XVIIIe s. (*James Stuart en Pâris)*. **▮ L'influence sur l'école anglaise** Les accents nouveaux qu'il imprima à ses portraits vont de pair avec la sûreté de ses mises en page et le brio de sa technique ; remarquable coloriste, il utilisa une facture fluide parfois large, souvent fine et délicate, et multiplia les nuances, attentif à diversifier les jeux de lumière et à rendre les reflets, les effets chatoyants des tissus. Ses dessins et aquarelles mettent en évidence son talent d'animalier et de paysagiste, déjà sensible dans ses portraits. Revenu dans son pays en 1640, il séjourna en France peu après, mais regagna l'Angleterre, laissant une œuvre qui allait permettre l'éclosion de l'école anglaise en offrant d'enrichissants exemples à ses créateurs. ➝ ÉTYM. Ce nom flamand signifie «de *(van)* la digue *(dijk)*».

**VANE (sir Henry)** ♦ Homme politique anglais (Hadlow, Kent 1589 - Londres 1654). Il fut secrétaire d'État (1640 - 1641). Après l'exécution du roi Charles Ier, il rejoignit les parlementaires. ♦ Sir **Henry Vane** (Debden, Essex 1613 - Londres 1662). Fils du précédent. Émigré en Nouvelle-Angleterre, il fut gouverneur du Massachusetts (1636 - 1637) et participa à la fondation du collège Harvard. Rentré à Londres, lié avec Pym*, il joua un rôle prépondérant dans la préparation de la révolution et, membre du Parlement (1640), fut l'un des chefs de l'opposition à Charles Ier. En 1643, il négocia l'alliance avec l'Écosse. Il fut membre du Conseil d'État (1649 - 1653) et fut chargé de l'Amirauté. Il se brouilla avec Cromwell et ne put se réconcilier avec l'armée, de sorte qu'il se retira du gouvernement. À la Restauration, bien qu'il n'eût pris aucune part à la condamnation de Charles Ier, il fut exécuté.

**VANE (sir John Robert)** ♦ Biochimiste britannique (Tardebigg, Worcestershire 1927 - Farnborough 2004). Auteur de travaux sur les prostaglandines, il montra qu'elles ont toutes les mêmes précurseurs et découvrit leurs inhibiteurs. Il étudia leur action physiologique, en particulier dans la reproduction, dans la coagulation du sang et dans la genèse de la douleur, ouvrant ainsi la voie à leurs applications pharmacologiques, notamment en gynécologie. [Prix Nobel de physiol. ou méd. 1982, avec S. Bergström* et B. Samuelsson*]

**VANEL (Charles)** ♦ Acteur français (Rennes 1892 - Cannes 1989). Au cours de ses quatre-vingts ans de carrière (il débuta au théâtre en 1908 et tourna son dernier film en 1987), il fit toujours preuve d'une solide autorité, campant des personnages parfois un peu frustes, qu'il savait rehausser de malice. D'une impressionnante filmographie, on retiendra : *La Proie du vent* (1927), *La Belle Équipe* (1936), *La Ferme du pendu* (1945), *Le Salaire de la peur* (1953), *La Mort en ce jardin* (1956), *La Vérité* (1960), *L'Aîné des Ferchaux* (1963). Son meilleur rôle reste sans doute celui du garagiste dans *Le Ciel est à vous* de Jean Grémillon (1944), incarnation des vertus françaises. Il réalisa, à la fin du muet, un petit film policier qui n'eut aucun succès : *Dans la nuit* (1930). ➝ ÉTYM. *Vanel* est peut-être le diminutif de *van* «corbeille pour vanner» ou «petite rue».

**VÄNERN** (lac) ♦ Le plus grand lac de Suède, le 3e d'Europe, relié au Skagerrak par le Göta älv. 5 546 $km^2$. Il communique avec le Vättern* par le Göta kanal et baigne les villes de Karlstad, Lidköping.

**VANES** n. m. pl. ♦ Mythol. germanique. Une des familles de dieux, où figurent Njördhr, Freyr*, Freyja*. Ce sont des dieux de la fertilité opposés aux Ases*. Culte surtout en Scandinavie.

**VAN EYCK (Hubert et Jan)** ♦ Peintres flamands. HUBERT (mort à Gand 1426), JAN (région de Maastricht v. 1390 - Bruges 1441). **▮ Deux frères ?** Par leur activité, ces deux frères jouèrent un rôle déterminant dans la fondation de l'école flamande ; cependant leur part respective est difficile à déterminer. Hubert, probablement l'aîné, aurait entrepris le grand retable de l'*Agneau mystique* en 1426, mais plusieurs historiens ont mis en doute son activité et même son existence (les documents en faisant foi ayant été jugés apocryphes). **▮ De La Haye à Bruges** On sait toutefois que Jan travailla de 1422 à 1424 à La Haye au service de Jean de Bavière, comte de Hollande, et qu'il débuta sans doute comme miniaturiste. On lui attribue une série de miniatures datées de 1422 - 1424, faisant partie des *Heures de Turin*, livre d'heures ayant appartenu au duc de Berry et qui fut détruit dans un incendie en 1904. Jan s'installa ensuite à Bruges en 1425, puis il entra au service du duc de Bourgogne Philippe le Bon, avec la charge de valet de chambre. Il s'installa ensuite à Lille et fut chargé de plusieurs missions, l'une en Aragon en 1426, l'autre

Jan **Van Eyck.** *La Vierge au chancelier Rolin* (66 x 62 cm), 1435. Musée du Louvre, Paris. *BIS/Phot. H. Josse © Archives Larbor*

à Lisbonne en 1428, où il peignit notamment le portrait de la princesse Isabelle de Portugal (disparu) ; puis, en 1430, il se fixa définitivement à Bruges. Certaines œuvres, notamment *Les Trois Marie au sépulcre, La Crucifixion avec la Vierge et saint Jean, La Vierge dans l'église* (v. 1425) et un *Saint François recevant les stigmates*, s'apparentent par certains caractères aux *Heures de Turin* et présentent quelques hésitations quant au traitement de l'espace. **▮ «L'Adoration de l'Agneau mystique»** Le polyptyque de *L'Adoration de l'Agneau* mystique* à l'église Saint-Bavon de Gand (1426 - 1432) fut considéré dès son exécution comme un chef-d'œuvre. Stylistiquement, il s'éloignait de la tradition du gothique international (abandon des fonds d'or, de la composition décorative, ainsi que du répertoire de poses et d'expressions maniérées) et innovait par la plus grande précision de la perspective linéaire et surtout par la maîtrise de la perspective atmosphérique (modification des valeurs en fonction de l'éloignement) qui engendrait un nouveau sentiment de l'espace, allant de pair avec une mise en place plus ferme des volumes. Les formes, en effet, offrent un aspect plus stable et monumental (particulièrement les grandes figures en grisaille des volets latéraux dont le rendu illusionniste vise à imiter la sculpture). Le foisonnement des détails traités avec une attention passionnée ne nuit pas pour autant à la clarté et à l'équilibre de la composition d'ensemble. La délicatesse du modelé, l'éclat des couleurs, la luminosité de l'atmosphère sont en partie dus à l'utilisation nouvelle qui était faite de la peinture à l'huile ; en effet, si Van Eyck, contrairement à l'affirmation de Vasari, n'inventa pas la peinture à l'huile, il en perfectionna la technique et parvint ainsi à des effets inédits de transparence, d'éclat ou de densité des couleurs. **▮ Le thème de la Vierge** L'émotion contenue, la spiritualité fervente apparaissent dans une série d'œuvres surtout consacrées au thème de la Vierge (*La Vierge au chancelier Rolin*, dite aussi *Vierge d'Autun*, 1435 ; *L'Annonciation*, v. 1435 ; *La Vierge au chanoine Van der Paele*, 1436 ; *La Vierge trônant dans une église*, 1437 ; *Sainte Barbe*, 1437 ; *La Vierge à la fontaine*, 1439). **▮ Les portraits** La curiosité du peintre envers l'individu le pousse à détailler les particularités physiques des visages et, à travers une apparente impassibilité, à faire affleurer les sentiments les plus nuancés (*L'Homme au turban rouge*, 1433 ; *Baudoin de Lannoy*, v. 1435 ; *Jan de Leuw*, 1436 ; *Marguerite Van Eyck*, 1439 ; et surtout le double portrait en pied des *Époux* Arnolfini*, 1434, qui constitue en même temps une scène d'intérieur de caractère profane investie de subtiles significations symboliques). **▮ Le rayonnement de l'œuvre** Cette œuvre définit et orienta la recherche réaliste flamande ; elle se caractérise par la conjonction particulière d'un sentiment de ferveur spirituelle et d'une volonté de consigner l'univers sensible dans ce qu'il a de plus concret (paysage, architecture, objets quotidiens) grâce à des moyens picturaux remarquablement maîtrisés. Elle eut un rayonnement européen et donna une vive impulsion à l'école de Bruges. → ÉTYM. Ce nom vient du flamand *eyck* (ancienne orthographe de *eik*) «chêne».

**VAN GENNEP (Arnold KURR, dit Arnold)** ♦ Ethnographe et folkloriste français (Ludwigsburg, Allemagne 1873 - Bourg-la-Reine 1957). Il a précisé les méthodes d'enquête, de classement, d'interprétation des faits en ethnographie. On lui doit des ouvrages sur *Les Rites de passage* (1909), les *Religions, mœurs et légendes* (1908 - 1914), des *Études d'ethnographie algérienne* (1912 - 1914), des recherches sur le folklore de différentes provinces françaises (*Manuel du folklore français contemporain*, 1943 - 1958).

**VAN GOGH (Vincent Willem)** ♦ Peintre et dessinateur néerlandais (Groot-Zundert, Brabant 1853 - Auvers-sur-Oise 1890). Fils de pasteur calviniste, il devint employé à la galerie d'art Goupil à La Haye (1869), à Londres (1873 - 1874) puis à Paris (1874 - 1875). Esprit tourmenté, profondément mystique, il obtint une mission évangéliste chez les mineurs du Borinage qui se solda par un douloureux échec. **▮ Anvers et les premières œuvres** En 1880 il alla étudier le dessin à Anvers, fit des croquis de mineurs inspirés de Millet* auquel il voua toujours une profonde admiration. En 1882 il alla travailler auprès de son cousin le peintre Mauve, exécuta de nombreux dessins et aquarelles et s'initia à la peinture à l'huile. Chez son père, au presbytère de Nuenen (déc. 1883 - 1885), il travailla avec acharnement, réalisant des paysages, des natures mortes et des scènes de la vie paysanne d'un sombre réalisme déjà révélateur de sa sensibilité inquiète et véhémente (*Les Mangeurs de pommes de terre*, 1885). Au cours d'un séjour à Anvers (1885 - 1886), il admira les Rubens et eut la révélation des estampes japonaises, qui l'incitèrent à modifier sa conception de la couleur. **▮ Paris** Après quelques œuvres dans la même veine réaliste (*Les Souliers avec lacets*, 1886), il rejoignit à Paris son frère Théo qui ne cessa de lui marquer sa confiance et de l'aider matériellement (leur correspondance a été publiée : *Lettres à Théo*). Il suivit des cours à l'atelier Cormon, y rencontra Toulouse*-Lautrec et É. Bernard*, qui le présenta à Gauguin*. Surtout influencé par les toiles impressionnistes, il adopta alors des couleurs très claires et une touche fragmentée (*Tournesols*, été 1887) ; il admirait la technique de Monticelli* et copia avec ferveur Hiroshige*. Dans cette période d'essai transparaît déjà sa forte personnalité (autoportraits, *Le Père Tanguy*, 1888). **▮ Arles** En fév. 1888

**Van Gogh.** *Autoportrait* (65 × 54,5 cm), 1890. Musée d'Orsay, Paris.
*Phot. © Giraudon*

il alla s'installer à Arles et, durant une intense période de création, il accumula les paysages (*Vue d'Arles aux iris, La Plaine de Crau, Les Barques sur la plage*, la série des «Tournesols*») et les portraits (*L'Arlésienne, M$^{me}$ Ginoux*). S'écartant de la représentation traditionnelle et de la perspective illusionniste, il simplifia les formes et pratiqua un colorisme éclatant en affranchissant la couleur de sa fonction descriptive pour exprimer avec plus de force «les terribles passions humaines». Il voulut créer un phalanstère d'artistes et persuada Gauguin de venir le rejoindre (oct. 1888), mais, à la suite d'une violente dispute, ce dernier le quitta et Van Gogh, en proie au délire, se mutila l'oreille gauche (*Autoportrait à l'oreille coupée, Portrait du docteur Rey, Berceuse*). Souffrant d'hallucinations, il fut interné à Arles, puis à Saint-Rémy-de-Provence (1889 - 1890). Entre deux crises il continuait à travailler (*Les Blés jaunes au cyprès, La Nuit étoilée, Champ d'oliviers*), modelant les volumes d'une touche fortement apparente et construisant les formes à partir d'hallucinantes volutes aux couleurs intenses. **▮ Auvers-sur-Oise** Rentré à Paris en mai 1890, il alla finalement s'installer à Auvers-sur-Oise, surveillé par le docteur Gachet, ami de Pissarro et de Cézanne. Dans certaines œuvres son style s'exacerbe (*L'Église d'Auvers*, 1890), mais parfois sa facture plus large semble perdre son caractère tourmenté et exprimer un lyrisme dramatique (*Le Champ de blé aux corbeaux*). Le 27 juil. 1890 il se tira un coup de pistolet dans la poitrine et mourut le surlendemain, presque inconnu. **▮ Un précurseur de l'expressionnisme** Dans la mesure où il se servit de la couleur «plus arbitrairement pour s'exprimer fortement», il fut un précurseur des fauves et surtout de l'expressionnisme.

**VAN GOYEN (Jan)** ♦ Peintre et dessinateur hollandais (Leyde 1596 - La Haye 1656). Élève d'Esaias Van* de Velde à partir de 1617, il travailla ensuite à Leyde et à Harlem, voyagea en France, en Angleterre, dans les Flandres d'où il ramena de nombreuses études de sites, puis il se fixa à La Haye en 1631. Jusqu'en 1640 environ, il peignit des scènes de patinage et des paysages sereins et assez minutieux, il évolua ensuite vers un style plus inquiet et nerveux ; avec une palette réduite, presque monochrome (bistre, brun, or, vert sombre), il exprima le caractère spécifique du paysage hollandais, donnant au ciel nuageux et aux reflets dans l'eau une place primordiale. Il plaçait la ligne d'horizon très bas et créait d'audacieux effets de contre-jour nuancés avec finesse. Il éclaircit ensuite sa palette, représentant de préférence des berges de rivière, des bords de mer où le sens de l'espace, l'atmosphère brumeuse et la mobilité des éléments sont rendus par une modulation délicate des valeurs (*Vue du Rhin près d'Etten*, 1655). Il joua un rôle capital dans le développement du paysage hollandais et influença plusieurs de ses compatriotes.

La **Vanguardia** → ÉTYM. esp. «l'avant-garde» ♦ Quotidien espagnol fondé à Barcelone en 1881 par les comtes Carlos et Bartholomé de Godo. De tendance conservatrice et modérée, le journal, paraissant en castillan et auquel ont collaboré Utrillo, Miró et Tapiés, est diffusé essentiellement en Catalogne et tire à 210 000 exemplaires.

**VAN HEEMSKERCK (Maerten)** ♦ Peintre, tapissier, graveur et maître-verrier néerlandais (Heemskerk 1498 - Haarlem 1574). Formé successivement par Cornelis Willemsz, Jan Lucasz et Jan Van Scorel*, Heemskerck séjourna à Rome de 1532 à 1536, trouvant ses modèles dans l'Antiquité gréco-romaine et chez Michel*-Ange. L'Italie le détourna du style sobre et harmonieux des romanistes pour un expressionnisme tourmenté, qui le rapproche de son contemporain Frans Floris* de Vriendt. De retour à Haarlem, il peignit plusieurs retables, caractéristiques de sa manière crispée aux compositions foisonnantes (*Le Retable de la Passion*, 1540 ; *Ecce Homo*, 1559). Ses portraits réalistes offrent la même exaspération des lignes qui contracte les traits du visage et les mains (*Anna Codde*, 1529). Il a également fourni de nombreux dessins originaux pour la gravure.

**VAN HELMONT (Jan Baptist)** ♦ Médecin et chimiste flamand (Bruxelles 1577 - *id.* 1644). Il fut le premier à donner une description scientifique des gaz (il inventa le mot), en découvrit plusieurs, dont le gaz carbonique (qu'il appela gaz sylvestre), distingua les divers gaz de l'air. Il mit également en évidence le rôle du suc gastrique dans la digestion. Expérimentateur très précis, il montra que les quatre éléments d'Aristote* n'ont pas de statut scientifique et établit un pont entre l'alchimie et la chimie.

**VAN HONTHORST (Gerrit)** ♦ Peintre néerlandais (Utrecht 1590 - *id.* 1656). Élève du maniériste Abraham Bloemaert*, il compléta sa formation à Rome où il devint disciple du Caravage* et où il fut surnommé «Gérard de la Nuit» à cause de ses scènes nocturnes éclairées par des chandelles (*L'Adoration des bergers*, 1621). De retour à Utrecht, il répandit le naturalisme du Caravage et s'adonna surtout à des scènes de genre populaires (*Le Joyeux Musicien*, 1623). Membre de la guilde de Saint-Luc, admiré à travers toute l'Europe, il fut appelé à Londres par Charles Ier, en 1628, pour exécuter des portraits de la famille royale et décorer Whitehall de scènes historiques. Il travailla aussi pour Christian IV du Danemark et devint en 1637 le peintre officiel de la cour du prince d'Orange.

**VAN HOUTMAN (Cornelis)** ♦ Navigateur hollandais (Gouda v. 1565 - en Malaisie 1599). Avec une flotte hollandaise de la Compagnie des Indes, il atteignit la Malaisie (1595) mais fut tué par le sultan de l'Aceh (sans doute à l'instigation des Portugais). La relation de son expédition fut publiée en 1617. ♦ **Frederik Van Houtman** (Gouda 1571 - Alkmaar 1627). Frère du précédent. Il participa à l'expédition et, fait prisonnier par le sultan de l'Aceh, réussit à s'évader. Il prit part ensuite à la conquête des Moluques par les Hollandais (contre les Portugais) et fut nommé gouverneur d'Amboine* (1605 - 1611). Il a publié une *Description d'Amboine* ainsi qu'un *Dictionnaire des langues malaise et malgache* (1603).

**VANIKORO** ♦ Île de Mélanésie, du S.-O. de l'archipel des îles Santa* Cruz. ▪ Lapérouse* y périt avec son équipage en 1788.

**VANINI (Lucilio, dit Giulio Cesare)** ♦ Philosophe italien (Taurisano, Lecce 1585 - Toulouse 1619). Ordonné prêtre, il voyagea dans plusieurs pays d'Europe. À Toulouse, où il était précepteur, il fut accusé de magie et d'astrologie par le procureur général, condamné à mort et brûlé vif. Son *Amphitheatrum aeternae Providentiae* met en question l'immortalité de l'âme, et son ouvrage *Des secrets de la nature* fut censuré par la Sorbonne.

**VAN LAAR** ou **VAN LAER (Pieter)** dit **il Bamboccio**, en fr. **le Bamboche** ♦ Peintre et graveur hollandais (Haarlem v. 1592 - *id.* 1642). Il étudia notamment auprès d'Adam Elsheimer* et séjourna de 1625 à 1638 à Rome, où il devint l'ami de Poussin et de Claude Lorrain. Il subit l'influence du Caravage et de ses imitateurs et obtint un très vif succès auprès des amateurs en se spécialisant dans des scènes de genre auxquelles on donna le nom de «bambochades». Il représenta des scènes de la vie romaine et de la campagne, des fêtes populaires, foires, tabagies, rixes d'aventuriers, en soulignant par des détails pittoresques ou burlesques l'aspect humble, parfois vulgaire, de ces compositions souvent mises en scène avec une certaine maladresse mais pleines de vivacité. Il exerça une influence notable sur les peintres de genre italiens et nordiques, aussi bien qu'espagnols et français.

**VAN LEEUWENHOEK (Antonie)** ♦ Naturaliste hollandais (Delft 1632 - *id.* 1723). Grâce aux microscopes qu'il construisit lui-même, il découvrit les protozoaires et les bactéries, observa des animaux microscopiques (spongiaires, cœlentérés) et put étudier les spermatozoïdes («animalcules de la semence»). Ses observations sont réunies dans *Opera omnia sive Arcana naturae ope exactissimorum microscopiorum detecta* (1715 - 1722).

**VAN LERBERGHE (Charles)** ♦ Écrivain belge d'expression française (Gand 1861 - Bruxelles 1907). Auteur de deux pièces de théâtre, *Les Flaireurs* (1889) et *Pan* (1906), celui qui fut, dans sa ville natale, le condisciple de Maurice Maeterlinck* apporta sa contribution discrète au mouvement symboliste par la force évocatrice de ses deux grands recueils de poèmes : *Entrevisions* (1898) et *La Chanson d'Ève* (1904), où se conjuguent l'héritage de la tradition flamande et l'influence des préraphaélites.

**VAN LOO** [vɑ̃lo] **(Jean-Baptiste)** ♦ Peintre français (Aix-en-Provence 1684 - *id.* 1745). Il étudia à Aix puis à Toulon et travailla ensuite à Gênes, Rome et Turin. À Paris, à partir de 1719, il devint un portraitiste apprécié (*Portrait de Louis XV à cheval*, 1723) et fut chargé de restaurer la galerie du Primatice* à Fontainebleau. De 1737 à 1741, il séjourna à Londres (*Portrait de Walpole*). Auteur de scènes religieuses et mythologiques (*Triomphe de Galatée*), il peignit surtout des portraits élégants, souvent maniérés. ▪ *Illustration :* → **Walpole.** ◆ ÉTYM. Ce nom flamand signifie «du *(van)* bois *(loo)*».

**VAN LOO (Charles André, dit Carle)** ♦ Peintre français (Nice 1705 - Paris 1765). Élève de son frère Jean-Baptiste, il travailla avec lui au château de Fontainebleau. Après son prix de Rome (1723), il partit pour l'Italie, puis travailla à Turin au palais du duc de Savoie. Revenu à Paris en 1734, il fut nommé peintre du roi Louis XV en 1762 ; sa renommée fut comparable à celle de Boucher* et on le considéra un moment comme le maître de l'école française. Restant attaché à la tradition de la «grande manière» (sujets d'histoire, bibliques et mythologiques), il aimait les compositions en obliques, les effets déclamatoires, particulièrement dans ses œuvres religieuses (*L'Adoration des bergers* pour l'église Saint-Sulpice à Paris) ; il imita beaucoup Rubens et Van Dyck, mais manqua souvent de luminosité. Il se montra moins conventionnel dans des scènes mythologiques, peintures galantes, scènes de genre, «turqueries» et portraits. ▪ *Illustration :* → **Louis XV.**

**VAN MANDER (Carel)** ♦ Peintre, poète, théoricien et historien flamand (Meulebeke 1548 - Amsterdam 1606). Formé à Gand, il résida à Vienne où il subit l'attraction de Bartholomeus Spranger* ; il voyagea à travers l'Europe, notamment en Italie, et dirigea à Haarlem une académie de tendance maniériste de 1590 à 1600. Dans ses œuvres peintes, les influences du Parmesan* et d'Aertsen* se mêlent à celles des Bassano*. En 1604 il publia un *Livre de peinture*, réédité et augmenté en 1618 et formé de six parties. Il s'y montre théoricien de la peinture et du dessin et y résume les biographies de Vasari*, fournissant en outre des renseignements sur les artistes des XVe et XVIe s. des pays du Nord. Bien qu'imprégné d'italianisme, il fut probablement le premier à mettre en valeur l'originalité de la peinture flamande et allemande.

**VAN MUSSCHENBROEK (Petrus)** ♦ Physicien néerlandais (Leyde 1692 - *id.* 1761). Inventeur, en 1745, du premier condensateur électrique (bouteille de Leyde).

**VANNE** n. f. ♦ Riv. du Bassin parisien (58 km), affl. de l'Yonne. Elle prend sa source à l'O. de Troyes, arrose Estissac, Villeneuve-l'Archevêque, délimite le Sénonais et le pays d'Othe et conflue à Sens. ▪ L'*aqueduc de la Vanne*, long de 157 km, conduit à Paris une partie de ses eaux.

**VAN NECK** ou **VAN NEK (Jacob Cornelis)** ♦ Navigateur hollandais (Amsterdam 1564 - *id.* 1638). Après une première expédition à Java (1598), il lutta contre les Portugais aux Moluques* (1599 - 1604) et contribua à l'établissement et au développement du commerce de la Hollande dans cette partie du monde.

**VANNES** [56000] ◆ ÉTYM. du n. des Vénètes* ♦ Ch.-l. du dép. du Morbihan, au fond du golfe du Morbihan. 51 759 hab. (*Vannetais*). Évêché. Remparts du XIIIe au XVIIe s. Cathédrale Saint-Pierre du XIIIe au XIXe s. (mobilier ; trésor). Château-Gaillard (XVe s.), anc. Parlement de Bretagne, renfermant le Musée archéologique. Musée des Beaux-Arts et musée du Golfe et de la Mer dans une anc. halle (XIIIe, XVe et XVIIe s.). Maisons anc. ▪ Centre admin. et touristique. Indus. de l'armement. Indus. alimentaire. Métallurgie. Port de plaisance. ▮ **Histoire** La ville fut la cap. des Vénètes* sous le nom de *Darioritum*. Évêché au Ve s. ; comté, puis duché de Bretagne, elle fut réunie à la France en 1532.

**VANOISE** (massif de la) ◆ ÉTYM. de la rac. précelt. *van* «chaos de rochers» ♦ Massif des Alpes de Savoie situé entre la Maurienne et la Tarentaise ; il atteint 3 855 m à la Grande Casse. Un parc national y a été créé en 1963 comprenant une zone centrale d'environ 53 000 ha, où faune et flore sont protégées, et une zone périphérique (145 000 ha) animée par l'agriculture, l'exploitation forestière et le tourisme. Le parc est contigu au parc national italien du Grand Paradis*.

**VAN ORLEY (Bernard)** ♦ Peintre et ornemaniste flamand (Bruxelles 1488 - *id.* 1541). Il fut peintre de la cour de Marguerite d'Autriche de 1518 à 1527. Par la rigueur de l'observation, ses portraits s'inscrivent dans la tradition réaliste flamande tout en reflétant l'idéal humaniste de la Renaissance par l'ampleur et la conception synthétique de la composition (*Georges Zelle*, 1519). Fervent romaniste, il subit l'influence de Gossart* et pratiqua souvent un italianisme ostentatoire dans ses œuvres religieuses et allégoriques. À la recherche d'une certaine véhémence expressive, il aime les imposantes architectures romaines, les raccourcis perspectifs, les formes amples et tourmentées, les musculatures saillantes (retable de Furnes, 1515 ; triptyque de *La Vertu de patience*). Dans les cartons des célèbres tapisseries, *Les Chasses de Maximilien*, il confère un caractère monumental à sa description familière et naturaliste de la nature. ▪ *Illustration :* → **Marguerite d'Autriche.**

**VAN OSTADE (Adriaen)** ♦ Peintre et graveur hollandais (Haarlem 1610 - *id.* 1685). Il fut probablement un élève de F. Hals en même temps que A. Brouwer* et, comme lui, aima représenter scènes de cabaret, beuveries, tabagies, rixes de paysans. Il exécuta quelques scènes religieuses, portraits et paysages, mais fut surtout célèbre comme peintre de genre (*Les Joyeux Buveurs*, 1659). Inscrit à la guilde d'Haarlem en 1634, il en devint le doyen en 1662. Influencé par la manière de Rembrandt*, il utilisa de préférence une gamme de tons bruns et bistres qui se fondent dans la pénombre, des formes massives et simplifiées. Il chargea souvent ses scènes triviales et pittoresques d'intentions satiriques. Après 1650, il éclaircit sa palette ; sa facture devenant plus fine, lisse et transparente, il représenta plus volontiers des scènes d'extérieur (*Le Ménétrier de village*, 1673). Il a aussi laissé des dessins à la plume et des gravures d'une grande fermeté de trait. ♦ **Isaac Van Ostade** (Haarlem 1621 - *id.* 1649). Frère et élève du précédent, dont il imita d'abord le style avant de marquer sa préférence pour les scènes d'extérieur ou «paysages animés». Il représenta des divertissements populaires, scènes de mœurs paysannes ou épisodes de la vie des voyageurs qui influencèrent probablement Wouwerman*. Il excella aussi à figurer des paysages d'hiver.

**VAN PARYS (Georges)** ♦ Compositeur français (Paris 1902 - *id.* 1971). Il composa plusieurs opérettes, des chansons, notamment pour H. Garat, M. Chevalier et Fréhel, ainsi que des musiques de nombreux films (*Fanfan-la-Tulipe*, 1952 ; *Casque d'or*, 1952 ; *Les Grandes Manœuvres*, 1955). ➝ **ÉTYM.** Ce nom flamand signifie «originaire de Paris».

**VAN ROMPUY** [-pɔj] **(Herman)** ♦ Homme politique belge (Etterbeek 1947). Membre du CD&V (parti démocrate chrétien flamand), il fut nommé en déc. 2008 au poste de Premier ministre alors que le pays était dans une impasse politique et parvint à tempérer les vives tensions entre Wallons et Flamands. Il quitta ses fonctions fin 2009 pour présider le Conseil européen.

**VAN RYSSELBERGHE (Théodore,** dit **Théo)** ♦ Peintre, dessinateur, affichiste et décorateur belge (Gand 1862 - Saint-Clair-en-Provence 1926). Il fut l'un des fondateurs du Cercle des XX (1883) et plus tard de la Libre Esthétique (1893) pour promouvoir l'art moderne. Il voyagea en Espagne et au Maroc en 1884. À Paris, il rencontra Seurat* et adopta la technique néo-impressionniste pour peindre paysages, portraits ou bouquets de fleurs. Vers 1895, sous l'impulsion d'Henry Van* de Velde, il s'intéressa à l'art décoratif et créa des affiches, des meubles et des bijoux. Vers 1898, il se fixa à Paris et se lia avec des écrivains symbolistes (*La Lecture*, 1903). Il se retira ensuite en Provence. Abandonnant alors la stricte technique pointilliste, il se servit de couleurs plus violentes et d'une touche large posée plus librement.

**VAN SANT (Gus)** ♦ Réalisateur américain (Louisville 1952). Fils d'un représentant de commerce, il sillonna les États-Unis dans son enfance puis fit ses débuts dans la publicité. Plus qu'aux histoires, il s'intéresse aux situations : amours difficiles, homosexualité, drogue, absence de structure familiale, qui s'additionnent et d'où résultent des tragédies (*Mala Noche*, 1985 ; *My Own Private Idaho*, 1991 ; *Will Hunting*, 1997). En 2003, il reçoit la Palme d'Or et le prix de la mise en scène à Cannes pour *Elephant*, inspiré du massacre perpétré par des élèves au lycée de Colombine, dont la forme dépouillée (longs travellings, héros solitaires, absence de personnages secondaires surtout adultes, peu de dialogues) lui permet de montrer le mal et sa racine. L'issue mortelle, en rupture avec le quotidien banal d'adolescents, et la même esthétique persistent dans *Last Days* (2004) et *Paranoid Park* (2007), pour composer une trilogie avec *Elephant*. Il reste aussi percutant, bien qu'avec une forme plus classique, pour la biographie du premier élu homosexuel à San Francisco, mort assassiné : *Harvey Milk* (incarné par Sean Penn qui remporta un oscar en 2009).

**VAN SCHENDEL (Arthur)** ♦ Écrivain néerlandais (Batavia 1874 - Amsterdam 1946). Ses recherches de style en font l'un des grands prosateurs de langue néerlandaise. Parmi ses œuvres les plus marquantes, on peut citer le drame *Pandorra*, les romans *Le Dernier Grand Voilier* (1930), *L'Homme de l'eau* (1933), *Une tragédie hollandaise* (1935), *Le Richard* (1936), *Les Oiseaux gris* (1937), *Les Sept Jardins* (1939).

**VAN SCOREL (Jan)** ♦ Peintre hollandais (Schoorl 1495 - Utrecht 1562). Il se forma à Haarlem et Amsterdam, puis auprès de Gossart*. Parti vers 1520 pour Jérusalem, il séjourna en Italie et fut de 1522 à 1524 conservateur du Belvédère. Il subit surtout l'influence de la peinture romaine et vénitienne (*Marie-Madeleine*). Fervent romaniste, maître de Heemskerck et de Moro*, il contribua à propager l'influence italienne dans les Pays-Bas du Nord. Dans ses œuvres religieuses, mythologiques et allégoriques, l'allongement des formes, la torsion des gestes, les lignes serpentines des compositions, les contrastes d'éclairage, la vivacité des tons révèlent des tendances maniéristes (*Polyptyque de saint Étienne*). Dans ses sobres portraits aux volumes simplifiés, à l'éclairage tranchant, il manifeste une sensibilité plus personnelle (*Portrait d'un jeune garçon*, 1531).

**VAN SWIETEN (Gerard,** baron**)** ♦ Médecin néerlandais (Leyde 1700 - Schönbrunn 1772). Il fut à Vienne le premier médecin de Marie-Thérèse et y fonda une école de médecine qui connut un grand succès. Il inventa une liqueur, qui porte son nom, utilisée autrefois pour soigner la syphilis.

**VAN SWIETEN (Gottfried,** baron**)** ♦ Diplomate, mécène et compositeur autrichien (Leyde 1733 - Vienne 1803). Fils de Gerard Van Swieten. Il fut ambassadeur d'Autriche à Berlin (1770 - 1777), puis, à Vienne, bibliothécaire impérial et président de la commission de l'Éducation et de la Censure, participant à ce titre activement à la politique de réformes de Joseph II. Il commanda six symphonies à Carl Philipp Emanuel Bach (1773), fit connaître à Mozart des œuvres de Bach et de Haendel (1781 - 1782), rédigea les livrets de *La Création** (1798) et des *Saisons** (1801) de Haydn, et fut le dédicataire de la *Première Symphonie* de Beethoven (1801).

**VANTAA** ♦ V. de Finlande méridionale, dans la banl. N. d'Helsinki. 192 522 hab.

**VAN'T HOFF (Jacobus Henricus)** ♦ Chimiste néerlandais (Rotterdam 1852 - Berlin 1911). Il fut l'un des fondateurs de la chimie moderne et le créateur, en même temps que Le* Bel, de la stéréochimie (1874). Il formula la théorie de l'atome de carbone tétraédrique, introduisant la notion de carbone asymétrique dont la présence dans une molécule est la cause d'isomérie optique. Il établit une théorie de la pression osmotique dont les lois expriment l'analogie entre les solutions diluées et les gaz. En thermodynamique chimique, il obtint des résultats (1884 - 1886) qui, joints aux travaux de Gibbs* et Helmholtz*, permirent une étude efficace des chaleurs de réactions, des températures et des équilibres chimiques. [Prix Nobel de chim. 1901] ➝ **ÉTYM.** Ce nom néerlandais signifie «du jardin», de *van* «de», *het* article neutre, abrégé en *'t* et *hoff* «jardin».

**VAN TIEGHEM (Philippe Édouard Léon)** ♦ Botaniste français (Bailleul 1839 - Paris 1914). Ses travaux d'anatomie végétale et ses études de différents tissus l'amenèrent à formuler une classification des végétaux (*Traité de botanique*, 1884). [Acad. sc. 1877]

**VANTONGERLOO (Georges)** ♦ Peintre et sculpteur belge (Anvers 1866 - Paris 1963). Blessé lors de la Première Guerre mondiale, Vantongerloo se réfugia aux Pays-Bas. Il y rencontra Van* Doesburg qui l'incita à faire partie du groupe De* Stijl en 1917. Il abandonna sa première manière romantique et projeta dans l'espace les formes géométriques prônées par Mondrian*, dans des sculptures composées de barres, de rectangles assemblés selon des formules mathématiques qui constituent les titres de ces œuvres ($y = x^4 - 11x^2 + 10$, 1935). Ses compositions peintes en couleurs pures sur fonds clairs, qui portèrent également pour titres des formules mathématiques ($y = -ax^2 + bx + 18$, 1930), évoquent la «mathématique plastique» du philosophe Schoenmaekers. Il s'installa en 1919 à Meudon, puis en 1928 à Paris, où il rencontra Ellsworth Kelly*, qui, sous son influence, élabora son style Hard Edge. Vantongerloo devint de 1932 à 1937 le vice-président du mouvement Abstraction-Création, qu'il avait contribué à fonder en 1931. Dans les années 1940, il introduisit la courbe dans ses œuvres, en rupture avec les préceptes de Mondrian. Il utilisa le plexiglas pour ses sculptures dans les années 1950, afin de rendre par sa lumière la «splendeur de l'univers». Il a publié ses théories dans *L'Art et son avenir* (1924) et *Paintings, Sculptures, Reflections* (1948).

**VANUA LEVU** ♦ Deuxième île de l'archipel Fidji, au N.-E. de l'île de Viti* Levu. Relief volcanique (mont Nasorolevu, 1 032 m). 5 535 km². V. PRINC. : Lambasa, sur la côte N. Canne à sucre. Coprah.

## VANUATU

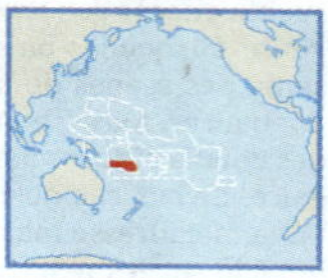

▮ n. m. – off. ***République du Vanuatu***, anc. ***Nouvelles-Hébrides*** ♦ Pays de la Mélanésie, dans l'océan Pacifique du S.-O. (mer de Corail) → **Océanie** (carte). 14 763 km². 186 678 hab. (*Vanouatais*). LANGUES : français, anglais et bichlamar (créole) [off.]. POPULATION : Mélanésiens* wallisiens, Tahitiens, Néo-Calédoniens, Vietnamiens, Chinois, Européens. MONNAIE : vatu. CAPITALE : Port-Vila. RÉGIME : démocratie parlementaire.

▮ **GÉOGRAPHIE** L'archipel est composé d'une quarantaine d'îles dont douze principales qui comprennent du N. au S. : les petites îles Torres, les îles Banks, Aurora, la grande île d'Espiritu Santo, Pentecôte, Mallicolo (Malekula), Ambrym, Epi, Vaté (Efaté), et plus au S., Erromanga (Erromango), Tana (Tanna), Anatom. Les îles sont d'origine volcanique. Leur relief très accidenté (mont Tabwemasana à Espiritu Santo, 1 880 m) comporte des hauts plateaux s'abaissant en gradins vers la mer sous la forme de collines et de plate-formes côtières jusqu'aux rivages bordés de récifs coralliens frangeants ne créant pas de lagons et rendant les côtes assez inhospitalières. Certaines îles comprennent un seul cône volcanique et quelques volcans sont en activité (îles Ambrym et Tana, volcan du Lopevi). Le climat est souvent insalubre, équatorial, chaud et humide, notamment sur les versants E. La forêt dense couvre l'inté-

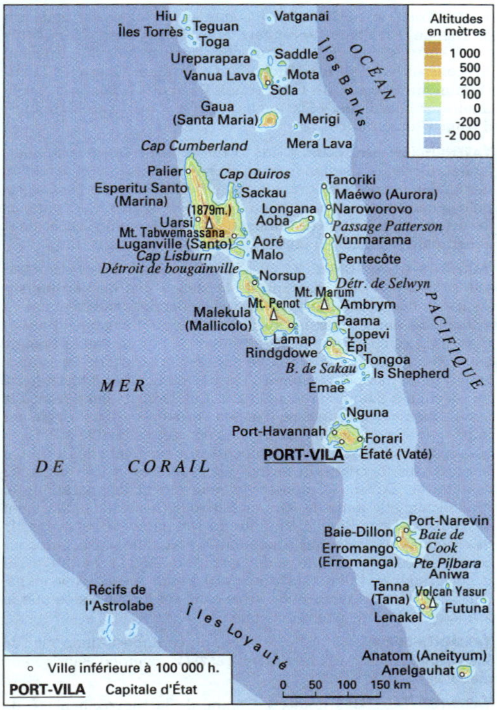


**Vanuatu.**

rieur des îles, et la savane boisée les zones soumises à des défrichements antérieurs. ▮ **Les ressources** L'igname, le taro, la patate douce et les bananes constituent les principales cultures vivrières. Sur les côtes, les plantations de cocotiers fournissent du coprah, la production principale ; le cacao et dans une moindre mesure le café sont cultivés sur les collines. Exploitation du bois. Gisement de manganèse à Vaté*. Pêche et usine de conserves (thon). Des bovins du Charolais et du Limousin ont été introduits en altitude. Ses principaux atouts sont la finance offshore et le tourisme qui réalise 40 % du PIB. Le Vanuatu bénéficie d'une importante assistance des bailleurs de fonds internationaux (Australie, États-Unis, U. E., Nouvelle-Zélande).

▮ **HISTOIRE** Dans l'île de Vaté ont été découvertes des céramiques Lapita* (–1500) et des poteries Mangaasi (site éponyme) caractérisées par un décor incisé et des reliefs appliqués (–650). Par la suite, l'archipel participa aux échanges avec les îles voisines. La poterie et l'outillage de pierre disparurent vers 1200 pour laisser la place à des influences en provenance de la Micronésie*. En 1500, une catastrophe volcanique à Lopevi est évoquée dans la tradition orale locale à travers le héros légendaire Roy Mata. ▮ **L'arrivée des Européens** Le Portugais Queirós* découvrit Espiritu Santo en 1606. L'archipel fut redécouvert par Bougainville*, qui le nomma Grandes Cyclades du Sud en 1768. Cook, en 1774, lui donna le nom de Nouvelles-Hébrides et en établit la première carte. Français et Britanniques commencèrent à s'établir dans la première moitié du XIXᵉ s. au détriment des indigènes, provoquant révoltes et répressions tandis que les maladies étaient responsables d'une baisse de la démographie. L'effort britannique porta en grande partie sur l'installation de missions protestantes australiennes qui s'opposèrent entre elles et aux missions catholiques françaises (maristes). Un grand nombre de Néo-Hébridais partis travailler à la fin du XIXᵉ s. dans les champs de canne à sucre du Queensland* furent rapatriés en 1900. Ils furent probablement à l'origine du bichelamar, le pidjin (créole) parlé dans le pays. ▮ **Le condominium franco-britannique** Les rivalités franco-britanniques aboutirent en 1887 à l'institution d'une commission navale mixte, puis en 1906 (convention de Londres), à un condominium franco-britannique (ratification en 1922) faisant des Nouvelles-Hébrides un «territoire d'influence commune». Durant la Deuxième Guerre mondiale, elles furent une base alliée essentielle contre le Japon. ▮ **L'indépendance** Au début des années 1970, au vu des changements politiques qui s'annonçaient dans le Pacifique Sud, les Français tentèrent de pousser le nord des Nouvelles-Hébrides vers une intégration aux îles Loyauté (Nouvelle-Calédonie). Ils se heurtèrent aux Britanniques et à la majeure partie des populations locales, regroupées sous la bannière du Vanuaaku Pati du pasteur Walter Lini, et qui ne voulaient pas tomber sous la dépendance des Blancs de Nouméa. L'archipel accéda à l'autonomie interne en 1978 puis à l'indépendance en 1980 avec W. Lini comme Premier ministre (jusqu'en 1991). ▮ **La persistance de l'opposition entre francophones et anglophones** Ce dernier fit appel à la Papouasie-Nouvelle-Guinée, puis à l'Australie et à la Nouvelle-Zélande pour combattre un mouvement sécessionniste, né dans les îles Tana et Espiritu Santo. Le nouveau régime s'engagea parmi les non-alignés à appuyer le mouvement kanak de Nouvelle*-Calédonie et la guérilla papoue en Irian* Jaya. La vie politique est marquée par l'opposition entre francophones et anglophones, et la suspicion envers la France, accusée d'avoir soutenu la sécession de 1980, resta vive malgré l'aide française (expulsion de l'ambassadeur français en 1988). Depuis 1991, les relations avec la France se sont améliorées. Une certaine instabilité politique se traduit par une succession de coalitions au pouvoir et le développement de la corruption.

---

**VAN VEEN, VENIUS** ou **VAENIUS (Otto)** ♦ Peintre flamand (Leyde 1556 - Bruxelles 1629). Il travailla à Liège, Anvers et Bruxelles et entra au service du prince évêque de Bavière. Il séjourna en Italie, notamment à Rome où il fut l'élève de Federico Zuccaro. Si ses peintures d'histoire procèdent du maniérisme italien tardif, ses portraits, empreints d'une certaine raideur, s'inscrivent dans la tradition flamande par leur recherche de sobriété et d'objectivité *(L'Artiste et sa famille)*. Il fut aussi l'un des principaux maîtres de Rubens*.

**VAN VELDE (Abraham,** dit **Bram)** ♦ Peintre néerlandais (Zoeterwoude, près de Leyde 1895 - Grimaud, Var 1981). Autodidacte, il travailla dans les années 1920 avec le groupe expressionniste de Worpswede en Allemagne. Arrivé à Paris en 1925, il traversa une période fauve mais définit dès 1932 le vocabulaire abstrait de son œuvre, inspiré de Matisse et de Picasso. Considérant ses tableaux comme des actes existentiels, il ne les datait ni ne les titrait, l'œuvre n'étant qu'un «instant vu». Beckett*, qu'il rencontra en 1943, le soutint et lui consacra un texte, *La Peinture de Van Velde ou le Monde en pantalon* (1945). Inclassable, hors même de l'art informel, la peinture de Van Velde, malgré sa force et ses cernes noirs, reste allusive, suggestive de formes que nie le parti pris abstrait ; seules les lettres peintes V, D, A forment une syntaxe continue.

**VAN VELDE (Geer)** ♦ Peintre néerlandais (Lisse 1898 - Cachan 1977). Frère de Bram Van* Velde, il fut aussi autodidacte et retrouva son frère à Paris en 1925. Son style se caractérise par une abstraction géométrique proche de celle de Jacques Villon*, aux tonalités raffinées, harmonieuses, caractéristiques du postcubisme. Le format carré de ses toiles contribue à créer une illusion de rotation de plan (*Personnages*, 1935 - 1938 ; *Composition*, 1970).

**VANVES** [92170] → ÉTYM. p.-ê. du gaul. *Venopis*, n. de pers. ♦ Ch.-l. de cant. des Hauts-de-Seine, arr. d'Antony, à la limite S. de Paris. 25 414 hab. *(Vanvéens)*. Centre national d'enseignement à distance. Indus. diversifiée.

**VAN VLECK (John Hasbrouck)** ♦ Physicien américain (Middletown 1899 - Cambridge, Massachusetts 1980). Il développa des méthodes de recherche sur la structure de la matière désordonnée, étudia le magnétisme et le comportement des impuretés dans les cristaux, ainsi que les propriétés semi-conductrices des matériaux amorphes. [Prix Nobel de phys. 1977, avec P. Anderson* et N. Mott*]

**VAN VOGT (Alfred Elton)** ♦ Romancier américain d'origine canadienne (Winnipeg 1912 - Los Angeles 2000). Ses nombreux romans (particulièrement ceux du «Cycle des Ā» commencé en 1953 avec *Le Monde des Ā*, mais achevé seulement en 1984) appartiennent à l'âge d'or de la science-fiction. *Les Joueurs du Ā* fut révélé en France par une traduction de Boris Vian*. Le Ā («non-A», pour «non-aristotélicien») est un univers aux lois radicalement différentes des nôtres. Van Vogt reprit la plume au cours des années 1970 pour une série de fantasmagories où s'affrontent des héros surhumains (*Colosse anarchique*, 1977).

**VAN ZEELAND (Paul)** ♦ Homme politique belge (Soignies 1893 - Bruxelles 1973). Directeur à la Banque nationale (1926), professeur à l'université de Louvain (1928) et l'un des chefs du parti catholique, il fut Premier ministre d'un gouvernement de coalition (1935 - 1937) et procéda à une dévaluation de 28 % du franc belge. Il s'opposa avec succès au mouvement rexiste. Pendant la guerre, il s'exila en Grande-Bretagne (1940). Rentré en Belgique, il fut ministre des Affaires étrangères (1949 - 1954) et défendit l'idée de l'Union européenne.

**VAPCAROV (Nikola)** ♦ Poète bulgare (Bansko 1909 - fusillé à Sofia 1942). D'inspiration communiste, il fut influencé par Maïakovski*. Son recueil de poésies, *Chants du moteur* (1940), est d'un lyrisme puissant.

**VAR** n. m. → ÉTYM. anc. *Varus*, de l'indo-eur. *var* «eau» ♦ Fleuve du S. de la France (120 km). Il prend sa source au S. de Barcelonnette, arrose Entrevaux, Puget-Théniers, creuse de très belles gorges et se jette dans la Méditerranée à l'O. de Nice. ▪ Aménagements hydroélectriques.

**VAR** n. m. [83] ➝ ÉTYM. du n. du fl. ♦ Dép. du S.-E. de la France, région Provence-Alpes-Côte-d'Azur. 5 973 km$^{2}$. 898 441 hab. CH.-L. : Toulon. CH.-L. D'ARR. : Brignoles, Draguignan. Cour d'appel : Aix-en-Provence. Académie : Aix-Marseille. → **Provence-Alpes-Côte-d'Azur.**

**VARADES** [44370] ♦ Ch.-l. de cant. de la Loire-Atlantique, arr. d'Ancenis. 3 190 hab.

**VARADHAN (Srinivasa S. R.)** ♦ Mathématicien américain d'origine indienne (Madras 1940). Spécialiste de la théorie des probabilités, il est l'auteur d'une théorie unifiée des grandes déviations qui étudie l'occurrence d'événements rares, c'est-à-dire les écarts à la loi des grands nombres. Les applications de cette théorie vont de la physique à la biologie, l'économie, la finance, l'informatique. [Prix Abel 2007]

**VARANASI** → **Bénarès**

**VARANGER** (presqu'île de) – en norv. ***Varangerhalvøya*** ♦ Presqu'île de Norvège, au N.-E. du Finnmark. Minerai de fer.

**VARANGÉVILLE** [54110] ➝ ÉTYM. «domaine (lat. *villa*) de Warengis (n. de pers. germ.)» ♦ Comm. de la Meurthe-et-Moselle, arr. de Nancy, sur la Meurthe et le canal de la Marne au Rhin. 4 241 hab. *(Varangévillois).* Église (fin XV$^{e}$ s.) de style gothique flamboyant (mise au tombeau du XVI$^{e}$ s.). ▪ Salines. Chimie.

**VARAVĪNĪ (Sa'd al-Dīn)** ♦ Écrivain persan (XIII$^{e}$ s.). Il écrivit le *Livre de Marzbān,* recueil de fables et contes moraux révélant un style savant, riche en arabismes.

**VARDA (Agnès)** ♦ Cinéaste française (Ixelles, Belgique 1928). D'abord photographe, elle forma une coopérative de production pour réaliser son premier film, *La Pointe courte* (1956), précurseur des œuvres de la nouvelle vague. Puis elle réalisa trois courts métrages : *Ô saisons, ô châteaux* (1957), *Opéra Mouffe* (sur la rue Mouffetard) et *Du côté de la côte* (1958). *Cléo de cinq à sept* (1961) la révéla au public ; ce film au scénario tragique est traité dans un style intimiste, délicat et chaleureux, avec une grande liberté de mise en scène. Ont suivi notamment *Le Bonheur* (1964), *Daguerréotypes* (documentaire, 1975), *L'une chante, l'autre pas* (1977), *Sans toit ni loi* (1985), *Les Glaneurs et la Glaneuse* (documentaire, 2000) ; en hommage poignant à son compagnon disparu, Jacques Demy*, *Jacquot de Nantes* (1991), et un autoportrait, *Les Plages d'Agnès* (2008).

Agnès **Varda.** Corinne Marchand et Michel Legrand dans le film *Cléo de 5 à 7*, en 1961. *Phot. © Raymond Cauchetier/Rue des Archives*

**VARDAR** n. m. – en gr. ***Axios*** ♦ Fl. des Balkans (388 km) qui arrose Skopje, traverse la Macédoine ex-yougoslave avant de se jeter dans le golfe de Salonique en Macédoine grecque. Le *sillon Morava-Vardar* constitue une excellente voie de communication entre l'Europe centrale et la mer Égée*. ▮ **Histoire** Cette région fut le théâtre de violents combats qui opposèrent, de 1916 à 1918, les Bulgares aux forces alliées.

**VARDHAMĀNA,** dit **Mahāvīra** ♦ Prophète indien, fondateur au –VI$^{e}$ s. du jaïnisme, forme dissidente du brahmanisme. Il vécut dans les mêmes lieux que le Bouddha (dans le Magadha, aujourd'hui une partie du Bihar) et sensiblement à la même époque. Il est considéré par les jaïna comme le 24$^{e}$ et dernier des tīrthankara. Comme Bouddha, il atteignit à l'Éveil en méditant sous un arbre. → **jaïnisme, Jina.**

**VARÈGUES** n. m. pl. ➝ ÉTYM. «marchands» ♦ Nom des Vikings* qui pénétrèrent en Russie le long des grands fleuves, au IX$^{e}$ s., faisant le commerce entre la Scandinavie et la mer Noire, avec l'île de Gotland comme relais (d'où le nom que leur donnèrent les Grecs, puis les Russes et les Arabes). Ils fondèrent la principauté de Novgorod* vers 860 (→ **Riourik**) puis celle de Kiev. → **Oleg le Sage.**

**VARENGEVILLE-SUR-MER** [76119] ♦ Comm. de la Seine-Maritime, arr. de Dieppe. 1 179 hab. *(Varengevillais).* Église Saint-Valéry (XI$^{e}$ - XIII$^{e}$ - XV$^{e}$ s.) au milieu d'un cimetière marin où reposent A. Roussel, G. de Porto-Riche et G. Braque. Chapelle Saint-Dominique (vitraux de G. Braque). Parc des Moustiers, ornemental et botanique. ▪ Station balnéaire. ▪ À proximité, manoir d'Ango (Renaissance).

**VARENIUS (Bernhard Varen,** latinisé en **Bernhardus)** ♦ Géographe néerlandais d'origine allemande (Hitzacker 1622 - Leyde 1650). Il fut l'un des fondateurs de la géographie moderne en définissant la géographie générale (comportant selon lui la géographie mathématique, la cartographie, l'étude des climats, des eaux) comme la base de la géographie régionale. Il publia *Geographia generalis* (1650).

**VARENNES-EN-ARGONNE** [55270] ➝ ÉTYM. du prélatin *varenna* «terre sans eau, en friche» ♦ Ch.-l. de cant. de la Meuse, arr. de Verdun, sur l'Aire. 691 hab. *(Varennois).* Mémorial de Pennsylvanie, monument aux soldats américains morts en 1918. Musée d'Argonne. ▮ **Histoire** C'est dans ce bourg que fut interrompue le 21 juin 1791 la fuite de Louis XVI, qui avait été préparée par Fersen*. Parti de Paris dans la nuit du 20 juin pour rejoindre l'armée de Bouillé* à Metz, le roi fut reconnu à Sainte-Menehould par J.-B. Drouet* qui devança la famille royale à Varennes où il donna l'alerte. Le roi fut arrêté par le procureur de la commune et ramené avec sa famille à Paris le 25 juin. L'Assemblée nationale constituante suspendit dès le 21 juin le roi de ses fonctions, fit fermer les frontières et leva dix mille volontaires. Devant la montée du mouvement démocratique et républicain, elle tenta de faire admettre la thèse de l'enlèvement de Louis XVI par Bouillé. La fuite du roi, qui avait achevé de le discréditer auprès des forces populaires révolutionnaires, eut pour conséquence directe l'affaire du Champ*-de-Mars (17 juil. 1791) et la déclaration de Pillnitz* (27 août 1791). Le fait que la nation ait pu, pendant le temps de la fuite, vivre sans roi fortifia l'idée que la France pût devenir une république.

**VARENNES-SUR-ALLIER** [03150] ♦ Ch.-l. de cant. de l'Allier, arr. de Vichy, sur l'Allier. 4 072 hab. (aggl. 4 657) *(Varennois).* Fabrique de meubles.

**VARENNES-VAUZELLES** [58640] ♦ Comm. de la Nièvre, banl. N. de Nevers. 10 211 hab. *(Vauzelliens).*

**VARÈSE (Edgar)** ♦ Compositeur américain d'origine française (Paris 1883 - New York 1965). Il abandonna des études scientifiques pour la composition musicale et devint l'élève de V. d'Indy et de Roussel à la Schola Cantorum, de Widor au Conservatoire de Paris, puis de Busoni à Berlin. Il reçut les conseils et les encouragements de Mahler et de R. Strauss. Mobilisé puis réformé au cours de la Première Guerre mondiale, il se fixa aux États-Unis (1916). Chef d'orchestre, fondateur du New Symphonic Orchestra et de la Guilde internationale des compositeurs, il s'affirma bientôt comme l'une des personnalités les plus originales de la musique contemporaine, par des œuvres où le rôle dominant est confié à la percussion (*Amériques* pour grand orchestre, 1920 - 1921 ; *Hyperprism,* pour petit orchestre et percussion, 1923 ; *Octandre,* pour six instruments à vent et une contrebasse, 1923 ; *Intégrales,* pour petit orchestre et percussion, 1925 ; *Arcana*,* pour grand orchestre, 1927 ; *Ionisation,* pour treize percussionnistes, 1931 ; *Ecuatorial,* pour chœur, trompettes, trombones, piano, orgue, deux ondes Martenot et percussion, 1934). Provoquant d'abord le scandale, ces compositions préfiguraient, par leur richesse rythmique remarquablement architecturée et le déchaînement de leur lyrisme, les futures acquisitions de la musique électroacoustique. L'enregistrement sur bandes magnétiques *(Tape Music)* devait permettre plus tard à Varèse de s'engager sur les voies de la musique concrète et électronique (*Déserts,* 1954 ; *Poème électronique,* 1958). Novateur dont les recherches longtemps dédaignées se révélèrent par la suite d'une audace féconde, Varèse figure, à côté des maîtres de l'école viennoise, comme le créateur d'un nouveau langage musical. Il fut l'un des premiers à composer non plus avec des notes, mais avec des sons.

**VARÈSE** – en it. ***Varese*** ♦ V. d'Italie, en Lombardie, ch.-l. de prov., près du *lac de Varèse,* entre le lac Majeur et le lac de Côme. 80 511 hab. Palais d'Este (XVIII$^{e}$ s.). Aux environs, chapelles du Sacro Monte (pèlerinage marial) ornées de fresques et de statues (XVII$^{e}$ s.). ▪ Centre touristique réputé. Indus. diversifiées (aéronautique, mécanique, textile).

**VARGA (Ievgueni)** ♦ Économiste soviétique d'origine hongroise (Budapest 1874 - Moscou 1964). Commissaire du peuple aux Finances dans le gouvernement de Béla Kun (1919), il émigra en Russie après la chute de celui-ci (1920). Spécialiste de l'étude des crises économiques, il mit en question les prévisions de certains économistes soviétiques (dont Voznessenski*) concernant une crise décisive aux États-Unis, dans son ouvrage sur *Les Changements de l'économie capitaliste* (1946). Exilé peu après en Hongrie (1949), il revint en URSS à la mort de Staline.

**VARGAS (Getúlio)** ♦ Homme d'État brésilien (São Borja, Rio Grande do Sul 1883 - Rio de Janeiro 1954). Au pouvoir à partir de 1930, il instaura, en 1937, un régime autoritaire (l'«État nouveau») et engagea une politique populiste de réformes économiques et sociales. Pendant la Deuxième Guerre mondiale, il envoya en Europe un contingent militaire qui débarqua, aux côtés des Alliés, à Salerne, en 1944. Mais ses positions avaient suscité de fortes critiques au sein de l'armée et à l'étranger (États-Unis) et il fut déposé en 1945. Réélu à la présidence en 1950, il pratiqua une politique économique contraire aux intérêts étrangers (création d'un monopole d'État pour le pétrole) qui provoqua une vive opposition. Très affecté par la violence des attaques dont il était l'objet, Vargas se suicida. ➝ ÉTYM. *Vargas* vient de *varga*, terme dialectal portugais qui signifie «cabane ; flanc ; pâture».

**VARGAS LLOSA (Mario)** ♦ Écrivain et homme politique péruvien et espagnol (Arequipa 1936). Considéré comme l'un des chefs de file de la littérature latino-américaine depuis la fin des années 1950 et la publication de *Les Caïds* (1959), il a composé une vaste fresque de la société péruvienne : *La Ville et les Chiens* (1963), *La Maison verte* (1966), *Conversation à la cathédrale* (1969), *La Tante Julia et le Scribouillard* (1977), inspiré de sa propre expérience d'écrivain prolifique et de ses débuts à la radio, *Histoire de Mayta* (1984), *Contre vents et marées* (essais politiques et littéraires en 3 volumes, 1983 - 1990). *La Guerre de la fin du monde* (1981) se déroule au Brésil au XIX^e^ s. Sensible dans sa jeunesse aux théories marxistes, il rompit avec les révolutionnaires sud-américains en 1971 et adhéra à des opinions plus libérales sans revenir sur ses idéaux de justice sociale. En 1990, il se présenta sans succès à l'élection présidentielle péruvienne pour la droite démocratique contre Fujimori, expérience qu'il relate dans l'autobiographique *Poisson dans l'eau* (1993). Publié en 2002, *La Fête au bouc* retrace la dernière journée du dictateur dominicain Trujillo.

**VARIBODA (Jul)** ♦ Poète albanais d'Italie du XVIII^e^ s. (mort à San Giorgio, près de Cosenza). Il publia en 1762 un recueil de poèmes lyriques et de ballades célébrant divers saints et dont le plus important est *La Vie de la Vierge*, apprécié surtout pour le reflet qu'il donne de la langue des Arberèches, les Albanais d'Italie.

**Variété** ♦ Essais de Paul Valéry* (1924 - 1944). Le premier volume, paru en 1924, fut complété par quatre autres tomes jusqu'en 1944 et les éditions récentes sont divisées en 6 parties : *Études littéraires, Études philosophiques, Essais quasi politiques, Théorie poétique et esthétique, Enseignement, Mémoires du poète*. La personnalité de Mallarmé se détache sans doute de l'ensemble des *Études littéraires*. Huit essais lui sont consacrés. Mais on trouve également dans la partie théorique l'*Introduction à la méthode de Léonard de Vinci* et, dans les *Essais quasi politiques*, la fameuse phrase : «Nous autres, civilisations, nous savons maintenant que nous sommes mortelles.» Valéry, plaidant pour la défense de l'idéal européen, signe avec *Variété* une œuvre qui le classe parmi les humanistes de la première moitié du XX^e^ s.

**VARIGNON (Pierre)** ♦ Mathématicien français (Caen 1654 - Paris 1722). Il participa à l'essor du calcul infinitésimal. Dans un ouvrage posthume (*Nouvelle mécanique ou statique*, 1725), il formula pour la première fois la règle de composition des forces concourantes. [Acad. sc. 1688]

**VARIN** ou **WARIN (Jean)** ♦ Sculpteur et médailleur français d'origine wallonne (Liège 1604 - Paris 1672). Il s'installa à Paris et obtint la charge de graveur général de la Monnaie. Il sculpta les bustes de Richelieu, Louis XIII, Louis XIV jeune, ainsi qu'une statue de Louis XIV en empereur romain. Il devint l'un des plus célèbres médailleurs de son époque, réalisant des effigies avec un trait incisif et une grande maîtrise technique (*Louis XIII ; Christine de Suède ; Richelieu ; Colbert*).

**VARLIN (Eugène)** ♦ Révolutionnaire français (Claye-Souilly 1839 - Paris 1871). Ouvrier relieur, secrétaire de la section française de l'Association internationale des travailleurs (I^re^ Internationale, 1865), il s'efforça d'organiser la lutte des travailleurs, soutenant les grèves du Creusot, de Roubaix (1870). Membre du Comité central de la Garde nationale, où il représenta l'Association ouvrière, il fut élu à la Commune de Paris (6^e^, 12^e^ et 18^e^ arr.) et nommé à la commission des Finances puis des Subsistances. Il fut fusillé par les versaillais le 28 mai 1871.

**VARMUS (Harold)** ♦ Biologiste américain (Preeport, New York 1939). → **Bishop.** [Prix Nobel de physiol. ou méd. 1989, avec M. Bishop]

**VARNA**, de 1949 à 1956 ***Stalin*** ♦ V. de Bulgarie, ch.-l. de région, sur la côte de la mer Noire (Dobroudja), au fond d'une baie profonde. 320 668 hab. Univ. Princ. port commercial de Bulgarie (2 millions de t de trafic annuel) bien relié à l'intérieur du pays. Centre indus. actif (construc. navales, machines et moteurs). Le tourisme balnéaire est très développé dans les stations qui entourent la ville. ▮ **Histoire** L'ancienne colonie milésienne d'*Odessos* acquit son nom actuel après sa conquête par les Bulgares, au VII^e^ s., qui en firent leur première capitale.

**VARNALIS (Kóstas)** ♦ Poète grec (Plovdiv, Bulgarie 1884 - Athènes 1974). Lyrique et satirique, inspiré des idées marxistes, il condamne dans son œuvre l'attachement au passé, le nationalisme et le mysticisme. Certains de ses poèmes (*La Lumière qui brûle*, 1922) devinrent très populaires. Il publia aussi : *Esclaves assiégés* (1927), *La Vraie Apologie de Socrate* (1931), satire en prose, *Solomos sans métaphysique* (1925), essai critique.

**VARNEY** ♦ Musiciens français du XIX^e^ s. ♦ **Pierre Joseph Alphonse Varney.** Compositeur et chef d'orchestre (Paris 1811 - *id.* 1879). Il est l'auteur de sept opérettes dont *Le Chevalier de Maison-Rouge* d'où est tiré le célèbre «chœur des Girondins» qui fut adopté comme chant révolutionnaire en 1848. ♦ **Louis Varney** (Paris 1844 - Cauterets 1908). Fils du précédent. Il écrivit des ballets-pantomimes et une quarantaine d'opéras dont *Les Mousquetaires au couvent* (1880) et *Fanfan-la-Tulipe* (1882).

**VARNHAGEN VON ENSE (Karl August)** ♦ Officier, diplomate et écrivain allemand (Düsseldorf 1785 - Berlin 1858). Il participa avec Chamisso à la création de l'*Almanach des Muses*. *Souvenirs de ma vie* (1833 - 1834) est un ouvrage précieux pour la connaissance des mœurs de l'époque. ♦ **Rahel Varnhagen von Ense,** née **Levin.** Femme de lettres allemande (Berlin 1771 - *id.* 1833). Épouse du précédent. Elle joua un rôle important par son salon littéraire et laissa une intéressante correspondance, ainsi qu'un *Journal*, dont son mari publia des extraits dans *Souvenirs de ma vie*. Elle contribua à la compréhension de l'œuvre de Goethe, qu'elle vénérait.

**VARRON** ➝ ÉTYM. en lat. ***Terentius Varro*** ; de *varus* «cagneux» ♦ Homme politique romain. Consul en -216 avec Paul* Émile lors de la deuxième guerre punique, il fut battu à Cannes*.

**VARRON** – en lat. ***Marcus Terentius Varro*** ♦ Érudit latin (Réate, auj. Rieti -116 - -27). Lieutenant de Pompée* pendant les guerres civiles, il se réconcilia après Pharsale* avec César qui le chargea de constituer les premières bibliothèques publiques de Rome. Il est l'auteur de 74 ouvrages constitués de 620 livres (dont il ne reste que des fragments) sur les sujets les plus variés : traité de grammaire et de philologie (*La Langue latine*), traité d'agriculture : *L'Économie rurale (Rerum rusticarum libri III)*, traités philosophique (*Les Satires Ménippées*) et historique (*Les Antiquités*). L'un des premiers encyclopédistes romains, il a été pour tous les écrivains (en particulier Virgile* et saint Augustin*) une source inépuisable de renseignements.

**VARS** (col de) ➝ ÉTYM. anc. *Waracia (terra)*, p.-ê. du germ. *Waracius*, n. de pers. ♦ Col des Alpes à la frontière du Dauphiné et de la Provence (2 108 m), reliant le Haut-Embrunais, le Queyras avec l'Ubaye. ▪ Aux environs, station de sports d'hiver de Vars.

**VARSOVIE** – en polon. ***Warszawa*** ➝ ÉTYM. p.-ê. «bourg (village) de Warsz (n. de pers., de *warchol* "querelleur")» ♦ Cap. de la Pologne, ch.-l. de la voïvodie de Mazovie, située sur la Vistule, en Mazovie. 1 702 139 hab. (*Varsoviens*). Univ. Centre culturel, scientifique, commercial et indus. ; important nœud de communications, la ville fut presque entièrement détruite par les Allemands durant la Deuxième Guerre mondiale. Lors de la reconstruction, entreprise dès 1945, elle a été considérablement agrandie. ▮ **Une ville reconstruite** Les monuments et les quartiers historiques de la vieille ville (Stare Miasto), totalement détruits en 1945, ont été reconstitués : château gothique ; cathédrale Saint-Jean (XIII^e^ - XIV^e^ s.) ; remparts des XIV^e^ - XV^e^ s. (Barbacane) ; maisons anc. de la place du Marché. Musées. ▪ Aux environs, à Wilanów*, anc. résidence de Jean III Sobieski. ▮ **Les industries** Nombreuses indus. (métall., automobiles, construc. mécaniques, électriques ; indus. textile, alimentaire, pharmaceutique ; imprimerie) surtout dans la périphérie.

▮ **HISTOIRE** ▮ **La capitale de la Mazovie puis de la Pologne** Sur l'emplacement actuel de Varsovie se trouvaient trois villages groupés autour d'un château construit par les ducs de Mazovie, dont Varsovie devint la résidence (XIII^e^ s.), puis la capitale (1344). Incorporée avec le duché de Mazovie au royaume de Pologne (1526), elle fut choisie comme capitale par Sigismond III Vasa, en remplacement de Cracovie (dont le château royal avait été détruit par un incendie). Fortement endommagée par les Suédois (1656 et 1702) durant les guerres du Nord, ruinée par une épidémie de peste en 1709, la ville connut une prospérité nouvelle et devint un foyer intellectuel, artistique et scientifique influent sous le règne de Stanislas II Poniatowski (dernier roi de Pologne), qui y fit construire de nombreux palais. Occupée par les Russes après le deuxième partage de la Pologne (1793), elle se libéra sous la conduite du cordonnier Jan Kiliński (avr. 1794) et participa activement à l'insurrection de Kościuszko*. Elle fut de nouveau assiégée par les troupes russes de Souvorov et capitula après le massacre de Praga* (oct. 1794) qui fit 25 000 victimes. ▮ **Le chef-lieu de la Prusse-Méridionale, la capitale du grand-duché de Varsovie puis du royaume de Pologne** Attribuée à la Prusse au troisième partage de la Pologne (1795), Varsovie devint le chef-lieu de la province de Prusse-Méridionale et perdit près de la moitié de sa population. Elle fut libérée par les troupes napoléoniennes en 1806. Capitale du grand-duché de Varsovie (1807 - 1814) constitué par Napoléon I^er^

**Varsovie.** Le centre ville. *Phot. © Olga Kolos /Shutterstock*

à la suite du traité de Tilsit* (1807) avec des provinces enlevées à la Prusse (Mazovie, Cujavie, Posnanie), puis à l'Autriche en 1809 (Galicie occidentale, Cracovie, Lublin). Varsovie fut reprise par les Russes à la chute de l'Empire et devint la capitale du royaume de Pologne, formé d'une partie de l'ancien duché et qui échut à la Russie au congrès de Vienne*. Entre 1815 et 1830, la ville connut une renaissance économique (développement de l'industrie) et scientifique (Société des amis des sciences, université, 1818) ; elle devint le foyer de la résistance à l'oppression russe. La première insurrection nationale éclata à Varsovie (nov. 1830) avec l'attaque de la résidence du vice-roi de Pologne Constantin* Pavlovitch (frère de Nicolas I^er^) qui prit la fuite. Elle fut écrasée après une année de luttes (sept. 1831) par Paskeïevitch*, qui en devint le gouverneur (1822 - 1856) et y fit régner la terreur (fermeture de l'université, représailles politiques et économiques). Les manifestations antirusses de 1861 et 1863 furent suivies d'une politique de russification ; un adoucissement du régime suivit la nouvelle insurrection de 1905, avec l'évolution de la situation en Russie. ▮ **Les deux guerres mondiales** Occupée par les Allemands en août 1915, libérée en nov. 1918, Varsovie redevint capitale de la Pologne indépendante. Elle comptait, à la veille de la Deuxième Guerre mondiale, plus de 1 250 000 habitants. Déclarée ville ouverte en 1939, elle fut néanmoins bombardée dès l'ouverture des hostilités (1^er^ sept. 1939) puis assiégée par les Allemands du 8 au 27 sept. ; elle capitula après une résistance héroïque. Durant l'Occupation, les exécutions massives, les déportations dans les camps de concentration se succédèrent et dès 1941 fut créé le «ghetto», quartier isolé où furent rassemblés des milliers de Juifs, dont près de 500 000 furent exterminés en 1942 et 1943. Après l'insurrection du ghetto en 1943, les hitlériens détruisirent systématiquement tout le quartier, exterminant la population (les quelques survivants furent déportés à Treblinka et Majdanek). Au moment où les troupes soviétiques atteignaient la Vistule, la force principale de résistance polonaise, l'armée de l'intérieur commandée par Bór-Komorowski, déclencha la seconde insurrection de Varsovie (1^er^ août 1944), qui fut écrasée le 2 oct. sans que l'armée soviétique soit intervenue (après la guerre, Staline fut accusé d'avoir volontairement laissé les Allemands massacrer les résistants polonais non communistes). ▮ **Depuis 1945** Libérée le 17 janv. 1945 par les armées soviétique et polonaise, la ville, détruite à 87 %, ne comptait plus que 120 000 hab. La reconstruction s'acheva en 1949, et dès 1952 on recensait 800 000 hab.

**Varsovie** (pacte de) ♦ Après la signature des accords de Paris de 1954 qui permirent l'entrée de la République fédérale d'Allemagne dans l'Otan, les pays communistes d'Europe de l'Est (URSS, Albanie, Bulgarie, Hongrie, Pologne, République démocratique allemande, Roumanie, Tchécoslovaquie) signèrent à Varsovie un pacte de défense réciproque le 14 mai 1955. L'Albanie s'en retira en 1968 et la République démocratique allemande en 1990. Les structures militaires du pacte ont été démantelées en fév. 1990 et le pacte de Varsovie a été officiellement dissous le 1^er^ juil. 1991.

**VARUNA** ◆ ÉTYM. du sanskr. p.-ê. apparenté au gr. *ouranos* «ciel» ♦ Une des grandes divinités védiques de l'Inde, généralement opposée à Mitra*, en compagnie de qui il exprime l'idée de souveraineté. Dieu de la vastitude (du ciel nocturne et de l'océan) et des eaux, il est aussi le gardien de l'ordre du monde et des rites. Représenté comme un homme blanc revêtu d'une armure d'or et monté sur un monstre marin, le *makara*, il tient un lacet. ▪ Il est en rapport avec l'Ouranos* des Grecs.

**VARUS** - en lat. ***Publius Quintilius Varus*** ♦ Général romain (v. -46 - Teutoburger Wald 9). Consul (-12), légat en Syrie (-6 - -4), il s'enrichit par des spoliations. Chargé d'organiser la Germanie (7), il s'y fit détester par la population. Une conspiration se forma sous la conduite d'Arminius* et, en 9, Varus fut surpris dans la forêt de Teutoburg (près de l'actuelle Detmold) ; ses légions furent massacrées et lui-même se donna la mort.

**VARZY** [58210] ◆ ÉTYM. anc. *Varciacus*, du lat. *Varus*, n. de pers., et suff. *-acum* ♦ Ch.-l. de cant. de la Nièvre, arr. de Clamecy. 1 303 hab. *(Varzycois)*. Église Saint-Pierre des XIII^e^ - XIV^e^ s. (statue et triptyque de sainte Eugénie, 1535 ; trésor provenant de l'anc. collégiale Sainte-Eugénie). Musée : archéologie ; beaux-arts ; arts décoratifs.

**VASA** → Gustave I^er^ ; Jean III ; Éric XIV

**VASARELY** (**Gyözö Vásárhelyi**, dit **Victor**) ♦ Peintre français d'origine hongroise (Pécs 1908 - Paris 1997). Il étudia (1928 - 1930) au Mühely de Budapest, école qui appliquait les principes du Bauhaus de Vienne. Il s'installa à Paris en 1930, et, parallèlement à des activités de graphiste (publicité, décoration), se livra à des recherches théoriques sur la perspective axonométrique et les dérivations linéaires. Des séries de graphismes *(Arlequins, Échiquiers, Zèbres, Improvisations sur calques)* mettent en œuvre ces recherches. Après 1937, il pratiqua en peinture divers styles, tel celui qui organise les formes inspirées par les craquelures de carrelages (vues au métro Denfert ; cette «période de Denfert» se développa surtout de 1951 à 1958). Ses recherches sur la lumière, sur l'illusion de mouvement créée par des procédés optiques (cinétisme, après 1955), sur la fonction de l'œuvre picturale dans la vie sociale et la cité aboutirent à un art structurel défini par la répétition d'une cellule (carré contenant une figure de la géométrie plane) soumise à des transformations méticuleusement réglées et jouant par rapport aux couleurs. L'art de Vasarely, fait de rigueur mathématique et de gaieté, cherchait à concilier la modernité technique et l'art ; il redéfinit ce dernier dans sa fonction d'amélioration de l'environnement humain. ▪ Fondation Vasarely à Gordes.

Victor **Vasarely.** *Sikra*, 1966.
Fondation Vasarely, Aix-en-Provence.
*BIS/Phot. © Archives Nathan © ADAGP, Paris*

**VASARI (Giorgio)** ♦ Peintre, architecte et écrivain italien (Arezzo 1511 - Florence 1574). Il fit des études à Florence où il put jouir de l'amitié et du mécénat de la famille Médicis. Après avoir étudié la peinture dans le cercle d'Andrea* del Sarto, il resta toujours un fervent admirateur de Michel*-Ange. Il dessina le palais des Offices à Florence et conçut le «corridor» qui le relie au palais Pitti par le Ponte Vecchio. En peinture, ses travaux décoratifs les plus marquants se trouvent au Palazzo Vecchio de Florence (Grand Salon, salle des Éléments, Studiolo de François I^er^) et au Vatican (la Chancellerie : *Scènes de la vie de Paul III*). Son style pompeux, tentant d'établir une synthèse entre les manières de Michel-Ange et de Raphaël*, se répandit dans toute l'Italie en tant qu'art officiel, alors qu'il n'avait guère d'autre mérite que l'intérêt porté au paysage. La renommée de Vasari est fondée sur son livre majeur d'histoire de l'art *(Le Vite de' più eccelenti pittori, scultori e architettori italiani)*, dont la première publication (1550) fut dédiée à Cosme de Médicis. Dans ce livre, Vasari considère que l'art du Moyen Âge est le produit des siècles obscurs qui séparent le classicisme antique et la Renaissance ; la revitalisation de l'art reprend en Toscane à partir de Giotto et culmine avec Michel-Ange. Dans la seconde édition, très élargie (1568), Vasari intégra dans son livre la biographie de plusieurs artistes vivants, dont la sienne. Ce livre reste un document irremplaçable pour la recherche en histoire de l'art italien. ◆ ÉTYM. Ce nom de famille vient de l'italien *vasaio* «potier».

**VASCONS** n. m. pl. ◆ ÉTYM. en lat. ***Vascones***, de *vascus* «qui va de travers (n. donné par les Romains)» ♦ Peuple d'Hispanie (Espagne) qui occupait le pays au N. de l'Èbre (la Navarre* actuelle). Les Vascons, ancêtres des Basques, furent vaincus par Pompée puis par

Auguste. Soumis par les Wisigoths, ils se révoltèrent à la fin du VI^e s. puis se réfugièrent en Novempopulanie et donnèrent leur nom à la Gascogne*.

**VASSIEUX-EN-VERCORS** [26420] ➝ ÉTYM. anc. *Vaciu,* de l'occit. *vaciu, vaciéu* «partie du troupeau qui ne produit ni agneaux ni lait» ♦ Comm. de la Drôme, arr. de Die. 290 hab. (*Vassivains* ou *Vertacomicoriens*). Incendié par les Allemands en juil. 1944, le village a été reconstruit. Monument à la mémoire des 76 habitants qui y furent massacrés → Vercors.

**VASSILEVSKI (Aleksandr Mikhaïlovitch)** ♦ Maréchal soviétique (Novo-pokrovka, région d'Ivanovo 1895 - Moscou 1977). Membre du Comité militaire révolutionnaire en 1917, il devint chef de la section du personnel du parti communiste. Durant la Deuxième Guerre mondiale, nommé chef d'état-major général, il fut l'un des conseillers de Staline et se distingua à la bataille de Stalingrad, comme adjoint de Joukov* (hiver 1942 - 1943). Promu maréchal (1943), il dirigea en 1945 le troisième front de la Biélorussie, puis les forces soviétiques en Extrême-Orient contre le Japon. De 1949 à 1953 il fut ministre des Forces armées. ➝ ÉTYM. *Vassilevski* vient de *Vassiliev,* nom de famille, de *Vasiliï* «Basile».

**VASSILI** ➝ ÉTYM. en russe *Vasiliï* «Basile» ♦ Nom de plusieurs grands-princes de Moscou. ♦ **VASSILI I^er** (1371 - 1425). Grand-prince de Vladimir et de Moscou (1389 - 1425). Fils et successeur de Dimitri* IV Donskoï, il eut à lutter contre son beau-père, grand-duc de Lituanie, qui se rendit maître de Viazma et de Smolensk. En 1395, il repoussa Tamerlan, puis lutta contre les Mongols, qui ravagèrent la capitale en 1408. ♦ **VASSILI II l'Aveugle** (1415 - 1462). Fils et successeur du précédent. Grand-prince de Moscou (1425 - 1462). Plusieurs fois dépossédé de son trône par son oncle Iouri de Galitch et les deux fils de celui-ci, il retrouva son autorité en 1453. Il affermit la tutelle de Moscou sur Novgorod et prépara le rassemblement des terres russes. Il refusa le décret d'union entre les Églises grecque et romaine (1439) et libéra l'Église russe de la tutelle byzantine. Son fils Ivan* III lui succéda. ♦ **VASSILI III** (1479 - 1533). Grand-prince de Moscou (1505 - 1533). Fils d'Ivan* III, il annexa Pskov (1510), Riazan (1521), et enleva Smolensk (1522) aux Lituaniens après une longue guerre. Contre les Tatars de Crimée et de Kazan, qui ravageaient les régions méridionales et sud-occidentales, il fit établir la première ligne de villes fortifiées (Toula, Kalouga, Zaraïsk). Il fut le père d'Ivan* IV le Terrible.

**VASSILI CHOUÏSKI** ♦ (1552 - Gostynin, près de Varsovie 1612). Tsar de Russie (1606 - 1610). Descendant des princes de Souzdal, il s'empara du pouvoir après avoir organisé le coup d'État qui renversa le premier «faux Dimitri*.» Favorable à la haute aristocratie, il dut faire face, dès son avènement, aux révoltes paysannes et cosaques (1606 - 1607) et aux Polonais qui appuyaient le second «faux Dimitri*.» Devant la menace polonaise, il fit appel à la Suède, mais, vaincu par Sigismond III de Pologne, il fut destitué et mené en captivité en Pologne où il mourut.

**VASSIVIÈRE** ♦ Lac artificiel dans la Haute-Vienne (1 000 ha env.), créé par un barrage établi sur la Maulde. Site touristique. Sports nautiques.

**VÄSTERÅS** ♦ V. de Suède, sur le lac Mälar, à l'O. de Stockholm. Ch.-l. du comté de Västmanland. 132 920 hab. Cathédrale gothique (XIII^e s.). ▪ À proximité, château d'Ängsö (XIII^e s.). ▪ Port. Important centre indus. : électrométallurgie, construc. mécaniques, scieries, verreries. ▮ **Histoire** Lors de la Diète qui s'y tint en 1527, Gustave* I^er Vasa introduisit la Réforme en Suède.

**VASUBANDHU** ♦ Religieux et philosophe bouddhiste indien (IV^e s.) originaire du Gandhara*, auteur de très nombreux textes religieux et de commentaires du canon bouddhique, souvent en collaboration avec son frère Asanga.

**VATÉ** ou **EFATÉ** (île) – anc. ***île Sandwich*** ♦ Île du groupe central méridional de la république du Vanuatu. 1 100 km$^2$. Env. 40 000 hab. Sur sa côte S.-O. se situe la capitale, Port-Vila. Gisement de manganèse à Forari, exploité de 1962 à 1978. Prospection d'or depuis 1985.

**VATEL** ♦ (mort à Chantilly 1671). Maître d'hôtel français au service de Fouquet*, puis de Condé*. Son suicide, causé par le retard de la marée lors d'une fête donnée par Condé, est conté par M^me de Sévigné et par Saint-Simon.

**VATHY** ou **SAMOS** ♦ V. de Grèce, sur la côte N. de l'île de Samos. Ch.-l. du nome de Samos. 5 639 hab. Musée archéologique renfermant des trouvailles provenant de l'Héraion et de l'anc. ville de Samos. ▪ Port.

## VATICAN

▮ n. m. ➝ ÉTYM. en lat. ***Vaticanus,*** de *vates* «voyant, devin» (l'endroit aurait été conquis par les Romains à la suite de prédictions) ou de *Vaticum,* n. de lieu étrusque ♦ Colline de Rome, sur la rive d. du Tibre, au N. du Janicule. Les jardins et le cirque de Néron furent le lieu de supplices infligés aux chrétiens (64). Parmi ceux-ci, traditionnellement, saint Pierre* ; la vénération de son tombeau en ces lieux est attestée à la fin du II^e s. Une première basilique y fut élevée sous Constantin (324 - 349), autour de laquelle s'élevèrent d'autres bâtiments religieux et civils. Léon IV entoura la zone de remparts constituant le *Borgo* ou Cité léonine, appuyée sur le château Saint*-Ange (848 - 852). Résidence des papes au retour d'Avignon (1377), siège des services pontificaux depuis Nicolas V (1447 - 1455). ▪ Basilique Saint*-Pierre. Palais apostolique des papes, ensemble complexe fort ancien (Charlemagne y fut reçu en 800). Remanié par Bramante sous Jules II, il n'a cessé de recevoir adjonctions et modifications. Les parties les plus célèbres en sont le Belvédère*, les chapelles de Nicolas V (fresques de Fra Angelico*), Sixtine* et Pauline*, la tour et les appartements Borgia (décorés par le Pinturicchio*), les loges* et les chambres* de Raphaël*, la salle royale (par Sangallo* le Jeune), l'escalier royal (par le Bernin), la Bibliothèque vaticane* et les musées : pinacothèque vaticane (œuvres de la Renaissance italienne, dont le *Saint Jérôme* de Léonard de Vinci) ; musée Pie-Clémentin (Clément XIV et Pie VI), collection d'antiques dont la *Vénus du Vatican,* réplique de l'Aphrodite de Cnide (→ **Praxitèle**), le *Laocoon,* l'*Apollon* et le *Torse* dits du Belvédère ; musées étrusque et égyptien (Grégoire XVI) ; musée Chiaramonti et galerie lapidaire (Pie VII) ; ex-musée du Latran, installé dans un bâtiment moderne (Paul VI). ▪ Dans les jardins : entrée des grottes vaticanes (fouilles archéologiques, sépulture de nombreux pontifes) ; église Saint-Étienne des Abyssins (VI^e s. ?, refaite au XVIII^e s.) ; «Casina» de Pie IV (par Pirro Ligorio et Sallusto Peruzzi, 1558 - 1562), siège de l'Académie pontificale des sciences ; bâtiments admin.

♦ ***État de la Cité du Vatican*** État souverain, le plus petit du monde (44 ha ; 921 hab.), créé par les accords du Latran* (1929) pour assurer une base temporelle à la souveraineté spirituelle du pape. Outre la Cité, il comporte une douzaine d'édifices situés à Rome (Saint-Jean-de-Latran, Sainte-Marie-Majeure, Saint-Paul-hors-les-Murs) ou en dehors (Castel Gandolfo, résidence d'été des papes) auxquels la République italienne accorde le privilège d'exterritorialité. Le pape détient le pouvoir suprême ; il l'exerce par un gouverneur nommé. Le Vatican possède son drapeau, ses forces armées (garde suisse, gendarmerie pontificale), sa monnaie (euro à l'effigie de Jean-Paul II), sa poste, sa radio, un service d'approvisionnement (l'Annone), une imprimerie (imprimerie polyglotte vaticane), un quotidien (*L'Osservatore romano,* éd. hebdomadaires en diverses langues étrangères), un hebdomadaire (*L'Osservatore della domenica*). La citoyenneté vaticane est accordée aux personnes que leur office attache au Vatican, aux cardinaux résidant à Rome, aux personnes désignées par le pape.

**Vatican** (conciles du) ♦ Deux conciles œcuméniques se sont déroulés au Vatican. ♦ ***Vatican I^er*** XX^e concile œcuménique, réuni par le pape Pie IX en 1869, suspendu à la suite de l'entrée des troupes italiennes dans Rome en 1870. Face au libéralisme et au rationalisme du XIX^e s., il précisa la doctrine catholique sur la révélation et sur la foi (constitution *Dei filius*). Il affirma le dogme de l'infaillibilité pontificale (constitution *Pastor aeternus*). ♦ ***Vatican II*** XXI^e concile œcuménique, réuni par le pape Jean* XXIII et poursuivi sous Paul* VI. Quatre sessions, 11 oct. - 8 déc. 1962, 29 sept. - 4 déc. 1963, 14 sept. - 21 nov. 1964, 14 sept. - 8 déc. 1965. Outre le pape et plus de 2 500 pères conciliaires, des experts, des observateurs non catholiques et quelques auditeurs laïques y participèrent. Selon le vœu de Jean XXIII, il entreprit la mise à jour *(aggiornamento)* de l'Église face au monde moderne et s'efforça de préparer l'unité des chrétiens. Il promulgua quatre constitutions, dont une sur la rénovation de la liturgie *(Sacrosanctum concilium)* et une sur l'Église dans le monde moderne (*Gaudium et spes,* issue de la discussion du *Schéma 13*). L'esprit du concile fut souligné par plusieurs gestes significatifs de Paul* VI au cours des «intersessions», ainsi que par la création d'un groupe de travail mixte avec le Conseil* œcuménique des Églises (fév. 1965) et la levée des anathèmes réciproques entre les Églises catholique romaine et orthodoxe (7 déc. 1965).

**vaticane (Bibliothèque)** ♦ Bibliothèque fondée par le pape Nicolas V au Vatican (1450). La salle Sixtine, bâtie par D. Fontana pour Sixte Quint (1588), a été remplacée, sous Léon XIII, par une nouvelle salle de lecture, à l'étage inférieur. La bibliothèque conserve plus de 500 000 volumes, de nombreux incunables et environ 60 000 manuscrits dont le *Papyrus Bodmer VIII* (épîtres de Pierre, III^e s.), le *Codex Vaticanus* (Bible grecque, milieu IV^e s.), plusieurs manuscrits fondamentaux pour l'établissement des textes de Virgile et de Cicéron, et des manuscrits enluminés du Moyen Âge et de la Renaissance (*Évangéliaire de Reichenau*, v. 1000 ; Bible d'Urbin, 1476 - 1478).

**VATNAJÖKULL** n. m. ♦ Région du S.-E. de l'Islande, recouverte d'une calotte glaciaire d'une surface de 8 500 km². Son altitude varie entre 1 300 et 1 700 m.

**VATTEL (Emmer ou Emmerich DE)** ♦ Diplomate et publiciste suisse (Couvet, cant. de Neuchâtel 1714 - Neuchâtel 1767). Il étudia le droit et la philosophie et, à une époque où la pensée de Leibniz* soulevait de vives discussions, il en défendit la méthode et les principes (*Défense du système de Leibniz*, 1742). Conseiller d'Auguste III de Saxe (1746), puis son représentant à Berne, E. de Vattel doit sa célébrité à un important traité sur *Le Droit des gens* (sous-titré : *Principes de la loi naturelle appliquée à la conduite et aux affaires des nations et des souverains*, 1758). Cet ouvrage a constitué une des sources du droit international moderne.

**VÄTTERN** (lac) ♦ Grand lac de Suède méridionale, relié à la Baltique par le Motalaström. 1 912 km². Il communique avec le Vänern* par le Göta kanal et baigne Jönköping* et Motala*.

**VAUBAN (Sébastien LE PRESTRE DE)** ♦ Maréchal de France (Foucheret, auj. Saint-Léger-Vauban, Bourgogne 1633 - Paris 1707). Commissaire des fortifications (1678), il déploya une grande activité et entoura le royaume de fortifications (en particulier le long de l'Escaut, de la Meuse et du Rhin). Il construisit aussi des grands ports, des canaux et l'aqueduc de Maintenon. Il s'intéressa également au perfectionnement des techniques d'attaque, et ses méthodes lui permirent de remporter de nombreux sièges : il s'illustra particulièrement lors de la guerre de la ligue d'Augsbourg* en prenant Mons, Namur et Steinkerque. Il écrivit des ouvrages d'art militaire, mais aussi de politique générale, et sa liberté d'esprit provoqua sa disgrâce (son *Projet d'une dîme royale* fut interdit en 1707). ➝ ÉTYM. *Vauban* est le nom d'un ancien fief, peut-être de *vau*, variante de *val*, et d'un nom de personne.

**VAUBLANC (Vincent Marie VIENOT, comte DE)** ♦ Homme politique français (Saint-Domingue 1756 - Paris 1845). Après avoir quitté l'armée (1791), il fut élu à l'Assemblée législative, où il affirma des positions royalistes. Condamné à mort par contumace pour sa participation à l'insurrection du 13 Vendémiaire* an IV, exilé après le coup d'État du 18 Fructidor an V (4 sept. 1797), il se rallia à l'Empire puis aux Bourbons et devint ministre de l'Intérieur (1815). Mais ses positions extrémistes le contraignirent à démissionner en 1816.

**VAUCANSON (Jacques DE)** ♦ Ingénieur mécanicien français (Grenoble 1709 - Paris 1782). Il imagina de nombreuses machines, parmi lesquelles une pompe pour élever les eaux, le premier métier à tisser entièrement automatique (→ **Jacquard**), le tour à charioter et une perceuse dont les dispositifs constituent les organes essentiels des machines-outils actuelles. Il réalisa des automates célèbres : le *Joueur de flûte traversière* (1737), le *Joueur de tambourin* et le *Canard* (1738). Il envisagea également la construction d'anatomies mouvantes susceptibles de contribuer au progrès de la médecine. Sa collection de machines devint, en 1794, le premier fonds du Conservatoire national des arts* et métiers. [Acad. sc. 1746] ➝ ÉTYM. *Vaucanson* signifie «Val de Canson (nom de personne)».

**VAUCLIN (LE)** [97280] ➝ ÉTYM. de *Vauclin*, n. de montagne ♦ V. de Martinique, arr. du Marin. 7 778 hab. Élevage. Pêche.

**VAUCLUSE** n. m. [84] ➝ ÉTYM. → Fontaine-de-Vaucluse ♦ Dép. du S.-E. de la France, région Provence-Alpes-Côte-d'Azur. 3 742 km². 499 685 hab. CH.-L. : Avignon. CH.-L. D'ARR. : Apt, Carpentras. Cour d'appel : Nîmes. Académie : Aix-Marseille. → **Provence-Alpes-Côte-d'Azur.**

**VAUCLUSE (fontaine de)** → **Fontaine-de-Vaucluse.**

**VAUCLUSE (le taureau du)** → **Daladier (Édouard).**

**VAUCOULEURS** [55140] ➝ ÉTYM. «vallée des couleurs (aux couleurs variées)» ♦ Ch.-l. de cant. de la Meuse, arr. de Commercy, sur la Meuse. 2 289 hab. *(Valcolorois)*. Crypte du XIIIe s. Vestiges du château de Baudricourt. Restes de fortifications (porte de France du XVIIe s.). Musée : histoire et archéologie locales. **Histoire** Le 13 mai 1428, Jeanne d'Arc se rendit à Vaucouleurs, se présenta à Robert de Baudricourt, gouverneur du roi, et lui demanda de la conduire à Chinon auprès de Charles VII.

**VAUCRESSON** [vokʀesɔ̃] [92420] ➝ ÉTYM. anc. en lat. *Vallis Crisonis* «val de Crison (n. de pers.)» (et non «cressonnière») ♦ Comm. des Hauts-de-Seine, arr. de Boulogne-Billancourt, à l'O. de Paris. 8 141 hab. *(Vaucressonnais)*.

**VAUD** [vo] (canton de) ➝ ÉTYM. anc. en lat. *Pagus Waldensis* «pays des forêts» – en all. ***Waadt*** ♦ Cant. du S.-O. de la Suisse. 3 211 km². 662 145 hab. *(Vaudois)* de langue française et, pour la plupart, de rel. protestante. CH.-L. : Lausanne. **Géographie** La région contient une partie du lac de Morat, du lac de Neuchâtel et du Léman, et la totalité du lac de Joux. Elle est drainée par le Rhône et de nombreuses rivières comme l'Orbe, la Thièle et la Broye. Elle est formée par les contreforts du Jura à l'O. (vallée de Joux), le plateau suisse au centre et l'extrémité O. des Alpes bernoises à l'E. (les Diablerets, 3 210 m). Région plus agricole qu'industrielle, le cant. de Vaud est le premier producteur de vin de Suisse (vignobles d'Yvorne et de Lavaux). Céréales. Betteraves à sucre dans la région d'Orbe. Tabac dans la vallée de la Broye. Le secteur tertiaire et l'industrie sont cependant très présents, comme à Renens, Vevey (Nestlé). L'activité la plus importante est le tourisme ; stations climatiques et de sports d'hiver (les Diablerets, Leysin, Sainte-Croix-les-Rasses, Villars-sur-Ollon). Châteaux de Chillon et de Coppet. Centre indiscutable de la Suisse romande dont il abrite la moitié de la population, grenier de la Suisse, le cant. de Vaud joue un rôle essentiel au sein de la Confédération. Troisième canton par la population, il est marqué par une campagne restée puissante. **Histoire** Conquis par les Romains en –58, le *Pagus Urbigenus* ou *Waldensis* fut occupé au Ve s. par les Burgondes puis par les Francs et fit partie du royaume de Bourgogne transjurane (888 - 1032). Annexé au Saint Empire, il passa sous la domination des Zähringen*, jusqu'en 1218, puis sous celle des comtes de Savoie. Après la défaite de Charles le Téméraire à Morat* (1476), le pays fut envahi et soumis par les Bernois (1536) qui y imposèrent la Réforme par la force. En 1723, la tentative de J. D. Davel pour libérer le pays de Vaud échoua. Mais, lors de la Révolution française, l'exilé vaudois F. C. de La Harpe incita le Directoire à marcher contre Berne. Les troupes françaises entrèrent triomphalement à Lausanne pendant qu'était proclamée la République lémanique (janv. 1798) qui prit rapidement le nom de canton du Léman (mars 1798) puis de *canton de Vaud* en 1803.

**VAUDÉMONT** [54330] ➝ ÉTYM. du germ. *Wado*, n. de pers., et *mont* ♦ Comm. de la Meurthe-et-Moselle, arr. de Nancy. 63 hab. La *colline de Sion-Vaudémont*, qualifiée de «montagne» en raison de son isolement, culmine au «Signal» à 541 m. Elle a été illustrée par Maurice Barrès dans *La Colline* inspirée* (1913).

**VAUDOYER (Léon)** ♦ Architecte français (Paris 1803 - *id.* 1872). Il transforma l'église de Saint-Martin-des-Champs à Paris en Conservatoire des arts et métiers en s'inspirant de la Renaissance. Il com-

## vaudois

n. m. pl. ♦ Disciples de Pierre Valdo*. Après la mort du fondateur, une partie de la communauté (les «Pauvres catholiques») réintégra l'Église, une autre se radicalisant («Pauvres de Lombardie»). Adversaires résolus des cathares, et à ce titre considérés comme de précieux auxiliaires par le clergé méridional, les vaudois n'en furent pas moins assimilés aux hérétiques par Innocent III (IVe concile de Latran, 1215). À partir de 1230, durement combattus par l'Inquisition, ils adoptèrent une position de repli rendue nécessaire par leur refus de la théologie et de la pratique de l'Église dominante. En dépit d'une réputation exécrable (*vaudoisie* ou *vauderie* deviendra synonyme de sorcellerie), une organisation plus souple que celle des cathares leur permit de survivre aux persécutions : réfugiés dans les vallées que l'on nommera vaudoises, de part et d'autre des Alpes (Dauphiné et Piémont), ils bénéficièrent, au XVe s. en Bohême, de la révolution hussite (→ **Hussites**). En 1532, à Chanforan dans le Val d'Angrogne (Alpes piémontaises), fidèles et ministres (qui portent le nom de *barbes* «oncles» en lombard, pour ne pas être qualifiés de «pères»), décidèrent de rallier la Réforme : pourtant occitanophones, ils financèrent la première Bible protestante française (Olivétan*, 1535). Des communautés furent massacrées (Provence, 1545 ; Calabre, 1561 ; Piémont, 1655), mais les vaudois bénéficièrent de la position intermédiaire de la Savoie dans le jeu européen de l'époque. En 1686 toutefois, le duc de Savoie décréta l'équivalent dans ses terres de la révocation de l'édit de Nantes ; exilés en Suisse, les réfractaires revinrent en force en 1689 : ce fut la «glorieuse rentrée», mais le soutien de Guillaume* III d'Orange n'empêcha pas de nouvelles expulsions (1698), puis une survie difficile dans une Italie majoritairement catholique jusqu'en 1848, où Charles*-Albert leur accorda les mêmes droits qu'à ses autres sujets piémontais, y compris la liberté religieuse. Dès lors, les vaudois purent redevenir évangéliques : la figure traditionnelle du colporteur transmettant (aussi) la bonne parole n'empêcha pas la création, en 1855, d'une Faculté de théologie (à Rome) et d'une maison d'édition (à Turin) qui en firent les plus actifs des protestants d'Italie. ▪ Ils sont actuellement 45 000, dont un tiers dans leur centre historique du Piémont occidental (Pignerol*, Torre Pellice) et un tiers en Amérique du Sud (Argentine et Uruguay). Depuis 1979, vaudois et méthodistes sont étroitement associés, en Italie, dans l'Église évangélique vaudoise.

Léon **Vaudoyer.** La cathédrale de la Major à Marseille.
*Phot. © Stefan Ataman/Shutterstock*

mença la cathédrale de Marseille (1852). Cette œuvre de style éclectique à caractère romano-byzantin fut terminée par ses élèves Espérandieu et Revoil (1893).

**VAUDREUIL (Philippe DE RIGAUD,** marquis **DE)** ♦ Administrateur français (en Gascogne 1643 - Québec 1725). Il fut gouverneur de Montréal, puis gouverneur général de la Nouvelle-France (1703 - 1725) et perdit contre les Britanniques l'Acadie et Terre-Neuve (1713). ♦ **Pierre de Rigaud de Cavagnal,** marquis **de Vaudreuil.** Administrateur français (Québec 1698 - Muides-sur-Loire, Touraine 1778). Fils du précédent. Gouverneur de Trois-Rivières, puis de la Louisiane (1743 - 1755), il fut le successeur de Duquesne au Canada (1755 - 1760). Il eut de très mauvais rapports avec les chefs militaires, ce qui compromit le maintien de la France au Canada. Il ordonna la capitulation de Montréal (1760), fut emprisonné et jugé en France, mais acquitté.

**VAUDREUIL (LE)** [27100] ➝ ÉTYM. «val de Reuil (du n. de *Rado,* frère de saint Ouen)» ♦ Comm. de l'Eure, arr. des Andelys, entre la forêt de Louviers et l'Eure. 3 438 hab. *(Valdéroliens).*

**VAUGELAS** [-la] **(Claude FAVRE,** seigneur **DE)** ♦ Grammairien et linguiste français (Meximieux, en Bresse 1585 - Paris 1650) qui dirigea les travaux de l'Académie* française et publia (1647) des *Remarques sur la langue française,* non pour fixer mais pour régler la langue. Réagissant contre les «latinisants», il prôna le recours à l'usage, fondé sur le «bon goût» de la cour et de la ville. [Acad. fr. 1634] ➝ ÉTYM. Ce nom savoyard signifie «vallée gelée».

**VAUGHAN (Henry)** ♦ Poète anglais (Newton Saint Briget, Brecknockshire 1622 - Scethrog 1695). Son éducation fut confiée à Matthew Herbert, dont on décèle l'influence dans certaines de ses œuvres. Il fit ses études à Oxford, puis étudia le droit à Londres. À l'instigation de son frère, alchimiste, il se passionna pour la médecine et traduisit deux ouvrages de Heinrich Nolle (*Hermetical Physick,* 1655, et *The Chymists Key,* 1657). Sa poésie, dédaignée de son vivant, fut remise en honneur au XIXᵉ s. et influença Wordsworth*, qui s'inspira notamment de *La Retraite,* où s'exprime la nostalgie de l'enfance. De son œuvre poétique, il faut citer *Thalia rediviva* (*Thalia rediviva, the pass-times of a country Muse,* 1678) et *Le Cygne de la rivière Usk* (*Olor Iscanus,* 1651), recueil contenant deux poèmes remarquables, «L'Ossuaire» («The Charnel House») dont la rhétorique s'apparente à celle de John Donne, et «À Elizabeth». Le plus prisé de ses recueils reste *Étincelles tirées du silex* (*Silex Scintillans,* 1650 et 1655), d'inspiration religieuse. Vaughan fut avant tout un mystique ; l'originalité de ses dons de visionnaire l'a fait comparer à Milton. ➝ ÉTYM. Ce nom vient du gallois *bychan* «petit».

**VAUGHAN (Sarah)** ♦ Chanteuse de jazz américaine (Newark, New Jersey 1924 - Los Angeles 1990). Elle débuta dans l'orchestre d'Earl Hines* en 1943 puis, grâce à une voix lui permettant des changements de registre d'une rare amplitude, elle entreprit une carrière autonome dépassant largement le cadre du jazz. Princ. enregistrements : *Lover Man* (avec Dizzy Gillespie, 1945), *Sometimes I Feel Like a Motherless Child* (1947).

**VAUGHAN WILLIAMS (Ralph)** ♦ Compositeur britannique (Down Ampnay 1872 - Londres 1958). Élève de M. Bruch à Berlin (1896) puis de Ravel à Paris (1907 - 1908), il s'attacha très tôt à l'étude du folklore anglais qu'il mena conjointement avec celle de l'œuvre de Purcell et des musiciens élisabéthains. Professeur au Royal College of Music (1919), il rendit à la musique anglaise son caractère spécifique et présida à la renaissance du mouvement musical dans son pays. Marquée par l'influence de la mélodie populaire, son œuvre comprend, outre la célèbre *Fantaisie sur un thème de Thomas Tallis* (1910), dix symphonies (1910 - 1958), dont *A London Symphony* (nº 2) et *A Pastoral Symphony* (nº 3), série culminant avec les nºˢ 4 (1935), 5 (1943) et 6 (1948), des concertos, le ballet *Job* (1930), de nombreuses œuvres chorales dont la *Messe en sol mineur* (1922), l'oratorio *Sancta Civitas* (1925) et les *Five Tudor Portraits* (1936), *Flos campi* pour alto et petit orchestre (1925), des opéras dont *Riders to the Sea* (1931) et *The Pilgrim's Progress* (1951).

**VAUGNERAY** [69670] ➝ ÉTYM. anc. en lat. *Vallis Neriacensis,* de *Nerius,* n. de pers., et suff. *-acum* ♦ Ch.-l. de cant. du Rhône, arr. de Lyon. 4 175 hab.

**VAUJOURS** [93410] ➝ ÉTYM. anc. *Vallis Jost, Vallis Joth,* du franco-prov. *vau* «vallée» et *Jost, Just,* n. de pers. ♦ Comm. de la Seine-Saint-Denis, arr. du Raincy, au N.-E. de Paris. 5 570 hab. *(Valjoviens).* Plâtrières.

**VAULX-EN-VELIN** [vo-] [69120] ➝ ÉTYM. du lat. *vallis* «vallée» ♦ Ch.-l. de cant. du Rhône, banlieue N.-E. de Lyon. 39 154 hab. *(Vaudais).*

**VAUQUELIN (Nicolas Louis)** ♦ Chimiste français (Saint-André-d'Hébertot, près de Pont-l'Évêque 1763 - *id.* 1829). Il découvrit le chrome (1797), analysa, avec Fourcroy*, de nombreux produits chimiques d'origine animale ou végétale et reconnut notamment l'identité de la composition chimique de l'aragonite et de la calcite (1804). Il décela, avec Laugier*, la présence presque constante du chrome dans les météorites. [Acad. sc. 1795] ➝ ÉTYM. *Vauquelin* est la forme normande de *Gauquelin,* du nom de personne germanique *Walkin* (hypocoristique de *Walko,* de *walchan* «fouler, marcher»).

**VAUQUELIN DE LA FRESNAYE** [frɛnɛ] **(Jean)** ♦ Poète français (La Fresnaye-au-Sauvage, près de Falaise v. 1536 - *id.* 1606), auteur d'un *Art* poétique français,* en vers (1574 ; publié, avec *Les Diverses Poésies,* en 1605), où il se montre disciple de Ronsard* mais apprécie la poésie du Moyen Âge. Cet ami de Baïf* et des humanistes s'inspira d'Horace* dans ses poèmes champêtres des *Foresteries* (1555).

**VAUQUOIS** [55270] ♦ Comm. de la Meuse, arr. de Verdun. 26 hab. La *butte de Vauquois* (280 m) fut en 1914 et 1915 le théâtre d'une terrible guerre de mines.

**VAURÉAL** [95000] ➝ ÉTYM. anc. en lat. *Vallis Regis* «la vallée *(vallis)* du roi *(rex, regis)*» ♦ Comm. du Val-d'Oise, arr. de Pontoise. 16 206 hab. Élément de la ville nouvelle de Cergy*-Pontoise.

**VAUTHIER (Jean)** ♦ Auteur dramatique français (Grace-Berleur, Belgique 1910 - Bordeaux 1992). D'un grand lyrisme, créateur du frénétique *Capitaine Bada* (1950, mis en scène par Reybaz, 1952), il a tenté d'exprimer les passions les plus violentes. Ses textes, qui comportent de nombreuses indications scéniques, sont prévus pour s'intégrer à la musique et à la danse qui font partie du spectacle (*Le Personnage combattant,* 1956 ; *Le Rêveur,* 1961 ; *Le Sang,* 1968 ; *Prodiges,* 1971). ➝ ÉTYM. *Vauthier* est une variante régionale de *Gautier*.*

**VAUTRIN** ♦ Personnage de *La Comédie* humaine* de Balzac*, figurant dans trois romans *(Le Père* Goriot, Illusions* perdues, Splendeurs* et Misères des courtisanes)* et dans le drame qui porte son nom (représenté en 1840). Forçat évadé, en marge de la société qu'il considère comme une jungle, il goûte la jouissance de «jouer contre tous les hommes» et de réaliser ses rêves de puissance par l'intermédiaire des jeunes gens qu'il aime (Rastignac*, puis Rubempré). Dominateur, il s'attache à les modeler, à en faire ses doubles «comme la créature appartient au créateur, et le corps à l'âme». Déçu dans cette ambition, il finira, à la suite de nombreuses incarnations, par représenter l'ordre social, en devenant (à l'instar de Vidocq*) chef de la sûreté. Balzac a conféré à ce personnage une grandeur symbolique ; il est «l'archange déchu» et semble, en dépit de ses crimes, secrètement justifié comme l'incarnation de l'énergie.

**VAUTRIN (Jean HERMAN,** dit **Jean)** ♦ Écrivain, réalisateur et scénariste français (Pagny-sur-Moselle 1933). Auteur de romans policiers (*Billy-ze-Kick,* 1974 ; *Groom,* 1980 ; *Canicule,* 1982 ; *La Vie Ripolin,* 1986 ; *Un grand pas vers le bon Dieu,* 1989), il a écrit sur la Commune *Le Cri du peuple,* mêlant personnages historiques (Vallès, Courbet, Thiers) et héros de fiction, paru d'abord sous forme de feuilleton dans le journal *l'Humanité* (1989). Il est coauteur, avec Dan Franck, des *Aventures de Boro, reporter photographe* (*La Dame de Berlin,* 1987 ; *Le Temps des cerises,* 1990 ; *Les Noces de Guernica,* 1994 ; *Mademoiselle Chat,* 1996).

**VAUVENARGUES (Luc DE CLAPIERS,** marquis **DE)** ♦ Moraliste français (Aix-en-Provence 1715 - Paris 1747). Déçu dans ses rêves de gloire militaire, puis atteint dans sa santé, il se consacra dès lors aux lettres, écrivit des *Caractères,* inspirés de La* Bruyère, où il stigmatise les ridicules du temps ou rêve d'un héros idéal («Clazomène»), et fit paraître son *Introduction à la connaissance de l'esprit humain,* accompagnée de *Maximes et Réflexions* (1746), où il manifestait une confiance optimiste en l'homme. Exaltant la bonté de la nature, il se défie du surnaturel et pense que le «génie» humain apparaît quand «la raison et le sentiment se conseillent et se suppléent tour à tour». Cette confiance dans le rôle du cœur l'amène à prôner le culte des grandes passions, l'amour et l'ambition, énergie qui doit se mettre au service de la société : «Que tous ceux qui sont nés pour l'action suivent hardiment leur instinct, l'essentiel est de faire bien.» Cette doctrine morale, qui conteste les thèses de Pascal* et de La* Rochefoucauld, s'exprime en des formules nettes et concises (c'est le «vernis des maîtres»). Si l'expression est parfois relevée d'images, elle reste toujours au service de l'idée, car Vauvenargues se méfie de l'éloquence, à l'instar des classiques à l'étude desquels il s'est intéressé (célèbre *parallèle entre Corneille et Racine*) en des jugements remarquablement indépendants. ▸ ÉTYM. *Vauvenargues* est le nom d'une localité des Bouches-du-Rhône, anciennement *Vallis Veranica*, du latin *vallis* «vallée» et *Veranus*, nom de personne.

**VAUVERT** [30600] ▸ ÉTYM. occit. «vallée *(val)* verte» ♦ Ch.-l. de cant. du Gard, arr. de Nîmes. 10 261 hab. *(Vauverdois)*. Ville célèbre au Moyen Âge par un sanctuaire dédié à Notre-Dame et détruit par les protestants au XVIe s. À proximité, château de Candiac où naquit Montcalm*. ▪ Conserveries.

**VAUX-DE-CERNAY (LES)** ♦ Site pittoresque de la vallée de Chevreuse, sur le territoire de Cernay-la-Ville (Yvelines). Ruines de l'abbaye cistercienne fondée au XIIe s. par les moines de Savigny et rattachée à Clairvaux. *Étang de Cernay* dans les bois.

**VAUX-DEVANT-DAMLOUP** [55400] ♦ Comm. de la Meuse, arr. de Verdun. 65 hab. *(Vauxois)*. ▮ Histoire Le *fort de Vaux*, à 8 km de Verdun, fut pris par les Allemands pendant la bataille de Verdun*, le 9 juin 1916 après trois mois de combats. Il était défendu par Raynal. Il fut reconquis par le général Mangin le 2 nov.

**VAUX-LE-PÉNIL** [77000] ▸ ÉTYM. *Vaux*, du lat. *vallis* «vallée» et *Pénil*, n. du château (de l'anc. fr. *pesson* «lieu de clôture») ♦ Comm. de la Seine-et-Marne, banlieue S.-E. de Melun, au-dessus de la Seine. 10 688 hab. Château du XVIIIe s. abritant le Musée du surréalisme.

**Vaux-le-Vicomte** ♦ Château situé en Seine-et-Marne (comm. de Maincy), à proximité de Melun, construit de 1657 à 1661 pour le surintendant Fouquet*, sur les plans de Louis Le* Vau ; Le* Brun en fit la décoration, Le* Nôtre dessina les jardins. Ces artistes devaient contribuer à la construction de Versailles. Fouquet donna des fêtes somptueuses à Vaux-le-Vicomte et fut disgracié peu après par Louis XIV. En 1705, le maréchal de Villars acheta le château qui fut érigé en duché-pairie ; il passa en 1764 au duc de Choiseul-Praslin et prit le nom de Vaux-Praslin. A. Sommier le racheta en 1875 et le fit restaurer. Musée des Équipages.

**VAUX-SUR-MER** [17640] ♦ Comm. de la Charente-Maritime, arr. de Rochefort. 3 448 hab. Station balnéaire.

**VAUX-SUR-SEINE** [78740] ♦ Comm. des Yvelines, arr. de Mantes-la-Jolie, au pied du plateau de l'Hautil. 4 369 hab. Carrières de gypse.

**VÄXJÖ** ♦ V. de Suède méridionale, ch.-l. du comté de Kronoberg, au bord du lac Växjösjön. 78 473 hab. Musée du verre. ▪ Centre culturel, commercial et industriel. Papeteries. Construc. mécaniques.

**VAZOV (Ivan)** ♦ Écrivain bulgare (Sopot 1850 - Sofia 1921). Admirateur de Pouchkine, Gogol, Tchekhov, et de Victor Hugo, il se fit connaître par des recueils de vers dans lesquels il chanta aussi bien la beauté de la nature de son pays que la gloire des héros bulgares morts pour la liberté de leur patrie : *Étendard et Guzla* (1876), *Les Tristesses de la Bulgarie* (1877), *Délivrance* (1878), *L'Épopée des oubliés* (1884), *Champs et forêts* (1884), *J'ai senti le parfum du lilas* (1919). Auteur de nouvelles et de romans, il y révéla ses talents de conteur réaliste. Ainsi décrivit-il dans la nouvelle *Hadži Ahil* (1882) un personnage pittoresque de sa ville natale, puis dans la nouvelle *Sans feu ni lieu* (1883) la vie des émigrés en Roumanie, et enfin dans le roman *Sous le joug* (1890) la vie des Bulgares à la veille de l'insurrection d'avr. 1876. Ses drames historiques (*Borislav*, 1909 ; *Vers l'abîme*, 1910) ne connurent qu'un bref succès. Il refléta dans son œuvre cinquante années de la conscience bulgare. ▸ ÉTYM. Ce nom vient du bulgare *Aïvaza*, du turc *ayvaz* «serviteur» (surnom).

**VÁZQUEZ MONTALBÁN (Manuel)** ♦ Journaliste et romancier espagnol (Barcelone 1939 - Bangkok 2003). Journaliste de talent, il analysa la société espagnole de son temps et la vie politique. Écrivain aux multiples facettes, il publia des recueils de poésie : *Une éducation sentimentale* (1967), *Mouvement sans succès* (1969), *À l'ombre des jeunes filles en fleurs* (1973). Son personnage, le détective privé Carvalho, est au centre de nombreux romans policiers : *J'ai tué Kennedy* (1972), *La Solitude du patron* (1978), *Les Mers du Sud* (1979). Dans *Questions marxistes* (1974), il reprend les vies de Karl Marx et de son frère avec humour et poésie. Son humour noir est adouci par une sensibilité qui lui valut un immense succès.

**VAZ TEIXEIRA (Tristão)** ♦ Navigateur portugais de la première moitié du XVe s. qui, avec Gonçalves Zarco*, redécouvrit Madère* et Porto Santo (1418 - 1420), archipel qui, semble-t-il, était déjà connu des Italiens.

**VEAUCHE** [42340] ▸ ÉTYM. anc. *Velchia*, du gaul. *velica*, de *vélar*, plante utilisée autrefois pour soigner les maux de gorge (herbe aux chantres) ♦ Comm. de la Loire, arr. de Montbrison, sur la Loire. 8 061 hab. *(Veauchois)*. Église du Xe s., rebâtie aux XVe et XVIe s. ▪ Verrerie. Agroalimentaire.

**Veau d'or (le)** ♦ Dans la Bible (Exode, XXXII), idole adorée par Israël au pied du Sinaï, détruite par Moïse*.

**VEBLEN (Thorstein Bunde)** ♦ Économiste américain (Manitowoc County, Wisconsin 1857 - Menlo Park, Californie 1929). Critiquant les positions des marginalistes (→ **Menger [Carl], Clark [John Bates]**), il a développé une nouvelle conception de la science sociale sous l'influence du pragmatisme et de l'évolutionnisme darwinien. Étudiant les faits économiques, il s'est efforcé de les situer dans leur contexte global, en particulier leur cadre juridique, d'où le qualificatif d'institutionnaliste donné parfois à cette tendance (→ **Clark [John Maurice], Commons [John]**). Dans sa critique des institutions sociales américaines, Veblen, tout en s'inspirant de certaines analyses marxistes, envisage de façon très différente l'évolution de la société capitaliste dont l'issue lui paraît être un régime soit de type militaire, soit de type technocratique. Il a publié : *La Théorie de la classe oisive* (1899), *La Théorie de l'entreprise d'affaires* (1904), *La Place de la science dans la civilisation moderne* (1919), *Les Ingénieurs et le Système des prix* (1921).

**VECCHIETTA (Lorenzo di Pietro, dit)** ♦ Peintre, sculpteur et architecte italien (Castiglione di Val d'Orcia v. 1405 - Sienne 1480). En tant que peintre, il a élaboré un style parfaitement représentatif de l'esprit de sa génération qui hésitait, à Sienne, entre les découvertes florentines et la tradition gothique telle qu'elle avait été établie dans cette ville pendant le XIVe s. Ayant travaillé avec Masolino* à la collégiale de Castiglione d'Olona (1433 - 1439), il fut séduit par la nouvelle représentation spatiale de son collègue et il l'utilisa dans les fresques de l'hôpital Santa Maria della Scala à Sienne (*Histoire de Tobie*, 1441) tandis que dans l'*Arliquiera* (armoire aux reliques, 1445) ce furent les conceptions médiévales qui triomphèrent. Après 1460, Vecchietta se consacra à la sculpture. Si ses bois s'inspirent du formalisme gothique, ses bronzes révèlent une nette influence du style de Donatello* (*Christ ressuscité*, 1476, dôme de Sienne). Architecte, il dirigea des travaux de fortification commandés par la ville de Sienne. ▸ ÉTYM. Ce nom italien signifie «petite vieille».

**Veda** n. m. pl. ▸ ÉTYM. mot sanskr. «savoir» ♦ Nom donné en Inde aux quatre livres «révélés» par les divinités aux sages de l'époque védique et censés contenir toute la sagesse divine. Ce sont les livres sacrés des hindous : le Rigveda, le Sāmaveda, le Yajurveda et l'Atharvaveda. Il suffit de croire en leur origine divine pour être hindou. Ils forment, avec l'ensemble des textes qui leur sont rattachés, ce que l'on appelle la littérature védique.

**Vedānta** n. m. pl. ▸ ÉTYM. mot sanskr. «fin des Veda» ♦ Nom donné en Inde à une philosophie généralement moniste fondée sur l'interprétation des Upanishad*. Le plus grand exégète du Vedānta fut Śankarāchārya* (VIIIe s.), le plus moderne fut Vivekānanda*.

**VEDDAS, VEDDAHS** ou **VEDDHAS** n. m. pl. ♦ Groupes aborigènes de l'E. et du S.-E. de Sri Lanka, composés d'env. 6 000 individus à caractères physiques australoïdes. Ils vivent de la cueillette et de la chasse au petit gibier.

**VEDEL (Georges)** ♦ Juriste français (Auch 1910 - Paris 2002). Doyen de la faculté de droit de Paris (1962 - 1967), membre du Conseil constitutionnel (1980 - 1989), il est l'auteur de plusieurs rapports, notamment sur l'agriculture (1969). Spécialiste du droit public français (*Traité de droit administratif*, 1959), il présida en 1993 le comité consultatif pour la révision de la Constitution. [Acad. fr. 1998]

**VEDÈNE** [84270] ▸ ÉTYM. p.-ê. de l'occit. *bedeno, vedeno* «bedaine (butte)» ♦ Comm. du Vaucluse, arr. d'Avignon. 8 673 hab.

**VÉDRINES (Jules)** ♦ Aviateur français (Saint-Denis 1881 - Saint-Rambert-d'Albon 1919). Il remporta la course Paris-Madrid en 1911. Pendant la Première Guerre mondiale, il remplit de dangereuses missions spéciales avec son avion Blériot, surnommé *La Vache*. En 1919, il atterrit sur le toit des Galeries Lafayette à Paris. Peu après, il se tua lors du raid Paris-Rome. ▸ ÉTYM. *Védrines* vient du latin °*vitrina* «verrerie».

**VEGA (Lope de)** → **Lope de Vega**

**VEGA (Ricardo de la)** ▸ ÉTYM. esp. «plaine fertile» ♦ Écrivain espagnol (1839 - 1910), auteur de la célèbre «zarzuela» (vaudeville), *La Fête de la colombe*, qui dépeint les bas-fonds madrilènes.

**VEGA (LA)** ♦ V. de la République dominicaine, située au pied de la Cordillère centrale. 220 279 hab. Ruines de la ville anc. de *La Concepción de La Vega*. Centre commercial actif. Usines de conditionnement du café et du riz. Zone franche industrielle pour l'exportation. ▮ Histoire Le fort de La Concepción de La Vega fut fondé par C. Colomb en 1494 ou 1495. Après un tremblement de terre dévastateur (1562), la ville fut transférée sur son site actuel.

**Vega** ♦ Nom de deux sondes soviétiques destinées à l'étude de la planète Vénus* et de la comète de Halley*. Construites en coopération avec huit pays européens, dont la France, les sondes furent lancées en déc. 1984 ; elles larguèrent les modules de descente sur Vénus en juin 1985 et traversèrent la queue de la comète en mars 1986, à moins de 10 000 km du noyau.

**VÉGA** ▸ ÉTYM. de l'ar. *wāqi'* «tombant» ♦ Nom donné à l'étoile α Lyre*, la plus brillante du ciel boréal. Magnitude 0,04 ; type spectral A 0 ; distance 26,5 années-lumière.

**VÉGÈCE** – en lat. ***Flavius Vegetius Renatus*** ♦ Écrivain latin (fin IVe s. - déb. Ve s.). Il est l'auteur d'un *Traité de l'art militaire* qui est l'une des sources les plus importantes de renseignements sur le système militaire des Romains. Cet ouvrage, dont la première traduction en français fut donnée en 1488, est divisé en cinq livres consacrés à la levée des recrues et à l'instruction des jeunes soldats, à l'organisation de la légion dans les anciennes armées romaines, aux éléments de stratégie et de tactique, à l'attaque et à la défense des places, à la tactique navale.

**Vehme** n. f. ⇾ ÉTYM. en all. ***Vehmgericht, Fehmgericht*** ou ***Femgericht*** « tribunal secret » ♦ Organisation secrète des tribunaux allemands qui jugeaient les crimes contre la religion ainsi que le meurtre, le parjure, la trahison, la diffamation, le viol. Issus des plaids comtaux carolingiens et apparus en Westphalie à la fin du XIIe s., ces tribunaux se substituèrent à la justice légale surtout à la faveur du Grand Interrègne (1250 - 1273). Tenant des séances secrètes et pratiquant une justice expéditive (il n'y avait qu'une peine, appliquée immédiatement : la mort par pendaison), la Vehme ou Sainte-Vehme lutta contre les guerres féodales privées. Les cours ne se tenaient qu'en Westphalie, mais le réseau de la Vehme couvrait toute l'Allemagne où, vers la fin du XIIe s., existaient peut-être 100 000 initiés. Au XVe s., au faîte de sa puissance, la Vehme osa même citer devant son tribunal le duc de Bavière (1429) et l'empereur Frédéric III (1473). Cependant, après la réforme des institutions juridiques germaniques par Charles Quint, la Vehme perdit toute puissance. Le dernier tribunal se tint, dit-on, en 1568, près de Celle (non loin de Hanovre). Ces tribunaux ne furent toutefois supprimés officiellement qu'en 1808 par le roi Jérôme de Westphalie, frère de Napoléon Ier. ▪ Le nom de Vehme fut repris après 1918 par des associations secrètes de terroristes d'extrême droite.

**VÉIES** – en lat. ***Veii*** ♦ V. anc. d'Italie, en Étrurie*, au N.-O. de Rome. L'une des cités les plus puissantes de l'Étrurie et grande ennemie de Rome, elle fut prise par Camille*, dictateur romain, après un siège de dix ans (–405 - –395). Temple d'Apollon (*Apollon de Véies* au Musée étrusque de la Villa Giulia à Rome).

**Véies.** *Hermès* (37 cm), 510 av. J.-C. Museo Nazionale di Villa Giulia, Rome.
*BIS/Phot. © Archives Larbor*

**VEIGNÉ** [37250] ⇾ ÉTYM. du gaul. *Vindonius*, n. de pers., et suff. *-acos* ♦ Comm. de l'Indre-et-Loire, arr. de Tours, sur l'Indre. 5 474 hab.

**VEIL (Simone)** née **JACOB** ♦ Femme politique française (Nice 1927). Déportée à Auschwitz durant la Deuxième Guerre mondiale, magistrate, elle fut la première femme secrétaire générale du Conseil supérieur de la magistrature en 1970. Ministre de la Santé (1974 - 1979), elle fit voter, contre son camp politique, la loi autorisant l'interruption volontaire de grossesse (1975). Centriste favorable à l'union économique et politique de l'Europe, députée européenne (1979), elle a présidé le Parlement européen de 1979 à 1982, où elle a dirigé de 1984 à 1989 le groupe libéral et démocrate. Elle fut ministre d'État, ministre des Affaires sociales, de la Santé et de la Ville du gouvernement Balladur* (1993 - 1995) puis membre du Conseil constitutionnel (1998 - 2007). Elle a publié son autobiographie, *Une vie*, en 2007. [Acad. fr. 2008] ⇾ ÉTYM. *Veil* est la forme francisée du nom *Weil*, nom de domaine ou anagramme du nom juif *Léwi*.

**VEILHAN (Xavier)** ♦ Sculpteur et plasticien français (Lyon 1963). Il travaille sur le positionnement dans l'espace du spectateur face à l'œuvre, entretenant une ambiguïté entre ce qui est de l'ordre de l'abstraction et de l'ordre de la représentation (*Light Machines*, images animées sur panneaux lumineux ; *Paysages fantômes*, photos retravaillées sur ordinateur aboutissant à un quadrillage de pixels en noir et blanc). Ses sculptures, exemptes de détails, sont constituées de facettes géométriques biseautées, sorte d'écho au cubisme, et recouvertes d'une peinture monochrome (*Shark*, requin argenté ; *Le Rhinocéros rouge*, *Le Carrosse*, *le Gisant Youri Gagarine*).

**VEJLE** ♦ V. et port du Danemark, ch.-l. du Danemark-du-Sud, au fond du Vejlefjord, sur la côte S.-E. du Jutland. 49 928 hab. Centre commercial et indus. (fonderies, textiles, agroalimentaire, mécanique).

**VEKSLER (Vladimir Iossifovitch)** ♦ Physicien soviétique (Jitomir, Ukraine 1907 - Moscou 1966). Spécialiste de la production des hautes énergies, il conçut, en même temps que McMillan* et Oliphant*, le principe du synchroton, et dirigea la construction des grands accélérateurs de Doubna.

**VELA (Vincenzo)** ♦ Sculpteur italien (Ligornetto, Tessin 1822 - *id.* 1891). Très tôt familiarisé avec l'art de tailler la pierre, il entra dans l'atelier de Cacciatori à Milan et sculpta en 1838 un bas-relief, *Le Christ ressuscitant la fille de Jaïre*. Après avoir participé aux côtés des Sardes à la guerre contre les Autrichiens (1848 - 1849), il devint professeur à l'académie Albertine de Turin. Il est l'auteur notamment de *L'Espérance et la Résignation*, de *L'Harmonie en pleurs*, exécutée pour le monument de Donizetti, de *La France et l'Italie*, en marbre. Son *Napoléon mourant* se trouve au musée du château de Versailles.

**VELASCO IBARRA (José María)** ♦ Homme d'État équatorien (Guayaquil 1893 - Quito 1979). Il intervint pendant 45 ans dans la vie politique nationale, occupant la présidence de la République à cinq reprises (1934 - 1935, 1944 - 1947, 1952 - 1956, 1960 - 1961, 1968 - 1972). On lui doit un développement des infrastructures (routes, ports) et une meilleure répartition des équipements scolaires dans le pays.

**VÉLASQUEZ (Diego RODRÍGUEZ DE SILVA Y VELÁZQUEZ**, en fr.) ♦ Peintre espagnol (Séville 1599 - Madrid 1660). **▌Les premières œuvres** Issu d'une famille noble, de père portugais et de mère andalouse, il entra probablement dans l'atelier de Francisco Herrera le Vieux en 1609 et devint à partir de 1610 l'élève de Francisco Pacheco. Inscrit en 1617 à la corporation des peintres de Séville et marié en 1618 avec la fille de son maître, Juana Pacheco, il peignit à ses débuts des scènes religieuses : *L'Immaculée Conception* (1618), *Saint Jean à Patmos* (1618), *L'Adoration des Mages* (v. 1619), *La Vierge remettant la chasuble à saint Ildefonse* (1623), œuvres qui apparaissent en partie tributaires de L. Tristan, l'un des plus brillants élèves du Greco, et révèlent aussi l'emprise du ténébrisme caravagesque. **▌L'influence du Caravage** Cette dernière influence détermina son évolution ; il aborda en effet d'une façon nouvelle certains thèmes religieux, mettant au premier plan des scènes ou des motifs jusqu'alors considérés comme accessoires : types populaires occupés à des tâches prosaïques, larges natures mortes, tandis que le sujet initial est relégué à l'arrière-plan et présenté comme se reflétant dans un miroir (*Le Christ à Emmaüs*, 1618 ; *Le Christ chez Marthe et Marie*), procédé développé ultérieurement dans les *Ménines*. Dans plusieurs des œuvres sévillanes, seul apparaît le souci de consigner la réalité quotidienne la plus humble (*Vieille femme faisant frire des œufs*, 1618 ; *Repas dans une auberge*, 1620 ; *Le Vendeur d'eau de Séville*). Peintes dans une gamme de tonalités ocres et brunes, avec une pâte épaisse et un modelé vigoureux qui souligne la solidité des volumes, ces scènes de genre, présentant des personnages en demi-figure, dérivent des modèles italiens et hollandais, mais présentent des accents locaux caractéristiques. Un identique souci naturaliste se fait jour dans ses premiers portraits aux volumes accusés qui s'imposent par la franchise, la sévérité et la vigueur de l'expression : *La Mère Jerónima de La Fuente* (1620) et *Luis de Góngora* (1622), exécuté lors du premier séjour de Vélasquez à Madrid, au cours duquel il ne parvint pas à obtenir la commande d'un portrait royal. **▌Le peintre officiel de Philippe IV** Il fut cependant appelé à la cour en 1623, et après avoir peint le roi *Philippe IV* (1623) et le Premier ministre *Gaspar de Guzmán, comte-duc d'Olivares* (1623), il obtint la charge de peintre du roi, premier jalon d'une brillante ascension à la cour. Dès lors, il allait consacrer une grande part de son activité à peindre les portraits du roi, de la famille royale, des membres de la cour et de ses visiteurs, rompant avec les conventions de solennité et d'ostentation inhérentes au genre du portrait de cour et appréhendant ses modèles avec simplicité (*Portrait de l'infant Carlos*, 1626 ; *Le Bouffon Juan Calabazas*). Le concours ayant pour thème *L'Expulsion des Morisques par Philippe II* (1627, auj. disparu) lui permit de surpasser les autres peintres de la cour et d'aborder la peinture d'histoire. Il réalisa ensuite sa première œuvre mythologique, *Le Triomphe de Bacchus*, dit aussi *Les Buveurs* (1628), composition d'esprit encore caravagesque mais exempte de la raideur formelle de ses débuts et qui dénote la recherche d'une composition plus ample et aérée. **▌Le premier voyage en Italie** Sur les conseils de Rubens alors en mission diplomatique auprès du roi, il se rendit en Italie (1629 - 1631) où il peignit notamment *Jacob recevant la tunique de Joseph* et *La Forge de Vulcain*, aux agencements solides, calmes et équilibrés, d'esprit classique par la sobriété du décor, le caractère mesuré de l'expression. Sous l'influence du Tintoret et de Titien, sa palette s'enrichit et se nuança, et les formes s'intégrèrent avec plus de souplesse dans l'espace, comme en témoignent les

**Vélasquez.** *Le Bouffon don Diego de Acedo « El Primo »* (107 × 82 cm). Musée du Prado, Madrid. *Phot.* © *Arch. Larbor*

sujets religieux peints après son retour : *Le Christ en croix* (1631), *Anges protégeant la chasteté de saint Thomas d'Aquin, Christ à la colonne* (1632). ▮ **La recherche du naturel** Tandis que le souci de vérité humaine apparaît notamment dans *Le Prince Balthazar Carlos avec un nain* (1632) et dans *Le Bouffon Pablo de Valladolid* (1632), l'interprétation de *La Reddition* de Breda* ou *Les Lances* (1635), destinée à décorer le salon de Reinos au palais du Buen Retiro, fait ressortir l'originalité du talent du peintre ; la composition s'écarte en effet des schémas conventionnels de la scène historique et l'accent est mis sur les rapports psychologiques. Une même recherche de naturel s'affirme dans la série des portraits de membres de la cour en chasseurs, destinés à décorer la Torre de la Parrada (*Philippe IV* ; *Le Prince Balthazar Carlos en chasseur*, 1635). ▮ **Les portraits équestres** Vélasquez renouvela de même le genre du portrait équestre : il sut être brillant (*Portrait du comte-duc d'Olivares à cheval*, 1634), ou préférer plus de simplicité et rechercher les effets d'atmosphère (*Le Prince Balthazar Carlos à cheval*, 1635, peint sur fond de sierra enneigée avec des contours atténués, une gamme aux nuances délicates de gris, une matière légère plus chatoyante). ▮ **Les bouffons** Il eut progressivement tendance à laisser sa touche apparente (*Le Bouffon Juan Calabazas*, 1639) et resta dans certaines occasions fidèle à son inspiration première lorsqu'il peignit notamment les figures d'*Ésope* et de *Ménippe* (1639 - 1640) avec leur type plébéien, leur expression vigoureuse. Vers cette époque, il prit comme modèles de prédilection les bouffons de la cour (présentés en des poses théâtrales) et des nains (*Le Bouffon de don Juan d'Autriche*, 1643 ; *El Primo*, 1644 ; *Sebastián de Morra*, 1644), mais s'attacha aussi à traduire le charme de certaines figures féminines (*Femme à l'éventail*, 1646). ▮ **Le second voyage en Italie** Chargé de compléter les collections royales, il se rendit de nouveau en Italie en 1650 et y peignit quelques-unes de ses œuvres majeures : deux petits paysages représentant les *Jardins de la Villa Médicis* et dont la touche légère rend avec finesse la vibration de l'air ; il réalisa aussi, dans une mise en page et un chromatisme clair qui diffèrent des modèles italiens, *La Vénus au miroir*, qui constitue l'un des rares nus de la peinture espagnole. Le portrait du pape *Innocent X* (contemporain du portrait de *Juan de Pareja*, 1650), qui aurait été qualifié de «trop vrai» par le pape, lui valut une renommée éclatante en Italie. ▮ **Les honneurs** La dernière partie de sa carrière fut marquée par l'obtention de fonctions officielles de plus en plus lourdes et d'honneurs rarement accordés à un peintre (chevalier de l'ordre de Saint-Jacques en 1658). Son exécution acquit une liberté et une audace croissantes ; il représenta surtout les jeunes princes et princesses du palais avec des accents délicats et intimes et rendit avec une touche fluide et papillotante le jeu de la lumière sur les tissus et les matières diverses sans s'attarder sur les détails, suggérant plutôt que décrivant (*L'Infante Marie-Thérèse*, 1651 ; *L'Infante Marguerite*, 1654 et 1656 ; buste de *Marianne d'Autriche*, 1656 ; *Le Prince Philippe-Prosper*, 1659).

▮ **«Les Ménines» et «Les Fileuses»** Son art allait culminer avec les deux grandes compositions de la fin de sa vie, *Les Ménines* et *Les Fileuses*. *Les Ménines** (1656) dont la composition très méditée révèle une savante distribution de l'éclairage, le traitement pictural plus ou moins flou étant fonction de la position et du rôle des figures dans l'ensemble. En même temps, l'œuvre constitue une analyse des problèmes inhérents à la représentation, donnant à voir le jeu complexe qui s'établit entre le peintre, le modèle et le spectateur (comme en témoigne notamment la direction des regards). Quant aux *Fileuses* (1657), composées à partir d'obliques et de courbes, elles font coïncider la réalité et le mythe (ici le thème d'Arachné) comme s'il était dans la nature même de la figuration d'opérer cette synthèse. ▮ **L'influence de Vélasquez** Vélasquez s'imposa comme le peintre majeur du XVIIe s. espagnol. La liberté de sa technique et son goût pour les couleurs claires furent pour Manet et les impressionnistes une révélation, si bien qu'on a pu parfois le considérer comme un lointain précurseur de cette école. ▪ *Autre illustration :* → **Philippe IV.** ✦ ÉTYM. Ce nom espagnol signifie «fils de Velasco» (*Velasco* est une autre forme de *Blasco* [du basque *Belasko*, de *belas* «pré au bas d'un versant de colline» et suffixe *-ko* «originaire de»]).

**VELAUX** [13880] ♦ Comm. des Bouches-du-Rhône, arr. d'Aix-en-Provence. 7 603 hab.

**VELAY** [vəlɛ] n. m. ✦ ÉTYM. anc. *Vellavum* «pays des Vellaves (peuplade gauloise)», d'une rac. *vell-* «meilleur, excellent» ♦ Région volcanique du Massif central (Haute-Loire), comprise entre l'Allier et le Vivarais et traversée par la Loire. La chaîne volcanique du Devès ou *monts du Velay*, les massifs du Mégal et du Mézenc dominent le bassin effondré du Puy. Élevage, fabrication de fromage, culture de blé et de lentilles dans le bassin du Puy. V. PRINC. : Le Puy*, Yssingeaux.

**VELÁZQUEZ (Diego)** ♦ Conquistador espagnol (Cuéllar, Ségovie v. 1465 - Santiago de Cuba v. 1524). Compagnon de Christophe Colomb en 1493, il entreprit la conquête de Cuba* (1511 - 1514) avec Cortés*. Après avoir chargé celui-ci d'une expédition au Mexique, il se ravisa, puis envoya contre lui une troupe commandée par P. de Narváez*, qui fut vaincue (1520).

**VELBERT** ♦ V. d'Allemagne (Rhénanie-du-Nord-Westphalie), entre Essen et Wuppertal. 89 000 hab.

**VELEBIT** n. m. ♦ Chaîne dinarique de Croatie dominant le littoral adriatique (1 758 m).

**Vél d'Hiv** (Rafle du) ♦ Arrestation de 12 884 Juifs internés au vélodrome d'Hiver à Paris les 16 et 17 juillet 1942, puis transférés pour la plupart à Drancy avant d'être déportés. Organisée à la demande des nazis par la police française, cette opération, conçue dans le cadre de la politique de Collaboration* menée par le gouvernement de Vichy, fut l'un des épisodes les plus sombres de l'Occupation.

**VÉLEZ DE GUEVARA (Luis)** ♦ Poète, romancier et dramaturge espagnol (Écija 1579 - Madrid 1644). Il fut considéré comme le successeur de Lope* de Vega auquel il emprunta ses sources populaires et nationales. Son drame *Régner après sa mort* a fourni à H. de Montherlant* la trame de *La Reine morte*. *Le Diable boiteux* est un roman picaresque qui inspira Lesage*.

**VELIKI NOVGOROD** → **Novgorod**

**VELIKO TĂRNOVO** – anc. *Tărnovo* ♦ V. de Bulgarie centrale, ch.-l. de région, dans les collines prébalkaniques, sur la Jantra. 90 504 hab. Églises médiévales. Université. ▪ Centre commercial et industriel. ▮ **Histoire** Cap. du second Empire bulgare (1186 - 1393). La première Assemblée nationale bulgare s'y réunit en 1879 et vota en 1908 l'indépendance de la Bulgarie.

**VÉLIZY-VILLACOUBLAY** [78140] ✦ ÉTYM. *Vélizy*, anc. *Velisiacum*, p.-ê. du lat. *Vellesius*, n. de pers. (de *villicus* «fermier») ou du gaul. *Vellecia* (ou *Velleci*, *Velitius*), n. de pers., et *Villacoublay*, anc. *Villes-Coblen*, n. germ. ♦ Ch.-l. de cant. des Yvelines, arr. de Versailles. 20 342 hab. *(Véliziens)*. Aérodrome militaire de Villacoublay. Indus. automobile. Construc. aéronautiques. Centre commercial.

**VELLÉDA** ♦ Prêtresse et prophétesse germaine (Ier s.). Elle jouit d'un grand prestige dans sa nation, les Bructères, et soutint la révolte de Civilis et des Bataves contre les Romains, au temps de Vespasien (69). Après la soumission de Civilis, elle refusa de se plier, fut livrée aux Romains et figura dans un triomphe à Rome. ▪ Chateaubriand a utilisé son personnage dans *Les Martyrs*.

**VELLEIUS PATERCULUS** ♦ Historien latin (v. –19 - v. 31), légat de Tibère* en Germanie, auteur de deux livres décrivant l'histoire de Rome depuis les origines *(Ad M. Vicinium libri duo)*. Le second livre, consacré aux règnes d'Auguste* et de Tibère*, est apologétique et peu objectif.

**VELLORE** ou **VELUR** ♦ V. de l'Inde (Tamil Nadu), sur la riv. Palar, qui offre un passage entre les massifs des «Ghâts de l'Est». 388 211 hab. Marché important. Ancien fort de l'État de Vijayanagar (XVIe s.), âprement disputé au XVIIIe s. par les Britanniques et les Français conduits par Dupleix.

**VELPEAU (Alfred)** ♦ Chirurgien français (Parçay, Indre-et-Loire 1795 - Paris 1867). Il enseigna l'anatomie, la pathologie et la clinique chirurgicales. Un type de bandage porte son nom. [Acad. sc. 1843]

**VELSEN** ♦ Comm. des Pays-Bas (Hollande-Septentrionale) comprenant les noyaux urbains de Velsen et IJmuiden*. 67 635 hab. ▪ *Velsen Tunnel* (longueur : 1 200 m, 23 m au-dessous du niveau de la mer).

**VELTMAN (Martinus J. G.)** ♦ Physicien néerlandais (Waalwijk 1931). Son travail avec G. 't Hooft* sur les bases mathématiques de la théorie de l'interaction électrofaible (→ **Glashow**) aboutit à l'élaboration, dès les années 1970, d'un édifice théorique cohérent, permettant de déterminer avec précision des grandeurs physiques telles que les caractéristiques des particules nouvelles, notamment les bosons intermédiaires (→ **Rubbia, Van der Meer**), le quark top (découvert en 1995), le boson de Higgs (particule dont l'existence reste à prouver expérimentalement). [Prix Nobel de phys. 1999, avec G. 't Hooft]

**VELUWE** n. f. ♦ Région des Pays-Bas (→ **Gueldre**) située entre la vallée du Rhin et l'IJsselmeer. V. PRINC. : Apeldoorn*, Arnhem*. Zone de collines basses d'origine morainique (max. 107 m), de landes, de sapinières et de hêtraies, la Veluwe est une réserve biologique naturelle. ▪ Équipements touristiques. Camps militaires. ▪ Dans le parc national de la Haute-Veluwe (5 400 ha), où l'on peut observer de nombreux animaux, Musée national Kröller*-Müller. → **Otterlo.**

**VENACO** [20231] ➝ ÉTYM. du précelt. °*ven*, °*vin(t)* « hauteur » et suff. lat. *-acum* ♦ Ch.-l. de cant. de la Haute-Corse, arr. de Corte. 657 hab. *(Vénacais)*. Station estivale (alt. 600 m).

**VENAISSIN (COMTAT)** → **Comtat venaissin**

**VENANSAULT** [85190] ♦ Comm. de la Vendée, arr. de La Roche-sur-Yon. 3 527 hab.

**VENAREY-LES LAUMES** [21150] ➝ ÉTYM. p.-ê. du mot dialectal *guénard* « étang » ou du lat. *Venerius*, n. de pers. ♦ Ch.-l. de cant. de la Côte-d'Or, arr. de Montbard, sur le canal de Bourgogne et la Brenne. 3 274 hab. (aggl. 3 948) *(Laumois)*. ▪ À proximité, château de Bussy*-Rabutin. En 1961, on a mis au jour cinq points de la ligne de circonvallation creusée par les légionnaires de César.

**VENASQUE** (port de) ➝ ÉTYM. de la rac. oronym. précelt. °*vin(t)*- « montagne » et suff. *-asca* ou du celt. *vindo* « blanc, clair (le site est visible de loin) » ♦ Col (non routier) des Pyrénées (dép. de la Haute-Garonne), au S. de Bagnères-de-Luchon, à la frontière espagnole à 2 444 m d'alt.

**VENASQUE** [84210] ♦ Comm. du Vaucluse, arr. de Carpentras. 966 hab. *(Venasquais)*. Baptistère du VIe s., remanié à la fin du XIe s. (chapiteaux antiques ou mérovingiens). Église romane (XIIe - XIIIe s.), remaniée aux XVe et XVIIIe s. ▮ **Histoire** Du VIe au Xe s., ce fut le siège de l'évêché de Carpentras ; Venasque a donné son nom au Comtat* venaissin.

**VENCE** [06140] ➝ ÉTYM. du n. du dieu ligure *Vintius* ou d'une rac. précelt. °*vin(t)*- « hauteur » ♦ Ch.-l. de cant. des Alpes-Maritimes, arr. de Grasse. 16 982 hab. *(Vençois)*. Vestiges romains. Portes du XIIIe s., vestiges de fortifications. Anc. cathédrale romane (XIe s.), plusieurs fois remaniée (stalles du XVe s. ; statues carolingiennes). Chapelle du Rosaire (1950) conçue et décorée par H. Matisse. Musée Carzou. ▪ Centre touristique et artisanal (céramique, sculpture sur bois). ▮ **Histoire** *Vinitium* fut une importante cité romaine.

**VENCESLAS** → **Wenceslas**

**VENDA** n. m. ♦ Anc. homeland (bantoustan) d'Afrique du Sud, inclus depuis 1994 dans la prov. du Limpopo. Charbon, élevage. ▮ **Histoire** L'indépendance, non reconnue par la communauté internationale, lui a été octroyée par l'Afrique du Sud de 1979 à 1994.

**VENDÉE** n. f. ➝ ÉTYM. du gaul. *uindos* « blanc » ♦ Petite riv. de l'O. de la France (70 km) dans les dép. des Deux-Sèvres et de la Vendée. Elle arrose Fontenay-le-Comte et traverse le Marais poitevin où elle se jette dans la Sèvre Niortaise en amont de Marans.

**Vendée** (guerre de) ♦ Insurrection contre-révolutionnaire qui se développa en Vendée, dans le Maine-et-Loire, aux confins du Poitou et de l'Anjou. Suscitée par le décret sur la levée de 300 000 hommes voté par la Convention le 24 fév. 1793 et plus profondément par les difficultés économiques (disette, misère) et la politique religieuse révolutionnaire (Constitution civile du clergé), elle prit naissance dans les populations paysannes, soutenues et dirigées par les nobles et les nombreux prêtres réfractaires. Dès le début du mois de mars 1793, les insurgés vendéens (ou blancs) constituèrent une armée appelée « catholique et romaine », puis « catholique et royale » (mai). La grande armée vendéenne compta jusqu'à 40 000 hommes, commandés par Bonchamp*, Cathelineau*, Charette*, d'Elbée*, La* Rochejaquelein, Lescure*, Stofflet*. Les insurgés remportèrent plusieurs victoires et prirent successivement Cholet, Saint-Florent-le-Vieil, Machecoul (mars 1793), Bressuire, Thouars, Parthenay, Fontenay (mai), Saumur et Angers (juin), mais échouèrent devant Nantes (29 juin 1793). Les premières troupes républicaines envoyées par la Convention en Vendée furent battues à plusieurs reprises (juil. 1793). Pour écraser la révolte vendéenne, le Comité de salut public adopta des mesures rigoureuses, réunit les différentes troupes républicaines pour former l'armée de l'Ouest sous les ordres de Léchelle, secondé par Kléber. Les patriotes (ou bleus) reprirent alors Cholet (17 oct. 1793), Angers (3 - 4 déc.), Le Mans (13 déc.) et anéantirent l'armée vendéenne à Savenay (23 déc.). Aux massacres des républicains par les insurgés vendéens succédèrent l'organisation et le développement de la Terreur : noyades collectives ordonnées par Carrier* à Nantes, « colonnes infernales » de Turreau chargées de transformer la Vendée en désert. Si l'insurrection vendéenne avait été dans l'ensemble réprimée à la fin de 1793, certains généraux (Charette*, La Rochejaquelein, Stofflet*) continuèrent la lutte jusqu'en 1795 - 1796. (→ **Hoche.**) Une armée d'émigrés débarqua à Quiberon* en juin 1795. En 1815, la Vendée se souleva de nouveau mais fut battue par le général Lamarque. En 1832 enfin, la duchesse de Berry tenta en vain de soulever la région. → **Chouannerie.**

**VENDÉE** n. f. [85] ➝ ÉTYM. du n. de la riv. ♦ Dép. de l'O. de la France, région Pays de la Loire. 6 720 km². 539 664 hab. CH.-L. : La Roche-sur-Yon. CH.-L. D'ARR. : Fontenay*-le-Comte, Les Sables*-d'Olonne. Cour d'appel : Poitiers. Académie : Nantes. → **Pays-de-la-Loire.**

**Vendémiaire an IV** (journée du 13) ♦ Insurrection royaliste du 5 oct. 1795 consécutive à l'adoption par la Convention* thermidorienne de la Constitution de l'an III et du décret du 5 Fructidor an III (22 août 1795) qui stipulait que les deux tiers des députés du nouveau Corps législatif, Conseils des Anciens et des Cinq-Cents, seraient choisis parmi les conventionnels en exercice. Devançant les élections et précédée par des révoltes royalistes en province (notamment à Dreux), qui furent réprimées, l'insurrection s'étendit à plusieurs sections parisiennes dans la nuit du 12 au 13 Vendémiaire ; le 13 au matin, la Convention fut assiégée par les insurgés. Barras*, avec l'aide de Bonaparte et de Murat, rétablit l'ordre en faisant tirer sur les sectionnaires, près de l'église Saint-Roch.

**VENDENHEIM** [67550] ➝ ÉTYM. du germ. *Windo*, n. de pers., et *heim* « village » ♦ Comm. du Bas-Rhin, arr. de Strasbourg. 5 597 hab.

**VENDEUVRE-SUR-BARSE** [10140] ➝ ÉTYM. anc. *Vindovera*, du gaul. *uindos* « blanc » ou d'un n. de pers. et *briga* « hauteur » ♦ Ch.-l. de cant. de l'Aube, arr. de Bar-sur-Aube, à la source de la Barse. 2 623 hab. *(Vendeuvrois)*. Château des XVIe et XVIIe s. Église gothique. ▪ Centre industriel (menuiserie).

**VENDIN-LE-VIEIL** [62880] ➝ ÉTYM. *Vendin*, p.-ê. du gaul. *uindos* « blanc » et *Vieil*, p.-ê. du lat. *vadum* « gué » ♦ Comm. du Pas-de-Calais, arr. de Lens. 6 798 hab.

**VENDÔME (César DE BOURBON,** duc **DE)** ♦ Fils naturel d'Henri IV et de Gabrielle d'Estrées* (Coucy-le-Château 1594 - Paris 1665). Il prit part aux conspirations de la noblesse sous Louis* XIII et fut impliqué dans la conspiration de Chalais*. Resté loyal pendant la Fronde*, il devint gouverneur du duc de Bourgogne (1651). Il eut pour fils cadet François de Bourbon-Vendôme, duc de Beaufort*. ♦ **Louis-Joseph,** duc **de Vendôme** et **de Penthièvre** (Paris 1654 - Vinaroz, Espagne 1712). Petit-fils du précédent. Il fut un des plus grands généraux de la guerre de Succession* d'Espagne. Il fit campagne en Italie, en Flandre (défaite d'Oudenaarde*, 1708) et ramena Philippe V à Madrid (victoire de Villaviciosa*, 1710). ♦ **Philippe,** dit **le Grand Prieur de Vendôme** (Paris 1655 - *id.* 1727). Frère du précédent. Entré dans l'ordre de Malte, il fut grand prieur et lieutenant général. Il s'entoura au Temple d'une société d'hommes d'esprit libertins.

**VENDÔME** [41100] ➝ ÉTYM. anc. en lat. *Vindocinense oppidum* probablt « forteresse sur la hauteur blanche » ♦ Ch.-l. d'arr. du Loir-et-Cher, sur le Loir. 17 707 hab. (aggl. 22 590) *(Vendômois)*. Église abbatiale de la Trinité du XIe au XVIe s. (remarquable façade flamboyante ; vitrail du XIIe au XVIe s. ; bâtiments conventuels des XIVe - XVe s. abritant un musée). Maisons et hôtels anc. ▪ Imprimerie. Pièces d'automobiles. Construc. mécaniques.

**Vendôme** (place) ♦ Place de Paris, située dans le 1er arr. Conçue par Louvois pour recevoir la statue équestre de Louis XIV par Girardon (1699), la place des Conquêtes, devenue place Louis-le-Grand, fut construite, de 1685 à 1720, par Boffrand et Hardouin-Mansart qui entourèrent son plan octogonal de maisons à arcades uniformes où l'ordre corinthien domine. En 1799, la place devint *place Vendôme* (du nom de l'hôtel qui la précéda). La statue ayant été démolie à la Révolution, Napoléon Ier fit ériger la *colonne Vendôme* (1806 - 1810), inspirée de la colonne Trajane à Rome, mais en bronze (provenant de la fonte des canons ennemis pris à Austerlitz). « Élevé à la gloire de la Grande Armée », le monument, abattu en 1871, a été rétabli en 1874 et surmonté de nouveau de la statue de l'Empereur, représenté en redingote. Dans le prolongement de la rue de la Paix, la place abrite les grandes maisons de joaillerie de Paris.

**VENDÔMOIS** n. m. ♦ Région de la petite Beauce, pays de Vendôme. Ancien pays de l'Orléanais, englobé dans le dép. du Loir-et-Cher.

**Histoire** Le comté de Vendôme, dont il est fait mention dès le IX$^e$ s., fut érigé en duché-pairie par François I$^{er}$ en 1515. Il fut réuni définitivement au domaine royal en 1712.

**VENELLES** [13770] ◆ ÉTYM. → Venasque (port de) ♦ Comm. des Bouches-du-Rhône, banlieue N. d'Aix-en-Provence. 7 537 hab.

**Venera** ◆ ÉTYM. russe «Vénus» ♦ Nom des sondes soviétiques destinées à l'étude de la planète Vénus* (premières sondes interplanétaires). Après l'échec des trois premières, lancées entre 1961 et 1965, l'atmosphère vénusienne put être étudiée par la capsule (d'un mètre de diamètre) larguée par *Venera 4* (1967), puis par celles de *Venera 5* et *6* (1969). *Venera 7* (1970) et *8* (1972) furent les premières à atteindre le sol d'une autre planète. Avec *Venera 9* (1975) commença la deuxième génération des sondes, beaucoup plus grandes et plus puissantes, capables de déposer sur Vénus des modules de recherche d'une tonne, qui ont livré de nombreux renseignements sur la planète *(Venera 10-16)*. Les sondes lancées en 1984 étudièrent également la comète de Halley*.

**VÉNÈTES** n. m. pl. ◆ ÉTYM. en lat. ***Veneti***, p.-ê. d'une rac. indo-eur. °*van-* «marais, fleuve» (→ aussi Vannes) ♦ Peuple indo-européen, établi principalement sur l'Adriatique et en Armorique*. ▪ Les *Vénètes de l'Adriatique* occupaient dès le –I$^{er}$ millénaire l'actuelle Vénétie* et furent soumis par Rome au –II$^e$ s. ▪ Les *Vénètes de l'Armorique*, peuple maritime le plus puissant de Gaule* dont le centre était *Darioritum* (Vannes*), furent écrasés par César* en –56.

**VÉNÉTIE** [venesi] n. f. ◆ ÉTYM. en it. ***Venezia*** «pays des Vénètes*» ♦ Région historique de l'Italie du N.-E., limitée au N. et à l'E. par les Alpes, à l'O. par le lac de Garde, au S. par le Pô et au S.-E. par l'Adriatique. On distingue habituellement la *Vénétie julienne*, à l'E., ne formant avec le Frioul* et la prov. d'Udine qu'une seule région administrative, la *Vénétie tridentine*, au N., correspondant aux Dolomites et rattachée à la région du Trentin*-Haut-Adige et, enfin, la *Vénétie euganéenne* ou Vénétie proprement dite. **Histoire** Occupée par les Vénètes au –I$^{er}$ millénaire, elle fut soumise par les Romains au –II$^e$ s. À la fin du XV$^e$ s., les villes de Vénétie appartenaient à Venise*. En 1797, la région fut cédée par Bonaparte à l'Autriche puis au royaume d'Italie (1805 - 1814) ; elle fit partie ensuite du royaume lombard-vénétien (1815 - 1859) pour revenir à l'Italie en 1866. → **Lombardie.** En 1947, l'Italie céda une partie de la Vénétie julienne à la Yougoslavie.

**VÉNÉTIE** ou **VÉNÉTIE EUGANÉENNE** n. f. – en it. ***Veneto*** ou ***Venezia Euganea*** ♦ Région d'Italie. → **Italie** (carte). 18 364 km$^2$. 4 527 694 hab. CH.-L. : Venise. Elle comprend les provinces de Belluno, Padoue, Rovigo, Trévise, Venise, Vérone et Vicence. On distingue trois grands ensembles étagés du N. au S. : la zone alpine, formée par les Dolomites* et les Alpes vénitiennes, entaillées par les vallées du Piave et le val d'Ampezzo ; une zone de collines pierreuses (piémont), provenant de débris glaciaires (monts Berici, Euganei), séparées de la plaine par une ligne de fontanili ; la plaine, très humide, abondamment drainée et fertilisée par les alluvions fluviales (Pô, Adige, Piave). La côte, du delta du Pô à la frontière slovène, est bordée de nombreuses lagunes. Le climat est d'un type continental atténué. La Vénétie est sous l'influence de multiples villes très actives qui ont résisté à l'emprise de Venise, tournée vers la mer. C'est donc une région multipolarisée, possédant des activités diversifiées. L'agriculture est prospère et variée. Les rendements de blé, de maïs et de betterave sucrière (prov. de Rovigo) sont élevés dans la plaine. Les collines sont couvertes de vignobles (Valpolicella), d'arbres fruitiers (pêchers, pommiers, poiriers) et de mûriers. L'élevage bovin et porcin est très répandu. Les exploitations agricoles sont de petite taille (4,5 ha env.). L'industrie prend de l'importance, surtout dans la zone portuaire de Venise-Marghera-Mestre (raffineries de pétrole, métallurgie de transformation [aluminium], chimie) et le long de l'axe Venise-Milan. L'artisanat (verrerie, cristallerie, céramique) se concentre à Venise et dans les îles voisines (Murano, Burano). Le tourisme dans les Dolomites, sur les bords du lac de Garde et sur le littoral devient l'activité principale.

**VENEUX-LES-SABLONS** [77250] ♦ Comm. de la Seine-et-Marne, arr. de Fontainebleau. 4 617 hab.

**VENEZIANO (Domenico)** → **Domenico Veneziano**

## VENEZUELA

▪ n. m. – off. ***République bolivarienne du Vénézuéla***, en esp. ***República Bolivariana de Venezuela*** ◆ ÉTYM. esp. «petite Venise» ♦ Pays d'Amérique du Sud. 912 050 km$^2$. 23 054 210 hab. *(Vénézuéliens)*. LANGUE : espagnol. POPULATION : métis, Blancs, Noirs, Amérindiens. RELIGION : chrétienne à majorité catholique. MONNAIE : bolívar. CAPITALE : Caracas. RÉGIME : présidentiel. Le Venezuela est divisé en 23 États et dépendances fédérales (les îles côtières).

**GÉOGRAPHIE** Le Venezuela présente quatre grandes régions très différentes : la région occidentale de Maracaibo est une vaste

**Venezuela.**

dépression bordée par des collines et des bas plateaux entre la Cordillère centrale colombienne et la Cordillère orientale qui se prolonge par la chaîne caraïbe. Le climat est humide au S. (2 000 mm) et devient progressivement aride au N. (300 mm). La cordillère des Andes, prolongation de la Cordillère orientale colombienne, large d'une centaine de kilomètres et d'altitude moyenne de 3 000 à 4 000 m, se dirige vers le N.-E. (chaîne de Mérida avec le plus haut sommet, le pic Bolívar, 4 981 m) avant de s'infléchir résolument vers l'est en parallèle à la côte (chaîne côtière caraïbe, 2 765 m) pour se prolonger vers le N. dans l'arc insulaire caraïbe. Le lac de Valencia occupe une vaste dépression au cœur de cette cordillère côtière. Les plaines des Llanos forment un vaste bassin sédimentaire (un tiers de la surface du pays) drainé par le fleuve Orénoque et ses nombreux affluents et qui se termine dans l'océan Atlantique par le vaste delta d'Amacuro. La longue saison sèche n'autorise qu'une savane arborée aux sols pauvres. La Guyane vénézuélienne est un morceau du massif guyanais, rehaussé de quelques sommets plats aux versants abrupts (tepuys) : sierras Parima et Pacaraima, massif du Roraima. Le S. est couvert de forêt dense dans l'Amazonas. **Le climat** Le climat tropical chaud et humide domine l'ensemble du pays et favorise la forêt dense, en particulier au sud où les précipitations sont plus fortes. Des zones arides apparaissent sur le littoral caraïbe (La Guaira, Coro) avec moins de 500 mm de précipitations. Dans la cordillère des Andes, la végétation s'étage en fonction de l'altitude, passant de la grande forêt tropicale humide à la végétation de type tempéré d'altitude.

**ÉCONOMIE** Depuis l'élection du président Chávez en 1998, l'économie connaît une profonde restructuration en raison de la politique de souveraineté nationale et de réformes. Si la réforme agraire (diminution des grandes propriétés en friche, redistribution des terres, instauration de taxes foncières) est lente et difficile, la réappropriation du secteur de l'énergie qui avait été accaparé

**Venezuela ▌Productions en 2008**

| Produits | Quantités | Rang |
|---|---|---|
| **Agriculture** | | |
| Bananes | 520 000 t | |
| Cacao | 18 000 t | 15$^e$ |
| Café | 70 000 t | 18$^e$ |
| Canne à sucre | 9 500 000 t | 18$^e$ |
| Maïs | 2 500 000 t | |
| Riz | 1 000 000 t | |
| Bovins (têtes) | 17 000 000 | 16$^e$ |
| Porcins (têtes) | 3 100 000 | |
| **Mines et énergie** | | |
| Bauxite | 5 800 000 t | 8$^e$ |
| Fer | 20 000 000 t | 13$^e$ |
| Gaz naturel | 28 000 000 000 m$^3$ | 26$^e$ |
| Houille | 7 000 000 t | |
| Hydroélectricité | 87 TWh | 8$^e$ |
| Nickel | 20 000 t | |
| Or | 10 t | |
| Pétrole | 131 000 000 t | 10$^e$ |

**Venezuela.** Vue de Caracas.
*Phot. © HPP/José Enrique Molina/Age Fotostock/Hoa Qui*

par des multinationales a permis au pays d'en retrouver les revenus, d'engager de nouveaux partenariats commerciaux avec ses voisins et de financer une politique sociale (campagne d'alphabétisation). ▮ **L'agriculture** La région de Maracaibo abrite essentiellement des ranchos d'élevage et, plus récemment, des plantations d'agrumes. L'étagement de la végétation, dû à l'altitude dans la cordillère des Andes, permet des cultures variées : blé, maïs, pommes de terre ; élevage, dans la montagne ; café et cacao, dans les zones plus basses. La savane est le domaine des grands troupeaux. Depuis trente ans, des périmètres irrigués se sont développés sur le piémont andin. ▮ **Le pétrole** À partir de 1920, le pétrole bouleversa cet immense pays resté presque vide en dehors des Andes. Il favorisa la naissance de nouvelles régions productives à l'O. (Maracaibo) et à l'E. du pays. 80 % de la production nationale vient de la région de Maracaibo. Cette source d'activité a attiré de nombreux immigrants et provoqua la croissance des villes, le développement des équipements modernes (routes) et l'essor industriel. Longtemps délaissée, car moins rentable, l'agriculture n'a bénéficié que depuis peu d'efforts en faveur de zones nouvelles de colonisation et de périmètres irrigués. Toute l'économie est dominée par le pétrole. Le Venezuela occupe la 6e place mondiale pour les réserves pétrolières (dont les énormes réserves de pétrole lourd de l'Orénoque sont évaluées à 600 milliards de barils). ▮ **Les minerais et l'industrie** Le gaz et les minerais occupent aussi une place importante : l'or, la bauxite et, en particulier, le fer à très forte teneur de Guyane. Malgré ces richesses, le bilan économique est très contrasté et le taux de chômage se maintient à plus de 7 %. L'inflation dépasse 20 % malgré les dévaluations successives du bolívar en 2004, en 2005 et début 2010. Le pays a adhéré au Mercosur en 2006. Le Venezuela est un pays très urbanisé avec près de 88 % de sa population en ville. Avec plus de 4 000 000 d'hab., Caracas a centralisé l'essentiel des ressources du pays et des investissements. Cependant, par manque d'espaces, une partie de l'industrie se situe sur l'axe Caracas-Maracay-Valencia.

▮ **HISTOIRE** ▮ **La colonisation** Avant sa découverte par Colomb (1498), le Venezuela n'avait connu, semble-t-il, aucune civilisation brillante et n'était peuplé que par de petits groupes d'Indiens, surtout des Caribes ; leurs habitations sur pilotis inspirèrent aux premiers explorateurs le nom de *Venezuela* («petite Venise»). En 1556, le pays fut rattaché à la couronne espagnole ; Caracas fut fondée en 1567. En 1776, le Venezuela devint une capitainerie générale de l'empire colonial espagnol. Sans cesse attaquée par les pirates, la côte était un centre de commerce actif, alimenté par les exploitations de coton, café, tabac et cacao ; ses richesses étaient aux mains d'une aristocratie de créoles. F. Miranda* inspira dès 1810 les premiers mouvements d'indépendance qui allaient secouer tout le continent sud-américain. ▮ **Bolívar et l'indépendance** Après dix ans de luttes contre les Espagnols et avec l'aide des Britanniques, Bolívar* remporta la victoire décisive de Carabobo (1821). Jusqu'en 1830, le Venezuela fit partie de la Grande-Colombie, comprenant aussi la Colombie, l'Équateur et le Panamá et dont Bolívar fut le premier président. Mais les partisans de l'indépendance complète, conduits par Páez, l'emportèrent à la mort de Bolívar. Le Venezuela connut alors une série de dictatures (dynastie Monagas) et de révolutions. Sous Vicente Gómez (1908 - 1935) commença l'exploitation du pétrole (1922) qui transforma le pays. En 1945, Rómulo Betancourt*, chef de l'Action démocratique, s'empara du pouvoir (1945 - 1948). Il fut élu président en 1958 et fit adopter une nouvelle Constitution (1961). ▮ **L'alternance politique** En dépit des guérillas menées par des mouvements d'extrême gauche révolutionnaire, assez rapidement maîtrisées, le pays connut une période de stabilité politique avec l'alternance au pouvoir des deux grands partis Action démocratique et COPEI (parti démocrate-chrétien). La croissance, due aux revenus du pétrole, se manifesta par une modernisation rapide du pays. Mais le modèle économique emprunté ne permit ni la diversification de l'économie ni une répartition plus équitable des richesses. Le malaise social devint perceptible dès la fin des années 1980 avec des émeutes sanglantes à Caracas et dans plusieurs villes (1989) et même des mouvements putschistes (1992). La crise économique, due à l'épuisement du modèle (chute des cours du brut) et marquée par l'accroissement de l'endettement, la fuite des capitaux et la dévaluation vertigineuse du bolivar, aboutit à des faillites bancaires ; sur le plan politique, les deux grands partis, discrédités, perdirent leurs appuis électoraux au profit de mouvements dissidents ou de personnalités nouvellement promues. ▮ **La présidence de Chávez** Ainsi, l'ex-lieutenant-colonel Hugo Chávez* Frías, chef du mouvement de tendance populiste Pôle Patriotique, qui avait été emprisonné en raison d'une tentative de coup d'État menée en 1992, fut élu à la présidence de la République en 1998. Il fit adopter par référendum une nouvelle Constitution. En 2002, il échappa à une tentative de coup d'État puis dut surmonter plusieurs grandes grèves qui paralysèrent le secteur pétrolier. Il accentua son autoritarisme après 2004 et instaura des programmes sociaux, financés par les prix élevés du pétrole exporté, visant à satisfaire les besoins des couches défavorisées. Il mena une politique extérieure active, recherchant des appuis parmi les pays les plus virulents contre la diplomatie des États-Unis. En 2007, il entama un troisième mandat et poursuivit la nationalisation des secteurs stratégiques (banques, pétrole, électricité, acier, lait...) ainsi que la construction de l'Alliance bolivarienne (ALBA) des peuples latino-américains «anti-impérialistes» qu'il avait créée en 2005 et qui se présente comme une alternative à la zone de libre-échange des Amériques. Le remplacement du bolívar par le «bolívar fort» en 2008, valant mille fois moins, n'a pas réussi à juguler l'inflation la plus forte d'Amérique latine. Grâce au référendum de 2009 sur la réélection illimitée, H. Chávez sera candidat à sa succession en 2012.

---

**VENING MEINESZ (Felix Andries)** ♦ Géophysicien néerlandais (La Haye 1887 - Amersfoort 1966). Inventeur d'un pendule permettant l'étude du champ de pesanteur terrestre en mer et auteur des théories géophysiques sur l'origine des chaînes de montagnes.

**VENISE** – en it. ***Venezia*** ◂ ÉTYM. lat. *Venetia*, de *Veneti* «Vénètes*» ♦ V. d'Italie, ch.-l. de la Vénétie et ch.-l. de prov., au N.-E. du pays, sur l'Adriatique, dans la lagune de Venise. 271 073 hab. *(Vénitiens)*. Au cœur d'un bassin de 60 km de long sur 4 km de large et reliée à la terre ferme par des ouvrages d'art, la ville est bâtie sur 118 îlots, séparés par 200 canaux qu'enjambent 400 ponts. Un cordon littoral, le Lido, sépare la lagune de la mer. D'une ample arabesque, le Grand Canal (3 800 m) sépare la ville en deux parties que relient quatre ponts : le pont du Rialto (XVIe s.), bordé de boutiques, si souvent représenté par Canaletto, le pont de l'Accademia (1932), le pont des Déchaussés (1934) et le pont Calatrava (2007). ▮ **La place Saint-Marc** Le cœur historique de Venise se trouve place Saint*-Marc : s'y côtoient les plus célèbres bâtiments que sont la basilique Saint-Marc, le palais des Doges, le campanile et les Procuraties ; la charmante Piazzetta s'ouvre en antichambre entre place et canal. La basilique Saint-Marc, surmontée de cinq coupoles inégales, fut élevée au XIe s. pour contenir les reliques de l'évangéliste, puis remaniée aux XIIIe et XIVe s. (façade sculptée). À l'intérieur, somptueuses mosaïques à fond or de styles byzantin (XIIe - XIIIe s.) et Renaissance (XVIe s.) ; décors et pavement de marbres polychromes ; retable byzantin en émaux, pierres et métaux précieux, la *Pala d'Oro* (Xe s.) ; baptistère orné de mosaïques (XIVe s.) ; important trésor byzantin. Dans les tribunes, galerie de la Basilique contenant les originaux des chevaux de bronze de la façade, pris à Constantinople en 1204. Jouxtant la basilique, le palais des Doges, siège du gouvernement de Venise, construit au XIIe s., remanié du XIIIe au XVIe s., déploie ses façades ajourées en marbre blanc et rose, aux élégantes colonnes portant des chapiteaux historiés (XIVe - XVe s.), et aux sculptures gothiques ; à l'intérieur, escalier des Géants et escalier d'Or (statues du Sansovino) ; appartements des doges (pinacothèque) et salles décorées par les plus grands peintres vénitiens : dans la salle du Grand Conseil, *Le Paradis* du Tintoret et *L'Apothéose de Venise* de Véronèse. Unissant le palais aux prisons, le pont des Soupirs (XVIIe s.). À l'entrée de la place, le campanile (reconstruit en 1912) ; se faisant face, les Procuraties vieille (XVIe s.) et neuve (XVIIe s.) bordent les grands côtés ; fermant le quadrilatère, l'aile construite par Napoléon Ier en 1810 contient le musée Correr (musée historique et pinacothèque, avec des œuvres des Bellini et de Carpaccio). La Libreria Vecchia (XVIe s., par le Sansovino) abrite le musée archéologique et la bibliothèque Marciana (XVe - XVIe s.). ▮ **L'Académie et les palais** Mais c'est sur l'autre rive du Grand Canal que la galerie de l'Académie conserve le plus impressionnant panorama de la peinture vénitienne du XIVe au XVIIIe s., de Domenico Veneziano à Canaletto, en passant par Bellini, Carpaccio, les Bassano, Giorgione, L. Lotto, Véronèse, le Tintoret, Titien. Associations de bienfaisance spécifiquement vénitiennes, les *scuole* possédaient des sanctuaires et des bâtiments décorés par les plus célèbres artistes de Venise : ainsi Carpaccio à la scuola di San Giorgio degli Schiavoni ou des « Esclavons » (XVe s.) ; le Tintoret à la scuola di San Rocco (ensemble de 56 toiles) ; Tiepolo à la scuola dei Carmini. Les plus célèbres palais de Venise, qu'ils soient de style gothique « fleuri » comme la Ca' d'Oro du XVe s., abritant la galerie Franchetti (peintures de Carpaccio, Mantegna, Titien, Guardi), les palais Bernardo, Giustinian, Grassi (expositions internationales), la Ca' Foscari, de style Renaissance comme les palais Corner-Spinelli, Dario, Grimani, Vendramin-Calergi ou baroques comme les palais Rezzonico, Pesaro (par Longhena, auj. musée d'Art moderne), bordent sur ses deux rives le Grand Canal, dont ils font le plus prestigieux « boulevard » du monde. ▮ **Les églises** Très nombreuses, elles façonnent en grande partie le légendaire paysage de Venise, en particulier San Giorgio Maggiore, par Palladio puis Scamozzi (XVIe - XVIIe s.), qui dresse son campanile de brique dans l'île San Giorgio face à la place Saint-Marc (à l'intérieur, œuvres du Tintoret) et la baroque Santa Maria della Salute, élevée au XVIIe s. à l'entrée du Grand Canal par Longhena (plan octogonal, vaste coupole ; à l'intérieur, *Les Noces de Cana* par le Tintoret, plafond par Titien). Et aussi, parmi les quelque 200 édifices religieux de Venise, l'église gothique Saint-Jean-et-Saint-Paul (ou San Zanipolo, XIIIe - XVe s.), qui contient des tombeaux de doges, un polyptyque de Bellini, un plafond peint par Véronèse, et qui forme avec l'imposante statue équestre du condottiere Colleoni par Verrocchio (XVe s.) et la scuola di San Marco un bel ensemble au bord du rio dei Mendicanti ; l'église franciscaine gothique Santa Maria Gloriosa dei Frari (tombeaux, retables, œuvres de Titien et de Bellini) ; l'église Renaissance San Zaccaria (retables de Bellini, de A. Vivarini, fresques d'Andrea del Castagno). ▮ **Les autres musées** Ville-musée et ville de musées, Venise s'enrichit encore de hauts lieux de l'art aussi divers que la pinacothèque du palais Querini-Stampalia ; le musée du XVIIIe s. vénitien au palais Rezzonico (œuvres de Guardi, Tiepolo ; meubles) ; le palais Labia (fresques de Tiepolo) ; la coll. Peggy-Guggenheim au palais Venier dei Leoni (artistes du XXe s., dont M. Ernst, Dalí, Picasso, Pollock), ou l'austère quartier du Ghetto. ▮ **Les îles** Aux environs, des îles basses ponctuent la lagune : San Michele qui porte le cimetière de la ville (église Renaissance, cloître) ; Murano, renommée pour son traditionnel et toujours actif travail du verre (musée ; maisons Renaissance) ; Burano, village de pêcheurs aux façades multicolores ; Torcello (cathédrale IXe - XIe s. ; iconostase, mosaïques byzantines) ; et, au S. de la ville, Chioggia, port de pêche cher à Goldoni (maisons anc., cathédrale XVIIe s.). Sur l'Adriatique, le Lido est une élégante station balnéaire.

▮ **ÉCONOMIE** Le rôle culturel de Venise est prestigieux (carnaval, festival de cinéma, Biennale) et l'activité touristique y est l'une des plus intenses du monde. Cependant, le sort de la ville est particulièrement critique : l'enfoncement progressif du sol de la lagune, l'amplitude des marées, la pollution (pigeons, circulation des bateaux à moteur, usines de Porto Marghera) sont autant de dangers qui mettent en péril son patrimoine artistique. Après l'inondation du 4 nov. 1966, le gouvernement italien, après avoir voté des crédits considérables, a dû recourir à l'aide de l'Unesco, qui a aussitôt déclenché une vaste campagne de sauvetage. Celle-ci ne semble pas avoir porté pleinement ses fruits, malgré les efforts des particuliers et des associations. Le projet Moïse, pour la construction de digues mobiles qui protégeraient la ville des inondations, a été inauguré en 2003. ▮ **Les industries** Le déclin historique de la ville est compensé par le développement des cités de la terre ferme, où l'activité industrielle prend de l'importance. Le complexe de Porto Marghera-Mestre importe du pétrole (plus de 13 500 000 t par an) et des matières premières. Le raffinage, la sidérurgie (acier, aluminium), la mécanique et la chimie (engrais) se sont intensifiés. L'indus. de luxe (dentelles, verrerie, cristallerie, orfèvrerie) demeure prospère.

▮ **HISTOIRE** ▮ ***Un empire maritime*** Venise élut son premier doge en 697 et s'allia aux Lombards contre les Francs qui ne l'attaquèrent pas (774 et 810). Elle commença la conquête d'un empire maritime en Istrie* et en Dalmatie* (déb. XIe s., → **Orseolo**) et acquit des privilèges commerciaux dans l'Empire d'Orient (1082). À la faveur des croisades, elle fonda des comptoirs à Sidon (1102) et à Tyr (1123). Venise fit la guerre à l'Empire d'Orient en 1171 mais fut

**Venise.** La pointe de la Douane et l'église Santa Maria della Salute, au premier plan, le quartier de l'Arsenal. *Phot. © Pix*

vaincue. Lors de la 4e croisade, elle négocia avec les croisés la prise de Zara, puis de Constantinople, en assurant leur transport. Elle acquit Dyrrachium et les îles Ioniennes, presque toutes les îles de la mer Égée, l'Eubée, Rhodes, la Crète et divers comptoirs. ▮ ***L'organisation de la cité*** Au XIIIe ou XIVe s., les institutions se modifièrent (Conseil des Dix*). Ses principaux doges furent M. Faliero et F. Foscari. Le Grand Conseil, créé depuis 1171, se ferma et fut composé exclusivement de patriciens. À la fin du XIIIe s., le doge n'exerçait plus le pouvoir exécutif. Après la révolte de Tiepolo (1310), il n'y eut plus de révolte populaire. ▮ ***De la défaite face à Gênes à la prise de Chypre*** Cependant, la ville combattait Gênes* qui, à la réinstallation de Michel VIII Paléologue sur le trône de Byzance (1261), hérita de tous les privilèges de Venise. Mais celle-ci devait finalement sortir victorieuse de la guerre de Chioggia (1378 - 1381). En 1291, après les conquêtes musulmanes en Syrie, Venise perdit des comptoirs. En 1386, elle reconquit Corfou et continua de commercer avec le monde connu de l'époque, jusqu'en Chine. Elle entreprit en Italie même la conquête de la terre ferme et, utilisant les services de condottieri comme Gattamelata*, B. Colleoni*, Sigismond Malatesta*, annexa Trévise (1339), la région de Padoue (1405), Brescia et Bergame puis Crema (1454) et Crémone (1499). En guerre contre les Ottomans (1464 - 1479), elle perdit l'Eubée et quelques places du Péloponnèse. À la fin des Lusignan, elle prit Chypre (1489). ▮ ***De la ligue de Cambrai à l'intégration au royaume d'Italie*** Cependant, sa richesse lui valut des jalousies, et l'empereur Maximilien, le pape et Louis XII de France se liguèrent contre elle (1509), mais elle réussit à disjoindre la coalition (1510). Les guerres contre les Ottomans se poursuivirent aux XVIe et XVIIe s. et, malgré Lépante (1571), elle perdit Chypre puis la Crète (1669) et ses places du Péloponnèse (1739). En 1797, elle fut prise par Bonaparte et livrée par lui à l'Autriche. Après la tentative de république indépendante de Manin (1848 - 1849), elle entra dans le nouveau royaume d'Italie en 1866. ▮ **La vie culturelle** ▮ ***Une capitale de la culture européenne*** Son histoire mouvementée n'a pas empêché Venise de devenir un des hauts lieux de la culture européenne. Ville patricienne de marchands et de banquiers, ouverte à la fois sur l'Orient et le monde germanique, Venise préféra aux valeurs idéales incarnées par la culture florentine l'appréciation sensuelle des réalités concrètes. L'Arétin, ami de Titien, Paolino Pino et Ludovico Dolce publièrent vers le milieu du XVIe s. des traités à l'opposé de ceux de Ghiberti ou d'Alberti. Ils y exaltaient non pas la forme mais la couleur et la lumière, si caractéristiques de la peinture vénitienne (Bellini, Carpaccio, Vivarini, Palma le Vieux, Sebastiano del Piombo, Lotto, Titien, Véronèse, Bassano, le Tintoret). La richesse des coloris était à l'image du raffinement de la société patricienne. ▮ ***Un centre de l'humanisme*** Grâce au prodigieux développement de son imprimerie, Venise était devenue l'un des grands centres de l'humanisme. Manuce fonda l'« Académie aldine ». Les grandes familles vénitiennes (Vendramin, Contarini, Grimani, Venier, Loredan, Corner) accueillirent dans leurs cénacles des humanistes, des philosophes, des poètes, des peintres, et pratiquèrent un mécénat raffiné et sensible. L'architecture (Palladio, Sansovino, Scamozzi, Longhena) témoigne également de ce raffinement et du goût pour les jeux de lumière et d'ombre associés à des formes classiques. Quant à l'école musicale fondée à Venise au XVIe s. (Willaert, Gabrieli, Zarlino), elle donna à l'Italie l'hégémonie musicale jusqu'alors détenue par les Pays-Bas. Son essor se prolongea aux XVIIe et XVIIIe s. (Monteverdi, Albinoni, Vivaldi). En 1792, fut inauguré le théâtre de La Fenice où allaient être créés de nombreux opéras italiens. Le XVIIIe s. fut également d'une très grande richesse dans les domaines de la peinture (Canaletto, Guardi, Longhi, Tiepolo) et de la littérature (Gozzi, Goldoni, Casanova).

**VÉNISSIEUX** [69200] ← ÉTYM. du lat. *Venicius*, n. de pers., et suff. *-acum* ♦ Ch.-l. de cant. du Rhône, banl. S.-E. de Lyon. 56 061 hab. *(Vénissians)*. Indus. automobile.

**VENIZÉLOS (Éleuthérios)** ♦ Homme politique grec (Mourniès, près de La Canée 1864 - Paris 1936). Député à l'Assemblée de la Crète* autonome, il s'éleva contre les méthodes autoritaires du prince Georges de Grèce, haut-commissaire des puissances, et prit la tête de l'insurrection de 1905 qui obtint la révocation du prince. Ministre de la Justice et des Affaires étrangères du conseil exécutif crétois, il eut une part active dans la proclamation de l'union de l'île à la Grèce en 1908. Appelé l'année suivante à Athènes par la ligue militaire qui exigeait des innovations libérales, il forma le gouvernement de 1910 et lança une politique de modernisation de l'État et de l'économie, marquée par l'introduction de l'impôt sur le revenu, par une timide réforme agraire et par la révision de la Constitution (1911), qui limita le pouvoir exécutif. Sa politique extérieure d'entente balkanique eut pour résultat, à l'issue des guerres balkaniques (1912 - 1913), l'union à la Grèce de l'Épire, de la Macédoine, d'une partie de la Thrace et des îles de la mer Égée, ainsi que la ratification de l'union de la Crète. Favorable à la cause des Alliés lors de la Première Guerre mondiale, il fut deux fois renvoyé par le roi germanophile Constantin* I$^{er}$, en 1915. À la suite des concessions du gouvernement royaliste aux Allemands, il patronna un gouvernement insurrectionnel à Salonique (1916), puis avec l'aide des troupes françaises s'établit à Athènes, destitua Constantin au profit du fils de celui-ci, Alexandre* I$^{er}$, et engagea la Grèce dans la guerre. Battu aux élections de 1920, il se retira et le roi Constantin revint. Mais après la défaite grecque de 1922 le mouvement vénizéliste **(→ Plastiras)** obligea Constantin à abdiquer, puis destitua son successeur Georges* II (1923). Après la proclamation de la république par le gouvernement de Papanastasiou* (1924), Venizélos présida le gouvernement de 1928 à 1932. Sa politique de rapprochement avec l'Italie, la Yougoslavie et la Turquie eut des effets positifs, mais il ne sut pas répondre à la crise économique de façon efficace, freina l'élan de réforme républicaine et déçut les aspirations nationales au sujet de Chypre. Revenu au pouvoir en 1933, il fut de nouveau battu aux élections. Après deux tentatives avortées de coup d'État vénizéliste en 1933 et en 1935, il se réfugia à Paris et fut condamné à mort par contumace.

**VENLO** ♦ V. des Pays-Bas (Limbourg), sur la Meuse. 92 091 hab. Hôtel de ville du XVI$^{e}$ s. Église Saint-Martin du XV$^{e}$ s. ▪ Centre agricole (légumes et fleurs). Papeteries. Instruments d'optique. Appareillage électrique.

**VENNBERG (Karl)** ♦ Écrivain suédois (Blädinge, Småland 1910 - 1995). Il est considéré comme le grand responsable du mouvement 40-tal («des années 40») qui introduisit les thèmes existentialistes et kafkaïens en Suède. Ses ouvrages, où l'on peut retenir *Torche de paille* (1944), *Croisement de rues* (1952), *Montre ton visage au soleil* (1978), font de lui une autorité morale de sa génération.

**VENT** (îles du) ♦ Partie orientale des Petites Antilles*, formée d'îles disposées en arc de cercle et qui sont exposées au souffle des alizés (par opposition aux îles Sous*-le-Vent). Elles s'étendent de la Guadeloupe à la Trinité au S. et comprennent les îles françaises de la Martinique* et de la Guadeloupe* (avec ses dépendances), ainsi que les Windward Islands «îles du Vent». **→ Dominique (République de la), Sainte-Lucie, Saint-Vincent, Barbade (La), Grenade, Grenadines (Les), Trinité-et-Tobago.** Elles pratiquent la culture extensive de la canne à sucre (indus. sucrière et distilleries de rhum) ; le tourisme tient une place essentielle dans leur économie.

**VENT** (îles du) **[Polynésie] → Société (îles de la)**

**VENTA (LA)** ♦ Site archéologique olmèque du Mexique (État de Tabasco), sur la côte du golfe du Mexique. Ce site installé dans une île entourée de marais s'étendait sur 4,5 km de long. Il est remarquable par sa pyramide de terre haute de 34 m, son jeu de balle, ses tumuli, ses offrandes, ses sarcophages, ses mosaïques géantes de plaques de serpentine et sa place quadrangulaire.

**VENTABREN** [13122] ◆ ÉTYM. de l'occit. *ventabren* «fanfaron» (devenu n. de pers.) ♦ Comm. des Bouches-du-Rhône, arr. d'Aix-en-Provence. 4 552 hab.

**VENTOUX** (mont) ◆ ÉTYM. en prov. *Ventour*, de la rac. oronym. pré-indo-eur. *°vin(t)-* «hauteur, montagne» (→ Vence) ou de *vent* (à cause de son exposition au mistral) ♦ Massif calcaire du Vaucluse, à l'E. de Carpentras, culminant à 1 910 m (observatoire météorologique). Sports d'hiver. Circuit touristique. Les pentes du mont, stériles et très exposées au mistral (d'où son nom de «venteux»), ont été reboisées dans la seconde moitié du XIX$^{e}$ s. (chênes blancs, chênes verts, pins, cèdres).

Le **Ventre de Paris** ♦ Roman d'Émile Zola (1873), troisième volume du cycle des *Rougon*-Macquart*. Florent s'est enfui de la Guyane. Il y purgeait une condamnation à la suite d'une erreur judiciaire consécutive au coup d'État du 2 décembre. Il retrouve à Paris son demi-frère, le charcutier Quenu, époux de Lisa Macquart, puis devient, sous un nom d'emprunt, inspecteur des nouvelles Halles. Mais les passions et les convoitises du milieu des commerçants se retournent contre lui. Dénoncé par Lisa parce qu'il anime une société secrète, il est de nouveau arrêté et déporté. Seul Claude Macquart, neveu de Lisa et fils de Gervaise (l'héroïne de *L'Assommoir**), éprouve de la compassion pour lui. Les longues descriptions des Halles ont contribué à la célébrité de ce livre.

**VENTURA (Raymond,** dit **Ray)** ♦ Compositeur et chef d'orchestre français (Paris 1908 - Palma de Majorque 1979). Il créa en 1930 un orchestre appelé les Collégiens. Mêlant morceaux de musique et sketches comiques, les Collégiens contribuèrent à populariser le swing en France et donnèrent naissance à un nouveau style de chanson légère et entraînante (*Tout va très bien, madame la Marquise ; Ça vaut mieux que d'attraper la scarlatine ; Qu'est-ce qu'on attend pour être heureux*). Ray Ventura et ses Collégiens ont également tourné dans plusieurs films. ◆ ÉTYM. Ce nom italien signifie «bonne fortune, chance».

**VENTURA (Angiolino,** dit **Lino)** ♦ Acteur italien de langue française (Parme 1919 - Saint-Cloud 1987). Il arriva en France à sept ans et fut d'abord catcheur professionnel. Ses débuts fortuits au cinéma dans *Touchez pas au grisbi* (Jacques Becker, 1953), face à Jean Gabin, furent remarqués en raison de sa forte personnalité. Il tourna près de 70 films dont beaucoup sont devenus des classiques du cinéma français avec Simone Signoret*, Jean-Paul Belmondo*, Bernard Blier*, Francis Blanche* (*Les Tontons flingueurs*), Jeanne Moreau*, Alain Delon* (*Le Clan des Siciliens*), Michel Serrault* (*Garde à vue*). Il a surtout interprété des rôles de policier inflexible ou de truand virtuose de l'argot parisien typique des années 1960. En 1966, il fonda une association pour l'enfance inadaptée, Perce-Neige, sa fille étant elle-même handicapée mentale.

Le **Ventre de Paris.** Halles centrales de Paris, gravure, XIX$^{e}$ s., Bibliothèque nationale de France, Paris. *Phot. © BNF*

**VENTURI (Giovanni Battista)** ♦ Physicien italien (Bibiano, près de Reggio nell'Emilia 1746 - Reggio nell'Emilia 1822). Spécialiste d'hydraulique, il réalisa la tuyère à cônes divergents qui porte son nom et s'intéressa à l'étendue des sons audibles.

**VENTURI (Lionello)** ♦ Critique et historien d'art italien (Modène 1885 - Rome 1961). Fils et élève de l'historien d'art ADOLFO VENTURI (1856 - 1941), il s'attacha surtout à l'histoire des idées sur l'art, montrant comment l'œuvre d'art n'existe qu'à travers les jugements qui la reconnaissent comme telle (*La Critique et l'Art de Léonard de Vinci*, 1919 ; *Le Goût des Primitifs*, 1926 ; *Histoire de la critique d'art*, 1936 ; *Art Criticism Now*, 1941). Il écrivit également d'importantes études sur la peinture vénitienne (*Giorgione et le giorgionisme*, 1913) et sur l'art moderne (*Cézanne, son art et son œuvre*, 1936).

**VENTURI (Robert)** ♦ Architecte américain (Philadelphie 1925). Après avoir travaillé avec Eero Saarinen*, il ouvrit en 1958 son propre cabinet et s'associa avec son épouse, Denise Scott Brown, et John Rauch. Théoricien du postmodernisme, il a publié en 1966 *Complexity and Contradiction in Architecture* et critiqué le purisme ; parodiant la formule de Mies* van der Rohe, «Less is more» («Moins, c'est plus»), il a proclamé «Less is bore» («Moins, c'est l'ennui»). Il souligna les notions d'ambiguïté et de complexité dans l'architecture, et conçut des bâtiments à la décoration symbolique, rendant indépendantes la fonction et la décoration, à l'opposé de la démarche des modernistes. L'œuvre éclectique de Venturi a souvent été qualifiée de «postmodernisme populiste», bien qu'il ait récusé ce dernier terme, en raison de ses références aux symboles historiques, comme la colonne, qu'il traite en fait avec humour, dans le bâtiment de biologie moléculaire à Princeton (1983 - 1985) et l'aile Sainsbury de la National Gallery à Londres (1987 - 1991). [Prix Pritzker 1991]

**VÉNUS** ♦ Très ancienne divinité italique présidant à la végétation et aux jardins. Elle fut assimilée au -IIe s. à l'Aphrodite* grecque dont elle prit les attributs et les mythes. → **Aphrodite.** ▪ La tradition occidentale a appelé «Vénus» des représentations qui sont en fait celles d'Aphrodite, ou des copies romaines de celles-ci, voire des figures féminines préhistoriques sans rapport avec la déesse latine. → **Lespugue, Willendorf.** Dans l'Antiquité, la déesse de l'amour suscita de nombreuses représentations, prétexte à rendre hommage à la beauté féminine (*Vénus de Médicis*, *Vénus de Milo**, *Vénus* de Callimaque*, Lysippe*, Praxitèle*, Scopas*) : seuls en effet les dieux et les déesses pouvaient être représentés nus. La Renaissance, dans son retour à l'Antiquité gréco-romaine, renoua avec le thème de Vénus qui connut un énorme succès jusqu'au XIXe s. Apparaissant dans des scènes intimes ou dans de grandes compositions mythologiques, Vénus fut pour certains artistes l'occasion d'exprimer leur sensualité ou de toucher à l'érotisme sans subir le courroux du public et de la critique, étant donné l'académisme du sujet (*La Naissance de Vénus* d'Alexandre Cabanel* et celle de Bouguereau*). Le thème fut aussi prétexte à l'étude du corps pour le seul plaisir des formes : *La Naissance* de Vénus* de Raphaël* et celle de Botticelli*, *Vénus et Lucrèce* de Cranach*, *Allégorie du triomphe de Vénus*, de Bronzino*, *Vénus au bain* de Jules* Romain, *Le Triomphe de Vénus* d'Annibal Carrache*, la *Vénus d'Urbino* et *Vénus et Mercure faisant l'éducation de l'Amour* de Titien*, *Vulcain surprenant Vénus et Mars* du Tintoret*, *Vénus désarmant l'Amour* du Corrège*, *Vénus au miroir* de Vélasquez*, *Vénus et Adonis endormi* de Véronèse*, *Vénus présentant des armes à Énée* de Poussin*, *La Toilette de Vénus* de Boucher*, *Mars embrassant Vénus* de Canova*, *Vénus anadyomène* d'Ingres*.

**VÉNUS** n. f. ♦ Deuxième planète à partir du Soleil, communément appelée étoile du Berger (car c'est le premier astre qui s'allume le soir et le dernier qui s'éteint le matin), elle est, après la Lune, l'objet le plus brillant du ciel nocturne. Semblable à la Terre par son diamètre (12 104 km, soit 0,95 de celui de la Terre), sa densité (5,26 contre 5,52 pour la Terre) et sa gravité à l'équateur (0,88), elle en diffère par ses autres constantes. Son orbite quasi circulaire (excentricité : 0,007), faiblement inclinée sur l'écliptique (3° 24'), est parcourue en 224 jours, 16 h et 48 mn, à une distance moyenne de 108 millions de km du Soleil. Sa période de rotation sur elle-même dans le sens rétrograde est maintenant estimée à 243 jours, une journée vénusienne correspondant à 117 jours terrestres. Notre connaissance de l'atmosphère de Vénus est due aux sondes soviétiques Venera* et Vega* et aux missions américaines Pioneer* Venus et Mariner*. Une couche nuageuse de couleur jaune pâle, épaisse de 48 à 68 km, qui paraît tourner autour de la planète, est constituée de gaz (gaz carbonique 96,5 % ; azote : 2 à 5 % ; des traces d'eau et d'oxygène). La température au sol peut s'élever à 470 °C (à cause de l'effet de serre dû au gaz carbonique et à la présence d'acide sulfurique dans l'atmosphère), et la pression est de 90 atmosphères. Vénus est totalement dépourvue de champ magnétique. En revanche, on suppose que sa structure interne est analogue à celle de la Terre, mais que sa croûte est plus homogène ; tout indique cependant une intense activité tectonique dans le passé. Quant à sa surface, elle comporte environ 60 % de plaines légèrement ondulées et deux régions montagneuses. Le sommet le plus élevé de la première est de 9 000 m au-dessus du niveau de référence et le point le plus bas d'une grande vallée se trouve à -2 900 m. La seconde, où se trouve le sommet le plus haut de Vénus, le mont Maxwell (11 800 m), comporte quelques montagnes qui semblent être des volcans en activité. Les roches vénusiennes paraissent avoir une composition voisine de celle des basaltes.

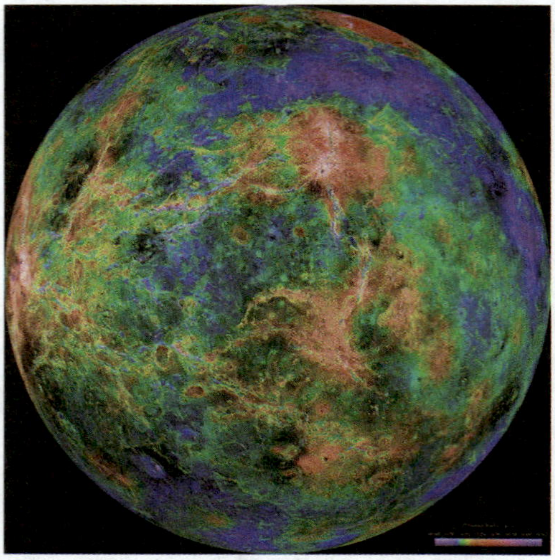
**Vénus.** *Phot. © NASA*

**Vêpres siciliennes** ♦ Émeute au cours de laquelle les Français de Sicile furent massacrés (le jour de Pâques, 30 mars 1282, au premier coup de vêpres, et pendant un mois). Cette révolte était fomentée par Pierre* III d'Aragon et Michel* VIII Paléologue contre Charles* Ier d'Anjou, roi de Sicile. → **Martin IV.**

**VERACINI** ♦ Compositeurs et violonistes italiens (XVIIe - XVIIIe s.). ♦ **Antonio Veracini** (Florence v. 1655 - *id.* 1733). Très appréciée à son époque, son œuvre marque une étape importante dans l'évolution de la sonate. Elle inclut trois recueils de sonates pour un ou deux violons avec basse continue (orgue ou clavecin) et quelques oratorios. ♦ **Francesco Maria Veracini** (Florence 1690 - près de Pise v. 1750). Neveu du précédent. Élève de Gasparini, F. M. Veracini se révéla très tôt un virtuose exceptionnel. Il dirigea l'orchestre de l'Opéra-Italien à Londres, se produisit à la cour de Düsseldorf et à Venise, occupa à Dresde la place de premier violon à la cour de Saxe puis séjourna à Prague chez le comte Kinsky. Il retourna en 1735 à Londres où ses opéras remportèrent un vif succès. Outre cinq opéras, on lui doit des symphonies, des concertos et surtout de très belles sonates pour violon.

**VERACRUZ** ← ÉTYM. de l'esp. *Villa Rica de la Vera Cruz* «cité prospère de la Vraie Croix» ♦ V. du Mexique central, sur le golfe du Mexique, dans l'État du même nom. 444 438 hab. La ville fut fondée en 1519 par Cortés et a gardé une partie de son cachet tropical et colonial. C'est le plus grand port du pays. Entourée de champs de maïs, de canne à sucre, de café et de tabac, ainsi que de vergers, la ville est un grand centre commercial et industriel : indus. alimentaire, métallurgique (tubes d'acier), manufacture de tabac. Chantiers maritimes. ♦ ***État de Veracruz*** 71 699 km². 7 110 214 hab. CAP. : Jalapa. De climat tropical dans la plaine côtière que prolongent les plaines de Tabasco et de Campeche à l'E., l'État de Veracruz est adossé à la barrière volcanique (→ **Orizaba**) qui relie la sierra Madre orientale à la sierra Madre occidentale. ▪ Agrumes et élevage. Pétrole et gaz naturel dans le N. de l'État. Indus. alimentaire (sucreries), textile, chimique (cellulose), métallurgique. ▪ Importants vestiges précolombiens. → **Tajín (El), Zempoala.**

**VERBIER** ♦ Loc. de Suisse (Valais) dominant le val d'Entremont, comm. de Bagnes. Importante station d'été et de sports d'hiver, à 1 500 m d'altitude.

**VERBIEST (Ferdinand)** ♦ Missionnaire flamand (Pittem, Flandre 1623 - Pékin 1688). Continuateur de l'œuvre de M. Ricci* en Chine où il fut appelé en 1659, il fut nommé directeur du bureau d'astronomie (1669) par l'empereur mandchou Kangxi.

**VERCEIL** - en it. ***Vercelli*** ♦ V. d'Italie, ch.-l. de prov., dans le Piémont, sur la Sesia. 45 132 hab. Basilique Sant'Andrea (XIIIe s.). Cathédrale (XVIe s.). Église San Cristoforo (XVIe s.) contenant d'importantes fresques. Musée Borgogna (peintres de l'école vercellienne et piémontaise, XVe - XVIe s.). ▪ Centre agricole (commerce du riz) et indus. : textiles, papeteries, indus. chimique. **Histoire** Anc. *Vercellae,* elle fut le siège de la défaite des Cimbres par Marius et Catulus (-101). Elle passa à la maison de Savoie (1427) puis fut sous Napoléon I^er^ le chef-lieu du dép. français de la Sesia.

**VERCINGÉTORIX** ➝ ÉTYM. gaul. «roi suprême des guerriers», de *uer(o)-* «super», *cinget(o)* «guerrier» et *rix* «roi» ♦ Chef gaulois (en pays arverne v. -72 - Rome -46). Lors de la révolte gauloise de -52, il entreprit de grouper les Arvernes* contre les Romains. Il voulut vaincre les légions dispersées avant que César* ne fût revenu d'Italie, mais en quelques semaines celui-ci avait réussi à reprendre partout l'initiative. Ayant subi toute une série d'échecs, Vercingétorix fut réduit alors à adopter la tactique de la terre brûlée. À la demande des Bituriges*, il épargna Avaricum* (Bourges) ; César prit la ville (mars -52), mais Vercingétorix lui infligea un grave échec devant Gergovie* (juin -52) et se fit reconnaître commandant en chef ; les Gaulois se crurent près de la délivrance. Mais en août -52, César* écrasa la cavalerie gauloise près de Dijon. Vercingétorix fit retraite dans Alésia* avec ses 80 000 hommes et, réduit à la famine, dut capituler après deux mois de siège ; il vint rendre lui-même ses armes à César, fut emmené à Rome pour paraître au triomphe de son vainqueur six ans plus tard et mourut étranglé dans sa prison.

**VERCORS (Jean BRULLER, dit)** ➝ ÉTYM. du n. du massif. du *Vercors**, qu'il prit comme nom dans la Résistance ♦ Romancier et essayiste français (Paris 1902 - *id.* 1991). Attiré par la gravure et le dessin, il se fit connaître (sous son patronyme) par ses albums de croquis, notamment les *Vingt et Une Recettes pratiques de mort violente* (1926). Collaborateur à *La Pensée libre,* durant la guerre, et fondateur des Éditions de Minuit (1941), il fit paraître clandestinement un sobre récit, d'une grande pureté formelle, *Le Silence* de la mer* (1942). Le retentissement de ce texte fut considérable (J.-P. Melville le porta à l'écran, en 1949) ; on y voyait soulignée l'impossibilité de toute fraternité entre des ennemis que rapprochait cependant une communauté de culture. Les problèmes moraux et philosophiques posés par la guerre allaient inspirer à Vercors d'autres ouvrages, tels que *La Marche à l'étoile* (1943), où est dépeinte la détresse d'un Juif tchèque qui a «misé» sur la France, et *Les Armes de la nuit* (1946), suivies de *La Puissance du jour* (1951), réquisitoire contre la torture qui fait perdre, peut-être de façon irrémédiable, leur «qualité d'homme» à ceux qui en sont les victimes. Après la guerre, Vercors poursuivit sa carrière d'essayiste avec *Le Sable du temps* (1945) et *Plus ou moins homme* (1949), «prit congé» du parti communiste avec le spirituel pamphlet *PPC* (1957), et porta à la scène (sous le titre de *Zoo ou l'Assassin philanthrope,* 1963) la fable fantastique au ton inquiétant qu'il avait rédigée en 1952, *Les Animaux dénaturés.* On lui doit encore un *Hamlet,* illustré d'eaux-fortes (1965), *Sillages* (1972), *Comme un frère* (1973).

**VERCORS** n. m. ➝ ÉTYM. p.-ê. du gaul. *Vertacomacori* ou *Vertamocori,* n. d'une tribu gauloise, de *uertamos* «excellent» et *cori* «troupes» ♦ Massif des Préalpes françaises du Nord, situé entre l'Isère et la Drôme. C'est un plateau calcaire qui culmine à 2 341 m au Grand Veymont ; de nombreuses forêts le recouvrent. ▪ Exploitation forestière, élevage bovin, tourisme. Le *Parc naturel régional du Vercors,* créé en 1970, s'étend sur 135 000 ha répartis sur l'ensemble du massif du Vercors, le Royans, le Trièves et le Diois. **Histoire** Refuge de nombreux résistants en 1943 - 1944 et organisé en territoire libéré, le Vercors fut en juin-juil. 1944 le théâtre d'un combat mené par 3 500 maquisards contre des troupes allemandes, afin de les empêcher de rejoindre le front de Normandie. Fin juil. 1944, les maquisards furent dispersés et massacrés. Un monument a été érigé à leur mémoire à Vassieux-en-Vercors.

**VERDAGUER I SANTALÓ (Jacint)** ♦ Poète espagnol de langue catalane (Folgarolas 1845 - Vallvidrera, Barcelone 1902). Ecclésiastique, il est l'auteur d'une œuvre abondante et notamment de deux épopées : *L'Atlantide* (1877) et *Le Canigou* (1885), qui évoquent, dans un style majestueux, les légendes ancestrales.

**VERDELOT (Philippe)** ♦ Compositeur français (près de Carpentras ? - Florence av. 1550). Maître de chapelle au baptistère Saint-Jean à Florence jusqu'en 1527, il travailla sans doute ensuite à Rome puis à Venise où il se consacra presque exclusivement à la composition de madrigaux. Il a laissé une centaine de madrigaux à quatre, cinq et six voix. On lui doit également une messe et des motets.

**VERDEN** ♦ V. d'Allemagne (Basse-Saxe), sur l'Aller, près de son confluent avec la Weser, à 38 km de Brême. Env. 29 000 hab. Centre commercial et indus. **Histoire** 4 500 Saxons y furent massacrés sur l'ordre de Charlemagne (782).

**VERDI (Giuseppe)** ♦ Compositeur italien (Roncole, près de Busseto, prov. de Parme 1813 - Milan 1901). Fils d'un aubergiste, il fut vite remarqué pour ses dons et eut pour beau-père et mécène Antonio Barezzi, un notable local. Refusé malgré son talent au Conservatoire de Milan, il devint l'élève de V. Lavigna, qui lui donna une formation contrapuntique et lui fit notamment travailler Mozart*. Après avoir perdu sa femme et ses deux enfants, il composa *Un jour de règne* (1840) qui fut un échec mais *Nabucco** (1842) et *Les Lombards* (1843) suscitèrent l'enthousiasme du public. Verdi apparut alors en Italie, puis en Europe, comme le champion de la

Giuseppe **Verdi.**
Buste par Gemito. Galerie d'Art moderne, Florence.
*Phot. © Giraudon*

cause libérale et indépendantiste (ce qui lui valut d'être député en 1861, puis sénateur), mais l'aspect patriotique et politique de son œuvre, qui ne fut pas étranger à son succès, en dissimula longtemps les qualités plus profondes. C'est ainsi que ses mélodrames, de la période qu'il nomma lui-même ses «années de galère» et longtemps méprisés, comptent des ouvrages inégaux mais remarquables pour leur fougue, leur dramatisme et leur générosité mélodique (*Ernani,* d'après Hugo, 1844 ; *Les Deux Foscari,* 1844 ; *Jeanne d'Arc,* d'après Schiller, 1845 ; *Luisa Miller,* 1849), et parfois d'une grande audace (*Macbeth**, 1847). C'est néanmoins avec la «Trilogie populaire» : *Rigoletto** (1851), *Le Trouvère** (1853) et *La Traviata** (1853) que Verdi, renouvelant sa manière, confirma son génie et acquit une célébrité mondiale. Entre-temps, il avait noué une liaison avec la cantatrice Giuseppina Strepponi : *Stiffelio* (1850) et *La Traviata* reflètent probablement quelque chose de ce combat moral dans une Italie prérévolutionnaire mais bien-pensante. Compositeur désormais à la mode, Verdi écrivit pour Paris *Les Vêpres siciliennes* (1855), puis *Un bal* masqué* (1859) et, pour Saint-Pétersbourg, *La Force du destin* (1862), réussissant dans ces deux derniers ouvrages à opérer la «fusion des genres» chère au romantisme. De nouveau à Paris, il donna sa deuxième version de *Macbeth** (1865) et *Don* Carlos* (1867), qui déconcerta ses admirateurs. En 1871, au Caire, il créa *Aïda** puis il écrivit, à la mort d'Alessandro Manzoni*, un *Requiem* (1873) bâti sur les pôles de l'imploration et de la terreur. S'étant lié avec Arrigo Boito*, il composa avec sa collaboration *Simon* Boccanegra* puis *Othello** et *Falstaff**, qui, par leur écriture novatrice, ouvrent la voie à tout l'opéra du XX^e^ siècle. Les tardives *Quatre Pièces sacrées* témoignent d'un retour épuré aux formes antiques et le *Quatuor à cordes* montre les capacités du maître italien dans un domaine traditionnellement illustré par les compositeurs nordiques. Ayant entretenu la légende d'un compositeur inculte et spontané, Verdi était en réalité doué d'une vaste culture et d'une exceptionnelle capacité à renouveler toujours, sans souci théorique et sans jamais trahir son intuition, son langage et ses formes. Il ne s'est pas, comme on l'a souvent dit, «libéré» du bel canto, mais, homme de son temps, il a tiré de la vocalité italienne les moyens de sonder de plus en plus profondément les pulsions qui agissent l'homme. Cette démarche s'est accompagnée d'un affinement toujours plus grand de son écriture, de recherches harmoniques nouvelles et, pour finir, d'un discours musical continu qui, semblant faire retour au *recitar cantando* des origines de l'opéra, ouvrait en réalité la scène italienne à la modernité la plus avancée. ➝ ÉTYM. *Verdi* vient de l'italien *verde* «vert» (surnom d'un homme vigoureux).

**VERDON** n. m. ➝ ÉTYM. → Gard (avec attraction de *vert*) ♦ Riv. des Alpes (200 km), affl. de la Durance. Il prend sa source au massif des Trois-Évêchés, traverse Allos, Colmars, Saint-André-les-Alpes, Castellane et il entre ensuite dans de magnifiques gorges (site classé) très profondes aménagées pour le tourisme (route de la Corniche sublime). Son régime est nivopluvial. Il conflue à proximité de Cadarache. Les barrages et usines de Castillon*, Chaudanne et Quinson ont été installés sur la rivière.

**VERDON-SUR-MER (LE)** [33123] ♦ Comm. de la Gironde, arr. de Lesparre-Médoc, à l'embouchure de la Gironde. 1 274 hab. Avant-port de Bordeaux* : port pétrolier et de commerce.

**VERDUN** ♦ V. du Canada (Québec), au S.-O. de l'île de Montréal, fusionnée dans Montréal*. Centre résidentiel et industriel.

**VERDUN** [55100] ➝ ÉTYM. «surperforteresse», du gaul. *uer(o)-* «super» et *dunum* «forteresse» ♦ Ch.-l. d'arr. de la Meuse, sur la Meuse. 19 624 hab. (aggl. 25 509) *(Verdunois).* Évêché. La ville, détruite en 1918, a été reconstruite et les monuments restaurés. Dans la *Ville-Basse,* l'ancienne abbaye Saint-Paul (XVIII^e^ s., restaurée) abrite le palais de justice et la sous-préfecture. Porte Chaussée (XIV^e^ s.), vestiges d'anc. fortifications. L'hôtel de ville (XVII^e^ s.) abrite le musée de la Guerre. Hospice Sainte-Catherine (église des XIV^e^ et XV^e^ s.). Citadelle souterraine qui joua un rôle important pendant la bataille de Verdun. Dans la *Ville-Haute,* cathédrale Notre-Dame, plusieurs fois remaniée et restaurée après 1918 ;

elle fut construite au XIe s. sur un plan à deux transepts et à deux absides ; au XIIe s., l'influence de l'art bourguignon se fait sentir dans la crypte et le chœur oriental ; cloître gothique flamboyant (XVIe s.). Hôtel de la Princerie, de style Renaissance, restauré : musée municipal. Porte Châtel (XIIe et XVe s.). ▪ Métallurgie. Textile. Confiserie (dragées). ▮ **Histoire** Ancien oppidum gaulois *(Verodunum)*, siège d'un évêché au IVe s., Verdun fut conquise par Clovis (502) et intégrée au royaume d'Austrasie. Au traité de Verdun, la ville passa à la Lotharingie, puis en 879 à l'Empire germanique en même temps que le reste de la Lorraine. Possession de ses évêques, Verdun devint toutefois ville libre impériale au XIIIe s. (→ **Trois-Évêchés**), fut occupée par Henri* II (de France) en 1552 mais ne devint officiellement française qu'en 1648 (traités de Westphalie*). Fortifiée par Vauban, la ville fut assiégée par les Prussiens (29 août 1792) et capitula le 2 sept. 1792, après l'assassinat du commandant de la place, Beaurepaire. Après celle de Longwy, la reddition de Verdun fut en grande partie à l'origine des massacres de septembre* 1792. La ville fut reprise par les armées françaises dès le mois d'oct. Le 8 nov. 1870, Verdun capitula de nouveau devant les Prussiens après un siège de deux mois. La ville connut encore un autre siège en 1916. → **Verdun (bataille de)**. La ville souffrit également de la Deuxième Guerre mondiale.

**Verdun** (traité de) ♦ Traité de partage de l'empire d'Occident conclu en août 843 entre les fils de Louis* le Pieux. Louis* le Germanique reçut la Germanie à l'E. du Rhin, Charles* le Chauve les pays situés à l'O. de l'Escaut, de la Meuse, de la Saône et du Rhône, tandis que Lothaire* obtenait les pays situés de la mer du Nord au golfe de Tarente, avec les deux capitales Aix-la-Chapelle et Rome (→ **Lotharingie**), ainsi que le titre impérial. Ce traité sonna le glas de l'idéologie impérialiste consacrée par l'*ordinatio imperii* de Louis Ier le Pieux, et préfigura la naissance des premières grandes nations médiévales (française et allemande).

**Verdun** (bataille de) ♦ En 1914, le camp retranché de Verdun avait joué un rôle de pivot dans la manœuvre de la Marne, et le «saillant de Verdun» restait un point d'appui du front français. Mais, plus que l'objectif stratégique (dont l'importance n'était pas décisive), c'est l'objectif psychologique que visait Falkenhayn* lorsque, en 1916, il décida une grande offensive sur Verdun. Son but était de forcer l'adversaire à une défensive à tout prix dans laquelle, pensait-il, l'armée française s'épuiserait (selon ses prévisions, les pertes allemandes n'atteindraient que 40 % des pertes françaises). L'attaque, sous le commandement du Kronprinz, débuta le 21 fév. ; l'Allemagne garda l'initiative pendant quatre mois, conquérant le bois des Caures (21 fév.), le fort de Douaumont (25 fév.), Cumières (mars), Vaux (31 mars), le Mort-Homme et la cote 304 (24 mai), le fort de Vaux (7 juin), Thiaumont et Fleury-devant-Douaumont (24 juin). Mais la défense française, confiée à Pétain* (25 fév.) puis à Nivelle* (1er mai), s'était organisée. Joffre*, comprenant les intentions de Falkenhayn, sut limiter les effectifs de la défense (→ **Chantilly**). Les Allemands échouèrent les 9 - 10 avr. (attaque d'ensemble) et encore le 24 juin à Souville. À cette date, ils commencèrent à réduire leurs forces devant l'imminence de la réplique française (→ **Somme (bataille de la)**). Le sort de la bataille était joué, entraînant la démission de Falkenhayn ; Mangin* reconquit Douaumont (24 oct.), Vaux (2 nov.), Bezonvaux et Vacherauville (15 déc.). Guillaumat* acheva la reconquête en 1917. Gigantesque bataille d'artillerie, mais aussi de sacrifice individuel, «l'enfer de Verdun» coûta 360 000 hommes aux Français et 335 000 aux Allemands.

**VEREENIGING** ♦ V. d'Afrique du Sud (Gauteng), située au S. de Johannesburg et du Witwaterstrand, formant un vaste ensemble industriel avec Vanderbijlpark et Sasolburg. 540 142 hab. Aciéries et indus. chimiques. ♦ ***Paix de Vereeniging*** Signée le 31 mai 1902 entre les Boers battus et les Britanniques, elle mit fin à la guerre des Boers.

**VERESSAÏEV (Vikenti Vikentievitch SMIDOVITCH, dit Vikenti Vikentievitch)** ♦ Romancier soviétique (Toula 1867 - Moscou 1945). Auteur réaliste, il décrivit principalement l'évolution de l'intelligentsia marxiste dans *Sans chemin* (1895), *Au tournant* (1902), *Dans une impasse* (1922), *Les Sœurs* (1933).

**VERGA (Giovanni)** ♦ Romancier italien (Catane 1840 - *id.* 1922). Élevé dans une atmosphère libérale, il prit une part active, de 1860 à 1864, aux mouvements patriotiques. Ayant quitté la Sicile, il vécut à Florence (1865 à 1871) où il se lia avec des écrivains et des artistes, italiens ou étrangers, et composa des romans aux intrigues passionnelles, bourgeoises ou mondaines. *Une fauvette à tête noire* (1871), peinture pathétique d'une passion amoureuse, connut un succès considérable. *Éva* (1873) et *Éros* (1875), qui suscitèrent le scandale, allient la tonalité romantique des portraits à une technique déjà réaliste. En effet, dès 1875, Verga, grand admirateur de Flaubert* et de Zola* (rencontré en 1895), fut gagné au vérisme* et écrivit désormais des romans où les éléments passionnels s'insèrent dans une enquête sur les problèmes sociaux que connaissait l'Italie, unifiée depuis peu. Cette peinture de la lutte vaine et mélancolique d'un monde passé contre le changement se veut objective, mais reste tout imprégnée de la pitié de l'écrivain pour les humbles et les déshérités. Ainsi, au recueil de nouvelles *Vie des champs* (1880) (d'où fut tiré le drame *Cavalleria rusticana*, 1884) succédèrent les deux premiers volumes d'un cycle intitulé *Les Vaincus*, où Verga se proposait de montrer comment les conditions matérielles de l'existence influent sur les êtres : à la peinture de la vie de pêcheurs siciliens désireux de s'élever (*I Malavoglia*, 1881) répondit l'épopée amère de *Mastro Don Gesualdo* (1889), paysan enrichi dont la louable ambition, ce «ferment de l'homme», se heurte à l'«avidité de richesses» et au mépris de ceux qui l'entourent. ▪ Fixé à Milan depuis 1877, Verga y composa encore un drame (1903 ; devenu roman en 1905) sur la lutte des classes, *Du tien au mien*, avant de se retirer à Catane (1906) où il cessa d'écrire. Ayant toujours considéré la littérature comme «le travail le plus sacré de l'homme», Verga mit une expression dépouillée et dense au service de la vérité ; la description réaliste de la Sicile atteint souvent l'universel par l'évocation grandiose de la lutte des valeurs du passé avec les aspirations du monde moderne. ➝ **ÉTYM.** Ce nom vient de l'italien et signifie «verge, petite branche».

**VERGENNES (Charles GRAVIER, comte DE)** ♦ Diplomate français (Dijon 1719 - Versailles 1787). Ambassadeur en Turquie (1755 - 1768), puis en Suède (1771 - 1774), il y appuya le coup d'État de Gustave* III. Appelé par Louis XVI au ministère des Affaires étrangères (1774), il reprit la politique de Choiseul* d'hostilité à l'égard de la Grande-Bretagne, ce qui l'opposa à Turgot* qui voyait dans la guerre le signal de la banqueroute. Ayant ainsi contribué à la chute de Turgot, il engagea la France dans la guerre pour l'indépendance de l'Amérique (1778). Il s'efforça également de préserver la paix européenne et imposa la convention de Teschen (1779) quand l'empereur Joseph* II voulut annexer la Bavière. Après le traité de Versailles (1783), il put se rendre compte que la guerre, si elle avait été un succès militaire, avait épuisé les finances, et il préféra travailler à un rapprochement avec la Grande-Bretagne en lui accordant un avantageux traité de commerce (1786).

**VERGÈZE** [30310] ➝ **ÉTYM.** du lat. *Wargisius*, n. de pers. ♦ Comm. du Gard, arr. de Nîmes. 3 643 hab. (aggl. 5 583) *(Vergézois)*. Source d'eau gazeuse naturelle. Verrerie et embouteillage.

**VERGNIAUD (Pierre Victurnien)** ♦ Homme politique français (Limoges 1753 - Paris 1793). Avocat au parlement de Bordeaux, puis administrateur de la Gironde, il fut un des chefs et orateurs les plus remarqués des girondins* à l'Assemblée législative, où il prit position contre les prêtres réfractaires et contre les émigrés. Président de la Convention (janv. 1793), il vota la mort du roi sans sursis. Il tenta de s'opposer aux premières mesures de salut public proposées par les montagnards (création du Tribunal* révolutionnaire, mars 1793). Il fut éliminé et condamné à mort avec les principaux chefs girondins après les émeutes populaires (31 mai-2 juin 1793).

**VERHAEREN (Émile)** ♦ Poète belge d'expression française (Sint-Amands, près d'Anvers 1855 - Rouen 1916). Collaborateur de *La Jeune Belgique*, il célébra d'abord la santé robuste de la Flandre (*Les Flamandes*, 1884) ainsi que sa piété mystique (*Les Moines*, 1886). Au sortir d'une grave crise morale dont *Les Soirs* (1887), *Les Débâcles* (1888) et *Les Flambeaux noirs* (1890) révèlent l'intensité, il découvrit la beauté poétique du monde moderne et la grandeur de l'effort humain. Rallié à un socialisme fraternel, il publia alors, en réaction contre l'esthétisme de Ruskin et de son école, qu'il considérait comme décadent, et les attitudes parnassienne et symboliste, une suite de recueils d'un lyrisme puissant : *Les Campagnes hallucinées* (1893), *Les Villages illusoires* (1895), *Les Villes tentaculaires* (1895), *Les Visages de la vie* (1899), *Les Forces tumultueuses* (1902), *La Multiple Splendeur* (1906), *Les Rythmes souverains* (1910). Cependant, cette foi toute profane dans les pouvoirs prodigieux de l'homme, qui traduit l'influence de Nietzsche, de Hugo et de Walt Whitman sur le poète, n'altère point en lui les sources de la tendresse pour une compagne aimée (*Trilogie des heures*, 1896 - 1905 - 1911) et pour le pays natal (*Toute la Flandre*, 1904 - 1911). Poète de l'énergie, des nouveaux paysages industriels et des machines, Verhaeren a su traduire en une langue frémissante, souvent heurtée et fruste mais riche de lyrisme, les élans et les visions d'un esprit qui se voulut solidaire de l'avenir humain. ➝ **ÉTYM.** Ce nom de famille flamand signifie «du plateau sec».

**VERHOFSTADT (Guy)** ♦ Homme politique belge (Gand 1953). Président du VLD (Vlaamse Liberalen en Democraten), Parti libéral démocrate flamand, il fut Premier ministre de 1999 à 2008. Il fut élu député européen en 2009. → **Belgique.**

La **Véridique Histoire d'Ah Q** ♦ Nouvelle de Lu* Xun (1921). Ah Q, paysan misérable persécuté par les villageois, se réfugie dans la mythomanie puis devient voleur en ville. De retour au village, il se vante de son alliance avec les révolutionnaires. Mais lorsque ces derniers occupent la région, ils s'allient aux hobereaux locaux et condamnent Ah Q pour vol. Lu Xun dénonce par là les maux de la Chine, obscurantiste et divisée, et les compromissions de la révolution de 1911.

**vérisme**

n. m. ♦ Variante italienne du naturalisme*. Son représentant majeur, G. Verga*, lui donna une sorte de manifeste dans la préface de son roman *I Malavoglia*, et L. Capuana* s'en fit le théoricien. Le vérisme allait également fournir à la jeune école musicale italienne une étiquette, recouvrant en réalité des esthétiques diverses, du vérisme pur de *Cavalleria rusticana* de Mascagni (1890, d'après Verga) et de *Paillasse* de Leoncavallo (1892) au théâtre puccinien.

**VERKHOÏANSK** ♦ Bourg de la rép. de Sakha, sur la Iana (872 km), en Sibérie extrême-orientale et à l'E. des *monts Verkhoïansk* qui culminent à 2 389 m. 1 900 hab. La région constitue l'un des pôles du froid du globe (températures enregistrées de −71 °C). La ville fut fondée en 1638.

**VERLAINE (Paul)** ♦ Poète français (Metz 1844 - Paris 1896). Intéressé de bonne heure à la poésie, il participa aux mouvements littéraires de son époque et collabora notamment au *Parnasse contemporain*. Son premier recueil, les *Poèmes saturniens* (1866), le montre sensible à l'influence parnassienne ; déjà, pourtant, le poète sait retracer avec une musicale tristesse ses amours malheureuses et son désarroi. Les *Fêtes galantes* (1869) évoquent, dans un décor à la Watteau, des personnages précieux et sensuels, «quasi tristes sous leurs déguisements fantasques». Entre-temps, Verlaine, fiancé à Mathilde Mauté, croit pouvoir trouver dans son mariage imminent un «vaste et tendre apaisement» : les poèmes de *La Bonne Chanson* (1870), qui manifestent une inspiration heureuse, chantent cet espoir sincère d'une vie «simple et tranquille». Mais la rencontre de Rimbaud* (sept. 1871) va ruiner ces projets ; leur vie commune à Paris, en Belgique, puis à Londres est une succession d'altercations, de séparations. Pour avoir tiré deux coups de revolver sur son ami (1873), Verlaine est emprisonné durant deux ans à Mons. Composé en prison, le recueil des *Romances sans paroles* (1874) en appelle au pardon de Mathilde en des plaintes d'une subtile naïveté («Ariettes oubliées») ou se fait l'écho de l'aventure bouleversante avec l'«époux infernal», Rimbaud. Peu avant sa libération, Verlaine a opéré une conversion, ardente et humble à la fois, qui inspire les poèmes mystiques de *Sagesse** (1880), puis ceux de *Amour* (1888) ; mais, aux accents repentants, au désir sincère d'écouter «la voix terrible de l'amour» divin, se mêlent encore des effusions d'une sensualité assez trouble (cf. l'élégie à *Lucien Létinois*, 1883). Séparé de Mathilde, s'adonnant à la boisson, Verlaine connut alors une existence précaire, bien qu'il commençât à jouir d'un certain renom auprès des jeunes symbolistes et «décadents» ; ceux-ci saluent la publication des *Poètes maudits* (1884 ; consacrés à T. Corbière, Mallarmé et Rimbaud) et de *Jadis et Naguère* (1884) qui contient *L'Art poétique* (datant de 1874). Aux pièces érotiques de *Parallèlement* (1889) qui célèbrent les «sensations les plus sincères, mais bien osées», succèdent alors les *Liturgies intimes* (1892), variations sur les fêtes de l'Église, et *Épigrammes* (1894), courtes pièces d'inspiration variée. ▪ Génie étonnamment personnel qui fait alterner les cris de volupté et les rêves nostalgiques de pureté, la plainte amoureuse et l'extase mystique («L'Art, mes enfants, c'est être absolument soi-même»), Verlaine a cultivé une poésie «soluble dans l'air», reposant sur de constantes transpositions du domaine des sentiments à celui des impressions et des sensations. Ce lyrisme confidentiel recherche «pas la couleur, rien que la nuance», «la chanson grise où l'Indécis au Précis se joint». Mots choisis pour leurs sonorités discrètes et repris comme des thèmes musicaux, syntaxe libre, souvent influencée par la langue parlée familière, assonances et rimes subtilement assouplies, rythme rendu plus fluide par l'emploi du vers impair composent un chant intime et prenant dont le pouvoir suggestif musical a inspiré les compositeurs (mélodies de Fauré, Duparc, Debussy, Ravel, Stravinski). ➝ ÉTYM. *Verlaine* est le nom d'un village des Ardennes belges, lieu d'origine de sa famille (du latin *villana* «petite ferme»).

**Verlaine** au café *La Source*, v. 1890.
*BIS/Phot. Ph. Dornac © Coll. Archives Larbor*

**VERMANDOIS (Herbert II, comte DE)** ♦ (mort en 943). Il se révolta contre Charles* III le Simple et le retint prisonnier de 923 à sa mort (929).

**VERMANDOIS** n. m. ➝ ÉTYM. du n. de la v. de *Vermand*, cap. de la tribu gauloise des *Veromanduens* (p.-ê. «hommes à l'âme virile») ♦ Région du N. du Bassin parisien (Aisne), située entre le Ponthieu et la Thiérache. Plateau découvert au sol souvent limoneux, propice aux grandes cultures (blé, betteraves). ▮ **Histoire** Érigé en comté par Charlemagne pour son fils Pépin, roi d'Italie, le Vermandois fut occupé par Philippe Auguste dès 1193 et réuni à la Couronne en 1212.

**VERMEER (Jan)** dit **Vermeer de Delft** ♦ Peintre hollandais (Delft 1632 - *id.* 1675). ▮ **La redécouverte de Vermeer** Il acquit de son vivant une notoriété certaine mais tomba assez rapidement dans l'oubli. C'est le Français Étienne Thoré qui le redécouvrit en 1866 ; sous le nom de William Bürger, il publia une étude passionnée qui allait susciter l'intérêt des historiens de l'art et valoir à Vermeer une étonnante gloire posthume. Admirée par plusieurs peintres impressionnistes, son œuvre, particulièrement la *Vue de Delft*, allait ensuite inspirer Proust et Claudel. Le scandale provoqué par le faussaire Van Meegeren dont le procès eut lieu en 1947 contribua à rendre populaires le nom et l'œuvre de Vermeer. ▮ **Sa vie** Les spécialistes lui attribuent une trentaine d'œuvres, mais sa vie reste mal connue : fils d'un cabaretier qui était aussi marchand d'objets d'art, il fit lui-même commerce de tableaux et de gravures tout en pratiquant la peinture. Il semble surtout que sa femme ait été d'une famille assez aisée pour qu'il exerce son art pour lui-même. Apprenti chez Leonaert Bramer, il aurait ensuite travaillé chez C. Fabritius* dont il subit l'influence. En 1653, il se maria, après s'être converti au catholicisme de sa femme ; la même année, il fut reçu maître à la guilde de Delft, puis en devint président en 1662 - 1663 et en 1670 - 1671. Les premiers tableaux qu'on lui attribue semblent indiquer qu'il se consacra d'abord à la peinture d'«histoire» (*Diane et ses Compagnes*, v. 1654 ; *Le Christ dans la maison de Marthe et Marie*, v. 1656). Les sujets qu'il aborda ensuite s'inscrivent dans la tradition de la peinture de genre hollandaise ; son répertoire thématique diffère peu de ceux de peintres tels que Pieter De Hooch, F. Van Mieris, G. Metsu et parfois Maes. Cependant le registre expressif adopté et la perfection des moyens mis en œuvre font apparaître sa profonde originalité. ▮ **Les vues d'extérieur** Dans les seules vues d'extérieur que l'on connaisse de lui, la *Vue de Delft* (v. 1658 - 1660, La Haye), qui avait déjà provoqué l'admiration de ses contemporains, et *La Ruelle* (v. 1658 - 1660), le rendu de l'espace, de la lumière et de la couleur atteint un rare degré de précision d'ordre naturaliste (il a été prouvé qu'il se servait, pour mettre en place ses compositions, d'une chambre noire) en même temps qu'il les investit d'une dimension poétique. ▮ **Les scènes d'intérieur** Il eut cependant tendance à se limiter à des scènes se déroulant dans un univers clos : intérieurs où la source de lumière est souvent une fenêtre située à gauche. L'une de ses premières scènes de genre, *La Courtisane* (1656), relève, par le thème et la composition (demi-figures), des caravagistes d'Utrecht : l'espace est peu approfondi, et de riches harmonies chromatiques mettent en valeur les jeux variés de la lumière sur les étoffes, objets et matières diverses. Avec la *Jeune Femme endormie* (v. 1655 - 1660) se précise son orientation ; il allait en effet presque exclusivement mettre en scène des jeunes femmes dans un intérieur bourgeois, deux thèmes revenant avec insistance : celui de la femme occupée à lire ou à écrire une lettre (*Femme lisant une lettre*, v. 1657 ; *Femme en bleu lisant une lettre*, v. 1662 - 1664 ; *Femme écrivant une lettre*, v. 1665 ; *Servante apportant une lettre*, 1665 ; *Jeune Femme écrivant une lettre*, 1667), et celui de la femme, parfois en compagnie galante (*Jeune Femme et Soldat*, 1657 ; *Le Verre de vin*, v. 1658 - 1660), occupée à faire de la musique (*Joueuse de luth*, v. 1663 - 1665 ; *Le Concert*, v. 1660 - 1665 ; *La Leçon de musique*, v. 1660 ; *La Joueuse de guitare*, v. 1667 - 1670 ; *Jeune Femme à l'épinette*, v. 1670), les thèmes de la musique et de la lettre étant parfois réunis comme dans *La Lettre d'amour* (v. 1670). Il présenta rarement une femme occupée à une tâche quotidienne précise, excepté dans *La Laitière* (v. 1658 - 1660, Amsterdam) et dans *La Dentellière** (1665, Louvre). L'extrême économie du geste, la retenue de l'expression concourent à créer une atmosphère souvent nostalgique et mystérieuse, chargée de sous-entendus, les allusions à l'amour étant les plus fréquentes. ▮ **Les sujets allégoriques** Vermeer peignit d'ailleurs quelques sujets allégoriques, notamment deux tableaux où figure un personnage masculin et qui procèdent encore en partie de la scène de genre (*L'Astronome* [v. 1668] et *Le Géographe*, qui symboliseraient l'un la Terre et l'autre le Ciel), et surtout *L'Art de la peinture* (souvent appelé *L'Atelier du peintre*, 1665, Vienne) et l'*Allégorie de la Foi* (v. 1669). ▮ **La lumière** Ses compositions se fondent sur un sens très médité de l'organisation spatiale, les rapports entre les personnages, les objets et l'espace environnant étant analysés avec acuité. Il évita l'accumulation pittoresque d'objets et accorda à chaque motif une fonction structurelle dans l'ensemble de la composition, sans pour autant s'abstenir d'effets décoratifs (tapis de table ou rideau aux riches brocarts) ni de la description minutieuse. Contrairement à Rembrandt, Vermeer modula l'éclairage en pleine clarté, d'où la luminosité, la limpidité de ses tableaux. Il analysa le caractère changeant de la lumière selon les matières sur

Jan **Vermeer.** *La Jeune Fille à la perle* (44,5 x 39 cm), v. 1665.
*BIS/Phot. Musée Mauritshuis, La Haye. Archives Bordas*

lesquelles elle se reflète ; il rendit ainsi sensibles les qualités tactiles des matériaux, leur texture. Il créa des accords précieux de tonalités froides, particulièrement de bleu et de jaune. Ce raffinement technique qui lui permit de nuancer l'atmosphère s'accorde à la subtilité avec laquelle il exprima les sentiments humains les plus ténus, comme en témoignent ses portraits féminins (*Jeune Fille au turban*, dite aussi *Jeune Fille à la perle*, v. 1662, La Haye ; *Tête de jeune fille*, v. 1668 ; *Jeune Femme à la flûte* ; *Jeune Femme au chapeau rouge*, v. 1665). **L'un des plus grands peintres du XVIIe s.** Si la plupart de ses œuvres dénotent peu d'invention quant aux sujets (il se contenta le plus souvent d'exécuter une variation sur un même thème), il procéda par épuration formelle, approfondissement psychologique, parvenant à donner un poids au geste le plus calme, à l'objet le plus banal, et une intensité expressive à un visage aux yeux clos. C'est pour cette conjonction de rigueur formelle et de résonance poétique qu'il est maintenant considéré comme l'un des plus grands peintres du XVIIe s. ➝ ÉTYM. Ce nom néerlandais signifie « du lac », de *ver* (contraction de *van* « de » et *der* [ancien article]) et *meer* « lac ».

**VERMELLES** [62980] ➝ ÉTYM. du picard *(terre) vermelle* « (terre) rouge foncé » ♦ Comm. du Pas-de-Calais, arr. de Béthune. 4 487 hab.

**VERMEYLEN (August)** ♦ Écrivain belge d'expression néerlandaise (Bruxelles 1872 - Uccle 1945). Premier recteur de l'université flamande de Gand, il eut, et par son action et par ses œuvres, une profonde influence sur ses contemporains. Cofondateur de la revue *Van nu en straks* (« D'aujourd'hui et de demain », qui parut de 1893 à 1894 puis de 1896 à 1901), il y exprima son idéal flamingant en des articles au style lapidaire. S'appuyant sur la doctrine socialiste, il affirme que l'émancipation culturelle (donc linguistique) de la Flandre lui permettra de s'élever au niveau européen : « Nous voulons être Flamands pour devenir Européens » (*Critique du mouvement flamand*, 1895 ; *Mouvement flamand et européen*, 1900). À un roman symboliste, *Le Juif errant* (1906), « histoire d'une âme » en quête de la vérité, vint s'ajouter *Deux Amis* (1943), roman psychologique qui évoque la lutte « flamingante » au début du XXe siècle.

**VERMONT** n. m. ➝ ÉTYM. du fr. *Verts Monts* (allus. à l'aspect verdoyant de la campagne) ♦ État du N.-E. des États-Unis. ➙ **États-Unis** (carte). 24 887 $km^2$. 608 827 hab. CAP. : Montpelier. **Géographie** L'État forme un rectangle allongé du N. au S. ; de l'E. à l'O. le lac Champlain (au N.) emprunte la vallée de l'Otter Creek, entre les Adirondacks (État de New York) et les Green Mountains. Celles-ci font partie du système appalachien comme les collines de l'E., morcelées par plusieurs vallées, jusqu'à la vallée du Connecticut (New Hampshire). Le Vermont est très peu urbanisé (4 villes de plus de 10 000 hab.). **Économie** L'État vit de l'élevage (produits laitiers), des cultures maraîchères, de ses forêts, de l'exploitation de ses carrières, des indus. alimentaire, du bois et du tourisme. **Histoire** Les Français commencèrent la colonisation dans le N. (lac Champlain, 1666) et les Britanniques après 1724. Indépendant en 1777, le Vermont devint le 14e État de l'Union (1791).

**VERNAISON** [69390] ➝ ÉTYM. « aulnaie » ♦ Comm. du Rhône, arr. de Lyon. 4 000 hab.

**VERNANT (Jean-Pierre)** ♦ Helléniste et historien français (Provins 1914 - Sèvres 2007). Il fut professeur au Collège de France à partir de 1975. Étudiant les processus de la connaissance et de la formation des concepts, il a analysé l'émergence en Grèce, au cours du VIe s., de la raison positive, qu'il a liée à l'évolution de la pensée mythique et à la naissance de la cité. Cette histoire philosophique et psychologique de la pensée, fondée sur l'analyse structurale des mythes, apparaît donc également comme une histoire politique. Il a publié : *Les Origines de la pensée grecque*, 1962 ; *Mythe et pensée chez les Grecs*, 1965 ; *Mythe et tragédie en Grèce ancienne*, 1972, avec P. Vidal-Naquet ; *Mythe et religion en Grèce ancienne*, 1990 ; *Entre mythe et politique* (1996) ; *La Traversée des frontières* (2004).

**VERNE (Jules)** ♦ Écrivain français (Nantes 1828 - Amiens 1905). Jules Verne était destiné par les siens à prendre la succession de son père à la tête d'une étude d'avoué, mais dès 1848, époque à laquelle il s'installa à Paris pour faire ses études de droit, il songeait à la carrière des lettres. Vers la fin de l'année 1851, Verne devint secrétaire d'Édouard Seveste qui rouvrait l'Opéra national sous le nom de Théâtre-Lyrique. Il écrivit alors diverses pièces, qui ne rencontrèrent guère qu'un succès d'estime, ainsi que plusieurs livrets d'opérettes et d'opéras-comiques. Parallèlement à sa carrière de librettiste et d'auteur dramatique, il faisait ses premiers pas de nouvelliste avec *Les Premiers Navires de la marine mexicaine* et *Un voyage en ballon* (1851) qui furent suivis en 1854 par un roman historique, *Martin Paz*, et en 1855 par *Un hivernage dans les glaces*. De nombreuses visites à la Bibliothèque nationale lui permirent d'acquérir un vocabulaire scientifique et technique à la hauteur de la tâche qu'il se fixait : éveiller par ses œuvres l'intérêt du public pour le mouvement scientifique et les travaux du monde savant. Dans le même temps, la lecture des œuvres de Poe lui montrait toutes les ressources du fantastique dans l'art littéraire, comme en témoigne un roman publié en 1854 : *Maître Zacharius ou l'horloger qui a perdu son âme*. En 1862, il put apporter le manuscrit de *Cinq semaines en ballon* à l'éditeur Hetzel. L'ouvrage parut en librairie en 1863 et son succès fut immédiat. C'était le premier volume de la série *Les Voyages extraordinaires* qui comprend notamment : *Les Aventures du capitaine Hatteras* (1864), *Les Enfants du capitaine Grant* (1867 - 1868), *Vingt* mille lieues sous les mers* (1870), *Une ville flottante* (1871), *Au pays des fourrures* (1873), *Le Tour* du monde en 80 jours* (1873), *Un capitaine de quinze ans* (1878), *Deux ans de vacances* (1888), *Mrs. Branican* (1891), *L'Île à hélice* (1895), *Le Sphinx des glaces* (1897), *L'Étonnante Aventure de la mission Barsac* (1910). Passionné par les problèmes de l'aérostation et de l'aéronautique, Verne fonda en 1862 avec Nadar* une Société pour la recherche de la navigation aérienne. Nadar effectua dans la réalité de nombreuses ascensions et les héros du romancier l'imitèrent dans la fiction au moyen d'appareils plus légers ou plus lourds que l'air. Ce furent *Cinq semaines en ballon*, *De la Terre à la Lune* (1865) [dont le héros fut baptisé Michel Ardan, anagramme de Nadar], *Autour de la Lune* (1870), *Robur le Conquérant* (1886). À l'exploration des espaces aériens ou interplanétaires répondait l'exploration des abîmes terrestres ou océaniques, dans *Voyage* au centre de la Terre* (1864), *Vingt mille lieues sous les mers*, *Les Indes noires* (1877). Pour préoccupé qu'il fût des inventions de l'avenir, Jules Verne n'en était pas moins intéressé par l'histoire contemporaine, dont s'inspirèrent *L'Archipel en feu* (1855), *Michel Strogoff* (1876), *Les Cinq Cents Millions de la bégum* (1879), *Nord contre Sud* (1887), *Petit Bonhomme* (1892). Si, par l'optimisme humaniste et scientiste, Jules

Jules **Verne.** Caricature par Gill, parue dans *L'Éclipse* du 13 décembre 1874.
*Phot. © Roger-Viollet*

Verne exprime bien son époque positiviste, ses inventions révèlent aussi des fantasmes et des ambiguïtés : rapports de l'espace et du temps, vertige de l'action et de la puissance, thème des profondeurs dont les mystères sont révélés aux héros par un personnage ambivalent, à la fois tutélaire et funeste, faisant figure de père tout-puissant, ces éléments constituent autant de repères pour une lecture nouvelle, moins naïve, de son œuvre. ➝ ÉTYM. *Verne* vient du gaulois *verno* «aulne».

**VERNEAU (Jean)** ♦ Général français (Vignot, Meuse 1890 - Buchenwald 1944). Polytechnicien, officier du génie, il fut chef d'état-major de l'armée d'armistice jusqu'en 1942, puis rejoignit le général Frère avec lequel il contribua à fonder l'Organisation de résistance de l'armée (ORA) dont il prit la tête après l'arrestation de ce dernier. Il s'occupa de l'accord entre l'armée de De Gaulle et l'ORA et prit part à l'encadrement des maquis. Arrêté par les Allemands (oct. 1943), il mourut en déportation.

**VERNET (Joseph)** ♦ Peintre, dessinateur et graveur français (Avignon 1714 - Paris 1789). Fils du peintre et décorateur ANTOINE VERNET (Avignon 1689 - *id.* 1753), il débuta par des travaux de décoration puis se rendit en Italie où il séjourna de 1734 à 1753. Ayant admiré les paysages de Poussin et de C. Lorrain, il peignit des vues de Rome, de Naples et des environs. Mêlant paysage et scène de genre, il représenta de petits personnages s'adonnant à leurs activités quotidiennes. Établissant ses compositions selon un équilibre médité, il rendit avec finesse la limpidité de l'atmosphère, le caractère particulier de la lumière méditerranéenne, annonçant par là les paysages italiens de Corot *(Château Saint-Ange ; Ponte Rotto)*. Le marquis de Marigny lui ayant commandé en 1753 une série de vingt-quatre ports de France, il revint en France, en réalisa quatorze de 1753 à 1762, en se pliant avec habileté aux impératifs de la commande (précision topographique). Il exécuta ensuite des paysages alpestres, tirant ses thèmes de *La Bergère des Alpes* de Marmontel et multiplia pour plaire au public des paysages maritimes : clair de lune, orages, tempêtes, naufrages, réalisés selon des schémas identiques et dans une gamme chromatique peu nuancée et terne mais qui révèlent un sentiment préromantique de la nature. ➝ ÉTYM. *Vernet* a la même étymologie que *Verne.**

**VERNET (Charles Horace, dit Carle)** ♦ Peintre, dessinateur et lithographe français (Bordeaux 1758 - Paris 1836). Sous le Directoire, il caricatura merveilleuses et incroyables ; puis peignit des scènes historiques, des courses, des chasses et des marines d'une facture souvent conventionnelle. Il fut l'un des premiers artistes français à pratiquer la lithographie (plus de 800 pièces) et, comme peintre de chevaux, il influença son élève Géricault*.

**VERNET (Horace)** ♦ Peintre et dessinateur français (Paris 1789 - *id.* 1863). Fils de Carle Vernet*. Fervent bonapartiste, il obtint une immense popularité comme peintre de marines et surtout de batailles ; il exalta l'héroïsme des soldats de l'Empire dans un style facile et brillant ; selon Baudelaire, «M. Horace Vernet est un militaire qui fait de la peinture». Il se rallia cependant à la Restauration et peignit plusieurs scènes pour la galerie historique de Versailles. Il devint ensuite peintre officiel de Napoléon III.

**VERNET-LES-BAINS** [66820] ➝ ÉTYM. du gaul. *verno* «aulne» ♦ Comm. des Pyrénées-Orientales, arr. de Prades, au pied du Canigou. 1 440 hab. *(Vernetois)*. Église Notre-Dame-del-Puig du XII^e^ s. (mobilier). Église romane. Anc. château démantelé au XVIII^e^ s., restauré au XIX^e^ s. ▪ Station thermale et climatique. Centre touristique. ▪ Aux environs, abbayes Saint*-Martin-du-Canigou et Saint*-Michel-de-Cuxa.

**VERNEUIL-EN-HALATTE** [60550] ➝ ÉTYM. *Verneuil* : gaul. «clairière *(ialo)* d'aulnes *(verno)*» et *Halatte*, n. de forêt (anc. *Mont Alta*) ♦ Comm. de l'Oise, arr. de Senlis. 4 037 hab. Vestiges gallo-romains. Vestiges d'un château Renaissance. Musée des Graffiti historiques gravés et sculptés. ▪ Institut national sur l'environnement et les risques industriels (Ineris). Maroquinerie de luxe.

**VERNEUIL-SUR-AVRE** [27130] ♦ Ch.-l. de cant. de l'Eure, arr. d'Évreux. 6 619 hab. *(Vernoliens)*. Restes de fortifications. Tour grise (XIII^e^ s.). Église Notre-Dame du XII^e^ s., remaniée (statues du XIII^e^ au XVI^e^ s.). Église de la Madeleine (XIII^e^ - XVI^e^ s.). Maisons anc. ▪ Indus. diversifiées. ▮ **Histoire** Victoire des Anglais sur Charles VII en 1424.

**VERNEUIL-SUR-SEINE** [78480] ♦ Comm. des Yvelines, arr. de Saint-Germain-en-Laye, sur la Seine. 14 538 hab. *(Vernoliens)*.

**VERNIER** (marais) ♦ Anc. marais de la basse Seine (Eure) entre Pont-Audemer et Quillebeuf (4 500 ha) ; il a été assaini et mis en culture.

**VERNIER** ♦ V. de Suisse (cant. de Genève), dans la banl. O. de Genève. 30 606 hab.

**VERNON** (mont) ➝ **Mount Vernon**

**VERNON** [27200] ➝ ÉTYM. du lat. *Vernius*, n. de pers. gallo-rom., ou du gaul. *verno* «aulne» ♦ Ch.-l. de cant. de l'Eure, arr. d'Évreux, sur la Seine, au voisinage de la forêt de Vernon. 24 056 hab. (aggl. 31 366) *(Vernonnais)*. Vestiges de fortifications. Tour des Archives (XII^e^ s.). Église Notre-Dame du XII^e^ s., plusieurs fois remaniée (tribune d'orgue sculptée ; vitraux du XVI^e^ s. ; œuvres d'art). Musée A.-G. Poulain : archéologie ; œuvres de Monet, M. Denis, Vuillard, Steinlein. ▪ Laboratoire de recherches balistiques et aérodynamiques. Construc. aéronautiques et navales. Électroménager.

**VERNOUILLET** [28500] ➝ ÉTYM. gaul. «petite (dimin. *-etum*) clairière *(ialo)* d'aulnes *(verno)*» ♦ Comm. de l'Eure-et-Loir, banl. S.-O. de Dreux. 11 496 hab. Indus. pharmaceutique.

**VERNOUILLET** [78540] ♦ Comm. des Yvelines, arr. de Saint-Germain-en-Laye, sur la Seine. 9 471 hab. *(Vernolitains)*. Église des XII^e^ et XIII^e^ s. (clocher roman). Château du XVII^e^ s.

**VERN-SUR-SEICHE** [35770] ♦ Comm. de l'Ille-et-Vilaine, banl. S.-E. de Rennes. 7 454 hab. *(Vernois)*.

**VERNYÏ** ➝ **Almaty**

**VÉRONE** – en it. *Verona* ➝ ÉTYM. p.-ê. de la rac. °*vara* «eau ; marais, marécage» ♦ V. d'Italie, en Vénétie, ch.-l. de prov., dans une boucle de l'Adige, au pied des monts Lessini. 253 208 hab. Plusieurs monuments romains sont bien conservés, tels l'amphithéâtre ou *Arena* (où se donnent auj. des spectacles lyriques) et un théâtre de l'époque d'Auguste. Toutefois, Vérone compte surtout des monuments du Moyen Âge et de la Renaissance : l'église romane S. Zeno Maggiore (IX^e^ - XII^e^ s.) avec son campanile, son porche de marbre abritant des portes de bronze (XI^e^ - XII^e^ s.) et son triptyque de Mantegna*, l'église San Fermo (XI^e^ - XII^e^ s.) contenant une *Assomption* de Pisanello et la cathédrale romano-gothique avec une *Assomption* de Titien, la *piazza dell' Erbe*, construite sur l'emplacement d'un ancien forum, le *Castelvecchio* édifié par Cangrande II Scaliger en 1354 (auj. important musée riche en peintures de l'école véronaise du XII^e^ au XVI^e^ s.), les tombeaux des Scaligeri (mausolées gothiques, statues équestres), le *ponte Scaligero* enjambant l'Adige, l'église Sainte-Anastasie (XIII^e^ - XV^e^ s.) contenant des chefs-d'œuvre d'artistes véronais et la fresque de Pisanello, *Saint Georges délivrant la princesse de Trébizonde* (XV^e^ s.), la *piazza dei Signori* bordée de palais Renaissance (*loggia del Consiglio*, anc. hôtel de ville du XVI^e^ s.). Maison de Juliette (Capulet) au légendaire balcon ; son tombeau est dans le cloître de San Francisco al Corso. ▪ Au débouché du Brenner, au contact de l'Italie du Nord et de l'Europe continentale, Vérone est un nœud de communications et un centre commercial de premier plan (exportation de fruits, légumes et vins). L'industrie (mécanique, chimique, textile) est secondaire. Importantes activités touristiques et culturelles (carnaval, saison lyrique et théâtrale). ▮ **Histoire** Colonie romaine en –89, elle était de fondation plus ancienne. Elle fut prise par Constantin en 312. Théodoric y vainquit Odoacre en 489. Elle fut rattachée à l'Empire germanique en 952 et devint une ville libre en 1107. Elle lutta contre les Hohenstaufen. Sous le règne de Frédéric II, elle vit l'affrontement entre les Montecchi (gibelins) et les Sanbonifazi (guelfes). Ezzelino III da Romano s'y établit (1227 - 1259). De 1260 à 1387, Vérone fut au pouvoir des Della Scala (ou Scaliger). Annexée par Milan en 1387, Vérone passa en 1405 à Venise (➝ **Venise**). Elle fut donnée à l'Autriche par Bonaparte (1797 - 1801), fit partie du royaume d'Italie (1805 - 1814), fut le chef-lieu du département de l'Adige, puis fut à nouveau autrichienne. Elle entra dans le royaume d'Italie en 1866. ♦ ***Congrès de Vérone*** Il réunit d'oct. à déc. 1822 les représentants des puissances de la Sainte-Alliance : l'empereur d'Autriche accompagné de Metternich, l'empereur de Russie avec Nesselrode, le roi de Prusse et ses fils, le duc de Wellington, les souverains italiens, le comte de Montmorency puis Chateaubriand comme représentants de la France. Différentes affaires furent mises à l'ordre du jour : la traite des Noirs, la piraterie dans les mers d'Amérique et les colonies espagnoles, et surtout le progrès du libéralisme et les dangers d'une révolution en Espagne. Malgré l'opposition de Metternich et de Villèle*, il fut décidé que la France se chargerait d'envoyer des troupes pour appuyer le roi Ferdinand VII (expédition d'Espagne, 1823).

**VÉRONÈSE (Paolo CALIARI, dit Paolo Veronese,** en fr.) ➝ ÉTYM. «de Vérone» ♦ Peintre italien (Vérone 1528 - Venise 1588). ▮ **Les premières œuvres** Fils d'un tailleur de pierre, il entra à treize ans dans l'atelier d'Antonio Badile, puis dut se former parmi les premiers maniéristes véronais. Jusqu'à vingt-cinq ans, il resta à Vérone, centre où convergeaient de nombreux courants artistiques ; il put y voir les œuvres de Titien, en particulier son *Assomption*, exécutée pour la cathédrale. Cependant, la leçon classique de Raphaël, dont il copia la *Madone à la perle* d'après une œuvre d'atelier, ne fut jamais effacée. La famille Bevilacqua-Lazise lui commanda, alors qu'il était âgé de dix-huit ans, un tableau d'autel (*Vierge à l'Enfant avec saints et donateurs*, 1546 - 1548, Museo di Castelvecchio, Vérone), œuvre fortement influencée par Titien. En 1551, Véronèse réalisa dans la villa Soranzo, à Treville di Castelfranco, son premier ensemble décoratif, mais il n'en reste que quelques fragments (cathédrale de Castelfranco). Cette période de transition est marquée par de beaux portraits en pied (*Francesco Franceschini*, 1551), par le *Retable Giustiniani* (San Francesco della Vigna, Venise, v. 1551) où, pour la première fois, se discerne son écriture personnelle, tandis que dans la *Tentation de saint Antoine* (1552, musée de Caen) restent

**Véronèse.** *Vénus et Adonis* (1,62 x 1,91 m), v. 1580. Museo del Prado, Madrid. *BIS/Phot. © Archives Larbor*

visibles les influences maniéristes de Jules Romain et du Parmesan. ▮ **Venise** Surtout, en 1553 - 1555, Véronèse exécuta ses premiers travaux décoratifs à Venise (plafonds des salles des Dix, au palais des Doges). Installé définitivement à Venise en 1555, il entreprit la décoration entière d'une petite église, San Sebastiano. Si l'essentiel fut exécuté de 1555 à 1558 (sacristie, chapelle Grimani, plafond, fresques du registre supérieur), Véronèse poursuivit son travail jusque v. 1570, dessinant et décorant même le buffet d'orgue. L'ensemble comprend plusieurs chefs-d'œuvre, comme *La Répudiation de Vashti* et *Le Couronnement d'Esther* (plafond) où sont magistralement résolus les problèmes d'organisation dus à la fonction de l'œuvre ; en outre, les personnages sont animés d'une vie et d'un dynamisme exceptionnels. Son talent étant reconnu, il composa trois *tondi* pour le plafond de la *Libreria Marciana*, qui obtinrent un grand succès (1556 - 1557). ▮ **Les mises en scène** En 1560, il semble avoir effectué un voyage à Rome et l'assurance dont il fit preuve, en 1560 - 1561, dans la décoration de la villa Barbaro, construite par Palladio* à Maser, n'est peut-être pas sans rapport avec ce séjour dans la Ville où venaient d'être découvertes des fresques antiques. La sérénité d'expression des personnages, le goût pour le détail anecdotique et surtout la recherche de l'illusionnisme au moyen de fausses architectures et de faux paysages qui s'intègrent parfaitement dans l'« espace vrai » annoncent à maints égards les recherches du XVIII$^e$ s. vénitien et surtout celles de G. Tiepolo*. Cette tendance à la mise en scène caractérise la série des grands festins bibliques : *Les Noces* de Cana* (1562 - 1563, Louvre), *Le Repas chez Simon le Pharisien* (v. 1572, Louvre) et *Le Repas chez Lévi* (1573, Académie, Venise, tableau représentant primitivement la Cène, rebaptisé à la suite d'un procès que lui fit l'Inquisition). ▮ **Le palais des Doges** Entre 1575 et 1577, il peignit le plafond de la salle du Collège au palais des Doges, avant de réaliser *Le Triomphe de Venise* pour la salle du Grand Conseil (1579 - 1582). Dans cette composition, Véronèse intégra avec une aisance un peu superficielle des éléments mythologiques, allégoriques et historiques. ▮ **Les dernières œuvres** Il est difficile de cerner ses différentes orientations stylistiques à la fin de sa vie. Il porta de plus en plus d'intérêt aux petits formats, développa un goût pour le pathétique, exprimé d'une manière lyrique, mais contenue, cultiva les effets de dissymétrie (*Le Calvaire*, v. 1580, Louvre). Contrairement aux grandes compositions, les toiles de cette période, intimistes, sont profondément romantiques (*Enlèvement de Déjanire*, Kunsthistorisches Museum, Vienne ; *Vénus et Adonis endormi*, v. 1580 - 1582, Prado, Madrid). ▮ **La richesse artistique de Véronèse** On a souvent insisté sur l'aspect décoratif, immobile, des œuvres de Véronèse ; sur sa parfaite maîtrise du dessin d'architecture, sa palette claire, son utilisation des ombres colorées. Il est en général considéré comme un artiste moins important que Titien* ou le Tintoret*. Cependant la virtuosité avec laquelle il a résolu les problèmes de la lumière pénétrante, en particulier dans les petites œuvres de la fin de sa vie (*Le Christ au jardin des Oliviers*, v. 1583 - 1584, Brera, Milan), la qualité poétique de son univers (*Lucrèce*, v. 1583, Vienne), l'émotion qu'il est capable de communiquer (*Ecce Homo*, v. 1585 - 1587, Venise, coll. P. Scarpa) montrent en lui, par-delà sa grâce sensuelle et son sens du décor, une profonde richesse artistique.

**VÉRONIQUE** (sainte) ➝ ÉTYM. p.-ê. déformation du lat. *vera icon* « vraie image » ♦ Dans la légende chrétienne, sainte femme qui aurait essuyé le visage du Christ lors de la montée au Calvaire. L'empreinte de ce visage serait restée sur le linge, d'où la relique dite la Véronique conservée à Saint-Pierre de Rome, et le culte de la Sainte Face. ▪ Fête le 3 février.

**VERPILLIÈRE (LA)** [38290] ➝ ÉTYM. à rapprocher du franco-prov. *vualpelira* « lieu fréquenté par les loups » ♦ Ch.-l. de cant. de l'Isère, arr. de La Tour-du-Pin. 5 691 hab. (aggl. 11 532) *(Vulpilliens)*.

**VERQUIN** [62131] ➝ ÉTYM. du germ. *Werko*, n. de pers., et suff. *-inus* ♦ Comm. du Pas-de-Calais, banl. S. de Béthune. 3 248 hab.

**VERRAZANE** (**Giovanni DA VERRAZANO** ou **VERRAZZANO**, en fr. **Jean DE**) ♦ Explorateur d'origine italienne (Florence, Greve-in-Chianti ou Lyon ? 1485 - Caraïbes 1528). Marchand-navigateur établi à Rouen, associé au richissime Gadagne et aux banquiers florentins de Lyon, il fut envoyé par François I$^{er}$, en 1523, à la recherche d'un passage vers les Indes, et découvrit, à bord de *la Dauphine*, la côte atlantique des États-Unis actuels, des Carolines au Maine. Au futur port de New York, il donna le nom de *terre d'Angoulême* en l'honneur du roi (avril 1524) et dans le rapport qu'il signa à son retour à Dieppe (8 juillet 1524) il appela *Francesca* (ou *Francescane*) l'ensemble des pays explorés. Dans un second voyage, commandité par l'amiral Brion-Chabot et l'armateur Jean Ango, il se rendit au Brésil (1526) et tenta en vain de franchir le détroit de Magellan (1527) ; cependant, l'un de ses trois navires, reparti vers l'est et, doublant le cap de Bonne Espérance, parvint à Sumatra. Dans un troisième voyage, recherchant un passage vers Darién, il fut tué dans une île des Antilles et dévoré par les cannibales. Son frère JÉRÔME ou GIROLAMO, cartographe et navigateur lui aussi, inscrivit ses découvertes sur sa mappemonde de 1529, où apparaît, pour la première fois en Amérique du Nord, le nom de *Nova Gallia*, « Nouvelle France ».

**VERRÈS** – en lat. ***Caius Licinius Verres*** ♦ Homme politique romain (Rome v. -119 - -43). Propréteur en Sicile (-73 - -71), il écrasa les villes de contributions illégales et dépouilla de leurs objets d'art les monuments publics et les temples. Quand il fut sorti de charge les Siciliens portèrent plainte contre lui et demandèrent à Cicéron* de soutenir l'accusation. Hortensius* Hortalus assumait la défense. Cicéron rassembla des témoignages si écrasants *(Verrines)* que Verrès renonça à plaider sa cause et partit en exil, condamné à restituer aux Siciliens 40 millions de sesterces. L'affaire mettait en cause tout le système oligarchique ; les sénateurs perdirent le monopole des jurys et durent admettre auprès d'eux les chevaliers évincés depuis Sylla*.

**VERRIE (LA)** [85130] ➝ ÉTYM. de la langue d'oïl *verrie* « verrière » (désigne p.-ê. une maison aux verres peints) ♦ Comm. de Vendée, arr. de La Roche-sur-Yon. 3 539 hab.

**VERRIÈRE (LA)** [78320] ➝ ÉTYM. « verrerie » ♦ Comm. des Yvelines, arr. de Rambouillet. 6 053 hab. Élément de la ville nouvelle de Saint*-Quentin-en-Yvelines.

**VERRIÈRES-LE-BUISSON** [91370] ➝ ÉTYM. « ateliers de verrerie » ♦ Comm. de l'Essonne, arr. de Palaiseau. 15 923 hab. (*Verriérois* ou *Védrariens*). Château construit en 1680, appartenant depuis 1803 à la famille de Vilmorin. ▪ Horticulture.

**VERROCCHIO** (**Andrea DI FRANCESCO DI CIONE**, dit **IL**) ➝ ÉTYM. du n. de son maître ♦ Orfèvre, sculpteur et peintre italien (Florence 1435 - Venise 1488). Il apprit les techniques de l'orfèvrerie chez Giuliano Verrocchio. Comme peintre, il aurait été l'élève d'Alesso Baldovinetti* et comme sculpteur, on suppose qu'il travailla avec Donatello*, bien que ses premières sculptures offrent plus d'affinités avec le style d'Antonio Rossellino*. La plus grande partie de sa production picturale n'est pas autographe. Aussi, son unique peinture documentée (*Madone avec saint Donat et saint Jean Baptiste*, achevée en 1486 et destinée à la cathédrale de Pistoia) fut-elle en grande partie exécutée par son élève Lorenzo* di Credi, tandis que dans le *Baptême du Christ* (1470 - 1472, Offices, Florence) la participation de son autre élève, Léonard, est visible (un des deux anges et le paysage du lointain). Cependant sa *bottega* était très active à Florence. Mais l'importance de Verrocchio fut beaucoup plus décisive en sculpture. Il réalisa le sarcophage de Piero et Giovanni de Médicis (1472, San Lorenzo, Florence), où il sut utiliser des éléments du langage ornemental (acanthes, cordes tressées, inscriptions à l'antique) d'une manière tellement convaincante qu'il put s'abstenir de toute représentation de figures humaines. Deux de ses œuvres majeures reprennent et enrichissent des thèmes déjà abordés par Donatello (le nu adolescent, la statue équestre) : si son *David* (av. 1476, Bargello, Florence) est une sorte de réflexion qui aboutit au repos dans la pause et au calme dans l'expression psychologique, le *Colleone* (statue glorifiant le condottiere de Bergame ; Venise), terminé après sa mort, présente un des équilibres rythmiques les plus puissants que nous a légués la Renaissance : à l'avancée décidée du cheval, le cavalier, tendant à suggérer un mouvement opposé, visualise à la fois la domination de la bête par l'homme et la détermination résolue du guerrier. Avec son petit *Putto au dauphin* (commandé pour la villa Careggi des Médicis en 1480, placé dans la cour du palais de la Seigneurie ; conservé auj. à l'intérieur même du palais), il fut le premier à résoudre les problèmes de la statue en ronde bosse destinée à une fontaine en concevant un dessin en spirale permettant le point de vue tournant : sous tout angle, la statue conserve une égale signification. Il excella aussi dans l'art du portrait (*Femme avec des primevères*, 1480, Bargello) comme dans les groupes sculptés (*Incrédulité de saint Thomas*, 1466 - 1483, Orsanmichele, Florence). Par l'originalité de son œuvre, Verrocchio est le plus grand sculpteur florentin de la Renaissance, après Donatello.

**VERSAILLES** [78000] ➝ ÉTYM. anc. *Versalias*, de *versée* «mesure agraire ; ligne, rangée de sillons» et suff. collectif ou du lat. *versus* «versant» et suff. *-alia* ♦ Ch.-l. du dép. des Yvelines. 85 726 hab. *(Versaillais)*. Évêché. Cour d'appel. La place d'Armes, qui s'incurve en hémicycle devant la grille du château, est le centre géométrique de la ville, d'où rayonnent les trois vastes avenues qui découpent Versailles. Outre le château, la ville possède de nombreux édifices classiques. Grandes écuries (Académie du spectacle équestre) et petites écuries construites par J. Hardouin*-Mansart (1679 - 1685). Hôtel des Gendarmes ; hôtel des Menus Plaisirs du roi. Caserne de Noailles (anc. écuries de Mme du Barry) avec une belle façade due à Ledoux* (1770 - 1772). Chambre de commerce dans l'anc. hôtel de Mme du Barry (construit en 1750, restauré en 1939). Château de Montreuil (anc. demeure de Madame Élisabeth). Pavillon de musique de Madame, par Chalgrin* (1784) ; vestiges de son hameau et curieuse laiterie. Colombier en bois (Chalgrin, 1784). Hôpital militaire (anc. «Grand-Commun», construit par J. Hardouin-Mansart, 1682 - 1684). Anc. hôtels de la Marine et des Affaires étrangères, construits par J. B. Berthier (1759 et 1762), auj. bibliothèque municipale. Salle du Jeu de paume, construite en 1686. Hôtel de Fontenay (XVIIIe s.). Cathédrale Saint-Louis, élevée de 1743 à 1754 par le petit-fils de Mansart. Marché Saint-Louis (ensemble architectural du XVIIIe s.). La Colette, pavillon de Colin, intendant de Mme de Pompadour. École nationale d'horticulture (anc. potager du roi), construite par Mansart. Église Notre-Dame, anc. paroisse du château, construite par J. Hardouin-Mansart (ses registres ont consigné tous les actes de baptême et de mariage de la famille royale). Anc. hôtel des Réservoirs, édifié en 1752 pour Mme de Pompadour. Théâtre Montansier créé en 1777 (restauré en 1961) ; en face, hôtel du prince de Condé où mourut La Bruyère (1696). Musée municipal Lambinet (anc. hôtel Lambinet du XVIIIe s.). Hôpital (XVIIIe s.). Lycée Hoche (anc. couvent des Ursulines), construit par l'architecte Mique* ; chapelle centrale à dôme. Parmi les édifices modernes, palais des Congrès (1966). Dépôt des périodiques de la Bibliothèque nationale par Roux*-Spitz. ▪ Centre admin., militaire et touristique. Ville résidentielle. ▮ **Histoire** La ville de Versailles, qui dut sa création à celle du château, fut la véritable capitale de la France de 1682 à la fin de la monarchie. Les États généraux y furent réunis en 1789, mais les journées des 5 et 6 octobre, qui ramenèrent la cour à Paris, provoquèrent son déclin. Versailles ne retrouva un rôle historique qu'en 1870. Les Prussiens l'occupèrent alors, et l'Empire allemand fut proclamé dans la galerie des Glaces (1871). Le gouvernement Thiers* s'y établit pendant la Commune* ; ses soldats, commandés par Mac-Mahon, furent surnommés les «versaillais» par les communards. Le gouvernement devait rester à Versailles jusqu'en 1879, et la Constitution de 1875 y fut votée. Les élections présidentielles s'y déroulèrent jusqu'en 1953.

Le château de **Versailles.** La façade, côté jardin.
*Phot. © Buss Wojtek/Hoa Qui/Eyedea*

**Versailles** (château de) ♦ ▮ **Louis XIII** Louis XIII fit construire à partir de 1624 à Versailles un pavillon de chasse et qu'il fit remanier dès 1632 par Salomon de Brosse* ou Philibert Le Roy. Ce pavillon est situé au fond de la cour Royale qui fait suite à la cour d'Honneur ; construit en brique et pierre, il est constitué par un bâtiment principal rectangulaire, encadré à droite et à gauche par deux ailes que réunissait en avant un portique bas ; la cour ainsi délimitée est la cour de Marbre. ▮ **Louis XIV** Ce bâtiment devint le centre du château actuel dont les premiers travaux furent ordonnés en 1661 par Louis XIV, qui voulut en faire «ce plaisir superbe de la nature» (Saint-Simon). Le château de Versailles, par son architecture, son décor intérieur, son mobilier et les œuvres d'art contemporaines qu'il conserve, par ses incomparables jardins et ses annexes des

Le château de **Versailles.** La galerie des Glaces.
*Phot. © Fredric Stevens/Sipa*

Trianons, est le prototype de l'art classique français. ▮ ***Le premier Versailles*** Cet ambitieux projet de Louis XIV fut réalisé en trois étapes. Le premier Versailles n'est guère encore que le Versailles de Louis XIII avec quelques éléments décoratifs imaginés par Le* Vau. La modification la plus importante fut celle du jardin, dont Le* Nôtre donna un nouveau dessin (nombreuses sculptures, Ménagerie pour animaux rares, Orangerie). ▮ ***Le deuxième Versailles*** En 1668, de nouvelles transformations furent décidées ; seule, la façade sur la cour de Marbre resta intacte, le reste constituant l'*enveloppe* réalisée par Le Vau de 1668 à 1671 ; la cour de Marbre fut allongée par deux ailes élégantes terminées par des portiques et avec un toit en terrasse ; en même temps, la réforme complète de l'intérieur s'accomplissait sous la direction de Le* Brun. ▮ ***Le troisième Versailles*** Pour le troisième Versailles de Louis XIV, J. Hardouin*-Mansart, neveu de F. Mansart, travailla à partir de 1678. Sur la cour de Marbre, Mansart fit disparaître la grande terrasse sur rez-de-chaussée ; les deux ailes furent reliées par une ligne droite et la terrasse remplacée par la galerie ; la logique et la raison commandaient toute la construction. Cette transformation extérieure était liée à celle de l'intérieur. La galerie des Glaces doit à Le Brun autant qu'à Mansart ; longue de 75 m et large de 10 m, elle se déroule entre deux salons et est éclairée par dix-sept grandes fenêtres auxquelles correspondent dix-sept panneaux de glace sur le mur opposé (les 400 glaces qui composent les panneaux sont les plus grandes que l'on sut couler à l'époque) ; les peintures du plafond furent exécutées par Le Brun. Un peu plus tard, J. Hardouin-Mansart devait achever son œuvre à Versailles avec la nouvelle Orangerie (1684 - 1686) et la construction du Grand Trianon et de la chapelle (avec Robert de Cotte*). ▮ **De Louis XV à Louis-Philippe** Sous Louis XV, Gabriel* détruisit l'aile droite de Le Vau (où se trouvait l'escalier des Ambassadeurs) et construisit à la place le bâtiment actuel avec fronton sur colonnade. L'opéra fut construit en 1770 par Gabriel à l'occasion du mariage du Dauphin et de Marie-Antoinette. Sous Louis-Philippe, une partie de l'aile gauche fut reconstruite sur les plans de Gabriel. Versailles garde du XVIIIe s. la décoration des appartements de Louis XV, Mique (sans doute) leur donna pour pendant les petits appartements de Marie-Antoinette (apr. 1782). Jusqu'à la fin de la monarchie, le château de Versailles fut associé à tous les événements de la politique française. Louis-Philippe y fit de nombreuses restaurations et transformations ; il créa le Musée historique qui occupe les deux ailes du château et le rez-de-chaussée du corps central, riche de nombreux tableaux et sculptures. ▮ **Les deux Trianons et le Hameau** Le Grand Trianon fut construit à partir de 1687 par J. Hardouin-Mansart et Robert de Cotte ; c'est une réduction du grand château, qui remplaça le «Trianon de porcelaine» de Louis XIV. À proximité, J. A. Gabriel* construisit le Petit Trianon dont la façade en pierre blanche est sobre ; la façade du côté du Jardin français est soulignée par deux belles rampes en péristyle, œuvre de Gabriel. À quelque distance, se trouve le Hameau imaginé pour Marie-Antoinette, œuvre de Mique et Hubert Robert*. ♦ ***Les jardins de Versailles*** Prototypes des jardins dits «à la française», ils sont le chef-d'œuvre d'André Le Nôtre qui les créa de 1661 à 1668, au prix de terrassements considérables. Les jardins (env. 100 ha) n'étaient au départ que de simples parterres en arabesque, rythmés par des jets d'eau. Vers 1661, Le Nôtre commença à tracer les lignes générales du nouveau parc, et les premiers aménagements furent réalisés à l'occasion de la Fête des plaisirs de l'île enchantée (1664). Les travaux hydrauliques furent menés sans doute par F. et P. Francine*. Le Nôtre parvint à renouveler de manière originale l'esthétique du jardin composé, la simplification des lignes mettant en valeur la distribution des masses (pièces d'eau, groupes statuaires). ▮ ***Les statues*** Le Brun fit appel pour l'ornementation à une centaine de sculpteurs dont F. Girardon* *(Apollon servi par les nymphes)*, les frères Marsy (*Les Chevaux du roi ; Bacchus, dieu du vin, entouré d'enfants,* au bassin de Bacchus) et Tubi. À l'extrémité de la pièce d'eau des

Suisses se trouve une statue équestre de Louis XIV par Bernin. ▮ **Les bassins** Le Grand Canal fut terminé en 1671, peu avant les bassins de Flore, de Cérès, de Saturne et de Latone. Certains bassins furent dessinés par J. Hardouin-Mansart qui réalisa par ailleurs la Colonnade, un des plus beaux ornements du parc. Au S.-E. du Grand Canal se situe le bassin d'Apollon (sculptures de Tubi). Les parterres d'eau se trouvent dans le prolongement du corps central du château et forment deux vastes bassins. Le bassin de Neptune, achevé en 1740, est placé à l'E., face à la pièce d'eau des Suisses. ▮ **Les changements depuis Louis XV** Sous Louis XV, les œuvres de J.-B. Lemoyne* et de Bouchardon* s'introduisirent sans peine dans l'ordonnance décorative du siècle précédent ; le parc ne subit dès lors que des modifications de détail. Une replantation totale des arbres eut lieu sous Louis XVI ; jusqu'à nos jours on procéda à des renouvellements partiels des diverses essences.

**Versailles** (traités de) ♦ Suite de traités signés entre la France et l'Autriche, contre la Prusse, à la suite du renversement des alliances (1756, 1757, 1759). ▪ En 1783, une autre série de traités mit fin à la guerre d'Indépendance américaine : la Grande-Bretagne cédait aux États-Unis, dont elle reconnaissait l'indépendance, tous les territoires situés au sud du Canada. Elle faisait d'autre part des concessions coloniales à la France et à l'Espagne.

**Versailles** (traité de) ♦ Traité signé le 28 juin 1919 dans la galerie des Glaces entre la France (G. Clemenceau*), ses alliés (les États-Unis : Wilson* ; l'Italie : Orlando* ; la Grande-Bretagne : Lloyd* George) et l'Allemagne, il mit fin à la Première Guerre* mondiale. Les négociations, dont l'Allemagne fut exclue, ne se firent pas sans difficultés. Clemenceau, soucieux d'affirmer l'hégémonie française en Europe continentale, se heurta à l'opposition des États-Unis et de la Grande-Bretagne ; les revendications japonaises furent à l'origine d'un conflit avec la Chine ; le refus de reconnaître à l'Italie le droit d'annexer Fiume et la Dalmatie provoqua le départ momentané d'Orlando. Précédé du pacte de la SDN, le traité comporta des clauses territoriales, militaires et financières. Les premières comportaient : la restitution de l'Alsace*-Lorraine à la France ; la cession des districts d'Eupen et de Malmédy à la Belgique ; celle de la Posnanie et d'une partie de la Prusse-Occidentale à la Pologne, qui recevait également un accès sur la mer (couloir de Dantzig → **Gdańsk**) ; l'administration de la Sarre* par la SDN pour une période de quinze ans, au terme de laquelle un plébiscite y serait organisé ainsi qu'en Silésie et en Prusse-Orientale ; l'abandon par l'Allemagne de ses colonies, dont le mandat fut donné à la France, à la Belgique, à la Grande-Bretagne, à l'Union sud-africaine et au Japon. Les clauses militaires stipulaient que l'armée allemande ne devrait pas dépasser 100 000 hommes, et 16 000 hommes pour les forces navales. Les clauses financières prévoyaient le versement de réparations par l'Allemagne (→ **Dawes [plan]**). Enfin, pour garantir l'application du traité, qui entra en vigueur en janv. 1920, on décida que la rive gauche du Rhin serait occupée par les forces alliées (ainsi que trois têtes de pont sur la rive droite : Mayence, Coblence et Cologne) pendant une période de quinze ans après laquelle la Rhénanie serait démilitarisée. Ce traité imposé ne fut jamais accepté par l'Allemagne ; effacer le «diktat de Versailles» fut un des thèmes de la politique hitlérienne.

**VERSEAU** n. m. ➝ **ÉTYM.** de *verse-eau* (la période du Verseau est souvent pluvieuse), en lat. ***Aquarius*** ♦ Constellation zodiacale. Onzième signe du zodiaque (20 janv.-18 fév.).

**VERSON** [14790] ➝ **ÉTYM.** anc. *Versum*, du lat. *Vercius*, n. de pers., et suff. *-one* ♦ Comm. du Calvados, arr. de Caen. 3 580 hab.

**VERT** (cap) ♦ Presqu'île du Sénégal, sur l'Atlantique, dominée par des accidents volcaniques : pitons des Mamelles, pointe des Almadies (pointe la plus occidentale de l'Afrique). Sur sa côte N. se situe l'aéroport de Dakar-Yof, tandis que la courbe de sa côte S. abrite la rade de Dakar* fermée par l'île de Gorée. Cultures maraîchères et fruitières.

**VERTOU** [44120] ➝ **ÉTYM.** du lat. *Vertos*, n. de pers. gallo-rom., et suff. *-avus* ♦ Ch.-l. de cant. de la Loire-Atlantique, arr. de Nantes, sur la rive d. de la Sèvre Nantaise. 20 268 hab. *(Vertaviens)*. Viticulture. Indus. diversifiées.

**VERTOV (Denis Arkadievitch KAOUFMAN, dit Dziga)** ♦ Cinéaste soviétique (Białystok 1896 - Moscou 1954). Opérateur d'actualités durant la guerre civile (1918 - 1921), il forma, en compagnie de son frère, Mikhaïl Kaoufman, et de leurs amis Kopaline et Belakov, le groupe des Kinoks («fous de cinéma»). Répudiant tout système théâtral, ils proclamèrent que le rôle essentiel du cinéma était de saisir la vie, fixée à l'improviste par l'œil impartial de la caméra. Le rôle du créateur se réduisait au choix des documents et à leur montage, établi selon des lois scientifiques que Vertov se proposa d'établir. C'est la théorie du «Ciné-œil» *(Kinoglaz)* qu'illustrèrent les 23 numéros d'un magazine filmé, la *Kino-Pravda* (cinéma-vérité, 1923 - 1925). D'autres réalisations suivirent qui, sur un mode naïvement didactique, célèbrent l'épopée révolutionnaire : *En avant, Soviet !* (1926), *La Sixième Partie du monde* (1926), *L'Homme à la caméra* (1929), *La Symphonie du Donbass* (1930), *Trois chants sur Lénine* (1934).

**Verts (Les)** ♦ Parti politique écologiste français créé en 1984 par Antoine Waechter qui le dirigea jusqu'en 1993. Refusant à l'origine toute compromission avec les partis politiques dominants, les Verts se veulent les défenseurs d'un projet de société écologique global prévoyant notamment l'abandon de l'énergie nucléaire et la réduction du temps de travail. Sous l'impulsion de D. Voynet* (secrétaire nationale de 2001 à 2003), les Verts rejoignirent la coalition de la gauche plurielle conduite par le PS qui remporta les législatives de 1997. Celles-ci leur valurent l'élection de huit députés et la nomination de D. Voynet au ministère de l'Environnement (1997 - 2001) dans le gouvernement Jospin. Après les législatives de 2002, les Verts redevinrent un parti d'opposition. Ils obtinrent 5,25 % des voix à la présidentielle de 2002 avec Noël Mamère et 1,57 % à celle de 2007 avec D. Voynet. Depuis 2006, Cécile Duflot est la secrétaire nationale du parti.

**VERT-SAINT-DENIS** [77240] ➝ **ÉTYM.** du gaul. *verno* «aulne» ou de la rac. hydronym. *°vara* ♦ Comm. de Seine-et-Marne, banlieue N.-O. de Melun. 7 493 hab. Élément de la ville nouvelle de Sénart.

**VERTUMNE** – en lat. ***Vertumnus*** ♦ Dieu étrusque puis romain. C'était le dieu des jardins et des récoltes de l'automne. Il avait une statue près du *Vicus Tuscus* (quartier étrusque) et un temple sur l'Aventin, à Rome.

**VERTUS** [vɛʀty] [51130] ➝ **ÉTYM.** du n. du dieu gaulois *Virotutis* ♦ Ch.-l. de cant. de la Marne, arr. de Châlons-sur-Marne. 2 513 hab. *(Vertusiens)*. Église Saint-Martin (XIIe s., reconstruite). Porte Baudet (XIIIe - XIVe s.). Vins de Champagne.

**VERUS** – en lat. ***Lucius Aurelius Ceionius Commodus Verus*** ♦ (Rome 130 - Altinum, Vénétie 169). Empereur romain (161 - 169). Adopté par Antonin* en même temps que Marc* Aurèle, il partagea le pouvoir avec ce dernier dont il devint le gendre. Il dirigea une expédition contre les Parthes et s'empara de Ctésiphon*, mais il abandonna bientôt le commandement à son légat Avidius Cassius* et mena une vie de débauche.

**VERVIERS** ♦ V. de Belgique (Région wallonne), prov. de Liège, ch.-l. d'arr., sur la Vesdre. 54 150 hab. Église Notre-Dame (XVIIIe s.). Église Saint-Remacle (1832). Musée de la Laine. École supérieure des Textiles. ▪ Depuis l'arrêt total de l'indus. lainière, indus. variées avec prédominance de construc. métalliques. ▮ **Histoire** Bourgade romaine, Verviers prit de l'expansion avec l'implantation de l'industrie du drap au Ve s. En 1797, Cockerill y construisit le premier métier à filer mécanique d'Europe.

**VERVINS** [02140] ➝ **ÉTYM.** p.-ê. du gaul. *verbi* «vache» et suff. *-inus* ♦ Ch.-l. d'arr. de l'Aisne. 2 653 hab. (aggl. 3 464) *(Vervinois)*. Église des XIIIe et XVIe s. (peintures murales du XVIe s. ; *Le Repas chez Simon*, de Jouvenet, 1699). ▪ Indus. diversifiées. ▮ **Histoire** Fondée au –Ier s. *(Verbinum)*, Vervins eut sa charte communale dès 1163 (remaniée en 1228). En 1598, Henri IV y signa un traité mettant fin à la guerre avec l'Espagne.

**VERWOERD (Hendrik Frensch)** ♦ Homme politique sud-africain (Amsterdam 1901 - Pretoria 1966). Rédacteur en chef du journal nationaliste *Die Transvaaler* (1937), il s'opposa à l'entrée en guerre de son pays contre le nazisme. Sénateur en 1948, ministre des Affaires intérieures puis des Affaires indigènes (1950), il fut, à la tête du parti nationaliste, l'artisan de l'apartheid. Premier ministre en 1960, il mourut assassiné par un Blanc.

**VÉRY (Pierre)** ♦ Écrivain français (Bellon, Charente 1900 - Paris 1960). Il est l'auteur de «romans de mystère» conciliant intrigue policière et merveilleux : *L'Assassinat du père Noël* (1934), *Les Disparus de Saint-Agil* (1935), *Goupi-Mains Rouges* (1937). Il fut également scénariste de cinéma.

**VESAAS (Tarjei)** ♦ Écrivain norvégien (Ytre Vinje, Telemark 1897 - Oslo 1970). Il se fit le chantre du terroir et du milieu paysan dans des romans tels que *Le Grand Jeu* (1934), *Les femmes appellent à la maison* (1935). Ses romans suivants reflètent la montée de la violence avec la guerre en Europe : *Le Germe* (1940) et *La Maison dans la nuit* (1945), image symbolique de la Norvège occupée. Dans son œuvre riche et variée, il faut encore citer des romans allégoriques (*La Tour*, 1948 ; *Le Signal*, 1950), des ouvrages lyriques chargés de symboles (*Les Oiseaux*, 1957) et enfin *Les Ponts* (1966).

**VÉSALE (Andries VAN WESEL** latinisé en **Andreas Vesalius,** dit en fr. **André)** ♦ Anatomiste flamand (Bruxelles 1514 - Zante 1564). Il étudia la médecine à Louvain, à Montpellier et à Paris, enseigna l'anatomie, et devint médecin de Charles Quint en 1544. Il écrivit un traité d'anatomie *De corporis humani fabrica libri septem* (1543), où il s'attaquait aux théories médicales des Anciens (en particulier de Galien*) et préconisait la méthode expérimentale. Son livre, illustré par de magnifiques planches anatomiques gravées, est une description détaillée du corps humain à partir de ses dissections. Accusé d'avoir pratiqué une dissection sur un homme encore vivant, il dut faire un pèlerinage en Terre sainte. Au retour, il périt dans un naufrage. Vésale est considéré comme le fondateur de l'anatomie moderne. ➝ **ÉTYM.** Ce nom vient du néerlandais *wezel* «belette».

**VESCOVATO** [20215] ✦ **ÉTYM.** du lat. *episcopium* « évêché » ♦ Ch.-l. de cant. de la Haute-Corse, arr. de Bastia. 2 316 hab. Anc. place forte. Église San Martino du XVe s. (maître-autel, 1441).

**VESDRE** ♦ Riv. de Belgique (71 km). Elle prend sa source sur le plateau des Hautes-Fagnes, près de la frontière allemande, alimente le barrage d'Eupen, en amont de la ville, où elle reçoit la Helle, puis la Gileppe (barrage) à Limbourg, traverse Verviers, Pepinster, où elle reçoit la Hogne, Chaudfontaine, et se jette dans l'Ourthe à Chênée. Sa vallée est dans le prolongement oriental du sillon Sambre-Meuse. La qualité de ses eaux, convenant au lavage de la laine, a valu à Verviers d'être la cap. belge de l'indus. lainière jusqu'à la crise de 1950.

**VESELINOVIĆ (Janko)** ♦ Conteur et romancier serbe (Salaš Crnobarski 1862 - Glogovac 1905). Il écrivit des nouvelles et des romans très populaires, idéalisant la vie à la campagne : *Images de la vie paysanne* (1888), *Les Fleurs des champs* (1891), *La Paysanne* (1893), *Le Haïdouk Stanko* (1896).

**VÉSINET (LE)** [78110] ✦ **ÉTYM.** du lat. *vicinia* « voisinage ; proximité » ♦ Ch.-l. de cant. des Yvelines, arr. de Saint-Germain-en-Laye. 15 921 hab. *(Vésigondins)*. Église (XIXe s.) décorée de peintures de Maurice Denis. ▪ Ville résidentielle.

**VESLE** [vɛl] n. f. ✦ **ÉTYM.** anc. *Vetula, Vedula,* du gaul. *vĭdu-* « forêt » et suff. *-la* ♦ Riv. du Bassin parisien (140 km), affl. de l'Aisne (rive g.). Elle prend sa source en Champagne pouilleuse et arrose Reims et Soissons.

**VESOUL** [vəzul] [70000] ✦ **ÉTYM.** de la rac. pré-indo-eur. °*ves* « hauteur » et suff. *-ulum* ou du lat. *Vesulus,* n. de pers. ♦ Ch.-l. du dép. de la Haute-Saône, sur le Durgeon (affl. de la Saône), dominée par la colline de la Motte. 17 168 hab. (aggl. 28 810) *(Vésuliens)*. Vestiges de remparts. Maisons des XVe et XVIe s. Église du XVIIIe s. (mise au tombeau du XVe s.). ▪ Centre admin. et commercial. Indus. automobile (pièces détachées). ▮ **Histoire** Anc. *Vesulum* ou *Vesulium Castrum,* Vesoul devint le centre d'un comté rattaché à la Bourgogne. La ville fut annexée à la France en 1678 (traité de Nimègue).

**VESPASIEN** – en lat. ***Titus Flavius Vespasianus*** ♦ (près de Reate, auj. Rieti 9 - Cutilia, Sabine 79). Empereur romain (69 - 79). Petit-fils d'un centurion et fils d'un publicain, rien ne le désignait à l'empire. Il fit une carrière militaire et fut proclamé empereur par les légions d'Orient (→ **Vitellius**) alors qu'il dirigeait la guerre de Judée (juil. 69). Il laissa alors le commandement militaire à son fils Titus* et revint en Italie. Restaurateur d'un ordre bienfaisant qu'avaient troublé les guerres civiles, il gagna vite l'admiration et la reconnaissance du peuple qui vit en lui les marques de la faveur divine. Il rétablit l'ordre dans l'armée et entreprit à Rome de grands travaux, reconstruisant le temple du Capitole, commençant l'édification du Colisée. Il affaiblit l'opposition de l'aristocratie en favorisant l'entrée des provinciaux dans le Sénat et restaura les finances publiques. Son avarice restée légendaire lui fit multiplier les taxes nouvelles dont la plus inattendue fut l'impôt sur l'urine (on a supposé qu'il s'agissait du commerce de l'urine utilisée par les foulons ou même de l'usage des latrines publiques : cf.vespasienne, *in Le Robert*). À l'extérieur, Titus acheva le siège de Jérusalem (70), le Temple fut définitivement détruit, les Juifs ravalés au rang de *dediticii* (« ceux qui se sont rendus à merci ») et leurs terres réunies aux biens impériaux. En Gaule, la révolte de Civilis* fut réprimée (70) ; Agricola* consolida la conquête de la Bretagne. Monarque absolutiste, Vespasien instaura le système de la succession dynastique en choisissant l'aîné de ses fils, Titus, pour successeur.

**VESPUCCI (Amerigo)** dit parfois en fr. **Améric Vespuce** ♦ Navigateur italien (Florence 1454 - Séville 1512). Tour à tour au service de l'Espagne et du Portugal, il fit quatre expéditions dans le Nouveau Monde découvert par Christophe Colomb* et fut nommé *Piloto Mayor* (1508) après la disgrâce de ce dernier. C'est le cosmographe allemand M. Waldseemüller* (Hylacomilus) qui, dans sa *Cosmographiae introductio... insuper quatuor Americii Vespucii navigationes* (1507), lui attribua le mérite d'avoir découvert le continent américain qui, depuis, porte son prénom (→ **Amérique**). ✦ **ÉTYM.** *Vespucci* est le diminutif de l'italien *vespa* « guêpe » (surnom d'une personne hargneuse).

**VESTA** ✦ **ÉTYM.** forme lat. de *Hestia** ♦ Divinité italique et romaine gardienne du feu et du foyer domestique, identifiée à l'Hestia grecque (→ **Hestia**). Son culte était assuré par les *vestales*. Un petit temple circulaire, contigu à la maison des vestales, lui était consacré sur le Forum (il a été en partie remonté en 1930).

**VESTDIJK (Simon)** ♦ Écrivain néerlandais (Harlingen 1898 - Utrecht 1971). Auteur de poèmes, de nouvelles et d'essais (*L'Avenir de la religion,* 1947), il est surtout célèbre par ses nombreux romans, qui puisent leur inspiration dans les souvenirs autobiographiques (le cycle d'*Anton Wachter,* 8 vol., 1934 - 1960), l'histoire (*La Vie passionnée du Greco,* 1937 ; *L'Île au rhum,* 1940) ou les mythes antiques (*L'Apollon mutilé,* 1952).

**VESTERÅLEN** ♦ Archipel au large de la côte N.-O. de la Norvège, au N. des îles Lofoten. 50 000 hab. Pêche (hareng, morue). Îles princ. : Andøy, Hinnøy, Langøy.

**VESTRIS (Gaétan)** ♦ Danseur italien (Florence 1729 - Paris 1808). Élève de Dupré, il débuta à Paris à l'Académie royale de musique (1749) et s'imposa bientôt, par la pureté et la perfection de son style, comme le plus grand danseur de son temps dans l'interprétation des ballets de Rameau (*Les Indes galantes, Castor et Pollux, Platée, Dardanus*) et de Lully (*Alceste, Proserpine, Armide*). Après 1763, il effectua plusieurs séjours à Stuttgart où il recueillit l'enseignement de Noverre. Devenu premier danseur puis maître de ballet (1770) à l'Opéra de Paris, il y créa des ouvrages de Noverre, Monsigny, ainsi que l'*Orphée* de Gluck. En 1782, il fit ses adieux à la scène. Éminent représentant du style français de danse noble, il mérita le surnom de « dieu de la danse » que lui attribuèrent ses contemporains. ♦ **Marie Jean Augustin,** dit **Auguste Vestris** (Paris 1760 - *id.* 1842). Fils du précédent et de la danseuse Marie Allard, appelé parfois « Vestr'Allard », il fit de précoces débuts à l'Opéra (1772), aux côtés de son père. Il parut ensuite dans des ballets de Gossec (*Sabinus*), de Grétry (*Céphale et Procris*) et de Mozart (*Les Petits Riens*). Loué pour son exceptionnelle virtuosité, la vélocité de ses pirouettes, la subtilité de son sens musical, mais redouté pour les écarts de son caractère, il imposa un style de danse qui, par son caractère libéré, annonçait l'école romantique. Fêté à Londres autant qu'à Paris, il fit une longue carrière, marquée par de nombreuses créations dans des ballets de Gardel et de Noverre (*Le Jugement de Pâris, La Rosière républicaine, La Dansomanie, Paul et Virginie, L'Enfant prodigue,* où il parut sur scène pour la dernière fois, 1816). ✦ **ÉTYM.** *Vestris* vient probablement de *Silvestro* « Sylvestre ».

Gaétan **Vestris.** *Gaétan et Auguste Vestris dansant un ballet à Londres,* 1781. Victoria and Albert Museum, Londres.
*BIS/Phot. E. Tweedy © Archives Larbor*

**VÉSUBIE** n. f. ✦ **ÉTYM.** anc. *Vulpis,* puis *Visobia,* de *vis-op-ia* (*-op* pourrait être une var. de *apa* « eau ») ♦ Riv. des Alpes-Maritimes (48 km), affl. du Var ; elle arrose Saint-Martin-Vésubie. Très belles gorges.

**VÉSUVE** n. m. – en it. ***Vesuvio*** ✦ **ÉTYM.** p.-ê. de la rac. précelt. °*ves-* « montagne » ou de l'osque *fesf* « fumée, vapeur » ♦ Volcan italien (Campanie), qui s'élève à 15 km au S.-E. de Naples. L'édifice actuel est double : la Somma, sorte de crête semi-circulaire au nord (1 132 m), entoure le Grand Cône du Vésuve proprement dit (1 281 m). Elle représente une caldeira de 4 km de diamètre modelée, au cours des vingt derniers millénaires, par une demi-douzaine de grandes éruptions explosives : celle de 79, très violente, ensevelit les villes de Pompéi*, Herculanum* et Stabies*. Le Grand Cône s'est construit (ou reconstruit) entre 472, date d'une autre forte éruption, et 1139. Il a été en partie détruit en 1631 lors d'un réveil meurtrier (4 000 morts). Ensuite l'activité a été quasi continue pendant trois siècles, entrecoupée de brusques paroxysmes, notamment en 1737, 1794, 1822, 1855, 1872, 1906 et 1944. Après 1944, le volcan est rentré dans un sommeil prolongé et inquiétant. ▪ Tourisme, culture de la vigne et vin (lacryma-christi).

**VESZPRÉM** ♦ V. de Hongrie, ch.-l. de comitat, au N. du lac Balaton, au pied des monts Bakony. 62 851 hab. Cathédrale romane, palais épiscopal baroque. ▪ Centre touristique. Indus. chimique.

**Vetālapanchavimśatikā** ✦ **ÉTYM.** « les vingt-cinq contes du vampire » ♦ Recueil de nouvelles fantastiques indiennes qui connut un grand succès dans toute l'Asie et dont nombre de romanciers s'inspirèrent. Antérieurs au XIIe s., ils furent probablement réunis vers cette époque.

**VÉTHEUIL** [95510] ✦ **ÉTYM.** p.-ê. de *Vecto,* n. de pers., et du gaul. *ialo* « clairière » ♦ Comm. du Val-d'Oise, arr. de Pontoise, sur la Seine. 858 hab. *(Vétheuillais)*. Église avec chœur du XIIe et clocher du XIIIe s., nef gothique abritant de nombreuses œuvres d'art et façade Renaissance. Le village a inspiré Claude Monet.

**VETRANOVIĆ (Mavro)** ♦ Moine et poète dalmate (Raguse 1482 - *id.* 1576). Inspiré par la Renaissance italienne, il est l'auteur de poèmes lyriques, religieux et didactiques : *Le Sacrifice d'Abraham, La Chaste Suzanne, La Résurrection du Christ, Le Pèlerin.*

**VÉTRAZ-MONTHOUX** [74100] ♦ Comm. de la Haute-Savoie, arr. de Saint-Julien-en-Genevois. 5 297 hab.

**VETTERAVIE** n. f. – en all. ***Wetterau*** ♦ Région d'Allemagne (Hesse) au N.-E. de Francfort. Fossé tectonique entre le Taunus* et le Vogelsberg*, cette dépression drainée par la Nidda est fertile et ouvre un passage vers le N.

**VEUILLOT (Louis)** ♦ Journaliste catholique français (Boynes, Gâtinais 1813 - Paris 1883). Collaborateur puis rédacteur en chef de *L'Univers**, il en fit un organe puissant au service du parti ultramontain, ce qui valut au journal d'être supprimé lorsqu'il s'opposa à la politique italienne de Napoléon III (1860). Il polémiqua violemment en faveur de l'infaillibilité pontificale (promulguée en 1870). Il est l'auteur de *Rome et Lorette* (1841), *Les Odeurs de Paris* (1866), *Paris pendant les deux sièges* (1871), *Rome pendant le concile* (1872). → ÉTYM. *Veuillot* est une variante de *Veilleux* « celui qui veille, qui fait le guet la nuit ».

**VEULES-LES-ROSES** [76980] → ÉTYM. du saxon *wella* « fontaine, cours d'eau » ♦ Comm. de la Seine-Maritime, arr. de Dieppe, sur la Manche. 676 hab. *(Veulais)*. Église Saint-Martin du XVIe s., avec clocher du XIIIe s. ▪ Station balnéaire.

**VEURNE** – en fr. ***Furnes*** ♦ V. de Belgique (Région flamande), prov. de Flandre-Occidentale, ch.-l. d'arr., à la jonction des canaux de Dunkerque, Nieuport et Lo et du Bergenvaart, qui prolonge le canal de la Basse-Colme (France). 11 832 hab. Malgré les bombardements des deux guerres mondiales, la ville conserve son caractère médiéval. Anc. boucherie de 1615. Pavillon des officiers espagnols (gothique). Maison du Faucon (1624). Palais de justice (anc. châtellenie de 1613). Beffroi gothique. Hôtel de ville (1596 - 1612). Église Sainte-Walburge. Église Saint-Nicolas, du XIIIe s. (triptyque de Pieter Coecke Van Aalst, 1534). Aux environs, château de Beauvoorde (XVIe - XVIIe s.) à Wulveringem ; fermes poldériennes à bâtiments non jointifs à Vinkem. ▪ Indus. alimentaire (*babeluttes*, bonbons au sucre et au beurre). En juillet, procession des Pénitents. ▮ **Histoire** D'abord seigneurie des comtes de Flandre, la ville appartint au comte d'Artois, allié des Anglais, en 1297. Elle fit partie du département de la Lys en 1793. Capitale de la « Belgique libre » durant la Première Guerre mondiale.

La **Veuve joyeuse** – en all. ***Die lustige Witwe*** ♦ Opérette en 3 actes de Franz Lehár*, sur un livret de Victor Léon et Léo Stein d'après *L'Attaché d'ambassade* d'Henri Meilhac (Vienne, 31 déc. 1905). Film muet d'Erich von Stroheim* (1925). Stroheim s'inspira librement du livret pour brosser un tableau acerbe d'une société décadente, dominée par le vice et le libertinage. Encore a-t-il été retenu par ses producteurs de la MGM, effrayés de ses audaces. Ce fut un des plus grands succès de l'époque. Film d'Ernst Lubitsch* (1934). À l'inverse de Stroheim, Lubitsch joue en virtuose le jeu de la frivolité et du sous-entendu : tout se résout en danses et chansons. Le couple formé par Maurice Chevalier et Jeannette MacDonald y rayonne de fantaisie et de grâce.

**VEVEY** ♦ V. de Suisse (Vaud), sur le lac Léman, à 386 m d'alt. 16 954 hab. (aggl. de Vevey-Montreux, 81 484) *(Veveysans)*. Temple Saint-Martin (XIIe s.). ▪ Siège social de la société Nestlé. Centre touristique. Indus. mécanique.

**VEXIN** n. m. → ÉTYM. anc. *Pagus Veliocassinus* « pays des Véliocasses (peuple gaulois ; p.-ê. "les frisés bouclés") » ♦ Ancien pays de France, situé entre l'Oise et l'Andelle et divisé par l'Epte en Vexin normand (dép. de l'Eure) et Vexin français (Val-d'Oise et Oise). De riches cultures recouvrent le premier ; céréales, betteraves à sucre, bovins sont les ressources du second. Activités indus. et tertiaires. ▮ **Histoire** Le Vexin fut le pays des *Véliocasses*. Par le traité de Saint*-Clair-sur-Epte en 911, il fut divisé en deux parties : le *Vexin normand* (cap. : Gisors), qui fut cédé aux ducs de Normandie et n'intégra le domaine royal qu'en 1204, et le *Vexin français* qui fut réuni à la Couronne en 1080.

**VEYNE (Paul)** ♦ Historien français (Aix-en-Provence 1930). Professeur au Collège de France à partir de 1975, il est l'auteur de travaux sur l'Antiquité gréco-romaine (*Le Pain et le Cirque*, 1976 ; *Les Grecs ont-ils cru à leurs mythes ?*, 1983 ; *La Société romaine*, 1991) fondés sur une méthode sociologique et anthropologique ; il a également publié un essai épistémologique marqué par l'influence de Michel Foucault* (*Comment on écrit l'histoire*, 1971).

**VEYNES** [vɛn] [05400] → ÉTYM. à rattacher à la rac. oronym. précelt. *°ved* ♦ Ch.-l. de cant. des Hautes-Alpes, arr. de Gap, sur le Petit Buëch. 3 093 hab. *(Veynois)*. L'hôtel de ville est dans un château du XVIe s. ▪ Station d'altitude.

**VEYRE-MONTON** [63960] ♦ Ch.-l. de cant. du Puy-de-Dôme, arr. de Clermont-Ferrand. 3 443 hab. (aggl. 9 148).

**VÉZELAY** [89450] → ÉTYM. du lat. *Visellius*, n. de pers., et suff. *-acum* ou d'une rac. pré-indo-eur. *°ves* « hauteur » ♦ Ch.-l. de cant. de l'Yonne, arr. d'Avallon, situé au sommet d'une colline qui domine la vallée de la Cure. 492 hab. *(Vézéliens)*. La basilique Sainte-Marie-Madeleine (XIIe s.), église monastique, admirable spécimen de l'art roman bourguignon, a été restaurée par Viollet-le-Duc : immense nef à voûte en berceau aux arcs doubleaux noirs et blancs ; narthex du XIIe s. abritant trois portails sculptés. Hôtel de ville (XVIIe s.). Musée Zervos. ▮ **Histoire** La ville a pour origine un monastère bénédictin fondé en 860 par Girart de Roussillon. Vézelay devint dès le XIe s. un haut lieu de pèlerinage à sainte Marie-Madeleine. Saint Bernard* de Clairvaux y prêcha en 1146 la deuxième croisade. Richard Cœur de Lion et Philippe Auguste s'y donnèrent rendez-vous au départ de la troisième croisade (1190). Saint Louis se rendit à Vézelay en 1267 et 1270. La guerre de Cent Ans ruina l'abbaye.

**Vézelay.** La nef de la basilique Sainte-Marie-Madeleine. *Phot. © Dagli Orti*

**VÉZELISE** [54330] → ÉTYM. du lat. *Viselius*, n. de pers., et suff. *-ensis* ♦ Ch.-l. de cant. de la Meurthe-et-Moselle, arr. de Nancy. 1 336 hab. *(Vézelisiens)*. Église Saint-Côme-et-Saint-Damien des XVe - XVIe s. (vitraux du XVe s.). Halles du XVIe s. Anc. palais de justice (XVIe s.).

**VÉZÈRE** n. f. → ÉTYM. anc. *Viseria*, rac. hydronym. indo-eur. *°ves-*, *°vis-* (→ Vistule) ♦ Riv. du Limousin (192 km), affl. de la Dordogne. Elle prend sa source au plateau de Millevaches, traverse Treignac, Uzerche, Terrasson, Le Bugue et conflue en aval de cette ville. Centrales hydroélectriques. Ses rives abritent de très nombreux témoignages de la préhistoire, dont des grottes ornées.

**VEZIN-LE-COQUET** [35132] → ÉTYM. *Vezin*, du bas lat. *vicinia* « voisinage, proximité » ♦ Comm. de l'Ille-et-Vilaine, banlieue O. de Rennes. 4 026 hab.

**VIALA (Joseph Agricol)** ♦ Patriote français (Avignon 1780 - près d'Avignon 1793). Entré dans la garde nationale, il combattit les royalistes sur la Durance et fut tué par des coups de baïonnette.

**VIALATTE (Alexandre)** ♦ Écrivain français (Magnac-Laval 1901 - Paris 1971). Traducteur de Kafka, auteur de romans (*Battling le Ténébreux*, 1928 ; *Les Fruits du Congo*, 1951) et de nouvelles, il fut un remarquable chroniqueur de presse, abordant les sujets les plus variés avec poésie et humour, soulignant la cocasserie des situations. Ses chroniques ont été réunies en recueils (*Dernières Nouvelles de l'homme*, posth. 1977 ; *L'Almanach des quatre saisons*, posth. 1981). → ÉTYM. *Vialatte* est peut-être le nom d'un hameau, près d'Ambert (Puy-de-Dôme) [du latin *villa* « domaine »].

**VIAN (Boris)** → ÉTYM. il doit son prénom à l'amour de sa mère pour l'opéra, et spécialt pour *Boris* Godounov ; *Vian* est l'aphérèse de *Vivian*, var. méridionale de *Vivien* ♦ Écrivain français (Ville-d'Avray 1920 - Paris 1959). La multiplicité des activités de Boris Vian, son acharnement à explorer, pendant une existence que probablement il prévoyait brève, les domaines les plus divers, de la musique de jazz à la mécanique automobile en passant par la littérature de science-fiction, la revue *Les Temps* modernes* ou les *Cahiers du Collège de 'Pataphysique*, font qu'il se prête difficilement à une tentative de classement. Centralien, entré comme ingénieur en 1942 à l'Association française de normalisation, il consacra ses loisirs à la littérature et à la musique : il apprit à jouer de la trompette, entra dans l'orchestre de Claude Abadie et écrivit dans le même temps diverses œuvrettes : *Trouble dans les Andains* (posth. 1966), *Cent Sonnets* (posth. 1984). En 1946, il publiait sous le pseudonyme de

Boris **Vian**, en 1947.
*BIS/Phot. © Archives Larbor*

Vernon Sullivan un pastiche scandaleux des «romans noirs» américains, *J'irai cracher sur vos tombes.* Un procès assez retentissant contribua à répandre autour de Vian une légende de médiocre auteur de romans à scandale, que lui-même accrédita en faisant paraître d'autres «Vernon Sullivan» (*Et on tuera tous les affreux,* 1948). En même temps, Vian publiait sous son nom *Vercoquin et le Plancton* (1946) et surtout *L'Écume des jours* (1947), *L'Automne à Pékin* (1947), *Les Fourmis* (1949), *L'Herbe rouge* (1950), *L'Arrache-Cœur* (1953). *L'Écume des jours* développe déjà les thèmes essentiels de Vian, ces fantasmes angoissés de maladie et de dégradation, cette sourde protestation contre l'absurdité de la mort, qui formeront la toile de fond de son œuvre ultérieure, qu'il s'agisse de ses romans, de ses recueils de poèmes (*Cantilènes en gelée,* 1950 ; *Je voudrais pas crever,* 1959) ou de ses pièces de théâtre (*L'Équarrissage pour tous,* 1950 ; *Le Goûter des généraux,* 1950 ; *Les Bâtisseurs d'empire,* 1959). Parallèlement à son activité littéraire, Vian collaborait comme critique musical à diverses revues, se produisait comme trompettiste, puis comme chanteur, dans les cabarets parisiens, jouait dans plusieurs films et travaillait comme directeur artistique dans une importante firme de disques. La mort le surprit à trente-neuf ans, alors qu'il terminait le livret d'un opéra, *Le Mercenaire.* Figure marquante de la littérature de l'après-guerre, Boris Vian rencontra dans les années 1970 une très forte audience, particulièrement auprès du jeune public.

**VIANDEN** ♦ V. du Luxembourg, ch.-l. de cant., dans un site pittoresque, sur l'Our. 1 511 hab. Château médiéval restauré, qui appartint aux Orange-Nassau. Maison de Victor Hugo, qui y séjourna en exil. ▪ Important centre touristique. Aux environs, centrale hydroélectrique sur l'Our.

**VIARDOT-GARCÍA (Pauline)** ♦ Cantatrice française (Paris 1821 - *id.* 1910), sœur de la Malibran* et femme de Louis Viardot, directeur du Théâtre-Italien de Paris. Contralto, elle fit une brillante carrière en Europe. Elle créa à Paris, en 1849, la Fidès du *Prophète* de Meyerbeer et la Sapho de Gounod et triompha en 1859 dans l'*Orphée* de Gluck. Elle enseigna au Conservatoire de 1871 à 1875. Amie de G. Sand, elle fut très liée avec Tourgueniev*.

**VIAREGGIO** ♦ V. d'Italie, en Toscane (prov. de Lucques). 61 103 hab. Aux environs, villa et tombeau de Puccini. ▪ Station balnéaire, sur la mer Tyrrhénienne. Port de pêche. Travail du bois.

**VIARMES** [95270] ♦ Ch.-l. de cant. du Val-d'Oise, arr. de Sarcelles. 4 681 hab. (aggl. 8 209) *(Viarmois).* Église (XII$^e$ - XVI$^e$ s., restaurée). Anc. château du XVIII$^e$ s. abritant la mairie.

**VIAS** [34450] ➝ ÉTYM. anc. *villa Aviatis,* p.-ê. de *Avius,* n. de pers., et suff. prélatin *-ate* ♦ Comm. de l'Hérault, arr. de Béziers, sur le canal du Midi. 4 354 hab. Viticulture.

**VIATKA** n. f. ♦ Riv. de Russie (1 314 km). Née dans les collines de l'Oudmourtie, elle arrose la région de Kirov et conflue avec la Kama* (rive d.) en aval de Mamadych, dans la république du Tatarstan. Navigable en avr.-nov. jusqu'à sa confluence avec la Kama. Princ. ports : Kirov (anc. Viatka), Kotelnitch, Sovietsk.

**VIAU (Théophile DE)** dit parfois **Théophile** ♦ Poète français (Clairac 1590 - Paris 1626). D'éducation protestante, il évolua, sous l'influence de Vanini*, vers un libertinage d'esprit et de mœurs qui lui valurent le bannissement pour impiété, puis la condamnation au bûcher (1623), auquel il échappa. Ses *Œuvres* (publiées en 1621 et augmentées en 1622, 1623 et 1626) comprennent deux pièces de théâtre (dont le drame «flamboyant», élégamment exprimé, de *Pyrame et Thisbé*), des pièces satiriques, parfois licencieuses, des sonnets et des élégies au ton précieux, enfin des odes personnelles *(La Solitude)* où s'exprime avec éloquence son naturalisme épicurien. ▪ S'opposant à Malherbe* par son dédain des règles classiques, Th. de Viau s'abandonne à ses sentiments élégiaques devant la nature, décrite avec sensibilité en des poèmes mélodieux qui lui assurèrent un grand succès au XVII$^e$ s. Réhabilité par les romantiques, admiré par Mallarmé, il apparaît aujourd'hui comme le poète le plus moderne de cette période. ➝ ÉTYM. *Viau* vient du latin *vitalis* «qui concerne la vie».

**VIAUD (Gaston)** ♦ Naturaliste et psychologue français (Nantes 1899 - Strasbourg 1961). Spécialisé en psychophysiologie, il a surtout étudié les comportements élémentaires de certains animaux (tropismes). Il a publié *L'Intelligence, son évolution et ses formes* (1946), *Les Tropismes* (1951), *Les Instincts* (1959) et un *Traité de psychophysiologie* (en collaboration avec C. Kayser et M. Klein). ➝ ÉTYM. *Viaud* a la même étymologie que *Viau**.

**VIAUR** n. m. ♦ Riv. du Massif central (155 km) qui se jette dans l'Aveyron à Laguépie. Entre Albi et Rodez, il est enjambé par le *viaduc du Viaur,* pont ferroviaire métallique de 120 m de hauteur.

**VIAZEMSKI (Petr Andreïevitch)** ♦ Poète russe (Moscou 1792 - Baden-Baden 1878). Très lié avec Pouchkine*, il fut aussi membre de l'Arzamas*. Il travailla au ministère des Finances (1830 - 1855) et fut à la tête de la censure. Auteur de poèmes légers et d'épigrammes, il fut plus célèbre comme critique. Dans son *Vieux Livre de notes* (1813 - 1848), il rassembla ses souvenirs sur les milieux littéraires de l'époque. Dès 1863, il vécut à l'étranger.

**VIBORG** ♦ V. du Danemark, ch.-l. du Jutland central, sur le *lac de Viborg.* 34 114 hab. Cathédrale Notre-Dame (crypte romane, XII$^e$ s.). ▪ Brasseries, textiles, mécanique, meubles. ▌**Histoire** Dès le XI$^e$ s., Viborg fut une résidence épiscopale et vit couronner les rois de Danemark jusqu'en 1340. Lors de la Réforme, ce fut la première ville convertie (1525).

**VIBORG** (Russie) → **Vyborg**

Le **Vicaire de Wakefield** – en angl. ***The Vicar of Wakefield*** ♦ Roman d'Oliver Goldsmith* (1766). Les malheurs s'abattent sur le doux et vertueux révérend docteur Primrose et sur sa famille, mais il les endure avec une résignation exemplaire. Finalement, la roue du destin tourne et lui ramène le bonheur. Goldsmith voulait faire de ce roman une satire de l'optimisme : pris au piège de son histoire, il a composé l'archétype du roman sentimental anglais du XVIII$^e$ s., qui ne va pas sans humour mais se montre incapable d'ironie véritable.

**VICAT (Louis)** ♦ Ingénieur français (Nevers 1786 - Grenoble 1861). Spécialiste des matériaux de construction, il découvrit et expliqua l'influence de l'argile sur le comportement des chaux hydrauliques naturelles (1817), ce qui fait de lui l'inventeur des ciments (il réalisa le pont de Souillac sur la Dordogne, en 1822).

**VICDESSOS** [vikdesos] n. m. ♦ Riv. de France (37 km) qui se jette dans l'Ariège. Centrales hydroélectriques à Auzat, Sabart, Pradières.

**VIC-EN-BIGORRE** [65500] ➝ ÉTYM. du lat. *vicus* «village» ♦ Ch.-l. de cant. des Hautes-Pyrénées, arr. de Tarbes. 4 788 hab. *(Vicquois).* Marché.

**VICENCE** – en it. ***Vicenza*** ♦ V. d'Italie, en Vénétie, ch.-l. de prov., entre les monts Lessini et Berici. 107 223 hab. Cathédrale gothique ; église de la Sainte-Couronne (XIII$^e$ s.) abritant des œuvres de Bellini et Véronèse. C'est toutefois à l'architecte padouan Palladio que Vicence, où il vécut, doit ses plus intéressants monuments (XVI$^e$ s.) inspirés de l'antique : nombreux palais (dont le palais Chiericati, auj. pinacothèque riche en œuvres vénitiennes) ; *Basilica palladiana,* bâtiment communal aux arcades superposées ; Loggia del Capitanio, inachevée ; théâtre Olympique en bois et stucs (1580) et villas élevées dans la campagne environnante (→ **Palladio**). ▪ Aux environs, basilique baroque de Monte Berico (*pietà* de Mantegna). Villa Rotonda. ▪ Nœud ferroviaire et centre indus. Indus. mécaniques, électriques et alimentaires (pâtes). Tourisme. ▌**Histoire** La cité fut annexée par Vérone en 1311 puis par Venise. Son école de peinture fut célèbre au XVI$^e$ s. avec des maîtres comme Benedetto Montagna, Giovanni Speranza et Giovanni Buonconsiglio ; mais elle demeure avant tout la ville de Palladio, qui lui a donné sa physionomie.

**VICENTE (Gil)** ♦ Poète dramatique portugais (Guimarães v. 1470 - Evora v. 1537). Réunissant la synthèse de l'esprit médiéval et du génie de la Renaissance, auteur d'un des premiers *autos sacramentales* représentés *(Auto de San Martinho),* il est considéré comme le véritable créateur du théâtre national portugais, pour la nouveauté et la diversité d'une œuvre dont le contenu est tantôt spécifiquement religieux, l'*Acte de la sibylle Cassandre* (1503), tantôt comique et profane, *La Comédie du veuf* (1514), tantôt satirique *(La Trilogie des barques),* vaste fresque où l'inspiration dantesque se conjugue avec un puissant réalisme. Composé soit en portugais, soit en espagnol, son théâtre se propose comme le témoignage d'un humaniste et d'un poète populaire sur la société de son temps.

**VIC-FEZENSAC** [32190] ♦ Ch.-l. de cant. du Gers, arr. d'Auch, sur l'Osse. 3 614 hab. *(Vicois).* Église gothique, restaurée au XVII$^e$ s. Église Saint-Pierre romane, fortifiée au XV$^e$ s. (fonts baptismaux du XVIII$^e$ s.). ▪ Indus. alimentaires, eau-de-vie d'Armagnac. Matières plastiques.

**VICHNIEVSKI (Vsevolod Vitalievitch)** ♦ Auteur dramatique soviétique (Saint-Pétersbourg 1900 - Moscou 1951). Son œuvre principale, *La*

*Tragédie optimiste* (1933), évocation héroïque d'un combat à bord d'un navire de guerre, est l'une des plus significatives du théâtre soviétique.

**VICHY** [03200] ➝ ÉTYM. p.-ê. du lat. *Vicarius*, n. de pers. ♦ Ch.-l. d'arr. de l'Allier, sur l'Allier. 26 528 hab. (aggl. 60 188) *(Vichyssois)*. Pavillon Sévigné du XVII^e s. Anc. maison du bailliage ou Chastel Franc du XVI^e s. Musée. Établissements thermaux, casino et galeries de la fin du XIX^e s. ▪ Importante station hydrominérale. Indus. cosmétique. Plasturgie. Confiserie. Tourisme lié au thermalisme. Sports nautiques (plan d'eau de 100 ha). Commerce. ▮ **Histoire** Les eaux en étaient déjà utilisées par les Romains. Au XVII^e s., Vichy était une ville d'eaux fréquentée et M^me de Sévigné y résida. En 1853 fut créée la *Compagnie fermière de Vichy* ; la station fut très en vogue au XIX^e s. et Napoléon III y fit plusieurs cures. ▪ Du 10 juil. 1940 au 20 août 1944, le maréchal Pétain* installa à Vichy le gouvernement de l'État français (➝ **Vichy [gouvernement de]**).

**Vichy** (gouvernement de) ♦ Nom donné au pouvoir exécutif de l'État* français installé à Vichy* du 10 juil. 1940 au mois d'août 1944. Après la signature de l'armistice (Rethondes*, 22 juin 1940), la majorité des parlementaires vota, le 10 juil., les pleins pouvoirs au maréchal Pétain* pour promulguer une nouvelle Constitution de l'État* français (Constitution qui ne vit jamais le jour). S'investissant, le lendemain, de la totalité du pouvoir législatif et exécutif par trois «actes constitutionnels», Pétain, qui choisit P. Laval* comme vice-président et successeur (Acte constitutionnel n° 4 du 23 juil. 1940), lança sa campagne pour la «Révolution nationale» qui, avec la devise «Travail, Famille, Patrie», exprimait les principes nationalistes les plus conservateurs et réactionnaires. Plusieurs mesures d'exception furent immédiatement adoptées : dissolution des sociétés secrètes, statut spécial pour les Juifs français, suppression des centrales patronales et syndicales, internements administratifs, poursuites judiciaires contre plusieurs personnalités politiques et militaires de la III^e République (procès de Riom*). L'arrestation de Laval (déc. 1940), organisateur de l'entrevue Hitler-Pétain à Montoire* (24 oct. 1940), aurait pu laisser espérer la possibilité d'une résistance vichyste à l'Allemagne nazie ; mais la politique de collaboration* reprit avec Darlan* à propos de la question d'Orient (accords Darlan-Warlimont). Après le retour de Laval dans le gouvernement de Vichy (avr. 1942) et l'occupation de la zone sud de la France (nov. 1942), la politique de collaboration et de discrimination ne fit que s'intensifier ; ainsi les Juifs furent-ils victimes, à partir de 1942, de rafles et de déportations massives. Dès 1941, avait été créée la Légion des volontaires français (pour lutter aux côtés des troupes hitlériennes contre le bolchevisme) ; ultérieurement, fut constituée la Milice* française de Darnand* (janv. 1943) et institué le Service du travail obligatoire (févr. 1943), tandis que Vichy menait la lutte contre la Résistance*. Après l'effondrement de la Wehrmacht (été 1944), le gouvernement de Vichy gagna Belfort (où Brinon* tenta de former une Commission gouvernementale) et Sigmaringen.

**Vichy.** Le gouvernement de Vichy en 1940. *Phot. © Keystone*

**VICKREY (William)** ♦ Économiste canadien (Victoria, Colombie-Britannique 1914 - 1996). Dans le cadre de travaux sur la redistribution des revenus, il s'intéressa au mécanisme des enchères. Il étudia ainsi la question des asymétries d'information (le vendeur ignorant les paramètres essentiels de l'échange), apportant ainsi une contribution fondamentale à la théorie des incitations. [Prix Nobel de sc. écon. 1996 avec J. Mirrlees]

**VICKSBURG** ♦ V. des États-Unis (Mississippi), sur le Mississippi. 26 407 hab. Port fluvial. Métall. Indus. chimiques et indus. du coton. ▮ **Histoire** Fondée sur l'emplacement d'un fort en 1819, la ville fut attaquée et prise durant la guerre de Sécession par le général Grant. Rude coup porté aux Sudistes, la prise de la ville ouvrit tout le Mississippi aux Nordistes.

**VIC-LE-COMTE** [63270] ♦ Ch.-l. de cant. du Puy-de-Dôme, arr. de Clermont-Ferrand. 4 404 hab. *(Vicomtois)*. Église du XIX^e s. dont le chœur est une sainte chapelle du XVI^e s. (retable et vitraux). Église romane Saint-Jean remaniée (fresques des XIII^e et XIV^e s.). ▪ Papeterie.

**VICO (Giambattista)** ♦ Historien, juriste et philosophe italien (Naples 1668 - *id.* 1744). Il fut précepteur dans une famille noble, puis professeur de rhétorique à l'université de Naples. Son ouvrage *Principi di una scienza nuova d'intorno alla comune natura delle nazioni* (1725) fut traduit en français par Michelet*, qui subit fortement l'influence de Vico (*Principes de la philosophie de l'histoire*, 1835). Critiquant le rationalisme cartésien, Vico utilisa une méthode comparative, s'appuyant sur la philologie, pour étudier la formation, le développement et la décadence des nations qui, selon lui, passent toutes par trois phases successives : âge des dieux, des héros et des hommes (pour chacune de ces phases, on peut mettre en parallèle le mode de gouvernement, le système juridique et le langage). C'est donc une conception cyclique de l'histoire que formule Vico (théorie des «corsi e ricorsi»). Malgré des erreurs de fait, il est considéré comme le précurseur de l'historiographie et de la philosophie de l'histoire. ➝ ÉTYM. *Vico* est un nom de lieu fréquent en Italie, du latin *vicus* «village» ou est l'hypocoristique de *Ludovico*.

**VICO** [20160] ➝ ÉTYM. du lat. *vicus* «village» ♦ Ch.-l. de cant. de la Corse-du-Sud, arr. d'Ajaccio. 898 hab. *(Vicolais)*. Couvent Saint-François fondé en 1481. ▪ Lieu de villégiature.

**VICQ D'AZYR (Félix)** ♦ Médecin français (Valognes 1748 - Paris 1794). Il fonda, avec Joseph-Marie de Lassone, la Société royale de médecine (1776). Il est essentiellement connu par ses travaux d'anatomie comparée (*Traité d'anatomie comparée et de physiologie*, 1786 ; *Système anatomique des quadrupèdes*, 1792) et ceux concernant les épidémies ; ses œuvres complètes parurent en 1805. [Acad. sc. 1774 ; Acad. fr. 1788]

**VIC-SUR-CÈRE** [15800] ♦ Ch.-l. de cant. du Cantal, arr. d'Aurillac, sur la Cère. 1 890 hab. *(Vicois)*. Source minérale.

**VICTOR I^er** (saint) ➝ ÉTYM. du lat. *victor* «vainqueur» ♦ 14^e pape (189 - 199). Africain. Martyr. Pour régler la querelle pascale, il menaça d'excommunier les quartodécimans, mais une lettre de saint Irénée* l'incita à la modération. ▪ Fête le 28 juil.

**VICTOR II [Gebhard,** des comtes **DE DOLLNSTEIN-HIRSCHBERG]** ♦ (mort à Arezzo en 1057). 151^e pape (1055 - 1057). Souabe. Désigné par l'empereur Henri III, il gouverna l'empire après sa mort au nom du jeune Henri IV.

**VICTOR III** (saint) **[Desiderius** ou **Didier Épifani]** ♦ (Bénévent v. 1027 - Mont-Cassin 1087). 156^e pape, élu en 1086, intronisé seulement le 9 mai 1087, mort quatre mois plus tard après avoir renouvelé l'excommunication de Grégoire* VII contre Henri* IV. Il avait été abbé du Mont-Cassin (1058), où il avait effectué de grands travaux. ▪ Fête le 16 sept.

**VICTOR IV [Gregorio CONTI]** ♦ (mort apr. 1140). Antipape pendant deux mois en 1138. Élu à l'instigation de Roger* II de Sicile pour succéder à l'antipape Anaclet* II, il se soumit, sans doute après intervention de saint Bernard* de Clairvaux.

**VICTOR IV** ou **V [Ottaviano DE MONTICELLO]** ♦ (Tivoli 1095 - Lucques 1164). Antipape de 1159 à sa mort, contre Alexandre* III qu'il anathématisa au concile de Pavie (1160). Il était soutenu par Frédéric* Barberousse.

**VICTOR (Claude PERRIN, dit),** duc **DE BELLUNE** ♦ Maréchal de France (Lamarche, Vosges 1764 - Paris 1841). Volontaire au bataillon de la Drôme en 1792, il se signala dans l'armée des Alpes et fut nommé général de brigade au siège de Toulon (1793). Il participa à la campagne d'Italie et joua un rôle important à Marengo (1800). Il fut ambassadeur au Danemark (1805), se distingua à la victoire de Friedland (1807) et fut nommé maréchal puis duc de Bellune (1808). Il servit brillamment en Espagne, puis en Russie où il protégea le passage de la Bérésina (1812). Il participa à la campagne de France et s'illustra à La Rothière, à Mormant et à Montereau (1814). Après la Restauration, il se rallia aux Bourbons et vota la mort de Ney. Ministre de la Guerre (1821 - 1823), il organisa l'expédition d'Espagne, puis fut ministre d'État et membre du Conseil supérieur de la guerre (1823) avant de se rallier au régime de Louis-Philippe.

**VICTOR (Paul-Émile)** ♦ Explorateur français (Genève 1907 - Bora-Bora 1995). Ingénieur, officier de marine et ethnologue formé à l'école de M. Mauss, il explora les régions polaires, séjournant chez les Eskimos d'Angmassalik (côte E. du Groenland, 1934 - 1935, 1936 - 1937) et en Laponie (1939). Après la Deuxième Guerre mondiale, il créa les Expéditions polaires françaises et organisa des expéditions au Groenland et en terre Adélie. Il est l'auteur de nombreux ouvrages, récits (*Banquise*, 1939), souvenirs (*La Mansarde*, 1981 ; *L'Iglou*, 1987), traduction de *Poèmes eskimos* (1951), travaux ethnographiques (*La Civilisation du phoque : jeux, gestes et techniques des Eskimos d'Ammassalik*, 1989).

**VICTOR-AMÉDÉE I^er** ♦ (Turin 1587 - Verceil 1637). Duc de Savoie (1630 - 1637). Il succéda à son père Charles*-Emmanuel I^er. Marié à Christine* de France, sœur de Louis* XIII, il n'en fit pas moins la guerre à celui-ci et obtint, contre Pignerol, une partie du Montferrat. Il prit ensuite la tête des troupes françaises en Italie contre l'Espagne.

**VICTOR-AMÉDÉE II** ♦ (Turin 1666 - Rivoli 1732). Duc de Savoie (1675 - 1730), roi de Sicile (1713 - 1718) puis de Sardaigne (1718 - 1730). Il écarta rapidement sa mère du pouvoir et commença une série de revirements dont il allait tirer de grands avantages. Marié à la nièce de Louis XIV, Anne-Marie d'Orléans, il entra en 1690 dans l'alliance opposée à la France. Après Staffarde* et La Marsaille* (1693), il changea de camp, non sans bénéfice (traité de Turin, 1696), et maria sa fille au duc de Bourgogne. Il se rangea de nouveau aux côtés des Impériaux en 1703, profita des victoires du Prince Eugène*, puis resta dans la neutralité. Le traité d'Utrecht (1713) lui fut très favorable : il obtint une partie du Milanais et la Sicile, qu'il dut échanger ensuite contre la Sardaigne. Ayant abdiqué en faveur de son fils (1730), il fut emprisonné à la suite d'une tentative de reprise du pouvoir.

**VICTOR-AMÉDÉE III** ♦ (Turin 1726 - Moncalieri 1796). Roi de Sardaigne (1773 - 1796). Il succéda à son père Charles*-Emmanuel III dont il poursuivit l'œuvre réformatrice, réorganisant totalement l'armée sur le modèle prussien. Beau-père du comte d'Artois et du comte de Provence, il perdit Nice et la Savoie dans sa lutte contre la Révolution française (Cherasco*, 1796).

**VICTOR-EMMANUEL I^er^** ♦ (Turin 1759 - Moncalieri 1824). Roi de Sardaigne (1802 - 1821). Fils de Victor*-Amédée III, il succéda à son frère Charles-Emmanuel IV. Il combattit la Révolution française et, refusant la paix, se réfugia en Italie du Sud, puis en Sardaigne. En 1815, il reprit possession de ses États, agrandis de Gênes, mais sa politique réactionnaire provoqua des insurrections (encouragées par les carbonari) et il dut abdiquer en faveur de son frère Charles*-Félix.

**VICTOR-EMMANUEL II** ♦ (Turin 1820 - Rome 1878). Roi de Sardaigne (1849 - 1861) puis d'Italie (1861 - 1878). Il accéda au pouvoir au lendemain de la défaite de Novare, à la suite de l'abdication de son père Charles*-Albert. La guerre lui avait permis de montrer son courage ; sa fermeté face aux Autrichiens et son refus d'abroger la Constitution libérale accordée par Charles-Albert lui valurent le surnom de *re galantuomo*, «roi gentilhomme», et la place de défenseur attitré des libertés italiennes. Souvent en désaccord avec la politique intérieure radicale de son Premier ministre Cavour*, il soutint toujours sa politique étrangère qui devait conduire à l'unification de l'Italie **(→ Italie)**, bien que la perte de Nice et de la Savoie lui ait été très pénible ; en mars 1861, il était proclamé roi d'Italie et son royaume comprenait, outre le Piémont, la Lombardie (acquise en 1859), la Romagne, Parme, Modène et la Toscane (acquises en 1860), les Deux-Siciles, la Marche et l'Ombrie (acquises en 1861 à la suite de l'expédition de Garibaldi*). La mort de Cavour laissa en suspens le problème de la Vénétie et celui de Rome. Le roi en obtint la possession respectivement en 1866 et en 1870. Il essaya ensuite de parvenir à un accord avec la papauté.

**VICTOR-EMMANUEL III** ♦ (Naples 1869 - Alexandrie, Égypte 1947). Roi d'Italie (1900 - 1946). Fils d'Humbert* I^er^. Restant dans les limites de la monarchie constitutionnelle, il joua un rôle politique effacé, mais facilita l'arrivée de Mussolini* au pouvoir en refusant de proclamer l'état de siège et en le chargeant de former le gouvernement (1922). Sous le régime fasciste, il n'eut plus aucun rôle politique, mais fut nommé empereur d'Éthiopie (1936) et roi d'Albanie (1939). Ayant fomenté un complot contre Mussolini, qui aboutit, avec l'accord du Grand Conseil fasciste, à l'arrestation de celui-ci le 25 juil. 1943, Victor-Emmanuel dut, devant l'intervention allemande, se mettre sous la protection des Alliés (sept. 1943). Mais, compromis par quinze années d'entente avec le fascisme, il abdiqua en faveur de son fils Humbert* II (9 mai 1946) et s'exila.

**VICTORIA (Tomás Luis DE)** ♦ Compositeur espagnol (Ávila v. 1549 - Madrid 1611). Sa vie est mal connue. Il fit ses études au collège germanique de Rome (1565 - 1569), ville où il devait effectuer de nombreux séjours avant de se fixer définitivement à Madrid (1596). Chanteur et organiste à Santa Maria di Monserrato où il succéda à Palestrina*, il fut ordonné prêtre (1575) puis nommé chapelain de San Girolamo della Carità (1578 - 1585). Revenu en Espagne, il occupa jusqu'en 1607 les fonctions de chanteur puis d'organiste au couvent des «Royales-Déchaussées» où sa protectrice, l'impératrice Marie, sœur de Philippe II, avait fait retraite. On ne sait rien de ses dernières années. Ami de saint Philippe Neri, il connut probablement dans sa jeunesse sainte Thérèse d'Ávila. Son œuvre, tout imprégnée de pensée mystique, est le reflet de sa croyance, austère et détachée de la gloire du monde. Elle a subi sans doute l'influence de Palestrina mais elle s'en distingue par un lyrisme grave et une intériorité proprement espagnols. La science du contrepoint dont elle témoigne y est toujours subordonnée à un profond souci de clarté et de vérité dans l'expression qui caractérise le chant liturgique. Elle illustre toutes les formes de la musique religieuse : messes à 4 et 12 voix, motets à 4 et 8 voix, hymnes, psaumes, cantiques, litanies, antiennes, magnificat, cantiones sacrae. Il s'en détache deux compositions d'une exceptionnelle qualité : un *Office pour les défunts* et un *Office pour la Semaine sainte*.

**VICTORIA** ♦ (Kensington Palace, Londres 1819 - Osborne, île de Wight 1901). Reine de Grande-Bretagne et d'Irlande (1837 - 1901), impératrice des Indes (1876 - 1901). Petite-fille de George* III, elle monta sur le trône à dix-huit ans quand son oncle Guillaume IV mourut sans enfants. À cette occasion, le Hanovre se détacha de la Couronne d'Angleterre, sa succession obéissant à la loi salique. Victoria fut initiée à la vie politique par Melbourne*. Son mari, Albert* de Saxe-Cobourg, épousé en 1840 et élevé à la dignité de prince consort en 1857, eut une grande influence sur sa conduite ; Victoria suivit régulièrement les affaires et, malgré son caractère autoritaire, se plia aux règles constitutionnelles, jouant un rôle dans la composition des ministères, et surtout en politique étrangère. Si elle apporta son soutien à Melbourne, Peel* et Disraeli*, Palmerston* et Gladstone*, au contraire, eurent à souffrir de son hostilité. Ses neuf enfants devaient se marier à toutes les familles régnantes d'Europe. La mort d'Albert fit d'elle une veuve inconsolable. Il fallut l'habileté de Disraeli (il la fit impératrice des Indes) pour la faire sortir d'une retraite qui commençait à ébranler sa popularité. Elle la reconquit bientôt, et son jubilé de diamant (1897) fut un triomphe, l'Angleterre «victorienne», orgueilleuse, puritaine et conventionnelle se reconnaissant en elle. Son rôle effectif dans la vie politique du pays a pu être discuté, mais son long règne restaura le prestige de la Couronne et il coïncida avec l'apogée de la puissance mondiale de la Grande-Bretagne. Son fils Édouard* (VII) lui succéda.

**VICTORIA** (lac) ou **VICTORIA NYANZA** ➝ ÉTYM. langue locale «étendue d'eau» ♦ Lac d'Afrique orientale, le plus important du continent par sa superficie (68 100 km²), qui alimente le Nil*. Le lac reçoit les eaux de la Kagera* et de nombreuses autres rivières. Climat chaud et humide sur ses rives. Pêche. Il est partagé entre l'Ouganda, le Kenya et la Tanzanie. Kisumu, au fond d'une baie profonde sur la rive orientale, est le terminus du train de Nairobi. Il fut découvert en 1858 par J. Speke.

**VICTORIA** (chutes) ou **MOSI-OA-TUNYA** ➝ ÉTYM. «la fumée qui tonne» ♦ Chutes du Zambèze* sur la frontière du Zimbabwe et de la Zambie. Le Zambèze y plonge d'une hauteur de 108 m dans une gorge de 75 m de largeur. ▪ Tourisme.

**VICTORIA** (terre) ♦ Région de l'Antarctique oriental, avec une chaîne de montagnes côtières (mont Minto, 4 165 m), bordant la mer de Ross. Découverte par sir J. Ross*.

**VICTORIA** (île) ➝ ÉTYM. du n. de la reine *Victoria* ♦ Île de l'Arctique canadien (Territoires du Nord-Ouest, district de Franklin) située au N. du cercle polaire arctique et à l'E. de l'île de Banks. 217 290 km².

**VICTORIA (GRAND DÉSERT)** – en angl. ***Great Victoria Desert*** ♦ Étendue désertique du S.-O. de l'Australie, au S. des monts Musgrave. Elle s'étend sur une partie de l'Australie-Occidentale et de l'Australie-Méridionale.

**VICTORIA** ➝ ÉTYM. du n. de la reine *Victoria** ♦ État d'Australie, formant un triangle à l'extrémité S.-E. du continent, séparé de la Nouvelle-Galles du Sud en partie par le cours du Murray* jusqu'à l'Australie-Méridionale à l'O., baigné par l'océan Indien et le détroit de Bass. 227 618 km². 5 128 310 hab. (densité de population la plus élevée de la fédération). CAP. : Melbourne. ▮ **Géographie** C'est une des régions les plus accidentées d'Australie, au relief varié. Les hautes terres de l'extrémité méridionale de la Cordillère* australienne reçoivent régulièrement de la neige en hiver (nombreux fl. côtiers). Les plaines de l'O. rejoignent le bassin du Murray et sont irriguées par les affluents de gauche du fleuve. Elles peuvent être soumises à de désastreuses sécheresses, caractéristiques de l'été victorien. Le climat est tempéré, mais sec, et l'irrigation est indispensable à l'agriculture (aménagement du Murray et de ses affl.). ▮ **Économie** Dans l'O. du Victoria, les cultures sont variées, susceptibles d'être étendues par l'aménagement des Snowy* Mountains. Blé (jachère), pâturages, avoine (surtout pour le bétail), orge, un peu de tabac et de lin. Les zones irriguées sont vouées à la culture des fruits (pêches, abricots, pommes, poires), des vignobles, de nombreux légumes. Plantations d'eucalyptus et de bois tendre (pins). L'État de Victoria est le 2^e^ producteur de laine de l'Australie, le 1^er^ pour

Chutes **Victoria.** *Phot. © Charles Lénars*

la viande d'agneau et de mouton et pour l'élevage laitier (40 % du lait et des produits laitiers australiens). Les industries manufacturières sont en grande partie agricoles : indus. du bois, meunerie, beurrerie, textile (tissage de la laine). Confection, bonneterie. Chaussures. Cimenterie, briqueterie. Le minerai essentiel fut l'or dont l'extraction a cessé en 1960 (→ **Ballarat, Bendigo**), mais le charbon est en pleine expansion. Les réserves sont énormes, le plus grand gisement se situe dans la vallée du Latrobe, d'autres petits bassins se trouvent à l'O. de Melbourne. Gaz naturel et pétrole dans le détroit de Bass*. Centrale électrique. ▮ **Histoire** La colonisation commença en 1834. D'abord inclus dans la Nouvelle-Galles du Sud, le Victoria devint colonie séparée en 1851, période de la ruée vers l'or. Autonome en 1855, l'État entra dans la fédération du Commonwealth australien en 1901.

**VICTORIA** → **ÉTYM.** du n. de la reine *Victoria* ♦ V. du Canada, cap. de la Colombie-Britannique. 78 057 hab. (zone urbaine 330 088). Ville administrative et résidentielle ; centre intellectuel (Victoria University, observatoire d'astrophysique). Indus. du bois ; construc. navales. Port actif. Terminus de lignes de ch. de fer. Aéroport international. ▮ **Histoire** Poste de commerce des fourrures fondé en 1843, la ville devint capitale de la colonie de l'île de Vancouver en 1849, puis de la Colombie-Britannique en 1868.

**VICTORIA** ♦ V. principale de l'île de Hong* Kong, sur le *Victoria Harbour*. 981 714 hab.

**VICTORIAVILLE** ♦ V. du Canada (Québec), sur la riv. Nicolet. 40 486 hab. (aggl. 48 893). Indus. laitière. Fabriques de meubles ; confection.

**VIDA (Marco Girolamo)** ♦ Prélat et humaniste italien (Crémone 1485 - Alba, Piémont 1566). Son talent de poète latin lui valut la faveur de Léon X, puis celle de Clément VI qui lui conféra l'évêché d'Albe (Montferrat). Il participa au concile de Trente et exposa les principes de la Contre-Réforme dans son ouvrage en prose latine, *Constitutiones synodales* (1550) ; on lui doit également un traité de prose cicéronienne, le *De reipublicae dignitate* (1556). Poète latin d'une élégance recherchée, il composa des ouvrages sur des sujets très variés, tels que *Le Ver à soie* (1537), *Le Jeu d'échecs* (1527), *L'Art poétique* (1527). Son œuvre principale reste *La Christiade*, en hexamètres latins (*Christias*, 6 chants, 1535), singulière par le mélange constant des souvenirs mythologiques et des références chrétiennes, mais qui inspira Milton* dans son *Paradis perdu*, et Klopstock.

**VIDAL DE LA BLACHE (Paul)** ♦ Géographe français (Pézenas 1845 - Tamaris, Var 1918). Fondateur des *Annales de géographie* (1891) et de l'école française de géographie, il a accordé une importance particulière aux monographies régionales, tout en insistant sur le problème des relations de la géographie physique avec la géographie humaine. Il a donné un *Tableau de la géographie de la France* (introduction à l'*Histoire de France* de Lavisse) et un ouvrage sur les *Principes de géographie humaine* (inachevé). Sous sa direction, puis celle de Gallois*, fut rédigée la *Géographie* universelle* (publ. 1927 - 1948) à laquelle collaborèrent de nombreux géographes (Baulig*, Blanchard*, Demangeon*, Martonne*, Sorre*).

**VIDAL-NAQUET (Pierre)** ♦ Historien français (Paris 1930 - Nice 2006). Touché personnellement par la Shoah (ses parents moururent en déportation), il mit sa méthode d'historien au service de son engagement politique. Spécialiste de la Grèce antique (*Mythe et tragédie en Grèce ancienne*, 1972 avec J.-P. Vernant* ; *Le Monde d'Homère*, 2000), il dénonça les thèses négationnistes (*Les Assassins de la mémoire*, 1995) ou les tortures de l'armée française durant la guerre d'Algérie (*L'Affaire Audin*, 1958 ; *Les Crimes de l'armée française*, 1975).

**VIDAUBAN** [83550] → **ÉTYM.** du prov. *vidalbo* « clématite » ♦ Comm. du Var, arr. de Draguignan, sur l'Argens. 7 311 hab. Viticulture.

**VIDIE (Lucien)** ♦ Mécanicien français (Nantes 1805 - Paris 1866). Il imagina le baromètre anéroïde, couramment utilisé (1844).

**VIDIN** ♦ V. de Bulgarie du Nord, ch.-l. de région, sur la rive d. du Danube. 77 500 hab. Centre commercial (foires). Indus. agroalimentaire et textile. ▮ **Histoire** C'est l'ancienne forteresse romaine de *Bononia*.

**VIDOCQ (François Eugène)** ♦ Policier français (Arras 1775 - Paris 1857). Il fut condamné pour faux à huit ans de travaux forcés à Brest et réussit à s'évader à sa troisième tentative. En 1809, il devint chef d'une brigade de sûreté recrutée parmi les forçats libérés mais démissionna en 1827 pour fonder une fabrique de papier. Son entreprise ayant périclité, il revint dans la police en 1832 mais fut renvoyé pour avoir monté un vol. ▪ Ses *Mémoires*, remarquable témoignage sur les mœurs criminelles de l'époque et sur la langue argotique, furent publiés en 1828, mais ils n'avaient pas été rédigés par lui. Il a inspiré à Balzac le personnage de Vautrin dans *Splendeurs et Misères des courtisanes*. → **ÉTYM.** *Vidocq* signifie « vit de jars (*auc* dans le Midi) ».

**VIDOR (King)** ♦ Cinéaste américain (Galveston 1894 - Paso Robles, Californie 1982). Il est l'auteur d'une œuvre abondante, souvent marquée par la brutalité, d'où se détachent plusieurs réalisations de grande qualité, par la vérité et le lyrisme de leurs images, la générosité de leur inspiration : *La Foule* (1928) évoque la solitude de l'individu au sein des cités modernes ; *Hallelujah** (1929) est le poème de l'âme noire ; *Notre pain quotidien* (1934), fresque à conclusion idéaliste, est inspiré par la crise américaine des années 1930. Autres films importants : *La Grande Parade* (1925), *Le Grand Passage* (1940), *Duel au soleil* (1946), *La Furie du désir* (1952), *Salomon et la reine de Saba* (1959).

**VIDOURLE** n. m. → **ÉTYM.** anc. *flumen Vidosoli*, p.-ê. du gaul. *Vitu*, n. de pers. ou de divinité et *solus* « sanctuaire » ♦ Fl. côtier torrentueux du Languedoc (85 km). Né au S. des Cévennes, il arrose Saint-Hippolyte-du-Fort, passe au pied de Quissac et Sommières, délimite le dép. du Gard et de l'Hérault et se jette à proximité du Grau-du-Roi.

**Vie de Henry Brulard** ♦ Autobiographie de Stendhal* (posth. 1890) qui retrace sa jeunesse jusqu'en 1800, date à laquelle il arriva à Milan. Le nom de Brulard, s'il est celui d'un de ses oncles paternels, est surtout lié, dans l'esprit de l'écrivain, à l'idée de laideur. Les quarante-sept chapitres écrits entre nov. 1835 et mars 1836, détruisent le mythe de l'enfance heureuse et renouvellent la thématique des « confessions ». Sur le plan formel, les nombreux dessins qui accompagnent le texte pallient l'ennui que l'écrivain éprouvait à l'égard des longues descriptions.

La **Vie de Marianne** ♦ Roman de Marivaux*, publié de 1731 à 1741. L'œuvre expose les confidences d'une orpheline devenue apprentie lingère et à qui font la cour un vieillard, Monsieur de Climal, et un jeune homme, Monsieur de Valville, qui n'est autre que le neveu de Climal. Indignée par les avances de Climal, Marianne se réfugie dans un couvent. Elle finit par épouser Valville, qui se détache d'elle, mais lui revient. ▪ Les qualités de l'œuvre, malgré ses longueurs, sont remarquables : vérité des analyses psychologiques (notamment les remarques lucides de Marianne sur son propre comportement), évocation de divers milieux sociaux. Le personnage central est celui d'une jeune femme à la fois innocente et pleine de rouerie, qui sait admirablement manœuvrer parmi les pièges que lui tend la vie.

**Vie de saint Alexis** ♦ Chanson hagiographique française (v. 1040 - 1050), précédée de rédactions latines, en prose et en vers. La vie ascétique d'un noble romain du IV^e^ s. est narrée en 625 décasyllabes groupés en 125 strophes de 5 vers assonancés. Ce sujet a été repris par Henri Ghéon* dans son « miracle dramatique » : *Le Pauvre sous l'escalier* (1921).

**VIEDMA** ♦ V. d'Argentine, cap. de la prov. du Río Negro, sur le río Negro. 51 000 hab. La ville est devenue capitale nationale sous la présidence de R. Alfonsín, mais le projet d'édification d'une ville nouvelle a été abandonné en 1991.

La **vie est un songe** – en esp. ***La vida es sueño*** ♦ Drame profane de Calderón* (v. 1633). Un oracle a prédit à Basilio, roi de Pologne, que son fils, Segismondo, le détrônerait par la violence, étant affligé d'une nature malfaisante et perfide. Basilio fait emprisonner Segismondo dans une tour, loin de tout contact avec le monde. Cependant, pris de remords, il décide de lui rendre la liberté. Quand le jeune prince, à qui l'on a fait prendre un narcotique, se réveille dans une chambre du palais, il s'abandonne aussitôt à ses plus méprisables instincts et tente de chasser son père. De nouveau, Basilio le fait endormir et reconduire dans la tour. Cependant, une insurrection le délivre et, devenu roi, à nouveau maître de ses actes mais craignant de voir s'évanouir l'enchantement, il pardonne à son père et à tous ses ennemis, converti désormais au bien, parce que « toute fortune humaine passe comme un songe ». Drame d'inspiration métaphysique, la pièce développe une admirable méditation sur le thème du libre arbitre.

**VIÈGE** n. f. – en all. ***Visp*** ♦ Riv. de Suisse (Valais), affl. du Rhône (rive g.). 37 km. Elle est formée de deux branches, la *Viège de Saas (Saaser Vispa)* qui arrose la vallée de Saas Fee, et la *Viège de Zermatt (Matter Vispa)* qui prend sa source dans les glaciers du mont Rose et du Cervin. Centrales hydroélectriques de Stalden et de Zermeneiggern.

**VIÈGE** – en all. ***Visp*** ♦ V. de Suisse (Valais), sur la Viège, dans la vallée du Rhône. 6 550 hab. (aggl. de Brig-Visp 31 083). Indus. chimique.

**VIEIL ARMAND** → **Hartmannswillerkopf**

Le **Vieil Homme et la Mer** – en angl. ***The Old Man and the Sea*** ♦ Récit d'Ernest Hemingway* (1952). Un vieux pêcheur seul sur son bateau ferre un énorme espadon argenté et lutte avec lui trois jours durant. Le troisième jour, les requins dévorent l'animal rebelle sans qu'il ait pu le ramener à son bord. Son échec est, par son obstination exemplaire, une victoire : il a su refuser, même en se sachant vaincu, sa défaite. Le symbolisme simple de ce livre, servi par un style remarquable, a fait son succès.

**VIEILLE (Paul)** ♦ Ingénieur français (Paris 1854 - *id.* 1934). Avec Berthelot*, il découvrit le processus de l'onde explosive (1881). Il inventa, en 1884, la poudre sans fumée, ou poudre blanche (poudre

B). Il réalisa de nombreux travaux sur les ondes de choc (1898 - 1899) et sur la stabilité des poudres à la nitrocellulose (1901 - 1907, *épreuve de Vieille*). [Acad. sc. 1904] → **F. A. Abel.**

**VIEILLEVIGNE** [44116] ♦ Comm. de la Loire-Atlantique, arr. de Nantes. 3 263 hab.

**VIEILLEVILLE (François DE SCEPEAUX,** seigneur **DE),** comte **DE DURTAL** ♦ Maréchal de France (1510 - Durtal, près d'Angers 1571). Il s'illustra pendant les guerres sous François Ier puis Henri II. Il fit don à Henri II de son argenterie pour l'aider à s'emparer des Trois-Évêchés. Il fut l'un des ambassadeurs du traité du Cateau-Cambrésis (1559) et devint maréchal de France en 1562. ▪ Auteur de *Mémoires* (publiés en 1757).

**VIEIRA (António)** ♦ Missionnaire jésuite et diplomate portugais élevé au Brésil (Lisbonne 1608 - Salvador de Bahia 1697). Ses opinions antiesclavagistes lui inspirèrent des pamphlets et des sermons en faveur des Indiens. Il s'éleva contre l'Inquisition — pour la défense des juifs nouveaux-chrétiens — qui l'emprisonna (1665 - 1667).

**VIEIRA DA SILVA (Maria Elena)** ♦ Peintre française d'origine portugaise (Lisbonne 1908 - Paris 1992). Elle s'établit en 1928 à Paris. Après avoir étudié la sculpture auprès de Bourdelle et de Despiau, elle travailla la peinture avec Dufresne, Friesz et Léger, puis elle s'initia à la gravure auprès de Hayter et rencontra Bissière* vers 1932. Elle séjourna à Lisbonne en 1935 - 1936, puis au Brésil de 1940 à 1947. Progressivement, ses œuvres perdirent tout caractère descriptif pour faire apparaître un espace original très approfondi, établi à partir d'un réseau de lignes s'entrecroisant selon des tracés perspectifs à multiples points de fuite, qui engendrent d'hallucinatoires architectures de «fils tendus» se développant dans des directions variées. Ces œuvres, quoique d'une façon très allusive, évoquent souvent l'espace urbain labyrinthique, les intérieurs dépaysants (*La Bibliothèque,* 1949) ou des vues panoramiques aux limites imprécises. Son talent graphique apparaît dans les gravures et les cartons de tapisseries qu'elle a réalisés.

**VIELÉ-GRIFFIN (Francis)** ♦ Poète français (Norfolk, Virginie 1864 - Bergerac 1937). Il s'établit jeune en France, fréquenta les fameux «mardis» de Mallarmé* et donna, avec *Phocas le jardinier* (1898), un essai de théâtre symboliste. Prenant parti pour le vers libre et préférant laisser aller la rime «au seul gré du tact poétique», il sut, en symboles simples, transfigurer la réalité, notamment les paysages de Touraine (*La Clarté de la vie,* 1897), ou la légende (*La Voix d'Ionie,* 1914), exprimant toujours son amour grave et fervent de la vie.

**VIELLA** – en catalan ***Vielha*** ♦ Bourgade d'Espagne (Catalogne), prov. de Lleida, sur le río Negro. 5 385 hab. Centre touristique. Tunnel de 6 km passant sous le *port de Viella.*

**VIELSALM** ♦ Comm. de Belgique (Région wallonne), prov. de Luxembourg, arr. de Bastogne, sur la Salm. 7 339 hab. Indus. du bois et indus. alimentaires. Carrières d'arkose et de pierre à rasoir (musée du Coticule). Anc. ardoisières. Tourisme. ▪ Aux environs, caserne des Chasseurs ardennais à Rencheux.

**VIEN (Joseph Marie)** ♦ Peintre français (Montpellier 1716 - Paris 1809). Élève de Natoire*, il séjourna cinq ans à Rome (1745 - 1750). Protégé par Caylus*, il fut l'instigateur du néoclassicisme en peinture : l'un des premiers il emprunta son inspiration, ses modèles et décors à l'Antiquité, sans pour autant abandonner la grâce sensuelle que goûtait son époque. Il mit l'accent sur le dessin et modela les figures avec une certaine sécheresse (*La Marchande d'amours*). Il eut David* comme élève et ses contemporains virent en lui le «restaurateur de l'école française». Son corps repose au Panthéon. ◆ ÉTYM. *Vien* est une forme avec aphérèse de *Vivien.*

**VIENG CHAN** → **Vientiane**

**VIENNE (Jean DE)** ♦ Amiral français (v. 1341 - Nicopolis 1396). Lors de la guerre de Cent Ans, il aida les Écossais contre les Anglais (1385), puis combattit les Turcs et mourut à la bataille de Nicopolis.

**VIENNE** n. f. ◆ ÉTYM. anc. *Vingenna, Vigenna,* du prélatin *vig-* ou de l'indo-eur. *°veg-* «humide» et suff. gaul. *-enna* ♦ Riv. du centre-ouest de la France (372 km), affl. de la Loire. Elle naît au plateau de Millevaches, traverse Limoges, Châtellerault, Chinon et conflue en amont de Saumur.

**VIENNE** n. f. [86] ◆ ÉTYM. du n. de la riv. ♦ Dép. de l'O. de la France, région Poitou-Charentes. 6 990 km². 399 024 hab. CH.-L. : Poitiers. CH.-L. D'ARR. : Châtellerault, Montmorillon. Cour d'appel : Poitiers. Académie : Poitiers. → **Poitou-Charentes.**

**VIENNE (HAUTE-)** → **Haute-Vienne**

**VIENNE** – en all. ***Wien*** ◆ ÉTYM. en anc. celt. *Vindobona* «le bourg *(bona)* blanc *(vindo)*», puis *°Wedini* p.-ê. «rivière de la forêt» ♦ Cap. de l'Autriche, constituant un Bundesland enclavé dans la Basse-Autriche. 1 550 261 hab. Vienne se situe au N.-E. du pays, au contact de la plaine pannonienne et de l'extrémité orientale des Alpes. Dominée par les fortes pentes des hauteurs qui bloquent son développement vers l'O. (Kahlenberg, 423 m ; Hermannskogel, 542 m ; Leopoldsberg, Forêt viennoise), elle est traversée par la rivière Wien (en partie couverte) et le Donaukanal qui forme avec le Danube une île occupée par les quartiers de Leopoldstadt et du Prater. Le territoire de Vienne est très vaste (414 km²) et comprend des terres agricoles ; il est divisé en vingt-trois arrondissements. Univ. la plus importante d'Autriche.

▌**LES MONUMENTS** ▌**Les églises** Les monuments de style baroque et néogothique (du XIXe s.) sont les plus nombreux, mais Vienne conserve des monuments plus anciens : l'église des Frères mineurs (1300 - 1350) ; l'église des Augustins (gothique, XIVe s.) ; la cathédrale Saint-Étienne, en partie des XIVe et XVe s. (reconstruite après la Deuxième Guerre mondiale grâce aux dons du peuple viennois) ; l'église Notre-Dame-du-Rivage (gothique flamboyant). La ville se couvrit d'édifices religieux et civils aux XVIIe et XVIIIe s. Église des Capucins (1622 - 1633) dont les cryptes renferment les sépultures de la plupart des Habsbourg. Église des Jésuites (baroque, 1627 - 1631) ; église Saint-Charles-Borromée (1716 - 1737) ; église Saint-Pierre (baroque, 1702 - 1708). ▌**Les palais** Le palais de la Hofburg, fondé au XIIIe s., présente des bâtiments du XVe s. au début du XXe s. : manège de l'École espagnole et Bibliothèque nationale (1722 - 1737). La Neue Hofburg abrite un musée. Palais Lobkowitz (1685 - 1687) ; palais Schwarzenberg (1697 - 1715) ; palais Stahremberg (fin XVIIe s., occupé par le ministère de l'Instruction publique) ; palais Kinsky (1713 - 1716) ; palais du cardinal-archevêque (1632 - 1641). Les Belvédères (1714 - 1721) renferment des musées d'art baroque, d'art médiéval et d'art des XIXe et XXe s. Fontaine du Donner, 1739. Le château de Schönbrunn*, reconstruit de 1696 à 1713, achevé et transformé sous le règne de Marie-Thérèse, servait de résidence d'été aux Habsbourg ; son parc, tracé au XVIIIe s. dans le goût français, est orné de nombreuses statues et fontaines. L'Albertina*, ancien palais archiducal (1781 - 1802), abrite une célèbre collection de dessins et de gravures. ▌**Les monuments du XIXe s.** Monuments du XIXe s. construits autour du «Ring», boulevard circulaire, dans un style néogothique et néoclassique : Opéra (1869), hôtel de ville (1833), Parlement (1883), Burgtheater (1888). ▌**Les musées** Nombreux musées, dont le Musée historique de la ville de Vienne ; galerie de peinture de l'Académie des beaux-arts ; le très célèbre musée des Beaux-Arts. (Kunsthistorisches Museum, riche en œuvres de Bruegel, de Dürer, de Giorgione, de Titien, du Tintoret, de Vélasquez, de Rubens, de Vermeer, de Canaletto, etc.) ; et le Museumsquartier, ou «MuQua», consacré à l'art moderne. Souvenirs des grands musiciens : Figarohaus, maison du XVIIe s. consacrée à Mozart ; Beethovenhaus, maison natale de Schubert. ▌**Les parcs** Les parcs les plus connus sont le Prater, ouvert au public en 1766 et contenant le Luna Park, le Volksgarten, décoré de statues et de bassins, l'Augarten.

▌**ÉCONOMIE** ▌**Activités industrielles et tertiaires** Vienne est le plus grand centre industriel de l'Autriche. Porcelaines, verreries, instruments de musique, travail du cuir. Indus. alimentaires. Construc. mécaniques (matériel ferroviaire, automobile). Indus. chimiques et textiles. Mais les activités essentielles sont d'ordre administratif (autorités fédérales et locales), commercial (Bourse, banques et assurances, maisons de négoce) et culturel. ▌**Culture et tourisme** Le gouvernement autrichien et la ville entretiennent avec soin tout ce qui fit le charme de la vie viennoise pendant la période impériale : l'Opéra national (Staatsoper), les Orchestres philharmonique (Musikverein) et symphonique (Konzerthaus), l'Opéra-Comique (Volksoper), les Petits Chanteurs, le Festival au printemps et l'Été musical ont une réputation internationale. La fréquentation des étrangers qui se joignent aux Viennois dans les célèbres cafés et salons de thé (Demel, Sacher) entretient l'activité commerciale. ▌**Centre de congrès et siège d'organisations internationales** Vienne est souvent choisie comme lieu de congrès. L'Opep* depuis 1967, l'Agence internationale de l'énergie atomique depuis 1979 et l'organisation pour le développement industriel (Onudi) y ont leur siège permanent, les deux dernières dans l'UNO-City du Donaupark, qui fait de Vienne la troisième ville de l'ONU après New York et Genève.

▌**HISTOIRE** ▌**«Vindobona»** À l'emplacement de Vienne se trouvait un établissement celtique, puis dès le Ier s. une station militaire fondée par les Romains : *Vindobona.* La ville devint municipe puis tomba entre les mains des Barbares. ▌**De Charlemagne à Ottokar II Přemysl** Avec la fondation de l'Ostmark par Charlemagne, on retrouve mention de *Vienna* en 880. En 1155, Henri II Jasomirgotl transféra la cour ducale de Leopoldsberg, dans la plaine, au lieu-dit Amhof, à Vienne. Sous le règne de Léopold le Glorieux, la ville fut entourée de remparts (fin XIIe s.). À la mort du dernier Babenberg (1246), Ottokar, roi de Bohême, s'empara du pays et de Vienne, où il fit reconstruire Saint-Étienne et bâtir le Burg. ▌**Les Habsbourg** L'empereur Rodolphe de Habsbourg donna le duché à son fils Albert. En 1365, le duc Rodolphe IV fonda l'université de Vienne, la plus ancienne de langue allemande. Au XVe s., la ville, qui s'était révoltée contre Frédéric III, fut disputée par les rois de Hongrie et les Habsbourg qui s'en rendirent maîtres en 1490. Le XVIe s. fut marqué par la lutte contre la Réforme et contre les Turcs. En 1529, le sultan Soliman le Magnifique assiégea la ville avec une armée de 120 000 hommes, mais, devant la résistance de la garnison, il fut obligé de lever le siège (oct. 1529). Pendant un

**Vienne (Autriche). Vue de la cathédrale Saint-Étienne.**
*Phot. © Sean Nel/Shutterstock*

siècle et demi, Vienne vécut encore sous la menace d'une attaque turque. En 1683, la ville fut de nouveau assiégée par les Turcs ; les faubourgs furent incendiés et la situation devenait critique lorsque le 13 sept., l'armée de Charles de Lorraine et de Jean* III Sobieski, roi de Pologne, délivra la ville. Le péril turc était définitivement écarté. **▮ Le XVIIIe siècle** À la fin du XVIIe s. et au début du XVIIIe s., la ville prospéra, se couvrant de monuments baroques (palais des aristocrates, embellissements de la Hofburg), dus surtout aux Fischer* von Erlach père et fils et à J. L. von Hildebrandt* ; Marie-Thérèse transforma le château de Schönbrunn. Vienne était alors la capitale européenne de la musique : Gluck, Haydn et Mozart y vécurent. **▮ La première moitié du XIXe s.** Au début du XIXe s., Vienne devint le centre de la lutte contre Napoléon. La ville fut occupée deux fois par les Français (1805 - 1806 ; 1808). D'importantes batailles se déroulèrent dans ses environs (Essling, Wagram). Après la chute de Napoléon, la ville devint le siège d'un congrès européen accompagné de fêtes et de réceptions brillantes. Le *congrès de Vienne* (**→ Vienne [congrès de]**) ouvrit une période brillante appelée le Vormärz*, qui ne se termina qu'avec les journées de mars 1848. Mais l'absolutisme et un régime policier suscitèrent la révolution de 1848. De mars à octobre, les révolutionnaires tinrent la ville avant d'être vaincus par les troupes de Windischgrätz (31 oct. 1848). **▮ Le règne de François-Joseph** Sous le règne de François-Joseph, la ville se transforma, les remparts furent démolis et remplacés par le «Ring», boulevard circulaire bordé de monuments (Parlement, Opéra, Académie des beaux-arts). Centre du parlementarisme et de la vie culturelle, le «Ring» matérialisait les valeurs de la bourgeoisie libérale. Il symbolisait le triomphe du droit constitutionnel sur la force impériale, de la culture laïque sur la foi religieuse. Vienne devint un prodigieux foyer de la culture européenne. L'Exposition universelle de 1873 y fut organisée. Brahms, Bruckner, H. Wolf* y furent acclamés. L'opérette connut ses plus beaux succès grâce à J. Strauss* et F. von Suppé*. Mais alors que Vienne dansait encore au son de la valse, une crise profonde, dont la littérature se fit l'écho (**→ Autriche**), commença à ébranler les certitudes du XIXe s. Freud* posa les fondements de la psychanalyse et, dans le domaine artistique, la Sécession fut fondée en 1897 avec l'objectif de faire triompher l'art moderne. **→ Hoffmann (Joseph), Klimt, Sécession, Wagner (Otto).** En 1903 furent créés les ateliers sécessionnistes viennois d'art décoratif Wiener Werkstätte ainsi que la Galerie nationale d'art moderne. Schoenberg, Berg et Webern allaient constituer la «trinité viennoise» à l'origine de la musique contemporaine (**→ sérialisme**). Sur tous les plans, Vienne était ainsi devenue au tournant du siècle le laboratoire de la modernité. **▮ Depuis 1918** La Première Guerre mondiale, mettant fin à l'Empire, fit de Vienne la capitale gigantesque d'un petit pays. Depuis, sa population ne cessa de décroître. La période de l'entre-deux-guerres fut marquée pour la ville (fief socialiste de 1919 à 1934) par des luttes souvent violentes (révolte de 1927, assassinat du chancelier Dollfuss* en 1934). En 1938, les Allemands occupèrent Vienne (**→ Anschluss**). La ville ne souffrit de la guerre qu'à partir de 1944 quand les bombardements, puis le siège par les troupes soviétiques endommagèrent gravement habitations et monuments. Occupée par les Alliés, elle fut divisée en quatre secteurs jusqu'au traité du 15 mai 1955, signé au Belvédère.

**Vienne** (traité de) ♦ Traité signé le 14 oct. 1809, appelé aussi paix de Schönbrunn. Après la victoire française de Wagram*, l'Autriche cédait à la France la Croatie maritime avec Fiume, Trieste, l'Istrie ; Salzbourg revenait à la Bavière ; Lublin et Cracovie au grand-duché de Varsovie ; la Russie recevait Tarnopol. L'Autriche versait une forte indemnité ; elle devait entrer dans le Blocus et limiter son armée.

**Vienne** (congrès de) ♦ Congrès réuni à Vienne de sept. 1814 à juin 1815 afin d'établir une paix durable après les guerres napoléoniennes et de refaire la carte politique de l'Europe. Des souverains (François* Ier d'Autriche, le tsar Alexandre* Ier, le roi de Prusse Frédéric*-Guillaume III) y assistaient ; les différents pays étaient représentés par Castlereagh* pour la Grande-Bretagne, Metternich* pour l'Autriche, Hardenberg* et Humboldt* pour la Prusse, Nesselrode* pour la Russie, Talleyrand* pour la France de Louis XVIII. Le congrès n'a jamais délibéré en séances plénières mais en petits comités. Le 13 mars 1815, il déclarait hors la loi Napoléon qui revenait en France (**→ Cent-Jours**). L'acte final du congrès fut signé le 9 juin 1815. La Grande-Bretagne obtenait Malte, les îles Ioniennes, Héligoland, Le Cap, Ceylan, quelques îles aux Antilles et réoccupait le Hanovre. La Finlande, la Bessarabie, les deux tiers de la Pologne revenaient à la Russie. La Suède, ayant perdu la Finlande, obtenait la Norvège. La Prusse retrouvait une partie de ses anciens territoires polonais, obtenait la Poméranie suédoise, une partie de la Saxe, le bassin de la Ruhr et la rive gauche du Rhin. L'Autriche retrouvait ses anciennes provinces illyriennes, le Tyrol, la Galicie et son influence en Italie ; elle présidait la Confédération* germanique qui regroupait trente-huit États. Le roi de Hollande annexait les anciens Pays-Bas autrichiens. La Confédération helvétique recevait trois nouveaux cantons. Le royaume de Piémont-Sardaigne recouvrait le Piémont, la Savoie, Nice et Gênes. Talleyrand y fit adopter le principe de la légitimité, qui lui permit de faire rendre à Louis XVIII tous les territoires de Louis XVI. Cet aménagement de l'Europe, entièrement réglé par les intérêts des princes, ne tenait aucun compte des aspirations des peuples ; le congrès fut «une mise en tutelle des peuples» par le système de la Sainte-Alliance* des souverains.

**Vienne** (cercle de) – en all. ***Wiener Kreis*** ♦ École néopositiviste qui regroupa, à partir de 1922, autour de Moritz Schlick*, son fondateur, plusieurs philosophes, logiciens et savants allemands et autrichiens (R. Carnap*, P. Franck*, H. Hahn, V. Kraft, O. Neurath*, H. Reichenbach*, F. Waismann, et, à ses débuts, L. Wittgenstein*). Ses thèses furent exposées dans le manifeste *Conception scientifique du monde ; le Cercle de Vienne* (1929) et dans la revue *Erkenntnis* («Connaissance», 1930). Marquée par la logique mathématique (Frege, Russell) et par le développement de la physique moderne (théorie de la relativité d'Einstein*, des quanta de Planck*), l'école de Vienne «a cherché à construire une science de la signification cohérente par une analyse du langage» (R. Caillois) et à éliminer ainsi tous les pseudo-problèmes dénués de sens de la «métaphysique». Reprenant la distinction (cf. Hume) entre les propositions empiriques, protocoles d'expérience synthétiques, susceptibles de vérification et les énoncés de la logique de la science analytiques ou tautologiques, elle a tenté de ramener ces derniers à «des propositions de la syntaxe logique de la langue» (R. Carnap). Après l'Anschluss, certains membres du cercle de Vienne quittèrent l'Europe pour les États-Unis où ils exercèrent une forte influence sur les logiciens et les épistémologues américains (Goodman, Quine, White).

**VIENNE** [38200] ♦ Ch.-l. d'arr. de l'Isère, sur le Rhône. 29 975 hab. (aggl. 44 985) *(Viennois)*. Vestiges d'un ensemble urbain romain (Ier, IIe et début du IIIe s.), dont les édifices à vocation commerciale ou artisanale se trouvaient à Saint*-Romain-en-Gal : temple d'Auguste et de Livie et, adossé au mont Pipet, vaste théâtre doublé d'un odéon (IIe s.). Église Saint-Pierre (Ve, VIe et XIIe s.) abritant un musée lapidaire. Église Saint-André-le-Bas, en grande partie du XIIe s. (chapiteaux romans). Cloître roman (XIIe s.). Musée des Beaux-Arts et d'Archéologie. Musée de la Draperie. Festival de jazz. ▪ Indus. laitière. Corderie. **▮ Histoire** L'ancienne *Vienna* était une des villes principales des Allobroges*. Colonisée par les Romains sous Tibère (Ier s.), elle fit partie de la Narbonnaise*, puis devint capitale de la Viennoise au IVe s. Elle fut l'un des premiers foyers du christianisme en Gaule, évêché au IIIe s., archevêché au Ve s. Elle passa successivement aux

Burgondes, aux Francs et aux Lombards. Elle fut annexée à la France avec le Dauphiné en 1349. Pendant les guerres de Religion, la ville fut saccagée par le baron des Adrets.

**Vienne** (concile de) ♦ 15e concile œcuménique, réuni en 1311 - 1312 à Vienne (France) par le pape Clément V. Sous la pression de Philippe IV le Bel, il supprima (sans le condamner) l'ordre des Templiers.

**VIENNOISE** n. f. ♦ Province de la Gaule romaine, créée lors de la nouvelle division administrative de Dioclétien. Elle s'étendait sur la vallée du Rhône et avait Vienne* pour capitale.

**VIENTIANE** ◆ ÉTYM. en lao ***Vieng Chan*** «ville *(vieng)* du santal *(chăn)*» ♦ Cap. du Laos, située sur le Mékong. Env. 300 000 hab. Port fluvial et aéroport importants. Marché de la laque et des épices, artisanat (soie, orfèvrerie). **Histoire** Fondée sans doute avant le XIIIe s., la ville devint capitale du Lan Xang en 1563. Détruite par les Siamois en 1827, elle fut reconstruite par les Français et choisie comme cap. administrative du Laos. → **Chao Anu, Laos.**

La **Vie parisienne** ♦ Opéra bouffe en 5 actes (souvent réduit à 4) de J. Offenbach* sur un livret de Meilhac et Halévy (Paris, 30 oct. 1866).

**VIERGE (Daniel URRABIETA, dit Daniel)** ♦ Dessinateur et peintre espagnol (Madrid 1851 - Boulogne-sur-Seine 1904) qui s'établit à Paris en 1869. Il est resté célèbre pour ses illustrations de Michelet *(Histoire de France, Histoire de la Révolution)*, de Chateaubriand et de Cervantès.

**VIERGE** n. f. – en lat. ***Virgo*** ♦ Constellation zodiacale située presque sur l'équateur et contenant un groupement remarquable de galaxies, l'*Amas Virgo*. Épi* est son étoile principale. Sixième signe du zodiaque (23 août-22 sept.).

La **Vierge à l'Enfant** ♦ Tableau de Jean Fouquet* (non daté, vers 1450). Il s'agit du volet droit du diptyque de Melun commandé par Étienne Chevalier, trésorier de Charles VII. La Vierge serait représentée sous les traits d'Agnès Sorel, maîtresse du roi et amie du commanditaire. Toute la subtilité de Fouquet est de faire oublier la touche érotique du sein dévêtu par l'attitude noble et détachée du personnage. Le style évoque celui des miniatures de l'artiste, les *Heures d'Étienne Chevalier*, dont il a repris aussi la blancheur charnelle de la Vierge et le contraste des couleurs.

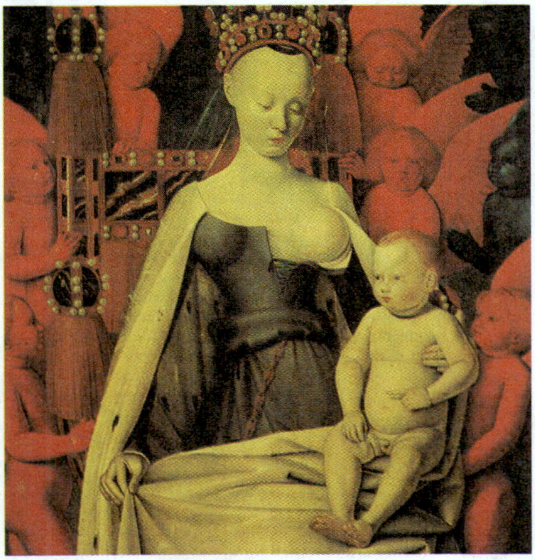

La **Vierge à l'Enfant.** Tableau de Fouquet (94,5 × 85,5 cm). Diptyque de Melun, volet droit. Musée des Beaux-Arts, Anvers. *Phot. © Arch. Smeets*

La **Vierge aux rochers** ♦ Tableau de Léonard* de Vinci (1483 - 1486) dont il existe une seconde version, datant de 1493 - 1499 et 1506 - 1508 (National Gallery, Londres). On ignore la raison de ces deux versions, on sait seulement que l'œuvre, commandée par la Confrérie de l'Immaculée Conception de Milan, entraîna une longue contestation du prix. Il semblerait que la mise en scène compliquée (jeux ambigus de regards et de mains, figures de Jésus et de Jean-Baptiste indifférenciées) n'ait pas convaincu les Milanais. Le regard doit suivre un parcours inhabituel qui passe de la main de la Vierge au doigt de l'ange pointé vers Jean-Baptiste en adoration devant Jésus. Dans la seconde version, Jean-Baptiste est clairement identifié et les regards sont tous portés sur le Christ. Commencée peu après l'arrivée de Léonard à Milan en 1482, l'œuvre approfondit les recherches du peintre sur la lumière, le clair-obscur et la perspective aérienne. L'impression de fusion des éléments naturels et des figures humaines est rendue par la luminosité humide, la tonalité générale et le célèbre *sfumato*. La seconde version (inachevée), outre qu'elle supprime la main au doigt pointé de l'ange, accentue l'échelle des figures et le relief des formes, baignées dans une lumière froide et abstraite.

La **Vierge aux rochers.** Tableau de Léonard de Vinci (1,99 x 1,22 m). 1483-1486. Musée du Louvre, Paris. *BIS/Phot. H. Josse © Archives Larbor*

La **Vierge, l'Enfant Jésus et sainte Anne** ♦ Tableau de Léonard* de Vinci (1510 - 1513, musée du Louvre, Paris). Ce tableau a fait l'objet de nombreuses discussions quant à sa signification théologique, symbolique et ésotérique. L'atmosphère métaphysique qui règne dans tous ses tableaux est encore accentuée ici par le *non finito* du paysage qui apparaît intemporel, primordial, antérieur à toute vie humaine et qui est le prolongement du travail entrepris avec *La Joconde**. Il suscita de nombreuses répliques et influença notamment Raphaël*, Michel*-Ange et les maniéristes. C'est l'intensité de ce tableau qui amena Freud à analyser l'œuvre de Léonard *(Un souvenir d'enfance de Léonard de Vinci)*. ▪ La National Gallery de Londres conserve un «carton» sur le même thème, réalisé par Léonard v. 1500. ▪ *Illustration :* → **Léonard de Vinci.**

**VIERGES** (îles) – en angl. ***Virgin Islands*** ◆ ÉTYM. ainsi nommées en l'honneur de la reine Élisabeth Ire ou en souvenir de sainte Ursule, qui fit le pèlerinage à Rome en compagnie de 11 000 vierges converties ♦ Archipel situé dans les Antilles à l'E. de Porto Rico. Il comprend environ 100 îles et îlots qui sont répartis en deux ensembles politiques d'importance inégale. ♦ ***Îles Vierges des États-Unis*** – en angl. ***United States Virgin Islands.*** 355 km². 108 612 hab. Elles comprennent trois îles principales : Saint John, Saint* Thomas et Sainte*-Croix. CH.-L. : Charlotte Amalie, dans l'île de Saint Thomas. Important tourisme balnéaire et de croisière. Villégiature. Elles furent achetées au Danemark en 1917 pour la somme de 25 millions de dollars. Ce territoire «non incorporé» jouit d'une certaine autonomie interne. ♦ ***Îles Vierges du Royaume-Uni*** – en angl. ***British Virgin Islands.*** 151 km². 21 000 hab. Elles comprennent entre autres les îles d'Anegada, Jost Van Dyke, Tortola et Virgin Gorda. CH.-L. : Road Town dans l'île de Tortola. Les activités essentielles sont le tourisme balnéaire et la navigation de plaisance. C'est dans ces îles que R. L. Stevenson a placé l'action de *L'Île* au trésor*.

**VIERLANDE** n. m. pl. ♦ Nom donné à la vallée de l'Elbe en amont de Hambourg (Allemagne). À l'abri de digues, ce grand polder fluvial porte de riches cultures maraîchères et des vergers de pommiers.

**VIERNE (Louis)** ♦ Organiste et compositeur français (Poitiers 1870 - Paris 1937). Presque aveugle dès son enfance, il étudia la musique à l'Institution des jeunes aveugles puis au Conservatoire, où il eut C. Franck pour professeur, et fut ensuite avec Widor* organiste à Saint-Sulpice. Titulaire des orgues de Notre-Dame en 1900, il a formé de nombreux élèves (J. Bonnet, M. Dupré, M. Duruflé, N. Boulanger, B. Gavoty). Il est surtout connu pour ses improvisations brillantes et ses compositions pour orgue (six symphonies, vingt-quatre *Pièces en style libre*, vingt-quatre *Pièces de fantaisie*, un *Triptyque*). On lui doit en outre des symphonies pour orchestre, des pièces pour piano et des mélodies, un quatuor à cordes et un quintette avec piano. ➝ **ÉTYM.** *Vierne* est une variante de *Vergne*, *Verne* «aulne».

**VIERZEHNHEILIGEN** ➝ **ÉTYM.** all. «les quatorze saints» ♦ Nom d'une remarquable église rococo d'Allemagne, en Franconie près de Lichtenfels (Bavière). Elle a été bâtie de 1743 à 1772, sur un lieu de pèlerinage du XVe s., par l'architecte Balthasar Neumann*. Elle est dotée de trois travées ovales ; en son centre l'Autel des Intercesseurs *(Nothelfer-Altar)*, à baldaquin, dispose dans les courbes de ses niches et de sa balustrade les statues des 14 saints.

**VIERZON** [18100] ➝ **ÉTYM.** de *Viridio*, n. de pers., ou du gaul. *uindos* «blanc» ♦ Ch.-l. d'arr. du Cher, au confluent de l'Yèvre et du Cher. 29 719 hab. (aggl. 32 528) *(Vierzonnais)*. Beffroi gothique. Anc. abbaye bénédictine (XVIIe - XVIIIe s.). ▪ Centre industriel et nœud de communications. Appareils de chauffage. Caoutchouc. ▪ Au N., *forêt domaniale de Vierzon* (5 031 ha).

**Vies parallèles** ou **Vies des hommes illustres** ♦ Collection de 46 biographies dues à Plutarque* et groupées deux par deux, celle d'un Grec étant comparée à celle d'un Romain (Alexandre le Grand-César, etc.). Œuvre patriotique visant à démontrer que, même dans l'art de gouverner et de conquérir, les Grecs ne furent pas inférieurs aux plus glorieux des Romains, elle révèle aussi les préoccupations didactiques de l'auteur. Moins attaché aux grands actes qu'aux «signes de l'âme», l'anecdote, la manière de vivre, les réflexes devant l'imprévu, le moraliste l'emporte sur l'historien. Cette œuvre, longtemps ignorée en Occident, fut traduite en français par l'humaniste Amyot*.

**Việt-cộng** n. m. ➝ **ÉTYM.** vietnamien «communistes vietnamiens» ♦ Nom donné en 1959 par le gouvernement de Saigon à ses adversaires communistes et à leurs alliés, qui se regroupèrent en 1960 en un Front national de libération (FNL). Celui-ci, approuvé par le gouvernement de Hanoi, proclama un programme en dix points demandant le retrait de toutes les troupes étrangères, la reconnaissance de la souveraineté, de l'indépendance et de la neutralité du Viêtnam du Sud ainsi que sa réunification progressive avec le Viêtnam du Nord. En 1961, le FNL intégra une armée de libération du Sud et, en 1962, un parti révolutionnaire du peuple fut établi en son sein. Bien que comprenant aussi des non-communistes, tout le mouvement d'opposition était désigné du point de vue militaire sous le nom de Việt-cộng. En 1969, un gouvernement révolutionnaire provisoire (GRP), porte-parole du FLN, fut créé, et il fut représenté à Paris aux négociations pour la paix.

**VIÈTE (François)** ♦ Mathématicien français (Fontenay-le-Comte 1540 - Paris 1603). Juriste, maître des requêtes, les mathématiques ne furent pour lui qu'un passe-temps et c'est moins comme mathématicien que comme habile déchiffreur de cryptogrammes qu'il fut apprécié de ses contemporains. Il fut pourtant le véritable fondateur de l'algèbre. Il publia en 1579 une table de fonctions trigonométriques *(Canon mathematicus)* complétée d'une partie théorique dans laquelle il souligne la supériorité de la division décimale sur la sexagésimale. En trigonométrie sphérique, il établit les formules dites «analogies de Neper*» et utilise le triangle polaire. Il formula des règles pour l'extraction des racines et, présumant l'impossibilité de la quadrature du cercle, donna la valeur du nombre $\pi$ avec dix décimales exactes. Il énonça, en 1593, le premier algorithme infini connu (développement de $2/\pi$). Ayant mis en évidence l'isomorphisme entre les domaines de l'algèbre numérique et de l'analyse géométrique, il imagina sa «logistique spécieuse», dont les principes font de lui un créateur des mathématiques modernes : il y utilise des lettres majuscules latines pour représenter les grandeurs, les voyelles désignant les inconnues (ce que d'autres avaient déjà fait) et les consonnes, pour la première fois, les données. Il y dégagea l'équation qui résume le problème posé sous forme abstraite, introduisant ainsi la notion de type de problème et exposa l'analyse (transformation, discussion) et sa résolution géométrique ou numérique. Il donna en 1600 une méthode de résolution numérique des équations par approximations successives. Sa logistique spécieuse permit la naissance d'une théorie des équations algébriques et la création de la géométrie analytique. ➝ **ÉTYM.** Ce nom de famille vient du latin *Vitus*, nom de baptême.

**Việt-minh** n. m. ➝ **ÉTYM.** vietnamien «front d'indépendance du Viêtnam» ♦ Organisation politico-militaire vietnamienne constituée en 1941 par Hồ* Chí Minh avec des éléments communistes et nationalistes pour réclamer de la France l'indépendance du Viêtnam et libérer le pays de l'occupation japonaise. Elle forma un gouvernement à Hanoi à partir de 1945 et traita en 1946 avec la France. Devant le refus de celle-ci d'accorder pleine indépendance aux Vietnamiens, ce parti prit les armes et souleva la population contre les forces françaises et les Vietnamiens partisans de la France. En 1951, le Việt-minh prit le nom de «Front de la patrie» *(Liên Việt Front)* et se transforma en armée régulière sous la direction du général Võ* Nguyên Giáp qui battit les Français en 1954 à Điện* Biên Phủ.

## VIÊTNAM ou VIỆT NAM

▪ n. m. – off. ***République socialiste du Vietnam*** ou ***du Việt Nam*** ➝ **ÉTYM.** «étranger du Sud», du chin. *Nan-yué*, calque vietnamien *viêt (yué)* «étranger» et *nam (nan)* «sud», n. donné par les Chinois au déb. du IXe s. ♦ Pays du S.-E. asiatique, dans la péninsule indochinoise. 329 566 km$^2$. 86 000 000 hab. (2009) *(Vietnamiens)*. LANGUES : vietnamien (off.) et langues des minorités ethniques (khmer, cham, thaï, etc.). RELIGIONS : taoïsme, bouddhisme. MONNAIE : dong. CAPITALE : Hanoi. RÉGIME : communiste. Le Viêtnam est divisé en 64 provinces.

▪ **GÉOGRAPHIE** ▪ **Relief** ▪ ***Montagnes, collines et plateaux*** Contrefort oriental de la péninsule indochinoise, le pays présente un relief très contrasté, où montagnes et collines occupent les deux tiers de la superficie. Au N. et au N.-E. du Sông Hồng on trouve des plateaux calcaires coupés de passes (Ải Nam Quan), des montagnes en éventail, avec des plaines enclavées permettant la culture du riz et l'implantation des villes. Au S. du Sông Hồng, jusqu'à la latitude de Danang, un complexe montagneux orienté N.-O.-S.-O. et prolongeant les reliefs de Chine et du Laos offre les sommets les plus hauts (Fan Si Pan, 3 143 m), les chaînes les plus escarpées (Hoàng Liên Sơn), parfois pourvues de hautes surfaces planes (site de la ville d'altitude de Sa Pa), le massif calcaire le plus compact (Kẽ Bảng), les plateaux calcaires les plus vastes (Sơn La, Mộc Châu). Ce complexe se prolonge en direction de la mer par des chaînes de collines (200 - 500 m) formant de véritables barrières naturelles, et autrefois politiques, franchies par des cols qui jouèrent un grand rôle dans l'histoire nationale : le Hòanh Sơn et le col de Đèo Ngang, le Bạch Mã et le col des Nuages. Au S. de ce dernier, le système montagneux

**Viêtnam.**

présente des directions et des éléments différents. Au socle ancien de Kontum font suite des montagnes (qui culminent au Ngọc Lĩnh, 2 598 m) s'avançant tout près de la mer, en réduisant l'espace laissé aux plaines et en découpant dans le littoral une multitude de caps et de baies. En arrière de ces crêtes, des hauts plateaux, recouverts par endroits de basaltes, s'inclinent en pente douce vers le Mékong. Des cols d'accès facile favorisent les communications entre le Viêtnam et le Laos : col de Mụ Gia (418 m), col de Lao Bão (310 m). ▮ ***Plaines et deltas*** Les plaines et les deltas sont des zones alluvionnaires empiétant sur la mer. Au N., le delta du réseau Sông Hồng Thái Bình, berceau de la nation vietnamienne, constitue une riche plaine rizicole, qui tend cependant à se diversifier ; elle est protégée des crues par un long réseau de digues qui, en revanche, entrave le processus de fertilisation naturelle. Avec la plaine du Thanh Hóa, commence le long chapelet des plaines côtières du centre, aux sols généralement peu fertiles, étroites, et surpeuplées, bordées de dunes ou de cordons littoraux, arrosées par des fleuves courts, aux crues brutales. Les plaines du S. forment deux entités différentes : l'Est, au N. de Hồ Chí Minh-Ville, haut de 100 à 200 m, est formé de glacis d'alluvions anciennes et de roches éruptives, cloisonnés par le Sông Bé et le Đồng Nai ; l'Ouest, bas (2 - 3 m), est formé par le delta du Mékong. Elles comprennent encore des plaines inondables et saumâtres mal consolidées : plaine des Joncs, plaine de U Minh. Le delta continue son avancée et la pointe de Cà Mau progresse de 60 m en moyenne par an. ▮ **Climat** Le régime des moussons affecte le Viêtnam, avec des nuances importantes dues à la latitude, à la disposition des montagnes et à l'altitude (subtropical au N. du 17e parallèle, subaride sur les côtes de Bình Thuận, le climat est subéquatorial dans le Sud). Le pays n'est pas épargné par les typhons, qui touchent surtout les côtes du centre. Ils abordent le N. en juin, juill., août, le centre en août, sept., oct., nov. et déc., et rarement le S. (nov., déc.). ▮ **Population** Le pays a connu un peuplement asiatique dès les temps préhistoriques. La nation vietnamienne s'est constituée vers le -IIIe s. à partir des tribus Lạc Việt vivant dans le bassin du Sông Hồng. Dans leur lente descente vers le S., les Vietnamiens absorbèrent le royaume du Champa dont des descendants subsistent dans les provinces de Bình Thuân, Tây Ninh, et près de Châu Đốc. La forte augmentation de la pop. a entraîné l'adoption en 1988 de sévères mesures de contrôle des naissances, qui sont inégalement respectées.

▮ **ÉCONOMIE** ▮ **Agriculture, forêts, élevage et pêche** Le Viêtnam est encore un pays essentiellement agricole, tant par la valeur produite que par le nombre de personnes vivant de l'agriculture : près de 55 % de la population active (2009). La culture du riz, de plus en plus intensive, permet l'exportation depuis 1988. La part des autres cultures devient chaque année plus importante : café (1er rang mondial pour le robusta), poivre, fruits, caoutchouc naturel. La culture du cacao est en expansion. L'exploitation forestière et la pêche sont très actives. L'élevage est encore insuffisant, même si, depuis la libéralisation de l'économie en 1986, l'élevage familial contribue à l'accroissement des revenus des ménages. ▮ **Mines, pétrole et électricité** Le Nord dispose de riches gisements miniers : charbon, fer, étain, apatite, bauxite, et en moindre quantité phosphates, cuivre, zinc, chrome, pierres précieuses et métaux rares. La production du pétrole offshore, au Sud, est en progression constante. Afin de satisfaire une augmentation exponentielle des besoins énergétiques du pays, plusieurs centrales thermiques ont été construites ou sont en cours de construction et des centrales nucléaires sont en projet. La production a déjà augmenté de 50 % entre 2002 et 2006. L'énergie hydroélectrique, avec les grands barrages de Thác Bà, Hòa Bình, Trị An, Đa Nhim (et ceux en construction sur le Sông Bé par exemple) contribue à la modernisation de l'économie et à l'amélioration du niveau de vie, même s'il reste encore beaucoup à faire. ▮ **L'industrie** L'industrie, en dessous de sa capacité de production, attire les investisseurs étrangers surtout depuis la levée de l'embargo américain (fév. 1994), notamment les secteurs informatique (jeux vidéo) et électronique. Avec la création d'entreprises privées autorisée depuis 2000 et l'entrée dans l'OMC en 2007, les exportations ont considérablement augmenté grâce à l'élargissement des débouchés, en particulier pour l'industrie du textile et de l'habillement (États-Unis, Japon, Australie, Chine). Le tourisme est en augmentation constante.

**Viêtnam ▮ Productions en 2008**

| Produits | Quantités | Rang |
|---|---|---|
| ▮ Agriculture | | |
| Arachides | 500 000 t | 9e |
| Bananes | 1 300 000 t | 13e |
| Café | 960 000 t | 2e |
| Canne à sucre | 17 300 000 t | 15e |
| Caoutchouc | 600 000 t | 5e |
| Maïs | 4 100 000 t | |
| Manioc | 7 900 000 t | 9e |
| Noix de coco | 1 100 000 t | 8e |
| Poivre | 91 000 t | 1er |
| Riz | 37 000 000 t | 5e |
| Soie | 3 000 t | 7e |
| Thé | 160 000 t | 6e |
| Bovins (têtes) | 7 000 000 | |
| Porcins (têtes) | 27 000 000 | 5e |
| Pêche | 3 600 000 t | 10e |
| ▮ Mines et énergie | | |
| Étain | 3 500 t | 8e |
| Houille | 42 000 000 t | 17e |
| Hydroélectricité | 28 TWh | |
| Pétrole | 16 000 000 t | |

▮ **HISTOIRE** ▮ ***La préhistoire et l'Antiquité*** Les plus anciens vestiges découverts au Viêtnam remontent au Paléolithique et au Mésolithique (cultures du Sơn Vi, de Hòa* Bình près de Sông Đà : -XIe - -VIIIe millénaires ; culture de Bắc Sơn : -VIe - -Ve millénaires). L'apparition du bronze se situe à l'époque prédongsonienne (-Ier millénaire). L'histoire mythique des rois Hùng régnant sur le royaume de Văn Lang est située vers -2000 à -258. Cet État fut remplacé par le royaume d'Âu* Lạc (-257 - -207). Ce royaume fut conquis par les Chinois (dynastie Qin), puis incorporé dans le royaume Nanyue de Zhao Tuo (Triệu Đà), chef militaire chinois dissident, en -207. ▮ ***La domination chinoise*** Les Han s'emparèrent en -111, et le pays viêt demeura sous la domination chinoise jusqu'en 939, hormis de brèves tentatives pour reconquérir l'indépendance (les sœurs Trưng* : 40 - 43 ; les Lý antérieurs : 544 - 602). ▮ ***Le Đại Việt*** En 939, Ngô Quyền battit les Chinois à la bataille de Bạch Đằng, et libéra le pays. Sa dynastie fut remplacée par celle de Đinh* Bộ Lĩnh (968 - 980), qui elle-même céda la place à celle des Lê antérieurs (980 - 1009). Avec la dynastie des Lý postérieurs (1009 - 1225), le pays viêt, désormais appelé *Đại Việt*, connut son plein épanouissement, s'agrandissant aux dépens du Champa*. ▮ ***Des Trần aux Lê postérieurs*** Les Lý postérieurs furent évincés par la puissante famille des Trần* qui fonda une nouvelle dynastie (1225 - 1413). Sous leur règne, plusieurs tentatives d'invasions mongoles (Yuan) furent repoussées. Les Hồ (1400 - 1407), animés d'une grande volonté novatrice, prirent le pouvoir en 1400, mais ne réussirent ni à s'y maintenir ni à empêcher les Chinois des Ming d'occuper le pays jusqu'en 1428. Lê* Lợi, après avoir résisté de 1418 à 1428, parvint à les chasser et fonda la dynastie des Lê postérieurs. Au début du XVIIe s., l'empire vietnamien absorba une grande partie du Champa. Le pouvoir effectif fut partagé entre deux familles rivales, les Trịnh* au N. et les Nguyễn* au Sud, les empereurs Lê ne conservant qu'une autorité théorique. ▮ ***L'arrivée des Européens et le protectorat français*** À la même époque, les Européens (Hollandais, Anglais, Français) commencèrent à commercer avec le pays. Le Viêtnam connut une grande crise politique et militaire de 1771 à 1802, pendant laquelle ni les seigneurs Trịnh, ni les empereurs Lê, ni la nouvelle dynastie «Tây* Sơn» ne parvinrent à se maintenir. En 1802, la dynastie Nguyễn*, issue des seigneurs Nguyễn, réunifia l'empire, lui donnant le nom de *Việt Nam*. Le farouche esprit d'indépendance du pays, mais aussi les persécutions contre les chrétiens et l'exécution de plusieurs missionnaires poussèrent Napoléon III à intervenir. L'amiral Rigault de Genouilly s'empara de Saigon en 1859. Le traité de 1862 céda la Cochinchine à la France. Francis Garnier* prit Hanoi en 1873. L'empereur Hiệp Hòa fut contraint d'accepter le protectorat français sur le Tonkin et l'Annam. Mais son successeur Kiến Phúc, qui avait pourtant reconnu à son tour ce protectorat par traité (1884), fit appel à la Chine qui envoya des troupes à son secours. Malgré l'abandon temporaire de Lạng* Sơn par les Français (1885), les Chinois durent renoncer à la lutte et signer le traité de T'ien-tsin (Tianjin) reconnaissant l'indépendance du Viêtnam sous protectorat français (1885). ▮ ***L'Union indochinoise*** En 1887 fut créée l'Union indochinoise englobant, la Cochinchine, l'Annam, le Tonkin, le Cambodge et bientôt le Laos sous l'autorité d'un gouverneur général représentant la France. Lanessan, Paul Doumer, Albert Sarrault, notamment, occupèrent successivement ce poste. Cependant l'opposition nationaliste vietnamienne, difficilement vaincue entre 1885 et 1895, se manifesta bientôt sous des formes nouvelles (auxquelles la bourgeoisie et les intellectuels des villes furent sensibles) autant que traditionnelles (révoltes contre l'oppression fiscale au Nord Annam en 1908). En 1931 Hồ* Chí Minh fonda la Parti communiste indochinois, puis, en 1941, le Front du Việt-minh (→ **Việt-minh**). ▮ ***L'occupation japonaise*** Privé de tout secours allié, l'amiral Decoux, gouverneur de l'Indochine, ne put s'opposer à l'occupation de celle-ci par les Japonais (1940), lesquels, en mars 1945, réduisirent la force militaire française et restaurèrent l'indépendance du Viêtnam, gardant Bảo* Đại comme empereur. Dès le mois d'août, ce dernier abdiqua, laissant le Việt-minh prendre le pouvoir. En vertu des accords de Potsdam, les Chinois occupèrent le pays au N. du 17e parallèle et les Britanniques au S. ▮ **La guerre d'Indochine** ▮ ***Du débarquement français à Saigon à la bataille d'Hanoi*** Cependant, en oct. 1945, les troupes du général Leclerc débarquèrent à Saigon et relevèrent rapidement les Britanniques. Les négociations s'engagèrent entre le gouvernement français et Hồ Chí Minh, après la reconnaissance par la France de la République du Viêtnam comme État libre faisant partie de la Fédération indochinoise et de

**Viêtnam.** Scène rurale dans le Nord. *Phot. © Keith Levit /Shutterstock*

l'Union française (mars 1946). Les troupes françaises purent ainsi revenir à Hanoi, assurant l'ordre public en collaboration avec le Viêt-minh. Mais la décision du haut-commissaire français Thierry d'Argenlieu de constituer un «gouvernement provisoire de la Cochinchine» à Saigon (juin 1946) entraîna une protestation du gouvernement vietnamien de Hanoi. Les négociations de Fontainebleau avec Hồ Chí Minh échouèrent pendant l'été. À la suite d'un conflit douanier, la flotte et l'aviation françaises bombardèrent Haiphong (nov. 1946), puis, après l'échec de l'insurrection du Viêt-minh faisant probablement suite à une provocation française (bataille de Hanoi, déc. 1946), Hồ Chí Minh décida d'entrer dans la clandestinité : c'était le début de la guerre d'Indochine. ▮ ***De 1949 à 1954*** En 1949 l'indépendance du Viêtnam fut de nouveau proclamée par la France, avec pour chef d'État Bảo Đại, que le Viêt-minh refusait toujours d'accepter. Le nouvel État fut bientôt reconnu par les États-Unis (fév. 1950), mais ceux-ci, après la victoire des communistes en Chine, s'inquiétèrent de l'appui apporté au Viêt-minh par les Chinois et accrurent leur aide en matériel à la France. Après l'évacuation du haut Tonkin et la retraite de Cao* Bằng et de Lạng Sơn (oct. 1950), les troupes françaises reprirent l'offensive sous le commandement du général de Lattre de Tassigny (1951), puis du général Salan (1952 - 1953), mais la chute du camp retranché de Điện* Biên Phủ, emporté par le général Võ Nguyên Giáp (mai 1954), décida le nouveau gouvernement Mendès France à négocier un cessez-le-feu en Indochine. En juil. 1954, les accords de Genève (→ **Genève [conférences de]**), non signés par les États-Unis, mirent fin à la guerre et reconnurent l'indépendance du Laos, du Cambodge et du Viêtnam, partageant ce dernier en deux zones de part et d'autre du 17$^{e}$ parallèle. ▮ **La guerre du Viêtnam** La réunification du pays devait intervenir après des élections générales, organisées dans les deux ans, et la constitution d'un gouvernement. Au N. fut instaurée, sous la présidence de Hồ Chí Minh, une République démocratique étroitement alliée à l'URSS et à la Chine. Au Sud Bảo Đại nomma Premier ministre Ngô* Đình Diệm, qui, après avoir déposé le chef de l'État (1955), proclama une République du Viêtnam dont il fut élu président, et qu'il gouverna de façon autoritaire tout en dépendant de plus en plus des États-Unis. Menacé par les guérillas du Việt*-cộng soutenu par le Viêtnam du Nord, il obtint de Kennedy, à partir de 1961, un renforcement considérable de l'aide des États-Unis et l'accroissement du nombre de conseillers américains à Saigon. Le débarquement des troupes américaines et les bombardements aériens sur le N. commencèrent en 1965 et ne cessèrent de s'amplifier jusqu'en 1968 (les troupes atteignirent alors 530 000 hommes). En dépit de ce colossal effort et de la constitution d'une forte armée sud-vietnamienne, le Việt*-cộng et les Nord-Vietnamiens purent déclencher l'offensive du Têt (janv. 1968) contre les grandes villes du Sud. Malgré l'échec de cette entreprise, le président Johnson décida (mars) d'engager des négociations avec Hanoi. ▮ ***La paix*** Des pourparlers s'ouvrirent à Paris (mai) qui amenèrent l'arrêt total des bombardements sur le Viêtnam du Nord (oct.). Après son élection, le président Nixon s'engagea dans la voie de la réduction des effectifs américains (1969), mais ordonna la reprise des bombardements aériens et le blocus des ports nord-vietnamiens (1972). La conférence de Paris finit par aboutir à un cessez-le-feu théorique en 1973. → **Kissinger, Lê Đức Thọ.** En avr. 1975, après la démission du président Nguyễn* Văn Thiệu, les troupes communistes soumirent le Sud, tandis que les derniers Américains étaient évacués. ▮ **Le Viêtnam réunifié** ▮ ***Les institutions et les dirigeants*** Le pays, officiellement réunifié en juil. 1976, devint la République socialiste du Viêtnam, avec Hanoi pour capitale. Son président fut Tôn Đức Thắng (1976 - 1980), puis, successivement, Trường Chinh (1980 - 1986), Võ Chí Công (1987 - 1992), Lê Đức Anh (1992 - 1997) Trần Đức Luong (1997) ; au Premier ministre Phạm* Văn Đồng (1976 - 1986) succédèrent Phạm Hùng (1987 - 1988), Đỗ Mười (1988 - 1992), Võ Văn Kiệt (1992 - 1997), Phan Văn Khải (1997). Ses institutions (constitution de 1980, modifiée en 1992), prolongent celles de l'ancien Viêtnam du Nord (pouvoir du parti communiste, gestion par l'État en principe soumise au contrôle de l'Assemblée nationale élue au suffrage universel sans l'existence de partis d'opposition, et maintien du principe de la dictature du prolétariat). Le Viêtnam a été admis comme membre de l'ONU en 1977. ▮ ***Les relations avec le Cambodge et la Chine*** En 1979, après un conflit de deux ans, il participa à la chute du régime des Khmers rouges (→ **Cambodge**) mais il retira ses troupes de ce pays en 1989. En 1991, des relations en principe cordiales ont été reprises avec la Chine qui avait tenté d'envahir le Viêtnam en 1979, mais sans qu'ait pu être réglé (mars 1993) un grave contentieux de frontières maritimes entre les deux pays. ▮ ***L'ouverture*** Depuis 1986, le Đổi Mới (Renouveau) est perceptible sur le plan économique. Des réformes libérales ont été engagées et le pays s'est ouvert sur l'extérieur, grâce notamment à la reprise des relations diplomatiques avec Washington en 1995. En 2000, la création d'entreprises privées a été autorisée. Le pays est ainsi redevenu une puissance régionale. La lutte contre la corruption a été l'objectif prioritaire du régime en 2005, cependant le régime reste autoritaire. Vingt ans après la mise en place du Đổi Mới, le pays est parvenu à entrer à l'OMC (2007). La croissance soutenue depuis la fin des années 1990 est freinée depuis 2008 en raison du ralentissement mondial des exportations et d'une forte tendance inflationniste qui a nécessité une politique d'austérité. Nguyen Tan Dung dirige le gouvernement depuis 2006 et travaille à une coopération renforcée avec la Chine tant sur le plan commercial que stratégique.

---

**VIEUSSENS (Raymond)** ♦ Médecin et anatomiste français (Le Vigan 1641 - Montpellier 1715). Médecin de la Grande Mademoiselle*, il fit de nombreuses découvertes anatomiques (*centre ovale de Vieussens*, substance blanche des hémisphères cérébraux ; *valvule de Vieussens*, lame de substance nerveuse entre le cervelet et les pédoncules cérébelleux supérieurs). [Acad. sc. 1708]

**VIEUX-BRISACH** → **Breisach**

**Vieux-Colombier** (théâtre du) ♦ Nom donné au théâtre Athénée-Saint-Germain par J. Copeau* lorsqu'il en prit la direction (1913) et à la troupe qu'il constitua afin de faire connaître des textes à un public le plus large possible (les billets y étaient les moins chers de Paris). Il y créa une école en 1920. Après son départ (1924), divers directeurs y défendirent la création contemporaine (*Huis clos* de Sartre, 1944 ; *Mort d'un commis voyageur* d'A. Miller, 1952). Fermée en 1972, rouverte en 1993, la salle est placée sous l'autorité de l'administrateur général de la Comédie-Française. Elle reste destinée aux créations.

**VIEUX-CONDÉ** [59690] ➝ **ÉTYM.** du précelt. *condate* «confluent» ♦ Comm. du Nord, arr. de Valenciennes, sur l'Escaut. 10 641 hab. *(Vieux-Condéens)*. Indus. automobile.

Le **Vieux Cordelier** ♦ Troisième et dernier journal fondé par Camille Desmoulins, publié de déc. 1793 à janv. 1794. Dès les premiers numéros, il dénonça l'«exagération en moustaches» (les hébertistes), puis, hostile au régime de la Terreur, il critiqua le Comité de salut public et appela à la création d'un «Comité de clémence». Ces attaques entraînèrent la saisie du septième et dernier numéro.

**VIEUX DE LA MONTAGNE** ♦ Nom donné par les croisés et par Marco Polo au chef de l'ordre des assassins*.

**VIEUX-HABITANTS** [97119] ➝ **ÉTYM.** les anciens colons de la Compagnie des Isles d'Amérique se retiraient là une fois leurs contrats terminés ♦ V. de la Guadeloupe, arr. de Basse-Terre, située sur la côte sous-le-vent. 7 611 hab. Église coloniale (XVIII$^{e}$ s.).

**VIEUXTEMPS (Henri)** ♦ Violoniste et compositeur belge (Verviers 1820 - Alger 1881). Élève de C. de Bériot, puis premier prix du Conservatoire de Paris, il fit de nombreuses tournées de concerts en Europe et en Amérique. Professeur au conservatoire de Bruxelles (1871), il eut pour élève E. Ysaye. Il est l'auteur de concertos et d'habiles transcriptions pour violon.

**VIF** [38450] ➝ **ÉTYM.** du lat. *vicus* «village» ♦ Ch.-l. de cant. de l'Isère, arr. de Grenoble, sur la Gresse. 6 478 hab. *(Vifois)*. Église en partie romane, restaurée.

**VIGAN (LE)** [30120] ♦ Ch.-l. d'arr. du Gard, sur l'Arre. 4 429 hab. (aggl. 6 242) *(Viganais)*. Pont du XIII$^{e}$ s. Musée cévenol. ▪ Centre d'excursions.

**VIGANO (Salvatore)** ♦ Chorégraphe et danseur italien (Naples 1769 - Milan 1821). Issu d'une famille de danseurs, neveu de Boccherini, il fit à Madrid la rencontre de Dauberval, disciple de Noverre, dont l'influence fut sensible sur ses conceptions de chorégraphe. Au cours d'une tournée à Vienne, il connut Beethoven qui composa pour lui le ballet *Les Créatures de Prométhée* (1801). Devenu maître de ballet à la Scala de Milan (1812), il créa de nombreuses chorégraphies dans un style apparenté au mimodrame et riche d'une expression souvent proche du réalisme *(Les Strelitzes, Otello, Dédale, La Vestale, Les Titans)*. Stendhal a exprimé pour son art une admiration sans réserve.

**VIGÉE-LEBRUN (Élisabeth)** ♦ Peintre française (Paris 1755 - *id.* 1842). Elle étudia auprès de son père LOUIS VIGÉE (1727 - 1767), puis fut encouragée par Doyen, J. Vernet* et Greuze*. Elle obtint rapidement le succès et devint la portraitiste attitrée de Marie-Antoinette (*La Reine et ses enfants,* 1787). Elle évita les grands effets dans ses compositions, mais, sous l'influence du rousseauisme, des théories artistiques de Diderot et à l'exemple de Greuze, elle donna souvent des expressions attendrissantes et théâtrales à ses modèles et souligna leur grâce non sans afféterie. Vers 1785, inspirée par David*, elle épura son style : insistant sur le dessin, elle donna un aspect plus sec à son modelé et vêtit ses modèles à l'antique (*Mme Vigée-Lebrun et sa fille,* 1789). Elle émigra en 1789, voyagea en Europe puis rentra en France en 1802 et se fixa à Louveciennes en 1810. En 1835 - 1837, elle publia ses mémoires *(Souvenirs).*

**VIGEOIS** [viʒwa] [19410] ♦ Ch.-l. de cant. de la Corrèze, arr. de Brive-la-Gaillarde. 1 191 hab. *(Vigeoyeux).* Église romane ornée d'intéressants chapiteaux. Pont médiéval sur la Vézère.

**VIGEVANO** ♦ V. d'Italie, en Lombardie (prov. de Pavie), dans la vallée du Tessin. 57 450 hab. Place ducale à arcades et château des Visconti agrandi par les Sforza (fin du XVe s.), pour lesquels travailla probablement Bramante. Églises Saint-Georges, Saint-François et Saint-Pierre-Martyr (XIVe s.). Cathédrale (XVIe s., remaniée XVIIe - XVIIIe s.). ▪ Centre agricole et indus. : caoutchouc, textiles, chaussures.

**VIGILE** ♦ (Rome - Syracuse 555). 59e pape (537 - 555). Il prit la place du pape Silvère* à l'exil duquel il avait contribué. Mis en résidence forcée à Constantinople (547), il finit par ratifier, sous la pression, la condamnation des « Trois Chapitres » que Justinien avait fait prononcer par le concile de Constantinople* (553). Il mourut en rentrant à Rome.

**VIGNEAULT (Gilles)** ♦ Chanteur et compositeur canadien (Natashquan 1928). Après avoir exercé de nombreux métiers et publié des poèmes et des pièces de théâtre, il débuta en 1961 dans la chanson. Chantre des grands espaces et de la neige (« mon pays, ce n'est pas un pays, c'est l'hiver »), s'inspirant d'airs et de thèmes folkloriques, il a largement participé au renouveau culturel du Québec.

**VIGNEMALE** n. m. ➛ ÉTYM. du pré-indo-eur. *°vinea* « montagne » et *°mala* « montagne » ♦ Sommet des Hautes-Pyrénées* (3 298 m) dominant le lac de Gaube*. C'est le point culminant des Pyrénées françaises.

**VIGNEUX-DE-BRETAGNE** [44360] ➛ ÉTYM. du lat. *vicus novus* « village neuf » (avec attraction de *vigne*) ♦ Comm. de la Loire-Atlantique, arr. de Nantes. 4 712 hab.

**VIGNEUX-SUR-SEINE** [91270] ➛ ÉTYM. du lat. *vicus novus* « village neuf », déformé en *vi-neu(f)* et interprété *vineux* ♦ Ch.-l. de cant. de l'Essonne, arr. d'Évry, sur la Seine. 25 652 hab. *(Vigneusiens).*

**VIGNOLE (Giacomo BAROZZI, dit il Vignola, en fr. LE)** ➛ ÉTYM. du n. de son lieu de naissance ♦ Architecte italien (Vignola 1507 - Rome 1573). Il fut avec Andrea Palladio* le plus important architecte italien de la seconde moitié du XVIe s. Après des études à Bologne, il s'installa à Rome en 1530 et dessina des monuments antiques en vue d'une édition du traité de Vitruve*. Il passa ensuite près de deux ans (1541 - 1543) à Fontainebleau et à Paris, où il rencontra probablement le Bolonais Sebastiano Serlio*. À son retour en Italie, il construisit le palais Bocchi à Bologne et fut appelé à Rome (1550) par le pape Jules III, pour qui il édifia la villa Giulia en collaboration avec Vasari* et Bartolomeo Ammannati (1551 - 1555). C'était une résidence d'été conçue selon le type des anciennes villas décrites par Pline le Jeune : une petite maison intégrée dans un spacieux jardin. Vignole travailla aussi, après la mort de Jules III, pour les Farnèse ; il acheva pour eux à Caprarola (près de Viterbe) une villa dont les plans avaient été dessinés par Antonio da Sangallo* et Baldassare Peruzzi*. Mais la grande découverte de Vignole fut l'utilisation de l'ovale dans les édifices religieux, formule qui devait connaître un grand essor en milieu romain baroque (XVIIe s.) : à Saint-André, sur la voie Flaminienne (1554), il commença par incorporer au plan rectangulaire une coupole ovale tandis qu'à Sainte-Anne-des-Palefreniers (début des travaux v. 1572), il étendit cette idée à l'ensemble de l'édifice (plan et coupole ovales). L'œuvre la plus importante de Vignole reste le Gesù* (1568), église mère de la Compagnie de Jésus. En raison de l'importance accordée au prêche, il conçut un plan basilical avec une unique nef large et des chapelles latérales, et ce plan fut propagé un peu partout dans le monde par les jésuites. Vignole écrivit aussi un traité d'architecture (*Regola degli cinque ordini d'architettura,* 1562) où il reprit en un exposé plus didactique les principes élaborés par Serlio. Ce livre, de tendance académique, deviendra le principal manuel des élèves architectes en Europe et particulièrement en France pendant près de trois siècles.

**VIGNON (Claude)** ♦ Peintre et graveur français (Tours 1593 - Paris 1670). Formé probablement auprès du peintre maniériste G. Lallemant, il se rendit en Italie en 1616 où il adopta le clair-obscur du Caravage* et subit aussi l'influence de D. Feti. Il séjourna en Espagne, puis en France, exécuta des travaux de décoration pour la cour, réalisa des cartons de tapisserie, des illustrations de livres et peignit de nombreux tableaux religieux. On décèle dans sa production abondante et inégale une prédilection pour les effets théâtraux, les expressions brutales, les attitudes maniérées et une touche heurtée *(Esther devant Assuérus).* La facture large et nerveuse de ses gravures s'apparente parfois à celle de Rembrandt* dont il semble avoir connu les œuvres assez tardivement.

**VIGNORY** [52320] ➛ ÉTYM. anc. *Wambionis rivus,* du germ. *Wangio,* n. de pers., et lat. *rivus* « ruisseau » ♦ Ch.-l. de cant. de la Haute-Marne, arr. de Chaumont. 307 hab. Église Saint-Étienne bâtie de 1032 à 1057, précieux témoignage de l'architecture romane de l'époque.

**VIGNY (Alfred, comte DE)** ♦ Écrivain français (Loches 1797 - Paris 1863). Issu d'une vieille famille noble et élevé dans le culte des armes et de l'honneur, il rêva de gloire militaire (1814) ; mais, déçu par la vie de garnison, il composa dès 1822 son poème *Moïse,* puis *Éloa ou la Sœur des anges,* épopée en trois chants qui connut un grand succès. Fréquentant désormais les milieux littéraires, dont le Cénacle* (il se lia avec Victor Hugo*), Vigny groupa les œuvres écrites de 1822 à 1826 dans les *Poèmes* antiques et modernes* (complétés en 1837) tandis qu'avec *Cinq*-Mars* (1826), roman historique qui évoque la noblesse humiliée par la monarchie absolue, il entamait son « épopée de la désillusion ». Il illustra ensuite la solitude morale du génie dans *Stello** (1832), roman qui trouvera une forme dramatique avec *Chatterton** (1835), et dit la détresse du soldat, troisième paria de la société moderne, dans *Servitude* et Grandeur militaires* (1835). Le pessimisme religieux de Vigny, déjà sensible dans *Daphné* (1837), s'accentua quand il perdit sa mère et rompit douloureusement avec l'actrice Marie Dorval*. Déçu également par les hommes (accueil réservé à l'Académie française en 1845, et échec politique en 1848), il proclama cependant son optimisme humaniste dans les poèmes des *Destinées** (posth. 1864). Louis Ratisbonne, qui réunit le recueil, publia également les notes intimes de Vigny (*Journal d'un poète,* posth. 1867). Il y apparaît comme un penseur hanté par l'idée de la destinée : au silence de Dieu et à l'indifférence de la Nature « impassible théâtre (de) la comédie humaine », doit répondre le mépris de l'homme « passagère et sublime marionnette », qui peut mettre toute sa confiance, en revanche, dans la puissance et la bienfaisance de l'Idée, et construire, par la pitié et par l'amour, sa cité sur terre. Mettant lui-même son œuvre au service de la postérité, Vigny se refusa à toute effusion lyrique : son expérience personnelle et sentimentale, volontairement intellectualisée, devient une « pensée philosophique [...] mise en scène sous une forme épique et dramatique ». Lecteur passionné de la Bible, Vigny recourt dans son œuvre poétique à des images et à des symboles simples et puissants, et bâtit une « épopée discontinue » où des figures mythiques, Moïse, Samson ou Jésus, dialoguent avec de grandes entités (Dieu, la Nature, l'Esprit) suivant un schéma dramatique. ➛ ÉTYM. Ce nom de famille vient d'un nom de lieu, du latin *vinetum* « lieu planté de vignes ».

**VIGO (Jean)** ♦ Cinéaste français (Paris 1905 - *id.* 1934). Fils de l'anarchiste Almereyda qui mourut en prison (1917), il garda l'empreinte d'une enfance malheureuse et affirma un esprit de révolte dans une œuvre trop brève, interrompue par une mort prématurée. Impitoyable et sarcastique, il dénonce la comédie sociale sous deux de ses aspects ; l'égoïsme et la vanité des heureux du monde (*À propos de Nice,* 1929, application de la théorie du ciné-œil, de Vertov*), le désarroi de l'enfance livrée aux adultes (*Zéro* de conduite,* 1933). Enfin, avec une grâce poétique dont témoignent aussi ses deux premières œuvres, *L'Atalante** (1934) est un documentaire lyrique sur la vie d'un couple de mariniers, où se conjuguent les vertus contrastées du réalisme et du surréalisme.

**VIGO** ♦ V. d'Espagne (Galice), prov. de Pontevedra. 294 772 hab. Actif port de commerce transatlantique. Pêche (sardines). Conserveries. Automobiles. ▮ **Histoire** Lors de la guerre de Succession d'Espagne, des galions espagnols venant du Mexique, sous la protection d'une escadre française commandée par Château-Renault, y furent coulés par la flotte anglo-hollandaise (1702).

**VIHIERS** [49310] ➛ ÉTYM. du lat. *vivarium* « vivier » ♦ Ch.-l. de cant. du Maine-et-Loire, arr. de Saumur. 3 992 hab.

**VIIPURI** → **Vyborg**

**VIITA (Lauri Arvi)** ♦ Poète et romancier finlandais d'expression finnoise (Pirkkala 1916 - Helsinki 1965). Fils d'un ouvrier du bâtiment, il travailla d'abord comme charpentier. Il connut le succès avec son premier recueil, *Le Meunier de béton* (1947) et se consacra à la littérature. Il adopta au début une attitude virile et agressive, critiquant toute fausseté et hypocrisie. *Kukunor* (1949), long conte de fées en vers, mi-sérieux mi-fantaisiste, et *Tordu* (1954) poursuivent ses méditations morales sur un ton à la fois satirique et angoissé. Son roman *La Moraine* (1950) décrit la vie de la classe ouvrière sans parti pris politique. Sa mort accidentelle l'empêcha d'achever une trilogie.

**VIJAYANAGAR** n. m. ♦ Royaume indien hindou fondé en 1336 dans le centre du Dekkan afin de lutter contre l'emprise musulmane. Après deux siècles de luttes, sa capitale Vijayanagar (actuellement

Hampi, sur la rive sud de la Tungabhadra) fut prise et entièrement pillée en 1565 par les troupes alliées des sultans musulmans du Dekkan. Son site, très étendu, conserve encore de très beaux monuments de l'époque.

**VIJAYAVADA** ou **BEZWADA** ♦ V. de l'Inde (Andhra Pradesh), à la tête du delta de la Krishna. 1 011 152 hab. Important centre ferroviaire lié au pont sur la Krishna. Développement industriel en cours.

**Viking** ♦ Nom de deux sondes américaines destinées à l'exploration de la planète Mars*. Lancées respectivement le 20 août et le 9 sept. 1975, elles comportaient chacune deux parties, un module orbital et un module appelé *Lander*, devant se poser en douceur sur Mars afin d'effectuer des études du sol et de l'atmosphère. Les atterrissages sur Mars eurent lieu en 1976 ; les deux sondes prélevèrent des échantillons de roches et effectuèrent de nombreuses mesures.

**VIKINGS** n. m. pl. ➝ ÉTYM. «les hommes qui entrent dans les baies», du vx norv. *vik* «baie» ♦ Navigateurs-commerçants scandinaves, organisés et équipés sans doute depuis le VI^e s. pour pratiquer le trafic de l'ambre, des peaux et fourrures, des esclaves et de produits manufacturés, et que les circonstances (délabrement de l'Empire carolingien, interruption par les Arabes de l'axe d'échanges Est-Ouest par la Méditerranée) ont soudain transformés en prédateurs quand l'occasion était propice. Les Vikings opéraient à l'Ouest et non à l'Est car, là, ils s'appelaient *vaæringjar* «les hommes qui font le trafic de marchandises», les *Varègues*. En France, on les appelle volontiers Normands (de *nordr* et *mannr* «hommes du Nord»). La terreur durable qu'ils ont inspirée à l'Occident et qui, en vérité, tient du mythe, vient de ce que leurs principales victimes, les seules à pouvoir écrire sur leur compte, étaient les clercs, moines, abbés, prieurs et autres hommes d'Église. La merveille technique que représente leur bateau (*knörr* ou *skeid* et non «drakkar») était propre aux coups de main éclairs et donc à terroriser les populations. Ils ont sévi pendant deux siècles et demi (v. 800 à v. 1050), hantant l'Occident et l'Orient : le nord (jusqu'à Arkhangelsk par la mer Blanche) ; l'ouest (en faisant du cabotage le long des côtes de France, d'Espagne et d'Italie jusqu'à Constantinople ; plein ouest vers la Grande-Bretagne, l'Islande qu'ils ont colonisée, le Groenland et, sans doute, le Labrador ; le sud par les fleuves jusqu'au nord de l'Italie) ou l'est (par les lacs et fleuves russes) jusqu'à Constantinople. Le but majeur de leurs expéditions était de s'enrichir, par tous les moyens possibles (commerce, pillage, mais aussi colonisation et mercenariat). Le mouvement suit une évolution claire, en quatre phases : de 800 à 850, période de tâtonnements et de mise en condition des populations investies ; de 850 à 900, raids plus systématiques ; à partir de 900 et jusqu'en 980, période d'installations ou de colonisations (dans le Danelaw anglais, en Irlande du Sud, en Islande, au Groenland [→ **Erik le Rouge, Leif Eriksson**], en Normandie française [→ **Rollon**] et dans les principautés slaves de Novgorod et de Kiev qui, une fois réunies, formeront l'État russe) ; enfin, entre 980 et 1050, quelques grands raids de caractère plus nettement militaire, qui sont le fait des souverains danois Sven* à la Barbe fourchue et Canut* le Grand. Le phénomène cesse autour de 1050, d'une part en raison de la christianisation du Nord dans son ensemble autour de l'an mille, qui rendait impossible le trafic des esclaves, principale «marchandise» des Vikings, d'autre part parce que les États scandinaves eux-mêmes, à l'image des pays plus méridionaux, avaient fini par mettre au point un système de gouvernement qui ne tolérait plus des initiatives comme celles des Vikings. Les bouleversements économiques et politiques qu'a entraînés ce mouvement sont considérables : les Vikings ont contribué à façonner l'Occident moderne.

**Vikings.** Tête de Viking sculptée dans une corne d'élan, fin XI^e s. Musée des Antiquités nationales, Stockholm. *BIS/Phot. Sören Hallgren © Archives Larbor*

**VILAINE** n. f. ➝ ÉTYM. anc. *Vicinonia, Visnonia,* devenu *Vilaine* par dissimilation *(n-n)* et attraction paronymique de *vilain* ♦ Fl. de Bretagne (225 km). La Vilaine prend sa source dans la Mayenne, passe à Vitré, Rennes où elle reçoit l'Ille, Redon, traverse le canal de Nantes à Brest, coule à La Roche*-Bernard, où commence son estuaire. Elle a été aménagée. → **Arzal.**

**VILA NOVA DE GAIA** ♦ V. du Portugal, située en face de Porto*, sur la rive g. du Douro. 178 503 hab. Chais de vieillissement et entrepôts des vins de Porto.

**VILAR (Jean)** ♦ Acteur, metteur en scène et animateur de théâtre français (Sète 1912 - *id.* 1971). La rencontre avec Charles Dullin* (1933) le détermina à s'orienter vers le théâtre. Il se fit remarquer dès ses premières mises en scène (Synge, Strindberg, Molière). Après le succès, en 1945, de *Meurtre dans la cathédrale* de T. S. Eliot, il créa le Festival d'art dramatique, premier festival d'Avignon* et fut nommé directeur du Théâtre* national populaire, installé au palais de Chaillot. À la tête d'une équipe militante, il établit des liaisons avec le public, au moyen de l'association des Amis du Théâtre populaire et de la revue *Bref.* Sous sa direction (1951 - 1963), le TNP accueillit environ 5 millions de spectateurs. Parallèlement, Jean Vilar développait le festival d'Avignon et y présentait des spectacles entrés dans la légende (*Le Cid, Le Prince de Hombourg,* 1951, avec Gérard Philipe). Partisan d'un théâtre sobre, mais non austère (il a travaillé avec des peintres tels Gischia*, Pignon, Prassinos), il confiait au comédien le rôle d'agent de communion avec le public, pour une réflexion en commun sur de grands sujets tels que la justice ou le pouvoir (*La Mort de Danton* de Büchner, 1953 ; *Arturo Ui* de Brecht, 1960 ; *L'Alcalde de Zalamea* de Calderón, 1961). Homme de rigueur, il ne dissociait pas éthique et esthétique, texte, acteur et spectateur. ➝ ÉTYM. *Vilar* vient du bas latin *villare* «ferme» (→ aussi Villiers).

**VILA REAL** ➝ ÉTYM. port. «petite ville *(vila)* royale *(real)*» ♦ V. du Portugal (région Nord), ch.-l. de district, dans le Trás-os-Montes. 50 423 hab. Créée au XIII^e s. (maisons anc.), elle prend un nouvel essor (université, cité-pilote du Conseil de l'Europe, etc.). ▪ Aux environs, manoir baroque de Mateus.

**VILDE (Edvard)** ♦ Romancier et auteur dramatique estonien (Simouna, Rakvere 1865 - Tallinn 1933). Dans ses œuvres, à base de thèmes sociaux, Vilde décrivit d'une façon dramatique la misère et la révolte de son peuple.

**VILDÉ (Boris)** ♦ Ethnologue et résistant français d'origine russe (Petrograd 1908 - mont Valérien 1942). Il quitta la Russie en 1919 et parvint en France après un passage en Estonie et en Allemagne. Il rencontra Paul Rivet qui le chargea du département des civilisations arctiques au musée de l'Homme. Au lendemain de 1940, il prit part avec des collègues, notamment Germaine Tillion* et Jean Cassou, à la création d'un des premiers réseaux de Résistance, connu sous le nom de Réseau du musée de l'Homme. Arrêté en mars 1941 par la Gestapo, il fut fusillé en janvier 1942.

**VILDRAC (Charles MESSAGER, dit Charles)** ♦ Écrivain français (Paris 1882 - Saint-Tropez 1971). Fondateur, avec son beau-frère, Georges Duhamel*, et quelques amis (Albert Gleizes, René Arcos, Albert Doyen) du groupe de l'Abbaye* (1907 - 1908), il a été le poète de la pudeur et de la tendresse (*Poèmes 1905,* 1906 ; *Livre d'amour,* 1910) avant de devenir, au lendemain de la Grande Guerre, celui de la douleur et de la révolte (*Chants du désespéré,* 1920). Il se consacra aussi au théâtre par des œuvres d'une rare sobriété de moyens et riches cependant d'un grand pouvoir de suggestion. La création, par Jacques Copeau, du *Paquebot Tenacity* (1920), chef-d'œuvre du drame intimiste, devait être suivie, sur d'autres scènes, de celles du *Pèlerin* (1921), de *Michel Auclair* (1922), de *Madame Béliard* (1925) et de *La Brouille* (1930). Vildrac est aussi l'auteur de charmants ouvrages pour la jeunesse (*Les Lunettes du lion* suivi de *La Famille Moineau,* 1952).

**VILHJÁLMSSON (Thor)** ♦ Écrivain islandais (Édimbourg 1925). Il est l'exemple même de l'intercesseur littéraire et artistique. Une vie de voyages dans le monde entier, une curiosité universelle, une activité intense de diffusion, notamment dans la revue *Birtingur,* lui ont permis de faire connaître à ses compatriotes tous les grands mouvements artistiques, philosophiques et littéraires qui ont eu cours en Occident depuis plus d'un demi-siècle. Il a suivi toutes les tendances du modernisme dans certains de ses essais ou romans

(*L'homme est toujours seul*, 1950 ; *Vite, vite disait l'oiseau*, 1968) mais il est revenu à ses sources avec *La mousse grise brûle* (1986) ou *Nuits à Reykjavik* (1996), où il chante son Islande immortelle.

**VILLA (Doroteo ARANGO, dit Pancho)** ♦ Général et révolutionnaire mexicain (San Juan del Río, Durango 1878 - Parral, Chihuaha 1923). Fils d'un paysan, chef de bande, il servit Madero* contre P. Díaz* (1910). Perpétuel révolté, passant d'un parti à l'autre, il constitua une véritable armée, échappa à l'« expédition punitive » du général américain Pershing, mais finit par faire sa soumission au gouvernement légal d'Obregón en 1920 et mourut assassiné trois ans plus tard.

**VILLA BENS** → **Tarfaya**

**VILLACH** ♦ V. d'Autriche (Carinthie), sur la rive d. de la Drave. 57 492 hab. Place entourée de maisons du XVIe s. ; église paroissiale Saint-Jacob, XIVe - XVe s. (remaniée au XIXe s.). ▪ Indus. du bois. Nœud ferroviaire (Vienne, Venise, Salzbourg, Belgrade).

**VILLA CISNEROS** → **Dakhla**

**VILLACOUBLAY** → **Vélizy-Villacoublay**

**VILLAFRANCA DI VERONA** ♦ Loc. d'Italie, en Vénétie (prov. de Vérone), sur le Tione. 29 353 hab. Marché agricole. Indus. de la soie, pâtes alimentaires. ♦ ***Préliminaires de Villafranca*** Après les victoires franco-sardes de Magenta et Solferino sur les forces autrichiennes (campagne d'Italie*, juin 1859), un armistice fut signé le 8 juil. 1859 à Villafranca, où Napoléon III proposa à l'empereur d'Autriche François-Joseph une entrevue (12 juil.). Les préliminaires du traité de paix de Zurich* y furent signés ; ils stipulaient la formation d'une confédération italienne sous la présidence honoraire du pape (la Vénétie y étant rattachée tout en demeurant possession de la Couronne autrichienne) ; la cession par l'Autriche de ses droits sur la Lombardie à la France qui les rétrocéderait au Piémont ; le rétablissement des ducs de Toscane et de Modène. Ces accords provoquèrent la démission de Cavour.

**VILLAHERMOSA** ♦ V. du S. du Mexique, cap. de l'État de Tabasco. 335 778 hab. Musées archéologiques (de Tabasco ; parc de la Venta). Malgré le boom pétrolier, la ville, célèbre pour ses flamboyants, a gardé un charme tropical. Son aéroport dessert le site maya de Palenque*.

**VILLAINES-LA-JUHEL** [53700] ▸ **ÉTYM.** du bas lat. *villana (terra)* « (terre) non noble » ♦ Ch.-l. de cant. de la Mayenne, arr. de Mayenne. 3 179 hab. Indus. diversifiées.

**VILLA-LOBOS (Heitor)** ♦ Compositeur brésilien (Rio de Janeiro 1887 - *id.* 1959). Autodidacte, aussi habile à la guitare qu'au violoncelle, il parcourut dans ses jeunes années la presque totalité du territoire de son pays et découvrit les richesses du folklore brésilien dont toute son œuvre allait être imprégnée. Il fit ensuite de longs séjours à Paris, entre 1923 et 1930, où ses *Chóros*, pages fougueuses et hautes en couleur, et ses *Miniatures*, empruntées aux danses et aux chants populaires indiens et brésiliens, firent sensation. Influencées par son admiration pour Bach, ses *Bachianas Brasileiras* marquèrent un peu plus tard son souci d'une synthèse de l'écriture contrapuntique et des modalités propres à la musique brésilienne. Nommé surintendant de l'Éducation musicale dans l'État de Rio (1932), il exerça une intense activité d'animateur dans les écoles et les milieux populaires, multipliant les concerts et les créations de chorales. Le Brésil lui doit la fondation d'un Conservatoire national pour le chant choral (1943) et d'une Académie de musique (1945). Son œuvre, extrêmement abondante, comprend des opéras, des ballets, des compositions religieuses, les neuf *Bachianas Brasileiras* et seize *Chóros*, des symphonies, concertos, quatuors à cordes, pièces pour guitare, pour piano et de nombreuses mélodies. ▸ **ÉTYM.** *Villa-Lobos* vient de l'ancien portugais *villa* « village » et *lobos* « loups » (nom d'un lieu hanté par les loups).

**VILLANDRAUT** [vilɑ̃dʀo] [33730] ▸ **ÉTYM.** de l'occit. *vila* « hameau » et *Andraud*, n. de pers. ♦ Ch.-l. de cant. de la Gironde, arr. de Langon, sur le Ciron. 815 hab. *(Villandrautais)*. Ruines d'un imposant château (XIVe s.) bâti pour Bertrand de Got, né à Villandraut, élu pape sous le nom de Clément V.

**VILLANDRY** [vilɑ̃dʀi] [37510] ▸ **ÉTYM.** « domaine (lat. *villa*) d'Andry (n. de pers.) » ♦ Comm. de l'Indre-et-Loire, arr. de Tours, sur le Cher. 920 hab. *(Colombiens)*. Château construit au début du XVIe s. par Jean Le Breton, secrétaire d'État de François Ier. Donjon du XIVe s. ; jardins à la française reconstitués de nos jours en leur état du XVIe s. d'après d'anc. documents.

**VILLANI (Giovanni)** ♦ Chroniqueur italien (Florence v. 1275 - 1348). Après avoir voyagé en Italie, en France et en Flandre, il se fixa définitivement (1312) à Florence où il tint d'importantes charges municipales. Il laissa un document précieux sur la vie économique, civique et sociale de Florence avec sa *Nouvelle Chronique* qui va des origines à 1348. Elle fut continuée par son frère et son neveu jusqu'à l'année 1364. ▸ **ÉTYM.** Ce nom de famille vient de l'italien *villano* « vilain [habitant de la campagne] ».

**VILLANOVA** ♦ Village près de Bologne* où fut découverte en 1853 une riche nécropole protohistorique qui a donné son nom à la civilisation *villanovienne*. Cette civilisation, qui apparut v. –1000 dans le N. du Latium, en Toscane, marque le début de la métallurgie du fer en Italie. Elle se caractérisait par ses rites funéraires : comme leurs prédécesseurs de la civilisation des Terramares*, les *Villanoviens* incinéraient leurs morts mais plaçaient les cendres dans des urnes biconiques qu'ils enterraient. Au –VIIIe s., les Étrusques* leur succédèrent.

**VILLANUEVA (Juan DE)** ♦ Architecte espagnol (Madrid 1739 - *id.* 1811). Fils du sculpteur JUAN DE VILLANUEVA (Polo de Siero 1681 - Madrid 1765), il se forma surtout à Rome et fut l'un des représentants de la réaction néoclassique en architecture, favorisée par le roi Charles III. Villanueva reçut la charge d'architecte principal des palais royaux en 1789 et de directeur de l'Académie royale en 1792. Il subit surtout l'influence de l'architecture française et édifia notamment, à l'Escurial, la Casa de Infantes, 1771, la Casita del Principe, 1771, celle d'Aniba, 1773, et, à Madrid, la Casita del Principe du Pardo. Il est aussi l'auteur du monumental musée du Prado (1784 - 1791) et de l'observatoire (1790).

**VILLARD (Paul Ulrich)** ♦ Physicien français (Lyon 1860 - Bayonne 1934). Il découvrit (1900) que les corps radioactifs émettent, outre les particules $\alpha$ et $\beta$, un rayonnement non dévié par le champ magnétique, les rayons $\gamma$, qu'il identifia comme étant de même nature que la lumière. [Acad. sc. 1908]

**VILLARD-BONNOT** [38190] ▸ **ÉTYM.** du franco-prov. *velar (vilard)* « hameau » et *Bonnot*, n. de pers. ♦ Comm. de l'Isère, arr. de Grenoble. 6 904 hab.

**VILLARD DE HONNECOURT** ♦ Architecte et dessinateur français (première moitié du XIIIe s.). Son nom reste attaché à un manuscrit de 33 pages (probablement à l'origine de 59 ou 63 pages) comprenant une série de 325 dessins. Ce manuscrit contient divers plans de machines de guerre, des relevés d'édifices (plans, élévations, détails d'éléments architectoniques ou décoratifs des cathédrales de Laon, Reims, Cambrai, Meaux, Chartres, Lausanne), des dessins d'ornements, de mobilier d'église, de motifs d'iconographie religieuse, d'animaux et de figures humaines, établis à partir de schémas géométriques. Cet album constitue un document précieux sur le métier et les curiosités d'un architecte et sur la technique graphique des artistes au Moyen Âge. Villard de Honnecourt voyagea jusqu'en Hongrie, et l'on suppose qu'il collabora à l'édification de la cathédrale de Cambrai.

**Villard de Honnecourt.** *Album.*
*Élévation de la tour de la cathédrale de Laon.*
Bibliothèque nationale de France, Paris.
*Phot. © BNF*

**VILLARD-DE-LANS** [-lɑ̃s] [38250] ▸ **ÉTYM.** *Villard* (→ Villard-Bonnot) et *Lans*, n. de la comm. d'origine ♦ Ch.-l. de cant. de l'Isère, arr. de Grenoble, dans le Vercors. 3 798 hab. *(Villardiens)*. Station climatique et de sports d'hiver (1 050 - 2 170 m).

**VILLARET (Foulques DE)** ♦ (mort en Provence v. 1327). Grand maître de l'ordre des Hospitaliers* de Saint-Jean-de-Jérusalem (1308). Il conquit Rhodes pour le compte de son ordre (1309).

**VILLARET DE JOYEUSE (Louis Thomas, comte DE)** ♦ Amiral français (Auch 1750 - Venise 1812). Il servit aux Indes sous les ordres du bailli de Suffren (1781). Contre-amiral en 1793, il livra la bataille navale de Ouessant à l'Anglais Howe (1794), donna sa démission peu avant l'expédition d'Irlande qu'il désapprouvait et dont il prévoyait l'échec. Membre du Conseil des Cinq-Cents (1797), il fut proscrit comme royaliste après le 18 Fructidor (1797) et se réfugia à l'île d'Oléron. Après avoir pris part à l'expédition de Saint-Domingue (1801 - 1802), il fut nommé gouverneur général de Sainte-Lucie et de la Martinique, mais dut rendre cette dernière aux Britanniques en 1809. Malgré cet échec, il devint gouverneur général de Venise (1811 - 1812).

**VILLARI (Pasquale)** ♦ Homme politique et historien italien (Naples 1827 - Florence 1917). Obligé de quitter son pays pour avoir pris part au soulèvement contre les Bourbons (Naples, 1848), il revint quelques années plus tard en Italie, où il enseigna l'histoire à Pise (1859) et à Florence (1865). Député, puis sénateur, il fut nommé ministre de l'Instruction publique (1891 - 1892) et élu président de l'Academia dei Lincei (1901). Il a publié des études sur *Savonarole et son temps* (1859 - 1861), sur *N. Machiavel et son temps* (1877 - 1882), sur *Les Deux Premiers Siècles de l'histoire de Florence* (1893 - 1894).

**VILLARICA** ♦ V. du Paraguay, au S.-E. d'Asunción, dans une région de vignobles. 30 000 hab. Indus. textile et raffineries de sucre.

**VILLARS (Claude Louis Hector,** duc **DE)** ♦ Maréchal de France (Moulins 1653 - Turin 1734). Sa première grande victoire fut celle de Friedlingen sur les Impériaux, en 1702. Envoyé dans les Cévennes contre les camisards*, il obtint la soumission de Cavalier (1704). Battu par le Prince Eugène et par Marlborough à Malplaquet* (1709), il leur infligea des pertes qui arrêtèrent l'invasion. Sa victoire *in extremis* à Denain avec la seule armée qui restât à la France sauva le royaume et permit à Louis XIV d'obtenir de meilleures conditions de paix en 1713. Il se fit de nombreux ennemis par sa cupidité, d'innombrables admirateurs par son audace. [Acad. fr. 1714]

**VILLARS** [42390] ♦ Comm. de la Loire, banl. N.-O. de Saint-Étienne. 8 494 hab.

**VILLARS-LES-DOMBES** [01330] ♦ Ch.-l. de cant. de l'Ain, arr. de Bourg-en-Bresse, sur la Chalaronne. 4 190 hab. Parc ornithologique.

**VILLARS-SUR-OLLON** ♦ Loc. de Suisse (cant. de Vaud) dominant la vallée du Rhône, au pied O. des Diablerets, sur la commune d'Ollon. Elle forme avec Chésières et Arveyes une importante station d'été et de sports d'hiver (1 300 -1 800 m).

**VILLAT (Henri)** ♦ Mathématicien français (Paris 1879 - *id.* 1972). Ses travaux de mécanique des fluides, qui contribuèrent largement à l'établissement des bases de l'aérodynamique, le conduisirent à résoudre des problèmes généraux d'analyse (équations différentielles, théorie des tourbillons). [Acad. sc. 1932]

**VILLAVICENCIO** ♦ V. de Colombie, cap. du dép. du Meta, au pied de la Cordillère orientale. 384 131 hab. Centre commercial à destination du marché de Bogotá pour toutes les nouvelles zones de production agricole développées depuis les années 1970 dans les plaines orientales. Indus. agroalimentaires.

**VILLAVICIOSA** ♦ Bourgade d'Espagne (Nouvelle-Castille) au N.-E. de Guadalajara. ▪ Vendôme y vainquit en 1710 les alliés commandés par Starhemberg*, assurant le trône à Philippe* V.

**VILLE-AUX-DAMES (LA)** [37700] ➝ ÉTYM. *Dames,* en raison de la présence d'un couvent de femmes ♦ Comm. de l'Indre-et-Loire, banl. E. de Tours. 4 647 hab.

**VILLEBON-SUR-YVETTE** [91140] ➝ ÉTYM. du lat. *villa* «domaine rural» et p.-ê. du germ. *Abbo,* n. de pers. ♦ Ch.-l. de cant. de l'Essonne, arr. de Palaiseau. 9 373 hab.

**VILLECRESNES** [94440] ➝ ÉTYM. du lat. *villa* «domaine rural» et de *cranne* ou *cresne* «terre caillouteuse» ou de *cranne, crenne* «entaille, crevasse» ♦ Ch.-l. de cant. du Val-de-Marne, arr. de Créteil. 8 361 hab. *(Villecresnois).* Prod. de roses.

**VILLE-D'AVRAY** [92410] ➝ ÉTYM. anc. *Villa Davren,* du lat. *villa* «domaine rural» et p.-ê. du germ. *°Davhring,* n. de pers. ♦ Comm. des Hauts-de-Seine, arr. de Nanterre, au S.-O. de Paris, en bordure du bois de Fausses-Reposes. 11 415 hab. *(Dagovéraniens).* Église Saint-Nicolas (XVII^e^ s.) où Corot a peint des fresques. Villa des Jardies où mourut Gambetta. Balzac y séjourna. Étangs rendus célèbres par Corot et auprès desquels il habita. ▪ Cité résidentielle.

**VILLEDIEU-LES-POÊLES** [50800] ➝ ÉTYM. *Villedieu* «la ville de Dieu» ainsi nommée par les Chevaliers de l'ordre de Malte qui y installèrent une commanderie et *les Poêles,* à cause de l'activité liée au cuivre ♦ Ch.-l. de cant. de la Manche, arr. de Saint-Lô, sur la Sienne. 4 102 hab. (aggl. 4 850) *(Sourdins).* Fonderies de cloches. Indus. diversifiées.

**VILLE-DU-BOIS (LA)** [91620] ♦ Comm. de l'Essonne, arr. de Palaiseau. 5 901 hab.

**VILLEFONTAINE** [38090] ♦ Ch.-l. de cant. de l'Isère, arr. de La Tour-du-Pin. 17 766 hab. (aggl. 19 982). Élément de la ville nouvelle de L'Isle-d'Abeau.

**VILLEFRANCHE-DE-CONFLENT** [66500] ➝ ÉTYM. «ville franche» et *Conflent** ♦ Comm. des Pyrénées-Orientales, arr. de Prades, sur la rive d. de la Têt. 225 hab. *(Villefranchois).* Enceinte fortifiée (XIII^e^ - XV^e^ s.), remaniée en 1665 par Vauban qui construisit en outre le fort, dit le Château, comprenant trois groupes de fortifications séparés par d'énormes remparts, relié à l'enceinte de la ville par le pont Saint-Pierre (XIII^e^ s.) sur la Têt. Vieilles maisons catalanes (XII^e^ au XIV^e^ s.). Anc. hôpital, avec deux tours carrées dont l'une du XIII^e^ s. Beffroi (XII^e^ s.). Église des XII^e^ - XIII^e^ s. (portail roman ; œuvres d'art). ▪ Aux environs, grotte des Canalettes. ▪ Anc. cap. du Conflent*, fondée en 1095.

**VILLEFRANCHE-DE-LAURAGAIS** [31290] ♦ Ch.-l. de cant. de la Haute-Garonne, arr. de Toulouse, sur l'Hers. 3 338 hab. *(Villefranchois).* Église du XIV^e^ s. prolongée par un clocher-mur de type toulousain. ▪ Marché agricole.

**VILLEFRANCHE-DE-ROUERGUE** [12200] ♦ Ch.-l. d'arr. de l'Aveyron, sur l'Aveyron. 11 919 hab. (aggl. 12 561) *(Villefranchois).* Chartreuse du XV^e^ s. Église XIII^e^ - XVI^e^ s. Place Notre-Dame, avec maisons à arcades. Musée : archéologie, histoire, arts et traditions populaires. ▪ Indus. agroalimentaires et métallurgiques (boulons). ▮ **Histoire** Bastide du XI^e^ s. qui fut fortement éprouvée à l'époque de la Réforme*. Anc. cap. de la Haute-Guyenne.

**VILLEFRANCHE-SUR-MER** [06230] ♦ Ch.-l. de cant. des Alpes-Maritimes, arr. de Nice, au fond d'une très belle rade. 6 833 hab. *(Villefranchois).* Citadelle du XVI^e^ s. (hôtel de ville, musées). Église Saint-Michel du XVII^e^ s. Chapelle Saint-Pierre (XIV^e^ s.), décorée par J. Cocteau en 1957. ▪ Station balnéaire. Port de pêche et port pouvant accueillir les navires de guerre. Réparation navale. Centre universitaire. Installations du CEA. Centre de recherche médicale. Observatoire océanologique.

**VILLEFRANCHE-SUR-SAÔNE** [69400] ♦ Ch.-l. d'arr. du Rhône, dans le Beaujolais, près de la Saône. 30 647 hab. (aggl. 58 409) *(Caladois).* Église Notre-Dame-des-Marais des XIII^e^, XV^e^ et XVI^e^ s. (façade flamboyante). Maisons Renaissance. ▪ Commerce des vins. Indus. agroalimentaire, chimique, électromécanique. Plasturgie. Confection.

**VILLEGAGNON** ou **VILLEGAIGNON (Nicolas DURAND DE)** ♦ Navigateur français (Provins, v. 1510 - Beauvais, près de Nemours 1571). Membre de l'ordre de Malte (1531), il participa au siège d'Alger par Charles Quint (1541), puis fut nommé vice-amiral de Bretagne. Avec l'appui de l'amiral de Coligny, il entreprit une expédition vers la côte orientale de l'Amérique du Sud, atteignit probablement la baie de Guanabara (1555) et fonda Fort-Coligny et Henryville. Cette région du Brésil, qu'il nomma la France antarctique et où vinrent des colons réformés, passa sous le contrôle des Portugais dès 1559.

La **Villégiature** ♦ Titre sous lequel on désigne communément une trilogie en prose de Goldoni (1761), composé de *Le Smanie per la villegiatura* («Les Folies de la villégiature»), *Le Avventure della villegiatura* («Les Aventures de la villégiature») et *Il Ritorno della villegiatura* («Le Retour de la villégiature»). Dans la première comédie, on se prépare à partir à la campagne. Amoureux de Giacinta, Leonardo espère voyager dans sa voiture, mais Filippo, le père de la jeune fille, a déjà invité un autre amoureux, Guglielmo. S'ensuivent fureurs et jalousies, bientôt apaisées par le vieux Fulgenzio. Leonardo et Giacinta se fiancent. L'intrigue se complique dans les deux pièces suivantes. Giacinta découvre en effet qu'elle aime Guglielmo. Cette découverte pathétique se mêle à l'histoire comique de la vieille Sabina, qui s'est éprise de Ferdinando, lequel espère tirer de la dame une donation. Cependant, Leonardo, qui comptait sur un héritage, se retrouve couvert de dettes, et Giacinta se résout à lui apporter sa dot, en renonçant à Guglielmo, qui se console avec Vittoria. La fin de la trilogie propose ainsi une conclusion fort désenchantée aux plaisirs de la villégiature.

**VILLEHARDOUIN (Geoffroi DE)** ♦ Chroniqueur français (près de Troyes v. 1150 - en Orient v. 1213). Maréchal de Champagne et un des chefs de la quatrième croisade, il reçut le titre de maréchal de Romanie et resta en Orient où il rédigea *La Conquête de Constantinople* (v. 1207), chronique en prose d'une grande clarté, où il s'efforce de justifier l'expédition qui avait été détournée de son but sur Constantinople.

**VILLEHARDOUIN (Geoffroi I^er^ et Geoffroi II DE) ➝ Geoffroi de Villehardouin**

**VILLEJUIF** [94800] ➝ ÉTYM. anc. *Villa Jude* «domaine (lat. *villa*) de Juvius (n. de pers. gallo-rom.)» («ville habitée par des Juifs» est une étym. douteuse) ♦ Ch.-l. de cant. du Val-de-Marne, arr. de L'Haÿ-les-Roses. 47 384 hab. *(Villejuifois).* Église Saint-Cyr-et-Sainte-Juliette (XII^e^, XVI^e^, XVIII^e^ s.). Théâtre Romain-Rolland. ▪ Indus. diversifiées. Hôpital psychiatrique. Institut Gustave-Roussy (cancérologie).

**VILLE-LA-GRAND** [74100] ♦ Comm. de la Haute-Savoie, arr. de Saint-Julien-en-Genevois. 6 989 hab.

**VILLÈLE (Jean-Baptiste Guillaume Joseph,** comte **DE)** ♦ Homme politique français (Toulouse 1773 - *id.* 1854). Officier de marine, il passa la plus grande partie de la Révolution à l'île Maurice puis à la Réunion où il épousa une créole, fille d'un riche propriétaire, et fit fortune. Revenu en France (1807), il adhéra dès l'Empire à une société ultra royaliste, les Chevaliers de la foi (➝ **ultras**). Rallié aux Bourbons, il critiqua les tendances libérales de la Charte de 1814 dans ses *Observations sur le projet de Constitution* (1814). Député lors de la Seconde Restauration, il fut un des orateurs et chefs de la

Chambre introuvable (1815 - 1816). Réélu après la dissolution de cette dernière, il participa à la fondation du journal *Le Conservateur.* Ministre sans portefeuille dans le cabinet Richelieu (1820), dont il critiqua la modération, il démissionna en 1821. Ministre des Finances (oct. 1821), puis président du Conseil (1822), il dut accepter, après le congrès de Vérone*, l'envoi de troupes françaises en Espagne (1823), expédition à laquelle il s'était d'abord opposé. Après l'élection de la Chambre dite «retrouvée» (1824), il fit adopter la prolongation de sa durée à sept ans, et, sous la pression des ultras, des lois réactionnaires (milliard d'indemnisation aux émigrés, loi sur les congrégations), mais échoua lorsqu'il voulut faire rétablir le droit d'aînesse et la loi sur la limitation de la liberté de la presse. → **Peyronnet.** Après la dissolution de la Chambre retrouvée et la victoire de l'opposition libérale aux élections qui suivirent (1827), le ministère Villèle démissionna ; il fut remplacé par le cabinet de Martignac*. Élevé à la pairie, Villèle se retira de la vie politique après la révolution de 1830, tout en restant le conseiller des légitimistes à Toulouse et en critiquant la politique financière de la monarchie de Juillet dans les *Lettres d'un contribuable.* Ses *Mémoires* furent publiés en 1887 - 1890. ▸ ÉTYM. Ce nom de famille vient d'un nom de lieu, du diminutif du latin *villa* «domaine».

**VILLEMAIN (Abel François)** ♦ Professeur et homme politique français (Paris 1790 - *id.* 1870). Professeur de littérature française à la Sorbonne (1816 - 1830), il publia un *Cours de littérature française* (1828 - 1829) qui contribua à renouveler les études littéraires françaises en introduisant la critique historique et en insistant sur le rôle des institutions sociales et des littératures étrangères (*Études de littérature ancienne et étrangère,* 1846). Élu député peu avant la révolution de juillet 1830, pair de France en 1832, membre du ministère Soult (1839 - 1840), Villemain fut nommé ministre de l'Instruction publique (1840 - 1844) et lutta en faveur de la réforme du secondaire, en particulier pour sa laïcité. [Acad. fr. 1821] ▸ ÉTYM. *Villemain* est une variante régionale de *Guillemain,* hypocoristique de *Guillaume*.*

**VILLEMANDEUR** [45700] ▸ ÉTYM. du lat. *villa* «domaine rural» et p.-ê. de *Viromandui,* n. de peuple ♦ Comm. du Loiret, banlieue O. de Montargis. 5 650 hab. Conditionnement du miel.

**VILLEMIN (Jean Antoine)** ♦ Médecin militaire français (Prey, Vosges 1827 - Paris 1892). Il apporta la preuve expérimentale du caractère infectieux et contagieux de la tuberculose (1865).

**VILLEMOISSON-SUR-ORGE** [91360] ▸ ÉTYM. «lieu moussu», du lat. *muscus* «mousse» ou «domaine (lat. *villa*) de Moisson (n. de pers.)» ♦ Comm. de l'Essonne, arr. de Palaiseau. 6 878 hab.

**VILLEMOMBLE** [93250] ▸ ÉTYM. anc. *Villa Mumbla,* du lat. *villa* «domaine rural» et probablt *Mummulus,* n. de pers. ♦ Ch.-l. de cant. de la Seine-Saint-Denis, arr. de Bobigny, au N.-E. de Paris. 26 995 hab. *(Villemomblois).*

**VILLEMUR-SUR-TARN** [31340] ♦ Ch.-l. de cant. de la Haute-Garonne, arr. de Toulouse, sur le Tarn. 4 929 hab. *(Villemuriens).* Équipement électrique.

**VILLENA (Enrique DE ARAGÓN, dit le marquis de)** ♦ Écrivain espagnol (Torralba 1384 - Madrid 1434). Descendant de la maison royale d'Aragon, il fut grand maître de l'ordre de Calatrava* (1404). Il a écrit sur de nombreux sujets (cuisine, magie, occultisme) mais fut surtout un poète (*Les Douze Travaux d'Hercule,* 1417) et l'introducteur en Espagne de la technique des troubadours provençaux (*Arte de trobar,* 1433).

**VILLENAVE-D'ORNON** [33140] ▸ ÉTYM. gasc. «ville *(biéle)* neuve *(nabe)*» ♦ Ch.-l. de cant. de la Gironde, arr. de Bordeaux. 27 500 hab. *(Villenavais).* Viticulture (graves).

**VILLENEUVE** ♦ Famille provençale. ♦ **Romée de Villeneuve** (v. 1170 - v. 1250). Homme de confiance du comte de Provence Raymond Bérenger V, il renforça le pouvoir central. Dante l'a placé dans son *Paradis.* ♦ **Hélion de Villeneuve** (v. 1270 - Rhodes 1346). Grand maître de l'ordre des hospitaliers de Saint-Jean-de-Jérusalem (1319), il conquit Smyrne sur les Turcs (1344).

**VILLENEUVE (Pierre Charles Jean Baptiste Silvestre DE)** ♦ Amiral français (Valensole 1763 - Rennes 1806). Contre-amiral en 1796, il fit l'expédition d'Égypte, échappa au désastre d'Aboukir* (août 1798), et se réfugia à Naples. En 1804, Napoléon, qui voulait débarquer en Angleterre, le chargea d'attirer la flotte de Nelson vers les Antilles et de revenir aussitôt, accompagné de navires espagnols. Villeneuve était à la Martinique en mai 1805, il appareilla en juin mais fut suivi par Nelson. Il se réfugia à Cadix le 18 août pour protéger sa flotte, au lieu d'aller à Brest comme le lui avait ordonné Napoléon. Nelson* l'attendait. Villeneuve engagea la bataille de Trafalgar*, qui fut un désastre pour la France. Capturé par les Britanniques, il fut libéré et se suicida.

**VILLENEUVE-BARGEMONT (Jean Paul Alban,** vicomte **DE)** ♦ Administrateur et économiste français (Saint-Alban, Provence 1784 - Paris 1850). Auteur d'une *Économie politique chrétienne ou Recherches sur les causes du paupérisme* (1834), qui compte parmi les premiers ouvrages du catholicisme social, il fut élu député en 1830, puis en 1840 - 1848, et siégea parmi les représentants de la tendance légitimiste.

**VILLENEUVE-D'ASCQ** [59491] ▸ ÉTYM. «ville nouvelle» et *Ascq,* du vx haut all. *ask* «frêne» ♦ Ch.-l. de cant. du Nord, arr. de Lille, englobant depuis 1970 Annappes, Ascq, Flers-lez-Lille. 65 042 hab. *(Villeneuvois).* Riche musée d'art moderne. ▪ Centre universitaire. Informatique.

**VILLENEUVE-DE-LA-RAHO** [66180] ▸ ÉTYM. anc. en lat. *Villanova* «domaine rural *(villa)* nouveau *(nova)*», puis *Villanovo Radoni* «le domaine de Rado (n. de pers. germ., confondu ensuite avec le catalan *Raó* "raison")» ♦ Comm. des Pyrénées-Orientales, arr. de Perpignan. 3 625 hab.

**VILLENEUVE-LA-GARENNE** [92390] ♦ Ch.-l. de cant. des Hauts-de-Seine, arr. de Nanterre, sur la Seine. 22 349 hab. *(Villenogarennois).* Port fluvial. Parc départemental. Indus. diversifiées.

**VILLENEUVE-LE-ROI** [94290] ▸ ÉTYM. v. créée par décision du *roi* Louis VII ♦ Ch.-l. de cant. du Val-de-Marne, arr. de Créteil. 18 292 hab. *(Villeneuvois).* Une partie de la commune a été annexée par l'aéroport d'Orly*.

**VILLENEUVE-LÈS-AVIGNON** [30400] ♦ Ch.-l. de cant. du Gard, arr. de Nîmes, sur la rive d. du Rhône, face à Avignon. 11 791 hab. *(Villeneuvois).* Église Notre-Dame, collégiale fondée en 1333 (style gothique méridional). Restes de la chartreuse du Val-de-Bénédiction fondée en 1356, abritant auj. le Centre international de recherche, de création et d'animation. Tour Philippe le Bel, fort Saint-André (XIV^e^ s.). Maisons et hôtels (XVII^e^ s.). Hôtel Pierre-de-Luxembourg abritant le musée municipal où est notamment conservé le *Couronnement de la Vierge,* par E. Quarton (1453). ▮ **Histoire** La ville fut construite entre 1293 et 1307 sur ordre de Philippe le Bel et devint à partir du XIV^e^ s. la résidence d'été de nombreux cardinaux d'Avignon.

**VILLENEUVE-LÈS-MAGUELONE** [34750] ♦ Comm. de l'Hérault, arr. de Montpellier. 7 351 hab. Aux environs, ruines de Maguelonne*.

**VILLENEUVE-LOUBET** [06270] ♦ Comm. des Alpes-Maritimes, arr. de Grasse, à l'embouchure du Var. 12 935 hab. Château médiéval restauré au XIX^e^ s. Musée militaire. Maison natale d'A. Escoffier (musée). ▪ Station balnéaire. Thalassothérapie. Électronique.

**VILLENEUVE-SAINT-GEORGES** [94190] ♦ Ch.-l. de cant. du Val-de-Marne, arr. de Créteil, sur la Seine au confluent de l'Yerres. 28 361 hab. *(Villeneuvois).* Église Saint-Georges (XII^e^ - XV^e^ s.). Anc. château de Beauregard (XVII^e^ s.), auj. maison d'accueil pour personnes âgées. ▪ Gare de triage. Port. Piles électriques.

**VILLENEUVE-SUR-LOT** [47300] ♦ Ch.-l. d'arr. du Lot-et-Garonne, sur le Lot. 22 782 hab. (aggl. 29 272) *(Villeneuvois).* Porte de Paris et porte de Pujols (XIII^e^ et XV^e^ s.). Pont-Vieux du XIII^e^ s. sur le Lot. Musée : préhistoire locale ; antiquités égyptiennes et gallo-romaines. ▪ Marché (prunes). Indus. diversifiées.

**VILLENEUVE-SUR-YONNE** [89500] ♦ Ch.-l. de cant. de l'Yonne, arr. de Sens, sur la rive d. de l'Yonne. 5 404 hab. *(Villeneuviens).* Anc. remparts. Porte de Sens (XIII^e^ s.) et porte de Joigny (XIII^e^, remaniée au XVI^e^ s.). Église des XIII^e^, XIV^e^ et XVI^e^ s. (façade Renaissance due à J. Chérian ; mise au tombeau du XIV^e^ s.). Maisons anc. ▪ Chateaubriand y séjourna. ▮ **Histoire** La ville est une bastide royale bâtie par Louis VII le Jeune (XII^e^ s.) ; elle s'appelait alors *Villefranche-le-Roy* et fut une des huit résidences royales.

**VILLENEUVE-TOLOSANE** [31270] ♦ Comm. de la Haute-Garonne, arr. de Muret. 8 252 hab.

**VILLENNES-SUR-SEINE** [78670] ▸ ÉTYM. du bas lat. *villana* «terre tenue par un paysan libre (vilain)» ♦ Comm. des Yvelines, arr. de Saint-Germain-en-Laye, sur la Seine. 4 790 hab. Lieu de villégiature.

**VILLEPARISIS** [-zis] [77270] ♦ Comm. de la Seine-et-Marne, arr. de Torcy. 21 296 hab. *(Villeparisiens).* Construc. mécaniques. Travaux publics.

**VILLEPIN (Dominique GALOUZEAU DE)** ♦ Homme politique français (Rabat 1953). Ministre des Affaires étrangères, de la Coopération et de la Francophonie en 2002 puis ministre de l'Intérieur, de la Sécurité intérieure et des Libertés locales (2004 - 2005) dans le gouvernement Raffarin, il fut Premier ministre de juin 2005 à mai 2007.

**VILLEPINTE** [93420] ▸ ÉTYM. lat. «maison *(villa)* peinte *(picta)*» (en souvenir d'une maison seigneuriale richement décorée) ♦ Ch.-l. de cant. de la Seine-Saint-Denis, arr. du Raincy. 33 782 hab. *(Villepintois).* Parc d'expositions.

**VILLEPREUX** [78450] ▸ ÉTYM. lat. «domaine *(villa)* pierreux *(pirosa)*» ou «domaine *(villa)* des poiriers *(pirorum)*» ♦ Comm. des Yvelines, arr. de Saint-Germain-en-Laye. 9 601 hab. *(Villepreusiens).*

**VILLEQUIER** [76490] ▸ ÉTYM. vx norrois «le marais des saules», de *kjar* «marécage» (à rapprocher du vieil angl. *wilig* «saule») ♦ Comm. de la Seine-Maritime, arr. de Rouen, sur la Seine. 808 hab. *(Viellequiérois).* ▪ Léopoldine, fille de Victor Hugo*, et son mari Charles

Vacquerie se noyèrent dans la Seine au large de Villequier, le 4 sept. 1843. Victor Hugo a évoqué ce drame dans les *Contemplations*. Musée Victor-Hugo.

**VILLEREST** [42300] ➝ **ÉTYM.** p.-ê. du franco-prov. *villaret* « hameau » ♦ Comm. de la Loire, arr. de Roanne, sur la Loire. 4 243 hab. Barrage et centrale hydroélectrique.

**VILLERMÉ (Louis René)** ♦ Médecin et sociologue français (Paris 1782 - *id.* 1863). Chirurgien de la Grande Armée jusqu'en 1814, puis médecin civil jusqu'en 1830, il fit ensuite des études économiques et sociales. Auteur d'ouvrages d'économie politique et sociale, il est surtout connu pour son *Tableau de l'état physique et moral des ouvriers dans les fabriques de coton, de laine et de soie* (1840), résultat d'une enquête menée principalement dans les régions de Lille et Rouen. Cet ouvrage a contribué à l'adoption de la loi sur la limitation du travail des enfants (1841).

**VILLEROI (Nicolas DE NEUFVILLE,** duc **DE)** ♦ Maréchal de France (Paris 1597 - *id.* 1685). Il fut gouverneur de Louis XIV. ♦ **François de Neufville,** duc **de Villeroi.** Maréchal de France (Lyon 1644 - Paris 1730). Il fut élevé avec Louis XIV. Parfait courtisan, courageux mais peu doué sur le plan militaire, il multiplia les défaites (Chiari, 1701 ; Ramillies, 1706). Gouverneur de Louis XV (1716), il fut destitué par le Régent (1722).

**VILLERS-BRETONNEUX** [80380] ♦ Comm. de la Somme, arr. d'Amiens. 3 952 hab.

**VILLERS-COTTERÊTS** [vilɛʀkɔt(ə)ʀɛ] [02600] ➝ **ÉTYM.** anc. *Vilers Coldereist,* du bas lat. *villare* « domaine rural » et p.-ê. du germ. *Gauterit* (ou *°God-rest*), n. de pers., ou « (à) côté de Retz (forêt) » ♦ Ch.-l. de cant. de l'Aisne, arr. de Soissons. 9 839 hab. *(Cotteréziens).* Château du XVIᵉ s. bâti sur les plans de Philibert Delorme (façade Renaissance). Musée Alexandre-Dumas. ▪ Indus. diversifiées. ▮ **Histoire** L'*ordonnance de Villers-Cotterêts,* édictée par François Iᵉʳ (1539), réorganisait la justice, prescrivait l'usage du français au lieu du latin pour les ordonnances et jugements des tribunaux et demandait aux curés de tenir registre des baptêmes dans leurs paroisses. ▪ De violents combats eurent lieu en 1918 aux lisières de la *forêt de Villers-Cotterêts.*

**VILLERSEXEL** [70110] ♦ Ch.-l. de cant. de la Haute-Saône, arr. de Lure. 1 444 hab. *(Villersexellois).* ▮ **Histoire** Bourbaki* y remporta sur les Prussiens une victoire (8 - 9 janv. 1871), mais il fut battu peu après à Héricourt.

**VILLERS-LE-LAC** [25130] ➝ **ÉTYM.** du bas lat. *villare* « domaine rural » ♦ Comm. du Doubs, arr. de Pontarlier, sur la rive g. du Doubs. 4 196 hab. *(Villériers).* Station estivale. Horlogerie. Décolletage. ▪ Aux environs, saut du Doubs.

**VILLERS-LÈS-NANCY** [54600] ♦ Comm. de la Meurthe-et-Moselle, banl. S.-O. de Nancy. 15 694 hab. *(Villarois).*

**VILLERS-SAINT-PAUL** [60870] ♦ Comm. de l'Oise, arr. de Senlis. 5 944 hab. *(Villersois).* Église romane avec chœur gothique du XIIIᵉ s. ▪ Indus. chimique.

**VILLERS-SEMEUSE** [08000] ♦ Comm. des Ardennes, banl. S.-E. de Charleville-Mézières. 3 521 hab. Indus. automobile.

**VILLERS-SUR-MER** [14640] ♦ Comm. du Calvados, arr. de Lisieux, sur la Manche. 2 318 hab. *(Villersois).* Station balnéaire.

**VILLERUPT** [vilʀy] ou [vilʀypt] [54190] ➝ **ÉTYM.** du bas lat. *villare* « domaine rural » et p.-ê. lat. *rivus* « ruisseau » ♦ Ch.-l. de cant. de la Meurthe-et-Moselle, arr. de Briey. 9 686 hab. (aggl. 18 906) *(Villeruptiens).* Festival du film italien.

**VILLETANEUSE** [93430] ➝ **ÉTYM.** anc. *Villa tineosa* « ville teigneuse », puis « ville tanneuse », alors qu'elle n'était pas spécialisée dans la préparation des peaux ♦ Comm. de la Seine-Saint-Denis, arr. de Saint-Denis, au N. de Paris. 11 376 hab. *(Villetaneusiens).* Université Paris-Nord. Parc départemental.

**VILLETTE (LA)** ♦ Anc. comm. de la banlieue parisienne, rattachée à Paris en 1861 et comprise dans le 19ᵉ arrondissement. Les abattoirs y avaient été rénovés et réorganisés en 1962, mais, reconnus déficitaires, ils furent abandonnés en 1974. Une vaste opération d'urbanisme, qui a réuni des architectes et des paysagistes (Adrien Fainsilber, Christian de Portzamparc*, Bernard Tschumi, entre autres) a permis de réaménager le site à partir de 1979. ▪ Le *parc de la Villette* (55 ha) rassemble : la Cité* des Sciences et de l'Industrie, inaugurée en 1986 ; la Cité de la Musique abritant le musée de la Musique et le Conservatoire* national supérieur de musique (et de danse) ; la Géode (salle de cinéma à écran hémisphérique de 1 000 m³) ; la Grande Halle (anc. halle aux bœufs réaménagée) ; le Zénith (salle de spectacles) ; des promenades, des jardins, des équipements de jeux, organisés autour de « folies ».

La **Villette.** La Cité des Sciences et de l'Industrie et la Géode.
*Phot. © Arnaud Legrain/CSI*

**VILLETTE-D'ANTHON** [38280] ♦ Comm. de l'Isère, arr. de Vienne. 3 906 hab.

**VILLEURBANNE** [69100] ➝ **ÉTYM.** anc. *Villa urbana,* désignant à l'époque romaine l'habitation du propriétaire au sein de l'exploitation rurale ♦ Comm. du Rhône, dans la banl. de Lyon. 124 215 hab. *(Villeurbannais).* Plus grande commune de banl. de France devant Boulogne-Billancourt. Située à l'E. de Lyon, elle constitue, avec Bron et Vaulx-en-Velin, la principale zone d'activité industrielle et de résidence populaire de l'agglomération. On l'oppose à la banl. Ouest des monts du Lyonnais, plus résidentielle et fortunée. La commune abrite une université, un musée d'art contemporain (Nouveau Musée) et le Théâtre national populaire.

**VILLIERS DE L'ISLE-ADAM (Philippe DE)** ♦ (Beauvais 1464 - Malte 1534). Grand maître de l'ordre de Saint-Jean-de-Jérusalem. Il soutint un siège célèbre contre Soliman Iᵉʳ, à Rhodes, qu'il dut finalement abandonner (1522). Charles* Quint lui donna alors Malte, où il établit son ordre (1530). ➝ **ÉTYM.** *Villiers* vient du bas latin *villare* « ferme ».

**VILLIERS DE L'ISLE-ADAM (Auguste,** comte **DE)** ♦ Écrivain français (Saint-Brieuc 1838 - Paris 1889). Descendant d'une ancienne et illustre famille, habité du dégoût des mœurs contemporaines comme du « clinquant intellectuel de la science », Villiers de L'Isle-Adam ambitionna de donner « une série d'œuvres où le rêve se fonderait sur la logique ». Lié avec Baudelaire*, qui lui fit lire Edgar Poe*, il subit profondément l'influence de Hegel* qui confirma son idéalisme mystique. Son roman philosophique *Isis* (1862), puis les drames d'*Elën* (1865) et de *Morgane* (1866 ; 2ᵉ version intitulée *Le Prétendant,* 1875) étant restés ignorés du public, il se tourna vers une œuvre romanesque, publiée d'abord dans des journaux : *L'Ève future* (1886). *Akëdysséril* (1886). *L'Amour suprême* (1886) et *Tribulat Bonhomet* (1887) dénoncent les prétentions de la science, tandis que les *Contes* cruels* (1883), traités avec un humour inquiétant, exaltent la recherche spirituelle et la victoire du rêve. Ces préoccupations se retrouvent dans la grande œuvre de Villiers de L'Isle-Adam, *Axël** (posth. 1890), drame qui fait de lui un symboliste, admiré de Mallarmé*. Il mourut, hautain et solitaire, sans avoir connu la gloire ni la fortune auxquelles il se croyait destiné.

**VILLIERS-LE-BEL** [95400] ♦ Ch.-l. de cant. du Val-d'Oise, arr. de Sarcelles. 26 145 hab. *(Beauvillesois).* Église (XIIIᵉ - XVᵉ - XVIᵉ s.), anc. priorale restaurée (retable du XVIIᵉ s. ; statues).

**VILLIERS-SUR-MARNE** [94350] ♦ Ch.-l. de cant. du Val-de-Marne, arr. de Nogent-sur-Marne, élément de la ville nouvelle de Marne*-la-Vallée. 26 632 hab. *(Villiérains).* Musée d'histoire locale.

**VILLIERS-SUR-ORGE** [91700] ♦ Comm. de l'Essonne, arr. de Palaiseau, sur l'Orge. 3 753 hab.

**VILLINGEN-SCHWENNINGEN** ♦ V. d'Allemagne (Bade-Wurtemberg), dans le S.-E. de la Forêt-Noire, sur la Brigach, affl. du Danube. Env. 82 000 hab. Ville double formée en 1972 par la fusion de Villingen, anc. ville d'Empire, en pays de Bade, et Schwenningen en Wurtemberg. Important centre d'horlogerie et d'automates (Kienzle).

**VILLOISON (Jean Baptiste Gaspard D'ANSSE DE)** ♦ Érudit français (Corbeil 1750 - Paris 1805). Ses recherches sur la littérature hellénique primitive servirent de base aux travaux de F. A. Wolf* sur Homère.

**VILLON** [vijɔ̃] **(François DE MONTCORBIER** ou **DES LOGES,** dit **François)** ➝ **ÉTYM.** n. de son professeur Guillaume de *Villon* ♦ Poète français (Paris, v. 1431 - apr. 1463), dont la vie et l'œuvre suscitent la controverse. Devenu licencié et maître ès arts (1452), il mena une vie aventureuse, fréquentant aussi bien les *Coquillards,* compagnie de malfaiteurs (auxquels il emprunta la langue des *Ballades en jargon*), que les milieux de la Sorbonne et de la basoche. De grands personnages, dont Charles* d'Orléans et Louis* XI, le sauvèrent plusieurs fois de la potence. ▪ Ses poèmes, tantôt en octosyllabes, comme *Les Lais* (ou *Petit Testament,* 1456) et *Le Testament** (ou *Grand Testament,* 1461), tantôt en décasyllabes, comme *L'Épitaphe Villon* (dite *Ballade des pendus,* 1463), offrent un savant mélange des tons, du trivial au lyrique. Le lecteur moderne y trouve une opposition entre des aspirations sensuelles et un pessimisme poignant, entre un immoralisme et une foi religieuse profonde (*Le Débat du Corps et du Cœur,* 1461), entre l'ironie constante des legs fantaisistes et le sentiment tragique du temps qui fuit *(Les Regrets de la belle heaulmière).* Mais réalisme et lyrisme recouvrent peut-être, dans ces poèmes d'une grande maîtrise, un sens caché ménagé par un véritable code secret, qui rendrait compte de la richesse anormale de leur vocabulaire (travaux de P. Guiraud). ▪ Maître du langage et, peut-être, le plus grand des rhétoriqueurs, Villon est aussi «le premier poète à la moderne» (Suarès).

**VILLON (Gaston DUCHAMP, dit Jacques)** ♦ Peintre, dessinateur et graveur français (Damville, Eure 1875 - Puteaux 1963). Petit-fils du graveur Émile Nicolle et frère de Raymond Duchamp-Villon, de Marcel et de Suzanne Duchamp, il devint d'abord clerc de notaire à Rouen, puis il se rendit à Paris en 1894, étudiant aux Beaux-Arts dans l'atelier Cormon. Il se consacra d'abord à la gravure, à l'affiche et au dessin, représentant des scènes parisiennes dans un style proche de Steinlen* et Toulouse*-Lautrec. Il donna aussi des dessins humoristiques au *Rire*, à *L'Assiette au beurre*. Après des tableaux qui procèdent de l'impressionnisme et du fauvisme, il trouva sa voie en méditant l'expérience cubiste. Vers 1911, son atelier de Puteaux devint l'un des principaux centres de discussion et de réunion des peintres intéressés par le cubisme (Gleizes, Metzinger, Delaunay, Léger, Picabia, Kupka) ; les théories sur le nombre d'or et sur la pyramide visuelle d'Alberti y furent discutées, et Villon fut l'un des principaux organisateurs de l'exposition de la Section d'or. Il chercha à établir ses compositions suivant des rapports mathématiques savants, les sujets étant réduits à un jeu abstrait de lignes et de plans colorés dans une gamme sobre (*Soldats en marche*, 1913) à dominante claire (*Jeu*, 1919), les formes tendant à perdre tout aspect identifiable, particulièrement entre 1920 et 1922. À cette époque, il superposait des plans colorés, peints en aplat, selon des décalages et des articulations subtils. Pour gagner sa vie, il grava des reproductions de tableaux, mais le problème de la lumière était au centre de sa recherche ; il échelonna les plans suivant les principes du cercle chromatique. Vers 1935, il chercha une transposition picturale de sujets plus traditionnels, abordant de nouveau le portrait, les scènes avec personnages, et surtout, à partir de 1940, le paysage (*Homme dessinant*, 1935 ; *Le Nageur*, 1936 ; série de *Potagers*, 1941 - 1942 ; *Les Moissons*, 1943), tout en créant des œuvres strictement non figuratives (*Les Grands Fonds*, 1945). Ses compositions élégantes savamment architecturées privilégient les formes géométriques planes (lignes angulaires, plans parallèles) et se distinguent par la richesse et la rareté des accords chromatiques clairs.

**VILMORIN (Louise LEVÊQUE DE)** ♦ Écrivain français (Verrières-le-Buisson 1902 - *id.* 1969). Elle publia son premier livre, au style délicat, *Sainte-unefois* (1934), poussée par André Malraux. La même finesse caractérise ses romans *Le Lit à colonnes* (1941), *Julietta* (1951) et surtout *Madame de* (1951), adapté au cinéma par Max Ophüls. Elle écrivit le scénario des *Amants* de L. Malle (1958). ➜ ÉTYM. *Vilmorin* est un nom de lieu issu de la contraction de *Ville-Morin* «la ville de Morin».

**VILNIUS** – anc. en russe ***Vilna***, en polon. ***Wilno*** ➜ ÉTYM. d'un anc. n. de riv. issu de la rac. indo-eur. *°wel* «tourner, serpenter» ♦ Cap. de la Lituanie*, sur la Vilija (affl. du Niémen). 542 782 hab. Vestiges des fortifications (porte de l'Ostra Brama) et du château (tour de Gédymin), transformé au XVIe s. Cathédrale (fin XIVe s.), entourée de onze chapelles parmi lesquelles la chapelle Saint-Casimir (début du XVIIe s.) abrite de nombreuses œuvres d'art. Université fondée en 1578 par des jésuites (chaire ornée de fresques d'inspiration fantastique). Église baroque Sainte-Thérèse (1635 - 1650). Église de Tous-les-Saints (début du XVIIe s.) de style baroque, auj. musée des Arts traditionnels lituaniens. ▪ À 26 km à l'O., bourg de Trakai, première cap. du grand-duché de Lituanie et principal centre de la communauté karaïte de Lituanie : château du XIVe s. abritant un riche musée d'histoire. ▪ Centre culturel. Machines-outils et machines agricoles. Moteurs électriques. Traitement du bois. Indus. textile et alimentaire. Nœud ferroviaire. ▮ **Histoire** Fondée au Xe s., Vilnius devint capitale de la grande-principauté de Lituanie sous le prince Gédymin*. Réunie à la Pologne (1569), occupée par les Russes (1655 - 1660), par les Suédois (1702 - 1706), puis annexée par la Russie (1795), elle fut prise par les Allemands (1915) puis par les Polonais (1920). Reprise par les Russes en 1940, elle redevint capitale du pays et suivit les destinées de la Lituanie soviétique. Une importante communauté polonaise demeure à Vilnius ; la communauté juive a été pratiquement exterminée pendant la Deuxième Guerre mondiale.

**VILVOORDE** – en fr. ***Vilvorde*** ♦ Comm. de Belgique (Région flamande), prov. du Brabant flamand, ch.-l. d'arr. (avec Halle), sur le canal de Bruxelles au Rupel. Extrémité N. de la région industrielle bruxelloise, le long du canal et de la chaussée de Louvain. 37 964 hab. Églises Notre-Dame (XVe s.) et Notre-Dame-de-la-Consolation (1665 ; Vierge du XIIIe s.). ▪ Construc. métalliques. Indus. chimique et alimentaire.

**VIMEU** n. m. ➜ ÉTYM. du n. de la *Vismes*, un petit affluent de la Bresle ♦ Région de Picardie, située entre la Somme et la Bresle. Son sol argileux, son climat froid et humide conviennent aux prairies et aux vergers de pommiers à cidre. Élevage de bovins et de chevaux. Serrurerie et robinetterie.

**VIMINAL** (mont) ♦ Colline de Rome entre le Quirinal* et l'Esquilin*, dans la partie E. de la ville. Thermes de Dioclétien.

**VIMOUTIERS** [61120] ➜ ÉTYM. du n. de la *Vie* ou du lat. *vicus* «village» et de *moustier*, du lat. *monasterium* «monastère» ♦ Ch.-l. de cant. de l'Orne, arr. d'Argentan, sur la Vie. 4 418 hab. *(Vimonastériens)*. Musée du camembert. ▪ Marché.

**VIMY** [62580] ➜ ÉTYM. du germ. *Wimo*, n. de pers., et suff. *-iacum* ♦ Ch.-l. de cant. du Pas-de-Calais, arr. d'Arras, en Artois. 4 675 hab. *(Vimynois)*. La crête de Vimy fut le théâtre de nombreux et sanglants combats pendant la guerre de 1914 - 1918 où s'illustrèrent en particulier les Canadiens en 1917.

**VIÑA DEL MAR** ➜ ÉTYM. esp. «vigne *(viña)* de la *(del)* mer *(mar)*» ♦ V. du Chili, jouxtant au N. le port de Valparaíso. 287 000 hab. Station balnéaire la plus importante du pays.

**VINAVER (Michel GRINBERG, dit Michel)** ♦ Auteur dramatique français (Paris 1927). Président-directeur général d'une multinationale jusqu'en 1980, il puisa dans le monde de l'entreprise la matière première de la plupart de ses pièces. Minimalistes, celles-ci sont construites à partir de dialogues ambigus, fragmentaires, où s'entrelacent plusieurs modes de discours. Son œuvre s'apparente au «théâtre du quotidien», même si des archétypes mythiques soustendent des situations contemporaines. Œuv. princ. : *Les Coréens* (1956), *Iphigénie Hôtel* (1959), *La Demande d'emploi* (1969), *Par-dessus bord* (1972), *Les Travaux et les Jours* (1979), *À la renverse* (1980), *L'Ordinaire* (1981), *Les Voisins* (1986), *L'Émission de télévision* (1988). Il a également traduit des pièces de Botho Strauss*.

**VINAY** [38470] ➜ ÉTYM. anc. *Vinaico villa*, du lat. *vinetum* «vignoble» ♦ Ch.-l. de cant. de l'Isère, arr. de Grenoble, près de l'Isère. 3 525 hab. (aggl. 4 516) *(Vinois)*. Noix.

**VINCENNES** [94300] ➜ ÉTYM. anc. *Vilcena*, p.-ê. d'orig. précelt. avec suff. *-enna* ou du lat. *Velacena*, n. de pers. gallo-rom. ♦ Ch.-l. de cant. du Val-de-Marne, arr. de Nogent-sur-Marne, situé au N. du bois de Vincennes. 43 595 hab. *(Vincennois)*. Château de Vincennes. ▪ Activités tertiaires. ▮ **Histoire** Philippe* Auguste fit bâtir dans la forêt de Vincennes un manoir où Saint Louis séjourna. C'est là que, selon la légende, il rendait la justice sous un chêne ; il y construisit une sainte chapelle qui fut remplacée plus tard par l'actuelle chapelle royale gothique, commencée sous Charles V et terminée sous Henri II (vitraux Renaissance). Le donjon fut édifié successivement par Philippe VI, Jean le Bon et Charles V ; haut de 52 m, il est flanqué de quatre tourelles aux angles. Au XVIIe s., Le Vau fit construire les pavillons du roi et de la reine. De 1668 à 1784, le château fut une prison d'État. Au XVIIIe s., on y installa une fabrique de porcelaine. Sous le Premier Empire, Vincennes fut transformé en arsenal. Le duc d'Enghien* fut exécuté dans les fossés du château le 20 mars 1804. La restauration du château, dont l'enceinte avait été arasée sous l'Empire, fut entreprise au début du XXe s. et on procède auj. à des fouilles archéologiques. Cours des maréchaux (1931), musée historique, musée de la Première Guerre mondiale ; archives historiques de l'armée dans le pavillon du roi. Lors de la Deuxième Guerre mondiale, les Allemands occupèrent le château ; ils y fusillèrent des otages le 20 août 1944.

**Vincennes.** *Le Donjon*, gravure du XVIIIe s.
Bibliothèque nationale de France, Paris. *Phot. © BN*

**VINCENNES** (bois de) ♦ Parc public situé à l'E. de Paris et rattaché à la capitale. Il comprend la Cité nationale de l'histoire de l'immigration (qui a remplacé le musée des Arts africains et océaniens construit pour l'Exposition coloniale de 1931 qui s'y tint), le Parc zoologique de Paris, appartenant au Muséum national d'histoire naturelle, un parc floral, un jardin tropical, un hippodrome (trot), des terrains de sports. Un centre universitaire (univ. de Paris-VIII) y fut établi de 1968 à 1980. L'ancienne cartoucherie abrite des manifestations théâtrales.

**VINCENT (Hyacinthe Jean)** ♦ Médecin militaire français (Bordeaux 1862 - Paris 1950). Il découvrit l'amygdalite fuso-spirillaire *(angine de Vincent)* et divers vaccins et sérums (contre la typhoïde, la gangrène gazeuse). [Acad. sc. 1922]

**VINCENT (Clovis)** ♦ Médecin français (Ingres 1879 - Paris 1947). L'un des fondateurs de la neurochirurgie en France, il fit des recherches sur les tumeurs hypophysaires et l'œdème cérébral, notamment.

**VINCENT (Jean-Pierre)** ♦ Metteur en scène et directeur de théâtre français (Paris 1942). Après une activité théâtrale à Sartrouville avec Patrice Chéreau, il fonda le Théâtre de l'Espérance (1968). Il signa des mises en scène marquantes par leur clarté intellectuelle et la maîtrise de l'espace : *La Noce chez les petits bourgeois* de Brecht, 1969 ; *La Tragédie optimiste* de V. Vichnievski, 1972 ; *Dans la jungle des villes* de Brecht, 1974. Il a prôné un théâtre de réflexion politique et sociale, s'affirmant artiste et citoyen dans ses choix et son rapport à la collectivité. Directeur du Théâtre national de Strasbourg (1975 - 1983), il a été administrateur général de la Comédie-Française (de 1983 à 1986). Professeur au Conservatoire supérieur d'art dramatique et metteur en scène indépendant, il affirme sa volonté de créer un théâtre où plaisir et humour catalysent la réflexion : *Le Mariage de Figaro* de Beaumarchais, 1987 ; *Œdipe roi, Œdipe à Colonne* et *Les Oiseaux* de Sophocle, 1989 ; *On ne badine pas avec l'amour* de Musset, 1988, 1993 ; *Les Fourberies de Scapin* de Molière, 1990. De 1990 à 2001, il a dirigé le théâtre des Amandiers à Nanterre où il monta *L'Échange* de Claudel.

**VINCENT DE BEAUVAIS** ♦ Dominicain français (mort à Beauvais en 1264). Moine dominicain, il fut le «lecteur» de Louis* IX. Il est l'auteur d'une vaste encyclopédie *Speculum doctrinale, historiale et naturale,* auxquels des continuateurs joignirent un *Speculum morale* (v. 1310). L'esprit critique lui fait défaut, mais son recueil est un précieux témoignage sur les connaissances au XIII$^e$ s.

**VINCENT DE PAUL** (saint) → ÉTYM. *de Paul :* autre graphie de son nom *Depaul* «fils de Paul» ♦ Prêtre français (Pouy, auj. Saint-Vincent-de-Paul, près de Dax 1581 - Paris 1660). Prisonnier des barbaresques en 1605, il passa deux ans en captivité, s'occupa des malades à Paris, devint aumônier de Marguerite de Valois (1610), curé de Clichy (1612), précepteur des enfants de Philippe-Emmanuel de Gondi* (1613). Dès lors, il commença ses missions d'apostolat et de charité auprès des pauvres des campagnes. En 1617, à Châtillon de Dombes (auj. Châtillon-sur-Chalaronne), il organisa la première Confrérie de la Charité d'où devaient sortir les Filles de la Charité dirigées par Louise de Marillac (1633). Aumônier général des galères (1619), supérieur de la Visitation (→ **Jeanne de Chantal**), il reçut en 1624 la charge de principal du collège des Bons-Enfants, ce qui lui permit d'organiser enfin ses missions rurales (Congrégation des Prêtres de la Mission, approuvée en 1633, installée au prieuré Saint-Lazare, d'où l'appellation de *lazaristes*). Il multiplia encore les institutions charitables (charité de l'Hôtel-Dieu, 1634 ; œuvre des Enfants trouvés, 1638) et, sous la régence d'Anne d'Autriche, fit partie du Conseil de conscience (1643 - 1652) où il influa notamment sur les nominations épiscopales. Sa correspondance a été publiée en 1920 - 1925 (suppl. en 1970). ▪ Fête le 27 sept.

**VINCENT DE SARAGOSSE** (saint) ♦ (Huesca - Valence 304). Diacre de Saragosse, il mourut torturé lors de la persécution de Dioclétien. Ses restes, ramenés à Paris (542), furent déposés à l'église Saint-Vincent, plus tard église Saint-Germain-des-Prés. Patron des vignerons. ▪ Fête le 22 janv. → ÉTYM. *Vincent* vient du latin *Vicentius* (p. p. de *vincere*) «vainqueur».

**VINCENT FERRIER** (saint) – en esp. ***Vicente Ferrer*** ♦ Dominicain espagnol (Valence, Espagne 1355 - Vannes 1419). Il enseigna à Valence, prit parti pour Clément VII lors du grand schisme* d'Occident, fut appelé en Avignon par Benoît XIII dont il fut le confesseur, mais s'en détacha et, en 1416, prononça l'acte de renonciation des rois de Castille, Aragon et Navarre à l'obédience de cet antipape. La fin de sa vie fut celle d'un prédicateur itinérant, en Italie, en Espagne, en France. ▪ Fête le 5 avr.

**VINCI (Léonard de)** → **Léonard de Vinci**

**VINDÉLICIE** n. f. ♦ Anc. région d'Europe (Germanie*) limitée par le Danube au N., la Rhétie* au S. et l'Helvétie* à l'O., correspondant au N.-E. de la Suisse, et comprise auj. dans la Bavière. V. PRINC. : Augusta Vindelicorum (Augsbourg). Elle fut soumise par Rome en –15 et forma la Rhétie seconde.

**VINDEX** – en lat. ***Caius Julius Vindex*** ♦ Général gaulois (mort en 68). Propréteur de la Séquanaise, il se souleva contre Néron* en faveur de Galba*. Vaincu par les légions de Germanie, il se suicida.

**VINDHYA** (monts) ♦ Ligne de relief E.-O. dans le N.-O. de la péninsule indienne. C'est un escarpement dissymétrique dû à une faille et entaillé de ravins. Il domine la vallée de la Narmada, dont il oriente le cours. Les monts Vindhya ont souvent, au cours de l'histoire, servi de limite politique entre le N. et le S. de l'Inde.

**VINE (Frederick John)** ♦ Géophysicien britannique (Chiswick, Londres 1939). En reprenant la théorie de l'expansion des fonds océaniques de H. Hess, il mit au point en 1963, avec D. H. Matthews, une méthode de repérage et de datation des mouvements de la croûte océanique d'après l'orientation de son paléomagnétisme. Selon la *théorie de Vine-Matthews,* l'expansion s'effectue de part et d'autre de la dorsale, et la largeur des zones d'anomalie magnétique symétriques et parallèles à son axe permet de calculer la vitesse du mouvement en fonction des dates des changements de l'orientation du champ magnétique terrestre. → **Hess (Harry).**

**VIÑES (Ricardo)** ♦ Pianiste espagnol d'origine catalane (Lérida 1875 - Barcelone 1943). Après des études au conservatoire de Barcelone (avec J. B. Pujol) et à Paris, il contribua grandement à faire connaître les compositeurs contemporains (Debussy, Ravel, Roussel, Satie, Falla, Albeniz).

**VINET (Alexandre Rodolphe)** ♦ Théologien protestant et critique littéraire suisse d'expression française (Ouchy, près de Lausanne 1797 - Clarens 1847). Ministre protestant (1819), professeur de littérature française à Bâle, il fut ensuite nommé à la chaire de théologie pratique (1837), puis à celle de littérature française (1845) de Lausanne, où il fut le collègue de Sainte-Beuve. En 1846, il se démit de ses fonctions et se consacra alors à l'organisation des Églises libres du canton de Vaud. Théologien, il fut un des partisans les plus convaincus de la liberté de conscience et d'une foi vécue comme rapport de l'individu avec Dieu (*Liberté des cultes,* 1826 ; *Essai sur la manifestation des convictions religieuses et sur la séparation de l'Église et de l'État,* 1842 ; *Méditations évangéliques*). Critique, il est connu pour ses analyses sur la littérature française : *Chrestomathie française* (1829 - 1830), *Études sur Pascal* (1848), *Études sur la littérature française au XIX$^e$ siècle* (1849 - 1851), *Histoire de la littérature française au XVIII$^e$ siècle* (1853).

**VINEUIL** [41350] → ÉTYM. «la clairière (gaul. *ialo*) du vignoble (lat. *vinea*)» ♦ Ch.-l. de cant. du Loir-et-Cher, arr. de Blois. 6 651 hab.

**Vingt mille lieues sous les mers** ♦ Roman de Jules Verne* (1870). Un harponneur canadien, Ned Land, un professeur français, Aronnax, et son domestique, Conseil, ont été faits prisonniers par le capitaine Nemo qui commande le *Nautilus*, un étrange sous-marin. Ils sillonnent les mers jusqu'au pôle Sud, aperçoivent les trésors de l'Atlantide mais sont horrifiés par la violence de Nemo qui fait couler tous les navires qu'il rencontre sur son passage. Ils s'enfuient et sont mystérieusement sauvés par un maelström. Proche des héros romantiques, le capitaine Nemo incarne une volonté satanique de dominer l'univers par le biais du progrès technique qui fascine l'auteur.

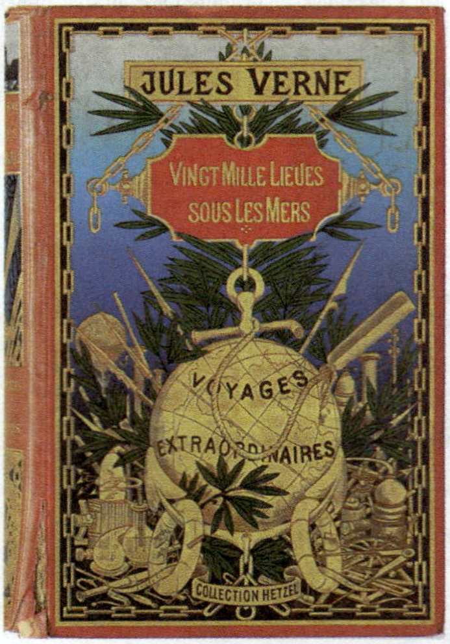


Couverture de **Vingt Mille Lieues sous les mers,** Jules Verne, 1870.
*BIS/Phot. Jeanbor © Archives Larbor*

**Vingt Regards sur l'Enfant Jésus** ♦ Cycle pianistique d'O. Messiaen* (1944), créé à Paris le 28 mars 1945 par sa dédicataire Yvonne Loriod.

**VINH** ♦ V. du Viêtnam (centre), ch.-l. de prov. 175 167 hab. Elle forme, avec son port Bên Thũy, le plus important centre économique de la province de Nghệ Tĩnh. Indus. légère, indus. du bois, ateliers de chemins de fer. ▮ **Histoire** Très éprouvée par les deux guerres (bombardements américains), la ville ancienne, presque entièrement détruite, fut reconstruite en 1954, puis en 1975.

**VĨNH LONG** ♦ V. du Viêtnam (sud) sur un des bras du delta du Mékong, au S. de Hồ Chí Minh-Ville. 184 711 hab. Port fluvial important.

**VINLAND** n. m. ♦ Pays découvert à l'E. de l'Amérique du Nord, par Leif Eriksson, chef des Vikings, vers l'an mille.

**VINNYTSIA** ♦ V. d'Ukraine, ch.-l. de région, sur le Boug méridional. 360 241 hab. Centre indus. d'une vaste zone de culture de la betterave sucrière. Indus. mécanique (machines-outils, instruments agricoles) et chimique (engrais). Traitement des produits agricoles.

**VINOGRADOV (Ivan Matveïevitch)** ♦ Mathématicien soviétique (Milolioub, Velikie Louki 1891 - Moscou 1983). Directeur de l'Institut de mathématiques Steklov de l'Académie des sciences de l'URSS. Chef de l'école soviétique de la théorie des nombres, il perfectionna une méthode originale de théorie analytique reposant sur une étude approfondie d'une certaine série de Taylor*. En 1937, reprenant la conjecture de Goldbach*, il réussit à démontrer que tout nombre impair assez grand est la somme de trois nombres premiers. ➝ ÉTYM. Ce nom vient du russe *vinograd* « vigne ».

**VINOY (Joseph)** ♦ Général français (Saint-Étienne-de-Saint-Geoirs 1800 - Paris 1880). Il servit en Afrique et fut promu général en 1853. Après la capitulation de Sedan (2 sept. 1870, guerre franco-allemande), il ramena ses troupes de Mézières vers la capitale. Placé à la tête de l'armée de Paris, il fut chargé de la défense de la ville après la démission du général Trochu* (22 janv. 1871), puis commanda l'armée gouvernementale des versaillais après la signature de l'armistice. Il participa à la répression de la Commune de Paris.

**VINSON** (mont) ♦ Point culminant du continent Antarctique* (4 897 m), situé dans l'isthme des monts Sentinelles, à la base de la péninsule Antarctique (partie occidentale du continent).

**VINTIMILLE** – en it. ***Ventimiglia*** ♦ V. d'Italie, en Ligurie (prov. d'Imperia), sur le golfe de Gênes, à l'embouchure de la Roya. 24 665 hab. La vieille ville médiévale a conservé ses remparts et ses ruelles. Cathédrale (XIe - XIIe s.). ▪ Important nœud ferroviaire entre la France et l'Italie. Commerce de fleurs. Station touristique fréquentée à proximité de la frontière franco-italienne.

**VIOLA (Bill)** ♦ Artiste américain (New York 1951), l'un des pionniers de l'art vidéo. Depuis 1970, il a étendu son travail de la simple vidéo à de véritables installations qui agissent comme une enveloppe sur le spectateur grâce à l'utilisation conjointe de l'image vidéo, du son et parfois d'objets et poussent les limites de la perception de la réalité. Son univers est celui de l'expérience humaine : la naissance, la mort, l'évolution de la conscience et la spiritualité, lui-même s'étant tourné vers le bouddhisme (série *The Passions*).

**VIOLAINES** [62138] ➝ ÉTYM. anc. *Villanas,* du bas lat. *villana (terra)* « (terre) tenue par un paysan libre (vilain) » ♦ Comm. du Pas-de-Calais, arr. de Béthune. 3 577 hab. Indus. alimentaire.

**VIOLLE (Jules)** ♦ Physicien français (Langres 1841 - Fixin 1923). Il réalisa les premières déterminations de la constante solaire (mont Blanc, 1875) et proposa un étalon de densité lumineuse (*étalon Violle,* 1881).

**VIOLLET-LE-DUC (Eugène Emmanuel)** ♦ Architecte et théoricien français (Paris 1814 - Lausanne 1879). Autodidacte, il s'enthousiasma pour l'architecture du Moyen Âge, séjourna en Italie en 1836 et voyagea à travers la France en compagnie de son ami P. Mérimée*, alors inspecteur des Monuments historiques. Celui-ci lui confia en 1839 la restauration de la basilique de Vézelay*. Il dirigea la restauration d'importants édifices civils et religieux du Moyen Âge (Saint-Germain-des-Prés, Saint-Séverin, Notre-Dame de Paris, la cité de Carcassonne). Sa conception rationaliste de l'architecture gothique et ses déductions l'amenèrent à prendre parfois des initiatives (suppressions ou rajouts d'éléments selon l'époque considérée comme la plus caractéristique) qui furent ensuite violemment critiquées. Dans la reconstitution du château de Pierrefonds (1859 - 1870), il appliqua jusqu'à la systématisation son idée de l'architecture féodale. Dans ses constructions, il resta dépendant des formules stylistiques médiévales et classiques et employa souvent un décor floral qui annonce les motifs de l'Art nouveau. Il fut cependant un audacieux théoricien, prôna l'emploi de matériaux et de formes adaptés à leur fonction et l'utilisation des structures métalliques. Viollet-le-Duc est l'auteur de nombreux ouvrages dont le *Dictionnaire raisonné de l'architecture française du XIe au XVIe siècle* (1854 - 1868) et les *Entretiens sur l'architecture* (1863 - 1872) qui marquèrent la plupart des architectes novateurs des générations suivantes.

**Viollet-le-Duc.** Dessin d'un temple dorique.
Bibliothèque nationale de France, Paris. *Phot.* ©*BN*

**VIOTTI (Giovanni Battista)** ♦ Compositeur, violoniste et pédagogue italien (Fontanetto Po, prov. de Verceil 1755 - Londres 1824). Élève de Pugnani à la chapelle de la cour de Savoie à Turin, il fit avec lui des tournées en Suisse, puis seul, en Allemagne, en Pologne et en Russie. Il se fixa quelque temps à Paris (1782) où il remporta un grand succès au Concert spirituel et entra au service de Marie-Antoinette. Mais la Révolution le força à s'exiler à Londres (1792), d'où il fut chassé en 1798 sous prétexte de jacobinisme. Il fut directeur du Théâtre-Italien à Paris (1819) et termina sa vie à Londres. Considéré comme le plus grand violoniste classique et le chef de l'école moderne de violon, il eut comme disciples, en France, Rode, Kreutzer* et Baillot*. Il a composé vingt-neuf concertos pour violon et de la musique de chambre.

**VIRCHOW (Rudolf)** ♦ Médecin, anthropologue et homme politique prussien (Schivelbein, Poméranie 1821 - Berlin 1902). Il fut professeur de médecine à Berlin et à Würzburg. Député progressiste à la Chambre prussienne, puis au Reichstag, il participa activement au Kulturkampf*. Médecin, il est connu par ses travaux de pathologie cellulaire (*Die Cellularpathologie,* 1858, où il expose ses théories, en partie infirmées actuellement).

**VIRE** n. f. ➝ ÉTYM. même orig. que *Var** ♦ Fl. du bocage normand (118 km) qui arrose Vire, Saint-Lô et se jette dans la Manche. Vallée pittoresque.

**VIRE** [14500] ♦ Ch.-l. d'arr. du Calvados, sur la Vire. 12 815 hab. (aggl. 15 995) *(Virois).* La ville, reconstruite après 1944, conserve l'église Notre-Dame (XIIIe, XIVe et XVe s.), la tour de l'Horloge (XVe s.). Musée : arts et traditions populaires. ▪ Produits laitiers. Andouilles. Construc. mécaniques et électriques. Orfèvrerie. ▮ **Histoire** Ancienne cité gauloise, place forte carolingienne, elle fut disputée entre la France et l'Angleterre.

**VIRÉ (Armand)** ♦ Biologiste français (Lorrez-le-Bocage 1869 - Moissac 1951). Auteur de recherches sur la faune aquatique souterraine (il proposa le terme de biospéléologie), il créa le premier laboratoire de biologie souterraine à Paris (1897), découvrit et aménagea les grottes de Lacave (Dordogne).

**VIRET (Pierre)** ♦ Réformateur suisse (Orbe, cant. de Vaud 1511 - Orthez 1571). Étudiant à Paris, où il fut marqué par l'influence de Lefèvre d'Étaples et de G. Farel, il se convertit définitivement à la Réforme à son retour en Suisse. Prédicateur dans diverses villes (Orbe, Grandson, Payerne), il resta plusieurs années à Lausanne dont il fut expulsé par les Bernois en raison de la discipline austère qu'il avait voulu leur imposer. Après un séjour à Genève, il évangélisa le sud de la France (Montpellier, Nîmes) avant d'être appelé par Jeanne d'Albret pour enseigner la théologie au collège d'Orthez. Auteur d'un exposé de la doctrine calviniste, *Instruction chrétienne en la doctrine de la loi et de l'Évangile* (1564), il a écrit aussi des dialogues satiriques, *Les Disputations chrétiennes.*

**VIRGILE** ➝ ÉTYM. en lat. ***Publius Vergilius Maro*** ; *Vergilius,* de *virga* « branche verte, rejeton » ♦ Poète latin (Andes, auj. Pietole, près de Mantoue, v. –70 - Brindes –19). Issu de la petite bourgeoisie, Virgile fit, à Crémone puis à Rome, les études qui devaient le mener à une carrière politique et suivit l'enseignement du philosophe épicurien Siron. Mais, introduit dans le cercle d'Asinius* Pollion, il renonça à l'éloquence et à la philosophie pour se consacrer à la poésie. En –40, le domaine familial de Virgile fut confisqué ; il le recouvra grâce à l'influence de son ami le poète Gallus* auprès d'Octave. Dès lors, il fut l'obligé des maîtres de l'heure. Il quitta sa province pour Rome ou Naples, cherchant appui auprès d'Octave* et de Mécène*. En –39, il publia les *Bucoliques*,* œuvre d'inspiration alexandrine d'une grande sérénité. Dès le début de –38, la situation politique s'assombrit et Virgile traversa une crise de pessimisme. C'est à cette époque qu'il commença les *Géorgiques*,* épopée philosophique qui mettait l'homme face à la nature, le milieu le plus susceptible de le conduire à un bonheur assez proche de celui des épicuriens, et soulignait la valeur édifiante du travail (le «durus labor»). Après avoir achevé les *Géorgiques* en −29, le poète conçut l'idée d'une épopée nationale qui serait pour les Romains l'équivalent de *L'Iliade**. Ce fut *L'Énéide**, qui préfigurait la victoire d'Auguste*, fils d'Énée*, fin vers laquelle avait tendu toute l'histoire de Rome depuis la chute de Troie jusqu'à la bataille d'Actium. L'œuvre n'était pas achevée à la mort du poète (−19), qui demanda qu'on la brûlât. Mais Auguste s'y refusa et la publication en fut assurée par les poètes Varrius et Tucca, amis de Virgile. ▪ L'évolution religieuse du poète l'a conduit de son épicurisme primitif à un platonisme mystique qui admet l'existence d'âmes survivant aux corps (*L'Énéide**). Il a ainsi réalisé la synthèse des courants spirituels de Rome et donné la plus parfaite image de la grandeur romaine. Son influence fut très grande sur toutes les littératures occidentales et tout un cycle de légendes se groupa autour de sa mémoire. → **Dante.**

**VIRGINIE** n. f. – en angl. ***Virginia*** ← ÉTYM. d'après le surnom d'Élisabeth Ire, *the Virgin Queen* «la Reine vierge» ♦ État de l'E. des États-Unis. → **États-Unis** (carte). 107 711 km². 7 078 515 hab. dont 19 % de Noirs. CAP. : Richmond. ▮ **Géographie** De l'O. à l'E., la Virginie, qui forme un triangle dont la pointe se trouve au S.-O., peut être divisée en trois zones : les montagnes, plateau appalachien à la frontière de la Virginie-Occidentale, puis Blue Ridge, entre lesquelles se trouve une partie de la Grande Vallée (système de plissements parallèles) ; le Piémont appalachien, entre la Blue Ridge et la ligne de faille (Fall Line), région de collines basses ; enfin, la plaine alluviale atlantique parcourue par des rivières (Potomac, Rappahannock, York, James) qui aboutissent à la baie de Chesapeake. ▮ **Économie** L'agriculture est en expansion : élevage, volailles, tabac, légumes. La pêche et l'élevage des huîtres sont un appoint important. Les réserves minérales consistent surtout en charbon (Appalaches), argile (briques, céramique) ; carrières de pierre. L'industrie classe la Virginie au 3e rang des onze États du S.-E. : indus. chimiques, alimentaires, indus. du tabac, textile. ▮ **Histoire** Découverte et nommée par sir Walter Raleigh (1585), la région ne fut colonisée qu'en 1607 par les Anglais. Malgré de graves difficultés, la culture du tabac (1612) fit prospérer la colonie, qui devint en 1624 la première colonie de la Couronne. Fidèle à la royauté contre Cromwell, elle reçut de Charles II le titre de Old Dominion. Après une crise et une rébellion (1676), l'arrivée des esclaves permit le développement des plantations de tabac. L'État prit avec le Massachusetts la tête de la guerre d'Indépendance, qui se termina en Virginie par la capitulation des Britanniques à Yorktown (19 oct. 1781). Sept des douze premiers présidents des États-Unis étaient originaires de Virginie. Esclavagiste, la Virginie fit sécession en 1861, mais les comtés de l'O. s'en séparèrent. La guerre de Sécession, menée notamment par les Virginiens Lee et Jackson, se termina en Virginie (Appomatox, 9 avr. 1865). Admise de nouveau dans l'Union en 1870, la Virginie connut la prospérité économique, mais les problèmes raciaux y restèrent aigus.

**VIRGINIE-OCCIDENTALE** – en angl. ***West Virginia*** ♦ État du Centre-Est des États-Unis. → **États-Unis** (carte). 62 600 km². 1 808 344 hab. CAP. : Charleston. ▮ **Géographie** À l'O., le plateau des Alleghanys est une partie du plateau appalachien qui s'étend de l'État de New York à l'Alabama ; incliné vers le N.-O., il est disséqué par de nombreux cours d'eau et forme un pays de collines et de vallées encaissées. À l'E., la Grande Vallée forme une zone plissée de vallées parallèles, aux sommets plus élevés. L'État est le plus montagneux des États-Unis à l'E. des Rocheuses. ▮ **Économie** L'agriculture se consacre surtout à l'élevage, à l'horticulture, sous l'impulsion d'institutions officielles ; mais la production de fruits, de maïs, de tabac reste importante. Les richesses minérales (charbon bitumineux, sel, gaz naturel) ont perdu de leur importance depuis 1950. Indus. principales : métall., mécanique, indus. chimiques, alimentaires et textiles. Montagneuse, la Virginie-Occidentale est plus pauvre que ses voisins. L'État connut le sommet de sa prospérité à la grande époque du charbon et son bassin houiller a largement contribué à l'industrialisation du N.-E. et de la région des Grands Lacs. ▮ **Histoire** Initialement peuplé d'Indiens pawnees, cherokees et tuscaroras, l'État résulte de la sécession des comtés abolitionnistes de Virginie, fidèles au gouvernement de Washington et qui formèrent le 35e État de l'Union en juin 1863.

**VIRIAT** [01440] ← ÉTYM. du lat. *Virius*, n. de pers., et suff. *-acum* ♦ Ch.-l. de cant. de l'Ain, arr. de Bourg-en-Bresse. 5 288 hab. Stockage souterrain d'éthylène.

**VIRIATHE** ♦ (mort en −139). Chef des Lusitaniens* révoltés contre la domination romaine. Il vainquit successivement quatre généraux et Rome n'en triompha qu'en le faisant assassiner.

**Viridiana** ♦ Film espagnol de Luis Buñuel* (1961), avec Silvia Pinal, Fernando Rey. Une pure jeune fille faisant montre de charité chrétienne se voit transformée en sainte «aux outrages» par une cohorte de traîne-la-faim. Développant les thèmes picaresques de *Nazarin* (Mexique, 1958), où il composait un insolite chemin de croix à l'envers, Buñuel imagina un scénario édifiant en apparence, qui eut l'aval des censeurs avant que ceux-ci n'en perçoivent la portée subversive. La longue interdiction qui suivit ne fut levée qu'après la mort de Franco. Il reste la force esthétique d'une parabole qui s'inscrit dans la tradition d'un Goya.

**VIROFLAY** [78220] ← ÉTYM. anc. *Viloflein* «domaine (lat. *villa*) d'Oflein (n. de pers. germ.)» ♦ Ch.-l. de cant. des Yvelines, arr. de Versailles. 15 211 hab. *(Viroflaysiens)*. Comm. résidentielle.

**VIRTANEN (Artturi Ilmari)** ♦ Chimiste finlandais (Helsinki 1895 - *id.* 1973). Auteur de recherches en chimie de la nutrition, il étudia le processus chimique des différentes fermentations et montra qu'elles se déroulent toutes selon le même mécanisme. Cela lui permit de mettre au point une méthode de conservation du beurre, puis des fourrages qui perdaient au cours de l'hiver leur valeur nutritive et leur goût. Enfin, il étudia le métabolisme de l'azote et la nutrition des plantes. [Prix Nobel de chim. 1945]

**VIRTON** ♦ V. de Belgique (Région wallonne), ch.-l. d'arr., prov. de Luxembourg, au confluent de la Vire et du Ton, affl. de la Chiers, à la frontière française, centre régional de la Gaume. 11 228 hab. Château-hospice de Saint-Mard (1715). Musée gaumais (archéologie et ethnographie locales). ▪ Papeterie en difficulté à Harnoncourt. Matériaux de construction. ▮ **Histoire** L'un des premiers combats de la bataille des Ardennes eut lieu à Virton en 1914.

**VIRY-CHÂTILLON** [91170] ← ÉTYM. → Viriat et Châtillon ♦ Comm. de l'Essonne, arr. d'Évry, sur la Seine. 30 257 hab. *(Castelvirois)*. Église en partie du XIIe s. ▪ Indus. du bâtiment. Travaux publics.

**VIS** – en it. ***Lissa*** ♦ Île de Croatie, dans l'archipel dalmate. 88 km². 1 960 hab. ▮ **Histoire** Victoire navale de l'Autriche (bataille de Lissa) sur la flotte italienne (20 juil. 1866).

**VISAKHAPATNAM** ou **VIZAGAPATNAM** ♦ V. de l'Inde (Andhra Pradesh), sur le golfe du Bengale. 1 329 472 hab. Exportation de manganèse, commerce des arachides et des textiles. Chantiers de constructions navales et industries métallurgiques, raffineries de pétrole. Port militaire.

**VISAYAS** n. f. pl. ♦ Archipel central des Philippines, entre Luçon et Mindanao. 15 520 125 hab. Cebu est l'île principale.

**VISBY** ♦ V. de Suède, sur la côte O. de l'île de Gotland, reliée à la Suède continentale par ferry (Nynäshamn et Oskarshamn). 22 236 hab. Église (XIIe s.). Musée. ▪ Port et centre touristique. ▮ **Histoire** Site occupé dès l'âge de pierre. Port et marché, la ville devint une des plus importantes de la Hanse*.

**VISCHER** ♦ Famille de sculpteurs et bronziers originaires de Nuremberg (XVe et XVIe s.). ♦ **Hermann Vischer l'Ancien** (mort en 1488). Il réalisa notamment les fonts baptismaux de Wittenberg. ♦ **Peter Vischer l'Ancien** (v. 1460 - 1529). Fils du précédent. Il est l'auteur de la châsse de saint Sébald (église Saint-Sébald de Nuremberg), qui présente un répertoire d'ornements empruntés à la Renaissance italienne ; à cette œuvre collaborèrent ses trois fils : HERMANN VISCHER le Jeune (v. 1486 - 1517), PETER VISCHER le Jeune (1487 - 1528) et HANS VISCHER (v. 1489 - 1550). L'atelier dirigé par Peter l'Ancien produisit de nombreuses plaques tombales qui attestent une grande maîtrise dans le travail du bronze. Les principales réalisations des Vischer furent une grille de clôture pour la chapelle funéraire des Fugger à Augsbourg (en partie détruite et maintenant dispersée), pour le tombeau de l'empereur Maximilien à Innsbruck, les statues du roi Arthur et du roi Théodoric (1513), ainsi que le tombeau de Frédéric le Sage dans l'église du château de Wittenberg, probablement réalisé par Peter le Jeune, tandis que Hans collabora avec Dürer au retable Heller. Les modèles des plaques tombales ou des petits bronzes qu'ils réalisèrent étaient souvent fournis par Veit Stoss, A. Dürer, J. Barbari.

**VISCONTI** ← ÉTYM. it. *visconte* «vicomte» ♦ Célèbre famille gibeline qui régna sur Milan du XIIIe au XVe s. ♦ **Ottone Visconti** (Ugone v. 1208 - Chiaravalle Milanese 1295). Il fut archevêque de Milan (1262). Il fit élire son neveu Matteo capitaine du peuple. ♦ **Matteo Ier Visconti** (Invorio 1250 - Crescenzago 1322). Neveu du précédent. Capitaine du peuple en 1287, il fut chassé par les Della Torre en 1302, puis se rétablit à Milan en 1311. Il conquit Bergame, Crémone, Plaisance, Pavie, Alessandria, Tortona et Verceil. ♦ **Galeazzo Ier Visconti** (mort à Pescia en 1328). Fils du précédent. Il battit l'armée pontificale, puis fut emprisonné par l'empereur Louis de Bavière (1327). ♦ **Azzo Visconti** (1302 - 1339). Fils du précédent. Il étendit sa domination sur presque toute la Lombardie. ♦ **Luchino Visconti** (1287 - 1349). Oncle et successeur du précédent. Il prit Parme, Asti et Locarno. ♦ **Giovanni Visconti** (1290 - 1354). Frère du précédent. Archevêque de Milan en 1339, il régna à Milan à partir de 1349. Il prit Bologne (1350) puis Gênes (1353). Il fut l'ami de Pétrarque. Ses trois neveux lui succédèrent. ♦ **Matteo II Visconti** (v. 1319 - 1355). Neveu du précédent. Il régna à Plaisance, Parme et Bologne et fut assassiné par ses frères. ♦ **Galeazzo II Visconti** (mort à Pavie en 1378). Neveu de Giovanni. Il régna sur Verceil, Novare, Asti, Tortona, Alessandria. En 1359, il s'empara de Pavie où il fit construire le château et fonda l'université. ♦ **Bernabò Visconti** (mort en 1385). Neveu de Giovanni. Il régna sur Milan, Crémone, Bergame, Brescia, puis Lodi et Parme. Il triompha de toutes les coalitions montées contre lui. À la mort de Galeazzo II, il voulut régner seul mais fut empoisonné par son neveu Gian Galeazzo. ♦ **Gian Galeazzo Visconti** (1351 - Melegnano 1402). Neveu du précédent. Il prit Vicence et Vérone (1388), Padoue (1388), Pise et Sienne (1399), Pérouse, Lucques, Bologne (1400 - 1401). Il favorisa les arts (construction de la cathédrale de Milan, de la chartreuse de Pavie) et réorganisa le gouvernement. Il maria sa fille Valentine à Louis d'Orléans, frère de Charles VI. C'est de ce mariage que Louis XII tira ses revendications sur le Milanais. ♦ **Giovanni Maria Visconti** (1389 - 1412). Fils du précédent. Il mourut assassiné. ♦ **Filippo Maria Visconti** (1392 - 1447). Frère du précédent. Il employa des condottieres comme Carmagnola et Francesco Sforza* pour rétablir la puissance de sa famille. Il reconquit la majeure partie de la Lombardie (1416 - 1421). Il maria sa fille naturelle Bianca Maria à Francesco Sforza (1441) et fut le dernier de la branche ducale de la famille. → Sforza.

**VISCONTI (Ennio Quirino)** ♦ Archéologue et homme politique italien (Rome 1751 - Paris 1818). Très jeune, il traduisit des œuvres grecques de l'Antiquité (en particulier Euripide, Pindare). Successivement sous-bibliothécaire à la Vaticane (1777), bibliothécaire du prince Ferdinando Chigi (1785), puis conservateur du musée Pio Clementino (1787), il fut ministre de l'Intérieur de la République romaine formée après l'entrée des troupes françaises (1797 - 1798). Obligé de se réfugier en France lors de l'invasion des Napolitains, il fut nommé conservateur des antiques au Louvre par Bonaparte. Il publia peu après son *Livret du musée* (1801) et ne cessa de travailler à l'élaboration de son *Iconographie antique* dont l'avait chargé Napoléon et qui comprend l'*Iconographie grecque* (1808) et l'*Iconographie romaine* (1817 - 1818).

**VISCONTI (Ludovico Tullius Joachim)** ♦ Architecte français d'origine italienne (Rome 1791 - Paris 1853). Élève de Percier, il édifia le tombeau de Napoléon aux Invalides et plusieurs fontaines (Gaillon, Saint-Sulpice, Molière) et fut chargé par Napoléon III de réunir le Louvre aux Tuileries. Ce projet, dont il établit les plans, fut réalisé par Lefuel*. Il fut un représentant de l'architecture éclectique, caractéristique de l'art officiel du Second Empire.

**VISCONTI (Luchino)** ♦ Cinéaste et metteur en scène de théâtre italien (Milan 1906 - Rome 1976). Homme de culture, il vint au cinéma sous l'influence de Jean Renoir* dont il fut, un temps, l'assistant. Avec *Ossessione* («Les Amants diaboliques», 1942) et en conférant à un récit policier américain (de James Cain) une valeur de témoignage critique et politique, il dota le cinéma italien de la première grande œuvre du néoréalisme. Metteur en scène de théâtre (1945), il revint au cinéma avec *La Terre tremble* (1948), premier épisode d'une trilogie inspirée par la misère des pêcheurs siciliens. Sur le mode de la fiction plus élaborée, *Rocco et ses frères* (1960), deuxième partie de cette trilogie, illustrera, dans le cadre de l'Italie du Sud, la décadence irrémédiable d'une famille paysanne. Cependant, avec *Senso** (1954), au scénario et au ton stendhaliens, et *Le Guépard** (1963, d'après le roman de Lampedusa*), Visconti signera deux de ses chefs-d'œuvre, fresques composées en hommage à l'Italie du Risorgimento, véritables ciné-opéras remarquables par leur beauté plastique, leur lyrisme et la profondeur de leur vérité psychologique. En Visconti, l'amour de la réalité nourrit une contemplation pathétique de tout ce qui fuit et se dégrade, étant promis à la mort : décors, visages, passions humaines. Attitude de poète et de philosophe qu'illustrent aussi ses autres films, *Les Damnés* (1969), *Mort* à Venise* (d'après une nouvelle de Thomas Mann, 1971), *Ludwig* (*Le Crépuscule des dieux*, 1972).

**VISÉ** – en néerl. ***Wezet*** ♦ V. de Belgique (Région wallonne), prov. et arr. de Liège, sur la Meuse et le canal Albert, à la frontière des Pays-Bas. 16 852 hab. Hôtel de ville du XVIe s. (reconstruit en 1924). Musées des Arbalétriers et des Arquebusiers. Dans la collégiale Saint-Martin, châsse de saint Hadelin, un des plus anc. (XIe s.) et des plus beaux spécimens de l'art mosan. ▪ La montagne Saint-Pierre, qui forme une falaise de tuffeau entre Lixhe et Saint-Pieter à Maastricht, d'un grand intérêt paléontologique et biologique, est menacée par l'extension des carrières alimentant les cimenteries de Lixhe, le long du canal Albert.

**VISEGRAD** (groupe de) ♦ Association politique et économique initiée à Visegrad (Hongrie) et parachevée à Cracovie (déc. 1992) par la Hongrie, la Pologne, la république Tchèque et la Slovaquie, dont l'objectif principal est la politique commune d'intégration dans les structures euroatlantiques. Même après l'arrivée de la Slovénie (1995), le groupe n'a pu établir une stratégie commune concernant l'intégration vers l'O. Autour de ce noyau s'est constitué l'ACELE (Accord centre-européen de libre-échange, en anglais CEFTA, Central European Free Trade Agreement) auquel la Roumanie a adhéré en 1997.

**VISEU** ♦ V. du Portugal (région Centre), ch.-l. de district dans la Beira. 53 722 hab. Nombreux monuments (cathédrale romane remaniée aux XVIe et XVIIe s. ; église baroque de la Miséricorde) et maisons anc. Musée Grão Vasco renfermant des œuvres de Vasco Fernandes et des peintres de son *école de Viseu* (XVIe s.).

**VISHNOU, VISHNU** ou **VIṢṆU** ➝ ÉTYM. probablt du sanskr. *viṣ* «qui pénètre tout» ♦ Deuxième grande divinité de la triade brahmanique (→ **Trimūrti**) et divinité suprême de nombreuses sectes hindoues. Il représente les forces évolutives de l'univers. On le vénère sous de nombreuses formes (ou avatāra) et on lui attribue mille noms symbolisant ses qualités. Dans sa forme la plus généralement représentée, il possède quatre bras portant un disque, une conque, un lotus et une massue. Il est monté sur l'oiseau mythique Garuda.

**Vishnou.** Bronze doré du XVe s. Prince of Wales Museum of Western India, Bombay.
*Phot. © Arch. Smeets*

**Visitation** (ordre de la) ou **visitandines** ♦ Ordre de moniales fondé à Annecy par saint François* de Sales et sainte Jeanne* de Chantal en 1610. Ce sont des religieuses contemplatives, avec clôture et vœux solennels. L'ordre constitué officiellement en 1618 fut approuvé par le pape en 1626. Les visitandines font également de l'enseignement. La maison mère est à Annecy.

Les **Visiteurs du soir** ♦ Film français de Marcel Carné* (1942), avec Arletty, Alain Cuny, Jules Berry, Fernand Ledoux. Une jolie légende médiévale, conçue par Jacques Prévert, en pleine période d'Occupation, pour faire oublier au public français les vicissitudes de l'heure, et, de façon plus insidieuse, comme métaphore de la Résistance, symbolisée par l'amour d'un couple qui déjoue les pièges du diable. Le décor édifié par A. Trauner* (un château éclatant de blancheur), le faste de la reconstitution (bal costumé, fanfares, tournoi), le brio de l'interprétation, la musique langoureuse de J. Kosma*, la naïveté voulue de l'intrigue, tout contribua au charme un peu diaphane de l'œuvre.

**VISO** (mont) ➝ ÉTYM. en lat. *Vesulus*, de la rac. précelt. *°ves-* «montagne» (→ aussi Vésuve) ♦ Montagne des Alpes piémontaises (3 841 m), à la frontière italienne, surplombant la source du Pô*.

**VISP** → Viège

**VISSER T'HOOFT (Willem Adolph)** ♦ Théologien protestant néerlandais (Haarlem 1900 - Genève 1985). Pasteur réformé, il a joué un rôle important dans le mouvement œcuménique, tant par son activité comme secrétaire général du Conseil œcuménique des Églises que par ses nombreux ouvrages traitant du rapprochement des Églises chrétiennes.

**VISSOTSKI (Vladimir Semenovitch)** ♦ Acteur, chanteur et poète soviétique (Moscou 1938 - *id.* 1980). Acteur de théâtre talentueux dès 1964, il acquit, dans les années 1970, une immense popularité en interprétant ses propres chansons dans lesquelles il a évoqué les problèmes de tous les jours, l'amitié, l'amour ou les souffrances de la guerre : *Le Nerf*, posth. 1981 ; *Poèmes et Chansons*, posth. 1981 - 1983 ; 1988.

**VISTULE** n. f. ➝ ÉTYM. en polon. ***Wisła***, d'une rac. hydronym. indo-eur. *°vis-* ♦ Fl. de Pologne (1 092 km), né dans les Beskides, aux confins de la Pologne, de la République tchèque et de la Slovaquie ; il baigne le S. de la haute Silésie, passe à Cracovie, contourne les plateaux de la Petite Pologne en formant un arc de cercle et arrose successivement Tarnobrzeg, Sandomierz, Puławy, Varsovie, Płock, Włocławek, Toruń, Grudziądz, avant de se jeter dans la Baltique par un vaste delta, dont un des bras relie Gdańsk à la mer. Navigable sur 940 km. Princ. affl. : (rive d.) Dunajec, San, Wieprz, Boug, Nida ; (rive g.) Pilica, Bzura, Brda.

**VITAL** (saint) ➝ ÉTYM. du lat. *vitalis* «qui concerne la vie» ♦ (IIe s. ?). Il aurait été torturé et exécuté lors de la persécution de Marc Aurèle. Patron de Ravenne. ▪ Fête le 28 avr.

**VITALI (Filippo)** ♦ Chanteur et compositeur italien (Florence v. 1590 - *id.* 1650). Il fut chantre à la chapelle pontificale (1631 - 1642), puis maître de la chapelle ducale San Lorenzo de Florence. Il a composé de nombreux recueils de madrigaux et *L'Aréthuse*, légende *(favola)* musicale, représentée à Rome en 1620.

**VITALI (Giovanni Battista)** ♦ Violiste et compositeur italien (Bologne 1632 - Modène 1692). Il fit ses débuts comme «musico di violone di braccio» (violoniste) à San Petronio de Bologne, avant d'être nommé vice-maestro de la chapelle du duc de Bologne. Il contribua pour une large part à fixer, avant Corelli et Purcell, le schéma de la sonate. Il est aussi l'auteur de *Salmi concertati* pour voix et orchestre, de petites pièces de danse *(correnti, balleti, galliarde, gighe)* et d'*Artifici musicali*.

**VITALIEN** (saint) ♦ 76$^{e}$ pape (de 657 à 672), de Segni. ▪ Fête le 27 janv.

**vitaliens**

n. m. pl. ➝ ÉTYM. en scand. ***Fetaliebrödre*** «frères ravitailleurs», en all. ***Vitalienbrüder*** ♦ Groupe de pirates des XIV$^{e}$ et XV$^{e}$ s., originaires de Rostock et de Wismar, qui ravitaillèrent Albert de Suède assiégé dans Stockholm par Marguerite* Valdemarsdotter entre 1389 et 1395. Ils s'établirent ensuite dans l'île de Gotland mais en furent expulsés par les Teutoniques en 1398. Ils écumèrent la mer du Nord mais furent vaincus par les Hambourgeois à Héligoland, auj. Helgoland (1401), et virent leurs chefs Klaus Zörtebeker et Gödeke Michels exécutés. Les derniers vitaliens disparurent à la fin du XV$^{e}$ s.

La **Vita nuova** ♦ Œuvre de Dante, probablement composée entre 1292 et 1294, comprenant 31 poésies reliées par une prose. Elle narre de façon symbolique l'amour du poète pour Béatrice* et la mutation que ce «sentiment» fit subir à sa vie. ▪ Dante, qui avait neuf ans lorsqu'il rencontra Béatrice, la revoit neuf ans plus tard et, profondément troublé, décide de cacher à tous son amour en faisant mine d'aimer, successivement, deux dames qui, selon un usage de la poésie courtoise, lui servent d'«écrans». Mais Béatrice, elle-même abusée, l'ignore. Dante prend alors conscience qu'«Amour a placé tout [son] bonheur dans ce qui ne peut [lui] être ôté» : la «louange» de sa dame. Cependant Béatrice meurt, et Dante sombre dans le désespoir. Une nouvelle dame soulagerait sa peine, si, en rêve, Béatrice ne l'en détournait. Dante, annonçant peut-être la future *Divine* Comédie*, se promet alors de ne plus parler de Béatrice jusqu'au moment où il pourra dire d'elle «ce qui jamais ne fut dit d'aucune femme».

**VITEBSK** ♦ V. de Biélorussie, ch.-l. de région, sur la Dvina Occidentale. 356 000 hab. Nœud ferroviaire. Indus. alimentaire et textile. Construc. mécaniques. Traitement du bois. ▌**Histoire** Cité dès 1021, elle devint la capitale d'une principauté indépendante (1029 - 1320). Centre commercial important (XV$^{e}$ - XVII$^{e}$ s.) sous la domination lituanienne et ensuite polonaise, elle fut occupée par les Russes (1654), puis par les Polonais (1667), et de nouveau annexée par les Russes (1772). Elle fut détruite durant la guerre du Nord (1700 - 1721) et l'invasion napoléonienne. Prise en juin 1941 par les Allemands qui anéantirent presque entièrement les Juifs (45 % de la population), elle fut libérée par l'Armée rouge en juin 1944, et reconstruite.

**VITELLION** → Witeło

**VITELLIUS** – en lat. ***Aulus Vitellius*** ♦ (15 - Rome 69). Empereur romain (69). Élevé auprès de Tibère*, il gagna ensuite la faveur de Caligula*, de Claude* et de Néron*. En 68, il reçut de Galba* le commandement de l'armée de Germanie inférieure. Il se rendit populaire auprès de ses soldats qui le proclamèrent empereur à la mort de Galba (janv. 69), tandis qu'Othon* était reconnu comme empereur dans le reste de l'empire. Après la défaite d'Othon à Bédriac* (avr. 69), Vitellius marcha sur Rome, mais il ne put imposer son autorité à tout l'empire. De son côté, l'armée d'Orient proclamait empereur son chef Vespasien* (juil. 69), et Vitellius, battu à Crémone (oct. 69), fut égorgé sur le forum par la populace.

**VITERBE** – en it. ***Viterbo*** ♦ V. d'Italie, ch.-l. de prov., dans le Latium. 59 308 hab. Entourée de remparts, la ville a conservé son caractère médiéval avec le quartier San Pellegrino, plusieurs églises romanes et gothiques et surtout le palais des Papes (XIII$^{e}$ s.). Aux environs, sanctuaire de la Madone du Chêne (Renaissance) orné par Andrea della Robbia ; villa Lante par Vignole (XVI$^{e}$ s.), résidence des Farnèse, entourée de jardins. Université. ▪ Centre commercial et indus. (indus. alimentaires). Céramiques. ▌**Histoire** Bâtie sur un site étrusque par les Lombards (773), elle fut donnée en héritage à la princesse Mathilde (1077), puis disputée entre la papauté et l'empire. Elle fut résidence pontificale au XIII$^{e}$ s. Un traité entre Léon X et François I$^{er}$ y fut signé en 1515, par lequel le pape renonçait à Plaisance et à Parme.

**VITERIC** → Witteric

**VITEZ (Antoine)** ♦ Acteur et metteur en scène français (Paris 1930 - *id.* 1990). Diplômé des Langues orientales, secrétaire d'Aragon, collaborateur de la revue *Théâtre populaire*, Vitez fit ses débuts en mettant en scène *Électre* de Sophocle (1966), texte qu'il reprit en

Antoine **Vitez** dans une scène de *Faust*, au Théâtre national de Chaillot, en 1981. *Phot. ©Bernand*

1971 et 1986 avec la même actrice, Evelyne Istria. Attiré d'abord par les théâtres russe (*Les Bains* de Maïakovski) et allemand (*Le Précepteur* de Lenz, 1972 ; *Faust*, 1981), il s'affronta ensuite à des textes français contemporains (*m=M* de Xavier-Agnan Pommeret ; *Le Pique-Nique de Claretta* de René Kalisky ; *L'Échange* de Claudel) et classiques (*Phèdre* de Racine, *Le Misanthrope* de Molière, *Hernani* de V. Hugo). Vitez concevait la mise en scène comme une écriture dans laquelle il exprimait ses idées sur le texte et le rapport qu'il permet avec la société et l'histoire. Pour lui, la rigueur de pensée allait de pair avec la liberté offerte par le théâtre. Après avoir fondé et dirigé le Studio-Théâtre d'Ivry (1972 - 1981), il prit la tête du Théâtre national de Chaillot (1981 - 1988), qu'il voulait «élitaire pour tous». Il fut nommé administrateur général de la Comédie-Française en 1988. Soucieux de la langue et du texte, audacieux, il créa l'intégrale du *Soulier* de satin* au festival d'Avignon* (1987), et s'affirma sans cesse homme de conscience et de responsabilité (*La Vie de Galilée* de Brecht, 1990).

**VITIGÈS** ♦ (mort en Asie apr. 540). Roi des Ostrogoths (536 - 540). Il défendit l'Italie contre les Byzantins, mais, vaincu à Ravenne par Bélisaire*, se rendit et fut mené captif à Constantinople devant Justinien* I$^{er}$.

**VITI LEVU** ♦ La plus grande des îles de l'archipel Fidji, au S.-O. de l'île de Vanua Levu. 10 386 km$^{2}$. Env. 500 000 hab. Île volcanique où se situe le point culminant de l'archipel (mont Victoria, 1 323 m). Sur sa côte S.-E. se trouve la capitale de l'État océanien : Suva. ▪ Canne à sucre. Coprah. Fruits tropicaux. Or (gisement de Vatu-Koula).

**VITORIA** ➝ ÉTYM. du lat. *victoria* «victoire» ♦ V. d'Espagne du Nord, cap. de la Communauté autonome du Pays basque espagnol et ch.-l. de la prov. d'Álava*. 229 484 hab. Cathédrale gothique (XIV$^{e}$ s.), église San Pedro. ▪ Centre indus. (automobiles, matériel agricole). ▌**Histoire** Wellington* y vainquit les Français Joseph Bonaparte et Jourdan (21 juin 1813).

**VITÓRIA** ♦ V. et port du Brésil, cap. de l'État d'Espírito Santo. 292 000 hab. Export. de minerais de fer du port de Tubarão.

**VITOŠA** n. m. ♦ Massif montagneux de Bulgarie (2 290 m au pic Noir) dominant Sofia. La Struma y prend sa source.

**VITRAC (Roger)** ♦ Poète et auteur dramatique français (Pinsac 1899 - Paris 1952). Venu du surréalisme, il se lia avec Antonin Artaud au moment de la création du théâtre Alfred-Jarry. Livrant la scène à la provocation surréaliste, à sa violence et à ses sarcasmes, il est l'auteur des *Mystères de l'amour* (1927) et de *Victor ou les Enfants au pouvoir* (1928), impitoyable satire des valeurs bourgeoises et parodie destructrice du langage. Précurseur du théâtre de l'absurde, Vitrac a fait représenter *Le Coup de Trafalgar* (1934).

**VITRÉ** [35500] ➝ ÉTYM. du lat. *Victor*, n. de pers. ♦ Ch.-l. de cant. de l'Ille-et-Vilaine, arr. de Rennes, sur la Vilaine. 15 313 hab. *(Vitréens)*. Ville d'aspect médiéval. Imposant château représentatif de l'architecture militaire du Moyen Âge (XI$^{e}$, XIV$^{e}$ et XV$^{e}$ s.). Église Notre-Dame en partie des XV$^{e}$ et XVI$^{e}$ s. Remparts. Maisons anc. Château Marie (XVII$^{e}$ s.). ▪ Chaussures. Caoutchouc. Meubles métalliques. Indus. agroalimentaires. ▌**Histoire** Ancienne baronnie de Bretagne, Vitré fut plusieurs fois le siège des états de Bretagne (de 1655 à 1706). Ce fut une des places du protestantisme en Bretagne. ▪ Aux environs, château des Rochers (XV$^{e}$ et XVII$^{e}$ s.) où M$^{me}$ de Sévigné* séjourna plusieurs fois.

**VITROLLES (Eugène François D'ARNAULD,** baron **DE)** ♦ Homme politique français (château de Vitrolles, près d'Aix-en-Provence 1774 - Paris 1854). Émigré dès les débuts de la Révolution, il servit dans l'armée du prince de Condé. Revenu en France sous le Consulat, il tenta de gagner les Alliés à la cause des Bourbons et fut nommé secrétaire d'État dans le Conseil provisoire (1814). Représentant des ultras*, il tenta en vain de soulever le midi de la France contre

Napoléon Ier aux Cent-Jours. Député à la Chambre introuvable (1815 - 1816), puis à la Chambre retrouvée (1824), il fut nommé ambassadeur par Charles X (1827 - 1829) et fait pair de France (1830).

**VITROLLES** [13127] ➝ ÉTYM. «les verreries», du lat. *vitrum* «verre» et suff. *-eolas* ou de *Victoriola* «petite statue de la Victoire» ♦ Comm. des Bouches-du-Rhône, arr. d'Istres. 36 784 hab. *(Vitrollais)*. Centre indus. et commercial.

**VITRUVE** – en lat. ***Marcus Vitruvius Pollio*** ♦ Architecte romain (-Ier s.). Ingénieur militaire sous César et auteur de la basilique de Fanum, il est surtout connu pour son *De architectura*, dédié à Auguste, traité dans lequel il tenta de codifier les principes de l'architecture hellénistique : système de proportions, utilisation des ordres, notamment. Cet ouvrage, qui constituait la seule approche théorique de l'architecture antique, fut abondamment utilisé et interprété par les architectes de la Renaissance.

**VITRY (Philippe de)** ➝ **Philippe de Vitry**

**VITRY (Louis DE L'HOSPITAL, marquis DE)** ♦ Militaire français (1555 - Paris 1611). D'abord au service du duc d'Alençon puis de Henri III, il se rallia à la Ligue et assura la défense de Paris contre Henri IV (1590). Aux états généraux (1593), il combattit les ambitions espagnoles et, gouverneur de Meaux, rendit la ville à la suite de l'abjuration d'Henri IV après les conférences de Suresnes.

**VITRY (Nicolas DE L'HOSPITAL, marquis puis duc DE)** ♦ Maréchal de France (1581 - Nandy 1644). Capitaine des gardes, il arrêta et tua Concini* (1617). Il fut par la suite embastillé par Richelieu.

**VITRY-EN-ARTOIS** [62490] ➝ ÉTYM. anc. *Vitriacum*, du lat. *Victorius*, n. de pers., et suff. *-acum* ♦ Ch.-l. de cant. du Pas-de-Calais, arr. d'Arras, sur la Scarpe, en Artois. 4 606 hab. *(Vitryats* ou *Vitryots)*.

**VITRY-EN-PERTHOIS** [51300] – anc. ***Vitry-le-Brûlé*** ♦ Comm. de la Marne, arr. de Vitry-le-François, sur la Saulx et la Bruxenelle. 793 hab. *(Pavois)*. ▮ **Histoire** Vitry *(Victoriacum)* fut rebâti après avoir été brûlé en 1544 par les Impériaux. Ce fut le quartier général de Joffre (bataille de la Marne*, 1914).

**VITRY-LE-FRANÇOIS** [51300] ➝ ÉTYM. *Vitry* (➝ Vitry-en-Artois) et du n. de *François** Ier ♦ Ch.-l. d'arr. de la Marne, à la jonction des canaux de la Marne au Rhin et de la Marne à la Saône. 16 737 hab. (aggl. 19 572) *(Vitryats)*. Port fluvial. Centre industriel.

**VITRY-SUR-SEINE** [94400] ♦ Ch.-l. de cant. du Val-de-Marne, arr. de Créteil, sur la Seine. 78 908 hab. *(Vitriots)*. Musée d'art contemporain du Val-de-Marne. Centre indus. Centrale thermique. Chimie. Construc. mécaniques et électriques.

**VITTEL** [88800] ➝ ÉTYM. du gaul. *Vittus*, n. de pers., et suff. *-ellum* ou du dauphinois *vitél* «oseraie, bord d'une rivière» ♦ Ch.-l. de cant. des Vosges, arr. de Neufchâteau. 6 117 hab. *(Vittellois)*. Station thermale créée au XIXe s. Usine d'embouteillage. Tourisme et villégiature.

**VITTORIA** ♦ V. d'Italie, en Sicile (prov. de Raguse). 55 317 hab. Centre agrocommercial et viticole.

**VITTORINI (Elio)** ♦ Écrivain italien (Syracuse 1908 - Milan 1966). Après une jeunesse difficile, il se fit connaître en collaborant à la revue *Solaria* et en traduisant les romanciers américains modernes (Faulkner*, Caldwell* et Saroyan*). Antifasciste notoire, militant communiste, Vittorini manifeste dans son œuvre romanesque une ardente attention au problème social *(Le Simplon cligne de l'œil au Fréjus*, 1947 ; *Les Femmes de Messine*, 1949 et 1964 ; *Erica et ses frères*, 1956) et aux «rapports qu'entretient l'individu, l'homme de ce temps, avec la société dans laquelle il vit, avec son époque, avec l'histoire» (M. Nadeau). Dans des ouvrages où apparaît cette inquiétude sociale et révolutionnaire *(Conversation en Sicile*, 1941 ; *Les Hommes et les Autres*, 1945), il charge de fièvre son langage et ses constructions narratives. À partir des années 1950, son activité éditoriale prit le pas sur sa production littéraire : après avoir fondé en 1945 le *Politecnico*, il dirigea, avec I. Calvino*, le *Menabò*, qui lança de nombreux jeunes auteurs. Après sa mort parurent *Le Due tensioni* (1968) et *Le Città del mondo* (1969).

**VITTORIO VENETO** ♦ V. d'Italie, en Vénétie (prov. de Trévise), au pied des Alpes vénitiennes, formée par la réunion des deux communes de Cenada et de Serravalle en 1866. 29 184 hab. Centre commercial et industriel (travail de la laine). Eaux sulfureuses. ▮ **Histoire** Victoire finale des Italiens sur les troupes austro-hongroises, en 1918. ▪ L'offensive italienne du 24 oct. 1918 bénéficia de la désorganisation politique et militaire de l'Autriche-Hongrie. Dirigée par Diaz* et menée par la 7e armée (Caviglia) assistée des forces françaises et britanniques, elle aboutit, le 28 oct., à la rupture du front du Piave. Vittorio Veneto fut occupé le 30 oct., Trente et Trieste le 3 nov. Ce même jour, l'Autriche-Hongrie signait l'armistice de Villa Giusti.

**VIVALDI (Antonio)** ♦ Compositeur italien (Venise 1678 - Vienne 1741). Fils d'un violoniste réputé à Venise, il fut probablement l'élève de son père et, peut-être, pour une courte durée, celui de Legrenzi. Ordonné prêtre (1703), il se trouva bientôt dans l'impossibilité d'exercer son ministère, sa faible complexion lui interdisant de participer à la célébration des offices religieux. Nommé maître de violon et de composition, puis maître de chapelle au séminaire musical de l'Ospedale della Pietà, l'une des quatre institutions qui accueillaient à Venise de jeunes orphelines déshéritées, il allait se trouver, durant près de quarante années (1703 - 1740), dans un milieu d'intense activité musicale où l'obligation de composer à un rythme rapide dans tous les genres était quasi quotidienne pour le maître de chapelle. Vivaldi parvint toutefois à se soustraire, à plusieurs reprises, aux obligations de sa charge. Violoniste virtuose, chef d'orchestre, imprésario et metteur en scène de ses propres opéras, il effectua de nombreuses tournées dans les grandes villes d'Italie, séjourna en Allemagne, en Autriche, aux Pays-Bas, connut enfin une gloire européenne. On ignore les raisons pour lesquelles, de retour à Venise (1740), il décida de renoncer à ses fonctions et de quitter cette ville pour Vienne où il mourut l'année suivante, dans la solitude, la pauvreté et l'oubli. Ce revers imprévu de la fortune allait affecter encore, durant plus d'un siècle, sa réputation de compositeur. Curieusement, ce sont les travaux entrepris par les musicologues après 1850 pour faire revivre l'œuvre de J.-S. Bach, elle-même plongée dans l'oubli, qui ont été à l'origine de la résurrection de celle de Vivaldi. Transcripteur de plusieurs concertos du compositeur vénitien, Bach en fut d'abord tenu pour l'auteur, avant qu'on ne s'avise de l'identité véritable de celui qui les écrivit. La publication de l'œuvre intégrale de A. Vivaldi commença après 1930 et, au lendemain de la Deuxième Guerre mondiale, il devint l'un des musiciens les plus joués au monde. ▪ C'est dans le domaine du concerto que Vivaldi apparaît comme un véritable créateur, par l'importance accrue du rôle dévolu au soliste, la division ternaire *(allegro, andante, allegro)*, la robustesse et la hardiesse du rythme, le lyrisme des thèmes qui allient l'éloquence et l'énergie à la grâce rêveuse et à la tendresse. Novateur, il l'est encore par le caractère descriptif qu'il a imprimé à un genre qui devient avec lui une préfiguration du poème symphonique. Il peut être tenu pour le précurseur de la symphonie classique avec ses ouvertures d'opéras, ses *sinfonie* et ses *concerti ripieni*. Son influence a été considérable sur les plus importants musiciens de son temps et sur la génération qui lui succéda. Il fut moins inventif dans les domaines de la sonate, de l'opéra et de la musique religieuse, qu'il a cependant illustrés par de nombreux ouvrages. Prodigieux virtuose du violon, au dire de ses contemporains, celui qu'ils surnommèrent «le Prêtre roux» *(il Prete rosso)* fut un remarquable pédagogue et compta A. Marcello parmi ses élèves. ▪ Son œuvre comprend plus de 470 concertos et *sinfonie* [les plus célèbres de ses concertos sont les douze de l'*Estro armonico* (1712), les douze de la *Stravaganza* (v. 1712), les douze du *Cimento dell'armonia* qui comprend la célèbre suite des *Quatre* Saisons* (v. 1725) ; ces ouvrages sont conçus pour diverses sortes de combinaisons instrumentales : pour viole d'amour, mandoline, flûte, hautbois, basson...], deux oratorios, plus de cent cantates, *arie* et *serenate* ; soixante-quinze sonates et une quarantaine d'œuvres de musique sacrée, dont un *Gloria en ré majeur*. De ses quarante-cinq opéras, dont beaucoup sont perdus, il faut rappeler ses trois versions sur le thème du *Roland* furieux*, *L'Olimpiade*, *La Fida Ninfa*, *Tito Manlio*, *Catone in Utica*, *L'Incoronazione di Dario* et un *Montezuma*, récemment exhumé. Dans ces ouvrages, Vivaldi allie la richesse du baroque vénitien et son goût pour les grands tableaux descriptifs aux fastes de la vocalité napolitaine. ➝ ÉTYM. *Vivaldi* vient du nom de personne germanique *Wigwald*, de *wig* «bataille» et *waldan* «gouverner».

**VIVARAIS** n. m. ➝ ÉTYM. du n. de *Viviers** ♦ Région du S.-E. de la France, en bordure orientale du Massif central, limitée par le sillon rhodanien et correspondant approximativement au département de l'Ardèche*. Des phénomènes volcaniques se sont produits et ont donné naissance à de petits massifs. ➝ **Gerbier-de-Jonc, Coiron.** Le Vivarais est découpé par des torrents méditerranéens se jetant dans le Rhône. Riches vergers sur les pentes rhodaniennes : pêches, poires, raisin. À l'intérieur, châtaigneraies et élevage. ▮ **Histoire** Petit pays de l'ancienne France, dont la capitale était *Viviers*. Sous la conquête romaine, il fit partie de la Narbonnaise*. Il appartint au royaume de Provence et de Bourgogne puis, à la fin du Xe s., aux domaines du comte de Toulouse et fut réuni à la Couronne au XIIIe s. Le protestantisme s'y implanta fortement au XVIe s.

**VIVARINI** ♦ Famille de peintres vénitiens du XVe s. ♦ **Antonio Vivarini** (Murano v. 1415 - Venise, entre 1476 et 1485). Il travailla avec son beau-frère, puis avec son frère Bartolomeo. Il commença par peindre des madones, se référant au langage gothique (Venise, Padoue). Malgré l'acquisition d'une rigueur spatiale nouvelle au contact de Donatello* et de Mantegna*, son style reste dominé par un dessin sinueux, des ornements aussi précis qu'abondants et une couleur comme émaillée *(Vie de sainte Catherine*, Washington). ♦ **Bartolomeo Vivarini** (Murano v. 1432 - apr. 1491). Frère du précédent. Élève et collaborateur de son frère, il joua un rôle important dans l'évolution de la peinture vénitienne, tant par l'équilibre du rythme que par la vivacité des couleurs *(Vierge à l'Enfant avec quatre saints*, Venise ; *Saint Georges*, Berlin). ♦ **Alvise Vivarini** (Venise v. 1446 - *id.* apr. 1503). Fils d'Antonio. Élève de Bartolomeo, il fut influencé par la peinture tonale d'Antonello da Messina *(Sacra Conversazione*, 1480,

Alvise **Vivarini.**
*Saint Jean-Baptiste.*
Académie, Venise.
*Phot. © Nimatallah/Ricciarini*

Venise) et fut le représentant le plus typique du style cristallin qui domina l'école vénitienne à la fin du siècle, style contre lequel Giorgione* allait réagir (*Sainte Claire,* Venise ; *Saint Antoine,* Venise).

**VIVEKĀNANDA** ◆ **ÉTYM.** du sanskr. *viveka* «raison, discernement» et *nanda* «joie, plaisir» ♦ Philosophe indien (Calcutta 1862 - *id.* 1903). Disciple de Ramakrishna* et grand vulgarisateur de la philosophie du Vedānta*. Sa participation au parlement des religions de Chicago en 1903 fit connaître l'hindouisme dans le monde. Il fonda en 1897 la «mission Ramakrishna» dont le but est de propager à travers le monde la pure philosophie du Vedānta et une sorte d'évangile universel. Son œuvre écrite est importante.

**VIVES (Juan Luis)** ♦ Humaniste espagnol (Valence 1492 - Bruges 1540). Nommé professeur à Louvain en 1519, il y publia *Contre les pseudo-dialecticiens (Adversus Pseudo-dialecticos),* pamphlet contre la scolastique* de la Sorbonne, suivi en 1531 par les ouvrages *De l'instruction* et *Des arts.* Il se lia avec Érasme*. En 1523, il fut appelé par Wolsey à Oxford, et devint, à la cour d'Henri VIII, le lecteur de la reine Catherine et le précepteur de la princesse Marie. De son séjour à la cour d'Angleterre date *L'Institution de la femme chrétienne,* dont il devait publier le pendant en 1529 avec *Des devoirs d'un mari.* Il écrivit également pendant cette période *De la raison des études enfantines* et *Les Conditions de vie des chrétiens sous l'oppression turque.* En 1527, ayant refusé de prendre position en faveur du divorce d'Henri VIII, il émigra aux Pays-Bas où il rédigea *De la concorde et de la discorde dans la race humaine* et *De la pacification.* En 1538, il composa *L'Âme et la Vie* et son disciple Granevelt fit publier après sa mort *De la vérité de la foi chrétienne.* Vives eut sur la pensée de son temps une influence considérable : rompant avec la scolastique, il apparaît comme un précurseur de Bacon* et de Descartes*, et annonce le courant empiriste.

**VIVIANE** ◆ **ÉTYM.** probablt du lat. *vivere* «vivre» ♦ Personnage fabuleux du *cycle breton.* Viviane, devenue fée grâce au savoir de Merlin* l'Enchanteur (→ **Brocéliande**), révèle à Lancelot* les règles de la chevalerie.

**VIVIANI (René)** ♦ Homme politique français (Sidi Bel-Abbès 1863 - Le Plessis-Robinson 1925). Collaborateur de plusieurs journaux, *La Petite République, La Lanterne* et plus tard *l'Humanité,* il siégea à la Chambre des députés comme socialiste (1893 - 1902), puis comme socialiste indépendant (1906 - 1922) avant de fonder lui-même le Parti républicain socialiste. Ministre du Travail (1906 - 1910), de l'Instruction publique (1913 - 1914), il fut appelé à la présidence du Conseil en juin 1914 et décréta la mobilisation générale (1er août 1914). Les premiers échecs militaires de la France l'obligèrent à procéder à un remaniement ministériel et à former un cabinet d'Union sacrée (Delcassé, Briand, Doumergue, Millerand...). Remplacé en oct. 1915 par A. Briand, il fut nommé ministre de la Justice (1915 - sept. 1917). Représentant de la France à la SDN (1920 - 1921), il fut élu sénateur (1922). ◆ **ÉTYM.** *Viviani* est un nom italien ou corse, correspondant au français *Vivien,* du latin *vivus* «vivant».

**VIVIER (Robert)** ♦ Écrivain belge d'expression française (Chênée, prov. de Liège 1894 - La Celle-Saint-Cloud 1989). Professeur de littérature française et italienne à l'université de Liège, il fut l'auteur de romans d'inspiration populiste (*Folle qui s'ennuie,* 1933 ; *Délivrez-nous du mal,* 1936) et d'une vingtaine de recueils de poésies, où l'éphémère relation de l'homme avec le monde est exprimée sous la forme d'impressions quotidiennes toujours menacées par le rêve (*Un cri du hasard,* 1966 ; *S'étonner d'être,* 1977 ; *J'ai rêvé de vous,* 1983).

**VIVIER-AU-COURT** [08440] ♦ Comm. des Ardennes, arr. de Charleville-Mézières. 3 298 hab. Fonderie.

**VIVIERS** [07220] ◆ **ÉTYM.** du lat. *vivarium* «vivier» ♦ Ch.-l. de cant. de l'Ardèche, arr. de Privas, sur le Rhône. 3 413 hab. *(Vivarois).* Cathédrale Saint-Vincent des XIIe, XVIe et XVIIIe s. (chœur flamboyant). Maisons des Chevaliers (XVIe s.). Hôtels de Tourville et de Beaulieu (XVIIIe s.). ▪ Ciment. Marrons glacés. Conserves.

**VIVIN (Louis)** ♦ Peintre français (Hadol, Vosges 1861 - Paris 1936). D'origine modeste, il vint à Paris en 1880. Autodidacte, il exposa à la Foire aux croûtes de Montmartre en 1922, mais resta employé des Postes jusqu'à sa retraite. Son style est naïf par l'imitation méticuleuse, académique des détails, par l'emploi de couleurs lumineuses posées en aplats. Mais il se double souvent d'irréalisme, même dans ses reproductions d'édifices parisiens (*Le Sacré-Cœur,* 1930 ; *Notre-Dame,* 1935). De ses paysages dépourvus de perspective, se composant d'une succession de plans simplifiés, le critique Wilhelm Uhde dira qu'ils «apparaissent comme les façades d'un autre paysage». Ses scènes de chasse (*Le Cerf et les Loups,* 1925) expriment un sentiment d'angoisse et de solitude. L'œuvre de Vivin ne fut reconnue que tardivement, avec sa première exposition en 1927.

**VIVONNE (Louis Victor DE ROCHECHOUART, duc DE MORTEMART et DE)** ♦ Maréchal de France (Paris 1636 - Chaillot 1688). Frère de Mme de Montespan*, il fut maréchal de camp en 1664 après avoir servi en Flandre sous Turenne. Il passa dans la marine, participa à l'expédition contre les Barbaresques (1664) et devint général des galères (1669). Il fit la guerre de Hollande et fut grièvement blessé au passage du Rhin (1672). Gouverneur de Champagne et de Brie (1674), il devint vice-roi de Sicile (1675) et vainquit la flotte hispano-hollandaise (Palerme, 1676). Rappelé en France, il prit part à la guerre de Hollande (1678). Grand seigneur, lettré et plein d'esprit, il passa la fin de sa vie à la cour et protégea les écrivains.

**VIX** [21400] ◆ **ÉTYM.** du lat. *vicus* «village» ♦ Comm. de la Côte-d'Or, arr. de Montbard. 107 hab. *(Vixois).* ♦ ***Trésor de Vix*** En 1953 fut découverte, au pied de l'oppidum du mont Lassois, une sépulture sous tumulus datant du premier âge de fer ou période de Hallstatt (–VIe s.). Elle renfermait les restes d'une princesse celte, parée d'un pesant diadème d'or, dont le corps avait été déposé dans un char à quatre roues ; elle était entourée du mobilier funéraire, comprenant notamment le célèbre *cratère de Vix,* le plus grand vase de bronze connu, sorti probablement des ateliers grecs d'Italie du Sud, et témoin de la pénétration des négociants grecs jusqu'en Bourgogne (musée de Châtillon*-sur-Seine). Les vestiges de la ville, entourée de fortifications et dont le plus grand bâtiment est le palais de la «Dame de Vix», ont été mis au jour à partir de 2004.

**Vix.** Le cratère de Vix. Musée de Châtillon-sur-Seine. *Phot. © Arch. Rencontre*

**VIZILLE** [38220] ◆ **ÉTYM.** du lat. °*Visilius* (ou *Visellius*), n. de pers. ♦ Ch.-l. de cant. de l'Isère, arr. de Grenoble, sur la Romanche. 7 465 hab.

(aggl. 9 342) *(Vizillois)*. Château du XVII$^e$ s. bâti par le duc de Lesdiguières, anc. résidence d'été du président de la République ; auj. musée de la Révolution. C'est dans ce château que les états du Dauphiné réclamèrent en juil. 1788 la convocation des États généraux. ▪ Papeterie. Chimie.

**VIZYÏNOS (Georges)** ♦ Prosateur et poète grec (Vizyï, Thrace 1849 - Athènes 1896). Ses ballades *Souffles athéniens* eurent du succès, mais c'est dans la nouvelle que s'affirma son grand talent de conteur, de peintre de mœurs et d'observateur de la condition humaine : *Le Péché de ma mère, Qui était le meurtrier de mon frère ?, Le Seul Voyage de sa vie.*

**VIZZAVONA** (col de) ♦ Col routier de la Corse à 1 163 m d'alt., entre Ajaccio et Corte, aux confins des dép. de la Corse-du-Sud et de la Haute-Corse.

**VJOSË** ou **VJOSA** n. f. – en grec ***Aôos*** ♦ Fl. de Grèce du N.-O. et d'Albanie méridionale (238 km), né dans le Pinde, tributaire de l'Adriatique.

**VLAARDINGEN** ♦ V. des Pays-Bas (Hollande-Méridionale), sur la Nouvelle Meuse et le Nieuwe Waterweg. 71 461 hab. Ville historique appartenant aujourd'hui à l'aggl. de Rotterdam. Hôtel de ville Renaissance. ▪ Activités portuaires et indus. (chimie à base de pétrole). Pêche.

**VLADIKAVKAZ** ou **VLADICAUCASE** ➝ ÉTYM. de 1932 à 1944 et de 1954 à 1990 ***Ordjonikidze,*** et de 1944 à 1954 ***Dzaoudjikaou*** ♦ V. de Russie, cap. de l'Ossétie du Nord, sur le Terek, dans le Caucase du Nord. 315 100 hab. Centre culturel. ▪ Métall. des non-ferreux. Construc. mécaniques. Centrale thermique.

**VLADIMIR I$^{er}$ Sviatoslavitch le Saint** ou **le Grand** ♦ (v. 956 - 1015). Prince de Novgorod (970) et grand-prince de Kiev* (980 - 1015). Fils de Sviatoslav* I$^{er}$, il devint souverain unique de la Russie kiévienne (après avoir fait tuer son frère, Iaropolk) et est considéré comme son fondateur. Il étendit son territoire de la Baltique à la mer Noire, s'empara de la Galicie* orientale et soumit la Chersonèse* Taurique (auj. Crimée). Allié de Basile* II, dont il épousa la sœur, il se convertit v. 988 au christianisme grec, qu'il répandit dans le pays. Il instaura une assistance sociale organisée, fonda des églises et des écoles, enfin s'attacha à accélérer la fusion entre Slaves* et Varègues*. Le partage de son État entre ses fils provoqua après sa mort de longues luttes intestines, jusqu'à l'avènement de Iaroslav* à Kiev.

**VLADIMIR II MONOMAQUE** ♦ (1053 - 1125). Grand-prince de Kiev* (1113 - 1125). Petit-fils de Iaroslav*, prince de Tchernigov (1093 - 1113), il se distingua par ses campagnes contre les Polovtsy (Coumans) avant d'être appelé au trône de Kiev. Il a laissé une *Instruction pour ses enfants,* considérée comme l'une des premières œuvres de la littérature morale russe.

**VLADIMIR** ➝ ÉTYM. du n. de *Vladimir** II Monomaque ♦ V. de Russie, ch.-l. de région, sur la Kliazma, au N.-E. de Moscou. 316 300 hab. Cathédrale de la Dormition (XII$^e$ s.). Église Saint-Dimitri (XII$^e$ s.). ▪ Aux environs, église de l'Intercession-de-la-Vierge (XII$^e$ s.). ▪ Indus. mécanique (tracteurs), chimique et alimentaire. Nœud ferroviaire. ▮ **Histoire** Fondée au XII$^e$ s., la ville fut de 1157 à 1339 la capitale de la principauté de Vladimir-Souzdal et devint, après le transfert du métropolite de Kiev* (1299), la capitale religieuse du pays avant d'être évincée par Moscou (1326) puis absorbée par l'État moscovite au XIV$^e$ s. Ivan I$^{er}$ Danilovitch prit le titre de grand-duc de Moscou et de Vladimir en 1328.

**VLADISLAV** → **Ladislas**

**VLADIVOSTOK** ➝ ÉTYM. russe «maître *(vladi)* de l'Orient *(vostok)*» ♦ V. de Russie, ch.-l. du territoire du Littoral, en Sibérie extrême-orientale, sur la mer du Japon. 591 800 hab. Centre culturel (univ.). ▪ Port. Réparation de bateaux. Indus. mécaniques et alimentaires (conserveries). Traitement du bois. Pêche (baleines, crabes). Terminus du Transsibérien*. Port d'attache de la flotte russe d'Extrême-Orient. ▮ **Histoire** Occupée par les Russes dès 1860, la ville fut prise en charge de 1918 à 1922 par une mission militaire anglo-franco-japonaise.

**VLAMINCK** [vlamɛ̃k] **(Maurice de)** ♦ Peintre, dessinateur, graveur et écrivain français (Paris 1876 - Rueil-la-Gadelière, Eure-et-Loir 1958). À la fois coureur cycliste à partir de 1896, violoniste dans des orchestres tziganes (ses parents étaient musiciens), il commença à pratiquer la peinture en amateur. Vers 1900, il rencontra Derain* et partagea avec lui un atelier à Chatou. Personnage truculent, professant des idées anarchistes, auteur d'articles de journaux, de pamphlets et aussi de romans licencieux (*D'un lit à l'autre ; Tout pour ça,* 1903), il était dénué de formation académique ; à l'intellectualisme ou à la discipline traditionnelle, il voulut opposer la force de l'instinct, la liberté de la subjectivité. En 1907, il fit la connaissance de Matisse et fut surtout impressionné par Van Gogh. Il peignit alors des paysages, des sites urbains, des scènes de rue d'une exécution large, exaltant la violence des tons purs par des effets de contraste, étalant la couleur avec une touche véhémente ou par larges nappes, le caractère arbitraire, irréaliste du chromatisme accentuant sa puissance expressive (*La Péniche,* 1905 ; *Les Arbres rouges,* 1906). Il participa au Salon d'automne de 1905 et s'affirma comme l'un des plus virulents parmi les «fauves». Cependant, son style évolua rapidement : la touche plus calme prit un caractère plus structurel, les tons s'assourdirent, son dessin d'abord schématique devint plus précis, donnant aux formes un caractère plus linéaire (*Les Remorqueurs à quai,* 1908). À la même époque, il subit l'attraction de Cézanne (*Nature morte,* v. 1907), mais ensuite, abandonnant les audaces formelles de ses débuts, il revint à une figuration plus traditionnelle. Il se retira d'abord à Valmondois (*La Maison à l'auvent,* 1920) puis à Rueil-la-Gadelière, se complaisant à multiplier les vues de villages ou de champs enneigés avec des ciels orageux. Ces œuvres, peintes avec une pâte épaisse dans des tonalités bleu sombre, blanches et grises, obtinrent un grand succès auprès du public. Auteur d'illustrations de livres, de bois gravés, de lithographies, il publia divers ouvrages au ton amer et agressif (*Tournant dangereux,* 1931 ; *Portrait avant décès,* 1943). ➝ ÉTYM. *Vlaminck* est une variante du néerlandais *Vlaming* «Flamand».

Maurice de **Vlaminck.** *Les Arbres rouges* (65 × 81 cm). MNAMGP, Paris.
*Phot. © Nimatallah/Ricciarini*

**VLASSOV (Andreï Andreïevitch)** ♦ Général soviétique (Lomakino, prov. de Nijni-Novgorod 1900 - Moscou 1946). Il s'engagea dans l'Armée rouge en 1918 et prit part à la guerre civile. Membre du parti communiste (1930), conseiller militaire de Jiang Jieshi (Chiang Kaishek, 1938 - 1941), il se distingua pendant la Deuxième Guerre mondiale aux batailles de Kiev et de Moscou. Il se battit dans la région du Volkhov et fut encerclé. Prisonnier des Allemands (août 1942), il passa au service du Reich, assuma la présidence du «Comité national russe» et organisa avec des prisonniers soviétiques l'«armée de libération russe», qui fut envoyée en France et en Belgique pour relever des divisions allemandes. Livré par les Américains aux Soviétiques, il fut exécuté.

**VLORË** ou **VLORA** – anc. ***Vlonë*** ou ***Vlona*** en it. ***Valona*** ♦ V. du S. de l'Albanie, sur l'Adriatique, au fond d'un golfe protégé par l'île de Sazan. 85 180 hab. Port et centre indus. actif. ▮ **Histoire** Ancienne colonie grecque puis romaine, la ville appartint à Venise au XV$^e$ s. L'indépendance de l'Albanie y fut proclamée le 28 nov. 1912.

**VLTAVA** n. f. – en all. ***Moldau*** ♦ Riv. de la République tchèque (430 km), qui prend sa source dans la forêt de Bohême qu'elle longe durant 80 km, puis traverse la Bohême du S. au N. pour se jeter dans l'Elbe à Mělník. Princ. affl. : la Lužnice, la Sázava, la Berounka. Elle arrose České* Budějovice et Prague*. ▪ Nombreuses centrales hydroélectriques.

**VOCONCES** n. m. pl. ➝ ÉTYM. en lat. ***Vocontii,*** du gaul. «les vingt *(vuoconti)* tribus» ♦ Peuple de Gaule, dans la Narbonnaise.

**VODNIK (Valentin)** ♦ Poète slovène (Zgornja Šiška, près de Ljubljana 1758 - Ljubljana 1819). Il fut un artisan actif du «Mouvement illyrien» lancé par Gaj*. Il contribua par ses ouvrages, et notamment par son ode la plus populaire *Le Réveil de l'Illyrie* (1811), au réveil national littéraire slovène.

**VOEVODSKY (Vladimir)** ♦ Mathématicien russe travaillant aux États-Unis (Moscou 1966). Ses travaux, qui s'inspirent de ceux de Grothendieck*, définissent un lien nouveau entre la géométrie algébrique et la topologie grâce au développement de la «cohomologie motivique». On lui doit la démonstration d'une conjecture de Milnor*. [Médaille Fields 2002]

**VÔGE** n. f. ♦ Région boisée du S. de la Lorraine, au S.-O. des Vosges.

**VOGEL (Eduard)** ♦ Explorateur allemand (Krefeld 1829 - Ouara, Ouaddaï 1856). En 1853, il partit explorer l'Afrique centrale, atteignit Kouka (1854), explora la région du lac Tchad, la Bénoué et fut assassiné par les indigènes alors qu'il se dirigeait vers l'E. de l'Afrique.

**VOGEL (Hermann Karl)** ♦ Astronome allemand (Leipzig 1841 - Potsdam 1907), frère d'Eduard Vogel. Le premier à mesurer la vitesse de rotation du Soleil par application de l'effet Doppler*-Fizeau (1871), il établit un catalogue de vitesses radiales spectroscopiques de cinquante et une étoiles et étudia les étoiles doubles photométriques (1889).

**VOGELGRUN** [68600] ♦ Comm. du Haut-Rhin, arr. de Colmar. 519 hab. *(Vogelgrunois).* Centrale électrique sur le grand canal d'Alsace.

**VOGELSBERG** n. m. ♦ Massif volcanique d'Allemagne, au cœur de la Hesse. De forme circulaire (comparable au Cantal), il culmine à 772 m au Taufstein. De nombreuses rivières (Fulda, Kinzig, Lahn, Nidda, Nidder, Schwalm, Wetter) y prennent leur source. ▪ Parc naturel régional. Grand centre de vol à voile.

**VOGELWEIDE (Walther von der)** ♦ Poète allemand (Autriche ? v. 1170 - Würzburg v. 1230). Il fut sans doute l'élève de Reinmar* l'Ancien en Autriche et mena une vie errante avant d'obtenir un fief de l'empereur Frédéric II. Ses poèmes se répartissent en deux genres : chansons *(lieder)* consacrées à l'amour, qui font de lui le plus grand *minnesänger* de l'époque, et poésies gnomiques *(sprüche)* à thèmes moraux, religieux et politiques.

**VOGLER (Georg Joseph)** ♦ Organiste, théoricien et compositeur allemand (près de Würzburg 1749 - Darmstadt 1814). Manifestant très tôt des dons de virtuose, Vogler, après avoir étudié à Würzburg, fut appelé en 1771 à la cour de Mannheim et nommé l'année suivante chapelain de l'électeur. Il alla se perfectionner à Bologne auprès du père Martini*, puis à Padoue, et devint en 1775 conseiller du prince électeur et second maître de chapelle à Munich. Il vécut à Paris, en Suède, en Afrique du Nord, en Espagne et en Grèce. Il s'intéressa à la facture d'orgue, mettant au point un système de simplifications visant à supprimer les mixtures. Il passa la dernière partie de sa vie à Copenhague, à Vienne (où il rencontra Beethoven et Haydn), à Munich et à Darmstadt. Brillant pédagogue, il ouvrit plusieurs écoles de musique (à Mannheim, Copenhague, Darmstadt) où il forma de nombreux élèves (dont Weber et Meyerbeer). Il a laissé des écrits théoriques, des œuvres de musique religieuse, des pièces pour piano ou orgue et des opéras.

**VOGOULES** ou **VOGHULS,** auj. appelés ***Mansis*** n. m. pl. ♦ Tribus d'origine finno-ougrienne. Chasseurs, pêcheurs et éleveurs de rennes, ils habitent la Sibérie occidentale (E. de l'Oural).

**VOGT (Karl)** ♦ Naturaliste allemand (Giessen 1817 - Genève 1895). Ami de L. Agassiz* avec lequel il collabora à l'*Histoire naturelle des poissons d'eau douce.* Après un séjour à Paris (1844 - 1846), il fut nommé professeur à Giessen (1847), siégea au Parlement national (1848), avant d'être destitué de ses fonctions d'enseignant en raison de ses positions politiques proches des socialistes (1850). Il devint alors professeur de géologie et de zoologie à Genève. Matérialiste, défenseur de la théorie évolutionniste de Darwin*, il publia des *Lettres* consacrées à la physiologie, à la zoologie, un *Traité de géologie et des pétrifications,* des *Leçons sur l'homme.* ➝ **ÉTYM.** Ce nom de famille allemand signifie «bailli».

**VOGT (Nils Collett)** ♦ Poète, romancier et auteur dramatique norvégien (Christiania, auj. Oslo 1864 - Oslo 1937). Fils révolté d'une grande famille bourgeoise, il écrivit, pour témoigner sur son époque, un roman à demi autobiographique : *Chagrin de famille* (1889). Mais il se voulut surtout poète, chantant la joie de vivre, l'amour de la liberté et de la nature dans ses recueils *Du printemps à l'automne* (1894), *Le Pain précieux* (1900), *Feux de septembre* (1907), *Retour au foyer* (1917), *Vent et Vagues* (1927).

**VOGTLAND** n. m. ♦ Région d'Allemagne (Saxe) centrée sur la ville de Plauen*, sur le glacis montant vers les monts Métallifères (Erzgebirge*) et la frontière tchèque. ▪ Indus. textiles.

**VOGÜÉ** [vɔgye] **(Eugène Melchior,** vicomte **DE)** ➝ **ÉTYM.** n. d'un anc. fief en Ardèche ♦ Écrivain français (Nice 1848 - Paris 1910). Il avait séjourné à Saint-Pétersbourg comme diplomate, et contribua à faire connaître en France les écrivains russes du XIXe s. (*Le Roman russe,* 1886), suscitant ainsi le mouvement néochrétien qui réagit à la fois contre le naturalisme et le scientisme. Il publia également des essais (*Cœurs russes,* 1894 ; *Histoire et Poésie,* 1898 ; *Maxime Gorki,* 1905) et des romans (*Jean d'Agrève,* 1897 et *Les Morts qui parlent,* 1899). [Acad. fr. 1888].

**Voie de la liberté** ♦ Nom donné à la route suivie par l'armée américaine de Patton*, d'Avranches à Metz (1944).

**VOIE LACTÉE** n. f. ♦ Vaste nébulosité semblant se développer tout autour du ciel comme une ceinture irrégulière, elle n'est en fait que l'apparence de la Galaxie* pour un observateur se trouvant à l'intérieur du système solaire.

**Voie sacrée** ♦ Nom donné pendant la bataille de Verdun (1916) à la seule route de ravitaillement, joignant Bar-le-Duc à Verdun par Rosnes et Souilly.

**VOILES** n. f. pl. – en lat. ***Vela*** ♦ Constellation appartenant au groupe du Navire Argo*, dans l'hémisphère austral.

**VOIRON** [38500] ♦ Ch.-l. de cant. de l'Isère, arr. de Grenoble, sur la Morge. 19 794 hab. (aggl. 41 171) *(Voironnais).* Centre industriel. Tissages. Papeteries. Skis. Électronique.

**VOISENON (Claude-Henri FUZÉE DE)** ♦ Écrivain français (Voisenon, près de Melun 1708 - *id.* 1775). Protégé de Choiseul et de Voltaire qui l'appelait son «cher ami Greluchon», cet ecclésiastique très répandu dans les salons représente le type des abbés mondains du XVIIIe s. par son esprit et sa vie dissipée. Il écrivit des contes libertins (*Le Sultan Misapouf et la Princesse Grisemine ou les Métamorphoses,* 1746 ; *Zulmis et Zelmaïde,* 1747 ; *Histoire de la félicité,* 1751), des poésies galantes, et des comédies qui furent jouées entre 1738 et 1756 (*L'Heureuse Ressemblance,* 1738 ; *Les Mariages assortis,* 1744 ; *La Coquette fixée,* 1746). Ses œuvres complètes furent publiées en 1781.

**VOISIN (Catherine DESHAYES,** femme **MONVOISIN,** dite **LA)** ♦ Aventurière française (Paris v. 1640 - *id.* 1680). Impliquée dans l'affaire des Poisons* et accusée d'avoir fourni du poison et pratiqué la sorcellerie, elle fut condamnée à mort et brûlée en place de Grève.

**VOISIN** (les frères) ♦ Ingénieurs et industriels français. GABRIEL VOISIN (Belleville-sur-Saône 1880 - Ozenay, Saône-et-Loire 1973) et CHARLES VOISIN (Lyon 1882 - mort dans un accident d'automobile à Corselles, Rhône 1912). Premiers constructeurs d'avions, en France, à une échelle industrielle (1908). Charles fut le premier pilote français à voler en Europe sur un avion à moteur (1907). Gabriel se consacra, à partir de 1918, à la construction automobile, contribuant à l'essor de l'aérodynamique.

**VOISINS-LE-BRETONNEUX** [78960] ➝ **ÉTYM.** du n. des seigneurs *de Voisins* et *Bretonneux,* du frq. «marécage» ♦ Comm. des Yvelines, arr. de Rambouillet. 12 153 hab. Élément de la ville nouvelle de Saint*-Quentin-en-Yvelines.

**VOITURE (Vincent)** ♦ Poète et épistolier français (Amiens 1597 - Paris 1648). Habitué de l'hôtel de Rambouillet*, il fut, malgré sa roture, l'«âme du rond» par son enjouement spirituel et son art du badinage. Son esprit précieux, à la fois ingénieux et affecté, apparaît dans ses *Poésies* (posth. 1650), célébrées dans la société mondaine et soulevant de véritables débats littéraires (querelle des sonnets avec Malleville, puis avec Benserade*). Ses *Lettres,* également publiées en 1650, manifestent sa verve et son imagination et furent admirées de La* Fontaine comme de Voltaire*. [Acad. fr. 1634]

**VOÏVODINE** ou **VOJVODINE** n. f. ➝ **ÉTYM.** en serbe ***Vojvodina*** «pays du voïvode» ♦ Province autonome de la Serbie. ➝ **Serbie** (carte). 21 506 km². 2 024 487 hab. POPULATION : Serbes 65 %, Hongrois 14 %, Croates 3 %, Slovaques 3 %, Roumains, Ruthènes, Monténégrins, Roms. CAP. : Novi Sad. V. PRINC. : Subotica, Zrenjanin, Pančevo. En Voïvodine alternent de larges vallées fluviales en partie marécageuses où méandrent le Danube, la Save, la Tisa, et de bas plateaux de lœss, ceux du Banat occidental, de la Bačka et du Srem. Le massif de la Fruška Gora (540 m) domine le tout. Particulièrement fertile, la Voïvodine a connu sous le socialisme une collectivisation plus poussée que le reste de la Yougoslavie, avec constitution de combinats agro-industriels voués à la culture des céréales, de la betterave, du tournesol, du houblon et à l'élevage aussi bien qu'à la transformation des produits. On y extrait du gaz naturel. Novi Sad (métallurgie) et Pančevo (raffinage pétrolier, chimie) sont d'importants centres industriels. ▪ Reprise aux Ottomans par l'Autriche à la fin du XVIIe s., la Voïvodine a été repeuplée par des colons venus de toute l'Europe centrale, ce qui explique la complexité de sa population. L'élément serbe a été renforcé après 1945 lorsque la minorité allemande expulsée (un demi-million de personnes) fut remplacée par des Serbes de Bosnie et de Croatie. En 1991 - 1992 puis en 1995, l'installation de Serbes repliés des mêmes régions dans le contexte des guerres yougoslaves a accentué ce phénomène. Des revendications s'élèvent pour retrouver l'autonomie politique supprimée par Milošević en 1989.

Les **Voix du silence** ♦ Essai d'André Malraux* (1951). «Le Musée imaginaire», «Les Métamorphoses d'Apollon», «La Création artistique» et «La Monnaie de l'absolu» forment les quatre volets de cette importante somme sur l'art. Une réflexion paradoxale fonde l'esthétique de Malraux : l'art existe au monde avant toute idée de reproduction ou d'imitation ; l'artiste ne copie pas le monde qui l'entoure mais crée un univers qui n'existe pas dans la nature.

Les **Voix intérieures** ♦ Recueil de poèmes de Victor Hugo* (1837) dont la triple inspiration est définie dans la préface : «Si l'homme a sa voix, si la nature a la sienne, les événements ont aussi la leur.» Ainsi le poète évoque-t-il les siens («À Eugène, vicomte H.» ; «À des oiseaux envolés») ; puis il voit, dans la nature, «pendre à tous les rameaux de confuses paroles» («À Albert Dürer») et cherche à percer le mystère universel («À Virgile») ; enfin, il médite sur les événements contemporains («Sunt lacrymae rerum») et entame un dialogue fantastique avec son double («À Olympio*») pour s'écrier : «Je ne regarde point le monde d'ici-bas, mais le monde invisible.»

**VOJNOVIĆ (Ivo)** ♦ Conteur et auteur dramatique croate (Raguse 1857 - Belgrade 1929). Ses drames, nombreux et variés, témoignent d'une grande finesse psychologique : *Trilogie ragusaine* (1900), *La Mort de la mère des Jugovič* (1906), *La Dame au tournesol* (1912), *La Résurrection de Lazare* (1913).

**VOLATERRAE** ♦ Une des principales cités étrusques. Il en reste une nécropole (–VIIᵉ s.) et des murailles. **Histoire** Les Étrusques y furent vaincus en –298 par L. Cornelius Scipion. La ville fut prise par Sylla en –81 - –80. C'est l'actuelle *Volterra**.

**Vol au-dessus d'un nid de coucou** – en angl. ***One Flew Over the Cuckoo's Nest*** ♦ Film américain de Miloš Forman* (1975), d'après le roman de Ken Kesey. Cette histoire «pleine de bruit et de fureur», située dans le cadre-prétexte d'un asile d'aliénés, se présentait à la fois comme une parodie de la société libérale américaine, un manifeste de la génération hippie et un brûlot à la gloire de l'antipsychiatrie. Miloš Forman en a tiré un film grinçant, d'un exhibitionnisme soigneusement contrôlé, soutenu par une interprétation vigoureuse de Jack Nicholson*. Il fut récompensé par quatre oscars.

**VOLCES** ou **VOLQUES** n. m. pl. ← ÉTYM. en lat. ***Volcae***, du gaul. *volcos* «faucon» ♦ Peuple de Gaule narbonnaise probablement venu du S.-E. de la Germanie*, divisé en deux groupes : les *Volques Tectosages* établis autour de *Tolosa* (Toulouse) et *Narbo Martius* (Narbonne), et les *Volques Arecomici* dans le bas Languedoc. Une partie des Tectosages était passée en Asie Mineure et avait occupé le N.-O. de la Galatie*.

**Vol de nuit** ♦ Roman d'Antoine de Saint*-Exupéry (1931). Rivière, qui dirige une équipe de l'Aéropostale en Amérique du Sud, cherche à démontrer que le courrier est acheminé plus rapidement par avion que par chemin de fer. Fabien, l'un des hommes de l'équipe, est porté disparu à la suite d'un vol périlleux. Confronté à l'épouse de celui-ci, Rivière comprend que l'amour et le sens du devoir sont deux idéaux incompatibles. L'expérience de l'auteur, qui fut directeur de l'Aéropostale d'Argentine (1926), sert de toile de fond à ce roman qui est aussi une réflexion sur l'idéal héroïque. ▪ L. Dallapiccola* a tiré de l'ouvrage un opéra en un acte (Florence, 18 mai 1940).

Le **Voleur de bicyclette** – en it. ***Ladri di biciclette*** ♦ Film italien de Vittorio De* Sica (1948). Cette histoire d'un colleur d'affiches romain, errant dans une ville hostile en compagnie de son fils, à la recherche de la bicyclette qu'on lui a volée, et qui, de désespoir, devient voleur à son tour, paraît trop édifiante pour être vraie. Son ancrage dans la vie italienne de l'après-guerre, dominée par le chômage et le sous-développement, et la sobriété de sa forme (décors naturels, acteurs non professionnels) lui valurent d'être regardée comme un pur produit du néoréalisme. Il s'agit plutôt d'un mélodrame social assez classique, pimenté d'idéologie marxiste, où se lit l'influence du scénariste, Cesare Zavattini, et réalisé avec beaucoup de justesse et d'émotion par De Sica. Son influence sur l'évolution du cinéma européen fut considérable.

Le **Voleur de bicyclette.** Lamberto Maggiorani et Enzo Staiola, 1948. Prod. V. De Sica.
*BIS/Phot. © Coll. Archives Larbor-DR*

**VOLGA** n. f. ← ÉTYM. russe, d'une langue balte *Jilga*, probablt «grande rivière» (→ aussi Amour, Connecticut, Guadalquivir, Mékong, Mississippi, Rio Grande, Yukon, Zambèze) ♦ Fl. de Russie (3 530 km). C'est le fleuve le plus long d'Europe ; son débit moyen est de 8 060 m³/s à Volgograd. Dans son bassin (1 360 000 km²) habitent env. 25 % de la population totale de la Russie. Née dans le plateau du Valdaï*, au N.-O. de Moscou, la Volga reçoit les eaux des rivières Oka, Soura (841 km), Sviaga (375 km) sur sa rive droite, Kama, Vetlouga (889 km), Bolchoï Irguiz (675 km), Samara (594 km) sur sa rive gauche, et se déverse dans la mer Caspienne*, après avoir arrosé les villes de Tver*, Rybinsk, Iaroslavl, Nijni-Novgorod, Kazan, Oulianovsk, Samara, Saratov, Engels, Volgograd et Astrakhan. Le canal de Tikhvin, construit sous le règne de Pierre le Grand, relie la Volga à la mer Baltique. La Volga est reliée à la Moskova (canal construit en 1932 - 1937, entre Ivankovo et Moscou), à la mer Blanche par le système de navigation de la Dvina du Nord, et à la mer d'Azov par le *canal Volga-Don*. ▪ Centrales hydroélectriques à Ivankovo et Ouglitch (au N. de Moscou, construites en 1930 - 1940), à Rybinsk (complétée en 1941, retenue de 4 550 km²), aux environs de Nijni-Novgorod (barrage à Gorodets, retenue de 1 591 km²), aux environs de Samara (2 300 000 kW, barrage à Zigoulevsk, complété en 1955, retenue de 6 448 km²), à Volgograd (2 540 000 kW, complétée en 1958, retenue de 3 317 km²), et à Voljsk, au N. de Saratov. Couverte de glaces sur son cours supérieur de nov. à avr., la Volga, navigable sur 3 250 km, dessert néanmoins avec ses tributaires les deux tiers du trafic fluvial de la Russie (bois, pétrole, matériaux de construc., céréales, fruits). Pêche indus. (esturgeon). Entre la Volga et l'Oural se trouve le Second-Bakou. **Histoire** Au XIIIᵉ s. furent fondées dans la partie N.-O. du bassin et dans la région entre la Volga et l'Oka les principautés de Rostov-Veliki, Vladimir, Souzdal, Moscou, et, sur la Volga elle-même, les centres importants de Tver, Ouglitch, Iaroslavl et Nijni-Novgorod. Le commerce était considérable entre les Russes du bassin supérieur et les Bulgares qui habitaient autour du confluent de la Kama, puis entre la Moscovie et les Tatars de la Horde d'Or et l'Asie centrale. La ville de Kazan fut assiégée et occupée par l'armée d'Ivan le Terrible, transportée par la Volga (1552). En 1556, Ivan occupa Astrakhan sur le delta. Pour protéger la voie fluviale, les Russes fondèrent les villes forteresses de Samara en 1586, Tsaritsyne (auj. Volgograd) en 1589, Saratov en 1590 et Simbirsk en 1648.

**VOLGA** (république des Allemands de la) ♦ Anc. République socialiste soviétique autonome de la RSFS de Russie (de 1924 à 1941). Elle s'étendait sur les deux rives de la Volga (cours inférieur) et était bordée à l'O., au N. et à l'E. par la région de Saratov, et au S. et au S.-O. par la région de Stalingrad (auj. Volgograd). **Histoire** Après l'invitation adressée par Catherine II, 27 000 colons allemands s'établirent sur la Volga en 1760 et 1761. Pendant la Première Guerre mondiale, ils furent persécutés (oukases impériaux de fév. 1915 et de fév. 1917, ordonnant la destruction des villages près de la frontière et la déportation des Allemands en Sibérie). La révolution d'Octobre empêcha l'exécution du deuxième oukase, et en octobre 1918 fut créée la Commune autonome des ouvriers allemands, qui devint une RSS autonome en févr. 1924 (CAP. : Engels*, 605 000 hab. en 1939, dont 67 % d'Allemands, 2 % de Russes et 12 % d'Ukrainiens). Elle fut supprimée le 24 sept. 1941, et son territoire fut partagé entre les régions de Saratov et de Stalingrad. Ses habitants allemands furent déportés en Sibérie. Le président Eltsine avait promis de recréer un territoire allemand dans la région.

**VOLGODONSK** ♦ V. de Russie, sur le Don et le lac de barrage de Tsimliansk. 166 500 hab. Construc. mécaniques (usine de générateurs nucléaires). Indus. chimique.

**VOLGOGRAD** ← ÉTYM. russe «ville *(grad)* sur la Volga» – anc. ***Tsaritsyne,*** de 1925 à 1961 ***Stalingrad*** ♦ V. de Russie, ch.-l. de région et port fluvial sur le cours inférieur de la Volga*. 1 012 800 hab. Centre culturel. ▪ Indus. métallurgique (acier fin), mécanique (automobiles, tracteurs) et alimentaire. Raffineries de pétrole. Matériels de construc. Scieries. Chantier naval. Nœud ferroviaire. ▪ Aux environs, centrale hydroélectrique. **Histoire** Au XIIIᵉ s., la région était occupée par les Tatars de la Horde d'Or. Les Russes, après la conquête de Kazan (1552) et d'Astrakhan (1556) fondèrent une ville fortifiée dans une île près de la confluence de la Volga et de la petite rivière Tsaritsa (d'où le nom *Tsaritsyne*). Ayant subi plusieurs assauts des Kalmouks, puis une brève occupation par Stenka Razine* (1669) et un siège par Pougatchev* (1774), la ville perdit son importance stratégique au XIXᵉ s. et devint un centre commercial. Après la révolution d'octobre 1917, le régime soviétique y fut instauré. Durant la guerre civile, menacée par les «Blancs» de Krasnov (1918), puis par Denikine (été 1919), la ville fut défendue par Vorochilov* et Staline*. Nommée Stalingrad en l'honneur de ce dernier (1925), elle fut, pendant la Seconde Guerre mondiale, l'enjeu d'une bataille décisive. → **Stalingrad (bataille de).**

**VOLHYNIE** n. f. – en polon. ***Wolyń,*** en russe ***Volyn*** ♦ Région située au N.-O. de l'Ukraine et au N. de la Podolie avec laquelle elle forme le piémont des Carpates ukrainiennes (point culminant 471 m), entre le Dniestr et le Dniepr. Baignée par les affluents du Pripiat (rive d.), elle est aujourd'hui partagée en trois régions administratives : Volhynie (20 200 km² ; 1 048 000 hab. ; CH.-L. : Loutsk), Jytomyr*, Rivne*. **Histoire** La Volhynie fut l'une des plus anciennes régions occupées par les Slaves. D'abord réunie à la Galicie* (1199), elle fut partagée entre la Lituanie et la Pologne avant d'être réunifiée au sein de l'État polono-lituanien (1386) avec une grande partie de la future Ukraine. Passée à la Russie après les deuxième (1793) et troisième (1795) partages de la Pologne, elle fut de nouveau partagée entre la Pologne et l'URSS au traité de Riga (1921). Occupée par les Allemands de 1941 à 1945, elle fut totalement annexée par les Soviétiques en 1945.

**VOLINE** (**Vsevolod Mikhaïlovitch EICHENBAUM,** dit) ♦ Anarchiste russe (1882 - Paris 1945). Déporté en Sibérie à la révolution de 1905, il s'évada et gagna la France (1907). Devenu anarchiste, il fut membre du Comité d'action internationale contre la guerre dès 1913. De retour en Russie (1917), il chercha à unifier les différentes tendances anarchistes, et milita avec N. Makhno*. Arrêté par les bolcheviks en 1920, il fut libéré grâce aux syndicats européens. Exilé en Allemagne, puis en France où il collabora à l'*Encyclopédie anarchiste* (→ **Faure [Sébastien]**), il rédigea *La Révolution inconnue* (publ. en 1947).

**VOLJSKI** ♦ V. de Russie, région de Volgograd, sur la Volga. 319 700 hab. Indus. mécanique et alimentaire. Cimenterie.

**VOLKHOV** n. m. ♦ Riv. de Russie (224 km), dans la région de Saint-Pétersbourg et de Novgorod. Émissaire du lac Ilmen, tributaire du lac Ladoga, le Volkhov arrose la ville de Novgorod. Centrale hydroélectrique.

**VÖLKLINGEN** ♦ V. d'Allemagne (Sarre), sur la Sarre. 40 344 hab. Importantes forges et aciéries.

**Volksbühne** ← ÉTYM. all. «scène *(Bühne)* du peuple *(Volk)*» ♦ Théâtre allemand fondé en 1890 à Berlin, dans l'esprit et les règles de la coopérative, et qui sert encore aujourd'hui de référence au théâtre subventionné dans différents pays. Défendant «l'art pour le peuple», ses responsables privilégièrent les textes écrits dans une langue facilement accessible. L'association directoriale fut dissoute sous le nazisme. Après la guerre, elle fut recréée et fondue dans une organisation syndicale (1953). Le théâtre, situé à Berlin-Est à partir de 1954, acquit une grande audience grâce à un répertoire sans complaisances commerciales et à des mises en scène de haut niveau, particulièrement sous la direction de Piscator* (1962 - 1966) et de Benno Besson* (1969 - 1978).

**VOLLAND (Louise Henriette,** dite **Sophie)** ♦ (Paris 1717 - *id.* 1784). Elle fut, de 1755 à 1784, la principale correspondante de Diderot*, auquel elle inspira une passion durable. Les *Lettres* qu'il lui adressa sont, notamment, riches en renseignements sur ses travaux littéraires, ses difficultés à propos de l'*Encyclopédie**, et remarquables de spontanéité et de franchise.

**VOLLARD (Ambroise)** ♦ Marchand de tableaux, écrivain et éditeur français (Saint-Denis, île de la Réunion 1868 - Paris 1939). Il eut un rôle important dans l'histoire de la peinture en organisant les premières expositions de Manet, Cézanne (1893), Van Gogh et les nabis (1899), Picasso (1901), Matisse (1904), Vlaminck et Derain (1906), Rouault (1907), au mépris des goûts du public de l'époque, et fit connaître aussi Rodin et Maillol. De 1900 à 1910, il avait une boutique au numéro 6 de la rue Laffitte, lieu de rencontres resté célèbre. Cézanne, Renoir, Dufy, Bonnard, Picasso et Rouault ont fait son portrait. Vollard a écrit plusieurs ouvrages sur les peintres qu'il connut : *Paul Cézanne* (1914), *Renoir* (1920), *Degas* (1924), notamment, et les *Souvenirs d'un marchand de tableaux* (1939).

Ambroise **Vollard.** *Vollard avec un foulard rouge,* par Auguste Renoir (30 x 25 cm), 1906. Musée du Petit Palais, Paris.
*BIS/Phot. H. Josse © Archives Larbor*

**Volpone.** Charles Dullin, Fernand Ledoux, Harry Baur et Louis Jouvet.
*Phot. © Coll. Arch. Larbor-DR*

**VOLNAY** [21190] ← ÉTYM. anc. *Vellena,* du lat. *Volumnus,* n. de pers., et suff. *-acum* ♦ Comm. de la Côte-d'Or, arr. de Beaune. 323 hab. *(Volnaysiens).* Ses vignobles (400 ha) produisent un des crus les plus réputés de la côte de Beaune. → **Bourgogne.**

**VOLNEY (Constantin François DE CHASSEBŒUF,** comte **DE)** ♦ Philosophe et écrivain français (Craon, Anjou 1757 - Paris 1820). Après des études de droit et de médecine, il se rendit au Proche-Orient et se fit connaître à son retour par son *Voyage en Égypte et en Syrie* (1787). Représentant du tiers état, puis secrétaire de l'Assemblée (1790), il rédigea alors son œuvre la plus célèbre : *Les Ruines ou Méditations sur les révolutions des empires* (1791). Emprisonné lors de la Terreur, il fut membre du Comité de l'instruction publique sous le Directoire. Il peut être considéré par ses travaux comme le moraliste et le sociologue du groupe des idéologues* (*Recherches nouvelles sur l'histoire ancienne,* 1814 ; *Discours sur l'étude philosophique des langues,* 1819). [Acad. fr. 1803]

**VOLOCHINE (Maksimilian Aleksandrovitch KIRIENKO-VOLOCHINE,** dit**)** ♦ Poète et aquarelliste russe (Kiev 1877 - Koktebel, Crimée 1932). Il appartint d'abord au groupe des symbolistes* occidentalistes, et passa de nombreuses années à Paris qu'il célébra dans son œuvre lyrique. Il publia un recueil de poésies philosophiques, *Anno mundi ardentis 1915* (1916), et un livre, *Les Faces de la création* (1914), sur la culture. À partir de 1916 il vécut à Koktebel, peignant des paysages et écrivant des poèmes d'inspiration tragique, *Iverni* (1918), *Les Démons sourds-muets* (1919), *Les Voies de Caïn* (1926). Sa maison devint le lieu de réunion des poètes (*La Maison du poète,* 1926). Il consacra à la Crimée un cycle de sonnets, *Ténèbres cimmériennes,* puis il devint slavophile* avec la révolution. Dans son poème *Transsubstantiation,* il décrivit la naissance de la nouvelle Rome au VIe s. après la mort de la Rome impériale, comme miroir au destin de la Russie ; et, dans *Poèmes sur la terreur* (1924), il fit un réquisitoire contre la guerre civile.

**VOLOGDA** ← ÉTYM. apparenté au finnois *valkea* «blanc» ♦ V. de Russie, ch.-l. de région et port fluvial sur la Vologda (133 km) au N.-E. de Moscou. 292 800 hab. Cathédrale du XVIe s. ▪ Centre d'une grande région d'élevage (prod. laitière). Indus. du bois, indus. alimentaire et textile (lin). Fabrication du matériel pour le transport ferroviaire et fluvial. Point d'intersection des lignes Moscou-Arkhangelsk et Saint-Pétersbourg-Kirov. ▮ **Histoire** Fondée au XIIe s., la ville fit partie de la principauté de Novgorod avant d'être annexée par l'État moscovite en 1447. Sous le régime tsariste, elle fut un lieu d'exil pour les condamnés politiques.

**VOLOGÈSE** ♦ Nom porté par cinq rois des Parthes. ♦ **VOLOGÈSE Ier.** Roi des Parthes (de 51 à v. 79). Il donna à son frère Tiridate* Ier le royaume d'Arménie, ce qui déclencha une guerre avec Rome (54 - 63). ♦ **VOLOGÈSE III.** Roi des Parthes (de 148 à 192). Il releva l'Empire parthe après une longue série de guerres dynastiques. Mais ses États furent envahis par Marc* Aurèle, et il dut céder aux Romains le N.-O. de la Mésopotamie. ♦ **VOLOGÈSE IV.** Roi des Parthes (de 192 à v. 207). Septime* Sévère lui reprit Ctésiphon (v. 198).

**VOLOGNE** n. f. ← ÉTYM. rac. hydronym. précelt. *vol-* et suff. *-onia* ♦ Riv. de Lorraine (50 km), qui coule dans le dép. des Vosges. Née près du col de la Schlucht, à 1 215 m d'alt., elle traverse les lacs de Retournemer et de Longemer, et se jette dans la Moselle en amont d'Épinal.

**VOLOS** ou **VOLO** ♦ V. de Grèce (Thessalie), ch.-l. du nome de Magnésie, au fond du golfe Pagasétique. 115 732 hab. Musée archéologique. ▪ L'un des plus importants ports de Grèce (transbordement des poids lourds vers la Syrie), 6e ville du pays, Volos est un centre indus. (tabac, cimenterie, textile, agroalimentaire). ▪ À proximité, sites d'Iolcos (vestiges de deux palais mycéniens), de Pagasae, de Démétrias, habitats néolithiques de Dimini et de Sesklo.

**Volpone ou le Renard** – en angl. ***Volpone or The Fox*** ♦ Comédie en 5 actes, en vers, de Ben Jonson* (1605). Dans la Venise du XVe s., l'opulent Volpone, assoiffé de toutes les jouissances que l'or procure, et qui n'a pas de descendance, se divertit aux dépens de tous ceux qui convoitent son héritage. Le comblant de cadeaux dans l'espoir de recueillir sa succession, le jeune et séduisant Mosca, parasite sans scrupules, triomphera finalement du rusé vieillard. Peinture vigoureuse d'un monde ouvertement corrompu, la pièce a été librement adaptée par Jules Romains et Stefan Zweig (1928). Son interprétation par Charles Dullin* est demeurée mémorable. L'œuvre a été portée à l'écran par M. Tourneur en 1940 (avec Dullin, L. Jouvet et Harry Baur).

**VOLPONI (Paolo)** ♦ Écrivain italien (Urbino 1924 - Ancône 1994). C'est avec *Pauvre Albino* (*Memoriale,* 1962), roman de l'aliénation délirante dans la société industrielle, qu'il se fit connaître. Le même thème, mais sous une forme plus symbolisée et hautement ironique, nourrit *Le Système d'Anteo Crocioni* (*La Macchina mondiale,* 1965) et s'amplifie (tout en pulvérisant la forme du récit) dans *Corporel* (1974), deux romans de la folie. Avec *Le Duc et l'Anarchiste* (*Il Sipario ducale,* 1975) puis *Il Pianeta irritabile* (1978), Volponi revint à une narration plus classique, mais non moins explosive.

**VOLQUES** → Volces

**VOLSINIES** ♦ Cap. religieuse de l'Étrurie* (la ville occupait le site de Bolsena*).

**VOLSQUES** n. m. pl. – en lat. ***Volsci*** ♦ Peuple de l'Italie anc. établi au S.-E. du Latium* entre les Marses* et les Herniques* au N., les Latins* à l'O. et les Samnites* au S. Alliés aux Èques contre les Romains (→ **Coriolan**), ils furent définitivement soumis par Rome v. –310.

**Völsunga saga** → ÉTYM. «la saga des Völsungar», c.-à-d. des descendants de Völsi ♦ Saga de la catégorie légendaire qui raconte l'histoire du grand héros Sigurdr, meurtrier du dragon Fáfnir, et qui résume tout le corpus des grandes traditions héroïques et épiques dont disposait le monde germanique. Le texte que nous possédons date du XIIIe s. mais il se fonde sur des traditions bien plus anciennes. Il recoupe, d'ailleurs, les poèmes héroïques de l'*Edda* poétique* et les développements qu'apporte au sujet Snorri* Sturluson dans son *Edda* en prose.* Nous sont rapportées les enfances de Sigurdr, sa prouesse (occire le dragon) et la malédiction qui en résulte, ses amours contrariées pour Brynhildr d'abord, puis pour Gudrún, sa mort sans gloire et l'implacable vengeance que mènera Gudrún sur la personne d'Atli, son mari. Deux thèmes majeurs sous-tendent cette histoire à laquelle Wagner* a donné un éclat qui ne correspond pas à la réalité des textes : celui de l'or (du Rhin) qui est symbolique de la grandeur attachée par définition au clan royal des Burgondes ; celui de la fidélité à la parole donnée en vertu de laquelle Sigurdr se laissera abattre sans gloire.

**VOLTA (Alessandro,** comte) ♦ Physicien italien (Côme 1745 - *id.* 1827). Intéressé surtout par l'étude des charges électriques, il essaya de rendre ses observations quantitatives et découvrit l'électrophore puis, ayant construit un électromètre sensible, il l'utilisa avec l'électrophore modifié en «condensateur» pour mettre en évidence l'électricité développée par le contact des métaux. Ayant compris, dès 1792, l'importance de la découverte de Galvani*, il refit ses expériences sur la contraction des muscles de la grenouille et montra que l'origine de l'électricité ne se trouvait pas dans le tissu vivant, mais dans le contact des deux métaux. Ces recherches aboutirent finalement à l'invention de la pile électrique (1800). Il s'agissait de la première production de courant électrique continu. On lui doit également l'eudiomètre qu'il utilisa pour l'étude des gaz. Son nom est à l'origine de celui de l'unité de force électromotrice et de différence du potentiel (volt). [Acad. sc. 1803] → ÉTYM. Ce nom vient de l'italien et signifie «tour, voûte».

**VOLTA** n. f. → ÉTYM. port. «mouvement tournant» ou du n. de l'embouchure du fleuve ♦ Fl. d'Afrique occidentale, formé par la confluence au Ghana de la *Volta Noire* formant frontière à l'O. et de la *Volta Blanche* grossie de la *Volta Rouge,* nées au Burkina Faso. Le barrage d'Akosombo*, sur son cours inférieur, a formé le *lac Volta* (8 500 km²). Elle se jette à l'E. du pays dans le golfe de Guinée. Pour les premiers navigateurs portugais, l'embouchure de la Volta marquait la limite extrême pour remettre le cap S.-O., afin de rejoindre le cap de Bonne-Espérance en évitant les courants qui remontent le long des côtes africaines.

**VOLTAIRE (François Marie Arouet,** dit) → ÉTYM. anagramme de *A-R-O-V-E-T Le I eune* ♦ Écrivain français (Paris 1694 - *id.* 1778). **L'Angleterre** Issu de la bourgeoisie parisienne, d'abord connu comme bel esprit et poète mondain, il s'essaya dans le genre épique avec *La Henriade* (1723 - 1728), mais il dut à ses impertinences de faire en Angleterre un séjour qui fut plein de profit (1726 - 1729) : il y prit contact avec des philosophes (Locke*), conçut *L'Histoire de Charles* XII* (1731) et composa des tragédies inspirées de Shakespeare* (*Zaïre,* 1732). Son admiration pour le régime libéral anglais est sensible dans ses *Lettres* philosophiques* (1734), dont les jugements critiques le contraignirent à gagner le château de Mme du Châtelet, à Cirey. **Les séjours à Cirey, à Versailles, à Sceaux et en Prusse** Très entouré d'amis auxquels il faisait jouer ses nouvelles tragédies (*La Mort de César,* 1735 ; *Mahomet,* 1741 ; *Mérope,* 1743), Voltaire s'adonna à des travaux scientifiques, puis exprima son épicurisme dans des poèmes comme *Le Mondain* (1736) ou les *Discours sur l'homme* (1738). De nouveau en grâce (1744), il regagna Versailles, puis Sceaux où il transporta la leçon de ses mésaventures de courtisan dans le conte critique de *Zadig** (1747), d'abord publié sous le titre *Memiron, histoire orientale.* Également déçu par son séjour auprès de Frédéric II de Prusse (1750 - 1753), il compléta en 1756 son grand ouvrage historique *Le Siècle* de Louis XIV,* après avoir adopté, avec *Micromégas** (1752), le genre du conte philosophique. Indésirable dès lors à Paris comme à Berlin, il alla aux Délices, près de Genève, et rédigea son histoire de la civilisation, *L'Essai* sur les mœurs et l'esprit des nations* (1756), parallèlement au poème philosophique *Sur le désastre de Lisbonne* (1756) dont la thèse pessimiste, opposée à celle de Rousseau, fut reprise dans *Candide** (1759). **Ferney** Installé désormais à Ferney, il fit prospérer le village, entretint une vaste correspondance et accueillit d'innombrables visiteurs. L'essentiel de son activité littéraire fut consacré à diffuser ses idées philosophiques, particulièrement dans de nouveaux contes (*Jeannot et Colin,* 1764 ; *L'Ingénu**, 1767), des pamphlets antireligieux ; il intervint courageusement en faveur des victimes de l'intolérance ou de certaines pratiques judiciaires (Calas*, Sirven*, La* Barre, Montbailli, Lally*-Tollendal). Voltaire composa encore deux ouvrages pour lutter contre toutes les formes de la «superstition», le *Traité sur la tolérance* (1763) et le *Dictionnaire* philosophique portatif* (1764), où il abordait la critique littéraire, sociale et religieuse. **Le retour à Paris** Considéré comme l'«homme universel» et le champion de la tolérance, il fit à Paris un retour triomphal (élu directeur de l'Académie française). Il mourut à quatre-vingt-quatre ans, entouré de la ferveur populaire. Ses cendres ont été transférées au Panthéon en 1791. **L'écrivain** Voltaire a abordé tous les genres et tous les sujets avec une intelligence remarquable, si ce n'est avec un égal succès. Admirateur éclairé de la perfection classique, il ambitionna de s'illustrer par ses œuvres dramatiques, toujours soumises aux règles fixées par Boileau*, mais abordant des sujets modernes et nationaux et recherchant le pittoresque dans la mise en scène. Ses ouvrages historiques, bâtis sur une documentation scrupuleuse, exaltent les «grands hommes» qui assurèrent le progrès de la civilisation, et donnent un éclairage nouveau à l'histoire. **Le moraliste** Mais la partie la plus vivante de l'œuvre de Voltaire reste ses *Contes* philosophiques qui, en une prose alerte et spirituelle jouant de l'humour ou de l'ironie, illustrent les thèses chères aux philosophes : souhaitant «que le récit de toutes les injustices retentît sans cesse à toutes les oreilles», il attaqua sans relâche les institutions politiques et sociales du XVIIIe s. et dénonça la vanité, comme les dangers, de la métaphysique. Ce polémiste de génie se voulut donc essentiellement un moraliste pratique ; professant un déisme garanti par la raison et utile à la société, il propose un bonheur terrestre, «autant que la nature humaine le comporte», et affirme sa foi en une morale altruiste et une civilisation perfectible : «Si tout n'est pas bien, tout est passable.» [Acad. fr. 1746]

**Voltaire.** Marbre de Houdon. Musée Fabre, Montpellier. *Phot. © Arch. Smeets*

**VOLTA REDONDA** ♦ V. du Brésil (État de Rio de Janeiro), dans la vallée du Paraíba do Sul. 242 000 hab. Premier centre sidérurgique du pays.

**VOLTERRA (Vito)** ♦ Mathématicien italien (Ancône 1860 - Rome 1940). Après avoir été le successeur de Beltrami* à l'université de Rome (1900), il fut contraint, à cause des lois raciales, de se réfugier en France. Il développa la théorie des équations intégrales linéaires, établissant une équation plus simple que celle de Fredholm*. Ayant, le premier, entrepris l'étude de fonctions numériques dépendant soit d'une courbe (fonctions de lignes), soit d'une fonction ordinaire (appelées fonctionnelles), il est l'un des créateurs de l'analyse fonctionnelle. Il étudia également les fonctions permutables, les produits de composition. Ses équations intégrodifférentielles (équations intégrales contenant la dérivée de la fonction inconnue) trouvèrent des applications en physique (lorsqu'il est nécessaire de connaître l'histoire d'un phénomène pour étudier son avenir). Appliquant l'analyse mathématique à la biologie, il fit des recherches sur la lutte pour la vie et l'évolution des populations et est un des fondateurs de la biologie mathématique. [Acad. sc. 1917] ➝ ÉTYM. Ce nom de famille vient du nom de la ville *Volterra.*

**VOLTERRA** ♦ V. d'Italie, en Toscane (prov. de Pise). 11 264 hab. Outre ses murs étrusques (porta all'Arco, –IVe - –IIIe s.), la ville a conservé des monuments romains (théâtre du Ier s.) et médiévaux : cathédrale (XIIe - XVIe s.) et baptistère (XIIIe s.) ; palais, maisons-tours et forteresse. Pinacothèque (art sacré toscan). ▌**Histoire** L'anc. *Volaterrae** (*Velathri* à l'époque étrusque) remonte à l'époque villanovienne (–IXe s.) et fut l'une des principales villes étrusques. Elle fut assiégée et prise en –80 par les partisans de Sylla. En 1361, elle passa sous la domination de Florence.

**VOLTURNO** n. m. ♦ Fl. d'Italie péninsulaire (185 km). Né dans le massif des Abruzzes, il contourne les monts du Matese, arrose la plaine de Capoue*, puis une zone marécageuse avant de se jeter dans la mer Tyrrhénienne au N. de Naples.

**VOLUBILIS** ➝ ÉTYM. du n. de la fleur, donné par les Romains ♦ Site archéologique du Maroc, cité romaine de la Maurétanie* Tingitane, située au N. de Meknès* et à l'O. de Moulay*-Idriss, au pied du djebel Zerhoun*. Anc. cité berbère, développée sans doute par Juba II, elle connut son apogée sous la dynastie des Sévères (IIe - IIIe s.) mais, menacée par les tribus montagnardes, elle fut abandonnée sous Dioclétien vers 285. Ruines importantes : basilique, capitole, arc de Caracalla, thermes de Gallien. Mosaïques. Bronzes.

**Völuspá** ➝ ÉTYM. isl. « prédiction de la voyante » ♦ Poème islandais qui est le joyau de l'*Edda* poétique*, composé sans doute en Islande vers l'an mille. Après avoir réclamé le silence, la voyante, dans un décor dantesque, retrace l'histoire mythique du monde et des dieux depuis les origines jusqu'à la Consommation-du-destin-des-Puissances ou le Ragnarök*, puis la régénération universelle qui suivra ce cataclysme. Les images fulgurantes (celle du grand arbre Yggdrasil*, par exemple), le rythme grandiose, l'atmosphère comme raréfiée font de ce texte un des grands chefs-d'œuvre de la littérature médiévale de visions.

**VOLVIC** [63530] ➝ ÉTYM. p.-ê. du lat. *Volovicus,* n. de pers., ou d'une rac. prélatine *vol-* « montagne » et lat. *vicus* « village » ♦ Comm. du Puy-de-Dôme, arr. de Riom. 4 202 hab. (*Volvicois).* Église romane Saint-Priest (chapiteaux historiés). ▪ Carrières de laves (pierre de Volvic). Eaux minérales. Usine d'embouteillage. ▪ Aux environs, ruines du château de Tournoël (XIIIe - XIVe s.).

**VONDEL** → **Van den Vondel**

**VÕ Nguyên Giáp** ♦ Général vietnamien (An Xá, prov. de Quảng Bình 1912). Professeur d'histoire à Hanoi, communiste, il lutta avec Hồ* Chí Minh contre les Japonais puis contre la colonisation française. Devenu chef des forces armées du Viêt-minh, il battit les troupes françaises à Điện* Biên Phủ en 1954 et entra en vainqueur à Hanoi. Nommé ministre de la Défense en 1960, il organisa l'armée populaire du Viêtnam, et mena la lutte contre les troupes sud-vietnamiennes et leurs alliés américains. Ministre de la Défense du Viêtnam réunifié (1976 - 1980), il en fut aussi vice-Premier ministre jusqu'en 1991.

**VONNEGUT (Kurt)** ♦ Écrivain américain (Indianapolis 1922 - New York 2007). Formé aux sciences et à l'ethnologie, il fut fait prisonnier en 1944 et vécut le bombardement de Dresde, qui lui inspira son œuvre *Abattoir 5* (1969), mélange baroque d'autobiographie, de fantaisie, de science-fiction et de satire. Œuvr. princ. : *Le Berceau du chat* (1963), *R comme Rosewater !* (1965), *Le Breakfast du champion* (1973) ; *Rudy Waltz* (1984).

**VON OTTER (Anne Sofie)** ♦ Mezzo-soprano suédoise (Stockholm 1955). Elle s'imposa dans plusieurs opéras de Mozart (avec les rôles de Cherubino, Dorabella, Sesto) puis dans *Le Chevalier à la Rose* de Richard Strauss (rôle d'Oktavian), *Carmen* de Bizet et *Didon* de Purcell. Elle compte également à son répertoire les lieder de Schubert, Brahms...

**VOORBURG** ♦ V. des Pays-Bas (Hollande-Méridionale), dans la banl. E. de La Haye. 72 824 hab. avec Leidschendam. Administrations nationales.

**VORARLBERG** n. m. ➝ ÉTYM. all. « devant *(vor)* l'Arlberg* » ♦ État fédéral *(Bundesland)* d'Autriche. → **Autriche** (carte). 2 601 km². 351 095 hab. CAP. : Bregenz. Situé à l'extrémité occidentale de l'Autriche, le « petit pays » ou *Ländle* est séparé du reste de la région par le massif de l'Arlberg. Ses habitants parlent un dialecte alémanique semblable à celui de la Suisse voisine. Le Vorarlberg est constitué par le bassin de l'Ill*. Région montagneuse tournée vers la Suisse et l'Allemagne du Sud (lac de Constance), c'est la région la plus industrialisée du pays avec la Haute-Autriche. Traditionnelle, l'industrie textile a été modernisée (Bregenz, Feldkirch, Bludenz). Les installations hydroélectriques sur l'Ill permettent le développement de nouvelles activités (électrochimie). L'élevage bovin et le tourisme sont les principales ressources de cette province excentrée.

**VOREPPE** [38340] ♦ Comm. de l'Isère, arr. de Grenoble, dans la *cluse de Voreppe.* 9 231 hab. Indus. diversifiées.

**VORKOUTA** ♦ V. de Russie (république des Komis*), sur la Vorkouta (162 km), dans le bassin de la Petchora. 83 500 hab. Centre d'extraction d'un important gisement houiller.

**VORLÄNDER (Karl)** ♦ Philosophe allemand (Marburg 1860 - Münster 1928). Il chercha à donner une interprétation éthique de la pensée marxiste qu'il voulut concilier avec les thèses du néokantisme (*Histoire de la philosophie,* 1903).

**VOROCHILOV (Kliment Iefremovitch)** ♦ Maréchal soviétique (Verkhneïe, Ukraine 1881 - Moscou 1969). Ouvrier métallurgiste, membre du parti bolchevik dès 1903, il prit part à la révolution de 1905 - 1907. En 1917, il devint président du soviet de Lougansk. Commandant du front de Tsaritsyne (auj. Volgograd) pendant la guerre civile, commissaire du peuple à la Marine (1925 - 1934), puis à la Défense (1934 - 1940), il devint maréchal (1935) et assuma le commandement du front nord en 1941. Vice-président du Conseil des ministres (1946 - 1953), Vorochilov occupa de 1953 à 1960 le poste de président du praesidium du Soviet suprême.

**VOROCHILOV** → **Oussourisk**

**VOROCHILOVGRAD** → **Louhansk**

**VOROCHILOVSK** → **Kommounarsk**

**VORONEJ** ➝ ÉTYM. du n. de la riv. homonyme, du russe *voron* « corbeau (noir comme un corbeau) » ♦ V. de Russie, ch.-l. de région, sur la Voronej (342 km), à 18 km de son confluent avec le Don, au centre d'une riche région agricole (terres noires). 848 700 hab. Centre culturel (univ. fondée en 1918). ▪ Indus. mécanique, chimique (caoutchouc synthétique) et alimentaire. Nœud ferroviaire. ▪ Aux environs, centrale nucléaire à Novovoronej. ▌**Histoire** Fondée en 1586 sur le site d'un ancien centre khazar du XIe s., la ville, destinée à protéger l'État moscovite contre les attaques des nomades de la steppe, devint un des principaux centres de commerce avec le Sud. Pierre le Grand y installa des chantiers navals, en vue de la conquête d'Azov, par le Don. Au cours de la Deuxième Guerre mondiale, Voronej fut le centre de la contre-offensive soviétique du Don contre les Allemands (1942 - 1943).

**VÖRÖSMARTY (Mihály)** ♦ Poète hongrois (Nyék 1800 - Pest 1855). Né dans une famille noble appauvrie, il dut devenir précepteur pour continuer ses études de droit. En 1825, il publia *La Fuite de Zalán,* poème épique, écrit en hexamètres, racontant la conquête de la Hongrie par Árpád et la défaite de Zalán ; ce fut un grand succès, car l'œuvre correspondait à l'exaltation du sentiment national de l'époque. Vörösmarty devint membre permanent de la revue *Aurora* ; à partir de 1827, il dirigea la revue *Collection scientifique,* et en 1830 il devint le premier membre de l'Académie hongroise, qui venait d'être fondée. Dans *Csongor et Tünde* (1830), conte dramatique tiré de sources du XVIe s., il s'inspire du folklore, des légendes et chansons. Ses poèmes *Appel* (1837), *Chant de Fót* (1842) et ses drames (*Le Sacrifice,* 1840) reflètent ses sentiments patriotiques. Profondément bouleversé par l'échec de la révolution de 1848 à laquelle il avait participé, il dut vivre caché et dans la misère. Il écrivit alors des poèmes empreints de désespoir et de pessimisme qui comptent parmi ses plus belles œuvres (*Le Vieux Tzigane,* 1854). ➝ ÉTYM. *Vörösmarty* vient de *Vörösmart,* nom de village (du hongrois *vörös* « rouge » et *mart* « rive escarpée »).

**VORSELAAR** ♦ Comm. de Belgique (Région flamande), prov. d'Anvers, arr. de Turnhout, en Campine. 7 419 hab. Château De Borrekens (XIIIe s.), remanié plusieurs fois, le seul de style Tudor en Belgique.

**VORSTER (Balthazar Johannes, dit John)** ♦ Homme d'État sud-africain (Jamestown 1915 - Le Cap 1983). Emprisonné de 1942 à 1944 pour son appartenance à l'organisation pronazie Ossewa Brandwag, élu député dès 1953, il occupa différents ministères à partir de 1958, notamment celui de la Justice, de la Police et des Prisons qui le fit connaître comme « l'homme de la répression ». Premier ministre en 1966 à la mort de Verwoerd*, il démissionna en 1978 et fut alors élu président de la République sud-africaine. Il dut abandonner ce poste en 1979, à la suite d'un scandale financier et fut remplacé par P. Botha*.

**VOSGES** [voʒ] n. f. pl. ◆ **ÉTYM.** en gaul. *Vosegus,* désignant la montagne et la divinité protectrice, de *vo-* «sous» et *sego* «force» ou rac. précelt. *seg-, sig-* ♦ Massif montagneux du N.-E. de la France, qui constitue le pendant occidental de la Forêt-Noire, de structure semblable ; il s'étire sur une longueur d'environ 125 km entre la trouée de Belfort au S., qui le sépare du Jura, et la Moder au N. ; les Vosges se prolongent, dans leur partie septentrionale, par la Hardt allemande. Elles s'étendent entre les bassins du Rhin à l'E. (→ **Ill, Bruche, Thur**), ceux de la Moselle à l'O. (→ **Meurthe, Sarre, Vologne**) et de la Saône au S.-O. (→ **Ognon**) ; leur largeur maximale est d'environ 70 km dans la partie méridionale. C'est au S. que s'élèvent les principaux sommets : le Grand Ballon ou ballon de Guebwiller en est le point culminant (1 424 m). Les deux versants sont dissymétriques ; l'un tombe brutalement sur la plaine d'Alsace qui est dominée par un escarpement de failles, les *collines sous-vosgiennes* ; l'autre s'incline doucement vers le plateau lorrain. Les Vosges couvrent en partie les départements du Bas-Rhin, du Haut-Rhin, des Vosges et le Territoire de Belfort. ▮ **Structure géologique** Ces montagnes sont des fragments du plissement hercynien (ère primaire) et ont été rajeunies au cours de l'ère tertiaire par le rehaussement consécutif au plissement alpin ; l'effondrement de la clé de voûte du dôme initial Vosges-Forêt-Noire a donné naissance à un fossé d'effondrement (plaine d'Alsace actuelle). Par suite d'un abaissement général des températures (ère quaternaire), des glaciers se sont formés, couvrant une grande partie des Vosges du Sud ; ces glaciers ont creusé la roche de niches et de cirques que les eaux rempliront plus tard (lacs de Gérardmer, de Longemer, de Retournemer) et des moraines se sont formées dans certaines vallées. Les Vosges du Nord, moins élevées, ont été préservées de cette action érosive des glaciers et ont en outre conservé leur manteau de grès. Les *Vosges cristallines* du Sud s'opposent ainsi aux *Vosges gréseuses* du Nord, dont les sommets et les cols sont peu élevés. → **Donon, Saverne.** En revanche, à l'exception du Hartmannswillerkopf (956 m), les monts et les cols méridionaux ont une altitude plus élevée (→ **Alsace [ballon d'], Bussang [col de], Hohneck, Markstein, Schlucht [col de la], Servance [ballon de]**). Dans les montagnes, les noyaux granitiques aux formes arrondies forment de lourdes croupes, «ballons» qui créent un paysage typique. ▮ **Climat et hydrographie** Le climat humide entretient un réseau hydrographique dense. La moyenne pluviométrique annuelle oscille entre 1 200 et 1 500 mm annuels, mais dépasse 2 000 mm à l'O. ; l'enneigement est abondant et prolongé. Forêts (sapins, hêtres) et prairies se partagent le paysage. → **Lorraine.** ▮ **Économie** La montagne vosgienne peuplée tardivement et assez faiblement (50 hab./km²) se définit par la dispersion de l'habitat. L'élevage (bovins) se situe surtout sur les «chaumes» du sommet (fromageries). L'autre pôle de l'industrie agroalimentaire est l'eau minérale (Vittel). Les collines sous-vosgiennes d'Alsace, plus ensoleillées, possèdent de nombreux vignobles. L'énergie hydraulique a permis le développement des industries du bois et du papier, les eaux douces celui de l'industrie textile (en crise). L'industrie du lin et du coton est particulièrement développée ; les centres principaux sont Épinal et Saint-Dié. Les grès vosgiens produisent la matière première de la verrerie (cristal), représentée en particulier à Baccarat et à Cirey-sur-Vezouze. En outre, les Vosges possèdent des stations thermales (→ **Vittel, Contrexéville**), climatiques et de sports d'hiver. ♦ ***La «ligne bleue des Vosges»*** Expression de J. Ferry (originaire de Saint-Dié), après le traité de Francfort* (1871) qui portait la frontière franco-allemande aux Vosges. La formule fut employée de 1880 à 1914 par les Français partisans de la «revanche», les yeux fixés sur les Vosges : «en face de cette ligne bleue des Vosges d'où monte jusqu'à mon cœur fidèle la plainte touchante des vaincus» (J. Ferry, 1893).

**Vosges.** *Phot. © Falk Kienas /Shutterstock*

**VOSGES** n. f. pl. [88] ◆ **ÉTYM.** du n. de la montagne ♦ Dép. de l'E. de la France, région Lorraine. 5 874 km². 380 952 hab. CH.-L. : Épinal. CH.-L. D'ARR. : Neufchâteau, Saint-Dié. Cour d'appel : Nancy. Académie : Nancy-Metz. → **Lorraine.**

**Vosges** (place des) ♦ Place de Paris, dans le Marais*. Entreprise par Henri IV, en 1605, elle fut achevée sous Louis XIII (1612) dont elle reçut la statue équestre (1639 ; refaite sous Charles X). Situé en partie à l'emplacement de l'hôtel des Tournelles, ce vaste carré est entouré de trente-six pavillons symétriques à arcades, aux façades de brique alternant avec la pierre de taille et coiffés de hauts combles d'ardoise. Dans deux constructions plus importantes (au S. et au N.) sont ménagés des passages voûtés. ▪ D'abord *place Royale,* quartier à la mode et très fréquenté au XVIIe s., elle a pris le nom de *place des Vosges* (premier département ayant acquitté ses impôts) en 1799 (perdu, puis retrouvé en 1870). Elle est considérée comme l'une des plus harmonieuses créations de l'art classique.

**VOSKOVEC (Jiří)** → **Werich (Jan)**

**VOSNE ROMANÉE** [von-] [21700] ♦ Comm. de la Côte-d'Or, arr. de Beaune. 460 hab. *(Vosniers).* Le vignoble ne produit que des vins rouges de grande qualité, dont les têtes de cuvée sont : romanée-conti (3 ha, qui jouit d'une réputation universelle), richebourg, la tache, romanée-saint-vivant. → **Nuits (côte de).**

**VOSS (Johann Heinrich)** ♦ Érudit et poète allemand (Sommersdorf, Mecklembourg 1751 - Heidelberg 1825). Disciple de Klopstock, il donna une traduction en alexandrins allemands de *L'Iliade* et de *L'Odyssée* d'Homère, ainsi que des idylles qui, en dépit d'un certain sentimentalisme, constituent une bonne description de la petite bourgeoisie de l'Allemagne du Nord.

**VOSSELAAR** ♦ Comm. de Belgique (Région flamande), prov. d'Anvers, arr. de Turnhout, dans la banl. O. 10 212 hab.

**VOSSIUS (Gerardus Johannis)** ♦ Humaniste hollandais (Heidelberg 1577 - Amsterdam 1649). Il fut nommé recteur des écoles de Dordrecht (1600 - 1615), puis directeur du collège des États de Leyde (1615 - 1618). Mêlé à la querelle théologique qui opposa les partisans d'Arminius* à ceux de Gomar, il fut destitué de ses fonctions peu après la publication de son *Histoire du pélagianisme* (1618), qui fut vivement attaquée par les gomaristes. Réhabilité, il obtint une chaire d'histoire à Leyde (1622), puis à Amsterdam (1633). Le recueil complet de ses œuvres fut publié pour la première fois à Amsterdam (1695 - 1701) et comporte des ouvrages pédagogiques (dont certains consacrés à l'étude du grec et du latin), des travaux historiques, en particulier des analyses critiques sur les historiens de l'Antiquité, des études littéraires, philosophiques et théologiques. ♦ **Isaäcus Vossius** (Leyde 1618 - Windsor 1689). Fils du précédent. Il fut successivement historiographe des États de Hollande, bibliothécaire de la reine Christine de Suède et chanoine de Windsor. Il laissa plusieurs ouvrages d'une grande érudition (*De vera mundi aetate,* 1659 ; *De sibyllinis aliisque oraculis,* 1679).

**VOSTELL (Wolf)** ♦ Artiste allemand (Leverkusen 1932 - 1998). Ayant découvert à Paris, en 1955 - 1956, la technique du «dé-collage» consistant à déchirer des affiches déjà collées (*Rue de Buci,* 1960), il organisa des happenings publics à Ulm, Wuppertal, Berlin, puis à New York. Il devint en 1962 l'un des premiers membres de Fluxus* à Wiesbaden avec Paik* et, multipliant les actions dans les années 1970, créa des «dé-collages» sur des postes de télévision ou de radio, qu'il bétonna à l'occasion, pour renvoyer à la société les images de violence qu'elle produit. Il a réalisé à partir de 1970 des «environnements», dont *Salade* (1970 - 1971), *Mania* (1973), où il fait intervenir des postes de télévision, des dindons, des poissons, des images pieuses. Vostell pratique à nouveau le dessin, dans un style proche du cubisme, avec collage d'objets.

**VOTIAKS** ◆ **ÉTYM.** «les hommes qui vivent près de la *Vyatka* (riv.)» ♦ → **Oudmourtes**

**VOUET (Simon)** ♦ Peintre français (Paris 1590 - *id.* 1649). Il étudia auprès de son père Laurent Vouet, peintre des Écuries du roi sous Henri IV, et manifesta des dons précoces. Il peignit des portraits (à partir de 1604) au cours d'un séjour en Angleterre. En 1611, il accompagna à Constantinople l'ambassadeur de France en Turquie *(Portrait du sultan Mustafā Ier),* puis séjourna quinze ans en Italie. Il acquit à Rome une grande réputation, devint le protégé du cardinal Barberini et, à Gênes, des Doria. Il ouvrit une école d'après le modèle vivant et devint en 1624 le «prince» de l'académie de Saint-Luc. Il peignit des scènes de genre et des sujets religieux (*La Cène,* 1625), évoluant d'un caravagisme initial à une manière claire et élégante, révélatrice de diverses influences (bolonaises et vénitiennes) assimilées avec aisance. Rappelé en France en 1627 et nommé premier peintre du roi, il reçut une multitude de commandes, notamment des décorations aux châteaux de Chilly, Saint-Germain, Widewille, aux hôtels Bullion et Séguier. Mais sa gloire souffrit de l'arrivée de Poussin à Paris. Il introduisit en France le goût des compositions amples, des perspectives théâtrales, des attitudes déclamatoires, des têtes d'expression qui allaient constituer un répertoire pour l'académie. Vouet aimait les couleurs brillantes, les poses recherchées *(Diane ; Cérès ou l'Été)*.

**VOUGEOT** [vuʒo] [21640] ➝ **ÉTYM.** de *Vouge*, n. de riv. ♦ Comm. de la Côte-d'Or, arr. de Beaune. 187 hab. *(Vougeotins)*. Château (XVIe s.) appartenant depuis 1944 à la Confrérie des chevaliers du Tastevin. Moulin (XVIe s.). ▪ Vins rouges renommés (clos-de-Vougeot). ➝ **Nuits (côte de).**

**VOUILLÉ** [86190] ➝ **ÉTYM.** «double fossé» ou «sous tranchée», du gaul. *uo-* «deux» ou «sous» et *clado* «fossé» ♦ Ch.-l. de cant. de la Vienne, arr. de Poitiers. 2 774 hab. (*Vouglaisiens* ou *Vogladiens*). ▮ **Histoire** Victoire de Clovis sur Alaric II (507) qui mit fin à la mainmise des Wisigoths sur l'Aquitaine.

**VOUJEAUCOURT** [25420] ♦ Comm. du Doubs, arr. de Montbéliard. 3 195 hab. Construc. mécaniques.

**VOULET (Paul)** ♦ Officier et explorateur français (Paris 1866 - Mayjirgui, Niger 1899). Il explora la boucle du Niger, contribua à l'annexion du Mossi en compagnie de Chanoine* et de Joalland (1896 - 1897) avec qui il fut envoyé au Soudan et chargé d'établir la liaison avec les missions Foureau-Lamy et Gentil (1898 - 1899). Ayant exercé de violentes représailles contre les indigènes, il fut remplacé par le colonel Klobb* qu'il assassina avant d'être lui-même tué ainsi que Chanoine par ses propres tirailleurs.

**VOULTE-SUR-RHÔNE (LA)** [07800] ♦ Ch.-l. de cant. de l'Ardèche, arr. de Privas, sur le Rhône. 5 168 hab. *(Voultains)*. Château des XVe - XVIe s. (galerie et chapelle flamboyantes). ▪ Textile. Fonderies. Centre d'expédition de pêches.

**VOUNEUIL-SOUS-BIARD** [86000] ➝ **ÉTYM.** anc. *Voginolio*, de *Vogene*, n. de pers., et gaul. *ialo* «clairière» ♦ Comm. de la Vienne, banl. O. de Poitiers. 4 126 hab.

**VOUTYRAS (Démosthène)** ♦ Écrivain grec (Constantinople 1872 - Athènes 1958). Il excella dans la nouvelle, où il évoqua un monde ignoré jusqu'alors par la littérature grecque, celui des petites gens de la ville, qu'il suivit dans son aventure quotidienne et dans ses rêves. Une atmosphère d'angoisse enveloppe ses histoires étranges : *Langas, La Lamentation des bœufs, Chez les anthropophages, Fausses Civilisations.*

**VOUVRAY** [37210] ➝ **ÉTYM.** anc. *°Uoberetum*, du gaul. *uobera, uoberno* «source, ruisseau caché» ou «forêt», et suff. *-etum* ♦ Ch.-l. de cant. de l'Indre-et-Loire, arr. de Tours, sur la Loire. 3 046 hab. *(Vouvrillons)*. Vins blancs réputés.

**VOUZIERS** [08400] ♦ Ch.-l. d'arr. des Ardennes, dans la vallée de l'Aisne. 4 742 hab. *(Vouzinois)*. Église Saint-Maurille du XVIe s. (triple portail Renaissance).

**Voyage à Tokyo** – en jap. ***Tōkyō monogatari*** ♦ Film japonais de Yasujirō Ozu* (1953). Dans le Japon contemporain, un couple de retraités, délaissé par son entourage, se prépare doucement à la mort. C'est l'œuvre la plus connue en Europe d'un des maîtres du cinéma japonais, qui n'a jamais traité qu'un seul sujet : l'évolution de la cellule familiale japonaise, soumise à un lent processus d'érosion mais toujours renaissante. L'art d'Ozu atteint, dans ce film de maturité, sa plénitude. Ce n'est qu'une contemplation souriante, nourrie d'émotion sans fard, du temps qui passe, inexorable et beau.

**Voyage au bout de la nuit** ♦ Roman de Louis-Ferdinand Céline* (1932). Il met en scène Ferdinand Bardamu, narrateur et double de l'auteur, qui commence son récit en août 1914, au moment de la déclaration de guerre. Parti pour le front avec enthousiasme, Ferdinand y découvre bientôt l'inanité et l'horreur de l'étripage héroïque. En proie à l'obsédant sentiment de la «vacherie universelle», il frôle la démence. Blessé, il se fait réformer et fuit le plus loin possible de l'immonde tragédie, en un long voyage qui le conduira en Afrique, puis en Amérique, pour se terminer dans la banlieue pauvre de Paris, où, devenu médecin, il s'établira pour soigner ses frères en misère. ▪ Cette œuvre, qui choisissait délibérément ses moyens d'expression dans les tournures de la langue parlée et les verdeurs de l'argot des faubourgs et imposait le rythme haletant de ses phrases, eut une influence considérable. Des écrivains aussi différents de Céline, politiquement et par tempérament, que Sartre ou Queneau, reconnurent ce qu'ils lui devaient sur le plan de l'écriture. Le climat si particulier du roman, l'atmosphère de sombre et grotesque épopée qui en constitue le fond, l'utilisation à point nommé de l'absurde onirique (Ferdinand vendu comme galérien), la poésie de la quotidienneté que Céline sait faire naître, avec un étonnant bonheur, des épisodes les plus sordides de son récit, font du *Voyage au bout de la nuit* l'une des œuvres les plus marquantes de la littérature française de l'entre-deux-guerres.

**Voyage au centre de la Terre** ♦ Roman de Jules Verne* (1864). Après avoir décrypté un manuscrit d'Arne Saknussemm, un alchimiste islandais du XVIe s., le géologue allemand Lidenbrock, accompagné d'Axel, son neveu, et de Hans, un guide islandais, pénètre au centre de la Terre par le cratère éteint du Sneffels. Les explorateurs découvrent tout un univers souterrain, notamment un homme fossile. Puis ils suivent les traces de Saknüssemm mais se retrouvent dans un cul-de-sac. Provoquant une explosion qui entraîne un souffle gigantesque, ils sont alors expulsés à l'air libre par le Stromboli. Ces aventures fictives sont pour Jules Verne une occasion renouvelée de faire l'apologie de la science.

**Voyage autour de ma chambre** ♦ Œuvre de Xavier de Maistre* (1795). Mis aux arrêts, l'auteur fait un voyage dans l'imaginaire et évoque paysages, sentiments et amis. Ce vagabondage spirituel parmi les souvenirs (où se fait sentir l'influence de Sterne*) exprime une philosophie tolérante.

Le **Voyage dans la Lune** ♦ Film français de Georges Méliès* (1902). Ce film est non seulement le premier vrai film de fiction produit et diffusé dans le monde (avec un succès tel qu'il fut maintes fois plagié) mais aussi l'archétype des films d'anticipation poético-scientifique, dont on sait la féconde postérité. Méliès s'inspira librement de romans de Jules Verne et H. G. Wells, en les combinant avec son génie personnel de l'imagerie loufoque et de la pyrotechnie. L'obus interplanétaire crève l'œil d'un astre de carton-pâte, le vieux Saturne tire des plans sur la comète et les Sélénites sont de sautillants acrobates des Folies-Bergère. Méliès en personne mène la danse, dans un de ces rôles pittoresques de savant d'opérette qu'il affectionnait.

Le **Voyage de Monsieur Perrichon** ♦ Comédie en 4 actes d'Eugène Labiche*, en collaboration avec Édouard Martin (1860). Deux jeunes gens qui s'aiment sont séparés par la vanité du père de la jeune fille, bourgeois parvenu, gonflé d'orgueil et satisfait de lui-même. Mais sa vanité faiblira et il donnera, après de nombreuses péripéties, la main de sa fille à l'élu de son cœur. Successeur du «Monsieur Prudhomme» d'Henri Monnier*, Perrichon est devenu le parangon de la bêtise prétentieuse et bonasse.

Le **Voyage d'hiver** – en all. ***Die Winterreise*** ♦ Cycle de 24 lieder de F. Schubert* (1827), d'après le recueil homonyme de Wilhelm Müller, auteur également des poèmes de *La Belle Meunière.* Alors que le thème de ces derniers est l'isolement dans lequel on s'enfonce, l'amour malheureux et la solitude sont les données de départ du *Voyage d'hiver.*

**Voyager** ♦ Nom de deux sondes américaines destinées à l'étude des planètes lointaines. Lancées respectivement le 20 août et le 5 sept. 1977, *Voyager 1* et *2*, pesant chacune 2 t (dont la moitié de combustible pour les corrections d'orbite), furent équipées de générateurs nucléaires et d'ordinateurs assurant leur relative autonomie. Le programme de *Voyager 1* comportait l'observation de Jupiter* et de ses satellites, et de Saturne*, avec ses anneaux et satellites ; celui de *Voyager 2* concernait également Jupiter et Saturne, mais aussi Uranus*, Neptune* et son satellite Triton. Leurs missions achevées, les deux sondes quittèrent le Système solaire, respectivement fin 1980 et fin 1989. Elles envoyèrent une très grande quantité d'informations sur les planètes, leurs satellites et le milieu interplanétaire ainsi que d'extraordinaires images.

**Voyager.** La sonde spatiale *Voyager.*
*BIS/Phot. Goddard. Space Flight Center (Nasa).* 

**Voyages de Gulliver** ➝ **Gulliver (Les Voyages de Lemuel)**

**VOYNET (Dominique)** ♦ Femme politique française (Montbéliard 1958). Secrétaire nationale des Verts de 2001 à 2003, elle fut ministre de l'Aménagement du territoire et de l'Environnement de 1997 à 2001 puis élue sénatrice en 2004 et maire de Montreuil-sous-Bois en 2008. Elle a été candidate à l'élection présidentielle et a obtenu 3,32 %

des voix en 1995 et 1,57 % en 2007. ➝ ÉTYM. Ce nom de famille vient du germanique *Wano,* nom de personne, du vieux haut allemand *wan* «espérance».

**VOZNESSENSKI (Nikolaï Alekseïevitch)** ♦ Homme politique et économiste soviétique (Tchernski, près de Toula 1903 - Moscou 1950). Directeur du Gosplan (1938), membre du Comité central (1939), il fut chargé de l'élaboration du IVe plan quinquennal (1946 - 1950). Reconnaissant (contre la thèse de Marx) que la loi de la valeur subsiste dans l'économie soviétique, s'imposant au planificateur (*Économie de guerre de l'URSS pendant la grande guerre patriotique,* 1948), il fut condamné par Staline et exécuté. Il est l'auteur de *Économie politique du communisme* (1949). ➝ ÉTYM. Ce nom de famille vient du russe *Vozniesenie* «l'Ascension».

**VOZNESSENSKI (Andreï Andreïevitch)** ♦ Poète russe (Moscou 1933). Devenu poète après des études d'architecture, il est un novateur de la forme poétique. Ses vers, d'une forme brillante et rythmée, ont des décors contemporains. Œuv. princ. : *Quarante Digressions lyriques* (1962), *Les Antimondes* (1964), *Le Cœur d'Achille* (1966), *L'Ombre d'un son* (1970), *Regard* (1972), *Incontrôlable* (1981), *Au vent virtuel* (1998).

**VRACA** ou **VRATZA** ♦ V. de Bulgarie du Nord, ch.-l. de région, au pied du Balkan occidental, sur la Vratzanska. 85 218 hab. Nœud ferroviaire. Centre indus. : textiles (soie, laine), chimie.

**VRANGEL (Petr)** → Wrangel

**VRANGEL** ou **WRANGEL** (île) ➝ ÉTYM. du n. de F.P. *Wrangel,* navigateur russe du début du XIXe s. ♦ Île de Russie, dans l'océan Arctique, entre la mer de Sibérie orientale et la mer de Tchoukotka. 7 300 km². Alt. max. : 1 096 m. Elle est presque entièrement couverte de toundra.

**VRAZ (Jacob Frass, dit Stankó)** ♦ Poète slovéno-croate (Cerovec, Styrie 1810 - Zagreb 1851). Il participa activement au «Mouvement illyrien» lancé par Gaj*. Il écrivit de nombreux sonnets, ballades, satires et romances rassemblés sous le titre de *Petites Roses* (1840) et laissa en outre un recueil de *Chants populaires* slovènes et croates (1839).

**VRCHLICKÝ (Emil Frida, dit Jaroslav)** ♦ Poète tchèque (Louny 1853 - Domažlice 1912). Écrivain d'une extraordinaire fécondité et extrêmement populaire, il subit l'influence de nombreux auteurs étrangers (allemands, italiens, anglais ou français) dont il traduisit les œuvres ; sans doute celle de Victor Hugo fut-elle la plus importante. Successivement pessimiste, puis optimiste, il exprima ses sentiments à travers une poésie tantôt lyrique, *Rêves de bonheur* (1870), *Ce que la vie a donné* (1883), *Une année de poète* (1900), *L'Arbre de la vie* (1909), *L'Épée de Damoclès* (1912) ; tantôt épique : *Poèmes épiques* (1876), *L'Esprit et l'Univers* (1878), *Mythes* (1879 - 1880), *Bar Kochba* (1897) ; tantôt philosophique, *Des profondeurs* (1875), *La Vie et la Mort* (1892). Tous ses recueils, de style varié, témoignent d'une grande virtuosité verbale, tant par leur richesse musicale que par leur perfection métrique. Il écrivit aussi des drames historiques et des comédies dont *Une nuit au château de Karlštein* (1884).

**VREDEMAN DE VRIES (Hans)** ♦ Peintre néerlandais, décorateur, dessinateur, graveur et ornemaniste (Leeuwarden, Frise 1527 - ? 1604). Formé à Malines et à Anvers, il séjourna ensuite en Allemagne et en Bohême. Dans ses tableaux, il fut sensible à l'influence de l'école de Fontainebleau. Il joua un rôle important comme théoricien de l'architecture et contribua par ses multiples recueils d'ornements, parus à partir de 1555, à diffuser dans l'Europe du Nord un répertoire maniériste anversois où l'on retrouve les influences de Serlio* mêlées à celles d'Androuet* du Cerceau et aux motifs de P. Coecke* Van Aelst et de C. Floris* de Vriendt. Son fils PAUL (Anvers 1567 - après 1630 ?) fut son collaborateur et continua son œuvre. Il travailla à Prague pour Rodolphe II.

**VRÉTTACOS (Nikiforos)** ♦ Poète grec (Krokéai, Péloponnèse 1911 - Ploumitsa, près de Sparte 1991). Son panthéisme et sa sensibilité trouvent des tons lyriques d'une douceur et d'une limpidité extraordinaires : *Poèmes 1929-1951* (1955), *Le Fond du monde* (1960), *Le Fauve et la Tempête* (1945, récit).

**VRIGNE-AUX-BOIS** [08330] ♦ Comm. des Ardennes, arr. de Sedan. 3 668 hab. (aggl. 6 966). Câbles. Métallurgie.

**VUILLARD** [vɥijaʀ] **(Édouard Jean)** ♦ Peintre, aquarelliste, décorateur et graveur français (Cuiseaux, Saône-et-Loire 1868 - La Baule 1940). Au lycée Condorcet, il se lia avec K. X. Roussel* qui devait devenir son beau-frère. Aux Beaux-Arts et à l'académie Julian (1888), il rencontra Sérusier*, Maurice Denis* et Bonnard*. Membre du groupe des nabis, il fréquenta les milieux symbolistes, s'intéressa aux arts décoratifs et travailla pour le Théâtre-Libre et le théâtre de l'Œuvre. Il pratiqua alors une peinture par aplats, cernée par des arabesques souples, aux mises en page audacieuses, inspirée des maîtres japonais (*Au Lit,* 1891). Aux sujets symbolistes, il préféra les scènes intimistes dans un décor bourgeois et calme, les scènes de rue et les portraits dont il sut dégager le charme discret, la poésie retenue, avec une palette raffinée, des tons rapprochés et assourdis. Il peignait volontiers sur carton, mêlant les techniques : huile, gouache, détrempe, pastel. Il exécuta aussi de grandes décorations murales (salle à manger des Natanson, 1894 ; foyer des Champs-Élysées). ➝ ÉTYM. *Vuillard* a la même étymologie que *Guillaume**.

**VUILLEMIN (Jules)** ♦ Philosophe et historien de la philosophie (Pierrefontaine-les-Varans, Doubs 1920 - Les Fourgs, Doubs 2001).

Édouard **Vuillard.**
*Dessus-de-porte de Mme Desmarais* (18,5 x 117 cm), 1892. Coll. part.
*BIS/Phot. © Archives Larbor*

Professeur au Collège de France, il fut l'un des premiers philosophes français à s'intéresser à la philosophie analytique (Russell, Carnap, Wittgenstein). Il exerça une influence notable sur Michel Foucault dont il fut l'ami. Se réclamant de l'héritage de Martial Guéroult* et de sa conception des systèmes philosophiques construits et cohérents, son œuvre s'inscrit aussi dans la tradition du criticisme kantien. Auteur d'ouvrages d'histoire de la philosophie (*L'Héritage kantien et la révolution copernicienne, Fichte, Cohen, Heidegger*, 1954 ; *Physique et mathématique kantiennes*, 1955 ; *Mathématiques et métaphysique chez Descartes*, 1960) et d'histoire de la philosophie des mathématiques (*La Philosophie de l'algèbre de Lagrange*, 1960 ; *Introduction à la philosophie de l'algèbre*, 1962 - 1963 ; *Leçons sur la première philosophie de Russell*, 1968), Vuillemin s'est constamment interrogé sur la nature des systèmes philosophiques : dans un de ses derniers ouvrages (*Nécessité ou contingence. L'aporie de Diodore et les systèmes philosophiques*, 1984), il part de l'analyse du paradoxe logique formulé par Diodore Cronos sur la nécessité du futur et de la combinatoire des solutions possibles à ce paradoxe pour dégager les principes d'une classification *a priori* des systèmes philosophiques.

**VUKOVAR** ♦ V. de Croatie, en Slavonie orientale, port industriel sur le Danube. 31 670 hab. (45 000 hab. à la veille de la guerre serbo-croate qui la détruisit, à l'automne 1991).

**VULCAIN** ➝ ÉTYM. en lat. *Vulcanus*, p.-ê. d'orig. étrusque ♦ Dieu du feu dans la religion romaine. D'origine très ancienne, il figurait parmi les premiers dieux du panthéon romain mais fut vite assimilé à l'Héphaïstos grec dont il prit les légendes et les attributs. → **Héphaïstos.**

**VULCANO** ♦ La plus méridionale des îles Éoliennes*. 21 km². Ancien cratère *(Caldera del Piano)* dont les bords atteignent 500 m d'altitude. Volcan actif de *La Fossa* (391 m). Fumerolles, sources chaudes. Tourisme.

la **Vulgate** ➝ ÉTYM. en lat. ***(editio) vulgata*** « (édition) commune » ♦ Traduction latine de la Bible réalisée par saint Jérôme* à Bethléem (390 - 405). Essentiellement fondée sur les *Hexaples* d'Origène, l'œuvre de Jérôme tente de s'affranchir des anciennes versions latines faites sur le grec des Septante*, et de revenir à la « vérité hébraïque ». Influencé par le canon hébreu de la Bible, il se contenta de réviser sommairement les deutérocanoniques* et négligea complètement certains d'entre eux (Sagesse*, Siracide*, 1 et 2 Maccabées* et Baruch*) ; il traduisit lui-même les Évangiles, mais confia à un disciple le reste du Nouveau Testament. Fortement contestée par les défenseurs de la Bible grecque (Rufin* d'Aquilée et saint Augustin*), la nouvelle traduction s'imposa progressivement à partir du VIIe s. comme Bible latine, sans toutefois intégrer la traduction directe du psautier (dite « juxta Hebraeos »). C'est à ce titre que la Vulgate fut le premier livre imprimé par Gutenberg, mais les attaques des humanistes (résumées par les *Annotationes* de Laurent Valla* que publia Érasme*) suscitèrent au XVIe s. de nouvelles traductions latines et l'apparition de traductions en langue vernaculaire faites sur l'original hébreu (Luther*, Olivétan*). L'un des premiers soucis du concile de Trente*, en 1546, fut de déclarer « authentique dans les leçons publiques, les discussions, les prédications et les explications » parmi « toutes les éditions latines » cette Bible traditionnelle dont l'édition officielle fut ensuite publiée sous le patronage des papes Sixte* Quint et Clément* VIII (édition dite *sixto-clémentine*, 1592). Les nécessités de l'exégèse ont suscité, à la fin du XIXe et au XXe s., une édition critique du Nouveau Testament (1889 - 1954), puis de l'Ancien Testament (1926 - 1987). En 1979, le pape Jean-Paul II a officiellement promulgué une Nouvelle Vulgate, édition amendée préparée de 1969 à 1977.

**VULPERA** ♦ Loc. de Suisse (Grisons) dans la basse Engadine, près de Tarasp. Station estivale très fréquentée.

**VULPIAN (Alfred)** ♦ Médecin et physiologiste français (Paris 1826 - *id.* 1887). Professeur d'anatomie pathologique et de pathologie comparée, il s'intéressa surtout à la physiologie du système nerveux, identifia la sclérose en plaques (1866) et donna son nom à l'atrophie musculaire progressive spinale débutant par l'épaule *(type de Vulpian)*. En découvrant un produit actif dans les veines qui drainent les surrénales (1856), il apporta la première confirmation biochimique d'une sécrétion hormonale ainsi que la démonstration de l'autonomie fonctionnelle de la médullosurrénale. [Acad. sc. 1876]

**VYĀSA** ➝ ÉTYM. sanskr. « le compilateur » ♦ Sage indien des temps védiques, à qui la tradition attribue la composition du grand récit épique hindou *Mahābhārata** et de nombreux commentaires des Yoga. Il est considéré comme une incarnation mineure de Vishnou*. Convention littéraire, ce nom recouvre plusieurs compilateurs, la légende attribuant mille ans d'âge à Vyāsa.

**VYBORG** – en finnois ***Viipuri*** ♦ V. de Russie, région de Leningrad, sur le golfe de Finlande. 79 700 hab. Travail des métaux. Indus. alimentaire. Port. Nœud ferroviaire. **Histoire** Fondée en 1293, elle fut cédée par les Suédois à la Russie en 1721 (traité de Nystad). Ville finlandaise à partir de 1918, conquise par les Russes en 1940, puis en 1944, elle fut cédée à l'URSS en 1947.

**VYCHINSKI (Andreï Ianouarevitch)** ♦ Homme politique soviétique (Odessa 1883 - New York 1954). Menchevik (1903), puis bolchevik (1920), il fut nommé par Staline procureur général de l'URSS (1936) et joua un rôle d'accusateur public pendant les « purges » et les procès de Moscou (1936 - 1938). Adjoint de Molotov* au commissariat des Affaires étrangères (1940), il fut envoyé en Roumanie et en Bulgarie et contribua à l'instauration des régimes communistes dans ces pays (1944 - 1946). En mars 1949, il succéda à Molotov aux Affaires étrangères, mais fut de nouveau remplacé par lui après la mort de Staline (mars 1953). Délégué à l'ONU, il se distingua par son intransigeance et sa violence pendant la « guerre froide ». Après sa mort, Vychinski fut dénoncé par Khrouchtchev comme l'auteur des ouvrages qui « constituèrent la base juridique des répressions illégales pendant le culte de la personnalité de Staline ».

**VYROUBOVA (Nina)** ♦ Danseuse française d'origine russe (Gourzouf, Crimée 1921 - Paris 2007). Élève de V. Trefilova et de O. Preobrajenska, elle s'est affirmée comme une grande interprète du ballet romantique *(La Sylphide, Giselle)*, tant aux Ballets des Champs-Élysées (1946) qu'à l'Opéra de Paris, où elle fut danseuse étoile (1949 - 1956). Elle sut témoigner aussi, comme danseuse de caractère, d'une invention poétique riche d'esprit et de fantaisie *(Blanche-Neige, Fourberies, Les Noces fantastiques)*. Elle participa à de nombreuses tournées à travers le monde, notamment avec le Grand Ballet du marquis de Cuevas (1957 - 1961).

**VYTCHEGDA** n. f. ♦ Riv. de Russie (République des Komis et région d'Arkhangelsk), affl. de la Dvina septentrionale (1 130 km). Née dans l'extrémité S. de la chaîne de montagnes de Timan, elle arrose les villes de Syktyvkar, Solvytchegodsk et Kotlas. Elle est navigable jusqu'à la ville de Voldino d'avr. à nov.

# W

**WAAGE (Peter)** ♦ Chimiste norvégien (Flekkefjord 1833 - Christiania, auj. Oslo 1900). Il énonça avec Guldberg* la loi d'action de masse (1867).

**WAAL** n. m. ♦ Branche du Rhin en aval d'Emmerich (Allemagne) qui finit par se confondre avec la Meuse. Le Waal passe à Nimègue.

**WAARSCHOOT** ♦ Comm. de Belgique (Région flamande), prov. de Flandre-Orientale, arr. de Gand. 7 756 hab. Indus. textile.

**WAAS** (pays de) – en néerl. ***Waasland*** ♦ Région de Belgique (Région flamande), située à l'O. d'Anvers, au-delà de l'Escaut, limitée au N. par les polders de l'Escaut, à l'O. par la vallée flamande et au S. par l'Escaut et son confluent avec la Durme. Les champs convexes, bordés de rangées de peupliers, donnent une production agricole variée : culture, horticulture, élevage de bovins et de granivores. L'industrialisation a entraîné des transformations dans le pays : au textile traditionnel l'extension du port d'Anvers sur la rive g. de l'Escaut a ajouté l'industrie chimique et la centrale nucléaire de Doel. V. PRINC. : Sint-Niklaas.

**WAASMUNSTER** ♦ Comm. de Belgique (Région flamande), prov. de Flandre-Orientale, arr. de Dendermonde, sur la Durme. 10. 329 hab. Église de 1732. Musée. ▪ Indus. textile (couvertures). ▮ **Histoire** L'abbaye de Rosenberg, l'une des plus importantes de Flandre, y fut fondée en 1258.

**WABASH** n. m. – **ÉTYM.** cree «ours blanc» ♦ Riv. du centre des États-Unis, affl. (rive d.) de l'Ohio. 960 km. Elle est reliée par un canal au lac Érié.

**WABUSH** – **ÉTYM.** du n. du lac, cree «lièvre» ♦ V. du Canada (Terre-Neuve), près du *lac Wabush,* non loin de Labrador City. 1 739 hab. Importantes mines de fer, reliées par chemin de fer à Sept*-Îles.

**WACE (Robert)** ♦ Poète anglo-normand (Jersey 1110 - Angleterre, v. 1180). Il vécut surtout à Caen, protégé par Henri* II Plantagenêt. Il écrivit en langue romane le *Roman de Rou* ou *Geste des Normands* (v. 1160). Son *Roman* de Brut* (1155) est une adaptation de l'*Histoire des rois de Bretagne,* écrite en latin par Geoffrey de Monmouth. Il y raconte les origines troyennes de la Bretagne insulaire et les aventures fabuleuses du roi Artus*.

**WACHAU** n. f. ♦ Section encaissée de la vallée du Danube en Autriche, sur 40 km, entre Meik* et Krems, contrastant fort avec la large vallée du fleuve dans la région de Linz en amont ou son épanouissement dans le bassin de Tülln en aval. Le Danube s'est enfoncé ici par surimposition dans une avancée du massif bohémien. Ce défilé a pris naturellement une importance stratégique, à l'origine de la puissance des Babenberg*, fondateurs de l'abbaye fortifiée de Melk*. Les pentes ensoleillées de la vallée sont propices au vignoble et en font un site touristique fréquenté.

**WACHITA** (monts) → **Ouachita**

**WACHTEBEKE** ♦ Comm. de Belgique (Région flamande), prov. de Flandre-Orientale, arr. de Gand, sur le Moervaart. 6 875 hab. Domaine provincial récréatif de Puyenbroek (560 ha) ; château (musée du Moulin) et église-halle à tour octogonale (mobilier des XVII$^e$ et XVIII$^e$ s.).

**WACKENRODER (Wilhelm Heinrich)** ♦ Poète allemand (Berlin 1773 - *id.* 1798). Son lyrisme musical, sa nostalgie du Moyen Âge, son amour pour la peinture de Dürer ont eu une influence certaine sur le premier romantisme (Iéna) et sur Tieck*, son ami, qui contribua à le faire connaître (*Les Effusions du moine amateur d'art,* 1797).

**WACKERNAGEL (Wilhelm)** ♦ Écrivain allemand (Berlin 1806 - Bâle 1869). Auteur de poèmes, il est surtout connu pour son *Histoire de la littérature allemande* (1851 - 1853). ♦ **Jacob Wackernagel** (Bâle 1853 - 1938). Fils du précédent. Helléniste, il fut l'auteur de travaux sur la langue grecque *(Recherches linguistiques sur Homère)* et d'une grammaire comparée du sanskrit.

**WACO** ♦ V. des États-Unis (Texas). 113 726 hab. Centre agricole. Indus. (pneumatiques, verre).

**WADDEN** (mer des) – en néerl. ***Waddenzee*** ♦ Mer intérieure au N. des Pays-Bas, séparée de l'IJsselmeer par une digue et de la mer du Nord par les îles frisonnes. Elle borde la Hollande-Septentrionale et la Frise. Les projets de poldérisation de cette mer très peu profonde ont été abandonnés en raison de son intérêt écologique et touristique.

**WADDINGTON (William Henry)** ♦ Archéologue et homme politique français d'origine britannique (Saint-Rémy-sur-Avre 1826 - Paris 1894). Auteur de travaux d'archéologie au Moyen-Orient, il fut un des fondateurs de l'École des hautes études (1868). Député (centre gauche), sénateur, il fut chargé du portefeuille de l'Instruction

**Wachau.** Le château Durnstein surplombant le Danube. *Phot. © Ed Kashi/Corbis*

publique (1873, 1877), puis représenta la France au congrès de Berlin (1878) comme ministre des Affaires étrangères (1877 - 1879) et fut ambassadeur à Londres (1883 - 1893), après avoir assumé quelque temps la présidence du Conseil (fév.-déc. 1879). Princ. ouvrages : *Mélanges de numismatique et de philologie* (1861) ; *Recueil général des monnaies grecques d'Asie Mineure* (1904 - 1912). → ÉTYM. *Waddington* est un nom de lieu, du vieil anglais *Wada*, nom de personne, et *tūn* « village ».

**WADE (Abdoulaye)** ♦ Homme politique sénégalais (Saint-Louis, Sénégal 1926). Fondateur du Parti démocratique sénégalais (PDS) en 1974, il accepta de faire partie d'un « gouvernement de majorité présidentielle » sous la présidence d'Abdou Diouf, en 1991 et en 1995. Il est président de la République du Sénégal depuis 2000, et semble favoriser son fils pour lui succéder en 2012.

**WÄDENSWIL** ♦ V. de Suisse (cant. de Zurich), sur la rive S. du lac de Zurich. 19 404 hab. Indus. textile et chimique.

**WADJAK** ♦ Petite loc. et collines du centre de l'île de Java où furent découverts en 1890 des ossements humains de type protoaustralien qui furent décrits par E. Dubois* en 1921.

**Wafd** n. m. → ÉTYM. ar. « délégation » ♦ Parti nationaliste égyptien fondé par Sa'd Zaghlūl* après la délégation qu'il dirigea et qui demanda à la Grande-Bretagne la libération de l'Égypte (1919). Après la mort de Zaghlūl, le parti dirigé par Naḥḥās Pacha (1927) eut divers démêlés avec le palais. Triomphant aux élections de 1950, ce parti dirigea le pays jusqu'à la révolution des « officiers libres » de 1952. Nasser interdit les partis politiques et le Wafd fut dissous. Il fut autorisé à se reconstituer en 1978 et fut rebaptisé Néo-Wafd sous la conduite de Fouad Serag el-Din.

**WAGENINGEN** ♦ V. des Pays-Bas (Gueldre), sur le Lek. 35 680 hab. École supérieure d'agriculture. Tanneries. Imprimerie. Manufacture de cigares.

**WAGNER (Heinrich Leopold)** ♦ Écrivain d'expression allemande (Strasbourg 1747 - Francfort-sur-le-Main 1779). S'inspirant de l'histoire de Marguerite, de *Faust*, il fit des thèmes de la séduction et de l'infanticide le point de départ d'un drame bourgeois d'un réalisme cru, *L'Infanticide* (1776), qui le place parmi les représentants du Sturm* und Drang. Outre une adaptation allemande de *Macbeth* et la traduction d'œuvres de L. S. Mercier, il donna encore, sur le thème de la mésalliance, *Le Repentir après l'action*.

**WAGNER (Richard)** ♦ Compositeur allemand (Leipzig 1813 - Venise 1883). **L'enfance** Il était issu d'une famille de la petite bourgeoisie saxonne où l'on trouve des pasteurs à la fois organistes, maîtres d'école et maîtres de musique. Son père, greffier de police de la ville de Leipzig, mourut six mois après sa naissance, victime de l'épidémie de typhus qui s'abattit sur la région après la « bataille des Nations ». Sa mère se remaria peu après avec l'acteur Ludwig Geyer, dont Wagner affirma plus tard être le fils naturel, sans qu'aucun document en ait jamais apporté la preuve. Élevé avec une grande sollicitude par Geyer, qui devait lui-même connaître une fin prématurée (1821), le petit Richard, cadet d'une famille de neuf enfants dont quatre furent chanteurs et comédiens, éprouva très tôt la passion du théâtre et de la poésie. À cet égard, l'influence de son oncle Adolf Wagner, fin lettré nourri de culture classique, fut certainement importante. Élève de la Kreuzschule de Dresde, il poursuivit des études supérieures à la Nikolaischule de Leipzig (1830). **Les études musicales** La révélation de Weber et surtout celle de Beethoven (1827) l'engagèrent sur les voies de la composition musicale. Il entreprit l'étude du piano puis, un peu plus tard, celle de l'harmonie, avec Weinlig. En même temps qu'il publiait ses premières œuvres (sonate pour piano, quatuor à cordes, ouverture, polonaise, symphonie), il commença à l'université des études de philosophie et d'esthétique (1831). **De Würzburg à Paris : « Le Vaisseau fantôme »** Nommé maître de chœur à Würzburg (1833), puis chef d'orchestre à l'opéra de Magdeburg (1834), il composa son premier opéra, *Les Fées* (1833), puis un second, de style italianisant, *La Défense d'aimer* (1835), dont la représentation fut un échec qui entraîna sa démission. Il s'était marié avec la chanteuse Minna Planer (1836) et cette union était des plus orageuses. De dures années commencèrent alors pour lui. Chef d'orchestre à Riga (1837 - 1839), il lui fallut quitter précipitamment cette ville sous la menace des créanciers et gagner Londres, puis Paris, où il espérait trouver la gloire. Inconnu, il s'y vit condamné aux plus obscures besognes. Cependant, à Paris, il rencontra Heine, Liszt* et Berlioz*, put entendre les symphonies de Beethoven dirigées par Habeneck, achever son opéra historique *Rienzi* et composer, en sept semaines, *Le Vaisseau* fantôme*, premier spécimen de l'opéra wagnérien par l'apparition du *leitmotiv* (1841). **Dresde et Weimar** Il décida de quitter Paris pour Dresde où triompha *Rienzi* (1842), en partie grâce au talent de son interprète et protectrice Wilhelmine Schrœder-Devrient. Nommé maître de chapelle à la cour de Saxe (1843), il connut un échec avec *Le Vaisseau fantôme* (1843) et un demi-succès avec *Tannhäuser** (1845). Cependant il achevait *Lohengrin* et entreprenait la composition des *Maîtres chanteurs* (1868). Acquis dès ses années d'université aux idées libérales en

Richard **Wagner.** *Wagner dans sa maison de Bayreuth*, par W. Beckmann, v. 1880. Richard Wagner Museum, Lucerne. *BIS/Phot. © Archives Larbor*

faveur auprès de la jeunesse allemande, blessé par la médiocrité des attaques dont il était l'objet en Saxe, il s'enflamma pour l'idéal révolutionnaire et prit une part active aux combats du printemps 1849. Après l'échec du soulèvement populaire, menacé d'arrestation, il dut quitter Dresde pour Weimar où il fut accueilli par Liszt. Mais il se vit bientôt contraint de chercher un autre asile, hors d'Allemagne. **Zurich et la « Tétralogie »** Après un bref séjour à Paris, il se réfugia à Zurich (1849) où il se fixa durant une dizaine d'années, sans renoncer pourtant à effectuer plusieurs séjours à l'étranger (Paris, Londres, Venise). Durant cette période, voué à un pessimisme et à une amertume que développa encore en lui la lecture de Feuerbach et de Schopenhauer, Wagner rédigea ses premiers écrits théoriques qui constituent le fondement de toute son œuvre à venir. Dénonçant l'artifice des conventions sur lesquelles repose l'opéra, il y définit le drame musical comme le fruit d'une collaboration de l'artiste et du peuple, source de tout génie, à l'exemple des grandes œuvres de la Grèce antique, nées de l'accord intime du poète et de son public. Synthèse de tous les arts, le drame doit unir étroitement musique et poésie pour devenir l'expression, par l'emploi de symboles, d'une action purement humaine, écho du conflit de l'homme et de son destin. De cette période date la conception de la *Tétralogie* (Der Ring des Nibelungen : Das Rheingold, Die Walküre, Siegfried, Götterdämmerung)*, où s'exprimeront les pathétiques contradictions d'un Wagner tour à tour socialiste et anarchiste, païen et chrétien, pessimiste et optimiste. Durant ces années fécondes se situe encore l'épisode de la passion du musicien pour Mathilde Wesendonck (1852 - 1857), qui trouva son issue dans une séparation déchirante, victoire d'une volonté héroïque dont *Tristan* et Isolde* demeure le sublime témoignage. **Les tournées en Europe** Cependant Wagner n'avait pas renoncé à conquérir Paris. Mais l'échec fracassant de son *Tannhäuser* (1861) à la suite d'une cabale montée par les membres du Jockey Club et par ses rivaux allemands, dont Meyerbeer*, devait l'éloigner à jamais de la France. Il bénéficia toutefois de l'adhésion chaleureuse de Gounod, Saint-Saëns, Reyer, Rossini, Baudelaire, Gautier, Barbey d'Aurevilly et de la partie éclairée du public parisien. Ce désastre moral et financier le contraignit à entreprendre de longues tournées à travers l'Europe (Prague, Venise, Budapest, Saint-Pétersbourg, Vienne) et notamment en Allemagne où, à l'exception de la Saxe, il pouvait de nouveau circuler librement et où son œuvre, désormais connue et appréciée, avait établi sa réputation. Il s'était séparé définitivement de Minna (1861). **Louis II de Bavière et le mariage avec Cosima** L'intervention du roi Louis* II de Bavière, jeune wagnérien mystique, le sauva du désespoir. Louis II l'appela à Munich (1864) et lui permit de monter *Le Vaisseau fantôme, Tannhäuser* et *Tristan* (1865), sous la direction de H. von Bülow*. La femme de ce dernier, Cosima, fille de Liszt, était éprise de Wagner depuis 1863. Le scandale de cette intrigue, l'hostilité déclarée des ennemis politiques du musicien le contraignirent à quitter Munich. Après quelques pérégrinations (Vevey, Genève, Lyon, Marseille), il s'établit en Suisse, à Tribschen, sur les rives du lac des Quatre-Cantons, où Cosima vint le rejoindre. À l'issue de son divorce d'avec H. von Bülow, elle put épouser Wagner, dont elle avait déjà trois enfants, dont Siegfried (1869). La partition de *Siegfried-Idyll* est l'expression de ce bonheur. **Tribschen** Les six années de Tribschen furent parmi les plus heureuses et les plus fécondes de la vie du compositeur. Il y acheva *Les Maîtres chanteurs*, puis la *Tétralogie**, dont les deux premières parties (*L'Or du Rhin* et *La Walkyrie*) furent représentées à Munich par les soins de Louis II, demeuré fidèle à son idole. C'est aussi durant ce séjour que Wagner dicta à Cosima son autobiographie, *Ma vie*, dont celle-ci devait assurer la publication (1911). De nouveaux écrits théoriques virent aussi le jour à cette époque. Dans ces ouvrages Wagner, devenu pamphlétaire, après avoir dénoncé la malfaisance de l'État capitaliste et militariste, s'en prend au cléricalisme et au matérialisme, souligne le danger du mélange des races et célèbre la pureté des Germains d'où naîtra la rédemption de l'humanité, thèses exploitées plus tard par le nazisme. **Bayreuth et la mort à Venise**

Il lui restait à réaliser le projet qui lui tenait à cœur depuis de nombreuses années, celui d'un théâtre spécialement conçu pour y représenter la *Tétralogie*. C'est à Bayreuth qu'il décida de faire édifier cette salle (Festspielhaus) dont la construction fut entreprise dès 1872. On en connaît la disposition originale avec sa scène de vastes dimensions qu'aucune fosse ne sépare de la salle, son orchestre invisible dissimulé sous le plateau. Une souscription publique, ouverte à travers le monde, et des prêts consentis par Louis II permirent l'achèvement du théâtre dont l'inauguration eut lieu en présence de Guillaume Ier, empereur d'Allemagne, et du roi de Bavière (1876). Elle marqua l'apothéose de Wagner dont l'opéra *Parsifal* (1882), affirmation d'un radieux optimisme, devait être le chant du cygne. Après le triomphe de la *Tétralogie*, le musicien, établi à Bayreuth, sentit ses forces décliner. Il mourut au cours d'un dernier séjour en Italie. **Le théoricien** Si la pensée philosophique de Wagner accumule des contradictions que Nietzsche*, qui fut longtemps son admirateur avant de devenir son plus farouche adversaire, n'a pas manqué de relever, si elle évolue d'un nihilisme absolu à l'affirmation d'une foi souvent proche de l'espoir chrétien, si elle exalte conjointement les délices d'un bonheur tout terrestre et la joie ineffable du renoncement, c'est qu'elle est le reflet fidèle d'une expérience humaine plus riche et plus profonde, dans son éclectisme, que tous les systèmes de pensée. Son messianisme, propre au siècle où elle s'élabora, annonce la future grandeur de l'homme qu'elle tente d'arracher aux valeurs mortes de la tradition, à la tyrannie de l'argent et de l'orgueil. **Une figure du romantisme** Dans le domaine technique, Wagner demeure l'un des plus grands réformateurs de l'histoire de la musique. Avec lui naît le drame intégral, synthèse de tous les arts particuliers : poésie, musique, théâtre et danse. Il constitue une action sacrée, où les scènes s'enchaînent sans discontinuité, où la phrase chantée s'éloigne définitivement des formules de l'opéra classique, où une même œuvre, et parfois tout un cycle, comme la *Tétralogie*, prend l'aspect d'une symphonie géante. Si l'on retient encore que Wagner a conduit le chromatisme aux extrêmes limites de la tonalité, avec une harmonie toujours plus riche et plus subtile, qu'il a assuré au développement polyphonique, notamment dans le *leitmotiv*, une ampleur nouvelle, étendu les ressources de la rythmique et de l'instrumentation, il apparaît comme le créateur d'un langage musical entièrement personnel. Il s'est voulu le prêtre d'une religion nouvelle, celle de l'art, et cette ambition le situe comme l'une des grandes figures du romantisme. → **Wagner (Siegfried).** ◆ ÉTYM. Ce nom allemand signifie «charron», de *Wagen* «voiture, chariot».

**WAGNER (Adolph)** ♦ Économiste allemand (Erlangen 1835 - Berlin 1917). Il fut, avec Schmoller*, un des principaux représentants des «socialistes de la chaire» auteurs du *Manifeste d'Eisenach* (1872) qui, d'inspiration réformiste, réclamait l'intervention de l'État dans le domaine social. Dans *Les Fondements de l'économie politique* (1876, trad. fr. 1900) et surtout dans son *Traité de la science des finances*, il a préconisé la redistribution des revenus grâce à l'impôt.

**WAGNER (Otto)** ♦ Architecte autrichien (Penzing 1841 - Vienne 1918). Il subit l'influence des théories de Viollet*-le-Duc et s'opposa à l'académisme traditionnel après avoir débuté par une architecture néo-Renaissance. À partir de 1894, il influença notablement ses élèves en préconisant l'accord fonctionnel entre les matériaux nouveaux, les techniques et les formes (*Modern Architektur*, 1895), il fut en même temps un représentant de la tendance viennoise de l'Art nouveau (→ **Sécession**) par l'usage qu'il fit de la décoration florale (Majolika Haus, 1898, et Karlsplatz Station, 1899 - 1901). Dans la Caisse d'épargne postale de Vienne, avec son hall en acier et verre, 1904 - 1906, il appliqua rigoureusement ses conceptions, en donnant la primauté à la structure sur le décor, et devint ainsi l'un des pionniers de l'architecture moderne.

**WAGNER (Siegfried)** ♦ Compositeur et chef d'orchestre allemand (Tribschen, près de Lucerne 1869 - Bayreuth 1930). Fils de Richard et de Cosima Wagner, il fut l'élève de Humperdinck. Chef d'orchestre et metteur en scène du Festival de Bayreuth, il a composé treize opéras, des œuvres symphoniques et de la musique de chambre. Sa femme WINIFRED (Hastings 1897 - Überlingen 1980) lui succéda à la direction du festival jusqu'en 1944. Ses fils WIELAND (Bayreuth 1917 - Munich 1966) et WOLFGANG (Bayreuth 1919 - *id.* 2010) dirigèrent à leur tour le festival à partir de sa réouverture (1951), renouvelant par des mises en scène très dépouillées le style de la représentation wagnérienne. En 2008, KATHARINA WAGNER (née en 1978) et EVA WAGNER-PASQUIER (née en 1945) devinrent codirectrices du festival, succédant à leur père Wolfgang.

**WÄGNER (Elin)** ♦ Romancière et journaliste suédoise (Lund 1882 - Lilla Björka 1949). Elle aura passé toute sa vie à défendre les thèses féministes (*La Ligue de Nortull*, 1908 ; *La Femme sans nom*, 1922), le réveil religieux à partir du mouvement quaker dont elle fut enthousiaste (*Le Réveil*, 1942) et même la protection de la nature (*Paix avec la terre*, 1940). Sa personnalité est au moins aussi attachante que ses œuvres. On lui doit aussi une superbe biographie de *Selma Lagerlöf** (1942 - 1943).

**WAGNER-JAUREGG (Julius VON)** ♦ Médecin autrichien (Wels, Haute-Autriche 1857 - Vienne 1940). Il créa, contre la paralysie générale consécutive à la syphilis, le traitement par inoculation du paludisme (malariathérapie, 1917), appliqué jusqu'en 1943, où il fut remplacé par la pénicilline. [Prix Nobel de physiol. ou méd. 1927]

**WAGRAM** ◆ ÉTYM. anc. *Wachrein* «la lisière (*rain* ou *rein*) du guet (*wache*)» ♦ Loc. d'Autriche au N.-E. de Vienne. 6 808 hab. ▪ Musée de souvenirs de la bataille. **Histoire** Les 5 et 6 juil. 1809, Napoléon y remporta une victoire éclatante et coûteuse sur les troupes autrichiennes commandées par l'archiduc Charles* : les Autrichiens perdirent 50 000 hommes ; les Français, 34 000.

**Wagram.** *Napoléon à la bataille de Wagram*, par Vernet (4,65 × 5,43 m), 1835. Musée national du château, Versailles.
*Phot. © H. Josse © Arch. Larbor*

**WAHA** → **Marche-en-Famenne**

## wahhabites

n. m. pl. ♦ Membres du mouvement musulman puritain fondé par MUḤAMMAD IBN ʿABD AL-WAHHĀB (1703 - 1792) dans le Nedjd (partie centrale de l'Arabie). Adopté en 1744 par la famille des Saʿūd, ce mouvement se confond historiquement avec la dynastie saoudite. Quand Ibn* Séoud fonda le royaume d'Arabie saoudite (1932), la doctrine des wahhabites devint doctrine d'État. Fondée essentiellement sur les enseignements d'Ibn* Taymiya et d'Ibn* Ḥanbal, elle prône la croyance dans l'absolue unité divine (ses sectateurs se dénomment *muwahhidūn*, «les unitaires» ; le mot «wahhabites» les désigne seulement en Occident) et abolit toute croyance susceptible de rappeler le polythéisme (visite des tombes, vénération des saints). Elle condamne toute innovation par rapport à l'enseignement originel de l'islam fondé sur le Coran* et le Hadīth*. La foi y est inséparable de la pratique religieuse. Le Coran étant primordial et incréé, son interprétation doit être absolument littérale. La croyance dans la prédestination y est obligatoire. Tout acte ou point de vue non orthodoxe doit être condamné et combattu (rejet du mysticisme, soufisme*, chiisme*). L'État musulman doit fonctionner exclusivement selon les principes de la Loi religieuse.

**WAHID** → **Abdurrahman Wahid**

**WAHL** [val] **(Jean)** ♦ Philosophe français (Marseille 1888 - Paris 1974), l'un des principaux historiens des philosophies de l'existence (*Études kierkegaardiennes*, 1938 ; *Esquisse pour une histoire de l'existentialisme*, 1950). Existentialiste lui-même, il ne cessa d'être attentif à la subjectivité de l'individu et à son expérience vécue, refusant de l'intégrer à un système dogmatique et s'orientant ainsi vers une non-philosophie, une sorte d'ontologie négative (*Traité de métaphysique*, 1953). ◆ ÉTYM. Ce nom vient probablement de l'allemand *Wall* «rempart».

**WAIKIKI** ♦ Plage touristique d'Honolulu, sur l'île d'Oahu*.

**WAILLY** [vaji] **(Charles DE)** ♦ Architecte, décorateur et dessinateur français (Paris 1730 - *id.* 1798). Élève de Servandoni*, il édifia le château de Rocquencourt, au décor chargé, et fut avec Peyre* l'auteur du théâtre de l'Odéon (1782), dont le péristyle dorique et le sobre décor à refends est caractéristique du style néoclassique. Il réalisa aussi les agrandissements et la décoration intérieure du palais Spinola à Gênes, abandonnant son style dépouillé et y déployant un goût du faste et des effets théâtraux.

**WAJDA (Andrzej)** ♦ Cinéaste polonais (Suwałki 1926). Fils d'un officier fusillé lors du massacre de Katyn en 1940, il restitua régulièrement tout au long de sa carrière ce passé douloureux avec des films sur la période du nazisme : *Génération* (1954), *Ils aimaient la vie* (1957), *Cendres et Diamant* (1958), *Un amour en Allemagne* (1983), *Katyn* (2007). Il a exprimé dans un autre volet de son œuvre sa critique du stalinisme et son engagement social : *L'Homme* de marbre* (1976), *L'Homme* de fer* (1981), *Danton* (1982), métaphore de la Pologne en état de siège. Ses films se caractérisent en outre par un sens de l'émotion qui peut aller jusqu'au lyrisme exacerbé. Autres films : *Le Bois de bouleaux* (1970), *La Terre de la grande promesse* (1975), *Pan Tadeusz* (2000). ➙ ÉTYM. Ce nom est l'adaptation polonaise du nom hongrois *Vajda**.

**WAKE** (île de) ♦ Île de l'océan Pacifique N.-O., possession des États-Unis depuis 1898. Base aérienne. ▮ **Histoire** L'île fut prise par les Japonais en 1941 et resta occupée jusqu'à la fin de la guerre.

**WAKEFIELD** ➙ ÉTYM. vieil angl. «terrain découvert *(feld)* où ont lieu les veillées et les fêtes *(°wacu)*» ♦ V. d'Angleterre (West Yorkshire), sur la Calder, au S. de Leeds. 60 000 hab. (aggl. 315 173 hab.). Cathédrale de style perpendiculaire du XVe s. Indus. textiles et chimiques. Les mines de houille sont fermées. ▮ **Histoire** Lors de la guerre des Deux-Roses, les Lancastre (Marguerite d'Anjou) y remportèrent une victoire sur l'armée de Richard d'York (30 déc. 1460).

**WĀKHĀN** n. m. ♦ Portion de territoire du Pamir*, attribué à l'Afghanistan en 1895 pour faire tampon entre l'empire britannique des Indes et l'empire russe. Ce long corridor étroit et peu accessible est bordé au N. par le Tadjikistan, à l'E. par le Xinjiang et au S. par le Pakistan. Il est peuplé d'agriculteurs wākhī, ismaéliens de langue iranienne, à l'O., et de pasteurs nomades kirghiz, sunnites de langue turque, à l'E.

**WAKHEVITCH (Georges)** ♦ Décorateur français (Odessa 1907 - Paris 1984). À partir de 1934, il signa des décors de pièces de fantaisie, telles celles de Roussin ou d'Achard. Mais c'est avec Cocteau *(Le Jeune homme et la Mort)* et Renoir *(Orvet)* qu'il put exprimer une virtuosité qui lui ouvrit les portes du cinéma (*Les Visiteurs du soir* de M. Carné, 1942, sur des maquettes de A. Trauner* ; *L'Aigle à deux têtes* de J. Cocteau, 1948 ; *Le Roi Lear* de P. Brook, 1971). Il a publié *L'Envers des décors* (1977).

**WAKKANAI** ♦ V. du Japon (Hokkaidō). 41 592 hab. La ville la plus au N. de l'archipel nippon doit à un climat relativement doux (le port n'est pas pris par les glaces en hiver) d'être un important port de pêche.

**WAKSMAN (Selman Abraham)** ♦ Microbiologiste américain d'origine russe (Prilouki, près de Kiev 1888 - Hyannis, Massachusetts 1973). Ses travaux sur les antibiotiques (c'est lui qui inventa le terme) aboutirent en 1943 à la découverte de la streptomycine, le premier médicament actif contre la tuberculose. [Prix Nobel de physiol. ou méd. 1952]

**WAŁBRZYCH** – en all. ***Waldenburg*** ♦ V. de Pologne du S.-O., voïvodie de Basse-Silésie, en bordure des Sudètes. 124 988 hab. Houille, cokeries.

**WALBURGE** (sainte) ➙ ÉTYM. en all. ***Walpurgis***, du germ. *Walburgawaldan*, de *waldan* «gouverner» et *burg* «forteresse» ♦ (dans le Sussex, v. 710 - Heidenheim 779). Religieuse bénédictine anglaise, appelée en Allemagne par saint Boniface et devenue abbesse de Heidenheim. ♦ ***Huile de sainte Walburge*** Liquide miraculeux qui paraissait sourdre du tombeau de la sainte, dans l'église de Eichstätt. ♦ ***Nuit de Walpurgis*** Nuit précédant la fête de sainte Walburge, le 1er mai ; la légende, assimilant des survivances païennes, en fit une nuit de sabbat où sorciers et sorcières se retrouvaient sur le Blocksberg (Goethe, intermède de *Faust*).

**WALCHEREN** ♦ Anc. île des Pays-Bas (Zélande) dans l'estuaire de l'Escaut, auj. rattachée au continent. CH.-L. : Middelburg. ▮ **Histoire** En 1809, les Britanniques tentèrent contre l'île une expédition qui échoua. En 1944, les Alliés durent l'inonder pour contraindre à la reddition les Allemands qui occupaient le port d'Anvers. L'île subit une inondation naturelle en 1953.

**WALCKENAER** [walkənaʀ] **(Charles Athanase,** baron**)** ♦ Érudit français (Paris 1771 - *id.* 1852). Auteur d'ouvrages d'histoire naturelle, de géographie (sur la Polynésie, l'Australie, l'Afrique) et de critique littéraire (sur La Fontaine), il fut, avec Jomard*, un des fondateurs de la Société de géographie de Paris (1821).

**WALCOTT (Derek)** ♦ Poète antillais d'expression anglaise (Sainte-Lucie, Petites Antilles 1930). Au temps de ses études à l'université de la Jamaïque, il se fit connaître dès 1948 avec *Vingt-Cinq poèmes* puis s'installa à La Trinité où il fonda une troupe de théâtre qu'il dirigea jusqu'en 1988. Il est l'auteur d'une abondante œuvre d'auteur dramatique (*Dream on Monkey Mountain and Other Plays*, 1971 ; *The Odyssey*, 1992), mais il a surtout conquis la renommée internationale grâce à ses poèmes, de *In a Green Night* (1962) à *The Arkansas Testament* (1987), *Omeros* (1990) ou *Le Chien de Tiepolo* dédié à Camille Pissarro (2004) en passant par *Le Royaume du fruit-étoile* (1982). [Prix Nobel de littér. 1992]

**WALD (George)** ♦ Biologiste américain (New York 1906 - Cambridge, Massachusetts 1997). Il étudia le mécanisme photochimique de la vision et montra que les bâtonnets de la rétine, qui assurent la vision nocturne, contiennent un pigment, la rhodopsine, lui-même composé d'une protéine et d'un chromophore apparenté à la vitamine A. Sous l'action de la lumière, les deux composants de la rhodopsine se séparent, puis se recombinent dans l'obscurité. Ainsi la carence en vitamine A entraîne-t-elle un déficit de la vision nocturne. [Prix Nobel de physiol. ou méd. 1967, avec R. Granit* et H. Hartline*]

**WALDECK** n. m. ➙ ÉTYM. probablt du vx haut all. *wald* «forêt» et *ecka, egga* «recoin» ♦ Anc. État d'Allemagne, constitué de parcelles enclavées dans la Prusse* et la Hesse*. Sa capitale était Arolsen. Les comtes de Waldeck, connus dès le XIIe s., adoptèrent la Réforme au XVIe s., acquirent le comté de Pyrmont au XVIIe s. et devinrent princes d'empire en 1712. Alternativement réuni à la Prusse et indépendant depuis 1867, le Waldeck fait actuellement partie du Land de Hesse*.

**WALDECK-ROCHET** → **Rochet (Waldeck)**

**WALDECK-ROUSSEAU** [valdɛk] **(Pierre)** ♦ Homme politique français (Nantes 1846 - Corbeil 1904). Fils d'un député (de la gauche modérée) de la IIe République, il siégea à la Chambre des députés avec l'Union républicaine (1879 - 1889) et, nommé ministre de l'Intérieur (nov. 1881-janv. 1882, fév. 1883-mars 1885), fit voter la loi sur les associations professionnelles qui favorisa le développement du mouvement syndical (1884). Revenu quelque temps à sa profession d'avocat, il prit la défense d'Eiffel à l'occasion du procès de Panamá. Sénateur (1894 - 1904), il fut appelé à la présidence du Conseil (1899 - 1902) et, face au mouvement nationaliste de droite, constitua un cabinet de Défense républicaine (Galliffet*, Millerand*) qui décida la révision du procès de Dreyfus*. Il fit adopter la loi sur les associations (1901), qui, visant particulièrement les congrégations, devait aboutir à la séparation de l'Église et de l'État (1905). En réponse à la révolte des Boxers, il avait organisé l'expédition de Chine (1900).

**WALDEMAR** ➙ ÉTYM. du germ. *waldan* «gouverner» et *mar* «célèbre» ♦ (v. 1281 - Bärwalde 1319). Margrave de Brandebourg (1309 - 1319). Il réunit sous sa seule autorité le Brandebourg. Son cousin Henri le Jeune qui lui succéda encore enfant ne lui survécut qu'un an. Ainsi s'éteignirent les Ascaniens* de Brandebourg. La maison de Bavière puis celle de Luxembourg, puis les Hohenzollern régnèrent ensuite sur le Brandebourg.

**WALDENBURG** → **Wałbrzych**

**WALDERSEE (Alfred,** comte **VON)** ♦ Feld-maréchal prussien (Potsdam 1832 - Hanovre 1904). Il succéda à Moltke comme chef du grand état-major (1888 - 1891), s'opposa à Bismarck et eut une certaine influence sur Guillaume II. Il commanda les troupes internationales envoyées en Chine contre les Boxers (1900 - 1901).

**WALDEYER (Wilhelm)** ♦ Anatomiste et histologiste allemand (Hehlen, Brunswick 1836 - Berlin 1921). Directeur des Archives pour l'anatomie microscopique (fondées par Schultze*), il étudia l'histologie des nerfs (il créa le terme de neurone), et fut le premier à soutenir que le système nerveux est composé de cellules indépendantes. Il s'intéressa également à la structure et au développement des feuillets germinatifs. On lui doit le nom de chromosome (1888).

**WALDHEIM (Kurt)** ♦ Homme d'État autrichien (Sankt Andrä Wördern, Basse-Autriche 1918 - Vienne 2007). Diplomate ayant participé aux négociations du traité de 1955 (→ **Autriche**), ministre des Affaires étrangères (1968 - 1970), puis secrétaire général de l'ONU de 1972 à 1981, il fut président de la République (1986 - 1992). Son rôle au sein de l'armée allemande pendant la Deuxième Guerre mondiale fut vivement controversé. ➙ ÉTYM. Ce nom vient d'un nom de lieu et signifie «la maison (allemand *Heim*) dans la forêt *(Wald)*».

**WALDSEEMÜLLER** ou **WALTZEMÜLLER (Martin)** – en lat. ***Hylacomilus*** ♦ Géographe et cartographe allemand (Radolfzell v. 1470 - Saint-Dié entre 1518 et 1521). Moine, membre du Gymnase cosmographique et cartographique de Saint-Dié, il est l'auteur d'une *Cosmographiae introductio* («Introduction à la Cosmographie de Ptolémée», 1507), accompagnée d'une carte qui pour la première fois figure l'Amérique comme un continent distinct de l'Asie et lui donne le nom d'*America*, d'après le prénom latinisé d'Amerigo Vespucci*.

**WALDTEUFEL (Émile)** ♦ Compositeur et chef d'orchestre français (Strasbourg 1837 - Paris 1915). Élève de Marmontel au conservatoire de Paris, il devint pianiste de l'impératrice Eugénie (1865) et chef d'orchestre des bals de la Cour. Il est l'auteur de nombreuses valses dont *Dolorès, Mon Rêve, Les Patineurs, Toujours ou jamais*. ➙ ÉTYM. Ce nom allemand signifie «le diable *(Teufel)* de la forêt *(Wald)*».

**WALES** → **Galles**

**WAŁĘSA (Lech)** ♦ Homme d'État polonais (Popowo 1943). Électricien sur les chantiers navals Lénine de Gdańsk en 1967, il fut l'un des leaders de la grande grève de 1980 pour obtenir le droit de fonder un syndicat libre et participa à la création de Solidarité* *(Solidarność)*, premier syndicat libre du monde soviétique, dont il devint président en 1981. Symbole de la résistance au pouvoir et catho-

Lech **Wałesa.**
*Phot. © Piel/Gamma*

lique militant, il fut placé en résidence surveillée de déc. 1981 à nov. 1982. Le syndicat fut condamné à la clandestinité de 1982 à l'effondrement du régime qui lui permit de gagner les élections libres de 1989. Walesa refusa de devenir Premier ministre mais fut élu président de la République en 1990. Son bilan social (chômage) ne lui permit pas d'être réélu en 1995. Il quitta Solidarité en 2006. → **Pologne.** [Prix Nobel de la paix 1983] ◆ ÉTYM. Ce nom vient du polonais *wałesać* «errer, rôder».

**WALEWSKI (Alexandre Florian Joseph Colonna,** comte) ♦ Homme politique français (Walewice, près de Varsovie 1810 - Strasbourg 1868). Fils naturel de Napoléon Ier et de MARIE, comtesse WALEWSKA (1789 - Paris 1817). Comme Polonais, il fut envoyé à Londres pour y défendre la cause du mouvement révolutionnaire après l'insurrection de 1830. Celle-ci ayant échoué, Walewski vint en France où il obtint la naturalisation, participa à la conquête de l'Algérie (1834), puis abandonna la carrière militaire pour le théâtre et le journalisme, fondant le journal *Le Messager*. Chargé de missions diplomatiques par le gouvernement de la monarchie de Juillet, il poursuivit cette carrière sous la IIe République et le Second Empire. Ministre plénipotentiaire à Florence puis à Naples, ambassadeur à Madrid et à Londres, il fut nommé ministre des Affaires étrangères (1855 - 1860) et présida le congrès de Paris (1856). Il se sépara de Napoléon III sur la question de la politique italienne (1859).

**WALHALLA** ou **VAL-HALL** n. m. ◆ ÉTYM. «endroit de ceux qui sont tombés sur le champ de bataille», du vx norrois *valr* «champ de bataille» et *holl* «salle, vestibule» ♦ Séjour des guerriers les plus valeureux tués au combat, dans la mythologie germanique. C'est un immense palais où règne Odin* ; autour de lui, les héros combattent tout le jour, s'entraînant en vue du combat final contre les démons ; la nuit, ils s'enivrent d'hydromel. Les Walkyries* y reçoivent les héros.

**WALKER (John E.)** ♦ Biologiste britannique (Halifax 1941). Dans les années 1980, il détermina les séquences de plusieurs sous-unités de l'ATP synthétase, confirmant ainsi l'hypothèse de P. Boyer* concernant le fonctionnement de cette enzyme. [Prix Nobel de chimie 1997, avec P. Boyer et J. Skou*]

La **Walkyrie** → **Tétralogie**

**WALKYRIES** n. f. pl. ◆ ÉTYM. de l'anc. norrois *valkyria,* de *val* «tué» (de *valr* «champ de bataille») et de *kyria* «celle qui choisit» ♦ Divinités féminines de la mythologie germanique, hôtesses du Walhalla* où elles servent les festins des héros. En cas de guerre, elles participent invisiblement aux combats, apparaissant seulement aux guerriers choisis par Odin* pour être tués et entrer au Walhalla. Elles sont aussi les messagères des dieux, montées sur des chevaux merveilleux.

**WALLACE** (sir **William)** ♦ Chef écossais (Elderslie, près de Glasgow ? v. 1270 - Londres 1305). Il prit la tête du soulèvement contre Édouard* Ier d'Angleterre (1297) mais fut capturé et exécuté. → **Écosse.** ◆ ÉTYM. *Wallace* vient du mot anglo-normand *waleis,* du vieil anglais *wealh* «étranger», qui désignait les Écossais, les Gallois, les Bretons et même les Juifs ashkénases.

**WALLACE** (sir **Richard)** ♦ Philanthrope britannique (Londres 1818 - Paris 1890). Héritier d'une grande fortune, il subventionna les ambulances militaires en 1870 et fut lui-même ambulancier. Il fit installer à Paris une centaine de fontaines qui portent son nom, sur un modèle de Charles Lebourg. Il avait réuni une remarquable collection d'œuvres d'art qui fut léguée à l'Angleterre (Wallace Collection, Londres).

**WALLACE (Alfred Russell)** ♦ Voyageur et naturaliste britannique (Usk, Monmouthshire 1823 - Broadstone, Dorset 1913). Les observations zoologiques qu'il fit lors de son exploration de l'Australie et des archipels voisins l'amenèrent à reconnaître le rôle de la sélection naturelle dans l'évolution des espèces indépendamment de Darwin* (*Contributions to the Theory of Natural Selection,* 1870). Une lettre qu'il lui adressa en 1858, et dans laquelle il exposait ses résultats, décida Darwin à présenter sa théorie devant la Société linnéenne de Londres. Fondateur de la géographie zoologique, il mit en évidence l'influence du morcellement des terres émergées sur l'origine et le développement des espèces. La *ligne de Wallace* marque la séparation entre les faunes et les flores australiennes et asiatiques.

**WALLACE (Edgar)** ♦ Romancier américain d'origine britannique (Greenwich, Londres 1875 - Hollywood 1932). Fils illégitime d'une actrice, élevé dans un quartier pauvre de Londres, il s'engagea dans l'armée à 18 ans et prit part à la guerre des Boers* en Afrique du Sud. Il connut le succès dès son premier livre, *Les Quatre Justiciers* (1905) et écrivit plus de 175 romans policiers, des nouvelles et des pièces de théâtre. Parmi ses nombreuses intrigues, on peut citer *L'Archer vert, Le Cercle rouge, Les Yeux noirs de Londres.* C'est pour les désigner qu'aurait été inventé le mot *thriller.* Scénariste de cinéma non moins prolifique, il écrivit le scénario du célèbre *King* Kong.*

**WALLACH (Otto)** ♦ Chimiste allemand (Königsberg 1847 - Göttingen 1931). Il participa à l'essor de la chimie organique et industrielle (parfumerie, en particulier) par ses travaux sur les composés alicycliques, tels les terpènes et les camphres ; il parvint à séparer, à étudier et à classer ces composés, considérés auparavant comme trop difficiles à manipuler. [Prix Nobel de chim. 1910] ◆ ÉTYM. Ce nom vient du germanique *walah* «étranger».

**WALLASEY** ♦ V. d'Angleterre (Merseyside), sur la mer d'Irlande. 93 000 hab. Banl. résidentielle de Birkenhead en face de Liverpool.

**WALLENSTEIN (Albrecht VON)** duc **DE FRIEDLAND** ♦ Chef militaire allemand (Hermanitz 1583 - Eger 1634). Noble d'origine tchèque, de famille protestante, il passa au catholicisme et soutint l'empereur dès la révolte de la Bohême. Homme d'affaires autant que général, il lui servit de banquier (avec l'aide du financier Hans de Witte) et recruta une armée qu'il mit à sa disposition, faisant de la guerre une entreprise semi-privée. Il battit Mansfeld* à Dessau (1626), pourchassa Christian* IV à travers toute l'Allemagne du Nord et le contraignit à la paix de Lübeck (1629). Ferdinand* II le récompensa mais, devant l'insistance de la Ligue catholique, le renvoya (1630). Les victoires de Gustave* II Adolphe le contraignirent à le rappeler et à accepter ses conditions exorbitantes. Wallenstein marcha donc contre Gustave Adolphe et fut vaincu à Lützen* (1632). Soit par ambition personnelle (la couronne de Bohême), soit par opposition à la politique de l'empereur, il entama avec l'ennemi des négociations qui le firent accuser de haute trahison et assassiner par quelques-uns de ses officiers, sur l'ordre de l'empereur. Il inspira Schiller. ◆ ÉTYM. *Wallenstein* est la déformation de l'allemand *Waldstein* «la pierre *(Stein)* de la forêt *(Wald)*».

**Wallenstein** ♦ Trilogie dramatique de Schiller*, constituée par *Le Camp de Wallenstein* (1798), *Les Piccolomini* (1799) et *La Mort de Wallenstein* (1799). Chef d'une armée de mercenaires qu'il croit dévouée à sa seule personne, le duc de Wallenstein a l'ambition de se tailler un royaume en détachant la Bohême de l'Empire germanique à la solde duquel il est. Mais l'empereur, avisé de ses velléités de rébellion, lui oppose son subalterne, le comte Piccolomini. Politique médiocre malgré ses ambitions, Wallenstein périra sous les coups de ceux qu'il tenait pour ses amis. C'est l'histoire de cette révolte manquée que développe la trilogie de Schiller, fresque puissante où les caractères s'affirment avec force.

**WALLER (Thomas,** dit **Fats)** ♦ Pianiste, chanteur et compositeur de jazz américain (New York 1904 - Kansas City 1943). D'abord accompagnateur au piano ou à l'orgue de diverses chanteuses dont Bessie Smith*, il devint un remarquable compositeur *(Ain't Misbehavin' ; Honeysuckle Rose ; Black and Blue)* et constitua à partir de 1934 une petite formation au répertoire alliant des classiques du jazz à des adaptations de thèmes en vogue. Pianiste très doué, influencé par James P. Johnson*, il fut aussi un chanteur plein de swing et d'humour. Princ. enregistrements : au piano, *Handful of Keys* (1929), *Christopher Columbus* (1936), *Moppin' and Boppin'* (1943) ; à l'orgue, *Saint Louis Blues* (1926), *Sometimes I Feel Like a Motherless Child* (1943).

**WALLERANT (Frédéric)** ♦ Minéralogiste français (Trith-Saint-Léger, Nord 1858 - Paris 1936). On lui doit des travaux sur les groupements cristallins, la symétrie des cristaux ainsi que sur la géologie des Maures et de l'Esterel. [Acad. sc. 1907]

**WALLERS** [59135] ◆ ÉTYM. du germ. *Watzo,* n. de pers., et *laar* «clairière, terrain marécageux boisé» ♦ Comm. du Nord, arr. de Valenciennes. 5 582 hab.

**WALLIS (John)** ♦ Mathématicien anglais (Ashford 1616 - Oxford 1703). Dans son *Arithmetica infinitorum* (1656), il fut l'un des premiers à essayer de se dégager de la représentation spatiale en analyse infinitésimale, donnant un exposé par induction incomplète, établi sur des calculs numériques ; il montra l'intérêt des approximations numériques illimitées, donna son célèbre produit infini (développement de $4/\pi$ et de $\pi/2$ → **Viète**) ; de plus, il introduisit l'emploi systématique des exposants négatifs et fractionnaires. Il entrevit la représentation géométrique des nombres complexes (1673) et montra, avec Newton* et Bernoulli*, que la fonction logarithmique était l'inverse de la fonction exponentielle. Dans son *Algebra* (1685), il utilisa la méthode de résolution approchée d'une équation établie par Newton. Il rendit la géométrie cartésienne plus accessible à ses contemporains. En mécanique, il donna également les lois du choc des corps durs. ➛ ÉTYM. *Wallis* a la même étymologie que *Wallace**.

**WALLIS (Samuel)** ♦ Navigateur et explorateur britannique (Cornouailles, v. 1728 - Londres 1795). Après avoir participé à la prise de Louisbourg et exercé un haut commandement au Canada (1757), il fut envoyé en expédition dans le Pacifique (1766), atteignit les îles Tuamotu, Tahiti (qu'il nomma île du Roi-George-III, 1767) et l'archipel qui porte son nom (Wallis et Futuna).

**WALLIS ET FUTUNA** [walis] (îles) ➛ ÉTYM. du n. de Samuel *Wallis** et de *Futuna** ♦ Archipel de Polynésie formant une collectivité d'outre-mer (COM) française, à l'O. des Samoa, qui comprend entre autres trois îles volcaniques : Uvéa, entourée d'un récif de corail ; Futuna* et Alofi (appelées parfois les «îles de Horn»), hautes et montagneuses. 274 km². 12 408 hab. CH.-L. : Mata Utu, sur l'île d'Uvéa. → **Océanie** (carte). ▪ Le climat est équatorial, chaud et humide. Économie rurale : coprah, taro, igname. Pêche. Forte émigration en Nouvelle-Calédonie. ▮ **Histoire** Découvertes par le navigateur britannique S. Wallis* en 1767, les îles passèrent sous protectorat français en 1886 - 1887. Par le référendum de 1959, elles choisirent le statut de territoire d'outre-mer (TOM) puis de collectivité d'outre-mer en 2003, gardant une organisation coutumière avec trois royaumes (Uvéa, Alo et Sigave).

**WALLON** [valɔ̃] **(Henri Alexandre)** ♦ Historien et homme politique français (Valenciennes 1812 - Paris 1904). Professeur d'histoire à la Sorbonne, où il succéda à Guizot, député à l'Assemblée législative (1849 - 1850), il siégea au centre droit à l'Assemblée nationale (1871) où, d'abord favorable à Thiers, il vota contre celui-ci le 24 mai 1873. L'amendement qui porte son nom (janv. 1875) stipule que «le président de la République est élu à la majorité absolue des suffrages par le Sénat et la Chambre des députés réunis en Assemblée nationale. Il est nommé pour sept ans ; il est rééligible». Ce texte, approuvé à une voix de majorité, affirmant ainsi le régime républicain, est considéré comme l'acte de baptême de la IIIe République. H. Wallon fut appelé le «père de la République». Ministre de l'Instruction et des Cultes (1875 - 1876), il fit adopter la loi sur la liberté de l'enseignement supérieur (1875). Princ. ouvrages : *L'Esclavage dans les colonies*, 1847 ; *La Terreur*, 1873 ; *Du monothéisme chez les races sémitiques*, 1875 ; *Saint Louis et son temps*, 1875 ; *Histoire du Tribunal révolutionnaire de Paris*, 1880 - 1882. ➛ ÉTYM. *Wallon* signifie «originaire de Wallonie».

**WALLON (Henri)** ♦ Psychologue français (Paris 1879 - *id.* 1962). Fondateur du groupe français d'éducation nouvelle, secrétaire général à l'Éducation nationale (1944) et député communiste (1945 - 1946), il présida la commission de réforme de l'enseignement (*projet Langevin-Wallon*, 1945). Spécialiste de la psychologie de l'enfant, il mit l'accent sur l'interdépendance des facteurs biologiques (maturation du système nerveux) et sociaux dans le développement psychique. Contrairement à J. Piaget*, il affirma que celui-ci se fait par une succession discontinue de stades, le passage de l'un à l'autre n'étant pas «une simple amplification mais un remaniement», une transformation brusque impliquant conflit et choix entre un ancien et un nouveau type d'activité. Cette conception du développement de la pensée se veut à la fois fondée sur l'observation et en accord avec les principes du matérialisme dialectique et historique. Princ. ouvrages : *L'Enfant turbulent*, 1925 ; *L'Évolution psychologique de l'enfant*, 1941 ; *De l'acte à la pensée*, 1942 ; *Les Origines de la pensée chez l'enfant*, 1945.

**WALLONIE** [wa-] n. f. ➛ ÉTYM. du frq. °*walh*- «étranger (qui parle une langue non germanique)» ♦ Région linguistique de Belgique, limitée par une ligne O.-E. de démarcation des parlers germains et romans passant au N. de Mouscron, au S. de Renaix, de Bruxelles et de Louvain et au N. de Liège. On y parle le français avec pour principaux dialectes : le wallon, le rouchi, le gaumais, le champenois. La Wallonie s'oppose à la Flandre* : entité morale et culturelle récente, la Wallonie doit sa signification au dualisme franco-flamand dont la conscience s'est manifestée en 1830 (fondation du royaume de Belgique) et affirmée depuis la fin du XIXe s. La double pression des mouvements flamand et wallon aboutit à une réforme constitutionnelle (1967 - 1971) créant la Région flamande et la Région wallonne*.

**WALLONNE** [walon] **(RÉGION)** ♦ Région admin. du S. de la Belgique. 16 844 km² (55 % de la superf.). 3 435 879 hab. (32,6 % de la pop.). Elle englobe, dans sa partie extrême-orientale, la Communauté germanophone (853 km². 79 119 hab.). LANGUES : français, allemand ; dialectes picard, wallons, lorrain. CAP. : Namur*. La région comprend les prov. du Brabant* wallon, de Hainaut*, de Liège*, de Luxembourg* et de Namur*. La Région wallonne existe depuis la réforme constitutionnelle de 1967 - 1971 et le fédéralisme achevé lui donnera une plus grande autonomie à l'intérieur de la Belgique (elle était minorisée dans la Belgique unitaire) et lui permettra de se comporter comme une région d'Europe : le Conseil régional wallon doit disposer d'une certaine autonomie. La Région wallonne s'étend de part et d'autre du sillon Haine-Sambre-Meuse-Vesdre, dans la partie la plus élevée (signal de Botrange, 694 m) et la plus accidentée de Belgique. ▮ **Économie** La région comprend 55 % de la superficie agricole de la Belgique, avec des exploitations de 25,3 ha en moyenne (les exploitations professionnelles de plus de 30 ha occupant 70 % des terres). Au N., la région limoneuse présente une structure de production non homogène : à l'E. de l'axe Bruxelles-Charleroi, la grande culture prédomine (céréales, betterave à sucre) ; il en est de même à l'O. dans le Tournaisis (céréales, betterave à sucre, pomme de terre) ; au centre, la structure est bipolaire (bovins, grande culture). Dans le Condroz* l'utilisation du sol est mixte : 50 % de grandes cultures et 50 % d'herbages et de fourrages. En Fagne*-Famenne, en Ardenne*, en Lorraine belge prédominent les herbages et l'élevage bovin. L'horticulture est ponctuelle. L'industrie wallonne a été durement frappée par les crises des années 1930 puis, à la fin des années 1950, par la crise charbonnière et celle de certains secteurs métallurgiques. Les secteurs de forte croissance et dynamiques à l'exportation sont depuis sous-représentés. Les deux pôles industriels sont la région de Charleroi et du Centre d'une part, la région liégeoise de l'autre, dans lesquelles l'industrie charbonnière a cessé son activité au milieu des années 1980. Ce sont des pôles sidérurgiques et de métallurgie lourde avec, dans la région liégeoise, la chimie liée à la métallurgie non ferreuse. La Basse-Sambre est caractérisée par la verrerie et la chimie lourde. Dans la région de Verviers*, l'industrie lainière a disparu, et la structure industrielle est plus diversifiée. C'est aussi le cas de Namur*, de Mons* et de Tournai*. Mouscron* conserve un secteur textile en difficulté à la limite S. de la zone textile flandrienne. En Hesbaye et dans le pays de Herve, les industries laitière et sucrière dominent, sauf dans les deux pôles de Visé (cimenterie) et de Herve* (fibre de verre). À Huy* est implantée la centrale nucléaire de Tihange. Le S.-E. de la région présente quelques isolats industriels parsemant un espace rural peu peuplé. Des tentatives de rénovation de cette structure industrielle ont eu lieu au N. du Sillon wallon, le long de l'autoroute de Wallonie, où des parcs industriels ont été installés et accueillent des industries à haute valeur ajoutée (aérospatiale, chimie fine, électronique). La Région wallonne possède 180 zones et parcs occupant plus de 10 000 ha, mais elle compte également le plus grand nombre de friches industrielles en Belgique, occupant elles aussi environ 10 000 ha et localisées sur les vieux axes d'industrialisation, où se combinent l'abandon d'activités traditionnelles et les transferts vers les parcs industriels. La Région wallonne dispose du port de Liège à l'extrémité du canal Albert*, relié à un important réseau de voies navigables à grand gabarit. Le réseau ferré wallon est nettement moins dense que celui de la Flandre, par suite des démantèlements qu'il a subis après la Deuxième Guerre mondiale (relief plus accidenté, lignes jugées non rentables). À un réseau routier assez dense se surimposent plusieurs axes transfrontaliers. Le tourisme représente 19 % des nuitées enregistrées en Belgique, concentrées principalement en «Ardenne et Meuse», ainsi que dans plusieurs villes d'art (Tournai*, Mons*, Nivelles*).

**WALLRAFF (Günter)** ♦ Journaliste d'investigation et écrivain allemand (Burscheid, près de Cologne 1942). Ses enquêtes ont dénoncé le racisme et les dérives de la société capitaliste dont l'exploitation des plus démunis. Tout au long de sa carrière, il réussit à infiltrer des entreprises en utilisant de fausses identités. Engagé au *Bild*, journal à scandales, il en relata les méthodes brutales et la façon de falsifier les témoignages dans *Le Journaliste indésirable* (1978). Il travailla comme manœuvre dans les usines Thyssen, puis pendant deux ans, il endossa l'habit d'un travailleur turc sans papiers et fit le récit de sa vie dans *Tête de Turc* (1986), qui le fit connaître dans le monde entier. C'est grimé en Somalien pendant un an qu'il a réalisé le documentaire *Noir sur Blanc* (2009).

**Wall Street** ➛ ÉTYM. angl. «rue du Mur» ♦ Rue de New York, au S. de Manhattan, où est située la Bourse de New York. Le quartier de Wall Street est le plus grand centre financier du monde. → **New York**.

The **Wall Street Journal** ♦ Quotidien économique américain fondé à New York par H. Dow et E. D. Jones en 1889. Exprimant et influençant l'opinion des milieux d'affaires new-yorkais, le journal, associé avec Associated Press dans une agence d'informations boursières, tire à 1 800 000 exemplaires aux États-Unis, en Europe et en Asie du Sud-Est.

**WALPOLE (Robert)** 1er comte **D'ORFORD** ♦ Homme politique britannique (Houghton Hall 1676 - Londres 1745). Fils d'un *squire* du Norfolk, député whig aux Communes (1701), il fut entraîné dans la chute de Marlborough* et enfermé à la tour de Londres (1712). Le prestige qu'il en tira lui valut d'être rappelé par les Hanovre et de devenir en 1715 premier lord de la Trésorerie et chancelier de l'Échiquier. Après un passage dans l'opposition de 1717 à 1720, il revint au pouvoir lors du scandale financier de la South Sea Company et y resta jusqu'en 1742. Son rôle dans l'évolution de la vie politique britannique fut capital puisque, avec lui, le Premier ministre devint comptable de son activité non devant le roi, mais devant le Parlement, évolution favorisée par le caractère étranger de la dynastie des Hanovre. Personnalité cynique, rompue aux manœuvres et aux corruptions parlementaires, il gouverna avec empirisme, dans un désir de préserver la tranquillité politique, manifesté dans son pacifisme. Dans cet esprit, il rechercha l'alliance avec la France, favorisée à Paris par Dubois*, mais qui irrita une opinion déjà indisposée par le malaise économique et social né de l'expansion industrielle. L'opposition se cristallisa autour du prince de Galles, et Walpole, contraint d'intervenir dans la guerre de Succession* d'Autriche, se retira, prenant place dans l'opposition au nouveau gouvernement Granville*-Newcastle*. ➝ ÉTYM. Ce nom de famille vient du vieil anglais et signifie « étang *(pōl)* près du rempart *(wall)* ».

**WALPOLE (Horace)** 4e comte **D'ORFORD** ♦ Écrivain britannique (Londres 1717 - *id.* 1797), fils de Robert Walpole*. Il fit ses études à Eton et à Cambridge et entra au Parlement en 1741. Mais il abandonna vite la vie politique pour se retirer près de Twickenham. Il fit de nombreux voyages en Europe en compagnie du poète Thomas Gray* et se lia avec Mme du Deffand* avec qui il échangea une importante correspondance. Avec *Le Château d'Otrante* (*The Castle of Otranto*, 1764), il inaugura le genre du « roman noir » en Angleterre et est célèbre pour sa *Correspondance*.

**WALPOLE** (sir **Hugh Seymour**) ♦ Critique et romancier britannique (Auckland, Nouvelle-Zélande 1884 - Keswick, région des Lacs 1941). Fils aîné du révérend G. Walpole qui devint évêque d'Édimbourg, il fit ses études à Cambridge. Il collabora comme critique littéraire au *Standard*. Il publia une quarantaine de romans ainsi que des nouvelles et des essais. Ses sujets sont divers : la vie à Londres dans *La Force d'âme* (*Fortitude*, 1913), l'enfance dans la série des *Jérémie* (1919, 1923, 1927), la religion dans *La Cathédrale* (1922), l'éducation dans *M. Perrin et M. Traill* (1911), le macabre dans *Le Portrait d'un homme aux cheveux roux* (1925). La Russie, où il fut envoyé pendant la Première Guerre mondiale, lui inspira *La Forêt obscure* (1916) et *La Cité secrète* (1919).

**WALPURGIS** → **Walburge**

**WALRAS** [valʀa] **(Léon)** ♦ Économiste français (Évreux 1834 - Clarens, Suisse 1910). Fils d'AUGUSTE WALRAS (1800 - 1866), économiste français qui fut l'un des premiers, avec Cournot*, à tenter d'appliquer les mathématiques à l'étude des faits économiques, il fut professeur d'économie politique à Lausanne. Cherchant à construire une doctrine économique conciliant la libre concurrence et la justice sociale, il fut amené à formuler, en même temps que W. S. Jevons* et C. Menger*, une nouvelle théorie de la valeur fondée sur le principe de l'utilité marginale. Adepte de l'économie mathématique, il s'est efforcé d'établir « à l'aide d'un système d'équations un modèle complet de l'équilibre général des prix et des échanges » (H. Denis), dans un régime de concurrence parfaite. Princ. ouvrages : *La Théorie mathématique de la richesse sociale* (1873 - 1883) ; *Éléments d'économie pure* (1874 - 1887) ; *Études d'économie politique appliquée* (1898).

**Wall Street**, New York, en 2008. *Phot. © Justin Lane/epa/Corbis*

**WALSALL** ♦ V. d'Angleterre (West Midlands), dans la banl. N. de Birmingham. 253 502 hab. Métall. du cuivre, indus. du cuir.

**WALSCHAP (Gerard)** ♦ Écrivain belge d'expression néerlandaise (Londerzeel 1898 - Anvers 1989). Dans ses cinq premiers romans (*Adélaïde*, 1929 ; *Éric*, 1931 ; *Carla*, 1933 ; *Mariage*, 1933 ; *Célibat*, 1934), l'écrivain se montra passionné de psychologie, s'efforçant de peindre dans un style « fonctionnaliste » la réalité humaine dans ses aspects les plus extrêmes. Catholique fervent, mais esprit inquiet, il exprima ses doutes concernant la morale et la religion dans des ouvrages fort discutés par ses coreligionnaires, tels que *Sibylle* (1938), *Rencontre avec le Christ* (1940) et *Adieu, donc !* (1940), qui devait sanctionner sa rupture avec l'Église. C'est *Houtekiet* (1939) qui illustre le mieux les idées philosophiques et religieuses de Walschap : célébration de l'instinct, exaltation d'un nouveau mode de vie libéré de la notion de péché, ce puissant roman recourt à un style rendu « dynamique » par le passage perpétuel du discours indirect au discours direct. Avec *Guérison par l'aspirine* (1943), où l'on voit le romancier aborder l'étude du subconscient, puis *Insurrection au Congo* (1953), qui pose le problème du colonialisme, l'œuvre de Walschap semble s'orienter vers un humanisme rationaliste.

**WALSER (Robert)** ♦ Écrivain suisse d'expression allemande (Bienne 1878 - Herisau 1956). Il mena une existence instable, passant de la banque au théâtre, du secrétariat chez un ingénieur aux fonctions de domestique dans un château de Haute-Silésie. À partir de 1929, atteint de schizophrénie, il dut se faire soigner en maison de santé. Ses œuvres ont été récemment révélées : *Les Enfants Tanner* (1907), *Le Commis* (1908), qui reprend son expérience de secrétaire, *L'Institut Benjamenta* (1909), *Jakob von Gunten* (situé dans une école pour domestiques où l'on dispense une éducation entièrement négative, 1909) ; *La Promenade*, (1917) ; *La Rose* (1925). ➝ ÉTYM. Ce nom est une contraction de *Walliser* « originaire du Wallis [du Valais] ».

**WALSER (Martin)** ♦ Auteur dramatique et romancier allemand (Wasserburg am Bodensee 1927). Témoin de la débâcle psychologique et morale de l'Allemagne après le passage du nazisme, il en a décrit les effets dans deux drames : *Chênes et Lapins angoras, chronique allemande* (1962) et *Le Cygne noir* (1964). Son roman *Mi-Temps* (1960) est la satire d'une vie banale, d'une absurde insignifiance ; le même thème est repris dans *La Licorne* (1966) et dans son roman *Dorn ou le Musée de l'enfance* (1991). Il évoque son enfance en marge des années noires du nazisme dans *Une source vive* (1998). *Mort d'un critique* (2002), accusé d'un antisémitisme dont il s'est défendu, a suscité une vive émotion en Allemagne.

**WALSH (Raoul)** ♦ Cinéaste américain (New York 1892 - Los Angeles 1980). Acteur de théâtre venu au cinéma, il fut l'assistant et l'interprète de Griffith* (*La Naissance* d'une nation*) avant de diriger Douglas Fairbanks dans *Le Voleur de Bagdad* (1924). Pur produit de l'esthétique hollywoodienne, il a excellé dans les genres typiques du western, du film policier, historique, biblique, ou de guerre. Le culte des forces primitives, l'amour de la vie caractérisent son œuvre où l'action tient le premier rôle. Réal. princ. : *High Sierra* (1941), *Gentleman Jim* (1942), *Aventures en Birmanie* (1945), *La Vallée de la peur* (1947), *L'enfer est à lui* (1949), *La Belle Espionne* (1953), *L'Esclave libre* (1957), *Les Nus et les Morts* (1958).

**WALSINGHAM** (sir **Francis**) ♦ Homme politique anglais (Chislehurst, v. 1530 - Londres 1590). Protégé de Cecil*, il fut envoyé en ambassade à Paris, et, malgré son échec, devint secrétaire d'État. Son ardent puritanisme entrava sa carrière. Il développa la police secrète et démasqua les complots dirigés contre la reine Élisabeth.

**WALTARI (Mika Toimi)** ♦ Romancier, nouvelliste et auteur dramatique finlandais d'expression finnoise (Helsinki 1908 - *id.* 1979). Membre de l'Académie de Finlande. Il débuta par des romans sur les années folles : *La Grande Illusion* (1928), *Le Pépin d'orange* (1931). Passant facilement d'un genre à l'autre, il écrivit des romans sur la croissance de Helsinki, réunis en un volume, *De père en fils* (1942), et sur un drame familial rural, *Un inconnu vient à la ferme* (1937). Ses romans historiques hauts en couleur connurent un succès international (*Sinouhé l'Égyptien*, 1945 ; *L'Ange noir*, 1952). Ses récits et nouvelles sont remarquables : *Fine van Brooklyn* (1942), *La Viorne et quatre autres courts romans* (1961). Il est l'auteur de romans policiers, d'aventures, publiés sous divers pseudonymes, et de comédies.

**WALTER (Bruno Walter SCHLESINGER, dit Bruno)** ♦ Chef d'orchestre américain d'origine allemande (Berlin 1876 - Beverly Hills 1962). Il étudia au conservatoire Stern de Berlin et commença sa carrière à Cologne en 1894. Collaborateur de Mahler à Hambourg, il dirigea ensuite les orchestres de Breslau, de Riga et de Berlin, puis fut appelé par Mahler en 1901 comme assistant à l'opéra de Vienne. Il assura les créations posthumes du *Chant de la Terre* (Munich, 1911) et de la *Neuvième Symphonie* (Vienne, 1912) de Mahler. Il occupa des postes à Munich, Berlin, Leipzig et Vienne, et dirigea à Salzbourg. En 1938, il quitta l'Autriche, passée sous le régime nazi, pour se rendre en France. L'année suivante, il s'établit aux

Bruno **Walter.** *Phot. © USIS-DITE*

États-Unis où il dirigea à New York au Metropolitan Opera puis, de 1947 à 1949, à l'Orchestre philharmonique. Il a laissé une autobiographie : *Thème et Variations.*

**WALTER (Jean)** ♦ Architecte français (Montbéliard 1883 - Souppes-sur-Loing 1957). Il collabora à la construction du nouvel hôpital Beaujon à Clichy et fonda les bourses de Zellidja*.

**WALTER TYLER** → Tyler (Wat)

**Waltharius** ♦ Poème épique en latin écrit entre 860 et 970 et dont l'auteur n'a pu être identifié. Il raconte les péripéties de la fuite de Walther, fils du roi d'Aquitaine, et de sa fiancée Hildegund loin de la cour d'Attila où ils sont retenus comme otages. Mêlant les thèmes d'inspiration antique (*Énéide* de Virgile, *Thébaïde* de Stace, *Psychomachie* de Prudence), chrétienne et spécifiquement germanique (personnages de la légende des Nibelungen*), cette œuvre connut un vif succès. La légende qu'elle relate s'est maintenue en Allemagne jusqu'au XIIIe s. et se retrouve par ailleurs dans la *Thidressaga* norvégienne et dans des chroniques polonaises du XIVe s.

**WALTHER VON DER VOGELWEIDE** → Vogelweide (Walther von der)

**WALTON (sir William Turner)** ♦ Compositeur britannique (Oldham, Lancashire 1902 - Ischia 1983). Choriste de Christ Church à Oxford, autodidacte en composition, il s'imposa avec *Façade* (1921 - 1928), ensemble de pièces pour orchestre de chambre accompagnant la déclamation de poèmes de E. Sitwell. Par la suite, il composa deux opéras, *Troïlus et Cressida* (1954) et *The Bear* (1967), un oratorio, *Belshazzar's Feast* (1931), deux symphonies (1935 et 1960), un concerto pour alto (1929), un pour violon (1939), un pour violoncelle (1956) et *Partita* (1957), ainsi que de nombreuses musiques de films dont celles d'*Henri V*, *Hamlet* et *Richard III* de Laurence Olivier.

**WALTON (Ernest Thomas Sinton)** ♦ Physicien irlandais (Dungarvan 1903 - Belfast 1995). → **Cockcroft.** [Prix Nobel de phys. 1951, avec J. D. Cockcroft]

**WALTZ (Sasha)** ♦ Danseuse et chorégraphe allemande (Karlsruhe 1963). Elle monta, en 1993, avec Jochen Sanding la compagnie Sasha Waltz & Guests. De 1999 à 2004, elle codirigea la Schaubühne à Berlin avec trois autres artistes dont T. Ostermeier*. Elle y créa sa trilogie sur le corps *Körper, S* et *noBody.* À partir de 2004, elle mit en scène des opéras-ballets (*Didon et Énée,* 2004 ; *Médée,* 2007 ; *Roméo et Juliette,* 2007) notamment pour l'Opéra de Paris. Recourant à «l'improvisation-contact», elle entretient une relation fusionnelle avec ses danseurs qu'elle intègre à part entière dans le processus de création.

**WALVIS BAY** ou **WALFISH BAY** ♦ Région de la Namibie. 1 124 $km^2$. Env. 25 000 hab. ▪ Le port de Walvis Bay, relié par voie ferrée à Windhoek et à Tsumeb, est un riche port de pêche (sardines) et d'exportation de minerais. Conserveries. ▮ **Histoire** Créé par des chasseurs de baleines anglais, le port de Walvis Bay fut annexé par les Britanniques en 1878 avec le territoire environnant et devint partie intégrante de l'Union sud-africaine en 1910. En 1994, l'Afrique du Sud a rétrocédé cette enclave à la Namibie.

**WALZER (Michael)** ♦ Philosophe américain spécialiste de philosophie politique (New York 1935). Ses recherches portent sur de nombreux problèmes contemporains tels que le radicalisme (*La Révolution des saints,* 1965), la guerre juste (*Guerres justes et injustes,* 1977), la justice distributive (*Sphères de justice,* 1983), la tolérance (*Traité sur la tolérance,* 1997), la critique sociale (*Interprétation et critique sociale,* 1987) ou le terrorisme (*De la guerre et du terrorisme,* 2004). On le considère communément comme l'un des principaux représentants (avec Alasdair MacIntyre) de la position dite "communautariste" en théorie politique.

**WAMBA** ♦ (mort en 680 ou 681). Roi des Wisigoths (672 - v. 680). Successeur de Receswinthe, il combattit la révolte des Vascons, tenta d'introduire quelques réformes, notamment dans le clergé et dans l'armée, mais fut renversé par Ervige.

**WAMBRECHIES** [59118] ◆ **ÉTYM.** anc. *de Wenebrecis*, probablt du germ. *Winiberht*, n. de pers., et suff. lat. *-acum* ♦ Comm. du Nord, banl. N. de Lille. 8 552 hab.

**WANG Anshi** ou **WANG Ngan-che** ◆ **ÉTYM.** du chin. *wáng* «roi, prince» (→ King, Kœnig, Leroy, etc.) ♦ Homme politique, ministre et lettré chinois (Fuzhou, Jianxi 1021 - 1086). Il lança une série de réformes importantes qui furent contrariées puis abandonnées à cause de l'opposition des conservateurs. Il est l'auteur de textes philosophiques et de commentaires de classiques.

**WANG Fuzhi** ou **WANG Fou-tche** ♦ Érudit chinois (1619 - 1692), loyaliste Ming*, opposant déterminé aux Mandchous*. Sa doctrine enseigna que la terre devait appartenir à ceux qui la cultivaient et non à l'empereur. Il fut le premier théoricien d'un nationalisme chinois fondé sur la culture et le mode de vie. Ses écrits ont été recueillis dans les *Œuvres posthumes du maître Chuanshan.*

**WANG Guowei** ou **WANG Kouo-wei** ♦ Physicien et philosophe chinois (Shanghai 1877 - 1927). Ses travaux sur le théâtre chinois et les manuscrits retrouvés à Dunhuang font autorité.

**WANG Mang** ♦ (−45 - 23). Empereur usurpateur chinois (8 - 23). Il était le neveu de l'impératrice, épouse de Yuandi (dynastie des Han* occidentaux). Devenu régent, il déposa le jeune Liu Ying, changea le nom dynastique en Xin et se proclama empereur. Il fut assassiné. La dynastie légitime fut rétablie en 23 avec le transfert de la capitale à Luoyang, à l'E. de Changan, qui entraîna la dénomination de *Han orientaux.*

**WANG Meng** ou **WANG Mong** ♦ Peintre, poète, prosateur et calligraphe chinois (Wuxing, Zhejiang, v. 1308 - 1385). Ses paysages, compositions de pleine-page exécutées d'un trait vigoureux tout en nuances, offrent des perspectives et des profondeurs de champ exceptionnelles. Il fut l'un des quatre grands maîtres de la fin de la dynastie Yuan*.

**WANG Tao** ou **WANG T'ao** ♦ Philosophe et journaliste chinois (1828 - 1897). Fondateur de journaux et revues, il fut surnommé le «père du journalisme chinois». Impliqué dans la révolte des Taiping*, il se réfugia à Hong Kong quelques années, puis il écrivit des ouvrages historiques et techniques.

**WANG Wei** ♦ Poète, peintre, calligraphe, musicien et fonctionnaire impérial chinois (Taiyuan, Shanxi v. 699 - v. 759). Adepte du bouddhisme chan*, il se retira à la fin de sa vie pour méditer dans sa résidence de Wangchuan («Val de Jante»). Maître des poèmes dits «champs et vergers», on lui attribue également la technique monochrome de l'«encre éclaboussée» *(pomo)*, bien qu'aucune œuvre ne puisse lui être attribuée avec certitude.

**WANG Yangming** ou **WANG Yang-ming (WANG Shouren, dit)** ♦ Philosophe néoconfucéen et fonctionnaire impérial chinois (Yuyao, Zhejiang 1472 - Nanen, Jiangxi 1528). Opposé aux vues de Cheng* Hao et de Zhu* Xi, il est l'auteur d'une doctrine fondée sur l'intuitionnisme et la conscience, règle de la vérité et de la moralité. Elle eut un grand retentissement sur la pensée et la politique de la Chine, de la Corée et du Japon.

**WANG Yirong** ou **WANG Yi-jong** ♦ Archéologue chinois (1845 - 1919) qui effectua des fouilles à Anyang, l'antique capitale de la dynastie des Shang*, et qui, le premier, étudia les os gravés des plus anciens caractères chinois, ouvrant ainsi la voie à l'étude historique de ces derniers.

**WANG Zhaoming** ou **WANG Tchao-ming** ♦ Homme politique chinois, membre du Guomindang* (1883 - Nagoya 1944). Proche de Sun* Yat-Sen dont il fut le secrétaire, il présida le gouvernement national de Canton de 1925 à 1928 (Jiang* Jieshi [Chiang Kai-shek] lui succéda), puis un régime projaponais à Nankin en 1940.

**WANLI** ♦ (1563 - 1620). Nom de règne de l'empereur de Chine Zhu Yijung (1572 - 1620), de la dynastie des Ming. Il permit au jésuite Matteo Ricci* de séjourner à Pékin. On visite son palais souterrain aux tombeaux des Ming, à proximité de Pékin.

**WANNE-EICKEL** ♦ Anc. ville d'Allemagne, dans la Ruhr, rattachée à Herne*.

**WANTZENAU (LA)** [67610] ◆ **ÉTYM.** germ. «pré (*°awa*) de Wanzo (n. de pers.)» ♦ Comm. du Bas-Rhin, arr. de Strasbourg. 5 462 hab. Caoutchouc.

**WANZE** ♦ Comm. de Belgique (Région wallonne), prov. de Liège, arr. de Huy, au confluent de la Meuse et de la Mehaigne. 12 802 hab. Anc. prieuré (chapelle romane du XIIIe s.). Abbaye de Val-Notre-Dame (1202) : porte de 1629 ; ferme du XVe s. ▪ Sucrerie (la plus importante d'Europe occidentale). Carrières.

**WARANGAL** ♦ V. de l'Inde (Andhra Pradesh), sur le plateau du Dekkan. 577 190 hab. Marché et carrefour ferroviaire d'une région peu urbanisée (arachides, millets). Centre artisanal. ▮ **Histoire** Anc. cap. de la dynastie des Kakatiya.

**WARBURG (Otto)** ♦ Physiologiste allemand (Fribourg-en-Brisgau 1883 - Berlin 1970). Il travailla sur le mécanisme de la respiration cellulaire, en particulier les phénomènes d'oxydation. Il découvrit le rôle d'enzymes dans ce processus, et les différentes étapes de la chaîne respiratoire. Ses dernières recherches furent consacrées à la genèse du cancer et à la respiration des tissus cancéreux. [Prix Nobel de physiol. ou méd. 1931]

**WARD (Lester Frank)** ♦ Sociologue et paléontologue américain (Joliet, Illinois 1841 - Washington 1913). Auteur d'un *Traité sur l'anthropogénie de Haeckel* (1879), il s'est ensuite consacré à des travaux de sociologie, mettant l'accent sur les facteurs psychologiques et mentaux de la vie sociale (*Dynamic Sociology*, 1883 ; *The Psychic Factors of Civilization*, 1893). ▸ ÉTYM. Ce nom de famille anglais signifie « garde, tutelle » (surnom de gardien).

**WAREGEM** ♦ Comm. de Belgique (Région flamande), prov. de Flandre-Occidentale, arr. de Courtrai, sur le Gaverbeek. 35 831 hab. Hippodrome (course d'obstacles des Flandres). Indus. textile et alimentaire.

**WAREMME** – en néerl. ***Borgworm*** ♦ V. de Belgique (Région wallonne), ch.-l. d'arr., prov. de Liège, sur la Geer. 14 198 hab. Sucrerie.

**WARENS (Louise Éléonore DE LA TOUR DU PIL, baronne DE)** ♦ (Vevey 1700 - Chambéry 1762). Elle recueillit le jeune J.-J. Rousseau avec qui elle vécut de 1728 à 1742. Le récit de leurs relations se trouve dans les Livres I à VI des *Confessions**.

**WARERU** ♦ Chef shan et marchand devenu en 1281 gouverneur de Martaban en basse Birmanie. Grâce à des intrigues et à des assassinats, il parvint à unifier toute la basse Birmanie en 1298 et à se faire reconnaître par la Chine. Premier unificateur de la Birmanie, il fut également l'un de ses premiers légistes. Il fut tué en 1313 par les fils du roi de Pegu qu'il avait détrôné.

**WARHOL (Andrew WARHOLA, dit Andy)** ▸ ÉTYM. la graphie *Warhol* fut conservée à la suite d'une erreur de transcription sur une de ses toiles ♦ Peintre américain (Pittsburgh 1928 - New York 1987). Principal représentant du pop* art, il commença sa carrière par des croquis de publicité destinés à des journaux de mode et des décorations de vitrines de grands magasins. Ses premiers tableaux sont inspirés par la bande dessinée *(Popeye)*. Dès 1962, il eut recours à la sérigraphie et à l'impression photomécanique, puisant ses thèmes dans l'imagerie urbaine (bouteilles de Coca-Cola, boîtes de Campbell's Soup, billets de un dollar). Warhol s'attacha à illustrer la civilisation américaine dans ce qu'elle a de plus aliénant, reproduisant en de multiples exemplaires des photos violemment colorées à la peinture acrylique (*Marilyn Monroe*, 1962, *Marlon Brando*, *Elvis Presley*, 1965, aussi bien que le *Président Mao*, 1973) et des photos de presse montrant des catastrophes *(Accidents de voitures, Émeutes raciales, Chaise électrique)*. À partir de 1968, il se consacra essentiellement au cinéma, réalisant des films exigeant souvent huit heures de projection *(Chelsea Girls)* ou produisant les films de son disciple Paul Morrissey.

Andy **Warhol**. *Jackie*. *BIS/Phot. Luc Joubert © Archives Larbor © Adagp*

**WARIN (Jean)** → Varin

**WARING (Edward)** ♦ Mathématicien britannique (Old Heath 1734 - New Milford 1798). Auteur d'une méthode de calcul des fonctions symétriques des racines d'une équation, il énonça en 1771 une série de propositions sur la théorie des nombres.

**WARNDT** [varnt] n. f. ♦ Région forestière de la frontière franco-allemande, à l'O. de Forbach, rattachée à la Sarre, au cœur du bassin houiller. ▮ **Histoire** De violents combats s'y déroulèrent en 1939 entre les troupes françaises et l'armée allemande.

**WARNEMÜNDE** ♦ V. d'Allemagne (Mecklembourg), sur la Baltique et la rive g. de l'estuaire de la Warnow, rattachée à Rostock* dont elle constitue l'avant-port. Pêche, conserveries, tourisme balnéaire.

**WAROQUIER** [varɔkje] **(Henry DE)** ♦ Peintre et sculpteur français (Paris 1881 - *id.* 1970). Professeur de composition décorative à l'école Estienne (1900 - 1919) et défenseur de l'art figuratif, il pratiqua un style éclectique, tendant à concilier les apports du fauvisme, puis du cubisme et les souvenirs de la Renaissance italienne. De 1917 à 1932 il réalisa des paysages imaginaires, puis sa peinture prit des accents plus tragiques. Sa sculpture est essentiellement consacrée, après 1932, à l'étude de la figure humaine, donnant souvent à ses personnages un caractère austère, sombre et monumental. Il est l'auteur d'une grande décoration murale pour le palais de Chaillot à Paris (*La Tragédie*, 1937). ▸ ÉTYM. *Waroquier* vient de l'ancien français *waroquet* « trait d'arbalète », surnom du fabricant de cette arme.

**WARREN (Robert Penn)** ♦ Écrivain américain (Guthrie, Kentucky 1905 - Stratton, Vermont 1989). Régionaliste, critique littéraire influent, Warren a pris pour sujet le Sud face à la perte de ses valeurs morales traditionnelles. Avec le critique John Crowe Ransom, il a publié la revue *The Fugitive* (1922 - 1925), puis avec Cleanth Brooks *The Southern Review* (1935 - 1942). Sa collaboration en 1930 au symposium « I'll Take my Stand » affirme la tradition sudiste rurale face à l'industrialisation. Son roman *All the King's Men* (1946) retrace la carrière du démagogue louisianais Huey Long, et lui valut un prix Pulitzer ; un second prix vint récompenser *Promises : Poems 1954-1956* (1957). Avec d'autres universitaires, tel Brooks, il a exposé la « nouvelle critique » littéraire fondée sur l'explication serrée de la forme des textes (*Understanding Poetry*, 1938).

**WARREN (Robin J.)** ♦ Médecin australien (Adélaïde 1937). Vers 1980, il découvre, avec B.J. Marshall*, que la gastrite ainsi que l'ulcère de l'estomac ou du duodénum sont le résultat d'une infection causée par la bactérie *Helicobacter pylori*. Il s'agit de l'une des infections chroniques les plus répandues (la bactérie est présente chez au moins 50 % de la population, dont 10 % environ développent un ulcère, suivi d'un cancer chez 1 % des malades). Désormais, elle peut être guérie par une thérapie antibiotique. [Prix Nobel de physiol. ou méd. 2005 avec B.J. Marshall]

**WARREN** ♦ V. des États-Unis (Michigan), dans la banl. N. de Detroit. 138 247 hab. Construc. mécanique (automobile).

**WARRINGTON** ♦ V. d'Angleterre (Cheshire) formant un district, au fond de l'estuaire de la Mersey, en amont de Liverpool. 191 084 hab. Métall. en crise. Indus. chimiques.

**WARSZAWA** → Varsovie

**WARTA** n. f. ♦ Rivière de Pologne (808 km). Née dans les plateaux de la Petite Pologne, elle arrose Częstochowa, pénètre en Grande Pologne où elle baigne Konin, Poznań et Gorzów Wielkopolski avant de se jeter dans l'Oder (rive g.). Princ. affl. : (rive d.) Noteć ; (rive g.) Obra, Prosna.

**WARTBURG (Walther VON)** ♦ Linguiste suisse (Riedholz, Soleure 1888 - Bâle 1971). L'un des plus grands romanistes de sa génération, il a tenté de faire la synthèse de la linguistique historique et du structuralisme descriptif, notamment dans ses travaux sur la langue française (*Évolution et Structure de la langue française*, 1934) et dans un ouvrage de méthode couvrant l'ensemble du domaine roman (*Problèmes et Méthodes de la linguistique*, 1946). Il s'est particulièrement consacré à la dialectologie qu'il a, après Gilliéron*, renouvelée en s'intéressant aux rapports entre formes, concepts et choses désignées, prolongeant en cela les travaux de ses compatriotes Jud et Jaberg, protagonistes de l'école des « mots et des choses » *(Wörter und Sachen)*. La même tendance se retrouve dans ses très importants travaux d'étymologie, conçue comme l'histoire globale des formes lexicales en fonction, et qui aboutirent dans un monumental *Dictionnaire étymologique du français et de ses dialectes (Französisches etymologisches Wörterbuch)* qu'il dirigea de 1922 jusqu'à sa mort. Wartburg forma de nombreux romanistes qui prolongèrent ses travaux (Kurt Baldinger, Paul Zumthor).

**Wartburg** (château de la) ♦ Château situé près d'Eisenach* et dont la construction remonte au XI^e s. Résidence des landgraves de Thuringe, il fut, aux XII^e et XIII^e s., le cadre des concours de « minnesänger » et la résidence de sainte Élisabeth de Hongrie. Luther* y trouva refuge en 1521 auprès de l'électeur de Saxe, Frédéric le Sage, et y traduisit le Nouveau Testament en alle-

Château de la **Wartburg.** *Phot. © Joerg Humpe/Shutterstock*

mand. C'est encore là que la Burschenschaft* organisa de grandes manifestations pour célébrer le tricentenaire de la révolte de Luther et l'anniversaire de Leipzig (1817).

**WARWICK (Richard NEVILLE,** comte **DE)** dit **le Faiseur de rois ♦** Homme politique anglais (1428 - Barnet 1471). Gendre de RICHARD DE BEAUCHAMP, comte de WARWICK (1382 - 1439), qui organisa le procès de Jeanne d'Arc et fut gouverneur de Normandie (1437 - 1439). Lors de la guerre des Deux-Roses, il soutint son beau-frère Richard d'York contre Henri* VI, remporta la victoire de Saint Albans* (1455), celles de Northampton (1460) et de Towton (1461), et fit couronner le fils de Richard, Édouard* IV. Maître du royaume durant quelques années, il perdit peu à peu la faveur d'Édouard IV et travailla alors avec succès à faire remonter Henri VI sur le trône (1470) ; mais il fut vaincu et tué à Barnet par Édouard.

**WARWICK** ← ÉTYM. anc. *Waerincwicum* «habitations près du barrage», du vieil angl. °*waering* «barrage de rivière» et *wīc* «village» ♦ V. d'Angleterre, ch.-l. du Warwickshire, sur l'Avon, dans les Midlands, au S.-E. de Birmingham. 125 962 hab. Le château comtal conserve une riche collection de peintures. Maisons et églises anc. Hôpital du XIVe s. Université.

**WARWICK** ← ÉTYM. de *Warwick** (Angleterre) ♦ V. des États-Unis (Rhode Island), sur la baie de Narragansett, dans la zone urbaine de Providence*-Pawtucket. 85 000 hab. Indus. (textiles, mécan.). Centre agricole.

**WARWICKSHIRE** ← ÉTYM. de *Warwick** et de l'angl. *shire* «comté» ♦ Comté du centre de l'Angleterre, dans les Midlands. 1 981 km². 505 885 hab. CH.-L. : Warwick. Le comté est agricole dans sa partie S., le N. est occupé par la concentration industrielle de Coventry.

**WASATCH** (monts) ♦ Ensemble montagneux de l'O. des États-Unis (Utah), orienté N.-S. Il sépare le Grand Bassin* à l'O. des plateaux du Colorado* à l'E. → **Rocheuses.** ▪ Richesses minières.

**WASH** (golfe du) ♦ Golfe profond de la côte E. de l'Angleterre entre le Lincolnshire et le Norfolk. Vastes étendues vaseuses découvertes à marée basse.

**WASHINGTON (George)** ♦ Général et homme d'État américain (Bridges, Creek, Virginie 1732 - Mount Vernon 1799), 1er président des États-Unis. Issu d'un milieu relativement aisé, il devint en 1752 «adjudant» d'un district de la Virginie, et fut chargé de porter aux Français l'ultimatum leur enjoignant de quitter l'Ohio. Il fut également à l'origine de l'incident qui déclencha les hostilités franco-britanniques aux États-Unis lors de la guerre de Sept* Ans, à laquelle il prit une part active (prise du fort Duquesne, 1758). Devenu par la suite le chef de l'opposition à la politique britannique (→ **Indépendance américaine [guerre de l']**), il prit en 1775 la tête de l'armée des Insurgents et permit à ces volontaires inexpérimentés et mal organisés de résister, plus par son courage et sa ténacité que par ses qualités de stratège. La prise de Boston (1776) fut suivie de la perte de New York et, après une période de victoires (1776 - 1777), Washington connut de graves revers jusqu'à l'arrivée du corps expéditionnaire de Rochambeau*. En 1781, leurs efforts conjugués aboutirent à la capitulation de Cornwallis* à Yorktown. Retiré de la vie politique, Washington accepta cependant de revenir à la Convention de Philadelphie (1787) et signa la Constitution des États-Unis. Élu par deux fois à la présidence (1789, 1792), il fut amené à arbitrer le conflit entre la tendance républicaine (Jefferson*) et la tendance fédéraliste* (Hamilton*), à laquelle il était favorable. Le soutien qu'il apporta à la politique financière d'Hamilton, sa prudence face à la Révolution française, le traité conclu par Jay avec la Grande-Bretagne créèrent un tel mécontentement dans le parti adverse qu'il se retira définitivement en 1796,

George **Washington.** Tableau de José Perovani. Academia San Fernando, Madrid.
*BIS/Phot. Dagli Orti © Archives Larbor*

après avoir adressé un message d'adieu à la nation. ▪ La capitale fédérale des États-Unis ainsi qu'un État de la côte du Pacifique reçurent son nom. ← ÉTYM. *Washington* est un nom de lieu dans le Sussex, anciennement en vieil anglais *Wessingatun* «village *(tūn)* des descendants de °Wassa (nom de personne)».

**WASHINGTON** n. m. ← ÉTYM. du n. de George *Washington** ♦ État du N.-O. des États-Unis. → **États-Unis** (carte). 176 617 km². 5 894 121 hab. CAP. : Olympia. ▮ **Géographie** L'État est divisé en deux zones géographiques par la chaîne des Cascades (Cascade Range), dont les hauts sommets sont des volcans éteints (mont Rainier, 4 391 m ; mont Adams, 3 751 m). À l'O., une étroite plaine côtière borde les Olympic Mountains au N. et l'extrémité N. de la chaîne côtière pacifique ; puis vient la plaine du Puget Sound, au bord duquel se trouve Seattle. À l'E. de la chaîne des Cascades s'étend une région de plateaux : le plateau de la Columbia (un des plus grands champs de lave du monde) est traversé par des rivières qui y découpent de profondes tranchées, dites coulées (telles que Grand Coulee). Très pittoresque, l'État possède plusieurs parcs nationaux (Olympic, mont Rainier, zone du Grand Coulee). Le bassin de la Columbia est semi-aride, tandis que l'O. de l'État a un climat humide et relativement tempéré. ▮ **Économie** L'agriculture est très prospère : les principaux revenus proviennent du blé, de l'élevage (bovins ; produits laitiers), des volailles et des œufs, des fruits (pommes et poires). On cultive aussi la pomme de terre et la betterave à sucre. Ses forêts donnent à l'État la 3e place dans la production de bois (après l'Oregon et la Californie). La pêche du saumon a été compromise par la construction de barrages. Les productions minières ont évolué : le charbon a décliné, mais la magnésite a permis le développement de l'industrie de l'aluminium. Le N.-E. de l'État possède d'immenses gisements de plomb et de zinc, de l'uranium. Les principales industries sont les constructions aéronautiques, l'industrie du bois et du papier, les industries alimentaires, chimiques, la métallurgie, l'imprimerie, les industries mécaniques (machines). La production d'énergie hydroélectrique est très importante. ▮ **Histoire** Explorée par Juan Pérez en 1774 - 1775, la région fit d'abord partie de l'Oregon. Territoire en 1853, le Washington devint en 1889 le 42e État de l'Union.

**WASHINGTON** – off. ***Washington DC*** ♦ Cap. fédérale des États-Unis occupant tout le district fédéral de Columbia (DC) à la frontière entre le Maryland et la Virginie, sur le Potomac, à l'O. de la baie de Chesapeake. 572 059 hab. dont 66 % de Noirs (zone urbaine 7 608 070 avec Baltimore) *[Washingtoniens]*. ▪ La ville administrative, dessinée par L'Enfant*, possède de larges avenues et des parcs, notamment entre le Potomac et le Capitole*. Son axe principal est marqué par le monument à Lincoln (Lincoln Memorial), le monument à Washington, à la hauteur duquel se trouve la Maison Blanche, et le Mall, le long duquel sont situés les 13 musées de la Smithsonian Institution, le musée de l'Air et de l'Espace, la National Gallery of Art et le Musée des Indiens d'Amérique ; devant le Capitole s'étend Union Square. La bibliothèque du Congrès (Library of Congress), une des plus grandes et des mieux organisées du monde, et la Cour suprême se trouvent derrière le Capitole. La plupart des bâtiments gouvernementaux, ministères, administrations fédérales, sont situés de part et d'autre de cet axe. Au bord du Potomac se trouve le centre John-F.-Kennedy ; de l'autre côté de la rivière, vers l'île Theodore-Roosevelt, sont le Pentagone, le fort Myers, le cimetière national d'Arlington et l'aéroport. ▪ La ville a fait l'objet d'un vaste programme de réhabilitation et quelques lignes de métro ont été installées dans les années 1970 et 1980. À la même époque la zone périurbaine enregistrait une importante croissance démographique et économique. Elle comprend 16 pôles d'activité économique *(edge cities)* dont le plus grand est Tysons Corner, avec ses bâtiments postmodernes plantés dans un décor naturel. L'économie de la cité repose évidemment sur les activités politiques et administratives, mais aussi sur les transactions immobilières et le tourisme (8 millions de visiteurs par an). Washington est le siège de la Banque mondiale. Le développement industriel, assez récent, prend place surtout dans le «Grand Washington» : l'électronique, la recherche scientifique et spatiale y tiennent une place importante. ▪ Centre intellectuel, Washington compte cinq universités : Georgetown University, George Washington University, université catholique d'Amérique, American University (méthodiste), Howard University (noire) ; des centres scientifiques (dont Carnegie Institution). De nombreuses sociétés savantes ont leur siège à Washington mais le centre de la recherche nationale (National Science Foundation) doit s'installer à Arlington* (Virginie). **▮ Histoire** Plusieurs villes posèrent leur candidature en 1787 pour devenir capitale fédérale de l'Union. George Washington et le Congrès préférèrent le terrain neutre d'un district n'appartenant à aucun État et situé entre le Nord et le Sud. Ce district fut constitué en 1791 (cessions du Maryland et de la Virginie), et G. Washington chargea Pierre Charles L'Enfant* de dessiner les plans de la ville. En 1800, le Congrès, qui avait siégé dans diverses villes, s'y installa. En 1814, la ville de Washington fut prise et partiellement incendiée par les Britanniques. La construction ou l'agrandissement des principaux monuments ne fut entreprise qu'après la guerre de Sécession, souvent au mépris des plans initiaux de L'Enfant. Le développement de la ville s'est accéléré pendant et après la Deuxième Guerre mondiale, modifiant sa structure et sa population : exode des Blancs vers les quartiers extérieurs, augmentation très importante du nombre des Noirs (attirés par l'absence de discrimination dans l'emploi et par la déségrégation, effective dès 1954). Le 11 sept. 2001, l'un des avions de ligne américains détournés par des terroristes islamistes s'écrasa sur le Pentagone (→ **États-Unis**). ♦ ***Conférence et traité de Washington (1921 - 1922)*** Conférence sur la réduction des armements navals en Extrême-Orient, qui aboutit à une convention navale entre la Grande-Bretagne, les États-Unis et le Japon, à un traité de garanties mutuelles entre la Grande-Bretagne, la France, les États-Unis et le Japon, à un traité garantissant l'indépendance chinoise, à l'engagement pour le Japon de restituer Chiao-chou à la Chine.

The **Washington Post** ♦ Quotidien américain créé en 1877 par S. Hutchins. «Journal local de réputation internationale» tirant à 780 000 exemplaires, il appartient depuis 1933 à la famille Meyer-Graham qui possède aussi l'hebdomadaire *Newsweek* et plusieurs chaînes de télévision locales. De tendance libérale, il contribua de façon déterminante, en 1974, à la démission du président Nixon (→ **Watergate**), grâce à l'enquête menée par deux de ses journalistes.

**WĀSIṬĪ (Yaḥyā ibn Mahmūd,** dit **AL-)** ♦ Peintre et calligraphe arabe du début du XIII^e s. On ne sait presque rien de sa vie si ce n'est qu'il est né à Wassit, dans le sud de l'Irak. Ce fut l'un des plus illustres représentants de «l'école de miniatures de Bagdad». On lui doit l'illustration d'un célèbre manuscrit de Hariri*, *Maqamat* («les séances»), daté de 1237 et conservé à la Bibliothèque nationale de France. Son œuvre, inspirée librement par la miniature byzantine, dépeint la réalité quotidienne.

**WASMES** [wam] → **Colfontaine**

**WASQUEHAL** [waskəal] [59290] ➝ **ÉTYM.** probablt du germ. *Wasiko*, n. de pers., et *halla* «abri couvert» ou *-halha* «courbe d'un plateau» ♦ Comm. du Nord, arr. de Lille. 18 541 hab. *(Wasquehaliens)*. Indus. textiles et chimiques.

**WASSELONNE** [vas-] [67310] ➝ **ÉTYM.** du germ. *Wazilo*, n. de pers., et *heim* «village» ♦ Ch.-l. de cant. du Bas-Rhin, arr. de Molsheim. 5 542 hab. *(Wasselonnais)*. Anc. place forte. Ruines d'un château fort. Restes de fortifications. ▪ Carrières : la pierre de Wasselonne a été utilisée pour la cathédrale de Strasbourg*.

**WASSERMANN (August VON)** ♦ Médecin allemand (Bamberg 1866 - Berlin 1925). Il appliqua la réaction de fixation du complément de Bordet*-Gengou au diagnostic de la syphilis *(réaction de Bordet-Wassermann)*.

**WASSERMANN (Jakob)** ♦ Écrivain allemand (Fürth, près de Nuremberg 1873 - Altaussee, Styrie 1934). Issu d'une famille modeste, il chercha à assumer sa double condition de Juif et d'Allemand (*Mon chemin comme Allemand et Juif*, 1921), mais éprouva beaucoup de difficultés à «être admis par la société, comme un égal parmi les égaux». Talent rêveur et baroque, doué d'une imagination débordante, d'une «fièvre trop romanesque» (ainsi qu'il le dit lui-même), il a laissé de nombreux romans qui expriment son aspiration vers un monde plus humain et plus juste et sa quête de Dieu (*Les Juifs de Zirndorf*, 1897 ; *Histoire de la jeune Renate Fuchs*, 1900 ; *Moloch*, 1902 ; *Caspar Hauser*, 1908 ; *La Troisième Existence de Joseph Kerkhoven*, 1934). ➝ **ÉTYM.** Ce nom allemand signifie «porteur d'eau».

**WASSY** – anc. ***Wassy-sur-Blaise*** [52130] ♦ Ch.-l. de cant. de la Haute-Marne, arr. de Saint-Dizier, sur la Blaise. 3 294 hab. (aggl. 4 126) *(Wasseyens)*. Église (XII^e s., remaniée au XVII^e s.) romane et gothique (chapiteaux romans). Vestiges de remparts. ▪ Fonderies. **▮ Histoire** Les gens du duc de Guise y déclenchèrent le 1^er mars 1562 un massacre de la population protestante, qui marqua le début des guerres de Religion*. La ville fut pillée par les ligueurs en 1591.

**WATANABE Noboru** → **Kazan**

**WATERBURY** ♦ V. des États-Unis (Connecticut). 107 271 hab., dont 13 % de Noirs et 13 % d'Hispaniques. Indus. du cuivre, horlogerie.

**WATERFORD** – en gaél. ***Port Láirge*** ♦ V. de la rép. d'Irlande, ch.-l. de comté, sur une boucle de la Suir. 45 748 hab. (comté 107 961). Cristallerie. Indus. agroalimentaire. Suffisamment éloignée de Cork et de Dublin, Waterford est l'une des villes moyennes irlandaises les plus dynamiques. **▮ Histoire** La ville fut fondée par les Vikings, mais sa fortune est liée à l'implantation anglaise.

**Watergate** (affaire du) ♦ Nom donné à un scandale politique des États-Unis, d'après l'immeuble de Washington où le parti démocrate avait installé, en 1972, le siège de sa campagne électorale. Il fut «visité» par effraction en juin 1972 au profit du parti républicain. Le président Nixon* nia longtemps que la Maison Blanche et lui-même eussent été impliqués dans le délit. Mais les aveux de collaborateurs du président et les bandes magnétiques sur lesquelles il avait fait enregistrer ses conversations convainquirent la commission d'enquête parlementaire de la nécessité d'entamer une procédure de mise en accusation *(impeachment)* à l'encontre de Nixon qui, devant cette menace, fut acculé à la démission le 8 août 1974.

**WATERLOO** [wateʀlo] ➝ **ÉTYM.** «petit bois marécageux», du flam. *water* «eau» et p.-ê. du frq. *lauha* «petit bois clairsemé» ♦ Comm. de Belgique (Région wallonne), prov. du Brabant wallon, arr. de Nivelles, à 5 km au N. du champ de bataille. 29 398 hab. Église des XVII^e et XVIII^e s. Musée Wellington. La butte artificielle, haute de 45 m et surmontée d'un lion en bronze, est sur le territoire de Braine*-l'Alleud. **▮ Histoire** Le 18 juin 1815, Napoléon I^er y fut défait par les Britanniques de Wellington* et les Prussiens de Blücher et de Bülow, défaite qui provoqua sa chute et sa seconde abdication. Après avoir battu les Prussiens de Blücher à Ligny (16 juin), Napoléon avait chargé Grouchy* de les poursuivre ; l'Empereur alla à la rencontre de Wellington (17 juin) que Blücher rejoignit le lendemain. À la tête de l'infanterie (Britanniques, Hanovriens, Hollandais, Belges), Wellington résista aux assauts de la cavalerie de Kellerman ; Ney, à la tête de la cavalerie et de l'infanterie, causa de graves pertes à l'ennemi. Finalement, après l'arrivée des Prussiens, Napoléon engagea la vieille garde contre Wellington ; elle fut décimée et recula en ordre. Elle attendait le secours de Grouchy, mais ce fut Blücher qui arriva. Napoléon ordonna la retraite. ▪ La *bataille de Waterloo* inspira de nombreux écrivains, notamment Stendhal (début de *La Chartreuse de Parme*) et Victor Hugo.

**WATERLOO** ♦ V. du Canada (Ontario), au S.-O. de Toronto. 97 475 hab. (zone urbaine 478 121). Centre financier (assurances) et industriel (machines agricoles, meubles, textile). Distilleries. La ville appartient au triangle technologique canadien (Guelph-Cambridge-Kitchener), qui rassemble les industries de haute technologie.

**WATERMAEL-BOITSFORT** – en néerl. ***Watermaal-Bosvoorde*** ♦ Comm. de Belgique (Région de Bruxelles-Capitale), dans la banl. S. de Bruxelles, sur la Woluwe. 24 121 hab. Église romane. ▪ Centre résidentiel et tertiaire.

**WATFORD** ♦ V. d'Angleterre (Hertfordshire), à l'extrémité N.-O. de l'aggl. de Londres. 79 729 hab. Ensemble résidentiel en cours d'industrialisation, à proximité du carrefour des autoroutes M1 et M25.

**WATSON (John Broadus)** ♦ Psychologue américain (Greenville, Caroline du Sud 1878 - New York 1958). Professeur de psychologie expérimentale et comparative à Baltimore, il établit les bases du «behaviorisme» ou psychologie du comportement (1913), sous l'influence de la réflexologie de Pavlov* (1916). → **behaviorisme.** Princ. ouvrages : *Le Comportement, une introduction à la psychologie comparative*, 1914 ; *Les Voies du behaviorisme*, 1928. ➝ **ÉTYM.** Ce nom de famille anglais signifie «le fils *(son)* de Watt (hypocoristique de *Walter*)».

**WATSON (James Dewey)** ♦ Biologiste américain (Chicago 1928). Connu surtout pour la découverte, avec F. H. C. Crick*, de la structure en double hélice de la molécule d'acide désoxyribonucléique (ADN), il est également l'auteur d'importants travaux sur l'ARN polymérase, enzyme nécessaire à la synthèse de l'ARN messager. [Prix Nobel de physiol. ou méd. 1962, avec F. Crick et M. Wilkins*]

**WATSON (Ian)** ♦ Romancier britannique (North Shields, Tyne and Wear 1943). Il s'est affirmé depuis *Les Visiteurs du miracle* (1978) comme l'un des talents les plus féconds de la science-fiction anglaise, renouvelant le thème classique des apparitions d'extraterrestres. Son œuvre, riche en références littéraires, s'interroge sur les limites de la connaissance humaine. Œuv. princ. : *The Gardens of Delight* (1980), *Le Voyage de Tchekhov* (1983), *Converts* (1984), la trilogie de *Yaleen* (1984 - 1985) et celle de *Mana* (1993 - 1994).

**WATSON-WATT (sir Robert Alexander)** ♦ Physicien britannique (Brechin, Angus 1892 - Inverness 1973). Il mit au point le procédé de détection et de mesure de distance d'un obstacle au moyen d'ondes hertziennes et, de ce fait, peut être considéré comme le véritable inventeur du radar (1935).

**WATT (James)** ♦ Ingénieur britannique (Greenock 1736 - Heathfield, près de Birmingham 1819). Chargé, en 1763, de réparer un modèle réduit de machine atmosphérique de Newcomen*, il remarqua le gaspillage de la plus grande partie de la chaleur contenue dans la vapeur et, afin de condenser celle-ci ailleurs que dans le cylindre, il conçut le condenseur séparé ; il imagina également de fermer l'extrémité supérieure du cylindre pour éviter les pertes de chaleur dans l'atmosphère et fit breveter en 1769 la première machine à vapeur. Il fut aidé financièrement par l'industriel John Roebuck, puis s'associa à Matthew Boulton pour la fabrication. Les problèmes de l'utilisation industrielle l'amenèrent à introduire d'autres perfectionnements : en 1782, il fit breveter la machine à double effet, la vapeur agissant simultanément sur les deux faces du piston ; en 1785, il inventa le tiroir, mû par la machine elle-même, qui effectue cette distribution et refoule la vapeur usée dans le condenseur. Il imagina encore le parallélogramme déformable qui transmet le mouvement du piston au balancier de la pompe, le régulateur à boules qui rectifie les inégalités de production de vapeur et il munit enfin l'arbre d'un lourd volant afin d'uniformiser le mouvement de la machine. La machine à vapeur eut un succès immédiat et fut rapidement produite dans d'autres pays. Le nom de watt fut donné à l'unité de puissance. [Acad. sc. 1814] ➝ ÉTYM. *Watt* est l'abréviation de *Walter*.

**WATTEAU** [vato] **(Antoine)** ♦ Peintre français (Valenciennes 1684 - Nogent-sur-Marne 1721). Il fit son apprentissage chez un peintre local et s'exerça à dessiner sur le vif des scènes de rue. En 1702, il se rendit à Paris où il copia pour un marchand des scènes religieuses et des tableaux hollandais. En 1704, il entra dans l'atelier de C. Gillot* qui l'influença notamment dans le choix de ses sujets : il représenta des scènes de genre, des acteurs et des scènes de la comédie italienne et prit goût aux costumes de théâtre. En 1708, il entra dans l'atelier de Claude Audran III et devint, par ses travaux de décoration aux motifs contournés, ses scènes burlesques, chinoiseries et turqueries, un maître du décor rocaille (château de la Muette). À cette époque, il eut la révélation des Rubens de la galerie Médicis (alors au Luxembourg) et il commença à s'intéresser au paysage. N'ayant obtenu que le second prix de Rome, il vendit *La Recrue* pour pouvoir se rendre à Valenciennes et obtint aussitôt la commande de *La Halte*. Dans sa ville natale, il continua à peindre et à dessiner des scènes de la vie militaire où s'affirme déjà l'originalité de son style (*Les Délassements de la guerre*). Revenu à Paris en 1710, il fut agréé par l'Académie de peinture en 1712. Vers 1715, il se lia avec le financier Crozat* ; dans son salon il rencontra l'élite intellectuelle et artistique de l'époque et, dans sa riche collection, étudia les maîtres flamands et italiens, particulièrement les Vénitiens. Lui qui, le premier, avait reçu de l'Académie le titre de « peintre des fêtes galantes » s'intéressa aussi au nu et aborda les sujets mythologiques (*Jupiter et Antiope*). En 1717, il présenta enfin son morceau de réception à l'Académie, *L'Embarquement* pour Cythère*, dont il fit une seconde version pour le roi de Prusse. Jusqu'alors il abusait souvent d'huile très grasse, ce qui lui permettait de peindre rapidement mais entraînait l'altération de ses toiles. Il enrichit et éclaircit sa palette, utilisa des fonds bistre léger, rendit les reflets bleus des ombres et chercha à fondre ses personnages dans le paysage, faisant jouer les effets de lumière diffuse. Dans ses scènes galantes, concerts, assemblées dans un parc, ou dans ses figures isolées (*L'Indifférent, La Finette, Pierrot**), il se montre attentif à exprimer le caractère éphémère des choses, les subtilités du sentiment amoureux (*La Proposition embarrassante ; L'Amante inquiète*), thèmes jusqu'alors peu abordés par la peinture et révélant une sensibilité d'un caractère nouveau, intime et mélancolique. Si l'univers qu'il imposa présente un aspect irréel, presque onirique, Watteau n'en fut pas moins un observateur aigu (*L'Enseigne* de Gersaint*, 1720) et il fit preuve d'une rare maîtrise technique. Ses nombreux dessins à la sanguine et aux trois crayons témoignent de l'exceptionnelle prestesse de

**Antoine Watteau.** *L'Amante inquiète* **(24 x 17,5 cm), v. 1720. Musée Condé, Chantilly.** *BIS/Phot. Hubert Josse © Archives Larbor*

son trait, apte à saisir le geste spontané, l'expression fugitive (*Figures de différents caractères*). Atteint de tuberculose, il mourut jeune ; son œuvre, grâce au *recueil Jullienne*, se diffusa dans l'Europe et concourut à infléchir le caractère héroïque et fastueux de la peinture vers l'intimisme et la grâce. Abondamment imitée, elle pose de nombreux problèmes d'authenticité. ➝ ÉTYM. *Watteau* est le diminutif de *Watier*, forme flamande de *Gadier*, du germanique *Wadhari*, nom de personne (de *wado* « gage » et *hari* « armée »).

**WATTEN** [59143] ➝ ÉTYM. du germ. *Wattenus*, n. de pers. ♦ Comm. du Nord, arr. de Dunkerque, sur l'Aa. 2 925 hab. (aggl. 5 810).

**WATTENSCHEID** ♦ Anc. ville d'Allemagne, dans la Ruhr, rattachée à Bochum*.

**WATTIGNIES** [wa-] [59139] ➝ ÉTYM. germ. « domaine de Watto (n. de pers.) » ♦ Comm. du Nord, arr. de Lille. 14 440 hab. (*Wattignisiens*).

**WATTIGNIES-LA-VICTOIRE** [59680] ➝ ÉTYM. *Wattignies*, germ. « domaine de Watto » (n. de pers.) et *Victoire* (V. ci-dessous) ♦ Comm. du Nord, arr. d'Avesnes-sur-Helpe, dans le Hainaut. 233 hab. (*Wattégniens*). ▮ **Histoire** Jourdan* et Carnot* y remportèrent, le 16 oct. 1793, la victoire qui permit de débloquer la ville de Maubeuge, assiégée par les Autrichiens.

**WATTRELOS** [watʀəlo] [59150] ➝ ÉTYM. anc. *Waterlos*, « petit bois marécageux », du flam. *water* « eau » et p.-ê. du frq. *lauha* « petit bois clairsemé » ♦ Comm. du Nord, arr. de Lille, à la frontière belge. 42 753 hab. (*Wattrelosiens*).

**WATTWIL** ♦ V. de Suisse (cant. de Saint-Gall). 8 108 hab. Maisons anc. (XVIII^e^ - XIX^e^ s.). Couvent de Sainte-Marie-aux-Anges (XVII^e^ s.). ▪ Indus. textile. ▪ À proximité, ruines du château fort d'Iberg (XIII^e^ s.).

**WAUGH (Evelyn Arthur St. John)** ♦ Romancier britannique (Londres 1903 - Taunton, Somerset 1966). Après des études à Oxford, il acquit très vite une grande réputation littéraire. Ses romans d'avant 1939 sont ceux d'un humoriste et d'un satiriste : *Grandeur et Décadence* (1928) relate avec le plus grand sérieux une suite d'aventures désopilantes ; mais *Une poignée de cendre* (*A Handful of Dust*, 1934, titre emprunté à *La Terre vaine* de T. S. Eliot), malgré son humour, atteint au pathétique en évitant la sentimentalité. Ce roman, ainsi que *Diablerie* (1932), fut inspiré à l'auteur par ses voyages en Afrique, de même que *Scoop* (1938), satire du journalisme. Après la conversion de Waugh au catholicisme, le ton de son œuvre changea. La nostalgie pour la vieille Angleterre apparaît dans *Retour à Brideshead* (1945). Il revint à la satire (contre l'Amérique) avec *Le Cher disparu* (1948). Le thème de sa trilogie du temps de la guerre *Officiers et Gentlemen* (*Hommes en armes*, 1952 ;

*Officiers et Gentlemen,* 1955 ; *La Capitulation,* 1961) est la lutte entre le bien et le mal, la civilisation et la barbarie. Waugh combattit en 1944 avec les partisans yougoslaves.

**WAVELL (Archibald Percival)** 1er comte ♦ Maréchal britannique (Colchester 1883 - Londres 1950). Commandant en chef au Moyen-Orient (1939), il ne put empêcher la pénétration italienne en Égypte (1940), mais, de déc. 1940 à fév. 1941, il repoussa les Italiens jusqu'à El-Agheila, conquérant toute la Cyrénaïque (→ **Graziani**). En 1941 - 1943, il commanda en chef les forces alliées du Sud-Est asiatique, puis il fut remplacé par Mountbatten* et nommé vice-roi des Indes (1943 - 1946).

**Waverley** ♦ Le premier des romans historiques de Walter Scott (1814), ayant pour cadre l'Écosse au moment des luttes entre les jacobites et l'Angleterre (v. 1745).

**WAVRE** [wavʀ] – en néerl. ***Waver*** ♦ V. de Belgique (Région wallonne), ch.-l. de la prov. du Brabant wallon, arr. de Nivelles, sur la Dyle. 32 576 hab. Église Saint-Jean-Baptiste (XVIIe s.). Hôtel de ville (anc. église des Carmes de 1715). ▪ Aux environs, chapelle romane et église de l'anc. prieuré (1619 - 1710) à Basse-Wavre. Importante villa belgo-romaine sur l'anc. chaussée de Trèves à Utrecht. Parc d'attractions à Walibi. ▪ Parcs industriels (constr. métalliques).

**WAVRE-SAINTE-CATHERINE** → **Sint-Katelijne-Waver**

**WAVRIN** [wavʀɛ̃] [59136] ← ÉTYM. du germ. *Walfahri*, n. de pers., et suff. *-inum* ♦ Comm. du Nord, arr. de Lille. 7 633 hab. (aggl. 13 911) *(Wavrinnois).* Imprimerie.

**Wawel** n. m. ♦ Ensemble d'édifices historiques de Pologne, situé à Cracovie*, sur une butte rocheuse dominant la Vistule, et composé d'un château royal gothique, qui fut transformé en résidence Renaissance par Sigismond* Ier avec la chapelle des Sigismonds, d'une cathédrale gothique (1320 - 1364) et d'un système de fortifications. Résidence royale, après le couronnement de Ladislas* Ier Łokietek, et lieu de sépulture des rois et d'illustres Polonais.

**WAYNE (Marion Michael MORRISON, dit John)** ← ÉTYM. n. choisi par Raoul Walsh* en hommage au général de la révolution américaine, Mad Anthony *Wayne* ♦ Acteur et cinéaste américain (Winterset, Iowa 1907 - Los Angeles 1979). Il débuta en 1928 (comme accessoiriste) dans un film de John Ford, qu'il retrouva souvent par la suite, puis il interpréta, pour Raoul Walsh, *La Piste des géants* (1930). Ce fut le point de départ d'une carrière exceptionnelle, jalonnée par *La Chevauchée* fantastique* (1939), *Le Massacre de Fort Apache* (1948), *La Rivière rouge* (1948), *Iwo Jima* (1949), *L'Homme tranquille* (1952), *La Prisonnière du désert* (1956), *Rio* Bravo* (1959). Le plus populaire des acteurs de western, il devint, pour toute une génération, le «Duke». Le titre de son ultime film est à son image : *Le Dernier des géants* (1976). À deux reprises il passa derrière la caméra, pour un excellent *Alamo* (1960) et de contestables *Bérets verts* (1968).

**WAZIERS** [wazje] [59119] ← ÉTYM. anc. *Wasers, Wasirs, Uasiers*, du germ. *wasu* «terre boueuse» ♦ Comm. du Nord, banl. N.-O. de Douai. 7 910 hab. *(Waziérois).* Indus. chimique.

**WAZIRISTAN** n. m. ♦ Région montagneuse du Pakistan* occidental, à la frontière afghane, où demeurent des tribus nomades de Waziris, éleveurs de moutons. Ces derniers, toujours insoumis, furent des adversaires redoutables pour les Britanniques à la fin du XIXe s. et réclament encore maintenant la création d'un État autonome, le Pakhtunistan, entre l'Afghanistan et le Pakistan → **Pashtouns.**

**WEALD** n. m. ♦ Dépression du S.-E. de l'Angleterre formant une boutonnière entre les North et les South Downs. Région agricole et boisée, de plus en plus intégrée à la lointaine banlieue de Londres. Nombreuses résidences secondaires.

**WEAVER (John)** ♦ Danseur, maître de ballet et chorégraphe britannique (Shrewsbury 1673 - *id.* 1760). Créateur du ballet anglais, il composa de nombreuses chorégraphies (*The Loves of Mars and Venus,* 1717 ; *Orpheus and Eurydice,* 1718). À partir de 1733, il se consacra à l'enseignement. Il publia plusieurs essais théoriques sur la danse : *Orchesography* (1706, trad. de la *Chorégraphie* de Feuillet) et un *Traité du tempo et de la cadence dans la danse* (1706).

**WEAVER (Warren)** ♦ Mathématicien américain (Reedsburg, Wisconsin 1894 - New Milford, Connecticut 1978). Avec Shannon*, il établit les bases mathématiques de la *Théorie mathématique de la communication* (1949).

**WEBB (Sidney),** baron **PASSFIELD** ♦ Homme politique et économiste britannique (Londres 1859 - Liphook, Hampshire 1947). Acquis aux idées socialistes, fondateur de la Fabian Society (1889), il prit la tête du Parti travailliste (1915), fut élu député (1922) et présida le Board of Trade (1924 - 1928, 1929 - 1931). En collaboration avec sa femme BÉATRICE, née POTTER (près de Gloucester 1858 - Liphook 1943), il contribua au développement du socialisme en Grande-Bretagne et se montra favorable au communisme soviétique. Les Webb ont écrit plusieurs ouvrages sur le socialisme.

**WEBB (Mary Gladys),** née **MEREDITH** ♦ Romancière britannique (Leighton, Shropshire 1881 - St. Leonards, Sussex 1927). Fille d'un instituteur d'origine galloise, Mary Webb fut marquée par la tradition celtique. Son amour de la nature la conduisit à célébrer le Shropshire comme T. Hardy* avait évoqué le Dorset. Elle ne put supporter la vie citadine et mourut peu de temps après la nomination de son mari comme professeur à Londres. On lui doit un recueil d'essais, *La Source de joie* (1917), et cinq romans : *La Flèche d'or* (1916), *Le Poids des ombres* (*The House in Dormer Forest,* 1920), *Sept pour un secret* (1922) et surtout *La Renarde* (*Gone to Earth,* 1917), tragédie de l'instinct, et *Sarn* (*Precious Bane,* 1924), évocation magique et cruelle de la névrose.

**WEBB (William Henry,** dit **Chick)** ♦ Batteur et chef d'orchestre de jazz américain (Baltimore 1909 - *id.* 1939). Meilleur accompagnateur que soliste, il constitua en 1930 un orchestre pour la danse et fut plusieurs fois à l'affiche du Savoy de Harlem. Ce fut dans son groupe que débuta en 1934 la chanteuse Ella Fitzgerald*. Princ. enregistrements : *Go Harlem* (1936), *Liza* (1938).

**WEBER (Carl Maria VON)** ♦ Compositeur allemand (Eutin, près de Lübeck 1786 - Londres 1826). Son père, ancien officier, devenu maître de chapelle de l'évêque d'Eutin, dirigeait une compagnie théâtrale itinérante et le jeune Weber reçut, au hasard de longues tournées à travers l'Allemagne, les premiers éléments de sa formation musicale. Il fut l'élève de Michael Haydn pour le chant (Salzbourg, 1797), de l'organiste Kalcher (Munich, 1798) et de l'abbé Vogler (Vienne, 1803) pour la composition. Nommé chef d'orchestre à l'opéra de Breslau (1804), il y affirma de remarquables qualités ; cependant, son goût pour la vie aventureuse, son manque d'application au travail l'incitèrent à repartir pour de nouvelles pérégrinations. Ainsi, on le retrouve à Karlsruhe (1806), Stuttgart (1807), Mannheim (1810), Munich (1811), Berlin (1812), Prague (1813) où, nommé directeur musical de l'opéra, il monta en trois années dix-huit opéras, dont le *Fidelio* de Beethoven et les *Noces de Figaro* de Mozart. Il poursuivit conjointement sa carrière de compositeur et de pianiste virtuose au cours de nouvelles tournées à travers l'Allemagne. Engagé en qualité de maître de chapelle par le roi de Saxe à l'opéra de Dresde (1816), il devint le directeur de ce théâtre et conserva ce poste jusqu'à sa mort. Sa réputation de compositeur s'établit avec le triomphe de l'opéra *Der Freischütz** (Berlin, 1821). Résolu à opposer à l'opéra italien, alors en vogue dans toute l'Allemagne, un opéra national allemand, il obtint un second succès avec *Euryanthe* (Vienne, 1823). Invité par la direction de Covent Garden à composer un opéra en anglais, il partit pour Londres où il recueillit un dernier triomphe avec *Oberon* (1826). Il mourut avant son retour à Dresde où sa dépouille ne fut ramenée qu'en 1844. À cette occasion, Wagner, son successeur à la direction du théâtre, prononça un vibrant éloge du musicien et composa une marche funèbre sur des motifs d'*Euryanthe.* ▪ Grand pianiste et brillant chef d'orchestre, Weber fut aussi un écrivain de qualité, dans une veine poétique qui l'apparente à Hoffmann*. Critique musical attaché à défendre les gloires les plus sûres du génie allemand, dont Mozart, il exerça un rôle non négligeable sur l'évolution de la musique dans son pays. S'il n'a pu s'imposer dans le domaine de la musique symphonique, à l'exception du célèbre *Konzertstück* pour piano et orchestre (1821), Weber fait figure de novateur dans son œuvre pour piano (variations ; 4 sonates ; *Invitation à la valse,* 1819) par la disposition des arpèges et l'écriture des accords. C'est surtout au théâtre qu'il apparaît comme un authentique créateur. Poète et dramaturge, il emprunte ses thèmes au folklore allemand ou à de vieilles légendes françaises qu'il germanise, il a le sens inné de l'action, du dessin des caractères, mais aussi celui du rêve, de l'irréel, du fantastique. Variée, colorée, riche en timbres originaux, son orchestration épouse intimement le mouvement de l'action et suggère, par l'usage du *leitmotiv,* les phases successives de son développement. C'est surtout dans son grand opéra, *Euryanthe,* où le dialogue parlé disparaît en totalité au bénéfice du chant, qu'il a frayé les voies du drame musical, tel qu'après lui le concevra Wagner*. Weber possède enfin au plus haut degré un sentiment profond de la nature, qui fait de lui l'un des plus importants représentants du romantisme musical. ▪ Outre les ouvrages déjà cités, son œuvre comprend une dizaine d'opéras, de la musique vocale (messes, offertoires, cantates, lieder), des pièces pour orchestre (deux symphonies, ouvertures, concertos) et de la musique de chambre (*Quintette avec clarinette,* 1815). ← ÉTYM. Ce nom allemand signifie «tisserand».

**WEBER (Ernst Heinrich)** ♦ Anatomiste et physiologiste allemand (Wittenberg 1795 - Leipzig 1878). Ses travaux sur la physiologie des sensations (en particulier acoustiques et tactiles) l'amenèrent à formuler la «loi du seuil différentiel» d'après laquelle, pour chaque type de sensation, il y a un rapport constant entre l'intensité de l'excitant initial et la variation minimale qu'il faut lui faire subir pour que la différence soit sentie *(seuil de Weber).* Cette loi, précisée par Fechner*, donne des résultats approximatifs, mais peut servir de base à des expériences et constitue le début de la psychologie scientifique.

**WEBER (Wilhelm)** ♦ Physicien allemand (Wittenberg 1804 - Göttingen 1891). Il réalisa avec son frère Ernst Heinrich Weber*, les premières expériences d'interférences et montra que le passage des ondes sonores d'un milieu plus dense à un milieu moins dense provoque une réflexion. Orienté par Gauss* vers l'électromagnétisme, il construisit avec lui le premier télégraphe électrique (1834), puis l'électrodynamomètre (1846). Dans un mémoire, publié en 1846, il établit une loi *(loi de Weber)* qui donne la force exercée par les particules électrisées en mouvement. En 1855, il mesura, avec Kohlrausch*, le rapport des unités d'intensité électromagnétique et électrostatique, et la valeur obtenue, égale à la vitesse de la lumière, servit de base expérimentale à la théorie électromagnétique de la lumière de Maxwell*. L'unité de flux magnétique porte son nom.

**WEBER (Max)** ♦ Sociologue allemand (Erfurt 1864 - Munich 1920). Juriste de formation, il dirigea, avec Schumpeter* et Sombart*, les *Archiv für Sozialwissenschaft und Sozialpolitik* où il publia sa célèbre étude sur *L'Éthique protestante et l'esprit du capitalisme* (trad. fr. 1964) ; contrairement à Sombart qui liait l'apparition du capitalisme au judaïsme, il mit en évidence la relation significative entre la morale puritaine du calvinisme* et la rationalisation économique, caractérisant le système capitaliste. D'abord influencé par les analyses marxistes, Weber a tenté ensuite d'appliquer à la sociologie, «science de l'homme en tant qu'il est un être agissant», une méthode compréhensive (→ **Dilthey, Jaspers [Karl]**), s'efforçant pour chaque époque historique de construire le «type idéal» et insistant sur le processus de rationalisation caractérisant le monde moderne (*Écrits de sociologie religieuse,* 1921 ; *Écrits scientifiques,* 1921 ; *Écrits de sociologie et de politique sociale,* 1922 ; *Économie et Société,* 1922, *Écrits d'histoire sociale et économique,* 1924).

**WEBER (Eugénie SEGOND-WEBER, dite Eugénie)** ♦ Tragédienne française (Paris 1867 - *id.* 1945). Pensionnaire de la Comédie-Française (1887), elle en devint sociétaire (1892) à la suite de l'interprétation du rôle de Guanhumara dans *Les Burgraves* de Victor Hugo. Elle a marqué les grands rôles du répertoire classique, notamment Hermione, Roxane, Rodogune, Agrippine et Athalie.

**WEBER (Max)** ♦ Peintre et graveur américain d'origine russe (Białystok 1881 - Great Neck 1961). Sa famille émigra aux États-Unis en 1891 et, à partir de 1897, il reçut une formation artistique au Prat Institute de Brooklyn. Il voyagea ensuite en Europe et séjourna notamment en France à partir de 1905. Il rencontra à Paris H. Rousseau, Picasso et Matisse dont il fut un moment l'élève. Revenu aux États-Unis en 1908, il s'y affirma comme l'un des pionniers de l'art moderne, pratiquant d'abord un art violemment coloré, inspiré par le fauvisme, puis du cubisme il retint le découpage angulaire de l'espace et des formes. Il marqua ensuite une orientation vers la non-figuration, particulièrement vers 1915 (*New York la nuit,* 1915). Mais après 1918 il revint à une figuration véhémente, où s'affirme un tempérament profondément expressionniste, et qui puise dans la culture judaïque *(Les Fugitifs)*. Vers 1945, il eut de nouveau tendance à évoluer vers l'abstraction en prenant souvent comme point de départ des schémas formels inspirés de Picasso (*Trois Messieurs littéraires,* 1945).

**WEBERN (Anton VON)** ♦ Compositeur autrichien (Vienne 1883 - Mittersill, Salzbourg 1945). Il poursuivit des études de musicologie et fut reçu docteur de l'Université (1906). Élève de Schoenberg* (1904 - 1910) auprès de qui il fut le condisciple puis l'ami de A. Berg, il fut chef d'orchestre à Teplitz, à Dantzig (1910), à Stettin (1912), à Prague (1917, 1920), et dirigea une association musicale ouvrière créée à Vienne par la municipalité socialiste (Wiener Arbeiter Symphonie Konzerte, 1922 - 1934). Chef d'orchestre à la radiodiffusion autrichienne, il dirigea des concerts de musique moderne en milieu populaire, mais il préféra toujours la solitude et la retraite à l'exercice de ses fonctions publiques. À la libération de son pays, il fut abattu par erreur par une sentinelle américaine. ▪ Atonale dans sa quasi-totalité, construite d'abord sur des motifs très courts de trois ou quatre notes, l'œuvre de Webern se caractérise par une forme étonnamment concise (*Quatre Pièces pour violon et piano,* 1910 ; *Six Bagatelles pour quatuor à cordes,* 1913 ; *Cinq Pièces pour orchestre,* 1911 - 1913 ; *Quatre Lieder,* 1915 - 1917). À ces brefs ouvrages, d'une rare perfection d'écriture, devait succéder, sous l'influence de Schoenberg, l'adoption par le musicien du dodécaphonisme sériel (1924) appliqué avec une rigueur très personnelle (*Trois Lieder pour soprano, clarinette et guitare,* 1925 ; *Deux Goethe-lieder pour chœur,* 1926). Le souci d'exploiter sur un plan esthétique les possibilités de la «série» s'affirma ensuite dans des œuvres de plus amples proportions : *Symphonie opus 21* (1928), *Quatuor* avec saxophone (1930), *Concerto pour neuf instruments* (1934). Enfin, trois œuvres marquent l'aboutissement des recherches de Webern dans les domaines de la variation, du contrepoint et de l'écriture sérielle : *Variations pour piano* (1936), *Quatuor à cordes* (1938), *Variations* pour orchestre (1940). Il convient d'y ajouter trois œuvres avec chœurs, aussi admirables par leur lyrisme contenu que par la perfection de leur écriture : *Das Augenlicht* (1935), *Première Cantate* (1939), *Deuxième Cantate* (1943). Des œuvres posthumes, on retiendra un quatuor à cordes, un quintette à cordes avec piano, un rondo pour quatuor à cordes et des lieder. ▪ L'influence de Webern, créateur avec Schoenberg et Berg d'un univers sonore nouveau, s'est révélée considérable après sa mort. Poursuivant jusqu'à leurs ultimes possibilités les recherches harmoniques et structurelles de l'école viennoise, dont il fut le représentant à la fois le plus effacé et le plus ambitieux, il a été le guide et l'initiateur, après 1945, de toute une génération de musiciens. → **Boulez, Stockhausen, sérialisme.**

**WEBSTER (John)** ♦ Auteur dramatique anglais (Londres v. 1580 - *id.* v. 1624). Collaborateur de Dekker, Heywood et Marston, il est l'auteur de deux drames qui, par leur force tragique et la richesse des réflexions qu'ils inspirent, peuvent être rapprochés des plus grandes œuvres de Shakespeare : *Le Démon blanc* (1612), dont l'héroïne, Vittoria Accoramboni, assassine son mari pour épouser son amant, et *La Duchesse d'Amalfi* (1614), jeune femme amoureuse de celui qui est devenu son mari après avoir été son majordome. Victime de ses frères qui la persécutent pour cette mésalliance, fidèle à celui qu'elle aime, elle périra, comme lui, assassinée. Riches en épisodes horribles qui les rapprochent de celles de Tourneur, ces tragédies témoignent aussi d'une grande vigueur poétique. ➖ ÉTYM. *Webster* est une variante de *Webb,* du moyen anglais *webbe* «tisserand», du vieil anglais *wetan* «tisser» et suffixe *-(st)er.*

**WEBSTER (Noah)** ♦ Enseignant et lexicographe américain (West Hartford, Connecticut 1758 - New Haven 1843). Instituteur, puis juriste, il vit dès 1782 la nécessité d'écrire des ouvrages de référence américains distincts du modèle anglais. Son *Grammatical Institute of the English Language* (1783) fut une déclaration d'indépendance culturelle. Sa grammaire, puis son livre de lecture pour le primaire établirent l'usage linguistique aux États-Unis d'après celui de leur auteur, yankee et rustique. Après 1803, il se consacra à la rédaction d'un dictionnaire national qui parut en 1806 puis, sous une forme très amplifiée, en 1828 *(An American Dictionary of the English Language)* ; ce dernier surclassa sans peine l'ouvrage de Samuel Johnson*. Le nom de Webster (encore que deux maisons d'édition l'aient adopté depuis) est devenu aux États-Unis synonyme de «dictionnaire national». À la suite de ses efforts pour protéger son œuvre contre les pirates et les concurrents, il a été surnommé «le père du copyright américain».

**WEBSTER (Ben)** ♦ Saxophoniste ténor de jazz américain (Kansas City 1909 - Amsterdam 1973). Après avoir joué dans les orchestres de Benny Moten (1931 - 1933), Fletcher Henderson* (1934), Benny Carter*, Cab Calloway* (1937) et de Duke Ellington* (1940 - 1943), il forma son propre groupe avant de jouer dans la formation de Count Basie* (1953). Il s'installa à Copenhague puis finalement à Amsterdam. Son jeu chaleureux a inspiré Archie Shepp*. Princ. enregistrements : *Cotton Tail* (avec Duke Ellington, 1940), *Danny Boy* (1945).

**WECHSLER (David)** ♦ Psychologue américain (Lespedi, Roumanie 1896 - New York 1981). Il mit au point deux tests importants. Le *test de Wechsler* (pour les enfants) et celui de *Wechsler-Bellevue* (pour les adultes) permettent de mesurer le quotient intellectuel de l'individu (→ **Stern [William]**). Ils comportent l'un et l'autre des épreuves verbales (information, compréhension, arithmétique, vocabulaire) et non verbales (classement et complètement d'images, assemblages d'objets, cubes de Kohs). Princ. ouvrages : *La Mesure de l'intelligence chez l'adulte,* 1961.

**WECKERLIN** [vɛkɛʀlɛ̃] **(Jean-Baptiste)** ♦ Compositeur et musicologue français (Guebwiller 1821 - Trottberg, Haut-Rhin 1910). Bibliothécaire au Conservatoire national (1876 - 1909), il composa des opéras-comiques aujourd'hui tombés dans l'oubli et réédita des recueils de chansons populaires françaises, alsaciennes et anglaises.

**WECKHERLIN (Georg Rudolf)** ♦ Poète allemand de l'époque baroque (Stuttgart 1584 - Londres 1653). Il entra au service de la cour de Stuttgart qui le chargea d'importantes missions diplomatiques ; il fut en particulier conseiller des rois d'Angleterre Jacques Ier et Charles Ier. Marqués par l'influence de Du Bellay, Ronsard, Pétrarque, ses *Poèmes religieux et laïques* (1648) font de lui un précurseur de Martin Opitz.

**WEDDELL (James)** ♦ Marin britannique (Ostende 1787 - Londres 1834). Parti pour les mers australes en 1822, il découvrit les Orcades du Sud en 1823 et, après avoir franchi le cercle polaire antarctique, atteignit la mer du Roi-George-IV (auj. *mer de Weddell*). Il est l'auteur de *A Voyage Towards the South Pole Performed In the Years 1822-1824* (1824).

**WEDEKIND (Frank)** ♦ Auteur dramatique allemand (Hanovre 1864 - Munich 1918). Chef de file de l'expressionnisme, conjuguant les influences d'Ibsen, de Nietzsche, de Hauptmann et surtout de Strindberg*, il est l'auteur d'un théâtre de contestation de la société bourgeoise et de ses tabous sexuels. Déterminé à la provocation dans un dessein d'émancipation des masses, il a emprunté leurs procédés à la farce, au vaudeville, au drame et au cirque pour composer des œuvres qui ont longtemps déconcerté le public par leur violence et leur étrangeté. Créateur du personnage de Lulu*, symbole d'une liberté sauvage, scandaleuse et vouée à un destin tragique, ses drames sont l'expression à la fois sarcastique et angoissée de sa propre inquiétude. Œuv. princ. : *L'Éveil du printemps* (1891), *L'Esprit de la terre* (1895), *La Boîte de Pandore* (1901) et *La Danse de mort* (1906).

**WEDGWOOD (Josiah)** ♦ Artiste et industriel britannique (Burslem, Staffordshire 1730 - Etruria, près de Burslem 1795). L'un des meilleurs céramistes de son temps, il mit au point une célèbre faïence de couleur crème, dite «pâte de la reine». Il travailla avec des artistes qui s'inspiraient de l'Antiquité. Il utilisa, dès 1782, la machine à vapeur de Watt* et conçut, la même année, le premier véritable pyromètre, destiné à déterminer la température de ses fours à poterie. → **Chevenard.**

Josiah **Wedgwood.** Théière. *Phot. © Giraudon*

**WEENIX** ou **WEENINX (Jan Baptist)** ♦ Peintre et graveur hollandais (Amsterdam 1621 - près d'Utrecht 1660). Il se rendit en 1642 en Italie où il séjourna cinq ans. Il revint ensuite à Amsterdam et s'établit finalement à Utrecht. Il a réalisé des portraits, des natures mortes et des «vanités», mais surtout des paysages idéalisés, inspirés par la nature italienne, qui font de lui l'un des romanistes hollandais (*Port italien ; Les Corsaires repoussés*). ♦ **Jan Weenix** (Amsterdam 1640 - *id.* 1719). Fils et élève du précédent. Il est l'auteur de natures mortes, tableaux de chasse, gibiers, fleurs, qui manifestent un goût pour les compositions opulentes.

**WEERT** ♦ V. des Pays-Bas (Limbourg), sur le Zuid Willemsvaart. 48 484 hab. Église gothique (XV$^e$ s.). ▪ Indus. textile, métallurgique (zinc) et chimique. Imprimerie.

**WEGENER (Alfred Lothar)** ♦ Géophysicien et météorologue allemand (Berlin 1880 - au Groenland 1930). Il participa à plusieurs expéditions scientifiques au Groenland. Il est l'auteur d'ouvrages de géologie, en particulier *La Genèse des continents et des océans* (1915) où il exposa sa théorie de la dérive des continents, sans parvenir à en expliquer le mécanisme. Diffusés tardivement et longtemps considérés comme fantaisistes, ses travaux furent confirmés 50 ans plus tard par la découverte de la tectonique des plaques. → **H. Hess, Vine.**

**WEGGIS** ♦ Loc. de Suisse (cant. de Lucerne), au bord du lac des Quatre-Cantons. 3 984 hab. Station estivale.

**WEHNELT (Arthur)** ♦ Physicien allemand (Rio de Janeiro 1871 - Berlin 1944). Il découvrit que les oxydes alcalinoterreux étaient d'excellents émetteurs thermo-ioniques et conçut alors la cathode à oxydes (1903), utilisée dans les tubes électroniques. Il réalisa ensuite le premier «canon électronique» en introduisant une anode (*cylindre de Wehnelt*) qui permet de régler l'intensité du pinceau d'électrons dans les tubes.

**Wehrmacht** [vɛrmaxt] n. f. ▸ ÉTYM. all. «force armée défensive» ♦ Ensemble des forces armées allemandes de terre, de mer et de l'air à partir de 1935. Elle fut placée sous les ordres de Hitler, auquel tous les soldats devaient prêter serment. En 1938, le commandement de la Wehrmacht devint le haut-commandement de la Wehrmacht (*Oberkommando der Wehrmacht*, OKW). Le chef en fut le maréchal Keitel jusqu'en 1945, date où la Wehrmacht disparut avec l'écrasement du III$^e$ Reich.

**WEI** n. m. pl. ♦ Nom de plusieurs dynasties chinoises, désignant principalement celle fondée par Cao* Cao qui régna de 220 à 265, et eut pour capitale Luoyang ; mais aussi les Wei du Nord (386 - 534, cap. : Datong), les Wei orientaux (534 - 550, cap. : Luoyang) et les Wei occidentaux (535 - 556, cap. : Changan) de la période des Nanbeichao*.

**WEIDEN** ♦ V. d'Allemagne (Bavière), sur la Naab, à la lisière de l'Oberpfälzerwald, dans le Haut-Palatinat. 42 496 hab. Ruines de fortifications. ▪ Verreries, manufactures de porcelaine.

**WEIERSTRASS (Karl)** ♦ Mathématicien allemand (Ostenfelde, Westphalie 1815 - Berlin 1897). Un des plus grands analystes du XIX$^e$ s., professeur de l'enseignement secondaire, puis à l'École polytechnique de Berlin, il enseigna à partir de 1856 à l'université de cette ville ; il publia peu mais son influence, qui marqua la majorité des mathématiciens de l'époque, se fit par le biais de son enseignement. Reprenant les principes posés par Cauchy* dans le domaine des nombres réels, il analysa la notion de continuité, précisa celles d'uniformité, de continuité uniforme, de convergence uniforme. En 1871 - 1872, il démontra l'indépendance de la continuité et de la dérivabilité. Il montra également que toute fonction continue est la somme d'une série de polynômes uniformément convergente. Dans le domaine complexe, il définit la fonction par un développement en série entière au voisinage d'un point régulier. Il découvrit qu'au voisinage d'un point singulier essentiel une fonction uniforme peut s'approcher autant qu'on veut de toute valeur donnée (1876). La théorie des fonctions elliptiques, fondée par Abel* et Jacobi*, complétée par Hermite*, atteignit son point culminant avec Weierstrass. [Acad. sc. 1895]

**WEIFANG** ou **WEI-FANG** ♦ V. de Chine (Shandong). 1 263 016 hab. Festival international du cerf-volant (depuis 1984). ▪ Blé, maïs, sorgho. Coton, arachides, tabac. Indus. alimentaire et textile.

**WEIGEL (Valentin)** ♦ Mystique saxon (Naundorf, près de Grossenhain 1533 - Zschopau 1588). Pasteur à Zschopau, sans doute en relation avec les baptistes et les adeptes de Schwenckfeld, il a écrit des ouvrages mystiques marqués par l'influence de la *Theologia Deutsch* (rédigée v. 1400 et inspirée des sermons de Tauler) et certaines des théories de Paracelse.

**WEIGEL (Helene)** ♦ Actrice autrichienne (Vienne 1900 - Berlin-Est 1971). Comédienne à Berlin au Staatstheater puis au Deutsches Theater, elle épousa Brecht* en 1928. Elle fit une interprétation remarquée de *La Mère*, pièce inspirée de Gorki en 1932. Elle suivit Brecht dans ses exils et joua dans ses pièces d'émigration (*Grand Peur et Misère du troisième Reich*, Paris, 1938). De retour en Allemagne, elle créa avec lui le Berliner* Ensemble à Berlin-Est (1949). Elle interpréta entre autres le rôle-titre de *Mère Courage*. Après la mort de Brecht (1956), elle continua de monter des pièces (notamment *La Résistible Ascension d'Arturo Ui*) dans le plus pur esprit brechtien et élargit son répertoire à Shakespeare, Strittmatter et Ostrovski.

**WEIHAI** ou **WEI-HAI** – anc. ***Weihaiwei*** ou ***Wei-hai-wei*** ♦ V. de Chine (Shandong), à l'extrémité est de la presqu'île. 461 662 hab. Port. Pêche et aquaculture. Mines d'or. Granite. Sources d'eau chaude. ▮ **Histoire** «Territoire à bail» cédé par la Chine à la Grande-Bretagne en 1898, il fut restitué à la Chine en 1930.

**WEI HE** ou **WEI-HO** n. m. ♦ Nom de deux rivières de Chine. L'une (787 km), dans la prov. de Shaanxi, prend sa source dans la prov. du Gansu, irrigue la «plaine centrale» et constitue le principal affl. du Huang he. L'autre (env. 900 km) arrose la prov. du Henan dont elle constitue l'un des quatre principaux cours d'eau.

**WEIL (André)** ♦ Mathématicien français (Paris 1906 - Princeton 1998). Un des membres fondateurs du groupe Bourbaki*, il est l'auteur de recherches concernant la géométrie algébrique et la théorie des nombres. [Acad. sc. 1982]

**WEIL** [vɛj] **(Simone)** ♦ Philosophe et écrivaine française (Paris 1909 - Ashford, Kent 1943). Disciple d'Alain, élève de l'École normale supérieure, elle obtint l'agrégation en 1931. Elle se fit ouvrière chez Renault (1934 - 1935), puis s'engagea lors de la guerre d'Espagne dans les Brigades internationales (1936). Après avoir été ouvrière agricole (1941), elle quitta la France (1942) pour New York puis Londres. Elle travailla dans les bureaux de la France combattante, mais désapprouvant certains aspects de la politique de De Gaulle, elle démissionna en juil. 1943. Atteinte de tuberculose, elle refusa soins et nourriture, voulant partager les souffrances des Français demeurés au pays et estimant que les Français de Londres étaient des privilégiés. Elle mourut le 24 août 1943, au Grosvenor Sanatorium. Contre la force, c'est du côté des faibles, des vaincus, des opprimés qu'elle entend se situer dans sa recherche passionnée et

Simone **Weil.** *BIS/Phot. DR.© Coll. Archives Larbor*

intransigeante de la vérité et de la justice. Mais si son mysticisme se veut d'inspiration chrétienne (d'origine juive, S. Weil ne s'est cependant jamais convertie), il est aussi nourri d'hellénisme, de gnosticisme, d'hindouisme. Ses écrits furent publiés après sa mort : *La Pesanteur et la Grâce*, 1947 ; *La Connaissance surnaturelle*, 1949 ; *L'Enracinement*, 1950 ; *Lettre à un religieux*, 1951 ; *La Condition ouvrière*, 1951 ; *La Source grecque*, 1953 ; *Oppression et Liberté*, 1955 ; *Écrits historiques et politiques*, 1960. ➝ ÉTYM. *Weil* est l'anagramme de *Lewi* ou le nom allemand de plusieurs lieux (du latin *villa* «domaine, ville»).

**WEILL (Kurt)** ♦ Compositeur américain d'origine allemande (Dessau 1900 - New York 1950). C'est de sa collaboration avec B. Brecht* que naquit une conception nouvelle du théâtre lyrique : un théâtre parlé épique avec des intermèdes musicaux. La musique de K. Weill emprunte aux rythmes du jazz et aux chansons populaires berlinoises (*L'Opéra de quat'sous*, 1928 ; *Grandeur et décadence de la ville de Mahagonny*, 1930).

**WEIMAR** ➝ ÉTYM. du vx haut all. *wīh* «sacré» et *mar* «marais» ♦ V. d'Allemagne (Thuringe), sur l'Ilm. Env. 64 000 hab. Église du XV^e s. (retable de L. Cranach). Château du Belvédère (1724 - 1732) ; palais de la Résidence construit d'après un projet de Goethe. Maisons de Goethe et de Schiller. ▪ Important carrefour ferroviaire et centre indus. actif (indus. mécanique, électrique et chimique). ▮ **Histoire** Mentionnée dès 975, la ville appartint d'abord aux comtes de Weimar-Orlamünde (XIII^e - XIV^e s.), puis à la branche ernestine de la maison de Saxe et devint en 1572 la capitale du duché de Saxe-Weimar. Durant le dernier quart du XVIII^e s., cette petite ville devint le centre de la vie culturelle allemande, «l'Athènes de Germanie». Le grand-duc Charles-Auguste, dont le précepteur fut Wieland, appela Herder et Goethe à la Cour. Schiller les y rejoignit. Au début du XIX^e s., Weimar perdit de son prestige au profit de Berlin et de Munich, mais connut un second apogée vers le milieu du siècle. Liszt y dirigea l'orchestre de 1842 à 1861 et en 1860 fut créée une académie de peinture où enseignèrent Böcklin et Liebermann. En 1919 y fut proclamée la Constitution qui créa la République allemande dite «de Weimar». De 1919 à 1925, la ville abrita le Bauhaus*. ▪ À 10 km de la ville, les nazis installèrent le camp de Buchenwald*.

**WEIMAR** (République de) ➝ **Allemagne**

**WEINBERG (Steven)** ♦ Physicien américain (New York 1933). ➝ **Glashow.** [Prix Nobel de phys. 1979, avec S. Glashow et A. Salam]

**WEINGARTEN (Romain)** ♦ Auteur dramatique français (Paris 1926 - Challans 2006). Naïveté et cruauté se mêlent dans son œuvre très poétique et empreinte de fantastique. Le rêve est d'abord pour lui l'objet d'une logique pulsionnelle de même que le conte. Œuv. princ. : *Les Nourrices* (1960), *L'Été* (1966), *Neige* (1979), *La Mort d'Auguste* (1982).

**WEINGARTNER (Felix VON)** ♦ Chef d'orchestre et compositeur autrichien (Zara, auj. Zadar 1863 - Winterthur 1942). Il étudia à Leipzig, puis à Weimar, auprès de Liszt qui facilita la représentation de son premier opéra, *Sakuntala* (1884). Il acquit très vite une réputation internationale comme chef d'orchestre, succéda à Mahler à la tête de l'Opéra de Vienne (1907 - 1911), et forma, notamment à Bâle, de nombreux élèves. Son œuvre de compositeur comprend huit opéras, six symphonies, deux concertos, des pièces de musique de chambre et des lieder. Il collabora à l'édition des œuvres complètes de Berlioz et de Haydn et révisa *Le Vaisseau fantôme* de Wagner. Il a en outre laissé de nombreux essais théoriques (*L'Art de diriger ; La Symphonie après Beethoven*) et des Mémoires. ➝ ÉTYM. Ce nom de famille vient de l'allemand *Wein* «vin» et *Gärtner* «jardinier», surnom d'un vigneron.

**WEINHEBER (Josef)** ♦ Poète lyrique et écrivain autrichien (Vienne 1892 - Kirchstetten 1945). Empreintes de ressentiment et de nihilisme, ses premières œuvres (un recueil poétique, *L'Homme solitaire*, 1920 ; un roman, *L'Orphelinat*, 1925, évocation de ses années à l'orphelinat de Mödling) passèrent presque inaperçues. Les recueils poétiques ultérieurs (*Noblesse et Décadence*, 1934 ; *Entre dieux et démons*, 1938) connurent un grand succès sous le régime nazi. Compromis par son adhésion au national-socialisme, il se donna la mort à la fin de la guerre.

**WEIPA** ♦ V. et port d'Australie, au N. du Queensland, non loin du cap York. 3 029 hab. Extraction et traitement de la bauxite.

**WEISE (Christian)** ♦ Écrivain allemand (Zittau 1642 - *id.* 1708). Fils d'un instituteur, lui-même directeur du gymnase de Zittau à partir de 1678, il a composé avec un souci didactique et une intention moralisatrice des œuvres lyriques, des tragédies, des comédies, des romans qui marquent le passage de la littérature baroque à l'âge rationaliste.

**WEISMANN (August)** ♦ Biologiste allemand (Francfort-sur-le-Main 1834 - Fribourg-en-Brisgau 1914). Il travailla sur l'hérédité et l'évolution. Il affirma la continuité de la vie depuis son apparition (théorie du «plasma germinatif») et nia l'hérédité des caractères acquis. Il fut l'un des premiers à comprendre le rôle des chromosomes. Son œuvre, aujourd'hui dépassée, eut néanmoins une grande influence et ouvrit la voie à l'étude expérimentale de l'hérédité. ➝ ÉTYM. *Weismann* vient de l'allemand *weiß* «blanc» et *Mann* «homme» (surnom d'un homme aux cheveux blancs).

**WEISS** [vɛs] **(Pierre)** ♦ Physicien français (Mulhouse 1865 - Lyon 1940). Spécialiste du magnétisme, il découvrit le phénomène magnétocalorique (changements de température sous l'influence de l'aimantation) et, introduisant la notion de champ moléculaire (concept permettant de rendre compte des actions mutuelles magnétiques des atomes), il formula la théorie du ferromagnétisme (1907). [Acad. sc. 1926] ➝ ÉTYM. Ce nom de famille vient de l'allemand *weiß* «blanc» (➝ aussi Leblanc).

**WEISS (Louise)** ♦ Femme politique et écrivaine française (Arras 1893 - Paris 1983). Fondatrice en 1918 de l'hebdomadaire *L'Europe nouvelle*, qu'elle dirigea jusqu'en 1934, elle se consacra à la défense de l'idée européenne ainsi qu'à la lutte pour les droits de la femme et créa avec G. Bouthoul*, l'Institut de polémologie (1945). Auteur de romans (*Délivrance*, 1938), elle publia ses mémoires (*Mémoires d'une Européenne*, 1970) et fut la doyenne du Parlement européen en 1979.

**WEISS (Peter)** ♦ Écrivain suédois d'origine et de langue allemandes (Nowawes, auj. Potsdam-Babelsberg 1916 - Stockholm 1982). Fils d'un marchand de textiles israélite, il dut fuir les persécutions nazies en gagnant d'abord l'Angleterre en 1934, puis la Suède en 1939. En 1945, il prit la nationalité suédoise. Ses œuvres comprennent des récits autobiographiques (*L'Ombre du corps du cocher*, 1960 ; *Adieu aux parents*, 1961 ; *Point de fuite*, 1962) ; un essai, sorte de «biographie rêvée» (*Esthétique de la résistance*, 1975 - 1981) ; des pièces de théâtre (*Marat-Sade*, 1964 ; *L'Instruction*, 1965 ; *Chant du fantoche lusitanien*, 1967 ; *Discours sur la genèse et le déroulement de la très longue guerre du Viêtnam*, 1968 ; *Comment Monsieur Mockinpott fut libéré de ses tourments*, 1968 ; *Trotski en exil*, 1970 ; *Hölderlin*, 1971). Ses peintures, dessins et collages furent exposés dans plusieurs villes d'Europe à partir de 1977.

**WEISSENFELS** ♦ V. d'Allemagne (Saxe-Anhalt), sur la Saale. 31 000 hab. Château baroque (XVII^e s.). ▪ Chaussures et maroquinerie. Construc. mécaniques.

**WEISSMULLER (Peter John, dit Johnny)** ♦ Acteur américain d'origine roumaine (Timişoara 1904 - Acapulco 1984). Champion olympique de natation, il trouva un rôle à sa mesure (athlétique) dans la série des *Tarzan**. Dix ans durant, il forma avec Maureen O'Sullivan (Jane) un couple mythique, de *Tarzan, l'homme-singe* (1932) à *Tarzan à New York* (1942), puis il continua seul jusqu'à *Tarzan et les sirènes* (1948). Il tourna encore trois aventures de *Jim la Jungle*, dans les années 1950, et tomba dans l'oubli.

**WEITLING (Wilhelm)** ♦ Socialiste allemand (Magdeburg, Prusse 1808 - New York 1871). Artisan tailleur, il séjourna à Paris (1837) où il fut influencé par le mouvement socialiste. Exilé en Suisse après la publication de son ouvrage, *L'Humanité comme elle est et comme elle devrait être* (1838), il y poursuivit un travail d'organisation de ligues et de cercles d'artisans, développant dans *Les Garanties de l'harmonie et de la liberté* (1842) et *L'Évangile du pauvre pécheur* (1843) des idées communistes à caractère évangélique et sentimental (critiquées par Marx). Il tenta de fonder en Amérique une colonie communiste (Communia) qui échoua.

**WEI Yuan** ♦ Géographe et historien chinois (1794 - 1856), fonctionnaire impérial. Il vécut profondément les humiliations consécutives à la pénétration occidentale en Chine (➝ **Opium [guerres de l']**) et se voua à l'étude des pays européens auxquels il consacra notamment un ouvrage géographique (*Haiguo turzhi*, 1842, 50 vol.). Il est, par ailleurs, l'auteur d'une importante *Histoire des Yuan (Yuanshi)*.

**WEIZMANN (Chaïm ou Haïm)** ♦ Homme d'État israélien (Motyl, Biélorussie 1874 - Rehovot 1952). Il fut chimiste en Suisse puis en Grande-Bretagne. Il contribua à obtenir la reconnaissance officielle du projet sioniste par le gouvernement britannique (déclaration Balfour, 1917). Président de l'Organisation sioniste mondiale (1920), puis de l'Agence juive (1929), il fut le premier président de l'État d'Israël (1949 - 1952) et fonda l'université de Rehovot. ♦ **Ezer Weizmann.** Homme d'État israélien (Haïfa 1924 - Césarée 2005). Neveu du précédent. Ancien général de l'Armée de l'air, il prit part à la guerre des Six* Jours puis joua un rôle important dans les accords de Camp* David (1977). Quittant peu après le gouvernement Begin, il rejoignit les travaillistes. Député (1988), puis ministre des Sciences (1988 - 1992), partisan du dialogue avec l'OLP, il fut président de l'État d'Israël de 1993 à 2000.

**WEIZSÄCKER (Carl,** baron **VON)** ♦ Astrophysicien allemand (Kiel 1912 - Starnberg, Bavière 2007). Auteur, indépendamment de Bethe*, d'une théorie sur l'origine de l'énergie stellaire assignant aux réactions de fusion thermonucléaire à partir de l'hydrogène l'origine des éléments chimiques (nucléogenèse, 1937), il formula en 1943 l'hypothèse de la condensation des planètes à partir d'une matière diffuse pour expliquer la formation du système solaire.

**WEIZSÄCKER (Richard,** baron **VON)** ♦ Homme d'État allemand (Stuttgart 1920). Fils du diplomate Ernst von Weizsäcker et frère de l'astrophysicien Carl von Weizsäcker*. Avocat, président du consistoire évangélique (1964), député CDU (1973), maire adjoint de Berlin-Ouest (1981), président de la République fédérale (1984 - 1994), il fut appelé à célébrer la réunification de l'Allemagne en 1990.

**WELHAVEN (Johan Sebastian)** ♦ Écrivain norvégien (Bergen 1807 - Christiania, auj. Oslo 1873). Il fut le principal adversaire de Wergeland*, car il ne pouvait renoncer à tout ce que la culture danoise avait apporté à la Norvège, ainsi qu'il l'exprima dans sa brochure *Poésie et polémique de Henrik Wergeland* (1832), puis dans son premier recueil de poèmes, *Crépuscule de la Norvège* (1834), qui révéla son talent de styliste. Par la suite, puisant dans la mythologie populaire, il écrivit des poèmes aux remarquables qualités musicales, se mouvant entre le rêve et la réalité : *La Chevauchée des Valkyries, Le Pouvoir de la Huldre et les Ruses d'Amour, Tantale, Orphée, Protésilas, Héraclès.* Son œuvre poétique éclaira la littérature norvégienne sur les exigences de l'art. «Scandinaviste» convaincu, il resta profondément attaché à la nature norvégienne et fut particulièrement sensible au trouble religieux qui agitait la Norvège à son époque.

**WELKENRAEDT** ♦ Comm. de Belgique (Région wallonne), prov. de Liège, arr. de Verviers. (Comm. à facilités pour les minorités néerlandophone et germanophone.) 9 237 hab. Carnaval de la Laetare ; festival de septembre. ▪ Construc. métalliques. Gare frontière sur la ligne Liège-Cologne.

**Welland** (canal) ♦ Canal reliant le lac Érié au lac Ontario (de Buffalo à Hamilton), sur la rive canadienne du Niagara*, dont il évite les chutes. 44 km ; 8 écluses. Ouvert en 1833, il a été élargi et approfondi.

**WELLER (Thomas Huckle)** ♦ Biochimiste américain (Ann Arbor 1915 - Needham, Massachusetts 2008). → **Enders.** [Prix Nobel de physiol. ou méd. 1954, avec J. F. Enders et F. C. Robbins]

**WELLES (Orson)** ♦ Cinéaste et acteur américain (Kenosha, Wisconsin 1915 - Hollywood, Californie 1985). Il débuta au théâtre (Dublin, 1931 ; New York, 1935) puis à la radio, où son adaptation très convaincante de *La Guerre* des mondes* de Wells sema la panique aux États-Unis (1938). Bénéficiaire d'un contrat qui lui assurait, avec des moyens financiers exceptionnels, une totale liberté, il réalisa *Citizen* Kane* (1941), chef-d'œuvre qui remit en question tout l'acquis antérieur du cinéma. Cette révolution dans la technique du film (structure du récit, montage, décors, mouvements de caméra), il devait la poursuivre avec des chances diverses, en dépit de l'incompréhension des producteurs et du public : *La Splendeur des Amberson* (1942), *La Dame de Shanghaï* (1948), *Monsieur Arkadin* (1955), *La Soif du mal* (1958). Acteur d'une personnalité puissante et singulière, Welles a paru dans de nombreux films, outre ceux dont il fut le réalisateur (comme *Le Troisième* Homme*). La puissance des évocations des milieux sociaux, les contrastes de tons, du burlesque au terrible, le traitement original du récit font de Welles l'adaptateur le plus inspiré de Shakespeare au cinéma (*Macbeth*, 1948 ; *Othello*, 1952 ; *Falstaff*, 1966). Il porta également à l'écran *Le Procès** de Kafka (1962). ➝ **ÉTYM.** Ce nom de famille vient d'un nom de lieu, de l'anglais *well* «source, puits».

Orson **Welles** et Rita Hayworth dans *La Dame de Shanghaï*, 1948. Columbia Pictures Corporation, Mercury Productions.
*BIS/Phot. © Coll. Archives Larbor*

**WELLESLEY (Richard Colley WESLEY ou WELLESLEY,** 1er marquis**)** ♦ Homme politique britannique (château de Dangan, Irlande 1760 - Kingston House, près de Brompton 1842). Frère du duc de Wellington, il fut député tory en 1784 et, ami de Pitt, fut nommé gouverneur général de l'Inde (1797 - 1805). Lors d'une expédition au Mysore, il prit Seringapatam, où son adversaire Tippu Sahib trouva la mort (1799). Ainsi, toute l'Inde du Sud se trouva sous domination britannique. En 1801, il imposa le protectorat britannique à l'Oudh et mena la guerre marathe (1802 - 1805). Il avait doublé les possessions de la Compagnie des Indes, mais l'argent dépensé et la peur de son ambition conduisirent à son rappel (1805). Il fut ensuite ambassadeur en Espagne (1809), puis ministre des Affaires étrangères (1809 - 1812) et lord-lieutenant en Irlande (1821 - 1828), où il prit la défense des catholiques irlandais contre son frère (Wellington*), alors Premier ministre. ➝ **ÉTYM.** *Wellesley* vient probablement du vieil anglais *wealh* «étranger» et *lēah* «clairière».

**WELLINGTON (Arthur WELLESLEY,** 1er duc **DE)** ♦ Général et homme politique britannique (Dublin 1769 - Walmer Castle, Kent 1852). Il entra dans l'armée en 1787 ; il seconda son frère Richard Wellesley* (gouverneur général de l'Inde de 1797 à 1805), fut gouverneur de Seringapatam en 1799 et remporta les victoires d'Assaye et d'Argaon sur les Marathes (1803). Ses ambitions politiques le ramenèrent ensuite en Europe. Entré au Parlement (1806), il fut secrétaire pour l'Irlande (1807). Nommé lieutenant général au moment où commençait la guerre d'Espagne, il fut envoyé contre Junot* au Portugal sous les ordres du général Dalrymple ; il remporta la victoire de Vimeiro, mais Dalrymple négocia avec Junot l'évacuation des Français du Portugal (convention de Sintra*). Il revint plus tard au Portugal comme commandant en chef des forces britanniques et remporta la victoire de Talavera (juil. 1809). Wellington fortifia ses positions au Portugal en se retranchant derrière les lignes fortifiées de Torres* Vedras (janv. 1812) ; il prit Salamanque (juin 1812), battit Marmont* à la bataille des Arapiles ; sa victoire de Vitoria (21 juin 1813) chassa les Français d'Espagne ; il pénétra en France (nov. 1813), gagna sur Soult* la bataille de Toulouse (avr. 1814). Il fut fait marquis de Douro et duc de Wellington. Nommé ambassadeur en France après le premier traité de Paris (août 1814 - janv. 1815), il prit la place de Castlereagh au congrès de Vienne en tant que délégué britannique. Après le retour de Napoléon de l'île d'Elbe, il reçut le commandement de l'armée alliée et fut l'artisan de la victoire de Waterloo*. Chef des armées d'occupation en France, il s'opposa au démantèlement du pays et appuya le pouvoir des Bourbons. Nommé Premier ministre par George IV, il fit voter en 1829 la loi d'émancipation des catholiques. Il était violemment hostile à toute réforme parlementaire et sa politique réactionnaire (on le surnomma «le duc de fer») suscita des troubles. Néanmoins, après avoir été renversé par les libéraux, il retrouva à la fin de sa vie sa popularité. ➝ **ÉTYM.** Ce nom vient du vieil anglais *Walintone*, ou *Walingas-tūn*, de *wēo-lēah-tūn*, de *wēo* «lieu saint», *lēah* «bois sacré» et *tūn* «ville».

**WELLINGTON** ➝ **ÉTYM.** du n. du duc de *Wellington** ♦ Cap. et port de la Nouvelle-Zélande, situé à l'extrémité méridionale de l'île du Nord, sur le détroit de Cook*. 178 671 hab. (aggl. 397 974). La ville s'étend sur la côte et les collines entourant la baie de Port Nicholson, presque entièrement enfermée entre les terres et considérée comme un des plus beaux sites du monde. Elle est reliée par route, voie ferrée et cabotage aux différentes parties du pays. C'est un point de départ de lignes maritimes vers l'Europe et l'Australie. La ville de Hutt (122 000 hab.), où sont concentrées de nombreuses industries, située au N.-E., fait partie du Grand Wellington (1 379 km²). Univ. Victoria. Centre administratif et commercial. Métall. Indus. alimentaire et chimique. Confection ; chaussures. Imprimerie. Exportation de viande frigorifiée, papier journal, laine, fromage et fruits. ▮ **Histoire** Fondée en 1840, la ville devint capitale de la Nouvelle-Zélande en 1865. → **Auckland.**

**WELLS (Horace)** ♦ Dentiste américain (Hartford, Vermont 1815 - New York 1848). Il découvrit l'anesthésie chirurgicale et fut le premier à la pratiquer en employant du protoxyde d'azote (1844).

**WELLS (Herbert George)** ♦ Journaliste et romancier britannique (Bromley, Kent 1866 - Londres 1946). Issu d'un milieu très modeste, Wells, comme Dickens, connut une enfance difficile. Autodidacte, il réussit à faire des études scientifiques à l'université de Londres et se lia avec T. Huxley, le célèbre physiologiste ami de Darwin. Après avoir enseigné et collaboré à quelques revues, Wells se mit à publier des œuvres d'anticipation, genre où il devint rapidement un maître : *La Visite merveilleuse* (1895), *La Machine à explorer le temps* (1895), *L'Île du docteur Moreau* (1896), *L'Homme* invisible* (1897), *La Guerre* des mondes* (1898), *Les Premiers Hommes dans la Lune* (1901). Ces œuvres posent les problèmes essentiels de la survie de l'humanité, dans le contexte de la fin du XIXe s. Doué d'un grand sens du comique, Wells donna aussi des transpositions de son expérience dans des œuvres imprégnées d'un sentiment de révolte calme : *L'Histoire de Mr. Polly* (1910) et surtout *Kipps* (1905), dont le héros est un jeune commis de magasin. Marqué par la Première Guerre mondiale, Wells publia *Mr. Britling commence à y voir clair* (1916), où le premier conflit mondial est vu comme «la guerre qui doit tuer les guerres». *Le Monde de William Clissold* (1926) propose, sans l'humour qui caractérisait les œuvres antérieures, l'instauration d'une république du monde. La trilogie de *La Science et la Vie* (1929) prend aussi position en faveur d'un État mondial. L'œuvre de Wells évoque tous les problèmes de la civilisation moderne et, dans sa *Tentative d'autobiographie* (1934), quasi romanesque, définit son auteur comme le témoin de son époque. ➝ **ÉTYM.** Ce nom désigne celui qui vit près d'une source (vieil anglais *well*).

**WELLS** ♦ V. d'Angleterre (Somerset), au pied des Mendip Hills, au S. de Bristol. 9 000 hab. Belle cathédrale qui mêle le roman au gothique primitif ; façade du XIIe s. bien conservée. L'enclos épiscopal est l'un des plus beaux d'Angleterre.

**WELS** ♦ V. d'Autriche (Haute-Autriche), sur la rive g. du Traun. 56 481 hab. Château gothique (très remanié) où mourut l'empereur Maximilien Ier. ▪ Foire agricole (la plus importante de Haute-Autriche). Indus. alimentaire. Matières plastiques. Montage de machines agricoles. ▪ Gaz naturel et centrale hydroélectrique.

**WELSER** ♦ Famille d'Augsbourg qui exerça un grand rôle économique et financier au XVIe s. Elle eut le monopole du commerce avec l'Amérique espagnole jusqu'en 1540, mais échoua dans son entreprise de colonisation du Venezuela. ♦ **Philippine Welser** (1527 - château d'Ambras 1580). Elle épousa secrètement le fils de l'empereur Ferdinand Ier.

Die **Welt** ➜ ÉTYM. all. « le monde » ♦ Quotidien allemand créé à Hambourg en 1946 par les autorités britanniques d'occupation. Repris par le groupe Springer en 1953, transféré à Bonn en 1972, *Die Welt* est un journal de tendance conservatrice, proche de la CDU, qui connaît une importante audience nationale (280 000 exemplaires).

**WELWYN GARDEN CITY** ♦ Cité-jardin créée en 1920, dans le N. de la banlieue de Londres (Hertfordshire). 97 546 hab. Malgré quelques industries, le quartier est essentiellement résidentiel.

**WEMBLEY** ♦ Faubourg résidentiel au N.-O. de Londres. Stade où eurent lieu les jeux Olympiques de 1948. Grand stade de football (reconstruit entre 2000 et 2007 par N. Forster) où se déroulent les matchs internationaux.

**WEMMEL** ♦ Comm. de Belgique (Région flamande), prov. du Brabant flamand, arr. de Halle-Vilvoorde, sur le « ring » autoroutier de Bruxelles. 14 996 hab. Comm. à facilités pour la « minorité » francophone, en réalité majoritaire. Église Saint-Servais (tour du XIIIe s. ; chœur de 1517). ▪ Quelques indus. alimentaires.

**WEMYSS (Rosslyn Erskine),** lord **WESTER** ♦ Amiral britannique (Wemyss Castle, Fifeshire 1864 - Cannes 1933). Lors de l'expédition des Dardanelles (1915), il organisa la base de Lemnos, fut nommé en 1918 premier lord de l'Amirauté et participa à la mise au point des clauses navales de l'armistice. Il signa l'armistice au nom de la Grande-Bretagne à Rethondes (11 nov. 1918).

**WENCESLAS** – en tchèque ***Václav*** ➜ ÉTYM. du vx saxon *vaŝte* « grand » et *slava* « gloire » ♦ Nom de plusieurs ducs et rois de Bohême. ♦ saint **WENCESLAS** (v. 907 - château de Boleslav 929). Duc de Bohême (923 - 929). Il favorisa le christianisme et prêta hommage à Henri Ier l'Oiseleur (929), politique qui mécontenta les nobles. Il fut assassiné par son frère Boleslav Ier. ♦ **WENCESLAS Ier** (1205 - près de Beroun 1253). Roi de Bohême (1230 - 1253). Il eut à faire face à plusieurs révoltes dirigées par son fils Ottokar (II). ♦ **WENCESLAS II** (1271 - Prague 1305). Roi de Bohême (1283 - 1305). Il aida à la propagation de la culture germanique en Bohême et obtint par mariage la couronne de Pologne (1300 - 1305). ♦ **WENCESLAS III** (1289 - Olomouc 1306). Roi de Bohême (1305 - 1306). Il mourut assassiné et le trône passa à la maison de Luxembourg (1310). ♦ **WENCESLAS IV.** ➜ **Wenceslas**

**WENCESLAS** ou **WENZEL** ♦ (Nuremberg 1361 - Nový Hrad, près de Prague 1419). Roi de Bohême sous le nom de Wenceslas IV (1363 - 1419), roi des Romains (1376) et empereur germanique (1378 - 1400). Fils de Charles IV, il ne sut pas imposer son autorité à l'Allemagne, dont les villes du Sud se révoltèrent (1388), ni à la Bohême, où il dut abandonner son autorité au haut clergé et à la noblesse (1396) après l'assassinat de Jean Népomucène (1393). Il fut déposé en Allemagne (1400). ➜ **Robert du Palatinat.** Il fut incapable de faire face à la crise sociale et spirituelle qui agitait la Bohême et retira son appui à Jan Hus*. Sa mort ouvrit la période des guerres hussites. Il eut pour successeur son frère Sigismond*.

**WENDEL** [vɛ̃dɛl] **(DE)** ♦ Famille d'industriels français, originaire de Bruges, installée à Coblence au XVIe s., puis à Hayange au début du XVIIIe s. ♦ **Jean Martin Wendel** (1665 - 1737). Il obtint la seigneurie et les forges de Hayange. ♦ **Charles Wendel** (1708 - 1784). Fils du précédent. Il succéda à son père et fut un des principaux fournisseurs d'artillerie de l'État. ♦ **Ignace Wendel** (1741 - 1795). Fils du précédent. Commissaire aux Forges royales et directeur de nombreuses manufactures, il fut un des premiers à substituer le coke au charbon de bois (1769). Il fonda les forges du Creusot* (1785) avant d'émigrer sous la Révolution (les forges du Creusot ne reprirent leur essor qu'en 1836 sous l'impulsion des frères Schneider*). ♦ **François de Wendel** (1778 - 1825). Fils du précédent. Il reprit l'exploitation des forges de Hayange et acquit celles de Moyeuvre. ▪ En 1871 fut créée la société Les Petits-Fils de François de Wendel et Cie dirigée par Henri et Robert de Wendel. Dès 1879 - 1880 était mis en application le procédé Thomas, dont les Wendel avaient fait l'acquisition et qui fut également utilisé aux forges de Jœuf, créées en 1880 par Wendel et Cie en collaboration avec le groupe Schneider. La Société de Wendel se développa considérablement à la fin du XIXe s. et au début du XXe s. sous l'impulsion de HUMBERT DE WENDEL (1876 - 1954), MAURICE DE WENDEL (1879 - 1961) et surtout FRANÇOIS DE WENDEL (1874 - 1949) qui en fut le gérant tout en remplissant les fonctions de député (1914 - 1933), de sénateur (1933 - 1940), de président du Comité des forges et de régent de la Banque de France. Lors de la Première et de la Deuxième Guerre mondiale, les usines situées en territoire allemand furent mises sous séquestre et vendues à un consortium allemand. Après la guerre, la Société de Wendel et Cie, qui, en 1952, prit le statut de société anonyme, contribua à la formation des grands ensembles sidérurgiques français. ➜ ÉTYM. *Wendel* vient du germanique *Wendilo*, nom de personne, du moyen haut allemand *wint* désignant le peuple des Wendes*.

**WENDERS (Wilhelm,** dit **Wim)** ♦ Cinéaste allemand (Düsseldorf 1945). Diplômé de l'école de cinéma de Munich, critique cinématographique et musical à ses heures, il s'imposa avec un long métrage au ton très personnel, révélant un esprit inquiet, hanté par la quête de l'identité : *L'Angoisse du gardien de but au moment du penalty* (1971, d'après Peter Handke*). Ses films suivants eurent pour thème l'errance, autre obsession majeure : *Alice dans les villes* (1973), *Faux mouvement* (1975), *Au fil du temps* (1976). Il affina son style dans *L'Ami américain* (1977) et *L'État des choses* (1982) et réalisa enfin son rêve de tourner aux États-Unis. En 1979, il filma les derniers moments de Nicholas Ray* (*Nick's Movie*). *Hammett* (1982) dédié à l'auteur de polars fut suivi de l'éclatante réussite de *Paris*, Texas* (1984). Il retrouva avec bonheur ses racines nationales (et son ami Handke) dans *Les Ailes du désir* (1987). *Buena Vista Social Club* (1999) réunit de vieux musiciens cubains. Son amour des musiques américaines est également à l'origine de *Soul of a Man* (2003), documentaire sur le blues. En 2005, il retrouva Sam Shepard, coscénariste de *Paris, Texas*, qu'il mit en scène dans un drame sentimental, *Don't come knocking*.

Wim **Wenders.** Une scène du film *Les Ailes du désir* avec Bruno Ganz.
*Phot. © Coll. Kipa Interpress*

**WENDES** n. m. pl. ♦ Nom donné par les Allemands du Moyen Âge aux Slaves d'Allemagne : Polabes, Obodrites, Sorabes et Slovènes.

**WENGEN** ♦ Loc. de Suisse (cant. de Berne), dans l'Oberland bernois. Elle fait partie de la commune de Lauterbrunnen et domine la vallée du même nom, au pied de la Jungfrau. 1 100 hab. ▪ Station d'été et de sports d'hiver, dans un site remarquable (1 300 - 3 454 m). Célèbre course de ski (*Lauberhorn*).

**WEN Yiduo** ou **WEN Yi-to** ♦ Poète chinois (dans le Hubei 1899 - Kunming 1946). Parmi les plus importants du XXe s., il chercha à créer une voie poétique moderne, dégagée des traditions, mais aussi de l'influence occidentale, notamment en recourant à l'ethnographie dans l'interprétation de la poésie classique. Démocrate opposé tant au Guomindang* qu'aux communistes, on ne sait par qui il fut assassiné.

**WEN Zhengming** ou **WEN Tchen-ming** ♦ Peintre, poète, prosateur, calligraphe et fonctionnaire impérial chinois (Suzhou 1470 - 1559). Disciple de Shen* Zhou, il incarna l'idéal de la tradition lettrée et devint, à la mort du maître, chef de file de l'école de Wu.

**WENZHOU** ou **WEN-TCHEOU** ♦ Port de Chine (Zhejiang). 1 583 387 hab. Centre céréalier (riz, blé), oléagineux, agrumes. Pêche en mer. Indus. mécanique, chimique. Céramique. Chantier naval. Exportation (bois, thé). Broderie. Anc. centre d'émigration.

**WEÖRES (Sándor)** ♦ Poète hongrois (Szombathely 1913 - Budapest 1989). Enfant-poète prodige, après des études de droit et de philosophie à Pécs, il devint bibliothécaire. Son originalité poétique apparut dès son premier recueil (*Il fait froid*, 1934). Virtuose de la langue (*L'Abécédaire de l'amour*, 1946 ; *La Tour du silence*, 1956) et s'isolant de l'engagement littéraire, il eut une grande influence sur la poésie hongroise contemporaine. Un solipsisme associé à une profonde intuition d'autrui en firent l'auteur du recueil *Houppette* (poésies d'enfant, 1955) et de *Psyché* (1972). Cette dernière œuvre, autobiographie fictive qu'il publia sous le nom d'une comtesse du XIXe s. et qui procède d'une séparation du moi poétique d'avec l'individu, pousse à l'extrême le caractère fluctuant du langage. Il publia une anthologie personnelle de la littérature hongroise (*Trois Moineaux à six yeux*, 1977). Il traduisit Mallarmé, Shakespeare, Baudelaire.

**WERFEL (Franz)** ♦ Poète lyrique, auteur dramatique et romancier autrichien (Prague 1890 - Beverly Hills 1945). Il se rattache au mouvement expressionniste. Ses recueils poétiques (*L'Ami de l'univers*, 1912 ; *Nous sommes*, 1913), ses drames (transposition des *Troyennes* d'Euripide, 1916 ; *Juarez et Maximilien*, 1924 ; *Saint Paul parmi les Juifs*, 1926) et ses romans (*Ce n'est pas l'assassin mais la victime qui est coupable*, 1915 ; *Les Quarante Jours de Musa Dagh*, 1933 ; *L'étoile de ceux qui ne sont pas nés*, 1946) sont animés par un profond sentiment humanitaire, un libéralisme pacifiste où transparaissent les aspirations religieuses de cet écrivain, d'origine juive, mais attiré par le christianisme.

**WERGELAND (Henrik Arnold)** ♦ Poète norvégien (Kristiansand 1808 - Christiania, auj. Oslo 1845). En 1814, le Danemark dut céder la Norvège à la Suède et le nationalisme devint l'élément essentiel du romantisme norvégien, qui trouva un chef en la personne de Wergeland dès 1830. Il publia alors un long poème : *La Création, l'Homme et le Messie*, «épopée de l'humanité», œuvre inégale, mais puissante, qui témoigne de son esprit de visionnaire cosmique. Il voulut mettre sa poésie au service des hommes et de la Norvège et devint le symbole de la liberté. En 1833 il publia *Poèmes, deuxième cycle*, puis en 1842 *Les Fleurs de Jan van Huysum*, laissant libre cours à son romantisme et à des rêveries fantastiques. Mais il n'oubliait pas ses idéaux politiques et humanitaires, comme en témoignent les deux poèmes : *Le Juif* (1842) et *La Juive* (1844). D'esprit polémique, il critiqua les snobs et les juristes qui méprisaient le peuple et fit la caricature de son contemporain Welhaven* dans des farces telles que *Phantasmes, Gens de condition, Kringla, Des goûts et des couleurs, Arlequin virtuose*. Mais le poète l'emporte sur le polémiste dans *La Mort de Sinclair* (1828) et *Campbelle*. À la fin de sa vie, Wergeland composa une *Histoire de la Constitution*, un *Manuel de lectures pour la jeunesse* et la *Biographie d'un paysan* malmené par la justice. Par son œuvre vaste et variée, il permit l'éclosion en Norvège d'une riche littérature nationale.

**WERICH (Jan)** ♦ Homme de théâtre et écrivain tchèque (Prague 1905 - *id.* 1980). Il fonda en 1927 avec JIŘÍ VOSKOVEC (Sázava 1905 - Pearlblossom, Californie 1981) le Théâtre libéré (les deux artistes sont souvent désignés par le signe V + W). Jusqu'à leur exil en 1938, ils créèrent 28 revues, dans une atmosphère de cabaret intellectuel et politique, influencée par le mouvement d'avant-garde de l'époque, le «poétisme» (*Smoking Revue, Gorila ex machina*, 1928 ; *Le Bourreau et le Fou*, 1934). Après la guerre, seul Werich revint à Prague pour tenter d'en ressusciter le répertoire, mais son prestige ne l'empêcha pas d'être tenu à l'écart en raison de son opposition au dogmatisme politique.

**WERNER (Abraham Gottlob)** ♦ Minéralogiste et géologue allemand (Wehrau, Saxe 1750 - Dresde 1817). Un des créateurs (avec Hutton*) de la géologie (appelée alors «géognosie»), il soutenait la thèse, dite «neptunienne», d'après laquelle la Terre était à l'origine recouverte d'un océan universel dans lequel, par précipitations successives, les substances dissoutes avaient formé les roches disposées en couches dans l'écorce terrestre. On lui doit, en outre, une classification précise des minéraux. ➛ **ÉTYM.** *Werner* vient du germanique *warin* «protection» et *hari* «armée».

**WERNER (Zacharias)** ♦ Écrivain allemand (Königsberg 1768 - Vienne 1823). «Après une vie errante de poète à la mode, d'évangéliste de l'amour divin et de coureur de jupons» (C. David), il se convertit au catholicisme (1810) et fut ordonné prêtre (1814). Ses aspirations contradictoires se retrouvent dans ses pièces de théâtre (*Les Fils de la vallée*, 1803 ; *La Croix sur la Baltique*, 1806 ; *Luther ou la consécration de la force*, 1807 ; *Le Vingt-quatre Février*, 1810 ; *La Mère des Maccabées*, 1820), œuvre dont Goethe devait dire qu'elle était un «mélange [...] de folies et de talents, de maladresses et d'extravagances, de bigoteries et d'audaces».

**WERNER (Alfred)** ♦ Chimiste suisse (Mulhouse 1866 - Zurich 1919). Il observa qu'un atome peut avoir plusieurs valences d'intensités variables (1893). Il proposa des formules dites de coordination, où plusieurs molécules sont groupées autour d'un atome central, noyau d'ions complexes. Il étudia ensuite la disposition de ces molécules dans l'espace, prouva l'existence des stéréo-isomères et découvrit l'isomérie optique de ces complexes. [Prix Nobel de chim. 1913]

**WERNER (Pierre)** ♦ Homme politique luxembourgeois (Lille 1913 - Luxembourg 2002). Chrétien-social, président du gouvernement de 1959 à 1974 et de 1979 à 1984, il fut l'un des artisans de la construction européenne (*plan Werner*, 1970, en vue de la création d'une monnaie commune).

**WERNER (Wendelin)** ♦ Mathématicien français d'origine allemande (Cologne 1968). Ses travaux concernent la théorie des probabilités et sont situés à la frontière entre les mathématiques et la physique. Avec Gregory Lawler et Oded Schramm, il développa une nouvelle approche des phénomènes critiques à deux dimensions (→ **Wilson [Kenneth G.]**), à la fois rigoureuse et fournissant une représentation géométrique des systèmes au voisinage des points critiques. [Médaille Fields 2006 ; Acad. sc. 2008]

**WERNER DER GAERTENAERE** ♦ Poète de langue allemande du XIIIe s. Évoquant la décadence de la chevalerie et de l'idéal courtois, son poème *Meier Helmbrecht* («Le Fermier Helmbrecht»), écrit en Autriche v. 1260, fait de lui un des principaux poètes satiriques de la seconde moitié du XIIIe s.

**WERNICKE (Carl)** ♦ Psychiatre allemand (Tarnowitz 1848 - en forêt de Thuringe 1905). Ses travaux portèrent principalement sur les localisations cérébrales. Il a donné son nom à la polio-encéphalite hémorragique (1881) et à un type d'aphasie se caractérisant par des troubles sensoriels ou de compréhension verbale et dû à une lésion de la région temporopariétale gauche.

**WERTHEIMER (Max)** ♦ Psychologue américain d'origine allemande (Prague 1880 - New Rochelle, près de New York 1943). Avec Koffka* et Köhler*, il fut l'un des fondateurs de la Gestalttheorie* (ou psychologie de la forme), théorie qui, à l'encontre de l'atomisme associationniste, affirme la primauté de la structure des faits psychiques par rapport aux éléments qui la composent. Il en appliqua les principes à l'étude des faits physiologiques.

**Werther (Les Souffrances du jeune)** – en all. ***Die Leiden des jungen Werthers*** ♦ Roman de Goethe* (1774), écrit sous forme épistolaire à l'exemple de la *Nouvelle Héloïse* de Rousseau, dont la lecture avait profondément influencé Goethe. Si le suicide par amour de son ami K. W. Jerusalem (fils du théologien J. F. W. Jerusalem) fut à l'origine de la composition du roman et en inspira la fin tragique, l'œuvre est en réalité une confession de Goethe lui-même. Il y évoque en effet son amour sans espoir pour Charlotte (Lotte) Buff, fiancée puis épouse de son ami Kestner, qu'il connut à Wetzlar (1772). Sous les traits de Werther, c'est lui-même dont il analyse les états d'âme, les progrès de la passion chez un être qu'une sensibilité excessive (allant de l'exaltation au désespoir) et une totale passivité acculent au suicide. Mais le héros est aussi celui de toute une génération (Sturm* und Drang) dont il incarnait les tourments et les contradictions. L'œuvre, qui connut un succès considérable en Europe, inspira directement ou indirectement de nombreux écrivains, et de nombreux suicides «à la Werther». ♦ ***Werther*** Opéra de Massenet* (Vienne, 1892), drame lyrique en 4 actes sur des paroles de É. Blau, P. Milliet et G. Hartmann, l'un des plus accomplis et des plus populaires du compositeur, qui s'est différencié de Goethe en faisant de Charlotte un personnage à part entière.

**WERVICQ-SUD** [59117] ➛ **ÉTYM.** *Wervicq*, du lat. *Viroviacus*, n. de pers. gallo-rom., et *Sud*, parce qu'elle est constituée du faubourg sud de Wervik* dont elle est séparée par la Lys ♦ Comm. du Nord, arr. de Lille, à la frontière belge, sur la Lys. 4 288 hab.

**WERVIK** ♦ V. de Belgique (Région flamande), prov. de Flandre-Occidentale, arr. d'Ypres, sur la Lys, face à Wervicq-Sud (France). 17 690 hab. Église des XIVe - XVe s. Moulin de Wervik (XVIIIe s.). ▪ Indus. variées (textile dominant).

**WERWE (Claus DE)** ♦ Sculpteur originaire des Pays-Bas (Haarlem ? v. 1368 - Dijon 1439). Neveu de Claus Sluter*, il travailla auprès de lui à la chartreuse de Champmol (à partir de 1396). Chargé à la mort de son oncle de continuer son atelier, il travailla notamment à l'achèvement du tombeau de Philippe le Hardi. Il fournit ensuite un projet pour le tombeau de Jean sans Peur. On lui attribue également le retable de Bessey-lès-Cîteaux (à partir de 1430). Représentant de la sculpture bourguignonne, il pratiqua un art réaliste et robuste qui révèle la forte emprise de son maître.

**WESEL** ♦ V. d'Allemagne (Rhénanie-du-Nord-Westphalie), à l'extrémité N.-O. du bassin de la Ruhr*, au confl. du Rhin et de la Lippe ; point de départ du Wesel-Datteln Kanal drainant le trafic houiller du nord du bassin. 38 340 hab. Église gothique (XVe - XVIe s.). En partie détruite durant la Deuxième Guerre mondiale, Wesel a été reconstruite selon des principes urbanistiques modernes. Important centre indus. ▮ **Histoire** Ancienne ville forte, Wesel adhéra à la Hanse en 1407.

**WESER** n. f. ♦ Fl. d'Allemagne (440 km) formé (à la hauteur de Hannoversche-Münden) par la réunion de la Fulda* et de la Werra. La Weser suit la direction S.-N. et décrit de larges méandres. Elle coule en bordure des Wiehengebirge et des Wesergebirge (ou monts de la Weser) avant de franchir la Porte de Westphalie. À partir de la trouée (ou bassin) de Minden*, elle pénètre dans la

La **Weser**, à Hamelin. *Phot. © Philip Lange /Shutterstock*

zone marécageuse de la grande plaine du Nord. Elle arrose Naumburg*, puis Brême* et se jette dans la mer du Nord en formant un estuaire long et étroit sur les bords duquel se trouve le port de Bremerhaven* (rive d.). La Weser a pour princ. affl. l'Aller*. Le Mittellandkanal* (qui passe au N. de Minden) la relie à l'Ems*, au Rhin* et à l'Elbe*. Son régime est de type pluvionival (avec un max. en hiver et à la fonte des neiges).

**WESKER (Arnold)** ♦ Auteur dramatique britannique (Londres 1932). D'origine ouvrière et de formation marxiste, il est l'auteur d'une trilogie dont les héros sont des prolétaires et des paysans anglais : *Bouillon de poule à l'orge* (1958), *Racines* (1959), *Je parle de Jérusalem* (1959 - 1960). *La Cuisine* (1961) est la plus ouvriériste des pièces de Wesker, qui se tournera plus tard vers la satire de milieux professionnels clos (*Les Journalistes*, 1974) ou vers des sujets plus familiaux (*Les Vieux*, 1972 ; *La Noce*, 1977) où l'indignation militante fait place au désir de concilier lutte politique et bonheur individuel.

**WESLEY (John)** ♦ Réformateur religieux britannique, fondateur du méthodisme (Epworth, Lincoln 1703 - Londres 1791). Prêtre anglican, il dirigea une société pieuse à Oxford, partit en Amérique (1735) et, de retour à Londres, se «convertit» subitement le 24 mai 1738, sous l'influence d'un missionnaire morave (→ **Zinzendorf**) et en accomplissant un retour aux sources de la Réforme. Il organisa alors la prédication dans toute l'Angleterre, notamment en milieu industriel, prêchant lui-même. → **méthodistes.** ◆ ÉTYM. Ce nom vient du vieil anglais *west* «ouest» et *lëah* «bois, clairière».

**WESSEL (Johan Hermann)** ♦ Écrivain norvégien (Vestby 1742 - Copenhague 1785). Animateur du Cercle norvégien de Copenhague, il brilla par son esprit et son humour dans une comédie : *L'Amour sans bas* (1772), parodie des médiocres imitations de la tragédie française. Puis, de 1784 à 1785, il publia dans son journal, *Votre serviteur Otiosus*, une série d'anecdotes comiques à la morale absurde : *Récits comiques*. Il rédigea toute son œuvre en danois.

**WESSELMANN (Tom)** ♦ Peintre américain (Cincinnati 1931 - New York 2004). Psychologue de formation, il devint, après sa participation à l'exposition «New Realists» (New York, 1962), l'un des peintres les plus importants du pop* art. Contrairement à Oldenburg, il représente la figure humaine, des femmes surtout, dans des intérieurs typiquement américains (*Bathtub 3*, 1963). Sa série *Great American Nude* montre des nus dépersonnalisés, réduits à l'état de «sex symbols» dans la banalité de leur environnement. Il a aussi réalisé des sculptures peintes en plexiglas, des fragments d'anatomie placés dans de vastes paysages schématisés, des dessins, puis, de 1988 à 1992, des natures mortes illustrées de visages de peintres célèbres *(Still Life with Two Matisses)* et des portraits *(Monica in Robe with Motherwell)* peints sur métal découpé.

**WESSEX** n. m. ◆ ÉTYM. du vieil angl. *West Seaxe* «Saxons de l'Ouest» (n. de tribu appliqué ensuite au territoire) [→ aussi Essex, Middlesex, Sussex] ♦ Royaume saxon fondé à la fin du V$^{e}$ s. dans le S. de l'Angleterre, avec pour capitale Winchester*. Il atteignit son apogée sous le règne du roi Egbert* le Grand (802 - 839), qui annexa les autres royaumes de l'Heptarchie*, puis sous Alfred* le Grand (871 - 899).

**WEST (Benjamin)** ♦ Peintre américain (Springfield, Pennsylvanie 1738 - Londres 1820). À Rome, de 1760 à 1763, il fréquenta Gavin Hamilton et adopta le style néoclassique. Il s'établit ensuite à Londres, fonda avec Reynolds* l'Académie royale de peinture (1768) et fut comblé d'honneurs. Il exécuta des portraits officiels, des peintures d'histoire (*La Mort du général Wolfe*, 1771) et, à la fin de sa vie, des peintures religieuses (*La Mort sur un cheval pâle*, 1817). Ses œuvres sont parfois habilement composées, mais sa facture, sèche, est souvent faible.

**WEST (Cicily Isabel FAIRFIELD, dite Rebecca)** ♦ Romancière et critique littéraire britannique (Édimbourg 1892 - Londres 1983). Elle fit paraître une étude sur Henry James en 1917, puis, profondément marquée par la Première Guerre mondiale, elle publia son premier roman, *Le Retour du soldat* en 1918. Le sens critique s'allie chez elle à un sens profond de la justice. Ses principaux romans sont : *Le Juge* (1922), *Harriet Hume* (1929), *La Voix rauque* (1936), *Le Roseau pensant* (1936), *La Famille Aubrey* (*The Fountain Overflows*, 1957), premier volume d'une chronique dont le thème central est la musique, symbole de sérénité. Les procès qui suivirent la guerre de 1939 sont à l'origine de *La Signification de la trahison* (1949) et *Une traînée de poudre* (1955).

**WEST (Nathan WEINSTEIN, dit Nathanael)** ♦ Écrivain américain (New York 1903 - El Centro, Californie 1940). Au cours de sa brève carrière (il mourut accidentellement au retour de son voyage de noces), il a brillamment illustré le roman «absurde» et l'humour noir dans sa vision surréaliste et nihiliste de la société américaine, et plus spécialement des mythes à la Horatio Alger* (*A Cool Million*, 1934). *The Day of the Locust* (1939) est ainsi une satire apocalyptique de Los Angeles.

**WEST (Morris)** ♦ Écrivain australien (St Kilda, Victoria 1916 - Sydney 1999). D'abord enseignant, il se lança dans l'écriture en 1955. *Fils du soleil* (1957) lui apporta une renommée internationale, confirmée ensuite par sa capacité à mêler intrigues romanesques et données historiques (*L'Avocat du diable*, 1959 ; *Les Souliers de saint Pierre*, 1963 ; *L'Ambassadeur*, 1965 ; *Les Bouffons de Dieu*, 1981 ; *De main de maître*, 1988).

**WEST BROMWICH** ♦ V. d'Angleterre (West Midlands), dans le N. de l'aggl. de Birmingham. 150 000 hab. Construc. mécaniques et électriques. Friches industrielles et fort taux de chômage.

**WEST END** ♦ Quartiers résidentiels de l'O. de Londres. Les résidences les plus proches du centre se transforment en bureaux sous la pression du coût du foncier.

**WESTERLAND** ♦ Principale station balnéaire d'Allemagne (Schleswig-Holstein), dans l'île de Sylt, la plus septentrionale des îles de Frise orientale. 9 200 hab. Thalassothérapie et casino en font le rendez-vous mondain de l'Allemagne du Nord.

**WESTERLO** ♦ Comm. de Belgique (Région flamande), prov. d'Anvers, arr. de Turnhout, sur la Grande Nèthe. 23 230 hab. Château de Mérode des XIII$^{e}$, XIV$^{e}$ et XVIII$^{e}$ s. Église des XV$^{e}$ - XVI$^{e}$ s. Aux environs, abbaye norbertine de Tongerlo (XII$^{e}$ s., restaurée après l'incendie de 1929). ▪ Construc. automobile.

**WESTERMANN (François Joseph)** ♦ Général français (Molsheim, Alsace 1751 - Paris 1794). Venu à Paris où il se lia avec Danton, il participa à la journée révolutionnaire du 10 août 1792. Nommé général en 1793, il se battit contre les insurgés vendéens et contribua aux victoires des armées républicaines au Mans et à Savenay (23 déc. 1793). Destitué en janv. 1794, condamné à mort par le Tribunal révolutionnaire (avr. 1794) avec Danton et les indulgents, auxquels il était lié, il fut guillotiné.

**WESTERMARCK (Edvard)** ♦ Sociologue, ethnologue et philosophe finlandais (Helsinki 1862 - Lapinlahti 1939). Auteur d'ouvrages de synthèse, en particulier d'une reconstitution de l'histoire du droit (*The History of Human Marriage*, 1891 ; *The Origin and Development of the Moral Ideas*, 1905-1908), il se consacra ensuite à l'étude de certaines sociétés musulmanes (*Ritual and Belief in Morocco*, 1926 ; *Pagan Survivals in Mahometan Civilization*, 1933).

**WESTERN ISLANDS** → **Hébrides**

**WESTERWALD** n. m. ♦ L'un des quatre plateaux du Massif schisteux rhénan. Situé entre la Sieg au N. et la Lahn au S., il culmine à 657 m. Très arrosée et boisée, la région vit de l'élevage bovin et de l'exploitation de l'argile réfractaire.

**WEST HAM** ♦ Quartier industriel de la banl. E. de Londres.

**WESTINGHOUSE (George)** ♦ Inventeur et industriel américain (Central Bridge, New York 1846 - *id.* 1914). Inventeur (1869) du frein à air comprimé qui porte son nom, utilisé pour la première fois en 1872 sur un train de voyageurs, universellement adopté depuis pour les chemins de fer. Il imagina également de nombreuses applications de l'électricité et fonda la Westinghouse Electric Corporation (1886).

**WESTKAPELLE** ♦ Village des Pays-Bas (Zélande), à la pointe de l'île de Walcheren, dont les digues protègent les Pays-Bas sur une longueur de 4 km, rattaché à Veere.

**WESTLAKE (Donald)** ♦ Romancier américain (New York 1933 - San Tocho, Mexique 2008). Il fut l'un des maîtres reconnus du roman policier et publia, se cachant parfois sous des pseudonymes (Richard Sark, Tucker Coe), une centaine d'ouvrages pour lesquels il reçut de nombreux prix. Une quinzaine furent adaptés au cinéma (*Made in USA* par Godard, *Le Point de non-retour* par Boorman, *Le Couperet* par Costa-Gavras). Ses polars aux multiples rebondissements possèdent également un ressort comique notamment avec la figure récurrente d'un petit arnaqueur, roi de l'entourloupe malchanceux, Dortmunder.

**WESTLAND** ♦ Région des Pays-Bas (Hollande-Méridionale), au S. de La Haye. Cultures maraîchères (serres).

**WESTMEATH** (comté de) – en gaél. ***Iar Mhí*** ♦ Comté de la rép. d'Irlande, sur la plaine centrale. 1 763 km². 79 346 hab. CH.-L. : Mullingar. Nombreux lacs. Élevage ; industrie laitière et textile.

**WESTMINSTER** (cité de) ➝ ÉTYM. vieil angl. « monastère *(mynster)* de l'ouest [à l'ouest de Londres] *(west)* » ♦ L'un des plus vieux quartiers *(borough)* de Londres, compris entre Kensington et Chelsea à l'O., la City à l'E. et la Tamise au S. 21,5 km². 181 279 hab. La cité de Westminster compte les plus célèbres monuments de Londres : l'abbaye et le palais de Westminster, Whitehall, le palais de Buckingham*, la National Gallery et la Tate Britain, les Law Courts (palais de justice). La cité est gouvernée par un maire. ▪ L'abbaye de Westminster, fondée dans la seconde moitié du XIe s. (église abbatiale de St. Peter) sur les ruines d'un ancien monastère bénédictin érigé en 616, fut constamment remaniée au cours des siècles, surtout au XIVe s. (gothique décoré) et au début du XVIe s. (chapelle d'Henri VII en gothique perpendiculaire). C'est un très bon exemple des trois périodes successives du gothique anglais (primitif, décoré et perpendiculaire). Presque tous les rois d'Angleterre y ont été couronnés depuis Édouard le Confesseur. L'abbaye abrite depuis 1296 la pierre du couronnement, ramenée par Édouard le Confesseur de la ville écossaise de Scone, et, depuis 1926, la tombe du Soldat inconnu. De nombreux hommes célèbres y sont enterrés (notamment dans le « coin des poètes »). ▪ Le collège St. Peter (Westminster School), l'un des plus vieux d'Angleterre, dépend de l'abbaye. Le palais de Westminster (maisons du Parlement), ancien palais royal, détruit à deux reprises par des incendies (1512 et 1834), a été reconstruit de 1840 à 1867 par Ch. Barry et Pugin en style néogothique. C'est le siège du Parlement britannique. La tour de l'horloge abrite le fameux carillon Big Ben. Westminster Hall, le premier palais de justice anglais (XIe s.), vit les procès de William Wallace, Richard II, Thomas More, Edmund Campion, Guy Fawkes, Charles Ier, Titus Oaks, Warren Hastings... ▪ À proximité, le quartier de Whitehall, autour de l'ancien palais, est le siège du gouvernement britannique. ▪ La *nouvelle cathédrale de Westminster* fut érigée au XIXe s. en style néobyzantin.

**WESTMORLAND** ➝ ÉTYM. du vieil angl. *Westmoringaland* « territoire *(land)* des gens (*-inga* [suff. possessif]) habitant à l'ouest *(west)* de la lande *(mōr)* » ♦ Anc. comté du N.-O. de l'Angleterre, correspondant au Lake District et inclu désormais dans le comté de Cumbria*.

**WESTMOUNT** ♦ V. du Canada (Québec), dans l'aggl. de Montréal. 20 494 hab. Centre résidentiel autrefois habité par l'élite anglophone et progressivement peuplé par les francophones.

**WESTON (Edward)** ♦ Photographe américain (Highland Parks, Illinois 1886 - Carmel, Californie 1958). Membre fondateur du groupe f/64 en 1932, il fut un adepte de la photographie directe. L'essentiel de sa production est composé d'objets, de nus, de portraits et de paysages. Conjuguant le réalisme pur et l'abstraction, il voulut révéler l'essence de ses sujets par une mise au point précise et une profondeur de champ accrue.

**WESTON-SUPER-MARE** ♦ V. d'Angleterre (New Somerset), sur l'estuaire de la Severn, au S.-O. de Bristol. 55 000 hab. Station balnéaire et port de plaisance.

**WESTPHALIE** n. f. – en all. ***Westfalen*** ➝ ÉTYM. probablt vieil all. « plaine *(falen)* de l'ouest *(west)* [de la Weser] » ♦ Région historique d'Allemagne. Originellement peuplée de Saxons (depuis 715 env.), la Westphalie résista à la domination franque jusqu'en 785. Province du duché de Saxe démantelé en 1180, après la victoire de Frédéric* Ier Barberousse sur Henri* le Lion, elle fut alors elle-même divisée en plusieurs principautés laïques et ecclésiastiques, dont la plus importante fut le *duché de Westphalie* donné à l'archevêque de Cologne*, et certaines de ses villes firent partie de la Hanse. Maximilien* Ier créa au XVIe s. un *cercle de Westphalie*, ou du Bas-Rhin, et les Hohenzollern* s'y infiltrèrent au XVIIe s. Après leur défaite, Napoléon créa un *royaume de Westphalie* (1807) dont il voulait faire un modèle d'État à la française et qui fut en fait un échec. Cet État, qui avait été un des premiers à se libérer de la domination française, disparut dès 1813, et la plus grande partie de la Westphalie passa alors à la Prusse. Elle est actuellement comprise dans le Land de Rhénanie*-du-Nord-Westphalie.

**Westphalie** (traités de) ♦ Nom de deux traités qui conclurent en 1648 la guerre de Trente* Ans. L'un fut signé pour les catholiques à Münster, l'autre pour les protestants à Osnabrück. La France et la Suède en étaient les principales bénéficiaires (la France gagnait entre autres l'Alsace, la Suède conservait les conquêtes de Gustave* II Adolphe). Le Brandebourg s'agrandit, les Provinces-Unies et la Suisse y acquirent leur indépendance. La grande perdante était l'Allemagne : épuisée par la guerre, son économie ne se rétablit qu'un siècle plus tard ; l'affaiblissement du pouvoir impérial et la victoire des particularismes la contraignaient à une véritable paralysie politique.

**West Point** ♦ Siège d'une académie militaire des États-Unis (État de New York), située au bord de l'Hudson. Fondée en 1802, l'école militaire de West Point forme des élèves officiers (cadets) des armées de terre et de l'air. MacArthur en fut le commandant.

**WESTPORT** ♦ V. de la rép. d'Irlande (comté de Mayo), sur la baie de Clew. 5 140 hab. Les nombreuses îles de la baie correspondent à des *drumlins* ennoyés. Bel exemple de ville coloniale du XVIIIe s. Principal centre touristique de la région.

**West Side Story** ♦ Film américain de Robert Wise* et Jerome Robbins (1961). Dans cet ultime avatar de la comédie musicale américaine (musique de Leonard Bernstein*), l'arrière-plan sociologique (combats de rues entre bandes rivales dans les bas-quartiers de New York) et le schéma sentimental (variation sur le thème de *Roméo et Juliette*) prennent le pas sur la féerie spectaculaire : le sang coule à l'ombre des buildings, entre deux entrechats. Le grand ordonnateur de cette violence stylisée est le chorégraphe Jerome Robbins. Le film reçut dix oscars.

**West Side Story.** Au centre, George Chakiris. *Phot. © Coll. Christophe L.*

**WEST VIRGINIA** ➝ **Virginie-Occidentale**

**WETTEREN** ♦ Comm. de Belgique (Région flamande), prov. de Flandre-Orientale, arr. de Dendermonde, sur l'Escaut. 23 304 hab. Pépinières et cultures florales (rosiers). Indus. chimique et textile.

**WETTERHORN** n. m. ➝ ÉTYM. all. « corne des tempêtes » ♦ Montagne de Suisse (3 701 m), dans l'Oberland bernois, au-dessus du village de Grindelwald.

**WETTINGEN** ♦ V. de Suisse (Argovie), sur la Limmat. Partie E. de l'aggl. de Baden. 18 618 hab. Abbaye cistercienne avec de magnifiques vitraux du XIIIe s. dans le cloître, des stalles sculptées (XVIIe s.) dans le chœur. ▪ Indus. textile.

**WETZIKON** ♦ V. de Suisse (cant. de Zurich). 19 726 hab. (aggl. de Wetzikon-Pfäffikon 44 015). Château médiéval transformé au XVIIe s. ▪ Filatures de coton et de soie.

**WETZLAR** ♦ V. d'Allemagne (Hesse), au confluent de la Lahn et de la Dill. 52 270 hab. Belle cathédrale des XIIe - XVe s. ▪ Instruments d'optique (firme Leitz). Sidérurgie.

**WEVELGEM** ♦ Comm. de Belgique (Région flamande), prov. de Flandre-Occidentale, arr. de Courtrai, sur la Lys. 30 926 hab. Indus. textile. Construc. métalliques. Aérodrome militaire. Nœud autoroutier.

**WEXFORD** – en gaél. ***Loch Garman*** ♦ V. de la rép. d'Irlande, 8 854 hab. (ch.-l. de comté. 131 749 hab.). Ruines d'un prieuré du XIIe s. La ville, créée par les Vikings, bénéficie de la proximité du terminal ferry de Rosslare. Le climat doux et peu humide pour l'Irlande, permet une croissance liée à l'agriculture.

**WEYERGANS (François)** ♦ Écrivain belge de langue française (Etterbeek 1941). Après *Le Radeau de la méduse* (1983) et *La Démence du boxeur* (prix Renaudot 1992), il rend hommage à son père lui-même écrivain dans *Franz et François* (1997). Il faut attendre sept ans pour que, dans un style toujours fluide, drôle et élégant, il publie *Trois jours chez ma mère* (prix Goncourt 2005), chronique douce et tendre d'un écrivain tourmenté, Weyergraf, en même temps que *Salomé*, son premier roman, écrit en 1969. [Acad. fr. 2009]

**WEYGAND** [vɛgɑ̃] **(Maxime)** ♦ Général français (Bruxelles 1867 - Paris 1965). Chef d'état-major de Foch dès le début de la Première Guerre mondiale, il demeura son proche collaborateur durant tout le conflit. Il fut envoyé comme conseiller militaire en Pologne lors de la guerre polono-soviétique (1920), puis remplaça Gouraud comme haut-commissaire en Syrie (1923). Membre du Conseil supérieur de la guerre (1924) et directeur du Centre des hautes études militaires, il fut nommé chef d'état-major de l'armée (1930) et quitta le service en 1935. Rappelé en 1939, il fut nommé commandant en chef du théâtre d'opérations de la Méditerranée. En mai 1940, il fut appelé par P. Reynaud pour remplacer Gamelin* comme généralissime. Il tenta d'opposer à l'ennemi une résistance sur la Somme et sur l'Aisne. Après avoir refusé de capituler en rase campagne, il se prononça pour un armistice dont le gouvernement prit toute la responsabilité politique. Ministre de la Défense nationale dans le gouvernement de Vichy (juin-sept. 1940), puis délégué général du maréchal Pétain en Afrique du Nord (1940 - 1941), il signa avec les Américains les accords qui facilitèrent le débarquement allié de 1942 (accords Weygand-Murphy, 1941) et réussit à empêcher l'application de l'accord Darlan*-Warlimont. Rappelé en France à la demande des Allemands, il fut arrêté et interné en Allemagne (1942). Libéré (1945), il fut traduit devant la Haute Cour de justice par le gouvernement du général de Gaulle, mais obtint en 1948 un non-lieu sur tous les chefs d'accusation. Outre ses *Mémoires* (1950 - 1957), il a laissé une *Histoire de l'armée française* (1938) et un ouvrage sur *Foch* (1947). [Acad. fr. 1931] ← ÉTYM. *Weygand* vient du germanique *wigant* «combattant».

**WEYL (Hermann)** ♦ Mathématicien allemand (Elmshorn, Schleswig-Holstein 1885 - Zurich 1955). Son œuvre, très variée, comprend les fondements géométriques de la théorie des fonctions algébriques d'une variable complexe, la théorie des fonctions de Riemann*, la première définition de la notion de variété. Il obtint d'importants résultats concernant les groupes de Lie*, la théorie des nombres, la physique mathématique.

**WEYMOUTH** ← ÉTYM. vieil angl. «embouchure (*mūtha*) de la Wey (riv.)» ♦ V. d'Angleterre (Dorset), à l'O. de Bournemouth. 63 665 hab. Station balnéaire et port (Portland Harbour). Terminal ferry pour Cherbourg et aéroglisseurs pour Saint-Malo.

**WEYPRECHT (Karl)** ♦ Marin autrichien (König in Odenwald, Hesse 1838 - Michelstadt, Hesse 1881). Parti pour explorer l'Arctique (avec Payer) en 1871, il découvrit l'archipel François-Joseph (1872). Outre le récit de son expédition, il publia *Les Métamorphoses de la glace polaire* (1879).

**WEZEMBEEK-OPPEM** ♦ Comm. de Belgique (Région flamande), prov. du Brabant flamand, arr. de Halle-Vilvoorde, sur le «ring» autoroutier de Bruxelles (banl. E.). Comm. à facilités pour la «minorité» francophone, en réalité majoritaire. 13 496 hab. Cultures maraîchères en recul (extension de l'aggl. bruxelloise).

**WEZET** → Visé

**WHAMPOA** → Huangpu

**WHARTON (Thomas)** ← ÉTYM. n. de lieux en Angleterre ♦ Anatomiste anglais (Winston on Tees 1614 - Londres 1673). Auteur d'un traité sur les glandes, il a donné son nom au canal excréteur de la glande sous-maxillaire.

**WHARTON (Edith)** née **JONES** ♦ Romancière américaine (New York 1862 - Saint-Brice-sous-Forêt 1937). Elle effectua à partir de 1907 de nombreux séjours en France, se consacrant aux œuvres d'assistance durant la Première Guerre mondiale. Issue de la haute société américaine, elle s'attacha, dans son œuvre romanesque, à dépeindre cette classe préservée par ses principes et sa morale conventionnelle, mais déjà menacée (à la fin du XIXe s.) par le dynamisme des nouveaux venus du monde des affaires. *Le Temps de l'innocence* (1920) qui lui valut un prix Pulitzer et *Leurs enfants* (1928) évoquent encore cette caste décadente. Dans *Chez les heureux du monde* (*The House of Mirth*, 1905), l'auteur étudie les mœurs de la haute société new-yorkaise. Moraliste sévère, marquée par le fatalisme et le sentiment de la tragédie, elle a écrit une nouvelle rurale, *Ethan Frome* (1911). Son œuvre, plus moderne que celle de son «maître» Henry James*, plus puissante et plus amère que celle de Paul Bourget, qu'elle fréquenta, a notamment influencé Sinclair Lewis* et F. S. Fitzgerald*.

**WHEATSTONE (sir Charles)** ♦ Physicien britannique (Gloucester 1802 - Paris 1875). Inventeur du stéréoscope (1838) et, avec Cooke*, du télégraphe électrique à cadran, il imagina l'utilisation de relais en télégraphie et réalisa les premiers essais de télégraphie par câble sous-marin (1840). Il conçut également un procédé de mesure de résistances électriques à l'aide du *pont de Wheatstone* (1844). [Acad. sc. 1873] ← ÉTYM. Ce nom vient de l'anglais *wheat* «blé» et *stone* «pierre».

**WHEELER (sir Robert Eric Mortimer)** ♦ Archéologue britannique (Édimbourg 1890 - Leatherhead 1976). Il enseigna l'archéologie à Londres, et dirigea les services archéologiques des Indes (1948 - 1955), puis fut conseiller du gouvernement pakistanais, ce qui lui permit de faire avancer l'étude des civilisations de l'Indus.

**whig et tory**

n. m. ← ÉTYM. *whig*, probablt contraction de l'écossais *whiggamaire*, de *whig* «faire avancer (un animal)» et de *mare* «cheval» et *tory* (→ tory) ♦ Termes d'origine écossaise pour l'un, irlandaise pour l'autre, introduits dans la vie politique anglaise lors de l'exclusion du futur Jacques* II de la succession (1679) et qui furent utilisés surtout au XVIIIe s. pour désigner les deux partis adverses. Les *whigs*, auxquels s'attachait l'idée d'opposition à l'autorité royale, furent les artisans de la révolution de 1688, puis de l'établissement de la dynastie des Hanovre et gardèrent le pouvoir pendant la première moitié du XVIIIe s., sous la direction de Walpole*, tandis que les *tories* (Bolingbroke*) étaient discrédités par leur «jacobisme». L'avènement de George* III et surtout la personnalité du Second Pitt* amenèrent la formation d'un nouveau torysme, libéral, auquel s'opposa un nouveau parti whig, radical, avec Fox*. La Révolution française et la guerre qui la suivit modifièrent cette division ; le torysme s'orienta alors vers la réaction et fut suivi par une large fraction whig. Les tories conservèrent le pouvoir jusqu'en 1830 (Castlereagh*, Peel*, Wellington*), date à laquelle le terme de *tory* fit place à celui de *conservateur* et celui de *whig* à *libéral*.

**WHIPPLE (George Hoyt)** ♦ Médecin américain (Ashland 1878 - Rochester 1976). Il étudia la lipodystrophie intestinale et découvrit une thérapeutique des anémies graves, fondée sur l'ingestion de foie ou l'administration d'extraits hépatiques. [Prix Nobel de physiol. ou méd. 1934, avec G. R. Minot et W. P. Murphy]

**WHISTLER (James Abbott McNeill)** ♦ Peintre et graveur américain (Lowell, Massachusetts 1834 - Londres 1903). De 1851 à 1854, il fut élève à West Point. Décidé à devenir peintre, il alla à Paris étudier dans l'atelier de Gleyre, se lia avec Fantin*-Latour puis Courbet*, Degas* et Manet*. Ses premières œuvres portent la marque des maîtres hollandais (Vermeer, P. de Hooch) et de Vélasquez mais dénotent surtout l'influence du réalisme prôné par Courbet. Refusé au Salon de 1859 avec *Au piano*, il alla à Londres, devint l'ami de

**Whistler.** *La Jeune Fille en blanc* (76,5×51 cm). Tate Gallery, Londres.
*Phot. © Arch. Larbor*

Rossetti* ; prenant alors une orientation différente, il s'inspira dans ses portraits féminins du type mélancolique et langoureux cher aux préraphaélites (*La Jeune Fille en blanc,* 1863). Il s'enthousiasma pour les estampes japonaises, les porcelaines chinoises et introduisit ces motifs exotiques dans ses portraits (*La Princesse au pays de porcelaine,* 1864). Attentif aux recherches sur la lumière poursuivies par les futurs impressionnistes, il peignit en Normandie avec Courbet* (*Courbet à Trouville,* 1865) et allégea sa palette. Après une période d'hésitations (réminiscences ingresques, mélanges d'éléments japonais et de motifs grecs), il s'affirma avec une série de portraits et de paysages aux titres abstraits et musicaux (*Symphonie en gris et vert, L'Océan,* 1866 ; *Harmonie en gris et vert ; Miss Cecily Alexander,* 1872 - 1873 ; *Nocturne en bleu et or ; Le Vieux Pont de Battersea,* 1872 - 1875), qui témoignent d'un souci de se libérer de l'aspect anecdotique de la représentation pour faire prévaloir une recherche de tons raffinés et un strict agencement de formes de caractère abstrait. Aux reproches de futilité et d'amoralisme que lui fit Ruskin*, il répliqua en défendant l'autonomie de la peinture. La conférence où il résume ses conceptions fut traduite par Mallarmé avec lequel il était très lié depuis 1877 (*Le Ten o'clock de M. Whistler).* En 1879 - 1880, il fit un voyage à Venise où il exécuta de nombreux pastels et des eaux-fortes, sans pour autant abandonner les grands portraits ; il peignit aussi des petits paysages, des scènes d'intérieur, des marines, et notamment une série de façades de boutiques *(Vert et or, Une boutique à Calais)* où le sujet devient exclusivement prétexte à un jeu abstrait de lignes géométriques et de surfaces colorées qui n'est pas sans annoncer les recherches de Mondrian. ➝ **ÉTYM.** Ce nom anglais signifie «joueur de flûte».

**WHITE (Patrick)** ♦ Écrivain australien (Londres 1912 - Sydney 1990). Issu d'une famille de propriétaires terriens fixés en Australie depuis 1826, lui-même établi depuis 1948 près de Sydney, où il pratiquait l'horticulture et l'élevage, il a donné une importance primordiale, dans son œuvre romanesque, à l'évocation de la nature sauvage de son pays. Connu avant la Deuxième Guerre mondiale par deux amples romans, *Eden-Ville,* 1939 et *Des morts et des vivants,* 1941, il a composé depuis des récits puissants où il met en scène des héros (souvent des femmes) animés de fortes passions et se plaisant à éprouver leur volonté (*Voss,* 1957 ; *Une ceinture de feuille,* 1976). Cette force morale peut d'ailleurs affronter un destin injuste, comme dans *Le Char des élus* (1961), et être vaincue ; elle est avant tout orientée vers une quête de leur propre identité (*Les Incarnations d'Eddie Twyborn,* 1979). Épiques, les romans de White recourent à une écriture baroque, riche d'amples métaphores. [Prix Nobel de littér. 1973] ➝ **ÉTYM.** Ce nom de famille anglais signifie «blanc» (➝ aussi Leblanc).

**WHITE (Kenneth)** ♦ Poète britannique (Glasgow 1936). Marqué par les paysages de son enfance sur la côte ouest de l'Écosse, il vit en Bretagne et a enseigné à la Sorbonne. Son œuvre, volontairement en marge de la littérature anglaise contemporaine, a reçu dès 1963 à Paris un accueil exceptionnel. *En toute candeur* (1964), *Scènes d'un monde flottant* (1976), *Terre de diamant* (1977), *La Route bleue* (1983), *Atlantica* (1987), et des essais comme *Approches du monde blanc* (1976) ont jalonné la découverte en France de cet itinéraire spirituel qui porte l'empreinte de Nietzsche, de la mythologie celte ou des spiritualités orientales, et qui se double aujourd'hui d'une réflexion philosophique sur la notion de nomadisme en littérature. Il a créé la *géopoétique,* mouvement culturel pour la connaissance de la nature alliant la littérature, la poésie et la science.

**WHITE HALL** ♦ Grande artère de Londres située entre Westminster et Trafalgar Square, dans le prolongement de Parliament Street, sur l'emplacement d'un anc. palais royal (dont il ne reste que le Banqueting Hall). Elle est bordée de bâtiments publics (quartier des Horse Guards, ministère de la Guerre).

**WHITEHEAD (Robert)** ♦ Ingénieur britannique (Bolton-le-Moors, Lancashire 1823 - Beckett Park, Berkshire 1905). Après avoir construit plusieurs navires de guerre pour le compte de l'Autriche, il étudia la torpille sous-marine automobile à partir de 1866, en entreprit la construction en 1872 et la perfectionna en lui adjoignant un servomoteur en 1876. ➝ **ÉTYM.** Ce nom anglais signifie «tête *(head)* blanche *(white)*» (surnom d'une personne aux cheveux blancs).

**WHITEHEAD (Alfred North)** ♦ Mathématicien, logicien et philosophe britannique (Ramsgate, Kent 1861 - Cambridge, États-Unis 1947). Professeur de mathématiques appliquées et de mécanique à Cambridge (Grande-Bretagne) et à l'université de Londres, puis de philosophie à Harvard (1924 - 1937), il publia en collaboration avec B. Russell* les *Principia mathematica* (1910 - 1913) qui, tout en s'efforçant de fonder les mathématiques sur des notions purement logiques, contribuèrent à établir les bases de la logique mathématique moderne. Considéré comme un des principaux représentants du «néoréalisme» anglo-saxon, Whitehead a étendu ses réflexions à la sociologie culturelle, l'éducation, la métaphysique et la religion. Il devait adopter finalement «une attitude critique devant une interprétation exclusivement rationaliste du monde [devant] une science qu'il représente pourtant» (R. Kanters) et formula une philosophie dynamiste, qui, refusant les oppositions traditionnelles, se présente comme un monisme panthéiste et fait de Dieu une nécessité immanente de l'existence et de la connaissance. Princ. ouvrages : *Principes de la connaissance naturelle,* 1919 ; *Le Concept de nature,* 1920 ; *Le Devenir de la religion,* 1926 ; *Les Buts de l'éducation,* 1929.

**WHITEHORSE** ➝ **ÉTYM.** d'après les rapides *Whitehorse* (angl. «cheval blanc») dont on dit qu'ils ressemblent à la crinière d'un cheval blanc ♦ V. du Canada, cap. du Yukon. 22 898 hab. Centrale hydroélectrique. **Histoire** Fondée en 1896 après la découverte de l'or du Klondike (➝ **Dawson**), qui suscita la construction d'une voie ferrée reliant le site à la côte Pacifique, la ville atteignit 20 000 habitants, puis déclina avec les mines. En 1942, la construction de la route de l'Alaska en fit un centre provisoire (env. 50 000 hab.) dont l'importance diminua après la guerre.

**WHITE HORSE HILLS** ♦ Collines crayeuses de l'Angleterre entre les Cotswold Hills au N.-O. et les Chiltern Hills au N.-E.

**WHITE MOUNTAINS** ➝ **ÉTYM.** angl. «montagnes blanches» ♦ Massif montagneux du N.-E. des États-Unis, prolongement du système appalachien dans le New Hampshire et le Maine.

**WHITMAN (Walter, dit Walt)** ♦ Poète et journaliste américain (West Hills, Long Island 1819 - Camden, New Jersey 1892). Whitman est l'homme d'un livre : *Feuilles d'herbe* (9 éditions différentes de 1855 à 1892), et sa vie se confond avec l'histoire de ce livre, qu'il ne cessait d'enrichir à chaque édition (la dernière comprend quatre cent onze poèmes). Sa mère, quaker, lui transmit sa foi dans la lumière intérieure, et son père, charpentier patriote et individualiste, son libéralisme. Ayant quitté l'école à onze ans, il fut typographe, instituteur, journaliste et enfin infirmier (1862 - 1865) pendant la guerre de Sécession. Son mysticisme démocratique lui fait envisager le moi comme le microcosme d'une création divine globale ; il est «poète de l'amour et de l'union, et en même temps de la mort et de la résurrection» (J. M. Cox). Un petit traité en prose, *Perspectives démocratiques* (1871), développe ces idées. Nouveau prophète de l'homme moderne, «Walt Whitman, un Kosmos» voulait s'adresser à tous, faire découvrir à tous l'unité, l'égalité du corps et de l'âme, de la femme et du mâle. Mais l'hymne de confiance en soi *(Chant de moi-même)* qui commence son œuvre lui valut d'être honni. Seul Emerson le défendit («Je vous salue au début d'une grande carrière»). Ennemi du matérialisme, persuadé de l'avenir de l'Amérique et du rôle futur du poète, Whitman n'a pas fait mystère de son homosexualité, ce qui nuisit à sa réputation. On lui doit *Drum Taps* (1865), poème sur la guerre civile, et *Passage to India* (1871) où il envisage une synthèse de l'Orient et de l'Occident. *Specimen Days and Collect* (1882) sont des notes autobiographiques. Whitman est considéré comme le plus grand et le plus original poète américain. Son style alterne les fulgurations inspirées et le galimatias journalistique de son temps et de son métier. Le poète, spontanéiste, refusait l'esthétisme, mais avait conscience d'avoir fait dans *Feuilles d'herbe* «une expérience sur la langue». ➝ **ÉTYM.** *Whitman* est une variante de *Whiteman,* anglais «homme *(man)* blanc *(white)*».

**WHITNEY (William Dwight)** ♦ Linguiste américain (Northampton, Massachusetts 1827 - New Haven, Connecticut 1894). Il s'intéressa d'abord aux sciences naturelles, mais abandonna peu à peu la géologie pour la philologie, qu'il étudia à Yale (1849), puis en Allemagne (Berlin et Tübingen). En 1852, il entreprit la publication de l'Atharva Veda puis il devint professeur à Yale (1854 - 1894). Sa *Grammaire du sanskrit* parut en 1879. Outre des travaux lexicographiques (*Webster* et *Century Dictionary*) et des réflexions issues d'une polémique avec Max Müller, on lui doit deux ouvrages de synthèse (*The Life and Growth of Language,* 1875 ; *Language and its Study,* 1876) qui exercèrent une grande influence, notamment sur F. de Saussure*. Par son analyse du signe et de ses fonctions linguistiques, par la reconnaissance du caractère spécifique des langues naturelles parmi les systèmes de communication, Whitney annonce la linguistique structurale et fonctionnelle du XXe s. ➝ **ÉTYM.** Ce nom de famille vient peut-être du vieil anglais *hwītan,* de *Hwītā* «blanc» (surnom) ou de *hwīt* «blanc» et *ēg* «île, terre inondée».

**WHITNEY** (mont) ♦ Montagne du S.-O. des États-Unis (4 418 m), dans la Sierra Nevada* (Californie) ; c'est le point culminant du pays, en dehors de l'Alaska.

**WHITTIER (John Greenleaf)** ♦ Poète quaker américain (Haverhill, Massachusetts 1807 - Hampton Fall, New Hampshire 1892). Fervent abolitionniste, non-violent, il fit carrière dans le journalisme et soutint la politique de A. Lincoln*. Il a laissé des poèmes simples, pastoraux, dont beaucoup sont devenus des classiques populaires : ainsi *The Barefoot Boy* (1855) ou *Snow-Bound* (1866), qui préfigurent R. Frost*, encore que sa veine bucolique et facile ait mal subi l'épreuve du temps.

**WHITTLE** (sir **Frank**) ♦ Ingénieur britannique (Coventry, 1907 - Columbia, Maryland 1996). Cherchant à adapter la turbine à gaz à la propulsion des avions, il conçut le premier turboréacteur qu'il fit breveter en 1930 et qui fonctionna au banc d'essai en 1937. Le premier vol d'un avion équipé de ce moteur, alors réalisé par Rolls Royce, eut lieu le 15 mai 1941.

**WHITWORTH** (sir **Joseph**) ♦ Ingénieur et industriel britannique (Stockport, Cheshire 1803 - Monte Carlo 1887). Fondateur d'une manufacture de machines-outils (1833), il recommanda en 1841 un système de filetage uniforme pour les vis. Ses produits ayant été remarqués à l'Exposition de 1851 pour leur grande précision, il fut chargé de réaliser les machines devant fabriquer les tubes des fusils rayés (arsenal d'Enfield). Il remplaça le marteau par la presse hydraulique pour le forgeage de l'acier (1870). ➝ ÉTYM. *Whitworth* est un nom de lieu qui signifie «enclosure (vieil anglais *worth*) blanche *(hwīt)*».

**WHORF (Benjamin Lee)** ♦ Linguiste américain (Winthrop, Massachusetts 1897 - Wethersfield, Connecticut 1941). Il a étudié à la suite de Sapir* les systèmes linguistiques (en particulier les langues indiennes) d'après la façon dont ils représentent et analysent la réalité perçue par la structure de leurs vocabulaires et de leurs syntaxes. *Language, Thought and Reality* (posth. 1956).

**WHYALLA** ♦ V. d'Australie (Australie-Méridionale), sur la côte E., au fond du golfe de Spencer, relié par voie ferrée au gisement de fer d'Iron Knob. 22 544 hab. Port. Sidérurgie. Construc. navales. Exportation de minerai de fer.

**WHYMPER (Edward)** ♦ Alpiniste britannique (Londres 1840 - Chamonix 1911). L'un des grands noms de l'alpinisme, il gravit nombre de sommets des Alpes ; en 1865, il fut le premier à accomplir l'ascension du Cervin*. Il mena ensuite des expéditions dans le Groenland et les Andes (1880).

**WHYTE (Frederic Methven)** ♦ Ingénieur américain (1865 - Tarrytown, New York 1941). Il imagina la classification des types de locomotives par nombre de roues (porteuses, motrices). En Europe, la classification Whyte est utilisée par nombre d'essieux.

**WIATR (Marek)** ♦ Écrivain et essayiste polonais (Cracovie 1930 - Rio de Janeiro 1968). Exilé en Amérique latine en 1956, il écrivit un essai sur les difficultés d'application de la théorie marxiste, *Échec d'une utopie* (1957), avant de publier un roman socio-philosophique où il évoque avec cynisme l'absurdité de l'existence humaine : *Le Labyrinthe* (1960). Sur le même thème, il écrivit encore *Pactodom* (1967), *Doupka* (1967), mais son désespoir le poussa au suicide.

**WICHITA** ♦ V. des États-Unis (Kansas). 344 284 hab. dont 13 % de Noirs et 13 % d'Hispaniques (zone urbaine 545 220). Université. Grand marché du grain et du bétail. Indus. chimiques et pharmaceutiques, outils de précision.

**WICHITA FALLS** ♦ V. des États-Unis (Texas). 104 197 hab. Centre d'une région agricole (élevage, blé, coton) et pétrolifère. Raffineries. Matériel pétrolier.

**WICHMAN (Eva Aline)** ♦ Poète, nouvelliste et décoratrice finlandaise de langue suédoise (Helsinki, 1908 - 1975). Elle satirisa le conformisme dans ses nouvelles *Mania* (1937) et *Tout est comme avant ici* (1938), s'indigna des souffrances imposées aux êtres vivants dans *Le nuage me vit* (1942). Ses poèmes, *Œil-de-serpent*, *L'Autre Mélodie* (1948), sont simples et méditatifs. Par la suite, militante de gauche, elle publia des vers résolument politiques dans *Poésie d'aujourd'hui* (1951) et *Les Vivants* (1954), se rasséréna dans *Poèmes* (1960) et *Cela arrive soudainement* (1964).

**WICKLOW** – en gaél. ***Cill Mhantáin*** ♦ Région montagneuse du S.-E. de la rép. d'Irlande, au S. de Dublin. Le relief glaciaire et les tourbières ne permettent qu'un élevage ovin extensif, mais la région bénéficie des retombées économiques de l'agglomération de Dublin dans sa partie septentrionale, autour de Bray*. ♦ **Comté de Wicklow :** 2 027 km². 126 194 hab. CH.-L. : Wicklow (10 070 hab.)

**WICKRAM (Georg** ou **Jörg)** ♦ Écrivain alsacien (Colmar v. 1520 - v. 1564). Fondateur de l'école de Maîtres* chanteurs de Colmar (1546), auteur de *Fastnachtspiele* (farces allégoriques jouées lors du carnaval), de mystères, de drames, il fut le créateur du roman bourgeois avec *Le Miroir des jeunes garçons* (1554), *Des bons et des mauvais voisins* (1556) et *Fil d'or* (1554 ou 1557) où il conte l'amour de deux jeunes gens d'origine sociale différente.

**WICKSELL (Knut)** ♦ Économiste suédois (Stockholm 1859 - Stocksund 1926). Tout en s'appuyant sur les principes du marginalisme, il a dépassé la théorie de l'équilibre général réalisé dans le capitalisme libéral (→ **Walras**) par son étude sur les fluctuations et l'instabilité du système des prix (*Valeur, Capital et Rente*, 1893 ; *Intérêt et Prix*, 1898 ; *Cours d'économie sur la base du principe marginal*, 1901).

**WIDAL (Fernand)** ♦ Médecin français (Dellys, Algérie 1862 - Paris 1929). Ses travaux concernent des domaines très variés, en particulier la typhoïde (il mit au point le vaccin, avec Chantemesse*, et découvrit le sérodiagnostic) et les maladies des reins dont il identifia les principaux syndromes et fonda le pronostic. ➝ ÉTYM. *Widal* est une variante de *Vital* (nom de personne), du latin *vitalis* «vital».

**WIDERØE (Rolf)** ♦ Physicien norvégien (Oslo 1902 - Nussbaumen, Suisse 1996). Il imagina, dès 1928, le principe de l'accélérateur linéaire, dans lequel le champ électrique alternatif est utilisé quand il agit dans le sens du mouvement, occulté quand il agit en sens inverse.

**WIDNES** ♦ V. d'Angleterre (Cheshire, district de Halton), sur la Mersey, en amont de Liverpool. 55 000 hab. Un des principaux centres de l'indus. chimique du Merseyside. Construc. mécaniques et fonderies de métaux non ferreux.

**WIDOR** [vidɔʀ] **(Charles Marie)** ♦ Organiste et compositeur français (Lyon 1844 - Paris 1937). Titulaire des orgues de Saint-Sulpice (1869 - 1905), il enseigna l'orgue et la composition au Conservatoire national (1890 - 1905), où il eut pour élèves Tournemire*, Vierne* et Dupré*. Il devint en 1914 secrétaire perpétuel de l'académie des Beaux-Arts. Il a donné à l'orgue une dimension symphonique (dix symphonies). On lui doit aussi des symphonies pour orchestre (dont la *Sinfonia Sacra*, avec orgue).

**WIDUKIND** ♦ Chef saxon (mort apr. 785). Il mena la lutte contre Charlemagne (778), mais dut finalement se soumettre et accepter le baptême (785).

**WIDUKIND** ♦ Chroniqueur allemand (mort à Corvey v. 1004). Moine de l'abbaye de Corvey, il est l'auteur des *Res gestae saxonicae* relatant l'histoire des Saxons jusqu'à la mort d'Othon* Ier le Grand (973).

**WIECHERT (Ernst Emil)** ♦ Écrivain allemand (Kleinort, Prusse-Orientale 1887 - Verikon, canton de Zurich 1950). Évocation de la Prusse-Orientale, de ses paysages de forêts, de landes, d'étangs et de marais, son œuvre s'inscrit dans le cadre de la littérature régionaliste. En quête de Dieu, quoique détaché du protestantisme dans lequel il avait été élevé, Wiechert exalta en effet un attachement mystique à la terre, les vertus d'une vie simple, une morale faite de dénuement et d'amour du prochain. Outre des romans (*Le Loup des morts*, 1924 ; *Tout Homme*, 1931 ; *La Vie simple*, 1939 ; *Les Enfants Jéromine*, 1945-1947 ; *Missa sine nomine*, 1950), il laissa de nombreux écrits autobiographiques (*Des forêts et des hommes*, 1936 ; *Le Bois des morts*, 1945, récit de son séjour au camp de Buchenwald où il fut interné pour son opposition au nazisme ; *Années et Saisons*, 1949).

**WIEDEMANN (Gustav Heinrich)** ♦ Physicien allemand (Berlin 1826 - Leipzig 1899). Étudiant avec Franz la conductibilité des solides, il vérifia la proportionnalité des conductibilités thermique et électrique, à une température donnée (*loi de Wiedemann-Franz*, 1853).

**WIELAND (Christoph Martin)** ♦ Poète, conteur et romancier allemand (Oberholzheim, près de Biberach, Wurtemberg 1733 - Weimar 1813). Fils de pasteur, élevé dans un milieu piétiste, il se familiarisa néanmoins très tôt avec la pensée rationaliste (Wolff, Bayle, Voltaire). Toutefois, celui qu'on allait surnommer «le Voltaire de l'Allemagne» abonda d'abord dans le sens de la piété sentimentale et de la spiritualité exaltée de J. J. Bodmer, chez qui il séjourna à Zurich, et surtout de Klopstock*, dont il devait devenir par la suite le rival (*Briefe von Verstorbenen*, 1754 ; *Empfindungen eines Christen*, 1755). L'influence du moraliste anglais Shaftesbury et la lecture des poètes anciens, des auteurs français et de Shakespeare, dont il donna la première traduction allemande, le ramenèrent peu à peu de cette «morale des capucins» vers un humanisme plus équilibré. Cette «victoire de la nature sur le mysticisme» s'affirma dans ses premiers romans. Ainsi dans *Agathon* (1766), sous les traits d'un jeune homme grec, Wieland décrivit sa propre histoire spirituelle, ses hésitations morales, ouvrant la voie au «roman de formation» *(Bildungsroman)* ; écrite dans un style alerte et gracieux, maniant tour à tour l'ironie et la plaisanterie, parfois grivoise, et affectant volontiers un ton sceptique, l'œuvre valut un succès considérable à son auteur, tout en faisant scandale comme d'ailleurs les contes qui lui succédèrent. Plus sérieux, le poème didactique *Musarion ou la Philosophie des grâces* (1768), tout en dénonçant les vertus hypocrites, définit «une morale aimablement mesurée [...], une sorte de douce discipline du cœur» (P. Grappin). Après la publication de son roman (*Le Miroir doré*, 1769), conte oriental à caractère politique où il se prononçait en faveur d'une monarchie éclairée, Wieland fut appelé comme précepteur du fils de la duchesse Anne-Amélie de Saxe-Weimar. Sous son influence, Weimar devait bientôt devenir un des grands centres littéraires allemands, «l'Athènes de Germanie». → **Goethe.** Fondateur de la revue *Teutscher Merkur* (1773), Wieland donna encore un roman *Les Abdéritains* (1774), description satirique de la petite bourgeoisie allemande, et un poème épique, *Oberon** (1780).

**WIELAND (Heinrich Otto)** ♦ Chimiste allemand (Pforzheim 1877 - Starnberg, près de Munich 1957). Il étudia le phénomène d'oxydation chez les êtres vivants et démontra qu'il est en général dû à la réaction de déshydrogénation. Mais ses travaux les plus importants concernent certaines substances naturelles : les poisons, les alcaloïdes et surtout les stéroïdes. Il fut le premier, avec A. Windaus*, à entreprendre l'étude biochimique de ce type de molécules inaugurant ainsi la chimie des hormones sexuelles. [Prix Nobel de chim. 1927]

**WIELICZKA** ♦ V. du S. de la Pologne, voïvodie de Petite-Pologne. 48 909 hab. Musée dans les anc. mines de sel, exploitées à partir du XIII<sup>e</sup> s.

**WIEMAN (Carl E.)** ♦ Physicien américain (Corvallis, Oregon 1951). Avec E. Cornell*, il parvint, en 1995, à réaliser le premier condensat de Bose-Einstein, un état de la matière prévu théoriquement par A. Einstein* en 1925, d'après les travaux de S. Bose*. Refroidi jusqu'à une température très voisine du zéro absolu (100 milliardièmes de degré) (→ **Cohen-Tannoudji**), un nuage de particules dites bosons (ici atomes de rubidium) ne se solidifie pas mais se condense en un «superatome», où les particules perdent leur individualité et se comportent comme une entité unique (phénomène analogue à l'obtention d'un rayon laser avec la lumière). [Prix Nobel de physique 2001, avec E. Cornell et W. Ketterle*]

**WIEN (Wilhelm)** ♦ Physicien allemand (Gaffken, Prusse-Orientale 1864 - Munich 1928). En étudiant les rayons «canaux» (qu'il appela rayons positifs) produits dans les tubes à décharge, il montra qu'ils sont composés de charges électriques positives d'une masse de l'ordre de celle des atomes. Ses résultats les plus importants concernent le rayonnement du corps noir et, en particulier, la répartition de l'énergie dans la lumière émise. Il établit la loi qui porte son nom (1893), d'après laquelle la longueur d'onde correspondant au maximum d'émission est inversement proportionnelle à la température. (Loi valable uniquement pour les courtes longueurs d'onde.) [Prix Nobel de phys. 1911]

**WIEN** → Vienne

**WIENBARG (Ludolf)** ♦ Écrivain allemand (Altona 1802 - Schleswig 1872). Si ses *Campagnes esthétiques* (1834) permettent de le classer parmi les représentants de la Jeune*-Allemagne, il s'en sépara par des positions nettement plus nationalistes.

**WIENE (Robert)** ♦ Cinéaste allemand (Sasku, Saxe 1881 - Paris 1938). *Le Cabinet* du docteur Caligari* (1920), réussite saisissante du cinéma expressionniste, devait constituer, pour le scénariste Carl Mayer, un réquisitoire contre la société, responsable des cruautés de la guerre. Le réalisateur n'en retint qu'un prétexte à des images remarquables par leur beauté plastique.

**WIENER (Norbert)** ♦ Mathématicien américain (Columbia, Missouri 1894 - Stockholm 1964). Auteur d'une analyse mathématique du mouvement brownien et d'une généralisation de l'analyse harmonique applicable à la majorité des phénomènes physiques, il fut surtout le «père de la cybernétique». Il utilisa les méthodes aléatoires pour étudier les problèmes de la transmission des messages et de la communication en général, aussi bien en ce qui concerne les machines que le système nerveux. Son livre, *Cybernetics, or Control and Communication in the Animal and the Machine* (1948), eut un grand retentissement dès sa parution.

**WIENER (Jean)** ♦ Pianiste et compositeur français (Paris 1896 - *id.* 1982). Après des études musicales traditionnelles, il s'orienta vers une forme européanisée de jazz et forma avec Doucet un duo au cabaret du Bœuf sur le toit, fréquenté par les musiciens du groupe des Six*. Il fit connaître les musiciens contemporains (Schoenberg, Milhaud, Stravinski, Poulenc, Falla).

**WIENER NEUSTADT** ♦ V. d'Autriche (Basse-Autriche), au S. de Vienne. 37 626 hab. Nombreux monuments : place entourée de maisons gothiques ; hôtel de ville (1488), remanié à l'époque baroque ; église paroissiale de l'Assomption (parties romanes et baroques) ; *Burg* (château fort des XIII<sup>e</sup> au XV<sup>e</sup> s., transformé au XVIII<sup>e</sup> s.) ; Neuklosterkirche (gothique). ▪ Indus. mécaniques et textiles. ▮ **Histoire** La ville fut fondée en 1194 par le duc Léopold de Babenberg, comme bastion de défense contre les Magyars. Elle fut résidence impériale sous Frédéric III (1439 - 1493). Son fils Maximilien I<sup>er</sup>, qui y naquit en 1459, est enterré dans l'église du château. La ville, dévastée au XIX<sup>e</sup> s. par un incendie, a subi des destructions très importantes lors de la Deuxième Guerre mondiale. Elle a été entièrement reconstruite.

**WIENERWALD** n. m. ♦ Massif montagneux boisé aux portes de Vienne (Autriche) par lequel se termine la chaîne des Alpes. Sa ligne de crête S.-O.-N.-E. s'abaisse de 893 m au Schöpf, à 483 m au Kahlenberg, qui domine très brutalement la vallée du Danube et la ville de Vienne. Le versant S.-E., coupé de vallons où se niche le couvent de Mayerling*, est à sa base couvert de vignobles et de villages viticoles (Grinzing, Mödling). ▮ **Histoire** C'est au Kahlenberg que Jean* III Sobieski délogea les Turcs en 1683.

**WIEPRZ** n. m. ♦ Riv. de Pologne (303 km), affl. de la Vistule.

**WIERINGEN** ♦ Comm. des Pays-Bas (Hollande-Septentrionale). 8 707 hab. Anc. île du Zuiderzee, rattachée à la terre par une digue (1926) et par la poldérisation du Wieringermeer (1930). Point de départ de la digue de fermeture du Zuiderzee (1932) qui relie Wieringen à la Frise. ▪ Agriculture. Pêche. Tourisme.

**WIERTZ (Antoine)** ♦ Peintre et dessinateur belge (Dinant 1806 - Bruxelles 1865). Il s'inspira de Rubens et exécuta d'énormes compositions dans un style souvent emphatique. Il aimait les figures imposantes, les détails macabres. Il réalisa de nombreuses esquisses d'un réalisme plein de verve et manifesta des tendances symbolistes et expressionnistes. Son œuvre la plus célèbre est *La Belle Rosine* (vers 1834).

**WIESBADEN** ➝ **ÉTYM.** anc. en lat. *Aquae Mattiacae*, puis en 829, en germ. *Wisbada* «(aux) bains *(baden)* des prés *(wies, wisi)*» ♦ V. d'Allemagne, cap. du Land de Hesse, au pied du Taunus et près du Rhin. 270 110 hab. Élégante station thermale (eaux chlorurées sodiques) connue depuis l'époque romaine, Wiesbaden est spécialisée dans le traitement des rhumatismes et des affections cardiaques. C'est en outre l'un des grands centres allemands de l'industrie cinématographique et le siège d'un festival de théâtre international. ▪ Indus. chimiques ; cimenteries. Siège de l'Office fédéral de statistiques, de la Police criminelle. ▮ **Histoire** La v. passa au XII<sup>e</sup> s. aux comtes de Nassau* et devint la capitale de la principauté de Nassau-Usingen en 1744, puis du duché de Nassau (1809) avant de passer à la Prusse en 1866, devenant la capitale de la province de Hesse-Nassau. Siège de l'administration alliée de 1919 à 1930, pendant l'occupation de la Rhénanie, puis en 1940 de la commission franco-allemande d'armistice.

**WIESCHAUS (Eric F.)** ♦ Biologiste américain d'origine suisse (South Bend, Indiana 1947). → **Nuesslein-Volhard.** [Prix Nobel de physiol. ou méd. 1995, avec C. Nuesslein-Volhard et E. Lewis*]

**WIESE (Leopold VON)** ♦ Sociologue et économiste allemand (Glatz 1876 - Cologne 1969). Il a exposé de façon complète le point de vue de l'école formaliste en sociologie, développant une théorie des relations et une théorie des formes sociales dans sa *Sociologie générale* (1924).

**WIESEL (Torsten Nils)** ♦ Neurophysiologiste suédois (Uppsala 1924). → **Hubel.** [Prix Nobel de physiol. ou méd. 1981, avec D. Hubel et R. Sperry*]

**WIESEL (Elie)** ♦ Écrivain américain d'expression française (Sighet, Roumanie 1928). Romancier, auteur de théâtre, essayiste, survivant des camps de concentration, il célèbre la mémoire collective juive et dépasse le souvenir des atrocités subies et la tentation du talion par un appel vers l'avenir de son peuple, «cri de désespoir d'abord, d'espérance ensuite», enfin «cri de victoire» (*L'Aube*, 1960 ; *Le Jour*, 1961 ; *Entre deux soleils*, 1970 ; *Célébration hassidique*, 1972 ; *Célébration biblique*, 1975 ; *Le Testament d'un poète juif assassiné*, 1980 ; *Signes d'exode*, 1985 ; *Et la mer n'est pas remplie*, 1998 ; *Le Cas Sonderberg*, 2008). En 2006, il refusa la proposition du Premier ministre E. Olmert de remplir les fonctions de chef de l'État d'Israël. [Prix Nobel de la paix 1986] ➝ **ÉTYM.** *Wiesel* vient du moyen haut allemand *wisele* «griotte».

Élie **Wiesel**, en 1996.
*© Phot. Ullstein Bild/ Roger-Viollet*

**WIESENTHAL (Szymon** dit **Simon)** ♦ Publiciste et investigateur autrichien (Buczacz, près de Lvov 1908 - Vienne 2005). Issu d'une famille juive de Galicie, architecte, il fut déporté en 1941. Rescapé de la Shoah, il consacra son existence à rechercher les criminels nazis à travers le monde, afin de les faire juger. Il contribua notamment à l'arrestation d'A. Eichmann* et de 1 100 autres criminels de guerre. Il fonda le centre de documentation historique juive à Linz, puis à Vienne. En 1977 fut créé le centre Simon Wiesenthal, qui se consacre à la mémoire de l'Holocauste, à la défense des droits de l'homme et du peuple juif. Wiesenthal publia, entre autres, *Les Assassins parmi nous* (1967), *Justice et non vengeance* (1989).

**WIESER (Friedrich VON)** ♦ Homme politique et économiste autrichien (Vienne 1851 - Sankt Gilgen 1926). Ministre du Commerce lors de la Première Guerre mondiale, il fut le chef de file de l'école marginaliste de Vienne après C. Menger*. Éliminant toute notion de coût de production dans la détermination de la valeur des biens, il développa surtout la notion de productivité marginale et posa les bases de la théorie du revenu (développée par Aftalion*). Contrairement à la plupart des marginalistes, Wieser affirma le rôle de l'État dans la vie économique et mit en question le libéralisme (*De l'origine et des lois de la valeur*, 1884 ; *La Valeur naturelle*, 1889 ; *La Théorie de l'économie sociale*, 1913 ; *La Loi de la puissance*, 1926).

**WIGAN** ♦ V. d'Angleterre (Greater Manchester), au N.-E. de Liverpool. 301 417 hab. Industrie du verre.

**WIGGINS (David Robert)** ♦ Philosophe britannique (né en 1933). Son ouvrage principal, *Sameness and Substance* (1989), présente une théorie de l'identité et de l'individuation qui met en relation l'essentialisme, le conceptualisme et le réalisme, pour l'appliquer au cas particulier de l'identité personnelle et en déduire des considérations d'ordre éthique et politique.

**WIGHT** (île de) ➛ ÉTYM. du lat. *Vectis,* n. anc. de l'île (sens incertain) ♦ Île formant un comté au S. de l'Angleterre, face à Portsmouth et séparée des côtes du Hampshire par le Solent. 381 km². 132 719 hab. CH.-L. : Newport. Port principal : Cowes. Grâce à son climat doux et ensoleillé, l'île est productrice de primeurs. C'est un lieu de villégiature et un centre de navigation de plaisance, la saison culminant avec la semaine de Cowes. En 1970 eut lieu un des grands concerts de pop music qui vit le triomphe, entre autres, de Jimi Hendrix.

**WIGMAN (Mary)** ♦ Danseuse et chorégraphe allemande (Hanovre 1886 - Berlin 1973). Elle étudia avec Jaques-Dalcroze et R. von Laban (1913) avant de paraître comme soliste sur les scènes de plusieurs villes d'Allemagne. Elle commença une longue carrière de professeur et d'animatrice en fondant à Dresde (1920) une école dont le rayonnement s'étendit peu à peu à l'Allemagne, à la Suisse et aux États-Unis. Sa conception d'une danse d'abord libérée de la musique puis, plus tard, prenant appui sur les instruments à percussion et affranchissant le danseur de toute contrainte d'école, a exercé une forte influence sur l'évolution de l'art chorégraphique contemporain.

Mary **Wigman**, v. 1940. *Phot. © Bettmann/Corbis*

**WIGNEHIES** [59212] ➛ ÉTYM. du germ. *Winihho,* n. de pers., et suff. *-iacas* ♦ Comm. du Nord, arr. d'Avesnes-sur-Helpe. 3 284 hab.

**WIGNER (Eugene Paul)** ♦ Physicien américain d'origine hongroise (Budapest 1902 - Princeton 1995). Spécialiste de physique nucléaire, il étudia la quantification du champ électromagnétique (1928), et la théorie quantique des champs en général ; il montra que le proton et le neutron ont les mêmes propriétés dans l'interaction nucléaire forte, élabora la théorie de l'absorption des neutrons et découvrit l'effet qui porte son nom, consistant en un déplacement d'un atome dans un réseau cristallin par action d'un neutron ou d'un ion d'énergie suffisante, important dans les réacteurs nucléaires. Il participa à la mise au point de la première pile atomique, sous la direction de Fermi*. Ses recherches les plus importantes concernent le rôle de la symétrie en physique quantique, en particulier l'invariance par inversion des coordonnées d'espace (conservation de la parité) et l'inversion du temps. [Prix Nobel de phys. 1963, avec M. Goeppert*-Mayer et H. D. Jensen*]

**WIJNEGEM** ♦ Comm. de Belgique (Région flamande), prov. et arr. d'Anvers, sur le canal Albert. 8 890 hab. Plusieurs châteaux. ▪ Construc. métalliques. Importante distillerie.

**WIL** ♦ V. de Suisse (cant. de Saint-Gall), dans la vallée de la Thur. 16 392 hab. (aggl. 64 162). Maisons anc. (XIV^e^ - XVII^e^ s.).

**Wilanów** (château de) ♦ Château situé près de Varsovie*. Il constitue un chef-d'œuvre de l'architecture baroque polonaise. Construit pour le roi Jean III Sobieski, il fut agrandi sous Auguste II et remanié entre 1845 et 1855. En 1805 une partie du château a été aménagée en musée.

**WILCZEK (Frank)** ♦ Physicien américain (New York 1951). Il découvrit à l'âge de vingt et un ans, avec D. Gross* (et indépendamment de H.D. Politzer*), la propriété essentielle de la force qui lie les quarks et assure la cohésion des noyaux atomiques. [Prix Nobel de phys. 2004, avec H.D. Politzer et D.J. Gross]

**WILD (Heinrich)** ♦ Ingénieur suisse (Bilten 1877 - Baden 1951). Constructeur d'appareils de précision, il est le créateur des instruments modernes de géodésie et de photogrammétrie.

**WILDE (Oscar)** ♦ Écrivain et auteur dramatique britannique (Dublin 1854 - Paris 1900). Fils d'un chirurgien irlandais, il acheva ses études à Oxford (1878) et devint bientôt, par sa beauté, son élégance, la subtilité de son esprit et l'esthétisme raffiné de sa doctrine littéraire, l'auteur le plus fêté de toute l'Angleterre. Il publia alors des *Poèmes* (1881), des contes : *Le Prince heureux et autres contes* (1888), puis des histoires : *Le Crime de lord Arthur Saville et autres histoires,* des essais *(Intentions)* et un unique roman fantastique : *Le Portrait* de Dorian Gray* (1891), œuvre esthétisante qui porte l'influence de Walter Pater* et dont l'hédonisme souleva des polémiques vigoureuses. Il demeura cependant le favori de la haute société londonienne quand il fit représenter, avec un éclatant succès, dans les années qui suivirent, trois œuvres qui renouvelaient la comédie anglaise agonisante : *L'Éventail de Lady Windermere* (1892) où s'unissent le pathétique et le comique romanesques ; *Une femme sans importance* (1893) et, surtout, *De l'importance d'être Constant* (*The Importance of Being Earnest,* 1895), peinture ironique des mœurs de l'aristocratie anglaise. Il composa aussi, en français, un drame, *Salomé,* que Sarah Bernhardt créa à Paris (1893). ▪ La dénonciation publique de ses mœurs homosexuelles par le marquis de Queensberry, père de lord Alfred Douglas, lui valut alors d'être condamné à deux ans de travaux forcés (1895). Ce fut pour Wilde le début de la déchéance. Il écrivit alors l'émouvante *Ballade de la geôle de Reading* (1898), puis quitta l'Angleterre pour la France, à l'expiration de sa peine. Malgré la sollicitude de quelques amis, dont André Gide*, il finit ses jours dans une tragique solitude. ➛ ÉTYM. *Wilde* vient de l'anglais *wild* « sauvage, inculte » (surnom d'un homme violent).

Oscar **Wilde.** *BIS/Phot. © Coll. Archives Larbor-DR*

**WILDENBRUCH (Ernst von)** ♦ Écrivain allemand (Beyrouth 1845 - Berlin 1909). Auteur de poésies patriotiques (1870 - 1871), il tenta de porter à la scène les grands moments de l'histoire allemande (*Les Carolingiens,* 1881 ; *Henri et sa Descendance,* 1896) et s'essaya également dans le drame social (*L'Alouette,* 1891).

**WILDENVEY (Herman)** ♦ Poète norvégien (Eiker, près de Drammen 1886 - Larvik 1959). Amoureux de la vie, passionné de liberté, il chanta la nature et l'amour dans des recueils de vers (*Nyinger,* 1907 ; *Caresses,* 1916 ; *La Lyre de l'automne,* 1931). Dans ses vers, d'une grande musicalité, il exprime sa joie de vivre, rompant par là avec la gravité habituelle de la littérature norvégienne.

**WILDER (Thornton Niven)** ♦ Écrivain américain (Madison 1897 - New Haven 1975). Humaniste et conservateur, il est l'auteur d'une œuvre romanesque variée : *La Cabale* (1926), *Le Pont du Roi Saint-Louis* (1927, prix Pulitzer), *La femme d'Andros* (1930), *En voiture pour le ciel* (1935), *Les Ides de mars* (1948), *Mr. North* (1973). Son œuvre théâtrale contribua à faire de lui un des classiques américains du XX^e^ s. : *Notre petite ville* (prix Pulitzer 1939), *La Peau de nos dents* (prix Pulitzer 1943), *The Matchmaker* (1954), qui a inspiré la comédie musicale *Hello Dolly !*

**WILDER (Billy)** ♦ Cinéaste américain d'origine autrichienne (Vienne 1906 - Beverly Hills 2002). Formé à l'école de l'expressionnisme allemand, il s'est imposé dans des genres aussi divers que le drame (*Assurance sur la mort,* 1944 ; *Le Poison,* film sur l'alcoolisme, 1945 ; *Boulevard du Crépuscule [Sunset Boulevard],* 1950, évocation des splendeurs déchues du cinéma muet ; *Le Gouffre aux chimères,* 1951, violente satire des mœurs journalistiques américaines) et la comédie légère (*Sept Ans de réflexion,* 1955 ; *Certains l'aiment chaud,* 1959, où il fait preuve d'un remarquable sens du rythme et d'un goût du comique ambigu). Ses derniers films témoignent d'un dosage savant d'humour et de nostalgie : *La Vie privée de Sherlock Holmes* (1970), *Avanti* (1972), *Fedora* (1978), *Buddy Buddy* (1981).

**WILES (Andrew John)** ♦ Mathématicien britannique (Cambridge 1953). Il démontra, en 1993, le dernier théorème de Fermat* (l'équation $x^n + y^n = z^n$ n'a pas de solutions entières non nulles pour $n \geq 3$), devant lequel les mathématiciens sont restés impuissants pendant plus de 300 ans.

**WILFRID** (saint) ➝ **ÉTYM.** du germ. *will* «volonté» et *frid* «paix» ♦ Bénédictin anglais (en Northumbrie v. 634 - Oundle, près de Northampton 709). Abbé de Ripon puis archevêque d'York, il fit admettre les pratiques et l'autorité romaines à l'Église celte de Northumbrie (synode de Whitby, 663). Apôtre des Frisons avant saint Willibrord*. ▪ Fête le 12 oct.

**WILHELMINE** ➝ **ÉTYM.** féminin de *Wilhelm*, du germ. *will* «volonté» et *helm* «casque» (→ aussi Guillaume) ♦ Reine des Pays-Bas (La Haye 1880 - Het Loo 1962). Fille du roi Guillaume* III, elle lui succéda en 1890, mais sa mère assura la régence. Restée neutre pendant la Première Guerre mondiale, elle gagna Londres en 1940 avec son gouvernement. Après son retour triomphal en 1945, elle abdiqua en 1948 en faveur de sa fille Juliana*.

**Wilhelm Meister (Les Années d'apprentissage de)** – en all. ***Wilhelm Meisters Lehrjahre*** ♦ Roman de Goethe* (1796). Écrite entre 1777 et 1785 et retrouvée en 1910, une première version est principalement consacrée à *La Vocation théâtrale de Wilhelm Meister* et à sa découverte de Shakespeare, particulièrement de *Hamlet*. Repris et achevé sur les encouragements de Schiller, le roman, sous sa forme définitive, est davantage centré sur la formation psychologique, sociale et spirituelle du héros. Fils de négociants, Wilhelm Meister se sent attiré par le théâtre et, lors d'un voyage, se joint à une troupe de comédiens ambulants. À travers ses expériences tant théâtrales que sentimentales il est secrètement guidé dans son évolution par une société de sages, sorte de franc-maçonnerie, dont il deviendra membre, après avoir renoncé au théâtre pour se consacrer à la société. Cette œuvre se caractérise surtout par «la vie abondante, multiple, qui passe devant nos yeux» (Goethe), le fourmillement des personnages, parmi lesquels les figures de Mignon* et du harpiste sont sans doute les plus attachantes, la diversité des situations où Goethe révèle tout son art de conter. Une seconde partie du roman, *Les Années de voyage [pèlerinage] de Wilhelm Meister ou les Renonçants* (*Wilhelm Meisters Wanderjahre oder die Entsagenden*, 1821 - 1829), donne à l'œuvre sa signification. Pour achever sa formation sociale et morale, Wilhelm Meister entreprend un voyage en compagnie de son fils Félix dont il veut faire l'éducation. Cette partie, de valeur littéraire moindre est capitale pour la compréhension des théories pédagogiques (influencées par celles de Rousseau, Pestalozzi), éthiques, sociales et religieuses de Goethe. Ce grand roman de formation *(Bildungsroman)* a inspiré de nombreuses œuvres du genre, même chez les romantiques (→ **Novalis**), et a donné ses lignes directrices à la théorie anthroposophique. → **Steiner (Rudolf)**.

**WILHELMSHAVEN** ➝ **ÉTYM.** all. «le port *(Haven)* de Wilhelm (Guillaume* Ier de Prusse qui inaugura le port en 1869)» ♦ V. d'Allemagne (Basse-Saxe), au fond du golfe de Jade*, sur la mer du Nord. 94 995 hab. Important port militaire démantelé en 1945, devenu un grand port pétrolier relié par canal à Emden et par oléoduc aux ports de la Ruhr. Centre indus. actif (raffinage du pétrole, construc. navales, bureautique, textiles).

**WILHELMSTRASSE** n. f. ♦ Grande artère de Berlin*, où se trouvait, de 1871 à 1945, le ministère des Affaires étrangères. Par extension, nom donné à la diplomatie allemande jusqu'en 1945.

**WILHERING** ♦ Abbaye cistercienne d'Autriche (Haute-Autriche), au bord du Danube, à 14 km à l'O. de Linz. Reconstruite en 1734 - 1748, l'église abbatiale est l'un des plus beaux exemples de décoration rococo (fresques de la coupole, stucs, autel, orgue).

**WILKES (John)** ♦ Homme politique britannique (Londres 1727 - *id.* 1797). Membre du Parlement, il fonda en 1762 le journal *The North Briton* où il publia des attaques virulentes contre le gouvernement de George* III. Il fut emprisonné à plusieurs reprises, exploita la publicité que lui avaient donnée ses incarcérations et fut triomphalement réélu en 1768. Nommé lord-maire de Londres en 1774, il contraignit les Communes à publier les comptes rendus de leurs débats. Il incarnait pour les Anglais la défense des libertés traditionnelles contre l'autoritarisme royal.

**WILKES (Charles)** ♦ Officier de marine et explorateur américain (New York 1798 - Washington 1877). Il entreprit une expédition scientifique dans le Pacifique Sud (1838 - 1842) et atteignit les côtes de l'Antarctique *(terre de Wilkes)*.

**WILKES (Maurice Vincent)** ♦ Mathématicien et informaticien britannique (Dudley 1913). L'un des inventeurs du radar, il s'inspira des travaux d'Eckert* et Mauchly* pour construire, en 1949, l'EDSAC (Electronic Delay Storage Automatic Calculator), le premier ordinateur opérationnel à programme interne (ou enregistré). Il mit au point le concept de langage assembleur (un codage simple des instructions), ainsi que celui du sous-programme et fut le premier à utiliser les lignes à retard au mercure, inventées par Eckert, qui permirent une amélioration de la mémoire de la machine.

**WILKES-BARRE** ♦ V. des États-Unis (Pennsylvanie), au confluent de la Susquehanna orientale et du canal de Pennsylvanie. 43 123 hab. Centre commercial et industriel.

**WILKINS** (sir **George Hubert**) ♦ Explorateur australien (Mount Bryan 1888 - Framingham, Massachusetts 1958). Il participa à de nombreuses expéditions dans l'Arctique de 1913 à 1931 (expédition du sous-marin *Nautilus*) et dans de l'Antarctique de 1920 à 1928 (raid aérien au-dessus de la terre de Graham).

**WILKINS (Maurice Hugh Frederick)** ♦ Biophysicien britannique (Pongaroa, Nouvelle-Zélande 1916 - Londres 2004). Il contribua aux recherches sur la séparation des isotopes de l'uranium. Spécialiste de la cristallographie, il obtint, avec Rosalind Franklin, les figures de diffraction des rayons X par les cristaux d'ADN qui sont à la base de la découverte de sa structure par F. Crick* et J. D. Watson*. [Prix Nobel de physiol. ou méd. 1962, avec F. Crick et J. D. Watson]

**WILKINSON (John)** ♦ Industriel britannique (Springside, Lancashire 1728 - Bradley, Staffordshire 1808). Il mit en application les nouvelles techniques métallurgiques. Il construisit en 1748 à Bilston son premier haut fourneau qui fut suivi de nombreux autres et de fonderies à Bersham, Willey, Broseley. Il utilisa la première machine à vapeur de Boulton et Watt pour actionner les soufflets. Wilkinson est l'inventeur d'une machine à forer, d'un tour à fileter, ainsi que des tuyaux de fonte des canalisations d'eau de Paris. ➝ **ÉTYM.** Ce nom anglais signifie «le fils *(son)* de Wilkin (diminutif de *William*)».

**WILKINSON** (sir **John Gardner**) ♦ Égyptologue britannique (Chelsea 1797 - Llandovery 1875). Il fut l'un des fondateurs de l'égyptologie en Grande-Bretagne. Il effectua de nombreuses fouilles en Égypte et en Nubie de 1821 à 1833 puis en 1842, 1848 - 1849 et en 1855, manifestant de l'intérêt pour des sujets très variés (croyances funéraires, vie quotidienne, géologie, astronomie, chronologie).

**WILKINSON (Geoffrey)** ♦ Chimiste britannique (Tormorden, Yorkshire 1921 - Londres 1996). Auteur de recherches sur les composés organométalliques à «structure sandwich», effectuées indépendamment de E. O. Fischer*, il réalisa également des travaux importants concernant la catalyse. [Prix Nobel de chim. 1973, avec E. O. Fischer]

**WILLAERT (Adriaan)** ♦ Compositeur flamand (Bruges ? 1480 ou 1490 - Venise 1562). Après avoir étudié le droit à Paris, il s'orienta vers la musique, qu'il étudia à Venise, à la cour de Ferrare et à Milan. Maître de chapelle à Saint-Marc de Venise, charge qu'il assuma pendant trente-cinq ans et à laquelle il donna un lustre considérable, il fonda une célèbre école de chant, où il forma de prestigieux élèves (Gabrieli*, Zarlino*, C. de Rore*). Ses compositions font une synthèse originale d'éléments néerlandais (motets, madrigaux), français (chansons) et italiens (*Canzoni villanesche alla napolitana, Fantasie et ricercari* instrumentaux, dont les *Salmi spezzati* [1550], à huit voix et double chœur).

**WILLAMETTE** n. f. ♦ Riv. de l'O. des États-Unis (Oregon) qui prend sa source dans la chaîne des Cascades, coule du S. au N. et se jette dans le Columbia. ▪ La *vallée de la Willamette*, continuant le Puget* Sound, forme la partie N. de la dépression qui sépare la chaîne des Cascades des chaînes côtières (Coast Range) dominant le Pacifique.

**WILLEBROEK** ♦ Comm. de Belgique (Région flamande), prov. d'Anvers, arr. de Malines, sur le Rupel et le canal de Bruxelles. 23 300 hab. Plan d'eau de Hazewinkel (sports nautiques). Indus. chimique, alimentaire, du bois et du meuble. Les chantiers navals et la brasserie ont disparu. ▪ Le camp de concentration nazi du Fort de Breendonk était sur le territoire de Willebroek.

**Willebroek** (canal de) → **Bruxelles au Rupel (canal maritime de)**

**WILLEMS (Paul)** ♦ Écrivain belge d'expression française (Edegem, près d'Anvers 1912 - Zoersel, près d'Anvers 1997). Fils de la romancière Marie Gevers*, Paul Willems publia quatre romans, avant de se consacrer au théâtre. Dès ses premiers récits (*Tout est réel ici*, 1941 ; *Blessures*, 1945), il mit en scène un univers marqué par l'omniprésence de la nature et de l'eau, où le passé et le présent, le rêve et la réalité se confondent dans un jeu permanent de reflets. Sous l'apparence de la drôlerie ou de la fantaisie poétique, son œuvre dramatique poursuivit cette quête des analogies et des vérités secondes. Depuis les premières féeries (*Le Bon Vin de Monsieur Nuche*, 1949 ; *Il pleut dans ma maison*, 1963) jusqu'aux pièces de la maturité (*Warna ou le Poids de la neige*, 1963 ; *La Ville à voile*, 1967 ; Les *Miroirs d'Ostende*, 1974), son théâtre baigne dans une atmosphère dominée par l'illusion et le factice, où la parole manifeste une inadéquation fondamentale au réel. ➝ **ÉTYM.** *Willems* est la forme flamande correspondant au prénom *Guillaume**.

**WILLEMSTAD** ♦ Cap. des Antilles néerlandaises sur l'île de Curaçao. Env. 50 000 hab. Tourisme, port franc, raffinerie de pétrole. ▮ **Histoire** Le fort Amsterdam fut fondé en 1635 par les Hollandais. Il commande un goulet donnant accès à un plan d'eau profond et très bien protégé. De belles maisons anciennes rappellent cette histoire coloniale. Synagogue Mikvé Israël, la plus ancienne des Caraïbes (achevée en 1732).

**WILLENDORF** ♦ Localité d'Autriche, près de Krems, où a été découverte en 1908 une petite statuette féminine sculptée dans le calcaire et peinte, datant du Gravettien*. 798 hab.

**WILLESDEN** ♦ Centre ferroviaire et industriel de la banl. N.-O. de Londres.

**WILLETTE** [vilɛt] **(Adolphe)** ♦ Peintre et dessinateur français (Châlons-sur-Marne 1857 - Paris 1926). Il se consacra surtout au dessin et à la lithographie et créa notamment des affiches. Il dessina pour *Le Chat-Noir, Le Courrier français, Le Boulevard, Le Rire, Le Pierrot* et *Le Pied-de-nez*. Esprit plein de verve, il eut le sens de la satire et devint populaire avec ses représentations de Pierrot et de Colombine, à la fois légères et sentimentales. Son œuvre, dont il publia une anthologie *(Cent Dessins de Willette)*, reflète l'un des aspects caractéristiques de la «Belle Époque».

**WILLIAMS (Roger)** ♦ Prédicateur et théologien américain (Londres 1603 ou 1604 - Providence, Rhode Island 1684). Entré au Pembroke College de Cambridge en 1621, il reçut les ordres en 1629, puis émigra en Amérique à la suite d'une déception amoureuse. Il fut instituteur à Salem. Ses idées libérales lui attirèrent alors la haine des puritains et il dut fuir chez les Indiens narragansett dont il étudiait la langue. Il fonda la «plantation de Providence», où régnait la liberté politique et religieuse. Une charte de Charles II qui resta en vigueur jusqu'en 1842 consacra ses institutions démocratiques. À lui seul, le titre de ses œuvres donne une idée de la pensée de ce «chrétien fondamental» : *La Doctrine sanguinaire des persécutions pour motif de conscience* (1645), *Doctrine de M. Cotton rendue plus sanguinaire encore par sa tentative de la laver dans le sang de l'Agneau* (1652), *Le Ministre mercenaire n'a rien à voir avec le Christ*. Mettant sa parole en action, Williams, comme fondateur et gouverneur de l'État de Rhode* Island, donna hospitalité et protection aux quakers* persécutés bien qu'il fût lui-même un adversaire de leur doctrine. ➜ **ÉTYM.** *Williams* est la forme flamande et anglaise correspondant à *Guillaume**.

**WILLIAMS (William Carlos)** ♦ Poète américain (Rutherford, New Jersey 1883 - *id.* 1963). Sa poésie, toute d'attention au réel, semble fort simple, simplicité qui cache en réalité une complexité et une intensité extrêmes. Williams fut d'abord attentif à un certain automatisme (*Kora en enfer*, 1920) et à l'effervescence moderne : il fut ami de Pound* et des objectivistes*, fréquenta le Paris de la génération* perdue, préfacera plus tard *Howl* de Ginsberg*. Mais, s'implantant dans son Rutherford où il exerçait la pédiatrie et s'inscrivant contre T. S. Eliot, il travaillera le «local» dans ses poèmes, en tirant un des monuments de la poésie américaine du XX^e^ s., *Paterson* (1946 - 1958). On lui doit également un cycle romanesque (*Mule blanche, La Fortune, Le Succès*, 1937 - 1952), des nouvelles (*Filles de fermiers*, 1957), des essais et une attachante *Autobiographie* (1951). Il écrivit jusqu'à la fin de sa vie des poèmes d'une grande finesse d'émotion : *Tableaux d'après Bruegel* (1962) et reçut le prix Pulitzer à titre posthume.

**WILLIAMS (Charles Melvin, dit Cootie)** ♦ Trompettiste et compositeur de jazz américain (Mobile, Alabama 1910 - Long Island 1985). Excellent utilisateur de la sourdine en caoutchouc, il fut un soliste remarqué dans les orchestres de Duke Ellington* (1929 - 1940) et de Benny Goodman* (1940 - 1942). Princ. enregistrements : *Echoes of the Jungle* (avec Duke Ellington, 1931), *Air Mail Special* (avec Benny Goodman, 1941).

**WILLIAMS (Thomas Lanier Williams, dit après 1939 Tennessee)** ➜ **ÉTYM.** il choisit un autre prénom en hommage à ses grands-parents qui vivaient à Memphis dans le Tennessee ♦ Auteur dramatique, romancier et poète américain (Columbus, Mississippi 1911 - New York 1983). C'est un enfant du Sud, élevé dans l'atmosphère de dégradation d'une classe sociale ruinée par le «dynamisme affairiste» des gens du Nord. Le thème dominant de son théâtre est l'opposition entre les besoins physiques de ses personnages et les possibilités de la société conformiste et moralisante du Sud. Affligés de maladies nerveuses, d'obsessions sexuelles, ses héros apparaissent comme les victimes, souvent proches du suicide, d'un système social qui maintient chez l'individu le sentiment de l'inégalité et celui d'une culpabilité sans espoir de rédemption. Williams a été influencé par Tchekhov et D. H. Lawrence. Son théâtre violent, romantique, baroque, traite des grands problèmes personnels de l'auteur (homosexualité, drogue, alcool) et traduit l'impossibilité de communiquer avec ceux que l'on aime. Ses principales pièces sont : *La Ménagerie de verre* (1945), *Un tramway* nommé Désir* (1947, prix Pulitzer), *La Rose tatouée* (1950), *La Chatte sur un toit brûlant* (1955, prix Pulitzer), *Suddenly Last Summer* (1958), *Doux oiseau de la jeunesse* (1959), *La Nuit de l'iguane* (1961), *Small Craft Warnings* (1972). Dans son roman *Le Printemps romain de M^me^ Stone* (1950) et dans *Baby Doll* (1956), scénario de film, Williams évoque aussi l'amour sensuel et le thème de la frustration féminine.

**WILLIAMS (Joseph Goreed, dit Joe)** ♦ Chanteur de jazz américain (Cordele, Georgie 1918 - Las Vegas 1999). Après avoir débuté à Chicago dans l'orchestre de Jimmie Noone* (1937) et chanté avec Pete Johnson (1941 - 1954), il succéda à Jimmy Rushing* dans l'orchestre de Count Basie* (1954). Princ. enregistrements : *Everyday I Have the Blues* (avec Count Basie, 1955), *To-Morrow Night* (1960).

**WILLIAMS (Marion)** ♦ Chanteuse américaine (Miami 1927 - Philadelphie 1994). Influencée par Bessie Smith, elle fut, à la tête de sa propre Église (The Oakley Memorial Temple Church of God in Christ), l'une des plus grandes chanteuses de gospel.

**WILLIAMS (Bernard Arthur Owen)** ♦ Philosophe britannique (Westcliff-on-Sea, Essex 1929 - Rome 2003). Il doit sa renommée mondiale à ses travaux en philosophie morale caractérisés par un retour vers les fondements historiques, culturels, politiques et psychologiques de la morale dans la Grèce antique. Toute son œuvre constitue une critique de l'idée de système en philosophie morale (idée portée par des termes tels que utilitarisme, conséquentialisme, réductionnisme) et cherche à montrer que le point de vue moral ne peut jamais dépendre d'une conception universelle, impersonnelle et objective du moi (*Problèmes du moi*, 1973) ni des valeurs (*La Chance morale : papiers philosophiques*, 1981). L'ambition kantienne de fonder l'éthique sur la délibération rationnelle d'un sujet mettant son «moi» à distance est un leurre, tout comme la justification aristotélicienne de l'éthique en termes de nature humaine universelle (*L'Éthique et les limites de la philosophie*, 1985).

**WILLIAMS (Betty)** ♦ Pacifiste d'Irlande du Nord (Belfast 1943). Dirigeante du Mouvement des femmes pour la paix en Irlande. [Prix Nobel de la paix 1976, avec M. Corrigan*]

**WILLIAMS (Jody)** ♦ Militante américaine (Brattleboro, Vermont 1950). Après avoir travaillé dans diverses ONG en Amérique centrale, elle devint la porte-parole de la Campagne internationale pour l'interdiction des mines antipersonnelles (ICBL), avec laquelle elle fut colauréate du prix Nobel de la Paix en 1997.

**WILLIAMSON (Oliver)** ♦ Économiste américain (né en 1932). Il a travaillé sur la théorie des organisations. Il a montré que le marché et l'entreprise diffèrent dans leurs approches de résolution des conflits d'intérêt et d'économie des coûts de transaction. Le marché est en effet pénalisé par ces derniers (prospection, prestations, négociations, surveillance...). Le modèle de l'entreprise peut se révéler plus efficace en raison de son organisation hiérarchique, qui implique une coordination, et de la réalisation des transactions en interne. [Prix Nobel d'écon. 2009 avec E. Ostrom*]

**WILLIBRORD** (saint) ♦ Moine anglais (en Northumbrie 658 - Echternach 739). Disciple de saint Wilfrid* à Ripon, il évangélisa les Frisons (690), devint archevêque d'Utrecht (695 - 696) et fonda le monastère d'Echternach* au Luxembourg (698). ▪ Fête le 7 nov.

**WILLINK (Albert Carel)** ♦ Peintre néerlandais (Amsterdam 1900 - *id.* 1983). Après un séjour à Berlin de 1920 à 1923, il peignit des œuvres abstraites, fortement influencées par le futurisme et le constructivisme. À Paris, en 1925, il suivit les cours de Le Fauconnier*, mais seul le néoclassicisme de Picasso* retint son attention. En 1928 il abandonna l'abstraction avec le *Portrait de Madame Blijstra Van der Meulen*. Il s'inspira des maîtres flamands et surtout de Giorgio De* Chirico pour traiter par un réalisme chargé de fantastique des portraits, des paysages, et même des thèmes religieux, dénués de toute allusion à une transcendance. À travers cette esthétique de la distance, il médite sur notre civilisation et sur la réalité inéluctable de la mort (*Le Prédicateur*, 1937 ; *Siméon le Stylite*, 1939). Après 1945, il peignit d'après des photographies, dans son atelier, des vues des parcs de Sceaux, de Versailles, de Fontainebleau, de Saint-Germain-en-Laye, peuplés uniquement de chameaux, de rhinocéros, de girafes. Dans Zoo (1958), il approfondit ses références à l'absurde et à l'aliénation à travers le thème des animaux exotiques.

**WILLIS (Thomas)** ♦ Anatomiste et physiologiste anglais (Great Bedwin, Wiltshire 1621 - Londres 1675). Auteur du premier traité sur le cerveau humain, il en donna une description détaillée, distinguant en particulier la substance grise et la substance blanche. Il étudia les lésions de l'encéphale, les réflexes, et fut le premier à remarquer le goût sucré des urines des diabétiques. Son nom est resté attaché à un anneau artériel constitué par les principales artères du cerveau et les anastomoses qui les réunissent à leur origine *(hexagone de Willis)*.

**WILLOUGHBY** (sir **Hugh**) ♦ Navigateur anglais (Risley ? - presqu'île de Kola 1554). À la recherche d'un passage maritime par le N.-E. vers les Indes et la Chine, il atteignit l'océan Arctique (1553), la Nouvelle-Zemble (Novaïa Zemlia), la Laponie ; contraint d'hiverner dans la presqu'île de Kola, il y mourut.

Albert Carel **Willink.** *Wilma* (53 x 107 cm), 1932.
Haags Gemeentemuseum, La Haye.
*BIS/Phot. © The Bridgeman Art Library/Artephot*

**WILLSTÄTTER (Richard)** ♦ Chimiste allemand (Karlsruhe 1872 - Muralto, Suisse 1942). Auteur de travaux sur les alcaloïdes (cocaïne, en particulier), les anthocyanes (1913), les pigments végétaux, il étudia la composition et le fonctionnement de la chlorophylle et montra l'analogie de sa structure avec celle de l'hématine. On lui doit également des travaux fondamentaux sur les enzymes. [Prix Nobel de chim. 1915]

**WILLY (Henry GAUTHIER-VILLARS,** dit) ➝ **ÉTYM.** dimin. de *Villars*, son nom ♦ Écrivain français (Villiers-sur-Orge 1859 - Paris 1931). Auteur, sous le pseudonyme *L'Ouvreuse du Cirque d'été*, de critiques musicales pleines d'alacrité (réunies dans les *Lettres de l'ouvreuse*, 1890), Willy composa également des romans humoristiques (*Maîtresse d'esthètes*, 1897 ; *Un vilain monsieur*, 1898), puis des œuvres licencieuses (*La Môme Picrate*, 1904 ; *Maugis amoureux*, 1906) avant de publier ses *Souvenirs littéraires... et autres* (1925). ▪ Il épousa Colette* en 1893, et aurait collaboré aux premiers ouvrages de sa femme, qu'il publia sous son nom (*Claudine à l'école*, 1900 ; *Claudine à Paris*, 1901 ; *Claudine en ménage*, 1902 et *Claudine s'en va*, 1903).

**WILMINGTON** ♦ V. des États-Unis (Delaware) sur la Delaware, dans la métropole de Philadelphie. 72 664 hab. (zone urbaine 233 450). Port actif. Indus. chimiques et recherche (DuPont de Nemours).

**WILMOTTE (Jean-Michel)** ♦ Architecte, urbaniste et designer français (Soissons 1948). Il a réalisé l'aménagement intérieur de sièges sociaux, bureaux et collectivités (notamment à Nîmes de 1986 à 1989) et des bâtiments publics (Assemblée nationale, Collège de France) ainsi que le Grand Louvre et le musée d'Art islamique de Doha. Il a restauré des hôtels et des espaces commerciaux (France, Espagne, Japon, États-Unis) et rénové des musées (Chiado, Lisbonne, 1994 ; Beaux-Arts, Lyon, 1991 - 1998 ; Mercian, Japon, 1995). En 2002, il a construit (en coll.) la tour de la Paix (dite tour des Français) à Saint-Pétersbourg. Il a développé le concept d'« architecture intérieure des villes », afin de traiter l'espace public avec le même soin que l'espace privé, notamment en concevant du mobilier urbain (les Champs-Élysées à Paris en 1994). ➝ **ÉTYM.** *Wilmotte* est une contraction de *Willemote*, hypocoristique de *Willaume*, variante régionale de *Guillaume**.

**WILNO** → **Vilnius**

**WILSON (Richard)** ♦ Peintre et dessinateur britannique (Penegoes, pays de Galles 1714 - Llanberis, Carnarvonshire 1782). À Londres, en 1729, il étudia le portrait auprès de T. Wright, s'intéressa au paysage et s'y consacra entièrement à partir de son séjour en Italie (1750). Il exécuta des vues de sites et de monuments romains dans la tradition classique de Poussin et de Claude Lorrain et fit de nombreux croquis qui l'inspirèrent à son retour en Angleterre (v. 1757). Il fut l'un des membres fondateurs de l'Académie royale de peinture et devint un professeur influent. Il se montra personnel dans ses paysages du pays de Galles et des environs de Londres : observés avec franchise et rigoureusement agencés, idéalisés mais non pas conventionnels, ces paysages ont un caractère poétique d'une sereine simplicité. La sécheresse de sa facture n'empêcha pas Wilson de rendre avec délicatesse la limpidité de l'atmosphère. Son non-conformisme, son goût pour les couleurs claires font de lui l'un des principaux initiateurs de l'école paysagiste anglaise (*Cader Idris*, v. 1774 ; *Vue du Snowdon*). ➝ **ÉTYM.** Ce nom anglais signifie « fils *(son)* de Will (diminutif de *William*) ».

**WILSON (Horace Hayman)** ♦ Médecin et orientaliste britannique (Londres 1786 - *id.* 1860). Il fut médecin de la Compagnie des Indes, puis enseigna le sanskrit à Oxford. Il est l'auteur d'un *Dictionnaire sanskrit-anglais* (1819), d'une *Grammaire sanskrite* (1841) et de traductions en anglais d'œuvres indiennes (*Vishnoupurana, Rigveda*).

**WILSON (Daniel)** ♦ Homme politique français (Paris 1840 - Loches 1919). Plusieurs fois député à partir de 1869, sous-secrétaire d'État aux Finances, il fut directement impliqué dans le scandale du trafic des décorations (1886 - 1887) qui devait entraîner la démission du président Jules Grévy*, dont Wilson avait épousé la fille. Les chansonniers s'emparèrent du fait (« Ah ! quel malheur d'avoir un gendre ! »). Toutefois, D. Wilson, condamné en correctionnelle, fut acquitté en appel et réélu député.

**WILSON (Thomas Woodrow)** ♦ Homme d'État américain (Staunton, Virginie 1856 - Washington 1924), 28e président des États-Unis (1913 - 1921). Fils d'un pasteur presbytérien, il fut avocat en 1882 puis professeur d'économie politique à la Wesleyan University du Connecticut (1888 - 1890) et à l'université de Princeton (1890 - 1902) dont il assura ensuite la présidence (1902 - 1910). Gouverneur démocrate du New Jersey (1911 - 1913), il mena à bien des réformes qui lui acquirent une certaine popularité et lui valurent d'être désigné comme candidat démocrate à la présidence et élu, en nov. 1912, contre Th. Roosevelt. Réélu en 1916, Wilson fut président des États-Unis jusqu'en 1921. Il engagea de nombreuses réformes démocratiques (renforcement de la loi antitrust, 1914 ; droit de vote aux femmes, 1920) et accrut le pouvoir du gouvernement fédéral par divers amendements à la Constitution : ainsi la création d'un impôt fédéral sur le revenu (1913), l'élection des sénateurs au suffrage universel direct (1913), la création d'une organisation fédérale de crédit (1913). En politique étrangère, Wilson renforça la prédominance américaine sur le continent (occupation d'Haïti, 1915 ; une expédition au Mexique, 1916). Lors de la Première Guerre mondiale, il défendit d'abord la neutralité tout en se réservant une possibilité d'arbitrage. Ce n'est que lorsque les Allemands décidèrent la guerre sous-marine à outrance que le Congrès déclara la guerre (avr. 1917). → **Guerre mondiale (Première).** Le 8 janv. 1918, Wilson définit les « quatorze points » qui lui semblaient indispensables pour le maintien de la paix. Mais, lors de la conférence de la paix de 1919, les Alliés ne retinrent de ses projets que l'organisation de la SDN, et ce pacte ne fut même pas ratifié par le Sénat américain. Frappé de paralysie, Wilson vit son candidat battu aux élections de 1920. [Prix Nobel de la paix 1919]

**WILSON** (sir **Henry Hughes)** ♦ Maréchal britannique (Edgeworthstown, Irlande 1864 - Londres 1922). Ami de Foch et commandant la section des opérations à l'état-major général (1910), il prépara la collaboration militaire franco-britannique, fit la guerre en France, fut le représentant britannique au Conseil supérieur de la guerre (1917), devint chef d'état-major impérial (1918). Député de l'Irlande du Nord (1922) et unioniste, il fut assassiné par des nationalistes irlandais.

**WILSON (Charles Thomson Rees)** ♦ Physicien britannique (Glencorse, Midlothian, Écosse 1869 - Carlops 1959). Spécialiste de météorologie, il découvrit, en étudiant les nuages, que les particules électrisées constituent des centres de condensation pour la vapeur d'eau sursaturée. Il appliqua cette découverte à la construction d'un détecteur de rayonnement ionisant (chambre à brouillard ou *chambre de Wilson*, 1911) qui permet de visualiser les trajectoires individuelles des particules ionisantes. [Prix Nobel de phys. 1927, avec A. Compton*]

**WILSON (Henry Maitland,** baron) ♦ Maréchal britannique (Stowlangtoft Hall, Suffolk 1881 - Aylesbury, Buckinghamshire 1964). Il participa avec Wavell à la défaite des troupes italiennes en Libye (hiver 1940 - 1941). Commandant les forces britanniques en Grèce en 1941, il dut effectuer la retraite devant les forces allemandes, puis commanda les troupes qui occupèrent la Syrie française. Il devint commandant suprême allié en Méditerranée en 1944. ▪ Auteur de souvenirs : *Eight Years Overseas 1939-1947* (« Huit ans d'outre-mer... », 1950).

**WILSON (Edmund)** ♦ Critique et écrivain américain (Red Bank, New Jersey 1895 - Talcottville, New York 1972). Critique très influent à *Vanity Fair, New Republic* et *The New Yorker*, il fit connaître Hemingway, Dos Passos, Faulkner et surtout Fitzgerald. *Le Château d'Axel* (1931), une analyse du mouvement symboliste, est devenu un classique de la critique littéraire américaine. Il publia également de la poésie, un roman (*J'ai pensé à Daisy,* 1929) et un recueil de nouvelles (*Mémoires du comté d'Hécate,* 1942). Il est aussi l'auteur d'écrits politiques (*La Gare de Finlande,* 1940).

**WILSON (Teddy)** ♦ Pianiste de jazz américain (Austin 1912 - New Britain, Connecticut 1986). Membre de l'orchestre de Louis Armstrong* (1933), il passa successivement dans les formations de Benny Carter* et de Benny Goodman* pour se consacrer par la suite à l'enseignement du piano tout en participant à diverses tournées au Japon et en Europe. Virtuose du piano, il sut rompre avec le style *stride.* Princ. enregistrements : *After You've Gone* (avec Benny Goodman, 1935), *I'll Get by* (avec Billie Holiday et Lester Young, 1937), *Bugle Call Rag* (1945), *Tea for Two* (1952).

**WILSON (sir Frank Johnstone, dit Angus)** ♦ Auteur dramatique et romancier britannique (Bexhill, Sussex 1913 - Bury St. Edmund, Suffolk 1991). Après une enfance passée en Afrique du Sud, il fit ses études à Oxford et devint professeur de littérature anglaise. Ses premiers recueils de nouvelles attaquent la bourgeoisie intellectuelle (*The Wrong Set,* 1949 ; *Such Darling Dodos,* 1950) et donnent le ton d'une œuvre à l'ironie mordante et inquiète. Ses romans (*Attitudes anglo-saxonnes,* 1956) mettent en scène les mêmes intellectuels désarmés devant la vie. Parmi les personnages de cette œuvre, la seule forte personnalité est une femme, l'héroïne des *Quarante ans de Mrs. Eliot* (1958). Dans *La Girafe et les Vieillards* (*The Old Men at the Zoo,* 1961), roman satirique, A. Wilson suppose qu'une guerre nucléaire menace de ramener l'humanité à son animalité primitive. La même angoisse devant la violence fournit la matière de *Embraser le monde* (1980), sur le terrorisme politique.

**WILSON (sir Harold)** ♦ Homme politique britannique (Huddersfield 1916 - Londres 1995). Professeur d'économie politique, il fut élu aux Communes dans les rangs des travaillistes*, dont il devint le chef en 1963 après avoir été ministre du Commerce (1947 - 1951). Chargé de former le gouvernement après la victoire électorale de son parti en 1964, il vit sa majorité renforcée au Parlement en 1966. Pour résoudre une grave crise financière, il entreprit une politique d'austérité qui se révéla insuffisante et se décida en nov. 1967 à dévaluer la livre sterling de 14,3 %. Après le refus opposé par le général de Gaulle à l'entrée de la Grande-Bretagne dans le Marché* commun (nov. 1967), la popularité des travaillistes baissa et H. Wilson procéda à de nouvelles élections (1970). Elles aboutirent à la victoire du conservateur E. Heath*, qui négocia et fit ratifier l'entrée de la Grande-Bretagne dans la CEE. Wilson prit une modeste revanche en fév. 1974, avec une infime majorité. Démissionnaire en mars 1976, il fut remplacé par J. Callaghan*.

**WILSON (Colin)** ♦ Romancier britannique (Leicester 1931). Sa jeunesse errante le mena à Paris et à Strasbourg. Il connut un succès considérable avec son roman *The Outsider* (1956), qui popularisa les thèses de l'existentialisme et le classa aussitôt, comme Kingsley Amis*, au nombre des «Angry Young Men». Après *La Force de rêver* (1962), il s'orienta vers la science-fiction et les phénomènes paranormaux (*Les Parasites de l'esprit,* 1966). Il écrivit aussi de vrais romans criminels assortis d'une analyse psychologique (*La Cage de verre,* 1966 ; *Le Tueur,* 1998). Illustrateur d'ouvrages de science-fiction, il est également l'auteur d'une œuvre graphique importante.

**WILSON (Kenneth Geddes)** ♦ Physicien américain (Waltham, Massachusetts 1936). Il montra que les propriétés de la matière au voisinage du point critique (où deux phases, par ex. liquide-vapeur, peuvent se transformer l'une dans l'autre continûment) sont toujours identiques et ne dépendent ni du système ni de la température de transition. Sa méthode (dite du groupe de renormalisation), consistant à effectuer les moyennes statistiques, échelle après échelle, permet d'expliquer cette universalité du comportement critique. [Prix Nobel de phys. 1982]

**WILSON (Robert W.)** ♦ Physicien américain (Houston 1936). → **Penzias.** [Prix Nobel de phys. 1978, avec A. Penzias]

**WILSON (Robert, dit Bob)** ♦ Metteur en scène de théâtre américain (Waco, Texas 1944). Il est l'un des principaux représentants du théâtre d'avant-garde américain. Ses spectacles, d'une esthétique épurée privilégiant le corps par rapport à la parole, font appel à la chorégraphie et à la musique (de John Cage*, Philip Glass ou Andrew De Groat) et mettent en scène de grandes figures historiques dont la fonction mythique est rendue évidente par leur apparition dans un cadre inattendu (*The Life and Times of Sigmund Freud,* 1970 ; *A Letter for Queen Victoria,* 1974 ; *Einstein on the Beach,* 1976). Utilisant la répétition, la citation parodique, l'art de Bob Wilson conteste les mécanismes traditionnels de la communication pour mettre en évidence tout ce qui échappe au langage (ainsi *Le Regard du sourd,* 1970, dont le héros est sourd-muet) ou

Bob Wilson. Mise en scène de *Einstein on the Beach,* sur une musique de Philip Glass et une chorégraphie de Lucinda Childs, repris à Bobigny en 1992. *Phot. © Bernand*

que les conventions linguistiques empêchent d'exprimer. *The Civil wars* (1983) ; *Alcesti* (1986) ; *Quartett* (1988) ; *Orlando* (1989). Mises en scène d'opéras classiques : *La Flûte enchantée* (1991), *Madame Butterfly* (1993).

**WILSON (mont)** ♦ Montagne des États-Unis (Californie), dominant les faubourgs N. de Los Angeles (Pasadena), dans la chaîne San Gabriel. 1 740 m. Important observatoire.

**WILTSHIRE** ◆ ÉTYM. anc. *Wiltescire* «comté de Wilton (de *Wilsaetan,* du vieil angl. *saete* "colons" et du vx saxon *wiella* "source, cours d'eau")» ♦ Comté du S. de l'Angleterre. 3 481 km². 432 973 hab. CH.-L. : Trowbridge. Relief de collines au N. et de plaines au S. (plaine de Salisbury). Économie agricole. Tourisme dans le S. (Salisbury, Stonehenge).

**WILTZ** ♦ V. du Luxembourg, ch.-l. de cant., sur la riv. Wiltz. 4 567 hab. Château du XVII^e s. Église du XII^e s. ▪ Indus. chimiques. Tourisme.

**WIMBLEDON** ♦ Banlieue résidentielle dans le S.-O. de l'aggl. londonienne (Surrey). Célèbre tournoi de tennis sur gazon.

**WIMEREUX** [wim(ə)ʀø] [62930] ♦ Comm. du Pas-de-Calais, arr. de Boulogne-sur-Mer, sur la côte. 7 493 hab. (aggl. 12 214) *(Wimereusiens).* Station balnéaire.

**WIMILLE** [wimil] [62126] ♦ Comm. du Pas-de-Calais, arr. de Boulogne-sur-Mer. 4 721 hab. *(Wimillois).* Église avec un clocher du XII^e s. Monument commémorant la chute des aéronautes Pilâtre de Rozier et Romain (1785).

**WIMPFFEN (Félix, baron DE)** ♦ Général français (Minfeld 1744 - Bayeux 1814). Député de la noblesse, rallié au tiers état en 1789, il dirigea la défense de Thionville contre les Prussiens (1792). Partisan des girondins, il prit la tête du mouvement fédéraliste en Normandie (1793). Proscrit, il revint après le 18 Brumaire. ♦ **Emmanuel-Félix de Wimpffen.** Général français (Laon 1811 - Paris 1884). Petit-fils du précédent. Après avoir servi en Crimée (1854 - 1855), en Italie (1859), il fut envoyé en Algérie comme commandant de la province d'Alger, puis d'Oran. De retour en France au début de la guerre franco-allemande (1870 - 1871), il prit le commandement de l'armée de Châlons en remplacement de Mac-Mahon, blessé. Il ne put toutefois empêcher le désastre de Sedan (2 sept. 1870), la reddition de Napoléon III et la signature de la capitulation au château de Bellevue. Prisonnier à Stuttgart, il réclama d'être jugé par un conseil de guerre après l'armistice et, mis à la retraite, séjourna quelques années en Algérie. Il écrivit un ouvrage sur *Sedan* (1871).

**WIMPHELING** ou **WIMPFELING (Jakob)** ♦ Théologien et philologue alsacien (Sélestat 1449 - Strasbourg 1528). Auteur d'ouvrages religieux, il fut aussi un humaniste célèbre ; son admiration pour la culture grecque et latine, ses conceptions sur l'enseignement (laïcisation partielle des collèges) qu'il a affirmées dans ses différents ouvrages (*Praeceptor Germanicus,* 1496 ; *Libellus grammaticalis,* 1497 ; *Adolescentia,* 1500 ; et surtout sa *Germania,* 1501) suscitèrent une vive querelle entre lui et T. Murner* qui lui répondit dans sa *Nova Germania* (1502).

**WINCHESTER** ◆ ÉTYM. anc. *Venta Belgarum, Ouenta, Uintancaestir, Wincestre, Winterceaster* «fort romain (vieil angl. *ceaster*) de Venta (n. précelt., p.-ê. "lieu favorable")» ♦ V. d'Angleterre (Hampshire), au N. de Southampton. 107 213 hab. La ville est connue par sa cathédrale, la plus longue d'Europe (171 m) après Saint-Pierre de Rome, qui fut érigée en style roman (transept de la crypte, déb. XII^e s.), en gothique primitif (chapelle de la Vierge, fin XII^e s.) et en gothique perpendiculaire (façade ouest, fin XIV^e s.). Des fresques des XII^e et XV^e s. ornent les murs. L'ancien palais épiscopal (Wolvesey Castle, XII^e s.) et le St. Cross Hospital (1136) sont également remarquables. Le Winchester College, fondé en 1382, est l'un des plus

**Winchester.** Enluminure de l'*Évangile dit de Grimbald,* école de Winchester, début du XIe s. British Museum, Londres.
*Phot. © Arch. Smeets*

renommés d'Angleterre. ▪ Centre commercial et administratif. ▮ **Histoire** Fondée sur un ancien site celte, *Venta Belgarum* était au croisement de six voies romaines. Conquise au Ve s. par les Saxons, *Winterceaster* devint la capitale du royaume du Wessex* et le siège d'un puissant évêché avant de partager avec Londres la fonction de capitale de toute l'Angleterre. Les rois normands s'y faisaient sacrer. Aux XIIe et XIIIe s., la ville connut une grande prospérité commerciale (travail de la laine) et artistique (enluminures), puis commença à décliner au XVe s.

**WINCKELMANN (Johann Joachim)** ♦ Archéologue et historien de l'art allemand (Stendal, Brandebourg 1717 - Trieste 1768). Après des études théologiques à Halle, il devint bibliothécaire du comte Heinrich von Bünau à Northnitz près de Dresde (1748). Son premier ouvrage, *Réflexions sur l'imitation des œuvres des Grecs en peinture et en sculpture* (1755), prônait un retour à la simplicité de l'art grec et allait à l'encontre du style «rococo» de l'époque ; il eut un retentissement considérable. Winckelmann qui, entre-temps, s'était converti au catholicisme, obtint d'Auguste III, électeur de Saxe et roi de Pologne, une pension pour poursuivre ses travaux en Italie. À Rome, il fut successivement bibliothécaire du cardinal Albani (1758), conservateur des antiquités romaines (1763) et bibliothécaire du Vatican. Après un bref séjour en Allemagne (1768), où il espérait obtenir des moyens financiers pour l'exploration du site d'Olympie, il fut assassiné à son retour en Italie par un escroc du nom d'Archangeli, qui avait été tenté par son importante collection de monnaies. ▪ Avec son vaste tableau de l'évolution des arts plastiques dans l'Antiquité gréco-romaine (*Histoire de l'art de l'Antiquité,* 1764), Winckelmann a posé les bases d'une analyse historique méthodique des œuvres d'art en même temps qu'une certaine idée de l'esthétique. Lié à une philosophie du monde et de l'homme, l'art vise, selon lui, la beauté immuable et universelle, idéal d'équilibre, de mesure et de sérénité, exprimant non l'individu mais le «type», idéal incarné à ses yeux dans l'art gréco-romain. Tel est le sens de ce mouvement de retour à l'Antiquité qui ouvrit la voie au néoclassicisme en littérature (→ **Goethe, Schiller**) et dans les arts. Winckelmann fut un des pionniers de l'archéologie (avec la collection publiée sous le titre *Monumenti antichi inediti spiegati ed illustrati,* 1767) et de l'histoire de l'art.

**WINDAUS (Adolf)** ♦ Chimiste allemand (Berlin 1876 - Göttingen 1959). Auteur, avec H. Wieland*, des premiers travaux sur la chimie de stéroïdes, il étudia les poisons naturels ainsi que le cholestérol, dont il détermina la structure et mit en évidence la parenté avec les vitamines antirachitiques D qu'il parvint à synthétiser. Ses recherches, dans lesquelles il se servit de l'irradiation pour opérer certaines transformations chimiques, constituent les débuts de la photochimie. Elles sont également à l'origine de l'étude des hormones sexuelles. [Prix Nobel de chim. 1928]

**WINDELBAND (Wilhelm)** ♦ Philosophe allemand (Potsdam 1848 - Heidelberg 1915). Élève de K. Fischer et de Lotze, il fonda l'école de Bade néokantienne et influença Rickert*. Il interpréta le criticisme kantien dans un sens axiologique et donna à la philosophie la tâche d'élucider les valeurs absolues, logiques, morales et esthétiques, constituant la «conscience normale» (ou conscience des normes) affirmée à titre de postulat (*Introduction à la philosophie,* 1914).

**WINDERMERE** (lac de) ➝ **ÉTYM.** anc. *Winandermere* «lac (vieil angl. *mere*) de Vinandr' (n. de pers. scand.)» ♦ Lac allongé d'origine glaciaire dans le N.-O. de l'Angleterre (Lake District). 17 km². Sur la rive E., au S. du Lake District National Park, la ville de Windermere est le principal centre touristique de la région.

**WINDHOEK** ➝ **ÉTYM.** afrikans «lieu où souffle le vent» ♦ Cap. de la Namibie, située au centre du pays. 233 529 hab. Centre commercial et administratif.

**WINDISCHGRÄTZ (Alfred,** Prinz **zu)** ♦ Feld-maréchal autrichien (Bruxelles 1787 - Vienne 1862). En 1848, il écrasa les insurrections de Prague et de Vienne, puis commanda les troupes contre les Hongrois, prit Budapest (1849), mais subit ensuite des revers et fut rappelé à Vienne.

**WINDSOR** (duc **DE**) → **Édouard VIII**

**WINDSOR** ➝ **ÉTYM.** anc. *Windlesoran,* du vieil angl. °*windels* «treuil, cabestan» et *ōra* «bord, bordure» ♦ V. d'Angleterre (district de Windsor and Maidenhead Berkshire), sur la Tamise en amont de Londres. C'est une des résidences favorites de la famille royale. Le début de la construction du château remonte au XIIIe s. sous le règne d'Henri III. Il a été profondément remanié au cours du temps. Riche collection de tableaux et d'objets d'art dont une partie a été détruite par un incendie en 1992. La dynastie actuelle a porté le nom de Windsor de 1917 à 1960, modifié à cette date en Mountbatten-Windsor.

**WINDSOR** ♦ V. du Canada (Ontario), sur la rivière de Detroit. 216 473 hab. (zone urbaine 323 342). La ville est reliée par un pont et par un tunnel à Detroit (Michigan). Université. Port. Centre commercial d'une riche région agricole. Indus. alimentaires (brasseries, distilleries), automobiles, pharmaceutiques et chimiques.

**WINDTHORST (Ludwig)** ♦ Homme politique allemand (Kaldennof, près d'Osnabrück 1812 - Berlin 1891). Après des études à Göttingen et à Heidelberg, il devint avocat, puis membre de la diète de Hanovre (1849) et ministre de la Justice. Il s'opposa à l'annexion du Hanovre par la Prusse et devait rester attaché à la dynastie hanovrienne. Il fut cependant élu député au Reichstag (1867) et devint bientôt le chef du parti catholique du centre. Il mena brillamment l'opposition au Kulturkampf* et remporta des succès électoraux qui obligèrent Bismarck* à abroger les «lois de mai» ; il contribua peut-être à la démission du ministre.

**WINDWARD ISLANDS** → **Vent (îles du)**

**WINGLES** [62410] ➝ **ÉTYM.** anc. *Wistrewingles,* du flam. *wester* «de l'ouest» et *winckle* «coin, angle ; baraque» ♦ Ch.-l. de cant. du Pas-de-Calais, arr. de Lens. 8 691 hab. Indus. diversifiées.

**WINKELRIED (Arnold DE)** ♦ Soldat suisse du cant. d'Unterwald (mort à Sempach en 1386). Par son héroïsme, il aurait décidé de la victoire des confédérés suisses sur Léopold* III de Habsbourg à la bataille de Sempach* (1386).

**WINNICOTT (Donald Woods)** ♦ Pédiatre et psychanalyste britannique (Plymouth 1896 - Londres 1971). Il s'intéressa à la psychanalyse vers 1930 et devint membre de la Société britannique de psychanalyse (1935) au sein de laquelle il joua un rôle décisif. Il consacra sa vie à l'étude du développement affectif de l'enfant et fonda cette étude sur une observation rigoureuse des nourrissons et une écoute attentive de leur mère. Son nom reste attaché avant tout aux notions d'«espace transitionnel» et d'«objet transitionnel» qu'il a développées dans *Jeu et Réalité : l'espace potentiel* (1971). Cet espace transitionnel est l'aire qui assure chez l'enfant une transition entre le moi et le non-moi, entre lui-même et sa mère. Quant à l'objet transitionnel (pouce, bout de couverture, ours en peluche), il est le signe tangible de ce champ d'expérience, la première possession extérieure («non-moi») de l'enfant. C'est la mère qui, s'adaptant aux besoins de l'enfant, lui permettra d'aller au-delà de l'identification primaire et d'accéder au principe de réalité, et c'est d'une harmonieuse individualisation de l'enfant que dépendra sa bonne santé mentale. Winnicott s'est attaché à présenter la psychanalyse dans un langage accessible aux parents et aux éducateurs dans *Disorders of Childhood* (1931), *De la pédiatrie à la psychanalyse* (1957), *L'Enfant et la Famille* (1957), *L'Enfant et le Monde extérieur* (1957), *La Consultation thérapeutique et l'enfant* (1971), *La Petite Piggle* (1980).

**WINNIPEG** (lac) ➝ **ÉTYM.** du cree *winnipi* «eau sale, eau sombre» ♦ Vaste lac du Canada (Manitoba). 24 650 km². Il est drainé vers la baie d'Hudson par la rivière Nelson. Importantes pêcheries. ▪ La *rivière*

*Winnipeg* va du lac des Bois *(Lake of the Woods)* au *lac Winnipeg*. Installations hydroélectriques. ▪ Le *lac Winnipegosis* («Petit Winnipeg») est plus à l'O. (5 430 km$^2$).

**WINNIPEG** ➝ ÉTYM. du n. du lac ♦ V. du Canada, cap. du Manitoba, au confluent de la rivière Rouge et de l'Assiniboine. 633 451 hab. (zone urbaine 694 668) *(Winnipegois)*. Ville cosmopolite, étendue, aux larges avenues. Université du Manitoba. Centre commercial et financier important. Centre ferroviaire, à mi-chemin des lignes transcontinentales. Aéroport international très actif. Indus. alimentaires (meunerie, viande, brasseries), indus. du vêtement ; imprimeries. ▮ **Histoire** C'est la plus ancienne ville de l'Ouest canadien, née en 1875 avec le chemin de fer National Canadian.

**WINOGRADSKY (Sergueï Nikolaïevitch)** ♦ Microbiologiste russe (Kiev 1856 - Brie-Comte-Robert 1953). Il découvrit en 1887 la chimiosynthèse par des bactéries sulfureuses puis, en 1891, les micro-organismes nitrificateurs (bactéries autotrophes, aérobies) ; il définit les principes essentiels de la nitrification et démontra que certains organismes peuvent vivre et se développer en l'absence de toute trace de matière organique. En 1893, il découvrit une bactérie anaérobie *(Clostridium pasteurianum)* se développant sur milieu glucosé en atmosphère d'azote, prouvant ainsi la fixation par le sol de l'azote libre de l'air. Ses travaux en font le fondateur de la pédologie biologique. [Acad. sc. 1924]

**WINSLØW (Jacques Bénigne)** ♦ Médecin danois (Odense 1669 - Paris 1760). Établi en France, il devint professeur d'anatomie au Jardin du roi (auj. Muséum d'histoire naturelle). On donna le nom de *hiatus de Winsløw* à l'orifice qui mène à l'arrière-cavité des épiploons. [Acad. sc. 1716]

**WINSTON-SALEM** ♦ V. des États-Unis (Caroline du Nord). 185 776 hab. dont 39 % de Noirs. Centre de l'indus. du tabac. Indus. variées.

**WINTERHALTER (Franz Xaver)** ♦ Peintre et lithographe allemand (Menzenschwand, Forêt-Noire 1805 - Francfort-sur-le-Main 1873). Après avoir été nommé peintre de la cour du grand-duc de Bade, il s'établit à Paris en 1834 et devint le peintre favori de Louis-Philippe, puis de l'impératrice Eugénie et de Napoléon III. Il travailla aussi à la cour d'Angleterre et à la cour d'Autriche et fut très apprécié par l'aristocratie européenne. Il sut offrir une image élégante et séduisante de ses modèles, eut d'abord une prédilection pour les expressions gracieuses et sentimentales, puis pour les attitudes rêveuses et romantiques ; sa facture minutieuse devint progressivement plus libre *(Portrait de l'impératrice d'Autriche)*.

**WINTERTHUR** ♦ V. de Suisse (cant. de Zurich), au N.-E. de Zurich, dans la vallée de la Töss, affl. du Rhin. 94 709 hab. (aggl. 123 416), de langue allemande et de rel. protestante (3/4). Musée des beaux-arts *(Kunstmuseum)* : peintures suisses, allemandes et françaises du XVIIIe au XXe s. ; fondation Oscar Reinhart : peintures suisses, allemandes et autrichiennes du XVIIIe au XXe s. ▪ Centre indus. de grande importance : métall., indus. mécanique (matériel ferroviaire), indus. textile (filature et tissage du coton). ▮ **Histoire** Fondée vers 1175 par les comtes de Kyburg sur le site de l'ancienne *Vitudurum* romaine, la ville passa aux Habsbourg (1264) puis à Zurich (1467).

**WINTHROP (John)** ♦ (Edwardston, Suffolk 1588 - Boston 1649). Avocat et ardent puritain, il organisa une association en 1629 pour l'émigration en Nouvelle-Angleterre. Il fut le premier gouverneur du Massachusetts et y établit une théocratie puritaine.

**WINTZENHEIM** [68920] ➝ ÉTYM. du germ. *Winizo*, n. de pers., et *heim* «village» ♦ Ch.-l. de cant. du Haut-Rhin, arr. de Colmar, en bordure des collines sous-vosgiennes. 7 180 hab. *(Wintzenheimois)*. Viticulture. Mécanique de précision.

**WIRSUNG (Johann Georg)** ♦ Anatomiste allemand (Munich 1600 - Padoue 1643). On lui doit la découverte du canal pancréatique, ou *canal de Wirsung*.

**WISCONSIN** n. m. ➝ ÉTYM. de l'algonquin *Miskonsing* «le chenal aux eaux jaillissantes» ♦ Riv. des États-Unis, affl. du Mississippi (rive g.). 1 006 km. Elle arrose l'État du Wisconsin.

**WISCONSIN** n. m. ➝ ÉTYM. du n. de la riv. ♦ État du N. des États-Unis. ➝ **États-Unis** (carte). 145 439 km$^2$. 5 363 675 hab. CAP. : Madison. ▮ **Géographie** L'État s'étend de la plaine du lac Michigan, à l'E., jusqu'à la vallée du haut Mississippi et de son affl., la riv. Sainte Croix, en un plateau qui s'abaisse vers le S. et présente quelques reliefs glaciaires. ▪ Le climat est continental, rude au Nord. ▮ **Économie** Le Wisconsin est l'un des principaux États agricoles des États-Unis. On y cultive du maïs, des pommes de terre, du tabac, des céréales. Une bonne part des récoltes (foin, maïs) sert à l'alimentation du bétail. Le Wisconsin figure au premier rang des États américains pour la production du beurre et des fromages. Il pratique aussi l'élevage des visons. L'État est également le premier producteur de bois des États-Unis, et la production de pâte à papier est très importante. Son sol recèle de nombreuses ressources minérales : zinc, fer (la plus petite part de la zone du lac Supérieur, après le Michigan et le Minnesota), sable, gravier, granite. Les transports sont facilités par de nombreuses voies d'eau (les lacs Supérieur et Michigan, le Mississippi). Le tourisme est très actif (chasse, pêche). ▪ Neuf univ. d'État, dont celle du Wisconsin à Madison. ▮ **Histoire** Explorée au XVIIe s. par Jean Nicolet (1634), Joliet et Marquette, la région fut mise sous l'autorité française en 1686 (N. Perrot). Cédé à la Grande-Bretagne (1763), rattaché aux Territoires du Nord-Ouest (1787), le Wisconsin, américain depuis la guerre de 1812, devint le 30e État de l'Union en 1848. Peuplé grâce à l'exploitation des mines de plomb (v. 1820), l'État attira de nombreux immigrants allemands et scandinaves. Robert La Follette, gouverneur (1901 - 1906), mit en œuvre des réformes libérales.

**WISE (Robert)** ♦ Cinéaste américain (Winchester, Indiana 1914 - Los Angeles 2005). D'abord monteur *(Citizen Kane)*, il est l'auteur de *Nous avons gagné ce soir* (1949), *La Tour des ambitieux* (1954). Avec *West* Side Story* (1961) puis *La Mélodie du Bonheur* (1964), il renouvela avec brio le genre de la comédie musicale. Il s'est adonné également au genre fantastique, *La Maison du diable* (1963), et à la science-fiction, *Le Mystère Andromède* (1971), *Star Trek* (1979). ➝ ÉTYM. Ce nom de famille anglais signifie «sage».

**WISEMAN (Nicholas Patrick)** ♦ Prélat britannique (Séville 1802 - Londres 1865). Professeur d'hébreu et de syriaque à la Sapienza, puis recteur du collège anglais à Rome (1828), il fut un des artisans du renouveau catholique anglais, influença la conversion de Newman* et, plus tard, s'attacha Manning*. Coadjuteur puis lui-même vicaire apostolique du district central, il devint archevêque de Westminster et cardinal après le rétablissement de la hiérarchie catholique en Angleterre (1850). Auteur de conférences, d'ouvrages exégétiques et apologétiques, et d'un roman qui eut un extraordinaire succès populaire, *Fabiola ou l'Église des catacombes* (1854). ➝ ÉTYM. Ce nom de famille anglais signifie «homme *(man)* sage *(wise)*».

**WISHAM** (djebel) n. m. ♦ Chaîne montagneuse atteignant 3 018 m d'altitude, qui constitue le point culminant du djebel Akhdar, dans le sultanat d'Oman.

**WISIGOTHS** [vizigo] n. m. pl. ➝ ÉTYM. du germ. *wesgote* «Goth de l'Ouest» ♦ Nom des Goths occidentaux, qui, sous la poussée des Huns*, franchirent le Danube vers 375 et infligèrent à Valens* le désastre d'Andrinople (378). Installés en Mésie et en Thrace par Théodose Ier (382), ils furent détournés par Arcadius* vers l'Italie (➝ **Alaric Ier**). Sous Honorius*, Athaulf les conduisit en Gaule (412) puis en Espagne (415) où ils refoulèrent Alains, Suèves et Vandales. Après avoir fondé avec l'accord de Rome un royaume en Aquitaine (418), ils tentèrent d'imposer leur hégémonie à la Gaule et à l'Espagne (➝ **Théodoric Ier, Théodoric II, Euric, Alaric II**). Battus à Vouillé par Clovis en 507, ils évacuèrent la Gaule sous Amalaric* Ier, mais, grâce à Théodoric* le Grand, conservèrent la Septimanie et l'Espagne. Établissant leur capitale à Barcelone puis à Mérida, les rois wisigothiques durent faire face à des soulèvements puis à l'attaque des

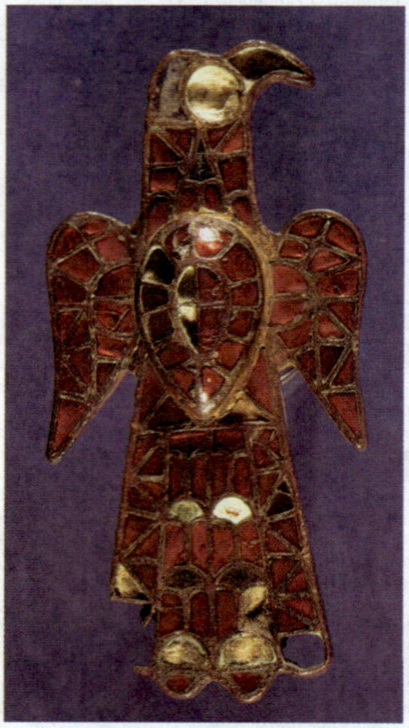

**Wisigoths.** Fibule en forme d'aigle incrustée de grenat, VIe ou VIIe s. Musée archéologique national, Madrid. *BIS/Phot. © Archives Larbor*

Byzantins, sous Justinien* Ier. Athanagild* leur céda l'Andalousie (554) et établit la capitale à Tolède (v. 555). Après le règne de Léovigild*, qui réalisa l'unité politique par la conquête du royaume des Suèves (585), son fils Recarède* Ier se convertit au catholicisme (589), mettant ainsi fin aux luttes religieuses. Dès lors, la monarchie wisigothique réussit à établir la fusion des Goths et des Hispano-Romains par l'unification juridique (→ **Receswinthe**). Une renaissance littéraire (→ **Isidore de Séville**) et artistique remarquable par l'épanouissement de l'architecture et de la sculpture décorative se développa alors au VIIe s. Cependant, en instaurant la monarchie élective (633) et en décidant la persécution des juifs, les conciles de Tolède déclenchèrent l'agitation des nobles et une crise économique. Le pays, dès lors affaibli, fut facilement conquis, après la défaite du roi Rodrigue à Jerez de la Frontera (711), par les musulmans de Ṭariq ibn Ziyād* (711 - 714).

**WISMAR** ♦ V. d'Allemagne (Mecklembourg-Poméranie-Antérieure), au fond de la *baie de Wismar,* ouverte sur la Baltique. 43 301 hab. Anc. ville hanséatique (vieux monuments). ▪ Port de pêche, construc. navales et mécaniques, indus. alimentaires.

**WISSANT** [wisɑ̃] [62179] ➝ ÉTYM. du saxon *hwita* «blanc» et *sant* «sable» ♦ Comm. du Pas-de-Calais, arr. de Boulogne-sur-Mer. 1 186 hab. *(Wissantais).* Station balnéaire. ▪ C'est probablement le *Portus Itius* d'où César partit conquérir la *Britannia* (Angleterre).

**WISSEMBOURG** [visɛ̃buʀ] [67160] ➝ ÉTYM. germ. «lieu fortifié *(burg)* de Wizzo (n. de pers.)» ou «forteresse *(burg)* blanche *(weiss)*» ♦ Ch.-l. d'arr. du Bas-Rhin, sur la Lauter, tout près de la frontière allemande. 8 170 hab. *(Wissembourgeois).* Église (XIIIe - XIVe s.) avec tour romane et cloître gothique (vitraux du XIIIe s.). Musée Westercamp. Maisons anc. Restes de remparts. ▪ Indus. diversifiées. ▌**Histoire** Assiégée par les Autrichiens au début de 1793, la ville fut reprise par les armées républicaines sous le commandement de Hoche le 26 déc. 1793. ▪ Au début de la guerre franco-allemande (1870 - 1871), les forces prussiennes, sous le commandement du prince royal Frédéric-Charles, y remportèrent leur première victoire de la guerre en battant l'armée de Mac*-Mahon (4 août 1870), qui effectua une retraite sur Climbach avant d'être à nouveau défaite à Frœschwiller* (5 - 6 août).

**WISSLER (Clark)** ♦ Ethnologue américain (Wayne County, Indiana 1870 - New York 1947). Représentant du diffusionnisme (→ **Graebner, Schmidt [Wilhelm]**), il s'est principalement consacré à l'étude des Indiens d'Amérique du Nord (*The American Indians,* 1917 ; *The Relation of Man to Nature in Aboriginal America,* 1926 ; *Man and Culture,* 1923).

**WISSMANN (Hermann VON)** ♦ Voyageur et administrateur allemand (Francfort-sur-l'Oder 1853 - Weissenbach, Styrie 1905). Parti avec Pogge de Luanda (1880), il atteignit Nyangoué et le Sankourou, explora la côte orientale du Tanganyika (1882). Après une expédition au Congo (1884) et une autre d'Afrique centrale jusqu'à l'océan Indien (1886 - 1887), il fut nommé gouverneur de l'Afrique-Orientale allemande (1895).

**WISSOUS** [91320] ➝ ÉTYM. probablt du gaul. °*vitu* «saule» ♦ Comm. de l'Essonne, arr. de Palaiseau. 5 160 hab. Entrepôts.

**WITEŁO** ♦ Philosophe d'origine polonaise (XIIIe s.). Il séjourna en Italie, où il découvrit la pensée d'Aristote et des néoplatoniciens Simplicius et Proclus. Il est l'auteur d'un traité d'optique, *Perspective,* où il expose, en même temps que la structure de l'œil, les lois de la propagation de la lumière, de la réflexion et de la réfraction. La philosophie qu'il développe dans *De ordine entium* est émanatiste.

**WITKIEWICZ (Stanisław Ignacy), dit Witkacy** ♦ Romancier, peintre, critique d'art et auteur dramatique polonais (Cracovie 1885 - Jeziory, Ukraine 1939). Familiarisé avec les courants philosophiques de son temps et la peinture symboliste de Böcklin, auteur de *Forme pure* (écrit théorique, 1932), métaphysicien doué d'une imagination surréaliste et d'un sens du grotesque cruel et plein d'humour, Witkiewicz est l'interprète le plus important du «catastrophisme», mouvement littéraire de l'entre-deux-guerres. Obsédé par l'idée de la désintégration de la culture européenne (qui le poussa au suicide en sept. 1939) et refusant les «tabous» bourgeois, notamment dans le domaine de l'érotisme, il développa ses idées dans son œuvre théâtrale que l'on a pu comparer à celle de Ionesco (*La Métaphysique d'un veau à deux têtes,* 1921 ; *La Poule d'eau,* 1921 ; *Le Fou et la Nonne,* 1923 ; *La Mère,* 1924) et dans ses romans philosophiques (*Adieu à l'automne,* 1927 ; *L'Inassouvissement,* 1930, considéré comme son chef-d'œuvre).

**WITRY-LÈS-REIMS** [51420] ♦ Comm. de la Marne, arr. de Reims. 4 625 hab.

**WITT (Johan ou Jan DE)** ♦ Homme politique hollandais (Dordrecht 1625 - La Haye 1672). Grand pensionnaire en 1653, il conclut la paix avec Cromwell* (1654). Par l'*Acte d'exclusion* (1667), il interdit à la maison d'Orange* le stathoudérat. Sa politique intérieure fut heureuse (les finances furent restaurées, les libertés des cités renforcées). Entraîné à la guerre contre l'Angleterre (1665 - 1666), il dut céder la Nouvelle-Amsterdam au traité de Breda (1667). Il parvint à former une alliance avec l'Angleterre et la Suède contre la France (Aix-la-Chapelle, 1668), mais, lorsque Louis* XIV envahit la Hollande en 1672, le parti orangiste se releva. Il fut, avec son frère, arrêté et tué lors d'une émeute populaire. ♦ **Cornelis de Witt** (Dordrecht 1623 - La Haye 1672). Frère du précédent. Bourgmestre de Dordrecht (1666), il combattit les Anglais avec l'amiral Van Ghent (1667). Les guerres de Louis XIV lui firent cependant perdre toute popularité : accusé d'avoir voulu assassiner Guillaume* d'Orange, il fut incarcéré et massacré par la populace, ainsi que son frère.

**WITT (Katarina)** ♦ Patineuse allemande (Berlin 1965). Remarquée autant pour ses qualités techniques qu'artistiques, cette patineuse pleine de charme obtint deux médailles d'or aux jeux Olympiques (Sarajevo,1984 ; Calgary,1988), quatre aux championnats du monde (Ottawa,1984 ; Tōkyō, 1985 ; Cincinnati, 1987 ; Budapest, 1988) et fut six fois championne d'Europe.

**WITTE (Sergueï Ioulievitch, comte)** ♦ Homme politique russe (Tiflis 1849 - Saint-Pétersbourg 1915). Nommé ministre des Transports (1892), puis des Finances (1893 - 1903), il se consacra à la construction du chemin de fer transsibérien et à l'industrialisation du pays, en empruntant à l'étranger. Président du comité des ministres (1903), il fut envoyé à Portsmouth (États-Unis) pour négocier la paix avec le Japon (août 1905). Nommé Premier ministre en oct. 1905, il réprima la mutinerie des marins de Kronstadt* et inspira à Nicolas* II les lois fondamentales qui instituèrent la *douma* d'État. Après les élections, qui donnèrent la majorité à l'opposition, Witte fut disgracié (1906).

**WITTELSBACH** ♦ Famille royale de Bavière qui prit le nom d'un château situé près d'Aichach. En paiement de sa fidélité à Frédéric Barberousse, elle reçut le duché de Bavière lorsque Henri* le Lion fut dépouillé de ses États (1180). Elle régna sur la Bavière jusqu'en 1918. En 1214, les Wittelsbach reçurent le Palatinat rhénan, qui passa à la branche aînée avec la dignité électorale lorsque la maison se divisa en deux branches, en 1329. Les deux branches menèrent des politiques différentes lors de la Réforme : le Palatinat se plaça du côté des protestants lors de la guerre de Trente Ans, ce qui lui valut de perdre la dignité électorale en 1623. Cependant, la branche de Bavière, qui avait soutenu l'empereur, retrouva la dignité électorale en 1648. En 1777, la ligne de Wittelsbach-Sulzbach (Palatinat) réunit toutes les possessions de la famille à l'extinction de la ligne bavaroise. Le duc Maximilien Joseph fut nommé roi de Bavière par Napoléon Ier en 1806 (→ **Maximilien Ier Joseph**). Les Wittelsbach régnèrent également en Brandebourg (1323 - 1373), en Bohême (1619 - 1620) et en Suède (1654 - 1718).

**WITTELSHEIM** [vitɛlsɛm] [68310] ➝ ÉTYM. du germ. *Witolt,* n. de pers., et *heim* «village» ♦ Comm. du Haut-Rhin, arr. de Thann. 10 226 hab. *(Wittelsheimois).* Anc. mines de potasse.

**WITTEN (Edward)** ♦ Mathématicien américain (Baltimore 1951). Spécialiste de la physique mathématique, il éclaira de façon radicalement nouvelle la topologie et la géométrie des espaces de petites dimensions par l'application à ces domaines des techniques développées pour l'étude de la théorie quantique des champs et de la supersymétrie. [Médaille Fields 1990]

**WITTEN** ♦ V. d'Allemagne occidentale (Rhénanie-du-Nord-Westphalie), dans la Ruhr. 101 000 hab. Aciéries, indus. chimiques.

**WITTENBERG** ♦ V. d'Allemagne (Saxe-Anhalt), sur l'Elbe. 47 000 hab. Ch.-l. de régence. Univ. fondée en 1502 et rattachée à celle de Halle en 1817. Église du XVe s. (peintures de L. Cranach).▪ Métall., chimie. ▌**Histoire** Luther* afficha sur les portes de l'église du château les 95 thèses qui furent à l'origine de la Réforme (1517), dont la ville devint un centre ; il vécut à Wittenberg jusqu'à sa mort, dans l'ancien couvent des Augustins.

**WITTENHEIM** [vitɛnɛm] [68270] ➝ ÉTYM. du germ. *Witto,* n. de pers., et *heim* «village» ♦ Ch.-l. de cant. du Haut-Rhin, arr. de Mulhouse. 15 026 hab. *(Wittenheimois).* Anc. mines de potasse. Cycles.

**WITTENWILLER (Heinrich)** ♦ Chevalier et poète de langue allemande originaire de la région de Saint-Gall en Suisse (fin du XIVe s., déb. du XVe s.). S'inspirant d'un fabliau *(Von Mätzen Hochzeit),* il a écrit un poème très révélateur sur les mœurs de l'époque, *Der Ring* («L'Anneau», v. 1400). Les histoires de paysans, burlesques et même grossières, laissent apparaître les intentions didactiques de l'auteur (qui veut enseigner «courtoisie, bonne éducation, vertu et valeur militaire»). Le ton de la parodie et de la satire y est cependant assez pessimiste, malgré les nombreuses scènes de farce.

**WITTERIC** ♦ (mort en 609 ou 610). Roi des Wisigoths (603 - 609 ou 610). De religion arienne, il se révolta contre Recarède Ier puis contre Liuva II qu'il assassina. Il mourut lui-même assassiné.

**WITTGENSTEIN (Paul)** ♦ Pianiste autrichien (Vienne 1887 - Manhasset, New York 1961), frère de Ludwig Wittgenstein*. Ayant perdu le bras droit durant la Première Guerre mondiale, il commanda des œuvres pour la main gauche à Ravel *(Concerto* pour la main gauche),* Prokofiev *(Concerto n° 4),* Schmitt, Britten et R. Strauss.

Konrad **Witz.** *L'Empereur Auguste et la Sibylle de Tibur* (103 × 82 cm).
Musée des Beaux-Arts, Dijon. *Phot. © Arch. Smeets*

**WITTGENSTEIN (Ludwig Josef)** ♦ Logicien et philosophe britannique d'origine autrichienne (Vienne 1889 - Cambridge 1951). Étudiant en mécanique à Berlin (1906), puis à Manchester (1908), il s'intéressa au problème du fondement des mathématiques et, délaissant ses recherches d'aéronautique, suivit les cours de B. Russell au Trinity College de Cambridge (1912). Après avoir exercé divers métiers, dont celui d'instituteur en Autriche, il devint professeur assistant (1930 - 1936), puis titulaire de la chaire de philosophie à Cambridge (1939 - 1947). Engagé lors de la Première Guerre mondiale, il rédigea alors le *Tractatus* logico-philosophicus,* publié en 1921. Tout en affectant une certaine indifférence à l'égard des philosophies antérieures, Wittgenstein reconnaît avoir été influencé par les travaux de G. Frege* et Russell* dont il reprit, en le modifiant, la doctrine de l'atomisme logique. Il définit le monde comme un ensemble de faits *(Tatsache)*, indépendants les uns des autres et résolubles en «état de choses» (fait atomique, *Sachverhalt*), dont les liaisons forment la structure logique du monde. La pensée et les propositions dans lesquelles elle s'exprime, sont le tableau, «l'image logique des faits» ; la structure formelle du langage correspond d'une certaine manière à celle du monde. Si les propositions élémentaires sont vraies dans la mesure où elles représentent un «état de choses» existant, la vérité des propositions complexes ne dépend, elle, que de la vérité ou de la fausseté des propositions élémentaires, dont elles sont la combinaison logique. Ainsi les énoncés de la logique sont tautologiques et «vides de sens» : ils ne renseignent en rien sur le réel et constituent le cadre formel, a priori, de la connaissance scientifique. Le *Tractatus,* qui contribua à la formation des thèses néopositivistes de M. Schlick* et du cercle de Vienne*, se présente comme un effort de clarification logique des pensées, tout en montrant que la formulation des problèmes philosophiques «repose sur un malentendu de la logique de notre langue». Mais, si «tout ce qui peut être dit peut être dit clairement», «il y a assurément de l'inexprimable». Par rapport au dogmatisme du *Tractatus,* les textes ultérieurs (*Remarques philosophiques,* 1930, publié en 1961 ; *Les Cahiers bleu et brun,* 1933 - 1935) témoignent d'une évolution qui aboutit aux *Investigations philosophiques* (1936 ?-1949, publ. 1952, trad. fr. 1961). Cessant de privilégier l'unité de la structure logique du langage scientifique, cette œuvre est une analyse du langage naturel, des formes variées et fluides de sa grammaire, de ses notions aux significations non totalement définies. La philosophie doit se contenter, dès lors, de décrire l'usage réel du langage, instrument de communication humaine avec ses systèmes de règles (correspondant à divers «jeux du langage»). Toutefois, au-delà des modifications apportées à ses premières positions, Wittgenstein n'a cessé d'affirmer, du *Tractatus* aux *Investigations,* l'idée que la philosophie consiste non dans l'énoncé de thèses, mais dans l'activité de clarification d'une pensée qui entend se dégager des pièges du langage.

**WITTIG (Georg)** ♦ Chimiste allemand (Berlin 1897 - Heidelberg 1987). Ses travaux, qui portèrent notamment sur la stéréochimie et la chimie organique, contribuèrent à l'étude du comportement des structures moléculaires ; ils trouvent de nombreuses applications dans l'industrie, surtout pharmaceutique. [Prix Nobel de chim. 1979, avec H. Brown*]

**WITTKOWER (Rudolf)** ♦ Historien d'art allemand (Berlin 1906 - New York 1971). Spécialiste de l'art et de l'architecture italiens de la Renaissance et du baroque, il enseigna au Warburg Institute de Londres de 1934 à 1955, puis émigra aux États-Unis en 1956. Il a élargi l'approche formaliste de l'architecture en analysant ses significations iconologiques et symboliques (*Principes architecturaux à l'âge de l'humanisme,* 1949 ; *Art et Architecture en Italie, 1600-1750,* 1958).

**WITWATERSRAND** ou **RAND** n. m. ♦ Importante région aurifère d'Afrique du Sud (Gauteng) où l'on a découvert de l'uranium ; elle est devenue la principale région industrielle de la République.

**WITZ (Konrad)** ♦ Peintre originaire de Souabe (Rottweil v. 1400-1410 - Bâle ou Genève v. 1445). En 1434, on le trouve inscrit à la corporation des peintres de Bâle et il semble avoir surtout travaillé en Suisse. Il est l'auteur du *Retable du Salut* (v. 1434 - 1436) et du *Retable de saint Pierre* (1444 - 1446). Son style dénote l'influence de l'art flamand et plus particulièrement de la sculpture bourguignonne. Comme Sluter*, il aimait en effet les proportions trapues et les lourdes draperies aux plis cassants. L'originalité de son style, particulièrement du célèbre paysage de la *Pêche miraculeuse,* réside dans son art de subordonner la description précise du réel à une conception d'ensemble de caractère monumental : les volumes solides sont établis avec force dans l'espace grâce à une connaissance sans doute intuitive de la perspective et éclairés avec franchise.

**WIVALLIUS (Lars)** ♦ Poète suédois (Wiwalla 1605 - Stockholm 1669). Aventurier, il connut la prison (1629 - 1641), où il écrivit des poèmes dans le genre populaire, en évoquant l'amour de la liberté. On l'a souvent comparé à Villon. Son œuvre compte parmi les témoignages les plus émouvants de la poésie suédoise.

**WIZERNES** [62570] ➝ ÉTYM. anc. *Wisarinio,* du prégermanique *wisara,* de *°wesu* «bon» et suff. *-ara* ♦ Comm. du Pas-de-Calais, arr. de Saint-Omer. 3 448 hab. Papeterie.

**WŁOCŁAWEK** ♦ V. de Pologne, voïvodie de Couïavie-Poméranie, sur la rive g. de la Vistule. 119 256 hab. Centre indus. en développement. Port fluvial et centrale hydroélectrique. Indus. alimentaire, chimique et métallurgique.

**WODEHOUSE** (sir **Pelham Grenville,** dit **P. G.**) ♦ Écrivain britannique (Guildford, Surrey 1881 - Long Island, New York 1975). Auteur fécond de romans et de scénarios, il a surtout marqué par ses romans où il tourne en dérision avec un humour britannique les mœurs de la *gentry* anglaise de l'ère édouardienne, à travers les aventures du jeune célibataire Bertie Wooster et de son valet de chambre Jeeves. De *The Man with Two Left Feet* (1917) à *Much Obliged, Jeeves* (1971), ces héros inséparables sont aussi populaires en Angleterre que ceux de Conan Doyle ; c'est par l'observation des tics de langage et par un style imagé et cocasse que P. G. Wodehouse leur confère, dans des intrigues complexes où toute allusion à la sexualité est soigneusement bannie, un relief exceptionnel.

**WOËVRE** [vwavʀ] n. f. ➝ ÉTYM. p.-ê. du gaul. *uoberno* «source ou ruisseau caché» ♦ Plaine de 25 à 30 km de large, située à l'O. de la Lorraine, au pied des Côtes de Meuse (Meuse et Meurthe-et-Moselle). Sillonnée de rivières dépendantes de la Moselle, cette plaine, au sol marneux, est très fertile. Forêts ; étangs où est pratiquée la pisciculture. La culture du blé est en expansion.

**WOGENSCKY (André)** ♦ Architecte français (Remiremont 1916 - Saint-Rémy-lès-Chevreuse 2004). Élève de Le* Corbusier, puis son chef d'atelier et assistant de 1945 à 1956, il a participé aux recherches du maître sur le Modulor et les unités d'habitation. À son héritage humaniste et moderniste il allie une «architecture active» permettant une communication plus universelle entre les hommes et une libération des catégories esthétiques. Parmi ses nombreuses réalisations, citons la Maison des jeunes et de la culture d'Annecy (1962), les Centres hospitaliers universitaires Saint-Antoine et Necker à Paris (1961 - 1968), la Maison de la culture de Grenoble (1968), la préfecture de Nanterre (1972).

**WÖHLER (Friedrich)** ♦ Chimiste allemand (Eschersheim, près de Francfort-sur-le-Main 1800 - Göttingen 1882). Il réalisa la première synthèse organique, celle de l'urée (1828), discréditant définitivement les théories vitalistes ; il fut également le premier à obtenir de l'aluminium (1827) et du béryllium (1828) et imagina le procédé de préparation de l'acétylène par décomposition du carbure de calcium avec de l'eau (1862). Outre les nombreuses substances, qu'il isola, on lui doit la découverte de l'isomérie et, avec Liebig*, celle des radicaux libres qui demeurent inchangés au cours des réactions chimiques. [Acad. sc. 1864]

**WOIPPY** [vwapi] [57140] ➝ ÉTYM. p.-ê. du germ. *Wapo,* n. de pers., et suff. *-acum* ♦ Ch.-l. de cant. de la Moselle, banl. N.-O. de Metz. 13 755 hab. *(Woippyciens).* Maisons du XVe s. Château (XIIIe au XVIe s.). ▪ Construc. métalliques. Cultures de fraises. Gare de triage.

**WOKING** ♦ V. d'Angleterre (Surrey), dans la banlieue S.-E. de Londres. 89 836 hab.

**WOLF (Friedrich August)** ♦ Philologue allemand (Hagenrode, près de Nordhausen, Hanovre 1759 - Marseille 1824). Étudiant à l'université de Göttingen, il enseigna la philologie classique à Halle, puis à Berlin. Auteur d'éditions d'œuvres grecques antiques (le *Banquet* de Platon, les *Discours* de Démosthène), il est resté célèbre pour ses *Prolegomena ad Homerum* (1795) où, s'appuyant sur les travaux de Villoison*, il a développé la thèse selon laquelle l'*Iliade* et l'*Odyssée* furent écrites non par un, mais par plusieurs poètes, à des époques différentes.

**WOLF (Hugo)** ♦ Compositeur autrichien (Windischgrätz, auj. Slovonj Gradec, Slovénie 1860 - Vienne 1903). Il apprit avec son père les premiers rudiments du piano et du violon, étudia au conservatoire de Vienne, d'où il fut chassé en 1875 pour indiscipline. Second maître de chœur à Salzbourg de 1881 à 1883, il regagna Vienne, où il vécut en donnant des leçons particulières et en faisant de la critique musicale (1884 - 1887). Hypernerveux et instable, il fit plusieurs séjours dans des établissements psychiatriques, avant d'être interné définitivement en 1897, à la suite d'une tentative de suicide par noyade. Il s'affirma dès 1888 comme l'un des grands maîtres du lied romantique allemand (il composa plus de trois cents lieder), dans la tradition de Schubert et de Schumann, mais avec une très nette influence de Wagner. Ces lieder ont généralement une haute tenue littéraire. Ils sont composés sur des poèmes de Goethe, Mörike, Eichendorff, G. Keller *(Alte Wiesen)*, sur des poèmes d'origine espagnole *(Spanisches Liederbuch)* ou italienne *(Italienisches Liederbuch)*. Leur valeur musicale tient également à la partie de piano, d'une grande autonomie et d'un grand relief. Wolf a en outre laissé un grand poème symphonique, *Penthésilée* (1883), un quatuor à cordes (1878 - 1884), une *Sérénade italienne* (1887), et deux opéras, *Der Corregidor* (1895) et *Manuel Venegas* (fragmentaire). ➛ **ÉTYM.** Ce nom de famille vient du germanique *wulf* «loup» (surnom).

**WOLF (Christa)** ♦ Romancière allemande (Landsberg, auj. Gorzów Wielkopolski 1929). En République démocratique allemande, où elle passa toute sa vie active, elle préconisa l'idée d'un «socialisme à visage humain». Ses romans sont ainsi une défense de l'individu dans les sociétés totalitaires : *Le Ciel partagé* (1963), *Christa T.* (1968), *Trame d'enfance* (1976). *Aucun lieu, nulle part* (1979) imagine une rencontre entre Kleist* et Karoline von Günderode*, deux poètes romantiques, dont elle attribue le suicide à l'oppression de la société. *Cassandre* (1983) dénonce la puissance d'autodestruction de la société moderne. Après la réunification, elle s'est trouvée dans une situation difficile (on lui reprocha d'avoir hésité à publier un roman contestataire, de n'avoir pas lutté assez ouvertement contre le régime) et a émigré en Californie. Ces événements constituent la trame de *Médée* (1996) et de *Ici même, autre part* (1998). *Le Corps même* (2002) est le récit imbriqué de la leucémie dont elle fut atteinte et du désastre du régime politique de la RDA.

**WOLFE (James)** ♦ Général britannique (Westerham, Kent 1727 - Québec 1759). Après avoir pris part à la guerre de Succession d'Autriche, il combattit au Canada pendant la guerre de Sept Ans, sous les ordres d'Amherst*. Sa victoire des plaines d'Abraham* décida du sort du Canada, mais il y trouva la mort ainsi que Montcalm*.

**WOLFE (Thomas Clayton)** ♦ Écrivain américain (Asheville, Caroline du Nord 1900 - Baltimore, Maryland 1938). Après une enfance tourmentée, il s'intéressa au théâtre, notamment à Harvard (1920), et entreprit une carrière d'auteur dramatique, qu'il abandonna en 1926 pour écrire un vaste roman, *Que l'ange regarde de ce côté* (1929). Chronique autobiographique et familiale, cette œuvre visait à évoquer la société américaine. Se consacrant alors à l'écriture, Wolfe publia un roman, *Le Temps et le Fleuve* (1935), des nouvelles, *De la mort au matin* (1935) et une réflexion sur son expérience littéraire (*The Story of a Novel*, 1936). Il laissa en outre à sa mort une grande quantité d'écrits, dont des romans (*La Toile et le Roc*, 1939 ; *Vous ne pouvez pas revenir*, 1940) ; sa correspondance avec sa mère (1943) et des lettres choisies (1956) ont également été publiées. Épopée sociale, réflexion lyrique et ample sur le temps et la vie, peinture critique, souvent confuse, de la civilisation américaine, l'œuvre de Thomas Wolfe, et en particulier son premier grand roman, a exercé une profonde influence sur la littérature américaine moderne.

**WOLFE (Thomas Kennerley Jr., dit Tom)** ♦ Écrivain et journaliste américain (Richmond, Virginie, 1931). Dans les années 1970, il fut, avec Hunter S. Thompson (*Las Vegas parano*, 1971), l'un des principaux représentants du «nouveau journalisme» qui fait participer son auteur à l'événement en tant qu'acteur. Wolfe a notamment écrit *Acid Test* (1968), *L'Étoffe des héros* (1979), sur l'aventure des premiers astronautes américains, *Le Bûcher des vanités* (1987) et *Un homme, un vrai* (1999).

**WOLFE TONE (Theobald)** ♦ Révolutionnaire protestant irlandais (Dublin 1763 - *id.* 1798). Auteur d'un pamphlet en faveur de l'émancipation des catholiques irlandais (1791), il dut s'exiler aux États-Unis, puis en France. Principal artisan de l'aide française aux soulèvements irlandais de la fin du XIX<sup>e</sup> s. (expédition du général Hoche*, 1796), il fut arrêté et condamné à mort. Il se suicida en prison.

**WOLFF** ou **WOLF (Christian,** baron **VON)** ♦ Philosophe allemand (Breslau 1679 - Halle 1754). Professeur de philosophie (Marburg et Halle), il est l'auteur de nombreux cours et manuels qui ont longtemps servi de base à l'enseignement philosophique en Allemagne. Il formalisa le rationalisme de Leibniz*, faisant de la philosophie la détermination «a priori» des conditions de possibilité du réel. Œuv. princ. : *Philosophie première* (1729), *Psychologie rationnelle* (1734), *Théologie naturelle* (1737), *Le Droit naturel* (1740 - 1749), *Le Droit des gens* (1749).

**WOLFF (Kaspar Friedrich)** ♦ Physiologiste allemand (Berlin 1733 - Saint-Pétersbourg 1794). Précurseur de l'embryologie moderne, il mit en question la théorie de la préformation, montrant expérimentalement que les divers organes se développent à partir de cellules indifférenciées.

**WOLFF** [volf] **(Albert)** ♦ Chef d'orchestre et compositeur français (Paris 1884 - *id.* 1970). Il dirigea successivement les orchestres de l'Opéra-Comique (1922 - 1924), des concerts Lamoureux (1928), des concerts Pasdeloup (1934), de l'Opéra (1949). De son œuvre abondante, on peut mentionner le *Requiem* et l'opéra *L'Oiseau bleu*.

**WOLFF (Étienne Charles)** ♦ Biologiste français (Auxerre 1904 - Paris 1996). Il se consacra principalement à des recherches d'embryologie, de tératologie animale expérimentale et de cancérologie. [Acad. sc. 1963 ; Acad. fr. 1971]

**WÖLFFLIN (Heinrich)** ♦ Historien de l'art suisse (Winterthur 1864 - Zurich 1945). Élève de Burckhardt*, il réhabilita le baroque et, plaidant pour une histoire de l'art assez fondamentale pour se passer des noms d'artistes, distingua deux époques, la Renaissance et le baroque. Ces époques reflètent des catégories universelles correspondant elles-mêmes à des composants formels opposés (plan et profondeur ; fermeture et ouverture des formes ; clarté et obscurité ; statisme et mouvement). Il a publié *Renaissance et Baroque* (1888), *Principes fondamentaux de l'histoire de l'art* (1915).

**WOLFRAM VON ESCHENBACH** ♦ Poète allemand originaire d'Eschenbach en Franconie (v. 1170 - v. 1220). Noble mais pauvre, il se mit au service de plusieurs seigneurs, dont le landgrave Hermann de Thuringe. Poète courtois, il composa des poésies lyriques et surtout trois grands poèmes : *Parzival* où, s'inspirant de Chrétien de Troyes *(Perceval)* et d'un énigmatique Kyot le Provençal, il a conté les aventures et l'éducation de chevalier, d'amant et de chrétien de son héros, finalement appelé à la royauté du Graal ; *Willehalm* (v. 1217), adaptation de *La Chanson des Aliscans*, une chanson de geste française, et *Sigune et Schionatulander* (appelé parfois *Titurel*). ➛ **ÉTYM.** *Wolfram* vient du germanique *Wulfhramm* (de *wulf* «loup» et *hramm* «corbeau») et *Eschenbach*, du vieux haut allemand «ruisseau *(bach)* des frênes *(asca)*».

**WOLFSBURG** ♦ V. d'Allemagne (Basse-Saxe), fondée en 1938 par la réunion de plusieurs communes, sur l'Aller et le Mittellandkanal, pour loger les ouvriers de l'usine d'automobiles Volkswagen. 122 000 hab. Ville et usine forment un ensemble indissociable.

**WOLFSKEHL (Karl)** ♦ Poète allemand (Darmstadt 1869 - Bayswater, Nouvelle-Zélande 1948). Membre du cénacle de Stefan George* et collaborateur aux *Feuilles pour l'art*, il fut contraint de quitter l'Allemagne (1933) en raison de ses origines juives. L'inspiration cosmique, dionysiaque, fait place peu à peu dans son œuvre à des thèmes empruntés à l'histoire du peuple juif et à ses souffrances (*Le Cercle*, 1927 ; *Chant de l'exil*, 1950).

**WOLGEMUT (Michael)** ♦ Peintre et graveur allemand (Nuremberg 1434 - *id.* 1519). Par son abondante activité de peintre et d'illustrateur, il contribua largement à l'épanouissement de l'école de Nuremberg, à la fin du XV<sup>e</sup> s. Formé par son père, il travailla à Munich vers 1450 et prit connaissance de la peinture des Pays-Bas. Après être resté dans l'atelier de son père, il épousa la veuve du peintre Pleydenwurff (1473) et continua son atelier, qui prit rapidement une importance considérable. Il participa notamment à la réalisation du maître-autel de l'église Saint-Jacques de Straubing, ainsi qu'à ceux de Notre-Dame de Zwickau (1476), de Feuchtwagen (1484) et de Schwabach (terminé en 1508) ; cependant, sa part spécifique est difficile à préciser. Doué d'une grande maîtrise technique, il aimait les couleurs dures et vives ; il insista sur les détails réalistes et se plut à rendre la brutalité des expressions. Recourant à un dessin nerveux, cassant et fouillé, il fit preuve d'invention dans le domaine iconographique comme en témoignent ses illustrations : env. 650 planches, un grand nombre notamment pour le *Schatzbehatter* (1491) et pour la *Chronique du monde* de Schedel (1491 - 1494). Dürer, qui se forma dans son atelier, fit son portrait à deux reprises.

**WOLIN** ♦ Île de Pologne (Poméranie) située face à Uznam, à l'entrée de la rade de Szczecin qu'elle sépare de la mer Baltique (265 $km^2$). Parc national (4 700 ha).

**WOLKER (Jiří)** ♦ Poète tchèque (Prostějov 1900 - *id.* 1924). Influencé par le «poétisme» et la poésie française, il fit paraître un recueil prometteur, *L'Hôte à la maison* (1921) ; sa seconde œuvre, *L'Heure difficile* (1924), devait ouvrir, par son caractère social, la voie à la poésie prolétarienne.

**WOLLASTON (William Hyde)** ♦ Chimiste et physicien britannique (East Dereham, Norfolk 1766 - Londres 1828). Il remarqua les raies sombres existant dans le spectre solaire (1802), découvrit une méthode de travail du platine et isola deux éléments, le palladium et le rhodium (1803). Il conçut un goniomètre à réflexion (1809), qui permet la mesure des angles formés par les faces cristallines (le silicate de calcium s'appelle *wollastonite* en son honneur). Il confirma avec Th. Young* l'existence de l'ultraviolet (1811) et découvrit avec Brewster* les figures d'interférences qui permettent de différencier les cristaux. On lui doit aussi la découverte de la cystine (1810) et l'introduction du concept de «poids équivalent» qui rivalisa longtemps avec celui de poids atomique. Il étudia également l'action du courant électrique sur l'aiguille aimantée et montra l'identité de l'électricité dynamique et statique. ➝ ÉTYM. Ce nom de famille vient d'un nom de lieu, du vieil anglais *Wīglāf*, nom de personne (de *wīg* «guerre» et *lāf* «reliques»), et *tūn* «village».

**WOLLONGONG** ou **GREATER WOLLONGONG** ♦ V. d'Australie (Nouvelle-Galles du Sud). Conurbation englobant plusieurs villes à forte croissance (→ **Bulli, Port Kembla**) ; elle est située à 80 km au S. de Sydney, à laquelle elle est reliée par voie ferrée et par route. 277 972 hab. ▪ Indus. lourde, dépendant du gisement houiller de Bulli*. Affinage et fonderie de cuivre, d'or et d'argent. Indus. chimiques (acide sulfurique, superphosphates). Importantes aciéries. Tôles d'acier, tôles galvanisées, acier inoxydable, fil de laiton, câbles métalliques. Briqueterie. Indus. mécaniques.

**WOLLSTONECRAFT (Mary),** Mrs. **GODWIN** ♦ Femme de lettres britannique (Hoxton 1759 - Londres 1797). Épouse de William Godwin*, mère de Mary Shelley*, elle est considérée comme la fondatrice du mouvement féministe (*Revendication des droits de la femme,* 1792).

**WOLOFS** → **Ouolofs**

**WOLS (Wolfgang SCHULZE, dit)** ♦ Peintre allemand (Berlin 1913 - Paris 1951). D'abord violoniste, Wols étudia l'ethnologie et l'anthropologie à l'Institut d'études africaines de Francfort. Il passa ensuite quelque temps au Bauhaus* avec Moholy*-Nagy. À Paris, où il arriva en 1932, il côtoya les surréalistes et exécuta des dessins, mais la guerre le contraignit à se réfugier dans le Midi. À son retour à Paris à la Libération, il trouva une reconnaissance immédiate grâce à son exposition à la galerie René Drouin en 1947 ; il illustra les œuvres de Paulhan, d'Artaud, et surtout de Jean-Paul Sartre. Dans ses compositions, il fit jouer le contraste du fond clairsemé avec les traits de peinture noire, qui suggèrent un éclatement des formes et reflètent ses tensions intérieures. Considéré comme le «primitif» de l'art informel, Wols souffrit d'angoisses qui le menèrent à des excès. Son œuvre, qui se compose de tableaux, mais surtout de dessins et d'aquarelles que Michel Seuphor qualifia de «délires organisés», rencontra un succès posthume à la Biennale de Venise de 1958 ; il fut un précurseur de l'abstraction lyrique et du tachisme. Il fut également photographe.

**WOLSELEY** (sir **Joseph Garnet,** 1er vicomte) ♦ Maréchal britannique (Dublin 1833 - Menton 1913). Il fut un des créateurs de l'armée moderne britannique et se distingua dans de nombreuses expéditions coloniales, notamment à Khartoum (Soudan) où il porta secours à Gordon* (1885). De 1895 à 1901, il commanda en chef l'armée britannique.

**WOLSEY (Thomas)** ♦ Prélat et homme d'État anglais (Ipswich v. 1473 - Leicester 1530). Archevêque d'York (1514), cardinal et lord-chancelier (1515), il dirigea la politique anglaise pendant près de quinze ans. Il maîtrisa la noblesse et mit en œuvre, comme légat du pape (1518), une certaine réforme ecclésiastique (peu appliquée). Il appuya Henri* VIII dans l'affaire de son divorce avec Catherine* d'Aragon, mais sous la pression de Charles Quint son mandat de légat fut suspendu et l'affaire introduite en cour de Rome. Cet échec et l'influence de ses nombreux ennemis amenèrent sa chute et son remplacement par Thomas More (1529).

**WOLUWE-SAINT-LAMBERT** – en néerl. ***Sint-Lambrechts-Woluwe*** ♦ Comm. de Belgique (Région de Bruxelles-Capitale), dans la banl. E. de Bruxelles, sur la Woluwe. 48 315 hab. Église romane. Chapelle gothique. Faculté de médecine de l'Université catholique de Louvain (francophone) à Louvain-en-Woluwe. ▪ Centre commercial.

**WOLUWE-SAINT-PIERRE** – en néerl. ***Sint-Pieters-Woluwe*** ♦ Comm. de Belgique (Région de Bruxelles-Capitale), dans la banl. E. de Bruxelles, sur la Woluwe. 38 554 hab. Église Saint-Pierre (1755). Parc de Woluwe (étangs). ▪ Indus. chimique fine.

**WOLVERHAMPTON** ➝ ÉTYM. anc. *Heantune* («haute ferme»), puis *Wolvrenhamptonia,* de *Wulfrūm,* n. de la femme à qui fut donné le manoir en 985, et de *tūn* «ville» ♦ V. d'Angleterre (West Midlands), au N.-O. de Birmingham. 263 573 hab. Église Saint Peter en gothique perpendiculaire. Indus. chimiques, mécaniques et métallurgiques en difficulté.

**WOMMELGEM** ♦ Comm. de Belgique (Région flamande), prov. et arr. d'Anvers (banl. E.). 12 117 hab. Horticulture sous verre. Indus. alimentaire. Instruments de précision.

**WONDER (Steveland MORRIS, dit Stevie)** ➝ ÉTYM. on l'appela à l'âge de 12 ans *little* («petite») *Stevie Wonder* («merveille») ♦ Musicien et chanteur américain (Saginaw, Michigan 1950). Aveugle de naissance, il commença sa carrière à l'âge de dix ans comme harmoniciste et connut un rapide succès avec *Fingertips.* S'émancipant peu à peu de l'influence de Ray Charles, il s'orienta vers des compositions mêlant musique soul et instruments électroniques *(Songs in the Key of Life, Hotter than July).*

**WONG Kar-Wai** ♦ Réalisateur hongkongais (Shanghai 1958). D'abord scénariste pour la télévision et le cinéma, il a surtout réalisé des comédies sentimentales d'un grand esthétisme où le désir et la nostalgie sont exacerbés par des musiques au refrain langoureux et envoûtant : *Nos années sauvages* (1991), *Chungking Express* (1994), *Happy Together* (1997), *In the Mood for Love* (1999), *2046* (2004), *My Blueberry Nights,* (2007), son premier film tourné aux États-Unis.

**WŎNSAN** ou **WEONSAN** ♦ V. de Corée du Nord et grand port sur la mer du Japon, libre de glaces en toute saison. 215 000 hab. Chantiers navals.

**WOOD (Robert Williams)** ♦ Physicien américain (Concord, Massachusetts 1868 - Amityville, New York 1955). Il étudia les propriétés optiques des vapeurs métalliques et conçut un écran filtrant qui ne laisse passer qu'une lumière constituée par des radiations proches de l'ultraviolet (*lumière de Wood* ou lumière noire). Les fluorescences qu'elles produisent sont appliquées, entre autres, en dermatologie. ➝ ÉTYM. Ce nom anglais signifie «bois», surnom d'un forestier ou d'une personne qui vit dans les bois.

**WOOD (Grant)** ♦ Peintre américain (Anamosa, Iowa 1892 - Cedar Rapids 1942). Après avoir étudié l'ébénisterie et la ferronnerie à Minneapolis, et ouvert une boutique d'artisanat à Cedar Rapids, dans le Midwest, il étudia la peinture à l'Art Institute de Chicago en 1912, puis, après la guerre, à l'Académie Julian à Paris. Revenu à Cedar Rapids, il obtint en 1927 une commande pour le Veteran Memorial, et créa des vitraux qu'il fit réaliser à Munich. Ce voyage, en 1928, fut décisif pour son œuvre qui avait commencé dans le style néo-impressionniste. Il approcha la Nouvelle Objectivité et surtout, admira l'art de Memling*, qui devint son peintre favori. Il appliqua ce style méticuleux, raffiné, aux portraits et scènes de la vie du Midwest auquel il consacra sa vie, devenant l'un des principaux peintres régionalistes des États-Unis. Mais à cette technique précise, réaliste, il mêla une ironie à l'égard du puritanisme américain (*American Gothic,* 1930 ; *Daughters of the Revolution,* 1932 ; *Adolescence,* 1933 - 1940). Son œuvre, notamment ses paysages, relèvent du réalisme* magique.

**WOODLARK** – parfois appelée ***Murua,*** en angl. ***Woodlark Island*** ♦ Île de la Mélanésie* au N.-E. des îles d'Entrecasteaux*, appartenant à la Papouasie-Nouvelle-Guinée. → **Nouvelle-Guinée.**

**WOODS (Eldrick, dit Tiger)** ➝ ÉTYM. Il doit son surnom à son père qui appelait un de ses amis soldats «Tiger» ♦ Joueur de golf américain (Cypress, Californie 1975). Doté de capacités exceptionnelles et précoces, il réalisa le grand chelem en remportant en 2000 - 2001 les quatre tournois majeurs du circuit professionnel mondial. En 2008, numéro 1 mondial, il gagna son 14e tournoi majeur.

Tiger **Woods** au Japon, en 2006. *Phot. © Shizuo Kambayashi/AP/Sipa*

**WOODSTOCK** ♦ V. du Canada (Ontario), sur la Thames. 35 480 hab. Centre agricole.

**WOODSTOCK** ➝ ÉTYM. vieil angl. «endroit *(stoc)* dans le bois *(wudu)*» ♦ Loc. des États-Unis (État de New York) entre New York et Albany, où se tint le premier grand rassemblement de la pop music (15 - 18 août 1969) : 400 000 personnes et 40 groupes de musiciens pour «trois jours de musique et de paix».

**WOODWARD (Robert Burns)** ♦ Chimiste américain (Boston 1917 - Cambridge, Massachusetts 1979). Auteur de synthèses dont celles de la quinine (avec Doering, 1944), du cholestérol et de la cortisone (1951), d'acides aminés tranquillisants, de la strychnine (1955) et de la chlorophylle (avec Strell, 1961), il effectua également des recherches sur les antibiotiques. Il est l'auteur, avec R. Hoffmann*, de règles de sélection qui portent leur nom et permettent d'expliquer le mécanisme de certaines réactions moléculaires. [Prix Nobel de chim. 1965] ◆ ÉTYM. *Woodward* est un surnom de forestier, du moyen anglais *wudu* «bois» et *weard* «gardien».

**WOOLF (Virginia)** née **STEPHEN** ♦ Romancière et critique britannique (Londres 1882 - Lewes, Sussex 1941). De santé fragile, elle ne put suivre un cycle normal d'études, mais fut initiée aux philosophes par son père, érudit, grâce à qui elle put rencontrer T. Hardy, G. Meredith. Après la mort de son père, elle prit l'habitude de recevoir ses amis dans sa maison de Bloomsbury et fonda ainsi le Bloomsbury Group. Aidée de son mari, Leonard Woolf, elle mit sur pied une maison d'édition, la Hogarth Press, qui fit connaître K. Mansfield et T. S. Eliot et publia la plus grande partie de son œuvre. Cette œuvre, qui, fortement imprégnée des théories proustiennes et joyciennes, rompait avec les conventions du roman traditionnel, décontenança le lecteur par la ténuité de l'intrigue, encore que *La Traversée des apparences* (1915) ou *Nuit et Jour* (1919) soient d'un style assez classique. Féministe, elle prit des positions remarquées en faveur de l'émancipation de la femme (*Une chambre à soi,* 1929). Sa conception du romanesque est éclairée par ses remarques sur la fiction moderne, critique destructive des trois figures dominantes du roman de son temps : Galsworthy, Bennett et Wells. Appréhendant la vie comme «un halo lumineux, une enveloppe à demi transparente où nous sommes enfermés depuis la naissance de notre conscience jusqu'à la mort», elle s'attacha à écrire des «romans-poèmes» : *La Chambre de Jacob* (1922), *Mrs. Dalloway* (1925), *La Promenade au phare* (1927), *Orlando* (1928), fantaisie historique inspirée par le personnage androgyne de son amie Vita Sackville*-West dont elle imagine les vies antérieures au cours des trois siècles précédents. *Les Vagues* (1931), que fit connaître en France une traduction de M. Yourcenar, *Années* (1937), *Entre les actes* (1941) sont tous fondés sur le thème du temps. On lui doit aussi une biographie de *Roger Fry* (1940), une biographie fantaisiste des Browning (*Flush,* 1933) et un *Journal* qui est un témoignage fondamental sur son activité d'écrivain et sur la vie intellectuelle de son temps. Victime de l'isolement né de la guerre, craignant la folie, elle se suicida. Portant à son apogée la technique du «courant de conscience», l'écriture de Virginia Woolf explore avec une virtuosité éblouissante la complexité des perceptions infimes, d'ordinaire inaperçues, qui forment la trame du temps vécu. Cette œuvre hantée par la folie est l'un des phares du roman moderne. ◆ ÉTYM. *Woolf* est une variante de l'anglais *wolf* «loup».

Virginia **Woolf.**
*Phot. © TopPhot/Roger-Viollet.*

**WOOLLEY (sir Leonard)** ♦ Archéologue britannique (Londres 1880 - *id.* 1960). Avec T. E. Lawrence, il dégagea la cité hittite de Karkemish et explora les vestiges du Sinaï. Il travailla encore à Tell el-Amarna, mais son œuvre essentielle fut la fouille d'Ur (1922 - 1934).

**WOOLLEY (Dilworth Wayne)** ♦ Biochimiste américain (Raymond, Alberta 1914 - Cuzco, Pérou 1966). Ses travaux portèrent sur les vitamines (découverte de la vitamine PP antipellagreuse), sur les antimétabolites, et sur le rôle de certaines substances chimiques dans le développement de la schizophrénie, qui sont à l'origine d'une théorie biochimique des psychoses.

**WOOMERA** ♦ Localité d'Australie-Méridionale, à 500 km env. au N.-O. d'Adélaïde. Env. 300 hab. Vaste base de lancement pour missiles et engins spatiaux (1951 - 1960). Centre anglo-américain de télécommunications spatiales.

**WORCESTER** ◆ ÉTYM. anc. *Wigranceaster* «fort (vieil angl. *ceaster*) de la tribu des Weogora (p.-ê. n. d'une riv.)» ♦ V. d'Angleterre, ch.-l. du Worcestershire, sur la Severn, au S. de Birmingham. 93 358 hab. Cathédrale gothique (XIII^e s.), anc. hôpital du XVI^e s. et maisons anc. Université. Centre commercial et admin. La ville a produit à partir du XVIII^e s. de belles porcelaines.

**WORCESTER** ♦ V. des États-Unis (Massachusetts). 172 648 hab. Indus. (produits métalliques, machines-outils, cuir, textiles).

**WORDSWORTH (William)** ♦ Poète britannique (Cockermouth, Cumberland 1770 - Rydal Mount, Westmorland 1850). Il fut orphelin de bonne heure et la mélancolie marqua son enfance à la *Grammar School* de Hawkshead et chez ses grands-parents à Penrith. C'est dans l'ambiance de Cambridge, qu'il jugeait bornée, que furent écrits ses premiers poèmes. Révolutionnaire à Paris, il échappa de justesse à la guillotine et dut abandonner son amie française après avoir reconnu leur enfant, Caroline. Cette double expérience, sentimentale et politique, lui inspira *Vaudracour et Julia* (1805) et *Les Frontaliers* (1842), tragédie en vers. Dans les *Ballades lyriques* (1798), écrites en collaboration avec Coleridge*, apparaît la qualité de vision *(visionary quality)* propre à Wordsworth. La préface de la seconde édition présente son art poétique. *La Ballade du vieux marin* (de Coleridge) est un exemple de cette transfiguration du quotidien que prônait Wordsworth. Devenu réactionnaire «à cause du complet échec de la Révolution française» (Coleridge), il s'en explique dans un poème autobiographique de 14 livres, *Le Prélude* (posth. 1850), initialement destiné à précéder à un poème philosophique sur l'homme, la nature et la société, *Le Reclus.* L'élément didactique y domine malgré de très belles descriptions de nature romantique (coucher de soleil, tempête). Wordsworth évoqua aussi en prose le cadre naturel qui inspirait sa poésie (*Description du paysage des lacs,* 1823). Les *Poèmes* (de 1807) sont empreints du sentiment de la nature qui caractérisa les lakistes* dont il fut le chef de file. Il fut admiré par Carlyle* et parodié par Shelley* (*Peter Bell III*). ◆ ÉTYM. Ce nom vient d'un nom de lieu, du vieil anglais *Woeddi,* nom de personne, et *°wor* «enclosure».

**WORDSWORTH (Dorothy)** ♦ Femme de lettres britannique (Cockermouth, Cumberland 1771 - Rydal Mount 1855). Sœur de William Wordsworth*, elle partagea avec lui cinquante ans de son existence. Son journal (*Grasmere Journal,* posth. 1941), tenu de 1800 à 1803, est un document sur les conditions dans lesquelles écrivait son frère. Ses souvenirs de voyage en Écosse et sur le continent furent publiés après sa mort et ses quelques poèmes parurent avec ceux de son frère en 1815. Elle fut la muse des lakistes* célébrée par Coleridge.

**Workshop Theatre** → **Littlewood (Joan)**

**WORMHOUT** [59470] ◆ ÉTYM. «bois vermoulu», du frq. *wermi* «ver» et *hulta* «bois» ♦ Ch.-l. de cant. du Nord, arr. de Dunkerque. 4 984 hab.

**WORMS** [vɔrms] **(René)** ♦ Sociologue français (Rennes 1869 - Paris 1926). Fondateur de l'Institut international de sociologie, il fut un des théoriciens de l'organicisme, bien qu'il eût été amené à nuancer ce point de vue (*Organisme et Société,* 1896 ; *Philosophie des sciences sociales,* 1903 - 1907).

**WORMS** ◆ ÉTYM. anc. *Borbetomagus, Bormitomagus,* d'un 1^er élément p.-ê. apparenté à *Borbo, Bormo,* divinité des sources chaudes et du gaul. *magos* «champ, marché» ♦ V. d'Allemagne (Rhénanie-Palatinat), sur la rive g. du Rhin, au N. de Ludwigshafen. Env. 80 000 hab. Belle cathédrale de style roman rhénan (XII^e - XIII^e s.) ; églises des XIII^e - XVI^e s., synagogue la plus anc. d'Europe (1034), monument de Luther (1868). ▪ Commerce des vins du Palatinat rhénan ; indus. textiles ; matières plastiques ; travail du cuir. ▮ **Histoire** Anc. cité celte, puis romaine *(Borbetomagus),* Worms devint la capitale du royaume des Burgondes. Sa destruction par les Huns en 436 inspira la *Chanson des Nibelungen.* Le concordat de Worms y fut signé en 1122 et des diètes impériales s'y tinrent (→ **Worms [diète de]**). Luther, invité à s'y justifier, fut mis au ban de l'empire par l'*édit de Worms* en 1521. Dévastée par la guerre de Trente Ans, la ville fut brûlée par les Français en 1689. Annexée par la France sous l'Empire, elle fut attribuée à la Hesse en 1815.

**Worms** (concordat de) ♦ Traité signé le 23 sept. 1122 entre l'empereur Henri V et le pape Calixte* II et mettant fin à la querelle des Investitures* : l'empereur renonçait à l'investiture spirituelle par la crosse et l'anneau, respectait la libre élection des évêques et abbés, mais obtenait de présider ces élections et de donner ensuite une investiture temporelle par le sceptre.

**Worms** (diète de) ♦ Diète tenue par Charles Quint en 1521. Luther* y comparut (17 avr.) et refusa de rétracter sa doctrine (on rappelle ses paroles sous la forme condensée : «Je ne puis autrement, que Dieu me soit en aide !»). Il sortit libre, mais l'*édit de Worms* le mit au ban de l'empire, ordonna la destruction de ses ouvrages, exigea le retour au catholicisme et la restitution des biens ecclésiastiques confisqués. L'application de cet édit se révéla difficile. → **Réforme.**

**WORRINGER (Wilhelm)** ♦ Historien de l'art allemand (Aix-la-Chapelle 1881 - Munich 1965). Dans sa célèbre thèse de doctorat, *Abstraktion und Einfühlung* («Abstraction et Intuition», 1908), il annonce la prédominance de l'abstraction, «cet instinct primordial qui tend vers l'abstraction pure comme la seule possibilité de repos au sein de la confusion et de l'obscurité du monde imagé». Il a analysé, dans son enseignement et ses publications (*Formproblem der Gothik,* 1911 ; *Griechentum und Gothik,* 1928), l'art primitif, oriental, classique et gothique d'un point de vue formel et psychologique.

**WORTH (Charles Frédéric)** ♦ Couturier français d'origine britannique (Bourn, Lincolnshire 1825 - Paris 1895). Après un apprentissage à Londres, il vint à Paris en 1846 et travailla dans une maison de soieries. En 1858, il monta sa propre maison de couture (rue de la

Paix), qui acquit une réputation mondiale grâce au patronage de la princesse de Metternich et de l'impératrice Eugénie. Après la guerre de 1870, ses fils Jean-Philippe et Gaston l'assistèrent. La *maison Worth* prospéra jusqu'en 1952, date à laquelle elle fusionna avec Paquin ; *Worth-Paquin* ferma cependant ses portes deux ans plus tard. ➝ ÉTYM. Ce nom vient du vieil anglais et signifie «lieu clos».

**WORTHING** ♦ V. d'Angleterre (West Sussex), sur la Manche, à l'O. de Brighton. 97 540 hab. Station balnéaire. Cultures fruitières et florales aux environs.

**WOTAN** ou **WODAN** ➝ **Odin**

**WOUTERS (Rik)** ♦ Peintre et sculpteur belge (Malines 1882 - Amsterdam 1916). Il se consacra à la sculpture à partir de 1902 et réalisa des statues et des bustes qui dénotent une certaine influence de Rodin* et se caractérisent par la robustesse des formes, parfois schématisées, ainsi que par la vigueur du modelé, le goût des expressions animées et des compositions mouvementées (*Buste d'Ensor ; La Vierge folle*, 1912). Admirateur de James Ensor, mais aussi des impressionnistes, il laissa apparaître dans ses tableaux un art personnel qui présente des affinités avec celui des fauves (liberté de facture, éclat des coloris à dominante chaude). Il réalisa des scènes familières et des portraits qui annoncent l'expressionnisme par l'audace du coloris et l'attention portée à l'expression des sentiments (*Portrait de Rik au bandeau noir*, 1913). ➝ ÉTYM. *Wouters* est la forme flamande de *Gautier, Wautier*.

**WOUWERMAN** ou **WOUWERMANS (Philips)** ♦ Peintre et dessinateur hollandais (Haarlem 1619 - *id.* 1668). Élève de son père et probablement de F. Hals*, il subit surtout dans le choix de ses sujets l'influence de Pieter Van* Laar, de Both et de K. Dujardin*. Membre de la guilde d'Haarlem en 1640, il fut l'un des peintres de genre les plus féconds du XVII$^{e}$ s. hollandais et traita avec prédilection des sujets mettant en scène des chevaux : batailles, cavalcades, scènes de campements militaires, chasses. Il représenta quelquefois des scènes d'intérieur, mais préférait les scènes populaires en plein air, où les éléments empruntés au paysage italianisant se mêlent à une observation sensible de son pays et au sens de l'anecdote pittoresque. Comme la plupart de ses confrères, il avait le sens de l'atmosphère et traitait avec une touche fine les effets de lumière. Il aimait les tonalités argentées (*Chocs de cavalerie ; Halte à l'auberge ; Bohémiens en voyage*).

**Woyzeck** ♦ Drame de Georg Büchner* (1836). Misérable par son insignifiance et son humilité, le soldat Woyzeck doit céder devant tous, le médecin, le capitaine, le caporal-major. Deux êtres constituent sa seule richesse : Marie, sa femme, et son petit garçon. Mais Marie est volage et se laisse séduire par le caporal-major. Halluciné, ivre de jalousie et de désespoir, Woyzeck tue Marie et se noie dans le lac où il a jeté son cadavre. Épopée de la misère, dont la construction vigoureuse évoque la marche d'une fatalité inéluctable, l'œuvre s'achève sur l'image du fils de Woyzeck, ignorant encore de l'événement et jouant avec d'autres enfants. ▪ Elle a inspiré à Alban Berg* un opéra, *Wozzeck* (Berlin, 1925) utilisant toutes les ressources de l'atonalité et qui, par son lyrisme et sa puissance expressive, constitue un des chefs-d'œuvre de l'opéra moderne.

**WOZNIAK (Stephen Gary)** ♦ Informaticien américain (San Jose, Californie 1950). Avec Jobs*, il construisit, vers 1975, le premier micro-ordinateur Apple. En 1976, ils mirent au point l'Apple-II, micro-ordinateur qui révolutionna l'informatique : équipé de logiciels d'applications facilement utilisables par des non-spécialistes, il devint rapidement un produit d'utilisation courante. Ils perfectionnèrent encore le concept de «convivialité» avec la gamme Macintosh (1984). ➝ ÉTYM. Le nom polonais *Wozniak* signifie «chauffeur», nom de métier.

**WRANGEL (Carl Gustaf VON)** ♦ Feld-maréchal suédois (Skokloster, Uppland 1613 - Spieker, Rügen 1676). Il s'était déjà illustré (Fehmarn, 1644), quand il prit la succession de Torstensson* à la tête des armées suédoises (1646). Il envahit avec Turenne* la Bavière et le Wurtemberg, prit part à la guerre de Pologne et au siège de Varsovie et à l'invasion du Danemark. Il fut relevé de ses fonctions dans la guerre de Brandebourg à la suite de la défaite de son frère à Fehrbellin (1675).

**WRANGEL** ou **VRANGEL (Petr Nikolaïevitch,** baron **DE)** ♦ Général russe (Novo-Aleksandrovsk 1878 - Bruxelles 1928). Commandant d'une division de Cosaques pendant la Première Guerre mondiale, il se retira en Crimée après la révolution d'Octobre et se battit contre les bolcheviks. Adjoint de Denikine*, il s'empara de Tsaritsyne (mars 1919), mais fut battu et dut abandonner la ville le 19 juin 1919. Ayant remplacé Denikine à la tête de l'«armée volontaire», en mars 1920, il déclencha une offensive sur le Dniepr inférieur et dans le Kouban et organisa un gouvernement qui fut reconnu *de facto* par la France. La contre-offensive de l'Armée rouge l'obligea à reculer en désordre vers la Crimée. Après une bataille acharnée, les bolcheviks forcèrent l'isthme de Perekop, puis s'emparèrent de Sébastopol, mais Wrangel, aidé par les Alliés, réussit à évacuer, avec 126 navires, plus de 130 000 personnes, dont 70 000 soldats.

**WRANGEL** (île de) ➝ **Vrangel (île de)**

**WRAY (John)** ➝ **Ray (John)**

**WREN** (sir **Christopher**) ♦ Architecte et homme de science anglais (East Knoyle, Wiltshire 1632 - Hampton Court 1723). Il s'imposa d'abord comme mathématicien et occupa la chaire d'astronomie à Londres puis à Oxford ; il devint l'un des membres fondateurs de la Société royale des sciences. Avant de se consacrer à l'architecture, il effectua en 1665 un voyage en France, où il prit connaissance des réalisations alors en cours. Vers cette époque il donna le projet de la chapelle de Pembroke College, à Cambridge (1663 - 1665) et entreprit le Sheldonian Theatre d'Oxford (1664 - 1669) où il imagina un ingénieux système de couverture. À la suite du grand incendie de Londres (1666), il eut l'occasion de déployer une intense activité ; nommé par Charles II membre de la commission de reconstruction, il proposa notamment un projet d'urbanisme élaboré selon un plan radioconcentrique, qui ne put être réalisé ; il fournit aussi les plans d'une cinquantaine d'églises paroissiales en se référant à Inigo Jones* mais aussi aux modèles hollandais. Il adopta en général un plan longitudinal aux sobres partis pris dont la disposition favorisait la prédication ; préférant les espaces nus, il fit preuve d'imagination dans le choix de certains motifs architecturaux et décoratifs (supports, éléments de couverture, galeries) et attacha peu d'attention à l'extérieur (le plus souvent en brique), si ce n'est dans le dessin des clochers et lanternons souvent pleins de fantaisie inventive et qui révèlent des emprunts partiels au baroque italien. Son œuvre majeure fut la reconstruction de la cathédrale Saint-Paul à partir de 1675. Son projet de plan central en forme de croix grecque allait à l'encontre des exigences du clergé, qui préférait un plan longitudinal en croix latine. Après divers compromis, l'un de ses plans fut accepté et, au cours de la construction, il effectua une série de modifications. Les souvenirs de Saint-Pierre de Rome et l'influence de l'église des Invalides apparaissent dans cette réalisation monumentale surmontée d'une coupole ; si les deux tours en façade procèdent du baroque, le parti adopté à la façade et la colonnade circulaire entourant le tambour du dôme annoncent l'esprit néo-classique du XVIII$^{e}$ s. Dans le domaine de l'architecture civile, il affirma d'abord son souci de respecter la «perfection des ordres» que préconisaient les traités de Serlio et de Palladio, ainsi qu'une certaine influence du classicisme français. Il édifia la bibliothèque de Trinity College à Cambridge (1676 - 1684), l'hôpital de Chelsea (quartier de Londres), fondé par le roi Charles II (1682 - 1691), puis l'hôpital de Greenwich (1696 - 1702). Pour le roi Guillaume et la reine Marie, il aménagea et transforma le palais de Hampton Court, puis agrandit la résidence de Kensington (1688 - 1702), révélant un art très personnel dans l'utilisation esthétique des contrastes de la brique et des éléments ornementaux en pierre. Si plusieurs de ses projets ne purent être réalisés, il ne s'en imposa pas moins comme l'un des plus grands architectes anglais.

**Wren.** La cathédrale Saint-Paul à Londres.
*Phot. © Charles Lénars*

**WREXHAM** ♦ V. du pays de Galles (district de Wrexham, 504 km$^2$, 128 476 hab.). L'aggl. compte 42 576 hab. Ville industrielle.

**WRIGHT (Edward)** ♦ Cosmographe anglais (v. 1560 - v. 1640). Inventeur du canevas des cartes à latitudes croissantes, il exposa en termes mathématiques la construction de la projection de Mercator* (appelée *projection de Wright* par les Anglais). Il fut également un des promoteurs de la théorie des logarithmes.

**WRIGHT (Frank Lloyd)** ♦ Architecte, dessinateur et théoricien américain (Richland Center, Wisconsin 1867 ou 1869 - Phoenix, Arizona 1959). ▮ **Une architecture organique** Fils d'un pasteur baptiste, il fit des études d'ingénieur à l'université de Wisconsin, mais passionné par l'architecture, il devint dessinateur dans l'agence de J. L. Silsbee à Chicago, puis le principal assistant de Sullivan (1887 à 1893). Esprit non conformiste, il refusa le néo-académisme issu de la tradition gréco-romaine et subit l'influence des écrits de Viollet*-le-Duc et de Ruskin*. Il repensa l'architecture en tenant compte des possibilités offertes par les nouveaux matériaux, mais aussi en fonction du mode de vie contemporain ; il reconsidéra les rapports de l'individu, de l'édifice et de la nature environnante ; ainsi, il définit une architecture organique (*An Organic Architecture*, 1939), fondée en partie sur une mystique de la Nature, et exalta les droits de l'imagination en prônant la liberté formelle. ▮ **Les premières réalisations** Son talent de constructeur et ses capacités inventives se manifestèrent dès le début de sa carrière, notamment avec sa propre maison à Oak Park dans l'Illinois (1889), le Golf Club de River Forest (1898), et particulièrement dans sa série dite des «Prairie Houses» (inaugurée par le projet «Maison pour une ville de la Prairie», 1901), dont les plus remarquables exemples sont la Willitts House à Highland Park, Illinois (1902), la Coonley House de Riverside (1908 - 1909), la Isabel Roberts House (1908), la Thomas Gale House, Chicago (1909) et la Robie House, Chicago (1909). ▮ **Une nouvelle conception de l'espace** Il créa des plans en croix, en L ou en T, innovant dans la conception de l'espace intérieur en évitant le cloisonnement et en cherchant les articulations par des niveaux différents et l'enchaînement des parties ; il ouvrit largement l'espace sur l'extérieur grâce à des galeries couvertes, auvents, terrasses, toits en pente douce débordant largement, fenêtres en bandeau, et préféra les maisons basses où prédominent les lignes horizontales et les matériaux naturels qui concourent à intégrer le bâtiment dans la nature. ▮ **L'utilisation du béton armé** Il conçut aussi dès 1901 un projet de banque en béton armé, employant surtout ce matériau dans les immeubles commerciaux (Larkin Building à Buffalo, New York, 1904). Il manifesta des tendances expressionnistes (Unity Temple d'Oak Park, 1906) et édifia de 1916 à 1922 l'Imperial Hotel de Tōkyō (détruit en 1955) qui fut l'un des rares immeubles à résister au tremblement de terre de 1923 grâce à un système de dalles en porte-à-faux. Les résidences qu'il construisit ensuite dénotent une liberté grandissante dans le choix des plans et des effets plastiques (Millard House à Pasadena, 1923, au toit plat et construite avec des blocs de béton préfabriqués). Dans l'Ocotillo Desert Camp, il utilisa des formes en biais (1927). Plusieurs de ses réalisations suscitèrent de violentes controverses, certains y voyant des traits archaïsants procédant d'un romantisme attardé ; cependant, il allait manifester sa parfaite maîtrise de la technique du béton armé comme du répertoire formel moderne en édifiant l'audacieuse Kaufmann House (1936 - 1939) à Bear Run, Pennsylvanie, dite aussi Maison sur la cascade, avec son système de porte-à-faux et de terrasse, ainsi que les bureaux de la Johnson Wax à Racine, Wisconsin (1936 - 1939), bâtiment aveugle au vaste espace central soutenu par des poteaux-champignons, et dont certains murs sont ondulés ; il compléta l'ensemble avec une tour de verre aux angles arrondis. ▮ **Des plans et des projets audacieux** Il édifia aussi une série dite des Usonian Houses et, diversifiant encore ses recherches, établit ses plans selon des tracés hexagonaux, angulaires et circulaires (Hanna House à Palo Alto, 1937 ; David Wright House, 1952). Il construisit aussi le Florida Southern College à Lakeland (1938 - 1950), la tour Price à Bartlesville (1953 - 1956), le musée Guggenheim à New York (1956 - 1959, d'après un projet de 1946), où il innova en créant un plan en spirale qui engendre un espace continu se déroulant en pente douce, tandis que dans la Beth Sholem Synagogue (1958), il adopta des formes angulaires. Outre des réalisations très diverses, il élabora d'audacieux projets (plans d'urbanisme pour Bagdad, Pittsburgh, Madison ; gratte-ciel d'un mile et de 528 étages, 1956) ; il publia de nombreux ouvrages (*Autobiography*, 1943 ; *The Future of Architecture*, 1953 ; *Testament*, 1957), s'imposant comme l'une des plus fortes personnalités de l'architecture moderne américaine. ➝ **ÉTYM.** *Wright* vient du vieil anglais *wyrhta* «charpentier ; menuisier».

Frank Lloyd **Wright.** Robie House à Chicago. *Phot. © Charles Lénars*

**WRIGHT** (les frères) ♦ WILBUR WRIGHT (Millville, Indiana 1867 - Dayton, Ohio 1912) et ORVILLE WRIGHT (Dayton 1871 - *id.* 1948). Aviateurs et constructeurs d'aéroplanes américains. Conseillés par l'ingénieur Chanute*, ils mirent au point le premier aéroplane qui, équipé de deux hélices et d'un moteur à explosion léger, permit à Orville d'effectuer le premier vol mécanique (1903) depuis Ader*.

**Wright.** Le biplan des frères Wright.
*Phot. © Arch. Rencontre*

**WRIGHT (Richard)** ♦ Romancier américain (Natchez 1908 - Paris 1960). Noir, il eut une enfance difficile qu'il dépeignit dans *Black Boy* (1945). Inspiré par H. L. Mencken*, qui «combattait avec les mots», il partit pour Chicago en 1934 et ne cessa dès lors de dénoncer la condition des Noirs en Amérique (*Douze millions de voix noires*, 1941 ; *L'Isolé*, 1953 ; *Forces noires*, 1954) tout en luttant activement au sein du Parti communiste américain. À Paris où il s'établit en 1947, Wright découvrit l'existentialisme (*The Outsider*, 1953). Son œuvre majeure, portée à la scène et à l'écran, est *Un enfant du pays* (1940). Ses conférences en Europe ont été réunies sous le titre *White Man, Listen !* (1957). On lui doit aussi un recueil de nouvelles *Les Enfants de l'oncle Tom* (1938), d'allure objective mais empreinte d'une poésie poignante.

**WRIGHT (Georg Henrik VON)** ♦ Philosophe et logicien finlandais (Helsinki 1916 - *id.* 2003). Parallèlement au système des modalités traditionnelles (vrai, faux, nécessaire, contingent, possible, impossible), il a construit des systèmes modaux inédits introduisant des modalités nouvelles «épistémiques» (établi, exclu, plausible) et surtout «déontiques» (permis, facultatif, obligatoire, interdit).

**WROCŁAW** – en all. ***Breslau*** ♦ V. de Pologne du S.-O., ch.-l. de la voïvodie de Basse-Silésie, sur l'Oder. 634 630 hab. Capitale administrative, religieuse (évêché) et culturelle (univ.) de la basse Silésie, elle compte de nombreux monuments (cathédrale Saint-Jean-Baptiste, XIIIe - XIVe s., églises gothiques) en grande partie restaurés après la Deuxième Guerre mondiale. ▪ Centre indus. et commercial, important nœud ferroviaire et fluvial. Indus. chimique, textile, métall. de transformation. ▮ **Histoire** Mentionnée dès le Xe s. sous le nom de *Wratislavia*, la ville, germanisée en *Breslau*, siège d'un évêché v. l'an 1000, devint la capitale du duché de Silésie érigé en 1163, au profit de la dynastie des Piast. Placée sous la suzeraineté de la Bohême avec presque toute la Silésie en 1327, incorporée au royaume de Bohême en 1335, elle passa avec ce dernier sous la domination de l'Autriche en 1526. Assiégée par Frédéric II le Grand et annexée à la Prusse en 1741, disputée entre Prussiens et Autrichiens durant la guerre de Sept Ans (1756 - 1763), elle fut définitivement acquise à la Prusse en 1763 et suivit les destinées de la Silésie. Devenue un grand centre industriel au XIXe s., transformée en forteresse par les Allemands durant la Deuxième Guerre mondiale, elle fut encerclée et prise par l'armée soviétique (7 mai 1945) après un siège de 82 jours, au cours duquel elle fut en grande partie détruite. Elle redevint polonaise à la suite des accords de Potsdam (1945) sous le nom de Wrocław.

**WROŃSKI (Józef Maria Hoene)** ♦ Philosophe polonais (Wolsztyn, près de Poznań 1776 - Neuilly 1853). Il vécut à Paris. Ses thèses sur l'absolu le rapprochent de la théosophie et de l'illuminisme (*Philosophie de l'infini*, 1814). ➝ **ÉTYM.** Ce nom vient du polonais *Wrona* «corneille», surnom d'une personne braillarde.

**WU (Chien Shiung)** ♦ Physicienne américaine d'origine chinoise (Shanghai 1913 - New York 1997). Son expérience de désintégration du cobalt 60 à une température proche du zéro absolu (1956) montra l'existence d'une asymétrie fondamentale de la nature à l'échelle des particules (non-conservation de la parité), qui venait d'être postulée par T. D. Lee* et C. N. Yang.

**WUCHANG** ou **WOU-TCH'ANG** ♦ Anc. ville de Chine, auj. quartier de la ville de Wuhan* (Hubei). **Histoire** Point de départ du mouvement insurrectionnel qui renversa la dynastie mandchoue des Qing*. Siège du gouv. révolutionnaire de 1924 à 1927.

**WUDAI** ou **WU TAI** n. m. pl. ♦ Période de l'histoire de Chine (907 - 960) comprenant les Cinq Dynasties éphémères (les Houliang, 907 - 923 ; les Houtang 923 - 936 ; les Houjin, 936 - 946 ; les Houban, 947 - 950 et les Houzhou, 951 - 960) qui régnèrent successivement sur la Chine du Nord, et les Shiguo (les Dix Royaumes, 902 - 979) qui se partagèrent la Chine du Sud.

**WU Daozi** ou **WOU Tao-tseu** ♦ Peintre chinois (Yangzhai, Henan, v. 685 - apr. 758). Artiste au service de l'empereur Xuanzong, il excella dans tous les genres, et plus particulièrement dans les personnages des panthéons bouddhiste et taoïste, et les fresques pour monastères. Fort célèbre de son vivant, on lui attribue la technique du «dessin au trait» *(baimiao)*. Ses œuvres ne sont connues que par des copies tardives. Il est considéré comme le patron des peintres.

**WUDI** ← ÉTYM. chin. «les Cinq Souverains» ♦ Nom de règne de plusieurs empereurs, dont le plus célèbre fut le Wudi (-141 - -87) de la dynastie Han*. L'empire atteignit alors son extension maximale, en réponse à la menace des cavaliers de la steppe (campagnes de Mandchourie, de Mongolie, d'Asie centrale). Son règne fut également marqué par un réseau étroit de relations diplomatiques avec les tribus nomades (empire Xiongnu*) et par l'essor économique fondé sur les colonies de soldats-paysans (2 millions d'hommes dans les commanderies du Nord-Ouest).

**WUHAN** ou **WOU-HAN** ← ÉTYM. du chin. *wou* «militaire ; armée» et *han* «Chine ; chinois» ♦ V. de Chine, cap. de la prov. de Hubei. 6 787 482 hab. Formée par la réunion des villes de Wuchang*, Hankou et Hanyang, la ville est un centre universitaire et un important centre indus. : sidérurgie, construc. mécaniques et navales, chimie, pétrochimie, indus. textile (coton). Port fluvial. Nœud ferroviaire : bâti en 1955, un pont ferroviaire et routier (1 156 m de long) franchit le Chang jiang.

**WUHU** ou **WU-HOU** ♦ V. de Chine (Anhui), sur le Chang jiang. 641 259 hab. Important port de commerce et nœud de communications, c'est l'un des quatre principaux marchés du riz du pays. Indus. textile (confection), mécanique et chimique. Artisanat.

**WULFILA** → Ulfilas

**WU MING** ← ÉTYM. chinois «sans nom» ou «cinq noms» ♦ Collectif de cinq écrivains italiens (Roberto Bui, Giovanni Cattabriga, Luca Di Meo, Federico Guglielmi, Riccardo Pedrini). Refusant pendant longtemps de rendre publics leurs noms et de reconnaître le principe du droit à la propriété intellectuelle, les auteurs se présentent à leur public collectivement et mettent gratuitement à disposition leurs œuvres à partir de leur site web. Wu Ming s'est fait connaître par un roman historique (*L'œil de Carafa*, signé Luther Blissett, 1999) et continue à publier des romans : *New thing* (2004), faux documentaire réalisé quarante ans après la disparition d'une journaliste dans le milieu de l'avant-garde du jazz new-yorkais ; *Guerre aux humains* (2004), roman d'aventures délirant puis *Manituana* (2009).

**WUNDT (Wilhelm)** ♦ Psychologue et philosophe allemand (Neckarau, Bade 1832 - Grossbothen, près de Leipzig 1920). Assistant de physiologie auprès de Helmholtz* à Heidelberg, il créa à Leipzig (1879) le premier laboratoire de psychologie expérimentale. Ses études sur le temps de réaction aux excitations, les sensations et perceptions visuelles, auditives, l'amenèrent à distinguer dans la vie psychique les associations purement passives de l'aperception active, source des synthèses mentales et base de la pensée logique. Il étendit ses recherches à la psychologie collective (langage, mythe, religion, droit). Princ. ouvrages : *Éléments de psychologie physiologique* (1874), *Logique* (1880 - 1883), *Psychologie des peuples* (1900 - 1920).

**WUPPERTAL** ← ÉTYM. all. «vallée *(Val)* de la Wupper» ♦ V. d'Allemagne (Rhénanie-du-Nord-Westphalie), au fond de la vallée de la Wupper. 366 005 hab. Elle fut formée en 1929 par la réunion des villes d'Elberfeld, de Barmen, et communes voisines. Grand centre d'industrie textile (coton, textiles artificiels et synthétiques). Indus. (mécaniques, électriques). Le site étroit de la vallée inspira l'original métro suspendu («Schwebebahn», 1904) au-dessus de la Wupper. Vie culturelle intense (théâtre, danse, opéra). **Histoire** Au cœur du duché de Berg*, le piétisme a développé l'esprit d'entreprise. Parmi les fondateurs de l'industrie textile du lin, le père de Friedrich Engels*.

**WURMSER (Dagobert Siegmund,** comte **VON)** ♦ Général autrichien (Strasbourg 1724 - Vienne 1797). Au service de la France pendant la guerre de Sept* Ans, il revint ensuite dans l'armée autrichienne, s'empara des fortifications («lignes») de Wissembourg (oct. 1793), puis de Mannheim (1795). Il fut battu par Bonaparte à Castiglione, puis à Bassano, et il capitula à Mantoue (fév. 1797).

**WURTEMBERG** n. m. – en all. ***Württemberg*** ← ÉTYM. du vx haut all., 1er élément incert. (p.-ê. «roseaux») et *berg* «colline» ♦ Anc. pays d'Allemagne, compris approximativement entre la Forêt-Noire et la limite orientale du bassin de Souabe*-Franconie. **Histoire** Occupé successivement par les Romains (Ier s.), les Alamans*, les Francs* (IIe s.), il fut à l'origine compris dans le duché de Souabe et ses premiers comtes, apparus au XIIe s., lièrent leur fortune à celle des Hohenstaufen*. Élargi sous Eberhard Ier (1279 - 1325), le *comté de Wurtemberg* triompha d'abord des ambitions de la Souabe (1388) et fut érigé en duché par Maximilien* Ier (1495), mais il fut vaincu par elle sous Ulrich* Ier. Pendant la guerre de Trente* Ans, le Wurtemberg défendit la cause protestante. À la fin du XVIIIe s., Frédéric II (1797 - 1816) sut passer avec adresse du camp de Napoléon à celui des Alliés et agrandit ainsi considérablement ses possessions, tout en obtenant le titre de roi. Entré dans la Confédération* germanique, puis dans le Zollverein*, le Wurtemberg réprima une révolution démocratique en 1848, et prit le parti de l'Autriche contre la Prusse (défaite de Tauberbischofsheim). Il conserva son autonomie au sein de l'Empire allemand et devint un État libre parlementaire en 1919. Il est auj. réuni au Land de Bade*-Wurtemberg.

**WURTZ** [vyRts] **(Charles Adolphe)** ♦ Chimiste français (près de Strasbourg 1817 - Paris 1884). Il découvrit les amines, le glycol, l'aldol et donna la constitution de la glycérine. Il inventa également (1854) un procédé de préparation de composés organiques utilisant le sodium *(synthèse de Wurtz)*. Il fut le promoteur de l'atomisme en France. [Acad. sc. 1867] ← ÉTYM. *Wurtz* vient du moyen haut allemand *wurzer* «marchand de légumes»

**WÜRZBURG** – en fr. ***Wurtzbourg*** ♦ V. d'Allemagne (Bavière), chef-lieu de la régence de Basse-Franconie, sur le Main. 131 320 hab. Dominée par la forteresse de Marienberg, cette ancienne résidence ducale a conservé d'intéressants monuments romans (cathédrale), gothiques (églises) et surtout baroques (résidence des ducs-évêques, érigée de 1719 à 1744 par Johann Balthasar Neumann* et dont l'escalier et la salle impériale sont ornés de fresques de Tiepolo ; classée au patrimoine mondial de l'Unesco). Université. ▪ Port fluvial. Au centre d'une riche région agricole (les *Gaue*, → **Souabe-Franconie**), la région de Würzburg est grande productrice de vins. Indus. mécaniques et alimentaires. **Histoire** Mentionnée en 704 sous le nom de *Castellum Viterburth*, la ville devint en 741 un important siège épiscopal dont les titulaires portaient le titre de ducs de Franconie. Plusieurs diètes s'y tinrent durant le Moyen Âge. En 1806, elle fut érigée en grand-duché par Napoléon au profit de Ferdinand III de Toscane et revint à la Bavière en 1815.

**Würzburg** vue du Main. *Phot. © Jo Chambers/Shutterstock*

**WU Sangui** ou **WOU San-kouei** ♦ Général chinois (1612 - 1678). Commandant militaire du Liaodong*, il fut chargé de contenir les Mandchous. Lors de la prise de la capitale par Li Zicheng, son père et sa favorite Chen Yuanyuan (→ **Wu Weiye**) furent pris en otage par les rebelles, ce qui le décida à demander l'aide militaire des Mandchous pour les chasser de Pékin. Une fois Shanhaiguan* franchie et les rebelles battus, ces derniers s'installèrent sur le trône de Chine pour fonder la dynastie des Qing*. Wu Sangui fut nommé vice-roi du Yunnan et du Guizhou. Il se révolta en 1673, fonda le royaume de Zhou et se proclama empereur en 1678, peu avant sa mort.

**WÜTHRICH (Kurt)** ♦ Chimiste suisse (Aarberg 1938). Ses travaux sur la résonance magnétique nucléaire (RMN) permirent, dès 1985, l'utilisation de cette technique pour déterminer la structure tridimensionnelle des protéines en solution (c'est-à-dire dans les conditions physiologiques). → **Ernst (Richard).** La méthode, complémentaire de la diffraction des rayons X (→ **Perutz**), permet aussi d'étudier les parties non structurées et mobiles de la protéine (telle la protéine-prion, → **Prusiner**). [Prix Nobel de chimie 2002 avec J. B. Fenn* et K. Tanaka*]

**WUTONGQIAO** ou **WOU-T'ONG-K'IAO** ♦ V. de Chine (Sichuan), au S. de Leshan, sur le Min jiang. 320 000 hab. Sel gemme. Laine.

**WUUSTWEZEL** ♦ Comm. de Belgique (Région flamande), prov. et arr. d'Anvers, à la frontière des Pays-Bas. 18 605 hab. Étang et parc du château Van de Spiegel (détruit) dessinés par Le Nôtre (1613 - 1700). Église du XIIIe s. ▪ Indus. alimentaire.

**WU Weiye** ou **WOU Wei-ye** ♦ Poète, peintre, calligraphe et fonctionnaire chinois (dans le Jiangsu 1609 - 1671). Loyaliste Ming*, il démissionna de ses fonctions peu après l'avènement des Mandchous*. Auteur de la célèbre *Chanson de Yuanyuan* inspirée du tragique destin de Chen Yuanyuan, favorite de Wu* Sangui.

**WUXI** ou **WOU-SI** ♦ V. de Chine (Jiangsu). 1 872 915 hab. Anc. cap. de l'étain. Céréales, colza, thé. Pêche sur le lac Tai hu. Indus. alimentaire, textile (soie), mécanique et électronique. Tourisme.

**WU Zetian, Wou Tsö-t'ien, Wu Hou** ou **Wou Heou** ♦ Impératrice de Chine (624 - 705). Elle s'empara du pouvoir en 683 à la mort de l'empereur Gaozong, et changea en 690 le nom dynastique des Tang en celui de Zhou*. Elle renforça le pouvoir central et développa le système de l'examen impérial. Fervente bouddhiste, elle favorisa le culte, fit bâtir des monastères et décorer des grottes : selon la tradition, le grand Bouddha de Longmen* reproduirait ses traits. Peu avant sa mort, elle dut abdiquer en faveur de son fils Li Xian (empereur Zhongzong) qui reprit le nom dynastique de Tang.

**WU Zhen** ou **WOU Tchen** ♦ Peintre, poète et calligraphe chinois (1280 - 1354), adepte du bouddhisme chan* et taoïste. Spécialiste de paysages au lavis monochrome, de fleurs de prunus, de bambous et de pêcheurs, il exerça une grande influence sur l'évolution de la peinture de paysages sous les Ming* et les Qing*.

**WUZHOU** ou **WOU-TCHEOU** ♦ V. de Chine (région autonome de Guangxi), sur l'embouchure du Xi jiang et son affl. le Gui jiang. 354 418 hab. Indus. alimentaire, textile et chimique. Chantier naval. Port.

**WYATT** ou **WYAT** (sir **Thomas**) ♦ Poète et diplomate anglais (Allington Castle 1503 - Sherborne 1542). Introduit à la cour d'Henri* VIII, il avait sans doute été l'amant d'Anne* Boleyn et fut emprisonné à la tour de Londres. Il fut cependant chargé ensuite d'une ambassade auprès de Charles Quint. ▪ Sa poésie, comme celle de son contemporain Surrey*, servira longtemps de modèle. Sa prosodie est inspirée de Dante et de Pétrarque et son lyrisme est d'une grande pureté. Son œuvre est posthume : *Certains psaumes mis en vers anglais* (1551), *Mélanges Tottel* (1557, publiés sous le nom de Surrey*), un recueil de rondeaux, de chansons et de satires. ♦ Sir **Thomas Wyatt le Jeune** (v. 1520 - Londres 1554). Fils du précédent. Il provoqua au moment du mariage de Marie Tudor et de Philippe II une rébellion qui échoua de peu. Vaincu à Londres, il fut exécuté sur son refus de compromettre Élisabeth*.

**WYCHERLEY (William)** ♦ Auteur dramatique anglais (Clive 1640 - Londres 1716). Bon observateur des mœurs dissolues de son temps, il les a restituées dans des comédies satiriques et réalistes, dont les meilleures sont : *L'Épouse campagnarde* (1673), inspirée de *L'École des femmes*, et *L'Homme de bonne foi* (1674), imitée du *Misanthrope*, de Molière.

**WYCLIF** ou **WYCLIFFE (John)** ♦ Théologien et réformateur anglais (Hipswell, Richmond, Yorkshire 1320 - Lutterworth 1384). Après des études théologiques à Oxford, il s'imposa rapidement comme chef du mouvement anticlérical et antipapal, prêchant la réforme de l'Église et envoyant des lollards* à travers le pays. Lors du Grand Schisme (1378), il se prononça pour la séparation de l'Église et de l'État dans son *De officio regis*. Il condamna les indulgences, critiqua la conception de l'Église catholique sur la communion, prêcha un retour à la Bible comme source de foi. Son influence fut grande auprès du peuple et particulièrement des paysans dont il prit le parti contre la noblesse en 1381 *(Servants and Lords)*. Son œuvre fit de lui un précurseur de la Réforme ; sa doctrine contribua à la formation de la pensée de Jan Hus* et fut condamnée au concile de Constance (1414 - 1415). ◆ **ÉTYM.** Ce nom de famille vient d'un nom de lieu et signifie probablement «falaise (vieil anglais *clif*) blanche *(hwīt)*».

**WYE** n. f. ♦ Riv. du S.-O. de Grande-Bretagne dont le cours inférieur marque la frontière entre l'Angleterre et le pays de Galles (210 km). Elle se jette dans la Severn.

**WYE PLANTATION** ♦ Localité des États-Unis, dans le Maryland, où fut signé en 1998 l'accord israélo-palestinien stipulant le retrait militaire israélien de 13 % de la Cisjordanie.

**WYETH (Andrew)** ♦ Peintre américain (Chadd's Ford, Pennsylvanie 1917 - Chadd's Ford, Pennsylvanie 2009). Considéré comme l'un des régionalistes américains les plus importants, il a puisé toute son inspiration dans les scènes rurales du Midwest américain. Son tableau *Christina's World* (1948) lui a apporté la notoriété, mais pas toujours la reconnaissance des critiques. En fait, Wyeth sut dépasser sa maîtrise du réalisme pour suggérer une atmosphère, une menace dans un paysage ou un bâtiment, et, chez des personnages souvent représentés de dos, l'incertitude de l'attente, la solitude, les désillusions, les limitations de l'univers américain (*The Patriot*, 1964 ; *Study for Knapsack*, 1980).

**WYLER (William)** ♦ Cinéaste américain d'origine suisse (Mulhouse 1902 - Los Angeles 1981). Avant de se confiner dans l'académisme (*L'Héritière*, d'après Henry James, 1949), il avait réalisé dans un style très pur, fait d'humour et de gravité, quelques œuvres qui proposent un tableau souvent pénétrant de la société et de l'âme américaines : *Rue sans issue*, 1937, avec H. Bogart ; *L'Insoumise*, 1938 ; *La Vipère*, avec B. Davis, 1941 ; *Les Plus Belles Années de notre vie*, 1946. En fin de carrière, il hésita entre l'intimisme (*Vacances romaines*, 1953), les bons sentiments (*La Loi du Seigneur*, 1956) et le grand spectacle (*Ben* Hur*, 1959).

**WYLFA HEAD** ♦ Centrale nucléaire britannique sur l'île d'Anglesey*.

**WYOMING** n. m. ◆ **ÉTYM.** de l'algonquin *M'chweaming* «larges plaines» ♦ État de l'O. des États-Unis. → **États-Unis** (carte). 253 597 km². 493 782 hab. CAP. : Cheyenne. ▮ **Géographie** La majeure partie de l'État est occupée par les Grandes Plaines, plateau dont la monotonie est rompue par des buttes isolées et des chaînes plus importantes

**Wyoming.** Bassin du Morning Glory dans le Yellowstone National Park. *Phot. © Madeleine Openshaw/Shutterstock*

(Big Horn Mountains ; Front Range). Le centre sépare les chaînes du N. et du S. des Rocheuses, formant une région de passage. Le N.-O., avec ses hautes chaînes (Absaroka, Wind River, Gannett Peak, 4 202 m), forme une zone montagneuse grandiose, dont la partie la plus spectaculaire a été constituée en parcs nationaux (Yellowstone, Grand Teton). Le Wyoming est drainé par des affluents du Missouri : rivières Yellowstone, Big Horn, Powder, Cheyenne, North Platte. Le climat rappelle celui du Montana, en moins rigoureux. ▮ **Économie** Elle est fondée sur l'agriculture, les forêts, les mines, le tourisme et l'élevage (bovins, ovins). L'exploitation du pétrole, ancienne mais fort diminuée vers 1930, a retrouvé toute son importance après la découverte de nouvelles réserves. L'État recèle du gaz naturel, d'énormes réserves de charbon (4e des États-Unis) et de l'uranium. Les industries sont peu nombreuses (raffineries de pétrole, indus. alimentaires et du bois). ▪ Univ. du Wyoming à Laramie. ▮ **Histoire** La région, occupée par les Indiens (Sioux, Cheyennes, Pieds Noirs), fut explorée par les frères La Vérendrye en 1743. Fort Laramie, premier établissement permanent, fut fondé en 1834. La colonisation ne s'affirma qu'avec les chemins de fer (1867). Le Wyoming devint en 1890 le 44e État de l'Union.

**WYSPIAŃSKI (Stanisław)** ♦ Auteur dramatique et peintre polonais (Cracovie 1869 - *id.* 1907). Fils d'un sculpteur, élève de Matejko, collaborateur de *Vie (Życie)* et membre du mouvement Jeune Pologne *(Młoda Polska)*, il connut une grande activité artistique : il écrivit deux livrets d'opéra, illustra *L'Iliade*, composa des vitraux et laissa de nombreuses pièces de théâtre. D'abord inspiré par l'Antiquité grecque (*Méléagre, Protésilas et Laodamie,* 1899 ; *Le Retour d'Ulysse,* 1903), il se tourna vers des problèmes contemporains, notamment avec *Les Noces* (1901), son plus grand succès : cette pièce, qui, dans un décor rustique inspiré de la maison de la paysanne qu'il avait épousée, oscille entre réalisme et symbolisme, met en cause la capacité de la génération passée à affronter le monde. Il y expose, notamment par des allusions aux *Aïeux* de Mickiewicz* sa vision du sacrifice, objet du débat qui avait animé le drame romantique.

**WYSS (Johann David)** ♦ Écrivain suisse de langue allemande (Berne 1743 - *id.* 1818). Il est l'auteur du *Robinson suisse,* l'un des plus célèbres romans écrits à l'imitation du *Robinson* Crusoé* de Daniel De Foe, dont furent prodigues le XVIIIe et le début du XIXe s. À la différence du héros de De Foe, le naufragé de Wyss n'est pas jeté seul sur une île déserte : il parvient à sauver sa famille du naufrage. Ce sera l'occasion pour cet excellent père (et pour l'auteur, qui était ministre protestant) de prodiguer à ses enfants de sages conseils et de proposer à leur dévotieuse admiration l'infinie sagesse de la Providence. L'œuvre, publiée en 1812 par le fils de Wyss, Johann Rudolph, connut un grand succès. Elle fut traduite et adaptée en français en 1824 par la baronne de Montolieu.

**WYSZYŃSKI (Stefan)** ♦ Prélat polonais (Zuzela, Mazovie 1901 - Varsovie 1981). Ordonné prêtre en 1924, professeur, ensuite supérieur du grand séminaire de Włocławek, évêque de Lublin (1946), archevêque de Gniezno, puis de Varsovie et primat de Pologne (1948), promu cardinal en 1952, le cardinal Wyszyński fut arrêté en sept. 1953 et son opposition au gouvernement communiste lui valut de demeurer en résidence forcée jusqu'au retour au pouvoir de Gomułka* (28 oct. 1956). En difficulté avec Rome à l'époque de l'*Ostpolitik* menée par Paul VI, il continua de lutter contre le régime communiste et s'imposa comme le chef de l'Église polonaise et le meilleur soutien du syndicat Solidarité. ➜ **ÉTYM.** Ce nom polonais signifie « marchand de boissons alcoolisées », de *wyszynk* « vente de boissons alcoolisées » et suffixe *-ski.*

# X

**XAINTOIS** [ksɛ̃twa] n. m. ♦ Région du S.-O. de la Lorraine correspondant au bassin inférieur du Madon, affl. rive g. de la Moselle, à l'E. de la vallée de la Meuse. Zone agricole (céréales, arbres fruitiers).

**XAINTRAILLES** [sɛ̃tʀɑj] **(Jean Poton,** seigneur **de)** ♦ Homme de guerre français (mort à Bordeaux en 1461). Compagnon de Jeanne d'Arc, il prit part à la victoire de Patay sur Talbot*, qu'il fit prisonnier (1429). Il conquit la Guyenne (1453) et fut nommé maréchal de France.

**XANTHE** → Scamandre

**XANTHI** ♦ V. de Grèce (Thrace). Env. 40 000 hab., ch.-l. du nome de Xanthi (90 000 hab.). Marché agricole.

**XANTHIPPE** – en gr. ***Xanthippê*** ♦ Femme de Socrate* (Athènes -Vᵉ s. - déb. -IVᵉ s.). La légende en a fait une femme acariâtre que le philosophe n'aurait épousée que pour exercer sa propre patience. Dans sa prison, agacé par ses pleurs, il la renvoya afin de pouvoir s'entretenir avec ses disciples avant de boire la ciguë. Tel est du moins le témoignage de Platon dans le *Phédon*.

**XANTHIPPOS** ♦ Stratège et homme politique athénien (-Vᵉ s.), père de Périclès*. L'un des chefs du parti démocratique, adversaire d'Aristide, il se rallia finalement à la politique navale de ce dernier. Il commanda avec le Spartiate Léotychide* la flotte grecque qui remporta sur les Perses la victoire du cap Mycale* (-479). Il libéra ensuite plusieurs villes d'Ionie et s'empara de Sestos, inaugurant l'expansion athénienne.

**XANTHIPPOS** ♦ Général lacédémonien au service de Carthage lors de la première guerre punique (-IIIᵉ s.). Après avoir réorganisé l'armée des mercenaires, il vainquit et captura Regulus* (-255).

**XANTHOS** ♦ Anc. ville d'Asie Mineure, cap. de la Lycie, dans la *vallée de Xanthos*, mentionnée par Homère comme patrie du roi Sarpédon*, allié des Troyens. Pillée par les Perses v. -546, elle était hellénisée avant la conquête d'Alexandre (-333). Elle appartint ensuite successivement aux Lagides, aux Séleucides, aux Rhodiens et fut prospère à l'époque romaine. Vestiges lyciens, romains et byzantins à l'actuel hameau de *Kinik* : monuments funéraires, théâtre romain, Létoon (sanctuaire de la fédération lycienne). ▪ Fouilles françaises depuis 1950. Sculptures au British Museum (Londres).

**XENAKIS** [gzenakis] **(Yannis)** ♦ Compositeur français d'origine grecque (Athènes 1922 - Paris 2001). Sa formation fut celle d'un mathématicien, d'un architecte et d'un musicien. Assistant de Le Corbusier durant une dizaine d'années, il étudia la composition avec Honegger, Milhaud et surtout O. Messiaen, à partir de 1947. L'esprit de synthèse dont témoigne son œuvre est le reflet de ces diverses influences. Issue d'une critique de la musique sérielle, qu'il jugea inapte à une organisation du temps et de l'espace sonore (1955), sa recherche résulte d'une application du calcul des probabilités et de la théorie des événements en chaîne à la composition musicale (musique stochastique). Dans le même dessein, il a fait usage de la théorie des ensembles et de la logique mathématique (musique symbolique). Faisant d'abord appel aux ressources de l'électroacoustique, puis à celles des instruments de l'orchestre traditionnel, Xenakis a eu recours aux ordinateurs pour établir les données de certains de ses ouvrages. Il en est résulté une suite d'œuvres sonores aux formes puissantes et abruptes, architectures poétiques rigoureuses par lesquelles s'établit, pour l'auditeur, une sorte de communion avec le cosmos. Parmi ses réussites les plus marquantes, on doit retenir : *Métastasis* (1954) pour orchestre de 61 instruments, *Pithoprakta* (1956) pour orchestre de 50 instruments, *Achorripsis* (1957) pour 21 instruments, *St/4* (1962) pour quatuor à cordes, *Stratégie* (1962), jeu pour 2 orchestres, *Eonta* (1964) pour piano et 5 cuivres, *Hiketides* (1964) pour chœur de 50 femmes jouant des percussions et 10 instruments, musique pour les *Suppliantes* d'Eschyle, *Orestie* (1966) pour chœur mixte et orchestre de chambre, *Polytope* (1967) pour ensemble instrumental, *Nuits* (1968) pour 12 voix mixtes a cappella, œuvre dédiée aux victimes de la déportation, *Nomos Gamma* (1969) pour grand orchestre disséminé dans le public, *Kraanerg* (1969), ballet pour orchestre et bande magnétique, *Cendrées* pour chœur mixte et orchestre (1973), *Jonchaies* pour très grand orchestre (1977), *Aïs*

**Xanthos.** Le tombeau des Néréides. *Phot. © akg-images/Nimatallah*

pour baryton, percussion et orchestre (1980), le concerto pour piano *Keqrops* (1986), *Tracées* (1987), *Ata* (1988) et *Roaï* (1991) pour orchestre, *Dox-Orkh* pour violon et orchestre (1991), *Pu wijnnej we fyp* pour chœur d'enfants (1992), *Omega* pour percussions et ensemble (1998). Il a publié un ouvrage théorique, *Musiques formelles* (1963). [Acad. des bx-arts 1983] ← ÉTYM. *Xenakis* vient du grec *xenos* «étranger».

**XÉNOCRATE** ← ÉTYM. en gr. ***Xenokratês*** «qui domine les étrangers» ou «qui est dominé par les étrangers», de *xenos* «étranger» et *kratos* «force» ♦ Philosophe grec de l'Académie* (Chalcédoine v. –400 - v. –314). Disciple et ami de Platon*, il l'accompagna en Sicile. Il prit la direction de l'Académie après Speusippe* en –339. Il tenta de concilier la théorie platonicienne des idées et le pythagorisme, notamment en identifiant les Idées platoniciennes aux nombres mathématiques et en faisant de l'âme «un nombre qui se meut soi-même». Il aurait aussi identifié l'Un et le Bien et soutenu l'identité du bonheur et de la vertu.

**XÉNOPHANE** – en gr. ***Xenophanês*** ♦ Philosophe grec de l'école d'Élée, né à Colophon (Asie Mineure), au –VI$^{e}$ s. et mort dans le premier quart du –V$^{e}$ s. Lors de la conquête de ce pays par les Perses, il se rendit en Italie puis en Sicile avant de voyager à travers toute la Grèce. Considéré comme le fondateur de l'école d'Élée*, il aurait eu Parménide pour disciple, ce que l'on peut tenir pour certain (→ **Parménide, Zénon d'Élée**). Il aurait composé un poème *De la nature* dont nous possédons une quinzaine de fragments et dans lequel il dénonce surtout le caractère anthropomorphique et immoral de la représentation des dieux chez Homère* et Hésiode* et où, le premier, il distingue l'opinion de la science.

**XÉNOPHON** ← ÉTYM. en gr. ***Xenophôn***, de *xenos* «étranger» et *phônê* «voix, langage» ♦ Historien, essayiste et chef militaire grec (dème d'Erchia, Attique v. –430/–425 - v. –355/–352). Bien né et riche, il fréquenta les sophistes, suivit peut-être l'enseignement d'Isocrate* et fut l'élève de Socrate*. Hostile à la démocratie restaurée après la chute des Trente, il s'engagea dans l'armée des mercenaires grecs rassemblés par Cyrus* le Jeune pour l'expédition contre son frère Artaxerxès II. Après la bataille de Counaxa* et la mort de Cléarque*, il conduisit la retraite des Dix* Mille. À la tête des mercenaires, il fit ensuite partie des troupes du roi de Sparte Agésilas* II guerroyant contre les Perses en Asie Mineure. Banni alors d'Athènes et dépossédé de ses biens, il combattit les Athéniens à la bataille de Coronée* (–394) et se retira dans sa propriété de Scillonte, don des Spartiates reconnaissants. Son bannissement ne fut levé qu'en –367 et c'est à cette date qu'il rentra probablement à Athènes. ▪ Polygraphe autant qu'homme d'action, il voulut être le continuateur de Thucydide* et le rival de Platon, sans en avoir la hauteur de vues. Avec ses *Helléniques* (sept livres) il continue l'*Histoire de Thucydide* de –411 à –362. Cet ouvrage, inégal et partial, est utile pour les informations qu'il contient et les portraits historiques qu'il trace. *L'Anabase*, récit de l'expédition de Cyrus et de la retraite des Dix Mille, a la valeur d'un témoignage vécu. ▪ Avec ses récits socratiques, Xénophon voulut préserver de l'oubli le discours de Socrate, ses entretiens familiers, les faits de sa vie, en se proposant comme le porte-parole du maître. Il en est ainsi surtout des *Mémorables* (quatre livres). Avec l'*Apologie de Socrate*, il proposa l'idée que celui-ci avait choisi la mort après avoir accompli sa mission, obéissant à son «démon». Le *Banquet*, imitation du dialogue de Platon, y ajoute un esprit humoristique et léger. ▪ La philosophie politique et morale de Xénophon apparaît plus clairement dans une autre série d'écrits. Avec *La Cyropédie*, vie romancée de Cyrus* le Grand, il prétendit réfuter la *République* platonicienne. En dessinant le portrait idéal du fondateur d'empire, il met l'accent sur l'art de commander, matière où il s'estime expert. De même, dans *Hiéron*, il définit les devoirs du tyran, dont le bonheur résulte du bonheur de ses sujets. *La République des Lacédémoniens* est une apologie du régime spartiate. *L'Économique*, dialogue sur l'administration d'une propriété agricole, et *Des revenus*, font preuve d'un esprit positif et organisateur. ▪ Enfin ses traités (*La Chasse, De l'équitation* et *L'Hipparque*) ont une valeur technique et documentaire, comme d'ailleurs la majeure partie de son œuvre.

**XENOPOL (Alexandru)** ♦ Historien roumain (Iaşi 1847 - Bucarest 1920). Outre des travaux sur l'*Histoire des Roumains au Moyen Âge* (1885), l'*Histoire des Roumains de la Dacie Trajane* (1896), il a publié des études plus théoriques sur la science historique et ses rapports avec la sociologie : *Principes fondamentaux de l'histoire* (1899), *La Théorie de l'histoire* (1908).

**XERES** → **Jerez de la Frontera**

**XERXÈS** [gzɛʀsɛs] – en vx perse ***Khchayarcha*** ♦ Nom de deux souverains achéménides. ♦ **XERXÈS I$^{er}$.** Roi de Perse (de –486 à –465). Fils de Darios* I$^{er}$ et d'Atossa. À son avènement il dut faire face aux révoltes d'Égypte (–486) et de Babylonie (–482) qu'il réprima durement ; il mit fin au statut particulier que conservaient ces royaumes au sein de l'empire et divisa la Babylonie en deux satrapies (Syrie et Babylonie proprement dite). Pour venger l'échec de son père à Marathon*, il prépara longuement l'invasion de la Grèce. → **médiques (guerres).** À la suite des défaites de Salamine* et de Platées*, les Perses abandonnèrent leurs possessions d'Europe (satrapie de Thrace). Après une nouvelle défaite de sa flotte à Mycale* (côte d'Ionie) en –479, Xerxès subit la révolte des cités grecques de Chypre et de la côte ; celles-ci obtinrent leur indépendance au bout de treize ans. Il poursuivit la construction de Persépolis*. La fin de son règne fut marquée par des complots et il fut assassiné à Suse par un dignitaire de sa cour. Son fils Artaxerxès* I$^{er}$ lui succéda. ♦ **XERXÈS II.** Roi de Perse pendant 45 jours en –424. Fils d'Artaxerxès* I$^{er}$, il fut assassiné par son demi-frère Sogdianos, qui ne le remplaça que pour être à son tour assassiné par Darios* II.

**XIA** n. m. pl. ♦ Dynastie chinoise (–XXI$^{e}$ - –XVI$^{e}$ s.), fondée par l'empereur légendaire Yu le Grand. Il aurait dompté les eaux (un déluge ?) et aurait ainsi permis l'irrigation des champs. Apparition des techniques du bronze au début du II$^{e}$ millénaire.

**XIA Gui** ou **HIA Xouei** ♦ Peintre chinois (actif de 1190 à 1225), responsable de l'Académie impériale de peinture. Ses compositions audacieuses ne remplissaient qu'un coin de la feuille (afin de symboliser l'état décadent de l'empire sous les Song* du Sud) et s'ouvraient sur l'infini par des éléments esquissés.

**XIAMEN, HIA-MEN** ou **AMOY** ♦ V. et port de Chine (Fujian), sur l'île du même nom. 1 454 450 hab. Port en eau profonde. Pêche. Indus. alimentaire, textile et électronique. Riz, arachide, canne à sucre. Zone économique spéciale. ▮ **Histoire** L'un des premiers ports ouverts à l'étranger (1842). → **Opium (guerres de l').**

**XIAN** ou **SI-NGAN** ♦ V. de Chine, cap du Shaanxi. 3 870 504 hab. Présence d'une communauté musulmane. La ville et ses environs ont conservé de nombreux sites archéologiques et historiques : pagodes de l'Oie sauvage ; vestiges des palais Han et Tang ; murailles, portes et tours des Ming ; mosquée ; site néolithique à Banpo ; nécropole impériale et musée à Xianyang* ; tumulus et armée en terre cuite de Shi* Huangdi à Lintong*. Le musée provincial de Xian abrite notamment la Forêt des Stèles (plus de 1 000 pièces), dont la célèbre Stèle nestorienne (→ **Nestorius**) datée de 781 commémorant la fondation, dans la capitale des Tang, d'une chapelle chrétienne en 638. Le musée historique (1993) conserve une remarquable collection de fresques prélevées dans les tombes Tang des environs. ▪ Indus. chimique, textile, mécanique, électrique. Métallurgie. Appareillages aéronautiques et équipements militaires. Artisanat. Nœud ferroviaire. Tourisme. Université. ▮ **Histoire** Anc. *Changan**, cap. impériale notamment sous les dynasties des Han*, des Sui* (sous le nom de *Daxing*) et des Tang*. Métropole cosmopolite de un million d'hab., la ville était le centre commercial (départ de la route de la soie), culturel et artistique d'un empire puissant. Son plan en damier inspira nombre de villes en Asie, notamment Kyōto, Nara (Japon) et Pyongyang (Corée). ♦ ***Incident de Xian*** Jiang* Jieshi (Chiang Kai-shek), qui se rendait à Xian, fut capturé par deux généraux rebelles en 1936 à Lintong*, et sa libération fut négociée par Zhou* Enlai, ce qui devait aider les communistes à sortir de leur isolement.

**XIANBEI** ou **SIEN-PEI** ♦ Anc. tribu protomongole d'origine toungouze qui remplaça les Xiongnu* au –III$^{e}$ s. Après avoir fondé de petits royaumes dans la Chine du Nord, ils érigèrent la dynastie Wei du Nord (386 - 534), transférèrent leur cap. à Luoyang et se sinisèrent.

**XIANFENG** ou **HIEN-FONG** ♦ (1831 - 1861). Nom de règne de l'empereur chinois Aisin Jueruo Yizhu (1851 - 1861). La situation de la Chine à l'accession au trône de Xianfeng était catastrophique : à l'intérieur, l'importation de l'opium causait des ravages importants dans la population et entraînait une hémorragie d'argent qui épuisait l'économie du pays. La corruption était de règle dans le gouvernement et la révolte Taiping* menaçait la capitale. À l'extérieur, les puissances étrangères guettaient l'occasion d'élargir la brèche ouverte par la première guerre de l'Opium*. La défaite à Palikao* provoqua la fuite précipitée de l'empereur, alors au Palais d'Été, vers sa résidence de Chengde* où il mourut l'année suivante. Le coup d'État organisé par sa veuve, l'impératrice Cixi* (Ts'eu-hi), ouvrit un demi-siècle d'une des périodes les plus sombres de la Chine.

**Xiang shan** ou **Siang shan** ♦ Anc. Palais d'Été (en chin. *Jingyiyuan*), plus connu en Occident sous l'appellation de Parc de Chasse, situé sur les Xiang shan («collines parfumées»), à l'O. de Pékin. Commencé sous Kangxi* et achevé par Qianlong*, le jardin fut détruit par les Occidentaux en 1860 en même temps que le Yuanmingyuan* (→ **Opium [guerres de l']**).

**XIANGTAN, HIANG-T'AN** ou **SIANG-T'AN** ♦ V. de Chine (Hunan), sur le Xiang jiang. 707 783 hab. Port. Indus. métallurgique, chimique, mécanique et textile. Mines de fer, de manganèse et d'arsenic. ▪ À Shaoshan (district de Xiangtan), village natal de Mao Zedong.

**Xian.** L'armée en terre cuite de Shi Huangdi .
*Phot. © Ke Wang/Shutterstock*

**XIANYANG** ou **HIEN-YANG** ♦ V. de Chine (Shaanxi). 814 625 hab. Ancienne capitale du royaume des Qin*. Site archéologique et monuments historiques : nécropole impériale des Han* de l'Ouest (9 des 11 empereurs y sont inhumés) et des Tang* (dont le mausolée de Taizong*). Le musée de la ville abrite une collection de 2 500 statuettes de fantassins et de cavaliers découvertes en 1965 à Yangjiawan.

**XIE He** ou **SIE Ho** ♦ Peintre et théoricien chinois (v. 459 - v. 532). Il formula les Six Principes de l'esthétique picturale, selon lesquels le mouvement et l'harmonie des lignes, des couleurs, l'équilibre des masses doivent être subordonnés à l'expression essentielle du *qiyun* (souffle et résonance), âme des formes naturelles et vivantes. Auteur du *Guhua pinlu*, premier ouvrage critique sur la peinture en Chine.

**XI JIANG, HSI-KIANG** ou **SI-KIANG** ◆ ÉTYM. chin. «fleuve de l'Ouest» ♦ Nom donné au Zhu* jiang lorsqu'il traverse la province du Guangdong. Le fleuve porte lui-même des noms différents selon les provinces qu'il traverse.

**XI Kang** ou **HI K'ang** ♦ Poète et musicien chinois (223 - 262). D'inspiration taoïste, il fut l'un des Sept Sages de la Forêt, un cercle d'artistes qui professaient le détachement des ambitions sociales. Ayant pris la défense d'un ami faussement accusé, il fut à son tour condamné et alla à la mort en chantant et en jouant de la cithare.

**XINGU** n. m. (rio) ♦ Fl. du Brésil (2 266 km), affl. du cours inférieur (rive d.) de l'Amazone, traversant les États du Mato Grosso et du Pará. Eaux claires. Sur ses rives (20 km de part et d'autre du fleuve sur 250 km) a été aménagé en 1961 le parc national du Xingu destiné aux Indiens, notamment les Xavantes.

**XINHAILIAN** ou **SIN-HAI-LIEN** → **Lianyungang**

**XINHUA, HIN-HOUA** ou **SIN-HOUA** ♦ V. de Chine (Jiangsu). 1 515 400 hab. Céréales. Pêche. Indus. mécanique, alimentaire et textile.

**XINING** ou **SI-NING** ♦ V. de Chine, cap. de la prov. de Qinghai. 854 466 hab. Indus. sidérurgique, mécanique et textile. Cuir, laine. Nœud routier et ferroviaire. Étape sur la «route de la soie». ▪ Aux environs, à Huangzhong, monastère du Taorsi (Kumbum).

**XINJIANG** ou **SIN-KIANG** n. m. ◆ ÉTYM. chin. «la frontière [ou la région frontalière] *(jiāng)* nouvelle *(xīn)*» ♦ Région autonome ouïgoure de Chine, dans l'O. du pays. → **Chine** (carte). 1 653 000 km². La plus grande prov. ou région autonome de Chine. Env. 20 000 000 hab., dont 8,7 millions de Ouïgours ainsi que des Hui*, des Mongols, des Kirghiz, des Mandchous et des Russes. CAP. : Urumqi. Importants vestiges d'anc. cités (Kaochang et Jiaohe), grottes (Bezeklik et Kumutula), tombeaux (Astana). ▪ Céréales, houblon, coton, fruits (melon, raisin), betterave à sucre. Élevage (30 millions de têtes) : ovins, chevaux, chameaux et mérinos. Houille, fer, manganèse, chrome, cuivre, aluminium, mica, or, argent. Jade. Pétrole. Sidérurgie. Zone d'essais nucléaires. Insurrection contre la tutelle chinoise en 2009.

**XINXIANG** ou **SIN-HIANG** ♦ V. de Chine (Henan). 775 941 hab. Centre de productions céréalières, de coton et d'oléagineux. Indus. textile et mécanique. Engrais chimiques. Cuir.

**XIONGNU** ou **HIONG-NOU** n. m. pl. ♦ Anc. tribus d'Asie, originaires de la Chine septentrionale, qui seraient apparentées aux Huns*. Le chef parricide Danyu Maodun unifia les tribus au -IIIe s., étendant son pouvoir du Liao he jusqu'au lac Baïkal. Il attaqua la Chine des Han* et obligea les Chinois à consolider la Grande Muraille pour se protéger, et à pactiser en payant tribut. Un demi-siècle plus tard, l'empereur chinois Wudi, s'appuyant sur un empire puissant, guerroya contre eux et leur infligea de lourdes défaites. Aux env. de notre ère, ils se divisèrent : les Xiongnu du Sud se soumirent aux Han, se sinisèrent et fondèrent des royaumes aux IVe - Ve s. (Zhao, Xia, Beiliang) dans le nord de la Chine, tandis que les Xiongnu du Nord, écrasés au Ier s. par les Han et leurs alliés Xianbei*, durent émigrer vers l'Ouest. Ceux qui survécurent furent absorbés par les Xianbei.

**XOCHICALCO** ♦ Site archéologique du Mexique central (Morelos), près de Cuernavaca* (pyramide dite des Serpents à plumes ; souterrains ; jeu de pelote). ▪ L'apogée du site dura du VIIe au Xe s., mais il était habité dès le IVe ou le Ve s.

**XOCHIMILCO** ◆ ÉTYM. nahuatl «le lieu des champs de fleurs» ♦ V. du Mexique, intégrée dans la banlieue de Mexico. Le bourg ancien est célèbre par ses «jardins flottants» (cultures de légumes et de fleurs sur le fond d'une ancienne lagune parcourue de canaux) qui attirent de nombreux touristes. Décor de classiques du cinéma mexicain, entre autres *María Candelaria*.

**XOUTHOS** ♦ Fils d'Hellen*. Marié avec Créüse*, il devient, dans la légende, le père d'Achaios* et le père adoptif d'Ion*.

**XUANHUA** ou **SIUAN-HOUA** ♦ District de Chine (Hebei). Sidérurgie. Mines de fer, de manganèse, de molybdène et de cuivre. Terre réfractaire, marbre. Maïs.

**XUANTONG** → **Puyi**

**XUANZANG** ou **HIUAN-TSANG** ♦ Moine bouddhiste chinois (602 - 664) qui partit en 629 de Changan*, à travers le Pamir, pour l'Inde à la recherche de textes sacrés du bouddhisme qu'il traduisit à son retour en 645. Son récit de voyage servit de base à de nombreuses œuvres littéraires et théâtrales dont le célèbre roman fantastique *Xiyouji* («Voyage vers l'Occident»).

**XUANZONG** ou **HIUAN-TSONG** ♦ (685 - 762). Nom de règne de l'empereur chinois Li Longji, de la dynastie des Tang (712 - 756). La première moitié de son règne fut l'une des plus prospères de la Chine : pacification du pays et conquête de territoires, réforme de l'administration et des finances, développement du commerce et de la production. L'empire chinois, avec ses 48 millions d'hab. en 737, était le plus puissant de l'époque. Mais le délaissement des affaires et les faveurs accordées à la favorite Yang* Guifei minèrent son règne. La révolte du général An* Lushan l'obligea à fuir la capitale et marqua le début du déclin de l'empire Tang. Il abdiqua l'année suivante en faveur de son fils Li Heng. L'empereur Xuanzong était un grand amateur d'art et de musique, un cavalier émérite et un bon archer, et un astronome.

**XU Beihong** ou **HIU Pei-hong** francisé en **Jupéon** ♦ Peintre chinois (Yixing, Jiangsu 1895 - Pékin 1953). Il fut l'un des premiers artistes chinois à s'initier à la peinture à l'huile et aux techniques occidentales. Il résida à Paris entre 1921 et 1926 (école de Montparnasse), puis fonda en Chine la Société centrale des Beaux-Arts qu'il dirigea à partir de 1949.

**XU Guangqi** ou **HIU Kouang-k'i** ♦ Lettré et savant chinois (1562 - 1633). Ministre au Tribunal des Rites, il fut converti au christianisme (baptisé Paul) par le missionnaire jésuite Matteo Ricci*. Il collabora avec celui-ci à la traduction d'ouvrages occidentaux scientifiques (mathématiques, astronomie, hydraulique, agriculture, etc.), notamment les *Éléments de géométrie* d'Euclide.

**XUJIAHUI** ou **HIU-KIA-HOUEI** ♦ Quartier de Shanghai*, où s'installèrent, à partir de 1847, les jésuites européens (mission de «Zikawei») qui y construisirent un important observatoire en 1872.

**XUNDI** ou **HIUN-TI** → **Puyi**

**XU Shen** ♦ Lexicographe chinois (Ier s.). Il rédigea de 100 à 121 *Shuo wen jie zi* («L'Explication des pictogrammes et des caractères»), le deuxième véritable dictionnaire chinois après le *Er Ya* («La Perfection approchée», -IIe s.), mettant au point un classement systématique des idéogrammes et une description phonétique des mots.

**XU Shichang** ou **HIU Che-tch'ang** ♦ Général et homme d'État chinois (Jixian, Henan 1855 - Tianjin 1939). Vice-roi de Mandchourie de 1907 à 1909, élu président de la République chinoise du Sud en 1918, il fut renversé en 1921 et remplacé par Sun* Yat-sen.

**XU Wei** ou **SIU Wei** ♦ Peintre, poète, calligraphe et dramaturge chinois (Shaoxing, Zhejiang 1521 - 1593). Excentrique dans son art et dans sa vie, il est l'auteur de compositions originales, au souffle puissant, qui eurent une grande influence sur l'évolution des peintures de style «ébauché».

**XYLANDER** (**Wilhelm HOLZMANN** hellénisé en) ♦ Humaniste allemand (Augsbourg 1532 - Heidelberg 1576). Après des études de langues et littératures anciennes, de philosophie et de mathématiques, il fut nommé professeur de langue grecque à l'Académie de Heidelberg. Outre la traduction de nombreux ouvrages de philosophes, historiens et mathématiciens grecs, il publia un traité de philosophie (*De Philosophia et ejus partibus carmen*, 1556) et une introduction à la philosophie d'Aristote (*Institutiones aphoristicae logicae Aristotelis*, posth. 1577).

**XYSTE** – en lat. ***Xistus*** → **Sixte**

# Y

**Y** (golfe de l') → **IJ**

**YABLONOVYÏ** (monts) → **Iablonovyï**

**YACINE (Kateb)** → **Kateb Yacine**

**YAHVÉ** ♦ Dans la Bible, le nom propre de Dieu (Elohim), révélé à Moïse*, est YHWH, que le texte rattache au verbe «être» (*hâyâh* «celui qui est» en Exode 3, 14). Sa prononciation était réservée au grand-prêtre et, dans la Bible hébraïque (texte massorétique, → **Massore**), les consonnes du mot servent de support aux voyelles du mot de substitution *Adonaï* («mon seigneur»), qui ont suscité le barbarisme «Jéhovah». «Yahvé» est une lecture conjecturale, guère plus assurée que «Yahwoh». Le composé «YHWH-Elohim» apparaît souvent dans la Bible. Fréquente du XVI$^e$ au XIX$^e$ s., la traduction par «L'Éternel» résulte d'une occurrence unique dans la Bible (Genèse, 21, 33) : le qualificatif *'ôlâm* est plus souvent appliqué à El ou Elohim. Les traductions les plus récentes de la Bible conservent la forme YHWH ou Yhwh. Sauf dans la liturgie, la tradition juive (et samaritaine) parle du «Nom» *(ha-Shém)* : dans les légendes, la connaissance de ce nom ineffable est source de pouvoirs thaumaturgiques. Le mot apparaît dans des noms propres (composante «Yâh» ou «Yâhû») ; considéré comme une forme abrégée de YHWH, Yâh est le nom de Dieu dans des textes poétiques, essentiellement les Psaumes. En dehors de la Bible, le tétragramme figure sur la stèle du roi moabite Mesha* ; il apparaît peut-être dans la mention des «Shosu (tribus nomades) de YHW'» dans une inscription égyptienne d'Aménophis III. Dans les papyrus d'Éléphantine, la forme du dieu national (mais pas unique) des colons juifs est Yahô ou Yahû.

**YAHYĀ** ou **YAHIĀ KHĀN** ♦ Général et homme d'État pakistanais (Peshawar 1917 - Rawalpindi 1980). Il fut élu président de la République islamique du Pakistan en 1969, succédant au général Ayyūb* Khān. Il donna sa démission en 1971 après la sécession du Pakistan oriental devenu le Bangladesh* et fut remplacé par Ali Bhutto*, son ministre des Affaires étrangères.

**YAHYĀ** (Tepe) ♦ Site archéologique d'Iran méridional, à 225 km au S. du Kermān. Six niveaux ont révélé la vie d'une agglomération importante du V$^e$ millénaire jusqu'au IV$^e$ s.

**YAINVILLE** [76480] ➝ **ÉTYM.** «la ferme (lat. *villa*) d'Ewo (n. de pers. germ.)» ♦ Comm. de la Seine-Maritime, arr. de Rouen, sur la Seine. 1 181 hab. Orfèvrerie.

**YAKOUTIE** → **Sakha**

**YAKṢA** n. m. pl. ♦ Génies locaux de l'Inde brahmanique, réputés anthropophages et serviteurs de Shiva*. Ils se seraient convertis au bouddhisme.

**Yale** ➝ **ÉTYM.** du n. de Elihu *Yale* (V. ci-dessous) ♦ Université des États-Unis, située à New* Haven (Connecticut à Kilingworth [auj. Clinton]). Fondée en 1701 (c'est l'une des plus anciennes des États-Unis), elle fut transférée à New Haven en 1717 et prit en 1718 le nom d'un riche commerçant de Boston, ELIHU YALE (1648 - 1721),

**Yalta.** Le château surnommé « nid d'hirondelle », sur la mer Noire. *Phot. © Morton Beebe/Corbis*

**Yamoussoukro.** Basilique Notre-Dame-de-la-Paix.
*Phot. ©M. Deville/Gamma*

son bienfaiteur. C'est l'une des plus importantes universités des États-Unis ; elle possède une bibliothèque et un musée d'art remarquables. ▪ C'est à Yale que l'une des grandes tendances de la linguistique américaine s'est développée, notamment avec Leonard Bloomfield* (on a parlé à ce sujet d'une «école de Yale»).

**YALOVA** ♦ V. de Turquie, en Asie Mineure, sur le rivage sud-est de la mer de Marmara. Ch.-l. de la prov. du même nom. 87 372 hab. Station thermale (depuis l'Antiquité) et balnéaire. Elle a été ravagée par un séisme en 1999.

**YALOW (Rosalyn)** ♦ Physicienne américaine (New York 1921). Spécialisée en médecine nucléaire, elle mit au point (avec S. A. Berson) les techniques radio-immunologiques de dosage et leur application à l'étude de la physiologie endocrinienne. La sensibilité et la spécificité de ces méthodes permirent les découvertes de la neuroendocrinologie. [Prix Nobel de physiol. ou méd. 1977, avec R. Guillemin* et A. Schally*]

**YALTA** ou **IALTA** ➝ ÉTYM. p.-ê. du gr. *yalos* «littoral» ou du mot local *yal* «pays» ♦ V. d'Ukraine, située sur la côte méridionale de la Crimée, en bordure de la mer Noire. 80 140 hab. Importante station balnéaire et climatique à proximité de Livadia (résidence d'été de Nicolas II). ♦ ***Conférence de Yalta*** Conférence qui réunit, du 4 au 11 fév. 1945, Roosevelt, Churchill et Staline. Au moment où les troupes soviétiques étaient partout victorieuses et où la défaite de l'Allemagne ne faisait plus de doute, les trois alliés prirent d'importantes décisions relatives à la fin de la guerre. L'Allemagne serait entièrement occupée, administrée par les Alliés et divisée à cet effet en quatre zones (une zone ayant été attribuée à la France, sur l'insistance de Churchill) ; elle serait dénazifiée et les criminels de guerre seraient jugés (→ **Nuremberg [procès de]**) ; elle serait soumise à de dures pénalités économiques. Les positions acquises par l'URSS étaient reconnues (il ne pouvait en être autrement sous peine de rupture entre les Alliés) : celle-ci conserva donc les pays baltes et l'E. de la Pologne, annexés en 1940 ; en compensation, la Pologne s'agrandirait à l'O. au détriment de l'Allemagne, jusqu'à la ligne Oder-Neisse ; le gouvernement communiste de Lublin formerait le noyau du futur gouvernement polonais. L'URSS s'engageait à entrer en guerre contre le Japon trois mois après la capitulation de l'Allemagne. Une conférence serait convoquée à San* Francisco, le 25 avr. suivant, pour créer une Organisation* des Nations unies. → **Guerre mondiale (Deuxième).**

**YALU** ou **YA-LOU** n. m. – en coréen ***Amnok*** ♦ Fl. de Chine (795 km), prov. du Liaoning et du Jilin, formant frontière avec la Corée. Il prend sa source dans le Changbai* shan et se jette dans la mer Jaune après avoir traversé Dandong. Flottage du bois. Centrales hydroélectriques.

**YAMA** ♦ Divinité de la mort et premier homme mortel dans le panthéon hindou. C'est le juge suprême de l'au-delà, le roi des enfers.

**YAMADA Kōsaku** ♦ Compositeur japonais (Tōkyō 1886 - *id.* 1965). Il fit ses études à Tōkyō, puis à Berlin, de 1908 à 1914, avec M. Bruch et K. L. Wolf ; il fonda la Philharmonie de Tōkyō et organisa des concerts symphoniques. Ses compositions intègrent la tradition japonaise (timbres, mélodies) aux formes occidentales (cinq opéras, une symphonie, un oratorio). ➝ ÉTYM. Ce nom japonais signifie «rizière *(da)* de la montagne *(yama)*».

**YAMAGATA Aritomo** ♦ Maréchal et homme politique japonais (Hagi 1838 - Odawara 1922). Véritable créateur de l'armée japonaise moderne, il fut Premier ministre en 1890 et de 1898 à 1900.

**YAMAGUCHI** ➝ ÉTYM. jap. p-ê. «entrée *(kuchi)* de la montagne *(yama)*» ♦ V. du Japon (Honshū) et ch.-l. de préf. bâtie au XIVe s. à 50 km à l'E. de Shimonoseki. 191 677 hab. Centre agricole et commercial. ▮ **Histoire** Yamaguchi accueillit la mission de saint François Xavier en 1551.

**YAMAMOTO Isoroku** ♦ Amiral japonais (Nagaoka 1884 - îles Salomon 1943). Vice-ministre de la Marine en 1936, il devint en 1939 le chef de la flotte combinée (forces de combat aéronavales). Il dirigea l'attaque sur Pearl* Harbor en 1941, multiplia les victoires maritimes dans le Pacifique, mais fut vaincu aux îles Midway* où la supériorité navale qu'il avait acquise fut considérablement battue en brèche par les Américains. Son avion fut abattu lors de la bataille des îles Salomon*. ➝ ÉTYM. Ce nom japonais signifie «originaire (*moto* "origine") de la montagne *(yama)*» [équivalent français : *Dumont*].

**YAMAMOTO Satsuo** ♦ Cinéaste japonais (Kagoshima 1910 - Tōkyō 1983). Ce réalisateur progressiste, mal connu à l'étranger, a tourné quelques films dont la critique japonaise fit grand cas : une adaptation de *La Symphonie pastorale* d'André Gide (1938) ; un pamphlet sur la vie de caserne (1952) ; *Quartier sans soleil* (1954), histoire d'une grève dure dans une imprimerie ; et une comédie amère, *Le Journal des acteurs ambulants* (1955).

**YAMATO** n. m. ♦ Anc. nom du Japon et anc. province japonaise. Aujourd'hui, nom de deux villes de la préfecture de Nara (Honshū).

**YAMOUSSOUKRO** ➝ ÉTYM. baoulé «village *(kro)* de Yamoussou (n. de pers., p.-ê. la tante de Houphouët-Boigny)» ♦ Cap. de la Côte d'Ivoire, au N.-O. d'Abidjan. Plus de 150 000 hab. *(Yamoussoukrois).* Ville natale du président Houphouët-Boigny, Yamoussoukro est devenue capitale de la Côte d'Ivoire en 1983. Le coût de la construction de la basilique Notre-Dame-de-la-Paix, sur le modèle de Saint-Pierre de Rome, en 1990, a entraîné de fortes polémiques.

**YAMUNA** ou **JAMNA** n. f. ♦ Riv. de l'Inde du N. (1 370 km), affl. du Gange près d'Allahabad* et naissant dans l'Himalaya occidental. Elle arrose Delhi*. C'est un des sept fleuves sacrés des hindous.

**YANAM** – en fr. ***Yanaon*** ♦ V. de l'Inde, sur la côte du delta de la Godaveri. 30 km². 31 362 hab. Comptoir français créé en 1759 et restitué à l'Inde en 1954. Intégré au Territoire de l'Union de Pondichéry.

**YANAN** ou **YEN-HAN** ♦ V. de Chine (Shaanxi). 197 793 hab. Mines de charbon et de fer. Pétrole, kaolin, calcaire. Indus. alimentaire et chimique. Céréales. Tabac. ▮ **Histoire** Cap. de l'Armée de la libération et de la révolution de 1935 à 1949, à l'issue de la Longue* Marche.

**YANAON** → **Yanam**

**YANCHENG** ou **YANG-TCH'ENG** ♦ V. de Chine (Jiangsu). 933 832 hab. Céréales et coton.

**YAN Fu** ou **YEN Fou** ♦ Écrivain chinois (dans le Fujian 1853 - 1921). Grâce à ses innombrables traductions d'œuvres classiques anglaises et françaises, il fut le premier à introduire en Chine la culture philosophique européenne.

**YANG Chen Ning** ♦ Physicien américain d'origine chinoise (Hefei 1922). → **Lee.** [Prix Nobel de phys. 1957, avec T. D. Lee]

**YANG Guifei** ou **YANG Kouei-fei** ♦ Favorite de l'empereur chinois Xuanzong* (719 - 756), de son nom Yang Yuhuan. Les faveurs accordées par l'empereur à elle et à sa famille, la corruption qui régnait à la cour et ses liens avec le général An* Lushan furent les éléments qui provoquèrent la chute de Xuanzong. L'empereur en fuite fut obligé de la mettre à mort pour apaiser la colère des soldats de son escorte. L'amour tragique de Xuanzong et de l'honorable favorite Yang a été conté dans un long poème célèbre de Bo* Juyi, *Le Chant de l'éternel regret* et dans le film de K. Mizogushi, *L'Impératrice Yang Kouei-fei*.

**YANGMINGSHAN** ♦ V. de l'île de Taiwan* située au N. de Taipei. Centre administratif. Parc national.

**YANGON** → **Rangoon**

**YANGQUAN** ou **YANG-TS'IUAN** ♦ V. de Chine (Shanxi). 485 386 hab. Mines de fer et de charbon. Terre réfractaire. Cimenterie.

**YANG-TSEU-KIANG** → **Chang jiang**

**YANGZHOU** ou **YANG-TCHEOU** ♦ V. de Chine (Jiangsu), sur le Grand Canal. 865 117 hab. Jardins de style chinois traditionnel. ▪ Pêche. Indus. textile (soie, coton, fibres synthétiques) et alimentaire. Céréales (riz, blé), oléagineux, thé. ▮ **Histoire** Marco Polo fut gouverneur de la ville de 1282 à 1285.

**YANGZI JIANG** → **Chang jiang**

**YAN Liben** ou **YEN Li-pen** ♦ Peintre et architecte chinois (mort en 673), issu d'une famille aristocratique de peintres et d'architectes. Il fut célèbre pour ses portraits de souverains et de chevaux et dirigea l'édification de Changan*, la capitale des Sui* et des Tang*.

**YANTAI** ou **YEN-T'AI** ♦ V. et port de Chine (Shandong). 1 261 476 hab. Mines d'or, de talc. Carrières de marbre et de granite.

**YAN Yuan** ou **YEN Yuan** ♦ Philosophe chinois (1635 - 1704). Directeur d'un collège où il prôna le retour aux textes classiques du confucianisme, contre les courants philosophiques Song (→ **Cheng Hao, Zhu Xi**), il enseigna l'importance de la mise en pratique des connaissances.

**YAO** ♦ Empereur légendaire de Chine, l'un des *Wudi* («les Cinq Souverains»). Il incarnait, avec son successeur Shun, la sagesse et les vertus de l'idéal confucéen.

**YAOUNDÉ** ➝ ÉTYM. du douala *yawonde* «arachides» ou de *Ewondo*, n. de peuple ♦ Cap. fédérale du Cameroun et cap. de la rég. du Centre, reliée à Douala par voie ferrée et vers le N. à Belabo. 1 248 000 hab. *(Yaoundéens)*. Indus. alimentaires.

**YAP** → **Carolines (îles)**

**YA'QŪB BEG** ♦ Aventurier turc (Tachkent 1820 - Kachgarie 1878). Il se révolta contre la tutelle chinoise et, s'étant emparé des royaumes d'Asie centrale chinoise, installa sa capitale à Yarkand. Il tenta de négocier avec les Britanniques afin de garantir l'existence de l'État musulman qu'il avait créé et signa un traité de commerce avec les Russes. Il mourut empoisonné et son fils fut vaincu peu de temps après par les Chinois qui rétablirent leur protectorat sur les oasis de l'Asie centrale.

**YAQUBI (Aḥmad ibn Abū Ya'qūb,** connu sous le nom d' **AL-)** ♦ Historien et géographe musulman chiite (mort apr. 891). Ses voyages le conduisirent en Inde, au Maghreb, pays sur lequel son ouvrage *Le Livre des pays (Kitāb al-buldān)* apporte une documentation précise.

**YA'QŪB KHĀN** ♦ (1849 - 1923). Émir d'Afghanistan. Successeur de son père Chêr 'Alī Khān (1879), protégé par les Britanniques, il signa le traité de Gandamak (mai 1879) qui plaçait virtuellement l'Afghanistan sous protectorat britannique. Il fut déposé en oct. 1879 et exilé en Inde.

**YĀQŪT** ♦ Géographe d'expression arabe (1179 - Alep 1229). Il composa un dictionnaire géographique *(Mu'jam al-Buldān)* monumental et d'utilisation commode, les entrées étant classées par ordre alphabétique. Ancien esclave chrétien d'un libraire, il voyagea en Perse, en Mésopotamie, en Syrie, en Égypte, au Khorassan et s'installa un temps au Khorezm, puis à Merv. Son dictionnaire est le fruit d'un travail d'innombrables recherches livresques menées dans les bibliothèques auxquelles il eut accès. Ses articles fournissent des renseignements ethnographiques, historiques et folkloriques importants. Il rédigea aussi un dictionnaire biographique concernant surtout les écrivains.

**YARKANT** → **Shache**

**YARKON** n. m. ♦ Petit fl. d'Israël qui coule dans la plaine de Saron et se jette dans la Méditerranée, aux portes de Tel-Aviv. Il joue un rôle dans l'irrigation des terres (système régional de canalisation Yarkon-Néguev*).

**YARMOUTH** → **Great Yarmouth**

**YARMUK** ou **YARMOUK** n. m. ♦ Riv. du Proche-Orient, qui prend sa source en Syrie et forme frontière dans son cours supérieur entre la Syrie et la Jordanie. Il se jette dans le Jourdain au S. du lac de Tibériade.

**YASAWA** (îles) → **Fidji (îles)**

**YAŚOVARMAN** ◆ ÉTYM. sanskr. «qui a la renommée pour protection» ♦ Nom de règne de deux souverains du Cambodge. Le plus important est YAŚOVARMAN Ier (de 889 à v. 910). Arrivé au pouvoir dans des conditions sanglantes, il transporta sa capitale à Angkor*, où il fit aménager le gigantesque *baray* oriental et édifier de nombreux monuments, dont le temple du Phnom Bakhèng.

**YASUNARI KAWABATA** → **Kawabata Yasunari**

**Yaté** ♦ Barrage-réservoir de la Nouvelle-Calédonie au S.-E. de l'île, sur la riv. du même nom. Il possède une retenue de 300 000 000 de m³ et alimente une centrale de 68 000 kWh destinée à la métallurgie du nickel. → **Nouméa.**

**YAU Shing-Tung** ♦ Mathématicien américain d'origine chinoise (Kwuntung, Taiwan 1949). Spécialiste de géométrie différentielle, il résolut plusieurs conjectures importantes en utilisant de façon systématique la théorie des équations aux dérivées partielles non linéaires. Il créa autour de lui une véritable école de jeunes mathématiciens. [Médaille Fields 1982]

**Yavné** – hébr. ***Yabhneh*** ♦ V. d'Israël, à 20 km au S. de Tel-Aviv, sur le site de l'antique Jamnia*. 31 900 hab. Siège de la première académie rabbinique entre 70 et 132. Suivant la tradition, Yohanan ben Zakkaï quitta Jérusalem assiégée en se faisant passer pour mort et demanda à l'empereur Vespasien de pouvoir s'installer dans la ville. Celle-ci fut le centre du judaïsme après la destruction du Temple, et, si les assemblées rabbiniques y réorientèrent la religion dans le sens du pharisianisme, il est abusif d'y voir des «conciles» ou des «synodes» chargés par exemple de fixer le canon de la Bible.

**Yayoi** ♦ Période protohistorique du Japon (v. -IIIe - IIIe s.) qui vit l'introduction dans l'archipel de la culture du riz et de l'usage du fer et du bronze. Ainsi appelée du nom d'un quartier de Tōkyō.

**YAZDGARD** ♦ Nom de trois rois sassanides de Perse. ♦ **YAZDGARD Ier.** Roi de 399 à 420. ♦ **YAZDGARD II.** Roi de 438 à 457. ♦ **YAZDGARD III.** Le dernier des Sassanides, roi de 632 à 651. Après la victoire des Arabes à Nevahend (642), il se réfugia à Merv et fut assassiné.

**YAZILIKAYA** ♦ Site archéologique de Turquie (Anatolie). Il est formé d'un groupe de deux galeries à ciel ouvert entre des rochers dont les parois sont sculptées de bas-reliefs représentant les principaux dieux hittites et d'un temple qui fut construit à l'entrée de ces galeries. Ce site fut aménagé par les rois hittites vers -1250.

**YEATS (William Butler)** ♦ Poète, auteur dramatique et conteur irlandais (Sandymount, banl. de Dublin 1865 - Roquebrune-Cap-Martin 1939). Issu d'une famille protestante, il fut marqué par sa relation avec son père, peintre estimable auquel il devait son éducation artistique, par un amour de l'Irlande dont il prit très tôt conscience (au cours de son enfance à Londres) et par un intérêt précoce pour les sciences occultes. Étudiant aux Beaux-Arts de Dublin, influencé par Wilde*, par les préraphaélites et le folklore irlandais, il se fit remarquer en 1889 avec un poème narratif, *Les Errances d'Oisin,* puis avec des recueils comme *La Croisée des chemins* (1889), *La Rose* (1893) ou *Le Vent parmi les roseaux* (1899), enfin avec des contes recueillis auprès des paysans de Sligo, *Le Crépuscule celtique* (1893). Poète de l'imagination au sens où l'entend Wordsworth*, il médita l'œuvre de Blake*, de Shelley*, et l'enseignement des néoplatoniciens, et s'engagea peu à peu dans l'exploration des symboles qui structurent l'inconscient collectif. En 1896, il rencontra lady Gregory* qui lui offrit l'hospitalité de son château, Coole Park, et dont la fortune personnelle l'aida à concrétiser le rêve d'une renaissance littéraire de l'Irlande. Il fonda avec elle, à Dublin, l'Abbey* Theatre où seront créées les principales pièces de Synge*, de G. Moore* ou de E. Martyn*. Lui-même, qui avait déjà écrit *La Comtesse Cathleen* en 1892 et *Le Pays du désir du cœur* en 1894, y fit jouer ses principaux poèmes dramatiques : *Cathleen ni Houlihan* (1902), *Le Seuil du roi* (1904) ou *Deirdre* (1907). Mais c'est de la Première Guerre mondiale, marquée par la répression du soulèvement nationaliste de 1916 et par la mort de plusieurs amis, que date une évolution décisive : jusqu'alors torturé par un amour malheureux pour la comédienne Maud Gonne, Yeats épousa soudain en 1917 la très jeune George Hyde-Lees, qui lui donna deux enfants et qui, après son mariage, se révéla un médium exceptionnel. Au cours de séances d'écriture automatique, il entra en contact avec des «esprits» qui lui «révélèrent» toute une philosophie du Moi et de l'Histoire. Il en exposa le système dans *Vision* (1925, version révisée 1935), mais il y puisa surtout le réseau d'images neuves de la seconde moitié de son œuvre, inaugurée avec *Les Cygnes sauvages à Coole* (1919), où il donna sa pleine mesure. Dans *La Tour* (1928), il prit pour symbole de son esprit la vieille tour de Thoor Ballylee, où il s'était installé avec sa famille, et dont l'escalier en spirale donna son titre au recueil suivant (*The Winding Stair and Other Poems,* 1933). Parallèlement, la découverte du nō lui inspira ses remarquables *Quatre pièces pour danseurs* (1921) ; il rédigea aussi 3 volumes d'une autobiographie spirituelle (*Autobiographies,* 1925). Élu sénateur (de 1922 à 1928), il s'identifia à sa patrie mais fit encore preuve d'une grande capacité d'indignation pour ce qui lui déplaisait dans son époque. Toujours écartelé entre son amour de la réalité et son aspiration vers un Ailleurs qu'il crut découvrir dans l'Italie de la Renaissance ou dans le mythe de Byzance, Yeats émeut par ses doutes autant que par ses certitudes. Il est avant tout l'un des plus sublimes magiciens de la langue anglaise. [Prix Nobel de littér. 1923] ◆ ÉTYM. *Yeats* vient du vieil anglais *geat* «porte, barrière» (nom du gardien d'une porte ou de la personne qui vit près d'une porte).

**YEHOSHUA (Abraham B.)** ♦ Écrivain israélien d'expression hébraïque (Jérusalem 1936). Il se fit remarquer dès les années 1960 par des recueils de nouvelles, les unes surréalistes, les autres réalistes. Ses héros sont souvent des intellectuels poursuivis par l'instinct de destruction et de mort, thème qui perdure dans son œuvre (*Monsieur Mani,* 1990 ; *La Mariée libérée,* 2003).

**YELLOWKNIFE** ◆ ÉTYM. angl. «couteau jaune» ♦ V. du Canada. Capitale des Territoires du Nord-Ouest, sur la rive N. du Grand Lac des Esclaves. 18 700 hab. Centre administratif et commercial.

**YELLOWSTONE** n. f. ◆ ÉTYM. angl. «roche jaune», trad. du mot indigène *Nissi-a-dazi* (allus. à des dessins gravés par les Indiens dans la roche gréseuse jaune) ♦ Riv. du N.-O. des États-Unis, 1 080 km, affl. du Missouri (rive d.). Elle prend sa source dans les Rocheuses, près du parc de Yellowstone qu'elle traverse, coule dans des canyons et traverse du S.-O. au N.-E. le Montana*.

**Yellowstone National Park** ♦ Premier parc national créé aux États-Unis (1872), dans les Rocheuses, formant le coin N.-O. du Wyoming*. C'est une caldeira volcanique (9 000 km²), résultant de trois éruptions gigantesques, la dernière il y a 640 000 ans, et où divers phénomènes continuent de se manifester : sources chaudes, fumerolles, geysers, dont le célèbre Old Faithful («vieux fidèle», qui jaillit à intervalles réguliers), lacs colorés, terrasses de concrétions, cratères d'obsidienne. Cours d'eau, cascades, canyons (dont le Grand Canyon de la Yellowstone River). Les sources des trois cours d'eau qui donnent naissance au Missouri* s'y trouvent. La moitié de la forêt a été détruite par un incendie en 1988, mais la faune de la plus grande réserve des États-Unis reste abondante (bisons, cervidés, pumas, castors, rats musqués, oiseaux).

**YELU Chucai** ou **YE-LU Tch'ou-ts'ai** ♦ Savant d'origine khitan (1190 - 1244), descendant direct de A* Pao Chi, lettré, astronome, géographe, médecin, musicien et devin. Conseiller influent de Gengis* Khān et d'Ögödei*, il sut adoucir les mœurs barbares des Mongols et sauva de nombreux monuments et ouvrages littéraires, lors de la conquête de la Chine par les tribus.

## YÉMEN

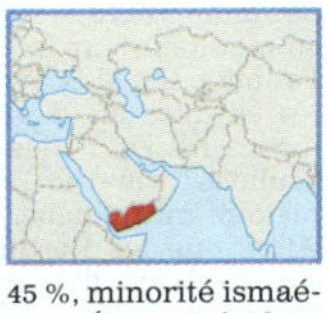

■ n. m. – off. ***république du Yémen*** ◆ ÉTYM. en ar. *al-Yaman* «la droite ; le sud ; le pays heureux» ♦ Pays de la péninsule Arabique. 536 869 km². → **Arabie** (carte). 14 587 807 hab. (19 685 161 estim. 2004). *(Yéménites),* auxquels s'ajoutent plus de 1 500 000 émigrés vivant à l'étranger. LANGUE : arabe. RELIGION : musulmans (sunnites chaafites, 55 % ; chiites zaydites, 45 %, minorité ismaélienne). MONNAIE : riyal yéménite. CAPITALE : Sanaa. RÉGIME : présidentiel. Le Yémen est divisé en 19 gouvernorats.

■ **GÉOGRAPHIE** La plaine littorale de la Tihama, à cheval sur l'Arabie saoudite et le Yémen, s'étire le long de la mer Rouge et est de nature sablonneuse ; les pluies y sont rares et il y règne une chaleur torride en été. Elle se termine brusquement sur des hauteurs abruptes, appelées montagnes occidentales (3 666 m), qui reçoivent les précipitations de la mousson. Plus à l'E. s'allongent les hauts plateaux fertiles qui culminent au djebel Hadur. Recevant également la mousson, ils sont traversés par des cours d'eau qui rejoignent la mer ou se perdent dans les sables, et abritent Sanaa, Ibb, Saada et Taïz. C'est la région la plus peuplée et la plus riche du pays. Ces plateaux sont ceinturés par le massif montagneux oriental, moins élevé que le massif occidental et qui décline peu à peu vers l'E., passant de 2 000 m à 1 000 m. Là, le paysage rocheux se transforme en grandes étendues sableuses qui constituent le Rub' al-Khali, où le climat est sec et aride. Au S., la vallée fertile du Hadramaout s'étire d'E. en O., parallèlement à la côte sur 150 à 200 km.

**ÉCONOMIE** Le Yémen souffre d'un déficit budgétaire chronique, de l'inflation et du chômage. C'est l'un des pays les plus pauvres et les plus endettés du monde. Un tiers de la population vit sous le seuil de pauvreté et n'a pas accès à l'eau. L'ex-Yémen du Sud, qui a pratiqué jusqu'en 1990 l'économie socialiste planifiée, figurait, avant la réunification, parmi les pays les plus pauvres du monde. Ces difficultés ont été aggravées par la crise du Golfe qui a entraîné une réduction sensible du commerce extérieur et de l'assistance financière étrangère, s'ajoutant à la perte des salaires d'un million de travailleurs yéménites expatriés, expulsés en représailles à la non-participation du Yémen à la coalition contre l'Irak. **Le pétrole et le gaz** Le pays compte beaucoup sur les revenus du pétrole (85 % des exportations) pour redresser la situation. Les premières exportations de brut ont débuté en 1987 et les réserves en pétrole du pays sont estimées à 4 milliards de barils. De plus, la République unifiée possède 2 raffineries, l'une à Aden (170 000 barils/j), l'autre à Marib (100 000 barils/j). Le Yémen recèle en outre des réserves de gaz importantes dont l'exportation a débuté en 2009. **L'agriculture** L'agriculture est surtout pratiquée sur les hauts plateaux (coton, tabac, café et surtout qat) et dans la plaine de la Tihama (céréales, légumes, arbres fruitiers, orangers, bananiers, vigne). L'agriculture dans le S. est concentrée dans les oasis et la vallée de l'Hadramaout, dans la région de Lahaj (au N. d'Aden) et celle de Mukalla. Peu modernisé et tributaire de pluies irrégulières, le secteur agricole stagne malgré les efforts du gouvernement pour améliorer notamment l'irrigation (reconstruction du barrage de Marib). La zone semi-désertique est le domaine des pasteurs nomades. **La pêche** La pêche représente, après le pétrole et le gaz, la deuxième ressource du pays. La plus grande partie de cette activité est assurée par l'ex-Yémen du Sud. Une partie de la flotte a été fournie par l'URSS, la Chine et le Japon. **L'industrie** L'industrie est peu développée (indus. alimentaire, textiles, tanneries, briqueterie). Le tourisme, en raison du manque de structures adaptées et de l'instabilité, est encore de faible importance malgré les richesses architecturales et archéologiques que recèle cette région. Pour redresser l'économie, le gouvernement compte également sur les activités du nouveau port franc d'Aden. La contrebande aux frontières yéméno-saoudiennes constitue enfin une source de revenus non négligeable dont les principaux bénéficiaires sont les tribus du Nord.

**HISTOIRE** **L'Arabia felix** Désigné par la Bible comme l'« Arabie opulente » et la « Terre sainte », devenu l'*Arabia felix* (« Arabie heureuse ») pour les Romains, le Yémen connut vers le –XIe s. une civilisation très brillante fondée sur l'exploitation des épices (myrrhe, encens, aromates). Le long des routes caravanières, des tribus, enrichies grâce au trafic, se constituèrent en cités-États (–Ve s.). Cinq royaumes principaux furent constitués (Ma'īn, Qatabān, Awsan, Hadramaout et Saba) avant d'être réunis en un seul, Ḥimyar (Ier - VIe s.), converti au judaïsme. La découverte d'une voie maritime directe jusqu'aux Indes (Ier s.) sonna le glas de la prospérité économique de la civilisation sud-arabique. **De la domination éthiopienne à la conversion à l'islam** Au VIe s., les Éthiopiens, venus au secours des chrétiens persécutés par les Himyarites, envahirent le Yémen et placèrent à sa tête un prince chrétien. Les Perses sassanides prirent le contrôle du pays (570) avant d'être évincés lors de la conquête musulmane (628). Les Yéménites jouèrent un rôle important dans l'expansion de l'islam en servant nombreux dans les armées du calife. Cela provoqua une émigration qui accéléra le déclin économique et culturel de l'Arabie du Sud. Au début du IXe s., à la suite de l'affaiblissement du pouvoir abbasside, le pays se morcela en plusieurs petites principautés. **De la fondation de la dynastie zaydite aux Rassoulides** En 893, l'imam Yaḥyā ibn Ḥusayn, profitant de cet émiettement, s'empara du N. du pays et fonda la dynastie chiite des imams zaydites (du nom de son ancêtre Zayd ibn 'Alī) qui devait se maintenir sur la scène de l'histoire jusqu'en 1962. En 1037, un Fatimide, Ali al-Sulayhi, s'assura le contrôle du pays en repoussant les zaydites au N. et fonda la dynastie des Sulayhides. Saladin évinça les Fatimides et réunifia le Yémen. La dynastie des Rassoulides (1229 - 1454) assura au pays la plus brillante période de son histoire musulmane. **La domination ottomane et le protectorat britannique** Alors que les Portugais contrôlaient l'océan Indien, les Turcs s'emparèrent d'Aden (1538) sans progresser vers l'intérieur en raison de la résistance zaydite. Après le départ des Turcs (1636), l'imam zaydite ne parvint pas à étendre son contrôle sur l'ensemble du pays en raison de divergences religieuses avec la communauté chaafite sunnite du S. Soucieux de contrôler le détroit de Bal el-Mandeb, essentiel sur la route des Indes, les Britanniques s'emparèrent d'Aden (1839) et étendirent leur contrôle sur la bande côtière. Aden devint une colonie, administrée depuis Bombay. Au

**Yémen.** Sanaa. © *PhotoDisc*

N., l'armée ottomane envahit le pays (1849) et contraignit l'imam zaydite à accepter la suzeraineté turque. Le Yémen devait rester une province (wilaya) de l'Empire ottoman jusqu'en 1918. En 1905, un accord frontalier « provisoire » fut signé entre Turcs et Britanniques, consacrant la division du Yémen. Dès lors, le Nord et le Sud eurent une histoire dissociée jusqu'à leur réunification en 1990. → **Yémen du Nord, Yémen du Sud.** **Depuis la réunification** À la suite de cette réunification l'ex-président du Yémen du Nord, Ali Abdallah Saleh, devint président, tandis que le poste de Premier ministre revenait à l'ex-président du Yémen du Sud, Haydar al-Attas. L'écroulement du bloc communiste et la montée des oppositions dans chacun des deux pays accélérèrent le processus de réunification. Une nouvelle Constitution fut approuvée par référendum en 1991. Cependant, les relations entre nordistes et sudistes se détériorèrent bientôt et la guerre éclata en mai 1994. Les sudistes firent sécession et proclamèrent la République démocratique du Yémen. Les nordistes l'emportèrent militairement et, en juil. 1994, prirent possession d'Aden et de Mukalla. Le président Saleh a obtenu un nouveau mandat en 1999, à l'issue de la première élection présidentielle au suffrage universel. L'antagonisme Nord-Sud persiste sur fond de crise économique et de montée de l'intégrisme. Depuis 2004, des affrontements sanglants causent des centaines de morts et le déplacement de milliers de civils. Le président a signé en 2000 un traité sur la délimitation des frontières avec l'Arabie saoudite et a été réélu en 2006. Pays d'où est originaire la famille d'Oussama Ben* Laden, le Yémen est en proie à une forte agitation intégriste. En 2010, le pouvoir, épaulé par l'Arabie saoudite, a maté la rébellion des zaïdites (chiites) qui s'opposaient à la majorité sunnite dans le nord du pays depuis 2004.

**YÉMEN DU NORD** n. m. – off. ***République arabe du Yémen*** ♦ Ancien État de la péninsule Arabique. **Histoire** La division du Yémen est née d'un partage colonial entre Ottomans et Britanniques, rendue effective par l'accord de 1905 délimitant la frontière entre les deux pays. → **Yémen (république du).** L'imam zaydite Yaḥyā rejeta d'abord l'accord de partage et déclencha la résistance. En 1911, les Turcs reconnurent la souveraineté de Yaḥyā sur le Yémen, sous suzeraineté ottomane. Pendant la Première Guerre mondiale, Yaḥyā resta fidèle au traité le liant aux Ottomans malgré les avances britanniques. Le démantèlement de l'Empire ottoman donna naissance en oct. 1918 au « Royaume moutawakilite du Yémen ». Le nouvel imam, qui devait régner quarante-quatre ans, est considéré comme le fondateur de l'État yéménite. Il transforma un imamat religieux en un État, certes archaïque, mais internationalement reconnu. N'acceptant pas le démembrement colonial de son pays, il lança ses hommes dans des actions de guérilla contre les troupes britanniques stationnées aux frontières. La Grande-Bretagne réagit en bombardant plusieurs villes et l'imam fut contraint de conclure en fév. 1934 un traité avec la Grande-Bretagne sur la délimitation des frontières. Sanaa renonçait pour quarante ans à toute revendication sur l'Arabie du Sud. L'imam Yaḥyā ferma le pays à toute influence étrangère et le maintint dans une situation d'autarcie quasi totale, faisant de cette région l'une des plus arriérées du monde. Sous la pression du Mouvement des Yéménites libres, l'imam accepta de rompre l'isolement du pays. En 1945, le Yémen adhéra à la Ligue arabe et, deux ans plus tard, il fut admis à l'ONU. Mais, en fév. 1948, Yaḥyā fut assassiné. Son fils, Ahmad, proclamé imam continua la même politique. À partir de 1955, il amorça une timide modernisation du pays et fit appel à la fois aux Russes, aux Américains et aux Chinois. En 1958, il s'associa à la République arabe unie (RAU), regroupant l'Égypte et la Syrie. Devant la montée de la contestation, Ahmad quitta la RAU (1961) et s'aliéna le soutien de Nasser. Une semaine après la mort d'Ahmad (19 sept. 1962), un coup d'État militaire dirigé par le colonel al-Sallal renversa l'imamat et proclama la République arabe du Yémen (RAY). S'ensuivit une guerre civile de sept ans, entre les républicains appuyés par l'Égypte et les royalistes partisans du rétablissement de l'imamat et soutenus par l'Arabie saoudite. Après la défaite de l'Égypte face à Israël en 1967, Nasser retira ses troupes du Yémen au moment où les Britanniques quittaient Aden. Sallal fut renversé peu après par une coalition de républicains modérés dirigés par al-Ariani. Le dernier imam zaydite al-Badr fut déposé par son propre conseil (1968) et la réconciliation nationale fut scellée par la rencontre de Djeddah entre royalistes et républicains (1970). Peu après, l'Arabie saoudite reconnut la RAY et lui accorda une assistance de 20 millions de dollars. En oct. 1972, un conflit armé opposa les deux Yémens et se conclut par une intention de réunification. Devant la montée en puissance de la coalition tribale qui paralysait l'État, le lieutenant-colonel Ibrahim al-Hamdi renversa Aryani (juin 1974) et encouragea la naissance du Front national démocratique (FND, mars 1976). Mais il fut assassiné (1977) et remplacé par le lieutenant-colonel Ahmad al-Ghashmi, lequel, encouragé par les Saoudiens, entreprit de briser le FND dont la plupart des dirigeants se réfugièrent à Aden. Al-Ghashmi fut à son tour assassiné (1978). Le lieutenant-colonel Ali Abdallah Saleh lui succéda. De nouveaux combats entre les deux Yémens (1979) se conclurent une fois de plus par une intention de réunification. Soutenant l'Irak dans sa guerre contre l'Iran, la RAY envoya des volontaires se battre aux côtés de l'armée irakienne (1981). Le FND accrut ses actions de guérilla contre le gouvernement, qui accusa le Yémen du Sud d'en être l'instigateur. Après un sommet à Aden entre les deux chefs d'État, qui s'accordèrent sur un projet de réunification, la proclamation de l'État yéménite unifié eut lieu le 22 mai 1990. → **Yémen (république du).**

**YÉMEN DU SUD** n. m. – off. ***République démocratique et populaire du Yémen*** ♦ Ancien État de la péninsule Arabique. ▮ **Histoire** Installés à Aden depuis 1839, les Britanniques prirent peu à peu le contrôle du pays en signant des accords de protectorat avec les souverains de la côte et de l'intérieur. En 1905, les Britanniques et les Turcs, qui occupaient le N. du pays, conclurent un accord entérinant la division du Yémen. Durant l'entre-deux-guerres, la Grande-Bretagne accrut son emprise sur l'Arabie du Sud et utilisa à plusieurs reprises l'aviation pour venir à bout des tribus rebelles menées par l'imam Yaḥyā (→ **Yémen du Nord**). En 1934, un accord de paix fut signé entre l'imam et la Grande-Bretagne et, l'année suivante, cette dernière conclut un accord avec Riyad sur la délimitation des frontières. À partir de 1934, les Britanniques dotèrent les souverains locaux d'armées locales, destinées à faciliter les interventions directes dans l'arrière-pays. Après des années de conflits tribaux, l'Hadramaout fut pacifié en 1937. La même année, la possession britannique d'Aden fut rattachée au Colonial Office et devint colonie de la Couronne. L'arrière-pays fut regroupé en deux protectorats, le Protectorat occidental et le Protectorat oriental. Au lendemain de la Deuxième Guerre mondiale, Aden devint, après l'évacuation de Suez (1956), la première base militaire britannique au Proche-Orient. Dans le même temps, l'opposition anti-britannique prit de l'ampleur tandis que se multipliaient les révoltes tribales. Soucieux de resserrer leur emprise, les Britanniques réunirent la quasi-totalité des principautés en une fédération des Émirats du Sud (1959), laquelle prit, en 1962, le nom de fédération d'Arabie du Sud. Ce plan déclencha un tollé parmi les nationalistes arabes et, en 1962, fut créé le Parti socialiste populaire (PSP), réclamant le départ des Britanniques et l'union des deux Yémens. Durement réprimés, les nationalistes fondèrent le FNL (appuyé par l'Égypte) et déclenchèrent l'insurrection armée. L'assemblée générale des Nations unies adopta une résolution exigeant l'autodétermination pour l'Arabie du Sud (déc. 1963). Après l'annonce du retrait égyptien du N., les Britanniques accordèrent l'indépendance à la fédération en 1968. La défection égyptienne provoqua une scission au sein du FNL et la naissance du Front de libération du Sud-Yémen occupé (FLOSY), soutenu par l'Égypte. La guerre civile entre le FNL et le FLOSY fut rapidement gagnée par le FNL (nov. 1967), lequel proclama la République populaire du Sud-Yémen (30 nov. 1967) alors que le dernier soldat britannique quittait Aden. Qahtan al-Chaabi devint président du nouvel État. Des luttes opposèrent la tendance modérée à la tendance dure du parti. Cette dernière l'emporta en 1969. Salim Rubbayi Ali remplaça al-Chaabi à la présidence. Après l'adoption de la Constitution, la RPSY devint en 1970 la République démocratique et populaire du Yémen (RDPY). Après l'exécution de Salim Rubbayi, Abdel Fatah Ismaïl, partisan de la ligne dure, accéda à la présidence. La RDPY et l'URSS signèrent un «traité d'amitié et de coopération» (1979). Sous la pression des modérés, Abdel Fatah Ismaïl fut contraint de démissionner et s'exila en URSS. Il fut remplacé par Ali Nasser Mohamed, partisan d'une ouverture à l'O. et d'un rapprochement avec le Yémen du Nord. De nouveaux règlements de comptes opposant les partisans d'Ismaïl à ceux du président Nasser Mohamed (revenu au pays en 1985) déclenchèrent en 1986 une guerre civile. Ismaïl fut assassiné alors que Nasser Mohamed était obligé de s'exiler dans le Nord. La présidence échut à Haydar al-Attas. En mai 1989, des mesures visant une démocratisation et une libéralisation du pays furent annoncées et en décembre le PSY reconnut le multipartisme. Après l'accord signé avec Ali Saleh sur l'unification des deux Yémens (mai 1990), le président Haydar al-Attas devint Premier ministre de la République yéménite unifiée (1990 - 1994). Le président Saleh a été réélu en 1999 et en 2006. → **Yémen (république du).**

**YEOVIL** → ÉTYM. anc. *Gifle* «(village situé sur le) Gifl' (anc. n. du Yeo)» ♦ V. d'Angleterre (Somerset), sur le Yeo. 25 000 hab. Église de style gothique perpendiculaire. Construc. aéronautiques. Centre d'une région agricole.

**YEPES (Narciso)** ♦ Guitariste espagnol (Lorca 1927 - Murcie 1997). Il a été notamment l'auteur et l'interprète de la musique du film *Jeux interdits** de R. Clément (1952).

**YERRES** n. f. → ÉTYM. anc. *Edera*, probablt du précelt. *°Atura* ♦ Riv. de la Brie (87 km), affl. rive d. de la Seine. Née au N. de Provins, elle arrose Combs-la-Ville, Brunoy, Yerres et conflue à Villeneuve-Saint-Georges.

**YERRES** [91330] → ÉTYM. du n. de la riv. ♦ Ch.-l. de cant. de l'Essonne, arr. d'Évry, sur l'Yerres. 27 455 hab. *(Yerrois)*. Vestiges de l'anc. manoir de Guillaume Budé* et de deux anc. abbayes.

**YERSIN** [jɛʀsɛ̃] **(Alexandre)** ♦ Microbiologiste français d'origine suisse (Aubonne, Suisse 1863 - Nha Trang, Annam 1943). Entré à l'Institut Pasteur (1886), il travailla avec É. Roux* aux recherches sur la toxine diphtérique. On lui doit la découverte du bacille spécifique de la peste qu'il fit à Hong Kong (1894), le *bacille de Yersin et Kitasato* (du nom du médecin japonais qui en fit la découverte à la même époque). Il est également l'auteur de plusieurs documents géographiques concernant la côte d'Annam qu'il explora au cours de ses voyages.

**YEŞIL IRMAK** n. m. → ÉTYM. turc «fleuve vert» ♦ Fl. de Turquie (519 km), prenant sa source en Anatolie septentrionale. Il coule d'abord vers l'O., arrose Tokat et Amasya, décrit une boucle à travers la chaîne pontique, reçoit sur sa droite le Kelkit (373 km) et se jette dans la mer Noire par la plaine deltaïque de Çarşamba. Barrage hydroélectrique de Hasan Uğurlu (1,2 milliard de kWh).

**YEŞILKÖY** → **San Stefano**

**YEU** (île d') → ÉTYM. anc. *Oia*, du germ. *au* «eau» ♦ Île de la côte atlantique (Vendée) formant une commune. → **Île-d'Yeu (L')**

**YÈVRE** n. f. → ÉTYM. anc. *Avara*, hydronyme prélatin ♦ Riv. de France (67 km), dans le Berry. Elle traverse Bourges et Mehun-sur-Yèvre, avant de se jeter dans le Cher à Vierzon.

**YEZD** ou **YAZD** ♦ V. d'Iran, ch.-l. de prov., en bordure du désert du Kavir. 432 194 hab. Mausolée des Douze-Imams (XIe s.) et mosquée du Vendredi (XIVe s.) célèbre pour ses grands minarets et son haut porche. Métropole du mazdéisme en Iran. Ancienne oasis caravanière, Yezd est irrigué par les *qanāts* (canalisations souterraines) qui permettent la culture des céréales, des arbres fruitiers et du coton. Centre administratif et commercial. Indus. textile (tissage de la soie et des tapis).

**YEZO, YESO** ou **EZO** → **Hokkaidō**

**YFFINIAC** [22120] ♦ Comm. des Côtes-d'Armor, arr. de Saint-Brieuc, sur l'anse d'Yffiniac. 3 842 hab.

**YGGDRASIL** ♦ Dans la mythologie scandinave, arbre cosmique, joignant les enfers et les cieux. Auprès se trouvent la fontaine Mîmir, où Odin* retourne rafraîchir sa sagesse, et la fontaine Urd, où les dieux tiennent leurs conseils.

**YI, LI, LEE** ou **RHEE** ♦ Famille royale de Corée unifiée qui régna sous le nom dynastique de Chosŏn, de 1392 à 1910. Succédant à celle de Koryŏ* et fondée par Yi* Sŏnggye, elle compta vingt-sept souverains. Patronyme de nombreuses familles coréennes.

**YIBAL** ♦ Gisement pétrolifère du sultanat d'Oman (S.-E. de la péninsule Arabique). Point de départ de l'oléoduc qui dessert Fahud et Natih en direction du port pétrolier de Saih al-Malih (golfe d'Oman).

**YIBIN, YI-PIN** ou **IPIN** ♦ V. de Chine (Sichuan), sur le Chang jiang. 427 706 hab. Port. Important nœud de communications. Indus. alimentaire, textile et chimique. Bois. Papeterie.

**YICHANG** ou **YI-TCH'ANG** ♦ V. de Chine (Hubei), sur le Chang* jiang, à la frontière du cours supérieur et du cours moyen. 869 092 hab. Port important. Barrage et centrale hydraulique de Gezhouba (2 715 000 kW) et barrage des Trois*-Gorges. Indus. mécanique.

**Yijing** ou **Yi-king** → ÉTYM. chin. «Classique des mutations» ♦ Le plus ancien des classiques chinois. La divination chinoise recourut à partir des royaumes de Zhou, entre autres techniques, au maniement de baguettes d'achillée *(shi)* marquées de combinaisons de 6 lignes. Ces 64 hexagrammes symbolisent les états de l'univers en termes de mâle *(yang)* ou femelle *(yin)*, et sont à l'origine de nombre de théories philosophiques et religieuses chinoises. Leurs différentes interprétations furent consignées dans un manuel en usage à la cour des Zhou, d'où l'un de ses titres, *Zhouyi*. Au cours des siècles, de nombreux textes furent ajoutés et le manuel fut élevé au rang de classique *(jing)* sous les Han. L'ouvrage est couramment utilisé dans la divination contemporaine.

**YI Kwangsu** ou **YI Gwang-Su** ♦ Romancier coréen (Jŏngju 1892 - 1950). Au cours de ses études de philosophie au Japon, Yi prit la tête des étudiants coréens de Tōkyō et milita pour l'indépendance (1919). Il participa au gouvernement provisoire à Shanghai. Il fut enlevé en Corée du Nord, et disparut. Auteur de romans sociologiques ou historiques : *La Tristesse du garçon* (1917) ; *Manque d'affection* (1945), premier roman publié après l'indépendance.

**YILMAZ (Mesut)** ♦ Homme politique turc (İstanbul 1947). Cofondateur avec Turgut Özal du Parti de la mère-patrie (ANAP) en 1983 et député de Rize, il fut ministre dans les gouvernements Özal entre 1986 et 1990, Premier ministre en 1991, en 1996 et en 1997 - 1999, puis vice-Premier ministre de 1999 à 2002.

**YINCHUAN** ou **YIN-TCH'OUAN** ♦ V. de Chine, cap. de la région autonome du Ningxia. 578 362 hab. Nœud ferroviaire. Indus. mécanique, chimique, textile (laine et cachemire) et alimentaire. Matériaux de construction. Riz, blé.

**Yokohama.** Le quartier de Minato Mirai.
*Phot. © Hiroshi Sato/Shutterstock*

**YINING** ou **YI-NING** ♦ V. de Chine, région autonome du Xinjiang, sur l'Ili (Yili), sur la route qui relie Urumqi à Almaty (Kazakhstan). 256 588 hab. Céréales (blé d'hiver). Pommes. Mines de charbon. Artisanat (cuir, laine, bijoux).

**YINKOU** ou **YING-K'EOU** – en angl. *New Chang* ♦ V. de Chine (Liaoning). 630 208 hab. Port important. Construc. navales. Indus. électromécanique, textile (teinture). Indus. du bois. Riz, cultures fruitières. Premier gisement de magnésite et de talc du pays. Mines de fer et de bore.

**YI SEUNGMAN** → **Syngman Rhee**

**YI Sŏnggye** ou **YI Seong-Gye** ♦ Général coréen (Yŏnghŭng 1355 - 1408) qui se révolta contre les Chinois et fonda la dynastie des Chosŏn (→ **Yi**), sous le nom de Roi T'aejong. Il procéda à une redistribution générale des terres aux paysans et introduisit le confucianisme en Corée. Il fit traduire en langue coréenne les livres classiques chinois.

**YI Sunsin** ou **YI Sun-Sin** ♦ Amiral coréen (Séoul 1545 - 1598) qui combattit avec succès la flotte japonaise d'invasion (1592). Il fut le premier à utiliser des bateaux cuirassés (les «bateaux-tortues»). Héros national coréen.

**YIXIN, YI-HIN** ou prince **GONG** ♦ Homme politique chinois d'origine mandchoue (1833 - Pékin 1898), Aisin Jueruo Yixin de son nom, frère de l'empereur Xianfeng*. Il fut chargé par son frère de négocier avec lord Elgin* et le baron Gros* les traités inégaux de Pékin de 1860. → **Opium (guerres de l')**. Après la mort de Xianfeng*, il participa au coup d'État fomenté par l'impératrice Cixi* (Ts'eu-hi) pour s'emparer du pouvoir.

**YIXING, I-HSING** ou **YI-SING** ♦ Moine bouddhiste chan* chinois (673 - 727), de son nom Zhang Sui, et célèbre astronome. Il aurait inventé le système à «échappement» utilisé encore actuellement en horlogerie. Il mesura également la longueur du méridien terrestre avec une grande précision.

**YMER** ou **YMIR** ♦ Dans la mythologie scandinave, premier géant, formé de gouttes d'eau, glace fondue et vivifiée par le vent du S. Nourri par la vache Audumla*, il est l'ancêtre des géants, des hommes et de certains dieux.

**YOCCOZ (Jean-Christophe)** ♦ Mathématicien français (Paris 1957), professeur au Collège de France depuis 1996. Ses travaux se situent dans le prolongement de ceux de H. Poincaré* sur les systèmes dynamiques complexes dont l'évolution ne peut être étudiée que dans le cadre du «chaos déterministe». Ses résultats ont été établis à l'aide d'un modèle où l'évolution du système est représentée par les points d'un cercle. On lui doit également des contributions importantes à la théorie des fractales (→ **Mandelbrot**). [Acad. sc. 1994 ; médaille Fields 1994]

**YOF** ♦ Loc. du Sénégal sur la côte N. de la presqu'île du cap Vert*. Plage. Villages de pêcheurs. Aéroport international de Dakar-Yof.

**Yoga-Sūtra** n. m. ♦ Texte philosophique indien attribué à Patañjali* (v. –IIe s.), concernant les pratiques morales du yoga et célèbre en Europe grâce à l'adaptation qui en fut faite par Schopenhauer sous le titre *Aphorismes de Patañjali*.

**YOGYAKARTA** anc. **Jogjakarta** ♦ V. d'Indonésie, cap. de la province de Yogyakarta (3 169 km², 3 109 142 hab.), au centre de Java, au S. du volcan Merapi. 419 500 hab. Centre intellectuel, artistique et artisanal javanais. Indus. alimentaire ; travail du cuir ; batik. À proximité se trouvent de nombreux sites archéologiques (Borobudur*, Prambanan). ▮ **Histoire** Sultanat fondé en 1755 par Hamengkubuwono Ier. La ville devint capitale de la république indonésienne de 1946 à 1949. La prov. a un statut spécial depuis l'indépendance de l'Indonésie.

**YOHANAN BEN ZAKKAÏ** ♦ Docteur pharisien du Ier s. qui assura la survie du judaïsme lors du siège de Jérusalem. D'après le Talmud, il se fit conduire à Vespasien, lui annonça son couronnement et obtint la permission de s'installer avec ses disciples à Yavné*, où il reconstitua le sanhédrin auquel il fit transférer certaines des fonctions du Temple après sa destruction.

**YOKOHAMA** ← **ÉTYM.** du jap. *yoko* «côté» et *hama* «plage» ♦ V. du Japon (Honshū), ch.-l. de la préf. de Kanagawa, près de Tōkyō, dont elle est la ville sœur (avec laquelle elle constitue la conurbation de Keihin) et le grand port. 3 579 628 hab. Créée en 1859 sur le site d'un village de pêcheurs par les Européens, elle devint rapidement un port de première importance, drainant plus de 30 % du trafic maritime du Japon avec l'extérieur. Chantiers navals, indus. diverses, raffineries de pétrole. Détruite par le tremblement de terre de 1923, elle fut reconstruite aussitôt sur un plan moderne.

**YOKOSUKA** ♦ Port du Japon (Honshū), préf. de Kanagawa, au S. de Tōkyō, créé vers 1850 avec la participation de l'ingénieur français L. Verny. 426 178 hab. Grande base navale et port de guerre. Chantiers navals.

**YOKOYAMA Taikan** ♦ Peintre japonais (Mito 1868 - Tōkyō 1958), fondateur, avec Okakura*, de l'Institut japonais des beaux-arts en 1898 (Nihon Bijutsuin). Il fut un des pionniers du renouveau de la peinture traditionnelle japonaise : *Métempsycose*, rouleau horizontal ; nombreuses vues du mont Fuji.

**YOLANDE D'ARAGON** ♦ Reine de Sicile (v. 1375 - Saumur 1442). Fille de Jean Ier d'Aragon et femme de Louis* II d'Anjou, elle fut la mère de Louis* III et de René* Ier, et de Marie* d'Anjou qui épousa Charles VII. L'influence qu'elle exerça sur celui-ci au début de son règne fut déterminante.

**Yomiuri Shimbun** ♦ Quotidien japonais fondé en 1874. Comme son concurrent l'*Asahi Shimbun*, il donne la priorité à l'information à sensation et accorde une large place à la publicité. De tendance conservatrice, il est l'un des premiers quotidiens au monde par son tirage (14 millions d'exemplaires).

**Yom Kippour** → **Kippour**

**YONATH (Ada E.)** ♦ Biochimiste israélienne (Jérusalem 1939). En 1980, elle parvint à cristalliser une sous-unité du ribosome, organite cellulaire qui dirige la synthèse des protéines en assurant la traduction de l'information contenue dans l'ADN (via l'ARN messager). Elle ouvrit ainsi la voie à la détermination, réalisée entre 1998 et 2000, de la structure du ribosome, composé de plusieurs centaines de milliers d'atomes. [Prix Nobel de chim. 2009, avec V. Ramakrishnan* et T. Steitz*]

**YONGLE** ou **YONG-LO** ♦ (1360 - 1424). Nom de règne de l'empereur de Chine Zhu Di (1403 - 1424), dynastie Ming*. Il accéda au pouvoir, en chassant son neveu Zhu Yunwen, l'empereur Huidi, de son trône. Il transféra la cap. impériale, Nankin, sur le site de l'anc. cap., Dadu, de la dynastie Yuan*, qu'il rebaptisa Pékin. Il y fit bâtir les palais du Zhijincheng (la Cité pourpre interdite). Il organisa dès 1405 des expéditions maritimes vers des contrées lointaines (Java, Ceylan, Inde, Afrique) sous les ordres de Zheng* He, dans le but inavoué de rechercher son neveu disparu. Il fit réaliser une grande encyclopédie que l'on désigne par le nom de son règne *Yongle dadian*, ainsi qu'un code de lois *Daminglu* resté en vigueur durant toute la dynastie des Ming*.

**YONKERS** ♦ V. des États-Unis (État de New York), sur l'Hudson, en bordure du Bronx. 196 086 hab. dont 14 % de Noirs et 16 % d'Hispaniques. La région a subi les effets de la désindustrialisation.

**YONNE** n. f. ← **ÉTYM.** anc. *deae Icauni*, n. de la riv. divinisée, d'une rac. hydronym. précelt. *ic-* et suff. gaul. *-auna* ♦ Riv. du Bassin parisien (293 km). Affl. (rive g.) de la Seine né dans le Morvan, à 730 m d'alt. env., au pied du mont Prenelay, au S.-E. de Château-Chinon. Elle coule vers le N.-O., traverse les dép. de la Nièvre, de l'Yonne et conflue à Montereau-Fault-Yonne (Seine-et-Marne). Sa haute vallée est tranchée dans les hautes terres granitiques ; elle passe à Clamecy, reçoit la Cure (rive d.) en amont d'Auxerre, puis le Serein (rive d.) et son affl. princ. l'Armançon (rive d.) à Laroche-Saint-Cydroine ; elle arrose Joigny et Sens où elle reçoit la Vanne (rive d.) après avoir séparé le bocage du Gâtinais du pays d'Othe, traverse le Sénonais avant de se jeter dans la Seine. Son cours traverse des collines calcaires qui sont favorables à la production vinicole. Le canal du Nivernais la relie au bassin de la Loire et le canal de Bourgogne à celui de la Saône. Les pluies fréquentes qui tombent sur le Morvan et l'imperméabilité de presque tous les terrains que traverse la rivière provoquent des crues violentes et font de l'Yonne le principal élément d'irrégularité du système hydrographique du bassin de la Seine. Un certain nombre de barrages et de retenues ont été construits de façon à régulariser son débit (lac des Settons*), sur la Cure, barrage de Pannesière-Chaumard.

**YONNE [89]** n. f. ← **ÉTYM.** du n. de la riv. ♦ Dép. du centre-Est de la France, région Bourgogne. 7 427 km². 333 221 hab. CH.-L. : Auxerre. CH.-L. D'ARR. : Avallon, Sens. Cour d'appel : Paris. Académie : Dijon. → **Bourgogne.**

**YORICK** ♦ Bouffon du roi de Danemark dans *Hamlet** de W. Shakespeare*. C'est le crâne de Yorick, dans la scène du cimetière, qui suscite les pensées mélancoliques de Hamlet.

**YORITOMO** → **Minamoto no Yoritomo**

**YORK** (maison d') ♦ Famille noble anglaise fondée par Edmond de Langley (King's Langley, Hertfordshire 1341 - *id.* 1402), cinquième fils d'Édouard III, en 1385. Il assuma la régence pendant l'absence de

Richard II parti guerroyer en Irlande, puis se rallia à l'usurpateur Henri IV de Lancastre (1399). ♦ **Richard,** duc **d'York** (1411 - Wakefield 1460), petit-neveu du précédent. Prétendant au trône d'Angleterre comme descendant des Langley par son père et des Clarence (issus du deuxième fils d'Édouard III) par sa mère, Anne de Mortimer, il fut régent du royaume de France pour Henri* VI (1435 - 1447), puis se révolta contre ce dernier, provoquant ainsi la guerre des Deux*-Roses où s'affrontèrent les maisons d'York et de Lancastre et leurs partisans. Vainqueur à Saint Albans (1455), puis à Northampton (1460) où il captura Henri VI, Richard se fit promettre la succession du roi mais fut battu et tué à Wakefield (1460). Ses fils et son petit-fils régnèrent sous les noms d'Édouard* IV, Richard* III et Édouard* V. Il fut le père de George, duc de Clarence*.

**YORK (Frédéric,** duc **D')** ♦ Second fils de George III (Londres 1763 - *id.* 1827). Commandant les forces britanniques aux Pays-Bas en 1793, il subit de nombreuses défaites, mais fut cependant chargé du commandement en chef des forces britanniques en 1798 et dut capituler devant Brune. En dépit du scandale qui éclata en 1809 quand sa maîtresse, Mary Ann Clarke, révéla ses trafics sur les postes d'officiers, il conserva une grande popularité en raison de son attitude violemment anticatholique.

**YORK** ➝ **ÉTYM.** anc. en lat. médiév. *Eboracum,* du celt. *Eburo,* n. de pers. (de *eburos* «if»), et suff. *-acum* ♦ V. d'Angleterre (North Yorkshire), au N.-E. de Leeds, sur l'Ouse. 181 131 hab. York est surtout connu par son rôle dans l'histoire de la Grande-Bretagne et ses richesses artistiques au premier rang desquelles figure la cathédrale (York Minster), l'une des plus vastes d'Angleterre, édifiée de 1220 à 1472 en gothique primitif, décoré et perpendiculaire (les trois étapes successives du gothique en Angleterre) ; les vitraux sont des XIVe et XVe s. York possède en outre une enceinte du XIVe s., de nombreuses maisons des XIVe et XVe s. (Guildhall, Treasurer's Hall, Merchant Taylor's House, St. Anthony's Hall), plusieurs églises du XVe s., les ruines d'une abbaye bénédictine (fin XIe s.) et d'un château érigé sous Guillaume le Conquérant (Clifford's House) et plusieurs galeries d'art. Centre commercial et admin. ▮ **Histoire** *Eboracum,* occupée dès 71, fut un important camp romain où Constantin fut couronné empereur. Au Ve s., les Saxons envahirent la ville et en firent la capitale du royaume de Northumbrie. Au VIIe s., York connut un intense rayonnement culturel (Alcuin, école d'York) et religieux (évêché, nombreux couvents). Envahie par les Danois (IXe s.), puis par les Normands (XIe s.), York devint alors une grande cité lainière. À partir du XVIe s., la dissolution des ordres religieux (1538) et son déclin économique l'affectèrent gravement. Au XVIIe s., York fut l'un des bastions du royalisme.

**YORK** (péninsule de) ♦ Péninsule du N.-E. de l'Australie (Queensland) fermant le golfe de Carpentarie à l'O., séparée de la Nouvelle-Guinée par le détroit de Torres*, et baignée à l'E. par la mer de Corail. Elle est constituée par des roches cristallines ou sédimentaires, surmontées de coulées de basalte. Son extrémité, le *cap d'York,* constitue la pointe la plus septentrionale du continent. Important gisement de bauxite à Aurukun (réserve de 300 000 000 t), près des réserves d'alumine de Weipa (2 200 000 000 t).

**YORKSHIRE** ➝ **ÉTYM.** de *York** et angl. *shire* «comté» ♦ Anc. comté anglais divisé depuis 1974 en trois entités : le *North Yorkshire* (8 317 km² ; 725 000 hab. ; CH.-L. : Northallerton) ; le *South Yorkshire* (1 560 km² ; 1 280 000 hab. ; CH.-L. : Barnsley) et le *West Yorkshire* (2 039 km² ; 2 070 000 hab. ; CH.-L. : Wakefield). À l'E. des Pennines, l'élevage du mouton et la houille furent les bases de la révolution industrielle dans une région consacrée à l'industrie de la laine. Si le N. reste agricole, les deux autres comtés sont avant tout industriels, autour de Leeds (textile) et de Sheffield (coutellerie, aciers spéciaux). La région supporte difficilement les restructurations contemporaines de l'industrie britannique et ne bénéficie guère des délocalisations tertiaires.

**YORKTOWN** ♦ Loc. des États-Unis, à l'E. de la Virginie*. ▮ **Histoire** La place de Yorktown, tenue par le général anglais Cornwallis*, fut assiégée par Washington*, appuyé de ses alliés français (Rochambeau* et l'escadre de De Grasse). La capitulation britannique (19 oct. 1781) mit fin à la guerre d'Indépendance américaine.

**YOROUBA(S)** ou **YORUBA(S)** n. m. (pl.) ♦ Peuple d'Afrique occidentale vivant au S. du Bénin et au S.-O. du Nigeria. Les Yoroubas ont développé une civilisation urbaine originale en zone forestière, fondée sur le commerce (igname, huile de palme, ivoire) et l'artisanat (métallurgie du bronze et du laiton). Ife*, leur centre spirituel, a donné naissance à plusieurs cités-États comme Oyo*, Owo et Bénin (➝ **Benin City**), qui se firent souvent la guerre. Les Yoroubas d'Oyo entreprirent des campagnes militaires désastreuses contre les Fons* (➝ **Bénin**).

**Yosemite National Park** ♦ Parc national des États-Unis (Californie) dans la Sierra Nevada, autour de la *vallée de Yosemite.* Sites de hautes montagnes de granite (4 000 m) aux parois verticales, grandioses et pittoresques, du haut desquelles s'écoulent de nombreuses cascades. Forêts de séquoias à moyenne altitude. ▮ **Histoire** Le site fut découvert au milieu du XIXe s. La vallée fut connue et célébrée dès 1855, par James Hutchings. Une loi de 1864 en fit un terrain public inaliénable.

**YOSHIDA KANEYOSHI** ou **KENKŌ** ➝ **Kenkō Hōshi**

**YOSHIDA Shigeru** ♦ Homme politique japonais (Yokosuka 1878 - Ōiso, près de Tōkyō 1967). Fils d'un politicien libéral, Takeuchi Tsuna, et d'une geisha, Shigeru fut adopté par un ami de son père dont il prit le nom. Il épousa la fille du comte Makino, confident de l'empereur. Sa carrière diplomatique fut brillante (ambassade à Londres, 1936 - 1939), mais il fut écarté du pouvoir par le parti militaire, ce qui lui évita de se compromettre pendant la guerre et lui permit d'apparaître comme l'interlocuteur naturel aux autorités d'occupation. Président du Conseil en 1946 et 1947, puis de 1948 à 1954, Yoshida domina la vie politique japonaise, parvenant à modérer l'effet des réformes d'occupation et à défendre les intérêts économiques du Japon, et orchestrant l'alliance avec les États-Unis. Il se retira de la vie politique après la signature du pacte de sécurité nippo-américain en 1954. Son principal apport fut la réintégration du Japon dans le monde politique et économique occidental. ➝ **ÉTYM.** Ce nom japonais signifie «champ de la joie».

**YOSHIHITO** ♦ Empereur du Japon connu sous son nom de règne Taishō* Tennō.

**YOSHITSUNE** ➝ **Minamoto no Yoshitsune**

**YOUGOSLAVIE** n. f. ➝ **ÉTYM.** «pays des Slaves du Sud» ♦ Nom d'un État européen formé en 1918, situé dans le N.-O. de la péninsule Balkanique et dont l'existence fut marquée par deux crises politiques et territoriales majeures, l'une pendant la Deuxième Guerre mondiale, l'autre au début des années 1990. À la veille de son second démantèlement, la Yougoslavie s'étendait sur 255 804 km² avec 23 544 000 hab.

▮ **HISTOIRE** ▮ ***Le lendemain de la Première Guerre mondiale*** À la fin de la Première Guerre mondiale, deux États préalablement indépendants, la Serbie et le Monténégro, et les régions peuplées de Slaves du Sud qui faisaient partie de l'Autriche-Hongrie s'unirent en un Royaume des Serbes, Croates et Slovènes dirigé par Pierre* Ier Karageorgévitch, auparavant roi de Serbie, puis par son fils Alexandre Ier (1921 - 1934). Les traités de Neuilly (1919), Saint-Germain (1919) et Trianon (1920) en fixèrent les frontières. La vie politique fut dominée par l'antagonisme des élites serbes et croates : les premières, considérant le nouvel État comme une extension de la Serbie, imposèrent un régime centralisé ; les secondes, attachées à la défense de l'identité croate déjà menacée dans le cadre austro-hongrois, réclamèrent une large autonomie. ▮ ***La dictature d'Alexandre Ier et la régence de Paul*** En 1929, Alexandre Ier instaura une dictature et donna à l'État le nom de Yougoslavie. Il tenta sans succès de vaincre le mouvement nationaliste croate dont les éléments extrêmes, les oustachis d'Ante Pavelić, organisèrent son assassinat (Marseille, 1934). Sous la régence du prince Paul, la Yougoslavie se rapprocha de l'Italie, de la Bulgarie et de l'Allemagne (accords de 1937 - 1938) et accorda une large autonomie à la Croatie (1939). ▮ ***La Deuxième Guerre mondiale*** En mars 1941, alors que le gouvernement Cvetković venait de signer avec Hitler et Mussolini un pacte tripartite, un putsch militaire entraîna l'exil du régent, et Pierre II prit le pouvoir. Devant le ralliement imminent de la Yougoslavie au camp allié, Hitler la fit envahir (avril) et la démembra, partageant la Slovénie avec l'Italie, livrant à celle-ci des portions de la Dalmatie, à l'Albanie le Kosovo, à la Bulgarie la Macédoine, à la Hongrie une partie de la Voïvodine et formant avec le reste deux États satellites, Croatie et Serbie. La guerre fut très meurtrière (au moins un million de victimes), tant du fait du génocide perpétré par les oustachis, au pouvoir en Croatie, contre les Serbes locaux, que des combats contre l'occupant allemand et des affrontements mutuels de deux mouvements de résistance, les tchetniks (nationalistes serbes) du colonel royaliste Draža Mihajlović et les partisans du chef communiste croate Josip Broz, dit Tito*. Ces derniers finirent par l'emporter, libérant l'essentiel du pays, que le traité de Paris (1947) accrut de l'Istrie, de Zadar et des îles dalmates auparavant italiennes. ▮ **La Yougoslavie sous Tito** ▮ ***La proclamation de la République*** Les élections de 1945 virent la victoire d'un Front populaire dirigé par les communistes, bientôt seuls au pouvoir. Rompant avec le centralisme d'avant-guerre, la Yougoslavie devint en 1946 une République populaire fédérative (République socialiste fédérative à partir de 1963) composée de 6 républiques : Bosnie*-Herzégovine, Croatie*, Macédoine*, Monténégro*, Slovénie*, Serbie*. La transformation socialiste de l'économie et de la société fut entreprise par la collectivisation de l'industrie, des transports et des banques, mais resta inachevée, 85 % des terres cultivées demeurant, comme en Pologne, en propriété privée. Trop indépendant, Tito fut condamné en 1948 par Staline et le Kominform, mais se maintint au pouvoir. ▮ ***Autogestion, autonomie et non-alignement*** Dès lors, tout en conservant le principe du parti unique, la Yougoslavie s'éloigna du modèle soviétique, développant un système d'autogestion et accordant aux républiques une autonomie considérable. À l'extérieur, Tito mena une politique d'apaisement, réglant l'affaire de Trieste, normalisant ses relations avec les États voisins, collaborant avec l'Occident, se réconciliant avec l'URSS tout en conservant son indépendance, mais prit aussi une part déterminante dans la création du non-alignement. La Yougoslavie connut sous sa présidence plus de trois décennies de croissance économique rapide, s'industrialisant et s'urbanisant, laissant émigrer à partir des années 1960 ses excédents de main-d'œuvre vers l'Europe de l'Ouest, mais ne parvenant pas à réduire ses énormes disparités régionales. ▮ ***La mort de Tito*** L'euphorie prit fin après la mort de Tito (1980), cédant la place à une crise liée au surendettement extérieur et à l'ingouvernabilité d'une fédération privée d'une instance d'arbitrage suffisante. ▮ **La dislocation de la Yougoslavie**

**▮ *La question du Kosovo*** Les années 1980 furent marquées par la stagnation économique, par le nationalisme des Albanais du Kosovo revendiquant la transformation de cette province en république et par la résurgence consécutive du nationalisme serbe. En 1989-1990, alors que Slobodan Milošević, au pouvoir en Serbie depuis 1987, venait de restreindre l'autonomie du Kosovo* et d'engager contre sa population albanaise une politique de répression et d'exclusion, les dissensions entre républiques s'accentuèrent. **▮ *La chute du communisme et la sécession des républiques*** Au même moment, l'effondrement du communisme à l'Est contraignit la Ligue des communistes de Yougoslavie à admettre le pluralisme politique. Les communistes perdirent les élections libres de 1990 en Slovénie et en Croatie, mais les gagnèrent en Serbie (sous le nom de socialistes) et au Monténégro. Désireux de créer une confédération d'États indépendants, les nouveaux dirigeants slovènes et croates ne parvinrent pas à s'entendre avec les Serbes, partisans d'une recentralisation de la fédération, et, après référendum, proclamèrent l'indépendance et la sécession de leurs républiques (juin 1991), encouragés en cela par l'Allemagne. La Macédoine* fit de même en octobre, la Bosnie*-Herzégovine en mars 1992. La montée des nationalismes conduisit ainsi à la rupture, puis à la guerre. Brève en Slovénie (deux semaines), elle s'étendit immédiatement à la Croatie puis en avril 1992 à la Bosnie-Herzégovine. Dans ces deux républiques, la volonté d'indépendance majoritaire s'opposait au désir des Serbes de vivre unis dans un même État. Interrompue à l'automne 1995, la guerre reprit de façon plus limitée en 1998-1999 au Kosovo, en 2001 en Macédoine. D'abord inefficace, la communauté internationale imposa à partir de 1995 des solutions au cas par cas. Depuis le début des années 2000, les relations entre les États post-yougoslaves, tous internationalement reconnus, sont en voie de normalisation. Le nouvel horizon pour tous est l'intégration euro-atlantique. → **Bosnie-Herzégovine, Croatie, Kosovo, Macédoine, Monténégro, Serbie, Slovénie.**

**YOUGOSLAVIE** (République fédérale) → **Serbie-et-Monténégro**

**YOUNG (Edward)** ♦ Poète britannique (Upham, près de Winchester, Hampshire 1683 - Welwyn, Hertfordshire 1765). Fils de pasteur, il étudia à Oxford, s'attacha au duc de Wharton, «Lorenzo» dans *Les Nuits*. Cette œuvre en vers blancs (*The Complaint, or Night Thoughts on Life, Death and Immortality*, 1742) est inspirée par la mort de sa femme et de sa fille ; par elle, «Young est à la source même du courant de la mélancolie religieuse associée aux problèmes de la mort et de la destinée» (Cazamian). Cette œuvre traduite en français dès 1769 et admirée par Mme de Staël et par Diderot eut un immense succès au début du XIXe s. Young menait une vie très retirée dans sa cure de Welwyn. Ses échecs littéraires l'avaient rendu misanthrope ; avant *Les Nuits*, il s'était essayé au poème de circonstance (*Un poème sur le dernier jour*, 1714, à la reine Anne ; *Sur la mort de la feue reine et l'accession au trône de Sa Majesté*, 1714), au théâtre (*Busiris, roi d'Égypte*, 1719 ; *La Vengeance*, 1721), au genre satirique (*La Passion universelle*, 1725). C. Smart* (*Hymne à David*) et John Logan sont les héritiers de ce romantique avant la lettre, parfois proche de T. Gray*. ← ÉTYM. Ce nom anglais signifie «jeune» (nom donné pour distinguer le cadet ou celui qui porte le même nom que son père).

**YOUNG (Arthur)** ♦ Économiste et agronome britannique (Londres 1741 - *id.* 1820). Théoricien de l'agriculture, influencé par les idées économiques de W. Petty, il a donné des études précises sur les conditions de vie de la paysannerie de diverses régions d'Angleterre, d'Irlande (*Voyage en Irlande dans les années 1776 et 1779*), de France (son *Voyages en France*, publié en 1791 et traduit en français par H. Sée, constitue un document précieux sur l'état du pays avant et au début de la Révolution). Outre ses observations de voyage, A. Young, qui fut nommé secrétaire du Bureau d'agriculture par Pitt (1790), avait publié plusieurs ouvrages théoriques : *Farmer's Letters to the People of England* (1767), *Cours d'agriculture expérimentale* (1770), *Farmer's Calendar*. Une partie de son œuvre fut traduite en français sur l'ordre du Directoire et publiée sous le titre *Le Cultivateur anglais*.

**YOUNG (Thomas)** ♦ Médecin, physicien et philologue britannique (Milverston, Somerset 1773 - Londres 1829). Connaissant les langues anciennes (grec, latin), le persan, l'hébreu et l'arabe, il s'intéressa à l'égyptologie et contribua au déchiffrement des hiéroglyphes. Mais il est surtout connu par ses découvertes en médecine et en optique. Il étudia les propriétés du cristallin et le mécanisme d'accommodation dans la vision et donna l'explication de la vision colorée, due à l'existence de trois nerfs excités par le rouge, le bleu et le jaune respectivement. On lui doit la découverte des interférences lumineuses (1801) : en montrant, dans sa fameuse expérience des *trous d'Young* que l'addition de deux lumières peut donner de l'obscurité, il établit définitivement le caractère ondulatoire de la lumière.

**YOUNG (Brigham)** ♦ Chef religieux américain (Wittingham, Vermont 1801 - Salt Lake City 1877). Après avoir introduit la secte des mormons en Grande-Bretagne, il prit la succession de Smith* à sa tête et la conduisit vers l'O., où il fonda la «nouvelle Sion», Salt* Lake City (1847). Il devint ensuite gouverneur de l'Utah*.

**YOUNG (Lester)** dit **Prez** ← ÉTYM. «Président» ♦ Saxophoniste ténor de jazz américain (Woodville, Missouri 1909 - New York 1959). Il fut soliste dans l'orchestre de Count Basie* (1936 - 1940) avant de diriger diverses petites formations. Son jeu, différant sensiblement de celui de Coleman Hawkins*, préfigurait par certains de ses aspects le be-bop et le jazz cool. Son surnom de «Prez» lui fut donné par Billie Holiday* durant son séjour dans l'orchestre de Count Basie. Princ. enregistrements : avec Count Basie, *Lady Be Good* (1936), *Lester Leaps in* (1939), *Tickle Toe* (1940) ; avec Billie Holiday, *The Man I Love* (1939).

**Young** (plan) ♦ Plan concernant le paiement par l'Allemagne des réparations exigées par le traité de Versailles (1919) et qui fut établi et signé en juin 1929 par une commission présidée par OWEN D. YOUNG (1874 - 1962), expert financier américain. Entré en vigueur en 1930, en remplacement du plan Dawes*, il réduisait le montant des réparations et en échelonnait le paiement jusqu'en 1988 ; mais il ne fut jamais totalement appliqué.

**YOUNGSTOWN** ♦ V. des États-Unis (Ohio), entre Cleveland et Pittsburgh. 82 026 hab. (zone urbaine 594 746). Métall. Indus. plus différenciées depuis 1960.

**YOURCENAR (Marguerite DE CRAYENCOUR, dite Marguerite)** ← ÉTYM. anagramme de son nom (à une lettre près) ♦ Romancière et essayiste française (Bruxelles 1903 - île des Monts-Déserts, Maine 1987). Nourrie d'une culture humaniste qui explique son amour de la Grèce (elle a présenté une anthologie des poètes de l'Antiquité grecque avec *La Couronne et la Lyre*, en 1979, traduit Pindare, mais aussi bien les *Poèmes* de Constantin Cavafy dont elle a donné une *Présentation critique* en 1958), M. Yourcenar a voyagé en Suisse, en Italie, avant de séjourner aux États-Unis, où elle se fixa en 1949. On lui doit la traduction de negro-spirituals, recueillis dans *Fleuve profond, sombre rivière* (1964), puis dans *Blues et Gospels* (1984). Traductrice de Virginia Woolf (*Les Vagues*, 1937) et de Henry James (*Ce que Maisie savait*, 1947), auteur d'essais (*Les Songes et les Sorts*, 1938 ; *Sous bénéfice d'inventaire*, 1962), de poèmes en prose et en vers (*Feux*, 1936 ; *Les Charités d'Alcippe*, 1956 et 1974), de mémoires (*Souvenirs pieux*, 1974 ; *Archives du Nord*, 1977 ; *Quoi ? l'éternité*, posth. 1988), Marguerite Yourcenar est surtout connue pour son œuvre romanesque. Après un texte très gidien, *Alexis ou le Traité du vain combat* (1929), elle a donné *Le Coup de grâce* (1939) où se retrouvent la même pureté du récit, la même densité de style. Avouant son goût pour «les exposés scientifiques clairs et précis» et sa prédilection pour l'histoire qui lui permet de «ressentir comme siennes les expériences et les émotions de ses ancêtres», M. Yourcenar a abordé avec *Mémoires d'Hadrien* (1951) le récit «à arrière-plan historique» : «un pied dans l'érudition, l'autre dans... cette magie sympathique qui consiste à se transporter en pensée à l'intérieur de quelqu'un», elle livre par le biais des mémoires imaginaires de l'empereur (acceptant sereinement les charges et la mort) une réflexion lucide sur la fin des civilisations ; autre personnage complexe et attachant, le héros imaginaire de *L'Œuvre au noir* (1968), au sein d'un XVIe s. où apparaît un nouvel humanisme, se veut ardemment en quête non plus de la sagesse, mais de la vérité sur le mystère de la vie. «Reconstitutions», à travers une conscience, de cultures en train de s'achever ou de se métamorphoser, ces récits traditionnels, fermes et élégants, ont une résonance très actuelle. La même recherche d'un perfectionnement intérieur qui serait fait à la fois de détachement à l'égard de toutes les catégories et d'attention envers l'univers entier s'exprime dans *Les Yeux ouverts* (entretiens, 1980) et les essais qui composent *Le Temps, ce grand sculpteur* (1983). [Première femme élue à l'Acad. fr. 1980]

Marguerite **Yourcenar.**
*Phot. © Aventurier/Gamma*

**YOUSOUF (Joseph VANTINI, dit)** ♦ Général français (île d'Elbe v. 1810 - Cannes 1866). Esclave à Tunis, il se mit au service de la France, à la tête d'un corps d'armée indigène. Il participa à la prise de Bône, fut à l'origine de l'expédition contre Constantine et joua un grand rôle dans la prise de la smala d'Abd el-Kader (1843). Il se distingua pendant la guerre de Crimée, fut nommé général et commanda la division d'Alger (1862 - 1864).

**YOUSSOUFIA** – anc. ***Louis-Gentil*** ♦ V. du Maroc (prov. de Marrakech). 64 518 hab. Gisement de phosphates des Gantour.

**YPERLÉE** n. f. ♦ Riv. de Belgique (15 km). Elle prend sa source au mont Kemmel, arrose Ypres et se jette dans l'Yser.

**YPORT** [76111] ♦ Comm. de la Seine-Maritime, arr. du Havre. 1 011 hab. (*Yportais*). Station balnéaire. Port de pêche.

**YPRES** – en néerl. *Ieper* ♦ V. de Belgique (Région flamande), prov. de Flandre-Occidentale, ch.-l. d'arr., sur l'Yperlée et l'anc. canal d'Ypres à l'Yser. 34 919 hab. Halle aux draps (beffroi du XIIe s., reconstruit après 1918). Hôtel de ville (1620, réédifié en 1954). Ont été également reconstruits le palais de justice (gothique) et la collégiale Saint-Martin (1221) ; tombeaux de Louise de Laye (XIVe s.) et de Jansénius*, mort en 1638. Remparts médiévaux rebâtis par Vauban. À Zillebeek, parc de récréation de Bellewaarde. ▪ Construc. métalliques (machines textiles). Indus. textile. Fabriques de meubles. Matériaux de construction. ▮ **Histoire** Ypres est née au Xe s., autour du château de Baudouin de Flandre. Elle devint au XIIIe s., grâce à l'industrie drapière (exportations jusqu'à Novgorod), la métropole des Flandres. Sa situation stratégique lui valut de nombreux sièges (1383, 1578, 1648, 1658, 1678, 1744, 1792). La «mêlée des Flandres», série de batailles meurtrières de la Première Guerre mondiale, s'y déroula de 1914 à 1918 *(saillant d'Ypres)* ; elle est commémorée par 140 cimetières aux environs d'Ypres. C'est d'Ypres que les gaz de combat vésicants utilisés par les Allemands tirent leur nom (cf. ypérite *in Le Robert*). La ville, très éprouvée par les deux guerres, fut prise en 1944 par Montgomery.

**YPSILANTI** ou **HYPSILANTI** ♦ Famille grecque phanariote qui prétendait descendre des Comnènes. ♦ **Alexandre Ypsilanti** (Constantinople 1792 - Vienne 1828). Officier de l'armée russe et ami du tsar Alexandre Ier, il devint président de la Philikê Hétairia (société secrète des patriotes grecs) et essaya de soulever les provinces danubiennes contre le joug ottoman (1821). Mais, désavoué par le tsar et brouillé avec les patriotes roumains de Moldavie et de Valachie, il fit exécuter Tudor Vladimirescu. Ayant déclenché l'hostilité des paysans roumains, il fut vaincu par les Turcs à Drăgăşani. Réfugié en Autriche, il fut emprisonné de 1823 à 1827. ♦ **Démétrios Ypsilanti** (Constantinople 1793 - Vienne 1832). Frère du précédent. Il participa à la guerre de l'Indépendance grecque. Commandant des troupes de la Grèce orientale (1828), il mena les derniers combats de la guerre (1829).

**YS** ♦ Cité bretonne légendaire, que la tradition situe au large de la baie de Douarnenez (ou de la baie des Trépassés) et qui aurait été submergée au IVe ou au Ve s. Elle a inspiré *Le Roi d'Ys* à Lalo*.

**YSAYE** [izai] **(Eugène Auguste)** ♦ Violoniste, chef d'orchestre et compositeur belge (Liège 1858 - Bruxelles 1931). Fils de violoniste, il étudia aux conservatoires de Liège, de Bruxelles et de Paris (avec H. Vieuxtemps*). Considéré très tôt comme l'un des plus grands virtuoses de son temps, il effectua de nombreuses tournées en Europe et aux États-Unis. Il fonda un célèbre quatuor en 1892 et exerça les fonctions de maître de chapelle à la cour de Belgique et de professeur au conservatoire de Bruxelles. Il entretint des relations amicales avec les plus grands compositeurs contemporains : Franck (qui lui dédia sa *Sonate pour piano et violon*), Fauré, Debussy, d'Indy, Saint-Saëns. Il composa des pièces pour violon (concertos, sonates) et un opéra en wallon.

**YSENGRIN** ou **ISENGRIN** ➝ **ÉTYM.** du germ. *Isangrin* «casque *(grim)* de fer *(isan)*» ♦ Surnom du loup, connu dès 1112 dans les écrits médiévaux et notamment dans l'*Ysengrimus*, poème latin de Nivard de Gand (1148). Animé de sentiments élémentaires, il incarne dans le monde animal la brutalité doublée de sottise ; dans le *Roman* de Renart* (v. 1170 - 1250), il est connétable du roi Noble et, «homme de sang et de violence, patron de tous ceux qui vivent de meurtre et de rapine». Toujours victime, en raison de sa stupide avidité, de son neveu Renart le goupil, il triomphe cependant de ce dernier en combat singulier.

**YSER** n. m. – en néerl. *IJzer* ♦ Fleuve côtier franco-belge (78 km). Il prend sa source à Lederzeele (dép. du Nord), reçoit plusieurs affl. descendant du mont Cassel et du mont des Récollets, traverse la frontière et devient navigable à 300 t ; il est relié à Veurne par le canal de Lo, reçoit l'Yperlée canalisée qui vient d'Ypres, arrose Dixmude, puis Nieuwpoort où il rejoint les canaux de Dunkerque et de Plassendale et se jette dans la mer du Nord à Nieuwpoort-aan-Zee. ♦ ***Bataille de l'Yser*** Malgré une résistance héroïque des troupes franco-belges, appuyées par la brigade de fusiliers marins de l'amiral Ronarc'h, 12 corps allemands franchirent le fleuve. Le roi Albert Ier fit alors ouvrir les écluses de Nieuport, noyant toute la région de Nieuport à Dixmude, le 27 oct. 1914, et obligeant les Allemands à arrêter leur progression en direction de Calais, et à faire porter leurs efforts sur Ypres.

**YSSEL, YSSELMEER** ➝ **IJssel, IJsselmeer**

**YSSINGEAUX** [isɛ̃ʒo] [43200] ➝ **ÉTYM.** du germ. *Isingaudus*, n. de pers. ♦ Ch.-l. d'arr. de la Haute-Loire, dans le Velay. 6 492 hab. *(Yssingelais)*. Carrefour routier. Marché agricole. Indus. du bois. Textile. Construc. mécaniques. Salaisons.

**YSSYK-KÖL** ➝ **ÉTYM.** kirghiz «lac *(kol)* chaud *(issik)*» (qui ne gèle pas en hiver) ♦ Lac du Kirghizstan, situé à une alt. de 1 609 m dans les monts Tian shan (env. 6 230 km²). Port princ. : Baloktche (anc. *Rybatchie*).

**YSTRADYFODWG** ➝ **Rhondda**

**YTRAC** [15130] ➝ **ÉTYM.** du lat. *Actorius*, n. de pers., et suff. *-acum* ♦ Comm. du Cantal, arr. d'Aurillac. 3 330 hab.

**YUAN** ♦ Nom dynastique pris en 1271 par Kūbilaï* Khān qui devint empereur de Chine en 1280. Ce nom servit à désigner la dynastie mongole qui régna à Pékin de 1280 à 1368.

**Yuanmingyuan** ➝ **ÉTYM.** chin. «jardin de la clarté parfaite» – anc. ***Palais d'Été*** ♦ Résidence d'été des empereurs de Chine située à 8 km au N.-O. de Pékin. Conçu au XVIIe s. sous le règne de Yongzheng et achevé sous Qianlong*, le Yuanmingyuan (350 ha) était le «jardin des jardins» (➝ **Attiret [Jean-Denis]**) qui renfermait d'inestimables trésors d'art et des bibliothèques. Qianlong y fit construire par les artistes jésuites à son service (➝ **Castiglione [Giuseppe], Benoist [Michel]**) des palais européens entourés de fontaines et des jeux d'eau. L'ensemble fut pillé par le corps expéditionnaire franco-britannique (➝ **Opium [guerres de l'], Cousin-Montauban**) puis détruit sur l'ordre de lord Elgin* en 1860 pour venger le massacre de prisonniers français et britanniques.

**YUAN Shikai** ou **YUAN Che-k'ai** ♦ Homme d'État chinois (Xiangcheng, Henan 1859 - Pékin 1916). Généralissime des armées chinoises, il succéda en 1912 à Sun* Yat-Sen comme président de la République chinoise. Il rompit avec son prédécesseur et complota avec les Japonais, puis en 1915 se proclama empereur. Cet essai de restauration du pouvoir impérial à son profit ayant échoué, il redevint président de la République, mais mourut brusquement (peut-être empoisonné).

**YUCATÁN** n. m. ➝ **ÉTYM.** p.-ê. mot local «je ne comprends pas» ou «je ne suis pas d'ici», né d'une mauvaise compréhension entre les conquérants et les indigènes ou guarani «massacre» (de *yuca* «tuer» et *jhetá* «beaucoup») ♦ Vaste péninsule se projetant dans le golfe du Mexique et comprenant toute la partie orientale du Mexique ainsi que le Belize* et la partie N. du Guatemala (Petén*). ➝ **Mexique** (carte). Le *détroit du Yucatán* sépare la péninsule du Yucatán de l'île de Cuba. Cette presqu'île est très plate et bordée de lagunes au N. et au N.-O., tandis que la côte caraïbe est rocheuse par endroits. Dans la plateforme se sont développés des réseaux de circulation d'eau souterraine, provenant de la dissolution chimique du calcaire (puits et résurgences). La végétation est marquée par l'aridité au N. (savanes) tandis qu'à l'E. et au S. des forêts basses mais très denses ont longtemps masqué les ruines de la civilisation maya ➝ **Maya(s)**. ♦ ***État du Yucatán (Mexique)*** 62 208 km². 1 818 948 hab. CAP. : Mérida*. Bois de campêche et culture d'agaves, dont on tire des fibres textiles *(sisal)*. Importante activité touristique autour des sites archéologiques.

**YÜEH-CHIH, YUE-TCHE** ou **YUEZHI** ♦ Ensemble de tribus nomades d'origine mal déterminée qui furent repoussées dans le S.-O. de l'Asie par les Xiongnu, vers les IIe - IIIe s. Ils envahirent l'Afghanistan et le N. de l'Inde où ils fondèrent des dynasties. On les dénomma «Huns blancs» ou Hephtalites.

**YUHUANG** ou **YU HOUANG** ➝ **ÉTYM.** jap. «empereur de jade» ♦ Divinité suprême du panthéon taoïste. Yuhuang serait un prince qui aurait abandonné richesse et famille pour secourir les âmes en détresse. Il aurait traversé d'innombrables cycles de réincarnation pour atteindre le stade de Grand Pur.

**YUKAWA Hideki** ♦ Physicien japonais (Tōkyō 1907 - Kyōto 1981). S'appuyant sur l'analogie avec la force électromagnétique, transmise par l'échange des photons, il émit l'hypothèse de l'existence d'une particule, échangée entre les nucléons, qui véhiculerait la force assurant la cohésion du noyau atomique (1935). Il calcula, en utilisant un raisonnement très simple, toutes les caractéristiques de cette particule (*méson de Yukawa* ou pion) qui fut effectivement découverte dans le rayonnement cosmique en 1946 par C. Powell* et G. Occhialini*. [Prix Nobel de phys. 1949]

**YUKON** n. m. ➝ **ÉTYM.** mot indien «grand fleuve» (➝ aussi Amour, Connecticut, Guadalquivir, Mékong, Mississippi, Rio Grande, Volga, Zambèze) ♦ Fl. du N.-O. de l'Amérique du Nord (3 185 km). Il prend sa source dans un groupe de lacs à la frontière de la Colombie-Britannique et du territoire du Yukon, traverse le S. et l'O. du Yukon, le centre de l'Alaska, et se jette dans la mer de Béring. Nombreux affl. (Pelly, Klondike, Porcupine). Le Yukon arrose Whitehorse et Dawson (confl. du Klondike) ; barrage au S. de Whitehorse (section parfois nommée Lewes sur les cartes).

**YUKON** n. m. ➝ **ÉTYM.** du n. du fl. ♦ Territoire du Canada. ➝ **Canada** (carte). 482 443 km². 30 372 hab. CAP. : Whitehorse. Le territoire du Yukon est géré par le gouvernement fédéral. ▮ **Géographie** Le centre O. est formé par un plateau que draine la riv. Yukon (l'O. correspond à une partie du Klondike*) et qui est entouré de montagnes très élevées, notamment au coin S.-O., près de l'Alaska* (chaîne Saint Elias, mont Logan*). À l'E., les monts Mackenzie et Selwyn dépassent 2 000 m. Le climat est subarctique dans les vallées, arctique en montagne. Moy. de janv. entre –17 °C et –30 °C dans les régions habitées. On a enregistré –62 °C à Snag (O.) en 1947. ▮ **Économie** Ressources minières : l'or du Klondike est épuisé, mais le Yukon recèle des minerais de plomb, de zinc et d'argent, d'amiante (près de Dawson), de cuivre (près de Whitehorse). 40 % du territoire sont couverts de forêts. L'agriculture (légumes) est limitée aux environs immédiats des villes et villages. Fourrures. Hydroélectricité sur le Klondike et le Yukon. ▮ **Histoire** Explorée par Robert Campbell et John Bell vers 1840 - 1848, la région resta inexploitée jusqu'à la découverte de l'or, vers 1870. En 1897, de l'or alluvial fut trouvé en abondance dans plusieurs rivières affluents du Klondike, et près de 30 000 personnes s'installèrent dans la région, où les centres de Dawson City et Whitehorse (reliés par ch. de fer à Skagway) prospérèrent jusque vers 1904. En 1911, l'or étant épuisé, la population reflua (8 500 hab.) ; malgré deux brefs renouveaux,

**Yukon.** Buffles sauvages dans la prairie.
*Phot. © Muriel Lasure /Shutterstock*

elle continua à baisser, mais la guerre et la construction d'aéroports ramenèrent une activité économique, maintenue ensuite grâce à l'exploitation des ressources minières.

**YUMEN** ou **YU-MEN** ♦ V. de Chine (Gansu). 122 264 hab. Vestiges de la Grande Muraille* d'époque Han*. ▪ Premier gisement de pétrole découvert en Chine (1938). ▮ **Histoire** Anc. poste frontière important de la Chine impériale.

**YUNGANG** ou **YUN-KANG** ♦ Ensemble de 53 grottes bouddhiques de Chine (Shanxi) sur les collines Wuzhou (ou Yungang), à 16 km à l'O. de Datong. Les principales grottes avaient été creusées de 453 à 495 sous la dynastie Wei* du Nord. La statuaire allie le style traditionnel chinois aux influences de l'Asie centrale, particulièrement notables dans le sourire des personnages et le plissé des vêtements.

**YUN Isang** ♦ Compositeur sud-coréen (Tongyŏng 1917 - Berlin 1995). Il étudia le violoncelle à Séoul, Ōsaka et Tōkyō avant d'enseigner quelque temps la musique en Corée. Il se perfectionna en France avec Tony Aubin (1956), puis séjourna à Berlin. Condamné à mort et emprisonné de 1967 à 1969 lors d'un procès politique, il fut libéré sur l'intervention de musiciens de tous les pays. La musique de Yun tente une intéressante conciliation entre éléments orientaux traditionnels et éléments occidentaux postsériels.

**YUNNAN** n. m. ◂ **ÉTYM.** chin. «le Sud *(nán)* nuageux *(yún* "nuage")» ♦ Prov. du S. de la Chine. → **Chine** (carte). 394 000 $km^2$. 42 360 089 hab. dont une forte proportion d'ethnies minoritaires : Yi (10,3 %), Bai, Hani, Zhuang, Dai, Miaos. CAP. : Kunming. Céréales et oléagineux en font le «grenier à grains» de la Chine. Coton, thé, tabac, canne à sucre, agrumes. Forêt (24 % de la superficie du territoire) ; faune et flore variées, réserves de bois estimées à 1 milliard de $m^3$. Étain, cuivre, plomb, fer, phosphore. Houille, géothermie. ▮ **Histoire** Cette région ne fut sinisée qu'au XVe s. La capitale était reliée par chemin de fer au port vietnamien de Haiphong, et par une route à la cité birmane de Lashio, pendant la Deuxième Guerre mondiale.

**YUNNANFU** → **Kunming**

**YUN Shouping** ou **YUN Cheou-p'ing** ♦ Peintre, poète, littérateur et théoricien chinois (1633 - 1690), l'un des Six Grands Maîtres de la dynastie des Qing*. Son style dit «sans os» et ses peintures de fleurs et d'oiseaux ont eu une grande influence.

**YUNUS (Muhammad)** ♦ Économiste bangladais (Chittagong 1940). Après avoir étudié et enseigné l'économie aux États-Unis, il revint au Bangladesh au début des années 1970. Il créa le système du microcrédit et fonda la Grameen Bank en 1976. L'action de M. Yunus, le «banquier des pauvres», a permis à un grand nombre de démunis, habituellement exclus du système bancaire, de créer leur propre entreprise et de sortir de la pauvreté. [Prix Nobel de la paix 2006 avec la Grameen Bank]

**YUNUS EMRE** ♦ Poète mystique turc (XIVe s.). Issu d'une famille pauvre et paysanne, il adhéra à une secte mystique de l'islam. Ses œuvres, écrites dans une langue turque très accessible, illustrent à travers des sujets divers une philosophie tendant au panthéisme. Utilisant avec autant de force la métrique savante (dérivée de la prosodie arabe et persane) et le vers populaire, il inspire encore la poésie turque contemporaine. Il est le héros de plusieurs légendes et on lui attribue plusieurs œuvres qui lui sont postérieures.

**YUSHAN** n. m. ♦ Point culminant de l'île de Taiwan, à 3 950 m, appelé mont Morrison par les Occidentaux. Parc national.

**Yuste** (monastère de) ♦ Monastère espagnol (Estrémadure) où Charles Quint se retira et mourut. Église et cloître des XVe - XVIe s.

**YUTZ** [57110] ◂ **ÉTYM.** du lat. *judaeus* «juif» et suff. *-acum* ou du germ. *Judo*, n. de pers., ou du lat. *judicium* «lieu de justice» ♦ Ch.-l. de cant. de la Moselle, banlieue E. de Thionville. 14 687 hab. *(Yussois)*.

**YVAIN (Maurice)** ♦ Compositeur français (Paris 1891 - Suresnes 1965). Il fut, dans la période de l'entre-deux-guerres, l'un des rénovateurs de l'opérette française où il introduisit, avec des rythmes inspirés du jazz, une fantaisie mélodique allègre et spirituelle. Plusieurs de ses ouvrages, où il eut notamment Y. Mirande et A. Willemetz pour librettistes, connurent un long succès : *Ta bouche* (1922), *Là-haut* (1923), *Gosse de riche* (1924), *Pas sur la bouche* (1925). Il a composé de nombreuses chansons, dont plusieurs pour Mistinguett *(Mon homme, J'en ai marre, En douce)*, ainsi que quelques partitions de musique de film et deux ballets : *Vent* (1937) et *Blanche-Neige* (1951).

**Yvain ou le Chevalier au lion** ♦ Roman de Chrétien* de Troyes (v. 1170), qui fait d'Yvain, personnage du *cycle breton*, le type du chevalier courtois : pour avoir préféré l'aventure à l'amour, il doit accomplir maintes prouesses pour reconquérir le cœur de sa dame. Dans ce «roman», l'art de Chrétien atteint son apogée.

**YVELINES** n. f. pl. [78] ◂ **ÉTYM.** de *Yveline*, anc. *Aquilina silva* «la forêt de l'aigle», dont subsiste l'actuelle forêt de Rambouillet ♦ Dép. du centre-Nord de la France, région Île-de-France. 2 284 $km^2$. 1 307 150 hab. CH.-L. : Versailles. CH.-L. D'ARR. : Mantes-la-Jolie, Rambouillet, Saint-Germain-en-Laye. Cour d'appel : Paris. Académie : Versailles. Le dép. a été créé en 1964. → **Île-de-France.**

**YVERDON-LES-BAINS** ♦ V. de Suisse (Vaud), à l'extrémité S. du lac de Neuchâtel, près de l'embouchure de la Thièle. 24 696 hab. (aggl. 29 774). Musée de la science-fiction (Maison d'Ailleurs). Station thermale (eaux sulfureuses). Indus. mécanique. Centre de recherches électroniques. Construc. de chemins de fer. Fonderie. Premier en date des parcs technologiques de Suisse (Y-Parc). ▮ **Histoire** La ville fut fondée par les ducs de Zähringen*. Le château, construit en 1259 par Pierre II de Savoie sur un édifice du XIIe s., abrita de 1805 à 1825 l'institution du pédagogue Pestalozzi*.

**YVES** (saint) ♦ (Kermartin, près de Tréguier 1253 - Louannec 1303). Ordonné prêtre en 1285, curé de Trédrez, puis de Louannec, il soutint toujours la cause des déshérités, méritant le surnom d'«avocat des pauvres». Canonisé en 1347, il est le patron des gens de loi, en raison de l'esprit d'équité qu'il manifesta toute sa vie. ▪ Fête le 19 mai.

**YVES DE CHARTRES** (saint) ♦ Canoniste français (en Beauvaisis 1040 - Chartres 1115). Prévôt des chanoines de Saint-Quentin à Beauvais (1078), évêque de Chartres (1090), il fut incarcéré en 1092 pour s'être opposé à l'adultère de Philippe Ier, mais le pape le fit libérer et condamna le roi. Il est l'auteur de *Lettres* et de *Sermons* qui révèlent son attitude de fidèle serviteur du Saint-Siège. Canoniste, il a laissé une *Collection tripartite*, un *Décret*, une *Panormie* (1092 - 1095). ▪ Fête le 20 mai.

**YVETOT** [76190] ◂ **ÉTYM.** du germ. *Ivo* «Yves» et du scand. *tot* «maison rurale» ♦ Ch.-l. de cant. de la Seine-Maritime, arr. de Rouen, dans le pays de Caux. 10 770 hab. (aggl. 15 011) *(Yvetotais)*. Église Saint-Pierre, circulaire, de 1955, remarquable par ses immenses verrières dues à Max Ingrand. ▪ Indus. alimentaire. ▪ *Le Roi d'Yvetot* est le titre d'une chanson de Béranger*.

**YVETTE** n. f. ◂ **ÉTYM.** p.-ê. «la rivière des ifs» ♦ Affl. de l'Orge (44 km), coulant en Île-de-France et traversant Chevreuse et Longjumeau.

**YVON (Adolphe)** ♦ Peintre français (Eschwiller, Lorraine 1817 - Paris 1893). Il a surtout peint des tableaux historiques : *La Bataille de Koulikovo* (1850), *Le Premier consul descendant le mont Saint-Bernard* (1853, musée de l'Ermitage, Saint-Pétersbourg), *Le Maréchal Ney à la retraite de Russie*, *Portrait du Prince impérial* (1864), *Les États-Unis d'Amérique* (1870, Washington).

**YVON VILLARCEAU (Antoine)** ♦ Astronome et mathématicien français (Vendôme 1813 - Paris 1883). Il réalisa de nombreux instruments d'astronomie, dont un grand équatorial et un chercheur parallactique. Il découvrit un troisième système de sections circulaires du tore (plans bitangents, 1848). [Acad. sc. 1867]

**YVRÉ (Ambroise DE LORÉ, baron D')** ♦ Homme de guerre français (château de Loré, Normandie 1396 - Paris 1446). Il combattit les Anglais à Patay et à Orléans, participa à la reprise de Paris (1436) et en fut nommé prévôt (1437).

**YVRÉ-L'ÉVÊQUE** [72530] ◂ **ÉTYM.** du lat. °*Eburius*, n. de pers. gallo-rom., et suff. *-acum*, et *l'Évêque* parce que la v. devint la résidence des évêques du Mans au XIIe s. ♦ Comm. de la Sarthe, arr. du Mans, sur l'Huisne. 4 230 hab. Ruines de l'anc. abbaye cistercienne de l'Épau fondée en 1229 par la reine Bérengère, veuve de Richard Cœur de Lion, qui y mourut : abbatiale et bâtiments des XIIIe - XVe s.

**YZEURE** [03400] ♦ Ch.-l. de cant. de l'Allier, banlieue E. de Moulins. 12 696 hab. *(Yzeuriens)*. Église Saint-Pierre des XIIe et XVe s., édifiée sur une crypte du XIe s. (tour carrée du XVIIIe s.). Indus. mécanique.

# Z

**Z** ♦ Film français de Costa*-Gavras (1969), avec Yves Montand*, Jean-Louis Trintignant*, Jacques Perrin. Le sous-titre du film, *Anatomie d'un assassinat politique,* en souligne le caractère expressément militant. L'histoire fait référence à des événements authentiques survenus en Grèce sous le régime des colonels (l'assassinat, camouflé en accident, d'un député de gauche), mais retrace d'autres bavures et violences policières de régimes divers. Cette œuvre sobre et un peu manichéenne est empreinte d'un accent de vibrante sincérité.

**ZAANSTAD** ♦ V. des Pays-Bas (Hollande-Septentrionale), à 13 km d'Amsterdam, constituée par la fusion de Zaandam et de plusieurs communes voisines. 141 402 hab. Musée des moulins. ▪ Indus. du bois. Matières plastiques. Commerce de gros.

**ZAB** (monts du) ou monts des **ZIBAN** ♦ Montagnes de l'Algérie méridionale, partie la plus orientale et la moins élevée de l'Atlas saharien, permettant un passage facile entre la dépression du Hodna au N. et le Sahara au S. Ils s'insèrent entre les monts des Ouled Naïl à l'O. et l'Aurès à l'E. Point culminant : 1 313 m. Au pied S. des monts s'allongent les *oasis du Zab* ou *des Ziban.* Palmeraies.

**ZAB** n. m. ♦ Nom de deux rivières de l'Irak, affl. du Tigre (rive g.). ♦ ***Grand Zab*** (430 km). Il prend sa source dans le Kurdistan turc, près de la frontière iranienne, et conflue avec le fleuve en aval de Mossoul. ♦ ***Petit Zab*** (368 km). Il prend sa source en Iran à proximité de la frontière irakienne et se jette dans le Tigre en aval du Grand Zab, après avoir traversé le Kurdistan méridional au N. de Kirkūk. Rivières au régime torrentueux, elles aggravent la violence du Tigre à l'époque des crues. Des barrages ont été édifiés en travers de leur lit, comme sur la Diyālā, pour régulariser leur cours.

**ZABALETA (Nicanor)** ♦ Harpiste espagnol (Saint-Sébastien 1907 - Porto Rico 1993). Il étudia à Madrid et à Paris (avec M. Tournier). D'une virtuosité et d'un style exceptionnels, il fut le dédicataire d'œuvres de D. Milhaud, G. Tailleferre et J. M. Damase. Il se spécialisa aussi dans l'édition d'œuvres espagnoles pour harpe des XVI$^e$ et XVIII$^e$ s.

**ZABŁOCKI (Franciszek)** ♦ Auteur dramatique polonais (en Volhynie 1750 - Końskowola 1821). En adaptant Molière, Beaumarchais, Corneille, il composa de nombreuses œuvres dramatiques. *Le Petit-Maître en coquetteries* (1781), fondé sur *Le Petit-Maître amoureux* de Romagnesi, donne en fait un tableau des salons varsoviens.

**ZABRZE** – en all. ***Hindenburg*** ♦ V. de Pologne, voïvodie de Silésie. 190 110 hab. Centre d'indus. minière, chimique et sidérurgique.

**Zacatecas.** Musée Rafael Coronel dans l'ancien couvent de Saint-François. *Phot. Danny Lehman/Corbis*

**ZABULON** ← **ÉTYM.** en hébr. *Zebhûlun* «petit prince» ♦ Personnage biblique (Genèse, XXX, 20), fils de Jacob et de Léa. Ancêtre éponyme d'une des tribus d'Israël, dont le territoire était situé au N., entre le lac de Tibériade et la mer.

**ZABULON** ♦ Plaine d'Israël située au N. de Haïfa. Orangeraies. ▪ Anc. territoire de la tribu d'Aser* s'étendant du N.-O. de la Galilée au lac de Tibériade.

**ZACATECAS** ← **ÉTYM.** n. de peuple «habitants de l'herbe (la plaine)», du nahuatl *zacatl* «herbe» ♦ V. du Mexique septentrional, cap. de l'État du même nom. 122 889 hab. Cathédrale churrigueresque (1730 - 1760), l'une des plus belles du Mexique. Église Santo Domingo. Palais baroques. Anc. cité minière (fondée en 1546). ▪ Manufacture de tabac. ♦ ***État de Zacatecas*** Il s'étend sur les hauts plateaux du centre (*meseta central*) et s'adosse à la sierra Madre occidentale. 73 252 km². 1 367 692 hab. Importantes ressources minières (argent, or, plomb, zinc, manganèse, cuivre, mercure). L'État, qui a produit à l'époque coloniale 60 % de l'argent mondial, fournit encore 60 % de l'argent mexicain.

**ZACCAR** (djebel) ← **ÉTYM.** de *zakkar*, forme arabisée du berbère *izeiikar* (sing. *azeiiaker*) «cime, point culminant» ♦ Massif d'Algérie, point culminant du massif de Miliana (1 579 m). Mines de fer.

**ZACCARIA (Antoine Marie,** saint**)** → **Antoine Marie Zaccaria (saint)**

**ZACCONI (Ludovico)** ♦ Compositeur et théoricien autrichien (Pesaro 1555 - Firenzuola, près de Pesaro 1627). Élève de Gabrieli à Venise, puis chef des chœurs des Augustins, il fut appelé aux cours de Graz (1585) et de Munich (1591). On lui doit des *ricercari* pour orgue, trois livres de canons et des ouvrages théoriques sur le contrepoint (*Prattica di musica*, 1592 - 1596).

**ZACH (Nathan)** ♦ Poète israélien (Berlin 1930). Établi en Israël depuis 1935, Nathan Zach a été, dans les années 1950, le chef de file du groupe Likrat qui marque une rupture avec la poésie engagée et prisonnière de la forme : ni rimes ni mètre, une langue parlée dépourvue d'images, un individualisme très poussé (*Continent perdu*, 1989).

**ZACHARIE** [zakaʀi] ← **ÉTYM.** en hébr. *Zekharyâh* «Yâh s'est souvenu» ♦ Personnage biblique, prêtre et prophète qui, avec Aggée*, incita les Juifs à reconstruire le Temple au retour de l'Exil. Datées du règne de Darius*, ses prophéties auraient été préservées dans la première partie («Proto-Zacharie») du Livre de Zacharie ♦ ***«Livre de Zacharie»*** Livre de la Bible, un des Petits Prophètes*. 14 chapitres qui complètent les visions du prophète (chap. 1-8) par un second ensemble («Deutéro-Zacharie») qui annonce le retour de Dieu dans son pays et le rétablissement de son peuple une fois l'alliance renouvelée.

**ZACHARIE** (saint) ♦ Dans l'Évangile de saint Luc (chap. I), prêtre juif, miraculeusement père de Jean-Baptiste malgré son âge et la stérilité de sa femme Élisabeth*. ▪ Fête le 5 nov.

**ZACHARIE** (saint) ♦ 91ᵉ pape (de 741 à 752), Grec de Calabre. Il contint les Lombards par la négociation et accorda la royauté à Pépin le Bref (751). ▪ Fête le 22 mars.

**ZACHÉE** [zaʃe] ♦ Dans l'Évangile de Luc (XIX, 1-10), percepteur de Jéricho qui donne ses biens et accueille Jésus.

**ZACUTO** ou **ZACUTH (Abraham ben Samuel)** ♦ Savant juif du XVᵉ s. originaire de Salamanque. Chroniqueur et astronome du roi Manuel Iᵉʳ de Portugal, il est l'auteur d'un *Livre des lignages* (publ. à Constantinople, 1566), d'un *Almanach perpetuum* (1473 - 1496) indiquant la position de l'astre sur l'écliptique pour tous les jours de l'année.

**ZADAR** – en it. ***Zara*** ♦ V. de Croatie, sur la côte adriatique, en Dalmatie*. 72 718 hab. Univ. Vestiges romains. Églises romanes (Saint-Donat, Sainte-Marie, dont le couvent abrite notamment de nombreuses pièces d'orfèvrerie, et la cathédrale Sainte-Anastasie). Musée archéologique. ▪ Port de pêche et de commerce. ▮ **Histoire** Port romain, puis byzantin, la ville disputée entre Vénitiens et Hongrois passa à Venise (de 1409 à 1797), à la France (1809 - 1813), puis à l'Autriche (1813 - 1918). Le traité de Rapallo (1920) la donna à l'Italie. Occupée par la Yougoslavie en 1944, elle lui fut rattachée en 1947 et fait partie de la Croatie devenue indépendante en 1991.

**ZADEK (Peter)** ♦ Metteur en scène allemand (Berlin 1926 - Hambourg 2009). Après une formation en Grande-Bretagne (1933 - 1958), il fut directeur du Schauspielhaus de Hambourg (1985 - 1988). Ses mises en scène jouent de passages entre divers jeux, comiques ou tragiques. Elles développent un refus du stéréotype, principalement culturel, et exaspèrent le jeu. Son goût du décalage entre le texte et l'image lui valut d'être qualifié de provocant. Il était à son aise avec la violence du théâtre élisabéthain : *Hamlet*, 1964 et 1999 ; *La Duchesse d'Amalfi*, 1987 ; *Le Marchand de Venise*, 1991 ; *Le Juif de Malte* de Marlowe, 2001.

**Zadig ou la Destinée** ← **ÉTYM.** de l'hébr. *çadîq* «juste» ♦ Conte de Voltaire* (1747), transposition de ses mésaventures de courtisan, mais surtout illustration d'une nouvelle conception du bonheur. Zadig, jeune Babylonien aussi honnête que sagace, affronte tous les coups d'une Providence qui semble récompenser le mal. Successivement déçu auprès des femmes et auprès des princes, il est sans cesse contredit dans son désir de sages réformes par l'envie et l'injustice ; mais l'ange Jesrad lui révèle que le mal est nécessaire à l'ordre du monde, et Zadig, devenu sage, connaît le bonheur. Ce conte, d'un optimisme teinté de scepticisme, dut son succès à l'enchaînement malicieux des récits, à la vivacité de la critique morale et, surtout, à l'intérêt philosophique de ces réflexions sur la destinée : «Tout est épreuve ou punition, ou récompense, ou prévoyance.»

**ZADKINE (Ossip)** ♦ Sculpteur et graveur français d'origine russe (Smolensk 1890 - Paris 1967). Il étudia à Londres et à Paris (1909), où il s'intéressa à Rodin et à la sculpture africaine. Ce fut l'expérience cubiste qui détermina son évolution. En effet, comme Lipchitz, Laurens et Archipenko, il chercha à transposer dans l'espace les procédés de décomposition formelle utilisés par les peintres ; il suggéra divers points de vue d'une même figure, schématisa les formes, donna aux volumes un aspect arrondi ou angulaire, traita parfois le modelé en creux et donna un aspect tranchant à certaines faces (*Tête d'homme ; Le Prophète*). Après la Première Guerre mondiale, qu'il fit comme engagé volontaire et durant laquelle il fut grièvement gazé, il poursuivit ses investigations en dotant ses constructions plastiques d'une charge émotive, voulant éviter un pur jeu formel de caractère abstrait. Il accorda au sujet un rôle important, interprétant à sa manière des thèmes mythologiques (*Ménades ; Prométhée ; Orphée*, 1945). Il traita aussi des sujets allégoriques (*Homo sapiens*, 1955) et religieux (*Saint Sébastien*) et réalisa des monuments symboliques à la gloire d'artistes (*Hommage à Rimbaud, Lautréamont, Apollinaire, Jean-Sébastien Bach*). Il pratiqua la taille directe du bois, peignant parfois ses sculptures, modela la terre ou travailla le bronze, en créant des formes le plus souvent identifiables, mais dont l'agencement et la juxtaposition font une large part à l'irrationnel. Cette tendance lyrique prit une orientation expressionniste dans des œuvres au sujet dramatique (*Monument pour une ville détruite*, Rotterdam, 1948 - 1951). Son atelier à Paris est devenu le musée Zadkine.

**ZAFFARINES, ZAFARINES** ou **CHAFFARINES** (îles) – en esp. ***Chafarinas*** ♦ Petit archipel proche de la côte orientale méditerranéenne du Maroc, appartenant depuis 1848 à l'Espagne.

**ZAFY (Albert)** ♦ Homme d'État malgache (Ambilobe 1928). Professeur de médecine, ministre de la Santé et des Affaires sociales de 1972 à 1975, opposant au régime instauré par le général D. Ratsiraka, il fut nommé à la tête d'un gouvernement de transition en 1991. Dirigeant le CNR (Comité de réconciliation nationale), il remporta l'élection présidentielle en 1993 mais, destitué par le Parlement en 1996, il fut battu lors de l'élection présidentielle par D. Ratsiraka.

**ZAGAZIG** – en ar. ***al-Zaqāzīq*** ♦ V. de Basse-Égypte, ch.-l. du gouvernorat de Charkieh, au N.-E. du Caire, à la jonction de deux canaux. 302 611 hab. C'est l'une des plus grandes villes du delta du Nil. Important nœud ferroviaire, centre commercial (marchés du coton et du grain) et indus. (égrenage du coton, huileries, savonneries). À proximité se trouvent les ruines de Bubastis*.

**ZAGHLŪL PACHA (Sa'd)** ♦ Homme politique égyptien (Gharbieh, Basse-Égypte v. 1860 - Le Caire 1927). Avocat, il prit la direction de la «délégation» (Wafd*) qui demanda l'indépendance de l'Égypte. Il fonda ensuite le parti nationaliste du Wafd. Déporté aux Seychelles (1921), libéré (1923), il fut Premier ministre (1924), puis président de la Chambre (1926).

**ZAGORSK** → **Serguev-Possad**

**ZAGREB** ← **ÉTYM.** du vx croate *Zabreg*, de *za* «derrière, de l'autre côté» et p.-ê. *bregom*, de *breg* «montagne» ; en all. ***Agram*** ♦ Cap. de la Croatie. 779 145 hab. (aggl. 1 100 000). (*Zagrebois*). À partir d'un noyau médiéval double (Gradec, Kaptol) situé sur les pentes inférieures du massif de la Medvednica, la ville s'est développée dans la plaine de la Save. ▪ Important centre industriel (métallurgie, textile, appareillage électrique), commercial (foire internationale) et culturel (université). ▮ **Histoire** Anc. ville romaine, puis croate, Zagreb passa sous domination hongroise dès le XIᵉ s. Au Moyen Âge, la ville était un important marché. Très tôt, elle joignit à son rôle commercial un rôle politique et culturel : ville des grands évêques, des mécènes, des artistes et de l'intelligentsia (universités, Académie des sciences et des arts). Capitale de Croatie-Slavonie en 1868 dans le cadre de l'Autriche-Hongrie, puis de l'État indépendant de Croatie, satellite de l'Allemagne en 1941, capitale de la république de Croatie, au sein de la fédération yougoslave (janv. 1946), elle est la capitale de la Croatie devenue indépendante en 1991.

**ZAGREUS** → **Dionysos**

**ZAGROS** n. m. ← **ÉTYM.** de l'iran. *zāj* «alun» et *ros* «argile» ♦ Chaîne de montagnes du Proche-Orient, s'étendant sur près de 1 800 km, du lac de Van* (Turquie) au détroit d'Ormuz*. Orientée du N.-O. au S.-E. et d'une largeur moyenne de 250 km, elle sépare le plateau iranien de la plaine mésopotamienne. L'altitude, en général élevée (4 548 m au Zard Kuh), s'abaisse progressivement dans la région du Fārs*. Les longues séries de crêtes sont séparées par des vallées que relient transversalement des gorges difficilement franchissables. Les formations volcaniques sont nombreuses. En bordure de la plaine mésopotamienne, le sous-sol recèle des gisements pétrolifères : Masdjid-é Sulaiman, Naft-é Chāh (Iran), Kirkūk (Irak). Les vallées intramontagneuses, lorsque l'irrigation le permet, sont cultivées (céréales, tabac, coton). La population (Kurdes, Lurs, Bakhtiyaris), dont une faible partie est semi-nomade, pratique l'élevage des moutons, des chèvres et des chevaux.

**ZAHEDAN** ♦ V. d'Iran, ch.-l. de la prov. du Sīstān et Baluchistan. 567 449 hab. Centre administratif et commercial, carrefour de communication routier et ferroviaire.

**ZĀHÊR CHĀH** ♦ (Kaboul 1914 - *id.* 2007). Roi d'Afghanistan appartenant à l'ethnie pashtoune. Il succéda à son père Nādêr* Chāh en 1933, et n'autorisa jamais les partis politiques. Il engagea son pays sur la voie de l'alliance avec l'URSS. Renversé par un coup d'État mené par la gauche en 1973, il s'exila en Italie. Il participa, après la chute des talibans, à l'administration provisoire mise en place en Afghanistan par les Nations Unies (déc. 2001 - 2002).

**ZAHLÉ** ♦ V. du Liban, située à près de 1 000 m d'alt., dans la plaine de la Bekaa, sur la voie ferrée qui mène à Beyrouth. 150 000 hab. Vignoble réputé. Station estivale.

**ZAHRADNÍČEK (Jan)** ♦ Poète tchèque (Mastník, Moravie 1905 - Uhřínov, Moravie 1960). Catholique fervent, il fut comme Halas* hanté par des visions de mort (*La Tentation de la mort*, 1930 ; *Retour*, 1931), puis saisi par un optimisme passager (*Salut au soleil*, 1937) ; mais après avoir vu dans la foi le salut du pays épuisé par la guerre (*Saint Wenceslas*, 1945), il prédit en 1947 la catastrophe à venir (*La Sellette*, 1947). Condamné en 1952 à l'issue d'un procès truqué, il sortit de prison au bout de huit ans (il y composa *La Maison peur*, édité au Canada) et mourut quelques semaines plus tard.

**ZÄHRINGEN** ♦ Famille princière de l'Allemagne du Sud (VIIe s. - XIIIe s.). Elle tire son nom du château de Zähringen près de Fribourg-en-Brisgau. Recteurs de Bourgogne au nom de l'empereur en 1152, les ducs de Zähringen étendirent leur domination sur une grande partie de la Suisse occidentale (Vaud, Fribourg, Berne, Soleure, Thurgovie) où ils fondèrent les villes de Fribourg (1157), Berne (1191), Burgdorf, Yverdon, Thoune et Morat. La lignée s'éteignit avec Berthold V en 1218. Les possessions des Zähringen revinrent aux comtes de Kyburg et finalement en partie aux Habsbourg*.

**ZAIFENG, TSAI-FONG** ou prince **CHUN** ♦ Homme politique chinois d'origine mandchoue (1883 - 1951). De son nom Aisin Jueruo Zaifeng, frère de l'empereur Guangxu et père de Puyi*. Il se rendit en 1901 à Berlin pour présenter les excuses de la Chine à la suite de l'assassinat du baron A. von Ketteler (1853 - 1900). Lorsque son fils monta sur le trône à l'âge de trois ans, il fut nommé régent. Après la proclamation de la République, il vécut d'abord à Tianjin, puis au Mandchoukouo (Mandchourie).

**ZAÏMIS (Alexandros)** ♦ Homme d'État grec (Athènes 1855 - Vienne 1936). Modéré, il fut six fois Premier ministre de 1897 à 1928. Président de la République hellénique de 1929 à 1935, il s'exila après la restauration de la monarchie.

**ZAÏRE** n. m. ➝ ÉTYM. du kikongo *nzadi* « fleuve » ♦ Fl. d'Afrique équatoriale → **Congo**

**ZAÏRE** → **Congo**

**ZAÏTSEV (Boris Konstantinovitch)** ♦ Conteur et romancier russe (Orel 1881 - Paris 1972). Il fut un disciple de Tchekhov* et de Tourgueniev* sur lesquels il écrivit des études. Ayant émigré en 1922 à Paris, il composa des recueils mystiques dont *Un voyage étrange* (1927), des romans dont *La Broderie d'or* (1926), ainsi que des récits autobiographiques, *Le Voyage de Gleb : L'Aurore* (1937), *Le Silence* (1948) et *L'Arbre de vie* (1953). Zaïtsev exprima avec finesse les problèmes de l'homme face à sa destinée humaine et religieuse. ➝ ÉTYM. Ce nom de famille vient du russe *zayats* « lièvre » (surnom d'un coureur rapide).

**ZAKOPANE** ♦ V. de Pologne méridionale, voïvodie de Petite-Pologne, dans les Hautes Tatras, à env. 900 m d'altitude. 27 191 hab. Importante station touristique et climatique. Sports d'hiver.

**ZAKROS** ou **ZAKRO** ♦ Site archéologique de Crète où furent découverts un palais et une ville datant de v. –1575.

**ZALAEGERSZEG** ♦ V. de Hongrie, ch.-l. du comitat de Zala, sur la Zala. 61 654 hab. Indus. textile et chimique.

**ZALESKI (Józef Bogdan)** ♦ Poète polonais (Bohatyrka, Ukraine 1802 - Villepreux, près de Versailles 1886). D'origine ukrainienne, il émigra en France après l'échec de l'insurrection polonaise de 1830 - 1831. Parallèlement à une activité politique aux côtés des Polonais en exil, il écrivit des ballades romantiques publiées en 1838 (*Poésies*) ainsi qu'un grand poème épique, *L'Esprit des steppes* (1836, publ. 1841), fondé sur le folklore de sa patrie. ➝ ÉTYM. Ce nom signifie « celui qui vit au-delà des bois », du polonais *za* « au-delà », *les, las* « bois » et suffixe *-ski*.

**ZAMA** ♦ Anc. localité de l'Afrique (N. de la Tunisie actuelle) dont l'emplacement exact est inconnu. D'abord numide, elle semble avoir été ensuite carthaginoise, puis romaine sous le nom de *Zama Regia*. ▪ Scipion* l'Africain y remporta sur Hannibal* la victoire qui mit fin à la deuxième guerre punique* (–202).

**ZAMBELLI (Carlotta)** ♦ Danseuse italienne (Milan 1877 - *id.* 1968). Danseuse étoile à l'Opéra de Paris (1901), elle fut une prestigieuse interprète du ballet romantique (*Giselle, Sylvia, Coppelia*) par sa grâce et la perfection de sa technique. Elle a créé de nombreux ballets, notamment *España* (Chabrier), *La Fête chez Thérèse* (Hahn), *Philotis* (Gaubert), *Cydalise et le Chèvre-pied*, *Impressions de music-hall* (Pierné).

**ZAMBÈZE** n. m. ➝ ÉTYM. corruption d'un mot local « grand fleuve » (→ aussi Amour, Connecticut, Guadalquivir, Mékong, Mississippi, Rio Grande, Volga, Yukon) ♦ Fl. d'Afrique australe (env. 2 740 km) prenant sa source à l'extrême N.-O. de la Zambie, à 1 500 m d'alt., à peu de distance de l'Angola qu'il traverse durant la première partie de son cours supérieur. En Zambie, il franchit les chutes de Chavuma puis rencontre ses premiers affluents importants : le Kagompo et le Lungwebungu. Il traverse la vaste plaine de Siloana et amorce une grande courbe en direction de l'E. Durant 70 km il marque la frontière avec la bande de Caprivi en Namibie puis se grossit des eaux du Chobe. Son cours sert de frontière durant quelques kilomètres au Botswana et à la Zambie, puis à la Zambie et au Zimbabwe. Il est marqué par les chutes Victoria, le grand lac artificiel de Kariba* et la capture du Kafue. Au Mozambique, il reçoit le Luangwa né en Zambie orientale et traverse un autre grand lac artificiel créé par le barrage de Cahora* Bassa. Après Tete, il capte les eaux du Shiré, le déversoir du lac Malawi. Son embouchure, à la sortie du canal de Mozambique, est constituée par un delta marécageux formé de quatre bras principaux difficilement navigables. Les populations vivant sur ses rives, des agriculteurs et des éleveurs de gros bétail, sont d'installation récente. Son aménagement en a fait une voie d'eau moderne et une source d'énergie inépuisable.

## ZAMBIE

▮ n. f. – en angl. ***Zambia*** **;** anc. ***Rhodésie du Nord***, off. ***république de Zambie*** ➝ ÉTYM. du n. du fl. *Zambèze** ♦ Pays enclavé d'Afrique australe. 752 614 km². 12 389 000 hab. (*Zambiens*). LANGUES : anglais (off.), souahéli, bemba, tonga, nyanga (près de 70 langues locales bantoues). POPULATION : Bantous* (Bembas, Tongas). RELIGIONS : chrétiens, musulmans, animistes. MONNAIE : kwacha (100 ngwee). CAPITALE : Lusaka. RÉGIME : présidentiel. La Zambie est divisée en 9 provinces. Plus du quart de la population est touché par le sida.

▮ **GÉOGRAPHIE** La Zambie a l'aspect d'un immense croissant. Son relief est formé d'un ensemble de plateaux de 900 à 2 100 m situés au N. de la moyenne vallée du Zambèze* et entaillés par les cours de ses affluents, le Kafue et le Luangwa. Il comporte quelques lacs dans la région de Lusaka au centre, ainsi que le lac Bangweulu au N.-E. Il est bordé par les lacs Tanganyika et Mweru et le vaste lac artificiel de Kariba* sur le Zambèze. Le climat tropical est tempéré

Zambie.

par l'altitude. Le pays est couvert d'une végétation de savane arborée, humide dans le centre et dans certaines régions périphériques.

**ÉCONOMIE** Le maïs constitue la principale culture vivrière avec le sorgho et le manioc mais le déficit alimentaire est chronique. Les cultures industrielles sont la canne à sucre, l'arachide, le coton et le tabac. L'élevage des bovins est pratiqué sur l'ensemble des hauts plateaux ainsi que la pêche dans les lacs, en particulier le lac Kariba. La grande richesse de la Zambie est le cuivre, exploité dans le N., où la Copper Belt se prolonge dans la province du Katanga*, mais la production est en déclin et les mines, privatisées en 1999 et rachetées par des multinationales, doivent être remises en état. On y exploite le zinc, le plomb et le cobalt (3e rang mondial ; plus de 5 000 t par an). Ces matières premières sont exportées par le port de Dar es-Salaam (→ **Tanzanie**). La Zambie produit de l'électricité, mais sa source hydroélectrique la plus importante, le barrage de Kariba au S., se trouve éloignée de ses grands centres industriels du N.

**HISTOIRE** **La préhistoire et l'Antiquité** La Zambie est riche en vestiges préhistoriques. Le crâne de l'«Homme de Rhodésie» *(Homo rhodesiensis)*, exhumé en 1921 dans le gisement métallifère de Broken Hill au N. de Lusaka, remonterait à plus de 110 000 ans. Des outillages de pierre associés au Sangoen (-40 000) ont été mis au jour près des cours d'eau. Les Bochimans, auteurs de peintures rupestres, habitaient la Zambie à l'arrivée des peuples de langues bantoues au seuil de notre ère. Ces derniers amenèrent la métallurgie et pratiquèrent l'agriculture et l'élevage. Des chefferies se mirent en place, en particulier au N., où l'extraction du métal et sa commercialisation furent à l'origine des grands empires des savanes du S. comme celui des Loundas et du Kazembe (→ **Congo (rép. démocratique du)**). **L'arrivée des Européens** Au XVIIIe s., les Portugais, qui cherchaient à relier leurs territoires d'Angola et du Mozambique, pénétrèrent dans le pays. Ils ne furent pas les seuls à s'intéresser à la région. En 1835, les Angonis, une fraction zouloue, s'installèrent entre le lac Malawi et la rivière Luangwa. À la même époque, à l'O., les Makololos, une tribu basoto, conduite par Sebituane, traversa le haut Zambèze et s'établit dans le Barotseland (région de Lusaka). Livingstone* entreprit l'exploration de la vallée du Zambèze en 1851, découvrit les chutes Victoria en 1855 et mourut au lac Bangweulu en 1873. Cecil Rhodes* envoya des émissaires dans le Barotseland en 1890 pour négocier avec le chef Lewanika qui avait demandé la protection de la reine Victoria, mais ils se heurtèrent à la résistance des Bembas. **La Rhodésie du Nord, colonie britannique** Le territoire fut unifié en 1911 pour former la Rhodésie du Nord ayant pour capitale la ville de Livingstone. Il devint une colonie de la Couronne en 1924, année où fut confirmée l'existence d'une ceinture de cuivre dans le N. En 1935, la capitale fut transférée à Lusaka. Les Britanniques gouvernèrent le pays selon le système de l'administration indirecte, laissant les chefferies traditionnelles régler les problèmes indigènes mais sans les associer aux décisions importantes. Une fédération associant la Rhodésie du Nord, la Rhodésie du Sud et le Nyasaland fut créée en 1953, mais cette création des groupes financiers blancs ne correspondait pas à la volonté des populations. La majorité noire revendiqua le principe électoral «un homme, un vote». **L'indépendance et Kenneth Kaunda** La figure emblématique de Kenneth Kaunda*, surnommé à l'époque le «Gandhi africain», s'imposa bientôt, et sa formation, l'United National Independence Party (UNIP), remporta les élections de 1964 portant sur l'autonomie interne. La Zambie accéda à l'indépendance la même année et devint une république dans le cadre du Commonwealth. L'exercice du multipartisme révéla de fortes oppositions interethniques et, en 1972, le président Kaunda créa un parti unique pour «intégrer» les différentes tendances. La crise économique commença en 1973 avec l'effondrement du prix du cuivre et la hausse de celui du pétrole. Elle fut amplifiée par la décision des pays africains de boycotter l'Afrique du Sud, et par l'application des sanctions internationales contre la Rhodésie du Sud. Dès lors, la Zambie ne pouvait exporter son cuivre ni par le Katanga à l'infrastructure insuffisante ni par l'Angola en proie à la guerre. Elle fit appel à la Chine populaire pour la construction du Tanzam (Tanzanie*-Zambie), une voie de chemin de fer de 1 600 km. Des sécheresses répétées poussèrent les paysans vers les villes et les régions minières qui abritaient 43 % de la population en 1990. Autoritaire, mais sachant éviter les pièges du pouvoir personnel, le président Kaunda ne rompit pas les relations avec l'Afrique du Sud. Mais la crise économique, l'exode rural et l'essor démographique firent naître la corruption dans l'administration et l'insécurité dans les villes. **Le multipartisme** Sous l'influence du mouvement de libéralisation qui a gagné l'Afrique, le multipartisme fut autorisé en 1990. Kenneth Kaunda, qui perdit l'élection présidentielle de 1991, fut remplacé par Frederick Titus Chiluba, du Mouvement pour une démocratie multipartite (MMD), réélu en 1996. Ne pouvant briguer un troisième mandat, il laissa la place à son dauphin, Levy Mwanawasa, élu président en 2002 à l'issue d'une élection controversée par les observateurs, et réélu en oct. 2006 à la majorité relative de 43 %, ce qui provoqua de vives tensions. Depuis 2006, la Zambie est touchée, ainsi que les autres pays pauvres, par la crise alimentaire à laquelle s'ajoute la crise des pays riches qui a provoqué l'effondrement de ses exportations de cuivre. Après le décès de L. Mwanawasa en 2008, Rupiah Banda, membre du parti au pouvoir, président par intérim, a été élu avec 40,03 % des voix.

**ZAMBOANGA CITY** ♦ V. des Philippines, 601 794 hab., ch.-l. de Western Mindanao. La population est en majorité visayane catholique. ▪ Bois, latex. Pêche. Tourisme. ▪ Les musulmans, qui y tenaient un fort, cédèrent après trois mois de résistance (1638). Aujourd'hui, ils ne constituent plus qu'une minorité (17 %). → **Mindanao.**

**ZAMENHOF (Lejzer Ludwik)** ♦ Médecin et linguiste polonais (Białystok 1859 - Varsovie 1917). Créateur de l'espéranto, il fit paraître (sous le nom de «Doktoro Esperanto») sa *Langue internationale, Préface et manuel complet* (en russe, 1887 ; trad. fr. de L. de Beaufront, 1899) et un recueil d'exercices *(Ekzercaro)*.

**ZAMET (Sebastiano)** ♦ Financier français d'origine italienne (Lucques v. 1549 - Paris 1614). Venu à Paris comme simple cordonnier à la suite de Catherine de Médicis, il fit une fortune rapide et devint l'un des plus riches banquiers. Il obtint la faveur d'Henri IV et devint capitaine du château de Fontainebleau et surintendant de la maison de la reine. ♦ **Sébastien Zamet** (Paris 1588 - Mussy 1655). Fils du précédent. Évêque de Langres. Il devint en 1625 directeur de l'abbaye de Port-Royal.

**ZAMIATINE (Ievgueni Ivanovitch)** ♦ Conteur et romancier russe (Lebedjan, gouvern. de Tambov 1884 - Paris 1937). Il fut l'un des meneurs du groupe des Frères* Sérapion. Dans ses nouvelles, il défendit la liberté de l'homme et de l'artiste : *Les Insulaires* (1918), *Mamaï* (1920) ; *Les Pêcheurs d'hommes* (1921), *L'Arpenteur* (1922), *Fléau de Dieu* (1937). Son célèbre roman, *Nous autres* (écrit en 1920), description du régime totalitaire, ne fut publié à l'étranger qu'en 1924 et en URSS en 1988. Il émigra en 1931, avec l'autorisation de Staline, et s'établit à Paris en 1932.

**ZAMORA** ◆ ÉTYM. probablt du berbère *azemmur* «olivier» ♦ V. d'Espagne (Castilla-León), ch.-l. de prov., sur le Douro. 66 138 hab. Âprement disputée entre les Maures et les chrétiens, la ville a conservé de l'époque médiévale d'intéressants monuments (remparts, maison du Cid*, cathédrale romane du XIIe s.).

**ZAMOYSKI (Jan)** ♦ Homme politique polonais (Skokówka 1542 - Zamość 1605). Humaniste et grand érudit, il étudia à Paris, à Strasbourg et à Padoue. Il revint en Pologne comme secrétaire de Sigismond* II Auguste (1565). Il contribua ensuite à l'avènement du futur Henri III de France et, après sa fuite, fit élire Étienne* Ier Báthory, dont il devint chancelier (1576) et hetman (1581), luttant contre Ivan le Terrible. Il contribua ensuite à l'élection de Sigismond* III Vasa (1587) et conserva un rôle de premier plan : il repoussa les Turcs et remporta une grande victoire sur la Moldavie et la Valachie (Târgoviște, 1600). Son souci de limiter l'autorité royale devait cependant l'opposer à Sigismond.

**ZAMPIERI** ◆ ÉTYM. équivalent de *Jean-Pierre* → **Dominiquin (Domenico Zampieri, dit le)**

**ZANDJAN** ♦ V. d'Iran, ch.-l. de prov., entre les chaînes du Zagros* et de l'Elbourz*. 349 713 hab. Les vestiges de la grande cité mongole Soltāniye, célèbre pour ses céramiques (Bleues de la Perse) et le mausolée de son fondateur Oldjāytu (début du XIVe s.) se trouvent à proximité. ▪ Région d'agriculture et d'élevage.

**ZANDONAI (Riccardo)** ♦ Compositeur italien (Sacco di Rovereto 1883 - Pesaro 1944). Très marqué par l'héritage wagnérien, élève de Mascagni*, il est l'auteur d'opéras : *Conchita* (1911), d'après Pierre Louÿs ; *Francesca da Rimini* (1914), sur un texte de D'Annunzio ; les très étranges *Cavalieri di Ekebù* (1925), d'après *La Saga de Gösta Berling* de Selma Lagerlöf*. Il produisit également une abondante œuvre pour orchestre (concertos : *Quadri di Segantini*), des œuvres religieuses, des pièces de chambre et des musiques de film.

**ZANDVOORT** ♦ V. des Pays-Bas (Hollande-Septentrionale), sur la mer du Nord. 16 599 hab. Station balnéaire. Circuit automobile.

**ZANGBU JIANG** → **Brahmapoutre**

**ZANGWILL (Israel)** ♦ Écrivain britannique (Londres 1864 - Midhurst, Sussex 1926). Fils d'un Juif russe établi en Grande-Bretagne, il enseigna à l'école libre juive de Spitalfields, dont il avait été élève, et se lança dans le journalisme en 1888, fondant un journal humoristique : *Ariel*. Son humour satirique, sa générosité, son soutien des causes perdues se retrouvent dans la plupart de ses œuvres, qui dépeignent souvent les mœurs juives : *Les Enfants du ghetto* (1892), *Tragédies du ghetto* (1893), *Le Manteau d'Élisée* (1901). Dans les *Rêveurs du ghetto* (1898), il évoque des écrivains juifs, tels Heine et Spinoza. Il est l'auteur de pièces : *Seulement Mary Ann*, *Le Creuset* (1924), *Nous, modernes* (1925). On doit encore à celui qui fut surnommé le «Dickens juif» *Le Mystère du grand arc* (1891) et un récit fantastique écrit en collaboration avec Louis Cohen, *Le Premier Ministre et le Peintre*. Il fut en outre un animateur actif du mouvement sioniste.

**ZANKĪ ('Imād al-Dīn)** ♦ Émir seldjoukide* (mort en 1146). Gouverneur de Mossoul (1127), il soumit Alep (1128), Homs et Hamā ; il fonda la dynastie des Atabeks de Mossoul. Il combattit les croisés à qui il enleva la forteresse d'Édesse (1144), ce qui causa la deuxième croisade*.

**ZANTE** – en gr. mod. ***Zákynthos*** ♦ Île grecque, la plus méridionale des îles Ioniennes. Elle forme le nome de Zante. 35 000 hab. CH.-L. : Zante sur la côte O. (10 205 hab.). La partie O. est un plateau calcaire, la partie E. une plaine fertile. L'île a été souvent éprouvée par des séismes, notamment en 1893 et en 1953. **Histoire** Colonisée par des Achéens, Zante dépendait, d'après la tradition, du royaume d'Ithaque*. Forcée d'entrer dans la confédération maritime d'Athènes, l'île passa aux Macédoniens (-214), puis aux Romains (-191). À l'époque byzantine, elle connut l'occupation des Normands (XIe s.) et des principautés latines fondées après la quatrième croisade. Ravagée par les Turcs (1479), elle fut achetée et gardée par les Vénitiens de 1485 à 1797. Elle partagea ensuite le sort des îles Ioniennes*. Patrie de Foscolo*, dont l'exemple ne resta pas sans influence, Zante fut au début du XIXe s. l'un des foyers les plus importants de culture musicale et littéraire de la Grèce.

**ZANZIBAR** ➔ ÉTYM. prononciation port. de l'anc. n. de la côte orientale d'Afrique, en Tanzanie et au Kenya *Zanğibar*, de *Zengi*, n. de peuple (de l'ar. *zinj* «Noirs [collectif]» et *barr* «côte») ♦ État semi-autonome de l'océan Indien, à 40 km env. de la côte orientale de l'Afrique, composé de deux grandes îles, Unguja (anc. Zanzibar, 1 660 km², 750 000 hab.), Pemba et d'une cinquantaine d'îlots. 2 634 km². Env. 1 000 000 hab. CAP. : Zanzibar/Stone-Town (70 000 hab.), port sur la côte occidentale. Girofle, poivrier, coprah, tourisme (réhabilitation de la ville ancienne). **Histoire** Fréquentée dès l'aube du Ier millénaire par les marchands indiens et arabes, Zanzibar servit d'entrepôt pour les esclaves et les marchandises (ivoire, peaux) arrivées du centre du continent ou collectées sur les plages (ambre gris). À la fin du VIIIe s., des Chirazis (émigrants de Chiraz en Perse) fuyant les persécutions religieuses s'installèrent dans l'archipel et développèrent une civilisation raffinée. Vinrent ensuite des commerçants arabes de Mascate et d'Oman. Entre-temps, Zanzibar devint le centre du commerce dans l'est de l'océan Indien avec l'apparition d'une population originale, les Swahili*. En 1502, l'expédition de Vasco de Gama* s'empara de l'archipel qui fut repris par les Arabes en 1698. En 1818, le sultan d'Oman y transféra le siège du sultanat et développa la culture du clou de girofle. L'archipel tomba peu à peu sous l'influence britannique et devint protectorat britannique en 1890 avec l'île de Pemba*. Indépendant au sein du Commonwealth* dès 1963, il connut en 1964 une révolution qui aboutit à l'abolition du sultanat et à la proclamation de la République. En avril 1964, Zanzibar et Pemba s'unirent au Tanganyika* pour former la République unie de Tanzanie. → **Tanzanie.** Malgré la mainmise du Parti de la révolution (CCM), la formation unitaire de Tanzanie, l'archipel a toujours montré un fort sentiment autonomiste qui se manifeste à chacune des élections locales.

**Zanzibar.** Marché aux poissons. *Phot. © Albo /Shutterstock*

**ZANZOTTO (Andrea)** ♦ Poète italien (Pieve di Soligo, Trévise 1921). À partir du déchiffrement d'un paysage familier, un coin de Vénétie qu'il ne quitte guère, les poèmes de *Dietro il paesaggio* (1951), puis d'*Elegia e altri versi* (1954) ont conduit Zanzotto des marges de l'hermétisme à un expérimentalisme formel de plus en plus audacieux, mais non moins humainement dramatique, dans les recueils intitulés *Vocativo* (1957) et *IX Eglogues* (1962). Dans *La Beltà* («La Beauté», 1968), une des œuvres les plus novatrices de la poésie italienne contemporaine, cette orientation s'affirme à travers un pullulement de sollicitations sensitives et linguistiques, où capacité de sens et diction impossible s'affrontent sans relâche. Ce relatif équilibre s'effrite dans les recueils suivants (*Gli sguardi i fatti e senhal*, 1969 ; *Pasque*, 1973 ; *Filò*, 1976, recueil en dialecte), jusqu'à prendre, avec *Le Galaté au bois* (1978) et *Fosfeni* (1983), l'allure d'un tourbillon ou d'une marqueterie de matériaux linguistiques : latin, provençal, langage des médias, lexique pétrarquesque, dialecte et *pétel* (babillage infantile de la province de Trévise). L'œuvre de Zanzotto se signale par son caractère à la fois insolite, aux limites de la lisibilité, et central, par sa voracité et son ancrage proprement moderne dans un paysage (réel et intérieur) dévasté.

**ZAO Wou-ki** ♦ Peintre français d'origine chinoise (Pékin 1921). Dès l'âge de quatorze ans il étudia la peinture à l'huile et la peinture chinoise traditionnelle à l'Académie des beaux-arts de Hangzhou. Influencé par la peinture occidentale moderne, par la période bleue de Picasso surtout, il s'expatria en France en 1948 et élabora un style synthétisant les deux traditions, et portant, dans les années 1950, la marque de Paul Klee (*Piazza*, 1950 ; *Cathédrale et ses environs*, 1955). Introduit dans les galeries par le poète Henri Michaux qui l'admirait, il perfectionna une abstraction raffinée, reflet d'une nature symbolique, presque vide, espace informel aux lavis subtils traversé de signes, de fulgurances sombres (*Incendie*, 1954 - 1955 ; *En mémoire de May, 1930 - 1972*, 1972). [Acad. des bx-arts 2002]

**Zao Wou-ki.** *Triptyque 87/88, N° 1* (4,86 x 2 m).
*BIS/Phot. Jean-Louis Losi © Archives Nathan © ADAGP, Paris 2008*

**ZAPATA (Emiliano)** ♦ Révolutionnaire mexicain (Anenecuilco, Morelos 1879 - hacienda de Chinameca, Morelos 1919). Paysan, il tenta de s'opposer aux exactions des grands planteurs de canne à sucre soutenus par la dictature de Porfirio Díaz. En mars 1911, il entraîna les paysans du Sud dans la révolte armée, avec le slogan «Terre et Liberté». Conjointement à Pancho Villa*, venu du Nord, il occupa Mexico en 1914. Réagissant contre l'inapplication de son *plan de Ayala*, qui prévoyait la restitution des terres aux communautés indigènes, il reprit une guérilla qui s'acheva par son assassinat. ➔ ÉTYM. Ce nom espagnol signifie «demi-botte», apparenté à *zapatero* «cordonnier».

**ZAPATERO (José Luis RODRÍGUEZ)** ♦ Homme politique espagnol (Valladolid 1960). Député dès 1986, secrétaire général du PSOE depuis 2000, il devint Premier ministre en 2004, succédant à J. M. Aznar*, et fit procéder au retrait du contingent espagnol d'Irak. Il a été confronté à la crise internationale de 2008 et à des records en termes de chômage et de déficit public l'année suivante. ➔ ÉTYM. Ce nom de famille espagnol signifie «cordonnier».

**ZAPOLSKA (Gabriela KORWIN-PIOTROWSKA, dite Gabriela)** ♦ Femme de lettres polonaise (en Ukraine 1860 - Lvov 1921). Influencée par Zola, elle écrivit des romans naturalistes : *Malachka* (1883), *Catherine la Cariatide* (1887). Elle est l'auteur de nombreuses pièces de théâtre, dont *La Moralité de Mme Dulska* (1895), satire de l'hypocrisie bourgeoise.

**ZÁPOLYA (JEAN Ier)** → Jean Ier Zápolya

**ZAPORIJJIA** ➔ ÉTYM. du russe *zaporog*, de *zag* «derrière, au-delà» et *porog* «rapide» (rapides nés du barrage) ; av. 1921 ***Aleksandrovsk*** ♦ V. d'Ukraine, ch.-l. de région, port fluvial sur le Dniepr, près du grand barrage du Dnieprogues. 799 348 hab. Grand centre indus. Métallurgie (ferro-alliages, aluminium). Usines de transformateurs et d'automobiles.

**ZAPOROGUES** → Cosaques

**ZAPOTÈQUES** n. m. pl. ♦ Nom donné aux représentants de l'une des cultures d'Oaxaca de l'ancien Mexique. Agriculteurs sédentaires, ils ont édifié le site de Monte* Albán, dont les premières phases d'occupation sont datées du -Xe au -IVe s. Leur culture atteignit son apogée entre le Ier et le VIIe s. Elle est connue pour ses urnes funéraires en terre cuite. Sans doute conquis par les Toltèques* vers le XIIe s., ils furent refoulés par les Mixtèques puis soumis par les Aztèques. Les descendants des Zapotèques vivent actuellement dans l'État d'Oaxaca.

**ZARA** → Zadar

**ZARATHOUSTRA** ▪ ÉTYM. en persan *Zarāthushtrā*, anc. appelé *Zoroastre*, d'après le gr. *Zōroastrès*, probablt «astre d'or» ♦ Prophète et réformateur religieux iranien. Il vécut avant l'époque achéménide (moitié -VIIe s. - moitié -VIe s.). Habitant en Azerbaïdjan*, il devint prophète, mais, persécuté, dut s'exiler dans le N.-E. de l'Iran (Afghanistan ou Ouzbékistan actuels) où il trouva protection auprès d'un prince nommé Vishtaspa. Sa réforme, qui renforçait le théisme, dénonçait les puissances maléfiques et exaltait la responsabilité humaine commandée par la volonté divine, se répandit peu à peu. L'*Avesta** conserve des strophes (*gāthā*) attribuées au prophète où celui-ci dialogue avec son dieu Ahura Mazda (→ **mazdéisme**). ▪ Le personnage a inspiré Nietzsche, dans *Ainsi* parlait Zarathoustra*.

**ZARCO (João Gonçalves)** ♦ Navigateur portugais (mort à Funchal apr. 1421). Au service d'Henri le Navigateur (infant du Portugal), il explora une partie du littoral occidental de l'Afrique et redécouvrit Madère* et Porto Santo (1418 - 1420) avec Vaz* Teixeira.

**ZARIA** ♦ V. du Nigeria (État de Kaduna), reliée à Lagos par voie ferrée. 277 187 hab. Centre commercial (arachide, coton, tabac). ▮ **Histoire** Cité-État haoussa devenue musulmane à la fin du XVe s. ; sous l'impulsion de Muhammad Rabbo, elle fut entourée d'un *birni* (enceinte fortifiée). Elle devint ensuite tributaire des royaumes et empires limitrophes (Kano* au XVIe s., Bornou* au XVIIe s., Sokoto* à l'époque d'Ousman* dan Fodio). Comme les grandes cités haoussas, elle était située à l'intersection des routes commerciales et abritait de nombreux artisans (tanneurs, teinturiers, tisserands).

**ZARISKI (Oscar)** ♦ Mathématicien américain d'origine russe (Kobrin 1899 - 1986). Il développa la géométrie algébrique moderne, introduisant une grande rigueur fondée sur les méthodes purement algébriques. Il étudia en particulier les fonctions holomorphes, les modèles minimaux des surfaces, les systèmes linéaires, les singularités.

**ZARLINO (Gioseffo)** ♦ Théoricien et compositeur italien (Chioggia 1517 - Venise 1590). Élève de Willaert, il devint ensuite maître de chapelle à Saint-Marc de Venise (1565). Surtout connu pour ses travaux théoriques, il fut l'un des premiers à étudier le système harmonique comme rapport arithmétique de fréquences entre sons voisins (*Institutioni harmoniche*, 1558 ; *Dimostrationi harmoniche*, 1571).

**ZARQA** ♦ V. de Jordanie, ch.-l. de mouhafaza, située au N.-E. d'Amman. 395 227 hab. L'importance de la ville est essentiellement due à l'afflux de réfugiés palestiniens. Raffinerie de pétrole. Cimenterie.

**ZARQĀLĪ (AL-)**, dit **Arzachel** ♦ Astronome et mathématicien arabe (v. 1029 - Cordoue 1087). Il inventa un astrolabe (saphée), qui, utilisable sous toutes les latitudes, se répandit à partir de 1263 ; il fut le principal auteur des Tables Tolédanes (1080) que les Tables Alphonsines* (1252 - 1272) ne firent qu'améliorer et rectifier.

**ZARZAÏTINE** ♦ Gisement pétrolifère du Sahara algérien, au N. d'Edjelé, près de la frontière libyenne.

**ZASSOULITCH (Vera Ivanovna)** ♦ Révolutionnaire russe (Mikhaïlovka, près de Smolensk 1849 - Petrograd 1919). Elle participa d'abord au mouvement populiste (→ **narodniki**), puis à l'organisation et à l'activité du groupe marxiste «Libération du travail» fondé par Plekhanov*. Rédactrice de l'*Iskra* (l'«Étincelle», 1900) fondée par Lénine, elle se rallia au menchévisme (1903) et désapprouva la révolution bolchevique d'Octobre.

**ZÁTOPEK (Emil)** ♦ Athlète tchécoslovaque (Kopřivnice 1922 - Prague 2000). Aux jeux Olympiques de Londres, il battit le record du monde du 10 000 m. Il devait encore améliorer ce record en 1950. En 1951, il établit un record de l'heure (20,052 km) et remporta, en 1952, trois médailles d'or aux jeux Olympiques d'Helsinki, dans les épreuves de marathon, 10 000 m et 5 000 m. Colonel dans l'armée tchécoslovaque, il prit position en faveur du «printemps de Prague» et fut limogé après l'échec de Dubček.

**ZAVATTA (Achille)** ♦ Artiste de cirque français (La Goulette, Tunisie 1915 - Ouzouer-des-Champs, près de Montargis 1993). En 1934, alors qu'il était acrobate et écuyer, il dut remplacer au pied levé un clown et se révéla ainsi dans le rôle d'auguste. Il fut consacré au cirque d'Hiver-Bouglione en jouant des pantomimes (*La Perle du Bengale*, 1936 - 1938 ; *Blanche-Neige*, 1942 ; *Ali-Baba*, 1945). Il forma ensuite des duos avec son frère Michel et avec le clown blanc Alex. Artiste complet, il a prouvé en outre de réelles qualités de comédien sur scène dans *Voulez-vous jouer avec moâ ?* de M. Achard, et au cinéma dans *Du sang sous le chapiteau* (1951) et surtout *La Jument verte* (1958). En 1954, il fonda, avec l'aide des frères Bouglione, le Bostok Circus, devenu ensuite le Zoo Circus. En 1978, il créa le Cirque Achille Zavatta.

**ZAVENTEM** ♦ Comm. de Belgique (Région flamande), prov. du Brabant flamand, arr. de Halle-Vilvoorde, sur la Woluwe. 29 034 hab. Église Saint-Martin (XVIe s. ; tableau de Van Dyck). Plusieurs châteaux. Hippodrome de Sterrebeek. ▪ Indus. diversifiées avec prédominance de la construc. métallique de pointe qui bénéficie de la proximité de l'aéroport de Bruxelles-National. Nœud de communications.

**ZAY (Jean)** ♦ Homme politique français (Orléans 1904 - Molles, Allier 1944). Député radical-socialiste (1932 - 1940), il conserva le portefeuille de l'Éducation nationale de 1936 à 1939 et contribua à l'adoption des principales réformes scolaires par le gouvernement de Front populaire (multiplication des bourses pour les élèves du primaire, âge de la scolarité obligatoire portée à quatorze ans). Partisan de la Résistance dès la signature de l'armistice, il s'embarqua sur le *Massilia*, fut arrêté au Maroc sur les ordres du gouvernement de Vichy et interné. En 1944, il fut enlevé de sa prison de Riom et assassiné par des miliciens.

**ZAYDĀN (Jurjī)** ♦ Écrivain libanais (Beyrouth 1861 - Le Caire 1914). Il publia 22 romans historiques dans la tradition d'Alexandre Dumas. Mais il est surtout connu par son *Histoire de la civilisation islamique* et son *Histoire de la littérature arabe*, œuvres méthodiques qui favorisèrent dans le monde arabe contemporain le goût de la recherche historique.

**Zazie dans le métro** ♦ Roman de Raymond Queneau* (1959). Alors que le métro est en grève, Zazie parcourt Paris, rencontrant des personnages étranges mais drôles : le «taximane» Charles, le cordonnier Gridoux, Trouscaillon, la veuve Mouaque, Marceline et le perroquet Laverdure. Elle fait son apprentissage de la vie, en marquant ses multiples expériences de retentissantes exclamations : «Napoléon, mon cul.» Premier grand succès de l'auteur, ce roman qui met en valeur toute l'invention verbale de Queneau, mais aussi sa science de la composition, a été adapté au cinéma par Louis Malle (1960).

**ZAZZO (René)** ♦ Psychologue français (Paris 1910 - *id.* 1995). Spécialiste de la psychologie de l'enfant, il s'inscrit dans la tradition de Gesell* et de Henri Wallon*. Son travail le plus connu a porté sur les jumeaux qui permettent d'étudier les problèmes de l'apprentissage et des mécanismes héréditaires mais aussi l'effet de couple (*Les Jumeaux, le couple et la personne*, 1960 ; *Le Paradoxe des jumeaux*, précédé d'un dialogue avec Michel Tournier*, 1984). Il s'est aussi intéressé au développement psychomoteur (*Des garçons de six à douze ans*, 1969).

**ZEAMI Motokiyo** ♦ Auteur et théoricien du théâtre japonais (Kyōto 1363 - *id.* 1443). Fils d'un acteur célèbre connu sous le nom de scène de Kanami, Yūzaki Saburō Motokiyo (Zeami) fit d'un divertissement réaliste populaire, le sarugaku, la forme d'expression théâtrale la plus sophistiquée au monde, le nō. Protégé par le shogun Ashikaga Yoshimitsu, exilé dans l'île de Sado par le despote Yoshinori (qui périt assassiné lors d'une représentation de nō), Zeami eut l'occasion de se consacrer tant à la création de pièces et à la direction de sa troupe qu'à la rédaction d'œuvres théoriques capitales : *De la transmission de la fleur de l'interprétation*, Fūshi Kaden (1413), *Le Livre de la voie qui mène à la fleur*, Shikadōsho (1420), *Le Miroir de la fleur*, Kakyō (1424).

**ZECCA (Ferdinand)** ♦ Cinéaste français (Paris 1864 - *id.* 1947). Ancien régisseur de théâtre devenu directeur général des Établissements Pathé frères (1910), il a dirigé la production d'une dizaine de metteurs en scène et réalisé pour sa part une centaine de petits films d'inspiration réaliste ou comique.

**ZÉDÉ (Gustave)** ♦ Ingénieur naval français (Paris 1825 - *id.* 1891). Il réalisa les plans du sous-marin *Gymnote* qu'il dota de moyens de propulsion électriques (1887) et qui, porteur de deux grosses torpilles, fut le premier sous-marin opérationnel français.

**ZEDELGEM** ♦ Comm. de Belgique (Région flamande), prov. de Flandre-Occidentale, arr. de Bruges. 21 940 hab. Église Saint-Laurent gothique (tour du XIVe s. ; fonts baptismaux du XIIe s.). ▪ Construc. métalliques. Indus. alimentaire. Aux environs, nœud autoroutier et lac à Loppem (sports nautiques). ▮ **Histoire** Au château de Loppem, le roi Albert Ier signa, immédiatement après la fin de la Première Guerre mondiale, la promesse d'instituer le suffrage universel et d'introduire le néerlandais dans l'enseignement supérieur en Flandre.

**ZEEBRUGGE** ♦ Port belge (Région flamande), prov. de Flandre-Occidentale, en partie gagné sur la mer, et dépendant de la ville de Bruges à laquelle il est relié par le Boudewijnkanaal*. Port pétrolier et méthanier, de transroulage, et de passagers vers la Grande-Bretagne. 2e port de commerce après Anvers, 2e port de pêche de Belgique. ■ **Histoire** Base de sous-marins allemands au cours de la Première Guerre mondiale, bloquée par un raid britannique sous les ordres de l'amiral Keyes en avr. 1918.

**ZEEMAN (Pieter)** ♦ Physicien néerlandais (Zonnemaire, Zélande 1865 - Amsterdam 1943). Il découvrit, en 1896, la décomposition des raies spectrales émises par les atomes sous l'action d'un champ magnétique *(effet Zeeman)*. Ce phénomène constitue une source de renseignements sur la structure fine des atomes ; il permet également l'étude des champs magnétiques des astres. En 1914 - 1915, étudiant la propagation de la lumière dans les milieux en mouvement, Zeeman vérifia certaines prévisions de la relativité restreinte. [Prix Nobel de phys. 1902, avec H. Lorentz*]

**ZEHRFUSS (Bernard)** ♦ Architecte français (Angers 1911 - Neuilly-sur-Seine 1996). Il réalisa le Centre national des industries et des techniques (Cnit) à la Défense, en collaboration avec Camelot et de Mailly (1958), et le palais de l'Unesco, avec Breuer et Nervi (1953 - 1958). Il construisit également les usines Renault à Flins et le musée de la Civilisation gallo-romaine à Lyon (1972 - 1975). [Acad. des bx-arts 1983 ; secrétaire perpétuel 1994]

**ZEISS (Carl)** ♦ Mécanicien et opticien allemand (Weimar 1816 - Iéna 1888). Il créa à Iéna des ateliers d'optique de réputation mondiale (1846).

**ZEIST** ♦ V. des Pays-Bas (prov. d'Utrecht). 60 326 hab. Château du XVIIe s. ■ Commune résidentielle. Indus. alimentaire et chimique. Métall. Équipements sociaux et médicaux. ■ **Histoire** En 1713, un des traités d'Utrecht*, qui mettait fin à la guerre de Succession d'Espagne, y fut signé.

**ZEITZ** ♦ V. d'Allemagne (Saxe-Anhalt), près de l'Elster blanche. Env. 32 000 hab. Indus. chimiques.

**ZÉLANDE** n. f. ◆ ÉTYM. en néerl. ***Zeeland*** «pays de la mer» ♦ Prov. des Pays-Bas. → **Pays-Bas** (carte). 1 791 km². 380 497 hab. *(Zélandais)*. CH.-L. : Middelburg*. Elle comprend principalement une partie continentale, la *Flandre zélandaise*, deux îles, Noord-Beveland et Schouwen Duiveland, et une presqu'île formée par deux anciennes îles (Walcheren et Zuid-Beveland). D'un niveau souvent inférieur à celui de la mer, la Zélande est protégée par plus de 400 km de digues (Westkapelle). Les travaux du plan Delta* ont écarté le risque d'inondation et désenclavé la Zélande, maintenant bien reliée à Rotterdam par la route. ■ Ostréiculture. Comme sur les plus récents polders, les labours (67 % de la prov.) l'emportent : céréales, plantes industrielles et fourragères. Prairies, horticulture ; fruits (Zuid-Beveland). Les industries sont localisées le long du canal de Gand à Terneuzen et à Flessingue. Tourisme (Renesse, Cadzand, Veere, Middelburg). ■ **Histoire** Réunie au comté de Hollande au XIIe s., la Zélande passa à la maison de Bourgogne en 1428. Après la signature de l'Union d'Utrecht (1579), elle fit partie des Provinces-Unies. Département français des Bouches-de-l'Escaut en 1810, elle fut rattachée au royaume des Pays-Bas en 1815. Ravagée par les cataclysmes maritimes (inondation de 1921 ; raz de marée de 1953), la Zélande souffrit aussi de la Deuxième Guerre mondiale.

**ZELE** ♦ Comm. de Belgique (Région flamande), prov. de Flandre-Orientale, arr. de Dendermonde, entre l'Escaut et la Durme. 20 444 hab. Église de 1699, de style baroque, à tour octogonale. ■ Indus. textile. Abattoirs (porcs).

**ŻELEŃSKI (Tadeusz),** dit **Boy** ♦ Écrivain polonais (Varsovie 1874 - Lvov 1941). À partir de 1909, il traduisit *La Physiologie du mariage* de Balzac, prélude à d'innombrables traductions d'œuvres françaises. Marqué par l'esprit décadent, lié aux milieux bohèmes de Cracovie (réunis au célèbre cabaret Le Ballon vert), il est également l'auteur de livres de critique, *Études et esquisses de littérature française* (1920 et 1922), *Flirt avec Melpomène*, (critique théâtrale 1920 - 1923), *Molière* (1924), *En Sorbonne et ailleurs* (1927), et d'un ouvrage historique, *Marysieńka Sobieska* (1938).

**ZELENTCHOUK** ♦ Bourgade de Russie dans le Caucase septentrional, site d'un des principaux observatoires astronomiques mondiaux.

**ZELL AM SEE** ♦ V. d'Autriche (Bundesland de Salzbourg*), sur la rive O. du lac Zeller, à 757 m d'alt. 9 636 hab. Station climatique et de sports d'hiver. La ville possède plusieurs monuments : Stadtplatz, avec la Vogtturm (XIIIe s.) ; église paroissiale Saint-Hippolyte.

**ZELLE** → Celle

**ZELLER (Eduard)** ♦ Philosophe allemand (Kleinbottwarr, Wurtemberg 1814 - Stuttgart 1908). Historien de la philosophie (qui fut hégélien à ses débuts), il est connu par son ouvrage sur *La Philosophie des Grecs dans son développement historique* (1844 - 1852 ; 1856 - 1868).

**ZELLIDJA** ♦ Centre minier du Maroc oriental (prov. d'Oujda). Plomb et zinc. Jean Walter, qui administra les mines de Zellidja, fut le fondateur des bourses de voyage du même nom.

**ZELMANOV (Efim)** ♦ Mathématicien russe travaillant aux États-Unis (Novossibirsk 1955). Spécialiste de la théorie des groupes, il a notamment résolu le «problème de Burnside restreint», formulé en 1902, et concernant le nombre de groupes «d'exposant fini $n$ à $m$ générateurs». [Médaille Fields 1994]

## zélotes

n. m. pl. ◆ ÉTYM. gr. *zêlôtês* «passionné ; rempli de zèle pour le Seigneur» ; hébr. *qannâ'îm* (plur.) ♦ Juifs partisans intransigeants de la théocratie. Flavius Josèphe* y voit parfois le quatrième des «partis» juifs (→ **esséniens, pharisiens, sadducéens**), en précisant qu'ils n'ont rien de commun avec les autres, mais il dit ailleurs que la seule chose qui les différencie des pharisiens est leur refus de reconnaître aucun autre seigneur que Dieu, fût-ce au prix de torture ou de mort pour leurs proches aussi bien que pour eux-mêmes. Il en fait des «brigands» fanatiques dont le zèle pour les activités vertueuses recouvrirait en fait les forfaits les plus exécrables et dont le fondateur serait un Judas de Gamala, instigateur en Galilée d'une révolte contre le recensement, préalable à l'impôt, organisé par le gouverneur Quirinius au début de l'ère chrétienne. Les zélotes, dont certains sont nommés *sicaires* (du lat. *sica* «poignard» [poignard qu'ils dissimulaient et qui leur permettait d'assassiner des impies]), semblent avoir activement participé à la révolte de 66, instauré un régime de terreur dans Jérusalem assiégée et fait partie des défenseurs de Massada*. Un des douze disciples de Jésus, Simon*, est qualifié de zélote (*zêlôtês* ou *kananaios*).

**ZELTEN** ou **BIR ZELTEN** ♦ Loc. de Libye en Cyrénaïque. 21 340 hab. Gisement de pétrole, à l'E. de celui de Raguda, dont la production est acheminée par oléoduc jusqu'au port de Marsa el-Brega.

**ZELTER (Karl Friedrich)** ♦ Compositeur, chef d'orchestre et pédagogue allemand (Berlin 1758 - *id.* 1832). Après avoir étudié le violon et la composition et travaillé avec C. Fr. Fasch (qu'il remplaça à la tête de l'Académie royale de chant), il fonda en 1809 une association chorale, la Liedertafel. Nommé professeur à l'Académie royale, il créa et dirigea l'Institut royal de musique d'église et rénova la bibliothèque musicale de Berlin. Il exerça sur la vie musicale de la ville une influence profonde et durable. Il a composé de beaux lieder sur des poèmes de Goethe, avec lequel il échangea durant de nombreuses années une très intéressante correspondance. Il fut le maître de Mendelssohn.

**ZELZATE** ♦ Comm. de Belgique (Région flamande), prov. de Flandre-Orientale, arr. d'Eeklo, sur le canal de Terneuzen. 12 190 hab. Indus. chimique.

**ZEMAN (Karel)** ♦ Cinéaste tchèque (Ostromer 1910 - Gottwaldov, auj. Zlín 1989). Il fut, avec Jiří Trnka, le plus brillant représentant de l'école d'animation tchécoslovaque, jouant en virtuose de matériaux tels que marionnettes, figurines de verre, gravures au trait et parfois personnages vivants, dans une série de films frappés au sceau d'un subtil onirisme : *Rêve de Noël* (1946), *Aventures fantastiques* (1958, d'après Jules Verne), *Le Baron de Crac* (1961), *Les Aventures de Sindbad le marin* (1974).

**ZEMLINSKY (Alexander VON)** ♦ Compositeur et chef d'orchestre autrichien (Vienne 1872 - Larchmont, New York 1942). Après avoir étudié au conservatoire de Vienne, il dirigea plusieurs théâtres viennois, puis le Landstheater de Prague (1911), la Deutsche Musikakademie (1920) et enfin, avec O. Klemperer, la Krolloper de Berlin (1927 - 1932). Émigré aux États-Unis en 1938, il fut le maître de Schoenberg et se lia avec les musiciens de l'école viennoise. Redécouvert dans les années 1970, il a écrit entre autres une *Symphonie* lyrique* sur des poèmes de R. Tagore (1924), des lieder, quatre quatuors à cordes (1897, 1914, 1924, 1936), et des opéras parmi lesquels *Der Traumgörge* (1904 - 1906, créé en 1980), *Une tragédie florentine* (1917) et *Le Nain ou l'Anniversaire de l'infante* (1922), ces deux derniers d'après Oscar Wilde.

**ZEMPOALA** ♦ Village et site archéologique du Mexique, à env. 80 km de Veracruz. Important centre de la civilisation totonaque, abandonné au début du XVIIe s.

**ZEMST** ♦ Comm. de Belgique (Région flamande), prov. du Brabant flamand, arr. de Halle-Vilvoorde, sur la Senne. 21 553 hab. Aux environs, château du Steen à Elewijt, acheté par Rubens en 1635 et qu'il transforma en un manoir Renaissance ; à Hofstade, domaine d'État d'Hofstade-Plage, en partie réserve naturelle. ■ Quelques construc. métalliques.

## zen

n. m. ♦ Secte bouddhique japonaise, issue du chan* chinois, introduite au Japon en 1192 par le religieux Eisai. Son enseignement, qui ne reconnaît pas l'autorité des textes et ne vénère que la personne du Bouddha* historique, se transmet d'une manière particulière, d'esprit à esprit, et exige une concentration parfaite de la pensée.

**Zend-Avesta** → Avesta

**ZÉNÈTES** n. m. pl. → **Berbères**

**ZENICA** ♦ V. de Bosnie-Herzégovine. 84 300 hab. Grand centre sidérurgique.

**ZENO (Carlo)** ♦ Amiral vénitien (Venise v. 1334 ou 1338 - *id.* 1418). Luttant en Grèce contre les Turcs, il acquit pour son pays l'île de Ténédos, prit part à la guerre de Chioggia (1379 - 1380), fut envoyé à Beyrouth en 1403 et battit l'escadre franco-génoise près de Modon. ♦ **Niccolò** et **Antonio Zeno.** Frères du précédent. Navigateurs vénitiens de la fin du XIV^e et du début du XV^e s. qui auraient visité la Frislande (îles Féroé) et même le Groenland. Leur expédition, relatée par leur descendant Niccolò Zeno, a néanmoins été mise en doute. ♦ **Caterino Zeno.** Voyageur et diplomate vénitien (Venise v. 1450 - fin du XV^e s.). Petit-fils d'Antonio Zeno. Il visita la Perse et passa par la région de la mer Noire lors de son retour (1472 - 1474). Publié par son neveu NICCOLÒ (1515 - 1575), le récit de son voyage, *Dei Commentari del Viaggio di Persia di Caterino Zeno* (1558), contient également la relation de la prétendue expédition de Niccolò et Antonio Zeno.

**ZÉNOBIE** → ÉTYM. en lat. ***Septimia Zenobia***, en gr. *Zênobia*, de *Zên* (var. de *Zeus*) et *bia* «force, violence» ♦ (morte à Tibur, auj. Tivoli, apr. 272). Reine de Palmyre* (v. 266 - 272). Femme d'Odenath*, elle exerça la régence au nom de son fils Wahballat. Intelligente et autoritaire, elle conduisit Palmyre à son apogée. Elle refusa la tutelle de Rome, conquit l'Égypte et l'Asie Mineure, imposant sa domination sur tout l'Orient. À sa cour brillaient des Grecs cultivés parmi lesquels le rhéteur Longin*, son conseiller, et l'évêque d'Antioche, Paul de Samosate. Se sentant menacé par cette nouvelle puissance, Aurélien* assiégea Palmyre qui fut prise en 272. Zénobie parut à Rome au triomphe de l'empereur et finit sa vie près de Tibur* dans le domaine que lui donna Aurélien.

**ZÉNODORE** – en gr. *Zênodôros* ♦ Mathématicien grec (2^de moitié du –II^e s.). Il s'est intéressé aux polygones réguliers isopérimètres et aux solides de surfaces égales, pour lesquels il établit que la sphère possédait le plus grand volume.

**ZÉNODOTE D'ÉPHÈSE** – en gr. *Zênodotos* ♦ Grammairien grec (–320 - –240). Premier directeur de la bibliothèque d'Alexandrie*, il donna la première édition critique des poèmes homériques qui servit de point de départ aux travaux de son élève Aristophane* de Byzance, puis à ceux d'Aristarque* de Samothrace.

**ZÉNON** ♦ (v. 426 - 491). Empereur d'Orient (474 - 491). Père de Léon* II dont il assura la régence (474). Dans l'espoir de rétablir son influence en Italie, il chargea le roi des Ostrogoths, Théodoric*, de la reconquérir (488).

**ZÉNON DE CITIUM** ou **CITION** – en gr. *Zênôn* ♦ Philosophe grec fondateur du stoïcisme* (Citium, Chypre v. –335 - Athènes v. –264). Fils d'un riche commerçant d'origine phénicienne, il vint à Athènes v. –312. Après avoir été l'élève du philosophe cynique Cratès de Thèbes, du mégarique Stilpon et du platonicien Xénocrate*, il créa l'école du Portique* (ou stoïcisme). L'estime que lui témoignèrent les Athéniens était telle qu'ils lui dressèrent une statue de bronze et l'enterrèrent dans le quartier du Céramique*. Aucun de ses ouvrages ne nous est parvenu. Seuls les titres ont été conservés par Diogène* Laërce, ainsi qu'un peu plus de 300 fragments très courts dans les œuvres de compilateurs. Zénon, à la suite peut-être des platoniciens de l'Académie, distingua les trois parties de la philosophie stoïcienne (la logique, la physique et l'éthique), qu'il développa chacune, et jeta les fondements du stoïcisme que Chrysippe* systématisa plus tard.

**ZÉNON D'ÉLÉE** – en gr. *Zênôn ho Eleatês* ♦ Philosophe grec de l'école d'Élée (Élée v. –490 - ?). Disciple de Parménide*, il n'écrivit, à en croire Platon*et Simplicius*, qu'un seul livre qui présupposait la thèse parménidienne de l'unité et de l'unicité de l'Être et que Zénon tentait de confirmer en réduisant la thèse contraire. Selon Proclus*, Zénon aurait développé 40 arguments contre l'existence de la pluralité. Grâce à la *Physique* d'Aristote*, nous connaissons plus en détail 4 arguments visant à montrer que le mouvement, parce qu'il n'est pas rationnel, ne peut être réel. Il s'agit là d'une série de paradoxes (la dichotomie, Achille et la tortue, la flèche et le stade) qui sont restés célèbres et dont les plus connus sont celui de la flèche qui ne parvient jamais à son but et celui d'Achille et de la tortue. D'après ce philosophe, en effet, un mobile, pour atteindre un point, doit d'abord parcourir la moitié de la distance qui l'en sépare et auparavant la moitié de la moitié et ainsi de suite, à l'infini.

**ZÉPHYR** → ÉTYM. en gr. ***Zephuros***, p.-ê. de *zophos* «obscurité» ♦ Personnification du vent d'O. dans la légende grecque. Il est uni à Chloris*, divinité de la végétation.

**ZÉPHYRIN** (saint) ♦ 15^e pape (de 199 à 217), Romain, martyr. Il prit comme auxiliaire le diacre Calixte* qui lui succéda. ▪ Fête le 26 août.

**ZEPPELIN (Ferdinand,** comte **VON)** ♦ Industriel allemand (Constance 1838 - Berlin 1917). Il prit sa retraite de la carrière militaire en 1890 et se consacra à la construction de dirigeables rigides (formule inventée et brevetée en 1873 par l'ingénieur français Spiess) dont l'enveloppe était constituée par un certain nombre de cellules indépendantes pour limiter toute fuite de gaz. Le premier *zeppelin* fut essayé en 1900 sur le lac de Constance. → ÉTYM. Ce nom de famille vient de *Zepelin*, nom de lieu dans le Mecklembourg.

**ZERAVCHAN** n. m. ♦ Vallée de l'Ouzbékistan et du Tadjikistan. Arrosée par le fleuve du même nom (877 km), la vallée du Zeravchan est l'une des plus anciennes et importantes régions agricoles de l'Asie centrale. V. PRINC. : Boukhara*, Samarkand*.

**ZERHOUN** (djebel) ♦ Massif du Maroc occidental appartenant aux rides prérifaines qui domine au N. le plateau de Meknès, culminant à 118 m et sur lequel est bâtie la ville sainte de Moulay-Idriss. Un des fiefs des Berbères sanhajas.

**ZERMATT** → ÉTYM. contraction de l'alémanique *zu der Matte* «au pacage» ♦ V. de Suisse (Valais), dans la vallée de la Viège, au pied du Cervin. 6 629 hab. Une des principales stations de sports d'hiver de Suisse et l'un des plus grands centres européens d'alpinisme (1 620 - 3 407 m).

**ZERMELO (Ernst)** ♦ Mathématicien allemand (Berlin 1871 - Fribourg 1953). Auteur de la première axiomatisation de la théorie des ensembles (1908), complétée dans les années 1920 par Fraenkel* et Skolem*, il est l'auteur du fameux axiome du choix, concernant la construction d'un nouvel ensemble à partir d'une collection d'ensembles. Cet axiome, dont il est impossible de décider s'il est vrai ou faux, fut à l'origine de nombreuses recherches en logique mathématique. → **Cohen (Paul), Neumann (Johannes von).**

**ZERNIKE (Frederik)** ♦ Physicien néerlandais (Amsterdam 1888 - Naarden 1966). On lui doit la technique de contraste de phase en microscopie optique (1938) grâce à laquelle, en séparant la lumière transmise de la lumière diffractée par l'objet observé, il est possible de voir les détails transparents et d'éviter l'utilisation des colorants (qui tuaient les cellules vivantes). [Prix Nobel de phys. 1953]

**Zéro de conduite** ♦ Film français de Jean Vigo* avec Jean Dasté (1933). Ce moyen métrage (44 min), réalisé en toute liberté à partir de souvenirs de collège enjolivés, ou plutôt poussés à la caricature, fut victime de la censure, avant de devenir, à partir de 1945, un film-culte des ciné-clubs. Il est vrai que Vigo avait lâché la bride à sa verve anarchisante : surveillants odieux, préfet grotesque, cancres chahuteurs faisaient voler en éclats l'institution.

Le **Zéro et l'Infini** – en angl. ***Darkness at Noon*** ♦ Roman d'Arthur Koestler* (1940). Inspiré par l'adhésion de l'auteur au communisme de 1931 à 1939 et par les procès de Moscou qui l'en éloignèrent, ce roman raconte la condamnation et l'exécution impitoyable d'un ancien dirigeant communiste, Roubachoff, accusé par le parti d'avoir dévié du sens de l'Histoire que celui-ci trace infailliblement. Après la guerre, ce roman devint l'un des classiques de l'anticommunisme occidental des années 1950 et remporta un immense succès.

**ŻEROMSKI (Stefan)** dit aussi **MAURYCY ZYCH** ♦ Romancier et auteur dramatique polonais (Strawczyn, près de Kielce 1864 - Varsovie 1925). Né pendant l'insurrection, il passa son enfance réfugié dans les montagnes. Plus tard, son action en faveur de l'éducation des masses lui valut d'être arrêté par les autorités russes. Il devint bibliothécaire du musée polonais de Rapperswill, en Suisse, puis à la bibliothèque Zamoyski de Varsovie. Son œuvre témoigne de la lutte pour la justice sociale : *Les corbeaux nous dépèceront* (1895), *Les Travaux de Sisyphe* (1898), *Les Cendres*, épopée des guerres napoléoniennes (1904). *Histoire d'un péché* (1909) est une critique de la société. On lui doit également plusieurs œuvres dramatiques dont *Sułkowski*, *Turon* et surtout une comédie, *La caille s'est enfuie* (1924). Il prit une part active dans l'organisation de la vie littéraire polonaise. → ÉTYM. *Żeromski* est l'équivalent polonais de «Jérôme».

**ZEROUAL (Liamine)** ♦ Général et homme d'État algérien (Batna 1941). Officier dans l'ALN (Armée de libération nationale), général en 1988, il fut ministre de la Défense en 1993 avant d'être nommé, en janv. 1994, chef de l'État par le Haut Comité d'État. Élu président de la République (nov. 1995), il engagea une lutte sans merci contre les islamistes radicaux du GIA (Groupe islamique armé). En sept. 1998, il annonça sa démission, provoquant une élection présidentielle anticipée en 1999.

**ZERVOS (Christian)** ♦ Éditeur d'art, collectionneur, historien et critique d'art français d'origine grecque (Argostoli 1889 - Paris 1970). Il fonda la revue *Cahiers d'art* (1926 - 1960), qui défendait l'art de l'avant-garde européenne (Braque*, Kandinsky*, Matisse*, Picasso*, Gris*) et ouvrit sa galerie et sa maison d'édition. Il publia des livres aussi bien sur l'art préhistorique que sur l'art contemporain et réalisa le catalogue en 33 volumes de l'œuvre de Picasso dès 1933. Il a suivi aussi le surréalisme, l'abstraction et, à partir des années 1950, le retour à la figuration. Un musée Zervos a été ouvert à Vézelay en 1994.

**ZÉTHOS** → **Antiope**

**ZETKIN (Clara)** née **EISSNER** ♦ Révolutionnaire allemande (Widerau, Saxe 1857 - Arkhangelskoïe, près de Moscou 1933). Elle créa en 1878 le mouvement des femmes et entra au parti social-démocrate. Émigrée en Suisse et en France avec le révolutionnaire russe Ossip

Zetkin (mort en 1889), son futur mari, elle intervint au sein de la IIe Internationale socialiste pour l'égalité des femmes, adhéra au groupe spartakiste et contribua au développement du parti communiste allemand. → **Liebknecht (Karl), Luxemburg (Rosa).**

**ZETLAND** → **Shetland**

**ZEUS** ◆ ÉTYM. d'une rac. indo-eur. °*dei-* «briller» ♦ Dieu suprême du Panthéon hellénique, «père des dieux et des hommes» selon Homère. Sa suprématie dans le polythéisme grec annonce la conception d'une souveraineté universelle fondée sur la raison. Zeus est essentiellement le dieu de la lumière céleste ; il gouverne les phénomènes physiques tels que la pluie, la foudre, le cycle des saisons, la succession du jour et de la nuit. Symbole d'une organisation patriarcale et d'une hiérarchie primitive, il devient le garant de la royauté et de l'ordre social, l'arbitre supérieur de la justice. Il veille au respect des lois de l'hospitalité, à la piété des mortels et dispense les biens et les maux. Mais tout ce qui est injuste, déraisonnable ou incompréhensible dans le monde est du ressort des Destins, auxquels lui-même est soumis. Appartenant à la deuxième génération divine selon la *Théogonie** hésiodique, Zeus est le dernier-né des enfants de Cronos* et de Rhéa*. Cronos avalait ses enfants nouveau-nés. Or Rhéa enfante Zeus pendant la nuit, le dissimule sur le mont Ida* en Crète, le confiant aux Curètes et aux Nymphes et, le matin, donne à son époux une pierre enveloppée de langes à avaler. Zeus est élevé par la chèvre (ou nymphe) Amalthée*. Devenu adulte, il donne à Cronos une drogue et lui fait vomir les enfants qu'il avait avalés, puis, libérant du Tartare les Cyclopes* et les Hécatonchires*, il mène la révolte contre son père et les autres Titans*. Océan* et d'autres divinités primordiales embrassent la cause de Zeus, les Cyclopes lui donnent la foudre, l'arme qui assure la victoire des Olympiens (→ **Olympe**). Zeus et ses frères se partagent le pouvoir : Poséidon* obtient la mer, Hadès* le monde souterrain, Zeus le ciel et la prééminence sur l'univers. Les Olympiens doivent encore vaincre les Géants* et le monstre Typhon* soulevés contre leur pouvoir par Gaïa, qui voulait ainsi venger ses fils, les Titans. La légende de Zeus comprend un grand nombre d'unions avec des divinités primordiales ou olympiennes et avec des mortelles, d'où naissent des dieux et des héros : les Heures*, les Moires* et Astrée* (de Thémis*), les Muses* (de Mnémosyne*), les Charites* (d'une Océanide), Aphrodite* (de Dioné*), Hermès* (de Maia), Apollon* et Artémis* (de Léto*), Dionysos* (de Sémélé*). Sa sœur et épouse légale Héra* lui donne Arès*, Héphaïstos*, Ilithye* et Hébé* ; son autre sœur Déméter* lui donne Perséphone*. Quant à sa fille aînée Athéna*, elle sort de la tête de Zeus qui avait avalé Mêtis, craignant le fruit de ses amours avec celle-ci. Les principaux héros engendrés par Zeus sont Héraclès* (→ **Alcmène**), Persée* (→ **Danaé**), Amphion* et Zéthos (→ **Antiope**), Minos*, Rhadamante*, Sarpédon* (→ **Europe**), Hélène*, Castor* et Pollux* (→ **Léda, Némésis**), Éaque* et Tantale*. Souvent il se métamorphose pour arriver à ses fins. Ainsi, pour corrompre la vertueuse Alcmène, il prend la forme de son mari Amphitryon* ; il se change en cygne pour s'unir à Léda ou à Némésis, en pluie d'or pour pénétrer dans le cachot de Danaé, en taureau pour enlever Europe. De même, il métamorphose quelquefois ses amantes pour les soustraire à la vengeance de la jalouse Héra (→ **Io, Callisto**). Il ne répugne pas pour autant à la beauté de l'éphèbe Ganymède*, qu'il enlève pour en faire son échanson. La légende de Zeus est pour le reste limitée à l'action par laquelle il rétablit l'équilibre dans l'univers (→ **Phaéton**), protège les pouvoirs et les privilèges des dieux (→ **Asclépios, Atlas, Prométhée**), châtie l'impiété et la démesure (→ **Ixion, Lycaon**) ou récompense la piété et l'hospitalité (→ **Philémon et Baucis**). Avant tout, il interprète les Destins et il arbitre les conflits des autres dieux et des hommes (tel est son rôle pendant la guerre de Troie). L'oracle de Dodone* et le temple d'Olympie* sont parmi les autels les plus célèbres dédiés à son culte. ▪ Zeus est identifié avec le *Jupiter* des Romains.

**Zeus.** Tête de Zeus.
Musée archéologique national, Athènes.
*Phot. © Nimatallah/Ricciarini*

**ZEUSS (Johann Kaspar)** ♦ Linguiste allemand (Vogtendorf, Haute-Franconie 1806 - *id.* 1856), fondateur des études celtiques modernes avec sa *Grammatica celtica* (Leipzig, 1853).

**ZEUXIS** ♦ Peintre grec originaire d'Héraclée (Lucanie), actif en Italie et à Athènes vers la fin du -ve s. Très estimé par les Anciens, il fut l'un des initiateurs de la peinture de chevalet. Il choisit ses thèmes dans la mythologie légère et la vie sentimentale : *Héraclès enfant étranglant les serpents*, la *Famille du Centaure, Éros couronné de roses, Hélène à sa toilette*. Adversaire de Parrhasios*, il exploita à fond l'innovation du clair-obscur due à Apollodore, par laquelle la peinture se détachait du dessin coloré. La science de l'opposition des tons, les contours accusés et le souci du paysage caractérisaient ses œuvres aujourd'hui perdues.

**ZÉVACO (Michel)** ♦ Écrivain français (Ajaccio 1860 - Eaubonne 1918). Journaliste lié aux milieux anarchistes, il se consacra à partir de 1900 au roman-feuilleton. La série des *Pardaillan* (à partir de 1902, en vol. de 1907 à 1926) évoque l'histoire de France, du règne d'Henri II à la jeunesse de Louis XIII, à travers la figure pittoresque du chevalier de Pardaillan, porte-parole des idéaux libertaires de son créateur.

**ZEVI (Sabbataï)** ◆ ÉTYM. en hébr. *Shâbbatay* («né un jour de shabbat») *Çebhî* ♦ Pseudo-Messie juif (Smyrne 1626 - Dulcigo [Albanie] 1676). De caractère instable, érudit aux pratiques ascétiques, il eut très tôt un comportement «antinomique» qui fit scandale et lui attira des disciples. Expulsé de sa communauté, il séjourna en Grèce, en Turquie, en Égypte, en Palestine où Nathan de Gaza le convainquit définitivement de sa messianité, proclamée en décembre 1665. En dépit d'oppositions résolues, la ferveur sabbataïste s'étendit à l'ensemble des communautés juives dans le monde, suscitant des troubles qui alarmèrent les autorités turques. Arrêté, transféré à Constantinople en 1666, Sabbataï eut le choix entre la mort et la conversion à l'islam : son apostasie fut un immense scandale, mais ne marqua pas la fin du mouvement, certains de ses partisans (à la suite de Nathan) y voyant l'effort ultime pour sauver le monde. Les troubles persistant, le pseudo-Messie fut assigné à résidence aux confins de l'empire ; après sa mort et celle de son prophète (en 1680), le sabbataïsme se divisa en plusieurs sectes, dont certains membres (les *dönme*, «convertis», en turc) étaient en apparence convertis à l'islam.

**ZEWAIL (Ahmed H.)** ♦ Chimiste américain d'origine égyptienne (Damanhour 1946). Grâce à des éclairs laser ultrabrefs, de l'ordre de quelques femtosecondes (1 fs = $10^{-15}$ s) — ce qui correspond à la durée réelle des réactions —, il parvint à observer le mouvement des atomes d'une molécule au cours des réactions chimiques. Les applications de la «femtochimie» vont de l'élucidation de l'action des catalyseurs et des mécanismes biologiques jusqu'au développement des nouveaux médicaments ou la construction des composants électroniques moléculaires. [Prix Nobel de chimie 1999]

**ZEYER (Julius)** ♦ Poète, romancier et auteur dramatique tchèque (Prague 1841 - *id.* 1901). D'origine alsacienne par son père et juive pragoise par sa mère, Zeyer utilisa les références parfois contradictoires du cosmopolitisme et de l'attachement aux cultures slaves dans des épopées : *Vyšehrad* (1880), *Épopée carolingienne* (1896), *Mémoires de Vít Choráz* (1899). Ses romans et surtout ses récits, d'un romantisme déjà décadent, mettent en scène des héros trop faibles et victimes d'un monde médiocre : *L'Amitié fidèle d'Amis et d'Amile* (1880), *Jan-Maria Plojhar* (1888), *La Maison à l'étoile qui sombre* (1894).

**ZÉZERE** n. m. ♦ Riv. du Portugal, affl. du Tage, née dans la *serra da Estrela* (200 km). Vallée glaciaire caractéristique. Équipement hydroélectrique (barrage Castelo do Bode).

**ZHANG Daoling** ou **TCHANG Tao-ling, ZHANG Ling** ou **TCHANG Ling** ♦ Moine taoïste chinois (34 - 156), fondateur de la secte dite de la «Voie des Cinq Mesures de riz» (Wudoumo dao) qui compta plusieurs dizaines de milliers d'adeptes. Sa vie servit de support à d'innombrables légendes.

**ZHANG Heng, CHANG Heng** ou **TCHANG Heng** ♦ Mathématicien chinois (78 - 139). Astronome et géographe, fonctionnaire impérial au bureau de l'Astronomie, il étudia le mécanisme des éclipses et des équinoxes et aurait construit une sphère armillaire à moteur hydraulique et un sismographe.

**ZHANGJIAKOU** ou **TCHANG-KIA-K'EOU** – en mongol ***Kalgan*** ♦ V. de Chine (Hebei), située sur la Grande Muraille dont elle constitue une des portes. 806 518 hab. Céréales et légumes. Indus. sidérurgique et mécanique, pétrochimique et textile. Cuirs, peaux, fourrures.

**ZHANG Jiejian, CHANG Chieh-chien** ou **TCHANG Tsie-kien** ♦ Physicien atomiste chinois (Pékin 1913 - Houston 2004), auteur de plusieurs ouvrages scientifiques. Il est l'inventeur des structures en «nid d'abeilles» applicables aux réacteurs nucléaires.

**ZHANGUO** ou **TCHAN-KOUO** ➝ ÉTYM. chin. «Royaumes combattants» ♦ Période de l'histoire de Chine (−475 - −221). Les «Royaumes combattants», Zhao, Wei, Han, Qi, Yan, Chu et Qin furent unifiés par le roi des Qin. → **Shi Huangdi.**

**ZHANG Yimou** ♦ Réalisateur, acteur et producteur chinois (Xian 1950). Il fait partie des quelques cinéastes qui ont permis à l'industrie cinématographique chinoise d'occuper une place internationale prépondérante. En rupture avec le didactisme, critique à l'égard du régime (bien qu'ayant été cinéaste officiel) qui en même temps le jugeait trop axé vers l'Occident, il fut régulièrement la cible de la censure. C'est avec *Terre jaune* (1984) qu'il fut reconnu hors de Chine pour la première fois, puis il tourna *Le Sorgho rouge* (1988), *Vivre* (1994), *Épouses et Concubines* (1991), *Qui Ju une femme chinoise* (1992). Il quitta le réalisme pour se lancer dans des films de combat historiques comme *Hero* (2003), *Shanghai Triad* (1995) ou *La Cité interdite* (2007). Il a orchestré les cérémonies des jeux Olympiques de Pékin en 2008.

**ZHANG Zuolin** ou **TCHANG Tso-lin** ♦ Maréchal chinois (Haicheng, Liaoning 1873 - Moukden 1928). Chef de bande et seigneur de la guerre, il devint gouverneur de Mandchourie* à partir de 1913 grâce aux Japonais. Il joua des alliances et rivalités (occupations de Pékin) avec les autres seigneurs de la guerre, les nationalistes de Jiang* Jieshi (Chiang Kai-shek) et les puissances étrangères. Craignant sa défection, ses alliés japonais l'assassinèrent en plaçant une bombe sous son train. Son fils Zhang Xueliang (1901 - 2001) lui succéda.

**ZHANJIANG** ou **TCHAN-KIANG** ♦ V. de Chine (Guangdong). 832 273 hab. Port ouvert à l'étranger. Indus. alimentaire (canne à sucre, arachide). Gisements de pétrole et de gaz naturel. ▮ **Histoire** Anc. «territoire à bail» cédé à la France (Fort-Bayard) de 1898 à 1943.

**ZHAO Mengfu** ou **TCHAO Mong-fou** ♦ Peintre, poète, calligraphe et musicien chinois (Huzhou, Zeijiang 1254 - 1322). Descendant de la famille impériale de la dynastie des Song*, fonctionnaire impérial à la cour des Yuan*, il était considéré comme l'un des grands maîtres de la dynastie, réputé pour ses peintures de chevaux, de personnages et de paysages.

**ZHAO Ziyang** ou **TCHAO Tseu-yang** ♦ Homme politique chinois (prov. du Henan 1919 - Pékin 2005). Il adhéra au Parti communiste chinois en 1938, devint premier secrétaire du parti dans le Guangdong en 1965 puis gouverneur du Sichuan (1975 - 1980). Membre du bureau politique depuis 1979, il succéda à Hua* Guofeng au poste de Premier ministre (1980 - 1987) et devint secrétaire général du parti en 1987. Favorable au dialogue avec les étudiants lors du printemps 1989 (→ **Chine**), il fut révoqué pour «erreurs graves» et remplacé par Jiang Zemin.

**ZHEJIANG** ou **TCHÖ-KIANG** n. m. ♦ Prov. du S.-E. de la Chine, sur la mer de Chine orientale (2 200 km de côtes ; 2 161 îles). → **Chine** (carte). 101 800 km². 45 930 651 hab. dont 99 % de Hanren*. CAP. : Hangzhou. Céréales (2 ou 3 récoltes par an), pommes de terre. Thé, tabac. Indus. légères. Sériciculture. Coton. Tissage. Papeterie. Céramique. Pêche, pisciculture (Zhoushan). Centrale hydraulique (Xinan jiang). Forêt (37 % du territoire), camphrier, bambou. Houille, fer, alun. Artisanat.

**ZHENG Chenggong** → **Koxinga**

**ZHENG He** ou **TCHENG Ho** (**MA**, dit) ♦ Eunuque et navigateur chinois (1371 - v. 1434). Sur ordre de l'empereur Yongle*, il dirigea sept voyages d'exploration et commerciaux (1405 - 1433) grâce à une flotte armée imposante. Il visita le S.-E. de l'Asie, l'Inde, Ceylan et poussa la reconnaissance jusqu'aux côtes somaliennes.

**ZHENGZHOU** ou **TCHEN-TCHEOU** ➝ ÉTYM. du chin. *zhèng* «solennel» et *zhōu* «région» ♦ V. de Chine, cap. de la prov. du Henan. 2 501 024 hab. Nœud ferroviaire et important centre culturel ayant conservé de nombreux monuments historiques. ▪ Cultures céréalières : blé, orge, riz, maïs. Coton, tabac, arachide, sésame, colza. Mines de charbon et de bauxite. Kaolin, terre réfractaire. Indus. textile et alimentaire. ▪ Occupée par les Shang*, c'est une des plus anciennes villes chinoises.

**ZHENLA** ou **TCHEN-LA** ♦ Nom chinois d'un royaume cambodgien qui supplanta v. 540 celui du Funan*. Il se divisa en deux parties connues sous les noms de *Zhenla de Terre* (dans le N.) et *Zhenla d'Eau* (dans le S.), v. 706, mais fut réunifié au début du IXᵉ s. et incorporé à l'Empire khmer.

**ZHONGSHAN** ou **TCHONG-CHAN** ♦ V. de Chine (Guangdong). 1 434 251 hab. Zone d'économie spéciale. Agriculture. Pêche. Tourisme.

**ZHOU** ou **TCHEOU** n. m. pl. ♦ Dynastie chinoise (−XIᵉ s. - −221, 34 empereurs) qui se divise en Zhou occidentaux (−XIᵉ s. - −771, cap. à Hao, puis à Feng) et Zhou orientaux (−770 - −221, cap. à Luoyi, comprenant les périodes Chunqiu* et Zhanguo*). La dynastie Zhou vit le développement de l'agriculture et de l'artisanat. L'art du bronze fut porté à l'une de ses plus belles expressions artistiques : maîtrise parfaite des formes et du décor, virtuosité technique.

**ZHOU Dunyi** ou **TCHEOU Touen-yi** ♦ Philosophe confucéen chinois (Yingdao, auj. Daoxian, Hunan 1017 - Lushan, Jiangxi 1073). L'un des plus importants penseurs de la dynastie des Song, adepte du bouddhisme vers la fin de sa vie, et fortement influencé par la théorie des causes et effets *(Hetupratyaya)*, il fonda l'école du Principe (Li) dont la doctrine fut reprise par ses disciples, les frères Cheng* Hao et Cheng Yi. Il est l'auteur d'importants ouvrages sur le Yijing* *(Taijitu yishuo, Yitong)*.

**ZHOU Enlai, TCHEOU Ngen-lai** ou **CHOU En-lai** ♦ Homme politique chinois (Huaian 1898 - Pékin 1976). Issu d'une famille aisée de lettrés du Zhejiang, étudiant en France (1920 - 1923), il adhéra au communisme. De retour en Chine, il devint commissaire politique de l'académie militaire du Guomindang. De 1930 à 1934, il fut l'un des chefs de la République communiste du Jiangxi et participa à la Longue* Marche pendant laquelle il rejoignit la faction de Mao* Zedong (1935). En 1949, il devint Premier ministre et le resta jusqu'à sa mort. Architecte de l'organisation administrative et responsable de la politique extérieure de la Chine, il fut ministre des Affaires étrangères jusqu'en 1959. Jouant de son influence, Zhou tenta de modérer les excès de Mao sans jamais renier sa fidélité. Il fut le principal artisan de la réhabilitation de Deng* Xiaoping qu'il désigna comme son successeur.

**Zhou Enlai** et Nixon à Pékin, en 1972.
*BIS/Phot. © Archives Nathan*

**ZHOUKOUDIAN** ou **TCHEOU-K'EOU-TIEN** – anc. en fr. ***Choukoutien*** ♦ Site archéologique de Chine, à 42 km au S.-O. de Pékin. Les fouilles dans une grotte v. 1921 ont livré des restes d'hominidés *(Sinanthropus pekinensis)* appartenant au groupe des *Homo erectus* qui ont vécu en Asie entre −500 000 et −250 000. Teilhard* de Chardin participa aux fouilles avec d'autres archéologues dont le Chinois Pei Wenzhong.

**ZHUANGZI, TCHOUANG-TSEU** ou **CHUANG TZU** ➝ ÉTYM. du chin. *zhuāng* «sérieux, grave» et *zi* «fils, enfant» ♦ Philosophe chinois (entre −350 et −275), contemporain de Mencius*. Il développa la doctrine du taoïsme* en insistant sur la relativité de toute chose, et approfondit le sens du rythme naturel de la vie et la vision organique du monde exprimés par Laozi*, dans des fables écrites avec humour et poésie.

**ZHU De** ou **TCHOU Tö** ♦ Maréchal chinois (Manchang, Sichuan 1886 - Pékin 1976). Il fut le principal créateur de l'Armée populaire de Libération. Devenu l'un des piliers du régime (président du Comité permanent de l'Assemblée nationale populaire), il n'eut cependant guère d'influence sur le cours des affaires. Il devint vice-président de la République en 1954.

**ZHUGE Liang** ou **TCHOU-KO Leang** ♦ Ingénieur et stratège chinois (182 - 234). Ministre de Liu Bei (royaume de Chu, période des Trois Royaumes), renommé pour son esprit inventif, sa sagesse et sa science de la guerre, c'est un personnage important de l'*Histoire des Trois Royaumes* et l'un des plus grands héros du peuple chinois.

**ZHUHAI** ou **TCHOU-HAI** ♦ Port de Chine (Guangdong), sur la mer de Chine méridionale. 1 056 169 hab. Zone d'économie spéciale. Tourisme.

**ZHU JIANG** ou **TCHOU-KIANG** – en fr. ***rivière des Perles*** ♦ Riv. du S. de la Chine (2 210 km) constituée dans son cours supérieur par le Xi* jiang, puis par le Bei jiang (582 km) et le Dong jiang (503 km). Après la traversée de Canton (Guangzhou), le Zhu jiang se divise en de multiples bras et forme un delta d'une grande fertilité.

**ZHU Xi** ou **TCHOU Hi** ♦ Érudit chinois (Youxi, Fujian, v. 1130 - 1200). Continuateur de Cheng* Hao, il élabora un système philosophique selon lequel l'univers est le produit de deux principes distincts mais inséparables, le *Li* ou principe d'organisation et le *Qi* ou principe matériel (que l'on peut comparer à la forme et à la substance des philosophes grecs). Ses commentaires sur les classiques du confucianisme*, les travaux sur le *Classique des mutations* et les théories constituèrent l'orthodoxie de la pensée lettrée à partir de la fin des Song du Sud. Sa doctrine, ou tchouhisme, eut un grand retentissement dans le monde chinois.

**ZHUZHOU** ou **TCHOU-TCHEOU** ♦ V. de Chine (Hunan). 837 102 hab. Riz, coton, oléagineux, thé, agrumes. Mines de fer et de charbon. Gisements de kaolin.

**ZIA UL-HAQ (Mohammad)** ♦ Général et homme d'État pakistanais (Jullundur 1924 - près de Bahawalpur 1988). Devenu président de la République à la suite d'un coup d'État en 1977, il instaura une dictature militaire et islamique (exécution d'Ali Bhutto en 1979 ; interdiction des partis d'opposition ; proclamation de la suprématie de la loi islamique). Ayant obtenu la prolongation de son mandat en 1984, il leva la loi martiale en 1985. Sa mort dans un accident d'avion en 1988 marqua le retour de la démocratie.

**ZIBAN** → Zab (monts du)

**ZIBO** ou **TSEU-PO** ♦ V. de Chine (Shandong). 1 929 403 hab. Sites archéologiques (culture de Dawenkou et de Longshan). ▪ Important centre indus. à proximité de mines de fer, de charbon et de bauxite. Kaolin, terre réfractaire.

**ZICAVO** [20132] ♦ Ch.-l. de cant. de la Corse-du-Sud, arr. d'Ajaccio. 237 hab. *(Zicavais)*. Centre d'excursions.

**ZIDANE (Zinedine)** ♦ Footballeur français (Marseille 1972). Doté d'une technique exceptionnelle, il fut dès le début des années 1990 l'un des meilleurs meneurs de jeu au monde, avec l'équipe de la Juventus de Turin (1996 - 2001) ou celle de France (1994 - 2004, 2005 - 2006), devenant l'un des principaux artisans du succès français en Coupe du monde (1998) et au championnat d'Europe des Nations (2000). Il mena l'équipe de France en finale de la Coupe du monde 2006. Il joua au Real Madrid (2001 - 2006), avec lequel il remporta la Ligue des champions (2002). ◆ **ÉTYM.** *Zinedine* vient de l'arabe *zīn'ad-dīn* «splendeur de la religion» et *Zidane*, de *zaydān* «accroissement».

**ZIEGLER (Karl Waldemar)** ♦ Chimiste allemand (Helsa, près de Kassel 1898 - Mülheim an der Ruhr 1973). Auteur de recherches sur les composés organométalliques, puis sur la technologie des hauts polymères, il mit au point un procédé de fabrication à basse pression des polyéthylènes à structure rectiligne, à l'aide d'un catalyseur spécifique qu'il avait découvert (tétrachlorure de titane et triéthylaluminium). Les propriétés de son polyéthylène (en particulier le point de fusion élevé) sont à l'origine du développement des fibres plastiques de haute qualité. [Prix Nobel de chim. 1963, avec G. Natta*] ◆ **ÉTYM.** Ce nom vient de l'allemand *Ziegel* «tuile» (surnom d'un tuilier).

**ZIELONA GÓRA** ◆ **ÉTYM.** polon. «montagne *(gora)* verte *(zielony)*» – en all. ***Grünberg*** ♦ V. de Pologne du S.-O., ch.-l. de la voïvodie de Lubusz, en basse Silésie. 118 115 hab. Centre indus. en développement.

**ZIFTAH** ou **ZIFTĀ** ♦ V. de Basse-Égypte (gouvernorat de Garbieh). 95 320 hab. Barrage sur le Nil.

**ZIGONG** ou **TSEU-KONG** ♦ V. de Chine (Sichuan). 601 010 hab. Importantes réserves de gaz naturel, de sel gemme, de calcaire et de charbon. Céréales, thé, tabac, agrumes. Indus. du bois.

**ZIGUINCHOR** ◆ **ÉTYM.** p.-ê. «terre des Izguichos (n. de peuple)» ♦ V. du Sénégal, sur la rive g. de la basse Casamance, à proximité de son embouchure. 158 400 hab. Commerce de l'arachide et de l'huile de palme. Port de pêche et conserveries. ▮ **Histoire** Comptoir portugais dès le XVI^e s. et devenu français en 1840, Ziguinchor a gardé son caractère de ville coloniale et ses maisons de bois.

**ŽILINA** ♦ V. de Slovaquie, sur le Váh. 85 400 hab. Carrefour ferroviaire et routier. École supérieure des transports. Indus. mécanique et indus. du bois. Centre touristique.

**ZIMBABWE** ◆ **ÉTYM.** du bantou *zimba we bahwe* «la grande maison [ou le palais] de pierre [les ruines qui auraient abrité le Monomotapa]» ♦ Site archéologique du Zimbabwe*, situé au S.-E. du pays, dans une région habitée par les Shonas. Il présente un ensemble de ruines en pierres sèches s'étendant sur plusieurs kilomètres carrés. Il s'agit d'enceintes dont la plus importante possède un mur de 9 m de hauteur et de 5 m d'épaisseur ; au centre, se dresse une haute tour conique. Le site a été habité dès l'âge de pierre par des chasseurs qui ont laissé des peintures rupestres, par les premiers agriculteurs au début de notre ère et, à partir du V^e s., par des métallurgistes locaux. Dès cette époque, des perles originaires de l'Inde laissent supposer que le Zimbabwe était en rapport avec l'océan Indien. Au Moyen Âge, l'or, le fer et l'ivoire exportés par le port de Sofala (auj. Beira*) firent la réputation du royaume. Lieu sacré à l'origine, Zimbabwe fut vraisemblablement la capitale d'une grande confédération dont le nom dynastique des souverains était Monomotapa*. L'âge d'or de Zimbabwe était terminé lors de l'arrivée des Portugais au XVI^e s. Les Rozwis qui envahirent la région au XVIII^e s. édifièrent également des murailles. Le site fut pillé à de nombreuses reprises au début du XX^e s. par des chercheurs de trésors européens.

**ZIMBABWE**

▮ n. m. – anc. ***Rhodésie du Sud***, off. ***République du Zimbabwé*** ◆ **ÉTYM.** du n. du site archéologique ♦ Pays enclavé d'Afrique australe. 390 308 km². 13 619 000 hab. *(Zimbabwéens)*. Plus du quart de la population est touché par le sida. LANGUES : anglais, shona, ndébélé, venda, nambya, shangaan, kalanga, southou et tonga (off.). POPULATION : Shonas, Ndébélés (Matabélés). RELIGIONS : chrétiens, musulmans, hindouistes. MONNAIE : dollar zimbabwéen. CAPITALE : Harare. RÉGIME : présidentiel.

**Zimbabwe.**

▮ **GÉOGRAPHIE** Le Zimbabwe est formé par une série de hauts plateaux cristallins orientés du S.-O. au N.-E., d'une alt. voisine de 1 500 m au S., et s'abaissant progressivement jusqu'à 600 m vers la vallée du Zambèze au N. Le Zimbabwe est un pays bien drainé. Au N. sa frontière est limitée par le Zambèze et ses affluents, au S. par le Limpopo ; les nombreuses rivières qui forment la Save prennent leur source dans le centre. Le climat tropical est tempéré par l'altitude. Les précipitations avoisinent 700 à 900 mm par an et entretiennent un paysage de savane arborée et humide, mais des sécheresses localisées peuvent se produire. Comme partout sur les plateaux d'Afrique australe, la grande culture vivrière est le maïs ; on cultive également le sorgho, le mil et l'orge. Les cultures commerciales sont le tabac (40 % des exportations agricoles), le soja, l'arachide, les agrumes, le blé, le thé, le café, la canne à sucre et le coton. Entièrement situé en altitude, le Zimbabwe est une région d'élevage. La pêche est pratiquée dans les lacs, dont le lac Kariba, et des bassins aménagés. Les ressources minières sont importantes et variées : amiante, or, chrome, charbon, cuivre, nickel, minerai de fer, argent, étain, cobalt et diamants souvent exploités illégalement. Le barrage de Kariba sur le Zambèze fournit de l'électricité.

Zimbabwe ▮ Productions en 2008

| Produits | Quantités | Rang |
|---|---|---|
| **Agriculture** | | |
| Arachides | 130 000 t | |
| Blé | 130 000 t | |
| Canne à sucre | 3 000 000 t | |
| Coton fibre | 100 000 t | |
| Maïs | 1 000 000 t | |
| Oranges | 94 000 t | |
| Thé | 22 000 t | 16^e |
| Bovins (têtes) | 5 400 000 | |
| **Mines** | | |
| Chrome | 820 000 t | 4^e |
| Diamants | 700 000 carats | 12^e |
| Fer | 100 000 t | |
| Houille | 2 100 000 t | |
| Nickel | 9 000 t | |
| Or | 6 t | |

Site archéologique du **Zimbabwe.**
*Phot. © G. Sioen-Rapho*

L'hyperinflation et la pénurie de produits entraînent une émigration massive vers les pays voisins. En 2008, l'hyperinflation a été stabilisée après le retrait du dollar zimbabwéen au profit du dollar américain et du rand sud-africain. Toutefois, l'incertitude politique freine les demandes d'aide économique auprès des bailleurs de fonds.

**HISTOIRE** **La préhistoire** La vallée du Zambèze est riche en vestiges préhistoriques. On a découvert de l'outillage préacheuléen (v. -500 000) et acheuléen dans la région de Bulawayo et sur les rives du fleuve (→ **Zambie**). Le Sangoen (v. -40 000), caractérisé par des pics et des bifaces issus d'éclats, est présent sur l'ensemble du pays, ainsi que la plupart des autres industries plus récentes d'Afrique australe, comme le Magosien (v. -6 000) et le Wiltonien, identifié par des pierres percées et des grattoirs. Le Néolithique est illustré au centre du plateau et dans la vallée du Limpopo par de nombreuses peintures rupestres attribuées aux Bochimans qui habitaient la région avant l'arrivée des agriculteurs de langues bantoues au seuil de notre ère. Ces derniers furent probablement à l'origine de la civilisation qui rayonna autour du site de Zimbabwe* durant 1 500 ans. **L'arrivée des Portugais** Au XVIe s., les Portugais, établis sur la côte, prirent contact avec le Monomotapa et s'assurèrent le contrôle des routes commerciales. Un millier d'entre eux tentèrent d'exploiter les mines, mais ils durent se replier sur le Mozambique en raison du climat. Dès le XVIIe s., ils tentèrent de joindre leurs territoires du Mozambique et d'Angola à travers le Zimbabwe. À la fin du XVIIIe s., le Monomotapa, affaibli par les menées portugaises, ne put résister aux Rozwis, ni aux Ngounis, les ancêtres des Zoulous, qui submergèrent le pays. Vers 1830, une fraction zouloue, les Ndébélés, ou Matabélés, s'établit dans le S. du pays sous la direction du chef Mzilikazi en repoussant ou en dominant ses habitants, les Shonas. **L'arrivée des Britanniques** À la même époque, les commerçants britanniques commencèrent à fréquenter la région. En 1861, Robert Moffat, le beau-frère de Livingstone*, établit une mission chez les Ndébélés. En 1888, pour contrer la revendication du Portugal sur les territoires compris entre le Mozambique et l'Angola, Cecil Rhodes* fit signer à Lobengula, le fils de Mzilikazi, un traité accordant aux Britanniques une concession concernant les mines au S. du Zambèze. Des colons fondèrent Salisbury (Harare*) en 1890. **La Rhodésie** La frontière avec le Mozambique fut fixée peu après, le Portugal héritant, en compensation, de la construction d'un chemin de fer Salisbury-Beira* et de l'internationalisation du cours du Zambèze. Les Ndébélés furent contraints de cesser leurs raids sur les Shonas, provoquant ainsi la révolte de Lobengula qui fut incarcéré. Appelé tout d'abord Zambézie, le territoire fut baptisé Rhodésie en 1895. Une nouvelle révolte des Ndébélés fut durement réprimée. Les Shonas se soulevèrent à leur tour et le pays ne fut pacifié qu'en 1897. **La Rhodésie du Sud** Pour les Britanniques, la Rhodésie du Sud, pays neuf, riche, tempéré, et depuis peu pacifié, devint une terre de colonisation (on comptait 12 000 fermiers blancs en 1905, 34 000 en 1922) dotée d'une infrastructure (une voie ferrée des chutes Victoria jusqu'à la mer). En 1922, les Européens, en majorité britanniques, refusèrent l'intégration à l'Afrique du Sud. En 1923, la Rhodésie du Sud devint une colonie de la Couronne dotée d'un gouvernement aux mains des Blancs. Ceux-ci développèrent le secteur minier (cuivre, or) et agricole (maïs, tabac, élevage). Bien qu'édifiée sur des principes différents de celui de l'apartheid, la Rhodésie de Cecil Rhodes («des droits égaux pour tous les hommes civilisés») adopta des lois sur le partage des terres visant à créer deux sociétés séparées (*Land Apportionment Act*, 1930). En 1953, les milieux d'affaires furent à l'origine de la création d'une fédération groupant les deux Rhodésies et le Nyasaland malgré l'opposition des populations ; sa plus brillante réalisation fut la construction du barrage de Kariba sur le Zambèze en 1960 ; mais bientôt le Nyasaland puis la Rhodésie du Nord quittèrent la fédération (dissoute en 1963) et devinrent indépendants en 1964. → **Malawi, Zambie.** **La montée du nationalisme** L'éveil du nationalisme fut provoqué autant par les mesures discriminatoires envers les Noirs que par le grand mouvement d'accession de l'Afrique à l'indépendance. À partir de 1957, se créa la Zimbabwe African People's Union (Zapu), qui soutint la lutte armée. De leur côté, les 220 000 Blancs constituaient le Front rhodésien. En 1965, le Premier ministre du gouvernement blanc, Ian Smith*, déclara unilatéralement l'indépendance contre l'avis de la Grande-Bretagne et de la communauté internationale, qui décréta un embargo. Du côté nationaliste, les clivages traditionnels entre Ndébélés et Shonas affectèrent le combat politique et le mouvement se scinda avec la création de la Zimbabwe African National Union (Zanu) ayant à sa tête Robert Mugabe*, un Shona, tandis que la Zapu se reconnaissait en Joshua Nkomo*, un Ndébélé. De nombreux pourparlers échouèrent tandis que la guérilla se développait et que les grèves et les manifestations se multipliaient. En 1974, la conférence de Lusaka, en Zambie, réunit enfin les Blancs et les nationalistes sous l'égide des pays impliqués dans l'opposition au régime blanc (Zambie, Botswana, Tanzanie). Des élections en 1979 aboutirent à un transfert limité de pouvoir aux Noirs. **L'indépendance** Le pays accéda à l'indépendance en 1980 après la tenue d'une conférence constitutionnelle à Londres. La Zanu obtint la majorité absolue aux élections. R. Mugabe fit entrer au gouvernement son adversaire J. Nkomo, ainsi que des Blancs. La situation se tendit à partir de 1982 et J. Nkomo dut s'exiler. La guérilla embrasa les régions ndébélées. À la fin de 1987, R. Mugabe, Premier ministre depuis l'indépendance, fut proclamé président de la République, et se rapprocha de J. Nkomo dont le parti (Zapu) fusionna avec la Zanu en 1988 (Zanu-PF : Zanu-Front patriotique). Nkomo devint vice-président du nouveau parti, puis (1990) de l'État. L'évolution politique en Afrique du Sud et l'effondrement de l'URSS ont eu de profondes répercussions au Zimbabwe, dont les richesses étaient convoitées aussi bien par l'Est que par l'Ouest. En 1991, la Zanu-PF renonça au marxisme-léninisme et adopta l'économie de marché, renforçant le pouvoir économique des 100 000 Blancs restant dans le pays. En 1998, l'inflation et le chômage (45 % de la population active) provoquèrent des «émeutes de la faim». Le président R. Mugabe, réélu en 1996 et 2002, a engagé militairement son pays au Congo-Kinshasa. **La réforme agraire** La réforme agraire, qui, depuis 2000, vise à exproprier des terres de la minorité blanche pour les attribuer en priorité aux partisans du pouvoir, s'effectue dans un climat de violence politique et a entraîné une chute des deux tiers de la production alimentaire. Le Commonwealth a suspendu le Zimbabwe en mars 2002 pour non respect de la démocratie (expulsion des observateurs de l'UE). En 2005, la victoire aux élections législatives du parti au pouvoir a permis de modifier la Constitution à son profit. Malgré son avance à l'élection présidentielle de 2008, le leader de l'opposition, Morgan Tsvangirai, jugea prudent de se retirer et R. Mugabe fut officiellement réélu. Conformément à l'accord de partage du pouvoir signé en sept., le président fut contraint de mettre en place un gouvernement d'union nationale avec M. Tsvangirai comme Premier ministre. Fin 2009, ce dernier dénonça la violation des accords par R. Mugabe et le harcèlement de ses partisans par les militants de la Zanu-PF.

**ZIMMERMANN (Dominikus)** ♦ Architecte, décorateur et stucateur allemand (Gaispont, près de Wessobrunn, Bavière 1685 - Wies, Bavière 1766). Il débuta en exécutant des décorations en stuc et fut le disciple de Cuvilliés*. L'un des principaux architectes du baroque bavarois, il édifia surtout des églises et des abbayes. Ses deux chefs-d'œuvre, l'église de Steinhausen (1723 - 1733) de plan central et l'église de Wies (v. 1749 - 1750), révèlent son goût pour les formes courbes, les structures légères et les effets d'éclairage ; en exploitant avec originalité les motifs de cartouches dissymétriques, de plantes aux lignes sinueuses, de coquillages, dans un ensemble d'une polychromie claire et lumineuse, il s'affirma comme l'un des maîtres du décor rococo. Il fut aidé par son frère JOHANN BAPTIST ZIMMERMANN (Gaispont 1680 - Munich 1758), qui participa à la décoration de la Résidence de Munich (galerie des Ancêtres, 1728 - 1730).

**ZIMMERMANN (Bernd Alois)** ♦ Compositeur allemand (Bliesheim, près de Cologne 1918 - Grosskönigsdorf, près de Cologne 1970). Il suivit les cours des conservatoires de Cologne et de Berlin puis s'initia à la musique sérielle avec Fortner et Leibowitz* à Darmstadt. Après une période «sérielle», Zimmermann mit au point vers 1960 une technique musicale personnelle qu'il qualifia lui-même de «pluralistique», technique par laquelle il tenta de traduire sa conception du temps (centre de sa réflexion musicale) comme perpétuelle simultanéité du passé, du présent et de l'avenir. Ce pluralisme est transposé en musique par la «juxtaposition de couches sonores différentes souvent opposées à l'extrême par le style et la chronologie musicale». Pour parfaire cette technique de montage, il introduisit dans ses compositions des citations musicales. C'est avec son opéra *Die Soldaten* (1958 - 1960, représenté en 1965) que Zimmermann a réalisé le mieux sa conception de la musique «pluralistique». Il a composé en outre une sonate (1960) et un concerto (1966) pour violoncelle (son instrument de prédilection), *Tratto I*, musique électronique (1967), *Intercommunicazione* pour violoncelle et piano (1967), *Photoptosis*, prélude pour grand orchestre (1968 - 1969), *Requiem pour un jeune poète* (1967 - 1969), *l'Action ecclésiastique «Je me retournai et considérai toute l'oppression qui se fait sous le soleil»* (1970). ➝ ÉTYM. Ce nom allemand signifie «charpentier».

**ZIMOROWIC (Szymon)** ♦ Poète polonais (Lvov 1608 [ou 1609] - Cracovie 1629). Il développa le genre de l'idylle, en écrivant *Roksolanki, ou les Jeunes Filles ruthènes*, 68 chansons d'amour, alternativement chantées par les jeunes filles et les jeunes gens d'un village. Certains historiens de la littérature attribuèrent *Roksolanki* à son frère JÓZEF BARTŁOMIEJ ZIMOROWIC (Lvov 1597 - *id.* 1677), qui fut l'éditeur du livre (1654). Józef écrivit le recueil d'idylles *Nouvelles villageoises ruthènes* qu'il publia en 1663 sous le nom de son frère.

**ZINDER** ♦ V. du Niger, proche de la frontière du Nigeria. Plus de 170 000 hab. Palais du sultan. ▪ Centre commercial (arachide, cuirs et peaux). ▪ Anc. ville fortifiée et nœud caravanier du commerce haoussa. Cap. du Niger jusqu'en 1926.

**ZINGARELLI (Nicola Antonio)** ♦ Compositeur italien (Naples 1752 - Torre del Greco 1837). Élève au conservatoire de Loreto, il débuta à Naples en 1781 avec *Montesuma*, son premier opéra. Maître de chapelle à la cathédrale de Milan en 1792, puis à Loreto (1794 - 1804), et à la chapelle Sixtine à Rome, il composa simultanément de la musique d'église dans le style néopalestrinien (*Annale di Loreto* : messes pour tous les jours de l'année, un *Magnificat*, un *Requiem*, un *Te Deum*) et de nombreux opéras (*Bérénice*, 1811). Il est considéré comme le dernier représentant de l'école napolitaine.

**ZINKERNAGEL (Rolf M.)** ♦ Immunologiste suisse (Riehen 1944). ➝ **Doherty.** [Prix Nobel de physiol. ou méd. 1996, avec P. Doherty]

**ZINNEMANN (Fred)** ♦ Cinéaste américain d'origine autrichienne (Vienne 1907 - Londres 1997). Il fit des débuts remarqués en Allemagne, comme assistant de Robert Siodmak, suivis d'un long apprentissage de documentariste aux États-Unis à partir de 1930, avec un détour par le Mexique, où il réalisa en 1936, sous la direction de Paul Strand, un film social, *Les Révoltés d'Alvarado*. Arrivé tard à Hollywood, il connut un grand succès avec *Le train sifflera trois fois* (1952) et *Tant qu'il y aura des hommes* (1953). Zinnemann réalisa ensuite *Au risque de se perdre* (1959), *Julia* (1977), *Cinq jours ce printemps-là* (1982).

**ZINNIK** ➝ **Soignies**

**ZINOVIEV (Grigori Ievseïevitch RADOMYSLSKI, dit)** ➝ ÉTYM. du n. russe *Zinovi*, du gr. *Zênobia* (➝ Zénobie) ♦ Révolutionnaire russe (Ielisavetgrad, auj. Kirovohrad 1883 - Moscou 1936). Bolchevik dès 1901, il joua un rôle important dans l'organisation du parti à Saint-Pétersbourg. Exilé lors de la réaction qui suivit la révolution de 1905, il revint en Russie avec Lénine en 1917. Opposé à l'insurrection armée (oct. 1917), partisan d'un gouvernement de coalition avec les mencheviks et les socialistes-révolutionnaires (nov. 1917), il fut président du soviet de Petrograd, membre du comité central du parti bolchevik (communiste) et président du comité exécutif du Komintern (IIIe Internationale) ; membre de la *troïka* avec Kamenev et Staline, il contribua à l'éviction de Trotski, puis s'en rapprocha (1926). Exclu du parti en 1934 et accusé de complicité dans l'assassinat de Kirov*, il fut condamné à mort comme opposant au régime lors des procès de Moscou et exécuté. Il a été réhabilité en 1988.

**ZINOVIEV (Aleksandr Aleksandrovitch)** ♦ Écrivain russe (Pakhtino, près de Kostroma 1922 - Moscou 2006). Docteur en philosophie et professeur de logique à l'université de Moscou, il se fit connaître par ses travaux sur la logique pluridimensionnelle, puis par un ouvrage satirico-philosophique, *Les Hauteurs béantes* (publ. à l'étranger 1976), autopsie burlesque du totalitarisme dans son fonctionnement quotidien. Relevé de toutes ses fonctions, il émigra en 1978 à Munich où il poursuivit, à travers une œuvre littéraire mêlant tous les genres, roman, poème, essai, son analyse du phénomène totalitaire : *L'Avenir radieux*, 1978 ; *L'Antichambre du paradis*, 1979 ; *Notes d'un veilleur de nuit*, 1979 ; *La Maison jaune*, 1980 ; *Homo sovieticus*, 1982 ; *Katastroïka*, 1990. Sociologue et moraliste, il a développé sa réflexion dans des essais sous forme de chroniques : *Sans illusions*, 1979 ; *Nous et l'Occident*, 1981 ; *Le Communisme comme réalité*, 1981. En 1999, il rentra à Moscou et publia *La Grande Rupture*, critique du libéralisme totalitaire et du nouvel ordre mondial.

**ZINZENDORF (Nikolaus Ludwig, comte VON)** ♦ Chef religieux allemand (Dresde 1700 - Herrnhut 1760). Élevé dans le piétisme*, il fit des études à Halle et à Wittenberg, puis voyagea en Hollande et en France, où il prit contact avec les milieux protestants et catholiques. En 1727, il renonça à ses fonctions de conseiller juridique à la cour de Dresde pour se consacrer à la direction d'une communauté hussite* réfugiée sur ses terres de Berthelsdorf. Pour elle, il fonda le village de Herrnhut et restaura l'ordre des Frères moraves*. La communauté, tout en restant au sein de l'Église luthérienne, manifestait son particularisme par son organisation théocratique, à la fois communautaire et patriarcale, et se caractérisait par son esprit de tolérance et la recherche d'une foi vivante et personnelle. Chassé de Saxe (1736 - 1747), Zinzendorf voyagea en Europe et en Amérique, où il chercha à propager ses idées religieuses. À son retour il fit adhérer les Frères moraves à la Confession d'Augsbourg. Les cantiques dont il est l'auteur sont encore en usage dans les communautés issues de celle de Herrnhut.

**ZIRIDES** n. m. pl. ♦ Dynastie berbère sanhajienne (973 - 1060). Fondée par Yūsuf Bulukkīn ibn Zīrī, elle régna sur l'E. de l'Afrique du Nord, avec Kairouan* comme capitale. Dès 1014, les Ṣanhāja de l'O. s'émancipèrent et créèrent la dynastie hammadide*. À l'origine gouverneurs des Fatimides, ils osèrent rejeter le chiisme* de ces derniers en rétablissant le sunnisme* sous l'influence des docteurs malékites* de Kairouan (1048). Les Fatimides se vengèrent en lançant contre eux les tribus bédouines des Hillaliens qui dévastèrent le pays (1052). Les derniers Zirides ne purent empêcher les incursions des Normands de Sicile sur le littoral tunisien. Ils furent renversés par les Almohades*. Un autre groupe de Zirides régna sur Grenade jusqu'à la fin du XIe s.

**ZIRKEL (Ferdinand)** ♦ Géologue et minéralogiste allemand (Bonn 1838 - *id.* 1912). Il fut le premier à utiliser la méthode de H. C. Sorby* pour l'étude de la structure microscopique des cristaux. On donna le nom de *zirkélite* au zirconate et titanate naturel de calcium.

**ZIRYĀB (Abū al-Ḥasan 'Alī ibn Nāfi', dit)** ♦ Musicien arabe (Irak 789 - Cordoue v. 857). Esclave affranchi, d'origine syrienne, fixé à Cordoue (822), il implanta et développa la musique de l'école de Bagdad en Andalousie. Il fut l'initiateur d'un système musical symbolique, alliant la rigueur théorique à des implications néoplatoniciennes psychiques et astrologiques.

**ZISTERSDORF** ♦ V. d'Autriche (Basse-Autriche), au N.-E. de Vienne. 5 632 hab. Centre de l'exploitation pétrolière autrichienne.

**ZITA** ou **ZITE** (sainte) ♦ Patronne des gens de maison (Monsagrati, près de Lucques 1218 - Lucques 1278). Issue d'un milieu modeste, elle passa sa vie au service d'une riche famille de Lucques, et fut canonisée en 1696. ▪ Fête le 27 avr.

**ZITA DE BOURBON-PARME** ♦ Impératrice d'Autriche, reine de Hongrie (Villa Pianore, près de Viareggio 1892 - Zizers, Suisse 1989). Elle épousa le futur empereur Charles Ier en 1911.

**ZITTAU** ♦ V. d'Allemagne (Saxe) en Haute-Lusace, sur la Neisse, près de la frontière tchèque. 29 605 hab. Églises des XIIIe et XVe s. ▪ Centre de communications. Indus. textiles, construc. automobiles.

**ZIYA GÖK ALP (Mehmet)** ♦ Philosophe et poète turc (Diyarbakır 1865 - İstanbul 1924). Influencé par Durkheim*, il fut le théoricien du nationalisme turc et insista plus sur la spécificité ethnique des Turcs que sur la religion musulmane d'origine étrangère (arabe).

**ZIYA PACHA (Abdülhamid)** ♦ Écrivain et homme politique turc (Kandilli 1825 - Adana 1880). Il fut un des premiers libéraux turcs et prit part à l'élaboration de la Constitution de 1876. De culture occidentale, il fut le traducteur de J.-J. Rousseau et de Molière. Journaliste alerte et combatif, il resta cependant classique dans ses poèmes.

**ZIZIM** ➝ **Djem**

**ŽIŽKA (Jan)** ♦ Chef hussite (Trocnov, Bohême 1375 - Přibyslav 1424). Gentilhomme à la cour du roi de Bohême Wenceslas IV, il combattit avec les chevaliers Teutoniques à Tannenberg (1410), puis avec les Anglais à Azincourt (1415). Devenu l'un des chefs hussites après la mort de J. Hus*, il fut l'instigateur de la révolte de Prague en 1419, remporta sur l'empereur Sigismond* la victoire de Vítkov (1420) et le battit encore dans plusieurs batailles. Il menait cependant la lutte à l'intérieur de son propre parti contre les modérés. Il mourut de la peste en Moravie. Ce fut un chef de guerre et un stratège de génie.

**ZLATARIĆ (Dominko)** ♦ Poète dalmate (Raguse 1555 - *id.* 1609). Représentant d'une littérature baroque, il écrivit des poèmes rassemblés sous le titre de *Chants divers* et traduisit Sophocle.

**ZLATOOUST** ou **ZLATOUST** ♦ V. de Russie, région de Tcheliabinsk, sur l'Aï (affl. rive g. de l'Oufa, 549 km). 194 800 hab. Centre métall. Construc. de machines-outils de haute qualité. ▪ La ville fut fondée en 1754.

**ZLÍN** ← ÉTYM. de 1948 à 1989 ***Gottwaldov*** ♦ V. de la République tchèque, en Moravie méridionale. 78 122 hab. Centre culturel (université, studios cinématographiques, musées). Centre de l'industrie de la chaussure (fondée par T. Baťa). Indus. mécanique et alimentaire.

**ZOCHTCHENKO (Mikhaïl Mikhaïlovitch)** ♦ Écrivain soviétique (Poltava 1895 - Leningrad 1958). Il appartint au groupe des Frères* Sérapion. Il analysa avec un esprit satirique et un humour audacieux les réalités de la révolution (*Les Contes de Nazar Ilitch Sinebrioukhov*, 1922 ; *Histoire d'une vie*, 1934). Après avoir connu un grand succès, il dut s'arrêter d'écrire en 1946, date à laquelle ses œuvres furent déclarées «étrangères à l'esprit de la littérature soviétique» par le comité central. On lui doit également un essai autobiographique en deux parties (*Avant le lever du soleil*, 1943 ; *La Nouvelle sur la raison*, posth. 1972), des comédies pour le théâtre et le cinéma.

**ZOÉ PORPHYROGÉNÈTE** ♦ (v. 978 - 1050). Impératrice d'Orient (1028 - 1050). Fille de Constantin* VIII, qui lui fit épouser le vieux patrice Romain Argyre (Romain* III), elle évinça sa sœur Théodora*, puis fit assassiner Romain et éleva à l'empire son amant Michel le Paphlagonien (Michel* IV) qui devint son deuxième mari. Après la mort de celui-ci, elle adopta Michel le Calfat (Michel* V), qui l'évinça et la cloîtra. Délivrée par le peuple insurgé qui renversa Michel V, elle régna pour quelques mois avec sa sœur Théodora, mais ne tarda pas à associer au trône un nouvel amant, Constantin* IX Monomaque, qu'elle épousa en troisièmes noces (elle était alors âgée de 64 ans) et qui lui survécut.

**ZOERSEL** ♦ Comm. de Belgique (Région flamande), prov. et arr. d'Anvers. 20 803 hab. Château de Halle (1901) avec étang et domaine de 25 ha (maison communale). ▪ Indus. peu développée (bois, taille du diamant). Cité résidentielle.

**ZOETERMEER** ♦ V. nouvelle des Pays-Bas (Hollande-Méridionale). 118 024 hab. Aggl. satellite de La Haye. Administrations nationales.

**ZOFINGEN** ♦ V. de Suisse (Argovie), au S. d'Olten. 10 394 hab. (aggl. Olten-Zofingen 101 909). Maisons du XVIII^e^ s. ; église gothique Saint-Maurice. Hôtel de ville (XVIII^e^ s.). ▪ Importante maison d'édition. Indus. textile. Horlogerie.

**ZOG** ou **ZOGU I^er^ [Ahmet Zogu]** ♦ (Burgajet 1895 - Suresnes 1961). Roi d'Albanie (1928 - 1939). Ce chef de clan du Mati (Albanie du N.) devint ministre de l'Intérieur (1920 - 1922), puis Premier ministre. Écarté du pouvoir au début de 1924, il y revint à la suite d'un coup d'État, se fit élire président de la République (1925) avant de se proclamer roi (1928). Sa politique favorisa la pénétration des intérêts italiens en Albanie. Après l'invasion italienne de 1939, il gagna la Grèce puis se fixa en France.

**Zohar** ou **Sefer ha-Zohar** ← ÉTYM. hébr. «livre de la splendeur» ♦ Traité ésotérique juif, attribué traditionnellement à Siméon* bar Yohai, mais sans doute écrit v. 1300 par Moïse de León, de Grenade. C'est un commentaire, en araméen, des principaux passages du Pentateuque, augmenté de traités particuliers. L'interprétation mystique *(sod)* y est prépondérante ; une de ses méthodes est la science des symboles numériques *(gematria)*. Dieu, qui est l'Infini inconnaissable *(En sof)*, se manifeste par dix *sephirot* («nombres» ? ou «rayonnements» ?) dont la dernière (*Malkhut*, «Royaume») manifeste sa présence réelle dans la création. Le Zohar a exercé une influence peut-être aussi importante que le Talmud* ; il représente l'autre versant de la pensée religieuse juive. → **Kabbale.**

**ZOÏLE** – en gr. ***Zôïlos*** ♦ Sophiste grec (Amphipolis ou Éphèse –IV^e^ s.). Fameux surtout pour sa critique passionnée et mesquine contre Homère*, il fut surnommé «Homéromastix» (le Fléau d'Homère). C'était, dit-on, le titre de son ouvrage, où il essayait de prouver, au nom du bon sens, l'absurdité du merveilleux homérique.

**ZOLA (Émile)** ♦ Écrivain français (Paris 1840 - *id.* 1902). ▮ **Les premiers écrits** Orphelin de bonne heure et élevé par une mère qui vivait dans la gêne, il abandonna tôt ses études, pratiqua différents métiers et devint journaliste. D'abord fervent romantique (*Contes à Ninon*, 1864) et critique d'art moderniste (*Édouard Manet*, 1867), il évolua vers le naturalisme avec *Thérèse Raquin* (1867) et, s'enthousiasmant pour les théories de Claude Bernard*, ambitionna d'écrire le «roman expérimental». ▮ **«Les Rougon-Macquart»** Dès 1868, il dressa la généalogie des *Rougon*-Macquart* ; de 1871 à 1893 il fit paraître les vingt volumes de cette *Histoire naturelle et sociale d'une famille sous le Second Empire*. C'est *L'Assommoir* (1877) qui

Émile **Zola**, par Manet (1,47 x 1,14 m), 1868. Musée d'Orsay, Paris.
*BIS/Phot. © Archives Larbor*

assura à Zola le véritable succès. Désormais chef de file des romanciers naturalistes, comme Maupassant* et Huysmans* (→ **Soirées de Médan [Les]**), il définit son esthétique dans *Le Roman expérimental* (1880) et poursuivit son œuvre cyclique : *Nana* (1880), qui dénonce âprement les faiblesses des milieux bien-pensants, et *Germinal* (1885), puissante évocation d'une grève de mineurs, connurent un grand succès, suscitant aussi des controverses. ▮ **L'engagement politique** Déjà les préoccupations sociales de Zola, lecteur de Fourier*, de Proudhon* et de Marx*, apparaissaient dans *Au Bonheur des dames* (1883). Converti, à la suite de ses enquêtes sur le monde ouvrier, aux doctrines socialistes, Zola se consacra dès lors à des œuvres de caractère humanitaire (*Les Quatre Évangiles*, 1899 - 1903, sont des hymnes au progrès humain ; seuls trois furent achevés : *Fécondité*, 1899 ; *Travail*, 1901 et *Vérité*, posth. 1903) ou politique, prenant notamment parti pour la révision durant l'affaire Dreyfus* par un retentissant pamphlet, *J'accuse*, publié dans *L'Aurore* (1898). Sa mort fut peut-être due à une tentative criminelle. Une foule considérable assista à ses obsèques. Ses cendres ont été transférées au Panthéon en 1908. ▮ **Le naturalisme** Naturaliste dans la mesure où il se réclame des méthodes scientifiques et veut faire du roman un compte rendu expérimental où la psychologie est subordonnée à la physiologie (influence du positivisme comtien), Zola se soumet à une double démarche : à l'observation «sur les faits de la nature» succède l'expérimentation du «mécanisme des faits» (→ **Rougon-Macquart [Les], naturalisme**). Pourtant, en proclamant que l'art est «un coin de la création vu à travers un tempérament», Zola transcende sa doctrine simplificatrice par une imagination puissante et un souffle épique servis par une prose lyrique et un vocabulaire foisonnant. Ainsi on ne peut pas méconnaître dans l'épopée de Zola, «le symbolisme et le penchant au mythe, qui [...] hausse son univers jusqu'au surnaturel» (Thomas Mann). → **Argent (L'), Assommoir (L'), Bête humaine (La), Débâcle (La), Faute de l'abbé Mouret (La), Fortune des Rougon (La), Germinal, Nana, Terre (La), Thérèse Raquin, Ventre de Paris (Le).** ← ÉTYM. *Zola* vient de l'italien *zolla* «motte de terre» ou est un nom de lieu dans la région de Bologne (du latin *cella* «grenier, magasin»).

**ZOLDER** → **Heusden-Zolder**

**ZOLLIKON** ♦ V. de Suisse (cant. de Zurich), dans la banl. S. de Zurich, sur la rive N. du lac de Zurich. 11 883 hab. Cimenterie.

**ZÖLLNER (Friedrich)** ♦ Astrophysicien allemand (Berlin 1834 - Leipzig 1882). Il mit au point un photomètre (1860), établit le premier catalogue photométrique des étoiles et effectua les premières mesures de l'albédo des planètes.

**Zollverein (Deutscher)** ← ÉTYM. all. «Union douanière allemande» ♦ Union douanière des États allemands réalisée au XIX^e^ s. sous la conduite de la Prusse. Dès 1818, la Prusse avait unifié tous ses tarifs de douane. Le Zollverein se heurta à l'opposition de l'Autriche qui redoutait l'hégémonie prussienne en Allemagne, mais Motz, ministre des Finances prussien, conclut une union douanière avec la Hesse-Darmstadt (1828). Puis la Prusse réussit à défaire deux unions douanières, constituées avec l'appui de l'Autriche en Allemagne du Sud (Bavière et Wurtemberg) et en Allemagne centrale (Brême, Brunswick, Francfort, Hanovre, Hesse électorale, Nassau, Saxe et États de Thuringe) et offrit à tous ces pays l'ouverture du marché prussien. C'est ainsi qu'en 1831 la Saxe-Weimar et la Hesse électorale se joignirent au Zollverein ainsi que la Bavière et le Wurtemberg, puis, en 1833, la Saxe et les États de Thuringe. Malgré l'union constituée par quelques États hostiles à la Prusse (Steuerverein), le Zollverein regroupait un nombre croissant de pays : Bade et Nassau (1835), Francfort (1836), Luxembourg (1842) et Brunswick (1844), dont l'adhésion marqua la fin du Steuerverein. En 1854, le Zollverein s'étendait sur toute l'Allemagne, excepté Lübeck et le Mecklembourg (adhésion en 1868), Brême et Hambourg (adhésion en 1888). Le Zollverein, qui avait fait l'union douanière et économique de l'Allemagne (notamment par l'unification des chemins de fer), transforma le pays en une grande puissance industrielle et contribua grandement à son unité politique.

**ZOMBA** ♦ V. du S. du Malawi. Plus de 60 000 hab. Café, coton, tabac. ▪ Anc. cap. remplacée par Lilongwe.

**ZOMERGEM** ♦ Comm. de Belgique (Région flamande), prov. de Flandre-Orientale, arr. de Gand, entre le canal Gand-Bruges, le canal de dérivation de la Lys et la Lieve. 8 003 hab. Banl. résidentielle de Gand.

**ZONGULDAK** ♦ V. de Turquie, sur la mer Noire, ch.-l. de prov. 107 354 hab. Port. Centre du principal bassin houiller de Turquie et pôle régional de la région pontique occidentale.

**ZONHOVEN** ♦ Comm. de Belgique (Région flamande), prov. de Limbourg, arr. de Hasselt (banl. N.). 20 060 hab. Maison communale de 1787. Église (tour du XV^e s.). Plusieurs parcs naturels. Concours hippique militaire annuel. ▪ Viviers, pisciculture (exportation de carpes). Construc. métalliques.

**ZOPYROS** ♦ (–VI^e s.). Il fut l'un de ceux qui contribuèrent à l'avènement de Darios I^er. Selon une légende rapportée par Hérodote, il aurait livré Babylone à Darios par une ruse : il se serait présenté dans la ville comme un transfuge, après s'être fait couper le nez et les oreilles, et aurait ouvert les portes confiées à sa garde. Une anecdote analogue est rapportée par Ctésias de Cnide à propos de son fils Mégabyse et de Xerxès I^er.

**ZORN (Anders)** ♦ Peintre, dessinateur et graveur suédois (Mora, Dalécarlie 1860 - Stockholm 1920). Il étudia d'abord la sculpture, puis séjourna longtemps à Paris. Il est l'auteur de paysages et de scènes rustiques évoquant la région de la Dalécarlie et qui s'inscrivent dans le courant naturaliste de la fin du siècle et où apparaît son goût pour les formes sensuelles, les couleurs vives, les reliefs appuyés. Il a aussi laissé de nombreuses gravures, notamment des portraits d'artistes qui se distinguent par leur force expressive et la sûreté d'un trait aux longues hachures incisives *(Portraits de Verlaine, E. Renan, Rodin)*.

**zoroastrisme** → **mazdéisme**

**ZOROBABEL** ♦ Prince de Juda qui, avec le prêtre Josué, dirigea le retour des Juifs de Babylone après l'édit de Cyrus (–539 - –538) et entreprit la reconstruction du Temple.

**ZORRILLA Y MORAL (José)** ♦ Poète et auteur dramatique espagnol (Valladolid 1817 - Madrid 1893). Sa réputation de poète populaire se fonda sur des œuvres qui évoquent le passé légendaire ou héroïque de l'Espagne (*Granada*, 1852) et *La Légende du Cid* (1882). Il devait connaître au théâtre un succès considérable avec des drames d'un ardent lyrisme et dont les sujets romantiques sont empruntés à l'histoire nationale : *Le Savetier et le Roi* (1840) et *Don Juan Tenorio* (1844). ➝ ÉTYM. *Zorrilla* est le diminutif castillan de *zorra* «renarde ; catin, pute», peut-être de l'arabe *surriya* «concubine» ou vient du basque *zorri* «pou».

**ZORRO** ➝ ÉTYM. esp. «renard» [rusé] ♦ Archétype du justicier masqué vêtu de noir, créé en 1919 par le romancier J. McCulley dans *The Curse of Capistrano* et popularisé par de nombreux films, dont *Le Signe de Zorro* (1920) avec Douglas Fairbanks.

**ZÖRTEBEKER (Klaus)** ➝ ÉTYM. scand. «avaleur de verres» ♦ Pirate d'origine allemande (mort à Hambourg en 1401). Il fut avec G. Michels l'un des derniers grands chefs des vitaliens*. Fait prisonnier en 1401 par la flotte des Hambourgeois, il fut ramené à Hambourg et décapité.

**ZOSIME** (saint) ♦ 41^e pape (de 417 à 418), Grec. Abusé par Pélage* et son disciple Caelestius, il leur accorda l'absolution, mais il condamna le pélagianisme après le concile de Carthage (418). ▪ Fête le 26 déc.

**ZOTTEGEM** ♦ Comm. de Belgique (Région flamande), prov. de Flandre-Orientale, arr. d'Aalst, aux sources de la Zwalm. 24 578 hab. Château des comtes d'Egmont (rebâti au XIX^e s.). Château de Leeuwergem (jardins conçus par Le Nôtre). Église de Godveerdegem (romane et gothique). ▪ Indus. textile. Brasserie.

**ZOUERATE** ou **ZOUEIRAT** ➝ ÉTYM. ar. «les petites dunes» ♦ Cité minière de Mauritanie, au N. de la kedia d'Idjil*, reliée à Nouadhibou* par voie ferrée. 50 000 hab. Elle fut créée en 1958. Centre d'exploitation du minerai de fer.

**ZOUG** – en all. *Zug* ➝ ÉTYM. p.-ê. du celt. *tug* «toit» ♦ V. de Suisse, ch.-l. du cant. de Zoug, à l'extrémité N. de la rive orientale du lac de Zoug, au pied du Zugerberg. 24 854 hab. (aggl. 95 557). Ville anc. et pittoresque : tour de l'horloge (Zytturm) du XIV^e s. ; hôtel de ville (XVI^e s.) ; église gothique Saint-Oswald (XV^e - XVI^e s.). ▪ Indus. textile et mécanique. Marché aux bestiaux. Services aux entreprises. ▮ **Histoire** En 1273, Zoug fut achetée par Rodolphe* I^er de Habsbourg. Les Habsbourg ne renoncèrent à leurs droits que lorsque la ville entra dans la Confédération suisse après la bataille de Sempach* (XIV^e s.). Au XVI^e s., elle résista à la Réforme. Absorbée dans le canton de Waldstätten en 1798, elle retrouva son autonomie en 1803.

**ZOUG** (lac de) – en all. ***Zugersee*** ♦ Lac de Suisse centrale (cant. de Zoug et Schwyz). 38 km². Il baigne les villes de Zoug au N.-E. et Arth au S.

**ZOUG** (canton de) ➝ ÉTYM. du n. de la v. ♦ Cant. du centre de la Suisse. 239 km². 107 171 hab., de langue allemande et en majorité de rel. catholique. CH.-L. : Zoug. Les lacs de Zoug et d'Aegeri couvrent une grande partie de sa superficie. L'économie du pays est aujourd'hui dominée par le secteur tertiaire, notamment les services aux entreprises. Le régime fiscal, très favorable à l'installation des sièges sociaux de sociétés, a fait du cant. de Zoug le plus riche des cantons suisses. Agriculture (arbres fruitiers). L'industrie est centralisée dans les villes (indus. textile et mécanique, distilleries).

**ZOULOULAND** ou **ZULULAND** n. m. → **Natal**

**ZOULOUS** n. m. pl. ➝ ÉTYM. de *ama zoulou* «le peuple du ciel» ♦ Peuple d'origine bantoue du S.-E. de l'Afrique australe. Le peuple zoulou a été créé au début du XIX^e s. par Chaka, un jeune chef de la tribu des Ngounis qui organisa une société guerrière fondée sur des régiments de classes d'âges, les *impis*. Chaka, qui voulait construire une nouvelle société, enrôlait les garçons et les filles des tribus vaincues, les forçant à abandonner leur nom et leur langue et leur interdisant de se marier avant l'âge de 40 ans. Les Zoulous fondaient leur puissance économique sur le bétail. Plusieurs groupes de Zoulous, comme les Ndébélés du Zimbabwe et les Angonis du Malawi, quittèrent Chaka pour former des sociétés séparées.

**Zoulou.**
*Phot. © Charles Lénars*

**ZOUTLEEUW** – en fr. ***Léau*** ♦ Comm. de Belgique (Région flamande), prov. du Brabant flamand, arr. de Louvain, au confluent de la Petite et de la Grande Gete. 7 983 hab. Église Saint-Léonard (XIV^e - XV^e s.) : nombreuses toiles et œuvres d'art (XV^e - XVI^e s.). Grand-place (bâtiments du XVI^e s.). ▪ Cultures fruitières (pays de Sint-Truiden).

**ZRENJANIN** – anc. ***Veliki Bečkerek*** puis ***Petrovgrad*** ♦ V. de Serbie (Voïvodine). 131 509 hab. Centre indus. (métall., raffinerie de pétrole).

**ZRÍNYI (Miklós,** comte**)** ♦ Écrivain et homme d'État hongrois (Csáktornya 1620 - *id.* 1664). Il fit ses études dans des écoles jésuites de Gratz et Nagyszombat, voyagea en Italie, puis mena plusieurs campagnes contre les Turcs, attirant la jalousie de la cour des Habsbourg. Auteur d'ouvrages politiques et militaires (*Le Lieutenant vaillant, L'Opium turc*, v. 1661), il fut aussi le créateur de la littérature épique hongroise, avec la *Zrinyiade*, où il chante les actes héroïques de son ancêtre Nicolas Zrínyi lors de la défense de Szigetvár contre les Turcs. Il composa aussi des poésies amoureuses.

**ZSIGMONDY (Richard)** ♦ Chimiste autrichien (Vienne 1865 - Göttingen 1929). Auteur de travaux sur la chimie des colloïdes, il réalisa avec l'Allemand H. Siedentopf un ultramicroscope (1903) qui, grâce à la diffusion de la lumière par les particules du colloïde (effet Tyndall*), permet leur observation. [Prix Nobel de chim. 1925]

**ZUBAYR** ♦ V. d'Irak (prov. de Bassora). Plus de 180 000 hab. Important gisement de pétrole relié par oléoduc à Fao et à Mina al-Bakr. L'oléoduc, qui depuis 1985 reliait Zubayr à la ville saoudienne de Yanbu sur la mer Rouge, fut fermé en 1990. Unité de production d'aluminium.

**ZUCCARI** ou **ZUCCARO (Taddeo)** ♦ Peintre italien (Sant'Angelo in Vado, Urbino 1529 - Rome 1566). Il arriva à Rome en 1543, où il se nourrit des œuvres antiques, de Michel-Ange et de Raphaël. Proche de Polidoro* da Caravaggio et de Perin del Vaga, il évolua ensuite vers le maniérisme*, sous l'influence de Prospero Fontana avec lequel il travailla à la villa Giulia (1559 - 1561). Apprécié du pape Jules III, il reçut de nombreuses commandes de fresques notamment pour le palais Farnèse* (1563 - 1565), la villa Farnèse de Caprarola et la Sala Regia au Vatican (*La Donation de Charlemagne*, 1564 - 1565). ♦ **Federico Zuccari** (Sant'Angelo in Vado 1542 - Ancône 1609). Frère, disciple et collaborateur du précédent. À la mort de son frère, son œuvre évolua vers un style plus décoratif quelque peu académique, fait de formules séduisantes, qui fut abondamment imité. Il exerça son talent à travers toute l'Europe, en France, en Flandre, en Angleterre et en Espagne à la demande de Philippe II, et aussi à Venise, Mantoue, Turin, Parme et Florence où il termina la fresque de la coupole de la cathédrale après la mort de Vasari*. De retour à Rome, il ouvrit dans son palais une académie de dessin, l'Académie de Saint-Luc. Il est aussi l'auteur d'un traité théorique, *Idea de' pittori, scultori ed architetti*, publié en 1607. ➝ ÉTYM. *Zuccari* vient de l'italien *zucchero* «sucre» (nom d'un marchand de sucre) ou de *zucca* «citrouille» (nom d'un producteur de citrouilles).

**ZUCCHI (Virginia)** ♦ Danseuse italienne (Cortemaggiore, Parme 1847 - Monte-Carlo 1930). Nature fougueuse et passionnée, douée d'un tempérament dramatique exceptionnel, elle connut la faveur du public européen avant de triompher à Saint-Pétersbourg (1885 - 1892), au Théâtre impérial, où elle parut dans de nombreux ballets, plusieurs réglés par M. Petipa* (*La Fille du Pharaon, Coppelia, Paquita, La Esmeralda, La Fille mal gardée, Par ordre du roi*). Dans un style libéré des traditions académiques et proche du réalisme, elle imposa au ballet impérial une réforme dont S. de Diaghilev devait plus tard perpétuer l'esprit.

**ZUCKMAYER (Carl)** ♦ Auteur dramatique allemand, naturalisé suisse en 1966 (Nackenheim, Hesse 1896 - Visp, Valais 1977). Il donna une comédie se déroulant dans le cadre de la Hesse rhénane (*Le Joyeux Vignoble*, 1925), reprit l'histoire du *Capitaine de Köpenick* (1931), contre le militarisme prussien. Après avoir vécu en exil en Amérique sous le régime nazi, il connut une certaine renommée avec deux pièces sur le national-socialisme et la guerre (*Le Général du diable*, 1946 ; *Le Chant dans la fournaise*, 1950) et publia ensuite *La Lumière froide* (roman inspiré par les expériences atomiques, 1955) et ses *Mémoires* (1966).

**ZUG** → **Zoug**

**ZUGSPITZE** n. f. ♦ Sommet des Alpes bavaroises (2 962 m), à la frontière de l'Autriche et de l'Allemagne, dont elle constitue le point culminant. La station de Garmisch*-Partenkirchen (de 708 jusqu'à 2 962 m) est située au pied de la Zugspitze.

**ZUHAYR IBN ABĪ SULMĀ** ♦ Poète arabe antéislamique (VIe s.). Il est l'auteur de l'une des Mu'allaqāt. Utilisant un style simple et sentencieux, il s'éloigne de ses confrères en prêchant la paix et en condamnant la guerre.

**ZUIDERZEE** n. m. ➝ ÉTYM. «mer du Sud», n. donné par les Danois ♦ Anc. mer intérieure des Pays-Bas, fermée en 1932 par une digue de 30 km qui l'a séparée de la mer des Wadden et transformée en lac d'eau douce : l'IJsselmeer* (lac d'IJssel). Les plans d'assèchement les plus anciens datent du XVIIe s. ; un premier polder (Wieringermeer, 28 000 ha) a été créé en 1929 ; suivirent le Polder du Nord-Est (Noordoostpolder, 48 000 ha ; 1941), le Flevoland-Oriental (Oostelijk Flevoland, 54 000 ha ; 1956) et le Flevoland-Méridional (Zuidelijk Flevoland, 44 000 ha ; 1968). En revanche, les projets d'assèchement du Markerwaard n'ont pas été réalisés.

**Zuiderzee.** La digue du Nord. *Phot. © Lauros/Atlas photo*

**ZULIA** ♦ État du Venezuela entre le lac de Maracaibo et la Colombie. 63 100 km$^2$. 2 983 679 hab. CAP. : Maracaibo. Zone d'extraction pétrolière et charbonnière. Canne à sucre, coton, élevage laitier.

**ZULOAGA Y ZABALETA (Ignacio)** ♦ Peintre espagnol (Eibar, Provinces basques 1870 - Madrid 1945). Il étudia à Paris, puis séjourna à Rome. Installé à Paris en 1892, il subit l'influence de l'impressionnisme, fréquenta les milieux symbolistes et se lia avec Mallarmé, Degas, Rodin et Maurice Barrès. Il devint un portraitiste mondain réputé et évoqua aussi des sites et des paysages de son pays natal. Il intégra ses personnages à un cadre pittoresque (*Belmonte*), cherchant souvent les effets pathétiques (*Barrès devant Tolède*). La recherche du caractère prit souvent chez lui des accents âpres et violents, et il se plut à représenter des types locaux (*Gitane* et *Andalouse*) ainsi que des nains, des infirmes, des mendiants en puisant à la tradition picturale espagnole du XVIIe s.

**ZÜLPICH** → **Tolbiac**

**ZULTE** ♦ Comm. de Belgique (Région flamande), prov. de Flandre-Orientale, arr. de Gand, sur la Lys. 14 629 hab. Église romane Saint-Pierre (XIe - XIIe s.). À Machelen, église Saint-Corneille, église-halle en gothique primitif (XIIIe - XIVe s.). ▪ Indus. textile.

**ZUMA (Jacob)** ♦ Homme d'État sud-africain (Nkandla, Kwazulu-Natal, 1942). Membre de l'ANC dès 1959 et de sa branche armée en 1962, il fut incarcéré avec N. Mandela* jusqu'en 1973. Président de l'ANC au Mozambique de 1977 à 1984, il négocia en compagnie de T. Mbeki* la fin de l'apartheid (1991) et gravit les échelons qui le conduisirent à la présidence de l'ANC en 2007, puis à celle de la république d'Afrique du Sud en 2009. Autodidacte et zoulou, proche de l'aile gauche de l'ANC et de la Cosatu (Congrès des syndicats), leader populiste et volontiers démagogue, il fait appel à l'appartenance ethnique et aux traditions (dont la polygamie) et s'appuie sur le désenchantement des classes populaires pour faire oublier ses démêlés avec la justice.

**ZUÑIS** n. m. pl. → **Pueblos**

**ZUPANČIC (Oton)** ♦ Poète slovène (Vinica 1878 - Ljubljana 1949). Son œuvre poétique marqua la naissance du modernisme slovène. Dans des vers d'un style léger, spontané et d'une grande qualité musicale, *La Coupe d'ivresse* (1899), *Par la plaine* (1904), *Murmures* (1908), *Sentiers de jeunesse* (1919), *La Pervenche sous la neige* (1945), il exprime la beauté des paysages de son pays et l'élan vital de ses habitants. Il écrivit aussi des poèmes sociaux et révolutionnaires, qui critiquent l'influence de l'Église : *Tristesse, Les tombes hurlent, La Chanson des jeunes, Notre père, Printemps en octobre*, sur la révolution russe.

**ŻURAWNO** ♦ Anc. ville de Pologne, auj. en Ukraine, où Jean* III Sobieski battit les Turcs en 1676 et imposa la restitution d'une partie de l'Ukraine à la Pologne.

**ZURBARÁN (Francisco DE)** ♦ Peintre espagnol (Fuente de Cantos, Estrémadure 1598 - Madrid 1664). Il fit son apprentissage à Séville de 1614 à 1617 auprès d'un peintre obscur, auteur d'images pieuses, Pedro Díaz de Villanueva, et eut probablement l'occasion de connaître Vélasquez. Sa première œuvre connue, une *Immaculée Conception* (1616), malgré les dettes envers le maniérisme tardif d'origine italienne, s'impose déjà par l'expression d'un sentiment religieux à la fois fort et candide. ▮ **L'atelier de Llerena** Il ouvrit un atelier à Llerena, jusqu'en 1628 ; il réalisa alors des retables dont la plupart ont disparu et reçut des commandes pour les couvents sévillans, après avoir entrepris, en 1626, *La Vie de saint Dominique* pour le couvent de San Pablo. Il évoqua notamment l'*Histoire de saint Pierre Nolasque* pour le couvent de la Merced calzada, 1628 - 1630, et l'*Histoire de saint Bonaventure* (commencée par Herrera le Vieux) pour le collège Saint-Bonaventure. ▮ **L'installation à Séville** Le succès obtenu par les œuvres de San Pablo lui valut d'être appelé par la municipalité de Séville, où il s'établit jusqu'en 1658. Ses grands cycles monastiques laissent apparaître une forte imprégnation du ténébrisme issu du Caravage alors en faveur à Séville, qui se combine à des souvenirs de la peinture du XVIe s. et même de la tradition gothique du XVe s., particulièrement de la sculpture polychrome sur bois. Le goût des détails vrais, traités avec une insistance particulière, la façon naturelle avec laquelle le peintre intègre le merveilleux (le miracle) à la vie quotidienne contribuent à créer une atmosphère de dévotion familière qui lui est personnelle. Tandis qu'une certaine maladresse apparaît parfois dans l'organisation de l'espace, notamment dans la perspective, l'accent est mis sur la solidité des volumes que soulignent la sécheresse de la facture et le contraste abrupt de couleurs souvent claires. Dans certaines de ses figures isolées, tels le *Christ en croix* ou le *Saint Sérapion*, les formes sculpturales se détachent sur un fond sombre leur conférant un caractère pathétique et monumental. Dans les effigies de religieux, l'absence d'accessoires annexes et la simplicité de la composition, où seuls sont mis en valeur les lourdes draperies blanches, beiges, grises, brunes ou noires aux plis nets et les

Francisco de **Zurbarán**. *Sainte Casilde* (1,71 x 1,07 m).
Coll. Thyssen-Bornemisza, Madrid. *BIS/Phot. © Archives Larbor*

visages scrutés avec acuité, concourent à une expression d'austère grandeur *(Saint François en méditation)*. ▮ **Le Buen Retiro à Madrid** En 1634, Zurbarán fut appelé à Madrid pour participer à la décoration du Buen Retiro sous la direction de Vélasquez. Y abordant pour la première fois les compositions mythologiques *(Travaux d'Hercule)* et les scènes de bataille (*Défense de Cadix*, 1634), il intégra difficilement des influences diverses. ▮ **Peintre du roi à Séville** Revenu à Séville avec le titre de peintre du roi, il assouplit quelque peu son style, réalisant pour divers couvents quelques-unes de ses œuvres majeures (série d'*Apôtres* à Marchena, 1637 ; cycle de la Merced descalzada, 1636 ; retable de Llerana, 1636 - 1638 ; cycle pour les chartreux de Jerez, 1638 - 1639, puis les hiéronymites de Guadalupe, 1638 - 1644). S'il s'imposa surtout dans la chronique de la vie monastique ou la représentation de fondateurs d'ordre, la fraîcheur d'inspiration d'œuvres comme les *Immaculée Conception*, les *Sainte Famille* ou les *Scènes de l'enfance du Christ* (*L'Atelier de Nazareth*) révèle un registre différent dans l'expression du sentiment religieux, plus gracieux et intime. Dans ses natures mortes (*Oranges, cédrats et rose*, 1633), le peintre montre sa capacité de stylisation, de pureté formelle en même temps que son goût pour les objets les plus humbles ; la rigueur et la simplicité de l'ordonnance, le traitement géométrique des volumes confèrent aux objets un caractère presque abstrait ainsi qu'une présence intense. ▮ **Les œuvres de commande pour l'Amérique du Sud** Cependant, vers 1644, la production de Zurbarán marqua un net fléchissement, dû peut-être à la nécessité d'une adaptation au goût nouveau que consacrait Murillo ; il donna aux formes un aspect plus sinueux et amortit ses coloris ; l'expression s'affadit *(Vierge avec l'Enfant Jésus et saint Jean)* ; les œuvres d'atelier se multiplièrent et beaucoup furent envoyées à la clientèle d'Amérique du Sud : figures de fondateurs d'ordre, de patriarches, d'apôtres, d'Immaculée Conception, et série de *Saintes* que les poses, l'expression, empreintes d'une certaine coquetterie, les costumes, d'une élégance recherchée, chargent d'un étonnant esprit profane *(Sainte Agathe ; Sainte Casilde ; Sainte Marguerite)*. Il mourut à Madrid, pauvre et oublié. ▮ **L'influence de Zurbarán** Considéré au XVIII$^{e}$ s. comme le «Caravage espagnol» sans pour autant être placé au premier plan, il fut pour les romantiques une révélation ; les cubistes mirent en valeur dans son œuvre la rigueur plastique du traitement de la lumière et des volumes, et on le reconnut comme l'un des plus grands maîtres de la peinture espagnole.

**ZURICH** [-rik] – en all. ***Zürich*** ← **ÉTYM.** du lat. *Turicum*, n. d'un poste militaire romain du –I$^{er}$ s. ♦ V. de Suisse, sur les rives de la Limmat et de la Sihl à l'extrémité N. du *lac de Zurich*, ch.-l. du cant. de Zurich et première ville de Suisse. 350 125 hab. (aggl. 1 080 728), en majorité de langue allemande et de rel. protestante (3/5). Univ. (fondée en 1523). Polytechnicum (École polytechnique fédérale). Autour du vieux Zurich, qui ne forme plus maintenant qu'un petit noyau à l'extrémité du lac, la ville s'est considérablement développée en s'étageant sur les collines qui bordent celui-ci : cathédrale romane du XII$^{e}$ s. (Grossmünster) ; Fraumünster (XII$^{e}$ - XIV$^{e}$ s.) ; église Saint-Pierre (XIII$^{e}$ s.) ; hôtel de ville (XVIII$^{e}$ s.). Musée national suisse (Pestalozzianum), musée des Beaux-Arts. ▪ Important centre indus. : textile (soie), mécanique (matériel ferroviaire, hydraulique et électrique), chimie (savonneries, caoutchouc), papeteries, indus. alimentaire. Zurich est avant tout le plus grand centre bancaire et financier de la Suisse : Union de banques suisses, Société de banques suisses, Crédit suisse, Bourse, marché de l'or. Centre incontestable de la finance et des services, elle a un poids qui lui permet d'influencer directement une grande partie du pays, reléguant les autres grandes villes de Suisse (Bâle et Berne en particulier) à un rôle régional. Par sa puissance et sa richesse, elle contribue largement à la prospérité de la Confédération, notamment dans le domaine fiscal. Premier centre universitaire et culturel de Suisse, Zurich est une ville européenne, avec tous les problèmes sociaux que doivent affronter les grandes cités contemporaines. ▮ **Histoire** L'ancienne *Turicum* romaine (–58) fut conquise par les Alamans (VI$^{e}$ s.) puis par les Francs, qui en firent une résidence royale (IX$^{e}$ s.), et devint très vite une importante place commerciale. Elle entra dans la Confédération helvétique en 1351. Mais désireuse d'étendre sa domination elle n'hésita pas, appuyée par l'Autriche, à déclarer aux autres cités suisses une guerre d'où elle sortit vaincue (1435 - 1450). À partir de 1519, la prédication de Zwingli fit de Zurich une des capitales de la Réforme (→ **Kappel**). Au XVIII$^{e}$ s., la ville devint le centre intellectuel de la Suisse alémanique avec Gessner, Lavater et Pestalozzi. Dès 1891, au moment où elle devint la première ville de la Confédération avec plus de 100 000 hab., elle comptait plus de travailleurs dans les services que dans l'industrie. En 1857, en effet, se fondait à Zurich le Crédit suisse, à l'instigation du pionnier zurichois des chemins de fer, Alfred Escher.

**ZURICH** (canton de) ♦ Canton suisse, premier canton de la Confédération suisse. 1 729 km². 1 284 052 hab., de langue allemande et en majorité de rel. protestante. CH.-L. : Zurich*. Le pays contient la plus grande partie du lac de Zurich. Il est drainé par le Rhin, la Limmat, la Thur, la Töss et la Sihl. ▪ L'économie de la région, très puissante, se partage entre une industrie traditionnelle (métall., indus. mécanique, textile, chimie) et le secteur tertiaire et financier, dont Zurich est l'un des principaux centres en Europe et dans le monde : 47 des 100 premières entreprises suisses ont leur siège dans le canton. Production agricole et tourisme complètent cette activité.

**ZURICH** (lac de) – en all. ***Zürichsee*** ♦ Lac de Suisse, situé entre les cant. de Zurich, Saint-Gall et Schwyz, 89 km². Il reçoit la Linth et s'écoule à Zurich par la Limmat, affl. de l'Aar. Il baigne les villes d'Horgen, Küsnacht, Thalwil, Wädenswil, Zollikon et Zurich.

**Zurich** (batailles de) ♦ Batailles qui se déroulèrent à Zurich les 4 juin et 25 sept. 1799. Masséna battit à deux reprises près de Zurich les Autrichiens puis les Russes, empêchant ainsi l'invasion de la France par les Alliés. → **coalition***.

**Zurich** (paix de) ♦ Ensemble des accords signés le 10 nov. 1859 entre l'Autriche, la France et la Sardaigne, sur la base des préliminaires de Villafranca qui marquèrent la fin de la campagne d'Italie. L'Autriche vaincue cédait la Lombardie (à l'exception de Mantoue et Peschiera) à la France, qui les rétrocédait au Piémont. Les clauses des préliminaires de Villafranca concernant la formation d'une confédération italienne et le rétablissement des princes d'Italie centrale (Toscane et Modène) ainsi que la création d'une Vénétie autonome ne furent point appliquées, ce qui suscita le mécontentement des alliés italiens de Napoléon III, ce dernier leur ayant promis de libérer l'Italie des Alpes à l'Adriatique.

**ZURVAN** ♦ Dieu du temps, dans la mythologie iranienne. Il est mentionné dans l'Avesta, mais devient important au –III$^{e}$ s. Dans le mythe, il offre un sacrifice pour avoir un fils, mais doute de son efficacité : les jumeaux Ahriman* et Ohrmazd* naissent respectivement du doute et du sacrifice.

**ZUSE (Konrad)** ♦ Ingénieur et informaticien allemand (Berlin 1910 - Huenfeld 1995). Il inventa, en 1936, le premier calculateur programmable binaire à relais (Z, construit en 1938) et mit au point le procédé de calcul dit «en virgule flottante» (permettant l'enregistrement des nombres très grands ou très petits).

**ZUTPHEN** ou **ZUTFEN** ♦ V. des Pays-Bas (Gueldre), sur l'IJssel et la Berkel. 46 635 hab. Église (XIII$^{e}$ - XV$^{e}$ s.). ▪ Indus. alimentaire. Imprimeries. Centre commercial.

**ZWEIBRÜCKEN** → Deux-Ponts

**ZWEIG (Stefan)** ♦ Nouvelliste et essayiste autrichien (Vienne 1881 - Petrópolis, Brésil 1942). Esprit curieux et ouvert, ami de R. Rolland et de Verhaeren, dont il fut le traducteur, il s'est essayé dans les genres littéraires les plus divers : poésie, œuvres dramatiques (*Thersite*, 1907 ; *La Maison au bord de la mer*, 1911 ; *Jérémie*, 1917, contre la guerre ; des adaptations de Ben Jonson, en particulier *Volpone**, 1928), un roman, *Impatience du cœur* (1938), connu parfois sous le titre *La Pitié dangereuse*. Mais il réussit surtout dans la nouvelle brève (*Amok*, 1922 ; *La Confusion des sentiments*, 1926), l'essai littéraire critique (*Trois maîtres*, 1919, sur Balzac, Dickens et Dostoïevski ; *Lutte avec les démons*, 1925, sur Hölderlin, Kleist et Nietzsche), la biographie romancée (Fouché, Marie-Antoinette, Marie-Stuart). Influencé par la psychanalyse de Freud (auquel il consacra l'essai intitulé *La Guérison par l'esprit*, 1931), S. Zweig fut un des maîtres de l'analyse psychologique, voire psychopathologique, et le chantre d'une civilisation en déclin. Il quitta l'Allemagne en 1935, profondément marqué par la progression et les victoires du nazisme, et se donna la mort en même temps que sa seconde femme en 1942. Il avait également écrit pour Richard Strauss* le livret de *La Femme silencieuse* (1935). ➜ ÉTYM. Ce nom allemand signifie « branche, rameau ».

**ZWEIG (Arnold)** ♦ Écrivain allemand (Glogau, Silésie 1887 - Berlin-Est 1968). Auteur de nouvelles psychologiques influencées par la psychanalyse freudienne (*Nouvelles autour de Claudia*, 1912), d'œuvres dramatiques (*Abigal et Nabal*, 1913 ; *De Vriendt rentre chez lui*, 1933), il dut surtout sa renommée à son roman *Le Cas du sergent Grischa* (1927), violente critique du militarisme où il affirma ses positions socialistes et qui fut suivi de plusieurs autres (*Jeune femme de 1914*, 1931 ; *Éducation devant Verdun*, 1935 ; *Le Couronnement d'un roi*). D'origine juive et militant sioniste, il se réfugia en Palestine à partir de 1933, mais revint en République démocratique allemande en 1948.

**ZWEVEGEM** ♦ Comm. de Belgique (Région flamande), prov. de Flandre-Occidentale, arr. de Courtrai, sur le canal Escaut-Lys de Bossuyt à Courtrai. 23 809 hab. Tréfilerie. Indus. textile.

**ZWICKAU** ♦ V. d'Allemagne (Saxe), sur la rive g. de la *Mulde de Zwickau*. Env. 100 000 hab. Églises Sainte-Marie (XVIe s.) et Sainte-Catherine (XIVe s.), halles et hôtel de ville du XVIe s. Maison natale de R. Schumann. ▪ Centre industriel, situé dans un bassin houiller de faible capacité. Indus. textile, mécanique (automobiles, matériel ferroviaire), métall. (câbles) et chimique (colorants, produits pharmaceutiques). ▮ Histoire Thomas Münzer y prêcha, entraînant une première révolte anabaptiste (1521).

**ZWICKY (Fritz)** ♦ Astrophysicien américain d'origine suisse (Varna, Bulgarie 1898 - Pasadena 1974). Auteur de recherches sur l'évolution stellaire, il définit la distinction entre les novae et les supernovae, étudia la distribution des galaxies dans l'univers, les amas de galaxies, et découvrit l'existence des galaxies compactes. Il réalisa un catalogue photographique des galaxies.

**ZWIJNDRECHT** ♦ Comm. de Belgique (Région flamande), prov. et arr. d'Anvers, dans le prolongement d'Anvers-Rive gauche, sur la rive g. de l'Escaut, transférée en 1923 de la Flandre-Orientale. 18 352 hab. Indus. chimique.

**ZWIJNDRECHT** ♦ V. des Pays-Bas (Hollande-Méridionale). au N.-O. de Dordrecht. 44 400 hab. Cultures maraîchères. Indus. alimentaire. Métallurgie.

**ZWIN** n. m. ♦ Réserve naturelle de Belgique dans une région de dunes, de prés salés, de marais et de bois (150 ha) entre Knokke-Heist et la frontière néerlandaise.

**ZWINGLI (Ulrich ou Huldrych)** ♦ Réformateur religieux suisse (Wildhaus, cant. de Saint-Gall 1484 - Kappel 1531). À Vienne et à Bâle où il fit ses études, il reçut une formation d'humaniste et fut en contact avec Érasme*. Il fut nommé curé de Glaris (1506 - 1516), mais ses sermons contre le mercenariat l'obligèrent à quitter sa cure pour l'abbaye d'Einsiedeln* où il fut chapelain. Devenu prédicateur de la collégiale de Zurich (1519), il poursuivit ses attaques contre le pape, les lois officielles de l'Église catholique et sa corruption. Il adhéra à la Réforme, dont il contribua à fixer les dogmes par les soixante-sept *thèses* où il exposa sa doctrine, reconnaissant la Bible comme seul fondement de la loi et rejetant l'autorité de Rome (1523). Ses paroissiens et le Conseil de Zurich prirent son parti. *L'Exposition et les Preuves des thèses* ainsi que le *De vera et falsa religione commentarius* (dédié à François Ier) développent les positions de Zwingli qui, sur certains points (en particulier la communion), diffèrent de celles de Luther* à qui il s'opposa au colloque de Marburg. N'ayant jamais séparé pouvoir temporel et pouvoir spirituel, État et Église, Zwingli influença la vie politique de Zurich qu'il amena à entreprendre deux campagnes contre les cantons catholiques. Il fut tué lors de la seconde bataille de Kappel. ➜ ÉTYM. *Zwingli* vient du moyen haut allemand *zwillinc*, de *zwinal* « double », surnom de jumeau.

**ZWOLLE** ♦ V. des Pays-Bas, ch.-l. de la prov. d'Overijssel, sur l'IJssel. 114 635 hab. (aggl. 170 619). Église et hôtel de ville du XVe s. ▪ Centre régional. Pôle de développement. ▮ Histoire Après l'obtention de ses libertés municipales en 1230, Zwolle fut au XIIIe s. une importante ville hanséatique. La place forte fut démantelée en 1674 par les troupes de l'évêque de Münster et du prince électeur de Cologne, alliés de Louis XIV. Zwolle fut le ch.-l. du dép. français des Bouches-de-l'Yssel pendant le Premier Empire.

**ZWORYKIN (Vladimir Kosma)** ♦ Ingénieur américain d'origine russe (Mourom 1889 - New York 1982). Il élabora un dispositif de télévision entièrement électronique. Dans les laboratoires de la Société RCA, il mit au point l'iconoscope (1933), tube de prises de vues qui permit les grands progrès de la télévision cathodique ; il réalisa ensuite les premiers photomultiplicateurs (1936) et perfectionna le microscope électronique, se consacrant alors à l'électronique médicale.

**ŻYRARDÓW** ♦ V. de Pologne centrale, voïvodie de Mazovie. 41 029 hab. Indus. textile. ▪ La ville doit son nom à l'industriel français Philippe de Girard* qui y installa en 1833 des métiers à filer de son invention.

**ZYRIANES ou ZYRIÈNES** n. m. ♦ Peuple finno-ougrien qui habitait à l'époque tsariste dans le gouvernement d'Arkhangelsk. Désignés aussi sous le nom de *Komis*, les Zyrianes font aujourd'hui partie de la république des Komis.

# ATLAS THÉMATIQUE

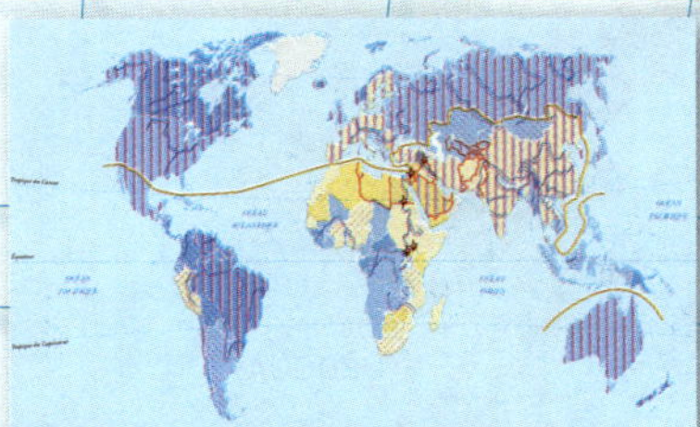

# Le monde politique en 2009

| EUROPE | | AFRIQUE | |
|---|---|---|---|
| ALB. : | ALBANIE | B.F. : | BURKINA-FASO |
| ALL. : | ALLEMAGNE | B. : | BURUNDI |
| AND. : | ANDORRE | G.-É. : | GUINÉE-ÉQUATORIALE |
| AUT. : | AUTRICHE | MALA. : | MALAWI |
| BEL. : | BELGIQUE | R. : | RWANDA |
| C. : | CROATIE | | |
| DAN. : | DANEMARK | **AMÉRIQUE DU SUD** | |
| H. : | HONGRIE | HA. : | HAÏTI |
| LI. : | LIECHTENSTEIN | J. : | JAMAÏQUE |
| K. : | KOSOVO | | |
| L. : | LUXEMBOURG | **ASIE** | |
| MA. : | MACÉDOINE | A. : | ARMÉNIE |
| M. : | MONTÉNÉGRO | AZERB. : | AZERBAÏDJAN |
| NORV. : | NORVÈGE | BANGL. : | BANGLADESH |
| P.-B. : | PAYS-BAS | G. : | GÉORGIE |
| RÉP. TCH. : | RÉPUBLIQUE TCHÈQUE | JORD. : | JORDANIE |
| SE. : | SERBIE | KIRG. : | KIRGHIZSTAN |
| SLOV. : | SLOVAQUIE | OUZB. : | OUZBÉKISTAN |
| SL. : | SLOVÉNIE | TURKM. : | TURKMÉNISTAN |
| S. : | SUISSE | | |

ARCTIQUE
Spitzberg (Norv.)
Nlle-Sibérie
Cercle polaire arctique
SUÈDE
FINLANDE
NORV.
ESTONIE
LETTONIE
LITUANIE
POLOGNE
BIÉLORUSSIE
RÉP. TCH.
UKRAINE
SLOV.
AUT.
H.
MOLDAVIE
SL.
C.
SE.
B.H.
ROUMANIE
M.K.
BULGARIE
ITALIE
ALB.
MA.
GRÈCE
TURQUIE
G.
A.
AZERB.
Malte
CHYPRE
SYRIE
LIBAN
ISRAËL
JORD.
IRAK
IRAN
KOWEIT
RUSSIE
KAZAKHSTAN
MONGOLIE
OUZB.
KIRG.
TURKM.
TADJIKISTAN
AFGHANISTAN
PAKISTAN
CHINE
CORÉE DU NORD
CORÉE DU SUD
JAPON
OCÉAN PACIFIQUE
NÉPAL
BHOUTAN
BANGL.
BIRMANIE (MYANMAR)
INDE
TAIWAN
LAOS
VIÊTNAM
THAÏLANDE
CAMBODGE
PHILIPPINES
QATAR
BAHREÏN
ARABIE SAOUDITE
EAU
OMAN
YÉMEN
LIBYE
ÉGYPTE
TCHAD
SOUDAN
ÉRYTHRÉE
DJIBOUTI
ÉTHIOPIE
SOMALIE
RÉP. CENTRAFRICAINE
CAMEROUN
OUGANDA
KENYA
GABON
CONGO
RÉP. DÉMOCRATIQUE DU CONGO
R.
B.
TANZANIE
ANGOLA
ZAMBIE
MALA.
MOZAMBIQUE
ZIMBABWE
NAMIBIE
BOTSWANA
MADAGASCAR
SWAZILAND
LESOTHO
AFRIQUE DU SUD
COMORES
Mayotte (Fr.)
Maurice
Réunion (Fr.)
Socotra (Yémen)
Laquedives (Inde)
Maldives
SRI LANKA
Andaman et Nicobar (Inde)
Seychelles
Chagos (R.-U.)
OCÉAN INDIEN
Cocos (Austr.)
Christmas (Austr.)
BRUNEI
MALAISIE
SINGAPOUR
INDONÉSIE
PAPOUASIE-NOUVELLE-GUINÉE
MARIANNES DU NORD
Guam (É.-U.)
MARSHALL
ÉTATS FÉDÉRÉS DE MICRONÉSIE
BELAU
KIRIBATI
NAURU
TUVALU
SALOMON
VANUATU
Loyauté (Fr.)
FIDJI
Nlle-Calédonie (Fr.)
AUSTRALIE
Norfolk (Aus.)
NOUVELLE-ZÉLANDE
Nlle-Amsterdam (Fr.)
St-Paul (Fr.)
Prince-Édouard (Af. du Sud)
Crozet (Fr.)
Kerguelen (Fr.)
Mac Donald (Austr.)
Cercle polaire antarctique
(Norvège)
(Australie)
Terre Adélie (Fr.)
(Australie)
(Nouvelle-Zélande)

# Population, grandes agglomérations

EUROPE
733
Europe de l'Est
295
Saint-Pétersbourg
Moscou
Istanbul
Athènes
Téhéran
Asie centrale
1 662
Alexandrie
Bagdad
Le Caire
Asie de l'Ouest
223
Karachi
Delhi
Dacca
Calcutta
Bombay
Madras
Bangkok
Hô Chi Minh-Ville
Shenyang
Beijing
Tianjin
Séoul
Grand Tokyo - Yokohama
Osaka
Shanghai
Asie de l'Est
1 550
Taipei
Hong Kong
Manille
OCÉAN
PACIFIQUE
Asie du Sud-Est
574
Jakarta
Khartoum
Afrique centrale
118
Kinshasa
Afrique de l'Est
294
OCÉAN
INDIEN
ASIE
4 010
Johannesburg
Le Cap
Afrique du Sud
55
Océanie
35
Sydney
Melbourne

# Les ressources en eau

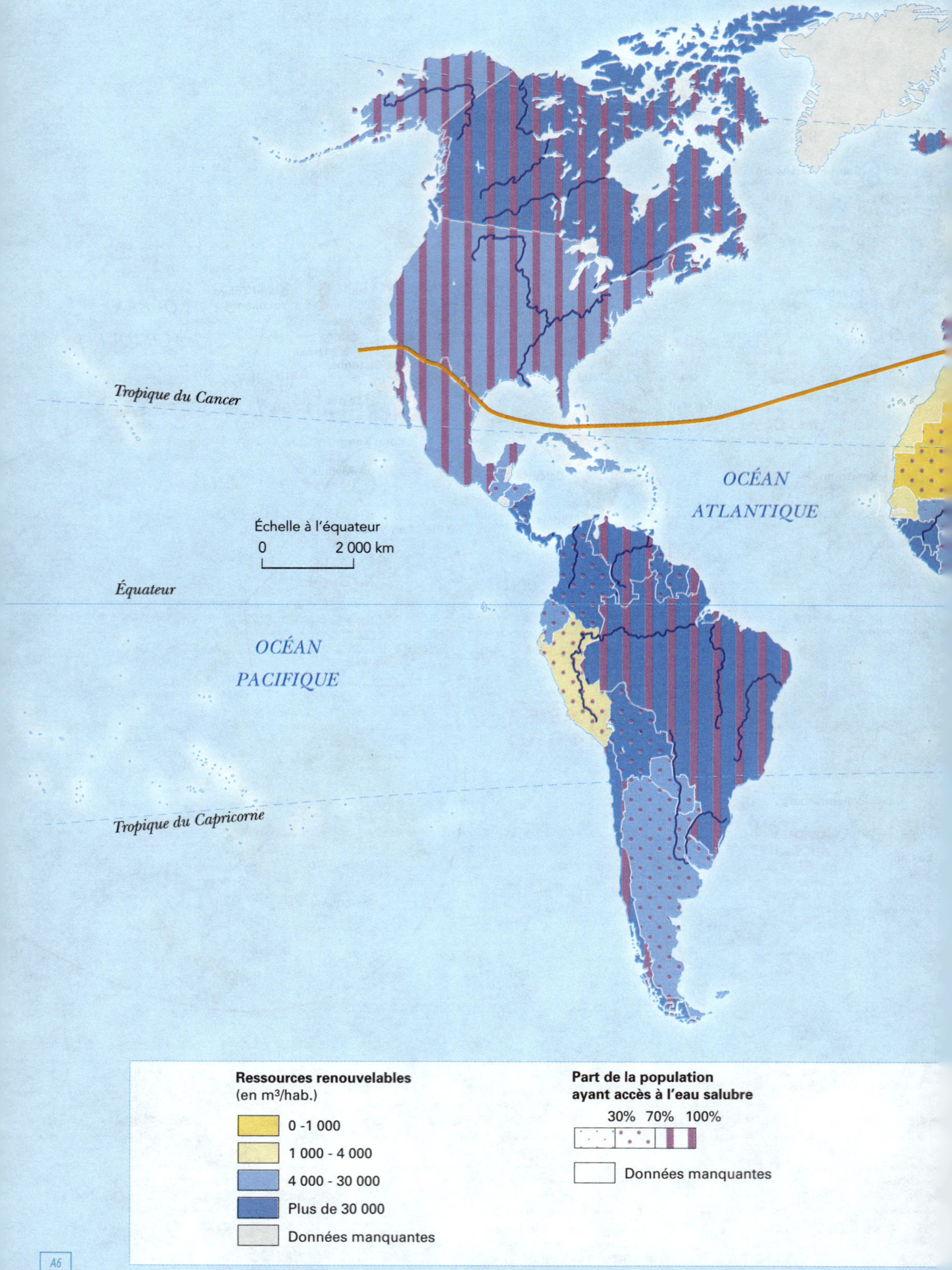

Limite entre les pays du Nord et du Sud

Pays utilisant plus de 50 % de leurs ressources

Conflits liés à l'eau

Principaux fleuves mondiaux
(seuls les fleuves dont le débit moyen annuel est supérieur à 30 km$^3$ ont été représentés)

# Les principales langues officielles

souahéli (**30 M**)
polonais (**42 M**)
persan et tadjik (**45 M**)
ukrainien (**52 M**)
thaï et lao (**53 M**)
italien (**65 M**)
vietnamien (**67 M**)
coréen (**73 M**)
allemand (**100 M**)
turc (**124 M**)
japonais (**125 M**)
français (**135 M**)
arabe (**170 M**)
portugais (**180 M**)
indonésien et malais (**190 M**)

bengali (**193 M**)

russe (**285 M**)

espagnol (**330 M**)

hindi (**450 M**)

anglais (**600 M**)

chinois (**1 000 M**)

autres langues

**190 M** En millions de locuteurs

Source: *Les langages de l'humanité*, 1995.

# La langue française dans le monde

**Population francophone :**

- plus de 50 %
- de 16 à 50 %
- de 3 à 16 %

**Organisation internationale de la Francophonie**

BELGIQUE Québec — États et gouvernements membres de plein droit (53 en 2006)

Ville d'accueil de « Sommet francophone »

# Les principales religions

orthodoxes
bouddhistes
chiites
confucianistes
taoïstes
hindouistes
OCÉAN
PACIFIQUE
OCÉAN
INDIEN
protestants

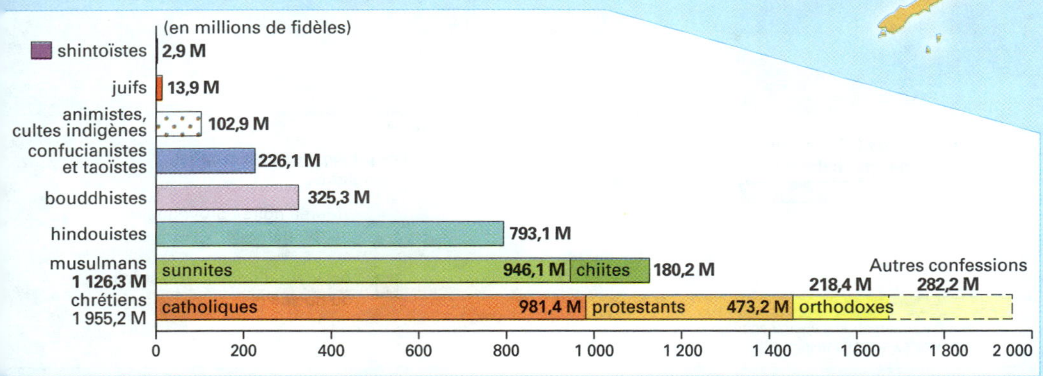
(en millions de fidèles)
shintoïstes 2,9 M
juifs 13,9 M
animistes, cultes indigènes 102,9 M
confucianistes et taoïstes 226,1 M
bouddhistes 325,3 M
hindouistes 793,1 M
musulmans 1 126,3 M
sunnites 946,1 M
chiites 180,2 M
chrétiens 1 955,2 M
catholiques 981,4 M
protestants 473,2 M
orthodoxes 218,4 M
Autres confessions 282,2 M
0
200
400
600
800
1 000
1 200
1 400
1 600
1 800
2 000

# Accidents industriels et pollutions récurrentes

1989 - Kouïbychev
Explosion d'un gazoduc lors du passage de deux trains, 500 morts
1979 - Novossibirsk
Émission de produits chimiques, 300 morts
1986 - Tchernobyl
Émission de produits radioactifs : 31 morts
- Bâle
d'herbicides
ues dans le Rhin
Moscou
1958 - Kytchim
Explosion dans un centre de déchets nucléaires, plusieurs centaines de morts
Istanbul
Eskişehir
Téhéran
2000 - Baia Mare
Pollution par le cyanure du Danube, de la Tisa et du Someş
Marée noire de la guerre du Golfe 1991
1982 - Salang
Explosion d'un réservoir de pétrole dans un tunnel, 2 000 morts
1988 - Islamabad
Explosifs, 100 morts
1983 - Égypte
Accident de transport d'hydrocarbures sur le Nil, 317 morts
1984 - Bhopal
Émission dans l'atmosphère d'isocyanate de méthyle, près de 4 000 morts
Anshan
Taiyuan
Zibo
Jinan
Qingdao
Lanzhou
Chongqing
Guiyang
Liupanshui
1981 - Tsuruga
Fuites radioactives, 278 irradiés
1953 à 1961 - Minamata
Pollution marine par le mercure (due aux déchets de l'usine Chiso), 857 morts
OCÉAN PACIFIQUE
OCÉAN INDIEN

# chronologie

Cette chronologie met en perspective des données historiques et culturelles. L'information est répartie en cinq colonnes : religion et philosophie, histoire générale, sciences et techniques, littérature, arts et musique.
À la lecture verticale et historique, on peut préférer une lecture horizontale des événements simultanés qui révèle l'unité (parfois hasardeuse) d'un moment : ainsi 1520, année de l'entrevue du Camp du Drap d'or, de la naissance de la Réforme, de l'arrivée en Europe de la porcelaine de Chine et des premiers paysages dans la peinture flamande.

## Avant l'histoire : temps géologiques et préhistoire

| ÈRE<br>PÉRIODE<br>*époque* | DURÉE (en millions d'années) | HISTOIRE GÉOLOGIQUE |
|---|---|---|
| **LE PRÉCAMBRIEN (– 4,6 MILLIARDS À – 570 MILLIONS D'ANNÉES)** | | |
| **Précambrien**<br>Archéozoïque ou Archéen<br>Protérozoïque ou Algonkien | 4030 | Formée il y a environ 4,6 milliards d'années, la Terre n'a une histoire géologique connue qu'à partir de – 570 millions d'années, avec l'apparition de fossiles attestant de formes de vie diversifiées. Toute la période précédant cette histoire est nommée Précambrien ou Antécambrien.<br><br>L'histoire géologique est divisée en quatre grandes ères, de durée de plus en plus courte, elles-mêmes divisées en périodes, divisées à leur tour en époques ou étages qui tirent leurs noms de la région géographique où l'on a retrouvé des fossiles leur correspondant (ex. : le Permien) ou des caractères physiques des roches (ex. : le Crétacé). |
| **L'ÈRE PRIMAIRE (– 570 À – 225 MILLIONS D'ANNÉES)** | | |
| **Ère primaire ou Paléozoïque**<br>Cambrien<br>Ordovicien<br>Silurien<br>Dévonien<br>Carbonifère<br>Permien | 345 | L'ère primaire ou Paléozoïque (ère de la vie ancienne), env. 345 millions d'années, est marquée par la fracturation de la Pangée (continent unique formé de toutes les terres émergées) et le début de la dérive des continents, la formation des chaînes calédoniennes et hercyniennes et l'apparition d'organismes invertébrés et vertébrés relativement simples. |
| **L'ÈRE SECONDAIRE (– 225 À – 65 MILLIONS D'ANNÉES)** | | |
| **Ère secondaire ou Mésozoïque**<br>Trias<br>Jurassique<br>Crétacé | 160 | L'ère secondaire ou Mésozoïque (ère de la vie moyenne), env. 160 millions d'années, voit des transgressions et des régressions marines dans les bassins sédimentaires et le développement des vertébrés (reptiles, oiseaux, premiers mammifères). |
| **L'ÈRE TERTIAIRE (– 65 À – 1,8 MILLION D'ANNÉES)** | | |
| **Ère tertiaire ou Cénozoïque**<br>*Paléocène*<br>*Éocène*<br>*Oligocène*<br>*Miocène*<br>*Pliocène* | 63,2 | L'ère tertiaire ou Cénozoïque (ère de la vie moderne), env. 62 millions d'années, correspond à la formation des chaînes de montagnes jeunes – accompagnée de séismes et d'éruptions volcaniques (phénomènes qui se poursuivent à l'ère quaternaire) – et au règne des mammifères. |
| **L'ÈRE QUATERNAIRE (– 1,8 MILLION D'ANNÉES À NOS JOURS)** | | |
| **Ère quaternaire**<br>*Pléistocène*<br>*Holocène* | | L'ère quaternaire, souvent considérée comme une période du Cénozoïque, dure moins de 2 millions d'années ; elle connaît une alternance de périodes glaciaires et de périodes interglaciaires et a vu l'évolution la plus importante de l'homme, d'où le nom d'Anthropozoïque (ère de l'homme) qui lui est souvent donné. |

# La Préhistoire (– 10 000 000 à – 3 000)

## de l'apparition de l'homme à la naissance de l'écriture

### LE PALÉOLITHIQUE (– 3 000 000 À – 12 000)

Tertiaire — miocène

– 23,5 Ma

– 10 Ma

> Les premiers homininés apparaissent probablement vers – 10 000 000 d'années.
>
> Toumaï (Tchad), l'hominidé le plus ancien reconnu, est âgé de 7 millions d'années et Orrorin (Kenya), homininé bipède et arboricole, de 6 millions d'années.

– 5,4 Ma

Tertiaire — pliocène

- – 3,5 Ma • Abel, homininé (Tchad)
- – 3,3 Ma • Premiers outils Omo, Éthiopie
- – 3,2 Ma • Lucy, homininé bipède et arboricole (Éthiopie)
- – 2,9 Ma/– 2 Ma • Déploiement des homininés en Eurasie
- – 2,5 Ma • *Homo habilis* ("homme habile") le premier homme
- – 2 Ma • *Homo ergaster*

Quaternaire — pléistocène inférieur

- – 1,8 Ma • Premiers habitats construits (Olduvai, Tanzanie)
- – 1,7 Ma • Premiers outils symétriques, appelés "bifaces" (Kenya)
- – 1,5 Ma • *Homo erectus* ("homme debout") descendant d'*Homo ergaster*, ancêtre d'*Homo sapiens*, d'*Homo neandertalensis*, d'*Homo soloensis* et d'*Homo floriensis*
- – 800 000 • Maîtrise du feu (Gesher Benot Ya'aqov, Israël)

Quaternaire — pléistocène moyen

- – 500 000 • Début de la dérive néandertalienne
- – 400 000 • Premiers *Homo sapiens*
- – 300 000 • Fosse sépulcrale (Sima-de-los Huesos, Espagne)
- – 200 000
- – 100 000 • Premières sépultures individuelles

Quaternaire — pléistocène supérieur

- – 70 000/– 50 000 • Premiers peuplements de l'Australie
- – 50 000/– 30 000 • Premiers peuplements de l'Amérique

**Principaux faciès**

- – 2,8 Ma
- oldowayen
- – 1,2 Ma
- acheuléen
- – 200 000
- moustérien
- – 34 000
- aurignacien
- – 26 000
- solutréen
- – 14 000
- magdalénien

## LE NÉOLITHIQUE (– 12 000 À – 2 500)

Les changements qui caractérisent la « révolution néolithique » n'ont pas affecté au même moment tous les endroits du globe. Aussi distingue-t-on une période de transition entre le paléolithique (ou âge de la pierre taillée) et le néolithique (ou âge de la pierre polie) : le mésolithique, période moyenne de l'âge de la pierre.

De même, l'histoire n'a pas commencé partout au même instant. La découverte de l'écriture (v. – 3 000) est parallèle aux « âges des métaux » : le cuivre, puis le bronze (à partir de – 2 000, en Europe), enfin le fer (à partir de – 900, en Europe) ; on appelle protohistoire la période, située entre la préhistoire et l'histoire, durant laquelle certaines civilisations, bien que contemporaines de l'écriture, ne la connaissaient pas.

Quaternaire — pléistocène supérieur — magdalénien

**– 12 000** • Apparition de la céramique en Sibérie du Nord-Est chez des populations de chasseurs.

**– 11 000** • Sédentarisation, formation de villages en Syrie-Palestine. Cueillette et stockage des denrées végétales ; domestication du chien.

**– 10 000**

Quaternaire — holocène

**– 9 000** • Au Proche-Orient, premiers villages à maisons circulaires. Débuts de l'agriculture. Polissage de la pierre.

**– 8 000** • « Révolution néolithique » accomplie en Syrie-Palestine : céréales et animaux (ovicaprins, bœuf, porc) désormais domestiqués ; tissus, vannerie ; techniques médicales (trépanation) ; techniques de construction (« fortifications » de Jéricho) ; perfectionnement des outils. • Mexique : pyramide de Ciucuilco (la plus ancienne construction connue sur le continent nord-américain). • Afrique : premières céramiques. • Premières tentatives de domestication végétale au Mexique (Guila Naquitz) et dans les Andes (Guitarrero).

**– 7 000** • Apparition de la céramique dans le néolithique du Proche-Orient. • Première diffusion du néolithique en Europe du Sud-Est (Grèce). • Habitats néolithiques sur l'Indus (Merhghar) et en Chine (culture du riz et du millet, domestication du porc).

**– 6 000** • Établissements néolithiques en Égypte et en Mésopotamie, où apparaîtront plus tard les premières villes.

**– 5 000** • Début de la métallurgie du cuivre (Anatolie, Balkans).

**– 4 500** • Premiers dolmens et menhirs sur la façade atlantique de l'Europe.

**– 4 000** • Invention de la roue et de l'araire en Mésopotamie ; développement rapide de la poterie au tour. Art rupestre saharien (Tassili).

**– 3 500** • Domestication du cheval. Début de l'âge du bronze au Proche-Orient. • Premières villes mésopotamiennes (Uruk).

**– 3 200** • Unification de l'Égypte. Première dynastie des pharaons.

**– 3 000** • Naissance de l'écriture à Sumer : débuts de l'histoire. • L'Europe et l'Asie passent progressivement à l'âge du bronze.

**– 2 500** • Présence du fer en Anatolie (Alaça Huyuk).

# L'Antiquité (– 3000 à 476)

## de la naissance de l'écriture à la chute de Rome

**RELIGION – PHILOSOPHIE**

– 3000 **v. – 3000** • Le polythéisme et l'animisme dominent la vie religieuse de l'humanité. • Panthéon à Sumer.

**v. – 2900** • En Égypte, premier pharaon « fils du Soleil ».

◂ Khéops, Khéphren et Mykérinos

**v. – 2600** • À Sumer, premiers textes religieux connus.

**v. – 2300** • Essor politique et culturel de l'empire d'Akkad.

**v. – 2100** • Début du culte d'Osiris.

**HISTOIRE GÉNÉRALE**

**v. – 3000** • Essor des civilisations du Croissant fertile • Installation des Phéniciens en Méditerranée orientale. • Peuplement de l'Indonésie par des populations protomalaises (jusqu'en – 1500). • Premier système de cités-États en Palestine.

**v. – 2700** • Début de l'Ancien Empire en Égypte. Développement de Suse, dont le réseau commercial s'étend de l'Égypte à l'Indus. Nombreux échanges entre la Palestine et l'Égypte : le tracé de la route qui relie ces deux régions n'a pas varié depuis 5000 ans. • Essor probable de la ville de Troie. • Développement de la civilisation d'Élam. • Période des « dynasties légendaires » chinoises (dans le Nord). • Début de la civilisation minoenne en Crète.

**v. – 2500** • Civilisation des mégalithes en Europe occidentale. • Inde : début de la civilisation dite de l'Indus. • Afrique : assèchement du Sahara et migrations vers le sud des pasteurs éthiopides (ancêtres des Peuls) et d'agriculteurs négrides (peut-être ancêtres des Songhaï de Gao). • Installation des premières dynasties d'Ur et de Lagash, en Mésopotamie : construction de nombreux monuments liés aux pouvoirs temporel et spirituel des rois.

**– 2340** • Akkad : le roi Sargon l'Ancien entreprend de nombreuses conquêtes. L'akkadien devient la langue diplomatique du Proche-Orient.

**v. – 2300** • Installation des peuples indo-européens en Asie Mineure. • Naissance de la civilisation hittite.

**v. – 2200** • Fondation, en Chine, de la dynastie des Xia (dans le Sud). • Soulèvement populaire en Égypte et décadence de l'Ancien Empire (XXIe s.)

**v. – 2060** • Égypte : début du Moyen Empire.

– 2001

## XXe siècle – XVIe siècle av. J.-C. (– 2000 à – 1501)

– 2000 **v. – 2000** • Culte d'Amon à Thèbes et diffusion des croyances osiriennes en Égypte.

**v. – 1800** • Composition des premiers Veda, textes sacrés de l'hindouisme, transmis oralement.

**v. – 1750** • Développement de la pensée religieuse à Babylone : textes sumériens et akkadiens.

**v. – 2000** • Les Indo-Européens, originaires de l'est de l'Europe, du sud de la Russie et du Kazakhstan, se divisent en peuples distincts et envahissent le Proche-Orient (invasions hourrites en Mésopotamie, essor de la civilisation assyrienne) ainsi que le nord de l'Inde. Leur arrivée en Europe y marque le début de l'âge du bronze. • Empire hittite en Anatolie.

**v. – 1900** • Arrivée des Indo-Européens en Grèce. Ils apportent le cheval.

**v. – 1800** • Fondation de l'empire d'Assyrie par Shamshi-Adad Ier.

**v. – 1770** • Chine : dynastie des Shang.

**v. – 1750** • Avènement d'Hammourabi qui fonde l'Empire babylonien (fin du règne des cités-États) et unifie la Palestine.

– 1700

## SCIENCES – TECHNIQUES

**v. – 3000** • L'écriture à Sumer ; calendrier lunaire. • En Égypte, où se développe une importante économie agricole, calendrier solaire de 365 jours. • Développement de l'agriculture dans le moyen Niger (riz).

**v. – 2800** • Début de l'âge du bronze dans les Cyclades. • Début de la céramique peinte dans le monde égéen.

**v. – 2640** • Découverte de la soie en Chine.

**v. – 2600** • En Égypte, premières pyramides en pierre.

**v. – 2500** • Développement du commerce en Mésopotamie. • Apparition de la navigation maritime égyptienne. • Civilisation de l'Indus : céréales et coton ; outils en cuivre et en bronze ; importantes cités (constructions en brique).

**v. – 2200** • Domestication du cheval pour l'attelage.

**v. – 2100** • Début de l'âge du bronze en Europe centrale.

**v. – 2065** • Creusement d'un canal du Nil à la mer Rouge.

**v. – 2000** • Début de l'âge du bronze dans le midi de la France. • Tablettes astronomiques assyriennes.

**v. – 1900/– 1800** • Début de la civilisation des tumuli en Gaule.

**v. – 1770** • Chine : connaissance de l'écriture.

**v. – 1750** • Avènement d'Hammourabi à Babylone : développement des institutions (célèbre code de lois) et des techniques. • Écriture linéaire A en Crète. • Écriture cunéiforme en Syrie, venue de Mésopotamie. • Existence en Chine du Nord de deux grands ensembles de culture néolithique (vallée du fleuve Jaune).

## LITTÉRATURES

▲ Ensemble mégalithique de Stonehenge

**v. – 2200** • Égypte : textes des sarcophages, *Dialogue du désespéré*.

**v. – 2100** • *Conte du paysan* en Égypte.

**v. – 1950** • Développement d'une littérature égyptienne de récits : *Histoire de Sinouhé* ; *le Conte du naufragé*.

**v. – 1700** • Cycles des poèmes de Gilgamesh en Mésopotamie.

## ARTS – MUSIQUE

**v. – 3000** • Égypte : prépondérance des artistes de Memphis ; peintures dans les tombeaux ; progrès de l'architecture. • Chine : culture des poteries rouges.

**v. – 2800** • Pyramide à degrés de Saqqara, par Imhotep, le premier architecte connu. Première utilisation de la pierre qui remplace la brique. • Sumer : construction de la première ziggourat (tour à étages).

**v. – 2700/– 2500** • IVe dynastie égyptienne : construction des grandes pyramides (la pyramide classique [Khéops, Khéphren et Mykérinos] remplace la pyramide à degrés). Construction du sphinx de Gizeh, et apparition de l'art de la momification. Premiers « scribes accroupis ».

**v. – 2500** • La colonne cylindrique à chapiteau apparaît.

**v. – 2400** • Début de la construction de l'ensemble mégalithique de Stonehenge. • Chine : culture de Longshan (poterie noire).

**v. – 2200** • Égypte : fin de l'âge des pyramides. Début des hypogées (sépultures souterraines) : les plus célèbres sont ceux de la Vallée des Rois et ceux de la Vallée des Reines.

**– 2040/– 1786** • Début de la construction du temple de Karnak.

**v. – 2000** • Construction des premiers palais en Crète.

**v. – 1900** • Apogée de l'art crétois : construction du Labyrinthe. Renouveau de la sculpture.

**v. – 1770** • Chine : naissance de l'art du bronze.

– 3000 | – 2001 | – 2000 | – 1700

| | RELIGION – PHILOSOPHIE | HISTOIRE GÉNÉRALE |
|---|---|---|
| – 1720 | **v. – 1720** • Égypte : développement du culte de Seth. | **v. – 1720** • Égypte : invasion des Hyksos, peuple d'origine asiatique. Fin du Moyen Empire. |
| | | **v. – 1700** • Destruction de la civilisation de l'Indus. |
| | | **v. – 1650** • Apparition de la brillante civilisation de Mycènes. La marine crétoise domine la Méditerranée. (La légende de Minos, et du tribut que lui verse Athènes, est un souvenir de cette puissance.) |
| | | **v. – 1600** • Invasions aryennes dans l'Inde du Nord. Elles repoussent les populations dravidiennes vers le sud. |
| | | **v. – 1580** • Égypte : le Nouvel Empire. Politique de conquête (Nubie, Syrie, Euphrate). |
| | | **v. – 1530** • Prise et occupation de Babylone par les Kassites. |

## XV^e siècle – XI^e siècle av. J.-C. (- 1500 à - 1001)

| | | |
|---|---|---|
| – 1500 | **v. – 1500** • La religion égyptienne reste étroitement liée au gouvernement des pharaons : culte d'Amon à Karnak. • Les Patriarches (Bible). • La religion chinoise (dynastie des Shang) est dominée par le culte des ancêtres royaux, objets de sacrifices fastueux. | **v. – 1500** • Développement des échanges : entre l'Égypte et l'Afrique noire, entre l'Inde et le Proche-Orient. |
| | **v. – 1450** • En Inde, développement du culte de Brahmā. | |
| | | **– 1417** • Avènement d'Aménophis III. Apogée de l'Empire égyptien. |
| | | **– 1400** • Ruine de la civilisation minoenne et début de la diffusion de la civilisation mycénienne en Méditerranée orientale. |
| | | **v. – 1380** • Extension maximale de l'Empire hittite, jusqu'en Égypte. Relation avec les Achéens. |
| | | **v. – 1379** • Égypte : avènement d'Aménophis IV et de Néfertiti. |
| | **v. – 1370** • Culte monothéiste d'Aton imposé par Aménophis IV Akhenaton. | **v. – 1360** • Avènement du pharaon Toutankhamon. • Fondation du premier empire assyrien. Le pays d'Assur a une politique acharnée de conquêtes. |
| | **v. – 1350** • Égypte : restauration de la puissance religieuse du dieu Amon sous le pharaon Toutankhamon. | **– 1300** • Avènement de Ramsès II. |
| | | **v. – 1300** • Europe : début de la migration des peuples de la civilisation des « champs d'urnes » – caractérisée par la crémation des morts – vers le sud, la Grèce puis l'Asie Mineure et l'Égypte. Liée sans doute à ces migrations, construction des fortifications mycéniennes, composées de blocs énormes pesant plusieurs tonnes. |
| | **v. – 1250** • Exode (Bible) : guidés par Moïse, les Hébreux quittent l'Égypte pour la « Terre promise » de Canaan ; « Alliance » entre Dieu et son peuple. | **v. – 1250** • Début de l'installation des Hébreux en terre de Canaan (Moïse). • Destruction de Babylone par les Assyriens. |
| | **v. – 1200/– 1020** • Israël : période des Juges (Bible). | **v. – 1200** • Civilisation des Terramares en Italie. • Disparition brutale de l'Empire hittite. • Grèce : invasions doriennes qui entraînent la ruine de la civilisation mycénienne (disparition du commerce et de l'écriture). • Égypte : les Peuples de la Mer ravagent le delta du Nil. • Disparition de la civilisation crétoise. • Installation des Philistins en Palestine. |
| | | **– 1198** • Avènement de Ramsès III, dernier grand pharaon. |
| | | **v. – 1184** • Prise de Troie par les Achéens-Mycéniens. |
| | | **1168** • Mort de Ramsès III ; début de la décadence de l'Égypte. |
| | | **v. – 1150** • Essor de la civilisation olmèque au Mexique. |
| – 1137 | | **v. – 1137** • Nabuchodonosor I^er rend une certaine puissance à Babylone. |

**SCIENCES – TECHNIQUES** | **LITTÉRATURES** | **ARTS – MUSIQUE**

- 1720

**ARTS – MUSIQUE**

**v. – 1600/– 1550** • Tombes à fosse de Mycènes (le masque d'Agamemnon).

**v. – 1570/– 1400** • Apogée de la civilisation minoenne (palais de Cnossos, Phaïstos…).

**– 1567/– 1085** • Deuxième période (la plus importante) de la construction du temple de Karnak.

**v. – 1504** • Temple d'Hatchepsout à Deir el-Bahari.

- 1500

**SCIENCES – TECHNIQUES**

**v. – 1500** • Les Hittites travaillent le fer. • Développement d'un « berceau agricole » sénégambien. • Égypte : premiers objets en verre.

**v. – 1500/– 1400** • Écriture idéographique en Chine ; écriture linéaire B en Grèce et en Crète ; écriture hittite cunéiforme en Anatolie.

**v. – 1400** • Apogée de l'art chinois du bronze. • Égypte : invention de l'horloge à eau.

**v. – 1300** • En Égypte, canal creusé entre la Méditerranée et la mer Rouge.

**v. – 1200** • Début de l'âge du fer en Palestine et en Grèce.

**LITTÉRATURES**

**v. – 1500** • Chine : inscriptions divinatoires sur os et écailles de tortue dans le Honan manifestant une intense activité culturelle dans la civilisation néolithique de la dynastie des Shang.

**v. – 1450** • Début de la rédaction des Veda, première littérature indienne.

**v. – 1370** • Égypte : *Hymne à Aton.*

**v. – 1300/– 1200** • *Conte d'Horus et de Seth.* • *Conte des deux frères.* • Formation de l'essentiel des récits qui donneront naissance à l'épopée homérique.

**v. – 1310** • Égypte : enseignement d'Anii ; poème de Qadesh.

**ARTS – MUSIQUE**

**v. – 1500** • Inde : prédominance du bas-relief, qui illustre les faits royaux. Développement de l'art de l'ivoire.

**v. – 1500/– 1400** • Tombes à coupole de Mycènes.

**v. – 1400** • Début de la construction du temple de Louxor ; commencé sous le règne d'Aménophis III, l'ensemble est achevé sous Ramsès II ; la partie romaine du temple sera construite sous Auguste.

**v. – 1362** • Grand temple d'Aton à Tell el-Amarna. Bustes de Néfertiti.

**v. – 1350/– 1200** • Construction de la forteresse de Mycènes (la porte des Lions).

**v. – 1343** • Trésor de la tombe de Toutankhamon, dans la Vallée des Rois.

**v. – 1330** • Tholos d'Atrée à Mycènes.

**v. – 1300** • Début de la construction du temple d'Abou-Simbel.

Trésor de Toutankhamon ▸

- 1137

# L'Antiquité (- 3000 à 476)

## de la naissance de l'écriture à la chute de Rome

| | RELIGION – PHILOSOPHIE | HISTOIRE GÉNÉRALE |
|---|---|---|
| -1120 | **v. – 1120** • *Poème de la Création*, grand texte religieux babylonien. | **v. – 1100** • Chine : dynastie des Zhou occidentaux ; expansion de la civilisation du bronze. |
| | **v. – 1050** • Samuel, prophète et juge en Israël (Bible). | **v. – 1020** • Saül, premier roi d'Israël (Bible). |

# X^e^ siècle – VI^e^ siècle av. J.-C.

| | RELIGION – PHILOSOPHIE | HISTOIRE GÉNÉRALE |
|---|---|---|
| - 1000 | **v. – 1000** • Âge d'or du royaume d'Israël , sous l'autorité de David (Bible) ; la tradition en fera l'auteur des *Psaumes*. | **v. – 1000** • David, roi d'Israël. Conquête de Jérusalem, qui devient cité royale et capitale religieuse (Bible). L'empire s'étend de la frontière égyptienne à l'Euphrate. • Inde : formation d'une société de castes fondée sur les textes des Veda. |
| | **v. – 972/– 932** • Règne de Salomon : la tradition lui attribuera *l'Ecclésiaste, le Cantique des cantiques* et *la Sagesse*. | **v. – 972** • Salomon, roi d'Israël. Son règne marque l'apogée de la puissance d'Israël.<br>**– 931** • Séparation d'Israël en deux royaumes, Israël et Juda (Bible). |
| | **v. – 820** • Le prophète juif Élisée réclame la suppression de l'esclavage. | **– 900** • Installation des Étrusques, arrivant d'Asie Mineure, en Italie et des Celtes en Gaule.<br>**– 814** • Fondation de Carthage par les Phéniciens. |
| | **v. – 800** • Apparition de la cité en Grèce : élaboration d'une mythologie (Homère, Hésiode). • En Inde, le métier de médecin n'est plus réservé aux prêtres. Début de la composition des Upanishad (« Traités des équivalences »), traités sanskrits de religion védique. | **v. – 800** • Essor du royaume de Lydie. • Opposition entre l'Attique, peuplée d'hommes libres descendant des Achéens, et Sparte, centre d'origine dorienne fondé sur le travail des ilotes (les serfs de l'État). |
| | **v. – 776** • Première célébration officielle des jeux Olympiques. | **v. – 772** • Chine : dynastie des Zhou orientaux ; période troublée des « Printemps et Automnes » (Chunqiu).<br>**– 753** • Date légendaire de la fondation de Rome par Romulus. Établissement de la royauté. |
| | **v. – 750** • Le prophète Osée enseigne que les péchés sont rachetés par le repentir. | **– 750** • Les Scythes envahissent l'Asie Mineure, l'Europe centrale et l'Italie : ils transmettent de nombreux éléments des civilisations du Proche-Orient, notamment de nouvelles techniques guerrières.<br>**– 735/– 715** • Première guerre de Messénie.<br>**– 733** • Fondation de Syracuse. |
| | **– 721** • Annexion du royaume d'Israël par l'Assyrie, menaces sur le royaume de Juda : prophétie d'Isaïe. | **– 721** • Samarie est prise par Sargon II : fin du royaume d'Israël. |

*Archers assyriens à l'attaque*

| | RELIGION – PHILOSOPHIE | HISTOIRE GÉNÉRALE |
|---|---|---|
| | | **– 669** • Répression du soulèvement de Babylone contre l'Assyrie. • Avènement d'Assurbanipal, roi d'Assyrie. • Début de la deuxième guerre de Messénie. |
| - 667 | | **– 667** • Fondation de Byzance. • Date légendaire de la fondation de l'Empire japonais, par l'empereur Jimmu Tenno. |

| SCIENCES – TECHNIQUES | LITTÉRATURES | ARTS – MUSIQUE | |
|---|---|---|---|
| **v. – 1100** • Apparue en Syrie-Palestine, l'écriture alphabétique est répandue ensuite par les Phéniciens ; elle est la base de toutes les écritures européennes modernes. | | **v. – 1100** • En Grèce, céramiques.<br>**v. – 1050** • Début de la céramique dite « proto-géométrique » en Grèce. | -1120 |
| **v. – 1000** • Début de l'âge du fer en Europe de l'Ouest. • Première trace écrite de l'alphabet phénicien. • Invention de la poudre en Chine. | **v. – 1000** • Développement probable dans les civilisations sénégambiennes, en Afrique de l'Ouest, d'une littérature orale abondante : récits épiques ; cycles légendaires et mythiques. • Sarcophage d'Ahiram à Byblos, premier monument connu de l'alphabet phénicien. • Égypte : *les Mésaventures d'Ounamon*. | **v. – 1000** • Urnes funéraires de la civilisation de Villanova en Italie. • Apparition du cheval domestique dans l'art rupestre saharien.<br>**v. – 969** • Début de la construction du premier temple de Jérusalem. | - 1000 |
| **v. – 900** • Alphabets dérivés du phénicien : hébreu, araméen, grec (introduit les voyelles). • Début de la céramique grecque de style géométrique. | | **v. – 900** • Pérou : culture Chavín. Première grande civilisation andine, grands édifices de pierre. Culte du jaguar. | |
| **v. – 800** • L'alphabet phénicien est introduit en Inde. | **v. – 800** • Des poètes parcourent les villes ioniennes d'Asie Mineure pour chanter les exploits de héros légendaires. • Chine : rédaction des trois recueils – *Shu* (« documents »), *Shi* (« Poèmes ») et *Yi* (« Mutations ») – qui sont à la base de la tradition littéraire chinoise. | **– 800/– 400** • Troisième période de la construction du temple de Karnak.<br>L'invention tardive d'un système de notation musicale explique que nous ne connaissions pas les œuvres musicales de l'Antiquité. La musique de la Grèce ancienne était monodique ; le chant, son mode d'expression naturel, bientôt accompagné par des instruments à cordes (lyre, cithare) et à vent (syrinx, aulos). | |
| **v. – 790** • Les Égyptiens protègent les sabots des chevaux par des fibres tressées. | | | |
| | **v. – 780** • Les traditions orales donnent naissance aux premières œuvres littéraires : *l'Iliade*, épopée attribuée à Homère ; les poèmes d'Hésiode. | **v. – 780** • Essor de l'orfèvrerie dans l'Europe septentrionale. | |
| **v. – 750** • En Grèce, progrès de la technique du bronze (chaudrons, bijoux, statuettes) ; les cités fondent leurs premières colonies. La rose, en provenance de l'Inde, y est cultivée. • Premier calendrier romain comportant 10 mois et 304 jours.<br>**v. – 725/– 625** • Céramique protocorinthienne. | | | |
| | **v. – 700** • *L'Odyssée*, épopée attribuée à Homère. | **v. – 700** • Naissance de la grande statuaire, d'inspiration égyptienne. Premiers bas-reliefs. Fixation de la forme du temple (la colonne en est l'élément caractéristique).<br>**v. – 690** • Construction du palais de Sennachérib à Ninive. | |
| **v. – 680** • Invention de la monnaie, en Lydie, par les Grecs d'Asie Mineure. | **v. – 680** • Activité littéraire et musicale de Terpandre. | | |
| **v. – 675** • Diffusion de la technique de la phalange en Grèce. | | | - 667 |

# L'Antiquité (– 3000 à 476)

## de la naissance de l'écriture à la chute de Rome

-666

### RELIGION – PHILOSOPHIE

**v. – 625** • Prophétie de Jérémie aux Juifs sur la destruction de Jérusalem. • Époque présumée de Zoroastre (ou Zarathoustra), réformateur de la religion iranienne.

**– 622** • Découverte à Jérusalem du « Livre de la Loi » (Bible). Début de l'élaboration de la Torah (le Pentateuque pour les chrétiens).

**– VIe s./– Ve s.** • Vie de Lao-tseu, fondateur du taoïsme.

**– 600** • En Chine, développement des institutions : apparition d'un droit écrit.

**– 592** • Athènes : réforme sociale et politique de Solon.

**– 587** • Début de la captivité de Babylone (jusqu'en 539 apr. J.-C.). Prophètes Daniel, Ézéchiel, Zacharie. Début de la diaspora.

**v. – 580** • Début de la philosophie rationaliste grecque. • Jeux Pythiques. • Jeux Néméens.

**v. – 570** • Fondation par le Grec Thalès de la « philosophie de la nature ». • Création des Panathénées.

**v. – 555/– 479** • Vie de Confucius.

**v. – 550** • Anaximandre voit dans les contraires le moteur du développement.

**v. – 536** • Naissance de Gautama, dit Bouddha, fondateur du bouddhisme.

**v. – 530** • Mort de Vardhamāna dit Mahāvīra, fondateur du jaïnisme.

*Achille tue la reine des Amazones*

### HISTOIRE GÉNÉRALE

**– 666** • Conquête de l'Égypte par les Assyriens. Prise de Thèbes (– 664) par Assurbanipal.

**v. – 621** • Législation de Dracon à Athènes.

**v. – 616** • Avènement des Tarquins à Rome.

**– 612** • Les Mèdes et les Babyloniens s'emparent de Ninive : fin de l'Empire assyrien et essor de la puissance mède.

**– 600** • Expansion étrusque en Italie. • Fondation de Massalia (Marseille) par les Phocéens.

**– 597** • Prise de Jérusalem par Nabuchodonosor II.

**– 587** • Destruction de Jérusalem, déportation de ses habitants à Babylone : fin du royaume de Juda.

**– 561** • Athènes : Pisistrate s'empare du pouvoir.

**– 551** • Les Phéniciens établissent des comptoirs en Angleterre et en Afrique occidentale.

**– 546** • Crésus, roi de Lydie, est vaincu par Cyrus II le Grand : l'Empire perse soumet et administre l'Asie Mineure, puis l'Iran et l'Égypte.

**– 539** • Mésopotamie : chute de Babylone, prise par Cyrus II.

**– 537** • Fin de la captivité des Juifs à Babylone et retour en Israël.

**– 535/– 522** • Polycrate, tyran de Samos.

**– 525** • Conquête de l'Égypte par Cambyse II. • Étrusques établis dans la vallée du Pô.

**– 510** • Chute de la tyrannie à Athènes.

**– 509** • Proclamation de la République romaine.

**– 508/– 507** • Réforme de Clisthène à Athènes ; préparation à la mise en place de la démocratie.

**v. – 506** • Affaiblissement de la suprématie étrusque en Italie centrale.

– 506

## SCIENCES - TECHNIQUES

**v. – 625/– 550** • Céramique corinthienne.

**v. – 600** • Enseignement de Thalès de Milet : géométrie du triangle, astronomie.

**v. – 585** • Éclipse prévue par le mathématicien Thalès de Milet.

**v. – 550** • École de Pythagore dans la Grande Grèce (Crotone) : géométrie, mystique du nombre.

**– 550** • Invention du cadran solaire par Anaximandre.

**– 518** • Voie royale de 2683 km à travers la Perse.

## LITTÉRATURES

**v. – 650** • Le roi Assurbanipal constitue à Ninive la plus célèbre des bibliothèques de Mésopotamie ; elle comporte environ 25000 tablettes en cunéiformes. • Début de la poésie lyrique grecque.

**v. – 600** • Épanouissement et prestige de la poésie lyrique grecque : Alcée, Sappho (poète et poétesse de Lesbos), Archiloque célèbre pour ses *iambes* satiriques, Anacréon pour ses odes. • Progrès de la prose durant le VI^e^ s. (Ésope, écrits philosophiques).

**v. – 570** • Le Grec Ésope compose des fables d'animaux édifiantes.

**v. – 550** • Création d'un concours de tragédie à Athènes, les Dionysies.

▲ Tête d'Hermès

## ARTS - MUSIQUE

**v. – 600** • Reconstruction et embellissement de Babylone : les jardins suspendus de Sémiramis (une des Sept Merveilles du monde), la porte d'Ishtar, la ziggourat à sept étages (tour de Babel), murailles. • Premières tombes étrusques à chambre. • L'*Héraion* d'Olympie. • Apparition de l'ordre ionique en Grèce, qui coexiste avec l'ordre dorique, plus ancien. L'ordre corinthien apparaîtra v. – 335 et sera surtout utilisé par les Romains. • Temple d'Artémis à Éphèse (une des Sept Merveilles du monde).

**v. – 550** • Premières korês (statues de jeunes filles) de l'Acropole d'Athènes.

**v. – 530** • La céramique grecque décorée de figures domine toute la Méditerranée. • Sculptures de Persépolis. • Construction du premier temple en marbre à Delphes (dédié à Apollon).

**v. – 520** • Apogée de l'art étrusque.

**– 515** • Construction du second temple de Jérusalem.

**v. – 510** • Achèvement du temple de Jupiter à Rome.

**RELIGION – PHILOSOPHIE** | **HISTOIRE GÉNÉRALE**

# Ve siècle av. J.-C. (– 500 à – 401)

**Apogée de la civilisation grecque classique qui résiste à l'attaque de l'Europe par l'Empire perse (guerres médiques). Épanouissement de la philosophie, de la poésie et des arts. Début de l'unification et développement économique de la Chine qui relie ses grands fleuves par des canaux. Naissance du bouddhisme en Inde.**

– 500

**v. – 500** • Prédication de Bouddha en Inde. • Répression du zoroastrisme en Perse. • Pénétration des oracles grecs (Livres sibyllins) à Rome. • Les « physiciens » grecs, à la fois poètes et philosophes, marquent les débuts de la pensée spéculative occidentale (Héraclite, Parménide). • Chine : enseignement de Lao-tseu (taoïsme) et de Confucius qui définit l'idéal aristocratique de l'« honnête homme » chinois.

**– 498** • Révolte des cités grecques d'Ionie contre les tyrans installés par les Perses : début de la première guerre médique.

**– 493** • La plèbe de Rome est représentée par deux tribuns.

**– 490** • Marathon, première victoire grecque sur les Perses, menés par Darius.

**– 480** • Seconde guerre médique : victoire de Xerxès aux Thermopyles (défilé défendu par Léonidas). Incendie d'Athènes. Victoire navale des Grecs, menés par Thémistocle, à Salamine. Cet échec des Perses marque le début de leur déclin. • Bataille d'Himère contre Carthage.

**– 479** • Batailles de Platées et du cap Mycale.

**– 477** • Athènes étend sa domination sur les autres cités grecques (ligue de Délos).

**v. – 470** • Héraclite : le principe du monde est mouvement, non matière originelle. • Anaxagore sépare les sciences naturelles de la philosophie.

**– 468** • Bataille de l'Eurymédon.

**– 464** • Révolte des ilotes à Sparte.

**– 450** • Début de la carrière du sophiste Protagoras. • Zénon fixe les règles du dialogue philosophique (dialectique).

**v. – 450** • En Grèce, enseignement des sophistes : humanisme, approche critique du discours ; Périclès encourage à Athènes le travail intellectuel (Anaxagore) ; enseignement d'Empédocle ; rédaction des *Histoires* d'Hérodote.

**v. – 450** • Chine : période dite des « Royaumes combattants ». Réorganisation politique et militaire. • Expansion des Celtes en Europe continentale. Le modèle urbain est l'oppidum.

**– 449/– 448** • Paix de Callias : la mer Égée devient un « lac athénien ». Fin des guerres médiques. La Perse reconnaît l'inviolabilité de la Grèce.

**– 443** • Apogée de Périclès, stratège d'Athènes jusqu'à sa mort (– 429).

**– 441/– 439** • Guerre de Samos.

**– 440** • Socrate : « Connais-toi toi-même », « Nul n'est méchant volontairement ».

– 440

- 500

**v. – 500** • Fondation à Crotone (Italie) d'une école de médecine. • Civilisation du fer « Hallstatt » chez les Celtes. • En Grèce, les Éléates affirment l'identité et l'éternité de l'être. • Usage de la monnaie en Inde, en Chine, autour de la Méditerranée : intensification du commerce et des échanges, croissance démographique. • Civilisation du bronze en Asie. • En Amérique centrale, calendrier et mathématiques olmèques. • Première écriture hiéroglyphique au Mexique

**v. – 490** • Achèvement du grand canal Nil-mer Rouge. • Construction de canaux entre les grands fleuves chinois.

▲ Civilisation de Nok

**– 461** • Réforme des institutions d'Athènes.

**v. – 460/v. – 377** • Vie d'Hippocrate.

**v. – 450** • À Rome, premier recueil de lois écrites : les Douze Tables. • En Grèce, paradoxes de Zénon d'Élée. • Machines de guerre à Syracuse : la première artillerie. • Europe : période de la Tène, second âge du fer.

**– 444** • En Chine, calcul de l'année solaire.

**v. – 500** • Premières grandes *Odes pythiques* de Pindare. • Formation de l'École de Confucius, centre de transmission des écrits situé à Lu (Chine du Nord).

**– 479** • La mort de Confucius met un terme à la rédaction du *Chunqiu*, chronologie événementielle de la province de Lu depuis – 722.

**– 476** • *Les Phéniciennes* de Phrynichos.

**– 472** • Triomphe des *Perses* d'Eschyle. La littérature classique grecque est à son apogée : la tragédie, institution sociale à Athènes, prend le relais de l'épopée. L'éloquence, la philosophie et l'histoire acquièrent leur forme définitive.

**– 468** • Sophocle l'emporte pour la première fois sur Eschyle au concours de tragédie.

**– 467** • *Les Sept contre Thèbes* d'Eschyle.

**– 460** • Création d'un concours de comédie à Athènes.

**– 458** • Eschyle fonde la tragédie classique avec son *Orestie*.

**– 456** • Premières tragédies d'Euripide.

**– 446** • Hérodote à Athènes.

**– 442** • *Antigone* de Sophocle.

**– 500/– 200** • Civilisation de Nok (Afrique de l'Ouest subtropicale) ; figurines d'argile : premières manifestations d'un art plastique d'Afrique noire.

**v. – 500** • Pétra, capitale des Nabatéens : développement d'une architecture rupestre exceptionnelle. • Palais et tombe de Darios à Persépolis : frises sculptées *(le Défilé des tributaires)* ; à Suse, *frise des archers*.

**– 495** • Temple d'Égine.

▲ Frise des Panathénées

**v. – 470/– 430** • Les sculptures de Myron (le *Discobole*).

**– 470/– 457** • Construction du temple de Zeus à Olympie.

**v. – 460/– 420** • Les sculptures de Polyclète (le *Diadumène*).

**– 460** • Polygnote peint la victoire grecque sur les Perses à Marathon. Début du « style libre » en céramique.

**v. – 450** • Épanouissement de l'art classique grec : recherche de l'harmonie, de l'équilibre et de la pureté. Le temple est la forme la plus achevée de l'architecture : Parthénon (– 447/– 432) à Athènes par Phidias. L'agora, caractéristique de l'organisation de la cité, prend sa forme régulière à la fin du IVe s. av. J.-C. Théâtres (Delphes). Fortifications. En sculpture, recherche des justes proportions (le « canon » de Polyclète, illustré par le *Diadumène*, – 430) et du type universel (*l'Aurige* de Delphes, – 478). Statues de dieux incrustées de matières précieuses (*Zeus* à Olympie, – 433, et *Athéna Parthénos*, – 438, par Phidias). Frises sculptées (*les Panathénées* par Phidias, – 442/– 438). En peinture, Polygnote introduit la distinction des plans.

- 440

# L'Antiquité (– 3000 à 476)
## de la naissance de l'écriture à la chute de Rome

**RELIGION – PHILOSOPHIE**

– 438

– **428** • Naissance de Platon.

v. – **420** • Enseignement de Démocrite à Athènes ; il démontre que la civilisation est fonction des besoins humains.

– **408** • Rencontre entre Socrate et Platon.

– **404** • *Histoire de la guerre du Péloponnèse* de Thucydide : comment la volonté humaine et non divine est à l'origine des événements historiques.

**HISTOIRE GÉNÉRALE**

– **431** • Grèce : début de la guerre du Péloponnèse (jusqu'en – 404) ; lutte décisive entre la démocratique Athènes et l'aristocratique Sparte pour l'hégémonie du monde grec.

– **412** • Alliance de Sparte et de la Perse.

– **405** • Bataille d'Aigos Potamos.

– **404** • Fin de la guerre du Péloponnèse : déclin d'Athènes.

## IVe siècle av. J.-C. (– 400 à – 301)

**Conquête de la Grèce par la Macédoine. L'extension de l'empire d'Alexandre le Grand à la Perse et à l'Inde introduit en Asie l'influence hellénistique. • En Chine, la doctrine de Confucius va transformer profondément la société.**

**RELIGION – PHILOSOPHIE**

– 400 v. – **400** • Réforme d'Esdras à Jérusalem : la Torah fixée et imposée comme loi d'État.

– **399** • Condamnation à mort de Socrate pour athéisme ; son élève Platon en fera dans ses écrits la figure exemplaire et initiale de la philosophie. Le IVe s. av. J.-C. est le grand siècle philosophique d'Athènes.

– **390** • Premiers dialogues de Platon.

v. – **387** • Développement de la philosophie grecque : Platon fonde son école, l'Académie ; son œuvre deviendra, avec celle d'Aristote, une référence obligée pour la pensée occidentale : idéalisme platonicien. Développement de l'école rivale des cyniques. • Aristippe fonde en Afrique du Nord (Cyrène) son école philosophique.

– **384** • Naissance d'Aristote.

– **370** • Naissance de Mengzi (Mencius), disciple et continuateur de Confucius.

– **348** • Mort de Platon.

– **340** • L'Indien Pāṇini achève une grammaire classique du sanskrit : c'est le premier linguiste connu à avoir décrit une langue.

– **341** • Naissance d'Épicure.

– 338

**HISTOIRE GÉNÉRALE**

v. – **400** • Au Mexique, développement de la civilisation zapotèque (agriculteurs sédentaires) qui durera jusque vers le XIIIe siècle.

– **390** • Les Celtes de la vallée du Pô, commandés par Brennus, occupent et incendient Rome (sauf le Capitole, sauvé par les oies sacrées).

– **371** • Grèce : victoire d'Épaminondas sur Sparte et Athènes à Leuctres : Thèbes étend son hégémonie sur la Grèce.

– **362** • Bataille de Mantinée ; mort d'Épaminondas. Effondrement de l'hégémonie de Thèbes en Grèce.

– **359** • Avènement de Philippe II de Macédoine.

– **356** • Chute de la tyrannie de Denys le Jeune à Syracuse.

v. – **350** • Ruine de l'Empire étrusque au profit des Romains.

– **348** • Carthage reconnaît l'hégémonie de Rome en Italie centrale.

– **338** • Chéronée : victoire de Philippe II de Macédoine sur les cités grecques. Préparation de l'invasion de l'Empire perse. • Les Romains sont maîtres du Latium.

## SCIENCES – TECHNIQUES

– **432** • L'astronome Méton réforme le calendrier.

v. – **420** • Démocrite professe l'atomisme.

– **412** • Hippocrate : le cœur est l'organe central de la circulation du sang.

– **407** • Fonte de monuments en or, à Athènes, pour la fabrication de monnaie.

## LITTÉRATURES

– **438** • *Alceste* d'Euripide ; mort de Pindare. – 438

– **431** • *Médée* d'Euripide.

– **430** • *Œdipe roi* de Sophocle.

– **427** • Première comédie d'Aristophane.

– **423** • Aristophane raille les philosophes dans *Les Nuées*.

– **422** • *Les Guêpes* d'Aristophane.

– **415** • *Les Troyennes* d'Euripide.

– **414** • *Les Oiseaux*, comédie d'Aristophane.

– **413** • *Électre* d'Euripide.

– **405** • *Les Bacchantes* d'Euripide ; *les Grenouilles* d'Aristophane.

## ARTS – MUSIQUE

– **437/– 431** • Construction des Propylées, à Athènes.

---

## SCIENCES – TECHNIQUES

v. – **400** • En Grèce, développement des machines simples : vis, poulie (Archytas de Tarente). • L'enseignement d'Hippocrate marque la naissance de la médecine occidentale. – 400

v. – **380** • À Athènes, développement des sciences autour de Platon ; les géomètres Théétète et Eudoxe sont ses disciples.

v. – **350** • Traités scientifiques d'Aristote : analyse du langage (logique), sciences de la nature et de la vie. • Métallurgie du fer en Afrique noire.

## LITTÉRATURES

v. – **400** • Le *Mahābhārata*, épopée indienne. Datée du Ier millénaire, sa composition continue jusqu'au VIe siècle de l'ère chrétienne.

– **400** • Histoire romancée de l'Asie antérieure par Ctésias : *Persika*.

– **392** • *L'Assemblée des femmes* d'Aristophane.

– **390** • *L'Anabase* de Xénophon.

*Victoire de Samothrace* ▸

– **351/– 341** • En Grèce, les trois *Philippiques* de Démosthène : l'art de l'éloquence. • *Daodejing*, ouvrage attribué à Lao-tseu, chef-d'œuvre du taoïsme.

– **349** • Les *Olynthiennes* de Démosthène.

– **346** • *Lettre à Philippe* d'Isocrate.

– **338** • *Panathénaïque* d'Isocrate.

## ARTS – MUSIQUE

v. – **400** • Mexique : après la civilisation olmèque (têtes géantes de pierre), l'art zapotèque dominé par le culte de la mort.

v. – **385/– 340** • Carrière du sculpteur grec Scopas.

v. – **370** • Temple de Diane à Rome.

– **370/– 330** • Carrière du sculpteur Praxitèle *(Aphrodite)*.

v. – **350** • Construction du théâtre d'Épidaure.

v. – **340** • Époque hellénistique en Grèce : goût du colossal (*colosse de Rhodes*, – 280, une des Sept Merveilles du monde) ; tendance lyrique en sculpture (*Victoire de Samothrace*, IIIe ou IIe s. av. J.-C.) ou classique (*Vénus de Milo*, v. – 110). Apelle, peintre officiel d'Alexandre. – 338

# L'Antiquité (– 3000 à 476)

## de la naissance de l'écriture à la chute de Rome

| | RELIGION – PHILOSOPHIE | HISTOIRE GÉNÉRALE |
|---|---|---|
| -335 | **v. – 335** • Aristote, ayant fait la critique de son maître Platon, fonde sa propre école : le Lycée ; démarche encyclopédique. | **– 335** • Destruction de Thèbes par Alexandre le Grand. |
| | | **– 334** • Alexandre franchit l'Hellespont avec 37000 hommes. Victoire du Granique sur Darios III. |
| | | **– 332/– 331** • Alexandre pénètre en Égypte et fonde Alexandrie (– 331). |
| | **– 331** • Alexandre se fait reconnaître, en Égypte, fils du dieu Amon. | **– 331** • Alexandre occupe l'Empire perse. |
| | | **– 326** • Alexandre en Inde. |
| | | **– 323** • Égypte : dynastie des Lagides, fondée par Ptolémée. • Mort d'Alexandre à Babylone. |
| | | **– 322** • Chandragupta Maurya, premier empereur de l'Inde, fonde la dynastie des Gupta qui imposa sa domination sur le nord de l'Inde, jusqu'au V^e^ siècle. |
| | | **– 321** • Séleucos I^er^ Nicator reçoit la Babylonie et fonde la dynastie des Séleucides. |
| | **v. – 312** • Zénon de Citium à Athènes. | |
| | **– 306** • Épicure à Athènes. | |
| | **– 302** • Fondation de l'école stoïcienne par Zénon de Citium. | |

## III^e^ siècle av. J.-C. (– 300 à – 201)

**Extension territoriale de la République romaine. • En Égypte, épanouissement de la civilisation hellénistique à Alexandrie. • Renforcement du pouvoir central en Chine, avec l'achèvement de la Grande Muraille et l'unification des poids et mesures.**

| | RELIGION – PHILOSOPHIE | HISTOIRE GÉNÉRALE |
|---|---|---|
| - 300 | **v. – 300** • Chine : l'enseignement de Mengzi infléchit le confucianisme vers l'économie, la chose publique. • La conquête d'Alexandre a permis autour de la Méditerranée la rencontre des pensées grecque et orientale, le développement de l'hellénisme. | **– 299** • Dernière incursion victorieuse des Celtes, alliés aux Étrusques, en territoire romain. Ils sont écrasés en – 283 à la bataille du lac Vadimon. |
| | **v. – 290** • Mégasthènes achève son histoire de l'Inde. • Introduction du culte d'Esculape, dieu de la Santé, à Rome. | **– 290** • Rome achève la conquête de l'Italie centrale. |
| | | **– 282** • Fondation du royaume hellénistique de Pergame. |
| | | **– 275** • Bataille de Bénévent : Pyrrhus, qui tente d'envahir le centre de l'Italie, est vaincu par Rome, qui contrôle toute l'Italie après la prise de Tarente en – 272. |
| | | **– 264** • Début de la première guerre punique. |
| | **v. – 250** • Le zoroastrisme, religion d'État en Perse. • Propagation du bouddhisme en Inde. • Chine : Siun-tseu enseigne que l'homme est naturellement mauvais. | **v. – 250** • Ashoka, de la dynastie maurya, unifie l'Inde. • Arsace I^er^ fonde la dynastie des Parthes arsacides. |
| | **– 245** • Grèce : satire des philosophes par Timon. | **– 241** • Fin de la première guerre punique : Rome vainc Carthage lors de la bataille des îles Égates et annexe la Sicile. |
| | **v. – 237** • Fondation du temple d'Horus à Edfou, un des plus importants édifices religieux d'Égypte. | **– 237** • Début de la conquête de l'Espagne par Carthage. |
| | | **– 221** • Unification des pays chinois : Shi Huangdi empereur ; la dynastie des Qin met en place la première unification politique et administrative ; début de la construction de fortifications (la future Grande Muraille) pour protéger le pays des invasions barbares. |
| - 219 | | **– 219** • L'expansion carthaginoise en Espagne provoque la deuxième guerre punique. |

**SCIENCES - TECHNIQUES** | **LITTÉRATURES** | **ARTS - MUSIQUE**

-335

**v. – 335** • Apparition de l'ordre corinthien en Grèce.

Temple de Karnak

**– 323/– 30** • Achèvement de la construction du temple de Karnak.

**v. – 320** • Philosophie atomiste d'Épicure. Le savant grec Héraclide du Pont émet l'hypothèse que la Terre tourne sur elle-même. • Introduction de la monnaie à Rome.

**v. – 320** • Âge d'or de la sculpture indienne, qui diffuse ses modèles dans l'Asie bouddhiste.

**– 315** • Construction à Alexandrie du musée pour artistes et savants.

**– 312** • Les ingénieurs romains entreprennent la construction de routes stratégiques ; premier aqueduc romain.

**v. – 310** • Principales comédies de Ménandre (*La Belle aux cheveux coupés*).

- 300

**v. – 300** • Naissance de l'école d'Alexandrie : en géométrie, les *Éléments* d'Euclide donnent le modèle de l'exposition mathématique, à partir de définitions, de postulats et d'axiomes ; en astronomie, début d'une lignée prestigieuse (Aristarque, Ératosthène, Hipparque) qui aboutira près de cinq siècles plus tard à Ptolémée.

**v. – 300** • *Les Caractères* de Théophraste, étude des types moraux (dont s'inspirera La Bruyère).

**v. – 300** • Les Mayas construisent leurs premières pyramides ; ils commencent à utiliser la voûte en encorbellement typique de leur architecture (Tikal). • Le phare d'Alexandrie, une des Sept Merveilles du monde.

**v. – 278** • Mort de Qu Yuan, premier grand poète chinois.

**v. – 275** • *Hymne à Zeus* de Callimaque.

**– 274** • *Alexandra* de Lycophron de Chalcis.

**v. – 250** • Chrysippe développe la logique stoïcienne. • Chine : unification des systèmes de mesure, de la monnaie et de l'écriture. • Calcul de la valeur de $\pi$, traité de statique, bases de l'hydrostatique par Archimède. • Invention de la boussole magnétique par les Chinois.

**v. – 250** • *Les Argonautiques* d'Apollonios de Rhodes ; *les Idylles* de Théocrite.

**v. – 250** • Grande statuaire en Chine.

**– 240** • Un ancien esclave fait représenter à Rome une pièce traduite du grec : naissance de la littérature latine.

**– 237** • Adoption en Égypte de l'année de 365 jours avec un jour intercalaire (le *bissexte*).

**v. – 237** • Un stupa, temple voûté, est élevé à Ceylan pour une relique de Bouddha.

**v. – 220** • Invention du papier en Chine. • Apollonios de Perga : premier traité relatif aux sections coniques.

- 219

| RELIGION – PHILOSOPHIE | HISTOIRE GÉNÉRALE |
|---|---|

-218

**– 218** • Menés par Hannibal, les Carthaginois passent les Alpes avec leurs éléphants.

**– 217** • Défaite romaine au lac Trasimène.

**– 216** • Défaite romaine à Cannes, en Italie méridionale. Faute de renforts, Hannibal renonce à marcher sur Rome.

**– 215** • Début de la première guerre de Macédoine. • Achèvement de la Grande Muraille de Chine, dans son premier état (série de défenses fortifiées).

**– 212/– 205** • Expédition du Séleucide Antiochos III Mégas jusqu'en Inde.

**v. – 210** • Introduction à Rome des cultes de Baal et de Tanit et du culte oriental de Cybèle ; les Romains ont une religion composite : ils ont adapté le panthéon grec dès le v^e siècle av. J.-C.

**– 206** • Chine : dynastie des Han (jusqu'en 220 apr. J.-C.)

**– 202** • Scipion l'Africain défait les Carthaginois à Zama.

**– 201** • Fin de la deuxième guerre punique : par le traité de paix, Carthage devient un État vassal de Rome.

## II^e siècle av. J.-C. (– 200 à – 101)

**Hégémonie de Rome sur le bassin méditerranéen, après les guerres puniques et la conquête de la Grèce. • Développement des relations commerciales entre l'Europe et la Chine. Extension vers l'Asie centrale de l'Empire chinois qui devient puissance mondiale.**

**– II^e s.** • Fondation de Qumrân (Esséniens ?) au bord de la mer Morte.

- 200

**v. – 200** • Élaboration, dans le milieu juif hellénisé d'Alexandrie, d'une traduction grecque de la Bible hébraïque : la Septante. Elle intégrera des textes écrits directement en grec, dont la Sagesse (v. 50 av. J.-C.), le livre le plus récent de l'Ancien Testament. • Chine : développement du rituel impérial ; interprétation cosmologique et cabalistique des « classiques » ; profonde influence de la philosophie de Mengzi, idéal égalitaire et altruiste. • Vie du philosophe indien Patañjali ; dans le Yoga-Sūtra, il décrit les pratiques morales du yoga.

**– 200** • Début de la seconde guerre de Macédoine.

**– 197** • Bataille de Cynocéphales : victoire de la légion romaine, plus mobile, sur la phalange macédonienne.

**– 192** • Antiochos III occupe la Grèce.

**– 186** • Scandale des Bacchanales à Rome.

**– 172** • Troisième guerre de Macédoine terminée par la bataille de Pydna (– 168) : Rome met fin à l'indépendance de la Macédoine.

**– 168** • Livre de Daniel.

**– 168** • Domination arverne en Gaule.

**– 167/– 165** • Palestine : révolte des Maccabées contre les Séleucides.

**– 165** • Judas Maccabée, chef des Juifs révoltés.

**– 161** • Philosophes et rhéteurs sont chassés de Rome.

**v. – 160** • Rédaction des *Histoires* par Polybe.

**v. – 160** • La puissance des Parthes s'étend en Iran et en Babylonie sous Mithridate I^er.

**– 146** • Fin de la troisième et dernière guerre punique (commencée en – 149) : ruine définitive de Carthage. La Grèce et la Macédoine deviennent des provinces romaines.

**– 140** • Apollodore écrit la première histoire de la religion grecque : *Des dieux*.

- 140

SCIENCES – TECHNIQUES | LITTÉRATURES | ARTS – MUSIQUE

-218

**– 212** • Mort d'Archimède au siège de Syracuse qui, grâce à ses machines de guerre, put résister trois ans aux Romains.

**– 213** • En Chine, l'empereur Shi Huangdi fait brûler les livres pour mettre fin à l'opposition des lettrés traditionalistes.

**v. – 210** • Buste idéalisé d'Homère (anonyme).

**– 207** • Représentation plastique à Pergame des Celtes vaincus (« Gladiateur mourant »).

Buste idéalisé d'Homère

- 200

**v. – 200** • Apparition du moulin à eau (Chine, bassin méditerranéen).

**v. – 200** • *Le Soldat fanfaron*, comédie de Plaute ; *les Annales*, épopée à la gloire de Rome, par Quintus Ennius, le « père » de la poésie latine. • Chine : établissement de la « nouvelle écriture » chinoise ; transcription de la tradition orale, des classiques ; théories classificatoires prépondérantes à la cour (système des 4 éléments, théorie du Yin et du Yang) qui font l'objet de nombreux commentaires. • Égypte : *pierre de Rosette*, copie d'un décret de Ptolémée V sur une stèle en hiéroglyphes, en démotique et en grec.

**v. – 189** • *Amphitryon*, comédie de Plaute.

**– 180** • Achèvement de l'autel de Pergame avec la « gigantomachie », ou combat des Géants (bas-relief).

**v. – 168** • Éclipse de Lune prédite par l'astronome romain Gallus.

**– 162** • Système carthaginois de plantation introduit dans l'Empire romain.

**v. – 162** • *L'Eunuque*, comédie de Térence.

**v. – 160** • *De agri cultura* de Caton l'Ancien.

**v. – 150** • Invention du parchemin à Pergame (peau tannée de brebis).

**– 160** • *Les Adelphes*, comédie de Térence illustrant le conflit des générations. • Fondation de la bibliothèque de Pergame, rivale de celle d'Alexandrie.

**– 149** • Mort de Caton l'Ancien, le premier prosateur latin (*De l'agriculture* est écrit en latin et non en grec).

**v. – 143** • *Chronique universelle* d'Apollodore intégrant lettres, arts et philosophie.

**– 145** • Construction, à Rome, du premier théâtre sur le modèle grec (signe de l'influence des familles nobles, très hellénisées).

**– 140** • Hipparque détermine un lieu par longitude et par latitude et découvre la précession des équinoxes.

- 140

| | RELIGION – PHILOSOPHIE | HISTOIRE GÉNÉRALE |
|---|---|---|
| – 133 | | **– 133** • Après la conquête de l'Espagne, les Romains sont maîtres de toute la Méditerranée (« Mare nostrum »). Les frères Gracchus tentent une réforme agraire. |
| | | **– 125** • Rome conquiert la Gaule transalpine qui devient la Provincia, future Narbonnaise. |
| | | **– 113** • Invasion des Cimbres et des Teutons en Narbonnaise. |
| | | **– 111** • Rome : guerre contre le roi numide Jugurtha, qui menace les provinces romaines d'Afrique. |
| | | **– 111/– 110** • Conquête du Tonkin par les Chinois. |
| | | **– 107** • Marius, nommé consul, crée à Rome une armée de métier. • Mithridate Eupator, roi du Bosphore. |

## Ier siècle av. J.-C. (– 100 à la naissance de Jésus-Christ)

**Avènement à Rome du pouvoir impérial et unification de l'Empire, par le développement d'un réseau routier, jusqu'au Danube et à la Manche.**

| | RELIGION – PHILOSOPHIE | HISTOIRE GÉNÉRALE |
|---|---|---|
| – 100 | **v. – 100** • Chine : implantation durable du confucianisme d'État et renaissance du taoïsme. | **– 100** • Chine : les Han (empereur Wudi) font la conquête de l'Asie centrale ; les peuples chassés se déplacent vers l'ouest et avancent jusqu'aux limites de l'Empire romain. L'empire atteint son extension maximale. |
| | | **– 90** • Rome : la loi Julia propose le droit de cité aux villes italiennes restées fidèles. |
| | | **– 82** • Rome : Sylla au pouvoir. |
| | | **– 73/– 71** • Révolte des esclaves menés par Spartacus. |
| | | **– 70** • Rome : l'affaire Verrès, plaidée par Cicéron, met en cause le système oligarchique. Consulat de Pompée et Crassus. |
| | **v. – 66** • Introduction du culte de Mithra, à Rome, à la suite de la guerre contre Mithridate VI. | **– 66** • Mithridate VI Eupator est vaincu par Lucullus et par Pompée. |
| | **v. – 65** • Chine : première communauté bouddhique. | **– 64** • Annexion de la Syrie par les Romains : fin de l'Empire séleucide. |
| | | **– 63** • Consulat de Cicéron, conjuration de Catilina. • La Judée passe sous protectorat romain. |
| | | **– 60** • Premier triumvirat : Crassus, Pompée, César. |
| | | **– 59** • César, consul. |
| | **– 56** • Poème matérialiste de Lucrèce : *De rerum natura* (« De la nature »). | **– 58** • Début de la conquête des Gaules par César. |
| | | **– 54** • César soumet l'Angleterre. |
| | | **– 53** • Mort de Crassus vaincu par les Parthes. |
| | | **– 52** • Reddition de Vercingétorix, enfermé par César dans Alésia. La Gaule devient romaine. |
| | | **– 51** • Cléopâtre VII, reine d'Égypte. |
| | **v. – 50** • Crise de l'idéologie républicaine à Rome ; œuvre politique et philosophique de Cicéron : éclectisme, primat des valeurs civiques, éloquence de l'argumentation. | **– 50** • César franchit le Rubicon avec son armée et déclenche une guerre civile à Rome. |
| | | **– 48** • Bataille de Pharsale : César écrase Pompée, il est désormais maître de l'Empire. |
| | | **– 46** • César, dictateur romain pour dix ans. |
| – 46 | | |

- 133

- 100

- 46

## SCIENCES – TECHNIQUES

**v. – 120** • Première utilisation du ciment dans le temple de la Concorde, à Rome. • « Route de la soie » de la Chine à l'Empire parthe.

**v. – 100** • Expansion et essor économique et culturel de la Chine sous la dynastie des Han occidentaux (début du règne des lettrés) ; développement du commerce avec les « Barbares de l'Ouest », diffusion du moulin à eau. • Technique du soufflage du verre en Orient.

**v. – 90** • Invention du chauffage par air chaud.

*Vénus de Milo*

**v. – 60** • L'excès d'offre fait baisser le prix de l'or de 25 % à Rome.

**v. – 50** • La charrue gauloise est utilisée dans la plaine du Pô.

**– 46** • César promulgue la réforme du calendrier avec l'introduction de l'année bissextile (calendrier julien, légèrement modifié en 1582 pour devenir le calendrier actuel).

## LITTÉRATURES

**– 132** • Satires de Lucilius, premier genre littéraire propre à Rome.

**v. – 100** • Sima Qian, premier historien chinois véritable, écrit les *Mémoires historiques*.

**– 81** • Premier discours de Cicéron *(Pro Roscio Amerino)*.

**– 70** • *Les Verrines*, discours prononcés par Cicéron contre Verrès : depuis la seconde moitié du IIe s. av. J.-C., l'éloquence connaît son âge classique.

**– 63** • *Catilinaires* de Cicéron.

**– 60** • Poèmes élégiaques et épigrammes satiriques de Catulle, qui prend la tête des « poètes nouveaux ».

**– 50** • *Commentaires de la guerre des Gaules*, mémoires historiques de Jules César.

**– 48** • Incendie de la bibliothèque d'Alexandrie.

## ARTS – MUSIQUE

**v. – 120** • Temple d'Apollon à Pompéi.

**v. – 110** • Statue grecque en marbre : la *Vénus de Milo*.

**– 90** • Temple rond de Tivoli.

**v. – 80** • Suppression des masques de théâtre à Rome ; les rôles féminins sont tenus par des femmes.

**v. – 75** • Sculptures d'Apollonios : le *Pugiliste*, le *Torse du Belvédère* ; le *Taureau Farnèse* (la plus grande œuvre conservée de l'Antiquité).

**v. – 70** • Achèvement du temple de Karli (Inde).

**– 55** • Théâtre de Pompée : premier théâtre en pierre à Rome.

**– 54/– 34** • Rénovation de la basilique Aemilia à Rome.

**v. – 50** • Épanouissement de l'art romain (jusqu'à la fin du IIe s.). L'architecture, considérée comme un instrument de domination, est imposante. Le Forum se couvre d'édifices (temples, basiliques, curie).

**– 46** • Dédicace de la basilique Julia et du Forum de César.

# L'Antiquité (– 3000 à 476)

## de la naissance de l'écriture à la chute de Rome

| | RELIGION – PHILOSOPHIE | HISTOIRE GÉNÉRALE |
|---|---|---|
| – 45 | **– 45** • Divinisation de César. | **– 45** • Bataille de Munda (Espagne), victoire de César sur les fils de Pompée. |
| | | **– 44** • César est assassiné, alors qu'il allait recevoir le titre de roi. Antoine s'empare du pouvoir absolu à Rome. |
| | | **– 43** • Second triumvirat : Octave, Antoine, Lépide. • Assassinat de Cicéron, sur l'ordre d'Antoine. |
| | **v. – 40** • Une des *Bucoliques* de Virgile prophétise la venue d'un messie. • Le bouddhisme acquiert sa forme définitive à Ceylan. | **– 40** • Antoine, Octave et Lépide se partagent l'Empire romain. |
| | | **– 36** • Lépide éliminé par Octave. |
| | **– 35** • Le livre de la *Sagesse* attribué à Salomon, en fait écrit à Alexandrie au Ier siècle, unit l'idée juive de Dieu et la pensée grecque. | |
| | | **– 31** • Bataille d'Actium. |
| | | **– 30** • Suicides d'Antoine et de Cléopâtre. • L'Égypte, province romaine. Réunification de l'Empire par Octave. |
| | | **– 29** • Le Sénat accorde tous les pouvoirs à Octave. Première manifestation du culte impérial. |
| | **– 27** • Octave reçoit le titre d'Auguste, jusque-là réservé aux dieux : début de l'idéologie impériale à Rome ; Auguste recevra le titre de « grand pontife » en 12 av. J.-C. | **– 27** • Lugdunum (Lyon) devient capitale de la Gaule Lyonnaise. |
| | | **– 25** • Expédition romaine en Arabie. |
| | | **– 23** • Le Sénat accorde à Auguste le pouvoir à vie. |
| | **– 21** • Agrippa exclut de Rome les cultes égyptiens. | |
| | | **– 15** • Les Romains battent les peuples sicambre et rhète entre les Alpes et le Danube. |
| | | **– 12/– 8** • Conquête de la Germanie par Tibère et Drusus. |
| | **– 5 ou – 4** • Naissance présumée de Jésus ; au VIe s., un calcul approximatif de Denys le Petit fera commencer l'ère chrétienne (an 1) quelques années plus tard. | **– 2** • Auguste est nommé « père de la patrie » par le Sénat. |

# Ier siècle (1 à 100)

**Le développement des relations entre l'Extrême-Orient et l'Occident est favorisé par la paix romaine et le renforcement du pouvoir impérial en Chine. Naissance et croissance urbaine du christianisme, en Orient et en Occident.**

| | RELIGION – PHILOSOPHIE | HISTOIRE GÉNÉRALE |
|---|---|---|
| 1 | | **4** • Adoption de Tibère par Auguste. |
| | **v. 6** • Introduction du bouddhisme en Chine. | |
| | | **9** • Les légions de Varus défaites en Germanie. • Annexion de la Judée par Auguste. |
| 14 | | **14** • Mort d'Auguste à qui succède Tibère. |
| | | **14-16** • Campagne de Germanicus en Germanie. |
| | | **14-68** • Rome : dynastie des Julio-Claudiens, fondée par Auguste, incluant Tibère, Caligula, Claude et Néron. |

## SCIENCES – TECHNIQUES

**– 37** • Varron voit la cause des maladies dans des micro-organismes.

**– 26** • Rome développe une flotte de commerce avec l'Inde.

**v. – 20** • Lyon, point de convergence du réseau routier gallo-romain ; construction du pont du Gard pour alimenter Nîmes en eau.

**– 15** • Carte routière de l'Empire romain par Agrippa ; institution de l'étalon or à Rome pour la monnaie.

## LITTÉRATURES

**– 45** • Varron est chargé par César d'organiser les bibliothèques de Rome.

**– 44** • *De la guerre civile* de César. Après l'assassinat de César, Salluste se retire de la vie politique et se consacre à l'histoire.

**– 42** • Composition des *Bucoliques* de Virgile (jusqu'en – 39).

**– 41** • Premières *Épodes* d'Horace.

**– 35** • *Les Satires* d'Horace.

**– 29** • Virgile achève *les Géorgiques* et commence *l'Énéide*, épopée relatant les origines de Rome et préfigurant la victoire d'Auguste, fils d'Énée ; le « siècle d'Auguste » marque l'âge d'or de la poésie latine, le déclin de l'art oratoire et l'épanouissement de l'inspiration nationale.

**– 27** • *Les Élégies* de Properce, poète du cercle de Mécène.

**– 25** • Début de la rédaction des 142 livres de l'*Histoire de Rome* de Tite-Live (achevé v. 10 apr. J.-C.).

**– 23** • *Odes* d'Horace. • Diodore achève sa *Bibliothèque historique* en 40 volumes.

**– 19** • Publication de *l'Énéide* à la mort de Virgile.

**– 17** • *Chant séculaire* d'Horace.

**– 1** • Traité sur *l'Art d'aimer* d'Ovide.

**– 1/9** • *Les Métamorphoses*, poème mythologique d'Ovide, qui influencera les poètes et les artistes jusqu'au XIX^e^ s.

## ARTS – MUSIQUE

**– 39** • Première bibliothèque publique à Rome (composée de prises de guerre).

**v. – 30/– 25** • *De architectura*, traité d'architecture de Vitruve, qui sera une source d'inspiration capitale pour les artistes de la Renaissance.

**– 29** • Construction du mausolée d'Auguste.

**v. – 27** • Le Panthéon à Rome ; il sera reconstruit sous Hadrien (117) puis transformé en église au VII^e^ s.

**– 20** • Spectacles avec musique et danse à Rome (pantomimes).

**– 20/63** • Reconstruction du temple de Jérusalem par Hérode le Grand ; il sera détruit en 70 par Titus.

**– 18** • Statue d'Auguste dite « de Primaporta ».

**v. – 16** • La Maison carrée à Nîmes.

**– 15** • Achèvement du théâtre de Marcellus à Rome.

**– 4** • Construction d'un temple d'Ise à Yamada (Japon), siège du shintoïsme.

**– 2** • Aménagement du Forum d'Auguste.

– 45

---

## SCIENCES – TECHNIQUES

**1** • Vitres en verre dépoli à Rome.

Le Panthéon à Rome

## LITTÉRATURES

**8** • Ovide banni de Rome par Auguste sous prétexte d'immoralité.

## ARTS – MUSIQUE

**v. 10/25** • Arc de triomphe et théâtre romain d'Orange.

**11** • Mosaïque en couleurs de la bataille d'Alexandre à Pompéi.

**13** • Auguste achève le monument d'Ancyre.

1

14

# L'Antiquité (– 3000 à 476)

## de la naissance de l'écriture à la chute de Rome

| | RELIGION – PHILOSOPHIE | HISTOIRE GÉNÉRALE |
|---|---|---|
| 17 | | **17** • En Afrique du Nord, révolte des Musulames menés par Tacfarinas contre la domination romaine. |
| | **27** • Jean-Baptiste annonce la venue de Jésus de Nazareth. | **22** • Chine : dynastie éphémère des Xin, emportée par des révoltes paysannes, les « Sourcils rouges », suivies de la restauration des Han postérieurs (23-220). |
| | **v. 28-30** • Prédication de Jésus en Galilée : sermon sur la montagne, miracles, paraboles. | |
| | **v. 30** • Passion et crucifixion de Jésus, scènes fondatrices du christianisme. | |
| | | **37** • Mort de Tibère. |
| | **39-41** • Philon d'Alexandrie, ambassadeur des Juifs à Rome ; son œuvre marque la première rencontre de la culture biblique avec la philosophie grecque. | **40** • La Maurétanie (Algérie, Maroc) devient province romaine. |
| | | **41** • Assassinat de Caligula. |
| | | **43** • Claude entame la conquête des îles Britanniques (la Bretagne). |
| | **49** • Expulsion des Juifs de Rome ; introduction du culte d'Attis. | **v. 50** • La Rome impériale compte un million d'habitants. |
| | **51** • Première épître de saint Paul ; progrès du christianisme dans la diaspora juive de langue grecque ; l'ensemble du Nouveau Testament (Évangiles, Épîtres, Actes des Apôtres, Apocalypse) est rédigé durant la seconde partie du siècle. | **54** • Assassinat de Claude ; Néron devient empereur. |
| | **55-65** • Stoïcisme de Sénèque. | |
| | **64-67** • À Rome, persécutions contre les chrétiens : martyres de saint Pierre et saint Paul. | **64** • Grand incendie de Rome. |
| | **66** • Révolte juive à Jérusalem. | |
| | | **68** • Mort de Néron ; Galba lui succède. |
| | | **69-96** • Dynastie des Flaviens (Vespasien, Titus, Domitien). |
| | **70** • Destruction du temple de Jérusalem par Titus ; seul subsiste le judaïsme pharisien : rejet de la Septante, version grecque de la Bible, au profit du seul texte hébreu de la Bible (écart grandissant avec le christianisme). | **70** • Prise de Jérusalem par Titus. |
| | | **73-97** • Conquêtes de Pan Chao, homme de guerre des Han, en Asie centrale et jusqu'au golfe Persique. |
| | **73** • Les zélotes, assiégés dans la forteresse de Massada, préfèrent le suicide collectif à la reddition. | **79** • Éruption du Vésuve : Pompéi et Herculanum sont détruites. |
| | | **84** • L'île Britannique jusqu'à la frontière de l'Écosse devient province romaine. |
| | **85** • Concile bouddhique à Peshawar : schisme entre les deux formes de cette religion : le Hīnayāna et le Mahāyāna (« petit » et « grand véhicule »). | **86** • Désastre des légions romaines face aux Daces. |
| | **v. 90** • Récit poétique de la vie de Bouddha par Aśvaghoṣa. | **96-192** • Rome : dynastie des Antonins. |
| 100 | | **98** • Trajan, empereur. Il donne à l'empire sa plus grande extension. |
| | **v. 100** • Premier dictionnaire chinois. | |

# IIe siècle (101 à 200)

Apogée de l'Empire romain (cent millions d'habitants du golfe Persique à l'Atlantique, et de l'Écosse au Sahara). Affaiblissement du pouvoir impérial en Chine, mais développement des arts et des sciences, et renforcement de la féodalité.

| | RELIGION – PHILOSOPHIE | HISTOIRE GÉNÉRALE |
|---|---|---|
| 101 | | **101-106** • Guerres daciques : Trajan soumet les Daces. |
| 102 | | |

## SCIENCES - TECHNIQUES

17

**v. 20** • *Géographie* de Strabon. • L'abricotier, venu d'Asie, est cultivé en Italie.

**42** • Début des travaux du port d'Ostie.

**v. 45** • 5000 signes sténographiques notés par Sénèque.

**v. 49** • Début de l'exploitation des mines de plomb en Bretagne.

**v. 50** • Machines de Héron d'Alexandrie. • Les Gaulois inventent un savon fait de graisse et de cendre pour se teindre les cheveux.

**v. 52** • Pline l'Ancien écrit une *Histoire des guerres germaniques*, source essentielle pour la connaissance de la Germanie.

**v. 70** • En Chine, pont suspendu en chaînes de fer.

**79** • L'éruption du Vésuve cause la mort de Pline l'Ancien, auteur de l'*Histoire naturelle.*

**102** • Sucre dans les urines, signe de maladie pour les Indiens.

## LITTÉRATURES

**30** • Phèdre, d'origine thrace, compose 123 fables imitées d'Ésope.

**35** • Fables et contes indiens consignés à Ceylan *(Jātaka).*

**54-62** • Tragédies de Sénèque.

**60** • Néron contraint Pétrone, sans doute auteur du *Satiricon* où il dénonce les débauches de la cour impériale, à se suicider.

**72** • Vespasien fonde des chaires d'éloquence à Rome.

**75-79** • *Guerre des Juifs* par Flavius Josèphe.

**v. 80** • *Épigrammes* de Martial.

**90-94** • *Vies parallèles* de Plutarque, moraliste grec installé à Rome : biographies comparatives des grands hommes de la Grèce et de Rome, où le moraliste l'emporte sur l'historien.

**93** • *Les Antiquités juives* de Flavius Josèphe.

**100-128** • *Satires* de Juvénal, condamnation des mœurs romaines : le genre satirique est très prisé par la Rome intellectuelle de l'époque.

## ARTS - MUSIQUE

Fresque de Pompéi : *un chorège assiste aux préparatifs d'un drame satyrique*

**v. 50** • Pont du Gard ; basilique de la Porte Majeure à Rome.

**v. 65** • La *Maison dorée* de Néron à Rome.

**66** • À Rome, figures de bronze de Germains à genoux.

**v. 70** • Fresques de Pompéi.

**71** • Forum de Vespasien.

**v. 80** • Achèvement du Colisée de Rome, aux dimensions colossales.

**81** • Arc de triomphe de Titus.

**v. 100** • Invention de la voûte d'arête qui remplace parfois la voûte en berceau. 100

101

102

105

**RELIGION – PHILOSOPHIE**

**v. 109** • L'Église chrétienne se déclare universelle.

**v. 110** • *Lettres* de Pline le Jeune ; œuvres de Plutarque et de Suétone ; enseignement stoïcien d'Épictète.

**v. 140** • Hérésie de Valentin à Rome.

**144** • Excommunication de Marcion et des marcionites.

**165** • Persécution des chrétiens à Rome.

**168** • Les prêtres chrétiens renoncent au mariage (institution du célibat).

**170** • Le christianisme pénètre en Germanie.

**172** • Début de l'hérésie montaniste. • Tatien fond les quatre Évangiles en un seul récit, le *Diatessaron*.

**177** • Persécution des chrétiens de Lyon (sainte Blandine).

**v. 180** • *Dialogues des morts* de Lucien. *Pensées* de Marc Aurèle.

**v. 190** • Sous l'autorité du pape Victor I^er^, affirmation de la primauté romaine.

200 **v. 200** • Œuvre apologétique de Tertullien ; la confrontation entre le christianisme et la philosophie va dominer la pensée occidentale jusqu'à la Renaissance. Gnoses, tendances initiatiques chez les chrétiens. • Judaïsme : achèvement de la Mishnah.

**HISTOIRE GÉNÉRALE**

**114** • Toute l'Arménie devient province romaine à la suite des guerres parthiques.

**117** • Hadrien, empereur ; il renforce les frontières de l'empire : construction du mur d'Hadrien entre l'Angleterre et l'Écosse de 122 à 126.

**131** • Les bases du droit fixées par écrit par les juges romains : *Édit perpétuel.*

**132-135** • Hadrien se heurte à une révolte juive sous la conduite de Bar Kocheba ; Jérusalem redevient capitale juive jusqu'en 134, où elle est détruite et devient Aelia Capitolana, interdite aux Juifs, tandis que s'y installent des païens venus de tout l'empire.

**138-192** • Rome : Antonin, Marc Aurèle et Commode.

**161** • Invasion parthe en Syrie et en Arménie.

**166** • Première invasion des Germains en Italie.

**171** • Début des campagnes de Marc Aurèle en Germanie.

**v. 180** • Naissance de l'empire des Goths sur les bords de la mer Noire.

**184** • Chine : révolte populaire des « Turbans jaunes », réprimée en 185.

**192** • À la mort de Commode, troubles de succession.

**193-235** • Rome : dynastie des Sévères (Septime, Caracalla, Élagabal, Alexandre).

**195** • La Mésopotamie du Nord sous gouvernement romain.

**196** • Usurpation de Cao Cao en Chine, qui prélude à la chute des Han.

## III^e^ siècle (201 à 300)

**Le christianisme triomphe des persécutions. Haut développement scientifique et littéraire de la Chine et de la Grèce hellénistique (Alexandrie). Art monumental de la civilisation maya en Amérique centrale.**

201

**202** • Interdiction des conversions au christianisme (édit de Septime Sévère).

**212** • Édit de Caracalla : la citoyenneté romaine est accordée à tous les hommes libres de l'Empire.

216 **216** • Naissance de Mani (fondateur du manichéisme)

105

## SCIENCES – TECHNIQUES

**105** • En Chine, Cai Lun améliore la technique de fabrication du papier, qui ne parviendra en Occident que dix siècles plus tard.

**120** • Ouvrage fondamental de Soranus d'Éphèse sur les *Maladies des femmes* (gynécologie).

**125** • *Géographie* de Ptolémée.

**150** • Œuvre de Ptolémée, somme des connaissances de l'école d'Alexandrie : son astronomie, transmise par l'Islam à l'Occident latin, fera référence jusqu'au XVIe s. (révolution de Copernic). • Première inscription sanskrite connue (Inde).

**v. 180** • Galien fait d'importantes découvertes en anatomie. Son influence sur la médecine occidentale durera jusqu'au XVIIe siècle.

**197** • *La Pharmacologie*, grand ouvrage de Galien sur les médicaments.

**200** • Apparition de l'écriture runique.

## LITTÉRATURES

**105** • *Histoires* de Tacite.

**106** • *Dialogue des orateurs* de Tacite.

**116** • Publication partielle des *Annales* de Tacite : l'histoire est plus proche de la littérature que de l'activité scientifique.

**120-138** • *Vie des douze Césars* de Suétone : vogue de l'histoire anecdotique et érudite.

**150** • *Les Métamorphoses* (ou *l'Âne d'or*), roman d'Apulée.

**158** • *Histoire romaine* d'Appien.

**197** • *L'Apologétique*, plaidoyer en faveur de la liberté de religion écrit par Tertullien, fondateur de la théologie chrétienne de langue latine. En Occident, le latin sera la langue des intellectuels jusqu'à la Renaissance.

**v. 200** • Achèvement de l'épopée indienne de Rāma *(Rāmāyana)*. • Développement d'une importante critique littéraire en Chine.

## ARTS – MUSIQUE

**112** • Dédicace du Forum de Trajan.

**113** • Dédicace de la colonne Trajane à Rome.

**118** • À Trèves, théâtre romain en plein air (30 000 places).

**123-124** • Villa Adriana à Tivoli (Tibur).

**v. 130** • Début de la construction du mausolée d'Hadrien (aujourd'hui château Saint-Ange) à Rome.

**v. 150** • *Manuel d'harmonique* par Nicomaque de Gérase. • Fusion des arts grec et indien à Gandhara : art gréco-bouddhique.

**155** • Construction du théâtre d'Aspendos (l'un des mieux conservés de l'Antiquité).

**162** • L'Odéon (sous l'Acropole) construit à Athènes grâce au mécène Hérode Atticus.

L'Odéon à Athènes

**200** • Pyramides du Soleil et de la Lune en Amérique centrale, à Teotihuacán.

**v. 210** • Premier art chrétien des catacombes.

200

201

216

**RELIGION – PHILOSOPHIE**

217

**218** • L'empereur Élagabal tente d'imposer le culte de Baal (dieu du Soleil en Syrie) à Rome.

**v. 230** • Alexandrie, phare de la vie intellectuelle dans le monde méditerranéen : formation du néoplatonisme de Plotin ; exégèse philosophique de la Bible par Origène.

**249-250** • Intenses persécutions de Dèce contre les chrétiens.

**v. 250** • *Contre Celse* d'Origène. • Développement de la religion dualiste de Mani, le manichéisme, en Perse.

**258** • Le pape Sixte II persécuté par l'empereur Valérien.

**v. 270** • *Contre les Chrétiens* de Porphyre.

**v. 285** • Introduction du confucianisme au Japon.

**v. 300** • Développement du christianisme en Asie Mineure ; émergence progressive d'une doctrine, parmi de multiples tendances hétérodoxes ou hérétiques ; développement du monachisme et de l'érémitisme chrétiens (moines et ermites), particulièrement en Égypte (saint Antoine).

**HISTOIRE GÉNÉRALE**

**220** • Chine : chute de la dynastie des Han ; début de l'époque dite des « Trois Royaumes ».

**224** • Perse : les Sassanides renversent les Arsacides.

**235** • Début de troubles politiques à Rome : succession d'empereurs éphémères. Les premières invasions font des armées la seule source de pouvoir.

**238** • Incursions victorieuses des Goths dans le territoire de l'Empire romain.

**249** • Dèce, empereur.

**260** • Invasion des Francs et des Alamans en Gaule.

**265** • Fondation de la dynastie des Jin qui rétablit progressivement l'unité chinoise.

**v. 270** • Christianisation des Goths dans la plaine du Danube. • Invasion des Goths dans les Balkans. Avènement des empereurs illyriens.

**273** • Destruction du royaume de Palmyre par Aurélien : la reine Zénobie est emmenée à Rome.

**284** • Dioclétien est proclamé empereur par ses soldats à la mort de Numérien.

**293** • Formation de la tétrarchie pour tenter de mettre fin aux usurpations.

**v. 300** • Affirmation de la civilisation maya en Amérique du Sud. • Brève restauration de l'unité chinoise pour la dynastie des Xi Jin.

## IV^e^ siècle (301 à 400)

**Partage de l'Empire romain en deux (Rome/Constantinople) ; le christianisme, d'abord autorisé, devient la religion d'État. • Importantes migrations des peuples d'Asie centrale favorisées par la création de l'empire des Huns en Europe orientale. • Pénétration de la civilisation chinoise au Japon. • Premiers royaumes indiens à Java.**

**RELIGION – PHILOSOPHIE**

301

**303-305** • Persécution des chrétiens. Commencée sous Dioclétien, elle durera dix ans.

**312** • Victoire de Constantin le Grand au pont Milvius, date symbolique de la conversion de l'Empire au christianisme. Les édits de Milan (313) assurent la liberté religieuse.

**323** • Construction du premier couvent.

325 **325** • Concile de Nicée, contre l'arianisme : un symbole de foi est adopté qui est le fondement du *credo* chrétien.

**HISTOIRE GÉNÉRALE**

**306** • Constantin, empereur ; mais il doit partager l'Empire avec Licinius jusqu'à la mort de ce dernier en 324.

**314** • Premier partage de l'Empire romain.

**316** • Après l'invasion des Huns en Chine du Nord, nouveau partage de la Chine entre dynasties du Nord et du Sud (366-589).

**322** • Inde : Chandragupta fonde l'Empire gupta, qui durera jusqu'au début du VI^e^ siècle.

**325** • Constantin, seul empereur, instaure l'Empire chrétien. Jérusalem devient un centre de pèlerinage pour l'Église.

**SCIENCES – TECHNIQUES** | **LITTÉRATURES** | **ARTS – MUSIQUE**

**217** • Thermes de Caracalla. 217

**v. 225** • Première anesthésie générale, par le médecin chinois Hua Tuo.

**v. 250** • *Traité d'astrologie* de Censorinus. • Apparition en Europe occidentale du houblon, rendant possible la fabrication de la bière. • Diophante écrit *Arithmétique*, premier exposé méthodique d'algèbre.

**253** • Le médecin chinois Hua Tuo opère le crâne.

**v. 260** • L'usage du thé s'établit à la cour impériale en Chine.

**v. 250** • *Les Éthiopiques*, roman grec traditionnel d'Héliodore. • En Chine, émergence de la poésie régulière (le « shi ») ; développement du « fu », récitatif descriptif, et du « yuefu », ballade chantée. Prose historique classique (*Shiji* de Sima Qian). • *Les Ennéades* de Plotin.

**v. 260** • Mani illustre ses textes par des images.

**v. 250** • À partir du IIIe s., développement de la sculpture en Inde : symbolisme propre au brahmanisme, avant le tantrisme. La peinture en détrempe, apparue depuis deux siècles, se perfectionne. • Chine : Xi Kang, poète et musicien, développe un art anticonformiste.

**283** • Fin de la construction du mur d'Aurélien, à Rome.

**v. 300** • Invention de l'étrier en Asie. • Construction de thermes impériaux à Trèves.

**v. 300** • Traduction en latin du *Timée* de Platon par Chalcidius.

**v. 300** • Jeux dans l'*Arena* de Vérone. • L'architecture romaine couvre l'Europe : palais de Dioclétien à Salone (quartier de l'actuelle Split) ; *Porta nigra* (porte Noire) à Trèves.

*L'Apothéose de Constantin Ier le Grand*

301

**307** • Début de la construction de la basilique de Maxence, achevée par Constantin le Grand.

**v. 310-320** • *Les Institutions divines* de Lactance, le « Cicéron chrétien ». Après Tertullien (mort v. 225), Arnobe et Lactance, la rhétorique latine est au service du christianisme.

**v. 310** • L'agneau devient le symbole de Jésus dans l'art.

**315** • Arc de Constantin, à Rome.

**v. 320** • Les mathématiciens chinois savent réduire les fractions, résoudre des systèmes d'équations linéaires.

**v. 320** • *Les Aventures du jeune Krishna*, drame indien.

**v. 320** • Développement de l'art gupta, en Inde.

**324-330** • Début de la construction de Constantinople.

325

330

## RELIGION – PHILOSOPHIE

**v. 330** • Donat entraîne dans son schisme une large partie de l'Église d'Afrique du Nord.

**335** • Le bouddhisme officiellement toléré en Chine.

**354-430** • Vie de saint Augustin.

**356** • Fermeture des temples et interdiction des rites païens.

**359** • Concile de Rimini contre l'hérésie d'Arius (arianisme).

**363** • Mort de Julien l'Apostat ; sa tentative pour restaurer le paganisme dans l'Empire ne lui survivra pas.

**v. 370** • Début de l'hérésie de Priscillien. • Saint Martin, évêque de Tours ; son œuvre missionnaire (fondation des monastères de Ligugé et de Marmoutier) en fait l'apôtre de la Gaule, et le saint le plus populaire en France (patronymes, noms de lieu…). Saint Ambroise, évêque de Milan.

**381** • Le premier concile de Constantinople interdit les cultes païens.

**386-387** • *Soliloques* de saint Augustin.

**389** • Le *De magistro* de saint Augustin expose la théorie du signe et de la communication la plus élaborée depuis les stoïciens et avant l'époque moderne.

**390** • Saint Ambroise, évêque de Milan, contraint l'empereur Théodose à une expiation publique après le massacre de Thessalonique ; l'Église a conquis les élites de l'Empire, sa domination religieuse sur l'Occident est acquise ; elle devient religion d'État (interdiction du paganisme en 391).

**390-405** • Traduction latine de la Bible (la Vulgate) réalisée par saint Jérôme.

**394** • Théodose interdit la célébration des jeux Olympiques.

**397-401** • *Confessions* de saint Augustin.

**v. 400** • En Chine, après quatre siècles d'assimilation, le bouddhisme s'impose au détriment du confucianisme. • Achèvement du Talmud de Jérusalem. • Pères de l'Église grecs (saint Jean Chrysostome) et latins. • Saint Augustin définit la culture du christianisme latin pour les siècles à venir, imprégnée de Platon et Cicéron.

**v. 400-650** • En Inde, âge classique de l'hindouisme. Influence du *Mahābhārata*.

## HISTOIRE GÉNÉRALE

**330** • Fondation de Constantinople, « la nouvelle Rome », capitale de l'Empire romain, sur le site de l'ancienne Byzance : elle sera la cité la plus importante du monde médiéval.

**337** • Mort de Constantin et partage de l'Empire entre ses fils.

**351** • Constance II reste seul maître de l'Empire.

**357** • Julien l'Apostat repousse les Alamans à Strasbourg.

**360** • Julien l'Apostat proclamé empereur par ses soldats.

**362-363** • L'empereur Julien autorise le retour des Juifs à Jérusalem. Retour à la tolérance religieuse.

**369** • La Corée incorporée à l'Empire japonais.

**v. 370** • Les Huns, arrivant d'Asie, se regroupent sur la Volga.

**378** • Poussés par les Huns, les Goths victorieux sur Rome : bataille d'Andrinople.

**379** • Théodose I$^{er}$, empereur romain ; il rétablit l'unité de l'Empire en 394.

La cour de l'empereur Théodose ▸

**395** • Mort de Théodose I$^{er}$. L'Empire est partagé définitivement entre ses deux fils : Honorius en Occident, Arcadius en Orient (Byzance). Première invasion des Huns dans l'Empire romain.

**v. 400** • Les nomades du Turkestan et de Mongolie envahissent la Chine du Nord. Époque des « Seize Royaumes des Cinq Barbares ».

**400** • Les Bretons émigrent en Armorique. • Rome évacue la Grande-Bretagne. • Les Huns sur l'Elbe.

400

## SCIENCES – TECHNIQUES

**v. 340** • Pappus, un des derniers grands mathématiciens de l'école d'Alexandrie, après Diophante.

**v. 350** • Le parchemin commence à concurrencer le papyrus, qui restera fabriqué jusqu'au XIe s. • Culture du coton en Chine. • Les Mayas utilisent la brique de terre cuite.

**v. 380** • Introduction de l'écriture chinoise au Japon.

**v. 400** • Mesrop dote l'arménien d'un alphabet de 38 lettres.

**400** • Soins médicaux gratuits aux indigents, en Inde. • Développement en Asie de la médecine et des mathématiques indiennes.

## LITTÉRATURES

**v. 350** • Vie du poète indien Kālidāsā. • Floraison de la poésie chinoise (genre bucolique : Tao Yuanming).

**v. 375** • *Les Idylles* du poète latin Ausone.

**397-401** • Les *Confessions* de saint Augustin, outre leur lecture religieuse, apportent le modèle littéraire d'une biographie sincère.

**v. 400** • Kālidāsā rédige *Śakuntalā*.

## ARTS – MUSIQUE

**336** • Constantin fait bâtir l'église du Saint-Sépulcre à Jérusalem.

**354** • Premières enluminures à Rome.

**360** • Hymnes composées par Hilaire de Poitiers.

**v. 370** • Chine : œuvres de Gu Kaizhi, le premier peintre paysagiste.

**v. 397** • Saint Ambroise compose lui-même des hymnes d'allure populaire pour son diocèse. Jusqu'à la fin du Moyen Âge, la musique est d'abord religieuse ; seule la voix est acceptée (les instruments, considérés comme « outils de Satan », sont proscrits) ; le chant de l'Église chrétienne prolonge le langage modal de l'Antiquité grecque ; il empruntera au rite hébraïque la technique de la psalmodie et au répertoire païen les hymnes.

**v. 400** • Influence de la sculpture bouddhique de style hellénistique (Inde, Asie centrale, Chine du Nord, Corée et Japon).

## V^e^ siècle (401 à 500)

**Effondrement de l'Empire romain d'Occident sous l'assaut des Barbares (Germains et Slaves). Les Huns sont repoussés vers l'Inde. L'Église catholique fixe son dogme et ses rites.**

401

### RELIGION – PHILOSOPHIE

**418** • Concile de Carthage définissant la doctrine de la grâce.

**419** • Traité dogmatique de saint Augustin sur la Trinité.

**431** • Concile d'Éphèse : contre Nestorius, il reconnaît dans le Christ l'union des deux natures, divine et humaine, et le titre de mère de Dieu est accordé à la Vierge Marie.

**432** • Évangélisation de l'Irlande par saint Patrick ; essor du monachisme irlandais.

**v. 450** • Début de l'hérésie monophysite.

**451** • Concile de Chalcédoine, condamnation du monophysisme ; après le concile d'Éphèse, il marque la rupture des Églises chrétiennes orientales (Syrie, Égypte…) avec Rome et Constantinople.

**470** • Le néoplatonicien Proclus : « Tout naît, passe et repasse dans un cycle éternel. »

### HISTOIRE GÉNÉRALE

**405-406** • Invasion saxonne en Bretagne.

**406** • Le Rhin est franchi par les Vandales et les Burgondes.

**410** • Prise et pillage de Rome par les Wisigoths menés par Alaric.

**412** • Les Wisigoths atteignent la Gaule.

**420** • Chine : fin de la dynastie Jin et début des époques Nanbeichao, caractérisées par une division entre le Nord et le Sud.

**429** • Les Vandales envahissent l'Afrique romaine.

**430** • Les Francs occupent le nord de la Gaule.

**v. 450** • Conquête de l'Angleterre par les Saxons, suivis par les Angles et les Jutes.

**451** • Sainte Geneviève sauve Lutèce des armées d'Attila, roi des Huns. • Aux champs Catalauniques, près de Troyes, victoire des Romains, des Francs, des Burgondes et des Wisigoths contre Attila.

**453** • Mort d'Attila, dislocation de son empire. • Les Huns d'Asie fondent un empire au lac d'Aral (Ouzbékistan).

**455** • Pillage de Rome par les Vandales, partis d'Afrique du Nord et menaçant tout l'Empire romain.

**476** • Romulus Augustule est déposé par des Barbares germaniques, les Hérules. Fin de l'Empire romain d'Occident.

483

## SCIENCES – TECHNIQUES

À partir du Ve s., développement en Rhodésie d'une civilisation de mineurs travaillant l'or, le cuivre, le bronze.

Attila, roi des Huns

**v. 450** • Premier emploi de nombres négatifs, en Orient.

**475** • Le recueil des lois gothiques achevé sous le roi Euric.

## LITTÉRATURES

**403** • *Histoire sacrée* de Sulpice Sévère.

**408** • Épopée de Kālidāsā sur le roi solaire Rāma.

**415-417** • *Histoires contre les païens* d'Orose.

**v. 450** • Début de la poésie épique germanique (légende de Sigurd, chant d'Ingold).

## ARTS – MUSIQUE

**414** • Fondation de l'église Saint-Jean-l'Évangéliste à Ravenne.

**v. 415** • Construction du mur de Théodose à Constantinople.

**463** • La plus ancienne basilique chrétienne datée : Saint-Jean-de-Stoudion, à Constantinople.

**466** • Le jeu d'échecs conçu en Inde comme un « jeu de guerre » royal.

# Le Moyen Âge (477 à 1453)

## de la chute de Rome à la chute de Constantinople

### RELIGION – PHILOSOPHIE

483

**483** • Les Perses chrétiens (nestoriens) fondent une église nationale. • Fondation de la laure (monastère) de Saint-Sabas, près de Jérusalem.

**496 ?** • Baptême de Clovis ; il devient le champion du catholicisme contre l'arianisme des Goths.

**v. 500** • Fin de la rédaction du Talmud de Babylone.

**v. 500-522** • Introduction du bouddhisme au Japon, par la Corée.

500

### HISTOIRE GÉNÉRALE

**484** • Victoire des Huns Hephthalites sur les Perses ; la Perse du Nord est incorporée à l'Empire hun.

**486** • Victoire de Clovis sur le Romain Syagrius. Anecdote du « vase de Soissons » rapportée par Grégoire de Tours.

**496 ?-506 ?** • Clovis, dont le royaume s'étend de l'Escaut à la Loire, bat les Alamans à Tolbiac puis conquiert l'Aquitaine sur les Wisigoths.

**v. 500** • Les Bulgares s'installent dans les Balkans. • Les Danois s'installent dans le Jutland. • Théodoric, roi des Ostrogoths, se pose en héritier de l'empire d'Occident.

## VI^e^ siècle (501 à 600)

**Développement scientifique de l'Inde (mathématiques et astronomie), de la Chine (impression du papier, agronomie) et de Byzance (codification du droit). • L'Église catholique établit son pouvoir temporel.**

501

### RELIGION – PHILOSOPHIE

**v. 510** • Œuvre de Boèce et du Pseudo-Denys.

**v. 520** • Chine : apparition du bouddhisme chan dont est issu le zen japonais (XII^e s.).

**v. 530** • Règle de saint Benoît ; elle inspirera tout le monachisme en Occident.

**537** • Dédicace de Sainte-Sophie de Constantinople.

**563** • Évangélisation des Pictes par saint Colomba.

**570 ?** • Naissance de Mahomet (Muḥammad), prophète et fondateur de l'islam.

**v. 590** • Le bouddhisme est définitivement ancré au Japon.

**590** • Élection du pape Grégoire I^er^ qui simplifie la liturgie et évangélise la Grande-Bretagne puis la Germanie.

**v. 600** • Apogée de la civilisation maya (jusque vers 950) : cités-temples de Palenque et de Tikal.

600

### HISTOIRE GÉNÉRALE

**509** • Clovis reconnu roi par les Francs du Rhin.

**511** • Mort de Clovis.

**520** • Achèvement de l'unité du Japon par Keitai-tennō.

**526** • Mort de Théodoric le Grand : fin du royaume ostrogoth d'Italie.

**527** • Justinien I^er^, empereur romain d'Orient : conquête de l'Afrique du Nord et de l'Italie.

**v. 530** • Code Justinien, fondement du droit civil moderne.

**532-534** • Les Francs conquièrent le royaume burgonde.

**535-540** • Reconquête byzantine de l'Italie.

**539** • Prise de Rome par les Ostrogoths.

**541-545** • Invasion perse dans l'Empire byzantin.

**548** • Invasion des Slaves jusqu'à l'Adriatique.

**v. 550** • Formation de l'empire des Avars.

**553** • Capitulation des derniers Ostrogoths en Italie.

**559** • Les Bulgares assiègent Constantinople.

**562** • Les Japonais chassés de Corée.

**568** • Invasion des Lombards en Gaule et en Italie du Nord.

**581** • Chine : dynastie des Sui qui, jusqu'en 617, réunifie l'empire.

**590** • Échec des Francs en Italie. • Grégoire I^er^ fait de la papauté la principale puissance d'Occident.

**591** • Paix victorieuse de l'Empire byzantin avec la Perse.

**v. 600** • Mexique : apogée de la civilisation zapotèque.

**SCIENCES – TECHNIQUES** | **LITTÉRATURES** | **ARTS – MUSIQUE**

483

**v. 485** • Peintures rupestres dans les grottes d'Ajanta (Inde).

**v. 493** • Premières grottes de la Porte des Dragons, à Longmen (Chine).

500

**v. 500** • Essor de la métallurgie, de l'orfèvrerie et des techniques agricoles (Chine, Byzance, Inde, Europe...). • Apparition de la numérotation décimale en Inde, et donc du zéro.

**v. 500** • Inde : achèvement des livres sacrés du jaïnisme, *Siddãntha* ; pièces de théâtre satiriques de Kãlidãsa ; le *Kãma Sũtra*, traité des règles de l'amour. • Développement en Chine d'une importante littérature bouddhique (exégèse, histoire, littérature populaire).

Peinture rupestre d'Ajanta, Inde

501

**501** • Ãryabhaṭṭa explique la cause des éclipses du Soleil et de la Lune, et donne la valeur de $\pi$ avec quatre décimales.

**506** • Publication du *Code d'Alaric*, recueil de droit romain destiné aux sujets gallo-romains des Wisigoths.

**515** • Le chant de l'*Ave Maria* est introduit dans le culte.

**v. 525** • Achèvement du mausolée de Théodoric le Grand, à Ravenne.

**529** • Le *Kyrie* et le *Sanctus* sont chantés à toutes les messes.

**v. 530** • Le poète Imru' al-Qays fixe les règles de la poésie arabe.

**533-546** • Premier traité chinois d'agronomie.

**532-537** • Église Sainte-Sophie, à Constantinople, caractéristique de l'architecture byzantine : plan en croix grecque, primauté du décor (revêtements précieux, mosaïques à fonds d'or), coupoles.

**543** • Construction à Paris de l'église Saint-Vincent (qui devint l'abbaye de Saint-Germain-des-Prés).

v. 550

**v. 550** • Usage du haut fourneau en Chine ; cette technique sera réinventée en Europe 900 ans plus tard. • Le ver à soie est élevé à Constantinople.

**v. 550** • Début du développement du roman, langue issue du latin parlé en Gaule.

**v. 565** • France : Fortunat, auteur de poèmes latins et de biographies pieuses.

**v. 575-591** • *Histoire des Francs* de Grégoire de Tours (10 livres en latin) : la première chronique de l'histoire de France.

**590** • Pontificat de saint Grégoire : réagissant contre l'infiltration de l'art profane dans les églises, il impose le rituel romain dans la liturgie : le plain-chant sera appelé plus tard « chant grégorien ».

600

**v. 600-v. 900** • Apogée de l'art maya (architecture grandiose des pyramides de Palenque).

**RELIGION – PHILOSOPHIE** | **HISTOIRE GÉNÉRALE**

## VIIe siècle (601 à 700)

601 **Naissance et développement de l'islam qui, de l'Arabie, s'étend à l'Asie antérieure et à l'Afrique du Nord. • Réorganisation de l'Empire chinois. • Migration de la brillante civilisation maya dans la presqu'île du Yucatán. • Introduction du bouddhisme à Java par les princes indiens.**

### RELIGION – PHILOSOPHIE

**v. 610** • Saint Gall et saint Colomban évangélisent les Helvètes. • L'archange Gabriel révèle à Mahomet sa vocation de prophète. Premières prédications à La Mecque.

**622** • An 1 de l'hégire ; la prédication de Mahomet (recueillie dans le Coran, v. 650) se présente comme révélation divine ; elle donne naissance à l'islam, qui se répand très rapidement (Arabie, Égypte, Syrie, Iran).

**630** • La Mecque, ville sainte de l'Islam.

**v. 630** Déclin du bouddhisme en Inde. Apparition du bouddhisme tibétain.

**632** • Mort de Mahomet.

**641-660** • Saint Éloi, évêque de Noyon-Tournai.

**v. 650** • Le bouddhisme s'installe au Tibet.

**650** • Les cultes étrangers, islam, christianisme, se développent en Chine.

**653** • Conversion des Lombards au catholicisme.

**658** • Crise dans la succession des califes : naissance des principales divisions de l'islam après la bataille de Siffin (sunnite, chiite, kharijite).

**680** • Formation du parti chiite.

**691** • Édification à Jérusalem de la mosquée al-Aqsa, près du « Rocher » d'où
691 Mahomet serait monté au ciel.

### HISTOIRE GÉNÉRALE

**605-615** • Nouvelles invasions perses contre l'Empire byzantin.

**614** • L'empereur de Perse Khosrō II assiège Jérusalem, aidé par les juifs de Galilée.

**617** • Les Slaves ravagent les Balkans, et les Avars assiègent Constantinople.

**618** • Chine : avènement de la dynastie des Tang, qui régnera jusqu'en 907.

**620** • L'Inde est divisée entre royaumes du Nord et royaumes du Sud.

**621-622** • Mahomet arbitre les conflits entre tribus (pacte d'Akaba) ; il échappe aux Mecquois qui voulaient l'assassiner et se réfugie à Médine.

**622-629** • Héraclius Ier, empereur byzantin, détruit l'Empire perse sassanide.

**623-630** • Luttes armées entre les partisans de Mahomet et les Mecquois ; le prophète joue un rôle politique, juridique et militaire et occupe la Mecque.

**629** • Dagobert, roi des Francs ; il est conseillé par saint Éloi.

**630** • Menaces des Lombards sur Rome ; la papauté cherche à s'allier aux Francs. • Héraclius Ier rapporte à Jérusalem la vraie Croix qu'il a reprise aux Perses. • Premiers contacts entre Byzantins et musulmans. • Les Chinois détruisent l'État turc de Mongolie.

**632** • Abū Bakr, calife, succède à Mahomet. La conquête islamique commence.

**634** • Omar Ier, deuxième calife.

**636** • Prise d'Antioche par Omar.

**638** • Omar se présente devant Jérusalem qui se rend sans combat. Il promulgue un édit de tolérance à l'égard des « gens du Livre » : juifs, chrétiens et musulmans.

**642** • Prise d'Alexandrie, conquête de l'Égypte par les Arabes ; à la mort d'Omar (644), la conquête de la Mésopotamie, de la Syrie, de la Palestine et de l'Égypte est achevée.

**645** • Sinisation progressive du Japon : réforme de l'ère Taika.

**v. 650** • Empire de Śrivijaya à Sumatra et Java.

**650-751** • Règne des rois francs dits « fainéants » : le pouvoir royal recule devant l'aristocratie et les maires du palais.

**651** • Achèvement de la conquête arabe en Perse.

**656** • Le calife Othman est assassiné ; Alī lui succède mais son califat sera violemment contesté. Première guerre civile entre musulmans.

**661** • Assassinat d'Alī ; Mu`āwiya Ier fonde la dynastie des Omeyades.

**664** • Premiers raids arabes en Inde.

**670** • Les Arabes conquièrent la Tunisie et fondent Kairouan où résident les gouverneurs omeyades de l'Ifrīqiya.

**678** • Les Arabes sont repoussés de Constantinople ; ils ne peuvent entrer en Europe par l'Orient.

**680** • Invasion des Balkans par les Bulgares.

**687** • Pépin de Herstal, maire du palais d'Austrasie, étend sa domination sur tout le royaume franc.

601

## SCIENCES – TECHNIQUES

**605-610** • Construction de grands canaux en Chine.

**v. 620** • Chine : ouverture d'une banque d'État pour le crédit ; création du code juridique des Tang (actif jusqu'en 1912).

**v. 630** • Inde : apparition du calcul avec des nombres négatifs.

**v. 650** Première référence connue d'un moulin à vent, en Perse. • Apparition du parchemin en Europe. Venu d'Orient, le fer à cheval est utilisé en Europe • Premiers navires de commerce en Scandinavie. • En Amérique centrale, les Mayas développent leur propre mode de calcul ; un réseau de routes est construit au Yucatán.

**678** • Premier usage du feu grégeois contre la flotte arabe qui cherche à investir Constantinople.

## LITTÉRATURES

**v. 625** • Les *Etymologiae*, encyclopédie d'Isidore de Séville.

**629** • Poème sur la création du monde, par Georges Pisidès, diacre de Constantinople.

**v. 650** • De nouveaux genres poétiques apparaissent en Chine ; quatre « princes » de la poésie dominent la vie littéraire.

**683** • Poèmes d'amour arabes d'Ibn `Abd Rabbihi.

## ARTS – MUSIQUE

**612** • Fondation de l'abbaye de Bobbio.

**616** • Fondation d'un monastère bénédictin à Westminster.

▼ Le Dôme du Rocher à Jérusalem

**v. 650** • Fresques d'Ajanta, apogée de la peinture indienne.

**654** • Fondation de l'abbaye de Jumièges.

**670-675** • Construction de la Grande Mosquée de Kairouan.

**v. 680** • Début du chant grégorien.

**691** • Le calife omeyade 'Abd al-Mālik fait construire à Jérusalem le Dôme du Rocher (lieu de pèlerinage pour les musulmans qui y rattachent les souvenirs d'Abraham et de Mahomet).

v. 650

691

# Le Moyen Âge (477 à 1453)
## de la chute de Rome à la chute de Constantinople

| RELIGION – PHILOSOPHIE | HISTOIRE GÉNÉRALE |
|---|---|
| 700 **v. 700** • Le bouddhisme se mêle à la religion traditionnelle du Japon, le shintoïsme. | **v. 700** • Les musulmans ont conquis le Panjab, l'Afghanistan ; l'arabe, langue du Coran, devient seule langue officielle dans tout l'Empire arabe. • Toute l'Afrique du Nord devient arabe, y compris la côte marocaine. |

## VIII^e siècle (701 à 800)

701 L'Europe de l'Ouest est unifiée par Charlemagne. • Rayonnement de la civilisation chinoise : philosophie, architecture, peinture, littérature. • L'Empire arabe s'étend à l'Inde et à l'Espagne. • Fondation du royaume de Mataram à Java.

| RELIGION – PHILOSOPHIE | HISTOIRE GÉNÉRALE |
|---|---|
| **705** • L'église chrétienne de Damas devient la mosquée des Omeyades. | |
| | **v. 710** • Élaboration du code japonais législatif, qui restera en vigueur jusqu'au XIX^e s. |
| **711** • Le pape Constantin fait reconnaître sa suprématie au patriarche de Constantinople et à l'empereur. • Les Arabes envahissent l'Espagne : l'expansion de l'islam, extrêmement rapide en Afrique du Nord et en Asie Mineure, atteint l'Europe. | **711** • Conquête de l'Espagne par les Omeyades : fin du royaume wisigoth. |
| **717** • Début de la crise iconoclaste : les chrétiens, surtout à Byzance, sont divisés en partisans et adversaires des images. | **719-738** • Campagnes de Charles Martel contre les Saxons. |
| **726** • Début du pouvoir temporel de la papauté. | **725** • La région de la Loire aux mains des Arabes ; Autun saccagé. |
| **727** • Condamnation de l'iconoclasme par le pape. | **v. 725** • Début de la dynastie des Śailendra à Java. |
| | **732** • Charles Martel vainc les Arabes à Poitiers et donne un coup d'arrêt à leur expansion. Ils se replient sur l'Espagne. |
| | **742** • Pépin le Bref et Carloman soumettent l'Aquitaine et les Alamans. • Venise : gouvernement des doges. |
| | **747** • Abdication de Carloman : Pépin seul maire du palais. |
| | **750** Coup d'État abbasside contre les Omeyades. |
| **754** • Martyre de saint Boniface, archevêque d'Alémanie, de Bavière et de Saxe, surnommé l'Apôtre de la Germanie. | **751** • Pépin se fait élire roi à l'assemblée de Soissons (les Carolingiens succèdent aux Mérovingiens) et est sacré roi des Francs l'année suivante, par saint Boniface, à Saint-Denis. • Byzance perd Ravenne (752), pris par les Lombards ; le pape, ne pouvant plus compter sur la protection byzantine, se tourne vers les Francs et cesse de se considérer comme un sujet de l'empereur d'Orient. • Les Chinois sont battus à Talas par les Arabes : début de l'islamisation des peuples turcs. |
| **756** • « Donation de Pépin », par laquelle sont institués les États pontificaux. | **756** • ʿAbd al-Raḥmān fonde le califat omeyade de Cordoue. |
| | **762** • Fondation de Bagdad, capitale abbasside. |
| **769** • Concile du Latran qui condamne les iconoclastes. | **774** • Annexion de la Lombardie par Charlemagne (capitulation de Pavie). |
| | **778** • Échec de Charlemagne en Espagne ; défaite et mort de Roland à Roncevaux. |
| | **v. 780** • Prospérité et intense activité commerciale de Bagdad sous le règne du plus célèbre calife abbasside, Haroun al-Rachid. |
| **784** • *Histoire des évêques de Metz* de Paul Diacre. | **785** • Conquête de la Saxe par Charlemagne. |
| 786 | **786** • Premier raid normand en Angleterre. |

**SCIENCES – TECHNIQUES** | **LITTÉRATURES** | **ARTS – MUSIQUE**

700

**v. 700** • L'astronome Yixing mesure la longueur du méridien terrestre • En Chine, premiers plombages de dents avec une « pâte d'argent ».

**v. 700** • Disparition du latin comme langue parlée en France, sauf en milieu clérical.

**v. 700** • Prestige intellectuel de l'Irlande en Europe ; les évangéliaires des monastères irlandais servent de modèles. • *Le lai de Beowulf*, poème anglo-saxon, est la plus ancienne des épopées teutoniques. • Introduction de l'*Agnus Dei* dans la messe chantée.

701

**apr. 700** • Chine : le VIIIe s. est l'âge d'or de la poésie classique, avec les grands poètes Li Bai et Wang Wei.

**705** • Grandes Mosquées de Jérusalem et de Damas : abondance de l'ornemental (l'islam interdit la représentation de l'homme et de l'animal).

**708** • Première monnaie japonaise, en cuivre.

**v. 708** • Reconstruction du temple bouddhique d'Hōryūji, près de Nara (Japon) : le plus ancien édifice connu construit en bois.

**712** • Rédaction du *Kojiki*, la plus ancienne histoire du Japon.

**v. 720** • Le *Nihongi*, annales historico-mythologiques du Japon.

Saint Marc, *Évangéliaire de Godescalc* ▶

**v. 735** • Mise au point des syllabaires au Japon, forme d'écriture utilisée dans les romans du Xe siècle.

**v. 750** • Perfectionnement de l'attelage en Europe. • Les Arabes fabriquent du papier de chiffon.

**v. 750** Du Fu, poète chinois, témoin d'une époque troublée par la guerre et la famine. • Traduction des textes grecs et latins dans le monde islamique.

**v. 750** • Apogée de l'art rupestre indien, à Ellora, et fin de la construction du temple de Kailāsa. L'art « post-gupta » voit le développement de l'architecture et de la sculpture architecturale. Premiers temples hindous en pays dravidien (au sud). • Sanctuaires rupestres en Chine (depuis le VIIe s.) : peintures et sculptures.

**757** • Service de renseignements et d'espionnage organisé en Arabie.

**757** • L'empereur Constantin envoie un orgue à Pépin le Bref. Il faudra attendre le IXe s. pour que l'orgue, proscrit comme les autres instruments, soit accepté dans les églises.

**v. 760** • Adoption par les Arabes du système numéral indien.

**v. 760** • Anthologie de la poésie japonaise des VIIe et VIIIe s : le *Man' yōshū*.

**v. 770** • Culture du coton en Espagne. • Imprimerie xylographique en Chine pour la diffusion des textes bouddhiques. • Apparition en Europe de la numération arabe, adaptée de l'Inde.

**778** • L'Anglo-Saxon Cynewulf rédige *Le Christ* (*The Ascension* ou *Criste*).

**780** • Chine : l'impôt remplace les corvées au service de l'État.

**v. 780** • Sībawayh rédige son *Kitāb fi al-nahwi*, remarquable synthèse de la grammaire arabe.

**783** • Les enluminures de l'*Évangéliaire de Godescalc*.

**v. 785** • Paul Diacre rédige la *Chronique des Lombards*.

**785** • Grande Mosquée de Cordoue.

786

# Le Moyen Âge (477 à 1453)
## de la chute de Rome à la chute de Constantinople

### RELIGION – PHILOSOPHIE

787 **787** • Deuxième concile de Nicée : le culte des images est autorisé et même conseillé.

**789** • Fondation des écoles monastiques par Charlemagne.

**800** • Charlemagne sacré à Rome : alliance étroite du pape et de l'empereur, restauration d'une culture chrétienne en Occident, « renaissance carolingienne » (Alcuin). • Kairouan, capitale de l'Ifrīqiya (Tunisie), foyer culturel important. • Œuvre de Śankarāchārya en Inde ; la culture sanskrite (hindoue) est encouragée dans le royaume du Cachemire.

**v. 800** • Raban Maur, initiateur des études
800 théologiques en Allemagne.

### HISTOIRE GÉNÉRALE

**788-974** • Dynastie des Idrissides au Maroc.

**794** • Kyōto (d'abord Heiankyō), capitale du Japon.

**796** • Les Avars se reconnaissent vassaux des Francs.

**799** • Premier raid normand en Gaule.

**800** • Charlemagne couronné empereur d'Occident à Rome.

**VIII^e^-IX^e^ s.** • Formation des premiers royaumes chrétiens du Soudan : les écrivains arabes ont décrit l'opulence de cette civilisation, principale source d'approvisionnement de l'Europe en or, et la beauté de ses villes.

## IX^e^ siècle (801 à 900)

**En Europe, éclatement de l'empire de Charlemagne, naissance des États (France, Allemagne, Angleterre, Hongrie) et formation des langues nationales. • Apogée de l'Empire et de la civilisation arabes (mathématiques, philosophie, arts et histoire). • Croissance du brahmanisme en Inde.**

### RELIGION – PHILOSOPHIE

**809** • Concile d'Aix-la-Chapelle sur la question du *filioque* « et du fils », c'est-à-dire du rapport entre le Saint-Esprit, le Père et le Fils.

**v. 810** • Traduction en arabe du *Politique* de Platon.

**817** • La règle bénédictine codifiée par saint Benoît d'Aniane.

**828** • Translation des cendres de saint Marc à Venise.

**v. 830** • Découverte du corps de saint Jacques le Majeur à Compostelle.

**832** • Fondation de la « maison de la Sagesse » à Bagdad ; par un intense travail de traduction, les musulmans vont assimiler la pensée grecque ; ils connaissent, jusqu'au XIII^e^ s., un âge d'or philosophique et théologique.

**v. 840** • Le clergé bouddhique s'empare du pouvoir au Tibet. • Restauration du culte des images par le pouvoir à Byzance ; le conflit de l'iconoclasme a opposé le haut clergé et les moines, creusé l'écart entre Byzance et Rome (excommunication du pape par Photios en 867).

**845** • Proscription du bouddhisme en Chine, rapidement abolie.

850

### HISTOIRE GÉNÉRALE

**812** • Traité d'Aix-la-Chapelle : Charlemagne est reconnu empereur d'Occident par l'empereur d'Orient. Importantes relations de l'Occident avec Constantinople et Bagdad, où règne Haroun al-Rachid ; l'Islam se morcelle en royaumes concurrents.

**814** • Louis I^er^ le Pieux succède à Charlemagne.

**823** • Les Arabes enlèvent la Crète aux Byzantins.

**827** • Les Byzantins perdent la Sicile, conquise par les Arabes (prise de Palerme en 831, de Syracuse en 878).

**836** • Fondation de Samarra, capitale des Abbassides.

**839** • Formation d'un royaume viking en Irlande.

**840** • Début des grandes invasions scandinaves en Angleterre. • Mort de Louis I^er^ le Pieux.

**842** • Serments de Strasbourg : alliance de Louis le Germanique et de Charles II le Chauve.

**843** • Traité de Verdun : partage l'Empire carolingien en trois ; Charles II le Chauve devient le premier roi de France.

**844** • Incursion victorieuse des Vikings, notamment au Maroc et en Espagne.

**845** • Siège de Paris par les Scandinaves.

**850** • Les Vikings prennent Londres et Canterbury, et s'installent à demeure aux embouchures de la Seine et de la Loire.

| SCIENCES – TECHNIQUES | LITTÉRATURES | ARTS – MUSIQUE |
|---|---|---|

787

**793** • Apparition du papier à Bagdad.

**v. 800** • « Renaissance carolingienne » en Europe (copies de manuscrits) ; apparition de l'étrier. • Les Arabes connaissent l'horloge à eau ; alchimie de Jābir ibn Ḥayyān ; traduction en arabe de la *Géographie* de Ptolémée. • Commerce (caravanes) entre le Maghreb et le Soudan (or, ivoire, esclaves).

800

**v. 810** • Chine : la monnaie de papier reconnue à côté du métal.

**v. 830** • Construction de l'observatoire de Bagdad ; continuateurs des Grecs, les Arabes développent l'astronomie, les mathématiques (l'arithmétique de al Khuwārizmī), l'optique, la médecine… on parle de « chiffres arabes » : « chiffre » et « zéro » sont des mots d'origine arabe. • Première mention d'un moulin à vent en Europe, où ce procédé ne s'implantera durablement qu'au XIIe s.

**v. 850** • Fondation de l'école de médecine de Salerne, première forme d'université en Europe : son âge d'or s'étendra du XIe au XIIIe siècle. • Découverte des vertus du caféier par un berger arabe, intrigué par l'agitation des chèvres qui en avaient brouté. • Compilations géographiques arabes. • Chine : usage de la poudre à canon.

**v. 795** • Han Yu, écrivain confucéen, réforme la prose chinoise.

*David jouant de la harpe, Bible de Vivien*

**812-813** • Le concile de Tours décide de transposer les homélies latines en langue romane rustique : fondation de la littérature française.

**821** • Dans la partie égyptienne de l'Arabie, les femmes ont accès aux études.

**v. 830** • Éginhard écrit une biographie de Charlemagne : *Vita Caroli Magni*. • L'éducation religieuse du peuple : *Heliand*, poème biblique, probablement le premier texte de la littérature allemande ; traduction des textes sacrés en anglo-saxon.

**842** • *Serments de Strasbourg* : premier texte en roman, qui deviendra le français, et en germanique.

**v. 850** • Début du genre des « miroirs », traités d'éducation ou de vulgarisation nombreux au Moyen Âge. • Thèses de Loup Servat.

**v. 790** • Début de la construction d'Aix-la-Chapelle (jusqu'en 805) : inspiration byzantine.

**v. 800** • Construction du temple bouddhique de Borobudur à Java.

**805** • Fin de la construction de la chapelle Palatine à Aix-la-Chapelle.

**842** • Construction de la Grande Mosquée de Samarra.

**843** • Restauration du culte des images à Byzance ; l'art des icônes se développe en Orient et influence l'Occident (Venise) ; à partir du XVIe s., il s'intégrera à la spiritualité russe.

**846** • *Bible de Charles le Chauve*, dite *Bible de Vivien*, miniature de l'école de Tours.

**v. 850** • Fresques de la vie de saint Étienne de l'église Saint-Germain d'Auxerre (les plus anciennes peintures murales de France).

850

# Le Moyen Âge (477 à 1453)
## de la chute de Rome à la chute de Constantinople

| | RELIGION – PHILOSOPHIE | HISTOIRE GÉNÉRALE |
|---|---|---|
| 860 | **v. 860** • Évangélisation des Slaves par Cyrille et Méthode. | **860** • Fondation de Novgorod par les Varègues, qui colonisent le nord de la Russie. |
| | | **862** • Premiers raids hongrois en Germanie. |
| | | **863-864** • Charles le Chauve soumet l'Aquitaine. |
| | **865** • Conversion du khan des Bulgares, Boris, à l'orthodoxie byzantine. • *De la division de la nature* de Jean Scot Érigène ; il traduit le Pseudo-Denys. | **870-880** • Révolte des esclaves noirs à Bassora, où ils fondent un État « communiste », rapidement écrasé par les armées arabes. |
| | **v. 870** • Traduction en arabe de l'Ancien Testament. | **871** • Alfred le Grand, vainqueur des Normands, reconnu roi de tous les Anglo-Saxons. |
| | | **877** • Capitulaire de Quierzy, consacrant l'hérédité des bénéfices, signé par Charles le Chauve. • Louis II le Bègue, roi de France. |
| | | **879** • Louis III et son frère Carloman règnent conjointement sur la France. |
| | | **882** • Carloman, seul roi de France. • Fondation du royaume de Kiev par les Varègues (Oleg) : unification de la Russie (capitale : Kiev) et attaque de Byzance. |
| | **v. 884** • Exégèse du Coran par Al-Ṭabarī (*Tafsīr*). | **884** • Charles III le Gros, empereur d'Occident, régent du royaume de France. |
| | | **885-886** • Siège de Paris par les Normands. |
| | | **888** • Eudes, défenseur victorieux de Paris contre les Normands, élu roi de France. |
| | **v. 895** • Ouvrages chrétiens traduits en arabe. | **895** • Sous la pression des Petchenègues, les Hongrois s'établissent dans la vallée du Danube. |
| | | **896** • Arnulf, roi de Germanie, sacré empereur d'Occident. |
| | | **898** • Charles III le Simple, roi de France. |
| | | **899** • Les Hongrois, conduits par Árpád, ravagent l'Italie, la France, la Lorraine, la Bourgogne, l'Espagne et Byzance. |
| | **v. 900** • Installation de couvents au mont Athos, qui deviendra le principal foyer monastique de l'orthodoxie. | **v. 900** • Début du déclin de la civilisation maya. |
| 900 | | |

# Xe siècle (901 à 1000)

**Bouleversements sociaux et politiques dans le monde arabe et européen. • Les Normands envahissent les côtes de l'Europe et atteignent l'Amérique. • Prestige de Cordoue, capitale arabe de l'Europe, et déclin du pouvoir royal dans le reste de l'Europe au profit de la féodalité seigneuriale. • Intense production intellectuelle en Chine.**

| | RELIGION – PHILOSOPHIE | HISTOIRE GÉNÉRALE |
|---|---|---|
| 901 | | |
| | | **907** • Chine : fin de la dynastie des Tang ; morcellement de la Chine : début de la période des « Cinq Dynasties » (au nord) et des « Dix Royaumes » (au sud) qui prendra fin en 960. |
| | **910** • Fondation de l'abbaye de Cluny ; les clunisiens compteront v. 1100 près de 1200 prieurés et abbayes, étroitement liés à la réforme grégorienne de 1075. | **909** • L'empire arabe d'Afrique du Nord, indépendant de Bagdad. • Fondation de la dynastie des Fatimides. |
| | **911** • Baptême du chef normand Rollon. | **911** • Traité de Saint-Clair-sur-Epte : Charles le Simple cède la Normandie au Viking Rollon. |
| | | **920** • Établissement des Toltèques au Mexique. |
| | **922** • Martyre d'al-Ḥallāj : développement du soufisme en Islam ; œuvre philosophique d'al-Fārābī. | **922** • Robert Ier, roi de France. |
| | | **923** • Raoul de Bourgogne, roi de France. |
| | **929** • Fondation du califat de Cordoue. | **936** • Louis IV d'Outre-Mer, roi de France. |
| 941 | **935** • Début de l'évangélisation du Danemark. | **941** • Échange de traités commerciaux entre Kiev et Constantinople ; début de la fusion entre Slaves et Normands, grâce à la culture byzantine. |

## SCIENCES – TECHNIQUES

**860** • *Livre des artifices*, somme des connaissances mécaniques des Arabes.

**v. 860** • Création de l'alphabet cyrillique par Cyrille et Méthode (en fait le glagolitique).

**868** • Le plus ancien livre xylographié connu : traité bouddhique du *Sūtra du diamant*, en Chine.

**v. 880** • Al-Battānī, mathématicien et astronome arabe, détermine l'orbite solaire et fonde la trigonométrie sphérique.

Pyramide à degrés de Phom Bakhèng à Angkor

**931** • Premier examen de qualification des médecins de Bagdad.

## LITTÉRATURES

**v. 880** • La *Séquence* ou *Poème de sainte Eulalie*, premier texte en langue d'oïl (ancien français). • Dans l'*Epistola de ordine palatii*, Hincmar écrit une sorte de manuel des devoirs des rois.

**v. 890** • Les *Vantardises d'Ise*, recueil de 125 récits japonais d'aventures.

**892** • Composition de la *Chronique saxonne*.

**896** • Récit du siège de Paris par les Normands, par le moine Abbon.

**v. 900** • Premier dictionnaire de la langue arabe par Ibn Durayd depuis celui d'al-Khalīl ; poèmes d'amour d'ibn ʿAbd Rabbihi.

**922** • Rédaction de la *Bhāgavata-Purāṇa*, poème des dieux de l'Inde.

## ARTS – MUSIQUE

**v. 860** • *Psautier de Charles le Chauve*, miniature. 860

**878** • Fondation de l'abbaye Saint-Michel-de-Cuxa, en Catalogne.

**v. 880** • Achèvement de la mosquée Ibn Ṭūlūn au Caire.

**v. 890** • Premiers chœurs polyphoniques en Europe.

**v. 899** • Édification du Phnom Bakhēng, pyramide à degrés, à Angkor.

**v. 900** • Début de l'architecture romane en Europe ; un siècle plus tard, elle se caractérise par l'utilisation de l'arc en plein cintre et du plan basilical, favorise le développement de la sculpture (chapiteaux, tympan) et de la fresque. • Naissance de l'école chinoise de paysage : art de la suggestion plutôt que de la représentation. 900

901

**910** • Fondation de l'abbaye de Cluny, chef-d'œuvre de l'art roman et l'un des centres musicaux du Moyen Âge.

**v. 930** • Traité d'al-Fārābī sur la musique orientale.

941

## Le Moyen Âge (477 à 1453)
### de la chute de Rome à la chute de Constantinople

948

**RELIGION – PHILOSOPHIE**

**v. 950** • Réforme sociale et religieuse d'influence manichéenne des bogomiles, en Bulgarie.

**962** • Création du Saint Empire romain germanique, dans un contexte de crise pour l'Église (simonie, indignité du clergé).

**966** • Mieszko Ier, par son baptême, fait entrer la Pologne dans la chrétienté romaine.

**985** • Baptême du futur Étienne Ier de Hongrie.

**987** • Début de l'évangélisation de la Hongrie, sous le règne de Géza Ier.

**v. 988** • Baptême de Vladimir, prince de Kiev : début de la conversion de la Russie à l'orthodoxie.

**999** • Othon III établit sa capitale à Rome. Il rêve avec Sylvestre II de restaurer un empire chrétien universel.

**v. 1000** • Le couronnement d'Étienne Ier par le pape fait entrer la Hongrie dans la famille des nations de l'Europe chrétienne. • Civilisation toltèque au Mexique ; culte de Quetzalcóatl. • L'islam atteint l'Inde (recueil de voyages d'al-Bīrūnī) et se répand en Afrique noire.

**HISTOIRE GÉNÉRALE**

**951** • Les Hongrois en Aquitaine.

**954** • Lothaire, roi de France.

**955** • La bataille du Lechfeld met fin aux invasions hongroises en Occident.

**959** • Unification de l'Angleterre sous Edgar le Pacifique.

**960** • Fondation de la Pologne par Mieszko Ier. • Chine : avènement de la dynastie des Song (jusqu'en 1279) qui reconstruisent l'unité.

**962** • Couronnement d'Othon Ier le Grand : fondation du Saint Empire romain germanique.

**969** • Les Fatimides s'emparent de l'Égypte et envahissent la Syrie, bientôt reprise par les Turcs seldjoukides.

**972** • Annexion de la Bulgarie et de la Phénicie par Byzance.

**976** • Les Byzantins perdent la Palestine.

**980-982** • Les Vikings menés par Erik le Rouge, partis de Norvège, s'installent au Groenland.

**986** • Louis V, dernier roi de France carolingien.

**987** • Hugues Capet, élu roi de France : fondation de la dynastie des Capétiens, qui régnera jusqu'en 1328.

**996** • Robert II le Pieux, roi de France. • Othon III, sacré empereur à Rome.

**v. 1000** • Fondation légendaire de l'empire inca par Manco Cápac Ier. • Venise établit son protectorat sur l'Istrie et la Dalmatie. • Leif Eriksson explore la terre de Baffin, le Labrador et Terre-Neuve. • Invasions musulmanes en Inde.

1000

## XIe siècle (1001 à 1100)

**Avec les croisades, l'Europe découvre et convoite la richesse de civilisations plus avancées : Byzance, monde arabe. Conflit entre le pouvoir impérial temporel du pape et celui des empereurs germaniques. En Amérique du Sud, apogée de la civilisation des Incas.**

1001

**v. 1012** • Romuald fonde l'ordre des Camaldules.

**v. 1020** • Recherches philosophiques sur l'origine et la nature de l'univers de l'école de Chartres (Fulbert) • Apparition des cathares dans le midi de la France. • Chine : développement de la philosophie ; Fan Zhongyan propose une réforme du système social. • Avicenne opère une fusion de l'aristotélisme, du platonisme et de la pensée islamique.

1020

**1001** • Étienne Ier, fondateur de l'État hongrois, est couronné roi de Hongrie par le pape.

**1005-1017** • Terrible famine en Occident.

**1006** • Destruction du premier royaume de Mataram à Java.

**1009** • Début des conquêtes normandes en Italie du Sud.

**1014** • Basile II le Bulgaroctone vainc définitivement les Bulgares. L'Empire byzantin apparaît comme la plus grande puissance d'Europe orientale et d'Asie Mineure.

**1019** • Canut le Grand fait l'union du Danemark et de l'Angleterre auxquels il associera la Norvège (1030).

**SCIENCES – TECHNIQUES** | **LITTÉRATURES** | **ARTS – MUSIQUE**

**948** • À Clermont-Ferrand, le premier exemple de déambulatoire à chapelles rayonnantes. 948

**v. 950** • En Europe, progrès des techniques agricoles : le collier d'épaule (cheval) et le joug frontal (bœuf) augmentent la puissance de traction animale ; généralisation de l'usage de la charrue et grands défrichements ; début de la renaissance des villes en Italie. • En Amérique, culture du coton, céramiques et forges toltèques, constructions en terre des Indiens Pueblos.

**v. 956** • Premières mentions des *Mille et Une Nuits*, recueil de contes arabes.

**Xᵉ-XIVᵉ s.** • Renaissance de l'art maya sous l'influence des Toltèques (Chichén Itzá).

**960** • Statue-reliquaire de Sainte-Foy-de-Conques.

**v. 970** • Première mention d'un drame liturgique à l'abbaye de Fleury : mise en scène du texte sacré à l'occasion des messes de Pâques et de Noël.

**970-978** • Construction de la mosquée al-Azhar au Caire.

**v. 980** • Enseignement à Reims de Gerbert d'Aurillac (le futur pape Sylvestre II), le plus savant des clercs occidentaux, formé notamment en Catalogne, à la lisière de l'Islam.

**983** • Invention de l'écluse en Chine.

**v. 980** • La bibliothèque arabe de Cordoue compte 600 000 volumes.

**v. 980** • Fondation de la ville-temple de Khajuraho (Inde du Nord), capitale de la dynastie Chandela. • Cathédrale de Mayence, exemple de l'art ottonien.

◂ *Majesté de sainte Foy*, Sainte-Foy-de-Conques

**994** • Premier donjon français à Langeais.

**v. 1000** • Les nouvelles techniques agricoles provoquent une révolution agricole (herse, charrue, généralisation du moulin à eau, assolement triennal et défrichements). • Culture du riz aquatique en Chine.

**v. 1000** • Le *Genji monogatari*, premier grand roman japonais.

**v. 1000** • Grande pagode de Tanjore (Inde) ; mausolée d'Ismā`īl le Samanide, à Boukhara (Ouzbékistan).

1000

1001

**1009** • Consécration de l'église de Saint-Martin-du-Canigou.

**1010** • Publication du *Livre des rois* (*Chāhnāme*) du poète persan Firdoussi, chef-d'œuvre de la littérature épique.

**v. 1010** • Le théâtre d'ombres chinois est introduit à Java.

**1015** • Pose de la première pierre de la partie romane de la cathédrale de Strasbourg.

**v. 1020** • Œuvre scientifique d'Avicenne, notamment en médecine (*Canon de la Médecine*) ; les Arabes élaborent une optique distincte de la théorie de la vision.

**1020** • Construction à Chartres de la cathédrale romane dite de Fulbert. • Sculptures du linteau de Saint-Genis-des-Fontaines : une des premières œuvres de la sculpture romane.

1020

# Le Moyen Âge (477 à 1453)
## de la chute de Rome à la chute de Constantinople

1027

### RELIGION – PHILOSOPHIE

**1042** • Ibn Yāsīn prêche l'islam aux Berbères du Sahara et aux Noirs du Takrūn.

**1049** • Le pape Léon IX condamne la simonie.

**1054** • Excommunications mutuelles du pape et de Michel Cérulaire : schisme entre les chrétiens d'Occident (Rome) et les chrétiens d'Orient (Constantinople), entre le catholicisme et l'orthodoxie ; l'Église romaine se réforme ; apparition des premières hérésies populaires en Europe.

**1058-1111** • Vie du théologien al-Ghazālī.

**1067** • Première université religieuse, la Nizamiye, à Bagdad.

**v. 1070** • Chine : le ministre et lettré Wang Anshi tente des réformes sociales. • Fondation d'un monastère de prêtresses par les Mayas à Chichén Itzá (Mexique).

**1071** • Les Turcs seldjoukides enlèvent Jérusalem aux Arabes d'Égypte. Les pèlerins venus d'Occident subissent des vexations (à la différence des chrétiens de Palestine). C'est dans ce contexte que naît l'idée de croisade dans l'Europe chrétienne.

**1075** • En refusant à l'empereur Henri IV l'investiture des clercs et toute influence sur l'élection du pape, Grégoire VII lance la « réforme grégorienne » : émanciper l'Église du pouvoir temporel. • École rabbinique de Rashi à Troyes.

**1084** • Fondation du couvent de la Grande-Chartreuse par saint Bruno ; le début du XIIe s. sera marqué par l'essor de l'érémitisme, la création d'ordres prédicateurs (Prémontré, 1120) et militaires (Templiers, 1119). • Révolte des Bogomiles en Thrace.

**1090** • Formation de la secte chiite ismaélienne des « assassins ».

**1093** • Saint Anselme, primat d'Angleterre. Dans son œuvre, il énonce une preuve de l'existence de Dieu, discutée jusqu'à nos jours.

**1095** • Concile de Clermont, prédication de la première croisade.

**1096** • Départ de la première croisade et échec de la croisade populaire ; la croisade féodale traverse l'Europe ; les XIIe et XIIIe s. seront ceux des croisades : fondation d'États latins en Orient. En Europe, nombreux mouvements hérétiques.

**1098** • Fondation de l'ordre de Cîteaux ; les cisterciens, dont saint Bernard, vont dominer la vie monastique du XIIe s. (530 maisons en Europe v. 1200).

### HISTOIRE GÉNÉRALE

**1027** • Conrad II, empereur germanique ; il nomme et investit du pouvoir spirituel les évêques et les abbés.

**1031** • Henri Ier, roi de France. • Disparition de la dynastie omeyade d'Espagne.

**1039** • Henri III, empereur germanique. • Les Turcs seldjoukides dépossèdent les Ghaznavides.

**1045** • La Hongrie devient fief du Saint Empire, après la Bohême et la Pologne (en 1041).

**1055** • Les Turcs seldjoukides établis à Bagdad menacent Byzance.

**1056** • Henri IV, roi de Germanie. • Fin de la dynastie macédonienne à Byzance, remplacée par les Comnènes.

**1060** • Philippe Ier, roi de France.

**1061** • Début de la conquête de la Sicile par les Normands.

**1064** • Émigration arménienne en Cilicie après l'invasion seldjoukide.

**1066** • Conquête de l'Angleterre par les Normands de France, conduits par Guillaume le Conquérant (bataille d'Hastings).

**1069** • Conquête du Maroc par les Almoravides (Ibn Tachfine).

**1070** • Guillaume le Conquérant chasse les Danois d'Angleterre.

**1071** • Les Normands font la conquête de l'Italie byzantine. Les Byzantins sont défaits par les Turcs à Manzikert : début du déclin militaire de l'Empire byzantin.

**1075** • Début de la lutte entre le pape et l'empereur.

**1076** • Destruction du royaume du Ghana (Soudan) par les Almoravides.

**1077** • L'empereur germanique Henri IV fait amende honorable à Canossa.

**1078** • Guerre civile dans l'Empire byzantin (Nicéphore Botaniate).

**1080** • La Cilicie passe aux mains des Arméniens, qui fondent le royaume de la Petite-Arménie.

**1081** • Les Normands envahissent les Balkans. • Alexis Ier Comnène, empereur de Byzance. L'Asie Mineure est entre les mains des Turcs.

**1082** • Venise aide Byzance contre les Normands et reçoit d'importants privilèges commerciaux. Début du déclin commercial de Byzance.

**1085** • Alexis Ier chasse les Normands des Balkans.

**1087** • Les villes de Pise et Gênes obtiennent des privilèges commerciaux avec l'Afrique du Nord.

**1091** • Les Sarrasins prennent la Corse.

**1094** • Le Cid Campeador s'empare du royaume maure de Valence.

**1096** • Départ de la première croisade (achevée en 1099).

**1097-1098** • Les croisés prennent Édesse et Antioche.

1098

## SCIENCES – TECHNIQUES

**v. 1050** • En Europe, premiers moulins (à eau) à foulon. • Mise au point en Chine des caractères mobiles d'imprimerie ; maîtrise de la composition chimique de la poudre ; la technique chinoise de fabrication du papier, importée par les Arabes, fait son apparition en Espagne.

**v. 1075** • Travaux d'Umar Khayyām en algèbre et en astronomie.

**Fin XIe s.** • Chine : le développement de l'imprimerie permet une large diffusion de la culture.

**v. 1088** • Fondation à Bologne de la première université européenne.

**1090** • Tour-horloge astronomique à Kaifeng (Chine).

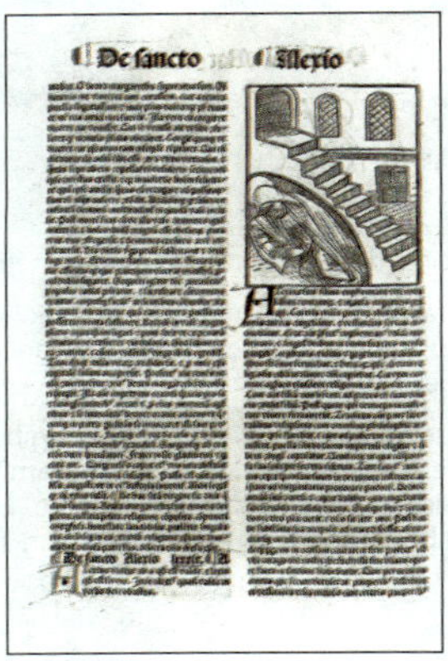
De sancto Alexio

◂ *Vie de saint Alexis* (gravure du XVe s.)

## LITTÉRATURES

**v. 1040** • *Vie de saint Alexis*, l'un des premiers textes romanesques de la littérature française.

**v. 1059** • Le *Kitāb al-fiṣal* (*Histoire des idées religieuses*) de Ibn Ḥazm.

**v. 1060** • Niẓām al-Mulk, homme d'État persan et véritable maître de l'Empire seldjoukide, rédige son *Seyāsat-nāmeh* (« Traité de gouvernement ») qui est l'équivalent pour l'Orient musulman de ce que sera pour l'Occident, quatre siècles plus tard, *le Prince* de Machiavel.

**v. 1070** • Su Dongpo, grand poète de la dynastie des Song.

**1071** • Naissance de Guillaume IX d'Aquitaine, l'un des plus anciens troubadours connus et le créateur de la « fin'amor », poésie profane en langue d'oc qui se développera au XIIe s.

**v. 1080** • *La Chanson de Roland*, anonyme : l'une des plus anciennes chansons de geste françaises (avec *la Chanson de Guillaume*, *Gormont et Ysembart*), poème épique narrant les hauts faits des héros que leur nom rattache à l'histoire des pays de France, exaltant leur patriotisme et leur foi.

## ARTS – MUSIQUE

**1023-1034** • Construction de l'abbatiale du Mont-Saint-Michel.

**v. 1025** • Gui d'Arezzo invente un système de notation musicale : les notes de la gamme. Au XIe s., la polyphonie est codifiée, après deux siècles de pratique.

**1037** • Achèvement de la cathédrale Sainte-Sophie à Kiev. • Début de la construction de l'abbatiale de Jumièges.

**1041** • Début de la construction de la nouvelle église de Sainte-Foy-de-Conques.

**v. 1060** • Embellissement de l'abbaye du mont Cassin par l'abbé Didier.

**1063-1094** • Église Saint-Marc de Venise, reconstruite selon un plan d'inspiration byzantine ; début de la construction de la cathédrale de Pise.

**1067** • Début de la construction de l'abbaye de Saint-Benoît-sur-Loire.

**v. 1070** • Construction du sanctuaire de la Grande Mosquée d'Ispahan. • Diffusion par les Arabes de la trompette en Europe.

**1079-1093** • Cathédrale de Winchester (Angleterre).

**1080** • Début de la construction de la cathédrale Saint-Sernin de Toulouse (le plus grand édifice roman subsistant).

**1088** • Agrandissement de l'abbaye de Cluny, qui sera la plus grande église de la chrétienté jusqu'à la construction de Saint-Pierre de Rome ; les sculptures des chapiteaux représentent un tournant de l'art roman.

**1096-1104** • Construction de l'abbatiale de Vézelay.

**v. 1098** • Abbaye de Cîteaux : le style cistercien se caractérise par la simplicité et le dépouillement.

# Le Moyen Âge (477 à 1453)

## de la chute de Rome à la chute de Constantinople

| | RELIGION – PHILOSOPHIE | HISTOIRE GÉNÉRALE |
|---|---|---|
| 1099 | **1099** • Avec la prise de Jérusalem par les croisés, implantation en Palestine d'un patriarcat latin (tensions avec les juridictions chrétiennes déjà existantes). | **1099** • Prise de Jérusalem par les croisés de Godefroi de Bouillon ; la ville est soumise au pillage et au carnage.<br>**v. 1100** • Économie rurale centrée sur le système féodal, mais développement d'une économie urbaine (début des foires de Champagne). |
| 1100 | | **1100** • Baudouin Ier, roi de Jérusalem. |

## XIIe siècle (1101 à 1200)

**Lent renouveau d'une civilisation urbaine en Europe où les nombreuses traductions d'ouvrages arabes en latin préparent la Renaissance. • Chute de l'Empire toltèque du Mexique. • « Démocratisation » de la culture en Chine par la création d'un système simplifié d'écriture à l'usage du peuple.**

| | RELIGION – PHILOSOPHIE | HISTOIRE GÉNÉRALE |
|---|---|---|
| 1101 | | |
| | | **1106** • Henri V, roi de Germanie et empereur du Saint Empire.<br>**1108** • Louis VI le Gros, roi de France.<br>**1109-1110** • Les croisés prennent Tripoli et Beyrouth. |
| | | **1112** • Révolte de la commune de Laon contre son seigneur-évêque : elle obtient son affranchissement ; le mouvement communal progresse irrésistiblement au XIIe s. : statuts des métiers, essor du commerce et de l'artisanat. |
| | **1113** • Fondation de l'ordre des Hospitaliers de Saint-Jean-de-Jérusalem (futurs chevaliers de Malte au XVIe s.). | |
| | **1115** • Saint Bernard, abbé de Clairvaux, illustre représentant de la spiritualité monastique, hostile au renouveau intellectuel des villes, conseiller des puissants. • Aventure d'Héloïse et Abélard. | |
| | **1118** • Basile, chef des bogomiles, brûlé à Constantinople. | |
| | **1119** • Fondation de l'ordre du Temple pour la défense des pèlerins en Terre sainte. | **1119** • Début de la guerre entre Pise et Gênes au sujet de la Corse. |
| | **1120** • Création de l'université de Paris. | **1121** • Apparition de la hanse des marchands d'eau, corporation des armateurs de la Seine. |
| | **1122** • Concordat de Worms : fin de la querelle des Investitures. • Suger, abbé de Saint-Denis. | **1122** • Bataille navale d'Ascalon (Ashqelon) : les Vénitiens maîtres de la Méditerranée orientale. • Maroc : révolte des Almohades contre les Almoravides. |
| | **1123** • Ratification du concordat de Worms par le concile du Latran. | **1124** • Baudouin II, prisonnier des Turcs.<br>**1125** • Lothaire III de Supplinburg, roi de Germanie.<br>**1127** • Roger II de Sicile fait l'unité des États normands d'Italie. |
| | **v. 1130** • Point culminant de la « renaissance » du XIIe s. : redécouverte d'Aristote (qui heurte la pensée chrétienne, jusqu'alors essentiellement augustinienne), développement de la logique dans les écoles parisiennes, véritables débuts de la théologie rationnelle avec Abélard. | **1130** • Italie méridionale et Sicile réunies dans le royaume normand de Naples sous la souveraineté du pape. |
| | **1133** • Fondation de l'université d'Oxford. • *Guide du solitaire* où Ibn Bājā décrit les degrés d'élévation de l'homme vers Dieu. | **1135** • Louis VI le Gros achève la pacification du domaine royal capétien.<br>**1137** • Louis VII le Jeune, roi de France ; par son mariage avec Aliénor d'Aquitaine, il acquiert une partie du midi et de l'ouest de la France. Son conseiller Suger contribue à développer l'autorité royale. |
| | **1140** • Saint Bernard obtient la condamnation d'Abélard au concile de Sens. | **1138** • Conrad III de Hohenstaufen (seigneur de Waibligen – ou « gibelin »), empereur germanique. Henri, duc de Bavière et de Saxe (de la famille des Welfen – ou « guelfes »), tente, en vain, de lui disputer la couronne. La lutte entre guelfes, partisans du pape, et gibelins, partisans de l'empereur, s'étend bientôt à l'Italie. |
| 1140 | | |

| SCIENCES – TECHNIQUES | LITTÉRATURES | ARTS – MUSIQUE |
|---|---|---|

1099

1100

**v. 1100** • Premiers polders en Flandre.

**v. 1100** • Diffusion des auteurs classiques arabes à la suite de la prise de Tolède par les chrétiens. • Poésies en langue d'oc des troubadours des cours du Midi.

**1100** • Sculptures du cloître de Moissac.

1101

**1101** • Fondation de l'abbaye de Fontevrault.

**v. 1110** • Le philosophe et mathématicien espagnol Savasorda écrit la première encyclopédie scientifique en hébreu.

Vierge de Vladimir

**v. 1120** • Début de la construction du temple d'Angkor Vat : remarquable exemple du « temple-montagne ». • Mosaïques de l'église de Daphni, près d'Athènes.

**1127** • Le plus ancien moulin à vent d'Europe, à Hondschoote (nord de la France).

**v. 1130** • Fabrication de poudre à base de salpêtre en Chine.

**v. 1132** • Répartition des domaines du savoir selon le *Didascalicon* de Hugues de Saint-Victor.

**v. 1127** • Foucher de Chartres raconte l'histoire de la première croisade.

**v. 1135** • *Histoire des rois de Bretagne* de Geoffroi de Monmouth (en latin) : création de la légende du roi Arthur.

**v. 1140** • Le *Cantár del mio Cid*, poème épique proche des chansons de geste françaises : la plus ancienne œuvre connue en espagnol.

**1127** • Minaret Kalian à Boukhara (Ouzbékistan).

**v. 1130** • Icône de la Vierge de Vladimir (Russie).

**v. 1130** • Abbatiale de Saint-Denis : début du gothique, qui se caractérise par l'utilisation de la croisée d'ogives et de l'arc brisé ; l'importance donnée à la lumière et à la hauteur, autorisée par l'évolution technique, correspond à un symbolisme religieux ; l'augmentation des ouvertures favorise le développement de la peinture sur vitrail. • Début de la construction de la cathédrale gothique de Sens.

**1137** • Début du rayonnement des troubadours (jusqu'à la fin du XIIIe s.) ; instruits dans les monastères, ils animent les cours des châteaux avec des sujets d'inspiration religieuse.

1140

## RELIGION – PHILOSOPHIE

1143

**1145** • Arnaud de Brescia prend le pouvoir à Rome et entreprend une réforme du clergé.

**1146** • Saint Bernard prêche la deuxième croisade à l'assemblée de Vézelay.

**1153** • Commentaire hébraïque de la Bible par Ibn Ezra.

**1155** • Enjeu des relations entre le pape Alexandre III et Frédéric Barberousse, Arnaud de Brescia est exécuté ; Barberousse est sacré empereur ; il suscite l'élection de l'antipape Victor IV en 1159 et chasse le pape qui se réfugie en France (1161-1165).

**v. 1160** • La théologie évolue vers un désir de changer la société. • Averroès diffuse Aristote.

**1165-1241** • Vie du philosophe arabe espagnol Ibn ʿArabī.

**1170** • Assassinat de Thomas Becket.

**v. 1170** • Pierre Valdo fonde la secte chrétienne des « pauvres de Lyon » ou « vaudois ».

**1173-1262** • Vie de Shinran, fondateur de la secte jōdoshinshū au Japon.

**1177** • Paix de Venise : Frédéric Barberousse reconnaît toute liberté aux cardinaux pour élire le pape.

**1179** • Troisième concile du Latran : les cathares sont anathémisés.

**1181 ou 1182-1226** • Vie de saint François d'Assise.

**1187** • Prise de Jérusalem par Saladin ; il mène une « guerre sainte » victorieuse contre les croisés.

1189

## HISTOIRE GÉNÉRALE

**1143** • Le Portugal acquiert son autonomie et Alphonse le Conquérant en devient roi (son titre est confirmé par le pape).

**1144** • L'émir seldjoukide Zankī écrase les croisés à Édesse : origine de la deuxième croisade.

**1147** • Première mention de Moscou dans les chroniques russes.

**1147-1149** • Deuxième croisade. • Les Almohades s'emparent de l'Espagne.

**1148** • Les croisés échouent devant Damas.

**1152** • Mariage d'Aliénor d'Aquitaine et de Henri II Plantagenêt qui accroît considérablement ses territoires en France. • Frédéric Barberousse, roi de Germanie.

**1154** • Henri II, roi d'Angleterre. Conflit avec la France. • Début de la querelle du Sacerdoce et de l'Empire.

**1155** • Frédéric Barberousse couronné empereur à Rome.

**v. 1160** • Les Berbères dominent tout le Maghreb.

**1168** • Échec d'Amaury Ier, roi de Jérusalem ; Nūr al-Dīn Maḥmūd s'empare du Caire. • Établissement des Aztèques au Mexique. • Effondrement de l'empire toltèque.

**1170** • Début de la conquête de l'Irlande par les Anglais.

**1171** • Saladin fonde la dynastie des Ayyubides. Début de la contre-croisade musulmane.

**1172** • L'Irlande tombe sous domination anglaise.

**1174** • Saladin s'empare du pouvoir en Syrie.

**1180** • Philippe II Auguste, roi de France.

**1182** • Massacre des Latins et réaction anti-occidentale à Constantinople.

**1187** • Saladin écrase les croisés à Ḥaṭṭin et les chasse de Jérusalem qui redevient musulmane (et où s'établit un climat de tolérance).

**1188** • Unité des Mongols par Gengis Khān.

**1189-1192** • Troisième croisade dirigée par Frédéric Barberousse, Philippe Auguste et Richard Cœur de Lion.

1143

## SCIENCES – TECHNIQUES

**1145** • Traduction d'arabe en latin du livre d'arithmétique d'al-Khuwārizmi (dont le nom a donné *algorithme*) par Robert de Chester (Ségovie).

**v. 1150** • À Strasbourg, enlèvement des ordures par la municipalité. • Apparition d'intellectuels (école de Chartres, Cluny) : c'est la « renaissance du XIIe s ».

**1152** • Médecine homéopathique de Hildegarde.

**v. 1153** • Traduction de l'œuvre d'Euclide d'arabe en latin.

**v. 1154** • Carte d'al-Idrīsī, somme des connaissances géographiques des Arabes.

**1161** • Emploi de la poudre noire par les Chinois à la bataille de Caishi.

**1170** • Fondation d'une faculté de médecine à Damas.

**1171** • Averroès, médecin à Cordoue.

**1180** • Maïmonide, médecin du sultan Saladin.

**1185** • Les premières rues pavées à Paris sous Philippe Auguste.

**1187** • Traduction de l'arabe en latin du *Canon de la médecine* d'Avicenne, par Gérard de Crémone.

## LITTÉRATURES

**v. 1150** • Début des cours poétiques des trouvères dans le nord de la France ; *Floire et Blanche-fleur* : récit idyllique (en franco-provençal), d'après un conte arabe des *Mille et Une Nuits.* • *Le Roman d'Alexandre* d'Albéric de Pisançon, récit exotique et merveilleux inspiré de la vie d'Alexandre, à mi-chemin du roman antique et de la chanson de geste. Il a donné son nom à l'« alexandrin ». • *Le Roman de Thèbes* : apparition d'un genre nouveau, le « roman », versifié, en langue vulgaire, dit « antique » (inspiré d'œuvres antiques) ; il mêle l'héritage épique de l'Antiquité et les obsessions du monde féodal : épisodes amoureux, goût du merveilleux.

**1155** • *Le Roman de Brut* : premier roman arthurien et apparition des chevaliers de la Table ronde ; source d'inspiration importante de la littérature française aux XIIe et XIIIe s.

**v. 1170** • *Lais* de Marie de France, adaptation narrative de ballades celtiques. • *Lancelot ou le Chevalier à la charrette* de Chrétien de Troyes : version narrative et chevaleresque de l'amour courtois ; premiers récits du *Roman de Renart*, parodie de la chanson de geste avec des animaux pour héros et satire sociale.

**v. 1175** • France : représentation du premier drame liturgique (mise en scène du texte sacré) en langue vulgaire.

**v. 1177** • *Yvain ou le Chevalier au lion*, roman de Chrétien de Troyes.

**v. 1180** • *Perceval ou le Conte du Graal*, roman de Chrétien de Troyes (inachevé) : apparition du thème de la quête du Graal, l'une des principales sources d'inspiration du Moyen Âge.

## ARTS – MUSIQUE

**1144** • Début de la restauration du Krak des Chevaliers, en Syrie, exemple de l'architecture médiévale militaire. • Les sculptures du portail royal de Chartres (statues-colonnes) sont un des premiers grands ensembles plastiques d'une cathédrale.

**v. 1145** • Construction de la cathédrale gothique de Noyon.

**v. 1150** • Épanouissement de l'enluminure dans toute l'Europe. • Expansion de l'architecture gothique en Europe occidentale.

▲ *Exécution d'un chrétien par Saladin*

**1155** • Cathédrale de Senlis ; Grande Mosquée de Konya (Turquie).

**v. 1163** • Début de la construction de Notre-Dame de Paris (jusqu'en 1345). • Léonin, organiste de Notre-Dame de Paris : le premier compositeur polyphoniste ; l'école de Notre-Dame, avec Pérotin et Adam de la Halle, exposera, au siècle suivant, son idéal esthétique avec l'*Ars antiqua* : le style français s'impose en Italie et en Espagne.

**1169** • Mosaïques de l'église de la Nativité à Bethléem.

**1174** • Construction du campanile de Pise.

**v. 1175** • Construction de l'Alcázar de Séville, palais arabe.

**1175-1192** • Reconstruction du chœur de la cathédrale de Canterbury.

**1180** • Début de la reconstruction de la cathédrale de Strasbourg.

**1185** • Les Normands construisent une cathédrale à la place de la mosquée de Palerme.

**1188** • *Portail de la Gloire* à Saint-Jacques-de-Compostelle.

1189

| RELIGION – PHILOSOPHIE | HISTOIRE GÉNÉRALE |
|---|---|

1190

**v. 1190** • Fondation de l'ordre des chevaliers Teutoniques sanctionné par Clément III. • *Guide des égarés* de Maïmonide. • Développement du bouddhisme au Japon.

**1192** • Fondation de l'ordre zen au Japon.

**1198** • Mort d'Averroès. • Prédication de la quatrième croisade.

**1191** • Henri VI le Cruel, empereur germanique. • Saladin accorde aux chrétiens la liberté de pèlerinage à Jérusalem.

**1192** • Les musulmans deviennent maîtres du nord-est de l'Inde. Victoire de Mohammad Ghōri. • Enrico Dandolo devient doge de Venise.

**1194** • Par le mariage de Constance avec Henri VI, la Sicile passe à l'Allemagne.

**1199** • Jean sans Terre, roi d'Angleterre (jusqu'en 1216).

**1200** • Déclin de la civilisation maya. Les Aztèques occupent la vallée de Mexico. • Essor de l'empire du Mali en Afrique occidentale.

1200

## XIIIe siècle (1201 à 1300)

**Après un développement foudroyant, l'Empire mongol, de l'Asie antérieure à l'Inde et à la mer du Japon, le plus grand empire de tous les temps, se replie sur l'Asie centrale. • Fondation de l'Empire ottoman. • Les hérésies chrétiennes sont persécutées par l'Église catholique. • Le rayonnement en Europe de l'université de Paris coïncide avec l'apogée de la pensée médiévale européenne (Thomas d'Aquin, Maître Eckhart, Dante, R. Bacon…).**

1201

**1202** • Le pape Innocent III affirme la vocation du Saint-Siège à la souveraineté universelle ; il se donne le droit d'intervenir dans l'élection de l'empereur germanique.

**1206** • L'Inde s'islamise (sultanat de Delhi).

**1207** • Fondation par saint Dominique de l'ordre des Prêcheurs ou dominicains, approuvé en 1216 par le pape Honorius III.

**1208** • Innocent III appelle à la croisade contre les albigeois (hérésie cathare) à la suite de l'assassinat du légat Pierre de Castelnau. • Saint François fonde l'ordre des Frères mineurs ou franciscains ; la règle est approuvée en 1210.

**1210** • Interdiction à l'université de Paris d'enseigner la métaphysique d'Aristote (renouvelée sans effet par le pape en 1231, 1245 et 1263) ; le conflit entre la faculté des arts (enseignement profane) et la faculté de théologie nourrit la pensée du XIIIe s. • 80 cathares brûlés à Strasbourg.

**1215** • Quatrième concile du Latran : lutte contre les hérésies, condamnation des juifs et de l'usure, obligation de la confession « auriculaire » (examen de conscience). • Statuts de l'université de Paris : sous l'autorité directe du pape, elle jouit d'un prestige considérable (développement de la scolastique au XIIIe s.).

**1202-1204** • Départ de la quatrième croisade : Venise assure le transport des 30 000 croisés. • Gengis Khān extermine les Tatars. • Philippe Auguste conquiert la Normandie et le Poitou. • Prise puis pillage de Constantinople par la quatrième croisade à l'instigation du doge vénitien Dandolo. • Fondation de l'Empire byzantin de Nicée, qui étend son autorité sur l'Asie Mineure, et fondation de l'empire latin d'Orient.

**1205** • Philippe Auguste conquiert la Touraine et l'Anjou.

**1206** • Gengis Khān, maître de la Mongolie ; les Mongols commencent la conquête de la Chine et de l'Asie centrale avant d'avancer vers l'Occident. • En Inde, dynastie des esclaves, une des dynasties musulmanes du sultanat de Delhi (jusqu'en 1290).

**1207** • Le pape Innocent III doit négocier avec les princes allemands.

**1211** • La Mandchourie devient mongole.

**1212** • Espagne : bataille de Las Navas de Tolosa ; les Maures sont chassés de Castille ; intensification de la Reconquista (reconquête chrétienne). • Croisade des enfants.

**1213** • Bataille de Muret entre croisés et albigeois.

**1214** • Bataille de Bouvines, premier signe de l'unité française : Philippe Auguste bat une coalition.

**1215** • Angleterre : les barons anglais imposent à Jean sans Terre la Grande Charte, qui garantit leurs droits. • Pékin dévasté par les Mongols.

**1216** • Henri III, roi d'Angleterre.

**1217-1221** • Cinquième croisade.

1218

**1218** • Échec de Simon de Montfort devant Toulouse. • Fondation de l'université de Salamanque.

| SCIENCES – TECHNIQUES | LITTÉRATURES | ARTS – MUSIQUE | |
|---|---|---|---|
| **1190** • Première mention en Europe de la boussole, appelée « marinette »<br><br>**1193** • Fabrication de balles de jeu en caoutchouc, en Amérique centrale. | **v. 1190** • *Le Roman de Tristan* : ce poème de Béroul est la plus ancienne version (fragmentaire) des amours de Tristan et Iseult. Les trouvères, de langue d'oïl, et les poètes allemands adaptent dans leur langue la poésie de langue d'oc. | **1190** • Début de la construction du Louvre et de la première enceinte de Paris sous Philippe Auguste.<br><br>**v. 1190** • Au Gabon, de longs rouleaux illustrés de scènes historiques. • Statuaire en bronze avec usage de la fonte à cire perdue (Afrique, actuel Nigeria).<br><br>**1194** • Début de la reconstruction de la cathédrale de Chartres, incendiée.<br><br>**1197-1198** • Construction de Château-Gaillard par Richard Cœur de Lion. | 1190 |
| **1200** • Entreprises de tissage à Florence.<br><br>**v. 1200** • L'usage du gouvernail se répand et améliore les conditions de navigation. | **v. 1200** • Mort du troubadour Bernard de Ventadour • *La Chanson des Nibelungen*, poème épique en haut moyen-allemand, qui sera repris par Wagner (*L'Anneau du Nibelung*). | **v. 1200** • Grande vogue des ménestrels en Allemagne. | 1200 |
| **1202** • *Liber abbaci*, premier des traités par lesquels Léonard de Pise (Fibonacci) fait aux Arabes des emprunts décisifs pour la renaissance des mathématiques, comme la notation décimale de position arabo-hindoue et l'usage des chiffres « arabes ».<br><br>**1205** • Fabriques de soie à Venise. | **1207-1213** • *La Conquête de Constantinople* de Villehardouin, première chronique en prose française. | **1201** • Début de la construction de la halle aux draps à Ypres.<br><br><br>▲ *Roman de Tristan* | 1201 |
| **v. 1210** • Généralisation, en Europe, de l'attelage du collier d'épaule et diffusion de la charrue à roues, en remplacement de l'araire. • Chine : albums d'agriculture, de tissage. • Traité d'al-Jazari sur les automates et les clepsydres. | **v. 1210** • *Parzival* de Wolfram von Eschenbach.<br><br>**v. 1215-1230** • Rédaction du *Lancelot-Graal*, immense ensemble romanesque qui donne à la quête du Graal la dimension d'une histoire de la destinée humaine ; les chansons de geste sont réunies en cycles et commencent à être mises en prose (*Tristan* et *Lancelot*). | **v. 1210** • *La Cascade* par le peintre chinois Xia Gui.<br><br>**1210** • Début de la reconstruction de la cathédrale de Reims. • Vitraux de la cathédrale de Chartres. • Obtention d'un son de cloche idéal par le tracé gothique.<br><br>**1213** • Début de la construction de la cathédrale de Tournai.<br><br>**1215** • Début de la construction de la *Merveille* au Mont-Saint-Michel.<br><br>**1218** • En France du Nord se répandent les chansons dites chansons de toile. | 1218 |

# Le Moyen Âge (477 à 1453)

## de la chute de Rome à la chute de Constantinople

1219

### RELIGION – PHILOSOPHIE

**1220** • Frédéric II, en Sicile, favorise les échanges entre chrétiens, juifs et musulmans ; il fonde l'université de Naples en 1224.

**1226** • Croisade de Louis VIII en Languedoc.

**1228-1274** • Vie de saint Thomas d'Aquin.

**1229** • Fondation de l'université de Toulouse.

**v. 1230** • Traduction de la *Métaphysique* d'Aristote.

**1231** • Organisation de l'Inquisition, prise en main par les dominicains en 1232.

**1236** • À Damas, enseignement d'Ibn al-'Arabī.

**1239** • Grégoire IX excommunie Frédéric II.

**1240** • Débat à la cour de France entre juifs et chrétiens ; le Talmud est mis au bûcher.

**1244** • Chute de Montségur, dernière citadelle cathare importante.

**1248** • *Commentaires sur les Sentences de Pierre Lombard* de saint Bonaventure.

**v. 1250** • Le christianisme romain est prêché en Mongolie et à Pékin.

**1250** • La mort de Frédéric II met fin à une lutte de deux siècles entre la papauté et le Saint Empire. • Développement des ordres mendiants (franciscains, dominicains) ; leur influence est grande dans l'Université (Bonaventure, Thomas d'Aquin).

**1252** • Le pape ordonne l'application de la torture aux adversaires de l'Église pour obtenir des aveux.

**1252-1259** • Saint Thomas d'Aquin enseigne à Paris.

1253 **1252-1257** • Roger Bacon enseigne à Oxford.

### HISTOIRE GÉNÉRALE

**1219** • Gengis Khān conquiert la Perse, l'Asie centrale et atteint la Crimée en 1223.

**1220** • Frédéric II, empereur germanique (jusqu'en 1250).

**v. 1220** • Fondation du premier royaume thaï (Sukhothaï).

**1221** • Désastre de la cinquième croisade devant Le Caire.

**1223** • Louis VIII le Lion, roi de France.

**1224** • Louis VIII conquiert le Poitou. • Dernière grande famine généralisée de l'Occident (plus tard les famines affecteront des régions plus restreintes).

**1225** • Louis VIII atteint la frontière de la Gascogne et menace Bordeaux.

**1226** • Louis VIII, chef de la croisade contre les albigeois, soumet le Languedoc. Louis IX (Saint Louis), lui succède ; régence de Blanche de Castille. Les chevaliers Teutoniques en Prusse.

**1227** • Mort de Gengis Khān : partage de son empire.

**1228-1229** • Sixième croisade. • Constitution du parti guelfe en Italie.

**1229** • Frédéric II obtient par la négociation Jérusalem, Bethléem et Nazareth.

**1230-1240** • Afrique : lutte pour le pouvoir et règne de Soundiata, empereur du Mali, créateur du plus vaste ensemble politique d'Afrique de l'Ouest.

**1234** • Chine : destruction de l'Empire jin par les Mongols (dynastie Yuan).

**1236** • Chute de l'émirat de Cordoue en Espagne.

**v. 1237** • Ouverture du col du Saint-Gothard, qui favorise les échanges commerciaux avec l'Italie.

**1238** • Les Mongols prennent Moscou et Vladimir.

**1241** • Première association de la Hanse entre les villes de Hambourg et de Lübeck. • Les Mongols détruisent le royaume hongrois ; leur retraite, à la mort du grand khan, sauve le reste de l'Europe.

**1242** • Défaite des chevaliers Teutoniques devant Alexandre Nevski, sur le lac Peïpous.

**1243** • Le moine Plan Carpin entreprend un voyage de France vers Karakorom, capitale des Mongols.

**1245** • Le concile de Lyon dépose Frédéric II.

**1248** • Départ de saint Louis pour la septième croisade.

**1249** • Saint Louis prend Damiette.

**1250** • La mort de Frédéric II laisse vacant le trône impérial : début du Grand Interrègne. Constitution du Parlement de Paris. • Les Mamelouks chassent définitivement les chrétiens de Jérusalem. Ils supplantent les Ayyubides. Bataille de Mansoura : saint Louis, prisonnier.

**v. 1250** • En Europe, vague d'affranchissement des paysans, liée à l'émergence d'une économie monétaire. • Déclin du pouvoir des Turcs seldjoukides et constitution d'émirats autonomes.

**1253** • La France envoie un ambassadeur à la cour mongole.

## SCIENCES – TECHNIQUES

**v. 1220** • En Europe, les miroirs de verre avec feuilles d'étain remplacent les miroirs métalliques.

**1221** • Statuts de la faculté de médecine de Montpellier.

**1226** • Le plus ancien recensement de population conservé (Pistoia, en Italie).

**1231** • L'empereur germanique Frédéric II réintroduit (en Sicile) l'usage de la monnaie. • Les Chinois inventent la grenade (arme).

**1232** • À la bataille de Kaifeng, les Chinois utilisent contre les Mongols les « flèches de feu » : ce sont les premières fusées.

**1239** • Enseignement anatomique et pratique prescrit pour les médecins par Frédéric II.

**v. 1240** • Le gouvernail d'étambot facilite le développement de la navigation marchande, notamment pour la Hanse.

**v. 1250** • Âge d'or des mathématiciens chinois. • Apparition des portulans (cartes où figurent les directions magnétiques).

**v. 1250-1254** • Traités anglais d'agriculture. • Traité d'hippiatrie de Giordano Ruffo.

**1252** • Frappe du florin d'or à Florence. • *Tables Alphonsines* (du nom d'Alphonse X le Sage) : tables astronomiques utiles à la navigation.

## LITTÉRATURES

**v. 1225** • *Aucassin et Nicolette*, œuvre lyrique et parodique.

**v. 1230** • Traduction des *Commentaires sur Aristote*, texte arabe d'Averroès, par Michel Scot.

**1233** • Roman guerrier japonais : *Histoire de la famille de Hei*.

**v. 1236** • Première partie du *Roman de la Rose* : apparition de la fiction allégorique.

**v. 1237** • Recueil de chants épiques islandais (*Edda*).

**1240** • Robert Grosseteste traduit du grec l'*Éthique à Nicomaque*. • Vincent de Beauvais écrit un précieux témoignage sur les connaissances au XIII^e^ s. (*Speculum majus*).

**v. 1245** • Poème espagnol du *Miracle de Marie* par Gonzalo de Berceo.

**v. 1250-1300** • Formation de l'épopée de Soundiata Keita, empereur du Mali.

**v. 1250** • *Le Couronnement de Renart*, conte satirique : amorce d'un mouvement parodique dont la deuxième partie du *Roman de la Rose* sera une éclatante manifestation. • *La Légende dorée* de Jacques de Voragine : lecture (en latin) de vies de saints suivant le calendrier ; elle sera abondamment reproduite dès l'invention de l'imprimerie.

## ARTS – MUSIQUE

**1220** • Début de la construction de la cathédrale d'Amiens (jusqu'en 1288) ; début de la construction des parties gothiques de la cathédrale de Strasbourg.

**v. 1225** • Château de Coucy (France) : l'architecture fortifiée médiévale ; cathédrale de Beauvais : le « gothique flamboyant » (contour des fenêtres en forme de flammes) ; début du travail des mosaïques du baptistère de Florence ; début de la construction de la cathédrale de Tolède.

**1228** • Début de la construction de la cathédrale de Gand.

**1230** • Début de la construction de Notre-Dame de Dijon.

Dans la première moitié du XIII^e^ s., les architectes gothiques construisent des nefs de plus en plus élevées : Amiens (dès 1228), Saint-Denis, Beauvais, Le Mans, Bourges, la Sainte-Chapelle de Paris (1245-1248).

*Roman de la Rose*. Scène de jalousie

# Le Moyen Âge (477 à 1453)

## de la chute de Rome à la chute de Constantinople

1254

### RELIGION – PHILOSOPHIE

**1257** • Fondation de la Sorbonne. • Saint Bonaventure, général des franciscains ; il écarte de l'ordre les tendances messianiques des « spirituels » ; son œuvre théologique prolonge la tradition d'Augustin.

**v. 1258** • Rutebeuf compose la complainte *De Saincte Église*.

**1259-1260** • *Somme contre les gentils* de saint Thomas d'Aquin.

**v. 1260** • Au Japon, le développement du zen fait que le bouddhisme cesse d'être perçu comme une idéologie étrangère.

**1260** • Rétablissement du califat abbasside au Caire.

**1261** • Reprise de Constantinople par les Byzantins ; malgré un irréversible déclin politique, brillant renouveau intellectuel. • *Commentaires sur Aristote* de saint Thomas d'Aquin.

**1264** • En Pologne, statut favorable aux juifs, renouvelé en 1344 ; développement de la culture yiddish.

**1265-1321** • Vie de Dante.

**1269-1274** • *Somme théologique* de Thomas d'Aquin, phare du système de pensée théologico-philosophique de l'Église.

**1274** • Concile d'union (entre orthodoxes et catholiques) à Lyon ; mais l'éloignement entre les deux confessions ira grandissant, malgré une nouvelle tentative en 1438 (concile de Florence).

**1277** • Condamnation de l'averroïsme par l'évêque de Paris ; la *Somme théologique* de Thomas d'Aquin paraît alors suspecte.

**1278** • Bacon est condamné pour hérésie à cause de ses conceptions scientifiques.

**1284** • Fondation de l'université de Cambridge.

**1289** • Fondation de l'université de Montpellier.

**1290** • En Angleterre, expulsion des juifs.

### HISTOIRE GÉNÉRALE

**1254** • Retour de saint Louis en France.

**1254-1259** • Premier voyage de Niccolò, Matteo et Marco Polo en Chine.

**1258** • Les barons anglais imposent à Henri III les provisions d'Oxford. • Les Mongols s'emparent de Bagdad (fin de la dynastie des Abbassides).

**1259** • Traité de Paris : Henri III Plantagenêt renonce à la Normandie, au Maine, à la Touraine et au Poitou. Le royaume de France s'étend jusqu'à la Méditerranée. Louis IX devient le souverain le plus puissant d'Europe.

**1260** • Nouvelles invasions mongoles de la Horde d'Or arrêtées par les Mamelouks.

**1261** • Reconquête de Constantinople par les Byzantins ; Gênes reçoit d'importants privilèges commerciaux. • Fondation de la dynastie des Paléologues.

**1266** • Charles d'Anjou conquiert le royaume de Sicile.

**1270** • Huitième croisade. Mort de Louis IX devant Tunis. Philippe III le Hardi, roi de France.

**1271** • Une « neuvième croisade » aboutira à la perte d'Acre en 1291.

**1271-1295** • Second voyage des Polo en Chine.

**1274** • Philippe III impose son protectorat à la Navarre.

**1277** • Charles Ier d'Anjou s'empare d'Acre. • Les Visconti, maîtres de Milan.

**1278** • Autriche, Styrie et Carniole échoient aux Habsbourg.

**1279** • Chine : les Mongols achèvent la conquête du Sud.

**1280** • Groupement des villes de la Hanse autour de Lübeck.

**1281** • Fondation de la dynastie ottomane par Osman Ier Gazi. • Échec de Kubilaï Khān contre le Japon.

**1282** • Vêpres siciliennes (massacre des Français en Sicile).

**1283** • Les Teutoniques achèvent la conquête de la Prusse.

**1284** • Ruine de Pise. Premiers ducats à Venise.

**1285** • Philippe IV le Bel, roi de France. Avec ses légistes, il renforce considérablement le pouvoir central, s'opposant notamment au pape.

1291 **1291** • Formation de la Confédération helvétique (serment de Rütli). • Chute de Saint-Jean-d'Acre, dernière possession chrétienne en Palestine. • Les Ottomans accroissent leur puissance ; déclin de Constantinople.

## SCIENCES – TECHNIQUES

**1257** • Construction de l'aqueduc de Sulmona (Italie).

**v. 1260** • Généralisation du moulin à vent en Europe.

**1260** • Émission de papier-monnaie par les Mongols, en Chine.

**v. 1261-1267** • Distillation de l'alcool de grain, en Chine.

**v. 1265** • Découverte de la circulation pulmonaire par Ibn an-Nafis.

**1267** • *Opus majus* de Roger Bacon ; dans le cadre d'une pensée qui unifie la théologie et les sciences, les franciscains d'Oxford promeuvent l'expérimentation, les mathématiques, la technique ; Bacon développe en particulier la logique.

**1268** • *Le Livre des métiers* d'Étienne Boileau.

**1269** • Perfectionnement de la boussole par Pierre de Maricourt qui, dans l'*Epistola de magnete*, décrit le phénomène du magnétisme.

**v. 1275** • Moulins hydrauliques pour le traitement de la soie.

**v. 1280** • Invention des lunettes correctrices par Salvino degli Armati.

**1284** • Description du maïs (« turquet »).

**v. 1285** • Généralisation de la brouette et du rouet.

**v. 1290-1310** • Diffusion en Europe de dispositifs techniques, comme le dévidoir, l'ourdissoir à dents, etc.

**v. 1290** • Premières horloges mécaniques en Angleterre.

## LITTÉRATURES

**v. 1258** • *Le Gulistān* de Sa'dī, œuvre persane en prose et en vers.

**v. 1260** • Traduction des œuvres d'Hippocrate et d'Aristote en latin.

**1262** • *Le Miracle de Théophile* de Rutebeuf, modèle du miracle, genre dramatique bref d'inspiration religieuse qui sera remplacé par le mystère ; les *Poésies* de Rutebeuf annoncent par le ton celles de Villon.

**v. 1270** • *Le Garçon et l'Aveugle*, la plus ancienne farce française connue.

**v. 1275** • Deuxième partie du *Roman de la Rose* de Jean de Meung : parodie, dans un style allégorique, du premier *Roman de la Rose* et, à travers elle, de la poésie courtoise ; suivie d'une réflexion théologique et philosophique ; ce goût de la parodie se retrouve dans la poésie lyrique d'oc qui produit des « contre-textes » burlesques.

**v. 1276** • *Jeu de la feuillée*, œuvre dramatique d'Adam de la Halle destinée au public d'Arras : les foyers de culture se déplacent des cours princières aux cités commerçantes, et du sud vers le nord.

**v. 1283-1290** • *Lohengrin*, poème en moyen allemand.

**v. 1284** • *Jeu de Robin et Marion* d'Adam de la Halle.

**v. 1290-1294** • *La Vita nuova* de Dante (en italien).

## ARTS – MUSIQUE

**1254** • Début de la construction de la cathédrale de Sienne.

**1260** • Sculptures du portail de la Vierge de Notre-Dame de Paris ; sculptures de Nicola Pisano pour le baptistère de Pise.

**v. 1260** • Début de la construction de la cathédrale de Valence (Espagne) ; construction du temple solaire de Konarak (Inde) : « la Pagode noire ».

Dôme de la cathédrale Santa Maria del Fiore, à Florence

**v. 1270-1272** • Achèvement des travaux du chœur de la cathédrale de Beauvais (clés de voûte à 47 m de hauteur).

**1277** • Début de la construction de la façade occidentale de la cathédrale de Strasbourg : le « gothique rayonnant » (rosaces).

**v. 1278** • Début de la construction de Santa Maria Novella à Florence.

**1278** • *La Fontana maggiore* de Pérouse par Nicola Pisano.

**1282** • Début de la construction de Sainte-Cécile d'Albi.

**v. 1290** • Le *Crucifix* de Giotto pour l'église Santa Maria Novella à Florence renouvelle la représentation du Christ mort. • Début de la construction de la cathédrale Santa Maria del Fiore à Florence.

# Le Moyen Âge (477 à 1453)

## de la chute de Rome à la chute de Constantinople

| | RELIGION – PHILOSOPHIE | HISTOIRE GÉNÉRALE |
|---|---|---|
| 1293 | | **1293-1294** • Le prince Vijaya, ayant repoussé les Mongols, fonde l'empire de Majapahit qui s'étendra sur toute l'Indonésie au XIVe s. |
| | **1294** • Traduction de parties de la Bible en chinois par Jean de Montcorvin ; construction de la première église à Pékin. | **1294** • Philippe le Bel conquiert la Guyenne. |
| | **1296** • Engagé dans des réformes administratives et fiscales, Philippe le Bel met à contribution le clergé français : début d'un conflit ouvert avec la papauté. | **1296-1297** • Khmers et Birmans se reconnaissent vassaux des Mongols. |
| | **1297** • Louis IX, canonisé par Boniface VIII. | |
| | | **1299** • Début de l'expansion des Turcs ottomans en Anatolie. |
| | **v. 1300** • Repli de la spiritualité byzantine sur le mont Athos ; naissance d'une doctrine mystique développée ensuite par Grégoire Palamas. • Le *Zohar*, œuvre principale de la doctrine secrète juive (Kabbale) probablement écrite par Moïse de León, de Grenade. | **v. 1300** • L'Europe entre dans une période de difficultés économiques (jusque vers 1450) : déclin démographique, disettes, premières revendications ouvrières (textile des Flandres et d'Italie), insurrections dans les campagnes et dans les villes, recherche d'un équilibre entre les salaires et les prix, élaboration d'une fiscalité. Des navigateurs génois s'avancent jusqu'à l'embouchure du Sénégal. • Byzance attaquée par les Serbes et les Turcs ; les mercenaires à son service ravagent l'Asie Mineure. • Début de l'expansion de l'Empire inca. |
| 1300 | | **1300-1400** • Apogée de l'empire du Mali. |

# XIVe siècle (1301 à 1400)

**Le déclin de la féodalité, l'essor de la bourgeoisie et, en Italie, les débuts de la Renaissance transforment lentement une Europe ravagée par la guerre, les troubles sociaux et la peste noire. • La Chine, décimée par la famine, se libère de la domination mongole.**

| | RELIGION – PHILOSOPHIE | HISTOIRE GÉNÉRALE |
|---|---|---|
| 1301 | | |
| | **1302** • Bulle *Unam sanctam* : affirmation théorique de l'autorité absolue du pape (théocratie) par Boniface VIII. | **1302** • À Courtrai, la chevalerie française est écrasée par les milices bourgeoises des Flandres (bataille des Éperons d'or) : cette défaite marque le début du déclin de la féodalité. Philippe le Bel utilise les états généraux pour faire approuver sa politique envers le pape. • Les guelfes s'emparent du pouvoir à Florence. |
| | **1303** • Attentat d'Anagni, épisode de la lutte entre le roi de France et Boniface VIII. | **1303** • Philippe le Bel charge Guillaume de Nogaret d'arrêter le pape. |
| | **1305** • Élection d'un pape pro-français, Clément V, qui s'installe à Avignon (1309). | |
| | **1306** • Enseignement de Duns Scot à Paris : priorité de la foi et de la volonté sur la raison. • France : bannissement et spoliation des juifs. | |
| | **1306-1321** • *La Divine Comédie* de Dante. | |
| | **1307** • Philippe le Bel fait arrêter les Templiers et confisque leurs biens. • Le pape nomme Jean de Montcorvin archevêque de Pékin. | **1307** • Édouard II, roi d'Angleterre. |
| | **1309** • Les papes à Avignon (jusqu'en 1377). | **1309** • Les Hospitaliers s'emparent de Rhodes. |
| | **1310** • Concile de Sens : condamnation et supplice des Templiers. | **1310** • Institution du Tribunal des Dix à Venise. • Expédition allemande d'Henri VII de Luxembourg en Italie. |
| | **1310** • Le sultanat de Delhi étend la domination de l'islam sur tout le nord de l'Inde. | **1312** • Annexion de Lyon par Philippe le Bel. |
| 1312 | **1312** • Concile de Vienne : dissolution de l'ordre des Templiers par le pape Clément V et fermeture des béguinages. | **1312** • Durant le règne d'Henri VII, empereur germanique, fin de la politique italienne de l'empire. Les électeurs empêchent la reconstitution d'une dynastie impériale. |

**SCIENCES – TECHNIQUES** | **LITTÉRATURES** | **ARTS – MUSIQUE**

1293

**1296-1300** • Fresques de la vie de saint François d'Assise par Giotto : anatomie, expression, composition ; il libère la peinture occidentale de l'hiératisme byzantin.

**1298** • Mosaïque de Saint-Pierre de Rome de Giotto.

**1298** • Liaison maritime régulière entre la Méditerranée et la Manche ; rapides progrès de la navigation.

**v. 1298** • Marco Polo commence, en français et en vénitien, *Le Livre des merveilles du monde*, récit de ses voyages en Asie.

**v. 1300** • Progrès dans la fonte des métaux. • Les Arabes utilisent couramment le canon.

**1300** • *Les Trois Empires*, premier roman chinois.

**v. 1300** • *Stabat mater*, poème de Jacopone da Todi : il sera mis en musique par la plupart des musiciens baroques.

1300

*Le Livre des merveilles du monde*, Marco Polo

1301

**1302** • Paris : reconstruction du palais royal de la Cité (l'actuelle Conciergerie).

**1303** • Fresques de Giotto à la chapelle de l'Arena, à Padoue.

**1305** • Fabrication, en Italie du Sud, de la première boussole complète.

**1304-1307** • Dans *Le Banquet*, Dante conseille aux prêtres l'usage de la langue maternelle.

**v. 1305** • Giotto achève la *Madone à l'enfant et aux anges.*

**v. 1305** • *La Passion du Palatinus*, l'un des plus anciens mystères connus.

**1306-1307** • *L'Enfer* de Dante, début de *La Divine Comédie* en italien.

**1309** • Fin de la rédaction de la *Vie de Saint Louis* par Joinville : multiplication des chroniques écrites pour le compte des Grands, signe d'un goût pour l'histoire et d'un souci de la vérité des faits ; première représentation de la Passion à Rouen.

**1309** • Début de la construction du palais des Doges à Venise.

**1310-1316** • *Le Roman de Fauvel*, que l'on peut rapprocher du personnage de Renart.

**1310** • *La Maestà* (Christ en majesté) de Duccio di Buoninsegna pour la cathédrale de Sienne.

1312

# Le Moyen Âge (477 à 1453)
## de la chute de Rome à la chute de Constantinople

1314

### RELIGION – PHILOSOPHIE

**1316** • Élection du pape Jean XXII ; il s'oppose à Louis de Bavière et aux franciscains (dont Guillaume d'Occam), partisans de la pauvreté absolue (influence des « Fraticelles »). Naissance de l'occamisme : critique de la théologie rationnelle.

**1318** • La secte des vaudois se répand en Bohême et en Pologne.

**1320-1384** • Vie de Wyclif, précurseur de la Réforme en Angleterre.

**1323** • Canonisation de saint Thomas d'Aquin : le thomisme s'impose comme doctrine officielle de l'Église ; à sa suite, l'enseignement d'Aristote deviendra obligatoire en théologie (1366).

**v. 1326** • dans la *Summa totius logicae*, Guillaume d'Occam défend le principe du choix de l'hypothèse la plus simple dans un raisonnement.

**1326** • Moscou, siège du patriarcat russe à la place de Kiev.

**v. 1327** • Condamnation (posthume) de Maître Eckhart, qui n'empêche pas le développement de la mystique rhénane : Suso, Ruysbroek.

**1336** • Fondation du royaume hindou de Vijayanagar au centre du Dekkan, en Inde ; durant deux siècles, il va encourager l'hindouisme, le reste du pays étant dominé par l'islam (chute du royaume du Cachemire en 1339).

**1337** • L'université de Paris condamne les doctrines nominalistes de Guillaume d'Occam (*Dialogus*).

**1342** • Massacre des missions chrétiennes au Turkestan. • Mort de Marsile de Padoue, auteur du *Defensor pacis* qui combat les prétentions de la papauté dans le domaine temporel.

**1348** • Essor intellectuel de l'Europe centrale : création d'une université à Prague, à Varsovie en 1364, à Vienne en 1365.

**1348-1350** • De nombreuses communautés juives, rendues responsables du fléau de la peste noire, sont anéanties par des pogroms.

### HISTOIRE GÉNÉRALE

**1314-1347** • Règne de Louis IV de Bavière.

**1314** • Louis X le Hutin, roi de France.

**1315** • La Ligue des cantons suisses commence la lutte pour son indépendance politique : victoire sur les Habsbourg au Morgarten.

**1316** • Jean Ier, roi de France (fils posthume de Louis X, il ne vécut que 5 jours). Philippe V le Long, régent, est couronné roi en 1317.

**1319** • Échec des Castillans devant Grenade.

**v. 1320** • Apogée du Mali avec Kankan Moussa et le commerce transsaharien.

**1322** • Charles IV le Bel, roi de France. • Conflit entre les guelfes et les gibelins : le pape Jean XXII refuse de couronner l'empereur Louis de Bavière.

**1325** • Fondation de la capitale de l'empire aztèque Tenochtitlán (future Mexico).

**1326** • Famine en Chine : environ 30 millions de morts ; déclin de l'Empire yuan.

**1328** • Mort de Charles IV, dernier des Capétiens directs ; proclamation de la loi salique. Philippe VI de Valois, roi de France (le choix de Philippe VI aux dépens d'Édouard III d'Angleterre va provoquer la guerre de Cent Ans). Recensement de la population (entre 16 et 17 millions d'habitants).

**1333** • Début du règne de Casimir III le Grand en Pologne.

**1337** • Édouard III d'Angleterre revendique le trône de France. Début de la guerre de Cent Ans.

**1338** • Japon : début de la domination du clan Ashikaga, avec Ashikaga Takauji, qui durera jusqu'en 1573.

**1341** • Guerre civile et religieuse à Byzance. Les Turcs menacent l'empire et atteignent le Bosphore.

**1346** • Bataille de Crécy : Philippe VI de France est battu par Édouard III d'Angleterre.

**1347** • Prise de Calais par les Anglais.

**1348-1350** • Peste noire en Europe (25 millions de morts, près du tiers de la population).

1348

| SCIENCES – TECHNIQUES | LITTÉRATURES | ARTS – MUSIQUE |
|---|---|---|

1314

## SCIENCES – TECHNIQUES

**1315** • Le médecin Mondino dei Liucci qui a introduit la pratique de la dissection dans l'enseignement, publie *Anatomia*. • Les Génois envoient des agents commerciaux en Inde.

**v. 1320** • Les premiers canons apparaissent en Europe occidentale.

**v. 1325** • Innovations techniques en Europe : avec les moulins, le coût de fabrication du papier devient inférieur à celui du papyrus, progressivement abandonné ; « réveil » de la métallurgie, avec l'emploi de l'énergie hydraulique pour les soufferies et l'apparition du haut fourneau.

**1326** • Première fabrication d'armes à feu en Europe.

**1327-1330** • Recueil de machines et engins de guerre, par Guy de Vigevano.

**1328** • À Oxford, nombreux mathématiciens (Bradwardine, Swineshead) : travaux sur le mouvement.

**1334** • Première horloge publique à Paris.

**1340** • Étude du mouvement par Jean Buridan ; il introduit la notion d'*impetus*, en contradiction avec la doctrine d'Aristote.

**1343** • Le cardage se diffuse.

**1346** • Première utilisation de canons (ou bombardes) à Crécy.

**1348-1350** • Peste noire en Europe : observations médicales et chirurgicales de Guy de Chauliac.

## LITTÉRATURES

**1316** • *Le Purgatoire* de Dante.

**1318** • *De monarchia* de Dante.

**1327** • Pétrarque commence la rédaction des *Rimes*, poèmes en italien inspirés par son amour pour Laure.

**1331** • *Abrégé de l'histoire de l'humanité* par l'Arabe Abū al-Fidā'.

**1341** • Pétrarque couronné « prince des poètes » à Rome pour la perfection de sa poésie en langue moderne. (*Canzoniere* établi à partir de 1335).

## ARTS – MUSIQUE

*Bataille de Crécy*

**v. 1325** • L'*Ars nova*, traité musical de Philippe de Vitry qui fut le théoricien du mouvement polyphonique largement diffusé en Europe.

**1325** • Premières constructions des palais royaux de l'Alhambra de Grenade.

**1329** • Achèvement de la cathédrale (gothique) de Limoges.

**1332-1354** • Grenade : al-Qasaba, palais construit par Yūsuf 1er (Alhambra).

**1334** • Construction du palais des Papes à Avignon ; Giotto commence la construction du campanile de Florence.

**v. 1338** • *Le Bon et le Mauvais Gouvernement*, peinture murale du Palais communal de Sienne, de Ambrogio Lorenzetti.

**1344** • Abbatiale de La Chaise-Dieu. • Début de la construction de la cathédrale Saint-Vitus à Prague.

**1345** • La cathédrale Notre-Dame de Paris est achevée.

1348

1349

## RELIGION – PHILOSOPHIE

**1357** • Le cardinal Albornoz donne une Constitution à l'État pontifical.

**1357-1419** • Vie de Tsong-kha-pa, fondateur du lamaïsme jaune.

**1360** • Croisade contre les cathares de Bosnie.

**1364** • Fondation de l'université de Cracovie par Casimir le Grand.

**1367-1370** • Urbain V quitte Avignon pour Rome.

**1370** • Catherine de Sienne exhorte l'Église à la pauvreté et à la pureté.

**v. 1371-1415** Vie de Jan Hus.

**1375** • L'islam en crise (progrès de la reconquête chrétienne en Espagne, expansion des Mongols et des Ottomans).

**1377** • Retour de la papauté à Rome ; intrigues.

**1378-1417** • Grand schisme d'Occident ; élection de deux papes, un à Rome et un à Avignon ; l'autorité des États sur le clergé augmente et les fidèles aspirent à une vie religieuse plus personnelle ; mouvements radicaux qui annoncent la Réforme (Wyclif en Grande-Bretagne).

**1387** • Début de la conversion de la Lituanie au catholicisme.

**1390** • La doctrine de Wyclif se répand en Bohême.

**1391** • En Espagne, destruction des ghettos juifs, notamment à Séville, et conversions forcées des juifs au catholicisme.

**1394** • Nouvelle expulsion des juifs de France.

## HISTOIRE GÉNÉRALE

**1349** • Cession du Dauphiné à la France.

**1350** • Jean II le Bon, roi de France.

**v. 1350** • Le Berbère Ibn Battûta parcourt le monde durant dix ans et découvre l'Afrique, le Moyen-Orient, l'Afghanistan, l'Inde et la Chine.

**1353** • Les Ottomans pénètrent en Europe par les Balkans.

**1356** • Bataille de Poitiers : Jean le Bon, prisonnier du Prince Noir (Édouard, fils d'Édouard III d'Angleterre). • L'empereur Charles IV fixe par la Bulle d'or les règles de l'élection des empereurs germaniques. • Colonisation des pays baltes avec l'ordre Teutonique.

**1358** • Soulèvement des Parisiens, dirigés par Étienne Marcel. Répression des jacqueries dans la campagne française.

**1360** • Paix de Brétigny : l'ouest de la France est abandonné aux Anglais.

**1363** • Début des conquêtes de Tamerlan.

**1364** • France : Charles V le Sage, roi. Réorganisation de l'armée sous la conduite de Du Guesclin. Début de la politique indépendante de la Bourgogne avec Philippe III le Hardi.

**1368** • Chine : fondation de la dynastie des Ming (elle régnera jusqu'en 1644), qui chasse les Mongols.

**1369** • Succès de Du Guesclin contre les Anglais commandés par le Prince Noir.

**1370** • Du Guesclin, connétable, reconquiert le Limousin. • Le roi du Danemark reconnaît la Hanse, organisation des villes maritimes du nord de l'Europe, alors à son apogée.

**1371-1373** • Charles V reconquiert le Poitou, l'Aunis et la Saintonge.

**1372** • Les Anglais occupent la Bretagne.

**1375** • Destruction du royaume de Petite-Arménie.

**1377** • Ladislas II Jagellon, grand-prince de Lituanie.

**1380** • Charles VI, roi de France. • Dimitri Donskoï, grand-prince de Moscou, remporte la bataille de Koulikovo sur les Mongols.

**1381** • Angleterre : importante révolte paysanne contre les impôts, menée par Wat Tyler.

**1382** • Ladislas II Jagellon, roi de Pologne.

**1386** • Union de la Lituanie et de la Pologne.

**1389** • Bataille de Kosovo : fin de l'autonomie serbe.

**1392** • Charles VI sombre dans la folie.

**1392-1394** • Bajazet occupe la Serbie, la Thessalie et la Bulgarie.

1396 **1396** • La Bulgarie est annexée par l'Empire ottoman et sert de tête de pont pour les tentatives d'invasions en Europe.

## SCIENCES – TECHNIQUES

▲ Jean II le Bon, roi de France

**v. 1359** • En Aragon, on équipe des bateaux avec des armes à feu.

**1361** • Le papier commence à remplacer le parchemin en Europe.

**v. 1375** • Ibn Khaldoun, témoin du déclin scientifique et culturel de l'Islam et précurseur de la sociologie.

**1375** • Réalisation de l'*Atlas catalan* pour le roi de France Charles V, en tenant compte des informations de Marco Polo.

**1387** • Aménagement de la première route carrossable à travers un col des Alpes (col de Sett).

**v. 1390** • Premier moulin à papier à Nuremberg.

**1391** • Les cartographes juifs de Majorque, persécutés en Espagne, se réfugient au Portugal.

## LITTÉRATURES

**1349-1353** • Le *Décaméron*, recueil de nouvelles de Boccace, tableau de la société italienne sur le mode des contes des *Mille et Une Nuits* ; il inaugure le genre de la nouvelle.

**1353** • Pétrarque termine *Les Hommes illustres* et commence à rédiger *Les Triomphes* (poèmes) ; restaurateur des belles lettres, il est le premier humaniste.

**1366** • Le *Canzoniere* (« Livre des chants ») de Pétrarque.

**1367** • *L'Épinette amoureuse* de Jean Froissart.

**1368** • *Le Divan* du Persan Ḥāfiẓ.

**1370-1400** • *Chroniques* de Froissart, chronologie des événements du XIVe s. français.

**v. 1378** • *Le Songe du verger* : le songe devient une forme privilégiée de discours polémique.

**1386** • *Les Contes de Cantorbéry*, recueil de contes anglais en prose et en vers de Chaucer, inachevé à sa mort en 1400, édité en 1478 puis en 1526, inspiré du cadre du *Décaméron* ; il présente une chronique sociale de l'Angleterre de la fin du XIVe s. avec un souci nouveau de réalisme.

**1387** • *Le Livre de la chasse* de Gaston III de Foix en occitan.

## ARTS – MUSIQUE

**v. 1350** • Construction de la mosquée du sultan Hassan, au Caire. • *Portrait de Jean le Bon* (anonyme) : apparition du tableau en France. • L'ancêtre du piano : un instrument appelé l'« échiquier ».

**1352** • Construction de la cathédrale d'Anvers.

**v. 1364** • La *Messe de Notre-Dame* de Guillaume de Machaut, première messe polyphonique complète due à un seul auteur.

**v. 1370** • Kanami crée les premières pièces de théâtre nô, qui sera codifié par son fils Zeami.

**1374** • Église de la Transfiguration, à Novgorod (Russie).

**v. 1375** • L'*Apocalypse d'Angers*, tapisserie de Nicolas Bataille.

**1376** • Début de la construction de l'hôtel de ville de Bruges.

**1377** • Début de la construction de la cathédrale d'Ulm.

**1386** • Début de la construction de la cathédrale de Milan.

**v. 1390** • Début de la construction du château de Pierrefonds.

## Le Moyen Âge (477 à 1453)
### de la chute de Rome à la chute de Constantinople

**RELIGION – PHILOSOPHIE** | **HISTOIRE GÉNÉRALE**

1398

**RELIGION – PHILOSOPHIE**

**1400** • La jeune université de Prague attaque la papauté et critique les abus de l'Église tchèque.

**HISTOIRE GÉNÉRALE**

**1398** • Pillage de Delhi par les armées de Tamerlan.

**1399** • Henri de Lancastre renverse Richard II et est couronné roi sous le nom d'Henri IV.

**1400** • Mort d'Henri II d'Angleterre à la suite de sa capture par Henri de Lancastre (devenu Henri IV) ; ses partisans se soulèvent mais sont écrasés.

**v. 1400** • Mexique : début de l'expansion de l'Empire aztèque.

1400

## XV$^{e}$ siècle (1401 à 1500)

Renaissance et humanisme s'étendent à l'Europe. • Fin de la guerre de Cent Ans. • Découverte de l'Amérique par les Européens qui exterminent les grandes civilisations indiennes (aztèques et incas). • Chute de l'Empire byzantin et essor de l'Empire turc en Europe orientale. • Expansion de l'islam en Indonésie (sauf à Bali, qui reste hindouiste).

1401

**RELIGION – PHILOSOPHIE**

**1405** • L'université de Padoue passe sous l'autorité de la république de Venise ; indépendante du pouvoir religieux, elle développe une école de pensée originale.

**1409-1410** • Jan Hus, recteur de l'université de Prague.

**1411** • En révolte contre l'Église, Jan Hus est excommunié.

**1414-1418** • Concile de Constance : condamnation et exécution de Jan Hus (1415), fin du schisme d'Occident (1417) par l'élection du pape romain aux pouvoirs affaiblis, soumis aux décisions des conciles.

**v. 1420** • Première diffusion de l'*Imitation de Jésus-Christ*, sans doute le livre de spiritualité le plus lu en Occident.

**1420** • Début de la croisade contre les hussites. • Retour du pape à Rome.

**HISTOIRE GÉNÉRALE**

**1401** • Damas et la Syrie au pouvoir de Tamerlan.

**1402** • Les Ottomans battus par Tamerlan à Ancyre (Ankara). • Fondation du sultanat de Malacca, carrefour des échanges commerciaux de l'Asie du Sud-Est.

**1403** • Chine : Yongle empereur ; nombreuses expéditions maritimes, jusqu'en Afrique.

**1405** • Mort de Tamerlan et partage de son empire.

**1407** • France : Jean sans Peur fait assassiner le duc d'Orléans. Guerre civile entre les Bourguignons et les Armagnacs, partisans des Orléans.

**1409** • La couronne de Sicile passe au roi d'Aragon.

**1410** • Bataille de Tannenberg : les Polonais (Ladislas II Jagellon) arrêtent l'expansion des chevaliers Teutoniques en Lituanie.

**1412** • Naissance de Jeanne d'Arc.

**1413** • Les Armagnacs chassent les Bourguignons de Paris.

**1415** • Frédéric VI de Hohenzollern, margrave de Brandebourg. • Bataille d'Azincourt : les archers anglais déciment la chevalerie française.

**v. 1417** • Les Portugais, sous l'impulsion d'Henri le Navigateur, entreprennent de nombreux voyages d'exploration en Afrique.

**1418** • Massacre des Armagnacs.

**1419** • Meurtre de Jean sans Peur ; Philippe le Bon, son fils, duc de Bourgogne.

**1420** • Le traité de Troyes livre la France à l'Angleterre.

1420

| SCIENCES – TECHNIQUES | LITTÉRATURES | ARTS – MUSIQUE | |
|---|---|---|---|
| **1398** • Corporation des papetiers en France. | | **1399-1404** • Mosquée de Bibi Khanum de Samarkand. | 1398 |
| **v. 1400** • Exploitation de l'alun, près de Rome. • Taille du cristal de roche par les Aztèques. | **v. 1400** • Chine : multiplication des grands romans en langue moderne (*Au bord de l'eau ; le Roman des trois royaumes*). Dans le livre de la *Mutacion de fortune*, Christine de Pisan raconte comment, changée en homme, elle a pu sauver sa famille. Le livre de la *Cité des Dames* (1405) prône la réhabilitation des femmes, l'égalité morale et intellectuelle des deux sexes. | **v. 1400** • Peinture : usage de la toile et développement du tableau de chevalet. • Naissance de Guillaume Dufay à Cambrai : un des grands noms avec Ockeghem et Josquin des Prés de l'école musicale franco-flamande ; celle-ci, héritière de l'*Ars nova*, prépare l'esthétique de la Renaissance. • Début de la construction du Machu Picchu au Pérou. | 1400 |
| | | **1401** • Début de la construction de l'hôtel de ville de Bruxelles. | 1401 |
| | | **1402** • Le roi de France autorise la représentation des mystères. • *Les Très Belles Heures du duc de Berry* de Jacquemart de Hesdin. | |
| **1403** • Premiers caractères métalliques d'imprimerie, en Corée. | | **1403** • Portes en bronze de Ghiberti pour le baptistère de Florence (jusqu'en 1424) : travail de l'anatomie, du drapé, de la perspective. | |
| **1405** • Chine : l'organisation de grands voyages maritimes jusqu'aux côtes d'Afrique témoigne de la supériorité des méthodes de navigation chinoises (jusqu'en 1433). | **v. 1405** • *Les Mille et Une Nuits* prennent une forme définitive au Caire. | **1405** • Achèvement du *Puits de Moïse* de Sluter, à Dijon : début du courant réaliste qui marquera la sculpture et la peinture du XVᵉ s. • Mausolée de Tamerlan à Samarkand. | |
| | | **1407-1420** • Construction de la Cité interdite à Pékin. | |
| **1409** • Pierre d'Ailly, précurseur de Copernic, publie *Imago mundi*, ouvrage de géographie qui servit à C. Colomb. | | **v. 1409** • *Les Grandes Heures du duc de Berry* de Jacquemart de Hesdin. • *La Pêche au poisson-chat* du peintre japonais Taikō Josetsu. | |
| **1410** • Première figuration du système bielle-manivelle. | | **1410 (ou 1422)** • *La Trinité*, icône d'autel de Roublev. | |
| | | **1411-1412** • Statue en marbre de *Saint Marc* par Donatello. | |
| | | **1413-1416** • *Les Très Riches Heures du duc de Berry*, manuscrit enluminé des frères Limbourg : sommet de l'art aristocratique courtois. | |
| **v. 1417** • Début des explorations d'Henri le Navigateur en Afrique occidentale. | | **1417-1420** • Début de l'aménagement de la place du Réghistan à Samarkand. | |
| **1418** • Premières impressions xylographiques apparues aux Pays-Bas. | | | |

▲ *Les Très Riches Heures du duc de Berry*

| | | | |
|---|---|---|---|
| **v. 1420** • Les premières caravelles portugaises. | **1420** • Premiers mystères (représentation de la vie du Christ en plusieurs tableaux qui dérive du drame liturgique) à Arras. | **v. 1420** • Découverte du procédé de la peinture à l'huile par les peintres flamands ; paysages japonais de Shūbun. Dôme de la cathédrale Santa Maria del Fiore à Florence par Brunelleschi ; début de la Renaissance en architecture : éléments antiques (coupole), recherche d'équilibre et d'harmonie ; construction de la cathédrale de Séville ; temple du Ciel à Pékin. | 1420 |

# Le Moyen Âge (477 à 1453)
## de la chute de Rome à la chute de Constantinople

| | RELIGION – PHILOSOPHIE | HISTOIRE GÉNÉRALE |
|---|---|---|
| 1421 | | **1422** • Charles VII, roi de France. • Henri VI, roi d'Angleterre, déclaré irresponsable : il est emprisonné ; début d'une crise de succession. |
| | **1424** • Mort du chef hussite Žižka. | **1424** • L'Empire byzantin se reconnaît vassal du sultan ottoman. |
| | | **1428** • Mexique : avènement du souverain aztèque Itzcoatl qui affranchit les Aztèques de la domination des Tépanèques. • Les Annamites chassent les Chinois d'Indochine. |
| | | **1429** • Jeanne d'Arc délivre Orléans. |
| | **1431** • Jeanne d'Arc condamnée pour hérésie ; réhabilitée en 1456, elle sera canonisée en 1920. | **1431** • Jeanne d'Arc brûlée à Rouen.<br>**1431-1432** • Prise et mise à sac d'Angkor par les Thaïs qui annexent le royaume. |
| | **1434** • Nicolas de Cuse enseigne que l'univers n'a ni centre ni limites. | **1434** • Cosme de Médicis dirige les affaires de Florence, qui devient un centre politique et culturel important. |
| | | **1435** • Paix d'Arras : réconciliation temporaire de la France et de la Bourgogne. René, duc d'Anjou, est roi de Naples (jusqu'en 1442). • « Paix perpétuelle » entre la Pologne et l'ordre Teutonique. |
| | **1438** • La nomination des évêques de France est soumise à l'approbation du roi. • Ouverture du concile « œcuménique » de Florence : union éphémère des catholiques et des orthodoxes. | **1439** • France : création d'une armée nationale, dotée d'une infanterie (1448) et d'un corps d'artillerie (1449). |
| | **1440** • *De la docte ignorance* de Nicolas de Cuse. • Fondation de l'Académie platonicienne à Florence : émergence dans la seconde moitié du siècle d'un platonisme chrétien, caractéristique de la Renaissance (Marsile Ficin, Pic de La Mirandole). • Humanisme de Lorenzo Valla. | **1440** • Procès et exécution de Gilles de Rais. Jacques Cœur, argentier du roi. |
| | **1443-1445** • Concile de Rome : reconnaissance de la supériorité pontificale sur le Concile. | **1444** • Bataille de Varna : les armées d'Occident, venues secourir Constantinople, sont écrasées par les Turcs. • Première vente d'esclaves africains au Portugal. Les Portugais atteignent le cap Vert. |
| | **1448** • L'Église russe s'émancipe de la tutelle de Constantinople. | |
| | **1449** • Dissolution du concile de Bâle par le pape : l'autorité de ce dernier est rétablie, mais limitée au domaine spirituel par l'émergence de l'État moderne (France, Angleterre). | **1449** • Charles VII reconquiert la Normandie.<br>**v. 1450** • Chine : transfert (amorcé en 1421) de la capitale de Nankin à Pékin.<br>**1450** • Sforza, duc de Milan.<br>**1451** • Arrestation de Jacques Cœur, accusé de malversations. |
| | **1452** • Fondation de l'ordre des carmélites.<br>**1452-1498** • Vie de Savonarole. | **1452** • Couronnement impérial de Frédéric III, dernier empereur germanique couronné par le pape. |
| 1453 | **1453** • Chute de Constantinople ; le christianisme d'Orient est balayé par l'islam ; l'exil des érudits byzantins en Italie contribue à la redécouverte de la culture antique (Renaissance). | **1453** • Fin de la guerre de Cent Ans. Les Anglais conservent Calais. • Les Turcs (Mehmet II) prennent Constantinople. La chute de l'Empire byzantin a des conséquences décisives : émergence d'un immense Empire turc qui menace l'Occident, transfert de l'héritage culturel byzantin en Italie (début de l'humanisme) et à Moscou. |

## SCIENCES – TECHNIQUES

**v. 1424** • Horloge astronomique de Bourges.

**1430** • Les techniques de gravure sur cuivre se développent.

**v. 1435** • Création des premiers polders du Zuiderzee.

**v. 1436** • Premiers travaux d'impression typographique par Gutenberg, à Strasbourg. Invention de la presse à imprimer en 1438.

**v. 1438** • *Libro dell'arte* de Cennino Cennini : technique des colorants.

**v. 1440** • Utilisation de la caravelle, vaisseau plus fin que le galion. • Renaissance du platonisme (Nicolas de Cuse). • Afflux de capitaux en Italie : le ducat de Venise comme monnaie-étalon ; création de succursales bancaires par les Médicis à Lyon, Genève, Londres, etc.

**1449** • *De rebus militaribus*, traité sur les machines de guerre, de Mariano Taccola.

**1450** • Gutenberg ouvre un atelier d'imprimerie à Mayence.

**1452** • L'Angleterre embauche des mineurs bohémiens hongrois.

## LITTÉRATURES

**1429** • Le *Ditié de Jehanne d'Arc* de Christine de Pisan, un des rares textes de l'époque célébrant Jeanne d'Arc.

▼ Presse Gutenberg

**1440** • *Les Rondeaux* de Charles d'Orléans.

**v. 1450** • *Le Mystère de la Passion* d'Arnoul Gréban.

**v. 1450-1470** • *L'Abusé en cour* du roi René (?), roman satirique de la vie de cour, caractéristique du style des « grands rhétoriqueurs » : mélange de vers et de prose, allégorie, rhétorique de l'énumération et du jeu de mots.

## ARTS – MUSIQUE

**1421-1440** • Construction de la Ca' d'Oro à Venise.

**1423** • Retable de l'*Adoration des Mages* de Gentile da Fabriano.

**1427** • Fresques de l'église Santa Maria del Carmine à Florence par Masaccio : introduction de la perspective et du clair-obscur ; début de la Renaissance en peinture, dans le prolongement des découvertes de Giotto.

**v. 1430** • *David*, sculpture de Donatello à Florence : traitement antiquisant d'un thème biblique.

**1431-1438** • *Tribune des chantres* de Luca Della Robbia, Dôme de Florence.

**1432** • *L'Adoration de l'Agneau mystique* de Hubert et Jan Van Eyck : éclosion de l'école flamande.

**1434** • Construction de la cathédrale de Nantes. • *Les Époux Arnolfini* de Jan Van Eyck : première scène intimiste bourgeoise de la peinture occidentale ; apparition du miroir qui deviendra un thème fréquent dans la peinture flamande. • À Florence, début du mécénat des Médicis.

**v. 1435** • *Déposition de croix* de R. Van der Weyden.

**1443** • L'Hôtel-Dieu de Beaune : un monument civil gothique ; Palais Jacques-Cœur à Bourges.

**1445** • *La Vierge à l'enfant entourée d'anges* de Jean Fouquet.

**1447-1465** • Construction de la mosquée Bleue à Tabrīz.

**v. 1450** • *Jugement dernier* de R. Van der Weyden. • Vogue du luth, qui joue dans la société de la Renaissance le rôle que jouera le piano dans celle du XIXe s.

**1452** • Début des fresques de l'*Histoire de la vraie croix*, de Piero della Francesca à Arezzo.

**1453** • Première grande statue équestre depuis l'Antiquité : statue du condottiere *Gattamelata*, à Padoue, par Donatello.

# Les Temps modernes (1454 à 1789)

## de la chute de Constantinople à la Révolution française

### RELIGION – PHILOSOPHIE

1454 **1454** • Saint François de Paule fonde l'ordre des Minimes.

**1454-1459** • Échec des tentatives pour organiser une croisade contre les Turcs.

**1454-1455** • Bible imprimée par Gutenberg.

**1459** • Fondation d'une académie pour l'étude de Platon à Florence.

**1463-1494** • Vie de Pic de La Mirandole.

**1467-1540** • Vie de Guillaume Budé.

**v. 1469-1536** • Vie d'Érasme.

**1469-1527** • Vie de Machiavel.

▲ *La Pietà de Villeneuve-lès-Avignon* de Quarton

**1478** • Institution de l'Inquisition en Espagne : Torquemada, Grand Inquisiteur en 1482.

**1481-1533** • Vie du philosophe hindou Vallabha.

**1483-1546** • Vie de Martin Luther.

1484 **1484-1531** • Vie de Zwingli.

### HISTOIRE GÉNÉRALE

**1454** • Le duc d'York devient « protecteur » du royaume d'Angleterre.

**1455** • Angleterre : nouvelle crise de succession qui entraîne le début de la guerre des Deux-Roses entre la maison (famille) d'York et celle de Lancastre.

**1458** • Mathias Corvin, roi de Hongrie ; il résiste aux Habsbourg. • Les Turcs occupent Athènes.

**1461** • Louis XI, roi de France ; il lutte contre les grands féodaux, notamment le duc de Bourgogne.

**1462** • Ivan III, grand-prince de Moscou, unifie les royaumes slaves et rejette la suzeraineté de la Horde d'Or.

**1467** • Charles le Téméraire, duc de Bourgogne.

**1469** • Unification de l'Espagne par le mariage de Ferdinand II d'Aragon avec Isabelle de Castille.

**1471** • L'extrémité nord-ouest de l'Afrique du Nord (Tanger) sous domination portugaise.

**1472** • Siège de Beauvais par Charles le Téméraire ; Jeanne Hachette défend la ville.

**1475** • Le *traité de Picquigny* met fin à la guerre de Cent Ans.

**1477** • Charles le Téméraire meurt devant Nancy en combattant les Suisses soutenus par la France ; Maximilien de Habsbourg hérite de ses fiefs, sauf la Bourgogne qu'acquiert Louis XI.

**1478-1480** • Ivan III soumet Novgorod et rejette le joug mongol.

**1480** • Mort de René d'Anjou. Louis XI occupe l'Anjou.

**1481** • Louis XI soumet la Franche-Comté et acquiert la Provence et le Maine.

**1482-1484** • Guerre générale en Italie, provoquée par Venise qui fait appel à Charles VIII.

**1483** • Charles VIII, roi de France.

**1484** • Angleterre : Henri VII, héritier des Lancastre, triomphe de Richard III, met fin à la guerre des Deux-Roses et fonde la dynastie des Tudor ; la féodalité anglaise est anéantie par les guerres.

1454

## SCIENCES – TECHNIQUES

**1454-1455** • Bible dite de Gutenberg ; l'apparition du livre imprimé est une révolution technique qui contribue à l'essor de l'humanisme puis de la Réforme et à la fixation des langues nationales.

**1459** • Globe terrestre de deux mètres de diamètre de Fra Mauro.

**1463** • Canon de 6 m de long, utilisé à Constantinople par Mehmet II.

**1466** • Premiers métiers à tisser la soie à Lyon.

**1470** • Les premiers laminoirs, puis le haut fourneau (1474) en Occident. • Installation des premières presses d'imprimerie à Paris.

**1472** • Emploi des chiffres arabes pour paginer les livres.

**v. 1475** • Diffusion du système bielle-manivelle.

**1476** • L'imprimerie en Angleterre.

**v. 1480** • Perfectionnement du machinisme dans les mines. • Travaux de Nicolas Chuquet sur les exposants négatifs.

**1481** • Construction d'écluses, près de Venise.

**1482** • Premiers dessins techniques de Léonard de Vinci.

**1483** • Mise au point de la boussole de navigation actuelle par le Portugais Ferrande.

## LITTÉRATURES

**1456** • *Les Lais* de Villon. • *Le Petit Jehan de Saintré* d'Antoine de La Sale, récit imaginaire d'un chevalier contemporain et premier « roman » au sens moderne.

**1461** • *Le Grand Testament* de Villon inaugure une poésie plus personnelle.

**1463** • *La Ballade des pendus* de Villon.

**v. 1464** • *La Farce de maître Pierre Pathelin*, premier chef-d'œuvre (anonyme) du théâtre comique français ; la farce est la principale forme du théâtre dans la seconde moitié du XV^e^ s.

**1470** • Édition du *Canzoniere* en italien (regroupe *Les Rimes* et *Les Triomphes*) : Pétrarque est le premier des grands humanistes par son retour aux sources antiques et il restera le modèle du classicisme pour l'Occident ; il sera connu en France au XVI^e^ s.

▲ *La Bataille de San Romano* d'Uccello

**v. 1480** • Essor de l'imprimerie : plus de 110 villes sont équipées (50 en Italie, 9 en France) ; environ 20 millions de livres sont imprimés entre 1450 et 1500 ; l'imprimerie reflète le goût et les besoins de l'époque (les ouvrages de piété populaire comme la *Légende dorée* se multiplient) et favorise la fixation des langues modernes.

## ARTS – MUSIQUE

**v. 1454** • Premières messes de Guillaume Dufay.

**v. 1455** • *La Pietà de Villeneuve-lès-Avignon*, tableau attribué à Enguerrand Quarton.

**1456-1460** • *La Bataille de San Romano* d'Uccello : traitement savant de la perspective.

**1457** • *Saint Jean-Baptiste* de Donatello.

**v. 1459** • Topkapı, palais des sultans ottomans à Istanbul.

**1459** • *Le Martyre de saint Sébastien* de Mantegna.

**v. 1460** • Jean Fouquet illustre les *Grandes chroniques de France*.

**1461** • *Résurrection de Lazare* de Nicolas Froment.

**1465** • Ockeghem, compositeur franco-flamand, est « maistre de la chapelle du chant du roi », à la cour de France.

**1466** • Achèvement à Arezzo de *L'Histoire de la vraie croix* par Piero della Francesca.

**1467** • *Le Couronnement* de Filipo Lippi.

**1469** • *Judith et Holopherne* de Botticelli.

**v. 1470** • Décadence du paysage dans l'art pictural en Chine et développement de la représentation de la figure humaine. • L'enseignement de la musique passe du domaine mathématique au domaine artistique. • Le peintre japonais Sesshū, de retour de Chine, maître de la peinture à l'encre.

**1473** • Début de la construction de la chapelle Sixtine. • *Vierge au buisson de roses* de Martin Schongauer.

**1473-1474** • *Saint Sébastien* de Botticelli.

**1475-1479** • Début de la construction de la cathédrale de la Dormition à Moscou, par des architectes italiens.

**1476** *Triptyque du Buisson ardent* de Nicolas Froment.

**v. 1480** • *Le Printemps*, tableau de Botticelli : une interprétation allégorique et personnelle de la mythologie antique.

**1482** • Démonstration mathématique des principes de la perspective en peinture par Piero della Francesca, dans *De prospectiva pingendi*.

**1483** • *Le Christ et saint Thomas*, sculpture de Verrocchio.

1484

# Les Temps modernes (1454 à 1789)

## de la chute de Constantinople à la Révolution française

### RELIGION – PHILOSOPHIE

1485

**1486** • Les neuf cents thèses (*Conclusiones philosophicae, cabalisticae et theologicae*) de Pic de la Mirandole.

**1486-1489** • Prédications de Savonarole.

**1487** • Condamnation de Pic de La Mirandole par le pape. • 62 000 sacrifices humains à l'inauguration d'un temple aztèque. • Kabīr, sage musulman indien : ses écrits seront incorporés plus tard dans l'*Ādi-granth*, livre sacré des sikhs.

**1488** • Le pape marie au Vatican son fils naturel avec Marie de Médicis.

**1489** • Massacre des derniers vaudois du Dauphiné.

**1490** • *Introduction à la Métaphysique d'Aristote* de Lefèvre d'Étaples.

**1491-1556** • Vie de saint Ignace de Loyola.

**1492** • Chute du dernier État musulman d'Espagne : l'émirat de Grenade ; les juifs, expulsés par les Rois Catholiques, formeront d'importantes communautés dans l'Empire ottoman ; soudée par le catholicisme, l'Espagne apparaît comme une nation.

**1494** • Réforme du moine Savonarole à Florence ; il dénonce l'indignité d'Alexandre VI, qui l'excommunie en 1497.

**1496** • Conversion forcée des juifs et des Maures portugais.

**1497-1560** • Vie de Melanchthon.

**1498** • Exécution de Savonarole.

1500 **v. 1500** • Chine : développement d'une philosophie affirmant l'unité de l'action et de la connaissance (Wang Yangming).

### HISTOIRE GÉNÉRALE

*Les Quatre Cavaliers de l'Apocalypse* de Dürer

**1488** • Les Portugais (Bartolomeu Dias) atteignent le cap des Tempêtes, bientôt nommé cap de Bonne-Espérance.

**1491** • Anne de Bretagne épouse Charles VIII.

**1492** • Christophe Colomb aborde aux Bahamas : découverte de l'île d'Hispaniola et de l'Amérique ; les Espagnols vont en 50 ans explorer et occuper le Mexique, l'Amérique centrale, Cuba, le Pérou, le Chili. • Espagne : fin de la « Reconquista » par la prise de Grenade. • Séparation de la Pologne et de la Lituanie à la mort de Casimir Jagellon.

**1493** • Maximilien Ier, empereur germanique ; il réorganise et agrandit considérablement l'empire ; début du conflit entre les Habsbourg et la France. • Accord de l'Espagne et du Portugal pour le partage du Nouveau Monde. Le pape Alexandre VI, choisi comme arbitre, propose une ligne de partage qui passe à 100 lieues au-delà des Açores (reportée à 370 lieues en 1494 [traité de Tordesillas]).

**1494** • Allié à Ludovic Sforza, Charles VIII entre en Italie et réclame en 1495 le royaume de Naples, héritage de la maison d'Anjou. Début des guerres d'Italie.

**1496** • Capitulation des Français à Naples, devant la coalition formée par l'empereur Maximilien Ier, le roi de Naples Ferdinand II, le pape Alexandre VI et le duc de Milan, Ludovic Sforza.

**1497** • Découverte de Terre-Neuve par Jean Cabot. • Vasco de Gama parvient aux Indes en passant par le cap de Bonne-Espérance.

**1498** • Louis XII, de Valois-Orléans, roi de France. • Christophe Colomb découvre le Venezuela.

**1499** • Louis XII en Italie : prise du Milanais.

**1500** • Le Portugais Pedro Álvares Cabral aborde au Brésil. • Début de la traite des Noirs en Amérique. • Le Portugais Diogo Dias découvre Madagascar, où les Arabes avaient des comptoirs depuis le XIIe s.

# XVIe siècle (1501 à 1600)

**Première vague de colonisation européenne dans le monde. L'essor de la Réforme, puis de la Contre-Réforme, y déchaîne les guerres de Religion.**

1501 **v. 1501** • En Inde, naissance de la communauté sikh : aspirations à un syncrétisme hindou-musulman. • Premières missions européennes en Afrique et en Amérique ; la découverte d'un « Nouveau Monde » bouleverse les mentalités.

**1501** • Fondation de la dynastie safavide en Perse (Ismā'īl 1er).

## SCIENCES – TECHNIQUES

**1488** • Voyage des Portugais Covilham et Paiva dans l'océan Indien.

**v. 1490** • Recherches scientifiques de Léonard de Vinci : anatomie, mécanique (publiées aux XIX^e^ et XX^e^ s.).

**1492** • Les progrès de la navigation maritime et de la cartographie permettent la découverte par l'Occident du reste du monde.

**v. 1495-1500** • Fabrication des acides chlorhydrique et sulfurique.

**1498** • Vasco de Gama importe la cannelle.

## LITTÉRATURES

**1489** • *Heptaplus* de Pic de La Mirandole.

**1489-1498** • *Mémoires* de Philippe de Commynes.

▲ *Le Jardin des délices* de Bosch

## ARTS – MUSIQUE

**1485** • Traité d'architecture d'Alberti : référence à Vitruve et à l'antique ; début de la construction des murailles du Kremlin de Moscou (jusqu'en 1495). • *La Naissance de Vénus* de Botticelli. 1485

Machine volante de Vinci ▶

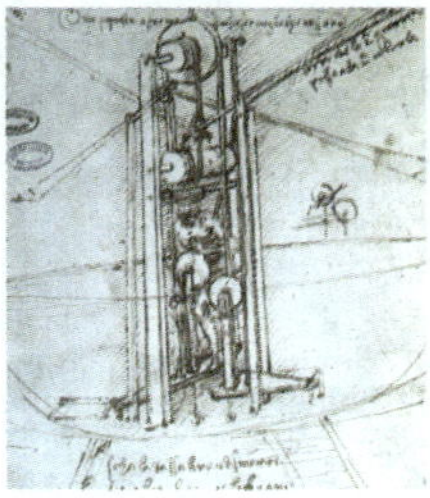

**v. 1490** • Construction de la cathédrale de l'Annonciation et du palais à Facettes, à Moscou, par des architectes italiens.

**1490** • *Le Couronnement de la Vierge* de Botticelli.

**1491** • Botticelli illustre *La Divine Comédie* de Dante.

**1495** • Charles VIII revient d'Italie avec des artistes qui travaillent à la construction du château d'Amboise : influence de la Renaissance italienne en France. • *La Vierge de la victoire* de Mantegna.

**v. 1497** • Mort d'Ockeghem en pleine gloire ; *Déploration de Johannes Ockeghem*, de Josquin des Prés ; *la Cène*, fresque de Léonard de Vinci à Milan.

**1498** • Le triptyque du *Couronnement de la Vierge*, à Moulins, par le Maître de Moulins. Dürer grave l'*Apocalypse*. • Petrucci, le premier éditeur de musique à Venise.

**1499** • *Pietà* en marbre de Michel-Ange pour Saint-Pierre de Rome. 1500

---

**v. 1501** • Projet de machine volante par Léonard de Vinci.

**1501** • Séjour de Copernic à Padoue, où se développe un enseignement scientifique inspiré d'Aristote, mais séparé du dogme (alors que l'Église lie étroitement physique et métaphysique, science et théologie).

**v. 1501** • *Le Jardin des délices*, tableau de J. Bosch, témoin de la crise spirituelle. 1501 • Les premières épinettes, petits clavecins.

**1501** • *La Nativité mystique* de Botticelli. • Début de l'édition musicale à venise avec l'*Harmonice Musices Odhecaton*, recueil de 96 œuvres dont certaines de maîtres franco-flamands.

1502

## RELIGION – PHILOSOPHIE

▲ *La Création d'Adam* de Michel-Ange

**1506** • Début de la reconstruction de Saint-Pierre de Rome par Bramante, puis Raphaël (1514).

**1507** • Luther, ordonné prêtre.

**1508** • Par la bulle *Universalis Ecclesiae*, le pape Jules II confirme l'attribution à l'Espagne du monopole des missions dans la zone ouest (à l'ouest des Açores).

**1509-1511** • *Éloge de la folie* d'Érasme ; les humanistes tendent à un christianisme plus proche des Écritures (qu'ils traduisent et commentent).

**1509-1564** • Vie de Calvin.

**1512** • Lefèvre d'Étaples édite et commente les *Commentaires sur les Épîtres* de saint Paul.

**1513** • *Le Prince* de Machiavel, naissance de la pensée politique moderne.

**1515-1582** • Vie de sainte Thérèse d'Ávila.

**1516** • *Utopie* de Thomas More. • Première édition du Nouveau Testament grec par Érasme. • Concordat de Bologne : hégémonie du roi sur l'Église de France, qui porte en germe le gallicanisme.

**1517** • Le moine Luther, dans ses « 95 thèses », condamne la vente des indulgences.

**1519** • Zwingli, prédicateur à Zurich. • *Commentaire sur l'épître aux Romains* de Melanchthon.

**1520** • Rupture de Luther avec Rome : naissance de la Réforme.

**1521** • Diète de Worms ; Luther mis au ban du Saint Empire.

1523 **1523** • Extension de la Réforme en Suisse (Zwingli) et à Strasbourg (Bucer). • Apparition de l'anabaptisme en Allemagne.

## HISTOIRE GÉNÉRALE

**1503** • Bayard s'illustre en défendant le pont du Garigliano contre les Espagnols qui gagnent cependant la bataille. • Albuquerque aux Indes : début de l'empire colonial portugais.

**v. 1505** • Découverte des îles nommées aujourd'hui Maurice et Seychelles, par les Portugais.

**1505** • Par la constitution Nihil Novi, la noblesse polonaise s'impose à la monarchie.

**1508** • Ligue de Cambrai contre Venise.

**1509** • Le pape Jules II, après s'être allié à Louis XII, s'unit à Venise contre lui dans la Sainte Ligue. • Henri VIII, roi d'Angleterre : il va renforcer le pouvoir royal, fonder l'Église anglicane et créer la puissance maritime anglaise. • Thomas Aubert de Dieppe ramène en France des Indiens de Terre-Neuve.

**1510** • Prise de Goa par Albuquerque. L'Inde devient un champ de rivalités pour les pays occidentaux. • Comptoirs espagnols en Afrique du Nord. • Colonisation de l'isthme de Darién (Panama) par les Espagnols.

**1511** • Formation de la deuxième Sainte Ligue : Venise, l'Espagne, l'Empire et l'Angleterre contre la France. • Albuquerque occupe Malacca. • Domination espagnole sur Cuba.

**1512** • Louis XII chassé d'Italie.

**1513** • Balboa découvre le Pacifique après avoir franchi l'isthme de Darién (Panama). • Le premier bateau portugais arrive à Macao.

**1515** • François Ier, d'Orléans-Angoulême, roi de France : il lutte contre les féodaux et crée des parlements en province ; bataille de Marignan ; reconquête du Milanais.

**1516** • Charles Quint, roi d'Espagne. • Díaz de Solís débarque au Río de La Plata (future Argentine).

**1517** • Les Portugais à Canton. • Les Turcs s'installent à Jérusalem (après les mamelouks) et en Égypte ; ils y resteront jusqu'en 1917.

**1519** • Charles Quint élu empereur grâce à l'appui financier des Fugger ; contre les puissances nationales (France), les princes allemands alliés à la Réforme et les Turcs, il tentera d'établir un empire chrétien unifié. • Conquête brutale de l'Empire aztèque par les Espagnols, commandés par Cortés.

**1519-1521** • Expédition de Magellan autour du monde.

**1520** • Entrevue du Camp du Drap d'or (François Ier et Henri VIII). • Soliman le Magnifique, empereur ottoman ; apogée de l'empire et développement de la puissance navale, avec Barberousse.

**1521** • Chute de Mexico (détruite par Cortés) et fin de l'Empire aztèque. • Magellan atteint les Philippines, ancienne dépendance de royaumes indo-malais ; l'Espagne va les coloniser sous l'autorité du vice-roi du Mexique.

**1522** • Allemagne : début des soulèvements paysans contre les princes. • Conquête de Rhodes par les Turcs.

**1523** • Gustave Ier Vasa rend la Suède indépendante du Danemark et devient roi de Suède. • Perte du Milanais par la France.

1502

## SCIENCES – TECHNIQUES

**1505** • Recherches aérodynamiques de Léonard de Vinci.

**1507** • Le cartographe allemand Waldseemüller publie la première carte du monde mentionnant le nom « Amérique », tiré du prénom du navigateur italien Amerigo Vespucci.

**1509** • Invention de la montre, à Nuremberg.

**v. 1510** • Progrès des techniques de fortifications en Italie : Fra Giocondo (Padoue, Trévise), da Sangallo.

**1516** • Ouverture d'une manufacture d'armes à Saint-Étienne. Plein essor de l'industrie minière et métallurgique (liée à de gros investissements), transformation de l'industrie textile.

**v. 1520** • Arrivée en Europe de la porcelaine de Chine. • Importation de la cochenille du Mexique. • Invention de la haquebute à crocq.

## LITTÉRATURES

**1504** • *L'Arcadie*, roman en italien de Sannazaro : début du genre pastoral. • *Enchiridion* d'Érasme, conseils à un chrétien pour se défendre des tentations et appel à une réforme intérieure de l'Église.

**1506** • Le *De rudimentis hebraicis* de Reuchlin contribue au développement de l'orientalisme.

**1508** • Espagne : *Amadis de Gaule*, roman de chevalerie qui inspirera le personnage de Don Quichotte.

*Ange* de Raphaël

**1515** • *Le Temple de Cupido* de Clément Marot.

**1516** • Achèvement du *Roland furieux* d'Arioste. • *Utopie* de Thomas More.

**1518** • *Les Colloques* d'Érasme.

**1521** • *L'art de la guerre* de Machiavel. • *Loci communes* de Melanchthon, premier ouvrage de la théologie luthérienne.

## ARTS – MUSIQUE

**1502** • *Tempietto* de San Pietro in Montorio de l'architecte Bramante.

**1503** • *La Joconde* de Léonard de Vinci : sommet de la technique du clair-obscur.

**1504** • *David*, marbre de Michel-Ange à Florence.

**1505** • Josquin des Prés à la cour de Louis XII. • Le mécénat papal à Rome : Jules II fait venir Michel-Ange puis Raphaël (1508) ; *La Tempête* de Giorgione.

**1506** • Apogée de la Renaissance en architecture. • Dürer séjourne en Italie : il favorisera la pénétration de la Renaissance italienne en Allemagne.

**1508** • Michel-Ange commence de peindre la voûte de la chapelle Sixtine ; décoration des chambres du Vatican par Raphaël (l'école d'Athènes).

**1513** • Début de la construction du château de Chenonceaux ; *Madone de Saint-Sixte* de Raphaël.

**1514** • *Madone de Saint-François* du Corrège. • *Melancolia I*, gravure de Dürer ; *L'Amour Sacré* et *l'Amour Profane*, huile de Titien.

**1515** • *Retable d'Issenheim* par Grünewald : le gothique tardif germanique.

**1516** • Début de la construction de l'aile François Ier au château de Blois. • Léonard de Vinci à la cour de France.

**1517** • *Dispute de la Trinité* de Andrea del Sarto.

**1518** • Début de la construction des châteaux d'Azay-le-Rideau et de Chambord. • *Portrait d'Amerbach* de Holbein le Jeune. • *L'Assomption* de Titien.

**1520** • Premiers paysages dans la peinture flamande ; les artistes commencent à se spécialiser dans certains genres.

**1521** • *Le Christ mort*, tableau de Holbein le Jeune.

**1523-1524** • Portrait d'*Érasme de Rotterdam* de Holbein le Jeune.

1523

# Les Temps modernes (1454 à 1789)
## de la chute de Constantinople à la Révolution française

| | RELIGION – PHILOSOPHIE | HISTOIRE GÉNÉRALE |
|---|---|---|
| 1524 | **1524** • Rupture entre Luther et Müntzer (*Contre les prophètes célestes*). | **1524** • Le navigateur florentin Jean de Verrazane, mandaté par François Ier, donne au Canada, cette terre encore inconnue, le nom de « Nouvelle-France ». • Expédition de Pizarro dans l'Empire inca. |
| | **1525** • Luther publie *Du serf arbitre* (en réponse à *Du libre arbitre* d'Érasme, 1524) ; dans la « guerre des paysans », il approuve la répression du réformisme extrême de Müntzer, se conciliant les princes allemands. | **1525** • Défaite française à Pavie : François Ier est fait prisonnier, il sera libéré par le traité de Madrid en 1526, où la France perd la Flandre et l'Artois. |
| | **1526** • Première édition des *Exercices spirituels* d'Ignace de Loyola. • Fondation de l'ordre des Capucins, approuvée par le pape en 1528. • Organisation de l'Église luthérienne par Melanchthon. | **1526** • Allemagne : les princes écrasent la révolte des paysans. • Bataille des Mohács : la Hongrie est occupée par les Turcs. • Bābur, prince turc, fonde l'Empire moghol. • Le Portugais Jorge de Meneses découvre l'île qui sera nommée Nouvelle-Guinée en 1546 par l'Espagnol Ortiz de Retes. |
| | **1527** • Fondation de la première université protestante, à Marburg (Allemagne). • Le luthéranisme, religion d'État au Danemark et en Suède. | **1527** • Pillage de Rome par l'armée de Charles Quint. • Espagne : les Cortes dénoncent la trop grande richesse du clergé. • Angleterre : Henri VIII annonce à Wolsey sa volonté de divorcer, et d'épouser Anne Boleyn. |
| | **1528** • *Le Parfait courtisan*, traité de Baldassare Castiglione, politiquement influent en Europe. • Mort du philosophe chinois Wang Yangming. | |
| | | **1529** • Siège de Vienne par les Turcs. |
| | **1530** • Melanchthon formule les principes du protestantisme (*Confession d'Augsbourg*). • Fondation de l'ordre des Barnabites. • Début des guerres de Religion en Allemagne. | **1530** • Soliman donne à la Turquie une législation unique. |
| | **1531** • Guerre de Religion en Suisse. | **1531** • Rupture d'Henri VIII avec Rome. • Pizarro conquiert l'Empire inca. |
| | | **1532** • Pizarro et Almagro au Pérou. |
| | **1533** • Adhésion de Calvin à la Réforme. | **v. 1533** • Conquête de l'Ecuador (Équateur) par Pizarro et Benalcázar. |
| | **1533-1592** • Vie de Montaigne. | **1533** • Russie : avènement d'Ivan IV (futur Ivan le Terrible) qui n'a que trois ans ; régence. • Pérou : Pizarro s'empare de Cuzco. Exécution d'Atahualpa. |
| | **1534** • En France, « Affaire des placards » : François Ier passe à la répression du protestantisme. • Henri VIII s'instaure chef suprême de l'Église d'Angleterre, le pape ayant refusé son remariage. • Luther achève la traduction de la Bible en allemand : la Réforme et l'imprimerie permettront sa diffusion massive dans les langues modernes. • En Inde, fondation de l'évêché de Goa par les Portugais. | **1534** • François Ier s'allie avec les princes protestants allemands de la ligue de Schmalkalden. • Conquête de la Perse par les Turcs : administration autoritaire de l'empire.<br>**1534-1542** • Jacques Cartier découvre l'estuaire du Saint-Laurent et prend possession du Canada au nom de François Ier. Incursions jusqu'au site de Québec. |
| | **1535** • Allemagne : écrasement de la révolte anabaptiste de Münster (Jean de Leyde). | **1535-1536** • Le nom « Canada » entre dans les langues européennes. |
| | | **1536** • Fondation de Buenos Aires. • Les Espagnols sont définitivement maîtres du Pérou. |
| | **1538** • Calvin, chassé de Genève. • « Sainte alliance », en Allemagne, contre les protestants. | **1538** • L'Espagnol Jiménez de Quesada fonde Santa Fe de Bogotá, en Nouvelle-Grenade (Colombie, Venezuela, Équateur). • Le haut Pérou, conquis par Pizarro, passe sous domination espagnole. |
| | | **1539** • Par l'ordonnance de Villers-Cotterêts, François Ier impose l'usage du français (au lieu du latin) dans les actes officiels et de justice ; le droit écrit (inspiré du droit romain) va progressivement remplacer le droit coutumier. |
| | **1540** • Institution par le pape de la Compagnie de Jésus (les jésuites), fondée par Ignace de Loyola en 1534. | **1540** • Francisco de Orellana découvre l'Amazone. |
| 1541 | **1541** • Calvin s'installe à Genève et publie en français son *Institution de la religion chrétienne* ; le protestantisme s'impose comme une nouvelle confession (répercussions politiques considérables). | **1541** • Les Turcs conquièrent une partie de la Hongrie : prise de Buda. • Fondation par P. de Valdivia de Santiago del Nuevo Extremo, future capitale du Chili. • Les Mayas cessent de résister aux Espagnols. |

## SCIENCES – TECHNIQUES | LITTÉRATURES | ARTS – MUSIQUE

1524

**v. 1525** • Utilisation du ressort en horlogerie. • Intense développement du commerce : avec l'Inde et l'Asie (épices), avec l'Afrique et l'Amérique (sucre, esclaves). • Rôle international d'Anvers.

◀ *La Vierge au long cou* du Parmesan

**1526** • Dürer peint *Les Quatre Apôtres* : expression esthétique d'une foi et d'une morale nouvelles.

**1527-1528** • Paracelse enseigne la médecine à Bâle ; il brûle en public les livres de Galien et d'Avicenne. La médecine, la chirurgie (assimilée à un artisanat) et l'anatomie (confrontée à l'interdit de la dissection) préparent la révolution scientifique des Temps modernes : Copernic, Rabelais, Cardan furent médecins. • *Traité des proportions du corps humain* de Dürer, grand anatomiste : les fondements scientifiques de la représentation artistique.

**1526-1527** • Les *Épitres* de Clément Marot renouvellent le genre de l'épître.

**1527** • Début de la construction des châteaux de Chantilly et de Fontainebleau : François Ier fait venir des artistes italiens qui forment la première « école de Fontainebleau ». • *La Cène* d'Andrea del Sarto. • Willaert, maître de chapelle à Venise.

**1528** • *Chansons* de Clément Janequin, maître de ce genre profane.

**1529** • *Commentaires sur la langue grecque* de Guillaume Budé.

**1530** • Utilisation du balancier (invention de Vinci) pour dévider et filer la soie.

**1530** • François Ier encourage le travail des érudits (Budé) sur les langues anciennes en fondant le Collège des trois langues, actuel Collège de France.

**1530** • Apparition d'un nouveau genre : le madrigal, synthèse des arts franco-flamand et italien ; l'Italie jouera de plus en plus un rôle de pionnier dans l'évolution des formes musicales.

**1531** • Fondation de la Bourse d'Anvers.

**1532** • *Pantagruel* de Rabelais mêle tradition populaire et culture humaniste.

**1532** • Nouvelle installation de Holbein le Jeune en Angleterre.

**1533** • Le palais Corner, à Venise, par l'architecte Iacopo Sansovino.

**1534** • Luther traduit la Bible en allemand ; naissance de l'allemand moderne. • *Gargantua* de Rabelais.

**1534-1540** • *La Vierge au long cou* du Parmesan : expression typique du maniérisme.

**1535** • Dissection par l'anatomiste flamand Vésale, à Paris.

**1535** • *Le Blason du beau tétin*, poème de Clément Marot, lance le genre du blason. • *Ragionamenti* (témoignage sur les mœurs romaines) de l'Arétin.

**1536-1541** • *Le Jugement dernier*, fresque de Michel-Ange pour la chapelle Sixtine.

**1537** • Fondation du premier conservatoire de musique à Naples.

**1538** • *La Présentation de la Vierge au Temple* de Titien.

**1540** • Traité de la métallurgie italien : *De la pirotechnia* de Vannoccio Biringuccio.

**v. 1540** • *Trente psaumes de David* traduits par Clément Marot ; le texte révèle ses sympathies huguenotes, ce qui le contraint à l'exil.

**v. 1540** • *Vénus et Cupidon*, de Cranach.

**1541** • François Clouet, peintre officiel de François Ier. 1541

# Les Temps modernes (1454 à 1789)

## de la chute de Constantinople à la Révolution française

| | RELIGION – PHILOSOPHIE | HISTOIRE GÉNÉRALE |
|---|---|---|
| 1542 | **1542** • Rétablissement de l'Inquisition en Italie. • Arrivée de saint François Xavier en Inde ; confronté au bouddhisme au Japon (1549), il meurt en tentant de se rendre en Chine (1552). | **1542** • Amélioration du fonctionnement des généralités en France (Édit de Cognac). |
| | | **1543** • Le servage adouci dans le domaine royal en France. • Création de la vice-royauté espagnole du Pérou : elle comprend toute l'Amérique du Sud espagnole. |
| | **1544** • Fondation du premier collège de jésuites. | **1544** • François Ier renonce définitivement à ses droits sur Naples et Milan. Il abandonne les princes protestants allemands ; en échange, Charles Quint renonce à ses revendications sur la Bourgogne (traité de Crépy [-en-Laonnois]). • Le Guatemala, capitainerie générale espagnole, gouverne toute l'Amérique centrale conquise. |
| | **1545** • *Lettre sur l'usure* de Calvin. • Ouverture du concile de Trente : début de la Contre-Réforme. • Vaine tentative de l'Église romaine pour établir l'unité de la foi en Europe. | |
| | **1546** • Le concile de Trente approuve la Vulgate, qui devient la version officielle de l'Église latine. • Les jésuites au Brésil. | **1546** • Début de la guerre entre Charles Quint et la ligue de Schmalkalden. |
| | | **1547** • François Ier crée les secrétaireries d'État ; avènement d'Henri II. • Angleterre : mort d'Henri VIII. • Russie : Ivan IV prend le titre de tsar. |
| | **1548** • Les jésuites au Maroc et au Congo. | |
| | **1549** • Premier *Book of Common Prayer* adopté par le Parlement anglais. | **1549** • Mort du pape Paul III, adversaire de Charles Quint. |
| | **v. 1550** • Rayonnement du bouddhisme tibétain en Mongolie. | |
| | **1552** • Profonde révision du *Book of Common Prayer* de 1549. | **1552** • La France s'empare des Trois-Évêchés (Metz, Toul et Verdun). |
| | **1553-1558** • Marie Tudor rétablit le catholicisme en Angleterre. | **1553** • Marie Tudor, reine d'Angleterre ; elle appuie la politique de Charles Quint et tente de rétablir le catholicisme en Angleterre. |
| | | **1554** • Dynastie arabe des Saadiens, au Maroc. |
| | **1555** • Paix d'Augsbourg : Charles Quint admet l'existence d'États protestants dans le Saint Empire ; fin de l'idéologie d'un Occident chrétien unifié. | **1555** • Paix d'Augsbourg : elle marque le déclin du Saint Empire et le début du morcellement de l'Allemagne. |
| | | **1556** • Abdication de Charles Quint. • Le Venezuela est rattaché à la couronne d'Espagne. • Inde : Akbar devient empereur et renforce le pouvoir moghol. |
| | | **1558** • Les Français reprennent Calais, dernière place forte anglaise. • Élisabeth Ire, reine d'Angleterre : intensification de la lutte, sur terre et sur mer, contre l'Espagne. |
| | **1559** • L'Inquisition achève d'étouffer le protestantisme espagnol. • Le pape Paul IV édite le premier Index des livres interdits par l'Église catholique. • Naissance de l'Église presbytérienne d'Écosse (John Knox). | **1559** • Traités du Cateau-Cambrésis : fin des ambitions françaises en Italie ; reconnaissance, par les Anglais, de l'appartenance de Calais à la France, mais perte de la Savoie. François II, roi de France. |
| 1560 | | **1560** • Charles IX, roi de France ; régence de Catherine de Médicis (jusqu'en 1563). Conjuration d'Amboise, durement réprimée. |

## SCIENCES – TECHNIQUES

**1543** • *Fabrica* de Vésale, premier traité d'anatomie moderne ; parution du traité de Copernic, qui bouleverse l'astronomie (héliocentrisme) : *De revolutionibus orbium caelestium libri sex.* • Les navires portugais accostent au Japon où ils échangent des armes contre de la soie.

**1544** • *Cosmographia universalis* de Sebastian Münster.

**1545** • *Ars magna*, traité mathématique de Cardan. • Contre la tradition catholique, Calvin légitime le prêt à intérêt ; les mentalités et la législation des pays réformés s'adaptent rapidement à l'économie nouvelle.

◂ *Concile de Trente* (détail)

**1549** • Tréfilerie hydraulique du fer.

**v. 1550** • Ambroise Paré invente la méthode de ligature des artères : il est considéré comme le père de la chirurgie moderne.

**1550** • *Description de l'Afrique* de Léon l'Africain, publié en italien.

**1554** • Invention de l'amalgame pour le traitement du minerai d'argent. • Ouverture du premier café d'Europe à Constantinople.

**1556** • Publication posthume de *De re metallica*, ouvrage sur la minéralogie, de Georg Bauer dit Agricola.

**v. 1560** • Introduction du tabac en France (Jean Nicot). On rapporte aussi des Amériques le maïs et la pomme de terre, qui ne sera appréciée qu'aux XVIIIe s. (Parmentier) ; le haricot est cultivé en Italie.

## LITTÉRATURES

**1542** • La *Très Brève Relation de la destruction des Indes* de Bartolomé de Las Casas.

**1543** • *Pantagruel* condamné par la Sorbonne.

**1544** • Poèmes amoureux de Maurice Scève : *Délie*, dont le symbolisme parfois obscur inspirera le XIXe s.

**1545** • *Bref récit et succincte narration de la navigation faicte ès îles de Canada, Hochelaga & Saguenay et autres* de Jacques Cartier. • La commedia dell'arte, genre théâtral fondé sur l'improvisation naît en Italie et gagne l'Europe.

**1546** • *Le Tiers Livre* de Rabelais.

**1548** • Parution de quelques chapitres du *Quart Livre* de Rabelais.

**1549** • En France, le français devient la langue de culture et la langue littéraire au détriment du latin ; *Défense et illustration de la langue française* (manifeste de la Pléiade) et *L'Olive* par du Bellay.

**1550-1552** • *Les Odes* de Ronsard : imitation de Pindare et d'Horace par un poète de la Pléiade.

**1552** • Parution de la totalité du *Quart Livre* de Rabelais. • *Les Amours de Cassandre* de Ronsard, ouvrage inspiré de Pétrarque.

**1553** • *Cléopâtre captive*, de Jadelle, première tragédie française.

**1555** • Les Œuvres de Louise Labé.

**1556** • *Les Amours de Marie*, de Ronsard.

**1558** • *Les Regrets, Divers jeux rustiques, Les Antiquités de Rome* de du Bellay.

**1559** • L'*Heptaméron* de Marguerite de Navarre (posthume), recueil de nouvelles sur le modèle du *Décaméron* de Boccace ; traduction des *Vies des hommes illustres* de Plutarque, par Jacques Amyot.

## ARTS – MUSIQUE

*Eva prima Pandora* de Cousin le Père ▸

**1545** • Construction de l'hôtel Carnavalet par Lescot.

**1546** • Début de la reconstruction du Louvre par Lescot : recherche de symétrie et d'équilibre qui annonce le classicisme français du XVIIe s. ; cour Carrée par Lescot et Goujon.

**1547** • Michel-Ange achève la façade du palais Farnèse à Rome. • Première *Cène* du Tintoret. • Premières chansons à strophes qu'on appellera « airs ».

**1548** • Interdiction des mystères en France. • *Portrait de Charles Quint à Mühlberg* de Titien.

**1549** • La fontaine des Innocents par Lescot et Goujon, à Paris.

**v. 1550** • *Eva prima Pandora*, l'un des premier grands nus dans la peinture française, par Jean Cousin le Père. • Cariatides du Louvre.

**1550** • *Vies des plus excellents peintres, sculpteurs et architectes* de Vasari.

**1550-1551** • La villa Rotonda par Palladio. • Portrait de *Philippe II* par Titien.

**1550-1557** • Mosquée de Soliman à Constantinople.

**1552** • *La Tentation de saint Antoine* de Véronèse.

**v. 1555** • *Vénus et Adonis* de Titien.

**1555** • Premier livre de madrigaux à cinq voix, écrit par Roland de Lassus.

**1555-1561** • Construction, sur l'ordre d'Ivan IV le Terrible, de la cathédrale Basile-le-Bienheureux à Moscou.

**1560** • *Les Pèlerins d'Emmaüs* de Véronèse.

## RELIGION – PHILOSOPHIE

1561 **1561** • Colloque de Poissy : échec de la conciliation entre protestants et catholiques français (Michel de L'Hospital).

**1563** • Élisabeth Ire d'Angleterre réprime les catholiques, en Angleterre et en Irlande, et organise l'anglicanisme par les « Trente-Neuf Articles ». • Clôture du concile de Trente ; renouveau du catholicisme, particulièrement en Italie (avec saint Charles Borromée) et en Espagne (avec sainte Thérèse d'Ávila et saint Jean de la Croix).

**1566** • Publication de *Catéchisme du concile de Trente* par saint Charles Borromée, principal organisateur de la réforme catholique ou Contre-Réforme. • Sainte Thérèse d'Ávila : *Pensées sur l'amour divin.* • Synode d'Anvers : naissance de l'Église calviniste des Pays-Bas. L'Espagne de Philippe II se veut la championne du catholicisme : répression aux Pays-Bas, lutte contre les infidèles, missions en Amérique.

**1567-1622** • Vie de saint François de Sales.

**1568** • Saint Jean de la Croix fonde l'ordre des Carmes déchaussés.

*Le Massacre de la Saint-Barthélemy* de Dubois

**1572** • Massacre de protestants à Paris, le jour de la Saint-Barthélemy ; mort de Ramus, adversaire déclaré de l'enseignement scolastique.

**1574-1576** • L'empereur moghol des Indes, Akbar, organise un colloque œcuménique qui reconnaît la parenté et l'égalité de toutes les religions.

**1575** • Fondation de l'Oratoire d'Italie par saint Philippe Neri.

1576 **1576** • En France, formation de la Ligue (des catholiques), soutenue par l'Espagne. • *La République* de Jean Bodin : exposé sur la nature de la République (l'État) dont l'être se définit par la souveraineté, avec une aspiration à la tolérance religieuse.

## HISTOIRE GÉNÉRALE

**1562** • France : début des guerres de Religion après le massacre de Wassy.

**1564** • Russie : Ivan IV impose un régime de terreur.

**1565** • Les Espagnols s'établissent aux Philippines (Cebu). • Ivan IV écrase la révolte des boyards. • Chute du dernier royaume hindou de l'Inde : domination des Moghols.

**1566** • Début de la révolte des Pays-Bas contre l'Espagne (jusqu'en 1579). • Mort de Soliman le Magnifique.

**1567** • Le duc d'Albe, gouverneur des Pays-Bas. • Abdication de Marie Stuart.

**1568** • Pays-Bas : exécution des comtes d'Egmont et de Hoorne. Insurrection générale contre l'Espagne, réprimée par le duc d'Albe. • Fondation de Rio de Janeiro. • L'Espagnol Mendaña de Neyra découvre les îles Salomon (Mélanésie).

**1569** • Union de Lublin entre la Pologne et la Lituanie. • Le Siam, vassal de la Birmanie.

**1570** • Les Portugais sont chassés d'Indonésie, après l'assassinat du sultan de Ternate.

**1571** • Bataille de Lépante : fin de la domination de la flotte turque sur la Méditerranée. • Les Espagnols fondent Manille et commencent à commercer avec la Chine.

**1572** • France : massacre de la Saint-Barthélemy. • Révolte des Gueux aux Pays-Bas. • Extinction de la dynastie des Jagellons de Pologne.

**1573** • Henri d'Anjou (futur Henri III de France) devient roi de Pologne pour un an. • Fin de l'anarchie féodale au Japon : Oda Nobunaga s'empare du pouvoir.

**1574** • Henri III, roi de France (couronné à Reims en 1575).

**1576** • France : les Guise animent le camp des extrémistes catholiques (la Ligue, soutenue par l'Espagne) et revendiquent le trône. • Révolte de la Belgique contre Philippe II. • Akbar conquiert le Bengale.

## SCIENCES – TECHNIQUES

**1563** • Recherches d'Eustachi sur l'anatomie de l'oreille (la « trompe d'Eustache ») et du cœur.

◄ *Les Mendiants* de Bruegel l'Ancien

**1566** • Invention du crayon à mine de plomb.

**1568** • Jean Bodin analyse le phénomène de la montée des prix au XVIe s., en rapport avec l'apport des métaux précieux d'Amérique.

**1569** • Perfectionnement du tour par Jacques Besson. • *Atlas* de Mercator (où il emploie, pour la première fois, la projection qui porte son nom). • Interdiction de l'industrie textile dans les colonies espagnoles.

**1570** • *Les Quatre Livres d'architecture* de Palladio.

**1571** • Horloge astronomique de la cathédrale de Strasbourg. • Création de la Bourse de Londres.

**1573** • Publication des premières observations astronomiques de Tycho Brahé.

**1575** • La protection du roi permet la publication des *Œuvres* d'Ambroise Paré (qui vulgarisent l'emploi du français au lieu du latin en médecine) ; les guerres de Religion lui ont donné l'occasion de faire progresser la chirurgie ; Palissy publie ses expériences de céramiste.

**1576** • Tycho Brahé construit l'observatoire Uraniborg sur l'île de Hveen.

## LITTÉRATURES

**1561** • Publication de l'*Histoire d'Italie* de Guichardin (posthume).

**1562** • *Discours* de Ronsard : polémique contre les horreurs de la guerre. • Première tragédie anglaise : début de l'essor du théâtre élisabéthain.

**1564** • *Cinquième Livre* de Rabelais (d'une authenticité incertaine).

**1565** • *Traité de la conformité du langage français avec le grec* de Henri Estienne.

▲ *Akbar reçoit l'ambassadeur de Tahmâsp*, anonyme

**v. 1570** • Chine : parution du *Voyage en Occident*, roman satirique relatant l'histoire d'un singe accompagnant un prêtre bouddhiste lors d'un voyage en Inde.

**1571-1573** • *Le Printemps* de D'Aubigné.

**1572** • Début de la rédaction des *Essais* de Montaigne ; *La Franciade* de Ronsard. • L'épopée *Les Lusiades* de Camoens, poème national du Portugal, célèbre la découverte de la route des Indes par Vasco de Gama.

**1573** • *Aminta*, fable pastorale du Tasse.

## ARTS – MUSIQUE

**1561** • Reconstruction de l'église Sainte-Marie-des-Anges par Michel-Ange. • Construction de l'hôtel de ville d'Anvers par Floris de Vriendt.

**1562** • Premières académies de peinture en Italie ; *Les Noces de Cana*, tableau de Véronèse.

**1563** • Construction du palais de l'Escurial, près de Madrid. • Le concile de Trente encourage les arts plastiques ; en musique, il annonce un style polyphonique sobre : retour à l'authenticité du chant grégorien et à l'intelligibilité du texte.

**1564** • Début de la construction du palais des Tuileries par Philibert Delorme. • *Glorification de saint Roch* du Tintoret.

**1565** • Forteresse d'Āgra, en Inde.

**1567** • La messe *Papae Marcelli* de Palestrina aurait « sauvé » la musique liturgique en prouvant à l'Église qu'on peut être savant en restant simple. • *Le Pays de Cocagne* de Bruegel l'Ancien.

**1568** • Église du Gesù à Rome : prototype des églises jésuites dans le monde entier. • *Les Mendiants*, de Bruegel l'Ancien.

**1568-1574** • Sinan construit la mosquée Selimiye à Andrinople.

**1571** • Premier recueil d'airs de cour : la polyphonie vocale évolue vers le chant à une voix (monodie), accompagné d'un instrument.

**1573** • *Le Repas chez Lévi* de Véronèse.

**1575** Palais et jardins d'Aranjuez (Espagne). • Véronèse commence la décoration du palais des Doges, à Venise.

**1576** • À Florence, formation d'un foyer musical qui sera à l'origine de l'opéra.

# Les Temps modernes (1454 à 1789)

## de la chute de Constantinople à la Révolution française

1577

1599

### RELIGION – PHILOSOPHIE

**1579** • Les provinces protestantes des Pays-Bas (union d'Utrecht) se séparent des provinces catholiques (union d'Arras).

**1581** • Akbar instaure une nouvelle religion, le Dīn-i Ilāhī, syncrétisme du bouddhisme, de l'islam, de l'hindouisme et du christianisme.

**1581-1660** • Vie de saint Vincent de Paul.

**1582** • Mise en vigueur du calendrier grégorien.

**1583** • Le concile de Lima ordonne la traduction des Évangiles dans les langues indiennes.

**1585-1638** • Vie de Jansénius, fondateur du jansénisme.

**1588** • Œuvre théologique de Molina ; au XVIIe s., molinisme et jansénisme s'opposeront.

**1589** • Création du patriarcat de Moscou, qui se considère comme « la troisième Rome », nouvelle capitale de l'orthodoxie.

**1590** • Grande mosquée d'Ispahan.

**1592** • Edition officielle de la Vulgate réalisée par les papes Sixte Quint et Clément VIII.

**1593** • Henri IV abjure le protestantisme et se convertit au catholicisme.

**1596-1650** • Vie de Descartes.

**1598** • Édit de Nantes : fin des guerres de Religion en France ; Henri IV décrète la liberté de culte pour les protestants.

### HISTOIRE GÉNÉRALE

**1578** • Échec d'une croisade portugaise au Maroc : déclin de la puissance coloniale du Portugal au profit de la Hollande et de l'Angleterre.

**1579** • Union d'Utrecht : formation des Provinces-Unies (Pays-Bas).

**1580** • L'Espagne annexe le Portugal.

**1582-1583** • Les Espagnols Espejo et Beltrán explorent le Nouveau-Mexique.

**1583** • Échec du premier établissement anglais à Terre-Neuve (Amérique du Nord).

**1584** • L'Angleterre devient la première puissance protestante. • Mort d'Ivan IV le Terrible ; son fils Fédor Ier devient tsar. • Rétablissement du royaume d'Āyuthyā par Naresuen (Siam).

**1585** • Tentative de l'Anglais Raleigh de fonder une colonie en Virginie.

**1587** • Angleterre : exécution de Marie Stuart. • Après l'écrasement du khanat de Sibérie (1581-1584), fondation de places fortes par les Russes (Tioumen, Tobolsk). • Abbas Ier le Grand, chah safavide (Perse).

**1588** • France : assassinat du duc de Guise. • Défaite de l'« Invincible Armada » face aux Anglais, nouvel échec de la politique de Philippe II contre les adversaires du catholicisme.

**1589** • Mort d'Henri III. Son successeur, Henri IV doit s'imposer aux catholiques.

**1590** • France : bataille d'Ivry. Échec du siège de Paris par Henri IV.

**1591** • Première expédition anglaise aux Indes orientales. • Les Marocains envahissent l'Empire noir songhaï et prennent Tombouctou.

**1592** • Union de la Suède et de la Pologne avec Sigismond III Vasa.

**1594** • Henri IV est sacré roi de France et entre dans Paris.

**1596** • La Compagnie des Indes orientales s'implante en Indonésie ; les Hollandais vont fonder Batavia (Djakarta). • Varsovie devient la capitale de la Pologne.

**1598** • France : édit de Nantes, fin des guerres de Religion, les protestants conservent des places fortes. • Traité de Vervins : paix entre la France et l'Espagne. • Espagne : mort de Philippe II. • Russie : Boris Godounov, tsar.

**1599** • Les Hollandais au Japon. • Déchéance de Sigismond III Vasa en Suède.

## SCIENCES – TECHNIQUES

**1577-1580** • Voyage de Drake autour du monde.

**1579** • Viète introduit l'écriture algébrique moderne.

**1581** • Création de la Compagnie anglaise du Levant suivie des autres grandes compagnies commerçantes, en Angleterre et aux Pays-Bas puis, avec un certain retard (1670, Compagnie du Levant), en France.

**1582** • Le pape Grégoire XIII promeut une réforme du calendrier julien : le calendrier grégorien, encore en vigueur de nos jours.

**1584** • *De l'infini, de l'univers et des mondes* de Giordano Bruno, un des premiers à décrire l'univers infini, par opposition au monde clos de la physique d'Aristote.

**1584-1589** • Expédition de W. Raleigh sur la côte atlantique de l'Amérique du Nord.

**1587** • Fondation de l'Imprimerie vaticane et du Banco de Rialto, à Venise.

**1588** • Bright invente le premier système de sténographie.

**1589** • John Harington invente le principe de la chasse d'eau.

◀ *Le Chevalier posant la main sur le cœur* du Greco

**1595** • Premier blindage des navires par des plaques de fonte, en Corée.

**1597** • Galilée fabrique le premier thermomètre à gaz.

## LITTÉRATURES

**1578** • *Sonnets pour Hélène* de Ronsard.

**1579** • *Le Calendrier du berger* de Spenser.

**1580** • Première édition des deux premiers livres des *Essais* de Montaigne ; *Discours admirables* de Bernard Palissy ; *La Nuit obscure*, poème mystique de saint Jean de la Croix. • *La Jérusalem délivrée*, épopée du Tasse.

**1583** • *Les Juives* de Robert Garnier : tragédie biblique dans l'esprit de la Contre-Réforme.

**1585** • *La Galatée* de Cervantès.

**1587** • *Discours politiques et militaires* de De La Noue. • *Tamerlan le Grand* de Marlowe.

**1588** • *La Tragique Histoire du docteur Faust* de Marlowe.

**1591-1592** • *Henry VI* de Shakespeare.

**1591-1596** • *La Reine des fées* de Spenser.

**1592** • *Édouard II* de Marlowe.

**1592-1593** • *Richard III* de Shakespeare.

**1593-1594** • *Titus Andronicus* et *la Mégère apprivoisée* de Shakespeare.

**1594-1595** • *Roméo et Juliette* de Shakespeare.

**1595** • Troisième édition (posthume) des *Essais* de Montaigne. • *Richard II* et *Songe d'une nuit d'été* de Shakespeare.

**1596** • *Ode au roy Henry le Grand* de Malherbe. • Chine : édition d'un grand traité illustré de pharmacopée. • *Le Marchand de Venise* de Shakespeare.

**1598** • *Arcadia* de Lope de Vega.

**1598-1599** • *Henry V* de Shakespeare.

## ARTS – MUSIQUE

**1577-1579** • Le Greco peint l'*Assomption de la Vierge*.

**1581** • En France, le *Ballet comique de la Reine*, premier ballet de cour.

**1582-1584** • *Le Martyre de saint Maurice* du Greco.

**1583** • Monteverdi compose des madrigaux à plusieurs voix.

**1584** • Espagne, achèvement de l'Escurial.

**1586-1588** • *L'Enterrement du comte d'Orgaz* du Greco : le mysticisme dans la peinture espagnole par opposition à la tendance réaliste.

**1589** • *Cantiones Sacrae* de William Byrd.

**1590** • Monteverdi au service du duc de Mantoue comme joueur de viole et chanteur ; son *Deuxième Livre de madrigaux* le fait connaître.

**1594** • Mort de Lassus à Munich et de Palestrina à Rome : fin de la Renaissance en musique.

**1597-1604** • Fresques de la galerie du palais Farnèse par Annibal Carrache : apparition du baroque dans la peinture décorative, que Rubens portera à son apogée.

**RELIGION – PHILOSOPHIE** | **HISTOIRE GÉNÉRALE**

1600

**1600** • Giordano Bruno condamné à mort et brûlé pour hérésie ; liée à la métaphysique, sa conception d'un univers infini annonce la pensée moderne.

**v. 1600** • Inde : installation de compagnies commerciales anglaises ; début de la colonisation ; Akbar conquiert le Deccan.

## XVIIe siècle (1601 à 1700)

**L'Europe, déchirée par les guerres de Religion, est partagée en deux zones d'influence : tandis que le Nord et les pays anglo-saxons sont en majorité sous l'influence de la Réforme, le Sud et les pays latins sont fidèles au catholicisme. La révolution anglaise marque l'échec de l'absolutisme royal en Angleterre, alors qu'il triomphe en France et en Espagne. • La Chine, affaiblie par les troubles sociaux, tombe sous la domination des Mandchous.**

1601

**1601-1603** • Famine en Russie.

**1602** • *La Cité du Soleil*, utopie politique de Campanella (publiée en 1623).

**1602** • Création de la Compagnie des Indes orientales : début de la puissance commerciale des Pays-Bas.

**1603** • Angleterre : mort d'Élisabeth Ire, dernière Tudor ; Jacques Ier Stuart, roi : avec l'union des couronnes d'Angleterre et d'Écosse naît la Grande-Bretagne. Soumission définitive de l'Irlande. • Voyage de Champlain au Canada. • Japon : le clan des Tokugawa prend le pouvoir jusqu'en 1867.

**1604** • Fondation du Carmel français par Mme Acarie (Marie de l'Incarnation).

**1604** • France : les charges publiques deviennent héréditaires (édit de la Paulette).

**1605** • Échec définitif de la Réforme en Autriche et en Hongrie. • Échec en Angleterre de la conspiration catholique dite « Conspiration des poudres ».

**1605** • Russie : mort de Boris Godounov et début du « Temps des troubles » (jusqu'en 1613). • Début de la présence française au Canada (fondation de Port-Royal en Acadie). • Le Hollandais Willem Janszoon aborde le continent australien au golfe de Carpentarie.

◂ *Assassinat d'Henri IV par Ravaillac* de Bouttats

**1608-1619** • *Introduction à la vie dévote* de saint François de Sales, qui propose une spiritualité accessible aux gens du monde.

**1608** • Formation de l'Union évangélique (alliance de princes protestants dirigée par Frédéric V) et de la Sainte Ligue catholique l'année suivante. • Fondation de Québec par Champlain.

**1609** • Naissance du mouvement baptiste en Angleterre (John Smyth). Expulsion des morisques d'Espagne. • Début des « réductions » (missions) jésuites au Paraguay ; relations amicales nouées avec les Hurons ; développement de religions syncrétistes en Amérique latine, influence grandissante du catholicisme.

**1610** • France : assassinat d'Henri IV par Ravaillac ; régence de Marie de Médicis ; ministère de Concini : Louis XIII est tenu à l'écart du pouvoir. • Amérique : Hudson découvre la baie qui porte aujourd'hui son nom. • Afrique : fondation du royaume du Dan-Homé (ou d'Abomey).

1611

**1611** • Fondation de l'Oratoire de France par Bérulle ; le XVIIe s. est le grand siècle de la spiritualité française.

**1611** • Suède : avènement de Gustave II Adolphe ; il réorganise les institutions de l'État ainsi que l'armée, faisant de son pays la première puissance d'Europe du Nord. • Les Polonais occupent Moscou.

| SCIENCES – TECHNIQUES | LITTÉRATURES | ARTS – MUSIQUE | |
|---|---|---|---|
| **1600** • *Théâtre d'agriculture et mesnage des champs* par Olivier de Serres. • William Gilbert, médecin anglais, découvre et décrit les propriétés du magnétisme terrestre. | **1600** • *Hamlet*, tragédie de Shakespeare : l'apogée du théâtre élisabéthain. | **1600** • Le Temple d'or, sanctuaire des sikhs, à Amritsar en Inde. • Rubens en Italie jusqu'en 1608. • *Euridice* de Peri à Florence (naissance de l'opéra) et *la Représentation de l'âme et du corps* de Cavalieri à Rome (naissance de l'oratorio) ; ce retour à la sobriété antique, en réaction contre la polyphonie franco-flamande, marque le début de la renommée musicale de l'Italie. | 1600 |

*La Vocation de saint Matthieu* du Caravage

| SCIENCES – TECHNIQUES | LITTÉRATURES | ARTS – MUSIQUE | |
|---|---|---|---|
| | | **1601** • *La Conversion de saint Paul* du Caravage, renouveau pictural et iconographique : réalisme de l'image ; naissance du caravagisme dont l'influence est capitale au XVII$^{e}$ s. | 1601 |
| **1602** • Bayer établit une nomenclature des étoiles. | | | |
| **1603** • Galilée : lois de la chute des corps. | **1603** • *Des sauvages* de Samuel de Champlain. • Première comédie de Lope de Vega. | **1603** • Début du théâtre kabuki, au Japon. | |
| **1604** • Début du creusement du canal de Briare entre la Seine et la Loire. • Invention du microscope par Janssen. | **1604** • *Othello* de Shakespeare. | | |
| **1605** • Gaspard Bauhin rédige *Theatrum anatomicum.* | **1605** • Malherbe, poète officiel à la cour de France. • Grand succès de *Don Quichotte* de Cervantès : le roman picaresque en bénéficiera. • *Avancement des sciences* de Francis Bacon. • *Volpone*, comédie de Ben Jonson. • *Macbeth* de Shakespeare. | **1605-1610** • *Les Apôtres*, du Greco, dans la sacristie de la cathédrale de Tolède. | |
| | **1606** • *Trésor de la langue française* de Jean Nicot : le premier dictionnaire de langue française (mais avec traductions latines). Le *Roi Lear* de Shakespeare. | **1606** • Première représentation théâtrale au Canada (à Port-Royal). | |
| | **1607** • Début de la publication de *L'Astrée*, roman-fleuve d'Honoré d'Urfé : le genre romanesque, décrié, est encore sans règles. | **1607** • *Orfeo*, premier opéra de Monteverdi à Mantoue. | |
| **1608** • Hans Lippershey invente la lunette d'approche. | **1608** • *Satires* de Mathurin Régnier. | | |
| **1609** • Fondation de la banque d'Amsterdam. • *Astronomia nova* de Kepler : lois régissant le mouvement elliptique des planètes autour du Soleil. | **1609** • *Commentaires royaux sur le Pérou* par Garcilaso de la Vega. | **1609** • *La Résurrection de Lazare* du Caravage ; *Portrait de l'artiste et de sa femme* de Rubens. | |
| **1610** • *Le Message céleste* de Galilée, où il présente sa lunette astronomique et démontre la compatibilité du mouvement de la Lune autour de la Terre avec le système de Copernic. | **v. 1610** • Célèbres pour ses imprimeurs (Elzevir), les Pays-Bas, terre d'accueil des réfugiés politiques et religieux, sont la « librairie générale de l'Europe ». | **1610** • *Descente de Croix* de Rubens. | |
| | **1611** • *La Tempête* de Shakespeare. | **1611-1614** • *Jugement dernier* de Rubens. | 1611 |

## RELIGION – PHILOSOPHIE

1612 **1612** • *L'Aurore à son lever* de Jakob Böhme.

**1614** • Expulsion des chrétiens du Japon ; les Tokugawa favorisent la doctrine de Confucius.

**1616** • L'Église condamne l'œuvre de Copernic et interdit à Galilée d'enseigner ; le cardinal Bellarmin considère que les savants émettent seulement des hypothèses et non des vérités sur le système du monde. • Première école en Nouvelle-France.

**1617** • Saint Vincent de Paul, aumônier général des galères de France ; il développe l'apostolat auprès des pauvres : à partir de 1625, il s'emploie à former le clergé.

**v. 1618** • Propagation du mouvement mystique des Rose-Croix.

**1620** • *Novum Organum* de Francis Bacon. • Les Pères pèlerins du Mayflower arrivent en Amérique. • En Angleterre, le puritanisme nourrit l'opposition aux Stuarts.

**1621** • Révolte des protestants français : siège de Montauban.

**1622** • Création de la Congrégation pour la propagation de la foi dans le monde non encore évangélisé.

**1623-1662** • Vie de Pascal.

**1625** • Arrivée des jésuites au Canada. • Fondation de l'ordre des Lazaristes.

**1626** • *Philosophie sacrée* de Robert Fludd ; développement des rose-croix en Allemagne, courants alchimistes et occultistes.

**1627** • *La Nouvelle Atlantide* de Francis Bacon. • Fondation de la Compagnie du Saint-Sacrement constituée à la fois de clercs et de laïcs.

**1629** • *Entretiens spirituels* de saint François de Sales (posth.).

**1632-1677** • Vie de Spinoza.

**1633** • Condamnation de Galilée ; elle creuse un écart durable entre l'Église et l'Europe intellectuelle ; la métaphysique se détache de la théologie. • Congrégation
1633 des Filles de la Charité.

## HISTOIRE GÉNÉRALE

**1613** Russie : avènement des Romanov.

**1614** • France : Marie de Médicis convoque les états généraux (les derniers avant 1789). • Les premiers Hollandais arrivent à Manhattan. • Ouverture d'un comptoir anglais à Hirado (Japon).

*Les voyages de Champlain* par Champlain ▸

**1617** • France : assassinat de Concini. Louis XIII prend le pouvoir.

**1618** • Conflit entre les princes allemands et Ferdinand II de Habsbourg au sujet de la Bohême : début de la guerre de Trente Ans. • Défenestration de Prague.

**1620** • Devenu empereur d'Allemagne (1619), Ferdinand II envahit la Bohême et bat les princes protestants à la Montagne Blanche. • Fondation de la colonie anglaise du Massachusetts.

**1621** • Chine : les Mandchous s'établissent à Moukden.

**1623** • `Abbās Ier s'empare de Bagdad.

**1624** • France : Richelieu combat les prétentions de la haute noblesse et les droits politiques des protestants (exécutions de Montmorency [1632] et Cinq-Mars [1642]) ; révoltes paysannes.

**1625** • Charles Ier, roi d'Angleterre, d'Écosse et d'Irlande.

**1626** • France : édit de Richelieu contre les duels. • Wallenstein soumet les princes protestants de l'Allemagne du Nord : recatholicisation violente. • Fondation de La Nouvelle-Amsterdam (New York) par les Hollandais (par achat du territoire aux Indiens).

**1627** • France : siège de La Rochelle, dernière place forte protestante. Richelieu fonde la compagnie des Cent-Associés qui reçoit la propriété du pays, à charge pour elle d'amener au Canada 4 000 colons en 15 ans.

**1628** • Fondation de la Société de commerce française pour l'exploitation du Canada. • Chine : guerre civile continue jusqu'à l'établissement de l'empire mandchou des Qing en 1644.

**1629** • Paix d'Alès avec les protestants. • Occupation temporaire de Québec par les Anglais.

**1630** • France : journée des Dupes : Louis XIII réitère sa confiance à Richelieu aux dépens des grands du royaume. • Intervention de Gustave II Adolphe de Suède dans la guerre de Trente Ans, en faveur du camp protestant ; il délivre l'Allemagne du Nord et marche sur Vienne, mais meurt à la bataille de Lützen (1632). • Brésil : les Hollandais à Pernambouc.

**1632-1654** • Suède : la reine Christine attire à la cour les savants et lettrés d'Europe, notamment Descartes.

## SCIENCES – TECHNIQUES

**1614** • Napier publie sa découverte des logarithmes.

**1616** • Mise à l'Index de l'œuvre de Copernic, malgré l'intervention de Galilée et l'opinion de nombreux savants, y compris des religieux.

**1620** • Parution du premier journal hebdomadaire en Europe (Amsterdam). • Première monnaie en papier au Japon.

**1621** • Salomon de Caus entreprend le nettoiement des rues de Paris et l'équipement de la ville en fontaines alimentées par l'eau de la Seine.

**1623** • Traité de botanique de Gaspard Bauhin (plantes classées par genres et espèces). • Schickard invente l'« horloge à calculer ».

**1625** • *De jure belli ac pacis* de Grotius : une des premières grandes contributions au droit international moderne.

**1626** • Création du Jardin des Plantes à Paris.

**1627** • *Tables rudolphines* de Kepler ; premières éphémérides des planètes calculées sur la base des trois lois.

**1628** • Harvey découvre le mécanisme de la circulation sanguine.

**1632** • Galilée publie le *Dialogue sur les deux principaux systèmes du monde, Ptolémée et Copernic,* ouvrage magistral écrit en italien, de vulgarisation et de polémique, qui entraîne sa condamnation par l'Église en 1633.

## LITTÉRATURES

**1612-1613** • *Henry VIII* de Shakespeare.

**1613** • *Les Voyages* de Champlain. • *Nouvelles exemplaires* de Cervantès. • *La Fable de Polyphème et Galatée* et *Solitudes* de Góngora y Argote.

**1616** • Publication des *Tragiques*, épopée lyrique d'Agrippa d'Aubigné : un témoignage sur la foi et le combat des huguenots.

*Le triomphe de Bacchus* de Vélasquez

**1620-1660** • « Hôtel de Rambouillet », salon littéraire animé par Catherine de Vivonne, lieu de rencontre des grands noms de la noblesse et des lettres et haut lieu de la préciosité.

**1623** • *Histoire comique de Francion*, roman burlesque de Charles Sorel.

**v. 1625** • *Le Trompeur de Séville et le Convive de pierre* de Tirso de Molina : naissance du mythe de Don Juan.

Tāj Mahal

**1631** • Théophraste Renaudot fonde *La Gazette de France* sous la protection de Richelieu qui en fera l'organe officieux du pouvoir.

**1632** • *Le Grand Voyage du pays des Hurons* de Gabriel Sagard, naturaliste et ethnographe.

**v. 1633** • *La vie est un songe*, drame philosophique de Calderón de la Barca.

## ARTS – MUSIQUE

**1612** • Achèvement de la place des Vosges à Paris.

**1613** • Mosquée du sultan Ahmed à Constantinople. • Monteverdi, maître de chapelle à Saint-Marc de Venise, une des plus importantes maîtrises d'Europe.

**1616** • *Le Banquet des officiers de Saint-Georges* de Frans Hals.

**v. 1618** • *Enlèvement des filles de Leucippe* par Rubens.

**1619** • *Le Manneken-Pis*, à Bruxelles, sculpture de Duquesnoy le Vieux.

**v. 1620** • Construction du palais du Luxembourg, à Paris. • Décoration de l'église jésuite de Saint-Charles-Borromée à Anvers, par Rubens : triomphe de l'illusionnisme baroque. • Naissance de la cantate en Italie.

**1624** • Agrandissement du Louvre : apparition du plan en U (un corps central, deux ailes en retour), typique du classicisme français en architecture (pavillon de chasse de Versailles).

**1624-1633** • Baldaquin de Saint-Pierre de Rome par le Bernin : l'apogée du baroque en sculpture. • Début de la construction du Palais-Cardinal (futur Palais-Royal) à Paris.

**1627** • *Dafne* de Schütz : premier opéra allemand.

**1629** • Carissimi, maître de chapelle à Rome.

**v. 1630** • *La Bohémienne* de Frans Hals, auteur de tableaux novateurs par le modernisme du traitement ; *La Forge de Vulcain* de Vélasquez.

**1630-1652** • Construction du Tāj Mahal, en Inde.

**1632** • Gravures de Jacques Callot, évoquant les horreurs de la guerre de Trente Ans ; *La Leçon d'anatomie du Dr Nicolaes Tulp*, tableau qui fonde la renommée de Rembrandt.

**1633** • *Portrait d'une vieille femme* de Frans Hals ; *Saint Sébastien pleuré par sainte Irène* de Georges de La Tour.

**RELIGION – PHILOSOPHIE** | **HISTOIRE GÉNÉRALE**

1634

**1634** • Procès de sorcellerie à Loudun ; entre 1570 et 1650, l'Europe, qui subit un changement profond des mentalités, connaît plusieurs affaires de ce genre.

**1634** • Assassinat de Wallenstein. • Jean Nicolet explore l'intérieur du Canada.

**1635** • Ouverture du premier collège jésuite au Canada.

**1635** • Sous l'impulsion de Richelieu, la France intervient dans la guerre de Trente Ans aux côtés de la Suède, contre l'Autriche et l'Espagne. • Les Français à la Guadeloupe. • Fermeture du Japon : interdiction aux Japonais de quitter l'archipel sous peine de bannissement.

**1636** • *De l'harmonie universelle* de Mersenne. • Fondation, près de Boston (à Cambridge), de l'université de Harvard.

**1637** • *Discours de la méthode* de Descartes, publié avec ses traités scientifiques ; sa philosophie, qui assume la révolution de la physique, connaît un écho immense ; Malebranche, Spinoza, Leibniz, Locke se situeront nécessairement par rapport à elle. • Formation de la société des Solitaires de Port-Royal.

**1637** • France : révolte des Croquants (paysans pauvres) du Limousin réprimée par La Valette. • Ferdinand III, empereur d'Allemagne. • Amérique : les Anglais offrent une prime pour tout Indien tué, moyennant la remise du scalp. • Des marchands d'esclaves français s'établissent au Sénégal.

*Charles Ier à la chasse* de Van Dyck ▸

**1638** • Richelieu fait emprisonner l'abbé de Saint-Cyran. • Saint Vincent de Paul fonde l'œuvre des Enfants trouvés.

**1638-1715** • Vie de Malebranche.

**1639** • Arrivée des Ursulines au Canada ; elles y fondent le premier hôpital.

**1639** • À la suite de la guerre de Trente Ans, l'Alsace passe sous l'influence française ; révolte des va-nu-pieds de Normandie. • Madras fondée par les Anglais de la Compagnie des Indes orientales.

**1640** • *Augustinus* de Jansénius (posthume), exposé de la doctrine augustinienne de la grâce, immédiatement critiqué par les jésuites, défendu par Antoine Arnauld, qui fait de Port-Royal le foyer du jansénisme.

**1640** Prise d'Arras par les Français. • Opposition du Parlement à Charles Ier. • Le Portugal se sépare de l'Espagne.

**1641** • *Les Méditations métaphysiques* de Descartes (écrites en latin), avec ses réponses aux objections de Hobbes et Gassendi notamment.

**1642** • Mort de Richelieu. Occupation du Roussillon par la France. • Les Français à Madagascar. • Guerre civile en Angleterre (jusqu'en 1646) qui prépare l'arrivée de Cromwell au pouvoir. • Canada : Paul de Maisonneuve fonde Ville-Marie (Montréal).

**1642-1643** • Abel Janszoon Tasman découvre le littoral sud de la terre de Van Diemen (l'actuelle Tasmanie), la Nouvelle-Zélande et les îles Fidji.

**1643** • Condamnation de l'*Augustinus* de Jansénius par le pape.

**1643** • France : mort de Louis XIII ; avènement de Louis XIV ; régence d'Anne d'Autriche (jusqu'en 1661) ; Mazarin exerce le pouvoir. • Victoire de Rocroi (Condé). • Fondation, par la France, de Fort-Dauphin à Madagascar et de Cayenne, en Guyane.

**1644** • *Principes de philosophie* de Descartes.

**1644** • Chine : fin de la dynastie des Ming ; avènement de la dynastie mandchoue des Qing (jusqu'en 1911).

**1645** • Angleterre : Charles Ier est vaincu par Cromwell et les puritains à Naseby. • Russie : avènement du Romanov Alexis Ier Mikhaïlovitch.

**1646-1716** • Vie de Leibniz.

**1647** • Charles Ier livré par les Écossais au Parlement. Cromwell s'empare de Londres.

**1648** • Les traités de Westphalie mettent fin à la guerre de Trente Ans : fin de l'hégémonie des Habsbourg sur la majeure partie de l'Europe, et morcellement de l'Allemagne. • France : début de la Fronde parlementaire. • Angleterre : Parlement « croupion » et début de la dictature de Cromwell. • Traité de Münster : l'Espagne reconnaît l'indépendance des Provinces-Unies. • Découverte, par les Russes, du détroit qui sépare l'Asie de l'Amérique.

1648

## SCIENCES – TECHNIQUES

**1635** • *Traité des indivisibles* de Cavalieri ; la réflexion mathématique sur le continu (géométrie) occupe Descartes, Roberval, Fermat, Pascal, Wallis…

**1636** • Première mesure de la vitesse du son par l'abbé Mersenne.

**1637** • *Dioptrique, Météores* et *Géométrie* de Descartes, présentés comme des essais de sa méthode « analytique » : lois de réfraction de la lumière, physique mécaniste, géométrie analytique ; par son étendue, et par son arrière-plan philosophique, son œuvre scientifique eut une influence considérable.

**1638** • *Discours et démonstrations mathématiques concernant deux nouvelles sciences* de Galilée : démonstration rigoureuse des lois de la mécanique (chute des corps) qui ouvre la voie à la physique moderne.

**1639** • *Brouillon project d'une atteinte aux événements des rencontres d'un cône avec un plan* de Desargues (fondements de la géométrie projective).

**1640** • Fondation de l'Imprimerie royale (Imprimerie nationale) à Paris ; *Essay pour les coniques* de Pascal (il a 16 ans), prélude à son *Traité des sections coniques* aujourd'hui perdu.

**1642** • Pascal invente une machine arithmétique dite « machine de Pascal » capable d'effectuer les quatre opérations.

**1643** • Baromètre de Torricelli.

**1644** • Mort de Van Helmont, premier à étudier les gaz. • Début de la culture de la canne à sucre aux Antilles.

**1648** • Expérience de Pascal au puy de Dôme qui montre l'existence de la pression atmosphérique ; *Récit de la grande expérience de l'équilibre des liqueurs* et *Traité de la pesanteur de la masse de l'air* qui théorisent les expériences précédentes de Galilée, Torricelli et Roberval, sur l'existence du vide et de la pression atmosphérique.

## LITTÉRATURES

**1634** • Première séance de l'Académie française, créée par Richelieu pour régenter la langue et la littérature.

*Le Tricheur à l'as de carreau* de Georges de La Tour ▸

**1636 et 1637** • *L'Illusion comique* et *Le Cid* de Corneille ; cette dernière pièce, une tragédie, déclenche une querelle parce qu'elle ne respecte pas les règles du théâtre (arbitrage de l'Académie française). Le théâtre, pour lequel on construit de nombreuses salles, est à cette époque le genre le plus noble.

▴ Machine à calculer de Pascal

**1640** • *Horace* de Corneille.

**1641** • Les puritains anglais ferment les théâtres. • *Le Diable boiteux*, roman picaresque de Vélez de Guevara.

**1642** • *Cinna* de Corneille.

**1643** • *Polyeucte* de Corneille ; Jean-Baptiste Poquelin fonde la troupe de l'Illustre-Théâtre et prend un an plus tard le pseudonyme de Molière.

**1647** • *Remarques sur la langue française* de Vaugelas : il définit les règles du « bon usage » (celui de la cour).

**1647-1658** • *Cléopâtre*, roman de La Calprenède (où apparaît le personnage d'Artaban).

## ARTS – MUSIQUE

**1635** • *Le Tricheur à l'as de carreau* de Georges de la Tour, portrait du *Cardinal de Richelieu*, par Philippe de Champaigne ; *Charles Ier à la chasse*, tableau de Van Dyck, qui influencera l'école anglaise du portrait. • Publication à Venise des *Fiori musicali* de Frescobaldi, promoteur du style fugué pour la musique d'orgue.

**1635-1653** • Chapelle de la Sorbonne, par Jacques Lemercier.

**1637** • Ouverture à Venise du premier théâtre lyrique public : l'opéra cesse d'être un divertissement de cour et devient un genre mondain.

**1638** • Portrait du *Duc de Modène* par Vélasquez.

**1638-1641** • Église Saint-Charles-des-Quatre-Fontaines, à Rome, par Borromini, œuvre typique du baroque italien.

**1641** • *Vénus dans la forge de Vulcain* des frères Le Nain.

**1642** • *La Ronde de nuit* de Rembrandt : le plein épanouissement de la peinture hollandaise coïncide avec le déclin de la peinture flamande. • *Le Couronnement de Poppée*, dernier opéra de Monteverdi.

**1643** • *Famille de paysans* des frères Le Nain, dont l'œuvre sera redécouverte par le courant réaliste au XIXe s.

**1644** • *Nativité*, tableau de G. de La Tour.

**1645** • Début de la construction du Val-de-Grâce par Mansart.

**1646** • *Paysage d'hiver* de Rembrandt.

**1647** • *L'Extase de sainte Thérèse*, sculpture du Bernin.

**1648** • Création à Paris de l'Académie royale de peinture et de sculpture, qui érige les règles de l'art classique en doctrine et favorise ainsi une éclosion de textes théoriques ; instrument de la politique absolutiste de Louis XIV sur la production artistique.

**RELIGION – PHILOSOPHIE** | **HISTOIRE GÉNÉRALE**

1649

**1648-1649** • Refonte de la législation russe sous Alexis Ier. • Les Hurons, premiers alliés des Français, décimés par les Iroquois.

**1649** • Les *Passions de l'âme*, dernier traité de Descartes. • Fondation de la secte protestante des quakers par George Fox.

**1649** • Angleterre : exécution de Charles Ier ; instauration de la République (Commonwealth).

**1650** • Russie : crise religieuse et idéologique dont la cause est la traduction-révision des textes liturgiques.

**1650** • Révolte de Condé, début de la Fronde nobiliaire. • Début de la conquête de Java par les Hollandais.

**1651** • Le *Léviathan* de Hobbes, réflexion sur « l'état de nature », l'institution de la société et le pouvoir politique.

**1651** • Alliance des princes et du Parlement de Paris ; exil de Mazarin. • Grande-Bretagne : l'Acte de navigation réserve aux seuls navires anglais l'importation des denrées coloniales et ne permet plus aux étrangers d'introduire d'autres produits que les produits originaires de leur pays, traité signé pour lutter contre les Provinces-Unies (contraintes de l'accepter en 1654). • Prise de Canton par les Mandchous. • Les Russes atteignent l'Amour.

**1652** • Défaite et trahison de Condé ; Louis XIV à Paris. • Un poste hollandais installé au Cap (Afrique du Sud).

**1653** • Condamnation pontificale de certaines thèses jansénistes.

**1653** • Cromwell, lord-protecteur de la république : l'Angleterre devient une dictature militaire. • En France, fin de la Fronde. Renforcement du pouvoir royal.

**1654** • Conversion de Pascal.

**1654** • Suède : abdication de la reine Christine, qui se convertit au catholicisme. • Union des Russes et des Cosaques ukrainiens contre la Pologne.

**1656** • Le janséniste Arnauld exclu de la Sorbonne. • Spinoza, déjà connu pour ses tendances rationalistes, est excommunié par les rabbins d'Amsterdam.

**1656-1657** • *Les Provinciales* de Pascal, brillante défense du jansénisme contre les jésuites. • Achèvement de Saint-Pierre-de-Rome, la plus vaste basilique de la chrétienté.

**1657** • Pascal commence à rédiger des notes pour une apologie de la religion chrétienne ; elles seront publiées en 1669 et appelées *Pensées*.

*Portrait de Molière en habit de Sganarelle* de Simonin

**1658-1663** • Fondation de la Société des missions étrangères de Paris.

**1658** • Bataille des Dunes : victoire, près de Dunkerque, de Turenne sur Condé et les Espagnols. • Mort de Cromwell. • Paix de Roskilde : apogée de la Suède. • Aurangzeb, dernier grand empereur moghol de l'Inde, contraint à des guerres continuelles pour maintenir son autorité.

**1659** • Le traité des Pyrénées marque le déclin de l'Espagne, au profit de la France, qui devient la première puissance européenne et reçoit le Roussillon, la Cerdagne, l'Artois et diverses places des Flandres ; l'infante Marie-Thérèse est promise en mariage à Louis XIV. • Reprise de la guerre civile en Angleterre.

**1660** • Louis XIV fait brûler les *Provinciales*.

**1660** • Monk restaure la monarchie en Angleterre ; Charles II, roi • 2 300 colons français au Canada.

**1661** • Expulsion des jansénistes de Port-Royal.

**1661** • France : mort de Mazarin ; début du règne personnel de Louis XIV, qui marque l'apogée de l'absolutisme ; arrestation de Fouquet par d'Artagnan ; Colbert, ministre.

**1661-1667** • Concile de Moscou.

**1662** • Bossuet prêche le carême à la cour de Louis XIV. • Première édition de la *Logique de Port-Royal* (Arnauld et Nicole), traité majeur de la pensée classique, lié à la théorie du langage.

**1662** • Le Portugal cède Bombay et Tanger à l'Angleterre, qui cède Dunkerque à la France.

1662

## SCIENCES - TECHNIQUES

**1654** • *Traité du triangle arithmétique* de Pascal ; début du calcul des probabilités.

**1656** • Huygens invente l'horloge à balancier.

**1658** • Découverte des globules rouges par Swammerdam.

**1659** • L'Italien Procopio met au point la crème glacée.

**1660** • Otto von Guericke réalise la première machine électrostatique et la première pompe pneumatique.

**1662** • Fondation de la Société royale de Londres. • Loi de Boyle-Mariotte sur la compressibilité des gaz. • Premier transport en commun à Paris entre la porte Saint-Antoine et le Luxembourg.

## LITTÉRATURES

**1649** • Début de la publication du *Grand Cyrus*, roman précieux de Madeleine de Scudéry.

**1650** • *Origines de la langue française* de Ménage.

**1651** • *Nicomède* de Corneille.

**1654** • *Le Pédant joué* de Cyrano de Bergerac.

*Les Ménines* de Vélasquez (détail)

**1659** • *Les Précieuses ridicules* valent à Molière son premier succès.

**1660** • *Grammaire générale et raisonnée* d'Arnauld et Lancelot (appelée aussi *Grammaire de Port-Royal*).

**1662** • *L'École des femmes* de Molière soulève une polémique à propos de la condition féminine.

## ARTS - MUSIQUE

**1650** • Paravents peints du Japonais Tanyū (vagues, pins, tigres et bambous).

**v. 1650** • *La Vénus au miroir* de Vélasquez. • *Les Bergers d'Arcadie*, tableau de Poussin : le classicisme français le plus pur, imprégné de l'esprit antique et italien.

**1652** • Rome : façade de l'église Sainte-Agnès par Borromini, chef-d'œuvre du baroque.

**1656** • *Les Ménines* de Vélasquez : le point culminant de la peinture espagnole du « siècle d'or » (analyse des problèmes de la représentation, réflexion sur la composition).

**1657-1661** • Construction du château de Vaux-le-Vicomte par Le Vau.

**1657-1666** • Colonnade de Saint-Pierre par le Bernin.

**v. 1658-1660** • La *Vue de Delft* de Vermeer : le seul panorama de ville de la peinture du XVIIe s.

**1659** • *Ballet de la raillerie* de Lully.

**1661** • Transformation du château de Versailles par Louis XIV (jusqu'à la fin de son règne). • Lully est nommé surintendant de la musique de la chambre du roi : développement de la musique de cour.

**1662** • *Ex-voto*, tableau de Philippe de Champaigne : la rigueur et l'austérité issues du jansénisme de Port-Royal. • Création de la Manufacture des Gobelins. • *L'Histoire d'Alexandre*, cartons de tapisserie de Le Brun pour Versailles ; *Les Syndics des drapiers* de Rembrandt. • *Ercole amante* (« Hercule amoureux »), opéra commandé par Mazarin à Cavalli, à Paris.

# Les Temps modernes (1454 à 1789)
## de la chute de Constantinople à la Révolution française

### RELIGION – PHILOSOPHIE

**1663** • Descartes est mis à l'Index. Spinoza rédige les *Principes de la philosophie de Descartes*. • Fondation du Séminaire de Québec.

**1664** • Dispersion des religieuses de Port-Royal. • Réforme de l'ordre cistercien de la Trappe par l'abbé de Rancé.

**1665** • Début de l'organisation paroissiale en Nouvelle-France (Canada).

*Le Coup de Soleil* de Jacob Van Ruisdael

**1667** • Russie : les dissidents traditionalistes, ou raskolniki, sont déclarés schismatiques. • En Europe, mode de la Chine : *la Chine illustrée* du père Kircher ; début des polémiques sur les missions.

**1668** • « Paix de l'Église » entre le pape et les jansénistes.

**1670** • *Traité théologico-politique* de Spinoza, une des premières manifestations de la critique littéraire de la Bible. • Publication des *Pensées* de Pascal.

**1673** • Angleterre : le Test Act expulse les catholiques du gouvernement royal et d'autres charges publiques.

**1673-1693** • Affaire de la Régale qui oppose Louis XIV et le clergé français au Pape.

**1674** • *De la recherche de la vérité* de Malebranche.

**1675** • *La Guide spirituelle* de Molinos, qui deviendra la bible des quiétistes. *Le Pèlerin chérubinique* d'Angelus Silesius.

**1676** • Leibniz, esprit conciliant et artisan de l'unité des Églises chrétiennes, rend visite à Spinoza, alors plus ou moins suspect d'athéisme.

**1677** • Publication (posthume) de l'*Éthique* et du *Traité politique* de Spinoza.

### HISTOIRE GÉNÉRALE

**1663** • Colbert rattache la Nouvelle-France (Canada) à la Couronne. • Début de la grande guerre de Turquie, tentative des Turcs pour conquérir le Sud-Est européen.

**1664** • Création, par Colbert, de la Compagnie française des Indes orientales. • Les Anglais s'emparent de Nieuwe Amsterdam (alors administrée par le Hollandais Peter Stuyvesant) et la baptisent New York.

**1665** • Colbert, contrôleur général des Finances. Les Français à Saint-Domingue. • Grave épidémie de peste à Londres.

**1666** • Le parlement de Paris perd son droit de remontrance. • Incendie de Londres. • Maroc : début de la dynastie alaouite.

**1667** • Par le traité de Breda, les Provinces-Unies recouvrent la liberté de commerce dans les ports anglais.

**1667-1668** • France : guerre de Dévolution contre l'Espagne.

**1667-1670** • Russie : révolte paysanne et cosaque dirigée par Stenka Razine.

**1667-1672** • Aurangzeb, le Grand Moghol, étend sa domination à l'Afghanistan, mais ses conquêtes épuisent l'Inde.

**1668** • Le traité d'Aix-la-Chapelle donne une partie de la Flandre à la France. • Traité de Lisbonne : l'Espagne reconnaît l'indépendance du Portugal.

**1670** • Les troupes françaises occupent le duché de Lorraine. Création de la Compagnie du Levant par Colbert. • Fondation en Amérique du Nord (nord du Canada) de la Compagnie britannique de la baie d'Hudson.

**1672** • La France envahit la Hollande qui ouvre ses digues pour noyer le pays. L'Autriche oblige la France à se retirer.

**1673** • Exploration de la vallée du Mississippi par le père Marquette.

**1674** • La France s'établit aux Indes (Pondichéry). • Conquête de la Franche-Comté par Condé.

**1675** • Frédéric Guillaume de Brandebourg prend la Poméranie occidentale à la Suède.

**1677** • Prise de Saint-Omer, Cambrai et Valenciennes par les Français.

## SCIENCES – TECHNIQUES

**1663** • Grimaldi découvre la diffraction de la lumière.

**1665** • Fondation de la Manufacture royale de glaces de Saint-Gobain ; fondation du *Journal des savants*. • Huygens : principe du thermomètre. • L'Anglais Robert Hooke fait les premières observations sur le tissu cellulaire.

**1666** • Fondation de l'Académie des sciences par Colbert ; début du creusement du canal du Midi. • Newton réalise la décomposition de la lumière. • *De l'art combinatoire* de Leibniz (écrit à 20 ans), point de départ d'une réforme profonde de la logique et d'importantes recherches mathématiques.

**1667** • Début de la construction de l'Observatoire de Paris.

**1668** • Newton invente le premier télescope.

**v. 1670** • Création par Colbert des grandes manufactures royales (canons, verreries, draps, tapisseries), encouragement à l'industrie et au commerce en France. • Roberval invente sa balance.

**1671** • Théorie du mouvement de Leibniz. • Malpighi identifie et décrit les utricules.

**1673** • *Traité des horloges* de Huygens.

**1675** • Fondation de l'Observatoire royal de Greenwich. • Leibniz découvre, en même temps que Newton, le calcul différentiel et intégral. • *Cours de chimie* de Léméry.

**1676** • Calcul infinitésimal de Leibniz. • Le Danois Rømer calcule la vitesse de la lumière.

**1677** • Van Leeuwenhoek découvre les spermatozoïdes ; les microscopes qu'il a mis au point vont transformer la médecine et les sciences de la vie.

## LITTÉRATURES

**1663** • *La Critique de l'École des femmes* et *L'Impromptu de Versailles* de Molière.

**1664** • Première version de *Tartuffe* de Molière : la pièce, attaquant les dévots, fait scandale et est interdite.

**1665** • *Réflexions ou Sentences et Maximes morales* de La Rochefoucauld : le moralisme pessimiste de la noblesse française ; *Contes et nouvelles* (en vers) de La Fontaine ; *Dom Juan* de Molière.

**1666** • Premières *Satires* de Boileau à l'imitation des Anciens (Horace, Juvénal) : il dénonce les mœurs du temps ; *Le Roman bourgeois* de Furetière ; *Le Misanthrope* de Molière.

**1667** • *Andromaque*, premier succès de Racine ; *Le Paradis perdu*, épopée chrétienne de Milton.

**1668** • Premier recueil des *Fables* de La Fontaine, sur le modèle d'Ésope ; *L'Avare* et *Amphitryon* de Molière ; *Les Plaideurs* de Racine.

**1669** • *Britannicus* de Racine. • *Simplicissimus* de Grimmelshausen.

**1670** • *Oraison funèbre d'Henriette-Anne d'Angleterre* de Bossuet : l'art oratoire et le modèle de l'éloquence classique ; *Le Bourgeois gentilhomme* de Molière ; *Bérénice* de Racine.

**1671** • *Les Fourberies de Scapin* de Molière ; Mme de Sévigné entreprend une correspondance (lue dans les salons puis publiée) avec sa fille.

**1672** • *Les Femmes savantes* de Molière ; *Bajazet* de Racine.

**1673** • *Le Malade imaginaire*, dernière pièce de Molière, qui meurt au cours de la quatrième représentation ; *Mithridate* de Racine. • *L'Histoire de Montréal* de Dollier de Casson.

**1674** • *L'Art poétique*, poème didactique de Boileau : le triomphe des règles appelées plus tard « classiques » ; une querelle oppose alors les Anciens (Boileau), qui défendent les écrivains de l'Antiquité, aux Modernes (Perrault), partisans des écrivains du siècle de Louis XIV ; *Iphigénie* de Racine.

**1677** • Échec de *Phèdre*, tragédie de Racine ; il devient historiographe du roi et se détourne un temps du théâtre.

## ARTS – MUSIQUE

**1664** • *Weihnachtshistorie*, oratorio de Noël de Schütz : il crée un style musical adapté à la liturgie luthérienne.

**1665-1670** • La colonnade du Louvre : le classicisme français d'inspiration antique.

**1666** • Création de l'Académie de France à Rome par Colbert. • *L'Homme au chapeau mou* de F. Hals. • Stradivarius commence à signer les violons qu'il fabrique, réputés pour leur perfection acoustique liée au secret du vernis. • Reconstruction des églises de Londres détruits par le Grand Incendie.

**1667** • En France, l'Académie royale de peinture et de sculpture fixe la hiérarchie des genres et organise sa première exposition publique.

**1669** • *Le Retour du fils prodigue* de Rembrandt ; premier Salon de peinture en France. • Fondation à Paris de l'Académie royale de musique, pour représenter des opéras en français.

**1670** • Début de la construction des Invalides à Paris. • *Le Coup de soleil* de Ruysdael : apogée du paysage hollandais. • *Le Bourgeois gentilhomme*, comédie-ballet de Molière et de Lully, à Chambord.

**1672** • Le premier concert public payant en Angleterre : la musique instrumentale se vulgarise.

**1673** • Agrandissement du château de Saint-Germain-en-Laye. • *Cadmus et Hermione* : Lully crée la tragédie lyrique et le récitatif français.

**1675** • Début de la construction de la cathédrale Saint-Paul à Londres, par C. Wren. • En Chine, Li Yu rédige une encyclopédie de la peinture.

◂ *Tartuffe*, de Molière, gravure anonyme

# Les Temps modernes (1454 à 1789)

## de la chute de Constantinople à la Révolution française

### RELIGION – PHILOSOPHIE

1678 **1678** • *Voyage du pèlerin* de John Bunyan.

**1679** • Réaction dans l'Empire moghol : rétablissement de l'impôt sur les non-musulmans qu'avait supprimé Akbar en 1572 ; l'islam atteint les limites de son extension en Asie, mais il progresse en Afrique noire.

**1680** • Formation d'une association qui deviendra la congrégation des frères des Écoles chrétiennes en 1694 : apparition en France d'un enseignement primaire gratuit. • *Traité de la nature et de la grâce* de Malebranche.

**1681** • Début des dragonnades contre les protestants français.

**1682** • *Déclaration du clergé de France* préparée par Bossuet, manifeste du gallicanisme ; le pape se heurtera à l'Église de France jusqu'en 1693. • *Pensées sur la Comète* de Bayle.

**1685** • Révocation de l'édit de Nantes (édit de Fontainebleau) : l'absolutisme royal rétablit la monarchie dans son catholicisme de principe et provoque l'exil d'au moins 100 000 protestants français.

**v. 1685** • *Discours de métaphysique* de Leibniz.

**1686** • Massacre des vaudois par les troupes de Louis XIV.

**1687** • Début des déportations de huguenots (calvinistes français) non convertis. • Condamnation du quiétisme de Molinos.

**1688** • *Histoire des variations des Églises protestantes* de Bossuet. • *Les Entretiens sur la métaphysique et la religion* de Malebranche. • Madame Guyon initie Fénelon à la doctrine quiétiste du « pur amour ».

**1689** • *Lettre sur la tolérance* de Locke.

**1689-1755** • Vie de Montesquieu.

**1690** • *Traité sur le gouvernement civil* et *Essai sur l'entendement humain* de Locke. Leibniz y répondra par les *Nouveaux Essais*.

**1692** • Procès de sorcellerie à Salem, l'un des derniers de l'Amérique coloniale. • Un décret royal autorise le christianisme en Chine.

1696 **1696** • *Bible de Mons*, traduction de la Bible en français par Lemaistre de Sacy.

### HISTOIRE GÉNÉRALE

**1678** • La paix de Nimègue met fin à la guerre de Hollande et donne la Franche-Comté à la France : apogée du règne de Louis XIV.

**1679** • Début du système de fortifications de Vauban. • Établissement en Grande-Bretagne de l'*habeas corpus*, qui protège les Anglais contre l'arbitraire.

**1680** • France : exécution de la Voisin à la suite de l'affaire des Poisons.

**1681** • Strasbourg annexée par Louis XIV.

**1682** • France : installation de la cour à Versailles. • Cavelier de La Salle fonde la Louisiane. • Russie : Pierre le Grand, tsar. • La Chine tombe sous la domination mandchoue.

**1683** • Les Turcs menacent une dernière fois l'Europe : échec du siège de Vienne.

**1684** • La France occupe Luxembourg (jusqu'en 1697). • Sainte Ligue de l'Autriche, de la Pologne et de Venise contre les Turcs.

**1685** • France : révocation de l'édit de Nantes. • Grande-Bretagne : Jacques II Stuart, roi.

**1686** • Formation de la ligue d'Augsbourg par les États menacés par les ambitions de Louis XIV. • La Russie, le Brandebourg et la Suède se joignent à la Sainte Ligue contre les Turcs : prise de Buda.

**1687** • Siège d'Athènes par les Vénitiens. • Victoire des Autrichiens sur les Turcs à Mohács.

**1688** • La France revendique le Palatinat : début de la guerre de la ligue d'Augsbourg. • Jacques II, catholique, chassé d'Angleterre par les princes protestants, se réfugie en France.

**1689** • La France dévaste le Palatinat. • Angleterre : couronnement de Guillaume III d'Orange-Nassau. • La Russie et la Chine fixent leurs frontières par traité. • Russie : Pierre le Grand, maître du pouvoir. • Début de catastrophes naturelles au Japon.

**1692** • Bataille de La Hougue : la flotte française est battue par les Anglais et les Hollandais ; fin des prétentions de Louis XIV sur l'Angleterre. Développement de la « guerre de course » (Jean Bart, Duguay-Trouin…).

Manuscrit de la Révocation de l'édit de Nantes ▸

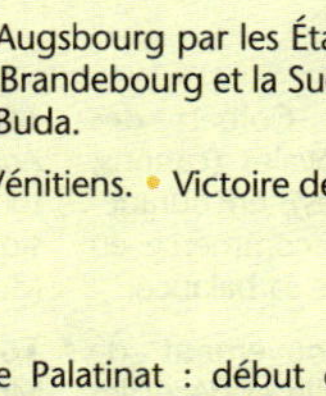

**1696** • Victoire de la Chine sur la Mongolie occidentale ; la Mongolie devient vassale de la Chine.

## SCIENCES – TECHNIQUES



**1679** • Principe de Fermat en optique ; *De la végétation des plantes* de Mariotte ; digesteur (ancêtre de l'autocuiseur) de Denis Papin.

**1680** • Fondation de 27 laboratoires pour l'empereur de Chine.

**1681** • Ouverture du canal du Midi. (Pierre Paul de Riquet).

**1682** • Premier calcul de l'orbite de la comète de Halley. • Newton découvre la gravitation universelle.

**1686** • *Les Entretiens sur la pluralité des mondes* de Fontenelle annoncent la philosophie des Lumières. • Ouverture du premier café parisien par F. Procopio (« le Procope »). • Travaux de Leibniz en dynamique.

**1687** • Première machine à vapeur de Denis Papin. • *Principes mathématiques de philosophie naturelle* de Newton, synthèse de la physique moderne.

**1690** • *Nouvelle méthode pour obtenir à bas prix des forces très grandes* de Denis Papin. • *Traité de la lumière* de Huygens : théorie ondulatoire, opposée à la théorie corpusculaire de Newton. • Premières expériences télégraphiques par sémaphore.

**1694** • Fondation de la Banque d'Angleterre : début du crédit moderne.

**v. 1695** • Théorie du phlogistique de Stahl. • Dom Pérignon invente le champagne.

## LITTÉRATURES

**1678** • *La Princesse de Clèves* de Mme de La Fayette, modèle du roman d'analyse psychologique.

**1678-1680** • Matsuo Bashō, maître de l'art du haiku au Japon.

**1680** • *Dictionnaire français* de Richelet : le premier entièrement en français (sans latin).

**1681** • *Discours sur l'histoire universelle* de Bossuet. • *Absalon et Achitophel* de Dryden.

La Cour de Louis XIV

**1686** • Le Japonais Ihara Saikaku écrit *Vie d'une femme*, roman de mœurs.

**1687** • *Le Siècle de Louis le Grand*, de Perrault, fait éclater la querelle des Anciens et des Modernes.

**1688** • *Les Caractères* de La Bruyère, présentés comme des remarques en marge de l'œuvre de Théophraste.

**1688-1692** • *Parallèles des Anciens et des Modernes* de Perrault.

**1689** • *Esther* de Racine.

**1690** • *Dictionnaire universel* de Furetière (posth.) : une description globale du français.

**1691** • *Athalie* de Racine.

**1694** • Avec le *Dictionnaire de l'Académie française* (plus normatif que ceux de Richelet et de Furetière) s'achève un processus de contrôle de la langue par le pouvoir.

## ARTS – MUSIQUE

**1678** • Château de Marly. • *L'Immaculée Conception* de Murillo, symbole du zèle de la Contre-Réforme en faveur du culte de la Vierge.

**1679** • Jules Hardouin-Mansart, architecte à Versailles, crée la galerie des Glaces (avec Le Brun), l'Orangerie (1686), le Grand Trianon, la chapelle (1687).

**1680** • Fondation de la Comédie-Française.

**1681** • Publication des douze premières *Sonates en trio* de Corelli, le maître de la sonate baroque.

**1683** • Le *Milon de Crotone* de Puget : influence du baroque italien sur la sculpture française.

**1685** • Naissance de J.-S. Bach et de Haendel en Saxe, et de Domenico Scarlatti à Naples.

**1686** • *Armide*, de Lully.

**1687** • Explosion du Parthénon d'Athènes lors du bombardement de l'Acropole par les Vénitiens.

**1689** • *Didon et Énée*, opéra de Purcell, musicien officiel de la monarchie anglaise ; son écriture annonce le XVIII^e^ s.

**1691** • *Le Roi Arthur*, musique de scène de Purcell.

**1693** • François Couperin, organiste de la Chapelle royale ; après le règne de Lully, il fera la synthèse des deux styles dominants : français et italien.

**1694** • Opéras napolitains d'Alessandro Scarlatti, qui contribue à fixer le genre, notamment par l'intervention de l'« ouverture à l'italienne ».

# Les Temps modernes (1454 à 1789)

## de la chute de Constantinople à la Révolution française

| | RELIGION – PHILOSOPHIE | HISTOIRE GÉNÉRALE |
|---|---|---|
| 1697 | **1697** • *Explication des maximes des saints sur la vie antérieure*, où Fénelon marque son soutien au quiétisme. Bossuet y répond par sa *Relation sur le quiétisme* (1698). | **1697** • Traités de Ryswick : ils mettent fin à la guerre de la ligue d'Augsbourg et marquent le coup d'arrêt de l'impérialisme français en Europe. • Le prince Eugène de Savoie remporte une victoire définitive sur les Turcs à Zenta. • Charles XII, roi de Suède. • Premier voyage de Pierre le Grand en Occident. |
| | **1699** • Condamnation du quiétisme et de Fénelon. • En Inde, la communauté sikh est organisée en théocratie militaire pour résister aux Moghols ; ainsi devient-elle une « nation », qui refusera l'assimilation à l'hindouisme dans l'État moderne. | **1699** • Traité de Karlowitz : les Habsbourg reprennent la Hongrie aux Turcs ; fin des ambitions européennes de la Turquie. |
| 1700 | **1700** • Point culminant de la querelle des Rites, sur la possibilité de modifier les rites catholiques pour convertir la Chine. | **1700** • Avènement de Philippe V d'Espagne. • Pologne, Russie et Danemark entrent en guerre contre la Suède (jusqu'en 1721) ; victoire suédoise de Narva.<br>**v. 1700** • Développement du commerce triangulaire en Europe. |

# XVIII^e^ siècle (1701 à 1800)

**Avec le triomphe de la rationalité des Lumières et de l'esprit scientifique, l'Europe assied son empire commercial, économique et politique sur le monde. Avènement de l'État bourgeois démocratique et affirmation des droits de l'homme avec la Révolution française, tandis qu'en Angleterre, à la faveur de la première révolution industrielle, une ploutocratie financière et industrielle contrôle la monarchie constitutionnelle. • La déclaration et la guerre d'Indépendance permettent aux États-Unis de s'émanciper de la tutelle britannique.**

| | RELIGION – PHILOSOPHIE | HISTOIRE GÉNÉRALE |
|---|---|---|
| 1701 | **1701** • Fondation de la Society for the Propagation of the Gospel et de l'université de Yale. | **1701** • Guerre de Succession d'Espagne (jusqu'en 1714). • Frédéric I^er^, roi de Prusse. |
| | **1702** • Les protestants cévenols (« camisards ») se révoltent contre Louis XIV et son armée. | **1702** • Prise de Cracovie par Charles XII.<br>**1703** • Russie : la fondation de Saint-Pétersbourg illustre l'ouverture à l'Occident. |
| | **1704** • *Nouveaux Essais sur l'entendement humain* de Leibniz. • Début des Églises afro-chrétiennes. | **1704** • Les Anglais s'installent à Gibraltar. • Stanislas I^er^ Leszczyński, roi de Pologne. |
| | | **1706** • Conquête de la Belgique par Marlborough ; victoires de Marlborough et du prince Eugène sur la France. • Philippe V chassé de Madrid. |
| | | **1707** • L'acte d'Union donne un Parlement unique aux royaumes d'Angleterre et d'Écosse : naissance du Royaume-Uni de Grande-Bretagne. |
| | **1708** • *Entretiens d'un philosophe chrétien et d'un philosophe chinois* de Malebranche. | **1708** • Bataille d'Oudenaarde : défaite française dans la guerre de Succession d'Espagne. |
| | **1709** • Expulsion des dernières religieuses de Port-Royal-des-Champs, dont les bâtiments sont rasés peu après. | **1709** • Bataille de Poltava : Pierre le Grand bat les Suédois alliés au Cosaque ukrainien Mazeppa ; la Russie s'impose comme une puissance militaire. • Début d'une terrible famine en France : soulèvements paysans. |
| | **1710** • Leibniz publie ses *Essais de Théodicée*. *Traité sur les principes de la connaissance* de Berkeley, exposé de son « immatérialisme » (idéalisme). | |
| 1711 | **1711-1776** • Vie de David Hume. | **1711** • Grande-Bretagne : ministère Bolingbroke. |

| SCIENCES - TECHNIQUES | LITTÉRATURES | ARTS - MUSIQUE | |
|---|---|---|---|
| | **1697** • *Histoires ou contes du temps passé* (ou *Contes de ma mère l'Oye*) de Charles Perrault, écrits contre la tradition pédante de l'imitation des Anciens. • *Dictionnaire historique et critique* de Bayle. | **1698-1710** • Construction de la chapelle du château de Versailles par Robert de Cotte. | 1697 |
| **1699** • Création en Russie des premières fonderies, dans l'Oural et en Sibérie. | **1699** • *Les Aventures de Télémaque* de Fénelon, roman « antique » pédagogique. | | |
| | | **v. 1700** • Laques de Kōrin Ogata au Japon. • La première clarinette. • Belgique : Maisons des corporations sur la Grand-Place, à Bruxelles. | |
| **1700** • Début des études des Cassini sur la mesure du méridien de Paris. • Construction de l'Observatoire de Berlin. | | | 1700 |

*Louis XIV* par Rigaud ▸

| SCIENCES - TECHNIQUES | LITTÉRATURES | ARTS - MUSIQUE | |
|---|---|---|---|
| | | **1701** • *Portrait de Louis XIV en costume de sacre* de Hyacinthe Rigaud. | 1701 |
| **1702** • Fondation du premier quotidien anglais, le *Daily Currant*. | | | |
| | | **1703** • Pierre le Grand fonde Saint-Pétersbourg et fait appel à des architectes étrangers, ouvrant son pays aux influences occidentales. | |
| **1704** • *Optique* de Newton (théorie de la lumière, théorie des couleurs). | **1704** • *Dictionnaire de Trévoux*, œuvre des jésuites tirée de Furetière. | | |
| **1705** • Halley prédit, dans *Astronomiae cometicae synopsis*, le retour pour 1758 d'une comète observée en 1682. • *Considérations sur le numéraire et le commerce* de J. Law. | **1704-1717** • La traduction des *Mille et Une Nuits* par Antoine Galland lance la mode de l'Orient en France. | | |
| **1707** • Denis Papin construit un bateau à vapeur. | | | |
| **1708** • Réaumur édite la *Description générale des arts et métiers de France.* | **1708** • *Le Légataire universel* de Regnard. | **1708-1717** • J.-S. Bach, organiste à la cour de Weimar. | |
| **1709** • Mise au point de la fonte au coke, par Darby. | **1709** • *Turcaret ou le Financier* de Lesage. | | |
| | | **v. 1710** • Le premier piano-forte (Cristofori). | |
| Au cours du XVIII<sup></sup>e s., les ingénieurs anglais créent les machines et les procédés qui permettent, avec l'exploitation du fer et du charbon, la révolution industrielle. | | | |
| **1711** • John Shore invente le diapason. | **1711** • Steele et Addison fondent *The Spectator*, périodique anglais. | | 1711 |

| RELIGION – PHILOSOPHIE | HISTOIRE GÉNÉRALE |
|---|---|
| 1712 **1712-1778** • Vie de Jean-Jacques Rousseau. | **1712** • Dislocation de la coalition contre la France ; victoire de Denain qui rétablit la situation française. |
| **1713** • Louis XIV obtient du pape la condamnation complète du jansénisme (bulle *Unigenitus Dei Filius*). • *Dialogues entre Hylas et Philonoüs* de Berkeley. • Expulsion des missionnaires du Tonkin. | **1713** • Traités d'Utrecht (jusqu'en 1715) mettant fin à la guerre de Succession d'Espagne : victoire de la politique britannique. • Fin de la lutte franco-anglaise en Amérique du Nord ; la Nouvelle-Écosse, Terre-Neuve et la baie d'Hudson passent aux mains des Anglais. • Prusse : avènement de Frédéric-Guillaume Ier. • Conquête de la Poméranie suédoise par les Russes. |
| **1713-1784** • Vie de Diderot. | |
| **1714** • Leibniz entreprend une correspondance avec Clarke, porte-parole de Newton en philosophie, et publie la *Monadologie*, synthèse de ses théories. | **1714** • Grande-Bretagne : avènement de la dynastie de Hanovre (George Ier, roi). • Conquête de la Finlande par Pierre le Grand. |
| **1715-1771** • Vie d'Helvétius. | **1715** • France : mort de Louis XIV ; avènement de Louis XV (régence de Philippe d'Orléans jusqu'en 1723 qui rend au Parlement le droit de remontrance). • Les Français occupent l'île de France (future île Maurice). |
| | **1716** • France : le financier écossais Law fonde une banque privée qui a le droit d'émettre des billets. |
| **1717** • Création de la Grande Loge de Londres ; la franc-maçonnerie se développe rapidement en Europe et en Amérique du Nord. • Interdiction de la prédication du christianisme en Chine. | |
| **1717-1783** • Vie de d'Alembert. | **1718** • Autriche-Hongrie : grâce aux victoires du Prince Eugène sur les Turcs, l'empire des Habsbourg atteint sa plus grande expansion territoriale. • Mort de Charles XII et déclin de la Suède. • Fondation de La Nouvelle-Orléans. |
| | **1719** • La Colombie devient vice-royauté espagnole indépendante. |
| | **1720** • France : banqueroute de Law, émeutes à Paris ; épidémie de peste à Marseille. • Inde : début de la désintégration de l'empire des Grands Moghols. • Le Tibet soumis à la Chine ; le Texas à l'Espagne. |
| | **1721** • France : exécution de Cartouche. • Après la paix de Nystad, déclin de la puissance suédoise au profit de la Russie ; Pierre Ier le Grand prend le titre de « tsar de toutes les Russies ». • Grande-Bretagne : ministère Walpole. |
| | **1722** • Pierre le Grand crée le *tchin* (titre de noblesse donné pour service rendu) qui « fonctionnarise » la noblesse. • Découverte des îles Samoa (Polynésie) par le Hollandais Roggeveen. |
| **1723** • Angleterre : les francs-maçons fixent leurs principes (« Old Charges »). | **1723** • Mort du régent Philippe d'Orléans. • Prise de Bakou par les Russes. |
| **1724-1804** • Vie de Kant. | **1724** • Création de la « Bourse de Paris » où les agents de change ont le monopole des négociations et sont réunis rue Vivienne, à Paris. |
| **1725** • *Principes d'une Science nouvelle relative à la nature commune des nations* par l'Italien Vico. • Implantation de la franc-maçonnerie en France sous l'impulsion d'aristocrates anglais. | **1725** • Mariage de Louis XV avec Marie Leszczyńska ; il entraînera la France dans la guerre de Succession de Pologne (1733). • Mort de Pierre le Grand : avènement de Catherine Ire, sa femme. • Afrique : formation des royaumes peuls islamisés du Fouta-Djalon et du Boundou. |
| | **1726** • France : début du ministère Fleury ; redressement économique (jusqu'en 1743). • Fondation de Montevideo par les Espagnols. |
| **1727** • Zinzendorf fonde en Saxe la communauté des Frères moraves. | **1727** • Grande-Bretagne : George II, roi. • Russie : avènement de Pierre II. |
| **1727-1732** • « Convulsions de Saint-Médard » à Paris, guérisons miraculeuses qui entraînent des mouvements populaires favorables au jansénisme. | |
| 1728 | **1728** • Découverte du détroit de Béring. |

## SCIENCES – TECHNIQUES

**1712** • Newcomen construit la première grande machine à vapeur utilisable par l'industrie.

**1713** • *Ars conjectandi* de Jacques Bernoulli (posthume), sur le calcul des probabilités.

**1714** • Invention du thermomètre à mercure par Fahrenheit. • Henry Hill invente la machine à écrire.

**1716** • France : création du corps des Ponts et Chaussées. • Halley invente une cloche de plongée pour explorer les fonds marins.

▲ *L'Enseigne de Gersaint* de Watteau

**1722** • Note de Réaumur sur la fabrication de l'acier, qu'il lance en France. • Début de la fabrication des toiles de coton, en Normandie.

**1725** • Achèvement de la plus grande encyclopédie chinoise illustrée (1 628 tomes) intitulée *Gujin tushu jicheng*.

**1726** • Première montre à échappement.

**1728** • Publication à Londres par Chambers du premier dictionnaire encyclopédique moderne, une des principales sources de l'*Encyclopédie* de Diderot et d'Alembert. • Bradley découvre l'aberration astronomique.

## LITTÉRATURES

**1712** • *La Boucle dérobée* d'Alexander Pope.

**1714** • Relance de la querelle des Anciens et des Modernes à propos de la traduction des épopées d'Homère.

**1715-1735** • *Histoire de Gil Blas de Santillane*, roman satirique de Lesage : l'exotisme des romans picaresques.

**1716** • Paris compte plus de 300 cafés, lieux sociaux et littéraires (le Procope, fondé en 1686).

**1718** • *Réflexions critiques sur la poésie et la peinture* de l'abbé Du Bos.

**1719** • *Robinson Crusoé* de De Foe : le mythe de l'Occident moderne.

**1721** • Les *Lettres persanes*, roman philosophique satirique de Montesquieu : l'Occident vu par un regard exotique.

**1722** • *La Surprise de l'amour* de Marivaux, qui destine ses pièces aux comédiens-italiens.

**1723** • *La Double Inconstance* de Marivaux. • *Teatro italiano* de Maffei.

**1726** • Son impertinence conduit Voltaire à la Bastille puis en Angleterre (jusqu'en 1729) où il rencontre Locke. • *Les Voyages de Lemuel Gulliver*, satire fantastique de l'Irlandais Swift, publiée anonymement.

## ARTS – MUSIQUE

**1712** • Haendel se fixe à Londres après le triomphe de son opéra *Rinaldo* : il deviendra compositeur officiel de la Couronne.

**1714** • Publication posthume des *concertos* de Corelli.

**v. 1715** • Importante production de concertos de Vivaldi.

**1717** • *L'Art de toucher le clavecin*, traité de François Couperin. • *L'Embarquement pour Cythère* de Watteau : la « fête galante » encouragée par une société de loisirs.

**1718** • Édification du palais de l'Élysée.

**1719** • Les Grandes Écuries du château de Chantilly par Aubert : le style Régence français ; début de la construction du palais épiscopal de Würzburg.

**1720** • *L'Enseigne de Gersaint* de Watteau, son dernier tableau.

**1721** • Édification de l'hôtel Matignon. • Six *Concertos brande bourgeois*, de style italien, de J.-S. Bach.

**1722** • Construction du Palais-Bourbon. • Première partie du *Clavier bien tempéré* de J.-S. Bach ; le *Traité de l'harmonie réduite à ses principes naturels*, de Rameau, fixe les bases du classicisme musical.

**1723** • J.-S. Bach, « cantor » à Leipzig (jusqu'à sa mort).

**1724** • *La Passion selon saint Jean* de J.-S. Bach.

**1725** • Fondation, à Paris, du Concert spirituel, un des grands foyers musicaux d'Europe jusqu'à la Révolution ; *Les Quatre Saisons* : Vivaldi impose le concerto pour soliste, en réaction contre le concerto grosso de Corelli, et annonce la musique descriptive.

**1727** • *La Passion selon saint Matthieu* de J.-S. Bach.

**1728** • Construction du palais de Rohan à Strasbourg par Robert de Cotte. • *The Beggar's Opera*, pièce de John Gay, satire de la société londonienne qui inspirera *L'Opéra de quat'sous* de Brecht.

**RELIGION – PHILOSOPHIE**

1729 **1729** • Fondation du méthodisme par John et Charles Wesley.

**1734** • *Lettres philosophiques* de Voltaire ; avec les Lumières, le XVIII^e^ s. marque la fin de la métaphysique, le triomphe de Newton et de la philosophie de l'expérience sur Descartes.

**v. 1737** • Naissance en Arabie du mouvement wahhabite (du nom de son fondateur `Abd al-Wahhāb).

**1737** • Première loge maçonnique allemande à Hambourg.

**1738** • Condamnation des francs-maçons par le pape régulièrement renouvelée jusqu'à nos jours. • Début de la prédication de Whitefield.

**1739-1740** • *Traité de la nature humaine* de David Hume, empiriste et positiviste.

**1740** • Suppression de la torture et tolérance religieuse en Prusse.

**1741-1742** • *Essais moraux et politiques* de Hume.

**1742** • Le pape condamne la politique des jésuites en Chine.

**HISTOIRE GÉNÉRALE**

**1729** • Fondation des colonies anglaises des Carolines en Amérique du Nord, séparées l'année suivante. • Troisième révolte des Natchez de la Louisiane.

**1730** • Russie : avènement d'Anna Ivanovna, nièce de Pierre le Grand.

**1732** • France : conflit entre Fleury et le Parlement. • Fondation de la colonie anglaise de Géorgie. • Dupleix, nommé, gouverneur du comptoir de Chandernagor, fait des comptoirs français de l'Inde de véritables colonies.

**1733-1738** • Guerre de Succession de Pologne.

▲ *Voltaire* par Quentin de La Tour

▲ *Rousseau* par Quentin de La Tour

**1736** • Chine : début du règne de l'empereur Qianlong de la dynastie mandchoue, dont il va porter la puissance à son apogée. • Fin de la dynastie safavide en Perse ; Nādêr Chāh, nouveau roi.

**1738** • Fin de la guerre de Succession de Pologne : traité de Vienne ; Stanislas I^er^ Leszczyński, beau-père de Louis XV, reçoit les duchés de Bar et de Lorraine.

**1739** • Les Perses, dirigés par Nādêr Chāh, envahissent l'Inde. • Traité de Belgrade entre la Russie, l'Autriche et l'Empire turc : redressement ottoman. • Nādêr Chāh s'empare de Delhi.

**1740** • Autriche : Marie-Thérèse, reine de Bohême et de Hongrie, impératrice en 1745 ; guerre de Succession d'Autriche dans laquelle s'engage la France. Début de la rivalité austro-russe dans les Balkans. • Prusse : Frédéric II le Grand devient roi ; despote éclairé, il accueille la philosophie des Lumières. Les Prussiens envahissent la Silésie. • Russie : avènement d'Ivan VI.

**1741** • Russie : Élisabeth, impératrice.

**1742** • Dupleix, directeur général des comptoirs français en Inde. • Début des conflits entre Habsbourg et Hohenzollern pour l'hégémonie en Allemagne. • Le Chili, jusqu'alors inclus dans la vice-royauté espagnole du Pérou, devient capitainerie générale. • Les Français occupent les Seychelles.

1743 **1743** • France : mort de Fleury ; Louis XV gouverne lui-même ; influence des favorites (Mme de Pompadour, puis Mme du Barry). • Défaite française à Dettingen dans la guerre de Succession d'Autriche.

## SCIENCES - TECHNIQUES

**1730** • Réaumur invente un thermomètre à alcool avec une échelle 0-80.

**1731** • Hadley invente l'octant (à l'origine du sextant de marine) • Création de l'Académie royale de chirurgie.

**1732** • *Discours sur les différentes figures des astres* de Maupertuis.

**1733** • John Kay invente la navette volante pour les métiers à tisser. • Du Fay distingue deux types d'électricité. • Gray distingue corps conducteurs d'électricité et isolants.

**1734-1742** • *Mémoires pour servir à l'histoire des insectes* de Réaumur.

**1735** • Voyage de La Condamine, Godin, et Bouguer en Amérique du Sud, de Maupertuis en Laponie, pour déterminer la figure de la Terre. • Darby invente la métallurgie au charbon. • Classification de Linné en sciences naturelles.

**1736** • Calcul du méridien terrestre sous la direction de Maupertuis, qui établit l'aplatissement de la Terre aux pôles prévu par Newton. • John Harrison invente le chronomètre de marine. • Invention de la machine à filer par Paul et Wyatt. • Le navire à vapeur de Jonathan Hulls. • *Mécanique* d'Euler.

**1738** • Fondation de la manufacture de porcelaine de Vincennes (puis de Sèvres) • Le premier automate de Vaucanson. • Daniel Bernoulli expose les principes de la cinétique des gaz et de l'hydrodynamique.

**1741** • *Éléments de géométrie* et *Mémoire sur le problème des trois corps* de Clairaut.

**1742** • Échelle thermométrique de Celsius.

**1743** • *Traité de dynamique* de d'Alembert.

## LITTÉRATURES

**1730** • *Le Jeu de l'amour et du hasard* de Marivaux ; ouverture du salon de la marquise du Deffand.

**1731** • Avec *L'Histoire du chevalier Des Grieux et de Manon Lescaut* de l'abbé Prévost, *La Vie de Marianne*, roman de Marivaux (jusqu'en 1741), et *Moll Flanders* de De Foe (1722), émergence du sujet féminin dans la littérature ; *Histoire de Charles XII* de Voltaire.

**1732** • *Le Triomphe de l'amour* de Marivaux ; *Zaïre* de Voltaire : le prolongement de la tragédie classique.

**1734** • *Considérations sur les causes de la grandeur des Romains et de leur décadence* de Montesquieu.

**1736** • *L'Orphelin de la famille Zhao*, premier drame chinois qui servira de trame à *L'Orphelin de la Chine* de Voltaire en 1755.

**1737** • *Les Fausses Confidences* de Marivaux.

**1738** • *Discours sur l'homme* de Voltaire.

**1739** • Début réel de la rédaction de *Mémoires* de Saint-Simon (jusqu'en 1750).

**1740** • *Paméla ou la Vertu récompensée*, roman de Richardson : le roman par lettres devient le procédé le plus courant des récits.

**1742** • L'abbé Prévost traduit *Paméla* en français.

## ARTS - MUSIQUE

**1729** • Domenico Scarlatti suit en Espagne l'infante Maria Barbara, pour laquelle il compose plus de 500 sonates pour clavecin.

**1732** • Niccolò Salvi commence les travaux de la fontaine de Trevi, à Rome, qui ne sera achevée qu'en 1762.

**1733** • *L'Oratorio de Noël* de J.-S. Bach ; *La Servante maîtresse* de Pergolèse à Naples : naissance de l'opéra-bouffe ; *Hippolyte et Aricie*, opéra de Rameau, connaît un accueil mitigé.

**1734** • Décoration de la chambre de la Reine à Versailles par François Boucher. • *La Clémence de Titus*, mélodrame musical de Métastase.

**v. 1735** • Début du style « rocaille » qui régnera jusque vers 1760 ; la fontaine de la rue de Grenelle à Paris, par Bouchardon : début d'un retour vers l'antique, par réaction contre la fantaisie du style Louis XV. • *Les Indes galantes* de Rameau : l'apogée de l'opéra-ballet.

**1736** • Portrait de *Voltaire* par Quentin de La Tour.

**1737** • Premiers Salons de peinture annuels organisés par l'Académie. • *Castor et Pollux* de P.-J. Bernard et de J.-P. Rameau.

**1738** • Les trente *Exercices pour clavier* de D. Scarlatti.

**1739** • Achèvement du pavillon d'Amalienburg par Cuvilliés : le rococo en architecture.

**1740** • Les *Chevaux de Marly* de Coustou : le style rocaille en sculpture. • *Le Triomphe de Vénus* de Boucher : la peinture mythologique galante ; *Le Bénédicité* de Jean-Baptiste Siméon Chardin.

**1742** • Gabriel, architecte du roi. • Triomphe du *Messie*, oratorio de Haendel à Dublin. • Deuxième partie du *Clavier bien tempéré* de J.-S. Bach.

# Les Temps modernes (1454 à 1789)

## de la chute de Constantinople à la Révolution française

### RELIGION – PHILOSOPHIE

1744 **1744** • Édition définitive de *La Science nouvelle* de Vico. • Le wahhabisme est adopté par la famille des Sa'ūd, en Arabie.

**1746** • *Essai sur l'origine des connaissances humaines* de Condillac. • *Pensées philosophiques* de Diderot.

**1748** • *Essais philosophiques sur l'entendement humain* de Hume. • *L'Homme-machine* de La Mettrie ; essor du matérialisme et du scepticisme en Europe. • *De l'esprit des lois* de Montesquieu, classique de la pensée politique.

**1749** • Swedenborg, savant suédois mystique et théosophe, publie les *Arcanes célestes*.

**1750-1753** • Voltaire invité par Frédéric II à Berlin.

**1750** • *Discours sur les sciences et les arts* de Rousseau. • Diderot lance l'*Encyclopédie*.

**1751** • Publication du premier volume de l'*Encyclopédie*, avec le *Discours préliminaire* rédigé par d'Alembert. • *Enquêtes sur les principes de la morale* de Hume.

**1752** • Première condamnation de l'*Encyclopédie*.

**1753** • *Le Christianisme de la raison* de Lessing, caractéristique de l'Aufklärung.

**1755** • *Traité des sensations* de Condillac. • *Discours sur l'origine et les fondements de l'inégalité parmi les hommes* de Rousseau.

1756 **1756** • Expulsion des jésuites du Portugal, puis de France (1764) et d'Espagne (1767).

### HISTOIRE GÉNÉRALE

**1744** • Début des guerres coloniales entre la France et l'Angleterre.

**1745** • François I^er^, empereur germanique. • Bataille de Fontenoy. • Débarquement en Écosse de Charles Édouard Stuart.

**1746** • Défaite de Charles Édouard à la bataille de Culloden. • Espagne : mort de Philippe V.

**1747** • Création du royaume d'Afghanistan par Aḥmad Chāh Dorrānī.

**1748** • Le traité d'Aix-la-Chapelle met fin à la guerre de Succession d'Autriche.

**1749** • France : création de l'impôt du vingtième par Machault d'Arnouville : les classes privilégiées s'y opposent.

◀ *Le Mariage à la mode* (Le contrat), de Hogarth

**1752** • Publication du premier journal canadien, le *Halifax Gazette*.

**1753** • France : Louis XV exile le parlement de Paris, citadelle du jansénisme et de l'opposition aristocratique au roi. • Les Canadiens français occupent la vallée de l'Ohio.

**1754** • Machault d'Arnouville, peu soutenu par le roi dans sa lutte contre les privilégiés, abandonne le pouvoir.

**1755** • France : exécution de Mandrin. • Portugal : Pombal, Premier ministre ; tremblement de terre à Lisbonne. • Hostilités anglo-françaises en Inde (rappel de Dupleix) et en Amérique (les Anglais occupent l'Acadie) ; 10 000 Acadiens français déportés se réfugient pour la plupart en Louisianne.

**1756** • Début de la guerre de Sept Ans. • Grande-Bretagne : ministère du Premier Pitt. • La dynastie husseinite fait de la Tunisie un État prospère. • Montcalm au Canada.

| SCIENCES – TECHNIQUES | LITTÉRATURES | ARTS – MUSIQUE | |
|---|---|---|---|
| **1744** • « Principe de moindre action » de Maupertuis. | **1744** • *Histoire et Description générale de la Nouvelle-France* par le père Charlevoix. • Bhārat-candra écrit un roman bengali en vers. | **1744** • *Mercure attachant ses talonnières*, sculpture de Pigalle ; *Saint-Bruno* de M.A. Slodtz à Saint-Pierre de Rome : le baroque tardif. • *Sophonisbe* de Gluck. | 1744 |
| **v. 1745** • Métier à tisser mécanique de Vaucanson. • Invention du condensateur électrique (« bouteille de Leyde »). | | **1745** • Le « goût Pompadour » influence la vie artistique française : un art de boudoir, baroque et gracieux. • Construction du château de Sans-Souci (près de Potsdam), le « Versailles prussien », pour Frédéric II ; renouveau de la vie artistique allemande sous l'impulsion des petites cours princières. • *Le Mariage à la mode*, de Hogarth, peinture de genre satirique, point de départ de l'école anglaise. • *Platée* de Rameau. | |
| **1746** • Maupertuis appelé par Frédéric II à la tête de l'Académie royale de Prusse. • Amélioration dans la fabrication de l'acide sulfurique. | **1746** • *Introduction à la connaissance de l'esprit humain*, suivie de *Maximes et Réflexions* de Vauvenargues. | | |
| **1747** • Découverte des propriétés de la betterave sucrière. • Le Français François Fresneau identifie l'arbre qui fournit le caoutchouc. | **1747** • *Zadig*, conte philosophique de Voltaire. | | |
| **1748** • Bradley découvre le mouvement (appelé « nutation ») de l'axe de rotation de la Terre. • *Introduction à l'analyse des infiniment petits* d'Euler : il traite de manière analytique l'algèbre, la théorie des équations, la trigonométrie et la géométrie analytique. | **1748** • *Les Bijoux indiscrets*, de Diderot : la mode du roman libertin. • *Clarisse Harlowe*, roman par lettres de Richardson. | **1748** • L'extension des fouilles d'Herculanum et de Pompéi accroît le retour du goût vers l'antique : débuts du néoclassicisme. • Portrait de Louis XV par Quentin de La Tour ; première exposition publique des tableaux du roi en France. | |
| **1749** • Parution des trois premiers volumes de l'*Histoire naturelle* de Buffon. | **1749** • La *Lettre sur les aveugles* vaut à Diderot l'emprisonnement à Vincennes. • *Tom Jones*, roman de Fielding. | **1749** • *Portrait de M. et Mme Andrews* de Gainsborough : début de l'école du portrait en Angleterre. • *L'Art de la fugue*, dernière œuvre (inachevée) de J.-S. Bach. | |
| **v. 1750** • Mise au point de la fabrication de l'acier au creuset. • En France (physiocrates) et en Angleterre, intérêt pour de nouvelles techniques agraires. | **1750** • *Discours sur les sciences et les arts* de Rousseau. • *Comédies vénitiennes* de Goldoni. | **1750** • Mort de J.-S. Bach à Leipzig.<br>**v. 1750** • Naissance d'un nouveau genre musical : la symphonie. • Fin des aménagements du château de Schönbrunn. | |
| **1751** • Découverte du nickel.<br>**1751-1754** • *Écrits sur l'électricité et la météorologie* de B. Franklin et découverte du paratonnerre. | **1751** • Voltaire achève *Le Siècle de Louis XIV*, critique indirecte du règne de Louis XV. | | |
| **1752** • Ouverture du zoo de Schönbrunn, le premier d'Europe. | | **1752** • Gabriel commence la construction de l'École militaire à Paris ; place Royale (place Stanislas) à Nancy : le style Louis XV. • « Querelle des Bouffons », après la représentation de *La Servante maîtresse* de Pergolèse à Paris. | |
| | **1753** • Début de la *Correspondance littéraire, philosophique et critique* de Grimm (jusqu'en 1793). • *La Locandiera* de Goldoni. | **1753** • *Lettre sur la musique française*, où Rousseau prend à partie Rameau et défend la musique française contre la musique italienne. | |
| **1754** • Joseph Black identifie le gaz carbonique. • John Wilkinson fonde sa première usine métallurgique à Bradley. | | **1754** • Naissance du style Chippendale dans le mobilier anglais.<br>**1754-1762** • Construction du palais d'Hiver à Saint-Pétersbourg par Rastrelli. | |
| **v. 1755** • Essor du mouvement des physiocrates : Dupont de Nemours, Gournay, Mirabeau, Quesnay, Turgot. • *Institutiones calculi differentialis* d'Euler (« Fondements du calcul différentiel »). | **1755** • Samuel Johnson termine son *Dictionnaire de la langue anglaise*, source de la lexicographie moderne. | **1755** • *La Marquise de Pompadour*, portrait de Quentin de La Tour.<br>**1755-1775** • Place Louis XV (la Concorde) à Paris : le style Louis XVI. • *Un père de famille lisant la Bible à ses enfants*, tableau de Greuze. Écrit de Winckelmann : le fondement théorique du néoclassicisme. | |
| **1756** • Fabrication du ciment. | **1756** • *Essai sur les mœurs et l'esprit des nations* de Voltaire. | **1756** • Gravures romaines de Piranèse. • Naissance de Mozart à Salzbourg. | 1756 |

1757

### RELIGION – PHILOSOPHIE

**1758** • *De l'esprit* d'Helvétius (ouvrage qui sera condamné au feu, l'année suivante, pour athéisme).

**1759** • Suspension de la parution de l'*Encyclopédie* (condamnée par le pape en septembre) ; Malesherbes sauve l'entreprise en autorisant la publication des « Planches » (à partir de 1762). • *Candide ou l'Optimisme*, conte philosophique de Voltaire, qui s'oppose à l'optimisme théologique de Leibniz.

**1762** • *L'Émile* (condamné par l'archevêque de Paris) et *Du contrat social* de Rousseau. • Procès et exécution du calviniste Calas, défendu par Voltaire.

**1763** • *Traité sur la tolérance* de Voltaire.

**1764** • Suppression de la Compagnie de Jésus imposée par le parlement de Paris. • *Dictionnaire philosophique portatif* de Voltaire. • *Des délits et des peines* de Beccaria.

**1765** • L'action de Voltaire contre l'intolérance religieuse suscite un certain écho officiel : réhabilitation de Calas. • Publication du premier livre imprimé au Canada : *Le Catéchisme* du diocèse de Sens.

**1766** • *Réflexions sur la formation et la distribution des richesses* de Turgot. • Reprise de la publication de l'*Encyclopédie*.

**1767** • *Le Christianisme dévoilé* d'Holbach. • Expulsion des Jésuites du Paraguay.

**1769** • Diderot rédige *Le Rêve de d'Alembert*. • Au Japon, le shintoïsme est décrété religion d'État.

### HISTOIRE GÉNÉRALE

**1757** • Les Français sont battus à Rossbach par la Prusse. • Bataille de Plassey : prise du Bengale par les Anglais.

**1758** • France : début du ministère Choiseul. • Canada : prise de Louisbourg et de Frontenac par les Anglais.

**1759** • Les Anglais prennent Québec puis Montréal (1760). Mort de Montcalm.

**1760** • Grande-Bretagne : George III, roi. • Pillage de Berlin par les Russes dans la guerre de Sept Ans. • Les territoires français d'Amérique du Nord comptent 85 000 habitants.

**1761** • La France perd Pondichéry.

**1762** • Russie : avènement du tsar Pierre III qui sauve la Prusse de la défaite, par la paix et l'alliance signées entre les deux pays, mais le tsar est déposé et remplacé par sa femme Catherine II. • La France abandonne à l'Espagne la partie occidentale de la Louisiane, rétrocédée en 1800.

**1763** • Traité de Paris : fin du premier empire colonial français. • Les Britanniques s'établissent en Inde. Ils écrasent un soulèvement au Bengale (en 1764). • Canada : formation de la Nouvelle-Écosse.

**1764** • Stanislas II Poniatowski, roi de Pologne ; occupation du pays par les Russes. • La France rachète l'île Bourbon, future Réunion, à la Compagnie des Indes.

**1765** • Joseph II, empereur germanique.

**1765-1768** • France : mystère de la « bête du Gévaudan ».

**1766** • La Lorraine est intégrée à la monarchie française.

**1767** • Samuel Wallis, premier Européen à Tahiti.

**1768** • La Corse devient française. • Guerre entre la Russie et les Austro-Turcs. • Soulèvement des patriotes polonais : confédération de Bar (jusqu'en 1772) contre les Russes.

**1769** • Naissance de Napoléon Bonaparte. • Conquête des principautés roumaines par les Russes. • Canada : l'île du Prince-Édouard, séparée de la Nouvelle-Écosse. • J. Cook fait le tour de l'archipel de la Nouvelle-Zélande.

1769

## SCIENCES – TECHNIQUES

**1758** • Invention du concasseur à vapeur. • *Tableau économique* de Quesnay.

**1759** • Création de la manufacture de toiles imprimées d'Oberkampf.

**1760** • Travaux fondateurs de Black sur la calorimétrie.

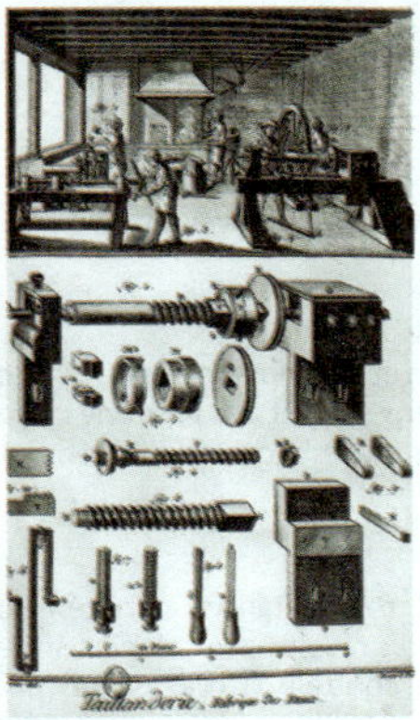

Planche de l'*Encyclopédie* de Diderot

**1764** • Machine à filer de Hargreaves. • Première imprimerie à Québec.

**1765** • L'Écossais Watt, améliorant la machine à vapeur de Newcomen, met au point le condenseur (déposé en 1769).

**1766** • Début du voyage de Bougainville autour du monde. • Le Britannique Cavendish isole l'hydrogène.

**1767** • *L'Histoire et l'état actuel de l'électricité* de Priestley.

**1768** • *Physiocratie* de Quesnay. • Début du premier voyage de Cook en Océanie (jusqu'en 1771). • Mise au point d'une alimentation contre le scorbut. • Lambert démontre l'irrationalité du nombre $\pi$.

**1768-1770** • Œuvres d'Euler dont *Institutiones calculi integralis*.

**1769** • *Essais sur l'analyse* de Condorcet.

## LITTÉRATURES

**1757** • *Le Fils naturel* de Diderot : la naissance du drame bourgeois qui inspirera Beaumarchais.

**1758** • *Lettre à d'Alembert sur les spectacles* de Rousseau.

**1760** • *La Religieuse* de Diderot (publiée en 1796). • Macpherson présente la traduction des poèmes d'un barde celte fictif : Ossian. • *Les Rustres*, comédie de Goldoni.

**1761** • Immense succès de *la Nouvelle Héloïse*, roman par lettres de Rousseau. • *L'Amour des trois oranges*, pièce italienne de Gozzi.

**1762** • Diderot écrit un dialogue : *Le Neveu de Rameau* (remanié en 1777, publié au XIXᵉ s.).

**1764** • *Le Château d'Otrante* de Walpole : la vogue du roman noir.

**1765-1769** • *Commentaires sur les lois d'Angleterre* de Blackstone.

**1766** • *Le Vicaire de Wakefield* de Goldsmith. • *Laokoon*, essai sur les rapports de la poésie et de la peinture, de Lessing, en réponse à Winckelmann.

**1768** • Sterne écrit le *Voyage sentimental en France et en Italie.*

**1768-1771** • Publication de la première édition de l'*Encyclopaedia Britannica.*

**1769** • Premier roman canadien anglais : *History of Emily Montague* de Frances Brooke, femme du chapelier de la garnison de Québec.

## ARTS – MUSIQUE

**1757** • *La Baigneuse*, sculpture d'Étienne Falconet.

**1759** • Ouverture au public du British Museum, à Londres. • *Les Salons* de Diderot (jusqu'en 1781) : la première critique d'art.

**1761** • *L'Accordée de village* de Greuze, peinture de genre édifiant. • Haydn entre au service des princes Esterházy ; il influencera l'histoire de la musique de la fin du baroque au début du romantisme, donnant à la symphonie, au quatuor et à la sonate leurs lettres de noblesse. • Achèvement des *Prisons imaginaires* de Piranèse : le fantastique préromantique.

**1762** • Le Petit Trianon de Gabriel : harmonie du style Louis XV. • Statue de Louis XV, de Pigalle ; portrait de *Nelly O'Brien* de Reynolds. • *Orphée et Eurydice* à Vienne : Gluck y dépasse le cadre de l'opéra traditionnel.

**1763** • Gabriel réaménage le château de Versailles ; début de la construction de l'église de la Madeleine, à Paris.

**1764** • *Histoire de l'art de l'Antiquité* de Winckelmann.

**1764-1780** • Église Sainte-Geneviève (le Panthéon) à Paris, par Soufflot.

**1765** • *Le Fils prodigue*, tableau de Greuze.

**v. 1765** • *La Balançoire*, tableau de J.-H. Fragonard.

**1766-1778** • *Monument à Pierre le Grand* à Saint-Pétersbourg, par Falconet.

**1767** • Japon : estampes de Suzuki Harunobu. • Édition d'*Alceste* : Gluck y expose sa « réforme de l'opéra ».

**RELIGION – PHILOSOPHIE** | **HISTOIRE GÉNÉRALE**

1770

**1770-1831** • Vie de Hegel.

« Boston Tea Party » de Currier

**1770** • France : disgrâce de Choiseul. • « Massacre de Boston » : début du mouvement d'indépendance dans les colonies anglaises. • J. Cook vérifie le caractère insulaire de la Nouvelle-Guinée (découverte par l'Espagnol Váez de Torres) et prend possession d'une baie australienne (proche de l'actuel Sydney) au nom du roi d'Angleterre.

**1770-1776** • 2 000 Britanniques s'installent au Québec : 15e colonie britannique de l'Amérique du Nord.

**1771** • Pour briser l'opposition des magistrats à la monarchie, Maupeou fait exiler le parlement de Paris ; réforme de la justice. • Conquête de la Crimée par les Russes.

**1772** • *Essais sur l'origine du langage* de Herder. • *De l'homme* d'Helvétius (posthume).

**1772** • Premier partage de la Pologne entre la Russie, l'Autriche et la Prusse. • Coup d'État de Gustave III en Suède. • L'Angleterre développe la vente de l'opium en Chine.

**1773** • Catherine II reçoit Diderot en Russie. • Formation du Grand Orient de France. • Suppression totale de la Compagnie de Jésus par Clément XIV.

**1773** • France : désordre complet des finances et du gouvernement. • « Boston Tea Party » : des Américains, déguisés en Indiens, jettent à la mer une cargaison de thé britannique : une des causes immédiates de la guerre d'Indépendance américaine. • Russie : révolte de Pougatchev.

**1774** • France : mort de Louis XV ; Louis XVI, roi de France ; ministère Turgot et rappel des parlements. • Amérique du Nord : révolte des colonies anglaises. • Après ses victoires sur la Turquie, la Russie contrôle la mer Noire (paix de Kutchuk-Kaïnardji). • Canada : le Quebec Act accorde un statut aux Canadiens français. • James Cook donne le nom de Nouvelles-Hébrides à un archipel du Pacifique et de Nouvelle-Calédonie à une île de la mer de Corail.

**1775** • Amérique du Nord : guerre d'Indépendance ; aide de la France aux insurgés (La Fayette, Rochambeau). • Canada : invasion américaine ; les Franco-Canadiens se désolidarisent de leurs chefs.

**1776** • *Recherche sur la nature et les causes de la richesse des nations* d'Adam Smith, naissance de l'économie moderne. • Publication du premier volume de l'*Histoire du déclin et de la chute de l'Empire romain* de Gibbon, qui fonde l'histoire moderne.

**1776** • France : Turgot, disgracié, est remplacé par Necker. • Premier syndicat ouvrier en Angleterre. • Débarquement d'une armée anglaise au Canada : le peuple doit se soumettre au gouvernement. • La vice-royauté espagnole du Rìo de La Plata est détachée de celle du Pérou. • États-Unis : proclamation officielle de l'indépendance américaine.

**1777** • Victoire américaine de Saratoga, tournant de la guerre d'Indépendance. La Fayette arrive en Amérique.

**1778** • Intervention officielle de la France en Amérique qui soulève de grands espoirs dans toute la population canadienne.

**1779** • Publication (posthume) des *Dialogues sur la religion naturelle* de Hume.

**1779** • Suppression du servage dans les domaines royaux.

**v. 1780** • Le « magnétisme animal » de Mesmer. • Renouveau évangélique dans le protestantisme anglais et écossais ; le mouvement gagnera l'Allemagne et l'Amérique (v. 1800), la France et la Suisse (v. 1820).

**1780** • Rochambeau à la tête d'une armée chargée de soutenir l'indépendance américaine.

1780

| SCIENCES – TECHNIQUES | LITTÉRATURES | ARTS – MUSIQUE | |
|---|---|---|---|
| **v. 1770** Début de la révolution industrielle favorisée par de nouvelles technologies : machines à vapeur de Watt, premier métier à filer mécanique, premier véhicule à vapeur : le fardier (Cugnot), machine à filer utilisant l'énergie de l'eau, rails en fonte, premier tramway, etc. | **1770** • Rousseau termine les *Confessions*, œuvre autobiographique : le « moi » n'est plus haïssable. • Naissance de Hölderlin. | **1770** • Naissance de Beethoven. | 1770 |
| **1771** • Expériences de Lavoisier sur la composition de l'air ; début du voyage de Kerguelen de Trémarec dans les mers du Sud. • Cavendish définit les notions de potentiel et de charge électrique. | **1771** • Publication du récit de voyage de Bougainville : *Voyage autour du monde*. | **1771** • Buste de Diderot par Houdon ; *Voltaire nu* de Pigalle : le souci de vérité prime sur l'élégance. | |
| **1772** • Invention du chronomètre de précision et du tour à aléser. • *Addition à l'algèbre d'Euler* de Lagrange ; *Essai de cristallographie* de Romé de l'Isle. • *Observations sur l'air* de Priestley.<br>**1772-1775** • Deuxième voyage de Cook dans les mers du Sud. | **1772** • Poèmes du Japonais Buson. | <br>*Déclaration d'indépendance des États-Unis* de Nable | |
| **v. 1773** • Découverte d'un gaz reconnu plus tard comme étant l'oxygène par le Suédois Scheele. | **1773** • Diderot écrit *Jacques le Fataliste et son maître* (publié en 1796). | | |
| **v. 1774** • Priestley produit de l'oxygène en chauffant de l'oxyde de mercure. • Découverte du chlore par Scheele. | **1774** • Immense succès des *Souffrances du jeune Werther*, roman de Goethe : le renouveau de la littérature vient d'Allemagne. | **1774** • Version française d'*Orphée et Eurydice* de Gluck. | |
| **1775** • Jenner découvre le principe du vaccin (première inoculation en 1796). • La batteuse à grains. • Construction par Bushnell de la « Tortue », ancêtre du sous-marin. | **1775** • *Le Barbier de Séville* de Beaumarchais ; *Le Paysan perverti* de Restif de La Bretonne. • *Les Rivaux* de Sheridan. | **1775-1779** • Construction de la saline royale de Chaux d'Arc-et-Senans par Ledoux : la conception visionnaire d'une cité industrielle. | |
| **1776** • Adam Smith expose la théorie de l'économie libérale. • Premier chemin de fer (pour le transport du charbon).<br>**1776-1779** • Troisième voyage et mort de Cook. | **1776** • *Sturm und Drang*, de Klinger, donne son nom à un mouvement intellectuel allemand : Schiller, Goethe et Novalis seront les modèles spirituels du romantisme ; traduction de *Werther* en français. | | |
| **1777** • Lavoisier établit la composition de l'air.<br>**1777-1779** • Construction du premier pont métallique dans le Shropshire.<br>**1778** • Création de la Caisse d'escompte de Paris. • *Physiognomonie* de Lavater, analyse de la face humaine. | **1777** • *L'École de la médisance* de Sheridan.<br>**1779-1787** • *Iphigénie en Tauride* de Goethe. | **1777** • Le château de Bagatelle par Bélanger annonce, par l'austérité de son style, la période Empire. • *Morphée*, sculpture de Houdon.<br>**1778** • Construction du théâtre de la Scala à Milan. • Buste posthume de Rousseau par Houdon. • *Les Petits Riens* de Mozart.<br>**1779** • *Iphigénie en Tauride* de Gluck. | |
| **1780** • Expériences de Lavoisier sur la respiration des animaux ; 150 ans après Harvey (théorie de la circulation du sang), il expose la théorie du second des mécanismes vitaux : la respiration. • Spallanzani procède à la première insémination artificielle (sur les batraciens). | 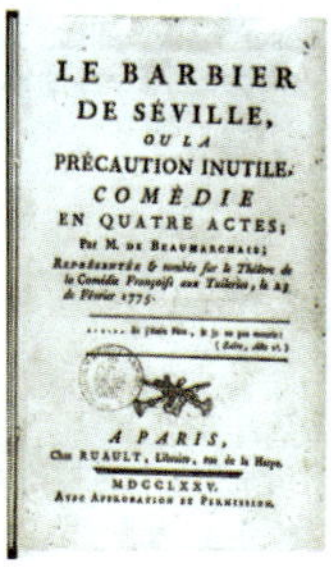<br>LE BARBIER DE SÉVILLE, OU LA PRÉCAUTION INUTILE, COMÉDIE EN QUATRE ACTES; Par M. DE BEAUMARCHAIS; Représentée & tombée sur le Théâtre de la Comédie Françoise aux Tuileries, le 23 de Février 1775. A PARIS, Chez RUAULT, Libraire, rue de la Harpe. MDCCLXXV. Avec Approbation et Permission.<br>*Le Barbier de Séville* de Beaumarchais | **v. 1780** • Tableaux vénitiens de Francesco Guardi ; grandes compositions picturales de Torii Kiyonaga, au Japon. | 1780 |

# Les Temps modernes (1454 à 1789)

## de la chute de Constantinople à la Révolution française

| | RELIGION – PHILOSOPHIE | HISTOIRE GÉNÉRALE |
|---|---|---|
| 1781 | **1781** • *Critique de la raison pure* de Kant, le plus grand philosophe du XVIIIe s. (le dernier des Lumières) et le premier de l'époque contemporaine. | **1781** • France : démission de Necker. • Capitulation anglaise à Yorktown : Washington vainqueur ; fin de la guerre de l'Indépendance américaine. |
| | Fin de l'unité de culture entre savants et philosophes, rejet de la métaphysique spéculative, substitution de la morale à la théologie, développement de la philosophie du droit et de l'histoire… L'Allemagne, pays d'élection de la philosophie. | **1782** • Campagne de Suffren en Inde. |
| | **1783** • *Prolégomènes à toute métaphysique future* de Kant. | **1783** • Traité de Versailles : paix anglo-américaine. • Grande-Bretagne : ministère du Second Pitt. • La Russie annexe la Crimée, mise en valeur par Potemkine (fondation de Sébastopol). • Création de l'École des mines de Paris. |
| | **1784-1791** • *Idées sur la philosophie de l'histoire de l'humanité* de Herder. | **1784** • France : début de l'affaire du Collier de la reine. • L'India Act de Pitt consacre la domination anglaise sur l'Inde. • En réponse aux revendications des colons, deux nouvelles colonies sont créées en Amérique du Nord : l'île du Cap-Breton et le Nouveau-Brunswick (détachés de la Nouvelle-Écosse). |
| | **1785** • *Lettres à Mendelssohn sur la doctrine de Spinoza*, de Jacobi ; débat en Allemagne sur le déisme, le panthéisme et l'athéisme. *Fondement de la métaphysique des mœurs* de Kant. | **1785** • Frédéric II crée une alliance des princes dirigée contre l'Autriche (*Fürstenbund*). |
| | **1786** • Joseph II interdit les procès de sorcellerie en Autriche. | **1786** • Mort de Frédéric II. |
| | | **1787** • France : suppression de l'impôt de la corvée ; assemblée des notables et renvoi de Calonne. • La Grande-Bretagne établit la première colonie européenne en Australie. • Les États-Unis se donnent une Constitution. |
| | **1788** • *Critique de la raison pratique* de Kant. | **1788** • France : l'État au bord de la banqueroute ; révoltes, en province, des Parlements contre Brienne ; rappel de Necker ; convocation des états généraux et doublement du tiers état. • Une colonie de *convicts* anglais est installée en Nouvelle-Galles-du-Sud : début de la colonisation anglaise de l'Australie. |
| 1789 | **1789** • Effervescence des « sociétés de pensée » au début de la Révolution française ; *Qu'est-ce que le tiers état ?* de Sieyès. Confiscation des biens du clergé en France. • *Introduction aux principes de la morale et de la législation* de Bentham. | **1789** • France : crise économique ; début de la Révolution française ; réunion des états généraux (5 mai) ; serment du Jeu de paume (20 juin) ; Assemblée constituante (9 juil.) ; renvoi de Necker (11 juil.) ; émeutes ; prise de la Bastille (14 juil.) ; Déclaration des droits de l'homme et du citoyen ; abolition des privilèges ; nationalisation des biens du clergé. • Révolte de la Belgique contre l'Autriche. • États-Unis : George Washington, 1er président. |

| SCIENCES – TECHNIQUES | LITTÉRATURES | ARTS – MUSIQUE | |
|---|---|---|---|
| **1781** • Herschel découvre la planète Uranus. | **1781** • *Les Brigands* de Schiller.<br>**1781-1794** • *Poésies* d'André Chénier. | **1781** • *Voltaire*, sculpture de Houdon : recherche de l'expression psychologique ; estampes animalières de Ōkyo, au Japon. • Mozart s'installe à Vienne, un des centres de la vie musicale européenne avec Salzbourg. | 1781 |
| **1782** • Fondation du Creusot : essor de la métallurgie en France. • Machine à double effet de Watt. • Premiers ballons à air chaud des frères Montgolfier. | **1782** • *Les Liaisons dangereuses*, roman par lettres de Laclos : succès et scandale ; publication posthume des *Rêveries du promeneur solitaire* de Rousseau. • *Le Roi des aulnes*, poème de Goethe. • Début de l'écriture des *Cent-Vingt Journées de Sodome* par Sade. | **1782** • Première représentation de l'*Enlèvement au sérail* de Mozart. | |
| **1783** • *Essai sur les machines en général* de Lazare Carnot ; *Essai d'une théorie sur la structure des cristaux* d'Haüy ; Lavoisier analyse la composition de l'eau. • Bateau à vapeur de Jouffroy d'Abbans. • Invention du puddlage par Henry Cort qui fournit un fer de meilleure qualité. | | | |
| **1784** • Fondation de la Banque de New York. | **1784** • *Le Mariage de Figaro* de Beaumarchais ; *Discours sur l'universalité de la langue française* de Rivarol. • *Intrigue et Amour* de Schiller. | **1784** • *Le Serment des Horaces* de David, manifeste du néoclassicisme ; *Mrs. Siddons en muse de la Tragédie*, tableau de Reynolds. | |
| **1785** • Première traversée de la Manche en ballon ; Parmentier répand en France la culture de la pomme de terre. • Lavoisier énonce la loi de conservation de la matière ; lois de Coulomb (électrostatique). • Cartwright invente le métier à tisser mû par la première machine à vapeur de Watt.<br>**1785-1788** • Expédition (dans le Pacifique) et mort de La Pérouse. | | **1785** • *La Promenade du matin*, tableau de Gainsborough. | |
| **1786** • Première ascension du mont Blanc (par le Dr Paccard) ; *Traité élémentaire de la statique* de Monge. | | **1786** • Première représentation, à Vienne, des *Noces de Figaro*, opéra de Mozart d'après Beaumarchais. | |
| **1787** • *Méthode de nomenclature chimique*, d'après les découvertes et les théories de Lavoisier. | **1787** • *Don Carlos*, drame de Schiller. | **1787** • *La Mort de Socrate* de David. • *Don Giovanni*, opéra de Mozart à Prague ; mort de Gluck à Vienne. | |
| **1788** • *Mécanique analytique* de Lagrange. • En Angleterre, utilisation de machines à vapeur pour battre le blé. | **1788** • Fondation du journal anglais *The Times*. • *Egmont* de Goethe. • *Paul et Virginie* de Bernardin de Saint-Pierre illustre ses thèses sur la providence. | | |
| **1789** • *Traité élémentaire de chimie* de Lavoisier, exposé de la chimie moderne. • Berthollet invente l'eau de Javel. | **1789** • Les *Chants d'innocence*, poèmes avec enluminures de Blake. | **1789** • Fondation du Théâtre de société, à Montréal. | 1789 |

*Montgolfière dans la cour du château de Versailles*

# L'époque contemporaine (1790 à 1900)

## de la Révolution française à 1900

1790

| RELIGION – PHILOSOPHIE | HISTOIRE GÉNÉRALE |
|---|---|
| **1790** • *Critique de la faculté de juger* de Kant. • *Réflexions sur la Révolution française* de Burke. • Vote de la Constitution civile du clergé provoquant un grave conflit avec le pape, le clergé « réfractaire » et les catholiques de l'Ouest. • Mise en vente des biens du clergé. | **1790** • France : création des assignats, gagés sur les biens nationaux ; création de 83 départements ; émigration vers l'Allemagne et l'Angleterre d'aristocrates et de contre-révolutionnaires ; fête de la Fédération nationale. |
| **1791** • Condamnation de la Constitution civile du clergé par le pape. • *Les Droits de l'homme* de Thomas Paine. | **1791** • France : arrestation de Louis XVI à Varennes (juin) ; Assemblée législative (oct. 1791-sept. 1792) ; loi Le Chapelier ; rattachement du Comtat venaissin. • Révolte d'esclaves à Saint-Domingue. • Le Canada est divisé en deux provinces ; première Assemblée législative au Québec ; « Bill » accordant l'autonomie aux Canadiens français. |
| **1792** • Bannissement des prêtres réfractaires. | **1792** • Début des guerres de coalition contre la France (avril). France : la patrie en danger (juil.) ; emprisonnement de la famille royale (10 août) ; réunion de la Convention girondine et proclamation de la République (21 sept.) ; début de la Terreur ; massacres de septembre ; victoires de Valmy et de Jemmapes. • François II, empereur germanique. |
| **1793** • *La Religion dans les limites de la simple raison* de Kant. • *Contributions destinées à rectifier le jugement du public sur la Révolution française* de Fichte ; l'idéologie nationaliste et révolutionnaire se répand en Europe. • Mouvement de déchristianisation en France et liberté des cultes. | **1793** • France : exécution de Louis XVI (21 janv.) ; début de la guerre de Vendée et de la chouannerie ; chute des Girondins ; installation de la Convention montagnarde et du Comité de salut public ; Toulon occupée par les Anglais, puis reprise par Bonaparte. • Deuxième partage de la Pologne. • L'île Bourbon devient la Réunion. |
| **1794** • *Esquisse d'un tableau historique des progrès de l'esprit humain* de Condorcet. • En France, culte civique et déiste de l'Être suprême. | **1794** • France : arrestation et exécution des hébertistes, des dantonistes et de Robespierre (9 Thermidor), chute des Montagnards ; victoire de Fleurus ; installation de la Convention thermidorienne ; inflation et émeutes de la faim. • Après le deuxième partage de la Pologne, soulèvement général dirigé par Kościuszko. • Les Anglais enlèvent les Seychelles à la France. |
| **1795** • Organisation de l'enseignement supérieur en France. • *Principes de la doctrine de la science* de Fichte et *Du moi comme principe de la philosophie* de Schelling (idéalisme allemand). | **1795** • France : les traités de Bâle et de La Haye mettent fin à la première coalition ; insurrection jacobine (juil.) ; gouvernement du Directoire ; insurrection royaliste (oct.) ; chute des assignats. • Démantèlement de la Pologne. • L'île d'Hispaniola devient française. |
| **1796** • *Théorie du pouvoir politique et religieux dans la société civile* de Louis de Bonald. *Considérations sur la France* de Joseph de Maistre. • *Fondement du droit naturel* de Fichte. | **1796** • Première campagne d'Italie (Arcole), qui met Bonaparte au premier plan ; complot et arrestation de Gracchus Babeuf. • Conquête de Ceylan par les Britanniques. • Russie : Paul Ier succède à Catherine II (années de chaos et de terreur). |
| **1797** • *Essai sur les révolutions* de Chateaubriand. • *Métaphysique des mœurs* de Kant. • Abrogation des mesures contre les prêtres réfractaires. | **1797** • Traité de Campoformio : la France annexe la rive gauche du Rhin et fonde des « républiques sœurs ». |
| **1798** • *Essai sur le principe de la population* de Malthus. | **1798** • Nelson détruit la flotte française à Aboukir ; campagne de Bonaparte en Égypte. • Naissance de la République helvétique. • Établissement de colonies russes sur la côte pacifique de l'Amérique et en Alaska. |
| **1799** • *Discours sur la religion à ceux de ses contempteurs qui sont des esprits cultivés* de Schleiermacher. | **1799** • France : Bonaparte prend le pouvoir par le coup d'État du 18 Brumaire : début du Consulat ; deuxième coalition européenne contre la France (prise de Rome par les Russes). |

1799

1790

## SCIENCES – TECHNIQUES

**1790** • Nicolas Leblanc invente un procédé de préparation de la soude artificielle ; Jussieu organise le Jardin des Plantes, à Paris. • Invention du célérifère, ancêtre de la bicyclette. • Amélioration de la fabrication des mines de crayon par Conté.

**1792** • Télégraphe optique de Chappe. • Début, en Angleterre, de l'éclairage au gaz. • Expériences de Galvani sur « l'électricité animale ». • Première utilisation de la guillotine.

**1792-1793** • *Art de la mesure des éléments chimiques* de Richter.

**1793** • Fondation du Muséum national d'histoire naturelle de Paris. • Invention de la machine de Whitney pour égrener le coton.

**1794** • Création de l'École polytechnique et du Conservatoire national des Arts et Métiers, à Paris. • Chappe installe la première ligne de télégraphie aérienne (entre Paris et Lille). • *Éléments de géométrie* de Legendre. • Invention de la conservation des aliments par la chaleur (Nicolas Appert).

**1795** • Création et adoption du système métrique en France. • *Théorie de la Terre* de Hutton. • Invention de la presse hydraulique par Bramah.

**1796** • *Exposition du système du monde* de Laplace. • Jenner inocule le premier vaccin (contre la variole). • Senefelder invente la lithographie.

**1797** • *Théorie des fonctions analytiques* de Lagrange. • Découverte du chrome par Vauquelin.

**1798** • Première exposition des produits de l'industrie française, au Champ-de-Mars ; *Théorie des nombres* de Legendre.

**1798-1803** • *Histoire naturelle des poissons* de Lacepède.

**1799** • Mise au point de l'éclairage au gaz par Philippe Lebon. • *Géométrie descriptive* de Monge. • Découverte du rayonnement infrarouge par W. Herschel. • Voyage en Amérique tropicale du naturaliste Alexander von Humboldt.

**1799-1825** • Laplace étudie la *Mécanique céleste*.

## LITTÉRATURES

**1790** • *Élégies romaines* de Goethe.

**1791** • Sade, libéré de la Bastille, publie *Justine ou les Malheurs de la vertu*. • *Les Ruines* de Volney. • Publication posthume du *Rêve dans le pavillon rouge*, roman chinois de Cao Xueqin.

**1792** • *L'Autre Tartuffe ou la Mère coupable* de Beaumarchais.

*Le Serment du Jeu de paume* de David (détail)

**1794** • Chénier, avant de mourir sur l'échafaud, écrit en prison ses *Iambes*.

**1796** • *Le Moine*, roman « gothique » de Matthew Lewis ; publication posthume de *La Religieuse* de Diderot.

**1797** • *Hermann et Dorothée* de Goethe ; Hölderlin écrit *Hyperion*, roman poétique ; *Ballades* de Schiller.

**1798** • *Les Ballades lyriques*, œuvre de Wordsworth et Coleridge : l'acte de naissance du romantisme anglais ; l'*Athenäum*, revue littéraire animée par les frères Schlegel : naissance du romantisme allemand.

## ARTS – MUSIQUE

**1790** • *Cosi fan tutte*, opéra de Mozart à Vienne.

**1791** • *Le Serment du Jeu de paume*, tableau de David. • *La Flûte enchantée*, opéra de Mozart, à Vienne ; il écrit le *Requiem* (partition inachevée) et meurt dans la misère.

**1792** • Le peintre David à la Convention ; estampes de Utamaro Kitagawa : scènes de la vie japonaise.

**1793** • *Le Mariage du Ciel et de l'Enfer* de William Blake. • La Convention crée le Musée central des arts au Louvre (premier musée public après le Musée des monuments de Lenoir, 1791) et elle supprime les Académies royales ; premier Salon libre à Paris (sans jury). • Création d'une école municipale de musique qui prend le titre de « Conservatoire de musique » en 1795, à Paris. • *Marat assassiné*, tableau de David.

**1795** • Japon : Tōshūsai Sharaku peint des têtes d'acteurs et de lutteurs.

**1796** • *Bonaparte au pont d'Arcole*, tableau d'Antoine Gros.

**1797** • *Médée*, opéra de Cherubini, annonce l'opéra romantique.

**1798** • *Cupidon et Psyché*, tableau de Gérard. • *La Pathétique* de Beethoven ; *La Création*, oratorio de Haydn, d'après *Le Paradis perdu* de Milton.

**1799** • *Les Sabines*, tableau néoclassique de David.

*Marat assassiné* de David

1799

# L'époque contemporaine (1790 à 1900)

## de la Révolution française à 1900

| | RELIGION – PHILOSOPHIE | HISTOIRE GÉNÉRALE |
|---|---|---|
| 1800 | **1800** • *Système de l'idéalisme transcendantal* de Schelling. • *La Destination de l'homme* de Fichte. | **1800** • France : répression de la chouannerie. Nouvelle campagne d'Italie ; victoire française à Marengo sur les Autrichiens qui sont chassés d'Italie. • Grande-Bretagne : Acte d'Union avec l'Irlande (le 1er janv. 1801, le royaume prend le nom de Royaume-Uni de Grande-Bretagne et d'Irlande). • Restitution d'une partie de la Louisiane à la France. |

## XIXe siècle (1801 à 1900)

Grâce à la première puis à la deuxième révolution industrielle, l'Europe (et plus particulièrement l'Europe de l'Ouest) s'impose au monde et est à l'apogée de sa puissance. Sa domination est économique, financière, commerciale mais aussi culturelle et politique par le biais d'une nouvelle vague de colonisation qui touche tous les continents. Seuls les États-Unis, après la guerre de Sécession, et le Japon, avec le renouveau de l'ère Meiji, peuvent espérer rivaliser avec elle. Mais les idées de la Révolution française et le creusement des inégalités sociales dues à la révolution industrielle y entraînent la propagation du mouvement des nationalités, du progrès démocratique et des idéaux socialistes.

| | RELIGION – PHILOSOPHIE | HISTOIRE GÉNÉRALE |
|---|---|---|
| 1801 | **1801** • Signature du Concordat entre la France et le pape et rédaction des articles organiques. • *Différence des systèmes de Fichte et de Schelling* par Hegel. | **1801** • Russie : assassinat de Paul Ier remplacé par Alexandre Ier.<br>**1801-1802** • France : Bonaparte, consul à vie, réorganise les finances, la justice et l'administration : Banque de France, Légion d'honneur, lycées et chambres de commerce, etc. ; traité de Lunéville ; paix d'Amiens ; annexion de l'île d'Elbe et du Piémont. |
| | **1802** • *Influence de l'habitude sur la faculté de penser* de Maine de Biran. | **1802** • Fondation de l'empire du Việt Nam par Nguyễn Ánh (qui durera jusqu'en 1945). |
| | **1803** • *Traité d'économie politique* de J.-B. Say. | **1803** • Bonaparte vend la Louisiane aux États-Unis et donne une nouvelle Constitution à la République helvétique (19 cantons). |
| | **1804** • *Éléments d'idéologie* de Destutt de Tracy, très influent en France. • *Harmonie universelle* de Fourier. • Dernière *Doctrine de la science* de Fichte. • *Philosophie et religion* de Schelling. | **1804** • France : exécution du duc d'Enghien ; promulgation du Code civil des Français ; Réorganisation des Ponts et Chaussées, des Mines et du Génie maritime ; Bonaparte proclamé empereur sous le nom de Napoléon Ier. • Révolte des Serbes contre les Turcs (Karageorges). • Les wahhabites s'emparent de Médine. • Dessalines expulse les Français et proclame l'indépendance d'Haïti. • Début de la colonisation anglaise en Terre de Van Diemen (Tasmanie), colonie pénitentiaire jusqu'en 1853. • Pie VII sacre Napoléon empereur. |
| | | **1805** • Napoléon, roi d'Italie ; défaite franco-espagnole à Trafalgar contre les Anglais ; Napoléon occupe Vienne ; victoire française à Austerlitz sur les Austro-Russes. • Égypte : Méhémet Ali devient vice-roi. |
| | **1806** • France : création de l'Université impériale. | **1806** • Début du Blocus continental de l'Angleterre par la France ; Napoléon met fin au Saint Empire romain germanique en suscitant la création de la Confédération du Rhin ; bataille d'Iéna et prises de Berlin et de Varsovie. |
| | **1807** • *Phénoménologie de l'esprit* de Hegel.<br>**1807-1808** • *Discours à la nation allemande* de Fichte, un des premiers textes à développer la mystique patriotique allemande. | **1807** • France : promulgation du Code de commerce ; création de la Cour des comptes ; batailles d'Eylau et de Friedland ; traité de Tilsit : division de l'Europe en deux zones d'influence, russe et française. • Le Royaume-Uni interdit la traite des Noirs. |
| 1807 | | |

SCIENCES – TECHNIQUES | LITTÉRATURES | ARTS – MUSIQUE

1800

**SCIENCES – TECHNIQUES**

**1800** • *Recherches physiologiques sur la vie et la mort* de Bichat ; Malus découvre la polarisation de la lumière. • L'Italien Volta invente la pile électrique. • Essai du sous-marin de Fulton, au large du Havre.

**1800-1805** • *Leçons d'anatomie comparée* de Cuvier, naissance de l'anatomie comparée.

**LITTÉRATURES**

**1800** • *De la littérature* de Mme de Staël, l'initiatrice du romantisme en France.

**ARTS – MUSIQUE**

**1800** • *Mme Récamier*, tableau de David (inachevé).

**v. 1800** • La *Maja desnuda* et la *Maja vestida*, tableaux de Goya.

**1800-1811** • Construction de la cathédrale Notre-Dame-de-Kazan à Saint-Pétersbourg.

*Le Sacre de Napoléon Ier* de David (détail)

1801

**SCIENCES – TECHNIQUES**

**1801** • Fabrication du sucre de betterave en France. • *Anatomie générale* de Bichat ; *Traité médico-philosophique sur l'aliénation mentale ou la manie* de Pinel. • *Recherches arithmétiques* de Gauss, naissance de la théorie moderne des nombres. Thomas Young découvre les interférences lumineuses, preuve de la nature ondulatoire de la lumière • L'Italien Piazzi découvre une nouvelle planète, Cérès.

**1802** • *Hydrogéologie* et *Recherches sur l'organisation des corps vivants* de Lamarck.

**1803** • *Essai de statique chimique* de Berthollet. • Herschel montre que les étoiles se meuvent ; Dalton fonde la théorie atomique moderne. • Première locomotive à haute pression de Trevithick. • Fulton essaie un bateau à vapeur sur la Seine.

**1804** • Usines de conserve des aliments selon le procédé de Nicolas Appert. • Débuts de la physiologie végétale.

**1805** • Métier à tisser Jacquard (brevet en 1801). • Le Britannique Francis Beaufort propose une échelle (dite de Beaufort) pour noter la force du vent.

**1805-1834** • *Voyage aux régions équinoxiales du Nouveau Continent, fait de 1799 à 1804* de Alexander von Humboldt.

**1806** • La morphine est extraite de l'opium. • Davy obtient du sodium et du potassium par électrolyse.

**1807** • Première liaison régulière par bateau à vapeur, sur l'Hudson (Fulton).

**LITTÉRATURES**

**1801** • *Atala* de Chateaubriand.

**1802** • *René* (modèle du héros romantique) et *Le Génie du christianisme* (apologie de la religion chrétienne) de Chateaubriand ; *Delphine* de Mme de Staël ; naissance de Victor Hugo et d'Alexandre Dumas père. • *Henri d'Ofterdingen*, roman initiatique de Novalis (posth.).

**1804** • *Introduction à l'esthétique* de Jean-Paul Richter ; *Guillaume Tell*, drame de Schiller.

*Les Funérailles d'Atala* de Girodet-Trioson

**1806** • *Le Cor enchanté de l'enfant*, premier recueil de chants populaires allemands d'Arnim et Brentano. • Canada : fondation du journal *Le Canadien*.

**ARTS – MUSIQUE**

**1801** • *Sonate au clair de lune* de Beethoven ; ses œuvres pour piano feront considérablement évoluer la technique de l'instrument.

**1802** • *La Grande Jetée de Calais*, tableau de Turner.

**1804** • *Bonaparte visitant les pestiférés de Jaffa*, tableau de Gros ; David, premier peintre de l'Empereur. • Puissance novatrice de la *Symphonie n° 3* (ou *Symphonie héroïque*) de Beethoven.

**1805** • *Portrait de l'impératrice Joséphine* de Prud'hon.

**1806** • Début des grands travaux de Napoléon à Paris : Fontaine et Percier, architectes ; reprise de la construction de l'église de la Madeleine. • *Napoléon Ier sur le trône impérial*, tableau d'Ingres.

**1807** • Construction de la Bourse de Paris par A.-T. Brongniart. • *Le Sacre de Napoléon Ier*, tableau de David ; *La Croix dans la montagne*, tableau de Caspar David Friedrich (le préromantisme dans la peinture allemande) ; *Pauline Borghèse*, sculpture de Canova. • Pleyel fonde une fabrique de pianos à Paris ; développement de la musique d'amateurs.

1807

## L'époque contemporaine (1790 à 1900)
### de la Révolution française à 1900

**RELIGION – PHILOSOPHIE**

1808

**1808** • Pie VII refuse l'investiture aux prélats nommés par Napoléon.

**1809** • *Les Recherches philosophiques sur l'essence de la liberté humaine* de Schelling. • Excommunication de Napoléon par le pape.

▲ *Le Congrès de Vienne* d'Isabey

**1812** • Pie VII, emprisonné à Savone, est transféré à Fontainebleau. • Les frères Grimm préparent un grand dictionnaire allemand (qui ne sera achevé que 150 ans plus tard).

**1812-1816** • *Science de la logique* (« Grande Logique ») de Hegel.

**1814** • Rétablissement de l'ordre des Jésuites par Pie VII, dès son retour à Rome. • *Essai sur le principe générateur des constitutions politiques et des autres institutions humaines* de Joseph de Maistre, catholique et conservateur militant. • *De l'esprit de conquête* de Benjamin Constant.

**1816** • Saint-Simon crée la revue *L'Industrie*. • Étude de Franz Bopp sur les conjugaisons des langues indo-européennes, naissance de la grammaire comparée et de la linguistique.

**1817** • *Encyclopédie des sciences philosophiques* de Hegel. • *Principes d'économie politique* de Ricardo. • *Essai sur l'indifférence en matière de religion* de Lamennais. • Frédéric-Guillaume III fonde l'Église évangélique prussienne. • Montée du protestantisme aux États-Unis, intensification du « réveil » et réaction du néoluthéranisme en Allemagne. • *Le Monde comme volonté et comme représentation* de Schopenhauer.

1817

**HISTOIRE GÉNÉRALE**

**1808** • Joseph Bonaparte, roi d'Espagne : en rébellion, le pays est durement réprimé. • Création d'une noblesse d'Empire. • Karageorges, prince des Serbes.

**1809** • Autriche : bataille de Wagram ; Metternich, ministre des Affaires étrangères ; paix de Vienne. • Les Anglais occupent les colonies françaises d'Amérique. • Divorce de Napoléon Ier et de Joséphine.

**1810** • France : promulgation du code pénal. Mariage de Napoléon et de Marie-Louise d'Autriche. • Bernadotte, prince royal de Suède. • Début de la guerre d'indépendance du Mexique. • L'ancienne vice-royauté espagnole, les Provinces unies du Río de La Plata, devient indépendante : naissance de l'Argentine. • Les Anglais prennent l'île de France, qui devient l'île Maurice. • Louis Bonaparte, roi de Hollande, ayant réformé l'administration à Java (1808), l'Indonésie devient pour un an colonie française, reprise par les Anglais en 1811.

**1811** • Royaume-Uni : premières émeutes ouvrières avec bris de machines. • Éclatement de l'empire colonial espagnol en Amérique latine : début des luttes pour l'indépendance, menées notamment par Bolívar, San Martín, Miranda et Sucre. Indépendance du Paraguay. • Égypte : Méhémet Ali fait massacrer 480 chefs mamelouks.

**1812** • Échec de la campagne de Napoléon en Russie (incendie de Moscou, passage de la Bérézina) : déroute de la Grande Armée ; à Paris, conjuration du général Malet. • Les États-Unis déclarent la guerre au Royaume-Uni et tentent d'envahir le Canada. • Victoire de Bolívar qui préside l'État indépendant de Grande-Colombie (Colombie, Équateur, Venezuela, Panama).

**1813** • Soulèvement de l'Europe contre Napoléon, battu à Leipzig. • France : le travail des enfants dans les mines est interdit.

**1814** • Abdication de Napoléon ; Louis XVIII, roi de France ; premier traité de Paris qui rend à la France Saint-Pierre et Miquelon. • Début du congrès de Vienne (sept.). • Le traité de Kiel donne la Norvège (sous domination danoise) à la Suède (Bernadotte). • Les Anglais reprennent la Guyane (Guyana) et cèdent le Suriname aux Hollandais.

**1815** • Retour de Napoléon : les Cent-Jours ; seconde abdication de l'empereur après la défaite de Waterloo et exil à Sainte-Hélène ; la Terreur blanche en France ; second traité de Paris. • Le congrès de Vienne remodèle territorialement l'Europe et prohibe la traite des Noirs. • La République helvétique se donne une nouvelle Constitution, un gouvernement fédéral (22 cantons) et voit sa neutralité garantie par les autres pays. • La Belgique et les Pays-Bas sont réunis en un Royaume unique des Pays-Bas. • Fondation de la Sainte-Alliance, puis de la Quadruple-Alliance. • Le parti franco-canadien est dirigé par Louis Joseph Papineau (jusqu'en 1837).

**1816** • L'Argentine se libère de l'Espagne et devient indépendante.

**1817** Assassinat de Karageorges. • États-Unis : Monroe, 5e président.

## SCIENCES – TECHNIQUES

**1809** • Mémoire de Gay-Lussac sur les combinaisons en volume des gaz ; *Philosophie zoologique* de Lamarck, une première théorie de l'évolution avec la transmission des caractères acquis. • Découverte du calcium (Berzelius, Davy).

**1810** • Machine à filer le lin de Philippe de Girard. • Fondation des usines Krupp, à Essen.

**1811** • France : la suppression des importations de sucre de canne (Blocus continental) accélère la production industrielle de sucre de betterave. • Loi d'Avogadro-Ampère sur le volume molaire des gaz. • Berzelius entreprend de déterminer les masses atomiques des éléments chimiques.

**1812** • *Recherches sur les ossements fossiles de quadrupèdes* de Cuvier, naissance de la paléontologie des vertébrés. • *Théorie analytique des probabilités* de Laplace. • Joseph Fourier : les séries trigonométriques (transformation de Fourier) et équations aux dérivées partielles (théorie de la chaleur).

**1813** • *Éléments de chimie agricole* de Davy.

**1814** • Première locomotive de Stephenson ; le véritable essor du chemin de fer sera dû aux perfectionnements de Seguin et à la construction de la « fusée » de Stephenson, en 1829. • L'Allemand Fraunhofer, grand constructeur de télescopes, entreprend l'étude de la lumière solaire décomposée par le prisme : spectroscopie, naissance de l'astrophysique.

**1815** • Invention de la lampe de sécurité pour les mineurs. • *Discours sur les révolutions à la surface du globe* de Cuvier. • L'Écossais McAdam invente un revêtement routier imperméable (le *macadam*). • *Traité des poisons ou Toxicologie générale* de Mathieu Orfila.

**1816** • Niépce réalise la première photographie (qu'il appelle *héliographie*). • *Examen de la doctrine médicale* de Broussais. • *Le Règne animal* de Cuvier ; Fresnel étudie la diffraction de la lumière. • Recherches de Gauss sur les fondements de la géométrie.

## LITTÉRATURES

**1808** • Premier *Faust* de Goethe ; *Penthésilée*, tragédie de Kleist.

**1809** • *Les Martyrs* de Chateaubriand, après un voyage en Orient ; début de la rédaction des *Mémoires d'outre-tombe*. • *Les Affinités électives* de Goethe : un prestige immense dans toute l'Europe.

**1810** • *De l'Allemagne* de Mme de Staël, censuré par Napoléon, sera publié à Londres en 1813. • *La Dame du lac* de Walter Scott. • *Le Prince de Hombourg*, tragédie de Kleist.

**1811** • *Itinéraire de Paris à Jérusalem* de Chateaubriand.

**1812** • Premier chant du *Pèlerinage de Childe Harold*, poème de Byron, qui lui apporte la célébrité. • *Contes* des frères Grimm : l'exploration du passé et des thèmes populaires fournira aux romantiques de nombreux modèles.

**1814** • *Le Corsaire* de Byron ; *Waverley*, de W. Scott. • *Merveilleuse histoire de Peter Schlemihl*, conte fantastique de Chamisso.

▼ *La Grande Odalisque* d'Ingres

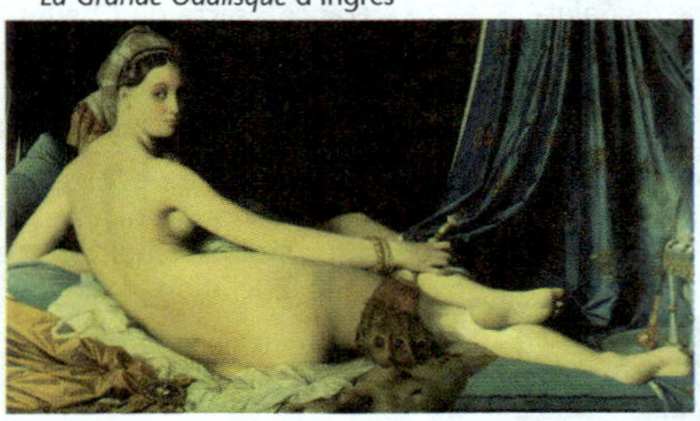

**1816** • *Adolphe*, roman de Benjamin Constant ; au XIXe s. le roman acquiert ses lettres de noblesse et se diversifie dans ses formes (historique, populaire, psychologique…).

**1817** • *Manfred* de Byron.

## ARTS – MUSIQUE

**1808** • *Les Funérailles d'Atala*, tableau de Girodet ; *Champ de bataille d'Eylau*, tableau épique de Gros qui forge le mythe impérial. • *Symphonie n° 5* (qui illustre la notion de « thème » ou cellule rythmique) et *Symphonie n° 6*, dite *Pastorale* (les débuts de la musique « à programme ») de Beethoven.

**1809** • *Messe en fa majeur* de Cherubini.

**1810** • Érection de la colonne de la Grande Armée sur la place Vendôme.

**1810-1823** • *Les Désastres de la guerre*, gravures de Goya illustrant les violences de l'occupation française en Espagne.

**1813** • Reconstruction de la Halle au blé, à Paris, par Bélanger : la première structure en fer et en verre de l'histoire de l'architecture. • *Tancrède* de Rossini ; naissances de Verdi et de Wagner.

**1814** • Diffusion en France du procédé de la lithographie ; *La Grande Odalisque*, tableau d'Ingres ; *Dos de Mayo* et *Tres de Mayo* (le 2 et le 3 mai), tableaux de Goya. • *Fidelio*, opéra de Beethoven ; *Marguerite au rouet* de Schubert : le lied allemand cesse d'être un genre mineur.

**1816** • *Les Trois Grâces* de Canova : le néoclassicisme en sculpture. • *Le Barbier de Séville*, opéra-bouffe de Rossini d'après Beaumarchais, à Rome.

# L'époque contemporaine (1790 à 1900)
## de la Révolution française à 1900

1818

### RELIGION – PHILOSOPHIE

**1818** • Création de l'État théocratique du Macina (Mali).

**v. 1820** • Développement de l'étude des langues et des religions orientales en Occident.

**1821** • *De l'Église gallicane* et *Soirées de Saint-Pétersbourg* (posthume) de Joseph de Maistre. • *Du système industriel* de Saint-Simon. • *Principes de la philosophie du droit* de Hegel.

**1821-1823** • *Philosophie de la mythologie* de Schelling.

**1822** • *Traité de l'association domestique et agricole* de Fourier. • Fondation de la Société pour la propagation de la foi en France.

**1824** • *Le Catéchisme des industriels* de Saint-Simon.

**1825** • *Le Nouveau Christianisme* de Saint-Simon (posth.).

**1826** • Auguste Comte commence son *Cours de philosophie positive* (publié de 1830 à 1842).

### HISTOIRE GÉNÉRALE

**1818** • France : Decazes, chef du gouvernement. • Bernadotte, roi de Suède, sous le nom de Charles XIV. • La dernière résistance indienne est brisée par les Britanniques. • Indépendance du Chili, obtenue par O'Higgins aidé de San Martín.

**1819** • Prusse : début du Zollverein (union douanière), étendu aux États ayant des enclaves dans son territoire. • Les États-Unis achètent la Floride à l'Espagne. • Victoire de Bolívar sur les Espagnols : indépendance de la Grande-Colombie. • Achat, au rajah de Johore, de Singapour par sir Thomas Stamford Raffles pour la Compagnie des Indes orientales.

**1820** • France : assassinat du duc de Berry, l'héritier du trône ; démission de Decazes. • Espagne : révolte des libéraux contre Ferdinand VII. • États-Unis : les États du Nord prohibent l'esclavage ; débuts de la conquête de l'Ouest.

**1821** • Mort de Napoléon. • Lutte de la Grèce pour l'indépendance, saluée par l'Europe romantique ; la Turquie exerce une violente répression. • Abdication de Victor-Emmanuel Ier, roi de Sardaigne. • Pérou : proclamation de l'indépendance (début de la guerre de libération). • Libération du Venezuela par Bolívar ; le Honduras se déclare indépendant de la capitainerie générale espagnole du Guatemala, à laquelle il était rattaché depuis 1790 ; indépendance du Guatemala, qui reste d'abord sous la tutelle mexicaine.

**1822** • France : loi sur la presse supprimant la censure. • Espagne : Ferdinand VII prisonnier des révoltés. • Fondation du Liberia, colonie pour esclaves affranchis. • Indépendance du Brésil, du Mexique et de l'Équateur.

**1823** • Expédition française en Espagne (prise de Trocadero, capitulation de Cadix). • La *doctrine de Monroe* s'oppose à toute intervention européenne dans les affaires du continent américain.

**1824** • France : mort de Louis XVIII ; avènement de Charles X. • Royaume-Uni : loi reconnaissant le droit de grève. • Prise de Rangoon et conquête de la Birmanie par les Anglais. • Libération définitive du Pérou (qui comprend le Pérou et la Bolivie actuels). • Naissance de la République mexicaine. • Le traité de Londres divise le monde malais entre le Royaume-Uni (Malaisie) et la Hollande (Indonésie)

**1825** • France : sacre de Charles X ; appui de l'Église et des ultras ; don de un milliard de francs aux émigrés. • Russie : mort d'Alexandre Ier et avènement de Nicolas Ier ; échec du soulèvement des décabristes (nobles opposés à l'absolutisme). • L'Uruguay et la Bolivie se proclament indépendants.

**1826** • Grèce : chute de Missolonghi, symbole de la résistance à la Turquie. • Les Anglais conquièrent l'Assam. • Turquie : massacre des janissaires par Mahmud II. • Bolívar réunit à Panama un congrès panaméricain pour tenter de créer une fédération.

**1827** • Élections libérales en France. • Le « coup d'éventail » du dey d'Alger au consul de France : prétexte à l'intervention militaire.

**1828** • Guerre russo-turque et russo-perse. • Annexion d'Erevan par les Russes. • Reconnaissance de l'indépendance de l'Uruguay (qui dépendait du Brésil après sa libération de la tutelle espagnole en 1810). • Expédition française à Tombouctou. • Rattachement de Singapour à la colonie britannique des Détroits (*Straits Settlement*).

Le « coup d'éventail » du dey d'Alger au consul de France

1828

## SCIENCES – TECHNIQUES

**1818** • Découverte de la strychnine par Pelletier. • *Philosophie anatomique* de Geoffroy Saint-Hilaire. • Goethe se passionne pour les sciences naturelles (il est à l'origine de la formation du mot « morphologie »).

**1819** • La caféine est extraite du café. • Loi de Dulong et Petit sur la chaleur spécifique des solides. • Traité de Laennec sur le diagnostic par le stéthoscope des maladies cardiopulmonaires.

**1820** • Début de l'exploration de l'Antarctique. • Découverte de la quinine. • Ørsted découvre l'action du courant électrique sur l'aiguille magnétique ; origine de l'électromagnétisme (Ampère, Arago).

**1821** • Fondation de l'École nationale des chartes. • Cours d'analyse de Cauchy (notion mathématique de limite). • La « cage » de Faraday (électrostatique).

**1822** • *Théorie analytique de la chaleur* de Fourier (notion de série trigonométrique). • *Traité des propriétés projectives des figures* de Poncelet (la géométrie projective). • Champollion déchiffre les hiéroglyphes.

**1823** • Publication des travaux de Chevreul sur les corps gras. • Macintosh (grâce à la découverte du benzol) invente le tissu imperméable qui porte son nom. • Hellman invente le métier à tisser vertical.

**1824** • Marc Seguin construit le premier pont suspendu et adapte la chaudière tubulaire aux locomotives (1827). • *Réflexions sur la puissance motrice du feu* de Sadi Carnot, ouvrage fondateur de la thermodynamique, repris et développé par Clapeyron en 1834. • Travaux d'optique de William Hamilton. • McCormick invente la moissonneuse pouvant être produite en série.

**1825** • En Angleterre, pose de la première voie ferrée avec traction à vapeur. • Isolation de l'aluminium par Ørsted.

**1825-1841** • Première carte géologique de la France.

**1826** • Balard découvre le brome. • Début des travaux de Lobatchevski sur la géométrie non euclidienne.

**1827** • Première fabrication de l'aluminium. • Invention en Allemagne d'un fusil se chargeant par la culasse (von Dreyse) ; loi d'Ohm sur les courants électriques. • *Recherches sur les fonctions elliptiques* d'Abel. • Découverte de l'ovule des mammifères par l'Estonien Baer, un des fondateurs de l'embryologie.

**1828** • L'Allemand Wöhler fait la première synthèse d'un produit organique : l'urée. • Découverte du mouvement brownien par le Britannique Robert Brown.

## LITTÉRATURES

**1818** • *Endymion* de Keats ; *Frankenstein ou le Prométhée moderne* de Mary Shelley.

**1819** • Publication posthume de l'œuvre d'André Chénier. • *Mazeppa*, poème de Byron ; *Ivanhoé* de Walter Scott : la vogue du roman historique. • *Le Divan occidental-oriental* de Goethe.

**1820** • *Méditations poétiques* de Lamartine : le début de la poésie romantique. • *Prométhée délivré*, drame lyrique de Percy Shelley. • *Melmoth*, roman noir de l'Irlandais Maturin.

**1822** • *De l'amour* de Stendhal. • *Les Confessions d'un opiomane anglais* de Thomas De Quincey.

**1822-1828** • *Odes et Ballades*, poésies de Victor Hugo.

**1823** • *Han d'Islande*, premier roman (noir) de Hugo ; *Nouvelles méditations* de Lamartine.

**1823-1833** • *Eugène Onéguine*, roman en vers du Russe Pouchkine : première œuvre russe reconnue mondialement.

**1824-1825** • *Boris Godounov*, drame de Pouchkine.

**1824-1826** • *Les Fiancés* de Manzoni.

*La Table servie*, photo de Niépce

**1826** • *Cinq-Mars* et *Poèmes antiques et modernes* de Vigny. • *Poèmes* de Leopardi. • *Le Dernier des Mohicans* de l'Américain Fenimore Cooper.

**1827** • *Cromwell* de Hugo, avec une importante préface définissant le drame romantique par opposition à la tragédie classique. • *De l'assassinat considéré comme un des beaux-arts* de De Quincey. • *Le Livre des chants* de Heine.

**1828** • *Mémoires* de Vidocq.

## ARTS – MUSIQUE

**1819** • *Le Radeau de la Méduse*, tableau de Géricault : une des premières manifestations du romantisme français. • *La Truite*, quintette de Schubert.

**1820** • Les « peintures noires » de Goya, notamment *Le Sabbat des sorcières*.

**1821** • *La Charrette de foin* de Constable : la découverte du paysage anglais en France. • *Der Freischütz* de Weber à Berlin : naissance de l'opéra romantique allemand.

**1822** • Delacroix commence son *Journal*. • *Symphonie inachevée* de Schubert. • Le Français Érard met au point le piano moderne, à double échappement.

**1823** • Schubert compose ses principaux lieder.

**1824** • *Les Massacres de Scio*, tableau de Delacroix, le manifeste de l'école romantique. • *Neuvième Symphonie* de Beethoven : il associe orchestre et voix dans le finale, avec l'*Ode à la joie* de Schiller ; *La Belle Meunière* de Schubert.

**1826** • Esquisse du *Pont de Narni* de Corot. • Dernier *quatuor* de Beethoven ; Mendelssohn compose la première partie du *Songe d'une nuit d'été*. • *La Table servie*, une des plus anciennes photos retrouvées de Niépce.

**1827** • Mort de Beethoven, à Vienne.

**1828** • *La Mort de Sardanapale*, tableau de Delacroix, déchaîne les critiques par l'audace dans la couleur et le mouvement.

# L'époque contemporaine (1790 à 1900)
## de la Révolution française à 1900

| | RELIGION – PHILOSOPHIE | HISTOIRE GÉNÉRALE |
|---|---|---|
| 1829 | | **1829** • Indépendance de la Grèce (traité d'Andrinople). • États-Unis : Jackson, 7e président ; le *spoil System* accorde tous les postes importants à son entourage. |
| | **1830** • *De la guerre* de Clausewitz. • Fondation de l'Église des mormons aux États-Unis. • En Égypte, Méhémet Ali encourage un renouveau de la culture arabe et musulmane. | **1830** • France : prises d'Alger et d'Oran, début de la colonisation française ; révolution de juillet (les « Trois Glorieuses ») et abdication de Charles X ; Louis-Philippe, roi des Français (début de la monarchie de Juillet). • Indépendance de la Belgique. • Pologne : insurrection contre l'autorité du tsar, sévèrement réprimée ; elle devient province russe. • Indépendance du Venezuela (qui se sépare de la Grande-Colombie à la mort de Bolívar) et de la Colombie. |
| | | **1831** • Insurrection ouvrière des Canuts à Lyon. • Fondation du mouvement Jeune-Italie par Mazzini. • Léopold Ier de Saxe-Cobourg, roi des Belges. • Méhémet Ali envahit la Palestine et la Syrie. |
| | **1832** • Condamnation du catholicisme libéral par le pape, qui rappelle également, après les révoltes en Pologne contre le gouvernement russe, le devoir d'obéissance. • Rupture de Lamennais avec l'Église. | **1832** • France : tentative d'insurrection de la duchesse de Berry en Vendée ; épidémie de choléra : mort de Casimir-Perier ; ministère Thiers-Guizot-de Broglie. • Othon, roi de Grèce. • Abd el-Kader, émir de Mascara, en lutte contre les Français. |
| | **1833** • Premier tome de l'*Histoire de France* de Michelet ; l'histoire prend une grande importance idéologique ; début des travaux monumentaux d'érudition historique. • L'Église grecque indépendante du patriarcat de Constantinople. • Grégoire XVI organise les missions en Océanie. • Fondation de la Société américaine antiesclavagiste. | **1833** • France : loi Guizot sur l'enseignement primaire. • Abolition de l'esclavage dans les colonies anglaises. • Espagne : après l'abolition de la loi salique, Isabelle II succède à son père Ferdinand VII aux dépens de son oncle Don Carlos. |
| | **1834** • *Paroles d'un croyant* de Lamennais. *Histoire de la religion et de la philosophie en Allemagne* de Heine. | **1835** • France : attentat de Fieschi contre Louis-Philippe. • Abd el-Kader bat les Français à la Macta. • Argentine : début de la dictature de Rosas (jusqu'en 1852), qui pose les bases de l'État. • Fondation de Melbourne qui sera (1901-1927) la première capitale de l'Australie. |
| | **1835-1840** • *De la démocratie en Amérique* de Tocqueville. | |
| | **1836** • *Sur la différence de construction du langage dans l'humanité* de Wilhelm von Humboldt (posthume). | **1836** • France : tentative de soulèvement de Louis Napoléon Bonaparte à Strasbourg. • Indépendance du Texas. • Fondation de l'Australie-Occidentale. |

*La Liberté guidant le peuple* de Delacroix ▶

| | | |
|---|---|---|
| 1837 | **1837** • *Théorie de la connaissance* de Bolzano. | **1837** • Victoria, reine d'Angleterre. • Prise de Constantine par les Français. • « Rébellion des patriotes » dans la région de Montréal. |

## SCIENCES – TECHNIQUES

**1829** • Invention de l'écriture Braille. • Théorie des fonctions elliptiques de Jacobi.

**v.1830** • Travaux de Gauss sur les nombres complexes.

**1830** • Première machine à coudre (Thimonnier) ; théorie des groupes de Galois (diffusée par Jordan en 1870) ; *Principes de philosophie zoologique* de Geoffroy Saint-Hilaire. • Première ligne de chemin de fer voyageurs entre Liverpool et Manchester.

**1831** • Faraday découvre l'induction électromagnétique ; découverte du pôle Nord magnétique par James Ross. • Le Français Sauria invente les allumettes phosphoriques à friction.

**1832** • Invention de l'hélice. • En France, ouverture de la première ligne de chemin de fer ; le réseau atteindra 2 000 km en 1850, 18 000 km en 1870. • Fondation de la future agence Havas. • Industrialisation de la turbine hydraulique inventée par Fourneyron en 1827. • Géométrie non euclidienne du Hongrois Bolyai.

**1834** • Premier moteur électrique puissant. • *Force motrice de la chaleur* de Clapeyron. • Faraday énonce les lois de l'électrolyse.

**1835** • Samuel Colt invente le pistolet à barillet ou « revolver ». • Talbot obtient des négatifs photographiques.

**1836** • Berzelius découvre la catalyse chimique et introduit la notation chimique moderne.

▲ *L'arc de la vague au large de Kanagawa* de Hokusai

**1837** • Construction du chemin de fer Paris/Saint-Germain-en-Laye.

## LITTÉRATURES

**1829** • *Le Dernier Chouan* (devenu *Les Chouans* en 1841), roman de Balzac ; *Les Orientales* de Hugo. • *Les Années de voyage de Wilhelm Meister* de Goethe. • *Contes d'Espagne et d'Italie* de Musset.

**1830** • La première d'*Hernani*, drame de Hugo, déclenche une bataille entre les romantiques et les classiques ; *Le Rouge et le Noir*, roman de Stendhal.

**1831** • Succès de *La Peau de chagrin* de Balzac, qui lui apporte argent et notoriété ; *Notre-Dame de Paris*, roman historique de Hugo ; représentation de *Marion de Lorme*, de Hugo, jusque-là censurée.

**1832** • *La Fée aux miettes* de Nodier ; *Indiana* de George Sand ; *Stello* de Vigny. • Le second *Faust* de Goethe couronne et résume son œuvre. • *Mes prisons*, œuvre patriotique de l'Italien Silvio Pellico.

**1833** • *Eugénie Grandet* de Balzac ; publication des *Caprices de Marianne*, comédie de Musset.

**1834** • *Le Père Goriot* de Balzac qui applique pour la première fois le système du retour des personnages ; *On ne badine pas avec l'amour* et *Lorenzaccio* de Musset ; *Volupté* de Sainte-Beuve. • *La Dame de pique*, nouvelle de Pouchkine.

**1835** • *Le Lys dans la vallée* de Balzac ; *Les Chants du crépuscule* de Victor Hugo ; *La Nuit de mai* de Musset ; *Chatterton* de Vigny. • *Contes* d'Andersen.

**1836** • Naissance du roman-feuilleton dans la presse : Dumas, Eugène Sue, George Sand publieront dans les journaux ; *Kean* de Dumas père ; *Mademoiselle de Maupin* de Gautier ; *Confession d'un enfant du siècle* de Musset : le « mal du siècle ». • *Les Aventures de M. Pickwick* de Dickens. • *Le Revizor* et *Le Journal d'un fou* de Gogol.

**1837** • *César Birotteau* de Balzac ; *Les Voix intérieures* de Victor Hugo. • *Oliver Twist*, roman de Dickens contre les « maisons de travail » : le réalisme victorien.

**1837-1843** • *Illusions perdues* de Balzac.

## ARTS – MUSIQUE

**1829** • Mendelssohn fait jouer, pour la première fois depuis la mort de Bach, la *Passion selon saint Matthieu*.

**1830** • *La Cathédrale de Chartres* de Corot met en valeur le rôle de la lumière dans le paysage ; *La Liberté guidant le peuple*, tableau de Delacroix, allégorie inspirée par les journées révolutionnaires de 1830. • Première exécution, à Paris, de la *Symphonie fantastique* de Berlioz qui illustre le romantisme musical.

**1831** • À 21 ans, Chopin s'installe à Paris et devient l'idole des salons ; la *Norma*, opéra de Bellini à Milan : l'âge d'or du bel canto.

**1832** • La *Sylphide*, ballet romantique, créé à l'Opéra de Paris. • Fondation du *Charivari*, le premier journal satirique illustré, témoin de l'engouement français pour la caricature (Daumier) ; portrait de *Louis-François Bertin* par Ingres.

**1833** • Hokusai peint *36 vues du mont Fuji*.

**1834** • *Femmes d'Alger dans leur appartement*, tableau de Delacroix : la mode de l'exotisme oriental chez les romantiques.

**1835** • Début du style néogothique en Grande-Bretagne. • Turner peint deux toiles intitulées *L'Incendie du Parlement*. • *Carnaval* de Schumann ; *Lucia di Lammermoor*, opéra de Donizetti, à Naples : l'archétype de l'opéra romantique.

**1835-1836** • *Le Départ des volontaires* (ou *La Marseillaise*) de Rude, sculpture de l'Arc de triomphe à Paris.

**1835-1847** • Construction du palais de Justice de Lyon par Baltard.

**1836** • Érection de l'obélisque de Louksor sur la place de la Concorde à Paris, et inauguration de l'Arc de triomphe de l'Étoile. • Mort tragique de la Malibran.

**1837** • *Requiem* de Berlioz.

# L'époque contemporaine (1790 à 1900)
## de la Révolution française à 1900

| RELIGION – PHILOSOPHIE | HISTOIRE GÉNÉRALE |
|---|---|

1838

**1838** • *Recherches sur les principes mathématiques de la théorie des richesses* de Cournot. • *Organisation du travail* de Louis Blanc.

**1838** • Chartisme et émeutes ouvrières en Angleterre. • Indépendance du Costa Rica.

*Les gens de justice : péroraison à la Démosthène* de Daumier

**1839** • Aden passe aux mains des Britanniques. • Indépendance du Honduras. • Espagne : fin de la guerre civile entre carlistes et libéraux. • Allemagne : interdiction de faire travailler les enfants de moins de 9 ans. • Chine : début de la guerre de l'Opium, prétexte à l'intervention militaire anglaise.

**1840** • *Le Voyage en Icarie* de Cabet : le communisme utopique. • *Tableau de l'état physique et moral des ouvriers dans les fabriques de coton, de laine et de soie* de Villermé, qui sera à l'origine de la loi de 1841 sur la limitation du travail des enfants. • *Qu'est-ce que la propriété ?* de Proudhon. • Au Canada, l'Église franco-catholique se réorganise et devient une force sociale.

**1840** • France : un rapport dénonce les conditions de vie miséreuses des ouvriers des filatures ; retour des cendres de Napoléon ; nouvelle tentative de soulèvement de L. N. Bonaparte à Boulogne. • Bugeaud, gouverneur général de l'Algérie. • Début des missions de Livingstone. • États-Unis : formation d'un parti abolitionniste. • Nouvelle-Zélande : le traité de Waitangi entre les Britanniques et les Maoris garantit à ces derniers leurs droits sur la terre ; les nombreuses spoliations des autochtones provoqueront des conflits. • Canada : les deux colonies de la vallée du Saint-Laurent forment le Canada-Uni (les habitants anglophones prennent alors le nom de « Canadians »).

**1841** • *L'Essence du christianisme* de Feuerbach ; *Les Deux Problèmes fondamentaux de l'Éthique* de Schopenhauer ; déclin de l'influence de Hegel.

**1841** • France : loi pour la protection du travail des enfants. • Convention de Londres sur le passage des Détroits, qui abolit le privilège accordé aux Russes du libre passage de leurs navires de guerre. • Indépendance du Salvador. • Madagascar : la reine Ranavalona I^re ferme l'île aux Européens.

**1841-1846** • *Cours d'histoire de la philosophie moderne* de Victor Cousin.

**1842** • *Manuel de philosophie moderne* de Renouvier.

**1842** • Royaume-Uni : interdiction du travail féminin dans les mines. • La France conquiert les îles Marquises et Tahiti. • Chine : le traité de Nankin met fin à la guerre de l'Opium, marque l'ouverture commerciale de la Chine à l'Occident et donne Hong Kong aux Anglais.

**1843** • *Logique* de John Stuart Mill.

**1843** • France : invasion et conquête de la Guinée et du Gabon. • Prise de la smala d'Abd el-Kader, qui s'enfuit d'Algérie. • Les Anglais annexent le Natal. • Une mission catholique française s'installe en Nouvelle-Calédonie. • La reine Pomaré est contrainte d'accepter le protectorat français sur Tahiti.

**1844** • Début de la prédication de Mīrzā ʿAlī Muḥammad dit *le Bāb*. • Première tentative d'un phalanstère (en Roumanie) d'après les idées de Fourier. • *Le Concept d'angoisse* de Kierkegaard. • Marx publie *Sur la question juive* et rencontre Engels à Paris.

**1844** • Guerre franco-marocaine : bombardement de Tanger. • Montréal devient la capitale du Canada. • Chine : fondation de concessions européennes échappant à la souveraineté chinoise. • L'est d'Haïti fait sécession. • Indépendance de la République dominicaine. • Fondation de l'Institut canadien à Montréal.

**1845** • *La Situation de la classe laborieuse en Angleterre* d'Engels. • *Étapes sur le chemin de la vie* de Kierkegaard.

**1845** • Grande famine en Irlande jusqu'en 1850 : 1 million de morts, 8 millions d'émigrants, principalement vers les États-Unis. • États-Unis : le Texas devient le 28^e État.

1845

| SCIENCES – TECHNIQUES | LITTÉRATURES | ARTS – MUSIQUE | |
|---|---|---|---|
| **1838** • Boucher de Perthes jette les bases de la préhistoire. • Daguerre invente le « daguerréotype ». • Traversée de l'Atlantique par un *steamer* anglais (navire à vapeur, par opposition au *clipper*, navire à voile). • Morse met au point le « code Morse » (ou *morse*). • Travaux de Denis Poisson sur le calcul des probabilités.<br>**1838-1839** • Faraday propose une théorie unitaire de l'électricité, qui annonce la notion de champ (Maxwell). | **1838** • *Ruy Blas* de Victor Hugo.<br>**1838-1847** • *Splendeurs et Misères des courtisanes* de Balzac. | <br>*Pluie, vapeur, vitesse* de Turner | 1838 |
| **1839** • Théorie du potentiel de Gauss ; théorie cellulaire de Schwann et Schleiden. • Vulcanisation du caoutchouc (Goodyear). • Le Britannique Talbot invente le papier photographique. | **1839** • *La Chartreuse de Parme* de Stendhal. | **1839** • Théorie de Chevreul sur les couleurs qui sera le fondement de l'impressionnisme. • *Roméo et Juliette* de Berlioz ; Wagner s'installe à Paris ; Chopin achève les *24 Préludes* : il est le premier compositeur à se vouer uniquement au piano. • Première photographie de la Lune sur une plaque d'argent. | |
| **1840** • Début des engrais chimiques (Liebig). • Royaume-Uni : création du timbre-poste : le *Penny Black*. | **1840** • Balzac a l'idée de *La Comédie humaine*, qui paraîtra de 1842 à 1848 ; *Les Rayons et les Ombres* de Hugo ; *Colomba* de Mérimée. • Début des *Histoires extraordinaires* de l'Américain Edgar Poe. | **1840** • *L'Amour et la Vie d'une femme*, *Les Amours du poète*, cycles de lieder de Schumann.<br>**1840-1867** • Construction du palais de Westminster à Londres dans un style néogothique. | |
| **1841** • Joule découvre l'équivalence de l'énergie et de la chaleur. | **1841** • *Les Huit Chiens de Satomi* du Japonais Bakin. | **1841** • *Prise de Constantinople par les croisés* de Delacroix. | |
| **1842** • Premières anesthésies, à l'éther. • Nasmyth invente le marteau-pilon à vapeur. • Mayer démontre l'équivalence entre chaleur et énergie mécanique (thermodynamique). • Découverte de l'effet Doppler. | **1842** • *Gaspard de la nuit* d'Aloysius Bertrand (publication posthume) : le poème en prose ; *Les Mystères de Paris* d'Eugène Sue. • *Les Âmes mortes* et *Le Manteau* de Gogol. | **1842** • *Nabucco* [Nabuchodonosor], opéra de Verdi, triomphe à Milan : le chœur des Juifs exilés devient l'hymne des patriotes italiens. | |
| **1843** • Premiers médicaments en comprimés. • Lancement du premier transatlantique en fer et à hélice. • Quaternions (nombres complexes) de Hamilton. • Loi d'Ohm sur les vibrations sonores. | **1843** • *Voyage en Orient* de Nerval. | | |
| **1844** • Premier télégraphe de Baltimore à Washington. | **1844** • *Le Comte de Monte Cristo* de Dumas père.<br>**1844-1847** • *Les Trois Mousquetaires*, suivi de *Vingt ans après* et *Le Vicomte de Bragelonne* de Dumas père. | **1844** • *Pluie, vapeur, vitesse*, tableau de Turner : l'étude des effets atmosphériques annonce l'impressionnisme. • *Grand traité d'instrumentation et d'orchestration modernes* de Berlioz. | |
| **1845** • L'Américain Hoe invente la presse rotative. | **1845** • *Carmen*, nouvelle de Mérimée.<br>**1845-1848** • L'*Histoire du Canada* de François-Xavier Garneau devient la bible idéologique des Franco-Canadiens. | **1845** • Début des *Salons* de Baudelaire. • Viollet-le-Duc commence la restauration de Notre-Dame de Paris. • Le Français Adolphe Sax invente le « Saxophone ». • *Tannhäuser*, opéra de Wagner. • *Les Gens de justice*, gravures de Daumier | 1845 |

# L'époque contemporaine (1790 à 1900)
## de la Révolution française à 1900

1846

| RELIGION – PHILOSOPHIE | HISTOIRE GÉNÉRALE |
|---|---|
| **1846** • *Système des contradictions économiques ou Philosophie de la misère* de Proudhon, auquel Marx répondra par *La Misère de la philosophie* en 1847. Marx et Engels rédigent *L'Idéologie allemande.* • Autorisation du catholicisme en Chine, à la demande de la France. | **1846** • Fin de la guerre d'Algérie ; mise en œuvre d la colonisation par Bugeaud. • Les Anglais soumettent le Panjab. • Régime parlementaire établi au Canada. • Guerre du Mexique avec les États-Unis ; la défaite mexicaine se traduira par l'annexion du Nouveau-Mexique par les États-Unis (1848). • Le traité de l'Oregon fixe la frontière entre les États-Unis et le Canada. |
| **1847-1849** • Prédication de Hong Xiuquan, prophète chinois qui prit la tête du mouvement révolutionnaire des Taiping. | **1847** • Épidémies de choléra en Europe. • France : campagne des Banquets contre Louis-Philippe ; reddition d'Abd el-Kader. • Suisse : guerre du Sonderbund. • Angleterre : adoption de la journée de 10 heures pour les ouvriers du textile. • Indépendance du Liberia. • Tự Dức, empereur du Viêtnam. |
| **1848** • *Manifeste du parti communiste* de Marx et Engels, sur l'avènement de la révolution dans la société capitaliste et le rôle du prolétariat. • *Principes d'économie politique* de Mill. | **1848** • France : révolution de février 1848 ; proclamation de la IIe République ; écrasement du soulèvement populaire (juin) ; Louis Napoléon Bonaparte élu président de la République (déc.). Abolition de l'esclavage dans les colonies françaises. • Suisse : nouvelle Constitution. • Les duchés (Schleswig, Holstein et Lauenburg) se séparent du Danemark. • Révolutions nationalistes en Allemagne, Prusse, Autriche, Italie et Hongrie (« Printemps des peuples »). • Ruée vers l'or en Californie. |
| **1849** • Le pape est rétabli dans ses États sur intervention française. | **1849** • Proclamation de la République romaine par Mazzini et Garibaldi ; résistance autrichienne ; Victor-Emmanuel II, roi de Sardaigne. • Le Danemark devient une monarchie constitutionnelle (Frédéric VII). • Kossuth, chef de l'État hongrois ; écrasement de la Hongrie par l'Autriche. |
| **1850** • *Harmonies économiques* de Frédéric Bastiat, libéral « optimiste » opposé à Malthus. • Organisation d'une hiérarchie catholique en Angleterre. | **1850** • France : loi Falloux donnant une part prépondérante à l'Église catholique dans le système éducatif français. • *Reculade d'Olmütz* : le roi de Prusse renonce à ses projets d'« union restreinte » de l'Allemagne du Nord. • Australian Colony Act : début de l'autonomie australienne. |
| **1851** • *Essai sur les fondements de nos connaissances* de Cournot. • Le tsar exige le maintien de l'orthodoxie dans les Lieux saints. • Massacre des prêtres chrétiens en Chine. | **1851** • France : coup d'État de Louis Napoléon Bonaparte approuvé par plébiscite. • Les anglophones forment la majorité de la population du Canada. • Chine : début de la révolte des Taiping (soulèvement chinois contre la domination mandchoue). Les Anglo-Américains interviennent pour aider les Mandchous à abattre le soulèvement populaire. • Début de la ruée vers l'or en Australie (Victoria). • La Nouvelle-Zélande se détache de la Nouvelle-Galles-du-Sud (Australie) et devient colonie anglaise autonome. |
| **1852** • *Catéchisme positiviste* de Comte, qui se veut le premier « sociologue » et l'instaurateur d'une « religion de l'humanité ». • Fondation de l'université Laval, à Québec. | **1852** • France : rétablissement de l'Empire (Second Empire) ; Louis Napoléon Bonaparte prend le nom de Napoléon III. • Italie : Cavour, Premier ministre du Piémont-Sardaigne. • Indépendance du Monténégro et du Transvaal. • Institution du bagne français à Cayenne, en Guyane (il sera supprimé en 1945). • Chute de Rosas et Constitution fédérale de la république Argentine (1853). |
| **1853-1855** • *Essai sur l'inégalité des races humaines* de Gobineau. | **1853** • Occupation de la Nouvelle-Calédonie par la France, à la suite du massacre de marins français par les Canaques en 1850. • La Terre de Van Diemen prend le nom de Tasmanie. |
| **1854** • Pie IX proclame le dogme de l'Immaculée Conception de Marie ; vogue du culte de Marie, qui aboutira au dogme de l'Assomption (1950). | **1854** • Allemagne : interdiction de faire travailler les enfants de moins de 12 ans. • Début de la guerre de Crimée entre la Russie et les Franco-Anglais (bataille de l'Alma). • Traité entre le Japon et les États-Unis : fin de la politique d'isolement du Japon. • Sénégal : Faidherbe, gouverneur. • Indépendance de l'Orange (Afrique du Sud). • États-Unis : formation du parti républicain. |

1854

| SCIENCES – TECHNIQUES | LITTÉRATURES | ARTS – MUSIQUE |
|---|---|---|
| **1846** • Le Verrier « découvre » par le calcul la planète Neptune. • Krupp coule le premier canon d'acier en une seule pièce. • L'Américain Elias Howe fait breveter la machine à coudre. • Publication de l'œuvre mathématique d'Évariste Galois. • Fondation de l'École française d'Athènes. | **1846** • *La Cousine Bette* de Balzac ; *Le Peuple* de Michelet, « cours d'éducation nationale pour les classes populaires » ; *La Mare au diable* de George Sand. | **1846** • Début de l'école de Barbizon, qui prépare l'éclosion de l'impressionnisme. • *La Damnation de Faust* de Berlioz. • Le *Combat de coqs* de Gérôme illustre le goût académique dans la peinture française. 1846 |
| **1847** • Premier emploi chirurgical du chloroforme. • Découverte de l'or en Californie. • Invention de la nitroglycérine et du béton armé. • Mesure de la pression artérielle. • *Logique formelle* de De Morgan. • Helmholtz énonce la loi générale de conservation de l'énergie. | **1847** • *Jane Eyre* de Charlotte Brontë ; *Les Hauts de Hurlevent* d'Emily Brontë.<br>**1847-1848** • *La Foire aux vanités*, roman de Thackeray.<br>**1847-1853** • *Histoire de la Révolution française* de Michelet. | <br>▲ Grands travaux d'Haussmann : percement de la rue de Rennes à Paris |
| **1848** • Kelvin introduit la température absolue. • Première carte des courants marins dressée par l'Américain Matthew Maury. | **1848** • *La Dame aux camélias* de Dumas fils. | |
| **v. 1850** • Mise au point de la locomotive Crampton. • Expérience de Fizeau sur la vitesse de la lumière. • Pasteur en France, Koch en Allemagne font la preuve qu'une maladie a généralement une cause spécifique. • Invention des jumelles à prismes par Porro. • Découverte du procédé de soufrage de la vigne. • Invention du marteau-piqueur. • Premier câble sous-marin posé entre Douvres et Calais (Crampton). • Clausius énonce le second principe de la thermodynamique et introduit le principe d'entropie. • Premières piqûres thérapeutiques. • Plein essor de la navigation à voile, en particulier américaine. | **1849** • *La Petite Fadette* de George Sand.<br>**1849-1850** • *David Copperfield* de Dickens.<br>**1850** • *La Lettre écarlate* de Hawthorne, premier grand roman de la littérature américaine. • *Les Sonnets de la Portugaise* d'Elizabeth Browning. | **1849** • *Un enterrement à Ornans*, tableau de Courbet, fait scandale au Salon de 1850 et inaugure la « guerre du réalisme ». • Mort de Chopin à Paris. • Liszt, maître de chapelle à Weimar, domine la vie musicale.<br>**1850** • *Le Semeur*, tableau de Millet. • *Troisième symphonie*, dite *Symphonie rhénane*, de Schumann ; première représentation de *Lohengrin* de Wagner sous la direction de Liszt. |
| **1851** • Expérience du pendule de Foucault. • *Die Paradoxen des Unendlichen* (posthume) de Bolzano. • Surfaces de Riemann en mathématiques. • Première Exposition universelle à Londres. • Fabrication industrielle de machines à coudre. • Fondation de l'agence de presse Reuters, en Angleterre. | **1851** • *Un chapeau de paille d'Italie*, comédie sociale de Labiche, le maître du théâtre de boulevard sous le Second Empire. • *Moby Dick ou la Baleine blanche*, roman de l'Américain Melville ; *La Case de l'oncle Tom* de la romancière américaine Beecher-Stowe, dénonciation de l'esclavagisme.<br>**1851-1862** • *Causeries du lundi* de Sainte-Beuve.<br>**1851-1896** • *Journal* des Goncourt. | **1851** • Début de la construction des Halles de Paris par Baltard ; inauguration du Crystal Palace à Londres à l'occasion de la première Exposition universelle. • *Rigoletto*, opéra de Verdi à Venise. • *Mazeppa*, poème symphonique de Liszt. |
| **1852** • Effet Joule-Thomson : la détente d'un gaz réel provoque un refroidissement. • Foucault construit le gyroscope. • Premier grand magasin à Paris, le Bon Marché (fondé par Boucicaut). | **1852** • *La Dame aux camélias* de Dumas fils au théâtre ; *Émaux et Camées* de Gautier ; *Poèmes antiques* de Leconte de Lisle. • *Récits d'un chasseur* de Tourgueniev. | |
| **1853** • Travaux de Claude Bernard sur la fonction glycogénique du foie (théorie du milieu). • Début du voyage de Livingstone en Afrique. | **1853** • *Les Châtiments*, poèmes de Victor Hugo en exil à Jersey, pamphlet virulent contre Napoléon III. | **1853** • Haussmann, préfet de la Seine, entreprend une politique de grands travaux à Paris. • *Le Trouvère* (Rome) et *La Traviata* (Venise), opéras de Verdi ; *Sonate en si mineur* de Liszt. • *La Rencontre* de Courbet. |
| **1854** • Berthelot pose les principes de la thermochimie. • Sainte-Claire Deville invente le procédé de fabrication de l'aluminium par électrolyse. • Algèbre de Boole. • *Sur les hypothèses qui servent de base en géométrie* de Riemann (publié en 1867). | **1854** • *L'Ensorcelée* de Barbey d'Aurevilly ; *Les Filles du feu* de Nerval. • Fondation du Félibrige. • *La Charge de la brigade légère* de Tennyson. | **1854** • *L'Or du Rhin* de Wagner, prologue de la *Tétralogie*. 1854 |

# L'époque contemporaine (1790 à 1900)
## de la Révolution française à 1900

| RELIGION – PHILOSOPHIE | HISTOIRE GÉNÉRALE |
|---|---|
| **1855** • Massacre des musulmans en Chine. | **1855** • Russie : siège de Sébastopol ; mort de Nicolas Ier et avènement d'Alexandre II. • Fondation de la Compagnie du canal de Suez. • Australie : le Victoria, compris dans la Nouvelle-Galles-du-Sud, devient colonie autonome. |
| **1856** • *L'Ancien Régime et la Révolution* de Tocqueville. | **1856** • Traité de Paris : fin de la guerre de Crimée ; défaite de la Russie ; l'Empire ottoman est ouvert aux banquiers européens. • Début de la seconde guerre de l'Opium (jusqu'en 1860). |
| | **1857** • Ottawa devient la capitale du Canada. • Soumission de la Kabylie par les Français. • Inde : révolte des cipayes (soldats indigènes). • Chine : occupation de Canton par les Anglais et les Français. |
| **1858** • Bernadette Soubirous a des visions de la Vierge, à Lourdes. • Fondation de l'académie thomiste. | **1858** • France : attentat d'Orsini contre Napoléon III. • L'Inde devient colonie de la Couronne britannique ; elle est gouvernée par un vice-roi. • Début de la guerre civile mexicaine. • Début du creusement du canal de Suez (Lesseps). • Japon : traités de commerce avantageux pour les Occidentaux. • Accentuation de l'ouverture de la Chine (commerciale, religieuse et politique). |
| **1859** • Mort du curé d'Ars (saint Jean-Baptiste Marie Vianney). • L'évolutionnisme de Darwin envahit les sciences humaines naissantes (Spencer, Morgan). • *Contribution à la critique de l'économie politique* de Marx. | **1859** • Intervention française en Italie : victoires contre l'Autriche de Magenta et de Solferino ; cette dernière bataille inspire à Henri Dunant l'idée de la Croix-Rouge. • Révolutions en Toscane, à Parme et à Modène : début de l'unité italienne. • Occupation de Saigon par les Français. • Le Queensland, détaché de la Nouvelle-Galles-du-Sud, devient colonie. |
| **1860** • *La Civilisation de la Renaissance en Italie* de Jakob Burckhardt. • Fondation de l'Alliance israélite universelle (notamment par Adolphe Crémieux). | **1860** • Italie : cession de Nice et de la Savoie à la France ; expédition des Mille menée par Garibaldi à Naples et en Sicile. • États-Unis : la Caroline du Sud, premier État à faire sécession. • Prise de Mexico par Juárez. • Début de la conquête de l'Asie centrale par les Russes. • Sac du Palais d'Été (Yuanmingyuan) à Pékin ; la Chine cède des concessions aux Anglais. • La Nouvelle-Calédonie devient colonie autonome. |
| **1861** • *L'Utilitarisme* de John Stuart Mill ; positivisme, utilitarisme et scientisme dominent l'esprit du temps. | **1861** • Transformation du royaume de Piémont-Sardaigne en royaume d'Italie : triomphe du Risorgimento. La principauté de Monaco se place sous la protection de la France. • Russie : abolition du servage. • Indépendance de la Roumanie. • États-Unis : Lincoln, 16e président ; 11 États du Sud se constituent en États confédérés d'Amérique ; début de la guerre de Sécession. |
| | **1862** • Prusse : Bismarck, chancelier ; refus d'introduire l'Autriche dans le Zollverein. • Annexion de la basse Cochinchine par la France. |
| **1863** • *Du principe fédératif* de Proudhon. • *Vie de Jésus* de Renan. | **1863** • Protectorat français sur le Cambodge. • Le Danemark veut annexer le Schleswig, violant ainsi le traité de Londres de 1852. • États-Unis : batailles de Gettysburg et de Chattanooga. • Constitution fédérale des États-Unis de Colombie. • Rivalité franco-britannique à Madagascar. |

## SCIENCES – TECHNIQUES | LITTÉRATURES | ARTS – MUSIQUE

1855

**v. 1855** • Expansion de l'industrie de l'acier. • Apparition du chemin de fer au Brésil, en Égypte et en Australie. • Premiers procédés de photographies en couleurs. • Expérience de Foucault sur l'énergie des courants induits. • Invention du convertisseur Bessemer. • Procédé de fabrication des allumettes breveté par Lundström. • Extension du réseau d'égouts à Paris.

**1855** • *Hiawatha* de Longfellow ; *Les Feuilles d'herbe* de Whitman, chantre de l'Amérique.

*Baudelaire*, photo de Carjat

**1855** • *L'Atelier du peintre*, « allégorie réelle » de Courbet, tableau-manifeste du réalisme. • *Te Deum* de Berlioz ; Offenbach fonde à Paris le théâtre des Bouffes-Parisiens.

**1856** • Instruments de mesure de la température du corps humain. • Invention des colorants synthétiques.

**1856** • *Les Contemplations* de Hugo, ode à sa fille disparue. • Traduction des *Histoires extraordinaires* d'Edgar Poe par Baudelaire.

**1856** • *Les Demoiselles des bords de la Seine*, tableau de Courbet.

**1857** • Éclairage au gaz à Paris. • Invention du papier à pâte de bois. • *Théorie des fonctions abéliennes* de Riemann.

**1857-1860** • Kirchhoff et Bunsen fondent l'analyse chimique sur la spectroscopie.

**1857** • *Madame Bovary* de Flaubert et *Les Fleurs du mal* de Baudelaire sont attaquées en justice pour immoralité. • *Le Bossu* de Paul Féval, archétype du roman de cape et d'épée.

**1857** • *Le Réalisme*, essai de Champfleury qui prône la vérité dans l'art.

**1857-1859** • *L'Angélus*, tableau de Millet.

**1858** • Constitution de la Compagnie du canal de Suez. • Premier message télégraphique à travers l'Atlantique.

**1858** • *Le Roman de la momie* de Gautier.

**1858** • *Orphée aux enfers*, opérette d'Offenbach.

**1859** • Premiers puits de pétrole aux États-Unis. • Darwin expose sa doctrine dans *De l'origine des espèces au moyen de la sélection naturelle*.

**1859** • Début de *La Légende des siècles* de Victor Hugo ; *Mireille*, poème provençal de Mistral : la renaissance culturelle des pays d'oc.

**1859** • En France, les photographes participent pour la première fois aux Salons. • *Faust*, opéra-comique de Gounod à Paris.

**1860** • Invention du moteur à explosion. • Premier tramway à Londres. • Recherches de Maxwell et Boltzmann sur la théorie cinétique des gaz (mécanique statistique). • Travaux de Broca sur les localisations cérébrales. • *Chimie organique fondée sur la synthèse* de Berthelot. • Synthèse de l'acétylène par Berthelot.

**1860** • *Les Paradis artificiels* de Baudelaire : opium et haschisch ; *Le Voyage de M. Perrichon* de Labiche. • *Le Moulin sur la Floss* de George Eliot.

*Le Bain turc* d'Ingres

**1861** • Découverte du césium par Kirchhoff et Bunsen. • Four Siemens pour l'acier.

**1861-1865** • Utilisation des premiers cuirassés, mines et torpilles pendant la guerre de Sécession aux États-Unis.

**1861** • *Le Capitaine Fracasse*, roman de cape et d'épée de Gautier (parution en feuilleton). • *Souvenirs de la maison des morts* de Dostoïevski, écrit à son retour du bagne.

**1861** • *La Lutte de Jacob avec l'Ange*, testament spirituel de Delacroix. • Pasdeloup donne au cirque d'Hiver à Paris les premiers « concerts populaires » de musique classique. • *Ugolin et ses fils*, sculpture de Carpeaux.

**1862** • Claude Bernard découvre le rôle des nerfs vasomoteurs, responsables de la régulation sanguine. • Foucault mesure la vitesse de la lumière. • Four Martin pour l'acier. • Réfutation expérimentale, par Pasteur, de la théorie de la génération spontanée.

**1862** • *Salammbô* de Flaubert ; *Dominique*, roman d'analyse psychologique de Fromentin ; *Les Misérables* de Hugo : le courant humanitaire et social du romantisme ; *Poèmes barbares* de Leconte de Lisle ; *Cinq semaines en ballon* de Jules Verne.

**1862** • Charles Garnier commence l'Opéra de Paris (achevé en 1875) dans le style éclectique du Second Empire. • *Le Bain turc*, tableau d'Ingres ; manifeste des peintres français contre la photographie. • Köchel établit le *Catalogue chronologique et thématique des œuvres complètes de Mozart*.

**1863** • Publication posthume des travaux de Dirichlet en théorie des nombres. • Début de la pasteurisation. • Premier phare électrique, au cap de la Hève. • Première ligne de métro du monde, à Londres.

**1863-1869** • *Guerre et Paix* de Tolstoï.

**1863-1870** • *Nouveaux Lundis* de Sainte-Beuve.

**1863-1872** *Dictionnaire de la langue française* de Littré.

**1863** • Premier Salon des refusés à Paris (les exclus du Salon officiel) : le premier des Salons « parallèles » qui servent de manifestes aux écoles nouvelles ; Manet provoque un scandale avec le *Déjeuner sur l'herbe*. • *Les Troyens à Carthage*, poème lyrique de Berlioz.

1863

# L'époque contemporaine (1790 à 1900)
## de la Révolution française à 1900

### RELIGION – PHILOSOPHIE

1864 **1864** • *La Cité antique* de Fustel de Coulanges. • Par sa lettre encyclique *Quanta cura* et par le *Syllabus*, Pie IX condamne les idées modernes (rationalisme, théories sociales, etc.).

**1865** • En France, fondation de la Ligue de l'enseignement, instrument de lutte pour la laïcité (Jean Macé).

**1866** • Premier congrès des Trade Unions, syndicats ouvriers britanniques.

**1867** • Garibaldi envahit l'État pontifical. • Livre premier du *Capital* de Marx ; les sciences économiques, sociales et politiques se développent considérablement v. 1870.

**1868** • Japon : l'idéologie nationaliste tend à dissocier le shintoïsme du bouddhisme et à supprimer l'influence des religions « étrangères ».

**1869** • *La Science de la morale* de Renouvier.

**1870** • *De l'intelligence* de Taine. • Annexion de Rome et des États pontificaux au royaume d'Italie. • Pie IX excommunie Victor-Emmanuel II. • Concile Vatican I (ouvert en 1869) : dogme de l'infaillibilité pontificale. • Aux États-Unis, naissance des Témoins de Jéhovah.

**1871** • Début du « Kulturkampf » de Bismarck (jusqu'en 1878) contre les catholiques allemands et le Vatican. • *La Réforme intellectuelle et morale* de Renan. • *Théorie de l'économie politique* de Jevons. • *Principes d'économie politique* de Menger.

1871

### HISTOIRE GÉNÉRALE

**1864** • France : octroi du droit de grève. • Fondation de la Croix-Rouge. • Fondation de la Ire Internationale à Londres : début de l'organisation des mouvements ouvriers. • Guerre des Duchés : la Prusse et l'Autriche envahissent le Schleswig et le Holstein. • Russie : création des zemstvos (assemblées de districts). • États-Unis : prise et incendie d'Atlanta par Sherman ; réélection de Lincoln. • Maximilien d'Autriche proclamé empereur du Mexique.

**1865** • Irlande : arrestation des chefs fenians (société secrète pour l'indépendance irlandaise). • Les Russes occupent Tachkent. • États-Unis : capitulation des États du Sud, abolition de l'esclavage ; assassinat de Lincoln. • Guerre du Paraguay contre l'Argentine, le Brésil et l'Uruguay (jusqu'en 1870). • Fondation du Ku Klux Klan.

**1866** • Guerre austro-prussienne : victoire prussienne à Sadowa, fin de l'influence autrichienne sur l'Allemagne. • Paix de Prague : le Schleswig-Holstein devient province prussienne.

**1867** • Début de la monarchie austro-hongroise ; Buda devient capitale de la Hongrie. • Échec de la politique française au Mexique : exécution de Maximilien. • Les colonies de l'Amérique du Nord britannique s'entendent pour former la Confédération du Canada (provinces d'Ontario, Québec, Nouveau-Brunswick, Nouvelle-Écosse) ; le Canada, premier dominion britannique, obtient l'autonomie interne. • Les États-Unis achètent l'Alaska à la Russie. • Japon : abdication du dernier shogun.

**1868** • Prise de Samarkand par les Russes. • Début de l'ère Meiji au Japon : modernisation du pays. • États-Unis : garantie des droits civiques des Noirs et égalité devant la loi avec les Blancs.

**1869** • France : retour au parlementarisme. • Inauguration du canal de Suez.

*Combats de rue pendant la guerre franco-prussienne de 1870*, de Grolleron

**1870** Guerre franco-allemande : capitulation de Sedan ; Napoléon III, prisonnier ; proclamation de la IIIe République sur l'initiative de Gambetta ; siège de Paris ; unification de l'Italie. • Royaume-Uni : renforcement du Home Rule pour obtenir l'autonomie de l'Irlande. • Russie : création des doumas urbaines (conseils municipaux). • Chine : massacre d'Européens à Tianjin.

**1871** • Traité de Francfort : la France perd l'Alsace et une partie de la Lorraine. • Proclamation de l'Empire allemand, à Versailles, dans la galerie des Glaces. • Prise de pouvoir de la Commune ; le gouvernement de Thiers se réfugie à Versailles ; la Commune est écrasée par les troupes versaillaises (« semaine sanglante ») ; Thiers nommé président de la République. • La Colombie britannique se joint à la Confédération canadienne. • Japon : suppression de la féodalité.

| SCIENCES – TECHNIQUES | LITTÉRATURES | ARTS – MUSIQUE | |
|---|---|---|---|
| **1864** • Théorie électromagnétique de Maxwell : unification de l'optique et de l'électromagnétisme. • La spectroscopie s'étend à l'univers : on découvre que les astres sont formés des mêmes atomes que la Terre. | **1864** • *Les Malheurs de Sophie* de la comtesse de Ségur ; *Voyage au centre de la Terre* de Jules Verne : les prémices de la science-fiction ; publication posthume des *Destinées* de Vigny. • Parution en fascicules du *Grand Dictionnaire universel du XIXe siècle* de Pierre Larousse. | **1864** • *L'Homme au nez cassé*, sculpture de Rodin. • *La Belle Hélène*, opérette d'Offenbach ; *Mireille*, opéra de Gounod. | 1864 |
| **1865** • Mendel énonce les lois de l'hérédité en botanique ; leur redécouverte (v. 1900) donnera naissance à la génétique. • Mise en service du premier wagon-lit Pullman. • *Introduction à l'étude de la médecine expérimentale* de Claude Bernard. | **1865** • *Alice au pays des merveilles* de Lewis Carroll. | **v. 1865** • Naissance du jazz dans le delta du Mississippi : blues, chants de travail, orchestres populaires.<br>**1865** • Le « scandale Manet » se poursuit avec l'exposition d'*Olympia* ; *Le Déjeuner sur l'herbe*, tableau de Monet, est critiqué par Courbet ; *Du principe de l'art et de sa destination sociale* de Proudhon. • Première représentation de *Tristan et Isolde*, de Wagner. | |
| **1866** • Premier câble transatlantique. | **1866** • *Le Parnasse contemporain*, recueil des poètes « parnassiens » en réaction contre le romantisme ; *Poèmes saturniens* de Verlaine. • *Les Aventures d'Ulenspiegel et de Lamme Goedzak* de De Coster. • *Crime et châtiment*, roman de Dostoïevski antiréaliste et visionnaire. | **1866** • Gustave Doré illustre la Bible. • *La Vie parisienne*, opérette d'Offenbach ; *La Fiancée vendue* de Smetana : l'opéra national tchèque.<br>**1866-1871** • Construction de l'église Saint-Augustin à Paris, par Baltard. | |
| **1867** • Mise au point de la dynamite par Nobel, du béton armé, des machines frigorifiques. • Lister impose le traitement antiseptique des blessures. | **1867** • *Peer Gynt*, pièce d'Ibsen. | **1867** • Début de l'influence du Japon sur l'art français. • Le groupe des Cinq donne une école nationale de musique à la Russie ; *Roméo et Juliette*, opéra de Gounod. | |
| **1868** • Découverte de l'hélium dans l'atmosphère solaire par Jules Janssen et J.N. Lockyer. | **1868** • *Le Petit Chose* d'Alphonse Daudet. • *L'Idiot* de Dostoïevski. | **1868** • *La Périchole*, opérette d'Offenbach ; *Les Maîtres chanteurs*, opéra de Wagner ; *Messe n° 3* de Bruckner. | |
| **1869** • Début de l'exploitation de la houille blanche (Aristide Bergès). • Invention du celluloïd par l'Américain Hyatt. • Première dynamo, la machine de Gramme. • Aux États-Unis, l'*Union Pacific* et l'*Illinois Central* font leur jonction au nord du Grand Lac Salé : la traversée complète du pays en train est liée à la « conquête de l'Ouest ». • *Classification périodique des éléments* de Mendeleïev (chimie). | **1869** • *L'Éducation sentimentale* de Flaubert ; *Les Chants de Maldoror* de Lautréamont ; *Les Fêtes galantes* de Verlaine. • *Le Saint Graal* de Tennyson. | **1869** • *La Danse*, sculpture de Carpeaux. | |
| **1870** • Fondation de la Standard Oil Company par Rockefeller. • L'Allemand Schliemann découvre le site présumé de Troie.<br>**v. 1870** • Apogée du chemin de fer en Europe et en Amérique ; rail en acier, signalisation électrique, avant le frein à air comprimé (inventé en 1872). • Progrès de la navigation à vapeur. | <br>▲ *Alice au pays des merveilles* de Lewis Carroll | **1870** • Premières représentations de *La Walkyrie*, opéra de Wagner, et de *Coppélia*, ballet de Léo Delibes. | |
| **1871** • Première expédition de Stanley en Afrique. • *De la descendance de l'homme* de Darwin. | **1871** • Rimbaud écrit *Le Bateau ivre* et *La Lettre du voyant* ; début des *Rougon-Macquart* de Zola (jusqu'en 1893) : le naturalisme, une nouvelle esthétique romanesque. | **1871** • *Aïda*, opéra de Verdi. | 1871 |

| RELIGION – PHILOSOPHIE | HISTOIRE GÉNÉRALE |
|---|---|
| 1872 • *La Naissance de la tragédie*, premier ouvrage de Nietzsche. | 1872 • Espagne : reprise des guerres carlistes. • États-Unis : le Congrès vote une loi d'amnistie générale pour les sudistes. • Japon : le service militaire et l'enseignement deviennent obligatoires. |
| 1873 • Le Parlement français, à majorité monarchiste et catholique, décide l'érection de la basilique du Sacré-Cœur pour expier les fautes de la nation. • *Histoire de France* de Guizot. • *Étatisme et anarchie* de Bakounine ; mouvements anarchistes et révolutionnaires en Europe, nihilisme et populisme en Russie, organisation des mouvements socialistes. • *Psychologie du point de vue empirique* de Brentano. • Abolition des édits contre les chrétiens au Japon. | 1873 • Début d'une crise économique mondiale, qui durera vingt ans. • France : échec de la restauration monarchique ; Mac-Mahon devient président ; départ des troupes allemandes. • Espagne : proclamation de la république pour une durée éphémère. • Hongrie : Buda est rattachée à Pest (Budapest). |
| 1874 • Pie IX interdit aux catholiques italiens de participer à la vie politique.<br>1874-1877 • *Éléments d'économie pure* de Walras. | 1874 • France : loi sur le travail des enfants (pas avant 12 ans et pas plus de 12 heures). • Royaume-Uni : ministère Disraeli. • Espagne : répression sanglante de la révolution ; Alphonse XII, roi. • Suisse : promulgation de la Constitution (toujours en vigueur de nos jours). • Les Anglais annexent les îles Fidji. • Protectorat sur le Tonkin (traité de Hué). |
| 1875 • En Inde, les mouvements nationalistes s'appuient sur l'hindouisme. • *L'Homme criminel* de Lombroso. • Création de l'Alliance réformée mondiale : mouvement d'union des églises protestantes. | 1875 • France : amendement Wallon (« acte de baptême » de la IIIe République). • Savorgnan de Brazza au Congo. • La Grande-Bretagne achète au khédive ses actions du canal de Suez. |
| 1876 • Premier volume des *Origines de la France contemporaine* de Taine. • Fondation de l'École française de Rome. | 1876 • Dissolution de la Ire Internationale. • Russie : fondation du mouvement « Terre et Liberté ». • Victoria, impératrice des Indes. • Mexique : début de la dictature de Porfirio Díaz. |
| 1877 • *Revue sommaire des doctrines économiques* de Cournot ; *Les Évangiles* de Renan. | 1877 • États-Unis : interdiction du Ku Klux Klan. • Les Anglais annexent le Transvaal. • Japon : la dernière révolte des samouraïs contre la modernisation du pays est écrasée à Kagoshima. |
| 1878 • *La Science expérimentale* de Claude Bernard. • Fondation de l'Armée du salut par William Booth. • Allemagne : fin du Kulturkampf ; *Humain trop humain*, de Nietzsche ; *Anti-Dühring* d'Engels. • Élection du pape Léon XIII : renouveau du thomisme, doctrine sociale. | 1878 • Traité de San Stefano : démembrement de la Turquie et établissement de l'influence russe sur les Balkans (indépendance de la Serbie). • Révolte canaque en Nouvelle-Calédonie. |
| 1879 • Wundt crée le premier laboratoire de psychologie expérimentale, à Leipzig ; les sciences humaines se substituent peu à peu à la philosophie dans de nombreux domaines. | 1879 • France : démission de Mac-Mahon ; Jules Grévy, président. • *La Marseillaise* redevient l'hymne national. • Afrique du Sud : victoire anglaise sur les Cafres zoulous. |

## SCIENCES – TECHNIQUES

**1872** • Percement du tunnel du Saint-Gothard. • Fondation du Bureau international des poids et mesures. • Travaux de Cantor et Dedekind sur les nombres irrationnels. • Arithmétique de Weierstrass. • *Programme d'Erlangen* de Klein qui tente d'unifier la géométrie. • Invention du chewing-gum.

**1873** • Machine à écrire de Remington. • Voiture à vapeur d'Amédée Bollée. • Hermite établit la transcendance du nombre *e*. • Équation de Van der Waals en chimie. • Début de la construction du chemin de fer transcontinental de Vancouver à Montréal, le *Canadian Pacific Railway* (achevé en 1885).

**1874** • Création de la stéréochimie (Van't Hoff, Le Bel).

**1875** • Mise au point des ferro-alliages ; mécanisation de l'agriculture (moissonneuse-lieuse). • Découverte des chromosomes.

**1876** • Fondation de l'École française de Rome. • Premier navire frigorifique. Tube à cathode froide de W. Crooks. • Mise au point du moteur à explosion, par Otto, d'après le cycle de Beau de Rochas ; l'automobile entre progressivement dans l'âge industriel. • Invention du téléphone par Graham Bell. • Heinz invente le ketchup.

**1877** • Premier emploi de wagons frigorifiques. • Boltzmann exprime l'entropie en termes de probabilités. • Invention du phonographe et du microphone (Edison).

**1878** • Découverte des enzymes nécessaires à l'organisme. • Procédé de fabrication de la fonte avec des minerais phosphoreux. • Première utilisation de la houille blanche par Bergès. • Liquéfaction des gaz considérés comme permanents (azote, oxygène…) par Cailletet.

**1879** • Pasteur découvre le principe des vaccins. • Edison invente l'ampoule électrique (lampe à filament). • Benz invente le moteur automobile à deux temps.

## LITTÉRATURES

**1873** • *Contes du lundi* de Daudet ; *Une saison en enfer*, testament littéraire de Rimbaud ; *Le Tour du monde en 80 jours* de Jules Verne.

**1873-1877** • *Anna Karénine* de Tolstoï : chronique d'une passion, inspirée par un fait divers.

**1873-1875** • *Les Illuminations* de Rimbaud.

**1874** • *Les Diaboliques*, nouvelles de Barbey d'Aurevilly : l'imagination fantastique ; *Romances sans paroles* de Verlaine.

**1876** • Publication du *Prélude à l'après-midi d'un faune*, poème de Mallarmé ; *Michel Strogoff* de Jules Verne. • *Les Aventures de Tom Sawyer* de Mark Twain.

**1877** • *Trois contes* de Flaubert ; grand succès de *L'Assommoir* de Zola.

**1878** • Swinburne écrit les *Poèmes et Ballades*.

**1879** • *L'Enfant*, roman autobiographique de Jules Vallès. • Publication posthume de *Woyzeck*, drame de Büchner. • *Maison de poupée* d'Ibsen.

## ARTS – MUSIQUE

**1872** • *Impression, soleil levant* de Monet, tableau-manifeste de ce qu'on appelle par raillerie l'« impressionnisme ».

◂ *Le Moulin de la Galette* de Renoir

**1873** • *La Maison du pendu à Auvers*, tableau de Cézanne.

**1874** • Première exposition des peintres impressionnistes à l'atelier de Nadar. • Moussorgski compose *Tableaux d'une exposition* et *Boris Godounov*, d'après Pouchkine, est joué à Saint-Pétersbourg.

**1875** • *Le Pont d'Argenteuil* de Monet. • *Danse macabre* de Saint-Saëns ; *Carmen*, opéra de Bizet d'après Mérimée, est sifflé à Paris. • *Peer Gynt*, opéra de Grieg (d'après Ibsen).

**1876** • Puvis de Chavannes commence les fresques du Panthéon. • *L'Absinthe*, tableau de Degas ; *Le Moulin de la Galette*, tableau de Renoir ; *Inondation à Port-Marly*, tableau de Sisley. • Inauguration du théâtre de Bayreuth, conçu par Wagner, avec la *Tétralogie*.

**1877** • *L'Âge d'airain*, sculpture de Rodin ; *Nana*, tableau de Manet ; début de la série des *Gare Saint-Lazare* de Monet : étude systématique de la lumière. • Présentation à Paris de l'opéra de Saint-Saëns, *Samson et Dalila* ; première représentation du *Lac des cygnes*, ballet de Tchaïkovski.

**1878** • *Saint Jean-Baptiste*, sculpture fondatrice de la notoriété de Rodin.

**1879-1899** • *Le Triomphe de la République*, groupe sculpté de Dalou pour la place de la Nation à Paris.

**1879-1912** • Le « palais » du Facteur Cheval.

# L'époque contemporaine (1790 à 1900)

## de la Révolution française à 1900

1880

| RELIGION – PHILOSOPHIE | HISTOIRE GÉNÉRALE |
|---|---|
| **1880** • Décrets contre les congrégations, en France. | **1880** • France : le 14 Juillet devient fête nationale. • Ferdinand de Lesseps fonde la Compagnie du canal de Panama. • Royaume-Uni : Gladstone succède à Disraeli. • Afrique du Sud : soulèvement des Boers contre l'Angleterre. • Tahiti et les îles Tuamotu deviennent colonies françaises.<br>**1880-1882** • France : lois scolaires de Jules Ferry. |
| **1881** • *Anthropologie* de Tylor. • *Aurore* de Nietzsche. • Russie : nombreux et importants pogroms contre les juifs. | **1881** • France : protectorat français sur la Tunisie. • Russie : assassinat du tsar Alexandre II par des anarchistes ; avènement d'Alexandre III. • Soudan : début de la propagande du Mahdī. • Paix anglo-boer de Pretoria. |
| **1882** • *Le Gai Savoir* de Nietzsche. • Expulsion des juifs de Russie. • Première immigration juive en Palestine. | **1882** • Conclusion de la Triple Alliance (Allemagne, Autriche, Italie). • Protectorat anglais sur l'Égypte ; les Anglais occupent Le Caire. • L'expédition française au Tonkin provoque un conflit franco-chinois (jusqu'en 1885). • France : loi sur l'enseignement primaire obligatoire. |
| **1883** • *Introduction à l'étude des sciences humaines* de Dilthey.<br>**1883-1885** • *Ainsi parlait Zarathoustra* de Nietzsche. | **1883** • Plekhanov fonde le parti marxiste russe « Libération du travail ». • Les mahdistes battent les Anglo-Égyptiens et demeurent les maîtres du Soudan. • Les Français occupent Madagascar. • Extension du traité de Hué : protectorat français sur l'Annam. |
| **1884** • *L'Origine de la famille, de la propriété privée et de l'État* d'Engels. • Fondation de la Fabian Society. | **1884** • France : nombreuses grèves, notamment aux mines d'Anzin ; loi Waldeck-Rousseau sur les syndicats. • Fondation de la colonie du Sud-Ouest africain allemand. |
| | **1885** • France : réélection de Jules Grévy. • Soudan : prise de Khartoum par le Mahdī ; mort de Gordon Pacha. • Inde : fondation du Congrès national indien. • Accords coloniaux de Berlin : Tonkin et Madagascar à la France, Afrique orientale à l'Allemagne et création de l'État du Congo (sous souveraineté belge). • Accord sino-japonais sur la Corée. • Les cinq archipels de l'actuelle Polynésie française deviennent « Établissements français d'Océanie ». |
| **1886** • En France, conversion au catholicisme de Claudel et de Charles de Foucauld ; *La France juive* de Drumont : vague d'antisémitisme qui culminera avec l'affaire Dreyfus (1894-1906). • *Par-delà le bien et le mal* de Nietzsche. | **1886** • France : Boulanger, ministre de la Guerre. • Annexion de la haute Birmanie par les Anglais. |
| **1887-1893** • *Histoire du peuple d'Israël* de Renan. | **1887** • France : Sadi Carnot, président ; la France compte alors 38,5 millions d'hab. ; affaire Schnæbelé : Boulanger écarté du ministère de la Guerre. • Ferdinand de Saxe-Cobourg-Gotha, prince de Bulgarie. • Première conférence du Commonwealth britannique. • Création de l'Indochine française. |
| **1888** • Nietzsche écrit ses dernières œuvres, dont *Ecce Homo* (autobiographie) et *Le Crépuscule des idoles* ; après sa mort (1900), sa sœur publiera *La Volonté de puissance*. | **1888** • France : lancement du premier emprunt russe. • Guillaume II, empereur d'Allemagne. • Brésil : abolition de l'esclavage. • L'île de Pâques devient possession chilienne. |

1888

1880

| SCIENCES – TECHNIQUES | LITTÉRATURES | ARTS – MUSIQUE |
|---|---|---|
| **1880** • Premières photos astronomiques. • Premières plaques sèches pour photographie d'Eastman. • Invention de la bicyclette. • Travaux d'analyse mathématique d'Henri Poincaré, fondateur de la topologie, de la géométrie analytique. | **1880** • *Boule-de-Suif* de Maupassant. • *Les Frères Karamazov* de Dostoïevski. • *Sagesse* de Verlaine. | **1880** • *La Naissance de Vénus*, tableau de Bouguereau : le nu académique ; Rodin commence *La Porte de l'enfer* (inachevée) et sculpte *Le Penseur* ; *L'Escalier d'or* de Burne-Jones annonce l'art nouveau ; *L'Île des morts*, tableau de Böcklin proche du symbolisme allemand. |
| **1881** • Eberth découvre le bacille de la typhoïde. • Adoption d'unités de mesure universelles pour l'électricité ; les progrès de la mesure conditionnent ceux des sciences fondamentales. • Première exposition internationale d'électricité à Paris. • Premiers tramways électriques à Berlin. | **1881** • Publication posthume de *Bouvard et Pécuchet* de Flaubert ; *Le Crime de Sylvestre Bonnard* d'Anatole France ; *Le Roman d'un spahi* de Loti : l'attrait de l'Orient. | **1881** • *Le Déjeuner des canotiers*, tableau de Renoir. • *Hérodiade*, opéra de Massenet ; *Les Contes d'Hoffmann*, opéra-comique d'Offenbach (représenté après sa mort). |
| **1882** • Découverte du bacille de la tuberculose par Koch : essor des techniques de prophylaxie. • Première centrale électrique à New York. | | **1882** • *Le Bar aux Folies-Bergère*, tableau de Manet. • *Parsifal* de Wagner, à Bayreuth ; *Namouna*, ballet de Édouard Lalo, qui annonce les ballets de Diaghilev. |
| **1883** • Transport d'électricité à longue distance ; mise au point de fibres synthétiques (la rayonne). • *Mécanique* de Mach. • Premier gratte-ciel à structure métallique, à Chicago. | **1883** • *Contes cruels* de Villiers de L'Isle-Adam ; *Au Bonheur des dames* de Zola ; *Une vie* de Maupassant. • *L'Île au trésor* de Stevenson : succès du roman d'aventure. | **1883** • Gaudí commence la *Sagrada Familia* à Barcelone (inachevée). • Début de la série des *Masques* d'Ensor, annonciatrice de l'expressionnisme. • *Lakmé*, opéra-comique de Delibes ; mort de Wagner. |
| **1884** • Pour l'imprimerie, mécanisation de la composition. • Soie artificielle mise au point par Chardonnet. • Ballon dirigeable des frères Renard. • *Leçons sur les maladies du système nerveux* de Charcot. • *Les Fondements de l'arithmétique* de Frege. • Fusil automatique de Maxim. • Premières « poubelles » à Paris. | **1884** • *À rebours* de Huysmans : le héros décadent ; *Poèmes tragiques* de Leconte de Lisle ; Verlaine révèle dans *Les Poètes maudits* des œuvres inconnues de Mallarmé, Rimbaud, Corbière. • *Le Canard sauvage*, pièce d'Ibsen. • *Les Aventures de Huckleberry Finn* de Mark Twain. | **1884** • Premier Salon des indépendants à Paris. • *Les Repasseuses* et la série des *Femmes à leur toilette* (pastels de Degas) ; *Un dimanche à la Grande-Jatte*, tableau de Seurat, manifeste du néo-impressionnisme. • Rodin entreprend les *Bourgeois de Calais*. • *Manon*, opéra de Massenet. |
| **1885** • Début de l'électrométallurgie. • Première inoculation du vaccin antirabique par Pasteur, qui développe les techniques de vaccination. • Premier tricycle à moteur de Benz. • Première linotype par Mergenthaler. • Adoption du système des fuseaux horaires (méridien de Greenwich). | **1885** • *Bel-Ami* de Maupassant ; *Germinal* de Zola dépasse les 100 000 exemplaires vendus : le livre est devenu un objet de consommation. | **1885** • *Le Golfe de Marseille vu de l'Estaque* de Cézanne ; *Après le bain* de Degas ; *Les Mangeurs de pommes de terre*, l'une des premières œuvres de Van Gogh. |
| **1886** • Henri Moissan isole le fluor. • Heinrich Hertz produit les ondes électromagnétiques par des moyens électriques. • Invention du coca-cola par l'Américain Pemberton. • Gramophone de Berliner. • Les expériences de Michelson et de Morley ne parviennent pas à mettre en évidence l'existence de l'éther. | **1886** • *Les Gaietés de l'escadron* de Courteline ; *Pêcheur d'Islande* de Loti ; *Manifeste symboliste* de Moréas : l'acte de naissance du symbolisme ; publication posthume des *Illuminations* de Rimbaud. • *Bostonians* de Henry James. | **1886** • Inauguration, à New York, de la *Liberté éclairant le monde*, sculpture de Bartholdi ; *Le Baiser*, sculpture de Rodin. • *Le Carnaval des animaux* de Saint-Saëns. |
| **1887-1893** • Confirmation expérimentale des équations de Maxwell par Hertz. | **1887** • Conan Doyle crée le personnage de Sherlock Holmes.<br>**1887-1910** • *Le Journal* de Jules Renard. | **1887** • *Les Grandes Baigneuses* de Renoir ; formation du groupe des nabis. • *Le Requiem* de Fauré ; *Otello*, opéra de Verdi. • *Quatre tournesols coupés* de Van Gogh. |
| **1888** • Découverte de l'effet photoélectrique. • Inauguration de l'Institut Pasteur. • Dunlop invente le pneumatique. • Mise sur le marché du premier Kodak par Eastman. • *Les nombres, que sont-ils et à quoi servent-ils ?* de Dedekind. • Théorie des groupes de Lie. • Tesla invente l'alternateur. | **1888** • Alfred Jarry imagine le personnage du père Ubu. | **1888** • *Schéhérazade*, suite symphonique de Rimski-Korsakov. |

◀ *Une baignade à Asnières* de Seurat

1888

| RELIGION – PHILOSOPHIE | HISTOIRE GÉNÉRALE |
|---|---|
| 1889 **1889** • *Essai sur les données immédiates de la conscience* de Bergson. • *La Russie et l'Église universelle* de Soloviev. | **1889** • France : le général Boulanger, dont la Ligue attaque violemment le régime parlementaire, est condamné. • Italie : protectorat sur l'Abyssinie, annexion de la Somalie. • Fondation de la IIe Internationale. • Drame de Mayerling. • Première conférence panaméricaine à Washington. • Révolution au Brésil : chute de l'empereur. • Cecil Rhodes reçoit la concession du Bechuanaland et de la Rhodésie. |
| | **1889-1893** • France : scandale de Panama. |
| **1890** • Renan publie *L'Avenir de la science,* (écrit en 1849). • En Allemagne, développement du néokantisme. | **1890** • L'ancien Parti ouvrier socialiste prend le nom de Parti social-démocrate d'Allemagne au congrès d'Erfurt ; renvoi de Bismarck. • Séparation des Pays-Bas et du Luxembourg. • Révolte des Sioux réprimée dans le sang à Wounded Knee. |
| **1890-1907** • *Principes d'économie politique* d'Alfred Marshall. | |
| **1891** • L'encyclique *Rerum novarum* condamne les mouvements sociaux et progressistes et leur oppose l'État corporatif chrétien. • *Les Principes de la psychologie* de William James. | |
| **1891-1892** • Articles de Frege : « Fonction et concept », « Sens et dénotation » (fondant en logique ce que Bréal va appeler la « sémantique »). | **1891** • France : grève et incidents à Fourmies. • Fondation du Bureau international de la paix, à Berne. • Accord diplomatique franco-russe : consultation en cas de menace extérieure. • Le Brésil devient une république fédérale. |
| | **1892** • France : loi sur le travail des enfants (interdiction du travail des enfants de moins de 12 ans et nombreuses restrictions pour les moins de 18 ans) ; tarif protectionniste Méline. • Fondation du Partito dei lavatori italiani, avec exclusion des anarchistes. • L'écrivain philippin José Rizal fonde la *Liga Filipina,* nationaliste. |
| **1893** • *De la division du travail social* de Durkheim ; *La Société mourante et l'Anarchie* de Jean Grave. | **1893** • France : procès de Lesseps dans le scandale de Panama. • Alliance franco-russe : rapprochement des deux puissances contre la Triple-Alliance. • La Côte d'Ivoire et la Guinée deviennent colonies françaises. • Afrique du Sud : échec du soulèvement zoulou contre l'Angleterre. • La Nouvelle-Zélande est le premier pays à accorder le droit de vote aux femmes. • Protectorat français sur le Laos. |
| **1894** • Naissance du *Sillon*, revue et mouvement catholique dont Marc Sangnier prendra la direction en 1902. | **1894** • France : assassinat du président Sadi Carnot ; Jean Casimir-Perier, président. Condamnation de Dreyfus. • Russie : mort d'Alexandre III ; avènement de Nicolas II. • Massacre des Arméniens par les Turcs (jusqu'en 1896). • Guerre sino-japonaise : prise de Taiwan par les Japonais. • Dahomey : colonie française. |
| **1895** • *La Psychologie des foules* de Gustave Le Bon. Les *Règles de la méthode sociologique* de Durkheim. • *Études sur l'hystérie* de Freud et Breuer. | **1895** • France : fondation de la Confédération générale du travail ; démission de Casimir-Perier ; Félix Faure, président. • Massacre des Arméniens de Constantinople. • Guerre des Antilles : les Philippines et Cuba se soulèvent contre les Espagnols avec l'aide des États-Unis. • Création de l'Afrique-Occidentale française. • Le traité de Shimonoseki consacre la défaite chinoise face au Japon. |

*L'Arroseur arrosé* de Louis Lumière ▸

| | |
|---|---|
| 1896 **1896** • *Matière et mémoire* de Bergson ; *Philosophie analytique de l'histoire* de Renouvier ; *Psychologie des sentiments* de Ribot. • *L'État des juifs* de Herzl. • *Cours d'économie politique* de Pareto. | **1896** • France : Gallieni et Lyautey soumettent Madagascar, qui devient colonie française. • Pierre de Coubertin fait renaître les jeux Olympiques (à Athènes). • Défaite italienne à Adoua (Éthiopie). • Insurrection anti-espagnole aux Philippines. |

## SCIENCES – TECHNIQUES

**1889** • Brevet de Dion pour le moteur à explosion. • Naissance de l'endocrinologie (le terme *hormone* n'apparaît, en anglais, qu'en 1904). • Première automobile de Daimler.

**1890** • Invention de la fermeture Éclair ; *Éole*, appareil volant appelé « l'Avion » par Clément Ader. • Branly invente le radioconducteur. • Sérum antidiphtérique mis au point par von Behring. • Première installation pétrolière offshore, en Californie.

**1890-1900** • Série d'inventions qui aboutiront à la télégraphie sans fil (Branly, Hertz, Marconi, Popov).

**1891** • Kinétoscope d'Edison, ancêtre du cinéma. • Brevet Michelin du pneu démontable. • Russie : début de la construction du Transsibérien.

**1892** • Brevet du moteur Diesel. • Hendrik A. Lorentz : théorie électronique de la matière, formules des transformations des longueurs et des temps en fonction de la vitesse. • Invention de l'escalier roulant mécanique. • Premiers centraux téléphoniques aux États-Unis.

**1892-1899** • *Méthodes nouvelles de la mécanique céleste* de Poincaré ; sa solution du problème des trois corps (1889) marque le début d'une physique qualitative, critique des méthodes quantitatives du déterminisme classique.

**1893** • Synthèse de l'aspirine.

**1894** • Yersin isole le bacille de la peste.

**1895-1905** • *Formulaire de mathématiques* de Peano.

**1895** • Les frères Lumière inventent le « cinématographe ». • Première automobile Peugeot. • Ramsay découvre l'hélium terrestre ; J. J. Thomson découvre l'électron. • Röntgen découvre les rayons X : application immédiate (radiologie) en médecine. • Invention de la télégraphie sans fil par Marconi.

**1896** • Becquerel découvre la radioactivité. • Effet Zeeman, dont Lorentz donne l'explication. • Première automobile Ford.

## LITTÉRATURES

**1889** • *Le Disciple* de Paul Bourget. • *La Princesse Maleine* de Maeterlinck.

**1890** • Publication de la première version de *Tête d'or* de Claudel ; *La Bête humaine* de Zola. • *La Faim* du Norvégien Knut Hamsun. • Publication posthume des poèmes de l'Américaine Emily Dickinson.

**1891** • *Bonheur* de Verlaine. • *Le Portrait de Dorian Gray*, roman d'Oscar Wilde.

**1892** • *Pelléas et Mélisande*, drame symboliste de Maeterlinck.

**1893** • *Les Trophées* de Heredia ; *Vers et prose de* Mallarmé.

**1894** • *Histoire de la littérature française* de Lanson ; *Poil de carotte* de Jules Renard. • *Le Livre de la jungle* de Kipling.

**1895** • *Les Pieds-Nickelés*, pièce de Tristan Bernard. • *Les Villes tentaculaires* de Verhaeren. • Fondation de l'École littéraire de Montréal. • *Jude l'Obscur* de Thomas Hardy, contre l'esprit victorien ; *La Machine à explorer le temps* de H. G. Wells.

◂ *L'Église d'Auvers* de Van Gogh

**1896** • *La Mouette*, pièce de Tchekhov ; *Ubu Roi*, pièce d'Alfred Jarry. • *Quo Vadis* de Sienkiewicz.

## ARTS – MUSIQUE

**1889** • Fin de la construction de la tour Eiffel par Gustave Eiffel, pour l'Exposition universelle de Paris ; fresques de la Sorbonne et de l'hôtel de ville de Paris, par Puvis de Chavannes ; *Autoportrait à l'oreille coupée* de Van Gogh ; première exposition des peintres symbolistes à Paris.

**v. 1890** • Début de l'Art nouveau ou Modern Style. • Apogée du théâtre réaliste (Ibsen, Shaw, Strindberg, Tchekhov…).

**1890** • *Le Champ de blé aux corbeaux* de Van Gogh. • *Cavalleria Rusticana* de Mascagni, à Rome : le premier opéra « vériste » ; *Le Prince Igor*, opéra de Borodine.

**1891** • *Le Moulin Rouge* (*La Goulue*), première affiche de Toulouse-Lautrec. • Tchaïkovski inaugure Carnegie Hall, à New York.

**1892** • *Werther*, opéra de Massenet, d'après Goethe, à Vienne ; *Casse-Noisette*, ballet de Tchaïkovski.

**1893** • L'hôtel Tassel par Horta, à Bruxelles : le style Art nouveau. • *Le Cri* de Munch. • *La Symphonie pathétique* de Tchaïkovski ; *Falstaff*, opéra-bouffe : la dernière œuvre de Verdi.

**1894** • Scandale de la donation Caillebotte au Musée du Luxembourg. • *Prélude à l'après-midi d'un faune*, poème symphonique de Debussy, d'après Mallarmé ; 9e Symphonie « Du Nouveau Monde » de Dvořák ; *Thaïs*, comédie lyrique de Massenet.

**1895** • Série de la *Montagne Sainte-Victoire* de Cézanne : sa conception nouvelle des volumes et de l'espace est à l'origine des grandes révolutions esthétiques du XXe s. • *Till Eulenspiegel*, poème symphonique de Strauss. • Première projection cinématographique par les frères Lumière à Paris.

**1896** • Avec Fauré, Debussy et Ravel, l'école française va s'émanciper de la domination du romantisme allemand. • Premiers films de Méliès et premiers films anglais.

| | RELIGION – PHILOSOPHIE | HISTOIRE GÉNÉRALE |
|---|---|---|
| **1897** | **1897** • *Le Suicide*, essai de Durkheim qui fonde la revue *L'Année sociologique*. • Premier congrès sioniste, à Bâle. • *Essai de sémantique* de Bréal. | **1897** • Gallieni chasse du trône la reine de Madagascar Ranavalona III. • Chine : les Allemands s'emparent de Jiaozhou. |
| | **1898** • *Intérêt et Prix* de Wicksell. | **1898** • France : fondation de la Ligue des droits de l'homme ; *J'accuse* de Zola, en pleine affaire Dreyfus. • L'Espagne en guerre contre les États-Unis qui débarquent à Cuba et libèrent l'île de la tutelle espagnole. • Belgique : institution du bilinguisme général. • Les États-Unis annexent Hawaii et les Philippines. • Fondation du parti ouvrier social-démocrate de Russie (POSDR). • Soudan : épisode de Fachoda (choc Marchand-Kitchener) qui entraîne l'accord franco-anglais (1899) sur la délimitation des frontières africaines. • La Chine cède Hong Kong au Royaume-Uni pour 99 ans. |
| | **1899** • *Trois idées politiques* de Maurras. • *Socialisme théorique et Social-démocratie pratique* de Bernstein. | **1899** • France : mort de Félix Faure ; Émile Loubet, président ; fondation de la *Revue de l'Action française* ; Dreyfus gracié. • La Haye : ouverture de la première conférence de la paix. • Révolte des Philippines contre les États-Unis. • Condominium anglo-égyptien au Soudan. • Le traité de Berlin divise les îles Samoa entre les États-Unis et l'Allemagne, la Grande-Bretagne obtenant en compensation des droits sur les îles Tonga et Salomon. • Afrique du Sud : guerre des Boers (jusqu'en 1902). |
| **1900** | **1900** • *Le Rire*, essai de Bergson. • Naissance de la psychanalyse avec *L'Interprétation des rêves* de Freud. • Début des *Recherches logiques* de Husserl : phénoménologie, rejet du psychologisme en philosophie. • *Matérialisme historique et économie marxiste* de Croce. | **1900** • Il y a 1,6 milliard d'hommes sur la Terre. • Royaume-Uni : fondation du Parti travailliste. • Italie : Victor-Emmanuel III, roi. • Le Tchad devient protectorat français. • Chine : révolte des Boxers ; accord des puissances européennes sur le partage en zones d'influence. • Exposition universelle à Paris. |

**1897** • *Contributions à la fondation de la théorie des nombres transfinis* de Cantor, aboutissement de ses recherches sur l'arithmétique de l'infini et théorie des ensembles.

**1897** • *Les Nourritures terrestres* de Gide, maître à penser (« l'inquiéteur ») de la nouvelle génération ; *Ramuntcho* de Loti ; *Un coup de dés jamais n'abolira le hasard* et *Divagations* de Mallarmé ; énorme succès de *Cyrano de Bergerac* d'Edmond Rostand. • *L'Homme invisible* de H. G. Wells. • *Poèmes* de Rabindranāth Tagore.

**1897** • Klimt fonde la « Sécession » viennoise qui propage l'Art nouveau en Autriche. • *D'où venons-nous ? Que sommes-nous ? Où allons-nous ?*, testament artistique de Gauguin ; *Balzac*, sculpture de Rodin. • *L'Apprenti sorcier*, poème symphonique de Dukas ; Mahler, directeur artistique à l'Opéra de Vienne. • G. Méliès ouvre le premier studio de cinéma et fait les premiers films en couleurs (coloriage à la main).

**1898** • Pierre et Marie Curie découvrent le radium et le polonium. • Santos-Dumont construit son premier dirigeable.

**1898** • *Le Tour d'écrou*, nouvelle de Henry James.

**1898** • Les entrées du métropolitain de Paris par Hector Guimard (jusqu'en 1901) créent un style « métro », dérivé de l'Art nouveau. • Premiers films japonais.

**1899** • Bayer commercialise l'aspirine. • Construction de la première Mercedes par la firme Daimler. • *Fondements de la géométrie* de Hilbert.

**1899** • *Le commissaire est bon enfant* de Courteline ; *La Dame de chez Maxim* vaudeville de Feydeau ; *Jacquou le Croquant* d'Eugène Le Roy.

**1899** • Signac publie *D'Eugène Delacroix au néo-impressionnisme* ; *L'Âge mûr*, sculpture de Camille Claudel. • *Pavane pour une infante défunte* de Ravel ; *La Nuit transfigurée*, sextuor de Schœnberg.



**1900** • Ouverture de la première ligne de métro parisienne. • Premier dirigeable de von Zeppelin. • Début des fouilles de Cnossos sous la direction d'Evans : découverte de la civilisation minoenne. • Hilbert énonce un « programme » déterminant pour la recherche mathématique des décennies suivantes. • Planck émet l'hypothèse des quanta d'énergie. • Théorie de la mutation génétique par De Vries.

**1900** • Début de la série des *Claudine* de Colette (jusqu'en 1903) : succès de scandale ; premier numéro des *Cahiers de la quinzaine* fondés par Péguy, consacrés aux problèmes politiques contemporains ; *L'Aiglon* d'Edmond Rostand. • *La Danse de mort*, drame du Suédois Strindberg. • *Lord Jim*, roman de Conrad.

**1900** • Premier voyage de Picasso à Paris. • *Louise*, « roman musical » de Charpentier à Paris ; la *Tosca*, opéra de Puccini à Rome ; triomphe du ténor Caruso à Milan.

◂ *L'Âge mûr* de Camille Claudel

# Le XX^e^ siècle

## (1901 à 2000)

Le « premier XX^e^ siècle » voit le premier conflit mondial, le déclin amorcé de l'Europe face aux États-Unis – malgré le maintien de son emprise territoriale sur le reste du monde –, la révolution bolchevique de 1917 en Russie et la crise économique de 1929 qui conduisent à la montée des fascismes et au deuxième conflit mondial.

À partir de 1945, la multiplication inconnue jusqu'alors des découvertes scientifiques, leurs applications rapides à une amélioration du niveau de vie et d'information des populations, l'effacement relatif de l'Europe face à un monde bipolaire dominé par les deux Grands, enfin la décolonisation rapide, les progrès économiques de nouveaux États de l'« aire Pacifique », mais aussi le maintien des quatre cinquièmes de la population mondiale dans une situation matérielle précaire aboutissent à une mondialisation et à une accélération souvent violente des évolutions politique, économique, culturelle et religieuse. La fin du XX^e^ siècle est caractérisée par l'inégalité entre pays développés et pays démunis ; par la fin des régimes d'idéologie socialiste dévoyée, devenus dictatoriaux, les idéologies religieuses reprenant de la vigueur ; par la persistance des nationalismes, localement compensés par des tendances communautaires essentiellement économiques, en voie de réalisation en Europe occidentale.

| | RELIGION – PHILOSOPHIE | HISTOIRE GÉNÉRALE |
|---|---|---|
| 1901 | **1901** • Fondation de l'Association internationale pour la protection légale des travailleurs. • France : les congrégations religieuses soumises à un régime d'autorisation. • *Psychopathologie de la vie quotidienne* de Freud. | **1901** • France : loi très libérale sur les associations. • Royaume-Uni : mort de Victoria ; Édouard VII, roi. • Russie : formation du Parti socialiste-révolutionnaire. • États-Unis : Theodore Roosevelt, 26^e^ président. • Formation du Commonwealth d'Australie. |
| | **1902** • *L'Esthétique comme science de l'expression* de Croce ; *La Science et l'Hypothèse* d'Henri Poincaré. • *Les Variétés de l'expérience religieuse* de William James. • *Que faire ?* de Lénine. • *Esquisse d'une théorie générale de la magie* de Marcel Mauss. | **1902** • Alliance anglo-japonaise. • Accord secret de neutralité franco-italien en cas de guerre franco-allemande. • Renouvellement de la Triple-Alliance. • Irlande : fondation du parti Sinn Féin. • Fin de la résistance philippine contre les États-Unis. • Paix de Vereeniging signée entre les Britanniques et les Boers. • Indépendance de Cuba, limitée par l'amendement Platt qui favorise d'éventuelles interventions américaines. |
| | **1903** • *La Morale et la Science des mœurs* de Lévy-Bruhl ; *Tableau géographique de la France* de Vidal de La Blache ; *Introduction à l'étude comparative des langues européennes* de Meillet. • Pogroms en Russie. | **1903** • Serbie : Pierre I^er^, roi. • Panama : proclamation de l'indépendance et cession aux États-Unis de la zone du canal. • Russie : scission du POSDR entre bolcheviks et mencheviks. |
| | **1904** • Rupture entre la France et la papauté. • *Histoire de l'anthropologie* de Boas. • *La Vraie Solution de la question chinoise* de Sun Yat-sen. | **1904** • Entente cordiale entre la France et le Royaume-Uni. • Début de la construction du canal de Panamá. • Fin de la construction du Transsibérien. • Attaque de Port-Arthur : début de la guerre russo-japonaise. • Accord franco-espagnol sur le Maroc : vers le démembrement du pays. • Chine : Sun Yat-sen fonde « la Ligue Jurée ». |
| | **1905** • En France, séparation de l'Église et de l'État : triomphe de l'idéologie laïque mais également vague de conversions au catholicisme (Maritain suivi de Péguy, Max Jacob, etc.) ; test de Binet pour la mesure de l'intelligence (QI). • *Trois essais sur la théorie de la sexualité* de Freud. • *L'Éthique protestante et l'esprit du capitalisme* de Max Weber. | **1905** • France : création de la Ligue d'action française ; constitution de la SFIO. • Suède : rupture de l'union avec la Norvège qui devient indépendante. • Canada : l'afflux d'immigrants européens et américains entraîne la création de deux nouvelles provinces : la Saskatchewan et l'Alberta. • Première révolution russe (« Dimanche rouge », mutinerie du cuirassé *Potemkine*, Manifeste d'octobre). • Guillaume II à Tanger ; accord franco-allemand sur le Maroc. • Prise de Port-Arthur par les Japonais, batailles de Moukden et de Tsushima. |
| 1906 | **1906** • *L'Évolution créatrice* de Bergson. | **1906** • France : Fallières, président de la République ; Clemenceau, président du Conseil ; réhabilitation de Dreyfus. • Russie : première douma ; réforme agraire de Stolypine. • Conférence d'Algésiras sur le Maroc. • Condominium franco-britannique sur les Nouvelles-Hébrides. • Le sud-est de la Nouvelle-Guinée passe sous l'autorité du Commonwealth d'Australie (territoire de Papua). |

## SCIENCES – TECHNIQUES

Albert Einstein

**1901** • Isolement de l'adrénaline. • Invention de la soudure autogène. • Première communication sans fil au-dessus de l'Atlantique, réalisée par Marconi. • Remise des premiers prix Nobel.

**1902** • En médecine, naissance de l'allergologie et premiers barbituriques. • Intégrale de Lebesgue (mathématiques) ; études des mécanismes de la radioactivité par Rutherford.

**1903** • Premier électrocardiographe. • Étude des réflexes conditionnés par Pavlov. • Exploration des régions polaires par Charcot. • Premier vol des frères Wright.

**1904** • Invention de l'offset ; Fleming invente la diode. • Énonciation du principe du radar.

**1905** • Publications décisives d'Einstein : théorie de la relativité restreinte, quantification de la lumière, théorie du mouvement brownien.

**1906** • Achèvement du tunnel du Simplon. • Mise au point du poste récepteur de radio à galène. • Amundsen franchit le passage du Nord-Ouest.

## LITTÉRATURES

**1901** • Deuxième version de *Tête d'or*, drame de Claudel : réinterprétation chrétienne de la première version ; *Anthinéa* de Maurras ; le premier prix Nobel de littérature est attribué à Sully Prudhomme. • *Kim* de Kipling. • *Le Feu* de D'Annunzio, chantre de la Nouvelle Italie : le culte de la volonté et de l'héroïsme.

**1902** • *L'Immoraliste*, récit de Gide, complément des *Nourritures terrestres* ; *L'Ombre des jours* d'Anna de Noailles. • *Le Songe* de Strindberg : la difficulté de vivre dans un monde onirique. • Canada : fondation de la Société du parler français. • *Les Bas-Fonds* de Gorki. • *Le Chien des Baskerville* de Conan Doyle.

**1903** • *La Chanson du mal-aimé* d'Apollinaire ; attribution du premier prix Goncourt (à *Force ennemie* de Nau). • *Les Ambassadeurs* de Henry James.

**1904** • Jaurès crée *L'Humanité* ; *Jean-Christophe* de Romain Rolland : le « roman-fleuve ». • *La Coupe d'or*, roman de Henry James dont les analyses psychologiques annoncent Proust. • *La Cerisaie*, comédie de Tchekhov : un monde en train de disparaître. • *Gītāñ-jali* de Rabindranāth Tagore (traduit de l'anglais par Gide en 1913 : *L'Offrande lyrique*).

**1905** • *Notre patrie*, essai de Péguy : une mystique de la patrie française. • Début de la publication de *Little Nemo*, bande dessinée de Winsor McCay. • *La Mère*, roman de Gorki : la conscience révolutionnaire des prolétaires.

**1906** • *Partage de midi* de Claudel. • Début de *La Saga des Forsyte* de John Galsworthy.

## ARTS – MUSIQUE

*Le Voyage dans la Lune* de Méliès

**1901** • *Jeux d'eau*, pour piano, de Ravel. • Deuil national en Italie à la mort de Verdi. 1901

**1902** • *Pelléas et Mélisande*, drame français de Debussy à Paris. • *Le Voyage dans la Lune* de Méliès : premiers trucages du cinéma.

**1903** • Immeuble en béton armé de la rue Franklin à Paris, par Auguste Perret. • *Célestine*, tableau de la période bleue de Picasso. • *Schéhérazade* de Ravel.

**1904** • Projet d'une « cité industrielle » par Tony Garnier annonçant le fonctionnalisme des années 20 ; la Caisse d'épargne postale à Vienne par l'architecte Otto Wagner. • *Vues de Londres*, tableaux de Monet. • *Kindertotenlieder* de Mahler ; Schoenberg rencontre Webern : leur association avec Berg donnera naissance à l'école de Vienne ; *Madame Butterfly* de Puccini.

**1905** • Première exposition des Fauves au Salon d'automne à Paris : leur mouvement se poursuit jusqu'en 1908 (Matisse, Derain, Marquet) ; dernier tableau de la série des *Grandes Baigneuses* de Cézanne ; fondation à Dresde du groupe Die Brücke, proche du fauvisme français, à l'origine de l'expressionnisme allemand. • Fondation du trio Cortot-Thibaud-Casals ; *La Mer*, esquisses symphoniques de Debussy ; *Salomé*, opéra de R. Strauss d'après Oscar Wilde. • Premiers films de Max Linder. 1906

| RELIGION – PHILOSOPHIE | HISTOIRE GÉNÉRALE |
|---|---|
| **1907** • Le pape Pie X condamne le « modernisme » dans l'Église catholique. • Loi sur la liberté des cultes en France. • *Le Pragmatisme* de W. James. | **1907** • Triple-Entente entre la France, la Grande-Bretagne et la Russie. • France : Caillaux propose l'impôt sur le revenu. • Russie : deuxième et troisième doumas. • Accord russo-japonais sur les échanges commerciaux et la Mandchourie. • La Nouvelle-Zélande devient un dominion britannique. |
| **1908** • Excommunication de Loisy. Ferdinand de Saussure donne son *Cours de linguistique générale* ; *Réflexions sur la violence* de Georges Sorel. • *Identité et Réalité* de Meyerson. | **1908** • France : répression des grèves de mineurs par Clemenceau ; création des Camelots du roi. • Indépendance de la Bulgarie. • L'Autriche-Hongrie annexe la Bosnie-Herzégovine. • Union de la Crète et de la Grèce. • Grèce : soulèvement des Jeunes-Turcs à Salonique. • Le Congo, possession personnelle de Léopold II, devient colonie belge. • Chine : mort de l'impératrice douairière Cixi et avènement de Puyi, le dernier empereur chinois. • Premier mouvement nationaliste en Indonésie. |
| **1909** • *Les Rites de passage* de Van Gennep. • *Matérialisme et Empiriocriticisme* de Lénine. | **1909** • Espagne : guerre contre les Berbères du Rif. • Turquie : révolution des Jeunes-Turcs contre le sultan. • Choix de la capitale fédérale de l'Australie : Canberra, construite de 1913 à 1927. |

La Triple-Entente (caricature)

| RELIGION – PHILOSOPHIE | HISTOIRE GÉNÉRALE |
|---|---|
| **1910** • *Cinq leçons sur la psychanalyse* de Freud. • Adler se sépare de Freud et crée la psychologie individuelle. • Condamnation par le Vatican du Sillon, mouvement catholique social de Marc Sangnier. | **1910** • Royaume-Uni : George V, roi. • Portugal : chute de Manuel II et proclamation de la république. • Québec : promulgation de la loi sur le bilinguisme. • Mexique : début de la révolution. • Fondation de l'Afrique-Équatoriale française. • Création de l'Union sud-africaine. • La Corée devient colonie japonaise. |
| **1911** • *L'Esprit de l'homme primitif* de Boas. • *Théorie des conceptions du monde* de Dilthey : début du courant herméneutique, influent sur la philosophie et la théologie contemporaines. | **1911** • Royaume-Uni : les lords entérinent le Parliament Act qui diminue leur pouvoir. • Guerre italo-turque pour la Tripolitaine. • *Incident d'Agadir* entre la France et l'Allemagne. |
| **1912** • *Les Formes élémentaires de la vie religieuse*, dernier grand traité de Durkheim. • *Principes d'organisation scientifique des usines* de Taylor, fondateur de la standardisation dite *taylorisme*. • *Métamorphoses et Symboles de la libido* de Jung, qui marque sa rupture avec Freud. • *Le Sentiment tragique de la vie* de Miguel de Unamuno. | **1912** • Royaume-Uni : vote du Home Rule pour l'Irlande. • Italie : instauration du suffrage universel (masculin). • La Turquie cède la Tripolitaine à l'Italie. • Première guerre balkanique : victoire de la Grèce, de la Bulgarie, du Monténégro et de la Serbie sur la Turquie. • Le Maroc devient un protectorat français (convention de Fès) ; Lyautey, résident général. • Fondation par Sun Yat-sen du Guomindang. • Japon : mort de Meiji Tennō ; avènement de Taishō Tennō. • Abdication de Puyi et proclamation de la République de Chine. • Naufrage du *Titanic*. |

## SCIENCES – TECHNIQUES

**1907** • Tests d'allergie cutanée. • Travaux de Markov sur les probabilités.

Ford modèle T

**1908** • Le Hollandais Kamerlingh Onnes parvient à liquéfier l'hélium. • Axiomatique de Zermelo en théorie des ensembles. • Ford modèle T, la première automobile en grande série.

**1909** • Étude des réactions provoquées par l'incitation électrique des nerfs et des muscles (Lapicque). • Synthèse industrielle de l'ammoniac. • Premier cargo avec turbine à vapeur. • Invention de la Bakélite (résine de synthèse) par Baekeland ; ammoniac synthétique par Haber ; Sørensen introduit le pH (mesure des acides et des bases). • Peary atteint le pôle Nord ; traversée de la Manche en avion par Blériot.

**v. 1910** • Traitement chimiothérapique de la syphilis par l'Allemand Ehrlich.

**1910** • En apportant la preuve expérimentale de la théorie d'Einstein sur le mouvement brownien, Jean Perrin démontre définitivement l'existence des atomes ; *Principia Mathematica* de Russell et Whitehead (logique). • Début des expériences génétiques de Thomas Hunt Morgan sur les mouches drosophiles.

**1911** • Culture des tissus par Carrel (médecine). • Kamerlingh Onnes découvre la supraconductivité. • Modèle atomique de Rutherford (découverte du noyau). • Amundsen atteint le pôle Sud.

**1912** • Découverte des vitamines (Casimir Funk). • Premier démarreur électrique monté sur une Cadillac. • Étude de la diffraction des cristaux par les rayons X (Laue, Bragg).

## LITTÉRATURES

**1907** • *Art poétique* de Claudel ; *Arsène Lupin, gentleman-cambrioleur* de Maurice Leblanc. • *Le Septième Anneau* de Stefan George.

**1908** • *Les Pieds Nickelés*, série dessinée par Louis Forton. • *Caspar Hauser* de Wassermann. • *L'Oiseau bleu* de Maeterlinck.

**1909** • Premier numéro de *La Nouvelle Revue française* (NRF) fondée par Copeau, Gide... ; *La Porte étroite* de Gide.

▲ *Muse endormie* de Brancusi

**1910** • *Cinq Grandes Odes* de Claudel : le verset « claudélien » est inspiré du verset biblique ; *La Vagabonde*, roman de Colette ; *Le Mystère de la charité de Jeanne d'Arc* de Péguy ; *Chantecler* de Rostand ; *Impressions d'Afrique* de Roussel.

**1910-1920** • *Journal* de Kafka.

**1911** • Début de *Fantômas* d'Allain et Souvestre ; *Fermina Márquez* de Larbaud. • *Sous les yeux d'Occident* de Conrad. • *Jedermann* de Hofmannsthal ; *La Maison au bord de la mer* de Zweig. • Maeterlinck, prix Nobel.

**1912** • *L'Annonce faite à Marie*, drame de Claudel ; *Les dieux ont soif* d'Anatole France ; *La Tapisserie de sainte Geneviève et de Jeanne d'Arc* de Péguy ; *La Guerre des boutons* de Pergaud. • *Pygmalion* de George Bernard Shaw. Début des *Élégies de Duino* de Rilke ; *Poèmes* de Trakl. • *La Mort à Venise* de Thomas Mann. • Création du personnage de Tarzan par Burroughs. • Maïakovski publie un manifeste futuriste : les expériences de langage pour un renouveau de la poésie.

## ARTS – MUSIQUE

**1907** • Kahnweiler ouvre une galerie à Paris : début de l'ère des galeries ; rétrospective Cézanne, dont l'influence est capitale pour l'éclosion de l'art moderne ; *Les Demoiselles d'Avignon* de Picasso, première toile cubiste : elle montre l'influence des arts primitifs (africains et ibériques) sur l'art français ; *La Charmeuse de serpents*, tableau naïf du Douanier Rousseau ; *Pomone*, sculpture de Maillol. • Premiers films russes.

**1908** • Braque et Picasso mènent leurs recherches sur le cubisme jusqu'en 1913 ; *Le Baiser* de Klimt : l'école de Vienne en peinture. • *Gaspard de la nuit*, trois pièces pour piano de Ravel ; *Quatuor n° 2*, première partition atonale de Schoenberg.

**1909** • *Manifeste du futurisme* publié à Paris par Marinetti (les manifestes d'artistes se multiplieront jusqu'en 1920) ; *La Musique* et *La Danse*, tableaux de Matisse. • Exposition à Paris de 48 œuvres de Monet intitulées *Les Nymphéas, Série de paysages d'eau* ; *Caoutchouc*, aquarelle de Picabia, œuvre fondatrice de l'art abstrait ; De Chirico pose les fondements de la « peinture métaphysique » ; *Héraclès archer*, sculpture de Bourdelle. • Diaghilev fonde les Ballets russes, à Paris.

**1910** • *La Noce*, tableau de Fernand Léger ; *Muse endormie*, sculpture de Brancusi. • *L'Oiseau de feu* de Stravinski. • Achèvement de la basilique du Sacré-Cœur, à Paris, commencée en 1876.

**1911** • Kandinsky fonde Le Cavalier bleu et rédige *Du spirituel dans l'art*. *Flore*, sculpture de Maillol. • *Le Martyre de saint Sébastien* de Debussy ; *Traité d'harmonie* de Schoenberg.

**1912** • Premiers papiers collés de Braque et de Picasso ; *Fenêtres* et *Disques circulaires* de Delaunay ; *Du cubisme*, essai de Gleizes ; premières toiles abstraites de Kupka : *Les Plans verticaux* ; *Nu descendant l'escalier* de Duchamp ; *Avec l'arc noir*, première peinture abstraite de Kandinsky. • *Pierrot lunaire* de Schoenberg pour voix (chant parlé) et instruments, à Berlin ; *Daphnis et Chloé*, ballet de Ravel.

1913

## RELIGION – PHILOSOPHIE

**1913** • Début de la parution du *Système du monde, histoire des doctrines cosmologiques de Platon à Copernic* de Pierre Duhem. • *Dernières pensées* de Henri Poincaré (posth.). • *Totem et Tabou* de Freud. • *Idées directrices pour une phénoménologie* de Husserl. • John Broadus Watson fonde le *behaviorisme* (psychologie du comportement).

**1914** • *La Méthode scientifique en philosophie* de Russell (conséquence de ses recherches logiques avec Whitehead). • *Introduction à l'étude du langage* de Bloomfield. • Début des sciences de l'éducation (Decroly). • *Le Marxisme et la Question nationale* de Staline.

Guerre de 1914-1918 : tranchée en Champagne

**1916** • Assassinat de Charles de Foucauld. • *Introduction à la psychanalyse* de Freud.

**1916-1920** • *Le Déclin de l'Occident* de Spengler.

**1917** • Proposition de médiation pontificale dans la guerre. • *L'Impérialisme, stade suprême du capitalisme* et *L'État et la Révolution* de Lénine ; la prise du pouvoir va de pair avec son activité de théoricien.

**1918** • *La Dictature du prolétariat* de Kautsky, qui s'attire une réponse cinglante de Lénine. • *La Révolution russe* de Rosa Luxemburg. • *Théorie générale de la connaissance* de Schlick. • Chute des Ottomans : fin du dernier idéal d'empire musulman universel, laïcisation de la Turquie ; panarabisme et tendances réformistes dans l'Islam arabe.

**1919** • *Matériaux pour une théorie du prolétariat* de Georges Sorel. • *Le Savant et le Politique* de Max Weber. • *Les Conséquences économiques de la paix* de Keynes.

## HISTOIRE GÉNÉRALE

**1913** • France : Poincaré, président ; vote de la loi militaire des trois ans. • Traité de Londres : achèvement du démembrement de l'Empire ottoman d'Europe. • En guerre contre ses anciens alliés, la Bulgarie est dépouillée d'une partie de ses conquêtes. La tension des Balkans favorise la course aux armements des grandes puissances. • États-Unis : Wilson, 28e président. • Accord russo-chinois sur l'autonomie de la Mongolie-Extérieure.

**1914** • France : assassinat de Jaurès. • 28 juin : assassinat de François-Ferdinand de Habsbourg à Sarajevo. • Début de la Première Guerre mondiale ; bataille de la Marne ; guerre des tranchées ; victoires allemandes de Tannenberg et des lacs Mazures sur le front est ; victoire britannique dans la bataille navale des Falkland. • Révolte de l'Ulster contre le Home Rule. • Ouverture du canal de Panama.

**1915** • Offensive austro-hongroise contre les Russes (900 000 prisonniers) ; débarquement allié en Turquie ; offensives alliées en Artois et en Champagne ; entrée en guerre de l'Italie et de la Bulgarie ; blocus maritime de l'Allemagne et début de la guerre sous-marine. • Conférence de Zimmerwald (mouvements socialistes et pacifiques). • Turquie : génocide arménien.

**1916** • Batailles de Verdun, du Jutland ; offensive de Broussilov contre les Austro-Hongrois ; entrée en guerre de la Roumanie aux côtés des Alliés ; mort de François-Joseph Ier. • Irlande : révolte de Pâques.

**1917** • Mars : révolution à Petrograd ; abdication de Nicolas II ; conflit entre réformistes et révolutionnaires. • Avril : les effets économiques de la guerre sous-marine à outrance déterminent les États-Unis à entrer en guerre contre l'Allemagne. Échec des offensives du général Nivelle. Défaite italienne de Caporetto. Mutineries dans les armées. • Octobre : succès de la Révolution russe. • 2 novembre : proclamation de la déclaration Balfour par laquelle le gouvernement britannique garantit l'établissement en Palestine d'un foyer national pour le peuple juif. Allenby fait son entrée à Jérusalem.

**1918** • Mars : la Russie soviétique se retire de la guerre (traité de Brest-Litovsk) ; débarquement allié pour soutenir les contre-révolutionnaires. Octobre : révolution à Vienne ; victoire italienne de Vittorio Veneto ; dislocation de l'Empire austro-hongrois ; proclamation de la république d'Autriche. Indépendance de la Tchécoslovaquie (Masaryk, président) et de la Yougoslavie. Novembre : indépendance de la Pologne ; sécession de la Hongrie ; révolution à Berlin. Armistice le 11 novembre à Rethondes. • Irlande : De Valera, président du Sinn Féin. • Indépendance de l'Islande. • Russie : 1re Constitution soviétique et organisation du pouvoir bolchevique.

**1919** • Conférence de la paix à Paris : création de la Société des Nations (SDN) ; traité de Versailles. • Moscou : fondation de la IIIe Internationale (Komintern) par Lénine. • Irlande : guerre civile (jusqu'en 1923). • Italie : début du fascisme. • Allemagne : constitution de la République de Weimar. • Début de la guerre russo-polonaise. • Hongrie : république communiste dirigée par Béla Kun. • Ibn Séoud prend La Mecque à Hussein ibn Ali et le contraint à abdiquer.

1919

| SCIENCES – TECHNIQUES | LITTÉRATURES | ARTS – MUSIQUE |
| --- | --- | --- |
| **1913** • Découverte de l'ozone de la haute atmosphère (Charles Fabry). • Modèle atomique de Bohr (premier modèle quantique). • Découverte des isotopes par Soddy • Ford introduit la production à la chaîne. • Intuitionnisme de Brouwer en mathématiques. • Roland Garros traverse la Méditerranée en avion. • Invention du compteur Geiger. | **1913** • *Le Grand Meaulnes* d'Alain-Fournier ; *Alcools*, recueil d'Apollinaire ; *La Colline inspirée*, roman de Barrès, défend les valeurs de l'enracinement et des traditions ; *Prose du Transsibérien*, poème de Cendrars illustré par Sonia Delaunay ; *La Tapisserie de Notre-Dame* de Péguy ; *Du côté de chez Swann* de Proust : publication de *À la recherche du temps perdu* jusqu'en 1927 (posthume) ; *Les Copains* de Jules Romains. • Rabindranāth Tagore, prix Nobel. | **1913** • Le théâtre des Champs-Élysées, à Paris, par Perret. • *Les Peintres cubistes*, essai d'Apollinaire ; *Jeune fille à la guitare*, tableau de Braque ; premiers *ready-made* de M. Duchamp ; l'Exposition internationale de l'*Armory Show* à New York fait connaître l'avant-garde européenne aux États-Unis ; Larionov et Gontcharova et le mouvement rayonniste. • *La Vie brève* de Manuel de Falla ; *Le Sacre du printemps*, ballet de Stravinski dans la chorégraphie de Nijinski. • Première série des *Fantômas*, films de Louis Feuillade. |
| **1914** • Travaux de Moseley sur la spectroscopie des rayons X et son application à la structure des atomes. • Nouvelle classification des étoiles (Russell). • Premiers feux de circulation à Cleveland, aux États-Unis. | **1914** • *Le Démon de midi* de Paul Bourget ; *Jésus la Caille* de Francis Carco : la poésie du milieu et l'argot ; *Les Caves du Vatican*, récit cocasse de Gide, accusé de subvertir la jeunesse ; publication de *Maria Chapdelaine* de Louis Hémon dans *Le Temps* de Paris. • *Gens de Dublin* de James Joyce. | **1914** • *Le Centaure mourant*, sculpture de Bourdelle ; *Le Cheval*, sculpture de R. Duchamp-Villon, d'inspiration cubiste et futuriste. • Films du Suédois Sjöström ; premiers films de Chaplin. |
| **1915** • Première utilisation des gaz de combat ; Langevin développe des applications militaires et médicales des ultrasons (sonars). • L'Allemand Wegener expose sa théorie de la dérive des continents. | **1915** • Attribution du premier Prix du roman de l'Académie française. • *Portrait de l'artiste en jeune homme* de Joyce. • Début des *Cantos* de l'Américain Ezra Pound (achevés en 1972), vaste fresque évoquant l'échec des civilisations. | **1915** • *Le Grand Verre* de M. Duchamp, précurseur de l'esprit dada ; *Carré noir sur fond blanc*, tableau de Malevitch. • *L'Amour sorcier*, ballet inspiré du folklore gitan, de Manuel de Falla : l'inspiration nationale s'impose dans la musique du début du XXᵉ s. (Bartók, Prokofiev…). • *Les Vampires*, film de Feuillade ; *La Naissance d'une nation*, film de Griffith. |
| **1916** • Réfrigération du sang pour la transfusion. • Théorie de la valence électrochimique. • Einstein publie les *Fondements de la théorie de la relativité restreinte et généralisée*. • Premier char d'assaut. | **1916** • *Le Feu*, roman de Barbusse, la littérature issue des combats de la Première Guerre mondiale. • *La Métamorphose*, récit de Kafka. • *Clair-Obscur* de Soseki Natsume. • *Les Quatre Cavaliers de l'Apocalypse* de Blasco Ibáñez. | **1916** • *La Leçon de piano*, tableau de Matisse ; *La Ville*, tableau de Grosz. • Formation du groupe dada à Zurich (M. Duchamp, Picabia, Man Ray). • *Intolérance*, film de Griffith ; films russes de Bauer et de Protazanov. |
| **1917** • Premiers anticoagulants. | **1917** • *Le Cornet à dés*, poèmes de Max Jacob ; parution à la NRF de *La Jeune Parque* de Valéry. • *La Ligne d'ombre* de Conrad. • *Chacun sa vérité*, comédie de Pirandello, la confusion du réel et de l'apparence. | **1917** • *Nu couché*, tableau de Modigliani ; *Le Grand Intérieur métaphysique*, tableau de De Chirico. • *Composition avec figures* de Mondrian. • Avec l'entrée en guerre des États-Unis, l'Europe découvre le jazz ; *Parade*, ballet de Satie, sujet de Cocteau, décors et costumes de Picasso, chorégraphie de Massine. |
| **1918** • Invention du parachute à ouverture automatique ; la Première Guerre mondiale a encouragé le développement de l'aviation. | **1918** • *Calligrammes* d'Apollinaire ; *Kœnigsmark* de Pierre Benoit ; *Manifeste dada* de Tristan Tzara, acte de naissance du mouvement dada. • *L'Hérétique de Soana* de G. Hauptmann. • *Jérémie* de S. Zweig. • *Faisons un rêve* de Sacha Guitry. | **1918** • *Carré blanc sur fond blanc* de Malevitch, le point ultime de l'abstraction en peinture. • Fondation du groupe des Six à Paris. |
| **1919** • Premiers vols réguliers entre Paris et Londres. • Eddington apporte la preuve expérimentale de la théorie de la relativité générale (déviation des rayons lumineux). • Rutherford obtient la première réaction nucléaire provoquée. | **1919** • Premier numéro de la revue d'avant-garde *Littérature*, qui prépare la voie au surréalisme ; *L'Atlantide* de Pierre Benoit ; *Les Croix de bois* de Dorgelès ; *La Symphonie pastorale* de Gide ; le prix Goncourt pour *À l'ombre des jeunes filles en fleurs* de Proust ; *Colas Breugnon* de Rolland. | **1919** • Fondation du Bauhaus à Weimar par Gropius, qui fera triompher le « style international ». • *Café-Bar*, tableau de Braque ; premiers collages de Max Ernst. |

◄ Portrait d'Apollinaire en 1916

1920

## RELIGION – PHILOSOPHIE

**1920** • Canonisation de Jeanne d'Arc. • *L'Énergie spirituelle* de Bergson. • *Au-delà du principe de plaisir* de Freud. • Fondation de l'université de Montréal.

**1921** • Reprise des relations entre le Saint-Siège et la France. • *Tractatus logico-philosophicus* de Wittgenstein. • Test de Rorschach en psychologie. • *Language* de Sapir.

**1922** • *La Passion d'Al-Hallādj, martyr mystique de l'islām* de Louis Massignon. • *Économie et Société* de Max Weber (posth.). • *Durée et Simultanéité* de Bergson. • *La Mentalité primitive* de Lévy-Bruhl.

**1923** • *Éléments de philosophie* de Maritain. • *Le Langage et la Pensée chez l'enfant* de Piaget. • *La Réforme monétaire* de Keynes. • *Histoire et Conscience de classe* de Lukács. • *Le Je et le Tu* de Martin Buber.

**1923-1924** • *Essai sur le don, forme archaïque de l'échange* de Marcel Mauss. • *Un nouveau Moyen Âge* de Berdiaev.

**1923-1929** • *La Philosophie des formes symboliques* de Cassirer (néokantien).

**1924** • *Des principes du léninisme* de Staline ; développement de l'historiographie marxiste en France. • Laïcisation complète de l'État turc.

**1925** • *Ma vie et la psychanalyse* de Freud. • Canonisation de sainte Thérèse de Lisieux. • Conférence œcuménique des Églises protestantes à Stockholm. • *L'Agonie du christianisme* de Unamuno.

## HISTOIRE GÉNÉRALE

**1920** • France : Deschanel puis Millerand, présidents ; congrès de Tours : scission au sein de la SFIO ; création de la SFIC (futur Parti communiste en 1922). • Traité de Sèvres : démembrement de l'Empire ottoman ; déchéance du sultan. • Hongrie : Horthy, régent. • Russie : ruine du pays après la guerre civile. • Inde : Gandhi lance la campagne de désobéissance civile et de boycott des produits britanniques. • Les îles Salomon passent sous mandat australien. • La conférence de Spa fixe les pourcentages des réparations de guerre attribuées aux différents pays.

**1921** • Le montant des réparations de guerre imposées à l'Allemagne est fixé à 132 milliards de marks-or. • Traité de Riga entre la Pologne et la Russie. • Russie : révolte des marins de Kronstadt, durement réprimée par Trotski ; Lénine adopte la Nouvelle Politique économique (NEP), en partie un rétablissement du capitalisme. • États-Unis : W. Harding, 29e président. • Maroc : Abd el-Krim combat les Espagnols et les Français. • Chine : fondation du Parti communiste chinois. • La partie allemande de la Nouvelle-Guinée est placée sous mandat australien.

**1922** • Italie : « marche sur Rome » des Chemises noires ; Mussolini à la tête du gouvernement. • Proclamation de l'État libre d'Irlande. • Indépendance de l'Égypte sous contrôle britannique. • Russie : traité germano-russe de Rapallo, reprise des relations diplomatiques et économiques ; formation de l'URSS ; Staline, secrétaire général du Parti. • Soulèvement de l'Inde contre l'Angleterre.

**1923** • 1er janvier : après la sécession de l'Irlande, le Royaume-Uni prend le nom de Royaume-Uni de Grande-Bretagne et d'Irlande du Nord. • Allemagne : inflation vertigineuse (1 dollar vaut, en novembre, 4,2 milliards de marks-papier) ; après l'échec du putsch de Munich, Hitler, emprisonné, rédige *Mein Kampf* ; occupation de la Ruhr par la France. • Espagne : coup d'État de Primo de Rivera. • URSS : création des camps de travail en Sibérie. • États-Unis : Coolidge, 30e président. • Proclamation de la république en Turquie : Mustafa Kemal, président. • Traité gréco-turc de Lausanne.

**1924** • France : Cartel des gauches ; démission de Millerand ; Doumergue, président. • Royaume-Uni : premier gouvernement travailliste. • Allemagne : mise en place du plan Dawes ; redéfinition du mark ; amorce d'un retour à la stabilité. • Italie : assassinat du socialiste Matteotti par les fascistes. • URSS : mort de Lénine.

**1925** • France : chute du ministère Herriot ; crise monétaire. • Hindenburg, président de la République de Weimar. • Pacte de Locarno : accord sur les frontières fixées par le traité de Versailles. • Perse : Rizā Pahlavi, chah. • URSS : Staline écarte Trotski du pouvoir. • Chine : mort de Sun Yat-sen.

La « marche sur Rome » des Chemises noires en 1922

1925

## SCIENCES – TECHNIQUES

**1920** • Début de la chimie des macromolécules (matières plastiques). • Premières émissions de radio (États-Unis et Royaume-Uni). • Logique triadique de Łukasiewicz.

**1921** • Découverte de l'insuline par le Canadien Banting. • Invention du bélinographe par le Français Belin. • Mise au point du BCG contre la tuberculose par Calmette et Guérin.

▲ *The Kid* de Charlie Chaplin

**1923** • Fondements de la mécanique ondulatoire par Louis de Broglie. • Erwin Schrödinger formule l'équation fondamentale de la mécanique quantique. • Théorie d'acides et bases, dite de Brønsted-Lowry. • Découverte de l'effet Compton en physique atomique.

**1923-1929** • Tour du monde en solitaire par le navigateur Alain Gerbault.

**1924** • Découverte de l'ionosphère. • Statistique de Bose-Einstein (physique). • Début de la « Croisière noire » organisée par Citroën en Afrique du Nord : première traversée automobile du Sahara et de l'Afrique noire.

**1925** • Premier calculateur analogique (ouvrant l'ère des ordinateurs) construit par une équipe du MIT (près de Boston). • Formalisme mathématique de la mécanique quantique : Heisenberg (relation d'incertitude), Pauli (principe d'exclusion), Uhlenbeck et Goudsmit (hypothèse du spin de l'électron). • Fondation de l'agence Tass, agence de presse de l'État soviétique.

## LITTÉRATURES

**1920** • *Les Champs magnétiques* de Breton et Soupault : l'écriture automatique et surréaliste ; *Chéri* de Colette ; publication du *Côté de Guermantes* de Proust ; *Le Cimetière marin* de Valéry. • *Si le grain ne meurt* de Gide.

**1920-1922** • *Kristin Lavransdatter* de Sigrid Undset.

**1921** • Anatole France, prix Nobel ; *Charmes* de Valéry ; *Les Forces éternelles* d'Anna de Noailles. • *Six personnages en quête d'auteur*, drame de Pirandello : début de sa « trilogie du théâtre dans le théâtre ». • *Le Singe velu*, pièce d'Eugene O'Neill. • *La Véridique Histoire d'Ah Q*, nouvelle de l'écrivain chinois Lu Xun.

**1922** • *Les Thibault* de Martin du Gard (jusqu'en 1940) ; publication de *Sodome et Gomorrhe* de Proust. • *Ulysse* de Joyce, version moderne et parodique de l'*Odyssée*, sorte d'épopée du langage qui réunit tous les procédés de style (commencé en 1913). • *Babbitt*, roman de Sinclair Lewis, chronique satirique de la société américaine des années 20. • *Désolation*, poème de Gabriela Mistral.

**1923** • Premier numéro de la revue *Europe* ; *Clair de Terre*, recueil de Breton ; *Thomas l'Imposteur* de Cocteau ; *Le Blé en herbe*, roman de Colette ; *La Prisonnière* de Proust (publication posthume) ; *Le Diable au corps* de Radiguet ; *Knock*, pièce de Romains.

**1924** • *Manifeste du surréalisme* d'André Breton ; création de *Bibi Fricotin* par Louis Forton. • *La Montagne magique* de Thomas Mann. • *Vladimir Ilitch Lénine* de Maïakovski.

**1925** • *Les Faux-Monnayeurs* de Gide mêlent fiction et théorie littéraire ; *Albertine disparue ou la Fugitive* de Proust (publication posthume). • Début de la rédaction du *Don paisible* de Cholokhov. • *Le Procès* de Kafka (écrit en 1914). • *Gatsby le Magnifique* de Fitzgerald : les désillusions du rêve américain.

## ARTS – MUSIQUE

**1920** • Fondation du Matenadaran d'Arménie, à Erevan, institut abritant 11000 manuscrits anciens. • *Le Bœuf sur le toit*, ballet de Darius Milhaud. • « Dada Messe » à Berlin. • *La Valse*, poème chorégraphique de Ravel.

**1921** • Projet de gratte-ciel en verre et en acier pour Berlin par Mies van der Rohe. • *Saudades do Brazil* de Milhaud. • *The Kid*, film de Chaplin.

**1922** • Le dodécaphonisme de Schoenberg révolutionne les règles de la musique tonale. • *Nosferatu le vampire*, film de Murnau ; *Nanouk l'Esquimau* de Flaherty • *Rayogrammes*, recherches photographiques de Man Ray.

**1923** • Église en béton de Notre-Dame du Raincy par Perret. • Série des *Canéphores* de Braque, inspirées des cariatides antiques : tendance au classicisme en France ; Chagall commence à illustrer *Les Âmes mortes* de Gogol. • *Les Lois de l'hospitalité*, film de Buster Keaton ; le Soviétique Vertov commence sa série des *Kinopravda* (« cinéma-vérité »).

**1924** • Création des *Biches*, ballet de Francis Poulenc. • *L'Inhumaine*, film de Marcel L'Herbier. • *Ballet mécanique*, ballet cubiste de Fernand Léger.

**1925** • Première exposition surréaliste à Paris : « automatismes » de Masson, « grattages » de Max Ernst ; tableaux abstraits géométriques de Mondrian ; Exposition universelle à Paris, consacrée aux « Arts décoratifs et industriels modernes » : pavillon de l'Esprit nouveau par Le Corbusier ; le Bauhaus s'installe à Dessau. • *Monument à Paul Cézanne*, sculpture de Maillol. • *Wozzeck*, opéra atonal de Berg à Berlin ; Schoenberg, professeur de composition à l'Académie des arts de Berlin. • *La Ruée vers l'or*, film de Chaplin ; *La Rue sans joie* de Pabst ; *La Veuve joyeuse* de Stroheim ; *Le Cuirassé Potemkine* d'Eisenstein.

| RELIGION – PHILOSOPHIE | HISTOIRE GÉNÉRALE |
|---|---|

1926

**1926** • *Le Citoyen contre les pouvoirs* d'Alain. • Condamnation de l'Action française et de la pensée politique de Maurras (pensée majeure de la droite française) par Pie XI. • Encyclique sur le développement des missions. • Fondation du Cercle linguistique de Prague (Jakobson, Troubetskoï). • Le théoricien du marxisme Gramsci est arrêté et emprisonné par les fascistes italiens. • *La Science et le Monde moderne* de Whitehead.

**1927** • Sacre du premier évêque japonais. • *L'Avenir d'une illusion* de Freud. • Travaux de Goldstein sur l'aphasie. • *La Sexualité et sa répression dans les sociétés primitives* de Malinowski. • *L'Être et le Temps* de Heidegger, qui aura une influence décisive sur les philosophies de l'existence.

**1928** • *De l'angoisse à l'extase* de Pierre Janet. • *La Structure logique du monde* de Carnap. • *Principes de grammaire générale* de Hjelmslev. • *Dialectique du moi et de l'inconscient* de Jung. • Fondation de l'Opus Dei. • Égypte : fondation des Frères musulmans, pour un islam intégriste.

**1929** • Accords du Latran entre Mussolini et le pape : création de l'État du Vatican. • *Logique formelle et Logique transcendantale* de Husserl ; il prononce à Paris les *Méditations cartésiennes.* • *Temps et Verbe* de Gustave Guillaume. • Création de la revue historique des *Annales d'histoire économique et sociale* par Lucien Febvre et Marc Bloch.

**1930** • *Traité de la monnaie* de Keynes. • *Malaise dans la civilisation* de Freud.

**1931** • *Le Dépassement de la métaphysique par l'analyse logique du langage* de Carnap. • Début de la publication (posthume) des articles de Charles Sanders Peirce (*Collected Papers*).

**1926** • Italie : Mussolini obtient les pouvoirs législatif et exécutif : système du parti unique. • L'Allemagne adhère à la SDN. • Maroc : reddition d'Abd el-Krim. • Ibn Séoud, roi du Hedjaz. • Japon : Hirohito, empereur.

Le krach boursier de Wall Street, le 24 octobre 1929

**1927** • Le Royaume-Uni reconnaît l'indépendance des territoires contrôlés par Ibn Séoud (Arabie Saoudite). • États-Unis : exécution de Sacco et Vanzetti, militants anarchistes. • Chine : début des guerres entre nationalistes et communistes. • Sukarno fonde le Parti nationaliste indonésien.

**1928** • Pacte Briand-Kellogg : condamnation de la guerre. • Portugal : Salazar redresse le déficit budgétaire. • URSS : premier plan quinquennal généralisant la collectivisation des terres et la suppression totale de l'économie privée. • Chine : Jiang Jieshi (Tchang Kaï-chek) établit le gouvernement nationaliste à Nankin.

**1929** • Plan Young : élaboration du plan de réparations dues à la France par l'Allemagne. • Yougoslavie : Alexandre Ier Karageorgévitch instaure une dictature. • États-Unis : Herbert C. Hoover, 31e président ; krach boursier de Wall Street le 24 oct. (« jeudi noir ») ; la crise financière se propage des États-Unis à l'Amérique latine et à l'Europe et devient mondiale. • URSS : Trotski est exilé ; Staline est le maître du pays. • Inde : Gandhi réclame vainement le statut de dominion.

**1930** • 31 millions de chômeurs dans les pays industrialisés. Mise en place de politiques protectionnistes (États-Unis ; Royaume-Uni en 1932). • Espagne : Alphonse XIII renvoie Primo de Rivera. • Allemagne : progrès du parti nazi aux élections au Reichstag. • URSS : durcissement de la collectivisation et « dékoulakisation ». • Brésil : putsch de Vargas. • Éthiopie : Hailé Sélassié Ier, empereur. • Inde : campagne de boycottage lancée par Gandhi (« marche du sel »).

**1931** • France : Doumer, président. • Espagne : proclamation de la république. • Royaume-Uni : MacDonald forme un gouvernement d'Union nationale. • Moratoire Hoover sur la question des réparations. • Accession du Canada à l'indépendance par le statut de Westminster et création du Commonwealth. • Occupation de la Mandchourie par le Japon. • Le dominion de la Nouvelle-Zélande, devenu indépendant, fait partie du Commonweath.

1931

## SCIENCES – TECHNIQUES

**1926** • Développement de la mécanique quantique : synthèse avec la mécanique ondulatoire (Schrödinger, Dirac), dont Born fait une interprétation probabiliste. • Étude statistique des électrons (théorie de Fermi-Dirac). • Survol du pôle Nord en avion et en dirigeable. • Réalisation en France du scaphandre autonome de plongée. • Première démonstration de transmission d'images en noir et blanc par le Britannique Baird. • Première fusée à combustible liquide aux États-Unis.

**1927** • Georges Lemaître avance l'hypothèse de l'expansion de l'univers. • Début de la fabrication du caoutchouc synthétique. • Premier engin téléguidé volant. • Traversée de l'Atlantique Nord en avion par Lindbergh.

**1928** • Théorie relativiste quantique de l'électron et hypothèse du positon par Dirac. • Enregistrement sur bande magnétique. • Première liaison par TSF entre Paris et New York. • Fleming découvre le premier des antibiotiques : la pénicilline. • Découverte de l'effet Raman en physique atomique.

**1929** • Premier survol du pôle Sud par l'Anglais Bird. • Mise au point de l'électroencéphalogramme (Hans Berger).

**1930** • Découverte de la planète Pluton. • Vaccin contre la fièvre jaune. • Construction du premier cyclotron. Hypothèse de Pauli sur l'existence des neutrinos. • Premières expériences sur l'énergie thermique des mers par le Français Georges Claude. • Conception du turboréacteur par Frank Whittle. • Premier vol Paris-New York sans escale (Costes et Bellonte).

**1931** • Théorème d'incomplétude de Gödel (logique, épistémologie). • Découverte du deutérium par Urey. • Mise au point du caoutchouc synthétique Néoprène par l'Américain Carothers. • Début de l'électroencéphalographie. • « Croisière jaune » de Citroën : expédition automobile de Beyrouth à Pékin.

## LITTÉRATURES

**1926** • *Le Paysan de Paris* d'Aragon, roman d'inspiration surréaliste ; *Sous le soleil de Satan*, premier roman de Bernanos ; attribution du premier prix Théophraste-Renaudot. • *La Grande Peur dans la montagne* du Suisse Ramuz. • *Les Sept Piliers de la sagesse*, autobiographie romanesque de Lawrence d'Arabie. • *La Confusion des sentiments*, roman de Stefan Zweig. • *Orphée* de Cocteau.

**1927** • *La Trahison des clercs* de Julien Benda ; *Thérèse Desqueyroux* de Mauriac ; *Le Temps retrouvé* de Proust. • *Le Loup des steppes* de Hermann Hesse.

**1928** • *Nadja*, récit de Breton ; le groupe surréaliste adhère au parti communiste ; *Siegfried* de Giraudoux ; *Les Conquérants* de Malraux ; *Topaze* et *Marius*, comédies de Pagnol. • *L'Opéra de quat'sous* de Brecht. • *À l'ouest, rien de nouveau* de Remarque. • *Les Douze Chaises* d'Ilf et Petrov.

**1929** • Publication du *Soulier de satin* de Claudel. • *Les Enfants terribles*, récit de Cocteau ; *Amphitryon 38*, pièce de Giraudoux ; *Courrier Sud* de Saint-Exupéry. • Création du personnage de *Tintin* par Hergé. • *Berlin Alexanderplatz* de Döblin ; *Le Livre de San Michele* d'Axel Munthe. • *À l'ombre de l'Orford* d'Alfred Desrochers. • *Le Bruit et la Fureur* de Faulkner ; *L'Adieu aux armes* de Hemingway.

**1930** • *Regain* de Giono. • Premiers romans policiers de Simenon. • *Les Vagues*, poème romanesque de Virginia Woolf. • *L'Homme sans qualités* de Musil (jusqu'en 1943). • *42e parallèle* : début de la trilogie *USA* de Dos Passos ; *Le Faucon maltais* de Dashiell Hammett : renouvellement du genre policier. • Création de *Betty Boop* par Fleischer.

**1931** • *Aden Arabie* de Nizan ; *Vol de nuit* de Saint-Exupéry ; *L'Homme approximatif* de Tzara ; *Regards sur le monde actuel* de Valéry. • *Famille*, roman de Ba Jin.

◂ *M le Maudit* de Fritz Lang

## ARTS – MUSIQUE

**1926** • Peintures cubistes de Juan Gris. • Première sculpture en métal de Calder. • *Métropolis* de Fritz Lang, vision prémonitoire d'un régime totalitaire ; *La Lettre écarlate*, film américain de Sjöström.

**1927** • Ouverture de la première galerie surréaliste à Paris. • *Napoléon* d'Abel Gance sur triple écran ; *Le Chanteur de jazz*, avec Al Jolson, premier film parlant ; *L'Aurore* de Murnau ; *La Jeune Fille au carton à chapeau* du Soviétique Boris Barnet.

**1928** • *Le Surréalisme et la Peinture*, essai de Breton. • Martenot invente « les ondes Martenot », premier instrument de musique électronique ; *Le Boléro* de Ravel ; *Symphonie opus 21* de Webern. • *Un chapeau de paille d'Italie*, film de René Clair ; *La Passion de Jeanne d'Arc* de Dreyer ; premiers *Mickey* de Walt Disney ; *Octobre* d'Eisenstein.

**1929** • Le premier musée d'Art moderne, créé à New York. • *Loulou*, film de Pabst ; *L'Homme à la caméra* de Dziga Vertov. • *Un chien andalou* de Buñuel et Dalí : le surréalisme au cinéma.

**1930** • *Le Second Manifeste du surréalisme* de Breton. • *À propos de Nice*, film de Jean Vigo ; *L'Âge d'or* de Buñuel et Dali ; début de la célébrité des Marx Brothers ; *L'Ange bleu* de Sternberg, avec Marlène Dietrich ; *La Terre* de Dovjenko.

**1931** • Inauguration de l'Empire State Building, alors le plus haut bâtiment du monde, à New York. • *Persistance de la mémoire*, tableau de Dalí. • *Ionisation pour treize percussionnistes* de Varèse. • *La Chienne*, film de Renoir ; *Les Lumières de la ville* de Chaplin ; *L'Opéra de quat'sous* de Pabst ; *M le Maudit* de Fritz Lang, apogée de l'expressionnisme allemand au cinéma ; *Dracula* de T. Browning. • La maison Savoye, à Poissy, par Le Corbusier.

| RELIGION – PHILOSOPHIE | HISTOIRE GÉNÉRALE |
|---|---|

1932

**1932** • *Le Pluralisme cohérent de la chimie moderne* de Bachelard ; *Les Deux Sources de la morale et de la religion* de Bergson. • *La Révolution permanente* de Trotski.

**1932** • France : assassinat de Doumer ; Lebrun, président. • Conférence de Lausanne : abandon des réparations allemandes. • Élections en Allemagne : prépondérance du parti nazi. • Portugal : Salazar, président du Conseil. • Guerre du Chaco entre la Bolivie et le Paraguay (jusqu'en 1935). • Ibn Séoud fonde le royaume d'Arabie Saoudite. • Indépendance de l'Irak, sous contrôle britannique. • Création par les Japonais de l'État fantoche du Mandchoukouo à la tête duquel est placé Puyi, le dernier empereur de Chine.

**1933** • Le nazisme prône l'extermination des juifs ; il s'attaque à certains intellectuels (Husserl) mais reçoit le soutien de quelques autres, tel Heidegger. • *La Psychologie de masse du fascisme* de Wilhelm Reich ; *Le Langage* de Bloomfield.

**1933** • Allemagne : Hitler, chancelier, proclame le parti nazi unique ; programme d'« épuration raciale » ; création de la Gestapo ; ouverture du premier « camp de concentration » à Dachau ; incendie du Reichstag (dissolution du parti communiste). • Salazar fonde le « Nouvel État » portugais, régime autoritaire et conservateur. • Le Japon et l'Allemagne quittent la SDN. • États-Unis : Roosevelt, 32e président ; début du New Deal ; le dollar est dévalué. • URSS : grande famine (10 millions de morts). • Première dictature de Batista à Cuba (jusqu'en 1944).

**1934** • *Le Nouvel Esprit scientifique* de Bachelard. • *Syntaxe logique du langage* de Carnap.

**1934** • France : scandale Stavisky et manifestations des 6 et 9 février ; assassinat, à Marseille, d'Alexandre de Yougoslavie et de Barthou. • Allemagne : « Nuit des longs couteaux » (élimination des S.A.) ; assassinat du chancelier Dollfuss par les nazis ; Hitler devient le *Führer*. • URSS : assassinat de Kirov (début des purges). • Tunisie : création du Néo-Destour. • Chine : début de la Longue Marche, conduite par Mao Zedong. • Philippines : indépendance sous tutelle (statut de commonwealth).

**1935** • *La Logique de la découverte scientifique* de Karl Popper. • *Origine de la formation des noms en indo-européen* de Benveniste.

**1935** • Allemagne : les juifs perdent la nationalité allemande (lois de Nuremberg) ; rattachement de la Sarre au Reich. • Conférence de Stresa : l'Italie, la France et le Royaume-Uni s'allient pour lutter contre les violations du traité de Versailles perpétrées par Hitler. • L'Italie attaque l'Éthiopie. • URSS : mouvement stakhanoviste. • La Perse s'appelle désormais l'Iran.

**1936** • *Théorie générale de l'emploi, de l'intérêt et de la monnaie* de Keynes. • *La Crise des sciences européennes et la phénoménologie transcendantale*, testament philosophique de Husserl. • *Problèmes stratégiques de la guerre révolutionnaire en Chine* de Mao Zedong.

**1936** • France : victoire du Front populaire ; gouvernement Blum ; politique contractuelle (accords de Matignon complétés par des lois sociales telles que la semaine de 40 heures et les congés payés). • Espagne : soulèvement nationaliste sous la direction du général Franco, soutenu par l'axe Rome-Berlin. • Royaume-Uni : accession au trône, puis abdication d'Édouard VIII. • Allemagne : Hitler remilitarise la Rhénanie. • URSS : début des procès, exécution de Kamenev et Zinoviev ; nouvelle Constitution. • Les Italiens s'emparent d'Addis-Abeba. • Proche-Orient : agitation arabe réprimée par les colons sionistes aux côtés de l'armée britannique ; la commission Peel (dépêchée par le gouvernement britannique) propose un projet de partition de la Palestine entre Juifs et Arabes. • Égypte : avènement de Farouk Ier.

**1937** • *La Révolution trahie* de Trotski ; *Matérialisme dialectique et matérialisme historique* de Staline. • *De la pratique* et *De la contradiction* de Mao Zedong. • *Psychanalyse du feu* de Bachelard.

**1937** • France : difficultés économiques et troubles sociaux ; démission du gouvernement Blum. • L'Italie quitte la SDN. • Royaume-Uni : Chamberlain, Premier ministre. • Espagne : prise de Bilbao par les armées franquistes. • URSS : année noire des purges staliniennes. • Maroc : fondation de l'Istiqlāl (parti nationaliste). • Début de la guerre du Japon contre la Chine (« viol de Nankin »).

Front populaire : les congés payés

1937

## SCIENCES – TECHNIQUES

**1932** • Découverte de la structure de la vitamine C. • Découverte du rayonnement radioélectrique de la Voie lactée : naissance de la radioastronomie. Découverte du positon dans les rayons cosmiques par Carl Anderson. • Marconi réalise le premier radiotéléphone. • Découverte du neutron (Chadwick), du positon (Anderson). • *Fondements mathématiques de la mécanique quantique* de von Neumann.

**1933** • Construction du premier microscope électronique (Ruska). • Travaux de Cartan sur les espaces métriques.

**1934** • Les Joliot-Curie découvrent la radioactivité artificielle. • Théorie de la désintégration bêta du noyau atomique par Fermi. • *Les Origines du caractère chez l'enfant* de H. Wallon. • Le magnétophone mis au point par la firme BASF.

**1935** • Première intervention chirurgicale sur le cerveau humain. • Les sismologues Gutenberg et Richter mettent au point l'échelle dite de Richter. • Stanley isole le virus de la mosaïque du tabac. • Travaux de Landau sur le ferromagnétisme. • Théorie des forces nucléaires (formulée par le Japonais Yukawa). • Invention du radar par Watson-Watt.

**1936** • Isolement de la cortisone. • Début de la télévision radiodiffusée pour le grand public. • Lallemand invente la caméra électronique. • Découverte du méson par Anderson. • Théorème de limitation de Church, sémantique de Tarski (logique).

**1937** • Découverte des propriétés anti-infectieuses des sulfamides. • Projection du premier film en couleurs. • Création, à Paris, du palais de la Découverte par Jean Perrin. • Explosion du dirigeable *Hindenburg*. • Essai, au Royaume-Uni, d'un avion propulsé par turboréacteur. • Invention du nylon par Carothers.

## LITTÉRATURES

**1932** • *Les Vases communicants* de Breton ; *Voyage au bout de la nuit*, premier roman de Céline ; *Le Nœud de vipères* de Mauriac ; *Les Hommes de bonne volonté* de Jules Romains (jusqu'en 1946). • *Le Meilleur des mondes*, roman de Huxley, modèle de la littérature critique d'anticipation.

**1933** • *La Chatte, roman* de Colette ; *La Condition humaine* de Malraux. • *Noces de sang* de García Lorca. • Fuite d'une partie des écrivains allemands devant le régime nazi. • *Le Bois de bouleaux*, roman de J. Iwaszkiewicz.

**1934** • *Contes du chat perché* de Marcel Aymé ; *Le Marteau sans maître* de René Char ; *Clochemerle* de Gabriel Chevallier ; *Les Célibataires* de Montherlant. • *Le Crime de l'Orient-Express* d'Agatha Christie. • *Tropique du Cancer* de Henry Miller. • Premier Congrès des écrivains soviétiques qui définit le « réalisme socialiste ».

**1935** • *Que ma joie demeure* de Giono ; *La guerre de Troie n'aura pas lieu* de Giraudoux ; André Breton dénonce le stalinisme : *Du temps que les surréalistes avaient raison*. • *Meurtre dans la cathédrale* de T.S. Eliot. • *Pays de neige*, de Kawabata Yasunari (remanié en 1948) : l'équilibre entre la tradition littéraire japonaise et les recherches occidentales.

**1936** • *Les Beaux Quartiers* d'Aragon ; *Journal d'un curé de campagne* de Bernanos ; *Mort à crédit* de Céline ; *Retour de l'URSS* de Gide. • García Lorca est fusillé par les franquistes. • *Autant en emporte le vent* de Margaret Mitchell : best-seller mondial.

**1937** • *Le Voyageur sans bagage* d'Anouilh ; *Électre* de Giraudoux ; *L'Espoir* de Malraux, évocation des débuts de la guerre civile espagnole. • Publication posthume de *Cosima* de Grazia Deledda. • *Des souris et des hommes* de Steinbeck. • *L'Orage*, drame de Cao Yu. • *La Ferme africaine* de Karen Blixen.

*La Grande Illusion* de Jean Renoir ▸

## ARTS – MUSIQUE

**1932** • Matisse illustre les *Poésies* de Mallarmé ; le Bauhaus s'installe à Berlin ; premiers mobiles de Calder. • *Concerto pour la main gauche* de Ravel.

**1933** • *Le Grand Nu au miroir*, tableau de Bonnard. • Devant la montée du nazisme, Schoenberg et Kurt Weill s'exilent aux États-Unis. • *Le Testament du Dr Mabuse*, film de F. Lang ; *Zéro de conduite*, film de Jean Vigo, séquelle du surréalisme (censuré jusqu'en 1945).

**1934** • *L'Atalante*, film de Vigo. • *Flash Gordon* « Guy l'Éclair », bande dessinée d'Alex Raymond.

**1935** • Concerto pour violon *À la mémoire d'un ange* de Berg ; *Porgy and Bess*, opéra de Gershwin. • *La Kermesse héroïque*, film de J. Feyder ; *Les 39 Marches* de Hitchcock ; *Une nuit à l'Opéra* des Marx Brothers.

**1936** • *Prémonition de la guerre civile*, tableau de Dalí ; série de gravures sur la tauromachie par Picasso. • *Pierre et le Loup* de Prokofiev. • Fondation de la Cinémathèque française par Georges Franju et Henri Langlois ; *Le Crime de M. Lange*, film de Renoir ; *Les Temps modernes* de Chaplin, qui refuse le cinéma parlant.

**1937** • À l'Exposition universelle de Paris, *La Fée électricité*, fresque de Dufy, le palais de Chaillot et le palais de Tokyo ; exposition internationale du surréalisme à Paris ; *Guernica*, tableau de Picasso qui dénonce les horreurs de la guerre civile espagnole. • *Carmina Burana*, cantate de Carl Orff ; création (posthume) à Zurich de *Lulu* de Berg : le premier grand opéra sériel ; *Mikrokosmos*, 153 pièces pour piano, et *Sonate pour deux pianos et percussion* de Bartók. • *Drôle de drame*, film de Carné et Prévert ; *La Grande Illusion* de Renoir ; *Blanche-Neige et les sept nains* de Walt Disney.

| RELIGION – PHILOSOPHIE | HISTOIRE GÉNÉRALE |
|---|---|
| **1938** • *Introduction à la philosophie de l'histoire* de Raymond Aron ; *La Formation de l'esprit scientifique* de Bachelard. • *Philosophie de l'existence* de Jaspers. • *Abrégé de psychanalyse* de Freud. • *L'Histoire comme pensée et action* de Croce. • Lois antisémites en Italie. | **1938** • France : fin du Front populaire. • Allemagne : Hitler commande la Wehrmacht. • Rattachement de l'Autriche (Anschluss) et du pays des Sudètes (en Tchécoslovaquie) à l'Allemagne ; accords de Munich par lesquels l'Angleterre et la France cèdent aux revendications de Hitler ; pogroms de la « Nuit de cristal ». • Espagne : Franco, chef de l'État. • Turquie : mort de Mustafa Kemal. • URSS : exécution de Iagoda, Rykov et Boukharine. • Gouvernement de front populaire au Chili. |
| **1939** • *L'Homme et le Sacré* de Roger Caillois ; *Mythes et dieux des Germains* de Dumézil. • *Moïse et le Monothéisme* de Freud (posth.). • *Principes de phonologie* de Troubetskoï (posth.). • Élection du pape Pie XII. | **1939** • La Terre compte 2,3 milliards d'habitants. • Le Royaume-Uni publie un Livre blanc qui prévoit l'établissement d'un État palestinien indépendant, dans lequel Arabes et Juifs se partageraient le pouvoir. • Hitler met la main sur la Tchécoslovaquie ; satellisation de la Slovaquie ; invasion de l'Albanie par l'Italie ; pacte de non-agression germano-soviétique ; déclaration de guerre de la Grande-Bretagne et de la France à l'Allemagne : début de la Deuxième Guerre mondiale ; l'Italie se proclame en état de « non-belligérance » ; capitulation de la Pologne ; armée française en Sarre ; France : la « drôle de guerre » ; le cuirassé allemand *Admiral Graf von Spee* se saborde en rade de Montevideo • Fin de la guerre civile en Espagne : Franco prend Barcelone et Madrid. |
| **1940** • En Inde, la Ligue musulmane demande la création d'un État séparé, le Pakistan. • *Philosophie du non* de Bachelard. • *Signification et Vérité* de Russell. • Suicide de Walter Benjamin. • Jean Piaget professeur de sociologie à l'université de Genève, puis professeur de psychologie expérimentale : développement de l'école de psychologie génétique. | **1940** • « Protectorat » russe sur les États baltes (avant de les occuper en juin) ; invasion allemande du Danemark et de la Norvège ; échec de l'expédition franco-britannique ; Churchill, Premier ministre ; offensive allemande dans les Ardennes ; capitulation des Pays-Bas puis de la Belgique ; exode : les Français sur les routes ; gouvernement de Pétain ; armistice de Rethondes ; l'Alsace-Lorraine annexée par l'Allemagne ; la France séparée en deux ; appel du 18 juin ; bataille d'Angleterre ; guerre méditerranéenne. • Assassinat de Trotski au Mexique. |
| **1941** • De nombreux savants et intellectuels européens émigrent aux États-Unis. • *L'Eau et les Rêves* de Bachelard ; *L'Évolution psychologique de l'enfant* de Wallon ; *Jupiter, Mars, Quirinus* de Dumézil. • *Langage enfantin et aphasie* de Jakobson. | **1941** • Mussolini en difficulté en Méditerranée ; aide de Hitler : Rommel en Libye ; occupation de la Yougoslavie et de la Grèce par les Allemands ; mainmise britannique sur la Syrie et le Liban ; invasion de l'URSS par Hitler ; attaque japonaise contre les forces américaines à Pearl Harbor. • Occupation de l'Iran par les Alliés : Rizā Chāh abdique en faveur de son fils Muḥammad Rizā. • Hõ Chí Minh fonde le Viêt-minh, pour la libération du Viêtnam. |
| **1942** • *Le Mythe de Sisyphe* de Camus. | **1942** • Tournant de la guerre : débarquement allié au Maroc et en Algérie, fin de l'offensive allemande en Afrique du Nord ; attaque allemande à Stalingrad ; échec de l'Axe à El-Alamein ; débarquement américain à Guadalcanal ; défaite japonaise à Midway ; début des bombardements alliés intensifs sur l'Allemagne. • Occupation de la zone libre française. • Inde : Gandhi lance aux Anglais le mot d'ordre « Quit India » (Quittez l'Inde) ; émeutes sanglantes. |
| **1943** • *L'Expérience intérieure* de Georges Bataille ; *L'Être et le Néant* de Sartre ; *Histoire sainte* de Daniel-Rops. • *Prolégomènes à une théorie du langage* de Hjelmslev ; *L'Air et les Songes* de Bachelard. | **1943** • Débarquement allié en Sicile ; arrestation de Mussolini ; dissolution du parti fasciste. • Capitulation des Allemands à Stalingrad et recul progressif de leurs troupes du territoire russe. • Début de l'insurrection du ghetto de Varsovie. • De Gaulle à Alger. • L'Italie déclare la guerre à l'Allemagne. • Conférence de Téhéran entre Staline, Roosevelt et Churchill. • Dissolution par Staline de la III^e^ Internationale. • Constitution du Comité français de libération nationale. |
| **1944** • *Psychologie et Alchimie* de Jung. | **1944** • Le Comité français de libération nationale prend le nom de Gouvernement provisoire de la République française, présidé par le général de Gaulle. Conférence monétaire de Bretton Woods. Percée des Soviétiques en Pologne et des Anglo-Américains en Italie. Débarquement allié en Normandie (6 juin) et en Provence (15 août). Août : libération de Paris. • Progression de MacArthur et de Nimitz dans le Pacifique : batailles des Mariannes et de Leyte. • France : les femmes obtiennent le droit de vote. |

Le débarquement en Normandie (6 juin 1944)

## SCIENCES – TECHNIQUES

**1938** • Premier stylo à bille (Biro). • Première traversée commerciale de l'Atlantique Nord en avion. • Découverte de la fission nucléaire par Otto Hahn. • Cycle de Bethe (réactions nucléaires produisant l'énergie dans les étoiles).

**1939** • En France, fondation du CNRS, Centre national de la recherche scientifique. • Invention de l'insecticide DDT par Müller. • Prototype du premier ordinateur aux États-Unis par Atanasoff et Berry. • Début de la publication des *Éléments de mathématique* de Bourbaki. • *La Nature de la liaison chimique* de Pauling.

**1940** • Landsteiner isole le facteur Rhésus. • États-Unis : premier système expérimental de télévision en couleurs. • Hélicoptère VS-300 de Sikorsky.

**1941** • Mise au point de l'emploi thérapeutique de la pénicilline, essor des antibiotiques. • Théorie de la superfluidité de l'hélium (Landau).

**1942** • Machine à récolter le coton. • Fermi et son équipe réalisent la première réaction en chaîne contrôlée : première pile atomique. • Premier prototype de la fusée allemande V2 (von Braun). • Utilisation du DDT par l'armée américaine.

**1943** • États-Unis : les scientifiques s'engagent dans la guerre (programme Manhattan) : construction du centre de recherche atomique de Los Alamos, dirigé par Oppenheimer. • Fabrication industrielle des silicones.

**1944** • Mise au point du sérum antityphoïde. • Structure de l'ADN précisée par trois chercheurs américains (Avery, MacLeod, McCarty). • *Qu'est-ce que la vie ?* de Schrödinger.

## LITTÉRATURES

**1938** • *Le Théâtre et son double*, essai d'Antonin Artaud, base de la réflexion moderne sur la mise en scène ; *Les Grands Cimetières sous la lune*, pamphlet antifranquiste de Bernanos ; *Les Parents terribles* de Cocteau ; *Plume*, recueil de Michaux ; *La Nausée*, roman de Sartre : l'existentialisme en littérature.

**1939** • Le *Journal* d'André Gide (1889-1930) ; *Ondine* de Giraudoux ; *Tropismes*, récit de Nathalie Sarraute qui annonce le « nouveau roman » ; *L'Âge d'homme*, premier volume autobiographique de Michel Leiris (écrit entre 1930 et 1935) ; *Terre des hommes* de Saint-Exupéry. • *Finnegans Wake* de Joyce : aboutissement de son travail sur le langage. • *Les Raisins de la colère*, roman de Steinbeck : la crise économique des années 30 aux États-Unis.

**1940** • *Le Désert des Tartares*, roman de Dino Buzzati. • *La Puissance et la Gloire*, roman de Graham Greene. • *Le Zéro et l'infini*, roman en anglais d'Arthur Koestler, évocation des procès de Moscou. • *Le Maître et Marguerite* de Boulgakov.

**1941** • Le groupe surréaliste à New York. • Publication des œuvres complètes de Ramuz. • *Premier de cordée* de Frison-Roche.

**1942** • *Les Yeux d'Elsa* d'Aragon ; *L'Étranger*, roman de Camus : la philosophie de l'absurde ; *Le Parti pris des choses*, poèmes en prose de Francis Ponge ; *Exil* de Saint-John Perse ; *Le Silence de la mer* de Vercors, paru clandestinement. • *La Famille de Pascual Duarte*, roman de Camilo José Cela.

**1943** • *L'Invitée* de Simone de Beauvoir ; *Le Petit Prince* de Saint-Exupéry ; *Les Mouches* de Sartre. • *Corps et Âmes* de Van der Meersch.

**1944** • *Les Amitiés particulières* de Roger Peyrefitte ; *Huis clos* de Sartre. • *Le Fil du rasoir* de Somerset Maugham. • Représentation d'*Antigone* d'Anouilh.

## ARTS – MUSIQUE

**1938** • Musique de Prokofiev pour le film d'Eisenstein : *Alexandre Nevski* ; le dodécaphonisme condamné et interdit par les nazis. • *L'Air*, monument à Mermoz, sculpture de Maillol. • *Nobilissima visione*, ballet de Hindemith. • *Quai des Brumes* et *Hôtel du Nord*, films de Carné et Prévert ; *La Bête humaine* de Renoir ; *Une femme disparaît* de Hitchcock.

**1939** • Stravinski et Hindemith s'exilent aux États-Unis. • *Le jour se lève, film* de Carné ; *Espoir* de Malraux ; *La Règle du jeu* de Renoir, prémonitoire de la guerre ; *Autant en emporte le vent* de V. Fleming ; *La Chevauchée fantastique* de John Ford.

**1940** • Bartók s'exile définitivement aux États-Unis. • *Le Dictateur*, le premier film parlant de Chaplin ; *Le Juif Süss* de Harlan : le cinéma allemand au service du nazisme ; *Les Raisins de la colère* de John Ford ; *Pinocchio* et *Fantasia*, films de Walt Disney.

**1941** • *Symphonie en mi majeur* de Hindemith. • *Le Faucon maltais*, film de Huston ; *Citizen Kane* d'Orson Welles : une révolution esthétique dans le cinéma.

**1942** • Messiaen, professeur d'harmonie au Conservatoire de Paris : ses élèves, sous l'impulsion de Boulez, redécouvrent Webern. • *Les Visiteurs du soir, film* de Carné ; *Casablanca* de Michael Curtiz ; *To Be or Not to Be*, comédie antinazie de Lubitsch.

**1943** • *Broadway Boogie-Woogie*, tableau abstrait géométrique de Mondrian. • Création à Paris de l'Idhec (Institut des hautes études cinématographiques) ; *Le Corbeau*, film de H.-G. Clouzot.

**1944** • Lecture publique du *Désir attrapé par la queue*, de Picasso (avec notamment Lacan, Sartre, Camus, Leiris et Queneau). • *Technique de mon langage musical* de Messiaen. • *Henry V*, film de Laurence Olivier.

1945

## RELIGION – PHILOSOPHIE

**1945** • *Phénoménologie de la perception* de Merleau-Ponty. • *La Société ouverte et ses ennemis* de Popper. • *The Psychological Frontiers of Society* de Kardiner et R. Linton. • Au Japon, la défaite militaire entraîne le rejet solennel et définitif de la divinité de l'empereur ; développement des « nouvelles religions ».

**1946** • *L'existentialisme est un humanisme* de Sartre ; vogue de l'existentialisme dans le Paris de l'après-guerre.

◂ *Jour de fête* de Tati

**1947** • *Lettre sur l'humanisme* : Heidegger se démarque de l'existentialisme français. • *Éclipse de la raison* de Horkheimer. • *La Dialectique de la raison* d'Adorno et Horkheimer. • *Sur la logique et la théorie de la science* de Cavaillès (posth.). • *La Pesanteur et la Grâce* de Simone Weil (posth.).

**1948** • *Introduction à la sémantique* de Carnap. • Création du Conseil œcuménique des Églises. • Israël : débat constitutionnel lié à l'aspect religieux de l'identité juive (le clergé rabbinique est chargé de l'état civil). • Premier rapport Kinsey sur la sexualité : *Le Comportement sexuel de l'homme*.

**1949** • *La Part maudite* de G. Bataille ; *Le Personnalisme* de Mounier ; *Structures élémentaires de la parenté* de Lévi-Strauss, texte fondateur de l'anthropologie structurale ; *La Méditerranée et le Monde méditerranéen à l'époque de Philippe II* de Braudel. • *Philosophie de la nouvelle musique* d'Adorno. • Hongrie : procès du cardinal Mindszenty opposé au gouvernement communiste. • *De la dictature démocratique populaire* de Mao Zedong.

## HISTOIRE GÉNÉRALE

**1945** • Libération d'Auschwitz par l'Armée rouge ; conférence de Yalta entre Churchill, Roosevelt et Staline ; bombardements alliés sur Dresde ; bombardement américain sur Tōkyō ; mort de Roosevelt, Truman, président ; jonction soviéto-américaine sur l'Elbe ; exécution de Mussolini et suicide de Hitler ; signature de la capitulation allemande, l'Allemagne est divisée en quatre zones d'occupation ; conférence de San Francisco qui crée l'Organisation des Nations unies (ONU) ; conférence de Potsdam ; Churchill battu aux élections ; bombes atomiques sur Hiroshima et Nagasaki ; capitulation japonaise ; ouverture du procès de Nuremberg. • Constitution de la Ligue arabe. • Hõ Chí Minh proclame l'indépendance du Viêtnam. • Reprise de Singapour aux Japonais. • Sukarno, rentré d'exil, proclame la République indonésienne à Djakarta.

**1946** • France : de Gaulle démissionne du gouvernement provisoire ; constitution de la IVe République. • Fin du procès de Nuremberg. • Conférence de Paris pour la préparation des traités de paix. • Fondation de l'Unesco. • Début de la guerre d'Indochine. • Italie : proclamation de la république. • Première expérience atomique américaine sur l'atoll de Bikini. • Grèce : guerre civile (jusqu'en 1949). • La loi sur la citoyenneté canadienne prévoit l'octroi d'une citoyenneté canadienne commune à tous les Canadiens, qu'ils soient nés ou non au Canada. • Argentine : Perón, président de la République. • Indépendance formelle des Philippines, qui restent sous l'influence des États-Unis. • Chine : reprise des combats entre nationalistes et communistes. • L'île de la Réunion devient département français d'outre-mer ; la Nouvelle-Calédonie et Tahiti deviennent territoires français d'outre-mer.

**1947** • France : Auriol, président ; application du plan Marshall ; grèves après l'expulsion des ministres communistes ; création du RPF par de Gaulle ; scission CGT/FO. Traités de Paris. • Début de la guerre entre les Pays-Bas et l'Indonésie. • La doctrine Truman consacre le rôle de leader mondial que veulent jouer les États-Unis. • Accord du Gatt sur les tarifs douaniers. • Staline impose le régime communiste en Europe centrale ; début de la « guerre froide ». • L'ONU demande le partage de la Palestine en deux États indépendants, arabe et juif, et l'internationalisation de Jérusalem. • Scission de l'empire britannique des Indes en deux États indépendants : l'Inde à majorité hindoue et le Pakistan musulman. • Les îles de Micronésie, zones stratégiques, sont placées sous la tutelle des États-Unis.

**1948** • Déclaration universelle des droits de l'homme ; création de l'Organisation mondiale de la santé (OMS). • Entrée en vigueur du plan Marshall et du Gatt. • Création du Benelux. • Blocus de Berlin ; paroxysme de la guerre froide. • Mise en place de l'apartheid en Afrique du Sud. • Proclamation de l'indépendance d'Israël et première guerre israélo-arabe ; émigration des Palestiniens dans des camps de réfugiés. • Tchécoslovaquie : « Coup de Prague » imposant un gouvernement communiste. • Yougoslavie : rupture Staline-Tito. • Indépendance de la Birmanie. • Inde : assassinat de Gandhi.

**1949** • France : fin du rationnement. • Allemagne : levée du Blocus de Berlin, fondation de la RFA (Adenauer en est le premier chancelier) et de la RDA. • Création du Conseil d'assistance économique mutuelle (Comecom) entre les pays socialistes d'Europe orientale. • Création de l'Organisation du traité de l'Atlantique Nord (Otan) et du Conseil de l'Europe. • Terre-Neuve est la 10e province à entrer dans la Confédération du Canada. • Chine : proclamation de la République populaire par Mao Zedong ; Jiang Jieshi, vaincu par les communistes chinois, se retire à Taiwan. • Armistice, conclu entre Israël et la Jordanie, qui partage la ville de Jérusalem. • Accès à l'indépendance de la république d'Irlande, du Cambodge (partiellement) et de l'Indonésie.

1949

## SCIENCES – TECHNIQUES

**1945** • Emploi de l'arme atomique par les États-Unis au Japon. • L'emploi de la transmission radio en modulation de fréquence se généralise. • Découverte de la résonance magnétique nucléaire (RMN). • Invention de la photocomposition.

**1946** • Synthèse de la cortisone par Kendall et Reichstein : progrès de l'endocrinologie. • Mise au point de la datation par le carbone 14 par l'Américain Libby. • Les Américains Mauchly et Eckert inventent l'ENIAC, le premier ordinateur électronique réellement fonctionnel : début de la première génération d'ordinateurs. • Sortie de la 4 CV Renault.

**1947** • Découverte des manuscrits de la mer Morte. • Premier vol supersonique. • Développement de l'industrie du disque grâce au microsillon. • L'Anglais Kenneth Wood invente le robot ménager « Kenwood Chef ».

**1948** • Invention du transistor par l'Américain Bardeen, avec Brattain et Shockley. • Vulgarisation des fibres acryliques ; premier aérosol. • Emploi thérapeutique de la cortisone. • Appareil photo « polaroïd » à développement instantané ; premières images cinématographiques d'éruptions solaires. • L'OMS fait procéder à des pulvérisations massives de DDT sur les zones de malaria. • Homéostat d'Ashby : la cybernétique entre dans l'univers technique. • Théorie du big bang défendue notamment par l'Américain Gamow. • Premières explorations sous-marines du bathyscaphe de Piccard. • Télescope de Hale. • Principe de l'holographie par Gabor.

**1949** • Invention du « système 3D », précurseur de la stéréophonie ; mise au point de la télévision par câble ; création de la Radiodiffusion-télévision française (RTF) ; coulée continue de l'acier. • Royaume-Uni : le Comet, premier avion de ligne à réaction. • Électrodynamique quantique (Feynman). • L'URSS met au point sa bombe atomique.

## LITTÉRATURES

**1945** • Premier numéro des *Temps modernes*, revue dirigée par Sartre, Aron et Merleau-Ponty. • Marcel Duhamel crée la Série noire ; *Le Survenant*, roman de Germaine Guèvremont ; *Paroles*, recueil poétique de Prévert. • *Le Cercle de craie caucasien* de Brecht : le théâtre de la « distanciation ». • *Chants d'ombre*, poèmes de Senghor.

**1946** • Premier numéro de *Critique*, revue dirigée par Georges Bataille ; *L'Aigle à deux têtes* de Cocteau ; *Malatesta* de Montherlant ; *Paroles* de Prévert. • *Morts et Entrées* de Dylan Thomas. • *Monsieur le Président*, roman satirique de Miguel Ángel Asturias. • *Fine neige* de Tanizaki Junichirō.

**1947** • *La Peste* de Camus ; *Les Bonnes*, pièce de Genet ; Gide, prix Nobel ; *Apoèmes* de Pichette ; *Exercices de style* de Queneau ; *L'Écume des jours*, roman de Boris Vian. • *Docteur Faustus* de Thomas Mann. • *Un tramway nommé Désir* de Tennessee Williams, prix Pulitzer. • *Le Maître de Santiago* de Montherlant.

**1948** • *Vipère au poing*, roman d'Hervé Bazin ; *L'Arrêt de mort*, récit de Maurice Blanchot : expérience limite de l'écriture ; *Bourlinguer*, recueil de Blaise Cendrars ; *Les Mains sales*, pièce de Sartre : la littérature engagée. • *Soleil cou coupé* d'Aimé Césaire, à l'origine du concept de « négritude ». • *1984*, roman d'anticipation politique d'Orwell. • *Les Nus et les Morts* de Norman Mailer.

**1949** • *La Tête contre les murs* de H. Bazin ; *Le Deuxième Sexe* de Simone de Beauvoir : la bible du féminisme ; *Dialogues des carmélites* de Bernanos (posth.) ; *Les Justes*, pièce de Camus, qui fait pendant aux *Mains sales* de Sartre. • *Précis de décomposition*, essai en français de Cioran, d'inspiration nihiliste. • *La Peau* de Malaparte. • *Mort d'un commis-voyageur* d'Arthur Miller. • *L'Aleph*, recueil de nouvelles de Borges.

## ARTS – MUSIQUE

**1945** • Exposition des *Otages* de Jean Fautrier. • L'opéra *Peter Grimes* à Londres : le premier succès de Britten. • *Les Dames du bois de Boulogne*, film de Robert Bresson ; *Les Enfants du Paradis* de Carné ; *Rome, ville ouverte* de Rossellini : le début du néoréalisme italien ; *Ivan le Terrible*, film d'Eisenstein ; *Brève rencontre* de David Lean.

**1946** • Le pôle de la création artistique se déplace de l'Europe vers les États-Unis : *drippings* de Pollock. • Début de la reconstruction du Havre par Perret. • Projet du musée Guggenheim à New York par Wright. • Premier festival de Cannes ; *La Belle et la Bête* de René Clément et Jean Cocteau ; *La Bataille du rail* de Clément ; *Le Grand Sommeil* de Howard Hawks ; *Gilda* de Charles Vidor. • Apparition du microsillon aux États-Unis.

**1946-1948** • *Seize sonates* et *Quatre interludes* pour piano préparé de John Cage.

**1947** • Début de l'art brut en France (Dubuffet) ; *L'Homme en marche*, sculpture de Giacometti. • Le jdanovisme est imposé à l'art soviétique. • Création du festival d'Avignon par Jean Vilar. • *Le Diable au corps* de Claude Autant-Lara ; *Quai des Orfèvres* de Clouzot. • Fondation de l'agence de photographies Magnum, par Capa, Cartier-Bresson, Rodger et Seymour.

**1948** • *Les Loisirs, Hommage à David*, tableau de Fernand Léger. • *Turangalîlâ-Symphonie* de Messiaen ; les premières œuvres de musique concrète (à partir de sons réels enregistrés) par Pierre Schaeffer et Pierre Henry. • *Louisiana Story* de Flaherty : *Le Trésor de la Sierra Madre* de Huston ; *Le Voleur de bicyclette*, film néoréaliste de Vittorio De Sica ; *Macbeth* de Welles ; *Allemagne année zéro* de Rossellini ; *La Dame de Shanghaï* d'Orson Welles.

**1949** • Première exposition internationale Cobra à Amsterdam. • *Le Troisième Homme*, film de Carol Reed écrit par Graham Greene ; *Jour de fête* de Jacques Tati. • Fondation du Berliner Ensemble de Bertolt Brecht. • *L'Hymne à l'amour* de Piaf.

| RELIGION – PHILOSOPHIE | HISTOIRE GÉNÉRALE |
|---|---|

1950

**1950** • *Où va le travail humain ?* de Georges Friedmann. • *Psychanalyse et Anthropologie* de Róheim. • *À propos du marxisme en linguistique*, texte polémique de Staline paru dans la *Pravda*.

**1950** • France : création des HLM et du SMIG. • États-Unis : début du maccarthysme et de la « chasse aux sorcières ». • Inde : la Constitution de l'Union indienne est promulguée. • Début de la guerre de Corée, intervention de l'ONU et de volontaires chinois. • La Knesset proclame Jérusalem capitale d'Israël tandis que l'ONU demande son internationalisation et la protection des Lieux saints. • La Chine prend possession du Tibet. • Début de la guerre de Corée entre le Nord et le Sud.

**1951** • *L'Activité rationaliste de la physique contemporaine* de Bachelard ; *L'Homme révolté* de Camus. • *Théorie du champ dans la science sociale* de Kurt Lewin.

**1951** • Royaume-Uni : Churchill, Premier ministre. • Belgique : abdication de Léopold III ; avènement de Baudouin. • Création de la Communauté européenne du charbon et de l'acier (Ceca). • Traité américano-japonais de San Francisco. • Nationalisation du pétrole iranien : ministère Mossadegh. • Indépendance de la Libye. • L'Angola devient une « province d'outre-mer » du Portugal. • Ouverture de négociations en Corée et intervention de l'ONU.

**1952** • *Race et histoire* de Lévi-Strauss. • *Structure et fonction dans la société primitive* de Radcliffe-Brown.

**1952** • Élisabeth II, reine de Grande-Bretagne. • Troubles au Maroc et en Tunisie contre la France. • Égypte : Farouk Ier est renversé par Nasser. • Dictature de Batista à Cuba après son coup d'État. • Malcolm X rejoint les Black Muslims. • Kenya : révolte des Mau-Mau contre les Britanniques.

Mao Zedong, place Tianan men à Pékin

**1953** • *Investigations philosophiques* de Wittgenstein (posth.). • Pologne : mise en résidence surveillée de Mgr Wyszyński. • Campagne antisémite en URSS (complot dit des « blouses blanches », monté par la police stalinienne). • Deuxième rapport Kinsey : *Le Comportement sexuel de la femme.*

**1953** • France : rupture entre de Gaulle et le RPF. • Intervention soviétique à Berlin-Est. • États-Unis : Eisenhower, 34e président ; exécution des Rosenberg ; Chaplin indésirable. • Cuba : début du mouvement révolutionnaire, dirigé par Castro, contre Batista. • URSS : mort de Staline ; Khrouchtchev, secrétaire général du Parti. • Déposition du sultan du Maroc. • Iran : rétablissement du pouvoir du chah aidé par la CIA après l'épisode Mossadegh. • Fin de la guerre de Corée : le pays est dévasté ; une zone démilitarisée coupe le pays en deux. • Indépendance du Laos.

**1954** • Sacre du premier évêque birman. • Fondation de la secte Moon. • Le Vatican condamne l'expérience des prêtres-ouvriers.

**1954** • France : ministère Mendès France ; campagne de l'abbé Pierre pour les sans-logis. • Adhésion de la RFA à l'Otan. • Création de l'Union de l'Europe occidentale (UEO) ayant pour but de renforcer la paix et la sécurité entre les signataires. • Autonomie accordée par la France à la Tunisie. • Début de la guerre en Algérie. • Défaite française à Điện Biên Phủ au Viêtnam ; accords de Genève : fin de la guerre d'Indochine. • Égypte : Nasser prend le pouvoir ; il s'affirme comme le leader du monde arabe. • Fondation de l'Organisation du traité pour la défense de l'Asie du Sud-Est (Otase).

**1955** • *Tristes tropiques* de Lévi-Strauss ; début de la publication (posthume) des œuvres de Teilhard de Chardin. • *Éros et civilisation* de Marcuse.

**1955** • France : chute de Mendès France. • Royaume-Uni : retraite de Churchill. • L'Autriche retrouve son indépendance. • Conférence de Bandung : c'est l'origine du mouvement des pays non alignés. • Pacte de Varsovie : les pays d'Europe de l'Est signent un pacte de défense réciproque ; le pacte de Bagdad lie la Turquie, l'Iran, l'Irak et le Pakistan aux États-Unis. • Fin du protectorat français au Maroc. • Argentine : Perón est renversé par un putsch. • Viêtnam : Bảo Đại déposé, Ngô Đình Diệm proclame une République du Viêtnam dont il est élu président.

1955

## SCIENCES – TECHNIQUES

**v. 1950** • Développement des forages pétroliers en mer. • Apparition des fibres de polyester. • Développement de la psychopharmacologie.

**1950** • Méthode de pompage optique de Kastler qui permettra la technique du laser.

**1951** • Premières émissions publiques de télévision en couleurs ; invention du cinérama. • Nouvelles variétés hybrides de maïs. • Bombard traverse l'Atlantique en solitaire. • États-Unis : mise en service de la première centrale nucléaire ; premier magnétoscope.

**1952** • États-Unis : fabrication de la bombe H (bombe à hydrogène). • Fondation du Conseil européen pour la recherche nucléaire (CERN). • Première bombe A britannique. • Premières applications industrielles du titane. • Invention du maser par l'Américain Townes.

**1953** • Expérience sur les origines de la vie : simulation de l'atmosphère primitive de la Terre, qui « produit » des composés organiques. • Première ascension de l'Everest. • Premier frein à disque sur une voiture de course (Jaguar). • Invention du stylo Bic. • Découverte de la structure de l'ADN en hélice par Watson et Crick ; essor de la biologie moléculaire et des recherches sur le code génétique. • Bombe H soviétique.

**1954** • Début des liaisons aériennes transatlantiques régulières. • Vaccin antipoliomyélitique de Salk. • Premier sous-marin atomique aux États-Unis : le *Nautilus*. • Invention de la batterie solaire aux États-Unis.

**1955** • Identification des antiprotons par Emilio Segrè. • Première analyse structurale d'une protéine : la myoglobine par Kendrew ; début de la chirurgie à cœur ouvert. • Premier vol de la Caravelle, avion de transport français à réaction. • Mise en exploitation commerciale de la première centrale nucléaire britannique à Calder Hall.

## LITTÉRATURES

**1950** • *Clérambard* de Marcel Aymé ; *La Cantatrice chauve*, comédie de Ionesco. • *Le Torrent*, récit d'Anne Hébert. • *La Terre promise*, recueil d'Ungaretti. • *Chant général* de Pablo Neruda.

**1951** • *Le Rivage des Syrtes*, roman de Julien Gracq (prix Goncourt refusé par l'auteur) ; *Le Sagouin* de Mauriac ; *Mémoires d'Hadrien* de Marguerite Yourcenar. • *Le Conformiste* de Moravia. • *L'Attrape-Cœurs* de Salinger.

**1952** • *Les Enfants du Bon Dieu* de Blondin ; *Les Chaises* de Ionesco ; publication de *Jean Santeuil* de Proust. • *Le Vieil Homme et la Mer*, récit de Hemingway : allégorie de la condition humaine.

Notre-Dame-du-Haut, Ronchamp, Le Corbusier

**1953** • *Fahrenheit 451* de Ray Bradbury. • *Le Degré zéro de l'écriture*, essai de Roland Barthes : naissance de la « nouvelle critique » ; *En attendant Godot*, pièce de Samuel Beckett ; *Du mouvement et de l'immobilité de Douve*, recueil poétique d'Yves Bonnefoy ; *Les Petits Chevaux de Tarquinia* de Duras ; *Les Gommes*, roman de Robbe-Grillet : premier « nouveau roman ». • *Casino Royale* de Ian Fleming : naissance du personnage de James Bond.

**1954** • *Les Mandarins* de Simone de Beauvoir ; *Les Carnets du major Thompson* de Daninos ; *Contre Sainte-Beuve*, essai critique et fragments (posthumes) de Marcel Proust ; *Bonjour tristesse*, premier roman à succès de Françoise Sagan. • *Sa Majesté-des-Mouches*, roman de William Golding. • Début de la parution de *Dégel* d'Ilya Ehrenbourg.

**1955** • *La Chatte sur un toit brûlant* de Tennessee Williams. • *Docteur Jivago* de Boris Pasternak. • *Lolita*, de Nabokov. • Publication du *Seigneur des anneaux* de Tolkien.

## ARTS – MUSIQUE

**1950** • Première sculpture cinétique de Nicolas Schöffer ; *Les Constructeurs*, tableau de Léger. • *Symphonie n° 6* de Prokofiev. • *Los Olvidados*, film de Buñuel ; *Rashōmon* de Kurosawa : la découverte du cinéma japonais en Europe (avec un film négligé au Japon) ; *La Ronde* de Max Ophuls ; *Sunset Boulevard* de Billy Wilder.

**1951** • *Le Christ de saint Jean de la Croix*, tableau de Dalí. Les vitraux de la chapelle du Rosaire, à Vence, par Matisse. • Maria Callas chante pour la première fois à la Scala de Milan (*Les Vêpres siciliennes* de Verdi) ; *The Rake's Progress* de Stravinski : retour à la tradition lyrique de l'opéra. • *Le Journal d'un curé de campagne*, film de Bresson : un art de l'épure.

**1952** • Le Corbusier achève La Cité radieuse à Marseille. • *La Tristesse du roi*, collage de Matisse ; *Les Footballeurs*, tableau de Nicolas de Staël. • *Structures pour deux pianos* de Boulez. • Merce Cunningham forme sa compagnie de danse. • *Casque d'or*, film de Jacques Becker ; *Jeux interdits* de René Clément ; *Chantons sous la pluie* de Stanley Donen, avec Gene Kelly, sommet de la comédie musicale américaine ; *Le train sifflera trois fois* de Fred Zinnemann. • *La Vie de O'haru, femme galante* de Mizoguchi.

**1953** • Peinture murale de Diego Rivera pour la cité universitaire de Mexico. • *Le Passage du Commerce-Saint-André*, tableau de Balthus. • *Kontrapunkte pour dix instruments* de Stockhausen : la musique électronique. • *La Nuit des forains*, film d'Ingmar Bergman ; *Le Salaire de la peur* de Clouzot ; *Contes de la lune vague après la pluie* de Mizoguchi ; *Les Vacances de M. Hulot*, film de Tati ; *Vieilles légendes tchèques*, film d'animation du Tchèque Jiří Trnka ; *Voyage à Tōkyō* de Yasujirō Ozu.

**1954** • Rauschenberg, initiateur du pop art. • *La Strada*, film de Fellini ; *Senso* de Visconti ; *Sur les quais* d'Elia Kazan ; *Les Sept Samouraïs* de Kurosawa ; *L'Intendant Sansho* de Mizoguchi. • *Mort d'un cycliste* de Bardem.

**1955** • Le Corbusier achève la chapelle de Ronchamp et la ville de Chandigarh (Inde). • *La Cène*, tableau de Dalí. • *Le Marteau sans maître* de Boulez, texte de René Char, pour orchestre et voix ; l'Europe découvre l'Opéra de Pékin ; Chuck Berry et Elvis Presley lancent le rock and roll. • *À l'est d'Eden* de Kazan.

1956

## RELIGION – PHILOSOPHIE

**1956** • La question de l'être chez Heidegger. • *Le Sacré et le Profane* de Mircea Eliade. • *De l'expérience théorique de la dictature du prolétariat* de Mao Zedong.

**1957** • *Mythologies* de Barthes ; *L'Érotisme* de Bataille. • *Structures syntaxiques* de Chomsky.

**1958** • *Anthropologie structurale* de Lévi-Strauss. • Développement du structuralisme dans les sciences humaines. • Catholicisme : mort de Pie XII et élection de Jean XXIII.

▲ Kennedy devant une carte montrant l'avancée communiste au Laos

**v. 1960** • Début du mouvement charismatique, aux États-Unis : constitution de communautés de prière fondées sur la croyance à une action prophétique du Saint-Esprit.

**1960** • *Critique de la raison dialectique I* de Sartre ; *Éléments de linguistique générale* d'André Martinet.

**1961** • *Histoire de la folie à l'âge classique* de Michel Foucault. • *Les Damnés de la terre* de Frantz Fanon. • *Totalité et infini* de Levinas. • *Introduction à l'ethnologie* de Kardiner. • *L'Ère de l'opulence* de Galbraith. • Fondation d'Amnesty International.

## HISTOIRE GÉNÉRALE

**1956** • Ministère Mollet et loi-cadre Defferre pour les colonies. • Égypte : crise de Suez : nationalisation du canal et riposte militaire de la France, de la Grande-Bretagne et d'Israël. • URSS : rapport Khrouchtchev dénonçant les méfaits du stalinisme. Insurrection soviétique à Budapest et insurrection en Pologne. • Deuxième guerre israélo-arabe. • Indépendance de la Tunisie, du Maroc et du Soudan. • Chine : campagne des Cent Fleurs (relative libéralisation).

**1957** • France : enlisement des gouvernements de la IVe République dans la guerre d'Algérie. • Traité de Rome : naissance de la Communauté économique européenne (CEE) et d'Euratom. • « Doctrine Eisenhower » : programme d'aide économique destiné à contrecarrer la puissance soviétique. • Tunisie : Bourguiba, président. • Indépendance du Ghana et de la Malaisie. • Haïti : F. Duvalier, président.

**1958** • France : Constitution de la Ve République ; de Gaulle élu président. • Insurrection à Alger ; constitution du GPRA. • Formation de la République arabe unie (union Égypte-Syrie). • Mao Zedong lance le mouvement du « Grand Bond en avant » et les communes populaires. • Madagascar devient République autonome au sein de la Communauté. • Indépendance de la Guinée et dictature de Sékou Touré.

**1959** • De Gaulle propose l'autodétermination de l'Algérie. • Cuba : Fidel Castro prend le pouvoir. • États-Unis : l'Alaska et Hawaii accèdent au rang d'États américains. • Politique de coexistence pacifique de Khrouchtchev. • Création de la fédération du Mali (Mali et Sénégal). • Émeutes au Congo belge. • Insurrection au Tibet : le dalaï-lama s'enfuit en Inde.

**1960** • Inauguration de Brasília, nouvelle capitale du Brésil. • Création de l'Organisation des pays exportateurs de pétrole (Opep). Création de l'Association européenne de libre-échange, l'AELE. • Semaine des barricades à Alger : insurrection des partisans de l'Algérie française ; discours de De Gaulle sur « l'Algérie algérienne ». • Indépendance du Congo belge, du Nigeria, du Cameroun, du Togo, du Dahomey, de la Côte d'Ivoire, du Gabon, du Sénégal, de la Haute-Volta et de Madagascar.

**1961** • Allemagne : construction du mur de Berlin. • États-Unis : John F. Kennedy, 35e président ; nombreux mouvements pour les droits civiques ; renforcement de l'aide américaine au Sud-Viêtnam. • Rupture URSS-Albanie et URSS-Chine ; conflit États-Unis/Cuba (échec du débarquement de la baie des Cochons). • Putsch des généraux à Alger (attentats de l'OAS). • Hassan II, roi du Maroc. • Indépendance de l'Afrique du Sud qui quitte le Commonwealth. • Guerre civile au Congo. • Première conférence des pays non alignés.

1961

## SCIENCES – TECHNIQUES

**1956** • Mise au point de la pilule contraceptive par Pincus ; établissement du nombre de chromosomes chez l'homme. • Métro sur pneus à Paris. • Première centrale nucléaire en France (Marcoule). • Mise en évidence des neutrinos par Raines et Cowan. • Premier câble téléphonique entre l'Amérique et l'Europe. • Invention du système Secam de télévision en couleur, de Henri de France.

**1957** • Explication de la supraconductivité par Bardeen, Cooper et Schrieffer (théorie BCS). • Premières tentatives de greffe de moelle osseuse. • Les Soviétiques lancent *Spoutnik 1*, premier satellite artificiel de la Terre.

**1958** • Découverte par Jean Dausset du système d'antigènes, dit HLA. • Premières machines à commande numérique. • Création de la NASA ; *Explorer* en réponse à *Spoutnik* ; *Pioneer IV* arrive sur la Lune.

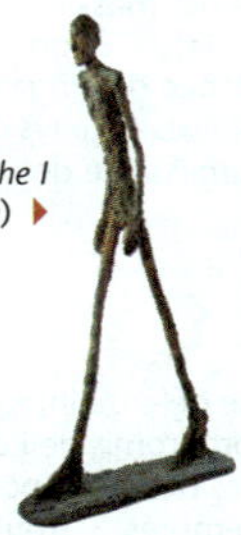

*L'Homme qui marche I* de Giacometti (1960) ▸

**1959** • Première greffe du rein ; première implantation d'un stimulateur cardiaque (pacemaker). • Première traversée de la Manche en aéroglisseur. • Début de la deuxième génération d'ordinateurs. • Photos de la face cachée de la Lune par le satellite soviétique *Lunik*.

**1960** • Construction du premier laser par Maiman. • Bombe A française. • *Tiros 1*, satellite météorologique ; *Echo 1*, premier satellite de télécommunications. • Découverte des quasars.

**1961** • Le Soviétique Youri Gagarine est le premier homme dans l'espace (23 jours avant l'Américain Alan Shepard). Eisenhower souligne l'importance du « complexe militaro-industriel » dans les pays riches, notamment pour la recherche (lancement du programme Apollo).

## LITTÉRATURES

**1956** • *L'Emploi du temps* de Michel Butor ; *La Chute*, roman de Camus ; *L'Ère du soupçon*, essai de Nathalie Sarraute sur le « nouveau roman ». • *Présence de l'absence*, poésie de Rina Lasnier. • *Nedjma* de Kateb Yacine. • Relative libéralisation culturelle en URSS et en Chine (début de la campagne des « Cent Fleurs »). • *Le Pavillon d'or* de Mishima.

**1957** • Édition du *Bleu du ciel*, roman de Bataille, et de *La Littérature et le Mal*, essai ; *La Modification* de Butor ; Camus, prix Nobel ; *La Jalousie* de Robbe-Grillet ; *Amers*, poèmes de Saint-John Perse. • *Le Quatuor d'Alexandrie* de Lawrence Durrell (jusqu'en 1960). • *Sur la route* de Jack Kerouac : grande influence sur la jeunesse occidentale. • Création du personnage de bande dessinée Gaston Lagaffe par Franquin et Jidéhem.

**1958** • *La Semaine sainte* d'Aragon ; *Mémoires d'une jeune fille rangée* de Beauvoir ; *Moderato cantabile* de Duras ; fondation du prix Médicis. • *La Question* de Henri Alleg, témoignage sur la torture. • *Le Guépard* de Giuseppe Tomasi di Lampedusa (posth.). • Pasternak empêché de recevoir le prix Nobel.

**1958-1960** • En Chine, le « Grand Bond en avant » marque l'arrêt de la libéralisation et l'appel à une « création par le peuple » ; la révolution culturelle a pour effet une disparition quasi totale de la vie littéraire et artistique, hormis les célébrations officielles.

**1959** • *Elsa*, poème d'Aragon ; *Un singe en hiver* de Blondin ; *Hiroshima mon amour* de Duras ; *Les Nègres* de Genet ; *Zazie dans le métro* de Queneau ; *Les Séquestrés d'Altona* de Sartre. • *Le Tambour*, roman de Günter Grass.

**1960** • Version française de *Rhinocéros*, pièce de Ionesco ; *La Route des Flandres*, roman de Claude Simon ; création de la revue *Tel Quel* dirigée par Philippe Sollers, « laboratoire » de l'avant-garde littéraire et de la « nouvelle critique ». • Saint-John Perse, prix Nobel. • Création de l'OuLiPo.

**1961** • Premier album d'*Astérix* de Goscinny et Uderzo. • *Le Gardien*, pièce de l'Anglais Harold Pinter.

## ARTS – MUSIQUE

**1956** • Oscar Niemeyer commence la construction de Brasília. • Exposition pop art à Londres ; *Peinture 1956* de Soulages. • La musique électro-acoustique. • *La Traversée de Paris*, film d'Autant-Lara ; *Le Septième Sceau* de Bergman ; *Le Mystère Picasso* de Clouzot ; *Nuit et brouillard* de Resnais.

**1957** • *Le Dialogue des carmélites*, opéra de Poulenc (texte de Bernanos) à la Scala de Milan. • *Le Cri*, film d'Antonioni ; *Quand passent les cigognes* de Mikhaïl Kalatozov ; *Kanal* du Polonais Wajda ; *Les Sentiers de la gloire* de Kubrick.

**1958** • Peintures murales de Miró à l'Unesco, à Paris. • *Hommage à Joyce*, composition pour la voix de Berio • *La Soif du mal* film de Welles ; *Le Salon de musique* de l'Indien Satyajit Ray.

**1959** • Épanouissement du « style international » en architecture. • Création de *Catalogue d'oiseaux*, pour piano, de Messiaen. • *Le Beau Serge* de Chabrol, le premier film de la « nouvelle vague » ; *Hiroshima mon amour* de Resnais et Duras ; *Les Quatre Cents Coups* de Truffaut ; *Certains l'aiment chaud*, comédie filmée de Billy Wilder.

**1960** • Le « nouveau réalisme » en France (utilisation d'objets industriels). • « Compressions » de César ; peintures abstraites de grand format aux États-Unis. • *Intolleranza*, opéra de Luigi Nono, où il dénonce l'antisémitisme ; *Threnos* de Penderecki ; essor du free jazz. • *L'Avventura* d'Antonioni, film sur le silence et l'incommunicabilité ; *Le Testament d'Orphée* de Cocteau ; *La Dolce Vita* de Fellini ; *À bout de souffle* de Godard : évolution de la notion de montage. • *Monochrome bleu* de Klein.

**1961** • Braque est le premier artiste vivant à voir ses œuvres exposées au Louvre. • Chagall peint des vitraux à Jérusalem. • *Viridiana*, film de Buñuel ; *The Misfits* de Huston ; *Samedi soir, dimanche matin* de Karel Reisz (le renouveau du cinéma britannique) ; *L'Année dernière à Marienbad* de Resnais et Robbe-Grillet.

| RELIGION – PHILOSOPHIE | HISTOIRE GÉNÉRALE |
|---|---|

**1962**

**1962** • *Capitalisme et liberté* de M. Friedman ; *La Pensée sauvage* de Lévi-Strauss ; *Parole donnée* de Massignon. • *La Galaxie Gutenberg* de McLuhan. • *Le Langage de la perception* et *Quand dire, c'est faire* d'Austin (posth.). • Début du concile Vatican II : réforme de la liturgie catholique et de l'organisation ecclésiale.

**1962** • Création de la politique agricole commune (PAC), vers un marché agricole unique et une unification des prix. • Accords d'Évian : indépendance de l'Algérie ; Ben Bella, président du Conseil. • Révision de la Constitution française par de Gaulle : le président est élu au suffrage universel. • Les États-Unis obligent l'URSS à démonter ses rampes de fusées à Cuba (crise des fusées). • Indépendance des Samoa occidentales.

**1963** • *Théorie et pratique* de Habermas. • *Essais de linguistique générale* de Jakobson. • Mort de Jean XXIII et élection de Paul VI.

**1963** • France : création d'une force nucléaire indépendante. • Traité franco-allemand de coopération ; démission d'Adenauer et de Macmillan ; de Gaulle s'oppose à l'adhésion du Royaume-Uni à la CEE. • États-Unis : assassinat du président Kennedy à qui succède Johnson. • Indépendance du Kenya. • Fondation de l'OUA (Organisation de l'unité africaine). • Création de la Malaysia.

**1964** • *L'Homme unidimensionnel* de Marcuse. • Rencontre de Paul VI et du patriarche Athênagoras. • Martin Luther King, prix Nobel de la paix.

**1964** • France : naissance de la CFDT. • États-Unis : début des négociations du *Kennedy Round*, pour la réduction des droits de douane entre les États-Unis et l'Europe, sous l'autorité du Gatt ; *Civil Right Acts* contre la discrimination raciale. • URSS : destitution de Khrouchtchev ; Brejnev et Kossyguine à la tête du Parti et du gouvernement. • Création de l'Organisation de libération de la Palestine (OLP). • Nelson Mandela en prison.

**1965** • *Éléments de sémiologie* de Barthes ; *Lire le Capital*, sous la direction d'Althusser ; *De l'interprétation : essai sur Freud* de Ricœur ; *Le Geste et la Parole* de Leroi-Gourhan. • *Aspects de la théorie syntaxique* de Chomsky. • Diffusion du *Petit Livre rouge* de Mao Zedong. • Clôture du concile Vatican II ; Paul VI à l'ONU ; levée des excommunications réciproques entre catholiques et orthodoxes.

**1965** • France : de Gaulle réélu président. • Intervention américaine à Saint-Domingue. Bombardements américains massifs sur le Nord-Viêtnam. • Algérie : Boumédiène remplace Ben Bella. • Congo : Mobutu prend le pouvoir. • Conflit Inde-Pakistan. • Indépendance de Singapour et de la Rhodésie, ainsi que du sultanat musulman des Maldives (le pays devient une république en 1968). • Guerre civile en Indonésie : massacre des communistes.

**1966** • *Les Mots et les Choses* de Foucault ; *Écrits* de Lacan. • *Dialectique négative* d'Adorno. • Début de la révolution culturelle en Chine.

**1966** • La France se retire du système de défense intégré de l'Otan mais reste membre de l'Alliance atlantique. • Le compromis de Luxembourg consacre le principe de l'unanimité des pays pour les décisions portant sur des « intérêts très importants » d'un des six États membres. • Troubles raciaux aux États-Unis (Black Power). • Conférence tricontinentale à Cuba. • Chute de Nkrumah (Ghana) et de Sukarno (Indonésie). • Chine : début de la révolution culturelle qui, en 10 ans, va bouleverser le pays et ruiner une part importante de son patrimoine économique et culturel. • La Guyane britannique accède à l'indépendance ; elle devient la Guyana. • Inde : Indira Gandhi, Premier ministre.

**1967** • *De la grammatologie* de Derrida. • *Le Nouvel État industriel* de Galbraith.

**1967** • Putsch des colonels en Grèce. • Sécession du Biafra et début de la guerre avec le Nigeria. • Troisième guerre israélo-arabe (dite des « Six-Jours ») ; l'ONU (résolution 242) réclame le retrait des forces israéliennes ; juin : Israël occupe la partie orientale de Jérusalem. • Suharto devient président de la République d'Indonésie. • Création de l'Ansea (Association des nations du Sud-Est asiatique).

**1968** • *Mythe et épopée* de Dumézil. • *Connaissance et intérêt* de Habermas. • Mouvements étudiants en France et dans le monde ; effervescence intellectuelle, sensible aux idéologies révolutionnaires. • Création en France du Mouvement de libération des femmes. • Assassinat de Martin Luther King. • Création de l'université du Québec. • Condamnation de la contraception par l'encyclique *Humanae vitae*.

**1968** • Mouvements étudiants de Mai 68 à Paris (accords de Grenelle). • Affrontements en Irlande du Nord. • Traité de non-prolifération des armes nucléaires entre les États-Unis et l'URSS. • Tchécoslovaquie : « Printemps de Prague » étouffé par l'intervention des forces du pacte de Varsovie. • Indépendance de l'île Maurice, qui était colonie britannique. • Intensification de la guerre des Tupamaros contre la dictature uruguayenne ; ils seront écrasés en 1972.

**1968**

1962

## SCIENCES – TECHNIQUES

**1962** • Mise en service du paquebot *France*. • John Glenn, premier astronaute américain en orbite autour de la Terre ; *Mariner 2* donne des informations sur Vénus ; émissions télévisées transmises par satellite (*Telstar 1*).

**1963** • Travaux de F. Jacob, J. Monod et A. Lwoff sur la régulation cellulaire, découverte de l'ARN messager. • Greffe du poumon. • Première loi contre la pollution aux États-Unis. • La Soviétique Valentina Terechkova est la première femme cosmonaute.

**1964** • Premiers ordinateurs miniaturisés (circuits intégrés) ; satellite géostationnaire *Intelsat*. • Les théories erronées de Lyssenko, rejetées sauf en URSS, critiquées par Sakharov. • Gell-Mann émet l'hypothèse de l'existence des quarks. • Bombe A chinoise.

**1965** • Découverte du rayonnement thermique universel par les Américains Penzias et Wilson qui confirme la théorie du big-bang. • Lancement du premier satellite français. • Clichés de Mars par *Mariner 4*. • Leonov sort dans l'espace ; rendez-vous dans l'espace de *Gemini 6* et de *Gemini 7*.

**1966** • Inauguration de l'usine marémotrice de la Rance. • *Luna 9* (URSS) se pose sur la Lune.

**1967** • Unification des interactions faible et électromagnétique en une seule force, dite électrofaible (Glashow, Salam, Weinberg). • La télévision en couleur en France. • Traité international sur l'exploitation de l'espace. • Découverte des pulsars (notamment par Hewish). • Naufrage du *Torrey Canyon* et marée noire dans la Manche. • Au Cap (Afrique du Sud), première transplantation cardiaque par le professeur Barnard. • Programme soviétique Soyouz d'exploration de l'espace. • Bombe H chinoise.

**1968** • Lancement de pétroliers de plus de 200 000 tonnes. • Bombe H française. • *Apollo 8*, satellisé autour de la Lune. • Commercialisation de la première planche à voile (États-Unis). • Montre à quartz analogique. • Théorie de la tectonique des plaques par Morgan et Le Pichon.

## LITTÉRATURES

**1962** • Fondation des Éditions du Jour et des Presses de l'université de Montréal. • *Qui a peur de Virginia Woolf ?* d'Edward Albee. • *La Mort d'Artemio Cruz*, roman de Carlos Fuentes, succession de monologues et de retours en arrière. • *Une journée d'Ivan Denissovitch* de Soljenitsyne, nouvelle sur un camp stalinien. • *L'Inquisitoire* de Pinget.

**1963** • *Oh les beaux jours*, pièce de Beckett ; *Le Procès-Verbal*, premier roman de Le Clézio ; *Pour un nouveau roman*, essai de Robbe-Grillet. • *Le Marin rejeté par la mer*, roman de Mishima.

**1964** • *Commune présence* de René Char ; *Le Ravissement de Lol V. Stein*, roman de Duras ; *Les Mots*, récit autobiographique de Sartre qui refuse le prix Nobel. • *Terre Québec*, poésie de Paul Chamberland. • *Après la chute* d'Arthur Miller.

**1965** • *La Fièvre* de Le Clézio ; *Quelqu'un*, récit de Pinget : recherches sur le langage proches de celles de Beckett ; *Du vent dans les branches de sassafras* de René de Obaldia ; *Les Choses* de Georges Perec ; *L'Astragale* d'Albertine Sarrazin. • *Une saison dans la vie d'Emmanuel* de Marie-Claire Blais.

**1966** • *Les Paravents* de Genet. • *Le Polygone étoilé* de l'Algérien Kateb Yacine.

**1967** • *Vendredi ou les Limbes du Pacifique*, roman de Michel Tournier. • *Élise ou la Vraie Vie* de C. Etcherelli. • *La Plaisanterie* de Milan Kundera. • *Cent ans de solitude*, roman de García Márquez. • *Le Pavillon des cancéreux* et *Le Premier Cercle* de Soljenitsyne. • *Les Amis* d'Abe Kobo.

**1968** • *L'Œuvre au noir* de Marguerite Yourcenar. • *Belle du Seigneur*, roman d'Albert Cohen.

◀ Les Beatles

## ARTS – MUSIQUE

**1962** • Les premiers disques des Beatles et des Rolling Stones : la pop music. • *L'Éclipse* d'Antonioni ; début des *James Bond* au cinéma ; *Jules et Jim* de Truffaut.

**1963** • *Whaam !*, tableau de Lichtenstein, inspiré de la bande dessinée. • *Le Silence*, film de Bergman ; *Huit et demi* de Fellini ; *The Servant* de Losey ; *Les Oiseaux* de Hitchcock ; *Le Guépard* de Visconti.

**1964** • Inauguration de la fondation Maeght à Saint-Paul-de-Vence ; *Marilyn Monroe* par Andy Warhol, le procédé de la sérigraphie dans la peinture ; début des *Nanas*, sculptures de Niki de Saint-Phalle ; plafond de l'Opéra de Paris par Chagall. • *La Nuit de l'iguane*, film de Huston.

**1965** • Essor du folk song (Bob Dylan, Joan Baez). • *Pierrot le Fou*, film de Godard ; *Barberousse* de Kurosawa ; *Les Chevaux de feu* de Paradjanov ; *Les Amours d'une blonde* de Milos Forman : le réalisme tchèque au cinéma.

**1966** • Premier festival d'art nègre à Dakar. • *Terretektorh* pour 88 musiciens éparpillés dans le public, de Xenakis. • *La guerre est finie*, film de Resnais.

**1967** • Land Art aux États-Unis. • *Blow up*, film d'Antonioni ; *Andreï Roublev* de Tarkovski.

**1968** • *2001 : Odyssée de l'espace*, film de Stanley Kubrick ; *Rosemary's Baby* de Polanski, le fantastique quotidien ; *Baisers volés* de Truffaut ; le festival de Cannes est interrompu par les événements de mai.

1968

**RELIGION – PHILOSOPHIE** | **HISTOIRE GÉNÉRALE**

1969

**1969** • *Différence et répétition* de Gilles Deleuze ; *L'Archéologie du savoir* de Foucault. • En Irlande, début de troubles violents entre catholiques et protestants.

**v. 1970** • Théologie de la libération en Amérique latine (catholique à 88 %) ; développement de l'intégrisme catholique en Europe (refus de la nouvelle liturgie romaine). • Essor de l'antipsychiatrie en Angleterre. • Développement des sciences cognitives et de l'intelligence artificielle aux États-Unis.

**1970** • *La Logique du vivant* de François Jacob ; *Le Hasard et la Nécessité* de Jacques Monod.

**1972** • *L'Anti-Œdipe* de Gilles Deleuze et Félix Guattari, en réponse aux théories lacaniennes.

**1973** • *Croissance zéro* d'Alfred Sauvy. • *Les Racines de la référence* de Willard Quine.

**1974** • France : loi Veil légalisant l'avortement ; majorité à 18 ans.

**1975** • Andreï Sakharov, prix Nobel de la paix. • Début de la publication du *Séminaire* de Lacan.

Le Concorde

**1969** • États-Unis : Nixon, 37e président. • France : de Gaulle se retire ; Pompidou, président ; quatrième semaine de congés payés. • Irlande : début de la guerre civile. • RFA : Brandt, chancelier. • Ouverture de la conférence de Paris entre États-Unis et Nord-Vietnâm. • Incidents frontaliers entre la Chine et l'URSS. • Libye : Kadhafi prend le pouvoir. • Arafat, président de l'OLP.

**1970** • RFA : Willy Brandt à Varsovie s'incline devant le monument aux victimes du nazisme. • Création des Brigades rouges en Italie et de la Fraction Armée rouge en RFA. • Pologne : émeutes de la faim. • Chili : Allende, président de la République ; programme socialiste de nationalisations et de réformes agraires. • Égypte : Sadate succède à Nasser. • Jordanie : tensions entre le pouvoir et les Palestiniens. • Les îles Fidji deviennent indépendantes. • Cambodge : un coup d'État chasse Norodom Sihanouk au profit de Lon Nol ; le pays est entraîné dans la guerre civile et dans la seconde guerre d'Indochine. • Viêtnam : offensives américaines au Laos et au Cambodge.

**1971** • France : rénovation du Parti socialiste (créé en 1969) au congrès d'Épinay ; François Mitterrand, premier secrétaire du PS. • Suisse : droit de vote accordé aux femmes. • Dévaluation et non-convertibilité en or du dollar ; faute d'étalon de change, le système monétaire mondial est désorganisé. • Expulsion des Palestiniens de Jordanie. • La République populaire de Chine à l'ONU. • Pakistan : création d'un Bangladesh indépendant. • La République démocratique du Congo prend le nom de Zaïre. • Dictature d'Amin Dada en Ouganda.

**1972** • France : « programme commun » de la gauche. • États-Unis : réélection de Nixon ; baisse du dollar ; début de l'affaire du Watergate. • Europe : mise en place du « serpent monétaire ». • Attentat terroriste aux jeux Olympiques de Munich. • Traité fondamental entre les deux Allemagnes afin de régler les relations entre les États voisins sur la base du droit international. • Signature des accords Salt 1 entre les États-Unis et l'URSS sur les armes stratégiques.

**1973** • Accords de Paris : fin de l'engagement américain au Viêtnam. • Le Danemark, l'Irlande et le Royaume-Uni entrent dans la CEE (Europe des Neuf). • Négociations de Vienne sur des réductions mutuelles et équilibrées des forces militaires. • Chili : mort d'Allende lors du coup d'État militaire dirigé par le général Pinochet. • Sommet des non-alignés à Alger. • Quatrième guerre israélo-arabe (dite « du Kippour »). • Premier « choc pétrolier » : crise économique dans les pays consommateurs.

**1974** • France : Valéry Giscard d'Estaing, président ; Jacques Chirac, Premier ministre. • Allemagne : Schmidt remplace Brandt. • Grèce : chute du régime des colonels. • Portugal : révolution des Œillets, fin de la dictature et décolonisation de l'Angola et du Mozambique. • Le Sahara espagnol est envahi par le Maroc et la Mauritanie. • États-Unis : le scandale du Watergate contraint Nixon à la démission ; G. Ford, 38e président. • Rome : conférence alimentaire mondiale soutenue par la FAO pour étudier le problème de l'approvisionnement adéquat en ressources vivrières. • Famine au Sahel. • Éthiopie : chute de Hailé Sélassié Ier. • Arafat, leader palestinien, à l'ONU.

**1975** • Forte montée du chômage dans le monde occidental. • Procès de la bande à Baader en RFA. • L'Espagne se retire du Sahara ; mort de Franco ; Juan Carlos, roi. • Accords d'Helsinki sur la sécurité en Europe. • Premier sommet des pays les plus industrialisés (le G7), à Rambouillet. • Liban : début de la guerre civile. • Indépendance de l'Angola et du Mozambique. • Début du cycle de la sécheresse au Sahel. • Première convention de Lomé (pays d'Afrique, des Caraïbes et du Pacifique). • Victoire des Khmers rouges au Cambodge. • Viêtnam : le pays, réunifié, devient une république socialiste : grave échec des États-Unis. • Indépendance de la Papouasie-Nouvelle-Guinée qui reste dans le Commonwealth. • Déclenchement de la guerre civile du Liban.

1975

1969

| SCIENCES – TECHNIQUES | LITTÉRATURES | ARTS – MUSIQUE |
|---|---|---|
| **1969** • Premier four à micro-ondes. • Premier vol du Concorde, avion civil supersonique franco-anglais. • *L'Agression, une histoire naturelle du mal* de Konrad Lorenz. • L'Américain Neil Armstrong est le premier homme à poser le pied sur la Lune (21 juillet, mission *Appollo XI*). • Première tentative d'isolement d'un gène à Harvard. | **1969** • Samuel Beckett, prix Nobel. • Rayonnement en Europe du théâtre nô. • *La Deuxième Mort de Ramón Mercader* de Jorge Semprún. • *Portnoy et son complexe* de Philip Roth. | **1969** • *La Transfiguration de Notre Seigneur Jésus-Christ* de Messiaen. • Premier grand rassemblement de la pop music à Woodstock (États-Unis). • *L'Arrangement*, film de Kazan. |
| **v. 1970** • Développement des sciences cognitives et de l'intelligence artificielle. **1970** • URSS : *Luna 17*, emploi d'une voiture lunaire automatisée. • Premiers satellites chinois et japonais. • *Le Hasard et la nécessité* de J. Monod. | **1970** • *Les Poissons rouges* d'Anouilh ; *Les Chênes qu'on abat* de Malraux ; *Le Roi des aulnes* de M. Tournier. • *L'Angoisse du gardien de but au moment du penalty* de Peter Handke ; *Love Story* d'Erich Segal. • Soljenitsyne, prix Nobel. | **1970** • Début de l'hyperréalisme aux États-Unis. • *M.A.S.H.*, film de Robert Altman ; fin de la série des *Contes moraux* de Rohmer ; *Les Choses de la vie* de Claude Sautet ; *Le Messager* de Losey. |
| **1971** • Quatrième génération d'ordinateurs : micro-informatique, bureautique. • Invention du scanner par Hounsfield. • Lancement de la première station spatiale habitée, *Saliout* (URSS). • Adoption du système décimal par la Grande-Bretagne. | **1971** • *L'Idiot de la famille*, essai de Sartre sur Flaubert. • *Portrait de groupe avec dame* de Heinrich Böll. • *La Sagouine* d'Antonine Maillet. | **1971** • Début de la démolition des pavillons de Baltard aux Halles de Paris. • *Fellini Roma*, film de Fellini ; *Orange mécanique* de Kubrick ; *Mort à Venise* de Visconti. |
| **1972** • Mise au point des fibres optiques ; mise au point du vidéodisque à lecture laser. • Commercialisation aux États-Unis de la première calculatrice de poche. | **1972** • *Main basse sur le Cameroun* de Mongo Beti. | **1972** • Dernier autoportrait de Picasso. • *Solaris*, film de Tarkovski ; *Avoir vingt ans dans les Aurès* de René Vautier (sur la guerre d'Algérie) ; *Cris et chuchotements* de Bergman ; *Le Crépuscule des dieux* de Visconti. |
| **1973** • Surgénérateur *Phénix* en France. • Début de l'envoi de sondes vers les planètes du système solaire : Mars, puis Jupiter et Vénus. • Début des missions *Skylab* : l'homme peut effectuer un séjour prolongé dans l'espace. • Pétroliers de plus de 500 000 tonnes. | **1973** • *La vie est ailleurs* de Kundera. • *La Ville de pierre* d'Ismaïl Kadaré. • *L'Archipel du Goulag* de Soljenitsyne : influence essentielle sur la communauté mondiale. | **1973** • Achèvement de la tour Maine-Montparnasse à Paris. • *Concerto pour deux pianos* de Berio. • *La Nuit américaine*, film de Truffaut. |
| **1974** • Invention, par le Français Roland Moreno, de la carte à microprocesseur (« puce »). • Premier satellite météorologique géostationnaire (américain). • Découverte de l'australopithèque Lucy en Éthiopie. | **1974** • *Concert baroque* d'Alejo Carpentier. • *L'Honneur perdu de Katharina Blum* de Böll. | |
| **1975** • Fondation de l'Agence spatiale européenne. • Premières photos de Vénus prises du sol. • États-Unis : première bombe à neutrons. • Arrimage dans l'espace des stations orbitales *Soyouz* et *Apollo*. **1975-1982** • Expériences d'Alain Aspect à Orsay (France) : en conformité avec la mécanique quantique, elles prouvent la « non-séparabilité » de la matière. • C. Gajdusek découvre la transmissibilité de la maladie de Creutzfeldt-Jakob. | **1975** • *La Vie devant soi* d'Émile Ajar (Romain Gary). • *Les Émigrés* de S. Mrożek. | **1975** • *Mare nostrum* de Mauricio Kagel. • *Vol au-dessus d'un nid de coucou*, film de Forman ; *Barry Lyndon* de Kubrick ; *Dersou Ouzala* de Kurosawa ; *Salo ou les 120 Journées de Sodome* de Pasolini. |

*Femme avec caddie* de Duane Hanson (hyperréalisme) ▶

◀ Beckett

1975

| RELIGION – PHILOSOPHIE | HISTOIRE GÉNÉRALE |
|---|---|
| 1976 **1976-1983** • *Histoire des croyances et des idées religieuses*, somme des travaux de Mircea Eliade sur le sacré. | **1976** • France : démission de J. Chirac ; R. Barre, Premier ministre : plan d'austérité et lutte contre l'inflation. • Première conférence Nord-Sud à Paris, sur la coopération économique (16 pays industrialisés et 19 en voie de développement). • Indépendance des Seychelles. • Fin de la présence espagnole au Sahara et partage du territoire entre le Maroc et la Mauritanie. • Afrique du Sud : émeutes de Soweto : révolte contre l'apartheid. • Chine : mort de Zhou Enlai, puis de Mao Zedong ; tentative de coup d'État de la Bande des Quatre. • Bokassa s'autoproclame empereur de Centrafrique. • Hanoi : capitale du Viêtnam réunifié. |
| **1977** • Amnesty International, prix Nobel de la paix. | **1977** • Québec : reconnaissance du français comme seule langue officielle. • États-Unis : Jimmy Carter, 39e président. • Voyage de Sadate à Jérusalem. • Indépendance de Djibouti. • Début de la guerre Somalie-Éthiopie. • Réhabilitation de Deng Xiaoping ; le XIe congrès du PC chinois décide la fin de la révolution culturelle. • Le Cambodge ravagé par les exactions des Khmers rouges (bilan : 2 millions de morts). |
| **1978** • Mort de Paul VI, élection de Jean-Paul Ier, puis de Jean-Paul II, premier pape polonais de l'histoire et premier pape non italien depuis 455 ans. • Sadate et Begin reçoivent le prix Nobel de la paix. | **1978** • Attentats en RFA (Fraction Armée rouge) et en Italie (Brigades rouges). • Création du système monétaire européen. • Grande famine dans le nord-est du Brésil. • Indépendance des îles Salomon. • Coup d'État procommuniste en Afghanistan. • Établissement de relations diplomatiques entre les États-Unis et la Chine. |
| **1979** • Mère Teresa, prix Nobel de la paix. • Succès de la révolution islamique en Iran, encouragement aux mouvements chiites dans le monde, et à l'intégrisme musulman (particulièrement en Afrique du Nord). • *La Distinction, critique sociale du jugement* de Pierre Bourdieu. | **1979** • Première élection du Parlement européen au suffrage universel. • Royaume-Uni : Margaret Thatcher, Premier ministre. • Installation des fusées Pershing face aux S.S.-20 soviétiques en Europe. • Nicaragua : un gouvernement socialiste proche de Cuba (sandiniste) prend le pouvoir ; les États-Unis financent l'opposition armée (les « contras »). • Les troupes soviétiques envahissent l'Afghanistan. • Algérie : le président Chadli Bendjedid succède à Boumédiène. • Signature des accords Salt 2 ; accords de paix à Camp David entre Sadate et Begin ; Israël se retire du Sinaï. • Révolution islamique en Iran : chute du chah ; l'imam Khomeini au pouvoir. • Chute des régimes de Pol Pot, de Bokassa et d'Amin Dada. • Guerre civile au Tchad.<br><br>**1979-1980** • Second « choc pétrolier » (nouvelle hausse des prix) : accentuation de la dépendance de l'économie mondiale envers le dollar. |
| À partir des années 1980, montée des intégrismes catholique, juif et surtout musulman. | **1980** • Europe : essor du mouvement écologique. • Pologne : création du syndicat indépendant Solidarność appuyé par l'Église catholique. • Les Nouvelles-Hébrides, devenues indépendantes, prennent le nom de république du Vanuatu. • Les jeux Olympiques de Moscou boycottés par 56 nations. • Début de la guerre Iran-Irak. • Afrique : famine et sécheresse dans de nombreuses régions, aggravées par la fréquence des conflits, facteurs de désertification. • La Rhodésie indépendante prend le nom de Zimbabwe. • Inde : réélection d'Indira Gandhi. • Chine : procès de la Bande des Quatre. |
| **1981** • *Theorie des kommunikativen Handelns* de Habermas. • Le catholicisme comme force de résistance en Pologne, mais aussi en Amérique latine et aux Philippines. • Attentat contre le pape. | **1981** • France : Mitterrand, président socialiste ; P. Mauroy, Premier ministre ; abolition de la peine de mort, établissement de l'ISF. • Pologne : proclamation de l'« état de guerre » ; Jaruzelski, chef du gouvernement. • La Grèce entre dans la CEE (Europe des Dix). • Grèves de la faim en Irlande du Nord. • Yougoslavie : mort de Tito. • États-Unis : Reagan, 40e président. • Sommet Nord-Sud de Cancún. • Égypte : assassinat de Sadate. |

*Apocalypse Now* de Francis Ford Coppola

1982 **1982** • France : semaine de 39 heures et 5e semaine de congés payés ; nationalisations, loi sur la décentralisation. • Entrée de l'Espagne dans l'Otan. • Guerre des Malouines. • Début des troubles en Nouvelle-Calédonie. • Allemagne : Kohl chancelier. • URSS : mort de Brejnev ; Andropov, secrétaire général du PCUS. • Liban : guerre entre chiites et Palestiniens ; intervention militaire d'Israël ; massacre de Sabra et Chatila ; l'OLP se retire à Tunis.

| SCIENCES – TECHNIQUES | LITTÉRATURES | ARTS – MUSIQUE |
| --- | --- | --- |
| **1976** • Découverte de la prostacycline (qui empêche la formation de caillots sanguins). • Premier vol commercial du Concorde entre Paris, Dakar et Rio de Janeiro. | | **1976** • *Nottetempo,* drame lyrique de Bussotti. • *1900,* film de Bertolucci ; *Casanova* de Fellini ; *L'Homme de marbre* de Wajda. |
| **1977** • Mise en service de l'oléoduc de l'Alaska (1 200 km). • Début de la bio-industrie. • Lancement de la sonde *Voyager 1* qui sortira du système solaire (en 1980). | **1977** • *Livret de famille* de Modiano. | **1977** • Ouverture du Centre Georges-Pompidou à Paris. • *L'Œuf du serpent,* film de Bergman ; *Annie Hall* de Woody Allen ; *Partition inachevée pour piano mécanique* de Nikita Mikhalkov ; *Rencontres du troisième type* de Steven Spielberg. |
| **1978** • Naissance de Louise Brown, premier bébé conçu par fécondation *in vitro,* au Royaume-Uni. • Premier micro-ordinateur portable. | **1978** *La Vie mode d'emploi* de Perec. • *La Faculté de l'inutile* de Iouri Dombrovski. • Isaac Bashevis Singer, prix Nobel. | **1978** • *Don Giovanni,* film de Losey. |
| **1979** • Lancement de la fusée européenne *Ariane.* • Mise au point du disque compact (par les Pays-Bas et le Japon) et du baladeur (marque japonaise Sony). | **1979** • *Affaires étrangères* de Jean-Marc Roberts ; *Histoire des passions françaises* de Théodore Zeldin. • *À la courbe du fleuve* de Naipaul. • *Mars* de Fritz Zorn. • *Laisses* d'André du Bouchet. | **1979** • *Apocalypse Now,* film de Coppola dénonçant la guerre du Viêtnam. |
| | | **v. 1980** • Internationalisation du rock et développement dans le monde de la musique d'origine africaine ou afro-américaine : reggae, musiques traditionnelles et modernes d'Afrique noire. • Développement des parcs d'attractions pour enfants. |
| **1980** • Éradication mondiale de la variole (programme de l'OMS). • Premiers jeux sur micro-ordinateurs. • Création d'Arianespace. | **1980** • *Désert* de Le Clézio ; *Gaspard, Melchior et Balthazar* de Tournier. • *Le Nom de la rose* d'Umberto Eco. • *Une saison blanche et sèche* d'André Brink, prix Médicis. | **1980** • *La Cité des femmes,* film de Fellini ; *Shining* de Kubrick ; *Kagemusha* de Kurosawa ; *Mon oncle d'Amérique* de Resnais ; *Le Roi et l'Oiseau,* film d'animation de Paul Grimault. |
| **1981** • France : premiers essais du Minitel ; inauguration du TGV (Paris-Lyon). • Premiers ordinateurs personnels commercialisés. • Lancement de la navette spatiale américaine (*Columbia*). • Premier rapport de scientifiques américains sur le sida. | **1981** • *Les Géorgiques* de Claude Simon ; Marguerite Yourcenar, première femme reçue à l'Académie française. | **1981** • Début de la « figuration libre » dans l'art français. • *Donnerstag,* première journée de *Licht,* opéra de Stockhausen en sept journées de trois heures ; *Le Grand Macabre,* opéra de Ligeti, fait scandale à Paris ; première version de *Répons* de Boulez. • *La Guerre du feu,* film de Jean-Jacques Annaud ; *Identification d'une femme* d'Antonioni ; *La Femme d'à côté* de Truffaut ; *L'Homme de fer* de Wajda. |
| **1982** • Premier vol d'un spationaute français. • Greffe d'un cœur artificiel sur un homme (États-Unis). • Stanley Prusiner émet l'hypothèse de l'existence du prion, agent responsable de maladies (tremblante du mouton, vache folle...). | **1982** • *Les Fous de Bassan* de la romancière québécoise Anne Hébert. • *Chronique d'une mort annoncée* de García Márquez. | **1982** • *Fanny et Alexandre,* film de Bergman ; *Meurtre dans un jardin anglais* de Greenaway ; *Yol* du Turc Yilmaz Güney, réalisé par Serif Gören pendant que Güney est en prison. |

| RELIGION – PHILOSOPHIE | HISTOIRE GÉNÉRALE |
|---|---|
| 1983 **1983** • Visite de Jean-Paul II en Pologne ; Lech Wałęsa, prix Nobel de la paix. • Condamnation, par les évêques catholiques, de l'arme nucléaire.<br>**1983-1985** • *Temps et Récit* de Ricœur. | **1983** • Royaume-Uni : nouveau mandat de Margaret Thatcher. • Manifestations pacifiques en Europe de l'Ouest. • Intervention américaine à la Grenade. • Retour de l'Argentine à la démocratie. • Intervention française au Tchad. • Attentats chiites contre les troupes de l'ONU au Liban. |
| **1984** • Desmond Tutu, évêque noir sud-africain, prix Nobel de la paix. • Révolte des sikhs en Inde : assassinat d'Indira Gandhi. • Début du retour des Falachas (juifs éthiopiens) en Israël. | **1984** • France : L. Fabius, Premier ministre ; Mitterrand et Kohl célèbrent la réconciliation franco-allemande à Verdun. • Les jeux Olympiques de Los Angeles boycottés par les pays de l'Est. • Autonomie interne de la Nouvelle-Calédonie ; affrontements entre indépendantistes (FLNKS) et anti-indépendantistes. • Sécheresse en Afrique (secours humanitaire à l'Éthiopie). • Inde : agitation autonomiste ; assassinat d'Indira Gandhi à qui succède son fils Rajiv Gandhi. |
| | **1985** • France : affaire Greenpeace (*Rainbow Warrior*). • Ouverture des « Restaurants du cœur » par Coluche. • États-Unis : réélection de Reagan. • Retour de la démocratie au Brésil et plan d'austérité. • URSS : Gorbatchev, secrétaire général du parti communiste, inaugure une politique de libéralisation relative ; début de la perestroïka. • Retrait israélien du Liban. • Mouvements anti-apartheid en Afrique du Sud sous l'égide notamment de Desmond Tutu. |
| **1986** • Rencontre œcuménique d'Assise où sont représentées, pour la première fois, la plupart des grandes religions dans une « prière pour la paix ». | **1986** • France : J. Chirac, Premier ministre ; début de la « cohabitation » ; attentats terroristes à Paris. • L'Espagne et le Portugal dans la CEE (Europe des Douze) ; signature de l'Acte unique européen qui élargit les compétences de la CEE. • Philippines : Corazón Aquino chasse Marcos du pouvoir. • Haïti : exil de Jean-Claude Duvalier. • La guerre Iran-Irak s'étend au Golfe : les Occidentaux interviennent pour protéger le trafic pétrolier. |
| **1987** • *Théorie de la justice* de John Rawls. • *Théorie de l'agir communicationnel* de Habermas. | **1987** • Référendum sur la Nouvelle-Calédonie. • Crise boursière et financière internationale, chute du dollar. • États-Unis : affaire de l'Irangate (ventes secrètes d'armes américaines à l'Iran). • Traité de désarmement nucléaire entre Reagan et Gorbatchev, portant sur les missiles intermédiaires. • Tunisie : destitution du président Bourguiba par Zine el-Abidine Ben Ali. • Début de l'Intifada (« guerre des pierres » anti-israélienne) en Cisjordanie. |
| 1988 | **1988** • France : réélection de Mitterrand ; Rocard, Premier ministre ; création du Revenu minimum d'insertion (RMI). • URSS : agitation nationale en Arménie et dans les pays baltes ; sous l'action de Gorbatchev, début de la normalisation des rapports entre l'URSS et la Chine ; relance du dialogue Est-Ouest. • Arménie : violents séismes. • Émeutes en Algérie, violemment réprimées. • Traité instituant l'Union du Maghreb arabe, pour la coopération économique (Algérie, Libye, Maroc, Mauritanie et Tunisie). • Accord Libye-Tchad. • Fin de la guerre Somalie-Éthiopie. • Accord sur la Namibie entre l'Afrique du Sud et l'ONU. • Nouvelle-Calédonie : accords de Matignon : « autonomie provinciale ». • Arafat reconnaît la résolution 242 de l'ONU (donc l'existence d'Israël) et proclame unilatéralement l'État palestinien. • Fin de la guerre Iran-Irak. |

Mitterrand et Kohl à Verdun en 1984

| SCIENCES – TECHNIQUES | LITTÉRATURES | ARTS – MUSIQUE |
|---|---|---|
| **1983** • Nouvelles techniques d'enregistrement du son et de l'information (disque laser) ; invention du caméscope ; premier téléphone portable commercialisé. • Premier satellite européen de télécommunications mis en orbite par *Ariane*. • Lancement du programme IDS (Initiative de défense stratégique dite « guerre des étoiles ») ; premier vol de la navette *Challenger* ; *Pioneer 10* sort du système solaire ; première récupération d'un satellite dans l'espace. • Première description du virus du sida faite par l'Institut Pasteur. | | **1983** • *La Ballade de Narayama*, film de Shohei Imamura (Palme d'or au festival de Cannes). |
| **1984** • Deux astronautes de la navette *Challenger* effectuent les premiers vols individuels libres. • Lancement du microprocesseur Macintosh. | **1984** • *L'Amant* de Marguerite Duras (prix Goncourt). • *La Conscience des mots* d'Elias Canetti. • *L'Insoutenable Légèreté de l'être* de Milan Kundera. | **1984** • Dernier épisode de *Heimat I* d'Edgar Reitz : l'histoire de l'Allemagne au XX^e^ s. en quinze heures quarante. • Inauguration du Palais omnisports de Paris-Bercy. • *Le Repentir*, film du Soviétique Tenguiz Abouladze : les prémices de la perestroïka ; *Amadeus* de Forman ; *Stranger Than Paradise* de Jim Jarmush, une autre vision des États-Unis ; *Paris, Texas* de Wim Wenders. |
| **1985** • Mise en évidence de l'importante diminution de la teneur en ozone de la stratosphère au-dessus du pôle Sud. • Invention du CD-ROM et du magnétoscope numérique. | **1985** • Claude Simon, prix Nobel. • *Sans la miséricorde du Christ* d'Hector Bianciotti. • *Anatomie du pouvoir* de J.K. Galbraith. | **1985** • Christo « emballe » le Pont-Neuf à Paris. • *Papa est en voyage d'affaires*, film du Bosniaque Kusturiča ; *Out of Africa* de Sydney Pollack. |
| **1986** • Ouverture, à Paris, de la Cité des sciences et de l'industrie. • Accord franco-britannique sur le chantier du tunnel sous la Manche (début construction 1987) • Explosion de la navette *Challenger* ; catastrophe à la centrale nucléaire de Tchernobyl. • Première étude d'une comète (comète de Halley) vue de l'espace. • Premiers essais de culture d'une plante transgénique (en Belgique). • Vaccin contre l'hépatite B issu du génie génétique. | **1986** • Wole Soyinka, premier Africain prix Nobel de littérature. • Début de la parution en fascicules de la neuvième édition du *Dictionnaire de l'Académie française*. | **1986** • *Anâhata*, œuvre électro-acoustique avec instruments de Jean-Claude Éloy. • *Le Déclin de l'Empire américain*, film de Denys Arcand ; *Le Sacrifice*, le dernier film de Tarkovski. • Inauguration du Parc de la Villette à Paris. |
| **1987** • Pellicule photo aux enzymes. • Début du séquençage du génome humain. • Découverte par Müller et Bednorz de la supraconductivité à « haute température » (vers –240°). | **1987** • *La Nuit sacrée* de Tahar Ben Jelloun (prix Goncourt). • *Harlem Quartet* de James Baldwin. • *Le Dalhia noir* de James Ellroy. | **1987** • Paris : inauguration du musée d'Orsay ; mise en œuvre du projet du Grand Louvre avec la construction de la pyramide de Pei (inaugurée en 1988) ; achèvement de l'Institut du Monde arabe, par Jean Nouvel. • *Le Dernier Empereur*, film de Bertolucci ; *Les Ailes du désir* de Wenders. |
| **1988** • Premier vol de la navette *Discovery*. • Mise en service de la télé-impression. • Premier avion furtif. | **1988** • *Autour des sept collines* de Julien Gracq. • *L'Exposition coloniale* d'Erik Orsenna. | **1988** • *Tu ne tueras point* de Kieślowski ; *La Dernière Tentation du Christ*, film de Scorsese, retiré de l'affiche sous les menaces des catholiques intégristes. |

La pyramide du Louvre, de Pei

1989

## RELIGION – PHILOSOPHIE

**1989** • Salman Rushdie, condamné à mort par les religieux chiites d'Iran pour le contenu « blasphématoire » des *Versets sataniques.* • Le 14e dalaï-lama, Tenzin Gyatso, prix Nobel de la paix.

**1990** • Rome publie le premier code de droit canon pour les Églises de rite oriental. • Nombreuses profanations de cimetières juifs dans le monde. • Gorbatchev, prix Nobel de la paix.

**1991** • Arrestation des principaux dirigeants du FIS (Front islamique du salut) en Algérie. • Mort de Mgr Marcel Lefebvre.

**1992** • Dissolution du FIS en Algérie. • L'Église anglicane se prononce en faveur de l'ordination sacerdotale des femmes. • L'Église catholique publie un nouveau « catéchisme universel ».

**1993** • L'encyclique *Veritatis splendor* définit les valeurs morales chrétiennes dans le monde moderne. • Mandela et De Klerk, prix Nobel de la paix.

La répression de la place Tianan men à Pékin (4 mai 1989)

## HISTOIRE GÉNÉRALE

**1989** • Nouvelle-Calédonie : assassinat de Jean-Marie Tjibaou. • États-Unis : George Bush, 41e président. • Bouleversements dans l'Europe orientale « socialiste » : soulèvements nationaux en URSS ; un Premier ministre non communiste en Pologne (Tadeusz Mazowiecki) ; démantèlement du rideau de fer en Hongrie et en Tchécoslovaquie (Václav Havel devient président de la République) ; chute du mur de Berlin ; exécution de Ceauşescu en Roumanie. • Réhabilitation des victimes du stalinisme dans le programme Gorbatchev. • Afghanistan : retrait des troupes soviétiques. • Iran : mort de Khomeiny. • Chine : répression sanglante de la manifestation de la place Tianan men ; loi martiale au Tibet. • Intervention américaine au Panamá contre le général Noriega. • Paraguay : fin de la dictature militaire du général Stroessner.

**1990** • Europe : libre circulation des capitaux dans la CEE. • Royaume-Uni : démission de M. Thatcher ; John Major lui succède. • Allemagne : réunification des deux Allemagnes ; traité germano-polonais sur la frontière Oder-Neisse. • Indépendance de la Lituanie. • Retour à la démocratie au Chili et au Bangladesh. • Afrique du Sud : libération de Nelson Mandela, fin de l'état d'urgence, reconnaissance des partis opposés à l'apartheid. Affrontements interethniques. • Mouvements de démocratisation en Afrique (multipartisme dans plusieurs pays). • Réunification du Yémen. • Invasion du Koweït par l'Irak : mobilisation internationale, envoi de troupes (surtout occidentales) en Arabie Saoudite.

**1991** • Guerre du Golfe : l'Irak est contraint de se retirer du Koweït et sommé de démanteler ses équipements nucléaires. • Cessez-le-feu en Angola et au Sahara-Occidental. • Assassinat de Rajiv Gandhi. • France : création de la CSG ; démission de Michel Rocard remplacé par Édith Cresson ; scandale du sang contaminé. • 30 millions de chômeurs dans les pays de l'OCDE. • Déclaration d'indépendance de la Slovénie et de la Croatie et début de la guerre civile en Yougoslavie. • Dissolution du Comecon et du Pacte de Varsovie : fin de l'alliance entre les pays de l'Est. • Dislocation de l'URSS, indépendance des 15 républiques, création de la CEI (Communauté des États indépendants). • Conférence de Madrid sur la paix au Proche-Orient. • Sommet européen de Maastricht prévoyant notamment l'instauration d'une monnaie unique entre les membres de la CEE. • Fin de l'apartheid en Afrique du Sud.

**1992** • Algérie : Chadli démis de ses fonctions ; élections législatives favorables aux islamistes annulées ; dissolution du FIS ; répression et terrorisme. • France : démission d'Edith Cresson remplacée par Pierre Bérégovoy. • Réforme de la politique agricole commune (PAC) de la CEE. • États-Unis : signature de l'Alena, accord de libre-échange nord-américain ; émeutes raciales de Los Angeles. • Sommet de la Terre à Rio sur les problèmes d'environnement. • Indépendance de la Bosnie-Herzégovine refusée par les Serbes ; guerre civile et massacres dus à la « purification ethnique ». • Traité de paix au Mozambique. • Afghanistan : fin du régime communiste et début de la guerre.

**1993** • Bill Clinton, 42e président des États-Unis. • CEE : dans le cadre du traité de Maastricht, la CEE devient l'Union européenne. • France : Édouard Balladur, Premier ministre ; début de la deuxième « cohabitation ». • Partition de la Tchécoslovaquie en République tchèque et Slovaquie. • Montée des nationalismes dans les ex-pays de l'Est. • Indépendance de l'Érythrée. • Accord de reconnaissance mutuelle entre Israël et l'OLP. • Cambodge : retour de Sihanouk.

**1994** • Commerce international : entrée en vigueur de l'Alena ; signature de l'acte final du Gatt entre 120 pays ; création de l'OMC (Organisation mondiale du commerce). • Irlande du Nord : pourparlers entre la Grande-Bretagne, l'IRA et les loyalistes irlandais. • Russie : intervention militaire en Tchétchénie contre les indépendantistes. • Israël : accords avec l'OLP sur l'autogouvernement palestinien dans la bande de Gaza et à Jéricho ; traité de paix avec la Jordanie. • Rwanda : guerre civile. • Afrique du Sud : Mandela, premier président de la République noir.

1994

## SCIENCES – TECHNIQUES

**1989** • Inauguration du TGV-Atlantique.

**1990** • La navette spatiale américaine *Discovery* place en orbite le télescope Hubble. • États-Unis : autorisation de la première thérapie génique. Début du projet sur la diversité du génome humain. • 137 pays s'engagent à réduire leurs émissions de gaz polluants contre l'effet de serre. • Programme de sauvegarde de la forêt européenne. • Création du WorldWideWeb (« toile mondiale ») par le Britannique Berners-Lee.

**1991** • Pierre-Gilles de Gennes, prix Nobel de physique, pour ses travaux sur les supraconducteurs, les cristaux liquides et les polymères. • L'OMS estime que 5 000 personnes sont contaminées chaque jour par le virus du sida. • Apparition du format MP3 pour coder le son numérique.

**1992** • Georges Charpak, prix Nobel de physique pour l'invention et le développement de détecteurs de particules.

**1993** • Premiers réseaux français de radiotéléphone GSM.

**1994** • Ouverture du tunnel sous la Manche.

## LITTÉRATURES

**1989** • *Une prière pour Owen* de John Irving. • Publication de *C'est moi qui souligne* de Nina Berberova. • *La Montagne de l'Âme* de Gao Xingjian.

**1990** • Lancement d'une campagne internationale pour la reconstruction de la bibliothèque d'Alexandrie. • Sartre entre au répertoire de la Comédie-Française avec *Huis clos*. • Soljenitsyne retrouve la nationalité soviétique. • Sade est publié dans la Pléiade. • Octavio Paz, prix Nobel.

**1991** • Nadine Gordimer, prix Nobel. • Mort de Graham Greene, de Vercors et de I. B. Singer. • *La Tragédie du roi Christophe* d'Aimé Césaire à la Comédie-Française.

▲ Le télescope Hubble, en 1993

**1994** • *Le Premier Homme*, manuscrit inédit d'Albert Camus (posth.).

## ARTS – MUSIQUE

**1989** • Paris : inauguration de l'Opéra Bastille et de la Grande Arche de la Défense, à l'occasion du bicentenaire de la Révolution. • Mort de Salvador Dalí.

**1990** • Première production lyrique de l'Opéra Bastille : *Les Troyens* de Berlioz. • Exposition aux Pays-Bas pour le centenaire de la naissance de Van Gogh. • Exposition Vélasquez au Prado. • Prix record pour des tableaux impressionnistes et des Van Gogh. • Les ventes de disques laser supérieures à celles des disques vinyle. • *Edward aux mains d'argent*, film de Tim Burton.

**1991** • Paris : rétrospective Max Ernst au Centre Pompidou ; exposition Giacometti au Musée d'Art moderne ; réouverture du Jeu-de-paume avec une exposition Dubuffet. • *Van Gogh*, film de Maurice Pialat.

**1992** • Rétrospective Rembrandt à Berlin, Amsterdam et Londres : réévaluation critique de l'œuvre. • Première à Paris de *Lady Macbeth de Mzensk* de Chostakovitch (Opéra Bastille).

**1993** • *De Cézanne à Matisse* : 72 œuvres impressionnistes et post-impressionnistes de la Fondation Barnes exposées pour la première fois en Europe, au musée d'Orsay. • *Smoking no smoking*, film de Resnais. • *Journal intime* de Nanni Moretti.

**1994** • Réouverture de la Grande Galerie du Muséum national d'histoire naturelle. • *Les Roseaux sauvages*, film d'André Téchiné.

| RELIGION – PHILOSOPHIE | HISTOIRE GÉNÉRALE |
|---|---|

1995

**1995** • La doctrine affirmant l'incapacité de l'Église catholique à conférer l'ordination sacerdotale aux femmes est considérée comme « infaillible » (définitive et permanente). • Joseph Rotblat et le mouvement Pugwash, prix Nobel de la paix.

**1995** • UE : adhésion de l'Autriche, de la Finlande et de la Suède ; entrée en vigueur des accords de Schengen sur la libre circulation des personnes ; le Sommet européen de Madrid fixe le calendrier de la mise en circulation de l'euro. • France : Jacques Chirac (RPR), président ; Alain Juppé, Premier ministre ; attentats terroristes à Paris. • Pologne : Kwaśnievski, président. • Bosnie : signature des accords de Dayton. • Normalisation des relations entre les États-Unis et le Viêtnam. • ONU : résolution 986 dite « pétrole contre nourriture » autorisant Bagdad à vendre son pétrole (sous conditions). • Conférence sur les femmes à Pékin. • Algérie : Liamine Zeroual, président. • Israël : assassinat d'Yitzhak Rabin à qui succède Shimon Peres. • Tremblement de terre à Kōbe.

Le robot *Sojourner* de la mission *Mars Pathfinder* se pose sur Mars

**1996** • France : fin de la deuxième vague de privatisations (Pechiney, AGF, Compagnie générale maritime, etc.) ; décès de François Mitterrand ; la France reprend sa place au sein du Comité militaire de l'Otan. • Allemagne : Pacte pour l'emploi et plan d'austérité. • Espagne : José Maria Aznar, conservateur, succède au socialiste Felipe González. • Italie : victoire aux législatives du candidat du centre gauche, Romano Prodi. • Europe : adhésion de la Russie au Conseil de l'Europe ; embargo sur la viande bovine britannique (maladie de la « vache folle »). • Ouverture du traité d'interdiction complète des essais nucléaires (CTBT). • États-Unis : réélection de B. Clinton ; frappes aériennes contre des objectifs militaires en Irak. • Israël : Benyamin Nétanyahou, du Likoud, Premier ministre. • Arafat, élu président de l'Autorité palestinienne. • Afghanistan : entrée des talibans à Kaboul, instauration d'un régime islamiste ultra-rigoriste. • Pakistan : Bénazir Bhutto démise de ses fonctions. • Russie : traité de paix en Tchétchénie.

**1997** • Le prix Nobel de la paix est décerné à la Campagne internationale pour l'interdiction des mines antipersonnel et à Jody Williams. • Fin de la primauté de la religion catholique en Italie ; Jean-Paul II en visite en France (Journées mondiales de la jeunesse).

**1997** • France : gouvernement de cohabitation Chirac-Jospin. • Royaume-Uni : le travailliste Tony Blair, Premier ministre. • Italie : référendum sur la « Padanie ». • Russie : signature d'une charte avec l'Otan, admission au G7 et normalisation des rapports avec les pays voisins. • Iran : le pouvoir aux mains du modéré Mohammad Khatami. • Israël : accord israélo-palestinien sur Hébron. • Asie : rétrocession de Hong Kong à la Chine populaire ; début de la crise boursière asiatique ; incendies gigantesques en Indonésie ; signature du protocole de Kyōto portant sur la réduction des émissions de gaz à effet de serre. • Zaïre : Mobutu chassé par Laurent-Désiré Kabila.

**1998** • Le catholique John Hume et le protestant David Trimble, prix Nobel de la paix. • *Histoire de la France religieuse* de René Rémond. • *La Domination masculine* de Pierre Bourdieu.

**1998** • France : adoption de la loi sur les 35 heures. • Allemagne : victoire de Gerhard Schröder et du SPD (coalition avec les Verts). • Italie : Massimo d'Alema, Premier ministre, premier ex-communiste à diriger un gouvernement en Europe. • Royaume-Uni : signature d'un accord de paix entre catholiques et protestants, à Belfast. • Kosovo : affrontements armés et intervention militaire de l'Otan. • Irak : les États-Unis et la Grande-Bretagne déclenchent l'opération « Renard du désert ». • Algérie : démission de Liamine Zeroual. • Indonésie : démission de Suharto remplacé par Jusuf Habibie. • Cambodge : les Khmers rouges se rallient au gouvernement royal. • Chine : Li Peng, président de l'Assemblée nationale populaire. • Venezuela : élection à la présidence du populiste Hugo Chávez Frías.

1998

## SCIENCES – TECHNIQUES

**1995** • Identification du quark *top*, le dernier des six quarks qui composent, avec les six leptons, les particules élémentaires de la matière. • Première séquence d'un génome entier, celui de la bactérie *Haemophilus influenzae*. • Découverte de la première planète extrasolaire par Michel Mayor et Didier Queloz.

**1996** • Premières plantes transgéniques (soja et coton) commercialisées aux États-Unis. • Naissance de la brebis Dolly obtenue par clonage. • Début de la commercialisation des DVD.

**1997** • Victoire de l'ordinateur Deep Blue contre le champion du monde d'échecs Garry Kasparov. • La sonde américaine *Mars Pathfinder* se pose sur Mars équipée d'un robot mobile.

**1998** • Début de l'assemblage de l'ISS (Station spatiale internationale). • Exposition internationale de Lisbonne. • Travaux du physicien japonais Koshiba sur l'oscillation des neutrinos. • L'Américain MacKinnon fait avancer les connaissances sur la transmission de l'influx nerveux. • F. Murad, R. Furchgott et L. Ignarro reçoivent le prix Nobel pour leurs travaux sur le système cardiovasculaire.

## LITTÉRATURES

**1996** • *Naissance des ténèbres*, de Nancy Huston ; Wyslawa Szymborska, prix Nobel.

**1997** • Dario Fo, prix Nobel. • *La Bataille* de Patrick Rambaud ; *America* de T.C. Boyle ; *Le Siècle des intellectuels* de Michel Winock ; *Harry Potter à l'école des sorciers* de Joanne Kathleen Rowling.

**1998** • José Saramago, prix Nobel. • *Paradise* de Toni Morrison ; *Les Particules élémentaires* de Michel Houellebecq.

## ARTS – MUSIQUE

**1995** • Paris : inauguration de la Bibliothèque nationale de France (site François-Mitterrand) et de la Cité de la Musique à la Villette ; exposition Brancusi au Centre Pompidou. • Cathédrale d'Evry, première cathédrale construite en France depuis la séparation de l'Église et de l'État en 1905. • Empaquetage du Reichstag à Berlin. • *La Haine*, film de Mathieu Kassovitz ; *Le Regard d'Ulysse* de Theo Angelopoulos ; *Sur la route de Madison* de Clint Eastwood ; *Underground* d'Emir Kusturiča (Palme d'or à Cannes).

**1996** • Incendie de la Fenice à Venise. • *Breaking the Waves*, film de Lars von Trier ; *Casino* de Martin Scorsese ; *Comment je me suis disputé...* d'Arnaud Desplechin. • *Fargo* de Joel et Ethan Coen ; *Mars Attacks !* de Tim Burton ; *Lost Highway* de David Lynch ; *Secrets and Lies* de Mike Leigh, (Palme d'or à Cannes) ; *Les Voleurs* d'André Téchiné.

**1997** • *Le Destin,* film de Youssef Chahine ; *Le Goût de la cerise* d'Abbas Kiarostami (Palme d'or à Cannes) ; *On connaît la chanson* d'Alain Resnais ; *Titanic* de James Cameron. • Lancement des travaux « Paris Rive gauche » (quartiers Tolbiac, Austerlitz et Masséna).

**1998** • *Aprile*, film de Nanni Moretti ; *Ceux qui m'aiment prendront le train* de Patrice Chéreau ; *L'Éternité et un jour* de Theo Angelopoulos ; *Festen* de Thomas Vinterberg. • Inauguration du Stade de France à Saint-Denis. • Inauguration du musée Guggenheim de Bilbao construit par Frank Gehry ; début de la restauration du British Museum.

Musée Guggenheim, Bilbao

## RELIGION – PHILOSOPHIE

**1999** • Médecins sans frontières, prix Nobel de la paix.

▲ Jean-Paul II au pied du mur des Lamentations, à Jérusalem

**2000** • Jean-Paul II, en visite en Israël, demande pardon pour les erreurs commises au nom de l'Église au cours de l'histoire, notamment vis-à-vis des juifs. • Le Coréen Kim Dae-jung reçoit le prix Nobel de la paix. • Importance de la secte Moon en Corée. • *Règles pour le parc humain* de Peter Sloterdijk.

## HISTOIRE GÉNÉRALE

**1999** • Europe : entrée en vigueur de l'euro sur les marchés financiers ; essai d'une politique étrangère et de défense commune ; entrée en vigueur du traité d'Amsterdam. • France : adoption du PACS et de la loi sur la parité hommes-femmes en politique ; catastrophe du tunnel du Mont-Blanc ; tempêtes dévastatrices de décembre. • Royaume-Uni : l'Écosse et le pays de Galles disposent d'un parlement régional. • Allemagne : Berlin redevient la capitale ; participation à l'opération « Force alliée » au Kosovo. • Autriche : montée de l'extrême droite. • Tchétchénie : institution de la charia ; anéantissement de Groznyï. • Yougoslavie : bombardements de l'Otan sur le Kosovo qui passe sous administration provisoire de l'ONU. • Russie : démission d'Eltsine remplacé par Poutine. • La Hongrie, la Pologne et la République tchèque, membres de l'Otan. • Israël : le travailliste Ehud Barak, Premier ministre ; Ariel Sharon, président du Likoud. • Jordanie : mort du roi Hussein. • Algérie : Bouteflika, président de la République. • Maroc : mort de Hassan II. • Afrique du Sud : Thabo Mbeki succède à Nelson Mandela. • De nombreux pays d'Afrique noire décimés par le sida ; Côte d'Ivoire : un putsch renverse H. Konan Bédié ; intervention de l'Angola, de la Namibie et du Zimbabwe au Congo. • Pakistan : le général Moucharraf prend le pouvoir. • Indonésie : référendum sur l'autodétermination du Timor ; mouvements indépendantistes. • Le Portugal rend Macao à la Chine. • La Corée du Sud est atteinte par la crise financière asiatique. • Canada : création du Nunavut. • États-Unis : Bill Clinton acquitté à l'issu de son procès en destitution. • Panamá : la zone du canal lui est restituée par les États-Unis.

**2000** • Monde : conférence de La Haye autour du protocole de Kyôto. • E-krack boursier. • France : cohabitation tendue entre J. Chirac et L. Jospin ; adoption du quinquennat pour le mandat présidentiel. • Allemagne : Angela Merkel, présidente de la CDU. • Finlande : la sociale-démocrate Tarja Halonen, élue à la présidence de la République. • Yougoslavie : Koštunica, président. • Russie : chute de Groznyï ; élection de Poutine à la présidence de la fédération de Russie. • États-Unis : George W. Bush, élu président. • Chili : élection d'un président socialiste : Ricardo Lagos. • Mexique : élection de Vicente Fox, du centre droit, à la présidence de la République. • Pérou : démission forcée de Fujimori. • Proche-Orient : retrait israélien du Liban-Sud ; retour de Rafic Hariri ; deuxième Intifada après la visite d'Ariel Sharon sur l'esplanade des Mosquées ; démission d'Ehud Barak ; Syrie : mort de Hafez Al-Assad, auquel succède son fils Bachar. • Afghanistan : rôle prépondérant des talibans. • Iran : contre-offensive des conservateurs face aux réformateurs. • Corées : rencontre historique entre Kim Dae-jung et Kim Jong Il. • Taiwan : fin de l'hégémonie du Guomindang. • Viêtnam : visite du président Clinton à Hanoi. • Zimbabwe : réforme agraire. • Côte d'Ivoire : Laurent Gbagbo au pouvoir.

## SCIENCES – TECHNIQUES

**1999** • Günter Blobel reçoit le prix Nobel pour ses travaux sur les protéines. • *Le Genou de Lucy* d'Yves Coppens. • Manipulation des cellules souches.

**2000** • Le bogue tant redouté de l'an 2000 ne se produit pas. • Crise de la vache folle. • Refus des aliments transgéniques. • Autorisation du clonage thérapeutique sous certaines conditions en Grande-Bretagne. • Adoption de la pilule du lendemain par la loi française. • Les images radar de la navette *Endeavour* permettent l'établissement d'une carte très précise de la planète. • Découverte d'une bactérie vieille de 250 millions d'années. • J. Heckman et D. McFadden récompensés par le prix Nobel d'économie pour leurs travaux sur les modèles mathématiques d'analyse. • Arrivée d'un premier équipage de 3 personnes sur la Station spatiale internationale (ISS). • Téléphonie mobile : 26 millions d'abonnés en France.

## LITTÉRATURES

**1999** • Günter Grass, prix Nobel. • *Je m'en vais* de Jean Echenoz prix Goncourt) ; *Stupeur et Tremblements* d'Amélie Nothomb ; *L'Empreinte de l'ange* de Nancy Huston.

**2000** • Gao Xingjian, prix Nobel ; *La Disgrâce* de Coetze ; *Ingrid Caven* de Jean-Jacques Schuhl (prix Goncourt) ; *Allah n'est pas obligé* d'Ahmadou Kourouma.

## ARTS – MUSIQUE

**1999** • *American Beauty,* film de Sam Mendes ; *Existenz* de David Cronenberg ; *Eyes Wide Shut*, dernier film de Stanley Kubrick ; *Rosetta* de Luc et Jean-Pierre Dardenne (Palme d'or à Cannes) ; *Tout sur ma mère* de Pedro Almodovar ; *Toy Story,* dessin animé de J. Lesseter et A. Brannon ; *Le vent nous emportera* d'Abbas Kiarostami. • Le Piccolo Teatro de Milan dirigé par Luca Ronconi. • Christian de Portzamparc construit la tour LVMH à New York. • *Alcina* de Haendel à l'Opéra Garnier à Paris.

**2000** • *Dancer in the Dark*, film de Lars von Trier ; *Gladiator* de Ridley Scott ; *In the Mood for Love* de Wong Kar-wai ; *Les Destinées sentimentales* d'Olivier Assayas. • *Tambours sur la digue*, pièce d'Hélène Cixous. • Paris : inauguration au Louvre d'une salle consacrée aux arts premiers. • Célébration du 250e anniversaire de la mort de Jean-Sébastien Bach.

# Le XXI^e siècle

## depuis 2001

## RELIGION – PHILOSOPHIE

2001

**2001** • L'ONU et Kofi Annan, prix Nobel de la paix.

L'euro

**2002** • Jimmy Carter, prix Nobel de la paix. • Canonisation contestée de Josemaría Escrivá de Balaguer, fondateur de l'Opus Dei.

**2003** • L'Iranienne Shirin Ebadi, prix Nobel de la paix. • Béatification de mère Teresa.

Attentats du 11 septembre 2001 à New York

**2004** • Wangari Maathai, prix Nobel de la paix.

**2005** • L'Agence internationale de l'énergie atomique et son directeur Mohamed Elbaradei, prix Nobel de la paix. • Mort du pape Jean-Paul II après 26 ans de règne ; élection de Benoît XVI (l'Allemand Josef Ratzinger). • Béatification du père Charles de Foucauld. • Mort de Paul Ricœur.

2005

## HISTOIRE GÉNÉRALE

**2001** • États-Unis : attentats terroristes du 11 septembre. • Afghanistan : assassinat du commandant Massoud ; opération « Liberté immuable » lancée par Bush contre al-Qaida et les talibans qui refusent de livrer Ben Laden. • France : suppression du service militaire obligatoire et professionnalisation des armées ; explosion d'une usine chimique à Toulouse. • Europe : traité de Nice. • Yougoslavie : Milošević livré au Tribunal pénal international pour crimes contre l'humanité. • La Grèce rejoint la zone euro. • Proche-Orient : Ariel Sharon, Premier ministre d'Israël ; attentats-suicides palestiniens ; Arafat confiné à Ramallah. • Argentine : quatre présidents en 2001-2002. • Brésil : premier forum social mondial à Porto Alegre. • Chine : adhésion à l'OMC. • Népal : massacre de la famille royale. • Algérie : inondations meurtrières ; révoltes kabyles. • Afrique : l'Union africaine remplace l'OUA. • Congo : assassinat de Laurent-Désiré Kabila.

**2002** • Europe : l'euro devient la monnaie unique de douze des pays de l'Union. • Suisse : adhésion à l'ONU. • France : réélection de J. Chirac et création de l'UMP. • Italie : éruption de l'Etna. • Yougoslavie : I. Rugova élu président du Kosovo. • Russie : prise de 800 otages à Moscou par des terroristes tchétchènes. • États-Unis : discours de Bush sur « l'axe du mal ». • Afghanistan : le Pashtoun Hamid Karzaï à la tête du gouvernement intérimaire. • Turquie : abolition de la peine de mort, autorisation de l'enseignement du kurde. • Maroc : forte percée des islamistes aux élections législatives. • Bahreïn : premières élections législatives depuis 27 ans. • Israël : construction d'un « mur de sécurité » le long de la Cisjordanie. • Palestine : création d'un poste de Premier ministre. • Pakistan : percée importante des partis religieux aux élections législatives. • Timor oriental : accession à l'indépendance. • Brésil : élection du socialiste Lula à la présidence. • Colombie : élection d'un président de droite pro-américain, Alvaro Uribe.

**2003** • France : J. Chirac refuse, à l'ONU, une intervention militaire en Irak ; « non » corse au référendum sur la réforme du statut de l'île ; loi Fillon sur la réforme des retraites ; manifestation altermondialiste au Larzac ; mouvement des intermittents du spectacle ; canicule et inondations ; privatisation d'Air France. • L'Union de Serbie-et-Monténégro succède à la Yougoslavie. • Europe : réforme de la PAC. • Géorgie : Chevarnadze chassé du pouvoir. • Irak : bombardements américains et britanniques ; prise de Bagdad ; mise en place d'un administrateur américain ; aucune arme de destruction massive n'est découverte ; capture de Saddam Hussein. • Autorité palestinienne : Mahmoud Abbas, puis Ahmed Qoreï, Premier ministre. • Maroc : attentats terroristes. • Côte d'Ivoire : traité de Marcoussis. • Argentine : N. Kirchner tente de rétablir l'autorité de l'État. • Échec du Forum mondial de l'eau à Kyōto. • Chine : Hu Jintao, président de la République.

**2004** • Europe : l'UE compte 25 membres. • France : loi sur le port des signes ostentatoires d'appartenance religieuse ; plan de cohésion sociale ; réforme de la Sécurité sociale. • Espagne : attentats d'al-Qaida à Madrid ; le socialiste José Luis R. Zapatero à la tête du gouvernement. • Russie : prise d'otages par des terroristes tchétchènes à Beslan, en Ossétie. • Ukraine : « révolution orange ». • Irak : gouvernement intérimaire irakien. • Afghanistan : premières élections démocratiques. • États-Unis : scandale des exactions commises par les soldats américains sur les prisonniers irakiens d'Abou Ghraib. • Palestine : mort d'Arafat. • Un tsunami ravage les pays riverains de l'océan Indien. • Haïti : exil de Jean-Bertrand Aristide.

**2005** • Europe : « non » français et néerlandais au traité constitutionnel ; débats autour de la directive Bolkestein sur la libéralisation des services ; crise due aux importations de textile chinois. • France : Dominique de Villepin, Premier ministre ; violences urbaines. • Allemagne : Angela Merkel, chancelière, à la tête d'une coalition CDU-SPD. • Royaume-Uni : attentats terroristes à Londres. • États-Unis : ouragans dévastateurs. • Séisme au Cachemire. • Bolivie : élection d'un président socialiste, Evo Morales. • Irak : élections multipartites ; début du procès de Saddam Hussein. • Iran : élection à la présidence de l'ultraconservateur Mahmoud Ahmadinejad. • Retrait syrien du Liban. • Mahmoud Abbas élu président de l'Autorité palestinienne. • Cessez-le-feu entre Israéliens et Palestiniens après le sommet de Charm-el-Cheikh ; évacuation de la bande de Gaza. • Togo : émeutes après la mort d'Eyadéma. • Côte d'Ivoire : Gbagbo repousse l'élection présidentielle d'un an.

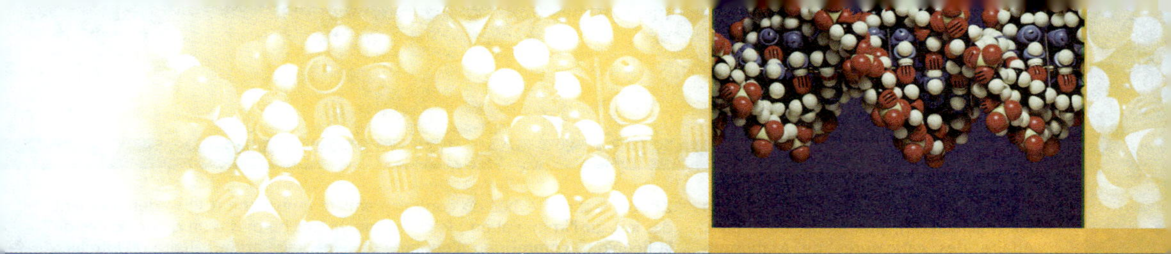

## SCIENCES – TECHNIQUES

**2001** • Lancement du satellite WMAP (rayonnement thermique cosmologique) par la Nasa ; destruction de la station Mir ; Claudie Haigneré, 1re astronaute française à voler à bord de l'ISS. • Première analyse à grande échelle du séquençage du génome humain. • Découverte de l'hominidé Toumaï au Tchad.

**2002** • S. Brenner, H. R. Horvitz et J. E. Sulston reçoivent le prix Nobel de médecine pour leurs travaux sur le décryptage du code génétique. • R. Giacconi (pour ses travaux qui ont permis la découverte des sources cosmiques des rayons X), R. Davis Jr et M. Koshiba (pour leurs travaux sur la détection des neutrinos cosmiques) prix Nobel de physique • Plus de 162 millions de serveurs Internet dans le monde.

**2003** • Explosion de la navette Columbia ; premier spationaute chinois dans l'espace. • Dernier vol du *Concorde*. • Polémiques sur la découverte d'une 10e planète du système solaire. • Jean-Pierre Serre, premier lauréat du prix Abel. • P. C. Lauterbur et P. Mansfield reçoivent le prix Nobel de médecine pour leurs travaux sur l'IRM. • Épidémie de SRAS (syndrome respiratoire aigu sévère) en Asie.

**2004** • Baptême du *Queen Mary II*. • La sonde européenne *Mars Express* apporte la preuve de la présence d'eau sur Mars. • La sonde *Cassini-Huygens* autour de Saturne. • Découverte de quantités quasi illimitées de globules rouges humains produits à partir de cellules souches. • Début de la numérisation sur Internet de 15 millions d'ouvrages du monde entier.

**2005** • Yves Chauvin, R.H. Grubbs et R.R. Schrock reçoivent le prix Nobel de chimie pour leurs travaux sur la métathèse. • Atterrissage de *Discovery*. • La sonde européenne *Huygens* atteint Titan, le plus gros satellite de Saturne. • Lancement du programme Galileo, le futur GPS européen. • *Ariane 5* place sur orbite le plus gros satellite de télécommunications jamais construit. • Débuts de l'Airbus A380. • Première greffe partielle de visage.

## LITTÉRATURES

**2001** • V. S. Naipaul, prix Nobel. • Fin de la publication des 17 tomes du *Journal* de Julien Green ; *La Tache* de Philip Roth ; *Rosie Carpe* de Marie Ndiaye ; Tardi illustre *Le Cri du peuple* de Jean Vautrin.

**2002** • Imre Kertész, prix Nobel. • *Les Ombres errantes* de Pascal Quignard (prix Goncourt). • Fin de la publication des *manuscrits* dits *de la mer Morte*, trouvés à Qumrān ; *La Fête au bouc* de Mario Vargas Llosa.

**2003** • J.M. Coetzee, prix Nobel. • *Vivre pour la raconter*, 1er volume des Mémoires de Gabriel García Márquez ; *La Porte* de Magda Szabó ; *La Maîtresse de Brecht* de Jacques-Pierre Amette (prix Goncourt) ; *Les Âmes grises* de Philippe Claudel.

**2004** • Elfriede Jelinek, prix Nobel. • Alain Robbe-Grillet à l'Académie française. • *Suite française* d'Irène Némirovsky (posth.) ; *L'Africain* de Le Clézio ; *Da Vinci Code* de Dan Brown ; *La Nuit de l'oracle* de Paul Auster.

**2005** • *Lunar Park* de Bret Easton Ellis ; *Waltenberg* de Hédi Kaddour ; *Le Rideau* de Milan Kundera ; *Un pedigree* de Patrick Modiano ; *Trois jours chez ma mère* de François Weyergans (prix Goncourt). • Harold Pinter, prix Nobel. • Assia Djebar élue à l'Académie française.

## ARTS – MUSIQUE

**2001** • *La Chambre du fils*, film de Nanni Moretti (Palme d'or à Cannes) ; *Le Fabuleux Destin d'Amélie Poulain* de Jean-Pierre Jeunet ; *Mulholland Drive* de David Lynch. • Destruction des bouddhas de Bāmyān par les talibans. • Ouverture du Musée national de Canberra et du MuQua de Vienne. • La tour Shiseido à Tōkyō ; le stade omnisports de Canton. • Lorin Maazel directeur du New York Philharmonic.

**2002** • *Être et Avoir*, film de Nicolas Philibert ; *Le Pianiste* de Roman Polanski (Palme d'or à Cannes) ; *Parle avec elle* de Pedro Almodovar ; *L'Homme sans passé* d'Aki Kaurismäki. • Inauguration de la Nouvelle Bibliothèque d'Alexandrie. • Exposition Philippe Starck à Beaubourg. • Renzo Piano construit un Auditorium à Rome. • Opéra de Pascal Dusapin, *Perelà, l'homme de fumée*.

**2003** • *Mystic River*, film de Clint Eastwood ; *Elephant* de Gus Van Sant ; *Dogville* de Lars von Trier ; *Kill Bill I* de Quentin Tarantino ; *Les Triplettes de Belleville* de Sylvain Chomet. • Chéreau met en scène *Phèdre* de Racine, Yannis Kokkos *Les Troyens* de Berlioz et Peter Brook *La Tragédie d'Hamlet* de Shakespeare. • Inauguration du Walt Disney Concert Hall à Los Angeles et de la tour la plus haute du monde (508 m) à Taipei.

**2004** • *L'Esquive*, film d'Abdellatif Kechiche ; *Fahrenheit 9/11* de Michael Moore (Palme d'or à Cannes) ; *Lost in Translation* de Sofia Coppola ; *Saraband* d'Ingmar Bergman. • Inauguration à Londres du 30 St Mary Axe, tour « écologique ». • Réouverture de la Scala de Milan. • Mise en service du viaduc de Millau en France.

**2005** • *L'Enfant*, film des frères Dardenne (Palme d'or à Cannes) ; *A History of Violence* de David Cronenberg ; *Million Dollar Baby* de Clint Eastwood ; *The World* de Jia Zhang-ke ; inauguration de la nouvelle Cinémathèque française, à Paris (Bercy). • Inauguration du nouvel opéra de Copenhague. • Concert de Daniel Barenboïm à Ramallah.

**RELIGION – PHILOSOPHIE**

2006

**2006** • Muhammad Yunus et la Grameen Bank (microcrédit), prix Nobel de la paix. • Affaire des caricatures de Mahomet. Polémiques en France autour du rôle de la colonisation. • Choix du 10 mai comme date commémorative en France de l'abolition de l'esclavage. • Encyclique *Deus caritas est* de Benoît XVI.

▲ Le procès de Saddam Hussein

**2007** • Al Gore et le Groupe intergouvernemental sur l'évolution du climat prix Nobel de la paix. • Après plusieurs pays européens, l'Espagne inscrit la scientologie au registre légal des religions. • Benoît XVI réhabilite la célébration de la messe en latin.

**2008** • Martti Ahtisaari : prix Nobel de la paix. • Premier voyage de Benoît XVI en France.

▲ Barack Obama, convention de Denver, 2008.

**HISTOIRE GÉNÉRALE**

**2006** • France : échec du contrat première embauche (CPE) ; durcissement des lois sur l'immigration ; le chikungunya touche plus d'un quart de l'île de la Réunion ; commission d'enquête parlementaire après l'affaire d'Outreau ; primaires socialistes et désignation de Ségolène Royal comme candidate à l'élection présidentielle de 2007. • Italie : le centre gauche de Romano Prodi succède à la coalition de centre droit de Berlusconi. • Balkans : mort de Milošević ; indépendance du Monténégro. • Israël : Ehud Olmert succède à Ariel Sharon à la tête du gouvernement et de Kadima. • Palestine : le Hamas remporte les élections législatives. • Irak : violences entre sunnites et chiites ; mort d'Al-Zarkaoui, chef de la branche irakienne d'al-Qaida ; condamnation à mort et pendaison de Saddam Hussein. • Iran : développement du nucléaire. • Liban : Beyrouth est bombardée par Israël. • États-Unis : défaite de Bush et des Républicains aux élections du Congrès. • ONU : Ban Ki-moon succède à Kofi Annan. • Amérique du Sud : Michelle Bachelet présidente du Chili ; mort de Pinochet. • Russie : assassinat de la journaliste Anna Politkovskaïa. • Corée du Nord : premier essai nucléaire. • Thaïlande : putsch avalisé par le roi. • Népal : entrée des maoïstes au gouvernement. • Java : violent séisme. • République démocratique du Congo : élection à la présidence de Joseph Kabila.

**2007** • France : Nicolas Sarkozy élu président de la République ; des grèves accompagnent le projet de réforme des régimes spéciaux des retraites ; tests ADN et immigration ; loi sur l'autonomie des universités ; réforme de la carte judiciaire ; loi sur le droit au logement opposable ; Grenelle de l'environnement ; Dominique Strauss-Kahn directeur du FMI ; rachat des *Échos* par LVMH ; plusieurs champions du monde, dont Laure Manaudou (natation), Teddy Riner (judo) et Sébastien Loeb (rallye). • La Belgique sans gouvernement durant 6 mois en raison des dissensions entre Wallons et Flamands. • Europe : entrée de la Bulgarie et la Roumanie dans l'Union européenne ; élargissement de la zone Schengen à 9 nouveaux pays ; signature du traité simplifié de Lisbonne. • Grande-Bretagne : Gordon Brown succède à Tony Blair. • États-Unis : embourbement de la guerre en Irak ; *subprimes* et crise financière. • Russie : le parti Russie unie, favorable à Poutine, remporte les élections législatives. • Corée du Nord : début de la désactivation de ses sites nucléaires sous contrôle international. • Chine : adoption de la première loi sur la propriété. • Pakistan : assassinat de Benazir Bhutto. • Birmanie : écrasement des manifestations de bonzes. • Soudan : le conflit du Darfour s'étend au Tchad. • Tchad : affaire de l'arche de Zoé. • Afrique du Sud : championne du monde de rugby. • Monde : hausse des prix de l'énergie, des matières premières et des denrées alimentaires ; lutte mondiale contre le réchauffement climatique (en 2007 : incendies en Californie et en Grèce ; inondations en Grande-Bretagne ; accélération de la fonte de la banquise ; moussons exceptionnelles en Asie du Sud-Est ; sécheresse en Australie, etc.).

**2008** • France : révision de la Constitution ; réformes (justice, retraites, armée, audiovisuel) ; Grenelle de l'environnement ; élection de Martine Aubry à la tête du PS ; Revenu de solidarité active (RSA). • Irlande : « non » à l'Union européenne. • Kosovo : autoproclamation de l'indépendance • Belgique : crise institutionnelle. • Géorgie : la Russie reconnaît unilatéralement l'indépendance de l'Abkhazie et de l'Ossétie du Sud. • États-Unis : faillite de la banque Lehman Brothers ; rejet du plan Paulson : la crise prend des allures de krach boursier mondial ; élection d'Obama à la présidence. • Colombie : libération d'Ingrid Betancourt. • Cuba : Raúl Castro succède à son frère Fidel. • Chine : tremblement de terre au Sichuan ; violences au Tibet ; jeux Olympiques (records de Bolt, Bernard et Phelps). • Birmanie : typhon Nargis (133 000 morts). • Népal : chute du régime monarchique. • Pakistan : démission du président Musharraf. • Thaïlande : crise politique. • Inde : attentat islamiste à Bombay. • Afrique du Sud : démission du président Mbeki. • Cameroun : émeutes. • Rép. démocratique du Congo : chaos politique. • Zimbabwe : épidémie de choléra. • Palestine : offensive israélienne contre le Hamas à Gaza.

## SCIENCES – TECHNIQUES

**2006** • Pluton est qualifiée de «planète naine ». • Découverte d'une exoplanète 5,5 fois plus massive que la Terre. • Inauguration en France du synchrotron Soleil, accélérateur d'électrons. • Propagation du virus asiatique H5N1 en Afrique et en Europe occidentale. • Andrew Fire et Craig Mello prix Nobel de médecine pour leur découverte de l'« interférence ARN » qui bloque l'expression de certains gènes.

**2007** • Le Français Albert Fert et l'Allemand Peter Grünberg prix Nobel de physique. • Découverte d'un système solaire à cinq planètes dans la constellation du Cancer. • Selon l'ONU, plus de 33 millions de personnes vivent avec le virus du sida. • Facebook, site Web de réseau social. • À Bali, accord mondial sur la réduction des gaz à effet de serre. • France : commercialisation de l'accès à l'Internet très haut débit par la fibre optique ; lancement du TGV-Est.

**2008** • Première mission indienne vers la Lune (vol inhabité). • Sortie dans l'espace du Chinois Zhai Zhigang. • Premier survol de la face cachée de Mercure par Messenger (Nasa). • La sonde Phoenix confirme la présence d'eau sur Mars. • Première photo directe d'une exoplanète (Fomalhaut b). • France : dix satellites de télécommunications lancés par Ariane ; mise en service par le CERN du plus grand accélérateur de particules du monde. • Montagnier et Barré-Sinoussi : prix Nobel de médecine. • Obtention de cellules souches à partir de la peau de personnes atteintes de certaines maladies. • Prototype de cœur artificiel total (Pr Alain Carpentier). • Première greffe de deux bras entiers (à Munich, par Biemmer et Höhnke). • Découverte d'un nouveau type de supraconducteur (à base de fer).

## LITTÉRATURES

**2006** • *Lignes de faille* de Nancy Huston. • *Les Bienveillantes* de Jonathan Littell (prix Goncourt). • L'écrivain turc Orhan Pamuk, prix Nobel.

▲ Fonte de la banquise dans l'Arctique

**2007** • Doris Lessing, prix Nobel. • *Un homme*, de Philip Roth ; *Le Rapport de Brodeck*, de Philippe Claudel ; *La Stratégie des antilopes*, de Jean Hatzfeld.

**2008** • Le Clézio : prix Nobel. • *Syngué Sabour* d'Atiq Rahimi : prix Goncourt. • *Où on va papa ?*, Jean-Louis Fournier. • *La Route*, Cormac McCarthy. • Simone Veil, élue à l'Académie française.

## ARTS – MUSIQUE

**2006** • Musée du quai Branly consacré aux arts premiers. • Passerelle Simone-de-Beauvoir au-dessus de la Seine à Paris, reliant la BNF à la cinémathèque française. • *Le vent se lève* de Ken Loach (Palme d'or à Cannes). • Commémoration des 250 ans de la naissance de Mozart.

**2007** • *4 Mois, 3 semaines et 2 jours*, film du Roumain Cristian Mungiu, Palme d'or du festival de Cannes. • Inauguration du nouveau siège social du *New York Times* de Renzo Piano à New York, de l'Opéra de Paul Andreu à Pékin.

**2008** • Exposition *Picasso et les maîtres*, Grand Palais, Paris. • *Entre les murs*, Laurent Cantet (Palme d'or à Cannes). ; *No Country for Old Men*, Joel et Ethan Coen. • Jean Nouvel, prix Pritzker 2008. • Passerelle de la Constitution à Venise (Calatrava) ; Premier musée des Émirats, à Doha, au Qatar (Pei).

| RELIGION – PHILOSOPHIE | HISTOIRE GÉNÉRALE |
|---|---|

2009

**2009** • Barack Obama, prix Nobel de la paix. • Canonisation de Jeanne Jugan, fondatrice des Petites Sœurs des Pauvres. • Benoît XVI : visite au Moyen-Orient ; levée de l'excommunication de quatre évêques, dont le négationniste Richard Williamson ; signature du décret ouvrant la voie à la béatification de Pie XII.

**2009** • France : poursuite des effets de la crise : chômage, conflits sociaux ; grève générale en Guadeloupe ; débat sur l'identité nationale ; projet de taxe carbone ajourné par le Conseil constitutionnel. • Europe : ratification du traité de Lisbonne : H. Van Rompuy, premier président du Conseil européen. • Monde : résultats décevants de la conférence de Copenhague sur le climat. • Lituanie : Dalia Grybauskaité élue présidente de la République. • Grèce : victoire socialiste aux élections législatives. • Italie : séisme meurtrier dans les Abruzzes. • États-Unis : projet d'une assurance maladie universelle ; abandon de la torture ; politique climatique et réduction de la consommation de pétrole ; stabilisation financière ; rapprochement avec le Moyen-Orient et la Russie ; envoi de troupes supplémentaires en Afghanistan. • Honduras : Manuel Zelaya est chassé par un coup d'État militaire. • Liban : fin de la crise politique : gouvernement d'union nationale dirigé par Saad Hariri. • Afghanistan : réélection contestée d'Hamid Karzaï. • Iran : émeutes après la réélection d'Ahmadinejad et poursuite de l'armement nucléaire. • Sri Lanka : fin de la guerre civile. • Japon : succès du Parti démocrate du Japon aux élections législatives. • Chine : prévision d'une croissance du PIB de 8,7% pour l'année. • Corée du Nord : tirs de missiles et essai nucléaire souterrain. • Gabon : Ali Bongo président. • Mauritanie : élection à la présidence du général putschiste Abdel Aziz. • Madagascar : Andry Rajoelina président de transition.

| SCIENCES - TECHNIQUES | LITTÉRATURES | ARTS - MUSIQUE |
| --- | --- | --- |

**2009** • Pandémie de grippe H1N1 venue du Mexique. • Reconstitution du squelette d'Ardi (Éthiopie, 4,4 millions d'années). • Découverte de glace sur la Lune. • Progrès dans la lutte contre l'adrénoleucodystrophie, maladie génétique rare. • Avancée dans le domaine des cellules souches embryonnaires. • Réparation du télescope Hubble. • Redémarrage du LCR, le plus grand accélérateur de particules du monde. • Études sur le graphène, un nanomatériau qui pourrait remplacer le silicium. • Ariane lance Herschel et Planck, deux télescopes spatiaux. • Essor des réseaux sociaux (Facebook, Twitter).

**2009** • *Trois Femmes puissantes*, de Marie NDiaye, prix Goncourt. • *D'autres vies que la mienne*, d'Emmanuel Carrère. • *Des hommes*, de Laurent Mauvignier. • Herta Müller, prix Nobel.

**2009** • Fin de la construction, à Dubaï, de la tour Burj Dubaï, la plus haute tour du monde (828 m). • La Tour Eiffel fête ses 120 ans. • *Le Ruban blanc*, film de Michael Haneke, Palme d'or du festival de Cannes. • *Un prophète*, film de Jacques Audiard.

▲ Tour Burj Dubaï, à Dubaï.

**2009**

# CRÉDITS PHOTOGRAPHIQUES

A20 - Khéops, Khéphren et Mykérinos, Égypte © PhotoDisc

A21 - Ensemble mégalithique de Stonehenge, Angleterre © PhotoDisc

A23 - Trésor de Toutankhamon © Archives Nathan/coll.Tarlier

A24 - *Archers assyriens à l'attaque*, bas-relief de l'entrée du Palais de Sennachérib. British Museum, Londres ♦ BIS/Ph.G. Tomsich © Archives Larbor

A26 - *Achille tue la reine des Amazones*. British Museum, Londres ♦ BIS/Ph. © Archives Nathan

A27 - Tête d'Hermès, anonyme. Museo Nazionale di Villa Giulia, Rome ♦ BIS/ © Archives Larbor

A29 - Civilisation de Nok, anonyme. National Museum, Jos, Nigeria ♦ BIS/ © Archives Larbor

A29 - Frise des Panathénées. Musée de l'Acropole, Athènes ♦ BIS/ Ph. Archaeological Receipts Fund - Archives Nathan

A31 - *Victoire de Samothrace*, III-II^e s. av. J-C. Musée du Louvre, Paris © Paris, musée du Louvre/Photo RMN © Gérard Blot/Hervé Lewandowski

A33 - Temple de Karnak © Archives Nathan/Photo Sonneville

A35 - Buste idéalisé d'Homère © Naples. Musée national

A37 - *Vénus de Milo*. Musée du Louvre, Paris © Louvre, Archives Nathan

A39 - Le Panthéon à Rome © PhotoDisc

A41 - Fresque à Pompéi, *Un chorège assiste aux préparatifs d'un drame satyrique*. Musée national d'archéologie, Naples ♦ BIS/Ph. Pedicini © Archives Larbor

A43 - L'Odéon sous l'Acropole, Athènes © Archives Nathan/coll.Tarlier

A45 - *L'Apothéose de Constantin I^er le Grand*, monnaie romaine en or. Bibliothèque nationale de France, Paris ♦ BIS/Ph. Coll. Archives Larbor

A46 - La cour de l'empereur Théodose, Constantinople ♦ BIS/Ph. G. Tomsich © Archives Larbor

A49 - *Attila, roi des Huns*, médaille italienne du XVI^e s. Bibliothèque nationale de France, Paris ♦ BIS/Ph. Coll. Archives Larbor

A51 - Peinture rupestre d'Ajanta, Inde © Archives Nathan/Sonneville

A53 - Le Dôme du Rocher à Jérusalem © PhotoDisc

A55 - Enluminure de l'*Évangéliaire de Godescalc*, Saint Marc. Bibliothèque nationale de France, Paris ♦ BIS/Ph. Coll. Archives Larbor

A57 - *Bible de Vivien* (Bible de Charles le Chauve) : David jouant de la harpe. Bibliothèque nationale de France, Paris ♦ BIS/Ph. Coll. Archives Larbor

A59 - Pyramide à degrés de Phom Bakhèng, à Angkor © Archives Nathan/ Sonneville

A61 - *Majesté de sainte Foy*, abbaye de Sainte-Foy à Conques ♦ BIS/Ph. L. Joubert © Archives Larbor

A63 - *Vie de saint Alexis* « De Legenda aurea de sanctis » (gravure XV^e s.). Bibliothèque nationale de France, Paris ♦ BIS/Ph. Coll. Archives Larbor

A65 - Vierge de Vladimir. Galerie Tretiakov, Moscou ♦ BIS/Ph. © Archives Larbor

A67 - *Exécution d'un chrétien par Saladin*, enluminure de maître Boucicaut © (in « Trésor des histoires » XV^e s.) Paris. Bibliothèque de l'Arsenal/Photo BNF

A69 - *Le Roman de Tristan*, illustré par Éverard d'Espinques. Bibliothèque du musée de Condé, Chantilly ♦ BIS/Ph. Hubert Josse © Archives Larbor

A71 - *Le Roman de la Rose*. Scène de jalousie, de Jean de Meung. Bibliothèque Sainte-Geneviève, Paris ♦ BIS/Ph. © Bibliothèque Sainte-Geneviève, Paris

A73 - Dôme de la cathédrale Santa Maria del Fiore, de Brunelleschi, à Florence ♦ BIS/Ph. Alvaro de Leiva Coll. Archives Larbor

A75 - *Le Livre des Merveilles du Monde*, Pêche de perles et extraction des turquoises, Marco Polo, illustré par Maître de Boucicaut. Bibliothèque nationale de France, Paris ♦ BIS/Ph. Coll. Archives Larbor

A77 - *Bataille de Crécy*, de Loyset Liedet, in les *Chroniques de Froissart*. Bibliothèque nationale de France, Paris ♦ BIS/Ph. Coll. Archives Nathan

A79 - *Jean II le Bon, roi de France*, attribué à Girart d'Orléans. Musée du Louvre, Paris ♦ BIS/Ph. Hubert Josse © Archives Larbor

A81 - *Les Très Riches Heures du duc de Berry* des frères Limbourg. Musée Condé, Chantilly ♦ BIS/Ph. Coll. Archives Larbor

A83 - Presse Gutenberg, reproduction d'une presse du XV^e s. Musée de l'Imprimerie, Lyon ♦ BIS/Ph. © Musée de l'Imprimerie, Lyon

A84 - *Pietà de Villeneuve-lès-Avignon*, de Enguerrand Quarton. Musée du Louvre, Paris ♦ BIS/Ph. Hubert Josse © Archives Larbor

A85 - *La Bataille de San Romano*, d'Uccello. Musée du Louvre, Paris ♦ BIS/Ph. Hubert Josse © Archives Larbor

A86 - *Les Quatre Cavaliers de l'Apocalypse*, d' Albrecht Dürer. Bibliothèque nationale de France, Paris ♦ BIS/Ph. Coll. © Archives Larbor

A87 - *Le Jardin des délices*, de Jérôme Bosch. Musée du Prado, Madrid (panneau droit du triptyque) ♦ BIS/Ph. Oronoz © Archives Larbor

A87 - Machine volante actionnée par une manivelle, de Léonard de Vinci. Bibliothèque de l'Institut, Paris ♦ BIS/Ph. Jean-Loup Charmet © Archives Larbor

A88 - *La Création d'Adam*, de Michel-Ange, voûte de la chapelle Sixtine, Saint-Pierre de Rome © A. Bracchetti/P. Zigrossi

A89 - *Ange*, de Raphaël. Pinacothèque Tosio Martinengo, Brescia ♦ BIS/ © Archives Larbor

A91 - *La Vierge au long cou*, du Parmesan. Musée des Offices, Florence ♦ BIS/Ph. Scala © Archives Larbor

A93 - *Le Concile de Trente* (détail), École vénitienne. Musée du Louvre, Paris ♦ BIS/Ph. Hubert Josse © Archives Larbor

A93 - *Eva prima Pandora*, de Jean Cousin le Père. Musée du Louvre, Paris ♦ BIS/Ph. Hubert Josse © Archives Larbor

A94 - *Le Massacre de la Saint-Barthélemy*, peinture de F. Dubois. Musée des Beaux-Arts de Lausanne ♦ BIS/Ph. Coll. Archives Larbor

A95 - *Les Mendiants*, de Bruegel l'Ancien. Musée du Louvre, Paris ♦ BIS/Ph. Hubert Josse © Archives Larbor

A95 - *Akbar reçoit l'ambassadeur du chah de Perse Tahmâsp Ier*, anonyme. Victorian and Albert Museum, Londres ♦ BIS/Ph. Hubert Josse © Archives Larbor

A97 - *Le Chevalier posant la main sur le cœur*, du Greco. Musée du Prado, Madrid ♦ BIS/Ph. Oronoz © Archives Larbor

A98 - *Massacre de Henry le grand roy de France par François Ravaillac*, de Gaspard Bouttats. Musée Carnavalet, Paris ♦ BIS/ © Archives Larbor

A99 - *La Vocation de saint Matthieu*, du Caravage, 1598. Église Saint-Louis-des-Français, Rome ♦ BIS/Ph. Scala © Archives Larbor

A100 - *Les Voyages de Champlain*, de Samuel de Champlain. Bibliothèque nationale de France, Paris ♦ BIS/Ph. Jeanbor © Archives Bordas

A101 - *Le Triomphe de Bacchus* dit « *Les Buveurs* », de Vélasquez. Musée du Prado, Madrid ♦ BIS/Ph. Oronoz © Archives Larbor

A101 - Taj Mahal, Inde ♦ BIS/Ph. Sonneville © Archives Nathan

A102 - *Charles I^er, roi d'Angleterre, d'Écosse et d'Irlande, à la chasse*, de Van Dyck. Musée du Louvre, Paris ♦ BIS/Ph. Hubert Josse © Archives Larbor

A103 - *Le Tricheur à l'as de carreau*, de Georges de La Tour. Musée du Louvre, Paris ♦ BIS/Ph. Hubert Josse © Archives Larbor

A103 - Machine à calculer de Blaise Pascal, 1642 ♦ BIS/Ph. Bayle © Archives Nathan

A104 - *Portrait de Jean-Baptiste Poquelin dit Molière en habit de Sganarelle*, de Simonin. Bibliothèque nationale de France, Paris ♦ BIS/Ph. Coll. © Archives Larbor

A105 - *Les Ménines* (détail), de Vélasquez. Musée du Prado, Madrid ♦ BIS/Ph. Oronoz © Archives Larbor

A106 - *Le Coup de soleil*, de Jacob Van Ruysdael. Musée du Louvre, Paris ♦ BIS/Ph. Hubert Josse © Archives Larbor

A107 - *Tartuffe* de Molière (acte III), anonyme, gravure XVII^e siècle ♦ BIS/ © Archives Larbor

A108 - Révocation de l'Édit de Nantes, 18 octobre 1685 (Signatures de Louis XIV, Colbert et Le Tellier au bas de l'Édit de Fontainebleau). Collection des Archives nationales, Paris ♦ BIS/Ph. Archives nationales-Coll. Archives Larbor

A109 - La Cour de Louis XIV, gravure XVII^e siècle. BNF, Paris ♦ BIS/Ph.Coll. Archives Larbor

A111 - *Portrait de Louis XIV en costume de sacre*, de Hyacinthe Rigaud. Musée du Louvre, Paris ♦ BIS/Ph. Hubert Josse © Archives Larbor

A113 - *L'Enseigne de Gersaint*, de Watteau. Château de Charlottenburg, Berlin ♦ BIS/ © Archives Larbor

A114 - *Voltaire*, par Quentin de la Tour. Musée du Château de Versailles, Versailles ♦ BIS/Ph. Archives Nathan

A114 - *Rousseau*, par Quentin de La Tour. Musée Antoine-Lécuyer, Saint-Quentin ♦ BIS/Ph. Jean Tarascon © Archives Larbor

A116 - *Le Mariage à la mode (le contrat)*, de Hogarth. National Gallery, Londres ♦ BIS/Ph. Eileen Tweedy © Archives Larbor

A119 - Planche extraite de l'*Encyclopédie* « Taillanderie, fabrique des étaux », de Denis Diderot et Jean Le Rond d'Alembert. Bibliothèque nationale de France, Paris ♦ BIS/Ph. Jeanbor © Archives Bordas

A120 - *La Tea party dans le port de Boston en 1773*, de Currier. Bibliothèque du Congrès, Washington ♦ BIS/Ph. Coll. © Archives Larbor

A121 - *Déclaration d'indépendance des États-Unis*, le 4 juillet 1796. Bibliothèque nationale de France, Paris ♦ BIS/Ph. Archives Larbor

A121 - *Le Barbier de Séville*, de Beaumarchais, page de titre. Bibliothèque nationale de France, Paris ♦ BIS/Ph. Coll. © Archives Larbor

A123 - *Montgolfière dans la cour du château de Versailles* © Coll. Archives Nathan

A125 - *Le Serment du Jeu de paume*, attribué à Jacques Louis David. Musée Carnavalet, Paris ♦ BIS/Ph. Jeanbor © Archives Larbor

A125 - *Marat assassiné*, de Jacques Louis David. Musées royaux des Beaux-Arts de Belgique, Bruxelles ♦ BIS/Ph. Musées royaux des Beaux-Arts de Belgique, Bruxelles

A127 - *Le Sacre de Napoléon Ier*, de Jacques Louis David (détail). Musée du Louvre, Paris ♦ BIS/Ph. Hubert Josse © Archives Larbor

A127 - *Les Funérailles d'Atala*, de Girodet-Trioson. Musée du Louvre, Paris ♦ BIS/Ph. © Archives Nathan

A128 - *Le Congrès de Vienne*, de Jean-Baptiste Isabey. Musée du Louvre, Paris ♦ BIS/ Ph. Hubert Josse © Archives Larousse

A129 - *Odalisque couchée*, dit *La Grande Odalisque*, d'Ingres. Musée du Louvre, Paris ♦ BIS/Ph. H. Josse © Archives Larbor

A130 - Le « coup d'éventail » du dey d'Alger Hussein au consul de France, gravure *XIXe* s. ♦ BIS/Ph. Coll. Archives Larbor

A131 - *La Table servie*, photo de Niépce. Musée Nicéphore Niépce, Chalon-sur-Saône ♦ BIS/ © Ville de Chalon-sur-Saône, France. Musée Nicéphore Niépce

A132 - *La Liberté guidant le peuple*, de Delacroix. Musée du Louvre, Paris ♦ BIS/Ph. H. Josse © Archives Larbor

A133 - *L'Arc de la vague au large de Kanagawa*, de Katsushika Hokusai. Musée Guimet, Paris ♦ BIS/Ph. © Archives Larbor

A134 - *Les gens de justice : une péroraison à la Démosthène*, de Daumier. Bibliothèque nationale de France, Paris ♦ BIS/Ph. Coll. Archives Nathan

A135 - *Pluie, vapeur, vitesse*, de Turner. National Gallery of Art, Londres ♦ BIS/Ph. Eilen Tweedy © Archives Larbor

A137 - Grands travaux d'Haussmann : percement de la rue de Rennes, à Paris ♦ BIS/Ph. © Archives Nathan

A139 - *Charles Baudelaire*, photographie de Carjat. Archives photographiques, Paris ♦ BIS/Ph. E. Carjat © Archives photographiques - Archives Larbor

A139 - *Le Bain turc*, d'Ingres. Musée du Louvre, Paris ♦ BIS/Ph. H. Josse © Archives Larbor

A140 - Combats de rue pendant la guerre franco-prussienne de 1870, de P. Grolleron. Musée de l'Armée, Paris ♦ BIS/Ph. © Archives Larbor

A141 - *Alice au pays des merveilles*, de Lewis Carroll, illustration de John Tenniel, 1866 ♦ BIS/Ph. British Council - Coll. Archives Larbor

A143 - *Le Moulin de la Galette*, de Pierre Auguste Renoir. Musée d'Orsay, Paris ♦ BIS/Ph. Hubert Josse © Archives Larbor

A145 - *Une baignade à Asnières*, de Seurat. National Gallery, Londres ♦ BIS/Ph. Eilen Tweedy © Archives Larbor

A146 - *L'Arroseur arrosé* (1895), de Louis Lumière, Prod. Louis Lumière ♦ BIS/Ph. Coll. Archives Larbor - DR © Association Les Frères Lumière - DR

A147 - *L'Église d'Auvers*, de Van Gogh. Musée d'Orsay, Paris ♦ BIS/Ph. © Archives Nathan

A149 - *L'Âge mûr*, de Camille Claudel. Musée d'Orsay. Paris ♦ BIS/Ph. Adam Rzepka/ © Adagp, Paris 2006

A151 - Albert Einstein © Roger-Viollet/ Top Foto

A151 - *Le Voyage dans la Lune*, de Georges Méliès, 1902 ♦ BIS/Ph. Coll. Archives Larbor

A152 - *Triple-entente*. Carte postale française, lithographie en couleur d'après un dessin de 1914 de Paul Dufresne © akg-images

A153 - Ford modèle T © Roger-Viollet

A153 - *Muse endormie*, de Constantin Brancusi. MNAM, Centre Georges-Pompidou, Paris © BIS/Ph. Adam Rzepka © MNAM, Centre Georges-Pompidou, Paris © Adagp, Paris 2006

A154 - Guerre de 1914-1918 : tranchée en Champagne (automne-hiver 1915-1916) ♦ BIS/Ph. Coll. Moreau-Archives Larbor

A155 - Guillaume Apollinaire en 1916 (après avoir été blessé au front le 17 mars 1916) © Rue des Archives/PVDE

A156 - La « marche sur Rome » des Chemises noires ♦ BIS/Ph. Coll. Archives Larbor

A157 - *The Kid*, de Charlie Chaplin (photo de Chaplin et de Jackie Coogan) - Chaplin - First National © Roy Export Company Establishment

A158 - *Le krach boursier de Wall Street le 24 octobre 1929 : foule amassée devant la Bourse* © HPP/Keystone

A159 - *M le Maudit*, de Fritz Lang, Nero Film AG ♦ BIS/Ph. Coll. Archives Larbor

A160 - *Front Populaire : tandem sur le remblai aux Sables-d'Olonne*, 1937 © Roger-Viollet

A161 - *La Grande Illusion*, film de Jean Renoir, 1937, avec Pierre Fresnay et Erich von Stroheim, Prod : Raymond Blondy (R.A.C.) ♦ BIS/Ph. Sam Levin © Ministère de la Culture, France

A162 - *Le débarquement en Normandie* (6 juin 1944) [fantassins américains à Omaha Beach (Saint-Laurent-sur mer)] ♦ BIS/Ph. Coll. Archives Larbor

A164 - *Jour de fête*, de Jacques Tati, Prod. : Cady-Films, Fred. Orain ♦ BIS/Ph. André Dino/Coll. Archives Larbor-DR

A166 - Mao Zedong, place Tianan men, Pékin ♦ BIS/Ph. Coll. Archives Larbor

A167 - *Notre-Dame-du-Haut*. Ronchamp, Le Corbusier Archives Nathan / ph. Lucien Hervé/ © F.L.C / Adagp, Paris 2006

A168 - Kennedy devant une carte montrant l'avancée communiste au Laos (mars 1961) © Service américain d'information et de relations culturelles

A169 - *L'Homme qui marche I*, de Giacometti. Fondation Maeght, Saint-Paul-de-Vence ♦ BIS/Ph. © Fondation Maeght, Saint-Paul-de-Vence © Adagp, Paris 2006

A171 - Les Beatles © HPP/Keystone

A172 - Le Concorde © HPP/Keystone

A173 - Beckett © Louis Monier

A173 - *Femme avec caddie* (hyperréalisme), de Duane Hanson. Ludvig - Nene Galerie, Aix-la-Chapelle ♦ BIS/Ph. Coll. Archives Larbor © Adagp, Paris 2006

A174 - *Apocalypse now*, de Coppola, Prod. Francis Ford Coppola ♦ BIS/Ph. Coll. Archives Larbor - DR

A176 - Kohl et Mitterrand à Verdun en 1984 © HPP/Gamma/Francolon-Simon

A177 - La pyramide du Louvre (vue de nuit), de Ieoh Ming Pei, Paris ♦ BIS/Ph. Jeanbor © Archives Bordas

A178 - La répression de la place Tianan men à Pékin (4 mai 1989) © Magnum/ Stuart Franklin

A179 - Le télescope *Hubble* (après sa réparation en 1993) ♦ BIS/Ph. © NASA - Coll. Archives Larbor

A180 - Le robot *Sojourner* de la mission *Mars Pathfinder* se pose sur Mars ♦ BIS/Ph. © NASA/JPL - Archives Larbor

A181 - Musée Guggenheim, de Frank Gehry, Bilbao ♦ BIS/Ph. © Philippe Roy/Hoaqui

A182 - Jean-Paul II au pied du mur des Lamentations © Sipa

A184 - Attentats du 11 septembre 2001 à New York © Sipa/Rex Features

A184 - euro © Archives Nathan

A186 - Procès de Saddam Hussein Photo © Sipa/© Nokda Solic/AP/Sipa

A187 - Ours polaire, sur un morceau détaché de banquise, Arctique. Getty Images © Rinie Van Meurs/Foto Natura

A187 - Barack Obama, Convention de Denver, 2008. Photo. © Talf-Finn Hestoft/ Corbis

A188 - Burj Dubaï. © Nicolae Feraru/ Shutterstock

PHOTOS EN BANDEAU SUPÉRIEUR

A19 - La Frise des Aurochs dans la Rotonde. Grotte de Lascaux, Lascaux ♦ BIS/Ph. C. Roux © Archives Larbor

A20/A49 - Le Parthénon à Athènes © Archives Nathan/Photo Claire Tarlier

A50/A83 - *Les Contes de Cantorbéry*. British Museum, Londres ♦ BIS/Ph. Fleming © Archives Larbor

A84/A123 - *Vue du Château de Versailles, du côté des jardins, en 1675*. Musée du château de Versailles ♦ BIS/Ph. Hubert Josse © Archives Larbor

A124/A149 - La locomotive Papin © BNF, Paris

A150/A183 - L'homme dans l'espace © PhotoDisc

A184/A187 - Modèle en double hélice de l'ADN acide deoxyribonucléique © PhotoDisc/M. Fremann/PhotoLink

## Artistes représentés par l'ADAGP



Andreu, Arroyo, Artaud, Balthus, Blanche, Bonnard, Brancusi, Braque, Buren, Calder, Carelman, César, Chagall, Cocteau, Colin, Combas, De Chirico, Défense la, Derain, Despiau, Di Rosa, Dix, Dubuffet, Duchamp-Villon, Dufy, Dunoyer de Segonzac, Ernst, Feininger, Giacometti, Hartung, Kahlo, Kandinsky, Klein, Kline, Kokoschka, Kupka, Lalique, Léger, Lhote, Lichstenstein, Maillol, Masson, Matta, Metzinger, Michaux, Nouvel, Orozco, Permeke, Perrault, Picabia, Pignon-Ernest, Poliakoff, Pollock, Portzamparc, Richier, Rodin, Saint Phalle, Savignac, Schlemmer, Schöffer, Schwitters, Segal, Severini, Signac, Soulages, Soutine, Spencer, Staël, Tanguy, Tapiès, Tinguely, Toyen, Van Dongen, Vasarely, Vlaminck, Vollard, Vuillard, Warhol, Wright, Zao Wou-ki

## Mentions spéciales

Francis Bacon © The Estate of Francis Bacon - Adagp, Paris 2007
Bibliothèque nationale de France © Bibliothèque nationale de France, Dominique Perrault, Architecte/Adagp, Paris 2007
Le Cri © The Munch-Museum - The Munch Ellingsen Group - Adagp, Paris 2007
Salvador Dalí © Salvador Dalí, Fondation Gala-Salvador Dalí /Adagp, Paris 2007
Marcel Duchamp © Succession Marcel Duchamp/Adagp 2007
Erté © Sevenarts Ltd/Adagp, Paris 2007
Jasper Johns © Jasper Johns/VAGA, New York/Adagp, Paris 2007
Le Corbusier (Villa Savoye). BIS/Phot. © Archives Bordas © F.L.C./Adagp, Paris 2008
Roy Lichtenstein. BIS/Phot. Leonard de Selva © Roy Lichtenstein, New York © Estate of Roy Lichtenstein, New York © Adagp, Paris 2008
René Magritte. BIS/Phot. L. Joubert © Archives Larbor © Photothèque R. Magritte © Adagp, Paris 2008
Aristide Maillol. BIS/Phot. Alex Brunelle © Fondation Dina Vierny, musée Maillol © Adagp, Paris 2008
Joan Miró. BIS/Phot. Coll. Archives Larbor © Succession Miró. Adagp, Paris 2008
Edvard Munch © The Munch-Museum - The Munch Ellingsen Group - Adagp, Paris 2007
Jean Nouvel. Institut du monde arabe © Architectes : Jean Nouvel et Architecture Studio © Adagp 2007
Man Ray. BIS/Phot. © Man Ray Trust/Adagp, Paris 2008/Archives Larbor
Le Corbusier (Ronchamp). © F.L.C./Adagp, Paris 2007
George Segal. BIS/Phot. © The George and Helen Segal Foundation © Adagp, Paris 2008

## Chronologie

| | |
|---|---|
| P. A 149 | Camille Claudel : BIS/Phot. Adam Rzepka/© Adagp, Paris 2006 |
| P. A 153 | Brancusi : BIS/Phot. Adam Rzepka © MNAM. Centre Georges-Pompidou, Paris © Adagp, Paris 2006 |
| P. A 167 | Le Corbusier : Archives Nathan/Phot. Lucien Hervé/© F.L.C./Adagp, Paris, 2006 |
| P. A 169 | Giacometti : BIS/Phot. © Fondation Maeght, Saint-Paul-de-Vence © Adagp, Paris, 2006 |
| P. A 173 | Duane Hanson : BIS/Phot. Coll. Archives Larbor © Adagp, Paris 2006 |

## Droits réservés

Malgré nos efforts, il nous a été impossible de joindre certains artistes ou leurs ayants droit pour solliciter l'autorisation de reproduction, mais nous avons naturellement réservé en notre comptabilité les droits usuels.

---

Cet ouvrage a été composé
avec CALLIGRAM PAGINATION
conçu par X-MEDIA
F92200 Neuilly-sur-Seine
(www.x-media.fr)

Imprimé en Italie par

LTV

LA TIPOGRAFICA VARESE

Società per Azioni

Varese

N°d'éditeur : 10162190 - Dépôt légal : Mai 2010